本书是国家社科基金重大项目（10&ZD074）成果

国家出版基金项目
NATIONAL PUBLICATION FOUNDATION

中国近代经济史

1937—1949

上 册（一）

刘克祥 主编

人民出版社

目　录

上　册

中　册

第二篇　抗日后方和国民党统治区的半殖民地半封建经济

下　册

第三篇　革命战争中不断成长壮大的新民主主义经济

前　言

本卷是中国社会科学院重大课题(2006年立项,2014年结项,王洛林教授任课题负责人)、国家社科基金重大项目(2010年12月立项,原定于2015年12月完成,后延期至2020年,刘克祥研究员任首席专家)。本卷是多卷本《中国近代经济史》的"收官篇"。全卷以马克思列宁主义、毛泽东思想为指导,以"中国资本主义的发展与不发展"为中心线索,并尽可能保持全书思路、风格的连惯性和一致性,课题组沿用个案分析与综合考察相结合,微观、中观、宏观相结合,纵、横相结合,史、论相结合,生产力和生产关系相结合,质的论述和量的分析相结合的"六结合"研究方法,在新的起点上,对1937—1949年中国人民的苦难历程和经济嬗变进行全面考察和深入研究。1937—1949年的13年,既是中华民族灾难深重、濒临亡国灭种的13年,又是危难和机遇并存,中华民族生死拼搏、否极泰来的13年;是中国社会经济和阶级结构,政治、经济制度和体制,人民生存条件和生活方式发生翻天覆地变化的13年,在中国数千年的通史和经济史长河中,都值得写上厚重的一笔。

本卷分为上、中、下三册,分别考察、分析关内外沦陷区、抗战后方和国民党统治区、抗日根据地和解放区的经济状况及嬗变,并从中归纳出若干规律性认识。本卷传承以“中国资本主义的发展与不发展”为中心线索的研究思路,紧扣帝国主义列强在中国的政治、军事、经济侵略扩张,中国封建制度的延续、变异,中国民族资本主义的兴衰、变化和存亡,以及20世纪20年代末叶后开始萌发的新民主主义经济的艰难和茁壮成长等中国近代经济的几个基本方面,探讨其在1937—1949年这一特殊时段的特殊演绎。本卷着重从宏观层面对近代中国资本主义和整个社会经济的发展、演变历程进行梳理、归纳和总结,将本时段和中国近代经济史的整体研究提升到一个新的高度。

以“中国资本主义的发展与不发展”为中心线索考察和总结1937—1949年中国资本主义和整个社会经济的运行与发展变化可立即发现,自1931年“九一八事变”特别是1937年日本全面侵华战争爆发,已经不是中国资本主义发展与不发展或能不能发展的问题,也不是中国社会经济能否勉强维持和继续运行的问题,而是中国已经面临灭顶之灾,华夏子孙能否在神州大地上继续生存、繁衍的根本问题。日本地狭人稠,资源匮乏,日本军国主义法西斯分子对中国和中华民族在领土上肢解、分裂,最后完全吞并,在肉体上实施种族灭绝,在沦陷区推行烧光、杀光、抢光“三光政策”,通过多种形式、手段的大规模集中屠杀、中小规模零散屠杀,以及广泛持久的慢性屠杀,旨在彻底灭亡中国,灭绝中华民族。日本军国主义法西斯分子深知,中国人口数量庞大,又有悠久历史,要将其全部斩尽杀绝,并非三年五载之功,故选择在中国东北农村首先实行,并加速推广。日本军国主义法西斯分子将当地农民整村杀光,或整村屠杀再加武装驱赶,随即在当地农民尸骨堆上,役使尚存的中国农民建造日本人的乐园,加速移送和安置日本农民到东北"当地主""做东家"①,实行日本军国主义法西斯的奴隶制和封建农奴制。

历经14年艰苦抗战,日本投降,但前门驱虎,后门进狼,很快爆发了美国出钱出枪,蒋介石国民党出人出力的反革命内战。美国为取代日本,将中国降为其独占殖民地,极力保护国民党政权和中国腐朽的封建生产关系与落后的生产力,凭借其强大的经济实力和军事实力,对中国进行不择手段的资源掠夺和无孔不入的经济渗透,从资金和原料、产品市场两个方面完全切断了中国资本主义生存、发展的道路。1948年,随着解放战争的加速推进,国民党统治区经济濒临崩溃,国民党政权摇摇欲坠,美国将援助的武器、物资直接运往台湾,助其负隅顽抗,伺机东山再起,或隔海分据,长期对峙。中国是令美国垂涎欲滴的一块大肥肉,美国既不让中国发展资本主义,更不让中国走独立自主、民主富强之路,因为中国的内乱分

① 由于劳动和生活条件异常残酷、恶劣,被役使的中国农民,劳动寿命短至三五年不等。一方面,保证日本"东家"奴隶主所役使的全部是青壮年劳力;另一方面,大大提高了慢性屠杀的效率,加快了中国种族灭绝。

裂、贫穷落后,是美国得以肆意鱼肉宰割的前提条件。

纵观日本全面侵华战争前中国资本主义的发生、发展和变化历程亦不难发现,中国近代资本主义基本上处于一种似乎有所发展但又不能顺利和正常发展的态势,即使时间再长,也不可能达至完全和发达的资本主义社会,成为独立的资本主义国家。中国近代资本主义是在半殖民地半封建的特定历史条件下,以特别甚至畸形的形式和途径发生、发展和延续的。1840年鸦片战争后,中国新式资本主义的产生,是帝国主义侵略的产物,是“西风东渐”的结果。一方面,西方列强的经济侵略和对传统经济的破坏,客观上为中国资本主义的产生提供了某种条件;另一方面,帝国主义列强为了自身的利益,决不允许作为半殖民地的中国正常发展资本主义,成为独立的资本主义发达国家与之平起平坐、分庭抗礼。而且帝国主义不断加深的侵略、扩张和掠夺、压榨,强加在中国头上的一系列不平等条约,早已将中国洗劫一空,导致政府财政枯竭,负债累累;人民两手空空,一贫如洗,既无资本开办企业,又无现金购买其产品,从资本和市场两头窒息了资本主义的发展,从根本上堵死了中国发展为完全和独立的资本主义国家的道路。

劳动力、资本、市场是资本主义发展的基本前提,三者缺一不可。劳动力和资本源自两极分化,而两极分化是商品生产和价值规律的产物,是商品经济的普遍规律,是资本主义发生发展的必由之路。然而,在近代中国,两极分化却只产生丧失生产资料的大量劳动力,却无法聚集雇佣这些劳动力的货币资本。由于列强掠夺和国内封建租税搜刮及商业高利贷盘剥，无论商品生产或自给性生产，两极分化都极为普遍，分化速度极快，程度彻底。但因绝大部分资金、财富最终都流往国外，留在国内者微乎其微，结果导致两极分化中的两极严重失衡，只有贫穷一极的积累，没有或极少有货币一极的积累，形成两极分化的贫穷“一头沉”。这种畸形的贫富或两极分化在农村阶级结构变化上，突出地表现为“自耕农佃农化”和“佃农贫农雇农化”，农村阶级结构形状则由原来（或通常）两头小中间大的“擀面杖型”（或“橄榄球型”）演变为上细（富）下粗（贫）的“宝塔型”甚至“金字塔型”。处于社会底层的贫穷户人数多，丧失大部分甚至全部生产资料，亦即丧失了独立生产能力。而货币一极，人数既少，货币积累更微不足道，而且最终大都流往国外，或被用于地权兼并和债利盘剥。显然，两极分化和贫穷一极的积累，并未为资本主义提供资金或给丧失生产资料的劳动者提供就业机会。为了明了流向国外的资金、财富对近代中国资本主义的发展究竟造成多大的损失和影响，不妨简单算一笔账，以赔款一项为例，自鸦片战争至清王朝覆亡，帝国主义列强向中国勒索的赔款总额近13亿两白银，比中日甲午战争前的1885—1894年10年间清政府的财政收入总和还要多4亿两。如果用这笔赔款开办新式企业，洋务派最大的综合性近代军工企业江南制造总局，可办2394家，洋务派最大的民用企业汉阳铁厂，也可办223家（均参见本书）。这还只是其中有数可稽的很小一部分，其他武装掠取、强盗劫夺、小偷式扒窃和不等价交换等不义之财,更多得无法计算。正因为如此巨大的资金、财富全都源源不断地流入帝国主义的腰包,中国的资本主义和整个国民经济发展,全成无米之炊。至于市场方面,无论原料市场还是产品市场,也无论国际市场还是国内市场,全都被控制在帝国主义列强手中。凭借条约特权和经济优势,列强在原料收购和工业品倾销中进行不等价交换,获取超额利润,对中国小生产者尤其是广大农民进行敲骨吸髓的剥削。在这类商品交换中,中国的生产者非但得不到赢利,连生产成本也无法收回,以致不能维持简单再生产。结果,生产规模不断缩小,生产条件每况愈下;投入市场的原料,不少是生产者的消费必需品或生产资料。如卖给面粉厂的小麦是农民的口粮,卖给蛋厂或直接出口的禽蛋是农民可怜的一点"营养品";出口的生牛皮不少是农民因无法维持简单再生产而忍痛宰杀耕牛的结果。因此,往往出现这样的奇怪现象:某地区一场天灾过后,邻近口岸的生牛皮出口就明显上升。产品销售市场则早被进口洋货和国内外资产品占据,留给民族资本企业的产品市场空间本来就十分有限,加上农民急剧贫困破产,购买力大幅度下降,甚至接近于零,即使本国资本企业制造出产品,也很难寻找市场和销路。所有这些都充分显示,由于帝国主义列强变本加厉的野蛮侵略、扩张和国内封建统治者的腐朽无能,在国内,新式资本主义和整个国民经济,已陷入发展和运行瓶颈甚至绝境;在国际,中国国家虽大,人口虽多,却没有相应的防卫力量,又加上国内统治者仇内媚外、腐朽无能，结果只能任人宰割。在这种背景下，爆发日本帝国主义以灭亡中国、灭绝中华民族为最终目的的全面侵华战争，继而美国支援蒋介石国民党发动的、以变中国为美国独占殖民地为目的的反革命内战，均在所必然。这也是近现代人类社会奉行丛林法则、弱肉强食的残酷和血腥现实。

在中华民族生死存亡的历史关头，中国共产党和工农民主政府率领工农大众，不信邪恶，不畏强敌，不怕牺牲，英勇抗敌，赶走了日本侵略者、推翻了美国武装的国民党政权、建立了新中国，更在开辟和建设抗日根据地、解放区的实践过程中，逐步摸索，认真总结，圆满解决了如何正确处理中国资本主义和资产阶级问题、中国经济的发展方向问题，最根本的是彻底解决了中国革命的进程和前途问题。通过推行减租减息、土地改革，实现“耕者有其田”，废除封建土地制度，消灭了封建剥削，完成了资产阶级民主革命的任务；通过推行保护工商业的各项政策，纠正“左”的或右的思想与政策偏差，扫除封建制度的障碍和外国资本的压迫，为城乡资本主义的生存、发展提供了良好的政策保证和社会经济环境；没收敌伪资产和国民党国家资本及私人官僚资本，建立并不断发展、壮大国营经济与合作社经济，使之真正成为国民经济的主导，并在私人保护工商业的同时，对资本主义进行限制，防止其发展脱离国计民生的正确轨道。这样，既让资本主义有某种程度上的发展，又从根本上保证了新民主主义经济和新民主主义革命的社会主义前途，为新中国成立后的社会主义革命和社会主义建设奠定了坚实的基础,使苦难深重的中国喜获新生,重新屹立于世界民族之林。

所有这些,就是本卷作为多卷本《中国近代经济史》的"收官篇",在最后结束对近代中国资本主义和全国经济的发展、运行、变化的全面考察、分析后,所获得的基本认知。这也可以说是本卷的主要贡献和创新点。

本卷写作采用的基本方法和步骤是集思广益,汇聚集体智慧和发挥个人专长相结合,在课题组全体成员深入讨论、共同确定全书体例和写作提纲的基础上,各成员分工撰写章节,主编审读,提出修改意见(必要时直接修改、补充)。同时,各单元(子课题)作者相互交流、协商,解决相关内容遗漏或相互交叉、重复等问题。最后主编、全体作者和出版社责任编辑一道,通过全卷作者微信群,再次对书稿进行加工、审定,针对书中一些重要概念、名词、名称、术语、提法,以及注释规格、征引图书版本等,全面检视、核查、规范、划一,由责任编辑集中修改、定稿。这样既节省了时间,又保证和提高了书稿质量。

全卷各章写作,具体分工如下:

导言、第一章、第十二章、第二十章:刘克祥(研究员)

第二章、第十一章:徐建生(研究员)、袁为鹏(教授)、王小嘉(副研究员)、田牛(副教授)

第三章:王大任(副研究员)、刘克祥

第四章、第十三章:樊果(副研究员)

第五章:徐卫国(研究员)、朱荫贵(教授)、皇甫秋实(副教授)、王小嘉

第六章:陈争平(教授)、常旭(副研究员)

第七章、第十六章:王力(教授)

第八章、第十七章:朱荫贵

第九章:王大任、徐毅(教授)

第十章、第十五章:陈争平

第十四章:徐卫国、朱荫贵、皇甫秋实

第十八章:陈伟扬(讲师)、徐毅

第十九章:陈廷煊(研究员)

本卷是中国社会科学院经济研究所中国经济史研究室的集体项目,经济所刘兰兮副所长在职期间曾分管本卷课题组工作;研究室主任徐建生、副主任徐卫国负责项目的行政组织、内外联络、业务协调,以及书稿汇总、整合和相关技术处理等工作。全卷由刘克祥统稿;徐建生、徐卫国编制图表目录和征引文献目录。本卷书稿写作、修改后期,经济所图书馆因办公大楼装修而长期关闭,常旭通过网站、网店等途径,协助收集、购买、置备、整理了大量图书和文献资料,保证了课题进度和书稿质量。蔡楷政在书稿修改、审定后期,参加了财政部分的资料核对工作。另外,令人异常悲痛的是,在课题进入后期阶段、即将大功告成之际,课题组成员陈廷煊研究员于2020年不幸突然辞世,未能看到课题最终成果、与我们共享大功告成的喜悦。这是课题组的巨大损失和全体成员的终生憾事。

本卷是人民出版社"十三五"重点出版书目,获国家出版基金资助,由出版社副社长李春生编审、经济与管理编辑部主任郑海燕编审策划出版,并主持全卷编审工作。由于书稿篇幅浩大,时间紧迫,参加编审者人数颇多,郑海燕、张燕、孟雪、李甜甜、张蕾、吴继平、陈登、柴晨清、吴广庆、刘畅、刘伟等11位责任编辑,同时或接力审稿,提出增删、修改意见或建议,纠正讹误,堵塞漏洞,或雪中送炭,或锦上添花,为保证和提高全卷质量,贡献良多。尤其是郑海燕编审,近两年来,为编辑、审校书稿,出谋划策,统筹协调,日以继夜,殚精竭虑,并加入本卷作者微信群,答疑解惑,与作者同甘共苦,更属劳苦功高,在这里要致以特别的感谢和敬意。

导　言

中国近代资本主义的发展和不发展

——近代中国资本主义的终结和新民主主义的建立

本卷是1937—1949年中国经济史，是多卷本《中国近代经济史》的收官编，全面考察、阐述、分析这一时期中国经济在特殊历史环境下的基本状况、毁灭性破坏、艰难和不平衡性发展和半殖民地半封建经济崩溃、新民主主义经济建立的全过程及其规律、特征。中国资本主义的发展与不发展仍是本卷考察、阐述这一时期中国经济的中心线索。①

1937—1949年的13年，既是中华民族灾难深重、濒临亡国灭种的13年，又是危难和机遇并存，中华民族浴血奋战、九死一生、否极泰来的13年；是中国社会经济和阶级结构、政治和经济制度、人民生存条件和生活方式发生天翻地覆变化的13年。

1937年，日本帝国主义继1931年发动"九一八事变"、侵占东北、炮制伪"满洲国"之后，又以伪满、台湾为"根据地"，悍然发动了旨在全面占领、彻底灭亡中国的全面侵华战争。日本的基本国策是"在日本国内不出一分钱的方针下进行作战"②，即"以战养战""以

---

① 参见汪敬虞主编：《中国近代经济史（1895—1927）》，人民出版社2000年版，导言。

② 《石原莞尔资料·战争史论》，见［日］加藤阳子：《从满洲事变到日中战争》，徐晓纯译，香港中和出版有限公司2016年版，第122页。

华制华”、利用中国的人力物力占领和灭亡中国;而占领和灭亡中国的基本手段是推行烧光、杀光、抢光“三光政策”。日本不只是要全部占领中国领土,彻底灭亡中国,还要从肉体上彻底消灭中华民族。如此,不仅中国近代资本主义的延续和发展完全终止,而且连传统经济生产和生产条件也被摧毁,中国民众的劳动权、生存权也被残酷剥夺。中国因日本长期的野蛮侵略和烧杀、破坏、劫夺,遭受的巨大损失亘古未有,日本全面侵华战争期间中国军民伤亡达 3500 多万人,直接经济损失 1000 多亿美元,间接经济损失 5000 多亿美元。然而,所有这些离日本“三光政策”和彻底灭亡中国、灭绝中华民族的既定目标还很远很远。面对穷凶极恶、毫无人性的日本侵略者,奋起抵抗,坚决消灭侵略者,是中华民族和每个中华儿女的唯一出路。事实上,在这次战争中,是中国人民首先站起来同侵略者战斗。中国全民族抗战的爆发,开辟了世界反法西斯战争的东方主战场;中国军民的顽强抗击,构成了世界反法西斯战争的重要组成部分;中国战场长期牵制和抗击了日本军国主义的主要兵力;1937—1945 年中国军民浴血奋战,击毙、击伤、俘虏日军 155 万余人,在世界反法西斯阵营的支援、配合下,将日本侵略者赶出了中国领土,取得了抗日战争的最后胜利,中华民族被逼至亡国灭种的绝境而后生。

中国虽然赶走了日本侵略者,躲过了亡国灭种的噩运。但是,饱经 14 年(1931—1945 年)日本侵华战祸和烧杀劫掠之苦,东北伪满地区和关内沦陷区,凡是日本侵略魔爪所到之处,无不千疮百孔,城乡各地,满目疮痍,村落民居,残墙断壁,沟壑纵横,一片废墟;城乡居民一贫如洗,工人失业,农民失耕,国家财政收支失衡,国家和人民亟须休养生息。国共两党本应捐弃前嫌、同舟共济,勠力医治战争创伤,恢复经济生产,轻徭薄赋,与民休息,共渡难关。然而,国民党政府先是在接收、处理敌产过程中,贪赃枉法、营私舞弊,接收变成了“劫收”;接着公然撕毁《政府与中共代表会谈纪要》(即《双十协定》),发动反革命内战,企图凭借原本应当用于抗击日本侵略者的美式装备,迅速歼灭工农革命武装,彻底铲除共产党,实现国民党一党专政和蒋介石的个人独裁统治。常言道,得道多助,失道寡助。国民党政府握有800万使用美式装备的军队,牢牢掌握着国家机器和国家经济命脉,在政治、经济和军事上占有绝对优势。但因不顾人民疾苦,冒天下之大不韪,发动反革命内战,因而失道寡助,无法得到人民的拥护和支援,士兵贪生怕死,兵源、物资补给困难,军队人数、武器装备、管辖区域、经济储备、交通运输等各方面的优势迅速丧失:军队人数越战越少,地盘越战越小,先进的美式武器装备也只能为他人作嫁衣,蒋介石本人更被戏称为"运输大队长",作为"收货人"的解放军统统照收不误。在这种情况下,国民党面临的战争形势则由全面进攻转为重点进攻,再由重点进攻转为全面防御,复由全面防御转为重点防御,最后兵败如山倒。经济形势更是直线下泻:工厂倒闭,商店关门,农业崩溃,货币加速度贬值,以至一麻袋钞票换不到一麻袋大米,几乎变成一堆废纸,到1949年,国民党统治区经济彻底崩毁。共产党、解放军①始终将人民的利益放在高于一切的位置,为了避免内战,和平建国,毛泽东同志亲赴重庆谈判,并在裁减兵力、划定解放区以及参政议政等问题上作出重大让步,因而得道多助,得到广大人民群众

① 解放军系由八路军、新四军、东北抗日联军改编、改称而成。"解放军"的名称的使用最早始于1945年8月15日。当天,八路军山东军区司令员兼政治委员罗荣桓等提出部队番号改称"人民解放军",山东军区就改称"山东解放军总部"。1945年8月26日,在《中共中央关于同国民党进行和平谈判的通知》中,又一次正式出现"解放军"的提法。1946年解放战争爆发后,解放区各部队相继由八路军、新四军、东北抗日联军等改称"人民解放军"。1948年11月1日,中共中央、中央军委发出《关于统一全军组织及部队番号的规定》,规定解放军分为野战部队、地方部队和游击部队三类,一律冠以"中国人民解放军"的称谓。

特别是贫苦农民的真心拥护,前线士兵、后勤支援英勇顽强,迅速扭转敌强我弱的劣势:解放军人数由少变多,武器装备由劣变优,解放区由小变大,战争形势由迂回防御转为战略反攻,最后更是势如破竹,不可阻挡。“为有牺牲多壮志,敢教日月换新天”。继取得抗日战争的伟大胜利、将日本侵略者赶出中国之后,在3年多的时间里,又打败了800万国民党军,推翻了国民党政府,将帝国主义侵略势力赶出了中国大陆,紧跟解放军大军南下的步伐,由北向南开展土地改革,彻底消灭封建土地制度;以半殖民地半封建条件为依托的外国资本和封建国家资本主义亦同时终结。新民主主义经济开始由原抗日根据地向整个大陆地区扩展。1949年10月1日中华人民共和国成立,中国人民从此站起来了,屹立在世界的东方。

一、靠侵略起家并以占领和灭亡中国为终极目标的日本

本阶段以1937年日本全面侵华战争爆发为起点。相对中国而言,日本可谓蕞尔小国,却在近代中国历史上充当了“划时代”的重要角色,并使中国濒临亡国灭种。此事绝非偶然,亦非中国积贫积弱、腐败无能的单纯“内因决定论”能够解释。因为单纯“内因决定论”就算解释了全面侵华战争,对“诺门坎事件”“珍珠港事件”和“太平洋战争”等的发生原因,也很难找到圆满的答案。考察、总结中国这段历史,不能就中国论中国,必须首先懂得日本,对其历史、本性、“立国之本”或“基本国策”,有一个大致的了解。对日本的历史、本性、“立国之本”或“基本国策”,可作以下简单概括:靠侵略、劫夺起家,以全面占领和彻底灭亡中国为终极目标。

日本四面环海,人口不多,疆域狭窄,资源贫乏,原本经济、技术落后,依赖中华文明传播,加上对外侵略、劫夺起家发家。1868

年明治维新后,日本国家机器的基本功能就是对外侵略扩张。明治维新后80年的日本近现代史,就是一部对外侵略扩张史,一部血淋淋的侵华和烧杀劫掠史。1931年“九一八事变”开始的侵华战争和1937年“七七事变”开始的全面侵华战争,蓄谋已久,它是明治维新后历次侵华战争的延续和急剧扩大。1937年爆发的全面侵华战争要实现的目标,和50年前(1887年)日本参谋本部提出实现“八纮一宇”神话的“大陆政策”,和10年前(1927年)《田中奏折》“欲征服支那,必先征服满蒙,如欲征服世界,必先征服支那”的“新大陆政策”一脉相承,并升级换代。按照日本的“基本国策”和侵华战略,1937年爆发的全面侵华战争是对华侵略的最后一战,其目标是全面占领和彻底灭亡中国,灭绝中华民族,使大和民族成为中华大地唯一的“主人”。中国因此遭到浩劫,濒临亡国灭种,只是由于中国人民抛头颅、洒热血、英勇顽强抗击,加上国际社会的支援,日本军国主义者才未能达到目的。

相对于源远流长的中华文明而言,日本历史相对短暂,社会、文明演进迟缓,直至公元3世纪中叶,才在岛内建立“大和国”,后因华夏古老文明的启迪、示范、滋养,才得以加速发展。公元645年,日本学习唐朝,孝德天皇仿照中国建立年号,即定该年为“大化”元年,以唐朝律令和相关制度为蓝本,进行经济、政治改革,是为“大化改新”,又称“乙巳之变”。大化改新部分地解放了生产力,建立和完善了封建统治制度,奠定了日本的国家发展方向。

不过日本并未因为学习和汲取中华文明而走上自力更生发展经济、自食其力的正道。随着社会生产力发展和造船、航海技术的初步运用,日本立即掀起了一股海盗劫掠的邪风,并迅速由劫掠海上商旅、渔船发展为对朝鲜半岛和中国陆上掠夺,在沿海地区城乡打家劫舍、杀人放火、谋财害命,日益猖獗。从14世纪到16世纪,持续为害三百年,史称“倭寇”。

“倭寇”劫掠还是小打小闹,尚未提升到“国家战略”的层面。1868年明治维新后,日本把对外侵略、扩张领土、劫掠钱财和物资资源,作为发展国内封建资本主义和城乡经济的一条捷径,迅速走上了侵略扩张的军国主义道路。事实上,还在“明治维新”前夕,1867年明治天皇睦仁登基不久,就提出了“富国强兵”的口号,1868年3月14日以天皇名义发布《宸翰》(即《天皇御笔信》),宣称要“开拓万里波涛,布国威于四方”①。其海外武力扩张的勃勃野心暴露无遗。

日本明治维新后,很快就确立了“开疆拓土”的侵略总方针,将地处日本西南太平洋上的中国属国琉球、一峡之隔的中国属国朝鲜和中国行省福建台湾府,作为对外扩张的首选目标。对中国大陆则异想天开,试图“一体均沾”,同西方列强享受同等待遇,1870年、1871年,日本为此两次派遣使团抵华,秣马厉兵主动要求签订相关条约,不过未达目的。1871年6月谈判时,副使外务大臣柳原前光一开始便拿出了大致拷贝中国同欧美列强所签不平等条约,作为条约草稿。李鸿章阅后当即否定,并拿出了中方拟就的草案。最终,日方被逼无奈,只得同意以中方草案为缔约基础进行谈判,签署了《中日修好条规》18条,另有《通商章程》33款。不过日本想通过修约,享有同欧美列强一样的待遇,尤其是享有片面最惠国待遇和进入内地经商权的欲望,全都没有实现。②

① [日]明治文化研究会编:《明治文化全集》第2卷,日本评论新社1969年版,第33—34页。见易显石等:《“九一八”事变史》,辽宁人民出版社1981年版,第44页。

② 参见冯玮:《〈中日修好条规〉真的是一个平等条约吗?》,腾讯新闻网,2017年8月27日。《中日修好条规》称“条规”,而不称“条约”,是李鸿章意在显示其与先前中国同西方诸国签订的“条约”不同,是对“蕞尔小国”日本的不屑。

日本无法通过修约坐享其成,获得同欧美列强同等的特权和地位,根本原因还是军事实力的欠缺。日本深知此道,于是加紧秣马厉兵,并通过实战扩大军事实力,先从中国岛屿和属国下手,由小到大,积小胜为大胜。1871 年 11 月,日本利用纯属中国内政的"牡丹社事件"实施对中国的挑衅、侵略和领土扩张。① 1874 年 2 月,日本政府拟定《台湾番地处分要略》,4 月组成"台湾生番探险队"3000 人,由陆军中将西乡从道率领舰队直逼台湾,在琅峤登陆,攻打台湾居民,杀人放火,无所不为,并以龟山为中心建立所谓"都督府",试图占领整个台湾岛。只因当地居民全力抵抗,清政府积极备战,而日军不服台湾水土,士兵多有死亡。日本自知无法立即军事占领台湾,才改用外交手段讹钱夺地。经过一番外交角力,清政府与日本签订《中日北京专条》,并付给"所有遇害难民之家"抚恤银 10 万两和日军在台"修道建房等件"40 万两。日军于 1874 年 12 月撤离台湾,随即于 1879 年非法武力吞并琉球,改名"冲绳县"。

日本第一次进攻中国台湾、侵略中国大陆,就大获成功,特别是轻而易举地得到了整个琉球群岛,而且一步到位,将琉球王国变成日本的一个省,简直喜出望外,信心倍增,贪欲膨胀,加紧制定对

① 1871 年(同治十年)10 月,一艘琉球宫古岛民的进贡船在回那霸航行时遭遇台风,漂流至台湾南端,69 名船上人员中 3 人溺死,66 人登岸后,因误闯台湾原住民住地,54 人遭牡丹社原住民杀害,其余 12 人由当地汉人营救,转往福州乘船回国。日本乘机大做文章,1873 年 11 月派外务卿副岛种臣以"中国派遣特命全权大臣"的身份出使中国,讹称琉球系日本"属地",被杀琉球人乃该国"人民",日本政府将"遣使问罪"。清政府总理衙门大臣吏部尚书毛昶熙及户部尚书董恂虽然强调,琉球、台湾"二岛俱我属土,属土之人相杀,裁决在我。我恤琉人,自有措置,何预贵国事而烦过问"?但同时以"生番"(山地高山族人)不服王化为由推搪。并说"生番系我化外之民,问罪与否,听凭贵国办理"。日本即以此为借口出兵台湾,史称"牡丹社事件"。

中国、朝鲜的侵略扩张政策(即后来的所谓“大陆政策”)。为了刺探和掌握中国的政治、军事状况,制定相应的侵华方针政策,1879年、1880年,日本参谋本部长山县有朋两次分别派遣10余名军官、10余名“中国语研究生”到天津、北京等地调查,并将其调查结果编成论述中国军备情况和日本侵华方针的《邻邦兵备略》,1880年11月连同奏折一并呈与明治天皇。① 这正是“大陆政策”形成的一部分。

日本对朝鲜半岛觊觎已久。明治维新后,“征韩论”更甚嚣尘上,这不仅仅要将朝鲜变成日本殖民地和农产原料供应地、工业品销售市场,更重要的是开辟一条进攻中国的陆上捷径。日本武力犯台次年,又马不停蹄频繁袭击朝鲜,1876年以武力敲开了朝鲜国门,强迫签订《江华条约》,一个主要目的是令其脱离清帝国属国的地位,该条约第一条载明“朝鲜为自主之邦,保有与日本国平等之权”,然而日本却在朝鲜享有“领事裁判权”,朝鲜的实际身份是日本的半殖民地。1882年朝鲜发生“壬午兵变”,中日两国同时出兵,清军虽然设法压制日军,但日本仍然在《济物浦条约》中取得了在朝鲜的派兵权和驻军权。1884年,日本帮助朝鲜开化党发动“甲申政变”,企图建立由日本直接掌控的傀儡政权。清军虽然击败日军,粉碎了政变,但日本又利用清廷的昏庸,次年3月同清朝签订《中日天津会议专条》(又称《中日天津条约》或《朝鲜撤兵条约》),规定中日两国同时从朝鲜撤兵;将来朝鲜若有变乱重大事件,中日两国或一国派兵,“应先互行文知照,事定仍即撤回,不再留防”。《济物浦条约》使日本取得了以保护公使馆为由出兵朝

① [日]德富苏峰编:《公爵山县有朋传》,山县有朋公纪念事业会1933年版,第798—799页。见易显石等:《“九一八”事变史》,辽宁人民出版社1981年版,第51—52页。

鲜的权利,《中日天津会议专条》则使日本取得了与中国在朝鲜共同行动、随时向朝鲜派兵的特权,这两个条约为日本发动侵华战争打开了一个突破口。

日本紧接着为发动侵华战争加紧准备。1887 年,日本参谋本部制定的"清国征讨策略"出台,并演化为以侵略中国为中心的"大陆政策"。这是日本的新国策,分为五步:第一步攻占台湾,第二步吞并朝鲜,第三步进军"满蒙",第四步灭亡中国,第五步征服亚洲、称霸世界,实现日本神话中的所谓"八纮一宇"①。1890 年日本爆发经济危机,促使日本进一步加快战争准备,是年新任日本首相山县有朋为此抛出"捍卫主权线""防护利益线"的侵略扩张理论,日本"疆域"是其"主权线";"同主权线的安全紧密相关之邻近区域",亦即中国和朝鲜半岛则是其"利益线"。② 为了发动侵略中国、朝鲜的战争,日本除了扩充军备,又加紧搜集情报。1893 年,日本参谋本部次长川上操六还亲自到中国和朝鲜进行实地军事"考察"。侵略中、朝之战,已箭在弦上。

日本万事俱备,只等时机。1894 年,朝鲜爆发东学党领导的农民起义,清政府应朝鲜政府请求,6 月出兵朝鲜,同时根据 1885 年《中日天津条约》通知日本。日本一看发动战争的时机已到,大

---

① "八纮一宇"("八纮"出自中国古籍《列子·汤问》。该典籍有"八纮九野"一语,意即广袤无垠之地)是日本统治者为树立"天皇"的宗教威权而编造的神话,相传"神武天皇"曾下达"八纮一宇"诏书,即完成"征服世间的四面八方,置诸于一个屋顶之下"的使命。因为"日本是神国","日本民族是世界上最优秀的民族",所以全世界要合并成一个大民族、成立一个大国家,日本天皇乃其最高君主。

② [日]大山梓编:《明治百年史丛书·山县有朋意见书》,日本原书房 1966 年印本,第 196 页。见易显石等:《"九一八"事变史》,辽宁人民出版社 1981 年版,第 52 页。

肆玩弄阴谋,先是诱使清朝出兵,清政府不知是诈,先后三批发兵,共计2400余人。日本随后以保护使馆和侨民为名,更大规模向朝鲜出兵。清政府发觉上当,建议两国同时撤军,但遭日本拒绝。日军很快占领朝鲜王宫,组建傀儡政权,并不断增兵朝鲜,故意制造紧张气氛。一待时机成熟,1894年7月25日,日本不宣而战,对中国派驻朝鲜的海陆军发起突然袭击。8月1日,中日同时宣战,中日甲午战争爆发。战争从朝鲜打到中国境内,从海上打到陆上,到1895年3月奉天田庄台一战清军惨败、战争结束为止,清军连战连败,海军全军覆没。4月17日签订《中日讲和条约十一款》(即《马关条约》),赔款23000万两白银(含赎辽银3000万两);割让领土台湾和澎湖列岛、辽东半岛(后3000万两白银赎回);承认朝鲜为"独立国",即默认日本对朝鲜的控制。

中日甲午战争对中日两国的历史发展都是"划时代的":日本通过甲午一战,全面显示了现代科技和军事实力,让欧美刮目相看,凭此跻身帝国主义列强阵营,以此为分界,地处东亚的日本,却作为西方列强的成员,正式加入了帝国主义对中国的争抢、宰割、瓜分狂潮;中国通过甲午一战,充分暴露了清朝统治者的懦弱和腐败无能,进一步刺激了西方列强侵略中国的野心。在帝国主义和所有外国人的眼里,中国就是一块没有任何抵御和反抗能力的大肥肉。中日甲午战争后,中国完全沦为包括日本在内的帝国主义联合统治、一齐宰割的半殖民地和殖民地。中国面临被帝国主义列强哄抢、宰割、瓜分,最后灭亡的悲惨命运。日本作为参加哄抢、宰割、瓜分的新成员,不仅要先占、多占、占大份,而且朝思暮想独占,并为此乘胜快马加鞭,制定方针、计划,扩大战果,为最终达到独占目标创造条件。

1895年中日甲午战争结束、签订《马关条约》后,日本陆军大臣山县有朋在呈送天皇的《陆军兵制改革奏折》中强调,如欲乘胜扩大战果,"进而成为东洋之盟主",不仅要"维持主权线",还"必须考虑利益线之开辟”。然而，“目前的军备，维持今后的主权线尚且不足，何以开辟利益线、称霸于东洋”。① 答案自然是加紧扩充军备，扩大对作为日本“利益线”的中国、朝鲜的侵略。而中日甲午战争赔款为军备扩张提供了充裕的资金。《马关条约》赔款加上赎辽费、库平实足、镑亏，清政府实际支付2.597亿两白银，折合约3.895亿日元。当时日本全年财政收入8000万日元，战争赔款相当于日本4.87年的财政收入。另外，日本掠夺的大量“战利品”，包括舰艇、轮船、汽船、军港设备、机器、枪炮、弹药金银、粮食等，价值亦达1.2亿日元。日本通过这次侵略战争所发横财，高达5.095亿日元，约相当于日本6.37年的财政收入。从战争成本和收益比较看，据估计，日本这次战争实际军费支出约为1亿两白银，折合1.5亿日元，所得赔款相当于军费支出的2.6倍。赔款同其他掠夺所得合计，相当于军费支出的3.4倍。“收益率”分别为160%和240%。② 8个月的战争掠夺，竟有如此巨额进账，大大超出了日本侵略者的预想。日本前外务大臣井上馨抑制不住心中狂喜，称“在这笔赔款以前，日本财政部门根本料想不到会有好几亿的日元”，因为日本一年的“全部收入只有八千万日元。所以，一想到现在有三亿五千万日元③滚滚而来，无论政府或私人都顿觉

① ［日］渡边几治郎：《基础资料皇军建设史》，第326页。见易显石等：《“九一八”事变史》，辽宁人民出版社1981年版，第52页。

② 参见戚其章：《甲午战争赔款问题考实》，《历史研究》1998年第3期。

③ “三亿五千万日元”之数，未包括日本分别以“库平实足”“镑亏”为借口额外勒索的1325万两、1494万两白银。故日本实得赔款并非3.5亿日元（或日本学界所称2.31亿两白银，折合3.64亿日元），而是库平银2.597亿两白银，折合3.895亿日元（戚其章：《甲午战争赔款问题考实》，《历史研究》1998年第3期）。

无比地富裕”。①

割占台湾和澎湖列岛,对日本来说,意义同样非同小可。台湾与赔款不同。赔款数额再大,总还是一次性的;而台湾的物力、人力和市场资源,取之不尽,用之不竭。因此,日本占领台湾后,很快垄断了台湾利润最大的樟脑业,并实行所谓“无主地”的“国有化”和土地的强制性“购买”,剥夺农民土地所有权。更加重要的是,中国台湾是日本南进的基地,很快就成为日本渗入福建的跳板。

日本经甲午一战,迅即神话般成为战争“暴发户”。超高的战争“收益率”,进一步刺激了日本对外侵略扩张的野心。中日甲午战争一结束,日本即马不停蹄扩张军备,为发动新的战争做准备。还在马关议和期间,陆军大臣山县有朋提出,以“扩大利益线,称霸东洋”为目的,扩大师团编制,以便作为战略单位使用。三国干涉还辽事件发生后,日本参谋本部立即制定了打败俄国远东军队的扩军计划,师团建制翻番,即在原有6个师团(1个近卫师团除外)的基础上,再增加6个师团。同时迅速扩大炮兵和骑兵。海军大臣西乡从道大将也提出了庞大的海军扩充计划,“其目标是要在德国或法国同俄国联合起来时,用以击沉这两个国家能够联合派到东方来的舰队”②。在军备扩充中,作为战争“收益”或“盈利”的战争赔款,绝大部分变成了“垫支资本”。据统计,中日甲午战争赔款中陆军扩充费为5700万日元;海军扩充费为1.39亿日元;临时军事费为7900万日元;发展军舰水雷艇补充基金为3000万日元,合计3.05亿日元,占赔款总额的78.3%。③ 军队人数也

① 戚其章:《甲午战争史》,上海人民出版社2005年版,第501页。

② [日]藤村道生:《日清战争》(中译本),第185—186页。见戚其章:《甲午战争史》,上海人民出版社2005年版,第501页。

③ [日]石井宽治:《日清战后经营》,见戚其章:《甲午战争史》,上海人民出版社2005年版,第501—502页。

大大增加，现役军人由中日甲午战争前的5万余人增至中日甲午战争后的约20万人，并新建了骑兵和炮兵部队。日俄战争时，日本军队已达百万人。①

同时，中日甲午战争的军事侵略直接为日本扩大经济侵略、经济掠夺铺平了道路，达到战前订约无法达到的目的，大大加快了日本经济壮大的速度。根据《马关条约》的规定，清政府为日本新开沙市、重庆、苏州、杭州4个商埠。1896年7月又签订《中日通商行船条约》，规定日本人在中国已开及日后增开通商口岸有设立工厂企业的自由。中国方面提出对日本人所开工厂的产品征收10%的内地制造税。日本以此胁迫清政府在天津、上海、厦门、汉口4处设立"专管租界"，作为补偿。至此，日本在中国取得了8处租界设立权，比老牌殖民主义者英国还多3处。这样，已达数百万锭并"仍在骎骎发展中"的日本各纺织公司的棉纱等类产品，"将滔滔不绝地流进这个巨大市场"。因此，中日甲午战争成为日本资本主义发展的"跳板"。中国因"借用外债来偿付巨额赔款而迅速加深了殖民地化"。相反，日本则"由于巨额赔款的流入，一方面进行以扩充军备为核心的产业革命，另一方面获得了采用金本位制资金，也拿到了参加以伦敦为中心的国际金融市场的通行证。日本资本主义依靠地理上靠近中国和拥有较多的专管租界，取得了比欧洲列强更有利的条件，登上了开拓中国市场的新旅程"。② 这是日本封建资本主义发展模式。

在这种发展模式下，日本国内新式企业数量、经济实力猛增。

---

① 易显石等：《"九一八"事变史》，辽宁人民出版社1981年版，第50页。

② ［日］信夫清三郎编：《日本外交史》上册，天津社会科学院日本问题研究所译，商务印书馆1980年版，第293页。

1892年,日本全国有工厂(场)2767家,其中使用动力的工厂987家,计有动力31916匹马力;到1896年,工厂(场)数增至7640家,其中使用动力的工厂3037家,计有动力64429匹马力。工厂(场)数、使用动力工厂数和动力数分别增长185.5%、207.7%和101.9%,全部翻了一番多。[①] 这里边就包括了日本政府从中国偿付的战争赔款中拿出57.9万日元发展钢铁生产,建立八幡制铁所,扩大炼钢计划,如期实现了1896年年产18万吨钢的目标。[②] 至1913年,日本靠朝鲜和中国的铁矿砂供给,生铁产量达24.3万吨,钢产量达25.5万吨,分别占国内消费量的48%和34%。[③] 这在此后日本扩大对华侵略、屠杀中国民众时发挥了至关重要的作用。

中日甲午战争对中国一个摧毁性的恶果是大大刺激了西方列强侵略中国的野心。西方列强眼巴巴地看着一个蕞尔小国在中国居然占了如此大的便宜,除了巨额赔款,又割占台湾,实在不甘心。事不宜迟,赶紧下手,列强各国一齐出动,很快掀起了一股瓜分和肢解中国的狂潮。日本自然不甘人后,挟甲午战争余威,立即加入了列强瓜分行列,1897年4月24日,日本内阁以福建与台湾毗邻、关系密切为由,令其驻华公使矢野文雄要求清帝国总理衙门以公文正式申明,"福建省及沿海岛屿永不出租、割让与他国"。总理衙门"备文接受"。于是福建省成为日本的"势力范围"。[④] 中

① 日本大藏省:《金融事业参考书》,见戚其章:《甲午战争史》,上海人民出版社2005年版,第502页。

② [日]藤村道生:《日清战争》(中译本),第193页。见戚其章:《甲午战争史》,上海人民出版社2005年版,第502页。

③ [英]G.C.艾伦:《近代日本经济简史》,蔡谦译,商务印书馆1959年版,第81页。

④ 张旭、车树昇编著:《林纾年谱长编(1852—1924)》,福建教育出版社2014年版。

国台湾直接成为日本帝国主义侵略和渗入福建的“跳板”。

帝国主义侵略急剧扩大，中华民族灾难空前深重，整个中国面临被瓜分、肢解，最终灭亡的结局。在这种危机局势下，相继发生了维新变法和义和团反帝爱国运动。这有可能打乱帝国主义列强对中国的瓜分大计，因而紧接着爆发了八国联军侵华战争。1900年6月，英国、美国、法国、德国、俄国、日本、意大利、奥匈帝国8国组成联军，从天津登陆，8月攻陷北京。八国联军所到之处，杀人放火，奸淫抢掠，无恶不作，从紫禁城、中南海、颐和园偷窃、劫掠的珍宝、文物不计其数。圆明园继1860年英法联军烧掠之后，复遭地毯式的焚烧、劫掠，终成废墟，万劫不复。1901年5月，清政府被迫签订丧权辱国的《辛丑条约》，赔款4.5亿两白银，即平均每个中国国民摊赔白银1两。在八国联军侵华战争中，日本是主力军，派遣军队最多。这除了日本距离近，调运兵力方便，还有更重要的原因：一是讨好英国。让日本多派兵力是英国提出来的，日本爽快答应，为的是拉拢英国，共同对付俄国。八国联军侵华战争一结束，1902年1月英日两国即签订条约，结成“互助同盟”，旨在反对俄国在远东扩张，维护各自在中国和朝鲜半岛的利益。二是充分利用这次难得的实战机会，锻炼队伍，积累经验，为更大规模的侵华战争做准备。三是人多力量大，劫夺金银财富多。日军不仅人数多，而且目标明确，一进北京，就分别直扑户部、内务府，将两处库存金银、仓米、绫罗绸缎等劫掠一空。再加上庚子赔款3478.5万两白银，日本在八国联军中实际掠夺的金银财富是最多的。

日本对于作为中日甲午战争重要战果的辽东半岛割占，因德、法、俄三国干涉而退还，很是不爽。虽然尚未沾手就获得3000万两“过手费”，但同辽东半岛无与伦比的物资资源、交通运输、军事价值相比，简直不足挂齿。因此，必须将辽东半岛和相关资源加倍夺回来。“英日同盟”(日本称“日英同盟”)的建立,其重要意义就在此。在辽东半岛、整个东北和朝鲜问题上,日本和俄国之间存在着直接和激烈的矛盾冲突。事实上,中日甲午战争后,为了争夺对朝鲜的控制权,日、俄两国展开了激烈的斗争。对朝鲜王室的控制权一度落入俄国手中。至于在东北,则形成俄国一家独大的局势。俄国以“还辽有功”,对清政府不断敲诈勒索。1896 年,俄国诱逼清政府接受《中俄密约》,很快劫取了修筑中东铁路及其支线的特权;1897 年年底,俄国舰队侵入旅顺口,翌年 3 月复以军事高压手段强行“租借”旅顺、大连及其附近海域,侵占整个辽东半岛。1900 年八国联军侵华战争期间,俄国以镇压东北义和团运动为名,大举入侵东北地区。当参加八国联军的其他列强侵略军撤出北京后,俄军却拒绝撤出东北。1903 年 8 月,俄国悍然成立以旅顺为中心的“远东总督区”,委派“总督”进行管辖。接着又占领奉天,企图侵占整个东北。日本要夺取辽东半岛、全面渗入东北,日俄两国必有一战。

俄国对东北的侵略和企图独占,妨碍了西方列强在中国的利益,不但遭到部分列强特别是英国、美国的坚决反对,还导致列强内部的分裂。英国历来视俄国为争夺中国的对手,企图假手日本阻止俄国南下同其争夺长江流域的权益,“英日同盟”即出此目的;主张“门户开放”的美国,支持日本打破俄国在东北的垄断地位;同俄国保持同盟关系的法国,自然支持俄国在东北的行动,但并不希望俄国过多地将军事力量投向远东,以免削弱俄法同盟在欧洲对付德国的实力;至于德国,继续推行俄国东进政策,从而减轻俄法同盟对自己的压力,因此,德国对俄法同盟的态度,在欧洲反对法国,在远东则支持俄国。至此,日、俄两国为争夺中国东北,不但早已剑拔弩张,而且各有自己的盟友和支持者,日俄战争一触即发。

1904年2月8日爆发的日俄战争，是两个封建帝国主义国家在中国（还有朝鲜）领土上进行的侵犯、掠夺中国（还有朝鲜）领土和权益的侵略战争。战争从旅顺、大连海域打到辽宁内陆；从1904年2月初至1905年5月底，前后持续近16个月。日俄军队到处杀人放火，奸淫掳掠，辽宁遍地烽烟火海，城乡民舍为墟，生灵涂炭。不仅两军官兵疯狂烧杀抢掠，大发横财，日俄两国政府也都把这场战争当成一桩无本万利的买卖。交战双方几十万军队的后勤补给，全部都在东北就地劫取；弹药辎重、战场缴获、民间劫掠等的搬运，全部就地强拉民夫、骡马、车辆完成。两国军队所到之处，所有粮食被抢光，牛、羊、猪、鸡等统统被杀光，骡马被拉去运送子弹辎重和其他物资，也有去无回；菽麦高粱，全被刈割，以作马料。纵横千里，几成赤地。男女民众，非命丧炮林雷阵，血肉飞溅，即“产破家倾，父子兄弟哭于途，夫妇亲朋号于路，痛心疾首，惨不忍闻”①。

这场两个封建帝国主义对决的侵华战争，最后以俄国失败告终，1905年9月25日在朴茨茅斯签订和约，规定：俄国承认日本于韩国之政事、军事、经济上均有“特别之利益”，日本政府视为“必要者即可措置”，俄国“不得阻碍、干涉”；俄国将旅顺口、大连湾并其附近领土、领水租借权，以及租借领域内所造有一切公共设施及财产，“均转移与日本”。②

这样，不但因德、法、俄三国干涉被迫吐出的辽东半岛从俄国手中重新夺取，报了一箭之仇，而且战果大大膨胀，俄国在朝鲜和东北一大批侵略成果都被迫转让给日本，俄国基本上丧失或放弃

① 《盛京时报》光绪三十二年（1906年）九月初一日。

② 《日俄朴茨茅斯和约十五条》（1905年9月25日），见黄月波、于能模等合编：《中外条约汇编》，商务印书馆1936年版，第299—300页。

了对朝鲜的控制;在东北,俄国在南部地区侵略所得成果、权益,特别是中东铁路南满支路宽城子至旅顺口段(即日本所称的东北南部铁路),也都全部被迫转让给日本。正是凭借再次攫夺的辽东半岛和上列权益,日本迅速开始和强化对东北南部地区的侵略。日俄战争后次年,日本紧接着于1906年成立了半官方性质的“南满洲铁道株式会社”(以下简称“满铁”)。同时,为了守卫铁路和统治这一新占领地区及其民众,又设立了“关东都督府”,配备6个大队兵力的“满铁守备队”,还外加一个步兵师团的驻扎兵力,均隶属关东都督府陆军部,俨然是“国中之国”。不仅如此,日本通过上述手段,迅速将侵略势力渗入整个东北南部地区,同俄国控制的东北北部地区,形成“分庭抗礼”之势。

日本通过日俄战争,打败了沙皇俄国这个庞然大物,在东北和朝鲜大展拳脚,侵略势力迅猛扩张,不仅在列强中的地位大幅提升,令西方列强不敢小觑,日本军国主义的侵略胃口亦恶性膨胀。1908年9月25日,桂太郎内阁通过的《对外政策方针决定》中,对华政策明确规定,“扶植我国在该国的势力,以便当该国发生不测事变时,能够确保我国的优势地位;同时必须采取措施,使满洲的现状永远持续下去”①。日本已经开始考虑在中国物色和培植代理人,显然已在琢磨如何永保在华既得权益和进而吞并中国的问题。

1914年第一次世界大战爆发,欧洲列强忙于火并,无暇东顾,中国国内政局动荡不安,这为日本扩大对华侵略提供了大好机会。日本不仅在原料搜购、产品倾销、市场占领、资本输出方面倾尽全力,而且妄图进而灭亡和独吞中国。1915年1月18日,日本驻华

① [日]外务省编:《日本外交年表与主要文书》(上),第306页。见易显石等:《“九一八”事变史》,辽宁人民出版社1981年版,第53页。

公使日置益向大总统袁世凯递交二十一条要求的文件,并要求中国政府绝对保密,尽速答复。“二十一条”的核心内容包括:1. 关于中央政权和全国范围主权的:中国中央政府聘用“有力之日本人”充为政治、财政、军事顾问;中国军队由日本采办“一定数量之军械”(比如中国所需军械之半数以上),或军械厂实行“中日合办”,聘用日本技师并采买日本材料;中国警察实行“日中合办”,或警察官署聘用“多数日本人”,以“改良警察机关”;中国沿岸港湾及岛屿“概不得让与或租与他国”;所有在中国内地所设日本病院、寺院、学校等“概允其土地所有权”;日本人在中国有“布教之权”。2. 关于地方权益的:(1)有关山东部分:原德国在山东享有的一切权益,全部转让给日本;山东及其沿海岛屿一概不得让与或租与他国;中国允准日本建造烟台或龙口接连胶济铁路之铁路;中国从速自开山东境内“主要城市”为商埠。(2)有关东北南部和内蒙古东部地区的:将旅顺大连及东北南部铁路的租借期限展至99年;日本臣民在东北南部、内蒙古东部建厂和耕作用地享有“租借权或所有权”;日本臣民得在东北南部、内蒙古东部“任便居住往来并经营商工业等各项生意”;中国政府允将东北南部、内蒙古东部“各矿开采权许与日本臣民”;中国政府如允他国在东北南部、内蒙古东部建造铁路,或为建造铁路向他国借款,以东北南部、内蒙古东部税收作抵押向他国借款,均须“先经日本国政府同意”;中国政府如在东北南部、内蒙古东部雇用政治、财政、军事顾问、教习,必须先同日本“商议”;中国允将吉长铁路经营管理事宜委诸日本,期限为99年。(3)有关华中华南地区的:允将连接武昌与九江、南昌线之铁路及南昌杭州、南昌潮州各线铁路之建造权许与日本;在福建省内筹办铁路矿山及整顿海口(船厂在内),如需外国资本,“先向日本国协议”。(4)有关核心企业的:汉冶萍公司为将来“两国合办事业”,未经日本同意,中国政府和该公司均不得自行处分“公司一切权利、产业”;中国政府允准所有属于汉冶萍公司各矿山之附近矿山,未经公司同意,一概不准公司以外的人开采,凡“直接间接对该公司恐有影响之举”,均须先经该公司同意。①

这是日本灭亡和独吞中国的一揽子措施。其中最关键的是控制中国中央政府和中国军队、警察的三项“条件”:由“有力之日本人”充当中国中央政府的政治、财政、军事顾问,直接控制中央,决定中国政治、财政、军事的大政方针,再加上由日本掌握中国军队及其武器装备,由“多数日本人”掌管中国警察,控制中国国防和国内治安,完全掐住了中国的“脖子”。中国已是砧板上的“肉”,任由日本切割。对日本来说,实现了这三条,“二十一条”中的其他十八条,都是手到擒来。灭亡和独吞中国,指日可待。

国家面临灭顶之灾,国人怒火中烧,“呼号求救,誓死不从”;而北洋政府窝囊、腐败无能,只能拖延、应付。日本则恨不得即刻独吞中国,根本没有谈判、拖延的闲心,作为对中国政府交涉、谈判答复,1915 年 4 月 26 日递交“修正案”,个别条款的条件有所松动或和缓。② 不过更多的是一些无关痛痒的词语调换。③ 有的甚至

① 《中华民国四年一月十八日日本公使日置益提出条件原文译汉文》,见黄月波、于能模等合编:《中外条约汇编》,商务印书馆 1936 年版,第 293—294 页。

② 如日本在华病院、学校、教堂等占地问题,由原来的“所有在中国内地所设日本病院、寺院、学校等‘概允其土地所有权’”,改为:日本臣民在中国内地为设立学校、病院“租赁或购买地亩,中国政府应即允准”;关于日本人在华“布教”,由原来日本人在中国有“布教之权”,改为:“关于布教权问题,日后应再行协议”。

③ 如将山东自辟商埠范围由“主要城市”换为“合宜地方”;日本臣民在东北南部、内蒙古东部建厂和耕作用地享有“租借权或所有权”,改为:“租赁或购买其须用地亩”。

"条件"更苛刻，侵略胃口更大。① 还有的得寸进尺，增加条款内容，或将原来的意向性条款明确和具体化。② 总的来说，"修正案"条款内容更广，条件更明确、严酷。1915 年 5 月 7 日下午，日本发出"最后通牒"，限令北洋政府 5 月 9 日午后 6 时就"二十一条"及其"修正案"，作出"满足之答复"，否则将采取"必要之手段"。北洋政府无计可施，"舍屈从外无他可择"，被迫于 5 月 8 日提前答复，对"二十一条"及其"修正案"，并最后通牒附加七件之解释，"即行应诺，以冀中日所有悬案就此解决，俾两国亲善益加巩固。即请日本公使定期惠临外交部。修正文字，从速签字"。随即以"二十一条"及其"修正案"为蓝本，于 5 月 25 日签署《中日条约及换文》。当天还同时分别签署了《中日间关于山东省之条约四条》和《中日间关于南满洲及东部内蒙古之条约九条》。③ 这样，日本不仅轻而易举地签署了"二十一条"，而且就山东和东北南部、内蒙古东部两个重点地区签署了专门条约。日本踌躇满志，既有条约保证，更有快速增长的国力做后盾，灭亡和独吞中国只是时间问题。

① 如中国政府在东北南部、内蒙古东部雇用政治、财政、军事顾问、教习，必须先同日本"商议"，改为：聘用"顾问、教官，尽先聘用日本人"。

② 如第二号第四款，中国政府允将东北南部、内蒙古东部"各矿开采权许与日本臣民"，原件并无地点、矿名，只写明"拟开铬矿另行商订"。修正案并未"商订"，直接详细列明矿山所在地、县名和矿种，计煤矿 7 处，铁矿、金矿各 1 处，共 9 处。其中铁矿范围包括从辽阳县到本溪县一大长条；第二号第七款增加中国政府允诺从速自开东北南部、内蒙古东部"合宜地方为商铺"；又增加如有日本人及中国人原在内蒙古东部"合办农业及附随工业时，中国政府应行允准"。

③ 参见黄月波、于能模等合编：《中外条约汇编》，商务印书馆 1936 年版，第 285、287—299 页。

不过日本在落实“二十一条”的过程中,进展似乎并不顺利。第一次世界大战结束后,在1921年11月12日开幕的华盛顿会议上,中国作为战胜国,出席会议的代表郑重要求,“取消1915年之日本二十一条要求及许予各国特别势力范围之各条约”。但日本代表“以二十一条只关中日两国为理由,并历叙中外缔约之故实,拒绝讨论”。延至1923年3月10日,北洋政府外交部复向日本驻华大使发出照会,声明废止“二十一条”,日本政府“照复,不承认废止”。至此,“二十一条要求”除已经“解决”、日本业已攫得权益者外,“其余均为悬案”。①

经过这次反复,日本军国主义者愈加坚信,武装侵略是占领、灭亡和独吞中国最快捷有效的方法。于是,在对华拼命扩大投资侵略、窃夺经济权益(尤其是东北)的同时,进一步加紧了武装侵略的准备。

不久,1923年9月1日,日本发生关东大地震,居民死伤(地震中约15万人死亡)、经济损失惨重。日本倍感国土狭小,自然灾害频发,愈加急于开拓新的生存空间,中国台湾和朝鲜被吞并后,中国东北成为首选目标。关东大地震后,日本为缓和国内矛盾,弥补国内的资源不足,恢复和发展国内经济,进一步加快了对华侵略的步伐。

1927年田中内阁上台和随后确定的侵华、灭华方案和计划、步骤,是日本加快侵华步伐、全面落实“二十一条”、最后灭亡和独吞中国的一个重要节点。

1927年蒋介石“四一二”反革命政变一周后,日本加紧推行侵

① 《华盛顿会议中日美三国代表说明书》,见黄月波、于能模等合编:《中外条约汇编》,商务印书馆1936年版,第285—287页。

华路线的军国主义田中内阁正式上台[1],随即着手制定侵华策略,加快侵华步伐,根据中国当时局势,确定行动步骤:一是召开“东方会议”;二是对中国山东出兵。

1927 年 6 月 27 日至 7 月 7 日,田中主持召开“东方会议”,外务省、大藏省、陆军省、海军省、参谋本部、军令部各大臣及驻华外交官、关东厅行政长官、关东军司令官等全部参加。会议确定:贯彻“满蒙分离”政策,将“满洲从中国分离出来”;为“确保在满蒙特殊的地位权益”,决心维持满蒙“治安”;着手解决满蒙铁道建设问题;在中国内部支持国民党而镇压共产党;以武力保护日本在华“居留民”。

1927 年 7 月 25 日,田中向日皇呈递专谈日本“对于满蒙积极根本政策”的奏折,即《田中奏折》。

《田中奏折》提出了日本新大陆政策的总战略:“欲征服支那,必先征服满蒙,如欲征服世界,必先征服支那”。一旦征服中国,即以中国之富源征服印度、南洋各岛、西亚及欧洲。因此,“握执满蒙利权”是日本征服整个亚细亚大陆的“第一大关键”,必须“以铁与血主义实保东三省”。[2] 为此,《田中奏折》具体制定了经济掠夺、军事征服、政权控制以及移民、渗透、颠覆、策反等多管齐下的侵略手段。

---

① 日本内阁首相田中义一(1864—1929 年),系日本军阀和军国主义代表人物之一,长州藩士出身,后入陆军,日俄战争时为满洲军参谋,战后历任陆军大臣和参谋本部参谋次长等职,1918 年、1923 年先后任原叔内阁、山本权兵己内阁陆相,1926 年以大将退役为立宪政友会总裁,1927 年 4 月 20 日出任首相兼外相,1929 年因皇姑屯事件,其内阁被迫总辞。田中任首相期间,将日本侵华政策推上了一个新的台阶。

② 《田中义一上日皇奏章》,见章伯锋、庄建平主编:《抗日战争》第 1 卷,四川大学出版社 1997 年版,第 23—24 页。

经济掠夺方面,首先以“二十一条为基础勇往迈进”,千方百计取得“满蒙”的土地“商租权”(实为占有权)、铁路建筑权、矿权、林权以及外贸、海运、金融独占权;保证日本人可以自由出入“满蒙”,把整个“满蒙”的经济利权和经济命脉全部掌握在日本人手中。同时“以利权而培养贸易”,进而“以满蒙为根据”,以“满蒙”之权利为“司令塔”,而攫取“全支那之利源”。最后“以支那之富源而作征服印度及南洋各岛以及中、小亚细亚、欧罗巴之用”。

移民方面,以“满蒙”作为日本每年80万“剩余”人口的消纳地,立即遏制每年约数百万的关内移民潮,并大力推行朝鲜移民,在现有基础上,尽快将移民人数扩张至250万人以上。由朝鲜民“打先锋”,东拓会社和“满铁”紧随其后,同时在各地遍设警察署进行“保护”。平时借朝鲜民之力,开拓内外蒙古及把握其商权,一遇“有事之秋”,则以朝鲜民为“原子”而采取军事行动。如果中国籍或日本籍的朝鲜民作乱,即以“悬羊头卖狗肉之方策应付之”,名为出兵镇压,实则控制和占领东北;如东三省政府敢以朝鲜人制衡日本,则日本“用兵之机会可以急速”到来。

渗透、颠覆、策反方面,派人充当蒙古王府的“顾问”,左右王府政策和政治倾向。① 同时派遣退伍军人“密入”图什业图王府以及其他王府管区,设法“到处安置”退伍军人,“以便操纵其旧王公”。待人数增多,即用“十把一束之贱价”买下土地所有权。再视其情况,或垦为水田,种植食米,以济日本食料不足;或设牧场,养殖军马、牛畜,以充军用及食用,剩余者制成罐头运贩欧美,毛皮亦供日本不足之用。“待时期一到则内外蒙古均为我有”。

① “关东厅”长官福岛长女,即被派充图什业图王府“顾问”,因此该王府与日本“颇为接近”。

贸易掠夺方面，首先攫取各种经济特权，“以利权而培养贸易”，再“以满蒙为根据”，攫取全中国财富。为此必须尽快控制作为东北基本工业的榨油业，改变现在绝大部分油坊被华人掌握的局面。鉴于日本所取羊毛、棉花、大豆、豆饼、钢铁等物日益增多，必须尽快获得东北、内蒙古特产品的专卖权，阻止和排挤中国商人的贩卖活动，并将专卖权作为“监理满蒙财政及贸易的第一步”。

军事侵略和武装占领，是日本帝国主义彻底“征服”东北、内蒙古，占领和消灭中国的根本方针和前提。《田中奏折》声称，必须以“铁与血”的手段，“拔除东亚之难局”，“以铁与血主义实保东三省”。① 亦即必须以铁与血主义侵占和统治东三省。为此，日本帝国主义无时无刻不在处心积虑谋划和创造时机，随时准备付诸实施。

20 世纪 20 年代中后期，正处于世界资本主义经济大危机的前夜，在日本，人民尤其是农民因缺乏土地，生活贫困，阶级矛盾尖锐，“左翼公会”要求平等分配土地，改善农民经济状况。正是在这种背景下，日本军国主义强调，解决国内问题，要“把眼光从国内转向外部”。而这个所谓“外部”，就是包括内蒙古在内的中国东北，即日本所称的“满蒙”。这样，日本军国主义加快了对华侵略、武力占领东北、内蒙古，以解决农民土地问题、缓和国内矛盾的战争步伐。日本陆军省派遣一批青壮年军国主义激进分子下乡开大会、搞宣传、造声势，诱导农民张大眼睛“看看‘满蒙’的沃土”，并且煽动说，“即便把日本所有的耕地平等地分配给所有的农民，所获得的额度也只有 5 反步”（1 反步约合 992 平方米）。如果占领了“满蒙”，“大家就不止 5 反步，而是一跃成为 10 町步（1 反步

---

① 以上所引《田中奏折》的文字，均见章伯锋、庄建平主编：《抗日战争》第 1 卷，四川大学出版社 1997 年版，第 23—46 页。

的100倍,约合10公顷)的地主啦,大家都可以做东家了"。[①] 强调为了"确保(日本)国民经济的生存","完全解决满蒙问题使之成为我国领土,实乃当务之急"。[②] 日本军国主义者就是通过这种宣传鼓动,将日本农民的目光和希望统统聚焦"满蒙",在全日本迅速掀起了一股到"满蒙"发横财、"当地主""做东家"的狂热。

1930年12月,日本并吞"满蒙"秘密计划出台;1931年5月,日本在东北的驻屯军,即"关东军",着手拟定征服和占领东北、内蒙古的具体方案和计划,明确提出解决"满蒙"问题的"唯一方策"是将其作为日本"领土",而且必须放在比解决国内问题更加优先的位置。强调"先进行国内改造,不如先解决满蒙问题为有利"。为此,日本军部必须"主动通过谋略制造机会",关东军则"主动抓住良机",而日本陆军的当务之急是"制订战争计划"。日本侵华战争的发动,已箭在弦上。关东军随即制定了侵略战争的基本原则、纲要和行动步骤,强调日本国策的"首要原则"是攫取"满蒙",首要任务是"利用各种手段不断酝酿中日开战情势",并在东北、华北加紧准备武器弹药,以备战争之需。关东军还决定,一旦夺得中国领土,不仅"在占领区不能存在中国政府",还要"颠覆中国中央政府,拥立亲日政府"。[③]

1931年4月,若埌内阁成立后,将田中内阁的侵华政策进一步具体和条理化。若埌内阁一成立,即对年度情势进行了判断,强调"满蒙问题"必须根本解决,并设想分三个阶段进行:第一阶段

① [日]加藤阳子:《从满州事变到日中战争》,徐晓纯译,香港中和出版有限公司2016年版,第26—27页。

② [日]板垣征四郎:《关于满蒙问题》(1931年5月21日),见章伯锋、庄建平主编:《抗日战争》第1卷,四川大学出版社1997年版,第75页。

③ 参见章伯锋、庄建平主编:《抗日战争》第1卷,四川大学出版社1997年版,第61—86页。

建立亲日政权；第二阶段成立独立国；第三阶段领有“满蒙”。①

1931 年夏季，中国发生罕见的大洪灾，长江、黄河、淮河三大水系水位暴涨，干流支流决堤无数，武汉全境浸泡水中长达一月之久。全国 23 个省被淹，将近 2/3 的地区受灾，灾民超过 1 亿人，人民生命财产和经济损失无法统计。也就在这年 4—5 月和 7—9 月，国民党政府对苏区连续发动军事围剿，以致无暇无力组织及时有效的防灾、救灾工作，致使灾情加剧，灾期延长，损失惨重，全国经济濒临瘫痪。这给日本帝国主义发动战争、武力占领东北提供了绝好时机。1931 年 9 月 18 日晚，关东军在沈阳附近柳条湖炸毁东北南部铁路一座小桥，污蔑为中国军队所为，随即突然袭击和占领沈阳驻军北大营，点燃了大举侵略中国的罪恶战火。

由于国民党政府推行“攘外必先安内”和不抵抗主义政策，日本帝国主义轻而易举地占领了东北三省、热河和内蒙古东部地区。按照关东军和日本军国主义占领和灭亡中国的既定方针，不论采取何种形式，解决“满蒙”问题的“唯一方策”是将其切割，作为日本“领土”。在暂时无法像中国台湾一样、将“满蒙”直接并入日本版图的情况下，日本迅速网罗汉奸走狗，扶植成立了名义上“独立”的伪“满洲国”，将“满蒙”从中国分离出去，变为日本的殖民地、附属国，实际上变成了日本“领土”。

对日本来说，占领“满蒙”在灭亡和独吞中国的基本国策中，是关键的一环，更是日本“回转国运的根本策略”。日本国土面积狭窄，资源贫乏，农民缺少土地。伪“满洲国”的土地面积约相当于日本本土的 3.4 倍，再加上通过中日甲午战争割占的台湾，两者合计相当于日本本土的 3.5 倍。“满蒙”的占领，对日本的意义非

① 天津编译中心译：《满洲事变资料》，见章伯锋、庄建平主编：《抗日战争》第 1 卷，四川大学出版社 1997 年版，第 104 页。

同小可,几乎一夜之间,土地从天而降,日本农民可以成群结队前往中国"当地主""做东家"了,缺地矛盾迎刃而解。更为重要的是,有了土地广袤、物产资源丰富的"满蒙",日本国力陡升,有了打长期战争的底气。日本军国主义者认为,现代战争是"经济战",但日本物资贫乏,大部分军需原料都要仰仗国外进口,不可能像欧洲国家那样进行"总力战"①,即使在武力战上取胜,也无法赢得持久的"经济战"。现在有了"满蒙",不仅可以打武力战,还可以进行持久的"经济战",即使"持久战(也)并不可怕"。②

日本帝国主义在占领东北、扶植成立和控制伪"满洲国"傀儡政权后,为其扩大对华侵略、全面占领和灭亡中国提供了充足的条件。在"九一八事变"前后,日本军国主义者明确提出了在长期对华侵略过程(包括日俄战争)中构思和制定、形成的基本国策:日本"出征"军"必须依靠占领地的征税、物资和武器来自给自足",在"日本国内不出一分钱的方针下"进行和完成战争。③"九一八事变"后,日本关东军在攻城略地、烧杀奸淫掳抢、肢解中国的过程中,开始推行军队就地补给、"自给自足""以战养战""以华制华",用中国的人力物力征服和灭亡中国的基本国策。

正是凭借这一基本国策,日本侵略者不仅占领了东北全境,扶持建立伪满傀儡政权,在短短四五年时间内,把"满蒙"建成巩固的"根据地",而且将魔爪迅速伸入关内,蚕食、切割和肢解华北,扶植冀东汉奸政权,并加紧策划"华北五省自治",统制、掌控华北

① "总力战"原是日语词语,指的是动员国家一切力量投入战争,属于衡量一个国家总体实力的战争。

② [日]加藤阳子:《从满州事变到日中战争》,徐晓纯译,香港中和出版有限公司2016年版,第121—126页。

③ 《石原莞尔资料·战争史论》,见[日]加藤阳子:《从满州事变到日中战争》,徐晓纯译,香港中和出版有限公司2016年版,第122页。

的物资资源，进而形成“日满华经济势力圈”。因为华北在日本的侵华战略中，占有极其重要的地位，无论灭亡中国还是称霸世界，都须“依仗着满蒙及华北资源”。① 既然已将“满蒙”建成巩固的“根据地”，华北重要物资资源已进入或有望进入日本的统制和掌控中，直接以全面占领和最终灭亡中国为目的的全面侵华战争的条件业已成熟。

1937 年 7 月 7 日，日本悍然发动“卢沟桥事变”（亦称“七七事变”），全面侵华战争由此爆发。对日本来说，这是侵略中国的最后一战，直接目的就是全面占领和灭亡中国、灭绝中华民族，使“大和”民族成为中华大地唯一的“主人”。

显然，这场灭亡中国的全面侵华战争的爆发，并非历史的偶然，并非日本军国主义者一时头脑发昏、发疯、发狂，而是经过日本长期的、几代人的处心积虑、反复策划、物资准备和侵华战争成果积累的结果。日本发动全面侵华战争时，已不再是中日甲午战争前的蕞尔小国。通过侵占中国台湾和东北地区，吞并琉球、朝鲜，日本实际控制的疆域面积，比原来国土面积扩大 3 倍多，并在地理位置上对中国形成半月形的包围圈。物资资源亦空前丰富，改变了原来资源贫乏的状况。日本的科学技术和生产力发展水平远比中国高，又是在中国境内就地取材、就地制造，军队就地补给，日本侵略军的作战条件，比在日本本土作战还要优越。因此，日本军国主义气壮如牛，认为占领和灭亡中国，完全可以手到擒来。

为了震吓中国人民，以最快的速度征服和灭亡中国，全面侵华战争一开始，日本侵略军在长驱直入、夺城掠地的同时，采用了大轰炸、大焚烧、大扫荡、大屠杀、大奸杀、大抢劫、大破坏等一切反人

① ［日］加藤阳子：《从满州事变到日中战争》，徐晓纯译，香港中和出版有限公司 2016 年版，第 125 页。

类暴行,中国人民被推入了苦难深渊。然而中国人民没有被吓倒,在全国范围内掀起抗日救国的高潮,日本帝国主义没有也不可能迅速全面占领和灭亡中国。由于中国军民英勇顽强的抵抗,侵华日军遇到的阻力增大,同时日军占领区扩大,战线拉长,兵力分散,顾此失彼,只能由全面进攻转为重点进攻。战争进入相持阶段后,日军为了达到征服和灭亡中国的目的,将侵略手段发展为大围剿、大扫荡和杀光、烧光、抢光"三光政策",完全丧尽天良和人性。在侵华、灭华谋略上,由切割、肢解、分而治之改为建立全国范围的"中央"傀儡政权,招降汪精卫后,又诱降、逼降蒋介石,妄图使整个中国成为日本统治下的殖民地。好在蒋介石总算守住了底线,未同汪伪同流合污,抗日民族统一战线始终没有完全破裂。在无法短时间内征服和灭亡中国的情况下,日本改变称霸和征服世界的原定战略部署,先以中国占领区为根据地,利用中国的人力物力打败英美,征服世界,再回过头来彻底灭亡中国。日本先是于1939年5月发动诺门坎战役,挑战苏联失败,接着于1941年末袭击珍珠港,发动太平洋战争,虽然一段时间取得胜利,相继占领东南亚和西太平洋地区大片领土,整个西太平洋成为日本内海,小小日本膨胀为名副其实的"大日本帝国",但因树敌太广,战线太长,尤其是作恶多端、为害四方,为最后的失败埋下了祸根。不过日本军国主义到死也不会束手就擒、甘于失败。为了负隅顽抗,1945年年初直至8月投降前,还对中国进行持续半年多经济大掠夺、大洗劫,将凡是能用汽车、火车、轮船运走的一切工矿原料、工农林牧产品和其他一切物资资源,全部运往日本,妄图仍"在日本国内不出一分钱的方针下"①,退回日本本土长期作战,以待东山再起。但因美国接连两次投放原子弹,侵

① [日]加藤阳子:《从满州事变到日中战争》,徐晓纯译,香港中和出版有限公司2016年版,第122页。

华日军没有来得及退回日本本土作战，就被迫在中国全部就地缴械投降。从中国运回日本数量可观的物资纹丝未动，全部成为其难得的物资储备。日本再一次大发横财。

日本明治维新后半个多世纪对华侵略和国内经济发展的整个历史清楚说明，日本完全是靠侵略中国起家，特别是甲午一战，一夜暴富，一步登天，由蕞尔小国跻身世界列强，成为八国联军侵华、掠华主力，再发一笔横财，如虎添翼，很快在日俄战争中打败沙俄，成为强中之强。将中国东北南部轻而易举地揣入囊中。随着国力加速度增强，侵略扩张的野心恶性膨胀，第一次世界大战期间，趁西方列强无暇东顾，于 1915 年提出"二十一条"，妄图灭亡和独吞中国。因为北洋政府不甘就此亡国灭种，日本决心用"血与火"的手段征服和灭亡中国。因而才有《田中奏折》和灭华战略部署的制定，"九一八事变""七七事变"和长达 14 年侵华战争的发生。在这场野蛮的侵略战争中，不仅"日本国内不出一分钱"，全部就地取材、就地补给，还通过大肆劫掠和杀光、烧光、抢光"三光政策"，将中国的金银财宝、物资资源源源不断地运回日本。于是日本越战越强、越战越富。失败投降前，又来了一次大掠夺、大洗劫。战争虽然打败了，物质财富却空前充盈。这就是日本战后经济恢复如此迅速，经济和文化教育的发展速度如此惊人的奥秘所在。因为文化教育、科学技术、发明创造都是用金钱堆出来的。

二、日本的经济摧毁、破坏和统制、掠夺与中国民族资本主义的浩劫

日本帝国主义占领和灭亡中国的基本方针和手段，是消灭中国的"有生力量"，以达到瓦解和摧毁中国抵抗能力的目的。在日本侵略者的思维模式中，凡是中国人民的生产、生活必需品，凡是

能够抵抗日本侵略者的人力物力,都是“有生力量”,必须瓦解和彻底摧毁。而其中核心部分,人力方面是男女青壮年;物力方面,一是作为中国国民经济基础产业的农业,二是代表先进生产力和生产关系的资本主义工矿、交通事业。后者更是重点摧毁和攫夺对象。日本先是在夺城掠地过程中飞机狂炸、大炮轰击、纵火焚烧,对各类工矿企业及其生产管理者、守卫者进行无差别摧毁、射杀,继而在占领城市、乡镇后,搜寻、劫夺残存工矿和交通运输企业,掠为己有,实行“军管理”,复旧、扩充,或由侵华日军直接控制、经营,或委托日本“国策会社”、其他相关会社经营管理。不论哪种情况和结局,对中国各类资本主义企业都是一种浩劫和灭顶之灾。

东北地区的民族资本(包括地方官办资本)工矿商业,1931年“九一八事变”后,很快被日本残酷掠夺、摧毁,继而复旧、扩充、新设,蜕变为日本帝国主义发动全面侵华战争、占领和妄图最终灭亡中国的物质基础。

金融和银行业是现代发达经济的中枢,是日本统制、掠夺“满蒙”经济的“牛鼻子”。日本关东军连同侵华急先锋南满洲铁道株式会社(满铁),在攻城略地、烧杀掳抢的同时,大肆攫夺银行,抢劫金银和纸钞,搜掠、洗劫金库,并将当地银行全部摧毁。在此基础上,建立伪“满洲中央银行”,发行伪币,强制收回原有旧币,为全面统制、加快经济掠夺速度创造条件,同时通过旧币回收,再一次对民众和社会进行大规模洗劫。

日军占领东北时,当地币制紊乱,银行机构业务庞杂。掌管金融的主要机构,如东三省官银号、吉林永衡银钱号、黑龙江省官银号、边业银行,除握有发钞特权外,还经营各种制造、商业、运输业务,币制亦极为紊乱,除大洋票(由东三省官银号、边业银行发行)、奉天票(东三省官银号及公济平市钱号所发)、哈尔滨大洋票(上述四行发行)、吉林官帖、吉林小洋票、吉林大洋票(吉林永衡银号发行）以及黑龙江官帖、黑龙江银厘债券、江省大洋票（黑龙江省官银号发行）外，另有中国银行、交通银行两行哈尔滨支行发行的哈尔滨大洋票纸币。硬币除大小洋外，还有关东州的小洋钱、安东的镇平钱、营口的过炉银等。紊乱的金融、货币制度为日本侵略者浑水摸鱼、抢掠劫夺提供了条件。

伪“满洲国”总务长官、日人驹井德三见有机可乘，立即设立伪满的“中央银行”，着手“整理”币制。日本人没收的辽宁某要人财产中有现币45600万元，即以一部分充当该行的资金。同时接收东北三省的省营银行及其附属事业，随后伪满“中央银行”于1932年7月1日开幕。同时劫夺四行全部附属事业，将其分别“让给”大兴公司（当铺、酿造业、油房、杂货店等）、日满制粉会社（制粉业）、满洲电业会社（电气）、满洲炭矿会社及满洲采金会社（矿业）、铁路总局（航运）、伪实业部（林业）等机构经营。

伪满“中央银行”掠夺、洗劫的主要手段，是回收旧币、发行新币。公布的统计显示，伪满用142234881元，收回吉林官帖1031200万吊、黑龙江官帖817657万吊、奉天票94967万元。另有大洋票约60万元，一律以4元对伪币1元的比率回收。到1933年日军进占热河，又以50元对伪币1元的比率，回收热河兴业银行发行的1000万元热河票。至于旧有金属币，也限定民众到指定地方兑换伪币。回收旧币是日本继攫夺银行后，对民众的再次洗劫。以回收旧币为手段的洗劫对象，包括绝大部分民众，但主要还是持有旧币现金数量较多的工商业经营者。这是继劫夺一些较大的民族资本企业之后，进而掠夺各类工商业者手中持有的现金，最后釜底抽薪，使大小工商企业及其经营管理者，遭到致命性的打击。①

① 陈真等合编：《中国近代工业史资料》第2辑，生活·读书·新知三联书店1958年版，第457—458页。

继金融、银行劫夺之后,是对民族工矿商业的摧毁、攫夺。1937年,为配合发动全面侵华战争,伪满实行全面经济统制,民族资本企业的煤炭钢铁来源,初时备受限制,继而完全断绝,一些小型钢铁厂和手工业小铁炉纷纷破产。素称代表中国民族资本的大连顺兴铁工厂、哈尔滨振兴铁工厂等先后宣告歇业。由于粮棉油类农产品的统制,大连、营口、哈尔滨、长春等地民族资本的油坊业(制油工厂)、火磨(制粉工厂)、纺织业,陆续倒闭的有200多家,甚至小油坊、小磨坊的碾子和石磨也被没收。最后,伪满政府下令将中国民族资本家旧存的钢材、旧铁、机械、机器、零件以及破产歇业的工厂、作坊全套机器设备,统统以极廉的价格强购。计在沈阳收购了9000多万元,哈尔滨6000万元,鞍山、长春、营口、大连、齐齐哈尔、吉林等处收购了共计8000多万元,总共2.03亿元。这些物资以当时的市价计算,约值10多亿元,就是按钢铁废品收购价计算,民族资本也损失了8亿多元。

相反的,日本的铁工厂、机械制造厂、制油工厂、制粉工厂、纺织工厂、制皮工厂等大中小工业,却风起云涌地出现于东北各地。仅存的民族资本企业如大连的政记公司、长春的裕昌源公司、哈尔滨的双合盛火磨等,也须雇用日本人顾问或采用“好汉股”(只出人不出资)才能暂时苟延残喘。

民族资本商业也是如此。东北原有的民族资本商业为数不少,但绝大部分属于小本经营,即使有些所谓巨商大贾,也远非日本垄断资本的对手。华商的货物原先绝大部分来源于上海和日本大阪,当时上海货物既不能入口,大阪货物又被日商垄断,伪满工厂的产品也到不了华商手里,加上伪满日籍官吏的日用品由伪满政府设立的“官吏消费组合”(合作社)供给,其他一般日本人由“满洲生活必需品会社”和日本各大百货商店供给,华商的百货店顾客虽多,但货源告绝,只得关门。其他如中国人经营的银行、钱庄等金融企业,也由于伪满“中央银行”“兴业银行”和“兴农金库”(关于农业的信贷机构)的排挤吞并,几乎绝迹,东北的中国民族资本至此便被一扫而光了。①

关内地区,“七七事变”后,日本帝国主义恨不得立即将中国全部占领、彻底消灭,在以饿狼扑羊之势,夺城掠地、烧杀掳掠的同时,对中国民族资本工矿商业进行无差别摧毁、破坏。中国资本主义工厂企业聚集于沿海地区和少数沿海、沿水陆交通线城市,尤其上海一地,工厂林立,形成中国最大的工业区。其余则分布于天津、济南、青岛、无锡、杭州、武汉等处。“七七事变”后,日本迅速占领了中国沿海地区和主要城市,上述地区和城市的中国民族资本企业,除少数内迁外,不是被日军摧毁,就是被日军攫夺、强占,成为日军囊中物,进而成为扼杀中华民族的武器资源。

“七七事变”后很短时间内,平津两地即相继沦陷,两地工厂未及拆运或加战略性破坏,即全部落入敌手。未几,“八一三”沪战继起,上海主要工业地带之江湾、闸北、杨树浦、虹口、浦东等处沦为战场,在敌人飞机大炮猛力轰击下,中国工厂企业损失惨重。作为相邻工业地带的南通、无锡、苏州等地,也不断遭到敌机轰炸,损失亦重。1937 年 12 月中旬,战事西移,南京陷落,日军沿海、沿江分多路进攻,战面扩大,侵华日军北据太原,南袭杭州,海路占取广州,沿江上溯武汉。至此,中国主要工业区全部陷落,中国民族资本主义工业系统即使未被完全摧毁,亦已支离破碎、残剩无几。

不同城市和地区,由于战略和经济地位,战斗激烈程度、持续时间长短,各不相同,工业企业遭受战争损失和敌人破坏程度有所差异;不同工业行业和工厂企业,因分布状况和所在城市、地区情况各异,破坏和损失程度,亦不尽同。但全都被摧毁、破坏和继而

① 王子衡:《伪满时期经济掠夺的“三光政策”》,见章伯锋、庄建平主编:《抗日战争》第 6 卷,四川大学出版社 1997 年版,第 55—56 页。

被攫夺,无一例外。

日本发动全面侵华战争前,作为全国最重要的集中工业区上海,全市有工厂企业5400余家,大部分集中于公共租界之东、北两区,沪战爆发后全被波及,其中完全被毁者905家,部分被毁者数量不详,未受战事影响者,只有沪西苏州河以南自曹家渡至叉角嘴小片地方。据上海金陵银行调查,自“八一三”沪战爆发至1938年3月止,总计上海市及其近郊,中国工业之损失达15376.4万元,其中8548.4万元是毁于3个月战祸的物资损失,7028万元系被日本攫占47家中国工厂的资本额。这一调查进行时间较早,数据不全。稍后据前中央研究院社会科学所调查,1938—1939年,日本对上海战区较大规模华厂的掠夺,计水电5厂,面粉3厂,卷烟7厂,榨油4厂,纺织18厂,染织4厂,丝线1厂,毛线2厂,水泥1厂,造船11厂,机器制造15厂,造纸9厂,制皂1厂,油漆2厂,橡胶9厂,共计92厂。比上海金陵银行调查被攫占的工厂数量将近多出1倍。资本方面多出的更多。

北方重要工业城市天津,中国民族工业虽未受到战争损毁,但华商工厂中,规模较大的裕元、华新、宝成第二等4家工厂,均被日本以“收买”的名义劫夺。据调查,天津有华商工厂86家,总资本1021.61万元,上述4厂即占950万元,占总资本的93%。按资本额计算,天津的民族工业差不多全部落入敌手。①

华南重镇广州,日军占领前,曾有10家工厂迁往香港,剩下的多为省营工厂,国民党军队撤退时,多予炸毁。而私营厂,因血本关系,未忍破坏。日军为迷惑民众,声称凡欲复工者,没收的工厂准

① 中央研究院社会科学研究所主编、郑伯彬等编:《沦陷区经济概览·工业编》,国民党政府经济部资源委员会1941年油印本,第A5427、A5429—A5430页。

予发还。故广州沦陷初期，一些小规模工厂，如橡胶厂、针线厂、火柴厂等，有多家先后复工。嗣日敌见有利可图，遂借“合作”之名，染指各厂，商人不堪苛扰，被迫先后停工。日军即浑水摸鱼，在此基础上新设大型火柴厂2所，贱价推销产品，并为蒙蔽民众，分用“中国”“广州”等字样做商标，冒充“国货”。另外，电灯厂、自来水厂、碾米厂等，亦由日敌恢复开工。① 中国领土上的各类轻重工业，虽然还部分存在，基层生产者仍然是中国工人，但不再属于中国所有，产品更不为中国国民所支配，原来的中国民族工业已经不复存在。

从行业方面看，侵华日军在攻城夺地过程中，对中国工矿企业采取了全行业无差别摧毁、破坏。因此，在日本全面侵华战争爆发后短短一年多时间内，中国民族资本和其他国内资本的矿冶企业和各类轻重工业企业，全部遭到严重甚至毁灭性破坏。

在工矿业内部，不论其投资建设、发生发展状况、在工矿业部门所占比重如何，矿冶业、电气业和机器制造业，始终是近代中国民族工业的基础。中国民族工业能否独立、顺利、健康和均衡发展，除了国家主权这一根本前提，在很大程度上取决于矿冶业、电气业和机器制造业的规模、结构和发展水平。而日本作为疆域狭小、资源匮乏而又贪婪狂妄、侵略扩张成性的封建资本主义和军国主义国家，为了掠夺中国资源、利用中国的人力物力占领和灭亡中国，就必须最大限度地发展和壮大自己，削弱中国，消灭中国的“有生力量”。而最为快捷有效的方法，是摧毁、破坏和统制、掠夺作为中国有生力量代表和源泉的新式工业，首要目标就是作为工业发展基础和前提的矿冶业、电气业和机器制造业。

---

① 中央研究院社会科学研究所主编、郑伯彬等编：《沦陷区经济概览·工业编》，国民党政府经济部资源委员会1941年油印本，第A5427、A5431、A5433页。

日本帝国主义制造侵略和灭亡中国的杀人武器,最迫切需要的是煤炭,而日本煤炭资源异常匮乏,其计划的就是全部从中国掠夺,用中国的物力人力占领和灭亡中国。在全面侵华战争爆发前,日本为准备这场战争,已经将中国部分煤铁资源和煤铁产品掠夺、控制在手;在全面侵华战争爆发后,在煤矿、铁厂所在地并未爆发激烈的攻防战,因此,日本没有也不需要对煤铁等资源及采掘、冶炼设备进行摧毁、破坏,而是直接将其劫夺和统制经营。

作为近代中国工农业基础产业的新式冶铁业,始于1919年筹设的石景山制铁所,官商合办,资本50万元,以龙烟铁矿的矿石为原料,炼制生铁。因第一次世界大战后钢铁价格低落,未有开工投产。“七七事变”后,该厂旋即被日军劫夺,1938年1月20日委托兴中公司统制经营。因该厂作用、地位太关键,由某一“国策会社”独家经营,不仅日本政府不放心,还会招来其他“国策会社”妒忌,于是4月20日兴中公司即“奉命”将该厂与日本制铁所“共同经营”。11月20日该厂利用旧有的250吨熔铁炉,正式开炉炼铁,日产生铁150吨。① 依日本钢铁生产计划,石景山制铁所将来须年产铣铁30万吨,并拟设焦炭厂一所,计分两期施工,分别于1940年4月、1941年8月建成投产。② 这样,由北洋政府耗费50万元巨资筹建的铁厂,长达18年的时间“任其颓废”,没有出一两生铁。最后日本不花一分钱,像玩魔术一样,将其变为日本半“国

① 该厂所取原料,铁矿石来自旧有龙烟铁矿(后由伪“蒙疆”政权辖管);石灰石来自日军掠夺、“管理”的河北三家店、将军岭石灰山;煤炭来自日军“管理”、兴中公司“临时运营”的井陉、六河沟煤矿;产品“以充当地需要为原则”,若遇日本国内需要时,则“先供给日本”。

② 第一期工程建筑日产铣铁500吨熔铁炉1座、日产600吨焦炭炉1座,及所有附属工厂,保证年产铣铁10万吨;第二期着重工具改进,将原有250吨熔铁炉扩为320吨,并增设焦炭厂。

有”产业，全部就地利用中国的原料、材料和人力物力，生产生铁，就地制造武器装备，屠杀中国民众，掠夺和灭亡中国。

被侵华日军劫夺和统制经营的还有西北实业公司炼钢厂和阳泉保晋炼铁厂。前者原为阎锡山耗资2000万元所建。工程未竣，即遇“七七事变”爆发，致为日军所夺，于1938年1月24日转委日本大昌矿业会社经营。称“军管理山西第六工厂”，设备计120吨熔炉1座、40吨熔炉1座、马精炉2座、12吨马精炉6座，有日产240吨钢的设计能力。40吨熔炉于1938年10月末开工炼制；1200吨熔炉亦于1939年3月完工开炼。后者系1918年所建，资金投入70万元，日本全面侵华战争爆发后，为日军所夺，实行“军管理”，具体由兴中公司掌管，委托大仓矿业会社经营，称“军管理山西第三工厂”，设备计有20吨、4吨熔炉各1座，热风炉3架，15吨制热矿炉5架。1938年10月，20吨、4吨熔炉点火炼铁，原料由井陉供给，日产铣铁约10吨、钢70—80吨。

此外，全面侵华战争爆发后，日本很快着手和加紧了煤油、汽油和石油的掠夺炼制、开采。

日本自在晋北大同设立工厂、开采口泉煤矿后，随即积极增添设备，扩充产量，以供煤炭液化原料之用，并计划由华北开发会社与帝国燃料会社在口泉发起成立煤炭液化厂，资本15000万元，1939年动工建筑，预计1942年竣工，利用煤的低温干馏法，使由煤蒸出的碳化气在通常的压力下变成汽油。一切工程设备均按年产100万公吨的标准进行。为满足沦陷区日本企业和日本在华军民的煤油供应，日商三井洋行又计划在华北设立煤油厂，以华北煤炭为原料，实施“人造煤油”；日本还“集资”2000万元①，设立“北支石油会社”，购入原油，加

① 资本实收1/2，其投资分派为：日本石油联盟会之满洲石油、朝鲜石油共占八成；油槽会社所有者占一成；外商占一成。

以精制贩卖;“蒙疆汽车公司”、“蒙疆银行”、前方商会等则共同出资80万元,成立“蒙疆石油公司”,从事蒙疆地域石油的“一元的配给及一元的统制”①,掠夺“蒙疆”汉奸政权辖区的石油资源。

作为民族工业重工业主体的电气业,据1934年国民党政府建设委员会调查,全国电气(发电)厂数量,除5家自备发电者不计外,实有43家,资本总额25083.7万元,发电容量478705千瓦,内计华资452厂,资本总额11157.7万元,发电容量236464千瓦;外资11厂,资本13926万元,发电容量242241千瓦。1937年“八一三”沪战爆发后,除有5家电气厂和个别电厂价值100万元的机器设备内迁外,其他大部分落入敌手,沿京沪、沪杭电厂损失尤重,估计在2000万元左右。其中首都电厂被日军投中炸弹一枚,留下的40名护厂人员亦全部被日军枪杀;戚墅堰电厂在淞沪之战期间迭遭轰炸,锅炉损坏,其他设备除少量运走外,或被毁,或被偷,全部“荡然无存”;上海闸北水电公司位于战区,“损失最重”,锅炉、气缸损毁;其他如镇江大照、武进、上海华商、嘉兴永明等4家电气公司,机器设备、电表、电杆、电线、办公用房等,被毁或被偷,全都损失不菲,甚至完全瘫痪。②

机器制造业方面。至日本全面侵华战争爆发前,总计全国有大小机器厂1054家。③ 鉴于机器工业是制造机器,是工业中的工业,对于一个国家的工农业整体生产力的维持与发展,对于一个国家的国防建设和对外来入侵者的有效抗击,都有着至关重要的作用。因此,日本在武装侵略的过程中,对中国机器工业的摧毁、破

① 中央研究院社会科学研究所主编、郑伯彬等编:《沦陷区经济概览·工业编》,国民党政府经济部资源委员会1941年油印本,第A5589—A5594页。

② 中央研究院社会科学研究所主编、郑伯彬等编:《沦陷区经济概览·工业编》,国民党政府经济部资源委员会1941年油印本,第A5436—A5437页。

③ 地区分布状况:上海218家,天津625家,无锡43家,青岛18家,北平、武进各16家,济南14家,其他各地所设者最多不过10家,最少1家。

坏和劫夺,自然不遗余力。日本全面侵华战争爆发后,上述各地皆成为战区,以致中国机器工业损失惨重。

上海作为中国机器工业的主要集中地,虽然翻砂厂、机器厂中规模较大的不过20余家,但可以制造引擎、纺织机、卷烟机、榨油机、针织机、碾米机、织绸机、缫丝机、制粉机、印刷机,以及其他机器零件等。对于机器工业极度薄弱的中国来说,不可或缺。以上各厂多位于沪东、虹口一带,次为闸北、南市,整体损失极为严重。而且各厂所存钢铁等原料,早为日本垂涎之物,全被劫夺一空。

日本对上海各机器厂的摧毁、破坏,各厂所遭损失,金城银行曾有过调查,可从中窥见各机器厂被破坏和遭受损失的大致情况:新中厂于沪战发生后,机器、存货被日军劫夺、运出者约占7成,其余机器、存货及100吨生铁,均受损失,约值12万元;新和厂全部被毁,损失约9万元;中新厂亦被毁,损失约数万元;新民厂除2/3遭毁外,其余损失亦达6万元;明锠厂8月间即被焚,机器、钢铁原料等损失约10万元。其余全数被毁者尚有中国冶铁厂及广兴机器厂,损失各约7万元,万兴盛厂已被搬运一空,损失约12万元;培昌厂亦被炸毁,损失约11万元;公勤厂损失约28万元,且被中山钢器厂所占;中央机器厂除事先搬出一部分外,其余业已被毁;明精厂亦搬出2/3,损失约3万元;华通机器厂则全毁,损失在10万元以上;同顺兴厂机器、原料损失约5万元;华泰厂机器、原料损失约1万元;镐昌翻砂厂因已将原料搬出,唯厂房被毁,估计损失达2万—3万元;中华铁工厂则事先已大部迁出,但厂房被毁。综合以上各厂损失,已在145万元以上。①

① 金城银行:《事变后之上海工业》,1939年3月印本,见中央研究院社会科学研究所主编、郑伯彬等编:《沦陷区经济概览·工业编》,国民党政府经济部资源委员会1941年油印本,第A5579—A5580页。

常州、嘉定等地机器厂,都有损失,无一例外。常州战前有16家机器厂,除机器搬出或情况不明外,其余多有损失:骏远机器厂“全部烧毁”;寿生机器、工务铁工等2厂“部分损失”。嘉定只有合作五金制造股份公司1家,遭日本飞机炸毁,厂房建筑、机器设备、原料、营业及其他损失合计9.5万元。

其他地区,除天津各机器厂似未受战争之直接破坏外,他如山东青岛、山西、广东等地,所设机器厂或钢厂,均遭到程度不同的破坏和损失。①

水泥业和新式造船业也是重工业的基础产业,前者提供新式建筑材料,后者提供新型水上运输工具。日本全面侵华战争爆发时,全国共有水泥厂10家②,资本总额3160万元,年产水泥402万余桶。

“七七事变”后,除华中厂经政府协助内迁,广东河南、西村2厂主动破坏外,全部陷入敌手。中国、上海、启新等厂,均遭受严重损失。上海厂之制成品及原料损失约10万—20万元;中国厂位于上海麦根路的栈房,多次被日军炮弹轰击,损失达20万元;龙潭厂部机器零件被击毁,器具、银箱、打字机等被偷窃,损失不菲;启新在上海南市3处码头的栈房自存及为“中国”厂代存水泥货品约2万桶,全被日军攫夺;即将竣工的江南厂,虽厂房周边未遇激战,厂房、机器未被摧毁,然间接损失“实亦不少”。随后,各水泥厂所在地相继沦陷,10家水泥厂中,除华中厂内迁,广东2厂自行

① 中央研究院社会科学研究所主编、郑伯彬等编:《沦陷区经济概览·工业编》,国民党政府经济部资源委员会1941年油印本,第A5580—A5581页。

② 10家水泥厂分别为:河北唐山的启新,湖北大冶的华记,江苏句容的中国,上海龙华的华商,山东济南的致敬,山西阳曲的西北,广东河南及西村2厂,湖北武汉的华中,以及南京栖霞的江南(在建,至“八一三”沪战爆发时尚未竣工投产)。

破坏、“致敌未曾一顾”外，其余 7 厂全部为日本所劫夺，委诸其会社统制经营，中国民族水泥业全军覆没。①

近代中国新式造船业方面，稍具规模的船厂主要集中在上海一地，计有船厂 20 家，内外商 2 家，其中一家资本 250 万元（另一家资本不详）；华商 18 家，资本总额约 1700 余万元。内地仅四川重庆民生实业公司一家。上海造船业除造船外，以修理该埠各轮船公司的轮船为主，年营业额在 1000 万元以上。

上海船厂多在南市、浦东、沪东一带，“八一三”沪战爆发后，外商中中法求新、上海造船 2 厂未有受损，安全无恙，而中国资本的 18 家船厂，或被日军摧毁，或严重受损，无一例外。江南造船厂的两座船坞损毁，因机器曾搬出一部分，被毁者占 1/2，厂存材料则“损失甚巨”；公茂造船厂的厂房全部被炮火击毁，损失达 30 余万元；招商亦全部被毁，“仅余厂屋四壁”；恒昌祥于战事初起时迁入租界，未迁出而遭损失者约 4 万元；大中华造船厂除厂房、机器外，尚有钢铁 500 吨，损失达 50 万元左右。此外，如三北、鸿昌、合兴等厂，亦被日敌劫夺搬走（另大公、鸿翔、王顺昌等损失不详）。综合估计，上列诸厂损失达 1600 万元左右。② 与华商 18 厂的 1700 余万元资本总额相差无几。至此，惨淡经营半个多世纪的近代中国新式造船业，几乎全部毁于日本帝国主义的炮火烈焰之中。

面粉业和棉纺织业是近代中国轻工业的主体，是民族工业的主体，日本全面侵华战争期间均遭浩劫。

① 中央研究院社会科学研究所主编、郑伯彬等编：《沦陷区经济概览·工业编》，国民党政府经济部资源委员会 1941 年油印本，第 A5569—A5571 页。

② 金城银行：《事变后之上海工业》，见中央研究院社会科学研究所主编、郑伯彬等编：《沦陷区经济概览·工业编》，国民党政府经济部资源委员会 1941 年油印本，第 A5575—A5576 页。

1931年全国有机器面粉厂157家。①“七七事变”前实际开工的仅有90家,年产能力7500万包,外洋输入四五百万担(约合1500万包),另土磨生产11.3亿包。民族资本机器面粉业产品,约占全部面粉(麦粉)供应量的6.1%。

日本全面侵华战争期间,位于沦陷区的民族资本面粉厂共84家,除5家内迁外,尚有79家,超过全国面粉厂总数的80%,损失惨重。“八一三”沪战爆发后,上海面粉厂首当其冲,闸北中华面粉厂“损失最巨”;福新三厂很快被日军强占;申大面粉厂所存约值20万元的小麦,为日本海军所劫;其他裕通、福兴等厂亦多有损失。总计上海面粉业所受损失约200万元。厂房、机器被敌强占之损失尚不在内。上海以外,其他各地面粉业亦大多损失惨重。南京大同面粉公司,南京刚一沦陷,厂房、栈房、机件、存货“均付之一炬”,损失超过250万元,残留所值不过二三十万元;戚墅堰大星面粉公司全部烧毁无遗;无锡茂新一厂,厂房、机器、存货统统被毁,全厂“夷为平地”,整个损失达155万元;广平面粉厂机器受损、存货被劫,损失50万元;茂新二厂、元丰面粉厂存货被劫掠一尽,价值分别达30万元和20万元;扬州面粉厂,因扬州沦陷时,存货及原料未及转移,仅此一项,损失即达二三十万元;常州恒丰面粉公司,“损失甚大”,货物“几全部被掠夺”,机器及附属品的损失,“亦颇可观”;武进日恒丰面粉厂,货物全部被劫,“损失甚重”。在华北,“七七事变”不久,民族资本所设各面粉厂,不论破坏、损失如何,很快为日本三大制粉会社所攫夺、分割。被夺面粉厂,总计达30家,其中日东制粉会社夺取18家,日本制粉会社夺取8家,日清制粉会社夺取3家,军管厂委托经营情况不详者1家。这

① 地区分布,江苏40家,大部分在上海,占22家;东北三省64家,半数在哈尔滨。天津、武汉亦有若干数量的面粉厂分布。

些民族资本面粉厂，全都直接成为日敌战利品。①

机器棉纺织业同机器面粉业一样，命运十分悲惨。作为机器棉纺织业主体的机器纺纱业，是在洋纱廉价倾销、农民家庭手工纺纱业遭到严重破坏的社会和市场条件下产生的。民族资本机器棉纺织业的存在和发展，既要持续冲击和破坏农民家庭手工纺纱业，又要和洋纱（包括外国资本在华纱厂的机纱产品）争夺市场，竞争异常激烈。尤其是国内棉花资源匮乏的日本，因其纱厂输入原料输出制品极不经济，于是在华大肆扩充纱厂生产设备，并增设纱厂，收购、兼并华厂，兼在河北植棉，控制棉花生产和原料供应。到1937年3月日本全面侵华战争爆发前夕，日本在华纱厂生产规模已与中国民族资本不相上下。② 日本的下一个目标就是要彻底挤垮中国民族纺织业，垄断中国的棉纱棉布市场，将中国民众的基本生存条件直接掌控在日本手中。

正是在这样的情况下，"七七事变""八一三"沪战相继发生后，全国工商业均遭巨劫，而以民族机器棉纺织业受害最重，上海及周边地区首当其冲，几乎全行业停顿。随着战区扩大，其他各地民族资本棉纺织厂相继罹难，绝少例外。以纱厂计，设于上海者31厂，江苏23厂，河北、湖北各7厂，其他诸省28厂，合计96厂。其被日本破坏和战争损失，若专以机器设备和厂房而言，以上海申新八厂，永安二厂、四厂，民生厂，嘉定之嘉丰，宝山之宝兴，无锡之

① 中央研究院社会科学研究所主编、郑伯彬等编：《沦陷区经济概览·工业编》，国民党政府经济部资源委员会1941年油印本，第A5456—A5458页。

② 华商、日商的纱锭分别为2746390枚和2185068枚，华商略多于日商；华商、日商的线锭分别为173316枚和350284枚，布机分别为25503台和25915台，日商均多于华商，线锭更相当于华商的2倍多。（中央研究院社会科学研究所主编、郑伯彬等编：《沦陷区经济概览·工业编》，国民党政府经济部资源委员会1941年油印本，第A5499页。）

豫康、广勤、业勤、庆丰、振兴,以及常州之民丰等12厂最为严重,大概损毁均为六七成以上。如申新八厂,损失“甚重,几及全部”;宝兴损毁“甚重,几乎全毁”;民生“全部被毁”;永安二厂、四厂两厂,“被毁甚重”;上海纺织印染公司的机器及建筑物,“均有相当破坏”,事后印染部机器亦“被人偷窃甚多”;业勤损毁80%,“复旧困难”;广勤损毁70%以上,“复旧无望”;利新“难复旧观”;庆丰、豫康损毁“甚重,几及全部”;利中“被空袭数弹,炸毁原动力”;通成“大部分被毁”;等等。其他损毁、破坏稍轻者,上海之申新第五厂、六厂、七厂,永安第一,恒大,大丰,纬通,振华,仁德,振太,上海纺织印染,无锡之利新、申新第三,苏州之苏纶,九江之利中,芜湖之中一等厂,则损毁轻重不一,约在一成以上至三四成不等。其中申新六厂,“损毁较重”;庆丰和申新一厂,均“被毁一部分”;纬通“建筑物一部烧毁”;恒丰被炮弹击中,事后机器又被人敲毁;申新三厂,被毁约20%。[①] 这样,在日本全面侵华战争爆发后一段很短时间内,中国民族棉纺织业大部分被日本帝国主义摧毁。

作为机器棉织业或机器棉纺织业有机组成部分的民族资本机器印染业或机器染织业,情况同机器棉纺织业相仿。机器染织业分为印染整理厂、织厂及染线厂等3种。其中以染织设备兼有者较多,次为专事印染整理,再次为专事机器织布。该业在战前分布既广,厂数亦多,“八一三”沪战发生后,迁往后方者,只有武汉的55厂,仅占该业极少数。大多数不是惨遭日敌摧毁、破坏,就是被迫停工,尤以上海、无锡染织业所受损失最大。

上海战前开工染织厂不下200余家,资本总额约900余万元,布机共达11000余台,多数位于沪东、虹口、闸北、南市等区,尤其

① 中央研究院社会科学研究所主编、郑伯彬等编:《沦陷区经济概览·工业编》,国民党政府经济部资源委员会1941年油印本,第A5500—A5503页。

是规模较小、专织花色布匹之厂，均集中于沪南斜土路、制造局路及陆家浜一带，淞沪会战开始后，闸北、沪东、南市先后波及，染线业所受直接损失之巨大，自在意料之中。其在沪东者，如仁丰染线厂之厂房、机器全部被毁，连原料、制品等损失，当达 155 万元；光中染织厂经历年扩充，在昆明路、塘山路设有厂房六七处之多，战争中厂房、机器多被焚毁，损失达 300 万元左右；协丰亦因地处虹口，损失达 20 万元；中国公胜损失约 10 万元；勤丰损失约数万元；一中、五丰两厂“亦均受相当损毁”。在南市者，鼎新染线厂之厂房“全部被毁”，与鼎新毗邻的良友，也“同时被毁”；鸿新虽机器迁出，“倖获安全”，但运费高达 4 万元；瀛洲共有 3 厂，在大王庙街之二厂“全部被毁”：启明之厂房与机器部分被毁，损失约 10 万元，元通损失约 14 万元；余如丽明、华阳等，均有局部损失，各在数万元左右。沪西之连丰染线厂，因“营业素称发达”，厂房设备亦无损失，货物及印染部分大多亦经设法运出，但随即全部为日军所占，损失更惨；中国染织厂亦遭轰炸，损失约 13 万元；至闸北所有工厂，则“十九被焚”，损失不菲，如华丰损失 8 万余元；大赉、通和等厂，亦“均受损失”。

无锡染织各厂，均“多受损毁”。其中较大各厂，如赓裕染线厂之办公室，“大部被毁”，机器又被日人拆走，原料、存货都有损失，合计约 10 万元；美恒染线厂厂房“大部被焚”，机器亦“大部破坏”，损失约 50 万元；同亿染线厂厂房机器“均有破坏”，损失约 5 万元；其他各厂，“或遭焚毁”，或“部分损失”，损失程度不一，但无有幸免。如竞华、灵华两家布厂和三新、大华、先华 3 家染织厂，均被“烧毁”；振业染织厂“房屋均毁”；等等。

武进战前共有电机线布厂 30 余家，织机总数不下 5600 余台，资本总额为 596. 8 万元。战时损失各厂不同。据上海银行之调查，计有鼎成厂之厂房机器“被炸一部”，连存货损失约三四万元；

裕成厂货物被劫约2万元;裕新厂房屋损失一部分;万成房屋机器“均被炸毁”;裕民房屋机器“亦损失一部分”;等等。另据日本人调查,常州染织业受损者计有36厂,亦即该地全行业都遭损失、破坏,损失程度则轻重各异。重者如大成二厂“全部烧毁”;益民机器、建筑物“全部烧毁”;宝丰原料、机器、建筑物“全部烧毁”;通成“大部分破坏”;利达厂房、机器损失80%以上;万成损失60%以上;恒丰虞、民华损失50%以上;久和建筑烧毁,机器损失50%;同新、裕民分别损失40%以上和30%以上;永成房屋受损,机器“损失甚大”;民丰、大成一厂,均“损失重大”;大东资本20万元,厂房、机器烧毁,损失20万元,资本全部化水;华昌资本20万元,工厂房屋损失10万余元;新华资本2万元,货物及机器损失1万元,两厂损失均超过或相当于资本的一半;裕新资本3万元,建筑物损失约1万元,相当于资本的1/3。上述调查资料显示,全厂被毁或损失超过一半、损失重大染织厂占到全部工厂的一半。可见,整个染织业遭受日本破坏的严重程度。①

机器缫丝业既是近代民族资本产业的重要组成部分,也是日本必欲去之而后快的国际蚕丝市场竞争对手,全面侵华战争给日本帝国主义提供了彻底摧毁中国机器缫丝业的绝好时机。

近代中国机器缫丝业,在20世纪初,曾一度迅猛发展,20年代末30年代初,由盛转衰,日渐式微。因在国际市场上同日本蚕丝业竞争激烈,中国机器缫丝业被日本视为眼中钉、肉中刺,必欲置于死地而后快。全面侵华战争爆发后,侵华日军对其大肆摧毁、破坏,各主要制丝地带多遭炮火轰击,损失惨重,事后幸存丝厂,亦多被日本人夺占,作为中国民族资本重要产业的机器缫丝业,瞬间

① 中央研究院社会科学研究所主编、郑伯彬等编:《沦陷区经济概览·工业编》,国民党政府经济部资源委员会1941年油印本,第A5485—A5489页。

化为乌有。

作为机器缫丝业集中地之一的上海,“八一三”沪战前共有缫丝厂 44 家、丝车 10086 部,大多位于闸北。据前中央研究院社会研究所调查,在日本全面侵华战争中毁灭者在 30 家以上,幸存者占极少数,其中全部被毁者就有 30 家,丝车 6490 部。总计损毁丝厂占总数的 70%;丝车被毁者占全部丝车的 67%。若以价值折算,每部丝车造价约一百数十元,估计损失达一百数十万元,再连厂房在内,总损失约在 250 万元至 300 万元之间。而各厂所存干茧及制成厂经之损失,尚不在内。幸存未毁丝厂,实际仅怡和及同裕 2 厂,乃系设在租界内,得以保全。

无锡所设丝厂,至日本全面侵华战争爆发前仅剩 30 家左右。1937 年间蚕茧收成尚丰,丝厂亦多数开工。至 11 月地方形势渐趋紧张时,各厂存货已大部出清,当年产品损失尚轻,但厂房、机器损毁严重。如永泰厂房“部分烧毁”,丝车“损毁约 100 部”;民丰、福昌房屋“完全破坏”,丝车“大部破坏”;锦记房屋“烧毁”,丝车“大部破坏”;广成房屋“破坏”;宝丰、乾星房屋“全部烧毁”,丝车“大部损坏”。其他各厂,房屋、丝车设备,均有部分或轻度损毁、破坏。

缫丝厂以外,则有蚕种场之损毁,以太湖区域内,如以无锡、常州、苏州等地为重。苏州蚕种繁殖场多在墅关,战前计有 9 家。资本 22.7 万元,各场战时损失总计约达 8.8 万元。无锡蚕种繁殖业遭受的损失亦大。该地战前原有蚕种场 34 家,资本额达 83.4 万元,完全被破坏者 3 家,停业者亦有 3 家。常州方面,原有蚕种场 14 家,受损蚕种场 6 家,“均系全部烧毁”。

这样,日本帝国主义就从蚕丝缫制和制种育蚕两个方面彻底摧毁、扼杀了近代中国民族机器缫丝业。

作为机器缫丝业后续产业的机器丝织业,同样是近代民族资本产业的重要组成部分,集中分布在产丝中心区域。以江浙两省最盛,次及四川及山东周村、芝罘等地,上海尤为全国织绸业之冠。日本全面侵华战争爆发前夕,开工的丝织厂有427家,织机7000余台,月产丝绸等约16万尺;苏州计三四十家,规模较小,其最大者有织机四五十台,小者6—8台;浙江杭州亦为织绸业最盛地带,不过大部分均为手织木机,不具工厂形式。其使用电机生产、规模较大者,只有10余家。

"八一三"沪战期间,民族丝织业亦在日军摧毁、破坏目标之内。作为丝织业中心的江浙两省,皆遭波及。丝织厂之内迁者仅美亚织绸厂一家。而美亚规模甚大,计有10家分厂,其内迁者仅属一小部分。而战时丝织业所遭破坏、损失,亦主要集中在上海、苏州两地。上海各厂,多数在战区内,占总厂数的64%,故所受直接损失甚巨。虽受损者以小厂居多,然合计损失总数,仍不下500万元之巨。其中损失最大者当推美亚织绸厂。该厂在闸北之第十厂,设备最称完善,成为日敌主要轰击目标,结果"全部被毁",损失约40万元。二厂亦在闸北,被毁1/2。苏州各厂损毁情形,据伪"维新政府"派员"视察"华中报告,虽极力为日本侵略者开脱罪责,但也不得不承认,苏州35家丝织厂中,受损失者23厂,其中久昌损毁最重,其余振亚、大生、益大、华经等较大各厂,或"货物损失",或"一部分机器受损",均未能幸免。①

毛织业方面。中国新式毛绒工业,始于清光绪中叶左宗棠所设兰州织呢厂。据国民党政府经济委员会调查,战前全国共有毛织工厂55家,总投资额达3660万元。其分布除上海外,主要集中

① 机器缫丝业和丝织业被摧毁和破坏情形,参见中央研究院社会科学研究所主编、郑伯彬等编:《沦陷区经济概览·工业编》,国民党政府经济部资源委员会1941年油印本,第A5529—A5533、A5546—A5547页。

在华北各地，因产毛偏在察绥、西北一带，毛织事业远较他处为发达。除地毯业不计外，毛织厂总共 13 家。

日本全面侵华战争爆发后，毛织业情况比较特殊，或因工厂设于租界、不在战区，或织机设备、产品、原料业经运出，或因日本侵略军急于劫夺用于军需被服制造，相对于其他民族资本企业而言，毛织厂被摧毁、破坏程度稍轻，战争损失较小。除无锡协兴一厂遭到战争破坏外，华北毛织业基本未受战争直接损失；上海毛织业多数工厂，因设在租界区及沪东一带，所受损失亦占少数：华资毛织厂中规模最大的章华厂，设在浦东，距离战线较远，并未受损。当时厂内所存原料约 70 万元，均经运出，事后又迁出纺锭 2800 枚、织机 48 部，另在沪西建厂复工。在杨树浦及虹口的中国毛织厂中，中国毛绒厂两次被炸，但因厂内所存价值 17 万元的原料已运出 14.2 万元之货，损失尚轻；上海毛绒厂本在战区，唯以厂址设于另处，得以幸全。不过另有一部分毛织厂就没有这样幸运了。如华孚毛织厂有 5 台铁机、4 台木机被毁，损失 2 万余元，货物损失 1 万元；公胜棉毛织厂损失约 10 万元；另裕民毛织公司适逢修建厂房，亦遭损失。总计上海毛织厂所受战争损失约 90 万元。中国毛纺织业所受日本破坏和战争损失较轻。然而侥幸存留的厂房、机器设备和产品、原料，旋即全都成为日军“战利品”：在华北，北平清河陆军织呢厂、西北实业公司毛织厂、绥远毛织厂等，均被日本攫夺；在华中，无锡协记毛织厂，规模最大、保存最完整、复工最快的章华毛织厂，以及中国毛织厂，全落敌手。① 显然，在无法捍卫国家领土主权的情况下，想在敌人枪口下保护某个工厂产业，无异与虎谋皮。

民族资本机器榨油业方面。同电气业、面粉业一样，日本全面

① 中央研究院社会科学研究所主编、郑伯彬等编：《沦陷区经济概览 · 工业编》，国民党政府经济部资源委员会 1941 年油印本，第 A5553—A5554 页。

侵华战争爆发后,民族资本机器榨油业也成为日本摧毁和破坏的目标。战前上海有机器榨油厂 15 家,除了 2 家位于租界,其余皆设于沪西、闸北、南市及浦东一带,“八一三”沪战开始后,又有两家迁至租界,其余 11 家均成为日军飞机大炮轰击目标。除 3 家侥幸逃过一劫,余下 8 家“皆已罹于炮火之厄”,其中同昌、昌记两厂,“业已全部毁损”;中国植物油料厂和中国制油厂,均“全部被毁”,前者损失达 100 万元以上;立德榨油厂因近中央造币厂,为日机轰炸目标,致大部分厂房被毁,损失约达四五十万元;生和隆榨油厂“遭日机轰炸”,部分厂房焚毁,损失约达 12 万元;长德、恒兴泰两厂,实物、原料部分受损,分别损失 4 万元和 2 万元。[①] 设于无锡的 9 家榨油厂,无一完好,厂房、机器设备也都不同程度地遭到破坏。除一厂损失“为数甚微”,有损失数据可稽的 8 个厂,损失最大 30 万元,最小 5000 元,8 厂平均 6.19 万元。[②] 大部分完全或基本上丧失了生产能力。

卷烟业、火柴业作为中国民族资本的重要产业,都是在洋货倾销、占领商品市场,外国资本已在中国设厂制造、已经占领资本市场的情况下,才开始产生的,在其运营和存续的过程中,始终面临进口洋货和外国资本在华企业同类产品的残酷竞争和强力夹击,1937 年日本全面侵华战争爆发后,最后被侵华日军轰炸、炮击、纵火焚烧,大肆破坏,几近彻底摧毁。

20 世纪 20 年代中国人抵制外货,华资烟厂迅猛发展,1927 年华资烟厂最高达 182 家。其后因同业竞争、政府开办统税,华洋产

① 中央研究院社会科学研究所调查:《(民国)二十六、七年上海榨油业》;金城银行:《事变后之上海工业》,见中央研究院社会科学研究所主编、郑伯彬等编:《沦陷区经济概览·工业编》,国民党政府经济部资源委员会 1941 年油印本,第 A5479—A5480 页。

② 中央研究院社会科学研究所主编、郑伯彬等编:《沦陷区经济概览·工业编》,国民党政府经济部资源委员会 1941 年油印本,第 A5479—A5480 页。

品捐税负担不均，民族资本烟业急速衰微，烟厂连续关停倒闭。据金陵银行调查，至1937年日本全面侵华战争爆发时，全国尚有中外资本烟厂58家。其中外国资本为英美合办的颐中及美商所办的花旗两家。其余56家为华商资本。①

日本全面侵华战争爆发，民族资本卷烟业噩运降临。“八一三”沪战一发生，位于上海虹口一带的10家华商烟厂，均遭日军炮火轰击，其中南洋烟草公司遭受损失最大，厂房、机器均被焚毁。残余建筑，复被日军劫夺，充作“邮便局”，全部损失超过500万元。其余华城公司损失约317万元；大东公司损失42万元；福新公司损失约24万元；华发公司损失约57万元。此外，和兴、中南各厂，厂房、机器、原料亦多受损，各损失约数十万元。单上海一地，民族卷烟业的战争直接损失，即有1000万元之巨。② 按上海48家烟厂平均价计算，战争损失相当战前资本额的56%。

火柴业在日本全面侵华战争爆发后的情况类似毛织业，被日本摧残、破坏，遭受损失程度不算严重。③ 但相当一部分火柴厂迅

① 按地域分布，50家设于上海，其他各省仅有8家。上海50家烟厂中，除颐中（英美商合办）、花旗（美商独资）2家，其余48家华商烟厂，实际开工者仅31家，合计资本1800万元，有卷烟机346台，月产卷烟能力23000箱。而颐中、花旗两厂，卷烟日产量即达4万余箱。两者规模与生产能力天差地别。

② 中央研究院社会科学研究所主编、郑伯彬等编：《沦陷区经济概览·工业编》，国民党政府经济部资源委员会1941年油印本，第A5467—A5468页。

③ 遭受日本摧残、破坏和战争损失的，主要有：苏州大中华公司鸿生厂，原料存货损失十数万元；镇江荧昌厂很快被日商劫占，厂内所存原料，亦被劫用，损失约20万元；上海中国火柴公司，厂房被毁，损失五六万元；上海美光火柴公司（由外商经营）的部分厂房被流弹击中，连同机器、货品焚毁，损失50余万元；等等。（参见中央研究院社会科学研究所主编、郑伯彬等编：《沦陷区经济概览·工业编》，国民党政府经济部资源委员会1941年油印本，第A5561页。）

即被日本劫夺,无须任何修复,即以“军管理”或“中日合作”的方式进行统制、掠夺经营。“军管理”的火柴厂主要有西北实业公司火柴厂(改称“军管理第 21 厂”)、昆仑厂(改称“军管理第 32 厂”)、然和厂(改称“军管理第 37 厂”),以及侵华日军“宁抚班”侵占的镇江荧昌厂等。强夺并以“中日合办”方式经营的有:丹华、北洋 2 厂、北平丹华 1 厂、青岛华北振业(振业有济南、济宁二分厂,亦被日本强占)2 厂,以及济南洪泰、东源 2 厂等。截至 1941 年,沦陷区确知的火柴厂计 51 家,内华商 29 厂,日商 8 厂,“中日合办”9 厂,日本人“联合”4 厂,以及英美商 1 厂。除了英美商 1 厂,华商和“中日合办”的 38 厂,不论名分如何,都是为日本所劫夺和直接控制的华商资本产业;日商和日本人“联合”12 厂,也绝大部分从攫夺华商火柴厂演变而来。①

造纸业方面。中国机器造纸业自 1891 年李鸿章在上海开办伦章造纸厂后,相继有多家造纸厂设立。至 1937 年间,国民党政府实业部曾拟在温溪成立一新闻纸厂,唯厂未开办,沪战爆发,停止进行。日本全面侵华战争爆发前,总计实有大小机器造纸厂 38 家。② 除 1 厂官营外,其余全系商办,关内地区并无外商纸厂。沪战爆发后,纸厂之内迁者,只有上海龙章、汉口财政部纸厂(战前已歇业,战争期间由政府将该厂机器迁往重庆)及苏州之中元(战时迁往杭州,其后是否再迁不详)3 家。计实际陷于沦陷区的造纸厂为 32 家,占战前关内地区纸厂的 84%。其中江浙两省纸厂所受破坏、损失最大。上海计有纸厂 10 家,仅竟成一家位于租界以内,

① 中央研究院社会科学研究所主编、郑伯彬等编:《沦陷区经济概览·工业编》,国民党政府经济部资源委员会 1941 年油印本,第 A5559—A5562、A5565 页。

② 计上海 10 厂,江苏 7 厂,河北 5 厂,广东 3 厂,山西、浙江、四川各 2 厂,山东、安徽、江西、湖北、湖南、福建、广西各 1 厂。

余则全在战区。而在战区内各厂，除江南及天章东、西两厂未受战争损失外，其他均未能幸免。龙章纸厂的厂房及水塔均被日机炸毁，所有西迁四川的机器，半途亦多毁失，损失高达36万元；宝山纸厂的厂房被焚，幸机器未遭破坏，损失10万元；大中华纸厂一部被焚，内部机器、马达亦多被日本窃夺，损失20万元；上海造纸厂于沪战发生时，曾将机器埋藏，而厂房则被炸毁，损失7万元；美景蜡纸厂，虽重要机器迁出，但厂房及其附属设施等全部被毁，共损失10万元；森记造纸厂则在国民党军队西撤后，不幸失慎自焚，全部付之一炬。总计上海各造纸厂全部损失应在80万元以上。若连营业额合计，则有250万元之巨。苏州方面，大华纸厂的厂房被毁，损失5万元；华成纸厂机器破坏严重，损失5万元；中元在迁杭州途中，亦受相当损失。此外，无锡之利用，在战时也有相当损失；杭州之华丰，战时损失达10万元；嘉兴的民丰，损失更达60万元，其严重程度，即可想见。江浙两省各纸厂损失合计，当超过150万元，若连营业额合计，则超过400万元。①

制革业方面。中国机器制革业出现很晚，起始于1898年设立于天津的北洋硝皮厂，截至1931年，全国使用机器的制革厂共有104家，日本全面侵华战争爆发前，估计规模较大的开工制革厂应在100家以内。“八一三”沪战发生后，由政府协助内迁的制革厂只有武汉的汉中制革厂1家，沦于战区者估计占3/4以上，遭日本破坏和战争损失者，当以沪厂为最大。盖沪地鏖战3个月，因多数厂家设于闸北、南市一带，处于炮火轰击之地，故有全部被摧毁者。如精益制革厂，厂址适为两军激战之地，先被日军轰炸，后被日军焚毁，该厂除将制成品熟皮六七十件运出外，厂内所有机器、工具

① 中央研究院社会科学研究所主编、郑伯彬等编：《沦陷区经济概览·工业编》，国民党政府经济部资源委员会1941年油印本，第A5595—A5596页。

及原料、半制成品等,尽成灰烬,损失约三四十万元;大华昌制革厂,设于铁道线附近,“全部损失”;协元昌制革厂,厂房“全被焚毁”,仅剩铅皮房数间,其他损失约达20万元;越兴制革厂,流质原料全部损失,厂房部分损毁,机器、工具亦有不少损失,估计损失约五六万元;祥生制革厂厂内存货被窃;老水森制革厂适处战区,工厂“大部分被毁”,机器、工具和池内药料,“亦遭毁损”,总计损失约10余万元;源大制革厂,部分厂房和厂内生货、池内药料全部损毁,损失约五六万元;沈荣记制革厂位于南市,“亦受损失”,总计约数万元;昌全记制革厂,池内药料和未及转移的笨重原料全毁,损失至少亦数万元。此外,广州、岭南两厂亦“全部被毁”。总计上海全市制革厂损失当在80万元左右。①

基础化工工业、日用化工工业和医药工业等工业行业,包括制皂、油漆、制酸碱、精盐、酒精、制药、橡胶等多个工业行业,性质和产生、发展、变化情形各异,在国民经济和民众生产、生活中的地位、作用不尽相同,但日本帝国主义对这些工业行业的摧毁、破坏和统制、掠夺,这些工业行业在日本全面侵华战争期间所遭受的严重损失、破坏和悲惨命运,则完全一样。

肥皂制造业方面。中国洗涤衣物,古代多用皂荚。近代以降,各类洋皂流入,继之国人开始制造肥皂,以替代洋皂。清末,董甫卿在上海创设裕茂皂厂,是为国人生产肥皂之始。据统计,1931年全国有皂厂175家。② 其中除华厂外,英日等外商皂厂亦为数不少。华厂资本规模均不甚大,以二三千元至1万元者居最多数,

① 中央研究院社会科学研究所主编、郑伯彬等编:《沦陷区经济概览·工业编》,国民党政府经济部资源委员会1941年油印本,第A5604—A5606页。

② 其地区分布,计江苏67家,浙江25家,福建、安徽各8家,广东12家,江西9家,湖北7家,河南4家,河北25家,山东10家。

最大的五洲固本皂药厂，亦仅30万元。沪战发生后，并无一家华商皂厂内迁，皆先后陷于战区之内，所遭破坏、损失不菲。

油漆业方面。中国四川、湖南、贵州、云南、陕西等省，均有丰富的油漆资源和产品。进入近代后，洋漆乘虚输入，船木品油漆进口尤多，影响国内漆业生存，1925年始有华商在上海开设开林油漆公司，从事各种油漆仿造。随后上海、天津、青岛等地有多家油漆公司成立。至日本全面侵华战争前，关内地区共有中外资油漆厂19家，其中华资17家，外资2家。①

制酸碱业是基础化工产业，酸类制品为重要工业原料，其需用最广者为硫酸、硝酸、盐酸三种。中国早先工业所需三酸产品，大半为德国、日本货。江南制造局曾附设药水厂，制造硫酸、硝酸，但出品数量有限，仅供该局制造军火之用，并不售卖。国人创设专业制酸厂，始自1926年设于天津的渤海化学公司。到日本全面侵华战争前，关内地区共有制酸厂22家。②

除了制酸业，还有精盐业，主要集中在华北，日本全面侵华战争前计有4厂。③ 其产品不限于精盐，且及于其他化学工业原料。

酒精为基本化工原料和医药消毒用品，日本全面侵华战争前，仅在上海、青岛、晋北有数家工厂。总计有华商酒精厂6家，资本84.5万元；外商2家，资本20万元。

---

① 其地区分布，华资17厂为上海11厂、天津4厂、青岛2厂；外资2厂均设上海。

② 其地区分布，计上海、天津各6家，济南、即墨、浦口、广东、广西各1家，山西3家，青岛2家。此外，尚有法商的天津1家。

③ 即天津久大精盐公司（工厂设于塘沽，1915年设立资本250万元）、天津通达精盐公司（工厂设于丰润，1921年设立资本50万元）、青岛永裕盐业公司（1921年设立资本300万元）和山东芝罘通益精盐公司（1919年设立资本42万元）。

制药业方面。中国自古采用传统方法,制造、使用国药(中成药),自上海等地设有专售西药的药房后,国人开始设厂仿制西药,药厂集中于上海一埠。沪战发生后,除新亚、中法、华中、民生、海普5家药厂内迁外,其他各厂均陷于战区。

橡胶工业也是基础化工的一个重要组成部分。中国橡胶工业萌发于1912年,1922年臻于全盛,产品则仅以胶鞋为主,工厂集中于上海、广州、青岛3地。上海、广州两地橡胶业以1931年最发达,但“九一八事变”后,呈现崩毁之势。1936年、1937年上海橡胶业复苏,恢复到1932年前的盛况,大小胶厂增为31家。广东胶厂到1935年所剩仅8家。日本全面侵华战争前,上海胶厂占全国胶厂数的90%以上。上海31家厂资本总额510万元,年产胶鞋2400万双、车胎20万副,亦占全国绝大比例。

日本全面侵华战争爆发后,日本帝国主义对制皂、油漆、制酸碱、精盐、酒精、制药、橡胶等工业行业,进行无差别摧毁、破坏。这部分工业行业同其他工业行业一样,也都损失惨重,甚至被完全摧毁。

全国皂厂,所受日本全面侵华战争的破坏、损失,以上海各厂为最重。沪市四郊所设皂厂,皆属规模狭小,“业已毁坏殆尽”;市区内较大各厂,则以接近战区,“亦受相当损失”。其中五洲固本皂药厂,损失50万元;亨利烛皂碱厂,机器设备及原料、货物共损失16.6万元;南阳烛皂厂,正在战区之内,厂房被炮火焚毁,厂内大锅等生产设备全被毁坏,损失约八九千元;鼎盛皂厂设于南市斜桥,厂房部分被炸,机器、工具、原料等未能搬出,大都被毁,所放客账亦多,故“损失独重”,总计约在10万元以上;新昌皂厂,机器、工具、原料亦被毁,损失约一两万元;祥民皂厂损失亦数千元;中国肥皂有限公司的栈房被炮火焚毁,存货及原料也都损毁,约值10余万元。据业内估计,上海各皂厂直接战争损失,加上未收各账,总计当在 100 万元以上。

油漆厂遭受日本的摧毁和战争破坏，也相当严重。“八一三”沪战爆发时，上海一些油漆厂虽有将原料及制成品运出者，但闸北、江湾等地位处战区，多数漆厂皆设该处，所有未及搬运的机器，均遭破坏。位于南市者，虽有数厂迁入租界，而笨重机器并未迁出，亦遭损毁。各厂损失，以永固为最大，厂房全部被毁，机器亦未搬出，损失在 15 万元以上；振华一部分厂房被毁，损失 20 万元；中国及开成两漆厂全在闸北，为战事最烈之处，损失亦至严重；其他如万里，一部分财产被毁，损失约 1.5 万元。总计全沪油漆业损失约达 100 万元。

中国民族资本的 22 家制酸碱厂，在日本全面侵华战争爆发后，由政府协助内迁者只有浦口永利、上海天原、天利 3 厂，其他 19 厂全部陷入日本帝国主义的罪恶战火中。上海天原电化厂内迁时，厂内货物只搬运 1/3，因国民党政府军向西后退，该厂附近遂成两军重要战场，厂内货物无法继续搬运，日军乘机对厂区大肆轰炸，货物被毁，机器亦多损失，约略估计损失价值三四十万元；开成制酸厂，办公室房屋被炸；天利厂亦在战区，厂房屡被炮弹击中；此外，肇新制钙厂，战时亦有损失。

中国民族资本经营的 4 家精盐厂，在日本全面侵华战争爆发后，即为日本所夺。久大由兴中占有、经营；通达由东洋化学工业会社占有、经营。东洋化学工业会社系由东洋纺绩会社设立，资本 100 万元，除夺占、经营通达精盐厂外，复因制造精盐过程中，每年有数十万吨的苦汁副产品可供利用，乃另设工厂将其分析，从中提炼出制造飞机的重要原料镁和制造火药的重要原料硝石，并计划在北平、“蒙疆”设置同类工厂，大规模生产摧毁和灭亡中国的杀伤性武器。

日本全面侵华战争爆发后，中国民族资本经营的 6 家酒精厂,也或被侵华日军摧毁,或为日军、日商所夺。“八一三”沪战一发生,浦东白莲泾的中华酒精厂即“惨遭炸毁”,厂内机器大半损坏,厂址随后为日商所夺;美龙厂表面上与日商上谷席三浪“共同经营”,改名“美利”,实际完全为日本人所劫夺;华北3厂,除青岛的华北酒精厂名义上仍由华商经营外,瑞丰厂被日本劫夺,改由日华蚕丝会社经营,晋北大同厂则由日军直接劫夺、统制经营。

同酒精厂一样,众多规模不大的药厂,也都成为日本炮火的轰击目标。没有内迁而留在上海的药厂,“均遭炮火之相当损失”:信谊药厂附属的玻璃厂和橡胶厂全遭破坏,损失4万元左右;中西药厂战时损失数十万元,随后更整厂被日军强占;中英药厂房屋被毁;民谊药厂办公室被炸;五洲药厂被日商劫夺。上海各华资药厂,除了内迁和设于租界者外,或毁于日军炮火,或被日军、日商劫夺,或先遭轰炸、炮击,后残存工厂或厂址被劫夺、强占,上海(实际上也是全国的)华资制药业遭到了毁灭性的打击。

民族橡胶业在日本全面侵华战争期间也损失惨重,几乎被彻底摧毁。“八一三”沪战发生后,政府曾协助上海大新荣、中国工商及大中华等橡胶厂将机器内迁,其余各厂则全数陷于沦陷区。据金城银行调查,上海胶厂十九处于战区,故“损失綦重”,总计当在600万元以上。其中以大中华损失最巨,第三、第四两厂均被焚毁,附属之制钙、制锌及中华染织厂亦均受损失,所值约200余万元;宏大胶厂的八字桥分厂也被焚毁,损失七八万元;大陆胶厂遭日军“纵火焚毁”,损失21万元;其余厂房、机器、原料荡然无存者,如正大、大上海、大康、义和、华商、大生、大安等7厂,合计损失近八十万元。此外,如中国工商厂,厂房部分被毁,所有机器未及内迁者,亦被炸毁,损失约5万余元;正泰厂房部分为日军炮火所毁，价值27万元①；华通的机器原料损失约3万元；益昌损失约2万余元。即使事前已将机器物品迁出，损失相对较轻，但也无法完全避免损失。如大同损失六七千元；培萌损失约1万元；大孚损失约4000元；利亚损失约8000元；上海实业厂原料机器损失约1万元。而且，迁往内地者亦未能保全。内迁的大中华等4厂，当机器搬运去汉口时，装运的4艘民船驶至镇江时，3艘被炸，"损失亦重"。这样，面对日本侵略者飞机大炮的全方位摧毁、破坏，上海31家华商橡胶厂，包括内迁4厂，几乎全军覆没。②

日本帝国主义对中国民族工矿业的大规模和无差别摧毁、破坏，在时间上，主要集中在全面侵华战争初期的攻城略地阶段，在方法上，对工矿业的无差别摧毁、破坏和强占、掠夺同时或接续、交替进行。其目的是彻底摧毁中国的"有生力量"，给中国以致命性打击，以最快的速度占领和灭亡中国。当侵华日军占领工商城市和周边乡镇、地区后，对中国民族工矿业即由以摧毁、破坏为主转为以强占和统制、掠夺经营为主。目的是全面落实日本基本国策，"以战养战""以华制华"，利用中国的人力物力占领和灭亡中国。

"七七事变"后，在华北，侵华日军很快占领了北平、天津和华北大部分地区；在华中，沪战爆发之后，江浙一带不久即沦陷于敌手。无论华北华中，日军所到之处，当地炮火劫余的民族资本工业，不论大小和行业，均被其占领，以"军管理"的形式进行控制。

① 因已投保"兵险"，获得27万元的赔偿金。这里即将赔偿金视为日军炮击导致的厂房价值损失。

② 以上关于制皂、油漆、制酸碱、精盐、酒精、制药、橡胶等工业行业被日本摧毁、破坏和战争损失情况，依次参见中央研究院社会科学研究所主编、郑伯彬等编：《沦陷区经济概览·工业编》，国民党政府经济部资源委员会1941年油印本，第A5610—A5612、A5618—A5620、A5623—A5625、A5628—A5629、A5630—A5631、A5633—A5634页。

按日本兴亚院的解释,所谓"军管理"是依"国际公法"或"战时法规"没收"敌人官产"之行为;而且,为防止"不逞之徒"加以破坏,私人企业亦多"暂为保管"。①

为了快速、有效地进行掠夺和统制、经营,日军将华北工矿业按照日本战时体制和掠夺需要分为"统制"事业和"自由"事业两个部分:统制事业包交通、通信、发送电、矿山、冶金、化工等行业,以及同日本经济有"发生摩擦之处"的蚕丝、水产等行业,由日本直接控制并着力"开发",实施垄断性统制、经营,或者严加限制,甚至直接破坏、摧毁;所谓"自由"事业指统制事业之外的其他工业企业,如纺织、面粉、火柴、烟草、造纸、硫酸、水泥、机械和食品加工业等,对其限制发展。华北民族工业在日本统制下,一方面被强制"军管理"之后强行兼并"收买";另一方面被以严厉手段限制原料、产量和销路,以日资企业打击排挤华资企业。其目的是增强日本在华北的经济实力,将华北所有的工业企业完全纳入以日本为中心的战时经济体制之下,为不断扩大的侵略战争服务。

因为中国工矿企业主持有的大小工矿企业,都被日本侵略军劫夺一空,无论"统制"事业和"自由"事业,都与中国工矿业主无关。实际上只是日本侵略者的内部"分工"。

日军占领各类工矿企业后,即由日军特务部视其工厂或矿山之性质,决定其为"临时军管"或委托日本相关会社代为经营,故"军管理"事业又可分为两种:一为日军直接经营;一为"委托经营"。因日军多不善经营,亦无时间经营,故大都委托日本会社代为经营。但此类委托经营与后面所谓"委任经营"又有所不同,日本会社受军队委托后虽有经营厂矿之权,但该厂矿之产权仍操诸

① 中央研究院社会科学研究所主编、郑伯彬等编:《沦陷区经济概览·工业编》,国民党政府经济部资源委员会1941年油印本,第A5410—A5411页。

日军之手，日军可随时另委他人经营，受委托者不得持有异议。在华北沦陷区，此类“军管理”委托经营厂矿，除电业及矿业已归属日本在华“国策会社”独占经营外，其一般工厂企业仍在“军管理”形式下经营者，多达98个厂。按省区分布，计山西48厂，河北、河南各14厂，山东18厂，安徽2厂，江苏、绥远各1厂。从行业看，直接关系民众吃穿的面粉厂、纺织厂最多，分别达30厂和15厂，合计45厂，占“委托经营”总厂数的45.9%。其次，电业10厂，翻砂机器8厂，电气5厂，毛织、火药、制酸、火柴、水泥、冶炼各3厂，合计41厂，占41.8%。其他如兵工、染织、纺线、毛线、造纸、制革、精盐、制糖、印刷、烟草等共15厂，占15.3%。①

所谓“委任经营”，是日本工商财阀或资本家，凭借侵华日军淫威，劫夺、霸占中国民族资本厂矿，鸠占鹊巢，自行经营。按日本政府规定，“委任之工厂，限于已遭破坏者，委任经营者，且须依受害大小，决定先后，其受害最大者，有优先‘委任’之权利，其他则由抽签法决定之”。不过事实亦未尽然。有些“委任经营”工厂并无明显破坏。如“委任”公大经营的大通纺织厂（崇明），“委任”裕丰经营的三友实业社（杭州），“委任”东华纺经营的鼎鑫纱厂（上海）等，均未至规定的“受害最大者”的程度。“委任经营”与“军管理”名异实同，都是强盗掠夺。不过后者由军队掠夺，转委会社经营；前者则由会社直接强占。②

“委任经营”与“军管理”委托经营不同，无论厂矿主权或经营权均直接操诸日本会社之手，与侵华日军无关。这类“委任经营”

① 据中央研究院社会科学研究所主编、郑伯彬等编：《沦陷区经济概览·工业编》，国民党政府经济部资源委员会1941年油印本，第A5411—A5412页。

② 中央研究院社会科学研究所主编、郑伯彬等编：《沦陷区经济概览·工业编》，国民党政府经济部资源委员会1941年油印本，第A5416页。

厂几乎全在华中沦陷区,据极不完全统计,其资本较大者,即达137厂之多(缫丝业归入华中振兴会社经营者尚不在内)。从行业看,同样是关系民众衣食的纺织、面粉业最多。战前全国华商纱厂原有94厂,在沦陷区内者约有61厂,纱锭1781548枚,织机17772架。据日本纺织联合会资料,在日本"委任经营"下达54厂,共有纱锭1249556枚,织机12127架,依次占战前厂数、纱锭和布机的88.5%、70.1%和68.2%。① 若是除去战时遭受摧毁、破坏未能开工者外,沦陷区纱厂几乎全为日本所夺,作为民族工业拳头产业的棉纺业,几近消失。关内沦陷区的面粉业,则除了无锡的九丰及南京的扬子江被日商个人劫据外,几乎全部为日本三大制粉公司,即日本制粉、日清制粉及日东制粉所攫夺、分割和"委任经营":日清制粉会社劫夺了北平的唯一和济南的成记两厂;日本制粉会社在上海劫夺了福新3厂,在青岛劫夺了中兴等6厂,在济南劫夺了3厂,在天津、济宁及徐州各劫夺了1厂;日本制粉会社所劫粉厂更多,计石家庄、顺德、邯郸、保定、彰德、新乡、六河沟、太谷、榆次、平遥、临汾、祁县各1厂,太原、汉口各2厂,开封3厂,合计35厂。再加上"军管理"和"委任经营"两者共计达48厂。民族资本面粉业在战前全国共有157厂,全年制粉能力约为7500万包,被日本劫掠者,"军管理"及"委任经营"的48厂,制粉能力约为6750万包,虽然厂数只占总数的30.6%,但制粉能力占到90%,足见被劫掠者全系大厂。日本是通过对少数大厂的劫掠,以达事半功倍之效。对造纸业的掠夺,情形相似。民族资本造纸业,战前全国原计38厂,被日本掠夺计13厂,占总厂数的34.2%,但以资本计,达

① 郑伯彬:《日本侵占区之经济》,国民党政府资源委员会经济研究室1945年印本。见陈真等合编:《中国近代工业史资料》第2辑,生活·读书·新知三联书店1958年版,第443页。

339.2万元,占资本总额476.2万元的71.2%。而天章西厂之资本20万两还未包括在内。① 毛织工业及其他纤维工业与棉纱织业陷于同一命运,天津的仁立及海京两大厂既为日方占有,改称“公大”和“满蒙”;太原毛织厂及北平清河毛呢厂也由“满蒙”及钟渊纺织会社所占,而上海的章华及中国毛纺厂不能例外。其他如丝织、制革、榨油、绒布、针织、制帽、纽扣、电器、肥皂、油漆、制酸、酒精、制药、水泥、制糖、造船等则被掠夺1厂至3厂不等,16个行业共计46厂。其中肥皂、油漆、制酸、酒精、制药、水泥、制糖、造船等24厂,直接为日军所掠夺,产权完全归日商所有。②

此外,侵华日军掠夺和统制、经营民族资本企业的方式、手段还有“中日合办”“租赁”“收买”等。

日本将劫掠的厂矿企业所采用的“中日合办”,可分为两类:一为日本“国策会社”经营下之独占企业;一为一般工业即日本人所谓“自由”企业。前者包括沦陷区一切电灯电力厂、电报电话局、铁路、机车厂、轮船公司、码头仓库业、公路、汽车公司、煤矿、铁矿、炼钢厂、炼铁厂、盐场,以及水产公司和缫丝厂。这些事业均被迫与日本人合组一家独占经营公司,隶属于日本“国策会社”。后者则是除上述事业之外的其他一般工业,或属“自愿”或系完全强迫,此类“合办”厂共达70余家。其中以化学工业为最多,约有27厂,另金属机械10厂,食品工业约9厂,其他杂色工业约26厂。如橡胶业,日商为了垄断和完全控制该业,除了直接掠夺华商胶

① 参见郑伯彬:《日本侵占区之经济》,国民党政府资源委员会经济研究室1945年印本;郑克伦:《沦陷区的工矿业》,《经济建设季刊》1943年第1卷第4期。均见陈真等合编:《中国近代工业史资料》第2辑,生活·读书·新知三联书店1958年版,第443、438—440页。

② 中央研究院社会科学研究所主编、郑伯彬等编:《沦陷区经济概览·工业编》,国民党政府经济部资源委员会1941年油印本,第A5417—A5419页。

厂,又以各种方法胁迫、诱使华商“合作”,由日商出面向日本领事馆注册,借资“保护”,提取20%的赢利作为酬劳。这类性质的“合作”胶厂计有9家(日本直接掠夺或“自设”厂有11家)。① “租赁”厂仅华中沦陷区可考者约31厂,其中金属机械9厂、纤维业7厂、化学工业6厂、窑业5厂、其他工业4厂。日本“收买”的民族资本厂矿,共约有20余家,其中华中沦陷区有16厂,华北沦陷区有6—7厂。但是所谓“租赁”,并无租期、租金,“收买”并无价格,即有亦少得可怜,“租赁”“收买”不过是掠夺的代名词。

也有一些工矿企业和行业,并未采用“军管理”或“委托经营”“委任经营”一类掠夺方式,而是由日军、日商、日本人强行夺占,直接以日资或日商企业名义进行统制和垄断经营。如对卷烟业的掠夺,主要就是采用此种办法。

日本全面侵华战争爆发前,日本在中国卷烟业行业并无实力基础,其市场几乎全为英美烟商所操纵。“八一三”沪战后,华商烟厂被毁,生产激减;英美烟厂亦一度停工,但因资力雄厚,卷烟存储甚多,仍能满足上海及外埠各烟店供货,基础尚未动摇。日本急欲取代英美在华势力,规定日本“满洲东亚”“东洋”两大烟草会社分担在华扩充烟草事业责任。“东洋”烟草会社系以天津为基点,在津浦沿线扩张其势力范围;“满洲东亚”烟草会社则以北平为基点,平津沿线为其“分野”。日本为此采取的具体步骤是从添设新厂及掠夺华厂入手。而所谓添设新厂也是以“收买”华商旧厂为“原则”。② 日本根据这一“原则”很快设立了“华北东亚烟草会

---

① 中央研究院社会科学研究所主编、郑伯彬等编:《沦陷区经济概览·工业编》,国民党政府经济部资源委员会1941年油印本,第A5634—A5637页。

② 《庸报》1939年11月7日,见中央研究院社会科学研究所主编、郑伯彬等编:《沦陷区经济概览·工业编》,国民党政府经济部资源委员会1941年油印本,第A5468—A5469页。

社”“蒙疆烟草公司”“东洋烟草会社及其诸多分社”。

华北东亚烟草会社原为“满洲东亚”烟草会社，即日本东亚烟草会社之子会社。1937 年 10 月后，“满洲东亚”将业务分拆，“华北东亚”与“满洲东亚”各成独立会社。“满洲东亚”专营东北地区的烟草业务，“华北东亚”经营华北沦陷区的烟草业务。“华北东亚”资本额 3000 万元，先收 1/2。总公司设于北平，保定、济南、青岛、石家庄、天津等处各设分社。又合并晋华烟草公司，实行“中日合办”。① “蒙疆烟草公司”由东洋纺纱工厂设立，资本 1000 万元，总公司设于张家口，预计年产烟能力 8 亿支（据称伪“蒙疆”政权辖区消费额为 30 亿支）。原料采购除了河南许昌，日本本土和朝鲜亦可供应。“东洋烟草会社”以华中、华南为中心地盘，总公司设于上海，并在华中、华南各地建立新厂。而所谓新厂的设立，即是掠夺华厂。如 1938 年 3 月强占中原烟草工厂，而机器则从南洋、华成两公司强夺而来，交由东亚烟草会社管理，改称“新东烟厂”；攫夺华东烟草公司，但该公司拒绝合作，即由东洋烟草会社劫夺、强行开工；强占华品烟草公司，将其售予“东洋烟草会社”；强占中南烟公司，改称“光盛制烟第二厂”；强占新民烟公司，改称“光盛制烟第一厂”；强占华东烟草公司二厂，售予“东洋烟草会社”；等等。“东洋烟草”资本原为 100 万元，自大量强占华厂，实力急剧膨胀，随即增资为 1000 万元，陡升 10 倍。“华北东亚”因实力不及“东洋烟草”，为了加速扩张，遂向中国烟厂集中的上海和华中地区伸手，1938 年 7 月强占新华烟厂，改称“华生第二卷烟厂”，机器也是夺自南洋、华成两公司；又劫夺汉口华商烟厂，改称“中支东亚烟草公司”。“东洋烟草会社”还拟将上海英美烟公司颐中厂推翻，据为己有，曾由伪“维新政

① “晋华”原为山西省政府所办，被日军强占，改为“中日合办”，预计年产卷烟 5 亿支。

府”预收统税1500万元,而被该厂拒绝,一度停工。

由于中国民族烟草业被摧毁、掠夺,英美势力被挤压,日本烟草势力急剧膨胀,特别是在华北,市场进展“日趋强化”,已压倒英美系的烟草势力。华商残留烟厂,如开机制烟,产销、原料供给,“所受统制甚严”,河南许昌、山东青州烟叶产地,均有日本人设立机构,统制收购,原料来源断绝。沦陷区勉强开工的34家华商烟厂,实际产权、经营权亦非掌握在华商之手,且大多规模狭小,产量只有战前的1/3。① 即使这1/3的卷烟产量,其支配权和销售收益也不属于生产经营者,中国民族烟草业已基本被摧毁。

其他肥皂、油漆、制酸、酒精、制药、水泥、制糖、造船等8个行业27厂②,也是直接为日军所掠夺,厂权完全归日军、日商所有,如同其他日商自有企业一样占有、经营。如中国水泥厂被日军、日商掠夺者,计有6厂。其由日军强占而委诸国策会社经营者,计有2厂,即西北洋灰厂(改称“军管理”第35厂)及致敬水泥公司(委诸“盘城洋灰会社”经营);由日商掠夺者4厂,计上海龙华厂(由“小野田株式会社”经营)、龙潭水泥厂(由三菱系的盘城泽灰会社强占经营)、江南水泥公司(由小野田会社强占经营)及启新洋灰公司(由“塑料物产会社”劫占经营)。中国6家酒精厂,有3家被日军、日商掠夺。上海中华酒精厂在厂房、机器被炸毁后,厂址为日商所夺;青岛瑞丰厂被日军劫夺,交由“日华蚕丝会社”经营;晋北大同厂则由日军劫夺、经营。华商各船厂,俱遭日本劫占。江南

① 中央研究院社会科学研究所主编、郑伯彬等编:《沦陷区经济概览·工业编》,国民党政府经济部资源委员会1941年油印本,第A5468—A5477页。

② 计造船业11厂,水泥业6厂,酒精业3厂,油漆业、制药业各2厂,肥皂业、制酸业、制糖业各1厂。(据中央研究院社会科学研究所主编、郑伯彬等编:《沦陷区经济概览·工业编》,国民党政府经济部资源委员会1941年油印本,第A5419页统计表计算。)

造船厂当国民党军队西撤时，虽曾将船坞炸毁，唯第一、第二船坞尚全，事后被加以修理，并将三北、鸿昌、合兴等3厂机件，全数搬移至江南厂，由日军全部拨交“三菱轮船株式会社”经营管理，更名为“三菱造船所”，暂以修理战舰及运输舰为主要业务，将来并拟扩充作为修理民船之用；老公茂船厂，由日本海军管理，改名“平安船厂”，修理其汽艇等小船；大中华船厂，由日本陆军管理，修理陆地机械等军用品，如炮车、坦克车、铁甲车、轻重机枪、步枪等。在陆家嘴一带的财利、恒昌隆、招商内河、鸿翔、龙昌等5厂，则由日清轮船公司将各厂全部机器，迁至陆家嘴泰同栈附近空地，设立“日清造船所”。至此，侵华日军已将上海一地的华商船厂掠夺尽净。而且被其掠夺的11厂，除三北一家船厂仍在原址开工外，余则全部拆卸迁移，七零八落，不复旧观，中国民族造船业，已被日本帝国主义彻底摧毁。①

日本在摧毁、破坏、掠夺、利用中国民族工矿业的过程中，还设计、出演了一场所谓“发还军管理工厂”的骗局。

日本全面侵华战争进入相持阶段后，随着国际局势的变化，日美关系日趋紧张，日本为收买沦陷区中国民心，诱使华人资本家与之“合作”，恢复沦陷区经济，精心设计了所谓“发还军管理工厂”的骗局。1940年3月18日，日军侵华派遣军总司令西尾寿造宣称：“我军拟以从来代管之华方财产，尽速移交与中国政府，由中国政府交还于合法之所有者。”②不过声明只是一种姿态，实际上“发还”工作并没有进行。到1940年11月30日，汪伪政权与日本

① 中央研究院社会科学研究所主编、郑伯彬等编：《沦陷区经济概览·工业编》，国民党政府经济部资源委员会1941年油印本，第A5570—A5571、A5628、A5576—A5577页。

② 王逸宗：《八年来上海工业的总清算》，《经济周报》第1卷第6期，1945年12月6日。

正式签订的《中日两国基本关系条约》规定:“现在日本国军管理中之民营工厂矿山及商店,除有敌性者及有关军事上必要等不得已之特殊理由者外,应依合理之方法,速行讲求必要之措置,以移归华方管理。”在汪伪政权公布的发还“军管理”工厂申请规则中规定:日本“军管理”工厂属华商民营的工厂“得由合法权利人(独资经营之业主或合法代理人、公司合法代理)”,“申请政府发还复业”,“三个月以内向主管官署办理申请手续”。“军管理工厂合法权利人如超过申请期限未照申请手续向主管官署申请发还或申请不实未经核准者,由政府接收管理之”。① 发还工厂分为两部分办理:一为正式发还者,一为其他“解除”者。前者多属小型杂色工厂或破损不堪者,日本认为如无“军事上必要等不得已之特殊理由”,概允发还原业主。实际上,原厂主除尽失撤离时所遗留之原料、存货及半制成品等外,还要支付一笔巨款给日军、日商,作为彼等占领期内的“保管费”和“修理费”,而得到的仅是几间破烂空厂房。至于后者,因是这批被劫夺工厂的精华,名义上虽说“解除”,予以发还,但仍是采用强制手段,或用极低廉的代价强行租借或收买,或则强迫所有者与日商“合办”,或“委托经营”。实际上,要将哪些工厂企业“移归华方管理”,完全由日本根据它们的实际需要而定,不想发还的便可随意加上个“有敌性”或“有军事上的必要”的“特殊理由”而拒绝发还。“移归华方管理”的工厂企业,汪伪政权也可以以手续不合规定或“申请不实未经核准”为借口而无限期地拖延“发还”。因此,日汪关于“发还”华商工厂鼓噪得沸沸扬扬,但实际上雷声大雨点小,或只打雷不下雨。从西尾寿造发表声明,宣布“发还”华商工厂到太平洋战争爆发,近 21 个月,日本只

① 《申总档案》,见李占才、张凝:《荣毅仁的父辈》,河南人民出版社 1993 年版,第 176—177 页。

解除了59家华商工厂的“军管理”。而且解除“军管理”的工厂，也并未能真正回到原主手中，仍被日方强行“收买”或以“租借”“中日合办”等名义继续控制着。实际交还给华商厂主“自营”的基本上是一些小厂，而且大都是一些严重破坏、修复困难、原料不足、动力缺乏等生产处于停顿状态的工厂。对于物资的掠夺和控制，一直是日本对沦陷区进行经济统制的重心。日军占领了武汉和广州之后，大规模的军事进攻告一段落，决定把使用武力的重点放在对已经占领地区的巩固上，准备进行长期的持久战。为此，日军不仅加紧对沦陷区经济的统制，以使它们自己能够“现地存活”，而且加紧对国民党统治区域和共产党领导的抗日根据地进行经济封锁。① 因此，所谓“发还军管理工厂”，就是一个骗局，是强化和扩大经济统制与掠夺的另一种手法。

在关内沦陷区，日本不仅通过“军管理”“委托经营”“委任经营”“中日合办”“收买”“租赁”等方式、手段，劫夺、强占华商工矿企业，加以拆并、扩充，进行统制、掠夺经营，同时就地掠夺街面、土地和人力、物力，大量和普遍开设新厂。这又是对中国民族工矿业的新一轮劫夺、挤压摧毁，对中国经济资源更大规模和更大范围的掠夺。

值得注意的是，同掠夺、辖管和统制华商厂矿一样，侵华日军在开设新厂方面，也扮演着十分重要的角色，不仅自行开办，而且直接经营、管理。

日本在关内沦陷区的新设工厂，大致分为两部分：日军主持经营的小型军需工厂；日本国策会社和其他日商所设各厂。日军开

① 参见王逸宗：《八年来上海工业的总清算》，《经济周报》第1卷第6期，1945年12月6日；李占才：《抗战期间日本对华中沦陷区经济的掠夺与统制》，《民国档案》2005年第3期。

办的各类军需工厂,全归日军直接经营,其目的在于直接就地掠夺原料,加工制造,就地补给。此类军用工厂,初时以华北沦陷区最普遍,广泛分布于天津、北平、张家口、归绥、大同、石家庄及开封等地。到1939年2月间,华中派遣军亦仿效华北方面军办法,并加以推广,正式成立“军需管理委员会”,计划于华中地区,开设工厂200家,以军用票为资本,空手套白狼,就地榨取材料及人工,并从军队中挑选技术人才充任“技士”。出产品亦采用“就地推销主义”,即以生产所得,充为军费。故日敌严格统制沦陷区的棉花、丝茧、苎麻、牛皮、钢铁等,即此项计划的预备行动。华中日军拟开工厂的地区分布,计上海20家,浙江40家,湖北30家,南京、安徽各10家,湖南、江西各15家,江苏60家,合计200家。

日本国策会社新设工厂门类和数量更多。电力方面有兴中公司与中国合办的天津、冀东、胶澳、芝罘、伪“蒙疆”、北平、齐鲁等7家电力公司,其下辖有天津、塘沽、芦台、唐山、滦县、昌黎、山海关、通县、青岛、芝罘、张家口、大同、厚和、包头、石景山、北平西城根及济南等17座电厂;另有日本内地电力社与华中振兴公司合设的华中水电公司,其下辖闸北、南市、浦东、松江、南京、常州、戚墅堰、苏州、嘉兴永明、硖石、镇江大明、扬州、芜湖、安庆、九江、汉口、武昌等17座电厂和闸北、浦东、南京、杭州、南市、汉口等6家自来水厂。卷烟业方面有“中国烟草会社”等9家会社所设之“华北东亚烟草会社”和“东洋纺织会社”所设之“蒙疆烟草会社”。前者辖有制造厂4家,预定年产烟65亿支,并拟扩充至150亿支;后者预定年产8亿支。此外还有新设的“东洋烟草会社”,曾掠夺华商烟厂6家。榨油业方面,有“日华制油会社”所设的上海油厂,大阪平野制油会社与大阪合同会社脂油部所设的天津两厂。毛织业方面,有钟渊纺绩会社所设的“满蒙毛织公司”,并在天津、包头、厚和分设洗毛及毛织厂。水泥业方面,有茂野、盘城、秩父、大阪窑业、三河、小野田、东洋等7会社所设的“华北洋灰有限公司”，且拟收买或接办启新、西北两公司，独占华北水泥生产。造船业方面，三菱、日清等轮船会社将上海11家华商造船厂瓜分、清拆，分设“三菱造船所”“平安船厂”及“日清造船所”，各自独立经营。钢铁机械业方面，小东京小系制作、天津三昌洋行与住友本社所设的“大达交通器材株式会社”，制造铁路、公路车辆所用附件，同时东京辗机制作所，亦在天津设分社，制造矿山各种机械等；浦贺船渠会社已在青岛设立工厂；丰田铁厂亦计划在青岛设立分厂，修理纺织机械与制造汽车；又有中国制钢厂亦决定在青岛设立分厂。燃料业方面，有三井洋行所筹设之华北煤油厂，及日本石油联盟、朝鲜石油所合设之“北支石油株式会社”。造纸业方面，有三菱系之东洋制纸会社，筹划在天津设立工厂，三岛制纸会社亦计划在青岛开设工厂，并有日本有力印刷会社与出版会社联合发起组织“新民印书馆”（资本金1000万元），北平设本社，华北各重要地方设支社。制革业方面，有大仓筹设的裕津工厂和樱组商事会社筹设的北平皮革工厂。制药业方面，有万有制药会社在北平所设“北支制药株式会社”，日本若素在天津所设的分厂，及日本各制药公司共同出资所设的“蒙疆制药会社”。制酒业方面，有大仓商事会社联合大日本麦酒会社、哈尔滨麦酒会社合资筹设的“北京啤酒会社”。火药业方面，有“新中华火药制造会社”，系日本火药会社经营，拟接受伪山东政府的委托，制造火药，在青岛设立火药库。肥料工业方面，有日本电器化学社与中国合办的“山东电气化学工业公司”，将设工厂于淄川，制造石灰窒素等。窑业方面，有日本自来火、名古屋制陶、东洋陶器与山东商工署合资100万元，筹设的“博山窑业公司”，从事耐火砖与玻璃的制造。自来火业方面，有中日合办的自来火公司，由日方出资250万元，中国出资50万元，从事自来火的供给，自来火的精制与贩卖等。肠衣制造业方面，有三井洋行筹设的“天津肠衣制造厂”。汽车制造业方面,则有兴中公司在北平所设的“北京汽车工厂”。此外,日本为利用电影宣传起见,由伪满映画会社与北平伪临时政府合资50万元,组织“北支映画会社”,由中日合资在南京所设之“中华电映公司”等。

除了侵华日军和“国策会社”,其他日商来华开设工厂者,为数亦多。因此,各地日厂林立。仅上海一地,沦陷区城内虹口一带,1938—1939年日商新增之工厂,即达数百家之多。① 其他各地所设之日商工厂,除上海外,多数分布于天津、青岛两地。日商工厂业别,包括制粉、榨油、染织、电器、铁工、金属制品、制糖、制冰、砖瓦、肥皂、酒精、树胶、毛织、水泥,等等,而尤以铁工厂与修理厂占多数。工厂规模,则有大有小,其狭小者,与中国经营的小作坊并无二致,但数量繁多。它们见缝插针,鸠占鹊巢,抢劫器材设备,奴役华人劳力,破坏城镇环境,搜掠社会和自然资源,聚敛财富,无所不用其极。②

日本在关内沦陷区掀起的这场设厂狂潮,声势浩大,范围、规模空前未有,侵华日军、“国策会社”、大小商人倾巢而出,一致行动。这是继对中国民族工矿业进行无差别摧毁、破坏和掠夺之后,日本帝国主义采取的新的重大战略部署,其直接目标,就是在掠夺、统制经营残留的华商工厂,“复旧”、扩充原有日商工厂的基础上,大范围开办新厂,打乱、破坏、摧毁华商工厂原有的产权关系和结构、布局,快速建立一套完整的殖民主义工业体系。资料显示,日本大范围开办“新厂”、快速建立殖民主义工业体系的过程,同

① 中央研究院社会科学研究所:《一年来之上海工业》(1939年12月),见中央研究院社会科学研究所主编、郑伯彬等编:《沦陷区经济概览·工业编》,国民党政府经济部资源委员会1941年油印本,第A5410页。

② 中央研究院社会科学研究所主编、郑伯彬等编:《沦陷区经济概览·工业编》,国民党政府经济部资源委员会1941年油印本,第A5407—A5410页。

时又是继续和更大范围摧毁、掠夺中国民族工矿业的过程。事实上，一家所谓“新厂”的开办，是以掠夺、拆毁、归并多家华商工厂为前提的。如前揭日本三菱、日清等轮船会社，就是将上海 11 家华商造船厂瓜分、清拆、归并，开办了“三菱造船所”“平安船厂”和“日清造船所”3 家船厂，亦即平均掠夺和拆毁 3.7 家华商船厂，才开办 1 家殖民主义新船厂。这样，就在日本开办“新厂”过程中，残留的华商旧厂，则以更快的速度消失着。少数仍由华商经营的工厂，因日本统制、刁难、摧残、洗劫、破坏，没有原料、电力，无法生产、经营和生存，只得转让、出卖或减产、停产、倒闭。①

到日本全面侵华战争后期，日本因军火生产原料短缺，相继实行“金属类特别回收”、金属“现用品特别回收”方针。绝大部分华商工厂的机器设备，均被掠取、拆毁，用于军火生产。如华北纺织业有 1/3 的“闲散”机器设备被强令拆毁和用于炼铁，或转产军用物资。华资石家庄大兴纱厂原有 3 万枚纱锭、500 台布机，先后被“军管理”和“中日合办”；1942 年后，不仅机器设备被拆毁 1/3，还

① 如天津橡胶、制革、制酸、印染、炼油、自行车等民族工业行业，都是这种情况：十余家橡胶厂因日本统制，原料断货，日货倾销，“生产陷入绝境”；制革厂因被切断原料来源，强迫“合作”“收买”“租给”，被迫拆除、变卖机器设备，将厂房租给德商德孚洋行作仓库，或靠“配给”的三四套牛皮零件（每套零件为牛头、牛尾各一，牛足四个），改行织牛毛鞋，“生产等于停顿”；印染厂只准给日商“三井”“三菱”等洋行代染加工色布，厂内存放的待染布匹、漂粉精、染料等，全被抢掠、没收，“均陷入停工状态”；炼油厂因日本将所有矿物油划为“军用品”，很快由战前的四五十家减少到 3 家，并且由炼制煤油改为炼制黑油，“勉强开工维持生产”；自行车行因日本以进入中原作战需要和支援“大东亚圣战”和日本宪兵队用车为由，先后 3 次将各行 1.5 万辆车和所有存车掠夺一空，致使各车行“相继破产倒闭”。（天津《进步日报》1951 年 3 月 1 日，见陈真等合编：《中国近代工业史资料》第 2 辑，生活·读书·新知三联书店 1958 年版，第 448—450 页。）

被强令代替天津日商公大纱厂“献铁”。到1945年仅剩5000枚纱锭、100余台布机,沦为几乎不能生产的小厂。[①] 到日本侵华战争末期,仍然留在华商手上的工厂企业已经很少,生产设备基本完好并从事生产经营的,更是十分罕见。

三、抗日战争大后方和国民党统治区的民族资本主义及其变化

日本全面侵华战争爆发前,中国的资本主义工矿业、交通运输业和金融业的发展,受到半殖民地半封建条件和环境的制约,行业结构和地域分布,明显畸形:行业结构偏向轻工业,主要是农产品加工业,重工业十分单薄;地域分布主要集中在东南沿海地区,上海和长江三角洲地区,包括上海以及无锡、杭州、南通、苏州、南京、镇江、常州等周边城市,成为最主要的工业和金融中心区,仅上海一地就有“比较具有规模的工厂”1279家。[②] 其次是华北的天津、青岛、济南和华南的广州。在内陆地区,特别是平汉、粤汉铁路线以西的广大西部地区,新式工矿业、交通运输业和金融业极不发达,甚至完全是一片空白。

1937年“七七事变”和随后的“八一三”沪战爆发后,华北平津、华东上海及周边工商城市很快失守,接着华北平汉、平津、津浦、胶济铁路沿线地区,长江三角洲地区,以及广州、武汉等大中工商城市,相继沦陷。至此,东南沿海和东部经济相对发达地区,全

① 杨俊科:《大兴纱厂史稿》,中国人民政治协商会议石家庄市委员会编:《石家庄文史资料》第10辑,1989年印本。

② 林继庸:《民营厂矿内迁纪略——我国工业总动员之序幕》,1942年印本,第1页。

部落入敌手。日本帝国主义轻而易举地占领了中国的工商之地和鱼米之乡,将其全部控制在自己手中,不仅可以志得意满地推行“以战养战”“以华制华”,以中国的人力物力全面占领和最终灭亡中国的基本国策,而且可以保证日本国内的生产原料和生活用品供应。而国民党政府和中国军民只能在极其艰苦、落后的条件下抗击日本侵略者。

“八一三”沪战爆发后,国民党政府为了保存经济实力,加快后方建设,坚持长期抗战,在军队后撤的同时,动员和协助民营工厂内迁。抗日战争期间,约有600家民营工厂迁往抗日后方地区。这部分内迁企业成为战时后方工业发展的重要基础。

工厂内迁之议最先始自国民党政府资源委员会,于“八一三”沪战爆发前组设“工厂迁移监督委员会”,1937年7月28日派该会专门委员兼工业联络组组长林继庸等到上海主持,与上海机器及五金业公会商拟计划,成立“上海工厂联合迁移委员会”,分任工厂迁移责任。并由资源委员会拨款56万元补助搬迁。当时登记迁移的工厂计有152家,主要迁移目的地是汉口。①

上海工厂开始内迁时,“八一三”沪战已经爆发。敌机肆虐,狂轰滥炸,工厂损失惨重,职工拆迁亦多有伤亡;当时铁路交通全供军用,民营工厂内迁主要用木船运到镇江,再由轮船转运武汉,因遭敌机轰炸,损毁严重。至1937年11月12日上海撤守,共迁出工厂146家,技工2500人,运出器材1.46万余吨。其中有顺

① 1937年12月中旬,南京陷落,汉口亦非理想之“内地”,复有二次迁移计划,迁移地点则有重庆、宜昌、长沙、桂林、贵州、昆明等。1938年2月,资源委员会改隶经济部,其职能“由筹划经济动员而兼事工业建设之机关,变为纯粹之国营工业建设机关”。监督迁移事务亦由“上海工厂联合迁移委员会”转至“工矿调整委员会”(后转隶经济部,改称“工矿调整处”),仍由林继庸主持。

昌、上海、新民等机器厂66家,三北等造船厂4家,天原等化工厂19家,以及大鑫钢铁厂、龙章造纸厂等。上海陷落后,工矿调整处再拨款20万元,协助苏州、无锡、常州一带民营工厂内迁。华北方面则有郑州、青岛、济南、太原少数工厂自行迁出。

迁至武汉的工厂,到1938年1月已有64家临时复工,主要承制军需订货。至1938年6月间,武汉垂危,复有第二次大规模迁移。待迁厂包括外埠迁入者约170家和本地约150家。迁移目的地多为四川,也有部分迁往湖南、广西、陕西等地。据经济部工矿调整处报告,至1938年11月底,由政府核准共迁出304厂,1939年再迁出114厂。至1940年,内迁各厂才安置就绪。[①] 内迁具体情况见表0-1。

表0-1　抗日战争期间民营工厂内迁情况(截至1940年年底)

行业＼省区	四川	湖南	广西	陕西	其他省区	总计 厂数(家)	总计 技工(人)
冶炼业	1	—	—	—	—	1	360
机器业	103	50	14	8	6	181	3986
电器业	18	6	1	—	—	25	744
化学业	40	9	2	3	6	60	1408
纺织业	28	53	3	19	—	103	1688
食品业	10	1	1	8	1	21	580

① 参见林继庸:《民营厂矿内迁纪略》,见中国人民政治协商会议全国委员会文史资料研究委员会编:《工商经济史料丛刊》第二辑,文史资料出版社1983年版;中央研究院社会科学研究所主编、郑伯彬等编:《沦陷区经济概览·工业编》,国民党政府经济部资源委员会1941年油印本,第A5388—A5389页。

续表

省区 行业	四川	湖南	广西	陕西	其他省区	总计	
						厂数（家）	技工（人）
文教用品业	32	1	3	—	1	37	635
杂项业	14	—	1	3	—	18	404
矿业	4	1	—	1	—	6	377
总计	250	121	25	42	14	452	10182

资料来源：林继庸：《民营厂矿内迁纪略·附内迁民营厂矿统计表》，见《工商经济史料丛刊》第二辑（表中“技工”栏资料据许涤新、吴承明主编：《中国资本主义发展史》第3卷，人民出版社1993年版，第535页表4-27）。

表0-1中统计的只包括经济部工矿调整处补助或协助内迁各厂，自行迁移者不在其中。内迁厂约有600家，政府补助者占2/3强。又表0-1所列为内迁之民营厂，但如招商局造船厂、湖北官布局、泰安纱厂（属军政部）等亦统计在内，不过官办大厂的内迁系另行办理。“七七事变”后，资源委员会先后将山东的中兴，安徽的淮南、大通，河南的中福、六河沟，河北的怡立，江西的萍乡、高坑等煤矿，湖北的扬子、大冶、汉阳三铁厂，湖南的铅锌厂的全部或一部，拆运西迁；建设委员会的首都电厂、句容分厂和戚墅堰电厂的部分机件，也拆迁内地。① 而且统计截至1940年年底，1941年以后内迁的工厂没有包括在内，故相关数据尚欠完整。②

① 齐植璐：《抗战时期工厂内迁与官僚资本的掠夺》，见中国人民政治协商会议全国委员会文史资料研究委员会编：《工商经济史料丛刊》第二辑，文史资料出版社1983年版，第69—70页。

② 如表0-1中广西1940年年底以前迁入工厂25家，1941年以后又相继有中一机器厂等4家工厂迁入。抗日战争期间迁入的工厂达29家。（参见陈磊：《抗战时期迁桂工业研究》，2015年印本，第17页。）

内迁的工厂数量虽不算多,但从内部结构看,重工业和矿业超过一半,其中机械类工厂达181家,占40%。452厂的机器设备和器材等物资达12万余吨,内迁技工万余人。这些立即成为抗战后方工业发展的重要基础,大大加速了抗日战争期间特别是抗日战争前中期的工业发展。

后方各省开工工厂数,自1938年起逐年递增。迄内迁各厂全部复工后的第二年即已达3000家。其地区分布,四川44%,湖南13%,陕西10%,广西8%,云南、贵州各3%,甘肃4%。如以四川为例,以1937年开工厂数为基数,则1938年为1937年的267%,1939年为512%,1940年为647%,1941年为926%,可谓成倍增长。这不能不说是内迁工厂所起推动作用的结果。①

后方工业加速发展,包括民营、官营在内的各类工厂,其设立及数量变化见表0-2。

表0-2 抗日战争后方工厂统计(1936年前—1944年)*

项目/年份	工厂数		实缴资本额		折成战前币值		平均每厂资本额	
	实数(家)	占比(%)	实数(百万元)	占比(%)	实数(百万元)	占比(%)	实缴资本(万元)	币值资本(万元)
1936年前	300	5.70	118.0	2.46	118.0	24.20	39.3	39.3
1937	63	1.20	22.4	0.47	21.3	4.37	35.5	35.2
1938	209	3.97	117.8	2.45	86.6	17.76	56.3	41.4

① 齐植璐:《抗战时期工厂内迁与官僚资本的掠夺》,见中国人民政治协商会议全国委员会文史资料研究委员会编:《工商经济史料丛刊》第二辑,文史资料出版社1983年版,第75页。

续表

项目 年份	工厂数		实缴资本额		折成战前币值		平均每厂资本额	
	实数（家）	占比（%）	实数（百万元）	占比（%）	实数（百万元）	占比（%）	实缴资本（万元）	币值资本（万元）
1939	419	7.95	286.6	5.97	120.9	24.8	68.4	28.9
1940	571	10.85	379.0	7.89	59.0	12.1	66.4	10.3
1941	866	16.44	710.0	14.79	45.7	9.37	82.0	5.3
1942	1138	21.61	447.4	9.32	10.8	2.22	29.3	0.9
1943	1049	19.92	1486.9	30.97	14.5	2.98	141.7	1.4
1944	549	10.42	1119.5	23.32	3.4	0.70	203.9	0.6
年份不明	102	1.94	113.6	2.36	7.3	1.50	111.4	7.2
总计	5266	100	4801.2	100	487.5	100	91.2	9.25

注：1. * 按设立年份分类。

2. 原表资本额单位为“千元”，现将总资本额单位改为“百万元”；平均每厂资本额单位改为“万元”。因小数点四舍五入关系，总计数有 0.1 的误差。

3. 原表 1942 年实缴资本额为 7612 千元，币值资本额为 9896 千元，有错。现分别据总计数核正。

资料来源：李紫翔：《从战时工业论战后工业的途径》，《中央银行月报》复刊第 1 卷第 1 期，1946 年 1 月，见陈真、姚洛合编：《中国近代工业史资料》第 1 辑，生活·读书·新知三联书店 1957 年版，第 98—99 页“战时工业历年厂数及资本统计”计算改制。

依国民党政府实业部截至 1937 年的战前登记工厂统计（不含东北三省），共有工厂 3935 家，资本 37359.9 万元。截至 1944 年的战时工业登记工厂，如表 0-2 中统计，有工厂 5266 家，实缴资本 4801.2 百万元，或折换战前币值资本 487.5 百万元。似乎战时工业在厂数及资本两方面都已超过了战前。

不过由于战前、战时情况和据以登记的工厂标准不同①,两者缺乏严格的可比性,只能从中窥测战时后方工业发展的大致趋势。表 0-2 中统计显示,5266 家工厂中,1937 年以前开设的只有 363 家,不足 7%。其他均是抗日战争期间设立。其发展的趋势,自 1938 年起逐年增加,1942 年达到顶点。从设厂资本看,实缴资本与设厂趋势相近;但按不变价格换成币值资本,建厂资本早在 1939 年已到达顶点。这种差异的出现,乃因 1938 年、1939 年开工的,多是内迁或新建的较大规模的工厂,而在随后创办工业潮流下设立的一些工厂,大多规模较小。1939 年后设厂数大幅增加,但折成战前币值的资本额,逐年下降。1942 年新设 1138 家工厂,数量比上年增加 31. 4%,资本额却下降了 76. 4%。新厂规模不断缩小,1942 年以后开设的新厂,平均资本已不到战前币值 1 万元了。从工厂雇工人数看,1942 年,后方工厂雇工不到 30 人的占 41. 5%,不到 50 人的占 59. 3%,500 人以上的只占 2. 8%,1000 人以上的只占 0. 85%。②

在地区分布上,战时后方工业呈现出既均衡而又集中的特点:一方面,在中国中西部后方地区,除了最偏僻的西康、青海、宁夏以外,四川、云南、贵州、湖南、广西、陕西、甘肃等 7 省,都有工业的分布;另一方面,在各省分布亦相当集中,重庆固然成为

① 战前实业部进行登记时,因工厂多不踊跃,有些工厂漏登;且《工厂法》规定的工厂标准,须同时具备使用动力和雇用工人 30 人以上两个条件;战时《工厂法》则降低标准,凡雇工 30 人以上或使用动力或资本 10000 元以上,具备三个条件之一者,即符合“工厂”标准。尤其是在币值不断降低的情况下,致使不少手工业工场,或雇工三五人的碾米厂等,都包括在内了。明显扩大了工厂范围。

② 宫韵史:《1937—1945 年间国民党统治区工人阶级的状况》,《历史研究》1960 年第 3 期。

后方最大的工业中心，后方5266家工厂、487.5百万元资本中，1518家、153.9百万元集中在重庆，分别占总数的28.8%和31.6%。[①] 重庆以外的其他地区和其他省份，工业亦集中于少数城镇、县域：如四川的成都、万县、泸州、宜宾、长寿，云南的昆明，贵州的贵阳，广西的桂林、柳州、梧州，湖南的衡阳、祁阳、邵阳、芷江、沅陵，陕西的西安、宝鸡，甘肃的兰州等，就是后方有数的工业集中地。

战时工业生产力地区配置的这种调整，完全改变了过去以口岸和外国租界为基地的布局，大大减轻了对外国势力的依赖，也在某种程度上摆脱了列强势力的干扰和掣肘，具有独立发展的意义，它成为国民党政府据以长期坚持抗战的经济基础。

战时后方工业的投资结构发生重大变化。最大、最重要的变化是重工业和轻工业的结构比例变化。战前中国工业的突出特点和弱点是以轻工业为主，重工业十分薄弱。国民党政府实业部的战前工厂登记资料显示，在行业结构上，纺织及服饰品工业，其厂数、资本和工人依次占30.2%、37.4%和61.6%；食品工业依次占24.2%、17.3%和8.1%。纺织和食品工业两项合计，依次占54.4%、54.7%和45.5%。厂数和资本均超过一半，工人接近一半。化学工业依次占16.8%、18.3%和16.3%。化学工业分为基础化学工业和日用化学工业两部分，前者属于重工业，后者属于轻工业，战前化学工业以后者为主，若从低估计，二者各占一半，则轻工业仅这三项，厂数、资本明显超过60%，工人超过50%。与轻工业形成鲜明对比，作为基础工业或重工

① 参见陈真、姚洛合编：《中国近代工业史资料》第1辑，生活·读书·新知三联书店1957年版，第102页。

业拳头产业的机器工业,厂数、资本和工人依次仅占 8.6%、1%和 2.2%;冶炼工业更依次只占 1.5%、0.7%和 1%。两项合计,也只依次占 10.1%、1.7%和 3.2%。① 可见,战前中国重工业的薄弱程度。

战时后方工业,在这一方面有了重大改变,表 0-3 具体反映了战时后方工业的行业结构。

表 0-3　战时后方工业业别统计(1944 年)

项目 业别	厂数		实缴资本		折成战前币值		工人数	
	实数(家)	占比(%)	实数(百万元)	占比(%)	实数(百万元)	占比(%)	实数(人)	占比(%)
冶炼业	198	3.76	748.0	15.58	75.8	15.54	49136	13.66
机器业	1016	19.30	704.7	14.68	59.7	12.25	45424	12.63
五金业	337	6.40	135.1	2.81	12.6	2.57	15533	4.32
电器业	124	2.35	170.2	3.54	38.6	7.91	8551	2.38
化学业	1520	28.86	1476.1	30.72	151.9	31.16	80860	22.48
纺织业	1026	19.48	808.3	16.84	80.8	16.58	113558	31.57
服饰品业	182	3.46	64.8	1.35	5.1	1.04	12999	3.62
饮食品业	601	11.42	466.3	9.71	30.9	6.34	18967	5.28
印刷文具业	154	2.91	106.2	2.21	17.0	3.49	9554	2.65

① 参见陈真、姚洛合编:《中国近代工业史资料》第 1 辑,生活·读书·新知三联书店 1957 年版,第 101 页。

续表

项目 业别	厂数		实缴资本		折成战前币值		工人数	
	实数（家）	占比（%）	实数（百万元）	占比（%）	实数（百万元）	占比（%）	实数（人）	占比（%）
杂项业	108	2.06	122.6	2.56	15.2	3.12	5081	1.41
总计	5266	100	4802.3	100	487.6	100	359663	100

注：1. 原表资本额单位为“千元”，现将总资本额单位改为“百万元”。因小数点四舍五入关系，总计数有0.1的误差。

2. 原表“实缴资本”总计为4801425千元，有错。现据细数（并参照相关统计表）总计数核正。

资料来源：李紫翔：《从战时工业论战后工业的途径》，《中央银行月报》复刊第1卷第1期，1946年1月，见陈真、姚洛合编：《中国近代工业史资料》第1辑，生活·读书·新知三联书店1957年版，第101页“战时工业业别统计”计算改制。

如表0-3所示，与战前工业的结构有所不同，冶炼、五金、电器尤其是机器、化学工业所占比例明显上升。冶炼、五金、电器合计，厂数、资本（币值资本）和工人数所占比重依次为12.51%、26.02%和20.36%；在工业特别是国防工业占有重要地位的化学工业，其地位不只是超过纺织工业，在厂数、资本额上都占第一位，工人数上占第二位；而最突出的是像居末位的机器工业，在厂数上仅次于纺织工业，资本及工人数亦各占12.25%和12.63%。冶炼、五金、电器、机器、化学（其内部仍按轻、重工业各占一半计算）5大工业部门合计，厂数、资本（币值资本）和工人数所占比重依次为46.24%、53.85%和44.23%。厂数和工人数均超过40%，资本更超过一半。单就这一点而言，已是重工业占优势了。当然这只是大概言之，如果深一层分析，投资最大的化学工业中，除制酸碱、水泥外，大部分并非重工业；战时新兴的酒精厂连同机器、五金中的一些小型厂,也都很难说是重工业。从民营工业的总产值上看,也仍是以轻纺工业为主。尽管如此,仍然不能不说这是战时后方工业的一个重大而意义深远的变化。

战时后方工业的资本形态和结构,也在发生变化,这就是民营资本发展的逐渐停滞和不断萎缩,官营资本和国家资本的从无到有和加速膨胀。简单说,就是官进民退,官涨民缩。

从资本形态看,战时后方工业资本大致分为民营资本和官营资本两个部分,后者包括地方官办和中央官办亦即国家资本两部分。

抗日战争后方地区,战前工业很少,甚至完全一片空白;而战时工厂内迁,又绝大部分是民营工厂。因此,在战争之初,后方工业基本上是民营工业一统天下,官营工业产生于后,从无到有,从小到大,迅速膨胀。而民营工业的发展减缓、停止,进而衰退,呈现彼涨此消的变化态势。前揭后方工业地区和行业的5266家工厂中,包括了民营工厂和官营工厂两个部分。下面两部分工厂分开统计,可以从中看出战时后方工业的资本形态结构和行业分布状况。表0-4、表0-5分别反映的是战时后方民营工业和官营工业的行业分布状况。

表0-4　战时后方民营工业行业分布统计(1944年)

项目 业别	厂数		实缴资本		折成战前币值		工人数	
	实数(家)	占比(%)	实数(万元)	占比(%)	实数(万元)	占比(%)	实数(人)	占比(%)
冶炼业	136	2.58	13616.2	2.84	1712.1	3.51	19263	5.36
机器业	965	18.33	41874.2	8.72	3054.5	6.27	33425	9.29
五金业	326	6.19	11007.3	2.29	1119.8	2.30	11178	3.11

续表

项目 / 业别	厂数		实缴资本		折成战前币值		工人数	
	实数（家）	占比（%）	实数（万元）	占比（%）	实数（万元）	占比（%）	实数（人）	占比（%）
电器业	104	1.97	10031.0	2.09	2535.0	3.15	3563	0.99
化学业	1353	25.69	111267.1	23.17	10459.4	21.46	64530	17.94
纺织业	880	16.71	56009.8	11.67	5554.8	11.39	79877	22.21
服饰品业	173	3.29	6192.6	1.29	487.6	1.00	11946	3.33
饮食品业	588	11.17	42745.5	8.90	1700.7	6.02	17251	4.80
印刷文具业	144	2.73	7986.5	1.66	1532.7	3.14	9004	2.50
杂项业	95	1.81	11796.4	2.46	1437.5	2.95	4539	1.26
总计	4764	90.47	312526.6	65.09	29594.1	61.19	254576	70.79

注：1. 原表资本额单位为“千元”，现将总资本额单位改为“万元”。

2. 表中“占比”系按民营工业和官营工业 5266 厂及其总资本、总工人数计算，故民营工业各业厂数、资本额、工人数之和，不等于 100%。

资料来源：李紫翔：《从战时工业论战后工业的途径》，《中央银行月报》复刊第 1 卷第 1 期，1946 年 1 月，见陈真、姚洛合编：《中国近代工业史资料》第 1 辑，生活·读书·新知三联书店 1957 年版，第 103 页“民营工业业别统计”改制。

表 0-5　战时后方官营工业行业分布统计（1944 年）

项目 / 业别	厂数		实缴资本		折成战前币值		工人数	
	实数（家）	占比（%）	实数（万元）	占比（%）	实数（万元）	占比（%）	实数（人）	占比（%）
冶炼业	62	1.18	61184.3	12.74	5863.4	12.03	29873	8.30
机器业	51	0.97	28598.0	5.96	2916.6	5.98	11999	3.34
五金业	11	0.21	25064.0	0.52	135.2	0.28	4355	1.21
电器业	20	0.38	6985.0	1.45	2221.2	4.76	4988	1.39
化学业	167	3.17	36238.6	7.55	4730.6	9.70	16330	4.54

续表

项目 业别	厂数		实缴资本		折成战前币值		工人数	
	实数（家）	占比（%）	实数（万元）	占比（%）	实数（万元）	占比（%）	实数（人）	占比（%）
纺织业	146	2.77	24823.3	5.17	2528.0	5.19	33681	9.36
服饰品业	9	0.17	292.0	0.06	20.7	0.04	1035	0.29
饮食品业	13	0.25	3881.1	0.81	152.0	0.31	1713	0.48
印刷文具业	10	0.18	2629.0	0.55	168.0	0.35	550	0.15
杂项业	13	0.15	460.0	0.10	82.6	0.17	542	0.15
总计	502	9.43	190155.3	34.91	18818.3	38.81	105066	29.21

注:1. 原表资本额单位为“千元”,现将总资本额单位改为“万元”。
2. 表中“占比”系按民营工业和官营工业5266厂及其总资本、总工人数计算,故官营工业各业厂数、资本额、工人数之和,不等于100%。

资料来源:李紫翔:《从战时工业论战后工业的途径》,《中央银行月报》复刊第1卷第1期,1946年1月,见陈真、姚洛合编:《中国近代工业史资料》第1辑,生活·读书·新知三联书店1957年版,第105页“官营工业业别统计”改制。

表0-4统计显示,民营工业的厂数超过90%,仍占绝对优势,但在资本额和工人数上已明显削弱。特别是按币值资本计算,仅占61.19%,更说明战时民营工业的规模相对于官营工业普遍狭小。如从工业部门上观察,民营工业的重心是在化学工业、纺织工业、机器工业、饮食品工业、五金工业及服饰品工业上。它们在工厂数、资本数及工人数的比重虽不相同,但趋势大体是同一的。民营工业的一般特征,是除了冶炼、电器、印刷文具及杂项工业外,资本所占的比重远小于厂数的比重,而那些占较大比重的原因,大多又属于开工较早之故。此外,冶炼、纺织、服饰品、五金、机器等工业所有工人数的比重,大于资本,甚至大于厂数的合理解释,则是使用动力程度较小的缘故。至于民营工业的地域分布特征:第一是民营工业的最大多数,是集中于前文列举的西部8省市,尤以重

庆、湖南及四川是最大的中心，其他偏僻落后或战区省份，则比较稀少；这足见民营工业是更多地依赖于一般经济条件，而合于自然发展的趋势；第二是从资本角度看，云南和四川的民营工厂一般规模较大，而湖南、广西的工厂规模最小，而从币值资本与实缴资本之百分比的差异大小变化，亦可看出各省工厂设立时间的先后；第三是将各省工人数所占的百分比与其资本及厂数的比重互相参看，亦可作为各地工业部门、工厂规模和动力化程度的一种间接指标。

表0-5统计所显示的官营工业的情况不同：官营工业的厂数比重不到10%，但资本和工人的比重分别为38.81%和29.21%。这既表示官营工业资力强、规模大，同时亦表示它在许多方面的主导作用。官营工业的范围，已经扩大到几乎每个工业部门，而不仅仅限于兵工及交通运输行业。不过其重点则放在冶炼、化学、机器、纺织及电器工业方面。官营工业不但越出重工业的范围，在化学或纺织等轻工业方面占取了颇为重要的地位，而且印刷文具工业开始成为经营的重要对象。官营工业的经营主体已扩大到中央部会、国家银行、省市县政府、战区司令部及党团部等方面。官营工业区域分布的重点，是在重庆、云南、广西和四川等几个战时工业最为发达的地区，至于湖南及其他省区所以在厂数上占了重要地位，而在资本和工人数字上又较小的原因，不只是由于那些地区的官营工业的规模较小，且因省营或县营工厂数量较多所致。① 在经营方式上，最主要的仍是独资与合办，但也开始采用董事制和公司制等新形式。

抗日战争开始后，工业内迁、后方工业的发展，尤其是民营工业内迁、后方民营工业的发展，对保证战时军需民用的供给、工业技术的提升，国内工业结构和地区分布的明显改善，从而得以有力

① 参见陈真、姚洛合编：《中国近代工业史资料》第1辑，生活·读书·新知三联书店1957年版，第106页。

抗击日本侵略军、打败日本帝国主义,贡献巨大,意义深远。

然而,战时后方工业尤其是作为后方工业主体的民营工业,是在困难重重的环境下生存和发展的。民营工业的底子薄、资力弱、设备差,特别是在迁移运输途中,屡遭敌机轰炸、盗贼抢掠,器材设备、管理人员和技术力量多有损失,负担较重,并缺少器材、原料及运输的便利条件,虽然躲过了洋货倾销和外国资本挤压,在某种程度上摆脱了列强势力的干扰和掣肘,市场条件短时间有所改善,但就在这期间,国民党政府开始建立和不断膨胀国家资本(包括地方官办资本),实行和强化有关加速国家资本事业、限制民营事业发展的方针政策。

民营工业遭到国家资本的挤压、侵夺,受到国民党政府相关政策措施的掣肘。正是这种资本挤压和政策掣肘,加上迅速恶化的货币贬值,严重阻碍着后方民营工业的发展和正常生存。

抗日战争期间,后方工业和后方经济发展的最大变化和特点,就是国家资本(包括地方官办资本)的形成和恶性膨胀。这一期间,国民党政府经济部附属的国家资本事业迅速发展。资源委员会在战前仅办有工矿企业 16 个单位,抗日战争爆发后,1938 年即增至 63 个单位,1941 年又增至 78 个单位,迄 1945 年抗日战争胜利前夕,扩充至 131 个单位。由经济部直接或通过工矿调整处投资兴办或合办的企业有 40 个单位。此外还有所属采金局经营的金矿 5 个单位,中央工业试验所经营的工厂 4 个单位,等等。① 1942 年,资源委员会的资产达法币 8 亿元,约占当时后方近代工业资本(不包括军需工业)的 40%②;整个官办资本达法币 13.49

① 齐植璐:《抗战时期工厂内迁与官僚资本的掠夺》,见中国人民政治协商会议全国委员会文史资料研究委员会编:《工商经济史料丛刊》第二辑,文史资料出版社 1983 年版,第 88 页。

② 吴太昌、武力等著:《中国国家资本的历史分析》,中国社会科学出版社 2012 年版,第 32 页。

亿元,占后方工业资本的69.6%①。

国民党政府战时经济政策的“理论指导”是“国家至上”“军事第一”,节制私人资本,由国家“统制”一切经济事业。早从1935年蒋介石发起所谓“国民经济建设运动”,国民党中央制定《国民经济建设实施方案》开始,这种统制经济的体制已开始萌芽。抗日战争爆发后,1937年《非常时期农矿工商管理条例》《非常时期管理银行暂行办法》《增进生产调整贸易办法大纲》的制定,1938年《抗战建国经济纲领》《非常时期经济方案》的出台,更加为加强“国营”事业、控制民营事业提供了具体方法、步骤。再加上随后相继制定的一系列“大纲”“办法”“条例”“规则”“细则”等,从原料到产品,从生产、交换到分配,对民营工业和经济生产的统制、管理,制定了一整套规则、办法。其中特别是《非常时期农矿工商管理条例》,为国家资本侵夺民营企业、攫取原料和物资提供了政策办法和政策依据。

按照《非常时期农矿工商管理条例》的规定,民营企业除属于国防军需和关键性的工矿业,应由政府收去经营或投资合营外,凡属有关日用必需品生产者、无力经营者、应迁移而无力迁移者、经营未能改善者、技术上有发明或专利者,均可由政府没收、接办、合并、代管、收买、投资合办、增资改组,再加上财贸部门的统购统销、专卖,国家资本就可到处伸手、恣意妄为了。

事实上,资源委员会从它创办“国营”生产事业开始,就是靠蚕食鲸吞民营企业起家的。它在战前兴办并正式投产的不过11家企业中,除中央机器厂、电工器材厂、中央无线电制造厂3家外,

① 许涤新、吴承明主编:《中国资本主义发展史》第3卷,人民出版社1993年版,第519页。

其余8家,都是由吞并、没收而来。[①] 抗日战争开始后,资源委员会同经济部及工矿调整处在政府经济统制法令庇护下,采取接办、没收、收买、增资改组或投资新组、以拆迁部分设备作为投资扩建或新建、以官商合营公司资金移办新厂、参加投资等各种方法、手段,对民营事业进行吞噬和囊括[②],使国民党国家资本在"国营"事业幌子下,加速膨胀。

省办企业也是国民党国家资本或官办资本的一个组成部分。后方四川、西康、湖南、广西、贵州、云南、陕西、甘肃,以及福建、浙江、广东、河南等十五六个省份,都建有"省营"贸易或企业公司。据1942年经济部统计,在已筹备成立的12家省营公司中,资本大者7000万元,一般1000万—3000万元,合计5亿元。另有省营工厂141家。这类省办企业多是各地方政府官长的"外府",地方封建势力的利薮。他们利用国家危机,凭借手中特权,操纵运输,

---

① 如天河煤矿吞并了原有的昌明、惠康、义昌各矿;高坑煤矿吞并了原有的萃兴、福裕各矿;湘潭谭家山煤矿吞并了原有的昭潭公司;恩口煤矿吞并了原有的瑞丰煤矿,与中兴煤矿公司合办;萍乡煤矿、彭县铜矿等也都是接办原有旧矿。

② 据不完全统计,接办或没收的有江西、湖南、云南、贵州、四川等省的锑、锡、汞、铁、煤、铜、铅锌等13处矿山,贵阳、泸县、湘江等3处电厂;收买、吞并的有云南、湖南、广西、广东等4处煤矿及工矿公司,中央造纸厂和广西、云南、贵州、重庆等5处纺织机器、电力制钢、机械、汽车制造、自来水等工厂(或公司);增资改组或投资新组的有湖南、贵州、四川、陕西等4省的8处煤矿和云南华新水泥厂、万县电厂;拆迁一部分机器设备作为投资,扩建或新建的有四川2处煤矿和建国造纸公司、中国纸厂、宜宾电厂;以原有官商合营公司的资金移办新厂的有四川川嘉造纸公司;参加投资的有2家毛纺织厂,1家麻纺织厂,1家丝业公司,1家纺织机制造公司,3家造纸厂,3家自来水公司,以及橡胶厂、化工厂、缆车公司各1家;等等。(齐植璐:《抗战时期工厂内迁与官僚资本的掠夺》,见中国人民政治协商会议全国委员会文史资料研究委员会编:《工商经济史料丛刊》第二辑,文史资料出版社1983年版,第91—92页。)

垄断供销，进行商业投机，对民营企业择肥而噬，大肆吞并，甚至利用省府名义，向民间摊派集股，用搜刮人民的钱财再来搜刮人民。业务范围不断扩大，很快推广到统购统销、统制进出口、专卖火柴等。因上下争利，侵犯了国民党中央利益，1941 年经济部出台《非常时期省营贸易监理规则》，规定其业务范围与禁例，并规定重新进行改组与登记。但省营公司各有自己的政治靠山，此时与四大家族争夺失势的政学系国家资本也以省公司为其转移、渗透的阵地。如江西的熊式辉、福建的陈仪、贵州的吴鼎昌及四川财阀，都成独立王国，各行其是，经济部只能望天声叹。

还有一种由官办资本创办、而挂着“民营公司”招牌的官办企业。孔祥熙和四川财阀合办的中国兴业公司就是一例。公司业务范围包括制钢、炼铁、机械、窑业以及电厂、煤矿、砖厂，其资力在四川是最大的。据当时西南实业协会调查，四川省内较大的工厂 390 余家，资本总额合计 34400 余万元，而中国兴业一家即有 12000 万元，占资本总额的 1/3 强。孔家投资合办的还有中国火柴原料厂、华福烟草公司等，宋子文投资合办的有中国毛纺织厂、协和制药厂等，陈果夫、陈立夫兄弟投资合办的有华西建设公司、铜梁造纸公司等，都是后方数得着的企业。

国家资本无孔不入的侵蚀、扩张，导致民营企业挣扎图存而不可得。这种状况遭到全国舆论的强烈抨击和谴责。在这种形势下，国民党当局曾一度对其侵蚀、扩张政策略加修订。1944 年 11 月，国民党国防最高委员会第 148 次会议通过的《第一期经济建设原则》，明确国营与民营的经营范围，规定政府经营的经济事业，种类不宜过多，除邮电、兵工、铸币、主要铁路和大规模水力发电厂等外，均可由民间经营。然而不到半年，1945 年 5 月国民党六大通过的《工业建设纲领实施原则》，又说“工矿交通事业不能委之于民者，应归国营”。至于究竟哪些工矿交通“不能委之于民”,当然是国民党说了算,从而无限制扩大了“国营”的范围,导致国家资本的进一步膨胀。①

后方民营资本与国家资本、官办资本彼涨此消。随着国家资本、地方官办资本的迅速扩张,民营资本由发展、扩大转入停滞、衰退、萎缩。抗日战争中后期,特别是1942年后,日本帝国主义的经济封锁、空前加剧的通货膨胀和国家资本、地方官办资本的侵夺这三重挤压,使民营资本的处境愈加艰难,几乎无以生存。

1942年上半年之后,后方工矿业的发展已进入了一个严重困难的阶段。抗日战争最初两三年间民营产业的蓬勃发展已成过去,继之而来的是新设工厂减少,旧有各厂出顶及合并。能够勉强支持、挣扎的,也大都缩减再生产规模,或被迫“以商养工”“以商代工”。1943年后,情况愈加严重。重庆871家工厂中,1943年11月停工减产者达270余家;湖南衡阳,中小工厂中,不少因无法维持而停业,到1943年年底,恐2/3以上工厂“宣告结束”;广西桂林,1944年2月有报道称,从各工厂的情形看,最多再维持半年或一年,一年以后,他们只有打碎机器卖废铁,不会再有烟囱冒烟。

从行业看,情形差不多。四川18家钢铁厂中,1943年年底,有14家停炉;重庆的366家民营机器厂,到1943年6月,有50%左右“正式与非正式停工者”,总数已在50%左右;衡阳的90余家机械厂,1943年11月停工者有20余家;在云南,据说“最困难者,则为民营机器厂”,如政府再不施以实际援助,“恐维持不能多久矣”。煤矿业因钢铁减产,也大受影响,渝鑫钢铁厂所属煤矿,仅保留14%的工人,其余均被解雇;1943年11月,整个后方地区,各

① 齐植璐:《抗战时期工厂内迁与官僚资本的掠夺》,见中国人民政治协商会议全国委员会文史资料研究委员会编:《工商经济史料丛刊》第二辑,文史资料出版社1983年版,第92—93页。

小煤矿停业者达50%。广西八步锡矿,因锡价太低,矿山、矿工无法维持营业,1943年8月,80%的矿区关门,数万矿工失业。广西全省原有大小矿区800余处,但因陆续倒闭,到1943年2月,仅存100余处;原有大规模机器采矿公司30余家,硫磺矿公司20余家,亦纷纷倒闭,"无一幸存者";另据1943年4月调查,"民营矿业,年来衰落特甚",锑矿公司已全部倒闭,硝矿仅有少数人开采,其余锡、钨、金等矿"率皆勉强开业,艰苦支持"。全国闻名的云南有个旧锡矿,衰落情景"尤其凄惨"。据1943年1月调查,往昔城东有炼锡大炉40座,如今照常炼锡的不到10座;往昔矿工10余万,如今仅5000余;1938年全年产锡10731吨,如今1月至6月仅产锡800吨。炼油业方面,四川原有官营、民营炼油厂35家,1944年继续开工者仅4家,而且"赔累甚大"。至于酒精业,重庆原有的37个单位中,1943年停工或时停时开,或出租、出让牌照者,当在1/3以上;云南昆明原有酒精厂40家,到1943年9月仅存10家;云南全省极盛时有150—160家,1943年11月,只有10余家了;广东韶关酒精业,因不堪赔累,纷纷停业,省营的酒精厂亦无法维持;陕西咸阳酒精厂以原料及利润关系,停工"几达8个月";成都中国酒精厂,原本每月可出3万加仑,进入1944年,仅出1万加仑,减少了2/3。

轻工业方面,纺织业方面因原料缺乏,生产成本不敷,资金周转困难,纱锭、布机减少,生产规模萎缩。重庆裕华、豫丰、中新3家纱厂,1942年12月的纱锭、织机分别从原来的10.44万枚、840架减至7.8万枚、270架,分别减少了25.3%和67.9%。重庆各纱厂月平均产量由4000余件减至3000余件。小纱厂"都感到无法再生产"。织布厂的生产也在减少,如北碚大明纱厂工人减少了1/3,开工布机仅及原来的1/2。重庆纺织土布、毛巾、针织各业,大小工厂大都歇业,失业工人达到4万人。云南昆明原有织布厂

30余家,1943年倒闭了20余家。有名的振昆纺织厂,竟至有1/3的机器在“瞌睡”,每月产布量由2000余匹减至500匹。广西桂林纺织业,也都因原料来源受阻,产品成本加重,“不易支持”。丝绸业在四川素称发达,到1943年、1944年已“冷落不堪”,川南极盛时有织机5000架,现仅存半数。

其他如火柴业、卷烟业、造纸业、印刷业、制糖业等,情况大同小异。贵州1942年年初有火柴厂10家,盘县的3厂即在当年就相继倒闭外,遵义的4家也于1943年上半年关门,剩余3家亦呈“困顿之象”;广西梧州火柴厂,每月原产80箱,1942年5月实施专卖后,8月仅产21箱,9月更减至17箱。卷烟制造业,福建龙岩在烟类专卖前,全县约有烟厂40家,年产卷烟50万支,1944年年初仅存9家;广西南宁,原月产卷烟400箱,1942年实施专卖后,9月仅产30箱。印刷、造纸业方面,重庆在1943年年底到1944年年初3个月内,即有70家印刷厂停工;重庆各造纸厂大幅减产;四川夹江县纸商,因统税太重纷纷停业;粤北和平县的纸产量“锐减”;福建顺昌槽户,则大呼“无法维持”。至于制糖业,1940年四川产糖296.1万市担,1942年仅130万担,尚不及原数之半。①

抗日战争后期民营工矿业陷入危机、加速衰颓的另一个重要表征是“以商养工”,或者“移工做商”。有些工厂故意延长产品的生产过程,其作用一方面等于停工、减产,另一方面利用物价逐日飞涨,借以提高产品卖价,或者挂羊头卖狗肉,借筹办工厂的名义,购囤机器原料,待价而沽。一些厂家多愿缩减生产来囤积原料,因

① 抗日战争后期民营工矿业衰颓情况,参见许力群:《当前大后方民营工业的危机》(1946年),见陈真、姚洛合编:《中国近代工业史资料》第1辑,生活·读书·新知三联书店1957年版,第143—149页。

为不但可以坐享原料涨价之利，而且可以弥补工厂虚盈实税的亏项。有些工厂保留着工业的名义，而实际靠进出原料品、代理运输事业以维持其生命，甚至徒具“工厂”之名，而实与商业无异。还有一些厂家，忙于找门路，搞交际，送往迎来，酒食征逐，于银行借款、原料运输，头头是道，至若问及厂内生产状况，往往瞠目不知所答。也有的聘请某一大有力者做董事长，这样运输、原料、资金才能不成问题，管制也管制不到他们头上。至若老老实实做工厂，但不善于走门路的，非关门或卖厂不可。一般快要关门或卖厂的厂家，大半就是这种比较老实的厂家。

1945 年后方民营工矿业的亏损、衰颓、停工、倒闭更加普遍和严重。如钢铁业，炼炉尚在工作者仅有 1944 年的 1/10；煤矿情形更为严重，不仅多在减产停工的状态中，而且有全部破产的危险。如江北煤矿已经结束；华银和华安煤矿，因川北盐场停产而陷入停顿或半停顿状态；三才生煤矿也已因发不出工资而停工，宝源、燧川、和平、复兴隆各矿，均因缺乏资金，无力生产；机器厂也多纷纷停工，重庆南岸一带中小厂已全部停工，恒顺、顺昌、渝鑫、民生、震旦等几家稍大的厂，也只有生产局订购的小量灭火器和少数船只零件可做；纺织业开工者不过 3/10；面粉业也是减产、停工，重庆 5 家面粉厂“一再减产”；四川 9 家造纸厂只剩 4 家，产量已减到 1/3；重庆 400 多家制革厂，小者停工，大者减产；化学工业、玻璃业和猪鬃业，也多纷纷停工；四川 40 多家酒精厂已经倒闭了一大半；30 多家植物油料厂仅存 10 余家；自贡、犍乐两大盐场，产量日益减少，资金周转困难，灶户纷纷停火，已濒于崩溃境地。贵州原有工矿业大小 1500 个单位，现在停工关门者已达 60%以上。昆明、西安关门停业的工厂也已经非常之多，其状况也日趋恶化。各地厂矿既然纷纷关门停业，失业的工人自然也就一天增多一天。据估计，重庆失业工人约达 6 万人，昆明约 5 万人，汉阳约 4 万人，成都约3万人。就重庆来说,失业工人至少已占全体工人的30%,问题不能说不严重。就是那些在业的工人,也有随时失业的危险。①

1945年8月日本帝国主义投降后,国家资本加速膨胀,残存的民营资本企业进一步陷入了危机之中。

抗日战争胜利后,后方物价、黄金和美钞一齐狂跌,信用全面收缩,银根极度紧迫,商品销不出去,生产没有出路,债务无法清偿,债权失去保障。主管工业的国民党官吏,争先恐后东下"劫收",内迁工厂举步维艰。停工会坐吃山空,开工既无原料,产品亦无销路,搬回老家则无盘费。1945年8月下旬,内迁工厂就已经到了"山穷水尽、罗掘俱空"的境地。9月上旬末,迁川工厂联合会请愿团争取到约38亿元的贷款,分到贷款的近300家工厂,除少数在重庆继续开工外,大约90%以上的工厂迁回原籍。②

不过分到贷款的只是内迁工厂和全部后方工厂的一小部分,大部分工厂举步维艰。即使直接供应军需的工厂亦不例外。战时生产局停止订货,军需署停收军布,四联总处推拖工贷,工厂生意无可做,现金没来源开支开不出,遣散工人没有钱,拍卖机器无人要。政府不仅不施以援手,总摄经济大权的行政院长宋子文竟说,"美国机器这样便宜不买,而买你们的破破烂烂的机器,岂有此理";"美国货种类甚多,价廉物美,而中国货又孬又贵,中小工厂

① 施复亮:《论当前的经济危机》,《四川经济季刊》1946年第3卷第1期,见陈真、姚洛合编:《中国近代工业史资料》第1辑,生活·读书·新知三联书店1957年版,第165—167页。

② 胡西园:《抗战胜利时内迁工厂陷入困境》,见中国人民政治协商会议全国委员会文史资料研究委员会编:《工商经济史料丛刊》第二辑,文史资料出版社1983年版,第97—101页。

根本没有存在的价值”，公然宣布其“死刑”。[①] 在这种环境下，内迁工厂和所有后方工厂唯有关门倒闭一途。

原有工厂大量关停倒闭，而新设或新登记的工厂大幅减少，1945 年日本投降后，更加明显。所谓“胜利的爆竹一响，后方的工厂便陆续关门”，并非夸张描述。表 0-6 从日本投降前后民营工厂登记数量的变化，可观测民营工矿企业的加速衰落情景。

表 0-6　后方民营工厂登记统计（1945 年）

项目/行业	全年		下半年			
	厂数（家）	资本额（万元）	厂数		资本额	
			实数（家）	占全年%	实数（万元）	占全年%
冶炼业	13	5150	4	30.77	1750	33.98
机器业	63	36261	32	50.79	17471	48.18
五金业	17	25450	9	52.94	2800	11.00
电器业	16	6094	6	37.50	3200	33.03
化学业	177	134939	73	41.24	75057	55.92
纺织业	102	88893	40	29.22	40618	49.49
服饰品业	10	6010	8	80.00	4490	74.71
饮食品业	292	57767	77	26.37	24660	42.69
印刷文具业	15	6498	9	60.00	5625	86.56

① 《宋子文对迁川工厂请愿代表讲话》（1946 年 1 月），见齐植璐：《抗战时期工厂内迁与官僚资本的掠夺》，见中国人民政治协商会议全国委员会文史资料研究委员会编：《工商经济史料丛刊》第二辑，文史资料出版社 1983 年版，第 96 页。

续表

项目/行业	全年		下半年			
	厂数（家）	资本额（万元）	厂数		资本额	
			实数（家）	占全年%	实数（万元）	占全年%
杂项业	27	7971	15	55.56	3431	49.22
总计	732	375033	273	37.30	179102	48.54

注:资本单位原为“千元”,现改为“万元”,原千位数四舍五入。

资料来源:据李紫翔:《胜利后的中国工业》,《中央银行月报》新1卷第9期,1946年9月,见陈真、姚洛合编:《中国近代工业史资料》第1辑,生活·读书·新知三联书店1957年版,第161页改制。

从表0-6列1945年登记工厂的统计数据看,下半年登记开工的工厂,厂数和资本额只分别相当全年的37.3%和48.89%,其中资本额的比重相对较大,乃因登记资本随币值跌落而随时增大之故。而且此项登记统计,在时间上与实际情况有相当距离。因为依照登记规则,工厂应在开工三月以内履行申请登记手续,而事实上更多厂家是在开工三月以后,才履行登记手续。1945年的登记工厂,不少是上年度设立;而下半年的工厂数字,亦多包含上半年所开工的工厂在内。故日本投降后,后方工厂设立的衰减态势,远在表0-6中统计数据之上。从产值看,根据经济部编制的后方工业生产指数推算,1945年冬季与夏季比较,主要产品的下降幅度,燃料类为14.9%,钢铁为45.1%,机器类为55.99%,水泥为44.67%,酸碱类为41.11%,日用品为18.61%,文具类为21.16%,合计20.86%。①

① 李紫翔:《胜利后的中国工业》,《中央银行月报》新1卷第9期,1946年9月,见陈真、姚洛合编:《中国近代工业史资料》第1辑,生活·读书·新知三联书店1957年版,第161页。

进入1946年,后方民营工矿业衰颓程度更加严重。这从工厂的变动情况可以清楚地反映出来,见表0-7。

表0-7　重庆工业变动情况统计(1946年5月底)

项目 行业	共计		歇业		改组		迁移		增产	
	实数（家）	占比（%）	厂数（家）	占比（%）	厂数（家）	占比（%）	厂数（家）	占比（%）	厂数（家）	占比（%）
冶炼业	7	1.93	7	1.93	—	—	—	—	—	—
机器业	165	45.45	163	44.90	2	0.55	—	—	—	—
电器业	29	7.99	28	7.71	—	—	—	—	1	0.28
化学业	73	20.11	63	17.35	4	1.10	2	0.55	4	1.10
饮食品业	1	0.28	—	—	—	—	1	0.28	—	—
纺织业	84	23.14	79	21.76	5	1.38	—	—	—	—
杂项业	4	1.10	4	1.10	—	—	—	—	—	—
总计	363	100.00	344	94.77	11	3.03	3	0.83	5	1.38

资料来源:据李紫翔:《胜利后的中国工业》,《中央银行月报》新1卷第9期,1946年9月,见陈真、姚洛合编:《中国近代工业史资料》第1辑,生活·读书·新知三联书店1957年版,第163页综合改制。

在“胜利炮竹一响,后方工厂关门”浪潮后,许多规模稍大、曾为抗日战争做过贡献而尚未关门的“任务厂”,为获得政府收购机器及遣散员工的便利,纷纷申请停产歇业。从1945年8月中旬至1946年5月的9个半月间,重庆共有“变动”工厂363家,其中344家即占94.77%的工厂,皆系停产歇业。当时重庆地区登记工厂共有1800家左右,歇业厂即占20%,加上停工或未申请登记“变动”歇业的中小工厂,仍在开工、哪怕是缩减产量的“维持开工”的工厂,未必能达半数。① 过了不到5个月,即有报道称,重庆大小工厂倒闭达1400家,占总数的80%以上。同一时间,成都工厂倒闭了2/3;昆明工厂倒闭占总厂数的90%。从一些行业看,重庆区机器业有90%歇业;作为后方工业基础的重庆炼钢厂和威远铁厂均先后歇业;四川煤矿业240家煤矿中,已有180家倒闭,占总数的2/3;四川棉纺织业,全省2万余家土布织户,4/5关门;成都的纺织厂,只剩下12%;作为华西地区重要工业的毛织业,78家工厂,只剩下6家开工,尚不及原来的1/10;卷烟业方面,成都烟厂几乎完全倒闭,广州、韶关倒闭者亦达90%。②

抗战胜利后没有回迁和抗战期间建立、发展起来的后方民营工业,到1946年,大多歇业关闭,勉强开业者,亦苟延残喘,朝不保夕。而迁回原籍的民营工厂的情况,日本全面侵华战争期间没有内迁而落入敌手的沦陷区民营工矿企业,抗日战争胜利、沦陷区光复后的情况,并不比后方地区的民营工矿企业好,甚至更为糟糕。

前揭已分到回迁贷款的近300家工厂,原冀回迁复工,重操旧业,实际情况大相径庭。迁返上海的250多家工厂中,"绝大多数两手空空,一无所有,亟须机器设备,始能复厂"。即使原来有厂在上海,因日本侵略者长达8年的破坏、损毁、移挪、拆并等,亦只剩一个烂摊子,亟须机器设备补充、配套。迁川桂、迁陕等工厂联合会,一再要求国民党政府紧急采取措施,而国民党政府置若罔闻,迄无动静。直至1948年二三月间,迁川桂工厂联合会上海办

① 李紫翔:《胜利后的中国工业》,《中央银行月报》新1卷第9期,1946年9月,见陈真、姚洛合编:《中国近代工业史资料》第1辑,生活·读书·新知三联书店1957年版,第164页。

② 《蒋区民族工业的大危机》,延安《解放日报》1946年10月18日;陈真、姚洛合编:《中国近代工业史资料》第1辑,生活·读书·新知三联书店1957年版,第183—184、192—193页。

事处,仍在为此事连续三次组织请愿,并一再降低要求,直至同年7月,国民党政府方才答应从日本赔偿物资中配售若干机器设备给某些战时内迁工厂。① 方案已定,且已登报,似乎板上钉钉,但实际上因国民党政府定价过昂,饱受日本侵华战争惨重损失的回迁工厂根本买不起,并无一家成交,已经运来的机器,在黄浦江边任其锈烂。

在要求获得日本赔偿物资成为泡影之后,回迁工厂又退而求其次,要求优先承购日伪工厂,即在标卖日伪工厂时,安排承购顺序:先是战时内迁工厂,而后为其他民营工厂,并共同拟定了公平合理的优先承购简则。然而,国民党政府仅以标售29个单位来装点门面,大部分好的、有生产条件的日伪工厂被四大家族囊括一空。回迁工厂的希望再一次落空,绝大多数始终无法复厂开工。②

至于留在沦陷区而落入敌手(或名义上仍在原主名下)的民营工矿企业,东北和台湾地区的民营工矿企业,随着抗日战争的胜利,国内国际环境发生了根本的改变,日本侵略者被赶出了国土,国民党政府收复了东北和关内沦陷区的领土与行政主权,光复了台湾和澎湖列岛,民营工矿企业也从日军的手中夺了回来,本应为民营工矿企业的修补、恢复和发展创造条件。然而,国民党党政官僚一心"劫收"分赃,根本无暇顾及九死一生的民营工矿企业。更

① 据1948年7月2日报载,预备配售:1. 制造或修理纺织机的工厂18家,机器310部;2. 制造或修理造纸机的工厂4家,机器67部;3. 制造或修理电机的工厂6家,机器94部;4. 煤矿1家,机器10部;其他工厂8家,机器44部。合计厂矿37家,机器525部。

② 吴频迦:《内迁工厂回到上海后》,见中国人民政治协商会议全国委员会文史资料研究委员会编:《工商经济史料丛刊》第二辑,文史资料出版社1983年版,第103—110页。

重要的是,抗日战争取得了胜利,日本逃跑了,但美国进来了,取代了日本的地位。美国不同于日本,资源丰富,生产力高度发达,经济体积庞大,侵略的第一步就是廉价倾销战争剩余物资。为此通过国民党政府,实施低汇率政策,迅速占领和垄断了中国的工农业产品市场,到处美货充斥,大小商品由“美国造”取代了“日本造”。① 充斥市场的美国货,排挤和取代了国内产品。同时,国民党政府不顾全国人民的强烈反对,悍然挑起反革命内战,不仅民众休养生息、城乡经济复苏无望,而且加速破坏,水陆交通受阻,原料产品均无法运输,产销流通脱节,生产成本日增,人民购买力却急趋下降;再加上恶性通货膨胀,国家资本和地方官办资本的侵夺、挤压,民族工业的生存空间愈加狭窄,甚至被全部堵塞。

在这种环境下,如同前揭后方内迁民营工厂一样,在关内外光复地区,很快出现了民营工厂的歇业、倒闭浪潮。歇业、倒闭浪潮出现之突然,波及地区、行业范围之大,速度之快,情况之严重,前所未有。

1945 年 8 月抗日战争胜利后的短短一年左右时间内,各地半数以上甚至 3/4 以上民营工厂停产、倒闭。作为全国工业中心的上海,原有大小民营工厂 3419 家,到 1946 年 7 月,即有 2597 家倒闭,占总数的 76%;作为上海工业和民族工业支柱的棉纺织业,停工倒闭的工厂共 1135 家,几乎达全行业的 1/2;上海的化学工厂,半数以上陷于停顿状态,其中 20 多家电化工厂,包括规模较大的天星、天泰、怡丰、中国电化等厂,早已全部停工;上海的火柴原料工厂,也有 20 余家停工或改业,即规模最大的上海火柴原料厂也不例外。在武汉,加入工业协会湖北分会的 93 家民营工厂中,也在 1946 年 7 月间倒闭 1/2;在华北,天津不仅小型工厂纷纷倒闭,连第一流的大工厂如永利、久大等,也均处于风雨飘摇之中;在青

① 天津《进步日报》1950 年 11 月 22 日。

岛,所有民营工业“几全破产”。[①] 广东的民营工业,自 1945 年春初开始衰落后,一直持续,其间虽经省政府当局与厂商挽救,迄无起色。复受 1946 年 2 月金融波动的袭击,衰落行程加速,大部分工厂由收缩营业而至全部停工。夏季又遭全省大水灾侵害,残存者亦已濒于奄奄一息,“在呻吟中等待死神之降临”。据广东省政府统计,民营工厂经核准复业者为 215 家,连同在登记中的工厂,共约有 400 家左右。仅相当于战前的 1/5。灾后能勉强维持营业者不足 100 家;而有把握支持过 1946 年者“只有一小半”。[②] 江西原本工业基础薄弱,战后更明显衰退,相继停闭的工厂达 93 所,幸存者仅 72 所,停闭厂占总厂数的 56. 4%。[③] 福建据 1942 年调查,全省民营工厂计有 43 家,资本总额 290 余万元;截至 1945 年,全省合于工厂法规定的民营工厂 40 家(另有公私“合营”7 家),资本 1966 万元(另有公私“合营”306 万元)。抗日战争胜利后,外货大量倾销,战时发展起来的各项工业,随着战争结束而衰落,官办工业因经营困难,不堪亏损而先后解体,民营工业亦渐感不支,“相继倒闭”,仅有少数工业产品尚有微利可图,且原料与机械设备来源及补充有着,如纺织工业、修造机器工业等乃得维持。至于特产工业如锯木工业、漆器脱胎工业等,则因外销恢复,日见发达。[④]

① 《蒋区民族工业的大危机》,延安《解放日报》1946 年 10 月 18 日,见陈真、姚洛合编:《中国近代工业史资料》第 1 辑,生活 · 读书 · 新知三联书店 1957 年版,第 183 页。

② 行健:《垂危的广东民营工业》,《经济周报》第 5 卷第 4 期,1947 年 7 月。

③ 1948 年 2 月 12 日国民党中央社南昌电,见陈真、姚洛合编:《中国近代工业史资料》第 1 辑,生活 · 读书 · 新知三联书店 1957 年版,第 199 页。

④ 国民党福建省府建设厅编:《福建经济概况》,1947 年印本,第 150、154 页。

随着时间的推移和蒋介石国民党在自己挑起的反革命内战中优势地位的丧失、财税征敛的加剧,其统治区域内民营工业呈加速度衰颓态势,工厂减产更经常化、普遍化,歇业倒闭比率进一步提高。在天津,全市大小工厂1200家,其中规模较大者,如棉纺织业的恒源、北洋、达生3厂,毛纺织业的仁立、东亚两厂,以及在天津设有总事务所的启新洋灰,久大精盐,永利制碱等,原已“处于风雨飘摇之中”,生产锐减,到“近来(1948年年初)尤无发展迹象”;标售民营的日伪工厂,情况更糟。据1947年8月的统计,192家中仅有29家开工,仅占15.1%,其余完全拆卖或改为商店者达96家,占50%。[①] 1946年已经“几全破产”的青岛民营工业,到1948年年初,可以说基本上全部破产关闭:10个烟囱,有9个不冒烟;全市1400余家工厂,除1/4尚在半开工状态下苟延残喘外,其余均“弃业停工”。[②] 广东民营工厂,原估计尚有半数能度过1946年,灾后能勉强维持营业者不足100家;而有把握支持过1946年者“只有一小半”。但结果是到1947年,倒闭的民营工厂已在80%以上。[③] 南京丝线业素享盛名,1947年、1948年间,每况愈下,200余家丝线厂中,歇业者达半数。[④] 福建的民营工业,据说过去就只有“摇头的份”,到1948年,连这点“小摆设”,也都维持不

① 胜茂椿:《复员后天津工业之隆替》,《工业月刊》1948年第5卷第2期,见陈真、姚洛合编:《中国近代工业史资料》第1辑,生活·读书·新知三联书店1957年版,第200—201页。

② 天津《民国日报》1948年2月1日,见陈真、姚洛合编:《中国近代工业史资料》第1辑,生活·读书·新知三联书店1957年版,第200页。

③ 广州《南方日报》1950年11月19日,见陈真、姚洛合编:《中国近代工业史资料》第1辑,生活·读书·新知三联书店1957年版,第180页。

④ 北京《平明日报》1948年2月21日,见陈真、姚洛合编:《中国近代工业史资料》第1辑,生活·读书·新知三联书店1957年版,第200页。

下去了。即使福州郊区一些稍具规模的工厂，给人的印象，也是“可怜”二字。被称为“工业区”的闽江两岸，烟囱“疏疏落落”，而且其中冒烟的，“十不及一”。有30余年历史的福电铁工厂，名义上仍在开工，但每天可做3000工作小时的150余名技工，实际上很少做到2000工作小时；本来是以“制造”为主要业务，如今却以“修理”为经常工作。原因很简单：“缺少资金，缺少市场”。筹备、建设一年多的面粉厂，投产两个多月就停了。①

抗日战争胜利后，同民营工矿企业相继歇业、关闭和衰颓、萎缩的态势形成鲜明对照，国家资本、地方官办资本企业，却急剧和恶性膨胀，取代民营工矿企业成为近代中国国内资本工矿业的主体。

早在1942年，作为国民党“纯粹之国营工业建设机关”，亦即国家资本专业“制造”机关的资源委员会，属下资产已达法币8亿元，约占当时后方近代工业资本（不包括军需工业）的40%；②整个官办资本达法币13.49亿元，占后方工业资本的69.6%。③ 国家资本和地方官办资本从无到有、从小到大，已经成为后方近代工业的主体。而且，资源委员会所属工矿企业主要集中在能源和基本生产资料的生产部门，再加上党政威权，得以牢固掌控后方经济命脉，从而初步奠定了国家资本和地方官办资本工矿业生产经营中的垄断地位。

① 方长：《奄奄一息中的福建工业》，《工业月刊》1948年第5卷第12期，见陈真、姚洛合编：《中国近代工业史资料》第1辑，生活·读书·新知三联书店1957年版，第195—199页。

② 吴太昌、武力等：《中国国家资本的历史分析》，中国社会科学出版社2012年版，第32页。

③ 许涤新、吴承明主编：《中国资本主义发展史》第3卷，人民出版社1993年版，第519页。

日本投降、抗日战争胜利后,国民党政府通过收复东北、关内沦陷区和台湾、澎湖地区的领土主权和行政管治,特别是直接通过接收日伪资产,侵夺处于危难中的民营企业,进一步加快了国家资本(包括地方官办资本)的扩张速度,扩大和巩固了在全国工矿业和国民经济中的垄断地位。

1945年8月15日日本宣布投降后,国民党政府最初决定敌伪资产接收与受降同时进行,由军方掌管接收大权,随即制定了《行政院各部会署局派遣收复区接收人员办法》,并指定陆军总部监督接收事宜。但各地"接收"一哄而起:原沦陷区的军统特务、各处军政机关以至"反正"的伪军都同重庆国民党政府派去的接收人员争相"接收",局面一片混乱。国民党政府为了扭转这种混乱局面,统一接收工作,9月5日在陆军司令部下成立"党政接收计划委员会",由总司令何应钦兼主任;10月在行政院设立"收复区全国性事业接收委员会",其下于苏浙皖、河北平津、粤桂闽、山东青岛等区分设"敌伪产业处理局",同时设立处理日伪产业审议委员会,以配合工作。日伪产业较少的武汉区、河南区设接收日伪产业特派员办公处;湖南、江西两省敌伪产业不多,不设专门机构,直接由省政府处理。东北情况特殊,设"敌伪产业处理局"隶属东北"剿匪"总司令部;台湾则设"日产清理处",隶属台湾省政府。各部会设立相应机构,接受各区"敌伪产业处理局"的委托负责接收、保管、使用与该部会业务相关的敌伪产业:经济部负责工厂、矿场设备及原料、成品;交通部负责铁路、公路、航运、空运和邮电等各运输部门及产业;财政部负责银行、钱庄;中央信托局负责房地产;兵器弹药、舰艇及其他作战物资由军事机关接收;等等。最后形成了由陆军总司令部负责接收军事;收复区全国性事业接收委员会负责全国性政治、经济接收;各地区敌伪产业处理局负责接收各省市地方性机构、产业等三架"接收"马车的格局。

从表面上看，无论全国范围，还是不同地区和行业、部门，敌伪产业均有专门机构接收，分工清晰，职责明确，接收有条不紊。但实际不然，国民党军队与政府、中央与地方同时插手接收，各地接收机构林立。北平一地，仅中央相关接收机构就有教育部、经济部、社会部、农林部、交通部等13个部门派出的机构，连同其他系统的接收机构共有29个；其他城市的接收机构，天津有23个，杭州有28个，上海竟多达89个。军政接收机构之间，政府各部门接收机构之间，往往矛盾重重。如军政部在徐州抢先接收了烟草公司和酱油厂等民用企业，还强词夺理，谓因当兵的也要抽烟、吃酱油，这些企业也属军用，等等。其他一些地方，由于国民党军队首先到达，并肆意扩大“军用品”的概念，抢先接收了大批企业。国民党政府一些部门在接收中也争先恐后，能抢则抢，先下手为强。如海南岛本应由农林部接收的25个农业单位，被经济部抢先接收了16个。[①] 诸如此类事例很多，以致蒋介石不得不承认，这次接收“系统紊乱，权责不明，有利相争，遇事相诿，形成无组织状态”[②]。

经过一番乱哄哄的争夺抢占，到1946年年底，国民党政府对敌伪资产的接收处理工作，除东北外，基本完成。不计交通运输各部门，国民党政府接收到手的工厂、矿场、商业、房地产和家具、仓库码头、金银外币、车船、各种物资（不包括国防用品和其他军用品）的资产分别按接收时当地的物价指数折合战前法币，共计232456万元，见表0-8。

① 陆仰渊、方庆秋主编：《民国社会经济史》，中国经济出版社1991年版，第727—731页。

② 第二历史档案馆藏：1945年12月19日蒋介石致宋子文电报，见陆仰渊、方庆秋主编：《民国社会经济史》，中国经济出版社1991年版，第731页。

表 0-8　国民党政府接收的敌伪资产估值统计(1945—1947 年)

项目 / 地区	接收产业总额		其中:工矿业资产			折合战前币值			
	估价年月	资产总额(亿元)	单位数(个)	资产总额(法币亿元)	工矿业占产业总额比重(%)	物价指数		产业总额(万元)	工矿业(万元)
						地区	指数		
苏浙皖区[①]	1946 年 1 月	14973.38	478	6503.17	43.4	上海	1603	93408	40569
山东青岛区[②]	1946 年 1 月	2269.69	215	800.74	35.3	青岛	3216	7057	2490
河北平津区[③]	1946 年 6 月	9404.30	2838	1627.30	27.6	华北	4129	14300	3941
粤桂闽区[④]	1946 年 12 月	15514.53	163	5651.73	36.4	广州	5611	27650	10073
武汉区[⑤]	1946 年 1 月	2215.84	158	773.84	34.9	汉口	2609	8493	2966
河南区[⑥]	1946 年 12 月	—	30	—	—	—	—	373	373
东北区	1947 年 8 月	12578.90	4188	9239.46	73.5	沈阳	3787	33216	24398
台湾区	1945 年 11 月	台币 109.91	1275	台币 71.64	65.2	台北	23.6	45658	29759
总计	—	—	9345	—	—	—	—	230155	114569

注:①敌伪产业处理局报告原注系 1946 年 12 月计算数字,唯查对同年 3 月及 5 月之其他资料,显系该年 1 月之估算,故不按 12 月指数折算(相差 2 倍以上),其中有德产 82.75 亿元,逆产 1000 亿元无分类,兹以半数为工矿业资产。

②产业总额中有德产 14.55 亿元无分类,兹以半数为工矿业资产。

③工矿业资产中包括有少量商业单位的财产,无法剔除。

④产业总额中有土地及逆产 4000 亿元无细 19 目,不列入工矿业资产。

⑤产业总额中有德产 500 亿元、逆产 150 亿元无分类,兹以半数为工矿业资产。

⑥原报告无估值,仅列有工厂 30 个单位,兹参考其他地区按每厂战前币值 12.43 万元估算。

资料来源:简锐:《国民党官僚资本发展的概述》,《中国经济史研究》1986 年第 3 期。原主要据中国第二历史档案馆所藏资料,折战前法币时,原值以万元为单位,指数 1936=100。

表 0-8 中所列的 8 个接收地区中，东北、台湾两区，与关内沦陷区不同，日本侵占、蹂躏时间更长，东北是日本发动全面侵华战争的“根据地”和“后方基地”；台湾自 1895 年后，不仅被日本占领了整整 50 年，而且被并入了日本疆域，更是日本全面侵华战争的“战略后方”，日本在占领期间，除了劫夺、破坏，亦有基于侵华战争和更深层考虑的投资“建设”。东北是日本投资最多的地区，并有巨额伪满“国有”资本。据统计，日伪投资折合战前法币值 33216 万元，其中工矿业 24398 万元，占 73.5%。后因战争末期盟军轰炸，尤其是 1945 年 8 月苏联进军东北，将大部分工矿和交通运输设备拆除运往苏联。关于苏联拆走的设备，有两个估计：一个是美国政府战争赔偿顾问鲍莱 1945 年 11 月的调查；另一个是 1946 年中国政府委托日侨善后联络处留华专家所作。现将这两个估计转录如表 0-9 所示。

表 0-9　苏军拆走东北工矿交通设备价值估计（1946 年）

项目 行业	美国鲍莱调查团估计			日侨善后联络处留华专家估计		
	万美元	折合法币万元*	占生产能力比重（%）	万美元	折合法币万元*	占生产能力比重（%）
电力业	20100	68136	71	21954	74420	60
钢铁业	13126	44495	50—100	20405	69169	60—100
煤矿业	5000	16949	90	4472	15159	80
铁路业	22130	75017	50—100	19376	65681	50—100
机器业	16300	55254	80	15887	53854	68
液化燃料业	1138	3858	75	4072	13803	90
化工业	1400	4746	50	4479	15183	33
水泥业	2300	7797	50	2319	7861	54
非铁金属业	1000	3390	75	6081	20614	50—100

续表

行业＼项目	美国鲍莱调查团估计			日侨善后联络处留华专家估计		
	万美元	折合法币万元*	占生产能力比重(%)	万美元	折合法币万元*	占生产能力比重(%)
纺织业	3800	12881	75	13511	45800	50
纸及纸浆业	700	2373	30	1396	4732	80
交通业	2500	8475	20—100	459	1556	30
食品业	—	—	—	5905	20017	50
总计	89494	303371	—	120316	407849	—

注:*美元折合法币汇率:战前法币1元=0.295美元。

资料来源:许涤新、吴承明主编:《中国资本主义发展史》第3卷,人民出版社1993年版,第607页。表中美元折合法币的相关数据,系转录者计算编制,部分数据亦经复算核正。

两项调查估计,近一半的数据(包括占生产能力比重)相当接近,但亦有部分数据高低悬殊。总体而言,后项估计数据相对较高,亦较具体、详细,应该是经过了较为严肃认真的调查、评估、计算,可能比较接近实际。依前项估计,苏军拆走的设备,除铁路部分外,共值6.737亿美元,折合战前法币22.84亿元。依后项估计,苏军拆走的设备,除铁路部分外,共值10.094亿美元,折合战前法币34.24亿元。参照表0-8数据和以上两个估计,日本投降之初,东北原本存余的敌伪产业约为战前法币26亿—38亿元。

经历苏军大规模拆运、破坏,实际上留给国民党政府接收并有经济价值的日伪资产,数量十分有限。日本投降后,中国人民解放军迅速解放了东北大部分地区。1946年1月以后,国民党军队进入东北城市,9月起接收日伪产业,至1947年8月,接收了辽宁、辽北、吉林3"省"和长春、安东2市及热河境内铁路沿线的敌伪产业;当时东北的其他5"省"和大连、哈尔滨2市不在接收之列。据东北接收委员会负责人称，接管产业共值东北流通券 1181.12 亿元，按东北流通券每元折合法币 10.65 元计算，即为表 0-8 所列工矿业产值战前法币 2.44 亿元，仅相当于上揭东北存余敌伪产业战前法币 26 亿—38 亿元的 6.4%—9.4%。

关于中国台湾敌产，日本在 1895 年割据台湾地区后，因限于财力，在相当长一段时间内并未着力开发。到 20 世纪 20 年代，平均每年投资 3300 余万日元，1931 年“九一八事变”以后着重经营东北，年均输台日资减至 550 万日元。据战争赔偿委员会调查，1945 年 8 月 1 日日本在中国台湾的产业共值 18.9 亿美元，其中企业资产 10.6 亿美元，折合战前法币为 27.51 亿元。其中工业约占 63.9%，矿业占 4%，两者合计折合战前法币 18.68 亿元。

1947 年国民党政府行政院向参政会报告称，截至 1945 年 11 月在中国台湾接收日本企业财产台币 71.64 亿元，个人财产 8.88 亿元，办公场所财产 29.39 亿元，共 109.91 亿元。时台北物价指数为 2360（1936 年 = 100），依此折合战前台币共 4.66 亿元；战前台币与日元等值，再按日元折战前法币，即表 0-8 所示。表 0-8 列台湾工矿业资产约 2.98 亿元，包括少量金融业资产未能剔除。此数仅为上估工矿业资产 18.68 亿元的 16%。按台湾的日产是全部由省政府接收的，虽战争末期受盟军轰炸较烈，损失较大，但亦不应如此之小。又 1945 年台湾 695 家日资工业会社的注册资本即达 9.23 亿日元（大多为战前币值）；省政府接收企业 1275 家，仅合战前法币 2.98 亿元，未免偏低。①

表 0-8 中，整个统计并不完全，在混乱中破坏浪费的部分，私

① 关于东北、台湾日伪资产和敌产计算、接收情况，参见许涤新、吴承明主编：《中国资本主义发展史》第 3 卷，人民出版社 1993 年版，第 605—608 页。

吞盗卖的部分,都无法稽核。不过,从表 0-8 中仍可大致窥其资产总值和工矿企业资产所占比重情况。如表 0-8 所示,国民党政府接收的敌伪资产总额,折合战前币值 230155 万元法币,其中工矿业 9345 个单位,折合战前币值 114569 万元法币,占总值的 49.78%,亦即大致一半。就单位数而言,分别相当于 1947 年“国民党统治区”(原抗战后方地区)各类大小工厂总数和合于“工厂法”的工厂数的 66.38%和 282.16%。①

国民党政府接收的敌伪资产,除了工矿、金融单位,还包括日伪在商业、交通、农业等方面的大量资产。单位数量多,涉及范围广,环境和情况复杂,接收工作本身千头万绪,局面混乱。国民党政府接收官员趁乱贪污中饱,营私舞弊,受贿抢夺成风,人民怨声载道,对敌伪资产接收被形容为“劫收”。在广东,有敌伪资产接收的所谓“三部曲”之说:先是“瓜分”,接着是“盗卖”,最后无法交代,就一把火了之。即使这样,行政院长宋子文还认为“广东接收还算好”,其他地方更坏。国民党“接收大员”假公济私,巧取豪夺,一夜暴富。老百姓说他们是“新五子(金子、房子、票子、车子、婊子)登科”。同时,接收过来的一些工厂机器设备,因偷盗拆卸、锈蚀失修,致成废物。在接收过程中,社会生产力再一次遭到严重破坏。

由于接收过程中贪污盗窃成风,各地民怨沸腾,国民党政府不得不于 1946 年 8 月派出“清查团”到各地“清查”接收情况,但因时间紧、阻力大,且人力不足,仅能“抽查”而已。“清查团”成员目睹种种流弊,亦觉“殊堪痛恨”。曾身为“接收大员”的邵毓麟向蒋介

① 据 1947 年 9 月初至同年年底所做的“全国主要都市工业调查”,计有各类大小工厂 14078 家,其中合于“工厂法”的工厂数为 3312 家。(陈真、姚洛合编:《中国近代工业史资料》第 1 辑,生活·读书·新知三联书店 1957 年版,第 208 页。)

石进言:"像这样下去,我们虽已收复了国土,但我们将丧失人心"。他预言,"在一片胜利声中,早已埋下了一颗失败的定时炸弹"。①

就在"接收大员"贪污盗窃成风的环境中,国民党政府开始对接收的敌伪资产进行分配、处理。按照国民党政府1945年11月23日颁布的《收复区敌伪产业处理办法》,敌伪产业的处理,有发还、移转和标卖等三种基本形式:(1)"产业原属本国、盟国或友邦人民,系由日方强迫接收者",应发还原主。(2)"产业原属华人与日伪合办者"和"产业原为日侨所有或已为日伪出资收购者",收归中央政府,再根据产业性质或作移转处理。甲、与资源委员会所办国营事业性质相同者,交该会接办;乙、纱厂及其必需之附属工厂交纺织管理委员会接办;丙、面粉厂交粮食部接办;规模较小或不在甲乙丙范围内,予以标卖。(3)韩侨之产业,如无助虐行为或非法取得情形,概可发还。(4)对德侨产业,"除一有间谍嫌疑或行动者,二有帮助日军企图或行动者外,一概暂予保管,俟对德和约签订后再行处理"。国民党政府所接收敌伪工矿企业的具体处理情况见表0-10。

表0-10　国民党政府接收敌伪工矿企业处理情况统计(1946—1947年)

项目/地区	处理或报告年月	接收单位总数	处理情况				
			发还	移转	标售	其他方式	待处理
苏浙皖区	1946年12月	478	109	86	226	—	57

① 参见陈真等编:《中国近代工业史资料》第3辑,生活·读书·新知三联书店1961年版,第747—759页;陆仰渊、方庆秋主编:《民国社会经济史》,中国经济出版社1991年版,第742—746页。

续表

项目 地区	处理或报告年月	接收单位总数	处理情况				
			发还	移转	标售	其他方式	待处理
河北平津区	1947 年 1 月	2838	131	278	161	1519	749
山东青岛区	1946 年 4 月	215	31	66	88	13	17
粤桂闽区	1947 年 2 月	163	28	33	70	32	—
武汉区	1947 年 5 月	158	15	106	15	17	5
河南区	1947 年 5 月	30	5	8	—	—	17
东北区	1947 年 8 月	4188	—	3413	—	—	775
台湾区	1947 年 2 月	1275	—	551	724	—	—
总计	—	9345	319	4541	1284	1581	1620
占总数比重(%)	—	100	3.4	48.6	13.7	16.9	17.3

资料来源:简锐:《国民党官僚资本发展的概述》,《中国经济史研究》1986 年第 3 期。

敌伪资产中的工矿企业,绝大部分是侵华日军、日本资本集团乃至日本浪人强占、劫夺的中国民营工矿企业。在处理敌伪资产时,这类企业理应按照实际情况发还原主。但表 0-10 所列数据显示,企业发还部分只有 319 个单位,占总数的 3.4%,绝大部分厂矿均未发还。少数发还的企业,主要是华商产业被敌伪强占、经营者,在发还时其敌伪增益部分仍须原业主价购或收归国有。表 0-10 中所谓“移转”,即交由政府部门接办,移转作为国家资本事业。如表0-10所示,移转企业达4541个单位,占总数的48.6%,扣除“待处理”部分,实占处理企业总数的58.8%。亦即将近6成的接收敌伪产业,转移给政府部门接办。表0-10中“标售”部分,《收复区敌伪产业处理办法》本来规定,“规模较小”和不属于资源委员会、纺织业管理委员会及粮食部接办的企业,将以公平价格标售。但实际并没有真正执行,大部分好的、有生产条件的工厂被四大家族囊括一空。① 剩下的概属破损小厂,无法复工生产,甚至无人问津。表0-10中“其他方式”,主要是拆零部件出卖。河北平津区包括商业、农业企业,台湾区包括金融业,但为数不多。表0-10中“待处理”部分,有519个单位属暂时“保管”,留待成立新的国营机构后,再行移交。这样,最后国家垄断资本(包括以民营面貌出现者)应占接收敌伪工矿资产的90%左右。

国民党政府接收和处理的敌伪资产,还有商业企业和日本本土的若干工厂。其中商业企业,据经济部的报告,截至1946年11月,除东北接收情况不明外,共接收日伪商业企业326家,资产估值47784万元,折合战前法币仅10万余元,既未能反映日伪商业资产的全貌,亦无多大意义。

至于日本本土工厂问题。日本长达14年的侵华战争,致使中国遭受巨大损失。不过根据《波茨坦宣言》,盟国并不向日本索取赔款,而仅以其工业设备和实物抵充。据此,国民党政府行政院设“日本赔偿委员会”,汇总全国除东北、台湾和中国共产党领导的解放区以外的各省市损失报告,计公私财产损失共37万亿元,折合战前法币1078亿元,折合战前美元318亿元;又军队伤亡340.7

① 吴频迦:《内迁工厂回到上海后》,见中国人民政治协商会议全国委员会文史资料研究委员会编:《工商经济史料丛刊》第二辑,文史资料出版社1983年版,第103—110页。

万人,平民伤亡842.7万人,按国际标准估值折合战前法币169.5亿元,折合战前美元49.99亿元。美国同时派遣赔偿顾问鲍莱为特使,调查日本产业,提出日本可供赔偿的工业设备900万吨。盟国远东委员会决定先提30%作为直接受日本侵略各国的“先期赔偿”物资,中国可得半数,即135万吨,责成麦克阿瑟领导的驻日盟军总部(“盟总”)执行。

这135万吨赔偿物资,需运费、国内建厂费、安装费等8000亿元和外汇4858万美元。国民党政府因财政困难,仅申请拆迁48.785万吨,并派遣以吴半农为主任的“归还物资接收委员会”进驻日本,负责办理,1948年1月开始拆运。后因国民党政府面临覆亡危险,1949年5月13日美国政府突然指令“盟总”停止执行“先期赔偿”计划。至此,中国分得的赔偿物资共值18131358美元,共拆迁54个工厂中17个整厂和4700部机器,其中28.785万吨分给了资源委员会,占拆迁总吨数的59.7%;其余分给国防、交通、经济等部;除经济部将少量机器配给民营工厂外,都属“国营”工厂所有。①

战后盟国要求日本归还战争中强行劫走的物资,并于1948年7月达成协议。截至1949年9月,运回中国的被劫物资有铜币、镍币11083公吨,值524.6万美元;南京永利硫酸铔厂和广东省营造纸厂设备原件;各种机器,值220余万美元;轮船12艘、20676吨,值216.3万美元,连同图书、缂丝古画、珠宝首饰、古物、贵金属、车辆、原料、杂项等共10类,共值1813.2万美元。② 以上赔偿

① 《资源委员会接收日本先期拆迁赔偿物资概述》,中国第二历史档案馆藏档廿八·2.877,见许涤新、吴承明主编:《中国资本主义发展史》第3卷,人民出版社1993年版,第613—614页。

② 吴半农:《有关日本赔偿归还工作的一些史实》,见中国人民政治协商会议编:《文史资料选辑》第72辑,文史资料出版社1980年版,第244—249页。

和归还物资共值4063.2万美元，折合战前法币10546万元。其中一部分经运台湾，大部分也成为国家资本。

由于大笔接收敌伪产业和抵充赔偿的日本工厂设备，国家资本大幅膨胀。国民党政府在战时经济的基础上，通过接收大笔敌伪资产和沦陷收复区的工矿企业，组建多个全国性和地方性的国有企业集团。作为国家资本专业"制造"机构的资源委员会，截至1946年年底，已接收敌伪产业29个单位，技术和管理人员近3000人，资产值11478亿元，折合战前法币3.36亿元。资源委员会的事业由此再一次扩张，设立多家专业公司或局，管理相关厂矿。如电力，设东北、冀北、台北等公司；钢铁设华北、华中、鞍山、本溪、海南等公司；金属矿设华中、东北、台铜、台铝等公司。又设中国石油公司，除甘肃油矿、四川天然气矿外，接收抚顺炼油厂和本溪、鞍山油母页岩厂，以及规模巨大的台湾高雄炼油厂；同时设中国油轮公司，有油轮23艘；酸碱、水泥设有天津酸碱、台湾制碱、台湾肥料、台湾水泥等公司；作为新辟事业的台湾糖业公司，有42个厂、2.6万职工，并有蔗田和专用铁路；天津、辽宁、台湾3个纸浆造纸公司辖有11个厂、近4500名职工。到1947年年底，资源委员会共有11个生产部门、96个管理机构、291个厂矿、223775名职工（8月最高峰时有261038名职工）。资源委员会不仅接收了大批敌伪资产、企业，还获得政府巨额拨款和国家银行巨额贷款支撑：政府拨款，1946年有963亿元，1947年有3280亿元；国家银行贷款，1946年有543亿元，1947年有3584亿元；另有外汇借款约1500万美元。①

除了资源委员会及其众多下属公司，同时或相继组建的国家

① 吴兆洪：《资委会财务报告》，《资源委员会公报》1947年第13卷第2期，见许涤新、吴承明主编：《中国资本主义发展史》第3卷，人民出版社1993年版，第617页。

资本集团公司还有:中国纺织建设公司(“纺建”)、中国纺织机器制造公司、中国植物油料厂(“中植”)、中国粮食工业公司(“中粮”)、中国蚕丝公司(“中蚕”)、中国盐业公司、齐鲁企业公司、恒大公司、中国农业机械公司、淮南矿路公司、扬子电气公司等。

随着国家资本的急剧膨胀,它对全国经济领域和各部门的控制垄断力度进一步加强。国家资本经济成分在全国新式工矿企业资本总额中所占的比重,从1944年的50.5%迅速增长到1946年的80%,扩张速度十分惊人。如将1945年国家资本在工矿业中的生产发展指数定为100,1946年即猛增至1054,1947年更达2137,三年中膨胀了20倍。①

国家资本的急剧和全面膨胀,还突出表现在交通运输、邮电通信、商业贸易和银行金融等多个领域。

在上述领域,国民党政府接收一大批敌伪资产,收回了沦陷光复区的相关资产与产业。而后将其绝大部分或全部转为了国家资本。交通运输业方面,总计收回关内外、台湾铁路21260公里;关内外、台湾公路36682公里;接收船舶144489吨;接收邮政局35845所、员工1.4万人,电信局245所、员工8043人。以上接收和收回的交通、通信资产与产业,按前揭方法估值,约合战前法币22亿元,相当于接收的工矿业资产与产业11.46亿元的1.9倍。②接收的东北、台湾交通设施和资产,以“国营”交通运输和邮电通信业资产外形出现,国家资本大为膨胀。但是这一数量庞大的国家资本和经济资源既未妥善利用,更未增殖。

① 郑友揆:《中国国际贸易与工业》(英文),第167页,见黄逸峰、姜铎等:《旧中国的买办阶级》,上海人民出版社1982年版,第203页。

② 简锐:《国民党官僚资本发展的概述》,《中国经济史研究》1986年第3期。

国内商业和对外贸易方面,国家资本的膨胀及其表现形式稍有不同。抗日战争胜利后,国民党政府取消战时的物资统制,撤销贸易委员会及复兴等“国营”公司,私营进出口商复业。但是,国家资本并未退位,而是以私商“大户”的面貌出现,实际上垄断或控制了洋商以外的进出口贸易。因此,战后外贸商业中的突出现象同样是国家垄断资本的发展。同时,资源委员会仍独家经理钨、锑、锡、汞等特种矿产品的出口,中央信托局在战后对外贸易中一直据有垄断地位。实行输入限额分配后,在全国性配额(占全部配额的76%)中,米、麦、面粉、煤、人造丝等配额由中央信托局独占,其余进出口贸易商只能代理中央信托局进口,收取回佣;出口方面,中央信托局于1946年、1947年先后从事丝、茶收购;1947年6月政府公布国家《收购出口物资办法》后,桐油、猪鬃也统由中央信托局收购,1948年又扩展至冰蛋、羊毛、驼毛、花生仁、大豆、油菜籽和水泥,中央信托局将收购的商品委托进出口贸易商出口,而这些商品的进出口贸易,全部为新成立的各类“国营”公司或以“私商”大户面貌出现的官僚豪强资本所垄断:战后新设的“国营”中国纺织建设公司,垄断了90%的洋棉进口及部分纱布出口;开设于1936年的官商合办中国植物油料厂,战后官进商退,1945年资本增至200万元,商股仅占27.5%。同时接收大批敌伪油脂企业,资产增加7倍。战后70%的桐油出口由该厂经营,中央信托局收购的桐油中,65%委托该厂出口;①战后新建的官商合办企业中国茶业联营公司,实际上也是中央信托局的附属机构。

除了“国营”公司和官商合办的“国营”或“准国营”公司,以“民

① 王思曙:《油业托辣斯中植内幕》,《经济周报》1947年第4卷第23期,见上海社会科学院经济研究所等:《上海对外贸易》上册,上海社会科学院出版社1989年版,第161页。

营”或“私商”面貌出现的国家资本或官僚豪强资本企业,同样或更值得注意。它是由当权大家族创设,是典型的官商合一,明目张胆地将国家资本私有化。如宋子文家族的孚中实业公司、中国进出口公司、一统国际贸易公司以及金山、立达,利泰等贸易公司;孔祥熙家族的扬子建业公司、嘉陵企业公司、益中实业公司;陈立夫家族的华美贸易公司、太平兴业公司;还有宋美龄与陈纳德合组的中美实业公司等,都属于上述资本性质。孚中公司,1945 年 12 月创设,资本 3 亿元,实为几家银行出资,宋子良任总经理,凭借宋家关系,取得美国伟力斯汽车、西屋电器等 12 家大公司的在华独家经销权;扬子公司,1946 年 1 月创设,资本 1 亿元,孔家独资,孔令侃任总经理,取得美国共和钢厂等 10 家企业在华总代理权;嘉陵公司,1947 年创设,孔家独资,由孔令俊(即孔二小姐)任总经理,亦取得美国一些公司的代理权。这些公司都代理中央信托局的出口业务,而利润最大者是汽车、钢铁、机电器材的进口。战后汽车最抢手,1942 年 2 月开始实行限额分配,7 位座以上大车全配给洋商,7 位座以下小车部分配给华商。孚中、扬子都事前得知消息,虚造大批成交电报,取得配额;孚中以吉普车为主,扬子以小轿车为主。又美国以汽车缺货,新车只发给特约经销户。扬子于 1947 年 10 月收买有近百年历史的上海英商利喊汽车公司 95%的股票,但不过户,仍以英商名义进口雪佛兰、奥斯汀汽车 100 余辆。售货一律以美元计价,收款一律以美元、黄金为限,然后将其变成外汇。这些公司还套取官价外汇,从事黑市交易以及走私种种,无所不为,大发不义之财。①

银行和金融业方面,由于行业本身的特殊地位和作用,在抗日

① 上海社会科学院经济研究所等:《上海对外贸易》下册,上海社会科学院出版社 1989 年版,第 149—150、155、157 页;宋子昂:《扬子公司的一鳞半爪》,见中国人民政治协商会议编:《文史资料选辑》第 36 辑,文史资料出版社 1963 年版,第 170—171 页。

战争期间乃至战前，国家资本已经形成高度垄断态势。

抗战胜利后，国民党政府中央银行和中央金融机构“四行两局”，通过接收敌伪金融产业、处理和回收伪币、调整和改组银行结构，使国家金融资本再次膨胀，国家资本的金融垄断程度进一步提高。

日本投降后，中央银行先后接收伪“中国联合准备银行”、“中央储备银行”、“满洲中央银行”上海分行及省市银行、日本朝鲜银行；中国银行接收有日本横滨正金银行、德国德华银行；交通银行接收有日本住友银行、劝业银行、上海银行株式会社、汉口银行株式会社；中央信托局接收有日本三菱银行、伪“中央信托局”、“中央保险公司”、“中央储蓄会”；邮政储金汇业局接收有伪“中国实业银行”、中日实业银行、伪邮政储金汇业局。其中伪“中央储备银行”交出黄金 50 余万两，白银 763 万两，银元 37 万枚；伪满“中央银行”上海分行交出黄金 8 万余两，白银 31 万余两，银元 24 万枚。[1] 东北情况略有不同。伪满“中央银行”和满洲兴业银行总行，最初被进驻长春的苏军接管，1945 年 10 月由长春中国银行接收。沈阳初次解放时，人民政府于 1945 年 11 月成立东北银行，并接收各敌伪银行；大连人民政府也在接收敌伪银行后成立大连银行；哈尔滨的敌伪银行同样由人民政府接收。1946 年 1 月后，国民党军队占领东北南部，重新占领了原敌伪各银行房产。台湾的日本金融机构，初由国民党政府财政部特派员同台湾省长官公署派员监理，1946 年 5 月正式接收和改组台湾银行，接着清理前三和银行，并接收台湾储蓄银行，改组为台湾银行储蓄部；又接收日本劝业银行在台 5 个支店，被改组为台湾土地银行。其余台湾工商银行、华南银行、彰化银行等，均改组为官商合办银行。经接管、

① 《中国近代金融史》编写组编:《中国近代金融史》，中国金融出版社 1985 年版，第 290 页。

改组后,台湾省内仅存5家银行,全部纳入国家资本金融体系。①

国民党“四行两局”金融垄断资本体系除接收大量敌伪金融资产外,又利用清理、回收伪钞之机,对沦陷光复区人民进行洗劫。日本全面侵华战争期间,敌伪在沦陷区强制发行军用票、“中储券”“联银券”“蒙疆券”等,进行赤裸裸的搜刮、掠夺。抗日战争胜利后,国民党政府极力压低收兑比率,再次洗劫民众。例如“中储券”对法币的收兑比率应为25∶1,而国民党政府压低为200∶1,仅从兑入41401亿元“中储券”中,就赚取黄金30万两,合法币270亿元。② 国家金融垄断资本通过这类洗劫而加速膨胀。据1946年6月的统计,在国民党统治区的3489家银行分支机构中,国家垄断资本性质的银行及其分支机构达2446家,占70.1%。11月,国民党政府又宣布成立“中央合作金库”,下设省分库和部分市县合作金库,资本6000万元,由国库拨付3000万元,中央、中国、交通、农民四行分拨2000万元,各省市政府、县市合作金库共同认购1000万元。总库设在南京,各市、县设立分金库,经营存、放、汇款等业务,1948年春加入“四联总处”后,还可以办理抵押贷款。国家垄断资本金融体系由原来的“四行两局”变为“四行两局一库”,仍由“四联总处”统领,但其职能发生变化。③ 中央合作金

① 参见许涤新、吴承明主编:《中国资本主义发展史》第3卷,人民出版社1993年版,第631—632页。

② 魏宏运主编:《中国现代史稿》下册,黑龙江人民出版社1981年版,第265页。

③ 自1942年5月实行四行专业化以后,中央银行的地位大大加强,获有独家发行钞票、经理国库、收存公私银行存款准备金等权力;战后又集中了金银、外汇的管理,办理商业行庄的票据交换、重贴现、转抵押等,成为最高金融机构。战后“四联总处”仅办联合贴放,而这时中国、交通各行恢复战前业务,联合贴放业务减少。1948年10月,“四联总处”遂告结束。

库成立后,其分支机构遍布各县市,更有利于新的金融资本体系将势力渗入到城乡每个角落。到1946年年底,仅“四行两局”的分支机构即有852处,其存款总额高达54881亿元,占全国银行存款总额的91.7%。而民族资本银行的存款仅占8.3%。1947—1948年,国民党统治区的金融业资本中,国家资本所占比重为88.9%,外资银行为5.9%,民族资本只占5.2%。[①] 国家资本已占绝对垄断地位。

国民党政府国家垄断资本通过“四行两局一库”的特权和业务垄断,把金银、外汇集中起来,用纸钞收购物资,然后换成外汇;同时还用低利贷款提供其直接或间接控制的工商企业使用,进一步扩大和加强其垄断力量。由于“四行两局一库”集中了庞大的货币资本,其放款比重亦占绝对优势,不仅放款额总是高于存款额[②],造成信用膨胀和更严重的通货膨胀,而且通过扩大放款、制造信用膨胀,以期支持国家垄断资本的工矿商业和交通运输业,维持和强化其在相关领域的垄断力量。

黄金是硬通货,随着内战的扩大和恶性通货膨胀的加剧,国家垄断资本不断加紧对黄金市场的操纵和黄金、外汇的聚敛。抗日战争后,国民党政府掌握了600万两黄金和9亿美元外汇,并将黄金的抛、收作为稳定法币的重要手段,国民党政府黄金放收、牌价高低无定的政策,导致市场上黄金投机日盛,为国家资本及其实际持有者的投机牟利创造了条件。1946年3月黄金市场开放,由中央银行在上海配售黄金。因法币狂跌、黄金猛涨,黄金市场完全失

---

① 《中国近代金融史》编写组编:《中国近代金融史》,中国金融出版社1985年版,第291—292页。

② 1947年6月,国家资本银行的放款总额占全国银行放款总额的93.3%,其放款总额高出存款总额的46%。参见《中国近代金融史》编写组编:《中国近代金融史》,中国金融出版社1985年版,第293页。

控,60%以上的黄金储备被抛售,最终酿成1947年2月的"黄金风潮",国民党政府被迫恢复黄金管制,严禁黄金买卖,但仍许持有黄金,导致黄金走私盛行,法币贬值、金价飙升愈剧。在这种情况下,国民党政府的政策进退失据。1948年8月19日,国民党政府颁布《财政经济紧急处分令》,禁止个人持有金银,限期收兑,违者治罪。但旋即于11月11日又准许私人持有金银和金银买卖,并由中央、中国、交通、农民四行按照规定办法兑换黄金及银元。市民害怕金元券贬值,昼夜排队挤兑黄金,造成混乱。1949年1月5日,国民党当局又开始对存兑黄金加征平衡费50美元,按侨汇挂牌计价,于是导致黄金黑市价格猛涨,一发不可收拾,不过国家资本及其实际持份者已赚得钵满盆满。

国家资本及其实际持份者,还通过买卖外汇谋取暴利。1946年3月,国民党政府在开放黄金市场的同时,开放外汇市场,出台《管理外汇暂行办法》及《进出口暂行办法》,不过只对国家资本有关的个人和企业保证供应外汇,并按官价结汇,而拒绝对民族资本企业提供外汇。于是国家资本或官僚豪强资本的一些企业,乘机捞取大量廉价外汇,用以进口美国货,谋取巨额利润,加速资本积累。国家资本的持有者,还大量吞并土地,如日伪华北垦业公司的土地50余万亩;军粮城农场稻田43万亩,华北农业试验场的土地27万亩,以及日本在中国台湾圈占的土地,都是他们的猎取物。①

国家资本的发展、变化进程充分显示,资本积累、膨胀并非通过扩大生产,发展经济,创造社会财富,而是单一和直接的"钱生钱""利滚利"。其中最主要的"钱生钱"办法,就是滥发纸币。这既是蒋介石国民党搜刮民众、维持政府财政的主要手段,也是国家

① 魏宏运主编:《中国现代史稿》下册,黑龙江人民出版社1981年版,第265页。

资本凭以进行增殖、膨胀的重要途径。从抗日战争前夕到1948年间法币天文数字的生成,直接反映了滥发纸币及其恶果,见表0-11。

表0-11　国民党政府的纸币发行与物价指数(1937年6月—1948年8月)

项目 年月	法币发行额(亿元)	发行指数	对上个月环比(上月为100)	上海批发物价总指数	重庆主要商品批发物价总指数
1937年6月	14.1	1	—	1	1
1945年8月	5569	395	120	86400	1795
1945年12月	10319	732	114	885	1405
1946年12月	37261	2642	113	5713	2688
1947年9月	169181	12020	124	43253	18658
1947年12月	331885	23537	123	83796	40107
1948年7月	3747622	265789	191	2606000	1325000
1948年8月	6636946	470705	(21日止)	4927000	1551000

注:物价指数1937.6=1。

资料来源:《中国近代金融史》编写组编:《中国近代金融史》,中国金融出版社1985年版,据第298页统计表改制。

抗日战争8年间,法币已增发394倍,抗日战争胜利后,增发速度更直线上升。1945—1948年3年间,法币增发1190倍,1948年8月更猛增到抗日战争前夕的47万倍。纸币成天文数扩大,物资总量不仅没有增加,反而减少,结果物价涨幅更远超过法币发行额增幅。1947年9月,法币发行额相当于战前的1.2万余倍,同期上海物价为战前的4.3万余倍,高出前者2.6倍;1948年8月,法币发行额相当于战前的47万余倍,同期上海物价为战前的493万倍,高出前者近9.5倍。这时法币几成废纸,一麻袋法币换不到一麻袋土豆,法币制度彻底崩溃。

解放战争后期,眼看国民党政府覆亡在即,国民党政府自身和国家资本持有者,将大量金银、外币运往台湾和国外,将个人大笔款项存于国外。① 1948 年有美国议员称,中国官场要人,在美国的存款达到 20 亿—30 亿元。1949 年,四大家族授意交通银行,将多余的外汇寸头转移到菲律宾交通银行。到 1949 年新中国成立前夕,交通银行的外汇资金已经抽逃殆尽。上行下效,一些军阀、地方官僚和地方官办资本实际持份者,也都千方百计将金银、外汇、资产转移国外。② 国家资本从无到有,从小到大,再到恶性膨胀,最后一败涂地,国家资本及其持份者,在中国大陆无容身之地,只能落得个"携款潜逃"的结局。

四、新民主革命与中国资产阶级和资本主义

近代中国,作为国际帝国主义共同支配下的半殖民地半封建,在经济制度、政治体制、物质生产、精神文明、社会习俗诸方面,都是封建主义、帝国主义、资本主义、殖民主义的混合体和大杂烩。鸦片战争后,西风东渐,欧美的资本主义生产力、生产关系、流通交

---

① 1949 年 3 月 25 日有报道称,国民党政府的金银、外币准备金约值 27500 万美元,其中 1/3 在上海保管,一部分以政府名义存放国外,价值 7300 万美元的金银则运往台湾(参见《中国近代金融史》编写组编:《中国近代金融史》,中国金融出版社 1985 年版,第 296 页)。

② 如 1946—1947 年间,山西省银行为山西军阀阎锡山收购了大量美元,存于天津大陆银行,其后陆续将存款转移到美国银行,其中一笔就达 150 万美元以上。1948 年年底,阎锡山见形势不妙,命把他的官办资本企业变价,连同最后克扣的军饷及所掠夺的财富,共合黄金 11.5 万余两,立即转移到上海,旋即运往台湾(参见《中国近代金融史》编写组编:《中国近代金融史》,中国金融出版社 1985 年版,第 297 页)。

换、生活方式、文化思想等，相继传了进来，并最先在东南沿海地区生根发芽、枝蔓渗透。但是，延续两千余年的封建生产关系和政治经济制度，根深蒂固，并无动摇、消亡的迹象。适应能力极强的封建主义，不惜以出卖国家主权、民族利益为代价，保存自己。用慈禧太后的“经典”语言，就是“量中华之物力，结与国之欢心”。结果，封建主义成为国际帝国主义赖以统治和奴役中国人民的基础，资本主义只能在国际帝国主义和国内封建主义的夹缝中艰难生长、生存。在近代时期的不同阶段或不同间隙，中国资本主义或有所发展，或停滞、倒退，甚至遭到浩劫，面临灭顶之灾，始终没有条件获得顺利和充分发展。因为国际帝国主义和国内封建主义势力过于强大，中国民族资产阶级过于弱小，又同国际帝国主义和国内封建主义有着千丝万缕的联系，而对蕴藏着巨大力量的农民阶级不仅缺乏号召力和组织能力，而且害怕农民，从骨子里瞧不起农民，没有胆量和气量彻底解决广大农民的土地问题，既不能充分调动农民的积极性，更没有胆量、勇气发动和组织农民起来推翻封建阶级，废除封建制度。

历史已经证明，中国资产阶级无力完成本应由该阶级承担的反帝反封建的历史使命。由资产阶级发动和领导的辛亥革命，虽然推翻了清朝，废除了帝制，却丝毫没有触动国内封建制度和国际帝国主义侵略、扩张势力。不仅如此，有限的革命成果被袁世凯篡夺，袁世凯旋即复辟帝制，并答应日本的“二十一条”要求，不惜以亡国灭种为代价，保存自己的帝位。

在半殖民地半封建的近代中国，在中国民族资产阶级无力领导和圆满完成反帝反封建的民主革命任务的特殊历史环境下，反对帝国主义、消灭封建主义的资产阶级民主革命重担落在了中国无产阶级及其先锋队的肩上。1919 年“五四运动”的发生和 1921 年中国共产党的成立，标志着中国无产阶级及其先锋队已经接过了这一历史重担。

反对封建主义及其靠山帝国主义,彻底废除封建制度,特别是废除封建土地所有制,废除封建租佃制度和封建地租剥削,扫除资本主义发展的障碍,这既是资产阶级发展资本主义的利益和条件需求,也是资产阶级民主革命的核心内容和主要目标。无论从历史使命还是阶级利益来看,都不能说是无产阶级的"分内事",即使在近代中国半殖民地半封建的特定条件下,由无产阶级及其先锋队承担和完成这一历史使命,包括解决农民土地问题,也仍然在资产阶级民主革命范畴内,并不属于无产阶级革命范畴。因为它是帮资产阶级革命,更确切地说,是代替资产阶级革命,而不是革资产阶级或资本主义的命。

在近代中国,1919 年以前资产阶级民主革命称"旧民主主义革命"或"旧民主革命",1919 年以后的资产阶级民主革命称"新民主主义革命"或"新民主革命"。无产阶级及其先锋队是"新民主革命"的领导者和组织者,广大农民是革命的同盟军和主力军。革命的领导和主力变了,革命的目的和目标,虽然在革命阵营内部有分歧、有争论,在执行过程中有过偏差,但总的来说,新民主革命的对象和目标是清晰的、明确的,民族资本主义及其人格化的资产阶级,并不是新民主革命的打击和消灭对象。在土地革命战争、抗日战争和解放战争中,城市资产阶级和农村中带有某些资本主义因素的富农及经营地主,一般都是革命的统战或中立对象;在土地革命根据地和抗日根据地,在解放区,城乡资本主义或带有某些资本主义因素的经济成分,一般都被完整地保留下来,并有不同程度的发展、扩大。

中国共产党及其领导人,作为新民主革命的直接领导者和组织者,对新民主革命的目的和对象、新民主革命与民族资本主义关系的认识、判断,有一个从模糊到明确、从稚嫩到成熟、从领导核心内部严重分歧到基本统一的成长、发展过程。

中国共产党成立的初期，由于对近代中国的国家性质缺乏深刻的认识，对马克思“消灭私有制”的理论体系没有全面的理解，导致对中国革命的目的、对象及革命性质的认识模糊、混乱。在中国共产党第一次全国代表大会通过的《中国共产党第一个纲领》（以下简称《纲领》）中，曾提出“消灭资本家私有制，没收机器、土地、厂房和半成品等生产资料，归社会公有”①的主张。《纲领》模糊了革命的目的和任务，混淆了敌友，扩大了革命的打击面，孤立了自己，加剧了敌强我弱的不利态势。当时孙中山领导的资产阶级民主革命如火如荼、方兴未艾，《纲领》把这股本可联合的革命力量推到了自己的对立面。

不过这种把资产阶级当成革命对象，用无产阶级革命的办法来消灭资本主义的纲领主张，很快出现了180°的大转弯。列宁在1920年共产国际第二次代表大会上和尔后的其他著作中，提出了殖民地半殖民地的革命学说，将帝国主义时代的世界民族区分为压迫民族和被压迫民族，指出殖民地半殖民地革命的性质和任务，是反对帝国主义和封建主义的民族民主革命。这个革命必须联合世界无产阶级共同斗争；殖民地半殖民地国家的主要群众是农民，中心任务是解决农民的土地问题。因此，无产阶级必须同民主革命的主要力量农民阶级结成巩固的联盟。同时，这些国家的无产阶级，从一开始就应该掌握革命的领导权，只有这样，才能引导革命走向胜利。1922年1月，共产国际在莫斯科召开远东各国共产党和民族革命团体第一次代表大会，中国共产党派代表参加了大会。大会明确提出了中国民主革命的任务是反对美、英、日、法等

---

① 《中国共产党第一个纲领》，见中央档案馆编：《中共中央文件选集》第1册（1921—1925），中共中央党校出版社1989年版，第3页。

帝国主义,反对军阀制度和封建土地制度。大会期间列宁还接见了中国产业工人代表,勉励他们团结其他革命人民共同推动中国革命的发展。

列宁的殖民地半殖民地革命学说武装了中国共产党人,参加莫斯科大会的中共部分代表回国后参加了当年在上海召开的党的第二次全国代表大会。就是这次大会,舍弃了党的一大所提出的超前目标和口号,确立了反帝反封建的民主革命纲领。大会通过的《宣言》,深刻揭露了帝国主义列强对中国的侵略,正确分析了中国所处的国际环境,对中国的社会性质、国内阶级结构和阶级矛盾、民族矛盾,作出了准确的判断:中国是国际资本帝国主义支配的“共同的殖民地”“新式的殖民地”,“中国一切重要的政治经济”,无不受帝国主义列强“操纵”。中国民众无不受其盘剥、奴役,3 万万农民因土地缺乏,天灾流行,战争、土匪扰乱,军阀捐税剥削,外国商品压迫,日趋穷困、痛苦;因外国商品充斥市场,手工业者、小店主、小雇主也日趋困苦;新兴资产阶级也不能“自由发展和自由竞争”,只不过做世界资本主义侵入中国的“中间物”罢了。

在这种形势下,中国各阶层民众都因遭受国际帝国主义和国内封建军阀的盘剥、压迫,一齐奋起反抗,形成一股革命运动:工人们处在中外资本家的极端压迫之下,革命运动“是会发展无已的”。事实上,中国“劳动运动”已经发展起来,工人组织迅速扩大,结果将会变成推倒在中国的世界资本帝国主义的“革命领袖军”;3 万万农民是革命运动中的“最大要素”;中国的“幼稚资产阶级”,因外国资本主义为自己的发展和利益,扶助中国军阀,“阻碍中国幼稚资本主义的兴旺”,为免除经济上的压迫,也“一定要起来与世界资本帝国主义奋斗”,而且“已能结合全国的力量,反对外国帝国主义和北京卖国政府”,如 1919 年的排日运动。国民党所组织的广东政府，更是“中国开明资产阶级的民主主义的运动”。

《宣言》由此得出结论：“各种事实证明，加给中国人民（无论是资产阶级工人或农民）最大的痛苦的是资本帝国主义和军阀官僚的封建势力，因此反对那两种势力的民主主义的革命运动是极有意义的：因民主主义革命成功，便可得到独立和比较的自由。”因此，“审察今日中国的政治经济状况”，无产阶级和贫苦农民“都应该援助民主主义革命运动”。而且“无产阶级相信，只有无产阶级的革命势力和民主主义的革命势力合同动作，才能使真正民主主义革命格外迅速成功”。再扩而大之，中国的反帝运动“也一定要并入全世界被压迫民族的革命潮流中，再与世界无产阶级革命运动联合起来，才能迅速地打倒共同的压迫者——国际资本帝国主义”。①

作为无产阶级先锋队的中国共产党，认识并肯定反帝反封建的资产阶级民主主义革命的积极意义，同时又相信，只有无产阶级的革命势力和资产阶级民主主义的革命势力协同运作，并汇入全世界的民族革命潮流，才能保证和加快资产阶级民主主义革命的成功。

正是基于这一认识，中国共产党在第二次全国代表大会上，制定了反帝反封建的资产阶级民主革命纲领。同时明确了党的奋斗目标和实现目标的步骤及方针、办法。明确将革命目标分为远期目标、近期目标或最高纲领、最低纲领两个部分。近期目标或最低纲领就是反帝反封建的民主革命纲领。

① 《中国共产党第二次全国代表大会宣言》，见中央档案馆编：《中共中央文件选集》第1册（1921—1925），中共中央党校出版社1989年版，第101—114页。

《宣言》强调,中国共产党是中国无产阶级政党,其目的是要组织无产阶级,用阶级斗争的手段,建立"劳农专政","铲除私有财产制度,渐次达到一个共产主义的社会"。这是党的远期目标或最高纲领,不可能立即或短时间内着手进行和谋求实现。革命必须分阶段、有步骤地进行。因此,《宣言》接着规定了党的近期目标或最低纲领:中国共产党"为工人和贫农的目前利益计,引导工人们帮助民主主义的革命运动,使工人和贫农与小资产阶级建立民主主义的联合战线"。中国共产党"为工人和贫农的利益",在联合战线里的"奋斗目标"是:消除内乱,打倒军阀,建设国内和平;推翻国际帝国主义的压迫,达到中华民族完全独立;统一中国本部(东三省在内)为"真正民主共和国";蒙古、西藏、回疆三部实行自治,用"自由联邦制",统一中国本部、蒙古、西藏、回疆,建立"中华联邦共和国";工人和农民,无论男女,在各级议会有"无限制的选举权",言论、出版、集会、结社、罢工"绝对自由"。《宣言》还提出制定关于工人、农民和妇女的法律:关于改善工人待遇:废除包工制,实行 8 小时工作制,工厂设立工人医院及其他卫生设备,设立工厂保险,保护女工和童工,保护失业工人等;关于农民和其他方面:废除丁漕等重税,规定我国(包括城市乡村)土地税则,废除厘金及一切额外税则,规定累进率所得税,规定限制田租率的法律,废除一切束缚女子的法律,改良教育制度,实行教育普及。这些法律、措施,不仅对工人和贫困农民有利,也同样对富裕农民和城乡小资产阶级、城市民族资产阶级有利。

值得注意的是,中共二大提出的民主革命纲领对现存封建土地制度、封建租佃制度、劳动力雇佣关系,资本主义生产关系、生产方式和矿工商企业的占有、生产、经营等,并未制定任何有关废除、没收、取缔、改革、规范等根本性的方针、政策、措施,无论是封建主义的还是资本主义的生产经营实体,只要遵守有关法律、规定,不违例侵犯工人、农民的权益，均可照旧运行和经营、发展。而且，民主主义革命扫除了国际帝国主义的压迫，对外可以进行平等贸易；国内废除了厘金关卡和苛捐杂税，商路通畅；田租租率和地主剥削受到限制，农民经济状况得到改善，农村购买力明显提高；等等。所有这些，都为资本主义生产的发展创造了条件。

为了防止工人、农民在同小资产阶级结成"联合战线"中"援助"民主主义革命时迷失方向，沦为小资产阶级的"附属物"。《宣言》特别强调，无产阶级有"自己阶级的利益"，必须清醒认识到："无产阶级加入民主革命的运动，并不是投降于代表资产阶级的民主派来做他们的附属品，也不是妄想民主派胜利可以完全解放无产阶级"。所以，在民主革命的战争期间，无产阶级一方面固然应该联合民主派，援助民主派，"然亦只是联合与援助，绝不是投降附属与合并，因为民主派不是代表无产阶级为无产阶级利益而奋斗的政党"。① 民主主义革命成功了，"无产阶级不过得着一些自由与权利"，并不能"完全解放"。而且民主主义革命成功，"幼稚的资产阶级"便会迅速发展，与无产阶级处于对抗地位。因此，无产阶级便须对付资产阶级，实行"与贫苦农民联合的无产阶级专政"的第二步奋斗。如果无产阶级的组织力和战斗力强固，第二步奋斗即可跟着民主主义革命胜利以后即刻成功的。

为了不致沦为小资产阶级的"附属物"，同时能为"自己阶级的利益"奋斗，工人和贫农必须要"环绕中国共产党旗帜之下再和小资产阶级联合着来战斗"。工人们要时常记得自己"是一个独立的阶级，训练自己的组织力和战斗力，预备与贫农联合组织苏维

① 《关于"民主的联合战线"的决议案》(1922)，见中央档案馆编：《中共中央文件选集》第1册(1921—1925)，中共中央党校出版社1989年版，第65页。

埃,达到完全解放的目的"。①

中国共产党坚定不移的立场和方针是,"工人阶级的利益在中国共产党占第一位"。中国共产党及其领导下的工人阶级,加入民主革命的阵线,"完全是以他为达到工人阶级夺得中国政权的一步过程",组织民主主义联合战线是中国共产党的"一种政策"。② 因此,当工人阶级"援助"的民主主义革命取得胜利后,资本主义会立即呈现飞跃发展的态势,"幼稚的资产阶级"也会迅速成长壮大,从而会出现一个时间长短不等的资本主义发展阶段。但是,一般不会出现资产阶级一个阶级专政的纯粹资本主义社会。按照中国共产党确定的纲领、部署,工人阶级在"援助"民主主义革命的过程中,也训练和强化了自己的组织力与战斗力;在夺得民主主义革命胜利的同时,也做好了准备,"与贫农联合组织苏维埃,达到完全解放的目的"。即使出现了资产阶级专政的纯资本主义社会,也不会一帆风顺和长期安稳存在,因为中国共产党及其领导下的工人阶级,使用"阶级斗争的手段"对付资产阶级,实行"与贫苦农民联合的无产阶级专政"或"劳农专政"。不过不论何种情况,资本主义经济都会在一段时间内获得较大程度的发展。

年青的中国共产党在共产国际的指导下,很快找到了符合中国国情的革命道路,确立了为之奋斗的远期目标(最高纲领)和近期目标(最低纲领),准备迎接革命高潮的到来,形势不错。不过实际上党内认识并不统一,特别是党内领导层的认识明显分歧。

① 《中国共产党第二次全国代表大会宣言》,见中央档案馆编:《中共中央文件选集》第 1 册(1921—1925),中共中央党校出版社 1989 年版,第 114—116 页。

② 《关于"国际帝国主义与中国和中国共产党"的决议案》,见中央档案馆编:《中共中央文件选集》第 1 册(1921—1925),中共中央党校出版社 1989 年版,第 63 页。

如作为党的总书记的陈独秀，公然同党的全国代表大会通过的《宣言》唱反调，不仅不承认工人阶级的革命“动力”和“领袖军”地位，更否定农民参加革命和现阶段发动农民运动的可能性，认为“工人阶级在国民革命中固然是重要分子，然亦只是重要分子而不是独立的革命势力”，因为“中国最大多数的工人，还没有自己阶级的政治斗争之需要与可能，而且连一般的政治斗争之需要甚至于自己阶级的经济斗争之需要都不曾感觉的工人（如手工业工人），也不是少数”。实际上在殖民地半殖民地“产业幼稚”的中国，“工人阶级不但在数量上很幼稚，而且在质量上也很幼稚”。至于农民，占其半数以上的自耕农，“不用说共产的社会革命是和他们的利益根本冲突”；即无地的佃农，也只是半无产阶级，“他们反对地主，不能超过转移地主之私有权为他们自己的私有权的心理以上”；雇工虽属无产阶级，“然人数少而不集中”。所以，“中国农民运动”，须待国民革命“完全成功，然后国内产业勃兴，然后普遍的农业资本化，然后农业的无产阶级发达集中起来”，才有“需要与可能”。①

随着时间的推移和民主主义革命及农民运动如火如荼地开展，陈独秀的右倾思想路线愈演愈烈。他为了同国民党合作，打压工农，推崇资产阶级，认为资产阶级是国民革命的主体，在民族民主革命中“站在非常重要的地位”，国民革命“若没有资产阶级的有力参加，必陷于异常困难或至于危险”，进一步否定了无产阶级在革命中的领导作用和农民的主力军地位。

不过中国民族资产阶级远没有陈独秀想象的那样“革命”和

① 陈独秀：《中国国民革命与社会各阶级》（1923），见中央档案馆编：《中共中央文件选集》第1册（1921—1925），中共中央党校出版社1989年版，第599—603页。

"重要"。半殖民地半封建条件下中国民族资产阶级,最显著的特点是性格软弱而又唯利是图,在一定条件下和某种程度上,虽然赞成和参加民族民主革命,但立场摇摆不定,往往见风使舵。蒋介石作为混入民主革命阵营的政治野心家和阶级异己分子,正是利用了资产阶级这种性格特点和共产党内的右倾思想路线,通过大要两面派和阴谋诡计,窃取国民党高位和军权,然后有计划、有步骤地实现其防共反共、屠杀工农、扑灭革命的罪恶阴谋,这除了国际帝国主义列强这座大靠山,国内封建地主、土豪劣绅和买办资产阶级倾巢出动的围剿外,民族资产阶级的附和、支持,也非常重要。

1927 年大革命失败,民族资产阶级背叛革命,投降大资产阶级,离开了民主革命阵线,革命阵营、革命性质、革命任务、革命目标、革命前途,都发生了变化。其中最大的变化,是在此后革命斗争中,如何对待资产阶级和资本主义,将其摆在何种位置。

"四一二"反革命政变后,汪精卫和武汉国民党政府尚未随即叛变,民主革命正处于生死存亡的关头。在这危急万分的时刻,1927 年 4 月 27 日至 5 月 9 日,中国共产党在武汉召开了第五次全国代表大会。会议回顾了大革命的历程,总结经验教训,决定下一步的革命方向、革命任务与策略。

大会认为,问题的症结就是革命的领导权。中国革命的发展,符合第七次国际扩大会议决议案所指出的道路,完全正确。革命的深入发展,触犯了封建资产阶级的利益,激化了阶级斗争,引发了对革命领导权的争夺。"国民党内的封建分子及资产阶级,想领导革命,以与本国反动派及外国帝国主义妥协"。他们因达不到目的而分裂国民党、反对革命。"他们已成为帝国主义的工具"。事实上,从"五卅运动"起,无产阶级就开始为反帝斗争的领导权而斗争,并建立革命的广州国民政府,"获得暂时的成功"。国内"封建的及资产阶级的分子",害怕反帝爱国斗争"走得太远”，危害其阶级利益，极力使“民族解放运动转移到他们的指挥之下”。但当时的共产党专注反帝反军阀的斗争，而“忽略了与资产阶级争取革命领导权的斗争”。结果在资产阶级与无产阶级互争国民革命领导权的斗争中，蒋介石发动1926年3月20日的事变（中山舰事件），推翻了左派政府。由此进入“争夺领导权的第二阶段”。

在第二阶段中，“资产阶级占了上风”，利用广东的胜利，将其权力扩大至全国。但是，中国共产党没有及时采取正确的政策。固然，只要资产阶级一天留在民族革命运动中，共产党就一天须与他们结成反帝联合战线，然而没有懂得“资产阶级已经重新得到民族革命的领导，并想消灭革命”，在讲联合战线时，没有设法给劳苦群众的利益以足够的保障。这并不是说中国共产党在1926年3月20日以后的“反动时期”中，要立刻倒蒋。党的任务是继续去争取领导权，“建立一个左派的革命联盟，包含工农小资产阶级，以反对封建分子及资产阶级的领导”。因为封建分子、资产阶级的领导，客观上“必将出卖革命”。而且，争取领导权的任务，“并不与联合战线不两立”。

在争夺领导权的斗争中，无产阶级必须在农民中得到同盟者。无产阶级要提出“急进的土地改良之要求”，以巩固与农民的团结，“向封建分子资产阶级之反动奋斗”。现阶段革命的主要任务，是土地问题的“急进的解决”。“土地革命就是推翻封建宗法的革命”。这种革命“当然要由当代最革命的阶级来领导，无产阶级应当领导农民去实行推翻封建专制主义的斗争”。

至于北伐，“主观上的动机，是资产阶级想扩大他的权力。但是客观上，北伐是发展革命的方法”。所以，帮助北伐是对的。但在北伐中地盘扩大时，党未能充分注意使革命的社会基础同时深入的必要。之所以出现这种疏忽，根本原因是过分估量了大资产阶级的作用。那时党的策略,是先帮助资产阶级完成其革命的第一阶段(扩大)的任务,然后再来做第二阶段的革命深入。就因为这一错误政策,不能征调全国革命的力量,以限制封建分子、资产阶级想利用军事胜利的帮助,而加强其势力的企图。故蒋介石叛党时,不能使其孤立。"封建的资产阶级分子,居然带着很大的力量,从民族革命中分裂出去"。

在对资产阶级能力的估量、把握方面,党对大资产阶级的估量不准确,甚至过分,于是对小资产阶级的估量就过小。小资产阶级原本就不会成为一个独立的政治力量,当大资产阶级与封建反动势力联合欲使革命势力妥协时,无产阶级应非常注意小资产阶级,否则,它必定与大资产阶级走到一起。上海暴动的失败,最大原因是无产阶级没有获得小资产阶级群众的赞助。

大会坚持认为,"封建分子资产阶级的叛离,不足以削弱革命"。现在"不是革命低落的时期,而是紧张剧烈的革命斗争时期"。现在无产阶级成为"争斗的原动力",应该以"土地革命及民主政权之政纲"去号召农民和小资产阶级。封建分子及资产阶级还留在民族运动中时,当然会阻碍土地革命及民主政权的政纲的实现,群众的革命力量被遏制。现在革命的民权派力量自由发展的障碍减轻,土地革命及民主政权运动可以加强起来。有"革命基础"的地域,需要很快扩张,但同时要在这些地域将"革命的社会基础使之深入"。广东的失去,其教训就是"革命只扩大而不深入"。当前革命的主要任务,"是除去反动根基,以巩固革命"。欲达此目的,"必须执行急进的土地改良政纲和创造乡村的民主革命政权"。

关于革命根据地的条件和根据地的选择。作为革命根据地,"要有久经战斗的无产阶级,群众的农民组织,以及高度发展的国民党及共产党的组织"。除了上海无产阶级,广州工人阶级,广东、江西、湖南、湖北的革命农民，“共产党不能想出一个更天然可靠的基础”。至于革命地盘的扩大和根据地的选择，大会“丝毫不减少扩大革命地盘与打倒张作霖的需要”，但目前同时有一个重要的任务，就是在湖北、湖南、江西、广东、广西、福建、浙江诸省，毫不留情地与反动势力作战，建立革命的民主政权。这些地域“在社会情形及经济上都是合宜的”。全党要特别警惕因帝国主义严重干涉而在小资产阶级中发生的“恐惧失败的情绪”，以致要将“革命根据地”从帝国主义威胁之地，转移到别的地方。全党“应该反对这种无根据的失败主义的趋向”。中国共产党应当领导工农群众从坚决的斗争中，保护革命而反对帝国主义的侵略。“现在要巩固革命于中国的中部及南部，并不是忽略扩大革命地域之可能与必要。但中国共产党必定反对以扩大革命地域为借口，而实际上抛弃或削弱现时革命根据地的倾向”。

现时革命阶段的主要特质，就是无产阶级应当在斗争中取得领导权。但其前提必须是无产阶级的经济利益有了保证，它才能完全实现这个政治上的功用而行使其革命的领导权。现在工资低微，营养恶劣，衣服褴褛，受尽剥削的工人，决不能担负这个责任。所以要领导工人完成这一历史使命的第一个条件，就是共产党要坚决为提高工人生活程度而奋斗。大会认为，为实现工人在革命中的领导权起见，应当为工人力争下列要求之实行：(1)8小时工作制；(2)足够供给生活的工资；(3)劳动保护法；(4)救济失业，并为失业者觅得工作；(5)劳动保险及恤老金；(6)保护女工与童工。

大会强调，“四一二”反革命政变后，“现在革命已进到第三个阶段”，封建分子与大资产阶级已转过来反对革命，革命势力的社会基础是无产阶级、农民与城市小资产阶级的革命联盟，“无产阶级将实行其领导权”。随着革命运动的发展，无产阶级势力增加，反革命势力也会逐渐形成:帝国主义列强在武力干涉革命的同时,会用武力恐吓、强逼国民党政府改用妥协政策,并帮助、鼓励军阀与大资产阶级结成反革命同盟。革命运动第三阶段之初期,就遇到了帝国主义、军阀与大资产阶级联盟的这种威胁。但是革命运动就是要在坚决反抗这种反革命联盟的斗争中,更加向前进展。革命势力定能巩固集合民众的精力,巩固一切革命力量,建立工农小资产阶级的民主独裁政权,以反抗并破坏反革命的同盟。①

中国共产党第五次全国代表大会,具有特别重大的意义,在党中央执行右倾错误路线、资产阶级叛变投降、革命面临彻底失败的关键时刻,力挽狂澜、拨乱反正,竭力挽救革命,并为革命"转型"做好了思想上和理论上的准备。这种"转型",可以大致概括为三个方面:一是确立和加强无产阶级的革命领导权,明确农民和小资产阶级的同盟军地位,建立和巩固中国共产党领导下的工人、农民、小资产阶级的联盟;二是彻底实行"土地革命",执行"急进的土地改良"策略,实施"土地国有,取消土地私有制度",再将耕地"无条件的转给耕田的农民",实现"耕地农有",满足农民的土地要求,明确"土地革命就是推翻封建宗法的革命",是民主革命的核心;三是建立工农小资产阶级的"民主独裁政权",在农村武装农民,推翻土豪乡绅政权,建立以贫农为主体的农民"民主政权"。②

革命的"转型",标志着革命动力和革命任务、革命前途的重大改变。资产阶级民主革命的基本任务是反帝反封建,为资本主

---

① 参见《政治形势与党的任务议决案》(1927年5月),见中央档案馆编:《中共中央文件选集》第3册(1927),中共中央党校出版社1989年版,第48—59页。

② 《土地问题议决案》(1927年5月),见中央档案馆编:《中共中央文件选集》第3册(1927),中共中央党校出版社1989年版,第68—69页。

义的发展扫清道路。大会认为,近代中国的资产阶级并未形成一个“反封建势力的成分”,而且资产阶级是从地主阶级产生出来的,依然同地主阶级“保持亲密的结合”,与剥削农民的势力“有密切的联系”,所以“不能作为农民革命的战士”。同时客观上,民族资产阶级虽然是“反对帝国主义垄断中国经济的”,因与封建势力“关系亲密”,但“也不能完成土地革命以促进反帝国主义的斗争”。[①] 现在资产阶级妥协投降,离开和分裂革命阵营,反帝反封建的历史使命主要由农民来完成(当然是在共产党领导下)。同时,由于城市职工运动的发展,资产阶级“受了莫大的威吓,渐次背叛革命”,与帝国主义妥协,帝国主义亦欲在中国寻找新的工具,与中国资产阶级之间“发生一种亲和力”,资产阶级“将渐次变成帝国主义在中国的新工具”。在这种形势下,中国革命将要在工农小资产阶级联合政权之下,“向非资本主义前途发展”,没收一切银行、矿山、铁路、轮船、大企业、大工厂等归国有。同时设立“国家商店”,公买公卖一切日用必需品(食粮、燃料等),并发展合作社等组织。同时制定职工运动的新方针,由职工参加国有产业的管理,监督生产,防止国有产业“官僚化”,并保持工人阶级“革命的勇气”,抵御资产阶级改良主义的侵入,“保障非资本主义的经济发展”。[②]

党的五大召开后的一个短时间内,湖北、湖南等地的工人运动、农民运动都有新的发展。为了维护革命秩序和正常生产,各地普遍建立工人纠察队,湖北武汉组织了有 5000 人、3000 支枪的纠

① 《土地问题议决案》(1927 年 5 月),见中央档案馆编:《中共中央文件选集》第 3 册(1927),中共中央党校出版社 1989 年版,第 64—65 页。

② 《职工运动议决案》(1927 年 5 月),见中央档案馆编:《中共中央文件选集》第 3 册(1927),中共中央党校出版社 1989 年版,第 72—75 页。

察队,全国有组织的工人达到270余万人。各地工人运动不但声势大,而且目的要求提升,从要求集会、结社、罢工自由,发展到要求直接参加政府;从要求增加工资、改善生活条件,发展到要求直接参加国有企业的管理。农民运动也大幅推进。至1927年6月,全国农民协会会员增至925万人,湖南和湖北分别达518万人和280万人。运动目标要求从减租减息发展到推翻农村基层封建政权和解决土地问题。两湖地区还普遍建立农民自卫军、梭镖队,农会成为农村政权实体,并成立"土地委员会",着手解决土地分配或租佃问题。① 农民开始解决土地问题,标志着农民运动发展到一个新的阶段。不过尽管如此,工人农民运动的兴起、发展的时间是短暂的。

党的五大召开时,武汉国民党政府和汪精卫集团尚未叛变,共产党对其仍存幻想,以致将"高度发展的国民党的组织"作为下一步选择"革命根据地"的重要条件。同时,全党对陈独秀的右倾机会主义路线的危害没有统一和足够的认识,陈独秀在会上表示接受对自己错误的一些批评,而继续被选为党的总书记。但他不仅没有改正错误,反而在错误路线上越走越远,由右倾机会主义发展为右倾投降主义,面对国民党右派、资产阶级、封建军阀对革命党人和工农大众的血腥镇压,拒绝接受周恩来、蔡和森、毛泽东同志等的正确意见,不敢坚决抗击,完全接受禁止工农运动的"训令";下令停止武汉地区的工农运动;颁发宣传大纲"纠正"农民没收土地的"过火"行动;下令禁止汉阳工人接管反动资本家故意关闭的工厂。陈独秀面对日益加剧的白色恐怖和汪精卫的反革命要求,

---

① 参见魏宏运主编:《中国现代史稿》上册,黑龙江人民出版社1981年版,第254页。

俯首听命，缴械投降：解散纠察队，上交枪弹；[1]解除农民自卫军武装；停止童子军活动，收缴棍棒；操纵中共中央扩大会议，通过国民党草拟的所谓“国共合作决议”，承认国民党“反帝国主义之工农及小资产阶级所联盟的党”，处于“国民革命之领导地位”；要求工农等民众团体均受国民党之“领导与监督”，工农武装队均应服从国民政府之管理与训练；等等。“国共合作决议”完全背离了党的五大所确立的路线、方针，是交给国民党汪精卫集团的投降书，不仅自动放弃了共产党对革命的领导权，也放弃了共产党和工农群众的革命自主权，只能束手就擒。

直至 1927 年 7 月 13 日，中共中央才排除陈独秀右倾投降主义领导，推选周恩来、张太雷、李立三、张国焘等重组临时中央政治局，发表《中国共产党中央委员会对政局宣言》，严厉揭发假借孙中山旗号出卖革命的“伪国民党”；严厉揭露蒋介石集团、汪精卫集团和国民党右派叛变革命、残酷镇压革命的丑恶嘴脸和罪恶行径；中共中央决定撤回参加国民政府的共产党员；宣布中国共产党人将继续绝不妥协地开展反帝反封建反军阀反买办高利盘剥的斗争，解放和统一中国，建立地方和中央“民权主义的政治”；继续增进工人福利、解放农民、维护城市小资产阶级利益、维护兵士利益的斗争；反对新旧军阀阻碍商业交通，保护本国工商业以反抗帝国主义的经济压迫，反对买办高利盘剥者剥削小资产阶级。[2] 可惜为时已晚，1927 年 7 月 14 日晚，汪精卫召

① 《湖北总工会解散纠察队布告》（1927 年 6 月 29 日），见中央档案馆编：《中共中央文件选集》第 3 册（1927），中共中央党校出版社 1989 年版，第 621 页。

② 《中国共产党中央委员会对政局宣言》（1927 年 7 月 13 日），见中央档案馆编：《中共中央文件选集》第 3 册（1927），中共中央党校出版社 1989 年版，第 198—208 页。

开秘密会议,立即实施“分共”和大屠杀计划。7月15日正式“分共”,公开叛变革命,在武汉地区实行反革命大屠杀,大革命最终失败。

大革命失败了,但中国共产党领导的反帝反封建反军阀反买办高利盘剥的斗争没有停息也不会停息。革命的失败,对共产党和无产阶级来说,只是革命的“转型”。汪精卫集团和国民党右派公开叛变、疯狂镇压革命的第五天,中共中央即颁布《中央通告农字第九号——目前农民运动总策略》,明确宣布:“近年农民运动的进展,已表明中国革命进到一个新阶段——土地革命的阶段”。共产党和国民党、无产阶级和资产阶级革命联合阵线的破裂,大革命的失败、挫折,说明“国民政府以及所谓革命军的阶级性是地主阶级的代表”,不能担任这一“新的历史使命——土地革命”,中国共产党的责任“只有坚决的与这种新的反革命奋斗,积聚一切革命势力,开展这一革命的新阶段——土地革命”。而土地革命的进行,“需要一个无产阶级领导的工农小资产阶级的民主政权和工农武装”。[①] 为此,1927年8月1日党领导发动了南昌起义,打响了武装反抗国民党反动派的第一枪,也是以武装斗争的手段进行土地革命的第一枪,是革命重心由城市移往农村的转折点。1927年8月3—5日,起义军撤离南昌,分别转往江西、湖南、广东、福建农村,成为发动武装起义、创建农村根据地的一支重要力量。南昌起义之后,接着,中共中央先后出台多项重大部署,接连发起武装暴动,建立农民武装,建立多处根据地,实行武装割据,着手推动土地革命。

---

① 《中央通告农字第九号——目前农民运动总策略》(1927年7月20日),见中央档案馆编:《中共中央文件选集》第3册(1927),中共中央党校出版社1989年版,第215页。

1927年8月3日，中共中央发布《中央关于湘鄂粤赣四省农民秋收暴动大纲》，鼓励各地党组织“勇往直前的领导秋收的暴动”，夺取乡村乃至县政权，“歼灭土豪劣绅及一切反动派”，并对四省农民暴动做了具体部署。[①] 8月7日，中共中央在湖北汉口秘密召开紧急会议（史称“八七”会议），讨论通过了《最近农民斗争的议决案》，强调“共产党现时最主要的任务是有系统地有计划地尽可能地在广大区域中准备农民的总暴动”，确定了土地革命和武装反抗国民党反动派的总方针。[②] 8月29日，中央常委又制定通过了《两湖暴动计划决议案》，要求湖南、湖北两省必须从9月10日开始，根据不同环境，发动规模和区域范围大小不等，但目标、口号一致的农民暴动。[③]

在“八七”会议和秋收暴动大纲、暴动计划决议案等纲领、决策、部署的指引下，从1927年9月上旬开始，秋收暴动和武装起义在湖南、湖北、江西、广东、广西、福建、陕西以及江苏、浙江、山东、河北、四川、辽宁等省，遍地开花。由此组建起一支支工农武装，先后开辟出江西井冈山、鄂豫边区、赣东北、湘西等多处农村革命根据地。湘赣根据地和赣东北根据地还分别成立了“工农兵政府”和“工农民主政府”。[④]

① 《中央关于湘鄂粤赣四省农民秋收暴动大纲》（1927年8月3日），见中央档案馆编：《中共中央文件选集》第3册（1927），中共中央党校出版社1989年版，第240—243页。

② 《“八七”中央紧急会议》（1927年8月7日），见中央档案馆编：《中共中央文件选集》第3册（1927），中共中央党校出版社1989年版，第295页。

③ 《两湖暴动计划决议案》（1927年8月29日），见中央档案馆编：《中共中央文件选集》第3册（1927），中共中央党校出版社1989年版，第363—368页。

④ 参见刘克祥、吴太昌主编：《中国近代经济史（1927—1937）》下册，人民出版社2010年版，第2173—2174页。

在大革命失败、资产阶级叛变投降的不利形势下,中国共产党很快实现了革命“转型”,革命重心也由城市移往农村。然而,中共中央并没有及时解决指导革命的思想路线,土地革命同时受到来自“左”、右两条错误路线的干扰:一方面,陈独秀右倾投降主义的思想路线未能彻底清除①;另一方面,由于对国民党残酷屠杀的仇恨和对陈独秀右倾投降主义的愤怒,在党的“八七”会议后,小资产阶级的“左”倾盲动主义情绪迅速滋长。1927 年 11 月,瞿秋白主持的中共中央临时政治局扩大会议,通过了《中国现状与共产党的任务决议案》,形成了“左”倾盲动冒险主义路线,并在党内取得统治地位。“左”倾盲动冒险主义路线混淆民主革命同社会主义革命的界限,鼓吹中国无产阶级和农民实行的“资产阶级民权革命,反抗中外的资产阶级的革命,能够而且应当直接的生长而成社会主义的革命”,而且这一转变,是“一个无间断的过程”。②关于革命阵线的组成,“左”倾盲动主义者认为,中国民族资产阶级自然决不能领导土地革命,并且已掉过枪来反对这一革命,就连“中国小资产阶级的上层,与买办豪绅相联系的反动成分,也决不能和这土地革命的发展同道”。③ 革命阵线实际上只剩下工人、农民。

瞿秋白的“左”倾盲动冒险主义路线,从一开始就引起了毛泽

① 直至 1929 年 11 月 15 日,中共中央将陈独秀开除出党,陈独秀右倾投降主义思想路线才得以彻底清除。

② 《中国共产党的政治任务与策略的议决案》(1927 年 8 月 21 日中央常委通过),见中央档案馆编:《中共中央文件选集》第 3 册(1927),中共中央党校出版社 1989 年版,第 331 页。

③ 《中央通告第一号——八七会议的意义及组织党员讨论该会决议问题》,见中央档案馆编:《中共中央文件选集》第 3 册(1927),中共中央党校出版社 1989 年版,第 312—313 页。

东同志和白区工作同志的批评、反对，并在实际斗争中造成重大损失，因此到 1928 年年初，多数地方已停止执行。1928 年 2 月，共产国际通过《共产国际中国问题的议决案》，批评了“左”倾盲动主义对中国革命性质、革命形势等问题的错误判断和错误方针。4 月 30 日，中共中央政治局发出《中央通告第四十四号——关于共产国际执委会二月会议中国问题决议案》，表示“接受这一议决案之一般方针”，“切实执行这决议案必要的具体步骤”，严肃“认清中国革命还是资产阶级的民权革命（土地革命）”。不过仍须指出，中国反对帝国主义、豪绅资产阶级统治的资产阶级民权革命“是有确定的生长而成社会主义革命的趋势与前途”。①

中国共产党在接受共产国际的《中国问题决议案》后，1928 年 7 月，在苏联莫斯科召开了党的第六次全国代表大会，确定了土地革命的性质、动力、目标、任务、前途，明确资产阶级和资本主义在革命进程中的定位。大会通过的《政治议决案》强调，现阶段的中国革命是“资产阶级性的民权主义革命”，而不是“社会主义性质的革命”或“无间断革命”，认为中国革命目前阶段“为已转变到社会主义性质的革命，这是错误的”。同样，认为中国现时革命为“‘无间断革命’也是不对的”。推翻帝国主义及完成土地革命，是“革命当前的两大任务”。因为这两大任务，包括驱逐帝国主义者，完成“中国的真正统一”；推翻“地主阶级私有土地的制度”，摧毁“土地制度中的一切半封建束缚”，都还“没有走出资本主义生产方法的范围之外”。

《政治议决案》认为，推翻帝国主义与土地革命，“都必须打倒

① 《中央通告第四十四号——关于共产国际执委会二月会议中国问题决议案》，见中央档案馆编：《中共中央文件选集》第 4 册（1928），中共中央党校出版社 1989 年版，第 174—177 页。

豪绅资产阶级的统治实现工农独裁方能完成”。同时,中国现时资产阶级性的民权革命,也“必须反对资产阶级方能胜利”。因为“革命动力只是工农”。而中国民族资产阶级已经“背叛革命,走到帝国主义豪绅地主的反革命营垒”。的确,它“以前是能削弱帝国主义,并动摇军阀制度的一种动力(1927年春天以前)”,但是,现在却“变成巩固并团结帝国主义与军阀制度的一种动力”。以致资产阶级性的民权革命阶段之中的动力“只是中国的无产阶级和农民”。所以,“中国反对帝国主义的彻底变更土地制度的资产阶级性民权革命”,只有反对中国的民族资产阶级,“方才能够进行到底”。因为民族资产阶级是“阻碍革命胜利的最危险的敌人之一”。

至于“反对中国的民族资产阶级”的具体政策和方式、方法,因为受到现阶段革命的性质、目标、任务、前途的制约,必须十分谨慎:一方面,革命主要任务是反帝反封建,属于资产阶级范畴,并非社会主义革命或“无间断革命”;另一方面,革命的目的,又是“向非资本主义前途发展”,必须“保障非资本主义的经济发展”。因此,“反对中国的民族资产阶级”的具体政策,一般地说,不能越出这两方面的界限。在产业方面,不同于外国资本集团和封建地主,按照党的六大所制定的“政纲”,核心政策是“没收外国资本的企业和银行”;“没收一切地主阶级的土地,耕地归农”。但党的六大制定的“政纲”并未提出对民族资产阶级的产业采取“没收”的办法,而只是从维护工人权益的角度提出“实行八小时工作制,增加工资,失业救济与社会保险等”等要求。在一般情况下,民族资产阶级只要遵守相关法令法律,就可以继续持有产业,照常生产经营。因此,反对民族资产阶级,主要是政治方面的,包括“暴露赞助帝国主义的民族资产阶级的罪恶”等。当然,这种政策、办法不会无限期持续执行,而必须视革命阶段递进情况进行调整、变革。

至于何时调整、变革，即何时由“民权革命”转变为社会主义革命，“只有阶级力量的对比能够决定”。

在农村经济方面，《政治议决案》将农村的资本主义经济成分定位为“小农经济”。认为“中国农村的资本主义化的道路是资本主义式的小农经济的进展”。富农经济虽然很少，可是小农经济在中国占绝大的优势。除农民经济外，差不多完全没有其他经济（其他耕作营业的方法，如地主的大经济，包括几百亩田地以上的农场，或者资本主义式的农场，在中国是很少）。因此，“历史上中国农业的资本主义道路，正是上面所说农民的资本主义式农家经济的向前发展。这是战胜封建残余的一定形式”。

正是基于上述定位，大会对作为农村资产阶级的富农，采取了相当宽松但又有原则的“联合”策略。《政治议决案》特别提出，“联合小资产阶级富农反对一切反动势力”。这里有两点值得注意：一是将富农归入“小资产阶级”，而不是资产阶级；将富农作为革命力量的一部分加以“联合”，而不是“中立”或“孤立、反对、斗争”。并且警告，“故意加紧反对富农的斗争是不对的，因为这就混乱了农民与地主阶级的主要矛盾”。① 不过这种“联合”是有原则和条件的。大会在提出“联合”富农的同时又强调，还“要知道领导劳动者反对一切的剥削者”：当工人、店员的利益与城市店东小资产阶级剧烈冲突的时候；或者乡村贫农、中农与富农相冲突的时候，“共产党永久应当站在劳动分子的方面，而反对

① 大会将富农分为一般富农和“半地主富农”或“富农半地主”两部分。不要“故意加紧反对富农的斗争”，只限于一般富农。为了避免误解，大会又特别强调，不要“故意加紧反对富农的斗争”，“并不是说要抛弃对于富农半地主的阶级斗争”。（《政治议决案》（1928 年 7 月 9 日），见中央档案馆编：《中共中央文件选集》第 4 册（1928），中共中央党校出版社 1989 年版，第 322 页。）

剥削者的阶级”。[①] 所以,对富农的“联合”是有限度和条件的。

党的六大为土地革命所制定的纲领、方针和政策措施,包括有关资产阶级和资本主义(含农村富农和富农经济)的政策、办法,相当全面、完整。总的来说,土地革命时期各根据地基本上是按照制定的方针和相关政策执行的。在六大前曾经推行的某些“左”的或错误的政策,六大后也得到了纠正。不过由于根据地范围不大,分散数省,互不连接,没有集中统一的领导,备受敌人骚扰、“围剿”,加上错误路线(主要是“左”的思想路线)干扰,对土地革命的性质、定位,对中央方针政策的理解深浅、掌握准确度、执行力度和效果,参差不齐,初期尤为明显。

开创较早的井冈山根据地,土地革命和经济政策既受到当时“左”倾盲动路线的影响,对其又有所抵制。井冈山根据地部分地方从 1928 年 2 月开始分田。12 月颁布《井冈山土地法》,规定没收一切土地归苏维埃政府所有,分配给农民“个别耕种”。它作为中国共产党开创农村革命根据地后的首部土地法,用法律形式否定了封建地主土地所有制,肯定了农民的土地耕种权,有着划时代的意义。但同时又有“左”的、超出时代允许的错误:一是“没收一切土地而不是只没收地主土地”,不但侵犯了富农的利益,而且侵犯了占有零星土地的广大贫苦农民的利益;二是“土地所有权属政府而不是属农民,农民只有土地使用权”,“禁止土地买卖”。[②] 这就完全超出了“资产阶级民权革命”的范畴。不过也有对“左”倾盲动冒险主义路线的抵制。如毛泽东同志曾上书中央,批评湖南特委关于“使小资产阶级变无产,然后强迫他们革命”的错误口

① 《政治议决案》(1928 年 7 月 9 日),见中央档案馆编:《中共中央文件选集》第 4 册(1928),中共中央党校出版社 1989 年版,第 295—322 页。

② 毛泽东:《毛泽东农村调查文集》,人民出版社 1982 年版,第 37 页。

号;红四军第六次代表大会上曾作出“禁止盲目烧杀”和“保护中小商人利益”的决议,明确保护民族资产阶级的利益。因此,井冈山根据地的土地斗争,曾受到中央的好评。①

广东海陆丰(海丰县和陆丰县的习惯合称)、琼崖(海南岛的昔称)、湖南醴陵、福建永定溪南区4处根据地,在党的六大以前的分田运动,也都是在“左”倾盲动冒险主义路线的指导下开展的。1927年11月,海丰县临时革命政府宣布“执行土地革命,一切土地皆归农民”。海丰、陆丰两县工农兵代表大会制定的《没收土地案》,强调不劳动者不得田地,不革命者不得田地,实行没收一切土地的政策,并得到中共中央的高度肯定。② 中共琼崖特委所在地的乐会县第四区,1928年1月颁布《乐四区土地问题临时办法》,规定“土地权归农会,耕种权归农民”,以乡为单位,在全区进行土地分配。以各户原耕种之田为基础,“余数抽出,不足者补之(视肥瘦而抽补)”。田产分配后,“死者将田收回,生者供给”。③ 由于受“左”倾思想路线的影响,有的乡更实行“共同生产,共同消费”的农业生产模式。④ 湖南醴陵,1927年年底建立的泗汾等八个区级苏维埃政府,分配土地的办法是:一切田地和土豪

---

① 《中共中央政治局向国际的报告》(1928年11月28日)中说:“惟朱毛在湘赣边境所影响之赣西数县,土地革命确实深入了群众。”

② 《广州暴动之意义与教训》(1928年1月3日中共中央临时政治局会议通过),见赵效民主编:《中国土地改革史(1921—1949)》,人民出版社1990年版,第132页。

③ 《中央琼崖特委报告》(1928年4月10日),见赵效民主编:《中国土地改革史(1921—1949)》,人民出版社1990年版,第135页。

④ 《琼崖特委一月份总报告》(1928年1月25日),见赵效民主编:《中国革命根据地经济史(1927—1937)》,广东人民出版社1983年版,第92页。

劣绅及反动派的家产“一概没收,分给农民”。[①] 有的也实行类同琼崖乐四区“共同耕作、共同消费”的农业生产模式,并受到中共湘东特委的赞许,认为是解决土地问题的“最好形式”。中央也默许这一做法,认为“当农忙与战争之时,不必一定要变更形式”。[②] 平江、浏阳等根据地,也一度实行“共耕制”。不过因被农民反对而“中止”。[③] 福建永定溪南区,1928 年 8 月苏维埃政府分配土地的办法与琼崖相似,即没收一切土地,以乡为单位按人口平均分配,以原耕土地为基础,抽多补少;地主、富农与贫农、中农一样分田;山林为各乡各村公有。[④] 这些地区土地革命的一个共同做法,是没收一切土地,实行土地国有的政策,把农民的小块土地也列为没收的对象,这就影响了持有小片田地的下层农户的利益,让他们心存芥蒂。不过在“以原耕土地为基础,抽多补少”的原则下,他们毕竟抽得少,补得多,并未吃亏。这一做法更严重侵犯了富裕中农特别是富农的利益。因为他们占地较多,抽得多,补得少,必然引起这部分农户对土地革命的不满,直接影响工农革命政权的阶级和社会基础。

1928 年党的六大制定的“纲领”中,将原“没收一切土地”的方针改为“没收地主一切土地,耕地归农”,不过“归农”的只是土地使用权,而不是所有权,尚未完全改变土地国有的政策。

---

① 胡义:《醴陵的农民暴动》(1928 年 8 月 20 日),《布尔什维克》第 26 期,见赵效民主编:《中国革命根据地经济史(1927—1937)》,广东人民出版社 1983 年版,第 92 页。

② 《中央给湘东特委信》(1928 年 5 月 6 日),见赵效民主编:《中国土地改革史(1921—1949)》,人民出版社 1990 年版,第 137 页。

③ 参见《中央给湖南省委的指示信》(1928 年 7 月 22 日),见赵效民主编:《中国土地改革史(1921—1949)》,人民出版社 1990 年版,第 137 页。

④ 参见邓子恢、张鼎丞:《闽南暴动与红 12 军》,《星火燎原》第 1 卷第 1 集,人民文学出版社 1962 年版。

土地政策和有关富农的政策的较大改变，始于闽西根据地。1929 年 7 月，中共闽西第一次代表大会通过的《土地问题决议案》，规定对大、中地主区别对待；视革命发展情况，对作为农村“小资产阶级”的富农采取相对灵活的政策：在革命初期，“不没收其土地，并不派款，不废除其债务”；革命发展后，则应“帮助贫农分配富农的土地”，但“不是要过分的打击他们”。“富农凡亲自参加劳动者可以参加政权”。[①] 1930 年 6 月，中共红四军前委和闽西特委在汀州南阳召开的联席会议（史称“南阳会议”）上，讨论通过的《富农问题》的决议，在原来的“抽多补少”之外，增加了“抽肥补瘦”的规定，限制了富农把持肥田、分田不公问题的发生。在湘鄂西根据地，1930 年 10 月湘鄂西特委制定、通过的《关于土地问题决议案大纲》和《土地革命法令》，明确规定要严格区分中农和富农，规定“中农土地不动”，对富农只没收“所余出佃的土地”，并“不禁止雇佣耕种”。[②] 在如何对待富农的问题上，更加明确了。

不过这期间也有反复。1929 年 6 月 7 日，共产国际执委会给中共中央发信，指责中共六大提出的“不要故意加紧反对富农”的政策，是“机会主义的”，“犯了最大的错误”。强调“中国的富农在大多数情况之下，都是小地主，他们用更加束缚和更加残酷的剥削形式去剥削中国农民基本群众”。共产党必须“反对一切的剥夺形式”，以“巩固自己的政治影响而走到新的农民运动的高潮”。这种“策略路线”，不仅是应用于“半地主式的富农”，还要应用于

① 《中共闽西第一次代表大会之政治决议案》（1929 年 7 月），见中央档案馆编：《中共中央文件选集》第 5 册（1929），中共中央党校出版社 1990 年版，第 720—721 页。

② 《湘鄂西特委第一次紧急会议关于土地问题决议案大纲》（1930 年 10 月），见赵效民主编：《中国土地改革史（1921—1949）》，人民出版社 1990 年版，第 161 页。

“自己进行生产的富农”。[①] 1929 年 8 月,中共中央通过《中央关于接受国际对于农民问题之指示的决议》,承认六大提出的“不要故意加紧反对富农”等政策是“走上机会主义的道路”,全党充分认识到,富农“一般地说不是纯粹的乡村资产阶级而是兼有或多或少之半封建半地主的剥削”,对革命的态度是“动摇妥协以至反革命”,而且“雇农贫农对富农的斗争已经日益激烈起来”。所以全党“应坚决的反对富农”。[②] 不过一些根据地对这一决议的执行尚有保留和抵制。1930 年 5 月,全国苏维埃区域代表大会通过的《土地暂行法》,对富农仍然只规定没收其“出租部分的土地”。

就在这时,在党内出现了李立三“左”倾盲动冒险主义路线。当时蒋冯阎大战爆发,主持中共中央工作(周恩来已去苏联向共产国际报告工作)的李立三等认为“革命时机”已在全国范围内成熟。1930 年 6 月 11 日召开的中共中央政治局会议,通过了李立三起草的《新的革命高潮与一省或几省首先胜利》的决议案,在武装暴动和对国民党武装斗争问题上采取盲动冒险主义的策略,而不巩固根据地,不积极推动土地革命,又不顾社会成分胡乱扩大红军。结果,“不但富农,甚至于小地主却钻到苏维埃里来,钻到新的政权机关里来,钻到红军里来”了。一些富农式的口号,如“按照生产工具分配土地”,并未遇到抵制;有些地方提出,只没收 50 亩以上的地主土地,对于 50 亩以下的地主高利贷

① 《共产国际执行委员会与中国共产党书》(1929 年 6 月 7 日),见中央档案馆编:《中共中央文件选集》第 5 册(1929),中共中央党校出版社 1990 年版,第 688—699 页。

② 《中央关于接受国际对于农民问题之指示的决议》(1929 年 8 月),见中央档案馆编:《中共中央文件选集》第 5 册(1929),中共中央党校出版社 1990 年版,第 446—460 页。

者,“仍旧应当还债”。① 在土地问题上,以“左”的面具,即“集体农庄”“苏维埃农庄”,掩盖极右倾的“富农路线”,即不没收富农多余的及好的土地,向富农让步。吉安“二七会议”虽然反对了露骨的富农路线,虽然在土地问题上进了一步,但其“抽多补少”“抽肥补瘦”“分配土地给一切人”的非阶级路线是苏区大部分地方的普遍现象。中央局在8月通过土地问题决议后,“非阶级的‘分配土地给一切人’的路线”开始纠正,但仍旧有向地主豪绅及富农让步的右倾机会主义错误。不过最严重的还是反对中农、破坏与中农联盟的“左”倾错误。② 同时,在赣西南和闽西根据地,对富农仍然实行“抽多补少”“抽肥补瘦”的办法。

共产国际对上述情况很不满意,专门为此通过决议,指责这是“对解决土地革命任务的动摇态度”;“在分配土地中之右倾的富农倾向”。要求实行平分土地的范围,不仅地主、富农的土地,还“要包括每一个乡村所有的一切土地,包括各种占有形式的土地——农民的私有土地亦在其列”。共产党应将“一切土地和水利收归国有,这不但是最彻底的资产阶级民权主义的手段,而且是走向社会主义的初步使农村经济进到社会主义发展的道路的出发点”。不过在农业经营模式上,共产国际坚决反对集体经营的做法,明确指出,“应该克服跳过阶段的‘左’倾倾向,就是在目前革命发展的阶段上,就企图自上而下的组织苏维埃农场与

① 《共产国际执委关于立三路线问题给中共中央的信》(1930年11月16日收到),见中央档案馆编:《中共中央文件选集》第6册(1930),中共中央党校出版社1989年版,第644—655页。

② 《政治决议案——中央苏区第一次党代表大会通过》,见中央档案馆编:《中共中央文件选集》第7册(1931),中共中央党校出版社1991年版,第448、454—455页。

集体农场”。①

红军和中央苏区政府忠实地执行了共产国际上述“左”的路线,全部没收“胜利区域地主阶级的土地,并实行平分土地”。不过中央还不满意,指责苏区政府“对于消灭地主阶级与抑制富农政策,还持着动摇的态度”,容许地主残余租借土地耕种;对于富农只是“抽肥补瘦”“抽多补少”,而不实行“变换富农肥田给他坏田种的办法”。强调一切任务的执行,必须“站在国际路线之下来完成”。②

1931年11月,中华苏维埃共和国成立后,《中华苏维埃共和国土地法令》(以下简称《土地法令》)将上述过“左”的土地政策和有关富农政策,用法令的形式固定下来。关于富农的定性,《土地法令》不提富农的资本主义因素,只是强调:“富农的特性,是兼地主或高利贷者”,富农的土地全部没收,只能分得“较坏的劳动份地”,并有附带条件,即“必须用自己的劳动力去耕种这些土地”。至于封建地主、豪绅、军阀、官僚以及其他大私有主的土地,无论自己经营或出租,“一概无任何代价的实行没收”;被没收后的旧土地所有者,“不得有任何分配土地的权限”。还要一切封建主、军阀、豪绅、地主的“动产与不动产、房屋、仓库、牲畜、农具等”。富农在分得土地后,“多余的房屋、农具、牲畜及水磨、油榨等,亦须没收”。经此两轮“没收”,作为农村资本主义经济的富农经营,实际上被废除。不过富农被没收的房屋、生产工具等,只限

① 《共产国际东方部关于中国苏维埃区域土地农民问题议决草案》(1930年11月15日收到),见中央档案馆编:《中共中央文件选集》第6册(1930),中共中央党校出版社1989年版,第629—638页。

② 《中央给苏区中央局并红军总前委的指示信》(1931年8月30日),见中央档案馆编:《中共中央文件选集》第7册(1931),中共中央党校出版社1991年版,第357、360—361、366页。

于“多余的”部分，而非全部；并且还可分得“较坏的劳动份地”。另外，《土地法令》有一个重要原则：“平均分配一切土地”，认为这是“消灭土地上一切奴役的封建的关系及脱离地主私有权最彻底的办法”。不过《土地法令》同时规定，“中等农民阶级的土地不没收”，并规定“平均分配一切土地”的原则和办法，“无论如何不能以威力实行，不能由上命令”。如大多数中农不愿意时，他们可不参加平分。①

中华苏维埃共和国成立时，李立三已离开中央，“立三路线”受到严厉批评，但又受到王明“左”倾错误路线的影响，“地主不分田，富农分坏田”的过“左”土地政策，不仅完全掐断了地主的活路，铲除了富农经济，中农和其他富裕农户亦因此惶恐不安，农业和农村经济受到破坏。中央根据地在执行此项政策时，曾考虑规定允许地主租用土地，后又规定允许地主开垦荒地，但一概被临时中央指责为对消灭地主阶级“还持动摇的态度”，强调“地主残余必须消灭”，“富农必须反对和抑制”。② 1931 年 11 月 25 日，中央苏区人民委员会发布《训令》，将地主组成劳役队去做苦工，但参加的只限于有劳动能力的地主，而家属及其他无劳动能力的地主仍无生活出路。富农只能分坏田，实际上消灭了富农经济赖以存在的正常条件。同时，“平分一切土地”必然要把中农的一部分土地拿来平分，从而侵犯中农的利益，扩大了打击面。

《土地法令》颁布数天后，中央在对 1931 年 8 月苏区中央局通过的《关于土地问题决议案》批复信中，已对《土地法令》中某些

① 《中华苏维埃共和国土地法令》，见中央档案馆编：《中共中央文件选集》第 7 册（1931），中共中央党校出版社 1991 年版，第 777—780 页

② 《中央给苏区中央局并红军总前委的指示信》（1931 年 8 月 31 日），见中央档案馆编：《中共中央文件选集》第 7 册（1931），中共中央党校出版社 1991 年版，第 372、373、374 页。

条款包括有关富农的条款,作出修订,或实际否定了《土地法令》的相关定性、表述。如中央局决议案关于富农的定性称,“据有较多土地,自己耕种一部分,而以一部分出租或放高利贷及经常雇用雇农的人,才叫富农”。“中国的富农是兼地主和高利贷者,所以他们的土地应当没收”。批复信批评说,“照这样看来,那不兼地主,不兼高利贷,只是经常雇用雇农的人,就不是富农他们的土地就不应该没收了。这当然是很大的错误。中央第六次大会已经明确指出,凡是剥削一个雇农或一个以上的农民,都是富农,不论他们兼不兼地主,放不放高利贷”。这实际上否定了《土地法令》关于富农的定性。批复信还说,过去苏区提出“没收一切土地”的口号不准确。现在共产国际更进一步指明,“平分一切土地”的口号,“也同样含有危险性”。正确的口号仍当是1930年7月共产国际对中国问题决议案所指:没收一切地主阶级及大私有主、祠堂、庙宇、教堂的土地,将其彻底平分给贫农雇农与中农,否定了《土地法令》中关于“平分一切土地”的原则和意义分析。①

为了防止因“平分一切土地”而妨碍中农利益,把中农赶到富农那边去,加紧了对富农的斗争,特别动员雇农贫农对富农进行斗争,中央发文件强调:“苏区的各级党部必须向广大的雇农贫农群众解释,他们要保持他们所分得的土地要扩大与巩固苏维埃政权,要坚决地去战胜反革命与富农”。将富农与反革命并列,可见对富农打击的严厉程度。与此相联系,在思想路线方面,凡是被认为错误的,不论“左”的或右的思想路线,从地方到中央,往往会被扣

① 《中央为土地问题致中央苏区中央局信》(1931年11月10日),见中央档案馆编:《中共中央文件选集》第7册(1931),中共中央党校出版社1991年版,第500—502页。

上“富农路线”的大帽子。如皖西北特委的一项决议说,“有些地方是离开了没收豪绅地主阶级的土地与实行彻底分配一切土地的原则,形成了一贯的富农路线”。中央上揭文件则强调,在“平分一切土地”的口号下,强迫平均分配中农的土地,“这种‘左’的反中农的路线,是富农路线的另一表现,实际上同拥护富农利益的机会主义,根本没有丝毫的不同”。[①] 为了避免被扣上“富农路线”的帽子,唯一的办法自然就是强化对富农的斗争。

“左”倾经济政策的推行,给根据地经济的恢复和发展造成了巨大的困难。肉体上消灭地主,经济上消灭富农,挫伤了中农的生产积极性,严重削弱了农业生产力。到1932年下半年,根据地的经济形势日益恶化,汀州、上杭、雩都、瑞金等县更发生粮荒。[②] 根据地政府不得不对经济政策进行调整,强调对富农和地主区别对待,反对侵犯中农利益。中央土地部颁布的《关于实行土地登记的布告》,肯定农民对土地的所有权,解除农民对分田不定的疑虑;临时中央政府《关于土地斗争中一些问题的决定》规定:对地主和富农兼营的工商业及其相关财产不予没收。[③]

不过当时“左”倾错误路线在中共中央占统治地位,1933年1月,临时中央由上海迁入江西苏区后,使其“左”倾错误路线得以在中央苏区和其他苏区加大推行力度,在1933—1934年间开展的查田运动中,推行更加“左”倾的土地政策。1933年6月2日苏区中央局拟定的《关于查田运动的决议》,认为土地革命中实行“不正确的

① 《中央关于“平分一切土地”的口号的决议》(1931年12月24日),见中央档案馆编:《中共中央文件选集》第7册(1931),中共中央党校出版社1991年版,第568、572—573页。

② 亮平:《怎样解决粮食问题》,《斗争》1933年第11期。

③ 参见刘克祥、吴太昌主编:《中国近代经济史(1927—1937)》下册,人民出版社2010年版,第2227—2228页。

路线(如‘抽多补少,抽肥补瘦’,‘小地主的土地不没收’等)”,强调富农“大半是半封建的阶层,是敌视土地革命彻底进行的阶层”,要求通过查田运动挖出“隐藏的地主与分得好田的富农”,“收回富农的好田”,无情消灭地主残余,没收富农多余的农具与好田,分给他们坏的“劳动份地”,直接“削弱富农经济上的势力与打击他们窃取土地革命成果的企图”。[①] 当时担任临时中央政府主席的毛泽东,在瑞金等8县查田运动大会报告中,强调不要侵犯中农利益,“使富裕中农稳定起来”,要区别富农与地主,不要把“富农弄成地主”,指出“消灭富农的倾向是错误的”。[②] 不过当时毛泽东同志被撤销了党和红军中的领导职务,虽然参加了对运动的领导,但没有决策权,很难对运动进行有效控制。中央针对毛泽东同志的正确主张作出第二次决议,强调“一切借口反对侵犯中农利益和对富农过火的政策,来实行对地主富农妥协的企图,都应严厉的打击”。[③] 在这种情况下,查田干部往往宁“左”勿右,导致“左”倾错误路线盛行。

在1933年7—9月间,各地出现了把富农划成地主,将中农划成富农,侵犯中农利益的错误,有的地方查田,专门查中农,说“中农中最容易躲藏富农”。[④] 当时有中农跑到苏维埃来请求把自己

---

① 《苏区中央局关于查田运动的决议》(1933年6月2日),见中央档案馆编:《中共中央文件选集》第9册(1933),中共中央党校出版社1989年版,第602—210页。

② 毛泽东:《查田运动的初步总结》(1933年9月),《斗争》1933年第24期。

③ 《中央关于查田运动的第二次决议》(1933年9月8日),见中央档案馆编:《中共中央文件选集》第9册(1933),中共中央党校出版社1989年版,第336—339页。

④ 《中央关于查田运动的第二次决议》(1933年9月8日),见中央档案馆编:《中共中央文件选集》第9册(1933),中共中央党校出版社1989年版,第337页。

的成分改为贫农，说："中农危险得很，捱上就是富农，改为贫农咧！隔富农就远了一点"。甚至"一部分中农恐慌逃跑，躲到山上"。鉴于以上情况，苏区中央局不得不于1933年9月8日作出第二个决议，承认查田运动犯了某些错误，并责成临时中央政府负责纠正。1933年10月，临时中央政府通过了毛泽东同志起草的《怎样分析农村阶级》和《关于土地斗争中一些问题的决议》两个历史性文件。提出了划分农村各阶级的标准，以及地主、富农、中农、贫农、雇农各阶级间的质的区别。并从量的方面规定了地主与富农、富农与中农之间的标准，特别是将小土地出租者与地主、富裕中农与富农在剥削量上的界限加以规定。各地以上述两个文件为标准，纠正了错划阶级成分的错误。

不久，查田运动又出现了反复。1934年3月15日，第二届人民委员会发布了《关于继续开展查田运动的问题》的训令，指责纠正错划成分是"右倾机会主义"，"给了地主、富农以许多反攻的机会"，地主、富农"企图拿'算阶级'来代替查阶级，拿数字的玩弄来夺回他们过去所失去的土地财产"。因此"必须坚决反对拿'算阶级'来代替查阶级，拿百分数的计算代替阶级斗争"。并宣布"在暴动后查田运动前已经决定的地主与富农，不论有任何证据不得翻案，已翻案者作为无效"。这样，已经纠正了的"左"倾错误，再次复原。不仅如此，1934年5月12日，人民委员会发布第三号训令，决定将地主编入"永久的劳役队"，富农编入"临时的劳役队"，在必要时，"地主富农可以编入同一劳役队内"，地主家属"一律驱逐出境或迁移别处"。使对地主和富农的过"左"的政策进一步升级，查田运动走入歧途，最后不了了之。

王明"左"倾机会主义路线直接导致第五次反"围剿"失败，中央红军被迫放弃中央苏区，实行战略转移，北上抗日救国。1934

年7月26日,党中央决定派遣先遣队北上。① 经过二万五千里艰难跋涉,1935年10月,中央红军胜利地到达陕甘革命根据地。为了停止内战,团结一切可以团结的力量,一致抗日救亡,中共中央决定对在苏区推行的阶级路线和经济政策作出适当调整。1935年12月6日,中共中央颁布《党中央关于改变对富农策略的决定》,审时度势,总结经验,发现在过往加紧反对富农的斗争中,常常造成消灭富农的倾向,以致影响到中农群众,使他们不安,发展生产力的兴趣降低。这不但推动富农同豪绅地主联合反对苏维埃政权,而且造成附和他们的中农群众。同时,在目前民主资产阶级革命的阶段,资本主义必然要相当发展。这种发展,不是可怕的,而是有利的。因此"从这些方面来讲,加紧反对富农的策略,也已经不适当了"。基于这些原因,当苏区土地革命深入时,应当集中力量消灭地主阶级,对于富农,只取消其封建剥削部分(没收其出租地,取消其高利贷);富农所经营的(包括雇工经营)土地、商业,以及财产,则不能没收。苏维埃政府并应保障富农扩大生产(如租佃土地、垦辟荒地、雇用工人等)与发展工商业的自由。除统一的累进税外,苏维埃地方政府不能对富农另增捐款或征发。当然,政策的改变是有限度和原则的:第一,富农无权参加红军及一切武装部队,且无选举权;第二,依照过去的政策,已经处理过的富农"不必翻案",但如某乡某村有多余的土地时,可给以"相当的补偿";第三,政策改变只限于经济方面,政治思想方面严防死守,以消除因政策改变产生的消极作用。"在党内党外加紧反对富农的

① 《中央秘密通知——关于红军北上抗日行动对各级党部的工作指示》(1934年7月26日),见中央档案馆编:《中共中央文件选集》第10册(1934—1935),中共中央党校出版社1991年版,第376页。

思想,在思想上使富农陷于孤立”。①

为了推动抗日民族统一战线的建立,1936 年 7 月 22 日,中共中央发出《关于土地政策的指示》,进一步放宽了对富农的政策。富农的土地及其多余的生产工具(农具、牲口等),“均不没收”。如果在“基本农民”要求之下,实行平分土地时,富农土地也当拿出一起平分,但富农应照一般平分条件得到土地(即与一般农民得到同等土地)。对“大私有主”的土地政策也改变了。《关于土地政策的指示》规定,对于大农业企业主(主要不依靠地租剥削而依靠大量雇农经营土地或畜牧的业主)的土地,因其生产方式带有进步的色彩,应按照对待富农的政策办理。这一政策的重大改变是十分正确的,但留了一个错误和危险的“活口”:大农业企业主的土地、牲口、粮食等,如多数农民群众要求平分时,“应拿出平分之”。另外,商人兼大地主时,其土地部分照一般地主办理,但不得侵犯他的商业部分。上述各项政策决定,必须在新开创的苏区“立即执行”。但在老苏区已经分配土地的,“照原办法不变更”。②

在革命根据地,与土地问题和土地政策、富农问题和富农政策同样重要的,还有工商业问题和工商业政策、商人问题和商人政策。党和根据地政府对商业、商人及小作坊主采取何种方针、政策、措施,直接取决于党对土地革命的性质、任务、前途的定位,直接关系到根据地的工业手工业生产、城乡商品流通和物资供应,也直接关系到根据地民族资产阶级和民族资本主义的命运。

---

① 《党中央关于改变对付富农策略的决定》(1935 年 12 月 6 日),见中央档案馆编:《中共中央文件选集》第 10 册(1934—1935),中共中央党校出版社 1991 年版,第 583—588 页。

② 《关于土地政策的指示》(1936 年 7 月 22 日),见中央档案馆编:《中共中央文件选集》第 10 册(1934—1935),中共中央党校出版社 1991 年版,第 58—59 页。

与没收和分配土地、打土豪筹款过程中普遍侵犯富农利益的情况不同,根据地政府在处理商业流通问题时,对保护商人利益、调动商人的积极性不敢掉以轻心,也取得了较好的效果。

在革命根据地创建之初,一些地区也曾出现侵犯商人利益、破坏商业的"左"倾错误,如 1929 年上半年,闽西、湘鄂赣等根据地曾出现没收商店、烧家簿账,禁止白区商人到根据地做生意等损害商人利益的过"左"行为。① 同时由于国民党反动派的军事围剿和经济封锁,一些根据地商品流通阻塞,工业品短缺,农民有粮无处卖,油盐布匹与日用品无处买,工农业产品价格剪刀差扩大,严重损害农民和商贩的经济利益,挫伤他们的生产积极性。

对此,中共中央和各根据地政府采取各种措施,以尽快改变这种困难局面。其中首要一项是纠正"左"倾盲动主义错误,保护商业贸易和商人利益,鼓励商人从事根据地商业和对外贸易。1929 年 1 月,毛泽东同志领导的红四军在向赣南进军途中,颁发的《红军第四军司令部布告》,就明确宣布了"平买平卖"、反对"乱烧乱杀"、允许进行正常贸易的商业政策;3 月在解放长汀城时又颁布《告商人和知识分子》的文告,强调"共产党对城市政策是:取消苛捐杂税,保护商人贸易"。同年 2 月和 9 月,中共中央两次发出指示,批评没收和平分商人财产的错误,指出这是"农民意识的表现"。在敌人严密封锁,一切生活必需品都不能公开运入苏区的情况下,只能"利用小商人作中介",不要"将一切外来的小商人都

① 中央档案馆编:《中共中央文件选集》第 5 册(1929),中共中央党校出版社 1990 年版,第 712 页;赵效民主编:《中国革命根据地经济史(1927—1937)》,广东人民出版社 1983 年版,第 185 页。

认为敌人的侦探”。[①] 必须使小商人“设法贩运货物进来”。[②] 以上指示中提出的只是保护“小商人”，到1929年9月28日《中共中央给红军第四军前委的指示信》中，进一步将保护对象扩大到中产商人，提出保护“中小商人”的政策，“为实现党的政纲所规定及为工农经济流通与贫民利益，在城市不举行经济没收”。[③]

各根据地政府根据中共中央的指示，结合本地情况制定了保护中小商人的政策、办法。如1930年10月《湘鄂西特委第一次紧急会议关于苏维埃经济政策决议案》规定：“允许中小商人正当营业。对中小商人不要苛刻限制”；农产品输出与工业品输入，苏维埃不要企图垄断，也不要幻想赤区的工业品由苏维埃以全力来供给。[④] 11月初，共产国际东方部发出关于中华苏维埃政府经济政策的建议，提出“苏维埃政府应该保证商业的自由，不妨碍商品市场的关系，这是一般的规律”，但同时要求苏维埃政府组织商业店员实行阶级联合，而解散商会等团体（同业公会、资本家行会、银行公会、钱业公会等），禁止“大商人”用同业公会的“意志”来调节物品价格的一切企图。共产国际又对苏区统制对外贸易提出批评。认为组织“对外贸易的独占”是“不适宜的”，最适宜的是采取“登记制度或他种监督的方式”，同时设法保证“这种对外贸易能

① 《中央给湖南省委的指示信》（1929年9月5日），见赵效民主编：《中国革命根据地经济史（1927—1937）》，广东人民出版社1983年版，第205页。

② 《中央关于闽西斗争经验教训问题给福建省委的指示信》（1929年2月5日），见赵效民主编：《中国革命根据地经济史（1927—1937）》，广东人民出版社1983年版，第205页。

③ 《中共中央给红军第四军前委的指示信》（1929年9月28日），见中央档案馆编：《中共中央文件选集》第5册（1929），中共中央党校出版社1990年版，第485页。

④ 参见刘克祥、吴太昌主编：《中国近代经济史（1927—1937）》下册，人民出版社2010年版，第2213页。

按照各地的情形供给苏维埃区以最必需的商品”。共产国际的这些建议、批评,对根据地政府的经济政策特别是有关处理资产阶级及其工商企业的政策举措,产生重大甚至制约性影响。①

1931 年 11 月,中华苏维埃共和国颁布的《中华苏维埃共和国关于经济政策的决定》中,关于工商业政策规定:中国资本家的企业及手工业,“尚保留在旧业主手中,尚不实行国有”,但由工厂委员会由工人监督生产;苏维埃保证商业自由,不干涉经常的商品市场关系,但禁止商人投机,禁止大小商人以商会名义垄断价格,应解散商会;还不能实行“对外贸易垄断”,但苏维埃政府应“实行监督”,以保障苏维埃区域“必须商品的供给”。② 1934 年 1 月,第二次全国苏维埃代表大会确定,资本主义经济是苏维埃经济的一个组成部分,毛泽东同志在大会报告中指出,根据地经济由国营经济、合作社经济和私人经济三部分组成。对于私人经济,只要不超出“政府法律范围之外,不但不加阻止,而且加以提倡和奖励。因为目前私人经济的发展,是国家的利益和人民的利益所需要的”。它不仅现时“占着绝对的优势,并且在相当长的期间内也必然还是优势”。③ 大会通过的《关于苏维埃经济建设的决定》指出,必须发展小手工业生产,除了组织生产合作社,容许并鼓励私人资本家在钨矿、煤铁、石灰、纸、硝盐、布匹、樟脑、药材、烟、油、糖、木材、农具等生产上“投资与扩大生产”,甚至可将没收来的企业出租或

① 《共产国际东方部关于中国苏维埃政权的经济政策》(1930 年 11 月 15 日收到),见中央档案馆编:《中共中央文件选集》第 6 册(1930),中共中央党校出版社 1989 年版,第 639—643 页。

② 《中华苏维埃共和国关于经济政策的决定》,见中央档案馆编:《中共中央文件选集》第 7 册(1931),中共中央党校出版社 1991 年版,第 631 页。

③ 毛泽东:《我们的经济政策》,见《毛泽东选集》第一卷,人民出版社 1991 年版,第 130—134 页。

出卖给他们。这些私人资本企业，在工人自愿、改善工人生活，在苏维埃政府与工会监督的条件下，“亦得增加劳动生产率”。在对外贸易方面，苏维埃政府除以关税来调剂各种商品的输出入外，“保证商业的自由，并鼓励各种群众的与私人的商业机关的自动性，去寻找新的商业关系与开辟通商道路”。在粮食流通方面，苏维埃政府不禁止商人的粮食买卖。《关于苏维埃经济建设的决定》同时强调，苏维埃政府对地主、资本家干扰、破坏苏维埃经济的企图和行为，保持警惕，坚决斗争；对在苏维埃经济机关和合作社忠实为苏维埃及民众工作的地主资产阶级的专门家与知识分子，苏维埃政府则“给他们以优待”。① 显然，苏维埃政府对民族资产阶级采取的是既容纳、联合又斗争的政策。

1935 年 10 月，中共中央率领中央红军胜利地到达陕甘革命根据地，建立广泛的民族革命统一战线，已成为中国共产党的基本策略任务。为此，在调整对富农政策的同时，也开始调整城镇民族资产阶级的政策，包括对富农的政策，改为只取消其封建式剥削的部分，即没收其出租的土地，并取消其高利贷。而不没收富农所经营的（包括雇工经营的）土地和商业经营，保障富农扩大生产和“发展工商业的自由”。②

在民族资产阶级的政策方面，着力纠正过去的“左”倾工商业政策。在主力红军到达陕北以前，陕北根据地因受王明“左”倾错误路线的影响，曾发生过没收商店和商人货物、禁止赤白区商人往

① 《关于苏维埃经济建设的决定》，见中央档案馆编：《中共中央文件选集》第 10 册（1934—1935），中共中央党校出版社 1991 年版，第 336—339 页。

② 《中央关于改变对富农策略的决定》（1935 年 1 月 6 日），见中央档案馆编：《中共中央文件选集》第 10 册（1934—1935），中共中央党校出版社 1991 年版，第 589—592 页。

来贸易的情况,以致商品市场萧条,流通阻塞。主力红军到达陕北后,1935 年 11 月 25 日,临时中央政府西北办事处张贴布告,宣布实行贸易自由的政策。根据地的大小商人有充分的营业自由,“白区的大小商人也可以自由到苏区来营业”,除粮食及军用品外,根据地的生产品均可自由输出。同时宣布在工业方面实行投资开放政策。允许苏区内外正当的大小资本家投资各种工业。为了促进私人工商业的发展,宣布取消一切捐税,甚至于连关税、营业税等也“一概免收”。① 12 月 1 日,西北办事处又宣布,外出办货商人可将“苏票”(根据地银行发行的纸币)或现金到根据地银行兑换“白票”(国民党统治区钞票)。如需要携带现金出境的,亦可照数兑换。② 同时还规定:“为着发动商人输出苏区农产品,与运输食盐出口,银行可给予低利贷款”。③

民族资产阶级的政治地位也明显提高。在王明“左”倾错误路线影响下,根据地的工商业资本家和军阀、官僚、地主豪绅以及富农等一样,“是没有选派代表参加政权和政治上自由的权利的”。④ 1936 年年初,西北办事处颁布的《西北苏维埃选举法》规

① 《目前只有苏区才是经营工商业最好的地方!》,《红色中华》第 242 期,1935 年 12 月 1 日。

② 《中华苏维埃共和国临时中央政府西北办事处布告》(1935 年 12 月 1 日),见中国社会科学院经济研究所中国现代经济史组编著:《革命根据地经济史料选编》上册,江西人民出版社 1986 年版,第 188 页。

③ 《中央财政部关于陕北财政经济情况向中央军委的报告》(1936 年 7 月 15 日),见中国社会科学院经济研究所中国现代经济史组编著:《革命根据地经济史料选编》上册,江西人民出版社 1986 年版,第 189 页。

④ 《中华苏维埃共和国宪法大纲》(1934 年 1 月),见中央档案馆编:《中共中央文件选集》第 10 册(1934—1935),中共中央党校出版社 1991 年版,第 91 页。

定，“雇佣劳动在十人以下，资本在五千元以下之工商业主亦有选举权”。[①] 这一规定使中小工商业者有了选举权。1937年5月公布的《陕甘宁边区选举条例》规定，除汉奸卖国贼、因犯罪被剥夺公民政治权利者和精神病患者外，“年满十六岁的，无论男女、宗教、民族、财产、文化上的区别，都有选举权和被选举权”。[②] 所有工商业者都有了公民权。这些都极大地调动了工商业者的积极性。

为鼓励私人工商业的发展，1936年8月，根据地政府在拟定的积极开发池盐和定边盐业计划中，宣布“除陈请中央政府拨给款项外，并欢迎国外华侨及国内资本家来投资”。[③] 上述政策，解除了工商业者的顾虑，使他们能积极参与根据地的工商业经营。

抗日战争时期，民族矛盾成为国内主要矛盾，中国共产党为了维持和扩大抗日民族统一战线，不仅对民族资产阶级和本国资本主义的方针、政策又做了新的调整，而且在关于新民主革命同资本主义两者之间的关系，在理论、思想方面更趋深刻、成熟。

随着抗日民族统一战线政策的实施和策略的转变，鼓励私人工商业发展的方针得到切实实行，而且在政治上承认工商业资本家享有公民权。在抗日战争的背景下，如何正确处理资产阶级和资本主义问题，不只是基于抗日民族统一战线的需要，而是必须清醒估量，中国作为一个生产力落后的农业国，资本主义及其发展，在新民主主义革命乃至社会主义革命某个阶段的历史地位和重大价值。

正是基于这种认知，中国共产党的领导人曾将新民主主义定性为“新民主主义的资本主义”或“新式资本主义”“新资本主

① 《红色中华》第247期，1936年1月16日。

② 《新中华报》第359期，1937年5月23日。

③ 《苏维埃政府积极开发花定盐业》，《红色中华》第292期，1936年8月9日。

义”,并确信资本主义在中国尚有相当大的发展空间。“中国也要发展资本主义”,提倡和发展“新民主主义的资本主义”。①

“新式资本主义”的概念最初是由张闻天提出来的。1942 年年初,张闻天率“延安农村工作调查团”赴陕北、晋西北农村进行了 9 个多月的社会调查,1942 年 10 月,根据晋西北兴县农村的实际情况撰写《发展新式资本主义》一文,认为“资本主义生产方式,是现时比较进步的,可使社会进化的”,“发展新式资本主义是新民主主义经济的全部方向和内容,也是将来社会主义的前提”。中国社会“将来才是社会主义和共产主义,今天则要实行新民主主义,就是新式资本主义”。为发展新式资本主义,“不要怕晋西北资本家多”,现时“不要怕富农”。也“不要怕农民受苦,就是说,不要怕雇农多,没法安插、失业、工资低,生活恶化”。因为中国太落后,“只有走过新式资本主义的第一步,才能走社会主义的第二步。社会主义和共产主义,是我们的理想。发展新式资本主义,是我们现时的任务,也是我们当前的具体工作”。② 文章从理论与实际的结合高度,阐释了党的政策精髓,揭示了发展新式资本主义与实行新民主主义之间的辩证关系。

新式资本主义的发展,是在新民主主义政权下进行的。它不同于欧美的旧资本主义。新民主主义政权的革命纲领、方针、政策、法令,掌握新式资本主义的发展方向,调节新式资本主义中的经济关系和阶级关系。“凡可以操纵国民生计的工商业,均握在国家手中”。③

① 《在中国共产党第七次全国代表大会上的结论》(1945 年 5 月 31 日),见《毛泽东文集》第三卷,人民出版社 1996 年版,第 384—385 页。

② 张闻天选集传记组等编:《张闻天晋陕调查文集》,中共党史出版社 1994 年版,第 324—325 页。

③ 张闻天选集传记组等编:《张闻天晋陕调查文集》,中共党史出版社 1994 年版,第 324—325 页。

“新民主主义”和“新民主主义革命”的概念和理论，最早是由毛泽东同志创立的。1939年12月，毛泽东同志在《中国革命和中国共产党》中明确指出：由于中国是一个殖民地、半殖民地、半封建社会，中国革命的敌人还是帝国主义和封建势力，中国革命的任务是推翻这两个主要敌人的民族革命和民主革命，而且有时还有资产阶级参加，革命的锋芒也不是向着一般的资本主义和资本主义的私有财产。所以，“现阶段中国革命的性质，不是无产阶级社会主义的，而是资产阶级民主主义的”。不过现时中国的资产阶级民主主义的革命，也不是旧式的一般的民主主义的革命，而是新式的特殊的资产阶级民主主义的革命。它“在经济上是把帝国主义者和汉奸反动派的大资本大企业收归国家经营，把地主阶级的土地分配给农民所有，同时保存一般的私人资本主义的企业，并不废除富农经济。因此，这种新式的民主革命，虽然在一方面替资本主义扫清道路，但在另一方面又是替社会主义创造前提”。现时中国革命是一个“新民主主义的革命过程”。这是“在无产阶级领导之下的人民大众的反帝反封建的革命。中国的社会必须经过这个革命，才能进一步发展到社会主义的社会去，否则是不可能的”。这种“新民主主义”的革命“也和社会主义的革命不相同，它只推翻帝国主义和汉奸反动派在中国的统治，而不破坏任何尚能参加反帝反封建的资本主义成分”。现阶段的中国革命是“为了完成一个新民主主义的革命而奋斗，那么，在革命胜利之后，因为肃清了资本主义发展道路上的障碍物，资本主义经济在中国社会中会有一个相当程度的发展”，这是“经济落后的中国在民主革命胜利之后不可避免的结果。但这只是中国革命的一方面的结果，不是它的全部结果。中国革命的全部结果是：一方面有资本主义因素的发展，又一方面有社会主义因素的发展”。这样，“中国资产阶级民主革命的最后结果，避免资本主义的前途，实现社会主义的前途,不能不具有极大的可能性了”。①

毛泽东同志在1940年1月所写《新民主主义论》,进一步丰富和深化了“新民主主义”的概念、思想和理论,把中国革命的历史进程分为两步,第一步是民主主义的革命;第二步是社会主义的革命。“这是性质不同的两个革命过程”。民主主义的革命又分为旧民主主义的革命和新民主主义的革命两个阶段。现在中国正处于新民主主义的革命阶段,要建立新民主主义的共和国。这个共和国,政治上必须是新民主主义的,经济上也必须是新民主主义的。共和国没收大银行、大工业、大商业,但“并不没收其他资本主义的私有财产,并不禁止‘不能操纵国计民生’的资本主义生产的发展,这是因为中国经济还十分落后的缘故”;共和国将采取某种必要的方法,“没收地主的土地,分配给无地和少地的农民,实行中山先生‘耕者有其田’的口号,扫除农村中的封建关系,把土地变为农民的私产。农村的富农经济,也是容许其存在的。这就是‘平均地权’的方针。这个方针的正确的口号,就是‘耕者有其田’。在这个阶段上,一般地还不是建立社会主义的农业,但在‘耕者有其田’的基础上所发展起来的各种合作经济,也具有社会主义的因素”。所以,“中国的经济,一定要走‘节制资本’和‘平均地权’的路,决不能是‘少数人所得而私’”。②

在一个时期内,毛泽东同志也把新民主主义界定为“新资本主义”“新民主主义的资本主义”。1943年8月8日在中央党校第二部开学典礼上的讲话中指出,“我们要建立的新民主主义社

① 《中国革命和中国共产党》(1939年12月),见《毛泽东选集》第二卷,人民出版社1991年版,第647—650页。

② 《新民主主义论》(1940年1月),见《毛泽东选集》第二卷,人民出版社1991年版,第678页。

会”，虽然“破坏了封建秩序，推翻了帝国主义和封建主义的压迫”，但“它的基本性质仍是资本主义的”。① 1944 年 3 月 22 日在中共中央召开的宣传工作会议上，毛泽东同志进一步阐释说，“现在中国还不是资本主义国家，资本主义不占优势”，不能说是纯粹的或一般的资本主义社会。“现在我们建立新民主主义社会，性质是资本主义的，但又是人民大众的，不是社会主义，也不是老资本主义，而是新资本主义，或者说新民主主义”。② 毛泽东同志在七大口头政治报告中又指出，“我们这样肯定要广泛地发展资本主义，是只有好处，没有坏处的。对于这个问题，在我们党内有些人相当长的时间里搞不清楚，存在一种民粹派的思想。这种思想，在农民出身的党员占多数的党内是会长期存在的”。毛泽东同志解释说，“所谓民粹主义，就是要直接由封建经济发展到社会主义经济，中间不经过发展资本主义的阶段。俄国的民粹派就是这样”。列宁、斯大林、布尔什维克就不是这样。“他们肯定俄国要发展资本主义，认为这对无产阶级是有利的。列宁在《两个策略》中讲，‘资产阶级民主革命，与其说对资产阶级有利，不如说对无产阶级更有利’”。所以，毛泽东强调，“我们不要怕发展资本主义。俄国在十月革命胜利以后，还有一个时期让资本主义作为部分经济而存在，而且还是很大的一部分，差不多占整个社会经济的百分之五十。那时粮食主要出于富农，一直到第二个五年计划时，才把城市的中小资本家与乡村的富农消灭。我们的同志对消灭资本主义急得很。人家社会主义革命胜利了，还要经过新经济政策

① 《在中央党校第二部开学典礼上的讲话》（1943 年 8 月 8 日），见《毛泽东文集》第三卷，人民出版社 1996 年版，第 56 页。

② 《关于陕甘宁边区的文化教育问题》（1944 年 3 月 22 日），见《毛泽东文集》第三卷，人民出版社 1996 年版，第 110 页。

时期,又经过第一个五年计划,到第二个五年计划时,集体农庄发展了,粮食已主要不由富农出了,才提出消灭富农,我们的同志在这方面是太急了"。① 1945年5月在中共七大所做的结论中,毛泽东同志再次强调,"中国也要发展资本主义",但中国提倡和发展的是"新民主主义的资本主义"。②

因此,中国共产党领导人提出的"新式资本主义"或"新资本主义"是对新民主主义社会基本性质的规定,根本不同于欧美式的旧资本主义。"新资本主义"受制于由无产阶级领导或参加的新政权,是在新民主主义国家掌握经济命脉条件下的资本主义,它既有资产阶级民主主义的一面,又有无产阶级社会主义的一面。它只能是新民主主义多种经济成分中的一种,而不能取代或吞并其他经济成分。因此,毛泽东同志在《新民主主义论》中强调,中国的经济,"决不能让少数资本家少数地主'操纵国民生计',决不能建立欧美式的资本主义社会,也决不能还是旧的半封建社会"。"这样的经济,就是新民主主义的经济"。③

"新资本主义"也不同于苏联式的、无产阶级专政的社会主义。苏联的社会主义社会不仅以政治上的无产阶级专政为特征,同时在经济上确立社会主义公有制的统治地位,消灭一切非社会主义经济成分,要求资本主义与资产阶级绝种。这种社会主义是不适合中国国情的,1944年7月14日毛泽东同志同英国记者谈话时说,"中国现在所需要的是民主主义,不是社会主义"。目前

① 《在中国共产党第七次全国代表大会上的口头政治报告》(1945年4月24日),见《毛泽东文集》第三卷,人民出版社1996年版,第322—323页。

② 《在中国共产党第七次全国代表大会上的结论》(1945年5月31日),见《毛泽东文集》第三卷,人民出版社1996年版,第384—385页。

③ 《新民主主义论》(1940年1月),见《毛泽东选集》第二卷,人民出版社1991年版,第678—679页。

中国需要做三件事：驱逐日本帝国主义；在全国范围内推行民主制度；解决土地问题，使具有某种进步性的资本主义能在中国得到发展，并通过引进现代生产方法提高人民生活水平。“这些就是目前中国革命的任务。在这些任务完成之前谈论实现社会主义，只能是空谈。”①故“新资本主义”不仅要有社会主义因素的广大发展，而且允许资本主义有一个广大的发展，而在发展生产力这样一个根本目标下，调节社会主义经济成分与资本主义经济成分在各个方面的关系。

“新资本主义”更不同于国民党蒋介石集团的国家资本主义。“蒋介石搞的是半法西斯半封建的资本主义”，它维护的是大地主大资产阶级的利益，是“压迫人民”的，是“买办的、封建的”，而中国共产党所提倡的“新资本主义”，是在无产阶级及其政党领导下，充分发动人民群众，破坏封建秩序，推翻帝国主义和封建主义的压迫，为社会生产力的发展扫清道路，它的性质是帮助社会主义的，它是革命的、有用的，有利于社会主义的发展的。②

在“新民主主义的资本主义”或“新资本主义”的思想、理论指导下，党和抗日根据地民主政府审时度势，停止实行没收地主土地的政策，注重保护富农和工商业者的利益，缓和阶级矛盾。并在减租减息的同时，没收汉奸财产，没收日本帝国主义的在华资产，既孤立和打击了敌人，调动了各阶级、阶层的抗日和生产积极性，又筹措了经费，部分解决了抗日经费紧缺的问题。同时发展与调节资本主义，注意“启发小生产者和私人企业家的生产积极性和自

---

① 《同英国记者斯坦因的谈话》(1944 年 7 月 14 日)，见《毛泽东文集》第三卷，人民出版社 1996 年版，第 182—183 页。

② 《在中国共产党第七次全国代表大会上的结论》(1945 年 5 月 31 日)，见《毛泽东文集》第三卷，人民出版社 1996 年版，第 384—385 页。

动性”,大力发展农村手工业,提倡大规模的手工业经营,促进农家副业。

早在抗日战争爆发前,1937 年 2 月 10 日,中共中央在《中共中央给中国国民党三中全会电》中,正式提出“停止没收地主土地”的政策。[①] 在全国停止没收地主土地,不过不能恢复苏区的土地剥削制度,而要继续保障土地在农民手中,并且必须没收汉奸的土地。[②] 3 月,陕甘宁边区已实际上停止了没收地主土地的运动。以前逃跑的地主纷纷返回边区。[③] 5 月,陕甘宁边区政府颁布选举条例,规定恢复地主富农的公民权。中国共产党停止没收地主土地的政策在边区得到全面的实施。与土地政策的改变相适应,在财政政策上,对富农也不再实行没收、征收和罚款,免除一切税收,只用募捐一项。富农和工商业资本家的募捐也由过去的强制改为宣传动员,自愿捐助,并制定了对捐助者的奖励办法:资本家捐助千元以上者,给奖状及一等银质奖章,并单独登报表扬之;五百元以上者,给奖状及二等铜质奖章,并用大字登报表扬;百元以上给三等布质抗日奖章,并登报表扬。[④] 边区政府还通过税制改革的

---

① 《中共中央给中国国民党三中全会电》(1937 年 2 月 10 日),见中央档案馆编:《中共中央文件选集》第 11 册(1936—1938),中共中央党校出版社 1991 年版,第 158 页。

② 《中央关于西安事变和平解决之意义及中央致国民党三中全会电宣传解释大纲》(1937 年 2 月 15 日),见中央档案馆编:《中共中央文件选集》第 11 册(1936—1938),中共中央党校出版社 1991 年版,第 161 页。

③ 《回苏区的豪绅地主要收租还债怎么办》,《新中华报》第 349 期,1937 年 4 月 23 日。

④ 《中华苏维埃共和国中央政府西北办事处布告——为筹募抗日基金事》(1936 年 1 月 15 日),见中国社会科学院经济研究所中国现代经济史组编著:《革命根据地经济史料选编》上册,江西人民出版社 1986 年版,第 499 页。

逐渐完善，减轻了地主、富农的负担，改善了地主、富农的经济状况。

为了防止侵犯地主富农的利益、损害其土地所有权，根据地政府在决定没收后方某些大汉奸的土地、财产时，十分谨慎，将没收对象限制在极其狭小的范围内。1940 年 7 月 31 日，《中央关于在敌后地区没收大汉奸土地财产问题的指示》强调，“这种没收，仅仅应对付个别的罪恶昭著的大汉奸”。对一切反共顽固分子，不论其罪恶如何重大，不论其勾结日军有何证据，在他们未公开投敌当汉奸前，均不应没收其土地财产。在反共顽固分子公开当汉奸以后，也只能没收其中最坏最大者的土地财产，而不应没收一切当了汉奸的反共顽固分子的土地财产。“绝不应没收一切汉奸的土地财产，绝不应把没收汉奸土地财产变成普遍的没收土地与分配土地的运动”。①

毛泽东同志特别批评了党内对待资本主义经济及一些其他经济政策上的“左”倾错误倾向，强调了应该发展资本主义经济。1940 年 10 月 18 日毛泽东同志起草的《中央关于防止执行政策中“左”倾错误的指示》指出，必须懂得“左”倾错误是当前主要危险，预防及时检查在执行政策时冒犯过“左”错误，主要是在土地政策、劳动政策、财政政策等，必须“提起全党全军注意，切勿等闲视之”。②

为了适应发展资本主义经济的要求，中共中央在劳动政策方

---

① 《中央关于在敌后地区没收大汉奸土地财产问题的指示》（1940 年 7 月 31 日），见中央档案馆编：《中共中央文件选集》第 11 册（1936—1938），中共中央党校出版社 1991 年版，第 426 页。

② 《中央关于防止执行政策中“左”倾错误的指示》（1940 年 10 月 18 日），见中央档案馆编：《中共中央文件选集》第 12 册（1939—1940），中共中央党校出版社 1991 年版，第 518—519 页。

面作出了新的规定,1940 年 12 月 3 日发出《中央关于各抗日根据地劳动政策的初步指示》,不要对雇主提出“不适合于根据地现实条件的过高要求”,例如,“工人待遇的改善,工资的增加,工时的规定,必须以发展抗日根据地之工农商业,增加抗战生产,适合战时需要为原则。否则既有碍于根据地之坚持与巩固,也就违反工人阶级的根本利益”。所以,“改善工人生活,必须估计到在持久的战争中根据地人民的生活日益艰苦,国民经济生活一般已降低,根据地工人生活想改善得比战前更好是不可能的”。[①] 12 月 13 日,中央又就华中根据地的各项政策作出指示,要求在政权结构上“坚决实行三三制”;劳动政策“力避过左,目前只做轻微改良”;土地政策“应进行部分的减租减息以争取基本农民群众,但不由减得太多,不要因减息而使农民借不到债,不要因清算旧债而没收地主土地,同时应规定农民有交租交息之义务,保证地主有土地所有权,富农的经营原则上不变动”;经济政策是“尽量发展工业农业生产与商业流通,力避破坏生产与商业,号召上海资本家到苏北办实业”。总之,目前政策必须“一方面保证工农小资产阶级人权政权财权及言论集会结社之自由,另一方面也应保证除汉奸以外一切资本家地主的人权政权财权及言论集会结社之自由,只要不武装暴动,任何党派阶层有活动之自由”。[②]

1942 年 1 月 28 日,中央政治局通过的《中共中央关于抗日根据地土地政策的决定》(以下简称《决定》),对富农经营的资本主

① 《中央关于各抗日根据地劳动政策的初步指示》(1940 年 12 月 3 日),见中央档案馆编:《中共中央文件选集》第 12 册(1939—1940),中共中央党校出版社 1991 年版,第 570—572 页。

② 《中央关于华中各项政策的指示》(1940 年 12 月 13 日),见中央档案馆编:《中共中央文件选集》第 12 册(1939—1940),中共中央党校出版社 1991 年版,第 575—576 页。

义性质和进步性质，给予充分肯定，给予农村富农与城市资产阶级同等的政治待遇和经济待遇。《决定》明确指出，“承认资本主义生产方式是中国现时比较进步的生产方式，而资产阶级，特别是小资产阶级与民族资产阶级，是中国现时比较进步的社会成分与政治力量。富农的生产方式是带有资本主义性质的，富农是农村中的资产阶级，是抗日与生产的一个不可缺少的力量。小资产阶级、民族资产阶级与富农，不但有抗日要求，而且有民主要求。故党的政策不是削弱资本主义与资产阶级，不是削弱富农阶级与富农生产，而是在适当地改善工人生活条件之下，同时奖励资本主义生产与联合资产阶级，奖励富农生产与联合富农”。不过《决定》没有因此而对富农的封建剥削采取姑息和纵容的态度，同时指出，“富农有其一部分封建性质的剥削，为中农贫农所不满。故在农村中实行减租减息时，对富农的租息也须照减”。但基于富农经营的“资本主义性质和进步性质”，采取了富农与中农贫农兼顾的政策，要求“在对富农减租减息后，同时须实现交租交息，并保证富农的人权、政权、地权、财权”。另外还规定，“一部分用资本主义方式经营土地的地主（即所谓经营地主），其待遇与富农同”。[①]总之，对富农“是削弱其封建部分而奖励其资本主义部分”。在经济上，党的政策是“以奖励资本主义生产为主，但同时保存地主的若干权利，可以说是一个七分资本三分封建的政策”。[②]

抗日战争时期，中国共产党的策略转变中，一个主要方面是对

① 《中共中央关于抗日根据地土地政策的决定》（1942 年 1 月 28 日），见中央档案馆编：《中共中央文件选集》第 13 册（1941 — 1942），中共中央党校出版社 1991 年版，第 282 页。

② 《中央关于如何执行土地政策决定的指示》（1942 年 2 月 4 日），见中央档案馆编：《中共中央文件选集》第 13 册（1941—1942），中共中央党校出版社 1991 年版，第 295 页。

民族资产阶级政策的转变,包括减轻其租税、捐款负担。抗日根据地政府明确规定:对工商业资本家,禁止一切没收和征发,不收任何租税,只实行募捐。在抗日战争爆发前,根据地政府就强调,筹款必须注意经济政策,"没收地主的商店固然不对,没收一般的商店尤不允许"。对富农和工商业资本家的募捐也由过去的强制改为宣传动员,自愿捐助。并制定了对捐助者的奖励办法:资本家捐助千元以上者,给奖状及一等银质奖章,并单独登报表扬之;五百元以上者,给奖状及二等铜质奖章,并用大字登报表扬;百元以上给三等布质抗日奖章,并登报表扬。① 对富农政策的改变,不仅调动了富农的生产积极性,也消除了中农怕致富后被打成富农的恐惧心理,使其积极性空前高涨。

工商政策方面,根据地政府的相关政策,都是基于"承认资本主义生产方式是中国现时比较进步的生产方式,而资产阶级特别是小资产阶级与民族资产阶级,是中国现时比较进步的社会成分与政治力量"前提下,制定和执行的。

基本的方针、政策是鼓励私人投资、鼓励私人资本主义的发展。1939 年 9 月 8 日,中国共产党的国民参政员毛泽东、董必武、邓颖超同志等 7 人,在《我们对于过去参政会工作和目前时局的意见》中提出:由国家资助并奖励私人投资,以扩大工农合作运动,广泛地发展各种实用工业,尽力提高农业生产。②

---

① 《中华苏维埃共和国中央政府西北办事处布告——为筹募抗日基金事》(1936 年 1 月 15 日),见中国社会科学院经济研究所中国现代经济史组编著:《革命根据地经济史料选编》上册,江西人民出版社 1986 年版,第 499 页。

② 《我们对于过去参政会工作和目前时局的意见》(1939 年 9 月 8 日),见中央档案馆编:《中共中央文件选集》第 12 册(1939—1940),中共中央党校出版社 1991 年版,第 166—167 页。

在边区的工业发展中，边区政府一个重要的方针，是“启发小生产者和私人企业家的生产积极性和自动性。使他们在有利于民生军需的原则下，自由自主地去从事他们的生产和贸易”。[①] 在节制资本的前提下，广泛动员私人资本，发展手工业工厂、作坊以满足人民群众日用工业品的需求。《双十纲领》纠正了一度发生的没有把封建经济制度与资本主义的生产在政策上严格加以原则区别的偏差，明确指出，“对于私人企业家的经营，即带有资本主义性质的生产，应让其发展而不是削弱或加以阻挠”。[②] 这种把个体和私人企业赢利欲望与抗日根据地的需要相统一的政策，对边区经济建设事业的发展起了重要作用。

进入解放战争时期，国内阶级关系、阶级矛盾发生重大变化，日本投降，抗日战争结束，抗日民族统一战线也寿终正寝，蒋介石国民党由抗战时期的消极抗日、积极反共发展为“积极灭共”，将美国援助抗日的武器装备和日本投降时留下的武器装备，全都用来对付、消灭共产党和解放军。伪军、汉奸摇身一变，投靠蒋介石国民党，成为反共灭共的急先锋，地主阶级也全部倒向蒋介石国民党。民族资产阶级在政治上仍然摇摆不定。

在这种政治大背景下，中国无产阶级及其先锋队中国共产党的奋斗目标，就是坚决反对帝国主义和国内封建势力，推翻国民党反对政府，消灭国内封建剥削制度，赶走帝国主义侵略势力，实现民族独立，完成民族民主革命的历史使命。

显然，革命的性质、任务和基本政策并没有改变。中央宣传部

---

① 彭真：《关于晋察冀边区党的工作和具体政策报告》，中共中央党校出版社 1981 年版，第 77 页。

② 彭真：《关于晋察冀边区党的工作和具体政策报告》，中共中央党校出版社 1981 年版，第 85 页。

下发指示说,“反帝反封建是中国新民主主义革命的性质,这是由中国半殖民地或殖民地、半封建或封建的社会性质所决定。北伐以来四次战争,革命性质不变”。在各个阶段的“具体政策口号会有若干变化”,但基本政策不变。“现阶段的基本政策,是对付美蒋两个结合一体的敌人,即是又反美国帝国主义又反蒋介石封建买办集团”。①

在关于中国资产阶级和资本主义的问题上,现阶段的基本政策可以归结为两项:一是没收国民党国家资本(官僚资本)和买办资本;二是保护民族资本和中小工商业者。

1946年1月16日,中国共产党参加政治协商会议的代表在会上提出,必须“防止国家资本发展,严禁官吏用其权势地位,从事投机垄断,逃税走私,利用公款与非法使用交通工具的活动”,并被列入会议通过的《和平建国纲领草案》中。②

随着解放战争的进展、解放区的扩大和城市的占领,对国家资本的没收很快进入议事日程。1947年12月26日,毛泽东同志提出,没收以蒋介石、宋子文、孔祥熙、陈立夫为首的垄断资本归新民主主义的国家所有,并将其列为新民主主义革命三大经济纲领之一。

1948年,随着人民解放军转入战略反攻,一批城市被解放。为了防止没收国家资本的政策出偏差,中央特别强调,对官僚资本“要有明确的界限,不要将国民党人经营的工商业都叫作官僚资

① 《中央宣传部关于现阶段革命性质及基本政策问题给冯白驹等的复示》(1946年11月10日),见中央档案馆编:《中共中央文件选集》第16册(1946),中共中央党校出版社1991年版,第332—333页。

② 《解放日报》1945年1月7日。

本而加以没收”。同时详细规定了接收原则、办法和注意事项。①

中共中央在决定和实施没收国民党国家资本(官僚资本)的同时,规定了对民族资本的保护政策和措施。

1947 年 10 月颁布实施的《中国土地法大纲》第十二条规定,“保护工商业者的财产及其合法的营业,不受侵犯”②。毛泽东同志还特别解释说,“这里所说的工商业者,就是指的一切独立的小工商业者和一切小的和中等的资本主义成分”,也是新中国的经济成分。这种小的和中等的资本主义成分,“其存在和发展,并没有什么危险。土地改革后,在农村中必然发生的新的富农经济,也是如此”。因此,不允许对上层小资产阶级和中等资产阶级经济成分采取过左的错误的政策。1931—1934 年所犯的一些“左”的错误,“是绝对不许重复的”。③ 1947 年 12 月,毛泽东同志在米脂杨家沟会议上再次阐明和强调,“新民主主义的革命任务,除了取消帝国主义在中国的特权以外,在国内,就是要消灭地主阶级和官僚资产阶级(大资产阶级)的剥削和压迫,改变买办的封建的生产关系,解放被束缚的生产力。被这些阶级及其国家政权所压迫和损害的上层小资产阶级和中等资产阶级,虽然也是资产阶级,却是可以参加新民主主义革命,或者保守中立的。他们和帝国主义没

① 《再克洛阳后给洛阳前线指挥部的电报》(1948 年 4 月 8 日),见《毛泽东选集》第四卷,人民出版社 1991 年版,第 1323—1324 页;中国社会科学院经济研究所中国现代经济史组编著:《革命根据地经济史料选编》下册,江西人民出版社 1986 年版,第 237 页。

② 《中国共产党中央委员会关于公布中国土地法大纲的决议》(1947 年 10 月 10 日)附:《中国土地法大纲》,见中央档案馆编:《中共中央文件选集》第 16 册(1946),中共中央党校出版社 1991 年版,第 549 页。

③ 《目前形势和我们的任务》(1947 年 12 月 25 日),见《毛泽东选集》第四卷,人民出版社 1991 年版,第 1255 页。

有联系,或者联系较少,他们是真正的民族资产阶级。在新民主主义的国家权力到达的地方,对于这些阶级,必须坚决地毫不犹豫地给以保护”。新民主主义革命要消灭的对象,“只是封建主义和垄断资本主义,只是地主阶级和官僚资产阶级(大资产阶级),而不是一般地消灭资本主义,不是消灭上层小资产阶级和中等资产阶级”。而且即使革命胜利后的一个长时期内,还必须允许它们存在;按照国民经济的分工,还需要它们中“一切有益于国民经济的部分有一个发展”。它们在整个国民经济中,“还是不可缺少的一部分”。“新民主主义国民经济的指导方针,必须紧紧地追随着发展生产、繁荣经济、公私兼顾、劳资两利这个总目标。一切离开这个总目标的方针、政策、办法,都是错误的”。① 在整个解放战争时期,这是党中央和根据地政府对民族资产阶级和民族资本主义的基本政策。

与对民族资本和民族资产阶级的上述政策相联系,还有关于新民主主义革命和资本主义的思想、理论问题。即“新资本主义”问题。前者主要侧重经济层面,而后者更多地涉及政治、思想层面。因此,对两者的考虑和举措明显不同:在经济上要切实保护和利用民族资本,而在政治方面,要考虑到临近革命胜利和胜利后国内阶级关系、无产阶级同资产阶级关系的变化,要未雨绸缪。

1948 年,解放战争进入双方决战阶段,毛泽东同志在 9 月的一次会议上说,“关于几年胜利的问题,过去所讲的只是可能性”,现在“可以讲出带确定性的意见了”,这就是“大约五年左右根本上打倒国民党”。不仅革命胜利指日可待,而且胜利后的阶级结构和阶级矛盾问题,毛泽东同志也已心中有数,“现在点明一句话,资产阶级民主革命完成之后,中国内部的主要矛盾就是无产阶

① 《目前形势和我们的任务》(1947 年 12 月 25 日),见《毛泽东选集》第四卷,人民出版社 1991 年版,第 1254—1256 页。

级和资产阶级之间的矛盾”。①

正因为如此，虽然资产阶级民主革命尚未最后完成，毛泽东同志已明显改变对“新资本主义”这一概念的态度。就在1948年9月政治局会议上，毛泽东同志批评了“新资本主义”的提法，他说我们政权的性质“是无产阶级领导的、以工农联盟为基础的人民民主专政。我们的社会经济呢？有人说是‘新资本主义’。我看这个名词是不妥当的，因为它没有说明在我们的社会经济中起决定作用的东西是国营经济、公营经济，这个国家是无产阶级领导的，所以这些经济都是社会主义性质的。农村个体经济加上城市私人经济在数量上是大的，但是不起决定作用。我们国营经济、公营经济，在数量上较小，但它是起决定作用的。我们的社会经济的名字还是叫‘新民主主义经济’好”。这样，毛泽东同志把新民主主义经济重新界定为“社会主义经济领导之下的经济体系”。②

这一提法的改变，虽然主要出于政治层面的考虑，但也反过来影响党在经济方面对民族资本和民族资产阶级的政策定位。而且随着解放战争和革命形势迅猛发展，解放区从农村迅速扩大到城镇和工业区，经济结构发生变化，国家资本（官僚资本）大幅膨胀。在这种情况下，毛泽东同志强调，凡属“大工业、大银行、大商业，不管是不是官僚资本，全国胜利后一定时期内都是要没收的，这是新民主主义经济的原则。而只要一没收，它们就属于社会主义部分”。③ 国民经济中的社会主义成分及其支配力

① 《在中共中央政治局会议上的报告和结论》（1948年9月），见《毛泽东文集》第五卷，人民出版社1996年版，第142—145页。

② 《在中共中央政治局会议上的报告和结论》（1948年9月），见《毛泽东文集》第五卷，人民出版社1996年版，第139、141页。

③ 《在中共中央政治局会议上的报告和结论》（1948年9月），见《毛泽东文集》第五卷，人民出版社1996年版，第140页。

量明显增加,并有继续壮大的基础,对私人资本主义的依赖程度降低。因此,毛泽东同志在否定“新资本主义”这一提法的同时,提出要对私人资本主义加以“限制”。不过还不是限制私人资本主义的生产及其扩大,而是防止脱离“国计民生”的轨道。1948年10月26日,毛泽东同志就张闻天起草并经中共中央修改的《关于东北经济构成及经济建设基本方针的提纲》的修改问题,致信刘少奇说,“此件修改得很好”,其中“‘决不可采取过早地限制私人资本经济的办法’,改为‘决不可以过早地采取限制现时还有益于国计民生的私人资本经济的办法’。因为就我们的整个经济政策来说,是限制私人资本的,只是有益于国计民生的私人资本,才不在限制之列。而‘有益于国计民生’,这就是一条极大的限制,即引导私人资本纳入‘国计民生’的轨道之上。要达到这一点,必须经常和企图脱出这条轨道的私人资本作斗争。而这些私人资本虽然已经纳入这条轨道,他们总是想脱出去的,所以限制的斗争将是经常不断的”。①

解放战争后期和末期,中共中央和解放区政府,对民族资产阶级和私人资本主义的基本政策,就是既利用又限制、既联合又斗争,针对民族资产阶级摇摆不定的两面性特征,争取和利用其对革命、对国计民生有利的一面,限制、避免其对革命、对国计民生不利的一面。这种既利用又限制、既联合又斗争的政策,又主要分为政治、经济两个方面。政治方面主要是斗争,但也要联合、争取。毛泽东同志在党的七届二中全会上的讲话中强调,“必须学会在城市中向帝国主义者、国民党、资产阶级作政治斗争、经济斗争和文化斗争”;同时,“争取尽可能多的能够同我们合作的民族资产阶级分子及其代表人物站在我们方面,或者使他们保持中立,以便

① 《给刘少奇的信》(1948年10月26日),见《毛泽东文集》第五卷,人民出版社1996年版,第177页。

向帝国主义者、国民党、官僚资产阶级作坚决的斗争，一步一步地去战胜这些敌人”。在经济方面，对私人资本主义和民族资产阶级采取既利用又限制的政策。中国的私人资本主义工业，占了现代性工业中的第二位，“它是一个不可忽视的力量”；中国的民族资产阶级及其代表人物，由于受了帝国主义、封建主义和官僚资本主义的压迫或限制，在人民民主革命斗争中常常采取参加或者保持中立的立场。由于这些，并由于中国经济现在还处在落后状态，在革命胜利以后一个相当长的时期内，“还需要尽可能地利用城乡私人资本主义的积极性，以利于国民经济的向前发展。在这个时期内，一切不是于国民经济有害而是于国民经济有利的城乡资本主义成分，都应当容许其存在和发展”。这不但是不可避免的，而且是经济上必要的。但是中国资本主义的存在和发展，“不是如同资本主义国家那样不受限制任其泛滥的。它将从几个方面被限制——在活动范围方面，在税收政策方面，在市场价格方面，在劳动条件方面。我们要从各方面，按照各地、各业和各个时期的具体情况，对于资本主义采取恰如其分的有伸缩性的限制政策”。孙中山的“节制资本”的口号，我们依然必须用和用得着。但是为了整个国民经济的利益，为了工人阶级和劳动人民现在和将来的利益，“决不可以对私人资本主义经济限制得太大太死，必须容许它们在人民共和国的经济政策和经济计划的轨道内有存在和发展的余地”。对于私人资本主义采取限制政策，是必然要受到资产阶级在各种程度和各种方式上的反抗的，特别是私人企业中的大企业主，即大资本家。“限制和反限制，将是新民主主义国家内部阶级斗争的主要形式”。如果认为我们现在不要限制资本主义，认为可以抛弃“节制资本”的口号，这是完全错误的，这就是右倾机会主义的观点。但是反过来，“如果认为应当对私人资本限制得太大太死，或者认为简直可以很快地消灭私人资本，这也是完全错误的,这就是'左'倾机会主义或冒险主义的观点"。①

显然,从利用和限制或节制的角度观察,在解放战争后期,毛泽东同志对私人资本主义的政策,已开始比较多地强调"限制"和"节制"了。毛泽东同志在给刘少奇的前述信件中,也已经明白指出,"就我们的整个经济政策说来,是限制私人资本的,只是有益于国计民生的私人资本,才不在限制之列"。这既是解放战争后期,毛泽东同志对民族资本和民族资产阶级政策的基本原则,也是中共中央和解放区政府相关政策的指导原则和基本界限。

五、中国近代资本主义的发展水平和特点

中国近代资本主义是在半殖民地半封建的特定历史条件下,以特别甚至畸形的程式、途径发生、发展和延续的。正是这种特定历史条件和特别甚至畸形的程式、途径,直接影响、制约着中国近代资本主义发展,并决定或注定它的发展水平或水平极限:中国近代资本主义处于一种似乎有所发展但又不能顺利和正常发展的态势,而且即使时间再长,也不可能达至完全和发达的资本主义社会,成为正常、独立的资本主义国家。

中国近代资本主义的产生,并非出现于明清之际的资本主义萌芽生根、成长,同明清资本主义萌芽没有直接传承或因果关系,而是帝国主义侵略的产物,是"西风东渐"的结果。西方列强的经济侵略和对传统经济生产的破坏,客观上为在中国国内资本主义的产生提供了某种条件。这是一方面。但是另一方面,西方列强

① 《在中国共产党第七届中央委员会第二次全体会议上的报告》(1949年3月5日),见《毛泽东选集》第四卷,人民出版社1991年版,第1427、1428、1431、1432页。

不断加深的侵略、扩张，不断的掠夺、压榨，强加在中国头上的一系列不平等条约，等等，又严重阻碍、窒息中国新式工业和资本主义的正常生存与发展，并从根本上堵死了中国发展为完全和独立的资本主义国家的道路。中国近代资本主义始终在外国帝国主义和本国封建主义的夹缝中跋涉和挣扎。

西方列强工业品在中国市场的销售，洋商在中国建造工厂，从事工业生产，对中国商人和士大夫阶级，起到了某种"示范"作用。鸦片战争后，在中国领土上最早出现的新式工业并非本国企业，而是直接为洋商经济掠夺服务的外国资本企业，如便于茶叶、蚕丝运输出口的机器打包业，为了提高茶叶加工效率的机器焙茶业、砖茶业，为洋商修理船舶的船舶修造业，为供应洋商船舶用煤的机器采煤业，为供应租界洋人照明用电、工厂动力用电的热力发电厂，为进行蚕茧加工的机器缫丝业等。这些对中国商人和士绅阶层，无疑是一种刺激和启发，让他们产生一种效仿的冲动。

不过口岸商人和士绅阶层最初兴办工业，并不顺利，一开始就受到封建官府的阻挠和压制。19 世纪后半期，在旧的经济结构遭到外国势力破坏的同时，萌发资本主义新式企业兴起的契机，在航运业上表现得异常突出。在外国侵略势力大举侵夺江海航运业务、旧式航运业遭到严重破坏的情势下，通商口岸的商人大多租搭洋轮载运货物。某些资力比较雄厚的华商以及士绅阶层，则自购洋船运输，或开始附股于外国轮船公司，或向清政府申请筹办新式航运。首先提出筹办新式航运请求的是曾经留学美国的候补同知容闳。他倡议"设一新轮船公司，俱用中国人合股而成"①。他所拟的章程中关于集资办法、公司管理、股东地位和利润分配等都仿照资本主义制度，因此遭到了总理衙门和两江总督曾国藩的

① 容闳：《西学东渐记》，河南人民出版社 1987 年版，第 86 页。

非难和冷遇,不能付诸行动。在工矿企业部门,企图运用机器生产的活动,购买机器开采煤矿等,也同样受到压制。早期的商办工业企业活动,同样因封建势力的干扰而处境十分困难。继昌隆缫丝厂和广州、顺德、三水一带的中小型缫丝厂在成长过程中都遇到过封建势力的骚扰。当这些中小企业刚刚步上正轨时,首先遇到的是经济地位日见陵替的手工丝织业者的反对,继则又遭清政府的压迫,勒令停工,以致这些企业为逃避摧残而不得不迁入澳门。

带有讽刺意味的是,清政府对口岸华商和某些封建士大夫提出兴办新式航运、采矿、工业的要求,百般刁难、阻挠,但最早开办带有某种资本主义因素(至少是资本主义的生产力——使用机器生产)的生产单位的恰恰是清朝统治集团高层,包括曾国藩、李鸿章、左宗棠等。为了镇压太平天国农民起义,由使用洋法、洋枪训练和装备封建军队,进而购买机器,自己制造洋枪洋炮。清朝统治者认为,“自强以练兵为要,练兵又以制器为先”。① 1861 年,曾国藩还提出了“先购后制”的具体步骤,谓“购成之后,访募覃思之士,智巧之匠,始而演习,继而制造,不过一二年,大轮船必为中外官民通行之物”。② 事实上,早在镇压太平天国战争的相持阶段时,清朝统治者便决定仿造新式军器了。

虽然李鸿章曾意识到,洋机器“原不专为军火而设”。③ 不过近代中国最早的机器工业,还就是“专为军火而设”。1861 年,曾

---

① 《筹办夷务始末·同治朝》,北京故宫博物院 1930 年印本,第 25 卷,第 1 页。

② 《复陈购买外洋船炮折》,《曾文正公全集·奏稿》光绪二年刻本,第 17 卷,第 6 页。

③ 李鸿章:《李文忠公全书·奏稿》光绪三十一年刻本,第 9 卷,第 31 页。

国藩首先设立“安庆内军械所”，仿制“洋枪洋炮”；次年，李鸿章在上海设“上海洋炮局”，“铸造开花炮弹”；1863年，清军攻陷昆山，李鸿章又派洋员马格里在松江附近一所庙宇中雇用50名工人制造弹药。清军攻陷苏州后，李鸿章又命马格里将其主持的弹药厂移至苏州，加以扩充，设立“苏州洋炮局”，制造枪支和炮弹。1864年，太平天国运动虽被镇压，人民大众反抗清朝封建压迫的斗争仍在华中、西北和西南广大地区继续进行，清政府未敢松懈，乃加紧兴办新式军用工业。从1865年设立江南制造总局起，到1895年中日战争结束的30年中，清政府共建立了21个大小不等的军用工业单位。①

这些军工单位，“西学中用”，使用机器生产，不采行资本主义的经营管理制度：不是私人合股，民间集资，而是官府拨款；没有股本、股息、股东、董事会，而是官办官营，实行衙门式管理；没有成本核算、资产负债，产品不计成本、价格，不计盈亏，产品不经市场流通，直接配给军队使用。这就是早期军工单位生产和经营管理的基本模式。清政府早已国库空虚、财政竭蹶、挪掇无方，这种“实报实销”外加贪腐舞弊、假公济私的官办官营模式，绝非久远之计。随着时间的推移、军工生产向军民兼用和民用生产转换，军工单位及相关企业的经营管理模式由官办向官商合办，再向官督商办，最后向商办转化。从某个角度说，这是近代中国资本主义企业经营管理模式发展变化的缩影。在中国资本主义经济发展初期阶段，官督商办成为资本主义新式企业的主要经营模式，对中国近代资本主义发展产生了重大的影响：一方面，资本主义形式企业由于封建势力的介入，企业所受外部压力略有所减轻；但另一方面，而

① 参见严中平主编：《中国近代经济史（1840—1894）》上册，人民出版社1990年版，第652—653页。

且是更重要的方面,在企业内部,资本主义和封建主义既联系又矛盾的局面更加错综复杂。其实这种情况十分普遍,并不限于官督商办企业。除了西方列强的侵略、压榨,这也使企业和资本主义的进一步发展遭到了重大的阻碍。

关于中国近代资本主义发展的实际水平,日本全面侵华战争和第三次国内革命战争时期,属于战争破坏和剧烈变动的非常时期,不能反映近代资本主义发展的正常状况,尤其是日本全面侵华战争期间,民族资本和整个本国资本企业,均处于被全面劫夺、破坏和摧毁状态,更不能代表中国近代资本主义发展的一般水平,姑且以抗日战争前1936年为节点,取其若干数据,窥测中国近代资本主义发展的一般水平。

中国近代资本主义发展的一般或整体水平,可以从两个方面进行观测或评估:一是国民经济中资本主义经济的资本数量;二是资本主义经济在国民经济中所占的比重。

资本主义经济的资本数量,除农业资本主义经济的资本数量难以考察和评估外,主要包括产业资本、商业资本和金融资本三大部门。表0-12是关于中国产业资本结构及其中外资本比较的统计。

表0-12　中国工业资本和交通运输业资本结构及其中外资本比较(1936年)(单位:法币万元;%)

区域 / 数量 / 项目	全国(含伪满辖区)		关内地区		伪满辖区	
	实数	占比	实数	占比	实数	占比
产业资本总额	999056	100	554593	100	444463	100

续表

项目			全国（含伪满辖区）实数	全国（含伪满辖区）占比	关内地区实数	关内地区占比	伪满辖区实数	伪满辖区占比
工业资本	合计		500380	50.09	324001	58.42	176379	39.68
	外国资本		253878	25.41	145128	26.17	108750	24.47
	本国资本	小计	246502	24.67	178873	32.25	67629	15.22
		国家资本	57563	5.76	34034	6.14	23529*	5.29
		民族资本	188939	18.91	144839	26.12	44100	9.92
交通运输业资本	合计		498676	49.91	230592	41.58	268084	60.32
	外国资本		317880	31.82	50796	9.16	267084	60.09
	本国资本	小计	180796	18.10	179796	32.42	1000	0.22
		国家资本	164891	14.70	164891	29.73	(147060)	—
		民族资本	15905	1.59	14905	2.69	1000	0.22

注：* 指伪“满洲国”资本。又括号内数字系委托南满洲铁道株式会社经营的财产，已计入外国企业资本，而未计入本国资本总数、国家资本总数。

资料来源：许涤新、吴承明主编：《中国资本主义发展史》第 3 卷，人民出版社 1993 年版，据第 722—723 页表 6-1“产业资本估值”摘编、综合改制。百分比引笔者计算。

资本主义产业资本，包括工业资本和交通运输业资本两部分。1936 年，全国（含伪满辖区）工业资本总额 500380 法币万元，关内地区和伪满辖区分别为 324001 法币万元和 176379 法币万元；交通运输业资本总额 498676 法币万元，关内地区和伪满辖区分别为 230592 法币万元和 268084 法币万元，伪满辖区超过关内地区。前者相当于后者的 1.16 倍。因为日本帝国主义为了掠夺东北资源，强化对东北民众的法西斯统治和奴役，把东北建成占领和灭亡整个中国的“根据地”,其重要前提是能够快速调运物资和军队,故交通运输业更为发达。资本内部结构方面,工业和交通运输业、关内地区和伪满辖区,情况各不相同。中外资本比较,关内地区工业的外国资本高于本国资本,但不甚悬殊,前者相当于后者的1.03倍,而交通运输业的外国资本则远低于本国资本,前者只有后者的28.25%。至于伪满辖区,无论工业或交通运输业,外国资本均远高于本国资本。工业的外国资本相当于本国资本的1.61倍,交通运输业的外国资本相当于本国资本的267.1倍。不过这庞大的外国资本(日本资本),原来大部分或绝大部分都是本国资本,日本通过强盗手段,使其统统变成了日本资本。本国资本内部结构,在关内地区,国家资本(官僚资本)和民族资本各自所占比重,工业和交通运输业差异悬殊。因1936年时,国家资本(官僚资本)尚在起步阶段,工业中的国家资本比重尚低,只相当于民族资本的23.5%。抗日战争期间,后方民营工业有较大的发展,资本约合战前币值3.58亿元,但国家资本(官僚资本)膨胀幅度更大,资本总额达到3.85亿元,明显超过民营资本。① 到1947/1948年,国民党统治区工业的国家资本(官僚资本)升至民族资本的1.06倍。至于交通运输业,因铁路、航空等早已国有化,1936年的关内地区国家资本已远高于民族资本,相当于民族资本的3.41倍。到1947/1948年,国民党统治区交通运输业的国家资本(官僚资本)进一步升至民族资本的20倍。② 在伪满辖区,“国家资本”名义上属于伪满政府,实质上与外国资本(日本资本)毫无区别。

① 参见许涤新、吴承明主编:《中国资本主义发展史》第3卷,人民出版社1993年版,第541、518页。

② 1947/1948年相关数据,参见许涤新、吴承明主编:《中国资本主义发展史》第3卷,人民出版社1993年版,据第731—732页表6-1“产业资本估值”计算。

民族资本则所剩无几。工业因大部分变成了外国资本,民族资本稍高于“国家资本”,至于交通运输业,全部被日本直接掌控,已经没有伪满“国家资本”,民族资本亦微乎其微,只占交通运输业资本的 0.37%。

将工业资本和交通运输业资本合并为产业资本,中外资本比较和本国资本结构状况见表 0-13。

表 0-13　中国产业资本及其中外资本比较(1936 年)

(单位:法币万元;%)

项目＼数量＼区域		全国(含伪满辖区)		关内地区		伪满辖区	
		实数	占比	实数	占比	实数	占比
资本总额		999056	100	554593	100	444463	100
外国资本		571758	57.23	195924	35.33	375834	84.46
本国资本	国家资本	222454	22.27	198925	35.87	23529	5.29
	民族资本	204844	20.50	159744	28.80	45100	10.15
	小计	427298	42.77	358669	64.67	68629	15.44

资料来源:许涤新、吴承明主编:《中国资本主义发展史》第 3 卷,人民出版社 1993 年版,据第 722—723 页表 6-1“产业资本估值”摘编、综合改制。百分比系引者计算。

如表 0-13 所示,关内地区和伪满辖区情况差异悬殊。从全国(含伪满辖区)范围看,产业资本总额 999056 法币万元,其中外国资本 571758 法币万元,超过一半,占 57.23%;本国资本 427298 法币万元,占 42.77%。地域比较,关内地区的外国资本和本国资本分别占 35.33%和 64.67%,而伪“满洲国”辖区,外国资本和本国资本分别占 84.46%和 15.44%。亦即日本帝国主义直接掌控的资本,达到资本总额的 8 成半,间接控制的“本国资本”只占 1 成半,这大概是半殖民地同殖民地附属国的重要区别。至于本国资本内部,在关内地区,国家资本(官僚资本)和民族资本分别占 35.87%和 28.80%,前者相当于后者的 1.25 倍。到 1947/1948 年,国家资本(官僚资本)更升到民族资本的 2.6 倍。① 伪满辖区的“国家资本”与民族资本比较,因绝大部分资本已转为日本资本,其比较已无实际意义。

商业贸易主要从事物资交换、流通,本身职能和资本状况与产业资本不同。商业资本额及其中外资本比例情况见表 0-14。

表 0-14　中国商业资本额及其中外资本比较(1936 年)

(单位:法币万元;%)

项目 \ 数量 \ 区域		全国(含伪满辖区)		关内地区		伪满辖区	
		实数	占比	实数	占比	实数	占比
资本总额		561227	100	500295	100	60932	100
外国资本		138227	24.63	119295	23.84	18932	31.07
本国资本	国家资本	3000	0.54	3000	0.60	—	—
	民族资本	420000	74.84	378000	75.56	42000	68.93
	小计	423000	75.37	381000	76.16	42000	68.93

资料来源:许涤新、吴承明主编:《中国资本主义发展史》第 3 卷,人民出版社 1993 年版,据第 731 页表 6-4“资本估值”摘编、综合改制。百分比系引者计算。

① 1947/1948 年数据,参见许涤新、吴承明主编:《中国资本主义发展史》第 3 卷,人民出版社 1993 年版,据第 731—732 页表 6-1“产业资本估值”计算。

如表0-14所示，全国（含伪满辖区）商业资本总额达561227法币万元，其中关内地区500295法币万元，分别相当于产业资本的56.18%和90.20%。相对于产业资本而言，商业流通资本数额很高。关内地区的情况尤为突出。马克思说，生产越不发达，商人资本的比重就越大。“真正的货币资本大部分掌握在商人手中”①。这种情况，正是近代中国生产落后的表现。相对而言，伪满辖区则是另一种情况，商业资本数额奇低，只占产业资本的13.71%。这是日本侵略者以“粮谷出荷”“粮谷统制”“农业仓库”等各种手段进行粮食和农副产品搜刮，对农产品统一“收集”“交易”“保管”，取缔农副产品交易，导致商业流通凋敝而出现的畸形状态。中国的商业资本是以媒介农副产品和手工业品的交易为主，据估计，1936年，这两种产品合计占国内市场商品交易量的70.92%。② 它的绝大部分必然是掌握在中国商人之手，因而民族资本中所占比重最大，高达75.56%。表0-14中所列国家资本的比重特别低，这是因为一些经营贸易的“国营”机构如中央信托局、资源委员会、中国植物油料厂以至农本局等，已被列入其他部门。又外国资本比重相对较高，因为它们并不是按“一次交易”原则估计的，而是包括一些服务业在内。③

金融业资本是近代资本主义经济中最重要的资本形态，在1936年这一节点上，也是数额最大的资本形态。表0-15反映的是金融业资本额及其内部结构和中外资本比较。

---

① 《马克思恩格斯文集》第7卷，人民出版社2009年版，第309页。

② 参见许涤新、吴承明主编：《中国资本主义发展史》第3卷，人民出版社1993年版，第732—733页。

③ 参见许涤新、吴承明主编：《中国资本主义发展史》第3卷，人民出版社1993年版，第733页。

表 0-15　中国金融业资本额及其中外资本比较(1936 年)

(单位:法币万元;%)

项目 \ 区域/数量		全国(含伪满辖区) 实数	全国(含伪满辖区) 占比	关内地区 实数	关内地区 占比	伪满辖区 实数	伪满辖区 占比
资本总额		995939	100	957156	100	38783	100
外国资本		193691	19. 45	183456	19. 17	10235	26. 39
本国资本	国家资本	587818	59. 02	563700	58. 89	24118	62. 19
	民族资本	214430	21. 53	210000	21. 94	4430	11. 42
	小计	802248	80. 55	773700	80. 83	28548	73. 61

资料来源:许涤新、吴承明主编:《中国资本主义发展史》第 3 卷,人民出版社 1993 年版,据第 731 页表 6-4“资本估值”摘编、综合改制。百分比系引者计算。

如表 0-15 所示,金融业资本总额,全国和关内地区分别为 995939 法币万元和 957156 法币万元,相当于甚至大大高于产业资本,分别相当于产业资本的 99. 69%和 172. 59%。这主要有两方面的原因:一是统计数据除了银行资本,还包括票号、钱庄资本在内。票号、钱庄虽然带有某些封建性和投机性,但毕竟与商业尤其是批发商业以及作坊手工业联系密切,而与封建经济即土地财产和地租没有直接关系。“近代农村金融业在从民间传统合会、典当高利贷向新式银行、信用合作社发展、演变过程中”,钱庄(还包括票号)“留下了自己的脚印”。[①] 将票号、钱庄资本计入金融业资本是合适的。二是与资本集中和垄断相关,是 1928 年后国民党政府建立国家金融垄断资本主义的结果。事实上,在全部银行

① 参见刘克祥:《近代农村钱庄的资本经营及其特点——近代农村钱庄业探索之二》,《中国经济史研究》2009 年第 9 期。

资产中，中央、中国、交通、农民四家国家银行的资产占了将近60%的份额。

银行业资本的内部结构，外国金融资本实力雄厚，不过所占比重不是太高，增长速度不是很快，甚至在金融资本总额中所占比重呈下降趋势。因为外国在华银行主要是垄断外汇、外债，控制城市金融市场，干预政府财政，同众多的华人工商业者的关系并不密切。故在第一次世界大战期间，中国工商业发展颇盛，而外国金融资本的增长率反而甚低。1920—1936 年间，外国金融资本的增长，主要是因为外国在华投资增加。其时外商银行的存放款业务中，有 70%—80%是同在华外商往来，因而银行资本大增。此后，在 20 世纪 30 年代经济危机中，除东北外，外国投资基本停滞，外商银行的资本也无甚增长。抗日战争后，外国资本在华银行数量减少，但资力增强，业务扩大。[①] 本国资本中，增长最快的是国家资本（官僚资本），1928 年后更为明显。是年国民党政府建立中央银行，又在 1935 年攫取中国、交通和其他几家银行之后，国家资本急剧膨胀。在关内地区，1936 年国家资本已占到 58.89%的比重。到 1947/1948 年，其比重更高达 88.85%。

至于民族资本，其银行、钱庄与工商业关系密切。尽管开歇频繁，有不少是因为投机失败而倒闭，但总的来说，它的发展基本上与工商业的发展同步。1912—1925 年间，华商银行的实收资本一直保持着两位数年增长率，与同期民族产业资本的增长率基本一

① 据中央银行稽核处统计，1947 年 10 月，上海 13 家外国资本银行的总资产，占上海行庄、信托及储蓄业总资产的 26.2%，而 147 家中国银行的总资产，所占比重为 54.2%；1947 年 8 月，外国银行减至 12 家，其资产占上海金融总资产的比重反而升至 36%，而 145 家中国银行所占比重降至 50%。参见《中国近代金融史》编写组编：《中国近代金融史》，中国金融出版社 1985 年版，第 312—313 页。

致。迄至1920年,民族资本始终占着全部金融业资本70%以上的比重,并基本上延续到20世纪30年代初。但自1935年那场"银行风暴"后,1936年民族资本所占比重陡降至21.53%。抗日战争以后,民族资本金融业就日益没落了,其特点是银行户数增加,而资力萎缩。战后,私营银行户数比1936年增加10倍,1948年私营行庄的资力仅有战前的5‰。民族资本银行资力急剧萎缩,加上恶性通货膨胀,只能依靠投机取利,而且除自身投机外,还为一些商业行号提供投机资本。恶性通货膨胀已经完全破坏了正常的金融和经济秩序,出现了"工不如商、商不如囤,囤不如金、金不如汇(外汇)"的局面,民族资本行庄已失去其为金融业的基本职能而走向末途。①

将产业、商业和金融业三大部门的资本总额整合、汇总,可视为近代中国除农业外的资本主义发展的整体或一般水平。表0-16是三大部门汇总后的资本总额及其资本结构。

表0-16　中国产业、商业、金融业资本总额及其中外资本比较(1936年)

(单位:法币万元;%)

项目 \ 数量 \ 区域	全国(含伪满辖区)		关内地区		伪满辖区	
	实数	占比	实数	占比	实数	占比
资本总额	2580387	100	2014543	100	565844	100
外国资本	927841	35.96	501174	24.88	426667	75.40

① 参见《中国近代金融史》编写组编:《中国近代金融史》,中国金融出版社1985年版,第307—308页。

续表

项目 \ 区域 / 数量		全国（含伪满辖区）实数	全国（含伪满辖区）占比	关内地区 实数	关内地区 占比	伪满辖区 实数	伪满辖区 占比
本国资本	国家资本	813272	31.52	765625	38.00	47647*	8.42
	民族资本	839274	32.52	747744	37.12	91530	16.18
	小计	1652546	64.04	1513369	75.12	139177	24.60

注：* 指伪“满洲国”资本，其产业资本中未包括由南满铁道会社托管的财产14.706亿元。

资料来源：许涤新、吴承明主编：《中国资本主义发展史》第3卷，人民出版社1993年版，据第731页表6-4“资本估值”摘编、综合改制。百分比系引者计算。

全国（含伪满辖区）产业、商业、金融业资本总额为2580387法币万元，关内地区2014543法币万元。这就是1936年工矿商业和金融业资本主义的发展高度和整体水平。从资本结构看，关内地区以本国资本为主，占75.12%，外国资本占24.88%；伪满辖区情况刚好相反，外国资本占75.40%，而本国资本仅占24.60%。至于本国资本的内部结构，尚处于起步阶段的国家资本（官僚资本），其比重与民族资本相近，分别占总资本额的31.52%和32.52%，只相差1个百分点。到1947/1948年，全国经济严重破坏、衰退，资本主义经济亦大幅度萎缩，国民党统治区三大部门的资本总额只有1424518法币万元。但国家资本空前膨胀，占总资本额的比重猛升至53.85%，而民族资本的比重降至38.31%。

关于近代农业资本主义的发展状况和水平问题，难以进行全面、系统的数量统计和分析，只能进行某些零散的、描述性的文字说明。

相对于欧美各国，近代中国的新式工矿业、交通运输业、邮电通信业的资本主义发展水平已经很低,而近代中国农业的资本主义发展水平和工矿交通、邮电通信等产业部门的资本主义发展水平,又不可同日而语。与工矿、交通、通信等产业部门的资本主义首先是从西方输入资本主义生产力(机器生产力和新的生产方法)不同,农业的所谓资本主义,主要还是明清时期农业资本主义萌芽的延续和某种程度的扩散。延续的基本态势是只有量的增加,而没有出现质的飞跃。原来作为农业资本主义萌芽载体或象征的富农和经营地主,经过了一二百年甚至更长的时段的延续、发展、变化,总的趋势是,1937 年日本全面侵华战争爆发前,富农和经营地主在地区上扩散,数量增多。日本全面侵华战争爆发后,随着农业生产的严重破坏、农村经济的凋敝和整个农民阶层的贫困化、赤贫化,富农经营和经营地主相应萎缩,数量或有减少。根据土地改革档案资料,对江苏等 27 省 988 县 43099625 户、541069255 亩耕地所做的统计,富农为 1280429 户、占地 54132317 亩(不含公地),分别占总数的 2.97%和 10.0%。① 这一统计数据,县域、户数、土地,大约都占当时全国总数的一半,富农占有和耕种的土地占耕地总面积的 10%②,约为 11000 万亩。

经营地主情况比较复杂,更难进行系统的数量统计。根据上述统计,地主为 10017894 户、占地 152363558 亩(不含公地),分别占总数的 5.20%和 28.16%。③ 中国地主尤其是南方地主,土地经营的基本方式是招佃收租,但会或多或少雇工自营部分土地,当自营土地达到一定比例,或以自营土地为主时,则称为经营地主。同

① 参见本书第十二章第一节,见表 12-7。

② 这里估计富农(含佃富农)的出租土地和租入土地大体相等,互相抵消。

③ 参见本书第十二章第一节,见表 12-21。

时，由于佃农贫困化，不断丧失生产资料，须由地主以某种方式或条件垫借。佃农身份或性质发生变化，由原来自备生产资料的普通佃农演变为只出劳力的“帮工式”佃农或“分益雇役式”佃农。近代时期，“帮工式”租佃在北方各地明显扩大，种类、名目增多。有的接近租佃关系，也有的接近雇工经营。若由地主提供全部生产资料，并以地主为生产单位对土地进行集中统一经营，佃农家庭不再构成一个生产单位，而完全演变为地主的“产品分成制雇工”，有的地主还雇有长工或“产品分成制雇工”一起耕作。这种类型的土地经营，在性质上属于雇工经营，经营者应归为经营地主。在北方部分地区，这类经营地主是地主的主体。① 20 世纪三四十年代，这类经营地主的数量还呈增长态势。根据相关资料综合估计，地主（含经营地主）自营地相当于占有土地的 5%，约为 15000 万亩，经营地主（含部分采用“分益雇役制”的地主）经营的土地占 1/3，即约 5000 万亩。

近代时期，尽管富农和经营地主数量有所增加，地域上有所扩散，但在生产力方面，除某些地区有少量农具的改良和新式农具的试验、使用（如电力灌溉、柴油抽水机、打谷机等），并无引进、使用机器生产或其他新的生产方法。并且始终没有脱离家庭，生产单位和消费单位合二而一，使用的雇工也是农业劳动力兼做家庭仆役。在生产性质和目的方面，虽数量多寡不等的产品投放市场，但大多是家庭消费后的剩余，并非真正意义上的商品和商品生产。因此，富农和经营地主始终停留在“萌芽”状态，最多由“胚芽”长为“幼芽”“嫩芽”，并没有长成树木，没有发生质的变化。

① 刘克祥：《试论近代北方地区的分益雇役制》，《中国经济史研究》1987 年第 2 期。

新式农场、养殖场、奶牛场、林场、菜园、果园等,作为真正意义上的资本主义农业企业,为数不多,参差不齐,能较长时间维持生产,获得效益,屈指可数;有的有头无尾,昙花一现,或雷声大雨点小,名不副实。清末民初,苏北盐垦,名噪一时,但虎头蛇尾,有始无终,甚至挂羊头卖狗肉,有的名为"农牧垦殖",实际寸地未垦,而是囤地倒卖,从中牟利;一些公司即使垦地植棉,也并未集中统一经营,而是沿用封建租佃办法,分散招佃,产品分成收租,或者小部分直接经营,大部分分散出租。抗日战争期间,在后方地区,国民党政府为了安置难民和复员、伤残军人及其眷属,满足粮食供应,同时便于统制,组织垦荒生产,采用国营、省营、民营等多种形式,开办了一批农场、垦殖场、合作社。经营管理体制不一,难民垦殖多采用"集团农场制"。这类农场,不少带有某种赈济性能,亦有资本主义农业企业性质。据 1948 年国民党政府农林部垦殖司统计,当时尚有抗战时期存留的公私"垦场"(农场单位)178 处,垦种土地 999485 亩。①

近代时期各类农场中,生产经营状况较好的是一些城市郊区或周边地区的资本主义小型农场。这类农场大量兴起于 20 世纪初,种类包括综合农场、养殖场、奶牛场、鸭棚、菜园、果园、养鱼场、蜂房、花园等,直接供应城市居民的菜蔬、肉类、禽蛋、鱼虾、花卉等需求,开办和管理人,多为经验丰富的老农或农校毕业生。农场等规模不大,寸地寸金,实行集约经营,讲求经济效益,注意引进、采用国外先进技术和优良品种,他们可说是中国近代农业资本主义企业中的佼佼者。这类农场经营的土地面积很小,据对上海郊区、

① 国民党政府农林部垦殖司:《中国之垦殖》,见朱玲主编:《中国农业现代化中的制度实验:国有农场变迁之透视》,经济管理出版社 2018 年版,第 43 页。

辽宁安东等4地38家农场、养殖场经营面积计算，平均经营面积约合60亩左右。① 这类中小农场的数量和总的经营面积，难以准确统计。各类大小农场（包括采用资本主义方式经营的农牧垦殖公司）的土地经营面积，暂以前述"垦场"垦种总面积的5倍估算，即约500万亩。

这样，富农、经营地主（含资本主义性质的分益雇役制）和各类农场（含采用资本主义方式经营的农牧垦殖公司）的经营土地面积合计约为17000万亩，约占当时全国耕地总面积11亿亩（按全国新编地方志收集、整理的土地改革档案资料统计推算）的15%。② 剔除富农家庭劳动力承担经营的耕地面积部分，全部进行资本主义经营的土地约为13333万亩，占耕地总面积的12%。

近代中国资本主义的发展水平或高度，还可从资本主义新式企业的生产总值和传统行业生产总值的比较，从资本主义新式企业的生产总值在整个国民生产总值中所占比重，进行观测、评估。解放前有学者估计，1933年，作为传统产业的农业和手工业总产值分别为1558602万元和562686万元，合计2121288万元；作为新式产业的工厂制造业和矿冶业总产值分别为207632万元和36744万元，合计244376万元。③ 传统产业和新式产业两项总计为2365664万元，是为国民生产总值。据此计算，新式产业的生产总值占国民生产总值的10.33%。这就是近代中国资本主义到

① 刘克祥：《近代城市的发展与资本主义中小农场的兴起》，《中国近代经济史研究》1998年第3期。

② 这里没有扣除富农家庭劳力承担的土地耕作面积。按平均计算，富农使用的雇佣劳动与家庭劳力大体相等，但家庭劳力并非全部用于农业生产。雇工、家工的土地经营面积比较，雇工约占2/3，家工约占1/3。

③ 巫宝三：《中国国民所得，一九三三年》，商务印书馆2011年版，据第49、53、56、62、758、71、786、96、86页数据汇总。

1933年为止的实际发展高度。资本主义经济约占整个国民经济的10%成为通识。毛泽东同志在党的七届二中全会的报告中也曾指出,“在抗日战争以前,大约是现代性的工业占百分之十左右,农业和手工业占百分之九十左右。这是帝国主义制度和封建制度压迫中国的结果,这是旧中国半殖民地和半封建社会性质在经济上的表现”。①

1933年正值经济恐慌高峰期,国民经济处于低迷状态,不能准确反映近代中国资本主义发展的正常水平或高度。不妨仍以1936年为节点,运用相关统计数据,以期观测近代中国资本主义发展的实际水平和高度。1936年新式产业和传统产业的产值统计数据见表0-17。

表0-17　中国新式产业和传统产业的产值比较(1936年)

(单位:法币万元;%)

项目 行业	总产值	新式产业		传统产业	
		总产值	占总产值比重	总产值	占总产值比重
农业	1450506	—	—	1450506	100
工业	973277*	315992	32.46	657355	67.54
交通运输业	141659	82037	57.91	59622	42.09
总计	2565442	398029	15.51	2167483	84.49

注:*原表错为973347,现据细数核正。

资料来源:许涤新、吴承明主编:《中国资本主义发展史》第3卷,人民出版社1993年版,据第740页表6-10“新式产业和传统产业所占产值比较”摘编、综合改制。“总计”系引者计算。

① 《在中国共产党第七届中央委员会第二次全体会议上的报告》(1949年3月5日),见《毛泽东选集》第四卷,人民出版社1991年版,第1430页。

同对 1933 年产业结构的评估方法一样，表 0-17 中统计对新式产业和传统产业的界定，也是以生产方法或使用动力为标准，即以机器生产为新式产业，手工生产为传统产业，并未特意考虑资本主义生产关系的因素。所以，农业固然全部属于传统产业，工业（包括个体手工业和工场手工业）中的传统产业也超过 2/3。人民生产生活所需的全部农产品和 67.54%的工业品，都来源于传统产业。将工业和交通运输业的产值相加，其中新式产业所占比重为 15.51%，而传统产业的比重达 84.49%；剔除交通运输业（和对 1933 年产业结构评估采用同一标尺），新式产业的产值只占工农业总产值的 13.04%（高出 1933 年 2.71 个百分点），传统产业的产值比重达 86.96%。在整个国民经济体系中，传统产业占绝对统治地位。

这样，近代中国资本主义经历了长达半个多世纪的艰难跋涉和煎熬，结果令人沮丧。到 1937 年日本全面侵华战争爆发前夕，全国资本主义发展的整体水平极低，总量很小，发展极不平衡：从行业、部门分布看，资本主义主要分布在工矿和交通、通信部门，在广大农牧林业部门，资本主义只是零星存在，而且大多只带有资本主义生产关系的某些因素，资本主义的生产力更是稀若晨星。从地域看，资本主义主要分布在东南沿海和华北沿海地区，占国土面积 2/3 以上的广大中西部地区几乎是一片空白。抗日战争期间，中西部地区的新式工矿业虽然有所发展，部分改变了该地区的空白状态（抗日战争结束后，内迁工厂“复员”或关闭，接近恢复原状），但东部沦陷区的所有工矿、交通、通信和商业、金融企业，惨遭日军破坏、摧毁、攫夺，陷入灭顶之灾，东北地区更早在 1931 年“九一八事变”后，就已落入日本魔掌。从工业内部结构看，主要是轻工业，重工业尤其是机器制造业十分薄弱，只能生产一些小型机械或配件、工具，大型或成套机器设备均须进口，根本没有独立建厂和发展工业的能力。在工矿业内部，一些行业或工厂，如卷烟、火柴、制皂以及一些化工行业等，机械化的水平甚低，同工场手工业区别不大。在工农业关系上，一方面因为工业本身结构不合理，重工业薄弱，工业的主体是农产品加工业；另一方面，农业经营规模狭小，农民经济贫困，并不断加剧，往往连简单再生产也难以维持，根本无力置备和添置农具，特别是一些性能较好、但价格昂贵的改良型农具、器具和运输工具。因此，工业未能在装备农业方面发挥应有的作用，制约农业生产技术和装备的改良、革新，阻碍农业生产的发展、进步。反过来，农业生产的落后，农民经济的贫困，又从原料、口粮副食供应和工业品销售两个方面阻碍和制约了工业的发展。

所有这些，既是近代中国资本主义发展的突出特征，也是帝国主义列强侵略扩张、攫夺压榨的需要。从根本上说，是由近代中国的半殖民地半封建的国家地位决定的。正如毛泽东同志所指出的，"这是帝国主义制度和封建制度压迫中国的结果，这是旧中国半殖民地和半封建社会性质在经济上的表现"。①

当时的中国是一个拥有4亿多人口、5000年历史的大国和文明古国，从鸦片战争开始的百余年间，侵略、蹂躏它的大小列强及其喽啰，数以十计，但没有比它人口更多、历史更悠久的。大小列强为了侵略、奴役和掠夺的需要，可以在中国发展、维持某种数量与水平的资本主义和新型生产力，但如何发展、由谁发展（洋商抑或华商），必须以方便列强掠夺，以外国资本利益最大化为前提。中国资本主义发展的决定权掌握在列强和外国资本集团手中。列

① 《在中国共产党第七届中央委员会第二次全体会议上的报告》(1949年3月5日)，见《毛泽东选集》第四卷，人民出版社1991年版，第1430页。

强不会允许中国资本自由发展,更不允许中国发展成为与其平起平坐的资本主义发达国家。这还不算,在列强眼中,中国这样一个东方大国,既令人妒忌,更令人垂涎欲滴,故此,长期以来特别是鸦片战争后,中国就成为被列强蚕食、切割、肢解的对象。中国领土不论海岛、陆地,大片大片地被列强切割、挖走。与此同时,帝国主义列强又在国内物色、培植走狗、卖国贼和民族分裂主义分子,从内部肢解和分裂中国。因此,近代中国不仅不能正常发展资本主义,连作为一个完整、统一的国家延续生存,也不可能了。

近代中国不可能正常发展资本主义,这是“帝国主义制度和封建制度压迫中国的结果”,是近代中国半殖民地半封建的国家地位所决定的。千万不要因为近代中国在社会不断半殖民地和殖民地化的过程中出现了资本主义的些微发展,就据此认为,中国的近代化即资本主义化与半殖民地和殖民地化同步,中国完全殖民地化之日,就是中国实现资本主义现代化之时。以为鸦片战争后,中国人民遭受的侵略、压榨、屈辱和苦难,只是分娩前的阵痛,阵痛过后,一个令人羡慕的欧美式资本主义“胖娃娃”就会呱呱坠地。甚至提出,中国要以充当帝国主义几百年的殖民地的代价,来达到实现资本主义的目的。这无异于天方夜谭。要当帝国主义的殖民地并不困难,但资本主义的梦想却无法实现。不要将美国、加拿大、澳大利亚、新西兰等国的例子,来证明中国可以通过充当帝国主义殖民地并大幅度延长被殖民时间,实现资本主义现代化的目的。这里有一个带根本性的问题必须弄明白:那就是无论美国、加拿大,还是澳大利亚、新西兰,实现的都是西方殖民主义国家移民的资本主义,是西欧资本主义在地域上的扩大,是西欧白种人的资本主义在地域上的平行移动,而不是在不同人种和民族间的传播。这是“鹊巢鸠占”,而不是资本主义在不同人种之间的无私传授。西方殖民主义者对这些国家的土著民,或实行灭绝人性的大屠杀,或驱赶到深山老林。同时大量移民,并掠买奴隶和招募雇佣劳动者,直接从本国移植资本主义。结果,西方国家的移民及其后裔成了这些国家居民的主体,而残存下来的土著民反倒成了“少数民族”,大多至今在深山老林或贫瘠地区过着封闭或半封闭的贫苦落后生活,始终与资本主义的现代文明无缘。①

历史证明,在半殖民地殖民地条件下,中国决不可能实现资本主义现代化。退一万步说即使实现资本主义现代化,中国人民也品尝不到资本主义的“鲜果”。因为早在资本主义现代化到来之前,中国和中华民族已被灭亡。事实上,疆域狭窄、资源贫乏的日本,自明治维新特别是中日甲午战争后,就一直梦想以中华大地为载体,推行美、加、澳、新的资本主义发展模式。1931年发动“九一八事变”、侵占东北、炮制伪“满洲国”,1937年发动全面侵华战争,实施烧光、杀光、抢光“三光政策”,将中国人杀光,将中华民族灭绝,在中华大地上建立单一日本民族或以日本人为“盟主”的所谓日、满、汉、蒙、朝“五族协和”架构下的美、加、澳、新的资本主义发展模式。在这种模式下,作为一个普通的中国人,连当亡国奴的资格都没有,甚至主动投降卖国,也难免一死。② 极而言之,即使能保住性命,跟随殖民统治者进入资本主义世界,也是亡国奴,是奴隶、贱役,与资本主义的繁荣、享受无缘。好比登峨眉山,有坐滑竿

① 参见刘克祥:《〈中国近代经济史(1840—1894)〉评介——兼谈如何评价帝国主义侵略的历史作用》,《中国经济史研究》1991年第1期。

② 1937年10月8日晨,日军兵临崞县城关。为避免日军屠城,商会主动组织“治安维持会”,由商会会长田杰带领城内商民200余人,手持日本旗,扒开城门,跪地迎接日军,表示愿当“顺民”,并保证“不是兵,都是商民”。日军官示意田杰等3人带领日军进城,其他商民全部留在原地,不准回城。正当汉奸田杰等人给日军号房子找住处的时候,留在西门外的200多商民,早已被一一连锁捆绑,全部用机枪扫射屠杀,一个不留。

的，有抬滑竿的，真正观赏山色美景的是坐滑竿的。作为亡国奴的中国“原住民”，能够抬滑竿登峨眉山，就算是最好的结局。[①]

在近代中国半殖民地半封建条件下，不可能实现资本主义现代化，除了帝国主义列强出于自身利益考虑，不允许中国成为独立的资本主义发达国家与之平起平坐、分庭抗礼外，还有一个十分重要的原因，帝国主义变本加厉的侵略、掠夺、压榨，早已将中国洗劫一空，导致政府财政枯竭，负债累累；人民两手空空，一贫如洗，既无资本开办企业，又无现金购买产品，从资本和市场两个方面堵死了资本主义的发展道路。

帝国主义的掠夺手段主要是勒索赔款、高利贷剥削、公开盗窃（包括盗窃和破坏文物古迹）和不等价交换（包括对中国雇佣劳动者的残酷压榨）等。仅赔款一项，给中国财政和经济造成的损失就无法估量。自鸦片战争至清朝覆亡，帝国主义列强向中国勒索的赔款总额近 13 亿两白银，比中日甲午战争前的 1885—1894 年 10 年间清政府的财政收入总和还多 4 亿两。[②] 如果用这笔赔款来创办企业，洋务派最大的综合性近代军工企业江南制造总局，可办 2394 家[③]，洋务派最大的民用企业汉阳铁厂，也可办 223 家。[④] 如此巨大的财富流入帝国主义的腰包，中国焉能不穷？中国资本主

---

① 参见刘克祥：《究竟应该怎样看待帝国主义侵略》，《近代史研究》1996 年第 6 期。

② 1885—1894 年清政府的财政收入总额为 85359 万两白银。参见刘克祥：《太平天国后清政府的财政整顿和搜刮政策》，《中国社会科学院经济研究所集刊》第 3 辑，中国社会科学出版社 1981 年版，第 102 页。

③ 江南制造总局的创办经费约 54.3 万两。参见严中平主编：《中国近代经济史（1840—1894）》上册，人民出版社 1990 年版，第 654 页。

④ 汉阳铁厂的创办经费为 582 万余两。参见严中平主编：《中国近代经济史（1840—1894）》下册，人民出版社 1990 年版，第 1393 页。

义和整个国民经济发展的资金又从何而来？然而，巨额赔款和各种外债利息还只是帝国主义掠夺的中国财富的一小部分，它们更主要和经常的掠夺手段是凭借条约特权和经济优势，在原料收购和工业品倾销中，进行不等价交换，获取超额利润，对中国小生产者尤其是广大农民进行敲骨吸髓的剥削。在这种商品交换中，中国的生产者不但普遍得不到赢利，连生产成本也收不回，以致不能维持简单再生产。从表面上看，帝国主义的侵略刺激了中国商品经济的发展，但这种商品经济是一种萎缩的、畸形的商品经济。生产者的生产规模不断缩小，生产条件每况愈下；投入市场的不少商品是生产者的消费必需品或生产资料。例如，卖给面粉厂的小麦是农民的口粮，卖给蛋厂或直接出口的禽蛋，是农民可怜的一点“营养品”，出口的生牛皮不少是农民因无法维持简单再生产而忍痛宰杀耕牛的结果。因此，往往出现这样的奇特现象，某地区一场天灾过后，临近口岸的生牛皮出口就明显上升。如此等等。在这种不断萎缩的商品经济条件下，希冀发展资本主义，不啻南辕北辙。

两极分化是商品经济的普遍规律，是资本主义发展的必由之路。近代中国在帝国主义侵略下的商品经济发展，自然也加速了生产者的贫富分化和两极分化。但由于大部分商业和工业利润流往国外。① 结果这种贫富和两极分化主要是贫困一极的积累，极少甚至没有货币一极的积累，形成贫富和两极分化的“一头沉”。这种畸形的贫富和两极分化在农村阶级结构上，表现为佃农的阶级属性从清朝前期的“中农化”演变为近代时期的“贫农雇农化”，

① 在商业流通过程中，中国的买办商人、地主也获取了一部分利润，但相对于外国侵略者所得，不过一杯羹而已。这一杯羹也因购买洋货流向了国外。

整个农村阶级结构由原来中间粗两头细的“擀面杖型”演变为上（富）细下（贫）粗的“宝塔型”甚至“金字塔型”。①

无数农民失去了生产资料，但没有相应的货币资本来雇用他们。论者往往认为，劳动力的充裕和劳动力价格的异常低廉，是中国发展资本主义的一个十分有利的条件。其实不然，在资金异常短缺的情况下，数量过多和价格过度低廉的劳动力，反而成了资本主义发展的一个不利因素，它不仅严重阻碍手工业和工场手工业向机器工业的过渡，也影响现有企业对先进机器设备的采用和资本中不变资本比重的提高。在某些场合，甚至连役畜的饲养和使用，在经济上也变得不合算，导致农业耕作由犁耕向锄耕的倒退和农业劳动生产率的下降，阻碍农业生产技术的改进、提高，最终影响到资本主义的发展。

帝国主义侵略对中国近代资本主义发展的阻碍作用，最严重和最深远的还是它对农民的掠夺，以及这种掠夺对农业生产、农村经济所造成的严重破坏。农业是近代中国最主要的生产和经济部门，其人口和产值都占80%—90%。农民是国家赋税的主要负担者，也是帝国主义掠夺和压榨的最主要的对象。赔款和外债本息主要由农民负担，不等价交换的物质形态是工业品和农产品的交换，是工业对农业、城市对农村的剥削。外国洋行和企业主都是通过对农民和农业的剥夺来维持高额利润的，形成从农村到城市，再到国外的现金单向流动。最后导致农村金融的枯竭、农业生产的萎缩、农村经济的凋敝和广大农民的赤贫化。随着帝国主义侵略的深入，近代农村经济发生了相当大的变化，一些地区的商业性农业扩大，农产品的商品化程度明显提高。但值得注意的是，由于农

① 参见刘克祥：《二十世纪三四十年代的租佃结构变化与佃农贫农雇农化》，《中国经济史研究》2016年第5期。

民的普遍贫困和农村金融的枯竭,农村中的资本主义生产关系并没有伴随商业性农业的扩大和农产品商品化程度的提高而得到相应的发展。甚至愈是商业性农业发达的地区,作为近代农业资本主义经营的主要形式的富农经济,在当地农业经济中所占的比重愈小,出现富农经济同商业性农业发展的明显背离。① 富农经济和农业资本主义极度虚弱,又反过来限制和窒息城市资本主义即新式工业的顺利发展。富农经济的不发展和农民的普遍赤贫化,无情剥夺了农民的生产力和购买力,使他们既不能给工业提供充足的商品粮和原料,也无力购买工业品,从原料供应和产品销售两头掐住了工业发展的脖子。在帝国主义和国内封建主义的联合统治下,中国资本主义的这种市场条件和整个外部环境,不可能得到改善,只会愈来愈严峻。当19世纪七八十年代中国近代资本主义起步时,上述情况就普遍存在,而到20世纪30年代,已严重到无以复加的程度。接着,日本狗急跳墙,实施烧光、杀光、抢光"三光政策",妄图杀光中国人、灭绝中华民族,在中国土地上推行没有中国人的美、加、澳、新资本主义发展模式,但在中国人民和世界人民的顽强抗击下,最终失败投降;以蒋介石为首的国民党在抗日战争胜利后,冒天下之大不韪,挑起以消灭共产党人为目的的反革命内战,又同帝国主义侵略势力一起,被愤怒的中国人民赶出了中国大陆。半殖民地半封建条件下的近代中国资本主义也就走到了它的尽头。

---

① 参见刘克祥:《论中国富农经济(1894—1927)》,《中国社会科学院经济研究所集刊》第9辑,中国社会科学出版社1987年版。

第一篇

日伪占领下的战争和殖民掠夺经济

第一章

伪“满洲国”和关内汉奸政权辖区的殖民掠夺经济

1937年,日本帝国主义制造“七七事变”,以伪“满洲国”为“根据地”和“大本营”,悍然发动全面侵华战争,旨在完全占领和彻底灭亡中国。虽然日本恨不得一口将中国吞掉,但因关内地区的面积太大、人口太多,不可能短时间内将关内地区全部占领和直接控制,无法在关内地区炮制一个统一的、与伪“满洲国”平行的汉奸傀儡政权,而只能采取大片切割和肢解的方式,每占领一处较大地方,如县城或市以上地方,即网罗汉奸成立“治安维持会”,维持社会“治安”,负责侵华日军军需和相关机构的物资供给。随着侵略战争和占领地区的扩大,在各地“治安维持会”的基础上,侵华日军在华北、晋北和察哈尔绥远、华中华南三地,相继成立了3个地域性的汉奸傀儡政权,即北平的王伪“中华民国临时政府”(后改称“华北政务委员会”)、张家口的伪“蒙疆联合自治政府”(后改称伪“蒙疆自治邦政府”)和南京的梁伪“中华民国维新政府”(后被汪伪“中华民国国民政府”替代)。与此相联系,在3个汉奸傀儡政权所辖区域,逐渐形成了相应的日本法西斯殖民掠夺经济实体。这样,日本全面侵华战争期间,连同1932年出笼的伪“满洲国”,不算已经被割占和并入日本版图的台湾和澎湖地区,在中国领土上存在着4个汉奸傀儡政权和相应的日本法西斯殖民掠夺经济实体。这4个汉奸傀儡政权和相应的日本法西斯殖民掠夺经济实体,分别隶属关东军或各自地域日本派遣军/方面军总司令直接辖管,各自相对独立,不相统属。北平的王伪“临时政府”和南京的梁伪“维新政府”都自诩为“中央政权”,互不认同对方的“中央”地位。1940 年 3 月,在日本侵略军的直接操纵下,成立汪精卫伪“中华民国国民政府”,取代伪“中华民国维新政府”,“钦定”为“中央政府”,受命接管和合并王伪“临时政府”、梁伪“维新政府”及伪“蒙疆联合自治政府”3 个傀儡政权的辖区,王伪“临时政府”改称伪“华北政务委员会”,但仍有相当高的独立性。1941 年 8 月,伪“蒙疆联合自治政府”经日本许可,对内改称伪“蒙疆自治邦政府”,变相“独立”,汪伪政权在名义上统辖伪“蒙疆”,但并无实际管治权。不过这些并不妨碍日本侵略者对这些汉奸傀儡政权的掌控和对这些地区的经济统制与掠夺,因为这些汉奸政权的全部实权都掌握在日本侵略军手中,汉奸不过是在前台表演的傀儡。

1931 年开始的侵华战争、1937 年开始的全面侵华战争,标志着日本对华军事和领土侵略进入了一个新的阶段,中国和中华民族到了生死存亡的关键时刻。日本为这次战争进行了精心的和长时间的思想、战略和全日本范围的舆论、宣传准备。按照日本的战略决策,此次战争是对华最后一战,明治维新后半个多世纪的对华战争扩张将要画上句号,中国和中华民族也将从地球上消失。20 世纪 20 年代,日本在全面总结明治维新以来对华军事侵略扩张的经验基础上,确立了“以战养战”“以华制华”、利用中国的人力物力占领和灭亡中国的“基本国策”,其精髓和奥秘就是将日本历史上久盛不衰的海盗(史称“倭寇”)劫掠提升到国家生存和发展战略的层面,强调解决国内问题,要“把眼光从国内转向外部(中国)”,而且是“必须在日本国内不出一分钱的方针下进行作战”,切实做到所有“出征打仗的部队必须依靠占领地的征税、物资和武器来自给自足”。[1] 只有这样,才能把日本国内的战争费用和国民负担降到最低,实现战争扩张和军事掠夺利益最大化。关内外4个汉奸傀儡政权和相应的法西斯殖民掠夺经济实体的建立,就是为日本侵略扩张能够一本万利、无本万利和利益最大化提供保证。就地劫夺、确保军队就地“自给”是日本侵华战争期间贯穿始终的基本方针。然而,不论日军打到哪里,军需物资的基本取给点始终是中国,尤其是被视为“根据地”的华北。1942 年年末,太平洋战争爆发一年后,日本军队遍及南亚和太平洋诸岛,日本为完成“大东亚战争”而制定的策略仍然是逼迫蒋介石投降,同华北汉奸政权合流,为日本在华北、伪“蒙疆”和更大范围加强经济统制和掠夺提供更好的条件,保证日本“于占领区域内重点地并有效地取得重要的国防物资,同时积极地获得敌方的物资”,“取得为完成帝国的战争所必要的更多物资,确保军队的自给”;汪伪“国民政府”、华北汉奸政权同日本“同心协力为完成战争而迈进”。[2] 更加离谱的是,还要求中国对日本作出“赔偿”。1939 年 12 月 30 日汪精卫同日本政府签订的《日支新关系调整要纲》规定,准备成立的“新中央政府赔偿事变以来日本臣民在华所受权利利益之损失”[3]。1945 年年初,日本帝国主义已经濒临覆亡的边沿,准备退回日本老家,进行“本土决战”。即使在这种形势下,日本军国主

① 《石原莞尔资料·战争史论》,见[日]加藤阳子:《从满州事变到日中战争》,徐晓纯译,香港中和出版有限公司 2016 年版,第 122 页。

② 《以〈为完成大东亚战争处理对华问题的根本方针〉为基础的具体策略》(1942 年 12 月 18 日日本大本营、政府联席会议决定),见复旦大学历史系编译:《日本帝国主义对外侵略史料选编(1931—1945)》,上海人民出版社 1983 年版,第 417—420 页。

③ 黄美真、张云编:《汪伪政权资料选编·汪精卫国民政府成立》,上海人民出版社 1984 年版,第 424 页。

义者仍然不愿放弃"必须在日本国内不出一分钱的方针下进行作战"这一基本国策,而是通过大规模的经济劫掠,预先将所有军备和后勤物资,全部运回日本国内,准备在日后"本土决战"时,"长期确保军队自给"。①

日本"国内不出一分钱"、利用中国的人力物力占领和灭亡中国的"基本国策"的出笼,既是"明治维新"以来历次对华战争扩张的经验总结,又有其特殊的历史背景。20世纪20年代中后期,正处于世界资本主义经济大危机的前夜,在日本,农民因缺乏土地,生活贫困,阶级矛盾尖锐,"左翼公会"要求平等分配土地,改善农民经济状况。正是在这种背景下,日本军国主义强调,解决国内问题,要"把眼光从国内转向外部(中国'满蒙')",加快了对华侵略、占领东北,以解决农民土地问题、缓和国内矛盾的战争步伐。日本陆军省派遣一批青壮年军国主义分子下乡开大会、搞宣传、造声势,引导农民睁大眼睛"看看'满蒙'的沃土",并且煽动说,"即便把日本所有的耕地平等地分配给所有的农民,所获得的额度也只有5反步"(1反步约合992平方米)。"大家拿着五反步的土地,能把儿子送去中学念书吗？能让女儿读上女子学校吗？不行吧"。既然如此,"就让我们去拿下那片'满蒙'的沃土吧"。日本军国主义者向农民保证:只要占领了"满蒙","大家就不止五反步,而是一跃成为十町步(1反步的100倍,约合10公顷)的地主啦,大家都可以做东家了"。② 1931年5月,日本发动"九一八事变"前夕,驻扎东北部队高级参谋板垣征四郎更明确提出,要占领

① [日]参谋本部:《战败的记录》,1967年印本,第218—219页,见复旦大学历史系编译:《日本帝国主义对外侵略史料选编(1931—1945)》,上海人民出版社1983年版,第487—489页。

② [日]加藤阳子:《从满州事变到日中战争》,徐晓纯译,香港中和出版有限公司2016年版,第26—27页。

“满蒙”，将其并为日本“领土”，声称为“确保（日本）国民经济的生存，……完全解决满蒙问题使之成为我国领土，实乃当务之急”。① 日本军国主义者就是通过这种宣传鼓动，将日本农民的目光和希望统统聚焦“满蒙”，在全日本迅速掀起了一股到“满蒙”发横财、“当地主”“做东家”的狂热。

日本军国主义者紧接着就是研究如何用“日本国内不出一分钱”的战争，将“满蒙”拿到手，着手拟定《关东军满蒙占有计划》。他们认为，现代战争是“经济战”，而“日本的致命弱点”是物资贫乏，大部分军需原料都要仰仗国外进口，不可能像欧洲国家那样进行“总力战”②，日本即使在武力战上取胜，在持久的“经济战”中也无法获胜。因此，彻底“解决满蒙问题”，是“回转国运的根本策略”。而“解决满蒙问题的唯一方法就是将满蒙占为己有”，而且是“必须在日本国内不出一分钱的方针下”尽快拿下“满蒙”，所以只能“以战争养战争”，所有“出征打仗的部队必须依靠占领地的征税、物资和武器来自给自足”，以进行持久的“经济战”。如此则“无需军费也可进行战争”，“日本内地不出一分钱也可以进行战争”，即使战争拖而不决，“持久战（也）并不可怕”。③

日本就是按照这样的战略构想和“基本国策”，1931 年发动“九一八事变”，开始一场新的侵华战争，而且从准备到发动战争、夺得“满洲”，次年 3 月炮制伪“满洲国”傀儡政权，肢解中国，都是

① 板垣征四郎：《关于满蒙问题》（1931 年 5 月 21 日），见章伯锋、庄建平主编：《抗日战争》第 1 卷，四川大学出版社 1997 年版，第 75 页。

② “总力战”原是日语词语，指的是动员国家一切力量投入战争，属于衡量一个国家总体实力的战争。

③ ［日］加藤阳子：《从满州事变到日中战争》，徐晓纯译，香港中和出版有限公司 2016 年版，第 121—126 页。

在“日本国内不出一分钱的方针下”完成的。伪“满洲国”面积相当于日本本土的3倍,地上地下物产资源十分丰富,远非日本本土可比。日本实现了“回转国运”的关键目标。

日本拿下了“满蒙沃土”,不仅农民可以前去“当地主”“做东家”,而且国力猛增,既能打“武力战”,也敢打“经济战”,野心恶性膨胀。1937年日本以伪“满洲国”为“根据地”,悍然发动“七七事变”,将1931年开始的侵华战争扩大和升级为全面侵华战争,不只是切割和肢解中国,而且要完全占领和彻底灭亡中国,灭绝整个中华民族。日本发动全面侵华战争不到两个月,9月4日,华北方面军司令官寺内寿一大将给特务部部长喜多诚一少将下达训令,“为了削弱中国方面的斗志,以迅速结束战局为目的,对敌军后方采取相应的谋略”①。这为后来绝灭人性的烧光、杀光、抢光“三光政策”埋下了伏笔。9月6日,华北方面军参谋长冈部直三郎给喜多诚一下达指示,“直接供作战用的中国方面交通、通信机关,统由军方直接使用,并指导中国方面机关使其协力为原则”②。这就确保日本国内不出一分钱,而能顺利作战。不仅如此,日本还要在彻底灭亡中国、灭绝中华民族的同时,利用中国的人力物力资源,完成占领和统治世界的总目标。在华北、华中、伪“蒙疆”政权和殖民掠夺经济建立不久,日本立即以此为“根据地”,开始新的侵略扩张战争,“以陆制海”,北打苏联,1939年5月爆发了诺门坎之战。日本原以为打苏联不难,“只要几个师团就足够了”,比日俄战争时更好打。不过日本低估了苏联的军事和经济实力,历时135天的诺门坎

① 日本防卫厅战史室编:《华北治安战》(上),天津市政协编译组译,天津人民出版社1982年版,第50页。

② 《冈部直三郎就华北政务指导问题等给喜多诚一的指示》,见章伯锋、庄建平主编:《抗日战争》第6卷,四川大学出版社1997年版,第220页。

之战,结果以日本失败告终。经过一段时间的心理和战略调整,日本决定转换策略和方向,实施更大的冒险计划,以在中国的整个占领区为“根据地”,向南向东攻打英国美国,1941 年 12 月袭击珍珠港,由此爆发了太平洋战争,打一场准备占领和统治世界的“持久战”。在日本的战略构想中,“掌控中国是前提”,“如果以整个‘支那’为根据地进行充分利用的话,哪怕二十年、三十年都可以把战争持续打下去”,对日本都不构成问题。① 关键是如何“充分利用”中国这个“根据地”,将中国领土完全“占为己有”。

日本对于将中国领土完全“占为己有”的长期性和艰巨性,早有思想准备。在“九一八事变”前,日本军国主义者就警告,“通常战争的目的是将敌方的野战军主力歼灭”,但“下一场”对中国的战争,“即便歼灭了敌方的军事力量,战争也不会结束”,因为“要从中国手中夺取满蒙,必然是场持久战”。② 原因很简单:日本侵略军要将这片土地上生长、繁衍的数千万中国民众全部处置,将土地交到日本农民手中,让其毫无干扰、舒舒服服地“当地主”“做东家”,绝非一朝一夕之功。资料显示,截至 1945 年日本战败投降为止,日本在东北共强占土地 3900 多万垧③(合 3.9 亿多亩),但交由日本移民“经营”(实际由中国农民佃种或无偿耕种)的只 221550 垧(合 221 万余亩),只相当于强占土地总面积的 0.57%,绝大部分土地仍由中国农民耕种,没有真正交到日本移民手中。从这个角度说,日本“要从中国手中夺取满蒙”,将其

① [日]加藤阳子:《从满州事变到日中战争》,徐晓纯译,香港中和出版有限公司 2016 年版,第 121—126 页。

② [日]加藤阳子:《从满州事变到日中战争》,徐晓纯译,香港中和出版有限公司 2016 年版,第 123—124 页。

③ 本书所用的垧,是旧时地积单位,各地不同。东北地区 1 垧一般合 15 亩,西北地区 1 垧合 3 亩或 5 亩。而且东北地区习惯用晌来表示。

完全“占为己有”,确是一场“持久战”,而且是一场血淋淋的甚至血流成河的“持久战”。其实不只是在伪“满洲国”,也不只是日本移民“开拓”和土地劫夺,在伪“满洲国”和关内华北、华中、华南各沦陷区,除了土地,还有一切经济、财政、金融和物产资源的掠夺,殖民掠夺经济的形成和功能行使,都是血淋淋的、血流成河的“持久战”。

灭绝人性的烧光、杀光、抢光“三光政策”的实行,就是这场“持久战”的核心内容。“三光政策”中的“杀光”,既有快速屠杀,也有慢性屠杀。侵华日军在夺城掠地、扫荡、清乡、制造“无人区”、围剿抗日队伍、镇压抗日民众或支前民众时,以快速屠杀为主;通过伪满和关内沦陷区汉奸傀儡政权以征收、征购、征借、预征、预借、摊派或武力劫夺、集中统一“保管”等手段,进行农产品和其他财物劫掠时,则快速屠杀和慢性屠杀同时并行,或以慢性屠杀为主。因为这种农产品和其他财物劫夺,既满足了日军、伪军实行“三光政策”的军需给养,间接实行快速屠杀,又将农民的口粮、种子全部抢光,再加上“集家并村”、圈占耕地、制造“禁耕禁住地带”,将农民驱离耕地;加重劳役榨取,缩短“集团部落”大门开放和外出生产劳动时间,从根本上切断农民生存条件,直接实行慢性屠杀。日本的基本战略是快速屠杀与慢性屠杀双管齐下,两者交替或同时进行,消灭中国的有生力量,以最快的速度减少中国的人口数量,并最终将其全部灭绝,为日本农民在“满蒙”和关内地区毫无障碍地“当地主”“做东家”创造条件。这就是日本为从中国“夺取满蒙”以及关内地区、将其完全“占为己有”而进行的“持久战”的基本内容和目标。由此亦可窥见伪“满洲国”和关内沦陷区的法西斯殖民掠夺经济的基本性质和主要功能。在这场“持久战”中,沦陷区民众既是“作战”费用的承担者,又是日本快速和慢性屠杀、加速灭绝的主要对象。这也正是伪“满洲国”和关内沦陷区日本法西斯殖民掠夺经济的本质特征。

第一节　伪“满洲国”的行政架构和经济体制及其特征

伪“满洲国”是日本帝国主义继割占台湾、澎湖列岛，将其并入日本之后，在中国大陆炮制的一个傀儡政权。日本吞并“满蒙”的野心由来已久。日本对“满洲”的觊觎、图谋甚至可以追索到德川幕府时代。幕府末期的日本思想家佐藤信渊(1773—1850年)在其1823年完成的《宇内混同秘策》一书中，就记录了如何通过先占领满洲，再制服和吞并中国的策略。认为日本“欲制他邦，必先以吞并支那为始”；而制服和吞并中国，“必由其弱而易取处始”；而“易于攻取之处，舍支那国之满洲外无他”。“故皇国(日本)之征满洲，迟早虽不可知，但其为皇国所有，则属无疑。满洲一得，支那全国之衰微，必由此而始。故取鞑靼，始可逐次而图朝鲜、支那”。书中除了侵略计划，还有侵略计谋和详细办法，并最后打保票说，“苟能用此策，十数年间必能平支那全国”。[①] 当时觊觎“满蒙”，持有此种侵略主张和野心者在日本学者中并非个别，但如此狂妄和系统、完整，则不多见。这本书写成后并未即时刊印，只被转抄，传播和影响有限。明治维新后，日本迅即成为对外侵略扩张的封建帝国主义，该书被刊印成册，并从1894年中日甲午战争开始，将其所绘侵略蓝图付诸实施，以其扩张谋略和办法为行动指南，而且每发动一次侵略战争，就会将其重

① 汪向荣:《中国的近代化与日本》，湖南人民出版社1987年版，第170—173页。

印,在军内外散发,并作为士兵们的必读教材。① 1937 年,日本以伪"满洲国"为"根据地"发动全面侵华战争前夕,作为侵华急先锋的南满洲铁道株式会社总裁松冈洋右,总结吞并和经营"满蒙"的"艰辛"称,"满洲之有今日",乃"日本朝野倾注心血""三赌国运"的结果。② 所谓"三赌国运",指的就是三场侵略战争,即中日甲午战争、日俄战争和 1931 年"九一八事变"开始的侵华战争。由此可见,日本对"满蒙"的觊觎、占取,伪"满洲国"的炮制,图谋由来之久。

伪满政府成立于 1932 年 3 月 1 日,范围包括东北三省和热河、内蒙古东部地区,面积 1133437 平方公里(相当于日本国土面积的 2.96 倍),1937 年有人口 36933206 人。东北土地肥沃,地下矿藏丰富,是 19 世纪末 20 世纪初发展起来的工业和农业新区,新式工矿业、交通运输业和商业性农业比较发达,原是华北地区商品粮的主要来源地、手工棉织品和富余劳动力的主要消纳地。1931 年日本侵占东北、建立伪"满洲国",将其从中国分离出去。1932 年 9 月 15 日,日本关东军司令官兼驻满"全权大使"武藤信义和伪"满洲国""总理"郑孝胥在长春签订《日满议定书》,正式承认伪"满洲国"。《日满议定书》规定,伪"满洲国"确认并尊重日本及其臣民在伪满境内根据以往日中两国间的条约、协定、其他条款以及公私契约所享有的"一切权益";日"满"双方"合作以维持彼此'国家'之安全"。为此,日本军队应驻扎在伪满境内。③《日满议定书》尚有多个密约作为附件,规定:伪满"国防"及治安,全部

① 汪向荣:《中国的近代化与日本》,湖南人民出版社 1987 年版,第 168—169 页。

② 吕万和:《简明日本近代史》,天津人民出版社 1984 年版,第 287 页。

③ 《日满议定书》(1932 年 9 月 15 日),见章伯锋、庄建平主编:《抗日战争》第 6 卷,四川大学出版社 1997 年版,第 7 页。

委托日本负责，所需经费则由伪满负担；伪满的铁路、港湾、水路、航空及新路修筑，由日本管理；日本军队所需各种物资、设施，由伪满尽力供应；日本人可以充任伪满官吏，由关东军司令官推荐和解职；日本有权开发“满洲”地区的矿业资源，其采掘权俱无期限规定；等等。这些密约附件使关东军的侵略进一步具体化。伪满的政治、政府机构、军事、国防、财政、海陆空交通、通信及矿业资源，一句话，伪满的全部主权都以条约的形式，变成为关东军和日本财阀予取予求的囊中物，伪“满洲国”进而成为日本发动全面侵华战争、占领和灭亡中国的“根据地”。

一、伪“满洲国”的炮制出笼和傀儡行政架构

伪“满洲国”汉奸傀儡政权，是日本帝国主义发动“九一八事变”、侵略和肢解中国的产物，是日本征服和最终灭亡中国的一个关键步骤。日本作为一个后起和疆域狭窄、资源贫乏的封建帝国主义，其侵略扩张野心及贪欲，更甚于老牌殖民帝国主义，其最终目标不仅要完全占领和灭亡中国，而且要灭绝整个中华民族。但日本地狭人寡，而中国幅员广众，日本无法将中国一口吞下。唯一可行的办法是，通过持续切割、肢解，化整为零的手段，由岛屿而大陆，由关外而关内，由沿海而内陆，将中国领土、人口、资源一整块一整块、一部分一部分地收入日本囊中。将台湾、澎湖列岛归入日本版图，已成功在先，再将“满蒙”从中国版图切割出来，不论是否直接归入日本版图，对日本来说，其意义远非吞并台湾可比。日本军国主义者在研究和策划侵华战争时就强调，现代战争是“经济战”，如果单凭日本本土现有的资源和经济基础，即使“武力战”取胜，也无法赢得持久的“经济战”，但若拿下“满蒙”和华北，“依仗着满蒙及华北资源的日本”，则不仅可以打“武力战”，也可以打

“经济战”,即使“持久战(也)并不可怕”。[1] 日本军国主义的如意算盘是,以“满蒙”为“根据地”,则可夺取华北,以“满蒙”、华北为“根据地”,则可进而占领和征服中国。这样,彼消此长,彼蚀此盈;中国日衰,日本日盛,日本灭亡中国,只是时间问题。伪“满洲国”就是在这样的历史背景和日本帝国主义侵华“基本国策”下炮制出笼的。

(一)伪“满洲国”的构思蓝图和傀儡政权的出笼

伪“满洲国”的出笼,离“九一八事变”仅 5 个多月的时间,肢解速度惊人,不过事先还是经过反复考虑和周密设计。早在 1928 年 6 月 3 日关东军采取暗杀手段炸死张作霖时,就有建立“新政权”、扶持清朝末代皇帝溥仪为帝,取代张作霖的初步设想。[2] 1929 年关东军着手制定武装侵占东北的作战方案,就已同时考虑占领后的东北统治和奴役方案。驻扎东北日军作战参谋石原莞尔在其《关东军占领满蒙计划》中的构想是,同中国台湾、朝鲜、“关东州”殖民地一样,在东北设立军政合一的“总督府”,地址可选长春或哈尔滨,“总督”由日本现役大将或中将担任,下设幕僚长、道尹、宪兵司令官、师团长等。石原莞尔还主张,东北原有行政体制不作重大变动,以推行“以华制华”的统治方针。同时在东北常驻日军 4 个师团,以作“防卫”。这还只是一个大致的框架设计,具体方案则由关东军参谋部第三课负责,并为此专门成立了“满蒙占领地区研究会”,满铁调查课亦参与和通力合作。另外,日本参

① [日]加藤阳子:《从满州事变到日中战争》,徐晓纯译,香港中和出版有限公司 2016 年版,第 121—126 页。

② [日]加藤阳子:《从满州事变到日中战争》,徐晓纯译,香港中和出版有限公司 2016 年版,第 113 页。

谋本部每年都提出一份《形势判断》,1931 年的《形势判断》包括中央军部对武装占领东北的统治方针与步骤,有一个分三步走的计划,每一步(阶段)建立相应的殖民统治形式,即第一步为取代张学良政府的亲日政权,但形式上仍置于中国中央政府的主权之下;第二步改为“满蒙组成一个政权”,并从中国中央政府独立出来,建立由日本控制的“国家”;第三步全面占领“满蒙”,并将其纳入日本版图。

实际上这所谓的三步设想只是提供了三种可供选择的形式,因“九一八事变”急剧爆发,在事变爆发的几乎同时就必须作出选择。“九一八事变”次日,关东军参谋片仓衷大尉找到刚从日本来沈阳的日本参谋本部作战部长建川美次少将,并同板垣征四郎、石原莞尔、花谷等会谈。建川美次本来是代表陆军中央前来制止关东军起事的,现在摇身而成为关东军制造事变的同谋。针对板垣征四郎、石原莞尔坚持主张实行第三步的占领方案,建川美次主张按《形势判断》规定的第一步方案实施,但表示对关东军的行动不加约束,并向关东军司令官本庄繁建议,应建立以溥仪为首脑、由日本支持的政权。1931 年 9 月 20 日,以关东军奉天特务机关长土肥原贤二为伪市长的奉天市军政府成立,作为过渡。22 日,土肥原贤二又抛出以日本为“盟主”的“满蒙五族共和国”方案。最后经板垣征四郎、石原莞尔、片仓衷等人策划和敲定的《满蒙问题解决方案》规定,建立由日本支持、以清朝末代皇帝溥仪为首领、统辖东北四省(东三省加上热河省)和“蒙古”的“新政权”,掌管内政和若干地方性事务,起用熙洽、张海鹏、汤玉麟、于芷山、张景惠,分别担任吉林、洮索、热河、东边道、哈尔滨等地“镇守使”。当日下午,关东军即通知日军驻天津司令官,把宣统帝置于其“保护”之下,大规模网罗汉奸,汉奸政权组班正式启动。

南满洲铁道株式会社("满铁")一批侵略成性的文人和社内右翼组织"满洲青年联盟"的狂热分子、关东军幕僚和日本参谋本部要员也都积极出谋划策:1931 年 10 月 21 日,满铁社员、关东军法制顾问松木侠抛出《满蒙共和国统治大纲草案》,将即将出台的汉奸政权划分为 6 个"行政区",日本除了因袭其所谓"条约上的诸权利"外,还要与伪政权签订军事协定,并令伪政权招聘日本顾问;关东军幕僚同正在东北视察和慰问关东军的日本参谋本部的白川义则大将、今村均大佐谋划,由片仓衷起草,石原莞尔、板垣征四郎修改,关东军参谋长批准,向日本陆军大臣和参谋总长提出《解决满蒙问题的根本方策》,要求建立一个与中国本土绝缘、由日本掌握实权、以东北四省及"蒙古"为领域的"独立新满蒙国家"。具体步骤是,先在辽宁建立由日本内部支持的特别的新政府,同时迅速确立吉、黑两省的亲日政权,热河暂时等待时机;吉、黑两省亲日政权成立后,立即与辽宁省新政府"联合统一",宣布成立承认日方要求的"新国家",并以奉天为"首都";热河则一有条件必须"使之加入联合统一"。白川义则大将回国后,11 月 7 日即将此方案向日本天皇上奏。不过在这之前,11 月 5 日陆军大臣对关东军已下达指示,因顾虑国际关系,并不完全认同关东军"方策"中关于伪政权与"中国本土绝缘"等文字。关东军则强硬回应:关于"满洲政权不与中国本部绝缘之件,绝难以承服"。同时还上报了关东军法制顾问松木侠起草的《满蒙自由国建设方案大纲》。在此之前,1931 年 10 月 23 日"满洲青年联盟"理事长金井章次还炮制了一份《东北自由国建设纲领》。内容与《满蒙自由国设立大纲》基本相同,声称不成立"满蒙国",而只搞个亲日政权,便不能"按帝国意图行事"。因此,只有两个选择:或者建立一个"国家";或者"满蒙作为我(日本)领土之一部,实属上策"。只是顾忌于"国际间的物议",炮制一个傀儡政权进行殖民统治,作为过渡。①

《满蒙自由国建设方案大纲》出笼后，关东军在炮制伪“满洲国”、加速扩大领土占领和向关内进逼，以及自身机构的改组、强化等方面，采取了一系列重大步骤：1931 年 11 月 8 日偷解溥仪出津，将其带入东北；向北占领齐齐哈尔后，在 12 月 15 日日本参谋本部批准关东军进攻锦州的同一天，关东军决定，将原来同“幕僚部”并立的行政、财务、产业、交通、交涉等 5 课合并，设立“统治部”，接替掌管司令部第三课有关政治谋略、炮制殖民统治方案、夺取经济命脉等业务。这样不仅统辖了伪满政府的建立工作，而且成为伪满政府出笼前的代行机构。②

1932 年 1 月 3 日关东军占领锦州后，认为拼凑傀儡“中央”政权的时机完全成熟，决定立即派遣司令部参谋板垣征四郎赴东京进行交涉。关东军所拼凑的“满蒙中央政权”，是完全脱离中国本土的所谓“独立”国家，并实行“中央集权制”，首脑冠以“大总统”一类头衔，避免给人以“复辟”的印象，各行政长官以现任各省长担任；傀儡政权必须赶在国际联盟调查团到“满洲”之前建立。具体步骤是，先由各省派出“代表”设立“政务委员会”，筹备政府机构；然后由各省的所谓“民意”机关“推戴”首脑；政务委员会拟于板垣征四郎回东北后成立，傀儡政权至迟在 1932 年 3 月末、即国际联盟调查团到达满洲之前建立。日本关东军认为，此事如果由

① 参见中央档案馆等合编：《日本帝国主义侵华档案资料选编·九一八事变》，中华书局 1988 年版，第 372—386 页。

② “统治部”七八十名部员大部分来自满铁和关东厅。部长驹井德三亦系满铁出身，“九一八事变”后经陆军省军务局长小矶国昭推荐，1931 年 10 月任关东军财务顾问，实际上是政治、经济最高顾问，他参与了关东军的一切重要策划与谋略。按他建议而成立的统治部，1932 年 1 月 9 日改称“特务部”。

日本直接去做,使之从中国本土分离,无论是《九国公约》①,还是国联规约都是不允许的,但由中国人自身从内部进行分离,与上述诸条约精神是不相背离的。所以,这一切都只能操纵汉奸去做。使板垣征四郎喜出望外的是,在他到达东京之前,日本陆军省和参谋本部业已制定了《时局处理要纲案》,且其主张要旨与关东军方案不谋而合。荒木贞夫陆相急于要求关东军派人赴京,就是为了尽快落实这一方案。因此,板垣征四郎很快于 1932 年 1 月 6 日得到由日本陆军省、参谋本部和外务省一致商定的《处理满蒙问题方针纲要》,并于 1 月 13 日将其带回沈阳,按照《处理满蒙问题方针纲要》具体部署,推进“满蒙”独立建“国”。事后于 1932 年 3 月 12 日公布的《处理满蒙问题方针纲要》,共有 7 条,明确提出了“满蒙”独立建“国”的宗旨和方针、政策、步骤。日本统治集团一向将“满蒙”视为日本的“生存地”“生命线”,《处理满蒙问题方针纲要》第一条规定了对“满蒙”政策的宗旨,就是“使该地在政治、经济、国防、交通、通信等各种关系上体现作为帝国生存的重要因素的作用”。第二、三、四条规定了“满蒙”立“国”的政策、基本步骤及注意事项:由于“满蒙”的现状可以“脱离中国本土政权而独立”,成为一个“政权统治下”的地区,下一步应当“逐步诱导,使它具有作为一个国家的实质”,亦即独立建“国”;现在主要由日本维持“满蒙”的治安,将来要改为“新国家”的“警察”或类似警察的“军队”来担任。为此必须建立或改革“新国家”的治安机关,但要

① 《九国公约》,即《九国关于中国事件应适用各原则及政策之条约》,1922 年 2 月 6 日美国纠集英、法、日、德、比、荷、葡和中国北洋政府在华盛顿会议上签订,从 1925 年 8 月 5 日起生效。条约虽然宣称“尊重中国的主权和独立及领土和行政的完整”,不承认日本在中国的“特殊权益”和垄断地位,但又重弹“门户开放”“机会均等”等殖民主义侵略老调,以实现帝国主义列强共同侵华、“自由竞争”的目的。

注意,“特别要使”日本人成为各机关的“领导骨干”;“满蒙”作为日本对华、对俄的“国防第一线”,不允许有“外来的捣乱行为”。为达此目的,应增加日本陆军驻“满洲”的兵力,还应置备必要的“海军设施”,但不允许“新国家”的正规陆军存在。第五条强调,恢复日本在“满蒙”的“权益”,“并加以扩充”。但应以“新国家”为“谈判的对象”,亦即尽力保证这种“权益”的“合法”外形。第六、七条再次强调,贯彻日本有关“满蒙”的政策、措施,需要注意的事项和必须采取的相关措施,即须竭力避免与国际法或国际条约相抵触,其中关于“满蒙”政权问题的措施,由于《九国公约》等关系,应尽量采取由“新国家”方面“自动提议”的形式。同时,为了贯彻日本有关“满蒙”的政策,必须迅速设置“统制机关”,但是“目前应维持现状”。①看来日本当务之急还是所谓“新国家”的建立。

正是基于这一目的,日本关东军进一步加紧物色和网罗汉奸、走狗,拼凑傀儡政权。

其实,日本关东军一发动“九一八事变”,也就同时开始了物色和网罗汉奸、拼凑傀儡政权、“以华制华”的罪恶活动。“九一八事变”后第3天,1931年9月21日即宣布成立以关东军特务机关长土肥原贤二为首的伪奉天(沈阳)市“军政府”,当天下午强迫沈阳市市长李德新交出政权,随即在闲散旧官僚、旧军阀和形形色色的亲日分子及流氓、地痞中,开始物色、罗致汉奸。9月25日,辽宁省“地方维持会”应运而生。委员长是袁金凯,副委员长是阚朝玺,都是闲居原籍的张作霖旧部下、旧官僚(袁金凯为避免张家嫌忌未就任)。委员中包括原中日合办弓长岭铁矿公司总办丁鉴

① 《处理满蒙问题方针纲要》(1932年3月12日),见复旦大学历史系编译:《日本帝国主义对外侵略史料选编(1931—1945)》,上海人民出版社1983年版,第65—66页。

修、曾任东三省保安司令部参议的于冲汉等。他们大都有亲日、媚外的丑史,心甘情愿卖国求荣。“地方维持会”的真正主宰是由满铁地方部卫生课长、满铁社内右翼组织“满洲青年联盟”理事长金井章次担任的“最高顾问”。“地方维持会”名义上是“维持地方秩序和地方金融”,实际上是日本侵略者拼凑伪政权的工具。1931年10月20日关东军即将沈阳市政务移交给了辽宁省“地方维持会”,并成立了以赵欣伯①为市长的伪奉天市政府,取代刚成立一个月的“军政府”。12月16日,“九一八事变”当天被奉天日本宪兵队逮捕的奉天省长臧式毅,在敌人的威逼利诱下,举手投降,担任日伪辽宁省省长,伪辽宁省政府随即取代该省“地方维持会”。金井章次又担任伪辽宁省政府“最高顾问”。

吉林、黑龙江的日伪政权也相继出台。在吉林,清朝爱新觉罗皇族、时任省军参谋长的熙洽,“九一八事变”后开门揖盗,主动降敌,1931年9月28日在关东军的导演下,宣布“独立”,成立军政合一的伪吉林省“长官公署”,熙洽自任“长官”,在大迫通贞等日本“顾问”的操纵下,行使军政职能。熙洽降敌和组建伪吉林省“长官公署”后,关东军在大迫通贞的指令和布置下,又策动间岛(延边)延吉镇守使吉兴(吉兴与熙洽系皇族兄弟)“独立”,将“延吉镇守使公署”改为“延吉警备司令部”,吉兴任“司令官”,由关东军植野宪兵大尉担任“顾问”,掌管大权。

在黑龙江,由于哈尔滨的特殊地位②,关东军采取的是控制哈

① 赵欣伯曾留学日本,获法学博士,曾任日本陆军大学汉语讲师,当过张作霖的法律顾问,是与日本侵略者过从甚密的亲日派。

② 哈尔滨位于松花江之滨和中东铁路与东北南部铁路交接点,是东北北部地区重要农业区、工业中心和交通枢纽。虽在行政区划上并不属于黑龙江省,但政治上、经济上对包括黑龙江省在内的整个东北北部的地位至关重要。

尔滨以攫取黑龙江全省的侵略方针。"九一八事变"爆发时,东省特别区长官张景惠(满人)正在沈阳,很快被关东军招降为夺取东北北部政权的大走狗。1931 年 9 月 22 日,板垣征四郎即派人与张景惠接头,要求张景惠与日本"合作"和"负责维持北满治安",答应让其成为黑龙江省"最高负责人",并可拨给 3000 支步枪(9 月 30 日交付)。张景惠即刻允从,9 月 24 日返回哈尔滨,连夜召开各方代表会议,决定极力维持治安,对日军绝对采取不抵抗主义。9 月 27 日成立东省特别区"治安维持会",张景惠自任会长,宣布对东省特别区之政务及治安负完全责任。随即于 10 月初成立以其心腹于镜涛(原东省特别区警务处副处长兼警察学校校长)为队长的警察队,既维持哈尔滨"治安",更主要用来对付当地中国驻军的抗日活动。关东军尚未侵入哈尔滨,走狗已经先期立足、扎根,主动引狼入室。12 月 28 日,张景惠同板垣征四郎签署了军事、铁路、日本人居住和设置日警等一系列"备忘录"。1932 年 1 月 1 日,张景惠在板垣征四郎等策划下,进而仿照辽、吉两省汉奸政府的办法,以个人名义发出通电,宣布黑龙江"独立"。1 月 6 日,关东军哈尔滨特务机关长会见原黑龙江省政府代理主席兼军事总指挥马占山。在日敌威逼利诱下,马占山表示同意与张景惠合作建立东北政权,并拥戴溥仪为"首领"。张景惠受命连夜赶往省会齐齐哈尔,7 日晨会见日军、日本领事和满铁代表,随即由关东军和满铁公所长导演,宣布就任伪黑龙江省省长,但就职而不上任,并将伪省署的大部分职位空缺,自己连夜返回哈尔滨。这些全是关东军的安排,意在引诱马占山出山,因为关东军需要马占山手中的武装力量维持黑龙江局势。1 月中旬马占山部队入驻齐齐哈尔,马本人出任伪黑龙江省警备司令,2 月就任伪黑龙江省省长。至此,关东军完成了黑龙江省傀儡政权的炮制。

这样,辽宁(奉天)、吉林、黑龙江3省伪政权全部组建就绪,作为傀儡头目的溥仪亦已被教塑成型,可以任其摆布,万无一失。余下的就是采取具体步骤,将3省合在一起,构建一个单独的政权实体,从中国版图分离和独立出去。

1931年年末,关东军将溥仪从旅顺海滨大和旅馆转移到旅顺肃亲王府安顿,1932年1月3日占领锦州,即开始由军事进攻转为以炮制伪"满洲国"傀儡政权为重点;2月5日占领哈尔滨,关东军在东北的大规模军事进攻暂告一段落,全面转入伪满政府的炮制,成立的具体时间确定为2月中旬,至迟不晚于国际联盟调查团到达之前,并按照这一时间表进行准备。从1月15日起,关东军邀请日本国内"学者"召开了一系列有关经济、产业、金融等方面的"咨询会议",分别就"满蒙"占领区的币制、金融、关税、税制、矿业、农业、畜产、工业、商业等方面进行摸底、评估,为未来伪满政府的殖民统治和经济、财税劫夺出谋划策。

日本预料,炮制伪满政府,将相当于日本本土近3倍的中国领土吞并,并从中国版图分离出去,必定遭到全中国人民的坚决反对和国际舆论的强烈谴责。为了转移国际舆论视线,掩盖炮制伪"满洲国"的罪恶阴谋,日本帝国主义于1932年1月28日策划、发动了"一·二八"淞沪事变。上海既是国民党统治区的经济中心,又是欧美列强对华投资的主要集中地,挑起淞沪大战,不论能否占领上海,都可以进一步逼迫国民党政府妥协投降,更刺痛欧美列强的神经,使其将注意力转向上海,从而减轻对伪满"建国"的国际压力。同时为了欺骗和愚弄中国人民,缓和及压制中国人民的抗日情绪,转移中国人民的斗争目标,关东军要求傀儡政权的炮制,必须装扮成是当地居民依照"民族自决"的原则从国民党政府中独立出来,是中国内部自行分裂、自我瓦解,"表面上看是支那自己分裂作用的结果”“看似出于支那方面自主发起的形式”。[①] 为此，关东军特别炮制了“建国促进宣传运动计划”，要求县、省、伪满“中央”都要相应编造“宣传运动大纲”，由关东军司令部、各地特务机关、伪省政府日本人顾问、自治指导部、伪奉天市政府日本人顾问等组成“特别委员会”，作为“宣传本部”，指导、监督各团体的运作。除了利用报纸、广播大造舆论外，还逼迫商会、农会、教育会、慈善、宗教等团体进行集团宣传；所谓“民意”则须由县、省以至“全满”大会或联合大会体现出来。宣传运动分三期进行，第一期在各县团体中进行；第二期各县开大会或联合会，作出决议、通过宣言、选出代表；第三期筹备和召开“全满”大会，组织团体请愿。[②] 如此，炮制伪满政府的目标、要求、步骤、程序、礼仪、形式等，全部由关东军谋划、设计、幕后操纵，而后由汉奸到前台严格按关东军审定的剧本表演。

按照关东军参谋长板垣征四郎及高级幕僚的谋划，伪满“建国”的基本步骤和议程是：首先，奉天、吉林、黑龙江三省汉奸“主席”组成“中央政务委员会”，具体负责“建国”筹备工作，内容包括确定国号、国旗、宣言（实际由满铁御用文人拟草）、首都和人选分配；筹备妥当后，由“中央政务委员会”作出“决议”（必要时取得各省“民意”机关之同意），各地以“请愿”和“推举”的方式，“推选大总统”；“大总统”顺应“民意”建立“中央政府”，发布“宣言”，正式宣布与中国中央分离，伪满独立成“国”；最后，将热河纳入伪满，

---

① ［日］加藤阳子：《从满洲事变到日中战争》，徐晓纯译，香港中和出版有限公司 2016 年版，第 36、39 页。

② 1932 年 2 月 17 日日本驻吉林总领事石射致日本外务大臣芳泽电，《日本外交文书 · 满洲事变》第二卷第一册，第 371—372 页，见解学诗：《伪满洲国史新编》，人民出版社 2015 年版，第 73—75 页。

热河派代表参与“中央政务委员会”。①

由张景惠领头的一群汉奸,就是按照关东军谋划的上述步骤、程序,进行伪满汉奸政权炮制的。为了早日正式启动伪满“建国”的筹备工作,在尚未将“关键人物”马占山纳降的情况下,关东军就迫不及待地纠集一批汉奸成立了“政务委员会”,不过并未行动,直到1932年2月16日获得马占山的同意,才于当晚8时至次日凌晨3时在沈阳(奉天)通宵召开第一次会议,并作出决定:为避免与中国原东北政务委员会名称混同,改为“东北行政委员会”。“东北行政委员会”于17日正式成立,设委员长,人选待定,随即发表“宣言”,“首都”设于长春。接着于17日晚和20日先后召开第二次、第三次会议。第二次会议次日午后以汉奸张景惠名义发表关东军草拟的《满蒙新国家独立宣言》,宣称“从此与党国政府脱离关系”;第三次会议讨论伪满国体、国号、国都等事项,其间出现分歧:吉林的熙洽坚持主张帝制;奉天的臧式毅要求实行立宪民主制;张景惠则表示哪种国体都无妨。当然,这种分歧纯属唇舌之争,因关东军早有既定方案,并已告知溥仪。2月24日板垣征四郎通知“东北行政委员会”,令其作为“决议”通过:“国家首脑”称“执政”;“国号”为“满洲国”;“国旗”为“五色旗”;“年号”用“大同”。因时间紧迫,包括宣传在内的伪满“建国”加快步伐,前两期宣传在“东北行政委员会”第一、二次会议时已同步进行。2月25日板垣征四郎把“国体”“国旗”“国都”等决定通知“行政委员会”并令其通过后,宣传随即进入第三期。2月29日奉天市和吉林市分别举行所谓“新国家成立庆祝游行大会”。至此,关东

① [日]小林龙夫、岛田俊彦编:《现代史资料·7·满洲事变》,[日]みすず书房1964年版,第367页,见解学诗:《伪满洲国史新编》,人民出版社2015年版,第72页。

军导演的伪满“建国”，关键性程序只差溥仪就位“典礼”。原拟计划全部在2月完成，后因关东军夺取哈尔滨的军事侵略行动，令计划延迟到3月。

1932年3月1日，由关东军和日本军国主义政府一手炮制的伪“满洲国”这个怪胎终于出炉。上午10时，汉奸张景惠发表《满洲国建国宣言》，宣布“与中华民国脱离关系，创立满洲国”，斥责“东北军阀”和国民党政权、咒骂“赤匪横行”、污蔑工农革命“自陷亡国灭种”、诽谤孙中山的“天下为公”和“三民主义”思想；又公然篡改和伪造历史，胡说“满蒙旧时，本另为一国”；同时，认贼为父，卖国求荣，对日本帝国主义和关东军兽兵夺城掠地、烧杀掳掠、灭我中华的侵略罪行歌功颂德。如此等等，已罪不可赦，竟然不知羞耻，侈谈“建国之旨”，自诩“顺天安民”“不容私见之或存”，跪在日本主子膝下，高喊“实行王道主义”，是非、黑白、荣辱之颠倒，未有如此之甚者。日本帝国主义为了掩人耳目，将伪满傀儡政权的炮制装扮成源自“民意”的中国“自主行为”，甘当“无名英雄”，“宣言”从头至尾不露“日本”二字，连汉奸们的歌功颂德，亦只谓“假手邻师……”云云。伪满“建国”的谋划、制作，明明是关东军、满铁御用文人一手操办，也说成了“奉天、吉林、黑龙江、热河、东省特别区、蒙古各盟旗官绅士民详加究讨”。其实，一小撮汉奸的所谓“详加究讨”，不过是如何不折不扣、不偏不倚落实和执行日本主子的谋划、设计。

汉奸们“恭请”溥仪出任伪“满洲国”“执政”，即所谓“请驾”一幕，是伪满“建国”政治闹剧的“重头戏”，是“闹剧”中的“闹剧”。按关东军的设计，伪满的“国体”是“共和制”，溥仪甘当奴才、汉奸，但又一直梦想复辟当皇帝，一度态度坚决，板垣征四郎和汉奸们为了让其打消“皇帝梦”，大费周折。板垣征四郎一看软的不行来硬的，令郑孝胥、罗振玉向溥仪传达，关东军军部要求不能更改。溥仪如果不接受,“只能被看作是敌对态度”。郑孝胥提醒溥仪,不要忘记张作霖的下场,他顿时像泄了气的皮球,瘫软了、彻底屈服了。

因当时溥仪尚在旅顺,按关东军的设计和导演程序,“请驾”分作两次进行:1932年3月1日“建国宣言”发表的当天中午,奉天、吉林、黑龙江、内蒙古、呼伦贝尔、东省特别区各派1人(共6人),前往旅顺“请驾”,溥仪假作“婉辞”;3月4日“请驾”者增至32人,此次溥仪宣读早已准备好的“答词”,表示“勉竭愚昧,暂任执政一年”,正式粉墨登场。3月6日午后,溥仪在郑孝胥父子(子郑垂)、罗振玉父子(子罗振邦)以及日本人上角利一、工藤铁三郎等人陪同下,一行43人抵达汤岗子翠阁温泉旅馆,与刚刚到那里的张景惠等10余名“迎接使”会合,翌日上午8时一道乘车前往长春。其间列车中途停靠公主岭时,有熙洽、张海鹏、荣厚等上车迎接;3月8日下午3时,火车到达长春。为防止出现意外,长春全市实行特别戒严,日伪军警倾巢出动,并进行全市大搜捕,数以千计的中国民众被关进监狱。

溥仪的“执政”就职典礼,于1932年3月9日举行,地点选在原长春道尹衙门。典礼中,汉奸张景惠和臧式毅分别将用黄绫包裹的伪“满洲国”国玺和伪执政玺捧献给溥仪,而后由汉奸郑孝胥代溥仪宣读了不足百字的“执政宣言”。整个典礼15项仪程,仅用25分钟全部完成。作为伪满“建国”闹剧落幕前的压轴戏、作为“民意”象征的民众“庆贺”一场,更因中国人民的抗拒、抵制,无法上演。①

溥仪就任“执政”典礼的翌日,举行了任命傀儡政权首脑的“特任式”,伪满“中央”政府宣告成立。一大批清朝遗老、军阀、官僚、汉奸随同溥仪加官晋爵,成为伪满首脑、高层,伪满成为藏污纳垢之地。溥仪“特任”的伪满“内阁”主要构成人员如下:伪“国务

① 解学诗:《伪满洲国史新编》,人民出版社2015年版,第72—75页。

总理”郑孝胥(清室遗老、铁杆复辟派);伪“参议府议长”张景惠(东北军阀、日本忠实走狗);伪“参议府副议长”汤玉麟(热河省主席);伪“立法院长”赵欣伯(铁杆亲日派、拼凑汉奸政权干将);伪“监察院长”于冲汉(奉系官僚、老牌汉奸);伪“民政部总长”臧式毅(奉系实力派官僚、汉奸);伪“外交部总长”谢介石(复辟派、亲日派);伪“军政部总长”马占山;伪“财政部总长”熙洽(爱新觉罗氏、铁杆复辟派、汉奸);伪“实业部总长”张燕卿(张之洞之子、吉林亲日派骨干成员);伪“交通部总长”丁鉴修(清朝遗老、汉奸);伪“司法部长”冯涵清(奉系文治派成员、汉奸)等。

伪满“内阁”成员,出身、仕途经历各异,但全是亲日派、卖国贼则相同。因为不当汉奸,不亲日、卖国,根本进不了也不愿意进伪满“内阁”。“内阁”成员职务的分配、安排,既是对过往卖国罪孽的论“功”行赏,更是对今后进一步卖国投降的团体“具结”。因此,溥仪签署“内阁名单”之后,郑孝胥就让他立即签署一项密约,即关东军司令官本庄繁与溥仪的换文。这是地地道道的卖国条约,也是关东军代为溥仪和全体内阁成员拟具的集体卖身契。其要点是:伪满的“国防及维持治安”交付日本,“所需经费”则“均由”伪满负担;伪满“已修铁路、港湾、水路、航空路等之管理并新路之布设”,全部交给日本或日本所指定的机关;凡日本军队认为“必要”的“各种设施”,伪满“竭力援助”;伪满参议府须选日本“有达识名望者为参议”,其他中央及地方各官署之官吏“亦即任用”日本人,各项人选均由关东军司令官保荐、任免。上开各项“宗旨及规定”,是将来两国正式缔约时的立约“根本”。[①] 这等于

① 《溥仪与关东军司令官本庄繁的秘密换文》(1932年3月10日),见中央档案馆等合编:《日本帝国主义侵华档案资料选编·伪满傀儡政权》,中华书局1994年版,第3页。

是扣在溥仪和其他汉奸头上的“紧箍咒”。

当时日本迫于国际压力,不敢立即承认伪“满洲国”,但并不妨碍它加速扩大军事侵略和经济掠夺。日本正是以非正式的私法性契约形式,通过傀儡政权巩固和扩张既得权益,全面掌控伪满政治、经济,顺利贯彻了它既定的“基本国策”:既不要日本国内出一分钱,也不要直接武装劫夺、就地筹饷,就可以在整个伪满“作战”,还可以伪满为“根据地”,将战争推向关内。这一切在伪“满洲国”一出笼就已成为事实。同时,“换文”还为日本直接操控伪政权提供了契约依据。事实上,日本侵略者不仅仅幕后操控,一开始就在一些重要部门担任前台正职、掌握实权。伪满内阁组成当天,关东军特务部长驹井德三就被任命为伪满“国务院”总务厅“长官”。其他重要部门也一开始就为日本人所控制,只是没有立即公布任命。他们是:“参议府”秘书局长荒井静雄;法制局局长松木侠;兴安局次长菊竹实藏;“外交部”总务司长大桥忠一;“财政部”总务司长阪谷希一;“财政部”税务司长源田松三;“交通部”总务司长大迫幸男;“交通部”铁道司长森田成之;“司法部”总务司长栗山茂二;“实业部”总务司长牧野克己;“民政部”总务司长中野虎逸;“民政部”警务司长甘粕正彦;奉天省警察厅长三谷清。另外,还有230名日本人官吏被派进伪满政府各部门。①

伪“满洲国”出笼后,国际联盟曾组织调查团到东北进行调查。1931年“九一八事变”发生后,蒋介石和国民党政府实行不抵抗政策,幻想通过国际联盟制裁日本,请求国际联盟组织调查团来华调查事变真相。英、美等国控制的国际联盟为维持各国在华均势,于1932年1月21日成立了以李顿为团长,美国麦考益、法国

① 参见解学诗:《伪满洲国史新编》,人民出版社2015年版,第76—77页。

克劳德、德国希尼、意大利马柯迪为成员,中国顾维钧、日本吉田为顾问的调查团。3月14日调查团抵达上海,4月21日齐集沈阳,先后在沈阳、长春、吉林、哈尔滨等城市进行了45天的调查,6月4日离开东北,10月2日同时在南京、东京、日内瓦公布了《国联调查团报告书》。该报告书承认东北三省为中国领土的组成部分,否认日本发动“九一八事变”是“合法自卫”,确认伪“满洲国”是日本违背东北人民意愿而强力炮制的工具,是“不合法的政权”,国联“不能予以承认”。该报告书认为,无论在法律上、事实上将东北三省等自中国割离,恐将“危及和平”。因此,维护和平的必要条件就是“维持中国主权及领土与行政之完整”。然而,报告书并未要求日本侵略势力完全退出东北,真正恢复“中国主权及领土与行政之完整”,而是提出对中国东北进行“国际共管”的荒谬方案:成立东三省“自治政府”,由“行政长官”指派相当数额的“外国顾问”,并且日本人应占“一定比例”;由“自治政府”组织“特别宪警”作为东三省境内“唯一武装实力”。其他一切武装力量全部“退出东三省境内”。国联调查团企图以“国际共管”取代日本独占,实际上是在无法遏止日本侵略和独占中国东北的情况下,以“国际共管”办法达至列强在中国权益均衡的目的。这是对中国主权的严重侵犯,遭到了中国人民的强烈反对。

日本因国际联盟通过了根据《国联调查团报告书》起草的《关于中日争端的决议》,宣布退出国际联盟,并以侵占热河,扩张和正式确定伪“满洲国”的正式版图作为对国联调查团《关于中日争端的决议》的回答。

热河同辽宁、吉林、黑龙江三省一样,一开始就是日本帝国主义志在必得的整个“满蒙”的一个重要组成部分,只是何时、以何种方式和手段占取的问题。日本曾一度试图劝降汤玉麟,不战而取。但汤玉麟始终态度暧昧。① 关东军在对汤玉麟不断施展诱降策略的同时,又通过各种方式,多次发动武装进攻,只是进攻兵力、规模有限,一直未达目的。1932 年冬,日伪再次对汤玉麟进行胁迫利诱,提出“满热一体”,汤玉麟根据张学良的电令,仍然全部拒绝,关东军决心武装夺取热河。1933 年 2 月 23 日,即国际联盟通过对日本的“劝告”方案、日本代表表示退出国联的前一天,日本关东军分北路、中路、南路同时发动进攻。中国守军或指挥不统一,或根本无心抗战,纷纷丢地弃城南逃,节节败退。3 月 4 日日军占领承德,热河陷落。

日本占取热河全境后,随即建立伪热河省,伪“满洲国”的省一级伪政权全部到位,日本帝国主义按预期目标完成了伪“满洲国”的版图建制,日本军国主义梦寐以求的“满蒙”全部掠夺到手。伪“满洲国”的建立和伪“满洲国”疆域的最后确定,为日本帝国主义进一步发动全面侵华战争、完全占领和最终灭亡中国提供了条件。

(二)伪“满洲国”的政治体制与行政架构及其傀儡实质

日本武装侵占中国东北,蓄谋已久,将其并入日本版图,也是

① 汤玉麟原为张作霖同伙,曾任第二十七师五十三旅旅长,因参加张勋复辟曾一度亡命于内蒙古,后与冯麟阁一道又回归到张作霖麾下,1920 年任东边镇守使兼右路巡防队统领,曾参加第一、第二两次奉直战争,并于 1926 年进入热河,成为热河都统,后又以热河省主席资格兼任东北边防军副司令长官。“九一八事变”后,日本关东军对汤玉麟施展劝降策略,但汤态度暧昧。他镇压民众的抗日斗争,却不参加伪政权。1932 年 2 月 16 日,关东军网罗汉奸召开所谓“建国会议”时,汤玉麟只发出一纸表示“服认会议决定”的电报,而未参加会议。他后被任命为伪满“参议府”副议长和伪热河省长,但并未正式履职。

早就确定的战略方针，炮制伪“满洲国”，扶持溥仪重登皇位，实行君主制，也是早有预谋。而且为早日并入日本版图铺平道路，一开始就规定，伪“满洲国”的政治体制、行政架构及一切组织，“须以日本为模范，不但政府机关须仿效日本，即民间风俗习惯，亦须与日本同化”。[①] 这不只是政权机构完全傀儡化、从属化，还要强制磨灭占领地民众历史形成的民族习性、文化传统和民间风俗、地方习惯，为进而灭亡中国和中华民族提前做准备。

在“满蒙”建立“帝国”，实行君主制是日本帝国主义的既定国策，不过 1932 年 3 月 9 日炮制出笼的却是让溥仪担任“执政”的伪“满洲国”，并非“满洲帝国”，溥仪并未“黄袍加身”。因为拼凑伪政权时，关于政治体制和行政架构问题，熙洽等清朝皇族遗老和郑孝胥、罗振玉等复辟派极力主张实行帝制，而且意在复辟；民国后兴起的地方官僚实力派臧式毅等人则坚持共和制。两派势均力敌，互不退让。日本帝国主义既反对实行共和制，更不准许清朝复辟。作为一种折中和过渡形式，关东军并未采纳任何一派的主张，没有让溥仪重登“皇帝宝座”，而是实行既非帝制又非共和的“执政”制。

按照伪“满洲国”“组织法”，“执政”制实际上是介乎帝制、共和制两者之间的政治体制。“组织法”规定，执政“由全国国民推举”产生，并无国家“元首”“首领”一类名分，但权力或威权甚大，执政“代表”伪“满洲国”，独揽立法、司法和行政、军事大权：“得立法院之协以行使立法权”；“依据法律组织法院以执行司法权”；“统督国务院以执行行政权”；并“统率陆海军及空军”，握有军权；等等。在伪满政府中，似乎只有“参政府”与“执政”大体平行。

① 《日本关东军司令官本庄繁草订日满密约》，《中央周报》第 205 期，1932 年 5 月 9 日，见章伯锋、庄建平主编：《抗日战争》第 1 卷，四川大学出版社 1997 年版，第 5—6 页。

“参政府”由“参议”(人数不详)组成(“参议”产生办法不详),可以就法律、训令、预算、与列国之交涉约束并以“执政”名义之对外宣言、任免重要官吏和其他重要国务等事项,“提出意见,以待执政之咨询”,以及关于重要国务,对“执政提出意见”。“立法院”“国务院”“法院”“检察院”等均属“执政”的下属机构或相对独立的机构。“立法院”的职责是“通过”法律案及预算案;就“国务”向“国务院”提出建议;并得“受理人民之请愿”。“国务院”的职责是“承执政之命以掌理一切行政事宜”,下设民政、外交、军政、财政、实业、交通、司法及文教各“部”;“国务院”设“国务总理”及各“部”总长;“法院”的职责是依据法律而审判民事及刑事诉讼;“法院”独立行使其职务;法官除受刑事或惩戒之裁判外,不得免其职务,又不得反其意停职、转官、转所或减俸。“检察院”设置检察官及审计官;“检察院”的职责是执行检察或审计事宜;检察官及审计官除受刑事或惩戒处分外,不得免其职务,如不得其同意,不得停职、转官或减俸。①

“国务总理”的直属机构中,总务厅是中枢机关,按 1932 年 3 月“国务院”官制规定,总务厅乃“国务总理”为直接主宰部内之机密、人事、会计及需用有关事项而设置的,初设时由秘书、人事、会计、需用 4 处组成,而后几经调整、裁撤、新设等变化,迨至后期,除官房(即办公厅)外,包括企画、法制、人事、弘报(按即宣传)、地方等处。总务厅的长官(中间一度改称“总务厅长”)称“总务长官”,由日本人充任。总务厅不仅发挥决定各“部”、局领导方针及调整、统一政策的作用,而且掌控构成“国政”核心的“人、物、财”三大权力,这些大权又集于作为日系官吏的总务长官一身。后因各“部”次

① 《“满洲国”组织法》,见章伯锋、庄建平主编:《抗日战争》第 6 卷,四川大学出版社 1997 年版,第 9—11 页。

长全部以日系官吏充任，撤销总务厅，改设官房（按即办公厅）。

各种委员会中，最重要的有“企画委员会”，设于 1938 年 7 月，其职责是综合审议有关产业经济及其他统制经营的重要政策，由会长及若干名委员组成，会长为总务长官，委员来自各官厅、特殊会社、银行官吏或具有经验的名流，由“国务总理大臣”任命或委托。企画委员会内部，按政策所涉范围、行业不同，分为劳务、金融贸易、物资物价、汇兑、产业开发计划、开拓等多个委员会，分别设干事长及干事，以掌管总务，干事长由总务厅企画处长充任。

1932 年 3 月伪“满洲国”出笼时，“国务院”设民政、外交、军政、财政、实业、交通、司法等 7 个“部”。其后因应形势变化需要，几经调整、增设、裁并变化，迄至日本战败投降，计有军事、厚生、国民勤劳、文教、外交、司法、兴农、经济、交通等 9 个“部”。按“国务院”官制及“国务院”各部官制规定，“国务总理”（国务总理大臣）负责指挥监督各“部”大臣。同时，“国务院”设置日系顾问。1933 年 1 月 19 日，任命原日本内阁资源局长官宇佐美胜夫为“国务院顾问”，其职责是接受“国务总理大臣”及各“部”大臣的咨询，就有关“国务”提出建议，可参加“国务院”会议，并出席“参议府”会议。1934 年 11 月 1 日宇佐美胜夫辞职后，顾问制中断。1937 年 7 月，根据第二次行政机构改革，顾问制废除。但作为日系顾问的军政部现役顾问制，一直延续至日本战败投降。

伪“满洲国”地方行政分为省（及特别市）、市县旗、街村等三级。省是地方行政中最上一级官署。省设公署，由省长掌理。省长受“国务总理”的指挥监督，执行法律命令，管理省内行政事务，发布省令，同时指挥监督省内的市长、县长、旗长及警察厅长。作为省长的辅佐机关，设置总务厅长（后为省次长），其下设官房及各厅。特别市享有与省同等的地位。伪满出笼之初，地方区划为奉天、吉林、黑龙江 3 省，新京、哈尔滨两特别市及东省特别区。

1933年5月3日增设热河省。其后为避免发生急剧变革,确立中央集权制,并缩小省一级的地域范围。1934年12月1日,将伪满除兴安省外,改划为奉天、安东、锦州、热河、间岛、吉林、滨江、龙江、三江、黑河等10省。废除省长由大臣兼职,以防止其权限扩大。其后,省级建制几经裁撤、归并,1943年4月机构“改革”时,计为1特别市、19省。① 相当于省级行政区划的还有“东省特别区”,原为俄国中东铁路(北铁)附属地,俄国十月革命后由中国收回。1933年6月21日改为“北满特别区”。后因收买北铁,1936年1月1日,“北满特别区”撤销。省以下的地方行政基本单位是县、市,由县(市)长掌理,在法令范围内处理其公共事务以及属于县(市)的事务,并在有关行政事务上,指挥监督管区内的街、村长。在兴安省以及伸展至锦州、热河及其他省一部分蒙古人原居住地区,实行“旗”制,设置与县同等地位的旗公署,以掌理该区域的行政事务。街、村是地方基层团体,分别按街制、村制,处理管区内的公共事务。

“执政”制是一种过渡性的体制,只实行了两年,1934年3月1日改行帝制,在日本侵略者的精心准备和导演下,溥仪黄袍加身,由“执政”改称“皇帝”。随着政治体制的变化,行政机构及其政务、职位、职能等,亦进行了相应改革。

按照新的“组织法”,“国务总理”改为“国务总理大臣”,这是唯一的“国务大臣”,其职责为“辅弼”皇帝;各部总长改为各部“大臣”,为各部“行政长官”。“国务总理大臣”指挥、监督各部大臣,具有取消或订正各个大臣命令及处分之权限。另外新增皇帝直属

① 特别市为新京;19省为奉天、吉林、龙江、热河、滨江、锦州、东安、间岛、三江、通化、牡丹江、安东、北安、黑河、兴安东、兴安南、兴安西、兴安北、四平。

机关尚书府、宫内府，分别设置大臣。尚书府专司保管“御玺”“国玺”，执掌有关诏书、敕书及其他文书的用玺事务，相当于日本的“内大臣府”。为加强对蒙古族聚居地区和蒙古族民众的统治，1934 年 11 月 9 日将“国务院”的兴安总署升格为兴安局，改为“蒙政部”，并设置大臣。同年 12 月 1 日，“国务院”新设恩赏局。1935 年 11 月 8 日，将总务厅需用处改为修建需品局，同时在总务厅内设置企画处、法制处（原为“国务院”法制局）、统计处（原隶属法制局）。企画处的职责为担任各总局的联系调整、施策的综合统一工作，以强化总务厅“中心主义”的作用。同年 3 月 22 日，为开发利用资源、扩大经济掠夺，设立“大陆科学院”，作为综合科学研究的机关。伴随日本大规模“开拓移民”的实施，同年 7 月 23 日于“民政部”设置“拓政司”，执掌日本“开拓移民”事业的计划调查及对移民事业的统筹安排。为确立殖民土地制度，全面筹划日本的殖民土地掠夺，1936 年 3 月 26 日新设“地籍整理局”，采用全新的航空测量技术，进行土地测量、整理。

伪满政府为配合日本撤销治外法权及“转让”满铁附属地的新形势，同所谓“第二期建设”相适应，1937 年 7 月 1 日对行政机构进行了多项“改革”：（1）将原来的“实业部”改归“产业部”，“财政部”改归“经济部”，“军政部”改归“治安部”，“民政部”警察司的业务转归“治安部”，撤销“文教部”，并入新设的“民生部”。这样，“国务院”原来的 9 个“部”归并为治安、民生、司法、产业、经济、交通等 6 个“部”。（2）在“国务院”下设置内务、外务、兴安 3 个局，作为独立于总务厅的“外局”，并将原“民政部”地方司转归内务局，“外交部”转归外务局，“蒙政部”重新转归兴安局，军政部的马政局并入“产业部”外局的畜产局。（3）撤销“检察院”，其行政监察转归总务厅官房，会计检查转归新设的审计局专管。（4）为适应、增强一些地方以“开发建设”为名的经济掠夺，新设通化、牡丹江两省,改哈尔滨特别市为普通市(特别市仅限“国都”新京)。至此,伪满计设18省、1特别市。(5)各“部”次长均由日本人充任。

1937年全面侵华战争爆发,“满蒙”和伪“满洲国”不仅是日本“回转国运”的关键所在,又成为日本帝国主义全面占领和灭亡中国的“根据地”,其重要性空前上升。为适应全面侵华战争的新形势,保证战争物资的充分供应,推行“以矿工部门重点主义为基础”的经济统制和掠夺,加强工矿业开发,促进农产品的增产,强化协和会运动,相继对伪满行政架构进行了新的“改革”、变动:对“产业部”和“经济部”进行调整,将原来的“产业部”改称“兴农部”,将矿山、工务两司及水力电气建设局、特许发明局移交“经济部”,“兴农部”下新设农产、家政2个司及1个特产局,“经济部”亦相应进行内部调整:调整总务厅,将企画处由第一到第五参事官室加上调查官室,扩充为6个室。1937年7月撤销“国务院”内务局,在总务处设立地方处。

全面侵华战争进入相持阶段,特别是1941年年底太平洋战争爆发后,海上通道被美英盟军封锁,日本物资供应发生困难,在伪满和关内占领区全面实行“战时体制”(亦称“临战体制”)。为了适应这一新的形势,日本对伪满行政机构又做了某些调整:对皇帝直属机关,1939年1月4日设置皇帝直辖的军事咨议院,以供皇帝对有关重要军务的咨询。同年10月设置侍从武官处,其职责是侍奉皇帝近侧,担任有关军事方面的上奏、奉答及命令传达。1940年7月15日,因设立“建‘国’神庙”及“建‘国’忠灵庙”,修改“组织法”,设置隶属皇帝的祭祀府,执掌祭祀及建筑物的管理事务。对“国务院”机构,也做了多次增并、调整:1941年1月将恩赏局并入总务厅人事处(1944年1月恢复恩赏局建制);1942年4月再次将外务局升格为“外交部”;为扩大劳力掠夺、强化对民众的劳役压榨，于1942年10月设置作为“民生部”外局的“国民勤劳奉公局”；1943年4月撤销“治安部”改为“军事部”，于总务厅外局新设警务总局，执掌原“治安部”的警察业务，同时恢复“文教部”；同年9月，设置作为“司法部”外局的“司法矫正总局”，撤销行刑司；1944年2月设置作为“交通部”外局的土木总局；同年8月，总务厅下设置“防空部”；1945年3月，改“民生部”为“厚生部”，将劳务司和外局国民勤劳奉公局移交于新设的“国民勤劳部”，同时撤销外局禁烟总局，在“厚生部”设禁烟局，“兴农部”的马政局再次并入畜产司；同年5月15日，将总务厅企画处、统计处、地方处合并改为企画局。

地方行政亦有调整变化。1934年11月29日，继兴安总署升格为兴安局、改为“蒙政部”后，公布兴安各省官制，将原来的地方官属兴安东、南、北三分省改为东、南、西、北4个省；1937年后，随着全面侵华战争不断扩大，同时实施北边“振兴计划”，增强对苏联的战略防御和战略进攻，1939年5月15日增设北安、东安两省；1941年4月1日新设四平省；1943年9月20日，出于“国防”需要，设置东满、兴安两个“总省”，分别统一管辖东满牡丹江、东安、间岛3省和兴安东、西、南、北4省；1945年5月28日，撤销东满总省，将原东安省、原牡丹江省合并为东满省，恢复原间岛省建制。这时离日本帝国主义战败投降，已经不足3个月。①

伪“满洲国”名义上“独立”，但完全是傀儡，同直接吞并无二样。日本帝国主义武装侵占中国东北的最终目的，本来就是要将其同中国台湾一样并入日本版图，使“小日本”膨胀为名副其实的

① 部分参见[日]满洲国史编纂刊行会编：《满洲国史·分论》上卷，东北沦陷十四年史吉林编写组译，1990年印本，第11—22页，见章伯锋、庄建平主编：《抗日战争》第6卷，四川大学出版社1997年版，第22—31页。

"大日本",炮制伪"满洲国"只是一种过渡。按照日本帝国主义的设计,伪"满洲国"名义上是一个"独立国家",但它是脱离中国中央政府的管辖而"独立",只是"独立"于中国,而依附、从属于日本,伪"满洲国"从"中央"到地方的全部政权架构都是傀儡,从伪满"皇帝"溥仪到中央和地方大小汉奸头目,都不过是供日本侵略者演戏的木偶。

事实上,不仅伪"满洲国"的主要官吏要由日本择选、任免,而且各重要部门一开始就为日本人官吏所控制。尤其是掌握实权"内阁"及各"部"的"总务司(厅)",正职都是日本人。伪"满洲国""参议府""中央"以及地方官署官吏,均须任用日本人,而且遴选、任免、人数变动等全部由关东军司令官定夺。

为了确定日本、伪"满洲国"之间的主从关系,日本主子、汉奸奴才之间的主仆关系,加强对伪满汉奸政权和溥仪及大小汉奸的控制,除了关东军司令官本庄繁与溥仪换文,日本还立有多项方针、规矩、条约,令溥仪及大小汉奸不敢越雷池半步。

1932 年 3 月 12 日,溥仪签署卖国密约后第二天,日本公布了《处理满蒙问题方针纲要》,核心是明确和强调伪满对于日本生存、发展的地位和作用,为了保证这种地位和作用的更好发挥,就要明确和保证伪"满洲国"既独立于中国又依附、从属于日本的双重定位。

在 1931 年"九一八事变"前,日本军国主义者早已将"满蒙"视为日本的"生存线""生命线",认为"解决满蒙问题",是日本"回转国运的根本策略";①因此,《处理满蒙问题方针纲要》第一条强调,务必使"满蒙"在"政治、经济、国防、交通、通信等各种关系上体现作为帝国生存的重要因素的作用"。"满蒙"对日本"生

① [日]加藤阳子:《从满州事变到日中战争》,徐晓纯译,香港中和出版有限公司 2016 年版,第 121—126 页。

存”的重大意义，体现在多个方面，第四条写明，“满蒙地区”乃日本“对俄对华的国防第一线”，自然不仅要以“满蒙”为“根据地”扩大对华侵略和占领中国，还要北上进攻苏联；第五条载明，要迅速恢复日本在“满蒙”的权益，“并加以扩充”。这既是为了推行“日本国内不出一分钱的方针下进行作战”的基本国策①，也是维持和发展日本国内经济所急需。

日本的目的是多重的。为了达到不同的目的，需要伪满以不同的面目出现：一方面，为了将“满蒙”从中国肢解出来，使其完全脱离中国；为了“扩充”日本在“满蒙”的权益，加大经济掠夺力度，并完全“合法化”，应以伪满为“谈判的对方”；在实行上述措施时，须避免与国际法或国际条约相抵触，其中关于伪满政府问题的措施，由于《九国公约》等的关系，“尽量可以采取”由伪满“方面自动提议的形式”。为此目的，就必须对伪满“逐步诱导，使它具有作为一个国家的实质”。另一方面，对“满蒙”治安的维持、“南满”铁路以外各路的保护，要逐渐改由伪满“国家”警察或类似警察的“军队”来担任。这需要“建立或改革”伪满“维持治安的机关”，但是“特别要使日本人成为领导骨干”。更重要的是，日本将“满蒙”地区作为“对俄对华的国防第一线，不允许有外来的捣乱行为”。为了达到以上目的，不但应增加日本陆军驻“满洲”的兵力，还要“进行必要的海军设施”。然而，绝对“不允许”伪满的“正规陆军存在”，以保证万无一失。有了这些，还觉得不保险，最后第七条又规定，“为了贯彻帝国有关满蒙的政策，必须迅速设置统制机关”，对伪满中央和地方傀儡政权的施政、运作进行全面“统制”和监控。只因傀儡政权刚刚搭建框架，职能班子尚未配套，设置统制机

① ［日］加藤阳子：《从满州事变到日中战争》，徐晓纯译，香港中和出版有限公司2016年版，第122页。

关未免过于匆促。同时,国际联盟调查团已前来中国着手调查,日本侵略者不得不有所收敛,只得暂缓实施,目前“维持现状”。①

1932年5月,关东军司令官本庄繁草订的《日满密约》,最能说明伪“满洲国”的傀儡和殖民地本质。《日满密约》第一条开宗明义规定,“日本为满洲国之管理国,对该国负指导保护及开拓富源之责。日本除在满蒙仍有集中其事业之权利,对于满洲国尤有无限之特权,该国须绝对服从其指导”。日本和伪满的关系定位十分清楚,日本不仅是伪满的“管理国”“指导保护”国,而且对伪满“尤有无限之特权”,不受国际条约或人道、人性底线的任何约束,伪满“须绝对服从”,没有任何商量、宽容的余地。第五条规定,伪“满洲国”“整体及一切组织,须以日本为模范,不但政府机关须仿效日本,即民间风俗习惯,亦须与日本同化”;司法裁判“须仿日本成规”(第九条),一切均以日本为标准,其目的就是要将伪满变为日本不可分割的一部分。②

1932年6月,关东军参谋长桥本虎之助又代表关东军草拟了《指导满洲国纲要(草案)》。该纲要草案一开头就说,“随着旧军阀的覆灭,满洲国已经作为一个独立国家出现于世,但就其将来与帝国的相互关系,见解因人而异,在对策上未尝不因此产生种种矛盾,因此必须确立根本方针,以求在指导和设施方面得以顺利进行”。③

① 《处理满蒙问题方针纲要》(1932年3月12日日本内阁会议决定),见复旦大学历史系编译:《日本帝国主义对外侵略史料选编(1931—1945)》,上海人民出版社1983年版,第65—66页。

② 《日本关东军司令官本庄繁草订日满密约》,见章伯锋、庄建平主编:《抗日战争》第1卷,四川大学出版社1997年版,第5—6页。

③ 《指导满洲国纲要(草案)》(1932年6月),见复旦大学历史系编译:《日本帝国主义对外侵略史料选编(1931—1945)》,上海人民出版社1983年版,第67页。该草案也有人译作《满洲国指导要纲(草案)》(见解学诗:《伪满洲国史新编》,人民出版社2015年版,第146页)。

桥本虎之助所拟的“根本方针”是，要使伪“满洲国”发展为“适应”日本“国策的独立国家”。而日本的“基本国策”是以“满蒙”为“根据地”，全面占领和最终灭亡中国。为了使伪满“适应”上述“国策”，桥本虎之助的办法是不另设“文治机关”，而“专使关东军担当其任”，亦即不搞溥仪“文治”，实行关东军的“武治”。只是仍要“努力保持”伪满政府作为“独立国的体面”，同时“在‘满洲国’名义下通过日本人系统的官吏，特别是通过总务长官以求实现”日本的侵略“国策”。在时间上，按照桥本虎之助的方法设计，日本“承认”伪满之前和“承认”伪满之后，操纵伪满的具体方法略有差异：在“承认”伪满之前，完全“以关东军为中心”，在日本驻伪满“政治机关的合作下”，直接由关东军“担任满洲国的指导与谈判”；在“承认”伪满之后，相应改组或废除日本驻伪满的旧有“行政官署”，改为在关东军司令部内部设置驻伪满“政治指导机关”，由关东军司令官“担任指导满洲国政府”。另外，伪满“外交”方面，由关东军司令官兼任日本驻伪满“全权大使”，使领馆官员均为其下属。同时，关东军司令官仍然保留关于伪“满洲国”日系高级官吏的人事决定权。[①] 这样，操纵伪满政府的关东军或曰“行政官署”或“政治指导机关”，由前台转入幕后，更加凸显伪满汉奸政权所谓“独立国家”的傀儡本质。

桥本虎之助的《指导满洲国纲要（草案）》上交后，日本陆军省和参谋本部以桥本虎之助“纲要草案”为蓝本，几经增删修改，并特别征求关东军的意见，于 1933 年 3 月 24 日出台了《满洲国指导方针要纲》。[②] 1933 年 8 月 8 日，日本内阁会议在《日满议定书》

① 《指导满洲国纲要（草案）》（1932 年 6 月），见复旦大学历史系编译：《日本帝国主义对外侵略史料选编（1931—1945）》，上海人民出版社 1983 年版，第 67 页。

② 解学诗：《伪满洲国史新编》，人民出版社 2015 年版，第 146 页。

和“要纲”的基础上,审定通过了《满洲国指导方针要纲》(一般简称“八八决议”),制定了控制与操纵伪“满洲国”的政策纲要,最后确定了伪满政府的性质和地位。

《满洲国指导方针要纲》出台距离桥本虎之助的“纲要草案”有一年多的时间,在这期间,日本政府于1932年9月15日正式“承认”伪满政权,建立了所谓的“外交关系”,当天日本政府发表关于承认伪“满洲国”的“声明”,由日本驻伪满“大使”武藤信义和伪“满洲国”“国务总理”签订了《日满议定书》,声称“日本国已经确认这一事实:满洲国是一个根据居民意思而自由成立的独立国家”。[①]《满洲国指导方针要纲》与此相呼应,开头说,日本对伪“满洲国”“指导的根本方针是,根据《日满议定书》精神,使满洲国作为与大日本帝国具有不可分关系的独立国家”。[②] 伪“满洲国”的性质仍然是“独立国家”,但“独立”的条件,由一年多前《指导满洲国纲要(草案)》的“适应我国(按指日本)国策”,变成了“与大日本帝国具有不可分关系”。所谓“不可分关系”,说穿了就是,伪“满洲国”乃“大日本帝国”或“日满共同体”的一个组成部分。这样,伪“满洲国”在日本“国策”中的地位,由原来的“从属化”向“一体化”跨进了一大步。

在《满洲国指导方针要纲》出笼之前,日本内阁为了对伪“满洲国”地区侵略、攫夺“事务之统一”,于1932年7月26日议决出台了《驻满机关统一要纲》,规定关东军司令官、关东长官和日本“派遣满洲之特派全权大使”归并由一个人“充任”,并明确了相关机构的官

① 《日满议定书》(1932年9月15日),见复旦大学历史系编译:《日本帝国主义对外侵略史料选编(1931—1945)》,上海人民出版社1983年版,第70页。

② 《满洲国指导方针要纲》(1933年8月8日),见解学诗:《伪满洲国史新编》,人民出版社2015年版,第146—148页。

制:“特派全权大使”的职责、权限是,在外务大臣下,掌管外交事项,并对日本驻“满”领事进行“指挥监督”;“特派全权大使”附有“随员”;关东军特务部“仍然存在”,但其“部员”得由“特派全权大使”的随员兼任;满铁之教育、卫生、土木等事项,则仍由满铁施行。①

关东军司令官兼日本驻伪满全权大使,被称为“二位一体”的伪满殖民统治体制。它是《驻满机关统一要纲》的直接产物,是进行了一番所谓“在满机构改革”的结果。

这种所谓“在满机构改革”,实质上是日本统治集团在殖民地伪“满洲国”的统治权力再分配,并在日本陆军、外务、拓务三省之间出现了激烈争夺,“八八决议”之所以迟迟未能实行,原因就在这里。日本新内阁所提出的折衷方案是以陆军方面坚持的方案为基础的,最后还是军部占了上风。这也是日本军国主义化的反映,故在日本统治集团内部,称日本的“满洲统治是实行陆军中心主义”。② “改革”后实行的“二位一体”制,关东军司令官兼驻“满”全权大使;关东军参谋长兼任大使馆的行政事务局长和参事;关东宪兵队司令官兼任大使馆行政事务局警务部长和关东军交通监理部长,联系到日本内阁“对满事务局”总裁、次长也都由日本现役军人充任的事实,不难看出,日本军部作为日本帝国主义统治势力的总代表实现了对伪“满洲国”的全面掌控。在“二位一体”的体制下,关东军司令部与日本驻伪满大使馆,乃两块牌子一套人马。给关东军司令官加上一个驻“满”全权大使的头衔,无非是为了保持伪“满洲国”的所谓“独立国家”的虚假“体面”。关于这一点,在日本1934

① 《驻满机关统一要纲》(1932年7月26日),见章伯锋、庄建平主编:《抗日战争》第6卷,四川大学出版社1997年版,第6页。

② 满铁:《在满行政机构的阁议决定》,打印本,第21页,见解学诗:《伪满洲国史新编》,人民出版社2015年版,第149页。

年的一份绝密文件《帝国在满洲国政务机关的调整问题》中毫不隐讳:“实质上,日本是把满洲国的铁路、经济、政治、军事和其他一切方面当作高于保护国地位的性质加以处理,作为满洲国的独立形态而唯一保留下来的,只是在满洲国和日本之间交换外交官而已。如果把这块唯一的独立国的招牌取了下来,那么,就无法承认我国的国策是把满洲国当作独立国而建立起来”。[①] 既然如此,日本对伪“满洲国”的所有“指导”,仍然“不能公开,而是内部的”。而这种“内部指导”,当然是“以关东军为中心利用其威力进行”的。[②] 这是实行武装占领和殖民统治的合一。唯其如此,所谓“内部指导”也难保不被公开,而实行关东军司令官兼驻“满”全权大使的“二位一体”制,恰好有利于“公开表态和内部指导的协调一致”。[③] 具体实施此种“内部指导”的是关东军司令部的第三课(后来为第四课)。[④] 关东军司令官对伪“满洲国”的所谓“内部指导”范围,无所不包,举凡一切政策、法令、人事、预算以及施政方面的任何措施等,如不向关东军请示,未获关东军司令官允准,伪满政府不

① 《帝国在满洲国政务机关的调整问题》(1934 年),见复旦大学历史系编译:《日本帝国主义对外侵略史料选编(1931—1945)》,上海人民出版社 1983 年版,第 86—87 页。

② 《关于对满关系机关调整问题的经过》,日本陆海军省档案胶卷,REEL108,第 17845—17848 页,见解学诗:《伪满洲国史新编》,人民出版社 2015 年版,第 150 页。

③ 《关东军司令官必须对满洲进行内部指导的理由》(1935 年 6 月),原载日本陆军大臣兼对满事务局总裁林铣十郎向日本天皇进讲资料《关于满洲现状》所附便笺,见中央档案馆等合编:《日本帝国主义侵华档案资料选编·伪满傀儡政权》,中华书局 1994 年版,第 83—84 页。

④ 1934 年 12 月,关东军特务部撤销,恢复第三课;后来第三课的职能改为教育训练,新成立第四课承担伪“满洲国”事务。

得采取任何行动。这就是伪“满洲国”作为所谓“独立国家”的实质。①

当然,关东军的这种凌驾一切和范围无所不包的所谓“内部指导”及其实施,并非通常的口头训示或行政命令、指令,而是凭借日本“不断地保持发挥幕后的指导威力”。这种“威力”就是作为枪炮、刺刀化身的日本关东军。当时的关东军司令官本庄繁说得十分透彻,“只要由国军(即日军)负责国防及治安维持,则关东军之威力将来必将永远存在”。② 所谓“幕后的指导威力”,就是本庄繁所说的“关东军之威力”,亦即“枪炮、刺刀威力”,而且是派生其他一切“威力”的源头,是日本帝国主义侵占东北、炮制伪“满洲国”并对其为所欲为地实施“幕后指导”的根本所在。《满洲国指导方针要纲》的各项条款清楚说明,“关东军威力”或“枪炮、刺刀威力”如何像母鸡孵雏一样派生其他“威力”,对伪满进行全面“幕后指导”:关东军司令官为了“通过日本官吏进行实质性的指导”,规定日本官吏是伪满政府“运营的核心”;在行政架构上“保持以总务厅为中心的现行体制”(第三条)。对伪满治安,规定“应特别建立调查机关”,并同关东军“保持联系”,对各种破坏活动“防患于未然”(第七条)。对伪满的“外交”政策,规定全部以日本“外交政策为依据,并与之采取同一步骤”(第八条)。对伪满经济政策的制定,规定以日本“对世界经济实力发展为基础”,以“融合日满两国经济为目标”(第九条)。对伪满经济开发,规定“以日满共存共荣为指导思想,凡属受到帝国(按指日本)国防要求制约

① 参见解学诗:《伪满洲国史新编》,人民出版社 2015 年版,第 150 页。

② 1932 年 5 月关东军司令官向以驹井德三为首的“满洲国”官吏提出的希望事项,[日]《现代史料·11·续满洲事变》,第 841 页,见解学诗:《伪满洲国史新编》,人民出版社 2015 年版,第 151 页。

的部分,均应置于帝国的实权之下”(第十条)。伪满的交通和通信,因其同国防及治安密切相关,规定“应在帝国之实权下”(第十一条)。关于伪满财政,规定“应负责分担帝国的驻满军费”(第十二条)。对伪满民众的所谓“教化”,规定应使其“充分认识满洲国同帝国之不可分的关系”,并培养其“五族协和的理想。以劳动教育为重点,振兴实业教育”(第十三条)。所谓“劳动教育”,就是“劳动奴役”,男女民众全部沦为奴隶。关于伪满司法,规定“迅速健全体制,充实机构,培养普遍遵守法纪之良好风尚”(第十四条)。亦即从体制、机构两个方面迅速建立和强化法西斯殖民统治,把民众一个个驯化为百依百顺的亡国奴。这样,凭借关东军亦即枪炮、刺刀的“威力”,以及由此孵化、派生出来各种“威力”,日本帝国主义对所谓“有关‘满洲国’的‘国家’根本组织、‘国防’、治安和‘外交’事项,日‘满’经济活动中特殊重要基础事项,以及国本奠定的有关重大问题”,全部“给予积极指导”和“实质性的指导”。[①] 其实这种“指导”也根本不是“幕后的”,而是前台的,因为上揭《满洲国指导方针要纲》条款已经说得十分明白,日本官吏是伪满政府“运营的核心”,必须成为伪满政府的“活动中心”,并已“决定保持以总务厅为中心的现行体制”。从伪“满洲国”一成立,真正掌管内阁(“国务院”)实权的就是“总务厅”;真正掌管各部实权的就是各部“总务司”,而“总务厅”“总务司”的正职全部是而且必须是日本人。因此,不仅“指导”是“积极的”“实质性的”和“前台的”,而且日本人官吏处于舞台的中心。这一切的结果是伪“满洲国”作为所谓“独立国家”的彻底傀儡化和殖民地化、日本帝国主义殖民统治的法西斯化。

---

① 《满洲国指导方针要纲》(1933 年 8 月 8 日),见解学诗:《伪满洲国史新编》,人民出版社 2015 年版,第 146—148 页。

1936年,日本帝国主义正在加紧准备发动全面侵华战争,其最终目标不仅是全面占领和彻底灭亡中国,而且要利用中国的人力物力主宰亚洲、称霸世界。日本军国主义者预计,届时日本的“国土”面积成倍增加,在全世界上的地位和“影响力”也今非昔比。同时,日本对“满蒙”的武装占领已经6年,伪满汉奸政权从“中央”到地方的殖民统治已经全面建立和基本稳固,加上6年的经济“开发”和掠夺,伪“满洲国”已按预期目标建成发动全面侵华战争的“根据地”,又通过“地籍整理”和土地航测,直接掌握和控制了大量农地牧地,已经或计划大规模移民,日本农民到“满蒙”这片沃土“当地主”“做东家”的梦想已部分实现。占领“满蒙”作为日本“回转国运的根本策略”,现在到了全面应验的关键时刻。在这种情况下,1936年9月18日关东军司令部炮制了题为《满洲国的根本理念与协和会的本质》的内部文件,将伪“满洲国”的定位上升到“世界史发展”和“以天皇为大中心的皇道联邦”的新高度。认为伪满“建国”使日本“以皇道为依据的世界政策大放异彩”,不过“只是负有实现八纮一宇理想使命之大和民族在世界史发展过程中迈出的第一步而已”。为了将“以皇道为依据的世界政策”推行于世界,充分发挥伪“满洲国”的“示范效应”,必须明确伪满的性质、地位。“内部文件”规定,伪满“属于以天皇为大中心的皇道联邦的一个独立国家”,“皇帝”虽系“独立国家”的“主权者”,但“宗主权”属于日本天皇,伪满“皇帝”秉承“天皇意旨”即位,直接“服务于”天皇;关东军司令官“作为天皇的代表,是皇帝的师傅和监护人”,“秉承天皇之意旨”,“永远承担指导满洲国之重任”。[1] 十分

[1] [日]关东军司令部:《满洲国的根本理念与协和会的本质》(1936年9月18日),见中央档案馆等合编:《日本帝国主义侵华档案资料选编·伪满傀儡政权》,中华书局1994年版,第165—166页。

清楚,关东军司令官就是伪满的太上皇和法西斯殖民统治者。《满洲国的根本理念与协和会的本质》内部文件出笼后,伪满进一步陷入了殖民地、附属国的深渊。

在关东军凭借其“威力”进行“实质性指导”、日本人官吏作为伪满政府“运营的核心”和“活动中心”的情况下,伪满政府大小汉奸官吏全是傀儡,作为汉奸“首脑”的伪“满洲帝国”所谓“皇帝”,则是最大的傀儡。据溥仪自己总结:“十四年中,我所需要做的事就是:在日本关东军司令部替我拟订好的卖国条约或者‘诏书’上签名,按照日本关东军替我写出的台词发言……为了使我的一言一行都不至于稍违日本主子的意志,日本关东军参谋吉冈安直,从1934年开始十年来一直以‘皇室御用挂’(即‘皇帝’的私人秘书)的身份,几乎寸步不离地‘监护’着我。他曾经用严厉的口吻告诫我说:‘日本天皇陛下就是你的父亲,关东军是代表天皇的’,所以你得事事听它的话。”[①]溥仪不仅是傀儡,还是名副其实的“儿皇帝”。不仅日本天皇是溥仪的“父亲”,连吉冈安直本人,也以溥仪之“严父”自居,他有时对人吹嘘说,“他(按指溥仪)就如同是我的孩子一个样”。[②] 情况确实如此。据溥仪供称,吉冈安直作为“御用挂”的8年中,“一步也不离开我。他忠实地执行日军关东军司令官的命令,管理我的内外一切公私事务,干涉我的一言一动,禁止我自由发言,无论在宴会上,临时和伪‘总理’、伪总务长官的谈话,以及对伪省长、伪军管区司令官的所谓‘上奏’的训示,还有其他,都由吉

① 溥仪:《从我的经历揭露日本军国主义的罪行——纪念“九一八”事变三十周年》,《人民日报》1961年9月17日。

② 《溥杰揭发吉冈安直》(1951年9月24日),见中央档案馆等合编:《日本帝国主义侵华档案资料选编·伪满傀儡政权》,中华书局1994年版,第169页。

冈预先写出字纸，限制谈话的范围，丝毫不许变更”。①

溥仪这种“儿皇帝”地位及其实质，上揭《满洲国的根本理念与协和会的本质》内部文件说得更加全面、深透。文件第三款专门分析了天皇、关东军司令官和溥仪之间的关系，称伪“满洲国”是属于“以天皇为大中心的皇道联邦内一个‘独立国家’”，溥仪是“秉承天意，即天皇之意旨即帝位”，以服务于皇道联邦的中心之天皇，以天皇之意旨为已心作为其在位的条件；永远是居于天皇之下的满洲国民之中心；是为实现建国理想而设置的机关（其状宛如月亮借太阳之光而放射光辉）。在这里，日本帝国主义明确将伪“满洲国”作为所谓“皇道联邦”的一员，即“大日本”不可分割的一个组成部分。溥仪秉承“天皇之意旨”，是永远“居于天皇之下”的“儿皇帝”；天皇好比太阳，溥仪最多不过是借太阳发光的月亮。因此，溥仪必须百依百顺，死心塌地效忠日本天皇，“一旦皇帝违背建国理想，不以天皇意旨为已心时，则将立即丧失其地位”，而且是杀是剐，只能任凭天皇处置，“不允许根据民意进行禅让或放伐”。② 1941 年 11 月 8 日关东军参谋片仓衷在奉天“协和会”的一次会上也称，“‘满洲国’皇帝享受日本天皇的天意，对‘满洲国’皇帝是绝对性的。例如，如把可畏的日本天皇作为太阳，‘满洲国’皇帝乃是依靠太阳之光而辉耀的月亮”。③

对于日本天皇，溥仪是“儿皇帝”，处于“君要臣死不得不死，

① 《溥仪笔供》(1951 年 10 月 3 日)，见中央档案馆等合编：《日本帝国主义侵华档案资料选编 · 伪满傀儡政权》，中华书局 1994 年版，第 173—174 页。

② 关东军司令部：《满洲国的根本理念与协和会的本质》(1936 年 9 月 18 日)，见中央档案馆等合编：《日本帝国主义侵华档案资料选编 · 伪满傀儡政权》，中华书局 1994 年版，第 166 页。

③ 解学诗：《伪满洲国史新编》，人民出版社 2015 年版，第 155 页。

父要子亡不得不亡”的“子臣”双重卑贱地位。作为“傀儡戏操线人”(溥仪语)的关东军司令官,则是作为“天皇的代理人”,是“皇帝的师傅和监护人”。[①] 实际上是溥仪的“太上皇”。其实还在1935年4月13日,即溥仪访日期间,关东军炮制的《关于人事事项》中就强调,“要确保(关东)军司令官对皇帝的师傅的地位”。[②] 实际上,历任关东军司令官,不仅是“傀儡戏操线人”和“天皇的代理人”,同时也是溥仪的“父亲”。吉冈安直告诫溥仪说:“关东军司令官是日本天皇的代表,你应当把他看成父亲一样。”[③]而关东军司令官也同样以溥仪的“父亲”自居,无时无刻不以“彻底掌握”“完全支配”和“确实奴化”溥仪“为己任”,始终对溥仪采取“既防范,又利用;既限制,又抬捧”的管教方针,并订有一个“定期输毒”和管教、测试的具体计划,总是又打又拉,软硬兼施。愈是末期拼命挣扎阶段,愈发故意对溥仪所做的“以全东北的人力、物力、财力支援”日本侵略的种种努力表示“嘉勉”。[④] 显然,这是为了防止溥仪产生二心,令其与日本侵略者共存亡,最后拉人殉葬垫背。

1937年3月1日,溥仪即帝位不足3年,关东军以溥仪名义匆匆炮制了《帝位继承法》(由伪满“国务总理”、宫内府大臣副

① 中央档案馆等合编:《日本帝国主义侵华档案资料选编·伪满傀儡政权》,中华书局1994年版,第166页。

② 解学诗:《伪满洲国史新编》,人民出版社2015年版,第154页。

③ 《溥仪笔供》(1951年10月3日),见中央档案馆等合编:《日本帝国主义侵华档案资料选编·伪满傀儡政权》,中华书局1994年版,第174页。

④ 参见《溥仪未刊手稿》(写于1957年前后),见中央档案馆等合编:《日本帝国主义侵华档案资料选编·伪满傀儡政权》,中华书局1994年版,第163—165页。

署)，详细规定了地位继承办法。[①]《帝位继承法》的匆匆出笼，背后隐藏了日本军国主义不可告人的险恶用心。因溥仪并无子嗣，嫡弟溥杰就成了日本军国主义改换伪“满洲国”皇室血统的最佳突破口。果然，《帝位继承法》出笼刚刚 33 天，即 1937 年 4 月 3 日，宣布溥杰同日本女子嵯峨浩子[②]结婚。不论溥杰同嵯峨浩子感情如何，日本帝国主义匆忙撮合这桩婚姻的政治意图都昭然若揭。溥杰本人曾称，日本帝国主义的真正企图是“想抄袭日寇对李垠——朝鲜的前国王的老法子，想偷梁换柱地把所扶植起来的汉奸伪帝进一步换成中日混血儿的伪帝”。正因为如此，在颁发《帝位继承法》的文告中，关东军以溥仪之名强调，“朕自登极以来，仰体眷命所本，俯念国脉所系，所有守国之远途，经邦之长策，悉与日本帝国协力同心，以益敦两国不可分离之关系”，并称，“今兹制定帝位继承法，于继体付托之重，定厥法典，示诸久远。……实日本天皇陛下保佑是赖”。[③] 溥仪对日本主子如此死心塌地、感恩戴德，是否真心自愿，不得而知。不过可以肯定的是，嵯峨浩子一经产子，溥仪将随即失去其利用价值，性命亦同时终结。按《帝位继承法》继位的伪满“幼帝”，不只是名义上的“儿皇帝”，而是有着日本天皇血统的真正“儿皇帝”了。

---

① 《帝位继承法》规定：伪满“帝位”由溥仪“男系子孙之男子永世继承”。继承顺序为：“帝位传帝长子”，长子不在传长孙；帝长子及其子孙皆不在，则传帝次子及其子孙；帝子孙继承帝位，“先嫡出”，帝嫡子孙皆不在，方轮及帝庶子孙；帝子孙皆不在，则传帝兄弟及其子孙。由此类推。（《帝位继承法》（1937 年 3 月 1 日），见中央档案馆等合编：《日本帝国主义侵华档案资料选编·伪满傀儡政权》，中华书局 1994 年版，第 159—160 页。）

② 嵯峨浩子系日本侯爵嵯峨实任之女，同明治天皇存在血缘关系。

③ 中央档案馆等合编：《日本帝国主义侵华档案资料选编·伪满傀儡政权》，中华书局 1994 年版，第 159 页。

二、中央集权的法西斯殖民掠夺经济体系及其变化

日本帝国主义一手导演、炮制的伪“满洲国”,在行政架构和政治体制上,实行关东军司令官兼日本驻伪满“全权大使”的“二位一体”法西斯殖民统治体制。以此为前提,在经济体制和管理经营上,实行中央集权的法西斯殖民掠夺经济体系。

中央集权的法西斯殖民掠夺经济体系,是在关东军、满铁、日本财阀、大小资本家,以及浪人、移民,夺城掠地、入户和拦路搜掠、抢劫的血腥过程中,形成、演变和持续完成的。

“九一八事变”后,由于国民党政府采取不抵抗政策,日本关东军快速占领了奉天、吉林、黑龙江、热河四省和内蒙古地区,就在武装侵占中国城乡领土的过程中,满铁和关东军一道,明火执仗,占领和抢劫各省、县(市)财政厅局及金库,铁路、公路及附属机关、车站,银行、钱庄、典当等金融机构,海关、港口码头、盐税等税收部门,邮局、电话局、电报局等邮电通信机构,工厂、商店、金银首饰店及作坊,政府机关、学校、医院,尤其是这些机构的财务、会计部门。关东军和满铁对这些机构、单位,或强行接管,或任意占据,并大肆搜掠抢劫。

在这次武装侵略和强盗劫夺合二而一的反人类罪孽中,作为侵华急先锋的满铁,既是强盗劫夺的主力和行家里手,也是武装侵略的同谋和后勤、运输保障。正如曾任满铁总裁和外交大臣的松冈洋右所称,“发动满洲事变是关东军与满铁的共同行动”。① 事

① [日]松冈洋右:《兴亚的大业》(1941 年),日本外务省档案胶卷,WT·1·LMT21,第 65—67 页,见解学诗:《伪满洲国史新编》,人民出版社 2015 年版,第 79 页。

实上，满铁不但为关东军提供军事政治谋略，充当夺取经济命脉的内行、中坚，而且全力保障关东军的后勤军需，特别是军队和军用物资、劫掠物资的运输。“九一八事变”当晚，特别成立“关东军满铁联合临时线区司令部”，立即组织特大规模的军队运输：其中奉天方向，1931 年 9 月 19 日凌晨 1 时 10 分至下午 18 时 26 分，编发了 13 次列车，20 日又编发了 4 次列车；长春方向，19 日编发 5 次列车，20 日编发 3 次列车。这就为关东军快速占领东北赢得了时机。事变期间，满铁除使用直接控制的“南满”铁路各线（即所谓“社线”）外，还强行使用包括中国自资和中外合资的东北全部铁路，进行空前大规模的紧急军运。据满铁统计，1931 年 9 月至 1932 年 3 月间，共编发军运列车（不含军用装甲列车）4056 次，亦即平均每小时有 1 列军车编成并投入运行。满铁向“社外线”派遣的军运人员，1931 年为 144758 人次，1932 年达 328918 人次。关东军司令官在给满铁的“感谢状”称，“关东军的神速行动，可以说是以帝国实力为背景的满铁的俨然存在之所赐”。[①] 这说明了满铁在日本关东军武装占领东北的罪恶行动中所充当的关键角色。

满铁的行动当然不仅限于军运，列车运送的也不只是关东军，还有大量满铁人员。事实上，作为侵华急先锋的满铁，柳条湖的爆炸声一响就立刻下达了《非常动员令》，1931 年 10 月 6 日，满铁总裁内田康哉、副总裁江口定条与关东军司令官本庄繁及其幕僚商量后一致决定，让满铁赶紧趁关东军武装夺城掠地之机全面夺取“利权”。满铁于是倾巢出动，数以万计的头目、社员、职工等，紧随关东

① 满铁铁道部：《满洲事变记录》第 2 卷；满铁：《满洲事变与满铁》，均见解学诗：《伪满洲国史新编》，人民出版社 2015 年版，第 79 页。

军之后,进行经济劫掠,夺取“利权”,占领和控制各地要害部门。①

为了在最短时间内夺取整个“满蒙”,夺取和控制铁路运输是其关键。“九一八事变”后第3天,即1931年9月21日,抚顺日本守备队首先占领了东北地区中国自资铁路之一的沈海线(沈阳至海龙)抚顺车站。9月24日,关东军宣布对沈海线沈阳总站实行“军管”。紧接着又唆使汉奸炮制“沈海铁路保安维持委员会”,由关东军大特务土肥原贤二充当监事长,劫夺和操纵该路的全线经营权。10月10日,关东军又指示满铁,利用“此次事变的绝好机会”,尽快实行“满铁会社拥有借款关系的铁路以及其他中国各铁路的委托经营”。并表示关东军一定“极力支持和协助”。于是满铁的两名理事十河信二、村上义一,与关东军一起谋划,于10月23日拼凑了伪“东北交通委员会”,由汉奸担任名义上的正、副“委员长”,而由两名满铁理事掌握实权,以该委员会作为“各铁路的经营管理主体”,相继“和平占领”了那些未能以军事进行占领的中东、洮昂、吉海、齐克、北宁、打通等铁路线。“东北交通委员会”是日本以“中央集权”的方式统制、掠夺铁路运输资源的肇始。

北宁铁路关外段的奉山(奉天至山海关)线,因有英国借款和英国人参与经营,事变后日本虽然未敢遽然夺取路权,1931年12月关东军进攻锦州时,却强行使用该路进行军运。锦州沦陷后,关东军即于1932年1月5日命令伪奉天省政府设立“奉山铁路局”,

① 从日本陆军部门对满铁参加事变人员按现役军人进行奖赏一事,可以大致看出满铁配合关东军进行武装侵略和经济掠夺的人数规模和掠夺罪行。当时满铁直营部门的“社员”职工将近4万人,因参加事变而“立功”者即达22254人,占社员总数近60%,其中绝大部分是日本人。按日本陆军部门规定,这些“立功”者均按现役军人办理:将官29人,佐官220人,尉官631人,下士官4547人,士兵10457人。(满铁:《满洲事变与满铁》,第535页,见解学诗:《伪满洲国史新编》,人民出版社2015年版,第80页。)

并口头通知英国驻奉总领事:奉山铁路已经接管,将负责偿还该路对英借款。于是,满铁抽调 700 余人,全面控制奉山线。在吉林,由于原吉林省主席熙洽、原吉敦铁路局长金璧东等汉奸的叛卖,关东军和满铁以“合同”“换文”形式,轻而易举地夺取了全部已成和拟修铁路的路权。在黑龙江,四洮铁路原系日本借款铁路,铁路技师长、会计主任和运输主任均为满铁派出人员,经营权实际为日本人所操控。1931 年 12 月 1 日,满铁总裁与四洮铁路局局长阚铎签订合同,只是一种形式。黑龙江省的其他路权,则由该省特别区长官、汉奸张景惠亲手送给了日本侵略者。

“九一八事变”后,日本侵略者只用二三个月的工夫,就完成了中东铁路以外的既有铁路和待修铁路全部路权的强盗式攫夺。不过这还只是一种过渡性措施。伪“满洲国”成立第二天,1932 年 3 月 10 日关东军司令官与满铁总裁签订了《关于铁路港湾河川委托经营及新设之协定》,将铁路、港湾、河川全部委托满铁经营。与此相配合,伪满“执政”溥仪与关东军司令官本庄繁在同一天签署的“换文”(《溥仪致本庄繁函》)中,溥仪表示“敝国承认贵国军队凡为国防上所必要将已修铁路、港湾、水路、航空路之管理并新路之布设均委诸贵国或贵国所指定的机关”。① 通过这道手续,关东军对东北铁路的武力攫夺完全“合法化”。1932 年 4 月 11 日、15 日日本内阁两次会议后,通过《关于满洲国铁道港湾河川处理方针》,声称“对于满蒙新国家”,日本“虽暂时不予承认,但努力以新国家为对象尽可能采取非正式的方法与之结成事实上的关系,以便实现和扩大帝国权益,并造成既成事实”。为使文件对满铁正式有效,“采取由政府给会社绝对极密指令的形式”。不过当时

① 满铁经调会:《满洲国关系条约集》,1934 年打印本,第 9—11 页,见解学诗:《伪满洲国史新编》,人民出版社 2015 年版,第 77 页。

国际联盟调查团在东北地区进行调查,只得暂时搁置下来。及至1933年2月9日,伪满"国务总理"和满铁总裁终于签署了《满洲国铁道借款及委托经营契约》《松花江水运事业委托经营细目契约》《敦化图们江及其他二铁路建造借款及委托经营契约》等一系列契约。1933年3月,满铁在奉天设立"铁路总局",通过武力劫夺,实现对伪满全部"国有"铁路的"委托经营"。由此实现了日本对伪满全部"国有"铁路的"集权经营",而且经营掠夺权集中于满铁。至于当时仍归苏联所有的中东铁路,日伪经过长期谈判,亦于1935年3月以1.7亿日元将其收购,1936年11月统置于新设的"铁路总局"之下。这样,日本帝国主义终于完成了全"满洲国"铁路的"中央集权"一元化统制与经营管理。①

对于航空、邮电通信和银行、财政、海关、税收等,日本侵略者也都相继采用武力劫夺,而后按不同情况和特点,分别控制、运营,并逐步发展为"中央集权"或"集权"的掠夺和统制管理。

航空和空运事业,因其在国防和侵略战争中的重要和特殊作用,日本早在"九一八事变"前就将掠取"满蒙航空权"作为"紧要任务",1930年11月18日并由内阁会议作出决定,向中国进行交涉。1931年11月11日,在关东军已经侵占东北大部分地区的情况下,日本内阁再次开会,"为奠定获得满蒙航空权的基础,并使关东军属下部队相互联系可靠",决定"在军事联络的名义下",由日本航空运输株式会社在大连、奉天、长春间及汉城、平壤、奉天间开始定期飞行。占领东北全境、伪"满洲国"出笼,不仅为日本扩大侵略,将"上述军事飞行永久"化创造了条件,而且"有助于完成

① 参见解学诗:《伪满洲国史新编》,人民出版社2015年版,第102—104页;章伯锋、庄建平主编:《抗日战争》第6卷,四川大学出版社1997年版,第35页。

欧亚航空联络、产业开发和为获得中国关内航空权做准备”。[①] 故此，关东军并未将攫夺到手的航空经营权，连同铁路、河川交通一起交给满铁。1932 年 8 月 7 日，关东军司令官本庄繁与伪满“国务总理”郑孝胥签订《关于设立航空会社的协定》，规定航空会社为“日满合办”，资本金 350 万元，日方满铁出资 150 万元，住友会社出资 100 万元；伪满政府将出资 100 万元（相关设施折价）。协定还规定，伪满政府不经关东军同意，“不得允许航空会社以外的单位经营满洲国内的航空事业”。协定还附有必须在 1933 年以前建成的 21 个飞机场和 53 个中间降落场的清单，其中相当一部分位于鲜为人知的偏僻地方。显然多属关东军军事设施。1932 年 8 月 12 日，日本内阁会议通过的《关于满洲航空问题》特别强调，航空会社“必须以使其符合国防上要求为最高方针”；日满“合办会社”只是形式，“实质上由我方（日方）掌握其指导和监督权”，保证“使其在帝国政府的完全指导与监督之下进行经营”。[②] 由日满“合办会社”发展为日本政府单方“集权”统制经营。

日本侵略者对邮局、电信两者的掠夺、统制的时间、方法略有不同。

东北三省邮务，早期全属奉天邮务局管理，1921 年才拆分成奉天、吉黑两个邮务管理局。1931 年“九一八事变”后，关东军迅即开始了对邮政管理机构和邮政局所的占领、破坏、劫夺。9 月 19 日凌晨，关东军 20 人破门窜入沈阳辽宁邮政管理局，夺走邮用卡车和自行车；同日早晨，日军又闯入沈阳邮政支局，将保险柜贴上

① 《关于满洲航空问题》（1932 年 8 月 12 日日本内阁会议决定），见中央档案馆等合编：《日本帝国主义侵华档案资料选编 · 东北经济掠夺》，中华书局 1991 年版，第 10—11 页。

② 中央档案馆等合编：《日本帝国主义侵华档案资料选编 · 九一八事变》，中华书局 1988 年版，第 672—674 页。

关东军司令部封条,并掳走钥匙;同日一群日本兵窜入营口"一等邮局",其中数人把守大门,又架机关枪于柜台示威,声称"奉令封锁邮局"。由他处运来的36袋邮件亦被扣留;同日又占据营口河北邮政支局,胁迫停办邮务。日军又任意扣留、开拆、检查邮件信函,指为"反动",立即逮捕相关官员,并随意拘禁、审讯邮政、邮局负责人,劫取邮政汇款和邮政公款现洋,禁止将邮政公款存入银行,等等。无所不为。①

关东军在对邮政管理机构和营业局所进行侵占、查封、洗劫、破坏过程中,一方面,自行建立临时性邮政:1931年11月13日设立"军事邮便局",规定日兵向日本国内寄发普通信件,不超过20公分者,或因公寄发信件、包裹,一律免收邮费;12月上旬设立"航空邮便公司",企图创办沈阳、滨江、龙江、洮南及四平街等处航空邮便业务;另一方面,在伪"满洲国"出笼前后,开始着手全面劫收邮政。1932年3月2日,日本人出版的《奉天每日新闻》放出风声,"奉天日本邮便局长接收三省邮政"。4月1日,关东军利用原辽宁邮政管理局日籍邮员田中勘吾前往滨江吉黑邮政管理局,威逼邮务长西密斯将该局"移交";同日,伪满又派"委员"若干人,劫收辽宁邮政管理局;等等。②

日本侵略者劫收辽宁、吉黑两邮政管理局后,伪满随即迅速展

① 《顾维钧代表对于东三省邮政被劫经过之说帖》(1932年8月17日),见中国国民党中央委员会党史委员会编印、秦孝仪主编:《中华民国重要史料初编·对日抗战时期》第6编,傀儡组织(一),中国国民党中央委员会1981年印本,第783—784页。

② 《顾维钧代表对于东三省邮政被劫经过之说帖》(1932年8月17日),见中国国民党中央委员会党史委员会编印、秦孝仪主编:《中华民国重要史料初编·对日抗战时期》第6编,傀儡组织(一),中国国民党中央委员会1981年印本,第785—788页。

开对各地邮局的“接收”、劫夺。[①] 邮局和职员稍有异议或配合不力，或不顺眼，即遭枪杀或严惩(额穆邮电局长杨甲辰即遭日本人枪杀)。同时任命了奉天、吉黑等邮务局局长。不仅局长多系日本人，又向邮政系统委派多名日籍“邮务检察官”及“视察员”；在沈阳，更出动日本警察监视邮局职员，甚至包围局长住宅。日伪还印制了邮票，宣布从1932年7月1日起开始贴用(实际为8月1日开始贴用)。对此，中国国民党政府外交部曾于1932年6月23日向日本驻华公使重光葵发出照会，抗议日伪强迫中国邮局改用日伪年号、“破坏中国邮务行政完整”“攫夺中国政府在东省之邮政权”，并指出“伪组织”之所为“纯系日本政府所指使”。[②] 伪满“交通部”秉承关东军旨意，于1932年7月16日强行接管东北各地邮局。在这种情况下，东三省全体邮务员工早在4月5日，即发出通电，抗议日伪于4月1日接收沈阳邮政管理局，而邮政总局投降“以图瓦全”。毅然宣布，“宁为玉碎，不为瓦全”，决定“通告停止东三省一切邮务”。国民党政府交通部亦于7月23日发布宣言，关闭东北地区的邮局，“封锁东三省邮政”，“绝不承认”日伪在东三省所发行的邮票。日本侵略者则相应采取对策：宣布从7月25日起开始伪满邮政事务启用新邮票；武力强迫邮局职员开

① 自1932年4月1日起，伪满“接收委员”逐日威逼辽宁邮务长马立地将三省邮政移交，并要求停止汇解总局款项；4月2日，伪满“交通部”电辽宁邮务局长巴立地，将热河省邮权归该局管辖；6月16日，日交通局长藤原任伪满邮务局长；伪满派员“强迫接收”东北邮政；7月19日，伪满向邮政系统委派日籍邮务检察官及视察员多人。(中国国民党中央委员会党史委员会编印、秦孝仪主编：《中华民国重要史料初编·对日抗战时期》第6编，傀儡组织(一)，中国国民党中央委员会1981年印本，第767—768、788页。)

② 中国国民党中央委员会党史委员会编印、秦孝仪主编：《中华民国重要史料初编·对日抗战时期》第6编，傀儡组织(一)，中国国民党中央委员会1981年印本，第771页。

工,在沈阳,日本警察“监视邮局人员,并包围局长住宅”,强迫上班。在关内,上海、天津、北平、临榆(山海关)等地,日本人、日本工部局自行办理邮务,交日轮或日本车辆发送东北。临榆(山海关)日军更用武力威迫榆关邮局收送日伪邮件,局长被殴伤拘捕。①

日本侵略者将大、中型邮局和电话、电报局所劫夺到手以后,即开始着手“集团”经营和“中央集权”统制。1933 年 9 月 1 日,垄断伪满电报电话事业的“满洲电信电话株式会社”正式成立。与此同时,伪满“交通部”邮务司也开始执掌有关业务。1933 年 9 月,原来分别设在奉天、哈尔滨的奉天邮政管理局和吉黑邮政管理局,改为奉天、哈尔滨两邮便管理局。前者以伪奉天、热河、兴安西分省、兴安南分省,后者以伪吉林、黑龙江、兴安东分省、兴安北分省为辖区。该二局除管理邮件、小包、汇款、储蓄等业务外,还对各该地区有线无线电报电话进行监督。当时伪满还异想天开,企图加入万国邮政联盟,无奈国联已于 1933 年 6 月作出不承认伪“满洲国”的决议,加入邮政联盟之请成为泡影。伪满又秉承日本旨意,切断了同关内的通邮。

伪满在完成对邮电“集团”和“集权”统制经营后,立即将伪满邮权集中于日本政府。1934 年 10 月 5 日,《日“满”邮政条约》在长春签字。“条约”规定“满”日两“国”邮费划一;伪满进行“邮局整理”;满铁附属地与伪满之间邮件传递废止“二重设施”;“满”日两“国”包裹、小汇兑、普通汇兑、电信汇兑,“直接邮递”;两“国”

① 中国国民党中央委员会党史委员会编印、秦孝仪主编:《中华民国重要史料初编·对日抗战时期》第 6 编,傀儡组织(一),中国国民党中央委员会 1981 年印本,第 767—768、770、775、777—778 页。

邮票“通行使用”。① “条约”的签订,明白宣示,伪满在作为日本殖民地附属的深渊中,继续和加速沉沦。同时,“条约”的一些核心条款,如“满”日两“国”信函、包裹、汇兑等一切“邮费划一”,邮票“通行使用”,包裹和各种汇兑“直接邮递”等,更是极大地方便了关东军官兵、满铁高层和“社员”,以及其他日本侵略者,为他们用各种野蛮手段劫夺的各类赃物,能够运回日本国内,提供了一种及时、简便、廉价、快速、安全的邮递机制。

电报电话设施同军事关系密切,事变之始即被日军侵占,并直接为其军事侵略服务。1931 年前东北地区的电气通信设施,已达较高水平。19 世纪末 20 世纪初,俄国、日本相继在中东、“南满”铁路及沿线附属地,掠取和加建通信设施,设置通信机构,这些机构统由关东厅递信局管理,与关东州的通信设施构成统一体系。1931 年,东北的日本电报局、所达 214 处,电话局 254 处。大连至日本佐世保、长崎已敷设海底电缆,与日本、朝鲜的许多大城市都设有直通电话。同时,1884 年后,东北亦有中国自资的电气通信事业,1931 年东北共有电报局 156 家,还在若干大城市开创了无线电报业务。电话事业相对落后,但至 1931 年也已有长途电话局 165 家。此前并于 1928 年 2 月建成奉天广播电台,开始播音营运。这些电报局、电话局和无线电台统归东北电信管理处管理。“九一八事变”后,东北电信业的职工拒绝为日伪效劳,拆毁设备、线路,纷纷撤离,电气通信系统陷于瘫痪。关东军为了劫夺和全面控制东北电信,迅速恢复运作,网罗汉奸临时拼凑“东北电政监理处”,汉奸金璧东任处长,原奉天日本邮政局局长岐部与平兼任

① 中国国民党中央委员会党史委员会编印、秦孝仪主编:《中华民国重要史料初编 · 对日抗战时期》第 6 编,傀儡组织(一),中国国民党中央委员会 1981 年印本,第 804—805 页。

“顾问”,并由岐部与平负责指挥修理电报电话和恢复运作。据岐部与平供称:当时被纳入监理处属下的电报电话局,仅奉天城内就有13家,另外在满铁沿线各城市还有30个局。① 由此关内地区与东北的电信全部被阻断,所有沈阳、长春、吉林、营口以及被占各地发往关内电报,概由日方接收,交由烟台、大连间水线转递,其地名末尾加有Jap(日本局)字样。实际上关内与东北的电信业务完全中断。② 1932年3月伪满政府出笼后,7月撤销伪“东北电政监理处”,另在奉天、哈尔滨两地新设电政管理局,管理全伪满约300家电报局、电话局和无线电台,并对外宣称,东三省与各外国间往来电报,可由日本经转。③ 不过此时满铁附属地和关东州的电信与邮政机构仍自成体系。

日本为了全面劫夺和统制伪满通信权,进行“集团”和“中央集权”经营管理,并牢牢掌握决策权,决定设立“日满合办”的电信电话会社,但必须“使会社的实权把握在日方手中”,日本内阁于1932年12月9日作出决定,并以“附件”要求日“满”秘密换文,规定日“满”两“国”政府都对会社的业务进行监督、发布命令和作出认可,但意见分歧时以日方意见为准;日“满”“最高机关”对会社

① 《岐部与平笔供》(1954年7月31日),见中央档案馆等合编:《日本帝国主义侵华档案资料选编·九一八事变》,中华书局1988年版,第416—418页。

② 《行政院以日人侵犯我东北收发电报主权事致特别外交委员会密函》(1931年10月21日),见中国国民党中央委员会党史委员会编印、秦孝仪主编:《中华民国重要史料初编·对日抗战时期》第6编,傀儡组织(一),中国国民党中央委员会1981年印本,第769页。

③ 《交通部以东省电报遭侵犯请向日抗议交涉制止致外交部函》(1932年7月30日),见中国国民党中央委员会党史委员会编印、秦孝仪主编:《中华民国重要史料初编·对日抗战时期》第6编,傀儡组织(一),中国国民党中央委员会1981年印本,第778页。

都可进行指示、监查和提出要求，但伪满方面这样做时，“须事先取得驻满日本国军部最高机关的同意”。① 1933 年 3 月 26 日，日本政府与伪满政府签署了《关于设立日满合办通信会社的协定》。不过名曰“日满合办”，实乃“日方独办”。1933 年 9 月 1 日，满洲电信电话会社成立，投资 5000 万元，其中，日本政府以其关东州的电信设施作为现物投资，作价 1650 万元；而伪“满洲国”以其电信设施出资，仅作价 600 万元。电信电话会社将关东州、满铁附属地和伪“满洲国”行政区的有线、无线通信事业连成一体。因而伪满的电气通信监督和事业机关伪“交通部”邮务司电务科及工务科，以及奉天、哈尔滨两电政管理局等全部撤销，代之以在伪“交通部”邮务局内设电政科，在奉天、哈尔滨两邮政管理局内设电政处，作为电信电话会社和各专用电报电话的监督机关。但是，监督实权是在日方关东军手中。②

“九一八事变”后，日本帝国主义对东北银行和金融业的劫夺、统制，首先是吞并和洗劫东三省官银号、边业银行、黑龙江省官银号、吉林永衡官银号（总称“四银号”），设立伪“中央银行”，为下一步大规模的金融掠夺和“中央集权”统制准备条件。

“九一八事变”的翌日，关东军就派兵荷枪实弹地占领和查封了位于沈阳的东三省官银号，并在官银号大门前构筑工事，头戴钢盔的日本兵站岗守卫。官银号金库所存巨额黄金、银洋，官商富贾们存藏的金银珠宝、贵重首饰、手表、古董字画等，全都成了侵略强盗们的囊中物。其他中方银行也是同样命运。吉林永衡官银号是

① 《关于满洲电报电话事业之件》（1932 年 12 月 9 日日本内阁会议决定），见中央档案馆等合编：《日本帝国主义侵华档案资料选编 · 九一八事变》，中华书局 1988 年版，第 12—15 页。

② 参见解学诗：《伪满洲国史新编》，人民出版社 2015 年版，第 107 页。

关东军侵入吉林市当日即1931年9月21日被查封和占领的。黑龙江省官银号也在关东军占领齐齐哈尔时被查封。

关东军在武装占领和封闭“四银号”,对其大肆搜掠、疯抢面上“浮财”的同时,从满铁和正金银行、朝鲜银行抽调人力,进驻“四银号”,对公司资产、人员结构、行内业务、往来客户、会计账目、盈亏状况等,全面进行所谓“检查”,不仅摸清底细,对银行资财进行洗劫,而且通过银行往来客户和会计账目,顺藤摸瓜,进行更大范围的资财劫夺。

日伪洗劫和直接控制“四银号”后,又通过“四银号”职员劫夺和控制中国银行,剥夺中国银行的原有业务。1932年3月28日,安东、营口两海关监督、伪满日本顾问及东三省官银号职员向两地中国银行提交伪满命令,要求中国银行将所存关税款及自3月26日起所收税款,均须解交东三省官银号;同日,东三省官银号职员强行接收营口中国银行账册。不久,6月19日、20日,伪满日本顾问将安东、营口两海关存于中国银行的税款,强行提走。① 这样,完全切断和剥夺了中国银行的业务。

日伪占领和洗劫“四银号”与中国银行,掠得了大量现金,窃取和掌握了“四银号”与中国银行的业务及客户网络,为建立伪“中央银行”和新的货币与金融制度、“中央集权”控制金融货币市场准备了条件:1931年10月上旬,由奉天大汉奸袁金铠充当头目的伪组织“金融研究会”出笼,装模作样探路;1932年1月4日,关东军委托满铁职员安盛松之助和南乡龙音拟订伪满币制统一和伪“中央银行”设立方针;2月5日,《货币与金融制度方针要纲》拍

① 中国国民党中央委员会党史委员会编印、秦孝仪主编:《中华民国重要史料初编·对日抗战时期》第6编,傀儡组织(一),中国国民党中央委员会1981年印本,第734—736页。

板定案，据此而炮制的“中央银行法”和其他有关法规，也于2月11日完成；1932年3月，关东军统治部财务课长五十岚保司承管拼凑伪“中央银行”的一切事务，与伪满头目臧式毅、熙洽等就合并“四银号”和建立伪“中央银行”“做了政治性决定”，同时任命满铁参事竹内德三郎、朝鲜银行酒井辉马、正金银行市松（当时均为关东军派驻东三省官银行号的“监理官”或“顾问”）等为“创立委员”（委员中尚包括原“四银号”头目），五十岚保司自任“委员长”；1932年5月6日，伪满从朝鲜银行借款2000万元，将其转贷与筹备中的伪“中央银行”充做准备金；1932年6月6日，伪满“国务院”和“参议府”通过“满洲‘中央银行法’”和该行“组织法”；1932年7月1日，伪满“中央银行”总行、分行、支行共128个机构全部开始营业。

日本帝国主义继武装侵占、洗劫“四银号”之后，又通过建立伪满“中央银行”，拆解原“四银号”及其附属机构，收缴原“四银号”发行的各种纸币及代用券，统一币制，进行第二次大规模的经济和金融掠夺。

原“四银号”所涉及的总行、分行及20个行业的附属事业单位共133家，按照日伪规定，必须在一年内全部拆解、处理，为此在伪“中央银行”内设立“中央实业局”作为临时过渡组织，以将原“四银号”大小企业全部并吞：从1933年4月起，当铺、烧锅、油坊、杂货、代理店等，移交给在“中央实业局”基础上建立的大兴公司；粮栈撤销；面粉业移交给日满制粉会社；矿业移交给满洲炭矿会社和满洲采金会社；航运业移交给满铁铁路总局；林业移交给伪满实业部。对市面流通的“四银号”纸币和其他有价票券，则一律贱价收缴。当时东北地区的货币制度复杂，币种繁多，不仅中外银行发行货币，一些机关、团体、银炉、商号也发放有价私帖，仅“四银号”发行的币、券就有15个币种和136个券种。日本侵略者为了牢固控制金融货币市场，扩大金融掠夺，建立和稳固殖民地经济体系,就必须统一币制。而且,废除原有货币、统一发行新的货币本身,就是一本万利的大掠夺。因此,在伪满“中央银行”正式开业前,伪满政府相继于 1932 年 6 月 11 日和 6 月 27 日抛出“货币法”和“旧货币整理办法”。前者规定由伪满“中央银行”发行的伪满统一货币为银本位;后者规定在两年内伪满用新货币收回由“四银号”发行的 15 种旧货币。此外还要收缴其他“特殊通货”,即马大洋票、热河票、私帖、过炉银、镇平银、现小洋、十进铜元和旧铜元、中国银行和交通银行两行发行的哈大洋票、现大洋,等等。结果,伪满“中央银行”只用 14223 万余元便收回了原“四银号”发行的 15 种货币。① 它们通过极力压低原有货币的比价,制造原“四银号”亏损,并发行“补偿公债”3300 万元,继贱价收缴“四银号”旧币之后,再一次残酷劫夺民众血汗。同时,日伪一方面停止以金银为基础的“特殊通货”流通,趁机大肆劫取金银;另一方面,日本正金银行和朝鲜银行等所发行的金票、钞票却丝毫不受影响,依然照常流通。因此,伪满政权作为日本操控下的傀儡,伪币的发行目的,并非真正实现也不可能实现货币的统一,只是通过废除和收缴原有货币、票券,进行敲骨吸髓的搜掠、劫夺,同时,人为设定不可兑换的银本位伪币与金本位日元等值,伪满的伪币沦为日元的附庸,将伪满的货币制度纳入日元体系,使伪“满洲国”在金融和货币制度方面沦为日本的殖民地、附属“国”。②

“九一八事变”后,日本帝国主义在武力占领和劫夺银行、废除旧币和发行伪币的同时,另一个重要目标是接管盐务、海关,劫夺盐款、关税。

---

① [日]枥仓正一:《满洲中央银行十年史》,1942 年印本,见解学诗:《伪满洲国史新编》,人民出版社 2015 年版,第 112 页。

② 参见解学诗:《伪满洲国史新编》,人民出版社 2015 年版,第 149 页。

“九一八事变”发生后的第二天，1931 年 9 月 19 日，关东军部属即赶往辽宁盐务稽核分所，缴去守卫警枪械，“监视一切盐款”，将其视为囊中物，予取予求。① 据统计，截至 1932 年 4 月 12 日，日本侵略者从营口盐务稽核分所等处，攫夺的盐务款项超过 700 万元。1932 年 3 月伪满汉奸政权出笼后，强行撤销盐务、盐税两个机构，以伪“盐运使署”取代，并发布告，迫令盐商向伪“盐运使署”请领运盐执照，向营口“东省银行”（按即东三省官银号）缴纳盐税。当月 28 日，两名日本人率同 4 名“盐运使署”职员及 20 名警察，强行“接收”辽宁盐务稽核分所；4 月 15 日，一名日本侵略者，复率同数名伪“盐运使署”职员、盐务缉私队及 20 余名盐警，强行占据辽宁及各分局。② 至此，东北盐务管理，盐税稽核、征缴大权，完全落入敌手。

海关、关税不同于盐务机关、盐税。“九一八事变”前的东北海关，同关内地区中国其他海关一样，由英国人担任的总税务司独揽海关业务大权。当时，东北除大连海关外，其他如安东、营口、滨江、延吉、瑷珲等海关，都设有两套平行的机构：隶属于国民党政府财政部的海关监督和由上海英国人总税务司管辖的税务司；海关业务大权掌握在税务司手中，海关监督无权过问，日本侵略者于是

① 10 月 30 日、11 月 6 日、11 月 23 日分 3 次劫走存款 672709. 56 元、哈洋 269590. 08 元、盐款 94487. 52 元。12 月 3 日，还在营口中国银行强行提取吉林、黑龙江所存盐款 1739420 元。4 次合计劫走盐款 2776207. 16 元。（中国国民党中央委员会党史委员会编印、秦孝仪主编：《中华民国重要史料初编 · 对日抗战时期》第 6 编，傀儡组织（一），中国国民党中央委员会 1981 年印本，第 719 页“日人攫取我东北盐税简表”。）

② 中国国民党中央委员会党史委员会编印、秦孝仪主编：《中华民国重要史料初编 · 对日抗战时期》第 6 编，傀儡组织（一），中国国民党中央委员会 1981 年印本，第 720—722 页。

从海关监督寻找突破口。1932 年 2 月,由奉天省临时傀儡政权向各关派驻海关"顾问",命令各关停止向上海总税务司汇送税款。伪"满洲国"出笼后,日本开始策划强行夺取海关。3 月 28 日,安东、营口、哈尔滨 3 处海关日本人"顾问"率同东三省官银号职员,迫令中国银行将全部关税提交给东三省官银号。① 1932 年 6 月 9 日,伪满向大连海关福本海关长发出决定"接收"海关的通令。6 月 18 日伪满发表"声明",宣布将大连及东北其他海关,划归伪满"统治";以关税为担保的外债偿还,愿意从由海关收入项下划拨分担,但伪满得扣留其余额。6 月 26 日,福本海关长、中村副税务司和其他日本职员共同宣布,断绝同中国海关的关系。6 月 27 日,伪满发布"声明",宣布伪满"已接收其领域内之各海关",并决定"于接收内地各海关时,即在大连开始征税,倘不能达此目的,即在瓦房店另行设关征税"。② 6 月 28 日、29 日,接连强行接收安东、满洲里、龙井村、哈尔滨 4 处海关。6 月 30 日,伪满对东北各海关全部强行接管完毕。同时,又将各关税款劫走。③ 此前,中国国民党政府财政部长宋子文曾于 6 月 22 日发布"宣言",谴责日伪攫取大连海关收入,要求日本"应负责关东租借地内大连海关

① 中国国民党中央委员会党史委员会编印、秦孝仪主编:《中华民国重要史料初编 · 对日抗战时期》第 6 编,傀儡组织(一),中国国民党中央委员会 1981 年印本,第 721、734 页。

② 中国国民党中央委员会党史委员会编印、秦孝仪主编:《中华民国重要史料初编 · 对日抗战时期》第 6 编,傀儡组织(一),中国国民党中央委员会 1981 年印本,第 745 页。

③ 1932 年 6 月 19 日、20 日,伪满日本顾问,相继将安东、营口两关存于中国银行的关税,强行提走;9 月 4 日,日本人将安东海关余款,强行提走;等等。(中国国民党中央委员会党史委员会编印、秦孝仪主编:《中华民国重要史料初编 · 对日抗战时期》第 6 编,傀儡组织(一),中国国民党中央委员会 1981 年印本,第 734—735 页。)

安全”；外交部于6月26日，就日伪劫取海关收入、干涉大连海关、逼令存放税款各银行停止向总税务司解款事，向日本驻华公使重光葵发出抗议照会，根本无济于事。日伪当局不但强行夺取东北各海关，并于1932年9月15日公然宣布，9月25日以后，对东北和关内地区的往来贸易课税。[①] 同年10月，伪满海关一律改称“税关”。这样，日本帝国主义强行接管海关、劫取关税的侵略目的全部达到。

“九一八事变”后，日本侵略者在东北通过夺城掠地，武力占领和抢劫政府机关、团体、工矿企业、商店、医院、学校，占领和洗劫银行、钱庄、典当，接管海关、盐务局，劫夺关税、盐税，废除和收缴原有货币、票券，发行新纸币、推行新的货币制度，在日本侵略者大发横财的同时，还迅速建立起了“中央集权”的殖民地财政和税收制度，不仅直接为关东军提供后勤军需、支撑敌伪政权，还为以后更大规模的军事侵略和经济掠夺提供财力支援。

“九一八事变”前的东北，财政税收方面，除关税收入和盐税收入被收归国民党中央政府外，整个东北地区和各省都没有统一的财政税收制度。“九一八事变”后，各省汉奸临时组织因袭旧的财政预算，并借助日本侵略者的力量，强制利用原有的盐务署、榷运署等以搜取部分财政收入，苟延残喘。1932年3月伪满政府出笼后，与政治上的“中央集权”的殖民统治相适应，极力推行集中统一的财政制度。不过伪满“中央”的财政实权不在伪“财政部”，而是属于伪满“国务院”总务厅。按伪满“国务院”官制，“财政部”掌管税务、专卖、货币金融、“国有”财产；总务厅则主管预决

① 中国国民党中央委员会党史委员会编印、秦孝仪主编：《中华民国重要史料初编·对日抗战时期》第6编，傀儡组织（一），中国国民党中央委员会1981年印本，第739—740、743、755页。

算、“国家”资本的计划运用和“国库”收支管理。亦即前者是事务管理,而后者是决策权力。伪“满洲国”在财政上推行的是以总务厅主计处为中心日本人掌管财政的体制,总务厅主计处是伪满真正的“财政部”。主计处原为满铁人员的天下,不久进而成了日本内阁大藏省的实际分号,以主计处长松田令辅为首的大藏省派遣官僚充斥主计处,他们把持伪满财政决策权,并事事唯日本大藏省的马首是瞻。

在财政预决算和财会制度方面,伪满初时仍沿用民国时期的财政年度,即当年6月30日至翌年7月1日为一个财政年度。故1932年3月至6月是伪满第一个财政年度,亦称“建国年度”。初时仍采行分治财政,主要财源就是截留原东北盐务署的盐税、吉黑榷运署的利润和来自伪“中央银行”前身的借款。所谓“财政预算”也只是伪满“中央政府”的财政预算,各省伪政权仍然沿袭旧的财政传统,固守各自的财权。但从1932年7月起的第二个财政年度开始,日本侵略者开始改变财政分治状态,剥夺各地汉奸实力派的财权。1932年6月末7月初,“货币法”颁布实施,伪满“中央银行”开业,并夺取了包括大连海关在内的东北各海关。以此为契机,伪满政府采取了旨在建立“中央集权”的殖民掠夺财政的两项重要措施:一是撤销各省财政厅,设置隶属于伪“财政部”的税务监督署,使之承担对税捐局及其他征税事务的监督。① 吉林省印花税处和吉林省烟酒事务局亦同时被撤销。二是制定发布《国税地方税划分案纲要及其办理方法》,废除省税,将其大部分转为“国税”,小部分转给县市作为地方税,并将奉天省上年11月10

① 当时共设立滨江、龙江、热河等5个税务监督署。其中除滨江税务监督署外,基本上分管奉天、吉林、黑龙江、热河四省税务。滨江税务监督署则主管哈尔滨及其周围各县,即滨江、阿城、双城、呼兰、兰西、肇东等县税务。

日已转给地方的田赋、营业税,又收回作为“国税”,从而在主要税种上统一了“国税”和地方税的划分标准。

废除省级财政的目的是建立伪满中央集权财政。1932 年 10 月 18 日推出的伪满第一个财政预算即“大同元年度预算”,标志这种集权财政已具雏形。继而于 1933 年 1 月在追加预算的同时,把“国都建设局”“国道局”“专卖公署”“关税及盐税担保旧外债整理基金”和“需品资金”等,另列为“特别会计”,与一般会计分开。从此,伪满的财政预算始终是特别会计与一般会计并列,并越来越以前者为重点,这也是伪满殖民掠夺财政的一个特点。伪满汉奸政权出笼之初,财政或傀儡政权权力所及范围有限,基本上只是关东军得以占领的铁路沿线和交通比较便利的部分地区,当时汉奸政权的地方税收从一个侧面反映了这种情况。① 尽管如此,伪“满洲国”的财政自始便呈现出为日本帝国主义殖民统治服务的殖民掠夺财政的性质。伪满 1932 年财政年度收支数据显示,租税总收入占经常收入的 87%,从捐税的结构和性质看,包括关税、盐税以及其他税种在内,直接或间接由民众负担的消费税占 90%以上,而收益税和交通税分别只占 3.6%和 4.6%。从财政支出来看,军警费和行政费分别占 39%和 34%,合计占 73%。亦即接近 3/4 的财政开支用于扩大和强化对民众的法西斯殖民统治。

伪满这种“中央集权”法西斯殖民掠夺经济体系的建立,在伪满傀儡政权范围内,是破坏、调整地方机关,健全和强化中央机关。1932 年 5 月,关东军司令官提出,必须尽快建立与健全中央行政

① 据《第一次满洲国年报》,1932 年 9 月,税务监督署能完全控制并可靠解到税款的税捐局只有 24 个;解款虽不可靠但已开始征税业务的税捐局为 35 个;情况不明的税捐局为 96 个。

机关,从地方实际情况出发,完成“行政经济机关的重大改革”,“有步骤有计划地逐步实现中央集权”。不过这种“中央集权”并非“集权”于伪满中央的汉奸头目,而是集权于日本人官吏。所以关东军司令官特别强调,“‘满洲国’政府中的最高级日本人官吏有责任统制所有日本人官吏”。① 这就可以通过伪满政府中最高级日本人官吏,再“集权”于日本关东军和日本内阁。为此,在这之前,1932 年 4 月 11 日日本内阁出台的《关于帝国对满蒙新国家的具体援助与指导问题》明确规定,伪满必须从日本聘用“有权威的顾问”,作为财经问题及一般政治问题的“最高指导者”;伪满的“参议府”“中央银行”及其他机关的领导岗位,“须任命能干的我国(日本)人”;伪满的铁路和其他交通机关,“须由我方(日方)掌握管理实权”。② 当然,这些不单是日本方面的方针、要求,而且大多立有条约或合约、协议。

伪满傀儡政权的建立,标志着日本帝国主义在东北的掠夺,由明火执仗劫掠改为按条约、协议进行“开发经营”。对日本来说,肆无忌惮地进行经济掠夺,是条约赋予的权利,而对伪满汉奸来说,允诺和协助日本进行经济掠夺,不过是履行条约义务。对日本帝国主义在炮制伪“满洲国”傀儡政权的同时,精心炮制了一份被称为“换文”的契约文件。1932 年 3 月 10 日,即伪“满洲国”出笼第二天,溥仪签署“内阁名单”之后,伪“内阁”总理郑孝胥就让他立即在“换文”上签字。这样,日本帝国主义将志在必得的政治、

① 《关东军司令官对驹井长官等满洲国官吏的希望事项(草案)》(1932 年 5 月),见中央档案馆等合编:《日本帝国主义侵华档案资料选编·伪满傀儡政权》,中华书局 1994 年版,第 9 页。

② 《关于帝国对满蒙新国家的具体援助与指导问题》(1932 年 4 月 11 日内阁会议决定),见中央档案馆等合编:《日本帝国主义侵华档案资料选编·伪满傀儡政权》,中华书局 1994 年版,第 6—7 页。

经济权益作为伪满傀儡政权必须履行的条约义务记录在案。“换文”保证：“敝‘国’承认，贵国军队凡为国防上所必要，将已修铁路、港湾、水路、航空等之管理并新路之布设，均委诸贵国所指定之机关”；“敝‘国’对于贵国军队认为必要之各种设施竭力援助”。伪满“国防”和“国”内治安所需经费、水陆空的所有设施、资源，全部由溥仪拱手奉送给日本主子，还要乞求其“允可”、笑纳，切勿拒绝。[①]

伪满傀儡政权不同于其他殖民地，有外表“独立”的假象，关东军凭借强大的武装和“威力”，通过所谓“指导”的方式进行法西斯政治统治和经济掠夺。伪“满洲国”成立不久，这套法西斯政治统治和经济掠夺的方针、措施随即出笼。不过从 1932 年 5 月到 1933 年 8 月，经历了一年多的修改、讨论，才正式形成正式文件。1932 年 5 月 21 日，日本关东军司令部发布的《对满蒙方策（第四次方案）》提出，伪满“既实行中央统制（集权）”，前提是“以日籍满洲人为中心，对中央行政进行指导，但须坚持由少数（日本）人控制要害部门的原则”。[②] 这是最早提出对伪满傀儡政权“中央”的所谓“指导”问题。接着 6 月由关东军参谋长桥本虎之助起草的《满洲国指导要纲（草案）》，规定日本的“方针”是，“支持”伪满，并使之发展成为“适应”日本“国策”的“独立国家”；设定了日本“承认”伪满前和“承认”伪满后的“指导”主体，以及不同产业的指导原则：“承认”伪满之前，关东军作为“中心”，并与日本驻满政治机构合作，担任伪满的“指导”；“承认”伪满之后，在关东军司

---

① 《溥仪与关东军司令官本庄繁的秘密换文》（1932 年 3 月 10 日），见中央档案馆等合编：《日本帝国主义侵华档案资料选编 · 伪满傀儡政权》，中华书局 1994 年版，第 3—4 页。

② 日本关东军司令部：《对满蒙方策（第四次方案）》（1932 年 5 月 21 日），见中央档案馆等合编：《日本帝国主义侵华档案资料选编 · 伪满傀儡政权》，中华书局 1994 年版，第 11—17 页。

令部内设置驻满政治指导机关,由关东军司令官"担任指导",并由关东军司令官兼任日本驻满"全权大使",使领事等均为其下属,掌握"外交"事务,同时保留对伪满日系高级人事的决定权。属于伪满的铁路、主要水路港湾和航空,"由帝国加强管理,并委任某公司负责经营"。一般产业开发,根据同日本国防和国民经济生活的关系,分为由日本"掌握指导"和属于伪满"经营管理"两个部分。其中制铁、制钢、炼油、重要煤矿、电力、轻金属、烧碱、硫铵工业,以及日本农业移民,由关东军"统制、指导",由伪满政府"经营"。①

1933 年 3 月 24 日,日本陆军省对桥本虎之助《指导满洲国纲要(草案)》进行修订和增删补充,出台了《满洲国指导方针要纲》。关于"指导"方式,陆军省的"草案"提出,日本的"指导威力"暂时仍保持"潜在活动";关于"指导"范围,认为对伪满国防、外交和日满经济运营方面的"基础事项",以及重大内政事项,"应积极加以指导",其他方面尽量任伪满"要人自由裁量";对伪满的"指导",应在关东军司令官内部统一指导之下,"通过日籍官吏实际进行"。日籍官吏是"指导"伪满的"枢轴",故应维持"总务厅中心的现行体制";伪满经济开发,制约日本国防要求者,"置于帝国的实权之下",其中交通、通信与国防及治安维持有特殊紧密关系,故在"帝国政府实权下,尽快整备各种设施期其发展",其他原则上处于伪满"实权之下"。②

此后 1933 年 4 月 3 日,关东军司令部又对陆军省的"草案"提出多条修改意见。4 月 6 日,陆军省作出回应,完全接纳其中一条

① 中央档案馆等合编:《日本帝国主义侵华档案资料选编 · 伪满傀儡政权》,中华书局 1994 年版,第 17—18 页。

② 中央档案馆等合编:《日本帝国主义侵华档案资料选编 · 伪满傀儡政权》,中华书局 1994 年版,第 19—21 页。

修改意见,即关于对伪满的“指导”,将“要纲”草案第四条中的“通过日籍官吏实际进行”,改为“主要通过日籍官吏实质进行”;将“日籍官吏是指导满洲国的枢轴”,改为“日籍官吏应为满洲国国政运营的中坚”,保证关东军司令官的“指导”专利。并参照其他修改意见作若干文字变动。其后日本内阁会议,将陆军省的“要纲”第九条,即“满洲国的经济开发,制约帝国国防要求者,置于帝国的实权之下;其他方面原则上使之处于满洲国的实权之下”,修改为“满洲国的经济开发,以日满共存共荣为指导思想,凡属受到帝国国防要求制约的部分,均应置于帝国的实权之下,除此之外,应在满洲国的实权下,适当地由国内外人士从事公正自有的经济活动”。同年 8 月 8 日,最终由日本内阁会议决定出炉了《满洲国指导方针要纲》。①

关于对伪“满洲国”的所谓“指导方针”,在一年多的讨论、修改中,一些内容、条款,多有修改或反复,唯有关于经济、企业的管理和经营模式,除某些文字表述外,并无歧义和修改、反复,都是置于日本或伪满的“实权”之下。实际上就是置于关东军、关东军司令官的“实权”之下。

日本在拟定、修改、完善法西斯政治统治和经济掠夺的方针、措施的同时,对日本在“满洲”的统治和掠夺机构进行调整、归并。伪满傀儡政权成立之初,日本在满机构,关东军、关东厅和外务省机关“三足鼎立”,此外还有势力巨大的满铁,被称为满洲“四头政治”。当时处于主导地位的军部极力主张“四头政治”归并统一,内阁希望在不变更官制的前提下解决问题。1932 年 8 月,陆军大将武藤信义接任关东军司令官,同时兼任驻满特命“全权大使”和

① 中央档案馆等合编:《日本帝国主义侵华档案资料选编·伪满傀儡政权》,中华书局 1994 年版,第 21—28 页。

关东厅长官,关东军司令官“三位一体”,满铁也为关东军所掌握。“四头政治”集中于关东军司令官一身,问题得以解决。

关东军武力侵占了全东北,也同时控制了政治、经济。在被占领地区,所有行政和经济措施,都必须得到关东军的批准。在筹备、炮制伪满汉奸政权的同时,关东军就在建立和实施对伪满的“内部指导权”,进行法西斯政治统治和经济统制、掠夺。起初并无行使“内部指导”的专门机构,主要由板垣征四郎高级参谋等以伪“国务院”为中心行使这一权力。1932 年 8 月,关东军司令官“三位一体”架构形成后,关东军司令部专门成立第三课(后改为第四课)作为负责有关伪满政务的机构,担任所谓“内部指导”。凡是伪满重要事项,必须先经第三课同意,再由副参谋长、参谋长和关东军司令官批准。特别重要或同日本有关的事项,关东军还须通过陆军省请求日本政府批准,履行一系列“正式”程序和手续。总之,关东军司令官的“内部指导权”是极其严密而无孔不入的。凡涉及日满之间的一切事项,都必须通过日本驻满“最高机关”关东军,不允许直接进行联系和交涉。因此,有关同伪满的关系问题,关东军的意图在日本政府以及政界、财界中都有强烈的反映。同时,陆军省对此也有强有力的发言权。

“三位一体”制在实行过程中,关东军在日本国内受陆军、拓务、外务三省监督,满铁在现地和日本中央分别受关东军和拓务省、外务省监督,由于监督者“各自主张其权力”,中央命令明显陷于混乱。这种状况,“日本军国主义,特别是它的核心陆军部是不堪忍受的”。日本在满机构及其对满方针实施的再次调整,势在必行。

1934 年 7 月,冈田内阁成立之际,陆军参谋本部郑重提出对满政策问题,主张日本在伪满的军事、外交、行政由关东军司令官一手掌管,中央直接由首相执行监督,排除拓务、外务二省监督。

而拓务、外务二省则仍然主张拥有“监督权”，并提出了各自的调整方案。不过9月10日冈田首相拟定的方案却是以陆军参谋本部的方案为基础，并据以进行机构调整：拓务省将原来属下的关东厅移交给驻满“大使”，改为“关东局”；关东军司令官兼驻满“全权大使”的下属机关关东州，设关东厅长官，由驻满“大使”监督。于是原来的“三位一体”制变为“二位一体”制。关东军司令官兼驻满“全权大使”，它以日本在满机关唯一代表的资格，完全掌握了日本帝国主义的军事、外交、行政三权。从此关东军与满铁的关系也进一步加强了。同时，拓务省、外务省也相应修改官制，关东局有关事务和南满洲铁道会社、满洲电信电话会社业务，脱离拓务省，转归内阁首相管理下的对满事务局掌管。该事务局由日本各省分派官吏组成，而由陆军大臣兼任总裁，并形成惯例；其下设次长兼任参事官，由现役陆军少将担任；其他职务也全都由现役军官充任。因而日本陆军参谋本部的势力和发言权很大。有关满蒙的由日本陆军省掌握主导权的机构建立起来了。关东军和陆军省对满铁的统制、指导力飞跃增强，重要事项都主要按陆军参谋本部的意志来决定。①

这样，自伪满傀儡政权出笼后，经过近3年的筹划、确立、争斗、调整，日本在伪满辖区中央集权的法西斯殖民掠夺经济体制正式建立并不断强化。而且这种“中央集权”，既不是集中于伪满的名义“中央”或实际“中央”总务厅，也不是日本内阁，而是日本关东军、陆军省，最后集中于日本陆军参谋本部，并由陆军大臣兼任垄断伪满经济的满铁总裁，其他职务全由现役军人充任。1934年

① 参见战犯古海忠之等所写日本侵华史料，见中央档案馆等合编：《日本帝国主义侵华档案资料选编·伪满傀儡政权》，中华书局1994年版，第29—31页。

12月10日接任关东军司令官的南次郎强调,关于对满政策的执行,“应以关东军为核心,实行一元化统制”,指导事项“由关东军司令部掌管”。至于内容、范围,“有关国家根本组织、国防、治安、外交、日满经济经营的特殊重要基础事项、涉及国本奠定的重大内政事项,均由关东军进行指导”;“坚决反对不通过关东军对‘满洲国’进行指导”。如此种种,无不凸显其法西斯特征。虽然南次郎假惺惺地声称,“关东军在指导时,为避免军人专断之嫌,拟利用文官及其他拥有特殊技能者”。[①] 这不过是“此地无银三百两”,欲盖弥彰,丝毫不能淡化其经济管理和掠夺的法西斯特征。

日本虽然在行政架构方面,有让伪满傀儡政权“保持其独立的体面”的虚伪承诺或文件词句,但在经济管理和统制方面,并不允许所谓“独立的体面”存在。日本的目标就是要将伪满同日本合为一体。南次郎在其“意见书”中提出,对伪满“应保持其独立的体面”,但“必须明确日满不可分的关系,并使之拥有正确的对日观念,从而在日满一体的关系下,实现五族协和与安居乐业”。为此,南次郎在其“意见书”中提出设立“日满经济会议(委员会)”的主张。[②]

1934年年末南次郎接任关东军司令官后,即紧锣密鼓筹办“日满经济联合委员会”成立事宜。1935年7月15日,南次郎以日本驻伪满“全权大使”的身份,与伪满“外交部”大臣张燕卿共同签署《关于设置日满经济联合委员会的协定》,标志着在经济上

① 《南次郎关于贯彻对满政策的意见》(1934年12月30日),见中央档案馆等合编:《日本帝国主义侵华档案资料选编·伪满傀儡政权》,中华书局1994年版,第69、75页。

② 《南次郎关于贯彻对满政策的意见》(1934年12月30日),见中央档案馆等合编:《日本帝国主义侵华档案资料选编·伪满傀儡政权》,中华书局1994年版,第71、74—75页。

“日满一体”化的实现。该协定开头特别说明，“日本政府及满洲国政府为永远巩固现存于日满两国之间的经济上互相依存的关系，希望实现日满合理的经济融合”，“两国政府根据昭和七年九月十五日即大同元年九月十五日签订的日本国与满洲国的议定书的宗旨，认为日满两国对于相互间的重大经济问题，有充分而密切地实现共同目标的必要”，为此设立“日满经济联合委员会”。会址设于“新京”（长春）；“日满经济联合委员会”对于有关日满两“国”经济联系事项及有关合办特殊公司的业务监督事项，应按照两“国”政府的咨询向两“国”政府呈报其意见；两“国”政府关于上述规定的事项，事先应向委员会咨询，等提出意见后加以处理；必要时，委员会对有关两“国”经济融合事项，向两“国”政府提出建议。① 按照协定，“日满经济联合委员会”由 8 名委员组成，日本、伪满各出 4 名②。7 月 15 日“日满经济联合委员会”成立当日，在长春举行的首次会议上，“咨询”的重要问题有：关于撤废领事裁判权之调查事项与条约案；日“满”通货统制事项；关税问题；调整及统制两国产业，“为日‘满’经济集团”强化之第一步；创设日“满”合办特殊公司之监督等。③

“日满经济联合委员会”的成立并作为常设机构，显示伪满和

---

① 《关于设置日满经济联合委员会的协定》（1935 年 7 月 15 日），见复旦大学历史系编译：《日本帝国主义对外侵略史料选编（1931—1945）》，上海人民出版社 1983 年版，第 91—92 页。

② 8 名“委员”名单：日方为关东军参谋长西尾寿造、日本驻“满”使馆参事官谷正之、关东局总长大野绿一郎、关东军经济顾问竹内可吉；伪满为“外交部”大臣张燕卿、“财政部”大臣孙其昌、“实业部”大臣丁鉴修、“国务院”总务厅长冈隆一郎。

③ 中国国民党中央委员会党史委员会编印、秦孝仪主编：《中华民国重要史料初编·对日抗战时期》第 6 编，傀儡组织（一），中国国民党中央委员会 1981 年印本，第 808—811 页。

日本两者经济已经或正在“合二而一”,伪满经济正在开始成为日本经济“不可分离”的一个有机组成部分。标志着伪满在经济上的“独立”名义完全消失,由原来名义“独立”下的法西斯殖民掠夺经济体系,变为地地道道的日本殖民地经济体系。

1937 年年初,日本全面侵华战争已箭在弦上,即将爆发,目标是全面占领和最后彻底灭亡中国。伪“满洲国”是日本占领和灭亡中国的“根据地”。在这种情况下,1937 年 4 月,关东军司令部又草拟了《关于对满洲国实行内部指导问题》的“内部文件”,从三个方面论证了关东军对伪满实行“内部指导”的“理由”:一是基于所谓“建国原委的理由”。伪满傀儡政权直接由关东军炮制,伪满汉奸头目由关东军一手栽培扶植,故伪满“领导机关”视关东军为其“生身父母、事实的支柱”,因而予以“信赖”、服从“领导”;皇帝以关东军司令官为“师长,接收其辅导”。关东军的“威信和作用”,证明它是伪满“最为合适的指导者”。二是基于“实际需要”的“理由”。伪满各族民众,往往容易同“毗邻的阴谋活动(按指中国抗日运动)相勾结,进行离间中伤”,对其“指导时,必须经常把握强大的威力”,监视其“阴谋活动,恩威并施,及时地采取妥善措施”。尤其是根据当前“治安情况”和“邻国的形势”(按指陕北工农革命根据地的建立和“西安事变”后的抗日新形势),更需要在政治、外交、军事、经济等各方面进行“全面指导”。这样,才能使“符合满洲目前形势的国务”得以顺利开展,“日满共同防卫的宗旨”得以彻底体现(按即以伪满为“根据地”发动全面侵华战争)。换言之,当务之急就是“建设国防国家”,由关东军司令官对此“进行指导是绝对必要的”;“以强大的武力为背景进行指导,也是必要的”。三是“制度上的理由”。伪满“建国”的意义首先在于“满足(日本)帝国国防的要求”(按即占有和攫取丰富的国防资源,使日本“在国内不出一分钱”的条件下,进而发动全面侵华战争,占领和最终灭亡中国），同时借以解决民族问题，谋求“东亚之安定”，成为“实现八纮一宇理想”的一个阶段（按即大规模移民，为日本农民到中国东北“做地主”“当东家”，缓解日本国内阶级矛盾，解决“民族问题”）。[①] 因此，“内部指导”是超出对“国务或统率”进行辅佐的范围，基于实际需要而采取的行为。实际上由处于最适当地位的关东军司令官执行此项任务，不仅毫不违背宪法规定的制度，相反，这一做法最能透彻地体现“满洲建国”的“根本意义”。同时，除了上述“内部指导”，还以公开或秘密的条约或协定为基础，采取公开或秘密的地方进行“指导”，在具体执行时，根据工作的性质和内容，主要是由外务大臣通过“全权大使”，或由统率系统通过关东军司令官执行。这是“制度”规定的原则。为了使“国务”和“统率”协调一致，决定“全权大使”由关东军司令官兼任。再次强调“二位一体”制的不可动摇性。

这样，日本陆军省和关东军的一切侵略、攫夺、奴役乃至烧杀掳掠，都是在“内部指导”的掩盖下进行，而“内部指导权”全部操诸关东军司令官一人之手。按照所谓“内部指导”内容、性质的不同，关东军司令官时而以“司令官”的身份进行“指导”，时而以“全权大使”的身份进行“指导”，或同时须以“司令官”和“全权大使”两种身份进行“指导”，都是关东军司令官表演双簧。“内部指导”成为日本帝国主义一切侵略阴谋、行径的“代名词”，成为日本帝国主义对东北进行法西斯殖民统治和攫夺、奴役的遮羞布。日本帝国主义正是在行使“内部指导权”的掩盖下，迅即将伪满建成为发动全面侵华战争的“根据地”。

---

① 关东军司令部：《关于对满洲国实行内部指导问题》（1937 年 4 月 22 日），见中央档案馆等合编：《日本帝国主义侵华档案资料选编 · 伪满傀儡政权》，中华书局 1994 年版，第 84—86 页。

1937年全面侵华战争爆发后,日本随即再次对伪满“中央”和地方行政机构进行了“改革”、调整,将伪满政府和日本本国一样,一齐改为“战时体制”。

为了适应全面侵华战争的需要,强化日本帝国主义对伪满汉奸傀儡政权的直接掌控,日本进一步加强“中央集权”。首先强化伪满“国务院”的统制权,将各“部”的法规制定权集中隶属于伪“国务院”,使各“部”变为单纯的行政部门,并将作为伪“国务院”核心组织的核心人物总务厅长,升格为总管伪“满洲国”一切“政务”、权力的“总务长官”。将原有的总务厅机构,除继续保留企划、主计、法制、人事四大处之外,更增设弘报处、统计处,1938年又增设地方处,将企划处升格为企划局,将“军事部”(“治安部”)的警务司升格为警察总局,隶属总务厅。同时将各“部”的总务司长升格为部级“次长”,名副其实地总揽该“部”一切权力。对占重要地位的司长,以及人事、文书、经理等科长,全部改为日本人担任。在地方,将县参事官升格为副县长,警务指导官升格为警务科长,等等。这就全面强化了日本法西斯殖民政策和制度、法令、行政管理,同时强化了制定和执行命令的组织系统。为实现各种法西斯殖民制度、法令及行政审议与决定,1937年7月,在法律和行政程序上规定了所谓“总务厅次长会议”。①

“总务厅次长会议”,亦称“火曜会议”“火曜会”(最初为“水曜会”),其产生、确定有一个过程。按伪满“国务院”官制规定,为了便于行政事务的联系和统一,保持全局之平衡,设置“国务院”会议,由“国务总理”主持,各“部”总长、总务长官、兴安局总长(后

① 参见《谷次亨笔供》(1954年11月10日),见中央档案馆等合编:《日本帝国主义侵华档案资料选编·伪满傀儡政权》,中华书局1994年版,第316页。

改为“总裁”)、法制局长(后废除)或上述人员代表组成,原则上每周举行一次例会,重要“国务”须经该会议审议决定。因此,“国务院”会议是伪满政府的最高决策机关。但是,关东军司令官对伪满具体行使“内部指导权”,凡属有关伪满重大事项的提案,在提交“国务院”会议审议之前,须经关东军司令官批准。换言之,未经关东军司令官批准的提案,绝对不能提交“国务院”会议审议;凡经关东军司令官批准的提案,“国务院”会议审议时也不能修改。实际上,关东军司令官为了对伪满高效行使“内部指导权”,批准合乎自己要求的提案,在“国务院”会议之外,还有一个由真正掌握伪满大政实权的最高日系官吏所组成的审议、决策机构。这就是“火曜会议”,或称“总务厅次长会议”。它由总务长官主持,由总务厅次长、各部次长(初期为总务司长)、总务厅各处处长、兴安局参事官,以及关东军第四课课长(参谋)组成。凡是提交“国务院”会议的提案,全部都需由火曜会议审议决定。火曜会议是公开的常设会议。“它作出的决定就是日本人最高官吏的意旨体现,是以关东军司令官批准作为其保证的”。因此,伪满的“最高决策机关就是火曜会议”。而“作为‘满洲国’最高决策机关的‘国务院’会议完全有名无实,只有火曜会才是真正的‘满洲国’最高决策机关”。这在不定期的秘密会议上体现得尤为明显。需要保密的事项,诸如有关“国家”机密或军事机密的计划、方针和措施,以及其他不让“满”系官吏知道的事项,都提交秘密会议讨论、议决。① 因凡是伪满的所谓“根本大计”、一切法令均由火曜会议制定,原来不定期的秘密会议逐渐定期化,并固定于每周二召开,故火曜会议又称“定期次长会议”或“次长秘密会议”。凡经火曜会

① 《“国务院”会议与火曜会》,见中央档案馆等合编:《日本帝国主义侵华档案资料选编·伪满傀儡政权》,中华书局1994年版,第329—330页。

议决定的议案、决议,全是“铁案”,丝毫不能改动,一路畅通无阻。①

“总务厅次长会议”或“火曜会议”的确立和常规化,标志着日本对伪满傀儡政权的控制由“内部指导”进而正式转变为直接控制。“定期次长会议”是实质上的“阁议”,是决定伪满侵略方针最重要的会议。不过并非所有的重要议案都提到“定期次长会议”,然后再依次提到“阁议”“参议府”并分别被表决通过,一些有关关东军机密事项和伪满“国家”机密事项,都是临时或随时召开日籍次长会议和日籍次长扩大会议,审议、决定。这样,在常规和固定(定期)的次长秘密会议之外,又另增临时秘密会议。属于这类临时秘密会议的议案,有关东军按日本的物资动员计划,要求伪满政府动员煤、木材、洋灰、粮谷等的物资,提供劳工等;有伪满“国家”机密事项(重要物资的生产设备能力、实际生产成就、减少因轰炸、火灾及其他事故所蒙受的生产力的损害、物资动员计划、资金动员计划和劳务动员计划的内容等);还有关东军所命令的机密事项(收买军用地、在关东军监督管理下的工厂情况、国防线路计划等)。此外,在总务厅审议伪满重要政策的过程中,还时常由总务长官召集各“部”司长、次长和有关总务厅处长、次长开会酝酿、磋商,而同汉奸“国务总理大臣”、各汉奸“部”长毫无关系。② 这

① 一般的具体程序是:议案由火曜会制定或决定后,交“国务院”会议无条件通过;再经“参议府”的皇帝咨询机关无条件通过;再由“总理”“议长”分别向皇帝做形式上的报告;而后由“国务院”总务厅交“皇帝”“裁可”,签名盖印,最后才转回总务厅发布施行。(参见《溥仪检举武部六藏》(1954年7月19日),见中央档案馆等合编:《日本帝国主义侵华档案资料选编·伪满傀儡政权》,中华书局1994年版,第337—338页。)

② 《古海忠之笔供》(1954年6月8日),见中央档案馆等合编:《日本帝国主义侵华档案资料选编·伪满傀儡政权》,中华书局1994年版,第331—332页。

样,不仅伪满“国务院”会议完全形同虚设,整个伪满汉奸政权也彻头彻尾地傀儡化。

1937 年全面侵华战争爆发前,日本为加紧部署全面侵华战争,充当日本全面侵华战争“根据地”的伪满,从出笼之日起,其“经济统制始终是以相当高度的计划性进行运营的”。1937 年全面侵华战争爆发后,日本很快从“准战时体制”过渡到“战时体制”。伪“满洲国”自然紧紧跟随,并根据“日满共同防卫原则”,为了全力向日本提供物资支援,呈加速度加强相关职能部门,强化经济统制、掠夺,连珠炮般地制定、颁布统制法令、措施:1937 年 12 月 9 日敕令公布“贸易统制法”;1938 年 2 月 26 日敕令公布“总动员法”;4 月 1 日敕令公布“钢铁类统制法”;12 日“经济部”“治安部”及“产业部”共同“部令”公布《关于取缔暴利之件》;等等。另外还公布了经过多次修订的“汇总管理法令”“临时资金统制法”,以及其他有关物资、物价、贸易、汇总资金等战时法令,或对旧的法令进行修订。这样,伪满的“战时体制”,在“日满一体”的原则指令下,急剧强化和扩大。

1939 年日本全面侵华战争进入相持阶段后,战争时间和战线拉长,侵华日军和日本国内物资需求量不断增加,为了进一步强化“战时体制”,加大物资掠夺力度,延续和扩大侵略战争,复于 1940 年 2 月发布《物资动员计划与物资统制文件》。其目的就是“为了完成当前的战争任务而充分保证提供必要的军用物资”。为此必须“节约消费”“加强生产力和出口能力”双管齐下。日本军需工业扩大生产所需要的铁、煤、铅、锌、盐、亚麻、蓖麻等重要物资,“必须竭尽全力地向日本提供”。这就是为什么要特别强调“提高出口能力”的原因。这一切都是以“日满为一体的计划性”为前提。而“物资动员计划是以确保(日本)军需器材为最高目的”。该文件严格规定了各类物资的配给顺序:(1)军需;(2)准军需;

(3)官需;(4)特需;(5)准特需;(6)重要民需;(7)纯民需。军需是重中之重。为了满足“几乎无限制增大的军需及准军需”,其他需求必须加以控制。但“特需”是指完成“产业五年计划”所需资材,绝大部分产品仍是军需,其重要性“仅次于军需,必须尽可能地充分供应”。官需是日伪政权机关需用资材,“也与特需同样”。至于一般民需(纯民需),配给顺序排在末尾,是否配给、配给多少,无关宏旨。虽然该文件假惺惺地称“不能允许通过极端的压缩民需而给国民大众的生活带来不安”。但可以肯定的是,在军需“几乎无限制增大”的情况下,彼涨此消,民需必然“无限制缩小”。[①] 愈到后来,“纯民需”的份额、数量愈小,几乎微乎其微。如口粮配给,1943 年 7 月,奉天成人仅 7 公斤,少年 4 公斤,幼儿 2 公斤;鞍山成人 6. 5 公斤,抚顺成人 6 公斤;1943 年 4 月,哈尔滨成人口粮配给量仅 5 公斤。东北民众只能吃用橡子面蒸的所谓“满洲馒头”,喝豆饼渣掺糠秕、杂谷的“协和粥”。[②]

在太平洋战争爆发后,日本再次对伪满行政机构进行“改革”,借以强化战时经济体制,在此过程中,经济职能机构的调整是其重点或重点之一。从 1939 年起,伪“满洲国”的“战时经济”就出现了严重危机。为了适应经济资源向“重点主义”转轨和开始强化粮食掠夺的需要,自 1940 年 6 月 1 日起,伪“满洲国”再次进行以经济职能部门为重点的行政架构调整,将原来的“产业部”改为“兴农部”;原属“产业部”的矿山、工务司和水电局等划归“经济部”。日伪之所以如此突出农业,是因为他们感到:“中国事变

① 《物资动员计划与物资统制文件》(1940 年 2 月),见章伯锋、庄建平主编:《抗日战争》第 6 卷,四川大学出版社 1997 年版,第 100—106 页。

② 王文锋:《伪满政治傀儡戏的两名主角》,见章伯锋、庄建平主编:《抗日战争》第 6 卷,四川大学出版社 1997 年版,第 21—22 页。

之长期化与国际情势之紧迫，日满华‘三国’粮食、饲料之自给对策，骤为当前之重要问题。满洲国之农业政策，不止于‘国内’自给自足，而尤为东亚食粮供应之基地，成为特殊农产物之供给渊源。”[1]新成立的兴农部下设官房、农政司、农产司、粮政司、畜产司，以及独立的所谓外局开拓总局。这样，就从汉奸“中央”政权和伪满全境的层面，全面建立起战时法西斯殖民政治统治和经济掠夺体制。

同伪满“中央”机构一样，在地方，伪满省、县级行政机构也都施行“临战体制化”。太平洋战争爆发后，不但整个伪“满洲国”沦为日本进行侵略战争的基地，而且始终处于对苏备战的前沿，尤其东、西两侧和北部边境，属于军事第一线，一旦战争爆发，首当其冲。因此，1943 年 10 月 1 日，伪“满洲国”对这些边境地区，采取了特别的临战行政措施：在东部，将东安、牡丹江、间岛 3 省合并设立“东满总省”；在东部，将兴安北省、东省、南省、西省合并，设立“兴安总省”。[2] 与其他“省”不同，对该二“总省”的管治，并不借助和使用汉奸，而是直接由日本人充当“总省长”，并被赋予比一

---

① 满洲产业经济调查会编：《满洲产业经济大观》（1943 年），第 191 页，见解学诗：《伪满洲国史新编》，人民出版社 2015 年版，第 304 页。

② 东满总省、兴安总省的设立，除了防备和应对苏联，还另有直接导因：前者直接起因于关东军下方面军的设置。原来牡丹江、东安两省分别属于不同军的管辖区，牡丹江设立以山下奉文大将为军司令官的方面军时，东安的军被纳入他的指挥之下，因此这是为方面军的管辖区与省的行政区划一而设立的；后者有对蒙政策的考虑，满足蒙古民族素有的要求，借东满总省设立之机而实施的。（《东满总省和兴安总省的设立》，见中央档案馆等合编：《日本帝国主义侵华档案资料选编 · 伪满傀儡政权》，中华书局 1994 年版，第 477 页。）1945 年夏初，日本帝国主义穷途末路，各条战线自顾不暇，5 月 28 日撤销东满总省，以原伪东安省和牡丹江省设立东满省，伪间岛省恢复原状。

般伪省长大得多的权力。他们不但“指挥监督”总省内包括省长、市长在内的“所属官吏”,而且“为保持安宁秩序需要兵力时,得向地方驻扎军队之长请求出兵”。并可先斩后奏,只须“直接向国务总理大臣报告”即可。①

市、县、旗伪政权,是“整备”机构、强化“战时行政体制”的重点。就机构及其职能而言,主要是推进伪政府同协和会及兴农合作社的“三位一体”制,以便“一元化”地统治、奴役和掠夺、搜刮民众。同时对伪政权同协和会、兴农合作社三类伪机构的人事配备实施交叉、合流。此项措施从1940年和1941年即已开始实行。为了进一步推进“三位一体”体制和加强日本人官吏对地方行政的集中控制,又自1943年7月起,担任副县长和旗参事官的日本人,兼任县、旗兴农合作社的副社长。至于县、旗以下街、村的“三位一体”体制,也早在1941年2月,伪满“国务院”颁布《国民邻保组织确立大纲》后,即已逐步实行。

太平洋战争爆发后的伪满政府临战体制化,继续沿着强化日本人官吏控制权的方向演化,并且,在伪满“中央”还显现为“总务厅中心主义”的进一步强化。1942年,还把“强化总务厅中心主义”写进当年12月8日伪满政府的所谓《基本国策大纲》之中,俨然成为一项“基本国策”。于是,总务厅的权力和机构,膨胀再膨胀。权力方面统辖全伪满“几乎所有的重要行政事务”,成为实际上的“国务总理”;机构方面到日本战败投降前夕,已膨胀到拥有7处(企划、主计、人事、法制、地方、弘报、统计)1部(防空部)1局(警务总局)的特大规模。日本人官吏控制权的扩大,还反映在

① 《东满总省官制》(1943年9月20日)、《兴安总省官制》(1943年9月20日),均见中央档案馆等合编:《日本帝国主义侵华档案资料选编·伪满傀儡政权》,中华书局1994年版,第478、482页。

“次长制”的变化上。许多部处、省的“次长”甚至正职，都改由日本人担任。如前揭新设东满总省和兴安总省，总省长和省次长全由日本人出任；边境地方的许多县，如东宁、绥阳、穆棱、鸡宁、密山、虎林、珲春、孙吴、林西等县，也都是由日本人任县长。其他如副县长和掌管人事、文书、经理、警务、交通等部门职位，也全由日本人把持。伪满官制原本实行满系官吏和日系官吏的双重体制。日本人“次长”名义上是副职，但是掌握实权。现在不少“部”、省，连满系名义上的正职官位也被废除了，日本直接实行百分之百的军事殖民统治，且有加速发展之势。与此相联系，作为“次长制”统治的组织机构“次长会”，即“火曜会”，也进一步公开和极权化。过去次长会议决定的法案与事项，一般均须经伪“国务院”形式上的审议并通过，然后由伪满政府出面公布和推行。太平洋战争爆发后，直接以火曜会名义公布的法案愈来愈多。次长会议不仅实质上，而且名义上也公开成了伪满的“国务”会议。特别是与扩大侵略战争直接相关或关系密切的事项，次长们和次长会议无不直接审议执行，伪满汉奸头目和傀儡机构完全被甩在一边。①

三、日本在伪满的经济统制和经济掠夺

日本帝国主义在伪满辖区的大规模领土侵占和经济、财税、经济资源掠夺，始自20世纪初。1905年9月，日本在争夺东北权益的日俄战争中战胜了俄国，后者被迫将旅顺口、大连湾并其附近领土领水之租借权以及有关其他特权，将由长春（宽城子）至旅顺口

① 《战犯古海忠之所写日本侵华史料》，见中央档案馆等合编：《日本帝国主义侵华档案资料选编·伪满傀儡政权》，中华书局1994年版，第307—308页。

之铁路及一切支线(即“南满”铁路),以及所属之一切权利、财产和煤矿,全部“移让”与日本。自此,日本“名正言顺”地开始了在东北南部(即“南满”)的军事占领和治安管理,随即着手进行经济攫夺。1906年6月,日本政府“敕令”设立“南满洲铁道株式会社”(以下简称“满铁”),自此,满铁作为日本“国策会社”和对华侵略的急先锋,在中国东北、内蒙古地区开始了疯狂的经济侵略,1931年“九一八事变”前,经营范围以铁路运输为主,兼营仓库业、旅馆业(包括旅馆即餐车营业)、铁道工场、港湾业、采煤业、石油业等,另据日本政府“命令书”,于铁路沿线附属地垄断土地、建筑物、市街设施、社会设施,以及教育、卫生、警备、产业等相关设施的建造、管理,并对附属地内的住民、机构征收赋税、手续费,当年即“赢利”201.7万元,1929年增至4550.6万元,增长21.6倍。① 到1931年,满铁已拥有4.4亿元资本,1100公里铁路,480平方公里的铁路附属地,近4万名职工和50多个关系会社。在铁路附属地,一切行政、经济、社会及治安等事务,都由满铁一手操纵、包办,犹如“国中之国”。②

1931年“九一八事变”和1932年3月伪“满洲国”出台后,日本帝国主义进行经济掠夺的条件和手段发生了两个根本性的变化:一是“九一八事变”后,明火执仗的武装劫掠成为经济掠夺主要或唯一形式;二是伪“满洲国”出台后,相当一部分或大部分经济统制和掠夺,是通过汉奸傀儡政权(包括与汉奸政权二位一体的“协和会”)进行的,披上了伪“满洲国”的“合法”外衣。一些重要经济资源的掠夺,并订有条约、契约,因而完全条约化、契约化和

① 章伯锋、庄建平主编:《抗日战争》第6卷,四川大学出版社1997年版,第32—37页。

② 参见解学诗:《伪满洲国史新编》,人民出版社2015年版,第79页。

“合法”化。

从1931年发动“九一八事变”到1932年3月伪“满洲国”出台，日本帝国主义夺城掠地、烧杀掳掠、入室或拦路劫夺，就地补给，“在日本国内不出一分钱的方针下进行作战”①，且大发横财，金银财宝、首饰细软、绫罗绸缎、文物古董，源源不断运往日本。同时大肆网罗汉奸，物色走狗、代理人，积极炮制汉奸傀儡政权，既肢解中国，又明火执仗地为经济掠夺“合法”化创造条件。

1932年3月10日，伪“满洲国”成立的第二天，伪满“执政”溥仪在与关东军司令官本庄繁的秘密“换文”中承诺：(1)日本负责伪满的“国防及维持治安”，而由伪满承担“所需经费”；(2)伪满“承认”，凡是国防“必要”，一切“已修铁路、港湾、水路、航空等之管理并新路之布设”，统统委诸日本“所指定之机关”；(3)伪满“竭力援助(提供)”日本军队“认为必要之各种设施”。不仅如此，溥仪还承诺，将来日满“缔结正式条约”，即以上述宗旨及规定为“立约之根本”。② 这是伪满政府成立后日本依据条约行使军事侵略和经济掠夺的开始。

秘密“换文”后，日本帝国主义马不停蹄，接连制定“指导”、操控傀儡政权和统制伪满经济的方针、纲领。“换文”两天后，即1932年3月12日，日本内阁会议通过、发布《中国问题处理方针要纲》和《满蒙新国家成立后对外关系处理要纲》。前者规定，日后伪满治安和满铁以外的铁路保护，主要由伪满军队或警察性质

---

① ［日］加藤阳子：《从满州事变到日中战争》，徐晓纯译，香港中和出版有限公司2016年版，第122页。

② 《溥仪与关东军司令官本庄繁的秘密换文》(1932年3月10日)，见中央档案馆等合编：《日本帝国主义侵华档案资料选编·伪满傀儡政权》，中华书局1994年版，第3页。

军队负责,故须建立和改进伪满治安机关,但“尤应以日本人充任其领导核心”;因伪满乃日本“对苏对华的国防第一线”,日本驻满陆军须相应增加兵力,并拥有“必要的海军设施”,而不允许伪满“正规陆军的存在”;日本在满蒙权益的“恢复和扩大”,应以伪满为“对手进行”;最后,为贯彻日本关于“满蒙”的政策,“必须迅速设置统制机关”。① 这对于日本加快经济掠夺是最为重要的。在未有外交承认伪满的情形下,应尽可能采取“非正式方法”(如以私法契约的形式,由日本官员同伪满或其官员签订“地方性协定”),借以“实现并扩大帝国权益”,造成“事实上的既成状态”;关于外交及内政的“实权掌握问题”,初期尽可能采用少数日本人担任官吏或顾问,逐步加以充实。末了强调,上述方针一经决定,立即通报派驻伪满的日本“官宪”,令其对伪满“进行彻底指导”②,以便在政治、军事特别是经济上牢牢控制伪满,以保证“上述方针”的顺利实施。

日本接着要解决的问题是具体如何通过“彻底指导”,牢牢控制伪满的财政、经济,实施其经济掠夺和权益扩张。为此,1932 年 4 月 11 日日本内阁会议决定和发布《关于帝国对满蒙新国家的具体援助与指导问题》,着手解决这一问题。该文件规定,为确定伪满的财政经济政策,进而施行“日满两国的合理的产业统制,实现日满统一的自给自足经济”,需要有“权威的指导者”。故要求伪满从日本“聘用有权威的顾问”,作为财经问题及一般政治问题的“最高指导者”;伪满参议府、中央银行及其他机关的领导岗位,“须任命

① 《中国问题处理方针要纲》(1932 年 3 月 12 日内阁会议决定),见中央档案馆等合编:《日本帝国主义侵华档案资料选编 · 伪满傀儡政权》,中华书局 1994 年版,第 4—5 页。

② 《满蒙新国家成立后对外关系处理纲要》(1932 年 3 月 12 日内阁会议决定),见中央档案馆等合编:《日本帝国主义侵华档案资料选编 · 伪满傀儡政权》,中华书局 1994 年版,第 5—7 页。

能干的我国(日本)人”。同时,鉴于日本及伪满的国防及经济方面的需要,伪满铁路和其他交通机关,须由日本“掌握管理实权”。①

这样,在伪“满洲国”成立后,日本帝国主义通过“秘密换文”,大量派驻“官宪”“权威顾问”,进行“彻底指导”和强力“统制”,很快掌管伪满“中央”与地方机关,以及各职能部门实权,基本控制了伪满的财政经济。在这种情况下,日本进一步提出了“实现日‘满’融合、共存共荣”的新方针、新目标。1932 年 5 月 21 日关东军制定的《对满蒙方策(第四次方案)》中,其基本方针是:在伪满作为“独立国家”、顺应日本“国策”而发展的宗旨下,日本对其治安“恢复”、经济“开发”、行政“刷新统制”等,“提供必要之协助”,在政治、经济、国防等各方面“实现日‘满’融合、共存共荣”,从而“在实质上体现其作为帝国存亡之重要因素的性能”。②

为了紧密配合日本的掠夺“方策”和紧随的“指导要领”,伪满于 1933 年 3 月 1 日制定公布了《满洲国经济建设纲要》,提出所谓“经济建设”的“四大根本方针”,强调“为有效开发国内资源,谋经济各部门之综合的发展计划,重要经济部门应加强国家的统制”;在同日本关系上,须以“东亚经济之融合”为目标,“侧重于与该国协和,俾互相扶助之关系,益加紧密”,不过第一款强调,“所有开拓利源,振兴实业之利益,不容一部分阶级垄断,而由万民共享之”。本想讨好日本资本家,不料刺激和得罪了日本资本垄断集团。伪满傀儡政权嗣“以此种国家统制主义与国家社会主义的精

① 《关于帝国对满蒙新国家的具体援助与指导问题》(1932 年 4 月 11 日内阁会议决定),见中央档案馆等合编:《日本帝国主义侵华档案资料选编 · 伪满傀儡政权》,中华书局 1994 年版,第 6—7 页。

② 《对满蒙方策(第四次方案)》(1932 年 5 月 21 日,关东军司令部),见中央档案馆等合编:《日本帝国主义侵华档案资料选编 · 伪满傀儡政权》,中华书局 1994 年版,第 11 页。

神相混同,有使日本资本趑趄不前之虞,为免误会计”,准备发布“声明”进行检讨。就在这期间,日本政府更从中发现了伪满经济统制、掠夺方面的严重缺漏,亟须就伪满经济“开发”、统制、掠夺问题,制定一项完整、详细、周密的方针策略。因而在1934年3月30日,日本内阁会议通过了《日满经济统制方策要纲》。而1934年6月伪满政府发布的检讨“声明”,已是在《日满经济统制方策要纲》出笼两个多月以后了。①

经济掠夺特别是有计划的、大规模的或规模不断扩大的经济掠夺,必须以经济统制为前提。从某个角度说,统制力度同掠夺规模成正比。不过经济统制的目的不仅仅是经济掠夺特别是眼前的经济掠夺。《日满经济统制方策要纲》所确立的经济统制目标是:在伪满作为与日本“有着不可分关系的独立国家”,本着两国“共存共荣精神”的前提下,“确立帝国(日本)的世界性经济力的发展基础,并强化满洲国的经济力”。① 在日本的《日满经济统制方策要纲》中,虽说伪满同日本“有着不可分关系”,“共存共荣”,但两

① 伪满傀儡政权发布的“声明”称,“政府”的“建设方针”中,“关于可由民间经营之事业范围或尚欠明确,民间事业家似不无未能彻底明了其趣旨者,现经政府征询关系方面之意向,重行慎重审议,除国防上之重要产业、公共公益的事业及一般产业之根本的产业,即交通、通信、钢铁、轻金属、金、煤炭、石油、汽车、硫磺、采木等事业外,所有其他之一般企业,因事业之性质虽有时或加以行政的统制,而大都希望民间普遍参加经营”。(《满洲国经济建设纲要》,见中国国民党中央委员会党史委员会编印、秦孝仪主编:《中华民国重要史料初编·对日抗战时期》第6编,傀儡组织(一),中国国民党中央委员会1981年印本,第805—806页。)这样,伪满傀儡政权关于经济“统制”范围和产业经营主体的划定、提法,同其日本主子的《日满经济统制方策要纲》完全一致了。

① 《日满经济统制方策要纲》(1934年3月30日),见章伯锋、庄建平主编:《抗日战争》第6卷,四川大学出版社1997年版,第64页。

者的目标大不相同。对日本是要“确立”其“世界性经济力的发展基础”,而伪满只是“强化”其“经济力”。这最多表明,对伪满不打算“杀鸡取卵”,还要留着母鸡为日本继续“下蛋”。值得注意的是,所要“确立”的日本“经济力”,不是通常所说“发达的”或“高度发达的”,而是“世界性”的。而且也不是最终“确立”日本的“世界性经济力”,而只是“确立”日本的“世界性经济力的发展基础”。因为日本深知,单靠“满蒙”的“经济力”,无法直接使日本“确立”为“世界性经济力”。所以,这并不是日本经济统制的终极甚至远期或中期目标,只是标志日本“回转国运”的开始。日本帝国主义的长远或战略目标是,通过对伪满的经济统制和掠夺,将伪满建成为进攻华北、发动全面侵华战争的“根据地”,全面占领和灭亡中国,同时利用中国的人力物力和经济资源,占领和统治亚洲,称霸和奴役世界。那时也就最终达到了“确立”日本的“世界性经济力”的目标。

为了实现上述经济统制目标,《日满经济统制方策要纲》提出实行如下统制“方策”:将日本、伪满作为“同一经济体”,合理融合,再考虑两者资源状况、既有产业状况和经济发展态势,“实行适地适应主义”;适应国际形势,确立平时和非常时期之日满“组织性经济”。

以上述统制“方策”为指导方针,对伪满各经济行业、部门,主要实行下列统制“要纲”:其一,满洲交通、通信及制约日本国防的其他事业,“置于帝国(日本)之实权下,适当统制,以其迅速发展”;其二,非属前项范围的满洲事业,在伪满行政管辖下,“任内外人进行公正自由的经济活动”,但重要基础事项,“适当采取统制措施,以期有秩序的发展”;其三,对满洲金融进行“适当的统制”,使之保持日满金融组织间的“充分协调”,并体现日本资本与满洲资源之间“有效地恰当地联系”;其四,为供应满洲产业发展所必需的技术或劳力,在一定统制下,向满洲移殖“多数日本人”。

按照"实行适地适应主义"的方策,根据不同行业和不同部门的不同情况,日本采取行政性乃至资本性的不同统制措施和方法:交通和通信业,钢铁、轻金属、石油、代用液体燃料、汽车、兵器、硫铵、碱等工业,铅、亚铅、镍、石棉、煤炭、金等采矿业,以及电业、采木业,由"特殊会社"经营,直接或间接接受日本政府的"特别保护监督";制盐、纸浆、面粉、油脂、制麻等工业,棉花种植、绵羊饲养等事业,按奖励、扶助的宗旨,采取适当行政乃至资本统制措施;纤维工业、种稻、养蚕、轮船拖网渔业、机船拖网渔业,考虑到日本相关产业的实际情况,"按限制的宗旨,采取行政性限制措施";上述以外的满洲事业,除邮政"国营"、鸦片等专卖外,主要任其自由发展。① 1934 年 7 月 5 日,前揭"日满经济共同委员会"的成立,则在组织机构上保证了"适地适应主义"的顺利推行。

既有明确、详尽的方针、措施指引,又有汉奸机构和人员广开渠道、助纣为虐,日本侵略者的经济掠夺,开始部分放弃原来在夺城掠地期间入户搜掠和拦路抢劫的明火执仗攫夺模式,改为凭借军队震慑和国家暴力,在统制和垄断生产资料与经济、财税资源的前提下,采用税捐搜刮、工农产品征购、劳役摊派作为主要掠夺手段,而以入户搜掠和拦路抢劫为补充或兵寇个人收益。

不过尽管有纲领、有计划、有步骤地进行经济统制和掠夺,而且统制和劫夺规模加速扩大,手段残酷变本加厉,但因强制生产、经营的产品,远远不能满足其需要和欲壑,日伪"杀鸡取卵"式的经济掠夺难以为继。在这种情况下,日本帝国主义为加紧准备发动全面侵华战争,一方面继续加大掠夺规模和力度;另一方面,不得不对经济统制、掠夺策略做某些调整,试图通过"开发""增产",

① 《日满经济统制方策要纲》(1934 年 3 月 30 日),见章伯锋、庄建平主编:《抗日战争》第 6 卷,四川大学出版社 1997 年版,第 64—68 页。

实行“五年计划”,改“杀鸡取卵”为“养鸡下蛋”,为更大规模的掠夺提供条件。

1936年年底出笼的伪满“产业开发五年计划”,标志着有计划的“开发”掠夺正式开始。

1936年春,日伪开始拟定“产业开发五年计划”。其后,伪满、满铁各就其主管部门进行审议,又多次召开会议讨论计划框架。在这期间,日本关东军和陆军省曾制定《满洲国第二期经济建设要纲》,强调“要以一旦有事时,大陆的军需能够自给自足为目标”,“便于满洲开发而又必须的产业,尽量在满洲开发,特别要集中力量开发煤、铁、石油、电等基础工业”。其后二者归并。“产业开发五年计划”于1937年开始实行,将准备“开发”“增产”或“建设、发展”的产业,分为重工业、交通业和农牧业3个部分。表1-1所列,是该计划的产业增产目标及所需资金状况。

表1-1　伪满“产业开发五年计划”一览表(1937—1941年)

行业部门	项目	增产数量	所需资金（万元）	备注
重工业	液体燃料		31000	含煤炭液化费8100万元
	煤炭	1000万公吨	16000	—
	钢铁	300万吨	18900	—
	铝	14000公吨	4000	—
	火力水力发电	80万“基罗”	15000	—
	军用汽车	—	15000	—
交通业	新线路建设	—	18000	—
	港湾设施	现有线路改良	未定	经费未定

续表

行业部门 \ 项目		增产数量	所需资金（万元）	备注
农牧业	米、大小麦、大豆、亚麻	增产	未定	经费未定
	绵羊、马匹、畜类	增产	15000	拟施行“街村共同组合”
总计	—	—	132900	

资料来源:《伪满产业五年计划成立经过》,见中国国民党中央委员会党史委员会编印、秦孝仪主编:《中华民国重要史料初编·对日抗战时期》第6编,傀儡组织(一),中国国民党中央委员会1981年印本,第806—807页。

在重工业、交通业和农牧业等3个产业部门中,重工业同战争的关系最为密切,也是“产业开发五年计划”中重点“开发”、增产的产业,这些产业直接生产杀人武器或军用设备,或为生产杀人武器、军用设备提供动力。计划中的大部分资金都用于这些行业。表1-1中有数可计的13.29亿元资金中,6个重工业行业为9.99亿元,占75.2%,即3/4强。“产业开发五年计划”的所有项目的全部产品不是直接用于侵华战争,就是运往日本,保证日本国内工农业生产原料和国民生活资料的充分供给,而“开发”“增产”使用的全都是中国的原料、材料和人力、物力资源。然而,这还远远不够,伪满政府还须为计划项目提供现金投入。日本规定伪满对计划项目承担的现金投资是:电业公司“增资”6000万元;昭和制钢公司债券10100万元;满炭公司债券8600万元;满化公司债券1500万元,合计26200万元。[①] 日本的“基本国策”既然是必须在

① 《伪满产业五年计划成立经过》,见中国国民党中央委员会党史委员会编印、秦孝仪主编:《中华民国重要史料初编·对日抗战时期》第6编,傀儡组织(一),中国国民党中央委员会1981年印本,第808页。

“日本国内不出一分钱的方针下进行作战”，用中国的人力物力占领和灭亡中国，那么，在中国就地取材，凡生产武器、军火和战备物资所需现金，自然也要由中国提供了。

各个“计划”项目，尤其是重工业、交通和部分农牧项目的“开发”、增产，都是在日本帝国主义的严格“统制”下进行的。1937 年 5 月 1 日，“产业开发五年计划”刚刚开始实施，日本即“敕令”公布《重要产业统制法》，规定以“敕令”的形式界定“重要产业”的种类。按照该“统制法”，几乎所有的重工业和轻工业行业、企业，均被归入统制的“重要产业”。[①] 这些“重要产业”分别由主管部大臣负责辖管，统制该项事业的计划、生产进度、经营和财务状况等，经营者须依照命令，于每个“事业年度”向主管部大臣提交“事业计划书及事业报告书”。必要时，主管部大臣得令经营者“报告其业务或财产之状况”，或派员“检查金库账簿及其他各种文书物件”。经营者的事业或法人、机构有任何变动，均须即时报告主管部大臣。[②] 这样，每个相关企业的资金、财物、生产经营，从原料供给到产品配给，乃至经营者和生产者的人身自由，全都在“主管部大臣”的严密掌控之中。

日本全面侵华战争爆发后，为了应付新的战争形势，在全面统制的基础上，为了进一步强化对重工业的统制和“开发”，1937 年 10 月 19 日，关东军司令部又出笼了《满洲国重工业确立要纲》，决定“在满洲国政府出资下，设立以综合经营新兴重工业为目的的有力的国策会社”，不过并未真正设置新的会社，而是将成立于

① 《关于施行重要产业统制法之件》，见章伯锋、庄建平主编：《抗日战争》第 6 卷，四川大学出版社 1997 年版，第 77 页。

② 《重要产业统制法》，见章伯锋、庄建平主编：《抗日战争》第 6 卷，四川大学出版社 1997 年版，第 75—76 页。

1933年的日产会社(现有资本2.25亿元,日本财阀鲇川义介为会长)提升为新的“国策会社”,特许日产对钢铁业、轻金属工业、重工业(汽车、飞机等制造业)和煤矿业,进行“支配性投资”,并担任“经营指导”,允诺“该会社的经营一任鲇川义介进行”。此外,该会社还附带投资经营金、亚铅、铅和铜等矿业。① 该会社所需资金则由伪满政府和日、“满”民间各半提供。12月1日,日产将其总部由日本迁至伪满。12月20日,伪满公布“满洲重工业开发株式会社法”,日产原有的2.25亿元资本,加上伪满政府等额追加出资,合计4.5亿元资本的满洲重工业开发株式会社(以下简称“满业”)宣告出台。自此,伪满的钢铁业、轻金属工业、汽车制造业、飞机制造业和煤矿业的“开发”、经营,全部为日产、满业两家财团所垄断,日本帝国主义对伪满经济尤其是重工业的统制和垄断,又提升到了一个新的高度。②

截至日本全面侵华战争转入相持阶段前后,日本在伪满实施经济统制的统制物资类别、统制机关、统制范围及手段,见表1-2。

表1-2 伪“满洲国”经济统制情况一览表(截至1939年10月)

项目 物资类别	统制机关	统制范围、手段
钢铁类	日“满”商事株式会社	配给、价格、进出口
有色金属	日“满”商事株式会社	配给、价格、进出口

① 关东军司令部:《满洲国重工业确立要纲》(1937年10月19日),见中央档案馆等合编:《日本帝国主义侵华档案资料选编·东北经济掠夺》,中华书局1991年版,第155—156页。

② 《古海忠之笔述满洲重工业开发会社成立的企图与经过》,见中央档案馆等合编:《日本帝国主义侵华档案资料选编·东北经济掠夺》,中华书局1991年版,第134—137页。

续表

项目 物资类别	统制机关	统制范围、手段
轻金属	满洲轻金属制造株式会社	配给、价格
煤炭	日“满”商事株式会社	配给、价格、进出口
水泥	满洲共同水泥株式会社	配给、价格、进出口
木材	满洲林业株式会社	采伐、配给、价格
橡胶	全满橡胶工业联合会	进口、配给
皮毛皮革类	满洲畜产株式会社	皮毛皮革采购、价格、配给
	皮毛输入组合	毛皮进口
	皮革输入组合	皮革进口
	丹宁剂输入组合	丹宁剂进口
羊毛	满洲羊毛同业会	收购、配给、价格
棉花	满洲棉花株式会社	（改良繁殖）、生产、配给
原棉、棉制品	满洲棉业联合会	收购、配给、进出口
柞蚕	满洲柞蚕株式会社	收购、加工、销售、出口价格
米谷	满洲粮谷株式会社	生产、配给、价格、进出口
饲料	满洲粮谷株式会社	收购、出口、配给、价格
小麦、面粉	满洲制粉联合会	小麦采购、面粉生产、进口、销售
重要特产品	满洲特产专管公社（未成立）	大豆、豆粕、豆油的收购*
棉籽	满洲棉籽输出组合	以出口为目的的棉籽收购及出口
苏子	满洲苏子组合	收购、配给、出口、价格
蓖麻子	蓖麻子共同收集事务所	收购、配给、出口、价格

续表

项目 / 物资类别	统制机关	统制范围、手段
青麻	满洲青麻取缔商组合	收购、配给、价格
洋麻	农事合作社	收购、配给、价格
烟叶	满洲烟草株式会社	收购、配给、价格、进出口
麻袋	满洲特产中央会▷	进口、配给、价格
	关东州特产中央会▷	
生活必需品	满洲生活必需品株式会社	进口、采购、配给、价格

注:* 预定 1939 年 11 月 1 日实施。

▷后演变为满洲麻袋组合及新京、奉天、哈尔滨各麻袋配给组合等多个统制机关。

资料来源:据章伯锋、庄建平主编:《抗日战争》第 6 卷,四川大学出版社 1997 年版,第 106—107 页整理、编制。

截至 1939 年 10 月 1 日,伪满汉奸政权辖管地域内的所有工业、手工业、农业、林业、畜牧业产品,所有生产资料、生活必需品,已先后全部被纳入统制范围,无一漏网。表 1-2 中未列具体名称的农产品分别包括在米谷、饲料中,而表 1-2 中的“生活必需品”则涵盖了各类生活资料。另外,除表 1-2 中所列物资外,盐、石油类、酒精、火柴等,均属“专买”,其生产、配给、价格,全部实行统制。掺有酒精的汽油(现为 10%)等没有单独的法令依据,也早已实行统制。① 总之,伪满地区所有物资,全部由日本侵略者直接统制、掌控,可以随时“依法”调拨、劫夺。

日本帝国主义的经济统制和掠夺,主要是通过建立特殊会社或准特殊会社来实际运行的。

---

① 《物资动员计划与物资统制》(1940 年 2 月),见章伯锋、庄建平主编:《抗日战争》第 6 卷,四川大学出版社 1997 年版,第 107—108 页。

早在伪“满洲国”出台之初,关东军已通过建立特殊会社或准特殊会社来进行对经济的掠夺和统制、垄断。如根据 1932 年 6 月 11 日“满洲‘中央银行’法”建立的伪满“中央银行”,就是最早的特殊会社,是统一伪满币制、统制伪满金融的职能机构;最早的准特殊会社是 1932 年 9 月 26 日由满铁和住友联合投资设立的满洲航空公司。另外还有少数特殊会社、准特殊会社的相继建立。不过特殊会社、准特殊会社作为经济统制的一种企业体制来推行,应该说始于 1933 年 3 月 1 日《满洲国经济建设纲要》的发布。该纲要明确提出,“重要经济部门应加强国家的统制”,对“具有国防或公共、公益性质的事业”,实行“公营或特殊会社经营”。① 所谓“特殊会社”,就是根据伪满的特殊“立法”,或伪满同其他国家(主要是日本)签订的条约而设立的会社;准特殊会社不像特殊会社那样有特殊的立法形式,但与日伪政府有特定的权利、义务关系:或由政府出资;或在政府批准设立时附以命令性条款;或在会社章程中规定有政府的干涉权。就政府干预经营和作为“国策”代行机关的性质而言,二者并无质的差别,都由国家特殊立法进行统制,不受《重要产业统制法》的制约,均属“国策会社”。特殊会社实行“一业一社”体制,即一个行业建立一个特殊会社或准特殊会社,进行垄断经营,以达到统制每个行业的目的。《满洲国经济建设纲要》出笼后,特殊会社和准特殊会社快速发展,到 1936 年,已有特殊会社和准特殊会社 13 家,名义资本达到 12819 万元。到 1937 年“七七事变”时,伪满特殊会社增至 28 家,资本总额 4.8 亿

① 中国国民党中央委员会党史委员会编印、秦孝仪主编:《中华民国重要史料初编·对日抗战时期》第 6 编,傀儡组织(一),中国国民党中央委员会 1981 年印本,第 805 页;解学诗:《伪满洲国史新编》,人民出版社 2015 年版,第 221—222 页。

多元。到1943年9月1日,伪满的特殊会社、准特殊会社分别为42家和62家,合计104家。这些会社控制了伪满的各行各业。连宣传文化部门也建立起了一批“特殊会社”,诸如“满洲电影协会”“满洲新闻社”“满洲国通讯社”等。1943年3月,伪满的工矿、交通部门公司企业实缴资本总额为61亿元,其中特殊会社、准特殊会社的实缴资本占59%强。这充分显示特殊会社、准特殊会社在伪满经济中的垄断地位。①

日本帝国主义一方面大力组建特殊会社、准特殊会社,统制和掠夺采矿和冶炼业、轻重工业、发电和电器业、交通运输业、金融和银行业;另一方面不断增设、调整各种职能机构,从综合管理和垄断的角度,进行、加强经济统制和经济掠夺。全面侵华战争和太平洋战争期间,日本对伪满“中央”和地方职能机构的增设、改革、调整,一个最重要的目的就是推行和强化经济统制。

伪满从“中央”到地方的临战体制化、军事殖民统治的实施和不断加强,为的就是实施和强化战时经济统制和掠夺。太平洋战争爆发后,伪满立即宣布,同日本一道“与美英进入战争状态”,“专任锁护后方之重任并竭力完遂兵站基地之使命”。② 核心就是防备苏联,准备对苏战争,同时全面提供战争所需物资。用伪满“国务总理”大臣张景惠的“训谕”说,也就是“举总力协助盟邦之圣战”。太平洋战争爆发5天后,1941年12月13日,关东军司令官梅津美治郎、伪满总务长官武部六藏和伪“国务总理”大臣张景

① 满铁调查部:《满洲产业统制政策的变化与特殊公司的特质》(油印本),第10页,见章伯锋、庄建平主编:《抗日战争》第6卷,四川大学出版社1997年版,第83页;解学诗:《伪满洲国史新编》,人民出版社2015年版,第224—225页。

② 满洲产业经济调查会编:《满洲产业经济大观》(1943年),第443页,见解学诗:《伪满洲国史新编》,人民出版社2015年版,第477页。

惠，在伪满省长会议上，进一步确定“从物质上协助日本的战时体制的方针”。

1941年12月22日，伪满“国务院”总务厅为此抛出了《战时紧急经济方策要纲》（以下简称《要纲》）。《要纲》由“方针”和“要领”两部分组成。“方针”要求伪“满洲国”竭尽全力支持日本，应对“大东亚战争”爆发而出现的“紧急事态”，为此必须进一步“整备并强化”伪满经济的“战时体制”；“发挥”伪满“自给资源”的作用；“加强”伪满同“大陆各地区”（即朝鲜和中国华北、华中、华南沦陷区）的“经济联系”。同时考虑到伪满“国防的特殊地位”，必须“以及时满足日本战时紧急需要作为各项经济政策的唯一目标，以迅速征服战时的紧张局势”。

为了落实上述“方针”，接着《要纲》提出了统制经济、增加生产、劫夺资源、搜刮劳力、压榨民众等11项具体措施。头条措施就是强化“经济统制”，对以往的“经济统制方式”进行“深入的探讨和研究”，强调“应以根据人民的生活及文化程度实行有效的经济统制目标”。亦即针对人民的生活和不同阶层的人群，最大限度地压缩其物质和精神消费，并搜刮其家中的器材、用品，用作军品生产原料。接着第二条规定，必须“在有可能实现的范围内制定生产力扩充计划”，计划内容“只限于战时紧急需要而又能立见成效的产业”。而对于主要原材料，“彻底进行库存调查和回收，或使用代用品，以便实现生产力扩充计划”。这里的“回收”和“代用品”源泉，全都在民间。农产品的生产、“配给”方面，主要是原有相关措施的强化和极端化。即增加生产和收购，极大限度地压缩“配给”，而且通过压缩“配给”，对东北人民实行慢性屠杀，减少人口和自给性消费，提高农产品的收购率。同时，日本所需农产品和战时急需物资，应“加强限制国内的使用消费，而强制推行各种积极的增产措施，极力扩大对日本的贡献”。极力扩大对日出口的物资包括:钢铁,煤炭,液体燃料,轻金属,有色金属,农产品。对可缓办事业和日常业务所在行政机关、企业人员进行调整,不仅可在本部门内流动,也可调往国内其他急需人才的部门。《要纲》此处特别强调,“对于日本方面提出的要求,应尽可能地给予满足”。日伪借此机会,将东北劳工劫往日本。日本还考虑到,《要纲》的实施,会导致运往日本的货物量大增,因而规定,为使《要纲》顺利实施,应制订适应《要纲》的日本伪满间“战时紧急运输计划,并彻底贯彻执行”。最后,《要纲》要求,除紧急建立通过上述各项以扩大对日贡献为目标的“产业经济体制”之外,还应与战时紧急事态下的日本各项政策相呼应,“与之保持有机的联系”。①

《要纲》制定和实施时,特别提到要准备并强化“经济的战时体制”。

这种“经济的战时体制”,以及《要纲》结尾声称要紧急建立的以扩大对日贡献为目标的“产业经济体制”,核心都是经济统制。在1941年12月22日《要纲》出笼的所谓“官民联合协议会”上,总务长官日本人武部六藏说,由于形势急剧变化,不能将以往推行的经济统制制度和机构“固定化”,不能“采用一律的统制方式”;“政府”过去曾决定“刷新”特殊会社职能,今后仍将坚决改组重要的特殊会社及其他法人,并对生产、配给、物价等各方面的统制,进行全面调整,废除“重复、无用”的统制方式。由此可见,所谓强化战时经济体制,也还是主要在经济统制上做文章。

一年后,1942年12月8日《满洲国基本国策大纲》公布时,进

① 《战时紧急经济方策要纲》(1941年12月22日),见章伯锋、庄建平主编:《抗日战争》第6卷,四川大学出版社1997年版,第111—112页。

而明确提出以“完成国防经济体制”为目标，对经济统制亦有新措施，声称要贯彻有计划的“统制经济原则”。在统制方式上，强调“特殊会社只限于高度要求国家参划的特殊企业”，“一业一社主义除企业的性质上不得已而需要者外不再采用”；“革新、强化特殊会社和统制团体的职能，在行政适用上谋求合理的运用”。该大纲还再三强调“统制企业”的“核算性”“企业性”和“经营的合理化”，等等。① 核心还是经济统制、掠夺。

为强化战时产业统制，《满洲国基本国策大纲》公布前不久，1942 年 10 月 6 日公布了《产业统制法》，取代 1937 年 5 月制定的《重要产业统制法》，统制的产业部门和产品扩大，从原来的 21 种扩大为 85 种。这 85 种分为：“产业开发五年计划”产业、计划产业的重要附带产业、军需工业、纤维工业和重要生活必需品工业、其他需要统制的产业。实际上已将各种产业包罗无遗，就连麦酒、豆酱、酱油等的生产，也未能幸免。对被统制企业的监督明显加强，明确了伪满政府对受统制产业的指导权限，主管“部”大臣对企业的生产设备和技术、生产方法、生产原料、产品的规格和数量、产品的配给等广泛事项，均得发布命令或作出处理。主管“部”大臣根据相关条款，还得命令经营者设立、变更、取消统制协定和加入统制协定。同时，在企业统制或产业整顿上，主管“部”大臣认为特别必要时，得发布命令，合并事业全部或转让、委托一部，或者转让、租赁事业设备或属于事业的权利等。② 由此可见，特殊会社体制虽然基本停止发展，但是行之于特殊会社的那一套统制办法却

① 《满洲国基本国策大纲》(1942 年 12 月 8 日)，见解学诗：《伪满洲国史新编》，人民出版社 2015 年版，第 479—480 页。

② 参见解学诗：《伪满洲国史新编》，人民出版社 2015 年版，第 481—482 页。

扩大到几乎整个产业界,完全达到了“纠正产业上无统制之弊”的目的。①

除了《产业统制法》和产业统制,又有所谓“事业统制组合”。后者系协助伪政权负责生产、征收物资、进出口、配给等,据称“责任非常重大”。② 伪满政府效仿日本的统制会,以民间自主统制为标榜,广泛建立“统制组合”,并于1942年11月25日公布“事业统制组合法”,规定统制组合以“协助政府施策”进行统制为目的,实际上是《产业统制法》的配套法规,其覆盖范围更超过《产业统制法》。凡矿业、工业、配给业、贸易业、运输业等都建有“统制组合”。统制组合系非营利性法人。组合领导人虽规定由组合员大会选任,但其正式任免须经“主管部大臣批准”;主管部大臣“指定的业种”,“组合”领导人还得由“主管部大臣任命”。可见,“统制组合”实质上就是日伪官方统制机关,或官方机构的替身。至于组合种类,有以“全国”为区域的“事业组合”;以省行政区为单位的“地方组合”;以市、县、旗行政区为单位的“地区组合”;按部门进行“综合统制指导”、以“全国”为区域的“事业联合会”。从而形成了自上而下、囊括伪满各地区、各部门的经济统制管理网络。③ 事业统制组合分布广泛、数量繁多、系统复杂,但因权力、责任“非常重大”,伪满中央对各地方及地区事业统制组合的管理、控制也十分严密。强调各地方及地区事业统制组合的成立、解散、

① 《伪满经济部次长在1943年第一次省次长会议上的讲话》,见章伯锋、庄建平主编:《抗日战争》第6卷,四川大学出版社1997年版,第114页。

② 《伪满经济部次长在1943年第一次省次长会议上的讲话》,见章伯锋、庄建平主编:《抗日战争》第6卷,四川大学出版社1997年版,第114页。

③ 参见解学诗:《伪满洲国史新编》,人民出版社2015年版,第482页。

合并、人员任免、事业经营等方面,"必须与中央取得密切联系"。① 这样,最后形成了由伪满"中央"集中统一而又覆盖伪满全境和全行业的经济统制局面。

经济统制的目的是物资劫掠、资源攫夺、脂膏搜刮。"战时经济体制"(或曰"经济的战时体制")、"国防经济体制""产业统制""事业统制""事业统制组合"的相继建立,为变本加厉的经济掠夺和维持不断扩大规模的侵略战争创造了条件。

日本帝国主义在东北的经济掠夺,无论资源掠夺还是产品(物资)掠夺,相当一部分必须通过增加生产和产品配给这两个环节进行。就在"战时经济体制"和不断强化经济统制的条件下,日伪相继于 1937 年、1942 年制订和实施了两个"产业开发五年计划",《满洲产业开发五年计划纲要》(即第一次"产业开发五年计划")中的"方针"称,"产业开发五年计划,是根据日满经济统制要纲的根本方针,以有事之时所需要的资源之现地开发资源为重点,尽可能力求实现国内的自给自足和供给日本所缺乏的物资,为将来满洲国的生产发展奠定基础"。② 所谓"产业开发五年计划",从一个侧面清晰反映出日本经济掠夺的规模和手段。伪满第一次"产业开发五年计划"1937 年开始执行后,由于全面侵华战争爆发,1938 年 5 月进行修改,计划规模扩大 1 倍。1939 年年初为适应日本内阁通过的《生产力扩充计划大纲》(日本战时扩大生产计划),伪满第三次修改计划。计划指标亦即日本掠夺规模上升到一个新的高度。表 1-3 反映的是伪"满洲国"第一次"产业开发五

---

① 《伪满经济部次长在 1943 年第一次省次长会议上的讲话》,见章伯锋、庄建平主编:《抗日战争》第 6 卷,四川大学出版社 1997 年版,第 114 页。

② 《〈满洲产业开发五年计划纲要〉摘要》(1937 年 1 月 25 日),见中央档案馆等合编:《日本帝国主义侵华档案资料选编 · 伪满傀儡政权》,中华书局 1991 年版,第 227 页。

年计划"的主要指标及修改情况。

表 1-3　伪"满洲国"第一次"产业开发五年计划"主要指标及修改情况(1938—1943 年)

(1941 年原计划=100)

项目/行业	单位	原计划指标				1938.5 修订指标		1939.4 修订指标			
		1941 年		1943 年		1941 年		1941 年		1943 年	
		实数	指数	实数	指数	实数	指数	实数	指数	实数	指数
生铁业	千吨	2600	100	5150	198.1	4850	186.5	7450	286.5	10000	384.6
钢锭业	千吨	0	—	2640	—	3390	—	3390	—	6030	—
纯铁业	千吨	420	100	1000	238.1	—	—	420	100.0	1000	238.1
矿石业	千吨	9510	100	17290	181.8	15990	168.1	25500	268.1	31800	334.4
煤炭业	千吨	5090	100	21090	414.3	34910	685.9	40000	785.9	56000	1100.2
煤炭液化业	千吨	1230	100	90	7.3	1770	143.9	540	43.9	1860	151.2
页岩油业	千吨	150	100	500	333.3	650	433.3	500	333.3	1150	766.7
铝业	千吨	0	—	50	—	30	—	30	—	80	—
铅业	千吨	21	100	46	219.0	29	138.1	50	238.1	75	357.1
亚铅业	千吨	1	100	8	800.0	50	5000	51	5100	58	5800.0
铜业	千吨	28	100	31	110.7	3	10.7	31	110.7	34	131.4
金业	千元	—	—	—	—	304012	—	—	—	649679	—
曹达灰业	千吨	152	100	152	100.0	72	47.4	224	147.4	224	147.4
电力业	千千瓦	—	—	1231	—	2570	—	—	—	3801	—

资料来源:据中央档案馆等合编:《日本帝国主义侵华档案资料选编·伪满傀儡政权》,中华书局 1991 年版,第 235—236 页"满洲国生产力新扩充计划总括表"摘要、整理、改制。表中指数系引者计算。

日伪第一次"产业开发五年计划"拟订和关东军定案于 1937 年 1 月,实施不久,是年 7 月全面侵华战争爆发,而且日本帝国主义妄图以闪电式的速度结束战争,全面占领和彻底灭亡中国,军备需求和战争物资消耗大大增加,按原定计划指标,根本无法满足战争需要,于是 1938 年 5 月对计划指标进行全面修正,增产幅度大幅提高,钢铁、煤炭、页岩油、铅(亚铅)等的升幅尤大。钢锭、铝、黄金、电力,其生产或升幅更是从无到有。因日本的基本国策是“以华制华”、用中国的人力物力占领和灭亡中国,物资和资源掠夺与战争规模、战争残酷程度成正比。不过日本并未因此达到速战速决、一举占领和灭亡中国的目的。到 1938 年年末 1939 年年初,战争进入相持阶段,战线拉长,物资消耗进一步增加,1939 年 4 月,日本只得再一次修改“产业开发五年计划”,更大幅度提高指标,加大物资和资源掠夺力度。如表 1-4 所示,修改后的 1941 年生产指标,除纯铁、铝等两种产品外,比原计划中 1943 年的生产指标还要高得多。

1941 年太平洋战争爆发后,日本为了强化伪满经济的“战时体制”,加紧扩大经济掠夺,支持和扩大侵略扩张战争,很快制订了伪满第二次“产业开发五年计划”,开始了新一轮更大规模的经济掠夺和搜刮。第二次“产业开发五年计划”的主要指标,见表 1-4。

表 1-4　伪“满洲国”第二次“产业开发五年计划”主要指标(1942—1946 年)

(1942 年=100)

项目/行业	单位	1942 年(第 1 年)		1943 年(第 2 年)		1944 年(第 3 年)		1945 年(第 4 年)		1946 年(第 5 年)	
		实数	指数	实数	指数	实数	指数	实数	指数	实数	指数
生铁业	千吨	1600	100	1910	119.4	2010	125.6	2220	138.8	2590	161.9
钢坯业	千吨	705	100	975	138.3	1045	148.2	1045	148.2	1318	187.0
钢材业	千吨	517	100	589	113.9	606	117.2	726	140.4	952	184.1
煤炭业	千吨	27500	100	31450	114.4	35780	130.1	40230	146.3	44930	163.4
铝业	吨	10000	100	10000	100.0	13000	130.0	15000	150.0	15000	150.0
镁业	吨	1000	100	1000	100.0	1000	100.0	1000	100.0	2000	200.0
铜业	吨	1100	100	1200	109.1	1300	118.2	5100	463.6	5200	472.7
铅业	吨	9000	100	11000	122.2	12000	133.3	12000	133.3	12000	133.3

续表

项目/行业	单位	1942年(第1年)		1943年(第2年)		1944年(第3年)		1945年(第4年)		1946年(第5年)	
		实数	指数	实数	指数	实数	指数	实数	指数	实数	指数
亚铅业	吨	3820	100	4250	111.3	6800	178.0	8920	235.5	8920	235.5
石棉业	吨	7000	100	7500	107.1	8000	114.3	9000	128.6	10000	142.9
页岩油业	吨	282000	100	282000	100.0	474500	168.3	474500	168.3	667000	236.5
煤液化业	千公升	268500	100	468500	174.4	468500	174.4	525500	195.7	625500	233.0
曹达灰业	吨	68000	100	83000	122.1	98000	144.1	113000	166.2	128000	188.2
硫氮业	吨	246400	100	250300	101.6	273100	110.8	295400	119.9	301400	122.3
盐业	千吨	1262	100	1490	119.0	1823	144.5	2105	166.8	2332	184.8
人造丝业	吨	29000	100	29000	100.0	31000	106.9	33000	113.8	40000	137.9
纸浆业	吨	92700	100	105400	113.7	137100	147.9	144800	156.2	138300	149.2
金业	吨	3436	100	3754	109.3	3918	114.0	7107	206.8	7032	204.7
水泥业	千吨	1862	100	2440	131.0	2450	131.6	2670	143.4	2890	155.2
水力发电业	百万千瓦	970	100	1710	176.3	2938	302.9	4250	438.1	5000	515.5

资料来源:据中央档案馆等合编:《日本帝国主义侵华档案资料选编·伪满傀儡政权》,中华书局1991年版,第285—286页表格整理、改制。表中指数系引者计算。

第二次"产业开发五年计划"的目的,是要在第一次"产业开发五年计划"增产、掠夺的基础上,进一步加大增产、掠夺的力度和数量。1943年,太平洋战争已进入第二年,日本军国主义者认为,为了完成第二年的所谓"圣战"目标,"必须扩大生产,即使牺牲一切亦在所不惜。因为生产的扩大,是取得战争胜利的主要因素"。[①] 在矿业和动力方面,"开发"和增产钢铁、煤炭、轻金属尤其是电力,仍然是重点。在所有增产指标中,电力最为突出。第一

① 《伪满经济部村长在1943年第一次省次长会议上的讲话》,见章伯锋、庄建平主编:《抗日战争》第6卷,四川大学出版社1997年版,第113页。

次“产业开发五年计划”中，1943 年的包括水力、火力在内的整个电力生产（掠夺）指标是 380.1 万千瓦，而第二次“产业开发五年计划”中，1943 年的电力生产（掠夺）指标，单水力发电就达 171000 万千瓦，扩大了近 449 倍。而且飞速膨胀，1944 年增至 293800 万千瓦，到日本战败投降的 1945 年复增至 425000 万千瓦，两年间膨胀了 3 倍多。如果加上火力发电，整个电力的生产、掠夺指标就更为庞大了。① 而且，这样庞大的电力，并非简单直接掠夺、消费（如普通的生活照明），而是作为动力，生产、制造其他产品，包括没有列入“产业开发五年计划”的大量产品。同时，列入计划掠夺范围的重点部门、产品明显增多。镁、硫氮、盐、人造丝、纸浆、水泥等，都被列入了计划。这些都表明，随着太平洋战争的爆发和“战时体制”的强化，日本帝国主义在中国东北地区的经济掠夺加速扩张和深入。

第二次“产业开发五年计划”的执行中，经济掠夺的加速扩张、深入和法西斯化，除了产品增多，范围扩大，突出表现为所谓“金属类特别回收”，即所谓铜铁“现用品特别回收”，并最后演变为地毯式的铜铁器皿掠夺、搜刮。

太平洋战争爆发后不久，日本帝国主义很快陷入了更深的战争泥淖，特别是美英集团的经济封锁，使日本帝国主义一方面战线延长，战争物资消耗大增；另一方面物资供应链条断裂，战备物资短缺愈益严重。日本军国主义者原本以为只要占领了“满蒙”，再加上华北，凭借其丰富资源和人力物力，不仅能打“武力战”，而且能打“经济战”，能北攻苏俄，南打美英；不仅能打“速决战”，也不怕打“消耗战”和“持久战”。正是基于这样的信条，先是于 1939

① 第一次“产业开发五年计划”中，380.1 万千瓦发电量的构成是，水力发电 198.5 万千瓦，占 52.2%，火力发电 181.6 万千瓦，占 47.8%。

年5月发动进犯苏蒙的诺门坎之战。继而在诺门坎受挫两年多之后,又怀着更大的贪欲,突袭珍珠港,发动太平洋战争。结果随着战争形势和时局的急剧变化,即使花多大的气力进行"开发""增产",各类战争物资尤其是铁、铜及金属类战争物资,紧缺状况日益严重。单靠传统的采矿、冶炼"增产",根本无法满足战争需求,因此从1942年执行第二次"产业开发五年计划"开始,日伪就强制实行所谓铜铁"废品和闲置品"的"回收",谓之"一般金属类回收"。然而,"随着时局的发展,仅靠废品和闲置品的回收,很难满足需要"。因此从1943年起,开始实行"金属类特别回收"。尤其是铜,因供应异常紧张,"必须积极地施行现用品特别回收的方针"。因为是"现用品",让持有人"自动"缴出是"不可能的"。只能采用强制"金属供出报国"的极端手段。同时"整顿"回收机构,对有关部门加以"指导督促"。① 这就直接导致物资掠夺手段的法西斯化。

主子一声令下,大小汉奸、奴才立即行动。溥仪带头,首先将宫中的铜铁器具,门窗上的各种铜环、各式金属挂钩、铜吊灯及一些金属装饰品之类全部献出。随后又主动拿出了许多白金、钻石等首饰及银器交给日本关东军。后来听说关东军司令部将地毯都捐献了,溥仪便毫不犹豫地将宫中所有地毯,正在铺用的也好,储存备用的也好,一股脑儿全部"捐"了出去。溥仪仍感不足,顺便又将自己的数百件衣服也一起"捐献"了。

"皇帝"溥仪为支持"大东亚圣战",如此"慷慨",作为"总理大臣"的张景惠岂甘落后。他为了满足日本帝国主义对钢铁的需求,不仅透过伪"国务院"制定了《金属类回收法》,又下令将国务

① 《伪满经济部村长在1943年第一次省次长会议上的讲话》,见章伯锋、庄建平主编:《抗日战争》第6卷,四川大学出版社1997年版,第114页。

院机关15吨重的铁门、门灯及门窗上铜拉手、楼梯蹬板等一起卸下捐纳。对民众家中的各种金属制品，更是悉数搜掠，如门拉手、汤匙、点心模子、乐谱架子、炉箅子等，无论大小，凡是沾上金属边的，都列在《金属类回收法》的清单中，连老太太平时嘴叼的铜烟袋锅也是回收对象。当时德都县为响应张景惠“献纳金属”的号召，还专门举行仪式，将187尊明朝以来铸就的大小铜佛全部献了出来，以此“协力圣战”。①

日本的战争物资尤其是铜铁类金属物资需求无限制地扩大，而生产能力尤其是铜铁类金属物资生产能力的扩大，受到诸多条件的限制。日本战争物资尤其是铜铁类金属物资的供需关系严重脱节。日本已经等不及“养鸡下蛋”，迫不及待地“杀鸡取卵”。从“开发”“增产”到铜铁“废品和闲置品”的“一般金属类回收”，再到铜铁“现用品”的“金属类特别回收”，说明伪满不断强化的“战时体制”、日本加速法西斯化的物资和经济掠夺，以及凭借物资和经济掠夺支撑的侵略扩张战争，都已到了日薄西山、穷途末路的境地。结果，还不到1946年完成第二次“产业开发五年计划”，1945年就已战败投降。

日本帝国主义一方面大力组建特殊会社、准特殊会社，统制和掠夺采矿和冶炼业、轻重工业、发电和电器业、交通运输业、金融和银行业；从中央到地方增设、改革、调整职能机构，发布五花八门的“统制法”，推行宏观和综合性的经济统制、经济掠夺；连续制定和执行第一个、第二个“产业开发五年计划”，疯狂掠夺工农业和能源经济资源，增加能源和工农产品的生产，并严格“配给”；另一方面，又明火执仗、杀人放火、巧取豪夺，统制、掠夺农地和土地、农牧

① 王文锋：《伪满政治傀儡戏的两名主角》，见章伯锋、庄建平主编：《抗日战争》第6卷，四川大学出版社1997年版，第21页。

林业和农牧林产品,搜刮农民,掠夺和摧残劳动力。

对中国东北和内蒙古地区的土地掠夺,是日本帝国主义经济掠夺的重点,是所有经济掠夺的前提。因为不占领这片土地,就不可能在这片土地上进行工矿业、电业、交通业、金融业等的掠夺。更主要的是不仅要通过掠夺土地来生产、劫夺粮食和其他农牧林产品,还要为日本移民,为保证日本农民到“满蒙”“做地主”“当东家”创造条件。

1931 年“九一八事变”前,日本在辽东半岛、“南满”铁路沿线和内蒙古一些地区,就以不同方式、手段开始了土地掠夺。1905 年日俄战争后,日本从俄国手中承接了旅顺、大连的租借权,设立“关东都督府”,旅顺、大连地区成为日本殖民地;日本又从俄国手中承接“南满”铁路,以及铁路两侧沿线土地,全部转交满铁,称为“满铁附属地”,成立武装守备队,进行军事化管理,向地段民众征收地租、赋役,并享有“治外法权”。在内蒙古一些地区,日本派遣退伍军人打入图什业图王府和其他王府管区,充当蒙古王府的“顾问”,设法“到处安置”退伍军人,“操纵其旧王公”,左右王府政策和政治倾向,并千方百计取得“满蒙”的土地“商租权”(实为占有权),一俟人数增多,即用“十把一束之贱价”买下土地所有权。再视其情况,或垦为水田,种植食米,以济日本食料不足;或设牧场,养殖军马、牛畜,以充军用及食用,剩余者制成罐头运贩欧美,毛皮亦供日本不足之用。“待时期一到则内外蒙古均为我(日本)有”。①

1931 年日本侵华战争爆发特别是 1937 年全面侵华战争爆发后,土地掠夺有计划有步骤并扩大规模加紧进行。无论蒙地还是东北民地、官地,莫不如此,对作为特殊官地的蒙旗地的劫夺,尤为

① 刘克祥、吴太昌主编:《中国近代经济史(1927—1937)》,人民出版社 2010 年版,第 8 页。

明显。

1932年伪“满洲国”成立后,1933年3月,日本侵略军迅速侵占热河,立即加快了直接劫夺蒙旗地的步伐。1936年3月成立以所谓“整理”蒙旗地“地籍”为目的的“地籍整理局”,1937年4月至11月,由伪热河省次长负总责,伪锦州、热河两省“荐任官”(均为日本人)分别为首组成伪锦州、热河两个“调查班”,对两“省”蒙旗地进行为期8个月的集中“调查”。就在调查中途,日本全面侵华战争爆发,加速掠夺蒙旗地的时机更加成熟。1938年10月,由伪满“总理大臣”张景惠导演,30多名蒙旗王公、旗长代表呈递“奉上书”,将过去在本地区内拥有的蒙地地权和基于地权的征租权全部“奉献”给伪满“皇帝”,谓之“土地奉上”。“奉上”地区包括32县1市1特别市,面积大约相当于日本北海道、四国的总和。[①] 不过这次“土地奉上”尚未包括伪锦州、热河两省。在10月的一次蒙旗王公会议上,伪满总务厅长官日本人星野直树对此特别加以说明,“因诸种原因”,锦州、热河两“省”这次不在“奉上”范围,但“彼等所受恩惠,为时亦不远矣”。[②] 果然,不到一年,次年9月,伪锦州、热河两省“土地奉上”丑剧就在张景惠办公室上演了。[③] 蒙旗王公“奉上”的蒙旗地所有权内容包括:(1)札萨克对蒙民及土地管辖自治权;(2)“国税”十分之三的提成;(3)矿山、

① 《蒙旗的变迁》,见中央档案馆等合编:《日本帝国主义侵华档案资料选编·伪满傀儡政权》,中华书局1994年版,第462页。

② 《盛京时报》,伪“康德”五年10月15日,见佟佳江:《伪满时期“蒙地奉上”研究》,《民族研究》2003年第4期。

③ 佟佳江:《伪满时期“蒙地奉上”研究》,《民族研究》2003年第4期;《宁城县志》,内蒙古人民出版社1992年版,第417—418页;《平泉县志》,作家出版社2000年版,第174页。

窑业、森林、药材出产物之提成;(4)山川、河流、牧野之所有权。①这样,通过一纸"土地奉上书",热河蒙旗王公贵族、蒙民、箭丁的蒙旗地收租权和其他相关权益,瞬间统统被日本帝国主义劫夺净尽。不仅如此,汉民佃农也同时失去了土地"佃权",流行二百余年蒙旗地永佃制彻底消失。在蒙旗地"奉上"之前,蒙地永佃农已是入不敷出、只能以草根树皮果腹,但毕竟原有蒙旗地永佃制关系、农业经营模式暂时得以维持,现在蒙旗地统统收归伪满"皇帝"亦即日本侵略军所有,汉民佃农因为没有了"佃权",随时可能失去土地耕作,流离失所。即使暂时耕种,但苛捐杂税多达数十种,所获产品还不够交税,时刻"处在水深火热之中"。②

日本在"满蒙"掠夺的土地用途,主要分为军事用地、工业用地、日本移民和朝鲜移民用地三种。军事用地中,面积最大的一片是东自吉林省牡丹江的绥芬河,西至黑龙江省的满洲里,长达1000多公里、宽约20公里与苏联接壤的国境地域,面积约500多万公顷,划为"无住地区",即不许人民往来居住的"禁地"。该处居民的土地被没收,房屋被烧毁,居民被驱逐出境,流离死亡者不计其数。工业用地多半在沈阳、鞍山、辽阳、抚顺、本溪、营口、安东、长春、吉林、哈尔滨、齐齐哈尔等城市附近,原来多为农民菜地,日伪以相当于市场价格几分之一到几十分之一的极低价格强行收买。"农民叫苦连天却无处诉冤"。③

除了军事和工业用地,更主要的是日本和朝鲜移民用地。日

---

① 《喀喇沁左翼蒙古族自治县志》,辽宁人民出版社1998年版,第158页。

② 参见刘克祥:《中国永佃制度研究》,社会科学文献出版社2017年版,第826—827页。

③ 王子衡:《伪满时期经济掠夺的"三光政策"》,见章伯锋、庄建平主编:《抗日战争》第6卷,四川大学出版社1997年版,第56页。

本向“满蒙”移民,不仅仅是要解决日本“过剩人口”问题,更主要的是通过移民,把“满蒙”土地真正占为己有,认为只有推行“农业移民”,才能直接掠夺到自己“所缺乏的物资”和“所需要的资源”。[①] 1931 年“九一八事变”前,日本主要采用“韩民移满,日民移韩”的方式,向东北实行间接移民[②],“九一八事变”后,日本在加速移遣韩民的同时,开始向东北直接移民,而且移民规模、人数急剧扩大。到 1932 年,东北已有日本移民 26 万余人。同年,日本拓务省及“满洲移民研究会”拟订了向“满蒙”移民的《殖民计划大纲》,并同伪“满洲国”合组“日满移民会社”,负责募集移民,准备和分配耕地,处理移民垦殖问题。自此,大批有组织的日本“开拓团”陆续进驻各地。为了提高移民的“自卫”能力,减轻对移民的保护负担,日本开始移遣受过严格训练的在乡军人。[③] 日本政府还规定在 5 年内,每年移殖数万户在乡军人家族,在东三省各地组织日本人独自的村落,并发给枪械弹药,一旦有事,即将全体移民编为军队。1933 年 6 月,日本陆军省还开始训练移民团,武装全体移民。

除上述移民外,还有教团移民、渔业移民和铁路沿线移民等。教团移民方面,1934 年募集日本国内天理教民移殖东北。渔业移民有“渔业移民团”,并计划在东北北部建设“家族移民村”。第一次募集渔民 500 户,移殖同江、锦江等沿江地区,1935 年春节开江

① 日本学术振兴会:《满洲移民的必要及可能性》,见顾明义等主编:《日本侵占旅大四十年史》,辽宁人民出版社 1991 年版,第 342 页。

② 至 1931 年,已累计移遣韩民 60 万人,占垦稻田 97 万余亩。(赵惜梦:《沦陷三年之东北》,天津大公报社 1935 年版,第 70 页。)

③ 1932—1935 年间,这种被称为“特别农业移民”的在乡军人,先后移遣 4 批,共 1813 人。(王检:《东三省日本移民的过去和将来》,《东方杂志》第 30 卷第 17 号,1933 年 9 月,第 48 页。)

后,即以机器大规模捕取江鱼,贩行东北全境。还准备在松花江、混同江、黑龙江交汇区筹建一家大型江鱼罐头公司,产品销往世界各地。铁路移民主要移往日本新建的吉敦、敦图、拉宾、锦承各路沿线。为此,在日本国内特设"铁路附属地移民指导部",预计 15 年内向这些地区移住 20 万个家族。①

到 1936 年 7 月,东北的日本移民共达 717795 人,但日本政府嫌移民速度太慢,又设立"满洲拓殖股份公司",以加快日本移民速度。同时,为了统制和加速朝鲜移民,同年日本又设立了"鲜满拓殖股份公司"和"满鲜拓殖股份有限公司"。前者是投资公司,后者是事业公司。"鲜满"资本 2000 万元,其中 1500 万元是"满鲜"的总资本。加速朝鲜移民的目的不仅是解决朝鲜农村过剩人口问题,将移民作为朝鲜的"安全阀",而且要将每年流往日本的 10 多万朝鲜人转往东北,解除由此而加重的日本社会负担。② 到 1936 年 6 月,东北共有朝鲜移民 857701 人。日本和朝鲜移民合计 1575496 人。③

为了尽快让更多的日本农民到"满蒙""做地主""当东家",日本于 1936 年 5 月 9 日又制定发布了《向满洲移住农业移民百万户的计划》,即从 1937 年开始,20 年移民 100 万户 500 万人。移民分为甲、乙两种:甲种移民由政府直接派遣;乙种移民主要由民间进行。共分 4 期,人数逐期递增:首期 10 万户,二期 20 万户,三期 30 万户,四期 40 万户。首期于 1937 年开始,预定当年移民 1.2

① 王检:《东三省日本移民的过去和将来》,《东方杂志》第 30 卷第 17 号,1933 年 9 月,第 47 页。

② 李隆:《日本政府东北的移民计划》,《中国农村》第 3 卷第 7 期,1937 年 7 月,第 53—59 页。

③ 《满州[洲]经济年报》,第 368 页,见《中国农村》第 3 卷第 7 期,1937 年 7 月,第 53 页。

户。按照计划设计,每户移民需地 10 町步(1 町步约相当于 1 公顷),100 万户需要土地 1000 万町步,约相当于 1000 万公顷(15000 万亩)。[①] 伪满政府为讨主子的欢心,准备提供的土地更多达 2650 万公顷。当时全东北耕地面积约为 1500 万—1600 万公顷,加上 1300 万—1400 万公顷的可耕荒地,共计 2800 万—3000 万公顷。[②] 这就是说,100 万户日本移民用地约占当时东北现有耕地的 2/3,占东北全部耕地和可耕地的 1/3。伪满政府准备提供给日本移民的耕地数量,更超过当时已开垦耕地的 1 倍以上。

面对数量如此庞大的日本移民用地,计划书假惺惺地宣布,将伪满“国”有土地(包括“敌产地”在内)、公有地、无主或田主不明的土地、其他未利用土地“尽先作为移民用地,尽量考虑不致对原居民造成不良影响”,并按省或地区、地带及其用地面积列出一个粗略的账单[③],责令伪“满洲国政府加以准备”。

当然,实际完全是另一种情况,而且日伪为日本移民准备土地,也并非从“移民百万户的计划”开始。“九一八事变”后,特别

① 《向满洲移住农业移民百万户的计划》(1936 年 5 月 9 日),见复旦大学历史系编译:《日本帝国主义对外侵略史料选编(1931—1945)》,上海人民出版社 1983 年版,第 92—94 页。

② 刘克祥、吴太昌主编:《中国近代经济史(1927—1937)》,人民出版社 2010 年版,第 499 页。

③ 计划所列移民地区及其用地面积为:三江省地带 300 万町步、小兴安岭南麓地带 100 万町步、齐齐哈尔以北松花江上游地带 200 万町步、黑河瑷珲地带 50 万町步、旧中东铁路东部线地带 20 万町步、京图线及拉滨线地带 80 万町步、大郑线地带 50 万町步、辽河下游地带 50 万町步、洮索线地带 50 万町步、三河地带 50 万町步、西辽河上游地带 50 万町步。共计 1000 万町步。(《向满洲移住农业移民百万户的计划》(1936 年 5 月 9 日),见复旦大学历史系编译:《日本帝国主义对外侵略史料选编(1931—1945)》,上海人民出版社 1983 年版,第 92—93 页。)

是伪满汉奸政权成立后,为了解决日本移民用地问题,为日本农民一踏入东北就可以“做地主”“当东家”,成立专门机构,制定法规和计划,快马加鞭掠夺农地。日伪政府先后设立“土地局”和“地籍整理局”,对全东北130万平方公里土地中71万平方公里田野、3000万宗民地进行所谓“整理”。通过“整理”,剥夺农民土地所有权;又以处理旧有官地、公地为名,将所谓清皇室残留地、吉林旗地、驿站地、官仓地、奉天官地,东省特别区官地,以及“国有荒地”“国有林”等,全部“清理”出来,以供日本移民使用。1932年、1933年,先后颁布了《外人租用土地章程》和《商租权登记法》,前者规定“外国人(即日本人)在东北可获得永久承租权”;后者规定日本人在东北农工商需用土地,得以自由“商租”,租期30年,而且期满后得延长。实际上也是“永租权”。1932年,日伪又共同成立“日满土地开拓公司”,专职从事东北土地掠夺。① 东北土地的管理,各县原设有土地局,1934年,日本关东军认为,土地局已不适应形势需要,必须废弃,另组织“强有力之土地统制机关”,专责执行土地政策和全满土地的测量和民有土地的清丈。② 因东北在开垦过程中,土地登记均有“浮多”,于是日本侵略者令伪满“民政部”土木司重行测量清丈,清得的土地,悉数没收充公,以供日本、朝鲜移民使用。清丈前,由伪满“民政部”派员赴各县进行土地调查,从1934年9月1日起,实行不动产登记,限令年内报齐,并包藏祸心地规定了业主除自行填报不动产的种类、亩数、座数、四至及自拟价格外,还须注明三年内的产量以及各年天灾状况,房屋则

① 谢劲健:《九一八后日本对华之经济侵略》,《中国经济》第2卷第5期,1934年5月,第5页;沈越石:《日军占领下之满洲》,《东方杂志》第31卷第20号,1934年10月,第50页。

② 赵惜梦:《沦陷三年之东北》,天津大公报社1935年版,第137页。

注明建筑年代及渗漏状况。不动产登记甫毕，日伪即于1935年2月开征“不动产价值税”，报价高者多纳税，报价低廉者则由日伪按报价收购，以供“拓殖”之用。同时，日本拓务省与伪满政府合资设立“土地保有会社”，资金2000万元，满铁、东洋拓殖会社、东亚劝业会社提供现金1000万元，伪满政府以指定土地为资金1000万元，这些土地即来自清丈所得。① 原本属于农民的土地，现在又变成了“购买”农民剩下土地的资本。

事实上，日伪在1935年2月开征“不动产价值税”之前，已开始贱价强购农民土地。如1933年，日军第十军团在黑龙江阿城县强买土地14500町步（合14500公顷）；1934年贱价收买了虎林县农民的全部土地；同年四五月间，日本组织第三次武装移民团和天理教武装移民团，又将黑龙江依兰等肥沃区7县作为移垦区，强制收买各县土地320万亩。② 1935年2月开征“不动产价值税”后，许多报价低廉的土地均被日本侵略者按报价“收买”；1937年，日本人在黑龙江汤原县即“收购”土地42万垧（合420万亩）；另外，日本铁路“自卫”队在辽宁阜新县强购土地488垧（合4880亩），以供25户武装移民使用③，辽宁安东农民，也被迫低价将土地卖给日本侵略者。④

还有暴力强占和大面积圈占。“九一八事变”后不久，日本侵

① 赵惜梦：《沦陷三年之东北》，天津大公报社1935年版，第137—139、141页。

② 《虎林县志》，中国人事出版社1992年版，第143页；中国经济情报社：《中国经济年报》1934年第1辑，第235—236页。

③ 中央档案馆等合编：《日本帝国主义侵华档案资料选编·东北经济掠夺》，中华书局1991年版，第712—714、718—721页。

④ 叶民：《东北劳动大众的亡国奴生活》，见中国农村经济研究会编：《中国农村动态》，1937年，第160页。

略军就开始在沈阳、富顺、辽阳和海城等地,分文不给,暴力圈占土地。[①] 1933 年 10 月,日本向黑龙江武装移民,圈占佳木斯附近 200 公顷的生熟耕地,作为移民垦殖区。[②] 1934 年勘定和圈占辽宁浑河、太子河两岸土地 100 万亩,作为朝鲜移民区。[③] 同年 10 月,强占黑龙江穆棱县民田 2 万垧(合 20 万亩),并强"借华人房屋,供日本移民居住"。[④] 辽宁旅顺、大连地区,到 1935 年,被日本掠夺的耕地占全部耕地的 36.1%,被掠夺的荒地山林占 78%。[⑤]

为了整村成片地掠夺农民耕地和日本移民集中居住,1933 年后,日伪又在各地强力推行"归村并屯"政策,将分散居住的农民强迫迁至指定的"集团部落"。原村限期拆除,逾期烧毁。腾出的土地全部没收,改为"开拓地",分给日本"开拓团"移民,或者充当军用。如吉林舒兰,1935—1941 年迁入日本"开拓团"13 个,计 1597 户、5594 人,强占 60 个自然屯、16.5 万亩耕地。1933 年后,勃利等县还在县公所内设立"开拓科",专职掠夺耕地和粮食,供给日本"开拓团"。同时封锁山林、河川,断绝农民的渔业、副业生路,将其慢性消灭。未及迁移的农民,则作为日本移民的"附庸",充当其佃户、长工和苦力。如此等等,不一而足。[⑥]

"移民百万户的计划",因移民人数和所需土地面积异常庞

---

① 王检:《东三省日本移民的过去和将来》,《东方杂志》1933 年第 30 卷第 17 号,第 47 页。

② 赵惜梦:《沦陷三年之东北》,天津大公报社 1935 年版,第 75 页。

③ 中国经济情报社:《中国经济年报》1934 年第 1 辑,1935 年印本,第 235—236 页。

④ 《银行周报》1934 年第 18 卷第 45 期,国内要闻,第 4 页。

⑤ 顾明义等主编:《日本侵占旅大四十年史》,辽宁人民出版社 1991 年版,第 343 页。

⑥ 参见舒兰、虎林、勃利、穆棱、饶河、汤原、鹤岗、甘南、德都、克山、嫩江、木兰、富裕、嘉荫、扎兰屯等县(市)新编县(市)志。

大,为了便于土地掠夺和移民安置,1937 年 7 月 13 日,伪满“国务总理”张景惠为配合、支援全面侵华战争,同时保证日本百万户移民的土地需求,在“国务院”会议上提出的“‘满洲国’重要产业统制法案”(7 月 25 日正式发布),特别加强了对土地的统制,规定“对于政府指定收买的土地,土地所有者不得拒绝,违犯者依法没收其土地”。[①] 接着 1937 年 8 月,日伪当局将原来的满洲拓殖株式会社扩大为日本政府和伪满政府“合办”的满洲拓殖公社,使其掌管日本移民移入地区的各项设施、移民输送、移民金融、移民物资的购销,提供移民用地,进行移民训练等。对计划规定的移民用地,民有地在伪满政府的“斡旋”下,由满洲拓殖公社“收买”;“国”有地和伪“蒙疆”政权无偿收取的土地,满拓公社则以“政府”购买的形式加以管理。所以,这些移民用地,不论圈占或“购买”,实际上都是暴力或强制攫取。据统计,满拓公社从其前身满鲜拓殖会社继承的 235 万余公顷土地,相当于“百万户移民计划”的 1000 万公顷用地的 23.5%,价格为 2470 余万元,平均每公顷 10.61 元,平均每亩仅 7 角钱。截至 1939 年年底,满拓公社拥有的土地已达 571 万多公顷;到 1941 年 4 月,伪满政府和满拓公社为日本移民用地而“整备”的土地合计达到 2002.6 万公顷,相当于“百万户移民计划”原定总目标的 2 倍有余,相当于日本耕地总面积 600 万町步的 3.7 倍。这批土地,46% 未支付地价,其中 70%,即 643.6 万公顷系所谓“官公有地”;30%,即 278.8 万公顷为民有地,至于已付地价标准,民有耕地平均每公顷 80 元,民有荒地 8 元,“国”有地 4 元。即使支付价格,也微乎其微。当时所定

① 王子衡:《伪满时期经济掠夺的“三光政策”》,见章伯锋、庄建平主编:《抗日战争》第 6 卷,四川大学出版社 1997 年版,第 51 页。

的标准是,民有熟地每公顷80元,“荒地”[①]8元,“国”有地4元,还不到时价的1/10。[②] 实际支付的价格更低。如黑龙江饶河为熟地每亩2—5元,“生荒”0.3元;阿城县熟地每亩2.4—5.6元,“生荒”0.8—1.6元,有的还不够到哈尔滨领取地价的往返旅费。[③]

显然,为日本移民“整备”的土地无论是收购、圈占,也无论是荒地、熟地、官地或民地,全都地地道道的是暴力攫夺。在“整备”过程中,土地持有者稍有异议,即以“通匪罪”处死。在移民移入地,日伪在移民到达之前,即在该地设立“拓殖办事处”,以伪县长为“处长”,伪县参事官(日本人)为“副处长”,负责移民的接待、安置。农民不仅要交出土地,还要交出屋院、房舍乃至家具、器物:农民或被驱赶,整座房屋移交日本移民;或将房屋拆毁,房屋建材转给日本移民建房使用;甚至全部烧毁,只留下宅基地供日本移民使用。如此等等。在武装移民和圈占过程中,日本侵略军更是动用飞机、大炮、机枪,整村驱赶和屠杀原居民。1934年3月,日本侵略者在向依兰土龙山地区武装移民时,出动部队千余人,轰炸机10余架以及大炮、机关枪,对无处撤离的农民进行惨无人道的大屠杀,把土龙山附近17个村庄夷为平地,轰毙农民5000余人[④],

① 日本侵略者将农民因躲避而未及时耕种的耕地,全都定为“荒地”。(中央档案馆等合编:《日本帝国主义侵华档案资料选编·东北经济掠夺》,中华书局1991年版,第714页。)

② [日]浅田乔二:《日本帝国主义下的满洲移民》,第199—202页,见解学诗:《伪满洲国史新编》,人民出版社2015年版,第397页。

③ 《饶河县志》,黑龙江人民出版社1992年版,第423—424页;中央档案馆等合编:《日本帝国主义侵华档案资料选编·东北经济掠夺》,中华书局1991年版,第713—714页。

④ 叶民:《东北劳动大众的亡国奴生活》,见中国农村经济研究会编:《中国农村动态》,1937年,第158—159页。

在整个依兰县，日本武装移民团在掠夺民田过程中，共惨杀农民2万余人，被迫迁离而无家可归者数十万人。① 在某些移民区，被允许留下的中国农民则沦为日本移民的佃户，受其残酷奴役和压榨。据统计，日本移民和满洲拓殖会社雇用或租给中国农民耕种的土地共14万余公顷。②

除了给日本移民“整备”现成熟地和可耕地，从1939年开始，又强迫农民开展大规模垦荒，为日本移民“整备”更多的优质农地。1939年6月1日，伪满政府出资设立了“满洲土地开发株式会社”，计划自1940年起，第一年开荒11万公顷；第二年开荒20万公顷；第三年以后每年开荒40万公顷。日本移民的耕地结构，当时规定为水田与旱田之比为1∶9，但开荒计划执行后，到1942年，共开荒29255公顷，其中水田16276公顷，旱田12976公顷，水田比例大大高于计划标准。此为所谓“国营”开荒。此外，还有在日本农业移民用地以外的未耕地上进行了所谓“省营”开荒。后者在伪三江省、牡丹江省和滨江省进行，计划开荒368200公顷，供39000户中国移民使用。此种开荒由伪满省、县政权组织进行，领得开垦地的中国移民，有的暂作“县有地”的佃户，准备将来使之成为“自耕农”；有的则沦为“县有地”的永久佃户，向伪县（旗）交纳佃租。③ 原来的自耕农被迫沦为佃农。

由于日伪为日本移民“整备”的土地数量庞大，已移入的日本移民所用土地，只占日伪“整备”土地的很小一部分。据统计，1941年日本农业移民耕地面积为12.5万公顷，而满拓公社“整

① 陈正谟：《各省农民雇佣习惯及需供状况》，第80—81页；中国经济情报社：《中国经济年报》1934年第1辑，1935年印本，第235—236页。

② 姜念东等：《伪满洲国史》，吉林人民出版社1980年版，第350页。

③ 参见解学诗：《伪满洲国史新编》，人民出版社2015年版，第381页。

备”的土地达651.5万余公顷。在这种情况下,满拓公社将多余的土地出租。资料显示,1939—1941年间,满拓公社出租的土地达40万—50万公顷以上,佃户达85000户以上。而这些佃户大部分就是原来耕种该地的老佃户。满拓公社的出租地,一部分由满拓总社直营,一部分实行“承包租佃”,两者都由指定的代理人具体掌管租佃事务。据满拓统计,1940年满拓总社和设在佳木斯、牡丹江、哈尔滨、齐齐哈尔、吉林、东安等地的满拓事务所所统辖的租佃管理人为936名,平均每人管理佃农93户、土地792垧。这些管理人大都是老地主、“屯牌长”、恶霸、警察等。他们同日本侵略军、汉奸狼狈为奸,为虎作伥,残酷压榨、勒索佃农,同时利用管理人的地位,享受免出劳工等特权。伴随日本农业移民的不断移入,满拓公社的租佃土地呈减少之势,但至日本战败投降为止,数量仍相当可观。在满拓土地集中的地区,例如密山县,60%的居民处于满拓的统治与盘剥之下。①

日伪在农业掠夺方面,和土地掠夺同样重要的是农产品掠夺。而掠夺的主要手段是“粮谷出荷”和“粮食配给”。前者是强制农民贱价售卖粮食;后者是强制减少农民粮食消费。两项政策,一个目的,就是保证日本最大限度地获取粮食。

日本全面侵华战争爆发后,1937年7月13日,伪满“国务总理”张景惠提出的“‘满洲国’重要产业统制法案”规定,“关于粮食和其他经济作物,除去政府收购数量外,所余的产品方能自行处理,违犯者按经济取缔规程处罚”。② 然而,日伪的粮食“收购”却是个无底洞。1937年日本侵略军实施“粮谷统制法”后,由伪满政

① 参见解学诗:《伪满洲国史新编》,人民出版社2015年版,第398页。

② 王子衡:《伪满时期经济掠夺的“三光政策”》,见章伯锋、庄建平主编:《抗日战争》第6卷,四川大学出版社1997年版,第51页。

府和日本财阀共同出资2000万元资金，设立“满洲农产公社”，在伪满“兴农部”指挥下，负责农产品的运输、保管、调拨、配给任务。而核心环节是抢粮。据伪满汉奸后来供述，“每年的抢粮举动规模很大，几乎全‘国’上下一齐动员，如临大敌，所有各项措施皆周到缜密，务其把农民一年辛勤生产的粮食颗粒不留一网打尽”。1940年后，征购的粮食数量直线飙升，由每年500万吨飙升至1943年的1000万吨。粮食掠夺指标、任务越来越严酷，掠夺手段越来越残忍，汉奸官吏、警察、特务“一齐动员，像饿狼疯狗般到村屯沿家逐户翻箱倒柜，不论粮食种子颗粒不留地抢夺一空。农民稍与争执，除受到打骂之外，或则罚跪在冰天雪地之上，或被抓起来关押在监狱之中，并不给饮食，甚至纵火烧掉房屋”。“农民流尽一年血汗，换来的是家破人亡”。①

东北地方过去粮食外销不超过400万吨，以年产粮2000万吨计，尚余1600万吨在境内。自从东北沦陷、伪“满洲国”成立后，华北农民不得入境，农业劳动力、耕地面积下降，而日本侵略军进入东北人数和粮食出口大增。因此，农民全年750万吨口粮、400万吨种子饲料全无着落。同时，日伪收购价格极低，粗粮细粮平均每吨100元，而生产费用为120元，农民每吨亏折20元。不仅如此，农民卖粮，日伪走狗又多刁难、需索。明明100斤粮，却只算八九十斤，稍有异议，即遭打骂，而且拒绝称量给单；好不容易拿到凭单取款又强扣10%的“义务储蓄”，稍有不服，即全部拒绝付款。即使得到粮款，也不到应得粮款的零头。除了掠夺粮食，1941年后，日本侵略军对高粱秸秆、谷草等副产物以及猪鸡鸭等畜禽产品的劫夺也不遗余力。规定每顷高粱地须缴高粱秸秆500公斤，谷

① 王子衡：《伪满时期经济掠夺的“三光政策”》，见章伯锋、庄建平主编：《抗日战争》第6卷，四川大学出版社1997年版，第57—58页。

草尽数缴纳,每户还须交出鸡蛋100个和65公斤以上肥猪1头。无草、无蛋、无猪可交者,就得按时交钱。农民无法,只得再借高利贷,债台又增高一层,离死路又近一步。①

太平洋战争爆发后,日本帝国主义的对外侵略扩张进入生死决战阶段,经济上被美英集团包围封锁,军需倍增,物资匮乏,货币贬值,外汇告绝,库存空虚。日伪除了加倍掠夺工农业产品和各类军需、战备物资,又大肆搜刮黄金白银,强行收买金店的金银存货,禁止制作金银器皿首饰,命令金店代收金银,强迫人民"献纳"金银,私藏者有罪,告密者受奖,并于交通路口设置关卡,车船暗置特务,搜翻行人旅客的行囊腰包,甚至搜查肛门阴户,打骂侮辱,发现金银首饰一律抢走,即使多年来父传子、母传女的纪念遗品,夫妇间的信物,也毫无例外地抢个干干净净。②

劳力掠夺方面,日本帝国主义疯狂掠夺和残酷役使中国劳动力,始终抱着尽快榨干油脂、实现役使利益最大化和加快减少与灭绝中国人口的双重目的。如在日本直接控制的工矿企业及军事工程中,以武力驱使大量劳工,在非人的劳动条件下,从事超强度的劳动,劳动力缺乏,即以抓捕劳工或诱骗招募劳工为补充,而劳工主要来源于华北各省。日本"人肉开采"政策的驱使,加以日本监工虐待迫害与杀戮,劳工大批非正常死亡。以辽宁北票煤矿为例,在日本统制下的12年5个月中,先后进矿劳工56530余人,共采掘精煤8639638吨,被摧残致死矿工31200余人(不包括伤残者及其家属),占进矿总人数的55.2%,平均每生产277吨煤,就付出

① 王子衡:《伪满时期经济掠夺的"三光政策"》,见章伯锋、庄建平主编:《抗日战争》第6卷,四川大学出版社1997年版,第59—60页。

② 王子衡:《伪满时期经济掠夺的"三光政策"》,见章伯锋、庄建平主编:《抗日战争》第6卷,四川大学出版社1997年版,第61页。

一名矿工的生命。① 据资料记载，矿山劳工的死亡率，一般在 50% 以上。特别是从事军事工程的劳工，在极端恶劣的自然和气候条件下，从事露天作业，死亡率更高。尤有甚者，被迫从事保密军事工程的劳工，往往在工程完竣后，全部遭日军屠杀灭口，分布东北各地的“万人坑”，数量多达 60 处，就是大批劳工被集中屠杀或非正常死亡的铁证。②

东北沦陷、伪“满洲国”出笼后，特别是日本全面侵华战争爆发后，日伪大力加强了对劳力的统制和掠夺。日本驻伪满关东军原为 100 万人，自 1937 年全面侵华战争爆发后，关东军入关人数增多，伪满境内空虚，日本在伪满进一步加紧推行“以华制华”的基本国策。1937 年 7 月 25 日伪满“国务总理”张景惠发布的“‘满洲国’重要产业统制法案”，规定人民服兵役和劳役的义务为每年征集“国”兵一次、劳役一二次，“违犯应征法令者依法处理”。1938 年正式实施“‘国’兵法”，强制东北青年填补关东军留下的空虚，规定凡年满 20—23 岁都有服 3 年兵役的义务，每年春季征集 20 万人，进行军事训练，留在伪满境内，充当工兵，修筑军事堡垒，同时维持地方治安。又强令组织协和会“义勇奉公队”，作为便衣警察，此外还有“协和青年团”“协和少年团”。参加“义勇奉公队”的年龄为 20—35 岁，“协和青年团”为 15—19 岁、“协和少年团”为 10—14 岁。“义勇奉公队”均从社会摊派，“协和青年团”20 万人，“协和少年团”30 万人。“义勇奉公队”属于军事化组织，每周要训练 3—4 次，每次三四个小时以上，甚至一整天。一些商

① 《日伪时期北票矿工的苦难生活》，见孙邦主编：《伪满史料丛书·经济掠夺》，吉林人民出版社 1993 年版，第 520 页。

② 章伯锋、庄建平主编：《抗日战争》第 6 卷，四川大学出版社 1997 年版，第 6 页。

人因耽误正常营业,被迫每月花八九十元雇用专人替代。[①] 1939年日伪又制定“勤劳奉公法”,凡年满20岁至23岁的青年未入选“国”兵者(即所谓“‘国’兵漏”),从中抽调50万—100万人(初时50万人,最后目的达到100万人),编为“勤劳奉公队”,分为大队、中队、小队,各级队长即以经过协和会训练的人员担任。“勤劳奉公队”在日伪“勤劳奉公局”统一指挥下,派往各地从事挖掘沟渠、开垦水田、修筑道路、建筑营房等劳役。“勤劳奉公队”的劳动强度高于“国”兵,物质生活极其恶劣。“‘国’兵漏”青年为避免被编入“勤劳奉公队”,纷纷逃往他乡。若被抓回,除罚款外,则押往矿山服役,因而惨死者“不计其数”。同时因劳工不敷需要,1939年开始施行“劳动统制法”,大幅扩张劳工抓征的“法定年龄”范围,规定凡年满25岁至55岁的男子,均有服役义务,每年抽出100万至150万的上述年龄段劳工,以经过协和会训练过的“协和义勇奉公队”队员为基本干部,在伪“勤劳奉公部”(“勤劳奉公局”改组为“部”)的统一调度下,派往矿山、工厂、森林(采伐木材)和日本侵略军军事工地服役。他们在日本侵略军棍棒皮鞭打骂下,在物质生活、劳动环境极端恶劣的条件下,从事强度极高、时间极长的牛马般的劳动,“惨死的不计其数”。[②]

1941年12月太平洋战争爆发后,因紧急生产战时急需物资和扩大对日支援,劳工需求大增,劳务问题成了战时最重要的问题之一。扩充、强化劳务职能部门,建立战时劳务新体制,成为压倒一切的急务。日本侵略者认为,过去的伪满“民生部”劳务司不足以

① 中央档案馆等合编:《日本帝国主义侵华档案资料选编·伪满傀儡政权》,中华书局1994年版,第633—635页。

② 王子衡:《伪满时期经济掠夺的“三光政策”》,见章伯锋、庄建平主编:《抗日战争》第6卷,四川大学出版社1997年版,第51、62—63页。

应付当前的局面，决定“改革”劳务机构，加大劳工抓捕力度，除实施“劳务动员计划”“劳工供出制”“勤劳奉公制”等外，又实施所谓“劳工手册制度”。在行政架构方面，废除民生部劳务司，新设“勤劳部”，下设勤劳司和整备司。又特设独立的“国民勤劳奉公局”，为扩充、加强“勤劳奉公队”做准备。“国民勤劳奉公局”直接采用军队编制，局长即是总队长，由“勤劳部”次长、日本人半田敏治充任。另外还扩充了奉天省、安东省、吉林省及其他重要省份有关劳务方面的职员队伍。为强化劳力统制，从 1942 年 7 月开始实施“国民手册制度”。这是束缚劳工自由的一项重大措施，规定每个劳工必须随身携带按有本人指纹，记有本人姓名、年龄、住所、职业等项内容的手册，以便随时出示，以供查验，“在防止劳工移动、强化劳务统制方面万无一失”。同时，日伪为推行战时高压“思想矫正”措施，根据“司法部”的“机构改革”，还新设了隶属于伪“司法部”而又自成体系的“司法矫正总局”（同时撤销原伪“司法部”的行刑司），以及在它管辖下的“矫正辅导院”，收容、抓捕“厌恶劳动之人”或流浪者，以便将其网罗一尽。另外，1945 年 3 月改“民生部”为“厚生部”，将劳务司和外局国民勤劳奉公局移交于新设的“国民勤劳部”，下设完全军事化的“勤劳奉公队”，由日本人出任正、副“总司令”。[①] 其目的是“强化劳工政策，要把东北人民完全劳工化”。[②] 日本军国主义

---

① “勤劳奉公队”从“中央”到省县地方和厂矿，有一套十分完整、严密的组织系统。在“中央”，勤劳部和勤劳奉公队“司令部”有职员 200 余人。在省市县地方，由省市县兼任省司令、市司令和县司令，省次长、副市长和副县长分别兼任副司令。各厂矿“勤劳奉公队”，由厂长、矿长和劳动科长分别兼任队长、分队长或队附。（《于镜涛笔供》（1954 年 8 月 30 日），见中央档案馆等合编：《日本帝国主义侵华档案资料选编·伪满傀儡政权》，中华书局 1994 年版，第 302 页。）

② 《于镜涛笔供》（1954 年 8 月 30 日），见中央档案馆等合编：《日本帝国主义侵华档案资料选编·伪满傀儡政权》，中华书局 1994 年版，第 302 页。

的这类凶残和伤天害理的侵略行径,日本战犯也不得不承认:日伪机构的这些设置、调整,再配以残酷的法西斯执行措施,使“中国劳工在质、量各个方面遭到彻底的摧残”。①

第二节　伪“蒙疆”政权的行政架构和经济体制

1936—1945 年间,在侵华日军的直接指挥和操纵下,在内蒙古西南部和华北接壤地区,包括察哈尔、绥远两省,内蒙古大部分地区(东三盟被划归伪“满洲国”)及山西北部(晋北)地区,先后设立、更替多个以伪“蒙疆”冠名的区域性汉奸傀儡政权,作为为虎作伥、奴役蒙汉人民、掠夺地区物资和经济资源的工具。日本帝国主义对内蒙古地区觊觎已久,武力占领“满蒙”早就成为日本帝国主义的基本国策,“贯彻满蒙分离政策”,将其“从中国分离出来”,是占领和灭亡整个中国的前提条件。1931 年发动“九一八事变”,武装侵占东北,建立伪“满洲国”傀儡政权,将“满洲”从中国分离出去,是日本帝国主义鲸吞“满蒙”的第一步。随即启动第二步,南下、西进,蚕食华北,将侵略魔抓伸向察哈尔、晋北、绥远和西蒙,建立如同伪“满洲国”一样的伪“蒙疆”傀儡政权,将内蒙古从中国分离出去。这一切都在按部就班地进行。1937 年全面侵华战争爆发之前,日本已于 1936 年 5 月利用和操纵苏尼特右旗世袭札萨克亲王德穆楚克栋鲁普(简称“德王”),成立伪“蒙古军政府”傀儡政权。

“七七事变”之前,内蒙古部分地区已为日本帝国主义所控

① 参见《古海忠之笔供》,见中央档案馆等合编:《日本帝国主义侵华档案资料选编·伪满傀儡政权》,中华书局 1994 年版,第 301—302 页。

制。全面侵华战争爆发后，因内蒙古地区既是羊毛、皮毛、马匹（战马）、肉类、煤铁等战略、民用物资的重要供应地，又是“反共前驱”“防共特殊地带”，是攻打外蒙、苏联的前沿阵地，还可借以阻挡和切断中国与苏联的联系，日本占领和稳固控制这一地区的急迫性愈加突出。“七七事变”后不久，日军占领平绥铁路重镇张家口、大同和沿线地区，紧接着马不停蹄，相继设立伪“察南自治政府”、伪“晋北自治政府”两个地方汉奸政权。1937 年 10 月占领包头后，日本一方面让德王将伪“蒙古军政府”公开改组成立伪“蒙古联盟自治政府”，其性质、地位与察南、晋北两个地方政权相同；另一方面，日本侵略军暗地里亲手筹组所谓伪“蒙疆联合委员会”，为伪“蒙疆建国”做准备。到 1939 年，日本已在北平、南京两地分别出台王伪“中华民国临时政府”和梁伪“中华民国维新政府”两个傀儡政权，炮制独立的伪“蒙古国”或伪“蒙疆联合自治国”傀儡政权，时机已经成熟，7 月，日本开始酝酿筹建“蒙古国”。但此时情况发生变化，继日本首相近卫文麿发表“善邻友好，共同防共，经济提携”三原则声明后，汪精卫与日本新任内阁总理大臣平治骐一郎秘密订立了卖国协定，此时日本更想利用汉奸汪精卫诱降蒋介石，对现已推行分而治之侵华政策相应变更，伪“蒙疆建国”的活动暂停。9 月，日本将察南、晋北、内蒙古三个伪政权合流，设立伪“蒙疆联合自治政府”，察南、晋北两个傀儡政权分别改为“政厅”。该伪政府虽名为区域性和地方性政府，但却有作为“独立国”的相关标识和政府架构。① 实际上是日本炮制的怪物。它的怪诞还在于设有专门为日本人准备的“最高顾问”和“专门顾

① 如政府所在地称“首都”；政府有自己的“国旗”“年号”（采用“成吉思汗纪元”）；政府架构也类同国家政权，政府首脑称“首长”，政府总部为“政务院”，下面设若干“部”；法院、检察院均冠以“最高”二字。

问”。实权都掌握在这类顾问手中。1941 年 6 月,德国废约攻打苏联,苏德战争爆发,国际局势剧变,日本认为伪“蒙疆”政权已经不能适应新的国际形势和其侵略政策的需要。是年 8 月,将伪“蒙疆联合自治政府”改组为伪“蒙古自治邦政府”。12 月,太平洋战争爆发后,为了应付再次剧变的国际形势,1942 年 8 月,在日本军部参谋长的主持下,日本再次对伪“蒙疆”政权的行政机构和人事安排,进行了改组和调整。除了增加和强化经济、产业“管理”方面的职能部门,就是将日本人的职位由原来的“顾问”改为正式职官,由后台转为前台。

日本一方面或暗或明地推进伪“蒙疆建国”,加快把内蒙古从中国分离出去;另一方面为通过汪伪加强对蒋介石的诱降,抛出所谓“对华新政策”,声称要加强汪伪南京政府对地方政权的“指导”。汪精卫信以为真,摆出一副伪“国民政府”主席的架势,准备加强对伪“蒙疆”政权的“指导”,并拟定“蒙古自治法”3 章 18 条,于 1943 年 3 月派人面交德王。不巧此时日本在太平洋战争中严重失利,日本为了防止苏联袭击,亟须加紧对伪“蒙疆”的直接控制,日本军部在张家口看了汪伪的“蒙古自治法”草案条文,大为恼火。不仅“蒙古自治法”草案胎死腹中,而且不许南京汪伪再过问伪“蒙疆”政权的任何事情,转而让伪“蒙疆”政权俨然以“独立国”的傀儡政权出现,同伪满一道,北面抵抗苏联,南面遏制中国内地。

为了加强对伪“蒙疆”政权的直接控制,日本于 1943 年秋再次对伪“蒙疆”政权进行机构改组,从行政架构和经济体制两个方面基本完成了地方性政权傀儡向变相“独立”的“国家”傀儡的演变程序。

一、德王的“自治运动”和日本鲸吞内蒙古的狼子野心

伪“蒙疆联合自治政府”的策划和形成，肇始于20世纪初的内蒙古“自治运动”。最初并没有直接与日本发生关系。伪“蒙疆”政权的领袖人物德王是成吉思汗“黄金家族”的嫡系后裔，自小“憧憬成吉思汗的伟业，立志要振兴蒙古”。1919年，德王年满18岁，加冕承袭苏尼特右旗札萨克王位，开始主持全旗政务；1924年，锡林郭勒盟盟长杨桑，因年迈多病离职，副盟长索特拉木诺布坦（以下简称“索王”）继任盟长，副盟长一职空缺。时年23岁的德王，凭借父荫升迁补任副盟长。当时正值军阀混战、官场腐败、南北大乱之际，刚刚登上政治舞台、执掌盟旗两级大权的德王，血气方刚，野心勃勃，狂言“当今之世，能出而收拾蒙古事者，舍我而其谁”①，并分析此前历次内蒙古自治运动失败的原因，认为必须打破清朝的“分旗统治”局面，团结各盟旗，建立统一的政治组织。这是德王策动内蒙古“自治运动”的初衷，是伪“蒙疆”政权出现的重要历史背景。

清朝和民国时期，作为伪“蒙疆”政权辖区内蒙古西部地区，行政区划和管理体制多有变化。辛亥革命后，1912年北洋政府公布的《蒙古待遇条例》中规定，各蒙古王公原有之管辖治理权“一律照旧”，维持清朝时封建王公的统治体制。但1914年发生重大改变，是年7月，北洋政府在内蒙古西部地区设立了热河、察哈尔、绥远3个特别区，行政长官称为“都统”，下设道，并领有各蒙旗。

①　德穆楚克栋鲁普：《百灵庙蒙古自治运动回忆》，见卢明辉：《中华民国史资料丛稿·蒙古“自治运动”始末》，中华书局1980年版，第4页。

这是在内蒙古西部地区实行双重行政建置的开始。国民党政府统一北方之后,为使边疆地区与内地一致,"实边"以御外侮,1928年9月宣布设立热河、察哈尔、绥远等新6省。

由于民国时期开始实行的同化政策,尤其是日益扩大的移民垦殖运动,逐渐影响到内蒙古各阶层的切身利益,由此引发了内蒙古部分贵族和平民的抗垦与"自治运动"。1928年7月,察哈尔部代表赴南京请愿,要求"蒙旗联合自治";11月,"蒙古代表团"赴京反对改省。1930年国民党政府在南京召开内蒙古会议,准备正式解决内蒙古问题,但是内蒙古自治方案最终未得实现。①

1931年"九一八事变"和伪"满洲国"建立后,德王策动的蒙古"自治运动"正好为日本军国主义扩大侵略、加速西进提供了一个现成的缺口。由于日本侵略者的策划和操控,内蒙古"自治运动"的性质发生本质性的变化,由日本侵略者一手策划和先后建立起来的伪"蒙古联合自治政府"、伪"蒙疆联合自治政府"和伪"蒙古自治邦政府",演变为彻头彻尾的分裂和卖国傀儡政权。

日本对内蒙古地区觊觎已久,并将内蒙古和东北("满洲")放在同等重要的位置。通过中日甲午战争攫取台湾和澎湖列岛后,日本的下一个目标就是攫取东北、内蒙古;通过1904—1905年日俄战争战胜沙皇俄国、夺得"南满"后,即视"满蒙"为日本的"利益线""生命线"。进入20世纪20年代,日本国力愈强,野心愈大,武力占领"满蒙"开始成为日本帝国主义的基本国策。1927年6月27日至7月7日田中义一主持召开"东方会议"确定:必须"贯彻满蒙分离政策",将"满洲从中国分离出来";为"确保在满蒙特

① 参见祁建民:《从蒙古军政府到蒙古自治邦——"蒙疆政权"的形成与消亡》,《内蒙古师范大学学报》(哲学社会科学版)2009年第5期。

殊的地位权益”，决心维持满蒙“治安”。7 月 25 日，田中义一向天皇呈递专谈日本“对于满蒙积极根本政策”的奏折（史称《田中奏折》），把“征服满蒙”作为灭亡中国和征服世界的前提。谓“欲征服支那，必先征服满蒙，如欲征服世界，必先征服支那”。因此，“握执满蒙利权”是日本征服整个亚细亚大陆的“第一大关键”。①

1931 年“九一八事变”后，日本侵占东北，并建立了伪“满洲国”，接着夺取了热河，内蒙古的东三盟落入日本侵略军魔掌，日本关东军马不停蹄，在内蒙古西部地区抓紧进行各种阴谋活动，进一步加强了对以德王为首的内蒙古“自治”的支持和操纵，将其作为日本侵占内蒙古的工具。1932 年，关东军参谋田中玖到锡林郭勒盟劝诱盟长索王去伪“满洲国”参观。索王对日本怀有戒心，称病推辞。日本把目标转向副盟长德王，频频派人到德王府活动。同年，日本特务笹目，经陆军大将林铣十郎等人介绍到苏尼特右旗“游历”，后在德王掩护下，潜入寺庙，冒充喇嘛，长期进行间谍和策反活动。同时，盛岛角芳等也潜入苏尼特右旗，加紧与德王勾结。德王、李守信等的内蒙古“自治”分裂分子，不惜认贼作父，卖国投降，完全按照日本主子的旨意行事，内蒙古“自治”运动迅速蜕变为民族分裂运动，民族“自治”政权蜕变为汉奸傀儡政权。

1933 年 4 月 28 日，李守信按照日军的指令进犯热河邻近的察哈尔地区。次日占领察哈尔重镇多伦，并以多伦为中心，建立了伪“察东特别自治区”，由李守信任“行政长官”，悬挂日本国旗（同年多伦一度被察哈尔民众抗日同盟军收复）；7 月，在日本帝国主

① 《田中义一上日皇奏章》，见章伯锋、庄建平主编：《抗日战争》第 1 卷，四川大学出版社 1997 年版，第 23—24 页。

义的策动下,德王到百灵庙联络乌兰察布盟盟长等,共同创导"内蒙古高度自治"运动,发起召开所谓"自治筹备会议",并以锡、乌、伊(克昭)3盟各旗王公联名致电国民党中央,又派遣"代表团"赴南京请愿,要求"自治"。关东军承德特务机关长松室孝良也在多伦召开蒙古王公会议,表示支持内蒙古"独立"。百灵庙会议经得国民党政府同意,设立"蒙古地方自治政务委员会"(以下简称"蒙政会")和"蒙古地方自治指导长官公署"。蒙政会由蒙古王公组成,乌兰察布盟盟长任委员长,德王任委员,因其年轻能干,颇有影响力,成为蒙政会的实权人物。

以德王为代表的内蒙古"自治运动"兴起后,日本进一步加大了拉拢、扶持德王的力度,将其作为控制内蒙古西部地区的主要工具。1933年1月16日,日本关东军参谋部提出的《暂行蒙古人指导纲要》,即旨在策动内蒙古西部地区和外蒙古"转向亲满亲日",其基本方针是,"在西部内蒙古,排除苏中两国势力的影响,促进建立自治政权;在外蒙古,使其逐渐脱离苏联的羁绊,转向亲日满"。①

德王为了进一步与国民党政府对抗,在日军特务机关的拉拢、操纵下,急速走上了联日与独立的分裂、卖国之路。1933年9月,德王等再次召开蒙古"自治会议",并成立"蒙古自治会议筹备委员会",起草通过"要求自治的呈文通电"和"自治政府组织大纲"两个文件。同月,日本关东军承德特务机关长松室孝良和驻多伦特务机关长浅昭弥五郎,"邀请"牛羊群等8旗总管赴多伦参加"察哈尔八旗总管会议",讨论所谓"日后复兴重要关系事项"。会后,多伦日本特务机关宣布成立"察哈尔蒙古各盟旗联合办事处"。同年10月,松室孝良又抛出《建设蒙古国之意见书》,鼓吹

① [日]《现代史资料(8)·日中战争》,第447—448页,见余子道、曹振武等:《汪伪政权全史》上册,上海人民出版社2006年版,第155页。

要在日本的"大亚洲主义"旗帜下,建立一个在日本卵翼下的"蒙古国"。①

1935 年 11 月,德王访问伪"满洲国",标志着正式开始与日本合作。12 月,日本关东军经由张家口赠给德王步枪 5000 支、子弹 200 万发。得到关东军有力支持后,德王完全摒弃"蒙政会"的招牌,另起炉灶,分三步建立起自己的内蒙古政权机构,即伪"察哈尔盟公署"、伪"蒙古军总司令部"和伪"蒙古军政府"。

"察哈尔盟"的建立是德王走向独立的第一步。察哈尔部原为内蒙古的一大部落,是元室后裔,明代划察哈尔部为林丹汉部,由酋长掌握军政大权。清朝曾试图削弱林丹汉部,该部起兵抗争而遭失败,清廷遂将林丹汉部划为察哈尔部 12 旗,改为总管制。民国时期,察哈尔部依旧实行总管制,但在建立新 6 省时,将其右翼 4 旗划归绥远省,将左翼 4 旗和 4 牧群划归察哈尔省。1931 年,国民党政府决定在各蒙旗设立保安长官,察哈尔部的保安长官由牛羊群总管卓特巴扎布担任。"蒙政会"成立后,察哈尔 12 旗要求改盟,并要求将右翼 4 旗划回察哈尔。1934 年 2 月,国民党中央政治会议通过了设立察哈尔盟案,并内定卓特巴扎布为盟长。

1935 年 4 月 1 日,李守信部及日军再次攻占多伦,关东军又支持李守信部占据察东;其后又因张北事件和《秦土协定》的签订,国民党军队被迫退出察北,国民党政府还保证不阻止日方对德王的工作,失去对察哈尔部的控制,察哈尔部的大部已经处于日军的控制之下。在侵华日军支持下,德王决定以"蒙政会"名义成立察哈尔盟。这时的卓特巴扎布也已经投靠日军,成为日本的合作对象。1936 年 1 月察哈尔盟成立,2 月 1 日在张北举行伪"察哈尔

① 参见余子道、曹振武等:《汪伪政权全史》上册,上海人民出版社 2006 年版,第 155—156 页。

盟公署”成立典礼。为了保证察哈尔盟执行亲日政策,关东军冒充宋哲元的部队杀害了反对与日本合作的蒙古族政治家尼冠洲,察哈尔部的蒙人 8 旗遂全部为德王所控制。

继“察哈尔盟公署”之后,1936 年 2 月,在德王府成立了“蒙古军总司令部”,由德王担任总司令,李守信为副司令;由日本人组成的顾问部,负指导军事、政治之责。顾问部主任村谷彦治郎、军事顾问山内源作、财政顾问稻次义一、文教顾问掘井德五郎,均为日本人。总司令部下另设军务部、政务部和秘书处,不仅初具政权架构,而且“蒙古军总司令部”明确宣布这是一个“独立政权”。同时更改年号,实行成吉思汗纪年,确定 1936 年为成吉思汗 731 年,并制定了蓝地右上角红、黄、白 3 条的蒙古旗,以此表示完全走上独立建国之路。

第三步是建立“蒙古军政府”。由于伪“蒙古军总司令部”设在苏尼特右旗,地处荒僻牧区,交通和通信不便,无法全面展开工作,影响力有限。特别是在百灵庙暴动之后,“蒙政会”已经名存实亡,需要另立统一有力的军政机关。为此德王决定建立“蒙古国”,责成吴鹤龄拟具“蒙古军政府”和建立“蒙古国”的草案,强调“蒙古国”必须主权独立、领土完整,要以原有的蒙旗(包括东、西各蒙旗)为领域,以葫芦岛为出海口。德王将草案交给田中隆吉转报关东军,田中隆吉满口答应,表示支持,只是由于他忙于策划进攻绥远,并未向上转交。

“蒙古大会”于 1936 年 4 月 24 日召开,经过德王事先同关东军接洽、请示,会议讨论、决定的议案主要包括:关于以内外蒙古和青海蒙古为一体建立“蒙古国”案;设立君主制案(目前暂且采用“委员制”);设立“蒙古国会”案;在嘉卜寺成立“蒙古军政府”、以资整军经武收复内蒙古固有疆土案;与伪“满洲国”缔结互助协定案;关于实行征兵、扩编军队组织“蒙古军”案;关于实行统制经济、开发资源案;关于成立蒙古生计会、组织救济新村案;关于将化德县(嘉卜寺)改为“德化”市①,并由察盟划出归由“蒙古军政府”直辖案等。田中隆吉代表关东军与会,表示“大日本帝国政府体念蒙古民族的落后,要帮助蒙古独立进步,以继承成吉思汗的事业”。他还宣布,因伪“满洲国”兴安北省省长凌升私通苏联被皇军枪毙,借此恫吓蒙古王公。

会议通过的《蒙古军政府组织大纲》规定:蒙古为筹备“建国”,设立“蒙古军政府”,至“蒙古国”成立时,改组为“蒙古国政府”。军政府主席为政府首领,由蒙古全体会议公举年高德劭之蒙古领袖担任。总裁兼承主席总揽蒙古统治权,统率所属机关及军队,掌理关于“建国”一切事宜,对主席负责,总裁由主席慎举不负众望、具有“建国”能力的内蒙古领袖担任。政府委员由总裁慎选,提请主席任命。会议选举云王为军政府主席,索王和沙王为副主席。云王以主席的名义任命德王为总裁,担负实际责任。《蒙古军政府组织大纲》还规定:政府设1厅(办公厅)、2部(参议部、参谋部)、7署(内务署、教育署、财政署、交通署、实业署、司法署、外务署)。政府设“顾问室”,置主任1人,顾问8—16人,并置助理员、翻译员。1936年5月12日②,伪“蒙古军政府”在嘉卜寺宣告成立,在典礼大会上正式使用成吉思汗纪元731年的年号,悬挂蓝地红黄白条旗作为“蒙古军政府”的旗帜,以为“独立建国”之先声。德王在成立典

① 化德县隶属察哈尔省,所在地原叫“嘉卜寺”,和德王所辖的苏尼特右旗接壤。因德王名字汉语译音“德穆楚克栋鲁普”,头一个字为“德”,他认为化德县的设置,就是要把他“化”掉。为避免误会,国民党政府内政部曾通令将化德县改为新民县。但不久因侵华日军和伪“蒙古军”进犯绥东,改名未及实现。伪“蒙古军政府”成立时,德王即首先将化德县改为“德化市”,并将其由察哈尔盟管辖划出,升格为伪“蒙古军政府”的直辖市。

② 另据哈斯瓦齐尔《德穆楚克栋鲁普与日本帝国主义的勾结》一文,伪“蒙古军政府”的成立时间为1936年5月23日。

礼上讲话宣称,成立"蒙古军政府"的意义在于,"为蒙古建国之前,作好进军之准备,积极从事训民养民,扩充兵力,以谋在友邦日本帝国的热心帮助下,驱逐党国,实现蒙古建国"的目的。① 关东军副参谋长今村均表示要支持"蒙古军政府"完成使命。原"蒙古军总司令部"的日籍顾问继续成为"蒙古军政府"的顾问。

伪"蒙古军政府"成立后,德王的首要任务是组建"蒙古军"。此前虽建有"蒙古军总司令部",但只是一个空架子。伪"蒙古军政府"成立后,即由德王亲自招兵买马,组建和扩充军队。兵源除李守信旧部和从伪满东三盟各旗招来的新兵外,又从锡林郭勒、察哈尔两盟各旗征来一批新兵。德王将其合总重新编为两个军,分别由李守信和德王担任(兼任)军长,计 8 个师、一个警卫师和一个炮兵团、一个宪兵队,全部为骑兵。伪军编成后,每个师号称 1200 人,实则八九百人;两个军总兵力号称 1 万余人,实际五六千人。伪"蒙古军"不论新旧,全是侵华日军的喽啰,军费、武器多由日本关东军供给,预定军费每月 3000 万日元,战事补助"讨伐费"30 万日元。从军部至连队,多配备有日本顾问、指导官、教官执行监督和指挥。到后来,甚至札青札布(第八师师长)、包海明(警卫师师长)等皆受日本特务机关的直接指挥、控制,连德王、李守信的命令有时亦不发生效力。②

伪"蒙古军政府"的另一重要活动是在日本操控、导演下实现"满蒙合作"。根据日本关东军的建议,德王率领李守信、吴鹤龄等人访问伪"满洲国",拜访了关东军参谋长板垣征四郎和伪"满

---

① 德穆楚克栋鲁普:《伪蒙古军政府成立前后》,见卢明辉编著:《德王"蒙古自治"始末》(上),内蒙古自治区蒙古语文历史研究所 1977 年印本,第 159 页。

② 参见卢明辉编著:《德王"蒙古自治"始末》(上),内蒙古自治区蒙古语文历史研究所 1977 年印本,第 161—162 页。

洲国""皇帝"溥仪、"国务总理"张景惠，德王被溥仪封为"武德亲王"。"满蒙"之间缔结了以"共同防共、军事同盟、互派代表、经济提携"为内容的《蒙满协定》，双方互派驻对方代表，建立"外交关系"。在协定签字仪式上，作为日本走狗老大的伪"满洲国""外交部"大臣张燕卿，致辞强调"应以日本为中心，达成蒙满合作"。[①]在以日本为中心的前提下，伪"满洲国""中央银行"在德化设立办事处，发行伪"满洲国"纸币。日本关东军规定，"鉴于军政府开始时的实力，满洲国的诸机关、满铁、善邻协会、大蒙公司等，都要在关东军指导下参加支援，伴随着军政府实力的发展进行指导"。[②]

在南边，伪"蒙古军政府"还同河北冀东汉奸势力加紧勾结。德王等在长春签订"满蒙协定"后，便又按照田中隆吉的建议，派"外交署长"陶克陶赴"冀东防共自治政府"访问，与殷汝耕签订了"政治上共同防共，经济上互相支援"为内容的《蒙冀协定》。根据该协定，田中隆吉居中交涉，从伪"冀东防共自治政府"弄到"协款"100万元，充作对伪"蒙古军政府"的支援经费。

这样，日本帝国主义为推进其"欲征服中国，必先征服满蒙"的侵华国策，将先行扶植起来的伪满、伪蒙等傀儡政权实行分立，而后直接操纵，令其"缔结协定"，结成相互牵制的"同盟"，以所谓"盟邦相结，同志相契，以协助东亚新秩序的建设"[③]，成为日本占领和灭亡整个中国的马前卒。

---

① 卢明辉编著:《德王"蒙古自治"始末》(上)，内蒙古自治区蒙古语文历史研究所1977年印本，第168页。

② 关东军参谋部:《关于内蒙工作的现状》(1936年4月28日)，见祁建民:《从蒙古军政府到蒙古自治邦——"蒙疆政权"的形成与消亡》，《内蒙古师范大学学报》(哲学社会科学版)2009年第5期。

③ 卢明辉编著:《德王"蒙古自治"始末》(上)，内蒙古自治区蒙古语文历史研究所1977年印本，第174页。

二、从伪"蒙古联盟自治政府"到伪"蒙古自治邦政府"

日本全面侵华战争爆发前,伪"蒙古军政府"在日本关东军扶植下,已有一定实力,1936年10月间,日本关东军为了加强对伪"蒙古军政府"的控制,调来田中隆吉接替田中玖担任德化市"特务机关长"。因德王和田中隆吉急图"蒙古独立建国",11月贸然进犯绥远,绥东红格尔图(村名)一役惨败,百灵庙一役再败,锡拉木伦一役第7师全军覆没,王英部伪军精锐起义反正。"蒙古军"遭到沉重打击,德王被迫龟缩察北。当时内蒙古一些地区流传着一首歌谣:"百灵庙里德王逃,佳讯传来兴倍高;四万万元空一掷,'大元帝国'梦魂消。"①伪"蒙古军政府"由此一蹶不振,日本驻阿拉善旗特务机关亦因无力再行活动而撤离,德王的"蒙古独立建国"计划近乎绝望。但是,半年多后,日本全面侵华战争爆发,关东军发动察哈尔作战,相继占领察南、晋北和绥远,伪蒙古军汉奸政权得以东山再起,变本加厉。

(一)伪"蒙古联盟自治政府"及其行政架构和民族分裂行径

1937年日本全面侵华战争爆发后,伪察南、伪晋北两个"自治"傀儡政权,尤其是伪"蒙古联盟自治政府"的炮制出台,是日本帝国主义鲸吞蒙古、掠夺蒙古物产资源的一个重要步骤。

日本全面侵华战争爆发前夕,日本已着手整顿、恢复伪"蒙古军"和伪"蒙古军政府",并多次调换德化市特务机关长。先是派

① 卢明辉编著:《德王"蒙古自治"始末》(上),内蒙古自治区蒙古语文历史研究所1977年印本,第194页。

关东军第二课课长武藤章替代进犯绥远失败的田中隆吉，嗣另派森岗大佐替换武藤章，不久又换河崎大佐。河崎到任后，为加强伪"蒙古军"的军事指挥机构，一手主持调整、充实了伪"蒙古军"组织，在伪"蒙古军政府"之下，设立伪"蒙古军总司令部"，德王任总司令，李守信任副司令，乌古廷为参谋长，李寒星为副参谋长；取消一、二两军的原有建制，由总司令部直接统辖各师，并将原警卫师改称第9师，部分师长亦做了重大调整、更换。经过调整、充实的伪"蒙古军"，又伺机而动。

1937年"七七事变"后一段短时间内，日本关东军因集中兵力攻占平津等中心城市和平汉、津浦等铁道干线及沿线地区，无暇顾及察、绥和伪蒙政权。绥远傅作义部队乘机向察北的伪"蒙古军"发起进攻，伪"蒙古军"无力抵御，商都失陷，部分伪蒙军不仅起义投诚，且率部进攻德化。察哈尔省主席李汝明也派部队进驻万全坝上。伪"蒙古军政府"人员不知所措，乱作一团；日本德化特务机关长慌忙焚烧文件，准备退却。德王向关东军紧急呼救求援，关东军只得又把田中隆吉从朝鲜调回德化主持军事。但田中隆吉亦无回天之力。伪"蒙古军政府"一干人员只得向多伦仓皇撤退，不仅枪支弹药、重要文件来不及带走或处理，连苦心孤诣训练多时的军乐队也未顾得撤走，以致在8月14日绥远军进占德化时，德王军乐队竟整装奏乐、列队欢迎。这时已乘飞机溜回苏尼特右旗王府的德王，获悉绥远军马占山部已接近苏尼特右旗边境，让人赶忙在王府门前挂起"察境蒙古地方自治政务委员会"的旧牌子，权作应付之计。

德王和伪"蒙古军政府"的上述窘境当然是其日本主子不愿见到的。卢沟桥事变后，1937年7月11日，日本天皇即主持御前会议，决定向华北北部出兵。先是板垣征四郎师团攻陷南口，进犯张家口；继而东条英机机械化部队北出古北口，经多伦、张北，从背后向张家口进犯,于8月先后占领万全、张家口,建立伪“察南自治政府”;接着又沿平绥铁路西进,9月占领大同,10月成立伪“晋北自治政府”。这时,德王、李守信等立即纠合伪“蒙古军”乘机沿平绥线西进反攻,作为侵华日军的前锋进入集宁,伪“蒙古军政府”人员随后到达张北,经过德王调整后,随同伪“蒙古军”西进,进行部队慰问和接收工作。德王则召集和集中各旗保安队,组成所谓“蒙古各蒙旗联军”,同伪“蒙古军”第9师和侵华日军一起,于10月14日占领绥远省城归绥。日军占领归绥后,旋即指令归绥本地商人贺秉温,以商会会长资格,担任“维持会”委员和伪归绥“市长”。①

日军既已占领归绥,并指令和安排汉奸就绪,这才同意德王及伪“蒙古军政府”人员前来归绥,准备策划成立伪“蒙古联盟自治政府”事宜。继1937年10月14日李守信率领伪“蒙古军”随日军到达归绥后,伪“蒙古军政府”头目吴鹤龄、陶克陶、王宗洛、德古来等,率同伪“蒙古军政府”职员,由张北迁至归绥;驻在百灵庙的德王,亦乘飞机赶到归绥会合,商讨“建国大计”。

侵华日军指令德王以伪“蒙古军政府”的名义通知各地于1937年10月27日在归绥召开“第二次蒙古大会”(是年春季在乌珠穆沁右旗所开蒙古大会算作第一次蒙古大会),讨论建立新的蒙古伪政权问题。

长期妄想蒙古独立的德王,要求“蒙古独立建国”。“独立”不成,则退而求其次,仍以伪“蒙古军政府”的名义运作,暂不成立新的政权机构,但德王的上述意图,均不获日本允准。因为此时,日军自东向西在占领的平绥沿线张家口、大同等地,已经采取化整为

① 李泰棻:《伪蒙古联合自治政府纪要》,见章伯锋、庄建平主编:《抗日战争》第6卷,四川大学出版社1997年版,第248页。

零、分而治之的策略,相继在张家口、大同两地,分别建立伪"察南自治政府"和伪"晋北自治政府"两个汉奸政权。归绥刚刚占领,尚不具备蒙古"独立建国"的条件,因而只能沿引前面的先例,成立与察南、晋北相同形式的汉奸政权。并指定参加这次蒙古大会的除伪"蒙古军政府"和伪"蒙古军司令部"的头目和内蒙古西部地区各盟旗王公外,还应包括绥远省属各县、市所指派的伪县、市长或"维持会"委员。此外,邀请出席这次会议的还有日本顾问村谷彦治郎,日本驻绥远特务机关长桑原中佐,伪满驻蒙代表玉春,伪"察南自治政府"委员于品卿,伪"晋北自治政府"委员田汝弼等,共300余人。

在筹备会上,德王等再次提出"蒙古独立建国"问题。村谷彦治郎当即回复说,"蒙古独立建国问题,关系重大,牵涉到国际上的《九国公约》问题,需要关东军和日本国内慎重研究,一时不能确定"。德王认为村谷彦治郎职位不高,不敢决断,又找驻扎归绥的日本关东军部队长酒井隆居中帮助,并怂恿盟旗代表向村谷彦治郎集体要求蒙古"独立建国",但都全无结果。

德王等要求蒙古"独立建国"的如意算盘落空,于是决定成立伪"蒙古联盟自治政府",拟定的"组织大纲"规定,政府设主席、副主席,下设"政务院院长"管理政务、"蒙古军总司令"管理军事;以归绥为伪政府"首都",并将归绥改"市",更名为"厚和豪特"(后简化为"厚和")。日本关东军同意建立伪"蒙古联盟自治政府",但"首脑"设置、人事安排,蓄意越俎代庖:"首脑"设置有"主席"而无"副主席";并指定德王为伪"政务院院长",李守信为伪"蒙古军总司令"。德王、吴鹤龄等虽明知日本存心挑拨,心有不忿,亦无可奈何。

"第二次蒙古大会"通过的《蒙古联盟自治政府组织大纲》规定,伪政府设主席及副主席;伪政府暂以乌兰察布盟、锡林郭勒盟、察哈尔盟、巴彦塔拉盟、伊克昭盟及厚和市、包头市为辖管区域。不过在日本全面侵华战争期间,乌兰察布、伊克昭两盟均在重庆国民党政府所属绥远省管辖下,仅小部分地区落在侵华日军手中;伪蒙政府以"防止共产、协和民族"为基本方针,以"生、聚、教、兴、养、卫"六事为施政纲领。该组织大纲还规定,伪蒙政府设于厚和豪特,沿用"蒙古军政府"时期之旗章,沿用成吉思汗年号,但改用阳历等。大会于1937年10月28日还通过了"蒙古联盟自治政府暂行组织法",规定"政务院""总司令部"由"主席"统辖,"主席"由大会"推戴之",对"蒙古联盟统治负一切责任",任期5年;副主席辅佐主席,主席有事故时代理其职务,副主席经大会议决,由主席任免之,并特别规定,政府置"政务最高顾问"及"军事最高顾问",均由日本人充任。

"第二次蒙古大会"闭幕一个多月后,日本才将"蒙古联盟自治政府暂行组织法"审议、核定,伪"蒙古联盟自治政府"才正式组建和开始运作。日本核定后的"蒙古联盟自治政府暂行组织法"规定,政府设"主席"及"副主席"。主席为政府之主权者,遇有事故不能执行职务时,由副主席代行之。日本指定乌兰察布盟盟长云端旺楚克亲王("云王")为伪政府"主席",德穆楚克栋鲁普亲王("德王")为"副主席"。云王因一直住在达尔罕旗王府家中,称病谢客,未有参加大会,实际由德王"副主席"代行"主席"职务,并兼"政务院长"。政府下设"政务院",掌管诸般行政,具体运作实行"政务院长负责制"。政务院下设总务、财政、保安三"部",每个"部"下设若干"处"。"总务部"下设总务、法制、建设、内务、教育、外交等处;"财政部"下设会计、税务2处;"保安部"下设警务、司法2处。与"政务院"平行机构有"蒙古军总司令部"和咨询性质的"参议会",吴鹤龄任参议会"参议长"。另外还设有秘书处、司法局等。日本关东军为了直接、全面掌控伪蒙政权及各个部门,特设“日本顾问部”，日本金井章二任“最高顾问”，实际操纵和行使军政大权。不过金井章二当时正在张家口搞伪“蒙疆联合委员会”，迄未赴任，而由次最高顾问宇山兵士代行职务。军事最高顾问为高场损藏。“行政院”下三个“部”，也均有日本顾问。[①] 这些日本顾问都是伪蒙政府和伪“蒙古军总司令部”的太上皇，全部实权都掌握在他们手中。

在地方上，乌兰察布、伊克昭、察哈尔、巴彦塔拉（后设）、锡林郭勒 5 个“盟公署”与厚和豪特、包头 2 个“市公署”为“政务院”下辖地方行政机关。

德王为了取得各盟旗王公上层的拥护与行动配合，巩固其权位，加强了各盟旗的行政机构及其设置，明确和强化了盟的行政领导地位。在清朝，“盟”只是各旗“会盟”之地，并不构成一级行政组织；国民党政府时期，蒙藏委员会虽制定了盟、部、旗组织法，但未及付诸实施。伪“蒙古联盟自治政府”成立后，除对锡林郭勒、乌兰察布、察哈尔（1936 年由察哈尔省改设察哈尔“盟公署”时，已确定为行政组织）3 盟分别确定为行政单位、设置“盟公署”外，同时调整盟的设置，扩充了盟的辖区范围，加强了盟的实力，提高了盟的领导地位：将原绥远省所辖的 16 县和相当于县的 2 设治局重新划分，将部分县划归乌兰察布、伊克昭 2 盟。

同时，伪“蒙古联盟自治政府”成立后，将原归化城和绥远城这两个名称取消，改为归绥市，旋即又改为“厚和豪特”市，并升格为特别市，作为伪“蒙古联盟自治政府”首府。又将原包头县，改设为包头市，以加强对内蒙古地区的物资掠夺。因包头是平绥铁路的终点，黄河上游的主要水运码头，西北畜产品的主要集散地。

---

① “总务部”顾问中岛万藏；“财政部”顾问节部正晖；“保安部”顾问大圆长喜。

当时更为重要的是,它是日伪与绥远傅作义军队所占据的河套地区在军事上对峙的前哨,因而也是日本侵略军和伪“蒙古军”的集中驻地。日本帝国主义为了掠夺战略物资,掌握西北地区的经济命脉,作为供应军队所需,更必须加强对包头的控制。因此,将其同厚和豪特市一起,直辖于伪“蒙古联盟自治政府”。

伪“蒙古联盟自治政府”还重新任命了各盟、旗行政部门首脑,根据各盟公署管辖区域大小不同,分别设立了“总务”(1938 年秋后一律改为“官房”)、民政、保安、教育、畜产等厅,并尽量任用蒙古王公上层人士担任“厅长”,以示笼络。调整后的伪“蒙古联盟自治政府”管辖区域为 5 盟 2 市。土地面积为 350 万平方公里,人口约 250 万人,其中蒙古族 30 万人,占总人口的 12%;回族 3.7 万人,占总人口的 1.5%,其余为汉人。①

伪“蒙古联盟自治政府”对于旗、县并存,蒙汉杂居的地方采取“蒙、汉分治”的政策。土默特旗和正黄、正红、镶红、镶蓝等绥东 4 旗同巴彦、集宁、陶林、丰镇等县,长期以来就是旗、县并存的区域,在这些旗、县境内多属蒙汉杂居、农牧并存。伪“蒙古联盟自治政府”成立后,德王曾提出以平绥铁路为界,将蒙、汉民众分离,即将居住在平绥铁路以南的蒙古族民众,移至铁路以北;居住在铁路以北的汉族民众,移至铁路以南。因巴彦塔拉盟的正、副盟长都坚决反对,未有实行。对这类地区,最后仍然采取“属人主义”的蒙、汉分治政策,蒙民归旗管理、汉民归县管理。同时德王为了拉拢汉族中一些上层人物,对各个市、县长的安排上,多数任用汉族中的绅士富豪;而各蒙旗总管则任用蒙古族中的原任官吏,为的是驾轻就熟、便于统治。

---

① 参见卢明辉:《中华民国史资料丛稿·蒙古“自治运动”始末》(上),中华书局 1980 年版,第 199—228 页。

在军事上，虽由李守信担任“总司令”，德王仍将伪“蒙古军”置于他的直接控制之下。他只将由汉人编成的第一、第二、第三师交给李守信直接指挥，其余6个由蒙古人组成的师，统由自己直接指挥。其后侵华日军明确提出，“蒙古军各师一律要蒙古化”，把由汉人编成的第一、第二、第三师，改编为驻各县的伪警察队，用于镇压各地的汉族民众。而把伪“蒙古军”各师主要力量，都部署在包头、百灵庙和锡、乌两盟边境地区，以配合侵华日军共同防御绥远西部地区傅作义部队的反攻，并切断中国共产党与苏联方面的联系。

德王为了扩大其军事实力，还大力扩充各盟旗保安队，配备新式枪械，充实装备，并派伪蒙古军官学校毕业的学员充任教官，进行军事训练，借以掌握各盟旗保安队的官兵，令其效忠自己。早在伪“蒙古联盟自治政府”成立之前，德王为了配合侵华日军占领绥远，就组织起了“各蒙旗联合军”，自任“总司令”。此次组建、扩充、训练盟旗保安队，实际上是“各蒙旗联合军”的延续。除了按规定编制征招、按指定地点集训，同时还规定了伪保安队的服装和臂章、旗帜、印信等，均由伪“蒙古联盟自治政府”以条例的形式颁行。在以汉族居民为主的各县，日本侵略军和伪蒙政权除派有大量警察队进行统治、镇压外，同时还实行保甲制度和“十家连坐”法，并在各县、区、乡还训练大批“自卫团”等伪地方军事武装力量，作为供日本侵略军、伪蒙政权驱使的统治工具。

伪“蒙古联盟自治政府”成立后，德王还在经济文化方面，办理或试图办理若干“蒙古化”设施。不过经济设施和经济资源全部沦为日本侵略军囊中物，根本没有德王插手的余地，所谓“蒙古化”设施，基本上限于文化方面。

德王曾经幻想，日本既然表示要“帮助蒙古”，想必会帮助发展经济文化事业。因此很想将旧绥远毛织厂接收过来，并已物色合适的经理人选。同时把原有工科学校等文化教育机构也恢复起来,借以收买人心,巩固统治。不料占领绥远不久,日本侵略军即把旧绥远毛织厂一手劫夺,拨归"满铁"经营,并将旧工科学校的机器也拆卸给了毛织厂;绥远省立第一幼儿园,则做了侵华日军御用的"厚和旅馆"。其他产业、金融、交通事业,全都归伪"蒙疆联合委员会"直接掌管,分别交由日本企业经营:平绥铁路由"满铁"管理;伪"蒙疆"银行、邮电事业、矿业开发、土产收购等都由日本资本家投资直接经营。

德王作为"泛蒙古主义者",经济方面既无立锥之地,也就只能着手文化设施。为了培养所需"人才",他主张优先发展"蒙古"教育,将原绥远省在大台什村所办农科学校,改为"蒙古学院",并亲笔题写"勤敬忠诚"院训,于1938年2月间招收150名学员,专业方面设有旗务、师资、师范、电报、补习班等;又在绥远省大会堂后设立"蒙古文化馆",从"发展旧文化,介绍新文化入手,从事蒙古文化发扬工作"。其后又于1938年4月,将原绥远省立图书馆、民众教育馆、通志馆等统归该馆接收,并筹备开办印刷所。此外,德王还在百灵庙设有"乌盟蒙古青年学校",在苏尼特右旗设有"锡盟蒙古青年学校"及包头青年学校、察盟青年学校和巴盟师范学校等,均从小学开始,次及中学,并加设各种职业班次,招收学龄儿童和失学或未就学青年,授以普通常识,逐渐培养学习基本学科知识。①

1938年3月,名义上担任伪蒙政府主席的云端旺楚克(以下简称"云王")病死。7月,德王主持召开"第三次蒙古大会",会上被推选继任伪"蒙古联盟自治政府"主席,仍兼"政务院"院长,李守信继任副主席。德王借就职宣言之机,向日本主子表忠心,宣称

① 卢明辉编著:《德王"蒙古自治"始末》(上),内蒙古自治区蒙古语文历史研究所1977年印本,第236—239页。

“本严防共产，协和民族之基本方针，生、聚、教、兴、养、卫六项施政纲领”，与日本“友邦”“互惠互助共存共荣”，“完成建国之大业，实现东亚之和平”。①

德王继任主席后，对伪蒙政权机构进行了调整、扩充，将原“政务院”下的总务、财政、保安3“部”制，改为1厅4“部”制，即总务厅及民政、财政、保安、畜产等4个“部”。“总务厅”下设总务处、人事处、主计处、外交处等；“民政部”下设内务、教育、建设等3个处；“财政部”下设税务、理财等2个处；“保安部”下设警务、司法等2个处；“畜产部”下设牧业、畜产等2个处等，令其形成初具“国家”性质、规模的体制。直属“政务院”的机构还有地政局、司法局、参议会、政务委员会等。后两者意在笼络蒙古王公上层和对“兴蒙运动有功者”及有代表性的汉族人士，作为其咨询机构。这些都是德王“完成建国大业”的重要步骤。

（二）伪“蒙疆联合委员会”、伪“蒙疆联合自治政府”的炮制和行政架构

正当德王踌躇满志，欲借“蒙古联盟自治政府”“主席”和“行政院长”的职位大干一场，“完成建国大业”的关键时刻，侵华日军却未经商议和知会，突然用伪“蒙疆联合委员会”取代了伪“蒙古联盟自治政府”。

事实上，就在德王、吴鹤龄等紧锣密鼓筹建伪“蒙古联盟自治政府”时，作为伪蒙军政府和后来伪“蒙古联盟自治政府”最高顾问的金井章二，却正在张家口炮制伪“蒙疆联合委员会”，既无暇

① 《蒙古联盟自治政府法令汇集》，成纪733年编印，见卢明辉编著：《德王“蒙古自治”始末》（上），内蒙古自治区蒙古语文历史研究所1977年印本，第224—225页。

顾及伪“蒙古联盟自治政府”的筹划,也没有参加“最高顾问”的就职典礼和履行职务。因而伪“蒙古联盟自治政府”成立、运作还不到一个月,侵华日军就出台了凌驾于“蒙古”、察南、晋北三个傀儡政权之上的伪“蒙疆联合委员会”。

不过这只是日本帝国主义“以华制华”策略上的技术性调整。侵华日军在一路占领张家口、大同的过程中,为了稳住阵脚,采取化整为零、分而治之的策略,先后建立察南、晋北两个地方傀儡政权;待到占领巴彦、包头,德王准备成立“蒙古”傀儡政权时,日本侵略者的策略已经改变,由“化整为零”改为“合零为整”。因为察南、晋北、“蒙古”三个伪政权所辖区域,均属平绥铁路沿线,交通、经贸、金融等相互之间关系密切,但三个伪政权在行政上各自为政,不相隶属,不利于日本帝国主义全面和直接控制整个区域。为了快速有效地对这一地区进行大规模的和整体性的经济掠夺,必须对三个地方傀儡政权尽快进行整合。

在这种情况下,1937 年 11 月 22 日,由日本方面直接指派“蒙古”、察南、晋北三个伪政权的代表,由金井章二自行主持在张家口召开会议,签署“协定”,成立伪“蒙疆联合委员会”(这是伪政权首次使用“蒙疆”一词),“处理有关产业、金融、交通及其他重大事项”。伪“蒙疆联合委员会”设“总务委员会及产业、金融交通各专门委员会”,金井章二任“最高顾问”兼“总务委员长”。伪“蒙疆联合委员会”并非一般的协商或协调机构,而是一个权力机构。它的权力来源或前提,就是三个伪政权原有权力的放弃。“协定”共计 10 条,第一条规定,“各政权将原有权力的一部分,委交本会行使之”。这还不够完全、透彻,第六条又进一步补充,“联合会发布有关指导、统制,均以命令行之,各政权为援助,得分担义务”。还有第八条规定,“联合委员会受各政权之委托,得掌握其共同财产”。显然,伪“蒙疆联合委员会”完全凌驾于三个伪政权之上,控制了三个伪政权所辖地区有关产业、金融、交通等全部经济命脉，而金井章二则是伪"蒙疆联合委员会"的实际和唯一掌权人。

日本帝国主义强使三个傀儡政权合流，保证"最高顾问"金井章二独自一人直接把持，除了更便捷掠夺物产资源之外，也同时为了加强对平绥铁路地区的军事控制，图谋进一步加速对中国整个西部地区的侵略和劫夺。

伪"蒙疆联合委员会"成立不久，日本侵略军又迅速谋划其机构的进一步加强与扩充。1938 年 8 月 1 日，在金井章二一手操纵下，强行通过所谓"联合委员会会议决议"，将原总务、产业、交通、金融等"专门委员会"改组、扩大为总务、产业、财政、保安、民生、交通等 6 个"部"。各"部"部长、顾问、理事官除个别外，全是日本人，其目的就是让日本人统一指挥，承担所谓"防共前驱"之责，以缓解日本兵力不足的矛盾。同时，为防止三个伪政权互相角逐，伪"蒙疆联合委员会"不设"委员长"或其他最高长官之职，"最高顾问"独揽大权，仅以"委员"的名义，将三个伪政权集合一起，供其驱使。

调整、扩大了的伪"蒙疆联合委员会"，其权力进一步强化、扩张，变成高居于"蒙古"、察南、晋北三个傀儡政权之上发号施令的殖民统治独裁机构。德王作为伪"蒙古联盟自治政府"主席和"政务院"院长，变成了没有丝毫权力的傀儡。不过他似乎不懂得日本帝国主义侵略的目标是要灭亡中国，灭亡整个华夏民族，也包括蒙古族在内，因而仍在与虎谋皮，争取日本帮助他实现"蒙古独立建国"的幻想。1938 年秋，伪"蒙疆联合委员会"改组后，德王同原三个伪政权头目由金井章二带队赴日本访问期间，仍不忘利用机会进行伪"蒙古独立建国"的活动，而且不用伪"蒙疆"，而继续沿用"蒙古"一词。德王等人回到张家口、参加完伪"蒙疆联合委员会"成立周年纪念典礼后，回到厚和豪特，得知日本陆军大臣板垣征四郎同意他的“蒙古建国”主张,并由日本陆军省通知张家口日本军部实行,于是准备以正式公文的形式,提出反对伪“蒙疆联合委员会”的呈文。日本为了进一步利用和控制德王,让其担任伪“蒙疆联合委员会”总务委员长,而且是采取突袭和预设圈套的卑劣手段强迫他宣誓就职。此时德王感到既不能同日本主子公开对抗,而甘当走狗的滋味也不好受,只得同蒋介石暗中勾结,以观动静。当时适逢汪精卫发表《举一个例》一文,显示对日妥协投降原系蒋、汪共同主张。德王觉得此时如再同日本公开决裂,利少害多,乃使出“狡兔三窟”之技,一方面暗中与蒋介石继续保持联系,另一方面则公开完全顺从日本军部的决定。不过这样做也并非易事。日本的侵华策略往往因形势变化而不断调整,德王有时根本不知道日本主子葫芦里到底卖的是什么药。

1939年6月1日,德王按照金井章二嘱咐,邀同察南、大同两个傀儡政权头目于品卿、夏恭前往日本军部面见蓬治藩兵团司令官,当时一致表示,三个伪政权愿意合并。不过蓬治藩对这个表态已不感兴趣。这时日本侵略军在北平推出了王伪“中华民国临时政府”,在南京炮制了梁伪“中华民国维新政府”。侵华日军鉴于其分割统治政策的发展需要,不妨继伪“满洲国”之后,再制造一个伪“蒙古国”,或伪“蒙疆联合自治国”,令其在日本帝国主义直接操纵下,脱离中国版图。日本主子这一策略,自然是德王梦寐以求的。因此,1939年7月在日本酝酿筹建伪“蒙古国”活动时,德王亦派其心腹赴日递交所拟“蒙古自治国”(吴鹤龄后将“蒙古自治国”改为“蒙古自治邦”)草案。然而日本的侵华策略又有了新的变化。当时继日本首相近卫文麿发表“善邻友好,共同防共,经济提携”的三原则声明后,汪精卫又与日本新任内阁总理大臣平治骐一郎秘密订立卖国协定。此时日本更想利用汉奸汪精卫诱降蒋介石,对原先推行分割统治中国的策略相应作出变更,伪“蒙疆建国”的活动暂时取消，只能建立地方和区域性的伪“蒙疆联合自治政府”。德王的“蒙古独立建国”梦想又落空了。

1939 年 9 月 1 日，经过日本军部和金井章二精心策划，由伪“蒙疆联合自治委员会”演变而来的伪“蒙疆联合自治政府”正式宣告成立。原伪察南、晋北两个自治政府改为两个“政厅”，隶属伪“行政院”；原伪“蒙古联盟自治政府”所辖巴彦塔拉、察哈尔、锡林郭勒、乌兰察布、伊克昭五盟，也直隶伪“政务院”。伪“蒙疆”政权所辖区域包括：伪察南政厅所辖 1 市（大同）8 县（万全、宣化、蔚、阳原、怀来、涿鹿、龙官、赤城）；伪晋北政厅所辖 1 市（张家口）12 县（朔、浑源、应、阳高、天镇、左云、怀仁、山阴、灵丘、广灵、右玉、平鲁）；原伪蒙古政权所辖地域最广，计伪巴盟公署辖 2 市（厚和豪特、包头）5 旗 11 县，伪察盟公署辖 8 旗 8 县，伪锡盟公署辖 10 旗，伪乌盟公署辖 6 旗 1 县，伪伊盟公署辖 7 旗 4 县。不过伊盟伪政权当时仅能到达黄河以东的准格尔、达拉特的局部地区。

与原来三个伪政权相比，经过综合、扩充和改组的新伪政权，有两个明显的特点：一是从事人身奴役和经济掠夺的行政机构建制更加庞大、完整和严密，新伪政权在作为“首长”的“主席”及掌握实权的“最高顾问”之下，设有“参议府”“蒙古军总司令部”“最高法院”“最高检察院”和作为“中央政府”的“政务院”。成立会上根据日本军部内部以推定的方式，由金井章二主持选举德王为“主席”，于品卿、夏恭二人为“副主席”；金井章二仍为“最高顾问”，吴鹤龄、李守信仍分别任“参议长”“蒙古军总司令”。卓特巴扎普任“政务院长”（后由吴鹤龄继任），补英达赉、刘继光等分任“最高法院院长”“最高检察院院长”等职。“政务院”扩大架构，下设总务部、民政部、治安部、司法部、财政部、产业部、交通部、牧业总局、电报局、榷运清查总署、税务监督署、兴蒙委员会、“蒙疆”银行、经济监察署、“蒙疆”学院、蒙古文化馆、中央警察学校、地政局、审议局、"蒙疆"新闻社、各政厅盟公署等 21 个"部"级机构,完全具有国家机器的规格和功能。二是日本人以正式职官出现。除了最高顾问、顾问,还有部长、次长、局长、处长等,而且不论正职副职,均由日本职官直接"操纵"各个机构。"中央"如此,盟市、旗县地方亦然。如旗县长官安排,仍采蒙、汉分治,旗札萨克、总管由蒙人担任,日本人以参与官的名义操纵;县长多由汉族或回族担任,日本人以副县长之名实际操纵。同时在伪"蒙疆联合自治政府"之上,设立日本帝国政府"兴亚院联络部",日本军部兵团司令官蓬治藩和兴亚院联络部长酒隆井,成为高居于伪"蒙疆联合自治政府"之上的两个太上皇,德王等只不过是他们导演之下的傀儡而已。

金井章二还为伪政权煞有介事地订有"组织大纲"和"施政纲领"。"组织大纲"规定,伪政权"以蒙疆地域为中心,以'东亚民族'构成之","首长"称"主席","首都"为张家口;"组织大纲"还装模作样地宣称,伪政权"本东亚之'道义',施政以民意为'大本'";"施政纲领"更是说的比唱的还好听,诸如"宣扬'东亚道义精神',并期其实际";"大同协和诸民族,大施经伦";"新兴民生,确保安宁,以保障人民幸福",等等;又宣称,"从共产主义毒害中解放诸族,以资强化世界'防共'战线";"团结诸友邦,同志相契,以奠定'东亚新秩序'之建设",等等。伪政权的旗帜为黄、蓝、白、赤四色七条旗,黄色象征汉族,蓝色象征蒙族,白色象征回族,赤色象征日本。从上至下七条的次序是黄、蓝、白、赤、白、蓝、黄。即以日本为中心,"大同协和"汉、蒙、回各族,作为代表政府的"表征"。德王之流在国难当头、面临亡国灭种的危急时刻,反对和离间以汉族为主体的华夏民族大家庭,卖国投降,开门揖盗,认贼作父,自掘坟墓,无耻而又愚蠢至极。

1940 年 3 月 30 日,汪精卫在南京建立汪伪"国民政府"之后,

1941年春天，在日本指使、操纵下，伪“蒙疆”政权与汪伪政权签订“协定”，伪“蒙疆”政权承认汪伪政权为继承“正统”的新“中央”政府，汪伪则承认伪“蒙疆”为“高度自治”的地方政权。汪伪政权并以协定“附件”的形式，同意伪“蒙疆”政权沿用成吉思汗纪元年号；承认伪“蒙疆”政权四色七条旗为该政权旗帜；承认伪“蒙疆”政权在长城各口的“驻兵权”。

其后，1941年6月，汪精卫访日回国不久，经日本军部同意，曾到张家口访问视察。德王称病，拒绝到机场迎接，亦不愿相见。后日本军部施压，由军部大桥雄熊政治参谋长从机场驱车前往王府，德王才出来勉强会见20分钟。德王的这次行动表明，汪伪在名义上拥有伪“蒙疆”，而实际上并无管辖权。

（三）伪“蒙古自治邦”的出台及其行政架构

德王不愿蛰伏于汪伪南京政权之下。他的梦想是蒙古“独立建国”。1941年春，吴鹤龄自日本留学回到伪“蒙疆”，德王让其接替卓特巴扎普，担任“政务院院长”，助其完成“蒙古建国”之业。吴鹤龄也一直在为“蒙古建国”卖命效力。早在伪“蒙古军政府”期间，吴鹤龄即为迎合当时德王心愿，草拟过“蒙古基本法（类似宪法）和蒙古建国计划”。后来他在日本考察学习期间，又为“蒙古建国”多方钻营活动。根据他在日本所探日本军界对“蒙古问题”的既定方针，向德王建议，“蒙古建国”可分两步走：第一步先建立“蒙古自治邦”；第二步建立“蒙古国”。关于国体、政体问题，若仿照日本和“满洲国”，宜采取君主国体或君主立宪政体；若仿外蒙古建立“大蒙古国”，则宜采用“民主共和”国体。但不论采用何种国体、政体，德王是当然的“国家元首”。如建立“民主共和国”，德王乃“终身总统”；如建立“蒙古帝国”，德王则是“民选皇帝”。当时在伪“蒙疆”政权内政部一个名叫木村佑次郎的日本人亦向德王献策称,如“蒙古建国”,连年号都想好了,就是“成德”,即分别取成吉思汗和德王的头一个字,意为继承成吉思汗之“德”,如同“满洲国”溥仪采用“康德”年号,表示继承康熙之“德”。①

德王虽欲急图“蒙古建国”,但自知一时难以实现,经与吴鹤龄研究,先将伪“蒙疆联合自治政府”改称“自治邦”,作为过渡。德王与日本兴亚院伪“蒙疆”联络部长官竹下义晴和日本军部参谋长高桥等多次讨价还价,迨希特勒德国进攻苏联,国际形势激变,日本感到伪“蒙疆”政权已不能适应其侵略政策的需要,遂允准伪“蒙疆”政权对内改称“蒙古自治邦”,对外仍称“蒙疆联合自治政府”。随后为了缓解德王等上层首脑人物的对立情绪,发挥其“防共地带的特殊作用”,经伪“蒙疆”临时政务委员会会议决定,于1941年8月4日正式悬挂“蒙古自治邦”招牌,算是宣告“蒙古自治邦”的正式成立。不过这次伪蒙政权改组,既未举行庆祝典礼,亦未大事宣传,几乎是偷偷摸摸进行的。

太平洋战争爆发后,为了应付急剧变化的国际形势,1942年8月,在日本军部参谋长高桥的主持下,对伪蒙政府的行政机构和人事安排,进行了改组和调整。

1942年8月31日,伪“蒙古自治邦政府”在张家口召开“第五次蒙古大会”,会上推选德王连任伪主席,于品卿、李守信任伪副主席。行政机构进行改组,撤销原“政务院”所属的总务、民政、司法、财政、产业、交通等7“部”,改设1厅(总务)、2部(内政、经济)、3局(弘报、交通、审计)、4委员会(兴蒙、总力、回教、司法)。原“总务部”改组为总务厅,原民政、治安两“部”合并为“内政

① 卢明辉编著:《德王“蒙古自治”始末》(下),内蒙古自治区蒙古语文历史研究所1977年印本,第321—323页。

部”；原财政、产业两“部”合并为“经济部”；新设兴蒙委员会；另设直属机构蒙古文化研究所、牧业试验场、种畜牧场、家畜防疫处、宗务筹备处、军务普及部等；又另设总力委员会、回教委员会等；将原“司法部”改为司法委员会；原“交通部”和邮电总局合并为交通总局；另设审计局。

这次伪蒙政府行政机构和人事改组的一个显著变化是，大批日本人由原来的顾问、参与官等幕后牵线人的地位，继而更多的变为直接担任各级领导，成为现身前台的官吏，而将原有各厅、部、院、委中的一批高、中级伪蒙官吏，从各级岗位上排挤了出去，完全变成了闲散傀儡。改组后的伪蒙政府行政机构中，有的新增机构，名称晦涩、费解，如“总力委员会”，由日本人内哲武夫担任主任，由伪蒙政府中各部、局、厅、会中日本领导骨干官吏兼任委员，作为核心。主要职责是对各个时期的各项重要方针、政策进行审查、监督；并通过其分布在各部、局、厅、会的党羽，对伪蒙政府中的各级活动和人员的思想情况，进行严格监视和掌控，使政府官吏、军队将士以及各蒙旗王公贵族皆俯首听命、任其摆布。

这次机构调整中，日本帝国主义为了推行蒙、汉、回分治的政策，还新设了“回教委员会”“兴蒙委员会”。各盟公署亦设立“回教班”，专司联络回教和拉拢西部地区的回族工作。日本为了利用回教为其殖民统治服务，早在“回教委员会”出台前，就成立了“西北回教委员会”，在张家口、大同、厚和豪特等地均设有分会。至于“兴蒙委员会”的设立，是日本利用所谓“复兴蒙古民族”，进一步笼络伪蒙政权和伪“蒙古军”等傀儡组织及其官吏，继续充当其帮凶。

伪“蒙疆”政权同汪伪政权的关系比较微妙。1943 年年初，日本帝国主义为通过汪伪加强对蒋介石的诱降，抛出所谓“对华新政策”，声称要加强汪伪南京政府对地方政权的“指导”；交还租界,废除治外法权,考虑修订《日华基本条约》等,于是汪精卫便摆出伪"国民政府"主席的身份,准备加强对德王的伪"蒙疆"政权的"领导",并拟定"蒙古自治法"3章18条,于是年3月间,派伪"和平建国军"第四路总指挥杨中立携带"自治法"文本飞往张家口面交德王。不巧此时日本在太平洋战争中严重失利,日本为了防止苏联袭击,亟须加紧对伪"蒙疆"的直接控制,日本军部在张家口看了汪伪的"蒙古自治法"草案条文,对汪伪的"越权"行径极为不满,"蒙古自治法"草案胎死腹中。自此,张家口日本军部不许南京汪伪再过问伪"蒙疆"政权的事情,转而让伪"蒙疆"政权俨然以"独立国"的面目出现,充当日本直接控制下的傀儡,同伪满一道,北面抵抗苏联,南面遏制中国内地。

日本鉴于伪"蒙疆"作为"防共特殊地带"的重要性越来越突出,为了加强对伪"蒙疆"政权的直接控制,1943年秋再次对伪"蒙疆"政权进行机构改组。将"经济部"扩充为经济、财政、产业3个"部";在"政务院"下增设"军事联络部",办理有关军事联络事宜。同时对部分委员会,厅内的科、处也进行了调整,决定把察南、晋北两个"政厅",分别改为宣化省、大同省。张家口市改为"特别市",直辖于"政务院"。地方官吏亦做了较大调整。察南政厅改为宣化省后,省会由张家口迁至宣化,其政厅办公地改作德王的"主席府",察南政厅长官陈玉铭调任伪"蒙古自治邦政府"参议,其他各省"长官"一律改称"省长"。

三、"为虎作伥"的经济体制与日本的经济统制和经济掠夺

伪"蒙疆"傀儡政权及其前身,其基本职能及其运作,就是为虎作伥,充当日本侵略者的帮凶和代理,对所辖地区蒙汉人民进行

政治压迫、人身残害和经济劫夺，为日本帝国主义“以华制华”，用中国的人力物力占领和灭亡中国的基本国策效劳，对国家和民族犯下了严重罪行。在伪政权的实际运行中，政治压迫、人身残害和经济劫夺三者紧密结合。政治压迫、人身残害是经济劫夺的前提条件，而经济劫夺又是对民众进行政治压迫、人身残害的暴力基础。

1936年5月成立的伪“蒙古军政府”，起初并无完整编制的军队，早先设立的“蒙古军总司令部”只是空架子，徒有其名；政府机关亦相当粗陋。伪“蒙古军政府”成立后，首要任务就是招兵买马，组织武装力量，为统治和压迫蒙汉民众、搜刮和劫夺物资提供暴力后盾，而且，不仅军队装备、饷需也需通过搜刮和劫夺物资来解决，尤为重要的是要供养日本侵略者，满足日本侵略军的无穷欲壑。德王为筹备军政费用，提出向日本借款1000万元，德化市特务机关长田中隆吉当即回答说，“你们蒙古有石油矿藏吗？如有石油等矿源时，借一千万元那是容易办到的”。[①] 因此，伪“蒙古军政府”的迫切任务就是搜刮物资、出卖资源。德王在组织武装力量的同时，加紧组建和充实政府职能部门，以“蒙古军”为后盾，加强政治统治和经济劫夺。

不过伪“蒙古军政府”虽然设有军事署、财政署、交通署、实业署等相关职能部门，但大权全部掌握在日本“主任顾问”和“专门顾问”手中，这些部门的职官、职员只是干事、跑腿的，并且几乎全是外行，不懂经济和经济管理，更不懂生产、建设，一切只能求助和依赖伪“满洲国”。而这正中日本帝国主义的下怀。于是在日本的直接操控、以日本为中心的前提下，伪“满洲国”（实为日本）的

① 卢明辉编著：《德王“蒙古自治”始末》（上），内蒙古自治区蒙古语文历史研究所1977年印本，第158页。

政府职能机构、经济组织、“中央银行”、大型企业,堂而皇之地进入内蒙古地区。伪满“中央银行”在德化设立办事处,发行伪“满洲国”纸币;日本关东军明文规定,“鉴于军政府开始时的实力,满洲国的诸机关、满铁、善邻协会、大蒙公司等,都要在关东军指导下参加(支援),伴随着军政府实力的发展进行指导”。① 1936 年 1 月后,满洲航空公司、邮电局、《满洲日日新闻》等都在德化、多伦等地建立分支机构,正式营业兼行“指导”。伪“满洲国”是日本的傀儡,“蒙古军政府”则是伪“满洲国”的傀儡,是傀儡的傀儡。

1937 年日本全面侵华战争爆发后,日本侵略者一经占领平绥铁路沿线地区,9—10 月间接连建立察南、晋北、“蒙古”三个地方傀儡政权,作为日本军部的“后勤部”,接着就马不停蹄,开始了有组织、有计划、有步骤的物资、金融掠夺和财政、税捐搜刮。

1937 年 8 月 27 日,日军攻占张家口,9 月 4 日在张家口“维持会”基础上建立的伪“察南自治政府”,其基本架构是在作为政府“首领”的两名“最高政务委员”之下,设总务处及民生、财政、保安、民政四厅。处设处长,厅设厅长。日本于各级官署担任“顾问”,总揽大权。而民生、保安两个厅,更由日本人直接担任厅长。因为民生厅的职能是劫夺民生物资(首先是粮食),保安厅的职能是保证物资劫夺的顺利进行。②

伪“察南”傀儡政权在进行赤裸裸的物资劫夺的同时,还匆忙设立银行,空手套白狼。1937 年 9 月 27 日组建的“察南银行”,名义资本总额 100 万元,一部分资金由伪“察南自治政府”筹措,另

① 关东军参谋部:《关于内蒙工作的现状》(1936 年 4 月 28 日),见祁建民:《从蒙古军政府到蒙古自治邦——“蒙疆政权”的形成与消亡》,《内蒙古师范大学学报》(哲学社会科学版)2009 年第 5 期。

② 参见全国政协文史委员会编:《文史资料存稿选编·日伪政权》,中国文史出版社 2002 年版,第 640 页。

一部分资金为伪满洲"中央银行"拆借。总行设于张家口,10 月 10 日正式营业,发行"察南纸币",与日元、伪"满洲元"等值行使。不过该银行并没有自己印制纸币,而是将原东三省官银行号的纸币,加盖伪满洲"中央银行"和"察南银行"字样后投放市场,俗称"双加盖票",面值分 1 元、10 元两种,共发行约 500 多万元。这样连印刷工本都省了,真不愧是"空手套白狼"。

成立于 1937 年 10 月 15 日的伪"晋北自治政府",也是政治压迫、人身奴役、经济劫夺三管齐下。伪政府一成立,伪公安厅就开始推行"户口编间制度",在辖区内清查人口、调查抗日人员家属及知识分子的来往;侵华日军在各地城门口遍设岗哨,每个岗哨都有一名日军士兵和一名警察检查来往行人,出门的行人都须向日军士兵脱帽致敬,旨在羞辱中国民众,污辱其人格,消弭其民族尊严和个人自尊心;民生厅工商科则监督管理绸缎商、棉布商、粮食商等大商业,实行商业管理制度;公安局负责按照营业类别编组管理小商贩,为勒索、劫掠做好组织准备。①

由伪"蒙古军政府"改组、演变而来的伪"蒙古联盟自治政府",尤其是后来将原察南、晋北、"蒙古"三个傀儡政权合流先后炮制的伪"蒙疆联合自治政府"、伪"蒙古自治邦政府",存续时间最长,在日本侵略军的直接掌控下,对当地蒙汉人民的政治压迫、人身虐害也最残忍,经济压榨和劫夺最严酷。

伪"蒙古联盟自治政府"成立后头件大事,也是设立银行,印行纸币。伪蒙政权于 1937 年 10 月 28 日成立,随即将察南银行改组,同时并入绥远丰业银行及平市官钱局,11 月 13 日在张家口设立"蒙疆银行",资本金 1200 万元。由 3 个傀儡政权均摊,筹款 1/4 后先行营业。实际资金情况据德王《回忆录》称,伪"蒙疆"汉

① 《山西文史资料》1988 年第 56 期,第 47 页。

奸政权出资占11%;“蒙疆银行”出资占9%;日本出资占57%;现场土地出资占2%。① “蒙疆银行”在伪“蒙疆”政权辖区各主要城镇大同、厚和、包头、平地泉、丰镇、宣化、怀来、沙城、涿鹿、张北、多伦、延庆、朔县以及北平、天津等地设立分行,在东京、长春、贝子庙设办事处。1937年12月1日,“蒙疆银行”于张家口开业,印发“蒙疆券”3500万元,分纸币、铸币两种;纸币面额计壹元、伍元、拾元、百元四种;铸币计伍厘、壹分、伍分、壹角、伍角五种。纸币由日本及“蒙疆银行”印刷厂承印。该纸币与日元及满洲“中央银行”纸币等值流通。由于当时国民党政府在该地区货币尚未统一,因此在一个短时期内“蒙疆银行”纸币成为当地流通的主要货币。

1938年年初,日本先后唆使伪“晋北自治政府”没收西北实业公司在大同所设之兴农酒精厂(资本100万元)、西北洋灰厂(资本200万元),复设立“蒙疆木材公司”(资本100万元),垄断建筑木材;设立“蒙疆石油公司”,包办石油买卖;设立“蒙疆运输公司”,操纵运输事业;“蒙疆机制面粉厂”(资本200万元),控制察绥民食。又由“蒙疆”、三井、大仓3个公司集资20万元,设立出口公司,经营平绥沿线驼羊毛、皮革、蛋粉、油脂等原料输出欧美。1939年9月底,日本还成立了“蒙疆商业株式会社”,资本1000万元,由伪“蒙疆”政府及华北开发公司各半出资,专销日本商品,垄断一切。②

1939年伪“蒙疆联合自治政府”成立后,为了确立和巩固法西斯殖民统治,进行和扩大经济掠夺,日伪以“确立治安,增加生产”

---

① 参见卢明辉:《中华民国史料丛稿·蒙古自治运动始末》,中华书局1980年版,第296页。

② 中国边疆学会:《伪蒙政治经济概况》,见陈真等合编:《中国近代工业史资料》第2辑,生活·读书·新知三联书店1958年版,第452页。

为名，开展镇压活动，实行“三光政策”；动员各级伪政权机关，整备警察队，编练“靖乡青年队”，加强乡、镇、街、村基层伪组织，实行“保甲连坐法”，一人有事，全保问罪；以“剿共”为名，疯狂镇压、杀戮、残害广大民众。平时对民众稍不顺眼，即以“国事犯”抓捕问罪，动辄施以各种酷刑：灌冷水、压滚杠、熏辣椒面、烙红铁条、喂军犬、铁钉钉脚骨、灌煤油辣椒水、剥皮、割舌等，野蛮、残忍至极。慑于日伪淫威，民众日常三人对坐，不敢谈及时事，两人同行，亦不敢低声共语。商店、饭馆墙壁贴满“莫谈国事”的纸条，以避祸患。行人须随身携带“良民证”，注明邻里铺保，粘贴免冠相片，以备随时查验；居民昼夜皆不得闭户，日伪军警可随时入内检查。倘若人口偶有加多或减少，皆须问罪。故亲友临门，亦不敢轻易招待。日伪还在各处遍布特务、侦探，各家日常生活大小事情，皆了如指掌。农村情况更惨，日伪强行“粮谷集局”，强迫“劳动奉仕”，苛捐杂税名目繁多，一年中，所付出的捐税数目，已几度超过其劳动所获数倍。①

政治压迫、人身虐害是经济压榨、财物劫夺、劳力奴役的前提和保证。经济压榨、财物劫夺、劳力奴役的名目、数量、残酷程度，同政治压迫、人身虐害、酷刑拷讯的名目、数量、残酷程度成正比。相对于伪“察南”、伪“晋北”两个傀儡政权，伪“蒙古”、伪“蒙疆”傀儡政权的政治压迫、人身虐害、酷刑拷讯的名目、数量更多，更残酷，经济压榨、财物劫夺、劳力奴役的名目、数量、残酷程度亦然。

日本帝国主义在经济上把伪“蒙疆”所辖的地区，作为它夺取原料、销售商品、输出资本的殖民地。当时日本国内少数大垄断资

① 参见卢明辉编著：《德王“蒙古自治”始末》（上），内蒙古自治区蒙古语文历史研究所1977年印本，第342—343、358—359页。

本家及金融寡头,已成为日本帝国主义国家经济和政治的主要操纵者,日本侵略者为了便于就地廉价采购原料,特在伪“蒙疆”设立各种银行和株式会社或股份公司,直接垄断原料产地、投资市场和商品市场,操纵各项经济命脉。当时京包铁路已由日本华北铁道株式会社直接经营管理,为了控制京包铁路沿线各地的金融、矿产等主要经济资源,先后设立了由伪“蒙疆联合自治政府”统辖的“蒙疆银行”、“蒙古联盟实业银行”、晋北实业银行、察南实业银行等4家银行,“蒙疆电气通信设备株式会社”“蒙疆电业株式会社”,大同炭矿株式会社,龙烟铁矿株式会社和“蒙疆不动产股份有限公司”“蒙疆汽车股份有限公司”“蒙疆食料股份有限公司及株式会社”“蒙疆新闻社”等13所特殊会社,同和实业银行、“蒙疆石油股份有限公司”、“蒙疆运输股份有限公司”、“蒙疆矿产贩卖股份有限公司”、“蒙疆兴业股份有限公司”、下花园炭矿股份有限公司等十余所准特殊会社,以及“蒙疆畜产股份有限公司”、“大蒙股份有限公司”、“蒙疆木材股份有限公司”、“蒙疆火柴股份有限公司”、“满蒙皮革工业股份有限公司”、“蒙疆酿造股份有限公司”、晋北化工业股份有限公司、大青山炭矿股份有限公司、日蒙制粉股份有限公司、满蒙纤维化学股份有限公司等58所普通会社。这些会社虽然挂着“蒙疆”的名称,而实际上绝大多数都是由日本各财团投资控制,并且各会社的理事长、经理等主要负责人绝大多数也是由日本人直接担任,其中虽有少数会社由蒙古人担任理事长,但也是由日本人的副理事长总揽大权。

京包铁路沿线物产丰富,资源众多,尤其以察南宣化等地的铁矿,晋北大同等地的煤矿,厚和、包头等地之皮毛畜产品,闻名遐迩。日本帝国主义垂涎已久,早在“九一八事变”前,日本就派遣大批特务、间谍,往来于长城内外,实地调查、勘测,一面搜集军事情报,一面调查各地矿产资源,为其推行殖民掠夺政策打下了基础。1937年日本全面侵华战争爆发后,日本侵略军迅速占领了察、绥、晋北等京包沿线地区,随即派出各种调查团等组织,进行勘察,加速掠夺开发的准备工作。当时派来的有日本东京工业大学师生调查团,调查范围涉及察、绥、晋北各地的资源情况;有以伪“察南自治政府”名义派出的所谓“国际第一资源调查队”,在日本教授森田日子等率领下,对察哈尔省的幸窑区铁矿、晋北的煤矿资源进行了全面调查;还有以伪“蒙古联盟自治政府”名义派出的绥远境内资源调查队,在日本人小岛育南的率领下,对绥远境内的大青山区及乌兰察布、伊克昭两盟境内的煤、铁、盐、铅、油页岩、石棉等矿产资源及其蕴藏量做了大量详细的调查测访。

日本侵略军为了掠夺原料,垄断察南、绥远、晋北等地的矿产资源,制定了所谓“蒙疆四年产业计划”,首个掠夺目标,就是察南的铁矿和晋北的煤矿。日本侵略者以察南、晋北两个汉奸政权的名义,首先对当地已经开发和初具规模的民族资本工矿业,肆意破坏,而后占领、没收。如当时颇有名气的大同的保晋公司、晋北矿物局等;再如大同的同宝、宝恒,张北的恒升,宣化的宝兴、天兴、协丰、华北、厚丰及怀来、赤城等诸煤矿公司,资本多者达数百万元,少者亦数十万元或数万元以上,日本侵略军凡兵力所及,皆加以破坏,后又一概没收,或彻底加以摧毁,以达到由日本金融资本完全垄断该地矿业方才罢休。

日本侵略军在夺城掠地的同时,对占领地的重要厂矿、企业进行劫夺和“军管理”。日军占领张家口后,东条兵团很快没收了察哈尔龙烟铁矿。为了进行开采和掠夺,由满铁于1935年投资成立的“兴中公司”,1937年10月劫收龙烟铁矿,不久便建成宣化至水磨间的铁路,将所存6万余吨铁矿石运往日本九州八幡制铁所。1938年,兴中公司在张家口特设支社,由山际满寿一任支社长,设置“经济煤炭课”,并在大同、口泉、厚和、阳高、丰镇、下花园等地遍设出张所或办事处。伪“蒙疆”政权成立后,龙烟铁矿继续委托兴中公司经营。在驻蒙日军授意下,1939 年 7 月,伪“蒙疆”政权成立了龙烟铁矿株式会社,伪“蒙疆”政权和华北开发株式会社各半出资,主要职务则由日本人充当,1944 年计资本 18000 万元(实缴 9600 万元)。①

兴中公司在 1937 年 10 月劫收龙烟铁矿后,又紧锣密鼓劫夺、盗采煤矿。12 月先在大同口泉镇开设“蒙疆”煤矿第一厂,资本 300 万元,日产煤 1300 吨;继而在宣化下花园设第二厂,资本 100 万元,日产煤 300 吨。② 为了加强对煤炭资源掠夺的统制、垄断,日伪成立了“蒙疆矿业贩卖株式会社”,从事铁矿石、煤炭的委托收买贩卖,以及铁矿石、煤炭之外的矿产品的委托贩卖及其附带事业。③ 1938 年元月,在北京石景山开设钢厂,资本定为 1900 万元,冶炼宣化、龙烟铁矿所采矿石。1939 年 2 月,复在大同口泉设立“蒙疆煤炭液化厂”,额定资本 1 亿元,以提炼煤炭中的石油。

---

① 《1944 年华北开发株式会社相关会社一览》,见[日]《华北建设年史》,见居之芬主编:《日本对华北经济的掠夺和统制——华北沦陷区资料选编》,北京出版社 1995 年版,第 177—178 页;刘敬忠:《华北日伪政权研究》,人民出版社 2007 年版,第 216 页。

② 1939 年 6 月,该矿改由日本久恒矿业株式会社经营。1941 年 2 月,由久通出资独资经营,改名下花园煤矿株式会社。1939 年该矿产煤 40739 吨;1940 年 107846 吨;1941 年 50716 吨;1942 年 93028 吨。(河北省档案馆藏:《日伪时期档案》,档案号 6182-383-399,见刘敬忠:《华北日伪政权研究》,人民出版社 2007 年版,第 216 页。)

③ 1944 年 10 月,因“蒙古矿产配给统制会社”创立,被“发展性地取消”。(《1944 年华北开发株式会社相关会社一览》,见[日]《华北建设年史》,见居之芬主编:《日本对华北经济的掠夺和统制——华北沦陷区资料选编》,北京出版社 1995 年版,第 177 页。)

1940 年后，日本为开采绥远石拐沟的煤矿，更增修包头至石拐沟的铁路。原属晋北矿务局和保晋公司的大同煤矿，被关东军没收后，即行委托满铁经营。1940 年 1 月成立大同煤矿株式会社，满铁出资 1000 万元，伪“蒙疆”政权出资 6000 万元，华北开发株式会社出资 1000 万元。总社位于大同永定庄，张家口、北平设有分社。1943 年，大同煤矿资本追加到 12000 万元（实缴 7400 万元），其中伪“蒙疆”政权出资 6000 万元。该会社除理事长夏恭为汉人外，副理事长、各部部长、次长、处长均为日本人；日本职员包括武装保安人员为 1559 人，中方职员仅 800 人，主要是技术人员和小把头；中国劳工最多时达 15000 人。1944 年 2 月又设立大青山煤矿株式会社，资本 2000 万元（实缴 500 万元），总社位于石拐子，从事煤炭采掘、贩卖及附带事业。①

日本侵略者除没收原有厂矿、企业，对煤炭、石油资源进行统制、掠夺经营外，还建立了新的统制企业，对绥远、察南、晋北地区出产的金、银、铅、石棉、云母、硫磺、石膏、油页岩等稀有金属及非金属矿，大肆采掘、掠夺。1938 年，兴中公司在张家口开办“蒙疆橡胶厂”，生产胶板、橡胶零件和再生胶，修补汽车轮胎等。1939 年，日本大东亚株式会社在宣化下花园建立“蒙疆东亚电气化学工场”，生产电石。1938 年 5 月 26 日，伪“蒙疆”政权与满洲电气株式会社兴中公司、东亚电力兴业株式会社合资 600 万元（1944 年额定资本增至 10000 万元，实缴 6032 万元），在张家口成立“蒙疆电业株式会社”，从事伪“蒙疆”地区的电灯、电力、电热供给、电

① 《1944 年华北开发株式会社相关会社一览》，见［日］《华北建设年史》，见居之芬主编：《日本对华北经济的掠夺和统制——华北沦陷区资料选编》，北京出版社 1995 年版，第 174、176 页；刘敬忠：《华北日伪政权研究》，人民出版社 2007 年版，第 216—217 页。

气机械器具的贩卖与赁贷,及其附带事业。该会社在兼并张家口华北电力株式会社、大同西北实业公司兴农酒精厂电灯部、厚和绥远电灯株式会社、包头电灯公司后,又在大同、厚和、张家口、宣化设立支店,在丰镇、萨拉齐、新保安、涿鹿、天镇、朔县设立营业所,在北平、天津设立办事处。1941 年,"蒙疆电业株式会社"撤销张家口、宣化支店,将业务划归社部营业课。营业课辖宣化营业所,涿鹿、沙城、新保安出张所,张家口发电所,下花园发电所,宣化变电所;并新设大同支店、厚和支店、东京办事处。1944 年,"蒙疆电业株式会社"又进行了人事和机构调整,会社辖大同、宣化、厚和、包头等 4 处支店、张家口营业所和天津、东京两处办事处。此外,会社又以伪"蒙疆"政权的名义增设发电厂。如设下花园发电厂,下辖三所:一所 2800 千瓦,二所 4000 千瓦,三所 12000 千瓦;张家口南菜园发电所 2280 千瓦。①

据不完全统计,1938—1944 年间,日本在伪"蒙疆"政权辖区共设立电力和重轻工业公司、工厂 55 家,资本 17293.4 万元。其中除 4 家(资本 22 万元)为"中日合办"(包括日本与"蒙疆银行"等合办者 1 家)外,全部为日本独资。行业涵盖电力、电气、机械、化工、耐火砖和建筑材料、木材加工、甘草采掘炼制,更多的是砖瓦和建筑材料(12 家)、面粉和淀粉(7 家)、制酒和酱油酱料(5 家)、纺织和被服等加工(3 家),以及火柴、造纸印刷、蛋品乳品加工(各 2 家)等,统制和垄断了民众的衣食住必需品的生产和分配供给。②

---

① 《1944 年华北开发株式会社相关会社一览》,见[日]《华北建设年史》,见居之芬主编:《日本对华北经济的掠夺和统制——华北沦陷区资料选编》,北京出版社 1995 年版,第 177 页;《河北省志·电力工业志》,河北人民出版社 1996 年版,第 2、10—12 页。

② 据陈真等合编:《中国近代工业史资料》第 2 辑,生活·读书·新知三联书店 1958 年版,第 455—456 页表格综合统计。

日本财阀三菱集团，也在伪“蒙疆”政权辖区，大肆进行经济掠夺，为此在张家口设有支店、宣化设有“出张所”（办事处），直至1945年年底，日本战败投降3个多月后，三菱集团天津支店同张家口支店的往来会计账目显示，仍有经营业务，惜内容、范围不详。①

绥远、察哈尔两省北部地区各盟旗，畜牧业发达，皮毛、皮革等畜产丰富，日本帝国主义亦垂涎已久。在扶植德王建立伪“蒙古联盟自治政府”之初，即设有畜产部。至伪“蒙疆联合自治政府”成立，更设立牧业总局。这些机构都是日本专为掠夺蒙古牧业产品及资源而设。同时日本规定，各类牲畜及畜产品都直接由钟纺、三井、三菱、白毛、兼松、大蒙、满蒙等几家大公司完全垄断经营权，他人不得染指。有违反规定者，即判处监禁并罚款。

日本将掠夺的各类畜产物资，除大批直接运回日本外，又于1937年3月在张家口设立大公毛织厂；同年12月在厚和豪特设立“蒙疆毛织厂”；1939年2月，又在包头设立钟纺毛织厂，专织各种毛呢毛毯。同时还在包头设立“蒙疆制革株式会社”，专制各种皮革用品。这些毛呢、毛毯、皮革用品，大都是直接供给侵华日军的军需用品。

日本帝国主义不仅对伪“蒙疆”的金融和煤炭等矿产品、皮毛皮革等畜产品及资源全面垄断控制，还直接掌控电力、交通、食品、石油、烟草、面粉、水泥、砖瓦、木材、火柴等所有行业。1937年12月，日本在张家口开设“蒙疆电气株式会社”，作为垄断察南、绥远、晋北地区电气事业的总机关，厚和、集宁、包头等地皆设有分

① 《三菱商事株式会社之沿革及在华北组织系统表》（1945年12月29日）、《三菱商事株式会社天津支店概况、组织资产及投资代理企业表》（1945年11月至12月），均见居之芬主编：《日本对华北经济的掠夺和统制——华北沦陷区资料选编》，北京出版社1995年版，第189—190页。

社。1938年年初,日本指使伪"晋北自治政府"没收西北实业公司在大同设立的兴农酒精厂、西北洋灰厂,由日本直接经营,后者改为"蒙疆洋灰厂"。1938年年初,日本又在张家口设立"蒙疆木材公司",以统制、掠夺察绥各地的建筑木材。是年4月,日本又在大同设立"蒙疆电制面粉厂",统制面粉的生产经营。

1938年以后,日本更进而渗入和垄断平包铁路沿线的商业贸易,相继成立"大蒙""蒙疆"两大公司,专司控制、垄断商品的业务。大蒙公司初设伪满长春,后移至张家口、多伦、贝子庙、张北、大同、厚和、包头等地,凡输出输入的各种货物,皆由其统制。此外还有"蒙疆石油公司""蒙疆矿产贩卖公司"、蒙疆畜产股份公司,分别垄断石油、煤油、矿产、畜产交易;"蒙疆运输公司",以操纵各地运输业务。日本对各种商品的运输销售,总期锱铢归己,巨细不漏。即使一些商贾欲向京津、上海等地购货,也必须由日本富士洋行代办,不得私自迳购。为了便于稽查,日本侵略者还强制各个行业均得设立"组合"(合作社),凡商贾货物转移,金钱出纳,都须由组合随时转报日本侵略军特务稽查机关,而且每日收入款项,均须存入日伪银行。稍有隐匿,即严厉惩处。农村情况更惨,日伪强行"粮谷集荷",强迫"劳动奉仕",苛捐杂税繁多,一年的捐税负担,往往超过其劳动所获数倍。①

尤为恶毒者,日本以鸦片为杀人武器,从精神和肉体上摧残、毒害中国民众,同时保障和增加日伪财政收入,从根本上削弱和瓦解中国人民的抗日意志与力量,于是大力鼓励和强制农民种植鸦片,免费发放罂粟种子,有的还按种植面积大小,对种植者给予免征地租、免服兵役、授予"荣誉证书"等多种奖励,同时规定严厉的

① 参见陈真等合编:《中国近代工业史资料》第2辑,生活·读书·新知三联书店1958年版,第456页;卢明辉编著:《德王"蒙古自治"始末》(下),内蒙古自治区蒙古语文历史研究所1977年印本,第358—359页。

惩罚条例，如种植者的鸦片种植面积应占其土地面积的 1/4 或 1/3，每亩要缴纳生鸦片 50—100 两，违者严厉惩罚。如 1943 年 9 月间，绥远丰镇县伪警察署，派出大批军警到各村催缴公粮，逼要烟土，迫令农民连夜送交，无力缴纳者，都被严刑拷打。[①] 为了加强鸦片统制和专卖管理，又指使伪“蒙疆联合自治政府”公布《鸦片管理令》，并设立“榷运总署”“土药公司”等专门机构，专责收购、贩运鸦片。而鸦片组合和吸烟馆，遍设城乡各地。借以达到毒害民众、搜刮钱财的目的。1938 年，鸦片种植、生产急剧扩大，三个汉奸政权的鸦片收入达 420 多万元，占全年总收入的 25%以上，鸦片的输出量 9054779 两，金额达 43821175 元，占伪“蒙疆”输出总金额的 41%。[②] 此外，伪“蒙疆”各地的县、市公署，还在城乡各地设立官营赌博场，美其名曰“娱乐部”，公然设赌抽头，聚敛民财，为此而倾家荡产、鬻儿卖女者不知凡几。

日本在以鸦片为杀人武器，大肆摧残、毒害中国人民的同时，加强了对劳力的调查、直接掌控和统制。1940 年 8 月 1 日，日本兴亚院“蒙疆联络部”下达《关于调查苦力动向之件》，并对所谓“苦力动态”发出紧急调查命令，称伪“蒙疆地域内各矿工业开发计划树立之基础条件之最要者，首推劳务对策问题，更具有彻底研究调查之必要，故此本联络部先驱实行地域内之苦力实态调查，详细添记之后限于 8 月 15 日提出为荷”。[③] 随后，兴亚院“蒙疆联络

① 卢明辉编著：《德王“蒙古自治”始末》（下），内蒙古自治区蒙古语文历史研究所 1977 年印本，第 343—344 页。

② 参见姜济民：《日本在“蒙疆”地区建立鸦片生产基地》，见《张家口文史资料第 26—27 辑 · 抗战时期的张家口》，张家口市政协文史资料委员会 1995 年编印本，第 351—355 页。

③ 《兴亚院蒙疆联络部档案》，张家口档案馆藏，档案号 0031，见刘敬忠：《华北日伪政权研究》，人民出版社 2007 年版，第 219 页。

部”对察哈尔宝兴煤矿的下属矿“苦力动态”进行专门调查。编制题为《支那人劳动者及苦力调查》的调查报告,并在此基础上,制订了矿产扩充计划,将苦力调查落实为更大规模的矿产掠夺。①

太平洋战争爆发后,军费和战争物资消耗愈加浩繁,日本为了加紧横征暴敛、搜刮民财,巧立名目,随意加征各种税收,民众不堪其重负,往往妻离子散,家破人亡。1939 年后,为了加强粮食统制、掠夺,伪“蒙疆”政权相继公布《粮谷管理令》《主要食料品搬出取缔令》及《家畜搬出取缔令》等,强令农民粮谷“集荷”,垄断牧区的畜产收购,以极为低贱的价格强购农牧产品,劫夺农牧民财富。而主管收购的伪官吏和奸商,还要进一步压价,敲诈勒索,借饱私囊。当时伪“蒙疆”所辖地区,严禁当地民众食用大米、白面等细粮。当地所产大米、白面,全部强行征购,全数拨归日本侵略军军用和驻在各地的日本人食用。而产粮区农民和各地城镇平民,却只能按定量配给掺砂掺假并且发霉的杂合面。日伪还实行棉布统制,收购价格极低,出售价格成倍高涨,黑市价格尤其昂贵。广大民众因无力购买,许多家庭数口人没有一床被子,十八九岁的大姑娘赤身露体连一条破裤子都没有。在伪“蒙疆”政权管辖区内,人民处于饥寒交迫、无以为生的苦难深渊中。②

1943 年后,美国等盟军开始反攻,日本帝国主义在战场上被动,经济上进一步被封锁,物资供应愈加困难,只得把伪满、伪“蒙疆”、华北占领区作为获取战争物资的最主要的来源地。经济政策的重点也加速从“开发”“增产”转向对现有物资的“回收”“配给”。从 1943 年起,日本在伪“蒙疆”设置了对各类物资实行严密

① 刘敬忠:《华北日伪政权研究》,人民出版社 2007 年版,第 219—220 页。

② 参见卢明辉编著:《德王“蒙古自治”始末》(下),内蒙古自治区蒙古语文历史研究所 1977 年印本,第 365—370 页。

统制的中心机构“蒙古交易会社”，下设几十个行业分支统制机构，不仅对国防产业产、供、销、输入、配给实施绝对统制，而且对以往自由经营的民营工业之产、供、销业务实行绝对统制和垄断。①同时，在城乡加强“亲日防共、蒙日亲善”，强化“大东亚共荣圈”和“东亚新秩序”等反动宣传，在城乡广泛组织和扩大“勤劳奉公队”，强迫各族民众修公路、挖工事、运送物资，在准备负隅顽抗的同时，进行地毯式的物资搜掠、劫夺。

第三节　华北汉奸政权的炮制、变化过程和行政架构与经济体制

日本帝国主义发动全面侵华战争，曾一度妄想采用闪电战术在极短时间内完全占领和灭亡中国，让整个中国，继中国台湾之后，全部并入日本版图，成为日本人的真正家园，日本人特别是渴望土地的日本农民，可以在东北和关内地区世世代代“做地主”“当东家”。② 不过随着全面侵华战争的推进和深入，日本侵略者强烈感觉到，日本虽然在军事、武器方面具有明显优势，但地狭民寡、资源贫乏，根本不可能在短时间内全部占领和彻底灭亡中国，即使在占领区也无足够的人力直接进行统治和奴役，只得“以华制华”，采用切割和肢解的办法，每占领一处地方，立即网罗汉奸和社会渣滓，组织“治安维持会”和各级傀儡政权。利用和操纵汉奸对区内民众进行法西斯统治和物资劫夺与财政搜刮，并以占领

① 居之芬：《日本的“华北开发产业计划”与经济掠夺》，《天津市纪念抗日战争胜利 50 周年论文集》，北京出版社 1955 年版，第 167 页。

② ［日］加藤阳子：《从满洲事变到日中战争》，徐晓纯译，香港中和出版有限公司 2016 年版，第 26—27 页。

区为“根据地”,发起新一轮的夺城掠地和侵略攻势,不断扩大占领区范围,最终占领和灭亡中国。华北汉奸政权就是日本这种侵华、灭华策略的产物。

华北汉奸政权经历了从王伪“中华民国临时政府”(通称伪“临时政府”)到汪伪南京汉奸政权下的伪“华北政务委员会”、从“中央政权”到地方政权的演变过程。在王伪“临时政府”出台之前,曾在平津两地“治安维持会”的基础上成立“平津地方治安维持会联合会”,作为过渡。王伪“临时政府”直接由日敌北平“特务机关长”负责筹组,急急忙忙成立于国民党政府都城南京陷落的第二天,即1937年12月14日。其定位是取代国民党政府的“中央政府”,拟有“国旗”“国歌”,并非华北地方政权,而是作为未来“中国新中央政府”的基础,并拟将华中、华南等地区纳入其管辖的范围之内。不过日本军国主义当局鉴于侵华的日本各军事集团意见不一,为慎重起见,还是将王伪“临时政府”的政务活动暂时限定在华北地区,辖区大致为河北、山东、山西3省及察哈尔省的一部分,取消和合并“冀东防共自治政府”,并将察南、晋北两个汉奸政权也纳入其中。但因日本关东军及其控制下的伪“蒙疆联合自治委员会”强调自己的“特殊性”,此议亦未能付诸实施。1938年3月28日在南京成立的梁伪“中华民国维新政府”,亦自诩为“中央政府”,形成南北两个“中央”汉奸政权并立的局面。为了改变这种状况,南北两个“中央”汉奸政权实行形式上的“联合”,9月20日在北平共同组设伪“中华民国政府联合委员会”,作为象征性的“中央”汉奸政权。1940年3月,汪伪“国民政府”成立并“还都”南京,王伪“中华民国临时政府”改称为伪“华北政务委员会”。伪“华北政务委员会”名义上隶属于南京汪伪“国民政府”,但实际上拥有“高度自治”权,甚至“国旗”“国歌”都没有取消。

不论“维持会”还是伪“中华民国临时政府”和后继的伪“华北

政务委员会”，都是由侵华日军掌握实权，进行直接操纵。既派有多名“顾问”，又安置“日系官吏”（“辅佐官”），双管齐下。而且各色主要职官，全由日酋或“特务机关长”推荐、审定。“中央”或区域性汉奸政权，均被直接掌控在侵华日军手中，汉奸首脑对政策、方针和对外关系，固然无权置喙，对省县地方事务亦无管辖权。日本侵略者炮制、扶持和操控华北汉奸政权，就是稳固、永久占领和统治华北，以伪“满洲国”和华北为“根据地”，通过对华北经济资源的统制、掠夺，利用华北的人力、物力，持续并加快向中国其他地区的侵略步伐，并进而北攻苏联、南打英美。

1937 年“七七事变”后，随着全面侵华战争的爆发和扩大、深入，日本为使华北很快成为向南向西占领和灭亡中国、向北进攻苏联的“根据地”，在疯狂烧杀抢掠的同时，迅速修改、调整、加强原有机构及方针、计划、办法，进一步明确了华北经济统制、“开发”、掠夺的目标，加大了经济统制、掠夺的力度和规模。在整个全面侵华战争期间，华北不仅是日本侵华战争和太平洋战争军备物资、后勤军需和日本国内所需原料、劳动力的主要承担者，1945 年日本侵略者濒临末日，准备坚持“本土决战”前夕，为了确保日本军队（包括侵华日军和日本国内留守军）“长期自给”和日本全国的经济需求，1 月 11 日，日本“最高战争领导会议”通过了一个庞大的对华经济洗劫计划，将洗劫军备和民用物资全部运回日本。[①] 实际上，华北还成为日本战败投降前夕和战败投降后全国储备物资的主要供应地。

① ［日］参谋本部：《战败的记录》，1967 年印本，第 218—219 页，见复旦大学历史系编译：《日本帝国主义对外侵略史料选编（1931—1945）》，上海人民出版社 1983 年版，第 487—489 页。

一、从"治安维持会"到王伪"中华民国临时政府"、伪"华北政务委员会"

华北地区汉奸傀儡政权的出台,经历了从各地分散的"治安维持会"到王伪"中华民国临时政府",再到伪"华北政务委员会"的变化过程。

为了尽快占领和灭亡中国,并在占领区迅速有效行使对中国民众的残酷统治和奴役,全面侵华战争爆发一个多月后,日本陆军省于1937年8月12日制定的《华北政务指导要纲》,提出要"从长远考虑,尽量保存引导地方固有的社会组织与习俗";占领区后方的政治机关"要由居民自发组成,其机构运营也要靠居民积极参与"。8月14日,日本关东军司令部制定的《对时局处理要纲》,强调要"解决华北问题",必须在占领区"树立拥有自主独立性的地方政权"。① 在地方上,侵华日军每占领一处地方,即由随军的日军特务机关协同"宣抚班"②

① [日]臼井胜美、稻叶正夫编:《现代史资料9·日中战争2》,第26、29页,见王士花:《日伪统治时期的华北农村》,社会科学文献出版社2008年版,第2页。

② "宣抚班"是日本一开始发动全面侵华战争就组织设立的,隶属日军特务部长,被派遣至各军及方面军直辖兵团的各个管区。其主要任务:一是随军充当作战部队的辅助和前导,包括抓夫、找向导、搜集情报、管理俘虏等,每占领一处城镇,即有一个"宣抚班"随同日军驻守部队留驻下来;二是到军事前沿地带从事宣传和搜集情报等活动;三是在占领区内进行宣传活动,招抚流亡人众返回城镇,胁迫工商各户复业,组织市场贸易;四是物色和拉拢地方士绅及其他头面人物出面并收买汉奸建立基层政权组织;五是扶植成立日语学校,推行奴化教育。"宣抚班"日本人华人各半。日本人大多是知识分子,华人多是懂日语的东北人。"宣抚班"职员(包括"班长"),对内统称为"班员",对外则称"大日本军宣抚官",所佩戴的白地红字袖章上,都标有这种职衔。日本人职员领导和监督华人职员。日本人"宣抚官",因侵华有功,后来有不少人被提升为伪县公署"顾问"。"宣抚班"一直存在到1940年3月与"新民会"合流。

搜罗汉奸和地痞、流氓，成立“维持会”之类的伪政权，维持地方“治安”，为侵华日军筹粮筹款。事实上，早在策划“卢沟桥事变”两年前策动的“华北自治运动”中，日本驻屯军和日本在北平、天津的特务机关就已在冀察地方当局和蛰居平津的北洋政府遗老遗少中物色了一批亲日分子，并将其牢牢控制在手中，适当时候令其在前台充当傀儡，直接为日本帝国主义服务。

北平、天津作为华北地区两个最大城市和政治、经济、文化中心，全面侵华战争爆发后不到 1 个月，就成立了“维持会”。1937 年 7 月 29 日，宋哲元第 29 军撤离北平城，日本驻北平使馆陆军助理武官今井武夫少佐即与北平“特务机关长”松井太久郎大佐秘密协商，由曾经代理过北洋政府国务总理的江朝宗出面组织“北平地方维持会”，并很快制定了《北平市地方维持会简章》，挂羊头卖狗肉，规定该会“以维持地方安宁，保持人民福利为宗旨”。7 月 30 日，“维持会”在中南海怀仁堂召开成立大会，由江朝宗出任会长（主席）。

天津的“维持会”早在天津沦陷前已暗中进行。1937 年 7 月 25 日，日本驻屯军特务头目就纠集北洋政府的旧官僚、军阀孙传芳的旧部下等开会，暗示日军不久将攻占天津，要求他们尽快成立组织，协助日本占领军的行动，旋即敲定了“维持会”的组成班子。在日军特务头目直接操纵下，“天津市治安维持会”于 8 月 1 日宣告成立。“维持会”采用“委员制”，曾当过北洋政府农商总长的高凌霨任“委员长”，另有 10 名“委员”，聘有多名日本顾问，由顾问坐镇指挥，自当傀儡。高凌霨又以“维持会”名义发布“宣言”，谓“此次天津忽启战端，以至战事推演，波及无辜市民。迨保安队四散，各机关人员亦放弃职务，陷津市于无政府状态。凌霨等或分属乡人，或久居津土，不忍漠视，乃从市民之请，出而组织天津治安维持会，以期恢复秩序”，并特别强调，“警察关系公安，尤为重要。已责令刻日照常执行职务,期于即行恢复平常状态”。[①] 高凌霨等以此向日本主子宣誓效忠,为日本主子的法西斯殖民统治保驾护航。

由于天津是日本中国驻屯军司令部所在地,日本驻屯军司令部及日军驻津特务机关对“天津维持会”的直接控制更紧,一些较重要的会议,日军特务机关长均亲自主持,“维持会”汉奸们唯有卑躬屈膝、俯首听命。高凌霨更在《天津市治安维持会施政工作报告·序言》中,对天津日本陆军特务机关长长岭中佐及其继任者中野大佐、仪我大佐、大本中佐等感恩戴德,谓“本会获有微末成绩,市民得庆安居乐业者,皆出自诸公之所赐”;肉麻称颂茂川少佐为筹组“天津市治安维持会”而“奔走联络、缔造经营”,其“丰功伟绩尤有足多”。[②] 活灵活现一副奴颜婢膝、卖国求荣的汉奸嘴脸。

北平、天津两地“维持会”相继成立后,日本侵略军对汉奸、走狗经过一段时间考察、试用、调教,汉奸和两地“维持会”的工作,渐入轨道;平津周边各县“维持会”也相继筹组就绪。华北日军遂又策划将两市“维持会”加以“联合”,1937 年 9 月 22 日,“平津地方治安维持会联合会”宣布成立,发布“宣言”,制定“章程”,规定由北平、天津“地方治安维持会”各派 2 名代表组成,“处理平津共同有关事项及对外问题,与冀东政府采取密切联络”。伪“冀东防共自治政府”亦被拉了进来,在伪“联合会”中派驻“联络员”。伪“联合会”以高凌霨为“首席代表”;设秘书局作为伪“联合会”的办事机构,“综理议事”。“秘书局长承首席代表之名,处理平津地

① 河北省档案馆藏:《天津市治安维持会施政工作报告》(1937 年 12 月),见郭贵儒等著:《华北伪政权史稿:从“临时政府”到“华北政务委员会”》,社会科学文献出版社 2007 年版,第 145—146 页。

② 见郭贵儒等著:《华北伪政权史稿:从“临时政府”到“华北政务委员会”》,社会科学文献出版社 2007 年版,第 148—149 页。

方治联会事务，并综理秘书局事务”。该会并有日本“顾问”实际操纵。12月14日，伪“中华民国临时政府”在北平成立当日，“平津地方治安维持会联合会”发布“宣言”，宣布解散。①

随着日本侵略的迅速扩大、深入，除了平津及周边地区，在河北、山西、山东、河南等地，也都相继出现了数十个大大小小的“维持会”之类汉奸机构。有的还在县“维持会”的基础上，成立了区域性的“联合会”，如冀南地区就由石家庄日本陆军特务机关“援助指导”成立了“冀南各县治安维持会联合会”。这类“维持会”汉奸机构，更是由侵华日军及其特务机关直接操控。如“冀南各县治安维持会联合会”每次召开全体委员会议，不仅该会“顾问”井上藤次、阿部良次、渡边龙次等务必参加，就是石家庄日军特务机关长笠井半藏也是每会必到，并且每次会议必做“指示”，对“联合会”重要工作事项作出安排。②“联合会”的汉奸头目只能唯命是从。其他各地汉奸“维持会”的情形也大同小异。

“维持会”之类的汉奸傀儡机构，虽然架构、功能类同政府机关，有的甚至俨然以政府自居，但毕竟只是侵华日军“以华制华”的临时性和过渡性办法，一旦时机成熟，就会以相对正式的汉奸政府机构取代。在全面侵华战争爆发之初，日本帝国主义内部对侵华日军占领区统治的具体手段或方式，意见不完全一致，日本陆军中央部曾提出“以较稳健的方式进行局部地区解决”的方针，可考虑“依靠民众自治，进行善后工作”，并于1937年8月

① 《平津地方治安维持会联合会成立及结束文件》（1937年9—12月），见中国第二历史档案馆编：《中华民国史档案资料汇编》第5辑第2编附录上，江苏古籍出版社1997年版，第18—20页。

② 河北省档案馆藏：《冀南各县治安维持会联合会工作报告书》（1938年6月），见郭贵儒等著：《华北伪政权史稿：从“临时政府”到“华北政务委员会”》，社会科学文献出版社2007年版，第154—155页。

12日制订"华北政务指导大纲",将其方针"稍加具体化";而日本华北方面军尤其是关东军,则极力主张"实行军管或建立新政权"。①

侵华日军占领平津地区后,"主张在占领区实行军管或建立新政权的意见抬头"②。随着伪平津治安维持会的成立和冀察政务委员会的解散,日本华北方面军加快了筹建汉奸傀儡政权的步伐。关东军司令部1937年8月14日拟定的"对时局处理大纲"中,提出了对"华北政权"的设想:最终目标为"五省自治",具体步骤是现将河北、山东2省(将来包括山西)组成一个政权;另将察南、察北合并建立一个政权,分别设于北平、张家口。两者各配"日本顾问"。日军专门负责各地治安,有关政治、经济、外交、内政等,由设在北平、张家口的"大特务机关长"通过日本顾问进行"幕后指导"。在华北占领区内,北平、天津、通州的日军特务机关原本归日本中国驻屯军参谋长统辖。但日本华北方面军司令部成立后,在参谋部之外另设"特务部",具体筹划华北汉奸政权的炮制。

1937年9月4日,华北方面军任命喜多诚一少将为特务部部长,司令官寺内寿一大将给喜多诚一下达训令,让其指挥所属部员在日军占领区(包括冀东)"统辖指导中国方面的机关",使该地区成为"实现日满华合作共荣的基础",并逐步进行准备,"将来在华北建立政权"。寺内寿一特别强调,"为了削弱中国方面的斗志,以迅速结束战局为目的,对敌军后方采取相应的谋略";"有关细节由参谋长指示"。9月6日,华北方面军参谋长冈本直三郎按照

① 日本防卫厅战史室编:《华北治安战》(上),天津市政协编译组译,天津人民出版社1982年版,第48—49页。

② 日本防卫厅战史室编:《华北治安战》(上),天津市政协编译组译,天津人民出版社1982年版,第48页。

上项训令指示喜多诚一，为建立华北政权进行准备，暂时建立“政务执行机关”，以统治现在及将来的日军“占领区的中国方面各机关，且尽量使之成为将来华北政权的基础”；保证直接供作战用的中国交通、通信机关全部由日军“直接使用”，并指导中国机关协助；关于占领区后方的“警备”，虽然依靠日军兵力，但亦应“指导中国机关使之尽量减轻军队的负担”。① 冈本直三郎不仅进一步明确了喜多诚一筹建华北汉奸傀儡政权的任务，并且规定了汉奸傀儡政权的一些主要功能。

除了华北方面军在参谋部之外专设“特务部”，还有侵华日军在各沦陷地区早已设置“特务机关”，也有筹组、指导和操纵各地汉奸政权组织的任务。1937 年 10 月，喜多诚一接替松井太久郎，担任北平“特务机关长”，立即着手物色汉奸人选，筹组华北汉奸政权。喜多诚一原任日本驻华大使馆武官，旅居中国多年，熟悉中国政治、社会情况，与北洋军阀政府的官僚、军阀多有来往。他深知这些官僚、军阀在政治上反复无常，国家观念淡薄，其中一些人并有相当潜在势力和号召能力。喜多诚一针对这一特点，定出了选拔汉奸政权组成人员的标准：元首须以曾任总统、总理的一流人物任之；政府首长须以曾任总理、总长的一流人物任之。而选拔标准是：素无抗日言行，又非二十九军出身者；有相当资望而反抗国民党者。② 但几经寻觅，喜多诚一们属意的“一流人物”如靳云鹏、吴佩孚、曹汝霖等，因种种缘故，均不愿应命，喜多诚一只得退而求其次，策动避居香港的王克敏出山。

① 日本防卫厅战史室编：《华北治安战》（上），天津市政协编译组译，天津人民出版社 1982 年版，第 50—51 页。

② 张炳如：《华北敌伪政权的建立和解体》，见中国人民政治协商会议全国委员会文史资料研究委员会编：《文史资料选辑》第 39 辑，中华书局 1980 年印本，第 140 页。

1937年12月上旬王克敏抵达北平后,很快成立了一个以朱深为主干、俞家骥为幕后军师和祝书元掌握日常工作的"政府筹备处",一面筹组汉奸政府,一面继续寻觅"一流人物"充当汉奸政府"元首",两次去天津恳请靳云鹏出山。同时,日本华北方面军为蒙骗和蛊惑人心,大造舆论,强奸民意,日伪直接控制的汉奸报刊、卖国团体叫嚷,"从速建立华北新政权";"新政权要树立华北人之华北",发起"建设华北人之华北"运动,为华北汉奸政权的出台鸣锣开道。①

华北汉奸政府原定于1938年1月1日成立,但由于1937年12月13日南京陷落,日本军事当局认为这是国民党政权的溃灭,在这敏感时刻抓紧建立华北汉奸政权,对中国国民党政府有重大的心理打击作用,在政治上具有新陈代谢的意义,于是通知王克敏等,汉奸政权提前于12月14日成立。由于一时难以找到一号头目的合适人选,政府"元首"暂时空缺,汉奸政权暂称"中华民国临时政府"。12月14日的成立会上宣布,以北京政府时期的五色旗为"国旗",以"卿云歌"为"国歌","定都"北平,改北平为"北京"。会议发表《中华民国临时政府成立宣言》,颠倒黑白,攻击、谩骂国民党守土抗日,反对投降,不与汉奸、卖国贼同流合污,"遂至构衅邻邦,同种相噬",又厚颜无耻宣称"天下兴亡,匹夫有责",乃成立"临时政府","旨在恢复民主国家,煎[湔]涤污秽党治,同时绝对排除共党主义,发扬东亚道德,辑睦世界友邦,开发产业,使民生向上,厘定权责,使中外相安",并要求国民党"悟容共之非,谢罔民之罪,自承失败,引咎下野"。② 伪"临时政府"虽然宣告成立,但因临时提前,时间仓促,筹备未绪,许多

① 参见郭贵儒等著:《华北伪政权史稿:从"临时政府"到"华北政务委员会"》,社会科学文献出版社2007年版,第162—163页。

② 中国第二历史档案馆编:《中华民国史档案资料汇编》第5辑第2编附录上,江苏古籍出版社1997年版,第20—21页。

官员尚未任命,迟至1938年元旦才举行就职典礼。1月4日,伪"临时政府"才正式公布政府"组织大纲",各委、部机关开始陆续办公。

伪"临时政府"成立当日,"平津地方治安维持会联合会"即发表宣言,自认已"无存在之必要",即日起"宣告结束","所管事务均移交临时政府办理"。该会自1937年9月23日成立,12月14日结束,实际存续100天。[①] 华北其他各地"维持会"也都先后纳入伪"临时政府"系统,有些后成立的"维持会"虽然继续保持其名目,但已成为伪"临时政府"系统管辖下的地方行政组织。

伪"临时政府"成立不久,日本内阁在1937年12月24日确定的"事变处理大纲"中,"华北处理方针"强调,对伪"临时政府",要促进其"逐渐扩大和加强,指导新中国逐步形成新的中心势力",并决定"撤销冀东自治政府使之与新政权合并"。[②] 伪"冀东防共自治政府"是日本为肢解中国在关内地区最早策划炮制的汉奸傀儡政权,"资格"更比伪"临时政府"老。在北平"特务机关长"喜多诚一等的直接策划和操纵下,伪"冀东防共自治政府"和伪"临时政府"经过多个回合的会谈和讨价还价,1938年1月30日才达成协议,2月1日发表两伪政权合并协定,宣布"解散冀东防共自治政府,将其与中华民国临时政府合并",冀东汉奸政权的官吏应尽快编入伪"临时政府";伪"临时政府"明确承诺,"完全尊重"冀东汉奸政权"建立之意义,以及对内外宣言、声明的义务";对于冀东汉奸政权"基于其权限行使的一切行政行为",伪临时政府"承认其有效,并予以尊重";日本、伪满与冀东汉奸政权之间

---

① 中国第二历史档案馆编:《中华民国史档案资料汇编》第5辑第2编附录上,江苏古籍出版社1997年版,第19—20页。

② 日本防卫厅战史室编:《华北治安战》(上),天津市政协编译组译,天津人民出版社1982年版,第56—57页。

"缔结的契约上之义务",由伪"临时政府""继承,并竭诚履行"。①至此,在喜多诚一的直接策划、操纵下,两个伪政权的合并终于完成,冀东汉奸政权管辖的河北22县,纳入了伪"临时政府"的行政管辖范围。两伪府合并后,冀东汉奸政权"代理长官"、汉奸池宗墨因得到日本主子赏识,被特任为伪"临时政府"的"参议"。

伪"临时政府"成立后,除了并入平津"维持会"、冀东汉奸政权外,后来成立的山东济南、青岛两"维持会",以及山西、河南两汉奸政权,亦被先后并了进去。日军占领济南后,1937年12月29日成立"济南治安维持会",1938年3月6日并入伪"临时政府",改为伪"山东省公署";1938年1月10日炮制的"青岛治安维持会",1939年1月10日归属伪"临时政府",改为伪"青岛市公署";伪"河南自治政府"出台较早,1937年11月27日在彰德(安阳)成立,不过只是一个空架子,1938年2月日军占领豫北各县后,才开始对各县发号施令,1938年5月1日归属伪"临时政府",改称伪"河南省公署";1938年1月1日,伪"山西省自治政府"在阳曲成立,后迁太原,6月2日归属伪"临时政府",改称伪"山西省公署"。另外,1938年1月17日在"天津治安维持会"的基础上建立了伪"河北省公署",直接隶属伪"临时政府"。1939年3月,为方便日军对河北全省的统治,伪省署由天津迁往保定。

伪"临时政府"对地方管治采用省、道(市)、县(市)三级建制,相应设有"公署"作为管治机构。随着日本侵华战争和占领区域的不断扩大,伪"临时政府"相继建立了河北、山东、山西、河南4个伪"省公署",北平、天津、青岛3个伪"特别市公署",24个伪"道公署",8个伪普通"市公署",329个伪"县公署",威海、龙口2

① 参见郭贵儒等著:《华北伪政权史稿:从"临时政府"到"华北政务委员会"》,社会科学文献出版社2007年版,第170—171页。

个伪“特别区公署”，1 个伪“苏北行政公署”。在伪政权管辖下的基层普遍建立了保甲组织。山东建有保甲 473081 个。河南豫北、豫东两道及河北省和天津市（华界）共建有联保 9094 个，保 53948 个，甲 537236 个。华北伪政权控制地区的人口约达 1 亿多。①

关于伪“临时政府”的定位和管辖地域范围，在最初策划时，日本华北方面军和日本陆军省都是将其定位为准备取代南京国民党政府的“中央政府”，而非华北地方政权。1937 年 10 月，喜多诚一在给日本陆军省军事课的报告中称，“我们并不打算建立一个像冀察政务委员会那种委员式的政权机构”，而是先建立各省省政府，然后建立“中华民国联省政府”，喜多诚一随后又在 10 月 28 日签署的《关于建立华北政府的研究》中明确提出，新成立的华北政权应成为一个“取代南京政府的中央政府”，并获得陆军省同意，军务课建议“扩大并加强在华北的政权，以期建立一个有生命力的中央政府”，计划要求首先在河北、山东、山西和察哈尔建立“自主的”省级政权，然后把这几个省组成一个联合体，最后再建立一个把在华中、华南都联系在一起的机构。但这一主张遭到其他几个日本派遣军司令部尤其是关东军的坚决反对。关东军已在内蒙古建立了自己的傀儡政权，绝不希望看到自己的地盘被其他政权或日军派遣军接管。何况关东军长期以来一贯主张中国应在政治上保持分裂状态。关东军东条英机建议建立一个松散的、“仅仅具有政府基本象征”的“联省政府”。华中派遣军正想建立自己的傀儡政权，因此也反对“一开始”就决定把华北“当作政治中心”。为了造成既成事实，占取先机，喜多诚一加快步伐，使其华北伪政权赶在华中派遣军占领南京和建立政权之前就行使职

① 郭贵儒等著：《华北伪政权史稿：从“临时政府”到“华北政务委员会”》，社会科学文献出版社 2007 年版，第 181—182 页。

权。无奈一时找不到新政权头目的合适人选,故只能先成立伪“临时政府”。[①] 鉴于中国各地侵华日军在建立“中央政府”问题上存在严重分歧,日本政府只好将其暂时搁置,留待以后随形势发展再行解决。所以,伪“临时政府”成立后,日本政府并没有立即给予其公开外交承认,实际上仍把它当地方政权看待。不过伪“临时政府”仍以“中央政府”自居。1938 年 3 月 28 日,以梁鸿志为首的伪“中华民国维新政府”在南京成立,亦自诩为“中央政府”,两者互不相让,而且各有后台主子。

日本帝国主义为了改变这种状况,尽快建立统一和有威信的全国性傀儡政权,以此威逼国民党政府求和投降,并且最后取代国民党政府,1938 年 1 月 11 日,日本“御前会议”出台了《处理中国事变的根本方针》,其核心是南京陷落后,威逼国民党求和投降,并详细列出了求和投降的条件。[②] 如果中国现中央政府不向日本求和投降,则今后日本“不以此政府为解决事变的对手,将扶助建立新的中国政府”。因此,梁伪“维新政府”的成立,只是作为过渡。该伪政权出笼不久,日本即着手促进王伪“临时政府”和梁伪

① 参见[美]约翰·亨特·博伊尔著:《中日战争时期的通敌内幕 1937—1945》(上),陈体芳、乐刻等译,商务印书馆 1978 年版,第 120—122 页。

② 求和投降的条件是:中国正式承认伪满;中国放弃“排日及反满政策”;在华北和内蒙古划定“非武装地区”;在华北设立为实现日满华三国共存共荣的适当机构,赋予广泛的权限,特别是要实现日满华的经济合作;在内蒙古设立“防共自治政府,其国际地位和现在的外蒙古相同”;中国应确立防共政策,并协助日满两国实行同一政策;在华中占领区,划定一个非武装地区,在大上海市区域内,日华两国共同协作维持治安,发展经济;日华满三国就开发资源、关税、贸易、航空、交通、通信等项,“签订必要的协定”;中国对日本进行必要的赔偿;为了在华北、内蒙古和华中的特定地区“起保证作用”,在必要时间内驻扎日本军队。(《处理中国事变的根本方针》,见黄美真、张云编:《汪伪政权资料选编·汪精卫集团投敌》,上海人民出版社 1984 年版,第 73—75 页。)

“维新政府”合流。在日本操纵下，1938 年 4 月，两个傀儡政权即在北平会谈，并确定了合流的方针和具体形式：必须迅速整备两政府合流上所需的“一切设施”，除去阻滞合流的“一切障碍”。当两政府合流后，“维新政府”及其所属地域必须归属于“临时政府”最高主权之范围内；国税中的关税、盐税、统税及其他一切收入，必须归于“临时政府”之管辖范围内；关于金融及通货政策。“维新政府”必须基于“临时政府”既定方针，努力整备现用通货金融制度，以南北一致通货体制为目的；产业政策方面，两政府必须依据日华两国间紧密之提携决议，“迈进友邦（按即日本）经济产业之开发及建设”。双方还商定，两伪政府分别设立“联络机关”，并将设置东京办事处，由日本政府直接协调。①

1938 年 6 月，日本占领徐州，并准备攻占华中重镇汉口，随着战争形势的发展，日本决心尽速击溃国民党政府，灭亡中国，加速建立统一的“中央”汉奸政权。日本政府为避免陆军、海军、外务三省各派出机关的矛盾，以促使“中国中央政府”的成立，决定组成一个“对华特别委员会”，负责策划组成“统一中国中央政权”的工作。由土肥原贤二出面负责（对外称“土肥原机关”）。同月，日本首相智囊团昭和研究会中国问题研究所抛出的《关于处理中国事变的根本办法》强调，日本“推行大陆政策②，当前的目标在于迅

① 参见郭贵儒等著：《华北伪政权史稿：从“临时政府”到“华北政务委员会”》，社会科学文献出版社 2007 年版，第 384—385 页。

② 日本“大陆政策”，亦称“大陆经略政策”，是指作为岛国的日本，在明治维新后确立和着手实施的占领中国、朝鲜周边大陆地区，进而以中国为“根据地”占领亚洲、征服全世界的侵略总方针。按其方针和实施过程，分为五步：第一步占领台湾；第二步占领朝鲜；第三步占领“满蒙”；第四步占领和灭亡整个中国；第五步，在占领和灭亡整个中国的同时，以中国为“根据地”，占领亚洲、征服全世界。

速解决中国事变”;对国民党政府,“必须以击溃为根本方针,明确除此以外别无有效的解决办法”。为此必须攻占汉口,切断国共统治地区的联系,“摧毁抗日战争的最大因素——国共合作势力”。同时,对华北“临时政府”、伪“蒙疆”政权和南京“维新政府”,“根本目标在于加强和扶持”,“促进产业和经济的顺利发展,并确立以日本为中心的日满华政治集团的基础”,华北“临时政府”是“集团的一根支柱”,将“成为中国统一政府的核心”,必须坚定、积极“援助”,并“力求建立必须的日本势力”;伪“蒙疆”政权有其民族特点和“防共第一线的使命”,必须采取特殊政策,但从整个华北政治经济大局看,应归属于华北的“中央政府”;南京“维新政府”是“亲日满政权中的一个重要的部分,并起着置国民政府于死地的作用”。但“归根到底,应该和华北政府合并”。因此,当前的“根本方针在于适应日满华的政治集团体制,向形成日满华的经济集团、通货集团的目标前进”。①

为加快新的汉奸“中央政府”的建立,1938 年 7 月 15 日日本“五相会议”出台《建立中国新中央政府的指导方针》,拟定了建立中国“新中央政府”的具体办法,即“尽快先使‘临时’及‘维新’两政府合作,建立联合委员会。其次,使伪“蒙疆联合委员会”与之联合。以后上述各个政权,逐渐吸收各种势力,或与他们合作,使之形成真正的中央政府”。其时间和条件是,“在汉口陷落后,蒋政权不发生分裂和改组时,以现成政权建立中央政府”,并规定了“联合委员会”的机构形式和组织办法:“联合委员会”由伪“临时”、伪“维新”两政府及伪“蒙疆联合委员会”的代表组成,采取“简单的委员制”,地点暂设北平;各地方伪政权境界,大致保持现

① 复旦大学历史系编译:《日本帝国主义对外侵略史料选编(1931—1945)》,上海人民出版社 1983 年版,第 263—270 页。

状;在各伪地方政权中实行“自治”;关于交通、通信、邮政、金融、海关、统税、盐税、文教及思想政策,以及“维持地方”等,在“联合委员会”的统制下,由伪地方政权负责。① 8月下旬,日本华北方面军与华中派遣军派人员在日本福冈拟定了成立“联合委员会”的方案,并经9月9日日本“五相会议”决定,形成《联合委员会树立要纲》。同日,土肥原贤二将南北两汉奸政权头目、伪“蒙疆联合委员会”的德王及三方的日军代表召往大连,商讨三方“合流”问题。土肥原贤二曾拟就新的汉奸政权人选名单,但关东军坚持保持伪“蒙疆”的独立地位,不许德王加入新的汉奸政权;而华中派遣军司令官畑俊六也对新政权表示不同意。土肥原贤二只得商定成立由王伪“临时政府”与梁伪“维新政府”组成的“联合委员会”。

1938年9月20日,南北两汉奸政权组成的伪“中华民国政府联合委员会”在北平成立。伪“联合委员会”由南北两汉奸政权各出3人组成,以王克敏为主席委员,朱深、温宗尧为常任委员,地点设在北平。伪“联合委员会”主要协议关于交通、电信、邮务、金融、海关、统税、盐务、文教及思想等需要“统制”之事项。②

王伪“临时政府”与梁伪“维新政府”实行了形式上的“联合”,发表了“宣言”,设立了联合办事机构;王伪“临时政府”的组织大纲也做了相应的修正。但这种“联合”不过是侵华日军对占领区各个伪政权实行“分治合作”的一种手段。王伪“临时政府”既没有上升为“中央政府”,也没有“成为中国统一政府的核心”,还是日军玩弄于掌股上的华北地方性傀儡政权。

① 黄美真、张云编:《汪伪政权资料选编·汪精卫集团投敌》,上海人民出版社1984年版,第90—91页。

② 参见郭贵儒等著:《华北伪政权史稿:从“临时政府”到“华北政务委员会”》,社会科学文献出版社2007年版,第388—389页。

伪“联合委员会”成立后,秉承日本主子的旨意,举行了几次会议,1938年11月2日第二次会议,审议通过吸收伪“蒙疆自治政府”加入伪“联合委员会”,并发布“宣言”,宣布由“维新”“临时”两政府从速准备建立“中央统一政权”,由第三次“联合委员会”决议设立强力统一政府。另外,会议议决并推委员二人赍函敦请吴佩孚出任伪“中央绥靖委员会”委员长,不过并无下文。1939年1月24日,伪“联合委员会”在北平举行第三次会议,会议主题是“两政府协力强化反共救国运动”,不过未见关于“设立强力统一政府”的决议。1939年3月30日,伪“联合委员会”在南京举行第四次会议。会议的议程和发布的“宣言”,都是猛力抨击第三国援蒋行动,欲求中国速亡。这次会议后,日伪打通了北平与南京之间的铁路交通,南北两汉奸政权的政治经济联系加强,但在权利和利益分配上的矛盾加深。

1938年冬,抗日战争进入战略相持阶段后,日本在无法迅速击溃国民党政府、全面占领和灭亡中国的情况下,调整了侵华方针,由过去对国民党政府以军事进攻为主、政治诱降逼降为辅,改为以政治诱降逼降为主、军事进攻为辅,加紧了对中国抗日统一战线的离间、瓦解,并从国民党内部寻找代理人,加强对中国沦陷区的经济和资源掠夺,以达到“以华制华”“以战养战”的目的。日本的侵华新方针,导致汪精卫公开卖国投敌和汪伪汉奸政权的出台,华北“临时政府”的地位亦因之发生变化。

汪精卫是国民党副总裁,国民党内老牌亲日派。抗日战争初期,汪精卫就极力反对和诋毁全国人民的抗战要求,宣扬“战必大败”“抗战必亡”等失败、投降主义言论,并同日本秘密勾搭。广州、武汉沦陷后,汪精卫对抗日战争的前途更加悲观失望,加快了卖国投敌步伐。1938年10月,在一次对英国记者的谈话中,他公开声称“如日本提出议和条件,不妨害中国国家之生存,吾人可接受之,为讨论之基础”①。12月18日,汪精卫等人秘密离开重庆,经昆明叛逃越南河内,29日发出“艳电”,完全赞同和接受《日本近卫内阁第三次对华声明》,公开叛国投敌②,并拉拢纠集一批人组成汉奸集团,作为建立卖国政权核心班底。1939年5月28日,汪精卫在拜会日本首相平沼骐一郎和其他主要阁员前,拟定了《有关收拾时局的具体办法》,确定了建立卖国政权的基本原则和办法,即“不变更政体和法统,而以变更国策收拾此次时局为要务”,并提出了建立新政权的三个基本步骤:召开国民党全国代表大会;召开中央政治会议;伪“国民政府”“还都南京”。③ 这是汪精卫集团筹建汉奸政权的一项纲领性文件。虽然没有从日本方面获得任何承诺,6月18日,汪精卫还是带着对日本主子的一丝幻想乘船回国,不是直返上海,而是经塘沽、天津于6月26日抵达北平,紧急会晤日本华北方面军司令官杉山元和伪“临时政府”头目王克敏,力图说服王克敏支持其成立“中央政府”的各项主张;取消伪“临时政府”和王克敏参加“中央政府”等问题,加速“中央政府”的成立。显然,王克敏作为傀儡,不可能也不愿意明确回答这样的问题,因而会晤毫无结果。不过这没有关系,因为决定权在日本人手里,而对日本来说,汪精卫的“分量”和用处远比王克敏大,并不影响汪精卫的卖国进程。

果然,1939年7月12日在青岛举行的伪“中华民国政府联合委员会”第五次会议上,“临时”“维新”两伪政府都表示愿意倾全力协助汪精卫。这表明汪精卫集团已从日本主子获得成立“中央政府”

---

① 黄美真、张云编:《汪伪政权资料选编·汪精卫集团投敌》,上海人民出版社1984年版,第190页。

② 黄美真、张云编:《汪伪政权资料选编·汪精卫集团投敌》,上海人民出版社1984年版,第373—375页。

③ 余子道、曹振威等:《汪伪政权全史》上册,上海人民出版社2006年版,第322—324页。

的“许可证”。9月13日,接替平沼骐一郎内阁的阿部信行内阁,一上台就表示,“处理中国事变,有前所决定之确固不动之根本方针”,对汪精卫成立“新中央政府”,当进而“予以援助与协力”。[①] 紧接着,9月18日,汪精卫、周佛海、梅思平、陶希圣、高宗武等人前往南京,与王克敏、梁鸿志举行正式会谈,就召开“中央政治会议”,成立汪伪“中央政府”等问题进行谈判。其实汪精卫、周佛海等人早就提出,1939年10月10日在南京成立“新中央政府”。因此,对此次与王、梁的会谈,抱有极大的期望。

不过在伪“新中央政府”的权位及同“临时”“维新”两伪政府的关系问题上,与王克敏、梁鸿志,更确切地说同华北方面军、华中派遣军和日本政府存在重大差异。按照汪精卫的设定,“中央政治会议”由24—30名委员组成,但分配给“临时”“维新”两伪政府的名额合共只有6人,仅占1/5—1/4;取消伪“临时政府”,代之以伪“华北政务委员会”,其权力只限于处理华北地区“剿共”、地方绥靖、经济建设等事项,其成员由“中央政府”派遣和任命;梁伪“维新政府”更面临被解散的危险。这个方案,不仅梁鸿志、王克敏等汉奸头目不愿接受,更关键的是日本不会允准。按照日本“五相会议”决定的《树立新中央政府的方针》,“新中央政府”以“分治合作”为原则,南北两“政府”只是取消其名称而保存其实体。汪精卫的“方案”并不符合日本的“原则”。

在建立“新中央政府”的问题上,汪精卫和其日本主子各怀鬼胎,汪精卫梦想建立有某种“独立性”的“中央”统一政权,以便获得沦陷区更多的民众支持,将更多的国民党高官拉到自己旗下,孤立蒋介石;而日本政府则要利用汪精卫加速瓦解和摧毁重庆国民

---

① 黄美真、张云编:《汪伪政权资料选编·汪精卫国民政府成立》,上海人民出版社1984年版,第387页。

党政府，抓住他急于建立“新中央政府”的紧迫心情，采用哄骗手段，逼其就范，以出卖国家、民族利益为代价，换取“新中央政府”成立的许可证。1939年12月30日，汪精卫和日本政府签订《日支新关系调整要纲》卖国密约①，随后按照密约相关“原则”（如在华北设置伪“华北政务委员会”等），加紧准备“青岛会谈”和成立伪“新中央政府”。

关于伪“临时政府”的前途、地位，同汪伪“新中央政府”的关系，按照1940年1月“青岛会谈”的决定、日本内阁“五相会议”拟定的《树立新中央政府的方针》，以及汪精卫与派遣司令部参谋板垣征四郎第二次会谈的结果，伪“中央政府”在华北设置“华北政务委员会”，废除“临时政府”的名称，其政务由“华北政务委员会”继承。

1940年3月30日，汪伪“国民政府”举行“还都”典礼当天，伪临时政府“解消”，伪“华北政务委员会”成立。当天伪“临时政府”在北平举行最后一次会议，议决“解消”伪“临时政府”；发布“解消”宣言；降下五色旗，更易新“国旗”。随后召开伪“华北政务委员会”第一次会议，宣布伪“华北政务委员会”成立，王克敏任“委员长”，并举行就职仪式，发布《政府联合委员会宣言》《临时政府宣言》和《华北政务委员会布告》，伪“华北政务委员会”正式取代伪“中华民国临时政府”。

不过这种取代，基本上是名称改换，而非汉奸政权的实质或行政职权、职责变化。依照侵华日军“分治合作”的原则，《日支新关系调整要纲》规定，“华北政务委员会”的权限和职责运作为：在伪“中央政府”规定范围内，处理华北地方与日中协作事项有关的

① 密约详见黄美真、张云编：《汪伪政权资料选编·汪精卫国民政府成立》，上海人民出版社1984年版，第421—427页。

"防共"和"治安合作"事项,包括与日军驻扎有关事项、有关"防共和治安协作"必要事项及其他军事协作事项。在伪"中央政府"规定范围内,处理华北地方与日中协力事项有关的经济合作,特别是国防上必要的地下资源的开发、利用及"日、满、蒙疆"和华北之间的物资供求事项,包括对日本"开发"和"利用"地下资源,提供特别的"便利";为"日、满、蒙疆"和华北之间的物资供求提供便利,并使之合法化;协力于华北与"日、满、蒙疆"间的通货和汇兑,有关联络、航空、通信、主要海运的协作。处理有关聘请任用日本顾问和职员。但在必须保留"中国联合准备银行"制度和与此有关的汇兑制度基础上,伪"中央政府"并予以必要的推进。亦即伪"华北政务委员会"继续保持伪"联银券"的发行与使用,并维持其币制稳定。伪"华北政务委员会"所需经费,由伪"中央政府"统筹支付;关税、盐税和统税为"中央"税。但在一定期间,关税收入剩余的5成、盐税收入剩余的7成及统税收入的全部,为伪"华北政务委员会"的财源;税务及监督,由伪"中央"或伪"华北政务委员会"分别办理;关于官吏的任免,特任官和简任官①由伪"中央政府"任免,但是在一定期间内,简任官可由伪"华北政务委员会"加以推荐;伪"华北政务委员会"有权与日"满"进行处理纯粹地方性问题的交涉,处理"和蒙疆地方的关系事项"。②

伪"华北政务委员会"名义上隶属于南京汪伪"中央政府",但实际上拥有所谓"高度自治"之权力,从人事任命到对内施策,对外交涉,汪伪都无权过问。甚至"国旗""国歌"及"政党""主义",

---

① "特任官"是指伪"中央"各部的部长、驻外国的大使等;"简任官"是指伪"中央"各部的次长、局长及各省的厅长级官员。

② 《日支新关系调整要纲附件》,见黄美真、张云编:《汪伪政权资料选编·汪精卫国民政府成立》,上海人民出版社1984年版,第424—425页。

也都不是汪伪采用的“青天白日旗”和“国民党”“三民主义”，而仍是其前已使用的五色旗、“卿云歌”和“新民主义”。伪“华北政务委员会”的辖区，自然是华北地区。而“华北”的区域范围的界定权，既不归伪“华北政务委员会”，也不属于汪伪“中央政府”，而是侵华日军和日本政府说了算。按照日本分步切割和肢解、最后彻底灭亡中国的侵华战略部署，所谓“华北”，是指内长城线及其以南的河北、山西和山东3省地区，其中山西北部的13县地区则被划为伪“蒙疆”辖区，另将黄河以北的河南省地区划归华北。① 这样，伪“华北政务委员会”的实际辖区仍为河北、山东、山西、河南四省的沦陷区，以及北京、天津、青岛三个所谓“特别市”，石门（石家庄）等7个普通市，两个“特区”，25个道，349个县。

同伪“临时政府”一样，伪“华北政务委员会”的一切行政和财政经济权力，实际上都是由日本华北方面军直接掌握。伪“华北

① 关于华北区域范围的界定，将山西北部的13县地区划为伪“蒙疆”辖区，只将黄河以北的地区划入华北，而不包括黄河以南地区等问题，日伪曾有争执。周佛海在会谈中提出，为防备蒙古独立，必须把长城线保留在华北。如果把它划给蒙古，河北门户洞开，没有任何理由向中国民众作解释。但日本要的正是蒙古独立，河北门户洞开，最后灭亡整个中国，所以态度强硬。日方代表本影佐祯昭（日军上海特务机关长、日本驻汪伪政权最高代表）说，“诸位也不要固执，决心把晋北划归‘蒙疆’，这是聪明的”；“我想再强调一下，在考虑这个问题时，除了采用日本方面的解决办法，没有其他办法”。汪伪只得屈服。关于黄河以北河南省地区划入华北的问题，周佛海说，“以妥协闻名的我，也认为这是非常困难的”。汪伪代表反复申辩、诉求，欲以晋北13县划归伪“蒙疆”的让步，换取日本的相应让步，不将黄河以北的河南省地区划归华北。不过换来的仅仅是影佐祯昭对汪伪代表的苦衷“可以谅解”，不对其申辩、诉求进行训斥罢了。结果不仅河南省，就连江苏省北部的徐州地区，都成了日本华北方面军的直辖区。（《关于日华国交调整原则的协议会》，见黄美真、张云编：《汪伪政权资料选编·汪精卫国民政府成立》，上海人民出版社1984年版，第481—484页。）

政务委员会”设有日本“最高顾问”,在最高顾问之下设有“顾问”若干人,协助其指导和监督各种政务,此外还有参议、咨议若干名。这些所谓参议、咨议之流,一部分为各伪组织的汉奸首脑,一部分是由日军拉拢出来为其支撑门面的失意官僚、政客,也同样是傀儡,不过徒有虚名而已。

由于伪“华北政务委员会”的“独立性”过大,汪伪“中央”无法辖管,汪精卫与王克敏之间的矛盾加深。1940 年春,王克敏的后台喜多诚一被调回日本,汪精卫决定借机赶走王克敏。1940 年 6 月 6 日,汪伪“国民政府”发布命令,以批准王克敏“辞职”的方式,将其解职,由王揖唐代替。自后,伪“华北政务委员会”主要头目频繁换人。1943 年 2 月 8 日,王揖唐辞职,伪“华北政务委员会”常务委员朱深接任委员长。朱深就职时,已是重病缠身,7 月 2 日病亡,履职不到 5 个月。当天下午,日本公使堀内干城往访周佛海,谓除了王克敏,“委员长”无其他相当人选。4 日,汪伪“国民政府”只得按日本主子的旨意,于 7 月 4 日“特派”王克敏继任伪“华北政务委员会”委员长。次日,王克敏赶赴北平履任。7 月 6 日,王克敏复兼任“华北剿共总会”委员长一职。王克敏再任伪“华北政务委员会”委员长后,对其机构和人事进行了调整,并借机清理门户、排除异己。

王克敏再任伪“华北政务委员会”委员长时,已体弱多病,难以履职。加上他同伪“委员会”常委、总务厅长官王荫泰之间矛盾不断加深。1944 年年末,王荫泰原来作为王克敏的推举人,却急欲取而代之。1945 年 2 月 8 日,汪伪“国民政府”指定王荫泰接替王克敏任伪“华北政务委员会”委员长兼“新民会”中央总会会长。2 月 18 日,王荫泰对伪“华北政务委员会”进行改组。3 月 8 日,汪伪“国民政府”指定王荫泰为“新国民运动促进委员会”委员、常务委员。王荫泰接任伪“华北政务委员会”委员长时，日本败局已定，但甘愿自落陷阱，直至日本投降，作为汉奸头目接受审判。

二、华北汉奸政权的行政架构和傀儡本质

华北汉奸政权，从“治安委员会”到伪“中华民国临时政府”，再到伪“华北政务委员会”，都是侵华日军直接控制下的傀儡机构，其政治架构、经济体制都是由侵华日军设计、授意、决定，直接制定方针、政策，操纵政治、经济、民事、文化、对外联络等各方面的事务，连具体承办机构的主要头目，也都由侵华日军指定、推荐或批准。

直接操控华北汉奸政权及其大小事务的是日军华北方面军特务部和后来的日本“兴亚院”。1937 年全面侵华战争爆发后，日军中国驻屯军和日军华北方面军内设有“特务部”，北平、天津均设有陆军“特务机关”。华北方面军有关政治、经济等方面的工作交由“特务部”和“特务机关长”负责，由特务部、平津“特务机关长”“指导”、操控平津“治安维持会”和伪“中华民国临时政府”、伪“华北政务委员会”的筹建和汉奸班子的网罗、搭建。因日本主子包办、干涉过多，使得某些卖国求荣的汉奸一时难以适应。前揭“北平地方维持会”会长江朝宗，即对日本特务机关在该会筹设过程中干涉过多“略有微词”，作为会长，曾一度“称病请辞”，在该会成立时并未立即到会就职。①

“北平地方维持会”的章程，机构和汉奸班子组成等，即出自北平“特务机关长”松井太久郎等之手。“北平地方维持会”的政治架构采取“委员制”，除北平市各局长、处长等均为当然委员，并

① 戴溶江：《北平伪地方维持会的透视》，《大公报》1937 年 11 月 21 日。

由市内各士绅自治团体、商会、银行公会、文化团体等各出代表若干人为委员外,又延聘"顾问"60余人,其中1/4为日本人,掌握全部实权。"委员会"下分设5组办公,分别主管社会、经济、公安、交通、文化事务。每组设主任1人、副主任1—2人、专门委员若干人、组员1—3人、雇员若干人。每组另有两三个日本"顾问"。同"委员会"日本"顾问"一样,权力远比组主任大,"可以不用公文手续直接向市属一切机关征取任何材料及事务效果"。[①] "北平地方维持会"除分设五组掌理各有关事项外,还设有北平物资、金融、学校保管、文化机关保管、管理公私产业等5个"委员会"和"北平维持会临时财政总监理处",分管相关事务。如"北平物资委员会"的主要职责是,"防止食粮、燃料及其他必需品之恐慌";"北平金融委员会"的主要职责是,"防止金融混乱、安定市场";"北平维持会临时财政总监理处",为北平地方财政的监督管理机关。"北平地方维持会"《组织条例》规定,北平所有收入机关,包括征收之国税地方税各局所、铁路邮政电报电话各总分局、公营公用及其他附属机关之财务行政,全部属于维持会,其出纳监督各事务由总监理处办理。《组织条例》还规定,举凡有关"各收入机关整理改善事项","裁定税捐设置、废止及税率增减事项","管理各收入机关之统收统支事项","审定各行政机关、学校、团体等之收支概算及报销事项","设置金库事项","调整地方金融及监理钞票发行准备事项","办理债券及特别捐输事项"等,均由该"总监理处统辖之"。[②] 这说明,"北平地方维持会"刚一成立,就通过总监理处把

① 戴溶江:《北平伪地方维持会的透视》,《大公报》1937年11月21日。

② 北京市档案局藏:《北平物资委员会章程》《北平金融委员会章程》《北平维持会临时财政总监理处组织条例》,均见郭贵儒等著:《华北伪政权史稿:从"临时政府"到"华北政务委员会"》,社会科学文献出版社2007年版,第144—145页。

全市财政税收大权抓在自己手里，以为该汉奸组织的运行奠定财政物质基础。“北平地方维持会”临时财政总监理处的职权范围，甚至超过了原北平市财政局，无论是国税还是地税，无论是行政机关还是学校、团体，各方面财务税收行政均在其管辖之下。

“天津市治安维持会”的组织机构与“北平维持会”稍异，但辖管范围更大。该会初设总务、公安、社会、财政等四局，“总务局”类似秘书处，掌管庶务、人事、文书、交际等事务；“公安局”掌管警察行政及司法事务；“社会局”掌管救济、食粮、教育、卫生、宣传等事务；“财政局”掌管金融、财政事务。其后不久，增设“教育局”“卫生局”“工务局”“长芦盐务管理局”等机构。分别掌管相关方面的事务。又另设“金融调整委员会”“物资调整委员会”等专门委员会。此外，还任命了“电话局”“电政监理处”“新闻检查所”“内河航运局海上公安局”“北运河河务局”“商品检验局”“天津市高等法院”“天津县公署”等机构头目。该会并指令或协调筹组周边各县“维持会”，任命了静海、文安、霸县、固安、武清、大城、任丘、永清、东光、新镇、衡水、河间、交河、安次、沧县、南皮、盐山、庆云、景县、吴桥、新海设治局等 21 县(局)的“维持会”主席，令其“前往治理各县县政”。另外还对一些政府部门的归属作出明确规定，如将天津县公署特别第一、二、三区公署，以及新闻事业管理所，划归“维持会”总务局管辖；将天津县公安局水上分局、海上公安局划归“维持会”公安局管辖；将商品检验局、内河航运局、天津市第一图书馆划归“维持会”社会局管辖；等等。① 该会俨然成了天津市政府，把原市府的人事任免、治安管理、司法行政、财政经济、社会救

① 河北省档案馆藏：《天津市治安维持会施政工作报告》(1937 年 12 月)，见郭贵儒等著：《华北伪政权史稿：从“临时政府”到“华北政务委员会”》，社会科学文献出版社 2007 年版，第 146—147 页。

济、文教卫生、市政建设、新闻宣传等主要权限,全部囊括在手。

伪"中华民国临时政府"的政体和行政架构,摒弃了国民党政府的行政、立法、司法、监察、考试的"五院制"组织架构,由王克敏、朱深等抄袭英美等国模式,实行所谓三权分立、责任内阁体制。按照《伪中华民国临时政府组织大纲》规定,以行政、议政、司法三个"委员会"分别执掌汉奸政权的行政、立法、司法三权。伪"行政委员会"委员长代表伪"临时政府"。① "行政委员会"除委员长外,设委员 5 人。"行政委员会"下设秘书厅及行政、治安、教育、法部、赈济五部,总长由行政委员会委员兼任,另设外务、实业、交通各局,作为行政委员会直属机构。下列事项应经由"行政委员会"议决:"议政委员会"提出的法律案;预算及决算案;宣战、媾和及缔结条约案;特赦、减刑及复权案;所属各机关简任官吏之任免;所属各机关权限事项;"行政委员会"认为应行议决之事项。②

"议政委员会"为"临时政府"最高议政机关。经由"议政委员会"议决的事项有:施政方针;法律案;预算案及决算案;特任官之任免;宣战、媾和及缔结条约案;该"委员会"认为应行议决的事项。③

"司法委员会"为"临时政府最高司法机关"。经由"司法委员会"议决的事项有:统一解释法令;变更判例;"议政委员会"提出的主管事

① 《伪中华民国临时政府组织大纲》(1937 年 12 月),见中国第二历史档案馆编:《中华民国史档案资料汇编》第 5 辑第 2 编附录上,江苏古籍出版社 1997 年版,第 21 页。

② 《伪临时政府公布行政委员会组织大纲令稿》(1937 年 12 月 31 日),见中国第二历史档案馆编:《中华民国史档案资料汇编》第 5 辑第 2 编附录上,江苏古籍出版社 1997 年版,第 22 页。

③ 《伪临时政府公布议政委员会组织大纲令稿》(1937 年 12 月 31 日),见中国第二历史档案馆编:《中华民国史档案资料汇编》第 5 辑第 2 编附录上,江苏古籍出版社 1997 年版,第 23 页。

项;所属各机关简任人员之任免;该“委员会”认为应行议决之事项。①

伪“中华民国临时政府”和后继的伪“华北政务委员会”,不论使用什么名称,采用何种行政架构,同伪“满洲国”一样,也完全是侵华日军直接操控下的汉奸傀儡政权。前揭“华北处理方针”规定,日本“对该政权的指导,应停止大纲中有关日人顾问的幕后指导,而改为配备日系官吏,但以不干涉行政细节为方针”。② 后来的实际做法是,既派“顾问”,又安置“日系官吏”(“辅佐官”),双管齐下。而且主要汉奸职官,全由日本北平“特务机关长”推荐、审定。日本对伪“临时政府”的具体操控,外有日军特务机关,内有派驻的日本“顾问”和“辅佐官”。早在伪“中华民国临时政府”成立前,喜多诚一就准备向即将成立的“新政府”派遣十六七名日本“顾问”。1938 年 4 月,日军华北方面军司令官寺内寿一与王克敏达成了一项关于向伪“中华民国临时政府”派遣日本顾问的《政府顾问约定》及《附属约定》。《政府顾问约定》规定,“日本军最高指挥官应中华民国临时政府之请”,得向伪“中华民国临时政府”派遣“中央顾问及其所用之辅佐官”,“协力援助中华民国之行政、法制、军事、治安及警务等事项”;“临时政府为推广及改善技术家、专门家之必要业务起见,所需专员技术官、教授、教官、教导官等,由日本军最高指挥官之推荐,任用或聘请日本人充任之”。③

① 《伪临时政府公布司法委员会组织大纲令稿》(1937 年 12 月 31 日),见中国第二历史档案馆编:《中华民国史档案资料汇编》第 5 辑第 2 编附录上,江苏古籍出版社 1997 年版,第 24 页。

② 日本防卫厅战史室编:《华北治安战》(上),天津市政协编译组译,天津人民出版社 1982 年版,第 56—57 页。

③ 《政府顾问约定》《附属约定》,见中国国民党中央委员会党史委员会编印、秦孝仪主编:《中华民国重要史料初编——对日抗战时期》第 6 编,傀儡组织(三),台北中国国民党中央委员会党史委员会 1981 年印本,第 129—130 页。

关于配置“顾问”及“辅佐官”的名额,协议规定,议政及行政委员会置“行政顾问”1名、“辅佐官”约5名;议政及行政委员会法部,置“法制顾问”1名、“辅佐官”约4名;行政委员会治安部,置“军事顾问”1名、“辅佐官”约4名;地方方面,省公署及特别市公署,置“地方顾问”各1名、“辅佐官”约4名;各顾问之下,置“通译”及“事务员”若干名。[①] 这就形成了一支庞大的所谓“顾问”队伍。

按照这项协议,伪“中华民国临时政府”聘请了以前日本内务次官汤泽三千男和前伪“满洲国”总务厅厅长大岛茂雄为首的行政、法制、军事等多名“顾问”,并由日方派遣的15名官佐分驻伪“临时政府”各部。尽管协议明确要求双方在任命顾问之前要进行磋商,但据称实际情况却是,“只要司令官决定某某去当顾问,那就可以了”。协议规定是“重要事项”才向管事顾问请示,“率直相谈”;“日系官吏”也应“以不干涉行政细节为方针”。实际上“芝麻大点的事情也得同这位顾问商量。中国官吏在点头之前必须同别人商量”。[②] 这些无要事可管、无要公可办的伪“中华民国临时政府”官员,不过是俯首帖耳、听凭日本顾问摆布的木偶。

不仅如此,伪“中华民国临时政府”和伪“华北政务委员会”,甚至对省县地方事务亦无管辖权。伪“华北政务委员会”在所辖河北、山东、山西、河南分别设立伪“省公署”(1943年1月改称“省政府”和县政府);省下设“道”,置“道尹”;道下设“县”,有伪“县公署”(1943年1月改称“县政府”),“县”下设“区(乡)”,管

---

① 《关于配置顾问及辅佐官之协议事项》,见中国国民党中央委员会党史委员会编印、秦孝仪主编:《中华民国重要史料初编——对日抗战时期》第6编,傀儡组织(三),台北中国国民党中央委员会党史委员会1981年印本,第131页。

② [美]约翰·亨特·博伊尔著:《中日战争时期的通敌内幕1937—1945》(上),陈体芳、乐刻等译,商务印书馆1978年版,第131—132页。

辖和办事机构称“区（乡）公所”，在农村最底层还有“保甲”和“保甲连坐”。从伪“华北政务委员会”到农村最底层的“保甲”，汉奸政权机构和行政体系十分完整而且严密。但这个统治和指挥系统体系只属于侵华日军。据日本战犯古海忠之等供称，实际情况是，河北、山东、山西、河南等华北四省和所谓伪“蒙疆”地区，直接“掌握在华北方面军司令官手中”，在其指挥下，第一军负责山西省，第十二军负责山东省和河南省，伪“蒙疆”则由“蒙疆军”控制。“华北政务委员会无权按照自己的意图操纵各省”。伪省长对于日军司令官是绝对服从的，如果伪华北政务委员会向伪省长下达命令，而该项命令没有作为华北方面军的命令或指示下达给当地的日军司令部或日军特务机关，那么伪“华北政务委员会”的命令“便如同一纸空文，毫无效力”。只要当地的日本军队反对，而伪省长要执行伪“华北政务委员会”的命令，“那是无论如何也行不通的。从省直至基层，都是这种关系”。道尹如果按照省长的命令指挥县长，只要军司令部没有给师、旅团司令部，省特务机关没有给地方特务机关下达同样的命令和指示，那么道尹也是无能为力的。无论是道或县，如果不按照各自地方特务机关和日军部队长的意图行事，便一事无成。这种体制基本上遍及整个占领地区，“军方的要求”成为绝对至上的命令。①

华北方面军对省及其以下地方汉奸政权的操控更加严密，直接由日军的“军司令官”控制，他们在地方“拥有最高权力”。河北因为情况特殊，不是由地方驻屯军操控，而是由华北方面军“直辖”。省内设有若干伪“华北政务委员会”“直辖行政区”，那里掌

① ［日］古海忠之等：《日本帝国主义侵略中国史》（手稿），见中央档案馆等合编：《日本帝国主义侵华档案资料选编·汪伪政权》，中华书局 2004 年版，第 282 页。

握最高权力的是该地区作为“整备地区的师团长或旅团长”。在华北其他3省,除军事外,负责有关政治、经济、文化等问题策划,操纵汉奸政权,命其执行的是陆军特务机关。

在“七七事变”前,日本早就在中国各主要地方就开始设置“特务机关”,日本利用威逼中国签订的不平等条约中规定的驻兵权和外交馆员武官的地位,以这些人员组成“特务机关”,在各地包括条约规定的城市之外进行间谍活动,为全面侵华战争做准备。如战争爆发前的太原“特务机关”,不顾中国政府一再反对和要求其撤退的再三交涉,一直赖在太原市内,修筑鸟瞰太原车站的瞭望楼,侦察过往列车,调查中国的运输能力和运兵等情况;派出人员侦察忻口镇附近的阵地构筑。由天津特务机关派出的间谍,冒充制药公司技工,以生产药品进行调查为名,沿京汉线到处调查各村水况,包括水井数量、出水量、是否适宜饮用等,侦察日军进攻时各地的给水能力。全面侵华战争爆发后,这类“特务机关”的任务改为组建、扶持和操控汉奸政权。

华北方面军第一军配属有山西省特务机关,第十二军配属有山东省特务机关和河南省特务机关,其下还设有若干地方特务机关。华北方面军直辖的河北省,在保定设有河北省陆军“特务机关”。北平、天津、青岛3个特别市设有冠以三市地名的“特务机关”,由华北方面军直辖。

第一军将山西崞县、阳泉、榆次、太原、汾阳、临汾、潞安、运城等各地方“特务机关”配属给当地的师团和旅团。故其指挥系统为军司令官——师团长(独立旅团长)。“特务机关长”是军司令官、师(旅)团长的幕僚,直接受其指挥。因此,省“特务机关长”不能向地方“特务机关长”下达命令,或随意处理人事问题。不过“有关业务问题”可以用“省特务机关长通牒”的形式进行指导。“特务机关”是日军的“窗口”,直接同省政府、道公署、县政府等傀儡机构进行接触，加以操纵，军司令官是集军事、政治、经济、文化、教育等一切大权于一身的最高权力者，上面各方面工作虽然采取由傀儡政权进行的形式，而“实质上无疑是由日本军实施的军事管制”。

为了更加直接和严密操纵汉奸政权，山西日军“特务机关”设有与之对应的职能机构。该省汉奸政权除伪省公署外，设有财政厅、民政厅、警务厅、教育厅、建设厅及宣传处。与之相对应，该省日军特务机关设有财政班、民政班、警务班、教育班、建设班和宣导班，外加农政班、经济班。通过它们将日军的要求传达给伪省公署。例如，日军命令增强某地警力时，便由警务班起草《关于增强某地警力之件》的公文，送交伪省公署警务厅。而警务厅又有日本人“专员”，根据上述公文制订具体计划，迫使警务厅中国人厅长批准，再由厅长提交省政会议“通过”。然后以省长的名义下达给县(市)。伪省公署如果准备采取某种新的举措，如要组织行政官训练时，需要一一起草文件，向省“特务机关”进行请示。省“特务机关”由翻译将该公文译成日文后交民政班，民政班长若认为可行，便在公文原稿上批复“同意”，加盖“特务机关长”印章打印后，作为省“特务机关长”的通知送交伪省公署。伪省公署收到批复后方可开始进行实际训练。

尽管如此，日军仍不放心，便让省“特务机关长”兼任伪省公署顾问，截至 1942 年，都是如此。各班长兼任省顾问“辅佐官”，同各厅厅长相结合，出席省政会议。一切法令如不通过省政会议便不能生效。顾问或辅佐官，如有一人反对，就不能在省政会议上“通过”。中国人厅长如不同辅佐官联系，擅自提出议案，就有被扣上“反日”帽子的危险，不仅要受到免职处分，且有生命危险。

第十二军虽然未将地方“特务机关”配属给所属兵团，但河南省一度宣布“军事管制”；虽然不将地方“特务机关”配属给方面军司令部的直辖师团或旅团，但规定其间的关系是“合作”关系。尽管形式各异,但实质则一。换言之,"只有日本军才是最高统治者"。[1]山东省公署,各厅均有日本"顾问"及日籍职员,公务员每日到值、散值及一切事务均加干涉,省长以下对于用人行政,诸凡措施,甚至用、舍一差役,均须取得同意,否则即生问题。[2]

地方"特务机关"同伪道、县公署之间的关系也一样,而且再加上是否收到省特务机关的指示或批准,情况变得更为复杂。

道公署和县公署分别各有一名日本人"特务机关"人员担任道联络员或县联络员。联络员是领取薪俸的日军文职人员,是"特务机关长"的部下,受其指挥。他们钻进中国的地方行政机关,成为"指挥一切的独裁者"。凡属道、县公署的全部往来公文,如果未经联络员审阅盖章,一律无效。

至于县公署或区公所和村公所同日本驻屯军的关系则略有不同。县联络员是"特务机关"人员,从"特务机关"领取工资,个人的人事任免权也全都掌握在"特务机关长"手中。所以,有关县内的情况,必须一一向"特务机关"汇报,并请求指示。只是一般情况下,县同"特务机关"所在地距离相当远,不可能每天都去向"特务机关"汇报请示,实际操控权掌握在当地驻扎的日军手中。驻扎在县里的日军多数是中队或大队。这些日军头目,"无论大事小事都横加干预",至于日军本身的要求,更是"不容分说,必须予以满足"。例如命令提供稻草充作马料;修筑汽车公路,摊派民工、木料;供应日军蔬菜、肉类;等等。如不按命令执行,立即由宪

① [日]古海忠之等:《日本帝国主义侵略中国史》(手稿),见中央档案馆等合编:《日本帝国主义侵华档案资料选编·汪伪政权》,中华书局2004年版,第283—284页。

② 《伪临时政府山东庶政视察团第五组视察报告》(1939年12月),见见中央档案馆等合编:《日本帝国主义侵华档案资料选编·汪伪政权》,中华书局2004年版,第380页。

兵队或日本兵将县、区、村的中国人干部逮捕，并“闯进村中到处肆意掠夺”。上述要求的提出无需一一通过“特务机关”，实际上日军驻地与“特务机关”相距数十甚至数百公里，也无法一一通过“特务机关”。一般情况下，日军的这些要求，首先召来县联络员，或叫来村长，直接下达命令。日军将这些要求说成是“作战和警备工作的需要”，所以规定驻地日军“可以任意行事”。①

三、经济统制和掠夺、破坏

华北汉奸政权作为日本帝国主义“以战养战”“以华制华”“以华灭华”的工具，同伪满及其他汉奸政权一样，有两个最基本的职能或功能：一个是镇压和消灭民众一切反抗言行，限制和取缔民众自由，维持和巩固沦陷区日本殖民主义的残酷统治和社会秩序；另一个是通过经济统制和攫夺，保障日军的军需和后勤补给、日伪政权和其他日伪机构的经费和物资供给，满足日本国内的生产原料和生活用品需求。就其本质而言，前者属于反人类的法西斯功能，后者是“杀人越货”的强盗功能。两者手段相同，密不可分，互为依托。

华北地理位置特殊，物资资源丰富，不仅在日本“以战养战”“以华制华”“以华灭华”的基本国策中，占有异常重要的地位，而且是日本战胜美苏、征服世界的“根据地”。在日本帝国主义的侵华战略中，占领和掌控“满蒙”、华北后，“依仗着满蒙及华北资源的日本”，不仅可以应付来自美国的经济封锁，还可以向北攻打苏

① ［日］古海忠之等：《日本帝国主义侵略中国史》（手稿），见中央档案馆等合编：《日本帝国主义侵华档案资料选编·汪伪政权》，中华书局2004年版，第290—291页。

联,以陆制海。而且即使打“持久战”也“并不可怕”。[1] 事实上,1939 年 5 月爆发的“满”蒙边境的诺门坎之战,1941 年 12 月发生的袭击珍珠港事件和由此爆发的太平洋战争,以及旨在称霸世界的“持久战”,都是以“满蒙”、华北为“根据地”。因此,日本扶植华北汉奸政权和对华北的经济统制和资源掠夺,有其更加特别的重要性。当然,并不是日敌所有的经济统制和掠夺都要借助或通过汉奸政权。事实上,日本侵华战争和全面侵华战争期间,大部分或绝大部分的经济统制和掠夺没有也无须借助或通过汉奸政权。特别是某些特大规模的经济掠夺计划,甚至无须通过华北方面军,由日本中央直接策划和组织实施。

(一)经济统制和掠夺的职能机构、方针计划及其变化

日本对华北经济的统制、攫夺,蓄谋、策划已久。日本发动“九一八事变”侵占东北、建立伪“满洲国”后,旋即将侵略魔爪伸向热河、长城沿线和关内地区。一步步地开始了对华北经济的调查、控制、统制和掠夺、破坏。1933 年,《塘沽协定》签订后,日本在冀东地区建立了“非武装地带”,日本中国驻屯军司令部会同满铁经济调查会制定了《华北经济工作计划》草案,其目标旨在掠夺华北物资资源,加强日本在华北的经济实力,进而形成“日满华经济势力圈”。是年 11 月,“满铁”制定了《华北经济调查计划》。12 月,满铁经济调查会在天津、青岛等地设立分会,在北平、山海关、滦州、张家口、济南等地设立办事处,专门调查开滦煤矿、井陉煤矿和冀东等地的工矿业与华北各种资源的供求关系等情况,为日本向华北地区的经济扩张及日后实施经济统制政策创造条件。天津

① [日]加藤阳子:《从满州事变到日中战争》,徐晓纯译,香港中和出版有限公司 2016 年版,第 125—126 页。

日军参谋长也请满铁人员对华北经济情况进行调查，把主要方面集中在铁路、港埠、矿产、棉花、盐业等方面，并准备统一华北货币，制定《华北投资大纲》和《开发华北产业纲要》等，准备将河北省银行办成地区性的“中央银行”，以盐税、关税等为基金改革华北币制，将华北搞成其第二个“满洲”。1934 年 10 月，华北日本驻屯军司令部制定的《华北重要资源经济调查方针及要项》，提出了调查、开发华北资源的计划与方针；规定在华北掠夺的目标，是获取国防资源，强化日本在华北的经济统制；着手建立“日满华北经济圈”。“调查要项”将矿产资源尤其煤炭资源放在重要地位。1935 年 3 月，“满铁”石井俊之所拟《对华经济政策的根本方针》的调查报告，除“提议华北独立”外，还首次提出对中国实行“经济统制政策”的主张，认为“对华事业应由国家统制，因事业竞争引起的资本势力的分割有害无益”，并提出组织“满华经济统制委员会”。在石井俊之报告的基础上，“满铁”很快确定了对华经济“统制”方针和机构、方法，即“对华经济工作由直接实行机关依直接方法进行”，以“统制对华经济工作，使之归于一途”。所谓“直接实行机关”，是指“国策机关”而非民间企业，并决定由“满铁资本”设立“兴中公司”，作为对华经济工作的“统一机关，直营、斡旋或中介中国经济诸事业及对诸事业进行投资”。①

1935 年，日本在周密计划华北经济“统制”的同时，加紧策划“华北五省自治”，接连制造事件，着手和加快对华北土地侵蚀和切割、肢解，两者彼此依托、相互促进。1 月中旬，日军制造“察东事件”，迫使国民党政府承认察哈尔沽源以东地区为“非武装区”。5—7 月，华北驻屯军司令官梅津美治郎和关东军奉天特务机关长

① 参见郭贵儒等著：《华北伪政权史稿：从“临时政府”到“华北政务委员会”》，社会科学文献出版社 2007 年版，第 273—275 页。

土肥原贤二利用“河北事件”和“张北事件”,胁迫国民党政府批准北平军分会代理委员长何应钦与梅津签订的《何梅协定》及察哈尔代理主席秦德纯与土肥原贤二签订的《秦土协定》,取消河北、察哈尔两省境内的国民党党部,导致河北、察哈尔两省的主权大部丧失。随后,7月,华北日本驻屯军司令部制定了《随着华北新政权产生的经济开发指导案》,提出“应利用一切机会,促进对交通、资源及金融方面的投资”,以“满铁”为主的“会社”投资于交通(铁路、公路、航空、水运、港口)及矿产资源的煤、铁;制盐、化工、发电、冶金“也要逐次加以统制”。其他方面“任日本投资者自由行之”。① 10月,日军继“丰台夺城事件”后,又收买汉奸、流氓发动“香河暴动”,同时加紧策反平津卫戍司令宋哲元等国民党政权上层。11月11日,土肥原贤二向宋哲元提出《华北高度自治方案》,允其出任“华北共同防赤委员会委员长”之职,限11月20日前宣布。因宋哲元未如期宣布“自治”,土肥原贤二转而策反滦榆区兼蓟密区行政督察专员殷汝耕在通县成立脱离南京中央政府的“冀东防共自治委员会”(一个月后改称“冀东防共自治政府”),同时继续对宋哲元及国民党政府施压。在日本的威逼利诱下,12月18日,终于在北平正式成立了以宋哲元为委员长,王揖唐、王克敏等为委员的“冀察政务委员会”,河北、察哈尔和北平、天津变相“自治”,日本对华北特别是冀察、平津地区的经济统制,不仅扫除了地方政权方面的障碍,而且转而成其帮手,现在可以名正言顺地统制华北经济(至少统制河北、察哈尔和北平、天津地区经济)了。12月20日,经日本政府批准,由满铁投资的“兴中公司”正式成立,总部设在大连,并在天津、济南、上海、广州等地分设事务所。兴中公司的设立是日本帝国主

① [日]《支那立案调查2—1—2》,见居之芬、张利民主编:《日本在华北经济统制掠夺史》,天津古籍出版社1997年版,第29页。

义对华北进行经济侵略的重要步骤。它是日本政府、军队和满铁密切合作的产物，是在日本关东军与华北驻屯军的直接支持下对中国华北实施经济侵略和统制政策的“国策机关”。①

此后，日本政府和日本中国驻屯军相继对华北经济统制和掠夺，发布了多项纲领性文件。1936 年 1 月 16 日，日本政府根据军部和“满铁”的方案，公布了《处理华北纲要》，决定在经济方针上，驻屯军司令部的开发华北要以“顾问”的方式，重点放在财政经济（特别是金融）的“指导方面”。对经济部门的扩展，“以依靠私人资本自由渗入为原则”，并指定“处理华北由日本中国驻屯军司令官负责”，确定了日本中国驻屯军作为制定华北政治、经济方针政策主持者的地位。这样，日本中国驻屯军有日本政府撑腰，联合各种势力，抓紧筹划统制和掠夺华北经济的政策和计划。3 月，日本中国驻屯军发布《华北产业开发指导纲领案》，送军政各部门反复磋商修改，6 月报军政当局批准。由于已有“负责”制定华北政治、经济方针政策的“尚方宝剑”，该纲领案也就是“驻屯军司令部的开发华北最高指导方针，各方面皆据此执行”，以“便于顺应国策”，日商在华北创设和经营统制性企业，“均要遵从驻屯军司令部制订计划而行之”。该纲领案强调，对需要迅速开发而中国自身难以开发的国防“重要企业”，日本要积极投资促进开发。而日本投资，要以“日华合办”为原则，“要努力确保日方的权益，企业经营及技术上的要害要由日本人掌握”。“对现在不能着手开发但认为对将来极为重要的资源和产业等，日方要努力获得其权利”。该纲领案并且确定了实施统制的基本方法和范围，将华北企业分成禁止、统制和自由 3 类。矿业、交通、通信、工业（即发

---

① 王士花：《“开发”与掠夺——抗日战争时期日本在华北华中沦陷区的经济统制》，中国社会科学出版社 1998 年版，第 6—7 页。

电、冶金、化工、建材等业)、商业中特殊商品的专买与包销等,是"对日满经济或国防有重大影响的企业",统统列入统制性企业,不论其资本来源和所在地,"均根据国防的观点加以统制"。同时根据《华北产业开发指导》中"创办日中合办的强有力的特殊投资会社"的宗旨,日本中国驻屯军还制定了《华北产业开发机关——计划设立华北兴业有限公司纲领案》,目的是"能根据国策合理地促进国防上必要的产业的开发","能以最少的投资,发挥最大的效益"。① 8月11日日本政府又公布了《第二次处理华北纲要》,要求各界加快侵夺华北经济、攫取五省"分治"主权的步伐,并将其提高到战略和国防的高度,要在华北"建立巩固的防共亲日满地带,同时有利于获得改善资源和扩充交通设备,以防备苏联的入侵";对华北的经济开发的目的,在于私人资本的自由参加,扩大日本权益,"形成一种以日本人和华人共同一致的经济利益为基础的日华不可分割的情况,以有利于华北无论在平时战时都能保持亲日态度;特别是在国防上必需的军需资源(如铁、煤、盐等等)的开发,以及与此有关的交通、电力等设备方面",都必须用日本的资本,"迅速求其实现"。为了达到以上目的,必须对该地区政权采取"从内部领导的方式",使南京政权"确实承认华北的特殊性,对华北分治不采取牵制行动"。而"分治"的目标在于:使华北政权在财政、产业、交通等方面行使"实质性的权限",并在政治和经济方面以华北民众的安居乐业和日满华合作互助为目的的各项措施中,不受南京政权及其他排日工作的影响。② 显然,日本对华

① [日]《支那立案调查2—1—2》,见居之芬、张利民主编:《日本在华北经济统制掠夺史》,天津古籍出版社1997年版,第29—30、68页。

② 《第二次处理华北纲要》(1936年8月11日),见复旦大学历史系编译:《日本帝国主义对外侵略史料选编(1931—1945)》,上海人民出版社1983年版,第206—208页。

北经济的统制、攫夺，所制定的这一系列方针、要纲、政策、措施、办法，等等，目标既不限于一般经济权益，地域范围也不限于华北。对野心勃勃的日本军国主义者来说，所有这一切，特别是 1931 年“九一八事变”以来得寸进尺的军事和领土侵略，都只是最终灭亡中国和中华民族的全面侵华战争的预演。

1937 年日本通过制造“七七事变”，悍然发动全面侵华战争，夺城掠地，狂轰滥炸，烧杀奸淫掳掠，很快占领了华北大部分地区，国民党军队溃退，国民党地方政权崩垮，城市、矿山各类工矿和商业企业，或被炸毁、烧毁，或落入日本侵略军、日本浪人手中，为日本帝国主义全面实施蓄谋已久的统制、掠夺、“开发”华北经济资源计划创造了旷古未有的大好机会。不过在战争初始阶段，日本帝国主义并没有将原已相当成熟和完善的有关方针、策略、办法，即时全面付诸实施。这主要有三方面的原因：第一，日本中国驻屯军司令官及其幕僚忙于夺城掠地、以最快的速度扩大占领区、打垮国民党政府，来不及考虑对华北经济资源的统制、掠夺；第二，日本一度梦想可以在最短时间内占领和灭亡中国，战争很快可以结束，届时整个中国都是日本的，无须急于对华北经济资源进行统制、掠夺；第三，最重要的是，侵华日军上上下下，全部沉浸在烧杀奸淫掳掠的血腥狂热和一天暴富的美梦中。日军闯入一切公私府邸宅院居室（包括机关、学校、银行、商店、医院、寺院、仓库、民居等）烧杀、破坏、奸淫、抢掠，又到处拦路杀戮奸淫抢劫，将其海盗（“倭寇”）祖先的“杀人越货”传统继承、光大，达到登峰造极的程度，同时迅速和大幅度提升了日军的士气、贪欲。

对侵华日军来说，入室和拦路杀戮奸淫抢劫比对经济资源进行统制、掠夺，更为简单、直接、痛快，且见效迅速，能随时补充军需给养。而这正是日本军国主义者所要求和期许的。即“出征打仗的部队必须依靠占领地的征税、物资和武器来自给自足”，保证

“在日本国内不出一分钱”的前提下发动和持续进行战争。[①] 通过暴力和武装抢劫,征税(现成税款、银行现金、民众钱财等)、物资和武器(兵库武器和民间私藏武器等)全都可以解决。正因为如此,日军的后勤物资补给,大部分始终是通过劫掠或就近向保甲及基层民众摊派的手段解决的,如据前揭日本战犯供述,即使逐级建有日伪政权,沦陷区城乡经济亦经全面统制并不断强化,各地驻扎的日军所需各项工程和后勤物资,如马料稻草,修路民工、木料,日军所食蔬菜、肉类,等等,既不通过市场采购、雇募,也不由日伪政权或日军后勤定额补给,而是就近首先召来县“联络员”,或叫来村长,“直接下达命令”。如不执行,立即由宪兵队或日本兵将县、区、村的中国人官吏逮捕,并“闯进村中到处肆意掠夺”。日军头领认为这些都是“作战和警备工作的需要”,规定驻地日军“可以任意行事”。[②] 尽管日军发有军饷、伙食费,但“大半亦归经手人中饱”。所以“各县人民疾苦,以此为最”。[③]

侵华日军狂轰滥炸、烧杀奸淫破坏,加上入室和拦路抢劫,多管齐下,更根本的目的,还是妄图以最残酷的手段、最快的速度摧毁中国的有生力量,瓦解中国人民的反抗意志,在最短时间内完全占领和灭亡中国。同时,以最省事的方法最大限度地满足了日军官兵个人贪欲,不仅日军上上下下大发“横财”,也很快解决和大

① 《石原莞尔资料·战争史论》,见[日]加藤阳子:《从满州事变到日中战争》,徐晓纯译,香港中和出版有限公司 2016 年版,第 122 页。

② [日]古海忠之等:《日本帝国主义侵略中国史》(手稿),见中央档案馆等合编:《日本帝国主义侵华档案资料选编·汪伪政权》,中华书局 2004 年版,第 290—291 页。

③ 《伪临时政府山东庶政视察团第五组视察报告》(1939 年 12 月),见中央档案馆等合编:《日本帝国主义侵华档案资料选编·汪伪政权》,中华书局 2004 年版,第 382 页。

大改善了日军国内眷属的家庭经济和生活。20 世纪 20 年代和随后资本主义世界经济危机期间，日本军国主义者在国内大肆宣传鼓动，要日本国民“把眼光从国内转向外部（中国‘满蒙’）”，齐心合力“拿下那片‘满蒙’的沃土”，并向农民保证：只要占领了“满蒙”，大家就可以到那里去“做地主”“当东家”了。① 日本占领东北、建立伪“满洲国”，日本农民的确一批接着一批移居东北做起了“地主”、当起了“东家”。1937 年日本全面侵华战争初期，日本农民移居关内“做地主”“当东家”的数量不多，但日军头目和士兵，将掠夺的金银钱财、珠宝首饰、布匹绸缎、古董字画，等等，大量寄回国内，其眷属一夜暴富，也很快在日本国内做起了“地主”、当起了“东家”。这样，在金银财宝和一夜暴富的诱惑下，日本国民尤其是青年农民，或者按照日本政府的“移民计划”，一批批前往东北“做地主”“当东家”，或者加入侵华日军，也无须打着土地“开拓”的旗号挂羊头卖狗肉，直接烧杀奸淫抢掠、杀人越货、一夜暴富。正因为如此，日本虽然国小民寡，却持续进行 14 年的侵华战争和全面侵华战争，而无兵源匮乏之虞。

由于烧杀奸淫抢掠、杀人越货、一夜暴富的强力诱惑，以及全面侵华战争本身对这种烧杀奸淫抢掠的内在需求，1937 年全面侵华战争爆发后，日本对华北经济资源的统制、掠夺策划及其实施，似乎有一段极短时间的停歇。但为了加快全面侵华战争的进程，迅速占领和灭亡中国，必须把华北尽快建成“以战养战”“以华制华”“以华灭华”的资源和战略基地，日本侵略者很快恢复了对华北经济资源“开发”、统制和掠夺策划及其实施，而直接抢劫、“杀人越货”变本加厉，入户和拦路抢劫与统制、“开发”掠夺，二者并

① ［日］加藤阳子：《从满州事变到日中战争》，徐晓纯译，香港中和出版有限公司 2016 年版，第 26—27 页。

重,双管齐下。8月12日,日本陆军省制定的《华北政务指导纲要》,强调"华北政务指导主要在于对作战后方地区(含冀东)的各项政务工作进行统一指导,使该地区成为实现日满华提携共荣之基础",同时要求"开发"经济,谓"上述地区之经济开发,当前以冀东地区为主,在幕后指导冀东政权实施之",但指定兴中公司具体进行统制,强调"该地区之经济开发,应尽量由兴中公司负责直接执行或调整"。[①] 9月4日,作为"负责"制定华北政治、经济方针政策主持者的华北方面军[②]司令部,设立"特务部",天津特务机关长喜多诚一转任特务部长。特务部的主要职责,除了筹建汉奸政权,就是依据8月12日日本陆军省起草的《华北政务指导纲要》,负责主持、策划、指挥华北经济资源统制、掠夺大计。9月6日,华北方面军参谋长冈部直三郎就"华北政务指导等问题"给喜多诚一的指示中,明确将华北的经济统制列为特务部的职责,并强调"关于交通、经济等的建设,应注意与作战用兵方面的关系及国防资源的获得,努力促使日、满资本的流入",并且注意"特务部与军方有关方面配合",确保"直接供作战用的中国方面交通、通信机关,统由军方直接使用"。[③]

随着全面侵华战争的爆发和扩大,对日本来说,华北的战略地位和政治、经济形势,发生了根本性的变化,由原来的侵华前沿地带,与伪"满洲国"一同变成了向南向西占领和灭亡中国、向北防

---

① 章伯锋、庄建平主编:《抗日战争》第6卷,四川大学出版社1997年版,第218—219页。

② 日本全面侵华战争爆发后,日本中国驻屯军扩充改编为"华北方面军",是侵占华北侵华日军主力部队,是日本全面侵华战争期间华北占领区政治、经济等方面一切事务的最高指挥机构。

③ 章伯锋、庄建平主编:《抗日战争》第6卷,四川大学出版社1997年版,第219—220页。

范和进攻苏联的“根据地”，建立、调整相关机构的同时，必须对全面侵华战争爆发前所定统制、“开发”、掠夺华北经济资源的方针、办法进行修改，二者同时或交替进行。1937 年 9 月中旬，日本制定《华北产业基本对策要纲草案》，强调“开发华北产业的根本”，应是“获得以扩大日本生产力所必须的资源和必要程度的加工”，“以弥补日满经济的缺陷为目的”，因而必须“以把华北包容在帝国经济圈为目标”。[①] 日本政府接着对国内政治、经济、军事体制和政府机构进行相应调整，10 月 15 日决定采取临时内阁参议制，任命军界、政界、财界头面人物为内阁参议，参与谘议、筹划侵华战争事宜，25 日将原企划厅和资源局合并为企划院，负责制订和执行战争总动员计划。11 月 6 日，内阁设置第三委员会，负责对华经济事务进行调查研究，制订计划上报总理大臣，并联络调整各厅对华经济相关事务，成为日本政府内专门负责策划对华经济统制的机关。11 月 16 日，第三委员会制定《华北经济开发方针》，强调设立“国策会社”，以便“开发、统制华北经济”。规定“主要交通运输业、主要通信业、主要发送电事业、主要矿产业、盐业及盐利用工业等重要产业由该公司负责开发经营或调整”，制定了设立“国策会社”、统制华北经济的方针，明确了“国策会社”统制、经营的职责范围。[②]

1937 年 12 月 24 日，日本内阁会议决定的《处理中国事变纲要》中，“华北处理方针”提出，华北“在政治上以成立防共亲日政权、经济上以建立日满华不可分割的关系为目标”；“华北经济建

① ［日］《陆军省有关中国事务往来秘密大事记》（1937 年 10 月 15 日），见居之芬、张利民主编：《日本在华北经济统制掠夺史》，天津古籍出版社 1997 年版，第 71 页。

② 参见王士花：《“开发”与掠夺——抗日战争时期日本在华北华中沦陷区的经济统制》，中国社会科学出版社 1998 年版，第 9—10 页。

设的目标,在于加强与日满经济的综合关系,以确立日满华协作共荣的基础。为此,要使当地中国资本与我方资本和技术紧密结合,使经济各部门发展完备,以维持秩序,安定生活”。而这一切的前提和目的是“扩充日满两国广义的国防生产力”。为了实施和强化经济统制,《处理中国事变纲要》再次强调,应成立“国策会社”,由该会社“发展、经营和调整”有关主要交通运输事业(包括港湾及道路)、主要通信事业、主要发电事业、主要矿产事业、盐业及其化学工业等。而且,会社“适应日满两国主要产业计划,并经常考虑我国实情,根据轻重缓急进行经营”,“以体现举国一致的精神和全国产业动员的宗旨”。①

此后不久,日本又接连制定和发布《华北产业开发计划草案》《华北资源需要数量计划委员会报告》《华北产业开发第一次五年计划》《日满华经济建设要纲》等多项关于华北产业“开发”计划和经济资源报告。其目的是加速开发和攫夺华北煤铁矿产、电力、交通、盐碱工业、棉花、羊毛等资源,把华北建成日本的原料供应地,为日本“加强国防,发展生产”服务,加快全面侵华战争的进程。②

日本帝国主义对华北经济的统制、掠夺,来势如此凶猛,连刚上任不久的伪“临时政府”行政委员会委员长、一心卖国求荣的王克敏,也“对日本人坚持全面和不受约束地控制华北经济特别感到忧虑”,曾“反对日本人完全垄断所有工业和经济计划,他虽然准备同意在重工业方面让日本人占有稍多于一半的份额,但却坚持把其余经济部门分摊给中国资本”和“中国政府”(按即汉奸政权)。为了

① 日本防卫厅战史室编:《华北治安战》(上),天津市政协编译组译,天津人民出版社1982年版,第56—57页。

② 参见郭贵儒等著:《华北伪政权史稿:从“临时政府”到“华北政务委员会”》,社会科学文献出版社2007年版,第279页。

让王克敏放心，日本华北方面军司令官寺内寿一虚晃一枪，1938 年 3 月 26 日和王克敏签订协议，成立“中日经济委员会”（“日华经济协议会”），由中日双方各出 5 名委员组成，让王克敏自任主席，日本经济顾问平尾八三郎任副主席。王克敏以为此后经济事务将交北平的“中日经济委员会”考虑解决，而不再按东京下达的单方面决定行事。然而，王克敏高兴得太早了。他的幻想很快破灭。王与寺内寿一订立上述协议的第二天，即被迫同寺内寿一达成一项“谅解”，规定“华北最高经济顾问将根据军事需要控制交通、运输和空运”，因为这些企业中的大多数都属于国民党政府所有，而“临时政府”还没有被承认为国民党政府的主权继承者，无权要求取得这些企业的所有权。这样，这些最重要的经济部门就从“中日经济委员会”的权限中划了出去，并划归日本陆军和日本企业联合经营。①

1938 年，国民党军队在各主要战场节节败退，华北、华中、华南主要城镇和工农业资源富庶地区相继沦陷，随着全面侵华战争和日本在华占领区不断扩大，投入的兵力愈来愈多，而且战争有长期延续的趋势，由华北方面军特务部统制、调整和掌控产业，已不能适应新的形势的需要。从 1938 年 6 月起召开的以近卫首相为中心的“五相会议”（亦称“五大臣会议”），已制订和确定了“长期战体制”的方针。提出了“在以庞大的军队实行军事占领的情况下，要将中国作为殖民地加以统治”。也从这时开始便在“五相会议”上将设置“对华中央机关”问题付诸审议，经多次审议，于 12 月内阁增设“兴亚院”，作为对中国进行殖民地统治的“大总管”。②

① 参见[美]约翰·亨特·博伊尔著：《中日战争时期的通敌内幕 1937—1945》（上），陈体芳、乐刻等译，商务印书馆 1978 年版，第 137—138 页。

② [日]古海忠之等：《日本帝国主义侵略中国史》（手稿），见中央档案馆等合编：《日本帝国主义侵华档案资料选编·汪伪政权》，中华书局 2004 年版，第 281 页。

“兴亚院”的设立,在日本统治集团内部,经过了一个激烈的争斗和较量过程。设立“对华中央机关”,除了适应“长期战体制”,还有一个重要原因是,日本内阁第三委员会、日军特务部经济委员会等对华侵略的经济决策机构明显重叠,而军部亦想专注于扩大侵华战争行动。在这种情况下,日本统治集团于是准备成立“对华院”,促成上述对华侵略的经济决策机构的归并、统一。但在如何统一以及新设机构的职能范围上,各既得利益集团之间存在严重分歧:陆军主张新机构只负责占领区的经济事务,政治方面则仍由当地军队“特务机关”控制,以期政治战略一致;外务省则主张新机构统括政治、经济、文化等一切事务,与军部主张明显对立。但外务省最终失败,宇垣外相被迫辞职,首相近卫文麿兼任外相。后经多次审议,日本内阁于1938年10月1日通过《对华院设置要纲》,决定设置以内阁总理大臣为总裁,外务、大藏、陆军、海军四大臣为副总裁的“对华中央机关”,名称为“对华院”,处理日本在华一切政治、经济及文化等相关事务。《对华院设置要纲》规定日军特务部及其他在华统治机关事务均移交该机构处理;涉及与第三国关系的事务,对华院总裁须与外务大臣协商;原来专门负责审议对华经济侵略事项的内阁第三委员会及对华事务局也都并入该机构。12月15日经日本天皇“裁可”,又将“对华中央机关”改名为“兴亚院”,敕令发布《兴亚院官制》,宣布“兴亚院”正式成立。① 《兴亚院官制》规定,除总裁和4名副总裁外,另由天皇“敕任”总务长官1人,部长3人,分别执掌总裁官房及政务、经济、文化3部,并分设联络委员会,以负责与相关各厅间的联络。另外,兴亚院设有“兴亚委员会”,由军部、官僚及财界代表作为委

① 参见王士花:《“开发”与掠夺——抗日战争时期日本在华北华中沦陷区的经济统制》,中国社会科学出版社1998年版,第17—18页。

员或干事组成，作为“对华政策的最高咨询机关”。①

根据《兴亚院官制》，以总裁柳川平助中将为首的高层头目，直到各联络部长官及其部属，全部由现役军人担任，虽然特务部被取消，但都原班人马转入“兴亚院”的联络部。华北方面军特务部部长喜多诚一成为华北联络部长官，关东军特务部部长酒井隆成为“蒙疆联络部”长官。在兴亚院联络部官制中，也明文规定，各联络部长官及派出所所长“对与军事与警备有关的事项，应分别受该地区的陆军和海军的最高指挥官指挥”，兴亚院“俨然是一个军部机关”。另在部长一级头目中，有大藏、商工的官僚参加；而“兴亚委员会”又网罗军部、官僚和三菱、三井、住友等垄断资产阶级“代表”等“大人物”，承担军部、官僚和财阀之间的协调，确保“军部机关”的顺利运转。兴亚院成为集日本天皇、军队、内阁、财阀意志于一体的对华经济、政治统治的“中央机关”。②

1938 年 12 月 22 日，“兴亚院”正式成立刚刚一周，新的侵略部署就绪，日本又发表了《第三次近卫声明》（以下简称《声明》），旨在扩大侵略、反共灭华、将包括内蒙古在内的华北地区彻底殖民地化和建成“防共”、反苏的“根据地”，并恫吓国民党政府、威逼其

① 具体成员为企划院次长、对满事务局长、兴亚院总务长官、兴亚院联络部各长官、外务次长、大藏次长、海军次官等各有关机关的代表及乡诚之助、池田成彬、小仓正恒等财界代表。此外，兵龙马（三井合名）、太田文雄（东洋纺织）、田中完三（三菱商事）、长冈德治（三菱合资）、向井先晴（三井物产）等财界代表作为干事参与委员会活动（参见王士花：《“开发”与掠夺——抗日战争时期日本在华北华中沦陷区的经济统制》，中国社会科学出版社 1998 年版，第 18 页）。

② ［日］古海忠之等：《日本帝国主义侵略中国史》（手稿），见中央档案馆等合编：《日本帝国主义侵华档案资料选编 · 汪伪政权》，中华书局 2004 年版，第 281 页；居之芬、张利民主编：《日本在华北经济统制掠夺史》，天津古籍出版社 1997 年版，第 69—70 页。

彻底投降。《声明》强调,日本政府已一再声明,"决定始终一贯地扫荡抗日的国民政府"。国民党政府必须"清除以往的偏狭观念,放弃抗日的愚蠢举动和对满洲国的成见";在中国"不容有'共产国际'势力存在",因此,"签订日华防共协定",是"调整日华邦交之急务"。同时,"为充分保证达到防共的目的",中国必须承认,"在特定地点驻扎日军进行防共,并以内蒙古地方为特殊防共地区";《声明》的重点是,在日华经济关系上,中国必须承认日本"臣民在中国内地有居住、营业的自由","特别在华北和内蒙古地区在资源的开发利用上积极地向日本提供便利"。《声明》最后还大言不惭地说,"日本出动大军的真意","在中国所寻求的,既不是区区领土,也不是赔偿军费,其理自明"。[①] 的确如此。时至1938年年底,侵略野心极度膨胀的日本军国主义,在中国寻求的当然不再是"区区领土"和"赔偿军费",而是比中国台湾、伪"满洲国"和日本本土加起来还要大的华北和整个内蒙古地区,乃至全中国。

在日本全面侵华战争采行"长期战体制"阶段,兴亚院作为集日本政府、军队、财阀意志于一体的对华统治的"中央机关",在华北沦陷区,华北联络部作为连接日本政府、当地汉奸政权和日军华北方面军的殖民机构,在军部的所谓"一元化领导"下,是华北方面军强化"治安"、扩大经济统制和经济掠夺的得力工具,发挥了不可替代的作用。1939年8月,兴亚院总务长官前往华北方面军司令部商讨统治华北的方案,军方肯定了联络部的工作方法,强调"华北的治安是第一位的",今后仍然要"以武力为背景才能够达到目的";为了充分发挥华北作为全面侵华战争"根据地"的作用,

① [日]外务省编:《日本外交年表和主要文书(1940—1945)》下卷,1969年再版,文书第407页,见复旦大学历史系编译:《日本帝国主义对外侵略史料选编(1931—1945)》,上海人民出版社1983年版,第288—289页。

"经济建设也有必要加强华北在综合日满华的意义上的总动员态势",并"特别需要"军部的"一元化领导"。为此,在"华北现在情形下,为了政治特别是经济工作,有必要绝对加强兴亚院联络部的人力方面,特别是作为日元圈内的华北,要进行更强有力的指导"。[①] 兴亚院和所属华北联络部就是在日本军部"一元化领导"和华北方面军司令部"指导"下进行运作,直到 1942 年 11 月被"大东亚省"取代。

1941 年年末,太平洋战争爆发后,华北沦陷区又成为日本南打英美、侵略亚洲太平洋地区、称霸世界的首要"根据地"和战争物资供应地。随着战场范围的急剧扩大和欧美的经济封锁,日本的后勤军需和物资供应日益吃紧。为了"以战养战",有效维持和延续"长期战体制",在加大对华北地区经济统制和劫夺力度的同时,又要实行和加强对亚洲和太平洋地区的殖民统治与劫夺,需要对原来作为对华统治之"中央机关"的兴亚院,作出调整,以适应新的战争和殖民扩张形势。1942 年 9 月 1 日,日本内阁会议通过《大东亚省设置案》,规定新省的宗旨为"集中发挥大东亚全区的总体力量以增强战斗力"。11 月 1 日,根据天皇敕令,正式成立了"大东亚省"。根据同日公布的《大东亚省官制》,其职责是"管理有关大东亚地区(除日本本土、朝鲜、中国台湾、库页岛外)的各种政务的实施(除纯外交外),帝国在该地区对各外国商行的保护,有关各外国与帝国居留于该地区的侨民事务,和有关该地区移民殖民、海外开拓事业以及对外文化事业等事务"。大东亚省下设总务局、满洲事务局、中国事务局、南方事务局 4 局,同时废止对满

① [日]《陆军省有关中国事务往来秘密大事记》(1939 年 8 月 27 日),日本防卫厅防卫研究所图书馆藏该厅档案,见居之芬、张利民主编:《日本在华北经济统制掠夺史》,天津古籍出版社 1997 年版,第 70 页。

事务局、兴亚院、兴亚院联络部及拓务省等机构及官制;有关关东局、南洋厅的事务,亦划归大东亚大臣“统辖管理”。① 原兴亚院华北联络部变为北京公使馆,但工作内容不变。②

太平洋战争爆发和大东亚省成立后,日本已深陷不断扩大的侵略战争泥淖。1942 年年底,日军在瓜达耳卡纳耳岛遭到失败,东条内阁企图把被牵制在中国关内战场上的 70 余万兵力调去对付美军,唯一办法仍然是采取措施引诱和逼迫蒋介石投降,为日本在华北、华中、伪“蒙疆”和更大范围加强经济统制和掠夺提供更好的条件,保证日本“于占领区域内重点地并有效地取得重要的国防物资,同时积极地获得敌方的物资”,“取得为完成帝国的战争所必要的更多物资,确保军队的自给”,汪伪政权、华北汉奸政权同日本“同心协力为完成战争而迈进”。③

进入 1943 年,日本在侵略战争泥淖中越陷越深,几乎到了惶惶不可终日的程度,但侵略扩张野心继续膨胀,5 月 29 日制定发布《大东亚政略指导大纲》(以下简称《指导大纲》),除了加速版图扩张,“决定把马来、苏门答腊、爪哇、婆罗洲、苏拉威西作为帝国的领土,作为重要资源的供应地”,就是“政治策略的整顿充实”,并定下期限,最迟在当年 11 月之前“完成指标”。而整顿

---

① [日]外务省编:《日本外交年表和主要文书(1940—1945)》下卷,1969 年再版,文书第 578 页,见复旦大学历史系编译:《日本帝国主义对外侵略史料选编(1931—1945)》,上海人民出版社 1983 年版,第 415—417 页。

② [日]古海忠之等:《日本帝国主义侵略中国史》(手稿),见中央档案馆等合编:《日本帝国主义侵华档案资料选编 · 汪伪政权》,中华书局 2004 年版,第 281 页。

③ 《以〈为完成大东亚战争处理对华问题的根本方针〉为基础的具体策略》(1942 年 12 月 18 日日本大本营、政府联席会议决定),见复旦大学历史系编译:《日本帝国主义对外侵略史料选编(1931—1945)》,上海人民出版社 1983 年版,第 417—420 页。

充实政治策略的“重点”，在于加强各国各民族在战争方面同日本的“合作”。这里重点中的重点仍然是完全占领和灭亡中国，《指导大纲》强调“特别要解决中国问题”。除了继续和强化经济统制和掠夺，就是由汪伪政权“对重庆进行政治工作”，引诱和逼迫蒋介石投降，蒋汪合流，最终达到完全占领和灭亡中国的目的。①

从《指导大纲》出台到限定“完成指标”，只有 5 个月的时间。到 9 月底只剩下 1 个月的时间，离“完成指标”尤其是“解决中国问题”，希望愈加渺茫。在这种情况下，只得天皇亲自出马，9 月 30 日由“御前会议”决定，抛出《今后应采取的战争指导大纲》，要求对重庆“继续不断地加强压力”，“并乘机迅速设法解决中国问题”，但已经不是重点。重点是要“特别制止从中国大陆到我国（按指日本）本土来的空袭和对海上交通的骚扰”；在日本国内则要“设法振奋举国赴难的士气”，显然已开始从进攻转入防御。②又过了将近一年，1944 年 9 月 5 日，日本出台《实施对重庆政治工作方案》，企图通过国民党政府“迅速停止对日抗战”、美英军队撤出中国，“完成大东亚战争”，保留日本的侵略成果。但为此不得不作出某些让步，如同意蒋介石返回南京，建立统一政府；蒋汪关系、延安

① ［日］外务省编：《日本外交年表和主要文书（1940—1945）》下卷，1969 年再版，文书第 588—589 页，见复旦大学历史系编译：《日本帝国主义对外侵略史料选编（1931—1945）》，上海人民出版社 1983 年版，第 427—429 页。

② ［日］外务省编：《日本外交年表和主要文书（1940—1945）》下卷，1969 年再版，文书第 583—584 页，见复旦大学历史系编译：《日本帝国主义对外侵略史料选编（1931—1945）》，上海人民出版社 1983 年版，第 442—444 页。

政权及其抗日武装等处理,均属“中国的国内问题”,等等。①

1945年年初,世界反法西斯战争已进入最后决战阶段,德、日法西斯已濒临毁灭的边沿。在中国战场,抗日根据地和解放区迅速扩大,敌占区不断缩小,日敌、伪军大多被压缩到少数中心城市,末日为期不远。在这种形势下,贪婪成性的日本军国主义者,为了垂死挣扎,最后退回日本,准备进行所谓“本土决战”。日本军国主义者为了自始至终推行“以战养战”“以华制华”“以华灭华”的基本国策,即使失败,无法达到“以华灭华”和以中国的人力物力占领和称霸世界的目的,也要保证“在日本国内不出一分钱的前提下进行作战”,要提前从中国取得所有军备物资供给和后勤储备,始终保有“在战争中的自给自足能力”。不仅如此,即使最终失败,也要确保比“胜利者”享有更加优裕的生活条件。正因为如此,日本军国主义者在覆灭前夕,策划和制订了一个庞大而周密的物资资源洗劫计划。

1945年1月11日,日本政府分别以“最高战争领导会议决定”和“最高战争领导会议报告”的形式,紧急通过《确保大陆重要运输线的政策》《确立中国战时经济的对策》《在中国统筹物资的要点》3个文件。这3个文件是一个整体,其宗旨和核心是,为了“长期确保军队自给与日、‘满’的需求”,在中国大陆设置日本陆军省、海军省和大东亚省“三位一体的强力统治机关”,“确定对中国的征调要求,由(日本)中央统一命令,为军队征调物资运回日本”。为此在机构统辖、物资征缴和调度运输上,高度强化经济统

① [日]外务省编:《日本外交年表和主要文书(1940—1945)》下卷,1969年再版,文书第605—606页,见复旦大学历史系编译:《日本帝国主义对外侵略史料选编(1931—1945)》,上海人民出版社1983年版,第474—476页。

制和集中指挥。由于是次掠夺确保日本军队（包括侵华日军和日本国内留守军）“长期自给”和日本全国需求，掠夺的地域范围广、规模大、时间长，掠夺的物资种类、数量多得惊人，而且全部运回日本，集结、转运的环节多、路途远，工程无比巨大，根本不可能单靠日军“方面军”“驻屯军”单独或联合完成，只能由日本军政联手统筹，以“三位一体”的领导机构为核心，“根据统一的征调计划，实行分别负责征调，进行地区及品种的分配”，并由日本“中央统一命令”，集中指挥。由此可见这项掠夺计划规模有多大，对挽救日本命运有多关键。在生产和物资准备方面，除了正常的工农业生产，计划文件还强调，“特别要重视粮食、生活必需品及煤的增产，发展轻工业”，是运输掠夺计划的关键。文件还强调，“在日、‘满’需求上，使海陆运输能力及当地供给能力相符合，求得指挥命令的统一”。亦即凡是中国工人农民生产出来的物资，都要尽可能运回日本。因此，“确保大陆和内地的重要运输线是极其重要的事情”。具体地说，就是“有效地运用大陆的运输能力，将日本需用的总动员物资（包括对大陆总动员物资）输送到大陆海港准备出口（到达后），剔除非军需品，根据一元化的军事输送法处理”。与此相配合，必须全面统制和加强海陆运输，包括加强大陆铁路干线及海上航线，加强大陆铁路输送事务局，继续保持与有关铁路的军事机构的紧密联系，在大陆各条铁路运输线的一元化完成后，首先把朝鲜铁路委托满铁经营。同时，立即开设博釜（博多至釜山）的轮船和货车联运，同时加强日本海航线。①

1945 年 1 月 25 日，日本政府公布的《决战非常措施纲要》（最

① ［日］参谋本部：《战败的记录》，1967 年印本，第 218—219 页，见复旦大学历史系编译：《日本帝国主义对外侵略史料选编（1931—1945）》，上海人民出版社 1983 年版，第 487—489 页。

高战争领导会议报告第九号),是日本帝国主义在崩溃前夕,又一份庞大的掠夺计划,其中部分应该是1月11日计划的补充和具体化。主要是向中国及东南亚各地劫掠钢、铁、铝、锡、液体燃料、橡胶、船舶、车辆以及各类粮食、食糖、油脂等战备物资。按照计划,1945年上半年必须生产和装备各类飞机2万架,下半年2.4万架,全年合计4.4万架;“千方百计完成”普通钢材300万吨的产量,为此必须“加强‘满洲’和中国的炼铁事业”;“千方百计达到”250万千公升的“日本、‘满洲’、中国液体燃料生产的奋斗指标”;“须研究对策,以促进日本、‘满洲’、中国方面砂糖的增产”(因中国台湾砂糖无法运往日本);“同时力求日本、‘满洲’、中国油田的彻底开发,甘薯、马铃薯等的大增产,并运用煤炭干馏设备的剩余能力,以取得中国的油脂”。这些战备物资几乎都是集中运往日本,为“本土决战”做准备。因此,在千方百计增产、劫掠上述战备物资的同时,必须增产海陆运输的车船设备,增强海陆运输力量,1945年海上运输“保证指标”为3200万吨(“努力指标”为3500万吨),陆上为8500万吨。因此,要千方百计制造和增产各种船舶、车辆:1945年的造船目标为159万吨,货船、油船的建造比例,货船优先;为了应付燃油困难,必须将以柴油为燃料的货船改成煤炭为燃料;车辆制造为机车207辆、货车7500辆,指标必须“提前完成”,并须最大限度压缩旅客列车,增加货物运输;小型运输车辆的制造,指标为运货汽车5500辆、轻便车14.9万辆,“特别要增加货车数”。①

为了防备空袭,继续安全生产,并将产品安全运往日本,必须对各直属重要企业有关防空、企业方式、劳动体制等,采取有组织的、

① [日]参谋本部:《战败的记录》,1967年印本,第221—227页,见复旦大学历史系编译:《日本帝国主义对外侵略史料选编(1931—1945)》,上海人民出版社1983年版,第494—502页。

根本的措施。为了克服劳动力不足的困难,必须“加强劳动总动员”,“同时加强学徒工的动员和女劳动力的征用,积极促进用他们来代替成年男工”。为了保证和提高运输力,必须“加强海陆运输的综合利用”,对日本、“满洲”、中国的陆海交通路线,“采取特别措施,加以保护和经营”,有计划地使用内地帆船,统一管理大陆运输,“加强海陆运输的综合经营”,等等。为了上述各项措施能够顺利实施,万变不离其宗,杀手锏还是“坚决实行各部门的统制措施及现行各种统制法规”,并且极力“谋求军需生产行政的一元化以及有关劳动和资金的行政一元化”。① 随着日本帝国主义的末日加速邻近,生产和运输统制继续强化和具体化。1945 年 3 月 15 日发布《关于使用民船作战及确保运输能力的文件》,从“有计划地使用内地帆船”升级到“为确保运输能力,国家船舶及港湾实行一元化的管理”;②次日发布《中国铁路军营、军管要点》,规定自 4 月 1 日起,华北交通股份公司及华中交通股份公司的经营业务,“由中国派遣军总司令官管理”。随着“军管”的实施,为求运输与生产的“综合和统一的计划化及经营上毫无缺陷,在军队管理下的运输业务与当地政治经济领导机关指导下的生产,保持密切的联系和协调”,以侵略战争和资源掠夺为目的的生产、运输一气呵成。③

① [日]参谋本部:《战败的记录》,1967 年印本,第 221—227 页,见复旦大学历史系编译:《日本帝国主义对外侵略史料选编(1931—1945)》,上海人民出版社 1983 年版,第 494—502 页。

② [日]参谋本部:《战败的记录》,1967 年印本,第 236 页,见复旦大学历史系编译:《日本帝国主义对外侵略史料选编(1931—1945)》,上海人民出版社 1983 年版,第 511 页。

③ [日]参谋本部:《战败的记录》,1967 年印本,第 237 页,见复旦大学历史系编译:《日本帝国主义对外侵略史料选编(1931—1945)》,上海人民出版社 1983 年版,第 512—513 页。

从现有材料看,这 1945 年 1 月 11 日计划一起,明显是日本帝国主义战败投降前最后一项大规模的、全面的战备物资"增产"、运输计划书。由于其末日的加速到来,掠夺计划并未全部如愿实现,或所获物资尚未来得及全部运回日本,但充分反映了日本军国主义者覆灭前的疯狂和垂死挣扎。

(二)经济统制、掠夺的具体实施和不断扩大

日本帝国主义实施对华北的经济统制和掠夺,开始于 20 世纪 30 年代初,但大规模和全面实施经济统制和掠夺,是在全面侵华战争爆发后,并且随着侵略战争迅速扩大,经济统制和掠夺变本加厉。

在全面侵华战争爆发前,作为日本帝国主义对华侵略急先锋的满铁,对华北进行了大范围的社会和经济调查,搜集情报,为进行经济统制和掠夺做准备,经日本政府批准,于 1935 年 12 月 20 日成立"兴中公司",由身兼满铁理事、满铁经济调查会委员长和关东军顾问的十河信二任社长。它是"作为对华经济工作的统一机构","负有统制和推行对华经济工作的使命",在对华经济入侵中占有垄断地位。兴中公司的经营范围极广,工业、农业、金融、贸易等无所不包。同时兼有"国策会社"的使命,在财务、人事和政策等方面直接受日本内阁大藏省、外务省的监督、指导,是当时日本对华北进行经济侵略的先驱机构。①

兴中公司成立后,很快实施对华北的经济统制和掠夺,全面侵华战争爆发前,主要集中于发电、烟叶、采矿、交通等国防资源行业和棉花等农业部门:1936 年 8 月收购天津市电业新公司,建立中

① 参见居之芬、张利民主编:《日本在华北经济统制掠夺史》,天津古籍出版社 1997 年版,第 41—42 页。

日合办的天津电业股份有限公司，在海河边建立新的发电厂，保证了周围日商纱厂的电力供应。1936 年又出资合并了山海关、秦皇岛、昌黎、滦县、唐山、芦台、通县等 7 家电灯公司，建立中日合办的冀东电业股份公司，还收买了北平电车公司、北平华商电车公司的股票，从而控制了平津和冀东地区的电力生产。盐是重要战备物资，日本此前多高价从北非、北美等地进口，急需新的货源。华北盛产海盐，渤海湾白河两岸，自古以长芦盐著称，长芦盐即是日本新的盐业掠夺目标。1936 年 6 月，日本陆军、海军、外务、大藏 4 省共同决定，由日本专卖局发布长芦盐进口命令，进口业务统由兴中公司办理。尽管中国食盐自古为国家专卖品，禁止自由交易，但兴中公司按日本政府指令，通过冀东伪政权，干预和统制盐的产销，废除生产限制，增加长芦盐的产量，并假借华人名义建造精盐洗涤厂，长芦盐输日完全由兴中公司决定，1936 年当年向日本输出长芦盐 7 万吨。①

作为最重要的战备物资煤铁矿方面，兴中公司首先决定将井陉、正丰的开采经营“收归我手，以资炼铁”②。井陉煤矿的利权早为德国资本所夺，第一次世界大战德国战败，1922 年矿权收归省有，签订改办合同，中国占股 3/4，德国占股 1/4。兴中公司按照日本政府指示，先“继承”德国股份，然后假借“中日合办”之名，将煤

① ［日］野田经济研究所：《战时下的国策会社》，第 599 页，见解学诗：《兴中公司与“七·七”事变》，《社会科学战线》1987 年第 3 期；华北盐业公司：《华北盐业公司移交调查书》（1945 年 10 月），见居之芬主编：《日本对华北经济的掠夺和统制——华北沦陷区资料选编》，北京出版社 1995 年版，第 538 页。

② 《兴中公司社长十河信二致对满事务局总裁寺内寿一函》（1936 年 12 月 11 日），见《满铁档案·总体·东亚·文书·社会关系》，第 7 号，见解学诗：《兴中公司与“七·七”事变》，《社会科学战线》1987 年第 3 期。

矿夺入手中。1936年,日军华北驻屯军司令官田代中将与伪“冀察政务委员会”谋求签订所谓《华北经济开发备忘录》时,要求兴中公司先买妥井陉股份。经与德方代表巴尔交涉,8月签订合同,但135万元价款至1937年才支付。当时井陉探明的可采储煤量11000万吨,拥有年产150万吨的生产设备,实际产量约80万吨。毗邻井陉的正丰、宝昌两座煤矿,均由中国资本经营。1937年4月,兴中公司用24万元买下了正丰煤矿。铁矿的掠夺对象主要是察南龙烟铁矿。该矿由龙关、烟筒山两个矿区组成,铁矿石藏量号称亿吨。1914年发现后,由陆宗舆、段祺瑞创设官商合办的龙烟铁矿公司,资本500万元,1917年投产,日产铁矿石500—700吨,供应汉阳铁厂。满铁对之觊觎已久,1934年后成为其华北经济调查的主要目标。1936年8月,日本政府决定由兴中公司出面,满铁协助,夺取龙烟铁矿。但伪“冀察政务委员会”已决定将其“国有化”,并任陆宗舆为“恢复委员会”督办,于是兴中公司以天津日军为后盾,强行策动所谓“中日合办”。1936年年末,伪“冀察政务委员会”被迫妥协照办。不过正在筹办中,日本帝国主义已经迫不及待,发动了全面侵华战争。

铁路和交通运输方面,兴中公司主要图谋修筑津石(天津—石家庄)铁路。该路计划由来已久,1912年中国曾拟定沧石(沧州—石家庄)铁路修筑计划,后因筹资未果和有外资渗入之嫌,被吊销许可。1920年再次计划以京汉、津浦两路结余款修建,勉强完成土方,终因需款过巨中断。1924年后外资渗入。1929年满铁因垂涎山西煤炭开始染指该路,并坚持以大沽为终点,以利于晋煤外运。同年7月末,满铁特别设立华昌公司,令其与沧石铁路局签订了1900万元的贷款合同,从中获取种种利权,不过后来中方取消了合同。1936年夏,中日关系突告紧张,“日本痛感有必要在华北确保一条权利属于自己的铁路”,沧石铁路计划再次被提上日程。因天津系华北经济中心，邻近海口，又是日本侨民聚居地和日本驻屯军司令部所在地，所以，驻天津日军决定改为修筑津石铁路，并直接向宋哲元交涉。虽“七七事变”前未能签订协定，但兴中公司已拟定了3000多万元的津石铁路及其延长线——井陉运煤线的修筑计划。另外，兴中公司为从事港口运输，1937年2月作为直营事业设立了塘沽运输公司，资本300万元，大连汽船会社和国际运输会社各投资20%。①

1937年全面侵华战争爆发后，日本对华北经济的统制、掠夺，人数急剧增加，规模空前扩大，手段更加残忍、毒辣，目的更加明确、深远。经济统制、掠夺不只是通常意义上的发展和壮大自己，而且是“以战养战”“以华制华”，利用中国的人力和物力资源占领和灭亡中国。为了加速中国和中华民族的灭亡，几乎每一项经济统制、掠夺措施或行动，都有一个直接目的，即消灭中国的有生力量。为此，日本侵略者将经济统制、掠夺同经济破坏、摧毁相结合，甚至以后者为主；将经济统制、掠夺同人口屠杀（包括快速屠杀和慢性屠杀）、消灭相结合，甚至以后者为主。这是全面侵华战争期间日本对华北经济统制、掠夺的突出特点。

全面侵华战争爆发后，日军中国驻屯军经过大幅扩编，改称“华北方面军”，成为统制、掠夺、破坏、摧毁华北经济的主力军。侵华日军不仅狂轰滥炸、烧杀奸淫、夺城掠地，攫占厂矿商店、田地山林、铁路公路港口邮电等运输通信设施，为日敌专业队伍的统制、掠夺提供条件和后盾，而且大肆烧杀、奸淫、掠夺、破坏。单就掠夺、破坏而言，可分为两个部分或两种类型：一种是驻扎或打仗、行军的日军的集团式劫掠，目的主要是解决伙食给养和辎重运输，

① 参见解学诗：《兴中公司与“七·七”事变》，《社会科学战线》1987年第3期。

劫掠物资、劳力种类包括粮食、蔬菜、鱼虾,各类家禽、禽蛋、肉类、柴薪、马料、车马、民夫(包括车夫、挑夫、伙夫、苦力、杂役等)等;另一种是日军单个、或三五个一伙、或三五十人成群结队,入室和拦路劫掠、杀人越货,甚至像一窝马蜂,往往整村被劫掠、毁坏一空。劫掠的财物都是质轻价重和便于往日本国内邮寄、携带的钻戒首饰、金银细软、字画古玩、绸缎布匹等贵重物品,多是城乡民众家庭财富的结晶,甚至是传世珍宝。

华北方面军(其他侵华日军也一样)这两种经济掠夺从 1937 年"七七事变"爆发开始,直至 1945 年战败投降,贯穿全面侵华战争的全过程。本来无论临时性的"治安维持会"还是取代它的伪"中华民国临时政府"、伪"华北政务委员会",一项最重要的任务,就是搜刮民财,供给华北方面军的所谓"工作费"。据战犯古海忠之供述,华北汉奸政权"从各省搜刮的税金",主要"充作华北方面军的特别工作费"。① 日军既有"特别工作费",且"饷金充足",按时发放"工资、伙食费",只是大半"归经手人中饱"。② 然而不论汉奸政权如何竭力搜刮民脂民膏孝敬日本主子,也不论日军"特别工作费"和军饷是否充足,工资、伙食费是否准时发放,凡是日军相关所需,始终是向所在地民众直接掠夺。古海忠之供称,虽然华北沦陷区逐级建有日伪政权,沦陷区城乡经济亦经全面统制并不断强化,各地驻扎的日军所需各项工程和后勤物资,如马料稻草,修路民工、木料,日军所食蔬菜、肉类,等等,既不通过市场采

① [日]古海忠之等:《日本帝国主义侵略中国史》(手稿),见中央档案馆等合编:《日本帝国主义侵华档案资料选编 · 汪伪政权》,中华书局 2004 年版,第 394—395 页。

② 《伪临时政府山东庶政视察团第五组视察报告》(1939 年 12 月),见中央档案馆等合编:《日本帝国主义侵华档案资料选编 · 汪伪政权》,中华书局 2004 年版,第 382 页。

购、雇募，也不由日伪政权或日军后勤定额补给，而是就近首先召来县"联络员"，或叫来村长，"直接下达命令"。如不执行，立即由宪兵队或日本兵将县、区、村的伪职吏役逮捕，同时"闯进村中到处肆意掠夺"。日军酋领则强调，所有这些都是"作战和警备工作的需要"，故此"可以任意行事"。① 这样一来，各地日军的烧杀劫掠有增无已，变本加厉。

同时，侵华日军上述两种形式的经济掠夺，又与经济破坏、经济摧毁紧密结合，甚至以后者为主。如日军炊饮，烧火不用柴薪，而用农具、家具、门板、窗扇等；垒灶架锅不用砖块土坯，而用猪头；一头百多斤重的大肥猪只吃十几斤肉，其余全部销毁糟蹋；既大量掠夺军马饲料，又将马匹赶入正待收割的稻田麦地喂饲，任其践踏糟毁；若逢天雨，驻扎地道路泥泞，即以稻谷等铺路防滑，等等；日军入室和拦路劫掠，烧杀、奸淫、破坏随之。入室劫掠，必用刺刀、枪托、硬器将门窗、箱柜、家具、锅碗、器皿、食品、衣物、卧具等，统统破坏、捣毁，最后往往还要放一把火，将房屋烧为灰烬；在劫掠财物的过程中，既贪得无厌而又见异思迁，往往边劫掠边破坏边丢弃、糟毁，即使自己不能运走和邮寄回国，也绝不能留给物主或其他人，这种心态与其先祖海盗"倭寇"一脉相承。

上述两种劫掠参与人数多、规模大、地域范围广、持续时间长，它让日本侵略军劫取了无法估量的巨大财富，不仅实现了"在日本国内不出一分钱的方针下进行作战"的"基本国策"，而且使日军不少头目、士兵的国内眷属一夜暴富，很快在日本国内做起了"地主"、当起了"东家"。尽管如此，但还不是华北方面军和侵华

① ［日］古海忠之等：《日本帝国主义侵略中国史》（手稿），见中央档案馆等合编：《日本帝国主义侵华档案资料选编·汪伪政权》，中华书局2004年版，第290—291页。

日军夺城掠地和经济统制、掠夺要达到的重点目标。其重点目标是将华北地区的经济命脉夺取并牢牢控制在自己手中,最大限度地摧毁国民党政府和共产党抗日队伍的经济支撑。

日本侵略军在夺城掠地过程中,其基本做法,先是凭借空中和武器优势,对城市、厂矿、乡镇和交通设施狂轰滥炸、杀人放火,进行破坏摧毁,而后疯狂劫掠,最后由军队或专业队将炸后、烧后和劫掠后残留的工矿、商行、企业和交通、通信、运输设施,统统占领、没收。作为近代侵华急先锋的满铁及其子公司,就是这样一支专业队。"七七事变"后,满铁派出 2 万名社员和 5000 辆车,占领了华北近 5000 公里铁路。作为满铁子公司的兴中公司,和满铁一样,也变成了一支担负特殊任务的不穿军装的日本侵略军,从华北、内蒙古以至华中,"奉军部命令参与了作战上所需的种种事业"①。

在管理经营上,侵华日军将占领、没收的工矿、电力、交通等企业分成两类,煤铁矿、电力、交通、盐产化工等实行"军管理",大部分交给兴中公司"开发经营";纺织、面粉等民用轻工企业,则委托钟纺、东洋纺、上海纺、日东、日清等日本私人资本经营。② 在日本全面侵华战争爆发后最初几个月里,华北沦陷区有关资源开发的所有工矿企业,包括煤、铁、电力等等,都处于兴中公司的控制之下。兴中公司是被准许经营这些企业唯一的公司。

兴中公司因资本、技术有限,对受托经营的"军管理"工矿产业,多采用"协作公司制"的形式,由日本国内三井、三菱、大仓等

---

① 兴中公司:《华北煤矿概要》(极秘),第 23—26 页,见解学诗:《兴中公司与"七·七"事变》,《社会科学战线》1987 年第 3 期。

② [日]大藏省管理局:《关于日本人在海外活动的历史调查》通卷第 26 册华北卷,第 39 页,见王士花:《"开发"与掠夺——抗日战争时期日本在华北华中沦陷区的经济统制》,中国社会科学出版社 1998 年版,第 11 页。

财阀和资本集团协助其经营。三井因受托经营纤维、煤矿、水泥、化学、盐业、面粉等军管产业，发展为全面侵华战争期间掠夺中国经济资源的最大日本财阀。煤炭是日本经济掠夺的重点之一，“军管理”煤矿原来多由中国民族资本经营，其中最大的中兴煤矿，即交由三井财阀经营。贝岛、安川、松本等煤业财阀，也作为兴中公司的协作公司，参与了对沦陷区煤炭资源的掠夺。所夺各矿相继于 1938 年年初恢复生产，竞相进行破坏和劫夺式开采。1939 年兴中系统产煤 409 万吨，1940 年计划增至 738 万吨，超过开滦而居首位。“军管理”煤矿成为兴中公司的主业。[①] 兴中公司接管和经营华北各煤矿大致情况如表 1-5 所示。

表 1-5　日本在华北“军管理”煤矿一览表（1938 年）

项目 矿名	所在地	没收年月	事变前产量（千吨）	1938 年产量（千吨）	投资额（日元）	协作公司
井陉煤矿	河北井陉	1937 年 10 月	880	306	283114	贝岛煤矿
正丰煤矿	河北井陉	1937 年 11 月	432	101		
阳泉煤矿	山西阳泉	1937 年 11 月	300	127	20939	大仓矿业
寿阳煤矿	山西寿阳	1938 年 2 月	32	21		
六河沟煤矿	河南安阳	1937 年 12 月	597	227	约 38000	—
中兴煤矿	山东峄县	1938 年 3 月	1801	427	51059	三井矿山
华丰煤矿	山东宁阳	1938 年 1 月	100	43	40860	三菱矿业
华宝煤矿	山东泰安	1938 年 1 月	19	20		

① 参见王士花：《“开发”与掠夺——抗日战争时期日本在华北华中沦陷区的经济统制》，中国社会科学出版社 1998 年版，第 11—12 页；解学诗：《兴中公司与“七·七”事变》，《社会科学战线》1987 年第 3 期。

续表

项目 矿名	所在地	没收年月	事变前产量（千吨）	1938年产量（千吨）	投资额（日元）	协作公司
西山煤矿	山西太原	1937年12月	120	118	27791	大仓矿业
焦作煤矿	河南修武	1938年2月	910	200	0	—
凭心煤矿	河南修武	1938年2月	—	—	0	—
柳泉煤矿	江苏铜山	1938年10月	347	58	195239	—
磁县煤矿	河北磁县	1938年5月	224	80	0	—
下花园煤矿	“蒙疆”宣化	1938年10月	68	120	200000	（满铁）
大同煤矿	山西大同	1938年10月	542	1000	400000	（满铁）
淮南煤矿	安徽怀远	1938年9月	528	65	150000	（三井矿山）
洪洞煤矿	山西洪洞	1937年12月	—	—	0	—
孝义煤矿	山西孝义	1937年12月	—	—	0	—
富家滩煤矿	山西灵石	1938年11月	—	—	10000	大仓矿业
总计	—	—	6900	2913	—	—

资料来源:[日]浅田乔二编:《日本帝国主义统治下的中国》,乐游书房1981年版,第208—210页,见王士花:《“开发”与掠夺——抗日战争时期日本在华北华中沦陷区的经济统制》,中国社会科学出版社1998年版,第13—14页。

表1-5列出大小煤矿19座,在不到1年的短短时间里,晋冀鲁豫4省及苏北、皖北各主要煤矿被日敌劫夺一空,由兴中公司及其母公司满铁以“军管理”的形式,相继恢复生产,进行破坏和劫夺式开采。如表1-5所示,到1938年年末,19座煤矿的出煤量已达战前的42.2%,下花园、大同两矿的煤产量更将近战前的两倍,不仅直接支撑了侵华战争,更出口至日本国内。

电力是重要经济命脉,兴中公司为扶助天津日资纺织业,“七七事变”前即着手筹建天津电业公司,妄图垄断天津动力供应。

全面侵华战争爆发后，兴中公司在“军管理”名义下，直接控制了河北保定、石家庄，河南彰德、新乡，山西太原、榆次、平遥、临汾，江苏徐州等15家发电厂和电灯厂，又按日本军部指令，利用日本国内电力联盟和山西电力企业人力，占领了京绥、京汉、津浦等铁路沿线的电力设施。① 为了控制大城市和重要地区的电力供应，兴中公司还加快了“七七事变”前即已筹建并导入日本电力联盟五企业资本的天津电力公司的建设速度；将原中国官商合办的北京电车公司和华商电灯公司强行改为“中日合办”；设立资本为300万元的冀东电业股份有限公司，并通过该公司吞并通县电业公司、芦台济光电气公司、唐山启新电力厂、滦县新明电灯公司、昌黎昌明电灯公司及伪满电力会社投资的山海关、秦皇岛两电灯公司；在吞并济南电灯公司基础上，设立“中日合办”齐鲁电业公司；参与设立“蒙疆电业株式会社”，等等。兴中公司对盐业的掠夺也不遗余力，专设盐业部，垄断和统制长芦盐的“开发”和对日输出，到1939年年底，对日输出达120余万吨。同时还设有傍系会社、渤海盐业公司，计划分两期开辟盐场12000公顷，设立汉沽、大沽两个洗盐厂，又对永利化学工业公司和久大制盐公司两家有名的化工企业实行“军管理”。另外，日本国内大日本制盐、三井物产、三菱商事等3家商社设立的山东盐业株式会社，对山东盐业进行统制、掠夺，1939年的出口量为15万吨。② 1938年3月，兴中公司以300万元资金独资设立“华北棉花公司”，在华北主要产棉区河

① 《满铁档案·总体·东亚·文书·社会关系》，5—1，第2号，见解学诗：《兴中公司与“七·七”事变》，《社会科学战线》1987年第3期。

② 解学诗：《兴中公司与“七·七”事变》，《社会科学战线》1987年第3期；天津档案馆藏：《华北盐业股份有限公司引继调书》，见居之芬主编：《日本对华北经济的掠夺和统制——华北沦陷区经济资料选编》，北京出版社1995年版，第7页。

北、山东、河南3省设有4个棉花打包厂和仓库,统制和垄断华北棉花收购和对日输出,1938年年底,对日元集团输出棉花近百万公担。① 兴中公司统制经营的产业尚有:冀东铝矾土矿业所,到1938年年底,月产矾土矿石7000—10000吨,全部输往日本、伪满;塘沽运输公司,1938年年底有300吨位驳船3艘,一般驳船20艘,并收购英资大沽造船厂。在1940年前日本尚未修复青岛、连云港,秦皇岛尚被英国控制的情况下,这对日本在华北的军事侵略和经济统制、掠夺,起着不可或缺的作用;"华北军用材料运输委员会",有汽车200余辆,统制了华北的汽车和公路运输,保证了日军军用物资的短途运输;冀东遵化一带的"采金公司",统制和垄断金矿开采;等等。②

兴中公司受托经营管理"军管理"产业,统制、掠夺华北经济资源,野心勃勃、急剧膨胀,不过公司本身带有过渡性质。满铁在1936年3月该公司成立不久,研究"华北经济开发投资机关"问题时就决定,一俟"亲日中央政权"成立,即结束作为"权宜之计"的"对华工作",兴中公司也将随之由其他机构取代。③ 华北方面军在指令兴中公司接管"军管理"产业时,也明确指出,"这只是适应当前的暂时变通办法,至于将来由谁正式进行开发和经营,正在研

① 国民党政府海关总税务司:《关于1938年度华北六埠对外贸易报告》,天津档案馆藏,见居之芬主编:《日本对华北经济的掠夺和统制——华北沦陷区经济资料选编》,北京出版社1995年版,第7页。

② 《1936年至1938年兴中公司经营事业概况》,见居之芬主编:《日本对华北经济的掠夺和统制——华北沦陷区经济资料选编》,北京出版社1995年版,第7页。

③ 满铁经调会:《华北经济开发投资机关纲要》(1936年3月),打印件,见解学诗:《兴中公司与"七·七"事变》,《社会科学战线》1987年第3期。

究之中”①。

全面侵华战争的爆发和扩大,中国人民激烈和顽强的反抗斗争,使日本在关于究竟如何统制、掠夺华北经济资源的问题上,面临的局势和矛盾变得十分微妙和复杂。“七七事变”后,日本国内各种经济势力紧跟着侵华日军涌进中国,抢夺侵略成果;以国家资本为背景、业已全面垄断伪满经济的满铁,更是认为由满铁或其旁系会社控制整个华北经济资源统制、掠夺天经地义,甚至提出“有必要设立可称之为第二满铁的强有力的半官半民的综合性国策会社,统制投资和经营,以防止浪费资本和谋求迅速而又合理地开发”。② 日本政府一则因日本“国内资本家拼命反对满铁垄断大陆”;二则出于“缓和中国民心与对外国权益的刺激”考虑,拒绝满铁直接进入华北。③ 但是,全面侵华战争的急剧升级和演变,不断加深日本军国主义与日本财阀的相互勾结。更确切地说,日本军国主义发动的全面侵华战争,就是代表了日本财阀要求急剧扩张的利益和要求。因此,对华北经济资源统制、掠夺政策的任何调整和改变,都不能违背或损害日本财阀的利益。日本政府就是在这一前提下,在日本财阀和“民间资本”之间取得平衡,确定的基本方针是,“一般产业”采取“自由投资”形式;“基础产业及国

① 《寺内部队特务部长喜多诚一给兴中公司社长十河信二通牒》(1937年11月23日),见《满铁档案·总体·监理·关系社会监理·兴中公司》,67—5,第36号,见解学诗:《兴中公司与“七·七”事变》,《社会科学战线》1987年第3期。

② 满铁:《华北开发会议设文纲要草案》,日文档案抄件,第109—282号,见解学诗:《兴中公司与“七·七”事变》,《社会科学战线》1987年第3期。

③ 《中国事变爆发后日本大陆经营的政治动向》,满经(一)(1),1938年8月,见解学诗:《兴中公司与“七·七”事变》,《社会科学战线》1987年第3期。

防产业”,包括通信、交通、港湾、发电配电、铁、煤、制盐等,进行某种程度的统制,经营主体按“冠军、内行”原则,由各个资本集团瓜分:炼铁为日本制铁会社;煤炭为日本煤炭联合会;交通运输为满铁;电力为日本电力联盟;电报电话为满洲电信电话会社;盐业为兴中公司;棉花为日本纺织联合会、在华纺织联合会和兴中公司。承担各该行业的企业或集团当然要筹措所需资金、技术和人力。如此,华北沦陷区的工矿、电力、交通、通信、港口等,除耕地、牧场、森林以外的全部产业,统统瓜分尽净,日本财阀和民间大小资本全都有份,强盗、窃贼皆大欢喜。为了调整这些行业和承担这些行业的企业或集团的关系,设立能够进行“计划、鼓励、统制、监督的最高统制机构”,而这一统制机构由各该行业的代表参加。这个机构就是1938年3月成立的“国策会社”,作为日本特殊法人的“华北开发株式会社”(亦称“华北开发公司”),由其统制、监督上述会社分别对上述事业“负责开发、经营或调整”。① 华北开发公司资本为3.5亿日元,总裁由原拓务大臣大谷尊由充任,资本由“日本政府及日本政府以外者”各半出资。“日本政府以外者”的投资,向社会“公募”。会社的特权之一,是可以发行相当于实缴资本5倍的“社债”。②3.5亿日元公司资本的构成,如表1-6所示。

---

① 日本内阁企划院第三委员会:《华北经济开发方针》(1937年12月16日),见解学诗:《兴中公司与“七·七”事变》,《社会科学战线》1987年第3期。

② 《华北开发株式会社设立要纲》(1938年3月15日日本内阁议决),日本外务省档案胶卷,WT.LM.T149,第156—161页,见解学诗:《兴中公司与“七·七”事变》,《社会科学战线》1987年第3期。

表 1-6　华北开发公司资本构成(1938 年)

项目 资本构成	股本形式	资本金额(万日元)	缴纳股数	每股金额(日元)	实收金额(日元)	实收金额占总额比重(%)
政府	现金	17500	2888280	8.65	24983622	25.16
	现物		611720	50.00	30586000	30.80
民间	现金	17500	3500000	12.50	43750000	44.04
总计		35000	7000000	—	99319622	100

资料来源:据[日]闭锁机关整理委员会:《闭锁机关とその特殊清算》,1954 年印本,第 319 页整理;见居之芬、张利民主编:《日本在华北经济统制掠夺史》,天津古籍出版社 1997 年版,第 115 页改制。

表 1-6 列 3.5 亿日元资本、99319622 日元实缴资本金,无论出自日本政府还是日本“民间”,全是中国资财和人民膏脂,没有一分一毫来自日本本土。所谓“民间资本”固然是日本财阀和资本集团窃夺中国物资资源、榨取中国工人血汗所得;日本政府所缴现金亦是来自汉奸政权的财税搜刮或日敌直接掠夺。所谓“现物”,则是将侵华日军“没收”的中国工矿企业,特别是铁路运输设施,由临时拼凑的“评议委员会”估价、折值而来。

除了额定股本,华北开发公司还通过“中日合办”等形式搜罗汉奸政权资金,强行掠取民营工厂。该公司成立后,兴中公司持有的关系公司或股份,也相继转让或独立,1940 年年末解散,华北开发公司成为统制和掠夺华北经济资源的殖民国家托拉斯。华北开发公司并不直接经营产业或企业,而是对子公司的投资、融资,业务计划(包括资金、原料、劳力调拨)、指导、监督、检查、调整等措施,据此将其统统归于华北开发公司的直接统制之下。

华北开发公司成立后,日本帝国主义在华北地区开始了更大规模有计划、有步骤的破坏和掠夺式“开发”,进行杀鸡取卵的“开发”掠夺。

华北开发公司“开发”、掠夺华北经济资源的头等大事,就是实施华北产业开发计划。1938 年 6 月,日本政府出台了 1938 年至 1942 年的《华北产业开发第一次五年计划》,但前后拖延一年才定案,1938 年已过,只得将计划修改、调整为 1939 年至 1942 年的《华北产业开发四年计划》。① 华北开发公司实施的就是这个“四年计划”。这两个计划如表 1-7、表 1-8 所示。

表 1-7 《华北产业开发第一次五年计划》指标(1938—1942 年)

<table>
<tr><th rowspan="2">计划指标
行业</th><th colspan="3">计划指标</th><th rowspan="2">所需资金
(万元)</th></tr>
<tr><th>现时指标
(万吨)</th><th>5 年后指标
(万吨)</th><th>增加幅度
(%)</th></tr>
<tr><td>制铁业</td><td>6</td><td>100</td><td>1567</td><td rowspan="2">14000</td></tr>
<tr><td>钢材业</td><td>—</td><td>50</td><td>—</td></tr>
<tr><td>煤炭业</td><td>800</td><td>3000</td><td>275</td><td>—</td></tr>
<tr><td>煤炭液化业</td><td>—</td><td>100</td><td>—</td><td>46600</td></tr>
<tr><td>火力发电业</td><td>16(万千瓦)</td><td>41(万千瓦)</td><td>156</td><td rowspan="2">14400</td></tr>
<tr><td>水力发电业</td><td>—</td><td>19(万千瓦)</td><td>—</td></tr>
<tr><td>制盐业</td><td>112</td><td>250</td><td>123</td><td>—</td></tr>
</table>

① 日敌华北产业开发计划的出台经历了一个复杂的过程:在华北开发公司的筹组过程中,华北方面军特务部、满铁和兴中公司共同商定了以五年为期的生产计划。这是第一次五年计划的雏形。即所谓“现地案”,日本陆军省在此基础上,提出了一个“陆军省军务局案”,但日本政府方面多不同意,引起所谓“现地案”与“内地案”之争,即军部与政府之争。后经企划院调解,由企划院第三委员会拟定了 1938 年至 1942 年的《华北产业开发第一次五年计划》,但拖延了一年始成定案,1938 年已过,不久复修改为 1939 年至 1942 年的《华北产业开发四年计划》。

续表

计划指标 / 行业	计划指标			所需资金（万元）
	现时指标（万吨）	5年后指标（万吨）	增加幅度（%）	
制碱（纯碱）业	4	14	250	3600
制碱（烧碱）业	0.5	2.8	460	

资料来源：郑伯彬：《抗战期间日人在华北的产业开发计划》，国民党政府资源委员会经济研究所1947年印本，见居之芬主编：《日本对华北经济的掠夺和统制——华北沦陷区经济资料选编》，北京出版社1995年版，第24页整理、计算、编制。

表1-8　《华北产业开发四年计划》指标（1939—1942年）

年份 / 指数 / 行业	1939		1940		1941		1942	
	实数（万吨）	指数	实数（万吨）	指数	实数（万吨）	指数	实数（万吨）	指数
钢材业	—	—	—	—	—	—	13	—
生铁业	4.5	100	11.2	248.9	21	466.7	57.1	1268.9
铁砂业	29	100	62.2	214.5	126	434.5	168.9	582.4
煤炭业	1410	100	1790	127.0	2270	161.0	2930	207.8
挥发油业	—	—	—	—	2.5	100	21.5	860.0
重油业	—	—	—	—	—	—	8.5	—
纯碱业	4.2	100	5.5	131.0	12.5	297.6	12.5	297.6
烧碱业	—	—	—	—	1.8	100	2.2	122.2
盐业	107.6	100	126.6	117.7	153.2	143.4	182	169.1
羊毛业	0.8	100	0.9	112.5	1	125.0	1	125.0
电力业	48*	100	84*	175.0	229*	277.1	269*	560.4

注：*原资料单位为“千瓦”，错。似应为“万千瓦”。羊毛为日本所希望之数额；电力不包括内蒙古。

资料来源：郑伯彬：《抗战期间日人在华北的产业开发计划》，国民党政府资源委员会经济研究所1947年印本，见居之芬主编：《日本对华北经济的掠夺和统制——华北沦陷区经济资料选编》，北京出版社1995年版，第25页整理、计算、编制。

按照“五年计划”、修改调整后的“四年计划”和公司本身的事业计划,华北开发公司的经营范围是,矿产、钢铁冶炼、发电配电、制盐制碱、交通通信、羊毛劫夺,以及“为促进华北经济开发之特别必要的统合调整事业”。公司将满铁、兴中公司编入自己的子公司名单,接收其在华北的产业,很快控制了华北的经济命脉,分别交由相关公司经营。

华北开发公司通过对其子公司投资或融资统制华北沦陷区矿产资源和其他产业的“开发”,在兴亚院华北联络部的直接监督下,执行日本政府制订的掠夺计划。1938 年 9 月日本政府最后定案的“开发计划”规定,以日本“战时体制所必需的重要资源的开发和补给为重点”,以煤、铁、液体燃料、铝矾土、盐、碱为开发中心。①

煤炭是日本政府“开发”掠夺矿产资源的重点,掠夺的基本目标和方针是,“确保对华北煤炭资源的控制力;充分补给日本之不足;开发资金控制在最新数额”。为此,1939 年 2 月决定成立 7 大集团,瓜分华北煤矿的开采权,分别承担各矿区的煤炭“开发”掠夺。瓜分情况如表 1-9 所示。

表 1-9　日本各财团/煤矿集团瓜分华北矿区开采权情况统计(1939 年)

资本财团	矿区瓜分	瓜分之矿区
满铁	大同集团	大同集团一带矿区
山东矿业	胶济集团	山东境内以淄川、博山矿区为中心的胶东、鲁北一带矿区
三井矿山	中兴集团	山东境内以中兴煤矿为中心的矿区
三菱矿山	大汶口集团	山东大汶口附近矿区

① ［日］满铁调查部编:《华北产业开发计划资料·总括之部》,依田憙家编:《日中战争史资料》,河出书房新社 1975 年版,第 302 页,见王士花:《“开发”与掠夺——抗日战争时期日本在华北华中沦陷区的经济统制》,中国社会科学出版社 1998 年版,第 25 页。

续表

资本财团	矿区瓜分	瓜分之矿区
明治矿业	京汉集团	京汉铁路沿线包括河北磁县中和、怡立等矿区
贝岛煤矿	井陉集团	河北井陉、正丰,以及包括河南下河沟诸煤矿
大仓矿业	太原集团	山西阳泉、寿阳、西山、东山、轩岗镇、富家滩、孝义、洪洞、介休诸矿所在矿区

资料来源:[日]铃木茂:《日本帝国主义对中国北部占领区开发的“统一调整”与华北开发公司》,京都大学《经济论丛》1976年第117卷第5、6月号,第54页,见王士花:《“开发”与掠夺——抗日战争时期日本在华北华中沦陷区的经济统制》,中国社会科学出版社1998年版,第26页。

这种煤矿开采权的瓜分,基本上是以原兴中公司推行“协作公司制”时划定的开采权为准,只做了某些调整,煤矿开采权或煤矿产权完全为日本各财阀、财团所掌控,但资本结构发生变化。按照煤矿公司的设计计划,除胶济集团外,其他各集团所设公司,汉奸政权一方出资比例为50%。① 这样,煤矿开采权和煤炭掠夺不但披上了“中日合办”的“合法”外衣,还可名正言顺地逼迫汉奸政权真金白银“投资”(日方“投资”则以所攫矿产或“技术”折合),得以维持和加速煤矿的“开发”、掠夺。据不完全统计,日本在华北劫夺煤炭,1939年计划1433.95万吨,实际产煤1409万吨;1940年计划2726万吨,实际产煤1835.4万吨;1941年计划2451.5万吨,实际产煤2388.4万吨。②

华北开发公司在统制华北煤炭“开发”的同时,设立华北煤炭

① [日]山口高等商业学校东亚经济研究会编:《中国经济年报》,1976年版,第155—156页,见王士花:《“开发”与掠夺——抗日战争时期日本在华北华中沦陷区的经济统制》,中国社会科学出版社1998年版,第27页。

② [日]浅田乔二编:《日本帝国主义统治下的中国》,乐游书房1981年版,第246页,见王士花:《“开发”与掠夺——抗日战争时期日本在华北华中沦陷区的经济统制》,中国社会科学出版社1998年版,第13—14页。

销售公司、“蒙疆矿产销售公司”及山东矿业产销公司等分公司,统制华北煤炭运销,计划将所产煤炭的65%运往日本和伪“满洲国”。1940年、1941年两年由华北煤炭销售公司销售的煤炭,对日、“满”输出量分别占其总销售额的76%和72%。①

铁矿开采和钢铁冶炼方面,日本在华北的计划目标,是为日、“满”攫取足够的铁矿石,并生产华北当地所需要的铣铁。华北开发公司计划1942年后开采铁矿石300万吨,生产铣铁80万吨、钢材40万吨,其中一半输往日本。② 为此,1939年7月,华北开发公司和伪“蒙疆联合委员会”出资2000万元设立龙烟铁矿公司;1940年年底,华北开发公司与日本制铁公司各半出资,将1938年兴中公司和日本制铁公司合资兴建的石景山制铁所扩大规模,改设为“组合”。③在山西,1940年由华北开发公司和大仓矿业公司各半出资,山西制铁所扩建为“组合”。龙烟铁矿公司1939—1941年3年间,分别开采铁矿石60万吨、70万吨、100万吨。除部分运往石景山制铁所外,全部运往日本八幡制铁所。1942年还将资本增至6000万元,以增大矿石掠夺规模。石景山制铁所在1938年11月已开炉出铁,年产铣铁5万余吨,全部运往日本。

电业方面,日本的统制和“开发”、掠夺力度更大。1936年华北各发电厂及厂矿自用发电设备的总发电能力为147170千瓦,《华北产业开发第一次五年计划》要求1942年后火力发电增至41

① 中国第二历史档案馆馆藏档案,全宗号二〇〇五(2)卷号29,见王士花:《“开发”与掠夺——抗日战争时期日本在华北华中沦陷区的经济统制》,中国社会科学出版社1998年版,第27页。

② 参见王士花:《“开发”与掠夺——抗日战争时期日本在华北华中沦陷区的经济统制》,中国社会科学出版社1998年版,第27页。

③ 按照日本法律规定,两个以上的公司可以共同出资筹建企业“联合体”,谓之“组合”。

万千瓦，外加水力发电19万千瓦，合计60万千瓦，相当于1936年发电能力的4倍。但到1939年的发电量还仅有96146千瓦，只相当于战前的65.3%。华北开发公司认为，在华北“恢复治安和产业开发，要依靠与之相关的丰富低廉的电力的供应”，而欲加速恢复、“开发”华北电力，必须对电力产业实行“一元化”亦即“一业一社”（一个产业或行业统归一家“会社”经营）的“统制”，于是，1939年8月由兴亚院制定了《华北电业株式会社设立纲要》，1940年1月设立“华北电业股份公司”，对华北地区各主要电厂进行统制经营和管理。[①] 公司资本1亿元，名义上“中日合办”，对半出资，公司总裁亦由中方担任。[②] 不过公司大权均为日本人甚至直接为日本政府所掌控，故为此在东京特设“事务所”。该公司的主营业务十分明确，就是“以谋华北电业事业之发达，统制经营发电、送电、配电等事业及各种附带事业，并对其他同种事业的投资及融资为目的”。[③] 正是基于“对其他同种事业的投资及融资”目的，华北电业公司成立后，很快合并了北平市公用局电气局管理的华商电灯公司和兴中公司所属的天津、冀东两个电业公司，1940年3月又继承了兴中公司受托经营的各“军管理”电灯厂，统一调配购置华北各地发电厂的发电设备和送电、变电工程。华北电业

① ［日］华北开发公司：《北支那开发株式会社及关系会社概要》，1943年版，第80页，见居之芬、张利民主编：《日本在华北经济统制掠夺史》，天津古籍出版社1997年版，第188页。

② 公司资本，日方由华北开发公司出资3000万元，东亚电力兴业会社（即日本各电气电业公司组建的专门从事在华电力事业会社）出资2000元；中方由伪“临时政府”和华商（包括4家中日合办企业中的华股）出资。公司总裁由中方章仲和担任，副总裁为日本人内藤熊喜。

③ 伪“临时政府”实业部：《实业公报》1939年第19期，见居之芬、张利民主编：《日本在华北经济统制掠夺史》，天津古籍出版社1997年版，第189页。

公司成立后,立即开始扩大各发电厂的发电能力,调整变电和送电设备。1940年7月后,公司推行"重点主义"掠夺政策,调整华北电业"开发方针",确保煤炭增产所需电力;水力发电以供给冀东地区矿产开发和井陉煤田所需电力为目标,将滦河和滹沱河水电发电工程的计划具体化。1940年年末,华北地区的发电量已达战前水平,1941年年末华北地区的总发电能力增至263430千瓦,比战前扩大了64.9%。①

交通运输是战争和经济的大动脉,是侵华日军夺占、统制、劫夺的重点。先是满铁倾巢出动,以2万名社员和5000辆车的人力物力,紧随日本侵略军,夺占、抢占铁路,继而侵华日军将其作为"胜利果实"交给满铁的"华北事务局"代管。同时,侵华日军华北方面军一方面以"军管理"的形式牢牢掌控铁路运输大权,另一方面积极筹划成立"公司",全面统制、掠夺。华北方面军不仅与日本政府多次讨论、研究建立交通公司的原则、方针和方式,还代表日本政府与华北汉奸政权反复交涉。② 1939年4月,华北方面军直接操纵成立"华北交通股份有限公司",额定资本30000万元,中日合办,华北开发公司以攫夺的"现物"出资15000万元,满铁出资现金12000万元,华北汉奸政权出资现金3000万元。华北开发公司投资的"现物",即华北方面军和满铁攫夺的华北铁路等交

① [日]中村隆英:《战时日本の华北经济支配》,第253—254页;郑伯彬:《抗战期间日人在华北的产业开发计划》,第54页,均见居之芬、张利民主编:《日本在华北经济统制掠夺史》,天津古籍出版社1997年版,第190页。

② 据统计,1938年9月、10月和1939年3月、4月,仅华北方面军特务部长与伪"临时政府"委员长王克敏的"会谈"就达33次,计时65小时。(参见张利民:《日本对华北铁路的统制与抗日军民的破击战》,见居之芬、张利民主编:《日本在华北经济统制掠夺史》,天津古籍出版社1997年版,第118页。)

通运输设施,原本是华北开发公司成立时,日本政府的“现物”投资:《华北开发株式会社章程》载明,日本政府以华北“铁道;桥梁及建筑物;机车及其他车辆;轨道及枕木;其他铁道设施及附带物品”等“财产出资”,会社将其财产折价3058.6万元“全额缴纳”,计为61.172万股。① 现在摇身一变,又成了华北开发公司投资“华北交通股份有限公司”的“现物”。该公司名为“中日合办”,但总裁由一名满铁理事充任,两名副总裁亦有1人来自满铁,另一名副总裁为华北汉奸政权的建设总署署长,实际上一切大权全部为满铁所掌控。

根据公司章程,其业务范围为全面统制铁路和水陆交通运输,经营铁路和公路运输、国内水运、港口及其他附带事业。同时修复和扩建铁路、港口,延长交通线路,扩大华北交通网络;并于1939年接管和增资兴中公司的塘沽运输公司,1941年接管原属兴中公司的新港临时建设事务局及连云港业务,公司资本亦由30000万元增至40000万元(其中华北开发公司23500万元,满铁12000万元,伪“华北政务委员会”4500万元)。又对成立于1938年的日资“青岛码头株式会社”(设立资本200万元)增资2200万元(华北开发公司1000万元,华北交通公司550万元,东亚海运550万元),继续青岛港修补扩张工程。② 所有这一切,直接为日本大批

① ［日］《支那问题研究所经济旬报》1938年11月21日第8号,第15—17页,见居之芬主编:《日本对华北经济的掠夺和统制——华北沦陷区资料选编》,北京出版社1995年版,第157—158页。

② 《1940年度华北开发株式会社新设、增资与融资企业一览》(1944年12月)、《1942年度华北开发株式会社新设、增资与融资企业一览》(1944年12月),见［日］东亚新报天津支社编:《华北建设年史》,第131—133页,见居之芬主编:《日本对华北经济的掠夺和统制——华北沦陷区资料选编》,北京出版社1995年版,第165、168页。

和快速调运部队及军需物资，最大限度地提高统制与掠夺华北经济资源的效率，特别是将掠夺的各类物资以最短距离、最快速度运回日本国内，创造了条件。

华北开发公司为保障其资源掠夺所需要的交通、通信、电力等所需庞大的资金，除募集社会资本，优先配备其子公司交通、通信设施和电力供应。同时调整器材和劳力分配，强征和劫掠劳工。鉴于确保华北农业生产所需劳力和满足伪满对华北劳工掠夺两者矛盾尖锐，乃于 1941 年 7 月设立“华北劳工协会”，以控制和调节劳动力的分配，谋求劳工掠夺的“有效化”。①

1941 年年末太平洋战争爆发后，日本帝国主义的侵略扩张野心极度膨胀，妄图建立“大东亚帝国”，将殖民掠夺经济体系由“日满华自给自足经济共同体”扩大为包括东南亚诸国在内的“大东亚经济共荣圈”。1942 年 2 月 14 日，日本内阁决定成立“大东亚建设审议会”，同时制定了与大东亚经济建设基本方针相适应的《日满华及南方地域综合建设计划》，其核心是强化中国和南亚地区，尤其是华北和伪满的经济“开发”、掠夺，“谋求增强战争能力”，“尽快地增强大东亚战争的完成”。故“重点要放在开发建设钢铁、煤炭、石油和其他液体燃料、铜、铝、飞机、船舶、肥料、电力上”。据此，计划除要求伪满扩充开发矿业、电力，努力实现制铁事业和化学工业的“划时期的振兴”外，在关内沦陷区，则要求“谋求矿业、制盐业的振兴，特别是在华北谋求黄河的治水发电的同时，以期依存煤炭、电力的制铁事业、化学工业等的划时期的振兴”。华北轻工业更要求“顺应”日本产业的发展阶段，进行“相互

① ［日］小林英夫：《日本帝国主义的华北占领政策》，《日本史研究》第 146 号，1974 年 10 月，见王士花：《“开发”与掠夺——抗日战争时期日本在华北华中沦陷区的经济统制》，中国社会科学出版社 1998 年版，第 23 页。

的调整和逐次的发展”。①

基于这一重要经济发展战略，大东亚建设审议会委员日本驻北平公使盐泽清宣，紧接着又制定了《基于大东亚经济建设基本方针的华北经济建设十五年计划》，加大了对华北经济资源的统制、掠夺范围和力度。日本设想5年内可以战胜英美联军，该计划前5年（1942—1946年）属战时经济计划，后10年是战后经济建设，妄想15年后能建立起以日本为霸主的“大东亚帝国”。为了维持和加强对正在占领的东亚地区的殖民统治，顺利实施大东亚经济建设方针，1942年11月1日在内阁特设“大东亚省”，取代拓务省和兴亚院，掌理东亚占领区殖民统治事务。“华北经济建设十五年计划”主要指标如表1-10所示。

表1-10 《基于大东亚经济建设基本方针的华北经济建设十五年计划》简表（1941—1956年）

产业部门 \ 生产指标		1941年（实际）	1942年（估计）	1946年（第一期末）		1951年（第二期末）		1956年（第三期末）	
		生产目标	生产目标	生产目标	所需资金（千元）	生产目标	所需资金（千元）	生产目标	所需资金（千元）
铁路（公里）		6008	6019	—	—	—	—	11618	7430550
港湾（千吨）		6282	—	27250	294800	—	—	111600	3284800
电力（千瓦）		263430	—	671000	—	—	—	6594880	4179964
煤炭（千吨）		24208	28410	57320	575000	136200	2570000	300000	9095000
钢铁（千吨）	生铁	65	96	1000	950000	3500	2300000	7000	1650000
	钢材	11	43	1800		6300		12600	
铁矿石（千吨）		605	950	2750	61320	4600	62700	7500	78300

① 《日满华及南方地域综合建设计划》（1942年2月14日），[日]东亚新报天津支社编：《华北建设年史》，1944年版，第98—102页，见居之芬主编：《日本对华北经济的掠夺和统制——华北沦陷区资料选编》，北京出版社1995年版，第33—37页。

续表

产业部门 \ 生产指标		1941年(实际)	1942年(估计)	1946年(第一期末)		1951年(第二期末)		1956年(第三期末)	
		生产目标	生产目标	生产目标	所需资金(千元)	生产目标	所需资金(千元)	生产目标	所需资金(千元)
盐(千吨)		1280	1450	2530	20000	4720	62000	6500	18000
制碱(千吨)	纯碱	38	39	150	27150	650	72020	1400	88640
	烧碱	4	4	50	24710	360	84740	650	110280
人造石油(千升)		—	—	115	181000	995	1192000	2225	1282000
铝(千吨)	铝氧	—	—	40	62000	160	120000	300	118000
	铝	—	—	—	7500	50	125000	100	107500
矾矿石(千吨)		285	135	497	3180	999	7530	1632	9495
硫酸亚(千吨)		—	—	264	100000	642	164000	1320	23600
电石(千吨)		2	4	40	15240	205	62160	350	49210
水泥(千吨)		45	45	1195	65520	—	87200	4095	107200
棉花(千担)		3000	3680	8247	—	10000	—	10000	—

资料来源:据郑伯彬:《抗战期间日人在华北的产业开发计划》的21、22表汇制,见居之芬、张利民主编:《日本在华北经济统制掠夺史》,天津古籍出版社1997年版,第265页表4-1改制。

通过发动太平洋战争,日本掠夺的东亚领土和海洋资源猛增,但不仅没有相应减轻对华北经济资源的统制、掠夺,反而大幅上升,钢铁、铁矿石、煤炭、矾土矿石、盐、碱、棉花、电力等国防、战备物资或动力资源,尤为突出。铁矿石、铁、钢等3种主要战争物资,1942年比上年依次增长57%、47.7%和290.1%,5年后进而依次增长354.5%、1438.5%和16263.6%;盐、纯碱、烧碱5年后依次增长97.7%、294.7%和1150%;棉花5年后增长174.9%;电力5年后增长154.7%。上述国防、战备物资,以及没有列入"计划"的其他物资,大多甚至全部要通过港湾出口,运往海外前线或日本国内,要求迅速提升港湾吞吐能力,5年后港湾吞吐能力增长 333.8%。

同时,随着太平洋战争的爆发和扩大,美英集团对日本进行经济封锁,日本与日元集团以外国家的贸易几乎完全停顿,经济困难加剧。特别是 1942 年下半年,日本在中途岛海战失利,飞机、舰艇损失严重,南边海运通道阻塞,物资接济困难,经济形势愈加严峻。为了维持战争,必须重新规划,进一步强化经济统制。1942 年年底制定的《1943 年度大东亚共荣圈内物资动员与交流计划》规定,“军需优先”“民需压缩”,集中资金、人力、资材增产飞机、舰艇所需钢铁、铝、铝氧、和煤炭,大力压缩“民用生产”,占领区民众必须“节衣缩食”为战争服务。在上述计划中,华北又是掠夺华北农产品的重点。计划特别要求在华北增加精煤生产和输出;增加高品位铁矿石精选和低品位就地制炼生铁再运;将铝矾土和重石矿加工成铝氧和钨锰铁再运。①

上述物资动员与交流计划出笼后,日本大东亚省北平“大使馆”为执行计划,于 1942 年 11 月制定了《华北的输入及生产与配给机构整备要纲》,对华北地区的经济统制和掠夺更是不择手段,不仅大规模“整顿”、压缩和严密统制生产、生活物资的输出入贸易,和配给机构,并大规模压缩和全面统制民营轻纺工业,强迫其转产、兼并或倒闭,而后按行业组织“工业组合”,统归华北交易配给统制总会或华北生活必需品配给统制总会实行统制和指令性生产。②

---

① 《秋元顺朝所藏文书》,[日]中村隆英:《战时日本の华北经济支配》,见居之芬、张利民主编:《日本在华北经济统制掠夺史》,天津古籍出版社 1997 年版,第 322—323 页。

② 《华北贸易统制机构的演变》,见[日]《中国经济旬报》1944 年 7 月 7 日,第 232 号,第 35—39 页,见居之芬、张利民主编:《日本在华北经济统制掠夺史》,天津古籍出版社 1997 年版,第 323—324 页。

经过1943—1944年两年的“整顿”、统制,华北纺织业有1/3的“闲散”机器设备被强令拆毁和用于炼铁,或转产军用物资。在拆毁纱厂的同时,日本侵略者又加强了对华北棉花和棉织品、小麦和米粉的统制、劫夺,规定华北棉花必须有一半运往日本、伪满,本地消费的棉花还必须以一半供给军需;全面统制小麦收购和面粉加工配给,除日资统制的华北麦粉制造协会所辖厂之外的华北城乡各地的手工磨坊,统统取缔;对卷烟业则统制烟叶原料配给和产品销售,绝大部分机制卷烟被日资控制的颐中公司(原为英美合办,太平洋战争后被华北开发公司接管)、华北东亚烟草公司、华北烟草公司等3家大公司垄断,其产品销售占华北机制烟销量的92.8%,近50家华资中小烟厂倒闭、转产。日伪还通过提高手工卷烟税的办法,迫使原占华北卷烟产量40%的华北城乡手工卷烟业大部分停产倒闭。①

日本侵略者对华北农业和农业资源的统制、掠夺一直在不断强化中,大米、小麦、棉花产销是日本统制、掠夺华北农产品的重点。1939年就设立了“米谷统制委员会”,强力统制华北大米的生产和配给。太平洋战争爆发后,华北的粮棉短缺程度更加严重,“治安”状况不断恶化。1942年后,日军在华北全境推行“治安强化”运动的同时,强化粮棉统制、“增产”和“收购”、劫夺。日伪通过新民会、华北合作事业总会、华北棉产改进会及华北交通公司在各地农村基层,组织合作社、农业仓库,统制粮棉生产、收割和保管、配给,逼迫农民将收割的粮食运到公共打谷场打场,统一存入合作社公仓,不仅按亩强征摊派,还由伪县公署、新民会、合作社等组成“收集班”,在日军指挥下专门“收购”、抢夺粮食、棉

① 居之芬、张利民主编:《日本在华北经济统制掠夺史》,天津古籍出版社1997年版,第324—325页。

花等农产品。

然而,1942 年并未能通过上述措施完成粮食劫夺目标,1943 年日伪随即调整措施,增设机构,进一步加大粮食统制和掠夺力度。伪“华北政务委员会”设立“华北物资物价处理委员会”,由重新上任的委员长王克敏亲自挂帅督励,伪实业总署王荫泰督办,下设华北粮食局及各省市粮食分局,作为华北粮食的统一收购机关;华北粮食局及粮食分局下设华北粮食采运社及各省市粮食采运分社,由各粮食局与有经济实力的日华粮商组成官商合办的一元化粮食统制征购机构,6 月麦收时公布统一的粮食“收购价格”,还规定对提供小麦农户以低于市价 1 成的优惠价格配给棉布、砂糖、烟草、药品、盐、火柴等。同时又制定实施《华北扰乱经济统制紧急治罪条例》,严禁私自囤积粮食,凡储藏粮食超过半年消费量的商人、用户,必须在该年 6 月 20 日前自首,由当地粮食局收购,有隐匿不报、伺机逃亡者,粮食没收,并按《华北扰乱经济统制紧急治罪条例》从重惩处。尽管日伪费尽心机,但因“收购”价格不及市价的 1/3,配给棉布、砂糖、药品、盐等,均是空头支票,下乡“收购”又要冒抗日武装袭击的危险,1943 年夏粮(小麦)“征购”、抢夺仍不成功。伪“华北政务委员会”在日本主子的压力下,规定从 7 月 8 日起,对华北秋粮的征购,改由各省市行政长官直接负责,征购计划指标按省市地区强行摊派,行政长官亲自出马,各地日本驻军和特务宪警协力完成。11 月又强制发行粮食采购公债 2 亿元,采取赤裸裸的法西斯“行政供出”式攫夺手段。棉花征购机关将华北棉花公司、华北棉业公会、棉产改进会统一为“华北纤维公司”,以强化对棉麻纺织原料的一元化统制强征。不过不论日伪如何巧取豪夺,采取公开抢夺的法西斯手段,但因八路军和沦陷区民众的顽强抗击与抵制,日军的秋粮和棉花抢夺战又遭失败。日敌计划强征粮食 50 万吨,实征 22 万吨,只完成 44%;计划强征棉花 170

万担,实征50万担,只完成29.4%。①

1944年,日敌的华北粮棉统制、掠夺又有新花招。年初,伪"华北政务委员会"推行所谓"第二次促进华北新建设",日敌又有农业增产新"计划",并在河北、山东、河南3省划定153个县,作为实施增产计划和粮棉掠夺重点地区。为了进一步强化华北粮食掠夺机构,6月新设"华北粮食公社",作为日本开发公司直接控制的子公司,是集华北粮食进行统一抢征、贮存、委托加工、输入、输出、配给等于一体的庞大统制架构。其营运经费,日方由华北开发公司、华北麦粉制造会社、华北粮食平衡仓库,汉奸政权由伪"华北政务委员会"、华北合作事业总会等日伪两方机构各半出资1亿元资本金,另外发行相当于资本金10倍的粮食公社债券。②"华北粮食公社"1亿元资本金,无论出自日敌,还是汉奸傀儡政权,绝大部分原本就是农民膏脂,至于相当于资本金10倍(即10亿元)的粮食公社债券,更是一张张废纸。因此,不论用资本金还是"粮食公社债券"抢购或征购粮食,实际上全是武装和暴力劫夺。

除了这一系列经济"整顿"、统制和掠夺,又设立"经济警察",对民众进行洗劫。据资料记载,1942年华北开始实施"战时统制经济",宪兵队中设"经济警察",由伪警察的特务科掌管。宪兵队指挥伪警察,与总领事馆警察一道,疯狂掠夺民众物资,县内设若干个"检查站",伪警察对行人携带的物品进行检查,甚至搜身,以

① [日]中村隆英:《战时日本の华北经济支配》,第348页,见居之芬、张利民主编:《日本在华北经济统制掠夺史》,天津古籍出版社1997年版,第333—334页。

② [日]东亚新报天津支社编:《华北建设年史·产经》,第115—220、222—224页,见居之芬、张利民主编:《日本在华北经济统制掠夺史》,天津古籍出版社1997年版,第334页。

“违禁品”为名,将所携物品全部抢走。日本战犯分析,日伪此举,其一是害怕物资流向八路军地区;其二是“日本帝国主义要将一切物资全部抢光”。1944 年,山西省政府警务厅内也设立了“经济科”,将以往由特务科管辖的经济警察独立出来,负责揭发“非法囤积”和“违法统制”。警务厅还制定了经济警察“奖恤办法”,规定对发现所谓“违禁品”和“囤积物资”并上报者,从全部折价中提取一部分作为奖金发给警察本人;又将处理价格的 20% 按各人职责分配给有关的警察机构的职员,以引诱这些走狗为其“效劳”,防止其将物资隐藏,攫为己有。1944 年 6 月,经济警察将太原市一名拥有价值高达 70 万元染料的商人以“非法囤积”的罪名予以逮捕,没收了该人库存的全部染料,警察干部都各自分得了奖金。以此为开端,平遥、新绛相继没收价值高达 100 万元的棉布;全省各地“没收”了石油、火柴、鸦片、吗啡、银元、金条、药品等数量庞大的物资,并将其全部集中到太原,充作特别工作队的经费,操纵警察的日本头目,用这些钱财贿赂拉拢日军军官,或设宴款待,或为参谋和高级军官支付酒馆的欠款,或为其找女人寻欢作乐,等等。①

其实在华北汉奸政权机构中,不只是“经济警察”通过检查和搜身行人,进行经济掠夺和抢劫,而是几乎所有的伪职官吏、职员、差役,无不利用职权、职务之便,对民众进行抢劫、敲诈、勒索。在山东各沦陷区,民众必须领取和随身携带“良民证”,而各县“知事”,即“借发良民证以为敛财之工具”。如邹县知事王勷宸规定的办证手续和收费项目、标准为:办证人申请“递呈”时,必须购买

① ［日］古海忠之等:《日本帝国主义侵略中国史》(手稿),见中央档案馆等合编:《日本帝国主义侵华档案资料选编 · 汪伪政权》,中华书局 2004 年版,第 377 页。

"呈纸",交纳"代书缮写费";正式递呈时,须向收发吏交纳"茶敬"2元,再交照相费3角5分、办证费5角、缮写费2角;各县日本宪兵队,专职侦察缉捕所谓"反对思想行为之人",为了扩大缉捕和财物劫夺,利用当地地痞流氓,委为秘密侦探,并鼓励放纵,任其攀诬敲诈。待其敲诈之财物积至巨数时,宪兵队长即将其定罪,秘密枪毙,而没收其敲诈积蓄之财;清查户籍既是日伪制造白色恐怖、强化"地方治安"的常见手段,又是日伪奸淫劫掠的一种便捷途径;"新民会"不仅为虎作伥、卖国求荣,而且演变为敲诈财物、奸淫妇女的流氓团伙。尤其是各县"新民会"头目、日籍职员,多属浪人出身,流氓成性,"借机敲诈良民,不遂即诬为通匪";"新民会"所办"青年训练所",学员名为"保送",实系各县乡镇摊派雇佣而来,其雇费和受训费,一人动辄三四百元,全是民众膏脂;伪"临时政府"通令各省招募"治安军队",全部兵员"亦由雇佣而来",民众因而"加重其负担";各县把守城门的日军,对进城商贩无不"雁过拔毛";日本兵在市面买布匹、毛巾、肥皂、香烟等物,剪裁布匹、检选许多物品,但将其"包裹提走之时,仅给一角或二角之代价";上揭邹县知事王勤宸的敲诈、勒索,手段同样五花八门:凡受理民事、刑事诉案,并不用司法印纸,每状呈一张,索价数元不等。征收田赋,不用财政厅之四联单,而自行印发收据,每张收费2分,邹县全县7万户,合计1400元。并以其地区尚未"收复"为名,借以吞没许多赋税;伪政权又以金融尚未稳定为由,用联银票贱价强买当地粮食,运到济南高价卖出,又以半价收买"中交票"到县,仍按1元原额强买民众粮食,来往贩运,所得达"数十万元之多"。① 如此

① 《伪临时政府山东庶政视察团第五组视察报告》(1939年12月),见中央档案馆等合编:《日本帝国主义侵华档案资料选编·汪伪政权》,中华书局2004年版,第382—389页。

等等，不一而足。

第四节　汪伪“国民政府”的行政架构和经济掠夺体制

华中和南方沦陷区，在侵华日军、日本特务的直接操控和导演下，先后建立起了从“中央”到地方的各级汉奸政权，而且出现了南北两地“中央”伪政权的争宠和激烈矛盾。

1937 年 12 月日军占领南京和进行南京大屠杀后，很快设立“治安维持会”，次年 3 月 28 日成立了以汉奸梁鸿志为首的伪“中华民国维新政府”（通称梁伪“维新政府”），取代“治安维持会”，管辖地区包括江苏、浙江、安徽三省和南京、上海两“特别市”。为缓解与北平伪政权的矛盾，梁在成立时强调，它是根据苏、浙、皖省民众的实际需要而成立的事实上的政府，但不是中央政府，对于涉及全国性的事项，将与“临时政府”商酌办理，并准备与之合并。作为过渡性政府机构，不设“主席”，仅设行政、司法两院。同时梁伪“维新政府”又是地道的傀儡政权，以原田熊吉为首的 20 多名日本特派顾问直接控制着政府所有部门。即使梁鸿志的日常工作和生活也受日本监督。行政院的各项决议、政策，均按日本意旨决定。梁伪“维新政府”以卖国求荣为己任，充当日本“以华制华”的忠实走卒，成立后很快与日本帝国主义联合组织“华中开发公司”，签署《华中铁矿股份有限公司设立要纲》，为日本帝国主义统制华中工业、交通运输，扩大经济资源掠夺创造条件；极力控制和恢复华中沦陷区的经济，为虎作伥，全力贯彻日本“以战养战”方策；接收松江等地的盐务局，设立苏浙皖盐务总局，垄断盐政；制订大上海建设计划，并成立“上海复兴局”，力图发挥其“经济中枢”的作用。不过此乃秉承主子旨意办事，鼓吹“中日提携，谋东亚的自主兴隆”,均属为人做嫁衣。

梁伪“维新政府”在存续期间始终面临的问题是如何处理同北平“临时政府”的关系、两伪政权如何合并。梁伪“维新政府”在成立宣言中承诺,一俟津浦、陇海两路恢复交通,“即与临时政府合并”。1938 年 7 月 15 日,日本五相会议出台了《建立中国新中央政府的指导方针》,为此要求“临时”及“维新”两政府尽快合作,建立“联合委员会”,而后使伪“蒙疆”与之联合。9 月 22 日,“临时”及“维新”两政府宣告成立“中华民国政府联合委员会”,其目的是“统制关于政务上共通事项,使新中央政府易于成立”。1940 年 3 月,梁伪“维新政府”被汪伪“国民政府”替代,前后存续了两年时间。

汪伪“国民政府”是日本处心积虑扶植、替代北平“临时政府”及南京“维新政府”的“中央”汉奸政权。作为国民党副总裁、国民党政府行政院院长的汪精卫,不仅自认为其汉奸政权是理所当然的“中央政府”,且以重庆国民党政府的“正统”自居。1940 年 3 月 30 日,汪伪“国民政府”的出笼“仪式”,不叫“成立”,而谓之“还都”,并分别袭用国民党政府的青天白日标志、青天白日满地红旗帜、国歌作为汪伪“国民政府”的“国徽”“国旗”和“国歌”。① 又遥奉重庆国民党政府主席林森为汪伪“国民政府”的“主席”,汪精卫自任“代主席”。② 以此作为重庆国民党政府“正统”的另一标志或“证据”。汪伪汉奸政权沿袭国民党政府五院分权制的权力和行政架构。

汪伪汉奸政权的炮制、出笼背景、过程,与北平“临时政府”和

---

① 按照日本主子的指令,为了同现存重庆国民党政府相区别,旗帜左上角另加三角布片,上书“和平、反共、建国”字样。1943 年后完全恢复国民党政府的青天白日满地红旗作为汪伪政权“国旗”。

② 1943 年,林森在重庆车祸中身亡,由国民党政府军事委员会委员长蒋介石接任国民政府主席,汪精卫同时在南京“转正”,在日本支持下成为伪“国民政府主席兼行政院院长”。

南京“维新政府”不同，它的后台或掌线人不是日本华北方面军或华中派遣军，而是日本内阁和日本军部；它准备替代的也不是“治安维持会”，而是自诩或期盼为“中央”政府的王伪“临时政府”和梁伪“维新政府”，而且要成为名副其实的“中央”政府。因此，汪伪汉奸集团在筹组汉奸政权和同日本协商、谈判过程中，不惜以慷慨立约出卖或允诺出卖国家主权和民族利益的方式，证明自己比王克敏、梁鸿志有更大的利用价值。因汪精卫团伙在卖国路上走得太快太远，集团中的两名核心成员因受到良心的谴责，毅然脱离了汪伪汉奸集团。但汪精卫和集团中的顽固分子，不仅不停脚、不悔改，反而加快了投降卖国的步伐，以表示自己对主子的绝对忠诚。汪伪汉奸政权在其出笼之前，已将许多重要的国家主权、经济资源立约出卖完毕。汪伪政权成立后，一方面履行“条约义务”，将此前出卖的国家主权和经济产品、经济资源，按“买主”要求“交货”；另一方面，进一步加大广度和深度，进行新的“拍卖”，并多由原来的“预卖”改为“现卖”，且地域范围扩大，形式、手段更新，经济产品、经济资源的“拍卖”地区由“治安”地区扩大到“治安不稳”地区（即“清乡”地区）；手段由汉奸政权为虎作伥的纯强盗式掠夺发展为各式“统制”的市场流通型掠夺。太平洋战争爆发后，日本全面实行“战时经济体制”，强迫汪伪政权向美英“宣战”，继而日汪订立《日本国与中华民国同盟条约》，进一步将汪伪汉奸政权牢牢捆绑在日本军国主义的战车上。“条约”规定为“建设大东亚并确保其安定”，日汪双方必须“紧密协作，尽量支援”。而且只要日本认为有“必要”，可以随时增加条约细节，择肥而噬。[①] 诸如

① 《日本国与中华民国同盟条约》（1943 年 10 月 30 日），见复旦大学历史系编译：《日本帝国主义对外侵略史料选编（1931—1945）》，上海人民出版社 1983 年版，第 444—445 页。

此类,对中国国家主权和人力资源、物力资源特别是重要国防资源的攫夺,一直持续到日本战败投降。

一、从"维持会"到梁伪"维新政府"

以长江水运、水域为纽带的长江三角洲和华中地区,经济尤其是商业贸易,较北方地区繁荣,是国民党政府的政治支撑和经济命脉所在,日本侵略军的武装进攻遇到中国军民的顽强抵抗,不能像夺占平津保定那样,长驱直入占领沪宁苏杭等中心城市。不过并未改变"以战养战""以华制华"的基本国策,凡占领一处地方,立即网罗汉奸和社会败类建立傀儡机构,负责社会治安和日军后勤,"在日本国内不出一分钱的方针下",战略物资和后勤军需供应无误,保证侵华战争按预期目标行进。

日本在华北夺取北平、天津两个重镇后,很快在上海发动了"八一三淞沪会战",开辟了华中战场,迅速占领淞沪和苏南地区,并在占领区成立管辖地域大小不一汉奸傀儡机构。1937 年 9 月中旬,侵华日军首先攻占紧邻吴淞口的宝山县城,其特务机关立即推出华中占领区首个汉奸机构,于 9 月 23 日挂出了"宝山县自治委员会"的招牌,罗织汉奸为日本侵略军提供各种服务。此后,各路日军均用类似办法,在各自所占地域内扶植自己的傀儡组织。12 月 5 日,在上海浦东成立伪"大道市政府"。1938 年 3 月 27 日,分别在崇明及扬州成立"自治委员会";等等。这类汉奸傀儡组织管辖范围大小不一,互不隶属。如 12 月 1 日,苏州地方同时出现了"吴县自治委员会"和"苏州自治委员会"两个地位和辖区相同的傀儡机构;12 月 13 日,在宝山县范围内又建立了独立的"月浦镇自治委员会"和"杨行镇自治委员会"。至 1938 年 3 月 28 日梁伪"维新政府"出笼前夕,在长江三角洲地区,一共建立了 40 余个大小规模不等的汉奸傀儡政权。①

日本上海派遣军和华中方面军对这一大批汉奸组织，一时无法协调和统一指挥，但对其活动内容及范围，则有统一规定，主要有4项：(1)打倒国民党容共政权；(2)确立绝对的亲日政策；(3)谋求一般民众之“幸福”；(4)发展亚洲民族之“团结”。② 第一、第二两项清晰准确，不难明白。第三、第四两项，则是挂羊头卖狗肉的骗人鬼话。

“自治委员会”或“治安维持会”一类汉奸傀儡组织，往往是匆促拼凑而成，多有流氓地痞无赖混杂其中，只能是一种临时的过渡性机构。因此，侵华日军在拼凑自治会、维持会之类汉奸傀儡机构的同时，也在物色和网罗利用价值更高的汉奸、奴才，建立比较正式的、管治能力更强的汉奸政权。不久，日本上海派遣军的特务机关长物色到一个名叫苏锡文的汉奸③，于是令其组建一个以上海市为辖区的傀儡政权。

苏锡文等人经过一番策划准备，于1937年12月5日，在上海浦东东昌路组建“上海市大道政府”，苏锡文自任“市长”。这算是华中沦陷区第一个“正式”的地域性汉奸政权。该政权以太极图

① “维新政府”宣传局编：《维新政府之现况》(日文版)，1939年印本，第10页，见余子道、曹振威等：《汪伪政权全史》上卷，上海人民出版社2006年版，第123—124页。

② 蔡德金：《“中华民国维新政府”始末》，见章伯锋、庄建平主编：《抗日战争》第6卷，四川大学出版社1997年版，第739页。

③ 此人曾留学日本，毕业于早稻田大学经济科，回国后先后在上海市政府财政局，广东大元帅府财务署、民政司，上海持志大学任职、任教。“七七事变”后，苏赶往平津投靠日本，担任“兴中公司”的“嘱托”。1937年10月，苏又潜回上海，寻找新的政治冒险机会。

旗帜为标识①,采用日本历纪年,公告、文件均同时使用中、日两种文字,在宣布伪"市政府"成立的当天,还发布了一份《大道市政府宣言》,以"大道""和平"一类虚伪说教为幌子,欺骗民众。并颠倒黑白,为日本帝国主义的侵略罪行歌功颂德;为自己认贼作父的倒行逆施粉饰张目,声称"组织大道市政府,更易旗帜",目的在于"拯斯民于水火,而与举世之人,共登大同之域"。同时还发布了"施政纲领"和"宣传标语"。前者宣称,"基于日满支一元化之精神""'一家'组织之精神",在"谋市政之独立","确立自治制度";"清扫""国共两党思想","发扬普及""东洋固有美德"。后者更是狂叫"祛除国共两党,确立东亚和平";"打倒虐民军阀,树立世界和平"。② 卖国求荣,无过于此。

伪"市政府"设置警察、财政、交通、社会 4 个局,秘书、肃检、五区联合办事处 3 个处及教育科,宣称统辖全市 14 个区。名义上将原上海特别市的辖区范围全部纳入管辖之内并有所扩大,实际管辖权仅限浦东一隅,其他各区全部处于侵华日军直接控制之下。

伪"大道政府"声称"谋市政之独立","确立自治制度",不过是投降和归附于日本帝国主义的托词。日本华中方面军淞沪特务机关组建、操控大道傀儡政权,专门成立了以西村展藏为首的特务

---

① 据称太极图旗帜是代表政府的"大道旗",作为底色的黄色,"表示宇宙间纯洁的光芒",中央红绿两色的太极体图案,"象征着从微小的电子到浩瀚的日月间包罗万象的事物融合在一起"。(《上海市大道政府概要》(1938 年 1 月 31 日),见上海市档案局编:《日本帝国主义侵略上海罪行史料汇编》上编,上海人民出版社 1997 年版,第 309—310 页。)

② 国民党政府情报机关编:《伪上海市政府》,《专报》第 7 号,中国第二历史档案馆藏,见余子道、曹振威等:《汪伪政权全史》上卷,上海人民出版社 2006 年版,第 126 页;上海市档案局编:《日本帝国主义侵略上海罪行史料汇编》上编,上海人民出版社 1997 年版,第 310 页。

班子,称为"西村班",西村展藏自任伪市政府"最高顾问"。伪市政府、其下各部门和各区政府,均由"西村班"派人出任"顾问"或"指导员",掌握实权。截至1938年1月,伪市政府各部门的日本"顾问""秘书""指导员"多达40人。苏锡文等汉奸,充其量不过是日本主子的看门人和收税吏。治安、税收是傀儡政权施政首务。12月7日,伪市政府在浦东成立警察局,组织警察,协助日军维持社会秩序,强化法西斯统治;紧接着成立财政局,配合日本侵略军搜刮物资、征敛税捐,全力侵华日军和所有日本侵略者的后勤补给。①

南京汉奸政权的建立比上海略晚。1937年12月13日,南京陷落,日本华东方面军特务机关即开始网罗汉奸,筹组傀儡政权。1938年1月1日,南京市自治筹备委员会挂牌成立,由陶锡山任会长,孙淑荣、程朗波任副会长。伪"自治筹备委员会"的首要任务就是充当日军帮凶,尽快确立对大屠杀后残留民众的法西斯统治,1月10日在原首都警察厅旧址设立了以王春生为厅长的伪"南京市警察厅"。该伪"警察厅"机构庞大,人员众多,在伪厅长之下设有总务、保安、财务等6个科,并在市内各区设有5个伪"警察局"。②

1937年12月14日北平伪"中华民国临时政府"出笼后,日本华中方面军也考虑在其占领区建立一个正式的汉奸政权。这一设想获得日本政府有条件的认可。同年12月24日,日本内阁会议决定的《处理中国事变纲要》中,关于处理上海方面的方针规定:在"军事的占领区域内,考虑在时机成熟时,建立与华北新政权有联系的新政权,但目前由治安维持会以及因需要而组成的联合会,

① 《上海市大道政府概要》(1938年1月31日),见上海市档案局编:《日本帝国主义侵略上海罪行史料汇编》上编,上海人民出版社1997年版,第310页。

② 《维新政府现况》(日文版),第557—558页,见余子道、曹振威等:《汪伪政权全史》上卷,上海人民出版社2006年版,第127页。

负责维持治安"①。

显然,日本政府认为,在华中地区建立类同华北汉奸政权的"新政权",条件尚未成熟。目前的急迫任务是要处理作为华中龙头和国际都会的上海问题和上海租界问题。为此,《处理中国事变纲要》决定,将租界以外的大上海管辖区划为"特别市"。"特别市"的行政在日本顾问"指导"下,由中国人担任市长加以管理;在特别市设置"特别警察部"。警察部长由日本人担任,警察部长以下的"首脑",由中国人担任,但要"设置相当人数的日本人顾问",必要时也考虑采用"外国人顾问"。对特别市内的日本人的警察权,则由日本总领事馆警察"管辖"(亦即特别警察部无权过问)。关于特别市的财政,除旧上海市征收的各种税收以外,以接收或新设的特别市范围内的税制、电信、邮政等旧南京政府直辖机关所得的各种收入加以维持。对特别市内的旧中国官方机关和土地、建筑等,全部由日本"接收,加以适当利用";由日本掌握特别市内电话、电力、电灯、自来水、煤气、电车、公共汽车等各种公用事业的实权,并加以经营。为了经营或调整有关事业,"迅即开始采取措施",设立"国策公司"。将来预计在建立华中"新政权"时,把"特别市"全部作为"开放港市",承认外国人的居住、营业以及土地所有权或永租权(目前希望解决有关日本人的地产悬案)。以上措施的"目标是以上海为据点",确立日本"向华中方面经济发展的基础"。②

上海和华中地区侵华日军,按照《处理中国事变纲要》部署,

---

① 《处理中国事变纲要》(1937 年 12 月 24 日),见复旦大学历史系编译:《日本帝国主义对外侵略史料选编(1931—1945)》,上海人民出版社 1983 年版,第 255 页。

② 《处理中国事变纲要》(1937 年 12 月 24 日),见复旦大学历史系编译:《日本帝国主义对外侵略史料选编(1931—1945)》,上海人民出版社 1983 年版,第 255—256 页。

组织和加强“治安维持会”，发挥其临时性汉奸组织机能，调整伪“上海市大道政府”的汉奸机构，筹备成立伪“上海特别市”。同时积极物色和网罗汉奸，在华中地区加紧建立“与华北新政权有联系的新政权”。不过在实施过程中，后者的进展远远快于前者。当“上海大道市”改为“上海市”；苏锡文由“上海大道市”市长改为“上海市政公署督办”；“上海市政公署”由浦东迁往市中心区办公；“上海特别市”成立，傅宗耀特任“上海特别市市长”，等等①，不但全都是在华中地区所谓“新政权”成立之后，而且本身就是所谓“新政权”行政措施的一部分。

事实上，日本陆军省和日本华中方面军、日本上海派遣军对华中地区汉奸政权的筹组，目标明确，并且一直抓得很紧。《处理中国事变纲要》出笼不到一个月，1938 年 1 月 18 日，日本陆军省拟定《华中政务指导方案》，强调要在华中“建立高度的亲日政权”，从而“奠定以日本为盟主的中国一个地域的基础”，并明确最初的行政区域，以江、浙、皖 3 省为日军占领区，逐渐加以扩大。1 月 27 日，陆军省第一厅根据上揭指导方案，具体拟定了《华中新政权建立方案》，对政权名称、办公所在地、旗帜、宣言、政纲、组织机构及建立顺序都做了规定：名称定为“华中临时政府”，办公地点临时设在上海，将来拟迁南京，旗帜为五色旗。各机关建立的顺序是，首先建立伪中央政府机构，特别是立法和行政部门，然后建立上海市及各省伪政府以及县以下机构。②

关于建立华中汉奸政权的实际准备工作，1938 年 12 月侵华

① 上海市档案馆编：《日本帝国主义侵略上海罪行史料汇编》上编，上海人民出版社 1997 年版，第 312—313 页。

② 蔡德金：《“中华民国维新政府”始末》，见章伯锋、庄建平主编：《抗日战争》第 6 卷，四川大学出版社 1997 年版，第 733 页。

日军占领南京后就已经开始进行,由华中地区的日本陆军、海军、外务3个机构成立"现地连络委员会"进行"指导",并决定指导负责人和指导方法,具体组织工作则由陆军特务部负责。而须解决的首要问题是罗致一名在政治上有一定地位的汉奸人物充当傀儡政权首脑。当时日本华中方面军司令官松井石根看上了清朝、北洋政府、国民党政府三朝元老唐绍仪①,决定诱降"出山",充当傀儡政权首脑。唐绍仪心有顾虑,迟疑不决,致使日军于1938年1月中旬成立傀儡政权的计划推迟。接着日本华中方面军特务部又成立以臼田宽三为首的专门机构(通称"臼田机关"),重新网罗汉奸,改以梁鸿志②、温宗尧③、陈群④为汉奸政权主要班底的物色对

---

① 唐绍仪(1862—1938年),广东香山县人,曾赴美留学,1981年归国,先后任朝鲜汉城领事、驻朝鲜总领事、清政府天津海关道、外务部右侍郎、奉天巡抚、邮传部尚书、民国首任内阁总理。1917年参加护法军政府,任财政部长,翌年军政府改组,任七总裁之一;1919年南北义和时充任南方总代表;1920年退居乡里;1922年第一次直奉战争后,黎元洪出任总统,提议唐绍仪为国务总理,因直奉军阀反对,未就任;1931年陈济棠、汪精卫等在广州成立反蒋政府时,唐出任西南政务委员会常务委员兼中山模范县县长;"九一八事变"后,唐被任命为国民党中央监察委员、国民党政府委员,常驻上海。他与西南地方实力派张发奎、邓龙光等人有很深的关系,因此甚为日军所重视。

② 梁鸿志,北洋军阀时期官僚,安福系的中心人物,曾任安福国华参议员、段祺瑞政府秘书长,是段祺瑞的心腹。北洋政府失败后,梁先寓居上海,后蛰居浙江杭县。1937年8月移居上海后,即与日军特务部勾结。

③ 温宗尧,广东台山县人,曾任清政府驻拉萨参赞大臣。1911年参加辛亥革命,曾任广东军政府外交部长及七总裁之一;陈炯明背叛孙中山、占领广东后被革职,一直蛰居上海。

④ 陈群,福建长汀人,曾任广东大元帅府秘书、白崇禧东路军政治部主任及国民党上海军法处长,1931年出任国民党政府内政部次长、代理部务兼首都警察厅长,不久被革职,后在上海开业当律师,曾任上海律师公会主席。日军侵占上海后,陈旋即投靠日军。

象。尤其是梁鸿志，深得原田熊吉赏识，称其为“曾经验过建立政权、解散政权这种悲喜多次的政治家”；是“进行新政权机构建设的最合适的人”。1938 年 2 月 14 日，原田熊吉在上海召集梁、温、陈 3 人开会，令其组织华中汉奸政权。15 日，梁、温、陈 3 人在原田熊吉带领下，前往上海虹口日军司令官邸，面会松井石根司令官，表示降敌决心，声称：“我等为拯救因错误国策而牺牲的悲惨民众，虽力量微薄，仍将竭尽全力，以建设新中国而求东亚的永久和平”。“臼田机关”27 日决定：(1) 伪政府名称为“中华民国新政府”；(2) 国旗为“五色旗”；(3) 政体为“民主立宪”；(4) 政府所在地南京，目前则在上海“处理政务”；(5) 于 3 月 16 日正式成立。

1938 年 3 月 7 日，日本外务省东亚局长石射猪太郎、陆军省军务科长柴山兼四郎、海军省军务第一课长冈敬纯等开会，讨论华中伪政权成立方案。次日，日本陆军次官将会议决定电告日本华中派遣军①参谋长及特务部长，表示：(1) 赞成建立新政权，可以起到给国民党政府以威胁的效果；(2) 关于国旗、政体、政府所在地没有异议；(3) 名称定为“华中民国政府”。所谓“华中民国政府”，是要把该政府作为一个地方政权，以便将来与华北伪“临时政府”合并，组织伪“中央政府”。日本华中派遣军对这一决定深为不满。

关于建立伪政权问题，日本华北方面军和华中派遣军各自为了扩张自己的势力，都想树立自己的傀儡政权。当日本华北方面军在北平成立伪“临时政府”的时候，华中日军曾向华北日军特务

---

① 日本大本营于 1938 年 2 月 18 日下令撤销华中方面军、上海派遣军、第十军等建制，上述各部统一整编为“华中派遣军”，由畑俊六任司令官。原华中方面军特务部改称“华中派遣军特务机关”，由原田熊吉任特务机关长。

部表示“抗议”,称“在华北匆忙确立政权基础,将给上海方面的政权问题带来坏影响”。而华北日军及其傀儡王克敏也反对在华中地区成立与伪“临时政府”平行的“新政权”。矛盾的焦点实际在于南北伪政权以哪一个作为“中央政府”。

日本华北方面军为了反对和阻止将要成立的华中“新政权”为“中央政府”,曾通过其傀儡“临时政府”向日本表示“抗议”。1938 年 3 月 11 日,伪“临时政府”议政委员会举行会议,决定三条:(1)中华民国需要一个政府,如成立了第二政府,就立即解散“临时政府”;(2)解散时,不附加任何条件;(3)“临时政府”的人选中如有不胜任者,要更换。其目的是让华中伪政权仅仅作为“地方政权”成立,而使自己取得“中央”的地位。这种威胁果然产生了某种作用,日本驻北平“使馆”参事官森岛守人立即将这一情况“火急”电告广田弘毅外务大臣,认为这“对我方来说,事变以来,在华北取得的成果,可以说一下子归于泡影”。他要求日本政府“早日对其进行妥善处理,是紧急的要务”。

日本华中派遣军及其傀儡、走狗梁鸿志等,则极力把华中伪政权降为“地方政权”,关于南北两方“地位”问题,要求将来再行确定。他们反对将其名称定为“华中民国政府”,而要求取名“中华民国维新政府”,所谓“维新”,乃取义于日本“天命维新”的故事。这是梁鸿志等人为了粉饰其卖国投敌行径,表示成立伪政权乃是“受命于天”,使其与华北“临时政府”的名称对等。

为了调和华北方面军和华中派遣军之间的矛盾,日本政府推迟了梁伪“维新政府”预定于 1938 年 3 月 16 日成立的日期,并为此召开会议。3 月 24 日,日本内阁会议制定了《调整华北及华中政权关系要纲》,规定了建立华中伪政权的方针:“华中新政权是作为一个地方政权成立的,以中华民国临时政府作为中央政权,尽快使其合并统一”。《调整华北及华中政权关系要纲》还规定，为了使“华中新政权”成立，并“尽快使其与中华民国临时政府合并统一”，因此要求日本华中派遣军“须将其成立宣言做必要的修改”。对梁伪“维新政府”的组织机构和统辖的海关、统税局、盐务局等各种业务及有关人事等的措置、两政权之间联络协商等会议也做了规定。在《谅解事项》中还做了如下规定：“方针中所谓以中华民国临时政府为中央政府的宗旨，是作为中国各地政权指导上的原则而规定的，至于帝国承认它为中国的中央政府的问题，应根据另行考虑决定”。关于“合并统一时首都的选定，全由中国方面考虑”。至于经济和金融等关系问题，“今后须经充分考虑再行决定”。总之，日本政府对南北两伪政权实行的是“分治合作”，即分而治之的原则。

与此同时，华中日军特务部部员楠本实隆带领预定出任绥靖部长的任援道前往北平，与华北日军及王克敏等人会谈。根据日本政府上述规定，南北日伪双方达成妥协，决定在梁伪“维新政府”成立《宣言》中增加如下内容：“维新政府”的成立，根据江、浙等省之事实，其性质为暂时的，而自始无与“临时政府”对立之意。将来中央所管事项可分者，由“临时政府”斟酌办理。且津浦、陇海两路交通恢复后便可与“临时政府”合并。盖同仁固不希望国内有两个政府对峙也。

楠本实隆与任援道于 1938 年 3 月 25 日返回上海，向梁鸿志通告了上述决定。26 日，梁鸿志前往南京，将上述决定转告在南京的温宗尧。梁、温虽对屈居“临时政府”之下的地位不满，但也只好表示“谅解”。于是日本政府决定 28 日在南京成立华中汉奸政权。

1938 年 3 月 28 日，伪“中华民国维新政府”成立“典礼”在南京原国民党政府大会堂举行。会上宣读的《维新政府成立宣言》，攻击、污蔑中国人民的抗击日军侵略是“自杀”,汉奸政权的“唯一使命”,就是“使领土主权恢复战前状态,与邻邦折冲樽俎,以期敦睦,使国民脱离兵燹之苦,同种息阋墙之争”;声称汉奸政权辖区,现为江苏、浙江、安徽3省及上海、南京两特别市,将来还要包括中国政府现在统治下的华中、华南地区。同时发布的《维新政府政纲》,一共10条,第一条宣布傀儡政权采行所谓“三权分立之宪政制度,消灭一党专制”;第二条狂吠“极力扑灭共产主义,使赤化危险远离东亚,以定国本而清乱源”。其余各条,或卖国求荣、为虎作伥,却不忘欺世盗名,为自己的卖国行径涂脂抹粉,如恬不知耻地宣称,“外交以平等为原则,以不丧失国权为宗旨”(第三条);或盗世欺名,瞒天过海,声称对于各省灾区难民,“力筹使之归还原地之方法,俾得从事于本来业务”(第四条);或挂羊头卖狗肉,空口说白话。如高喊“救济失业,开发资源,振兴工业,改良农业”(第五条);“辅助既成商工业及金融组织,使之健康发展,增加国富”(第六条);“以中国固有道德文化为本,吸收世界科学知识,培养理智纯洁体力强健之国民,彻底肃清从来之矫激教育与浅薄之学说”(第七条);“财政注重收支适合,减轻人民负担,节省冗费,藉谋增进全国人民之福利”(第八条);“启用人才,使有学识者可充分为国尽力”(第九条);“严惩官吏紊乱政纲,励〔厉〕行赏罚,改革行政架构,以肃正吏治”(第十条);[①]等等,全都属于这一类。

傀儡政权的政府架构由立法、司法、行政3院组成。温宗尧任

① 《伪维新政府政纲》,见中国国民党中央委员会党史委员会编印、秦孝仪主编:《中华民国重要史料初编 · 对日抗战时期》第6编,傀儡组织(三),中国国民党中央委员会1981年印本,第140—141页。

立法院院长；司法院院长和司法院整体空缺①；梁鸿志任行政院院长，陈群任行政院内政部长。由梁、温、陈 3 人组成“议政委员会”，作为最高议政机关。行政院下设秘书厅和铨叙、考试、统计、典礼、印铸、侨务 6 局及外交、内政、财政、绥靖、教育、实业、交通 7 部。② 秘书厅秘书长吴用威；外交部部长陈箓；财政部部长陈锦涛；绥靖部部长任援道；教育部部长陈则民；实业部部长王子惠；交通部部长江洪杰。立法院设法制、外交、财政、经济、治安、审计 6 个委员会，由潘成锷、陈于棠、杨景斌、张韬、黄珑分别担任各委员会委员长。

梁伪“维新政府”成立后，因南京遭日军的烧杀焚掠，到处残垣断壁，一片瓦砾，而原国民党政府各机构房舍被日军占领，并无余地。同时，伪政权虽然成立，但也只是一个空架子，亦无“政务”可办，所以只好在上海日军占领区的虹口新亚饭店设立“事务所”，在日军的刺刀保护下进行活动。1938 年 6 月 21 日，各部机构才陆续由上海迁往南京，自 10 月 1 日起，正式在南京办公。随着梁伪“维新政府”的迁移，日军特务部也由上海迁到南京。③

梁伪“维新政府”的地方行政，分设省（市）、县（区）两级，分别设省（市）政府和县政府，“特别市”设“市政督办公署”（后又改称“市政府”）。梁伪“维新政府”成立时，在确定和任命中央主要

① 原定章士钊为司法院院长，因章拒绝出任履职，而又无其他合适人选，令司法院长和司法院整体空缺。司法院属下的司法行政部、行政法院等机构由行政院“兼管”。

② 除上述 7 部外，原拟设“军政部”，待任部长周凤岐，1938 年 3 月 7 日在上海法租界亚尔培路（今陕西南路）自家住宅门口，被军统人员刺杀。周凤岐死后，“军政部”的建制亦随即取消。

③ 参见蔡德金：《“中华民国维新政府”始末》，见章伯锋、庄建平主编：《抗日战争》第 6 卷，四川大学出版社 1997 年版，第 739 页。

官吏的同时或稍后,已分别确定和任命省(市、特别市)长。梁伪"维新政府"成立后,即着手将原"南京市自治委员会"改组扩充,成立南京"市政公署",1938 年 4 月 1 日指令绥靖部长任援道暂行督办南京市政。4 月 24 日,撤销"南京自治委员会",市政公署成立。9 月 13 日,任援道辞职,改由高冠吾担任市政督办。1939 年 3 月,南京市市政督办公署改称"南京特别市政府"。高冠吾亦改称"市长"。上海早在酝酿成立维新伪政权时,梁鸿志等就同日军交涉,决定成立上海市市政督办公署,让伪"大道市政府"与之合并。梁伪"维新政府"成立后,于 4 月 22 日任命苏锡文为上海市市政督办。28 日,上海市市政督办公署宣告成立。10 月 15 日复取消市政督办公署名称,宣布成立上海特别市政府,任命傅宗耀①为市长,办公地也由浦东迁往江湾。②

继南京、上海两市市政督办公署炮制出笼后,梁鸿志等人又先后筹划成立了江苏、浙江、安徽 3 省汉奸政权。1938 年 4 月 9 日,教育部长陈则民改任江苏省省长,随即前往苏州筹划相关事宜。5 月 23 日,江苏汉奸政权在苏州成立。省政府除省长外,设秘书、警务 2 处和民政、财政、教育、建设 4 厅。接着,沦陷各县的维持会、自治委员会一类汉奸组织,全部改称"县公署"。截至 1940 年 4 月 3 日,伪江苏省政府所辖伪"县公署",共计 39 个,5 县在苏北,其余 34 县全在苏南,1938 年 5 月 17 日,汪瑞闿被任命为伪浙江省

① 傅宗耀,浙江镇海人,曾任上海总商会会长、上海中国通商银行董事长兼总经理、汉冶萍公司董事长。1927 年北伐军进军上海时,傅支持军阀孙传芳,遭到蒋介石通缉而亡命大连。1937 年日本全面侵华战争爆发后重返上海,投靠日本,在日本华中派遣军特务机关操纵下,与伪"维新政府"的北洋军阀遗老开始二度合作。

② 上海市档案局编:《日本帝国主义侵略上海罪行史料汇编》上编,上海人民出版社 1997 年版,第 312—314 页。

省长，汪瑞闿即在上海成立“筹备处”，月底将“筹备处”迁往杭州，6月10日接管杭州“自治委员会”。22日宣布浙江省政府和杭州市政府同时成立，省政府架构与江苏省相同。安徽省汉奸政权出台最晚，1938年10月才成立。原本早在4月初，华中日军就提出让北洋皖系军阀倪嗣冲之侄倪道烺①出任安徽省省长。但当时侵华日军正集中兵力，沿金浦路南北双向夹击徐州，战事紧急，筹组安徽汉奸政权之事，只得推后。7月上旬，日军攻占徐州、商丘、开封、庐州，沿长江西上进攻武汉。这时，倪道烺才从天津赶到上海，即被任命为伪安徽省省长。7月16日，倪道烺在上海新亚饭店组织伪安徽省政府“临时筹备处”。10月28日，“临时筹备处”从上海迁往安徽蚌埠，并宣布成立伪安徽省政府。伪省政府除为2处4厅外，并增设参事及咨议若干人。至1939年12月，安徽汉奸政权共辖有15县。② 至此，华中梁伪汉奸政权，从“中央”到省（市）、县地方，基本组建完成。

华中伪“维新政府”同华北伪“临时政府”一样，从“中央”伪“政务院”及委、院、部、局，到省、县地方，各“省公署”“市政公署”“县公署”及其下属处、厅、科等，都是完全听命于日本政府和当地侵华日军的汉奸傀儡政权，一切实权都掌握在日本人手里。华中汉奸政权成立前夕，日本最高指挥官同梁鸿志达成了关于派遣日军顾问的协议。汉奸政权一成立，日本大小“顾问”就直接控制了几乎所有部门。1939年1月9日，特务机关长正式出任梁伪“维新政府”的

---

① 倪道烺（1879—1951年），倪嗣冲之侄，曾任蚌埠芦盐运销总局总办、普益公司总经理、凤阳水管监督、张宗昌直鲁联军预备军军长等职。1927年国民革命军北伐、北洋军阀落败后，倪道烺蛰居天津日本租界，与日本军方关系密切，深获侵华日军信任。

② 参见蔡德金：《“中华民国维新政府”始末》，见章伯锋、庄建平主编：《抗日战争》第6卷，四川大学出版社1997年版，第740—742页。

“最高顾问”,由原日本华中方面军特务部改组而成的日本华中派遣军特务机关本部遂成为汉奸政权的“太上皇”。

华中汉奸政权的日本顾问构成与华北汉奸政权有所不同。后者顾问基本上来自华北方面军,即陆军方面;而前者顾问除由日本华中派遣军派遣外,上海方面的日本海军,即第三舰队也派人充当顾问。这是因为海军方面有控制和封锁长江等功能与利益,因此也要求在傀儡政权中分享若干权利。顾问部的权利是通过与伪行政院长梁鸿志签订的秘密协定规定的。1938 年 8 月 1 日,日本华中派遣军特务部长原田熊吉签发了一份致梁鸿志题为《有关顾问约定合意》的公文,内称:“附录顾问约定书已蒙同意签署,因故须将签署延期于日后进行。兹根据本约定的旨趣,即行派遣顾问,希谅解为荷”。所谓“因故”,就是与日本海军之间还未达成妥协。“约定书”规定,汉奸政权未经与顾问协议,不得施行其政务,而顾问是由日军司令官决定派遣的,用不着征求伪维新政府方面的同意等。8 月 10 日梁鸿志复函,对此表示同意。12 月,日本华中派遣军特务部取消后,原田熊吉即专任伪维新政府“最高顾问”。至 1939 年 7 月,日本派充顾问总数达 27 人。①

华中伪“维新政府”成立后,在其存续期间始终面临和迟早必须解决的问题是,如何处理同华北伪“中华民国临时政府”的关系,在何种条件下采取何种形式同伪“临时政府”最终“合流”。因为无论梁伪“维新政府”,还是王伪“临时政府”,都是“临时性的”“过渡性的”和“地域性的”傀儡政权。还在梁伪“维新政府”出笼之前,1938 年 1 月 20 日,日本侵华战争指挥当局拟定的《战争指导大纲》强调,“新兴政权”的建立,目的是令其“在华北、华中及华

① 参见蔡德金:《“中华民国维新政府”始末》,见章伯锋、庄建平主编:《抗日战争》第 6 卷,四川大学出版社 1997 年版,第 739 页。

南的各个领域内培植实力，逐渐扩大自己的势力范围”，而后“俟时机成熟，再指导他们在相互谅解的情况下……自然地实行合流”。[①] 南北傀儡政权“合流”，只是日本侵略者的“时机”选择。梁伪“维新政府”的汉奸头目自然明白这一点。《中华民国维新政府成立宣言》更主动承诺，“维新政府之成立，系根据苏、浙等省之事实，原为暂时性质，与临时政府初无对立之心，向来中央所管事项之不可分析者，仍由临时政府商酌办理，一俟津浦、陇海两路恢复交通，即与临时政府合并”。[②] 汉奸政权发言人随后在答记者问时，在强调“维新政府”是“纯粹根据实际需要而成立的事实上的政府”的同时，也承认将来要同“临时政府”合并。[③]

为了协调南北两个傀儡政权的关系及讨论如何合并、统一的问题，梁伪“维新政府”成立活动刚刚结束，政府架构尚未搭建，1938 年 4 月 3 日，梁鸿志便在日军特务部长、伪政府顾问原田熊吉带领下，偕同陈锦涛、任援道前往北平，与伪“临时政府”行政委员会委员长王克敏等人以及华北日军特务部长喜多诚一等多次会谈，并由华北日军特务部起草了《关于新中央政府要纲》，作为成立伪“中央政府”的基础方案。只是由于南北日军双方对两政权合并的方针、时间、方式方法、合并后的组织机构与人选以及伪“中央政府”所在地等问题意见对立，而未能达成妥协。同时，日

① ［日］堀场一雄：《支那事变战争指导史》，东京原书房 1973 年版，第 143 页，见余子道、曹振威等：《汪伪政权全史》上卷，上海人民出版社 2006 年版，第 143 页。

② 《中华民国维新政府成立宣言》（1938 年 3 月 28 日），见中国第二历史博物馆编：《中华民国史档案资料汇编》第 5 辑第 2 编附录下，江苏古籍出版社 1997 年版，第 43 页。

③ 《维新政府之现况》（日文版），第 29 页，见余子道、曹振威等：《汪伪政权全史》上卷，上海人民出版社 2006 年版，第 143 页。

本帝国主义怀有更大的侵略野心,并不马上急于解决南北伪政权的合并和成立"中央政府"问题。

1938年5月20日,日军攻占徐州后,进而决定攻取汉口、广州,迫使中国政府投降,同时推行军事进攻与政治诱降相结合的策略:招降和起用唐绍仪、吴佩孚等"一流人物",酿成建立强有力的政权的趋势;加强临时政府、维新政府及其他反蒋政权的合并。为此专门成立了以老牌特务土肥原贤二为头子的中央直辖的特务机关"对华特别委员会",机关本部分别设于北平和上海。7月15日,日本五相会议出台了《建立中国新中央政府的指导方针》,建立所谓"新中央政府"的具体步骤,就是"尽快先使临时及维新两政府合作,建立联合委员会。其次使内蒙古联合委员会与之联合",然后,"逐渐吸收各种势力,或与他们合作,使之形成真正的中央政府"。

关于"联合委员会"的组织机构及权限,《建立中国新中央政府的指导方针》做了如下规定:(1)"联合委员会"以临时、维新两政府及内蒙古联合委员会组织,采取"简单的委员制",会址暂设北平;(2)各地方政权的境界,目前大致保持原状;(3)在华北、华中、伪"蒙疆"等各地方政权中,各以适应其特殊性,实行广泛的自治;(4)联合委员会及地方政权的权限,根据上项宗旨另行研究,但是关于交通、通信、邮政、金融、海关、统税、盐税、文教及思想政策等共通事项,在联合委员会必要的统制下,由地方政权负责;(5)关于维持地方,在联合委员会统制下,由地方政权负责;(6)关于外交,在一定期内,共同外交事项是联合委员会的权限。与地方有关事项,由各地方政权处理。①

1938年9月9日,"对华特别委员会"特务头子土肥原贤二召

① 《建立中国新中央政府的指导方针》(1938年7月15日),见章伯锋、庄建平主编:《抗日战争》第6卷,四川大学出版社1997年版,第776页。

集伪“临时政府”王克敏、齐燮元、汤尔和，伪“维新政府”梁鸿志、陈群、任援道，伪“蒙疆联合委员会”主席德穆楚克栋鲁普，以及日本华北、华中、“蒙疆”三方面军特务部长等，在大连举行会议，讨论建立联合委员会事宜。会议经过连续两天的讨价还价，但因关东军坚持其对伪“蒙疆联合委员会”的直接控制，不准参加联合委员会，会议无结果。于是日本政府根据土肥原贤二的意见，决定先使伪“临时政府”、伪“维新政府”两政权联合。

1938 年 9 月 20 日，南北两汉奸政权的王克敏、梁鸿志等以及各自的后台，在北平继续举行会议，并达成协议，22 日宣告成立“中华民国政府联合委员会”，发表《中华民国政府联合委员会成立宣言》（以下简称《成立宣言》）和《中华民国政府联合委员会组织大纲》（以下简称《组织大纲》）。《成立宣言》，颠倒黑白，为日本帝国主义的侵略罪行开脱，污蔑中国“党府专权，轻开战衅，师徒败绩，日不绝书”。为了分化、瘫痪国民党和国民党政府，《成立宣言》采取了全力攻击和孤立蒋介石的策略，申称“共产主义不适于国情，国民政府以前之秕政，尽人皆知，勿待复说。唯昔之以党祸国，今之容共入党操纵之者，实为蒋介石一人。今虽势蹙技穷，犹以国家为孤注，又复出爪牙，肆为簧鼓，不讲立国之道，专惑在远之人，国中有识分子亦不免受其威胁利诱，堕入彀中。蒋氏遂借此负隅，延长战祸，以造成今日之局”。《成立宣言》还为自己的卖国行径涂脂抹粉、评功摆好，标榜“我两政府同人之抱负，联合委员会会务之所进行，皆不愿中国受悲惨之牺牲，华人增无穷之苦痛也。果使中国安定，即东亚立现和平，则世界举蒙其福”云云①。

① 《中华民国政府联合委员会成立宣言》（1938 年 9 月 22 日），见中国第二历史博物馆编：《中华民国史档案资料汇编》第 5 辑第 2 编附录下，江苏古籍出版社 1997 年版，第 58—59 页。

会议通过的《组织大纲》规定,“联合委员会”的设立,目的是“统制关于政务上共通事项,使新中央政府易于成立”,具体而言,即“对于交通、通信、邮务、金融、海关、统税、盐务、文教及思想等,其中需要统制事项协议之”。设委员6人,两政府各选派3人,由伪“临时政府”王克敏、朱深、王揖唐,伪“维新政府”梁鸿志、陈群、温宗尧组成,王克敏为“主席委员”,朱深、温宗尧为“常任委员”,以“主席委员”及“常任委员”组成“常任委员会”,在闭会期间,得处理“例行事务”,所需经费由两政府分担。①

伪“联合委员会”的成立目的,原本是要统制、协调南北两政权有关政务上的共通事项,以消除所谓“新中央政府”产生过程中的障碍。为了缩小分歧,提高“联合委员会”的统制、协调实效,《组织大纲》规定,“联合委员会”所议决事项,按其性质,由“联合委员会”或各政府执行。各政府所执行事项须报告“联合委员会”。同时,考虑到各政权的特殊利益和所议决事项得以顺利执行,《组织大纲》又规定,所议事项,不得到出席委员“全体赞成,不得议决”。② 不过由于南北汉奸政权及其背后的主子,各有自己的利益盘算,互不相让,不但所议事项,难以获得出席委员“全体赞成”而形成决议,交由“联合委员会”或各政府执行,而且根本无法进入议事程序。资料显示,南北汉奸政权高度协调一致、迅速议决的所谓“共通事项”,就是反共、倒蒋、亲日媚日,污蔑抗日,离间抗日民族统一战线,卖国求荣。1938年9月23日,即伪“联合委员

① 《中华民国政府联合委员会组织大纲》(1938年),见中国第二历史博物馆编:《中华民国史档案资料汇编》第5辑第2编附录上,江苏古籍出版社1997年版,第57—58页。

② 《中华民国政府联合委员会组织大纲》(1938年),见中国第二历史博物馆编:《中华民国史档案资料汇编》第5辑第2编附录上,江苏古籍出版社1997年版,第58页。

会”成立后的次日召开首次会议，会上王克敏（会议“主席”）和梁鸿志一唱一和，王提出，“联合委员会之使命系基于救国精神，实现反共，应以如何方法召集国民大会（按：为成立所谓“新中央政府”做准备），请诸君发表意见”。梁立即附和，“本会之使命在反共，如何方法召集国民大会”。陈群问，“召集国民大会之意义为何”。梁答，“意在反共亲日”。①

1938 年 11 月 2 日，伪“联合委员会”召开第二次会议，不过并无议事内容，只是议决通过第二次《宣言》，主要内容仍是反共、倒蒋，强调“邪正不能两存，不反共不足以救国，不倒蒋不足以清共，不反共倒蒋，不足以实现和平，则吾全国人民救死不遑，安能图复兴之建设”。因日军于 10 月 23 日、25 日相继攻占广州、武汉，为表示庆贺和慰问，“主席委员”王克敏提出，增加临时动议，以伪“中华民国联合委员会”名义，分别致电日本各司令长官，表示恭贺和慰问。会议当即议决通过，并推定王揖唐、陈群两“委员”即席起草电文，经全体委员火速修改、定稿。同时议决，由南北两政府各派代表携款慰问。② 主动献媚、卖国求荣，竟然奇离、无耻到如此地步，古今中外，实属罕见。

1938 年冬，抗日战争进入相持阶段后，日本帝国主义失去了大举长驱进攻的能力，由全线进攻转为重点进攻，并对抗日根据地进行经济封锁和频繁的“扫荡”、破坏；国民党内部则出现新的分化，国民党副总裁汪精卫公开投敌，国民党顽固派则消极抗日、积极反共。在国际关系上，由于在华利益受损，英美苏开始实行援华

① 《伪中华民国联合委员会第一次会议速记录》（1938 年 9 月 23 日），见中国第二历史博物馆编：《中华民国史档案资料汇编》第 5 辑第 2 编附录上，江苏古籍出版社 1997 年版，第 61 页。

② 中国第二历史博物馆编：《中华民国史档案资料汇编》第 5 辑第 2 编附录上，江苏古籍出版社 1997 年版，第 66—70 页。

制日政策,不过基本上是“象征性”的。中国人民的抗日战争进入了最艰苦的阶段。

在这种环境下,伪“联合委员会”于1939年3月1日,发布了第四次《宣言》(第三次《宣言》发布时间及内容不详),沾沾自喜,溢于言表,自夸傀儡政权“益臻巩固”,“临时”“维新”两政府“业将党政府留与民间之秕政恶税一举而扫除之,俾我水深火热之同胞重睹天日,此本联合会洵可欣然告慰于天下者也”。同时加大反共、倒蒋力度,并谴责英、俄“援蒋制日”,声称“彼等之阴谋以之利用途穷日暮之蒋介石则有余,以之欺弄我审世识时之人民则不足。数月以来,我各地民众楬橥和平救国之正义,参加反对援蒋各国之运动者日多一日,诚有沛然莫御之势。……故无论英、俄等国之阴谋如何,而两政府与友邦防共灭蒋之进行,迄不因之而稍懈。本联合委员会用再阐明斯旨,昭示天下,我四万万同胞其各努力拥护新政府既定国策,挽回历史以来未有之危局,以早现东亚之曙光世界前途庶几有豸”。[①] 颠倒黑白,痴人说梦。

伪“联合委员会”发布第四次《宣言》一年后,1940年3月30日,汪伪政权“还都南京”,发布《还都宣言》。同日,伪“临时政府”、伪“维新政府”分别宣布“解散”“解消”。伪“联合委员会”更于3月20日,即汪伪“中央政治会议”开幕当天或稍后,发布《中华民国政府联合委员会宣布结束公告》,宣告该会结束。按照该结束公告所做的总结,该会“历时两年,开会八次”。这就是该会的全部业绩或工作。

① 《中华民国政府联合委员会第四次宣言》(1939年3月1日),见中国第二历史博物馆编:《中华民国史档案资料汇编》第5辑第2编附录上,江苏古籍出版社1997年版,第70页。

二、汪精卫投敌和汪伪“国民政府”出笼

汪伪政权成立于1940年3月，是关内沦陷区取代华北“临时政府”、华中“维新政府”的最大汉奸政权，是日本全面侵华战争期间，唯一作为中央政权存在汉奸傀儡政权，是日本帝国主义在其占领区内的一个最重要的帮凶和代理者。

汪精卫“国民政府”汉奸政权的拟议、组建、出台，缘起于汪精卫叛变投敌。

汪精卫（1883—1944年），本名兆铭，字季新，笔名精卫，祖籍浙江山阴（今绍兴），生于广东三水。早年留学日本，就读东京法政大学，投身反清革命活动，追随孙中山，参与创建中国同盟会，曾谋刺清摄政王载沣未遂，后到法国留学。回国后于1919年在孙中山领导下，驻上海创办《建设》杂志。1921年孙中山在广州就任大总统，汪精卫任广东省教育会长、广东政府顾问，1924年任中央宣传部长。大革命后期，汪精卫思想明显蜕变，1927年继蒋介石发动“四一二政变”之后，汪精卫在武汉实行“七一五分共”和“宁汉合流”，残酷镇压工农革命。但旋即蒋汪又陷入激烈的权力争夺之中，愈演愈烈。

1931年“九一八事变”和日本侵华战争爆发，国难当头，蒋汪只得暂时收兵言和，重新合作。1932年1月28日，汪精卫出任南京政府行政院长，并一度兼任外交部长，成为国民党政府对日外交的主要决策者和直接执行者。汪精卫从年轻时就滋长了浓厚的崇日、恐日、亲日、媚日思想，现在面对武装到牙齿的日本侵略者，自然不愿意也不敢于奋起抵抗。因此，汪精卫在南京辅助蒋介石主政之初，就明确提出和推行所谓“一面抵抗，一面交涉”的对日“谋和”政策，即进行最低限度“抵抗”的同时，通过外交交涉，满足日

本要求,求得妥协停战。因此,所谓“抵抗”是假,妥协投降是真。从1932年“一·二八事变”到1935年的华北事变,汪精卫的对日外交自始至终贯彻了这一条主线。从《淞沪停战协定》到《塘沽协定》《何梅协定》,都是这一政策的产物。

汪精卫的对日妥协投降政策遭到了国民党内部抵抗派和国内爱国志士的强烈反对和谴责,对其提出“不信任案”。1935年8月8日,汪精卫被迫辞职,经蒋介石挽留留任,被爱国志士射杀击成重伤。1936年2月19日,汪精卫被迫离沪赴欧疗伤,宣告其对日投降外交政策彻底破产。

尽管如此,汪精卫仍不甘心,1936年12月“西安事变”爆发后,汪精卫认为回国重返政坛的时机已经到来。1937年1月14日,汪精卫自德国科隆返国抵达上海。此时“西安事变”已经和平解决,蒋介石和国民党政府暂时放弃了“攘外必先安内”的政策,国内政治形势正朝着全国团结抗日的有利方向发展。但汪精卫亲日和反共思想根深蒂固,仍重弹其“攘外必先安内”的旧调,极力主张对内剿共,对日妥协,污蔑共产党是“假借抗战的名义,以保卫国土之名,而行分裂国土之实”,要大家“万不可为共匪所摇惑,中了他挑拨离间之毒计”。①

1937年“七七事变”和日本全面侵华战争爆发后,军民群情激奋,抗日怒火烧遍全国,汪精卫迫于形势,在一个短时间内也假惺惺地发表若干抗日言论,但骨子深处的恐日而又媚日的基因丝毫未减,认为日本根本不可战胜,大肆贩卖“战必大败”的“亡国论”,污蔑主张抗战,是“以国家及民族为儿戏”,争取抗战胜利完全是

① 汪精卫:《怎样救亡图存》,南京《中央日报》1937年1月23日。

唱“高调”。[①] 强调在财力和物力上，都无法同日本相比，根本不可能坚持抗战，认为继续抗战“只有亡国”。那么，与其等待“亡国”，还不如早日与日本言和。而且不要寄希望于国际援助和同情，所谓国际援助是靠不住的。在这种情况下，唯一的办法就是“说老实话”，“不作高调”，这就不致引起“无谓的冲动”和“无聊的希望”。因为这种冲动“是易于颓废的”；这种希望“是易于幻灭的”。所以唯一之途，只有停止抗战，实现“和平”。[②]

除汪精卫之外，还有一批人，或被日本侵略者的嚣张气焰吓破了胆；或原本就是恐日、崇日、亲日、媚日的民族渣滓；或系仇视劳苦大众的反共分子和为虎作伥、卖国求荣的汉奸胚子。他们臭味相投，聚集一起，同汪精卫一样，对抗日战争前途极度悲观，对蒋介石的抗日言论不满，对各地爱国民众急切的抗日呼声十分反感，污蔑全国排山倒海的抗日舆论为“高唱入云”“不负责任”“不讲老实话”的“高调”。他们不但四处散布抗战“必败”、中国“必亡”的“低调”，并形成自称“低调俱乐部”的卖国投降团伙。[③]

“低调俱乐部”形成后，自然大唱“低调”，鼓吹抗战失败主义和民族投降主义，胡诌“战必大败”，但“和未必大乱”，制造以战败投降求“和平”的谬论。千方百计的阻止蒋介石抗战，接连安排教

---

① 汪精卫：《我对于中日关系之根本观念及前进目标》，《中华日报》1939 年 7 月 10 日。

② 参见余子道、曹振威等：《汪伪政权全史》上卷，上海人民出版社 2006 年版，第 200—202 页。

③ “低调俱乐部”的核心人物为周佛海（时任国民党中央执行委员会委员、江苏省政府委员兼教育厅厅长），当时周在南京西流湾的住宅即是俱乐部的发源地及根据地。俱乐部主要成员有：陶希圣、高宗武、梅思平、陈布雷、罗君强等，还有熊式辉、顾祝同、朱绍良等国民党高级将领。胡适也一度是其骨干成员（后退出）。上述成员中，周佛海、陶希圣、高宗武、梅思平、罗君强等人，后来成为汪精卫集团或汪伪汉奸政权的主要骨干。

授、专家、新闻界名人和在野的中间党派首领等,游说蒋介石对日“谋和”。同时,视对抗战最为坚定、英勇的中国共产党为眼中钉。认为要停止抗战,对日谋和,就必须进行反共、反苏,恶毒诋毁中国共产党,竭力破坏国共合作,攻击共产党“唯恐天下不乱”,“以抗日为倒蒋的工具”。恶毒污蔑抗日战争,必须赶快停止抗日,否则“如此打下去,非为中国打,实为俄打;非为光明大道,实为共产党打也”。① “低调俱乐部”又多方寻求对日交涉议和的途径,力图通过秘密交涉与日本达成交易,终止抗战,实现“和平”。早在1937年8月1日,高宗武即约见日本驻华大使馆书记官高信六郎作和谈试探。此举虽无结果,但汪精卫投降派由此找到了对日投降的新途径,开始了从体制内找靠山、改路线进入直接投敌的新阶段。

从这以后,高宗武等人与日本的接触更加频密。1937年8月9日,高宗武应约到上海,与受日本外务省东亚局和参谋本部第一部委托来华诱和的船津辰一郎进行秘密会谈。同日,高还约见川越大使,试探对日秘密和谈之可能办法。不过就在当天,上海发生虹桥机场事件,形势骤变,沪战一触即发。高这次上海之行亦无结果。“八一三淞沪会战”爆发后,“低调俱乐部”仍不死心,频密商议向日“谋和”之法,千方百计和日本联系,甚至找人转托意大利驻华大使,探寻日本对交涉所持底线。

“低调俱乐部”形成和展开活动之初,与汪精卫并无直接隶属关系。不过,因为二者志趣和政治主张相同,臭味相投,俱乐部的活动很快获得汪精卫的重视。到南京失陷前后,俱乐部上述对日谋和秘密活动,不仅要求得到汪的同意,还须力求获得蒋的最后批

① 《周佛海日记》上册(1937年10月6日),第43页,见余子道、曹振威等:《汪伪政权全史》上卷,上海人民出版社2006年版,第216页。

准。随着抗日战争局势的发展，俱乐部成员愈来愈认定，停止抗日、妥协谋和，唯有汪精卫充当领袖，方能达此目的。实因“周（佛海）、高（宗武）无汪，则群龙无首，通敌谋和难成气候。汪（精卫）无周、高，亦苦于投敌无门，讯息难通。他们只有狼狈相从，才能随心所欲”①。这就加快了“低调俱乐部”同汪精卫结合的进程，其骨干变成汪精卫进行所谓“和平运动”的基干力量，周佛海更成为汪精卫的心腹。

1937 年 12 月 13 日南京陷落，国民党政府西迁武汉办公，国民党政权和中华民族都陷入了更深的生存危机。1938 年 1 月 16 日，日本近卫内阁发表声明称，“今后不以国民政府为对手，而期望真能与帝国合作的中国新政权的建立与发展”，随即撤离驻华使馆人员，断绝两国之间的外交联系。汪精卫、周佛海等人求之不得，认为这正是他们停战谋和、大显身手的绝好机会，于是扩大队伍，更加拼命鼓吹“抗战必败”的亡国论，加紧谋求同日妥协的秘密途径，将原来正式招牌、固定组织形式和办事机构的小集团活动，发展为有正式招牌、固定组织形式、办事机构和目标更加明确的反共、反抗日、与日本谋和大规模活动。这个组织和活动就是所谓“艺文研究会”。

“艺文研究会”据说由蒋介石“面命”、汪精卫亲自策划，1938 年 1 月成立于武汉。其宗旨是，“第一，要树立独立自主的理论，反对共产党的笼罩；第二，要造成一个舆论，使政府可战可和”。②“艺文研究会”总会设在汉口，在长沙、广州、重庆、西安设分会，

① 唐德刚：《从通敌到出走的曲曲折折》（下），见余子道、曹振威等：《汪伪政权全史》上卷，上海人民出版社 2006 年版，第 218—219 页。

② 《陶希圣致胡适函》（1938 年 12 月 31 日），见《胡适往来书信选》（中），中华书局 1979 年版，第 397 页。

另在成都、昆明等重要城市派有通讯员。总会设有理事会,汪精卫、周佛海、陶希圣等均为理事,汪精卫负责实际指导。理事会设平行的总务、设计两个总干事,分别由周佛海、陶希圣担任。总干事之下分设各组,每组设正副主任干事各一名,干事及助理干事各一名。计有研究组、总务组、调查组、出版组、人事组,以及经济考察团、编译委员会等。研究组由陶希圣兼任主任干事,梅思平任副主任干事。陶希圣还同吴景超、陈之迈共同主持编译委员会。

这样,原先没有机构、招牌和编制、经费的"低调俱乐部",挂上了"艺文研究会"的招牌,有了编制和经费,扩大了队伍,在社会上开始了大规模的活动。"艺文研究会"首先着手编辑"艺文丛书",由商务印书馆出版发行。"艺文研究会"在出版组之下,又成立了"独立出版社",专门编印各种小册子。为了扩大影响,还出资津贴一些人在各地创办小报。同时,设立在香港的"国际问题研究所"和"国际编译社"(公开名称为"蔚蓝书店"),也利用那里的特殊环境,积极展开活动,出版《国际问题》《国际周报》《国际通讯》等3种刊物,由汪精卫亲信林伯生主持总务,以研究国际问题为幌子,招揽同伙。后来汪精卫逃离重庆,在香港的这帮人连同他们掌握的舆论工具,一起投入了汪精卫的"和平运动",成为汪精卫集团制造汉奸理论的吹鼓手。

"艺文研究会"一成立,即践行其对内反共、对外主和的宗旨,出版发行《政论旬刊》(后改半月刊)等期刊和各种小册子,专门刊登汪精卫、陶希圣等人鼓吹反共及对日妥协的"和平"言论,攻击共产党在统一战线中坚持独立自主的原则,是割据、分裂;通过拟定宣传方针、进行宣传指导及资助等方式,收买拉拢非国民党系统的报纸杂志,成为"艺文研究会"的"外围组织"(接受"艺文研究会"资助、指导的报纸杂志有四五十家),缩小和孤立抗日力量。

同时四处散布民族失败主义，为对日“谋和”提供“依据”。1938年3月，国民党在汉口召开临时全国代表大会，通过了《抗战建国纲领》，会后周佛海被任命为宣传部副部长、代理部长。他于是利用职务之便，打着“科学”“理性”的旗号，进行歪曲宣传，破坏全民抗战。4月30日，周佛海在《民力》周刊刊登《抗战建国的两个要点》一文，以宣传、解释《抗战建国纲领》为名，疯狂反共，反对共产党在政治上和组织上的任何独立性，一切服从国民党；诋毁全民抗战是“忽略武器，单重社会运动”，极力散布“抗战必亡”的谬论。

“低调俱乐部”核心分子陶希圣，同样打着“科学”“理性”的旗号，诋毁全民抗战，狂叫“战必大败”，推行卖国投降主义。1938年4月在《民力》周刊创刊号上发布题为《宗教与科学》的文章，将抗日战争说成是发生在科学不发达的中国的“科学战争”。5月发表于《政论旬刊》的《抗战建国纲领的性质与精神》，核心还是兜售伪科学的所谓“科学战争”。宣称“现代的战争，是科学的战争”，污蔑抗日战争是“忽视科学的重要和对科学抱错误态度，都是一种缺乏理智的感情冲动，表现为一哄而起的行为”。而“一哄而起只是煽动革命的方法，不是抗战的方法，是对内的方法，不是对外的方法”。结论是：“这次的抗战必然归于失败”。①

“艺文研究会”成立后，汪精卫投降集团不仅组织和队伍扩大，破坏抗战、对日“谋和”活动也大幅升级，汪精卫及其同伙在继续狂吠“抗战必败”“战必大败”的同时，开始公开反对抗战。汪精卫在武昌一个训练班上发表演讲说，“打败仗要和，打胜仗也要和，到底总是要和”。还有一次，他更直截了当地对唐生智等高级

① 陶希圣：《宗教与科学》，《民力》周刊第1期，1938年4月9日。

将领说,“这个仗不能再打下去了,要另想办法了”。[①] 汪精卫、周佛海投降集团的骨干成员林伯生、陈春圃等人,也声嘶力竭地叫喊,“优胜劣败是绝对真理,强权就是公理”。“近百年来的历史证明,贫弱的中国和富强的外国打仗总是要吃亏。结果不是割让土地就是赔款求和。而自己没有力量,外援又靠不住,空喊抗战,这样抗下去,一定要把整个国土抗光”。[②]

至此,汪精卫、周佛海、陶希圣集团在国民党体制内阻止和破坏抗战、对日“谋和”的言论、行动,已经接近尽头,所余升级、发挥空间有限。下一步的行动就是以此为“投名状”,直接投敌,等待日本主子接纳。这也正是他们卖国投降期盼和追求的结果。

1937 年 12 月南京陷落、1938 年 1 月日本近卫内阁断绝同国民党政府的外交联系后,周佛海、高宗武为了打通同日本的联络渠道,1938 年 2 月在汉口成立了“日本问题研究所”,由高宗武(时任外交部亚洲司司长)担任“主任”,高计划经香港转往上海,并由在日本人脉广泛的董道宁[③]先行探路。其实,日本侵略者也正在物色和检验更合适的傀儡、走狗,急切心情丝毫不亚于汪精卫集团,而且施行诱降和物色的工作班子,诱降和物色的走狗对象,不止一个两个,或三个五个,因此,高宗武、董道宁很顺利地打通了与日本

---

① 唐生智:《一九三一年到一九四九年概括回忆的几件事》,见中国人民政治协商会议全国委员会文史资料研究委员会编:《文史资料选辑》第 15 辑,文史资料出版社 1961 年版。

② 袁琳:《汪精卫的和平运动》,上海市公安局档案处藏,见余子道、曹振威等:《汪伪政权全史》上卷,上海人民出版社 2006 年版,第 227 页。

③ 董道宁,时任外交部亚洲司日本科科长,浙江宁波人,从小在日本横滨长大,在东京、名古屋、京都就读中学、大学,精通日语,熟悉日本事务。日本侵华战争前,董即同日本驻华使馆联系、交涉,又经常出入南京的满铁公馆俱乐部,与不少日本人相熟。

的联系渠道，在日本所提条件框架下，推动和加快“和平运动”的进程。

为了尽快与日本方面谈判实现“和平”的条件，汪精卫多次派高宗武等人同日本进行秘密谈判。高宗武在同日本的谈判中，发现日本对蒋介石既想同日谋和，又要依靠欧美的两面政策非常不满，经过谈判，1938 年 7 月曾与日本方面达成默契，由汪精卫出马，与日本方面实现“和平”。但日本的条件（曾由周佛海告知王世杰）是：(1)承认“满洲国”；(2)华北特殊化；(3)中日经济合作；(4)日本在中国若干地点驻兵（据云此项驻兵，不必含永久性，只在监督和约之履行）；(5)汪伪“国民政府”与华北、华中伪组织合流，但仍以“国民政府”为主体；(6)中国加入反共团体；(7)蒋介石下野。[①]

日本的“和平”条件激怒了蒋介石，却更加坚定了汪精卫、周佛海等人直接与敌“谋和”的决心。而前不久召开的国民党临时全国代表大会，汪精卫只被推选为国民党副总裁，屈居蒋介石之下，也促使他下决心与蒋分道扬镳。这时汪的谋和通敌小集团，已具相当实力。其核心成员有：周佛海、高宗武、陶希圣、梅思平、陈公博、董道宁，再加上汪的亲信幕僚、国防最高会议主任秘书曾仲鸣和侨务委员会常委兼教育处处长陈春圃，汪的妻子、国民党中央监察委员陈璧君，以及立法委员、香港《南华早报》社社长林伯生等。此为 1938 年 10 月武汉沦陷前后，汪精卫集团的基本班底。[②]

日本政府为配合诱降工作的实施，对原有对华方针进行了某

① 《王世杰日记》（手稿本）第 1 册（1938 年 9 月 28 日），第 383 页，见余子道、曹振威等：《汪伪政权全史》上卷，上海人民出版社 2006 年版，第 246 页。

② 参见余子道、曹振威等：《汪伪政权全史》上卷，上海人民出版社 2006 年版，第 247 页。

些调整,在1938年5月20日攻陷徐州后,决定集中国力迈向直接解决“事变”,并以1938年完成战争目的为前提,根据内外政策加以配合的宗旨,1938年6月30日,日本内阁“五相会议”议决《今后中国事变指导方针》,并可考虑按情况接受第三国友好斡旋的条件:如国民党政府投降[①],即将其合并于新兴的中国中央政权之下;如果不投降,便全力将其击溃或迫使其投降。同时扩大和加强亲日的各个政权,尽快使这些政权集其大成统一为一个政权,形成为真正的中国中央政府,使内外各方面不得不承认新政权代替旧南京政府作为中国中央政权。[②] 攻占武汉后立即建立中国“新中央政府”。“新政权”的建立部署要视国民党政权的变化情况而定。国民党政权如无分裂改组,即以现政权为基础建立“中央政府”;若国民党政权分裂改组,出现亲日政权,即可参加“中央政权”的建立。日本政府在该政权具备中央政府实力时,即正式予以承认。同时,日本政府还要继续研究确定调整日华关系的基本内容,即敲定要求新政权接受的各项灭华条件,以便同新政府签订新条约。

汪精卫集团方面,为了尽早与日本谈判实现“和平”的条件,急速与之秘密交涉,多次谈判。但因某些核心问题,如日本撤兵和蒋介石下台(日本以蒋介石下台为撤兵条件),一时无法解决,谈判难以取得突破性进展。1938年10月下旬后,广州、武汉分别作为华南、华中重镇,相继陷落,国民党党政机关西撤重庆,中国东中部经济相对发达地区大部沦陷,中国抗战进入了艰难阶段。但对

① 关于“投降”,日本列有4项“标准”:(1)合并或参加建立新中央政权;(2)与上述情况相配合,旧国民政府改变名称或改组;(3)放弃抗日容共政策,采取亲日满与反共政策;(4)蒋介石下野。

② 参见章伯锋、庄建平主编:《抗日战争》第6卷,四川大学出版社1997年版,第768—769页。

汪精卫集团来说,“和平运动”反而出现了新的转机。汪精卫决定亲自出马,指定梅思平、高宗武作为中国方面的代表,正式开始同日本方面交涉。

日本攻占广州、武汉后,因占领区扩大,战线拉长,战略机动部队近乎枯竭,短时间内无法组织起大规模战略进攻,不得不向以“战略进攻”为主的战略方针转变。在“政治诱降”方面,在无法诱降蒋介石的情况下,只能退而求其次。而汪精卫不仅是国民党内和中国政府内仅次于蒋介石的第二号人物,而且具备了作为诱降对象所需的恐日亲日、反对抗战、反共反蒋的基本条件。于是,日本军部和内阁一致决定采取“倒蒋立汪”的方针,加快了诱降和会谈进度。

1938 年 10 月 25 日,日本参谋本部今井武夫把在香港同高宗武、梅思平的会谈内容带回东京,并向陆军大臣和参谋次长提出推动会谈的方法和建议。就在此时,相继发布了日军于 10 月 27 日攻陷武汉三镇、29 日攻陷广州的消息。在这种新形势下,日本政府曾根据《调整日华新关系方针》①,审查、研讨了有关的声明文件,于 11 月 3 日重新发布,即第二次《近卫声明》,要求国民党政府“再考虑”。该声明凭借接连攻陷广州和武汉三镇的淫威,对国民党政府采取进一步的高压政策。宣称日本陆海军已攻克广州、武汉三镇,平定了中国的重要地区,“国民政府仅为一地方政权而已”。如国民党政府仍坚持抗日、容共政策,则日本“绝不收兵,直到打到它崩溃为止”。第二次《近卫声明》再次重弹全面侵华战争之最终目的是建设确保“东亚永久和平新秩序”的老调。与第一次《近卫声明》略有不同的是,将武力消灭国民党政府的政策修改

① 参见[日]今井武夫著:《今井武夫回忆录——中国事变回忆录》,《今井武夫回忆录》翻译组译,上海译文出版社 1978 年版,第 79—81 页。

为政治诱降政策。声称期望“中国国民”在建设“东亚永久和平新秩序”方面,与日本政府合作,“即便是国民政府,只要全部放弃以往的政策,更换人事组织,取得新生的成果,参加新秩序的建设,我方并不拒之于门外”。[①] 这是日本对国民党政府的一纸招降和逼降文告,不过招降和逼降对象并不包括蒋介石在内。因为日本的招降条件,除了国民党政府放弃以往的“抗日、容共政策”,还要“更换人事组织,取得新生的成果”,亦即蒋介石下台,政府架构改组。说白了就是倒蒋立汪,因而实际上是在日汪正式会谈开始前夕,向汪精卫及其同伙发出的一纸招降文书。

日汪正式会谈开始在即,《调整日华新关系方针》和第二次《近卫声明》即成为会谈的指导方针,今井武夫带回东京的香港会谈提出的“和平方案”,经陆军省和参谋本部修订后,则作为与汪方会谈的基础,即行决定指派今井武夫、西义显、伊藤芳男等急赴上海,1938 年 11 月 12 日在东体育馆路 7 号一处偏僻的空宅子“重光堂”(曾是土肥原贤二的上海特务机关所在地),与汪精卫的代表高宗武、梅思平进行正式会谈。[②] 11 月 15 日,今井武夫带着会谈拟就的协议草案,急忙赶回东京。恰逢日本陆军省和参谋本部举行首脑会议,与会者当即全体决定,即以“协议内容为基础,大力推进日华和平运动”。同时决定陆军省重新派遣军务课长影佐祯昭大佐、参谋本部派遣今井武夫为日方代表,再加上西义显、伊藤芳男及国会议员犬养健,于 18 日赶赴上海,20 日早晨,影佐祯昭、今井武夫和高宗武、梅思平举行会谈,但据称双方已经没有

① [日]今井武夫著:《今井武夫回忆录——中国事变回忆录》,《今井武夫回忆录》翻译组译,上海译文出版社 1978 年版,第 82 页。

② 该宅子在日汪会谈后,被日本特务土肥原贤二占为住宅,取名“重光堂”,后来即将此次会谈称为“重光堂会谈”。

什么可讨论的项目，只在词句上做了些修正，“极其简单地就结束了会谈”。下午7时，双方就在《日华协议记录和谅解事项》上签字盖章。① 汉奸汪精卫及其手下，以近乎卖白菜的速度和手续，将偌大一个中国卖给了日本帝国主义。

1938年11月20日，高宗武、梅思平和影佐祯昭、今井武夫在上海达成的是一项“秘密协议”，内容分为两个部分，第一部分是关于日本政府解决中国“时局”的“条件”；这些条件内容暂不公开。第二部分是正式公开这些“条件”内容时，必须采取的措施。这一部分特别规定，日本政府如公开发表上述条件时，汪精卫等应立即宣布与蒋介石断绝关系，发表“实行中日合作和反共政策的声明，同时俟机成立新政府”。

“协议”第一部分，开头声称，“日华两国在共同排斥共产主义的同时，将东亚从各种侵略势力中解放出来。为实现建设东亚新秩序的共同理想，相互以公正的关系为准则，处理军事、政治、文化、教育等各方面的关系，为实现睦邻友好、共同防共和经济合作而加强联合”。为此，议定下列条件：(1)缔结日华防共协定，其内容以日、德、意防共协定为准则，互相协作。承认日军为防共而在中国驻军，将内蒙古地区作为防共特殊区域(驻军目的系确保内蒙古及其联络线，驻军地点为平津一带，驻军期限是以日华防共协定有效期为准)；(2)中国承认“满洲国”；(3)中国承认日本人在中国领土上有居住和营业的自由，日本同意撤销在华的治外法权，并考虑归还日本在中国的租界；(4)日华经济合作应建立在平等互惠的基础上，必须承认日本的优先权，特别是关于华北资源的开发和利用方面给予日本特殊的方便；(5)中国应赔偿日本在华侨

① ［日］今井武夫著：《今井武夫回忆录——中国事变回忆录》，《今井武夫回忆录》翻译组译，上海译文出版社1978年版，第76—85页。

民因事变造成的损失,但日本不要求赔偿战费;(6)本协定规定以外的日本军队,在日华两国恢复和平之后,立即开始撤退。随着中国国内治安的恢复,将在两年内完成撤兵。中国在这期间应确保治安,而且应在双方会议上决定驻兵地点。

今井武夫和高宗武、梅思平在“重光堂会谈”中,除了上述“协议”以外,还有更长远的谋划,在日本结束“事变”、灭亡中国之后,就“两国政府今后共同执行的政策”,进行所谓“研究”,主子、奴才“取得完全一致的意见”,还草拟了一份《日华秘密协议记录》,只因尚未得到各自政府同意,暂未签字。《日华秘密协议记录》共6条,主要内容有:(1)为建设“东亚新秩序”,相互实施亲日、亲华的教育和政策;(2)两国针对苏联设置共同的宣传机构,“并缔结军事攻守同盟条约”,在内蒙古及与其确保联络的必要的地区驻扎日本军队;(3)日本援助中国从东亚的半殖民地地位逐步解放出来,废除一切不平等条约;(4)两国以复兴东亚经济为目的,进行经济合作(具体办法另行研究),此种经济合作在中国以外的南洋一带亦同样适用之;(5)为了实施上述条款,两国设置必要的“委员会”;(6)两国尽可能努力使亚洲其他各国也参加本协定。①

《日华秘密协议记录》不仅研究、拟具了中国灭亡、沦为日本殖民地后,跟随宗主国推行的政策,还要帮助日本占领南洋和亚洲各国,将这些政策推及南洋和亚洲各国。日本军国主义侵略扩张的狼子野心,处处暴露无遗。

“重光堂会谈”一结束,1938年11月21日,今井武夫和影佐祯昭将重光堂“会谈协议”带回东京,次日五相会议审议通过,并决定在适当时候,以协议记录内容作为近卫内阁第三次声明予以

① [日]今井武夫著:《今井武夫回忆录——中国事变回忆录》,《今井武夫回忆录》翻译组译,上海译文出版社1978年版,第85—87页。

发布。随即兵分两路,前往上海、香港,等待汪精卫回音。12 月 1 日,梅思平带着汪精卫的答复赶到香港。汪精卫的答复要点是:(1)承认《日华秘密协议记录》内容。(2)在近卫声明中,日本有必要明确表示不进行经济垄断和干涉中国的内政。(3)汪精卫预定 12 月 8 日离开重庆,10 日抵达昆明。在这期间,为严守秘密的需要,希望在 12 月 12 日左右发表近卫声明。(4)汪精卫在昆明、河内或香港之中任何一地宣布“下野”。日本亦即时通知汪精卫集团,对会谈协议“无异议”。下一步就是汪精卫出逃投敌了。

1938 年 12 月 18 日,汪精卫逃离重庆,前往昆明,19 日与先到昆明的周佛海,一同飞抵越南河内。这时,除先前已逃至香港的高宗武、梅思平,在此前后逃出重庆的还有汪精卫妻子、中央监察委员陈璧君,前实业部长、现四川省党务委员陈公博,中央立法委员林波生,艺文研究社主任陶希圣,中央候补委员曾仲鸣等。这就是汪精卫集团叛国投敌的基本班底。

日本政府按照既定部署,在得知汪精卫一伙已抵达河内后,急忙于 1938 年 12 月 22 日发布,即第三次《近卫声明》。基本内容总体上并未超出重光堂会谈协议的范围,但框架结构和语气词句做了较大变动。第三次《近卫声明》宣称,日本政府“决定始终一贯地以武力扫荡抗日的国民政府”,同时,“日、‘满’、华三国应以建设东亚新秩序为共同目标而联合起来”,为此,中国必须“放弃抗日的愚蠢举动和对满洲国的成见”,“进而同满洲国建立完全正常的外交关系”。因为东亚不容有共产国际的势力存在,签订“日华防共协定一事,实为调整日华邦交之急务”。并“要求中国承认在防共协定继续有效期间,在特定地区驻扎日军进行防共,并以内蒙古地方为特殊防共地区”。在日华经济关系上,要求中国承认日本臣民“在中国内地有居住、营业的自由,促进日、华两国国民的经济利益,并且鉴于日华之间历史上、经济上的关系,特别在华北和内蒙古地区在资源的开发利用上积极地向日本提供便利”。[1]

汪精卫为响应第三次《近卫声明》,1938 年 12 月 29 日发表致蒋介石和国民党中央执行监察委员会的电报(通称“艳电”[2]),为第三次《近卫声明》歌功颂德、涂脂抹粉。“艳电”将第三次《近卫声明》的内容概括为三点,即善邻友好、共同防共和经济提携,要求国民党政府以此为根据,与日本政府“交换诚意,以期恢复和平”。“艳电”对所谓“日本军队全部由中国撤去”,更是感恩戴德。至于所谓“为防共保留驻军”,也“至多以内蒙古附近之地点为限”。认定“此为中国主权及行政之独立完整所关,必须如此,中国始能努力于战后之修养,努力于现代国家之建设”。[3] 可谓痴人说梦话。

汪精卫“艳电”遭到了国民党党政机关和全国各阶层人士、各族人民的谴责和唾弃。1939 年 1 月 1 日,在国民党政府召开的中央执行委员会常务委员会上,汪精卫被罢免公职、开除国民党党籍,还仍不死心,再三向国民党政府建议“和平”。汪精卫并未达到目的,而且安全没有保障。国民党特工人员对汪进行种种威胁,汪的外甥、手下先后被暗杀身亡或重伤。日本原来估计国民党政府的一些军政要员,如何应钦、陈济棠、龙云、何键、张发奎等人应能参加汪精卫的“和平运动”,但他们收到汪精卫发出的通告后,并无动静。就连一向被视为汪派人物的彭学沛、张道藩、甘乃光、王世杰等人,也不敢赞同汪的主张。法属印度支那当局对汪也渐趋冷淡,在这种情况下,汪精卫当务之急是要寻觅一个安身之处。

① [日]今井武夫著:《今井武夫回忆录——中国事变回忆录》,《今井武夫回忆录》翻译组译,上海译文出版社 1978 年版,第 95—96 页。

② “艳”为 29 日的电报代码。“艳电”即“二十九日电”。

③ [日]今井武夫著:《今井武夫回忆录——中国事变回忆录》,《今井武夫回忆录》翻译组译,上海译文出版社 1978 年版,第 96—98 页。

1939年4月，在不久前从陆军省回到参谋本部的影佐祯昭谋划下，假称下野出国，前往新加坡，4月25日黑夜逃出河内，先租乘“凤安号”小轮，在汕头海面换乘从上海前来接应的日轮“北光丸”，途经台湾基隆，5月6日抵达上海。

汪精卫到达上海当天，同到船上前去迎接的新任日本参谋本部中国课课长今井武夫，进行会谈，并发表谈话，借此公布其跪地投降、正式建立卖国政权的计划蓝图：汪精卫声称他一直在通过言论反驳国民党政府的抗日理论，说明只有“和平”才能救中国。本拟从外部推动政府改变政策，但事实证明很难奏效。因此决定自己建立“和平政府”，真正体现“日华合作”，向一般国民证实“抗战是没有意义的”。希望日本政府“不折不扣地实行第三次《近卫声明》，如实地使四亿中国民众得知日本的政策不是侵略性的”。汪精卫说，“和平政府”建立后，当然也要组织军队，不过并无用来打重庆政府、挑起内战的意图，最终目的是促使重庆政府“改变抗日政策转向和平”。因此，“将来如能使重庆政府与和平政府合并”，即是“本人的运动已经达到了目的，本人预定下野”。汪精卫的打算是，尽快赶赴日本，再做最后决定。如决定建立政府，仍将继承中华民国的“法统”，称之为“国民政府”。因此，考虑建立政府要采取“还都”的形式，实行“三民主义”，规定“青天白日旗”作为“国旗”。①

不过日本陆军大臣和参谋次长听了今井武夫关于汪精卫的计划和谈话内容的汇报，对汪赴日一事，犹豫不决，因日本军政首脑内部对汪精卫的能力和作用，以及建立汪精卫政权对现有伪“蒙

① ［日］今井武夫著：《今井武夫回忆录——中国事变回忆录》，《今井武夫回忆录》翻译组译，上海译文出版社1978年版，第100—101页。

疆”、华北等傀儡政权产生的影响等,出现了严重分歧。① 为了证明自己的汉奸能力和行之有效的“方法”,1939 年 5 月 28 日汪精卫集团又向日本主子提交了“关于收拾时局的具体办法”函件,详细分析了关于召开国民党全国代表大会的必要性和具体办法;关于召开中央政治会议及其议程;特别论证了为何将“新政府”称为“国民政府”,不提“在南京建立国民政府”,而只提“还都南京”,以及“新政府”建成后,对北平“临时政府”、南京“维新政府”和重庆政府的处理办法,等等。② 日本军政头目经过讨论,方同意汪的赴日要求。5 月 31 日,汪精卫才乘坐日本海军飞机,从上海到达东京。6 月 5 日,日本陆军省和参谋本部对汪精卫集团所提“关于收拾时局的具体办法”进行了审查、修正、处理,强调在建立“中央政府”期间,应承认“临时”“维新”行政区域内的工作;虽可沿用“国民政府”名称,但须在国旗、党旗上部附以明显的“反共救国”等字样的大三角形黄地布片;在国民党最高指导方针中,须明确表示出“日满华三国睦邻友好,团结一致的内容”。③ 到 6 月 10 日汪精卫才开始同平沼首相④,陆军、海军、外务、大藏诸大臣以及近卫前首相进行会谈。平沼对汪精卫在南京建立“实行和平方针的国民政府”的设想,表示“坚决予以支持”。另外,汪精卫同板垣征四

① 参见《日本方面关于伪政权树立工作的混乱》,见黄美真、张云编:《汪伪政权资料选编 · 汪精卫国民政府成立》,上海人民出版社 1984 年版,第 47—52 页。

② 《中国方面提出的关于收拾时局的具体办法》,见[日]今井武夫著:《今井武夫回忆录——中国事变回忆录》,《今井武夫回忆录》翻译组译,上海译文出版社 1978 年版,第 305—310 页。

③ 《对中国方面提出的“关于收拾时局的具体办法”之处理》,见[日]今井武夫著:《今井武夫回忆录——中国事变回忆录》,《今井武夫回忆录》翻译组译,上海译文出版社 1978 年版,第 315—316 页。

④ 1939 年 1 月初近卫内阁总辞职,由平沼骐一郎接任内阁首相。

郎陆军大臣还就建立汉奸政权所面临的一些现实问题，如对北平“临时政府”和南京“维新政府”的处理问题、制订国旗问题等等，进行了讨论，达成了协议，关于在南京建立所谓“和平政府”获得了日本政府“切实援助的保证”。

1939 年 6 月 20 日，汪精卫等人从日本乘船回国，紧锣密鼓地开始了所谓“和平政府”的筹建。汪精卫等人先到天津，27 日前往北平会见日本华北方面军司令官杉山元大将和伪“临时政府”委员长王克敏，据称进一步坚定了他建立“和平政府”的决心。汪精卫随后返回上海，伪“维新政府”主席梁鸿志一听到消息，29 日率同内政部长陈群、绥靖部长任援道赶往上海，进行初次会晤。至此，汪精卫同南北两个主要傀儡政权（未计伪“蒙疆”政权）头目都有了初步接触，为下一步工作做好了准备。

汪精卫为了在日军占领区以外建立汉奸政权，把目光投向两广内地，于是在 1939 年 7 月底前往广东，与侵华日军和地方实力派协商，还请逗留香港的陈公博协助，不久发现全都枉费心机，除了南京以外，无建立傀儡政权之地。于是以所谓“整顿继承国民政府法统”的形式，重新规划、进行，自 8 月 28 日起连续在上海召开“国民党第六次全国代表大会”，废除国民党的“总裁制”，改为“中央执行委员会主席制”，推选汪精卫为委员会“主席”；并决议授权中央执行委员会主席指定中央执行委员。大会还决定以“反共”为国民党政策，调整日华关系，恢复两国“邦交”。

1939 年 9 月 21 日，汪精卫前往南京，同伪“临时政府”委员长王克敏、伪“维新政府”主席梁鸿志一起，协商在南京建立所谓“中央政府”问题。不过王、梁二人对汪所提建立所谓“中央政府”的建议，均以尚未接到有关日军机关发来的任何通知为借口，拒绝表态。协商未能取得实质性效果，只决定了以下事项：(1) 首先召开中央政治会议，进行建立政府的准备工作，中央政治会议的重要事项,以汪精卫的方案为基础;(2)新政府设“中央政治委员会”,负责议决政策;(3)中央政治会议委员名额的分配是,国民党占1/3,“临时”“维新”两政权合占1/3,其余1/3分配给伪“蒙疆”政权及其他无党派人士;(4)在中央政治会议上提出政府名称、首都位置、国旗问题等重要事项,建议对此应事先进行充分协商,以便在开会时能够一致通过;(5)由汪精卫和两政府发表声明。①

为了建立能够统辖南北地区性汉奸政权的中央政权,关键是能够统辖指挥地区性汉奸政权后面的日本侵华各军。因此,1939年10月1日,日本在南京设立了统辖侵华各军的“中国派遣军总司令部”,由原任教育总监的西尾寿造大将任总司令官,前任陆军大臣的板垣征四郎任总参谋长。以如此超乎寻常的强大阵容,以便大力促进中央汉奸政权的建立。

同时,继续日本对华政策的会谈。1938年秋天的重光堂会谈协议记录,是汪精卫“和平运动”的开端,与此互为表里的第三次《近卫声明》,成为日本政府向汪精卫集团交代的对华政策基础。但部分内容过于抽象,尚须充实和具体化,并曾内定在“和平政府”建立后,以此作为两国缔结条约的基本内容。为此,日本方面任命以影佐祯昭陆军少将、须贺海军少将、矢野及清水两外务省秘书、鼓萩那华雄陆军大佐、犬养健议员为代表,由参谋本部派遣堀场一雄中佐(12月初改任中国派遣军总司令部第四课参谋)负责协助调整日本中央与日军在中国占领区当地的关系;汪精卫集团以高宗武、梅思平、陶希圣、周隆庠为代表,从1939年11月开始继续谈判。不过所谓“谈判”,只是走过场。实际上,日本虽以第三次《近卫声明》所制定的日华新关系调整方针作为基础,但其中不

① [日]今井武夫著:《今井武夫回忆录——中国事变回忆录》,《今井武夫回忆录》翻译组译,上海译文出版社1978年版,第109—110页。

少条款是日本政府各部门按照各自的权益需要“乘机随便添加进去的”①,并企图按照新加条款,强行立约。后经双方多次谈判,到12月30日才勉强将谈判记录作为“密约试行方案”决定下来。

所谓“密约试行方案”全名《关于日华新关系调整的协议书类》。该协议书类分两个部分:即“日华新关系调整要纲”和“秘密谅解事项”。前者主要包括“附录一:关于日华新关系调整的基本原则”和“附录二:关于日华新关系调整的具体原则”两部分,总体上都是“重光堂会谈协议记录”和“第三次《近卫声明》”已有的内容。但对部分条款进行了补充和加以具体化。如“附录一”规定:须确定华北和伪“蒙疆”是“国防上和经济上日华之间紧密的合作地带”;伪“蒙疆”地方除上项规定外,“须确定为防共军事上及政治上的特殊地位”;在长江下游地域,“经济上须实现日华之间的紧密合作”;在华南沿岸“特定岛屿,须实现军事上的紧密合作”。“附录二”规定,“日、‘满’、华三国各在其领域内,铲除共产分子及其组织,同时有关防共的情报和宣传等,须提携合作”;日华合作防共,“日本须把必要的军队驻扎于伪“蒙疆”和华北的一定区域”;中国对于日军驻扎地域和与此有关地域的铁路、航空、通信、主要港口和水域,须根据另项协定规定,“适应日本军事上必要事项的要求”;日、“满”、华三国为了实现互助和防共,关于工业和经济等,“基于长短相补、有无相通的旨趣,实行平等互惠”;关于华北和伪“蒙疆”的“特定资源,特别是国防上的地下资源,根据共同防共及经济合作的观点,由日华合作开发。至于利用,需考虑中国的需要和对日本提供特别的便利。在其他地域,有关国防上必需

① 如谋求或扩大日军傀儡伪“蒙疆”政权的地盘;扩大“渗透着日本军队指导力量的华北政府”的权限;要求把铁路经营权委托给日本;扩大日本的驻兵区域。海军方面更提出在海南岛规定日本海军的权益。

的特定资源的开发利用,根据经济合作的观点,也要对日本提供必要的便利,但利用方面需考虑中国的需要";中国根据另项规定,关于日华合作事项,"须聘请日本顾问和职员"。

后者所谓"秘密谅解事项",一共包括8个大项(从第一至第八),每一个大项又包括若干小项。全是这次会谈新添加的内容。第一个大项是关于新"中央政府"和现存华北"临时政府"、南京"维新政府"及伪"蒙疆"等3个汉奸政权的"关系调整要纲",规定新"中央政府"在华北成立"华北政务委员会","临时政府"的名称加以废除,其政务由"华北政务委员会"继承。在"中央政府"规定范围内,成立华北地方中与日华合作事项有关的防共和治安合作事项,如与日本军队驻扎有关事项、有关日华防共和治安合作必要事项、有关其他日华军事合作事项等。但是关于"国防军的处理",由"中央政府"在华北特设的军事机关负责。"华北政务委员会"所需经费,由"中央政府"统筹和支付,关税、盐税、统税为中央税。海关、邮政、航空,在"中央政府"成立后,须迅速至于其统一管理之下;"华北政务委员会"有权进行与日、"满"的纯粹地方处理的交涉,但须随时向"中央政府"报告;对"维新政府",虽不设"政务委员会",但须考虑其地位、面子,在"中央政府"成立前,使其继续安心政务,防止其动摇,并须考虑与"中央政府"融合为一;对伪"蒙疆"政权,"鉴于'蒙疆'是国防上和经济上日、'满'、华三国高度结合地带的特殊性,根据现状,承认其有广泛的自治权,作为高度的防共自治区域",其权限,根据"中央政府"规定的《内蒙自治法》。但关于《内蒙自治法》的制定,"事先须与日本方面协议"。另外,在第一大事项中,除了对三个现存汉奸政权的"关系调整",还对上海、厦门、海南岛三地的管理做了特别规定:为实现日华在长江下游地区的"紧密合作",上海将"根据另项协定规定";"中央政府"设"厦门特别市",日、华在厦门特别市的"合作事项，由日、华之间另行协定”；“中央政府”以“海南岛和附近各岛屿划为一省”，由“中央政府”派驻“专员”。以期关于日、华“军事合作”事项、“经济提携”事项，“可予以圆满处理”。这是汪精卫汉奸卖国集团特别送给日本主子的大礼。

8大“秘密谅解事项”中，其余7个大项（从第二至第八），依次是金融财政关系事项（第二）、经济关系事项（第三）、交通关系事项（第四）、日华在长江下游地带合作关系事项（第五）、聘请和采用日本顾问和职员关系事项（第六）、对华方要求关于尊重主权原则和实行等的回答关系事项（第七）、其他事项（第八）等。同样每一大项中包括许多小项，小项下面还有若干细项。有的除了正文，还有“备考”，项目、内容、文字，繁复细密，以充分保障日本的有效控制和权益攫夺。如第五大项规定：关于思想、教育、宣传、文化事业和警察，日华紧密联系和合作。因此，上海特别市政府的社会局、教育局和警察局，聘请日本联络专员；上海居留的日本人组织日本人协议会（名称未定），对市政府提出关于日本人的居留营业的意见，市政府对其意见“须加以充分考虑”，等等。①

作为所谓确立“日华新关系”的“密约试行方案”定了下来，也就为汪伪汉奸政权的建立提供了基础条件，新政权加快了炮制步伐。1940年1月24日，汪精卫、王克敏、梁鸿志3人，在山东青岛一连两天开会，按照“密约”规定，“临时政府”改组为“华北政务委员会”，由南京“和平中央政府”授予该会以处理华北问题的权限；取消“维新政府”，其政府成员原则上吸收到“和平中央政府”中去。

不过正当汪精卫一伙兴高采烈、得意忘形之时，高宗武、陶希

① 《关于日华新关系调整的协议书类》（1939年12月31日），见黄美真、张云编：《汪伪政权资料选编·汪精卫国民政府成立》，上海人民出版社1984年版，第556—575页。

圣却在元月初潜逃香港,1940 年 1 月 22 日在香港《大公报》上将“密约试行方案”全部公之于众,揭露和谴责汪精卫集团在“和平运动”幌子下的卖国罪行。虽然汪精卫、周佛海之流故作镇静,我行我素,但高宗武、陶希圣两个核心人物的“反戈一击”,肯定给汪精卫汉奸集团留下了永远无法抹去的阴影。

汪精卫通过青岛会议,基本完成了中央汉奸政权的准备工作。汪精卫为了蒙骗民众,竭力让其汉奸政权披上“合法”的外衣,声称其政权并非重新建立,而是在与日本实现“局部和平”的情况下,将国民党政府“还都”南京。并决定于 1940 年 3 月 26 日举行伪“国民政府”的“还都”典礼。不过另一方面,日本中国派遣军司令部仍在探寻重庆国民党政府有无直接议和的可能。直到 3 月中旬还在等待重庆方面的答复,3 月 19 日,日军派遣军总参谋长板垣征四郎还通知汪精卫,决定将“还都”典礼推迟到 3 月 30 日。

1940 年 3 月 22 日,汪精卫以“中央政治会议”的名义,公布伪“国民政府”及各院、部、会的基本架构主要官吏名单(名单详后)。3 月 25 日,在经过一番激烈的分赃争吵后,汪精卫又宣布,中央政治会议通过《中央政治委员会组织条例》,中央政治委员会正式成立,并公布了相关名单(名单详后)。

至此,汪伪“国民政府”的行政架构、职务安排、利益分割全部办理停当,只等主子设定的日期一到,即可粉墨登场。使人感到意外的是,在汪精卫利欲熏心,集团内部争权夺利、吵得不可开交的情况下,却将伪“国民政府”主席一职拱手留给尚在重庆担任国民党政府主席的林森,而汪精卫本人屈居“代理”。这当然并非汪精卫和汪精卫集团的本意,而是日本主子的决定。诱降蒋介石和重庆国民党政府是日本帝国主义的一招大棋,日本最理想的结局还是蒋、汪合流,并为此一直对重庆敞开大门,甚至推迟伪“国民政府”的“还都”日期,日本中国派遣军总司令部急切等待重庆的答复。直至1940年3月24日，才收到重庆的答复："关于承认满洲国问题，政府内部意见分歧，形成对立，很难作出决定。因此，确切答复希延期到四月十五日"。① 日本大失所望，"还都"日期无论如何不能再延期，只得在3月30日举行"还都"典礼。

"还都"会上先后发布《国民政府还都宣言》和《国民政府政纲》。《国民政府还都宣言》声称，伪"国民政府"根据中央政治会议之决议，"还都"南京，坚决执行中央政治会议所议决的"实现和平、实施宪政两大方针"，"与日本共同努力、共同防共"，"以扫除过去之纠纷，确立将来之亲善关系"，"过去所采政策及法令，有违反此方针者必分别废止或修正之"；过去个人独裁，为全国人民精诚团结之障碍，必当革除。"共产党挑拨阶级斗争，尤为国家民族之大敌，必当摧陷廓清，使无遗毒"。汪精卫及其同伙，头脑发昏而又自不量力，《国民政府还都宣言》狂称，伪"国民政府"是全国"唯一的合法的中央政府"，若重庆国民党政府对内发布法令，对外缔结条约、协定"皆当然无效"；并向现在重庆及各地"服役中之公务人员及一般将士"发出"布告"，将其全部拉入汉奸队伍。声称凡属公务人员，"自此布告以后，务必于最近期间，回京报到"，一经证明确认，"概以原级原俸任用"；其有怀抱忠诚，有所贡献者，"尤当优予任用"；凡属一般将士，自此布告后，"务必一体遵守，即日停战，以待后命。其非正规军队，散在各地担任游击者，亦务必遵命停止活动，听候点验收编"。②《国民政府政纲》共有10条，内容涵盖政治、经济、军事、外交、财税、教育等诸个方面，核心

① ［日］今井武夫著：《今井武夫回忆录——中国事变回忆录》，《今井武夫回忆录》翻译组译，上海译文出版社1978年版，第142页。

② 《国民政府还都宣言》（1940年3月30日），见黄美真、张云编：《汪伪政权资料选编·汪精卫国民政府成立》，上海人民出版社1984年版，第821—822页。

是前面3条和最后一条(第10条)。即充当日本主子的忠实奴仆、走狗,“以分担东亚永久和平及新秩序建设之责任”;尊重列强各国在中国的既得“权益”,并调整其关系,增进其友谊;全力反共,“联合各友邦共同防制共产国际之阴谋及一切扰乱和平之活动”。最后第10条是“以防共和平建国为教育方针,并提高科学教育,扫除浮嚣空泛之学风”。① 其目的是彻底解除全体国民的思想武装,使其麻木不仁、甘做亡国奴,以保证其日本主子永远高枕无忧。

会上还公布了伪“国民政府”的组织系统和权力结构。汪伪政权完全沿袭国民党政府五院分权制的权力和行政架构。伪政权的最高权力机构是“中央政治委员会”。根据《中央政治委员会组织条例》,“委员会”由当然委员、列席委员、指定委员、聘请委员等4部分“委员”以及相关“专门委员会”组成。由汪精卫任“主席”;五院院长及华北政务委员会委员长为“当然委员”;五院副院长(褚民谊、朱履和、江亢虎、顾忠琛)为“列席委员”;周佛海、褚民谊、陈璧君、梅思平等18人为“指定委员”;齐燮元、朱深等11人为“聘请委员”。由周佛海任秘书长,陈春圃、罗君强任副秘书长。另外,还分设法制、内政、外交、军事、财政、经济、交通、教育、社会事业9个“专门委员会”,依次由梅思平、陈群、徐良、鲍文樾、陈之硕、陈君慧、李祖虞、蔡洪田任各“专门委员会”的“主任委员”。

“中央政治委员会”下面是伪“国民政府”,由重庆国民党政府主席林森担任“主席”,而由汪精卫“代理”。② 伪“国民政府”

① 《国民政府政纲》(1940年3月30日),见黄美真、张云编:《汪伪政权资料选编·汪精卫国民政府成立》,上海人民出版社1984年版,第823页。

② 1943年,国民党政府主席林森在重庆车祸身亡,由国民党政府军事委员会委员长蒋介石兼任国民党政府主席,汪精卫也在南京由“代理”“转正”,在日本的支持下成为伪“国民政府主席兼行政院院长”。

由行政院、立法院、司法院、考试院、监察院等五院以及军事委员会组成。汪精卫任行政院长、褚民谊任行政院副院长、陈春圃任行政院秘书长、陈公博任立法院长、温宗尧任司法院长、王揖唐任考试院长、梁鸿志任监察院长、汪精卫任军事委员会委员长(兼)。

行政院是最高行政职能机构,由内政、外交、工商、农矿、铁道、交通等18部、委组成。其行政架构比现存的"临时政府""维新政府"两汉奸政权要庞大得多。

为了表示对汪伪政权的支持和日汪之间的紧密合作,1940年3月30日,日本政府发表声明"庆贺",表示对汪伪政权的发展将"给予全面的协助和支持"。"声明"宣称,"帝国为与东亚各国一起确保其生存,对于开发利用中国资源有着特殊的关心和要求。这是理所当然的"。为此,日本的对华政策是,"只要残存的容共抗日势力迷梦未醒,帝国对其就断然不能停止战争,并将以坚定的决心和不断的准备,克服与突破今后可能产生的一切障碍,以期达到神圣战争之目的"。① 日本米内首相还与汪精卫互相交换广播词,向对方国民进行广播。米内在广播词中,对汪精卫忠于日本帝国、开展"和平救国运动"、建立"新政府"的"劳苦功绩";对其"确乎不拔之信念及忧国爱民之热情,表示满腔之敬意!同时对新政府光荣之未来,亦有多大之期待"。② 日本中国派遣军总司令西尾寿造和驻中国的日本第三舰队司令长官及川古志郎,也分别发表

① 《日本政府声明》(1940年3月30日),见余子道、曹振威等:《汪伪政权全史》上册,上海人民出版社2006年版,第429—430页。

② 《米内首相广播演词》(1940年3月30日),见黄美真、张云编:《汪伪政权资料选编·汪精卫国民政府成立》,上海人民出版社1984年版,第831页。

谈话,表示“支持”汪伪新政权。①

1940年3月30日汪伪国民政府“还都”当天,现存北平“临时政府”、南京“维新政府”同时宣布“解散”“解消”,分别发布《临时政府解散宣言》《维新政府解消宣言》。华北“临时政府”解散后,原行政机构保留并改组为“华北政务委员会”,伪“临时政府”委员长王克敏,担任“华北政务委员会”委员长。下设内政、财政、绥靖、实业、教育、建设6个“总署”和政务厅。至于梁伪“维新政府”解消后,行政架构解散、消失,官吏、职员全部转入汪伪政权系统。

汪伪“国民政府”名义上合并了伪华北“民国维新政府”、伪华中“维新政府”和伪“蒙疆联合自治政府”等原有辖区(不包括伪“满洲国”)。但实际上直接管辖的仅江苏、安徽、浙江、江西、湖北、湖南、广东、福建(部分日本占领地区)和伪“淮海”、伪“中原”等省份及南京、上海、汉口、厦门等“特别市”,其中除江苏、安徽、伪“淮海”3省辖区相对完整外,其他省区往往仅占有少数县域;另外,汪伪政权曾设置“浙东行政公署”“苏北行政公署”“苏淮特别行政区”3个省级“特别区”。1940年6月20日,汪伪政权“中央政治委员会”第11次会议决定对南京特别市政府实行改组,并定为“首都”。

伪“华北政务委员会”名义上管辖河北、山东、山西3省及北京(后改回北平)、天津、青岛3个“特别市”;另外管有河南省及江苏省长江以北地区;后曾设立伪“华北政务委员会第一直辖行政区”及伪“冀东行政公署”等两个直辖省级“特别区”。

伪“蒙疆联合自治政府”管辖巴彦塔拉、察哈尔、锡林郭勒、乌

① 《西尾总司令官、及川司令长官谈话》(1940年3月30日),见黄美真、张云编:《汪伪政权资料选编·汪精卫国民政府成立》,上海人民出版社1984年版,第832—833页。

兰察布、伊克昭5个盟与察南、晋北两"行政厅",并先后设立厚和、包头、张家口3个"特别市",合计10个省级单位。不过由于日本帝国主义和内蒙古民族分裂主义分子一直企图将内蒙古地区分裂出去,变成第二个伪"满洲国"。现在又因所谓国防、地理位置上的"特殊性",有日本主子令其"广泛自治"的"尚方宝剑",根本不理会汪伪政权的任何管辖、指令,汪伪政权对伪"蒙疆"实际上并无直接、有效的管辖权。

三、梁伪、汪伪汉奸政权的经济管理架构与经济统制和经济掠夺

梁伪"维新政府"和汪伪"国民政府"作为日本军国主义一手扶植和严密操控的汉奸傀儡政权,政治上投降日本,防共反共剿共,镇压和围剿抗日活动,反蒋和逼蒋、诱蒋投降,破坏和瓦解抗日民族统一战线,残酷压迫和摧残民众。汪伪汉奸班底,原本就是由一群野心文人、落魄军人、失势政客、投机人士拼凑而成,没有一寸地、一个兵,凭借以日本宪兵为靠山的特务组织起家,汪伪政权成立后,继续利用特务机构在其辖区内实行法西斯统治,捕杀共产党人和抗日爱国志士,并按日本主子的指令,对重庆国民党政府特务组织进行"血肉斗争",千方百计瓦解和破坏抗日民族统一战线。1941年,为效忠、配合侵华日军对人民抗日斗争的镇压、围剿和在江、浙、皖等地的"清乡"运动,汪精卫政权从1941年5月正式成立"清乡委员会",由汪精卫兼任"委员长",集围剿和镇压抗日斗争、对民众进行法西斯统治和搜刮民财、统制和掠夺经济于一体。

汪伪集团、汪伪汉奸政权与北平"临时政府"、南京"维新政府"不同,不是成立汉奸政权以后,开始充当汉奸、走狗,出卖国家主权和民族利益,为虎作伥,进行经济统制和经济掠夺,而是将出

卖国家主权和民族利益作为“投名状”,获得日本主子的青睐和筹组替代北平“临时政府”、南京“维新政府”的“中央”政权的“许可证”。从1938年12月29日汪精卫在越南河内发出“艳电”正式宣布投敌起,到1940年3月30日汪伪“国民政府”宣布成立(“还都”)止,长达1年零3个月的时间里,汪伪集团的主要活动就是同日本谈判,以出卖国家主权和民族利益为条件,换取成立“中央”汉奸政权的“许可证”。经过近一年的谈判,1939年12月30日,日伪签订《日支新关系调整要纲》卖国密约①,出卖国家主权和资源范围,地域“从黑龙江到海南岛”;资源权益“下至矿产,上至气象,内至河道,外至领海,大陆上则由东南以至于西北,这一切的一切,毫无遗漏的由日本持有或控制”。② 汪精卫集团几乎将国家主权和资源拍卖殆尽,才算领到成立“中央”汉奸政权的“许可证”。汉奸政权出笼后,其核心职能,除了逐一落实卖国密约各项条款,还必须接续承办梁伪“维新政府”替日本主子经办的经济统制、资源掠夺和卖国事项,更要签订新的卖国条约,完成各项新的掠夺任务。至于按照《关于“中华民国”日本国间基本关系条约·附属议定书》第四条规定,“应补偿日本国臣民自事变发生以来在中华民国因事变所受之权益之损害”。③ 这种被冠以“补偿”之名的讹诈、劫夺,既可由日本政府统一提出,亦可随时由日本“臣民”或“臣民”团体提出,还可漫天要价,简直是一个无底洞。

随着日本全面侵华战争和太平洋战争形势的发展,汪伪汉奸

① 黄美真、张云编:《汪伪政权资料选编·汪精卫国民政府成立》,上海人民出版社1984年版,第421—427页。

② 《陶希圣发表卖国密约谈判经过》,见章伯锋、庄建平主编:《抗日战争》第6卷,四川大学出版社1997年版,第851页。

③ 章伯锋、庄建平主编:《抗日战争》第6卷,四川大学出版社1997年版,第869页。

政权的卖国和为虎作伥的经济掠夺任务，不断变化和持续加码。1942年下半年后，日本开始丧失了在太平洋战场上的优势和主导地位，并面临美英越来越严密的海上经济封锁，进一步加深了对中国占领区的物资和经济依赖程度。日本在进一步加紧经济掠夺，支持太平洋战争和日本国内经济的同时，1943年1月9日下令汪伪傀儡政权对美英"宣战"，在军事上、政治上和经济上与日本"全面合作""同生共死"。并随即建立"全国经济委员会"，制定和推行《战时经济政策纲领》，强化战时经济体制，大力增产粮食，发展"军需工业"，同时限制和节约消费，凡与军需有关的民需物资，必须以代用品或代用原料替换。为此，将原已推行的经济统制扩大广度、深度和力度，令其涵盖生产、分配、交换、消费各个领域，贯串工业、农业、金融、商业、交通运输各个行业和部门。规定各主要产业必须在政府的指导、监督下，"实行团体的经营制度"；各种产业部门，自生产以至于配给的各个环节，实行"计划运营"，进行"自治的统制"。① 统制的核心是"军需工业"和泛"军需工业"。为了对粮食大力增产和统制、掠夺，汪伪将粮食管理委员会改为"粮食部"，并在地方建有"粮食局"，统管粮食的生产、采办、配给事务。为了对商业流通和所有物资进行全面统制，1943年3月，日本侵略者重新拟订了《扬子江下游地域物资移动统制暂行条例》，汪伪随即接连设立了"全国商业统制总会""物资统制审议委员会"和"物资调查委员会"等3个统制机构，形成汪伪物资统制的"三鼎足"体制。② 物资统制空前严厉。为了加强米粮统制和掠夺，日伪

---

① 《战时经济政策纲领》(1943年2月13日公布)，见中国第二历史档案馆藏，见余子道、曹振威等:《汪伪政权全史》下册，上海人民出版社2006年版，第1266—1267页。

② 《战时经济架构及其设施》,《申报年鉴》(1943年)，1944年版，第613页。

双方米商联手组织“米粮统制委员会”,并由日商掌握实权。10月30日,日本又同汪伪政权签订“同盟条约”,进一步将汪伪汉奸政权牢牢捆绑在日本军国主义的战车上。“条约”规定双方实行“紧密的经济合作”,以“建设大东亚并确保其安定”,并“以坚定不移的决心,铲除对此造成障碍的一切祸根”。“条约”第四条又特别规定,“两‘国’主管官员”可协商决定为实施本条约所需的“必要的细节”。为日本的军事侵略和经济掠夺提供了条约依据,使其侵略和掠夺完全合法化。① 此后,随着日本全面侵华战争特别是太平洋战争形势的恶化,日伪经济统制和经济掠夺机构、手段多次调整、变化。统制机构不断增加,统制越来越严密,掠夺越来越不择手段,越来越多的米粮和“军需”物资,由低价强购改为日军武装和暴力劫夺,铁路、轮船、通信也都全部改为侵华日军军用。日本侵略者通过这些措施和手段,不仅保障了战争供给,延长了侵略战争,而且最后对中国城乡物资和经济资源进行地毯式的大洗劫,将所劫粮食、战略物资和钱财全部运回日本,幻想在日本国内不出一分钱的前提下,撤回日本本土长期顽抗,而后东山再起。

(一)梁伪“维新政府”的经济管理架构与经济统制和经济掠夺

1938年3月28日,伪“中华民国维新政府”在其成立“典礼”上宣读的《维新政府成立宣言》,同时也是“维新政府”的“政纲”。“宣言”和“政纲”虽然是用来装门面的,有些不会真正和完整实行,甚至根本不打算实行,不过也还是可以从中看出某些端倪,至

① 《日本国与中华民国同盟条约》(1943年10月30日),见复旦大学历史系编译:《日本帝国主义对外侵略史料选编(1931—1945)》,上海人民出版社1983年版,第444—445页。

少可以看出用来装门面的是什么东西。“宣言”和“政纲”一共 10 条,其中第四、第五、第六、第八 4 条,全部内容集中于经济管理、经济建设和民众救济、就业等方面,从中可以看出“维新”伪政权关于经济管理和经济开发、建设的一些基本政策和理念。该文件第四条规定,“对于各省灾区难民,力筹使之归还原地之方法,俾得从事于本来业务;又在未经战祸之地方,应速设保安组织,讨伐匪贼,绥靖地方”。亦即将遭受战乱地区的灾民、难民,强力赶回原地,从事原业,消灭流浪者;未经战乱之地,完善保安,消灭贼匪,绥靖地方,强化对人民的法西斯统治。第五条规定,“救济失业、开发资源、振兴工业、改良农业等问题,应在国家指导之下,极力与友邦提携,并希望外国资本之普遍投资”。这是对资源贫乏的日本投怀送抱。使其经济掠夺合法化、经常化和永久化。同时,为了以战养战、以华制华,为了“在日本国内不出一分钱的方针下进行作战”,日本在中国的经济资源和工农业产品掠夺,一天也不能中断。“维新”傀儡政权所谓“极力与友邦提携,并希望外国资本之普遍投资”,“救济失业、开发资源、振兴工业、改良农业”,其实就是为虎作伥,为日本帝国主义统制和掠夺工矿资源及工矿农业生产鸣锣开道。第六条规定,“辅助既成商工业及金融组织,使之健康发展,增加国富”;第八条规定,“财政注重收支适合,减轻人民负担,节省冗费,借谋增进全国人民之福利,凡从前不急之务及有害人民之苛捐杂税,当一律革除之”①,则装门面多余实际施行。

关税、盐税和统税,是国民党政府的主要财源,日军占领上海

① 《伪维新政府政纲》,见中国国民党中央委员会党史委员会编印、秦孝仪主编:《中华民国重要史料初编·对日抗战时期》第 6 编,傀儡组织(三),中国国民党中央委员会 1981 年印本,第 140—141 页。

后,即于1937年12月劫夺了国民党政府财政部税务署设在上海九江路的办事处,随即在上海大沽路设立了伪“苏浙皖路税务总局”,任命原税务署办事处职员邵式军为税务总局局长,1938年1月7日开始征收税款。随着日军占领区的扩大,苏浙皖3省沦陷区的税务机关全都落入敌伪之手。梁伪“维新政府”出笼后,伪“税务总局”也成为梁伪“维新政府”财政部属下的一个税务机构。1938年3月,梁伪“维新政府”又劫收了上海极司菲尔路的原国民党政府松江盐务管理局,改为伪“苏浙皖盐务管理局”,作为梁伪“财政部”属下的盐务管理机构。其中盐税和统税收入,除一小部分充作伪“维新政府”的开办经费外,绝大部分被日军攫夺充作军费。

除了盐税、统税,又劫收了上海海关和关税。上海海关原来一直由英国操纵,关税在偿债之后,余款(“关余”)存放于英国汇丰银行。日本在占领天津、秦皇岛、青岛之后,随后劫取了上述海关。为了从英国人手中夺取上海海关,从1938年2月起,日本外交部即与英国驻日本大使在东京开始谈判,改变关税偿债、关余存放办法。英国屈服于日本压力,5月3日以交换公文的形式,英日双方非法签订了关于日本接收上海海关的协定,规定日本占领区的中国海关收入全部改存日本横滨正金银行;以关税支付1937年9月以后中国政府停付的庚子赔款;关税收入中有关担保外债部分,由日本横滨正金银行的总税务司计算支付。实际上在协定签订之前的4月26日,在日本指令下,梁伪“维新政府”已任命李建南为上海海关监督。5月6日,梁伪“维新政府”宣称接收上海海关。日本在攫夺上海海关后,立即通过梁伪“维新政府”降低海关进出口税及转口税。

本来从1929年起,国民党政府开始实行关税改革,提高关税税率,并从1930年2月1日起,实行按金价征收关税。1933年5

月，因对日本的主要货物3年内不得加税的期限届满，国民党政府从5月22日起实施新的税则，重点提高棉货、海产品和纸张、糖等的税率，其中日本商品占多数。日本对此极为不满，认为是对日本商品的限制，因而通过武装走私，使日本商品在中国大量非法倾销。1937年12月15日，王伪“临时政府”宣称接收天津、秦皇岛两海关后，日本即令王伪“临时政府”于1938年1月22日实行新税则，降低国民党政府所颁关税税率；5月30日，又令王伪“临时政府”及梁伪“维新政府”联合声明更正税率，从6月1日起实施；王伪“临时政府”1月22日实行的改正税则也同样在华中地区施行。由于关税降低，日本棉布、人造丝及其制成品、海产品、砂糖、机械及其零部件、建筑材料等的进口额激增。同时，中国的农副产品煤、铁矿石又以及其低廉的价格输往日本。①

在金融和银行、货币方面，日本华中派遣军在扶持、炮制梁伪“维新政府”的过程中，已同时准备好了傀儡政权的金融对策和金融统制、掠夺手段，并为此迅速发行伪币。梁伪“维新政府”刚一出笼，1938年4月1日，日本陆军、海军、外务3省驻上海联络委员会，即开会决定了《华中维新政府金融对策准备纲要》，计划成立“发行局”，先发行2500万元的小量纸币。但4月18日，日本外务省出台《华中占领地币制问题暂行处理要纲》，不同意让梁伪“维新政府”立即发行新币。因为上海情况不同于华北，上海是中国的金融中心，不仅国民党政府的法币有很深的基础，而且当时国民党政府的中央、中国、交通、农民4大银行仍在上海租界营业，同时英、美等国货币也有很大的势力。所以，日本决定军费及企业投

① 蔡德金：《“中华民国维新政府”始末》，见章伯锋、庄建平主编：《抗日战争》第6卷，四川大学出版社1997年版，第744—745页。

资仍使用日元及“军用手票”。① 关于设立发钞银行,有待情况发展决定。

1938 年 7 月中旬,中国法币与英镑比值变更,影响日元对法币的比价。日本为避免日元贬值,决定限制日元的流动和携带,在华中地区的日军军费使用“军用手票”。但军票毫无信用,沦陷区民众拒绝使用。因此,日本政府便决定让梁伪“维新政府”筹设发钞银行,并定名为“华兴商业银行”。

日本政府为了取得英、美等国对这一举动的支持和合作,曾对英、美、德、意等国进行拉拢和引诱,不仅由外务省出面对英、美各国外交使节游说,表示“对第三国利益充分加以考虑”,欢迎各国投资和协助,而且在上海的日本工商联合会会长吉田政治,也曾出面正式邀请在上海的英、美等国银行参加。但是,日本的这一企图未能如愿。除其盟国德国、意大利两国银行表示“保留”外,其他各国银行均拒绝参加,所以日本只好独家经营了。

1939 年 5 月 1 日,“华兴商业银行”在上海乐安路 2 号成立,15 日开始营业。日伪声称,银行资本金法币 5000 万元,其中由梁伪“维新政府”出资 2500 万元;日本兴业、朝鲜、中国台湾、三井、三菱、住友等银行共出资 2500 万元。其实“羊毛出在羊身上”。所有资本全都来自存入日本正金银行的上海海关关余,日本并未支付分文。

“华兴商业银行”以伪“维新政府”为法人,设总裁、副总裁各 1 人,理事 5 人、监事 2 人。总裁为财政部长陈锦涛(陈不久病死,由梁鸿志接任),副总裁由日本人、原伪“洲国国”中央银行理事鹫尾矶一充任。其业务范围,除发行钞票、代理“国库”和公债事务

① “军用手票”亦称“军票”,是 1937 年 11 月 5 日日军在杭州湾登陆后,在陇海铁路以南地区强行使用的一种纸币。

等特权外，还从事经营外国贸易、金融及一般银行业务。该银行一开始营业，即发行面额1元、5元、10元的“兑换券”和1角、2角的辅币券。在1元券上印有“凭票即付国币1元”。所谓“国币”，即指当时国民党政府发行的法币。即是说，华兴券与法币等值。1939年5月16日当天，梁伪“维新政府”财政部宣布，除关税外，凡缴纳捐税和向银行存储款项，以及偿还债务、买卖交易等，华兴券与法币均等价收受。华兴券发行不久，因日本对上海外汇黑市的冲击，致使法币贬值，梁伪“维新政府”便于7月19日宣布，华兴券脱离法币比价，其与法币之兑换率，将依法币对英镑之比价而定。

华兴券的发行遭到沦陷区人民的抵制与反对，因而难以在市面上流通，仅限于华兴商业银行与日本银行间的账务往来。虽然到1940年2月，华兴券的发行额达565万元，但大部分呆滞在日本正金银行上海分行及其他日本银行的库房里。①

梁伪“维新政府”进行经济统制、经济掠夺的重心还是在经济资源和矿工农牧产业方面。还在梁伪“维新政府”成立前，1938年3月15日，日本内阁就通过了设立“华中振兴股份有限公司”（“华中振兴株式会社”）案，10月30日举行成立会议，11月7日在上海正式开业。公司总裁为前日本横滨正金银行总经理儿玉谦次。公司并不直接经营业务，只是象征性投资和实质性统制。投资和统制的行业领域很广，包括交通运输、通信、电气、瓦斯、水道、矿产、水产，以及其他公共事业或产业“振兴”的必要事业。试图将华中地区全部经济事业都置于该公司的绝对统制之下。

华中振兴股份有限公司成立后，相继开设的子公司计有华中

① 蔡德金：《“中华民国维新政府”始末》，见章伯锋、庄建平主编：《抗日战争》第6卷，四川大学出版社1997年版，第747—748页。

矿业、华中电业、上海内河轮船、华中电气、通讯、上海恒产、华中都市汽车、华中水产、大上海瓦斯、华中铁道、中华航空(包括华北和伪“蒙疆”地区)以及华中盐业、华中蚕丝等,达十余家。这些子公司都是以日伪共同投资的所谓“合办”公司的形式出现。公司成立时,日本都与梁伪“维新政府”签有相关协定。所谓“合办”,是指日本政府及“民间”以“现金”出资(日本政府亦有以掠夺的资产作为“现物”投资);梁伪“维新政府”则以原有企业的固定资产作为实物估价出资。各子公司由日本人担任经理及其他主要职务,梁伪“维新政府”方面人员则担任副经理及其他次要职务。[1]

所有合办子公司都在总公司和日本的绝对把持和掌控之下。为了明确和进一步加强日本华中派遣军对所有子公司的绝对控制,1938 年 12 月 15 日,日本华中派遣军特务部长原田熊吉、海军特务部长野村直邦、代理上海总领事后藤镒尾与梁伪“维新政府”行政院院长梁鸿志、内政部长陈群、绥靖部长任援道、实业部长王子惠、交通部长江洪杰等,共同签订了《关于华中振兴股份公司所投资中日合办公司之指导、监督文件》。该协议虽然规定,日本“现地当局”(华中派遣军)及梁伪“维新政府”当局,“互相协力”“密切联系”,对华中振兴股份公司所投资之中日合办公司行使“指导、监督”。梁伪“维新政府”对合办公司“负行政监督之责”,公司章程、重要规定的制定、变更;董事长(社长)及副董事长(副社长)的选任或解任;公司有关合并或解散之决议,都必须“预得政府之认可”。不过梁伪“维新政府”无权自行“认可”、决断。协议规定,“政府认可前列各项时,应先与日本方面现地当局协力处理之”。协议还规定,因公益上及军事上的必要,梁伪“维新政府”

① 蔡德金:《“中华民国维新政府”始末》,见章伯锋、庄建平主编:《抗日战争》第 6 卷,四川大学出版社 1997 年版,第 745—746 页。

对合办公司发布命令时，“应先与日本方面现地当局协议，互相协力处理之”。日本现地当局也会“要求(政府)发出前项命令”。如因军事情况“紧急”，日本现地当局“得直接对合办公司做必要之要求，而将其意志通知政府”。①

梁伪“维新政府”成立后的一段时间，华中振兴股份有限公司尚未正式成立，伪政权按其《政纲》的规定，打着“极力与友邦提携”的旗号，接连同日本华中派遣军签订了多家大型实业公司的《设立要纲》，如华中铁矿股份有限公司、华中水电股份有限公司、华中电气通讯股份有限公司、上海恒产股份有限公司(暂称)等，为日本帝国主义的全面经济统制和大规模经济掠夺鸣锣开道。华中振兴公司成立和开始营业后，这些由原来多家公司合并组成的大公司，全部变成华中振兴公司的子公司。

1938年8月9日，梁伪“维新政府”实业部长同日军特务部长、建设课长签订《华中铁矿股份有限公司设立要纲》，该公司为中日“合办”，“以开发及统制华中方面之铁矿为目的”，初定资金1000万元，先缴1/4。统制经营的矿山包括：福利民公司、南山、小姑山及其他矿山；宝新公司、大凹山及其他铁山；益华公司、黄梅山萝卜山及其他；振冶公司钟山及其他；高资方面之诸铁山；长程公司、景牛山及其他；秣陵公司、凤凰山及其他；三山镇方面之诸铁山，其他占领地域内之诸铁山。几乎将侵华日军占领区域内之铁矿一网打尽。该公司的发展计划为第一年开采铁矿石100万吨，此后每年增加100万吨，至第五年采掘500万吨作为定额。

日本为了迅速开发、掠夺华中地区的“国防矿产资源”，在华中振兴股份有限公司成立1个月后，1938年11月30日，日本华中

① 蔡德金：《“中华民国维新政府”始末》，见章伯锋、庄建平主编：《抗日战争》第6卷，四川大学出版社1997年版，第765—766页。

派遣军陆军特务部长原田熊吉、海军特务部长野村直邦、日本驻上海总领事日高新三郎同梁伪“维新政府”行政院长梁鸿志、实业部长王子惠、次长沈能毅,签订了《关于处理开发华中地方重要国防矿产资源之要纲》,决定梁伪“维新政府”当局与日本方面现地当局(即日本华中派遣军等)间,迅速建立“具体调查计划案”,对华中地方的铁、铜、铅、锌、锡、锑、锰、钼、钨、镍、铝、萤石、煤、火油等“重要国防矿产资源”,即行着手实行调查,并将调查发现的“重要矿产资源”,划归华中铁矿股份公司“统制开发”。同时,为防止所谓“矿业权之分散”,梁伪“维新政府”决定“从速进行修改有关系之法令,并做其他必要措置”,以方便和保证日本帝国主义对所有矿产资源的垄断和掠夺。①

《华中铁矿股份有限公司设立要纲》签订的同一天,梁伪“维新政府”实业部长、次长同日敌特务部长、建设课长又签订了《华中水电股份有限公司设立要纲》。该设立要纲规定,该公司为伪政权的“特殊公司”“特殊法人”,从事电气、自来水及其“附带事业”的经营,“并加以综合统制”。公司资本总额 2500 万元,其中现物出资 1500 万元,现金出资 1000 万元。② 公司创立之初的事业范围,为上海市及其近郊事业。营业者包括:上海华商电气、闸北水电、浦东电气、翔华电气、真茹电气、大场电气、内地自来水、浦东自来水各公司等。本公司对其营业范围具有绝对统制权。发电、送电全归本公司经营,除本公司外,“维新政府”对于“电气及

① 1938 年 12 月变更资本额为 2000 万元,公司名称改为“华中矿业股份有限公司”。(章伯锋、庄建平主编:《抗日战争》第 6 卷,四川大学出版社 1997 年版,第 816 页。)

② 现物出资股份全部交清,现物出资之估价,以现有财产价值为标准;现金股份最初缴清半数。现金股份中,由华中振兴股份有限公司负担 750 万元,其余 250 万元由“一般负担之”。

自来水之新设，不予认可”；为使现行统制外之同种事业归入本公司统制之下起见，政府“予本公司以必要之援助”。同时，处理用余电等之特殊场合外，对于私用发电，也不予认可。此外，伪政权对华中水电还有“公司特别恩典”：包括3年内免除复兴所要之重要机器材料之关税；免除设立公司之登记及登录税；免除国税以外之地方税及公课；给予事业进行上必要之特权，例如土地收用等。最后，“维新政府”对本公司负有“特殊义务”。由于公司的“公益性质”，对设备须采取必要的措置，因此所受损失，“维新政府”应予补偿。

1938年8月10日，梁伪“维新政府”交通部长、次长同日敌特务部长、建设课长又签订了《华中电气通讯股份有限公司设立要纲》。所设公司从事华中地区电气通讯事业的“统制经营”①、电气通讯设备的贷租，以及电气通讯附带事业的经营、投资。按该设立要纲规定，该公司为“维新政府”的“特殊公司”，它的建立不仅为着“裨益华中经济复兴，满足国防要求”，而且标志着“联结日、‘满’、华三者之通讯政策”的“实现”。公司资本总额1500万元，“维新政府”现物出资600万元，现金出资1000万元。现物出资全数缴清，现金出资第一次缴清一半。② 公司除经营方面的统制优惠，还享有“特典”（特别的恩典），包括：（1）准予募集已缴股本额2倍以内之公司债及保证其本利支付；（2）对于“维新政府”以外人员红利，予以优先分配；（3）对于公司财产所得，及营业公司

① 统制范围包括：“维新政府”除本公司外，有关电气通讯事业之新设，不予认可；并对现存国有以外之同种事业，在本公司设立后采取必要措置，从速以合并收买及其他方法，使其受本公司的统制。

② 现物出资乃指“维新政府”所有为公众通讯用之电器通讯设备及其附属设备，以旧有财产之价值为其估价之标准；现金出资中，600万元由华中振兴股份有限公司承担，其余400万元由有关事业之公司负担之。

所订契约登记,及公司事业所要物件之租税及其他公课,予以豁免;(4)公司享有关于土地之使用,电线路之建设,道路、河川、桥梁、堤防及其他公用土地之收用,经费之征收之手段及手续等通讯事业经营上所必需之一切特权。

1938年9月7日,梁伪"维新政府"内政部长、次长同日敌特务部长、建设课长签订了《上海恒产股份有限公司(暂称)设立要纲》。公司设立目的:主持上海附近都市及港湾建设事业之实施,及与此有关之不动产之经营管理。公司经营范围:上海附近之都市建设事业,港湾建设事业,土地及房屋之卖买、赁贷、利权及管理,不动产信托业务,上述各项之附带业务。本公司为"维新政府"的"特殊公司",资本总额3000万元。① 但公司设立后,得于适当时期增资1000万元。公司也享受"维新政府"赋予的"特典"。内容同华中电气通讯公司享有的"恩典"大同小异。同时,"维新政府"监督公司业务,公司根据上海都市建设局之设计,在该局监督之下,自行从事都市建设及港湾设施之工事。都市建设及港湾建设事业,及其附带事业所必要之土地原则上应由"维新政府"取得后交付本公司。而其买收事务,则在"维新政府"当局监督之下,主要由本公司担任。② 因都市建设及港湾建设事业的实施进展,所有道路、公园等之公共设施,除有特殊事由之场合外,原则上应无偿转交"维新政府"当局。

日本帝国主义为了掠夺中国的航空主权和航空资源,并使这

① 最初资本为2000万元。其出资比例为:"维新政府"现物出资1000万元;华中振兴股份有限公司现金出资500万元;日本民间现金出资500万元。现物出资以维新政府的官有财产充当之。现物出资股份全部交清;现金出资股份第一次缴清半数。

② 买收土地之代价,由本公司向"维新政府"交付公司债券,再由"维新政府"转交土地所有者。

种掠夺合法化,1938 年 12 月 10 日,在"为策划中国航空事业之一元化的经营,满足政治、经济、国防上之要求,及促进东亚航空政策之实现"的旗号下,由华中日本派遣军特务部长、建设课长同"维新政府"建设部长签订了《中华航空股份公司设立要纲》,以设立"中日合办之正规的航空公司"为目标,为适应目下"急需",暂行设立"中华航空股份有限公司"作为过渡。公司事业范围为:旅客、邮件及其他货物空运,飞机赁贷事业,其他使用飞机之一切事业,促进事业发展之事业,上述各项之附带事业,上述各项事业之投资。资本总额 600 万元,其中王伪"临时政府"180 万元;梁伪"维新政府"200 万元;伪"蒙疆"政权 20 万元;惠通航空公司[①] 100 万元(现物出资,全数缴清);"大日本航空公司"100 万元(现物出资,全数缴清)。[②] 本公司为"临时"、"维新"、伪"蒙疆"3 政府协定而设立的"特殊法人",资本由"日华合办",公司地址暂设北京。

"临时"、"维新"、伪"蒙疆"3 政府协定赋予本公司多项"特典",包括享有中华民国航空事业(包括飞机制造业)"独占权",国有飞行场"独占使用权";免除航空事业必需品之关税及其他一切公课;赋予土地征用及其他此种公共事业所有"特典";赋予航空事业上必要之通讯标识,及广播之专用运营权等。

《中华航空股份公司设立要纲》最后声称,将"从速设立"作为目标的"正规的航空公司"。在设立该项公司时,有关资本构成、

① 惠通航空公司,成立于 1936 年 11 月 7 日,公司地址北京,是日本侵占和掠夺华北航空事业的产物。资本 450 万元法币(实缴 270 万元),名义上"中日合办",资本中日各出一半,实际上是日本独资、实权完全由日本垄断。具体情况详见本书第五章。

② 惠通航空公司所缴之 100 万元,在本公司成立后,名义上,50 万元变更为"临时政府";50 万元变更为"大日本航空公司"。现金出资,公司成立时缴清半数,公司成立 6 个月后全部缴清。

人员关系、公司所在地等,不受“本暂定公司”之拘束。本公司从速吸收通惠公司,预定于1938年12月15日在北京举行创立总会。

1938年12月15日,日本“兴亚院”成立后,兴亚院华中联络部取代日本华中派遣军特务部,成为直接对华中地区行使经济统制、经济掠夺的侵略机构。1939年4月30日,兴亚院华中联络部长官津田静枝同梁伪“维新政府”行政院长梁鸿志,签订了《关于华中铁道股份有限公司之协定》《华中铁道股份有限公司设立要纲》两件“密约”。日本帝国主义开始了对华中地区的铁路、公路运输的全面统制和掠夺,并使这种统制和掠夺“契约化”和“合法化”。《关于华中铁道股份有限公司之协定》规定,梁伪“维新政府”令由华中铁道股份有限公司主持“以一般运输为目的的华中铁道建设与经营,以及在主要路线上的汽车运输事业的经营。对于公司以外者不予认可”。本协定自“华中铁道股份有限公司”创立之日起生效。《华中铁道股份有限公司设立要纲》专门处理公司设立、业务和经营管理相关问题。规定该公司作为“维新政府”的“特殊公司”,并且“从速设立”。其经营范围包括铁道事业、汽车运输事业①,以及两者附带事业。其中国有铁道(含江南铁道)及其附带事业,依照“别项规定”,也由该公司经营。公司资本总额5000万元,其中梁伪“维新政府”1000万元,华中振兴股份公司2500万元(内现物出资764万元),其他1500万元。② 公司为“维新政府”之“特殊法人”,公司“本店”设于上海。公司“统制要

---

① 汽车运输事业不包含都市(原则上包括都市近郊)中之公共汽车事业之经营。

② 现物出资“缴清一部”,现金出资第一次缴清1/4;其他出资1500万元之分配额,其不足额由振兴公司负担。

领"：政府除本公司外，对于以华中一般运输为目的之铁道建设经营，及在主要路线上之汽车运输经营，"应采取措置不予认可"。梁伪"维新政府"对公司亦赋予如下"特典"：(1)公司财产所得及营业、公司签约登记及公司事业所要物件之租税及其他一切公课，"予以豁免"；(2)事业经营上必要之土地及其他物件上权利之收用、使用及同种事业之买收等，"予以必要之一切权利或便益"；(3)一个事业之土地、其他物件及权利，"免除征收"；(4)专用电讯、电话设施(之设置、保留)；(5)已缴股款额 3 倍为止之公司债之发行；(6)公司债本利支付之保证。

当然，梁伪"维新政府"作为傀儡，并不能就华中铁道股份有限公司的设立和成立后的经营管理自行发出任何"命令"、作出任何"决定"，一切都必须听从日本主子的指令。《关于华中铁道股份有限公司之协定》反复强调，为达成《关于华中铁道股份有限公司之协定》和《华中铁道股份有限公司设立要纲》所记载的目的，梁伪"维新政府"应经联络部长官之"同意"，"制定必要之法令，并予实施"；此后法令之"变更或废止"，同样"应得联络部长官之同意"；公司成立后，梁伪"维新政府"应预先与联络部长官"协议"，"始得从事处理有关国有铁道之旧有借款及权益"，不得轻举妄动，自行其是。①

1939 年 8 月 21 日，还成立了"华中盐业股份有限公司"，作为梁伪"维新政府"的"特殊公司"，资本 500 万元，中日各半。公司以"指导和帮助海州盐的保存、输出、提炼为主要目的"，实际负责

① 有关梁伪"维新政府"在所谓中日"提携"旗号下，与日本签订的诸个经济掠夺协定表述，资料参见《所谓中日"提携"的经济掠夺——伪维新政府与日签订的诸经济协定(1938 年至 1939 年)》，重庆《中央日报》1940 年 2 月 29 日，见章伯锋、庄建平主编：《抗日战争》第 6 卷，四川大学出版社 1997 年版，第 754—768 页。

海州盐的购买和大量输送到集散地。此外还成立了公共汽车、蚕丝、内河轮船、上海瓦斯、水产及其他公司。其次,关于所谓棉花改良、土产输出奖励措施,“或已实施,或仍在起草中”。①

(二)汪伪“国民政府”的经济管理架构和经济统制、经济掠夺

汪伪“国民政府”作为所谓“中央政府”的汉奸政权,相对于被其取代的梁伪“维新政府”而言,政治纲领更加颠倒黑白、认敌为友,反共、亲日,卖国求荣;经济管理、经济统制架构更加完整、细密。汪伪政权的“政纲”共有 10 条,核心是反共、亲日、投降卖国,全力配合日本“以战养战”“以华制华”、利用中国的人力物力占领和灭亡中国的基本国策,禁止和破坏人民抗日斗争,大肆鼓吹“反共和平建国”谬论。汪伪《国民政府政纲》第一条侈谈“本善邻友好之方针,以和平外交,求中国主权行政之独立完整”,声称要为其主子的所谓“东亚永久和平及新秩序”建设,“分担责任”。日本帝国主义在中国夺城掠地、狂轰滥炸、烧杀劫夺、奸淫掳掠,中国疆土沦丧、人民生命财产损失惨重,中华民族陷入灭顶之灾,汪伪汉奸政权不谴责、不抵抗,不准驱赶和消灭侵略者,反而埋怨中国礼让、招待不周,《国民政府政纲》第二条拍胸保证“尊重各友邦之正当权益,并调整其关系,增进其友谊”。汪伪汉奸政权深知中国共产党和人民大众,是他们投降卖国和日本灭亡中国的最大障碍,必欲彻底消灭共产党和一切抗日力量而后已,因此《国民政府政纲》第三条提出,“联合各友邦共同防制共产国际之阴谋及一切扰乱和平之活动”。第十条的所谓“反共和平建国”,亦以“反共”为“和平建国”之前提。至于所谓“欢迎友邦资本与技术之合作,以

① 章伯锋、庄建平主编:《抗日战争》第 6 卷,四川大学出版社 1997 年版,第 817 页。

谋战后经济之恢复及产业之发展”;“振兴对外贸易,求国际收支之平衡”;“重建中央银行,统一币制,以稳定金融之基础”;“整理税则,减轻人民之负担,复兴农村,抚绥流亡,使其各安生理”;“提高科学教育,扫除浮嚣空泛之学风”,等等,全是天方夜谭和挂羊头卖狗肉之类的骗人鬼话。①

经济管理体制和职能架构方面,同梁伪“维新政府”比较,汪伪政权管辖的地域范围更大,替主子进行经济统制和经济掠夺的职责、任务更为繁重,职能架构更为完整、门类更多、分工更细。总的来说,梁伪“维新政府”和汪伪“国民政府”都是分立法、行政两个方面和系统管理经济,梁伪“维新政府”,立法院下设置“经济委员会”,汪伪“国民政府”将其分设为水利委员会、财务委员会;梁伪“维新政府”行政院下设置财政部、实业部、交通部等 3 个部,汪伪“国民政府”则将其增设为交通、铁道、农矿、工商、财政等 5 个部。② 这就使得汪伪汉奸政权为其主子进行的经济统制和掠夺,职责分工更细,权责更明确,也更加得心应手。

从 1941 年起,汪伪汉奸政权为进一步效忠日本主子、配合侵华日军对人民抗日斗争的镇压、围剿和在江、浙、皖等地的“清乡”运动,这年 5 月正式成立了机构庞大的“清乡委员会”,由汪精卫兼任“委员长”,下有 10—16 名“委员”,由军政各部、会长官及当地省政府主席兼任“委员”。为了执行“清乡区”内之政务及统率指挥保安队及警察,须“分区设置清乡督察专员公署”。不仅如此,必要时还得加设“各种委员会”,将“清乡”同经济统制、经济掠

① 《伪国民政府政纲》(1940 年 3 月 30 日),见章伯锋、庄建平主编:《抗日战争》第 6 卷,四川大学出版社 1997 年版,第 864 页。

② 章伯锋、庄建平主编:《抗日战争》第 6 卷,四川大学出版社 1997 年版,第 752、866 页。

夺相结合。《清乡委员会组织大纲》规定,清乡委员会为清乡"最高指挥机关",对清乡地区"军事事宜",不仅握有"迳为制定法规、发布命令"之大权,而且有关清乡区内的军事、政治、经济(包括经济统制和经济建设)、交通、通信、运输、财税、治安、行政、教育等全部"政务",由其处理、审议,包括军、警派遣,行政设施的指导、监督,军警部队的给养,封锁"匪区",保安、警察的设置及保甲编组。同时,它并非对民众进行法西斯统治的单一暴力机构,而是集镇压抗日、残害人民,为虎作伥,搜刮民财,统制和掠夺经济于一体的卖国投降和法西斯机器。因此,汪伪将鱼米之乡的苏州地区,作为第一期"清乡"区,目的就是要掠夺这一地区丰富的农渔产品。日伪军在全地区清查户口、编制保甲、实行连保连坐,进行梳篦式"清乡""扫荡"的同时,对区内物资实行严格的清查、登记,设卡、抽税,并制定、颁布五花八门的法规、条例、办法。其中最重要的就是"物资统制及运输管理暂行办法""整理保甲肃清共匪暂行办法""客民出境办法"等。日伪在区内疯狂屠杀、大肆掠夺。江南民众将"清乡"形象地比作"清箱"。①

汪伪"国民政府"在其筹建时,伪"蒙疆自治政府"、华北"临时政府"、华中"维新政府"等汉奸政权,早已存在,不是以"中央政权"自诩,就是宣布"独立",公开实行民族分裂主义。汪精卫集团为了建立全国性的"中央"汉奸政权,不惜以国家主权和民族利益换取日本主子的欢心和支持,日本帝国主义趁此机会,通过威逼利诱和频密交涉,疯狂侵夺国家主权和经济资源。如此,汪伪"国民政府"的筹建,八字才有一撇,但相关国家主权、经济权益,已几乎被其拍卖一空。曾作为汪精卫代表参加日汪谈判的陶希圣,归纳

① 蔡德金:《汪精卫伪国民政府始末》,见章伯锋、庄建平主编:《抗日战争》第6卷,四川大学出版社1997年版,第876—878页。

日本支持汪精卫集团的“条件”称，日本“条件”包含的地域，“从黑龙江到海南岛”；“条件”包含的事务，“下至矿产，上至气象，内至河道，外至领海，大陆上则由东南以至于西北，这一切的一切，毫无遗漏的由日本持有或控制。……在这种条件之下，中国只有死路一条”。① 根据1939年年末日本人开列的“重要成就”清单，其中经济方面，日本通过“当地”交涉，从汪精卫集团手中攫夺到手的经济利权和资源，主要包括：

（1）全国范围：A.确保关于航空的“统治地位”；B.对国防所需“特殊资源”的“开发和利用的企业权”（在华北日本有“优先权”，在其他地区“日华平等”）；C.确保关于中国沿海的“主要海运参加权”；D.约定实行与关税和通关手续有关的“亲日政策”；E.通过汪伪“中央政府”聘请日本的财经技术顾问，“确保我国（日本）政策执行方法”；F.约定答应“日本对驻军地区和与此有关区域的铁道、航空、通信、主要港湾及水路在军事上的要求”。

（2）内蒙古地区：A.掌握内蒙古的“概括的实权”；B.获得“内蒙古全面的领导权和参与权”。

（3）华北地区：A.掌握华北“日、华防共和治安合作必要的日本军驻扎权”；B.掌握“关于铁道的实权”；C.获得与通信（除有线电信外）有关的“日、华共同经营权（日本优先权）”；D.确保“特殊资源，特别是国防上必需的地下资源的开发和利用”；E.“确保与国防上必需的特种事业有关的合办事业的参与权（日本优先权）”；F.确保与“华北政务委员会”有关的“幕后指导权”。

（4）长江下游地区：A.确保上海特别市和厦门特别市的“实权”（关于厦门特别市区域，中国须考虑“日方的希望”）；B.通过

---

①《陶希圣发表卖国密约谈判经过》，见章伯锋、庄建平主编：《抗日战争》第6卷，四川大学出版社1997年版，第851页。

“日华经济协议会”的成立,确保与贸易、金融、工业及交通等有关的“日华协商权”;C.通过聘请技术顾问和技术人员,确保对上海特别市新市容建设的“领导权”。

(5)华南地区:A.确保海南岛及其附近岛屿中“军事上的实权及资源开发权”;B.确保日本海军部队在厦门、海南岛及其附近岛屿的驻扎(包括由中国提供“给养、供给武器军需品”等)。①

上列各项,分别在汪日双方代表订立的所谓“日华新关系调整”的“协议书类”及其附件、附录,诸如《日华新关系调整要纲》及其附录、《关于日华新关系调整的基本原则》《关于调整日华新关系的具体原则》,以及《秘密谅解事项》系列(从第一至第八)、《秘书谅解事项》系列(第一、第二)等,一一详细记录在案,只等汪伪傀儡政权成立,就将全部付诸实施。

汪伪汉奸政权成立后,还必须立即接续梁伪汉奸政权替日本主子经办的经济统制、经济掠夺事项。按照日本兴亚院华中联络部开列的清单,这类经济统制和掠夺事项,大致分为三部分:一是已由主管部以“部令”形式颁发“公司法”的,如华中电气通讯公司、华中水电公司、华兴商业银行等,希望以“维新政府”的法律颁行,但“不得已”时则维持现状,由新的“中央政府”接办,新政府成立后,“迅速以法律颁行”;二是尚未以主管部“部令”形式颁发“公司法”的,如华中铁路公司、华中矿业公司、华中盐业公司、华中航空公司等,希望“维新政府”主管部立即以“部令”颁行,但“不得已”时则维持现状,由新的“中央政府”接办,并使该政府成立后,迅速由主管部立即以“部令”或“法律”颁布;三是尚未在“维新政府”议政会议上通过的,如(1)关于华中矿业公司现物出资的估

① 详见章伯锋、庄建平主编:《抗日战争》第6卷,四川大学出版社1997年版,第825—841页。

价,增资,改变定额,社长、副社长人选;(2)关于华中水电公司为增加资本的现物出资的估价和增资;(3)成立棉业交易所要纲和交易所法规;(4)成立江北兴业公司要纲;(5)成立华中航运公司要纲和公司法;(6)成立农业试验场要纲;(7)成立合作社要纲等;(8)成立华中转运公司要纲;(9)成立华中信托公司要纲及公司法;(10)通源公司增加资本要纲,等等,须立即进行在议政会议上通过的工作,在万不得已时,维持现状,由“新中央政府”接办。在该政府成立后,尽快使其在行政院会议通过后,必要时以“部令”或“法律”文件颁发。① 汪伪汉奸政权尚未成立,日本主子已有大批经济统制和经济掠夺的繁重任务等着汉奸奴才们加班加点、按期完成。为此,1940 年 3 月 30 日汪伪汉奸政权“还都”(成立)后,同年 11 月 30 日签订的《关于“中华民国”日本国间基本关系条约 · 附属议定书》第二条特别规定,前“临时政府”、前“维新政府”等“所办事项,业由‘中华民国’政府继承,暂维现状,是以上述事项中之应调整而尚未调整者,应随事态之所许,依两国间之协议,准据条约及附属文书之旨趣速行调整之”。② 延续、扩大前“临时政府”“维新政府”的经济掠夺和卖国事务,又成为套在汪伪汉奸脖子上的条约枷锁。

不过对日本来说,延续、扩大前“临时政府”“维新政府”的经济掠夺和卖国事务,还远远不够,日本要的是对中国经济的全面统制和攫夺,要的首先是中国的全面殖民地化。上揭《关于“中华民

① ［日］兴亚院华中联络部:《维新政府有关事项,须由新中央政府接办的既成事实及有待新中央政府成立后实施的事项》(1939 年 11 月 18 日),见章伯锋、庄建平主编:《抗日战争》第 6 卷,四川大学出版社 1997 年版,第 821—824 页。

② 章伯锋、庄建平主编:《抗日战争》第 6 卷,四川大学出版社 1997 年版,第 869 页。

国”日本国间基本关系条约》所要确立的汪日“基本关系”,就是汪伪“中华民国”的全面殖民地化。在经济方面,就是汪伪政权同意日本根据其需要,对中国所有经济资源进行自由、“便利”的开发、攫夺。该条约第六条规定,中日两国政府“基于长短相补、有无相通之旨趣,并依照平等互惠之原则,应行两国间之紧密的经济提携。关于华北及伪“蒙疆”之特定资源,尤其国防上必要之埋藏资源,中华民国政府允诺两国紧密协力开发之。关于其他地域内,国防上必要之特定资源之开发,中华民国政府应予日本国及日本臣民以必要之便利。关于前项资源之利用,考虑中华民国之需要,而中华民国积极地予日本国及日本臣民以充分之便利”。第六条条款规定,“两国政府为振兴一般通商,及使两国间之物资需给便利而合理计,应讲求必要之措置;两国政府对于长江下游地域通商、交易之增进,及日本国与华北、“蒙疆”间物资需给之合理化,尤应紧密协力;日本国政府对于中华民国之产业、金融、交通、通信等之复兴发达,应依两国间之协议,对中华民国作必要之援助乃至协力”。另外,该条约对日本攫夺的“军管理”企业和所谓“中日合办”企业,在其附件《中日两国全权委员间关于附属议定书了解事项》中,分别做了如下规定:“现在日本军管理中公营、私营之工厂、矿山及商店,除有敌性者及有军事上必要等不得已之特殊情由者外,应依合理的方法,速行讲求必要之措置,以移归华方管理之”;“中日合办事业,其固有资产之评价及其出资比率等,如需修正者,根据两国间另行议定,讲求矫正之措置”。① 这就在经济方面正式确立了汪伪“国民政府”的殖民地地位。

① 《关于“中华民国”日本国间基本关系条约》(1940 年 11 月 30 日),见章伯锋、庄建平主编:《抗日战争》第 6 卷,四川大学出版社 1997 年版,第 867—870 页。

上揭《关于“中华民国”日本国间基本关系条约》第六条，除了日本疯狂的资源掠夺，字里行间还包含了一个重要内容：对中国经济资源的开发、利用，立有一套“规矩”，人们或可从中归纳出带有某些规律性的东西，即越是涉及战争所必须的“特定”或稀有资源，越是要由日本优先“利用”；同时，在日本“利用”这类资源时，汪伪政权越是必须为之提供更多的“便利”。这套“规矩”的订立，不仅仅是为了保障日本战争物资的供给，也不仅仅是满足日本作为占领者和强盗暴发户那种特有的优越感和虚荣心，从根本上说，是基于日本军国主义“以战养战”“以华制华”，利用中国的人力物力占领和最终灭亡中国的基本国策的需要。有了这套掠夺开发、利用中国经济资源的“规矩”，日本就等于吞了一颗“定心丸”，不愁国内资源贫乏，并且“日本国内不出一分钱”①，在全面侵华战争和更大范围的侵略扩张战争中，既不怕打“持久战”，也不怕打“消耗战”。在日本军国主义者的算盘中，全面占领和最终灭亡中国，只是时间迟早问题。

当然，贪得无厌的日本，并不满足于经济资源和厂矿、商铺、银行的攫夺、抢掠，又在《关于“中华民国”日本国间基本关系条约·附属议定书》第四条规定，汪伪政权“应补偿日本国臣民自事变发生以来在中华民国因事变所受之权益之损害”。② 条款所称日本“臣民”在“事变”后，其“权益”遭到“损害”，纯属颠倒黑白，无中生有。事实正好相反。日本全面侵华战争爆发后，所谓日本“臣民”，无论商贾，各类会社社员、职员，还是调查、情报搜集和各类

---

① ［日］加藤阳子：《从满州事变到日中战争》，徐晓纯译，香港中和出版有限公司 2016 年版，第 122 页。

② 章伯锋、庄建平主编：《抗日战争》第 6 卷，四川大学出版社 1997 年版，第 869 页。

特务、谍报人员,以及人数众多的浪人、流氓、无赖等,其"权益"、收入尤其是各种不正当的灰色收入、黑色收入,不仅没有受到"损害",反而直线上升,成倍、成十倍、成百倍增加。他们或猖狂走私;或狐假虎威,紧随侵华日军之后,趁火打劫,入户或拦路奸淫抢掠,杀人越货;或将日军占领区城镇、乡间商铺、作坊、民居等劫为己产;或代为经营、管理某些"军管理"企业,等等。日本"臣民"一个个财源滚滚,一夜暴富。现在日本侵略军在肆无忌惮地进行经济掠夺和财税搜刮之外,又要求汪伪政权对所谓日本"臣民"的权益"损害"进行"补偿",足显其凶残贪婪之豺狼本性。

在华中沦陷区,日本的农产品统制、掠夺,重点是米粮(稻米)、小麦、棉花三大类,而以米粮为最。为了保证日本军粮和日本国内米粮的需要,日本从 1938 年起,就开始实行米粮统制,禁止米粮自由运销,规定只许经日军特务机关发给"物资搬出许可证"的日本商行运销米粮。1939 年 8 月,日本加紧攫夺军用米,在主要稻米产区芜湖、无锡、苏州、常熟、昆山、松江、嘉兴等地,严格禁止食米搬运出境,指定日本三井物产、三菱商事及大丸兴业等日本在华商阀,为军用米采办商,指定采办商得再指定各地日本粮食商人为各地采购米粮的承包商,全部贱价强制收购。除了采办商、承包商,一律禁止搬运米粮出境。1940 年汪伪汉奸政权成立后,即由汪伪管事部成立"粮食管理委员会",负责办理汪伪军需米及民需米的采购、配给事宜。同时日汪双方划分产米区,分别进行米粮收购。规定松江、嘉兴、嘉善地区 6 县,苏州附近 5 县及无锡附近 4 县等 15 县产米区,为日方军用米收购区,为日军指定的日本米商收购;芜湖地区为汪伪粮食管理委员会收购地区。由粮食管理委员会指定的中国米商负责收购。1941 年,日军企图扩大日商收购区域,又与汪伪商定将芜湖对岸的 5 县划归日方收购,江南的芜湖地区仍归汪伪方面收购。小麦收买方面,1940 年 1 月,日军成立了华中制粉联合会，作为小麦、面粉、大麦、裸麦、燕麦、高粱、玉米、麸皮8类物资的统制机构；棉花收买方面，1940年12月，日本在华纺织同业会上海支部、日商棉花同业会、上海制棉协会、落棉协会等4个棉业组织联合成立了华中棉花协会，宗旨是“在军部及关系当局的指导监督下，对华中棉花（包括飞花及其他一切杂棉）实行统一收购与配给”。华中棉花协会为了确保军用棉花的收购，在杭州、南京、安庆、南通、海门、启东、太仓、常熟等主要棉产区设立支部，但棉花收购仍然通过中国棉花商居间进行。

太平洋战争爆发后，对农产品的统制、掠夺及相应职能机构进一步加强。1942年1月，汪伪粮食统制机构加强，将粮食管理委员会改为行政院直属机关，1943年年初改组为粮食部。日方的米粮收购、统制机构，1942年8月，由日本在华米谷商行组成“华中米谷收买组合”，作为军部用米收购的中心机构。参加“组合”的日本米谷商分“承包商”及“分包商”两级。承包商仍为日军指定的日本财阀三井物产、三菱商事、大丸兴业等3家。各承包商又分别将收购任务转派给各地的分包商承担指定地区的收购。各地的分包商实际上是向当地的中国粮商进行收购。但是在日军不能严密控制的地区，日商不能完全依靠中国粮商收购时，往往要凭借日军枪杆子掩护直接到农村强行收买。①

小麦的收买，上揭华中制粉联合会名义上由日汪共同组成，实际上由完全日方单独控制。1942年7月，在江南“清乡”地区又组织了“清乡地区小麦收买组合”，规定清乡地区的华中制粉联合会

① 袁愈佺：《汪伪“商统会”成立经过及其活动》，见黄美真编：《伪廷幽影录——对汪伪政权的回忆纪实》，中国文史出版社1991年版，第202—204页。

会员、华商粉厂和上海租界内的粉厂均可加入,“如未加入者,一概不得至清乡地区收买小麦”。实际上该机构的小麦收买大权同样掌握在日本手中。

棉花统制、收买,实行的基本办法是,日汪双方收买商共同组织收买机构,分区收买。参加该机构的收买商,日本方面有纺织厂11家、棉花商15家;汪伪方面有纺织厂22家、棉花商9家,合共57家。[①] 该机构规定,江北地区为日方收买区;江南地区为汪方收买区。但实际上日方借口其在江南地区早就广泛设有收买网点,强行插手江南地区的棉花收购。

随着太平洋战争的持续和英美的海上封锁的不断加强,日本面临的战争局势和经济形势、物资供给日见艰难。

1942年上半年,太平洋战争爆发后一段时间,日本在南亚、太平洋地区战场,一度取得重大进展,连续攻占中国香港、新加坡、荷属东印度、缅甸以及关岛、威克岛等地,使英美集团在南太平洋和东南亚地区的力量遭受重大损失。但日本好景不长,1942年6月,日本进攻中途岛的机械化精锐部队被美军击退,战局迅速逆转,日本丧失了在太平洋战场上的优势和主导地位。日本为了从中国战场抽调兵力,加强对英美的作战能力,同时又保证对中国占领区的统治,进一步加紧推行“以战养战”“以华制华”的策略,在汪伪政权辖区全面实施“战时体制”,并对重庆国民党政府实行“政治诱降”。是年12月21日,日本“御前会议”通过《为完成大东亚战争而决定的处理中国问题的根本方针》,决定让汪伪政权对英美“宣

① 华中经济年报刊行会编:《华中经济年报》第二辑(1942年),第90页,见余子道、曹振威等:《汪伪政权全史》下册,上海人民出版社2006年版,第1286页。

战”，作为交换，日本考虑撤销在中国的租界和治外法权。① 1943年1月9日，汪伪傀儡政权宣布对美英“宣战”，日汪在军事上、政治上和经济上实行“全面合作”，汪伪政权与日本“同生共死”。

1943年10月30日，日本又同汪伪政权签订《同盟条约》，进一步将汪伪汉奸政权牢牢捆绑在日本军国主义的战车上。《同盟条约》包括几十字的引言和正文6款，内容、文句相当简单，但全都十分重要。引言规定订立《同盟条约》的宗旨，强调日本政府和汪伪政权，希望“紧密协作，建设以道义为基础之大东亚，以贡献于全世界的和平，并以坚定不移的决心，铲除对此造成障碍的一切祸根”。日本军国主义在这里要决心铲除的最大“祸根”，是中国共产党及其领导下的抗日队伍，还有包括国民党抵抗派在内的全国抗日力量。这仍然是全力贯彻“以华制华”、用中国的人力物力全面占领和最终消灭中国的基本国策。正文第一、第二、第三条，分别规定双方在各方面采取所谓“互助敦睦的措施”；为“建设大东亚并确保其安定”，双方“紧密协作，尽量支援”；以“互惠为基础”，实行两“国”间“紧密的经济合作”等。由于条款十分简单、抽象，第四条特别规定，“为实施本条约所必要的细节，应由两‘国’主管官员协商决定之”。这样，只要日本认为有“必要”，可以随时要求增加各种“细节”，从而为其军事侵略和经济掠夺提供了条约依据。②

在经济统制和物资掠夺方面，由于日本军队和日本国内的农

① 《为完成大东亚战争而决定的处理中国问题的根本方针》（1942年12月21日），见复旦大学历史系编译：《日本帝国主义对外侵略史料选编（1931—1945）》，上海人民出版社1983年版，第420—421页。

② 《日本国与中华民国同盟条约》（1943年10月30日），见复旦大学历史系编译：《日本帝国主义对外侵略史料选编（1931—1945）》，上海人民出版社1983年版，第444—445页。

产品、生活消费品需求不断增加,英美海上封锁加强,对华中农产品供给的依赖程度加深,日本从华中地区掠夺的农产品,特别是粮食不能满足需要。尽管在收买机构方面建立了日伪双轨掠夺体制,日汪两套机构和人马,同时出动,分工协作,掠夺的农产品全由日本支配。但是,因农业生产的严重破坏、衰退和农民的加速贫困化,加上农民的抵制、反抗,日本的农产品"收买"遭遇越来越大的困难。面对这种局面,坚持"在日本国内不出一分钱的方针下进行作战",掠夺足够的农产品,确保"军队的自给",成为日本压倒一切紧急任务,这就必须对华中农产品的统制、掠夺策略和方法再次进行调整。

调整的核心,一是扩大统制、掠夺的领域和地域范围,加大掠夺力度;二是改变统制、掠夺方针和方法,由日本人直接统制改为间接统制,由日本人亲自掠夺改为日本人手握指挥棒和皮鞭,指挥、驱赶汪伪汉奸进行掠夺。1942 年 12 月 18 日,日本大本营、政府联席会议决定的《以〈完成大东亚战争处理对华问题的根本方针〉为基础的具体策略》强调,"取得为完成帝国的战争所必需的更多物资,确保军队的自给,并有助于维持民生,谋求于占领区域内重点地并有效地取得重要的国防物资,同时积极地获得敌方的物资",并严格"阻止对敌输出战争必需物资"。为此,"当实行本措施时,需有效地运用中国方面的责任感和创造精神,以有助于加强国民政府的政治力量"。① 12 月 21 日,上揭《为完成大东亚战争而决定的处理中国问题的根本方针》同样强调,"使国民政府以坚定的决心和信念,在各方面讲求自强之道,广收人心,特别是为

① 《以〈完成大东亚战争处理对华问题的根本方针〉为基础的具体策略》(1942 年 12 月 18 日),见复旦大学历史系编译:《日本帝国主义对外侵略史料选编(1931—1945)》,上海人民出版社 1983 年版,第 419 页。

了完成战争，设法确实地实现增进必要的生产，普及官民对战争目的的教育，以及加强维持治安等各项工作，不遗余力地在战争方面与帝国彻底合作”。[①] 所有这些，高度概括了日本在华中占领区推行的统制、掠夺新策略要点。

汪伪汉奸政权按照日本拟定的经济统制、掠夺新策略，保质保量取得日本主子所需要的“重要的国防物资”，改变原来“杀鸡取卵”的单纯掠夺，开始从统制攫取和恢复生产两个方面着手。提出“今欲讲求粮食自给方策，第一在肃清土匪，使农民得回乡耕种。第二在管理粮食，使奸商无可囤积”。[②] 同时对有关机构进行相应调整。

1943 年 1 月 13 日成立“全国经济委员会”，作为汪伪战时经济的“领导机构”，由汪精卫兼任“委员长”，制定和推行《战时经济政策纲领》，取消“地域经济”，增加生产，限制消费，进一步强化战时经济体制。《战时经济政策纲领》强调，招垦耕地，以增加粮食和其他农产品生产，开发矿藏以保证“军需工业”之发展。同时限制和节约消费，凡与军需有关的民需物资，必须以代用品或代用原料替换；限制和禁止高贵品及奢侈品的生产；取缔一切“不必要之消费”。为了实现上述目标，强化统制乃不可或缺的条件。为此必须扩大统制的广度、深度和力度。统制涵盖生产、分配、交换、消费各个领域，贯串工业、农业、金融、商业、交通运输各个行业和部门。为了强化统制，《战时经济政策纲领》规定，凡是不适合战时经济体制的经济机构，一律予以调整、改组；各种产业部门，自生产

① 《为完成大东亚战争而决定的处理中国问题的根本方针》（1942 年 12 月 21 日），见复旦大学历史系编译：《日本帝国主义对外侵略史料选编（1931—1945）》，上海人民出版社 1983 年版，第 421 页。

② 周乃文：《粮食管理》，《申报年鉴》（1943 年），1944 年版，第 909 页。

以至于配给的各个阶段,必须联合组成一贯的机构,进行计划运营,在政府的指导、监督下,进行“自治的统制”;各种主要产业得在政府的指导、监督下,“实行团体的经营制度”。①

在粮食增产、管理和统制、掠夺方面,1943 年年初,汪伪将粮食管理委员会改为“粮食部”,其职能是统管粮食的生产、技术、采办、运销、配给等各项业务,并在地方建有粮食局,负责粮食的生产、统制和管理事项。1943 年 3 月 15 日和 9 月 15 日,粮食部两次召开会议,分别通过《增产方案》和《稻米采种实施计划》《小麦增产实施计划》,并经行政院交全国经济委员会审议通过了《三年增产计划纲要》。

继中央机构和相关政策调整之后,接着又对地方经济机构进行了调整、改组。1943 年 2 月 3 日,最高国防会议第四次会议通过《各地方经济局组织原则》,规定各省、特别市行政特区,及苏北行营管辖区域,分别设置“经济局”,各省、行政特区、苏北行营原由建设厅主管的工商业事务,划归经济局掌管;各特别市的社会局亦全部裁撤,其工商事项划归经济局掌管,其余事项由市政府直接办理。②

汪伪政权在中央设置全国经济委员会、粮食部,地方设立“经济局”和粮食统制机构,主要是从生产领域进行统制和掠夺的同时,着重从运输和流通领域进行物资统制和掠夺。1943 年 3 月 11 日,汪伪第八次最高国防会议决定成立“全国商业统制总会”,其宗旨是“协助政府实行国策”,秉承实业部及其他主管部之命,“办

① 《战时经济政策纲领》(1943 年 2 月 13 日公布),中国第二历史档案馆藏,见余子道、曹振威等:《汪伪政权全史》下册,上海人民出版社 2006 年版,第 1266—1267 页。

② 《战时经济机构及其设施》,《申报年鉴》(1943 年),1944 年版,第 613 页。

理物资统制事宜”。[①] 并出台了《战时物资移动取缔暂行条例》，对工农业产品的移动、运销，进行严格统制、取缔，以“确保军需物资调节流通”。[②] 同月 13 日，汪伪政权还公布了《苏浙皖米谷运销管理暂行条例》，日方重新拟订了《扬子江下游地域物资移动统制暂行条例》。汪伪随即接连设立了 3 个物资统制机构：3 月 15 日，在上海成立“全国商业统制总会”（以下简称“商统会”）；20 日成立“物资统制审议委员会”，其职责系“督导商统会完善地运用其机能，强化物资统制”；6 月 19 日，在上海成立“物资调查委员会”，以上海为中心展开物资统制工作。这 3 个机构成为汪伪物资统制的所谓“三鼎足”体制。[③]

《战时物资移动取缔暂行条例》出笼两个多月后，1943 年 5 月 15 日，汪伪全国商业统制总会又制定《重要物资由苏浙皖 3 省移

① 中国国民党中央委员会党史委员会编印、秦孝仪主编：《中华民国重要史料初编 · 对日抗战时期》第 6 编，傀儡组织（四），中国国民党中央委员会 1981 年印本，第 1418 页。

② 《战时物资移动取缔暂行条例》将物资分成三大类进行“移动取缔”：兵器弹药、火药及其原料、鸦片及麻醉药品，除“法定机关许可者外，不得移动”；各种汽车及其零件、汽车用汽油及石油、各种机械、通信器材、各类金属、药品、橡胶、棉纱、棉布及其制品、肥皂、火柴、糖、蜡烛（包括原料）等，由上海地区运至苏浙皖 3 省及上海、南京两特别市以外地区，须得全国商业统制总会“许可”；米（糯米除外）、麦、小麦、面粉、豆类、棉花，由苏浙皖 3 省及上海、南京两特别市运至上海地区者，应得全国商业统制总会“许可”。凡由上海地区运往苏浙皖 3 省及上海、南京两特别市以外地区的物资，“应得海关之出口许可”。（《战时物资移动取缔暂行条例》（1943 年 3 月 11 日），见中国国民党中央委员会党史委员会编印、秦孝仪主编：《中华民国重要史料初编 · 对日抗战时期》第 6 编，傀儡组织（四），中国国民党中央委员会 1981 年印本，第 1421—1422 页。）

③ 《战时经济机构及其设施》，《申报年鉴》（1943 年），1944 年版，第 613 页。

往其他地域统制暂行办法》,规定多种工业品、农产品由苏浙皖3省及南京、上海两特别市运往华北、伪"蒙疆"、华南及汉口地区,必须向"商统会"申请核发"许可证",不仅涵盖的物资种类比《战时物资移动取缔暂行条例》大幅增加①,而且数量限制更严。② 并规定以上海为禁止物资移出入的集散地。上海汪伪警察局在日本宪兵队的指挥下,在市区周边各出入路口设立了24处"经济封锁监视所",由汪伪军警会同日本宪兵把守。如过往行人有违反上述规定、超出物品范围或数量限额者,一律全部没收、严惩。

对农产品的统制和掠夺机构,日本放弃单独设立的粮食统制收买机构,使原来的日汪双轨制归为一体。1942年12月,日本交还了芜湖对岸庐江、和县、含山、巢县的江北军需米区。1943年4月,汪伪粮食部又接管了江苏的吴县、吴江、常熟、昆山、太仓、松江、金山、青浦、武进、无锡、宜兴、江阴和浙江的嘉兴、嘉善、平湖15县。1943年10月1日,日汪双方米商联手组织的"米粮统制委员会"(以下简称"米统会")开始办公,日本负责采办军米的华中米谷组合、三井物产、三菱商事、大丸洋行等上海事务负责人,都是米统会委员。米统会接管了原属汪伪粮食部及日方华中米谷收买组合的米粮收购、配给、调运、保管、审批移动执照等统制事项,粮食部专管粮食增产及行政业务。米统会名义上由伪上海商会会长袁履登出任主任委员,实权实际掌握在负责采办军米的日商手中。

根据"米统会"的组织规程,其主要职责为:按照商统会指示,

① 增加的物资品种有:金属原材料、非金属原材料、漆、橡胶废旧品、木材类(原木)、铁矿砂及水泥、高粱粉、玉米粉、其他杂粮、麸皮及其他饲料、植物油脂原料及植物油粕类、麻类及其制品、棉花(包括落棉及屑棉)、羊皮、皮革及毛皮、烟草、食用油、草袋等。

② 如规定通过物资检查岗哨,1人1次准带物品:棉花5斤,中式服装衣料1套,火柴5盒,肥皂5块,蜡烛6根,砂糖1斤,米2公斤,面粉2公斤。

执行米粮收买、配给计划；采购供应日军用米；决定米粮收买配给价格；负责米粮的保管、运输及调拨；组织、指导各地米业同业公会及日方米谷收买配给组合；核发米粮搬运许可证。为了有效实施统制，米统会在南京、镇江、苏州、无锡、吴江、常熟、昆山、常州、丹阳、金坛、芜湖、裕溪口、泰县、扬州、南通、松江、嘉兴、硖石、湖州、宜兴等地设有20个办事处。[①] 米统会的米粮收买业务，主要依据“物资统制审议会”制定的《苏浙皖三省米粮收买实施要领》和米统会制定的《收买苏浙皖食米实施要领》，后者将军需米及民需米的收购地区划分为甲、乙两种：主产粳米地区为甲地区，由日方华中米谷收买组合与汪方米商协同收买，主要供应日军军用；主产籼米地区为乙地区，完全由汪方米商收买，主要供应民用。甲地区又被分为“清乡区”和非“清乡区”。在米粮采办方法上，“清乡区”主要采取“分担制”，非“清乡区”则采取收买制。所谓“分担制”，按《收买苏浙皖食米实施要领》的说明，就是“使用”汪伪汉奸政权的“政治力”，由米统会决定各县摊派定额，米商直接入户“登记存储食米，以便供给”日本军用，“责成各县负责协助收购商行按定额上缴”。[②] 这是强行摊派和赤裸裸的暴力掠夺。1943年9月17日，汪伪最高国防会议又通过了《扬子江下游清乡地区米粮封锁暂行办法》，对所谓“使用国民政府之政治力”做了新的补充，规定“供给敌方米粮者”及“封锁工作人员因怠忽职务，而发生前项情

① 袁愈佺：《汪伪“商统会”成立经过及其活动》，见黄美真编：《伪廷幽影录——对汪伪政权的回忆纪实》，中国文史出版社1991年版，第204页。

② 米粮统制委员会：《收买苏浙皖食米实施要领》，汪伪上海市政府档案，上海市档案局藏，见余子道、曹振威等：《汪伪政权全史》下册，上海人民出版社2006年版，第1288页；袁愈佺：《汪伪“商统会”成立经过及其活动》，见黄美真编：《伪廷幽影录——对汪伪政权的回忆纪实》，中国文史出版社1991年版，第204页。

事者”,按其情节轻重,“处死刑、或无期徒刑,或10年以上有期徒刑”;若“未经许可而将米粮搬出封锁线外”,以及“封锁工作人员怠忽职务,而发生前项情事者”,按其情节轻重,“处10年以下有期徒刑,或拘役、或7000元以下罚金”。①

通过血腥的暴力手段,日伪米商将农民收获的粮食,包括口粮、种子攫夺一尽,而主要用作日军军米。1943年10月,米统会制订的收买米粮计划,甲乙两地区共计63万吨,其中甲地区计江苏省各县31万吨,浙江省各县4万吨,总计35万吨;乙地区各县为28万吨,日本军用米计划比汪伪民需及军警配给用米多出7万余吨。从1944年米统会供应食米情况看,按照供应计划,日本陆军用米20万吨,海军用米2万吨;汪伪军警用米3万吨,“清乡区”警察用米9000吨,上海日伪机关企业及市民户口配给米28万吨,南京市市民户口配给米5万吨,共计54万吨。但是商统会实际库存的收米数量只有25.4万吨,除了保证供应日本陆海军食用的22万吨之外,所余无几。上海、南京市民户口米的配给,经常发生追配和停配问题,粮荒持续不断。② 结果,“米统会”向日军提供的军粮逐步增加,而广大劳动人民排队轧户口米的苦难生活却是日益严重。③

为了加强、扩大对米粮的统制和掠夺,从1944年4月开始,日军“直接援助”米统会,协助其米粮收买,开启了军方官方强力统

① 《扬子江下游清乡地区米粮封锁暂行办法》,《中华日报》1943年9月18日,见余子道、曹振威等:《汪伪政权全史》下册,上海人民出版社2006年版,第1289页。

② 袁愈佺:《汪伪“商统会”成立经过及其活动》,见黄美真编:《伪廷幽影录——对汪伪政权的回忆纪实》,中国文史出版社1991年版,第205页。

③ 袁愈佺:《日伪勾结掠夺中国资源概述》,见黄美真编:《伪廷幽影录——对汪伪政权的回忆纪实》,中国文史出版社1991年版,第172页。

一支援下的米粮强制收买。同时,汪伪粮食行政和统制机构发生变化,因粮食部的部、局、处三级官吏贪污案发下狱,粮食部亦随后裁撤,主管业务由实业部接办。8月15日,米统会改组,成为“商统会”指导下的五大统制委员会之一。其主要任务是“米谷的收买与军需及民需米的充分供给”。① 1944年年底以后,由于华中日军在战场败退,日伪所谓“安定地区”不断收缩,“接敌地区”和“安定不良”地区扩大,这一形势迫使日本军方为了确保军用米的供给,诡称受“米统会”委托,武装强制“收买”米粮,汪伪原本在日军卵翼下的米粮统制和收买、掠夺机构应声解体。

棉花和米粮一样,也是日军在华中地区掠夺战略资源的主要对象。日本侵占华中后,在苏浙皖3省攫夺华商经营的大小纺织厂多达67家,以“军管理”的形式交给日商经营。日商亦在上海设有多家大型纺织厂。同时日军被服、日本国内纺织厂,也在相当大程度上依赖华中地区的棉花。在这种情况下,日本侵略者从未放松对华中棉花的统制和掠夺。1938年,在日军指使下,日本棉花商组织“华中棉花协会”,操控和统制棉花收购和配给。不过效果并不如意。1939年后的几年间,棉花产量上升,但日商收购量下降:产量从1939年的200万担左右,增至1940年、1941年的300万担左右;1942年更达340万担。而日商棉花收购量,从1939年的190万担,降至1940年的170万担和1941年、1942年的120万担。由于棉花原料不足,日本控制下的日商和华商纱厂,开工率只有战前的40%—50%。②

① 何望贤:《五统制委员会的事业》,《申报月刊》复刊第2卷第10号,1944年8月。

② 袁愈佺:《日本加强掠夺华中战略物资炮制“商统会”的经过》,见黄美真编:《伪廷幽影录——对汪伪政权的回忆纪实》,中国文史出版社1991年版,第207页。

面对这种局面,日军决定将华商推到一线,为日本的棉业统制打开局面。"商统会"成立后,随即着手筹组棉业统制委员会,将华商纱布界的代表人物推到前台,自己幕后操纵。不过由于人事关系复杂,直至1943年11月27日,棉业统制委员会(以下简称"棉统会")才宣告成立。棉统会机构庞大,分工细致。属下设有棉花收买同业协会、花纱布临时管理委员会、棉花管理处、棉花公库等机构。按其组织规程,棉统会的主要职责是,供给日本军需棉花及对日出口棉花;操办华中棉花的统一收买及统一配给;规定棉花的收买及配给价格;筹集棉花收买资金;制订关于收买棉花需要交换物资的计划;审查核发棉花登记证及搬运许可证,等等。收买棉花的相关计划,由日伪双方纺织厂在棉统会指挥下,联合组织棉花收买同业协会负责执行。棉花收买同业协会在各地的棉花收买业务,由各地基层会员执行,并且所收棉花必须按照棉统会指定地点运交棉花公库验收。棉统会在南京、上海、南通、海门、启东、东台、无锡、太仓、宁波、杭州等地,分别建有公库,负责棉花的存储保管。棉花收买同业协会在各地收买棉花的业务,由各地基层会员负责执行。基层会员必须是加入中日棉花同业联合会的各地棉花同业公会的会员。基层会员收买的棉花必须按照棉统会指定的地点运交棉花公库验收,层层管制极为严格。

资料显示,棉统会在华中地区所收买的棉花中,60%直接交付日军使用及运往日本国内;其余40%由棉统会按照纱锭数量分配给日汪双方纱厂,其中日纺纱厂占3/4,汪伪纱厂占1/4。华人纱厂因原料严重短缺,而棉纱需求陡增,乃设法拆分闲置机件,运往沪宁沿线棉产地,与当地棉商合作,建立小规模的土洋结合纱厂生产粗纱。亦有资历较老的棉商,向纱厂购买旧纺纱机件,运往乡间自己经营。于是在上海浦东,以及太仓、常熟各县棉产地,这些土洋结合的小纱厂如雨后春笋,纷纷冒起。同时这也是日本发还

“军管理”纱厂、成立棉统会后出现的一种特有现象。1942 年、1943 年，日军以发还华商纱厂为诱饵，拉拢中国纺织商，与日商合作，加强掠夺华中棉花。棉统会成立后，中国沦陷区棉纺织业与日本棉纺织业紧密协作，并得到日本大使馆上海事务所的积极支持，原棉收购任务，也大大超过日本商人在枪杆子下强制收买时期的数量。因此，到日本投降为止，沦陷区的棉纺织业反而出现一时畸形的繁荣景象。①

小麦和面粉同样是日本掠夺华中农业资源的主要目标。1938 年 10 月，日军侵占武汉后，即将各地面粉厂肆意攫夺、侵占，交由日商经营管理。并命令三菱商事在汉口组织中日粮商大力收购小麦等军用粮食。不久在日军直接掌控下，由三井、三菱、大仓等 14 家大粮商成立“武汉军需谷物组合”，垄断了武汉地区的小麦市场。1940 年 1 月成立“华中粉麦联合会”，除统制华中小麦、面粉及副产品的收买、配给业务外，并统一经营小麦、面粉的出口及供应外地。联合会统制的商品为小麦、小麦粉、大麦、裸麦、燕麦、高粱、玉米及麸皮等 8 种。由于战争破坏和日军强制收买地影响，华中各地小麦的上市数量剧减到战前的 30%以下，日军控制下的华中各地面粉厂小麦原料供应严重不足，1939 年的开工率只有 45. 5%，1941 年更急降至 33. 2%。②

1943 年，日本全部发还“军管理”工厂，成立“商统会”后，下令日商、华商面粉厂在原粉麦专业委员会的基础上，改组成立了粉麦统制委员会（以下简称“麦统会”）。同棉统会一样，麦统会组织

---

① 袁愈佺：《日伪勾结掠夺中国资源概述》，见黄美真编：《伪廷幽影录——对汪伪政权的回忆纪实》，中国文史出版社 1991 年版，第 172 页。

② 袁愈佺：《日本加强掠夺华中战略物资炮制“商统会”的经过》，见黄美真编：《伪廷幽影录——对汪伪政权的回忆纪实》，中国文史出版社 1991 年版，第 210—211 页。

机构中的主任委员、处长、科长等正职,均由华商面粉厂代表担任,日方人员只担任副职。但是,整个机构的实权和作为面粉厂原料的小麦,完全控制在日本人手中。

按照麦统会的规定,小麦的收买、配给及面粉的配给、供应业务,均在麦统会的领导下,分别由日方的华中制粉同业组合联合会和华方的面粉同业联合会负责经营。麦统会为了加强指导、监督双方同业联合会的活动,在各主要产麦区设有办事处,分派日华双方在产地的代理商负责小麦收买,具体指导、监督其小麦收买和面粉运销业务。代理商必须向麦统会缴纳一定数量的保证金。在小麦产地的各处市场代理商,亦可委托当地经营粮麦生意的行号作为基层的收买商负责收买。但基层收买商必须是向麦统会办事处登记的粮麦同业公会会员,并须向所属的代理商缴纳一定数额的保证金。基层收买商如有违反麦统会规定情事,应由代理商负责。

麦统会正是通过这种逐层牵制办法,对小麦的收买、配给和面粉的销售供应,实行严密统制。资料显示,各地的小麦基层收买商共计 66 家,其中属于日商代理商的有 40 家,属于华商代理商的只 26 家,因为日方面粉同业组合联合会统制收买小麦、占据市场已达 5 年之久,根基远比华商深厚。麦统会指定的小麦收买地区为上海、苏州、无锡、常州、镇江、南京、扬州、泰县、芜湖、蚌埠、安庆等地。1943 年 5 月麦统会成立时,计划收买小麦 54 万吨,实际收买 22 万余吨。其中日商收买者占 70%,华商仅 30%。这期间统制收买的小麦总量为 1500 万担,其中却有 900 万担面粉供给了日军和日本商社,超过面粉制品的 80%,上海和华中市场不到 20%。麦统会对面粉厂的统制,是配给原料小麦,包销产品,由麦统会将原料委托面粉厂加工,付给面粉厂一定的加工费。由于小麦原料严重不足,华商面粉厂的开工率只有 9%,而日资面粉厂的开工率达 38%。麦统会控制下的中日各面粉厂所生产的面粉,绝大部分用于供应日本军粮及运往华北和伪"满洲国"交换物资，而用于供应民食的数量不足10%。①

1943年6月，汪伪还组织成立了油粮统制委员会，作为商统会下属专业统制机构，但由粮食部主管。其职责、业务基本上承续原来日商同业组合对食用油、油菜籽、大豆、花生及豆类杂粮的收买、加工和配给统制。在组织形式上由华方各该同业公会参加，而实权全部控制在日商手中。

1944年5月，在上述米粮、棉花、面粉麦、油粮等4个专业统制委员会之外，最后又增设日用品统制委员会，主要行使食糖、香烟、肥皂、火柴、蜡烛、煤油等生活日用品采购、配给业务的统制。日本将这些早已控制在手的日常生活必需品，通过日商同业组合由上海运往各地，作为推行军票及维持军票价值的重要手段。1943年4月1日，日敌停止发行新军票，严格统制这类物资的重要性减弱。但因这类物资仍然全部被控制在日商手中，因日本驻汪伪大使馆上海事务所负责人堀内干城阻扰，拖了一年多，到1944年5月，才让这类物资的统制机构对华方同业公会开放，利用商统会改组的机会，将统制这类物资的机构改组，将生活日用品的统制权交与汪伪政权，日用品统制委员会得以成立。②

时隔不久，随着日军在太平洋战争中的节节败退和战争物资的严重短缺，日军又踢开汪伪傀儡当局，开始直接运用武力加紧对华中沦陷区的物资掠夺，以保证物资供应，挽回败局。鉴于交通运

---

①　袁愈佺：《日本加强掠夺华中战略物资炮制"商统会"的经过》，见黄美真编：《伪廷幽影录——对汪伪政权的回忆纪实》，中国文史出版社1991年版，第211—213页。

②　袁愈佺：《日本加强掠夺华中战略物资炮制"商统会"的经过》，见黄美真编：《伪廷幽影录——对汪伪政权的回忆纪实》，中国文史出版社1991年版，第214—216页。

输和通信在物资掠夺上的关键作用,日军进一步强化对华中地区交通、通信的统制。1944 年 11 月 10 日,日本中国派遣军和海军司令官同汪伪政权建设部签订的《关于华中铁道股份有限公司之军事上协定》(草案)、《关于华中轮船股份有限公司之军事上协定》(草案)和《关于通信之军事上协定》(草案),分别规定,为满足华中铁道、华中轮船两公司和华中通信"之军事上之要求起见",日本驻华海陆军最高指挥官对华中铁道、华中轮船两公司和华中通信"直接实行军事上要求与监督"。1945 年春,铁路运输方面,已不再由汪伪政权名义负责,改由日军直接控制。3 月 30 日,行政院长陈公博同日本派遣军总司令冈村宁次签订《关于华北及华中铁道运营之军管理协定》,规定自 4 月 1 日起,华北交通股份有限公司及华中铁道股份有限公司所经营的华北及华中铁道运营交由日本中国派遣军总司令官"暂行管理"。① 虽然名义上汪伪政权对公司的"监督权"仍然存在,但对"军管理实施上有抵触之事项停止监督权之行使"。这就使汪伪政权无论实际上还是名义上都失去了对华中、华北铁路交通运输的管辖权。最后,日本凭借对铁路、公路、港口交通运输和水运、空运的直接"军管"、统制,对中国的工农产品、经济资源,包括所有战略物资和民用物资,持续进行地毯式的掠夺、搜刮,直至失败投降为止。

① 余子道、曹振威等:《汪伪政权全史》下册,上海人民出版社 2006 年版,第 1282 页;中国第二历史档案馆编:《中华民国史档案资料汇编》第 5 编第 2 编附录(下),江苏古籍出版社 1997 年版,第 1255 页。

第 二 章

伪“满洲国”和关内沦陷区的工矿业

日本属于资源匮乏的岛国,战争潜力相对有限。伴随中国军队以空间换取时间的战略成功,日军陷入持久战泥潭,战略资源供应日渐不足,战争能力与战略目标矛盾逐渐突出。为解决内在冲突,沦陷区丰富的资源和较好的工业基础成为日军觊觎的目标。从沦陷区所处位置、资源分布等特点出发,日伪采取不同掠夺方针,实现自身利益最大化。在日军军事破坏、劫掠政策作用下,沦陷区工矿业发生全面倒退。

面对中国军队顽强抵抗,日军以优势军备进行野蛮侵略,甚至利用空军对战区周围狂轰滥炸,直接破坏当地工业生产。同时,中日双方从削弱对方出发,有计划破坏敌方工业。侵华战争造成中国工业良好发展趋势被打断,延缓工业化进程。据不完全统计,抗日战争中国工业、矿业直接、间接经济损失近 70 亿美元。最近统计显示,战争导致中国直接经济损失 1000 亿美元,间接经济损失 5000 亿美元,其中相当大比重为工矿业。

日军根据各沦陷区资源特点和距离战场远近进行差异化掠夺。日军渗透和控制较早的东北地区实行开发与抢掠并行政策。在伪“满洲国”汉奸政权配合下,日军采取以统制企业为工具组建大型企业公司垄断东北矿产资源开发和工业建设,为侵略战争提供资源基础。在日军威胁下,东北中国工矿业几乎全被日方控制,部分行业甚至出现完全垄断市场。与此同时,因中国重工业相对落后和侵华战争破坏,既有工业难以供应日本军需。在战争压力下,日本以军队为后盾,通过统制政策、劫掠中国资源和民族工业等手段在各个沦陷区建立重工业、化学工业体系,客观推动部分地区工业化。但是,日本行为和政策主观动机是服务于侵华战争,掠夺性开发特征明显。

日军统制政策造成沦陷区工矿业产量锐减,资本、职工数等重要指标相继下降,部分产品降至10%以下。为掌握战略资源,日军将电力、电信、交通等重要部门作为统制事业,重工业企业则以军管理、委任经营、中日合办等方式纳入统制范围。中国民营工厂未内迁者则以低价赎买、强制入股等方式变相掠夺。在日伪统制制度下,沦陷区工矿业基本被其控制,成为侵略战争工具。

轻工业中大部分行业与军队后勤、财政收入关联度较大,日军以军队为后盾利用汉奸组织统制机构从原料、销售等环节进行全面控制。一方面,在日本压制下,沦陷区轻工业产值连续负增长,华商开工率、产值和比例连年降低,部分行业甚至处于忽略不计的地位;另一方面,为维持生存,华商被迫采取小型化策略,在日伪控制力较弱的农村、郊区组建小型工厂供应本地市场。小型化建厂虽然增加工业产值,却与工业化要求背道而驰,进一步说明日伪统治下华商生存的困难。

沦陷区工矿业殖民地特点相对明显,主要体现为国别、产业结构变化和掠夺方针的差异。东北地区矿产资源丰富,且属于较早沦陷区。日军为满足战争需要以工矿业、重工业为主要开发重点,造成东北工业比重迅速提高、重工业和工矿业产值比例持续增加之时,与民众生活息息相关的轻工业产值与比重迅速下降。东北产业结构变化说明,该地区工矿业和重工业发展完全服从于日本侵略,具有较强的半殖民地化特点。

与东北地区相比,华中、华南等沦陷区距离战争较近、英美等国势力盘根错节。日军采取利用汉奸政权、统制公司和日本商人结合的掠夺策略。同时,因第三国力量介入,租界成为华商和英美商人的避难所,形成独特的“孤岛”经济,呈现出因各国力量介入形成的半殖民地特点。太平洋战争爆发后,日本军队以武力为后盾扶持沦陷区日企,打压中国与第三国企业,形成日本企业独大局面。伪“满洲国”和伪南京政府受日军指使组织专卖机构实现对火柴业、卷烟业控制,在销售、原料等环节对中国企业完全监视。日伪警察机构则鼓励日商走私,以价格优势打压华商。华商与第三国商人日益衰微之时,日商在其军队保护下逐渐发达。抗日战争期间,主要工业品生产中日商比例持续增加,基本取代华商或第三国商人成为主要生产、供应者,造成沦陷区中外资本混杂向日企独大过渡。

第一节 重工业和化学工业

重工业和化学工业是维持近代战争的基础工业,日本本土资源相对匮乏,战争潜力有限。为满足战争巨大消耗,日军通过统制政策、劫掠中国资源和民族工业等手段在各个沦陷区建立重工业、化学工业体系,甚至破坏性开发,企图维持侵略战争的需要。

根据距离日本远近、沦陷时间、日本渗透程度不同,日本侵略者政策存在差异。日军在东北地区实行投资与掠夺并举方针。在伪“满洲国”配合下,日军以“满洲重工业会社”“南满洲铁道株式会社”等统制企业为工具组建部分自成体系的大型重工业企业,垄断中国东北地区钢铁、煤炭等产业,为侵略战争提供物质基础和掠夺关内沦陷区资源的工业基地。同时,在日本侵略军刺刀掩护下,中国民族企业遭到劫掠或强卖,对工业发展具有重要意义的电力等行业甚至形成日资完全垄断的奇特市场。

在日本侵略性产业政策推动下,东北地区工业化出现畸形发展,工业比重迅速提高,重工业比例持续增加,轻工业生产逐渐减少。1943年,中国东北总产值中工业比例达到59.3%,超过部分工业化国家,钢铁、机械等重工业产品产量为大后方2倍以上。东北地区工业比重的提高既说明日本掠夺程度不断加剧,亦揭示侵华战争对中国工业的破坏。与此同时,与民众生活相关的轻工业却逐渐衰微,折射出抗日战争时期东北工业的半殖民地和掠夺性质。伴随日军战局恶化,伪"满洲国"工业出现衰退,直至最终被苏军拆毁。

与东北地区相比,关内沦陷区日本渗透程度较低,长江流域等重要地区英美势力盘根错节,失守前日资处于相对劣势。面对日军侵略,中国军队奋起反抗,激烈的战斗和中国政府有计划地搬迁造成沦陷区工业基础受到较大破坏。日军为掠夺关内沦陷区而利用汉奸政权,采用统制公司方式实行劫掠。同时,关内沦陷区第三国实力较为雄厚,西方列强直接控制的租界成为中国民营资本和外资企业暂时的避难所。在战争影响下,上海等地租界内工业快速发展,形成奇特的"孤岛"经济。

日军将交通、矿冶、电力、电信和盐业等重要经济部门作为统制事业,其余领域由日本商业自由投资。针对重工业企业规模大、投资周期长特点,日军采取军管理、委任经营、中日合办、租赁和收买方式进行直接控制或低价强行"赎买"。在日军统制政策下,租界以外的中国重工业和工矿企业基本为日军控制,成为服务于其侵略战争的工具。

在日本军事力量干预下,关内沦陷区日资工厂迅速增加,抗日战争结束时已超过日本殖民50年的台湾地区。然则,在关内沦陷区基础较好和日本军队以掠夺为主的政策下,抗日战争时期关内沦陷区重工业和工矿企业整体出现下滑,资本、职工人数、企业数量持续下降，日化工业、水泥工业降至20%以下，客观说明日本侵略对中国经济的冲击与破坏。

由于东北与关内沦陷区在日军侵占时间、与大后方距离等因素上的差异，日军侵略政策存在明显不同。具体而言，东北地区日军以经营性掠夺为主，在劫掠资源之时投入资金、技术进行开发，弥补国小地狭的天然缺陷。关内沦陷区则因与战线较近，部分地区甚至处于中国军队攻击范围内。日军采用以直接抢占华商企业、第三国企业为主要手段，以抢劫既有资源为主要特征。

日本在伪“满洲国”的工矿业掠夺和投资活动，1937年前后的情况，由于实行发展重工业的五年计划而有所不同。1937年以前，“南满洲铁道株式会社”（以下简称“满铁”）是日本对中国东北实行殖民统治和掠夺的总部机构，作为日本“国策性”企业的代表，其投资领域除铁路外，还包括工矿、农商、贸易和学术情报、教育机构。1937年，满铁支配关系的企业资产达21亿日元，日本政府持有其中50%。另有对参与关系企业的投资2.48亿日元。重化工业方面，满铁在伪“满洲国”创办了一些自成系统的大型企业，如1933年设立的“昭和制铁所”（鞍钢），在大连创办的“满洲化学工业公司”。1934年创办“满洲炭矿公司”，设立“满洲电业公司”。1936年创办“满洲曹达公司”，设立“满洲盐业公司”。不但垄断了中国东北的钢铁、煤炭业，也控制了电力工业和化学工业，为其全面侵华战略实施提供了产业基础。

1937年，日本政府和关东军军部再度加紧侵略扩张，与日本产业会社达成协议，在长春设立“满洲重工业会社”（以下简称“满业”），设立资本4.5亿日元，由日本产业会社和伪满政府各半。满业于1937年12月开业，从满铁手里接管了“昭和制铁所”（鞍钢）等重工业和“满洲炭矿会社”“满洲石油会社”，从大仓财阀处接管了本溪湖煤铁矿及相关的汽车、飞机等会社。到1943年，满业扩张至43家会社,资本总额21亿日元,其中满业直接持股5亿日元。满铁的垄断其后偏重于铁道、航运等领域,满业取代了原属满铁的对重化工业的垄断,形成更为庞大的垄断集团。

满铁、满业高度集中之余,其他“国策性”的“特殊会社”和“准特殊会社”的相继设立,实现了日本政府全面控制日资活动的功能。主要有:“满洲电信电话”“满洲炭矿”“满洲石油”“满洲矿业开发”“满洲采金”“满洲林业”“满洲盐业”“满洲拓殖”“满洲生命”“满洲计器”“满洲轻金属”等株式会社及“奉天造兵所”“弘报协会”等单位,均为占据某一行业的垄断机构。与关内的“兴中公司”“华北开发”“华中振兴”等株式会社及台湾的日资企业系统,成为日本对华经济侵略与掠夺的主要机构。

表2-1列出1936年、1941年日本在伪满投资的各种会社的资本分布状况。其中包括了三井、三菱、住友以及浅野、日室等大小财阀在伪满设立的6000余家中小型会社。

表2-1　日本在伪“满洲国”投资各种会社的行业分布(1936年、1941年)

(单位:百万日元;%)

行业＼项目		1936年		1941年	
		资本额	百分比	资本额	百分比
农林渔业		11.30	0.5	67	1.3
矿业		48.28	2.2	824	16.1
制造业	小计	404.88	18.1	1933	37.9
	内含:冶炼	143.95	6.5	429	8.4
	机器工具	15.02	0.7	298	5.8
	化学	71.69	3.2	837	16.4
电力业		128.35	5.8	201	3.9
交通运输业		1430.48	64.1	1029	20.2

续表

行业＼项目	1936 年		1941 年	
	资本额	百分比	资本额	百分比
商业	102.20	4.6	282	5.5
金融业			562	11.0
其他	105.45	4.7	205	4.0
总计	2230.94	100.0	5103	99.9

资料来源:1936 年据满铁产业部编:《满洲经济年报》下册,改造社 1937 年版,第 104 页;1941 年据《满洲经济统计年报》,南满洲铁道株式会社调查部 1942 年版,第 155 页,见许涤新、吴承明主编:《中国资本主义发展史》第 3 卷,人民出版社 1993 年版,第 393 页。表中制造业之内含并非业内全部,总计是制造业小计与其他行业之和。

表 2-1 制造业资本由 1936 年近 4.05 亿日元增至 1941 年 19.33 亿日元,在所有部门中为最大的增长,增长 377.4%;制造业在各部门中所占比重由 18.1%增至 37.9%。本节所及的冶炼(含有色金属)、机器工具和化学工业,1941 年较 1936 年投资额分别增长了 1.98 倍、18.84 倍和 10.68 倍。

日本的殖民地统治还造就了伪"满洲国"国家资本。伪"满洲国"成立一年后的 1933 年,发布《满洲国经济建设纲要》,实行统制经济的政策,规定重工业等重要事业由"公营或特殊会社经营"。1934 年明确划定 22 项由公营或特殊会社经营者,24 项经政府许可经营者,19 项可自由经营者。1937 年发布《重要产业统制法》,将纺织、面粉、制油、麦酒、火柴工业等 14 项可自由经营者改为经政府许可者。到 1942 年的《产业统制法》,则实行了对所有产业的全面统制,同时对生活用品实行配给制。

伪"满洲国"国家资本采取特殊会社、准特殊会社的形式,由日本政府和伪满政府投资设立。特殊会社是依照伪满政府的单行法并依照“一业一社主义”的原则设立,准特殊会社也可以涉足统制行业的经营,但不一定是全行业唯一组织。1937年以前,满铁主要负责设立特殊会社,1937年以后满业代替了满铁。特殊会社、准特殊会社是伪满国家资本与日资合资。1938年分别有25个、10个,1941年分别有36个、34个,1945年分别有38个、41个。

1943年,特殊会社、准特殊会社的资本额占伪“满洲国”工矿交通业资本的59.5%(不含由满铁经营的铁路、航运业),1945年占到77%。1941年,约70个会社的实缴资本共计30.3亿满元,其中伪满国家资本占7.91亿满元,比重为26.1%。1944年伪满资本的比重为30.7%。① 日满合资中的伪满国家资本始于由原奉系官僚资本转移而来的铁路、军工业、矿业等产业,例如东北矿务局原属的金矿,“九一八事变”后停工,1934年并入新设立的满洲采金会社,会社资本1200万元,划给伪满资本500万元。据资料计算,1945年6月伪“满洲国”资本为111.39亿满元,另有满铁受委任经营的铁路、航运等财产15.95亿日元(1941年估值),两项合计127.34亿满元。② 其行业分布与日资分布步调一致。

日军对工矿业的政策在东北和关内有明显不同,基本上是发展东北、掠夺关内。在东北自1937年开始执行“第一次产业开发五年计划”,以《重要产业统制法》为依托,以满业发展为主体,包括了工矿业、交通通信和农业等基础产业。后多次修订和提高钢铁、煤、液体燃料和电力等工矿业计划指标。至1941年,计划指标并未完成而进度不一:生铁35%,钢18%,煤73%,发电设备43%,

① 东北财经委员会调查统计处:《伪满时期东北经济统计(1931—1945)》,1949年印行,第(1)—19、(11)—10页。

② 东北物资调节委员会研究组编:《东北经济小丛书·资源及产业》下册,1947年印行,第29—30页。

汽车 9%。[①] 1941 年开始执行第二次产业开发五年计划，采取“考虑战争上之特殊地位，集中权力，供给日本战时之急需物资”的应变措施[②]，至 1942 年停止实施。1943 年以后，伪“满洲国”工业以增加飞机和船舶生产、供应战争物资为急务，甚至谋求将日本本土工厂设备迁至中国东北，完全陷于支撑战争的困局。

1937—1942 年即两次产业开发五年计划执行期间，共投入资金 86.5 亿满元，其中 60%出自日本，40%由伪满筹集。总投资在各部门间的分布：工矿业 47.5 亿满元、铁路 18.1 亿满元、交通通信业 7 亿满元、农业 0.6 亿满元、日本移民等的“拓殖”13 亿满元。[③] 在此期间东北工业发展程度，按 1926 年不变价格估算，工矿业总产值 1936 年为 5.10 亿日元，1942 年增至 9.47 亿日元达到峰值。1931—1943 年间，工业生产的年均增长率为 8.7%，其中 1937—1942 年年均增长率为 10.4%。工业部门所占比重由 1931 年的 26.9%增至 1937 年的 51.0%，又增至 1943 年的 59.3%，工业化程度有了明显进展。[④] 另据统计，至 1945 年战争结束，日本在占领区的工矿、交通运输、邮电和金融业的投资额合计近 164 亿日元，其中东北 94 亿日元占 57.5%，关内近 42 亿日元占 25.4%，台湾 28 亿日元占 17.1%。[⑤] 伪“满洲国”主要工矿业产品的产量变

---

① 1941 年东北地区工矿业生产指数，参见李崇文：《沦陷区经济概述之一》，中国农民银行 1945 年印行，第 35 页。

② 东北物资调节委员会研究组编：《东北经济小丛书 · 资源及产业》下册，1947 年印行，第 56 页。

③ 东北财经委员会调查统计处：《伪满时期东北经济统计（1931—1945）》，1949 年印行，第(1)—5、(11)—18 页。

④ Kungtu C.Sun（孙公度），*The Economic Development of Manchuria in the First Half of the Twentieth Century*，Harvard University Press，1973，p.102。

⑤ 杜恂诚：《日本在旧中国的投资》，上海社会科学院出版社 1986 年版，第 15 页。

化见表2-2。

表2-2 伪“满洲国”主要工矿业产品产量(1937—1944年)

产品	单位	1937	1940	1941	1942	1943	1944
煤	千吨	14387	21344	24632	25811	25398	26527
铁矿石	千吨	2418	3349	4182	4496	4954	3800
石油	千吨	221	271	350	297	298	242
电力	百万度	1624	2998	3516	4086	4474	4481
生铁	千吨	812	1062	1389	1616	1702	1176
钢锭	千吨	519	553	576	578	869	474
客货车	辆	2741	4513	4057	3984	4798	2823
水泥	千吨	861	999	1164	1532	1503	1141
硫酸	千吨	192	—	191	—	94	58
棉纱	千件	174	148	145	180	160	95
棉布	千匹	2575	1901	2113	3213	2737	1612
面粉	千袋	28668	13425	14391	17397	15254	1463
糖	吨	11665	25019	25611	15923	19938	18993
纸	吨	19568	37880	52989	76668	76368	45860
卷烟	百万支	14706	21240	24106	24035	24000	—
火柴	千箱	402	398	442	387	421	—
豆油	千吨	114	87	115	140	134	—

资料来源:东北财经委员会调查统计处:《伪满时期东北经济统计(1931—1945)》,1949年印行,第(2)—53—83页有关各表及第(3)—53、(3)—69页。

表2-2中石油、钢锭、硫酸等是1931年以后开始生产的。日本全面侵华战争期间,东北的电力、水泥、煤铁等重工业生产有倍增式的较快发展。表2-3显示东北地区的重化工业在全国占据了绝大的优势。

表 2-3　东北地区主要工矿产品的产量及占全国的比重(1943 年)

产品＼项目	产量	占全国的百分比(%)	产品＼项目	产量	占全国的百分比(%)
煤炭	23205 千吨	49.4	机械	5.5 亿日元	95.0
生铁	1702 千吨	87.7	盐	883 千吨	26.1
钢材	495 千吨	92.7	硫酸铔	92 千吨	69.0
电力	165 万千瓦	68.0	苏打灰	59 千吨	60.0
水泥	15.3 千吨	66.0	苛性苏达	6 千吨	33.3

资料来源:东北物资调节委员会研究组编:《东北经济小丛书·资源及产业》下册,1947 年印行,第 129 页。

由表 2-3 可见,除煤铁等矿业产品在全国占较大比重外,东北的钢产量占到全国的 92.7%,机械、电力、水泥等重工业产值产量占超过 2/3,酸、碱等化学工业产品产量占到近 2/3。既说明日本在东北投资建设重化工业基地以支撑侵略战争的力度,也显示日本在关内占领区以掠夺为主的政策及侵华战争对中国工矿业生产的严重破坏。又据统计,1937—1943 年间电力、煤气、金属、机械、化学工业等重工业生产指数,与纺织、食品、卷烟、火柴业等轻工业生产指数,呈现剪刀差式增减态势,以 1937 年为 100,至 1943 年分别为 313.5 和 81.4。① 轻工业、农业等与东北中国人民生活息息相关的生活资料的生产是逐步衰退的。

1943 年以后,伪“满洲国”的工业随着战事败退而不复增长。1945 年 8 月苏联红军进占东北,拆走大量工矿业设备。事后有两

① 东北财经委员会调查统计处:《伪满时期东北经济统计(1931—1945)》,1949 年印行,第(2)—2 页。原据伪满中央银行所编产业生产指数改编,重工业包括电力、煤气、金属、机械、化学、窑业;轻工业包括纺织、食品、卷烟、火柴。各类和总指数均按 1937 年产值加权几何平均,重工业总权数 28.71,轻工业总权数 26.34。

个调查估计,苏军拆走设备总价值为 8.95 亿美元,或 12.03 亿美元,见表 2-4。

表 2-4　苏军占领东北期间拆走的工矿业设备的估计

行业＼项目	鲍莱调查团估计		日侨善后联络处估计	
	价值(万美元)	占产能(%)	价值(万美元)	占产能(%)
电力业	20100	71	21954	60
钢铁业	13126	50—100	20405	60—100
煤矿业	5000	90	4472	80
铁路业	22139	50—100	19376	50—100
机器业	16300	80	15887	68
液化燃料业	1138	75	4072	90
化工业	1400	50	4479	33
水泥业	2300	50	2319	54
非铁金属业	1000	75	6081	50—100
纺织业	3800	75	13511	50
纸张纸浆业	700	30	1396	80
交通业	2500	20—100	459	30
食品业	—	—	5905	50
总计	89503	—	120316	—

资料来源:Kungtu C. Sun(孙公度),*The Economic Development of Manchuria in the First Half of the Twentieth Century*,Harvard University Press,1973,p.88。见许涤新、吴承明主编:《中国资本主义发展史》第 3 卷,人民出版社 1993 年版,第 607 页。

综合之,重化工业方面电力工业设备拆走约 2.0 亿—2.2 亿美元、占产能 60%—71%,机器业 1.59 亿—1.63 亿美元占 68%—80%,化学工业 0.14 亿—0.45 亿美元占 33%—50%,水泥工业 0.23 亿美元占 50%,非铁金属 0.10 亿—0.61 亿美元占 75%。经此劫难，东北重化工业生产能力失去 1/2 至 2/3。① 重化工业中其他外国资本和中国民族资本，在日本殖民统治下仅苟延残喘直至销声匿迹。

日军在东北和关内实行政策不同，在关内沦陷区并没有建立起伪“满洲国资本”那样的殖民地资本形态，而是以分别成立傀儡政权加上两大“国策会社”系统的方式，施行一套特殊手段，实行经济统制和掠夺。两大“国策会社”，一是华北开发公司（“北支那开发株式会社”），二是华中振兴公司（“中支那振兴株式会社”）。华北开发公司和华中振兴公司于 1938 年分别成立于东京和上海，前者额定资本 3.5 亿日元，由日本政府和民间财阀出资各半，后者额定资本 1 亿日元，出资方式相同。② 两个“国策会社”下设子公司，至 1945 年战争结束，华北开发公司有子公司 51 个，华中振兴公司有子公司 16 个。“国策会社”及其设立的特殊会社、准特殊会社和子公司系统，以掠夺强占中国原有产业作为基础，投资经营各种企事业，主要有交通、矿冶、电力、电信和盐业五项，还有棉业、蚕丝和水产等产业，即所谓“统制事业”，主要分布在华北沦陷区。统制事业之余，还有日本工商界可以投资经营的所谓“自由事业”，主要是战前中国民族资本已有相当发展的行业，有纺织、毛织、面粉、烟草、啤酒、造纸、火柴、硫酸、水泥和机器铸造（翻砂）等行业。

日军对沦陷区中国工矿企业的一套夺取方式有五种：军管理、委任经营、中日合办、租赁和收买。③ 军管理是直接没收“敌人官产”和暂时保管私人产业，主要发生在华北地区。日军除强占电力、

① 参见许涤新、吴承明主编：《中国资本主义发展史》第 3 卷，人民出版社 1993 年版，第 408、607 页。

② 东亚研究所：《日本の対支投资》，1942 年版，第 128 页。

③ 郑伯彬：《日本侵占区之经济》，资源委员会经济研究室 1945 年版，第 2—6 页。

矿业等统制事业外,军管理的一般工业工厂有82家,分布在山西、河北、河南、山东和安徽等省,行业上涉及面粉业等多个“自由事业”业别,其中有机器铸造厂8家。1941年珍珠港事件发生,日本在军事上登峰造极,日军借机接管了上海租界内的近50家华商工厂,其中有机械厂7家。委任经营是日本商人强占华商工厂,集中在华中地区,规模较大的有137家。以纺织厂面粉厂为多,其中有金属制品和机器工厂共9家。中日合办包括了统制事业和自由事业,前者企业被迫合办成为“国策会社”下属独占公司,后者属被迫或自动就范达成合办。企业由日方独断,合办方式成为日军侵夺华商资产的主要途径。70多家合办工厂中以化学工业居多数,其中有金属机械厂10家。租赁也是强行廉租的掠夺方式,在华中有31家,其中金属机械厂9家。收买是以低廉价格强买华商工厂,华北沦陷区有20多家。

一、机器制造业

经过“九一八事变”后日本对中国东北地区的占领和经营,1936年伪“满洲国”的机械工业初具规模,日资机械工业企业资本额达到1502万日元。1937—1942年即两次产业开发五年计划执行期间,机械工业得到很大的发展。特别是第一次产业开发五年计划,出于机械工业对于工矿业的基础地位的因素,多次调高机械工业计划指标,从1937年起投资剧增。1938年东北地区日资机械工业实收资本增至5989.8万日元,1939年增至17610.5万日元,1941年达到37360万日元。①

① A.B.Kinney, *Japanese Investment in Manchurian Manufacturing, Mining, Transportation and Communication*, 1931-1945, p.43;满史会编著:《满洲开发四十年史》下卷,东北沦陷十四年史辽宁编写组译,1987年版,第503页。

(一)伪“满洲国”时期日伪对机械工业的垄断

1940年,满铁、满业大型系统及三菱、三井等日本财团在伪“满洲国”投资办理的机械工业企业超过35家,遍布大连、奉天、长春、鞍山、抚顺、阜新等地。资本额在500万日元以上的机械企业,有“满洲计器株式会社”“满洲车辆株式会社”“满洲三菱机器株式会社”“满洲工厂会社”“满洲日立制作所”“满洲机械制造株式会社”“奉天制作所”“协和工业株式会社”“满洲通信机械株式会社”“满洲重机株式会社”等。它们生产机床等工具机,生产度量衡机械、电机工程设备、锅炉和发动机等重型机械,还生产桥梁材料、水管和煤气管、冷藏和送暖设备、滚珠轴承,以及广播器、电报和电话等通信机械设备。“满洲飞行机制造株式会社”和“奉天造兵所”较为特殊,前者制造飞机,后者由原奉系军阀的奉天兵工厂接收而来,生产枪炮及军工零配件。

1941年,日资机械工业企业的实收资本额达到3.7亿余日元,其所属资本系统分布如表2-5所示。

表2-5 伪“满洲国”日资机械工业企业实收资本及所属系统(1941年)

产品 \ 项目	企业数	实收资本(万日元)	资本系统
飞机	1	10000	满洲重工业开发株式会社(满业)
汽车	2	5050	满业
兵器	1	2500	三井、大仓、伪“满洲国”
铁道车辆、船舶	4	5630	南满洲铁道株式会社(满铁)、野村、日本车辆、大连财阀等
电气机器	10	4535	三菱、三井、日产、富士电气等

续表

项目 产品	企业数	实收资本 (万日元)	资本系统
机床	1	2000	满业
普通机械和其他机械	10	7645	满业、大连财阀、三菱、伪"满洲国"
总计	29	37360	

资料来源:满史会编著:《满洲开发四十年史》下卷,东北沦陷十四年史辽宁编写组译,1987年版,第503页。

1940年,为加强对伪"满洲国"机械工业的经营和统制,日本成立了满洲机械工业组合中央会,下设四个组合:满洲电气机械工业组合、满洲矿山用机械制造工业组合、满洲电气通信器制造工业组合和满洲化学机械制造工业组合。机械工业的大型制造厂被这四个组合全面控制。中型的机械制造企业另设全满机械工业组合联合会,也在满洲机械工业组合中央会统制之下。伪"满洲国"机械工业工厂数量和投资规模迅速增加的同时①,机械产品产值也在不断提高,1938年伪"满洲国"机械工业总产值达11亿日元,1939年增至21亿日元,1940年达到20.7亿日元。第二次产业开发五年计划和太平洋战争开始后,1942年机械工业总产值达到40.1亿日元,1943年增至54.7亿日元,1944年增至61.8亿日元。1944年的机械工业实收资本为8.7亿日元。② 伪"满洲国"机械工业产品产值,常占到全国的2/3以上,这既说明日本在中国东北

① 杜恂诚:《日本在旧中国的投资》,上海社会科学院出版社1986年版,第325页。

② 杜恂诚:《日本在旧中国的投资》,上海社会科学院出版社1986年版,第328页。对于所谓"关东州"即日占旅大租借地的机械工业产值,各年份数值中1938年和1940年未计入,1939年计入"关东州"产值4.7亿日元。

表 2-6　伪“满洲国”机械制造业工厂

项目 产品	厂名	厂址	工人数	主要产品	年产能力	单位	历年生产量			
							1941 年	1942 年	1943 年	1944 年
工作母机	满洲工作机械株式会社	沈阳	790 （1944 年）	车床 铣床 钻床	660（1941 年） 300（1941 年） 10(1945 年月产)	台	240 39 83	120 74 240	180 60 270	180 79 210
	满洲钢铁株式会社	沈阳	157 （1944 年）	铰刀 铣刀 钻头	30000 7500 486000 （1944 年）	把	2500 290 160000	5000 10000 265000	5000 10000 300000	10000 10500 330000
一般机械	满洲住友金属工业株式会社奉天厂（制钢及机械所）	沈阳	1818 （1944 年）	铸钢品 外轮压延轮芯 装配车轮 矿山机械	6000 24000 24000 5500 （1945 年）	吨	3180 6533 4935 1431	5500 4900 11400 4000	共 22084 2718	3720 4111 10059 1991
	株式会社满洲日立制作所	沈阳	1498 （1945 年）	铸铁零件 铸钢品 铸铁品 起重机	5980 840 1320 67 （1941 年）	台	1920 324 565 25	2021 501 503 7	2239 620 481 9	1607 780 330 153

续表

项目 产品	厂名	厂址	工人数	主要产品	年产能力	单位	历年生产量			
							1941年	1942年	1943年	1944年
一般机械	满洲三菱机器株式会社	沈阳	2630 （1943年）	电机品 发条 一般机械	1500 5000 3000 （1941年）	台 吨 吨	660 1200 2000	230 1900 2400	230 2600 2900	2500 7980
	株式会社大连机械制作所奉天支店	沈阳	476 （1944年）	小型蒸汽机车 铸铁直管 铸铁异型管 锅炉	4（1945年月产） 1800 1500 （1941年） 3（1945年月产）	辆 吨 吨 台	1700 600	1348 624	1440 1000	30 871 560
	满洲滚珠制造株式会社	瓦房店	1183 （1943年）	滚珠轴承 滚轴轴承 推行式滚珠轴承	600000 100000 70000 （1941年）	个	307000 12000 7000	431314 2571 10461	360808 48324 36726	891000 121000 83000
矿山机械	株式会社阜新制作所	阜新	486 （1943年）	木制炭车 铁制炭车 凿岩机 卷扬机 坑木台车 无盖货车	7000 1000 1000 20 1700 30 （1942年）	辆 辆 台 台 辆 辆	4978 486 624 4 1307 5	共3000 4 1110 5	共1437 1000 3	共6500 20

续表

项目 产品	厂名	厂址	工人数	主要产品	年产能力	单位	历年生产量			
							1941 年	1942 年	1943 年	1944 年
矿山机械	株式会社满洲三荣精机制作所	沈阳	77 （1944 年）	S49 型凿岩机 S30 型凿岩机	100 100 （1941 年）	台	40 40	—	—	—
	株式会社满山制作所	长春	135 （1943 年）	破碎机及零件 搬运铁及零件 运矿机及零件 熔矿炉 凿岩机	730 45 410 55 10 （1944 年）	吨	15	45 36 22	411 31 287 38 7	460 185 155
飞机	满洲飞行机制造株式会社	沈阳 公主岭 哈尔滨	3687 1800 4000 （1945 年）	高等练习机(金属) 高等练习机(木金) 八四重战斗机 九九战斗机 450 马力发动机	50 50 50 — 250 （1945 年）	架 架 架 架 台	共 2000 （1940—1942 年）		（未完成） 20 10 共 2000 （1943—1944 年）	

续表

项目 产品	厂名	厂址	工人数	主要产品	年产能力	单位	历年生产量			
							1941年	1942年	1943年	1944年
汽车	满洲自动车制造株式会社	沈阳	2000 (1945年)	汽车车体 汽车装配	7700 7400 (1941年)	辆	4327	6150 6000	—	—
		安东	400 (1945年)	汽车装配 汽车车体	10000 (1943年)	辆	3575	3500	—	—
农业机械	国际耕作工业株式会社	沈阳	205 (1945年)	洋犁 除草机 碎土机	共125000 (1945年)	台	3932 563 20	6139 11629 1017	6130 10532 5200	10000 10000 3000
自行车	株式会社满洲昌和制作所	沈阳	230 (1944年)	自行车车架 自行车车圈 自行车车把	36000 120000 50000 (1944年)	架 付 个	4200 2850 3600	25500 100000 27000	3000 12000 6000	2352 16333 2119

续表

项目/产品	厂名	厂址	工人数	主要产品	年产能力	单位	历年生产量			
							1941年	1942年	1943年	1944年
工具	株式会社满洲吴制砥所	苏家屯	127 （1944年）	砂轮	600 （1945年）	吨	216	288	288	284
	日满镕材工业株式会社	沈阳	200 （1944年）	电焊条 瓦斯焊条	1200 1200 （1945年）	吨	400 200	共380	共500	共600
	株式会社满洲测机舍	沈阳	42 （1945年）	经纬仪 水平仪	720 720 （1942年）	台	556 200	600 600	—	—

注：兵器类别的株式会社奉天造兵所略去。

资料来源：东北财经委员会调查统计处：《伪满时期东北经济统计（1931—1945）》，1949年印行，第62—64（2）页，第二十一表。

大力投资建设机械工业以支撑侵略战争,也反映了日本侵华战争对战前已经颇有发展的中国机械工业生产的严重损毁和破坏。苏军占领东北期间拆走的机械工业设备约 1.6 亿美元,占原有产能 68%—80%。

至 1945 年,伪"满洲国"机械工厂的情况见表 2-6。

表 2-6 中 18 家公司 20 个较具规模的机器制造业工厂,包括工作母机、一般机械、矿山机械、农业机械、飞机、汽车、自行车和工具等类别,剔除兵器工业类的"奉天造兵所",不包括火车车辆修造厂。其中 13 家工厂集中于沈阳一地,沈阳成为伪"满洲国"机器工业中心。20 厂有工人近 2 万人,1941—1943 年是年产量的高峰期。

(二)关内沦陷区内日伪对机械工业的统制与掠夺

机械工业是近代新式工业中的重要行业。战前 1936 年中国关内地区有较大规模的机械工厂 753 家,资本总额 1342.7 万元,工人 2.7 万人,年产值 1571 万元。如计入东北地区,战前全国应有机械工厂 800 家以上。地区分布仍沿袭近代产业集中于沿海沿江商埠的格局。上海作为全国工业的中心,机械工厂数占到全国总数的 1/3,资本额则占总额的近 1/2。其他如华北的天津、华中的武汉和华南的广州,也成为地区性的机械工业中心。①

1. 战争损毁

关内华北、华中、华南沦陷区沿海沿江,是战前中国新式工矿业最为发达的富庶地区,战火连天中机械工业遭受重大损毁,上海及周边的华资工厂有 52% 遭到破坏,南京、无锡等地工厂被损毁

① 徐建生:《抗战前中国机械工业的发展与萎缩》,《中国经济史研究》2008 年第 4 期。

程度高达64%—80%,抗战结束时估计的工业类损失4.40亿元中,就包括了机械工业的损失。[①] 据国民党政府经济部1937年7月至1945年8月统计数字,战时关内直接损失中,翻砂业12268600元、五金业96952600元、机器厂141059800元,总计机械工业直接损失250281000元。[②]

战争损失以上海较为典型。战前上海一地有机器厂、翻砂厂等248家,约占全国同类工厂的33%,资本共计350余万元,约占全国总额的44.7%。其中比较规模大者有20余家,可以制造引擎、纺织机、卷烟机、榨油机、针织机、轧米机、织绸机、印刷机、制粉机、缫丝机与其他机器零件等。大半均在沪东虹口一带,次为闸北,南市,1937年“八一三事变”中遭受严重损失。金城银行当时进行调查,显示出各厂遭受战时破坏的概况:新中厂全部被毁,损失约9万元;中新厂亦已被毁,损失约数万元;新辰厂除2/3搬迁至武汉外,其余损失亦达6万元,明锠厂八月间即被焚,机器钢铁原料等损失约10万元。其余全数被毁者尚有中国冶铁厂及广兴机器厂,损失各约7万元。万兴盛厂已被搬运一空,损失约12万元;培昌厂亦被炸毁,损失约11万元;公勤厂损失约28万元,且被日方的中山钢业厂强占。中央机器厂事先曾撤走一部分,其余均已被毁。明精厂亦搬出2/3,损失约3万元。华通机器厂则已全毁,损失在10万元以上。同顺兴厂机器原料损失约5万元。华泰厂机器原料损失约1万元。镐昌翻砂厂虽将存货搬出,唯厂屋被

① 韩启桐:《中国对日战事损失之估计(1937—1943)》,中央研究院社会科学研究所1946年印行,第32—34页。

② 经济部统计处编:《战区工厂损失调查》(1939.3)、《战时经济事业财产损失统计》之附表1《战时工业直接损失估价表》,分别见《国民政府档案中有关抗日战争时期人口伤亡和财产损失资料选编》,中共党史出版社2014年版,第1册第448—449页、第2册第607—608页。

毁,估计损失达2万至3万元。中华铁工厂则于中国军队撤退之前,大部已经迁出,厂屋虽已被毁,损失尚轻。万昌厂虽在战区,幸未损失。安泰厂则已迁至租界。综合以上各厂之损失,已在一百四五十万元以上。①

常州在战前有机械厂16家,战时也多有损失。全部被烧毁的有骏远铁工厂,全被日军搬走的有荣昌铁工厂、新成铁工厂,部分损失的有华生机器厂、工务铁工厂、大生铁工厂、万成铁工厂等。其他如青岛、山西、山东等地因原有的机械修造业比重轻,所以该业的损失总量要低于棉纺织业。唯有天津一地,因没有战事,工厂的直接损失不大,但一些重要的机械厂在“七七事变”前后就被置于日资控制之下。②

2. 日资工厂

日军在关内对机械工业是武力掠夺与投资建厂并举。就机械工业而言,日军的五种掠夺方式中又以两种手段为主:第一种是“军管理”,在山西省集中实施,计有8家工厂:西北铁工厂、育才炼钢机器厂(现名“军管理第十厂”)、西北机械厂、西北机车厂、西北农工器具厂、西北铸造厂和西北汽车修理厂(现名“军管理第十二厂”),8厂的资本总额达455.2万日元;第二种是“委任经营”,就是将华商工厂无偿地以合办之名交由日商经营,主要在上海及其他地方实施。如上海有5家:合兴铁厂委任“中山钢业厂”经营,顺华铁工厂委任“田中铁所第二厂”经营,慎记公顺翻砂厂委任“上海铁工组合”经营,周锠正记铁工厂委任“杉木商会”经营,大新铁厂委任“大钢铁管制造”经营。北平有永增铁工厂委任“日本

① 《沦陷区之翻砂机器业》,《资源委员会月刊》1941年第3卷第2—3期合刊。

② 《沦陷区之翻砂机器业》,《钢铁界季刊》1942年第1卷第2期。

工业会社"经营。收买手段也有,日商以极廉价格收买经营的,上海有2家:"小浦洋行铁工部"收买张锡记铁工厂,"公利公司"收买华商的公利公司,北平有"兴中公司"收买升昌忠记行。委任经营和收买的9家机械厂,资本总额为157.9万日元(见表2-7)。①

表2-7　关内沦陷区日本军管理、委任经营和收买的机械制造厂(1937—1942年)

项目 / 厂别	厂址	资本(万日元)	产品	类型
西北铁工厂	太原	112.7	锥、井户管	军管理
育才炼钢机器厂(军管理第十厂)	太原	24.7	—	军管理
西北机械厂	太原	—	瓦斯灯、车台、书机	军管理
西北机车厂	太原	132	—	军管理
西北农工器具厂	太原	68.4	卡尺、对水车、锭子	军管理
西北铸造厂	太原	41.8	磨粉机、吸上帮浦排除机	军管理
西北水压机厂	太原	47.6	水压机、风扇、电动机	军管理
西北汽车修理厂(军管理第十二厂)	太原	28	—	军管理
中山钢业厂	上海	100	铁工	委任经营合兴铁厂

① 《沦陷区之翻砂机器业》,《资源委员会月刊》1941年第3卷第2—3期合刊。

续表

项目 厂别	厂址	资本 (万日元)	产品	类型
田中铁所第二厂	上海	5.5	纺织工作机	委任经营顺华铁工厂
上海铁工组合	上海	—	—	委任经营慎记公顺翻砂厂
杉木商会	上海	5	铁管	委任经营周锠正记铁工厂
大钢铁管制造厂	上海	10	铸件、铁工	委任经营大新铁厂
日本工业会社	北平	25	—	委任经营永增铁工厂
小浦洋行铁工部	上海	3	机械	收买张锡记铁工厂
公利公司	上海	0.8	铸件	收买公利公司
兴中公司	北平	17.6	—	收买升昌忠记行
总计		622.1	—	—

资料来源:《沦陷区之翻砂机器业》,《资源委员会月刊》1941 年第 3 卷第 2—3 期合刊。

日资在战时在关内沦陷区新设的大型机械厂有 5 家:“中山钢业厂”,该厂以接办上海合兴铁厂为基础,又在上海设第二分厂,在天津设第一分厂;“大达交通器材株式会社”,该企业为东京的“小系制作”“天津三昌洋行”及“住友会社”合资设立;“进和天津铁工厂”,总公司设在大连,在天津收买原“清喜洋行”的骨粉工所开设;“满洲轧辊厂”天津分厂,总厂在鞍山,厂址在“昭和制钢”内(现鞍钢);“华北机械工业株式会社”,1934 年设立的“甲斐铁工所”至 1939 年改组为“兴亚铁工株式会社”,1944 年与“住友机械工业公司""华北开发公司"合作，成立"华北机械工业株式会社"，资本1200万日元。①

由日本私营资本开办的机械修造厂，在上海有9家："祥昌洋行""明华铁工厂"（有一、二2厂）、"吴顺兴铁工厂""粹丰机器厂""亚细亚钢业厂""公兴铁厂""大东洋行""大东机器翻砂厂"等。在天津有14家："昌河洋行工厂""安原铁工所""西山铁工所""天津钢业工厂""天津制铁工厂""东和工厂""恒升机器工厂""鸿发铁工厂""义昌洋行""小松洋行""得利兴""三井铁工厂""中岛机器行"和"天津机器工厂"。在青岛有10家："梅泽商会铁工所""胶东铁工厂""田中铁工所""日轮公司""甲整铁工厂""松山铁工厂""原田铁工所""市河铁工所""昭和铁工所"及"铃木铁工所"。资本总额约100万日元。

关内沦陷区日资设立机械制造厂见表2-8。

表2-8　关内沦陷区日资设立机械制造厂（1937—1942年）

项目 厂别	厂址	资本（万日元）	产品
中山钢业厂（一）	上海	—	压缩屑铁、铁板
祥昌洋行	上海	—	机器零件
明华铁工厂（一）	上海	0.2	纺织机
吴顺兴铁工厂	上海	2	铁工
明华铁工厂（二）	上海	0.2	修理机械
粹丰机器厂	上海	—	纺织机附件
亚细亚钢业厂	上海	100	铁板、铁线
公兴铁厂	上海	20	铁工

① 居之芬主编：《日本对华北经济的掠夺和统制——华北沦陷区资料选编》，北京出版社1995年版，第186、680—681页。

续表

厂别 \ 项目	厂址	资本（万日元）	产品
大东洋行	上海	1	铁工铸物
大东机器翻砂厂	上海	2	铸物
大达交通器材会社	上海	5000	车辆及零件，线路用品
进和天津铁工厂	上海	500	铁线、洋钉
满洲轧辊厂天津分厂	上海	500	制胶、制线、制粉、纺织等机器
昌河洋行工厂	上海	—	车体及零件
安源铁工所	上海	—	纺织机车零件
西山铁工所	上海	—	铁钉等
华北机械工业株式会社	天津	1200	步枪，卷扬机、搬运机、破碎机
中山钢业厂	天津	100	—
天津钢业厂	天津	100	—
天津机器厂	天津	0.7	机器及装设水管
天津制铁厂	天津	300	—
东和工厂	—	—	—
恒升机器工厂	天津	30	—
鸿发铁工厂	天津	25	—
义昌洋行	天津	20	—
中岛机器行	天津	1	机器及装设水管
得利兴	天津	100	—
小松洋行	—	—	—
三井铁工厂	天津	3	一般机器
梅泽铁工所	青岛	3	一般机器
胶东铁工厂	青岛	3	一般机器及修理
田中铁工所	青岛	2	—

续表

厂别＼项目	厂址	资本（万日元）	产品
日轮公司	青岛	—	—
甲整铁工所	青岛	—	纺织及其他机械
松山铁工所	青岛	—	纺织及其他机械
原田铁工所	青岛	—	油房机械
市河铁工所	青岛	—	纺织机械
昭和铁工所	青岛	—	纺织机械
铃木铁工所	青岛	—	纺织机械
40厂中已知24厂资本总计	—	8013.1	—

注:华北机械工业株式会社,系由1939年的兴亚铁工株式会社,至1944年与住友机械工业公司、华北开发公司合作改组成立。

资料来源:《沦陷区之翻砂机器业》,《资源委员会月刊》1941年第3卷第2—3期合刊。又见于《钢铁界季刊》1942年第1卷第2期;居之芬主编:《日本对华北经济的掠夺和统制——华北沦陷区资料选编》,北京出版社1995年版,第680—683页。

据统计,日本在关内沦陷区的五金机器业的大中型工厂,总公司驻日本、中国台湾和朝鲜的有22家,资本额24783万日元,总公司驻中国大陆的有81家,资本额11510万日元。台湾地区的机械器具公司,由1938年的38家增至1945年的84家,同期实收资本由396.9万日元增至1673.4万日元,产值从1933年的558.5万日元,增加到1942年的3241.1万日元。

3. 华商工厂

战时上海的华商机械工业。1937年“八一三事变”中,分布在虹口、闸北、南市和沪西的铸造机械工厂损失惨重,沪市登记工厂5255家,遭受损毁者达4998家,占到95%,就包括了其中248家机械工厂所受损失。

随着战事向内地转移,机器工业在1941年前“孤岛”时期很快恢复并得到迅速发展。一个环节,人口和资金的集聚导致对工业产品需求剧增;另一个环节,工业制品厂急需机器设备,环环相扣的需求供应链使上海成为战时关内集中供货地,海外订购价高迟缓,“因此原订外机者,改向国产机厂订购。于是机器营业发达,各厂工作,莫不紧张,日夜开工赶造,以应付工厂之需要”。① 上海租界由于地位特殊,其中的机械工厂有412家,迁入恢复生产的有204家,陆续修复开业的有48家,原有工厂复工的有120家。租界内的机械工厂迅速达到七八百家。

大隆机器厂原为业内翘楚,此时借美商名义改名为泰利制造机器有限公司,1939—1941年年初,制造和销售整套棉纺机器达42000锭,还产销大量不成套的各种纺织机器。② 又如中华铁工厂,除一部分迁到柳州外,余部在巨福路租地复工;明精厂在大沽路复工;中央机器厂的余部迁至派克路复工;明错厂改设为铭锡、达华两厂在派克路复工;环球厂在槟榔路开工;沪西一带,小厂林立。算上生产五金、制罐、制钉和钢精器皿者在内,全上海1938年开设大小铁工机械厂1057家,1939年开设340家。③

1943年上半年上海机械厂业同业公会统计,加入该公会的机械工厂有1550余家,下半年因打铁业、五金厂号业另组公会,机械厂业同业公会会员厂为813家。813家工厂的资本规模,资本200

① 四行调查部:《1940年度之机器业概况》,中国人民银行上海分行档案,见杜恂诚主编:《中国近代经济史概论》,上海财经大学出版社2011年版,第135页。

② 中国科学院上海经济研究所等:《大隆机器厂的发生发展和改造》,上海人民出版社1958年版,第65—66页。

③ 《沦陷区之翻砂机器业》,《资源委员会月刊》1941年第3卷第2—3期合刊。

万元以上者 29 家,100 万—200 万元者 47 家,50 万—100 万元者 67 家,20 万—50 万元者 151 家,20 万元以下者 519 家。资本 50 万元以上的工厂有 143 家,总额 20314.6 万元,占 813 家登记工厂总额的 60%。由于物价上涨,资本规模大的工厂如合利工具机械厂有资本 1000 万元,其实际生产规模比战前资本 50 万元的大隆、公勤厂要小很多。与在沪的日资“大陆重工业株式会社”(资本 600 万日元)、“上海工业会社”(200 万日元)和“日本机械制作所”(300 万日元),更是无法望其项背。

战时上海较具规模的 143 家华商机械工厂,采取公司组织的 46 家,其他采取合资、独资等形式。工厂主要分布在沪西、虹口、第 1 区内和法租界,南市很少。规模较大的工厂配有铣床、磨床等设备,全市有磨床 172 架。小厂有车床、刨床、钻床和马达等设备,更多的小厂只能视为小作坊。华商机械厂生产原料仰给于英美德日等国,1941 年年底太平洋战争爆发后难以为继。华商厂所用电力仰赖于上海电力公司。较之日本军管理的江南造船厂等工厂,在生产上则瞠乎其后了。①

华北地区的机器业有不少为日军所掠夺,或为日商收买,其幸存于华商之手者,尚能勉强开工。这些在战时开工的机械厂,天津有美利钢桶厂、明权铁工厂、恒大铁工厂、德利兴机器厂;北平有崔记铁工厂、海京机械厂;青岛有利生铁厂、复记铁厂、德顺铁厂、东益铁厂、金城铁厂、国泰铁厂;济南有陆大铁厂;潍县有华丰铁厂、普鲁铁厂、同盛铁厂和天丰铁厂。17 家机械工厂的资本总额为 103.4 万日元(见表 2-9)。

---

① 李嘉音:《上海之制造机械工业》,《中国工业》1944 年第 2 卷第 7、8 期合刊。

表 2-9 关内沦陷区华北地区华商机械制造厂(1937—1942 年)

厂别＼项目	厂址	资本(万日元)	产品
美利钢桶厂	天津	3	
明权铁工厂	天津	15	仅修理业务
恒大铁工厂	天津	10	制造一般机械
德利兴机器厂	天津	1	旋盘印刷机
崔记铁工厂	北平	25	修理引擎、制造零件
海京机械厂	北平	15	修理引擎、制造零件
利生铁厂	青岛	3	—
复记铁厂	青岛	1	一般机械
德顺铁厂	青岛	2.4	火柴机械
东益铁厂	青岛	2	一般机械
金城铁厂	青岛	1	—
国泰铁厂	青岛	2	—
陆大铁厂	济南	2	—
华丰铁厂	潍县	12	织布机
普鲁铁厂	潍县	3	各种机械
同盛铁厂	潍县	3	各种机械
天丰铁厂	潍县	3	各种机械
总计	—	103.4	—

资料来源:《沦陷区之翻砂机器业》,《钢铁界季刊》1942 年第 1 卷第 2 期。

1943 年 12 月的一份调查,有助于了解华北沦陷区北平、天津和青岛机械工厂的概况。

表 2-10　华北沦陷区主要机械工厂概况（1943 年）

项目 厂别	厂址	技术人员（日人）	员工（华人）	机械（台）	产品
小系重机工厂	北平	12	400	120	压缩机、卷土机、唧筒、炭车
今材制作所	北平	4	120	30	制铁机械、矿业机械
久保田铁工厂	北平	12	500	34	铸铁管、工作机械等
横山制作所	北平	2	170	15	铸铁异型管等
北京锻造	北平	5	200	40	送风机、唧筒
钟渊工业会社	北平	5	200	100	船用机械、工作机械
中华铁工厂	北平	4	160	50	暖房用机器
北京铸造	北平	2	100	15	铸铁管、异型管
川住铁工厂	北平	4	40	12	机械修理
中兴工业	北平	2	60	15	专用工厂
松安铁工厂	北平	3	45	16	可锻炼铁制品
浅香铁工厂	北平	3	60	23	钢铁丝等
大津精机工厂	北平	2	50	30	工具类
与其他小工厂总计	北平	60	2499	664	—
华北机械工业株式会社	天津	20	760	200	卷土机、送风机、压缩机、运搬机
恒升机械工厂	天津	10	570	170	兵器、农器具

续表

项目 厂别	厂址	技术人员（日人）	员工（华人）	机械（台）	产品
北支重机株式会社	天津	10	200	90	电动机、变压器
谦宝铁厂	天津	6	38	5	压缩机、粉碎机、木工机械
华北自动车株式会社	天津	10	240	300	自行车零件
昌和工厂	天津	10	600	320	自行车
东和工厂	天津	4	100	45	工作机械
安宝精机工厂	天津	5	200	53	工作机械、唧筒、衡器
大信工厂	天津	5	150	40	唧筒、炭车
石丸制作所	天津	6	170	65	兵器
大中工厂	天津	4	200	40	兵器、炭车
中山钢业所	天津	10	700	240	制铁、压延、铁丝、铸钢
山本制钢所	天津	10	100	20	压延
与其他小工厂总计	天津	110	5370	2013	—
丰田式铁厂	青岛	30	650	350	可炼铸铁品、车辆零件、运搬机械
东亚重工业	青岛	28	700	140	唧筒、工作机械、化学机械
青岛工厂	青岛	15	700	90	造船机械、舰船修理
与其他小工厂总计	青岛	73	3068	844	—

续表

项目 厂别	厂址	技术人员（日人）	员工（华人）	机械（台）	产品
总计		243	10937	3521	

资料来源:郑会欣:《战前及沦陷期间华北经济调查》,天津古籍出版社 2010 年版,第 398—399 页。

由表 2-10 可见,平津和山东地区的机械工厂,已经完全被日资以中日合办、委任经营和收买等方式控制,沦为日本帝国主义"以战养战"战略的产物,成为其掠夺沦陷区资源的牺牲品。

日军对机械工业实行严厉的统制措施,压制了沦陷区华商厂的发展。以无锡调查情况为例,战前机械工厂有数十家,沦陷后日军拟将本地五金铁厂全部以中日合办、委任经营等方式加以统制,当地业者以将工厂售卖相抵制,后统制因行业不振而作罢。无锡华商经营机械工厂,向上海采购货物须托日商轮船公司并缴纳"运动费",由它向上海日商洋行转领"采办证"。产品销往周边乡邻,须由日军特务机关无锡班发给"搬出证",而日军在水陆要道都设有哨兵稽查。① 关内沦陷区除上海"孤岛"畸形繁荣外,华商机械工业的生存发展处处受制于日军的侵夺和日资的压迫。

二、电力和电机、电器工业

东北地区和台湾地区电力工业的发展变化与被掠夺。东北地区自日俄战争后就陷于日军的大力渗透和多年经营,1907 年成立的"南满洲铁道株式会社"(以下简称"满铁")兼营东北南部的电力事业。1926 年成立"南满洲电气株式会社",接管了"满铁"经

① 《沦陷区之翻砂机器业》,《钢铁界季刊》1942 年第 1 卷第 2 期。

营的大部分东北南部电力事业。到"九一八事变"前的1929年,东北地区约有电厂67家,发电设备17万多千瓦。其中,日资电厂15家,12万多千瓦,占71.4%,华资42家,3.6万千瓦,占21.3%。1931年东北地区发电设备容量约为22万千瓦。

(一)伪"满洲国"时期日伪对电力电机电器工业的垄断和扩张

长春、吉林、安东、黑龙江等5家电灯厂和哈尔滨电业局,与日资的东北南部、东北北部和营口3个电气株式会社强制予以合并,组成"满洲电业株式会社"(以下简称"满电")。到1937年,"满电"收买和吞并电厂达68家,统制了除日资企业自备电厂外的东北地区电力事业。1936年东北地区发电设备为41.2万千瓦。

1937年至1941年,日伪对东北电力事业进行大建设和大掠夺。日军在满洲实行第一次产业开发五年计划,重点进行较大规模的电力建设。动工建设水丰、丰满、镜泊湖等水电站,阜新、抚顺等大型火电站与其他火电站,全部或部分投入运行,电力工业有了较大的发展。电力建设采取了"水主火从"的方针,大力兴建水电站、建设一系列区域性矿区火电站;建设大电力网,统一周波、电压,实行发电、变电、送电和配电的"一元经营独占托拉斯政策",实现对东北电力的垄断控制。1941年,发电设备容量达到110.8万千瓦(其中新增容量为69.6万千瓦),比1936年增加了1.7倍,年均递增22%。①

1942—1945年,日军在电力事业发展上进入挣扎时期。原定

① 据《南满洲电气株式会社沿革史》第7页表,国民政府东北电力总局编:《东北电业总局概况》第3页表,伪满和国民党东北电业总局的档案,国民政府东北电力总局编:《东北电业总局概况》,均见李代耕编:《中国电力工业发展史料》,水利电力出版社1983年版,第118—120页。

实行的第二次产业开发五年计划，将达到设备容量250万千瓦目标。由于日本侵略军在中国关内陷入胶着战势，在太平洋战争中逐步失利，服务于全面战争的东北工业负担沉重，电厂疲于维持生产、电业建设规模被迫压缩。到1945年日本投降前，第二次产业开发五年计划实施3年，发电设备容量为178.2万千瓦左右，比1941年增加容量67.4万千瓦，增加了60.5%，年均递增8.5%。

1945年日本投降时，垄断控制东北电力工业的企业“满电”资金为1280万股，每股50元，合6.4亿元（伪币）。“满电”还向有关9个企业投资1.2亿元。其中以日本政府直接投资占6%，日本资本家投资占37%，以伪满政府名义投资占56%，中国人投资占1%。“满电”1945年3月共有正式职工16539人，高级管理人员与技术人员以日本人为主。

1937年至1945年全面抗日战争时期的8年间（以1936年数据为起点），东北地区发电设备增长了3倍多，年平均增长率18.6%；发电量增加了1.6倍，年平均增长率为12.7%，东北地区1936—1945年电力事业变化见表2-11。

表2-11　东北地区发电设备容量和发电量变化（1936—1945年）

项目 年份	发电设备			发电量			备注
	容量（万千瓦）	指数（%）	比上一时期增加（%）	电量（亿度）	指数（%）	比上一时期增加（%）	
1936	41.2	100	—	13.5	100	—	—
1941	110.8	270	170.0	35.2	261	161.0	—
1945	178.2	435	60.5	44.8	332	27.0	发电量为1944年4月至1945年3月

资料来源：李代耕编：《中国电力工业发展史料》，水利电力出版社1983年版，第135页。

1945年东北地区电力工业的规模见表2-12。

表2-12 东北地区电力工业的规模(1945年)

发电设备:万千瓦		变电设备:千伏安	送电设备							配电线路:公里
水电	火电		线路:公里				支持物:基			
			220千伏	110、154千伏	66千伏	11—44千伏	铁塔、铁柱	混凝土	木杆	
61.9	116.26	392.1	903	1616	2501	5980	13234	1998	92883	约15000
178.16			约11000				108115			

资料来源:东北物资调节委员会研究组编:《东北经济小丛书·电力》,第23、92、93页,见李代耕编:《中国电力工业发展史料》,水利电力出版社1983年版,第134—135页。

东北地区发电厂1945年有1000千瓦以上公用电厂37家,其中水电站3座,火电站34座。5万千瓦以上电站有水丰、丰满、阜新、抚顺、甘井子和本溪6座,容量共有118.2万千瓦,占东北全部火力发电设备178.16万千瓦的66.5%,是当时东北主要电力来源。

伪满时期东北殖民地经济性质,决定了电力工业为殖民统治和侵略战争服务,电力主要用于工矿业生产。1944年4月至1945年3月,耗电量为34.83亿度,其中工矿动力用电量占88.6%,家庭用电仅占11.4%。工业生产用电方面,又以重工业耗电量所占比重最大,工业耗电总量为27.5亿度,其中重工业(采矿、冶金、化学、机械、水泥等)用电22.53亿度,占工业耗电量的81.92%,轻工业用电1.08亿度,占4.2%。在用电的区域分布上,以工业建设集中的南部地区为重,占78.5%,中部占14.1%,东北部占6%,西部占1.4%。①

① 李代耕编:《中国电力工业发展史料》,水利电力出版社1983年版,第137—138页。

1945年抗日战争胜利后，东北电力设备被苏军大量拆走，已投入运行的设备被拆走97.3万千瓦，未安装设备被拆走35.6万千瓦，总计132.9万千瓦。加之日军撤退时和战争中又毁坏一部分设备，残余设备仅约60万千瓦。东北内战时期，电力工业勉强维持，1949年年底全部发电设备容量为68万千瓦。① 苏军拆走电力设备概况如表2-13所示。

表2-13 东北解放后苏军拆走电力设备概况（1945年）

（单位：万千瓦）

电厂别 发电能力	已投入运行的电厂设备						未安装的发电设备			
	大连甘井子电厂	阜新电厂	抚顺电厂	本溪电厂	水丰电厂（中朝共有）	丰满电厂	阜新	丰满	鸡西	佳木斯
万千瓦	5	16	21	4.3	30	21	10.6	21	1.5	2.5
总计	97.3						35.6			

资料来源：新中国东北电管局接管的伪满和国民党东北电业总局的档案，见李代耕编：《中国电力工业发展史料》，水利电力出版社1983年版，第123页。

抗日战争时期，台湾地区的电力事业主要由“台湾电力株式会社”经营，该公司由日本资本家投资3亿日元组成。至1945年，台湾有发电厂34家，装置发电设备容量约32万千瓦。依然是“水主火从”的格局，水力发电所26处，发电容量共约27万千瓦，“日月潭第一发电所”（10万千瓦）及“日月潭第二发电所”（1.35万千瓦）为最大，这些水电建设工程于1934年完成；火力发电所8处，发电容量共约5万千瓦，“北部火力发电所”3.5万千瓦为最大。各电厂概况见表2-14。

① 据新中国东北电管局接管的伪满和国民党东北电业总局的档案，据新中国水利电力部编：《水利电力建设十年》，见李代耕编：《中国电力工业发展史料》，水利电力出版社1983年版，第121—122页。

表 2-14　台湾各地电厂概况(1945 年)

地区	发电所	发电容量(千瓦) 原装置	发电容量(千瓦) 实存	有效落差(米)	备注
北中系	三角埔	500	500	20.48	水力
	北部	35000	20000	—	火力
	松山	5500	3000	—	—
	小粗坑	4400	3400	22.60	水力
	新龟山	13000	13000	54.04	水力
	乌来	22500	—	91.80	水力,未完成
	南势	20000	—	137.00	水力,未完成
	天送埤	8600	—	39.39	水力,未完成,台风损坏
	园山	16300	6000	70.50	水力,未完成,台风损坏
	软桥	200	—	8.34	水力
	南庄	10	10	5.10	水力
	明治	71000	—	173.00	水力,未完成
	天定	71000	—	173.00	水力,未完成
	丰原第一	51200	—	105.00	水力,未完成
	合理第二	750	—	16.80	水力,未完成
	合理第一	950	950	39.40	水力
	社察角	900	600	27.20	水力
	武界	64	64	—	水力
	北山坑	1800	1800	52.40	水力

续表

地区＼项目	发电所	发电容量(千瓦)		有效落差(米)	备注
		原装置	实存		
日月潭系	万大	15200	5000	276.13	水力,台风损坏
	雾社第一	20000	—	107.70	水力,未完成
	日月潭第一	100000	54000	304.85	水力,炸坏
	日月潭第二	13500	0	123.64	水力,炸坏
	浊水	1500	1100	15.45	水力
南部系	高雄第二	13000	8500	—	火力
	竹仔门	1950	1500	22.70	水力
	土境湾	3100	1400	31.60	水力
	恒春	160	—	—	火力
	澎湖	300	300	—	火力
东部系	立雾第一	15100	0	118.30	水力,台风损坏
	立雾第二	15100	—	118.30	水力,台风损坏
	砂婆石当第一	200	0	110.00	水力,台风损坏
	砂婆石当第二	400	0	166.60	水力,台风损坏
	初音	1600	0	19.50	水力,台风损坏
	铜门	24000	0	172.00	水力,台风损坏
	清水第二	5000	0	125.30	水力,台风损坏
	清水第一	7000	5000	404.00	水力
	泷见第一	12000	—	429.00	水力,未完成
	溪口	1800	0	39.40	水力,炸坏

续表

地区 \ 项目	发电所	发电容量(千瓦)		有效落差(米)	备注
		原装置	实存		
东南系	富里	10	10	—	火力
	新港	30	30	—	火力
	关山	35	35	3.64	水力
	太巴六九	200	200	41.67	水力
	台东	210	160	—	火力
	大南	800	25	15.20	水力,台风损坏

注:装置发电量共计已完成321769千瓦,未完成284350千瓦,总计606119千瓦。

资料来源:朱大经:《十年来之电力事业》,见谭熙鸿主编:《十年来之中国经济》,中华书局1948年版,第J32—34页。

随着抗日战争进入相持阶段,中日两国越来越倚重的工业体系的强弱也通过电力工业的消长反映出来。在伪“满洲国”和关内沦陷区,特别是1931年就陷于敌手的东北地区,日本视为进一步全面侵华的基地而大力发展重化工业包括军事工业,于是电力工业的发展成为重中之重。抗战时期,东北地区的发电量年平均增长率为17.8%。相比之下,在国民党统治区大后方,仓促构成的战时工业体系与薄弱的电力供应相互制约。抗战期间,经过国民党政府的重视和建设,发电度数由1936年的5992万度增至1945年的近19670万度,年平均增长率为11%。

(二)关内沦陷区内日伪对电力电机电器工业的统制与掠夺

日本侵略者在沦陷区内,将各地的电力工业划为大规模营业的种类,在东北设立“满洲电业株式会社”以垄断控制东北的电力工业,在华北设立“华北开发株式会社”以控制平津一带的电厂,在华中设立“华中水电株式会社”以控制华中和江南的电厂。以军管理、委任经营和收买等方式，对原有电厂的资产设备，国营厂予以没收，民营厂任意估价并强行投资、兼并吞并。

1. 电力工业损失

华北和华中地区，在1937年后相继沦入日本侵略者之手。据国民党政府经济部1945年10月调查报告，反映日本侵华导致国内沦陷区电力工业损失。

表2-15　日本全面侵华战争致中国电力工业公司工厂遭受损失一览表

（单位：1937年法币元）

项目 厂别	厂址	损失概数	项目 厂别	厂址	损失概数
大照电气公司	江苏丹徒	905000	耀远电气公司	安徽合肥	59000
肇明电灯公司	江苏丹阳	68000	明远电气公司	安徽芜湖	1035000
义利电气公司	江苏金坛	50000	宜城电气公司	安徽宜城	25000
振享电气公司	江苏溧阳	96000	耀淮电气公司	安徽凤阳、蚌埠	319000
华商电气公司	上海市	6547000	硖石电灯公司	浙江海宁、硖石	102000
浦东电气公司	上海市	1000000	永明电灯公司	浙江嘉兴	200000
闸北水电公司	上海市	5711000	昌耀电灯公司	浙江嘉善	67000
松江电气公司	江苏松江	158000	海盐电灯公司	浙江海盐	30000
珠浦电灯厂	江苏青浦	118000	明华电灯公司	浙江平湖	120000

续表

项目 厂别	厂址	损失概数	项目 厂别	厂址	损失概数
生明电气公司	江苏嘉定南湖	100000	浔震电灯公司	浙江吴兴、南浔	143000
耀娄电气公司	江苏太仓	75000	吴兴电灯公司	浙江吴兴	450000
华兴永记电灯厂	江苏嘉定	44000	长明电灯公司	浙江长兴	74000
苏州电气公司	江苏吴县	2640000	永安电气公司	浙江萧山	84000
泰记电气公司	江苏昆山	123000	杭州电气公司	浙江杭县	6780000
常熟电气公司	江苏常熟	369000	太原电灯公司	山西阳曲	1191000
戚墅堰电厂	江苏武进	3164000	魏榆电气公司	山西榆次	122000
武进电气公司	江苏武进	645000	太谷电灯公司	山西太谷	105000
耀宜电气公司	江苏宜兴	50000	济南电气公司	山东历城	1233000
明华电灯公司	江苏江阴	140000	周村电气公司	山东长山	140000
通明电气公司	江苏南通	202000	泰安电灯公司	山东泰安	55000
大生港电厂	江苏南通大生港	1300000	济宁电灯公司	山东济宁	310000
耀如电气公司	江苏如皋	116000	临淮关电厂	安徽临淮关	100000
振扬电气公司	江苏江都	495000	启新唐山电力厂	河北滦县	150000

续表

项目 厂别	厂址	损失概数	项目 厂别	厂址	损失概数
耀华电气公司	江苏铜山	331000	保定电灯电力公司	河北清苑	308000
首都电厂	南京	5390000	中国内地电灯公司	河北获鹿、石家庄	220000
淮阴电厂	江苏淮阴	70000	总计		43329000

资料来源:据国民党政府经济部1945年10月调查报告编制,见于彤:《抗战时期中国工业损失状况部分统计》,《历史档案》1990年第2期。

由表2-15可见,表中51家电力工业公司和工厂直接损失43329000法币元,也当以大概数值看待。其中损失严重、超过100万法币元的电厂11家,也是沦陷区原来的本国电力工业的支柱企业,有上海的华商电气公司、浦东电气公司、闸北水电公司,江苏的苏州电气公司、戚墅堰电厂、大生港电厂,南京的首都电厂,安徽的明远电气公司,浙江的杭州电气公司,山西的太原电灯公司和山东的济南电气公司。

2. 日伪统制与掠夺

日军对侵占华北蓄谋已久,1935年,由“南满铁道株式会社经济调查委员会”下设的“中国电气事业调查委员会”,就提出了《华北电气事业调查报告》,对华北地区公用电厂、自营电厂和外资电厂以及各家电厂的人员机构、资本设备、生产经营乃至厂址平面图,都做了详尽的调查。该调查报告提出了发送电计划的建议:“把山海关、秦皇岛、唐山、塘沽地区作为一个送电系统,在唐山建火电厂,用开滦煤田的劣质煤发电供给各地区,将来计划开发滦河水力。北京、天津作为一个电力系统,以门头沟的无烟煤或斋堂煤供给北京的火电厂,将来计划开发永定河水力。青岛、博山、淄川、济南作为一个电力系统,在博山建立火电厂,燃用淄川煤田劣质煤”。① 从几十年后中国华北地区电力工业的发展来看,京津唐电网、石家庄电网、鲁中电网的规划布局和建设,基本上与之契合。由此可见日本侵略者情报调查之精密与侵占计划之长远。

日伪当局对华北和华中电力工业采取的政策有所分别。将华北视为以经营为主的地区,经营是为了持续性的掠夺。经营就有建设性投资,电力工业作为基础性工业设施获得了一定的增长。对包括江浙沪在内的华中地区,则主要采取直接掠夺的政策,以占用原有电力工业为主,很少进行经营和建设性投资。

华北地区的电力事业,1940 年以前由“兴中株式会社”和“东亚电力兴业公司”负责经营管理,1941 年以后由“华北电业公司”全面接收接管。1937 年 12 月兴中公司天津分公司(支社)设立“临时电气事业委员会”。1938 年委员会归于北京分公司,“南满铁道株式会社”协助组成“临时电气事业统制委员会”,又成立兴中公司北支总局电业部。电力工业是兴中公司“旁系事业”,其经营的大部分电厂不是完全自营,而是与其他日伪机关合办。1936 年兴中公司与伪冀察政权下的天津市政府合办“天津电业股份有限公司”,1937 年与伪“冀东防共自治政府”合办“冀东电业股份有限公司”,1938 年与华北日本派遣军合办“胶澳电气公司”,与“东亚电力兴业公司”合办“齐鲁电业公司”,1939 年与伪“蒙疆自治政府”等合办“蒙疆电业公司”,与烟台、威海卫地方伪政府合办“芝罘电业公司”。“东亚电力兴业公司”,由日本五大电力公司及九洲水力等多家日本水电公司共同出资 1000 万日元成立,自办

① 南满铁道株式会社:《支那电气事业调查资料》第 5 编第 6 卷第 5 号第 6 篇,见刘国良:《中国工业史近代卷》,江苏科学技术出版社 1992 年版,第 711 页。

“顺德电灯公司”，收买沧县电灯厂，并与兴中公司合办“蒙疆电业公司”“北平电业公司”（石景山发电所、西城根发电厂）和“齐鲁电业公司”等3家电厂。[①] 1940年以前兴中公司和“东亚电力兴业公司”两个系统，共有与日伪合办的公司7家。[②]

兴中公司还委任经营电厂15家。日军对侵占华北处心积虑，电力设施因抵抗战事少而未受损坏，便于日军对原有中国民族资本电力工业实行“军管理”。兴中公司是实施军管理的主力，通过与“东京电灯公司”等日资公司合作，实行所谓“共同出资，共同经营，权利平等”，强占保定、石家庄、太原、榆次、太原兵工厂附属电厂、兰村、太谷、祁县、彰德、新乡、徐州、开封、平遥、临汾、新绛等15家电厂并实行军管理。1938年9月，日本侵华当局成立“华北开发株式会社”（即“华北开发股份有限公司”），1940年成立下属的“华北电业公司”，成立资本1亿日元，由华北开发公司、日本各电气公司、伪政权出资，华资电厂以设备作价入资。兴中公司1940年解散时，“华北电业公司”接收接管了兴中公司、“东亚电力兴业公司”的电厂，包括主要的工矿自备电厂，将原“军管理”电厂直接吞并，1941年太平洋战争后又接管了盟国在京津开办的北京电灯有限公司、比商电车电灯公司、英租界工部局电务处和天津法商电灯股份公司。至此，华北电业公司全面垄断了华北地区的电力工业，拥有发电容量34万千瓦，其中公用电厂43家，总发电容量为19.22万千瓦，工矿自备电厂71家，总发电容量为14.75万千瓦。[③] 公用电厂的送电线路为305.6公里，配电线路长度为

① 《沦陷区之电气事业》，《资源委员会月刊》1940年第2卷第11期。

② 详见李代耕编：《中国电力工业发展史料》，水利电力出版社1983年版，第94页。

③ 工矿自备电厂71家设备概况，详见李代耕编：《中国电力工业发展史料》，水利电力出版社1983年版，表5-1、表5-2。

5991 公里,变电设备容量为 60987 千伏安(见表 2-16)。

表 2-16 伪“华北电业公司”公用电厂及设备情况

项目 厂别	发电设备总容量(千瓦)	当时最大负荷(千瓦)	送电线路长度(公里)	配电线路长度(公里)	变压设备容量(千伏安)
北京华商电灯公司	33080	14500	101.2	1400	21760
北京电车公司	3130	3040	70	—	—
天津电业股份公司	30000	3750	32.2	109	—
唐山冀东电业股份公司	817	240	17.1	494	3420
青岛胶澳电气股份公司	43800	16000	51.2	1300	14670
济南电业股份公司	8036	3800	—	708	7380
鲁东潍县电业股份公司	325	100	16	—	400
芝罘电气股份公司	4200	1100	—	397	2500
龙口龙黄电灯股份公司	88	30	—	29	110
威海卫光明电气公司	310	23	—	100	—
威海卫联明电灯公司	12	—	—	—	—
保定电灯股份公司	1355	300	—	108	1000
石家庄新记电灯公司	812	520	—	71	536
安阳电气股份公司	100	60	—	30	95
新乡水电股份公司	145	85	—	43	110
顺德电气股份公司	188	90	—	55	100
开封晋临电气股份公司	920	500	—	170	1305
徐州耀华电气公司	736	390	—	92	670

续表

厂别＼项目	发电设备总容量（千瓦）	当时最大负荷（千瓦）	送电线路长度（公里）	配电线路长度（公里）	变压设备容量（千伏安）
海州新浦新东电气公司	220	100	—	25	74
太原电灯新公司	4760	950	—	190	1000
太原西北电气厂太原总厂	3000	—	4	—	—
太原西北电气厂古城分厂	10000	—	—	—	—
太原西北电气厂兰村分厂	880	—	—	—	—
榆次电灯厂	1365	1060	—	50	—
太谷电灯厂	80	80	—	29	55
祁县电灯厂	208	120	—	20	—
平遥电灯厂	128	55	—	25	—
临汾电灯厂	166	89	—	20	125
新绛电灯厂	1000	518	—	26	—
周村同丰电气公司	960	—	—	—	—
博山电灯公司	100	—	—	—	—
济宁电灯公司	136	—	—	—	—
临清电灯维持会电灯厂	60	—	—	—	—
泰安电灯公司	50	—	—	—	—
滕县电灯公司	90	—	—	—	—
邹县电灯公司	25	—	—	—	—
蓬莱益众电灯公司	65	—	—	—	—
坊子电灯公司	75	—	—	—	—

续表

项目 厂别	发电设备总容量(千瓦)	当时最大负荷(千瓦)	送电线路长度(公里)	配电线路长度(公里)	变压设备容量(千伏安)
张家口"蒙疆电业公司"	7459	4500	13.9	500	5677
北京电灯有限公司	700	400	—	—	—
比商电车电灯公司	21900	8000	—	—	—
英租界工部局电务处	7000	4340	—	—	—
天津法商电灯股份公司	3750	2000	—	—	—
总计	192231	66740	305.6	5991	60987

注:表中数据为 1940 年华北电业公司成立前调查所得。

资料来源:李代耕编:《中国电力工业发展史料》,水利电力出版社 1983 年版,表 5-1、表 5-2,第 96、97 页。

1938 年年末,日本陆军部、参谋本部和企划院等机构,拟定了一个"华北电力开发纲要",妄图在全面掠夺华北地区电力工业企业的同时,实现长期霸占和开发。纲要要求,1942 年年末计划增加发电设备(包括内蒙古地区)37.3 万千瓦及相应的送变电设施。但是开发计划远远没能实现。到 1945 年日本投降,华北电业公司在天津平庄发电所、青岛第二发电所、山东洪山、博山等地增设 2 台日制发电设备,计 1 万千瓦;在唐山、博山装置了 1 台新的、2 台旧的德国机组,计 3.14 万千瓦。其新增装机容量为 6.74 万千瓦,仅及开发计划的 1/5。在电网建设方面,至 1944 年年底,先后完成了天津至塘沽、北京至天津、塘沽至唐山之间的 7.7 万伏线路并形成京津唐电网。

华中地区。长江三角洲地区,是战前中国工商矿业集中地区,也是电力工业发展程度最为发达的地区。淞沪抗战和抗日战争全面爆发之后，华资电厂遭受战火损毁，又被日本侵略军掠夺抢占。也有少数主动媚日投敌，获得庇护恢复发电经营的。

日军为实施对华中地区电力工业的掠夺独占，在“华中振兴株式会社(即公司)”下设“华中水电株式会社(即公司)”。“华中水电公司”成立于1938年6月，资本总额为2500万日元。南京汪伪政权实业部设立伪“水电事业整理委员会”，特许日本人组成华中水电公司，协助其侵占乃至垄断华中地区的电力工业。汪伪政权组织“水电事业估价顾问委员会”，协助日本人对华商电厂进行估价并折股并入华中水电公司。1938年，汪伪政权“水电事业估价顾问委员会”将上海各水电公司财产估价1500万日元，再由日方加入1000万日元，共计2500万日元，作为“华中水电公司”的资本。“华中水电公司”1940年增资至4300万日元，汪伪政权占49.9%。

“华中水电公司”在敌伪合力下，从上海开始逐步攫夺宁沪杭一带和自上海至汉口的长江沿线城市的电力工业。宁沪杭地区中国电力工业的损失在2000万元左右。一些主要电厂的相关情形见表2-17。

表2-17　宁沪杭地区主要电厂战时损毁与被抢占情形

损失 厂别	战时损毁	被抢占情形
首都电厂	沪战期内，曾被日机投中炸弹1枚。中国军队撤退时，留有看厂工人40名，全数被日军枪杀	该国营电厂被日本人全部没收，置于特务机关监督下，由华中电气公司运来材料恢复供电，又派来日本技术人员32人管理。下关发电所仍由原工程师管理，开动5000千瓦发电机1台，给日伪军政机关供电

续表

损失 厂别	战时损毁	被抢占情形
镇江大照电气公司	厂内无损失。在江边一带,日新街、小街、天主街、柴炭巷、鱼巷及旧西门大街的一部分电杆线焚毁甚多,各用户电表被窃5000余只,变压器损坏2台,全部损失约在20万元以上	日军入城后,公司经理郭志成主动请求没收,挂出"华中电气公司镇江办事处"牌子,并于厂内设伪"镇江自治委员会"。日军4人为驻厂代表,后公司成为华中水电公司的子公司
武进电气公司	供电设备虽未损坏,但厂内物件损失许多,乡区杆线毁坏亦多	公司机件事先埋藏,日军命令修复,可半价借给需用材料。日军派"宣抚班"人员查阅账簿
戚墅堰电厂	在淞沪抗战期中,即迭遭轰炸,致锅炉损坏,配电间亦炸毁一部分,所有物件除已运走者外,余则或被炸损,或被抢劫,荡然无存,通至无锡至常熟的长途输电路线被偷劫殆尽	日军于1939年5月没收该厂,计划将5000千瓦发电机修复使用,悬赏征求原工人回厂工作。但发电机修复后,日本人转以手枪恫吓,未发给赏金
上海华商电气公司	该公司新旧二厂的设备并无破坏,线路变压器、用户电表等损失甚重	日军驻厂后设立司令部,由日方派人修复发电机,公司遭接办管理
上海闸北水电公司	该公司位于战区,故损失最重。锅炉间靠浦江一面的墙上,弹痕累累,锅炉所受损失最重者3座,稍轻者2座,气缸发电机损坏者为14000千瓦的2座,其余10000千瓦的2座中,1座稍损,1座完好;锅炉完好者2座	日本人修复电厂损毁部分,将公司该隶华中水电公司,挂出"华中水电公司总办事处"牌子,公司遭日方夺取
上海翔华电气公司	电杆变压器等被人偷窃殆尽,损失甚重,因公司无发电设备,故厂内无损失	—

续表

损失 厂别	战时损毁	被抢占情形
嘉兴永明电气公司	公司事务所房屋尽毁于火	
杭州电气公司	在中国军队退出杭州时，曾将闸口新发电厂内设备自动破坏一部分	日军进占杭州后，将艮山门外的旧发电厂修复，1939年恢复发电，各项营业均由日军监督
上海浦东电气公司	—	日军进驻浦东后，由日商瀛华洋行招募工人修复机件，开始为军方供电，后改名华光电气公司正式营业
苏州电厂公司	—	日军进驻苏州时，公司经理丁春芝即与日本人接洽恢复供电。公司董事陈则民任伪江苏省长，董事程于卿任伪商会委员，公司遂由伪政府与伪商会管理。华中水电公司多次派人调查
扬州振扬电气公司	—	日军进驻扬州，公司董事钟信夫出任伪“江北自治委员会”委员并复工。公司后由伪“江北自治委员会”管理。1939年5月，日本“宣抚班”要求其将线路延长至仙女庙一带，因缺少材料未果
淞江电气公司	—	由日军开用发电，供日军部、自治会及少数商店用电

资料来源：《沦陷区之电气事业》，《资源委员会月刊》1940年第2卷第10—12期，见陈真编：《中国近代工业史资料》第4辑，生活·读书·新知三联书店1961年版，第882—884页。

"华中水电公司"在1941年太平洋战争爆发后,受侵华日军军部委任将盟国投资的上海美商电力公司杨树浦发电厂、沪西电力公司、法商电车电灯公司卢家湾发电所,以及武汉、九江等沿江城市的外资电厂全部予以强行接管。至1943年,"华中水电公司"靠象征性投资和军管理、委任管理与合并等手段,已经全面垄断了华中地区的发电、供电和配电事业,拥有发电设备容量37.3万千瓦,实际生产能力22.3万千瓦(见表2-18)。

表2-18 华中水电公司掠夺华商电厂形式及其发电设备情况(1943年3月)

项目 厂别	掠夺形式	原设备容量（千瓦）	实存生产能力（千瓦）	战时最大负荷（千瓦）
上海北郊电厂	公司管理	34500	20000	18860
吴淞永安纺织公司电厂	公司借用	7100	3600	3200
上海南市电厂	公司管理	16000	废止	—
上海浦东电厂	公司管理	600	废止	—
上海电力电厂	军管委任公司管理	183500	137500	92827
苏州电厂	军管委任公司管理	11800	6800	5700
常州第一(戚墅堰)电厂	公司管理	17600	10000	6200
常州第二(武进)电厂	军监督,公司协助管理	3500	2100	—
无锡申新纺织公司电厂	公司管理	7200	2100	—
镇江电厂	军管委任公司管理	5980	4500	1790
南京电厂	公司管理	30000	17000	10668

续表

项目 / 厂别	掠夺形式	原设备容量（千瓦）	实存生产能力（千瓦）	战时最大负荷（千瓦）
芜湖电厂	公司管理	2000	1400	1270
杭州(艮山门)电厂	—	2000	2000	2610
杭州(闸口)电厂	公司管理	15000	—	—
松江电厂	军监督,公司协助管理	207	260	130
扬州电厂	公司协助管理	3500	2400	970
安庆电厂	公司管理	1040	1000	380
九江电厂	军管理,委任公司管理	846	400	350
汉口电厂	军管理,委任公司管理	16500	6800	5430
汉口特区电厂	军管理,委任公司管理	5750	2400	800
武昌电厂	军管理,委任公司管理	4900	400	—
南昌水电厂	军管理	3200	2000	400
嘉兴电厂	公司管理	308	308	（转售）315
总计		373031	222968	—

资料来源:李代耕编:《中国电力工业发展史料》,水利电力出版社 1983 年版,第 112 页。

三、水泥制造业

1931 年“九一八事变”后,东北地区的水泥市场被日商水泥会社独占,国产水泥仅启新马牌有少量销往东北地区。日商水泥厂的倾销,导致水泥工业(洋灰业)缺乏。1934 年水泥制造业有 2 厂,不属于华商或日商,属于第三国人。东北华商曾计划创办吉林众志洋灰公司,预定资本 150 万元,结果不详。抗战全面爆发前日本有 3 家在华水泥厂。至 1940 年还有水泥制品厂 10 家,顺应了东北住宅、土木工程和铁路建设的需要。① 日本最大的“小野田水泥会社”,1907 年在大连设立支社,早期独占了东北市场。日商“浅野水泥会社”“盘城水泥会社”等也在东北开设工厂,“浅野水泥会社”还在台湾设立支社,有 4 处分厂。② 日本工厂出产船牌、扇子牌水泥,其在关内的倾销,战前受到华商水泥厂的有力抵制。1936 年东北日占区水泥年产量为 58 万吨,与国统区 66 万吨已相差不大。③

(一)伪“满洲国”时期日伪对水泥工业的垄断和扩张

至 1945 年,据统计,伪“满洲国”15 家较具规模的水泥工厂情况如表 2-19 所示。

---

① 郑学稼:《东北经济丛书 · 东北的工业》,东方书店 1946 年版,第 174—176 页。

② 《中国水泥工业》(1931 年版),见陈真编:《中国近代工业史资料》第 4 辑,生活 · 读书 · 新知三联书店 1961 年版,第 725—728 页。

③ 东北物资调节委员会研究组编:《东北经济小丛书 · 水泥》,1948 年印行,第 88、96—97 页。

表 2-19 伪“满洲国”水泥工厂

项目 厂名	厂址	工人数（1944 年 4 月）	年产能力（1945 年）:吨		历年生产量:吨					
			设计	实际	1937 年	1940 年	1941 年	1942 年	1943 年	1944 年
满洲小野田水泥哈尔滨厂	哈尔滨	371	110000	95000	58439	76847	74305	75606	79301	72133
满洲小野田水泥牡丹江厂	牡丹江	481	100000	70000	—	—	71598	71058	34824	44095
满洲小野田水泥泉头厂	昌图县泉头	500	140000	110000	109975	100866	103745	108142	90528	97090
满洲小野田水泥鞍山厂	鞍山	319	160000	185000	110220	134409	114388	141160	127043	91869
满洲小野田水泥小屯厂	小屯	366	40000				8127	72971	65657	95106
满洲浅野水泥吉林厂	吉林	852	260000	220000	129565	184375	178952	223436	182645	149560
满洲浅野水泥锦州厂	锦州	672	150000	130000	—	—	—	48016	111709	71812
满洲浅野水泥抚顺厂	抚顺	718	210000	170000	102123	110688	148557	181104	160496	88771
满洲盘城水泥辽阳厂	辽阳	779	180000	150000	82752	90838	116797	150623	120415	74489
满洲盘城水泥本溪湖厂	本溪湖	815	170000	130000	133605	193308	202915	204331	141015	85985
满洲盘城水泥宫原厂	宫原	452	250000	180000	—	—	—	19446	91999	56225
东满水泥	庙岭	599	90000	70000	—	—	—	—	36447	25421
关东州小野田水泥	大连	696	210000	180000	133958	107265	144336	172047	152141	147955

续表

项目 厂名	厂址	工人数 (1944年4月)	年产能力(1945年):吨 设计	 实际	历年生产量:吨 1937年	 1940年	 1941年	 1942年	 1943年	 1944年
安东水泥	安东	411	130000	125000	—	—	—	64189	95101	40491
满洲人造石油	吉林	—	—	—	—	—	—	—	13724	—
总计	—	8031	2200000	1815000	860637	998596	1163720	1532129	1503045	1141002

资料来源:东北财经委员会调查统计处:《伪满时期东北经济统计(1931—1945)》,1949年印行,第76—77页,第38表。

由表2-19可见，15厂除满洲人造石油情况不详外，工人数都在300人以上，共计8000余人；年设计生产能力和实际生产能力大多在10万吨以上，1942年前后年产量达到最高的153万余吨。其中，日本国内最大的“小野田水泥会社”，在中国东北设有5厂，日商“浅野水泥会社”“盘城水泥会社”也各有3厂。

（二）关内沦陷区内日伪对水泥工业的统制与掠夺

水泥制造业在抗战前获得了迅速的发展。自1906年启新洋灰公司开启华商水泥业之后，20世纪20年代至30年代中期陆续有华商水泥厂建成投产。1936年有启新洋灰公司、华记湖北水泥厂、上海华商水泥公司、龙潭中国水泥公司、广东河南和西村两家士敏土厂、西北水泥厂、江南水泥公司、致敬洋灰公司和四川水泥厂等10家水泥厂，资本总额在3160万元，年产量总计为128.5万吨，具有一定规模。①

日本侵华战争全面爆发后，上述10厂除华中水泥厂已经政府协助迁入内地外，其余不幸先后一一沦于敌手，或在战时遭受破坏，或在战争期间为敌掠夺。华商各厂，除广东河南和西村两家士敏土厂为中国军队主动破坏以免资敌外，尚有中国、上海、启新等厂，均在战时遭受严重损失。龙华上海厂之制成品及原料损失，约在10万至20万元之间，龙潭中国厂在上海栈内所存制品、麻袋，被国民党军队无偿取去，造成损失约20万元，启新洋灰公司在上海的栈房内堆存该公司及中国水泥公司货物，计有2万桶左右，当中国军队西撤时即被敌军攫去。最可痛惜的，南京栖霞

① 奚正修：《我国水泥工业之过去现在与将来》（1948年），方显廷、谷源田：《中国水泥工业的鸟瞰》，均见陈真编：《中国近代工业史资料》第4辑，生活·读书·新知三联书店1961年版，第716—718页。

山的江南水泥公司,开战时厂房设备刚刚装置竣工,就直接落入敌寇之手。

战争期间华商之被掠夺者,计有7厂。原10厂之中广东河南和西村两家士敏土厂,由于战时损毁过重,无法恢复,湖北华记则现状不详,共3家可不计。其余7家,被日军强占而交给日商会社经营者计有2厂,即西北洋灰厂(现称“军管理三十五厂”,委任“浅野水泥会社”经营)、致敬水泥公司(委任“盘城水泥会社”经营)。由敌商掠夺者有4厂,即上海水泥龙华厂为“小野田株式会社”经营开工,龙潭水泥厂为三菱系之“盘城水泥会社”强占开工,江南水泥公司为“小野田会社”强占开工,启新洋灰公司为“三井物产会社”接办经营。

日军除掠夺上述各华商工厂外,并于战争期间设立新厂3处,为“上海坩埚合资会社”“蒙疆士敏土工业公司”“华北洋灰公司”。“上海坩埚合资会社”是日商私人所办,资本仅5万元。伪“蒙疆”与华北两家日本公司则规模大,实为垄断华北水泥事业之骨干企业。“蒙疆士敏土工业公司”设立于1938年,资本200万元。“华北洋灰公司”,资本1000万元,其股份在各日资株式会社中的分配比例为浅野占35%,小野田占25%,盘城占12%,大阪窑业占6%,秩父占5%,其他三十社占12%。①

关内沦陷区日商掠夺而来及新设的水泥厂9家,尚有上海工部局设立的水泥造物厂1家,共计10家(见表2-20)。

① 中央研究院社会科学研究所主编、郑伯彬等编:《沦陷区经济概览》,国民党政府经济部资源委员会1941年油印本,第A5569—A5571页。

表 2-20　关内沦陷区的水泥厂

项目 厂别	厂址	资本 （万元）	年生产 能力	备注
日商中国水泥公司	龙潭	450	110 万桶	被盘城水泥公司强占，战时损毁过重，现已恢复
日商上海水泥公司	龙华	200	55 万桶	日本人拟与合作，迫其早日开工，出品归日商三井洋行或其他商行经售，为厂方拒绝。后由小野田强占，已开工
日商江南水泥公司	南京	—	—	战时厂屋适已完工，机器亦已装齐，现由小野田强占，有开工讯
日商启新洋灰公司	唐山	1400	160 万桶	现为三井物产会社接办经营，已开工，销路限于华北
日商西北洋灰厂	太原	50	90 万桶	军管理第 35 厂，归浅野经营，1940 年开工
日商致敬水泥公司	济南	20	5000 吨	军管理厂，归盘城经营
日商“蒙疆士敏土工业公司”	张家口	200	—	1938 年成立，得到伪晋北自治政府认可，与“蒙疆银行”与盘城经营，工厂在口泉
日商华北洋灰公司	北平	1000	—	于北平东京各设事务所，由日本国内 36 会社出资经营
日商上海坩埚会社	上海	5	—	日本商人新设
外商工部局水泥厂	上海	—	—	—

资料来源：中央研究院社会科学研究所主编、郑伯彬等编：《沦陷区经济概览》，国民党政府经济部资源委员会 1941 年油印本，第 A5572—A5573 页。

战前各地分布的华商水泥厂，战争初期很快被迫都转为日商水泥厂。东北日占区水泥年产量 1938 年即跃升至 101 万吨，加上华北以及华中、华南日占区的产量,合计181万吨,而丧失了大片国土和资源的国民党政府所统治的地区,水泥年产量跌至谷底,仅仅剩下2.1万吨。①

四、有色金属冶炼工业

(一)伪"满洲国"时期日伪对有色金属矿冶业的垄断与扩张

伪"满洲国"时期最重要的工业之一,是轻金属工业中的铝和镁,用于飞机、汽车的制造。伪满当局设立了"满洲轻金属制造会社"。铝的原料是矾土页岩,镁的原料是菱苦土矿,在东北蕴藏量丰富。1938年"满洲轻金属制造会社"设立子公司"满洲镁工业株式会社",1941年合并,改为满洲轻金属营口工场。②

有色金属冶炼业,还有金、铜、铅、锌、锡、锰、水银、锑、镍等类。为采掘东北金矿,关东军特务部1934年设立特殊法人"满洲采金株式会社",资本1200万元,由伪满政府、满铁和东拓会社分别承担。"满洲采金株式会社"垄断了东北各地的金矿采掘,"满洲重工业开发株式会社"(满业)成立后获得转让的满铁500万元股份。1938年,公司的3个矿业所及矿区转让给"满洲矿山株式会社"。伪满政府于1938年年末增加资本50万元,将满业和东拓资本收回,成为"国营事业",同时吸引日商民间资本投资,设立4个子公司。"东亚矿山株式会社"成立于1937年,由伪满政府与"三井矿山会社"等合办,经营金、银、铜、锌、铅等矿产的采冶,1941年

① 《中央日报》1948年8月14日,见陈真编:《中国近代工业史资料》第4辑,生活·读书·新知三联书店1961年版,第731页。

② 伪满洲国外交部调查司编:《世界重工业资源与满洲国》,满洲事情案内所1943年印行,第22—24页;郑学稼:《东北经济丛书·东北的工业》,东方书店1946年版,第102页。

有矿区7处，主要是伪“热河省”叶柏寿金矿、伪“康德县”三阳金矿、伪奉天省辽阳县隆昌矿山。资本在500万元以上的日伪有色金属公司，还有4家：“满洲铅矿会社”“热河开发会社”“满洲铜铅矿会社”和“天宝山矿业会社”。①

辽宁锦西（伪锦州省）杨家杖子铅矿（也有钼矿），安东青城子铅矿、北井子铅矿，热河五家子铅矿等位于东北地区，“九一八事变”后由日本设立的“满洲铅矿会社”占据和开发经营。② 抗战胜利后由国民党政府接收，很快回到共产党军队的手中。

（二）关内沦陷区内日伪对有色金属矿冶业的统制与掠夺

华北沦陷区状况。金矿在华北以河北省和山东省为主要产地。满铁公司产业部在战时详细调查了各金矿产地的情况。河北省以冀东一带为主，包括遵化、密云、兴隆、昌平、怀柔、迁安、抚宁、卢龙、临榆数县，所产多为金砂，采用多用土法。其中遵化、密云、兴隆和昌平县有金矿产地60余处。20世纪30年代前期，有1932年成立官商合办的冀北金矿公司，以机器挖掘技术开采。还有瑞鑫、宏鑫两家金矿公司较具规模。“七七事变”之后，瑞鑫公司停业，宏鑫公司加入日股（盐水糖系）继续经营。

日军的兴中公司一手主办“冀东采金公司”，从事冀东金矿开采。1938年“华北开发株式会社”（公司）成立后，接办了兴中公司的主要业务。“冀东采金公司”改组为“华北采金有限公司”，资本200万元，由兴中与住友各出一半，占据矿区密云至遵化一带矿

① 郑学稼：《东北经济丛书·东北的工业》，东方书店1946年版，第103—105页。

② 伪满洲国外交部调查司编：《世界重工业资源与满洲国》，满洲事情案内所1943年印行，第22—26页。

窑38处。后日本国内地会社继起组织公司,分割该地矿区,积极开采,已成立者见表2-21。

表2-21　华北沦陷区日伪金矿公司

项目 公司名称	所属系统	矿区	产量	开采方法
康德矿业公司	钟纺系	昌平矿区	—	土法开采
广鑫采金公司	盐水港制糖系统	马兰峪矿区	日产20吨	水银混汞法
大陆矿业公司	日本矿业系	马兰峪昌平一带矿区	日产100吨	青化法
怀柔金矿公司	东洋纺系	—	—	—
和昌公司	日商个人	密云县	—	—
	大月茂次郎	怀柔县与密云县	—	—
三铱采金公司	敌伪当局	冀东马兰溪	日产20吨	—
华北采金公司	华北开发公司	密云至遵化一带有矿窑38处	—	土法开采

资料来源:《庸报》1939年11月12日;经济部《敌伪经济情报》第4期,见中央研究院社会科学研究所主编、郑伯彬等编:《沦陷区经济概览·矿业编》,国民党政府经济部资源委员会1941年油印本,第A5716—A5718页。

山东省以招远县金矿较著名,有多个产地,其如平度、牟平、汶上、文登、掖县、即墨等县也探明有金矿埋藏量。比起河北省所产金砂,山东省金矿矿脉更为可观。1935年,山东省政府曾设采金局试采,1936年又成立省营金矿管理委员会。其中招远玲珑金矿清末始开采,后由中日合办招远金矿公司,日方"怒川水电会社"出资65万元、中方出资75万元设立公司。"七七事变"后,怒川水电公司即拟将该矿权攫为己有,与日本"小田急帝都铁道公司"共同经营,划定五矿区从事开采,五矿区面积为1212万坪,埋藏量

1394.5 吨。①

日伪当局制订了冀鲁两省采金计划，由敌华北当局与大藏省协议接管冀鲁两省金矿，将各县分为若干矿业权组，由“华北采金公司”等分别开发，对原有公司实行合并，公司资金由大藏省与当局协议筹集。山西代县金矿也有日本技师调查并进行开采。

铅矿在华北各省也有矿区分布，如河北省之涞源、临榆，山东省之淄川、胶县，山西省之离石、文木，及察绥两省之天镇、大同等地。日伪当局谋划开采各地铅矿，伪“蒙疆政府”联合“东洋纺织会社”，于察哈尔省厚和市设立“蒙疆黑铅开发会社”，筹资 50 万元，由日本技师主持开采，预计年产 2000 吨。②

燐锰矿在华北的河北昌平西湖村、抚宁北许峪及山东即墨九水等三地有锰苗发现，其中以西湖村之锰比较可观，推定其埋藏量约有 6967 吨。此外则为江苏海州南屏山之燐锰矿，“七七事变”前已经开采，该矿区埋藏量计有燐矿 33 万吨，锰矿 16 万吨，矿质则燐矿约占 36%，锰矿约占 44%。日军占据海州后，日商三井、东和、片岛等矿业公司，合作设立“海州矿业开发公司”，定资本为 100 万元，先缴半数，进行开采。开采计划先分两期敷设轻便铁道共 4 公里，由矿区直通至蔷薇河民船装货厂。1940 年，燐锰矿正式开采，并拟扩张至云台山、西连岛等处矿产。③

① 中央研究院社会科学研究所主编、郑伯彬等编：《沦陷区经济概览·矿业编》，国民党政府经济部资源委员会 1941 年油印本，第 A5713—A5720 页。

② 《新民报》1939 年 8 月 26 日，见中央研究院社会科学研究所主编、郑伯彬等编：《沦陷区经济概览·矿业编》，国民党政府经济部资源委员会 1941 年油印本，第 A5725 页。

③ 《庸报》1940 年 3 月 2 日，见中央研究院社会科学研究所主编、郑伯彬等编：《沦陷区经济概览·矿业编》，国民党政府经济部资源委员会 1941 年油印本，第 A5726—A5727 页。

铝矿(矾土页岩)有其工业原料价值,是制造飞机的材料,在伪"满洲国"就很受重视,1938年"满洲轻金属制造会社"设立子公司并于1941年改为满洲轻金属营口工场,专事铝、镁生产。关内沦陷区矾土页岩的产地在山东省之淄川博山及河北省之冀东一带,各地探明的埋藏量以千万吨计,推定自博山到淄川一带之埋藏量约有2.36亿吨,张博铁路沿线之铝矿总埋藏量达2.72亿吨。冀东一带铝石黏土,据日本人调查矿量甚为可观。1937年兴中公司设立黏土部与盐业部并立进行采铝,"七七事变"后与"长城煤矿铁路公司"及"大版株式会社"合作设立"华北矾土矿业所",资金120万元,收买冀东60余处矿区进行采掘。据调查当时产量,滦县矿区可日产500—700吨,石门寨矿区可日产250—300吨。每年两地之总产量在15万至20万吨。运出方法,先将产品集中秦皇岛,利用京山铁路及新设之古冶至无水庄间轻便铁路,输往海外。

1939年12月,"华北矾土矿业所"扩充为"华北矾土公司",成为"华北开发公司"子公司。新公司自资本为500万元,中日双方各出资一半,计"华北开发公司"出资250万元,伪临时政府出资230万元,伪山东省公署保留矿区费20万元。"华北矾土公司"以开采长城沿线,冀东地区及山东博山等地之矾土山岩为主要业务。① 1943年又成立"华北轻金属有限公司",企图以山东矾土矿替代南洋铁矾石,以应国内航空工业的急需。② 时值"华北开发公司"规划中工业生产第三期,公司成立于11月,日本在太平洋上的战事和在沦陷区的工业生产已经是困难重重了。

---

① 《新民报》1939年12月8日,见中央研究院社会科学研究所主编、郑伯彬等编:《沦陷区经济概览·矿业编》,国民党政府经济部资源委员会1941年油印本,第A5723—A5724页。

② 汪敬虞:《抗日战争时期华北沦陷区工业综述》,《中国经济史研究》2009年第1期。

五、化学工业

化学工业特别是基础化工的"三酸"(硫酸、硝酸、盐酸)、"二碱"(纯碱、烧碱),是重要的原料工业,特别是军事工业的必需品。日军占领东北和伪"满洲国"建立后,对酸碱等基础化学工业产品的需求与日俱增。自1931年起即筹建化学工业企业,明确其随时可转向军火工业、与战争胜败关系极大。

(一)伪"满洲国"时期日伪对化学工业的垄断和扩张

1935年,"南满洲铁道株式会社"主持设立"满洲化学工业株式会社",筹资2500万日元,其中"满铁"出资一半,在大连甘井子建厂投产,生产硫酸、硝酸、硫铵和合成氨等,是酸类生产的骨干企业。1936年,日本关东军和伪满政府设立"满洲曹达(苏打)株式会社"。该公司的设立,考虑到了在中国东北设厂与在日本国内设厂相比较的有利条件,以自用盐田和硫酸工厂为依傍,也可以依靠伪满政府免除输日进口税,公司为日本法人、不得加入中国人股本。"满洲曹达株式会社"以"南满洲铁道株式会社""满洲化学工业会社""旭硝子制造株式会社"(日本国内最大的制碱和制玻璃企业)等为主要股东,共同出资800万日元,为伪满准特殊会社性质,设分公司和工厂于大连甘井子、开原,并禁止在伪"满洲国"境内另设立以盐制纯碱的企业。1937年至1939年,逐步达到"满洲曹达会社"设计纯碱年产量72000吨、开原工场烧碱年产量5000吨、甘井子工厂烧碱年产量3000吨,同期还开设电解工厂,成为伪"满洲国"制碱工业的巨头。①

① 东北物资调节委员会研究组编:《东北经济小丛书·化学工业》,1948年印行,第156—164页;顾葆常:《十年来之化学工业》,见谭熙鸿主编:《十年来之中国经济》上册,中华书局1948年版,第D20页。

伪“满洲国”的基础化学工业。至1945年,日本在东北设立的制碱厂主要有5家,详细情况见表2-22。

表2-22 伪“满洲国”基础化工制碱工厂

项目 厂别	厂址	工人数	年产能力:吨	历年生产量:吨					
				1937年	1940年	1941年	1942年	1943年	1944年
满洲曹达	大连	286 (1942年)	纯碱 72000 (1944年)	11122	64811	61517	57915	58596	50062
满洲曹达大连工厂	大连	—	烧碱 3000	—	774	2317	1299	1985	1649
满洲曹达开原厂	开原	142 (1941年)	烧碱 5000	—	2068	3357	3572	2736	1040
满洲化学工厂第一制造所	沈阳	226 (1941年)	烧碱 7500	—	961	1367	746	2677	1284
大和染料	沈阳	190 (1941年)	烧碱 1440	—	30	266	470	575	150
总计		844	纯碱 72000 烧碱 16940	纯碱 11122	纯碱 64811 烧碱 3833	纯碱 61517 烧碱 7307	纯碱 57915 烧碱 6087	纯碱 58596 烧碱 7973	纯碱 50062 烧碱 4123

资料来源:东北财经委员会调查统计处:《伪满时期东北经济统计(1931—1945)》,1949年印行,第68页,第27、28表合并。

表2-22中,5家日本制碱厂工人数总计约1000人,设计年产纯碱72000吨、烧碱近17000吨;碱类产品1940年以后产量猛增,纯碱产量1940年达到最大的64811吨,烧碱产量1943年最大为7973吨。

制酸工厂,至1945年,日本在东北设立硝酸工厂1家、硫酸主要工厂6家、盐酸主要工厂4家、硫酸铔(化肥)主要工厂6家,详细情况见表2-23。

表 2-23 伪“满洲国”基础化工制酸工厂

项目 厂别	厂址	工人数	年产能力:吨（1944 年）	历年生产量:吨					
				1937 年	1940 年	1941 年	1942 年	1943 年	1944 年
满洲化学工业	大连	2158（1942 年）	浓硝酸 6000	—	844	913	1426	3043	3122
			稀硝酸 52100	6487	13134	13631	—	—	22312
			硫酸 208950	166911	138567	128885	108120	60894	51459
			硫酸铔 240000	145444	144567	133328	91080	53912	30036
抚顺煤矿化学厂	抚顺	1692（1942 年）	硫酸 132000	56474	31944	57720	76924	73823	30325
			硫酸铔 42000	32979	18829	34431	33121	23061	11912
满洲制铁鞍山厂	鞍山	1094（1945 年）	硫酸 56770	13438	24816	27602	36058	33029	22250
			硫酸铔 41000	11480	15880	19650	22760	13645	12348
满洲制铁本溪厂	本溪	627（1941 年）	硫酸 20000	1930	2014	3011	3300	3000	7083
			硫酸铔 2000	1861	1550	2971	3258	2959	3704
满洲矿山	葫芦岛	210（1944 年）	硫酸 15000	—	—	—	—	—	1945 年开工
关东军工厂	辽阳	—	硫酸 1500	—	—	—	—	—	—

续表

项目 厂别	厂址	工人数	年产能力:吨(1944年)	历年生产量:吨					
				1937年	1940年	1941年	1942年	1943年	1944年
“满铁”化学工厂第一制造所(原奉天曹达)	沈阳	226(1942年)	盐酸8000	—	113	1283	470	767	306
满洲曹达开原厂	开原	142(1941年)	盐酸2000	—	1100	1315	—	807	330
大和染料	沈阳	100(1943年)	盐酸360	—	160	188	258	217	150
乾卯工业	沈阳	16(1941年)	盐酸429	—	—	61	—	—	—
“满洲”瓦斯	沈阳 长春 安东	—	硫酸铔840	170	140	103	54	—	—
“南满”瓦斯	大连	—	—	192	125	108	27	—	—

续表

项目 厂别	厂址	工人数	年产能力:吨（1944年）	历年生产量:吨					
				1937年	1940年	1941年	1942年	1943年	1944年
总计		硝酸2158	浓硝酸6000	—	844	913	1426	3043	3122
			稀硝酸52100	6487	13134	13631	—	—	22312
		硫酸5781	434220	235753	197341	217218	224402	170746	111117
		盐酸574	10789	—	1373	2847	728	1791	786
		硫酸铔5571	325840	192126	181091	190591	150300	93577	58000

资料来源:东北财经委员会调查统计处:《伪满时期东北经济统计(1931—1945)》,1949年印行,第66—69页,第24、25、26、29表合并。

表 2-23 中,伪"满洲国"设立生产硝酸、硫酸、盐酸和硫酸铔的工厂 12 家,以"满洲化学工业株式会社"为首。12 厂合计工人数,生产硝酸的 2158 人、硫酸 5781 人、盐酸 574 人、硫酸铔 5571 人,年生产能力浓硝酸 6000 吨、稀硝酸 52100 吨、硫酸 434220 吨、盐酸 10789 吨、硫酸铔 325840 吨。硝酸实际年产量 1944 年达到峰值为浓硝酸 3122 吨、稀硝酸 22312 吨,硫酸年产量 1937 年达到峰值为 235753 吨,盐酸年产量 1941 年达到峰值为 2847 吨,硫酸铔年产量 1937 年和 1941 年均达到 19 万吨以上的较高水平。

化学工业在基础化工之下还有范围广泛的日用化工,伪"满洲国"设立的化学工业下游和周边企业,还有"满洲盐业会社"(制盐)、"满洲油脂会社"(原"大连油脂工业会社",产大豆油脂)、"南满矿业会社"(菱苦土矿制镁、产硫酸铵)、"大和染料会社"(产硫化染料)、"南满火工品会社"(产火药、炸药)、"满洲涂料会社"(产涂料)、"满洲人造石油会社"(页岩油制燃料)、"满洲农村增产所"(产肥料)8 类化学工业公司。① 日伪当局首先垄断基础化学工业酸碱制造业的生产,实现全行业的控制和掠夺,为其逐步扩大的侵略战争起到了一定的支撑作用。

(二)关内沦陷区内日伪对化学工业的统制与掠夺

化学工业特别是基础化工,是重要的原料工业,特别是军事工业的必需品。战前十年,新兴的基础化学工业获得较大发展,以硫酸、硝酸和盐酸"三酸"为主要产品的制酸工业有工厂 18 家,以纯碱、烧碱"二碱"为主要产品的制碱工业有工厂 9 家,并建立了南京永利硫酸铔厂这样的综合性、全能型化工企业。战前基础化工

① 郑学稼:《东北经济丛书 · 东北的工业》,东方书店 1946 年版,第 116—117 页。

依然以民营企业为主体，特别是化工先驱范旭东、吴蕴初及其各自的企业集团，为战时中国重化工业打下了一定的基础。① 但是，随着日本全面侵华，中国化学工业遭受到致命打击。

1. 战争损失和毁坏

关内沦陷区已有发展的化学工业，因日本全面侵华战争遭受严重损失。据国民党政府经济部 1937 年 7 月至 1945 年 8 月统计数字，基础化学工业包括其下游日用化工和周边工业，酸碱盐业、皮革、造纸、火柴、油脂、颜料及染料、窑瓷，直接损失见表 2-24。

表 2-24　关内沦陷区化学工业因日本侵略战争直接损失

（单位：1937 年法币　元）

行业	项目	原送估计数	修正数
酸碱盐业	制酸	36425220	75850440
	制碱	21923200	53846400
	盐类	17332688	44665000
	总计	75681108	174361840
颜料及染料业		822000	2644000
油脂业	榨油	64532040	139064080
	烛皂	70288003	140598000
	油漆	原未列	3625000
	总计	134820043	283287080
火柴业		48506400	97012800
造纸业	机器造纸	115324700	230649400
	手工造纸	89610100	179220200
	总计	204934800	409869600
皮革业	制革	25234134	50468268
	毛皮	5001000	12002000
	总计	30235134	62470268
窑瓷业	陶瓷	18013030	36026060
	玻璃	19230100	38460200
	水泥	90822210	181644420
	搪瓷	7532007	15064014
	总计	135597347	271194694

资料来源：据国民党政府经济部 1937 年 7 月至 1945 年 8 月统计数字编制。金额法币按 1937 年 7 月时价折算。见于彤：《抗战时期中国工业损失状况部分统计》，《历史档案》1990 年第 2 期。表内数值为关内沦陷区。

① 徐建生：《1927—1937 年中国基础化学工业的发展及其特点》，《中国经济史研究》2000 年第 2 期。

由表2-24可见,重工业、化学工业在工业损失中占比较大,化学工业中基础化工(酸碱盐业)损失1.7亿元,水泥制造业损失1.8亿元,日用化工(烛皂、油漆、制革等)损失也较大。

1946年7月另一份损失统计,详细开列了全国工矿业厂场在资本、职工数、动力设备、主要工具机、作业机和产量等主要方面,1936年和1946年(1—6月)的损益情况,以说明工矿业损失。工矿业总的情况、化学工业部分如表2-25所示。

表2-25 抗战前后全国工厂损益统计与化学工业厂数、资本及职工数(1936年、1946年)

项目 行业	1936年				1946年1—6月			
	厂数	资本数战前币值千元	职员	工人	厂数	资本数千元	职员	工人
化学工业	1147	146160	12306	96646	1792	3935492 11474	22030	97468
总计	13100	1734276	106720	1464914	9949	127987278 折合战前币值千元 373141	76154	614420

注:资本数1946年为时值,按照编者折算币值办法,战争时期各年平均物价指数343倍为二者比例(《国民政府档案中有关抗日战争时期人口伤亡和财产损失资料选编》第2册,中共党史出版社2014年版,第579页),表中1946年资本数值已经除以343即折合为1936年数值看待损益情况。东北及台湾未包括在内。

资料来源:经济部统计处编:《抗战前后全国工厂损益统计》(1946.7),见《国民政府档案中有关抗日战争时期人口伤亡和财产损失资料选编》第2册,中共党史出版社2014年版,第580页。

表2-25全面抗战前后10年间,工矿业企业数量、资本规模和

职工、工人人数全面减少。各业略有不同，矿冶、机器、化工等业厂数、职工人数尚能持平或增多，但资本规模缩小，尤其是厂均资本大幅减少。表明工矿业因日军全面侵略遭受巨大损失，虽经中国官民艰苦创业、竭力弥补而难以复元。

国民党政府经济部对1936年、1946年即抗日战争前后全国工矿业产品产量的统计，也能说明问题。重化工业中，日用化工产量仅为战前二三成，水泥工业不及1/10，化学工业之酸碱产品产量更是不到战前产量的零头。与资本、职工数的损益统计相互参照，充分反映了化学工业在遭受直接破坏和损失后导致的长期的间接损失的程度（见表2-26）。

表2-26　全国化学工业产品产量统计（1936年、1946年）

产品＼年份	1936年	1946年（1—6月）
硝酸（箱）	26210065	743
硫酸（箱）	1596377071	2733
盐酸（箱）	110502343	7055
碱（市担）	1947454	65820
皮革（公斤）	9028679	4764600
纸（令）	6059842	195000
水泥（桶）	6445052	255486
漂白粉（公吨）	1326	703

资料来源：经济部统计处编：《抗战前后全国工厂损益统计》（1946.7），见《国民政府档案中有关抗日战争时期人口伤亡和财产损失资料选编》第2册，中共党史出版社2014年版，第586—587页。原表部分说明：1.1946年工业产品数字，其中民营工业部分系按1945年产量数字估计；2.东北及台湾未包括在内。

战前已经具备相当规模的中国化学工业，在战时遭到重创。所有化工业支柱企业，包括塘沽永利碱厂和久大精盐厂、沪西天原电化厂和天利氮气厂等,无不遭受损毁和劫掠。只有永利化学工业公司、天原电化厂、天利制酸厂 3 家获得政府协助,搬出部分设备随技术人员内迁,其他酸碱工厂 20 家沦陷。上海天原电化厂,厂内货物运出 1/3,产品机器损失约 30 万—40 万元,余下的被日军占据归三和染料厂经营。开成造酸厂办公房屋被炸毁,天利氮气厂因在战区也屡遭炮弹击中。日用化工及周边工厂内迁厂有限,受损者更是不可胜数。1937 年 1 月,综合性全能型化工企业永利南京硫酸铔厂建成投产,是中国第一家化肥厂、"氮气工业"的标杆企业。[①] 由于战争迫近,先行生产硝酸铵以支持抗战需要。战争爆发后不向日军屈服,遭受三次轰炸,仅迁出一小部分。1937 年年底遭日军占领,1939 年由日伪"永利化学工业株式会社浦口工业所硫铵工厂"经营,1942 年 1 月价值 50 万美元的全套硝酸设备被日军拆运至其国内。

2. 日伪统制与掠夺

军管理、委任经营,是日伪在关内沦陷区奉行"复兴"与"扩充"政策的手段,也是日伪掠夺我国公私工厂的方式。原中央研究院 1938 年 11 月调查,军管理工矿业工厂有 98 家,分布于山西 48 厂、河北河南各 14 厂、山东 18 厂、安徽 2 厂、江苏绥远各 1 厂。化学工业方面,制酸 3 厂、精盐 2 厂,还有水泥 3 厂、火柴 3 厂、造纸 2 厂、制革和酒精各 1 厂,共 15 厂。军管理后受托提供资本和技术进而接办经营者,是"兴中公司""钟渊纺织会社""日本火药会社""东洋化学会社""王子制纸会社""三井物产会社"和"浅野水泥会社"。委任经营工厂有 157 家,分布于华中各地。化学工业方面,制酸 1 厂、酒精 3 厂、水泥 3 厂、油漆 2 厂、制药 2 厂、榨油

① 赵津、李健英:《中国化学工业奠基者"永久黄"团体研究》,天津人民出版社 2014 年版,第 167 页。

2厂、制革和肥皂各1厂,共15厂。受委任经营者,是“高压工业会社”“日华蚕丝会社”“盘城洋灰会社”“小野田水泥会社”“大日本涂料会社”“日本油脂会社”等(见表2-27)。

表2-27 关内沦陷区军管理、委任经营化学工业工厂

项目	行业		厂名及受委者
	业别	厂数	
军管理	制酸业	3	永利碱厂(兴中公司)、西北电化厂(钟渊纺织会社)、西北化学厂(日本火药会社)
	精盐业	2	久大精盐厂(兴中公司)、通达制盐厂(三井物产会社)
	水泥业	3	—
	火柴业	3	西北火柴厂、昆仑火柴厂、燮和火柴厂(华中燐寸会社)
	造纸业	2	晋恒、兰村(王子制纸会社)
	制革业	1	西北制革厂(钟渊纺织会社)
	酒精业	1	兴发(不详)
委任经营	制酸业	1	永利硫铵厂(高压工业会社)
	酒精业	3	瑞丰(日华蚕丝会社)、中华、美龙(未详)
	水泥业	3	中国水泥厂(盘城水泥会社)、上海水泥厂、江南水泥厂(小野田水泥会社)
	油漆业	2	开林(大日本涂料会社)、振华(未详)
	制药业	2	中西、五洲
	制革业	1	祥尘
	榨油业	2	立德(日本油脂会社)、长德(吉田)
	肥皂业	1	固本(日本油脂会社)

资料来源:中央研究院社会科学研究所主编、郑伯彬等编:《沦陷区经济概览》,国民党政府经济部资源委员会1941年油印本,第A5410—A5419页。

民国时期化工专家对此指出,“已沦陷之区域,除东北地方,日人尚积极推进其化学工业外,其在河北、山西、山东、江苏四省,化学工业原来较为发达。所有酸碱工业、制药工业、油类工业、纸革工业,火柴、火药工业、水泥工业等,大多在军管理或统制利用之下,即其他较小之化学工业,亦莫不受其资本上、原料上、推销上、运输上或财产上之节制,无微不入。”“至在湖北、广东二省,其不便即行利用之化学工业,并拆卸其设备运往日本”。“除攫夺矿产及农林原料外,其在化学工业,鲜有新建设之可言”。① 日伪的“复兴”“扩充”是建立在掠夺中国化工企业基础上的。

3. 基础化工工厂

关内沦陷区基础化学的酸碱工厂,有日商、华商和法商三类。华商江南化学工业社已停业,肇新和天利厂情况不详。被日军强占经营的有:永利的南京硫酸铔厂被三井系的“高压工业株式会社”夺取,天津利中制酸厂归“兴中公司”接办,永利化学工业公司遭到军管理,天津永利公司委任“兴中公司”经营,西北电化厂委任“钟渊纺织会社经营”(改称“军管理第十八厂”),西北化学工厂委任“日本火药会社经营”(改称“军管理第十九厂”)。华商厂幸存仍在开工的,有天原电化厂、开成造酸厂、大丰工业社、合记化学工业制造公司、兴华碱厂、老天利天津分厂、鲁丰化工制碱厂、道义制碱股份公司、通盛化学工厂、中国瓦斯公司及中原氧气制造厂等 11 家。法商开设的远东修铎公司天津工场仍在经营。军管理、委任经营之余,还有日本人收买华商工厂的,如天津利中制碱厂被“兴中公司”收买、天津氧气厂被日本人收买成为日商厂。酸碱工厂见表 2-28。

---

① 吴承洛:《一百年来之中国化学工业》,《新经济》1941 年第 6 卷第 2 期,第 46 页。

表 2-28　关内沦陷区基础化学工业工厂

厂商	项目	厂址	设立时间	资本:万元	产品种类及产量	备注
日商	永利硫铵厂	浦口				由高压工业会社经营
	天津氧气厂	天津	1936 年	3	酸素,年产 2880 桶	日本人收买
	利中制碱厂	天津	1933 年	60	硫酸,年产 5000 桶	兴中收买
	永利化学公司	天津	1916 年	550		军管理委任兴中经营
	西北电化厂	太原	1935 年	40		军管理委任钟纺经营
	西北化学厂	太原	1939 年	45		军管理委任日本火药经营
	日华酸素洋行	上海		15		战时新设
	京津酸素厂	天津		500		战时新设
	天津酸素厂	天津		50		由大谷商事会社投资
	华北酸素厂	北平		50		筹备
	总计 10 厂			1313		
华商	天原电化厂	上海	1929 年	105	盐酸、漂白粉、烧碱	
	开成造酸厂	上海	1932 年	62	硫酸	
	大丰工业社	上海	1919 年	28	水银、银粉、碳酸钾	
	合记化学公司	天津	1932 年	20	硫化、碱、元明粉	运销华北一带
	兴华制碱厂	天津	1929 年	4.5	硝酸、碱,年产 3500 桶	运销平津
	老天利厂	天津	1925 年	1.5	硅酸、碱,各 5000 箱	总厂在北平
	鲁丰碱厂	即墨	1921 年	10	烧碱、漂白粉等	
	道义碱厂	济南	1933 年	1.9	硫化钠,年产 45 万磅	
	通盛化学厂	太原	1934 年	2.3	硫酸、碱,年产 6000 担	运销山西、陕西、河南
	中国瓦斯公司	青岛	1932 年	5	酸素(氧气),年产 1.7 万桶	
	中原氧气厂	青岛	1935 年	4	酸素,年产 1.9 万桶	
	总计 11 厂			244.2		
法商	修铎工厂	天津	1930 年	1000 万法郎	酸素	营业不振

续表

厂商	项目	厂址	设立时间	资本:万元	产品种类及产量	备注
	共计 22 厂			1557.2 万元 1000 万法郎		

资料来源:中央研究院社会科学研究所主编、郑伯彬等编:《沦陷区经济概览》,国民党政府经济部资源委员会 1941 年油印本,第 A5625—A5626 页。

表 2-28 显示的 22 家制酸制碱工厂中,日商 10 厂资本额 1313 万元,华商 11 厂资本额 244.2 万元,日资是华资的 537%。而其中被日军强占的永利化学工业公司资本 550 万元,不仅占日商厂的近一半,而且大于华商厂之和,一方面反映出被侵略和掠夺的性质十分明显,另一方面反映出关内沦陷区工业资本的贫乏和日本投资能力的减弱。

与制碱工业密切相关的精盐工业,战前集中于华北 4 厂,即天津的久大精盐公司、通达精盐公司和山东的永裕盐业公司、通益精盐公司。华北沦陷后,日本"东洋纺织会社"斥资 100 万元,设立"东洋化学工业株式会社",接办了通达精盐公司;久大精盐公司则由"兴中公司"强占经营。"东洋化学工业株式会社"接办通达厂后,每年有数十万吨苦汁无从利用,于是自设工厂加工苦汁,提取金属镁和硝石,用于军事用途。精盐工厂中日商、华商各 2 家,如表 2-29 所示。

表 2-29　关内沦陷区的精盐工厂

厂商	项目	厂址	设立时间	资本(万元)	设备	生产能力
日商	久大精盐公司	公司在天津 工厂在塘沽	1915 年	250	敷地 51825 坪,制盐锅 70 个,发电机、打水机、冷风机等	月产精盐 7000 担、齿磨粉 9 万袋、炼齿磨 1.4 万筒、漱水 200 瓶
	通达精盐公司	公司在天津 工厂在丰润	1921 年	50		年产精盐 3 万担

续表

厂商		厂址	设立时间	资本（万元）	设备	生产能力
华商	永裕盐业公司	青岛	1924 年	300	洗盐机 2 台，抽水机 8 台，打盐机 3 台，装盐机 10 台，发动机 6 台	年产精盐 10 万担
	通益精盐公司	芝罘	1919 年	42	烘干机、脱水机、轧盐机各 1 台，搅拌机 2 台，节盐机 3 台，抽水机 3 台，发动机 5 台	年产精盐 30 万担

资料来源：中央研究院社会科学研究所主编、郑伯彬等编：《沦陷区经济概览》，国民党政府经济部资源委员会 1941 年油印本，第 A5627 页。

日本人在其统治下的台湾建立了 2 家碱厂，1938 年建成"钟渊曹达株式会社"台南工场，1939 年成立"南日本化学工业株式会社"高雄碱厂，生产烧碱、盐酸。建立了 3 家化学肥料厂：基隆的氰氮化钙厂、过磷酸钙厂和高雄的过磷酸钙厂，产品有氰氮化钙、电石、过磷酸钙和硫酸。1943 年产量最高时厂氮肥 11745 吨、磷肥 25449 吨。日本战败前其筹建的"新竹有机合成工厂"尚未竣工。与此相应，1938—1945 年，台湾的化学工业会社数由 49 家增至 68 家，实收资本由 2034.8 万日元增至 7031.4 万日元，增加 346%；化学工业产值占工业总产值比重由 6.28% 增至 12.83%。①

① 汤元吉：《化肥工业在中国》，天津《大公报》1948 年 11 月 29 日；周宪文：《日据时代台湾经济史》上册，台湾银行 1958 年印行，第 73—75 页；杜恂诚：《日本在旧中国的投资》，上海社会科学院出版社 1986 年版，第 61 页。

4. 主要化工产品生产情况的补充说明

纯碱、烧碱、硫酸、盐酸、洋灰(水泥)、酒精、焦油、电石(碳化钙)、臭素(溴)、氯化钾、盐化苦土(氧化镁)11 种主要化工产品的情况,以 1941 年(或 1942 年)为基期反映生产指数的变动,如表 2-30 所示。

表 2-30 华北沦陷区化学工业重要产品生产情况(1936—1944 年)

(单位:吨)

产品	年份	1936	1937	1938	1939	1940	1941	1942	1943	1944
纯碱	产量:吨	40000	13580	24945	25408	37334	38306	38592	33066	20000
	指数	104	35	65	66	97	100	101	86	52
烧碱	产量:吨	4000	4000	—	2154	4241	4329	4264	3450	729
	指数	92	92	—	50	98	100	98	80	17
硫酸	产量:吨	122	260	300	1130	977	557	489	194	657
	指数	22	47	54	203	175	100	88	35	118
盐酸	产量:吨	—	—	—	95	136	169	176	177	—
	指数	—	—	—	56	80	100	104	105	—
洋灰	产量:吨	207000	173000	181500	233686	328673	290315	339812	292141	260974
	指数	71	60	63	80	113	100	117	101	90
酒精	产量:吨	770182	345600	324000	—	1601835	2509588	3235000	3301000	6161000
	指数	31	14	13	—	64	100	129	132	245
焦油	产量:吨	1793	727	—	936	937	1279	1134	2263	2263
	指数	140	57	—	73	72	100	89	177	177
电石	产量:吨	—	—	—	—	—	494	1703	1864	4382
	指数	—	—	—	—	—	100	345	377	887
臭素	产量:吨	—	—	—	—	—	—	131	188	196
	指数	—	—	—	—	—	—	100	144	150
氯化钾	产量:吨	—	—	—	—	—	—	545	432	750
	指数	—	—	—	—	—	—	100	79	138

续表

产品＼年份		1936	1937	1938	1939	1940	1941	1942	1943	1944
盐化苦土	产量:吨	—	—	—	—	—	—	5683	8000	18467
	指数	—	—	—	—	—	—	100	141	325

资料来源:汪敬虞:《抗日战争时期华北沦陷区工业综述》,《中国经济史研究》2009年第1期,表21、表22。

第二节　轻工业

相对重工业,轻工业对战争影响相对较小,且具备周期短、投资少、见效快优点,对于弥补战争造成的财政压力具有积极作用。因此,一方面日军对于轻工业控制军方色彩相对淡薄,大多数为军队以武力为后盾,怂恿日本商人抢占中国、第三国企业;另一方面,因轻工业对战争直接作用较弱,日本军队和政府直接投资偏少,客观造成在沦陷区轻工业发展滞后。总体而言,沦陷区轻工业整体下滑,大多数部门经济结构由中、外资杂处逐步向日资占据优势转化,呈现出殖民地经济典型形态。

具体而言,轻工业各个部门因分布、重要性等特点存在差异,日军采取相异政策,间接导致各个产业差异性发展。在总体下滑的大走势下,部分行业遭到严重破坏,少数行业则采取适应性调整,盈利较多或与战争相关度较高的部门则成为统制政策的重点。棉纺织业等领域受到较大程度破坏,因日军对原材料产地的劫掠,进一步加速其衰落。火柴、卷烟等税收贡献较高,或盈利较多部门逐渐被日军统制政策笼罩。值得注意的是,部分行业出现适应性变化。面粉业等部门开始出现小型化、投机性生产,将工厂化整为零设置于产地附近或租界内,利用日军控制的缝隙和市场波动进行短期牟利。

棉纺织业属于中国近代工业核心部门,工厂多集中于东部沿海地区。尽管遭到国际经济危机和“九一八事变”“一·二八事变”打击,中国商人比重却持续增加,成为少数与外商匹敌的行业。抗日战争爆发后,日军对中国棉纺织业进行有计划破坏,大部分机器毁于战乱。即使迁入大后方工业亦因缺乏空中掩护遭到日本空军袭击。太平洋战争爆发后,少数迁入租借和第三国企业遭到日军强行没收等粗暴措施,“孤岛”经济进入衰退。另外,中国政府为防止资敌,将日资纱厂进行毁灭性破坏,日本企业机器基本被战火和中国军队销毁。在战争影响下,中国棉纺织业发展趋势被打断,甚至出现倒退。

全面抗日战争爆发后,上海等地面粉业因战争受到较大损失,主要工厂基本被摧毁。无锡除少数工厂主投敌之外,其余各厂多被日军掠夺。抗日战争时期沦陷区大部分面粉业工厂被破坏或者被日军间接控制,引起行业整体衰退。尽管租界面粉业暂时性繁荣,然则因太平洋战争引起的原料危机和日军铁蹄进入租界,租界面粉工厂相继停产,直至抗日战争胜利,华商面粉工厂因原料不足开工率下降到不足10%。

火柴工厂大部分集中于上海、广州等主要城市。战争爆发后,因内迁不及,多数企业被损毁。中国火柴厂、民生火柴厂、光明火柴厂纷纷毁于战火,镇江荧昌厂等企业被日军抢占。

在日军严格管控下,沦陷区火柴业迅速衰退。1942年之前,关内沦陷区几乎没有新开火柴厂。1944年,华北地区火柴产量下降70%,华中地区下降60%。火柴重要生产中心的广州,产量降至战前20%。大中华火柴公司盈利降至1937年的5%。

卷烟工业属于高税收行业,在遭受较大损失之时,日军为获得经济利益,统制政策更加严厉。中国烟草工业集中于沿海沿江主要城市,烟草产地则分布于凤阳、许昌少数地区。相对集中的产业布局造成应对战争能力较弱。"八一三抗战"爆发后，日军针对中国工业进行有计划破坏，南洋兄弟烟草公司上海厂遭到毁坏，几乎所有机器被炸毁。伴随太平洋战争扩大，中国香港、东南亚工厂陆续被日军抢夺。颐中公司因及时将部分资产转移国外，损失较小。太平洋战争爆发后，日军对颐中公司进行军管理，产品由军方统一销售，征购价格低于市场价数十倍。在日军竭泽而渔情况下，颐中公司产量降至战前13%。

除战争损失和日军掠夺之外，沦陷区轻工业在日军统制政策掠夺下日益衰退。面粉属于重要粮食来源，日军为保证本国粮食供应，不断强化面粉业统制。华中、华东、华北地区在短暂军管理之后，日军利用汉奸成立"全国商业统制总会""粉麦专业委员会""华北小麦协会"等伪组织，对重要粮食产品进行控制，以军事手段严密控制小麦收购。在其倒行逆施下，华商面粉厂开工率因原料短缺普遍下降，最低者不足10%。日伪工厂则在政策倾斜保护下获得较快发展。

日军为控制火柴企业采取军管理模式。太平洋战争爆发后，日军将火柴列为统制品，通过原料控制，对中国企业生产进行完全监视。

由于卷烟业税收较多，日军对其觊觎超过其他轻工业行业。在打压中国企业之时，日商以军队支持为手段，强行掠夺英美企业，最终实现暂时对沦陷区卷烟业的全面控制。日军通过在沦陷区引进烟草种植，控制卷烟业上游产业。同时，以武力支持日商在销售环节排挤英美公司、中国企业。

控制销售与市场仅是初步，挟制生产环节才是核心。日本陆军支持日商在华北、华中组建大型卷烟厂，将英美公司原有部分市场据为己有。当产能无法满足市场之时，日伪警察部门鼓动日商走私，以价格优势打压其他国家企业。日本与英美宣战后，日伪立刻对英美企业实行军管理,将英美烟草公司全面清理出局。

另一方面,在日军压迫下,中国企业纷纷迁入租界继续经营。租界内工厂多为内迁不及或新设小型工厂。虽然适合本地需要,但技术落后,规模较小,生产投机性较大。1941 年之前,租界工厂借助市场需求和第三国势力尚可维持,日军控制租界后纷纷陷入困境。如面粉业投资相对较小,即适应于规模经济,同样适合小规模生产。青岛、上海、武汉等地郊区出现数百家日产不足 300 包的小厂和 20—30 包的机器磨坊。

华商轻工业衰退之时,日本企业却在军队保护下逐渐发达。战争期间,日本面粉企业生产能力由 11%提高到 22%。“九一八事变”之前,东北面粉业基本处于华商控制。日军侵占东北地区后,对日办企业予以针对性扶持。在日本军队和政府干预下,日商 7 年之后取代华商成为东北地区面粉业的主导力量。伴随日伪控制小麦收购,华商工厂原料供应进一步困难,满洲制粉联合会等伪组织公然限制华商购买小麦。伪满政府则利用行政权力整理面粉业,将大批华商企业关闭,直接造成日资企业独大局面。关内沦陷区总计设厂 22 家,日产量超过 70000 包,产量超过 40%。

一、棉纺织业

棉纺织业是中国近代工业中重要的工业部门之一,据刘大钧等人统计,在中国近代工业中,无论是资产总值还是雇工总人数中,棉纺织业均占据 1/3 以上的比重。战前中国棉纺业迭遭自然灾害(于 1931 年长江大水灾)和日本对华军事侵略影响,如 1931 年“九一八事变”和 1932 年“一·二八事变”,以及 1929 年以来全球经济大萧条等内外因素的影响和打击,棉纺织业发展不无波折,但总体上仍保持一定的发展势头。抗战前夕,中国棉产量自 1932

年的900余万市担增至1936年的1600余万市担，全国共有纱绽550万枚，织机64000余台，花纱布对外贸易由过去的入超一跃而为出超1700万元。① 尽管日本在华棉纺织工厂的技术设备、经营管理、产品质量与盈利方面较诸华商略占优势，但总体而言，华商在战前发展势头较为乐观，在全国棉纺织中所占比重已与外商大体相当。

抗日战争爆发后，中国棉纺织业发展受到冲击。华商纱厂受损最为严重，大量工厂房屋被战火摧毁，80%机器设备被侵略者劫掠，数以千计的工厂工人因战争死亡或受伤。受战乱的影响，华商纱厂战前良好的趋势被打断。日本棉纺织业则进一步扩张，在中国棉纺业中所占据压倒性优势。上海和苏南地区战前是中国棉纺织业的中心，受战争的破坏较为严重，随着大片国土的沦陷，日本侵略者加强在沦陷区中国工业的控制和掠夺。

（一）日本对华纺的掠夺与华商的生存策略

日本对关内侵占区域工业矿业的控制和掠夺，主要采取“军管理”“委任经营”“中日合资”“租赁”“收买”5种形式。日军在初占华北时，肆无忌惮对华商纱厂进行劫掠，直接置于军方控制之下，一切原料的分配、成品销售均由军方决定。华商工厂利润归日军，并由日商纱厂技术和管理人员组织生产，管理工务和日常，这种直率而蛮横的管理方式就是所谓“军管理”。兹后在华中、华南等地，因为国际关系比较复杂，为欺骗舆论，收买人心，则采用所谓“委任经营”的方式。日商在华纺织公司对占领区华商纱厂进行“协调分配”，然后由各日商公司出面分别与华商业主接洽“合办”

① 李升伯：《十年来之棉纺织业》，见谭熙鸿主编：《十年来之中国经济》，中华书局1948年版，第3页。

或由华商“委托”日商经营。日商在提出“合办”时,通常会趁机勒索股份的1/4—1/2。类似做法遭到华商的反对和抵制。但华商拒绝与日商合作或者无法联络到所有人,则由日本军部特务股指派各日商分别“经营”华厂,实行“委任经营”。可见,其所谓“合资”“租赁”和“收买”,无非是利用华商受到重大损失、无法复业之际,凭借军事、政治压力强逼华商就范,趁机掠取华商纱厂的资产和权利。通常这类工厂要向日本领事馆注册,改为股份公司。与军管理不同,负责委任经营的日商公司对于棉纺织厂管理有全权,利润属于日商,军方不直接干预。

在日军刺刀压力下,山东的仁丰、成通、鲁丰纱厂,河北的大兴纱厂,山西的晋生、晋华纱厂,河南的华新、广益纱厂等,均被日军直接军管理,分配给日商经营。1938年10月,日军设立“华北开发公司”,成为华北最大的掠夺与垄断机构。同时,另组建“华中振兴公司”,垄断和掠夺华中企业。日本企业、公司在对华商棉纺织业进行垄断和掠夺同时,力图复兴占领区的棉纺织业,为侵略战争提供物质资源,沦陷区内的华商纱厂,除去有外资关系与损毁过于严重难于复工的以外,基本置于军管理与委任经营之下的。据统计,54家华商纺织厂被日军劫掠。各厂共计拥有纱锭153.5万枚、线锭7.6万枚、织机16274台,占战前华商纱厂总厂数的58%,纱锭数的57%,线锭数的45%,织机数的65%。战乱的破坏使各厂设备变动较大。1939年,军管理与委任经营工厂的设备总数为:纱锭129.5万枚、线锭5.8万枚、织机1.3万台。华中地区棉纺织设备损失最多,总计纱锭数较战前降低24万余枚,线锭数减少1.9万余枚,织机数少4000余台。华北地区各厂的设备则略有增加。这种现象主要是各厂受损较少,另外济南的成通、仁丰两厂和山西的晋华纱厂增添的设备,在战前运到并装配完成。以上设备总数是就比较完整的设备统计而得,实际可以开工的设备则低于统计数字。当1938年12月各委任经营与军管理工厂开始复工时，华中地区37个委任经营工厂中，可运转的纱锭和织机分别只有60万枚和5500台。①

在日本侵略者的政治军事压迫下，未内迁华商纱厂处于夹缝中艰难的生存困境，被迫利用战时复杂的国际关系形势，依托第三国的庇护维护自身财产权与经营权。如永安纺织公司在“七七事变”之前向美商借款，在美国领事馆注册，以此作为应变措施。但战争发生后，永安在吴淞的二厂、四厂依然均陷于敌手，一厂、三厂和大华印染厂虽地处租界，但属日军控制区亦被侵占。1941年12月太平洋战争爆发后，日军侵入租界将悬挂英美国旗及外商招牌的纱厂全部作为敌产而进行军管。华商迫于无奈，被迫摘去洋商招牌，改聘日籍顾问，才得以局部恢复。但市场萎缩，外销呆滞，各厂均陷入困境。

在日伪压迫下，小型化发展成为华商的一个生存策略。太平洋战争爆发后，棉纺业进口的原料、燃料全部断绝，电力供应极度紧张，各厂开工率不足20%。1942年开工率仅为5%，遂使棉纱价格飞涨，1943年比1942年上涨4.25倍，但棉价升高5.42倍，使棉纺业经营压力增大。② 在这种局面下，拆迁纺纱设备赴产棉区办厂，有利于避开电力、原料供应和产品管制三大难关。1944年后，花、纱比价偏高，产地设厂，随行就市或以棉易纱有利于降低生产成本。1944—1945年，棉纱比价每件12—14担，个别时期到过16担，使纱厂利润上升到150%以上。因此，江南一带出现就地设

① 李升伯：《十年来之棉纺织业》，见谭熙鸿主编：《十年来之中国经济》，中华书局1948年版，第3页。

② 李济琛：《民营经济与中国现代化》，华文出版社2008年版，第122页。

厂和小型纱厂大发展的局面,先后开办的小厂近百家,估计有纱锭12万枚尽管农村设厂不利条件较多,如地方势力大、日伪敲诈勒索等,但仍有厚利可图。商统会等日伪机关在农村控制力较弱,以利于企业生存和发展。

小型纱厂的特点:一是小厂选点大多邻近产棉区,主要分布在上海浦东,江苏太仓、常熟及附近城镇,利用原有厂商仓库改造成厂房,规模大都在2500锭以下,最小不足300锭;二是纺纱设备绝大多数由市内大厂拆迁,设备比较正规;三是动力均以柴油机为主,极少采用蒸汽机,另用小发电机供应夜间照明,开工率高,日夜连续运转;四是当时棉纱为紧缺物资,多数厂有重产轻质的趋向,甚至偷工减料。苏南一带小型纱厂对社会生产和敌占区的人民生活,起过一定的积极作用。它减少农村棉花滞销的损失,对维持农村家庭手工织布的原纱供应及小型布厂的生产作出贡献。部分棉纱通过市场网络转入大后方支援抗日战争。

(二)日军利用纱厂掠夺中国资源

武汉会战后,抗日战争进入相持阶段。日军因地狭兵少,战争潜力消耗殆尽,被迫采取以战养战方针,暂停对国民政府大规模进攻,转以消化沦陷区为主。1938年,日资在“华纺织联合会”制订复兴计划,尝试首先恢复上海、武汉、青岛等工业重镇棉纺织业。经日本政府修订,首先选择在上海建立纱锭76389枚、线锭21320枚、织机1493台的大型纺织基地。青岛因破坏严重,拟恢复纱锭39500枚、线锭32000枚和织机7100台。①

抗日战争前夕,山东地区逐步形成以济南、青岛为核心的纺织

① 张楧:《战时中国棉纺织业的演变(上)》,《工商天地》1948年第3卷第2—3期合卷。

工业基地,其中青岛棉纺织业中日本资本占据一定比例。"七七事变"爆发后,青岛市市长沈鸿烈亲自率领警察将日资纱厂全部炸毁。1938 年 1 月,日军侵占青岛,从其国内运入新式机器修复大部分纺织厂,并以武力为后盾强占华商华新纱厂等企业。1939 年,在日军支持下,韩国人在青岛开办"大德袜厂"。1940 年,日商在青岛开办"曾我木厂""华北木梭厂"。1945 年,青岛日资纺织企业达到 54 家,占据绝对优势。在山东内陆地区,日军则对民族资本采取简单式掠夺,直接军管成大等重要纱厂,其他华商纺织企业全部停工。此后,潍坊等地织布业进入济南,小型织布厂有所增加。但是伴随日军管制政策的实施,大部分纺织厂原料不足而被迫停工,幸存企业在日军掠夺铁器号令下大部分被拆毁。

上海方面除去复兴计划所规定之外,如公大、裕丰等厂设备亦有所增加。1940 年 4 月,日本在"华纺织联合会"对日资纱厂的调查表明,上海方面共有纱锭 13276 枚、线锭 347608 枚、织机 18553 台。与战前比较,纱锭数略为减少,线锭及织机数有增加;青岛方面共有纱锭 389608 枚、线锭 30196 枚、织机 7076 台①,约恢复到战前 60%以上。

天津方面,日商纱厂在战争中损失较小。太原会战后,日商一方面使原有工厂复工,另一方面积极建设新的纺织厂。抗日战争前夕,日商对于发展天津纺织工业原本有极庞大的计划,拟新设立工厂 7 个,日华合办工厂 1 个。按计划,天津方面的日商纱厂将拥有纱锭 100 万枚、织机 22000 台。战争爆发后,因设备难以尽快进入中国,日商改订新的计划:凡尚未动工的建厂计划,全部放弃;战前已开始兴建的继续进行;原有纱厂的扩充计划也照常推进。新

① 张楧:《战时中国棉纺织业的演变(上)》,《工商天地》1948 年第 3 卷第 2—3 期合卷。

计划完成后,天津将共有纱锭50.6万枚、布机8400台,比原计划减少约50%。1940年,天津日商计划基本实现。当年,天津的日商纱厂设备已达到49.7万锭,基本恢复战前的水平,如表2-31所示。

表2-31　战时天津日商纺织厂新增设备　(单位:枚;台)

项目 厂别	战前原有			战时新增			总计		
	纱锭	线锭	布机	纱锭	线锭	布机	纱锭	线锭	布机
公大	108872	—	998	56952	11096	3547	165824	11096	4545
上海	—	—	—	29948	—	480	29948	—	480
裕丰	79184	9000	1524	67432	6200	1008	147616	15200	2532
天津	79348	4920	—	35412	—	330	102760	4920	330
双喜	—	—	—	30000	—	700	30000	—	700
岸和田	—	—	—	21040	2300	700	21040	2300	700
总计	267404	13920	2522	240784	19596	6765	497188	33516	9287

资料来源:陈真编:《中国近代工业史资料》第4辑,生活·读书·新知三联书店1961年版,第250页。

1938年5月,日本军部委任各日商纱厂管理华中地区各纱厂,并组织复工。因正值棉纺业的黄金时间,修整工作进行较快,该年12月,已有12个纱厂开始运转,开工的纱锭数约33.6万枚,占可运转总数的43%。华北地区军管理12家纱厂陆续复工运转率达到战前纱锭的68.8%,织机的71.5%。1939年,因中国军队夏季反攻和敌后抗日武装日益活跃,日资纱厂原棉逐渐缺乏,运转率开始降低。1939年12月,复工机器数量达到可运转纱锭数的95%,织机的61%。1940年4月,华中、华北地区日资企业控制纱锭355万枚、线锭46.6万枚、织机47543台,开工率已减至60%左右。

东北地区是日本力图发展棉纺织的重点区域。"九一八事变”前,原有纱锭约 18 万枚,织机约 2500 台。“九一八事变”后,日军逐步控制东三省,为日资操纵东北棉纺织业提供武力基础。在日军刺刀下,日资企业迅速扩大,形成独占东北市场的强力地位。日本将本土闲置、纺织设备移至东北,并大力发展植棉业,力图增强其所谓“现地自给自足”能力。但东北地区设备与生产的增长并不同步,当地棉花生产逐年降低,原料供给不足,造成棉纺织业企业停工待料,最低时开工率不足 30%。“七七事变”前夕,东北地区棉纺织业共有工厂 13 家,纱锭 63 万余枚,宽幅织机 9740 台,窄幅织机 1794 台。① 但是,因为日军以军需为主的统制政策造成开工率持续走低。据统计 1939 年东北地区棉纺织业纺锭开工率 27%、棉织机 21%②,棉布等物品亦需要进口。1932—1934 年,进口棉布 300 万匹以上,占全部消费量的 50%。抗日战争胜利前夕的 1944 年,全区棉纱产量仅为 8.9 万件不足 1938 年的 50%。棉布产量 177.9 万匹,为历史最高水平 48%。③

日商在既有基础上将“辽阳满洲纺纱公司”“大连满洲福岛纺纱公司”“金州内外棉公司纺纱分厂”“奉天纺纱厂”“营口纺织股份有限公司”等企业生产规模逐步扩充,其中“金州内外棉公司”分厂成为东北规模最大的棉纺织企业。该厂拥有 3 个纺纱工场、近 11 万枚纱锭、2 个织布厂和 2252 台织机。④ 扩建之外,日资企

---

① 《中国近代纺织史》编辑委员会:《中国近代纺织史》上卷,中国纺织出版社 1997 年版,第 324 页。

② 《中国近代纺织史》编辑委员会:《中国近代纺织史》上卷,中国纺织出版社 1997 年版,第 325 页。

③ 《中国近代纺织史》编辑委员会:《中国近代纺织史》上卷,中国纺织出版社 1997 年版,第 324 页。

④ 《中国近代纺织史》编辑委员会:《中国近代纺织史》上卷,中国纺织出版社 1997 年版,第 324 页。

业相继成立“满洲制线公司”“恭泰纺纱公司”“东棉纺纱公司”“东洋轮胎工业公司”“南满纺纱公司”和“满洲纤维工业公司”。“满洲制线公司”“恭泰纺纱公司”“东棉纺纱公司”具有较大规模。“满洲制线公司”拥有纱锭6.26万枚,线锭2.76万枚,布机780台。“恭泰纺纱公司”与“满洲制线公司”同时成立,日军投降时纱锭达到5.58万枚,织布机250台。“东棉纺纱公司”由三井财团出资成立,初期即拥有纱锭4.23万枚,后增至5.07万枚,机器织布机760台①,成为东北地区首屈一指的棉纺织企业。

表2-32 辽宁地区棉纺织设备和生产增长指数

(1937年=100)

项目 年份	纺织设备				纱、布产量			
	纱锭(万枚)		织机(台)		棉纱(万件)		布(万匹)	
	实数	指数	实数	指数	实数	指数	实数	指数
1937	28.20	100	3453	100	16.39	100	187	100
1941	37.25	132	8494	246	12.45	76	320	171
1944	52.64	187	9748	282	8.91	54	178	95

资料来源:《中国近代纺织史》编辑委员会:《中国近代纺织史》下卷,中国纺织出版社1997年版,第27页。

从表2-32可见,在日本的大力推动下,东北地区棉纺织业机器设备有所增加,但生产能力却未能同步提升。1938—1941年,产能扩张的黄金时期,关内棉纱的产量约达到“七七事变”前的75%左右。战争末期,虽然纱锭数扩张了将近1倍,但棉纺产量却降至抗战前50%。织布业织机数量在全面侵华战争期间扩充2

① 《中国近代纺织史》编辑委员会:《中国近代纺织史》上卷,中国纺织出版社1997年版,第324页。

倍，产量曾一度超过战前的70%，但战争后期同样面临开工不足的窘境，年产量勉强达到“七七事变”之前的水平。

中国台湾在日本占领时期，纺织业相对落后，主要销售日本市场。第二次世界大战期间，为配合日军“南进政策”及驻台日军军需被服自给，拆迁日本设备运往中国台湾筹建工厂，计划建纱锭12.67万枚，最终仅安装2.9万枚、织机495台。因美国空军控制制空权，棉纺织业在轰炸中难以持续生产。1941年，10家工厂仅有动力织机932台，其中窄幅织机437台。至1945年各种纺织业均无显著发展。① 如把东北和台湾棉纺织业统计在内，战时日商在华经营和控制的棉纺织设备总数已由战前的225万枚纱锭、3.1万台布机，增加到纱锭约375万多枚、织机约5万台，约占1936年全国设备总数的75%。

随着日本军事失败，资源日益枯竭，因此加紧在本土及海外占领区搜劫钢铁。棉纺织业属于多工序、多机台的行业，设备吨位高，是日本侵略军指定“毁机献铁”的主要对象。日本企业界虽强烈抵制，但最终屈服于军方的压力，摧毁大量纺织设备。据统计，华北地区日商纱厂约拆毁1/3；“上海内外棉三厂”“上海内外棉四厂”“上海内外棉六厂”“大康纱厂”等都基本拆毁；“公大”“上海纺织”等企业设备亦损失较多。上海最大的裕丰纱厂全盛时拥有纱锭19.1万枚，日军一次即毁机7.3万枚。在废墟上重建的青岛工厂，1944年毁机5万枚纱锭。战争后期，日军勒逼部分华厂“献铁”。如济南成大、成通两厂，1944年毁机3万枚纱锭，织机254台；石家庄大兴纱厂销毁1万枚，并受天津公大之命，代为“献铁”

---

① 周宪文：《台湾经济史》，台北开明书店1980年版，第563页，见《中国近代纺织史》编辑委员会：《中国近代纺织史》下卷，中国纺织出版社1997年版，第27页。

1.5 万枚。上海英商的新机器,为日商所夺,以聊补毁机损失,成为间接"献铁"。怡和纱厂除部分新机器被掠到日厂外,其余设备全部捣毁。英籍纱厂 20 余万枚纱锭中,除被日商调换 3 万枚外全部熔化。华商部分被委任经营机器"战后遍觅无着",估计被日商作为贡献日军的器材。天津北洋纱厂被勒令毁机 1 万余锭,厂方千方百计搜罗废铁充数,以保存设备,结果仅保存 2 台细纱机及 600 只锭子。① 据不完全统计,日方纱厂交出 100 余万枚纱锭、4500 台布机②,占日商在华设备的 50%。据统计,战时日本在华拥有 264.9 万枚纱锭设备,战后中国纺织建设公司接收 177.8 万枚,两者悬殊 87.1 万枚,此数作为作毁机(纺锭)的参考数值,若考虑加上各地华商纱厂的被逼"献铁",其总数至少有 100 万枚纱锭(包括全流程装备及部分织机)。

整体分析,1940 年,"日商纱厂设备在纱锭上虽较战前少 1%,线锭和织机则都增加 1%,所以差不多已恢复到战前的水准了"③。从生产情况来看,日占区的棉纺织业所取得的成绩相对有限。1941 年前,受到国内市场棉花产品严重供不应求和棉花价格下跌的有利市场因素的刺激,各地棉纺织业得到一定程度的恢复和发展,既有各厂设备出现一定程度的扩充。1942 年后,一方面棉花产量下降,燃料供应不足,电力供给紧张,各地工厂普遍开工不足;另一方面,日军方面和中国政府分别加强纱花及棉产品的流通的管制,市场缩小,销货不便的问题日渐严重,部分工厂开工率甚至

① 《中国近代纺织史》编辑委员会:《中国近代纺织史》下卷,中国纺织出版社 1997 年版,第 26 页。

② 张楧:《战时中国棉纺织业的演变(上)》,《工商天地》1948 年第 3 卷第 2—3 期合卷。

③ 张楧:《战时中国棉纺织业的演变(上)》,《工商天地》1948 年第 3 卷第 2—3 期合卷。

不足30%。

总计"七七事变"之前,关内日军控制纱锭198.5万枚,战争损失86.7万枚,剩余111.8万枚。伴随战区扩大,日军为实现以战养战目标和转移劳动密集型产业,对沦陷区棉纺织业进行维修和扩大,总计上海修复7.6万枚,青岛重建39.1万枚,天津扩建39.7万枚,包括东北及运沪未安装设备,应达264.9万枚。但既有设备开工不足,截至1940年开工率不到50%,此后降到20%以下。[①] 战争后期,由于原料、电力等严重不足,除生产军用品外,大都搁置,处于瘫痪状态。1945年,日资棉纺织业工厂共63家,纱锭263.5万枚,织布机44.2万台,其中上海33家,纱锭145万枚,织布机2万台。天津9厂,纱锭45.7万枚,织布机1万台。青岛39万枚纱锭,织布机7600台。东北、台湾、湖北等地总共11家,纱锭33.7万枚,织布机7097台。[②]

二、机器面粉工业

20世纪30年代中期,中国各种轻工业中,机器面粉工业是发展得比较好的。民族资本企业在行业中占据绝对优势的地位,能够抵制进口面粉,基本控制了国内精粉市场。但是这良好的局面被战争打破。先是"九一八事变"之后日资大举入侵东北机器面粉产业,关内机器面粉厂则丧失重要市场。"七七事变"后,关内机器面粉企业集中的几大城市先后沦陷,一些重要工厂不是毁于战火,就是被日本侵略者直接掠夺;战争和战时经济统制干扰生

① 《中国近代纺织史》编辑委员会:《中国近代纺织史》下卷,中国纺织出版社1997年版,第27页。

② 行政院新闻局编:《纺织工业》,行政院新闻局1947年版,第38页。

产;中国机器面粉工业遭到极大的破坏。

(一)机器面粉工业生产格局的演化

抗战前夕,中国机器面粉工业有以下三个特点:一是为靠近消费市场和便于获得原料,关内机器面粉工厂集中于东部沿海地区,特别是上海、无锡、天津、青岛、武汉少数几个城市,其中上海和无锡合起来就占据了关内产能的半壁江山;二是民族资本占优势,除东北地区以外,关内机器面粉工业几乎全部由中国人投资,东北地区的民族资本也保持一定势力;三是行业集中度较高,资本和产能集中于拥有数家日产数千袋面粉工厂的大型联合企业,其他则为日产千数百袋的中型厂和几百袋的小型厂,大型企业与中小型厂差距很大(见表2-33、表2-34)。

表2-33 抗战以前机器面粉厂分布(关内)

项目 地区	工厂数 (家)	磨面机数 (台)	生产能力 (日产粉袋)
江苏	10	180	45456
浙江	1	14	4000
安徽	3	42	11900
湖北	5	66	17100
湖南	1	4	950
四川	2	7	963
察哈尔	1	3	200
绥远	1	3	400
河北	7	127	35933
山东	10	135	34680
山西	3	17	4587
河南	3	35	8500

续表

项目 地区	工厂数 (家)	磨面机数 (台)	生产能力 (日产粉袋)
南京	2	32	10300
青岛	2	18	5200
上海	15	446	122583
总计	66	1129	302752

资料来源:刘大均:《中国工业调查报告》中册,经济统计研究所1937年印行,第491、492页,表13。

表2-34 关内外中外资企业资本、生产能力比较(1936年)

项目 资本类别	资本额 (千元)	比例 (%)	生产能力 (包)	比例 (%)
民族资本	52822.4	77	452218	89
外国资本	15385	23	58500	11
关内合计	39312.4	100	342008	100
民族资本	38927.4	99	335808	98
外国资本	385	1	6200	2
全国总计	68207.4	100	510718	100

资料来源:林刚:《对1927—1937年间中国机器面粉工业的若干考察》,《中国经济史研究》2004年第4期,第28页,"全国总量及关内外企业资本生产能力比较表"。

表2-35 抗战以前上海12家机器面粉企业产能比较

项目 系统	日生产能力(包)	占比(%)
阜丰系统	64500	57.8
福新系统	39600	35.48
其他企业	7500	6.72

资料来源:上海市粮食局、上海市工商行政管理局、上海社会科学院经济研究所经济史研究室编:《中国近代面粉工业史》,中华书局1989年版,第147页。

国民政府并未把机器面粉工业列入内迁计划。既然面粉厂必须靠近原料地和消费市场,故绝大多数工厂在战争到来时都没有选择搬迁,而是留在原地继续经营。如表2-33和表2-35所示,聚集关内产能40%的上海和产能15%的江苏(主要是无锡),竟无一家厂搬迁;机器面粉工业的龙头老大荣氏福新系,只有武汉福五厂一家内迁,老二阜新系则无一家厂内迁。

留在沦陷区的工厂不可避免地在战争中受到极大的损失。1937年7月7日,日本发动全面侵华战争,侵占北平、天津后,旋即准备对上海发动大规模进攻,"八一三淞沪会战"爆发,上海开设在闸北和南市的面粉厂损毁惨重。位于闸北的面粉厂,中华厂完全被炸毁,损失最巨。福新第三厂为日军占据作为邮局,损失也很大。位于南市的面粉厂,申大存有小麦价值约20万元,部分被敌军抢走,价值约五六万元。总计上海面粉业实际损失价值约2000000元,厂房机器损失尚在其外。此后随着战事内延,江浙各地面粉厂损失也陆续受损,如表2-36所示。

表2-36　江浙地区未搬迁机器面粉厂部分战争直接损失

厂名	厂址	损失
扬州面粉厂	江都	扬州沦陷时厂内存货及原料未及运出者达二三十万元
大同面粉公司	南京	厂屋、栈房、机件、存货付之一炬,约损失200万元,目前保存实力约二三十万元
恒丰面粉公司	常州	损失甚大,货物几乎全被掠夺,机器及附属品损失亦可观
火星面粉公司	戚墅堰	全部烧毁
贻成新记面粉公司	镇江	战时损失面粉7万余元,建筑物及机器尚好,现由宣抚班整理,估计损失40万元
恒丰面粉厂	武汉	损失甚重,货物全部被劫,唯机件大多未损

续表

厂名	厂址	损失
大和面粉公司	苏州	战时厂屋无损,后因驻军数月,零星机件稍损毁
茂新一厂	无锡	厂屋机器存货全被毁损,夷为平地,损失约值 150 万元
茂新二厂	无锡	厂屋大部分完整,机器事先已拆除一部分重要机件,未有损失。存货大部分被抢,损失约 30 万元
九丰面粉厂	无锡	存货被抢损失约 20 万元。厂屋机器无损
广丰面粉厂	无锡	厂房稍有损毁,机器一部分受损,存货被抢损失约 50 万元

注:据该所收集当时报章所得。

资料来源:中央研究院社会科学研究所主编、郑伯彬等编:《沦陷区经济概览》,国民党政府经济部资源委员会 1941 年油印本,第 5456—5457 页。

表 2-36 中的无锡茂新一厂经四次增添设备,日生产能力达到 8000 包,股金达到 60 万元,所产兵船牌面粉行销各地,为上海面粉交易所之标准牌号。茂新二厂前身为惠元面粉厂,日产能力 1600 包,1918 年 1 月售与荣家,扩建为日产能力 6000 包的大型厂,1926 年遭受火灾以后订购美制亨利丁西蒙粉机,日产能力达到 10000 包,为无锡最大面粉厂,无锡沦陷后被日军侵占经营。九丰面粉厂,银行业蔡缄三等投资建厂,经过多次增资扩建,抗日战争前日生产能力达到 8000 包,与茂新一厂、二厂并称为无锡三大厂。广丰面粉厂,制粉设备购自德国德亚公司,日产能力 2000 包。无锡的几大工厂,茂一被炸毁,茂二、九丰被日军掠夺经营,广丰停产,无锡这个近代民族面粉工业的发源地、仅次于上海的面粉工业中心,在日本侵略战争的打击下可谓全军尽没。

未被战火直接毁坏的工厂则面临被日本侵略者直接掠夺的命运。在战争前期,由日本侵略军直接控制或委托给日本商人代管,称为“军管理”“委托经营”。1940年3月汪伪政府成立,日本帝国主义作出“日中亲善”的姿态,侵华日军总司令西尾寿造发表声明,表示对于“军管理”的工厂,一部分可以发还,一部分可以解除“军管理”。发还的一般是一些小型简陋无大价值的工厂,发还时还需要偿付日军一笔管理费或修理费;解除“军管理”的是一些精华工厂,解除“军管理”后必须接受日方强制性的租借、收购或合办。

华北的民族资本厂被日本三大面粉企业日东制粉会社、日本制粉会社和日清制粉会社瓜分。其中被日东制粉会社“军管理”的有公记电灯面粉厂(太原)、晋丰(太原)、祁县(祁县)、晋生(平遥)、晋益(临汾)、太谷(太谷)、联丰(石家庄)、怡丰(邯郸)、普润(彰德)、济丰(济宁)等18厂,被日本制粉会社“军管理”的信封(蚌埠)、宝兴(蚌埠)、恒兴(青岛)、惠丰(济南)、丰年(济南)、华庆(济南)、成丰(济南)等8厂,被日清制面会社“军管理”的唯一(北平)、成记(济南)、成喜(济南)共3厂。华中方面由多个日商接办华厂,并无一个统一机构加以监督,计有福新二厂,改称三兴一厂,福新三厂,改称三兴二厂,裕通改称三兴三厂,属于三井财阀;大和(苏州),苏州自治会接管,与敌方合作经营;茂新二厂(无锡),日本人余仪喜助接办。复新(南通),属于钟渊纺等共计15厂;再加上尚未开工的3个新厂,故总计18厂。①

借助“军管理”和“委托经营”,日本商人迅速扩大在面粉工业中所占份额。以三井财阀为例,上海的福新一厂、三厂、六厂和祥新、裕通等5家,由日军委托日资三兴面粉公司经营,西尾声明发布后,三兴拖延到1940年10月才分批发还祥新、裕通两厂;福新一厂、三厂、六厂直到1942年4月,由三兴面粉公司经理牧彦次郎

① 中央研究院社会科学研究所主编、郑伯彬等编:《沦陷区经济概览》,国民党政府经济部资源委员会1941年油印本,第5458—5460页。

出面，强制签订租赁契约，由三兴继续经营。无锡的五丰厂，厂主姚惟章是三井洋行买办，他把厂子迁到四川卖掉，仍然回到汉口，以五丰的厂房，加上三井从上海拆来的祥新面粉厂机器，合资经营，用五丰和汉口制粉株式会社两块招牌，有钢磨12部，电动机1台（359匹马力），日产2640包。1940年以后又改为全部加工军粉。① 武汉的金龙面粉厂，在国民党政府要求全部内迁时拒不搬迁，沦陷以后，以委任经营的方式，由日东、三井合作，改为日东制粉株式会社，加工军粉，日产1600包。1938年12月日本帝国主义标榜“经济合作”，规定华中、华南企业允许中国人投资占51%。日东名义上改为金龙、三井合资经营，后来又把福新面粉厂留在武汉的一部分机器安装到该厂，扩大了生产能力。济南沦陷后，日军对面粉厂实行军管理，嗣后又命令各厂与三井、三菱合作，除华庆、惠丰允许自营两厂外，其他成丰、宝丰、丰年等大厂都被迫签约。

在关外东北地区，面粉产业中日资打败中国民族资本更早，也是依靠军事和政治力量。1906年铁岭的满洲制粉株式会社，资本100万日元，日产96600公斤；1913年哈尔滨北满制粉株式会社，资本13.2万元，日产45864公斤。日俄战争后，美国进口面粉的倾销，中国面粉工业的兴起，使俄国人失去东北南部面粉市场的垄断地位，满洲制粉株式会社成为俄人劲敌。1910年它得到横滨正金银行的20万元特别投资，营业好转，产品打入奉天各店铺。1912年11月在长春建分厂，1918年增资至300万日元，在长春和济南投建新工厂，全部使用美国设备；1919年又在哈尔滨建工厂。

① 上海市粮食局、上海市工商行政管理局、上海社会科学院经济研究所经济史研究室编：《中国近代面粉工业史》，中华书局1989年版，第267—268页。

不过这时日资甚至不足与民族资本厂平分秋色,日本主要是向东北出口面粉。“九一八事变”以后,日资开始在东北面粉工业大举扩张,1934年由日本各财阀联合出资的日满制粉株式会社控制了东北的制粉业,它先从伪“满洲中央银行”手中接办了原东三省官银号经营的东兴第一二三火磨厂、庆泰祥等4家面粉厂,接着又收买了花旗银行所有的松花江第一三三厂,又在齐齐哈尔、海拉尔、绥化、海伦、佳木斯等地兼并了几家粉厂。1938年,日满在东北拥有11个厂,日产40300包。其时全东北制粉厂在营业的约65家,日产136200包,其中日资24家,日产81580包,占生产能力的59.9%。而1930年东北制粉工业中,日资厂仅2336.4万斤,产值161.1万日元,华商面粉厂产量达41440.3万斤,产值达2672.4万日元,中日面粉企业势力对比完全逆转。①

就这样,到20世纪40年代,日本面粉业资本依托军事侵略,扭转了20世纪30年代以来中国机器面粉工业的生产格局。日本帝国主义为了军事需要,在沦陷区的民族机器面粉厂均为日商所控制。日商直接投资经营的面粉厂也迅速扩展,从1937年的17家日产58500包,在战争中分别增长了241%和184%。1936年日商生产能力占全国的11%,1945年占全国的22%。如表2-37所示。

表2-37 日商投资经营与军管、委托经营、租用机器面粉厂分布(1937—1945年)

(单位:包)

项目 地区	总计		投资、收买		军管、委托经营、租用	
	厂数	生产能力	厂数	生产能力	厂数	生产能力
上海	8	33800	3	7800	5	26000

① 杜恂诚:《日本在旧中国的投资》,上海社会科学院出版社1986年版,第236—237页。

续表

项目 地区	总计		投资、收买		军管、委托经营、租用	
	厂数	生产能力	厂数	生产能力	厂数	生产能力
无锡	3	16000	1	1800	2	14200
江苏	8	22760	3	5400	5	17360
哈尔滨	4	20400	4	20400	—	—
东北	15	46050	15	46050	1	—
山东	3	12100	2	9200	1	2900
山西	10	10200	3	3800	7	6400
河南	6	10400	—	—	6	10400
河北	6	4500	3	2600	3	1900
天津	1	4000	1	4000	—	—
济南	4	19800	—	—	4	19800
汉口	2	4240	1	2640	1	1600
安徽	2	3000	1	1200	1	1800
绥远	2	2000	2	2000	—	—
察哈尔	2	800	2	800	—	—
总计	76	210050	41	107690	36	102360

资料来源：上海市粮食局、上海市工商行政管理局、上海社会科学院经济研究所经济史研究室编：《中国近代面粉工业史》，中华书局1989年版，第72—73页。

（二）机器面粉工业的萎缩

抗日战争中，机器面粉工业也不是全无发展，有时还能获取暴利。其一是在东北地区，从1931年“九一八事变”之后到1938年实行统制经济之前，有一个短暂的“自由经营时期”，日本殖民者对机器面粉工业采取自由放任的政策，并削减铁路运费，实行新关税奖励面粉出口。这时固然日资大张旗鼓，日满制粉株式会社达到了11厂日产4万包以上的生产规模，加上其他财团设立的12

家工厂,形成日资的优势地位。但中国民族资本乘此时机有所发展,老厂双合盛、天兴福等在这一时期实现成倍增长。①

另一机会是日本全面侵华战争中产生的所谓“孤岛繁荣”现象。“八一三淞沪会战”之后,由于人口大量涌入上海,游资充斥,市场需求大增,面粉厂也大获其利。1938—1940年,上海各厂可以继续从苏北购入小麦,海路未绝,也可以向外商订购进口小麦,开工率1938年最高达到70%以上(福新七厂),低也有30%(福新二厂、八厂和华丰),1939年则全部达到50%—60%以上,福新七厂更高达97%。相比之下,此后的1940年,开工率即骤降至30%以下,1941年、1942年再降低至百分之十几至百分之几。上海各厂在这两年的盈利也很丰厚。华丰和记1937年开工,当年亏损7万元,第二年盈余20万元左右,1939年和1940年大量购入进口小麦,两年盈余150万元。这一时期上海面粉除供应本埠外,还运销华北和南洋。运往华北、华南的具体数字不可考,运销国外的,1938—1940年927156公担,其中1939年669382公担为历年外销最多。

同样经历短期畸形繁荣的,还有武汉的面粉厂。日本全面侵华战争开始,武汉面粉厂受空袭影响,1937年7—12月总产量175万包,比上年同期降低1/3,但利润却增加很多。因为武汉面粉价格一向受上海面粉价格制约,战争开始,申粉、洋粉中断,汉口面粉市场供不应求;而鄂豫皖小麦又无法转口至上海,供过于求价格下落;加之南京陷落后武汉一度成为临时首都,军民人口大增,面粉销量从过去平均日销2000包,增加到3000包。各种条件共同作用之下,福新五厂5个月盈利77万元;胜新厂投资50万元,1937

① 上海市粮食局、上海市工商行政管理局、上海社会科学院经济研究所经济史研究室编:《中国近代面粉工业史》,中华书局1989年版,第230页。

年10月开工投产,日夜不停,七八个月即净赚40多万元,已收回建厂投资额的八成多。① 但是,这些盈利都是在特殊条件下短暂的、畸形的发展,并不能持久。总体来看,沦陷区的面粉生产是不断萎缩的,见表2-38、表2-39。

表2-38 抗战时期东北面粉产量

(单位:袋,1937年=100)

1937年		1941年		1943年	
数量	指数	数量	指数	数量	指数
28670	100	14390	52	15250	53

资料来源:据严中平等辑:《中国近代经济史统计资料选辑》,中国社会科学出版社2012年版,第102页表-33修改。

表2-39 关内沦陷区面粉生产指数 (1936年=100)

1936年	1937年	1938年	1939年	1940年	1941年	1942年	1943年	1944年
100	64	40	70	60	75	50	49	44

资料来源:据严中平等辑:《中国近代经济史统计资料选辑》,中国社会科学出版社2012年版,第102页表-35修改。

生产萎缩从抗战时期新设厂的情况也可见一斑,虽然新设厂的数量较前十年有所增加,但大中型工厂的比例下降,日产几百包甚至不到一百包的小厂迅速增长,见表2-40。

① 上海市粮食局、上海市工商行政管理局、上海社会科学院经济研究所经济史研究室编:《中国近代面粉工业史》,中华书局1989年版,第151—154、263—266页。

表 2-40　抗战时期新设厂与前十年新设厂类型比较　(单位:%)

项目 年份	全部	5000 包以上	2001—5000 包	1001—2000 包	501—1000 包	101—500 包	100 包及以下	不详
1932—1936	100	3.9	25.0	28.8	11.5	17.4	1.9	11.5
1937—1945	100	1.1	9.4	8.3	13.3	39.4	15.0	13.4

资料来源:据资本主义经济改造研究室编:《旧中国机制面粉工业统计资料》,中华书局 1966 年版,第 15 页表 3 修改。

使沦陷区机制面粉工业低迷的致命因素是小麦供给不足。小麦供给分为进口小麦和国内小麦两个来源。上海的面粉工厂特别依赖价廉而质优的进口小麦,但抗战期间小麦的进口量连年下降,太平洋战争爆发后则基本断绝,如表 2-41 所示。

表 2-41　抗战时期小麦进口数量　(单位:关担)

年份	进口数量
1937	430467
1938	27
1939	4670837
1940	1488510
1941	1601840
1942	200
1943	缺
1944	缺
1945	缺

资料来源:资本主义经济改造研究室编:《旧中国机制面粉工业统计资料》,中华书局 1966 年版,第 114 页表 69。

而国内小麦供给在战争动荡的环境和日本侵略者严酷的统制下,也大幅下滑。东北北部是中国小麦的主产区之一。东北面粉厂的小麦原料完全依靠广大农村。收购渠道是粮栈。在日伪统治前期，粮栈自由经营，通过交易所买卖期麦。哈尔滨粮食交易所不做现货，完全是定期买卖，开近、中、远三个卯期，是个投机市场，但面粉厂也以此为保证原料供应的手段。

1938 年，伪满政府成立“满洲制粉联合会”，实行小麦、面粉定价。在定价范围内，各厂可以自由采购小麦，但面粉由联合会按定价收买，不能自由出售。而日商可以无视定价，加价抢购。所以此举束缚了华商，帮助了日商。1939 年 12 月，伪满公布小麦及制粉业统制法，接着又公布小麦专卖法和麦粉专卖法，主要内容是各地生产的小麦由当地“粮谷公社”统一收购，然后按各厂生产能力分配，面粉则由专卖署统一收购。这就完全打破了东北民族资本面粉厂通过粮栈系统收购小麦、利用卯期减轻流动资金压力的做法，生产陷入极大的困难。1940 年，伪满政府下令“整理”制粉工业，把认为不合格的工厂停产，设备拆迁别用。1940 年 6 月东北各地共有制粉厂 90 家，日产能力 209552 包，其中属于日本垄断资本的 25 家，日产能力 84440 包（占 40%）。经过“整理”，1941 年有 48 家，日产能力 163180 包，其中日商 20 家，日产能力 74510 包。被“整理”掉的绝大部分是华商。①

华北地区，收购小麦的主力也是粮栈。1938 年前后，“日清制粉会社”济南工厂收购粮食采用三种途径：工厂委托粮栈收购；粮业公会经手收购；工厂派员驻栈收购。1940 年 6 月成立“华北小麦协会”，由华北全体面粉工厂、原料小麦收购商（三井、三菱、大仓等财阀）共同参加，是结构松散的协调性组织。随着收购小麦日益困难，1941 年 8 月改组，所有面粉厂为会员，所

① 上海市粮食局、上海市工商行政管理局、上海社会科学院经济研究所经济史研究室编：《中国近代面粉工业史》，中华书局 1989 年版，第 242—246、251—253 页。

有收购商为指定收买商,小麦收购价格参照当局指示的"小麦及小麦粉标准价格"。但实际上指定收买商仍然是依靠地方粮栈来收购的。

太平洋战争爆发以后,日军"就地自活主义"更加紧迫。农产收购以1943年1月汪伪"宣战"为转折点,经济政策主导权移交给汪伪政权,其中包括重要农产品的统制权。其实质是要求汪伪保证日军就地补给资源,获得农产品的方式也从收购转向"行政收购"即征购。1943年4月,汪伪在华北设立"华北政务委员会华北物资物价处理委员会",其下设立食粮管理局,负责向各省市摊派农产品收购计划,下级行政机关则通过采运社、合作社来采购。采运社由粮栈和日本行商组成,受行政机关指导。"华北农村合作社"名义上是向农民提供必需物资和收购农产品,实际变为专门搜刮农户农产品的组织。1944年5月又设立"华北政务委员会"督导的特殊法人"食粮公社",以政治力处理收购粮食业务,在华北实施全盘的粮食管理。"中央食粮公社"资本一亿元,一半由"华北政务委员会"出资,一半由"华北麦粉制造协会""华北食粮平衡仓库""华北合作事业总会""华北开发会社"等分摊。"华北面粉制造协会"停止原来代理收购小麦的业务,专职于面粉生产。①

表2-42 华北小麦生产及收买数量(1940—1943年)

(单位:千吨)

项目 年份	生产数量	收买数量	收买率(%)
1940	7142	273	3.8
1941	6873	271	3.9

① [日]浅田乔二等著:《1937—1945日本在中国沦陷区的经济掠夺》,袁愈佺译,复旦大学出版社1997年版,第6、7、13、14、18页。

续表

项目 年份	生产数量	收买数量	收买率(%)
1942	6941	205	3
1943	7184	248	3.5

资料来源：[日]浅田乔二等著：《1937—1945日本在中国沦陷区的经济掠夺》，袁愈佺译，复旦大学出版社1997年版，第31页。原表据大东亚省中国事务局农林课《昭和19年食粮对策有关资料》（刊北平日本大使馆报告《华北蒙疆主要农产品需给表》）。

如表2-42所示，小麦收购率如此之低，日资面粉厂开工率1939年为49.5%，1941年为33.3%，1940年到1941年间下降到全面侵华战争以前的70%—80%。华中地区，1940年1月成立“华中制粉联合会”，由华中地区面粉厂和经营小麦及其副产品的中日商人共同组织，在兴业院的领导之下，调整保障日本、华北、伪“蒙疆”、伪满、南洋各地的供应畅通。但这个组织并未实行严格的统制，日本商行和面粉厂都可以在农村通过中国商人收购。1942年9月由日本米谷商行组成“华中米谷收买组合”，中国商人则由伪“行政院”直属“粮食管理委员会”直接监督。两边划定收购地区，避免互相竞争。但双方仍然是通过地方粮栈收购小麦的。

1943年1月以汪伪对英美“宣战”为契机，华中成立新的物资统制机构“全国商业统制总会”，其下设“小麦面粉专业委员会”，负责小麦、面粉、麸皮的收集、制造、配给。由于面粉厂一直保持着与粮栈的关系，粉麦专业委员会基本上是通过控制面粉厂来达到面粉统制的目的。1944年4月改组为“麦粮统制委员会”，直接参加麦粮的经营活动。

华中地区小麦，战前除自给外还能供应华北，战争中长江下游占领区的上市量估计只有700万担，是战前的30%强，汉口市场上市量估计为65万担，为战前的10%，整个长江中下游的上市量估计只有战前的28%。同时华中面粉厂的开工率1939年为45.5%,1941年为33.2%,1940年至1941年产量只有战前的一半左右。①

“粉麦统制委员会”(以下简称“粉统会”)规定,收购小麦的商人必须是杂粮业同业公会的会员,收购的数量、价格必须向“粉统会”报告,发现舞弊即取消资格并进行处罚。后又规定采购商由代理商推荐,代理商对采购商负保证责任,收买商违反采购条例,代理商负连带责任;代理商和采购商都需要向“粉统会”交纳保证金。代理商由“粉统会”指定,有三井、三菱、上海麦粮行、阜丰、福新等5家,他们共推荐和担保了66家收买商,其中日商40家。

收购小麦的资金,由“粉统会”向“小麦贷款银团”借贷。先由收买商向“粉统会”提出申请,由“粉统会”核定,签订“假定卖买契约书”,写明收购地区、数量、质量、价格、交换地点、验收、结算等事项。

但收购小麦达不到预定的计划,1943年收购指标为650万—800万袋,实际只收购了350万袋。于是“粉统会”为取缔囤积居奇,制定“粉麦移动取缔暂行办法”,小麦超过20市斤,面粉、麸皮、干面条等制品超过10市斤,无证移动即予以没收、罚款或移送法办等。

福新面粉公司档案中记载了粉统会控制小麦收购过程的情形。一次“粉统会”负责人召集代理商开会,表示6万元资金发出后,三周内所收到的报告极少,引起日本“大使馆”的不满。“大使馆”对于各地已收买之数量、价格均有记录,要求代理商咨询收买商,将已收买数量价格报本会。如到时不报,“大使馆”根据记录

① [日]浅田乔二等著:《1937—1945日本在中国沦陷区的经济掠夺》,袁愈佺译,复旦大学出版社1997年版,第12、21—25、35页。

来按图索骥,要求代理商交出小麦。由此细节,可以毫不意外地推知,面粉厂因原料不足,开工率极低,1943 年 6 月到 1945 年 8 月期间,上海市 12 个面粉厂生产 970 多万包,其中三兴公司经营的 7 个厂开工率为 18.58%,阜丰福新等民族资本厂开工率只有 9.85%。

在粉麦统制的环境下,大中型面粉厂逐步衰落,面粉加工退回到机器磨坊和简易小型厂形态。上海近郊的江湾、吴淞、浦东等地有 107 家,使用钢磨的磨坊或小厂一般有钢磨 2—3 部,日产能力 100—200 包,多至 300—500 包。苏、浙、皖的小型面粉厂或机器磨坊也有一定发展。共开办 24 家,其中 21 家在江苏。[①]

机器磨坊和小厂经营灵活,所需原料或向农民收购,或向小商小贩收购,或委托粮店、切面店以面粉兑换小麦。忙时多做,小麦不足时磨杂粮,出粉大部分卖给饼馒切面店和小贩,运向市区和黑市。此为投资于面粉加工业的民族资本在战时苟活的办法。

三、火柴工业

火柴工业本小利大、投资和技术门槛较低,所以发展迅猛,工厂遍布全国各地。抗战时期,火柴工业除大中华公司部分内迁,华北、华中、华南工厂都未搬迁。日本侵略者对沦陷区的精华大厂采取"军管理""合办"等方式直接掠夺,对于整个行业则采取统制手段。战争和统制破坏了一贯的生产秩序,沦陷区火柴工业生产不断下滑。

---

① 上海市粮食局、上海市工商行政管理局、上海社会科学院经济研究所经济史研究室编:《中国近代面粉工业史》,中华书局 1989 年版,第 157—161、225—227 页。

(一)联营社的变质与火柴统制

战前中国火柴工业由于生产过剩,关内的中日火柴厂曾组织"中华火柴产销联营社",要求会员按联营社制定的生产比例生产,产品由联营社按照统一价格、统一销售。联营社经国民党政府核准,先由其上海分社在华运作。稍后天津丹华、中华厂与日本火柴厂合作发起组织联营社之天津分社,控制华北的火柴生产。"中华火柴产销联营社"是一个卡特尔性质的产业联盟。

抗战时期的中华全国火柴联营社却是完全不同的性质。中华火柴产销联营社因"卢沟桥事变""八一三淞沪会战"营业停顿,1938 年 8 月由日本在华火柴厂发起,以"续办"的名义向兴亚院及伪"华北政务委员会"提出申请。获得批准后,总社由上海迁往天津后又迁往北京,继续按华北、鲁豫、华中三个区域,在天津、青岛、上海成立三个分社,区域内所有中日火柴厂都加入了。它是日本侵略者用于控制中国火柴工业生产、攫取战略物资和税收的工具。

联营社恢复营业后,继续按战前比例限定各厂产额,分社在各厂派驻查核员,并且按日本军部意见,全部由日本人充任。实行集中发卖,各分社下设支社,与经销店签订合同,经销店交纳保证金后按区域销售,抽取 3%佣金,分社随时派人到店查账盘货。1940 年 2 月又对氯酸钾向日本"盐酸加里配给组合"集中采购后统一分配。

1940 年以后,特别是太平洋战争爆发以后,日本帝国主义加强对物资的控制,无论华北、华中,火柴都是统制品。联营社呈请兴亚院华北联络部和日本驻北京大使馆,自 1941 年起所有火柴原料(各种化学原料和木材、纸张)全部由联营社统一配给,没有联营社的许可不得转让或出售,违规者停止配给。联营社上海分社各支社的人员都是中国人,为便于监督各工厂,分社向各支社派出一名日本人,负责支社与管理机构的联络以及分社交办的事项,称为"支社参与"。这样各厂的生产完全在联营社的监视之下。

1940年8月,中支那派遣军司令部上海出张所通知上海分社,所有火柴改以军用票出售,并且火柴运往各地时必须向"中支那军票交换用配给组合"领取"搬出许可证"。上海分社成立"华中磷寸贩卖会",华中所有代理店、经销店都强制成为会员,协助军部进行物资管制和军票流通。

华北地区的火柴配给由联营社办理。联营社先将火柴分配给"经销店组合"和"分销店组合",然后再通过"安清道义会""合作社联合会""华商杂谷组合""日商杂谷组合"等分配给零售店,再通过区、保、乡公所分配给消费者。由于原料短缺,联营社对各厂产量逐渐压缩,1944年按每一万人年用火柴10万箱,计划华北地区年产火柴24万箱。其时火柴已改用硫磺制造,各工厂也取消了牌号、等级,完全按一个价目搭配。①

广州沦陷后,1939年设立了"华南磷寸株式会社",各厂所需氯酸钾、赤磷由其统一配给,生产的火柴也由该社转由广州贩卖同业公会发售。②

伪"满洲国"对火柴工业的管理经历了由专卖、公卖到战时统制的演变。1925年以前,东北地区的火柴工业以日资工厂为主,也有中国民族资本厂开始发展。1925年瑞典火柴公司大举进军东北,收购吉林火柴公司一半股份,次年又收买大连火柴株式会社和日清火柴股份公司,给中日火柴业者很大打击。1931年中国实行火柴专卖,在东北由中日联合会代办,瑞典火柴受阻。伪满"建

① 青岛市工商行政管理局史料组编:《中国民族火柴工业》,中华书局1963年版,第126—130页。

② 广州市轻工业局、广州市工商行政管理局、广州市对资改造资料整理研究组整理:《广州市私营火柴工业社会主义改造资料》,1958年印行。

国”后,废弃专卖,瑞典公司乘机加入联合会,网罗全东北营业者,成立东北火柴维持会,设公卖处。1932年,东北火柴公卖处归伪满财政部直辖,十一月改为伪“满洲火柴联合会”,至1937年伪满亦实行火柴专卖法,公卖制度废止,火柴业不复竞争。太平洋战争爆发后,设立伪“满洲火柴工业组合(公会)”,产销完全实行统制。①

(二)火柴工业的衰落

沦陷区火柴业在日本帝国主义统制和打击下,生产较前显著下降。华北地区参加联营的火柴厂1930—1940年平均月产38000箱,比1937年平均月量下降20%。1943—1944年更下降为14000箱,较1937年下降70%。华中地区参加联营的10家厂,1943年平均月产5000多箱,较1937年下降60%。广州14家火柴厂1943年每月只能开工10天左右,月产1500箱,较战前下降80%以上。② 表2-43以大中华公司的生产情况来说明,抗战期间的产量一路下滑,1944年产量已不及1937年的20%。

表2-43　沦陷时期大中华公司火柴产销量(1937—1944年)

(单位:箱)

项目 年份	生产量		销售量	
	数量	指数	数量	指数
1936	146950	100	131127	100

① 东北物资调节委员会研究组编:《东北经济小丛书·化学工业(下)》,1948年印行,第126—128页。

② 青岛市工商行政管理局史料组编:《中国民族火柴工业》,中华书局1963年版,第131页。

续表

项目 / 年份	生产量		销售量	
	数量	指数	数量	指数
1937	96711	65.8	109208	83.3
1938	33230	22.6	57085	43.5
1939	67128	45.7	68183	52.0
1940	54956	37.4	57077	43.5
1941	40766	27.7	33253	25.4
1942	16779	11.4	23516	17.9
1943	10812	7.4	12193	9.3
1944	13831	9.4	13385	10.2

资料来源:上海社会科学院经济研究所编:《刘鸿生企业史料》下册,上海人民出版社 1981 年版,第 96 页。本表未列入上海荧昌和镇江荧昌与日方“合作”组成华中火柴公司的产销量。

1942 年以前的沦陷区,在华北、华中没开一家新厂,一些原有的工厂如苏州民生等在联营社的压制下,筹划复工而不得。而到了抗战末期,日本帝国主义对火柴的统制已无法实现,黑市交易兴旺,上海新开许多小厂,广州各县也开了许多家庭作坊,粗制滥造,销往黑市。

战争期间,火柴产业最为困难的是化工原料的缺乏。在东北地区,伪“满洲火柴工业组合(公会)”完全统制产销,却无法解决原料药品进口困难,导致火柴产量大减。① 在关内,1943 年 4 月,大中华联合上海大明、大华、中国和南通通燧四厂,请日伪机关批准,成立中国火柴原料厂,总资本中储券 1000 万元,大中华占

① 东北物资调节委员会研究组编:《东北经济小丛书 · 化学工业(下)》,1948 年印行,第 126—128 页。

60%,其他各厂各10%。所产氯酸钾、赤磷,按投资分配使用。大中华还在1944年借给天泰化工厂中储券1000万元(后改为投资),优先承买其化工产品。①

四、卷烟工业

抗日战争期间,卷烟工业受到很大影响。这是由中国卷烟工业特别集中的特点决定的。关内机器卷烟工业集中分布于天津、青岛、上海、武汉几个城市,美种烤烟的产地则集中于河南许昌、山东潍县和安徽凤阳三个地区。而这些城市和地区也正是全面战争中首先沦陷的。一些工厂毁于战火,幸存的工厂也无法维持正常的生产。日本帝国主义对于卷烟工业庞大的产值和税收利益垂涎欲滴,早在20世纪初就开始布局,以英美烟公司为标杆和竞争对手。随着侵略战争的全面扩大,凭借军事的优势,极力将关内外关卷烟工业,从烟叶种植到产品销售纳入其统制之下,更以各种手段直接夺取中国民族资本和外国资本工厂。但战争对于工业生产的破坏性是侵略者无法掌控的,抗战时期伪"满洲国"和沦陷区的卷烟工业不断衰退。

(一)抗战中卷烟工业的损失和经营

"八一三淞沪会战"中,规模较大的南洋兄弟烟草公司(以下简称"南洋公司")上海工厂和华成厂都被焚毁。南洋上海工厂位于东百老汇路,相连共5厂,除货仓外,占地30余亩。总厂主要机器设备卷烟机,共有美式双刀卷烟机87台,除2台备用外,开工

① 青岛市工商行政管理局史料组编:《中国民族火柴工业》,中华书局1963年版,第131—134页。

85台,分布4个工厂。另有切烟机、加香机、蒸叶机、打盒机等配套设备。"八一三淞沪会战"时被日军将机器间等焚毁,唯余厂房建筑,后又被日军占用作为战时邮局,南洋公司沪厂就此停止生产、遣散工人。①

上海工厂是南洋公司最大的工厂,也是南洋公司在华中的供货基地,遭焚毁损失惨重。所幸当时南洋公司的汉口工厂②已经开始生产,月产量已达千余箱,危难中顶替上海工厂成为向华中、华南销售区供货的主力,而且汉口厂的生产费用比上海厂低廉,得使南洋公司一时不至于中断经营,营利反有增长。同时南洋公司的香港工厂也开足马力,增加出货。

1938年战事迫近武汉,南洋公司决定将汉口工厂迁至重庆,重要而必用的机件、器材、原材料等分批装运,当年10月运完。搬迁期间,汉口方面的生产当然完全停顿,工人遣散,大部分职员押货赴重庆。不需要运往重庆的机件物料以卫利韩公司名义租存于怡和、太古、中央及天祥等栈。而南洋公司的硚口制造厂,1939年9月被日军占领,日军将颐中公司汉口工厂的机器原料拆运至南洋公司硚口厂,于1940年4月成立"中华烟草株式会社",将这个工厂改称中华烟厂,有男工100名,女工700名,绝大部分是原厂工人,每月产量约8000箱。③

南洋公司香港工厂能够开动的卷烟机约有二十三四架,如果每月开工约24日,每日加开夜工3小时,每月可出3500大箱。香

① 中国科学院上海经济研究所、上海社会科学院经济研究所编:《南洋兄弟烟草公司史料》,上海人民出版社1958年版,第168—170、510页。

② 中国科学院上海经济研究所、上海社会科学院经济研究所编:《南洋兄弟烟草公司史料》,上海人民出版社1958年版,第177、554页。

③ 中国科学院上海经济研究所、上海社会科学院经济研究所编:《南洋兄弟烟草公司史料》,上海人民出版社1958年版,第522页。

港在全面抗战初期非战区,相对安定,所以无论南洋公司还是英美烟公司,都依赖香港工厂向华南、华中和大后方供货。南洋公司香港厂在抗战前期产销量如表 2-44 所示。

表 2-44　抗战时期香烟厂产销量(1937—1941 年)

年份	产销量(箱)	逐年增减(%)
1937	21509	—
1938	28164	+30.9
1939	23426	-16.8
1940	16648	-28.9
1941	16524	-0.7

资料来源:中国科学院上海经济研究所、上海社会科学院经济研究所编:《南洋兄弟烟草公司史料》,上海人民出版社 1958 年版,第 531 页。

直到 1941 年太平洋战争爆发,港沪同时陷落,南洋香港厂被迫停业,除摩理臣山道及霎西街货仓为日军"租用",香港厂新存物料被敌征用,原值港币 102 万余元,工厂幸未被占。但 1945 年 4 月工厂又被炸,炉房机器被压,挖掘工程颇巨,但机器幸未损坏。后又被日本人强征 6 尺及 16 尺机床各一架,6 尺机床迁至英美烟公司制造厂。存于货仓的原料除唛纸外 1944 年 7 月都被征用,仅存于厂内者(卷烟,无烟叶)幸得保全。南洋公司的巴达维亚工厂,1939 年结束生产。1942 年日军占领巴达维亚,工厂被劫两次。次年公司产业被没收。① 根据战后的统计,南洋公司国内外各工厂的厂房设备、物料、产品等,总计国内各地损失 7850402.50 元(法币),国外各地损失 2184884.44 元(港币)。

① 中国科学院上海经济研究所、上海社会科学院经济研究所编:《南洋兄弟烟草公司史料》,上海人民出版社 1958 年版,第 532—533 页。

因预计上海在战争结束以后仍然是卷烟制造业的中心，南洋公司决定兴建新的上海工厂，厂址位于胶州路，占地36.2亩，1942年4月兴工，历时一年零两个月告竣。配置卷烟机6部，切烟机8部，蒸烟机1部，电马达38具，每月可产烟800大箱至1000大箱。新工厂从1943年6月建成并开始生产。①

虽然兴建了新的工厂，但抗战时期南洋公司在上海的生产主要是采用代卷来完成的。如表2-45所示，从1937年到1943年，南洋公司曾委托8家工厂为其代卷，代卷时间长不过一年两年，短则数月，中间可能还有间断，并不是很稳定。

表2-45　南洋兄弟烟草公司在上海委托代卷工厂（1937—1943年）

（单位：月）

厂别＼年份	1937	1938	1939	1940	1941	1942	1943
利兴	10—12	—	—	—	—	—	—
大东南	12	1—4	—	—	—	—	—
大幸	12	1—4	—	—	—	—	—
江浙	—	2—4, 8—12	2—4, 6—8	—	—	—	—
德兴	—	2—3, 5—12	1—12	1—12	1—4	—	—
汇众	—	9—12	1—12	1—12	1—5	—	—
大东	—	—	—	—	6—9, 11—12	1,9—11	1—9, 10—12
华成	—	—	—	—	—	—	10—12

① 中国科学院上海经济研究所、上海社会科学院经济研究所编：《南洋兄弟烟草公司史料》，上海人民出版社1958年版，第516—518页。

续表

年份 厂别	1937	1938	1939	1940	1941	1942	1943
备注	10月开始代卷	—	—	—	—	—	12月以后停止代卷

注:据当时制造成本表整理,空格表示无。

资料来源:中国科学院上海经济研究所、上海社会科学院经济研究所编:《南洋兄弟烟草公司史料》,上海人民出版社1958年版,第514—515页。

委托代卷时,由南洋公司与代卷厂签订委托合同,由南洋公司提供原料,支付供养代卷和代包装费用,代卷厂按照南洋公司驻厂的配烟师和监制人进行生产,并且由南湖驻厂人员检验产品是否合格。双方有时商定代卷的产量,主要是由委托加工的南洋公司根据自家原料的供应情况来决定。

代卷是南洋公司在抗战时期上海生产供给的主要方式,虽然南洋公司于1942年兴建了新的上海工厂,并于一年以后投产,但出货量比较小。南洋公司抗战期间上海方面的卷烟生产量如表2-46所示,不论代卷还是自制,产量是很低的而且一直在下滑。

表2-46　抗战时期南洋兄弟烟草公司上海厂产量变化(代卷和自制)

(单位:箱)

项目 年份	代卷	自制	指数1937=100
1937	3403.93	59647.98	100
1938	27430.36	—	43.48
1939	28573.65	—	45.30
1940	20673.66	—	32.46
1941	15539.26	—	24.63
1942	3706	—	5.88

续表

年份＼项目	代卷	自制	指数 1937 = 100
1943	5900	34	9.41
1944	—	7223	11.45
1945	—	4246	6.73

注：据档案资料整理，空格代表没有。

资料来源：中国科学院上海经济研究所、上海社会科学院经济研究所编：《南洋兄弟烟草公司史料》，上海人民出版社 1958 年版，第 521 页。

上述为南洋公司在沦陷区工厂的情况，市场方面，首先，战争打破了原有的运销路线和运销区域。本来上海既是南洋公司的生产中心，也是销售中心，南洋总公司设于上海，负责销售区域覆盖整个华东、华南和西南。随着战区扩大，先是闽浙地区的口岸开闭无常，影响公司运送货物。广州、汕头沦陷后粤桂市场的销售改走澳门。运输困难大大增加了成本，尤其偏远的四川和贵州，每箱加价数百元到千元以上。公司不得已转而依赖海外市场，同时通过香港厂为华南市场供货。1940 年，南洋总公司迁往香港，在上海成立驻沪办事处，将萎缩的苏、浙、皖、闽及华北市场划为其营业范围，勉力维持。太平洋战争爆发以后，海外市场和香港厂也随之沦陷。其次，随着日本殖民侵略的深化，各地区次第实行香烟销售统制。1943 年 3 月成立侵华日军组织“华中烟草组合”，实行搬运许可证制度，烟厂实际上很难领取许可证进行外埠销售。所有中外厂商的出品全交该组合实施配给，公布各牌公定价格，各烟厂批发价加收 3%组合费，批发商利润 7%，零售商利润 20%。再次，香烟的定价、销售深受统制和加税的影响。在“华中烟草组合”的统制下，大厂迫于形势必须参加，受到严格的监管，小厂多阴奉阳违。烟草组合对于烟价调整极迟缓，黑市泛滥，各厂商配给烟为限价所困。香烟加税也非常剧烈,自1941年8月起宣布加税,维持原先的5个级别,各级按原纳税率加50%,南洋公司各牌烟价参酌市价随之提升。1942年4月伪税务机关公布加征特税,除按照原征统税外,再按5级加征特税,最低5级加征500元,递增至1级加征1000元,各烟批价随之按级提升。6月改以中储券为本位,各烟价格按法币2比1折合为中储券。到1942年,南洋公司驻沪办事处的营业萎缩到仅在上海销售。

相较于南洋公司痛失上海厂,英美烟颐中公司在上海的公司安然无恙。"八一三淞沪会战"时,颐中公司在上海有通北路和浦东各一家卷烟工厂,首善印刷公司经营的华盛顿路和浦东各一家印刷厂,中国装包品公司经营的浦东一家锡纸厂,振兴类烟叶公司经营的华盛顿路一家烟叶厂等。另外,美商花旗烟公司,其股票属于英商驻华英美烟公司所有,拥有和经营榆林路一家卷烟工厂,可谓家大业大①,但在战火中均完好,仅仅因战事关系全部停工,营业颇受损失。颐中公司在香港也设有分厂,雇用华籍工人,烟叶原料亦与上海工厂相同,此时将其香港工厂机器全部开动起来,加班加点生产,将老刀牌等14种卷烟交由港厂代卷,并仿照南洋公司的成例,这些港厂生产的香烟得以按照本国产品完纳统税,照统税完纳,行销内地。②

颐中烟草公司在其他城市的工厂也都完好。天津有颐中卷烟厂一家,首善印刷厂一家,1937年七八月间中日在天津交战时,两厂暂停生产,后即恢复。汉口和汉水各有一家颐中烟厂,汉口还有

① 上海社会科学院经济研究所编:《英美烟公司在华企业资料汇编》,中华书局1983年版,第178—183页。

② 上海社会科学院经济研究所编:《英美烟公司在华企业资料汇编》,中华书局1983年版,第473页。

一家首善的印刷厂和一家振兴的烟叶厂。青岛有颐中烟厂一家，首善的印刷厂一家，振兴的烟叶厂一家。抗日战争初期的战事没有给各厂生产造成困难，除了有时交通阻断影响了原料的运输。以天津厂为例，如表 2-47 所示，在抗战前期始终保持着垄断地位。

表 2-47　颐中烟草公司垄断天津卷烟生产情况（1938—1941 年）

（单位：箱）

项目 年份	全市总计	颐中	颐中占比（%）
1938	179862	146718	81.57
1939	175848	136749	77.77
1940	195266	151325	77.50
1941	206818	124700	60.29

资料来源：上海社会科学院经济研究所编：《英美烟公司在华企业资料汇编》，中华书局 1983 年版，第 237 页，见《英商颐中烟草调查报告》油印本。

既然工厂生产能力无损，颐中烟草公司虽在 1938 年、1939 年受时局影响，业务全面萎缩，但到 1941 年物价狂涨，业务复振。销售量虽一度略见减少，不久即重新恢复，而且凭借强大销售网络，其成品无论远近，都使日本人之烟业侵入无足轻重，其销量与事件前比无甚上下。反之，更因中国人烟厂惨遭战火破坏，反而对其销路扩展有利，1941 年竟能超过以前销量。从全面抗战爆发到太平洋战争爆发，英美烟公司利用其强大的生产能力和成熟的销售体系，1938—1941 年的年产销量仍保持在 90 万箱左右，利润稳定增长。[①] 表 2-48 显示抗战前期英美烟公司各工厂开工和产值增长情况。

① 上海社会科学院经济研究所编：《英美烟公司在华企业资料汇编》，中华书局 1983 年版，第 82—83 页。

表 2-48　英美烟公司各厂年产值(1937—1941 年)

(单位:千元)

年月 / 厂别	1937 年 10 月—1938 年 9 月	1938 年 10 月—1939 年 9 月	1939 年 10 月—1940 年 9 月	1940 年 10 月—1941 年 9 月
上海浦东	9984	18757	31422	57038
上海通北路	13332	26222	39011	75383
上海榆林路	1318	4486	10721	18741
汉口	6665	1863	5748	9780
汉水	4044	257	—	—
青岛	9125	14490	23199	38445
天津	11824	15220	27379	40515
香港	8847	13100	8922*	17102*
沈阳	10824#	6281#	5362#	—
哈尔滨	7020#	3601#	3825#	—
辽阳	804#	—	—	—
营口	—	296	1179	—

注:* 为港币,#为伪满币,—为停产,空格为资料缺失。

资料来源:上海社会科学院经济研究所编:《英美烟公司在华企业资料汇编》,中华书局 1983 年版,第 186 页。

表 2-49　英美烟公司资产负债的变化(1938—1941 年)

(单位:千元)

年份 / 公司名称	1938	1939	1940	1941
启东烟草公司	67863	74488	84753	92105
颐中烟草公司	217818	265906	463019	382819
颐中烟草运销公司	106791	130782	321336	240615

资料来源:上海社会科学院经济研究所编:《英美烟公司在华企业资料汇编》,中华书局 1983 年版,第 1477—1478 页表改编。

同时1938—1941年间，公司也继续保持高额的资产、资本（见表2-49）。颐中公司能持续保持高额利润，除了幸运地保持着生产和运销能力，也由于部分原料能以低价外汇进口，即使物价上涨，仍能维持高额利润。总之，颐中烟草公司1941年账面利润达18837万元，为1937年账面利润的6.6倍。

颐中烟草公司还利用英美烟托拉斯国际联营的条件，尽量向国外转出资金。从1936—1941年汇出1287万英镑和2512万美元。太平洋战争爆发前，颐中烟草公司在英美大量英镑美元存款，在美国所存烟叶达3300万磅。抗战以后，颐中公司也不再扩大生产，1938年4月，对运往中国的300架卷烟机，在提取100架卷烟机后停止继续提货。①

1941年8月，太平洋战争爆发。日本帝国主义立即对垂涎已久的颐中公司实行“军管理”。在华企业的英美籍人员被关入集中营，各厂开始为日军生产旭光版香烟，印刷厂为伪政权印制钞票。同时因1942—1945年国内产烟区受战争破坏，美国烟叶也不能进口，日商东亚等公司也极度缺乏原料，“军管理”颐中公司的产量锐减，从1937年的112万箱减至1945年的15万箱，仅为1937年的13%。② 颐中公司生产的香烟全部由日军统制香烟配给的华中烟草公司销售③，在批准由华中经营的地区由其销售；以仓库价为基价，货款以军票支付。而华中烟草公司批准的价格与实际市场价格相差甚至十几倍，如表2-50所示。

① 上海社会科学院经济研究所编:《英美烟公司在华企业资料汇编》，中华书局1983年版，第184页。

② 上海社会科学院经济研究所编:《英美烟公司在华企业资料汇编》，中华书局1983年版，前言第5—7页。

③ 上海社会科学院经济研究所编:《英美烟公司在华企业资料汇编》，中华书局1983年版，第487页。

表 2-50　日本军事当局给颐中烟草公司的建议价格与实际牌价比较(1942 年)　(单位:元)

产品＼牌价	军用票元	相当于储备币	牌价(不含税)	差额
三炮台 50 支	500	2758	16280	13522
大前门 50 支	300	1655	5920	4265
红锡包 10 支	270	1490	4810	3320
老刀牌 10 支	214	1180	3700	2520

资料来源:上海社会科学院经济研究所编:《英美烟公司在华企业资料汇编》,中华书局 1983 年版,第 492 页。

除了销售统制,颐中公司还承担为日军供应军用烟的义务,约占颐中销售香烟总量的 1/4。如表 2-51 所示。

表 2-51　供应日本军方卷烟数量(1942—1945 年)

(单位:箱=5 万支)

年月＼销量	总销售数量	其中日本军方	军方占比(%)
1942 年 4 月—1943 年 3 月	157719. 21	22431. 00	14. 2
1943 年 4 月—1944 年 3 月	141545. 10	31182. 90	22. 0
1944 年 4 月—1945 年 1 月	110900. 30	53030. 70	47. 8
总计	410164. 61	106644. 60	24. 5

资料来源:上海社会科学院经济研究所编:《英美烟公司在华企业资料汇编》,中华书局 1983 年版,第 237 页,见《英商颐中烟草调查报告》油印本。

颐中公司在汉口原有六合路烟厂和硚口烟厂两厂。六合路烟厂原有老式卷烟机 64 台,1929 年改置新式机 36 台,月产 7000—8000 箱。硚口烟厂有卷烟机 31 台,每日产量 200—240 箱。1938 年 10 月日本侵入武汉时六合路烟厂停工,同年 12 月复工。太平洋战争爆发后,由日军管理丸三烟草公司占作已有,并将硚口烟厂卷烟机件一并迁来生产。这个工厂于 1944 年 12 月被全部炸毁。这是英美烟颐中各工厂中唯一全毁于战火的。

（二）日本帝国主义强占卷烟工业

卷烟工业对税收贡献，无其他行业可望其项背。上下游企业创造的产值、就业以及烟叶种植对农户经济的价值也意义非常。日本帝国主义早就垂涎中国巨大卷烟消费市场的利益，动用各种手段，无所不用其极地打击中国民族资本卷烟企业，与居于垄断地位的英美烟托拉斯竞争，最终通过战争这一“最高手段”直接夺取对手企业，对中国卷烟工业实行从原料到销售全产业链的控制。然而这种强盗式的独占不可能维持下去，很快就随着日本帝国主义者在战争中的失败土崩瓦解。

卷烟是西方舶来品，以一套成熟的工业化生产体系为支撑。西方人烟草企业在东方以英美烟公司最为成功，技术先进，规模庞大，足迹遍布东亚和东南亚各地。因此，日本帝国主义发展本国烟草势力一开始就直接以英美烟为标杆和对手。1906 年大藏省烟草专卖局授予东亚烟草会社生产烟草出口许可，获得专卖局烟草的销售权和国外专卖权，而专卖局对东亚烟草公司可以进行必要的业务上的指示命令，监督公司修改章程、人事安排、公司股票的买卖、分红、发债、借款等事项，公司出口和专卖权的区域涵盖中国、韩国、满洲、海参崴、萨哈林、黑龙江沿海州、英领印度、海峡殖民地、荷属印度、暹罗、澳大利亚。是由专卖局直接领导的、在强有力的国策支持下特殊企业。东亚烟草在抗战前进入东北地区，发展颇有成绩，已从无到有开始追赶英美烟，而碾压中国民族资本企业。1933 年 1—6 月锦州地区卷烟销售，东亚烟草 1440 箱（25000 支）93000 元，启东 1064 箱（50000 支）233000 元，而事变前从上海进口的南洋、华成、大东三公司香烟合计只有 500 箱（估计为

50000 支装)。[1] 但日本侵略军认为东亚烟草一家仍不足与英美烟抗衡,又建立了"满洲烟草株式会社"。抗战时期日本帝国主义鲸吞中国烟草业,就是以这两大特殊会社为主干、一系列日本财阀投资的烟草企业为侧翼,由北向南,追随侵略军的铁蹄进行的。

卷烟工业由烟叶生产基地、香烟工厂、销售系统三个部分组成。日本帝国主义为垄断卷烟工业,也是从这三个角度着手。首先,卷烟产业的上游——原料美种烟叶种植和烘烤,是卷烟企业的生命线。为了独占卷烟工业首先必须垄断美种烟叶,日本帝国主义者在不同地区不同时期,采取了各种针对性的办法。

在中国东北地区本来没有美种烟叶种植。伪"满洲国"要求启东烟草公司派遣专家、提供烟种,帮助殖民地政府引进美种烟叶。1938 年,启东烟草公司被"邀请"加入伪"满洲国"满洲烟叶公司,作为该公司的"创办人"之一。该公司的目的是控制外国的和国内的烟草分配,促进和改进"满洲"的烟草种植,资本为 1000 万元,分为 20 万份、每份 50 元,启东烟草公司认股 53000 份,伪满政府认股 20000 份,奉天、锦州、安东各"省"农业协会各 90000 份,其他烟草制造商认其余 36900 份。[2] 伪满政府安排种植烟叶的地区主要有凤凰城、得利寺、鞍山、延吉、盖平、辽阳、锦县等地,1937 年计划生产 736 万磅烤烟。大多数地区中,烟叶的种植和销售是协会控制的,主要是由日本人和当地的府、县行政长官合作,只有在协会登记的农民才被允许种烟叶。协会很大程度上为农民筹措了资金,所以完全控制了农民和烟叶。英美烟托拉斯原来期望按

① [日]柴田善雅:『中国における日系煙草産業』,水曜社 2013 年版,第 45、46、118 页。

② 上海社会科学院经济研究所编:《英美烟公司在华企业资料汇编》,中华书局 1983 年版,第 80—81 页。

照山东河南模式建立起依靠公司实力控制的所谓"自由市场制"烟叶生产基地，但最后发现日本帝国主义不会允许公司建立竞争性的组织或干涉协会的活动，顶多允许公司给协会一些财力的帮助，以及在收烟叶时派人帮助在现场收货。伪"满洲国"将烟叶生产纳入农工商一体的五年殖民经济计划中，其中烟叶种植只有在协会的控制之下由日本和朝鲜移民参与，在伪满政府指定的地区经营，绝不容外人染指。伪满政府已经明确表示不允许任何地区无限制地发展，制造商也不能在公开市场上从向农民直接收购。伪满政府设置了销售委员会或核定价格委员会，由伪满政府的一个局负责分配所有的烟叶。英美烟公司得知有两个小协会不在伪满政府控制之下，就被伪"满洲国"销售委员宣布为非法生产者而取缔了。①

在关内，1938 年日本占领军在控制胶济线以后，不但给日本烟叶商人以运输上的便利，而且用治安和作战等理由，阻止英美烟公司到山东、河南传统的烟叶产地去从事收购业务，使其不能先于日中烟叶商人到达收购地点。② 日本占领军控制了农民手中的烟叶，要求颐中公司用联银卷收购烟叶。公司必须先按照 1 先令 2 便士比 1 元联银券的兑换率兑换 100 万联银券，并确实用这笔钱购买烟叶，然后公司才能按照同样的汇率，再兑换 100 万联银券，再用于收购烟叶，然后再兑换……重复这个程序直到换取 500 万联银券为止。这样日军通过与英美烟托拉斯"合作"，利用英美烟公司的生产需求和在产烟区的信用，一石三鸟，既迅速销售了烟叶获得税收，又获得了急需的外汇，还迅速推广了联银券。1939 年

① 上海社会科学院经济研究所编：《英美烟公司在华企业资料汇编》，中华书局 1983 年版，第 320—329 页。

② ［日］柴田善雅：『中国における日系煙草産業』，水曜社 2013 年版，第 255、256 页。

日本军方继续执行这一政策,此时联银券贬值到8便士而日方仍然坚持前一年的汇率,英美烟公司经过长时间协商和签订若干协议后,终于获准去收购1400万磅烟叶。而在此期间日本公司早已获准去产地收购,并且按合算的价格收购大部分的烟叶。

1939年成立"中支那叶烟草组合",这个联营机构由东洋叶烟草、东亚烟草、米星烟草、国际商事株式会社、永和公司出资。目标是统制河南的烟叶收购,为日本卷烟生产企业保障原料供给。虽然有英美烟系的永和公司参与其中,但组合必须由东亚烟草、东洋叶烟草等日资企业主导,并与烟叶产地的占领军及伪政府地方机构合作,首先满足华中和山东的日资卷烟工厂需要。① 1940年12月,兴亚院成立"中支烟草株式会社"作为垄断中国烟叶收购的机关,总社设于上海,在华中各地设分社,尽力收购烟叶。这个公司的出资人为东亚烟草、东洋叶烟草(后改组为"中华烟草公司")、米星产业、国际商事和永和公司。公司除了收购烟叶,还设立了自己的烤烟厂,进一步挤压英美烟的空间。约在1941年,"中支那叶烟草组合"又另外设立武汉叶烟草组合,主要是为武汉华生烟草株式会社供给烟叶,有余则供应武汉和其他地区的日资烟厂。②

1939年11月,北京的兴亚院声明,日本公司在1939年需要6450万磅烟叶,其中50%将在河南省收购,余下4400万磅由山东供给。而山东省1939年估计产量为6400万磅。③ 日本军方对于他们控制的中国烟叶,按照日本陆海军与领事馆的意见,应在日本

① [日]柴田善雅:『中国における日系煙草産業』,水曜社2013年版,第284、285页。

② [日]柴田善雅:『中国における日系煙草産業』,水曜社2013年版,第324、325页。

③ 上海社会科学院经济研究所编:《英美烟公司在华企业资料汇编》,中华书局1983年版,第310—312页。

资本、中国资本和英美烟之间按 4∶2∶4 的比例分配。虽然英美烟认为按照产能至少应得到 60%的配额,但在日本军方的压力下不得不接受。①

太平洋战争爆发后,外国烟叶输入完全断绝,烟叶原料年年不足,需要逐年增加,上海各烟厂为原料告罄而焦虑。"中支那叶烟草组合"为保障供给,又瞄准了中国土种烟叶。以前土种烟叶未实行统制,日商、外商、华商纷纷建立活动范围,互相竞争。"中支那叶烟草"组合从 1941 年年末开始统制土种烟叶,将中国土烟公司置于自己的监督和指导下。②

卷烟企业在销售环节的竞争十分激烈,英美烟公司能够多年在中国市场占据垄断地位,其在中国通过买办制度建立起一整套行之有效的销售体系不可或缺。但是在抗战时期,日本帝国主义用统制的办法完全碾压了卷烟企业自己的销售体系。1940 年 6 月,日本军方开始实行香烟运销许可证制度,日本商人开始在南京、芜湖、镇江、无锡、苏州、嘉兴、杭州等地与日军特务合作,并利用各地的日本人组织,与英美烟的销售商争夺代理权。如不与日本人合作,英美烟的产品甚至完全无法进入传统的集散地。迫于日本帝国主义的压力,与英美烟签有合同、长期合作的中国经销商,不得不对这些日本商人屈服,期望让与部分权力,换取继续经营的许可。

1937 年 9 月,颐中运销烟草公司任命昭和公司为上海供应日本海军、陆军、领事馆和大使馆的独家经销商。1939 年 7 月委任

① 上海社会科学院经济研究所编:《英美烟公司在华企业资料汇编》,中华书局 1983 年版,第 316—320 页。

② 上海社会科学院经济研究所编:《英美烟公司在华企业资料汇编》,中华书局 1983 年版,第 333—335 页。

昭和公司取代与颐中合作多年的久大商行为南京及其附近地区的运销代理商。① 1940年6月,日本经济局建立"中支那卷烟配给组合"作为销售配给香烟的统制机构,负责把上海生产的卷烟配售到各地。它对全上海的纸烟实行集中控制。各烟厂的产品全部供给该组合,由它分配给登记的商店,再由商店按组合所定价格出售。定价中包括10%的批发商利润和20%的零售商利润。不过这个配给组合最终还是将卷烟销售给中国商人,然后通过以前的零售网络销售给消费者。②

在伪"满洲国",1943年4月成立"满洲香烟管制组合",控制香烟的分配、价格和运输等,所有香烟制造厂都是组合会员,计分给启东烟草公司30股,老巴夺10股,每股伪满币一万元,两家公司总投资为40万元。

通过各地的香烟配给组合,日本帝国主义全面控制了香烟的销售,而在实际运行中,配给组合的效率是很低的。以上海为例,战时上海兴起的一些中日机构差不多都是贪污成风,组合当然也不例外,从它创立起就开始了贪污行为。商店接受了组合配给的货品,并不根据要求在柜台上出售,而放到黑市上出售,颐中公司的名牌香烟因为广受欢迎,尤其成为黑市舞弊必求之品,而组合对此视而不见。对于颐中公司来说,是在交纳配给烟和黑市上损失了双倍的收益。③

最后,日本帝国主义独占卷烟工业的核心内容是对卷烟工厂

① 上海社会科学院经济研究所编:《英美烟公司在华企业资料汇编》,中华书局1983年版,第481—486页。

② 上海社会科学院经济研究所编:《英美烟公司在华企业资料汇编》,中华书局1983年版,第89—95、478—479页。

③ 上海社会科学院经济研究所编:《英美烟公司在华企业资料汇编》,中华书局1983年版,第86—89页。

的占有。伪“满洲国”建立以后，英美烟托拉斯曾幻想通过与日本殖民者合作，继续在中国东北占据垄断地位。1936 年，英美烟公司按照伪“满洲国”法律注册启东烟草公司，作为英美烟公司在东北地区生产卷烟并销售的经营主体。英美烟公司此举是在英国未承认伪“满洲国”的情况下进行的，并且向日本殖民当局表示愿意协助伪“满洲国”发展烟草种植业，依法纳税，希望能与伪“满洲国”公司和日本公司在同等的待遇下进行竞争。① 但是这个幻想很快破灭了。日本帝国主义的目标是完全取代英美烟在中国的地位，他们计划在华北和华中兴建大型卷烟厂，垄断中国的卷烟市场。在日本陆军的公开支持下，东亚烟草会社和“满洲烟草株式会社”宣布他们共同在河北建立两家新公司：河北东亚烟草公司，资本 1000 万日元；河北烟草公司，资本 500 万日元。两家会社划定各自的势力范围和附属公司，计划每年在华北生产 65 亿支香烟。另外热河、绥远、宁夏、新疆市场约计 15 亿支，原由英美烟公司在哈尔滨的工厂供给，今后将由东亚供应。②

最终，日本帝国主义采取直接夺取中国卷烟工厂的办法。1938 年合同烟草会社取得济南陆军特务机关的同意，向日本济南总领事馆提出接受南洋兄弟烟草公司的 3 个工厂，但这个计划受到同为华北烟叶收购商的米星烟会社和山东烟草会社的阻挠，没有实现。③ 1939 年 9 月，日商烟草公司占用了南洋公司硚口制造厂，运入机器原料，于 1940 年 4 月成立“中华烟草株式会社”，将

① 上海社会科学院经济研究所编：《英美烟公司在华企业资料汇编》，中华书局 1983 年版，第 72—73 页。

② 上海社会科学院经济研究所编：《英美烟公司在华企业资料汇编》，中华书局 1983 年版，第 475—476 页。

③ ［日］柴田善雅：『中国における日系煙草産業』，水曜社 2013 年版，第 263 页。

硚口工厂改称中华烟厂。① 1941年太平洋战争爆发后,日本帝国主义对垂涎已久的英美烟企业实行了“军管理”。在东北,12月8日太平洋战争爆发的当晚,启东烟草公司即召开非常董事会,一名日本董事被监理官任命为监理官之下的各公司主管,并暂时中止董事特权和股东权利。27日,伪政府发布接管财税登记条例,公司土地房屋及商标必须登记为接管财产。1942年监理官之职由“奉天省”副“省长”南川接任,并兼任各公司行政官,1944年8月30日,伪政府发布法令,各公司的行政官将启东和老巴夺两公司售与“特别财产基金部”,同日,伪政府再以经济部名义指定特别财产基金部出售他们所购进的启东和老巴夺财产,售与新建的“中央烟草有限公司”,售价为伪满币53575182元。9月1日,“中央烟草有限公司”开始营业。② 在关内,1942年2月25日由上海地区日本陆军司令及海军司令颁发有关对企业实行军事管理的命令,颐中烟草公司于1941年12月8日处于军事管制之下,必须服从军事当局派遣的财务监理官和其他官员的指令,不得转让任何财产;利润应作为特别准备金加以保管,未经许可不得处理等等。3月22日,公司由日本帝国陆军和海军直接经管,被指定管理这些公司各部门和控制其产业的是川神,协助他的约有20余日本人,川神接受兴亚院总部发出的命令。永泰和烟草公司也由日本帝国陆海军管理,丸三商工株式会社被指定为监督人来监督和经营该公司业务。③

① 中国科学院上海经济研究所、上海社会科学院经济研究所编:《南洋兄弟烟草公司史料》,上海人民出版社1958年版,第522页。

② 上海社会科学院经济研究所编:《英美烟公司在华企业资料汇编》,中华书局1983年版,第86—89页。

③ 上海社会科学院经济研究所编:《英美烟公司在华企业资料汇编》,中华书局1983年版,第89—95页。

但由于对英美烟系企业的鲸吞是通过战争时期没收“敌产”的方式完成的，没收之后，没有打乱其生产秩序，而采用了类似于委托经营的方式。1945 年，颐中公司生产 147 亿支，月产 12.25 亿支，中华烟草年产 60 亿支，月产 5 亿支，其他德昌烟公司年产 3 亿支，月产 0.25 亿支，华系组合加盟 27 厂年产 48 亿支，月产 4 亿支。总计年产 258 亿支，月产 21.5 亿支。[①] 英美烟在卷烟工业中的龙头地位并没有崩解，只不过名义上换了主人。

第三节　日本侵华战争对中国矿业的破坏与掠夺

矿业属于重要战略资源，对国小地狭、资源匮乏的日本，掠夺中国沦陷区矿业对于维持战争具有举足轻重作用。“九一八事变”之后，日本侵略军既有计划开发东北矿产。从侵华战略出发，日本军队直接出面组建垄断性矿业公司，强迫伪“满洲国”出台相关法律，将东北矿权全面侵吞。

铁矿是钢铁工业的基础，日本本土铁矿资源较少。在战争刺激下，日军在中国东北境内疯狂搜寻铁矿，最终在东边道地区发现世界级铁矿。在日满一体化推动下，关东军对大栗子沟一带重点勘查，下令“满业”“满铁”组成联合调查会，对“东边道”铁矿资源进行全面开发。

因技术限制，日本军方长期未能发现重要油田。在战争压力下，关东军决定采用人造石油解决能源危机。从技术特点出发，日方以页岩油和液化石油为主要手段。在战争倒逼下，日伪企图以煤炭、页岩油等手段通过人造石油解决燃料危机。太平

① [日]柴田善雅:『中国における日系煙草産業』，水曜社 2013 年版，第 315 页。

洋战争后,日本空军基本依靠人造燃油,海军则以页岩油为主。伴随日军作战失利,人造油产业进入衰退期,与既定计划渐行渐远。

山海关以内沦陷区因日本渗透时间较短,英美法各国势力相对集中,日方难以以军队直接管制。在战争需要下,日本军队采取以公司经营为掩护,实则掠夺式开发为主要手段的侵略政策。具体而言,华中、华北因战争原因,日军政策存在部分差异。

抗日战争爆发后,华北较早失守。日军攻占山东等地后立刻强占各地矿场,以“满铁”下属“兴中公司”为工具进行资源掠夺。伪“华北临时政府”等伪政权着手修改国民政府矿业法等相关法律,在制度层面为日军控制华北矿产做好准备。伴随敌占区扩大,日军决定成立“华北开发公司”(又称“华北开发株式会社”)指令“兴中公司”将在华北企业全部交由该机构经营。

与东北不同,日军在控制华北重要煤矿之时,将小型煤矿继续放任民营,销售亦依靠中国法人。然则,销售地点局限于日本本土、中国东北等地。主要供应日本军队和工业企业使用,对中国居民用煤则一再压缩,人为制造煤荒。通过统制公司,日方基本掌握华北煤矿业。随着日军失利,华北煤炭输日逐渐困难,转为以朝鲜和中国东北为主,但是华北煤荒却始终未能缓解。

煤矿之外,铁矿等战略资源亦为日军所觊觎。“七七事变”后,日军立刻开发石景山铁矿。随后在龙烟铁矿、定襄铁矿区、宁武铁矿区东山铁矿区等矿场相继沦陷,“华北开发株式会社”尝试煤铁联营,实行规模经济。华北地区金属矿产相对单一,战略性资源较少。虽然日军接力勘探,却收获微少。重要非金属矿产产量普遍有限,难以满足战争需要。与东北相似,华北地区各种矿产产量伴随日军颓势逐渐下降,在短暂达到顶峰过后开始走向衰落。在“以战养战”的促动下,日军严格控制华北矿产销售。在满足军需压力下，华北金属矿产大部分甚至全部运输日本本土或中国东北，供应当地工业生产，客观沦为商品市场和原料产地。

与华北相比，华中、华东地区形势相对复杂。华中地区靠近前线，中日两军战线时常转移，不利于日军建立企业。同时，华中、华东地区英美法势力相对集中，强力介入易引起列强干涉。因此，日军“华中振兴公司”掠夺计划相对保守，主要资金用于公共事业，工矿业处于从属地位。

“华中振兴公司”下辖华中矿业股份有限公司对繁昌、大冶等地铁矿进行开采和修复，并对淮南煤矿进行部分扩大，使其产量一度超过历史最佳水平。在凤凰山基础设施相对成熟矿区，日军开设办事处，将安徽部分地区划入该矿，实现规模经济。总体而言，华中地区因靠近战区，日军工矿业投入较少，基本处于缓慢发展状态。

一、军方管控下东北矿业资源的掠夺性开发

（一）变相垄断下的煤炭掠夺

日本属于资源相对匮乏岛国，缺乏现代战争所需要的煤炭和石油。因此，资源潜力较大的东北成为日方战略资源重要掠夺对象。因技术限制，石油资源勘测进度缓慢，基础较好的煤炭成为首要开发对象。日本政府和军队将以抚顺煤矿为代表的东北煤田开发列入战略目标。日本军方要求积极采用抚顺煤发展日本军事工业，扩大其侵略物质基础，尤其海军工业急需抚顺煤冶炼人造油。1931 年后，日本军工企业用煤量激增，造成日本国内煤价上涨。部分重要企业，如八幡制铁所“离开抚顺煤，几乎就要停产”。关西发电厂唯有使用抚顺煤方可顺利发电，进一步加剧煤炭供求缺口。日本政府为解决日本国内能源不足危机，推动经济增长，力求

"向日本输出煤,是满洲国必须完成得首要任务"①。

1932 年,日军初步完成东北控制。关东军司令部出台《关于合并满洲制铁业的要纲案》,计划筹建"满洲制铁会社",该公司拟在既有"鞍山制铁所"和"昭和制钢所"基础上兴建"振兴公司"和"弓长岭铁矿",合并为"本溪湖煤铁公司",形成东北地区钢铁垄断企业。但是,建立东北钢铁垄断企业的决定,涉及利益方过多,部分企业为日本财阀所有,引起日本国内矛盾。在大仓财阀和汉奸于冲汉反对下,最终未能顺利组建。尽管大仓财阀控制的"本溪湖煤铁公司"暂时保持独立经营,但是在日本军方压力下被迫同意伪"满洲国"入股,被列为伪满边缘企业和控制东北低磷铁、特殊钢的工具。不久,伪"满洲国"公布矿产法,制定 23 种重要矿产为统制物品,除伪"满洲矿业开发株式会社"外,任何人不得开采。如发现矿脉需向该公司报告,公司根据报告向伪满政府要求出具证书将开发权收归已有。日伪以统制手段掌握东北矿产资源。然则,过度掠夺造成矿苗开发减少。伪政府遂指使公司增加技术人员,实地调查资源,甚至将矿产权力审核等业务下方该公司是,事实上将东北矿权让与日本。

1934 年 1 月,关东军特务部决定成立"满洲炭矿株式会社",计划将中国东北煤矿交由"南满洲铁道株式会社"和"满洲炭矿株式会社"收买、经营和销售东北煤矿,企图全面控制东北煤炭资源。当年 5 月,"满洲炭矿株式会社"成立,东北煤矿被日军划分为"满铁""满炭"两大系统。"满铁"系统主要是日俄战争后经营的煤矿。"满炭"则对满铁之外煤矿进行管理。"满铁"体系包含抚顺煤矿、烟台煤矿、奶子山煤矿、瓦房店煤矿、老头沟煤矿。"满

① 通化市政协文史学习委员会:《东边道经济开发史略》,通化市政协文史学习委员会 1998 年版,第 156 页。

炭”则拥有阜新、鹤岗、北票、西安、复州5大煤矿区，16个煤矿。但是“满炭”煤矿多为基础设施较弱的“处女煤田”。日军把东北煤矿分别投入两大系统，意在“采取彼此相互竞争的方式”①满足自身需要。结果，“第一个五年计划”中，“满铁”系统产煤1000万吨，“满炭”系统产煤2000万吨，“基本实现预定计划”②。1940年，“满业”成立，将“满铁”下属煤矿中除抚顺煤矿外全部纳入麾下。“满炭”下辖株式会社大部归入“满业”，“满业”成为东北煤矿巨型公司。“满业”将“满炭”16个煤矿分为5个株式会社，分别拥有1亿—3亿日元资本，将资本由3亿日元增至7亿日元。

日军进行内部调整之时，加快东北矿业资源掠夺步伐。“九一八事变”前，抚顺煤矿产量占东北煤炭总数的69%，居于垄断地位。抚顺煤矿出口日本，约占其总进口量的60%—70%③。日军霸占抚顺煤矿后，加紧东北煤矿抢夺，抚顺煤矿首当其冲。1931年，“满铁”其他企业和“满炭”煤矿产量约为抚顺煤矿25%。“满炭”5家株式会社总和为抚顺煤矿的15%。1935年，抚顺煤矿产量达到925万吨，“满铁”其余企业约34万吨，“满炭”则为122万吨。抚顺煤矿处于绝对优势地位。日军为满足侵略战争需要，不顾客观条件进行掠夺式开采。在准备工程进度缓慢情况下，要求采煤完成率达到80%，脱离工程情况直接导致采煤、掘进比例失调，造成每年平均采煤面逐渐减少。日方做法不但破坏煤矿潜力，而且造成生产隐患。

---

① 孙邦：《伪满资料丛书——经济掠夺》，吉林人民出版社1993年版，第351页。

② 孙邦：《伪满资料丛书——经济掠夺》，吉林人民出版社1993年版，第351页。

③ 通化市政协文史学习委员会：《东边道经济开发史略》，通化市政协文史学习委员会1998年版，第155页。

“七七事变”爆发后,日本主要力量应对侵略战争,煤矿投入逐渐减少,造成抚顺煤矿产量日渐下降。日本控制抚顺煤矿近7年,生产基本采用机械化。但是,伪“满洲国”工业基础较弱,发电、炼油等设备依靠日本输入,在日方投资减少情况下,机器难以满足生产需要。当年,抚顺煤矿请求提供钢材6.5万吨,实际得到2.3万吨。铜线800吨,分配310吨,实际供应减为180吨。有色金属、合金铁“进口量更加减少”,中圆钢“干脆不进口了”。水泥虽然满足煤矿90%需要,但亦差额0.7万吨。

在机器难以增加供应情况下,日军以人力补偿机械化降低损失,采用诱骗、抢抓等方式,将中国农民强行送至煤矿,采取极端手段加强对矿工控制和剥削,强制抚顺煤矿增产。日军在抚顺煤矿设立总务局、经理局、采炭局等管理机构,“专门监督工人劳动和控制思想,对工人的一切都进行管理”。工人言行稍有越轨即进行镇压。凡有反抗思想者立刻送到矫正辅导院进行教育。矫正辅导院本质属于集中营,进入者轻者遭毒打,重者丧生。在日军殴打和虐待下,工人“对会社抱有忠诚态度的人极少”①。在日军压迫下,抚顺煤矿工人外逃加剧,进一步加剧煤矿生产困难。1940年,日方统计“在抚顺……每一月便有6000至1万人的不足,成为采煤减产的一个原因”②。日本军国主义采用以人换煤野蛮政策,造成矿工工作效率低下、生存环境恶劣。日本侵略者亦供认“效率的下降……表明由于井下条件恶化”。

在日军掠夺政策和侵华战争消耗下,抚顺煤矿逐渐减产。以

① 侯日新:《纪念中国抗日战争胜利五十周年论文选编》,中共抚顺市委宣传部1995年版,第118页。

② 侯日新:《纪念中国抗日战争胜利五十周年论文选编》,中共抚顺市委宣传部1995年版,第118页。

1937年为基数,1938年减产近40万吨。次年降低443359吨。1939年,减少量为1923817吨。此后减产数额逐渐增加,抗日战争即将胜利的1943年抚顺煤矿产量较1937年锐减407万吨。

抚顺煤矿之外,其他中型煤矿亦成为日军觊觎对象。“九一八事变”后,西安煤矿职员纷纷出逃,矿厂陷入无人管理境地,关东军决定乘虚侵占煤矿。河本大作等人赶赴县城,要求县长王桐交出煤矿。西安县长、警察局长掌握的地方武装持抗日态度,关东军主力则集中于锦州。因此,日方决定利用汉奸于芷山对王桐等人进行武力威胁,并要求伪省长臧式毅颁布政令,强迫县政府交出煤矿。

1932年,河本大作利用汉奸于芷山部为护矿队,自任总办组建矿务局。次年,日军将西丰县平岗镇等地区纳入开发区,形成拥有15个矿区,每个矿区辖地300—500亩、工人近千名的大型矿厂。1934年,西安煤矿勘测储量约1亿吨,日产1500吨。日军控制下的西安煤矿大部分煤炭“作为燃料供给满铁和关东军”①。日军掌控西安煤矿后,将其与阜新、北票等煤矿合并成立注册资金8000万日元的“满洲炭矿株式会社”。在河本大作等人操控下,各矿为解决资本,采用人力方式进行生产,所得煤炭则“全部为关东军所用,只有很少一部分供给一般民需”②,事实上“剥削和掠夺了中国的资源、劳动力,支援了关东军的侵略行动”③。

1933年3月,伪“满洲国”实业部控制北票煤矿,设立“北票炭矿复兴委员会”。不久,因台吉、三宝地区发现煤田,日军设立日“满”合办之“北票煤矿股份有限公司”,正式撕开面具,直接参与

① 滕利贵:《伪满经济统治》,吉林教育出版社1992年版,第37页。
② 滕利贵:《伪满经济统治》,吉林教育出版社1992年版,第37页。
③ 滕利贵:《伪满经济统治》,吉林教育出版社1992年版,第39页。

北票煤矿经营。1936年,“北票煤矿股份有限公司”合并于“满洲炭矿公司”,设立“北票矿业所”,下设冠山、三宝、台吉3个采矿所。北票煤矿规模虽然小于抚顺煤矿,但矿工人数约1万人,峰值产量超百万吨。

在日方劫掠采煤计划下,北票煤矿产量逐渐增加,三宝、台吉煤矿相继投产。1941年太平洋战争爆发后,日军煤炭缺口进一步增大,为解决供求矛盾,日军出台《物资动员计划》和《生产扩充计划》,要求东北各煤矿迅速增加产量。在军方鼓动下,北票煤矿采取采炭报国等强制性劳动措施。日方管理人员不顾工人安危,任意延长劳动时间,以武力强迫工人劳动,甚至每天工作16小时。1943年,日军为挽救败局,加紧抢掠中国资源,将北票煤矿独立经营,改组为“北票炭矿株式会社”,企图用专职机构推动采炭计划进行。在日本社长操控下,北票煤矿扩充为下辖4个分院和事务所的大型矿业集团,日籍职工待遇超过满铁集团。据统计,东北沦陷期间,日军抢掠北票煤矿约1亿吨优质煤。

与抚顺煤矿相似,一方面,日方在残酷榨取劳工之时,对安全丝毫不加保障。1936年,西安煤矿瓦斯爆炸造成100余名中国矿工丧生,日军却“只顾出煤赚钱,不关心工人安全”①。北票煤矿被日军控制期间,56530名中国劳工被迫下井,其中32100人遇难。②另一方面,日伪为控制工人思想,建立严密侦缉组织,严酷镇压稍有反抗观念人员。北票矿方为防止工人暴动,组织日本宪兵队和矿警队对工人进行监视。宪兵队普遍装备精良,主要负责侦查矿工中国共情报组织和反抗思想。为稳定矿工,宪兵对重点人员进

① 滕利贵:《伪满经济统治》,吉林教育出版社1992年版,第38页。

② 辽宁省朝阳市政协、东煤公司北票矿务局合编:《朝阳文史资料》第2辑,朝阳文史资料编辑部1989年版,第197页。

行专门押送,殴打、监视矿工个,造成人心惶惶进一步降低生产效率。

(二)军政合一的金属矿开发

日军在加快侵占抚顺、北票等重要煤矿步伐之时,为满足战争需要,加大金属矿开发强度,并对行政区划等方面作出适用性改革。1931 年,关东军派出国防资源调查团,进入东北南部东边道各地勘测矿业,尤其是与军工关联度较高的铁、铝、镁等重要资源。调查组向关东军上交东边道调查班报告。报告显示,大栗子沟、七道沟、三道沟等地发现世界级铁矿,三者储量分别为 345 万吨、118.7 万吨和 9 万吨,“极有建立企业开发经营价值”①。铁厂子煤矿埋藏量约 270 万吨,具有良好提炼焦煤潜力,可与七道沟等地铁矿联合经营。矿洞子铅矿潜力 5200 万吨,重晶石矿量 6 万吨,“极有开采价值”。

经过实际调研,东边道实为资源宝库。关东军勘察结果公开后,日本财团争相进入东北。1932 年,日本对伪“满”输出近 1 亿日元。日本军部与日本新兴产业资本集团合资组建“日本产业株式会社”,并与伪“满洲国”勾结,组建日“满”一体化战时经济体制。在日本国内支持下,东边道开发株式会社业注资 32330 万日元,计划首先开发“伪满通化省”境内煤铁资源,以大栗子沟为中心建设年采掘 150 万吨铁矿石矿厂。短期内完成配套年产 10 万吨的制铁工厂,1941 年建成年产生铁 50 万吨炼铁厂。与此同时,东边道采煤量达到 130 万吨,为制铁业提供充足燃料供应。另外,日军加快液化燃料、发电等产业发展。以西安煤为原料形成年生

① 通化市政协文史学习委员会:《东边道经济开发史略》,通化市政协文史学习委员会 1998 年版,第 45 页。

产能力1万吨液化燃料基地和年发电量70万千瓦鸭绿江发电厂。满铁为支持“东边道株式会社”掠夺资源,相继开通四梅线、梅辑线、鸭大线、浑三线等支线,并开设矿山专用线。

1936年4月,关东军总部组建“满洲矿产资源调查会”,具体开发“东边道”矿产资源,选拔“满铁”“昭和制钢所”等机构技术人员参与组成“东边道准备调查班”,对“东边道”已开矿山和矿产潜力进一步详细勘查。考察团在对上述地区调查后提出,大栗子沟地处偏远,但矿产储量较多,建议单独设立制铁企业。七道沟铁矿潜力超过100万吨,可开办大型矿厂。铁厂子煤层约6—9层,每层厚度均为2米以上,多为无烟煤、煤质光洁、利用价值较高。埋藏量约2000万吨。通化县、临江县两县除铁厂子外,煤矿潜力超过5000万吨。关东军接到报告后,预言“东边道的黎明就要到来”,决定根据报告对东边道矿产进行重点勘查。

1937年3月,关东军成立“矿业精查调查队”,对大栗子沟等地予以重点勘测。“关东军矿业精查调查队”在以往调研基础上发现更多新铁矿床。新矿床中磁铁矿、赤铁矿均有分布,平均厚度为12—16米,为“世界稀有之大矿山”。矿床沿大栗子沟向东延伸,另分有松树、闹枝沟等4条矿脉,蕴藏厚达9米的赤铁矿床。大栗子沟铁矿不仅储量丰富,而且矿品优良,适用于平炉生产和特殊钢铁的制造,为“当今世界上最少见而是高于一般矿石市场价格数倍的赤铁矿石”①,开发潜力高达7050万吨。除赤铁矿外,大栗子沟矿另有磁铁矿、菱铁矿等尚未充分调查的伴生铁矿,预计储量超过700万吨。

太平洋战争爆发后,日本资源供应进一步紧张,“东边道株式

① 孙邦:《伪满资料丛书——经济掠夺》,吉林人民出版社1993年版,第335页。

会社"在关东军支持下组织"东边道资源调查队",对"通化"北部、东南地区进行资源调查。1942年,伪"满洲国"公布东边道各处铁矿埋藏量:大栗子沟8800万吨,七道沟2800万吨,三道沟5100万吨,老岭3800万吨,八道江5500万吨,大龙3300万吨,其余15000万吨,合计44300万吨。该株式会社在伪"满洲国"支持下,在对既有铁矿加快销售基础上,加速开发进度。1942年,公司计划在二道江完成发电厂建设,确保铁矿区电炉投产。1943年,在铁厂子建成20—60吨小型高炉。

伴随战争失利,关东军在军事顽抗之时,进一步加快掠夺步伐。为加强东北资源统一管理,1945年,"东边道株式会社"合并到"满洲制铁株式会社",变为"东边道分社"。根据关东军"东边道东南地区开发计划",日军企图将"通化省"作为最后基地,年内建成产量10万吨的钢铁、兵器制造基地。同时,关东军强征民工数万人抢修"东边道防线"。随着苏军出兵中国东北,日军"东边道防线"和矿业开发筹划随之破产。

铁矿之外,东北地区其他金属矿开发基础较弱,日军重视程度相对较低。桓仁铜锌矿为百年老矿,具有较成熟开采条件。铜矿作为战略物资,为日本本土所缺乏,桓仁铜矿成为觊觎对象。1937年3月,日本资本家胜首赶赴矿区勘查后,雇佣中国工人进行开采,逐步排挤原有矿主。1938年10月,"伪满"下令矿山交由伪满政府经营。"伪满矿山株式会社"在松兰、西岔、滚马岭等地勘测和采矿,进一步扩大生产规模。

伪"满洲国"接管矿厂后,名义为其经营,其实桓仁铜矿沦为日方实际控制。13任矿主皆为日本人。92名管理人员中日籍占82人,处于绝对优势。中方人员多限于底层员工和采矿人员。与煤炭、石油工业不同,桓仁矿厂生产呈现逐年增长走势。日方控制后,自1940年起,增加选矿设备,1943年日选矿量为1000吨次年增至150吨。抗战胜利前夕达到400吨。

（三）人造油主导的石油产业

在抚顺、东边道等地资源支持下，日方获得较多铁矿、煤炭等资源，然则因技术等原因，石油资源开采相对有限。在战争倒逼下，日伪企图以煤炭、页岩油等手段通过人造石油解决燃料危机。日本属于贫油国，现代化战争对能源的需要客观造成两者矛盾。在日本海陆军要求下，日方加快页岩油生产和煤炼油计划。抚顺煤田产煤丰富，另伴生油页岩、钛矿等矿产资源，是少有的多种矿产资源伴生矿区。1928年，日本公司进入抚顺开设人造汽油工厂，委托"德山海军燃料厂"试验，"满铁"中央试验所亦辅助研制。"九一八事变"后，日军将人造石油作为战时经济体制重要组成部分。伪满政府为配合日军提炼石油，相继公布"满洲石油株式会社法""石油类专卖法"，在体制层面做好法律准备。"伪满洲石油株式会社"总部设于大连，致力于制造高级燃油和润滑油，兼职探测阜新等地油田。后者在东北境内统筹煤油销售，统一价格，排斥欧美势力。同时，探测油田以备人造油事业需要。

日军控制东北大部分地区后，相继在辽宁、热河等地发现较丰富油母页岩。抚顺1处储量达到55亿吨，按照平均每吨含有5.5%计算，可产出石油3亿吨。"满铁"董事赤羽说"抚顺的页岩油，可以供日本每年6000000桶至三百年而不尽"①。日方计划在抚顺建造年产重油20万吨炼油厂，如日本企图落实"则日本帝国

① 李紫翔：《中国基本工业之概况与其前途》，《东方杂志》1933年第30卷第12期。

主义火油供给问题，自可解决一部分”①。随着中日战云密布，日军制订“满洲”开发五年计划中明确要求建立以抚顺、三姓为核心的页岩油产区和以抚顺、阜新等地为主的煤炼油产地，产量各达到80万吨。为解决能源危机，日本在资金等方面给予较大优惠，全力推动油气研发。

因原料稳定，页岩油工业成为“东北之液体工业中，技术最有把握”②的项目。日军飞机多依靠人造燃油。海军水面舰队和潜艇则依靠页岩油。伴随日军失利，在盟军轰炸下。油厂产量继续走低，1944年，“抚顺制油厂”页岩油产量仅为228667吨，与计划50万—100万吨差距较大。“东制油厂”安装200吨页岩油处理器40台。2台炉中1台难以使用。1945年，虽然增加200吨炉20台，但是产量不足1万吨。

日军在东北未能及时发现油田，为弥补供求差距，日方决定在页岩油之外开展煤炼油。经检测，日军决定以优质抚顺煤为原料制造煤焦油。1928年，日本“海军燃料研究所”“满铁中央试验所”利用抚顺煤进行液化法研究。“九一八事变”后，抚顺煤矿落入日军控制，液化煤炭研究进度加快。1934年，日本政府设立“煤液化委员会”，煤炼油进入产业化阶段。1935年，日本九州大学井千代吉博士利用中国西安煤矿进行低温蒸馏技术试造人造油，取得突破性成功。日本军方得知后，决定在中国东北伙同“日本石油会社”“满洲石油会社”、西安煤矿共同出资组建“满洲人造石油四平油化厂”。1936年，日军在四平道东北二马路强征中国农民

① 李紫翔：《中国基本工业之概况与其前途》，《东方杂志》1933年第30卷第12期。

② 东北物资调节委员会研究组编：《东北经济小丛书·化学工业》，1948年印行，第101页。

土地 2250 亩建立“满洲油化工业公司”。该厂总投资 250 万日元,职工 1700 余人,采用以西安煤矿为主要原料,尝试用黑井式煤炭液化法炼制石油。全厂拥有鲁奇式圆筒内热低温干馏炉 8 座,电热式加氢反应塔 2 座,另有轻油吸收、洗涤、甲烧分解等器械,设计能力为每昼夜产出汽油 50 吨。

日本全面侵华战争爆发前夕,“满铁”提出建设“抚顺液化工厂”申请。日本军方决定进一步推进,在抚顺设立“临时煤液化工场建设事务所”,企图以煤代油,扩大军事扩张计划物质基础。日方组建设立“满洲合成燃料公司”,采用费谢尔合成法从阜新煤炭中提取石油。武汉会战后,日军陷入中国抗战泥潭中,军需供应情况逐步恶化。为满足军用,日军在东北大肆开展煤炼油、煤炭液化等项目,企图达到以战养战目标。1939 年成为日军人造油等实业的“高潮年”。

1939 年,“抚顺煤炭液化工厂”竣工。不久,一段、二段加氢连续运转,煤液化得到二段液化油。工厂利用剩余煤气加工甲醇,实现副产品产业化生产。煤炼油低温干馏、焦油加氢、煤炭直接液化、煤气合成等技术陆续成熟。日本自封人造石油技术居世界第二位,仅次于盟友德国。在此基础上,日本提出煤炼油直接液化、煤气合成、低温干馏等方法,逐步形成综合型煤炼油厂,年产量达到 80 万吨。同年,日方增资 2000 万日元,建成第一氢化工厂。尽管生产规模有所扩大,但因赶工仓促和资金限制,低温干馏炉内筒、加气设备配管受压受热堵塞,造成“常出故障工厂不能连续正常生产”,最长连续工作日仅为 60 天。日方气急败坏中砸毁原有干馏炉,采用“大连满洲石油株式会社”重油、柴油为原料维持部分生产。不久,因军需紧急,关东军以 3000 万日元代价收购企业,改为军工厂。日军追加投资 1 亿日元,职工增至 3000 余人,企图重建大规模低温干馏炉,为垂死挣扎提供能源基础。然则,直至战败仅完成部分地基。1939 年 10 月，日方开始建造年产 3 万公秉航空汽油的第二氢化厂，增设水煤气场、变换场等附属设施。但是，生产能力仍不理想，只得“进行了部分改装”。仅有酒精蒸馏厂效果较好，可每天处理 150 公秉酒精。

伪“满洲国”为供应日军侵华战争需要，开设“满洲人造石油公司”，并提出 1943 年建立年产 2 万吨和 1945 年完成年产 15 万吨煤炼油计划。“满洲人造石油公司”位于吉林市郊区，以舒兰煤矿为主要原料。因为日方企业以军需为调度，掠夺性较强，当日军战场出现颓势后，难以避免出现下降。工程建设亦急于求成，忽视技术进步和质量，在财力、人力有限情况下，既有计划大多落空。1942 年，人造油产业达到顶峰，此后逐渐降低。“抚顺液化厂”8 年中，仅完成预定计划 11.3%，年产 2 万吨规模亦未能建成，实际产量仅为 3260 吨。因机械故障，工厂发生数次爆炸，进一步加剧供求矛盾。“满洲油化工业公司”“满洲合成燃料公司”等企业同样受到战争波及，“建厂不久都一一夭折了”①。1945 年日本投降前夕，人造油产业“陷入一蹶不振的境地”。

与煤矿相似，石油工业中日本侵略军对中国工人实行严酷压榨和野蛮管理。石油工业中工人分为 3 类。第一类为里工。里工为正式工，平均工资为每天 5—7 角钱，技术工人为 1 元。里工虽然工资较少，但可获得免兵役、受训等权力。第二类为包工，主要为包工头介绍，临时聘用工人。包工身受日方柜头、工头和汉奸小工头压榨，只可获得里工工资 30%—70%。第三类为抢抓所得的劳工。劳工无工资收入，仅可获得饭食。与前两者相比，劳工工作强度大，多积劳成疾。日方监工发现疾病难以工作者立刻毒打。

① 政协抚顺市委员会文史委员会编：《抚顺文史资料选辑》第 4 辑，政协抚顺市委员会文史委员会 1984 年版，第 174 页。

日方残暴压迫造成中国工人消极怠工形式进行反抗进一步降低生产效率。

二、公司经营掩盖下的掠夺——华北华中沦陷区矿业开发

(一)"合法性"掠夺与经济渗透下的华北煤矿业

抗日战争前夕,日军在华北煤炭资源渗透主要集中于山东一省。1928年,日方组织"山东矿业株式会社",投资胶东煤矿。《塘沽协定》签字后,华北局势日益危机,日军对华北资源觊觎加剧,隶属于"满铁"的"兴中公司"成为开发华北资源主力。1937年,抗日战争爆发,华北地区相继沦陷,煤矿陆续为其掠夺。

1938年5月,伪"华北临时政府"以整理矿权为名,宣布停止矿权登记申请,目的在于防止欧美各国干预沦陷区矿务。同时,伪政府篡改国民政府矿业法,为日本控制华北矿业做好制度准备。原国民政府矿业法规定矿业股份公司中,国人股份应超过50%。公司董事会50%以上为中国人,董事长、总经理由华人担任。伪"维新政府"为日方控制矿厂,作出针对性修改①。

伪"华北维新政府"矿业法取消国民党政府对外资、外籍人士管理企业权利限制。原法律虽然批准外资入股中国矿业,但对比例有所限制。伪法案则突破50%规定,并要求外籍人士可参与公司领导层,不仅将外资比例提高,而且批准外国人直接管理中国矿业。国营矿业为国民党政府所独有,虽吸纳民营资本现象,但对外国资本存在较严格限制。伪满政府则同意外国公司以现金形式购

① 陈真编:《中国近代工业史资料》第4辑,生活·读书·新知三联书店1957年版,第921页。

买国有矿业，无异于放任日本企业收购中国矿厂。在限制欧美公司进入华北矿场之时，伪满政府却对部分外资敞开大门，其目的不言可知。与华北伪政府相比，伪“蒙疆政府”更进一步，几乎将矿权出卖于日本。

与伪“华北政府”相比，伪“蒙疆政府”矿业法案更加露骨。伪“蒙疆政府”赋予开采者永久权利，废除原国民政府规定的许可期限，变相将矿产权无限期让与开发者。在日本占据独大地位情况下，为日本企业控制矿业创造“法律依据”。另外，矿业权可出售与当地居民与外国人，两者具有同等机遇。伪“蒙疆政府”控制区经济落后，当地资本较弱，具有较雄厚资力的外资局域优势地位。与此同时，外国人欲享受收购权需伪“蒙疆政府”批准，未得批复者不可购买矿厂。结合日方对欧美企业排挤可见，此条规定几乎为日本公司量身定做，完全服务于日本掠夺中国矿产需要。伪“维新政府”、伪“蒙疆政府”做法被时人评论为“由此可知敌寇强占独霸我沦区矿业，已得伪组织法律上之保障”①。

组织、体制层面完善后，日方立即对华北矿业进行重组和整合。1937年7月7日，全面抗日战争爆发，华北地区煤矿陆续失守。为防止资源资敌，中国军队撤退前将“原矿稍有破坏，损失较重”②。少数煤矿因职员撤走，以至于颓坏失修。如井陉煤矿，原有技术人员123人，矿工4000余人。“七七事变”后，领导层纷纷逃走，矿工因无人管理自动离散。国民党政府为防止物资资敌，炸毁矿厂设施、带走文件。在矿区附近部署重兵防止日军复工，迫使部

① 陈真编：《中国近代工业史资料》第4辑，生活·读书·新知三联书店1957年版，第922页。

② 郑克伦：《沦陷区的工矿业》，《广西企业季刊》1943年第1卷第2期。

分日本职员被迫“于11月18日暂行离开”①。国民党政府军队撤退后,中共游击部队伺机骚扰井陉、阳泉等地煤矿,削弱日军以战养战能力。连绵战争导致“工业生产在1938年至1939年全部陷于停顿状态”②,“许多矿产原料,为日方所劫去,更是不必说了”③。

表2-52　煤矿破坏情况统计

项目／矿别	停业日期	逃亡职员	坑内状况	图纸文件	机器设备	办公房屋
井陉煤矿	1937年9月	58/123人	—	—	—	居民占据
正丰煤矿	1937年8月	大部分	—	—	—	—
阳泉煤矿	1937年8月	全部	—	带走、烧毁	—	日本军宿舍
寿阳煤矿	1937年10月	人数不明	全部水淹	—	—	—
六河沟煤矿	1937年12月	全部	水淹	烧毁	—	—
中兴煤矿	1937年不明	—	—	—	拆走	—
华丰煤矿	接收前数月	相当多数	水淹	—	—	—
华宝煤矿	1937年12月	人数不明	—	—	—	—
西山煤矿	1937年不明	—	水淹	—	破坏	日本军宿舍

资料来源:[日]浅田乔二等著:《1937—1945日本在中国沦陷区的经济掠夺》,袁愈佺译,复旦大学出版社1997年版,第120页。

为保证资源供应,日军每侵略一处即派人抢劫煤矿,实行军管理。1937—1938年,日军先后劫掠井陉、正丰、磁县官矿局、中和、华丰、晋北矿务局等19处煤矿,改为16个军管理煤矿。日本军方将煤矿作为战略矿产,列入统制产业,实现“由华北产业开发综合

① [日]浅田乔二等著:《1937—1945日本在中国沦陷区的经济掠夺》,袁愈佺译,复旦大学出版社1997年版,第108页。

② 郑克伦:《沦陷区的工矿业》,《广西企业季刊》1943年第1卷第2期。

③ 郑克伦:《沦陷区的工矿业》,《广西企业季刊》1943年第1卷第2期。

机关日资资本直接控制”①既定目标。

华北沦陷初期，日军尚未成立专门管理公司，军管煤矿交由“兴中公司”负责。“兴中公司”内部对华北资源开发存在争议，理想派主张一业一社，现实派则力主一业数社。后理想派作出让步，华北矿业呈现分区支配局面。因“兴中公司”为“满铁”下属企业，对控制华北鞭长莫及。日本军方决定成立“华北开发公司”（又称“华北开发株式会社”）指令“兴中公司”将在华北企业全部交由该机构经营。“华北开发株式会社”拥有资本3.5亿日元，前藏相贺屋出任总裁，可见日本对华北资源重视。“华北开发株式会社”继承现实派观点，将华北煤矿分为6大矿区，后增加中兴大汶口矿区，形成7大集团。各集团内成立日伪合办公司开采矿产，资本由“华北开发株式会社”与中国方面原有公司、日本财阀共同负担。

表2-53　日方重组煤矿情况统计

项目 集团名称	矿区范围	预定资本（万元）	投资公司
中兴公司	山东中兴煤矿区域	250	三井矿山
大汶口集团	山东大汶口一带	150	三菱矿业
胶济集团	山东淄川、博山、胶东及鲁南一带矿区	100	山东矿业
井陉集团	河北正太铁路沿线矿区	200	贝岛煤矿
太原集团	山西太原及平定矿区	500	大仓矿业
大同集团	山西大同及下花园一带	600	满铁
磁县集团	河北磁县及河南六河沟一带	100	明治矿业及贝岛矿业

资料来源：陈真编：《中国近代工业史资料》第4辑，生活·读书·新知三联书店1957年版，第934页。

① 佟哲晖：《战时华北矿业》，《社会科学杂志》1948年第1期，第5页。

日军为更好掠夺华北煤矿,逐步放弃军管理体制,将其转换为中日合资或日本独资公司。除新抢占的部分英资煤矿外,基本改组为企业制度。中日双方资本总额相近,但是产量方面日本企业占据优势。资本来源中,“华北开发公司”占55%,具有相对优势。伪政权、民营资本为23%,其余22%为日本财阀。“华北开发公司”的独大地位造成其独资、控股企业占华北煤炭总产量的90%,华北煤矿业基本被日军掌握。

表 2-54　中日合办及日资督办矿资本额及产量统计(1943 年)

项目 矿别	资本额(元)	所占华北煤矿资本额之百分数(%)	产量(吨)	所占华北煤矿总产量之百分数(%)
中日合办矿	130950000	45. 11	6554322	32. 23
日资独办矿	159330000	54. 89	13779201	67. 77
华北总计	290280000	100	20333523	100

资料来源:佟哲晖:《战时华北矿业》,《社会科学杂志》1948 年第 1 期,第 5 页。原始资料表格个别数据有误,本表已订正。

1938 年,武汉会战爆发,日军军需缺口有所扩大,日本军方召开日“满”华经济会议,作出积极开发华北与内蒙古矿产,合理分配煤铁增产计划。同年,华北驻屯军制订 4 年资源开发计划,企图整合日伪双方资本进行矿区开发。

日方强调对华北重要矿区控制,尤其突出“华北开发株式会社”作用。与东北不同,华北地区小型煤矿继续实行民营,销售阶段主要依靠中国法人。另外,在军费开支骤然增加压力下,日方开发资金已捉襟见肘。但是,对日本煤炭输入依然置于重要地位。

1940 年,日军成立“华北石炭贩卖股份有限公司”,“蒙疆矿产贩卖股份有限公司”负责华北煤炭统制。“华北石炭贩卖股份有限公司”由华北开发公司、日本财阀、“伪华北政务委员会”共同出资组建。该公司总部设在北京,东京、太原另设分公司,北京、天津、济南、保定、新乡等地专设贩卖事务所。青岛、塘沽等港口开办接转事务所,专办煤炭出口。河北、山西大部分煤矿为"华北石炭贩卖股份"有限公司控制。为避免与"蒙疆矿产贩卖股份有限公司"竞争,两者协定华北公司掌握中国华北、华中和对日输出业务。

"蒙疆矿产贩卖股份有限公司"主要由华北开发公司注资,负责开发煤矿和金属矿。总部位于张家口,大同、北京等地设立分公司。相对"华北石炭贩卖股份有限公司"而言,"蒙疆矿产贩卖股份有限公司"规模较小,经营范围集中于山西北部、内蒙古部分地区。

"华北炭贩""蒙疆矿贩""山东产销""开滦煤矿"4家中,"华北炭贩"地位较高,重要性日益增强,"开滦煤矿""山东产销"地位逐渐下降。日军为实现产供销一体化,选择"华北炭贩"作为主要公司。"蒙疆矿贩"因地处偏远,受冲击相对较小,其余两家比重不断降低。1941年,开滦、华北两家公司比重接近,山东次之,"蒙疆公司"比重较低。1943年,"华北炭贩"比例已经达到51%,具有主导地位,开滦煤矿降至24%,处于绝对劣势。山东和蒙疆公司比重相对稳定,继续分别保持在15%和9%左右水平。

日军侵占华北初期,因大量开发煤矿和整理旧矿,需要大量资金。"华北开发公司"以融资形式,对煤矿业持续注入资金,为日军劫掠煤矿提供经济基础。1942年,太平洋战争爆发后,日本军费开支增加客观挤压"华北开发公司"资金来源,"华北开发公司"被迫以贷款取代投资作为维持煤矿生产新手段。但是,在通货膨胀冲击下,贷款效果明显削弱。

表 2-55　华北开发公司对华北煤矿投资及贷款统计
(1939—1944 年上半年度)　　　　(单位:元)

项目 年份	投资		贷款	
	当年值	1939 年年值	当年值	1939 年年值
1939	1398812	1398812	4505000	4505000
1940	22022000	13913318	16505000	10427723
1941	13895000	7604532	33320304	17688433
1942	48458200	19533296	39614000	15968236
1943	31319000	8385499	67500000	18072773
1944 年上半年	27650000	2484054	91050000	8179858

资料来源:佟哲晖:《社会经济统计若干问题研究》,东北财经大学出版社 1998 年版,第 302 页。

表 2-55 显示 1942 年煤矿投资是 1939 年的 35 倍,此后开始减缓,1944 年上半年已经为 1939 年 20 倍,剔除物价因素依然保持增加走势。然则,贷款与投资总量有所下降,造成煤矿资金短促,“生产受到很大的影响”。

受战争和日军侵略以及战局影响,华北沦陷区煤矿业生产出现剧烈波动。1937 年,在战争冲击下,华北煤产量迅速降低,约为战前的 60%。1938 年同比增至 64%,但产量依然有限。伴随以战养战政策实施,华北煤产量有所提高。1939 年即达到战前水平 1.16 倍,直至 1942 年达到最高峰,相当于 1936 年的 244%。1943 年虽有所下降,但依然为 197%。此后伴随抗日战争走向胜利,产量开始下降最终出现锐减。

表 2-56　华北煤炭产量统计(1933—1944 年)　(单位:吨)

年份＼产量	开发关系矿	开发关系外矿	总计	粘结有烟煤	非粘结有烟煤	无烟煤
1933	11284560	3307000	14591560	8781359	2624412	3185789
1934	12433411	3615000	16048411	9385206	3556605	3106600
1935	11784698	3321000	15105698	8711854	3434545	2959299
1936	13460195	3273000	16733195	9958675	4026538	2748000
1937	11323563	1943400	13266963	8678246	2559034	2029683
1938	8245796	1846899	10092695	6826808	1990159	1275728
1939	13382723	1294388	14677211	10541143	2559209	1576859
1940	15727659	2280423	18008082	11309013	3467166	3231903
1941	20588781	2658530	23247311	13412005	5589332	4245974
1942	21999807	2239347	24239154	14358027	5729227	4151900
1943	19872042	2091488	21963530	13533513	5407424	3022593
1944	18451244	1946515	20397759	12612245	5380601	2404908

资料来源:佟哲晖:《战时华北矿业》,《社会科学杂志》1948 年第 1 期,第 15 页。

如表 2-56 所示,华北无烟煤居多,且品质较佳,恰为日伪所需要,成为日军掠夺重点。因此,华北煤炭主要销售日本、中国东北和华北钢铁工业,其次为军舰、铁路使用。战前华北民用煤“每年至少超过七百万吨”,约占总销售量的 46%。日方控制华北煤矿后,每年最多供应中国群众 680 万吨。重要产区龙烟煤矿年产 200 万吨,其中 79 万吨运往日本,其余交由石景山炼焦炭,亦供应日本需要。两厂运日比例为 65%。日方以华北无烟煤补充日本、中国东北钢铁工业能源不足,“已完全达到了目的”。1942 年,华北输出煤炭中无烟煤占 95%,有烟煤约占 5%。输出煤炭中对日本、中国东北运输量为 7644574 吨,超过总销售数量的 30%,中用煤降至不足 200 万吨,比例不足 10%。若考虑部分华北钢铁工业消耗,“为数至少在九百万吨以上”。铁路、军舰是日军侵华工具,“此种需要不能缩减”。在供给有限,刚性需求增加压力下,日军强制压缩中国民用煤,人为制造煤荒。煤炭销售结构的变化深刻揭示“华北煤炭对日本和中国东北输出量的激增,乃为日本人开发华北煤矿的最重要目的”。时人总结,“战时华北煤炭销路最重要的转变,便是对日输出(包含朝鲜)量加多,另外产生对东北输出及军用两项新的需要”①。

表 2-57　华北煤斛销量统计(1936 年、1938—1943 年)

(单位:吨)

项目＼年份	1936	1938	1939	1940	1941	1942	1943
矿厂自用	406168	309409	511859	—	2266535	1859352	2142276
军用	—	125791	—	808766	990385	61834	979598
铁道用	1108845	834695	—	839140	1961633	2044502	2358862
船舶用	475000	10361	—	121979	381699	407315	272495
工厂用	—	3213175	—	4693784	1089040	2227355	2794907
民用	5257518	—	—	—	7410173	6808362	6089148
内地	1241330	1707492	3249961	4191826	4257921	4577357	3352862
朝鲜	—	—	—	—	540265	520014	363296
对东北输出	—	—	99990	381393	2061334	2547203	2800323
对华中输出	2610153	981592	1434405	1720491	1767862	1920072	1324557
其他	380494	83911	43635	903412	963124	770774	183181
总计*	11479508	7266426	13368722	13720791	23689971	24316719	22661505

注:* 此处总计为修订后数据,原始表格 1939 年为 13368722、1940 年为 13720791、1942 年为 24316719、1943 年为 22661500。

资料来源:佟哲晖:《战时华北矿业》,《社会科学杂志》1948 年第 1 期,第 21 页。

表 2-57 显示,伴随时间推移军用、朝鲜、对东北输出三项增

① 佟哲晖:《社会经济统计若干问题研究》,东北财经大学出版社 1998 年版,第 337 页。

速较快,原本居于优势的民用、内地、对华中输出比例逐渐降低。1936 年,华北地区属于中国军队控制区,前三者基本为零。随着华北主要煤矿沦陷与日军掠夺强度增大,军用煤出现迅速增加走势,太平洋战争前夕达到近 100 万吨规模。对朝鲜输出起步相对较迟,但第一年即达到 54 万吨。对东北输出与日本败局息息相关,在日本海军惨败情况下,东北用煤达到对华中输出 260% 水平。除 3 项直接用于日本之外,其他项目中工厂用、铁道用、船舶用、矿厂自用基本服务于日方,甚至军方。对华中输出和内地用煤中同样存在日伪消耗。由此可见,华北煤炭绝大多数为日军使用。据统计,1942 年华北煤矿输出达到高峰,此后出现下降。1941 年,供应日本 20139000 吨,次年达到 20926000 吨。然则,1943 年降至 18775000 吨①。煤矿输出迅速降低表明伴随日军作战失败,资源控制力逐渐下降。1942 年后,日军丧失战争主动权,美军开始轰炸日本运输线。华北铁路运输、中日海运受到较大影响。

表 2-58　华北煤斛运输路线及输出量统计(1941—1943 年)

(单位:吨)

项目 \ 年份	1941	1942	1943
海运	6627000	6020000	3815000
陆运	2000000	3544000	4165000
共计	8627000	9564000	7980000

资料来源:佟哲晖:《战时华北矿业》,《社会科学杂志》1948 年第 1 期,第 20 页。

表 2-58 显示,1942 年,海陆运输达到 9564000 吨,次年骤然降低到不足 800 万吨,与 1941 年相比亦减少近 70 万吨。具体分

①　佟哲晖:《战时华北矿业》,《社会科学杂志》1948 年第 1 期。

析,海运比重亦呈现下降走势。1941 年,海运占 75% 以上比重。1942 年海运比例超过 65%。然则,1943 年在运输总数降低情况下海运比重降至不足 50%。日本属于岛国,海运为重要运输方式。海运数量在一定程度上可作为煤炭输入日本参考数。海运总数降低表明在抗日战争节节胜利情况下,日本对华北煤矿控制力减弱,被迫以中国东北、朝鲜为主要市场,本土能源来源逐渐减少。但是整体而言,在日军掠夺性政策下"华北煤荒虽日益严重,华中电力及工业用煤虽告奇缺,对日煤炭输出总没有受到显著的影响"①。

(二)成效不彰的金属、非金属矿掠夺

与东北相似,煤铁构成日军主要掠夺对象。"九一八事变"后,日军开始向华北铁矿渗透。北京附近石景山铁矿引起日方注意。日本驻张家口领事函电察哈尔省政府咨询该矿具体细节。日方声称"日满矿产株式会社"可支付工人工资和食物,实现中日合办。1936 年,伴随"华北事变"发生,日军加快侵略步伐,声称 2 月即开采铁矿,华北冀察政务委员迫于日方压力,宣布派陆宗舆接收矿区。1937 年 2 月,日本驻屯军再次致电中国 29 军军长宋哲元,要求中日合办石景山铁矿。

"七七事变"发生后,日军剥下合办假面具,以军队抢占石景山铁矿,交由"兴中公司"继续经营。1938 年 4 月,"兴中公司"成立石景山炼铁所,后被"华北开发公司"兼并。"华北开发公司"秉承日军要求,出资组建石景山制铁矿业所,从八幡制铁所运入器械,"遂完初步之建设"。太平洋战争爆发,日军加速石景山铁矿开采步伐除修复原有矿区外,增设 380 吨和 600 吨大型炉和部分

① 陈真、姚洛、逄先知合编:《中国近代工业史资料》第 2 辑,生活·读书·新知三联书店 1957 年版,第 637 页。

配套设备，并增设部分炼钢机器。

华北铁矿产量以龙烟铁矿烟筒山居多。在华北产业开发第一次五年计划中，日方突出烟筒山铁矿地位，对其实行大规模开发。1939年，伪“蒙疆政府”与华北开发公司合资组建龙烟铁矿股份有限公司。龙烟铁矿下辖烟筒山、庞家堡、三叉口等6个矿区，其中已开发矿仅有烟筒山、庞家堡2处。经勘测，庞家堡铁矿储量约1亿吨，含铁量60%，潜力超过烟筒山。因此，日伪将开发重点迁至庞家堡。在此消彼长建设计划影响下，烟筒山铁矿石产量由792168吨降至623302吨。① 庞家堡矿区产量则由113221吨增至231701吨。1940年后，华北开发公司相继开发利国、定襄等铁矿。但是除金岭镇、庞家堡矿区外，其余各区产量相对较少，最多不过5万吨，少者仅6000—7000吨。1942年之前，该矿产量占华北铁砂产量80%以上。

伴随沦陷区扩大，日军开设铁矿区有所增加。原国民党政府西北实业公司、晋绥矿产测探局经营的定襄铁矿区、宁武铁矿区东山铁矿区被日方“兴中公司”取代，另成立“山西矿业股份有限公司”管理。1943年，“华北开发公司”下设“华北探矿股份有限公司”专职开发司家营铁矿。“日本钢管株式会社”出资组成“日本钢管株式会社金岭镇矿业所”，开采山东金岭镇铁矿。江苏铜山县利国铁矿和河南武安铁矿则由该公司利国铁业所和华北采矿股份有限公司武安矿业继续开发。

与东北地区相比，华北金属矿产相对单一，战争急需的锰、钨、镍、岩土等矿产储量较少。日军虽然竭力发掘，但除金矿“产量加多两倍以上”外，其余金属矿产量较低。如镍探明储量仅7000—8000吨。重要战略资源钨矿沦陷区分布较少，为满足战争需要，

① 佟哲晖：《战时华北矿业》，《社会科学杂志》1948年第1期。

日军在北京密云县一带发现矿脉。1939年,日本高周波重工业会社、新新洋行、大华公司合资在密云开采钨矿。次年,“华北钨矿业株式会社”成立。该公司将华北钨矿企业进一步整合:(一)收购日本高周波重工业株式会社的所有权利。(二)参与新新公司矿区的经营。(三)关闭大华公司。(四)租才昭和矿业株式会社的矿区。(五)无偿征调三菱、九州等矿业会社矿区。[①]“华北钨矿业株式会社”基本控制华北钨矿。

大部分非金属矿,情况亦不乐观。岩土矿以山东、河北为主,但含铝量较低。萤石、石棉、云母、重晶石、黑铅等五种矿藏“都很有限”。日本公司估计开采寿命“多者可维持十余年,少者仅能延续三、四年而已”。实践证明,日本公司所言不虚。兴和黑铅矿仅仅开采3年,1943年即被迫停工。莱阳等黑铅矿区虽及时补充,但“矿坑的开闭变化太多,致使黑铅产量的变动上下不定”[②]。山东等地盐场因产量丰富,为日军所觊觎,成为“日本所规定的统制事业之一”。日军成立3大盐业公司分别管理主要盐场。华北盐业公司掌控长芦盐场,山东盐业公司管理山东产盐区,华中盐业公司则负责海州盐区。各公司成立后,“未闻有何增产计划,但闻对日输出盐年达百万吨之巨”[③],山东盐业公司在减产50%,仅产盐14万吨情况下,依然保持对日输出12万吨。

石灰岩、石膏等非战略资源增速较快。唐山为重要石灰岩产区,产量占华北地区的50%。随着日军建筑增加,石灰岩产量日

① 佟哲晖:《社会经济统计若干问题研究》,东北财经大学出版社1998年版,第339页。

② 佟哲晖:《战时华北矿业》,《社会科学杂志》1948年第1期,第38页。

③ 郑伯彬:《日本侵占区之经济》,资源委员会经济研究室1945年版,第73页。

益扩大1939—1944年“产量约增多95%”。石膏和磷灰石属化肥原料。日军在华北推行农业殖民政策，肥料用量增加。1940年，日伪紧急开发阳曲石膏矿，造成1940年后磷灰石产量增加35%，石膏增幅达到180%。

鉴于以战养战政策，日军严格控制华北矿产销售，以满足日本需要和军需为重点。战争后期，因制海权逐渐为美军掌握，华北和东北成为主要销售市场。战争初期，除铁矿和建筑材料石灰岩等矿产外，8种矿产98%运往日本。1938—1942年，铁矿对日本以输出为主，一度高达总产量的82%。其后因太平洋战争迅速减少，转以东北为主要市场。锰矿则以供应东北地区为主。1944年，东北消耗量占华北产量的97%。虽然日军在华北建设房屋增加，但东北依然构成主要输入地，1944年华北石膏产量的67%供应东北。华北地区主要矿产除金、镍等少数矿产外，“全部的或大部的都输往东北和日本”①，如表2-59所示。

表2-59　华北矿产输日统计（1938—1944年）　（单位：吨）

项目		年份	1938	1939	1940	1941	1942	1943	1944
铁砂	输出	日本	105978	111497	303376	471075	492075	80918	102418
		东北	—	—	—	—	363864	622353	358351
	华北本地销售		—	119977	172380	102194	182672	423967	534829
锰砂	输出	日本	—	—	—	—	1551	—	—
		东北	—	—	1573	2293	3076	9388	8850
	华北本地销售		—	—	—	1131	2017	1380	279
金	华北本地销售		—	—	94771	101685	79379	—	—

① 佟哲晖：《战时华北矿业》，《社会科学杂志》1948年第1期，第38页。

续表

项目		年份	1938	1939	1940	1941	1942	1943	1944
钨砂	输出	日本	—	—	187	133	115	12	1
	华北本地销售		—	—	—	—	—	—	3
岩土	输出	日本	—	169955	150669	174876	183579	171292	213888
		韩国	—	—	—	—	—	—	66415
		东北	—	—	—	—	—	—	23492
	华北本地销售		—	475	760	5167	—	—	12259
镍砂	华北本地销售		—	—	625	926	999	—	—
萤石	输出	日本	1840	7588	7643	8960	16942	19856	—
		东北	—	662	180	—	—	—	—
	华北本地销售		—	30	269	203	179	173	—
石棉	输出	日本	—	26	227	780	2114	2871	—
云母	输出	日本	—	—	—	27	47	126	—
重晶石	输出	日本	—	—	1206	6635	4219	2163	—
		华中	—	—	—	—	30	180	—
黑铅(鳞状)	输出	日本	—	—	—	44	37	6	30
	华北当地销售		—	—	—	—	—	—	58
石灰岩	华北当地销售		—	342965	538430	503652	623387	643364	670947
磷灰石	输出	日本	—	—	35119	64580	86150	55220	80297
		韩国	—	—	—	—	—	—	1080
		东北	—	—	—	—	—	—	440
	华北当地销售		—	—	—	—	—	—	45
石膏	输出	韩国	—	—	—	—	—	2004	6224
		东北	—	—	—	—	42000	61027	40236
		华中	—	—	—	—	—	89	1005
	华北当地销售		—	—	—	—	6610	4719	12267

资料来源:佟哲晖:《战时华北矿业》,《社会科学杂志》1948 年第 1 期,第 40 页。

华北矿业输出地表明日本在华北经济计划核心在于以战养战，掠夺中国资源发展日本经济。从矿业供应情况分析，尽管受到中国军队抵抗和美军海面封锁，然则，“从华北搜刮去这样多的煤、猛、铁、钨和岩土等矿产资源的一点来说，不能不说他们亦达到了侵掠的目的”①。

与煤矿生产趋势相近，各种金属矿、非金属矿生产以 1942 年为顶峰，出现增长与下降走势。战争前期，因日军进攻中国矿业遭到破坏和冲击，国民党政府军撤走时多破坏矿业或迁走机器，造成生产下降。伴随日军以战养战掠夺政策实施，矿业生产有所扩大。1941 年太平洋战争爆发后，日军由盛转衰，逐渐步入战败境地，自然无力经营矿业，如表 2-60 所示。

表 2-60　华北其他矿产量表（1938—1944 年）

（单位：吨，金为公斤）

矿业名称 \ 年份		1938	1939	1940	1941	1942	1943	1944
铁类	铁砂	244146	350602	511988	743104	1089992	1336787	1190238
	锰砂	—	1255	9386	12599	13083	17050	13009
	镍砂	—	—	624	926	999	—	—
	钨砂	—	—	184	133	113	24	64
非铁金属	金	—	—	80	107	70	185	250
轻金属矿物	岩土	151055	172742	192053	290307	145720	328124	754775
同属于轻金属矿物	萤石	—	—	—	16240	18433	26137	12552

① 佟哲晖：《战时华北矿业》，《社会科学杂志》1948 年第 1 期。

续表

矿业名称	年份	1938	1939	1940	1941	1942	1943	1944
工业原料矿物	石棉	—	16	332	928	2660	3783	—
	云母	—	—	—	28	51	125	—
	重晶石	—	—	3453	4401	10521	2715	1505
	黑铅	—	—	16	44	37	20	93
	石灰岩	—	342965	538430	503652	623387	643364	670947
肥料矿物	磷灰石	—	—	56151	43442	83442	75953	72592
	石膏	—	1500	40000	—	48610	113088	90751

资料来源:佟哲晖:《战时华北矿业》,《社会科学杂志》1948 年第 1 期,第 37 页。

(三)仓促劫掠——华中地区矿业“开发”

“华北开发公司”成立之时,“华中振兴公司”组建,但因中国军队顽强抵抗,该公司“辖地较小”。武汉会战后,华中、华东部分地区为日军控制,“华中振兴公司”辐射范围有所增加。与华北不同,华东、华中地区列强权利犬牙交错,“华中振兴公司”使命在掠夺之外,另有发展经济任务。

“华中振兴公司”计划在“三年内恢复事变前水平”。日军对华中经济计划相对东北、华北缓慢,根本原因在于华中地区列强干预程度较大,且距离前线较近,难以放手掠夺。因此,华中地区投资中公共事业占据主导地位,矿业降为从属位置。1938 年,矿业投入约占总投资的 5.6%,与华北、东北相比差距明显。

1938 年 4 月,日本以 1 亿日元资金注册成立“华中振兴公司”。公司本部设于上海,东京另开分部。“华中振兴公司”统制交通、矿业等领域。为鼓励民间资本参与掠夺,日本政府宣布民间股东股息拥有部分优先分派权。为确保盈余,日本政府在公司成立前五年中给予一定补贴。“华中振兴公司”发行债券，官方承担还本付息义务。在日本政府鼓动下，“华中振兴公司”成立时获得实缴资本3100余万日元，其中民间出资1250万日元。

“华中振兴公司”下辖“华中矿业股份有限公司”主要负责华中地区矿业开采。华中地区铁矿资源相对丰富，大冶、繁昌等地铁矿战前即出口日本。1938年“华中振兴公司”联合“日本钢管公司”“兴中公司”共同出资1000万日元组建“华中铁矿公司”。次年，因沦陷区扩大，日军急于开采各种矿产，将“华中铁矿公司”改为“华中矿业股份有限公司”。

“华中矿业股份有限公司”以满足日本需要为主要目标，将马鞍山铁矿等旧矿陆续复工。1939年后，受日军南进战略影响，公司决定加快华中铁矿等资源掠夺步伐。当年“华中矿业股份有限公司”铁矿产量达到1934年水平。1941年为1458000吨，为1934年水平3倍。①

受资本限制，“华中振兴公司”麾下矿业发展相对东北、华北较慢。为满足军需，日方企图扩大淮南、大通煤矿生产。1939年，“三菱矿业”“三井矿山”“华中振兴公司”共同出资组建“淮南煤矿股份有限公司”。在日军掠夺性计划推动下，淮南煤矿产量一度超过历史最高值，但伴随日军战局失利，逐渐开始下滑，第二次计划基本落空，如表2-61所示。

① 王士花：《“开发”与掠夺：抗日战争时期日本在华北华中沦陷区的经济统制》，中国社会科学出版社1998年版，第33页。

表 2-61 淮南煤矿产煤计划和实际对比 (单位:千吨)

年份\计划	第一次计划	第二次计划	实际产量
1934	—	—	405
1939	82	—	144
1940	430	—	431
1941	830	750	776
1942	1200	925	896
1943	1600	1100	878

资料来源:[日]浅田乔二等著:《1937—1945 日本在中国沦陷区的经济掠夺》,袁愈佺译,复旦大学出版社 1997 年版,第 142 页。

淮南大通煤矿之外,"华中振兴公司"对其他铁矿亦加快掠夺步伐。1937 年,日军攻陷凤凰山铁矿后开发进度较慢。1939 年 7 月,"华中振兴公司"造秣陵关设立办事处,计划利用凤凰山铁矿炼铁和开矿。次年,"华中振兴公司"即完成凤凰山至采石矶轻便铁路和 8 栋职工住宅,并将皖南部分矿山划入矿区,其入实行规模经济。"华中矿业股份有限公司"下辖企业以供应日本军需为主要目标。1941 年,"华中铁矿公司"对日输出达到 200 万吨①。

第四节 日本侵略者的劫夺、破坏和工矿业损失

日本野蛮的军事侵略与长达 14 年的浩劫使中国社会、经济遭到重大损失。在造成中国人民伤亡数千万之时,工业破坏尤为严重。从大历史角度分析,日本侵略打断中国工业发展的良好趋势,

① 王士花:《"开发"与掠夺:抗日战争时期日本在华北华中沦陷区的经济统制》,中国社会科学出版社 1998 年版,第 33 页。

造成中国工业化停滞与挫折。

国民党政府建立之后，中国工矿业获得较快发展，长三角地区甚至出现少数亚洲级工厂。“八一三事变”后，日本军队空袭长江中下游地区，工业区相继遭到轰炸。伴随淞沪会战战事打响，上海主要工业区沦为战场，部分工厂毁于战火或日军劫掠。与此同时，太原会战、徐州会战陆续打响，次工业区亦难免劫难。根据战后统计，战争期间中国工矿业损失超过 40 亿美元（1937 年币值）。具体而言，工业（不含电力）直接经济损失 1419793388 美元，间接经济损失 1041163812 美元，共计 2460957200 美元。矿业直接经济损失 266301098 美元，间接经济损失 55060962 美元，共计 321362060 美元。相对独立的电力行业损失 215561428 美元。

从动力、产量、职工人数等具体方面统计，工矿业损失更加惨重。1946 年，矿业厂家虽然达到 1936 年的 2 倍，但职工人数却由 27750 人降至 12000 人，表明生产走向小型化。主要重工业产品如机械、电力等行业产量约为战前 20%—30%，甚至不足 10%，充分反映战争对重工业的冲击。

日军对中国工矿业的破坏不仅局限于战火，其掠夺行为亦令人发指。日伪在沦陷区以军管理、委托经营为手段对中国工矿业进行变相掠夺。日军借口敌方财产将国民党政府官营工厂予以没收，部分私人企业亦被查封。沦陷区工矿业企业基本被日本控制，成为其侵略战争的工具。

轻工业与战争关联相对较低，但在日军贪欲促动下依然在劫难逃。棉纺织业作为少有的中国商人与外商分庭抗礼的行业，成为日军首先掠夺目标。尽管国民党政府有计划内迁，但是因战势急转直下，长三角地区、华北地区大部分棉纺织业设备毁于战火或被双方有计划破坏。太平洋战争爆发后，公共租界内的华商工厂和英美企业被日军直接没收。在日军劫掠下,沦陷区纺织业产量降至战前2/3。当华商和英美商人因战争挣扎之时,日本商人则在刺刀护卫下取得压倒性优势。棉纺织业中,日资占据产能80%份额。机器造纸业因中国企业内迁和损坏,日本工厂逐渐占据主导。

除日军直接破坏之外,统制政策进一步加速沦陷区轻工业衰落。火柴业为居民日常所需,本应具有较大市场。然日伪将火柴纳入"联营"范畴,造成产量一路下降到战前20%以下,大中华等华商企业亏损日渐增加。伪"满洲国"完全统制的火柴业因原料短缺生产困难。

为保障日伪军粮供应,面粉业本身和上游原料长期处于日军掌控中,且控制措施日益严格。在各个沦陷区,日伪以清理不良商人和组建公会为名将大批华商清理出统制商户范围,迫使其因缺乏原料和市场而破产。在日伪压迫下,沦陷区面粉、纱布等主要轻工业品降至战前10%以下。

关于日本全面侵华战争对中国经济,包括工矿业生产及资源造成的破坏和损失,在1931年抗战局部爆发后,不论是官方的上海市社会局还是学者,都对"九一八事变"和"一·二八事变"期间的战争损失进行过调研。全面抗战爆发后,1938年11月,黄炎培等参政员在第一届国民参政会第二次大会上,就首次郑重地提出提案,建议政府设立抗战公私损失调查委员会,对战争损失加以调查。1940年,国民党中央调查统计局特种经济调查处李超英编撰的《四年之倭寇经济侵略》,对上海等沦陷区的经济损失有较详细披露。自1939年起"国立中央研究院社会科学研究所"①就在陶孟和所长带领下开展"抗战损失研究和估计"的调研,1939年公布

① 现中国社会科学院经济研究所前身。

了《中国抗战损失问题研究报告》[①]，又编纂了《沦陷区经济概览》，1941 年该所研究员潘嘉林写出《抗战三年我公私损失初步估计》，惜未出版。1946 年该所研究员韩启桐发表《中国对日战争损失之估计：1937—1943》，成为对抗战时期经济和财产损失进行学术研究的开山之作。社会科学研究所的调研原则也多为政府部门所采用。新时期，台湾学者迟景德所著《中国对日抗战损失调查史述》由台湾“国史馆”出版印行（1987 年），这是战后关于日本全面侵华战争致中国财产损失研究的第一部著作，孟国祥、喻德文合著的《中国抗战损失与战后索赔始末》（1995 年）是大陆学者研究中国因日本全面侵华战争导致损失的第一部专门著作，袁成毅所著《中日间的战争赔偿问题》（1999 年）也涉及日本全面侵华战争致中国财产损失的问题。[②] 到 2015 年抗日战争胜利 70 周年前后，相关成果更是层出不穷。

1939 年 7 月，国民党政府行政院正式颁布了《抗战损失调查办法》及《查报须知》，通令全国中央机关及各省、市、县政府分别调查，每三个月具报一次，并指定由主计处审核汇编所有调查资料。抗战后期，1944 年 2 月行政院成立了直属的“抗战损失调查委员会”，1946 年 11 月改称“行政院赔偿委员会”。1945 年抗战损失调查委员会拟订了 9 项抗战损失（中国因日本全面侵华战争

① 中央党史研究室第一研究部、中国第二历史档案馆编：《国民政府档案中有关抗日战争时期人口伤亡和财产损失资料选编》第 1 册，中共党史出版社 2014 年版，第 157—237 页。报告分 13 章，估计了“商业金融业损失”7732612000 元，农、林、畜、矿、手工业等“重要产业”的产品损失 4832847000 元，以及文化、交通机关等损失合计为 116436678000 元，但未专门对工业及其产品损失进行单独估计。

② 参见袁成毅：《关于中国抗战损失研究中的几个问题》，《抗日战争研究》2008 年第 2 期。

而损失)调查要点,在全国范围内大规模地开展抗战损失调查。

表 2-62 国民党政府行政院调查日本全面侵华战争致中国损失综合统计

(单位:1937 年币值美元)

损失类别＼损失价值	1946 年 8 月 11 日《全国公私财产损失统计表》(1937 年美元价值)	国民参政会大会上行政院工作报告有关抗战损失部分报告(1947 年 5 月)
工商矿业及动力	128359718	4053647000
其中 工业	45606976	
商业	74562055	
矿业	239414	
金融业	7951271	
直接损失总计	未划分	31330136000
资源减损(间接)	7019869065	6485741000
直接损失、间接损失与战费损失总计	318.22 亿	559.4 亿

资料来源:1.《全国公私财产损失统计表》(1946 年 8 月 11 日),见《国民政府档案中有关抗日战争时期人口伤亡和财产损失资料选编》第 1 册,中共党史出版社 2014 年版,第 384 页,其中工业、商业、矿业"系根据中央及地方机关报送直接损失之资料"。"资源减损",系"根据中央及地方机关查报之间接损失包括可能生产及盈利额之减少"。

2.《行政院工作报告有关抗战损失部分报告》(1947 年 5 月),见《国民政府档案中有关抗日战争时期人口伤亡和财产损失资料选编》第 1 册,中共党史出版社 2014 年版,第 386 页,但该处总计直接损失,疑误写为 30030136000。《行政院关于抗战损失和日本赔偿问题报告》,见中国第二历史档案馆编:《中华民国档案资料汇编》第 5 辑第 3 编外交,江苏古籍出版社 2000 年版,第 231—232 页。

3. 本表是原统计表的简化。"以上各项损失数字,系以东北各省市及台湾以外之中国领土为限,共军占领区亦未计划在内",见《国民政府档案中有关抗日战争时期人口伤亡和财产损失资料选编》第 1 册,中共党史出版社 2014 年版,第 387 页。

国民党政府行政院进行的是全国性人口伤亡、财产损失的综合统计,除主计处自 1941 年起至 1944 年每年汇编各地上报材料、出版一本统计报告(1943年1月和7月有两本)外,于1946年8月汇编了《全国公私财产损失统计表》,1947年5月在第四届国民参政会第三次大会上报告了“抗战损失”报告。表2-62仅取其工矿业和动力工业的数值和直接损失、资源损失(部分间接损失)及合计数值,以为参照。

此外,国民党政府驻日本“赔偿及归还物资接收委员会”主任吴半农在写于1949年9月的《中国驻日代表团劫物归还与赔偿工作综述》“绪言”中,提出日本全面侵华战争致中国财产损失620亿美元的说法,并被广为引用。国民党政府调查统计战争损失得出了若干数值,为后世提供了借鉴。在此过程中,主计处、外交部、财政部等有关人员在1946年8月5日开会商讨,就抗战财产实报损失的折合方法达成共识:以抗战期间历年9月重庆销售物价指数平均数,除以抗战期间历年实报损失之价值,而得1937年7月法币价值(7月7日),再以当时美元与法币比价(1∶3.39)折合美元,如原报为美元者不再另行折合;计算损失时期自1937年7月7日起至1945年9月2日日本签投降书为止。① 这几条原则性意见,对于后世再开展调研具有奠基性的重要意义。

日本全面侵华战争致中国财产损失的最新调查研究。中共中央党史研究室自2004年开始,组织全国党史部门和其他单位有关人员,对“抗日战争时期中国人口伤亡和财产损失”情况进行大规模的调研。调研历时10年,有60万人先后参与。项目有9项主要调研内容,其中第一项是“各个省、自治区、直辖市在抗战中的人口伤亡和财产损失情况”。②

① 《抗战损失调查委员会全国人民伤亡和抗战损失项目说明》(1946年8月5日),中国第二历史档案馆馆藏档案,卷号二(2)-2652。

② 中国共产党历史网:《抗日战争时期中国人口伤亡和财产损失专题》,见http://www.zgdsw.org.cn/GB/391267,2014年10月至2016年1月。

《抗日战争时期中国人口伤亡和财产损失》系列调研丛书已于2014年和2015年由中共党史出版社分别出版两批。与日本全面侵华战争致中国财产损失直接有关的,有《国民政府档案中有关抗日战争时期人口伤亡和财产损失资料选编》3册,《抗日战争时期八路军人员伤亡和财产损失档案选编》5册,《抗战时期海外华侨人口伤亡和财产损失》,《抗战时期解放区人口伤亡和财产损失档案选编》《抗日战争时期中国人口伤亡和财产损失》调研丛书,分为A、B两个系列,分别涉及省、自治区、直辖市级或以下的行政级别,总数预计300册。

中共中央党史研究室的这项重大调研,是新中国成立以来关于日本全面侵华战争致中国损失的最大规模的调研项目。调研指出,中国因日本全面侵华战争导致损失:军民伤亡3500万人,(以1937年法币值折算)直接经济损失1000亿美元,间接经济损失5000亿美元;日本侵略者“以战养战”,疯狂掠夺中国资源与财富;日本侵华战争打断了中国的工业化进程。

一、重工业和化学工业生产及资源的破坏和损失

经过1927年以来的建设时期,抗战前中国新式工矿业获得了长足的发展,分布上尤其集中于沿海沿江地带。据国民党政府中央工厂检查处1935年统计,上海作为最大的工业中心,有工厂5480家,占全国工厂总数一半以上。“七七事变”后平津两地工厂完全陷于敌手,“八一三事变”中,上海的江湾、闸北、虹口等工业集中地区沦为战场,工厂多受炮火摧毁,上海市社会局1937年11月5日及10日电告,被毁工厂2998家,资产损失564535392元。[①] 随着战事蔓延,不但上海腹地无锡、南通等地,

---

① 见于彤:《抗战时期中国工业损失状况部分统计》,《历史档案》1990年第2期。

而且太原、杭州、广州、武汉等主要工业区陆续陷落,遭到严重破坏和大肆掠夺。①

(一)工矿业损失总量

在战后国民党政府的战争损失调查统计中,"工商矿业及动力"类损失超过40亿美元(1937年7月币值)(见表2-62国民党政府行政院调查日本全面侵华战争致中国损失综合统计),其中工业损失占有一定比重。战后伊始的1946年,学界对战争损失的调查研究著作中,对工业损失有所估计。

表2-63 日本全面侵华战争致中国工业损失估计(1937—1943年)

(单位:1937年7月法币千元)

项目 地区	资本	资产	资产损失	损失程度(%)
黄河流域	110829	297305	99171	33
长江流域	279498	756070	294089	39
上海	105819	292060	151768	52
南京	10986	30321	24248	80
武汉	51366	142769	16673	12
珠江流域	56798	155963	47083	30
总计	447125	1209338	440343	36

资料来源:韩启桐:《中国对日战争损失之估计:1937—1943》,中华书局1946年版,第32—33页。

由表2-63可见,工业损失近21亿元,"损失程度"一般超过三成,其数值可视为基本估计,还要考虑到:(1)当时国民党政府开展的各地因日本全面侵华战争所致损失调查仍在汇集报告;

① 李超英:《四年之倭寇经济侵略》,国民党中央调查统计局特种经济调查处编印1940年版,第119页。

(2)未包括1931年“九一八事变”以来损失;(3)未包括中国共产党领导的敌后根据地相关损失。与官方报告中的“工商矿业及动力”类工业损失逾40亿美元的估计一样,都是偏下限的相对数值。

国民党政府经济部主要进行的是“经济事业”(工商矿业)损失的统计。1939年3月汇编了《战区工厂损失调查》表,涉及工矿业各个行业。1943年10月和12月形成和修正了《战时经济事业财产损失统计》表。1946年1月汇编了《战时经济损失统计》表,7月编出了《抗战前后全国工厂损益统计》系列表。1946年整理了《经济部所属上海区民营机器电机厂在1937年以前成立未及内迁而遭受损失者名单》。至1947年12月,汇编出最后的《战时经济事业财产损失统计》系列表,反映了工商矿业所受各项损失。

表2-64　日本全面侵华战争致中国工商矿业财产损失统计

(单位:1937年7月法币、美元)

损失 类别	总计		直接损失		间接损失	
	法币	美元	法币	美元	法币	美元
工业	8342644909	2460957200	4813099585	1419793388	3529545324	1041163812
矿业	1089417383	321362060	902760721	266301098	186656662	55060962
电业	730753241	215561428	420903428	124160303	309849813	91401125
商业	12785245361	3771458808	7238612917	2135284046	5546632444	1636174762
总计	22948060894	6769339496	13375376651	3945538835	9572684243	2823800661

资料来源:经济部统计处编:《战时经济事业财产损失统计》系列表,见中央党史研究室第一研究部、中国第二历史档案馆编:《国民政府档案中有关抗日战争时期人口伤亡和财产损失资料选编》第2册,中共党史出版社2014年版,第600页。表内数值不包括东北地区、台湾,不包括中国共产党控制的根据地。

由表2-64可见，日本全面侵华战争致中国工商矿业损失共计229亿元，约合近67.7亿美元，其中工矿业（含电业）合计101亿元合29.9亿美元，直接损失61亿元合18.1亿美元；电力工业损失超过7亿元合2.1亿美元。

（二）工矿业直接损失概况

据国民党政府经济部1937年7月至1945年8月统计数字，工业直接损失见表2-65。

表2-65　日本全面侵华战争致中国工业直接损失统计

（单位：1937年7月法币　元）

类别	项目	原送估计数	修正数	类别	项目	原送估计数	修正数
食品工业	碾米	16308000	40462000	造纸工业	机器造纸	115324700	230649400
	面粉	244720000	391552000		手工造纸	89610100	179220200
	制糖	118253000	141894000		总计	204934800	409869600
	制茶	110082000	165123000	皮革工业	制革	25234134	50468268
	酿造	28539000	57078000		毛皮	5001000	12002000
	制蛋	69309000	103964000		总计	30235134	62470268
	汽水	4077033	9611500	火柴工业		48506400	97012800
	总计	591288033	909684500	机械工业	机器	45529900	141059800
纺织工业	棉纺织	542090808	984181600		五金	23476300	96952600
	毛纺织	11956123	43913000		翻砂	2134300	12268600
	缫丝丝织	47982350	95964700		总计	71140500	250281000
	印染整理	7399935	24799870	印刷工业		100502988	201055976
	总计	609429216	1148859170	服装工业		114208407	171312620

续表

类别	项目	原送估计数	修正数	类别	项目	原送估计数	修正数
冶炼工业		173482920	346965840	窑瓷工业	陶瓷	18013030	36026060
酸碱盐业	造酸	36425220	75850440		玻璃	19230100	38460200
	造碱	21923200	53846400		水泥	90822210	181644420
	盐类	17332688	44665000		搪瓷	7532007	15064014
	总计	75681108	174361840		总计	135597347	271194694
颜料及染料工业		822000	2644000	烟草工业		382079700	482079700
油脂工业	榨油	64532040	139064080	累计		2672738596	4811029088
	烛皂	70288003	140598000				
	油漆	原未列	3625000				
	总计	134820043	283287080				

资料来源:1. 据国民党政府经济部1937年7月至1945年8月统计数字编制。金额法币按1937年7月时价折算。见于彤:《抗战时期中国工业损失状况部分统计》,《历史档案》1990年第2期。

2. 参见经济部统计处编:《战区工厂损失调查》(1939年3月),见《国民政府档案中有关抗日战争时期人口伤亡和财产损失资料选编》第1册,中共党史出版社2014年版,第448—449页;经济部统计处编:《战时经济事业财产损失统计》之附表1战时工业直接损失估价表,见《国民政府档案中有关抗日战争时期人口伤亡和财产损失资料选编》第2册,中共党史出版社2014年版,第607—608页,该表印刷工业损失数略增,致损失总计微增至4813099585元。

3. 表内数值不包括东北地区、台湾,不包括中国共产党控制的根据地。

由表2-65可见,(1)累计损失修正数为原送估计数的180%,说明随着报送时间延后,损失数还将增加。(2)从原送估计数到修正数,大多工业行业数值直接增加100%,冶炼工业、造纸工业、机械工业、皮革工业、火柴工业、印刷工业、窑瓷工业均为直接翻倍计。说明损失数值在调查中以估计为主,并非精确之数。(3)本节涉及的重工业、化学工业在工业损失中占比较大,如机器制造业

(机械工业)损失 2.5 亿元,水泥制造业损失 1.8 亿元,基础化学工业(酸碱盐业)损失 1.7 亿元,日用化工(烛皂、油漆、制革等)有损失,冶炼工业含有色金属冶金工业损失近 3.5 亿元。电力和电机、电器工业未计入。据国民党政府经济部 1945 年 10 月调查报告,反映电力工业损失,见表 2-15。

由表 2-15 可见,51 家电力工业公司和工厂直接损失 43329000 元,也当以大概数值看待。其中损失严重、超过 100 万元的电厂 11 家,也是沦陷区原来的本国电力工业的支柱企业。

(三)工矿业间接损失概况

1946 年 7 月另一份损失统计,详细开列了全国工矿业厂场在资本、职工数、动力设备、主要工具机、作业机和产量等主要方面,1936 年到 1946 年(1—6 月)的损益情况,以说明工矿业损失。表 2-66 可见资本和职工数情况。

表 2-66　抗战前后全国工厂损益统计之工矿厂场资本及职工数统计(1936 年、1946 年 1—6 月)

项目 / 业别	1936 年				1946 年 1—6 月			
	厂数	资本数战前币值千元	职员	工人	厂数	资本数千元	职员	工人
1. 电气事业	140	—	—	—	64	—	—	—
2. 矿业	2000	500000	27750	30750	4100	115000000	12000	240000
3. 冶炼业	23	13216	492	7082	184	935299	5468	51326
4. 机器业	986	26913	3812	35186	1033	1514035	8168	47437
5. 五金业	272	441465	1654	12600	257	469748	2249	10898
6. 电器业	133	5696	1112	9256	132	283208	1754	7740
7. 化学业	1147	146160	12306	96646	1792	3935492	22030	97468
8. 纺织业	1960	340074	30930	516922	924	2579212	11188	104278

续表

业别 \ 项目	1936年				1946年1—6月			
	厂数	资本数战前币值千元	职员	工人	厂数	资本数千元	职员	工人
9. 服饰业	902	13449	6932	60352	140	122751	1230	8289
10. 饮食业	2071	150133	16524	72042	943	2114640	7924	26012
11. 印刷文具业	354	52724	2954	20340	134	269726	1603	8512
12. 杂项业	3112	44446	2254	19488	246	763167	2522	12460
总计	13100	1734276	106720	1464914	9949	127987278 折合战前币值千元 373141	76154	614420

注:1. 表中矿业职员数 615000 显然不确,据总数与各分项核算为 27750;

2. 资本数 1946 年为时值,按照编者折算币值办法,战争时期各年平均物价指数 343 倍为二者比例(《国民政府档案中有关抗日战争时期人口伤亡和财产损失资料选编》第 2 册,中共党史出版社 2014 年版,第 579 页),表中 1946 年资本数值应除以 343 以折合为 1936 年数值看待损益情况。

资料来源:经济部统计处编:《抗战前后全国工厂损益统计》(1946. 7),见《国民政府档案中有关抗日战争时期人口伤亡和财产损失资料选编》第 2 册,中共中央党校出版社 2014 年版,第 580 页。原表说明:1. 电气事业之资本及职工人数不明,其在 1936 年之厂数容量少于 50 千瓦者未经列入;2. 表列数字包括民营与国营;3. 东北地区及台湾未包括在内。

国民党政府经济部对 1936 年、1946 年即抗日战争前后全国工矿业产品产量的统计,也能说明问题。表 2-67 中 25 项工矿业主要产品的产量,除工具机、电动机有所增加外,大部分呈大幅度下降状况。面粉、纱、布等轻纺工业产品产量,不及战前 1/10;重化工业中,电力工业、矿冶业产品、机械工业、日用化工产量,多数仅为战前二三成。水泥工业不及 1/10,化学工业之酸碱产品产量更是不到战前产量的零头。与资本、职工数的损益统计相互参照,这充分反映了工矿业在遭受直接破坏和损失后导致的长期的间接损失的程度。

表 2-67 全国主要工矿产品产量统计(1936 年、1946 年)

品名	单位	1936 年	1946 年(1—6 月)
电力	千度	2445337	748494
煤	公吨	26225000	5922000
生铁	公吨	136950	25000
钢	公吨	50000	5000
钨	公吨	9763	530
精粗铜	公吨	294	291
锡	公吨	12954	1013
汞	公吨	58.80	56
纯锑	公吨	15000	2673
动力机	部	995	107
工具机	部	416	619
作业机	部	31727	1345
电动机	部	22	149
变压器	K.V.A	44200	7113
硝酸	箱	26210065	743
硫酸	箱	1596377071	2733
盐酸	箱	110502343	7055
碱	市担	1947454	65820

续表

品名	单位	1936 年	1946 年(1—6 月)
皮革	公斤	9028679	4764600
纸	令	6059842	195000
水泥	桶	6445052	255486
漂白粉	公吨	1326	703
厂布	匹	42823541	7692858
纱	件	3188367	180000
面粉	千袋	156216	6790

资料来源:经济部统计处编:《抗战前后全国工厂损益统计》(1946. 7),见《国民政府档案中有关抗日战争时期人口伤亡和财产损失资料选编》第 2 册,中共党史出版社 2014 年版,第 586—587 页。原表部分说明:1. 1946 年工业产品数字,其中民营工业部分系按 1945 年度产量数字估计;2. 东北地区及台湾未包括在内。

日本侵略者的经济掠夺,也是日本全面侵华战争致中国损失的内容。在华北、华中和华南,包括沿海沿江主要工业区,日本侵略者的主要掠夺手段有两种:"军管理"和"委任经营"。① 战时调研所限,华南地区尤其是广州的工厂落入敌手的多未计入,也未关注到"台湾拓殖株式会社"对广东、海南华商工厂等经济资源的掠夺和榨取。②

东北地区,1931 年以前工业不发达,产业以铁路运输业为大

---

① 具体数量及详情见李超英:《四年之倭寇经济侵略》,国民党中央调查统计局特种经济调查处编印 1940 年。

② 参见王键:《抗战时期台湾拓殖株式会社对广东、海南的经济侵掠》,《近代史研究》2011 年第 2 期。

宗，其他以老三行即油房、磨房、烧锅为主，逐渐采用机器和机械动力。① 矿业则主要归入官营的奉系资本。日本侵略者掠夺的除金融业外主要是铁路等产业，并把矿业纳入其掠夺性投资范围。这方面内容，在伪“满洲国”和关内沦陷区的工矿业章节中，将细述日本侵略者对重工业和化学工业的侵占和掠夺。

二、轻工业生产及资源的破坏和损失

棉纺织业是中国近代工业中重要的工业部门之一，据刘大钧等人统计，在中国近代工业中，无论是资产总值还是雇工总人数中，棉纺织业均占据 1/3 以上的比重。战前中国棉纺业迭遭自然灾害（如 1931 年长江大水灾）和日本对华军事侵略影响，如 1931 年“九一八事变”和 1932 年“一·二八事变”，以及 1929 年以来全球经济大萧条等内外因素的影响和打击，棉纺织业发展不无波折，但总体上仍保持一定的发展势头。抗战前夕，中国棉产量自 1932 年的 900 余万市担增至 1936 年的 1600 余万市担，全国共有纱锭 550 万枚，织机 64000 余台，花纱布对外贸易由过去的入超一跃而为出超 1700 万元。② 尽管日本在华棉纺织工厂的技术设备、经营管理、产品质量与盈利方面较诸华商略占优势，但总体而言，华商在战前发展势头较为乐观，在全国棉纺织中所占比重已与外商大体相当。

“七七事变”爆发后，抗日战争战场由一隅蔓延全国。为增强

① 东北三省中国经济史学会等编：《东北地区资本主义发展史研究》，黑龙江人民出版社 1987 年版，第 28 页。见许涤新、吴承明主编：《中国资本主义发展史》第 3 卷，人民出版社 1993 年版，第 384 页。

② 李升伯：《十年来之棉纺织业》，见谭熙鸿主编：《十年来之中国经济》，中华书局 1948 年版，第 3 页。

战争潜力,国民党政府及工商各界人士虽力图将沿海各省棉纺织厂迁往内地,以避免损失,维持生产。但因战前中国棉纺织业高度集中于沿海各省区,上海等地沦陷较快。同时,因国内交通落后,加之有关人员观望徘徊,搬迁工作虽然取得部分成绩,却未能充分有效进行。国内各主要棉纺织业集中的城市或地区,如天津、济南、青岛、太原、上海、无锡、常州、武汉、广州相继失守,绝大多数工厂沦入敌手,仅约十万枚纱锭、数百台织机迁入后方。受战争影响,中国民族棉纺织业损失较重,如表 2-68、表 2-69 所示。

表 2-68　华商棉纺织厂战时在沦陷区损失统计

(单位:锤;台)

省别	地名	厂名	损失纱锭数	损失布机数
河北	天津	裕大纱厂	42720	—
	唐山	华新纱厂	28800	500
	石家庄	大兴织染	30144	500
山东	济南	仁丰织染	15384	240
		成通纺织	18000	—
		成大纺织	28016	—
山西	太原	晋生织染	6000	252
	榆次	晋华纺织	42496	480
	祁县	祁县织染	—	200
	新绛	雍裕纺织	8920	168
		大益成纺织	19520	404
河南	汲县	华新纺织	24400	—
	安阳	广益纱厂	25824	—
	武陟	钜兴纱厂	6592	—

续表

省别	地名	厂名	损失纱锭数	损失布机数
上海		恒丰纺织	54544	614
		申新第一	72476	1387
		申新第五	62308	—
		申新第六	78578	814
		申新第七	68248	452
		申新第八	50400	—
		鼎新纱厂	28592	—
		仁德纺织	17088	468
		纬通纱厂	33024	—
		上海织染	17260	820
		永安第一	41648	1302
		永安第二	49696	—
		永安第四	104660	—
		振泰纺织	30540	640
		振华纱厂	13928	—
		恒大纺织	21600	—
		大丰纺织	29952	224
		宝兴纺织	14760	200
江苏	南通	大生第一	114028	745
		大生第二	30340	444
	崇明	富安纺织	15104	—
		大通纺织	21020	—

续表

省别	地名	厂名	损失纱锭数	损失布机数
江苏	无锡	振新纺织	32040	252
		丽新织染	22800	1000
		业勤纱厂	13832	—
		广勤纺织	23040	72
		庆丰织染	68888	720
		豫康纺织	17600	—
		申新第三	70000	1478
	苏州	苏纶纺织	54688	500
	太仓	利泰纺织	26608	—
	常熟	裕泰纱厂	12740	—
	江阴	利用纺织	17392	—
	嘉定	嘉丰纺织	12000	306
	常州	大成织染	25300	1240
		民丰纱厂	22264	280
		通成纺织	5740	51
浙江	杭州	三友实业	20360	672
	萧山	通惠公	14560	—
安徽	芜湖	中一纱厂	18400	—
湖北	武昌	汉口第一	88160	1200
广东	广州	广东纺织	21200	120
总计		56厂	1854222	18745

注:原表“损失纱锭数”总计数与各厂加总数不符,现予改正。

资料来源:聂光地:《战时我国之棉纺织业》,《染织纺周刊》1941年第7卷第6期。

表 2-69　战时华商纱厂受损机械设备

厂名	地址	纱锭数	线锭数	织机数
申新第一	苏州河南	72496	—	1387
申新第八	苏州河南	50400	—	—
民生	苏州河南	9600	400	1515
天生	南市	11588	—	—
永安第二	吴淞	49676	—	—
永安第四	吴淞	69460	35200	—
宝兴	宝山	12240	2520	200
振业	无锡	13832	—	—
振新	无锡	32024	—	252
广勤	无锡	23040	—	72
广丰	无锡	64708	4120	72
豫康	无锡	17600	—	—
申新第三	无锡	70000	—	1478
大成第一	常州	20500	4800	520
大成第二	常州	—	—	720
通成	常州	5720	20	51
总计	—	522884	47060	6267

资料来源:陈真编:《中国近代工业史资料》第 4 辑,生活·读书·新知三联书店 1961 年版,第 245 页。

从表 2-68 可见,上海一地纺织业所受损失较重,自“八一三事变”之后战事绵延三个月,除租界内少数工厂得以免于战火之破坏外,大部分工厂均陷入战区,遭受比较严重的破坏。即使个别工厂如上海中区的申新第二厂、第九厂等虽未直接受损,但其原料、制品之间接损失,难以计量。淞沪会战,郊区各厂受害较大。申新第一厂、第八厂,民生厂,永安第二厂、第四厂,宝山县境内的宝兴厂"都毁灭于炮火"①,丧失修复价值。综计上海一埠22家民营纱厂遭到程度不同的破坏,毁坏纱锭27.54万枚,织布机3102台,分别占华商设备总数的25%和35%。棉纺织业纱线锭之损失数量约在17万余枚,即达战前设备70%左右②。

京沪沿线和附近各县因空袭损失亦比较巨大。江苏无锡的7家工厂中,4家毁于战火,另外的3家工厂即使经过大规模修理,仅可恢复30%—50%机件设备。③ 武进4家纱厂中2厂遭到焚毁,另外2家损失修复难度较大。苏州、太仓、常熟、江阴等地的纱厂不同程度地受到战火的损害。长江北岸的南通、海门和崇明,虽未遭受战争的直接冲击,却被日本强行占有。邻近上海的杭州通惠纱厂受日军袭击被迫停产。1939年虽一度恢复生产,但伴随萧山陷落,日军将纱厂与庆云丝厂几期全部运走,造成两厂彻底毁坏。

华北方面,天津因战事结束比较快,仅裕大一厂损失纱线锭四万多枚,其他各厂损毁较少。山西、河北两省中,沿着同蒲铁路和正太铁路分布的纱厂,一部分直接毁灭于战火,如新绛雍裕纱厂,其余多陷于敌手。山东、河南两省的纱锭,尚有部分安全转移,如青岛华新移出20000锭,郑州豫丰移出56000锭④,其他大部分纱锭被日军截获。

在华南,广州沦陷后,广东省仅有的20000纱锭丧失。华中地区因内迁经验丰富和距离大后方较近,损失相对较小。武汉地区

① 王子建:《战时棉纺织业概述》,《商业月报》第19卷第7号,第3页。

② 王子建:《战时棉纺织业概述》,《商业月报》第19卷第7号,第3页。

③ 《中国近代纺织史》编辑委员会:《中国近代纺织史》下卷,中国纺织出版社1997年版,第25页。

④ 中国人民政治协商会议重庆市委员会文史资料委员会:《重庆文史资料》第31辑,西南师范大学出版社1989年版,第49页。

纱厂因国民党政府有序安排战略撤退，迁徙取得较大的成就。汉口特别市等地原有 5 家纱厂，纱锭 240000 余枚，其中 150000 枚以上安然转移到大后方，剩余 88000 纱锭因债务关系归美商保管未能移出。①江西九江的 2 万多纱锭也因债务关系归美商某洋行保管，未克内迁。

尽管国民党政府利用淞沪会战时机大力组织内迁，但因缺乏空中掩护，西迁工厂在搬迁途中和迁入地遭到不同程度损失。华中地区被毁坏纱厂 16 家，总计纱锭 522344 枚，线锭 47060 枚，织机 6915 台不同程度受损。其中纱锭 298195 枚，线锭 27780 枚，织机 2999 台完全被损坏。②除直接战斗损失外，日军利用空中优势对大后方工业进行狂轰滥炸，进一步扩大纺织业损失。重庆豫丰、西安大华、昆明云南等重要纺织厂不同程度遭到轰炸。

东中部沦为战场之时，立场相对中立的公共租界一度成为英美企业和华商纱厂生产的沃土，1939—1940 年，租界内新设纱厂超过 1000 家。但是，太平洋战争爆发后，英美工厂亦成为日军掠夺对象。因英、美距离中国较远，且主要力量集中于对德作战，无力兼顾东亚。日军利用英美力有不逮之时，采取直接没收等粗暴办法，把欧美企业直接转交日本公司或由军方委托管理人员经营。仅上海一处英美纱厂被抢占 18 家。③

总之，中国民族棉纺织业因为战争而遭受的损失至为严重。据时人估计，战时中国棉纺织业“锭数较战前减少百分之三十六，

① 祝慈寿：《中国近代工业史》，重庆出版社 1989 年版，第 747 页。

② 陈真编：《中国近代工业史资料》第 4 辑，生活·读书·新知三联书店 1961 年版，第 244 页。

③ 《中国近代纺织史》编辑委员会：《中国近代纺织史》上卷，中国纺织出版社 1997 年版，第 43 页。

台数减少百分之二十七”。[①] 表2-68、表2-69只包含了中国规模较大的工厂,如果考虑到中国数量更为庞大的小型织染厂,则损失远不止此。因为中国中小织染厂分布较广,调查统计资料欠缺,难以全面估计战时损失。

以核心织染工业中心上海为例,战后毁于炮火的中小织染工厂达190家,损失估计有980余万元。苏州河以南工厂处于交战中心,12万枚纱锭付之一炬。“其他各地的纱厂,厂房设备及原料成品等,大都有相当的损毁,尤其是整个工厂被敌军占领,更是一种无可补偿的损失”[②]。综计上海一埠22家民营纱厂遭到程度不同的破坏,毁坏纱锭27.54万枚,织布机3102台,分别占华商设备总数的25%和35%。棉纺织业纱线锭的损失数量约在17万余枚,达战前设备70%左右[③]。

江苏自明朝以来即属于中国纺织中心,近代以来因临近上海,纺织业获得较快成长,形成仅次于上海的纺织重镇。1937年11月,日军空袭江苏各城,为削弱中国抗战潜力,对工业基地进行重点轰炸。纺织工业遭受严重冲击。战前著名的织业中心武进县,拥有中小织染厂31家,织机总数5600台。战争中全部被毁或遭受严重损坏无法修复的有7家,机器或厂屋损失一部分的达15家,损失较轻有望复工的或仅损失货物的有8家,完全没有受到损失的只有1家。估计武进县的中小棉纺织工厂所受的损失大约不

---

① 李嘉音:《中国棉纺织工业》,《中国工业杂志》1943年第5期。

② 陈真编:《中国近代工业史资料》第4辑,生活·读书·新知三联书店1961年版,第244页。

③ 陈真编:《中国近代工业史资料》第4辑,生活·读书·新知三联书店1961年版,第245页。

下200万元[①]。无锡市内庆丰、申新、丽新、振新、振华等棉纺织工厂，万源、元大丝织厂；常州大成一厂、三厂，民丰纱厂，民华、华昌布厂均遭到轰炸。其中无锡7家主要纺织厂中6家被严重损毁，11万枚纱锭被毁。15家中小织染厂中，5家全部被焚毁，3家部分被毁，全市棉纺织业损失难以胜计。苏州苏纶纺织厂、裕泰纱厂、震泽丝厂被炸毁。在随后的地面战斗中，日军采取焦土政策，将无锡广益、勤康等3家纱厂、裕昌7家丝厂和11家布厂全行抢劫和烧毁。常州大成二厂、益民布厂等11家棉纺织企业付之一炬。为达到以战养战目标，日方将江苏华商纺织工厂器械几乎全部掠夺。大生一厂设备基本归入日本企业。苏纶纱厂2万枚纱锭和部分丝织机器被劫。无锡华澄染织公司下属二厂被抢走库存布2万余匹，损失超过法币1000万元。5家织布厂全部被抢，毁坏纱锭16.66万枚、织布机3304台。[②] 据统计，因战争原因毁于炮火、被日军占有，或出售给第三国商人的华商纱厂达56家，纱锭损失在180余万台，织布机损失约1.8万台，二者各相当于战前总设备的70%左右。[③]

现代战争是工业的较量，中日双方有计划破坏对方工业，削弱敌方战争潜力。抗日战争爆发后，国民党政府为防止日本纱厂设备资敌，下令对其进行毁灭性破坏。同时，因日本纱厂集中于东中部，受战火破坏较为严重。抗日战争初期，日资纱厂损失纱锭

① 《中国近代纺织史》编辑委员会：《中国近代纺织史》下卷，中国纺织出版社1997年版，第25页。

② 《中国近代纺织史》编辑委员会：《中国近代纺织史》上卷，中国纺织出版社1997年版，第277页。

③ 王子建：《战时棉纺织业概述》，《商业月报》第19卷第7号，第3页。

86.6万枚,线锭9.4万枚,织机1.6万台①,占棉纺织业损失的大部分份额。

淞沪会战开始后,中国军队立刻将丰田纺织厂、日华纺织厂、浦东工厂、华丰工厂"完全毁灭",裕丰纺织厂、大康纺织厂、东华纺织厂等工厂亦被国民党政府军破坏。浦东地区的日华第一厂、第二厂和吴淞的日华八厂几乎全部被毁于战争,无法修复。公大纱厂成为日军阵地,遭到中国军队重点攻击。沪西的丰田纱厂在战时沦为战场,房屋机器及仓库物料大部分被焚毁。公共租界的日本上海纱厂和裕丰纱厂也受到相当的损失。4家主要纱厂共有23万纱锭和4300台布机受损,其中有15万纱锭和3600台布机完全毁坏②。总计上海日商企业损失纱锭20万枚,线锭2.6万枚,织布机3600台③。

在华北地区,国民党政府军在撤退中对日资企业集中地青岛进行针对性破坏。青岛市市长沈鸿烈亲自指挥警察查封日资企业。随济南沦陷,青岛已难防守。沈鸿烈下令实施焦土抗战,率部将9个日资纱厂全部炸毁,损坏纱锭614204枚,线锭53016枚,织布机11544台,日商损失总额1.2亿—1.3亿元。④ 日资工厂建设中的28万纱锭和5800台织机以及各仓库中所存储的物料、制品一概毁坏。

① 《中国近代纺织史》编辑委员会:《中国近代纺织史》上卷,中国纺织出版社1997年版,第42页。

② 中华全国总工会中国职工运动史研究、中国科学院近代史研究所工运史组:《中国工运史料》,工人出版社1960年版,第6页。

③ 陈真编:《中国近代工业史资料》第4辑,生活·读书·新知三联书店1961年版,第243页。

④ 陈真编:《中国近代工业史资料》第4辑,生活·读书·新知三联书店1961年版,第243页。

武汉会战爆发后，日资泰安纺织厂 24816 枚纱锭、380 台织布机为国民党政府军政部没收，改为军政部纺织厂。汉口日本纱厂拥有纱锭 35000 枚，开战后即由中方接收①，用于生产军用布匹。武汉撤退时也随着其他华厂迁移到了大后方。中西部地区日方纺织厂 866576 枚纱锭、93936 枚线锭和 16265 台织布机被中国军队接收。②

综计日本在华纺织厂因战争而损毁者共有纱锭 82 万枚，布机 15000 台，前者相当于其战前在华机器设备的 1/3，后者相当于其战前的 45%③。日商损失的总价值约计日元一万四千万元以上。由于战争的破坏，中国棉纺织业严重萎缩，其国别构成也发生了重大改变。表 2-70 是对战前与 1939 年 5 月间华资、日资与英资纱厂纱锭、布机数量的比较。

表 2-70　全国侵华战前与战后中外纱厂设备对照（1939 年 5 月）

设备 工厂	纱锭数（单位千）				布机数（单位千）			
	战前	百分比（%）	战后	百分比（%）	战前	百分比（%）	战后	百分比（%）
华商纺织厂	2996	49.4	960 （890）	23.2 （25.3）	29.5	37.2	5.4 （5.2）	11.2 （12.6）
日商纺织厂	2847	46.9	2954 （2404）	71.4 （68.4）	45.6	57.6	38.8 （31.8）	80.3 （77.4）

① 中华全国总工会中国职工运动史研究、中国科学院近代史研究所工运史组：《中国工运史料》，工人出版社 1960 年版，第 6 页。

② 陈真编：《中国近代工业史资料》第 4 辑，生活·读书·新知三联书店 1961 年版，第 243 页。

③ 中华全国总工会中国职工运动史研究、中国科学院近代史研究所工运史组：《中国工运史料》，工人出版社 1960 年版，第 6 页。

续表

工厂 \ 设备	纱锭数(单位千)				布机数(单位千)			
	战前	百分比(%)	战后	百分比(%)	战前	百分比(%)	战后	百分比(%)
英商纺织厂	223	3.7	223	5.4(6.3)	4.1	5.2	4.1	8.5(10)
总计	6066	100	4137(3517)	100	79.2	100	48.3(41.1)	100

资料来源:聂光地:《战时我国之棉纺织业》,《染织纺周刊》1941 年第 7 卷第 6 期。

表 2-70 中所统计的战前及战后的纱锭及布机数量,系指运转中及拟添者,括号内的数字系实际运转中的锭数、台数及其比例。从表 2-70 可见,中国近代棉纺织业,特别是华商棉纺织业遭受侵华战争的严重浩劫,2/3 以上的设备遭到损毁。战前,中国民族纺织业在全国棉纺织业中的比重几乎占到半壁江山,其中纱锭数占到近 1/2,布机数则占到 1/3 以上。而全面侵华战争爆发后不到两年,其占国内棉纺织业中的比重大幅下降。纱锭数降至 25%,布机数只占 10%左右。而日本在华纺织业的所占版图则出现扩张,纱锭数占全国比重 70%左右,而织机数则达到 80%。同时,中国的棉纺织业的产量出现下降。1939 年 5 月,全国纱锭数量仅及战前的 2/3,织机数量约为战前的 50%左右。如果考虑到战争对于工厂开工及产销的影响,中国棉纺织业总产能减少约 50%。"这样大规模的破坏,对于中国的棉纺织业实在是一次空前的浩劫"①。

战争直接破坏纺织工厂之时,对其原料来源构成较大冲击。

① 陈真编:《中国近代工业史资料》第 4 辑,生活 · 读书 · 新知三联书店 1961 年版,第 244 页。

日军为控制中国棉纺织业，将沪杭铁路沿线桑树全部砍伐。浙江杭州沦陷后，日军将缫丝厂 240 台配套设备全部劫走，嘉兴等地中小丝厂亦被抢劫殆尽。1938 年，日本在上海成立华中蚕丝公司，要求长三角地区蚕丝业统归该公司经营。汪伪政府随即要求江浙等省蚕丝业统归其管理，引起浙江蚕丝产量锐减 50%。

日军侵占浙江期间，缫丝业受到较大破坏。1942 年 1 月，杭州及周围地区 2375 台电力织布机中停开率达到 45%，手动织布机开工率亦不足 60%，近 30% 机户逃难他乡。① 杭州原有织布机 6179 台，1943 年只剩 2198 台，技术含量较高的电动机锐减近 3000 台。湖州 1200 余台织布机经过战火冲击后，仅剩不足 700 台。受日伪统制政策影响，浙江蚕丝生产同样惨淡。1941 年，浙东地区鲜茧产量不足 10000 担，较 1939 年减少 50000 担，引起全省缫丝业原料困难。抗日战争时期浙江丝织业生产损失如表 2-71 所示。

表 2-71 抗日战争时期浙江丝织业生产损失（1936 年、1946 年）

项目 年份	桑园面积/万亩	产茧量/担	丝织/台	产绸量估计数/万匹
1936	365	93.6	8526	300
1946	99.5	17.7	3776	50

资料来源：《中国近代纺织史》编辑委员会：《中国近代纺织史》下卷，中国纺织出版社 1997 年版，第 285 页。

国民党军武汉会战失利，日军攻占湖北 90% 以上棉产区。日军所及“大量桑园被焚毁，棉田荒芜，施工机器设备被劫走”②。未

① 《中国近代纺织史》编辑委员会：《中国近代纺织史》上卷，中国纺织出版社 1997 年版，第 285 页。

② 《中国近代纺织史》编辑委员会：《中国近代纺织史》上卷，中国纺织出版社 1997 年版，第 309 页。

能及时内迁的中小工厂受到伪警察等势力勒索,举步维艰。日军则利用劫掠物资新建7家纺织厂,形成产供销各环节生产与销售的统制政策,独霸湖北棉纺织市场。日军采取以战养战政策,以"华中振兴公司"和"华北开发公司"为载体,积极恢复日资纱厂生产,并要求部分华商纱厂由日本企业代为管理,进一步扩大日资纱厂优势和市场控制力。同时,为确保原料来源,日方要求成立惠民制丝公司,垄断江浙地区蚕丝生产,形成江浙地区蚕丝统制制度。在日军压榨下,产丝量由10万—15万担下降至1.5万担①。日军侵略对中国棉花生产产生较大打击。抗日战争期间"棉花生产处于大倒退时期,棉田面积、总产量和单位面积产量全面下降"②。1937年,全国总产量减少380余万担。1945年,棉花产量降至594.9万担的历史最低水平。较1936年下降超过1000万担③,单产降低近10斤。

抗战时期关内沦陷区内的中国民族资本机器造纸工业,受到很大的破坏。有的毁于战火,有的在战乱中被迫停止生产,设备被盗抢变卖,有的被侵略者强占,封闭停产,遭受很大损失,如表2-72所示。一些迁往后工厂,不得已抛弃部分设备和原料,拆运的设备在运输途中也有损失。而日资工厂在日本帝国主义的卵翼下,或投资建厂,或收购中国民资厂,或直接掠夺中国民族资本规模较大、设备较好的工厂,占据了市场的优势地位。

① 《中国近代纺织史》编辑委员会:《中国近代纺织史》上卷,中国纺织出版社1997年版,第42页。

② 《中国近代纺织史》编辑委员会:《中国近代纺织史》下卷,中国纺织出版社1997年版,第72页。

③ 《中国近代纺织史》编辑委员会:《中国近代纺织史》下卷,中国纺织出版社1997年版,第72页。

表 2-72　抗战中关内沦陷民族资本厂的损失

地区	厂数	年生产能力(吨)	备注
上海	8	20210	竟成、天章东厂、江南、大中华、宝山、上海、光华
浙江	2	11500	民丰、华丰
江苏	1	9000	华盛、益记
福建	1	1500	福建
广东	2	1704	盐步、广州
华东	1	900	华兴
华北	1	192	燕京
西北	2	1381	晋恒、西北
总计	18	46387	—
战前老厂	32	65447	—
损失	14	19060	—
损失占比	56.25%	70.88%	—

资料来源:上海社会科学院经济研究所、轻工业发展战备研究中心编:《中国近代造纸工业史》,上海社会科学院出版社 1989 年版,第 165 页。

不过单就工厂的生产能力而言,中国机器造纸工业较战前反而略有增长。一方面,市场对于纸品有广泛而多样的需求,即使民族资本在战争中受到很大的破坏,资本家仍然尽可能恢复生产和投资建设新厂,还有一些手工纸厂向机器工厂转化;另一方面,日本帝国主义也通过投资和直接掠夺中国民族资本企业,建立了相当数量的机器造纸厂。但是,这仅是从设计生产能力而言。实际上,由于战争造成原料、动力紧张,除了日厂之外,机器造纸厂不能正常开工,产量很低,远未达到设计生产能力。

火柴工业在日本侵华战争中也遭受了损失。据 1935 年统计,全国火柴厂有华商厂 92 家,外资厂 7 家,共 99 家,近八成位于沦陷区(见表 2-73)。

表 2-73　全国火柴厂分布

省别＼项目	华商厂在开工	华商厂开工停工不详	外资厂	总计
山东	23	4	4	31
广东	5	12	—	17
江苏	12	—	1	13
浙江	3	—	—	3
河北	4	—	2	6
山西	3	—	—	3
甘肃	—	5	—	5
四川	9	3	—	12
湖南	1	—	—	1
湖北	1	—	—	1
江西	1	—	—	1
安徽	1	—	—	1
广西	—	1	—	1
云南	2	2	—	4
总计	65	27	7	99

资料来源:国民党政府全国经济委员会编:《火柴工业报告书》,1935 年印行,见陈真编:《中国近代工业史资料》第 4 辑,生活·读书·新知三联书店 1961 年版,第 635 页表。

沦陷区火柴厂首先受到战火的破坏。“八一三抗战”中,上海的中国火柴公司厂房被炸毁,损失约五六万元之巨;美光火柴厂有部分厂房及三架机器被炸毁,加上货品原料共损失 50 万元。① 广州的广东、民生、光明、西南等 4 个厂也是被直接炸毁。大中华各

① 中央研究院社会科学研究所主编、郑伯彬等编:《沦陷区经济概览》,国民党政府经济部资源委员会 1941 年油印本,第 5561—5562 页。

厂虽无炸毁，但厂房、机器、货栈、原料、成品被焚的损失很大，据大中华公司统计超过百万元（见表2-74）。战火造成的停工损失、经营困难就很难统计了。

表2-74　大中华火柴公司战时财产直接损失（1938年）

（单位：元）

事件	地点	损失项目	购置时值	损失时值
焚毁	浦东	氯酸钾	27846	55728
焚毁	镇江	火柴	16790	16790
焚毁	芜湖	火柴	76928	76928
焚毁	杭州	火柴	2045	2045
损毁	镇江	原料	981410	19629119
损毁	九江	原料	390225	7803492
损毁	九江	生财	56166	1123329
损毁	九江	房屋	68330	1366602
总计	—	—	1619740	30074033

资料来源：上海社会科学院经济研究所编：《刘鸿生企业史料》下册，上海人民出版社1981年版，第63页。据1946年大中华火柴公司报送上海市商会战时所受财产损失表改制。

战火过后，日本侵略者对于沦陷区优质的华商厂又以"军管理"和"中日合办"的名义进行掠夺，华中有大中华的荧昌厂、镇江荧昌厂（联营社上海分社代管）；山西有西北实业、燮和、昆仑三厂（委托天津中华磷寸株式会社代管）。被日本人强行霸占的有山东济南的东源、洪泰、鲁兴，青岛的华盛和大中华九江裕生厂。以中日合办为名强占的有青岛的华北、信昌等厂。表2-75显示这些被掠夺工厂资本额和产量规模。

表 2-75　沦陷区实行“军管理”和“中日合作”的工厂

项目＼厂别	厂名	厂址	资本额（元）	产能（年产箱）	备注
军管理	西北实业	太原	150000	2000	改称军管理 21 厂
	昆仑	汾阳	10000	—	改称军管理 22 厂
	燮和	新绛	—	—	改称军管理 37 厂
	荧昌	镇江	—	—	宣抚班经营
	小计 4 厂		160000	2000	—
中日合作	丹华	天津	1200000	70000	总厂西沽分厂天津
	北洋	天津	330000	35000	总厂西沽分厂南开
	丹华	北平	200000	60000	—
	振业总厂	青岛	300000	38000	—
	振业分厂	济南	400000	26800	—
	振业分厂	济宁	300000	1900	—
	华北	青岛	500000	68000	—
	洪泰	济南	100000	10000	（原表如此）
	东源	济南	30000	10000	（原表如此）
	小计 9 厂		3360000	319700	—

资料来源：中央研究院社会科学研究所主编、郑伯彬等编：《沦陷区经济概览》，国民党政府经济部资源委员会 1941 年油印本，第 5565 页。

大中华公司是火柴工业中的龙头，其被日本侵略者攘夺的过程具有代表性。日军先是几次到大中华事务所找刘鸿生表示要合作，刘被迫出走香港，日军遂于 1938 年 12 月宣布上海荧昌厂“军管理”，委托联营社上海分社经营。1940 年 3 月 18 日，日本驻华派遣军总司令西尾寿造发表声明，表示把“军管理”的中方财产移交给“中国政府”，再由“中国政府”交还合法所有者。大中华董事长陈伯藩即联络兴亚院华中联络部和日本陆海军管理工场整理委员会,申请解除“敌产”嫌疑和“军管理”,发还厂产。但日军提出以收买上海、镇江两荧昌厂为解除军管理的先决条件,大中华反对日方收买,要求改收买为租赁,被日本军部否决。经过谈判,由日军指定“中支那振兴株式会社”和联营社上海分社与大中华联合组成华中火柴公司,由华中火柴公司收买上海、镇江荧昌厂。契约签订后,日军才解除了对两厂的“军管理”,同时解除了对苏州鸿生、周浦中华、杭州光华、东沟梗片厂四厂“敌产”嫌疑。

按大中华中联营社上海分社签订的契约,新成立的华中火柴公司受“中支那振兴株式会社”的监督,公司额定资本为中储券1000万元,先收500万元。大中华以上海、镇江两荧昌厂作价416万元,其中的300万元算作大中华对华中火柴公司现物投资,其余116万元于华中火柴公司开业分6个月偿还给大中华,但实际上此后2年华中火柴公司只偿还大中华82万多元。所以华中火柴公司相当于以“中日合办”的名义直接掠夺了大中华的两厂。①

① 上海社会科学院经济研究所编:《刘鸿生企业史料》下册,上海人民出版社1981年版,第65—86页。

本书是国家社科基金重大项目（10&ZD074）成果

国家出版基金项目
NATIONAL PUBLICATION FOUNDATION

中国近代经济史

1937—1949

上　册（二）

刘克祥　主编

人民出版社

第 三 章

日本帝国主义对农业的掠夺、破坏和农业、农业资源的浩劫

“工业日本,农业中国”“以战养战”“以中国的人力物力占领和灭亡中国”,1941 年 12 月太平洋战争爆发后,进而演变为“以中国的人力物力占领和统治世界”。这是日本帝国主义的基本国策,而重点和核心是掠夺和破坏中国农业与农业资源。中国古人用兵之道,“兵马未动,粮草先行”;日本侵华之策,则是兵粮马草,就地掠夺。除了兵粮马草和军需补给,还要供给日本在华机构、侨民衣食,满足日本国内的粮食、棉花和工业用农产品原料的供应。为了满足如此巨大的农产品需求,单靠明火执仗的劫夺,显然远远不够,侵华日军、各级日伪政权和日本财团进而“统制”农产品交易和农业生产,多管齐下,软硬兼施,无所不用其极:征敛、摊派、征借、“集荷”“出荷”“搜荷”“先钱后货”、贱价强购,成立“交易场”“粮栈组合”“农业仓库”“合作社”等,对农产品统一“收集”“交易”“保管”。如此等等,全都是日本侵略者掠夺中国农产品的毒招。

日本侵略者在大肆掠夺农产品的同时,又不择手段掠夺和破坏各种农业资源,包括土地、森林、村落、民居、耕畜、农具(尤其是车辆)等。对土地、劳力的掠夺,在东北和华北部分地区,1931 年“九一八事变”后甚至“九一八事变”前早已开始,1937 年全面侵华战争爆发后变本加厉。东北和华北部分地区的土地掠夺是以

"移民开拓"或开办"农场"的形式进行的。"九一八事变"前,日本即以"韩民移满,日民移韩"的方式,向东北实行间接移民①,认为只有推行"农业移民",才能直接攫夺到自己"所缺乏的物资"和"所需要的资源"。② "九一八事变"后,日本在加速向东北移遣韩民的同时,开始向东北直接移民。全面侵华战争爆发前后,日本开始实施20年移民100万户500万人的长期移民计划。1937—1945年间,日本移民总数可能近20万户。伴随着日韩移民的涌入,是对土地、房屋的大量掠夺。在东北,到1945年日本战败投降为止,日本共强占土地3900多万垧(合3.9亿多亩),交给日本移民"经营"(实际由中国农民佃种或无偿耕种)的221550垧(合221万余亩);在华北,仅天津、宁河两县,日本人即掠夺土地92.2万亩,开办了120座农场,占两县耕地面积的一半。③ 日本侵略者掠夺的相当一部分土地,直接用于军事目的和加强对占领区民众的镇压与法西斯统治,如建造兵营、据点、炮楼、碉堡、岗哨、壕沟、围墙、铁丝网、公路网、桥梁等,都大面积侵占、圈占土地,包括破坏和摧毁农田、园地、塘堰、堤坝、灌渠、村落、民居、公共建筑、景观、名胜古迹,等等。日本侵略者掠夺和圈占的土地中,包括相当一部分耕地或可耕地,被划为各种"禁区",禁止农民耕作、放牧、利用。侵华日军强制"集家并村",实行保甲"连坐",焚毁或拆毁原有村庄、农舍,在平坦耕作区建造"集团部落",将其周边3公里的范围

① 至1931年,已累计移遣韩民60万人,占垦稻田97万余亩(赵惜梦:《沦陷三年之东北》,天津大公报社1935年版,第70页)。

② 日本学术振兴会:《满洲移民的必要及可能性》,见顾明义等主编:《日本侵占旅大四十年史》,辽宁人民出版社1991年版,第342页。

③ 《东丽区志》,天津社会科学院出版社1996年版,第173—174页;天津社会科学院历史研究所编:《天津历史资料》,1980年1月第5期,第15—16页。

内划为“禁住禁作地带”，禁止居住、耕作、行人、放牧、砍樵，否则格杀勿论；并制造更大范围的“无人区”（如长城沿线宽300里、长700里的“千里无人区”）。其目的除了加强对农民的禁锢和法西斯统治，更主要的是强制农民与土地隔离，切断农民的生存条件，对农民实行慢性屠杀。

劳力掠夺是日本侵略和掠夺的一个重要方面。因“以中国的人力物力占领和灭亡中国”是日本的基本国策，劳力掠夺又是实现其他侵略和掠夺目标的前提条件，同夺城掠地、农产品劫夺以及每一个侵略环节紧密相连，贯穿日本全面侵华战争的全过程：行军打仗，强制征发民夫自备车马运送粮草辎重，强征壮丁“随军服役”，甚至入户抢劫，也强征农民充当挑夫；在日伪军驻地及据点，周边村庄每天均须指派额定民夫、牲口，到指定地点待命“支差”，承担购物、运输、挑水、打柴和各种杂务；掠夺农田，则强制农民佃种，或抓捕劳力耕作；攫夺农产品，强制农民包装运输、建仓储存；“集家并村”，实施法西斯统治，强制农民建炮楼、挖壕沟、筑围墙、装大门、架设铁丝网、站岗放哨；铲除桑林、枣林，强令农民自备刀斧砍伐；甚至活埋也强制受害人自己先挖坑。日本侵略者还大批抓捕、诱骗劳工进城或往东北、朝鲜、日本、南洋充当苦力。1937—1945年8年间，日本共强掳输出华北劳工合计约791万人。日军掠夺的相当一部分劳力或夫差，不仅在服役、当差或承担某项工程期间，备受蹂躏和折磨，而且一俟苦役或工程完结，则全部杀掉；若中途患病疾病，则以防止传染为名，亦立即杀掉或活埋。诱骗或抓获运往东北、朝鲜、日本、南洋充当苦力，情况也十分凄惨，劳工寿命极短，不少人就死在押运途中。

日本侵略者深知，即使是在日本全面占领中国的情况下，中国农业生产正常进行和发展，中国农民阶层继续生存、繁育，绝非日本之福。故日本帝国主义对中国农业、农业资源和农村经济，不仅仅是掠夺,而是掠夺兼破坏、摧毁,而且破坏、摧毁更甚于掠夺。破坏、摧毁手段各种各样,极其野蛮、凶残、阴险、恶毒,包括轰炸、烧杀,决堤淹毁城镇、村庄、房屋、农田;实行杀光、烧光、抢光"三光政策",将村落、民居变为焦土,农具、家具、器物、衣被、粮食、文契和其他所有财产,统统化为灰烬;"集家并村"、制造"无人区",筑围墙、掘深沟、修公路,耕地及农田水利毁坏无遗;强制进行和扩大鸦片种植,并征收惩罚性的高额"亩捐""保甲费""禁烟特税""烟捐"("烟灯捐""土钱")等,导致地力耗竭和贫瘠沙化、粮食作物用地被侵占和减少、加剧粮食破坏家庭、摧毁劳力,农民口粮短缺、农民心身损害、农业劳力更加缺乏、农民家庭经济加速破产。

日本侵略者丧心病狂的掠夺、破坏、摧毁和各种倒行逆施,使东北和关内沦陷区的农村社会结构、农业生产关系、产品交换遭到严重破坏甚至摧毁。日伪强制"集家并村",实行保甲"连坐",将农民逐出家园、耕作的土地,如同圈牲口一样,将其赶入"人圈"①,按新的结构编排,组织保甲,原有的屋邻、地邻关系和乡土情谊,以及以此为依托的生产协作关系,统统消失。同时,无论伪满还是关内沦陷区,农民的相当一部分耕地,被日本侵略者以各种名义劫夺、圈占,或交给日本"开拓团"、日本财团,传统农业生产关系被摧毁或发生蜕变。在伪满,农民不仅土地被强占,连自身都变成了供日本移民随意驱使的牛马;在华北,津北宁河一带,一些官办或私人农场、私人土地被劫夺,交由日本财团或浪人经营,原来的农工蜕变为农奴,或者失业,又普遍成立所谓"合作社",充当日伪搜集和掠夺农产品的工具。在农业生产、农业资源和农村经济亦遭浩劫,为了实现"工业日本,农业中国"的侵略目的,在伪满和关内

① 在农民眼里,牲畜才有"圈",而他们被赶进"部落""圈"起来,过着牛马不如的生活,因而称其居住的"部落"为"人圈"。

沦陷区严格实施“农业统制”，作物品种和面积结构，都有严格规定，强制执行，为了掠夺足够数量的棉花，甚至派军队强迫农民植棉。而农民收获的棉花，自己一两也得不到，同样农民生产小麦、大米，却尝不到任何面食、米饭滋味。这种建立在烧杀掳掠基础上的“农业统制”，其结果只能是农业收成和土地产量的崩塌式下降，农业生产的衰退和崩溃。而这一切最终结果，再加上侵华日军愈来愈灭绝人性的军事扫荡和烧杀（包括大规模屠杀、毒杀、细菌屠杀）、奸淫（包括奸杀）、掳掠（包括破坏性或以破坏为主的掳掠），农民不只是家庭经济破产，普遍和急剧递贫化、均贫化和赤贫化，饥寒交迫，往往成为饿殍，而且随时可能成为日军刀下鬼。就算躲过了今天，但未必能躲过明天、后天；就算能躲过明天、后天，但粮食、衣被、财物被劫夺一净，房屋、村落变为焦土，水井被投毒，甚或填满尸体，连最基本的生存条件也没有，仍然只能在饥饿、死亡线上挣扎和煎熬。归根结底，这就是亡国奴的命运。

第一节　日本对东北农业的掠夺、统制与农业的严重破坏

为了克服本国资本主义发展资源匮乏和国内市场狭窄的缺陷，同时为了实现通过“总体战”手段称霸世界的野心，日本帝国主义一直鼓吹“满洲是日本生命线”的论调，妄图把东北变成其掠夺战略资源和扩充军工生产的“兵站基地”。在掠夺东北农产资源用以发展重工业的军国主义侵略构想下，日本在东北地区建立了庞大的国家统制机构，并制定了周密的农业掠夺政策，有计划地对东北农村地区土地、劳动力、农产品、财物等大肆掠夺。还妄图通过向东北地区移民来巩固其殖民统制。这些掠夺行为，随着侵华战争的全面爆发和太平洋战争的爆发而愈加疯狂。其中代表着

农产品掠夺的“粮食出荷”和代表着劳动力掠夺的“出劳工”成为当时东北地区农民最恐惧的两大噩梦。而被日本“开拓团”驱赶的中国农民四处流离失所,数不清的良田被种满了用以为日伪当局榨取钱财并麻痹中国人民的罂粟。可以说,在日本帝国主义的残暴统制下,东北农村变成了真正的“人间地狱”。

一、加速移民与土地掠夺的扩大

因日本国土面积有限,人口却日渐增加,缓解人地关系紧张的矛盾始终是近代日本挥之不去的难题。而二战结束前的日本政府始终把对外移民看作是解决国内人口问题的“良策”。早在1931年“九一八事变”前,日本就成立了“拓务省”鼓动向巴西、美国和其他地区进行移民,但是效果一直难达预期。日本陆军部和关东军侵占中国东三省全境后,便将魔爪伸向了东北地区大片未垦甚至已垦的中国土地。他们借口日本国内“人口过剩”“土地资源缺乏”,在“开发建设满洲生命线”,“解决日本人口问题”等遮羞布的掩盖下,积极鼓励对中国东北地区的移民侵略。其实,上述日本当局明面所给出种种理由不过是其掩盖侵略罪行的幌子,向东北地区移民的目的也远远不止“农业开垦”那么简单。日本对东北地区移民的目的主要有三个:一是协助掠夺东北的农业资源;二是协助镇压东北人民的抗日运动,以达到“维持治安”的目的;三是防范来自苏俄的“威胁”。协助侵略可以说是这些移民被遣往东北最主要的目的。

另外,移民的普遍武装化和严密的军事组织度也充分暴露出他们远非一般的“开拓农民”。日本对东北地区的移民名义上分为武装移民和一般移民。很多日本移民“开拓团”都采取配备枪支甚至迫击炮等武器的武装移民形式。即便是所谓的“一般移民”中的男性也基本上在国内接受过“兵农训练”，是作为日本准备入侵中国关内地区和苏联的后备兵源培养的。随着全面侵华战争的扩大和太平洋战争的爆发，日本兵源严重不足，“开拓团”中的男子被大量征召入伍。在此期间还实施了一种称之为“满洲开拓青少年义勇队”新移民形式，在所谓熟悉满洲农业经营情况的伪装下，把16岁到18岁的日本青少年送到东北来训练，每年大约募集2万人，通过3年的兵农训练，为日本帝国主义侵略东北提供大批骨干。如1939年，日本侵略者仅在勃利县七台河村桃山地区就派遣3000名青少年组成“义勇奉公队”，强占民地1.5万亩，其中仅耕耘了2000亩，并于1940年正式编入日本“开拓团”。①

日本对东北地区移民政策的实行经过了一个逐次推进的过程。早在1932年到1936年间，日本侵略者就对“治安”还没有完全安定下来的东北进行了以退伍军人为骨干的五次“武装移民”，并在刺刀威胁下通过。随着侵华野心的膨胀，日本对东北地区的移民侵略也日渐加速。并于1936年成立了“满洲拓殖株式会社”，专门按照关东军的命令负责处理凑集“开拓”资金、收买管理移民用地、建造移民居所等具体移民事项。1937年又将“满洲拓殖株式会社”改组为“满洲拓殖公社”，主要办理日本移民的贷款、开拓用地的收买和分配管理、设立并运营移民的各类相关设施、对日本移民的培养和指导等事务。1938年，伪满接连制定《开拓团法》《开拓农业协同组合法》《开拓农场法》，即所谓“开通三法”，试图从法理上使日本“开拓团”进驻合法化。② 1939年，伪满政府也配合成立“开拓总局”，主管协调日本移民安置和所需土地掠夺工作。并在伪三江、龙江、吉林、兴安、黑河等十个省设置开拓厅，

① 《勃利县志》，中国社会出版社1992年版，第85—87页。

② 《辽宁通志》，农业志，辽宁人民出版社2003年版，第33页。

在47个县设立了开拓科,83个县、旗设立开拓股,在伪政权构成了一张中央、地方有机联系的移民工作推进网络,积极配合日本的移民侵略。在日本国内,日本政府也逐渐从关东军和拓务省全方位接管了移民工作的主导权。同年4月8日,伪满政府宣布作为东北殖民地构建纲领的三大国策:产业五年计划,开拓移民,北边振兴①,规定"满洲开拓政策是日满两国一体的重要国策",正式将对东北的"开拓移民"作为国策确立下来。从1940年开始,日本政府加紧了对东北移民侵略的步伐,并在其国内下属各府县内设专管移民事务的拓务课或"主事",并陆续成立了"满洲开拓协力协会""拓务协会""移民后援会"等机构,协调配合移民的宣传、征集、训练工作。

1937年,日本帝国主义正式制订了针对我东北地区号称"百万户移民"的大规模移民侵略计划,这个移民计划完全暴露了日本帝国主义的侵略本质。该计划提出,要在20年内向中国东北北部移民100万户500万人口,准备在东北占地1000万町步。② 并以此计划为蓝本,于1937年和1942年分布制定并执行了两次所谓的"开拓五年计划"。在第一次开拓五年计划实行期间(1937—1941年),移殖到东北来的日本移民约9.36万户,10.7万人。青少年义勇队约2.1万人。共占用"开拓地"180万町步,"土地收买费"3.7亿元,伪满负担2.8亿元,日本负担9000万元。移民入殖费和其他费用约1.94亿元,日本和伪满政府各负担9700万元。在第二次开拓五年计划实行期间(1942—1945年),移入日本开拓民4.1万户,其中80%是开拓青少年义勇队转变来的,开拓义勇队

① 《宝清县志》,大事记,宝清县地方志编纂委员会1993年印行,第15页。

② 满洲日日新闻社:《满洲年鉴》,1940年12月印行,第339页。

约 1.8 万人。为此所占土地约 140 万町步。收买土地和农地造成费 2.35 亿元（全部由伪满负担），移民入殖费和其他经费 3.9 亿元，日满各承担 1.95 亿元。① 尽管日本帝国主义者移民计划的推行远没有预期顺利，到 1941 年仍移入了 8.5 万多户。从 1941 年到 1943 年间，仅进入黑龙江地区的日本移民就共有 48172 户、11 万余人，建立了 69 个集团移民区②。1940 年至 1945 年伪满灭亡，总计完成移民 14 万余户。③

日本对东北的移民形式主要分为集团部落、集合部落、分散形态三种。集团移民是 1937 年开始实施的大规模移民侵略的主要形式，这种移民形式主要采取了“分村分乡”的办法，就是把日本的一个村或一个乡作为母村，从中分出一部分农户，组成一个开拓团，移到中国东北建立一个分村，或叫子村。1932 年至 1945 年间日本移民中采用“分村分乡”方式进行移民的占总数的 74%。④ 而“关于集合形态，准据集团形态，构成集合部落”是一种户数上比集团部落较小的集体移民形式。所谓“集团迁居以构成村为、集合迁居以构成部落为目的，集团迁居主要从事开拓大面积的未耕地，集合及分散开拓者主要开垦小面积的未耕地或耕地”。⑤ 在第二次开拓五年计划实施期间，日伪取消了集团部落和集合部落的分别，五

---

① 中央档案馆等合编：《日本帝国主义侵华档案资料选编 · 东北经济掠夺》，中华书局 1991 年版，第 629 页。

② 《黑龙江省志》第 6 卷，经济综志，黑龙江人民出版社 1999 年版，第 47—48 页。

③ 中央档案馆等合编：《日本帝国主义侵华档案资料选编 · 东北经济掠夺》，中华书局 1991 年版，第 629 页。

④ 政协黑龙江省委员会文史资料委员会：《黑龙江文史资料》第 30 辑，梦碎满洲，日本开拓团覆灭前后，黑龙江人民出版社 1991 年版，第 16 页。

⑤ ［日］满史会：《满洲开发四十年史》下卷，东北沦陷十四年史辽宁编写组译，1988 年版，第 537 页。

十户以上的开拓团均按集团开拓民对待。“关于分散形态,以自立为开拓农户之目标”①,一般是指50户以下移民迁居形态。

日本对东北的移民中绝大多数是农业移民,解决其所需的土地成为一个十分重要的问题。表面上日本帝国主义这规定其移民所需要的土地优先是从“国有地、公有地、无主地、荒地”中获得,“努力不给原住民造成恶劣影响”,“除非万不得已的情况外,不得收买熟地。不进行强制收买,以妥善的价格并取得农民同意后再确定预购的土地”。② 然而在“收买”移民用地时,不但强买强卖的事情时有发生,而且经常采用“明买暗抢”甚至强制征用的方式赤裸裸地直接从中国农民手中掠夺走土地,给当地居民带来很大危害。特别是随着日本移民政策的推进和移民人数的增加,伪满后期连几乎无可开垦土地的东北南部地区也因当地可以进行“集约型农业经营”“一定面积(土地)的人口收容力”有待“增大”而也成为日本“开拓民”大量涌入的地区。③ 这就使得日本移民与当地原有中国居民在土地所有权上的矛盾日益尖锐。在这种情况下,日伪当局当然不择手段地为日本移民掠夺中国原有居民的土地提供全力支持,其所采用的方法更可谓五花八门。

(一)其最常用的方式是以压低价格的方式,低成本强制从中国农民手中掠夺土地

这些日本移民往往与日伪政府当局勾结,对有主荒地一概以

① 中央档案馆等合编:《日本帝国主义侵华档案资料选编·东北经济掠夺》,中华书局1991年版,第661页。

② 中央档案馆等合编:《日本帝国主义侵华档案资料选编·东北经济掠夺》,中华书局1991年版,第631页。

③ 大東亞省滿洲事務局:《滿洲开拓資料》第8輯,滿洲开拓政策関係法規,昭和十八年(1943年)版,第38页。

超低的价格强制收购，若是熟地也常常只给时价的一半，有时甚至“收买的价钱不论熟地、荒地一律每垧一元”。如日本“开拓团”入殖哈达河时候，“北满一带的土地价格，每垧既耕地 12 元至 18 元，荒地 2 元以上。可是日本军方和官办的‘满拓’强行收买时，不论现耕地还是荒地，一律按 1 元收买。后来，日军把土地收买业务，交给了伪满政府。伪满政府定的土地收买价格是每垧荒地 2 元，既耕地 20 元。实际收买时，又把荒地和熟地合起来算每垧只给 4.2 元。据曾给‘开拓团’当长工的赵玉杰回忆，1932 年满拓收买土地每方（45 垧）熟地只给 250 元，撂荒地仅给 2 元钱”。① 在海林地区，“每垧地最多仅给三元钱，不足当时地价的 1/10；还有的在支付土地款时就予扣五年的国税，实际上等于无偿占有”②。铁岭、昌图、新宾、安东、庄河、锦县、盘山等地日本开拓团也四处低价强购农民土地，“有的价值 6 万多元的土地，仅给 1.1 万元强行购买，致使当地许多农民无家可归，或被迫迁徙”③。1937 — 1941 年，日本侵略者在今吉林白城市及镇赉、大安、通榆、乾安、扶余、长岭、洮安、前郭等 8 县，以熟地每亩 2—3 元、荒地 1 角的低价，强行收买土地，谓之“开拓地”。同时日本“开拓团”又强征民工开荒，亦称“开拓地”。共有“开拓地”344.6 万亩，占耕地总面积的 24% 强。④ 在内蒙古东部地区，大郑线地带、辽河上游地带、三河地带、西辽河地带的 200 万公顷土地被列入开拓用地。“日本侵略者规定，开拓团入殖地区的原居民，必须向其他地方转移，从而使无数

① 中国人民政治协商会议黑龙江省鸡西市委员会文史资料研究委员会：《鸡西文史资料》第 4 辑，1988 年版，第 138—139 页。

② 中国人民政治协商会议黑龙江省海林县委员会学习文史工作委员会：《海林文史资料》第 2 辑，1988 年版，第 107 页。

③ 《辽宁通志》，农业志，辽宁人民出版社 2003 年版，第 33 页。

④ 《白城地区志》，吉林文史出版社 1992 年版，第 392 页。

农民流离失所。据1943年8月日本开拓总局长在日满开拓主任官联络会议上所作的报告中透露,至1942年年末,共收买了2000万公顷的开拓用地,其中熟垦地即达351万公顷”。① 很多农民不愿廉价出卖土地,日本侵略者则采取多种残暴措施逼迫其就范。如1939年,铁岭伪副县长古田传一要以一万元的价格收买本地居民吴敬烈在该县新台子村时价约6万元的田地,吴不同意。他便将吴敬烈传唤至县公署,对吴说:“收买移民地是国策,你赶快答应吧。”吴敬烈不答应,要求增加地价。古田便命令将吴监禁在伪县公署达10天之久,每天都对吴拳打脚踢数十次,还威胁说将其土地没收。终于逼吴无奈交出全部土地。② 有时日本侵略者甚至故意罗织各种“罪名”,杀害不愿出售土地的所有者并直接强占其土地。“富锦有一家姓王的,因不愿将自己的土地出卖,全家老小8口一齐被日寇枪决”。③

(二)强迫农民抵押土地贷款高利贷,再通过没收抵押物的手段剥削农民土地

日伪当局常常假惺惺地声称,为“改善农村金融关系”和“促进生产”为农民提供贷款。而这些贷款中有很多是其作为掠夺贷款者手中土地的诱饵的高利贷。这种高利贷大多采取分期借用的形式,“大约在春秋两季,县指导官吏便召集各区镇的保甲长,将农民的地照收集在一起,缴予县府保存,然后按亩发放贷款,但一

① 《内蒙古自治区志》,农业志,内蒙古人民出版社2000年版,第109—110页。

② 孙邦:《伪满史料丛书·经济掠夺》,吉林人民出版社1993年版,第761页。

③ 孙邦:《伪满史料丛书·经济掠夺》,吉林人民出版社1993年版,第778页。

般农民在初并不以为苦,或以为是恩惠,可是这种放款,并未规定付款日期,正值农家在青黄不接的时期,县府便派差赴各区镇,催促归款,而农民无法,只有听凭官家的办法,因此农民的良田,不知被官家强迫收去多少”。“收去的良田,当然是给朝鲜或倭民耕耘了”。这种贷款具有明显强制性,农民在日本侵略者威逼下大多不得不饮鸩止渴,不贷款的农民极少,且不贷款者“无时不受日寇的难为,不是说他是胡匪,便是说他与关内私通,作间谍工作。不然人家都负债,而你怎么能自足?于是想尽办法,结果必给弄至破产亡家为止”。①

(三)借口“整理地籍”霸占土地

日本入侵东北后所积极推行的“整理地籍”运动,不仅仅是其通过清算土地占有情况来确定农业税收榨取数额的方式,还是其进行土地掠夺的一种重要手段。日伪当局派遣的“地籍整理人员”往往“与各村地痞及土劣豪绅”相勾结,上下其手,使人民产权取决于三五人之片言,将土地归于其名下。日军整理了千千万万亩的土地,入了他们的腰包,许多人民的产权是被抹杀了。“譬如良人小谷节夫和熊谷贯组织一个昭和农业会社,他们调查了奉天以西各村庄一万多亩田地地主和佃户的姓名,在民国二十年十月三十日各给一个通知,大意说:‘现在我们要整理这块土地,限定十一月六日止,你们如不来立租约,后悔莫及!’这些村庄明知道日本人是想抢占他们的田地,又觉得还可以当佃户,只得忍痛立了租约;不料到了第二年转佃田地的时期之前,昭和农业会社就通知

① 汤丐均:《沦陷了八年的东北农民》,《东北论坛》1939 年第 2 卷第 2—3 期,第 11—12 页。

所有佃户迁移”。[①] 在吉林宝清,从1934年开始,日本侵略者以所谓“商租地”的名义,直接强占中国农民土地12522垧,后来逐渐将沿山区的广大荒原一律强占,作为日本殖民用地。1940年后,日本侵略者从三合至顺义号一线建立日本武装开拓民团18个本部50余个号点。其中集团移民团13个,义勇队移民团13个,报国农场6个,移入的在籍人口总数为6749人。[②]

(四)通过借口军事用途或修建机场、公路等设施,以并村、征用的方式强占农民土地

所谓并村就是日军为了对付东北的抗日武装,将一二十个村的村民强制并到一个大的村庄里面来,以便统制。“敌人限定了某日一定人民都迁到指定的地方,到了那天,他们拿了煤油,浇在房上,点起火来,一片皆化为灰烬。不愿并村的人,往往被其烧死”。[③] “因为大村庄距离原来农民的土地过远,农民没有方法耕种,只有脱离了土地使其撩荒。抛弃产业,这样便变成了‘地主不明的土地’,被日寇没收,用作移民的土地”。[④] 兴城县1939年将原来的31个街村并为22个街村;1942年再将22个街村并为12个街村[⑤];在并村的过程中,北镇县伪警察局强制将闾山深处的零散居民集中到附近村庄,又强迫部分农民远迁黑龙江伊安县开荒,

---

① 于毅夫:《沦陷九年的东北农村》,《农业推广通讯》1940年第2卷第10期,第61—62页。

② 《宝清县志》,宝清县地方志编纂委员会1993年印行,第119页。

③ 寄培:《日本在东北的虐政》,《血路》1938年第39期,第624页。

④ 于毅夫:《沦陷九年的东北农村》,《农业推广通讯》1940年第2卷第10期,第62页。

⑤ 《兴城县志》,大事记,辽宁大学出版社1990年版,第16页。

大部分人不久即因水土不服、饥寒交迫，相继死亡。① 日本帝国主义者还往往通过“没收叛乱者所有土地”的法令强占农民土地。他们“为要占夺土地，会宣布全县为‘叛乱’，而夺取农民所有的土地。但很少有夺取中国人大地主的土地”②。如在吉林依兰县附近的永丰镇，日军借口围剿抗日义勇军，一次杀害了当地无辜居民两万余人，“所有田地和房屋都被日本人没收了”③。1939 年，日本侵略军在安图实行“三光政策”，烧毁汉阳、石人沟、四岔子、江源等聚落。④ 另外，为了巩固对东北的统治，日军也常常征用农田修建公路、机场等设施。如从哈尔滨到牡丹江铁路沿线的许多土地就是在“国防地带”的名义下被抢占。1932 年日军侵占牡丹江后，以“军事用地”名义武装掠夺境内耕地 2500 垧，占总耕地面积的 1/4。其中在兴隆区为修机场、建兵营强占耕地千余垧，占该区耕地面积的 1/3。⑤ 1941 年，日军又曾以“危险地”和“维持治安”为名，强迫珠河县（今尚志县）帽儿山胡家粉房 600 户农民迁至鹤岗；1943 年以军用土地为名，逼迫宁安县卧龙山和芦家村 2000 余户居民，迁往瑷珲和孙吴，致使很多农民流离失所，家破人亡。⑥ 1941 年，日本侵略者在吉林勃利县（今属黑龙江）为了把勃利建成防苏第二线阵地，大修军营及飞机场（计机场兼营房 5 处、军营 2

① 《北镇县志》，大事记，辽宁人民出版社 1990 年版，第 24、25 页。

② A.Zugln：《日本侵占东北九年的成果》，《时与潮（增刊）》1940 年增 9，第 19 页。

③ 陈正谟：《日本铁蹄下之东北农民》，中山文化教育馆 1938 年版，第 17—20 页。

④ 《安图县志》，大事记，吉林文史出版社 1993 年版，第 15 页。

⑤ 《牡丹江市志》中卷，黑龙江人民出版社 1993 年版，第 757—758 页。

⑥ 《黑龙江省志》第 6 卷，经济综志，黑龙江人民出版社 1999 年版，第 47—48 页。

处),强占耕地、荒地710垧。共计416685垧,相当于“九一八事变”前1930年全县耕地33365垧的12.5倍。①

到日本投降为止,日本在中国东北地区共强占土地3900多万垧,其中交给日本移民“经营”的土地仅有221550垧,其他都借口留待后续“开拓团”使用而任由其闲置。② 这些耕地中,不但真正由日本开拓民“开垦”的荒地极其有限,其有效利用的土地亦是极少,大部分掠夺来的“熟地”反而因日本开拓民无力耕作而成荒。到1942年年末,日本侵略者强征的“开拓地”中,至少有351万陌土地是东北农民先前早已耕作的已耕地,而这些已耕地中“只利用了20万陌,其他任其荒芜”,非但并非“开拓”荒地反而使大量良田变熟为荒。这种掠夺东北农民赖以生存土地的做法,也严重“激化了反满抗日的斗争”。③

日本“开拓团”虽然号称为了“开发建设满洲”而来,但其团员鲜有真正勤于农业生产者,相反多系完全依靠将分配的土地雇佣或租佃给中国农户耕作的“寄生虫”。在“开拓团”或“开拓民”掠夺的土地中,大约66%出租给中国农民耕种,其中肇东县的日本“开拓团”,把掠占土地的95%出租,一些自耕的“开拓民”,也是雇用中国农民为其耕种。许多失去土地的中国农民,沦为日本“开拓民”的佃户和雇工,遭受残酷的奴役和剥削④。五常地区的日本“开拓团”所占有的土地中,日本人直接耕种的土地只有14055

① 《勃利县志》,中国社会出版社1992年版,第85—87页。

② 高青山:《中国近现代经济史纲(1984—1996年)》,黑龙江教育出版社1997年版,第111页。

③ [日]满史会:《满洲开发四十年史》上卷,东北沦陷十四年史辽宁编写组译,1988年版,第458页。

④ 《黑龙江省志》第6卷,经济综志,黑龙江人民出版社1999年版,第47—48页。

垧，租给朝鲜人耕种的有3030垧，其余40915垧可耕开拓用地，"均由日本开拓团出租给中国农民耕种"①。在吉林白城市及镇赉、大安、通榆、乾安、扶余、长岭、洮安、前郭等地，日本侵略者将大量通过低价购买强占的土地又强行租给农民耕种，每亩年租一等地1.3—1.4元，二等地1元，三等地0.8—0.9元。② 在延吉县，日军所办的"东拓株式会社"大量侵占土地，高价租给农民耕种，限期坐收本利。今兴安乡实现村、红旗村农民多为这种佃农，称"小作农"。③ 另据吉林铁路调查局和锦州铁路调查局的调查，在其各自分管的铁路沿线内，日本农业移民将土地全部出租给当地中国农民用耕种的情况十分普遍。④

另外，从移民的自身安全等角度考虑，日伪当局本来原则上规定日本"开拓团"不得与中国农户混居，也不得雇佣中国农民生产，后来由于战争紧迫，日本"开拓团"中大量男子参军入伍，"开拓团"中劳动力愈发缺乏，逐渐"开始雇佣中国农民为其生产"⑤。1939年，日本青年进步作家岛木健作的考察也证明了这些日本移民不但未尝给东北农村带来任何先进的"生产方式"，反而在生产力和生产关系上完全承袭了东北地区的原有方式。这些摇身一变为农村中新的地主或经营地主的"开拓民"基本上没有带来任何"近代性"的因素。他在访问了东北北部地区15处"开拓地"和5处"青年义勇

---

①　中国人民政治协商会议黑龙江省五常县委员会文史资料研究委员会：《五常文史资料》第1辑，1986年版，第78—80页。

②　《白城地区志》，吉林文史出版社1992年版，第392页。

③　《延吉市志》，新华出版社1994年版，第140页。

④　安東正：《農業自由移民事情》，南滿洲鐵道株式會社産業部農林課拓殖係，1937年版，第35—42页。

⑤　郭化市政协文史资料委员会：《郭化文史资料》第7辑，1990年版，第12页。

军”训练所后,对日本国内移民东北的“开拓民”在东北境内的农业生产做了概述:“我所走过的开拓田,不使用‘满人’力量耕作的一个也没有。”“‘开拓民’所采用的农耕方式,仍是原有的满洲式农法。”“我绝非抱着幻想去的,但新式农机未被使用的情况仍然使我感到意外。仍然是犁杖、木头辊子、点葫芦、锄头、石头磙子。”“像北海道犁那样的西式农具被弃置在露天之下锈蚀的实况,是我曾多次见到过的”①。在哈达河,开拓团“家家都雇佣中国农工,不少开拓团员实际上变成了经营地主”。日本人除了雇佣中国农民作劳工、以百分之五十的地租率收取实物租外,“还经常强迫中国农民做无报酬的公务劳动和无代价的家庭帮工”。据当地农民李奎横说:“日本人熊人的办法可多了,租了他们的地,除了要地租,还得给他零活,年节还得送礼,不然,来年就不租给你地种”。② 中国农民不仅土地被强占,连自身都变成了供日本移民随意驱使的牛马。

二、农业统制与农产生产、农村经济的浩劫

东北地区的农产品在日本帝国主义的殖民地体系中具有至关重要的作用。东北地区所生产的棉花、水稻、苏子、大麻子、洋麻等农产品一直被日本帝国主义者视作维系其战争机器运转的重要战略物资。另外,大豆等农产品的出口也为日本帝国主义提供了发展作为军工基础的重工业必需的外汇。“‘满洲国’成立以后,‘满

① [日]島木健作:《满洲紀行》,东京宝石社昭和十五年(1940年)版,第25—32页。

② 中国人民政治协商会议黑龙江省鸡西市委员会文史资料研究委员会:《鸡西文史资料》第4辑,1988年版,第140页。

洲'的农产品是日本帝国主义(通过外贸)获取外汇的主要来源,而外汇对它推进重工业开发事业来说是不可或缺的"。[①] 随着太平洋战争的爆发,日本本土农业生产量逐年下降,亦急需掠夺东北地区的大量农产品输往日本以支撑其将被战争拖垮的国内经济。因此,从一开始以来,掠夺农产品就是日本帝国主义在东北殖民地最重要的任务,伪满政府的农业政策也表现出突出的掠夺本质。

早在 1933 年 3 月 1 日,伪满政府颁布了《满洲国经济建设纲要》,提出要确立由日本通过"日满经济一体化"垄断控制伪满各个经济部门的经济统制政策,确定了通过掠夺东北农村资源用以发展日本国内和东北重工业的殖民构想。强调极力扩张高粱、棉花等作物的种植面积,以尽力促进"一般农产物之输出",换取工业急需的外汇。1934 年 4 月,又成立"满洲棉花股份有限公司",规定东北棉花的一切交易行为必须强制经交该公司进行。迈出了通过统制手段掠夺东北农产品的第一步。

1937 年,随着日本侵华战争的扩大,其开始在东北农产品领域全面统制政策,进一步实行加紧了对东北地区农产品的掠夺。1937 年 11 月,伪满颁布《棉花统制法》,随后又颁布《棉花统制法施行规则》,对棉花的产供销及棉种改良、配给实行一元化的经济统制,开始将统制经济的魔爪伸向农产品的生产领域。随后又开始建立烟草会社和亚麻、蓖麻子等"特殊作物"的"集荷"事务所。强迫农民按照其指定的"分配额"种植这些"特殊作物",秋后向其指定的农产收购机关以"法定准许"价格强制收购。1938 年,日伪

① ［日］浅田乔二、小林英夫:《日本帝国主义对中国东北的统治:以十五年战争时期为中心》,东北沦陷十四年史吉林编写组内部资料,1993 年印行,第 320 页。

又推出了《米谷管理法》,将大米规定统一由"满洲粮谷会社"强制收购。1939 年,又先后推出了《特产品专管法》和《粮谷统制法》,规定:大豆由"满洲特产专管会社"实行统制;高粱、小米和玉米则由"满洲粮谷会社"实行统制;小麦由"满洲谷粉会社"实行统制。至 1939 年秋,东北主要农产品的收购已经全面纳入日伪统制的范围之内。对于畜产物方面,日本侵略者也于 1939 年制定了《家畜调整法》,对如马、牛、羊等重要家畜,实施了移动、配给、输出入和屠宰等方面的统制。1938 年从伪"蒙疆"地区输出的物资总值为 10839 万元伪币,次年增至 97056 万元伪币,增加近 8 倍。太平洋战争爆发后,日本侵略者指使德穆楚克栋鲁普提出"生产协力三大原则",即"粮食就是子弹""羊毛就是火药""人力就是武力",归绥及周边地区的粮食、畜产品和劳动力成为日本侵略者加紧掠夺的重要物资。1944 年察绥地区输出的畜产品比 1939 年增加了 6 倍;1944 年该地区输出的粮食相当于 1939 年的 1.58 倍。为了确保劳动力供给,日伪成立了"劳工协会",作为日伪政府统制劳动力的机构,负责征集劳动力。据不完全统计,自 1941 年至 1943 年上半年的 3 年半时间内,在察、绥地区征集的劳动力达 84107 人。根据其后来制定的《贸易统制法》所规定的统制范围,除重要战略物资外,包括羊毛及其制品,毛皮、皮革及其制品,杏仁、蘑菇、麻类及其制品,小麦、大麦燕麦(莜麦)、荞麦、高粱、粟、黍子、玉米、大豆、小豆、豌豆、绿豆、蚕豆、扁豆、黑豆和其他谷物及其制品。可见几乎所有农业和副业产品都属于日本侵略者的统制和掠夺对象。为了将农产品的掠夺工作更加协调有序地进行,1941 年 8 月,日伪将以往设立的"满洲特产专管会社""满洲谷粉会社""满洲粮谷会社"三家农产品统制机构被合并为"满洲农产公社",规定一切统制农产品的买卖必须经过"满洲农产公社"进行,通过将原有粮食流通机构粮栈整合改组为更易于控制的"粮栈组合",并极力取缔其掌控外的所谓"黑市交易”[①],力图全面控制东北农村的剩余农产品的流通。同时,对农产品的收购实行“先钱制度”(亦有称之为先钱后货制度者),与农户在农产品已播种且未收获时,按农民未来收获后的预计出售量签订契约,并按该数量支付每斤若干的预付金,从货币金融领域向东北农产品的流通甚至生产领域进一步渗透,妄图通过预付契约将农户进一步牢牢栓套在其农产掠夺体系之中。

经过“满洲农产公社”所强行收购的农产品,其价格远远低于原来的市场价格,可以说就是一种赤裸裸的掠夺。对于棉花等“特产物”,收购的价格更是“低于市价的十倍”,“棉农每年卖棉花所得的报酬,尚不能换回足够的食粮。种棉区有饿死人的”[②]。这种情况下,农民宁可去黑市交易也不愿把粮食卖给日伪的收购机构。故一开始,日本侵略者通过统制经济掠夺东北地区农产品的企图并不理想。1939 年,其在东北各地设立的各个“统制会社”尚且“收购量甚少”[③]。为了扭转这种局面,日本侵略者于 1939 年开始(1940 年实际正式执行)在东北全面推行了一种叫粮谷“出荷”(亦有称“搜荷”)的残暴粮食掠夺政策。

所谓“出荷”,就是按一定价格一定数量强制收购农民的粮食。这种收购价格一般极低,而“出荷”的数量则完全依靠日伪当局的需要制定。如在黑龙江省,这种官定的“出荷”粮谷数量很大,一般大豆要占产量的 80%以上,小麦为 60%左右;而且价

① [日]浅田乔二、小林英夫:《日本帝国主义对中国东北的统治:以十五年战争时期为中心》,东北沦陷十四年史吉林编写组内部资料,1993 年印行,第 381 页。

② 中央档案馆等合编:《日本帝国主义侵华档案资料选编 · 东北经济掠夺》,中华书局 1991 年版,第 552 页。

③ [日]满史会:《满洲开发四十年史》上卷,东北沦陷十四年史辽宁编写组译,1988 年版,第 509 页。

格又很低,当时大豆市价每百公斤伪币200元,而官定的“出荷”价仅17元,只有市价的8.5%。到了后来连原来少得可怜的现金都不给了,只给些“更生布”(更生布是日伪政权用破布、旧棉花织成的布,粗糙不耐穿,用以换农民的粮食)之类的工业品①。为了保证“出荷”数量的完成,日伪政府或其下属的兴农合作社,“与农民签订‘出荷’契约,春订秋不变”,不管秋后收成如何,都强迫农民如数“出荷”给日伪组织的“出荷督励班”②。1942年以后,对“出荷”粮谷实行强制摊派主要就由这些“出荷督励班”负责,其“出荷督励”的工作一般由地方伪政府领导,协和会协助动员,兴农合作社具体负责。“1940年3月28日,日伪当局将‘农事合作社’与‘金融合作社’合并,成立县‘兴农合作社’,又伪县长和伪协和会长兼任正副理事长,实行社、政、协三位一体。自此,‘兴农合作社’变为日伪残酷压榨的一支别动队,逼‘出荷’,抓劳工,皆由其牵头”③。“兴农合作社”这种严密的三位一体工作体制,大大提高了日伪当局对农产品掠夺的效率,东北农民因此多称之为“坑农合作社”。

“出荷”期间,这些“兴农合作社”组织的“督励班”分赴各地进行搜查,警特四处监视,禁止农村往城市私运粮谷。“规定市场粜粮之路线,对于规定道路以外之运搬者,认为暗盘交易”,加以严惩④。

---

① 《黑龙江省志》第6卷,经济综志,黑龙江人民出版社1999年版,第44—46页。

② 孙邦:《伪满史料丛书·经济掠夺》,吉林人民出版社1993年版,第44—45页。

③ 《庄河县志》,大事记,新华出版社1996年版,第20页。

④ 华北综合调查研究所紧急食粮对策调查委员会:《满洲食粮搜集机构与搜集对策:为检讨满华北食粮事项之比较研究》,昭和十八年(1943年)版,第14页。

如“四平省出荷严厉,出荷粮占全满首位。并对农民进行暗中交易者,即定为‘国贼’,严惩不贷,用以表示‘击灭’美英之决心”。伪省长曲秉善因此还获得了伪满国务院巨额奖金。① 并强行取缔了一切民间油坊、磨坊等农产品加工业。同时,大量伪官吏、伪警察涌入农村,在地方村屯长的带领下,挨家挨户地搜查农户家中所存的农产品,将“出荷”的村庄搅得鸡飞狗跳。“遇有天灾等原因歉收,也不容少交”②。对完不成出荷数量的农户,“则施以酷刑。如‘跪板凳、举林桔、打板子、压杠子、灌凉水’等等。至于翻箱倒柜、打骂群众,则是家常便饭”③。一些地方对完不成“出荷”的农民甚至被当众“虐杀”,如“把铁条烧的火炭红往身上穿,在零下四十多度的严冬里,叫农民脱的赤裸裸的站在院里往身上泼凉水”④。一些地方甚至发展到“武装出荷”这种明火执仗地抢劫行径。在日本侵略者的淫威下,“无粮群众,愁肠百结,四处张罗,唯恐受罚”。而日伪当局还往往“验粮时降等压级,稍有争议,即遭毒打”⑤。

通过上述残暴的粮谷“出荷”政策,日本侵略者所收刮的粮食呈现出逐年增加的态势:1940 年伪满计划完成粮谷出荷 600 万吨,1941 年增加到 680 万吨,1942 年为 720 万吨,1943 年为 780 万

---

① 《四平市志》第 2 卷,大事记,吉林人民出版社 1993 年版,第 39 页。

② 《黑龙江省志》第 6 卷,经济综志,黑龙江人民出版社 1999 年版,第 44—46 页。

③ 中国人民政治协商会议义县委员会文史资料委员会编:《义县文史资料》第 1 辑,1985 年版,第 48 页。

④ 楚珍、董化民、龙干扎布:《不堪回首忆当年:出荷逼死人》,《军政大学》1946 年第 3 期。

⑤ 中国人民政治协商会议鞍山市委员会文史资料研究委员会编:《鞍山文史资料选辑》第 6 辑,1986 年版,第 102 页。

吨,1944 年为 820 万吨,1945 年则增加至 900 万吨①。上述出荷粮食数量的增加,完全是日本侵略者粮食掠夺手段日益残暴的结果。这主要反映在东北地区粮食出荷量占总生产量的比率,随着日伪"出荷督励"严厉推进,所呈现出的逐年增加的态势。1940 年仅为 27.4%,1941 年为 31.8%,1942 年上升至 37.1%,1943 为 42.4%,1944 年竟达到 48.9%②。其中舒兰县等部分地区"出荷"量更是达到了总产量的 50%以上③。除此之外,对于牧产品的"出荷"比率亦属极重。如 1944 年新巴尔虎左旗规定每 100 只羊要"出荷"25 只,每 300 匹马要"出荷"100 匹,每 5 只羊要"出荷"1 张羊皮。④ 农民在平常年景只能因此吃糠咽菜,如遇荒年,只能家破人亡。⑤ 以阿城县为例,该县在将自己所生产的粮食半数都交了"出荷","剩下的粮去了交地租、做种子、饲料,余下的口粮已经是所剩无几了"⑥。在庄河县,日伪当局对交不齐"出荷"数量的粮食者,尽皆"施以罐辣椒水、压杠子、毒打等酷刑"。在哲里木盟的科左中旗,日本侵略者为收购"出荷"的粮食,下令"出荷"任务

① 中央档案馆等合编:《日本帝国主义侵华档案资料选编·东北经济掠夺》,中华书局 1991 年版,第 545 页。

② 东北物资调节委员会研究组编:《东北经济小丛书·农业(流通篇上)》,1947 年印行,第 8 页。

③ 东北物资调节委员会研究组编:《东北经济小丛书·农业(生产)》,1947 年印行,第 17—18 页。

④ 《内蒙古自治区志》,农业志,内蒙古人民出版社 2000 年版,第 110—111 页。

⑤ 孙邦:《伪满史料丛书·经济掠夺》,吉林人民出版社 1993 年版,第 186 页。

⑥ 中国人民政治协商会议黑龙江阿城市委员会文史资料委员会编:《阿城文史资料》第 7 辑,1996 年版,第 68 页。

完成前封闭全部碾磨，严禁碾米磨面。[1] 仅 1938—1944 年间，日伪就从全县农民手中掠走粮谷约 110 万吨。按 1935 年的主要粮谷产量计算（除此，未见 1932—1945 年间其他年份粮谷产量统计），110 万吨“出荷”粮谷相当于 8 年的粮谷产量。[2] 1943 年拜泉县遭受大水灾，农产品产量减收 3 成，但仍被逼按原定 149680 吨缴纳，致使农民严重缺粮，有的被饿死。1944 年，伪龙江省农民共交纳出荷量 721939 吨，占总产量的 52%，平均每垧交纳出荷粮 844 斤，占垧产量的 51%。按当时农业人口计算，每人负担“出荷粮”890 斤。[3]

更有甚者，一些伪满官吏为了向日本主子表功，还在规定的“出荷”数量上，再随意增加“报恩出荷”“道义出荷”等额外追征[4]，或虚报收成增加出荷额[5]，这些情况使得农民所受压迫更加沉重，生活愈发没有着落。如 1943 年，“在前年的时候，由于春季有异常的旱灾，收获比往年，虽然减少了百万吨的情况”，吉林省协和会在完成了当年出荷量后，强令农民从自己消费的大豆中再拿出 15 万吨，作为给“皇军”的“报恩出荷”。龙江、滨江、奉天的

---

① 《内蒙古自治区志》，农业志，内蒙古人民出版社 2000 年版，第 110—111 页。

② 据统计，1935 年庄河主要粮谷产量为水稻 10510 吨，旱稻 826 吨，玉米 80056 吨，高粱 16280 吨，谷子 5306 吨，大豆 23446 吨，合计 136424 吨。另 1978 市亩小麦产量不详（据《庄河县志》，第 310 页，“庄河县农作物播种面积及产量表”）。

③ 《黑龙江省志》第 6 卷，经济综志，黑龙江人民出版社 1999 年版，第 44—46 页。

④ 中国人民政治协商会议庄河县委员会文史资料研究委员会编：《庄河文史资料》第 5 辑，1989 年版，第 47 页。

⑤ 政协清原满族自治县委员会文史资料委员会编：《清原文史资料》第 1 辑，1992 年版，第 47 页。

伪官吏也纷纷效仿,又从这三省额外搜刮出 13 万吨大豆,"共凑成二十八万余吨,尽数交给日本"①。在伪满各级官吏全力搜刮下,当年的"出荷的成绩,反到有比前年度增加百万吨的时期",对此大小汉奸无耻地弹冠相庆:认为"因之略略补充了战时下日华两国的紧急需要。这可以说是善妙用统制的表现"②。在如此的横征暴敛下,很多农户甚至将口粮和种子都被迫"出荷",甚至将所有粮谷掠夺一空,还是不够"出荷"所摊数量。"剩下的吃粮、马料、种子严重不足,自食只能靠土豆、橡子面充饥"。或"以杂粮野菜糊口"。③ "造成连年饥荒,人民饥寒交迫"④,农民不是"乞讨求生,流落他乡",就是冻饿而死⑤。

在日伪当局全面控制农产品流通领域、彻底取缔正常的市场价值规律交换行为的前提下,其所推行的农产品统制政策对中国人民的压榨也并不仅仅及于强制低价收购农产品的层面,在农产品配给、农业生产资料配给等分配领域的压榨也颇为沉重。日伪当局对东北各城市居民的粮食供给先后开始实行严格的配给制。如 1940 年 6 月,辽宁盘山伪县公署施行颁布《物价、物资统制法》,随后公布《主要生活必需品价格和配合制纲要》,推行统配生活必需品制度,1941 年 12 月规定,不准百姓吃大米、白面,不准弹

① 中央档案馆等合编:《日本帝国主义侵华档案资料选编 · 伪满傀儡政权》,中华书局 1994 年版,第 685 页。

② "建国"印书馆编印:《"大东亚宣告"与"满洲国"》,伪康德十年(1943 年)印本,第 59 页。

③ 《黑龙江省志》第 6 卷,经济综志,黑龙江人民出版社 1999 年版,第 44—46 页。

④ 《庄河县志》,大事记,新华出版社 1996 年版,第 19—20 页。

⑤ 舒兰县政协文史资料研究委员会编:《舒兰文史资料》第 2 辑,1986 年版,第 49 页。

棉花织布,不准买卖粮食,否则以“经济犯”论处。[1] 这就导致当时的东北地区到处是这种奇怪的现象:基本不从事农业生产的日本人享用着细粮,而真正在农田辛勤劳动的中国人却只能吃粗粮。中国人吃了自己生产的细粮反而要受到严厉处罚。上述配给方法,名义上说“照顾各民族的生活方式”,实际上是“欺骗群众,完全是以日本人为中心的配给制”,通过人为压低中国人的粮食消费水平,将有限的粮食资源集中配给给日本殖民者享用。当时主要粮食的配给标准是:日本人每人每月 14 公斤大米;朝鲜人每人每月 14 公斤小米;中国人每人每月 14 公斤玉米、高粱米、小米;中国人、朝鲜人中的高级官吏和特殊会社的高级职员按日本人的标准配给[2]。且随着战争形势的恶化,已经很少的定量配给数额在不少地方还呈现出逐渐降低的趋势。如 1944 年 4 月 1 日,沈阳市伪政府就擅自将每月的配给额降为大人 9 公斤,中人 6 公斤。[3] 另外,不少农民所需的工业品也必须配给发放,不得私下交易。日伪当今利用这一点,将布匹等工业必需品的配给与粮食“出荷”的数量挂钩,逼迫农民低价“出荷”粮食以换取少量必需的布匹等工业品配给。在如此残暴的配给制下,中国人如果储存大米、白面等细粮,一律以“经济犯”“国事犯”罪名论处;而食用这些细粮者,则被冠以“思想犯”的罪名。被冠上上述“罪名”的中国人,轻则坐牢或被毒打,重则丧命。另外,日伪所声称的粮食、布料等物资的配给量不但数量微少,各级伪政府官吏在实际发放时也常常经常拖欠、克扣,进一步加重了普通中国民众的痛苦。

---

① 《盘山县志》,大事记,沈阳出版社 1996 年版,第 10 页。

② 袁秋白、杨瑰珍编译:《罪恶的自供状:新中国对日本战犯的历史审判》,解放军出版社 2005 年版,第 89 页。

③ 《沈阳市志》(1),综合卷,大事记,沈阳出版社 1989 年版,第 80 页。

日伪的残暴配给制度,导致当时东北地区物资奇缺,黑市猖獗。1942年,沈阳若以当时“公定”价格为100计算,黑市价格为:大米415.7,白面694.2,高粱米603.4,小米399.5,大豆440.2,鸡蛋173.1,猪肉154.4,牛肉136.3,砂糖416.8,豆油775.2,烧酒283.1,纸烟381.0,棉纱1054.2,棉布999.5,煤238.3,火柴500.5①。1944年,因物资越来越短缺,黑市价格进一步飞涨,更加民不聊生。以当时“公定”价格为100计算,黑市价格为:大米1669,白面3757,高粱米1762,大豆1473.2,鸡蛋324,猪肉466.7,牛肉530,砂糖2058.4,豆油1945.2,烧酒1438.5,纸烟751.6,棉纱3033.1,棉布6973.1,煤857.1,火柴1104.2。而且实际上有价无货。② 到了1945年6月,黑市物价指数与统制物价指数之比已经达到17∶1。③ 很多因短缺配给而不得不依赖于黑市交易的百姓,深受其苦,常以草根米糠充饥,饿死或因缺粮自杀者时有出现。④

在农产品的生产领域,日伪还煞有介事地大力开展所谓的“农产增产运动”,以更多地从东北掠夺粮食充当战备。该运动的本质是,妄图根据其掠夺数量的需要订立各个农产品增产指标,再根据所订立的指标通过威逼利诱的方式有选择地干预农民的生产,最后通过其控制的粮食流通领域的便利迫使农民将增产的成果全部“出荷”。具体而言,他们计划“除迅速增产植物油料资源(大豆、苏子、蓖麻、小麻子等)外,还需积极增产稻米和其他粮食,确保纤维原料的产量,使得农产资源等顺利交售”,实现农产品各项生产指标有侧重地增长,“对完成大东亚战争作出贡献”。仅

① 《沈阳市志》(1),综合卷,大事记,沈阳出版社1989年版,第79页。

② 《沈阳市志》(1),综合卷,大事记,沈阳出版社1989年版,第80页。

③ 《沈阳市志》(1),综合卷,大事记,沈阳出版社1989年版,第81页。

④ 中央档案馆等合编:《日本帝国主义侵华档案资料选编·东北经济掠夺》,中华书局1991年版,第603页。

1942年伪满主要农产品生产指标就有:大豆产量411万吨(交售量300万吨)、苏子产量8.2万吨(交售量7.6万吨),蓖麻产量7.9万吨(交售量3.5万吨),小麻子产量7.9吨(交售量7万吨),三种粮食(高粱、粟、玉米)产量1227万吨,水稻产量99万吨,棉花、洋麻、青麻、线麻和柞蚕,确保完成第二个五年计划产量。烟草生产卷烟240支所需数量,甜菜核成品3万吨。①

在日伪当局所鼓动的这场“农产品增产”运动中,其所采用的促进增产手段可谓五花八门。其具体手段包括:增加土地开垦数量;动员非农人口参加农业劳动;推进种子改良;提供施肥、农作物病虫害防治等方面的技术指导;提高急需特用农作物出荷时所配给的工业品数量;投资兴修水利;增加对农业生产的贷款援助等。

虽然日军为实现农产增产可谓费尽心思,但是大多数增产方案受其掠夺农业的本质限制只能流于表面形式。因日伪强制“出荷”价格要远低于农产品的生产成本(见表3-1),无论如何其改进种子、肥料、农药等农业生产要素,实际农民在农业生产中肥料、畜力、雇工等要素上投入越多也只会亏损越多,农民从事农业生产的积极性也只会越来越低。另外,在伪满时期工农业产品价格的“剪刀差”,也在伪满政府掠夺农业以扩充工业的政策基调影响下,呈现出越来越大的趋势。不但农具、肥料、农药等农用工业品的价格水涨船高,雇工工资也因工业品上涨所带升的生活成本而上涨。农业生产中的生产资料和雇佣劳动力投入也因生产成本原因而骤减。另外,在日本侵略者所推行的严格物资配给制下,很多农业生产资料的取得都必须依靠日伪的配给发放。而这种配给不但数量极少,且发放条件十分严格。如可以作为肥料的豆饼,只有

① 中央档案馆等合编:《日本帝国主义侵华档案资料选编·东北经济掠夺》,中华书局1991年版,第414页。

在生产并“出荷”如棉花等特用作物时候农民才能得到少量配给份额。私自买卖或生产豆饼者,则会被当作“经济犯”严惩。农民在正常农业生产中获得上述生产资料越来越困难。另外,日本侵略者在1940年先后颁布了《军马资源保护法》和《马籍法》等马匹统制政策,开始大肆掠夺东北农村畜力资源。特别是太平洋战争爆发后,日伪开始大批征购军马,以适应扩大侵略战争的需要。4年间日伪在东北全境征购军马达39万匹,致使东北全境农村马匹奇缺,畜力不足的情况更加严重,农业生产受到严重影响①。在生产资料和雇佣劳动力投入严重不足的情况下,农业生产数量也必然受其影响而逐渐减少。

表3-1　伪满各地公定粮食“出荷”价对生产成本的比率(1939年)

(单位:%)

县别＼品名	大豆	高粱	玉米	小麦
克山	58.1	106.4	94.1	88.9
龙江	44.6	80.8	88.7	—
呼兰	48.6	104.1	100.6	97.7
双城	44.4	107.4	84.6	104.2
永吉	46.6	69.3	70.8	—
沈阳	79.1	137.1	—	—
辽阳	62.8	—	—	—
海城	57.9	—	—	—

资料来源:[日]浅田乔二、小林英夫:《日本帝国主义对中国东北的统治:以十五年战争时期为中心》,东北沦陷十四年史吉林编写组内部资料,1993年印本,第373页。

① 《吉林省志》第16卷,农业志,畜牧,吉林人民出版社1994年版,第52—53页。

而日本侵略者对东北农业生产劳动力使用的各项“统制”政策则更是荒唐。伪满先于 1941 年 4 月 1 日，在各学校推行“义务劳动制”，强迫学生“义务劳动”。① 1942 年 11 月 18 日又颁布《国民勤劳奉仕法》，规定 22—30 岁男性青年，凡检查“国兵”未合格者，一律编入勤劳奉仕队（通称“国兵漏”），强制劳役 3 年（每年 4 个月）。② 不过，一方面，大量农村适龄劳动力被强制征调往工矿、水坝等非农产业；另一方面，大批并不擅长于农业劳动的城市学生、失业的工商业者被同时征调到农村进行所谓的农业“增产”。这实质上是一种将农村熟练劳力抽调后再以不熟悉农业生产的城市劳动力补充的荒唐行为，因此此类劳力“统制”“增加投入”对于农业增长能起到何种效果可想而知。

对于那些所急需的特用作物，日本侵略者多采用“拆东墙补西墙”的办法来强行提高产量。即通过采取各种强制手段，迫使农民在牺牲所种植的其他作物的情况下，实现这些“特用作物”产量畸形“增产”。以日伪在东北地区最急需的“战略农产品物资”棉花为例。日伪长期以来，一直一面在种棉区强迫种植，一面积极推行植棉技术指导和肥料、农业等经济措施，竭尽全力增产棉花。1940 年日伪当局把各县的棉花技术人员由 64 人增加到 1158 人，同时把“兴农合作社”的棉花技术人员划归满洲棉花株式会社领导，以加强植棉力度。到 1942 年，辽宁棉花种植面积达到 231.5 万亩，1944 年达到 333.6 万亩，植棉县份达 38 个，辽阳、海城、盖平（即盖县）、辽中、黑山、北镇、义县、锦县、台安等县植棉面积最多，全部超过合理种植面积。在辽阳等地还强迫农民种植洋麻。日伪当局在辽西一些县强制种植甜菜、蓖麻子，造成这部分地区粮

① 《沈阳市志》(1)，综合卷，大事记，沈阳出版社 1989 年版，第 77 页。
② 《清源县志》，大事记，辽宁人民出版社 1991 年版，第 18 页。

食减产,油料、小杂粮生产大幅度下降。而棉花又被日伪当局强制收去。1944年日伪当局从农民手中强制收购的棉花占棉花产量的94%。①

可见,日伪所鼓吹的“增产”运动在实际施行过程中,反而对东北地区的农业生产造成了严重的破坏。事实上,1931—1944年的伪满统治时期,因殖民统治的破坏,东北农作物的亩产量总体上处于连年下降的状态(见表3-2),仅高粱、玉米、粟米三种主要粮食的亩产量就下降了13.3%之多。就各地区的具体情况而言,在辽宁铁岭,1932—1945年间,虽然开始传播农业新技术,推行新品种,改良种植方法,但因日本帝国主义的残酷掠夺和压榨,农业生产一直停滞不前,1929年全县粮豆总产259685吨,平均亩产105.5公斤,1932—1945年总产倒退为16.5万—18.5万吨,1943年总产降至167170吨,单产仅97公斤。② 伪“龙江省”1934—1944年11年间,单产降幅很大。大豆前5年的平均垧产为2020斤,后6年降至1680斤,下降16.8%;小麦从1650斤降至1462斤,下降11.4%;高粱、苞米、谷子也依次下降了13.7%、11.6%和14.7%。③ 延吉县1930—1945年间,水稻单产由每公顷3293公斤下降到了1500公斤,下降了54.4%;大豆单产由每公顷2280公斤下降到了800公斤,下降了64.9%;玉米单产由每公顷2083公斤下降到了800公斤,下降了61.6%;谷子单产由每公顷1631公斤下降到了500公斤,下降了69.3%;高粱单产由每公顷2103公斤下降到了700公斤,下降了66.7%。④ 因此,日伪想要增加东北

① 《辽宁通志》,农业志,辽宁人民出版社2003年版,第34页。

② 《铁岭县志》,辽沈书社1993年版,第267—268页。

③ 《黑龙江省志》第6卷,经济综志,黑龙江人民出版社1999年版,第46页。

④ 《延吉市志》,新华出版社1994年版,第152页。

粮食产出的幻想，从单位面积产量提高的角度来说，“已经无望了”。日伪当局的“粮食增产”只能依靠单纯增加耕地面积的粗放投入来着手阶级，“扩大耕种面积成为剩下的唯一的增产手段”①。

表 3-2 东北地区主要作物和农产物单位面积产量指数统计(1931—1944 年) (1924 年=100)

年份	大豆	玉米	高粱	谷子	小麦	总计
1931	78	74	74	68	93	75
1932	72	67	69	61	67	68
1933	89	73	78	70	77	71
1934	69	62	65	49	69	64
1935	74	63	68	64	93	70
1936	77	70	68	62	78	70
1937	73	65	67	63	80	69
1938	74	63	66	58	82	67
1939	61	54	61	53	79	59
1940	61	57	59	54	81	60
1941	62	56	62	51	77	63
1942	56	54	59	48	67	58
1943	64	57	64	54	63	65
1944	67	56	65	55	59	65

资料来源：东北物资调节委员会研究组编：《东北经济小丛书·农业(生产篇)》，1947 年印行，第 4—5、115—116 页。

① [日]满史会：《满洲开发四十年史》上卷，东北沦陷十四年史辽宁编写组译，1988 年印行，第 508 页。

为了扩张农地面积,日伪当局接连抛出了《农地造成改良事业实施要领》《满洲国紧急农地造成要纲》等多个突击造田方案。一方面重新驱赶城市流民或逃亡农户回来耕种所谓的“二荒地”。这类“二荒地”一些是由于当地农民躲避战乱流离失所遗弃的耕地,一些则是日本侵略者原来驱逐地主掠夺而来却无力经营的“开拓地”。另一方面则大力推行开垦未利用耕地的“农地造成”运动。计划从1939年起,用三到四年的时间,开垦伪满境内大约2000万町步的“未利用土地”,并成立了满洲土地开发会社专门负责此事。1940—1945年,在昌图、通化等地“造成”农地21.1万公顷,在松花江下游和辽河地区“造成”水田7万公顷。① “新开垦耕地所产出的粮食,除当地消费外,全部输往日本”。这些“造成”的农地有相当一部分是日本侵略者强占来的熟地,他们往往对其采取“熟地不施肥”的掠夺性耕作方法,任由其地力枯竭;另外上述掠夺农法在日本侵略者开垦生地时也经常被滥用,对于新开垦的地区也概不施肥,导致所开垦耕地地力连年下降。不少“新开垦”的土地,很快就因这种极度掠夺地力的耕作方式而重新荒废。而开垦所需的劳动力,也多为裹挟来的“勤劳奉仕队”等中国劳力。②在此农地造成运动中强征劳工、强占居民土地,为修水库水淹农田的事情时有发生。如日本侵略者1944年在东辽河流域紧急营造水田,为了修建灌溉水田必需的水库,他们竟然将附近48个村的万余名中国农户,尽数强行驱赶离家园。被淹没的房屋达5000多间,土地20000多垧。日本侵略者这种一面“造田”一面毁田的所

① 中央档案馆等合编:《日本帝国主义侵华档案资料选编·东北经济掠夺》,中华书局1991年版,第749—750页。

② 中央档案馆等合编:《日本帝国主义侵华档案资料选编·东北经济掠夺》,中华书局1991年版,第742—744页。

谓“农地紧急造成”运动，不但粮食增产数量有限且缺乏可持续性，更给东北人民带来了更深重苦难。①

三、人力、物力搜刮和对农民的压榨、残害

自日本帝国主义占领东北地区，特别是“七七事变”以后，除了通过农业统制政策对中国农民生产行为进行直接干预，对中国农产品进行残酷掠夺外，还通过强征劳动力、苛捐杂税、发放国债等多种方式对东北农村人力、物力进行疯狂搜刮，对当地农民进行压榨、残害。

为了榨取东北劳动力资源，为其侵略战争生产所需物资资源和修建各种军事及辅助设施，日本帝国主义经常肆无忌惮地强制无偿征发和奴役东北农村劳动力。早在1936年，就成立了满洲劳工协会，专门抓捕劳工，压榨工人。1937年以后，一方面，日本战备的加强，兵舍、飞机场、军用公路铁路等工程进度加快；另一方面，因为华北地区抗日敌后战场日渐强大，当地“治安不良”“物价高涨”，所能掠夺的华北劳工明显减少，日本帝国主义进一步加紧了对东北劳动力的奴役掠夺。于1938年在伪满“民生部”内新下设“劳务司”，专门处理劳工“招募”、管理、工作分配等事务，旨在加强伪“政府”对劳工工作的监督权。同期，还设立了伪“国务院劳务委员会”，主管其各项劳工政策的制度与审议。1938年1月26日，日伪公布《国家总动员法》，规定必要时可随时征调市民服兵役、劳役。并在城市内实施“邻保委员制度”，通过社会基层的

① 中央档案馆等合编:《日本帝国主义侵华档案资料选编·东北经济掠夺》，中华书局1991年版，第748—749页。

“邻保”组织对市民进行“社会监查”“防奸连坐”和征收钱物。①1939年又制定了《劳动统制法》,规定伪满政府有全面统制劳工的权力。并在劳动者中实行劳动工票制,“要进行十指指纹登记,同时捺在工票上,手续不完善者,不准各工厂企业雇用”。② 1941年进一步推出了《劳务新体制确立要纲》《勤劳分工法》等一系列制度措施,通过建立东北劳动力的“行政供出制度”和“国民勤劳奉公制度”,妄图将东北所有劳动力都囊括到一种“国民皆劳”“举国勤劳”的“新体制”中。1942年又发布了《劳动人紧急就劳规则》,规定“公共事业或国策事业”“有紧急必要”时,伪满政府可以任意征发“所需之劳动人”。并于同年正式将“国民皆劳体制之确立”和“劳务统制之强化”写入新颁行的伪满《基本国策大纲》之中。

日伪各项劳动力掠夺制度中,最为重要的是“行政供出制度”和“国民勤劳奉公制度”。所谓“行政供出制度”,就是把根据需要的劳动力数量,按比例分摊给市、县、村、旗等各地方政府,再由各地方政府协助“把头”“招募”劳工,或直接征用劳工,最后由地方政府派专员将劳工押往劳动场所。所谓“国民勤劳奉公制度”,则是日本帝国主义利用手中的国家权力来奴役东北青年劳动力为其无偿劳动的一种方式。该制度规定,所有年龄19岁至23岁未服兵役的青年男子,都要无偿从事军事工程、产业建设等工作一年,后来增加到三年。后来还延伸实施了“学生勤劳奉公制度”,动员了大学学生和中学的高年级学生,甚至小学生,每年从事3个月的义务劳功。③

---

① 《沈阳市志》(1),综合卷,大事记,沈阳出版社1989年版,第75—76页。

② 《沈阳市志》(1),综合卷,大事记,沈阳出版社1989年版,第75页。

③ 《清源县志》,大事记,辽宁人民出版社1991年版,第18页。

根据时任伪满总务厅次长的战犯古海忠之的供述，1942 年日本侵略者就通过“动员劳工”的手段在东北掠夺劳动力 100 万人(其中行政供出劳工 35 万人)；1943 年 120 万人(其中行政供出劳工 50 万人，勤劳奉公队 5000 人)；1944 年 130 万人(其中行政供出劳工 60 万人，勤劳奉公队 2.5 万人)；1945 年 160 万人(其中行政供出劳工 60 万人，勤劳奉公队 15 万人，截至 8 月 15 日共在岗 8 万人，勤劳奉公队累计 14 万人)。1994 年劳工动员计划具体分配是：工矿业 20 万人，森林采伐 10 万人，土木建筑 60 万人(不包括道路、治水、农地造成、都市建筑等)，关东军 30 万人，满铁会社 10 万人，共计 130 万人。1945 年计划，工矿业 30 万人，森林采伐 10 万人，土木建筑 80 万人，关东军 30 万人，满铁会社 10 万人，共计 160 万人①。

在强征劳工时候，日本侵略者和当地伪满官员常常上下其手，鱼肉敲诈农民。1940 年，伪满摊牌劳工时，名义上是抽签轮派，实际上，“签是抽过了，可实际出劳工时，有钱有势的花钱托人或雇人，轮到号的也不去，而城乡贫苦人家是无法逃脱的。这就是说，名义上按号轮，实际跳格要，到头来全是贫苦人出劳工”②。不少主管劳工的摊派的伪政权基层官吏，更是凭借手中的权力敲诈勒索、为非作歹。村民稍不如其愿就以送去“出劳工”威胁。有时候，日本侵略军甚至明火执仗地直接去村庄里抓人，他们“午夜 12 点开始抓人，天亮时基本抓齐，他们把被抓的群众，三人绑一串，排成一条长队、在他们的棍棒、刺刀押解下”③，步行押往县城。日本

① 中央档案馆等合编：《日本帝国主义侵华档案资料选编·东北经济掠夺》，中华书局 1991 年版，第 860—861 页。

② 中国人民政治协商会议阿城县委员会文史资料研究委员会：《阿城文史资料》第 5 辑，1989 年版，第 79 页。

③ 中国人民政治协商会议宽城满族自治县委员会文史委员会：《宽城文史资料》第 2 辑，1992 年版，第 21 页。

侵略者还常常以清理“浮浪者”为名,集中抓捕无职业的中国人和乞丐充作劳工。①

在运输工人时,为了防止工人逃跑,常常使用密封的“闷罐车”,“铁门上了锁,(工人)就这样像装猪似的装上,在闷罐车里大小便、吃饭、睡觉,到了换车站停下来就是两三天。有的要这样走十天半月,不等到工作地点就死了许多”②。

到了工作地后,中国劳工往往过着牛马不如的生活,如在伊春,劳工“在干活时,监工的稍不如意,劳工就要挨毒打。我们当时住的是破席棚子,席中间夹着一层破油纸,下雨时,雨水能刮到棚子里铺上。劳工有的连破被也没有,劳累了一天,夜里还要挨冷受冻。穿的更是衣不遮体。十个脚指常年露在外头。冬天,冻坏、冻死的事经常发生”③。在海拉尔,日本人给中国劳工吃发霉的咸菜和土豆秧子,“土豆秧子有毒,连猪都不吃”,中国劳工一旦生病就用马活活拖死或活埋④。在乌奴耳,日本人给劳工的饮用水都是多年积垢的坑洼中取出的,“含毒质很大”,劳工们瘟疫流行,“成群成派地倒下去”。“日寇不管有气没气,不能干活就统统烧死”。⑤ 在矿井里的劳工更是凶多吉少,日本侵略者强迫中国劳工冒险作业,“以人换煤”,实行惨绝人寰的“人肉开采”。一些被派

① 政协沈阳市委员会文史资料研究委员会:《沈阳文史资料》第13辑,1987年版,第224页。

② 孙邦:《伪满史料丛书·经济掠夺》,吉林人民出版社1993年版,第466页。

③ 中国人民政治协商会议伊春市委员会文史资料研究委员会:《伊春文史资料》第3辑,1986年版,第105页。

④ 中国人民政治协商会议兰西县委员会文史资料研究委员会:《兰西文史资料》第1辑,1985年版,第38—40页。

⑤ 中国人民政治协商会议锦西县委员会文史资料研究委员会:《锦西文史资料》第2辑,1984年版,第7页。

往所谓“秘密”工程的劳工,常常在完工后被集体杀害。东北到底有多少无辜民众惨死在日本侵略者的劳工制度下,现无完全统计,但仅从战后各地上报的零散统计亦可窥见其罄竹难书的罪行。

表 3-3　伪满时期各地劳工被害惨死情况

时间	地点	情况	资料来源
1933—1948	北票煤矿	日本侵略者共残害死31200个矿工	辽宁省朝阳市政协、东煤公司北票矿务局:《朝阳文史资料》第2辑,血海深仇,1989年版,第251页
1943	锦州	1000多名劳工因修建“秘密工程”被日本关东军集体杀害	孙邦:《伪满史料丛书·经济掠夺》,吉林人民出版社1993年版,第467页
1938—1945	辽宁庄河	全县被抓到本溪、虎林、抚顺、密山等外地的劳工达1.2万余人次;被抓到安东、县内的劳工达2万余人次。全县做劳工死亡的400多人,伤残的1300多人	《庄河县志》,大事记,新华出版社1996年版,第19页
1942—1945	辽宁北镇	全县征集1300名劳工,编成“北镇县劳工大队”去兴安北省(今内蒙古呼伦贝尔盟)等地为“关东军”修筑工事。半年中,大半因折磨、劳累、冻饿、疾病、塌方而死,生还者仅600人	《北镇县志》,大事记,辽宁人民出版社1990年版,第25页

续表

时间	地点	情况	资料来源
1940—1945	辽宁康平	每天强制劳役10余个小时,“忍饥挨饿,挨打受罚,被打死打伤者不乏其人”	《康平县志》,大事记,东北大学出版社1995年版,第29页
伪满统治时期	兰西县	送去的八百劳工中,就死了三百人	中国人民政治协商会议兰西县委员会文史资料研究委员会:《兰西文史资料》第1辑,1985年版,第38—40页
1941	康平	日伪招千名劳工,到康平挖八家子河(工身河),工头郗德阳(浑德春),克扣虐待劳工,有病不给治,死百余人,因病不能干活,活埋6人;工人逃跑被抓回,打死1人,活埋3人	《康平县志》,大事记,东北大学出版社1995年版,第29页
1943	康平	县外军工供500名,本溪湖东铁公司供750名,县内土地开发2500名(平均400名),“勤劳奉仕队”向国防道路供278名。“被抓劳工者多为贫苦农民,在服劳役期间,住席棚,吃橡子面,过着非人的生活,很多劳工死于非命”	《康平县志》,大事记,东北大学出版社1995年版,第30页

续表

时间	地点	情况	资料来源
伪满统治时期	鹤岗煤矿	伪牡丹江监狱在鹤岗煤矿设“作业场”(后改为“鹤岗刑务署”),关押3000余人,强迫下井劳动,死后扔入东山坡“万人坑”	《牡丹江市志》,大事记,黑龙江人民出版社1993年版,第25页
20世纪40年代	新巴尔虎左旗	日本侵略者以所谓“勤劳奉公”的名义强征劳工,修筑军用工事、挖矿、伐木和做其他苦工。为了防止泄露机密,军用工事完成后,即将全部劳工屠杀灭口	《内蒙古自治区志》,农业志,内蒙古人民出版社2000年版,第110—111页
1936—1945	阜新煤矿	被害死的矿工被埋进万人坑。据一些老矿工回忆,当年城南万人坑埋坟较少,数不及万,其余3处,埋坟均过万。孙家湾南山万人坑埋坟最多,有说3万有余者,有说多达4万者	中央档案馆等合编:《日本帝国主义侵华档案资料选编·东北经济掠夺》,中华书局1991年版,第976页
1931—1945	鸡西煤矿	仅滴道煤矿一地,就有河北、八坑死人沟等几处万人坑。“由于日本帝国主义野蛮的掠夺,劳工人数不断增加,死亡率也俱增,集中掩埋人数及乱葬地点无法统计”	中央档案馆等合编:《日本帝国主义侵华档案资料选编·东北经济掠夺》,中华书局1991年版,第982页

续表

时间	地点	情况	资料来源
1939—1945	大石桥	扔进万人坑里的死难矿工达17000多人	中央档案馆等合编:《日本帝国主义侵华档案资料选编·东北经济掠夺》,中华书局1991年版,第983页
1943	东安	吉林省为交通部东安土木工程处供出的7000劳工中,不到半年就死了340人	中央档案馆等合编:《日本帝国主义侵华档案资料选编·东北经济掠夺》,中华书局1991年版,第972页
1942	通化	大栗子沟采矿所工人,因"气候不调,以及在运输中取暖供给不好",半年内患病者总数达1000多名,其中死亡268名	中央档案馆等合编:《日本帝国主义侵华档案资料选编·东北经济掠夺》,中华书局1991年版,第971页
1942	齐齐哈尔	自阿沿线制炭场的1180名劳工中,服劳役期间逃走550名,伤病176名,死亡17名	中央档案馆等合编:《日本帝国主义侵华档案资料选编·东北经济掠夺》,中华书局1991年版,第967页
伪满统治时期	黑河	"光在黑河死的劳工,就有三千多"	东北军政大学总校:《奉天屯的调查》,1947年版,第2页
1937—1945	丰满	在修建电站期间,每天都有被害死的劳工尸体运到"万人坑"埋葬。"少则五六人,多则几十人,没有一天不扔的"。总计死难的劳工"数以万计"	孙邦:《伪满史料丛书·经济掠夺》,吉林人民出版社1993年版,第496页

除了掠夺东北的劳动力资源,日本侵略者还通过各自苛捐杂税榨取东北人民的血汗。“七七事变”后,伪满政府分别于1941年、1942年、1943年连续实行了三次“战时增税”。如1941年12月,为支持日本太平洋战争,日伪所实行的第一次战时大增税,仅根据沈阳市一地的情况来看,该市伪公署所修正的地方税法,就大幅提高了课税标准和附加捐的税率。在“国税附加捐”中,事业所得税提高35%,房屋税提高75%,地税提高40%;在“特别卖钱税”中,新设市民捐、接客业捐和庸人捐等。百姓苦不堪言。① 到了1944年,伪满政府税收收入已经从1933年的6亿元增长到21.5亿元。② 仅“国税”的税种就由伪1932年的7种竟增加到1944年的34种,比“九一八事变”前还增加了21种。其中消费税11种,比“九一八事变”前增加7种,流通税13种,比“九一八事变”前增加11种。除了国税外,还有各种名目繁多的省税、县税、村费等地方税。仅宽甸一地,就有渡口捐、渔业税等5种省税和营业捐、屠宰捐、粮捐等12种省税。③ “所缴的税,简直说不清。卖菜的,挑水的也要纳营业税。此外还有户别捐,是按每年收入纳税;家屋税是成一个家庭就要纳的,不怕你是拉车的要饭的也都要纳的。至于种田税,除了固有的田赋和亩捐两样外,每亩每年还要加纳一元钱。养鸡,养猪,养狗也都要纳税”。④

日本侵略者还常常通过变更地籍等方式强迫农民重复缴纳地税。如在内蒙古地区,他们强令蒙古王公将“土地奉上”伪满皇帝,并设地政局,通过航测,分片划段清丈面积,领取土地执照,汉

① 《沈阳市志》(1),综合卷,大事记,沈阳出版社1989年版,第78页。

② 中国人民政治协商会议全国委员会文史和学习委员会:《文史资料选辑》合订本第13卷总第37—39辑,2011年版,第409页。

③ 宽甸县税务局:《宽甸县税务志》,1987年版,第26—30页。

④ 寄培:《日本在东北的虐政》,《血路》1938年第39期。

人领取执照前要交验原租种契约。汉民一次除款向蒙民办理“顺契”,才能买清蒙民出租的土地所有权。汉民所交钱款,一律上缴伪满政府,并规定蒙汉农民一律按土地等级和亩数向伪满政府交纳亩捐。①

除了上述一些较为固定的捐税外,日本侵略者还时不时随意加派各种名目繁多的临时性捐税。如飞机献纳金,以支援“大东亚圣战”的名义,强制每户交纳一定数量的金钱给日本造飞机。1943 年 7 月至 1945 年 8 月间,滨江省一省就以每垧 3 元的标准按土地摊派的形式,献纳了 70 架飞机,每架以 15 万元计算,共搜刮了 1000 余万元②;金属献纳运动,日伪当局 1944 年开始实行《金属特别回收》,规定城乡居民所有铜器一律交售归公。他们“为了解决战时金属不足,强制交纳铜、铁、锡、铝等。有的人家把蜡台、香炉、铜壶、水烟袋,甚至连吃饭的食具也交纳顶了任务”。③ 在沈阳,日伪当局在全市挨家检查,对市民手中的金属品强行回收,指定的物件有摆设品、点心盒、伞架、饭锅、招牌幌子、壶架、香炉、灯架、洗脸盆、号码牌、门拉手等 60 余种④。1943 年,仅四平一省就一次性献纳了 210 吨铜铁⑤;“援绥”劳军捐,要求中国居民协助承担清剿绥远抗日武装的费用;“日本地震捐”,借口日本地震收刮

① 《内蒙古自治区志》,农业志,内蒙古人民出版社 2000 年版,第 109—110 页。

② 中央档案馆等合编:《日本帝国主义侵华档案资料选编·伪满傀儡政权》,中华书局 1994 年版,第 685 页。

③ 政协柳河县委员会文史资料研究委员会:《柳河文史资料》第 1 辑,1986 年版,第 73 页。

④ 《沈阳市志》(1),综合卷,大事记,沈阳出版社 1989 年版,第 79 页。

⑤ 中央档案馆等合编:《日本帝国主义侵华档案资料选编·伪满傀儡政权》,中华书局 1994 年版,第 684 页。

中国居民。“临时捐有时多有时少，岁额任意规定，每年总有十数次”①。有时日本侵略者对东北农村的搜刮甚至残暴到几近荒唐。如 1944 年冬，庄河伪县公署别出心裁，强令集中捕杀农户的家犬以供军需，全县家犬所剩无几②。

日伪政府还强迫储蓄、强迫推销公债，榨取东北人民血汗。1939 年以后强行开展所谓“国民储蓄运动”。1944 年又实行“必胜储蓄”，强迫群众储蓄，支援“太平洋战争”。③“先在城镇，后扩展到农村。不顾人民死活，苦费心机，强迫储蓄”④。伪满所计划发行的强制储蓄额逐年递增，且在操作中所层层摊派的实际强制储金额要远远高于计划的数量。1939 年计划强制储蓄额为 50000 元，实际为 63825.5 万元，1940 年为 83045.4 万元，1941 年为 89329.4 万元，1942 年为 116030.4 万元，1943 年为 164658.8 万元，1944 年增至 373191.3 万元。5 年增长了 4.8 倍。1945 年，日本侵略者又丧心病狂地妄图将强制储蓄额扩大为 60000 万元，比 1939 年的计划额扩大了 12 倍。⑤ 仅仅在海龙县一地日伪统制者就有职员义务储蓄、卖粮储蓄、出售房地产等价款储蓄、鸦片储蓄、必胜储蓄票等数项强制储蓄，农民卖粮、卖房的款项都要被强制储蓄一部分。并且绝大多数长期不予支付。1939 年到 1945 年间，

---

① 宋斐如：《日本铁蹄下东北同胞的生活惨状（续完）》，《时事类编》1937 年第 3 期。

② 《庄河县志》，大事记，新华出版社 1996 年版，第 20 页。

③ 《清源县志》，大事记，辽宁人民出版社 1991 年版，第 18 页。

④ 孙邦：《伪满史料丛书 · 经济掠夺》，吉林人民出版社 1993 年版，第 586 页。

⑤ 东北物资调节委员会研究组编：《东北经济小丛书 · 金融》，1948 年印行，第 183—184 页。

共掠夺当地城乡人民110多万元,最后“均成废纸”。①

伪满建立之初,发行公债尚不算多。1937年以后,为弥补巨额军备开支和财政赤字,伪满政府开始大量发行公债。这些公债所有职工一律按收入摊派相应比例的公债。对一般人民群众也不放过,采取种种严苛手段,强行摊销。从1942年到1945年8月在仅仅3年又8个月的时间里,就发行公债195380万元,几乎等于伪满前十年间发行额的总和。伪国垮台前夕仅1945年六月和八月两个月就集中发行公债3.8亿万元。日伪统治的14年间,共发行公债87种,总计金额为405500万元,其中伪币公债6种,302500万元。到日本侵略者投降,还本仅为5500万元。豪夺民财29.7亿万元。②

日伪当局的种种苛捐杂税、巧取豪夺成为农民身上的又一道催命符,不少农民为此家破人亡。在辽宁鞍山市,当地农民不仅要缴纳“出荷粮”、出“勤劳奉仕”,而且家中的车、马、犬、鸡、鸭等一律要登记收税。还有“协和费”“飞机献金”等,不胜枚举,日本侵略者种种敲骨吸髓般的掠夺手段,使农民更进一步陷入水深火热之中。

四、鸦片毒害政策的推行及其灾难性后果

日本在侵占中国东三省后,一方面为消解中国军民的抗日斗志,使之成为在精神和体能上易于操控的“驯民”,进而从身心上搞垮中国人民,彻底巩固日本在东北的统治;另一方面,也为筹措

① 政协梅河口市文史资料研究委员会:《梅河口文史资料》第4辑,1990年版,第24—25页。

② 孙邦:《伪满史料丛书·经济掠夺》,吉林人民出版社1993年版,第587—588页。

伪满“建国”所需巨额岁收财源，消解伪满政府入不敷出的财政困难，伪满政府在成立之初就积极加速推进了鸦片专卖政策。1932年至1933年间日伪相继公布了《暂行鸦片收买法》《暂行鸦片收买法施行规则》《鸦片法》《鸦片法施行令》《鸦片缉私法》《批发鸦片人之贩卖区域表》《鸦片专卖法》《麻药法》等一系列政策法规，其目的在于将鸦片的吸食、贩卖、生产、收购等各个环节统制到伪满政府和专卖机关的管辖之下。鸦片的吸食和种植由伪满政府垄断并独吞其暴利，私人不得参与①。在日本“纵毒祸华”的毒化政策之下，东北地区大量的良田被种植鸦片，鸦片吸食者亦成倍增加。1936年，东北地区与热河合计鸦片种植面积达68.5万亩。1935年，仅辽宁西部的阜新、朝阳、建平、凌源4县种植罂粟12856亩，产量达166.6万两。② 1933年当局登记鸦片瘾者时尚仅10万人，1935年增至20万人，1936年增至50万人，1937年竟达80万人。③

日本在东北实行鸦片毒化政策的倒行逆施，加之大量日本在东北地区所生产的海洛因、吗啡等毒品被走私到欧美销售，美、英等国多次在日内瓦“鸦片与其他危险毒品咨询委员会”的会议中对日本政府公开在中国东北和热河等地制毒贩毒的事实加以严厉抨击。出于国际观瞻考虑，加之“七七事变”以后不断激增的军费需求，1937年以后，日本在东北地区的毒化政策又开始呈现出新特征，表面上开始打出禁烟的幌子欺世盗名，实质上其东北的毒化更加变本加厉。

---

① 中共河北省委党史研究室编:《日本鸦片侵华资料集(1895—1945)》,2002年版,第546—547页。

② 《辽宁通志》,农业志,辽宁人民出版社2003年版,第34页。

③ 孙邦:《伪满史料丛书·经济掠夺》,吉林人民出版社1993年版,第707页。

为应对欧美政府的谴责,伪满政府于1937年10月自欺欺人地公布了一个《十年鸦片麻药断禁方案要纲》,声称要在自1938年起的十年之内,"断禁"烟片烟瘾者的吸食。其主要内容为:(1)加强禁烟思想的宣传教育。(2)对现有鸦片吸食者重新进行登记,并发放鸦片吸食许可证。并严禁发吸食鸦片许可给25岁以下的青年,控制新增吸食者的数量。(3)设立"康生院"等"戒毒机构""矫正"吸毒者。(4)加强对鸦片生产、收购、销售的管理,逐步缩小罂粟种植面积。限制鸦片配给,确立鸦片收纳制度。将原来分散的鸦片"零售所""小卖所"所拥有的销售权上归到市、县、旗的"管烟所"。(5)严禁伪公职人员、伪军官兵、学生吸毒,违者给予开除公职或军籍、学籍处分。①

这一"十年断禁方案"虽表面上名目繁多、冠冕堂皇,然而实为欺世盗名之举。连日伪政府自己也承认,"这种制度实施二三年以后,没有改变原来的状况,私种、私卖、私吸鸦片很普遍,使取缔工作遇到了很多困难"②。仅就其禁断期以十年为限而言,日伪当局即明显出于拖延敷衍舆论之目的。当时的很多有识之士早已提出质疑:既然已经决定要断禁鸦片,只要断绝鸦片货源,取缔鸦片零售,严格鸦片吸食者的登记制度,由政府出面,对已经成瘾者严格递减供给毒品数量,严禁新成瘾者产生。从时限上说有三五年足以禁断烟祸,根本不需要十年。然而,日本侵略者却辩称什么鸦片禁断绝不能"操之过急","尤其不能强制",十年之期"十分合

① 中共河北省委党史研究室编:《日本鸦片侵华资料集(1895—1945)》,2002年版,第555页。

② 中央档案馆等合编:《日本帝国主义侵华档案资料选编·东北经济掠夺》,中华书局1991年版,第821页。

适”，刻意拖延，导致原本三五年即可禁断的鸦片毒祸愈演愈烈。①当时主管制定伪满鸦片政策的战犯古海忠之亦供称“如果用五年断绝鸦片，还有禁烟的可能性，而以十年断绝鸦片，不过是用禁烟的招牌来欺骗群众”。②

日伪政府在“鸦片禁断”政策的具体执行过程中也往往采取“名禁实纵”的手段。日伪政府的所谓“鸦片吸食者登记制度”，规定只售给拥有“鸦片牺牲许可证”者毒品，号称是为了限制新增成瘾者数量。实际上，却是采取了“申请者不需要诊断就可以登记的单纯登录制”③。很多地方，“吸食鸦片的人，由县公署烟务股统一发放吸食证。每年发放一次，不分男女，不分年令（龄），均可发证，一次发全年的，当年用完”④。“新吸食的烟民，愿起吸食证，托人花钱就给，并没有任何调查与限制”。⑤这种不问年龄、性别、成瘾情况的鸦片吸食登记制度，导致实际上任何人只要有吸食证就可以购买毒品吸食，根本起不到防止毒品新成瘾者的作用。

更有甚者，伪满各级官吏还经常借“鸦片吸食者登记制度”的幌子上下其手进一步压榨已被毒害的烟民。因日伪政府原则上只向有“吸食证”者售烟，其常常假意控制“吸食证”的发放数量，并营私舞弊地将“吸食证”高价倒卖给无证吸食者。“一般无证的吸

① 孙邦：《伪满史料丛书·经济掠夺》，吉林人民出版社1993年版，第710页。

② 中央档案馆等合编：《日本帝国主义侵华档案资料选编·东北经济掠夺》，中华书局1991年版，第814页。

③ 马模贞：《中国禁毒史资料》，天津人民出版社1998年版，第1517页。

④ 中国人民政治协商会议乾安县委员会文史资料研究委员会编：《乾安文史资料》第3辑，1987年版，第25—26页。

⑤ 文芳主编：《亲历民国丛书　民国烟毒秘档》，中国文史出版社2013年版，第285页。

食者,就只好用从别人手中去买”,“各鸦片小卖所的头头们差不多都弄到好几个烟证,除自用者外,都用高出几倍的价格卖掉了。”“至于主管部门的那些当权者更是如此,不少人也都通过这种办法大发横财”。“当时扶余县警务科有个叫张凤祥的警官,他一个人就有几十个购烟证,统由别人按期代领、代销,从中获取暴利,买了房子,置了土地,成了当地有名的暴发户。扶余长来客栈有个叫赵国壁的无业游民,就是依靠给这些人代销鸦片烟,发了一笔小财”。①

从表面上来看,日伪登记在案的鸦片吸食者从 1937 年的 811005 人下降到 1941 年的 316519 人。②“实际上,这并不是说伪‘满洲国’实行鸦片专卖,所谓的禁烟,收到了效果”,而是大量鸦片瘾者购买走私烟的结果。很多“瘾者怕登记,怕登记后,强迫去康生院戒烟,怕登记后丢面子。所以有‘身份’的人都不登记,不登记不能去管烟所吸烟,这些有‘身份’的人,宁肯花高价买私烟吸也要瞒吸烟,因此登记瘾者数就少了”。③ 对于鸦片走私,日伪也常常采取“明禁实纵”的态度。对于东北各地普遍盛行的鸦片走私活动。日伪当局“可以断言他们完全知道。他们所抱的态度,一个是装作充耳不闻,一个是听凭地方警察和警护团们搜检。搜检出来的,不论归公归私,无疑还是销售给吸食者。搜检不出来

---

① 中国人民政治协商会议吉林委员会文史资料研究委员会编:《吉林文史资料选辑》第 20 辑,1987 年版,第 142 页。

② 中央档案馆等合编:《日本帝国主义侵华档案资料选编 · 东北经济掠夺》,中华书局 1991 年版,第 825 页。

③ 孙邦:《伪满史料丛书 · 经济掠夺》,吉林人民出版社 1993 年版,第 711 页。

的，当然更不例外”。① 很多“鸦片缉私”人员均为走私者收买，成为毒品走私贩子的合谋者，甚者亲自贩毒获取暴利。如热河喀喇沁中旗警务科长王警正的长子1941年度往奉天贩毒时，“用大卡车满载烟土，插上宪兵队的标志”，“上自警护队，下至一般职员，皆被王警正所掌握，甘愿为其效命。只要是王某走私团伙者，所带各种物品均不检查，并同车内同行联络，设法给予保护，有的利用歇班亲自送到指定地点，而对于非王某团伙，虽持有一个烟泡者也要抓捕”。②

对于鸦片的已成瘾者，日伪政府号称设立“康生院”等“戒毒机构”帮助“矫正”。然而，这些“康生院”不但数量有限，医师素质低下，设备配置也相当落后，且根本“没有给鸦片瘾者指出明确的治愈计划”③。1941年，东北仅有“康生院”189所，收容瘾者才12370人。④ 很多“康生院”“在忌烟期间医师毫不负责，每天上班只是看报喝茶，一切不闻不问”。⑤ “表面上是让吸毒者轮班到康生院去解除毒瘾，而实际仍是供应吸毒，无一人解除毒瘾。康生院与官烟所不同之处，就是把一部分吸毒者集中到康生院，集体管理起来，不准随意外出和回家。由于长时间推行贩毒政策，康生院管理人员又弄私舞弊，秘密高价盗卖毒品，以致造成瘾者终日呻吟和

① 中国人民政治协商会议吉林委员会文史资料研究委员会编：《吉林文史资料选辑》第20辑，1987年版，第142页。

② 《承德文史文库》编委会编：《承德文史文库》第4卷，中国文史出版社1998年版，第187页。

③ 马模贞：《中国禁毒史资料》，天津人民出版社1998年版，第1517页。

④ 孙邦：《伪满史料丛书·经济掠夺》，吉林人民出版社1993年版，第729页。

⑤ 中国人民政治协商会议绥中县委员会文史资料选编委员会编：《文史资料选编》第3辑，1983年版，第115页。

漫骂管理人员,而遭到殴打”。① 更有甚者,一些“康生院”实则根本就是日本侵略者“榨取鸦片瘾者劳动力”的工具,为其物色“年力强壮有劳动能力的瘾者”,“编成劳动队到各矿山、工厂充当劳工”②。总的来说,在“康生院”里戒掉毒瘾的寥寥无几,大多数“瘾者一出院就直奔烟馆,大过其瘾。回家后仍继续吸烟”③。且一入其中,“完全失去了人身自由”,“不折腾死,也扒一层皮”。东北多将“康生院”称之为“生坑院”或“坑死院”以泄其愤。④

日伪为标榜其“鸦片禁断”政策,声称要在自 1938 年起逐年减少伪满境内的鸦片种植面积,并力争于 1945 年前后在“全满”全面禁止鸦片种植。可事实上,因无论如何都无法舍弃贩毒暴利,日本侵略者在实际削减鸦片种植地时,竟然提出了“为了禁烟,必须种烟”的荒诞口号。在规划鸦片种植区域时,日伪当局欲盖弥彰地将把原有鸦片种植地域“化散为整”地加以集中统筹,并明定热河与兴安西省的大片土地为“鸦片合法栽种区”。在此两地以外的地区,实际上亦有大量鸦片种植地未被日本侵略者取缔。据伪满内部统计,“1938 年,即鸦片断禁的第一年,伪政府指定热河的栽种面积是 36 万亩,‘全满’59 万亩”⑤。热河虽然“省政当局从伪“康德”五年起实施三期十四年计划,强力推行禁鸦片政策,

① 中国人民政治协商会议东沟县委员会文史资料研究委员会编:《东沟文史资料》第 2 辑,1988 年版,第 67—68 页。

② 中央档案馆等编:《日本帝国主义侵华档案资料选编 · 东北经济掠夺》,中华书局 1991 年版,第 820 页。

③ 中国人民政治协商会议绥中县委员会文史资料选编委员会编:《文史资料选编》第 3 辑,1983 年版,第 115 页。

④ 中国人民政治协商会议吉林委员会文史资料研究委员会编:《吉林文史资料选辑》第 20 辑,1987 年版,第 143 页。

⑤ 孙邦:《伪满史料丛书 · 经济掠夺》,吉林人民出版社 1993 年版,第 729 页。

在省烟政科的指导监督下，全省组成鸦片上缴公会，目标是要完全收买，但是，由于存在种种困难的事情，总算收买了四成至八成。烟匪侵入、围绕走私贩卖的官吏腐败，以及因吸食鸦片者数量增加而造成的国民体质下降，这些问题是妨碍重建热河的症结，同治安问题一并成为省政当局大伤脑筋的根源"。①

1941 年 12 月，太平洋战争爆发以后，为解决扩大战争所带来的财政负担并获得军需"麻药"的原料，"鸦片生产国增产要求得到强化，同健民政策（禁烟运动）相矛盾"，日本侵略者彻底揭下了"禁断鸦片"的遮羞布，不但不知廉耻地重新开始公开鼓励吸毒贩毒，还扩大了鸦片的"合法种植面积"。1943 年，日本政府在东京召开了亚洲大陆各地区的鸦片会议。"在会上，日本帝国主义者企图把鸦片政策扩大到整个东亚地区，通过了把伪"满洲国"和伪"蒙疆"作为鸦片生产地，负责供应整个东亚地区鸦片需要的决议"。② 此后，"挂着禁绝鸦片招牌的禁烟总局重操专卖署的旧业，戒烟所变成了公开的吸烟场所，登记制度也不知丢到什么地方去了，断绝鸦片的各种伪装彻底地消失了"③。1942 年，日伪当局不仅把热河地区 1938 年以来削减的罂粟种植面积完全恢复，还开始在奉天、吉林、四平等省的很多地方指定新的"鸦片合法种植区"，并以推行"集团栽培"的方式强迫当地农民种植鸦片。1944 年 1 月，日本侵略者仅在沈阳市郊外就一次指定 9 个地区开辟种植鸦

① 小秋元：《薄れ行く匪賊の姿・悩み多き阿片断禁政策・特殊境熱河の変貌》（上），见《東京朝日新聞》，昭和十七年（1942 年）。

② 中央档案馆等合编：《日本帝国主义侵华档案资料选编・东北经济掠夺》，中华书局 1991 年版，第 820 页。

③ 古海忠之：《关于"满洲国"鸦片政策的陈述及补充材料（译文）》，中央档案馆藏，119－2，19，8，第 17 号，第 7 页。

片烟地,总面积达 750 亩。① 此后,东北地区的鸦片种植面积呈现出直线上升的态势。1942 年,奉、吉两省的鸦片栽种面积各 500 陌(每陌等于 13 亩),四平省 300 陌。吉林省的集团栽培地点是乾安县。1943 年,奉、吉两省各 700 陌,四平省 500 陌。1944 年,奉、吉两省各 1000 陌,四平省 700 陌。1945 年,奉、吉两省各 1500 陌,而四平省也达到 1000 陌。②

1944 年以后,为了对鸦片生产“加强管理”,日伪当局还在各地通过施行“集团栽种”的方法强迫农民种植鸦片,并美其名曰“鸦片生产组合”。所谓鸦片“集团栽种”,就是将每 3000 亩罂粟田划分为一个“生产组合”,严禁分散的鸦片种植,鸦片的收购也经由“生产组合”完成,借此强迫中国农民集中栽种和出售鸦片。如“1944 年奉天东杨官屯被组合强租 200 亩地,收割时以‘勤劳奉仕’名义强迫全屯 60 户人家的妇女、学生割烟,违者严惩”③。

日伪在鸦片的收购和销售方面,实行严格的鸦片专卖制度。“专卖署”于地方上层层指定专门的收买人,并按照规定的价格(分上、中、下三等)进行收买。老百姓“都必须卖给专卖公署,否则如被查出,鸦片没收,对收藏的人治罪”。很多专卖署鸦片缉私员动辄借此横行乡里,对其怀疑藏有鸦片的中国居民任意搜查凌辱。④ 在销售鸦片时,系由专卖署委托各地区的总销售人层层批发给下线的“零售所”。实行鸦片禁断以后,“禁烟总局”也开始担

① 《沈阳市志》(1)综合卷,大事记,沈阳出版社 1989 年版,第 80 页。

② 马模贞:《中国禁毒史资料》,天津人民出版社 1998 年版,第 1519 页。

③ 孙邦:《伪满史料丛书·经济掠夺》,吉林人民出版社 1993 年版,第 706 页。

④ 马模贞:《中国禁毒史资料》,天津人民出版社 1998 年版,第 1522 页。

负起了“专卖署”的职能，公开发售鸦片。[①] 很多此类烟馆“为招揽生意，雇有为吸食者烧烟的女招待，借以勾引贵公阔少茶余饭后到这里寻欢作乐”。[②] 日伪所收集的鸦片烟除了祸害东北人民外，还出售给纳粹德国和中国南部的汪伪政权，以达到换取战略物资和“以战养战”的目的。[③]

日伪的鸦片毒化政策给中国人民带来的深重的灾难。首先，鸦片毒化政策严重毒害了中国人民的身心健康，使无数中国人家破人亡。“从鸦片毒害政策开始至伪满崩溃的 12 年时间”，“新染鸦片瘾好中毒者，至少有 254.4 万人”，“新染鸦片嗜好中毒死亡的人数 17.9 万人”。[④] 根据伪满设立在长春的市立“禁烟所”的统计，仅该所 1937 年收容的 363 名毒瘾者（包括鸦片瘾者和吗啡瘾者）中，当年在所内毒发身死的就有 21 人，在“禁烟所”内的年死亡率就高达 5.8%。[⑤] 吸食鸦片不但使得不仅仅使得鸦片吸食者自身骨瘦如柴，健康严重恶化，还常常祸延子孙。鸦片吸食者因毒害而生育畸形胎儿或绝育者大有人在。[⑥] 很多鸦片吸毒者，为了逞一时瘾快，甚至丧失人伦，卖儿卖妻。如乾安县的一位王姓居

---

① 古海忠之：《关于“满洲国”鸦片政策的陈述及补充材料（译文）》，中央档案馆藏，119－2，19，8，第 17 号，第 3、7 页。

② 榆树县政协文史资料史委员会编：《榆树文史资料》第 2 辑，1988 年版，第 100 页。

③ 古海忠之：《关于“满洲国”鸦片政策的陈述及补充材料（译文）》，中央档案馆藏，119－2，19，8，第 17 号，第 6—7、11 页。

④ 中央档案馆等合编：《日本帝国主义侵华档案资料选编·东北经济掠夺》，中华书局 1991 年版，第 823 页。

⑤ “新京”商工公会：《“新京”商工公会統計年報“康德”4 年度　上卷》，“新京”商工会伪“康德”六年（1939 年）版，第 16 页。

⑥ 李淑娟：《日伪的鸦片毒化政策对东北农村社会的影响》，《抗日战争研究》2005 年第 1 期。

民,因鸦片瘾发作,竟情急之下将自己的结发妻子卖到妓院换取毒资。①

其次,大量土地和劳动力被投入到鸦片种植中,罂粟种植在伪满农村畸形发展,严重影响了正常的农业生产。据不完全统计,伪满时期种植罂粟的土地面积保持在20000—22000垧,年产鸦片数量在1500—1800万两左右。②“用最好的上等地栽培婴粟,必然给一般粮食生产造成相应的障碍”。③ 以烟祸最为严重的热河省为例,1942年时“占省内土地面积12%的耕地中,1/4栽培了鸦片,全省80万户人口中,农家占68万户,其中就有20万户正式登录是靠鸦片维持生计。鸦片烟瘾者的数目为全省的1/4,达到百万人以上”。日本侵略者自己亦承认“热河省运用鸦片政策所产生的重大问题是,对省民经济基础造成冲击。”④

再次,鸦片败坏了东北的社会风气,使得被害者陷入醉生梦死之中,消磨了中国人的进取心和抗日意志,使其甘心于日伪的奴役。“1937年以后,鸦片的销售与吸食,卖所的人,包括业主、经理、会计在内,似乎已经达到疯狂的程度。凡是鸦片零卖所的人见着其他零卖所的人,第一句话就是互问:‘你们昨天卖多少?’会吸食鸦片的,见着会吸的熟人,第一句话也是必问:‘抽没抽?’到哪

① 中国人民政治协商会议乾安县委员会文史资料研究委员会编:《郭化文史资料》第6辑,1987年版,第27页。

② 孙邦:《伪满史料丛书·经济掠夺》,吉林人民出版社1993年版,第729页。

③ 中央档案馆等合编:《日本帝国主义侵华档案资料选编·东北经济掠夺》,中华书局1991年版,第839页。

④ 小秋元:《薄れ行く匪賊の姿·悩み多き阿片断禁政策·特殊境熱河の変貌》(上),见《東京朝日新聞》,昭和十七年(1942年)。

家去串门，凡是有吸鸦片的，做主人的也是先拿烟盘子点灯，然后放上两个烟泡来招待（穷人家除外，但是也有既穷又抽的，不过无力招待客人）。稍阔一点的绅商人家，烟盘子终日在炕上摆着，烟灯终日点着，大小当官的，就更不用说了，几乎如现时家里来客人让抽纸烟那样普遍。"①"给人帮工干活时，主人要说：'好好干，给大烟抽。'""当时流传着'骑好马，坐好车，不抽大烟不算阔'的顺口溜。官场应酬，结交亲友，以及日伪招降纳叛，也以鸦片为馈礼或诱饵"②。

第二节　日本对关内沦陷区的农业掠夺和农村洗劫

日本帝国主义的农业和人力掠夺，不只与其军事侵略如影相随，更是农业、经济和人力掠夺先行。因其基本国策就是要用中国的物力、人力占领和灭亡中国。日本在 1937 年发动"七七事变"和全面侵华战争之前，在华北地区的农业和人力掠夺已持续多年。也正是这种农业和人力掠夺，为它发动"七七事变"和全面侵华战争提供了雄厚的物质基础。全面侵华战争时期，在其关内占领区的农业、经济和人力掠夺变本加厉，并与"三光政策"、农业统制紧密配合，相辅相成；各种掠夺与破坏、摧毁同时并举，甚至以破坏、摧毁为主，土地掠夺尤甚。侵华日军掠夺和圈占的土地，除很小一部分用于农业生产或划为"无人区""无住禁作区"或其他"禁区"

① 文芳主编：《亲历民国丛书　民国烟毒秘档》，中国文史出版社 2013 年版，第 284—285 页。

② 吕永华：《伪满时期的东北烟毒》，吉林人民出版社 2004 年版，第 128 页。

外,绝大部分用于修筑军用公路、飞机场,建造兵营、据点、炮楼、岗哨、围墙、壕沟。这类建筑、设施不仅大部分占有耕地,对耕地造成永久或半永久性破坏,更是制造新的破坏和摧毁的源头、祸根;经济掠夺手段,明火执仗的攫夺(包括绑票)和冠冕堂皇的捐税强摊、统制征购同时或交替使用,不同时段、不同地区互有侧重;人力(劳力)掠夺与以青壮年为重点的人口屠杀双管齐下。而对民众的屠杀,采取的是快速屠杀与慢性屠杀相结合的手段,其最终目的是将中国人民统统杀光,将中华民族完全绝灭。

同“三光政策”紧密配合的农业掠夺,导致农业的灾难性破坏和农业生产的急剧衰退与崩溃:“三光政策”使无数民居、村落变为一片废墟,农具、家什、粮食、衣被、细软,先抢后烧,全成灰烬;农民不论男女老幼,多被烧死、杀死,或被抓服役;耕畜不论黄牛、水牛,烧光、吃光、扔光;骡马、车辆则被“征发”军用,用毕亦杀光、毁光。结果,或因耕地被日本侵略者侵夺、圈占、破坏、摧毁,农民幸存者无地可耕,或因耕畜、农具、种子、肥料、劳力、水源严重短缺,有地而无法耕种,或勉强耕种而违农时,耕而无获,或纵有收获,而产量异常低下。同时水旱灾荒频仍,人祸天灾交相为虐,农业收成愈加低而不稳。如此一来,尽管土地数量大减,农民耕地不足,仍有大量耕地抛荒,土地产量崩塌式下降,家庭养殖业、家庭手工业和其他家庭副业,亦空前凋敝。农业呈整体崩溃态势。

日本侵略者破坏和摧毁的不仅仅是现有的农业生产设备和农业生产力,而是延续五千年的中华农业文明积淀,包括许多历史悠久、一直发挥效益的堤坝渠堰、道路桥梁,以及古老市镇、村落,名人故里,特色民居、古屋,著名寺庙、古迹、景观。因此,日本帝国主义对中国农业,包括农业资源和中华农业文明的破坏,是灾难性和毁灭性的,几乎全部是永远无法恢复或复制的。这是一种反历史、反人类的滔天罪行。

一、反人类的“三光政策”与农业掠夺

日本帝国主义在关内占领区的农业和人力掠夺，并非单纯的殖民主义经济掠夺，而是基于和具体实施以中国的人力、物力占领和消灭中国的基本国策。日本侵略者不仅仅是要攫夺足够的军需物资和满足日本国内的生活生产需要，而且要破坏、摧毁中国的农业生产和农业资源；除了“快速屠杀”（包括枪杀、刀杀、分尸、奸杀、杖杀、毒杀、焚烧、淹毙、投井、活埋等），直接消灭中国农民的肉体，尚存者或暂时不宜杀光者（如民夫、苦役人员等）则采用“慢性屠杀”的手段，即破坏和铲除其生存条件，令其加速死亡。而且这种生存条件的破坏和铲除，还是逼迫农民自己来进行和完成的（如集家并村、挖掘封锁沟、修筑隔离墙、建立无人区等等）。侵华日军在实施掠夺的过程中，一般是烧杀、奸淫、掳掠三管齐下，杀光、烧光、抢光“三光政策”贯串始终。这种掠夺凸显前中世纪的极端残忍性和反人类的特征。

（一）“七七事变”前的华北农业掠夺

日本帝国主义在关内占领区尤其是华北地区的农业和人力掠夺，早在1937年“七七事变”前就开始了。

日本在占领东北、建立伪“满洲国”傀儡政权后，对东北进行疯狂掠夺的同时，加速向华北进行军事渗透和领土蚕食，相继占领察哈尔、冀东，策动成立“冀东防共自治政府”，迫使中国军队退守到北平郊区；同时加紧对华北的经济渗透和掠夺，调整对华北的经济侵略方针，将原有的“中日经济提携”推演为更具体的“开发华北经济”，“满铁”为此设立以专门“开发”华北为目的的“兴中公司”，将整个华北经济与日“满”经济铸成一体，建立“日、满、华北

经济体制”。

日本对华北农业掠夺的一个重点是棉花,基本手段棉花种植和销售统制。1933年日本占领察北和冀东大片土地后,即加速推进在华北的棉花种植和统制,大阪兴业公司专门成立“植棉委员会”,在河北迁安、昌黎等10县设立“植棉分会”,占地30万亩种植棉花,并向农民提供种子,约定收获后给价收买。日商又于同年8月发起成立“山东棉花改良协会”,次年即从朝鲜运去棉种3.5万斤,在张店及其他10余县播种。① 1935年伪“冀东防共自治政府”成立后,天津日本驻屯军与汉奸政权合作,在统制察、冀两省农村的同时,派遣日籍农村指导员,诱使农民合资植棉。日本人唆使汉奸,鼓动农民将所有地亩改种棉花,华北一些地区的棉花生产,完全被控制在日本侵略军手中。日本外务省也直接参加对华北棉花生产的改进和统制,派员在河北丰润等地设立农事试验场,跟“兴中公司”共同负责。外务省还和“满铁”共同出资,派遣技师分赴各地农村督促和统制生产,其中山东更是统制和掠夺的重点。外务省特令济南总领事向山东当局交涉,在胶东租进农田,募集农民佃种,培植改良棉种。一些日本资本家还在江苏、山东等省沿海地区变相收买田亩,勒令农民植棉。②

随着日本对华侵略的扩大,对华北棉业的统制和掠夺也变本加厉,统制和推广、改良棉花的组织机构愈益繁多、庞大。1936年8月,日本政府第69次会议,通过对华事实预算400万元案,设立

① 钱亦石:《九一八后日本在华经济势力的进展》,《申报月刊》1934年第3卷第9号;方秋苇:《华北棉花之前途》,《新中华》1935年第3卷第22期。

② 钱俊瑞:《谈中日植棉业合作》,《中国农村》1936年第2卷第4期;杜修昌:《中国农业商品生产之发展条件》,《中华农学会报》1936年第154期。

天津、青岛农事试验场，谋求改良棉花品种，增进产量；同时，拓务省同大阪资本家商洽设立“华北棉花协会”，拟在天津、济南等地设10余所农业试验场，以增加华北棉花产量。另外，日本设在天津的“华北农工业研究所”也研究改良棉种，并设有信用组合、贩卖组合等会社；日本纺织业组织的“华北棉花协会”，主要目的也是统制棉产；日本拓务省设有“东亚棉花绵羊协会”，目的是开发、改良、统制华北的棉产、羊毛；1936年9月，还以中日“合办”的名义，成立“棉业公司”，由“兴中公司”给予技术援助，“兴中公司”还准备用日满棉花协会、山东棉花改良协会，合组“东亚棉花协会”。日本外务省则建议出资日金1000万元，在天津设立大型棉花堆栈公司，作为统制棉花购买的中心。① 紧接着，日本宣布华北棉花五年计划，以“中日合作”的方式，由日本外务省出资600万日金作为开辟农牧场资本，其中二成作为棉业借款，在冀东敌伪管辖区域内划定通县、丰润、玉田、迁安、滦县、香河、遵化、抚宁、昌黎等县几万顷土地，作为“兴中公司”试验植棉的农场，日本侵略者更派军队在通县强迫农民植棉。②

为了推广和扩大棉花种植，日本侵略者采用各种手段掠夺农田。如“兴中公司”在天津迤东军粮城地方收购土地四五万亩，作为植棉区，试种美棉。并在天津建筑棉花仓库，向河北各县收购棉花；日本驻天津领事馆，通过汉奸冒用中国人的名义，在天津偷买土地，开设“华北农场试验所”，并设场植棉。又有日本人以5000万元在天津组织“大众农业公司”，并在军粮城北塘附近租得农田

① 陈洪进：《走向典型殖民地经济的中国棉业》，《中国农村》1936年第2卷第11期。

② 昉如：《华北棉植业与棉纺业的透视》，《新中华》第4卷第22期；何东辉：《华北军需资源与中日战争》，见延安时事问题研究会：《日本帝国主义在中国沦陷区》，1939年刊。

3万亩。据说天津、塘沽一带沿海河两岸膏腴之地，以及天津市内地皮多被日本人买走。唐山、大沽、秦皇岛、玉田、遵化等处，都经常有日本人收买农田。有人说，日本在华北实际上已获得土地商租、购买和租赁的自由权。“冀东的农民从此不但是牛马般的佃奴，而且也要做亡国惨痛下的异族佃奴了”。①

劳力掠夺方面，日本帝国主义占领东北后，一方面驱赶在东北谋生的关内劳工，禁止关内农民进入东北；另一方面，又在华北地区采用种种欺骗和威逼利诱的手段，招募劳工出关。从1933年起，大批日本浪人和汉奸在“冀东防共自治委员会”的保护下，分头在北方各省招工和拉夫。仅1934年，被招募的劳工就有38.8万人。② 在天津日租界和塘沽、威海、青岛、烟台四地都有日本人招募劳工的活动。天津日租界的“三共公司”，即专事经营代雇劳工及运送事宜。1934年天津招募的修路劳工达16万人，1937年春天，天津登记出关的劳工达16.6万余人。塘沽出口劳工最多时，每天总在千人以上。1937年，日本还遣派多名汉奸到河南灾区收买农民出关做工。劳工出关，照例由日本大东公司售给所谓“入国证”。由于出关劳工众多，“入国证”价格猛涨，由1936年的3角钱涨到次年的1元钱。③

日本帝国主义之所以严禁内地劳工出关，而要另行招募，是害怕自动出关的劳工在关外有熟人和其他社会关系，不能像浪人汉奸招募的劳工那样任意处置。招募时，浪人汉奸以各种花言巧语

① 中国经济情报社：《中国经济年报》第2辑(1935年)，第140页。

② 叶民：《东北劳动大众的亡国奴生活》，见中国农村经济研究会：《中国农村动态》，1937年刊，第154页。

③ 《津市“猪仔”公司之罪恶》，《劳动季报》1935年第5期；华超：《华工的出国和出关》，《中国农村》1938年第3卷第6期；《民间半月刊》1937年第4卷第3期。

和优惠待遇许诺，一出关，这些劳工立即变成了孤立无援、与世隔绝和任人宰割的一群。“他们简直不是工资劳动者而是纯粹的奴隶”。工资接近零，伙食是一天三顿量少质次的稀粥或臭高粱米饭，工作时间长，劳动强度大，条件恶劣，直到死亡前没有一天休息，动作稍慢，监工、工头和日本兵的木棒、皮鞭、枪托立即上身，甚至当“共产党”枪毙。晚上随地而卧，四周围以电网，防其逃脱。他们只能日夜带着半饥半饱的肚子劳动着，一直到死。于是另一批新的劳工再从山东、河北、河南等省招募输送过来。如果是机密工程，为了防止泄密，工程完毕，即随地活埋，或投海淹毙，又或终身充当苦役，永远不能回家乡。①

在汉奸政权统治下的冀东和察哈尔北部，劳力和粮秣、牲畜、车辆征发也十分猖獗。据 1937 年的统计，冀东 22 县除田赋等正税外，共有苛捐杂税 423 种，其中汉奸政权新增的 73 种，加重征额的 249 种，只有 91 种（占 21.5%）是承袭未变。② 在察北，汉奸政权更是家家户户抽拔男丁。青壮年编为地主保安队或正规军，老弱者驱使筑路、挖壕沟和运送粮秣。农家车辆大半征作军用，所有牛羊和马匹全部登记纳税，并禁止售卖。粮草一律禁止外运，除直接征派外，全部低价强制收购，所产池盐也全部归伪“满洲国”财政部专卖。此外还有名目繁多的捐税，农民的亩捐负担比从前加重了 2.5 倍以上。田亩苛捐外，又强制种植鸦片。其面积按地亩 5∶5 的比例确定。每亩缴纳烟捐 5 元，必须在播种前缴纳，而且

---

① 叶民：《东北劳动大众的亡国奴生活》，见中国农村经济研究会：《中国农村动态》，1937 年，第 154—156 页；华超：《华工的出国和出关》，《中国农村》1937 年第 3 卷第 6 期。

② 朱平：《冀东伪组织下的苛捐杂税》，《东方杂志》1938 年第 35 卷第 15 期。

不能不种,否则依法治罪。[1] 结果,所有农民被洗劫一空,又不能从事正常的农业生产。

(二)烧杀、奸淫、掳掠三管齐下的农业掠夺

1937 年后,日本全面侵华战争爆发,标志着日本用中国物力、人力占领和消灭中国的基本国策,进入全面实施阶段,日本侵略者在关内占领区的农业掠夺变得愈加贪婪、残忍和不择手段。农业掠夺不单为了“以战养战”、满足侵略者的贪欲和日本国内的需求,同时也是全面占领和彻底消灭中国的一个重要阶段和手段。因此,日本侵略者在实施农业掠夺时,不仅不择手段破坏中国的农业生产,摧毁中国的农业资源,而且全面推行反人类的杀光、抢光、烧光“三光政策”,农业掠夺往往同“三光政策”同时并行、相辅相成。

在长达 8 年的全面侵华战争期间,由于战争进程,战争双方阵营结构及力量对比,以及国内国际政治、经济形势的变化,日本侵略者对关内占领区的农业掠夺,按其方针、目的、范围、手段,大致分为战争前期、战争相持阶段和战争后期等三个阶段:自 1937 年“七七事变”至 1938 年 12 月日本专门负责对华经济掠夺的“兴亚院”的成立,为战争初期阶段;自“兴亚院”成立至 1941 年 12 月太平洋战争爆发,为战争相持阶段;自太平洋战争爆发至 1945 年 8 月日本战败投降,为战争后期阶段。

全面侵华战争爆发后的初期,日本的战略目标和战略决策是“速战速决”,在最短时间内占领和灭亡中国。为此不惜采用最残忍、最野蛮、最反人类的手段,尽可能多地杀戮和消灭中国人口,镇

① 任子寿:《傀儡伪组织统治下的商都农民》,见中国农村经济研究会:《中国农村动态》,1937 年,第 132—134 页。

吓和阻止中国人民的反抗，消灭中国的有生力量，破坏和摧毁中国的经济基础与经济资源，使中国经济全面瘫痪、破产和完全丧失反抗能力。在关内占领区的农业掠夺，既要不择手段抢掠农牧林渔产品，充分保证侵略战争的直接需要，又要最大限度地破坏和摧毁中国的农业生产、农业生产力和农业资源，而且后者更重于前者。故在经济上提出"破坏重于建设"的口号。在这种战略决策指导下，烧杀、奸淫、掳掠并举，农业掠夺与"三光政策"合二而一。在华北，1937 年 10 月，日军在河北藁城、赵县、栾城三县交界的梅花镇，将全镇牛、羊、猪、鸡、鸭和粮食洗劫一空的同时，屠杀村民 1547 人（占全镇人口的 60%），其中 46 户被杀绝，又烧毁房屋 650 余间。同月在河北正定岸下、永安、西上泽等 13 地，抢掠牲口 80 头，屠杀村民 1506 人，杀伤 103 人，烧毁房屋 106 间。1937 年冬，日军侵占山东淄川城后，旋即四处烧杀、抢掠，在锦川河畔的河东、杨家寨、龙口三村接连制造三起惨案，屠杀村民 536 人，烧毁房屋 4600 余间，烧死大牲畜 400 多头。1938 年 5 月，日军在山东金乡县，5 天内接连屠杀村民 3347 人，烧毁房屋 670 余间。在山西，日本侵略者的农业掠夺重点是以搜刮、统制和掠夺羊毛、皮革、棉花等土产原料。规定这类土产必须卖给特务机关指定的工厂，否则"严重惩办"。同时低价强制收购棉花，统制棉花贸易。在 1938 年 1 月至 10 月内由中国输出的 122271 公担棉花中，10 万公担直接输往日本。并有大量的粗花被运往日本用作军火材料。① 中原河南，1938 年 7 月日军侵驻潢川十里棚乡北公路一带后，大肆烧杀、奸淫、掳掠，一次即烧毁房屋 30 余间、草垛 6 座；全乡被打死 7 人；东陈店等 4 个村庄被强奸的妇女，占成年妇女的 40%，日军还

① 见朱玉湘：《抗战时期日本对关内沦陷区农业的破坏和掠夺》，《山东社会科学》1994 年第 41 期。

抢杀肥猪44头,牛、驴、骡各1头;“粮食损失更无计其数”,收割的稻谷被用来铺路(因天雨路滑),田间稻穗被日伪马匹吃踩、糟蹋殆尽,农具、器物被烧毁的超过60%。①

在华东华中(包括中原)地区,日军也是烧杀、奸淫加抢掠。1938年2月,日军占领河南孟县,即逼迫当地人带路,逐户搜掠。到有粮户抢粮(在一家粮坊即抢得小麦5000公斤),到无粮户即杀人放火,并刺伤刺死带路人。日军所到之处,房屋被烧,家什被砸,骡马牛羊或被牵走,或被烤吃;在豫东杞县,日军肆意冲杀难民,又将房舍、树木、庄稼“全行焚烧”;是年4月济源沦陷后,日军奸淫掳掠,无所不用其极,所到之处,房舍为墟,并抢掠粮食运往后方。②

1938年日军入侵江西九江石门乡后,烧杀奸淫抢掠,成为家常便饭。据不完全统计,全乡先后共烧毁房屋128间,占原有房屋的7.79%;杀戮(含毒死)村民443人,占原有人口的17.71%;奸淫妇女184人,占成年妇女的29.53%;抓夫118人,占原人口的4.72%;损毁农具498件,占42.3%;杀死耕牛148头,占82.86%;损毁家具4584件;全乡猪鸡被日军“吃尽”。③ 另据1938年12月至1939年3月间的调查统计,在江宁、句容、溧水、江浦及六合等四个半县中,日军屠杀居民达4万人,烧毁房屋折值2400万元、农

① 《河南潢川县十里棚乡解放前的社会情况调查》,中南军政委员会土地改革委员会调查研究处编印:《中南区一百个乡调查资料选集·解放前部分》,1953年印本,第21—22页。

② 张俊英:《河南沦陷区农民负担浅析》,《平顶山师专学报》2003年第18卷第6期。

③ 《江西九江县石门乡解放前的政治经济情况》,中南军政委员会土地改革委员会调查研究处编印:《中南区一百个乡调查资料选集·解放前部分》,1953年印本,第159—160页。

具折值524万元。烧死、抢掠牲畜670万元,烧毁、抢掠粮食折值420万元,摧毁各类农作物折值78.5万元。总计折值4100万元,平均每家220元。① 日本侵略者在华中地区掠夺的粮食,更是数量惊人。除供侵略军及各色日、伪、汉奸人员消费外,还大量外运,计1939年运出大米700万石,1940年达900万石。②

这一时段也有农产品统制收购,但价格极低。如1938年,西河美国种棉花在天津市场上每担价格65元(法币),而日伪的统一收购价格只有38元(法币);华北各地粮食收购价格一般只有市场价格的一半。③

自日本"兴亚院"建立到太平洋战争爆发,抗日战争进入相持阶段,战争形势和日本帝国主义的农业掠夺开始发生变化。中国幅员广大,顽强抵抗;而敌人兵力有限,首尾难顾,尤其是华北占领区后方及其守军成为中国共产党领导的军民游击队的袭击目标,使日本侵略者在占领广州、武汉后,不得不暂停长驱直入式的战略进攻,回头保护和稳固占领区的控制,战略上亦不能不作长期打算。在这种形势下,日本侵略者改行采取政治上"以华制华"、经济上"以战养战"和"现地自给"的新的战争策略。1940年日本同德国、意大利结盟后,又制定了《对华经济紧急对策》,进一步强调"加速(中国占领区)当地资源开发""确保中国战场的自行供给"的对华占领区经济掠夺总方针。

在这一经济掠夺总方针指导下,日本侵略者相应改变占领区

---

① 时事问题研究会编:《抗战中的中国经济》,中国现代史资料编辑委员会1957年翻印本,第39页。

② 李慧康、李广:《抗战时期日本帝国主义对中国沦陷区农业的掠夺》,《湘潭师范学院学报(社会科学版)》2003年第2期。

③ 李慧康、李广:《抗战时期日本帝国主义对中国沦陷区农业的掠夺》,《湘潭师范学院学报(社会科学版)》2003年第2期。

的农业掠夺手段,提出所谓"开发重于封锁""建设重于破坏"的掠夺方策。此前1938年6月,日本昭和研究会中国问题研究所拟定的《关于处理中国事变的根本办法》曾提出,要"开发中国经济",使之对"日满经济开发工作发生补充作用"。7月的日本五相会议进一步提出,在经济方面,要"根据日满华互通有无的原则进行开发",掠夺手段相应"由平面开发改为重点主义的经营",重点经营的对象,集中于沦陷区的几种重要资源,即所谓"二白"(盐、棉花)"二黑"(铁、煤)①,重点明确,也更有组织和计划。1938年12月,"兴亚院"取代原华北日军卵翼下的"经济委员会",并在中国东北、华北和华中三地分别成立"兴亚院"的"联络部",就地负责策划、指挥农业和经济掠夺任务。又在"华北开发会社(公司)""华中振兴会社(公司)"下面成立多个子公司,环环相扣,以保证掠夺任务的完成。②

日本侵略者在组建多重机构的同时,制定了一套庞大的"开发"和掠夺计划。"兴亚院"一成立,为配合其国内先期出台的生产力扩充之"四年计划"(1938—1941年),火速拟定在中国占领

① 陈真、姚洛编:《中国近代工业史资料》第2辑,生活·读书·新知三联书店1995年版,第437页。

② 如华中振兴公司成立后,即将此前成立的华中矿业、华中蚕丝、华中水电、上海内河轮船、华中电气通讯、上海恒产、都市交通、华中水产等8家公司收为子公司,随后又成立了大上海瓦斯、华中铁道、淮南煤矿、华中盐业、中华轮船、华中运输、华中火柴等7家子公司和振兴住宅组合及法币调节基金。所有子公司均以"中日合办"的名义(实权均为日本人所控制)向中国伪政府注册登记,属"中国法人"。总公司是日本法人,以日本法人支配中国法人。华中振兴公司通过对子公司投资、融资来掌控子公司,而子公司几乎涵盖了当时华中地区的所有重要产业以及城市公用事业,日本通过华中振兴公司,完全实现了对华中沦陷区主要产业和公用事业的"统制",实现其农业和整个经济掠夺。

区加紧掠夺的“三年计划”(1939—1941年)。按照该计划,1941年华北须生产棉花500万担、盐210万吨、羊毛5000万吨。

日本侵略者为了将“开发”亦即农民生产的农产品掠夺净尽,除了明火执仗的攫夺,其他掠夺手段也层出不穷。如在河南,对粮食的掠夺手段主要有:强迫大户(富裕户)和农民“献”;以低于市场的价格强行收购;以农民急需的日用品“换”;以防止八路军“抢劫”为借口,强迫农民将粮食交由日军控制的仓库代为“保管”。这还不够,各县署和粮食管理分会以及合作者,专设“收买督促班”,到各乡村巡回督促农民供出粮食,“严治”拒不提供粮食者,并且严禁粮食私售私运。对棉花的掠夺也是压价强购和销售“统制”双管齐下。日伪将郑州、济南、天津设为华北三大棉花中心市场,强制收购转运,并将价格压得很低,同时对棉花的销售、流通进行严苛“统制”。1938年12月,北平伪政权下令,凡华北出产之棉花,未经许可,不得运往“统治”不及之地点;凡欲购棉花者,亦应报告出棉花种类、价值、运输地点及经手之银行。凡不遵照条例办理者,应处10000元以下罚款或处3年以下有期徒刑。凡非法购棉者,货款全数“充公”。①

显然,日本侵略者的所谓“开发”,就是“掠夺”同义词,其目的是加速摧毁和灭亡中国。因此,“开发”和直接破坏、毁灭并行不悖。1939年冬日军进犯广西宾阳大林乡时落下的笔记本上记载着上级指令:“专烧农具减少敌人生产量,专杀壮丁减少敌人战斗力”。② 日军官兵就是按照这一指令行事的。就在进犯、驻扎大林

① 参见张俊英:《河南沦陷区农民负担浅析》,《平顶山师专学报》2003年第6期。

② 《解放前的宾阳大林乡》,中南军政委员会土地改革委员会调查研究处编印:《中南区一百个乡调查资料选集·解放前部分》,1953年印本,第215页。

乡的短短3天中,共杀死33人,多为青壮年,又抓走青壮年81人,亦多劳累、饥饿、折磨、残害而死。农具、家具有80%被烧毁,而且手法花样百出。日军煮饭、烧水洗澡不用木柴,专烧农具、家具,强迫村民集中45口大缸,灌满凉水,将各户犁耙、织机、桌凳、门板、木梯等木质农具、家具,堆放水缸四围,而后点火烧水洗澡。不能烧的铁锅、瓦缸等,则全部砸碎。木梯烧后,日本兵无法上楼睡觉,即抓村民充当木梯,踩踏其肩膀上楼、下楼。①

日军又大肆奸淫掳掠,到达大林乡的头件事就是搜罗、奸淫妇女,被奸淫的女性村民,年龄最大的60多岁,最小的仅12岁,不少惨遭多人轮奸,被奸幼女两天昏迷不醒。劫掠、破坏同样不择手段。村民的粮食、衣物能烧则烧,不能烧即在上面拉屎。仅大陆、义和2村,即烧毁房屋29间、稻谷7800斤。只有52户的贵贤村,各项损失折合稻谷24.6万斤;全乡被杀耕牛59头,猪鸡鸭全被"杀光","一只不剩";最小的义和村,被杀的肥猪即有73口、鸡200多只。日本兵杀猪,只割其肉10多斤,其余全部毁弃;支灶煮饭不用砖块,而用猪头架锅。② 湖北江陵三合乡,1939年沦陷时,村民也受尽日军"奸掳烧杀的迫害",不少村民因而"妻离子散,家破人亡"。③ 在中原河南,扫荡、烧杀、劫掠、勒索是日本侵略者的

---

① 《解放前的宾阳大林乡》,中南军政委员会土地改革委员会调查研究处编印:《中南区一百个乡调查资料选集·解放前部分》,1953年印本,第215页。

② 《解放前的宾阳大林乡》,中南军政委员会土地改革委员会调查研究处编印:《中南区一百个乡调查资料选集·解放前部分》,1953年印本,第213—216页。

③ 《湖北省江陵县解放前的三合乡》,中南军政委员会土地改革委员会调查研究处编印:《中南区一百个乡调查资料选集·解放前部分》,1953年印本,第34页。

活动主轴。1940 年 3 月 18 日,通许县日军巡逻队在曹庄集"抢劫粮食无数",抢走牲口 20 余头;7 月 8 日,开封日军将白楼村"抢劫一空",并押走保长(后下落不明);9 月 5 日,驻扎太康的数百名日军骑兵,窜到高贤集实施抢劫,并押走保长袁某,勒索数万元,因袁家无力交付赎金,遂将其活活烧死。1941 年日军扫荡冀鲁豫边区,实行"三光政策",内黄县烧毁房屋 2159 间,抢走、烧毁粮食 662 万余公斤,屠杀和掠去大小牲畜 446 头,烧毁大车 195 辆,粮种亦全被烧毁;高陵县劫夺、烧毁粮食 662 万公斤,烧毁房屋 2844 间,一个有 38 户的村庄,37 户的房屋被全部烧毁。①

至于"三年计划",由于中国人民的抵抗,加上资金、器材和技术缺乏,其掠夺指标并未如愿完成。原计划 1940 年增产棉花 517.2 万担,实际只有 132.8 万担,仅及计划的 1/4 强;盐产实增 89 万吨,尚不及原计划的 1/6。因棉花供应大减,青岛纺织业的开工率被迫降至 10%,天津纺织也只有 70%。② 结果,日本侵略者被迫中途放弃"三年计划",另订"华北产业开发综合五年计划"。

1941 年 12 月太平洋战争爆发,日本全面侵华战争进入后期阶段,日本的近期战略目标和战略决策,战争双方阵营和力量对比,中国在战争中所处的地位,日本的战争开支和补给,日本对中国农业和经济掠夺,都发生了重大的变化。

太平洋战争爆发,美英两国成为日本的直接打击目标,战争阵营和远东的局势发生了根本性的改变,日本的对手不单是中国,还包括号称世界头等强国的美英两国。一方面,日本成为中国占领

① 张俊英:《河南沦陷区农民负担浅析》,《平顶山师专学报》2003 年第 6 期。

② 朱玉湘:《抗战时期日本对关内沦陷区农业的破坏和掠夺》,《山东社会科学》1994 年第 41 期。

区的唯一主宰,不仅无须顾及美英利益,而且美英两国在沦陷区的财产也同中国财产一样,全部为日本所占有,财力增大;另一方面,随着战争扩大,日本的人力和物资消耗激增,而物资来源缩小,不单来自英美的物资进口被切断,而且陷入被封锁的境地。这样,日本的战争资源愈加依赖中国,不只是要用中国的人力物力占领和灭亡中国,还要以中国为后方基地,用中国的人力物力进而占领和独霸世界。为此,日本侵略者不仅加大了农业和经济掠夺的力度,而且改变了方针、策略,即赤裸裸的直接杀戮、抢掠和冠冕堂皇的"开发",双管齐下;大力加强现有占领区的掠夺,增加仓储,发动军事进攻,扩大战争资源和沿途劫掠、就地补给,同时并举。

太平洋战争爆发后,日本侵略军在国民党正面战场多次发动大规模进攻和血腥屠杀,以达其抢掠战争物资、强化日军官兵兽性和瘫痪国民党政府经济、交通的双重目的。在华东,1942 年日军进犯浙赣线上的衢州,猖狂烧杀劫掠,白渡乡耕牛、农具大部分受损,"粮食、浮财抢劫一空",仅蒋家滩一村即烧毁房屋 100 余间,损毁风车 40 余架(占 1/2),劫杀耕牛 18 头(占 2/5),毛猪减少 36%。①

在华中,1943 年 5 月 5 日,驻扎湖北荆州城内的日军到江陵三合乡奸掳烧杀,全乡被烧毁、拆毁房屋 283 间,杀戮村民 14 人,劫掠牛、马、驴 45 头,烧毁、破坏农具 22 套,宰杀肥猪 12 头。村民郑世民家财物被抢,房屋被烧毁,骡马被拉走,30 石粮食和全部农具、什物"变为灰烬",从此"流亡在外,无家可归,饥不能食,寒不能衣"。②

① 中共浙江省委衢州地委会政研室:《衢县白渡乡农村经济调查》,见华东军政委员会土地改革委员会编:《浙江省农村调查》,1952 年印本,第 137 页。

② 《湖北省江陵县解放前的三合乡》,中南军政委员会土地改革委员会调查研究处编印:《中南区一百个乡调查资料选集·解放前部分》,1953 年印本,第 34 页。

同年5月,日军在湖南汉寿县厂窖周围20华里的地区,连续4天进行血腥大屠杀,烧毁帆船2500多只、房屋3000多间,屠杀居民3万人以上,将民间车辆、牲畜、粮食、衣服、银钱等,抢劫一空。1944年4月至12月初的8个月中,在国民党豫湘桂线战役溃败后,日军进一步加强了在占领区的烧杀和奸淫抢掠,在江西萍乡一地,杀戮居民1900余人、虏掠2000余人,奸淫妇女6200余人。[①] 日军在湖南益阳、茶陵、道县等地的烧杀、奸淫、掳掠暴行更令人发指。益阳黄家仑乡1944年沦陷后,日军奸淫、掳掠暴行数不胜数。该乡王村不足50户,就被抢去被褥24套、蚊帐10床、棉布12匹、铁锅29口、谷米100石、食盐180斤、食油100斤、鸡鸭159只、猪牛32头,被强奸的妇女16人,其中3人因轮奸10余次丧命;另有一家9口,因被奸羞愤,母女7人投塘自杀;还有农民3人因表示反抗而被日本兵绑在树上用乱刀刺死。1944年6月初,日军侵犯茶陵,经常到庙市乡抢劫粮食、奸淫妇女,每次"见人杀人,见物烧物,见东西抢东西,烧杀掳掠奸淫无恶不作"。计强奸妇女50人,年龄不分老幼,幼女用刺刀挑开强奸;计劫去衣物1030件、耕牛29头、大小猪128只、粮食1600担,烧毁房屋20栋,破坏家具1440件,全乡损失财物折谷3800达余石。还拉走民夫40多人,其中4人被活活打死,1人杳无音信。[②] 日军在道县东门乡的烧杀奸淫掠夺暴行,也异常惨烈,据不完全统计,打死57人,强奸妇女153人,共中强奸致死的2人,抢杀肥猪675头、牛246头,烧毁房屋两栋,掠

① 朱玉湘:《抗战时期日本对关内沦陷区农业的破坏和掠夺》,《山东社会科学》1994年第41期(总第44期)。

② 《湖南茶陵县庙市乡土地革命后的二十年》,中南军政委员会土地改革委员会调查研究处编印:《中南区一百个乡调查资料选集·解放前部分》,1953年印本,第8页。

夺粮食3000石以上,“其他各种损失甚多”。[①] 广西宾阳大林乡,1944年日军第二次驻扎,劫掠一个多月,仅大林一个村,被抢走的粮食足有10万斤,“棉被布匹都被抢光”,全乡损失总数约值稻谷50万斤。1939年、1944年日军两次劫掠合计,财物值稻谷157万余斤,房屋38间,耕牛59头,猪460余头,布600余匹,鸡2070余只,衣服2080余件,被子130余床,农具750余件,家具4800余件,蚊帐780余床,鱼3600余斤,木板900余块,稻谷174600余斤,织布机250余架,牛皮800余张,鞋底500余双,鞋模100余对,衣车5架,单车2架,糖2600余斤,大米315000余斤,稻草4堆,洋纱80余股。[②] 广东惠阳,1945年3月,日军侵入沥林乡,烧杀、抢劫惨绝人寰,多人被绳索绞颈,40多人被杀害,“物资被抢劫一空,被奸妇女不可胜数”,抢走粮食超过10万斤,杀劫肥猪240多头,被掠夺的财物,据火岗、鹅室两个自然村不完全统计,即值谷143180斤以上。[③]

(三)以捐税征摊和统制征购为主要手段的农产品劫夺

日本侵略军这种与烧杀奸淫并行的劫掠和就地补给,还只是日本侵略者在关内占领区农业掠夺中的很小一部分。特别是太平

---

① 《封建统治下的东门乡》,中南军政委员会土地改革委员会调查研究处编印:《中南区一百个乡调查资料选集·解放前部分》,1953年印本,第73页。

② 《解放前的宾阳大林乡》,中南军政委员会土地改革委员会调查研究处编印:《中南区一百个乡调查资料选集·解放前部分》,1953年印本,第213—216页。

③ 《广东惠阳县沥林乡解放前的经济结构与阶级情况》,中南军政委员会土地改革委员会调查研究处编印:《中南区一百个乡调查资料选集·解放前部分》,1953年印本,第172—173页。

洋战争爆发后,日本战争消耗猛增,而在经济上又处于被美英封锁的状态,更要以中国为后方基地,依赖中国的人力物力,占领和统治世界,日本国内的生产生活消费,也越来越依赖中国供给。日本侵略军这种劫掠和就地补给,在日本战争消耗和关内占领区农业掠夺中所占比重就更小了。日本侵略者关内占领区的农业掠夺主要还是通过日伪政权和日伪企业机构策划进行的。

因应战争和国际形势的变化,为了加强关内占领区的农业掠夺,最大限度利用中国的人力物力占有和统治世界,日本在太平洋战争爆发后,对关内占领区的农业政策做了某些调整。太平洋战争爆发前,日本对中国东北和关内占领区农业推行的是所谓"适地适产主义""中日满农业一元化"政策,要求中国内蒙古扩充放牧地带,增产羊毛;北部地区增产棉花;中部地区则须"避免与日本相竞争之作物"栽培。太平洋战争爆发后,粮食供应问题空前严重。因南洋米和美英小麦、面粉进口中断,华北粮食供给堪忧,除杂粮可勉强应付外,面粉自给率为53%,军用大米仅20%。于是在华北由重点推广棉花改为棉花与粮食增产并重的方针。因1942年日伪在华北未能完成2000万石粮食的掠夺指标,1943年伪"华北政务委员会"增加农业、农田水利财政拨款和农业贷款,提倡多打水井,增施化肥,强迫农民打30万口水井,施放3.6万吨化肥,增加1万台抽水机;又设置粮产重点县、增产示范农家,培训农业指导员,进行选种、种子消毒、施肥增产奖励及知识宣传,以达到增产610万担粮食供其掠夺的目标。1944年,伪"华北政务委员会"复以该年度1/5强的财政预算经费用于农产政策之实施。棉花增产自然也被放在同等重要位置。1940年为完成增产100万担的掠夺指标,日伪曾要求某些地区压缩粮食作物的种植面积以扩种棉花。太平洋战争爆发后,此项政策仍在重要产棉区继续推行。1943年春在满城"治安区",日伪到各村统一划定"种棉区”,一般差不多500亩地的村庄,即强迫种植400亩以上的棉花,植棉面积占耕地面积的80%以上。

至于对农业产品的掠夺及其手段,则万变不离其宗,主要不外税捐课征、统制收购两项,具体手法无非是增加税捐名目、提高征额;扩大统制收购范围和数量,降低收购价格,改变价款支付办法,加大收购价同市场价的差距,将有价收购变为无偿劫夺。

在关内占领区,税捐繁多,征额苛重,而且不断增加。河南沦陷区各类税捐达100多种,田赋每年每亩平均4元,安阳每亩地收获只值3元左右,但需纳税七八元;沁阳规定城乡土地每亩每月征款6元,违者土地充公,业主枪决。1943年,日本侵略军在豫东征收正税名目达50种,每丁须纳32元,苛捐杂税更是无奇不有。烟酒税每季每家20—30元,牲口税按值抽11%,屠宰税不论大小,每杀一头猪2元、羊1元,烟贴税每张8元,猪狗拍照每季一换,每次抽税8角至1元,房井税每间房、每眼井5元,饭馆吃饭每次6分,大烟每亩20元,门牌捐每户4角、月征三四次不等。“良民证”一月一换,每张1元,人头税每人每月2角。安阳县东钢村是个仅有300人的小村,仅1941年1—7月,日本侵略军就在该村派路费100元,居住证费50元,重征二年田赋2280元、马鞍费30元,长期受训费每人130元,雇工招待费120元,修寨费700元,筑封锁沟墙费800元,青年受训费150元,伪军婚丧费100元。半年全村共纳10280元,平均每人34.2元,临时开支、捐款尚未计算在内。[①] 山西大同一带,税捐五花八门,计有地亩捐、门牌捐、户口捐、牲畜税、屠宰税、牛税、牙税、狗捐,等等,名目不下50多种。据1942年对15个游击区村庄的调查,各村对敌负担平均占总收入

① 刘世永:《日本侵略者对河南沦陷区的经济掠夺》,《河南大学学报(哲学社会科学版)》1988年第1期。

的 67.43%,亦即超过 2/3;在河北,平山县东岗上村,1942 年每亩负担 253 元,行唐县赵七峰村,每亩负担 316 元,按当时小米最高价格,每斤 2 元,250 元可买小米 100 余斤,占全部收入的 70%以上;在山东,1943 年,胶东敌占区每亩负担合北海币 140 元,比邻近解放区每亩负担 11.25 元高出 12 倍以上。海陵县蔡村、利津县宋王庄等地,各种捐税负担均占农业总收入的百分之八九十。从一个地区的税捐征额看,在晋西,日伪向种地人强征小麦 2570 麦石,平均每亩大约 5 斗左右,多的竟超过 100 斤,农民无力支付,日伪实行抢劫。在山东,据 1939 年 12 月伪"临时政府山东庶政视察团"的调查,"如靠近未完全收复之县区",日伪所缴田税正赋,每两丁赋 4 元,附加 4 元;另单征之夫料捐,每亩银 1 两,征 10 元;又冬季警察服装费 10 元。而游击队亦征田赋、夫料捐等费,合计每亩银一两。农民一年所纳之税,约在 200 元左右。故一般农民,"舍弃房地产业,逃往他处另谋生活者,比比皆是"。①

在华东,江苏常熟日本全面侵华战争前每亩田赋为 1 元多,1942 年江苏"清乡"各县每亩高达 20 元。吴县、昆山、太仓、常熟、无锡、江阴、武进等 7 县,"清乡"前 1941 年 1 月至 5 月共收田赋 58 万余元,"清乡"开始以后,1942 年同期共收 232 万余元,比"清乡"前增加 3 倍。日伪向"清乡"区开征田赋,不仅开征当年的,还要补征每亩 5 斗米的"积欠"田赋,每亩田一次要强征伪币 200 元以上,占农业收获量半数以上(当时一担米作价伪币 20 元)。② 后来物价大幅变动,伪币贬值,日伪遂将田赋由征收货币改征实物,并在改征实

① 《伪临时政府山东庶政视察团第五组视察报告》(1939 年 12 月),见中央档案馆等合编:《日本帝国主义侵华档案资料选编·汪伪政权》,中华书局 2004 年版,第 387 页。

② 参见朱玉湘:《抗战时期日本对关内沦陷区农业的破坏和掠夺》,《山东社会科学》1994 年第 41 期。

物("征实")之外又有"军粮征借"。在无锡,田赋征收一直使用银元,每亩1元,不受货币贬值的影响,没有改征实物,但每亩要"加借军粮"3升,而且必须是白米,名义上可配给少量日用品抵还,实际上农民很少收回,加上伪乡保长从中渔利,全部有借无还。①

日本侵略者在关内占领区的农业产品掠夺中,与捐税课征同等重要的掠夺手段是统制收购或统制征购,亦即借收购或征购之名,行强盗掠夺之实。

收购或征购的名目、范围,除了粮食、棉花、油料,包括所有农副产品和其他军需物资。如在河南,日本侵略者对农产品的征购掠夺,除了小麦、棉花,还有大豆、杂粮以及桐油、猪鬃、毛皮、皮革等。日本侵略军在南阳等地设立的"裕丰公司",在镇平、赊镇等县,掠夺、强购棉花、花生、芝麻、粮食、牛皮、猪鬃、桐油等供给军用。根据伪"华北政务委员会"关于配合日军侵略战争所拟之重要物资搜集对策要纲的要求,1943年河南须确保交纳棉花192337担、青麻30万斤、花生仁1.5万吨、芝麻1万吨、净羊毛30万吨、净山羊绒3万吨、净骆驼毛1万吨、牛皮5万张、制革用羊皮33.3万张。各县屠宰场所生产的原皮、原毛,均须向"华北皮毛协会"供出。是年,仅"华北纤维公司"就在河南掠夺棉花292337担、花生1.5万吨、芝麻1万吨、羊皮5万张、制革用羊皮33.7万张;1944年夏,仅在柘城一县就派购棉花千担以上。日本侵略者不仅对沦陷区所产棉花严格控制,搜掠一空,连民间纺车、布机等器具也百般搜缴销毁。②

收购方式和价格高低因环境不同而异,在敌我交界地带高价

---

① 《无锡县云林乡农村经济调查》(1950年1月调查),《江苏省农村调查》,1952年印本,第109页。

② 刘世永:《日本侵略者对河南沦陷区的经济掠夺》,《河南大学学报(哲学社会科学版)》1988年第1期。

现款收购,在日伪可以完全支配的地区,则低价或贷款收购。征购价格平均只有市价1/2左右。在开封,日伪出动大批人马四乡搜掠黄豆、青豆等杂粮,美其名曰"公买公卖",实际以低于市价50%的价格强买。在柘城,日伪强购杂粮500万公斤,其中谷子派购价格每公斤0.031元,只有市价(每公斤0.045—0.10元)的31%—68.9%。1943—1944年两年间,日伪在柘城派购油料数万公斤、红薯1000多万公斤、蓖麻子数万公斤,全部低于市场价格。①

在江南敌占区,粮食完全由日本三井、三菱及军部合作统制,低价收纳,安徽郎溪县稻谷市价每石400元,日军仅按270元收购,且其收购每日需用经费,勒令地方负责供应,计1943年11月至1944年6月,约共贴耗24万元左右。

日伪在各地征购掠夺粮食的机构各异,征购数额不一,仅有若干不完整的数据。在华北,河北密云、通县、香河、大兴、良乡、三河、顺义、昌平、琢县等9县,1943年7月间一次即征去小麦3738吨;山西汾阳、文水、孝义、交城等地,每年每县被掠粮食均在10万石以上,全省在5000万石以上。参与粮食征购的,除日本侵略军和日伪政权机构,还有日本专业协会和大商社。1940年6月成立的"华北小麦协会"②,会同日本三井、三菱等大商社一起承担粮食

① 张俊英:《河南沦陷区农民负担浅析》,《平顶山师专学报》2003年第6期。

② 协会本部设于北平,最初职能是统制、协调小麦收购;1941年8月进行改组,扩大统制范围,加大统制力度,将协会由"相互斡旋协调机关"改为对小麦的收购、配给及制品进行统制的执行机关。1943年5月,日伪设立"华北物资物价处理委员会粮食管理局",统制整个华北沦陷区的小麦、面粉、杂粮等的收购及配给业务,并于7月将"华北小麦协会"改组为"华北面粉制造协会筹备委员会",作为粮食管理局及其在各地分局的代行机关,接收其收购的粮食,分配给其会员工厂,再把加工后的产品配给各地。(王士花:《日伪统治时期的华北农村》,社会科学文献出版社2008年版,第72—73页。)

收纳和运输业务,该协会 1940 年和 1941 年各收购小麦 27 万吨,1942 年、1943 年分别收购 20. 5 万吨和 23. 6 万吨。

"华北小麦协会"的机构及粮食掠夺范围,没有包括山西。因山西多山,中国共产党领导的八路军游击队相当活跃。为削弱、消灭抗日游击队,日伪在山西实施严密经济封锁和粮食统制政策。1940 年 10 月 1 日,日本侵略军以三井、三菱等大财阀为中心组成"山西省杂谷交易配给组合",总部设于太原,在潞安、运城、忻县、临汾、平遥等粮食集散地设支部,专门从事山西省内粮谷的收购、配给和外运,既要保障日伪的补给,又要切断抗日军民和全省百姓的粮源,责任重大,其地位并非一般的商业机构。侵华日军司令部通知山西各地日本驻军,"组合"人员乃"军队御用",须为其活动尽量提供方便,责成伪县政权派出车辆和马匹,供武装支援粮食收购的日本军队使用。"组合"以侵华日军为护符,收购人员佩戴"军御用"臂章,所到之处日军为其护送粮食,并以军队威力强占城内大户人家房舍充当粮食保管场所,等等。① "组合"人员实际上就是一伙地地道道的武装劫匪。

在华中,1943 年 5 月间,由中日双方同业组织成立汪伪全国商业统制总会粉麦专业委员会,贷款 10 亿元伪币,该年共收购小麦 5661878. 53 市担,另代办军用大麦 4048. 2 万公斤,元麦 4. 5 万公斤。1944 年度,日伪在华中地区共掠夺粮食 254700 吨,相当计划指标的 46%。②

---

① 中央档案馆等编:《华北经济掠夺》,中华书局 2004 年版,第 734—735 页;中央研究院社会科学研究所主编、郑伯彬等编:《沦陷区经济概览·农业编》上册,国民党政府经济部资源委员会 1941 年油印本,第 A5301—A5302 页。

② 朱玉湘:《抗战时期日本对关内沦陷区农业的破坏和掠夺》,《山东社会科学》1994 年第 41 期。

日伪对棉花、蚕茧的统制、征购掠夺，也主要通过“组合”“协会”等专业机构进行。

日伪对棉花的统制、征购掠夺，在机构、行动方面，具体分为生产、运销二部进行。其统制机构，生产方面在华北、华中设有“棉产改进会”。其任务均为强迫农民种棉、改良棉种、经营棉场。“华北棉产改进会”成立于 1939 年 2 月，是管理和统制华北棉花生产的总机构，并在河北、河南、山东、山西设立有 4 处分会。为了扩大棉花产量，该会拟定了棉花九年增产计划，预定 1939 年产棉 460 万担，1940 年增长为年产 1000 万担。华中除“华中棉产改进会”，还有“华中棉业产销管理委员会”，后者并不直接管理棉花运销，而只是中枢行政机关。①

“华北棉产改进会”统制、改进棉产的核心就是强迫农民植棉，充分满足侵华日军军需和日本国内需要。棉花增产千万担计划出台前，侵华日军推广植棉的方法除了散放棉种、发放棉花贷款，就是禁止在道路两侧 500 米范围内种植高杆作物。② 迨华北棉花增产千万担计划出台，进一步加大了强迫农民种棉的力度。首先恢复 1936 年时植棉面积(861.7 万亩)，然后再行扩大。计划书要求伪县公署负责“督促”农民，将以前荒废的棉田恢复植棉；在游击区无法恢复的棉田，则由道路两侧禁止种植高杆作物的土地补充。1939 年 2 月又扩大高杆作物禁种和棉花必须种植范围：凡主要道路两侧 300 米、飞机场周围 300 米、县城及重要乡镇周围 300 米，一律限定种植棉花。如果植棉面积尚不足数，则水路附近

---

① 中央研究院社会科学研究所主编、郑伯彬等编：《沦陷区经济概览·农业编》上册，国民党政府经济部资源委员会 1941 年油印本，第 A5285—A5290 页。

② 此项禁令既为防止游击队活动而发，又有扩充棉田的作用，在后来扩充棉田的计划中，尤为明显。

亦限定种植棉花。至1941年后,须再扩充棉田216.8万亩。加上原有棉田,合计1078.5万亩。计划书要求,上述棉田除新垦1.8万亩外,其余均由粮田转化,按1936年种植面积计算,计小麦田520万亩、小米田236万亩、玉米田260万亩,合计1016万亩,全部改为棉田。

1939年年底,"华北棉产改进会"即着手实施此项计划,划定华北沦陷区53县、3市为强制推广植棉区。其中河北43县、3市,山东8县(第二期将以推广山东棉田为主),河南2县。在推广区内,旧有棉田必须一律恢复,并禁止推广区内轧花坊、油坊、花店买卖棉籽及榨油,以防止棉种短缺,影响棉田扩张。

日伪统制棉花运销的机构是"华北棉花协会"和"中日满棉业协议会"。在两协会成立前,日商曾设有多个棉花采运机构。在华北,有棉商团体在棉产地组织的"同业公会";纱商团体在平津、青岛、上海组织的"同业会",或在棉产地组织的"共同购入委员会"。而棉商又有日商、满商之分;纱商也有日本内地纱厂与在华纱厂之别。各自垄断棉花收购以供自用。其中较大者有"北支棉花会社""天津棉花输出协会""石家庄棉花采取组合""北支棉统制连络委员会"等。① 1939年1月,日军还在山东济南设立"棉花收购组合",日本洋行在"组合"的指导、统制下,进驻德县一带棉区收购棉花。在华中沦陷区,则有"三菱商事""三井物产"、东洋棉花组织的"棉花组合",以及"中支棉花统制会"。前三者得到侵华日军华中派遣部队的特别支持。侵华日军曾通令华中各棉产地必须将棉花售与该三行,否则严处。后者为东棉、日棉、吉田、三菱等八家公司所组织。规模、资本均较前者为大,出台统制方针3

① 中央研究院社会科学研究所主编、郑伯彬等编:《沦陷区经济概览·农业编》上册,国民党政府经济部资源委员会1941年油印本,第A5291页。

条,声称未参加公司不得享受购棉运日之权利,并决定最高收购价格。①

不过日本侵略军仍嫌这类“组合”“会社”“协会”过于分散,为进一步强化收购统制,于 1939 年 4 月将上述“棉花收购组合”进行改组,相继设立“中日满棉业协议会”和“华北棉花协会”。后者就是华北棉花运销统制的最高执行机构。其任务不仅负责执行“中日满棉业协议会”所决定棉花分配比率,而且决定棉花“公定”价格及“专买专卖”等重要事项。除军用棉花外,各纱厂(包括“军管理”之民需厂)的原棉消费,均在该协会的统制范围之内。该协会成立及随即开始棉花收购和分配后,各地原设收买机构及所存棉花,均由该协会接收,同时派出 30 名“收买主任”,分赴河北、山东各主要产棉区新设“收购组合”,组织收购网,严格纠察私自买卖行为。② 这样,华北沦陷区的棉花流通便完全由日军设立的“华北棉花协会”控制。

随着日军占领区的扩大及统治的逐渐稳固,日本洋行相继下到县以下产地市场收购棉花。如进驻山东德县的日本洋行直接到临清、夏津、武城、恩县、郑家口等地收购棉花,并开设分店。自此,日本洋行陆续进入县城地方市场,从 1939 年 9 月到 1940 年 3 月,日本洋行在该地区收购的棉花近 4 万包。河北是华北第一产棉大省,进入的日本洋行更多,收购、掠夺的棉花数量更大。据华北棉花协会调查,1939 年 9 月至 1940 年 2 月间,这些日本洋行在平汉沿线各地收购的棉花数量总计达 287886 包(150 斤/包)、4300 余

① 中央研究院社会科学研究所主编、郑伯彬等编:《沦陷区经济概览·农业编》上册,国民党政府经济部资源委员会 1941 年油印本,第 A5298—A5299 页。

② 中央研究院社会科学研究所主编、郑伯彬等编:《沦陷区经济概览·农业编》上册,国民党政府经济部资源委员会 1941 年油印本,第 A5301 页。

万斤。

实际上,作为日本指定的"华北棉花协会"会员的日本洋行,大都在棉产地区县城设有办事处,指定直属棉花商或直属收购人收购棉花。洋行购得的棉花全部上缴"华北棉花协会"在各地的支部,由其配给日军军需及日本在华纺织业做原料或输出。① 通过日本陆军特务机关及其在各县的顾问,"华北棉花协会"会员、直属协会会员的直属棉花商以及直属棉花商的直属收购人的收购活动,全都处于日军的严密监视和控制之下,以保证万无一失地获取更多的棉花。② 侵华日军特务部对华北沦陷区所产棉花的分配原则是"限制当地消费",以满足日本需要为前提。事实上,华北棉花大部分运往日本内地。首次公布的1938年9月至1939年8月的棉花分配比例,330万担棉花中,130.3万担输往日本内地,占39.4%;华北本地其次,为117.8万担,占35.7%。而这部分棉花也主要供给日商纱厂和日军管理工厂,分别为53.04万担(占45.0%)和15.8万担(占15.8%),合计68.84万担(占58.44%),亦即供华北本地消费的棉花中,将近6成直接或间接供给侵华日军或日伪机构需要。另外,剩余华北棉花,分别有17%和7.9%供给伪满和华中汪伪。并无一丝一缕留给华北的棉花生产者和华北民众。③

---

① 棉花输出实行"输出许可制"制度。1938年11月王伪"临时政府"公布"棉花许可条例",棉花输出须持伪实业部审核发给的"输出许可书",违者处30年有期徒刑或1万元以下罚金。

② 参见王士花:《日伪统治时期的华北农村》,社会科学文献出版社2008年版,第122—124、126、128页。

③ 大日本纺绩联合会月报,No.541,北支棉花の现况,见中央研究院社会科学研究所主编、郑伯彬等编:《沦陷区经济概览·农业编》上册,国民党政府经济部资源委员会1941年油印本,第A5313—A5314页。

日伪通过征购掠夺棉花的基本手法是压级压价。1938 年 11 月,“华北棉花协会”开始棉花价格统制,宣布实行所谓“公定价格及平衡费制度”。价格的决定标准,并不顾及棉农的生产成本,而是“以日本采算华棉之是否有利为前提”。因此,1939 年 5 月首次出台的最高“公定价格”为每担 53 元,比市场价格约低 12 元。至 10 月间,市场棉价暴涨,天津一度达 100 元,“公定价格”虽略微增加,但与市价之差扩大至 20 元。所谓“平衡费制度”,是为满足当地侵华日军军用而设立。侵华日军特务部将棉花分为军用、民用两类,强调“民用支持军用”,命“华北棉花协会”将棉价相应分为“军用棉价”和“民用棉价”两项,军用棉价须比民用棉价低,而两者差额由民用棉负担。[①] 而且,补付的数额须视军用、民用购棉数量是否“平衡”,随时调整价格差额。1939 年年末,因民用购棉远比军用棉少的乡村,每担棉的“平衡费”曾高达 14 元。民用棉所占比重越低,补贴军用棉差价数额大,价格负担越重。民用棉量少价昂,两头受损。

由于棉花“公定价格”过低,棉农严重亏折破产,导致 1939 年棉花产量激减,棉市进一步萎缩。日本兴亚院为保证日本国内的棉花供给,于 1939 年 11 月底颁行“棉花紧急处理法”,对棉花运销采取更加严厉的统制和劫夺手段:进一步限制华北当地棉花民用,责令“华北棉花协会”负责履行对日棉花输出之义务,以确保棉花输日数量,规定“输日之外如有剩余,始得充当本地民需之用”;棉花价格由侵华日军和兴亚院共同决定,责令棉商“自动降低棉花收价”。兴亚院为防止“高价收棉”,随时记录棉花商所交“棉花协会”的棉花最高价格,若高价收买,“得处罚之”。“棉花紧

① 如在石家庄,棉花“公定价”每担 58 元,购买为“军用”时,只付 51 元。购买为“民用”时,须补足军用棉少付的差额,共付 65 元。

急处理法”还规定,关于棉花之收买,“派遣军得随时随地加以积极援助”。此乃武装、血腥劫夺棉花的明确表述。①

随着日本全面侵华战争的延展,日军掠夺式收购棉花的价格越来越低。1943年秋,日伪通过“棉产改进会”在河北保定强买棉花,名义上把棉花分为五等,但根本没有一、二、三等,质量再好的棉花也只能卖到四、五等的价格。同时,日本对华北棉花运销市场的统制愈益强化,贱价征购的棉花分别集中到郑州、济南、天津三大中心市场,而后转运,仅天津一地,1943年运往伪满及日本的棉花即达二三百万担以上。集中济南的棉花则由青岛出口日本,出口数量由1942年的45505公担,猛增为1943年的143024公担。②

日本侵略者对蚕茧的掠夺,也是采用统制和贱价征购的手段。为了避免中国蚕丝业对日本国内蚕茧业造成威胁,日本侵略者首先将沦陷区的蚕丝业攫为己有而控制其发展。在华中,日本侵略者为劫掠和统制该地区蚕丝,1938年4月21日成立“华中蚕丝组合”(合作社)。随即成立“华中蚕丝组合”的执行机构——“日华蚕丝公司”,由该公司出面,将无锡、苏州、杭州等地残存的10家丝厂、2688部缫车分别组织为惠民蚕丝公司、第二惠民蚕丝公司、华福公司等,这年8月又将这些公司改组成名为“中日合办”实为日本统制华中蚕丝最高机关“华中蚕丝股份有限公司”(总部设于上海)。在该公司设立之前,梁伪“维新政府”实业部于1938年4月设立“蚕丝产销管理局”,管理范围包括原种制造改良、茧行取

① 支研经济旬报,No.85,见中央研究院社会科学研究所主编、郑伯彬等编:《沦陷区经济概览·农业编》上册,国民党政府经济部资源委员会1941年油印本,第A5320—A5321页。

② 朱玉湘:《抗战时期日本对关内沦陷区农业的破坏和掠夺》,《山东社会科学》1994年第41期。

缔、收购分配、丝业管理等。“华中蚕丝公司”成立后，伪“实业部”旋即于9月以“法令”的形式，颁布管理丝茧业的临时办法及施行条例，对沦陷区旧有丝茧业商户逐一进行登记、管理；同时由“华中蚕丝公司”接管“蚕丝产销管理局”的几乎全部业务。梁伪“维新政府”实业部制定的“华中蚕丝公司”规程规定，机器缫丝业自该公司成立后一概不得新设；茧子之收买、蚕种之配给亦专由该公司统制。至于有关丝茧统制的命令，虽由梁伪“维新政府”颁发，但统制办法的制定均出自“华中蚕丝公司”。故蚕丝的统制大权完全由“华中蚕丝公司”独揽。自1939年5月起，“华中蚕丝公司”更在各主要丝茧产地陆续分派要员留驻，开设派出所或分驻所等机构，直接就地执行统制事务，不再假手伪政权。① 1939年6月13日，日本兴亚院下达《统制蚕丝业指导要纲》，规定“华中蚕丝公司”对蚕种、蚕茧、缫丝、销售等的全部“统制”。梁伪“维新政府”实业部训令江、浙、皖三省伪政府，将统制三省蚕丝业的全权交予“华中蚕丝公司”。②

统制丝茧业的核心手段是取缔蚕茧及原种，日伪规定蚕种制造场不得制造普通蚕种，“以符繁殖日种之旨”。同时颁布蚕种取缔办法，从检查原种、考察制种场作业状况入手，然后及于原种销售管理，规定原种制造场及非制造场之贩卖原种者，均须登记、领照，并觅具殷实铺保，违者没收其蚕种，并处以种价十倍以下之罚金。收茧统制则首从统制茧行入手，各地茧行除依照日伪“管理丝茧事业临时办法”登记外，伪省公署还规定，凡往各县收茧者，

① 中央研究院社会科学研究所主编、郑伯彬等编:《沦陷区经济概览·农业编》上册，国民党政府经济部资源委员会1941年油印本，第A5324—A5326页。

② 王方中编:《中国经济史编年记事(1842—1949)》，中国人民大学出版社2009年版，第518页。

均须填具登记表,并缴纳保证金(每担干茧1元),由日伪核定收茧地点及数量。此举意在逼迫茧行加入"华中蚕业公司",并假手上海租界丝厂收茧商广事收集游击区蚕茧。上海收茧商虽被允许往敌伪治下各地收茧,但除受日伪收茧管理规则约束,还受侵华日军司令部经理处"物资移动禁令"限制①,稍有不慎,所收蚕茧随时被日伪没收。收茧商不得随意收茧,也不得自由委托茧行收购,违者即被没收其蚕茧。收茧商每收茧一担,须缴纳相当数额的"蚕桑事业改进费"。而且,此项"改进费"可随时增加。初定时为3.6元,旋即增至6元。此外茧行亦不得代蚕农自由烘茧,违者即没收蚕茧,或吊销茧帖。日本侵略者为了完成和强化"华中蚕业公司"对沦陷区丝茧的统制、劫夺,自须进而统制丝茧价格,实施"官定价格制"。价格的评定原则,表面上以蚕茧生产费为第一基础条件,以丝价为第二基础条件,两者"折中定之"。实则完全以丝价为准,以纽约、横滨、神户最近6个月生丝平均价格为参数,根本不考虑蚕农实际生产成本。而手握最终决定权的"华中蚕丝公司"常务理事(日人)铃木格三朗,更"有意抑低茧价,强迫收购,使有利于倾销世界市场"。1939年干茧"官定价格",改良种每担最高只有80元,最低55元;土种干茧更仅有40元和35元。② 在这种情况下,一方面,"华中蚕丝公司"统制和支配力迅速扩大,1938年强制收购蚕茧3.1万担,相当产茧量的30%;次年提高到60%,达

① "禁令"自1938年9月开始实行,禁令包括全部重要农矿资源,鲜茧、干茧和柞茧均为禁止输出之品。中外茧商若非事前得侵华日军司令部经理处之许可,均不得运茧出口。

② 中央研究院社会科学研究所主编、郑伯彬等编:《沦陷区经济概览·农业编》上册,国民党政府经济部资源委员会1941年油印本,第A5326—A5335页。

6.12 万担。① 另一方面，蚕茧“官价”越来越低，该公司不仅压低价格强制收茧，有时还只付给几乎等同废纸的“军用票”。1938—1943 年，日本共掠夺中国鲜茧 100 多万担，价值合法币 4 亿元以上。蚕农遭受残酷剥削，普遍入不敷出。② 在华南，广东珠江三角洲一带蚕丝业，悉由日商三井洋行统制，区域内所产生丝，须售与该洋行，禁止纱绸运销，价格完全由三井规定，生丝每担只给与“军用手票”1900 元，废丝每担 480 元。而此种军用手票也只是日本侵略者强迫之下，在广州市内勉强行使，一出广州，“则形同废纸”。蚕农因不能自行缫丝、土丝无市，不得不将蚕茧出售，以致茧价尤贱，“任由敌人予取予夺”。③

日本侵略者为了摧毁中国军民的抵抗能力，以中国的人力物力占领和灭亡中国，在沦陷区的所谓“治安区”进行农业掠夺的同时，还对沦陷区周边“非治安区”（非沦陷区）、“准治安区”（游击区）进行农产品和其他战需物资等掠夺、抢劫。

这种掠夺的方式、手段多种多样，大致分为两大类：一类是采用投机买卖的方式，从“非治安区”（非沦陷区）、“准治安区”（游击区）掠取、套取农产品和其他战需物资，包括利用没收或劫夺的非沦陷区货币，从非沦陷区收购农产品等物资；以鸦片、化妆品、果酒等毒品、非生活必需品往非沦陷区交换日伪军需品或必需品；利用抗日地区的商人，或在日军特务机关监督下设特殊机关，或利用集货组织、通过游击区，暗中收购抗日地区的重要物资，等等。

---

① 中央研究院社会科学研究所主编、郑伯彬等编：《沦陷区经济概览·农业编》上册，国民党政府经济部资源委员会 1941 年油印本，第 A5275—A5276 页。

② 朱玉湘：《抗战时期日本对关内沦陷区农业的破坏和掠夺》，《山东社会科学》1994 年第 41 期。

③ 《广东经济年鉴》（民国二十九年），1941 年印本，第 G86 页。

在山东、河南沦陷区,日军特务机关指使伪政权宣传法币贬值,让人们对法币失去信心,同时使对抗战力无助的物资流向非沦陷区,而用换回的法币在济宁附近收购皮革、棉花等重要军需物资。1942 年上半年在山东省境内,日伪越过自设封锁线,从非沦陷区获取的农产品,仅诸城一县即有大豆 300 斤、花生 600 斤、盐 3000 斤、高粱 2000 斤、鲜鱼 1200 斤、猪 400 头、鸡 1800 只等。日伪在河南淮阳设有“吸收物资收购所”,利用抗日区商人收购桐油 500 吨、生漆 120 吨和药品若干。在山西运城,日军特务机关监督设立“东兴公司”,专门到“非治安区”收购物资。①

另一类是日伪武装流窜劫掠或在武装保护下的抢夺或贱价强购、抢购。这是日本侵略者在非沦陷区进行农业掠夺的主要手段。

因地区环境、敌我力量对比各异,日军的兵力配备和掠夺部署、手段亦不相同。在山东,日军特务机关规定,到“非治安区”,以日军部队为主力,伪省、县警备队协助;到“准治安区”(游击区)抢购,则以伪省、县警备队为主力,日军在必要时派部队支援。②

日伪在每次抢夺、抢购前,都有周密计划和准备。一般先派密探,搜集“非治安区”作物生长、收割时间及抗日军民活动状况等相关情报,而后确定抢夺地区、时间和运输途径、目的地,以及保管仓库等,并制订详细计划,备足所需用具(麻袋、车辆)、人力、资金等,无一疏漏。为配合抢购、抢夺,日伪还大搞所谓“治安”“拥护”

① [日]臼井胜美编:《现代史资料 13 · 日中战争 5》,みすず书房 1996 年印本,第 603、604 页,见王士花:《日伪统治时期的华北农村》,社会科学文献出版社 2008 年版,第 193 页。

② [日]山东省陆军特务机关:《获取敌区小麦工作要领》(昭和十七年 5 月 5 日),[日]《日本特务机关有关山东情况报告》,中国社会科学院近代史研究所图书馆藏,档案号:乙 K8-1,见王士花:《日伪统治时期的华北农村》,社会科学文献出版社 2008 年版,第 194—195 页。

宣传,以减少阻力。不仅如此,日伪还由伪县公署、新民会、合作社等组成“收集班”,在日军指挥下专门抢夺、收购粮、棉等物资。日伪在“非治安区”实施抢夺前,在其邻近“治安”较好的区(乡镇所)或交通便利村镇设立收集班“移动本部”,以日军及伪省、县警备队武装突袭为掩护,飞速抢夺农产品,随即运入“移动本部”。1942 年 8 月,在日军仁集团所属第 59 师团控制区,日伪军警利用“讨伐”作战、偷袭抗日地区的市场、破坏抗日生产机关、实施武装抢夺等手段,劫夺杂粮 5000 斤、盐 800 斤,以及火柴、羊毛、棉花、麻等重要物资若干。在山西潞安的日军第 36 师团控制区,日伪夺得玉米 200 斤、粟 100 斤、铁 900 斤、麻和高粱若干。[①] 在河北石家庄,日军第 111 师团利用 1942 年 6 月的“三号作战”掠夺的农产品数量更多,品种、数量见表 3-4。

表 3-4　日军利用三号作战获取粮食一览表(1942 年)

(单位:公斤)

县别 / 作物	安国	定县	博野	蠡县	无极	总计
小麦	181300	159682	29900	1273	60080	432235
高粱	107900	5550	36070	41623	3398	194541
大麦	17020	34250	—	—	6725	57995
小米	20100	200	1680	—	13330	35310
玉米	11400	1700	—	—	596	13696
花生	—	1345	—	—	406	1751
黑豆	9600	2500	2760	36	1334	16230
黄豆	—	250	—	—	3768	4018

① 王士花:《日伪统治时期的华北农村》,社会科学文献出版社 2008 年版,第 194—195 页。

续表

县别 作物	安国	定县	博野	蠡县	无极	总计
小豆	—	60	—	—	74	134
绿豆	300	—	480	253	104	1137
不详	—	53700	10000	—	0	63700
总计	347620	259237	80890	43185	89815	820747

资料来源:王士花:《日伪统治时期的华北农村》,社会科学文献出版社 2008 年版,第 196 页。

日军一次武装劫掠的范围达到 5 个县,掠夺的粮食和农产品种类超过 10 种,总数超过 82 万公斤,其中绝大部分(包括小麦、小米、玉米、高粱、大麦等)是当地农民的活命口粮。日本侵略者这种残酷掠夺的目的,既是满足自身补给和日本国内需要,也是对“非治安区”“准治安区”农民另一种形式的杀戮。

(四)侵华日军在关内占领区的土地和劳力掠夺

对土地、劳动力的掠夺,也是日本帝国主义在关内占领区农业掠夺的一个重要组成部分。

日本侵略者在关内占领区的土地掠夺,所掠土地及其性质、用途主要分为三类:第一类是耕地或宜耕地,用于农业生产,直接役使中国农民,榨取其剩余劳动和必要劳动;第二类属于战争或军事用地,直接用于军事、侵华战争或战备;第三类是各种名目的“禁地”“禁区”,用于实行对占领区人民的统治、禁锢、监视、隔离、管制、压迫、蹂躏等。

第一类是耕地或宜耕地。日本侵略者在关内占领区不择手段掠夺农产品的同时,还在一些地方掠夺耕地或宜耕地,直接役使中国农民进行农业生产,榨取其剩余劳动和必要劳动。

早在“七七事变”前,日本侵略者就在天津组织“大众农业公司”，在军粮城等地租占农田 3 万亩；满铁直系会社“兴中公司”（设立于 1935 年 12 月）在军粮城购进土地约 5 万亩。日本帝国主义入侵天津后，进一步大肆掠夺土地，在军粮城、张贯庄、吴家嘴、河兴庄、中河村等地建立了兴农、大安、中野、近松、近江、富士、大陆、东洋民生、东西大埝、天津产业第二农场等农场，掠夺的土地达到 62925 亩，直接为侵略战争提供粮食。另外，日本某公司汉奸地主，掠买赤土村魏姓公产苇塘 4800 亩；日人下村勾结军阀陈光远，掠买佃农持有永佃权新垦农田 2000 亩，改为“近松农场”，并掠走永佃契据，将据理状告的农民绑去活埋。①

日本侵略者对河北宁河土地的掠夺，也开始于全面侵华战争爆发前。据国民党政府农林部河北垦业农场档案记载，该县境内的大北涧沽 18 个村庄，土地肥沃，并有三河汇流，“最宜种稻，早经垦作水田，享有厚利”。1936 年冀东汉奸政府成立时，日本侵略者“查之大利所在，强占民田 10 万亩，且招韩农数百家为其佃户，造成肥美稻田约 6 华里面积，迫令每亩领价一元至二元”，强制贱价收购。然而，当时禾稻已经成熟，每亩价值高达千元内外，即旱苇各地，每亩亦值四五百元，故 18 村 3 千余户、1 万余丁口全都拒不领价。日本侵略者随即拘捕各田主，勒令出售，村民因有生命危险，有若干家田主不得已领价，忍痛贱卖。②

日本全面侵华战争爆发后，日军占领宁河，立即加紧了这一地区的农田掠夺，除将上述大北涧沽农田拨归“米谷统制协会”组建农场，取名“蓟运河电化水利组合”，20 世纪二三十年代组建的多家官办或私营农场，均被日本侵略者以种种方式劫夺。周学熙、朱启钤于 1920 年筹建的开源垦殖公司茶淀农场，有 22691 亩土地，

① 《东丽区志》，天津社会科学院出版社 1996 年版，第 239 页。
② 《宁河县志》，天津社会科学院出版社 1991 年版，第 201—202 页。

开荒种稻,并设有3座蒸汽抽水站。1935年卖给河北省棉产改进会,改行试验推广优良棉种,1937年改称"冀东第一农事试验场茶淀农场筹备处",1940年被"中日实业公司"劫占,改种水稻;1932年华北水利委员会筹建的"华北水利委员会崔兴沽模范灌溉试验场"(以下简称"华北模范灌溉试验场"),有地4875.83亩,为国内首个从事北方滨海地区灌溉试验的场所,并取得一定经验,1941年被日本侵略者夺占,改称"华北垦业公司崔兴沽农场",实行租佃制,种植水稻千亩,所收稻谷全部缴交"米谷统制协会",充作日军军粮,而配给佃农杂粮;该县还有开办于1930年的久大农场(又称"久大公司置产部"),有土地14600亩,种植旱田作物。因与邵姓有土地纠纷,1936年邵姓怀愤将土地卖与日本钟渊纺绩株式会社,农场改为日本侵略者所有。① 日军在宁河县先后掠夺的农田多达50.42万亩,建有18座农场,分属开源公司、永裕公司、中日实业公司、米谷统制协会等经济集团。各农场耕地合计,占全县耕地面积的66.4%。② 1940年,日伪合办"垦殖公司"圈占冀东沿海土地700万亩,霸占河北沿海一带农田100万亩。"冀东种植公司"组织的"东洋民生农场"所霸占的民田也达数万亩之多。③

在华中占领区,日本侵略者也都择肥而噬,对一些条件好的农场、肥沃江湖淤地,或直接掠夺,或由汉奸伪政权接管。如江苏吴江庞山湖农场,有地11880亩,先被吴江"维持会长"、汉奸侵占,1943年复被伪政权"接收",改名"庞山湖实验农场"。④

① 《天津市汉沽区志》,天津社会科学院出版社1995年版,第297页。

② 《宁河县志》,天津社会科学院出版社1991年版,第201—202页。

③ 参见李惠康、李广:《抗战时期日本帝国主义对中国沦陷区农业的掠夺》,《湘潭师范学院学报(社会科学版)》2003年第2期。

④ 苏南农林水利局:《吴江县江庞山湖农场调查》(1949年冬调查),《江苏省农村调查》,第358页。

第二类属于战争或军事用地。这类土地主要是用于修筑铁路、公路、大路、飞机场、兵营、战壕、炮楼、瞭望哨等。这类土地中，大部分是耕地或宜耕地。据 1942 年年末的不完全统计：日本侵略者在华北修成的铁路占地至少 1800 平方里，新修公路、汽车路（大路）至少 35000 平方里以上，铁路两旁的护路沟至少占地 7000 平方里以上，公路、汽车路两旁的护路沟占地至少 15000 平方里，铁路、公路与护路沟之间，占地面积至少有 25000 平方里，封锁墙占地至少有 5000 平方里，六项合计占地至少在 85800 平方里以上，合计达 46332000 平方里，岗楼、堡垒以及飞机场等占地尚未统计在内。① 1942 年，日本侵略者为加强经济封锁，割断群众与八路军的联系，在山西五台山附近和冀东道沿长城线地区，设置了广阔的无人区，占据和荒废了数以百万亩计的耕地和土地。

第三类是各种名目的“禁地”“禁区”，诸如围墙、隔离墙、封锁沟、隔离带、无人区，以及战壕、炮楼、岗哨、瞭望哨，等等，用于实行对占领区人民的统治、监视、孤立、隔离、管制、压迫、蹂躏，防止人民反抗和抗日游击队的进攻。据统计，截至 1943 年，仅冀南沦陷区即有敌碉堡据点 1103 个（平汉、津浦、德石等铁路干线上的据点碉堡未计算在内），平均每 15 平方公里左右就有一个。以一个据点 15 亩计算，共占地 13175 亩。② 山东到 1943 年，共修建据点 2184 个，封锁墙、封锁沟长达 8494 里，可以绕山东两至三周，两共占地 109106 亩。③

日本侵略者在关内占领区，推行杀光、抢光、烧光“三光政策”

① 《晋察冀日报》1943 年 2 月 9 日，见朱玉湘：《抗战时期日本对关内沦陷区农业的破坏和掠夺》，《山东社会科学》1994 年第 41 期。

② 齐武编著：《一个革命根据地的成长——抗日战争和解放战争时期的晋冀鲁豫边区概况》，人民出版社 1957 年版，第 63—64 页。

③ 《文史哲》1982 年第 6 期。

的同时,实施“集家并村”。尚未杀光的男女村民一律从村内迁出,尚未烧光的房屋一律拆毁,在指定地点、范围建造“部落”,集中居住,在“部落”四周修筑封锁墙,墙外挖掘隔离沟,沟外设置“无人区”,谓之“无住禁耕地带”,不准住人,不准耕种,不准放牧牲畜,不准打柴,在警戒线上埋上红桩子,对越界人、畜,打死无论。热河平泉县(今属河北省),日本侵略者从1942年开始实行“集家”,修建“集团部落”(即所谓“人圈”),1943年在抗日游击区全面推广,直到1945年日本投降才停止。“无人区”共涉及当时11个村的大部分地区,合计面积达296平方公里,占全县总面积的9%。①

日本侵略者不仅在“集团部落”四围设置“无人区”,在沦陷区和抗日根据地之间,均有“无人区”,而且范围更大。如上揭滦平县,在县境西南长城沿线划定的“无人区”达到230平方公里;在晋察冀边区、冀南抗日根据地四周,日本侵略者分别将140多万亩良田和11.85万多亩耕地用于修筑堡垒、公路和封锁沟、无人区。② 1942年8月,日军还调集1.3万余兵力及部分伪军,在飞机、坦克、装甲车的配合下,对冀东根据地展开“报复扫荡”,并抓捕10万民夫,大肆挖沟、筑路、建立据点,屯驻重兵,沿长城线实行集家并村,房屋进行烧毁,人民遭残杀与冻饿者不下数万人,尚存者全部逐入所谓“人圈”“部落”。“部落”集中在交通线上,其周围设有“准作禁住”区;“准作禁住”范围以外是“禁住禁作”区,亦禁止居住、耕作、放牧、樵猎、通行,制造西起古北口,东至山海关,

① 《平泉县土地志》,2001年印本,第235页。

② 《滦平县志》,辽海出版社1997年版,第244—245页;齐武编著:《一个革命根据地的成长——抗日战争和解放战争时期的晋冀鲁豫边区概况》,人民出版社1957年版。

长达700余里、宽80里的“无人区”。①

日本侵略者一方面掠夺农民土地，禁止农民在自己的土地上从事生产劳动、养活自己和家人；另一方面，肆无忌惮地掠夺农村劳动力，残酷役使农民承担旨在占领和灭亡中国、占领和统制世界的各种无偿劳役。

日伪在占领区制定了严苛的兵役制度和劳役制度，到处滥抓壮丁，胁迫青壮年参加伪军、保安队，用中国人镇压、屠杀中国人，规定18岁以上25岁以下青壮年必须入伍服役；有兄弟二人者，须有一人应征；有兄弟三人者，须有二人应征；家有青壮男丁如不服役或少报人数，即惩办其家长，没收其全部家产；如有逃跑者，则惩办其家长，并将其家产充公。在河南，1938年7月，在开封一次就索要壮丁2000人。② 在豫东强征14—50岁男丁充当伪军。一些沦陷区青壮年大部分被强征当伪军。据修武县5个区的统计，70%—80%的青壮年被抓丁当伪兵。③

除了滥抓壮丁，又滥抓民夫，大量征发、摊派各种劳役，修筑军用工事、军事工程、军用公路和铁路、碉堡、岗哨、封锁墙、封锁沟及军事运输等。工程、劳役没完没了，抓夫无时不有。在河南开封，“每晚九时，各街市满宪兵”，“强拉壮丁几千名，往关外充作劳工”。1939年2月，在开封一次强征民夫七八千人修筑三刘寨河堤；在沁阳，日伪每保每月派夫1名，并限令崇义、柏香等地各选壮丁20名备用。从1944年5月至1945年8月的一年零三个月中，

① 魏宏运主编：《华北抗日根据地纪事》，天津人民出版社1986年版，第329—330、391页；娄平：《千里无人区》，南开大学历史系编：《中国抗日根据地史国际学术讨论会论文集》，档案出版社1985年版，第555—556页。

② 《河南民国日报》1938年7月31日。

③ 刘世永：《日本侵略者对河南沦陷区的经济掠夺》，《河南大学学报（哲学社会科学版）》1988年第1期。

仅西平县被强迫做苦工的即达24637人。① 日本侵略者华北方面军参谋长妥达二十三曾承认,在华北"治安区"和"非治安区"中间挖掘的隔离壕,总长11860公里;修筑军事工事,要耗费大量劳动力,以井陉地区中队所承担约90公里的正面封锁线沟为例,施工实用70日,共需调用10万人。② 仅修路、筑炮楼、建据点、挖壕沟等六项工事,华北地区到1942年年底,总共耗费人工至少4500万人以上;在华北日军"治安圈"内的青壮年农民每月无偿劳役的时间超过一半以上。有时抓夫服役,根本不分年龄男女,老幼妇孺无一幸免;而且在服役过程中,往往稍有不慎,即遭屠戮。有一些劳役,实际上是变相的虐杀、屠戮。1941年冬季,冀南敌人强征滏阳河两岸的民众挖河,因怕工作不力,命令民夫全部剥掉棉衣,赤膊工作,并且每天把最后到达的民夫当众处死,以警告不得迟到。1942年5月,敌人进"剿"沙河。由邢台、永年、沙河三县强征壮丁1.3万余人"随军服役"。前后40多天,打死累死饿死及被敌杀死的共1200余人。1942年,太行二分区昔(阳)西敌人修城时,征发全区18岁到60岁的全部男丁,每天每人给米6两,不许回家,不少人因困饿而倒毙,尸体就被埋到城濠里边。③

除了修路、挖沟、筑墙、建据点、垒碉堡等大规模苦役,经常性的"支差"、劳力榨取,其规模、数量同样骇人听闻。各处日军驻军及据点规定,不论有事无事,周边村庄每天均须派出一定数量的民夫、牲口,到指定地点待命"支差"。如太行邢台土岭据点,"经常要五匹牲口支

① 刘世永:《日本侵略者对河南沦陷区的经济掠夺》,《河南大学学报(哲学社会科学版)》1988年第1期。

② 日本防卫厅防卫研修所战史室编、天津市政协编译组译:《华北治安战》下册,天津人民出版社1982年版,第150页。

③ 齐武编著:《一个革命根据地的成长——抗日战争和解放战争时期的晋冀鲁豫边区概况》,人民出版社1957年版,第69—70页。

差(5个人,3天一换),专往城里运给养、买东西。另外,每天还要80个民夫担水、打柴,25个民夫劈柴烧火”。其他敌军据点周边村庄民众,莫不如此“支差”。巨鹿大韩寨共500户,1943年3月出民夫1389人;冀县北冯村共190户,同年7月出夫“支差”766个,新河西千庄160户,同年6月出民夫756个;巨鹿大吕寨情况最为严重,全村300户,同年5月共出15383个。上述4村合计,共1150户,一个月出民夫18294个,当时冀南全区人口为5487599人,资敌人口近500万,以同一比例计算,每年“支差”36000万个工。太行区邢台大板沟,1940年2月至1941年11月(390天),共被敌征服劳役12237工;崔家庄等村同期共出民夫6238工;沙河西赵村,1942年3月12日至7月13日,共“支差”2230工;纸坊同期共出民夫16740工。①

日本为了补充城市劳动力的不足,在关内占领区掠夺青壮年劳力。据日本兴亚院华北联络部制订的历年华北本地劳务动员计划及历届华北满蒙华中劳务联络会、东亚劳务联络会议录记载,1941年1月至1945年8月,日本在华北本地企业矿山强征使用强制劳工约为300万人,其中1941年至1943年年均用工50万人左右,1944年强征用工近100万人,1945年1月至8月强征用工约50万人。②据“华北劳工协会”供称:从1937年至1942年六年里,仅华北地区就有529万人被抓捕或诱骗去东北、朝鲜和日本作苦力。③ 1942

① 齐武编著:《一个革命根据地的成长——抗日战争和解放战争时期的晋冀鲁豫边区概况》,人民出版社19567年版,第68—69页。

② 中共北京市委党史研究室编著:《北京抗战损失调查》,北京燕山出版社2007年版,第318页。

③ 《晋察冀日报》1943年1月27日,见朱玉湘:《抗战时期日本对关内沦陷区农业的破坏和掠夺》,《山东社会科学》1994年第41期。一说600万人。(李惠康、李广:《抗战时期日本帝国主义对中国沦陷区农业的掠夺》,《湘潭师范学院学报(社会科学版)》2003年第2期。)

年1月至1945年8月,日本共强掳输出华北劳工262.472万人,其中输往“满洲”235.4万人,输往伪“蒙疆”17.08万人,输往华中5.916万人,输往日本3.894万人,输往朝鲜1815人。① 1937—1945年8年间(含1942年重复计算部分),日本共强掳输出华北劳工合计约791万人。输往国外的劳工中,以输往日本的最多。到1944年,被抓到日本去当苦工的有22.6万人。② 战争后期,日军兵源缺乏,在皖南陷区各地广征壮丁,以供驱使,征集之人数,以各地人口之多寡为比例,各县三数百名不等,征集完毕,送至南京受短期训练,即转送南洋各地,以供奴役。③

在关内敌占区,日本侵略者劳力掠夺、夫差征发中,本乡(村)就地征发、就地役使的各种劳役,包括所占比重最大,劳役范围、名目、直接意图和目的最广、最繁杂,几乎无所不包,包括“集家并村”,修建“集团部落”,筑封锁墙,挖封锁沟、隔离网,埋隔离桩,建无人区,挖战壕,垒碉堡,架岗哨,砍毁桑林、枣林和树林,强迫给日伪军队当伙夫,运送米柴、蔬菜、副食,攻打抗日队伍和抗日根据地,强迫村民带路,将村民押在前边挡子弹、当炮灰,等等。且涉及人数最多,男女老幼无一例外,服役时间最长,一年到头,没完没了。这种无间歇和完结的夫差劳役,不只是要满足日本侵略战争的需要,更是要最大限度压缩服役者赖以生存的耕地和生产劳动时间,加快对服役者慢性屠杀和人口绝灭的速度,甚至劳役一结束,就将其杀死。在中原河南,日本侵略军得知花生、大枣是农民

① 中共北京市委党史研究室编著:《北京抗战损失调查》,北京燕山出版社2007年版,第318页。

② 李惠康、李广:《抗战时期日本帝国主义对中国沦陷区农业的掠夺》,《湘潭师范学院学报(社会科学版)》2003年第2期。

③ 朱玉湘:《抗战时期日本对关内沦陷区农业的破坏和掠夺》,《山东社会科学》1994年第41期。

的重要生活支柱，为了根绝农民的生存条件，在烧毁花生种子的同时，又有计划地摧毁枣林。1941 年，日本侵略者把砍伐枣林作为一种劳役征发，大肆抓捕农民砍伐枣树。据不完全统计，千口村被砍枣树 3349 棵；破车口的枣树被砍光；城堡东街 17 户农民的枣林被砍了 3 公顷；从丁村往西到桑村，绵延数十里，各村枣树所剩无几，有的村损失在 80%以上。在濮阳，农民经过二三十年血汗培育的 16.75 公顷枣林被日本侵略者砍伐殆尽。即使如此，日本侵略者仍嫌这种慢性杀戮见效迟缓，于是将大部分砍枣民夫，在砍枣劳役结束后，随即全部杀戮。① 1940 年日本侵略者扫荡河北内黄、清丰县城时，侵华日军三十五师团长召集 3000 多名老百姓，刚讲完“日军拥护中国人民”后，就从四面用十几挺轻重机枪将他们杀死，将房子烧得一间不剩，并将附近作为农民主要经济靠山的 5 万多棵枣树，也全部砍光。②

日本掳掠劳工具有长期性、普遍性、残酷性和反人类性的特点。在北平和华北，这些劳工无论是招募、摊派，还是强征、抓捕来的，不是服役于凿山、修路、建飞机场等军事工程，就是从事开矿、挖煤等经济掠夺过程中的繁重劳役；劳动环境危险，每天要干十几个小时的重活；生活条件极其恶劣，食不果腹，衣不蔽体，死亡率极高。劳工在日军的刺刀和把头的棍棒下，不敢有半点懈怠，否则就遭毒打、枪杀，饱受折磨。劳工患病，也不给治疗，疟疾、伤寒、霍乱等传染病在劳工中时有流行。有的人被送到隔离室等死，有的还

① 张俊英：《河南沦陷区农民负担浅析》，《平顶山师专学报》2003 年第 6 期。

② 被俘日军士兵富田揭发材料，齐武编著：《一个革命根据地的成长——抗日战争和解放战争时期的晋冀鲁豫边区概况》，人民出版社 1957 年版，第 66 页。

没有咽气,就被扔进"万人坑"。[①]

由于日伪滥抓壮丁、民夫,残酷屠戮、奸杀、蹂躏,加上饥饿、疾病、瘟疫,各地人口大幅下降,河南1936年共有人口3449万人,1946年减至2777万人,10年间减少672万人,下降19.5%,平均每年下降2.15%。[②] 北平城区及近郊区,沦陷时期的1942年,人口为1792860人,1943年、1944年连续下降,1944年只有1639090人,减少153767人,短短两年下降8.86%。[③] 湖北黄梅县,1939年69926户、415491人,到1946年,虽然户口增至77581户,但人口减至392920人,下降了5.44%。[④]

二、农业的灾难性破坏和农业生产的崩溃式衰退

日本侵略者在关内沦陷区的农业掠夺,对关内沦陷区的农业、农民和农村都是空前浩劫:农家食粮、衣被、饰物被劫夺;猪、羊、鸡、鸭、鹅被劫食、糟蹋;房屋、器物、农具被焚烧、毁坏;牛、马、骡、驴被宰杀、征用;农民男子特别是青壮年男子被屠杀、奴役、蹂躏,女子被奸淫、凌辱、残害;农田、林地被攫夺、圈占、焚毁。日本侵略者在掠夺过程中,多是烧杀、奸淫、掳掠三管齐下,杀光、抢光、烧光"三光政策"贯串始终,这种掠夺凸显前中世纪的极端残忍性、毁灭性和反人类的三大特征。日军掠夺的不只是当年或上年的农产

---

① 中共北京市委党史研究室编著:《北京抗战损失调查》,北京燕山出版社2007年版,第319—320页。

② 刘世永:《日本侵略者对河南沦陷区的经济掠夺》,《河南大学学报(哲学社会科学版)》1988年第1期。

③ 中共北京市委党史研究室编著:《北京抗战损失调查》,北京燕山出版社2007年版,第13页。

④ 《黄梅县志》,湖北人民出版社1985年版,第12—13页。

品，而且是农家包括许多富裕农家多年甚至数代人的积蓄；日军破坏和摧毁的不仅仅是现有的农业生产设备和农业生产力，而是延续五千年的中华农业文明积淀，包括许多历史悠久、一直发挥效益的堤坝渠堰、道路桥梁，以及古老市镇、村落，名人故里，特色民居、古屋，著名寺庙、景观。因此，它对中国农业生产特别是农业资源和中华农业文明的破坏，是灾难性和毁灭性的，而且大多是永远无法恢复的。

（一）农业、农村的灾难性破坏和经济损失

日本全面侵华战争期间，关内沦陷区及周边地区农业的灾难性破坏和严重衰退，除了侵华日军贪婪无比和绝灭人性的掠夺，以及侵略战争本身固有的破坏因素和战争引发的自然灾害，还有日本侵略军超出战事需要的狂轰滥炸、烧杀掳掠以及其他各种丧心病狂的毁灭性破坏。同时，战争破坏、战争引发自然和人为灾难，又与日军掠夺紧密相连。

在关内各沦陷区及周边地区，由于地理位置、自然条件、战事发生季节、持续时间、激烈程度，日伪军经过、停留、驻扎时间不同，农业破坏和衰退程度，互有差异。

河北津浦铁路沿线州县，是“七七事变”后战事最初发生的地区，当时正值夏收作物收割、打场，秋收作物结籽、灌浆和紧接而来的秋获、打场、归仓。在这夏秋收作物收割或邻近收割的关键时刻，日本侵略军的人马车辆，不但在地势平坦的广袤农地上横冲直撞，肆意践踏、碾压、糟蹋，而且大量掳掠、征发原本忙于收割、采摘或庄稼后期管理的民众、牲畜、车辆。这些原本忙于收割、采摘或庄稼后期管理的劳力、牲畜、车辆，非但不能用于收割或管理、护理庄稼，反而被胁迫加入了直接践踏、碾压、糟蹋庄稼阵营。而且过后，这些劳力、牲畜、车辆大多再无音讯。不言而喻，这些地区的农

作收成,劳力、牲畜、车辆、农具无不遭受破坏,损失惨重。据1937年年底对静海、东光、天津、沧县4地的调查,其破坏和损失,见表3-5。

表3-5　津浦沿线各地农业损失情况(1937年12月调查)

项目 县别	农作物损失(对常年之减少%)				耕畜损失	车辆农具损失
	粟	棉花	高粱	其他		
静海	20	80	40	70	马骡损失2000余匹	车损失1000余辆
东光	20	90	20	20	据农民言,距铁路线较远之区尚有少数遗存,驴骡几全部征发	农具散失不可考
天津	14	40	77	20—25	少数。多为自行卖出者	少数
沧县	70	90	50	30	整体大约减少50%	车数千辆

资料来源:据《北支水害战祸调查报告·津浦沿线》,《满铁调查月报》第18卷第5期编制,见中央研究院社会科学研究所主编、郑伯彬等编:《沦陷区经济概览·农业编》上册,国民党政府经济部资源委员会1941年油印本,第A5186—A5187页。

表3-5中所列粟、棉花、高粱3种主要秋收作物,整体收成损失最低14%,最高超过80%,从作物看,棉花损失最为惨重,两县的棉花减收达90%;从地区看,静海、沧县作物收成损失最重,整体减产估计达五六成。牲畜、车辆、农具损失,除天津外,其余3县都十分严重。静海马骡损失2000余头,车损失1000余辆;东光的驴骡、肥猪"几全部征发",仅距离铁路线较远之区有"少数遗存"。农具损失无数,以致"不可考";至于沧县,牲畜约整体损失一半,大车损失数千辆。骡马、车辆征发与民夫、劳役征发紧密相连,但

调查未提及劳役征发和劳力损失情况。静海等4县只是从一个侧面反映了“七七事变”后短时间内局部农村的农产和农业设备损失情况。

河北平汉铁路沿线地区，和津浦沿线有所不同。该线贯通永定、滹沱、滏阳三河流域，除战祸外，犹有水灾，铁路东面之一部，因浸水过久，土地多形荒废。至于战争直接损失，则因交战延绵时间之早晚而异，石家庄以北在阴历九月以前交战之地域，农作物均蒙受极大之损失；顺德府南至彰德之间，虽交战时间已过秋收，作物受损稍轻，但人力畜力之征发似较津浦沿线为尤甚。平汉沿线各地农业破坏和损失情况见表3-6。

表3-6　平汉沿线各地农业损失情况（1937年）

项目 县别	作物损失（减少之%）	牲畜损失（减少之%）	农具及其他损失
涿县	粟50%、棉花50%、高粱50%、其他作物30%	马77%、骡40%、牛17%、其他牲畜80%	车辆损失颇多，犁损失少数
徐水	仅有军队通过，受害不大	马骡征发少数	—
保定	耕地多数荒废，作物整体损失约90%	马骡征发最多	农村房屋破坏最多
定县	谷、棉、豆约40%，其余损失尚少	—	—
正定	低地作物、高粱、豆类全被水淹；其他作物因在滹沱河两岸，双方约有10万人作战，全数损失	耕畜、食用畜、家禽，几乎全被征发；因马骡驴缺乏，无法秋耕	农村房屋破坏甚多

续表

县别\项目	作物损失(减少之%)	牲畜损失(减少之%)	农具及其他损失
获鹿(石家庄)	作物损失尚少	因耕畜、食用畜被征发,据"宣抚班"人言,无论怎样借调,明年农耕均将不能复耕。又据农民言,骡马及牛几无不被征发者,猪、鸡征发亦多。该县战前原有猪、鸡,现均已不见	—
邢台(顺德)	战时损失以第一区最甚,因收获完毕,农作物受损不大,但土地荒废不少	耕畜征发甚多,不仅马骡全数悉归军用,牛、猪亦已全当军粮	—
邯郸	水灾使棉、粟损失一半,特别是东部滏阳河一带,收获全无,因兵灾受害区域为沿平汉路之县西及县城东南方通大名县的公路沿线受害最甚,农作物收获不多,土地浸水荒废者不少	耕畜、食用畜之征发颇多,西顶池村饲养之家畜约减少一半	大小车被征发不少;农村房屋破坏甚多
磁县	铁道东侧被淹,野菜、粟、豆类几无收获,兵灾损失,因收割完毕,作物损害较少,但棉花无法采摘	畜力、劳力征发甚多,因农村劳力不足,农耕深受影响,约需两年始能恢复	—

资料来源:据《北支水害战祸调查报告·平汉沿线》,《满铁调查月报》第18卷第4、6期;《京汉沿线战祸地带农村视察记》摘要、改制。见中央研究院社会科学研究所主编、郑伯彬等编:《沦陷区经济概览·农业编》上册,国民党政府经济部资源委员会1941年油印本,第A5188—A5189页。

表3-6列涿县、徐水、磁县等9个县,除徐水外,8个县的破坏

和损失都十分严重。而且大多是水灾、兵灾交集，雪上加霜。水浸既是天灾，更是人祸。洪涝期间正逢日军大举南进，沿河两岸村民无法加高、加固和修补堤岸，洪水漫过、冲破堤岸浸泡村庄、田野，村民既不能抵挡、疏泄或抢收庄稼，也无法逃避。日军更趁火打劫，掘堤放水，大肆烧杀、掳掠，征发牲畜、车辆、劳役。收成、农地、村落受害成倍加重。涿县、定县粟、棉、豆、高粱等主要收成分别减少50%和40%；磁县不仅野菜、粟、豆类“几无收获”，棉花也无法采摘，全部绝收；保定更是耕地多数荒废，作物整体损失约90%。耕畜、食用畜禽、车辆征发所造成的损失也极其惨重。保定马骡征发“最多”；正定耕畜、食用畜、家禽，“几乎全被征发”；获鹿（石家庄）骡马及牛“几无不被征发”，猪、鸡已不见踪影；邢台，不仅马骡全数“悉归军用”，牛、猪亦已“全当军粮”；邯郸、磁县畜力、劳力也“征发甚多”。保定、正定、邯郸三地，农村房屋破坏也非常严重。

山西、察哈尔地区，因地势较高，水灾损失较轻，以战争直接损失为重。晋北自北往南，由山阴县岱岳镇经雁门关至崞县间，高粱杆全被征发，雁门关南北，全部村落被焚毁无余，自崞县再往南，经原平镇至忻口镇间，农作物损失最重，小麦、高粱“一无所存”。但山西全省的耕畜损失又远比农作物大，牛、马、骡、驴多被征发军队运输之用，猪、羊、鸡等畜禽则多充军队食料。“满铁”调查员一行，在大约20天的行程中，未见一头生猪、一只小鸡。

平绥路沿线地区，除了作物及收成损失，农牧业的严重破坏、损失，主要源自日本侵略军肆无忌惮的皮毛、役畜、粮食的征发、劫夺。据调查，宣化被征发羊皮、山羊皮10万张，褥子2.9万张；张家口及察南地区，农作物损失30%，蔚县、怀来、万全3个县在1937年年底调查时，已被征发大米6000斤、小米30万斤、高粱70

万斤、各类毛皮约30万张,而且尚在继续征发中;大同被征发耕畜、物资,约值七八万元;平地泉的粮谷“被劫一空”,耕畜“也几无存”;绥远被征发老羊皮5万张、山羊皮1.3万张、骆驼3000头、大车五六百辆,谷物损失“亦不少”;包头被征发羊毛约200万斤、各种皮革10万张、谷类马粮五六万石、家畜四五百头、服役车辆之征发“亦不少”。①

华中地区农村遭受破坏和损失程度,同华北农村一样严重。耕畜、劳力的征发,粮食、畜禽的劫夺,农具的破坏、散失,凡日军所到之处,无一幸免。但具体情况有所不同。在华北,相当一部分耕畜是马骡驴,多被日军征发用于运输;在华中地区,耕畜绝大部分是牛(包括水牛和黄牛),除了被征发用于运输,绝大部分成为日军食粮(还不只是副食)。同时由于地形、道路、运输工具的差异,华北运输多用车载或骡(马、驴)驮,劳力、民夫征发,多为胁迫农民连同车马(或骡、驴)进行运输。在华中地区,除少数牛车、独轮车,多是人挑肩扛,劳力征发更多于华北。加上日军肆意烧杀,农村遭焚,农民无处栖身,普遍离村逃难,农村既无耕畜,又缺劳力,对农业生产造成更大的困难。

华中地区受破坏最严重的江苏,据伪“维新政府”内政部调查,至1938年5月上旬止,江苏受灾农村占全数的75%以上,浙江、安徽次之,受灾农村分别占全数40%以上和35%以上。江苏省各县截至1938年5月,战争受灾和损失情况见表3-7。

① 中央研究院社会科学研究所主编、郑伯彬等编:《沦陷区经济概览·农业编》上册,国民党政府经济部资源委员会1941年油印本,第A5190—A5191页。

表 3-7　江苏江宁等 18 县战争受灾和损失情况调查
（伪“维新政府”内政部调查）

县别	战前户口数		现在户口数		离村已回迁居住者		战时损害及现在状况
	户数	人口	户数	人口	户数	人口	
江宁	60657	341202	48002	251378	34090	156678	兵燹后，盗匪乘机烧劫，今夏淫雨为灾，圩田多被水淹
无锡	62358	265827	59005	247304	24715	50236	颇感困难
句容	57524	284455	56202	279830	1130	5650	农民房屋焚烧颇多，损失较大
昆山	—	158576	—	140271	—	144555	兵燹毁失农具、耕牛甚多，复逢水灾，农民生活极端困难，半自耕农尚可勉强敷衍，佃农之贫苦者无力耕田
江浦	35750	127400	14215	58150	12120	52400	雨水过多，圩田被淹者十之六七，山田被水冲毁；且时受土匪骚扰，农民虽已耕种仍难安居
青浦	—	250000	—	197890	—	99890	平时 70%以上耕种所入尚足维持生计，战后因耕牛、农具散失，种子缺乏，匪徒滋扰，迥非旧时情况
如皋	—	160489	—	12631	—	2031	城郊乡农，由“会”给以旗帜收割、播种，尚称顺利
崇明	93053	427796	86540*	397850*	830	3852	农村经济恐慌入不敷出，濒于破产

续表

县别	战前户口数		现在户口数		离村已回迁居住者		战时损害及现在状况
	户数	人口	户数	人口	户数	人口	
金坛	61563	269617	48019	204909	3904	17543	农具损毁过半,农民无力添置,耕种殊多困难
丹阳	120086	507976	586711▷	496817▷	12260	63773	耕牛缺乏,农具被毁,亟应设法补救
南通	—	—	—	—	—	—	有田者种田,无田者暂以前琅山棉作试验场分别佃种,以维持生活
丹徒	134985	607430	108815	478786	14354	63158	耕牛、种子缺乏
金山	41253	165412	39655	155415	32308	129235	春耕时风水甚大,低田沉没者十居八九;贫农无力购肥料,收成减色
嘉定	65887	273213	60786	242542	786	1716	东乡均系火线,农田不能耕种者颇多,加以耕牛缺乏,不能种稻而改种他项者亦多,农民房屋被毁者,生活更为困难
常熟	139187	695655	127477	638407	114903	513828	农民所受损失甚巨,逃避在外者现已回来耕种
吴江	125342	504088	124966	501802	—	—	沿湖各乡,地形低洼,梅汛时雨量过多,大半被淹,全县秋成仅6/10

续表

县别	战前户口数		现在户口数		离村已回迁居住者		战时损害及现在状况
	户数	人口	户数	人口	户数	人口	
吴县	—	437305	—	404268	—	140705	农村受灾最为惨重，耕牛、农具损失殆尽，农民经济力量薄弱，农耕因之更加困难，产量因之减少
松江	88546	408091	约38096	380096	5583	23960	农民虽受时局影响，仍可耕种，唯有时因环境关系，避往他处者，公路铁路之旁或有荒弃
总计▷	1288803	约5884532		约5090345		约1465216	—

注：* 原资料分别为相对数 78%、76%，现折算为实数。▷数据疑有误。

▷原资料总计系约数，因细数不全，且部分明显有误（如丹阳），总数不一定等于细数之和。

资料来源：录自《江苏公报》，第 28—34 号，见中央研究院社会科学研究所主编、郑伯彬等编：《沦陷区经济概览·农业编》上册，国民党政府经济部资源委员会 1941 年油印本，第 A5192—A5194 页摘要、改制。

调查的江苏江宁、无锡、吴县、吴江、松江、如皋、崇明、南通等苏南和苏北沿江 18 县，普遍情况是，田亩被淹，房屋被焚，耕牛、农具"散失"，农民大量离村，返乡者亦无力耕作。句容"农民房屋焚烧颇多"；昆山"毁失农具、耕牛甚多"，"佃农之贫苦者无力耕田"；青浦"耕牛、农具散失，种子缺乏"，加上"匪徒滋扰，迥非旧时情形"；丹阳"耕牛缺乏，农具被毁"；吴县更是"耕牛、农具损失殆尽"，等等，不一而足。还有，江宁"淫雨为灾，圩田多被水淹"；江浦"圩田被淹浸者十之六七，山田被水冲毁"；金山"低田沉没者十居八九”;吴江“沿湖各乡,地形低洼,梅汛时雨量过多,大半被淹”,虽属天灾,亦是人祸。另外,同样值得注意的是,农民大量离村。计离村人数在10万以上者,有江宁、昆山、金山、常熟、吴县等县;在5万以上者,有无锡、江浦、青浦、丹阳、金坛等县,18县总计,各乡镇之战前人口约588.5万人,1938年5月仅及509万人,减少79.5万人,相当原有人口的13.5%。不过减少部分并非离村离乡者,因为现住人口中包括曾经离村现已返乡的146.5万人,占现有人口的28.78%。减少的79.5万人,除若干滞留未归者外,多为客死他乡和本乡死亡者,而后者多是被日军烧杀而死。此种农民大量离村、死亡的情况,在华北战地亦不常见。

因资料整理不足,各地一般有关日军烧杀、掳掠、劫夺、破坏和因此导致的农业、农户、农村所受损失情况,大多只涉及某一时段或某一个、几个方面,甚至挂一漏万,无法还原历史全貌。前中央研究院社会研究所对河北清苑(保定)李家罗侯等11村所做的典型调查,有关日本全面侵华战争期间日军烧杀、掳掠、劫夺、破坏和农户损失情况,调查地域范围不算大,但统计相对准确、完整,非常珍贵。现将其综合整理,见表3-8。

表3-8 侵华日军在河北清苑李家罗侯等11村的烧杀和各种劫夺(1937—1945年)

项目／村别	总户数(户)	地主富农(户)	受损农户(户)	烧毁拆毁房屋(间)			霸占土地(亩)	绑票勒索(元)	砍伐树木(棵)
				烧毁	拆毁	小计			
李家罗侯	220	6	98	12	—	12	—	7778	10
何家桥	266	31	139	21	15	36	15	980.30	592
东顾庄	218	32	109	2	—	2	—	755.30	63
南邓村	229	8	229	2	2	4	20.8	1333.68	109

续表

项目 村别	总户数（户）	地主富农（户）	受损农户（户）	烧毁拆毁房屋（间）			霸占土地（亩）	绑票勒索（元）	砍伐树木（棵）
				烧毁	拆毁	小计			
东孟庄	183	28	106	11	—	11	0.6	18140.88	22
大阳村	309	17	276	—	—	—	—	319	757
固上村	383	25	250	39.5	5	44.5	6.5	1677.42	296
谢村	283	25	192	3.5	1	4.5	—	939.72	551
大祝泽村	245	28	245	—	—	—	13	200	865
薛庄村	175	16	104	5	24	29	32.5	320	126
蔡家营村	84	2	47	—	1	1	7.4	290	57
总计	2595	218	1795	96	48	144	95.8	32734.30	3448

续表

项目 村别	劫去粮食（斤）	劫去衣饰（件）	劫去牲畜（头）	劫去钱财（元）	杀戮民众（人）			抓壮丁（人）	无偿劳役（天）
					杀死	伤残	小计		
李家罗侯	15720	454	13	92	6	8	14	11	5338
何家桥	26231	505	18	606.90	3	9	12	4	24233
东顾庄	24906	540	12	836.15	6	12	18	0	12565
南邓村	1540	362	7	554.50	2	17	19	5	22330
东孟庄	9160	423	1	413.19	4	6	10	3	8022
大阳村	5880	65	10	486	7	3	10	42	26811
固上村	31232	917	18	377.93	7	2	9	8	40393
谢村	11015	377	4	50	1	12	13	5	28449
大祝泽村	1130	41	—	37	2	—	2	4	43822

续表

项目 村别	劫去粮食(斤)	劫去衣饰(件)	劫去牲畜(头)	劫去钱财(元)	杀戮民众(人)			抓壮丁(人)	无偿劳役(天)
					杀死	伤残	小计		
薛庄村	15865	130	7	204	5	5	10	1	28805
蔡家营村	1064	115	2	41	—	5	5	9	10854
总计	143743	3929	92	3698.67	43	79	122	92	251622

资料来源:据河北省统计局:《1930—1957年保定农村经济调查资料》(11册,1958年油印本)各册综合整理、计算编制。

如表3-8所示,在8年沦陷期间,日军烧杀、掳掠、劫夺,再加上土匪式的绑票勒索,无所不为。11村2595户中,因日军烧杀、掳掠、劫夺、绑票而直接受损失的1795户,占总数的69.17%。① 各村因地理位置的关系,遭受日军烧杀、掳掠、劫夺、绑票等的受害农户比例、损失程度不尽相同。其中南邓村、大祝泽两村,受害农户达100%,固上村遭受损失也很惨重。因11村位于城市郊区,没有"集家并村"和制造"无人区",烧毁拆毁房屋、掠夺土地的情况相对稍轻,而杀戮、抓掳、劫夺情况严重。计烧毁、拆毁房屋144间;杀死杀伤民众122人;抓掳壮丁92人;抓掳民夫(无偿劳役)251622天,如以成年男劳力一年做150个农业劳动日计算,相当于1684个成年男劳力一年的农业生产时间。"掠"的范围和内容最广、劫掠钱财数量最大:计掠夺土地95.8亩;劫夺树木(砍树)3448棵,劫夺粮食143743斤,按受害户计算,平均每户80斤,大祝泽村平均每户达179斤;劫掠衣饰3929件,按受害户计算,平均

① 计算所得百分比可能同历史实际不完全吻合。因调查进行于1946年,总户数比沦陷期间多(1936年总户数为2272户,1936—1946年间户数增加14.22%),而受损农户比沦陷期间少(沦陷期间迁出45户,绝灭78户,无法调查,未入统计)。

每户 2.19 件,固上村平均每户达 3.67 件;劫夺大牲畜 92 头。劫掠钱财方面,其手段除了直接攫夺,更有土匪惯用的绑票勒索。即将人抓捕入狱,令其家人交钱赎人。而且绑票勒索的钱财数额远多于直接攫夺,相当于后者的 8.85 倍。二者合计 36432.97 元,按受害农户计算,平均每户 20.3 元。日军在战争之初农民遭受重大劫难、基本丧失生存条件的情况下,又连续 8 年遭受烧杀劫掠,无异敲骨吸髓、致农民于死地。而且,调查统计只限于日军明火执仗的杀戮、劫掠,日伪政权的各种税捐、摊派和对农产品的征购、征借、低价强购等,并未包括在内。这一部分的数量更大,尤其是小麦、棉花,完全被掠夺一空。

(二)农业收成和土地产量的崩塌式下降

关内敌占区农业生产和农业资源的破坏,农民生产能力的下降,农业生产的严重衰退,最后集中反映在农业收成和土地产量的崩塌式下降。日本全面侵华战争期间的一些农业收成和土地产量数据,未必精准、完整,不过仍可一定程度上反映当时的一些情况变化。

由于战争本身固有的残酷性和破坏性,加上日军丧心病狂的狂轰滥炸、烧杀掳掠,农业破坏、作物减产如影随形。"七七事变"和日本全面侵华战争的爆发,即刻导致当年在收和待收庄稼的直接摧毁或无法收获,以致当年收成明显下降。次年因耕畜被征发,农民被杀害或被迫离村,耕播、管理、收割全都无法进行,收成进一步大减。当时调查者称,"减收百分之五十以上者,几为沦陷区普遍现象;而激战地带,且恒在减收百分之六七十以上"。①

在华北敌占区,据日本人"北支经济研究会"在 1937 年 10 月

① 中央研究院社会科学研究所主编、郑伯彬等编:《沦陷区经济概览·农业编》上册,国民党政府经济部资源委员会 1941 年油印本,第 A5184 页。

的调查估计,河北大多数作物即比战前减少20%—40%,其估计数据详见表3-9。

表3-9　河北农业收成变化估计(1937年10月调查)

项目 作物别	战前产额估计(千斤)	战后收获估计		项目 作物别	战前产额估计(千斤)	战后收获估计	
		千斤	比战前减少(%)			千斤	比战前减少(%)
小麦	3492964	3320216	5	花生	832324	541011	35
粟	2562372	1794360	30	芝麻	198204	138743	30
高粱	1721752	1291314	25	菜种	61918	61918	
玉米	1870136	1122094	40	甘薯	2690196	215216	20
棉花	356095	195852	45	米谷	7587149	6062519	20
大麦	710397	639357	10	烟草	55361	44288	20
大豆	593284	385634	35	总计	23207742*	16169215	30.33**
黍子	475590	356693	25				

注:* 原数为23208742,错。现据细数核正。

** 据总计实数计算得出。

资料来源:《北支蒙疆现势》,昭和十四年版,见中央研究院社会科学研究所主编、郑伯彬等编:《沦陷区经济概览·农业编》上册,国民党政府经济部资源委员会1941年油印本,第A5201—A5202页改制。

全省14种主要农作物,除菜种外,均较战前减少,其中以棉花减产最巨,减幅达45%,次为玉米、粟、大豆、花生,减幅为30%—40%,平均30.33%。不过表中估计范围包括河北全省,因日伪势力所及之处,并非全部省区,沦陷区和日伪窜扰地区,作物减产幅度要大得多。

1938年据伪河北省公署民政厅调查,农业产量进一步大幅下降,调查数据相对完整的小麦等4种主要粮食作物的产量情况见表3-10。

表 3-10　河北通县、临榆等 39 县部分作物产量估计(1938 年)

(单位:千斤)

项目 作物别	平年	1938 年		
		千斤	增(+)减(-)	相当平年%
小麦	1007447	224499	(-)782948	(-)77.72
高粱	874958	336928	(-)538030	(-)61.49
玉米	714452	262099	(-)452353	(-)63.31
大豆	377641	78636	(-)299005	(-)79.18
总计	2974498	902162	(-)2072336	(-)69.67

资料来源:平年据张心一"河北省农产概况估计报告",1938 年系伪河北省公署民政厅调查,见中央研究院社会科学研究所主编、郑伯彬等编:《沦陷区经济概览·农业编》上册,国民党政府经济部资源委员会 1941 年油印本,第 A5207 页摘要改制。

表 3-10 中小麦、高粱、玉米和大豆 4 种主要粮食作物(其中大豆兼有油料作物的功能)①1938 年的产量,同战前平年相比,最低下降 61.49%,最高下降 79.18%,平均下降 69.67%,比 1937 年下降幅度扩大了 1.3 倍。

山西无全省范围的统计,据伪"晋北自治政府"关于所辖山西省长城以北 10 县② 1938 年的产量统计,同战前平年比较,情况见表 3-11。

① 原调查另有米谷、粟、芝麻、黍子等 4 种作物,因调查数据缺漏过多(米谷、黍子系平年数据大量缺漏,粟、芝麻系 1938 年数据大量缺漏),无可比性,舍弃。

② 10 县包括大同、阳高、天镇、怀仁、山阴、朔县、应县、浑源、左云、右玉。

表 3-11　晋北大同等 10 县农产收获统计(1938 年)

(单位:千斤)

项目 / 作物别	平年	1938 年		
		千斤	增(+)减(-)	相当平年%
高粱	251329	92222	(-)159107	(-)63.31
黍子	37433	19481	(-)17952	(-)47.96
大麦	46452	9296	(-)27156	(-)58.46
小麦	33468	5655	(-)27813	(-)83.10
大豆	24760	4919	(-)19841	(-)80.13
豌豆	7554	3163	(-)4391	(-)58.13
莜麦	49801	27428	(-)22373	(-)44.92
荞麦	7515	1713	(-)5802	(-)77.2
稻子	7393	309	(-)7084	(-)95.82
黑豆	5760	12771	(+)7011	(+)121.72
玉米	11572	309	(-)11263	(-)97.33
胡麻	1273	5387	(+)4114	(+)323.17
总计	484310	182653	(-)301657	(-)62.29

资料来源:平年据张心一"山西省农产概况估计报告",《新民报》1938 年 12 月 16 日,见中央研究院社会科学研究所主编、郑伯彬等编:《沦陷区经济概览·农业编》上册,国民党政府经济部资源委员会 1941 年油印本,第 A5211—A5213 页编制。

调查的 12 种作物中,除胡麻、黑豆产量大幅增长外,其余 10 种作物的产量全部下降,降幅最小的都超过 40%,最高的超过 95%,只剩下一个零头,12 种作物平均下降 62.29%,整体收获还不及战前平年的 4 成。

察哈尔南部地区,据伪"察南政府"民政厅对其治下 1938 年包括粟、高粱、玉米、小麦、荞麦、豆、马铃薯等 11 种作物产量的估计,与战前平年比较,虽然粟、高粱、玉米、荞麦等 6 种作物的产量有所增加，但同时黍稷、小麦、大麦、燕麦、马铃薯等 5 种作物的产量大幅度下降，除马铃薯外，其余 4 种作物的产量，只剩下一个零头。因此整体产量，不是提高，而是下降。1938 年 11 种作物的总产量为 1197 万担，比战前平年下降 290.7 万担，降低了 24.29%。①

1938 年 12 月，日本专门负责对华经济掠夺的“兴亚院”成立后，日本帝国主义侵华战略和农业掠夺方针，有某些改变。日本帝国主义最初妄图“速战速决”，在 3 个月内全面占领和消灭中国，由于中国人民英勇顽强的抵抗，日本帝国主义未能如愿，不得不作长期打算，“以战养战”，采取政治上“以华制华”，经济上“以战养战”“现地自给”和“适地适产主义”的新策略，但万变不离其宗，在所谓“开发重于封锁”“建设重于破坏”“根据日满华互通有无的原则进行开发”的旗号下，不仅更加肆无忌惮地进行农业掠夺和经济掠夺，而且推行“集家并村”，加大推行“三光政策”的力度，“专烧农具”，“专杀壮丁”，直接摧毁农业资源。所有这些更加重了农业的破坏和衰退，并直接表现为作物产量的继续甚至加速下降。

1938 年据青岛“山东产业馆”对该省沦陷区花生、棉花、米谷、小麦、甘薯、烟叶等几种作物的调查，产量下降尚属轻微，部分还有所增加。而 1939 年对 10 种主要作物的调查显示，除甘薯外，无论种植面积或产量，都比战前的 1936 年明显下降。详细情形见表 3-12。

① 《支研经济旬报》第 41 期，见中央研究院社会科学研究所主编、郑伯彬等编：《沦陷区经济概览 · 农业编》上册，国民党政府经济部资源委员会 1941 年油印本，第 A5213—A5214 页。

表 3-12　山东沦陷区小麦等 10 种作物种植面积及产量变化(1936 年、1939 年)

(单位:亩,公斤)

项目 作物	种植面积(亩)			总产量(公斤)		
	1939 年	1936 年	1939 年/1936 年(%)	1939 年	1936 年	1939 年/1936 年(%)
小麦	54906925	57352896	95. 74	36787640	75868570	48. 49
高粱	18558272	19322736	96. 04	22455509	38259017	58. 69
粟	18281283	18748569	97. 51	22668791	38884058	58. 30
玉米	7674228	8329089	92. 14	5295217	14409324	36. 75
米	154012	308024	50. 00	121260	246419	49. 21
花生	4888044	5100304	95. 84	8896240	13821553	64. 36
大豆	26914827	23095486	116. 54	22877600	36028960	63. 50
棉花	1960000	4896000	40. 03	1470324	5215180	28. 19
烟叶	556560	849430	65. 52	873799	1843244	47. 41
甘薯	5377467	3725224	144. 35	52268979	46472520	112. 47
总计	129271618	141727758	91. 21	173715359	271048845	64. 09

资料来源:《庸报》1939 年 11 月 24 日,见中央研究院社会科学研究所主编、郑伯彬等编:《沦陷区经济概览 · 农业编》上册,国民党政府经济部资源委员会 1941 年油印本,第 A5210—A5211 页编制。表中百分比(%)系引者计算得出。

如表 3-12 所示,1939 年同 1936 年比较,除大豆种植面积、甘薯种植面积和产量各有增加外,全体作物的种植面积和产量双双下降,产量降幅尤大。从种植面积看,棉花、稻米和烟叶降幅最大,依次减少了 6 成、5 成和接近 3 成半,整体下降了将近 9%。作物产量的下降幅度比种植面积更大。后者下降不到 1 成,而前者的降幅超过 3 成半,棉花、玉米、小麦和稻米降幅最大,分别超过 7

成、6 成和 5 成。大豆,虽然种植面积增加了 16.54%,产量却下降了 36.5%。产量大幅度下降是农业生产条件恶化、农民生产能力下降、农业衰败最根本的标志。

至于甘薯种植面积和产量的增加,也并非标志着农业生产的发展或扩大,只是因为种植甘薯所需劳力和肥料较少,而产量较高。甘薯既是农民特别是贫苦农民的主要食粮,也是牲畜的重要饲料。同时,越是贫苦缺地的农户,甘薯种植面积所占比重愈高。因此,甘薯扩种、增产,不过是农民贫苦、缺地、缺肥、缺劳力的产物。

在河南和整个华北沦陷区,情况与山东大致相近。

日本侵略者的疯狂掠夺,使河南沦陷区的农业生产急剧下降。在战争最初两年,作物面积分别减少了 7%—8%,1936 年小麦播种面积为 61425 万亩、产量 1054140 万斤,1938 年分别下降为 22651 万亩、421860 万斤,以后逐年下降。日本全面侵华战争期间,河南小麦产量都只有战前的 4 成左右;棉花种植面积,战前为 855.3 万亩,产量为 24550 万斤。1937 年后急剧下降,直到抗日战争胜利,棉花种植面积都没有达到 250 万亩,不到战前的 30%。1936 年的棉花产量为 24550 万斤,1938 年降至 2960 万斤,只有战前产量的 12.1%,亩产只有 15 斤。大豆是河南秋季作物的主要品种,播种面积 1936 年为 10081.1 亩,产量为 103040 万斤,1938 年分别下降为 4880 万亩、70080 万斤;1944 年更分别降至 3140 万亩、29530 万斤。①

整个华北沦陷区的小麦收获量也大幅下降。1939—1940 年的小麦产量及其同战前的比较见表 3-13。

---

① 刘世永:《日本侵略者对河南沦陷区的经济掠夺》,《河南大学学报(哲学社会科学版)》1988 年第 1 期。

表 3-13　华北沦陷区小麦产量及其战前比较(1937 年、1939—1940 年)

(单位:千吨,1937 年前=100)

年份/地区	1937 年"七七事变"前		1939		1940	
	千吨	指数	千吨	指数	千吨	指数
河北省	1725	100	1111	64.41	1716	99.48
山东省	2893	100	1752	60.56	1456	50.33
山西省	819	100	419	51.16	637	77.78
豫北 42 县	969	100	827	85.35	855	88.24
苏北 17 县	1370	100	1263	92.19	967	70.58
总计	7776	100	5372	69.08	5631	72.42

资料来源:据王士花:《日伪统治时期的华北农村》,社会科学文献出版社 2008 年版,第 47 页改制。表中指数系引者计算得出。

表 3-13 中数据显示,华北沦陷区 1939 年的小麦总产量还不到"七七事变"前的 7 成,山西、山东分别只有 5 成和 6 成多。1940 年略有增加,也只是战前的 7 成多一点,山东更降至 5 成。1941 年据日伪"华北小麦协会"的一份调查资料,由于日伪强化对棉花的掠夺,推广植棉,增加罂粟的种植,加上天灾影响,导致全华北小麦的种植面积及产量又比上年减少约 10%—15%,比常年减少约 40%—50%。①

棉花产量方面,华北沦陷区 1938 年总产量为 270.9 万担,只相当于 1936 年的 48.8%,1939 年进一步大幅下降,只有 1936 年的 23.8%。1940 年后,日伪加强对棉花"增产"的培训、指导和棉花收购的统制,胁迫农民扩大棉花栽培,种植面积和收获量有所回

① 王士花:《日伪统治时期的华北农村》,社会科学文献出版社 2008 年版,第 47—48 页。

升,产量增至 1936 年的 25.9%,1941 年的棉花总产量复增至 1936 年的 53.9%。1942 年的棉花产量或有所增加,达到华北沦陷区棉花产量的最高值,但无完整统计数据。① 总之,棉花作为近代华北地区最主要的经济作物,在日伪统治时期严重衰败,其整体产量已不足战前常年的一半。

华中地区,1937 年年底梁伪"维新政府"曾在南京周边的江宁、句容、溧水、江浦、六合等 5 县,就水稻、棉花、黄豆等 3 种作物的种植面积,进行所谓"示范调查",认为"战事影响农业生产不大"。② 这不过是自欺欺人。侵华日军对南京及周边地区的进攻和占领开始于秋季。③ 而江宁等县水稻(单季稻)、棉花、黄豆在两个多月前,耕播或种植早已结束,不会因为战争、战事而发生如何改变。8 月以后,水稻(单季稻)、棉花、黄豆相继进入收割、采摘,战争、战事直接影响和破坏的并非水稻(单季稻)、棉花、黄豆的播种、栽培,而是其收割、采摘,包括收获成数和农民已经收获入仓的农产品去向。

前揭资料显示,覆盖田野的成熟庄稼直接遭到日本侵略军和战事的毁坏。同时,日军丧心病狂轰炸、烧杀、奸淫、抓夫、劫夺,大量房屋、耕畜、食用畜禽、农具、用具、口粮、衣物等被焚毁,大批农民特别是青壮年农民被屠杀、烧杀,或被迫离村外逃,或被抓夫服苦役,或因缺乏耕畜、农具、口粮,无法收割、采摘。结果,大量庄稼不是直接毁于战事,就是无劳力和工具收割,或被淹浸,毁于天灾,

---

① 参见王士花:《日伪统治时期的华北农村》,社会科学文献出版社 2008 年版,第 112—115 页。

② 中央研究院社会科学研究所主编、郑伯彬等编:《沦陷区经济概览·农业编》上册,国民党政府经济部资源委员会 1941 年油印本,第 A5215—A5216 页。

③ 日军对南京的最初轰炸为 1937 年 8 月 13 日,该年 8 月 8 日立秋。

如江浦,因雨水过多,圩田被淹者十之六七,山田被水冲毁;吴江农田大半被淹,全县秋成仅6/10。有的即使收割入仓,也被日军焚毁殆尽。江宁沿公路、铁路各处,房屋多被焚毁,伤亡人口约4000余人,被焚房屋及财产损失,高达1000余万元。其中自然包括刚刚收割归仓农产品。

1938年,梁伪"维新政府"实业部农村复兴事业局曾前往江苏吴县等22县,调查粳稻、糯稻等7种作物收成比战前平年增减百分比和增减原因。增减百分比见表3-14。

表3-14　江苏22县粳稻等7种作物收成比战前平年增减百分比(1938年)

(单位:增(+)减(-)%)

县别	粳稻	糯稻	麦子	黄豆	绿豆	杂粮	棉花	简单平均数
吴县	(-)25	(-)25	(-)26	▽	▽	未详	▽	(-)25.33
扬中	(-)50	(-)70	(-)70	(-)50	(-)70	▽	(-)60	(-)61.67
宜兴	(-)10	(-)10	(-)10	(-)10	△	△	△	(-)10.00
丹阳	(-)20	(-)30	(-)20	(-)10	▽	(-)30	(-)20	(-)21.67
金山	(-)15	(-)15	(-)15	(-)17	(-)18	(-)10	(-)15	(-)15.00
武进	(-)10	(-)10	(-)5	(-)5	(-)5	(+)15	(-)50	(-)14.29
吴江	(-)21	(-)20	(-)20	(-)20	▽	(-)40	▽	(-)24.20
常熟	(-)25	(-)15	(-)5	无增减	▽	(-)20	(-)45	(-)22.00
昆山	(-)10	(-)16	(-)21	(-)20	(-)20	(-)39	(-)42	(-)24.00
嘉定	(-)30	(-)30	(-)60	(-)40	(-)40	(-)40	(-)60	(-)42.86
江阴	(-)20	(-)20	(-)40	(-)30	△	(-)20	(-)60	(-)31.67
松江	(-)不详	(-)不详	(-)不详	(-)不详	(-)不详	△	(-)不详	(-)不详
金坛	(-)20	(-)20	(-)20	(-)50	▽	▽	▽	(-)27.50
江都	无增减	无增减	无增减	无增减	△	无增减	▽	无增减
太仓	无增减	无增减	(-)不详	(-)不详	无增减	无增减	(-)不详	(-)不详
丹徒	(-)22	(-)40	(-)38	(-)40	(-)40	(-)40	(-)40	(-)37.14

续表

县别	粳稻	糯稻	麦子	黄豆	绿豆	杂粮	棉花	简单平均数
如皋	(-)不详	(-)不详	(-)不详	(-)不详	▽	(-)不详	(-)不详	(-)不详
江浦	(-)60	(-)70	(-)22	(-)22	(-)20	(-)24	匪占无查	(-)36.33
句容	(-)20	(-)30	同往年	(-)20	(-)40	(-)20	(-)20	(-)25.00
江宁	(-)不详	(-)不详	(-)不详	(-)不详	(-)不详	(-)不详	(-)不详	(-)不详
南通	(-)不详	(-)不详	(-)不详	(-)不详	▽	(-)不详	(-)不详	(-)不详
无锡	(-)20	(-)20	(-)25	(-)30	▽	(-)40	▽	(-)27.00
简单平均数	(-)23.63	(-)27.56	(-)26.47	(-)26.00	(-)31.63	(-)28.17	(-)41.20	(-)29.24

注:表中"△""▽"两个特殊符号,"△"应为增(+),"▽"应为减(-)。

资料来源:据中央研究院社会科学研究所主编、郑伯彬等编:《沦陷区经济概览·农业编》上册,国民党政府经济部资源委员会 1941 年油印本,第 A5217—A5220 页整理、编制。简单平均数系引者计算得出。

如表 3-14 所示,22 县 7 种粮棉作物,除了武进杂粮产量较战前平年增加 15%,宜兴绿豆、杂粮、棉花,江阴绿豆或有增加;江都粳稻、糯稻、麦子、黄豆、杂粮,太仓粳稻、糯稻、绿豆、杂粮产量"无增减",句容麦子产量"同往年",江浦棉花产量因"匪占无查",其余各县各作物同战前平年相较,产量全部下降。从计算所得简单平均数,可大致判断江苏沦陷区农业破坏和衰退的严重程度。从作物收成的角度看,调查的 7 种作物,均较战前平年产量减少两成以上,棉花收成减幅最大超过 4 成,7 种作物平均接近 3 成。从县域看,调查的 22 县中,除武进杂粮,宜兴绿豆、杂粮、棉花,江都、太仓部分作物产量外,其余各县全部作物收成无不下降,只是幅度大小有别。降幅最低的宜兴、武进,分别为一成和接近一成半,降幅最高的扬中、嘉定,分别超过 6 成和 4 成,17 县平均接近 3 成。

1939 年后,农业生产遭受严重的破坏,作物产量进一步下降。作为华中地区主要经济作物的棉花,在 1937—1939 年的短短 3 年间,产量下降了4成多(见表3-15)。

表3-15　华中沦陷区棉花产量估计(1937—1939年)

(单位:千担)

年份 棉花别	1937	1938	1939
南北市棉	810	729	412
太仓棉	410	194	264
通州棉	1788	1258	1042
小计	3008	2181	1718

资料来源:东洋棉花会社上海支社调查,见中央研究院社会科学研究所主编、郑伯彬等编:《沦陷区经济概览·农业编》上册,国民党政府经济部资源委员会1941年油印本,第A5221—A5222页。

如表3-15所示,1937年的棉产量为300.8万担,次年减至218.1万担,下降了27.5%,1939年复减至171.8万担,再下降21.2%。

至于蚕桑生产,由于同日本生丝在国际市场竞争激烈,日本侵略者更是肆意破坏、摧毁,一些地区的桑林大部被砍光,江浙蚕桑生产陡衰,丝茧产量大幅下降。战前1936年江苏、浙江干茧产量分别为45.33万担和53.85万担,合计99.18万担,1937年分别降至36.75万担和48.45万担,分别下降18.07%和10.03%,两省合计85.2万担,下降14.1%。1939年,江苏仅产干茧6.5万担,只相当1936年的14.34%。① 浙江蚕桑衰败程度与江苏相似,但该省1939年干茧产量不详。按当时调查者估计,1939年浙江干茧产量为24.2万担,江浙两省1939年干茧产量不过30万担左右,

① 日本《蚕丝月刊》8月号(昭和十四年8月)发表的数据,1936年江苏的干茧产量为11.85万担,6.5万担相当于54.85%。

只有战前江浙两省干茧产量的3成。①

第三节　东北和关内沦陷区农村社会结构、生产关系的破坏与蜕变

农村社会结构、生产关系的破坏与蜕变，既是日本帝国主义侵略的结果，又是日本侵略者进行农产品和农业资源掠夺、对各阶层农民进行法西斯殖民统治的前提条件，是实行“以中国的人力、物力占领和灭亡中国”这一基本国策的必由之路。

在伪满和关内占领区，一方面，由于日本侵略战争的破坏、摧毁，日军的疯狂扫荡、烧杀、掳掠和物资劫夺、财税搜刮，地主、农民都遭受惨重的经济损失，相当一部分地主（尤其是“土财主”）、富农和其他富裕农民，倾家荡产或一蹶不振；不过也有部分人投靠、投降日本，卖国求荣，或在日本侵略者的高压、胁迫下，趋利避害，投机取巧，左右逢源，得以继续保持其经济利益和在乡村社会中的支配优势。这是日本全面侵华战争期间，地主、富农阶层的明显变化。同时，日本侵略军在组织“治安维持会”、傀儡政权、汉奸组织（伪满的“协和会”、关内沦陷区的“新民会”），以及伪军、伪保安、伪警察的过程中，网罗和培植的汉奸、卖国贼为数不少，成为日本法西斯殖民统治的重要社会基础。他们中有的来自上面所说的地主、富农，以及军阀、官吏、恶霸、恶棍、流氓、地痞、赌徒等其他社会渣滓，还有不少是从社会各个角落冒出来的。他们充当日本侵略者的走卒和奴隶，既卖国求荣、为虎作伥，残害民众；又狐假虎威、

① 参见中央研究院社会科学研究所主编、郑伯彬等编：《沦陷区经济概览·农业编》上册，国民党政府经济部资源委员会1941年油印本，第A5266、A5274—A5275页。

榨取钱财,兼并土地。这是这一时期滋生和发展起来的一个新的社会阶层,其数量远多于战前的地主富农。这是整个农村阶级关系与社会结构的一个重大变化。

同时,农村原有生产关系也遭到严重破坏,发生蜕变:侵华日军疯狂劫夺、圈占、破坏土地,导致了土地占有和土地使用关系的变化。无论伪满还是关内沦陷区,大量耕地和宜耕地,被日本侵略者以各种名义劫夺、圈占、破坏,或交给日本"开拓团"、日本财团经营,或改作军事用途,或划为各类"禁区",强令荒废。各个阶层的农户尤其是原来占地较多地主和其他富裕农户,其相当一部分或全部土地被日军侵占、劫夺、破坏,由有地户变成少地户、缺地户或无地户;由出租户、雇工经营户或自耕农变成租地户、佣工户甚至完全失业。在伪满,农民土地被强占,由自耕农变成佃奴、工奴,沦为日本移民"开拓团"任意驱使、宰割的牛马;在华北、津北宁河一带,一些官办或私人农场、私人土地被日军劫夺,交由日本财团、浪人或韩人经营,原来的自耕农、农场农工蜕变为佃奴,又或失业。一些原来坐食地租的地主,土地被夺,又无力承佃纳租,只得包佃转租,由地主沦为"二地主"。不过由于日伪对粮食的疯狂掠夺和搜括,即使土地仍保留在地主手中,原有的租佃关系也往往难以维持。在伪满,因强制的粮食"出荷"负担极重,地主无利可图,甚至将土地给人"白种"或"撂荒",当然条件是耕者负担全部"出荷"。在生产协作关系方面,一些地区原来因单个农户耕畜、农具、劳力无法配套而形成的协作互助关系,因农民耕畜普遍被日军宰食或"征发"军用,农具被焚毁或破坏,原来的屋邻、地邻、村邻关系,因"集家并村"、实行保甲"连坐",亦被搅乱或完全改变,这类生产协作关系百无一存。为了强化"农业统制",在伪满和关内占领区,日本侵略者还强行改变原来一家一户的个体农业经营,普遍成立所谓"合作社",充当日伪搜集和掠夺农产品的工具。伪满 1940

年后，还将“农事合作社”与“金融合作社”合并，成立县“兴农合作社”，由伪县长、“协和会”会长兼任正副理事长，社、政、协“三位一体”，逼“出荷”，抓劳工，皆由其牵头，“兴农合作社”成为日伪劫夺农产品、压迫和残害农民的一支别动队。原来的产品分配、产品交换关系亦被彻底破坏。日本侵略者为了尽可能劫夺更多的农产品，不仅严厉禁止农民有一粒米麦进口、一缕棉花上身，而且几乎将所有农副产品劫夺一净，配给一点少得可怜的掺沙橡子面或高粱米。粮棉等农副产品掠夺，初时除了明火执仗的入户抢劫，虽有部分打着“市场交易”的幌子，但时间、场地、数量、价格都是日本侵略者说了算，无论伪满的“出荷”，还是关内沦陷区的“征购”，数量极大而价格极低，实际上同掠夺无异。后来连“交易场”“市场交易”的幌子也免了。由“合作社”统制生产、集中“交易”，或“粮食集局”，或由合作社“粮食仓库”统一“保管”，根本不经一家一户农民之手，粮食、棉花等农产品的收集、掠夺一步到位。

一、东北地区的农村生产关系及其变化

日本入侵前的近代东北地区拥有着一套原有的乡村生产关系和社会规范。大农场经营者和地主等乡村统治阶级在原有生产关系中与商业资本、金融资本、官僚资本等之间关系紧密，形成对当地农村“四位一体”的统治秩序。日本帝国主义入侵后，为了更加高效地掠夺东北地区的农产品资源，从流通体制和农村基层权力机构两个方面入手对东北地区原有的乡村社会生产关系进行了殖民化的改造。在改造过程中，旧的农村生产关系无法继续维持，新产生的农村生产关系带有鲜明的殖民地特征。通过与日伪殖民当局的合作，乡村中诞生了一些“新贵”。这些“新贵”们，对外依附日伪所极力倡导的殖民秩序，对内凭借日伪

赐予的权力欺压同胞,无形之中加大了日本殖民统治给东北普通农民所造成的痛苦。

(一)日军殖民政策下东北原有农村生产关系的解体

日本入侵前的东北农村是一个高度商品化的农业移民区。该地在历史上仅仅经过初步的开发,相当多的地区人烟稀少,土地肥沃,自19世纪末叶后,大量农业移民才开始拥入该地区。至日本帝国主义入侵前,尽管东北南部的很多地区已经鲜有未开垦土地,开始面临人口压力的困扰,但东北北部大部分地区仍存在大片未开垦土地,吸引着无数关内农业移民前往该地谋生。因很多地区人口压力相对较小,整个东北地区每年都有大量剩余农产品流入市场等待交换。同时,东北地区自身生产的棉丝麻等制衣材料数量很少,必须通过对外贸易进口解决。① 因此,长期以来,出售剩余的农产品换取短缺的纺织原料和衣物,始终是东北农民必然的选择。这就构成了当地农产品高度商品化的根本驱动力。在日本入侵东北以前,该地区农作物的平均商品化率已达到53%,一些农产品如大豆、小麦的商品化率更高达80%。②

高度农产品商品化和农业移民区这两个特征,造成了该地农村生产关系具有鲜明的地域性特征。首先,该地大部分地区(除南部部分地区以外)并没有出现类似于临近华北地区的自耕农社会。从土地关系角度来看,传统社会生产关系的阶级对立普遍存在于该地的乡村之中。这主要是由于该地土地占有在总体上很不

---

① 詹自佑:《东北的资源》,东方书店1946年版,第75页。

② 南满洲铁道調査課:《滿洲の農業》,昭和六年(1931年)版,第191页。

均匀,1933—1934 年间的土地占有基尼系数高达 0.783—0.858。① 同时,该地地租水平甚高。1931 年前,如按实物定额地租计算,大概在农民租种土地收入的 40%—60%;年纳货币地租所占土地价格的比率各地差异较大,其中黑龙江省年回报率高达 10%—29%,而辽宁地区的年回报率只有 5%—8%。② 另据对 20 世纪 20 年代东北北部农村的统计,田场雇工经营的收益率亦极高。当时的年工以河北、山东等关内各省来的季节性移民居多,他们多在阴历二月末到三月初间上工,十月或十一月时返乡,全年工作五六个月可获得墨西哥洋 75—90 元,平均每日大约墨洋 5 角。月工和日工则以本地人居多,月工工资每月平均 12.9 元,日工平均每日 0.69 元。③ 如果是年工,则一般在雇主家吃住,当时平均每人年伙食费为 34 元,年工的半年伙食费成本当在 20 元左右。④ 年工资和伙食费合计 95—110 墨西哥洋元,而当时东北北部每名农村成年男性投入农田生产所创造的平均年收益达 504.98 墨西哥洋元,相当年工报酬的 4.59—5.32 倍。⑤

---

① Ramon H.Myers, *Socioeconomic in Villages of Manchuria during the Ch'ing and Republican Periods: Some Preliminary Findings*, Modern Asian Studies, 10, p.616.

② [日]天野元之助:《滿洲に於ける小作様式と其の性質》,载滿鐵經濟調查會编:《滿鐵調查月報》昭和七年(1932 年)第 12 卷 11 号,第 80—81、73—78、68 页。

③ [日]エ・エ・ヤシノフ:《満铁調查資料第 110 編北滿洲支那農民経済》,南滿洲铁道株式会社哈爾浜事務所,昭和四年(1929 年)版,第 417—418 页。

④ [日]エ・エ・ヤシノフ:《満铁調查資料第 110 編北滿洲支那農民経済》,南滿洲铁道株式会社哈爾浜事務所,昭和四年(1929 年)版,第 454 页。

⑤ [日]エ・エ・ヤシノフ:《満铁調查資料第 110 編北滿洲支那農民経済》,南滿洲铁道株式会社哈爾浜事務所,昭和四年(1929 年)版,第 279 页。

其次,在高度商品化的东北农村社会中,单纯以“经营地主—雇工”“地主—佃户”这样二元对立的定义来概括生产关系显然有些偏颇,东北农村的统治阶级普遍存在跨产业多元经营的特征。因当地农民生产、生活无法回避的农产品与衣料交易,导致了该地以粮栈为代表的商业资本深深介入农村生产关系。粮栈商业资本不仅通过兼业的形式与农产品加工业(如油坊、烧锅)、生活生产必需品销售业(如杂货商)企业密切合作共同控制了农产品交换领域,事实上后两者鲜有不兼营粮栈的。① 商业资本还通过兼营春耕贷款、“批粮”②、“挂买”③等多种金融手段介入到农民生产和生活领域中。另外,相当多的商业资本所有者还在农村直接购买土地,构成了乡村社会结构中庞大的不在地主阶层群体。各地农村中“不在地主的本质是除了这种纯地主之外,还是商业、高利贷资本主或旧官僚,由此可以发现:地主同商业、高利贷资本可以实现一体化。例如,经营粮栈是商业资本主积蓄的主要财源,作为不在地主他们又在农村占有了大片土地资源”④。另外,相当多的在

① [日]满史会:《满洲开发四十年史》上卷,东北沦陷十四年史辽宁编写组译,1988 年版,第 580 页。

② 滿鐵經濟調查會:《滿洲經濟年報(1935 年)》,改造社 1935 年版,第 274 页。“批粮”即农产品预卖,在庄稼尚未成熟时就将庄稼预卖给粮栈等商家,商家即期支付现金,等庄稼秋后成熟时再向农家收取农产品。这种预卖的价格一般要比较正常的市场价格低 20%—40%,本质上是一种高利贷交易。

③ 実業部臨時産業調查局:《産調資料 45—4 農村実態調查報告書 販売並に購入事情篇》,伪“康德”四年(1937 年)版,第 73—75 页。所谓“挂买”,即赊购,就是农户在粮栈中预先支取一些农产品,待一定时间以后再支付货款,这期间有时要收取一定的利息。

④ 南满洲铁道株式会社調查部:《満洲経済研究年報》,改造社昭和十六年(1941 年)版,第 264—265 页。

村地主也将大量资金投资工商业①。很多不在地主或通过姻亲关系或通过在村内寻找代理人，在乡村权力结构中具有一定的影响力。② 因此可以说，"地主层同商业、高利贷资本之间存在千丝万缕的关系，它们相互提携并构成了所谓农村中'三位一体'势力，把农村置于封锁状态，阻止农民社会的分解，维持以高地租为中心的半封建榨取，从而实现这种农村支配阶层之间的商议和幕后交易"③。

力图实现对东北农村资源全面统制和掠夺的日本帝国主义，在入侵东北后将东北农村中传统的"地主—商业资本—金融资本"支配生产关系视作其有效掠夺东北农村资源的障碍，声称"满洲的农业机构依旧限制在半封建性的框架内，农村"三位一体"的支配势力，即地主富农同商业、高利贷资本，是妨碍其生产力发展、阻碍农产品上市的根本原因"。④ 因此，要由日伪当局通过行政强制手段"同地主、商人、高利贷资本进行斗争，努力实现满洲农业的现代化"⑤。日本对东北农村有效控制掠夺机制的建立，势必伴随着对上述东北农村原有生产关系的吸纳、利用、削弱甚至瓦解。

日本帝国主义在占领东北后，为实现瓦解东北农村固有生产关系，构建对农村社会殖民化统治的图谋进行多次尝试。虽然具

---

① 南满洲铁道株式会社調査部：《滿洲経済研究年報》，改造社昭和十六年（1941 年）版，第 267—268 页。

② ［日］佐藤武夫：《スレッシヤーと北满農業》，见滿鐵經濟調査會编：《滿鐵調查月報》昭和十六年（1941 年）第 21 卷 1 号，第 110—112 页。

③ 南满洲铁道株式会社調査部：《滿洲経済研究年報》，改造社昭和十六年（1941 年）版，第 244 页。

④ 南满洲铁道株式会社調査部：《滿洲経済研究年報》，改造社昭和十六年（1941 年）版，第 236 页

⑤ ［日］满史会：《满洲开发四十年史》上卷，东北沦陷十四年史辽宁编写组译，1988 年版，第 495 页。

体政策的层面随时期不同有所调整,但其基本思路却是始终明确的,主要从下面两个方面入手。

其一,通过严酷的经济统制政策,清理、网罗并重构东北农村的固有流通关系和金融关系,从农产品销售、生产和生活资料供给、资金供应等方向上斩断东北农村自由发展的可能,进而在其支配操纵下构建新型殖民地农村生产关系。即借助对农产品和消费品市场流通领域进行统制,斩断粮栈与农民、生产厂商与杂货商进行直接交易的可能,强制将上述两种交易一律交由“满洲农产公社”和“满洲生活必需品会社”统制进行,并借口通过建立“粮栈组合制度”等商业组合的名目,将不听话的商户强行排挤出去①,进而试图将东北原有的商业资本改造为依附日伪统制机构、仅代买代卖赚取微薄手续费的附庸机构。同时借口改组现代“商业银行”、取缔高利贷大力打压排挤东北农村中的原有金融资本。在生产品和消费品流通与金融领域建立了一套便于殖民掠夺的新的农村生产关系。

其二,通过权力渗透,改造农村行政系统,瓦解东北乡村固有社会规范,构建起可保障高效榨取人力物力资源的新型农村权力体系。日本帝国主义入侵前的东北农村基本依靠乡绅根据固有乡约习惯进行自治管理,仅仅在税务和防匪等少数方面与政府机构有行政上的联系。② 伪满统治时期,在农村基层行政体制上先是

① 1937 年绥化县粮栈尚有 99 家。到了 1942 年,只有资金规模较大的 5 家专营粮栈因顺从得以加入有权收买“出荷粮”的“粮栈组合”而保留下来。其余则全部因无资格购买“出荷粮”被迫“停业”。([日]松本幸一:《特約収買人廃止後に来たるべきもの》,见满州評论社《满州評论》第 27 卷第 9 号,昭和十九年(1944 年)9 月 2 日,第 11—12 页。)

② [日]山本義三:《舊滿洲に於ける郷村統治の形態》,见滿鐵經濟調查會编:《滿鐵調查月報》第 21 卷 11 号,第 26—36 页。

实行保甲制度、继而实行“村街制”、最后实行“国民邻保组织”,逐步强化了对农村基层社会的控制。特别是在“国民邻保组织”制度下,日伪政权的基层人员不但在行政上要接受管理,在思想上也要接受控制,在经济领域更是要直接承担管理收购农产品和必需品配给,发放农村金融信贷的重任。通过“地方行政、协和会、合作社”的“一元化的指导”,实现了在基层农产品掠夺过程中,伪地方政府行政催收、协和会思想动员、兴农合作社流通及金融领域控制间“三位一体”的多重压榨关系。

日伪所力图构建的此种以掠夺为目的的殖民地经济体制下,东北原有农村生产关系受到极大冲击,各阶级、阶层均无法以原来经营手段维持其收益水平。原与农村大土地所有者连为一体的金融资本和商业资本受到了首当其冲的冲击。根据1938年对吉林、营口、锦州等地的调查,由于金融合作社的排挤和政策禁令的限制,期粮买卖等金融活动根本无法在明面上进行,当地大粮栈利息收入仅占总收入的1.04%。只是由于当时粮谷统制尚未全面实行,其粮食贩卖收益占到总收益的87.39%,总成本收益率为75.6%,尚不算不低。① 到统制经济全面实行后,粮谷买卖价格被“卡死”,粮栈于每吨大豆仅仅能赚取“两元伪币的手续费”,“这些可怜的收入已经维持不了粮栈的正常开支。油坊、烧锅原料不足,停停干干,也无利可得”。而在生活必需品零售业方面,统制的“配给品”仅持有许可证者才能得以销售,且价格也被“卡死”,完全成为“代理店。② 而贩卖这类购销价格都严格规定的“配给

① 南满洲铁道株式会社調查部:《滿洲経済研究年報》,改造社昭和十六年(1941年)版,第279页。

② 孙邦:《伪满史料丛书·经济掠夺》,吉林人民出版社1993年版,第166页。

品”,基本“无利可图”。因此,“不少商店都倒闭了”。[①]

在这种情况下,原有的大土地所有者同商业、高利贷资本之间“三位一体”的经济关系被彻底打破,土地所有者与后两者间在产业链的协作关系也已不复存在。1936 年以前,东北地区已经普遍存在土地收益率随地价递减的情况,部分人地关系紧张地区的地主已经开始大量将土地投资转入工商业[②],到 1938 年,日伪开始实行统制经济,土地收益率随地价递减的趋势进一步的扩大(见表 3-16)。常规情况下的土地投资对于大土地所有者也更加不利。这种情况在日伪强制执行粮食“出荷”和消费品统制分配政策越来越疯狂的情况下更加突出。在全部余粮甚至部分口粮都必须按照规定超低价格强制“出荷”收购的情况下,出租地主、经营地主等大土地所有者阶级所受的冲击也不比普通农户小很多。因日伪所定的“出荷价格”往往远远接近甚至远低于生产成本,“出荷”可谓与无偿掠夺无异。因各地“出荷”量被严格按照田亩预估产量推定并原则上按耕地面积平摊征收。因此,不但经营地主深受其害,依靠地租为生的出租地主亦受冲击不小。根据东北土地改革时的调查,“出荷粮”至少要由地主交纳 50%[③],一些地方甚至完全从地主的地租中扣除交纳。如此沉重的“出荷粮”负担,不但使得很多部分承担“出荷粮”的佃户难以忍受,很多地主更是因为沉重的“出荷”负担而不得不实际上降低地租,甚至把土地给人“白种”或“撂荒”。

---

① 东北局宣传部:《东北农村调查》,东北书店 1946 年版,第 218 页。

② 王大任:《压力下的选择:近代东北农村土地关系的衍化与生态变迁》,《中国经济史研究》2013 年第 4 期。

③ 东北局宣传部:《东北农村调查》,东北书店 1946 年版,第 61 页。

表 3-16　东北各地区地价、地租及土地收益率情况(1938 年)

项目 省别	地价(元)			地租(元)			土地收益率(%)		
	上地	中地	下地	上地	中地	下地	上地	中地	下地
奉天省	842	557	355	70	53	36	9.4	10.5	11.3
吉林省	385	350	155	41	32	21	11.6	13.5	14.6
龙江省	174	117	66	21	16	11	11.8	13.4	16.5
热河省	684	450	211	51	34	22	8.3	8.4	11.9
滨江省	350	217	107	36	29	19	13.6	15.3	19.2
锦州省	807	603	389	62	45	30	8.4	8.4	10.4
安东省	1060	737	509	115	75	50	11	9.9	10.1
间岛省	431	262	95	21	16	11	31.3	32	44
三江省	157	105	60	26	20	15	12.8	15.2	21.5
通化省	428	327	217	62	46	32	17.2	16.2	17.5
牡丹江省	236	174	97	23	19	10	11.9	11.9	10.8
黑河省	41	35	27	13	9	6	26.7	22.2	16.7
兴安东省	103	68	46	11	9	6	11.7	13.5	14.3
兴安南省	121	83	48	11	9	7	8.4	12.1	16
兴安西省	132	92	42	20	10	6	14.7	17.1	14.6
兴安北省	55	42	21	—	—	—	—	—	—
关东州	2012	1345	706	96	63	38	4.9	4.8	5.7
平均	465	320	189	45	34	23	11.7	12.6	14.8

资料来源:公主嶺農事試驗場農業經營科:《滿洲に於ける小作様式の分布狀況と地主の機能に就て》,见国立公主嶺農事試驗場:《南滿州铁道株式会社農事試驗場研究時報 26 号》,伪“康德”五年(1938 年)版,第 119 页。

日伪通过统制政策实现的工农产品价格“剪刀差”掠夺体制,也直接冲击了东北雇工经营的田场主。尽管日本侵略者声称,出于保障生产力的目的,要对大农经济进行扶植,但工农产品价格比率日益失衡的事实却大大提高了经营田场主的雇工成本。同 1937 年比较,1943 年粮米类批发指数为 143.8,而副食品为

414.8,衣料为267.7,燃料为310.3,工业杂品为256。[①] 特别是在“依赖雇佣劳力”的东北北部地区,“来自劳动工资的打击”很大。[②] 对于生产成本中38%为雇工工资支出的东北北部经营田场主来说[③],“生活必需品涨价和劳动工资上涨,对其的前途投下极大的暗影”。[④]

尽管日伪当局始终未对东北农村的土地制度作出根本性的改变[⑤],但大土地所有者早已无法单纯依靠雇工生产或征收地租等原有经营手段获取维持其存在的利润,这从事实上造成东北农村原有生产关系的分解,不但大批粮栈“不得不停业”[⑥],“一般地主也好,商人也好,不少的都逐渐地走向凋敝、破产与饥饿”。[⑦] 特别是很多固守原有经营方式的旧地主逐渐走向没落。[⑧] 如果再算上日本侵略者动辄直接不分阶层地掠夺中国农户土地的行径,日本侵略者统治对东北旧有生产关系的冲击和解体作用可能还要更加猛烈。不少乡村中的原有支配阶层可能一夜之间一无所有。在

① 东北财经委员会调查统计处:《伪满时期东北经济统计(1931—1945年)》,1949年印本。

② 南滿洲鐵道株式會社北滿經濟調查所:《滿人農家經濟調查報告の1:遼陽縣千山村下汪家峪屯》,昭和十六年(1941年)印本,第21页。

③ 东省铁路经济调查局:《北满农业》,1928年印本,第226—227页。

④ 南滿洲鐵道株式會社北滿經濟調查所:《滿人農家經濟調查報告の2:肇州縣朝陽村大地窩堡》,昭和十六年(1941年)印本,第20页。

⑤ [日]高橋正則:《決戰滿洲国の全貌》,山海堂出版部昭和十八年(1943年)版,第273页。

⑥ [日]浅田乔二、小林英夫:《日本帝国主义对中国东北的统治:以十五年战争时期为中心》,东北沦陷十四年史吉林编写组内部资料,1993年印本,第196—197页。

⑦ 东北局宣传部:《东北农村调查》,东北书店1946年版,第218页。

⑧ 李尔重、富振声等著:《东北地主富农研究》,东北书店1947年版,第15—16页。

"满拓"强征土地的地区,很多地主因土地被"用不合理的低价强制收买","将来失去生活之道"而怨声载道。① 另外,地主和富农阶层因为土地征用而下降为中农甚至贫农的情况亦多有发生,如在北安县第四区,1944 年共有地主 11 户,富农 5 户。1945 年,就有 3 户地主和 1 户富农因伪政权"把他们的土地强买去"而变成贫农,另有 1 户地主因同样的原因变成了"中农"。②

(二)"农产多样化"外衣下的自给农业的复苏

当时的东北农村存在着两种对立的趋势:一是传统商品经济遭到破坏,农作物种植结构向自给化倒退;二是日本殖民者根据自身需要强行推广的新兴作物呈现畸形增长。这两种趋势既揭示了伪满政府农业政策对农业生产力的破坏远大于建设,也充分暴露了日本殖民者低于成本价掠夺东北农产品的暴虐性及其不顾客观实际,强行扩张其所需农作物的荒诞性。而自给农业的复苏和日伪对市场机制和农户经营自主权的践踏,也进一步地瓦解了东北农村中原有的生产关系。

1. 粮食作物对传统商品化作物的替代

关于伪满时期东北农作物种植结构变动情况,缺乏一套完整的统计数据或能凭借推算出伪满时期的时段连续性资料。③ 相关资料大多数仅仅反映某一年或数年的情况,或记录的仅是几种主要农产品的情况(这也误导了不少后来的研究者)。特别是伪满

---

① 中央档案馆等合编:《日本帝国主义侵华档案资料选编·东北经济掠夺》,中华书局 1991 年版,第 712—714 页。

② 东北局宣传部:《东北农村调查》,东北书店 1946 年版,第 8 页。

③ 现有的不少关于伪满时期农业的研究,侧重于关注伪满政府干预下水稻、棉花等单项作物的畸形发展。这就容易造成一种错觉,即上述作物的畸形膨胀可以完全概括伪满时期东北农作物种植结构变动趋势。

后期,因局势动荡和日伪集中全力疯狂掠夺东北农产品的迫切要求,有组织的农村调查统计工作大大停滞。这也导致这一时期东北农村可信的统计数据极其缺乏。但是通过对于现存可信度较高的几项资料中,关于不同时期东北农作物种植面积比率数据的扒梳和整理结果显示,不能简单概括为特用作物的畸形发展(见表3-17)。1931—1945 年间,日伪全力扶持的水稻、棉花等作物确有很大程度的增长,棉花从 0.28%上升到 3.26%,水稻从 0.58%上升到 1.77%,然而即使到 1945 年,其所占比率仍较为有限,难以概括农产结构变动的整体趋势。相对而言,粮食作物比率的膨胀,高粱、玉米、谷子、其他粮食作物四项总和从 1931 年的 55.95%上升到 1945 年的 69.32%,以及作为东北传统商品化作物代表的小麦、大豆,从 1931 年的 41.16%下降为 1945 年的 17.18%,显然更能够代表这一时期农产物结构的变动趋势。

表 3-17 伪满时期东北农作物种植结构变动情况(1931—1945 年)

(单位:%)

作物 \ 年份	1931	1932	1937	1940	1943	1945
高粱	21.20	19.77	20.90	21.43	22.50	34.20
玉米	7.03	7.43	8.96	11.85	15.46	13.54
谷子	15.88	16.53	19.17	20.27	19.70	15.74
其他粮食作物	11.84	11.85	12.30	12.4	11.85	5.84
小麦	11.28	10.90	7.70	5.22	3.04	0.85
棉花	0.28	0.31	0.67	0.74	0.76	3.26
其他纤维作物	0.34	0.33	0.41	0.81	1.20	2.09
大豆	29.88	30.00	22.17	19.52	16.34	16.33

续表

作物＼年份	1931	1932	1937	1940	1943	1945
其他油料作物	1.42	1.72	1.96	1.73	2.35	1.68
果蔬及其他	0.27	0.68	4.42	4.29	5.17	4.70
水稻	0.58	0.48	1.34	1.74	1.63	1.77

资料来源:1931年和1932年的数据主要来自满铁经济调查会:《滿洲産業統計》(昭和七年),昭和九年(1934年)印本,第10—11页,其中"其他纤维作物"和"其他油料作物"部分参考东北物资调节委员会研究组编:《东北经济小丛书·农业(生产篇)》,1947年印行,第50—69、123—135页;日滿農政研究會新京事務局:《滿洲農業要攬》,日滿農政研究會新京事務局,伪"康德"七年(1940年)版,第416—432页上的数据;1937年、1940年、1943年数据来源于东北财经委员会调查统计处:《伪满时期东北经济统计》,1949年印本,表4—(16—18);1945年数据来源于国民政府主席东北行辕经济委员会经济调查研究处:《东北收复区(辽宁、辽北、吉林省)农产物生产量调查报告书》,1947年印本,第6页。

大豆、小麦等传统商品化作物被粮食作物替代的趋势在日本入侵前的东北某些地区就已经开始出现。为了换取该地区生产很少的衣服必需品原料,东北地区农户往往选择将一些货币价格较高的农产物大部分出售以换取货币。在日本入侵前,东北农民主要是选择将大豆和小麦作为商品投入市场而非家庭直接消费,其商品率在日本入侵前常年保持在80%以上。① 受人地压力和市场价格动荡的影响,这两项作物的种植比率在1931年前就开始在东北部分地区出现被粮食作物替代的趋势。② 不过在日本入侵以前,上述现象还仅存在于部分地区,从整体上来说并不显著。

---

① 南满洲铁道調查課:《滿洲の農業》,昭和六年(1931年)版,第191页。

② 王大任:《压力与共生:动变中的生态系统与近代东北农民经济》,中国社会科学出版社2014年版,第244—266页。

日本侵占东北后,由于时局混乱和国际市场变化等原因,东北地区的传统商品作物贸易受到很大冲击。以大豆为例,有报道称,“东北方面大豆、白米生产,亦告过剩。于去年(1933 年)竟有将大豆作燃料的骇人事件”。[①] 又说,“大豆近来行市节节下落……往年视同黄金之粮产,而今至无人过问”。[②] 贸易市场的萧条加速了商品化作物在农户种植领域的退出。

不过对传统商品化作物冲击最大的因素还是日本帝国主义对东北农产品的掠夺政策。特别是在制定掠夺方针时,对东北大豆提出要“奖励多种经营农业”,对其加以“抑制”“替代”,进而实现东北农产品种植结构向日本军需战备急需的“特用作物”转变。[③] 而对于小麦,日伪当局虽然名义上也提出要“改良增产”,但与棉花、洋麻、大麻子等更急需的战备物资相比,对促进其生产所做的工作亦可忽略不计。特别是随着日本帝国主义深陷战争泥潭,其对东北地区农产品的掠夺政策也越来越带有杀鸡取卵似的疯狂。在这种情况下,农家出售传统商品化作物获取货币收益的可能性也更加渺茫。

日本对于东北农村农产品的掠夺主要是通过对于其流通领域的掌控来实现的。即通过伪“满洲国”国家机器强力介入粮栈等东北农产品原有收购机构,使农民一切出售农产品的行为必须按照规定的价格在日伪政府监视下进行,以远低于合理市价甚至生产成本的“公定价格”强制低价征收农民出售到市场上的一切农产品。据调查,1939 年伪满各地很多农产品的“出荷价格”尚不及

① 《银行周报》1934 年第 18 卷第 6 期,国际要闻第 2 页。

② 《钱业月报》1931 年第 11 卷第 2 期,杂录第 21 页。

③ 满铁经济调查会:《满洲农产品改良增产方案(大豆)》,昭和十年(1935 年)版,第 3—14 页。

生产成本的一半①,可见其掠夺的残酷性。而雇工、肥料等生产成本价格也随着日本侵略者经济统制政策的推进逐步升高。因出售农产品尚收不回成本,农民对于农业生产资金投放的积极性很低,肥料、畜力、雇工等要素投入数量明显不足。这导致伪满统治时期东北农业生产力遭到极大破坏,东北农作物的亩产量连年下降,1931—1944 年仅高粱、玉米、粟米三种主要粮食的亩产量就下降了 13.3%。② 在这种情况下,农民实际上投入越多亏损越大,势必倾向于选择地生产成本的作物。根据 1939 年伪满"产业部"的统计,东北大豆每石的生产成本为 7.47 元,小麦为 9.36 元,高粱为 5.09 元,玉米为 4.92 元,小米为 4.72 元。③ 另外,小麦受病害影响颇大,还存在着收入不稳定的问题。在市场价值规律完全无效的情况下,选择粮食作物远比传统商品化作物更容易降低生产成本上的风险。

特别是到了伪满后期,日伪的"粮食出荷"越来越带有强制性,其数量则完全依靠日伪当局的需要落实到每家农户。为了保证"出荷"数量的完成,日伪政府往往"与农民签订'出荷'契约,春订秋不变",不管秋后收成如何,都强迫农民如数"出荷"给日伪组织的"出荷督励班"。一些地方甚至发展到"武装出荷"这种明火

① [日]浅田乔二、小林英夫:《日本帝国主义对中国东北的统治:以十五年战争时期为中心》,东北沦陷十四年史吉林编写组内部资料,1993 年印本,第 373 页。

② 东北物资调节委员会研究组编:《东北经济小丛书·农业(生产篇)》,1947 年印行,第 4—5 页。

③ 日滿農政研究會新京事務局:《滿洲農業要攬》,日滿農政研究會新京事務局,伪"康德"七年(1940 年)版,第 446—464 页。

执仗地抢劫行径。① 当时东北地区的出荷额往往占粮食生产总额的一半以上。② 不少地区农民将自己所生产的粮食大半都交了“出荷”,连种子、饲料、口粮都所剩无几。③ 面对日伪政权“杀鸡取卵”式的掠夺,东北农村的粮食自给都成为问题,传统商品化所带来的些许货币收入对于东北农民来说更加没有实际意义。除大豆尚因土地轮作原因保留一部分种植外,大批种植传统商品化作物的土地被生产成本更低、生存需求更为迫切的粮食作物所取代。

2. 虚构的“农业经营多样化”

在伪满统治时期,大豆以外的油料作物、棉花等纤维作物、水稻等均取得了一定程度的发展。虽然每项增加的幅度有限,但相加起来却也不容忽视。如表 3-17 所示,1931—1945 年间,大豆以外的油料作物的种植比率从 1.42%上升到 1.68%,水稻从 0.58%上升到 1.77%,纤维作物从 0.62%上升到 5.35%。另外“果蔬及其他项”也从 0.27%上升到 4.7%。这是日本帝国主义支撑和扩大侵略战争、满足国内生产与消费的需要,而非如一些日本右翼研究者所称,这种农业生产的多样化是日本统治东北农村过程中“新作物栽培技术”和“化学肥料、农业药剂使用技术掌握”的结果,是“日本对满洲经营”的“无形的成果”。④ 事实上,日本帝国主义对伪满地区和关内沦陷区的农业掠夺,除了具有比较优势的

① 孙邦:《伪满史料丛书·经济掠夺》,吉林人民出版社 1993 年版,第 44—45 页。

② 孙邦:《伪满史料丛书·经济掠夺》,吉林人民出版社 1993 年版,第 186 页。

③ 中国人民政治协商会议黑龙江阿城市委员会文史资料委员会编:《阿城文史资料》第 7 辑,1996 年印本,第 68 页。

④ [日]满史会:《满洲开发四十年史》上卷,东北沦陷十四年史辽宁编写组译,1988 年印本,第 522 页。

固有农产品外，消除或调整日本本土与各个殖民地、占领区间“供给上的不均衡”，可能在日本殖民地体系的设计中更加重要。由于各殖民地、占领区间物资流通的“不畅”，特别是货币贸易常“与危险相伴”，日本帝国主义显然更倾向于将各殖民地、占领区间的农产品进行工业加工后交换而非简单地将初级农产品在殖民体系中流通。① 日本侵略者早在1933年的伪满“经济建设纲要”中就提出，宜“对于仰给外国农产品讲求自给之法”。② 随着日本在太平洋战场上的溃败，这一问题的解决愈发突出。

对于棉花、洋麻等纤维作物，水稻、大麻子和小麻子等“特用油料作物”的种植，日本侵略者表现出了不小的重视，这几种作物在伪满时期无论种植面积还是种植比率都有较大提升。棉制品历来系输入东北最大宗的商品之一，扩大东北地区自产棉花的种植也一直被日本军国主义者视作“充实‘满洲’战略资源”的重要举措。而洋麻“可供做优良麻袋之原料”，扩大种植可实现掠夺农产品必不可缺的“麻袋之自给自足”。水稻的种植可以确保日军军需的大米。而大麻子则“不仅可为飞机及其他精致机械之润滑油，在药用方面，亦颇重要”；小麻子亦随日本“转向战争”，而“需要骤增”，对于这两种急需掠夺的农作物，日伪也“劝导强制并行”，尽力扩大其种植的比率。而那些日伪认为战备上并不急需的纤维和油料作物，不但在生产组织上不被重视，甚至还经常压制，以促其让位于前者。不仅如前文所示，日伪一直在极力以“农业经营多样化”替代大豆，还因伪满对大麻子等战备急需油料作

① 太平洋贸易研究所：《东亚共荣圈经济循环の基本图式》，昭和十七年（1942年）版，第15—18页。

② 中央档案馆等合编：《日本帝国主义侵华档案资料选编·东北经济掠夺》，中华书局1991年版，第32页。

物“严定限量,迫令供应,致农民对芝麻以及落花生、向日葵等已无暇顾及”。因此这几种油料作物的作物种植比率均在伪满统治时期出现持续下滑。对原来东北地区种植较多的青麻,日伪亦“拟利用青麻之耕种面积,谋洋麻之增产,乃以统制价格政策,抑制当地种植青麻”。① 甚至伪满的农事实验机构为此还刻意终止了对青麻的农事改良实验。② 尽管青麻对于东北农村乃不可或缺的重要作物,农民不但“需求甚殷”,还多通过私下交易逃避日伪统制政策,其种植比率在伪满统治时期还是下滑。

显然,伪满时期东北农作物的种植结构变动中,日本侵略者为掠夺战略物资而进行的设计干预起到了至关重要的作用。伪满时期的“农业经营多样化”完全是为日本侵略者掠夺需要而“量身定制”催生出的。不过,日伪极力推行种植的很多作物当时在灌溉、肥料、病虫害防护、栽培技术等方面的条件并不具备,且“出荷”收购价格更是低于生产成本,因此多数东北农民对于这些作物的种植常常是消极甚至抵触的。同时,日伪当局在东北农村中有限的行政控制力往往又集中于对农产品的搜刮过程,对生产过程的直接干预能力相对有限。因此,只有对其最为急需的棉花、水稻、麻类等少数几种农作物才是“应力图积极改良增产”,而对大豆、高粱、玉米等大多数农作物则“任其自然发展”。③ 对于前者,即使其种植对农民十分不利,日本侵略者仍有可能通过强制手段实现其小范围内的种植面积比率增长。如棉花种植,因其收成极易受冻

① 东北物资调节委员会研究组编:《东北经济小丛书·农业(生产篇)》,1947 年印行,第 58、62、64、123 页。

② [日]满田隆一:《满洲农业研究三十年》,建国印书馆伪“康德”十一年(1944 年)版,第 70 页。

③ 中央档案馆等合编:《日本帝国主义侵华档案资料选编·东北经济掠夺》,中华书局 1991 年版,第 41 页。

害和虫害因素影响而很不稳定，且日伪所订收购价格也极低，伪满时期的种棉户往往怨声载道。[①] 不过，一方面日本殖民者对棉花的生产和交易实行了严格的统制。将棉花的收购数量直接在年初时以“出荷”指标的形式逐级下达至每一农户，并在收获时，以不足平常市价 1/10 的价格强制收购农户收获的所有棉花，并严禁农户私下里进行任何形式的棉花交易。“对完不成棉花出荷的户，则施以酷刑，如‘跪板凳、打板子、压杠子、灌凉水’等等。至于翻箱倒柜、打骂群众，则是家常便饭”。[②] 另一方面，日伪当局还或多或少地订立一些“奖励”措施来引诱农民种棉。如设定一定“种棉奖励金”、对棉花种植组织一些诸如棉种消毒之类的技术指导、对棉花“出荷”者额外配给一定的豆油、肥料、棉布、粮食等。[③] 其中最后一点对当时东北农民的诱惑力尤大。因为在伪满统制经济体制下，“出荷”农产品是普通农户取得上述配给品的几乎唯一途径。正是由于伪满政府这种对棉花种植不遗余力的威逼利诱、强制推广，东北棉花的作物种植比率从 1931 年的 0.28%膨胀至 1945 年的 3.26%。其中以伪满农产品统制政策最为疯狂的 1943 年至 1945 年尤为突出，比率从 0.76%暴涨至 3.26%。

尽管日伪当局对其所需农作物进行了手段残暴的掠夺，并造成了一些作物种植比率的畸形膨胀。但是，这种建立在凶暴威逼基础上的膨胀，毫无生产力组织上的支撑，其膨胀程度归根结底是不可持续的。不但农民在日本侵略者敲骨吸髓的掠夺下全无增加

① 王大任:《退出的近代性:近代以来东北棉花种植业的兴衰》,《中国经济史研究》2016 年第 1 期。

② 中国人民政治协商会议义县委员会文史资料委员会编印:《义县文史资料》第 1 辑,1985 年版,第 48 页。

③ 东北物资调节委员会研究组编:《东北经济小丛书·农业(生产篇)》,1947 年印行,第 120—122 页。

生产的动力,日伪当局对于农产品增产的手段也多半依赖于单纯的威逼,很多地区的农产品增产仅仅依靠政策的宣传、强制开发很多不适合耕作的“荒地”和强迫非农劳动力参加农业生产。① 在基本的软硬件条件都不完备的情况下,很多急需农作物的种植面积的增长都受到严重制约。以水稻种植为例,因栽培经验和技术只在日本和朝鲜移民中传播,直至光复,东北人民普遍“仍缺乏耕种水稻经验和技术”②,加上水利设施修建速度和技术远低于需求等原因,种植面积比率的增长长期乏力。虽然由于大批朝鲜移民在“九一八事变”后开始在东北经营水田,水稻的种植比率迅速地从1931年的0.58%上升到1940年的1.74%。但在水稻需求更加迫切的1940年以后,其种植面积的扩张速度却相对于其他作物明显放缓了,仅保持在1.7%左右,甚至伪满后期水稻生产力反而出现了整体上日渐下降的情况。另外,由于基层对生产的控制力有限,日本侵略者常常在“督励”“急需”的农作物增产时,常常顾此失彼。如洋麻,尽管日伪当局对其的需求十分迫切,在多方努力下种植面积比率也有了一定提高,不过在伪满后期,因地方行政系统的“指导”明显地向更需要的棉花作物集中,对洋麻关注甚少,大大影响了洋麻种植面积的进一步扩大。甚至像苏子,尽管“苏油为高级涂料,军事方面需要最大”,但因伪满政府不但收购价订立得极低,且无余力顾及在乡村中组织人力物力进行生产和病虫害防治,苏子的种植面积比率不增反降。③

① 中央档案馆等合编:《日本帝国主义侵华档案资料选编·东北经济掠夺》,中华书局1991年版,第456—460页。

② 金颖:《近代水稻传入东北及其影响研究》,《中国农史》2010年第3期。

③ 东北物资调节委员会研究组编:《东北经济小丛书·农业(生产篇)》,1947年印行,第127、56—57页。

日伪所谓的“农业经营多样化”，只不过是根据其需要设计的掠夺手段。非但没有任何市场化分工的进步因素，一定程度上反而加重了东北农民的痛苦。另外，日本侵略者所急需的很多作物扩张的乏力，暴露了其农村政策长于掠夺而短于发展生产的特征，也揭示了其统治荒诞暴虐的本质。从另一个角度来看，日伪对于农产品生产领域的干预，不但瓦解了东北原本发达的农产品商品经济，还在进行干预的同时对当地原有的生产关系构成了极大的冲击。

（三）伪满统制下东北农村殖民地生产关系的确立

伪满时期，日本侵略者试图对东北农村的乡村流通金融和基层权力体系进行彻底的殖民地化改造。不过，在东北农村经济逐步走向自给化以及旧有农村生产关系瓦解的同时，东北农村的生产力与经济秩序也受到了严重破坏，日本侵略者对农产品的掠夺也不可避免地相应受阻。另外，日本帝国主义者对东北农村殖民统治的基本性质，使得绝大多数农村民众抵触排斥其统治，从而导致其既缺乏足够的基层信息获取，也缺乏足够可靠的乡村基层工作人员。因此，尽管东北乡村原有乡村生产关系和权力结构解体，日伪对东北乡村的基层控制实际能力始终有限。

粮栈和乡村中的大土地所有者尽管在日本侵略者的殖民地经济体系的设计中，被大大排挤和削弱了，但是他们手中却掌握着日本侵略者不具备的优势条件：对生产和交易信息的直接掌握。尽管日本殖民者对东北农村进行了多次调查，但是无论是日伪的调查机构还是主管基层农村工作的兴农合作社，都无力有效掌握农村中关于粮食生产的基层信息。粮栈虽然在新的殖民主义流通体系中受到极大压制排挤，但是不少直接进行农产品交易的交易场却仍掌握在粮栈手里。随着农产品统制政策的逐步扩大，交易场的情况更为复杂。不但由于场地不足,很多交易场必须设在“粮栈院内”,很多直接从事“出荷”工作的检查员也不得不直接由粮栈的伙计充任。① 伪满当局尽管处心积虑地对东北乡村权力体系进行了渗透,绝大多数村屯差役仍是由原来乡村中的乡绅充当,以大土地所有者为代表的固有支配阶层仍在当时东北基层乡村中实际直接把握着权力。“村长及屯长在满洲地方社会中占据重要地位,他们的家庭背景及社会地位毋庸赘述,他们有的是地主,有的是大经营者,有的是其土地的开拓者”。② 针对这些问题,日本侵略者尝试以“行政、协和会、合作社”一体化的方式进行解决。希望通过协和会所进行的“建国思想”的思想控制和兴农合作社业务工作上的技术扶植来改造乡村基层权力体系中的固有势力。然而无论在协和会还是兴农合作社中,基层“骨干”的工作人员可谓少之又少,对乡村支配阶层的影响力十分有限。对于乡村经济信息的掌握和基层权力的控制,“无论哪项工作也未取得预期的成果,实际上限于破产的状态。”③

在这种情况下,东北农村旧生产关系中的统治阶级尽管受日本侵略者统制经济的影响无法再以过去常用方式获取利益,但是经营活动却可以在日本殖民统治的新背景下重新布局。在这一时期,部分大土地所有者、商业流通资本、农村金融资本,开始尝试借助日本殖民体系构建过程中的信息优势和直接行使行政权力的便

① 鐵道總局調查資料課:《農產物交易場整備廢合問題概況》,见滿鐵經濟調查會编:《滿鐵調查月報》第 21 卷 11 号,第 194 页。

② [日]小野武夫:《民族農政学》,朝倉書店昭和十八年(1943 年)版,第 291 页。

③ [日]浅田乔二、小林英夫:《日本帝国主义对中国东北的统治:以十五年战争时期为中心》,东北沦陷十四年史吉林编写组内部资料,1993 年印本,第 237 页。

利，为自己规避殖民体系构建的冲击，甚至从中谋利。他们在日本殖民者的高压下必须有选择性地执行部分行政命令，同时又不时有悖日本侵略者对自身利益有害意图，周旋应对，力争为自身"趋利避害"。但不管怎么说，他们的经济行为莫不打上殖民地社会的新烙印，是在殖民体制内部换了一种新的身份，试图继续保持其经济利益和在乡村社会中的支配优势。

在伪满统制经济下，地主和经营田场主等大土地所有者所面对最主要的冲击就是，沉重的"出荷"负担和不断增加的雇工成本。但如果大地主阶级在日伪乡村行政体系的构建过程中掌握了权力，则完全可以转嫁部分或全部负担。日伪粮食强制"出荷"数量原则上是按照土地的面积和质量均摊，而在将"出荷额"实际分配到户时，具体如何操作却完全由直接掌握基层信息和操作权的村屯等基层机构来决定。"在出荷之前，有上级和村公所的人来订契约，一区出多少，数目是确定了的，但是张家出多少，李家出多少则是可以变更的"。① 当时伪满农事的工作人员亦不得不承认"假令县署对各村的分派能够公平，可是向村内各农家的分派未必得到公平"，"村长或屯长不对自己的亲戚或有关系者分派，意向无关系的农家多多分派"。② 在满拓地上，尽管所有地照都被上缴，而所谓的"土地经理人"尽管没有多少明面上的收入，不过他们仗着日本侵略者给予的"管理"特权，通过"吃黑地"（通过向满拓上报虚假的荒地情况或私自开荒，把土地变成自己的私产），"吃黑租"（在满拓规定租额上额外加收，或对满拓规定免租的新

① 东北局宣传部：《东北农村调查》，东北书店 1946 年版，第 15 页。

② 刘祖荫：《合作社与兴农会》，满洲经济社，伪"康德"十一年（1944 年）版，第 59 页。

垦地私自收租,从而中饱私囊),克扣贷款和赏金等手段为自身谋利。[①] 尽管失去了土地所有权,但他们实际在“满拓地”上实行了比传统乡村租佃关系中更加残酷的经济压榨。

面对雇工成本逐年上升的问题,掌握基层实权的大土地所有者则可以借助手中的权力压低雇工成本。当时东北农村的村民非常怕出“劳工”,出劳工不但要经常挨打受骂,食不果腹,很多情况下还有生命危险,“光在黑河死的劳工,就有三千多”[②]。可是各户出劳工的分摊数量仍掌握在基层的村屯长手上。很多掌握劳工分派权力的经营地主,以作其雇工不出劳工为前提,苛刻地压榨雇工。如海龙县白家窝子的黄平安,与“村长有亲戚”,两个儿子也均在伪政府中做事,因此,劳工名额可以“设法派到别人头上”,“雇工给他干活不出劳工,少给工资,雇工不敢计较”。[③]

在乡村市场流通体系中,日本侵略者妄图将农村农产品的出售和必需品的购买都必须纳入其全面统制之中,粮栈和杂货商等民族商业资本仅能充当收取固定手续费的代理商角色。不过,在日本对流通领域改造的过程中,后者却总能借用对基层信息的掌握和与乡村基层行政机构的勾结,使自身在日伪统制所造成的物资匮乏中额外受益。就农产品的收购而言,尽管日伪当局要求“农民将其全部剩余货物出荷到粮栈,专管公社从粮栈将其全部收购”[④],并严禁农民与粮栈之间的一切私自交易,“不得在农产物

① 李尔重、富振声等著:《东北地主富农研究》,东北书店 1947 年版,第 12—14 页。

② 东北军政大学总校:《奉天屯的调查》,1947 年印本,第 2 页。

③ 李尔重、富振声等著:《东北地主富农研究》,东北书店 1947 年版,第 103 页。

④ [日]武村次朗:《满洲第一線》,第一書店昭和十六年(1941 年)版,第 83 页。

交易场或地方行政官署指定之场所以外之场所卖渡粮谷”。[①] 不过实际上，掌握交易场的兴农合作社根本“不能有力地对抗商业资本和高利贷资本的势力”。[②] 很多粮栈通过与兴农合作社和经济警察勾结，导致私收农民粮食并进行黑市买卖的情况非常普遍。“通过这种农村的支配阶层间的商议和幕后交易，使之出现特产物的反统制处置”。[③] 当时东北的农民多有偷着出售粮食给粮栈的地下交易经历。一些被排挤出“粮栈组合”而名义上“停业”的粮栈，也莫不把农产品黑市交易当作主要业务。[④] 在交易场粮食质量划分时操纵程序的随意性，导致粮栈可以勾结兴农合作社的“检查员”，将质量高的“出荷粮”“掉包”进行私下交易。[⑤] 随着日伪粮食统制机构的不断膨胀，很多“交易场检查员不足和技术差”，有些甚至根本就是“粮栈伙计”，交易场很多就在“粮栈院内”，导致“粮栈非法交易横行”的情况愈加严重。[⑥] 粮栈把私收的农产品大量高价卖到黑市上，导致农产品黑市交易盛行。1942年，仅伪都“新京”（长春）一地就查处违反《粮谷管理法》的粮食

① 《粮谷管理法》，见《“满洲国”政府公报》，伪“康德”七年（1940 年）九月三十日，第 1929 号，第 1 页。

② 中山経済研究所:《日満食糧一体方針と満洲農産の増強施策》，昭和十八年（1943 年）版，第 21 页。

③ 南満洲铁道株式会社調查部:《満洲経済研究年報》，改造社昭和十六年（1941 年）版，第 244 页。

④ ［日］松本幸一:《特約収買人廃止後に来たるべきもの》，见满洲評论社《満洲評论》第 27 卷第 9 号，昭和十九年（1944 年）9 月 2 日，第 13—17 页。

⑤ 滿鐵經濟調查會:《滿洲經濟年報》（昭和十三年版），改造社 1939 年版，第 281—282 页。

⑥ 鐵道總局調查資料課:《農產物交易場整備廢合問題概況》，见滿鐵經濟調查會编:《滿鐵調查月報》第 21 卷 11 号，第 194 页。

走私案 2397 件。[①]

就必需品的销售而言,日本殖民当局对其供给量通过严格的配给制度加以限制。在配给制所造成的物资紧缺条件下,日伪当局一面大幅度抬高统制的必需品价格,一面将一些必需品的供给与农户的农产品"出荷"数量挂钩,以此最大限度地迫使农民"出荷"农产品,如在 1942 年的"出荷"中,对于出粮者实行生活必需品之特别配给,即对粮食类"出荷"一吨者,特配以棉布 15 平方码,棉线 1 轴、袜子 1 双、毛巾 1 枚。[②] 这些配给必需品在农村的分派权直接掌握在伪政权的村、屯吏役手中,其中很多人依靠克扣配给品大发横财。很多伪村长把配给的棉布等物克扣后,拿到自家开的店里售卖。如桦川县的村长周春林,"兼配给店主事,克扣配给,变卖配给品"。[③] 日伪所分派的配给品不过是为赤裸裸的粮食掠夺行为进行些许"亲善爱民"粉饰的遮羞布,其数量本就极其有限。被村、屯长二次盘剥后,农民所得到的必需品更加无法满足基本需求,只能去杂货店或油坊等商业店铺中购置。而在当时严酷的统制经济政策下,此类店铺不但要有"配给物专卖许可证"才能营业,而且在敌伪内部要有相当势力才能避免伪"经济警察"动辄以"经济犯""国事犯"罪名进行敲诈勒索。[④] 而这些"有特殊联络特殊靠山"者,不但随意哄抬物价,"价格比一般配给卖价是要高百分之

① 中央档案馆等合编:《日本帝国主义侵华档案资料选编·东北经济掠夺》,中华书局 1991 年版,第 175 页。

② [日]稻垣征夫:《决战下"满洲"兴农政策大纲》,见[日]斋藤直基知:《"满洲国"指导综揽》,"满洲"产业调查会,伪"康德"十一年(1944 年)版,第 315 页。

③ 李尔重、富振声等著:《东北地主富农研究》,东北书店 1947 年版,第 82 页。

④ 东北局宣传部:《东北农村调查》,东北书店 1946 年版,第 218 页。

三十至五十”，而且常常在货物里“掺假”，“小秤出大秤入”[①]，或是在布匹尺寸上作假，“没有一个老百姓敢回来找账的”。[②]

在乡村金融体系中，尽管日伪名义上禁止高利贷交易，并号称通过新农合作社贷款和农产品“出荷”的“先钱制度”解决农民的生产资金问题。实际上，下层农民根本无法从这些官方借贷中得到资金支持。金融合作社所发行的“春耕贷款”等农业金融贷款，因“需要严格的土地担保，大量下层农户并不能享受其所带来的好处”[③]，“放款的对象，主要是能提供担保（土地）者，或能提供特产的富农、中农”。[④] 而农产品“出荷”的“先钱”资金，原则上“被发放者是出荷者，然而被发放者有时会是地主，并不一定需要交给生产者”。[⑤] 从银行和合作社借不到钱的农民，不得不私下和地主借各种名义上被禁止的高利贷。年利30%—40%的青苗高利贷在当地村、屯长的掩护和支持下依旧被粮栈贷给农民。[⑥] 很多地主甚至通过将合作社中的资金“低息借入，高息放出赚取套利”。[⑦]

---

① 李尔重、富振声等著：《东北地主富农研究》，东北书店1947年版，第7页。

② 孙邦：《伪满史料丛书·经济掠夺》，吉林人民出版社1993年版，第166页。

③ 滿鐵經濟調查會：《滿洲經濟年報（1935年）》，改造社1935年版，第514页。

④ ［日］满史会：《满洲开发四十年史》上卷，东北沦陷十四年史辽宁编写组译，1988年版，第479页。

⑤ ［日］東洋経済新報社：《日本経済年報》，第52輯（昭和十八年第1輯），昭和十八年（1943年）版，第190页。

⑥ ［日］小野武夫：《民族農政学》，朝倉書店，昭和十八年（1943年）版，第298—299页。

⑦ ［日］满史会：《满洲开发四十年史》上卷，东北沦陷十四年史辽宁编写组译，1988年版，第480页。

借助日伪行政权力向农村渗透过程中所掌握的权力,东北农村固有支配阶级中的土地所有者、商业资本家、高利贷资本家中的一部分选择依附和利用日本殖民主义经济体制,获取不菲的利益,与伪政权的各级官吏一道构成了对东北农村一种新的"四位一体"的支配关系。然而,就此支配关系自身的性质而言,一方面其谋利的权力来源于日伪行政体系的赐予,其谋利的手段必须借助于日伪统制经济政策来实施,可以说其利益的实现依赖于日伪殖民主义体制;另一方面,其种种谋利手段却也是通过对殖民经济体制的腐蚀和破坏实现的。对于日本殖民主义者而言,他们仍是在"供出、配给及其他各处表现出来违反'国家'(行为)"的"封建孤立性之残渣"。① 他们可以说是日本殖民权力渗入东北农村基层社会受阻情况下,"异化"出的新阶层。他们既因依附于日本殖民势力而对立于农村中的所有固有阶层,又不能简单地归结为日伪的"代理人",事实上他们经常不得不在严酷的统制经济环境下与日伪当局"争利"以确保自身的收益,这也使得他们的经济行为表现出极端"唯利是图"的特征。

(四)殖民地生产关系中阶级矛盾的激化

李尔重曾对东北殖民地农村生产关系下的新兴支配阶级做过精辟的概述,"哄了日本鬼,苦了中国人"②。这一概括形象地表达了下列事实:在新的殖民地乡村生产关系中,新兴支配阶级借助日伪统制经济介入农村时出现的缝隙为自身谋利,固然钻了日本侵

① [日]坂田修一:《协和会之实践运动—以康德十年度之方针为中心》,见[日]斋藤直基知:《满洲国指导综揽》,满洲产业调查会,伪"康德"十一年(1944年)版,第605页。

② 李尔重、富振声等著:《东北地主富农研究》,东北书店1947年版,第7页。

略者的空子,但是其行为绝非挑战殖民主义经济掠夺体制,减轻其支配下乡村民众的痛苦。恰恰相反,他们作为日伪残暴掠夺经济下的“争利者”,其经济行为不可避免地带有只贪婪于短期利益最大化的特征。可以说,该阶层的存在无形之中加大了日伪统制经济掠夺对于普通农村民众的伤害,加剧了东北农村中的阶级对立。

尽管日本侵略者的农业掠夺政策对东北农村无论是出租地主、经营地主、自耕农、佃农、雇工等各个阶层都造成了不同程度的冲击,但是该地区长期以来一直存在的土地占有不公的问题不但没有缓和,反而更加尖锐。如表 3-18 所示,一直到 1936 年,东北传统生产关系长期以来所形成的趋势是:土地租佃主要集中在东北中部地区,北部由于地广人稀,大土地所有者一般选择雇工经营,因此租佃关系相对不发达。而南部地区因人地压力过大,土地投资的收益下降,资本多转而向工商业流动,造成了当地小农场自耕农异常发达的“均贫化”现象①。到了 1941 年,由于日本帝国主义者大肆掠夺土地,导致了不少地主与普通农民一样因土地被夺而破产。但是,一方面日本侵略者土地掠夺“导致农民和部分地主破产;另一方面,因农民土地愈加短缺,一些地主豪强依附和勾结日伪,更加不择手段的兼并农民土地,加重地租剥削,地权也进一步集中”②。因此,直到 1941 年(见表 3-19),租佃生产关系非但没有明显衰退的迹象,相反在东北北部和南部的很多地区,分别由于日本侵略者全面统制掠夺农产品交易市场而导致的雇工农场大量破产和工商业资本回流农业等原因,租佃生产关系反而有所扩张。

---

① 王大任:《压力下的选择:近代东北农村土地关系的衍化与生态变迁》,《中国经济史研究》2013 年第 4 期。

② 《延吉市志》,新华出版社 1994 年版,第 141 页。

表 3-18　东北各地区土地使用情况(按经营面积划分)(1934—1936 年)

项目 \ 地区	"北满"		"中满"		"南满"	
	数量(垧)	比率(%)	数量(垧)	比率(%)	数量(亩)	比率(%)
所有面积	8079.2	100	2375.14	100	200064.34	100
自耕面积	4120.7	50.7	904.40	31.1	14425.11	71.3
租佃面积	3999.6	49.3	1462.58	68.9	5630.13	28.7

注:"北满""中满"面积单位原为"垧",按 1 垧=10 亩,折合为亩。

资料来源:伪"滿洲國"國務院產業部大臣官房資料科:《小作関係並に慣行編:康德元、二、三年度農村實態調查報告書》,伪"康德"五年(1938 年)印本,第 14 页。

表 3-19　东北各地区土地使用情况(1941 年)

省别 \ 项目	所有土地		自耕土地		租佃土地		典入土地	
	数量(陌)	比率(%)	数量(陌)	比率(%)	数量(陌)	比率(%)	数量(陌)	比率(%)
奉天省	18054.461	100	10733.026	59.45	7223.470	40.01	97.997	0.54
吉林省	28322.256	100	10736.705	37.91	17382.983	61.38	202.568	0.71
龙江省	13481.029	100	7682.776	56.99	5754.153	42.88	44.100	0.33
热河省	3537.319	100	2993.631	86.40	536.347	15.19	7.341	0.21
滨江省	10260.985	100	4879.069	47.55	5339.569	52.04	42.347	0.41
锦州省	8501.326	100	5884.063	69.21	2544.175	29.93	73.106	0.86
安东省	6377.766	100	2605.795	40.86	3579.076	56.12	192.865	3.02
间岛省	6592.820	100	2473.270	37.51	4117.86	62.46	1.690	0.03
三江省	10850.688	100	4191.928	38.62	6598.155	60.81	60.605	0.56
通化省	4253.913	100	793.242	18.64	3448.561	81.08	12.110	2.08
牡丹江省	34312.553	100	787.613	22.95	2636.930	76.85	6.710	0.20
四平省	20230.684	100	6815.611	33.69	13344.783	65.96	70.290	0.35
兴安东省	1292.515	100	833.023	64.45	459.492	35.55	0	0
兴安南省	6707.578	100	5150.890	76.79	1507.048	22.47	49.640	0.74
兴安西省	3666.608	100	1398.865	38.15	2267.643	61.85	0.100	0.00001

续表

项目 省别	所有土地		自耕土地		租佃土地		典入土地	
	数量（陌）	比率（%）	数量（陌）	比率（%）	数量（陌）	比率（%）	数量（陌）	比率（%）
北安省	15340.266	100	6612.902	43.11	8615.692	56.16	111.672	0.73
平均	160901.467	100	74572.409	46.35	85356.819	53.05	973.139	0.60

资料来源：興農合作社中央會調查課：《康德八年農村戶別概況調查報告書·土地所有関係、經營地及宅地関係篇》，伪"康德"十年（1943年）版，第Ⅱ—Ⅲ，2—3，102—103、160—161、218—219、254—255、278—279、330—331、354—355、386—387、420—421、481—482、566—567、644—645、686—687、710—711、748—749页。

当日伪当局在东北农村强制执行"粮食出荷"政策后，粮食出售价格尚不及生产成本，粮食种得越多，实际亏损也越多，又有很多地主因此而破产。特别是"许多旧脑筋的封建地主，统治本领不能满足日寇的要求"，"不能参加敌人统治系统之内，他便真的走向没落"。① 尽管农业生产如此恶劣，东北农村中却出现了很多大规模土地投资的例子。这些土地投资者很多系伪满各级官吏及其亲友，因他们可以借助手中的权力规避"出荷"的负担，因而有条件大量置地。如拜泉县时中区里各级伪政权官吏"不出荷，不负担"，因而多大肆兼并土地。在"满拓地"上，很多"流氓、无赖、小偷、给胡子拉线的无业游民"，因"积极支持敌人、更残酷更无理"而一跃成为大片土地的实际支配者。② 另外，伪满时期在农村大量置地的还有以粮栈为代表的商业资本家。此类商业资本家在统制经济强化下，经营业务举步维艰，因此，他们向土地的投资具

① 李尔重、富振声等著：《东北地主富农研究》，东北书店1947年版，第15—16页。

② 李尔重、富振声等著：《东北地主富农研究》，东北书店1947年版，第16页。

有资本向农村逃离的因素。[①] 不过,随着日本经济掠夺政策向农村的深入,特别是粮食"出荷"政策出台后,投资农业变得无利可图。很多商业资本投资失败并在农村置地者又纷纷卖掉了他们的土地。[②] 然而仍有不少经营粮栈的商业资本家在农村大肆置地,其目的主要是为囤积用于农产品黑市贸易的货源提供便利。"经营粮栈是商业资本主积蓄的主要财源,而作为不在地主,他们又拥有大片土地,他们把作为地租收来的大豆贮藏在屯中自己的谷仓中"。[③] 因此,"城市中的一部分浮动的当地资本,特别是农村的当地资本,在统制强化之中,紧紧抓住收取机构(兴农合作社体制下的"粮栈组合"),配合地主层,通过各种方式囤积居奇,从事黑市交易,成为极大妨碍生产流通的主要原因"。[④] 这些粮栈一般通过出资财东个人身份在农村置地,收取实物地租,再通过所出资的粮栈拿到黑市上出售。

在不少地区,尽管伪满的统制经济政策极度摧残农业生产,这些地区的大土地所有者仍占有大量土地,土地占有不均的程度远远高于日本入侵前的平均水平。如榆树县五棵树区的盟温站屯,东北光复时只占全屯人口 4.9% 的地主占据了全屯 68.1% 的土

① 孙邦:《伪满史料丛书·经济掠夺》,吉林人民出版社 1993 年版,第 166 页。

② 南满洲铁道株式会社調查部:《北満農業機構動態調查報告第一編·濱江省呼蘭縣孟家村孟家區》,博文馆昭和十七年(1942 年)版,第 28 页。

③ 南満洲铁道株式会社調查部:《満洲経済研究年報》,改造社昭和十六年(1941 年)版,第 265 页。

④ 南満洲铁道株式会社調查部:《満洲経済研究年報》,改造社昭和十六年(1941 年)版,第 235 页。

地。[1] 辽宁镇赉，东北光复初期全县共有地主、富农 2127 户，占农户总数的 12.6%，占地 55886 公顷，占全县土地的 72.5%，人均 2.84 公顷。有耕畜 16400 头，占全县的 63.6%，人均 0.83 头。而占 87.4%的贫苦农民，只占 27.5%的土地和 36.4%的耕畜，人均分别只有 0.3 公顷和 0.13 头。[2] 黑龙江绥化，伪满时期，日本侵略者以"国家"名义在县境北部强行征用土地，给开拓团种水田。封建地主、官僚士绅仍占有大量土地，1938 年全县地主富农 8471 户，占 10%，占地 2103850 亩，占 63.61%；贫苦农民 36837 户，占总户数的 74%，占地 1156050 亩，占 34%。当时地价高，地租也高，地主凭借土地，通过雇用长工、短工、耪青、当地、兑当等形式盘剥农民。[3] 辽宁通化，1945 年全县农村 26510 户、118803 人，其中贫雇农、中农和手工业及自由职业者 24268 户，占 91.6%；地主富农 2242 户，占 8.4%，人口 14302 人，占 8.3%，有土地 427665 亩，占总面积 534581 亩的 80%，人均 29.9 亩，而贫雇、中农仅 1.03 亩。[4] 吉林延吉，"九一八事变"后，日本侵略者大势掠夺土地，划定所谓"军用地"，一方面导致农民和部分地主破产；另一方面，因农民土地愈加短缺，一些地主豪强依附和勾结日伪，更加不择手段的兼并农民土地，加重地租剥削，地权进一步集中。如兴安乡平安村土地都集中在地主韩宜君手中；长白乡达理洞大地主董某占有土地约 500 公顷、耕牛 200 余头，常年雇用长、短工 130 余人。到 1945 年，延吉有农户 2928 户，其中贫苦农民 2665 户，占总数的 91%，只有土地 1822 公顷，人均 0.12 公顷；263 户地主、二地主占

① 东北局宣传部：《东北农村调查》，东北书店 1946 年版，第 40—41 页附表。

② 《镇赉县志》，吉林人民出版社 1995 年版，第 320 页。

③ 《绥化县志》，吉林人民出版社 2002 年版，第 282 页。

④ 《通化县志(1877—1985)》，黑龙江人民出版社 1985 年版，第 78 页。

农户的9%,占有土地1165公顷,是贫下中农土地占有量的12.32倍。① 宝清县1945年光复后农村土地占有情况是:占户口5%的地主占地42%以上;占户口5%的富农占地25%;占户口20%的中农占地20%;占户口70%的贫雇农占地不到12%。②

另外不少在殖民地基层政权中掌握权力的乡村"新贵"们还通过给日本侵略者"出荷"政策助纣为虐、为虎作伥的方式来讨好日伪当局,以巩固他们在伪政权中取得的地位。对于他们来说,无论其经济行为是否有悖日本侵略者的意愿,其谋利的手段归根结底来源于后者所赐予的权力。对于日本军国主义的掠夺本性来说,政权和生产关系的组织形式皆为手段,确保从农村掠夺足够的人力、资源方是其最终目的和底线要求。日伪不但在省、县级设置各种"督励班",对农产品的掠夺随时进行实地检查,还把人力、物力掠夺的数量直接订成指标分派到村、屯长头上,对于这些紧密依附于日伪政权的乡村基层支配者来说,不但不敢也不能从根本上反对殖民掠夺经济体制,相反还需要适时推进该体制顺利运转,以确保其在体制内既得利益的稳固。因此,在粮食"出荷"、劳工征集时,在不触及自己经济利益的前提下,伪政府在乡村的各级基层官吏可谓是积极而凶暴的。对于不能完成"出荷"任务的农户,殴打谩骂是家常便饭。一些地方甚至有为催缴"出荷粮"打死人的。很多情况下,这些基层官吏为了邀功,还在规定的"出荷"数量上,随意增加"道义出荷""报恩出荷"等额外追征③,或虚报收成增加

---

① 《延吉市志》,新华出版社1994年版,第141页。

② 《宝清县志》,宝清县地方志编纂委员会1993年印行,第115页。

③ 中央档案馆等合编:《日本帝国主义侵华档案资料选编·伪满傀儡政权》,中华书局1994年版,第685页。

"出荷"额①,这些情况使得农民所受压迫更加沉重。

日伪对东北农村的种种掠夺行径,严重干扰了正常的农业生产,使得其统治下东北农村生产停滞,民生凋敝,使农业经济趋于破产的境地。对此,直接执行其掠夺政策并变本加厉的农村新兴支配阶级当然难辞其咎。在他们的盘剥下,生产必需品缺乏对东北农村农业再生产能力造成了严重制约,东北农村生产力严重下降。如东北南部的棉产区,种植棉花配给的豆饼经常被屯长克扣下不少。因棉花种植很伤地力,不少村民不得不高价(去黑市)买豆饼,搞不好还要被打成"经济犯",村里很多地都因此撂荒了。另外,在"出荷"残暴掠夺和人工成本不断上升的情况下,农民也普遍对农业生产消极绝望。在日伪统治时期,东北农民的无耕作率上升幅度甚大。根据1934—1935年的农村实态调查,东北地区的无耕作面积农户占总农户的22.8%②,而到了1941年无耕作农户的比率提高到34.26%。③ 当时,"年工费用提高,日工工资上涨,而且雇佣难",并不断"出现减少耕作面积者"的情况下,无耕作农户比率的提高并不能归纳为脱产地主阶层或雇工阶层的扩大,这种现象的出现更多是由于土地收益被掠夺殆尽后的农民"流民化"。辽宁柳河(今属吉林),1926年全县有耕地129万亩,

① 政协清原满族自治县委员会文史资料委员会编:《清原文史资料》第1辑,1992年印本,第47页。

② "满洲国"実業部臨時産業調査局:《農村実態調査報告書·康德元年度土地関係並に慣行篇》,伪"康德"四年(1937年)版,第7页;"满洲国"産業部大臣官房資料科:《産業部資料40の2·土地関係並に慣行編·南満·中満ノ部·"康德"二年度農村実態調査報告書》,伪"康德"五年(1938年)版,第16—17页。

③ 興農合作社中央會調查課:《康德八年農村戶別概況調查報告書·土地所有関係、經營地及宅地関係篇》,伪"康德"十年(1943年)版,第Ⅱ—Ⅲ页。

沦陷后因日本侵略者的法西斯统治和经济掠夺,民不聊生,大片耕地荒芜,1935 年降至 102 万亩。1945 年光复时只有 970597 亩。①另外,当时的东北农民还对生产极为消极,不少人把生计寄希望于赌博等"不劳而获"的行为上。"物价上涨的打击和劳动力高昂所造成的人手不足,给农民带来了极大的恐慌","很多农民盛行玩麻将,赌博成风,因此带来极为恶劣的影响。特别是像现在这样的时期,经营困难,生活艰苦,处于受农民心理驱使的危险状态,梦想不劳而获,一夜暴富","热衷赌博,不事农耕,由此产生的损害会是非常大的"。② 从总体上看,在日伪统制经济肆虐期间,东北农业生产遭到严重破坏,亩产量下降速度急剧增加,农民经济趋于破产。

另外,不少商业资本在伪满政府对农村商品流通领域的殖民化清洗中开始不得不转入"黑市"交易。"黑市"交易一方面是伪满政府对中国民族商业资本殖民化压迫的必然产物,另一方面,"黑市"交易所哄抬的"黑市"价格,也严重危害了农民生活和农业生产。在日伪配给制下,物资短缺,造成必需品价格飞涨,在 1939—1941 年间,按日伪政府的公价,"农家购入生活必需品大约上涨了十成,而大豆的收买价格上涨幅度仅为大约六成"。③ 尽管为了抑制通货膨胀,日伪荒唐地出台了一个"七二五停止令",规定"凡是贩卖物品一律按照(1941 年)7 月 25 日当日价格,报请经济保安部门批准后才准许出售",但老百姓实际依赖的黑市价格

① 《柳河县志》,吉林文史出版社 1991 年版,第 117 页。

② 南滿洲鐵道株式會社北滿經濟調査所:《滿人農家經濟調査報告の 3·呼蘭縣孟家村劉泉井區》,昭和十六年(1941 年)版,第 20—22 页。

③ 南滿洲铁道株式会社調査部:《滿洲經済研究年報》,改造社昭和十六年(1941 年)版,第 243 页。

一直急剧上涨。[①] 1945 年 6 月,东北主要城市的黑市价格比 1941 年 12 月上涨了 21.3—30.5 倍,黑市价格(私价)是公价的 13.3—28 倍。[②] 黑市价格的不断哄抬,特别是克扣农民配给品用于黑市交易的行为,对于东北农村在配给制下生产和生活必需品的严重短缺起到了推波助澜的恶劣影响。“名义上的公定价格明显低于实际”,“一般消费者的实际购入价格别说增长两倍五倍的,甚至还有超过十倍的”。[③] 除了工业必需品的购买大多要经过黑市外,很多农民还不得不从黑市高价购入棉花等虽不种植但指定必须“出荷”的农产品,这无疑是农民在“出荷”制之下所受的二次盘剥,甚至有因此“饿死人”的。[④]

在日本入侵前,东北农村固有社会规范中尚存有一套让步利益维护乡村社会稳定的机制。在大土地所有者阶层保持高额土地收益率的基础上,该阶层也会在适当情况下对佃农和雇工阶层作出一定“退让”,以保证其维持基本的生存可能。就佃户所交纳地租而言,这种“退让”表现佃户遇到灾害或特殊的生活困难时地主会对农民酌情减租。[⑤] 另外,经营田场主也会在雇工契约制定时,适当从分配方式角度保证雇工阶层在遭受灾荒时的最低收入及其

① 中央档案馆等合编:《日本帝国主义侵华档案资料选编 · 东北经济掠夺》,中华书局 1991 年版,第 182 页。

② 中央档案馆等合编:《日本帝国主义侵华档案资料选编 · 东北经济掠夺》,中华书局 1991 年版,第 192—198 页。

③ 石川哲夫:《満洲に於ける民生安定問題の一齣》,见満州評论社《満州評论》第 19 卷 12 号 昭和十五年(1940 年)9 月 21 日,第 8—9 页。

④ 中央档案馆等合编:《日本帝国主义侵华档案资料选编 · 东北经济掠夺》,中华书局 1991 年版,第 552 页。

⑤ 王大任:《压力下的选择:近代东北农村土地关系的衍化与生态变迁》,《中国经济史研究》2013 年第 4 期。

生存的可能性[①]。而东北各地农村普遍存在的“捡落穗”“求帮”“施与”也是此类保障的代表,其中很多地方“捡落穗”的时间和范围还被支配阶层所把持的“村董”所严格限定。[②] 以“在地方上有势力的商会长、农会长、地方绅士等为主体构成要素”的“义仓制度及平粜会”,也会向生计困难的农户“借出附有利息的现物粮谷”。通过对底层农民施以救济的方式,维系了固有生产关系的稳定,从而“本质上救济了地主、商人和高利贷体制”。[③] 在殖民主义权力扩张过程中异化生成的新兴乡村支配阶级却鲜有此一方面的行动。这主要是因为在传统社会规范崩溃的情况下,乡村社会的稳定完全依赖于日伪军警的暴力压制,来自下层反抗的压力并不突出。新兴支配者在维护其收益时,更多地着眼于来自日伪政权上层动向。因此对地租的“情让”“义让”被贪得无厌地转嫁“出荷”所替代,与雇工工资协商惯行被以“出劳工”为威胁的劳力压榨所替代,主雇间和主佃间尚有一丝温情的“无息借贷”被对雇工赤裸裸的高利贷剥削所替代。[④]

东北农村中的新兴支配阶层一方面在殖民体制下积极参与日伪对人力、物力的掠夺,变本加厉,横行乡里;另一方面,借助殖民体制的缝隙,转嫁负担,克扣配给,谋取私利,为富不仁,大发横财。于是,无形之中唤起了普通农户对于殖民统治的民族主义仇恨并

① “滿洲國”實業部臨時産業調查局:《産調資料 45/5 雇傭關係並に慣行篇:康德元年度農村實態調查報告書》,伪“康德”四年(1937 年)版,第 13、96 页。

② 王大任:《变幻的规范:近代东北地区大家庭的分裂与乡村互惠道义准则的生成》,《中国社会经济史研究》2014 年第 1 期。

③ 滿鐵經濟調查會:《滿洲經濟年報(1935 年)》,改造社 1935 年版,第 339—340 页。

④ 东北军政大学总校:《奉天屯的调查》,1947 年印本,第 29 页。

触动着他们“不患贫、患不均”的传统道德底线。在伪满当局与地方新兴支配阶级的双重压迫下，东北农民生活异常困苦。在吉林安图，由于日伪统治者横征暴敛，加之地主、兵匪的盘剥勒索，农民生活十分贫苦。主食为玉米面、马铃薯、橡子面等。冬季以萝卜、白菜、酱等佐食，春秋多吃山菜。住房简陋，有马架子、草房、木楞房、地窨子等，室内阴暗潮湿，穿戴多以土布自制，许多家缺少衣物、被褥，有的连炕席也铺不上。遇有天灾病祸，常有妻离子散、家破人亡的事发生。① 吉林延吉，1945 年不计地主、二地主以外的 2665 户农户中，借债户 1231 户，当长工的 451 人，当劳工的 738 人，逼迫卖儿卖女的 35 户。② 宝清县，广大农民陷入食不果腹、衣不遮体的苦难深渊，当时有 1/3 的农民没有衣服穿，有的一家只有一条裤子。没有土地、房屋牲畜的农户占农村总户数的 60% 以上。③ 在黑龙江，农民交粮后，还要交纳地租，剩下的吃粮、马料、种子严重不足，自食只能靠土豆、橡子面充饥。粮价不仅低，而且不给现金，只给些“更生布”④之类的工业品。日伪强迫农民种水稻，却严厉禁止种稻农民吃大米，有偷运或私食者，以“国事犯”严惩，农民只能以杂粮野菜糊口。⑤ 同时，东北农村中的新兴支配阶层在农村中大肆兼并土地，凸显了社会财富分配的不公，使得殖民体制下破产农民的不满与日俱增。在他们眼中，与殖民体制有着

① 《安图县志》第 4 卷，经济综述，吉林文史出版社 1993 年版，第 171 页。

② 《延吉市志》，新华出版社 1994 年版，第 141 页。

③ 《宝清县志》，宝清县地方志编纂委员会 1993 年印行，第 115 页。

④ 更生布是日伪政权用破布、旧棉花织成的布，粗糙不耐穿，用以换取农民的粮食。

⑤ 《黑龙江省志》第 6 卷，经济综志，黑龙江人民出版社 1999 年版，第 44—46 页。

千丝万缕联系的农村新兴支配阶层就是压在大多数农民头上的整个日本殖民体系的帮凶,其所聚敛的财富就是不义之财。这就造成了伪满时期东北农村中新兴支配阶层与其支配下的普通农民彻底决裂。日伪时期,东北农村中普通农民与这些殖民体制中获得既得利益者的对立远远超过了以往传统的阶层对立。在密山县半截河区居仁屯,农民对以王忠为代表的“大富农”(勾结警察、特务,任过本屯屯长)的仇恨,也要“比贫、雇农与地主之间的阶级仇恨还要深”。① 总的来说,日本侵略者殖民统治下的东北乡村生产关系中,借助殖民地秩序来维系并谋利的那部分乡村支配阶级与普通民众之间已上升到异常凸显的民族矛盾的对立,而乡村社会规范因被彻底践踏而缺乏任何维系社会稳定的“弹性”。

二、关内沦陷区农村社会结构、生产关系的蜕变

日本帝国主义全面侵华的终极目的,不只是要独占中国,将中国变为日本的专属殖民地,让中国民众沦为供日本永远任意役使和生杀予夺的奴隶、牛马,而是要彻底灭亡中国,铲绝华夏民族。因中国幅员广阔、人口众多,而日本国小人寡,资源贫乏,根本不可能凭借本国的资源和人力物力降伏中国,更遑论占领和称霸世界。日本的基本国策就是“以华制华”、用中国的人力物力占领和灭亡中国。鉴于中国人口太多,无法一年半载将其斩尽杀绝,故侵华日军在大肆奸淫、掳掠、扫荡、清乡、破坏,推行杀光、烧光、抢光“三光政策”的同时,又用“钝刀子”杀人,设立“宣抚班”,网罗汉奸、流氓、地痞和社会渣滓,组织“新民会”,进行欺骗宣传、奴化教育、精神摧残、思想麻醉和文化灭绝,外加鸦片毒害,使苟活者变成行尸

① 东北局宣传部:《东北农村调查》,东北书店1946年版,第82页。

走肉和亡国贱奴；又承袭原有封建政权和农村封建生产关系、社会结构，利用和强化其中最落后、反动和腐朽部分，并推向极端：设立各级“维持会”和伪政权，实行保甲“连坐”和所谓“民匪分离”，分割、摧残、拆毁原有村落、社区，按日军所定标准，重新统一编制，以便更顺当地进行法西斯殖民统治；房屋被烧毁或拆除，村庄被夷为平地，村民住无居所，或被迫“集家并村”，异地“搭建”，千百年形成和积淀的人文、社会、乡邻和居住环境，被彻底破坏，荡然无存；农地被掠夺、破坏或划为“无人区”，相当一部分甚至大部分农民失去了土地，原有的土地占有关系被破坏或紊乱无章，也对农民的土地持有和使用造成困难；强制组建所谓“合作社”，统制农业生产和农产品的交易、保管，剥夺农民对农产品的所有权和支配权；掠夺公私农场土地，以封建性分散租佃经营取代原来的资本主义性雇工集中经营，或完全荒废，强征强“借”、贱价强“购”粮棉等农产品，禁止和根绝正常的商品交换与商业流通；以“集中保管”为名，劫夺农民口粮和种子；强迫“粮食集局”“劳动奉仕”，农民口粮断绝，甚至连挖野菜的时间和场地也没有，只能在死亡线上无望挣扎和熬煎。

（一）各级伪政权、保甲“连坐”的建立和法西斯殖民统治

凭借中华古老文明和物质资源滋养起来的日本，为了“以华制华”、用中国的人力物力占领和灭亡中国，只能网罗、收买一批汉奸、流氓、社会渣滓，先成立临时性的“维持会”，继而沿用原有的政权体制和架构，建立各级傀儡政权，在农村基层实行和强化保甲“连坐”。同时偷梁换柱，打着儒家思想的旗号，贩卖投降卖国的私货，又搜罗一批政棍、地痞、卖国贼，在日伪操纵下，成立“新民会”卖国组织，专门为日本帝国主义训练“驯民”，并特别注重对农村青年的军事训练、思想毒化和控制，直接为日本侵略者提供伪

军后备。所有这些,加上清乡、扫荡、“三光政策”“集家并村”,以及土地、劳力、粮食和农产品掠夺,农村土地关系、生产关系、居住环境、社会结构都被严重破坏,或发生根本性的变化。

1. 省、县地方伪政权的建立和法西斯殖民统治

为了尽快占领和灭亡中国,并在占领区迅速有效行使对中国民众的统治和奴役,初时基本上承袭原有的行政体制和架构。日本全面侵华战争爆发一个多月后,日本陆军省于1937年8月12日制定的《华北政务指导要纲》,提出要“从长远考虑,尽量保存引导地方固有的社会组织与习俗”;占领区后方的政治机关“要由居民自发组成,其机构运营也要靠居民积极参与”。同年8月14日日本关东军司令部制定的《对时局处理要纲》,强调要“解决华北问题”,必须在占领区“树立拥有自主独立性的地方政权”。[①] 在地方上,侵华日军每占领一处地方,即由随军的日军特务机关协同“宣抚班”搜罗汉奸、地痞、流氓和社会渣滓,成立“维持会”之类的伪政权,维持地方“治安”,为侵华日军筹粮筹款。事实上,早在策划“卢沟桥事变”两年前策动的“华北自治运动”中,日本驻屯军和日本在北平、天津的特务机关就已在冀察地方当局和蛰居平津的北洋政府遗老遗少中物色了一批亲日卖国者,并将其牢牢控制在手中,适当时候令其在前台充当傀儡,直接为日本帝国主义效劳。

随着日军侵略的扩大与深入,到1937年年底、1938年年初,在河北、山东、山西、河南和察哈尔、绥远等华北大部分地区,开始建立正式的伪政权,“治安维持会”一类的临时性伪组织,在名义上归伪政权统辖。伪“冀东防共自治政府”也于1938年2月1日

① [日]臼井胜美、稻叶正夫编:《现代史资料9·日中战争2》,みすず书房1996年印本,第26、29页,见王士花:《日伪统治时期的华北农村》,社会科学文献出版社2008年版,第2页。

并入伪临时政府,冀东22县重又编入河北省版图。华北日伪当局指示所辖各地方伪组织,就原有机构进行改组。是年1月,日本政府发表“不以国民政府为对手”的“近卫声明”,伪政权相应提出“剿共灭党”口号,各级伪政权恢复“公署”名称,成立伪“省公署”,并恢复旧时“道”的行政建制。另外,人口在百万以上的或伪政府认为有必要的城市设为“特别市”(北平、天津、青岛),直属伪“临时政府”,与伪“省公署”下辖的市相区别。伪“省公署”下逐级建置伪道、市、县“公署”,县下设区、乡“公所”,形成系统和完整的地方行政组织。伪“县公署”行政长官称“知事”,以示与蒋介石国民党政府的“县长”相区别。伪县“知事”由日军“特务机关长”任命。伪“县公署”成立后,对县级伪基层政权的指导监督权基本转移至日军“特务机关”手中。在日军“特务机关长”指挥下,“县政巡回指导班”或“县联络员”负责指导各县行政特别是恢复所谓“治安”问题。到1943年,为与汪伪“国民政府”的“独立”相配合,使伪政权更具欺骗性,依照伪“华北政务委员会”的规定,各县“知事”又改称“县长”;1944年1月,伪“省公署”改称“省政府”,各县、市“公署”也相应改称县、市“政府”。按规定,“县知事”和后来的“县长”兼理司法,“县公署”和后来的“县政府”设有警备队与警察所,作为伪基层政权的常设武装力量,以期“军政合一”。

伪“蒙疆”政权辖区,农村行政架构有两大变化:一是“盟”正式成为一级行政组织。德王为了取得各盟旗王公上层的拥护与行动配合,巩固其权位,加强了各盟旗的行政机构及其设置,明确和强化了盟的行政领导地位。在清朝,“盟”只是各旗“会盟”之地,并不构成一级行政组织;国民党政府时期,蒙藏委员会虽制定了盟、部、旗组织法,但未及付诸实施。伪“蒙古联盟自治政府”成立后,除对锡林郭勒、乌兰察布、察哈尔(1936年由察哈尔省改设察哈尔“盟公署”时,已确定为行政组织)3盟分别确定为行政单位、除设置盟“公署”外,同时调整盟的设置,扩充了盟的辖区范围,加强了盟的实力,提高了盟的领导地位。二是实行蒙汉分治:蒙人聚居区设“旗”,汉人聚居区设“县”,蒙、汉杂居区旗、县并行,蒙人归旗管,汉人归县管。德王还提出以平包铁路线为界,居住在铁路线以南的蒙人全部迁至铁路线以北,居住在铁路线以北的汉人全部迁至铁路线以南,实行蒙汉分离。只因大部分蒙族上层反对,没有实行。

汪伪“国民政府”辖区,侵华日军在汪伪政权成立前组建的傀儡政权,并无统一规格,体制和架构形形色色。汪伪为规范地方政权体制,一开始即完全沿用国民党政府的旧制,把“省”作为最高一级地方政权,最初保持前梁伪“维新政府”实行的“省长制”。1940年6月复改“省长制”为“主席制”,省政府最高权力机构为“省政府委员会”,由9—11名委员组成。随着日本侵华战争形势的变化,汪伪对省及其以下地方政权体制多有调整,实行所谓“参战体制”后,1943年1月,决定采用“单一制”行政机构,以明确责任,增强行政效率,将原先的省政府委员“合议制”改为省长负责制。此前省以下政府机关已经实行所谓“最高首长负责制”(如县设县长、市设市长)。此次调整后,省级行政权力进一步集中,省长成为最高地方行政长官,其地位和权力均较原来的省主席有所提高,上下机关垂直、对应,便于方针政策和行政命令的贯彻执行。

至于县级政权,不同于省级政权。日本全面侵华战争爆发后,沦陷区各县政权下降瓦解,一些汉奸、走狗在日军扶持下,粉墨登场,纷纷成立“维持会”“自治会”一类汉奸组织。1938年3月梁伪“维新政府”成立并组建省级伪政权后,各县“维持会”“自治会”一类汉奸组织被陆续改组升格为伪县级政权。

汪伪在各地的县级政权,基本上沿用国民党政府原有的各县名称、地域范围及机构设置。太平洋战争爆发后,汪伪政权为配合日本新的侵华战略，进一步加紧了对县级以下伪政权的控制。为集中力量控制一批重点县，1942 年 8 月公布的《县政府组织暂行条例》，将各省所辖各县按面积、人口、财赋的统一标准分为三等，按等确定县政府的机构和官吏配置。具体列明县政府的管理权限和事务，主要有“调查户口”“保甲保卫”“指挥警察”“改良风俗”“物资调节”“地方捐税征收”“田赋整理”“公款公产之保护”“宣传”等 23 项。《县政府组织暂行条例》特别规定，“县政府应置政务警察，办理催征、送达侦缉、调查事项”①。

太平洋战争后期，日本侵略者在各个战场上均呈败退迹象，汪伪政权辖区内的抗日游击力量日趋活跃，基层政权更趋动荡。汪伪为强化地方政权的统治力量，把此前在个别地区实行的“行政督察专员公署”的体制普遍推广。1944 年 5 月 16 日，伪“行政院”召开第 209 次会议，要求各省普遍设立“行政督察专员公署”。该体制原本是蒋介石“围剿”革命根据地时开始使用的，即将各个省内划分为若干个“行政督察区”，每个“督察区”包括相互比邻的 3—5 个县的行政区域，内设“行政督察专员公署”，作为省政府常设的辅助机关，负责处理该行政区政务和军务。汪伪袭用这一体制，作为“整顿吏治、绥靖地方并增进行政效率”的手段。1945 年 1 月 30 日并作出决定，行政督察专员须兼任驻在县的县长，而且还必须兼任该区保安司令，实现军政一体化，更有利于镇压抗日力量。

2.“新民会”的“驯民”训练和保甲“连坐”

在沦陷区的农村地区，底层的日伪行政组织是区乡、保甲。在华北沦陷区，日伪政权明确实行七级制的保甲系统。即“特别市

① 汪伪《县政府暂行条例》（1942 年 8 月 15 日公布），见余子道、曹振威等：《汪伪政权全史》上册，上海人民出版社 2006 年版，第 539—540 页。

长—警察局长—警察分局长—联保主任—保长—甲长—户长”;“县知事、市长—警察所长—警察分所长—联保主任—保长—甲长—户长”。①

保甲“连坐”是日本侵略者沿袭中国古代特别是蒋介石国民党时期的保甲制度,利用、扩大其落后、腐朽部分,将其极端法西斯化,把沦陷区农村变为黑暗和深不见底的地狱。

中国古代保甲制度是北宋王安石变法时期开始实行的一种户籍管理制度,它的基本做法和功能是,对民户以“户”(家庭)为单位进行编组,户设户长;十户为甲,设甲长;十甲为保,设保长,连坐相保,抵御盗贼,维持社会安宁,巩固封建秩序;兵农结合,寓兵于农,抽丁训练,改募兵制为征兵制,革除募兵积弊,节省养兵耗费,即所谓“什伍其民”“变募兵而行保甲”。保甲制度从北宋到明、清、民国,历经千年,时断时续,政策、功能、性质、特征亦有变化。国民党政府时期,1930 年 11 月,蒋介石采用“三分军事、七分政治”的策略,对江西苏区进行军事“围剿”时,开始研究保甲制度,并在江西试点推行。1932 年颁布《剿匪区各县编查保甲户口条例》,规定 10 户为甲,10 甲为保,“联保连坐”。1934 年 12 月,行政院通令各省,切实办理地方保甲。保甲制度由“围剿”区推向全国。于是,蒋介石国民党通过“联保连坐”法将全国变成大囚牢。所谓“联保”,就是各户共具保结,联合作保,不做“通共”之事;所谓“连坐”,就是一家有“罪”,九家告发,如隐匿不报,九家连带坐罪。如此震慑和捆绑民众,使其“畏法而不畏匪”。

日本侵略者正是就地取材,利用国民党政府现成的保甲制度,

① 天津市档案馆藏:《保甲浅说》,第 16 页,见张贵儒等:《华北伪政权史稿——从“临时政府”到“华北政务委员会”》,社会科学文献出版社 2007 年版,第 467 页。

进一步强化"联保连坐"法,将其推向极端。再加上欺骗宣传和思想毒化,对占领区民众进行超法西斯统治。1933年12月,日伪已在伪"满洲国"全境实行保甲制度。1937年日本全面侵华战争爆发后,日本即决定在华北占领区实施保甲。

为了减少办理保甲的阻力,日本帝国主义沿用在伪"满洲国"组织"协和会"的衣钵,在华北占领区通过"新民会"先行"洗脑",进行思想毒化和"驯民"训练,而后实施保甲"连坐"。

1937年12月4日"新民会"正式成立,在北平设"中央指导总部",下设县总会、乡分会。"新民会"的中心工作为"教化与厚生",打着儒家思想的旗号,贩买汉奸理论的私货,所谓"新民",就是维护"大东亚新秩序"的忠实"驯民"。"新民会"的主要活动就是对农村青年进行"洗脑",向农村派驻"指导员",向青年教"新民体操"和"新民"歌曲,开办全日制"新民学校"和"新民夜校"。1940年3月,日军华北方面军将随军特工和"宣抚班"与"新民会"合并后,各县"新民会教育馆"还同日伪县政府人员并招募若干男女宣传员,联合编组"宣抚班与宣传班",随身携带书画报刊,跟随日伪军下乡"宣抚"和宣传,欺骗和动员民众"遵行法令,输捐纳课";灌输"新民意识",使之"真诚信赖(日伪)政府,以收攻心之效"。[①] 山西"新民会"还在各地拉人进行武装训练,编组所谓"新民突击队",在日伪清乡、扫荡和"治安强化运动"中打先锋。[②]

"新民会"的"教化民众"、训练"驯民",配合日伪组建保甲等精神侵略方面的活动获得日本主子的赏识和夸赞,侵华日军华北

① 唐山市档案馆藏:《丰润县第二次治安强化实施情形报告书》,1941年6月,见朱德新:《二十世纪三四十年代河南冀东保甲制度研究》,中国社会科学出版社1994年版,第33—34页。

② 日本防卫厅战史室编:《华北治安战》下册,天津市政协编译委员会译,天津人民出版社1982年版,第240页。

方面军称它"一向是治安强化运动的核心实践团体,以该运动的共同目标'乡村自卫'为重点,通过武装民众、训练保甲等工作,大力开展新民会的活动";实行保甲后,又全力"加强现有的保甲制度,以此为基础整备乡村的自卫体制"。因此,"新民会的活动对于治安地区的巩固和扩大起了很大作用"。①

太平洋战争爆发后,日本的基本国策由以中国的人力物力占领和灭亡中国上升为以中国的人力物力占领和统治世界,为确保华北成为"大东亚兵站基地",进一步扶持"新民会",令其更加卖力。太平洋战争爆发当天,日军华北方面军就发出《新民会扶持大纲及说明》,要求各部队"竭尽全力加强扶持新民会"。1943 年 10 月 27 日,"新民会"在北京召开临时全体联合协议会,讨论"适应太平洋战争爆发后华北时局的运动方针",以及针对八路军的"治安"对策,强调要以"乡村自卫"和"保甲训练"为重点,会后立即协同日伪军警强化保甲制度,组织"自卫队""自警队",镇压抗日活动。又在各地编组"新民突击队",直接参加日伪军警对抗日根据地的进攻。还窜上日伪经济掠夺第一线,配合日伪进行物资调查,办理粮食等商品配给"发动最大限度"掠夺物资,保证日军物资需求。1943 年通过的新民会《新纲领和运动基本方针》规定,"新民会发动最大限度的人力、物力加强华北参战体制,协助完成大东亚战争"。②

"新民会"的领导和组织体制,是贯彻"政、会表里一体的精神",实行所谓"众议统战"新政治体制。1940 年 3 月,"新民会"

① 日本防卫厅战史室编:《华北治安战》下册,天津市政协编译委员会译,天津人民出版社 1982 年版,第 239—240 页。

② 日本防卫厅战史室编:《华北治安战》下册,天津市政协编译委员会译,天津人民出版社 1982 年版,第 241—242 页。

更将原王伪“临时政府”使用的五色“国旗”作为会旗。同年8月，由继任伪“华北政务委员会”委员长的王揖唐兼任“新民会”会长。从省(市)到道、县，各级组织的首要头目概由相应的各级伪政权首要头目兼任。在农村，新民会乡村分会与大乡的建制并行，分会事务所与乡公所合并设置，日伪大乡长兼任新民会乡村分会会长，分会的事务员由乡公所事务员兼任。新民会分会和乡公所实际上是两块牌子一套人马。乡公所或分会“事务员”的一项重要工作是发展会员、扩大组织。① 在农村有的地方是由十户组织一个“新民班”，互选班长一名，辅助分会长办理分会事宜。② 这同保甲如出一辙。如此则“新民会”会员数量越多，占农村人口比重越大，“新民会”分会与日伪基层乡村政权重合部分的比重愈大，无异于实行保甲，一举两得。因此，日伪一直希望把尽可能多的人拉进“新民会”。1942年8月22日，“新民会”最高顾问铃木美通(日军预备役中将)在东京对日本记者团的谈话称，在扩充加强“新民会”的组织方面，“准备将华北的全部居民都吸收进来”，“逐步做到全华北的新民化”。③

“新民会”成立将近一年后，组织运转渐成气候，日伪于是以各县的县“新民会”、区(乡镇)长“分会”的“洗脑”和精神毒化为

① 发展会员和农民加入“新民会”的程序十分简单：首先将表格交给本人填写，找两名正式会员为介绍人，即成为“协赞会员”；经过一段时间，另找两名正式会员当“证人”，填表宣誓，即转为“正式会员”。入会后发给会员证，会员须按时交纳会费。(参见朱德新：《二十世纪三四十年代河南冀东保甲制度研究》，中国社会科学出版社1994年版，第33页。)

② 新民会中央指导部：《河北省丰润县事情调查》，1939年11月，见朱德新：《二十世纪三四十年代河南冀东保甲制度研究》，中国社会科学出版社1994年版，第33页。

③ 日本防卫厅战史室编：《华北治安战》下册，天津市政协编译委员会译，天津人民出版社1982年版，第239—241页。

先导,决定在华北实施保甲。1938年冬季宣布在北平四郊及冀东通县、昌平、顺义、蓟县、密云、平谷、怀柔先行试办。在冀东地区,日伪凭借1938年夏秋之交冀东农民抗日大暴动的镇压及其经验,运用各种欺骗、控制手段,实行保甲。未及一年,日伪认为已获“极大效果”,相信保甲制度“确是当前对症的妙剂”,接着公布《保甲条例》,规定从1939年7月26日起,河南、河北、山东、山西4省和北京、天津、青岛3特别市以及苏北行政区开始全面办理保甲。①

日本侵略者在沦陷区实行的保甲,基本架构是将村民按规定序列编户入甲,居民以十户为一甲,设甲长一人;十甲编为一保,设保长一人,由村长兼任;以若干保为一联保,设联保主任一人,由乡镇长兼任。各区仍管其原来所管的各乡镇(即联保)。伪县警察所还专门组织保甲训练班,训练保长,组织保甲“自卫团”。团丁由各保甲壮丁充任,分为“常备团丁”(有工资)、“散住团丁”(无工资)两种。前者驻守县城,经常进行训练,担任所谓“剿匪”工作;后者平时务农,闲时训练,进行所谓保甲“自卫”。农村基层军政合一,田农耕夫“兵农合一”。

村民编户入甲、集甲为保的核心环节是清查户口,编制门牌,发放身份证、居住证,实行心灵束缚和人身控制。对村民实行超法西斯统治。

日伪在一些地区清查户口的具体做法是,以组织“大联乡”的名义先行户口登记,届时先将各村8岁以上者驱逐到村外挖沟、扫路、捡石子,拂晓去,日落归。日军在村民回村时逐一清查,以防抗日人员进入村内。也有的以据点为中心,挨村地毯式向外清查。

① 伪“华北政务委员会治安总署”编印:《保甲教科全书》,1942年印本,第13、15—16页。

同时在据点内设钟一具，无论昼夜，敲钟鸣令据点内村民全体集合，晚去者罚，不去者杀。以此方式来清查户口。

户口清查完竣后编制门牌，挂于大门上方，牌上注明×乡×保×甲×户，户主姓名，男女各多少人，有无暂住人口等。牌上加盖乡公所、保公所公章。户籍管理大权操在日伪警察分驻所，内有1—2名户籍警管理户口异动。全乡有总户口簿，每保有户口册。保长必须逐日填写“循环簿”，发现有八路军或形迹可疑者立即解送乡公所。对于乡、保长在户籍管理方面的责任，河北抚宁县规定：“对于乡保内住民之思想行为、动向等，必须有深刻的认识且应随时注意，如有乡内之亲友往来婚丧嫁娶出生继承等变动，各乡长必须督饬保甲事务员暨各保甲长认真呈报”，如查与户口册人事不符，即按违警处罚。① 每家还有户口本，内注籍贯，出生年月日，常居地与年龄，总人数等。此本必须小心保管，以备查验。

清查户口、编制门牌完竣后，开始发放居住证。一般成年男子均发有居住证，上贴像片，填写年龄、文化程度、出生年月，由乡长、保长与警察分所长三方盖章，经警察分驻所验讫后发给本人。外出劳动或赶集等，均须随身携带，否则即遭逮捕或枪杀。有的地区还定期查验、换发。1939年年底，日伪冀东道公署认为，居住证“历时既久，难免不有遗失落于匪人之手，若不加以查验，殊不足以昭郑重而杜流弊”。各县随之将以往所发居住证全部进行查验，且手续烦琐，被查验者须一律填写“缴验居住证申请书”，如发现有遗失者经调查确系属实时，准予补发。无此次查验加盖的

① 《抚宁县公署召开乡长会议指示事项》，1942年9月19日，见朱德新：《二十世纪三四十年代河南冀东保甲制度研究》，中国社会科学出版社1994年版，第46页。

“验讫”戳记者一律无效。①

日本全面侵华战争后期,日伪对户口查验抓得更紧。如河北唐山曾实施户口大检查,并调“反共自卫团”施以训练,担任辅助调查户口事宜。唐山北郊办事处第二次自卫会议的重要议题之一就是“户口整顿”,规定“严查住户有无迁出迁入及死亡漏报情形。临时居住户口必须及时申报,凡住户漏报或虚报户口及匿藏“匪类”情况,居民各户有监视责任,必须随时举报。②

日伪还在乡间路口设置路卡,盘查、拦截来往行人,监视、控制民众的言行、日常生活、思想状况、正常行走、人际交往,认为“可疑者”,即行盘问、搜查,进而抓捕、拷问,甚至置于死地。

实行保甲制度,严格管制户口,对民众进行人身控制,其核心手段是“联保连坐”,各户联合作保,共具保结,不得作奸犯科、联共抗日;一家有“罪”,结内其他户须即刻举发,否则结内各户连同“坐罪”。日本侵略者认为,农村人口众多,“良莠不齐在所难免”。所以把农民十家连坐视为“当务之急”。连坐范围除了保甲,还涵盖联保、大乡;连坐对象不仅涵盖全体村民,保长、乡镇亦在其列。“联保连坐”无时不在,无孔不入。

对门牌编制、户口登记,日本侵略者规定,必须“严查住户有无迁出迁入及死亡漏报情形。临时居住户口必须及时申报,凡住户漏报或虚报户口及潜藏匪类情况,居民各户有监视责任,应即时

① 《冀东道公署警卫字第 3182 号训令》,见朱德新:《二十世纪三四十年代河南冀东保甲制度研究》,中国社会科学出版社 1994 年版,第 47 页。

② 唐山市档案馆藏:《唐山市北郊第二次自卫会议记录》,见朱德新:《二十世纪三四十年代河南冀东保甲制度研究》,中国社会科学出版社 1994 年版,第 47—48 页。

密报甲长保长及警宪方面,否则按保甲连坐法处置之"。[①] 自户口登记后,"如再有八路军或无故外出不报者,缺一杀其全家,缺二杀乡长,过五杀全村"。[②]

日本侵略者对不同人群的"连坐"也有严格规定:一般村民以户为单位按甲、按保(村)、按乡"连坐"。在日伪发动的"第二次治安强化运动"中,伪丰润县公署令其警察分所与各个警官,限定10日以内用最短的时间,将所属各乡村户口按10家连坐办法调查清楚,并将连坐措施办理完毕,尽速上报以资上司奖惩。抚宁县规定,各保甲内的住民切须"互助互勉",如一家"为匪、窝匪与通匪",则一甲内之住民必连带施以惩罚,如能密报,因而"擒获匪人者",予以优厚奖金。[③] 不仅如此,农民还要填写"连坐保证书",不识字的由别人代填,并经本人划押按手印,逐级呈报至乡公所。如"一人违法,其余人皆受牵连"。对公务人员实施5人"连坐",教职员实行10人"连坐",均须填写"连坐保证书"呈上备查,且连坐人数必须足额。据日伪《丰润五日刊》记载,10人"连坐保证书"填写说明中规定,10人连坐,如只有8人或9人,必须附签声明清楚;同一单位连坐人数不足额时,须以附近单位人员联合办理。公教人员连坐的目的,用日伪的话,就是使其"奉公守法而

① 唐山市档案馆藏:《唐山市北郊第二次自卫会议记录》,档号12-7-24,见朱德新:《二十世纪三四十年代河南冀东保甲制度研究》,中国社会科学出版社1994年版,第47—48页。

② 李楚离:《坚持冀东游击战争,为创造大块游击根据地而斗争》,1943年2月,见朱德新:《二十世纪三四十年代河南冀东保甲制度研究》,中国社会科学出版社1994年版,第46页。

③ 《抚宁县公署召开乡长会议指示事项》,1942年9月19日,抚宁县公署印行《抚宁县政月刊》第21号,1942年10月15日,见朱德新:《二十世纪三四十年代河南冀东保甲制度研究》,中国社会科学出版社1994年版,第48页。

免误入歧途”。

沦陷区的保甲是一种监狱或牢笼型的农村基层组织,直属日伪警察系统管辖。其管辖机构是县设警察所,10 个乡左右的辖区设分所,大的乡(镇)设分驻所。它是日伪县政府管理保甲的派出机构,警政合一,内有分所长、警官、户籍警、巡警等,具体任务就是清查户口,统计与征调壮丁,侦探抗日人员及家属,指导监督乡长、保长办理保甲,审查乡长、保长的产生与委派等。另外,为配合建立和强化保甲,日伪还组织了许多军警宪特团体和保甲武装,前者据不完全统计,仅秦皇岛一地就有各种军警宪特武装 19 支。其中 16 支成立于 1937 年及其以后,13 支成立于 1940 年及其以后,即日伪普遍实行和加强保甲制度以后。① 后者则主要是“反共自卫团”(又称“伙会”“棒子队”“棍团”、保甲自卫团,简称“自卫团”)等。其编制是,县有总团,大乡有分团,保有村团,团设正副团长各一人,动员主任一人,有的还设有“指导员”。按年龄分,有青年班(16—25 岁)、壮年班(26—49 岁)、老年班(50—70 岁)、基干常备班(18—35 岁)等;按执行任务的不同,又分谍报组(搜集抗日部队的政治情况)、情报组(负责临时情报,有的地方规定每两小时向据点送情报一次)、联络组(负各村联络与招抚之责)、搜查组(其任务是每两小时甲、乙、丙各村互换搜查一次,以互相监视)、检举班(负秘密调查之责,如有隐藏八路军物品、掩护八路军等情事,直接向据点汇报)。②

① 参见朱德新:《二十世纪三四十年代河南冀东保甲制度研究》,中国社会科学出版社 1994 年版,第 49—52 页“秦皇岛地区的日伪军警宪特组织一览表”。

② 李楚离:《坚持冀东游击战争,为创造大块游击根据地而斗争》,1943 年 2 月,见朱德新:《二十世纪三四十年代河南冀东保甲制度研究》,中国社会科学出版社 1994 年版,第 52 页。

沦陷区保甲作为日伪农村基层组织，是敌我双方明里暗里争夺和控制的对象。保甲政权本身的政治取态则主要取决于敌我双方的力量对比状况。敌我力量对比在不同时间与地域上互有差异，且时有变化，也决定了保甲基层政权的性质、面目及其变化。总的说，在敌我侵略反侵略、扫荡反扫荡、烧杀反烧杀、掠夺反掠夺的残酷斗争环境中，相当一部分保甲政权带有"两面政权"的特征，不过在不同地域不同时段，抗日或亲敌的成分互有消长，呈现多样性状态。从河北冀东地区的情况看，大致分成为以下三类。

一是亲敌"两面政权"。它们一般在敌人据点附近或平原地区（含某些敌据点所在的村庄），保甲"连坐"制度异常严苛，保甲长（其成员一部分系豪绅、地主或地痞流氓）把持村政大权。也有极少数村挑出办事员秘密接待抗日人员。这类政权完全听命于敌人，但也应付八路军。抗日部队只能借助"青纱帐"的掩护入村开展工作。此种亲敌"两面政权"能向八路军交纳一定的粮款，但不负担任何抗战勤务。唐山北边的东西缸窑、丰滦迁联合县十区以及沙河驿以南的地区就是这种情况。

二是亲我"两面政权"。它们离敌人据点相对较远，村政权由两大系统构成，保甲长以及保丁等属敌伪系统；办事员、武装班长等属抗日系统。这种政权的任务是假意应付敌人，真心掩护和从事抗日工作。当敌人包围村庄要粮催款或搜捕八路军、游击队和抗属时，保甲长出面应付，办事员隐蔽；或者是办事员身份不公开，作为保长的助手或以保丁的身份出现，与保长共同应付敌人，借以了解敌情和展开斗争。这些村庄看似保甲长掌权，实际上他们唯一的任务是在办事员的领导下去与日伪周旋，并不参加村政，村里的实权由办事员掌握，一切工作以抗日为出发点。

三是具有"两面"形式的抗日"一面"政权。这类村庄的群众基础好，建立了村民代表会，属于比较巩固的抗日根据地，但为了对付敌人的“扫荡”,同时添设敌伪处,以旧办公人员中最可靠的分子或优秀的志愿为群众作牺牲的老年人组成,在村正、副主席的直接领导下工作。

从地域上看,冀东的盘山深山区,长城内侧沿线以及山地等日军一般不易达到的小部分地区为抗日“一面”政权;城镇和铁路及其附近的小部分地区为亲敌一面政权;除此之外的大部分乡村基本上属“两面政权”。由于敌我斗争十分激烈,各种类型犬牙交错,划分无固定界限,完全根据敌我力量的消长而变化。有时敌人力量加强,抗日“一面政权”转向“两面政权”。同样,亲敌“一面政权”亦常有转变成“两面政权”的可能。①

(二)生产关系、社会结构的破坏和蜕变

在关内沦陷区农村,各级伪政权特别是基层保甲制度的建立及其对农民法西斯统治和残酷的经济掠夺,不仅使无数农民惨遭杀戮或折磨致死,家庭财产被劫夺一空,农业生产和农业资源几乎被摧毁,而且农村生产关系和社会结构,农民生活环境,同样遭到严重破坏。事实上,日本帝国主义对中国的军事侵略和经济劫夺过程,就是破坏和改变原有生产关系、社会结构的过程。同时,日本侵略者对农民法西斯统治和经济掠夺、截断农民的生存条件,又是以破坏农村原有生产条件、生产关系、社会结构和农民生活环境为前提的。

侵华日军在双方交战和扫荡过程中的烧杀掳掠,导致数以万计的农民房屋连同农具、家具、粮食、种子、衣物等,全部化为灰烬。

① 关于冀东农村“两面政权”的情况,见朱德新:《二十世纪三四十年代河南冀东保甲制度研究》,中国社会科学出版社1994年版,第152—155页。

这部分农民中,无论中农、贫雇农,还是地主富农,全部瞬间沦为赤贫户,既无粮糊口、无衣御寒,又无农具、种子进行生产自救,只得出外乞讨。但因兵荒马乱,出外更难谋生,同时放不下家中自有或租种土地。所以大部分外逃者不久又返回了家乡。不过因为没有房屋和农具种子,已经不可能在原有生产关系下进行农业生产和土地经营,只能出租,或以土地换农具的方式进行合伙经营。

耕畜是南北农业的基本动力,也是侵华日军在农村掠夺的主要目标之一,在北方,马、骡、驴和马车、驴车是侵华日军的主要运输工具,牛(主要是黄牛)是侵华日军的主要肉食来源;在南方,牛(包括水牛和黄牛,以水牛为主)既是侵华日军的运输工具,又是其主要肉食来源。因此,不单是沦陷区,凡日本侵略者所到之处,马、骡、驴、牛多被征用或宰杀,被征用者亦有去无回;马车、驴车、牛车多被征用(多连人带车和牲口)或焚烧破坏,被征用者同样有去无回。前揭资料显示,日本侵略者所到之处,马、骡、驴、牛和马车、驴车、牛车大多所剩无几。另据极不完整的统计,仅在华北"游击区",被日本侵略者宰杀的耕畜即达631万头。① 在南方,江苏昆山,毁失耕牛甚多;青浦耕牛、农具(自然包括车辆)严重"散失";金坛农具(自然包括车辆)"损毁过半";吴县耕牛、农具(自然包括车辆)"损失殆尽";嘉定亦因日本侵略者劫夺,"耕牛缺乏"。江西九江县石门乡,日本侵略者侵占8年间,劫杀耕牛148头,占原耕牛数的82.68%,毁损农具(自然包括车辆)498件,占原农具数的42.3%。② 湖北江陵三合乡,1939年沦陷后,被日本侵

① 李恩涵:《战时日本贩毒与"三光作战"研究》,江苏人民出版社1999年版,第265—266页。

② 《江西九江县石门乡解放前的政治经济情况》,中南军政委员会土地改革委员会调查研究处编印:《中南区一百个乡调查资料选集·解放前部分》,1953年印本,第159—160页。

略者抢走牛、马各16头条,驴13头,合计45头。[①] 1944年6月初,日本侵略者侵占湖南茶陵,其中一个团曾在庙市乡驻扎7天,即宰杀耕牛29头。[②] 1944年9月后,湖南道县陷落期间,日本侵略者在该县东门乡抢杀耕牛达246头。[③]

日本全面侵华战争爆发前,南北大部分地区的耕畜数量不足,部分地区或一个时期内还有不断加剧的趋势。不过就整体而言,耕畜短缺的程度还不是十分严重,更主要的问题是,在不同阶层或阶级农户之间,耕畜分配极不平衡:地主富农和部分富裕中农占有耕畜数量多、质量好,耕畜相对充裕,甚至明显过剩;广大贫雇农和部分下中农,使用土地多,而占有耕畜数量少,质量差,耕畜严重不足。这是各地农业生产正常运行的严重障碍。

本来一个地区耕畜的主要问题,并非数量严重短缺,而是分配不均,困难并不难解决。事实上,各地在农业生产的发展过程中,都积累与形成了一整套办法及乡俗惯例,进行耕畜调剂,解决耕畜占有与使用之间的矛盾,主要有耕畜租佃、人力畜力换工、合作互助、养畜户带畜佣工,等等。在某个地区,或以某种方法为主,或多种方法并行,每种方法又各有多种形式或乡俗习惯,以确保农业生产的正常进行。

---

① 《湖北省江陵县解放前的三合乡》,中南军政委员会土地改革委员会调查研究处编印:《中南区一百个乡调查资料选集·解放前部分》,1953年印本,第34页。

② 《湖南茶陵县庙市乡土地革命后的二十年》,中南军政委员会土地改革委员会调查研究处编印:《中南区一百个乡调查资料选集·解放前部分》,1953年印本,第83页。

③ 《封建统治下的东门乡》,中南军政委员会土地改革委员会调查研究处编印:《中南区一百个乡调查资料选集·解放前部分》,1953年印本,第73页。

日本侵略者对耕畜的疯狂宰杀、征发和劫夺、摧毁，导致沦陷区或日军经过之处，耕畜、车辆和配套农具、器具大幅度减少，甚至绝迹。自然也彻底破坏和摧毁了上述耕畜调剂的诸种方法或生产关系，包括耕畜租佃、人力畜力换工、合作互助、带畜佣工等等，全都成了无米之炊。原先耕畜自用有余，甚至专门养牛出租的地主富户，连自用畜力都无法满足，遑论牲口出租；南北一些地区原先最普遍的做法是，养不起耕畜的贫苦农户，用自己的人力换取养畜户的畜力，兑换比率因当地畜力、人力盈绌情况而异，个别的 1∶1，一般 1 个人工换 2—3 个畜工不等。现在不仅原来的养畜户已经没有耕畜，没有富余畜力可供换取所需人力，原来养不起耕畜的贫苦农户，现在则既无耕畜，又缺人力，因而不能奢望用人力换取所需畜力。

以往基于耕畜、犁具的合作互助有多种内容和形式。在北方一些地区，如用牛、驴翻耕土地（旱地），通常需用两头壮牛（黄牛）或两牛一驴同时拉犁，称作“一犋牛”。如果只有一头牛或一头驴，或一牛一驴，都无法拉犁翻地，即所谓“单牛不成犋”。但大部分农户往往只能喂养一头牛或一头驴，或喂养一牛一驴，不能单独成“犋”，也有的只有牛、驴而无犁具，或只有犁具而无牛、驴，必须两三家或四五家联合一起，才能凑成“一犋牛”。谓之“搁犋”。日军的掠夺、破坏，对“搁犋”这种生产关系的影响和破坏情形比较复杂，由于牛、驴被大量劫杀、征发，饲养牛（驴）的“搁犋”户大减，“搁犋”形式的生产关系急剧萎缩；同时，原来饲养骡、马或牛，无须“搁犋”的富裕农户，因骡、马、牛被征发、劫杀，耕畜残缺不全，无法单独成“犋”，补充了“搁犋”户数量。不过新增的“搁犋”户远比消失的“搁犋”户少，从整体上说，“搁犋”形式的生产关系急剧萎缩。

日本侵略者各种形式的农产品掠夺，明火执仗的武装和暴力攫夺、征敛、苛派不论,就是所谓“购买”,也都是以破坏、摧毁原有生产关系和市场交换关系为前提条件,其基本手段就是从生产、分配到流通、消费的全过程强力“统制”:作物种植,侵华日军、在华日人、日本国内需要什么就得种植什么,不准自己选择,而且还有各种戒律,如部落和村庄周围、铁路和公路两侧不许种植高粱、玉米等高杆作物;农民收获的粮食、棉花、蚕茧和其他农产品,也严格禁止买卖和流通,包括亲友之间的举借、馈赠,只能由日伪收购,并且将价格定得很低,有的收购价格还不到生产成本的1/10。

更重要的是,日伪在逐家逐户向农民个体生产者以征敛、捐摊、征借、强购等手段攫夺粮棉等农产品的同时,一开始着手改变农民原来一家一户独立生产、自行收储粮食的传统习惯,成立所谓“合作社”,通过统制生产、集中“交易”、统一“保管”的办法,使粮食、棉花等农产品的收集、掠夺一步到位。

日本全面侵华战争爆发前,中国的合作运动已有某种程度的发展。1937 年日本全面侵华战争开始后,华北沦陷区农村原有的合作社多遭破坏,被迫停止活动。侵华日军每占领一地,除其“宣抚班”外,“新民会”亦着手建立伪组织,为大量掠取占领区的粮食、棉花等军需民用资源,达到“以战养战”的目的。日本侵略军正欲利用沦陷区的农村合作社“开发”华北农村经济,伪“临时政府”即决定由“新民会”负责合作社事宜。1937 年年底,新民会已从伪临时政府接收合作社 1975 个。1938 年 1 月,经侵华日军特务部批准,原华北农村合作事业委员会与“新民会”合并,于 6 月成立“新民合作社中央会”,作为“新民会”中央指导部厚生部下专门负责合作社工作的执行机关。1938 年 5 月,“新民会”发布的《新民农业合作社设立大纲》规定:组织中央合作社及各省、道、县联合会;组织单位合作社。各联合会指导者尽可能由“新民会”各级指导部兼任;事业经营主体为“中央联合会”。当时日本侵略军对如何利用合作社掠夺农业资源尚未形成完整的指导纲领和具体的经营方针。

1939 年,侵华日军大规模的军事进攻暂告一段落,更加强了对沦陷区尤其农村占领区的统治和经济掠夺,相应加紧了合作社的设立和控制。在华北,着手统一沦陷区农村"合作事业"指导机构。新民会中央指导部厚生部将辅导科、业务科职员与新民合作社中央会的职员合并组成"合作科",由日本人山崎健太郎任科长,原新民合作社中央会成员全部转往地方。3 月,"新民会"颁布的《新民合作社暂行经营要领》规定:合作社以乡为单位,与"新民会"分会一致;各合作社以中小农民为主要对象,事业原则上取"兼营主义";新民合作社以外的既成合作社尽速与新民合作社合并;由乡合作社组成县合作社联合社,由县联合社组成道合作社联合社。各级合作组织分别由同级新民会组织领导监督,统一处于新民会中央指导部合作科指导控制之下,负责合作社经营之计划、统制与指导。

合作社本是方便日本侵略者进行农产品掠夺的工具,但是按照日伪的规定,农民入会必须缴纳股金。① 农民饱受日本侵略者烧杀、摧毁、劫掠之苦,一贫如洗,根本无从筹措股金,入社者寥寥无几,而日本将其归咎于新民会中央指导机关"指导"不力之过。1939 年 9 月,新民会中央指导部及"首都"指导部头目被迫集体辞职。次年 3 月,新民会与侵华日军"宣抚班"合并。

日伪为推动和加快大力推行合作社运动的进展,选定"模范"区

① 各地股金数额不一。北平郊区 3 元;河北良乡 1 元;石家庄郊区 2 元;山东 2 元或 3 元;山西 1 元、2 元、3 元、5 元、6 元、10 元不等;河南一般 1 元,也有 2 元或 5 元的(见王士花:《日伪统治时期的华北农村》,社会科学文献出版社 2008 年版,第 148—149 页)。

加以仿效、推广，1939 年秋在华北沦陷区选定若干县作为所谓“模范”区，包括河北石家庄地区、保定地区、顺德地区、苏北地区、北平地区、太原地区、山西省南部地区等以加快合作社运动、强化保甲“连坐”、整顿商品生产流通机构等为其重点。日伪“模范”区工作展开后，华北沦陷区农村合作社的数量迅速增加。到 1939 年年底，华北沦陷区农村合作社数量已达 4105 家，社员数达 143531 户。①

日本侵略军发展和直接控制合作社的目的就是统制生产、更有效地掠夺农产品。在建立和发展合作社的同时，即大力“整顿商品生产流通机构”，取缔自由买卖，在其统制较稳固（即所谓“治安良好”）的县城开设“交易场”，县城以下小镇设分场，所有农产品买卖须于交易场内进行②，不得于场外交易；并规定交易场开市时间；新民合作社执行交易场业务；上市交易场之农产品须服从交易场主任的指挥，以到场顺序接受交易检查。这样，新民合作社通过决定上市农产品的“公定”价格、检查其等级来控制农产品销售，并在交易场附设仓库以存储物资，大大方便了日本侵略者的农产品掠夺。

1941 年 7 月，自美国开始冻结日本在美资产和对日实行物资禁运，重要资源素来依靠进口的日本受到严重打击。同年 12 月，太平洋战争爆发，日本的基本国策提升为以中国的人力物力占领和称霸世界。华北沦陷区作为日本的“兵站基地”和“粮食总库”，意义更加重大，从而进一步加强了对华北沦陷区农村的控制和物

① ［日］福田政雄：《华北合作社运动史》，《华北合作》1942 年第 8 卷第 1 期，第 20 页，见王士花：《日伪统治时期的华北农村》，社会科学文献出版社 2008 年版，第 150 页。

② 交易场内交易的华北农产品包括：小麦、玉米、大米、高粱、谷子、黄豆、黑豆、小豆、绿豆、芝麻、棉花、面粉、大麦等粮食，土布、猪毛等副业产品，猪、羊、牛、马、驴、骡等牲畜以及蔬菜等。

资掠夺，为推动华北沦陷区农村合作社运动的发展，采取了新的措施。同年12月14日成立了“华北合作事业总会”，作为统一指导沦陷区农村合作事业的中央领导机关，并着手普及强化各级合作社组织，明确乡村合作社是具体实施合作业务的最基层的单位合作社，由乡长或村长兼任理事长；统一单位合作社的区域，规定合作社的区域以自然村为原则，社员“以区域内居住之各户经营主体为限、全户入社为原则”；同时为加强合作社同新民会分会及保甲的联络，有的合作社理监事以合作社代表的资格加入新民会，或保长兼为合作社负责人；各省地区联社及县联社的日本人副理事长，也同时大都是“新民会”首席参事。① 新民会、保甲、合作社三位一体，合作社的发展、普及同日伪的“治安肃正”、保甲“连坐”互为前提。由于日伪自上而下强化行政干预、强迫农民入社，合作社数量增加。据1943年12月底统计，华北沦陷区共有乡村合作社27034社、社员5404372户②，分别比1939年增加4.59倍和36.65倍。1944年8月，合作社复增至28313社，社员增至6531365户，分别比上年年底增加4.73%和20.85%。③ 在华北沦陷区的某些县域，绝大部分农民都被强迫入社，1943年受“表彰”的河北磁县、河南修武、山东德县、山西解县和苏北灵璧等5个“先进县”，

---

① 参见《省地区联干部人员名额表》及《各省县联干部人员名额表》，中国第二历史档案馆馆藏档案，见王士花：《日伪统治时期的华北农村》，社会科学文献出版社2008年版，第160页。

② 青田：《民国三十二年中国合作运动大事记（下）》，《华北合作》1944年第1卷第3期，第30页，见王士花：《日伪统治时期的华北农村》，社会科学文献出版社2008年版，第160页。

③ 《中联银行月刊》1945年第9卷第1—6期合刊，第357页，见王士花：《日伪统治时期的华北农村》，社会科学文献出版社2008年版，第163—164页。

合作社社员占农户总数的比重,最低 57%(灵璧),最高 100%(解县),平均 81.34%。①

沦陷区合作社的建立本来就是日本侵略者进行农产品掠夺的一种手段,合作社的加速发展、普及,为日本侵略者的农产品掠夺提供了更加便利的条件,而合作社、新民会、保甲三位一体的形成,使合作社完全蜕变为替日本侵略者的掠夺农产品的机器,日本侵略者的农产品掠夺手法更加赤裸和简单。当合作社和社员农户数量有限时,日伪尚须设立"交易场",严格限定交易场地、时间,由新民合作社主持交易、决定价格,并由买卖双方各半缴纳 1%或 5%的交易手续费。这种农产品掠夺,价格由日伪决定,完全是象征性的,不过还保留着市场交易的最后一层面纱。

"华北合作事业总会"成立、合作社普及后,所谓"交易场"以及相关"交易规则"等,都已成为多余。沦陷区合作社的主要任务就是与日伪行政机关、新民会、军警宪特协同一体,强化农产统制,运用行政暴力、武力,向农民(社员)强行收缴粮食、棉花和其他农产品,原来合作社的所谓"销售"业务,完全为"行政收购"、统一"保管"所取代。

事实上,日伪政权和合作社所谓"农业仓库"的设立,粮食等农产品的"行政收购"、统一"保管",1940 年就开始了。在山西,从 1940 年开始,日伪在各县城设立所谓"农业仓库",强制为农民统一"保管"粮食。如晋祠日军设立"合作社",农民所收稻米一律送到"合作社",不准自由粜卖。1941 年 6 月,日伪平遥县公署发布公告,谓"现以二麦收获完毕,为免除匪共掠夺,及虫蚀之患,以谋推进人民福利,特于日前布告全体农民,于本月起速将新麦送库

① 据王士花:《日伪统治时期的华北农村》,社会科学文献出版社 2008 年版,第 160 页表 4-2"1943 年受表彰县联乡村合作社组织情况"计算。

保管，或送与面粉厂”。①

在河北、山西、山东、河南、苏北沦陷区，华北合作事业总会成立后，因粮食短缺，严重地危及其军事作战和占领区统治，“交易场”的强制“收购”缓不济急，于是放弃“交易场”，设立“农业仓库”，取消市场交易，直接向农民搜集、强征、强夺粮食棉花和其他农副产品。1942年10月，“华北合作事业总会”为配合日军的第五次“治安强化”运动，为合作社制定的三项“方针”，其重点就是利用一切搜集机构，确保农产品军供。1943年1月，“华北合作事业总会”制定的《民国三十二年度事业计划书》规定，合作社社员所生产的一切农产品得由乡村合作社“提供销售”，县合作社联合会与乡村合作社订立“缴货契约书”；实施此办法时应与“农业仓库”之设施并行，使各级合作社与收购统制机关互相扶助。日伪制定的《华北合作社紧急对策纲要》也规定，基于华北所担负的战争物资的“增产增运”，乃决定战争“胜负重要原因之一”，故华北所属各级合作社，务必“集中华北农民全体力量”，统统“贡献于战时经济”。并令各县合作社联合会（以下简称“县联”）“选定易于收集物资及出产丰富之地域，为重点的乡村合作社活动区”。②

这样，各级合作社尤其是县、乡两级合作社，在同日伪协同一起，威逼甚至暴力和武力驱使农民“增产”农产品的同时，还要征集劳力、材料，选定合适地址建造合作社“农业仓库”，将强行收缴的农产品就近集中、统一“保管”，等待日本侵略者随时转运。

随着搜集、劫夺农产品数量的增加，各地合作社“农业仓库”

---

① 参见岳谦厚、梁金平：《抗战时期山西沦陷区的农业经济——基于满铁平遥县南政村调查之分析》，《河北学刊》2017年第1期。

② 参见王士花：《日伪统治时期的华北农村》，社会科学文献出版社2008年版，第177—178页。

的设置,也进展迅速。据1942年12月日伪统计,华北沦陷区合作社"农业仓库"总数达192栋,其中河北103栋、山西16栋、山东32栋、河南39栋、青岛2栋,共可储存粮食129829斤。1943年,许多县合作社联合会特别是重点"县联"陆续增设仓库,同年6月底"华北合作事业总会"统计,华北合作社农业仓库已增设96栋,之后仍在持续。1944年又增设25栋,建筑面积为9468平方米。[①]华北沦陷区农村的合作社仓库,容量已达相当规模。

此类沦陷区合作社"农业仓库"属于基层临时性和周转性仓库,周转迅速,所储粮、棉等农产品很快就会被运往沦陷区城镇、伪"满洲国"、日本国内和侵华日军驻地及其他战争前线。遍布华北沦陷区乡村的合作社"农业仓库"是日本以中国的人力物力占领和灭亡中国、占领和统治世界这一基本国策的罪证。在合作社"农业仓库"的背后,展现的是日伪武力劫夺农产品、合作社"农业仓库"充盈而沦陷区路有饿殍的血腥场面。

为了"集中华北农民全体力量"支持全面侵华战争和太平洋战争,日本侵略者利用合作社对华北沦陷区的农产品掠夺手段,到了为所欲为和无所不用其极的地步。

市场"交易"的面纱已经全部揭掉,"交易场"已被放弃,合作社的身份已经改变,不再以"交易场"中介人(经纪人)的身份代为收购社员和其他散户的农产品,而是以社员农产品所有者的身份强制"提供销售",将其转与县合作社联合会,但并未明确采用何种形式或手续,是否计价,如何定价、如何付款,以及由谁付款,都不清楚,只规定县合作社联合会须与乡村合作社订立"缴货契约

① 青田:《中国合作运动年表(续)》,第33页;《民国三十三年度华北经济年史》,第367—368页,均见王士花:《日伪统治时期的华北农村》,社会科学文献出版社2008年版,第177页。

书”,同时设立“农业仓库”,各级合作社与收购统制机关“互相扶助”,就是不提计价、付款。不过很明显,上揭“缴货契约书”中的“缴货”,同“缴税”“缴租”含义相同,都是无偿的。虽然规定中也有“销售”“收购”字样,但因新民会、保甲(或伪县公署)、合作社“三位一体”,实际上都是向社员强行摊派。即使“收购”,也价格极低,而且上缴粮棉后应得钱款大都被作为税收征去,农民几乎一分钱也拿不到,农民视合作社之“收购”为“抢粮”。

由于按“华北合作事业总会”的规定,合作社社员生产的农产品都得交由合作社“销售”,社员的绝大部分甚至全部农产品都被合作社强制征收。在山西,1943 年日伪通过合作社强征的粮食占其摊派量的比重,小麦达到 6—7 成,有的县甚至超过摊派量;杂粮平均 5—6 成,太谷等地超过 100%。同年,有 7 个“县联”因强征小麦成绩突出,受到日伪表彰,其中河北香河“县联”和河南柘城“县联”100%地完成摊派量;山东高密“县联”与山西崞县、汾城“县联”都超过摊派量。就是灾荒连年的豫北地区,完成日伪规定摊派量的也达 10 多个“县联”。农民上缴的农产品摊派量,完全由日伪根据需要和主观想象决定,根本不考虑实际生产和自然灾害的影响。例如,冀南、豫北农村连续几年遭受蝗虫等自然灾害,饥荒严重,而日伪当局仍认为以前这里是富庶之地,而划分一级县、二级县,规定巨额上缴量。连日本记者都觉得“严重脱离实际”。又如山西宁武,小麦产量很少,1943 年全部产量还不足收购量,农民请以杂粮代替,也不被允许。为确保小麦、棉花、杂粮、苇席、蓖麻等重要农产品的强征、“收购”,自“华北合作事业总会”到县合作社联合会,层层组织“收购督励班”,日伪行政长官及日本侵略军陆军联络部长亲自督阵,在强征、“收购”过程中,伪县公署出动保安队、警备队强夺农民衣物,强索民食之事屡有发生。合作社社员和散户农民无偿或以“公定”价格缴出,既不足成本,又“致自身无粮可食”。①

沦陷区合作社除向日伪上交生产的粮棉等农产品外,还由伪县公署、新民会组成所谓“收集班”,在日本侵略军指挥下,到游击区、抗日根据地(“非治安区”)专门抢夺、“收购”粮、棉等重要物资。“收集班”在“非治安区”抢夺时,预先在与之邻近的“治安区”设立“收集班移动本部”,抢夺、“收购”的村镇一般选择在一日行程的范围之内,“收集班”在伪警备队掩护下,快速抢夺,或以所定价格快速强行收购,当天返回“收集班移动本部”。仅 1942 年 6 月一个月之内,日军在河北石家庄地区就武力抢粮 82 万余公斤。②

除了抢粮,合作社又积极参与侵华日军的“治安强化”运动,对抗日根据地实行经济封锁。1942 年 10 月,“华北合作事业总会”组织“治安强化”运动“督励班”五班,前往河北保定、石家庄、顺德、邯郸、天津、唐山、沧县,山东德县、济南、济宁、滋阳、潍县、青岛,河南开封、新乡、归德,江苏徐州、铜山、柳泉,山西太原、临汾、运城等地“指导”合作社,协助“治安强化”运动。战局对日本愈加不利,日军便愈加紧利用沦陷区农村的合作社。在 1944 年日伪制定的《华北合作社紧急对策纲要》中,明确规定:“为补助军方,确保重点地带之治安及其他机关团体重点施策起见,各级合作社应本其特质,实行爱路爱矿善邻等重要工作”,以图向日军增加供应

① 参见王士花:《日伪统治时期的华北农村》,社会科学文献出版社 2008 年版,第 178—179 页。

② [日]山东省陆军特务机关:《获取敌区小麦工作要领》(昭和十七年 5 月 5 日),[日]《日本特务机关有关山东情况报告》,中国社会科学院近代史研究所图书馆藏,档案号:乙 K8-1;[日]臼井胜美编:《现代史资料 13 · 日中战争 5》,みすず书房 1996 年印本,第 636 页,均见王士花:《日伪统治时期的华北农村》,社会科学文献出版社 2008 年版,第 195—196 页。

战争资材并协助日军对占领区的统治。山西省合作社甚至还为日本在华企业募集劳工。①

土地是最基本的农业生产资料，是日本在全面侵华战争期间最主要的掠夺和破坏目标之一。掠夺和破坏土地既是为了劫夺农业资源，“以战养战”，又是蹂躏、残害中国民众，破坏原有的生产关系和社会结构，对中国民众进行超法西斯殖民统治和慢性屠杀（切断其生存条件）的重要手段，为尽快完全占领和灭亡中国创造条件。因此，日本侵略者掠夺和圈占的土地，除小部分役使中国和朝鲜农民耕种，攫取其劳动成果外，大部分或绝大部分土地，尤其是原有的大量优质耕地，并不留作耕播，而是用于建造军用机场、军用公路、据点、炮楼、碉堡、壕沟、封锁墙、“部落”（通称“人圈”），或划为“无人区”“禁作地带”“禁住禁作地带”等各类“禁地”。

这种土地掠夺和破坏，在大量耕地遭到破坏甚至被永久性摧毁的同时，土地占有和使用关系，农户结构、生产关系和农民居住环境，都发生了蜕变。

全面侵华战争爆发后，日本帝国主义为了便利其占领区的统治以及减轻其国内与朝鲜对粮食的负担，加快了关内沦陷区的移民和土地掠夺速度。“七七事变”前，在东北以外地区的日侨为8.6万余人，1944年秋增加到67万多人。大部分在华北，小部分在华中、华南。随着日本、朝鲜侨民的大量移入，继而是土地、房屋的大量掠夺，因为这些移民所种土地、所住房屋、所用生产工具及日用器具都必须从中国农民手中掠夺。日本侵略者掠夺的土地，

① 青田：《中国合作运动年表（续）》，第31页；《华北合作》1944年第5期；[日]《战斗的合作社》，《华北合作》1944年第1期，均见王士花：《日伪统治时期的华北农村》，社会科学文献出版社2008年版，第180—181页。

其中一部分用来开办“农场”。仅在天津、宁河两县即设立了120座农场,掠夺土地达92.17万余亩。约占两县耕地面积的一半。①

原来这些土地的占有、使用情况多种多样:有的属于自耕农民,自耕自食;有的由农民开垦耕种交租,产权属于地主,但农民有永久耕作权,地主不得增租夺佃;还有的地主士绅、军阀或实业人士开办农场,采用某种形式的商业性集中经营(亦有分散租佃者)。日本侵略者攫得土地和产权后,取名“农场”,全部分散出租给农民耕种,收取实物地租。原来的土地自耕、永佃制租佃和雇工集中经营,全部蜕变为农奴式或奴隶制租佃。

日本占领者为了直接掠夺和强占土地,还利用特务机关、保甲组织和建立专门的土地调查委员会,进行土地调查,强迫农民按户登记土地,根据其需要,随时征用和强占。一些自耕小农、永佃农不仅失去了地权、永佃权和土地耕作,甚至被关押、活埋惨死。军阀陈光远在顾家庄的2000余亩农田,原系荒洼,经农民开垦成熟后,1940年陈光远后人与农民订立永佃契约,佃租按三等交纳,一等每亩每年佃租2.7元,二等2.6元,三等2.5元,以后不准增租夺佃。但1942年陈姓地主勾结日本人,强迫将佃租增至每亩8元。农民上诉,陈氏败诉积愤,将土地卖与日本人下村,改为“近松农场”。农民杨立达、刘墨春代表民众起诉,日本人抢走永久契据,将其绑去活埋处死。赤土村地主魏颂洲等盗卖魏姓“公产”,将大起淀苇塘4800亩卖给日本“义一公司”,七旬老人魏福贵带侄儿魏义明赴伪宁河县政府状告,地主买通官衙,叔侄二人被押入大牢。小站82户农民承租璩姓土地四五千亩,已有60年的历史,原系偏僻、斥卤不毛之地,经过农民辛勤耕耘,已成沃壤,被璩姓地

① 《东丽区志》,天津社会科学院出版社1996年版,第173—174页;天津社会科学院历史研究所编:《天津历史资料》1980年第5期,第15—16页。

主盗卖给日商“东一公司”。1942年，璩姓地主又勾结小站日敌警备队长，迫令农民将其永佃权让与“东一公司”。农民代表据理力争，被日本人施以各种毒刑，后遭枪杀。①

日本侵略者所设“农场”，经营方式极为野蛮、落后，剥削极为残酷。土地被分割为极小的碎块，强迫当地农民为佃户，从事奴隶式的劳动。如“兴农公司”一部，计地2215亩，被分割由46户耕种；“大陆农场”土地一部计6211亩，由122户耕种；娄家庄农场土地一部计62.5亩，由9户佃种；“张达庄农场”土地161.73亩，由21户佃种。以上平均每户最高50亩，最低仅7亩。又如“茶淀农场”，土地被分成若干区，“区长”由汉奸充任，下管四五十户佃户，每5户佃户设一名伪警监视。佃户除了耕种自己的土地，还要替“区长”种地。日本经营的农场租率很高，如“茶淀农场”名义租率为33%—35%，实际远不止此。佃户收割后将全部稻谷运往指定地点脱粒，由场中人负责过磅，如数入库，至日后扣租若干、购买余粮若干，以及价格高低，农民均不得过问。购粮款则拖到旧历腊月三十，还有不予付清者。农民终年辛苦耕耘，但不许一粒稻米进口。农民如有食用稻米者，一经发现，即遭毒打或被处死。②

也有的原来是小自耕农的土地，日本侵略者攫夺后，改租给韩国佃农。日本侵占宁河期间，掠夺50.42万亩土地，先后建农场18座，占全县耕地面积的66.4%，分属于开源公司、永裕公司、中日实业公司、米谷统制协会等经济集团，全部分散出租。该县大北

---

① 孙德常、周祖常主编:《天津近代经济史》，天津社会科学院出版社1990年版，第268—269页；《东丽区志》，天津社会科学院出版社1996年版，第173—174页。

② 孙德常、周祖常主编:《天津近代经济史》，天津社会科学院出版社1990年版，第269—270页。

洵沽18村,土地肥沃,并有三河汇流,最宜种稻,早经当地"农民垦作水田,享有厚利"。1936年日本侵略者操纵组织"冀东防共自治政府"时,强占是项水田10万亩,并招韩国农民数百家为其佃户,这些"肥美稻田",面积广约6华里,日本人迫令地户主每亩领价1—2元,即行立契交田。但当时稻田已熟,每亩价值达千元内外,旱苇各地每亩亦值四五百元。故所有18村3千余户、丁口1万余人均不领价,日本人将田主拘捕,勒令各户立契出售。村民担心危及生命,"不得已而领价者有若干家"。于是,日本侵略者将大北洵沽的10万亩良田建成大型农场,即"米谷统制协会"下属的"蓟运河电化水利组合"。因日本人攫得水田后招韩农为佃户,大北洵沽3千余家地户失去土地后,欲为佃户而不可得。在这里,日本侵略者攫得土地后,虽仍在耕种,原来的自耕自食的土地所有者,并未由自耕农沦为佃农或雇农,而是破产、失业。或有为韩人佃农佣工者,亦为数有限。日本侵略者将宁河2/3的土地夺走,相当一部分地主亦难免于难。一些原来坐食地租的地主,无地出租,只得包佃转租,由地主沦为"二地主"。大汉奸齐燮元在宁河老家的800亩土地未被夺走,被大于村的8户地主包佃,再转租给贫农、雇农耕种。其中有4户"二地主",即靠转租吃"斗尖子"生活。也就是佃农用尖斗交租,"二地主"用平斗交给地主齐燮元,余下的"斗尖子"粮食归4户"二地主"平分。① 实行包佃转租后,地主和现耕佃农之间夹进了"二地主",佃农实际上须要缴纳双重地租。在日军的所谓"农场经营"制下,中国原有的地主和"二地主"剥削都加重了。

① 《宁河县志》,天津社会科学院出版社1991年版,第201—202页。

第四节 农民的递贫化、均贫化、赤贫化和在饥饿、死亡线上的熬煎

关内沦陷区农民的递贫化、均贫化和赤贫化，是日本帝国主义野蛮侵略、残酷掠夺，实行杀光、烧光、抢光“三光政策”的产物。

在近代半殖民地半封建条件下，农民两极分化和贫困化是农民经济发展变化的一般形态。这主要是西方列强侵略扩张、国内封建剥削加重的结果，同时也与城乡商品经济和农产品商品化的发展密切相关。由于商品交换和价值规律的作用，农民内部发生贫富分化或两极分化，小部分农户经济地位上升，大部分或绝大部分农户经济地位下降；社会财富向一极集中，贫穷向另一极集中。这种农民贫困化是在社会生产和再生产基本如常进行、社会财富总量或有增加（通常不会减少）的情况下发生的，在地域上呈辐射或分散状态；在速度和时间上呈渐进或加速状态。从某个角度说，它是资本主义产生和发展的历史条件。

关内沦陷区发生的农民急剧和极度贫困化，情况和性质完全不同。日本帝国主义的目的是要彻底灭亡中国和整个中华民族，包括灭绝全体中国民众。在日本彻底灭亡中国的总目标下，当然不会只有一部分农民贫困化，也不会出现农民内部的贫富分化或两极分化，即一部分农民经济地位下降，另一部分农民经济地位上升，或富者越富，穷者越穷，而是包括一般地主富农在内的农民普遍和整体贫困化，甚至赤贫化、极贫化。凡日本侵略势力所到之处，被其掠夺、蹂躏、残害和急剧的农民不是一部分，而是全部。侵华日军不是单纯地进行经济掠夺，而是烧杀、劫掠、奴役、残害、破坏多管齐下，尽可能以最快的速度将中国人民杀光，暂时没有杀光的以“集家并村”、设立“无人区”的手段，全部驱离家园，建立等同

监牢的“集团部落”,强制远离农地,最大限度地压缩生产时间。收获的一点农产品,还不够缴纳税捐。这样,农民几乎丧失了最起码的生存条件,只能在饥饿和死亡线上煎熬。

一、农民的普遍贫困化、均贫化和赤贫化

关内沦陷区发生的农民普遍和极度贫困化,具体表现为层压式贫困化(递贫化)、均贫化和赤贫化。它是日本帝国主义疯狂烧杀掳掠、劫夺破坏的结果,是各阶层农民在濒临亡国灭种的悲惨处境下遭受的生死磨难。日本帝国主义的目的是要完全占领和彻底灭亡中国,全面侵华战争一开始,采用的基本手段就是狂轰滥炸,烧杀、奸淫、掳掠,随后将其推向极端,实行杀光、烧光、抢光“三光政策”。在侵华日军的“三光政策”中,杀光是核心,烧光、抢光是杀光的延伸。侵华日军无论占城掠地、行军、驻扎、换防、流窜,还是在占领区及周边地区的清乡、扫荡、“集家并村”、建立和扩大据点,均以“杀光”为首务。对无法一次性杀光的农民,也要把房屋连同粮食、衣物、生活用具等烧光,让生存者无处栖身;若一时不能把房屋烧光,也要把粮食、牲畜、衣饰、财物等抢光、吃光、毁光,让生存者家徒四壁、一无所有,并且最大限度地摧毁农田、农田水利和其他农业资源,使农民无法进行生产,丧失最起码的生存条件。

倾巢之下,岂有完卵。在日本彻底灭亡中国的总目标下,当然不会出现农民内部的贫富分化或两极分化,不会一部分农民经济地位下降,另一部分农民经济地位上升,或富者越富,穷者越穷,而是递贫化或均贫化、赤贫化,全面贫困破产;农民贫困化的产生、发展和分布,也不是渐进式的或加速式的和分散的,而是突发的、一贫到底的,在一个地区的分布也是集中的。侵华日军在扫荡中,往

往把某个或某一片村庄洗劫一空，再把村民男女老幼封堵在村内，放火焚烧，将整村房屋连同来不及逃离的村民，无法运走或毁净的畜禽、农具、器具、粮食、衣被、财物细软等，统统烧光，少数村民即使幸免于难，但不论穷富，全都变得一无所有，无一例外。这就是不分穷富的普遍贫困化或“均贫化”。如果还有差别的话，就是地主、富农和部分中农，暂时还保留着日军还未一并攫夺的土地，至于那些仅有一檩茅屋和一挑锅瓢衣被的贫农、雇农等，则是孑然一身的赤贫户了。

在日本全面侵华战争的不同阶段、不同地域，农民贫困化的发生、分布、变化情况和表现特征，互有差异。在时间上，可大致分为战争初期或前期和战争中后期。

在战争初期，日本侵略军为了在极短时间内（一度妄想在3个月内）灭亡中国，在长驱直入、夺城掠地的过程中，所到之处，狂轰滥炸，大肆烧杀、奸淫、掳掠，屠戮民众，奸淫妇女，烧毁村庄，抢劫粮食、牲畜、衣饰、财物，毁坏耕地和农田水利，摧毁农业基础设施，掘毁河堤淹没、冲毁城镇、村庄，日军所到之处，城镇乡村血流成河，民居农舍全成废墟，千百万农民家破人亡、流离失所，家庭经济急剧贫困化，甚至陷入万劫不复的赤贫化深渊。

在华北，河北津浦铁路、平汉铁路沿线各地，前揭日军烧杀劫掠罪行和农业损失情况（详见表3-5、表3-6及文字说明），从一个层面直接反映农民家庭经济遭受破坏和贫困化的范围及严重程度。

河北津浦铁路沿线地区，调查的静海、东光、天津、沧县4县，除了天津农业收成（其中高粱减产严重）和耕畜、车辆的整体损失相对较小，亦即急速贫困化的程度相对稍轻，静海、东光、沧县3县，农业收成和耕畜、车辆的整体损失惨重，不仅作物收成大幅减产，而且骡马、车辆大部分甚至绝大部分被征发。因骡马、车辆既是主要的生产工具,又几乎全部为地主(主要是经营地主)、富农、中农(主要是富裕中农)所有,地主(主要是经营地主)、富农、中农(主要是富裕中农)没有骡马、车辆进行农业生产,占有土地的优势也不复存在。这样,不但下中农和贫农、雇农因农业收成大幅下降,贫困空前加剧,地主(主要是经营地主)、富农、中农(主要是富裕中农)也普遍转趋贫困。这就空前加大了农民贫困化的范围,甚至出现某种"均贫化"的现象。

平汉铁路沿线各县,洪涝损失原本已经不菲,日军又掘堤放水,趁火打劫,更加肆无忌惮地烧杀、掳掠、破坏,牲畜、车辆、夫役征发,无所不用其极。铁路沿线地方,除个别县域(如徐水)受害稍轻外,其余各县农业收成、农业生产条件和农家财产无不损失惨重,各阶层农户家庭经济遭受致命打击,大伤元气,普遍和急剧贫困化,严重的更陷入赤贫化的绝境。如保定,农村房屋破坏"最多",马骡征发"最多",作物整体损失达90%。房屋连同农具、家具、衣被、口粮、钱财全部付之一炬,当年作物基本没有收成,秋收刚过,就既无粮糊口,又无骡马役畜和劳动力(骡马征发须连同夫役),无法耕播补救,以致"耕地多数荒废",各阶层农户陷入"均贫化"和赤贫化深渊。正定、获鹿、邯郸、邢台、磁县等县,情形相仿,甚至更为严重。正定农村房屋"破坏甚多",农田作物或因洪涝,或地处战场,"全数损失",颗粒无收。畜禽方面,无论耕畜、食用畜禽,几乎全被征发。农民不仅住无片瓦,食无粒粮,且因骡驴、劳力短缺,无力秋耕自救,只能在"均贫化"和赤贫化的泥潭中坐以待毙。邯郸房屋、作物、牲畜、车辆无不损失严重:房屋破坏"甚多";作物收成稍好的减半,差的"收获全无";耕畜、食用畜"征发颇多";大小车辆"征发不少"。房屋和农业、副业全面崩溃,农民既无栖身之所、果腹之粮,又无耕作之人力、畜力、车辆、肥料,再加上长时间水浸内涝,耕地"荒废者不少",各阶层农户普遍贫困化,如无强有力的补救措施，不可避免地陷入赤贫化、极贫化深渊。获鹿、邢台情形稍异。获鹿据称作物损失“尚少”，但严重问题是，不仅骡马及牛等役畜“几无不被征发者”，明年土地“均将不能复耕”，且猪、鸡“征发亦多”。全县战前原有的猪、鸡，“现均已不见”。所有这些，无不给农民经济以致命打击。虽然部分农户暂无断顿之虞，但很快坐吃山空，贫困破产接踵而至。邢台情况相仿。作物受损不大，但农户家畜征发“甚多”，骡马全数供日运输之用，牛、猪全充日“军粮”，农业动力和肥料短缺，以致“土地荒废不少”，饥荒和贫困化随即到来。磁县水害严重，铁路东侧，各类作物“几无收获”，全县棉花亦因日进犯“无法采摘”，农民吃穿均无着落，秋冬只能忍饥挨饿。尤其是畜力、劳力“征发过多”，农业劳力短缺，生产补救无门。各阶层农户普遍坠落穷困泥淖，而且愈陷愈深。

山西、察哈尔地区，战争破坏和日军征发、劫夺所造成的损失更为惨重，农民急剧贫困化、赤贫化的农户和地域范围也更为广泛。山西晋北铁路、公路沿线一些地区，村落被焚毁无余，农户家中小麦、高粱“一无所存”，高粱秆全部被征发；山西全省的耕畜损失又远比农作物大，牛、马、骡、驴多被征发日军运输之用，猪、羊、鸡等畜禽则多充日军食料，猪、鸡一类畜禽完全绝迹。在平绥路沿线地区，日军除了劫夺粮食、役畜（包括骆驼）、车辆、肉畜，还大量征发、劫夺毛皮、皮革、皮褥、羊毛、驼毛，农牧产品“被劫一空”，晋北和平绥路沿线地区被弄得一贫如洗，相当一部分农户陷入赤贫化的绝境。

在华中地区，受害最严重的江苏，除了日本侵略军的烧杀、掳掠、破坏，还有水患、土匪祸害，农民损失十分惨重，急剧贫困化的程度深，相当一部分农户即使侥幸活命，也是一贫如洗，失去了最起码的生存条件（详见表3-7）。如昆山，毁失农具、耕牛甚多，复逢水灾，农民生活“极端困难”，佃农贫苦者“无力耕田”，完全失去生活源泉;青浦因耕牛、农具散失,种子缺乏,匪徒滋扰,“迥非旧时情况”,农民普遍陷入深度贫困;崇明农民“入不敷出,濒于破产”;金坛“农具损毁过半,农民无力添置,耕种殊多困难”,无以为继。嘉定东乡均系火线,农田不能耕种者颇多,加以耕牛缺乏,不能种稻而改种他项者亦多,农民房屋被毁者,生活更为困难,大多数农民急剧贫困化;吴县受灾“最为惨重,耕牛、农具损失殆尽,农民经济力量薄弱,农耕因之更形困难,产量因之减少”。这里对农民生产和经济损失程度,似嫌估计不足。实际上,在“耕牛、农具损失殆尽”,亦即几乎没有耕牛、农具的情况下,农民耕作岂止“更形困难”,产量又岂止通常意义上的“减少”。农民根本无法进行生产,也根本没有产量和农业收成可言,这些农民占有或租种(包括占有田面权)的土地,失去了作为最基本的农业生产资料的意义,他们和其他丧失土地和全部生产资料的赤贫户,并无质的差别。

在一场大的人类灾难和社会变故中,农民的户口、生活、居住变迁,直接揭示出农民所受打击、损失、经济恶化和急剧贫困化的过程与状况。江苏江宁等11县户口变化和农民离村及回迁情况统计见表3-20。

表3-20 江苏江宁等11县农民离村及回迁情况统计(1938年5月调查)

(单位:户)

项目 县别	战前户数	现在户数			离村回迁居住户数		离村总户数(含回流户)	
		户数	减少户数		户数	占现在户数比例(%)	户数	占战前户数比例(%)
			户数	占战前比例(%)				
江宁	60657	48002	12655	20.86	34090	71.02	46745	77.06
无锡	62358	59005	3353	5.38	24715	41.89	28068	45.01

续表

县别＼项目	战前户数	现在户数			离村回迁居住户数		离村总户数（含回流户）	
		户数	减少户数		户数	占现在户数比例（%）	户数	占战前户数比例（%）
			户数	占战前比例（%）				
句容	57524	56202	1322	2.30	1130	2.01	2452	4.26
江浦	35750	14215	21535	60.24	12120	85.26	33655	94.14
崇明	93053	86540	6513	7.09	830	0.96	7343	7.89
金坛	61563	48019	13544	22.00	3904	8.13	17448	28.34
丹徒	134985	108815	26170	19.39	14354	13.19	40524	30.02
金山	41253	39655	1598	3.87	32308	81.47	33906	82.19
嘉定	65887	60786	5101	7.74	786	1.29	5887	8.93
常熟	139187	127477	11710	8.41	114903	90.14	126613	90.97
松江	88546	38096	50450	56.98	23960	62.89	74410	84.04
总计	840763	686812	153951	18.31	263100	38.31	417051	49.60

资料来源：据中央研究院社会科学研究所主编、郑伯彬等编：《沦陷区经济概览·农业编》上册，国民党政府经济部资源委员会 1941 年油印本，第 A5192—A5194 页摘要整理、计算编制。

表 3-20 中数据显示，从 1937 年 7 月至 1938 年 5 月，不到 10 个月的时间，江宁等 11 县总人口从 840763 户减至 686812 户，减少了 153951 户，减幅达 18.31%。这部分减少的户口，除遭日军烧杀产生的绝灭户，绝大部分是因日军烧杀、劫掠而倾家荡产，在村里无法生存，被迫离村外逃，或流浪行乞。几乎所有离村户，包括回流户在内，都是在村内丧失了生存条件的赤贫户。也就是说，完全丧失生存条件的赤贫户占 11 县总户数的一半弱，江宁、常熟、松江、江浦更依次达 77.06、90.97%%、84.04%和 94.14%。

日本全面侵华战争的中期和后期，在各沦陷区尤其是华北沦陷区,日本帝国主义为了“以华制华”“以战养战”,不但要用中国的人力物力占领和灭亡中国,1941 年太平洋战争爆发后,更将华北沦陷区作为“大东亚兵站基地”,用中国的人力物力征服和统治世界。在这种形势下,日本侵略者对农村的经济劫夺、劳力掳掠和政治压迫、人身管制愈加残酷,农民的贫困化范围加速扩大,贫困化程度急剧加深。具体大致两类地区:一类是日伪统治比较稳固的一些地区,即所谓“治安区”;另一类是抗日游击队比较活跃的地区,或敌我双方进行拉锯战的地区,是日伪统治不太稳固或很不稳固的地区,即所谓“准治安区”或“非治安区”。日军在这两类地区烧杀劫掠、政治压迫的政策措施一样,统治和禁锢农民、维持和巩固法西斯殖民统治的基本策略都是“以战养战”“以华制华”,而其杀手锏是保甲“连坐”。但具体手段不尽相同,农民贫困化也有程度上的差异。在前一类地区,日军政权以“清乡”为主,没有大规模扫荡,没有普遍“集家并村”和划分“无人区”,基本保留着原有的村落位置和布局结构,原有生产关系尚未遭到彻底破坏。农民贫困化主要表现为层压式贫困化(“递贫化”)或均贫化,大部分农民尚未完全赤贫化;在后一类地区,特别是所谓“非治安区”,日军反复扫荡,实行“三光政策”,“集家并村”,划分“无人区”,快速屠杀与慢性屠杀相结合,将村民驱离家园,与土地隔离,切断其生存条件,绝大部分农民完全赤贫化。这两类地区相互穿插交错,此消彼长,不断变化。从人口和土地面积看,后一类地区远大于前一类地区。

前一类地区中,在河北清苑(保定),有关于李家罗侯等 11 村日本全面侵华战争期间农户和农村经济状况及其变化的调查统计资料,内容涵盖日军烧杀、劫掠和农民遭受损失,农户结构、农业生产、农户收入、土地租佃、雇佣劳动、农户升降变化等等。该项调查完成于 1946 年冬,部分统计数据包括 1946 年的情况(如 1936—

1946年农户升降变化等），或仅限于1946年情况（如播种面积、作物结构、土地产量、农户收入、农户副业等）。尽管如此，统计资料仍从一个侧面折射出日本全面侵华战争期间的农民急剧贫困化状况及特点，并具有一定的典型性。

清苑（保定）由于位处平汉铁路两侧，离北平很近，战争初期的破坏和农民损失极为严重，农村房屋破坏"最多"，农具、家具、衣被、财物全部付之一炬；马骡征发"最多"，作物整体损失高达90%。农民既无口粮，又无骡马和人力（骡马征发都须连同夫役），无法耕播补救，以致"耕地多数荒废"，几乎完全丧失生存条件。① 日军占领保定后，烧杀尤其是粮食、劳力、钱财、树木、牲畜等的劫夺，持续不断，变本加厉。又以征购、压价强购的手段，加紧了对农产品的掠夺，而且价格越来越低。

因上述苛敛征派多同土地及家庭劳力挂钩，各阶层农户除了少数汉奸、卖国贼，经济状况急剧变坏、逐级贫困化，地主变富农、中农，富农变中农、贫农，中农变贫农、雇农，贫农雇农加速绝灭。这是一种典型的"层压式"的"递贫化"。李家罗侯等11村的农户家庭经济升降变化趋势，清晰说明了这一点。详细情形见表3-21。

调查者将农户经济状况的变化趋势简要概括为上升、下降两大类。1936—1946年的10年间（主要是1937—1945年的8年间），1946年11村2595户农民中，呈上升趋势的270户，占总数的10.4%；呈下降趋势的196户，占总数的7.55%。上升或下降的农户都只是一小部分，大部分变化不明显。这似乎并没有什么特

① 参见中央研究院社会科学研究所主编、郑伯彬等编：《沦陷区经济概览·农业编》上册，国民党政府经济部资源委员会1941年油印本，第A5188页。

表 3-21　河北清苑李家罗侯等 11 村农户升降变化(1936—1946 年)

项目 村别	总户数	上升							下降						
		户数	地主富农		中农		贫雇农		户数	地主富农		中农		贫雇农	
			户数	占比(%)	户数	占比(%)	户数	占比(%)		户数	占比(%)	户数	占比(%)	户数	占比(%)
李家罗侯	220	21	—	—	—	—	21	100	12	6	—	6	100	—	—
何家桥	266	22	2	9.10	2	9.10	18	81.82	13	4	30.77	9	69.23	—	—
东顾庄	218	32	—	—	5	15.63	27*	84.38	18	5	27.78	13	72.22	—	—
南邓村	229	44	—	—	—	—	44	100	22	12	54.55	10	45.45	—	—
东孟庄	183	22	—	—	—	—	22	100	14	6	42.86	8	—	—	—
大阳村	309	20	—	—	—	—	20*	100	42	24	57.14	18	42.86	—	—
固上村	383	66△	2	3.03	—	—	64*	94.97	35	27	77.14	8	22.86	—	—
谢村	283	8	—	—	—	—	8*	100	5	5	100	—	—	—	—
大祝泽	245	9	—	—	—	—	9	100	17	9	52.94	7	41.18	1	5.89
薛庄村	175	11	1	9.10	1	9.10	9*	81.82	15	10	66.67	4	26.67	1	1.66
蔡家营	84	15	—	—	—	—	15	100	3	3	100	—	—	—	—
总计	2595	270	5	1.85	8	2.96	257	95.19	196	111	56.63	83	42.35	2	1.02

注:* 上升的贫雇农中,东顾庄、大阳村、固上村、谢村、薛庄村依次包括 1 户、3 户、5 户、1 户、2 户(总计 12 户)"其他"户。

△固上村上升的 66 户中,9 户贫农、9 户雇农、5 户"其他"因 1946 年土地改革上升;下降的 35 户中,3 户富农、1 户中农因 1946 年土地改革下降。

资料来源:据河北省统计局:《1930—1957 年保定农村经济调查资料》(1958 年油印本)综合整理、计算编制。

别的地方。问题在于不同阶层农户的下降态势。上升的 270 户中，地主富农和中农分别只有 5 户和 8 户，分别占各自阶层农户数的 2. 29%和 0. 61%，合计 13 户，占上升农户总数的 4. 81%。而下降的 196 户中，地主富农和中农分别达 111 户和 83 户，分别占各自阶层农户数的 50. 92%和 6. 33%，合计 194 户，占下降农户总数的 98. 98%。地主富农、中农上升与下降两类农户数量比较，后者分别相当前者的 22. 2 倍和 10. 38 倍。显然，地主富农、中农两个阶层农户，下降是家庭经济变化的基本趋势。亦即地主、富农、中农整体或各阶层逐层下降：地主降为富农、中农；富农降为中农、贫农；中农降为贫农、雇农。这就是十分典型的“层压式”贫困化或“递贫化”。

与地主富农、中农的变化趋势不同，贫农雇农的变化以上升为主。1064 户贫农雇农（含 51 户“其他”）中，下降的 2 户；上升的 257 户，占该类农户总数的 24. 15%，占各阶层上升农户总数的 95. 19%。在农民“层压式”贫困化或“递贫化”的过程中，贫雇农不但成了上升农户的主体，甚至几乎是上升农户的全部。这种罕见的“上升”实际是由贫雇农的特殊状况和当时前所未有的“层压式”贫困化孕育的假象。因为贫雇农急剧变化主要倾向同样是下降，而非上升。虽然贫农处于农村社会的底层，已经滑落谷底，大多一贫如洗，似乎降无可降。但事实上大部分仍在继续下降，直至终了：有的因贫穷无力婚娶，最后终老绝户；有的冻饿、疾病、瘟疫而亡；也有的全家外逃、乞讨，客死他乡。统计数据显示，日本全面侵华战争期间，11 村先后有 78 户完全绝灭，几乎全部是贫雇农。因此，并非贫农雇农的经济变动趋势中没有下降，而是下降者多已灭门绝户，以致调查统计中只剩下“上升”，而没有“下降”。同时，因贫农雇农极度穷困，家庭人口少，经济简单，稍有改善显而易见。如租到小块土地耕种；找到某项工作、职业（如手艺、长工等）；小孩长大成人自食其力;病残老人去世,家庭负担减轻、人口年轻化,等等,都可能有机会"上升"。不过这是就正常情况而言,在日本侵略者的刺刀和铁蹄下又是另一回事。事实上,257户贫雇农的上升,有相当部分出现在日本战败投降后,如固上村上升的64户贫雇农中,就有23户(含"其他"5户)是因为1946年实行土地改革而上升。其他各村也应有类似情况。据此可知,日本全面侵华战争8年间,已跌入谷底的贫雇农出现反弹"上升"的数量并不多。1936—1946年间,因"上升"脱离贫雇农阶层的为85户,而继续下降的贫雇农数量则多得多,因冻饿、疾病、瘟疫死亡绝灭,或因无以为生被迫外逃外迁,因遭日本杀戮或抓壮丁而劳力短缺的就达146户(人)。

日本侵略者进行的劫掠,通常是需要什么就劫掠什么,农民有什么就劫掠什么。为了尽快得到需要的物资、军需,满足其贪欲,地主富户和富裕农民自然是掠夺的主要对象。不过单靠对地主富户和富裕农民的掠夺,还远不能满足其欲壑和侵略战争的需要。因此,日军在河北清苑和沦陷区的掳掠对象都是全体农民。其结果是导致包括地主富农在内的全体农民加速贫困化,亦即普遍贫困化或"均贫化"。在李家罗侯等11村,地主、富农、中农普遍逐层下降而极少上升,既是"层压式"贫困化或"递贫化",也是普遍贫困化或"均贫化"。

农业雇佣劳动是近代商业性农业发展和农民贫富分化的产物,农业雇佣劳动的兴衰变化直接折射出商业性农业、农业生产的兴衰和农户经济贫富变化。日本全面侵华战争期间,沦陷区农业雇佣劳动呈加速度萎缩态势,恰恰是商业性农业和农业生产衰退、破产,农民普遍贫困化和"均贫化"的结果。清苑李家罗侯等11村的相关统计资料,也有一定的典型性。详见表3-22。

表 3-22　河北清苑李家罗侯等 11 村农业雇佣劳动及其变化(1930 年、1936 年、1946 年)

项目 年份	总户数	雇入				出雇			
		长工		短工		长工		短工	
		户数	人数	户数	天数	户数	人数	户数	天数
1930	2119	181	249	287	20683	278	325.5	629	55536
1936	2272	184	238.83	255	15009	256	307	525	44213
1946	2595	115	135	178	12078	127	134.5	475	33104

资料来源:据河北省统计局:《1930—1957 年保定农村经济调查资料》(1958 年油印本)综合整理、计算编制。

表 3-22 中展示了 1930 年、1936 年、1946 年等 3 个关键性年份的农业雇佣劳动统计数据。"九一八事变"前的 1930 年,农业雇佣劳动相对兴旺,反映商业性农业、农业生产有所发展,农民亦处于持续的贫富分化态势中。日本全面侵华战争爆发前的 1936 年,农业雇佣劳动除长工雇入户数略微上升,雇入、出雇的户数、人数(或天数)均出现轻度下降。这是日本侵占东北和随后全国性农业恐慌肆虐的结果。东北沦陷导致华北土布销售市场和豆饼供应市场丧失,华北的人口和劳动力亦无法自由出入东北,以棉花种植为中心的商业性农业、以纺纱织布为中心家庭手工业受挫,农民职业和人口调节机制失灵,随之而来的全国性农业恐慌,使之雪上加霜。农业衰退,市场萧条,农民破产。1935 年后,虽然农业生产和城乡经济开始复苏,但日本对华北的侵略、蚕食呈加速度发展,农业生产和农民经济复苏步伐缓慢。农业雇佣劳动的轻度萎缩所反映的是农业生产的明显衰退和农民的日趋贫困。

日本战败投降一年后的 1946 年,同 1936 年比较,农业雇佣劳动无论雇入、出雇的户数、雇工形式、人数(或天数),全都大幅度下降。雇入方面,长工的雇入户数和人数,分别从 184 户、238.83

人降至 115 户、135 人,下降幅度分别为 37. 5%、43. 47%;短工的雇入户数和天数,分别从 255 户、15009 天降至 178 户、12078 天,下降幅度分别为 30. 2%、19. 53%。出雇方面,长工的出雇户数和人数,分别从 256 户、307 人降至 127 户、134. 5 人,下降幅度分别为 50. 39%、56. 19%;短工的出雇户数和天数,分别从 525 户、44213 天降至 475 户、33104 天,下降幅度分别为 9. 52%、25. 13%。其下降幅度都比 1936 年大得多。

农业雇佣劳动这种大幅度的萎缩,折射的是农业生产特别是商业性农业的全面和大幅度衰退、农民的普遍和急剧贫困。而且,农业雇佣劳动的雇入、出雇,长工、短工,下降幅度的高低差异,也同日本全面侵华战争期间商业性农业和农业生产的严重衰退与破坏,同农民普遍和急剧贫困的状况与特征,完全吻合。

日军疯狂、持续烧杀、劫掠,严格取缔农产品的市场交易,农民收获的农产品被劫夺一空,特别是过去主要用来交换的棉花、小麦等农产商品,更是一经收割就被日军或合作社以各种方式、借口抢走,包括所谓"集中保管"。农民既得不到棉花、小麦等实物,又不见现金,因而没有能力也没有缘于经济利益驱动而使用雇佣劳动。所以无论长工、短工的雇入,都大幅减少。这还是日本战败投降一年后的数据,日本战败投降前的状况更要糟糕得多。在北方地区尤其是华北平原,地主土地一般以雇工经营为主,而且主要从事棉花、小麦的商品性生产。农业雇佣劳动尤其是长工、短工雇入的大幅降低,它所折射的正是商业性农业的严重衰退和地主富农经济的急速下降。

从长工、短工出雇的角度观察,这两种雇工形式之间出雇户数、人数(天数)下降幅度的重大差异,从一个侧面反映了日本全面侵华战争期间中下层农民贫困化的状况及特征:日军残酷烧杀、掳掠、切断农民生存条件等侵略手段,大大加快了各阶层农民尤其是中下层农民贫困化和因冻饿、瘟疫、疾病死亡绝灭的速度。调查统计资料显示，1936—1946 年间，11 村的中农（包括少数富农）因经济下降而跌入贫雇农阶层的为 165 户，因经济上升而脱离贫雇农阶层的则只有 85 户，进出相抵，贫雇农阶层净增 80 户。与此同时，原有的相当一部分贫雇农因冻饿、瘟疫、疾病而灭门绝户，或无以为生而外逃、外迁，或被日军虐杀致死、重伤残废。1936—1946 年间，11 村绝灭、迁出的贫雇农为 79 户，与上面所增 80 户贫雇农基本抵消。另外，还有被日军虐杀致死或重伤残废，以及被抓壮丁的贫雇农达 67 人（户）。这些不仅制约贫雇农的数量增减，也使贫雇农阶层的内部结构产生重大变化。1946 年同 1936 年比较，贫雇农的数量从 1028 户减至 1013 户，下降 1.46%，而贫农由 899 户增至 975 户，增加 8.45%；雇农由 129 户减少到 38 户，下降了 70.54%，占贫雇农阶层总数的比重从 12.55%降至 3.9%。更值得注意的是内部结构发生了重大变化，贫农数量上升，雇农数量大幅下降。1936 年贫农、雇农分别为 899 户和 129 户，雇农占 12.55%；1946 年贫农增至 975 户，而雇农减少到 38 户，占贫雇农总户数的比重降至 3.9%。

在一般情况下，贫农大多还保留小块土地（包括租种地）和家庭农副业，除非家里有两个以上男劳力，通常以打短工（零工）为主，卖长工的少；而雇农的土地（包括租种地）和其他生产资料已经丧失殆尽，大多除了劳动力，近乎一无所有，单靠打短工，难以维持自己和家人生活。因此，贫雇农的数量、内部结构及其变化，在市场供应上影响和制约雇佣劳动的数量、结构及其变化。长工的雇入、出雇萎缩严重，短工的雇入、出雇萎缩轻微的背后，则是贫农增加、雇农减少，贫雇农结构的重大变化。如前所述，贫雇农结构的这种重大变化，又并非雇农绝地逢生，反弹上升为贫农或中农，而是因为中农普遍和急剧贫困化、贫雇农继续下沉并最终灭门绝户的结果。

具体的变化过程是,大批中农(包括少数富农)家庭经济持续下降,纷纷跌入贫雇农阶层,不过在一段时间内,大多还保留着少量土地(包括租种地)和家庭农副业生产,只是由中农变为贫农,尚未沦为几乎一无所有的雇农。而原有的贫雇农尤其是雇农,大多继续下降和赤贫化,最后山穷水尽,以灭门绝户告终。在日伪法西斯残酷统治下,由于广大农户处于普遍贫困或"层压式"贫困化("递贫化")或"均贫化"的普遍穷困状态,全部自身难保,社会救济保障功能完全消失,因农业雇佣劳动严重萎缩而陷入失业、冻饿绝境的赤贫化雇农,无处乞讨苟延度日,而在日本侵略者又残酷烧杀掳掠,抓派壮丁、夫差、劳役的情况下,他们又没有时间和自由外出乞讨,从而大大缩短了这部分雇农从赤贫到山穷水尽、灭门绝户的过程和时间。尽管中农降为贫农雇农的户数也最多,速度也在加快,仍然无法填补因加速灭门绝户的雇农空缺。这就是贫农增加、雇农剧减的奥秘所在,也是日本全面侵华战争期间农民广泛和急剧贫困化的显著特征。

在后一类地区,即所谓"准治安区"尤其是"非治安区",同前一类地区,即所谓"治安区"相比,农民的贫困化范围更广、速度更快、程度更深,不只是广泛的"层压式"贫困化("递贫化")或"均贫化",而是急速、普遍赤贫化或极贫化。

1941 年 12 月太平洋战争爆发和战争进入相持阶段后,大规模的战略进攻暂停,日本帝国主义的主要战略任务是,"以战养战""以华制华",进一步加强了占领区尤其是"准治安区"和"非治安区"经济攫夺、劳力掳掠和军事扫荡,在推行杀光、烧光、抢光"三光政策"的同时,实行保甲"连坐"和"集家并村",制造和扩大"死亡地带"(包括扫荡区、清乡区、撒毒区、人造瘟疫区、无住禁作区、禁区、隔离区、集团部落、集家并村区、"无人区"等等),切断民众的生存条件和民众同八路军、游击队的联系，接踵而来的自然是这类地区全体民众的急剧和极度贫困化或赤贫化。

这种极度贫困化或赤贫化，遍及“准治安区”和“非治安区”，几乎无一例外。只是在不同区域或县乡、村落，侵华日军实行烧杀掳掠和“三光政策”重点、起始及持续时间、扫荡次数、涉及范围，对农业生产、农业资源、农民和农村经济造成的破坏与损失，大小和程度各有差异，农民贫困化的起始时间、范围广狭、表现形式，不尽相同。

在所谓“准治安区”和“非治安区”的大部分区域，侵华日军为了对民众进行监视和禁锢，维持和强化法西斯殖民统治，在疯狂进行经济掠夺的同时，强征民夫、劳役，修筑碉堡、据点、公路、壕沟、隔离墙等，数量多，工程量大，涵盖地域范围广，延续时间长。这样就从侵占和破坏耕地、掠夺和耗竭农民劳力两个方面，掐住了农民的脖子，使农民陷入了极贫和冻饿的绝境。

在冀南沦陷区，据不完全统计，截至1943年，侵华日军修建碉堡、据点、公路及封锁沟、封锁墙等，共占地135075亩，掠夺劳力763.6万余个。[①] 数以百万计的农民或有劳力而无土地，或有土地而无劳力和时间耕种，或既无劳力又无土地，都陷入极度贫困的绝境。经常性的“支差”和劳役榨取，同样甚至更严重加剧了农民贫困化和赤贫化。因为经常而沉重的劳役负担严重消耗农民的体力和时间，农民即使有土地，也没有时间和体力按农业季节进行正常生产。如冀南巨鹿大韩寨、大吕寨，冀县北冯村，新河西千庄，一个主要劳动力平均1/5的时间要为敌人做苦工；太行区邢台大板沟、崔家庄，沙河西赵村、纸坊等4村，每天都有1/8的人口给侵华日

① 齐武编著：《一个革命根据地的成长——抗日战争和解放战争时期的晋冀鲁豫边区概况》，人民出版社1957年版，第63—64页。

军服苦役。如果18岁以上50岁以下的人口(敌人规定的“支差”年龄)占全人口3/10,那么,每个在这个年龄段的男人,平均每个月就有15天要为侵华日军服无偿劳役。① 这就是说,即使全年不生病、一天不歇息、不做其他事情,也只有一半左右的时间从事农业生产。在这种情况下,除非这些农民有50%以上的剩余劳动或剩余产品,他本人及家庭成员根本无法正常生存。然而,即使在日本全面侵华战争爆发前,一般农民也远没有50%以上的剩余劳动或剩余产品,以致长期以来国家和政府税捐特别是封建地租严重侵蚀农民必要劳动,更遑论侵华日军铁蹄下的冀南沦陷区农民了。他们不仅无剩余劳动或剩余产品可言,连必要劳动和必要产品也被侵华日军劫夺一空。

从某个角度看,相对清苑李家罗侯等村而言,冀南地区的情况更为严重,侵华日军的碉堡、据点、公路尤其是封锁沟、封锁墙等的修筑,攫夺和圈占了农民更多的土地,掳掠了农民更多的劳力。经侵华日军一再扫荡、大范围禁锢,实行杀光、烧光、抢光“三光政策”,农业生产和农业资源遭到严重甚至毁灭性破坏。在土地、劳力、耕畜、农具严重不足的情况下,农民仍然被迫要用一半以上的时间“支差”,无法进行正常的农业生产,少得可怜的一点所获产品又被侵华日军大部分甚至全部劫夺,农民全部陷入了深度贫困化的泥潭。这种极贫化的产生,除了侵华日军对土地和农业生产、农业资源的肆意掠夺与毁灭性破坏,还有一个重要原因,就是在残酷掠夺农产品的同时,肆意掳掠农民劳动力,对农民物化劳动和活劳动两者的劫夺双管齐下。农民既无衣食,又无时间、精力和条件、办法进行生产自救,只能听天由命。

---

① 齐武编著:《一个革命根据地的成长——抗日战争和解放战争时期的晋冀鲁豫边区概况》,人民出版社1957年版,第68—69页。

在所谓“准治安区”特别是“非治安区”一些地方，侵华日军为了便于奴役和禁锢农民，推行“集家并村”和“囚笼政策”，把农民原来地势较高相对分散或有某种遮挡的住房全部拆毁或烧毁，另选平坦无遮挡地段（往往多为优质农田）建造“集团部落”（农民称之为“人圈”）。四周垒筑底宽 1 米以上、高 3 米以上的围墙，围墙外挖掘隔离沟，沟外 3 公里宽环形地带的全部土地被划为“禁住禁作”地带，不准耕种和人畜进入，否则格杀勿论。这样，相当一部分甚至大部分耕地被强制荒废。3 公里以外往往没有耕地，即使有耕地，也远离“部落”，不便耕作。同时，整个“部落”围墙只设一至两处大门出入，门口有日军站岗，平时日出“三竿”才开门放人出外，太阳未下山便关门上锁。因开门时间短，路途遥远，大部分时间和精力都消耗于往返路途。而且，白天还要抽出大部分人去修公路、筑碉堡、开矿与挖沟，实际进行生产劳动时间很少。①故此，尽管大部分耕地被划为“禁区”，强制荒废，土地极度短缺，而荒地却不断增加。据热河平泉县 124 个“部落”统计，“集家并村”的当年就荒废土地 8.8 万亩，占原有 34 万多亩耕地的 26%。而且划为“无人区”的“部落”荒地反而更多，一般达 30%，最多的达 50%。由于耕地少而荒地多，劳动时间短，耕播不及时，土地产量异常低下，而苛捐杂税多达数十种，所获产品还不够交税。农业生产毫无收入可言，作物种植和农产品之外，没有其他任何收入和必要的补充。在“集团部落”内部，房屋极其简陋狭窄，没有可用于家庭手工业、养殖业或其他副业的任何空间，房舍外没有任何隙地，可用于蔬菜种植。农民家庭手工业、养殖业、蔬菜种植和其他副业全部绝迹。在这种环境下，农民最多只能以野菜、草根充饥，

---

① 《敖汉旗志》，内蒙古人民出版社 1991 年版，第 834—836 页，附《日军“集家并村”罪行录》；《平泉县土地志》，2001 年印本，第 235 页。

要么冻饿、死亡。上揭热河平泉县,从1943年修建“集团部落”到1945年日本投降的两年多时间里,冻死饿死者即达12266人。①

这还只是“小集家”,是相邻若干村庄和散居农户的“集家并村”,“无住禁作”或“无人区”地带划定在“部落”隔断墙周边3公里的范围内,尚有若干比例的农户能够或近或远部分耕种自己原有的土地,还没有达到全体农民同土地隔离的程度。在长城两侧沿线地区,侵华日军还实行了“大集家”,采用屠杀、驱赶的毒辣手段,强制农民进行大范围迁移,建造“千里无人区”。这是“集家并村”过程中建造的最大“无人区”,也是最典型、最凄惨的农民赤贫区。

1941年9月,热河日本宪兵本部提出以“国境地带无人区化”作为“灭共对策”;10月,关东军西南防卫司令部制定了《西南地区肃正工作实施纲要》,制造“无人区”的全面计划出台,当年冬季即开始“小集家”,将长城两侧深山里的居民全部驱赶下山,1942年扩大推行。1943年将“小集家”上升为“大集家”,出动近10万日伪兵力“扫荡”热南,对被划为“禁住禁作”区的房屋一概烧毁,抗拒迁出的民众“格杀勿论”。侵华日军还专门组织快速机械化部队,普遍验查“无人区”,其所到之处,草木过刀,房屋放火。对于逃进深山老林的农民,敌人便实施“清剿”,见人便杀。到1943年12月底,侵华日军将百万农民逐出山区,赶进“人圈”,制造了东西长700里,南北宽200—300里的“千里无人区”。②

长城两侧“无人区”内原住居民被赶到日军事先划定的区域,

① 《敖汉旗志》,内蒙古人民出版社1991年版,第834—836页,附《日军“集家并村”罪行录》;《平泉县土地志》,2001年印本,第235页。

② 《晋察冀日报》1944年1月7日,见朱德新:《二十世纪三四十年代河南冀东保甲制度研究》,中国社会科学出版社1994年版,第41页。

组成如同牲口圈一样的“人圈”。他们被驱离家园，强制同原有土地隔离后，生产和居住条件比其他“集团部落”更为严酷、恶劣。四围是高1丈5尺左右的围墙，墙顶上装满铁丝网或插满枣树刺枝，墙的四角与大门顶上是碉堡，墙上留有垛口，里侧为“马道”，间隔几十米设一站台，“马道”站台上由民众被迫组织的“义勇奉公队”（即所谓“反共自卫团”）日夜守卫。碉堡与大门由伪军或武装“部落警”持枪把守。一般每座“人圈”仅留两个大门，白天总是太阳升得很高，日伪军警确认“平安无事”，方才开门放人出外耕作，太阳未下山便赶人入内关闭大门。稍有风吹草动，就几天不开门。日伪将“人圈”禁锢得犹如铁桶一般。而在“人圈”内却实行“门户开放”，夜晚不准关门，以方便日伪警特横行无阻地奸淫抢夺。① “人圈”内的青年男子尽数编入“反共自卫团”，昼夜持棍巡逻，白天还要抽出大部分人去修公路、筑碉堡、开矿与挖沟。根本没有时间和精力进行生产。②

各个“人圈”之间，也相互隔绝，沟壕堡垒纵横交错，将各个片区尽行孤立。为了将“无人区”原住民众和冀东民众困死、饿死，侵华日军在冀东设置了东西南北各四道宽4米、深3米、近4000里的壕沟、碉堡、封锁墙相结合的封锁线，把冀东区分割成数块。无论那条封锁沟沿线，都是三里一碉，五里一堡。如从唐山到丰润50里，就有25个炮楼。许多县域还自行构筑简单工事，以防抗日

① 1992年10月11日在唐山军分区招待所访问原八路军干部陈平的记录，见朱德新：《二十世纪三四十年代河南冀东保甲制度研究》，中国社会科学出版社1994年版，第42页。

② 李永春、陆占山：《遵化境内的“无人区”》，见中共遵化县委党史资料征集办公室编：《遵化党史资料》第2辑，第194页，见朱德新：《二十世纪三四十年代河南冀东保甲制度研究》，中国社会科学出版社1994年版，第41页。

力量的渗透。1942年9月19日,伪抚宁县公署召开乡(镇)长会议,决定在各重要乡(镇)构筑宽1.2米、深1.3米的立射式散兵壕,或在周围埋设木桩,穿以带刺的铁丝网,再装上栅栏门,由“反共自卫团”日夜守护。①

这样,各个“人圈”里的民众,不论长城“千里无人区”移居民,还是当地原居民,全都处于“三隔绝”(即同土地隔绝、同八路军及抗日力量隔绝、各“人圈”间相互隔绝)的极度孤立无援状态。特别是同土地的隔绝,令他们失去了最基本的生存条件,完全陷入绝境。即使在这种情况下,侵华日军的经济掠夺仍然无所不用其极,各种征收和勒索不下二三十种,将农民全年收入搜刮殆尽。许多人只能以野菜、树叶充饥,讨饭、借债度日。据1946年统计,热河全省500万人口中,衣食住全无的达71万人,缺一、二项的100余万人。日本战败投降一年后的全省情况尚且如此,日本投降前的“千里无人区”可想而知。②

“集家并村”和“无人区”的农民还不算是最贫困和受害程度最深的。最为贫困、生活最为凄惨的还要数侵华日军驻地尤其是重点扫荡、反复扫荡区的农民。③ 一名侵华日军士兵声称,日军“如果约500人的部队在100户左右人家的村庄驻一夜,这个村庄

① 《抚宁县公署召开乡长会议指示事项》,1942年9月19日,抚宁县公署印行《抚宁县政月刊》第21号,1942年10月15日,见朱德新:《二十世纪三四十年代河南冀东保甲制度研究》,中国社会科学出版社1994年版,第42—43页。

② 娄平:《千里无人区》,南开大学历史系编:《中国抗日根据地史国际学术讨论会论文集》,档案出版社1985年版,第558页。

③ 李恩涵:《战时日本贩毒与“三光作战”研究》,江苏人民出版社1999年版,第258页。

恐怕10年也恢复不起来”。[1] 可见这些地区破坏之大、受害之深、民众状况之惨。

在这些重点扫荡、反复扫荡区，侵华日军实行杀光、烧光、抢光“三光政策”。其基本做法是，不论男女老幼一律杀光；房屋建筑和农具、家具、器物一律烧光，不怕火烧的锅碗和金属、陶瓷器皿，一律砸碎；粮食、畜禽、衣饰、钱财、金银首饰一律抢光、运光，运不走的全部就地销毁；水井、水源一律撒毒。凡是经过扫荡、劫夺的村庄，顷刻变成废墟，相当一部分甚至大部分村民被杀死、烧死，妇女被奸杀或羞愤自尽。侥幸逃生者无屋住、无饭吃、无衣穿，甚至无水喝、无路走，举目无亲，身无一物，孑然一身，完全失去了最起码的生存条件。这类农村，不论原来如何富庶，自然条件如何优越，出产如何丰富，全部成为极贫之区、“死亡之区”“无人区”。[2] 这是比“千里无人区”更为惨绝人寰的另一类“无人区”。山东鲁中沂鲁山区，就是侵华日军制造的这类极贫之区、“死亡之区”和“无人区”中的一个典型。

1938年年初，日军侵占沂鲁山区，在县城集镇安设据点，四处疯狂扫荡，实行杀光、烧光、抢光“三光政策”，不断扩大占领区范围，村庄房屋被烧，村民屠杀，财产被洗劫一空。再加上投降日军的国民党新编第四师长吴化文部和以山东省主席沈鸿烈为代表的国民党其他顽固派、投降派助纣为虐，扫荡、烧杀、横征暴敛，以残害抗日军民和平民百姓为能事，祸害一方。从1941年开始，在鲁中沂鲁山区，出现了震惊全国的“死亡之区”和“无人区”。“死亡

① 军事科学院外国军事研究部：《日本侵略军在中国的暴行》，解放军出版社2005年版，见李恩涵：《战时日本贩毒与“三光作战”研究》，江苏人民出版社1999年版，第240页。

② 李恩涵：《战时日本贩毒与“三光作战”研究》，江苏人民出版社1999年版，第258页。

之区”和“无人区”以临朐县的三岔(今沂源县)、九山为中心,东至安丘、昌乐西部,西至蒙阴西北部(今沂源县)、博山东部,南至沂水、蒙阴北部,北至益都、临朐南部,纵横近100公里。

整个“死亡之区”和“无人区”,生产凋敝、生活穷困苦的程度,超出常人想象,日伪和国民党顽固派、投降派,苛捐杂税名目多如牛毛,见粮就抢、见物就拿,苛敛、搜刮、抢掠无所不用其极。当地民众形容他们“轻的不拿鸡毛,重的不抬碾盘”,除此之外,诸如粮食、衣物以及其他一切有用的东西,都被抢掠一空。农民终年以野菜、树皮充饥,既没有一粒粮食进口,亦无种子耕播,即使偶尔弄到一点种子,哪怕已经拌上粪土耩地,也被从粪土中抢走。如临朐县于家庄于维正,好不容易买回2升谷种,刚耩了6分地,其余的便被国民党顽固和投降军从粪土中扒走了。于维正苦苦哀求,“老总,种不上粮食怎么交给养啊”!“老总”恶狠狠地说:“你还想活很长时间吗”?结果,成千上万的民众,不是被日伪和国民党顽固和投降军枪杀、残害毙命,就是冻馁而亡。1943年春荒中1个月即饿死28人。临朐县前坡村(今属沂源县),土地亩产不足200斤,而每亩负担“给养”竟达1700斤,仅1943年3月至5月,全村就有150多人因拿不上“给养”被吊打。到1943年6月,全村41户、266口人,仅剩13户、37口人。有29户家破人亡,14户卖儿卖女,44人活活饿死,19户全家死亡。马光荣一家16口人,1年就饿死11口。人口较为稠密的南麻、鲁村等集镇也几乎断了烟火,大村只剩下几十人,小村子找不到一个村民。据临朐县不完全统计,全县逃荒要饭的16.8万人,典妻鬻子的1.4万人,遭日伪杀戮和饿病而死的10万多人,全县由原来的38万人,锐减至8万人。整个“死亡之区”,土地荒芜,荆棘丛生,野有僵尸,路有饿殍,满目疮痍,一二十公里不见人影。村庄内蓬蒿比人高,只剩断墙残壁的房屋,到处豺狼奔逐,乌鸦啄尸,阴森森令人毛骨悚然。不少村庄先死者有人埋,后死者无人抬,到处白骨累累,火炕成了狼窝,碾盘、磨顶筑起了鸟巢。行人一停下来,吃惯了人肉的红眼巨鼠,直往身上扑。饿狼白天追吃活人,单身行人不敢上路。村中偶有个把村民蜷伏墙根,有的脸肿得像面盆,有的消肿后皱起的黑皮挂在脸部,头发长得像犯人,连张嘴说话的力气都没有。沂鲁“死亡之区”和“无人区”的贫困和凄惨程度,在山东尤其是沦陷区,无疑是最典型的,但绝不是独一无二的。国民党山东省政府粮食处一孙姓职员当时写过一副对联,上联是:“民政厅财政厅民穷财尽”;下联是:“田赋处粮食处田荒粮绝”。① “民穷财尽”“田荒粮绝”,农民、农业、农村经济的衰败、崩溃,农民乃至全民的贫穷、困苦,均已达至极限。

二、在恐怖、屈辱、冻馁、死亡线上的挣扎与煎熬

日本帝国主义为了达到全面占领和彻底灭亡中国的目的,对中国民众采取的基本手段是快速屠杀和慢性屠杀。所谓快速屠杀,就是或单个杀戮,见一个杀一个,或将抓到的民众,成百上千集中一处,进行集体屠杀,以最快的速度、最短的时间从肉体上消灭中国民众;所谓慢性屠杀,就是剥夺尚存者的生产和生活资料,破坏、摧毁其生产、生活环境,截断和毁灭其生存条件,使其最终因饥饿、冻馁、瘟疫、疾病而加速死亡。关内沦陷区的民众,或被侵华日军快速屠杀丧命,或暂时躲过或漏过快速屠杀,但躲过或漏过了今天,不等于能躲过或漏过明天和后天,因为随时随地都会遭到快速屠杀,就算躲过或漏过快速屠杀,暂时得以保命,也绝对不可能躲

① 崔维志、唐秀娥:《沂蒙抗日战争史》,中国文史出版社1991年版,第290—295页。

过或漏过慢性屠杀,故只能苟且偷生,在屈辱、冻饿、死亡线上挣扎与煎熬。这在时间上,可大致分为战争初期和战争中后期。

(一)日本全面侵华战争初期

在战争初期的夺城掠地过程中,侵华日军为了摧毁中国的有生力量和反抗力量,在最短时间内全面占领和灭亡中国,同时出于对有着五千年灿烂文明和4.5亿人口的东方巨人的妒恨,以及自身海寇本性的恶性膨胀,除了狂轰滥炸、烧杀掳掠,推行“焦土政策”,还施展各种惨绝人寰暴行,制造骇人听闻的惨案。凡侵华日军所到之处,房屋被焚毁,村落变成焦土;村民被烧死、枪杀、活埋,或被抓夫;不少女子包括老妇、少女乃至儿童,被奸杀(先奸后杀)。即使暂时保命,但因房屋、农具、家具、衣物、生活用品被烧,耕畜、家畜家禽被宰被抢,粮食、副食被烧被抢,根本无法继续生活,被迫离乡行乞、流浪,客死他乡,或因外逃更难活命,被迫返村,但还是无法生活;妇女因被奸淫糟蹋,身心严重创伤,只能苟且偷生,或羞愤自尽,也有的为免遭侵华日军奸淫、侮辱被迫自行了断,甚至全家大小女性集体自杀,无一恋生例外。

有些地区,遭侵华日军一轮或多轮轰炸和烧杀掳掠,村民、居民房屋全部或大部被焚,农具、家具、衣被、锅碗盆勺尽成灰烬瓦砾,村落变为废墟、焦土,口粮、畜禽不仅全部被日军抢劫、宰杀,牛马大车亦被征发。不少农户、村民被烧死、杀死。部分家庭甚至死绝。死里逃生者孑然一身,上无片瓦遮盖,下无净土立脚,只得拖儿带女、扶老携幼,离村他徙,流浪乞讨,苟且偷生。然而,离开故土,举目无亲,人地生疏,风餐露宿,再加上兵荒马乱,到处人心惶惶,茫茫中华大地,竟无一处藏身和安身立命之地。惊吓之余,饥寒交迫,疾病、瘟疫即刻缠身(有的原本年老体弱、有病在身),因无食物果腹、无衣衫保暖,更无医药诊治,未几客死他乡,甚至全家死绝。幸存者,走投无路,举目无亲。同时也不愿客死他乡,成为“野鬼”。这样,许多离村外出流浪乞讨的农户、村民,离村不久又被迫陆续返回村里。在这方面,前揭苏南地区是一个很有代表性的例子。如表3-20所示,苏南江宁、无锡、嘉定、常熟、松江等11县,日本全面侵华战争前,共有840763户,日军占领当地后,有417051户先后离村外逃,占总户数的49.6%,即将近一半。其中江浦、常熟两县的离村外逃比重超过90%,松江、金山亦超过80%。但1938年5月调查时,已有263100户先后返回村里,占离村户总数的63.09%,占现在户数的38.31%。离村外逃的时间,大多不超过半年。他们在外面无以为生,但两手空空返回原村,因为最起码的生存条件已被日军摧毁,同样只能在饥饿和死亡线上挣扎。他们唯一能做到的,恐怕是可以死在“家”中,“落叶归根”,不再成为“野鬼”。另外,1938年调查时同占战前比较,11县农民和村民减少了153951户,占战前总户数的18.31%。减少的这部分农民、村民,全部是离村未归者。除了南京大屠杀,在苏南江宁等11县农村,可能全家被日军杀绝的还不多。至于离村未归,可能主要有两种情况:一是滞留在外,暂时尚未回村;二是全家已经客死他乡。两者各自所占比例无考。不过从离村者离村、回村的贫困和匆卒情景,以及当时社会环境的恶劣程度判断,这部分离村未归的农民、村民中,大部分甚至绝大部分已经客死他乡。在这么短短的时间内,如此大量的离村农民、村民,就已全家死绝,这是日本帝国主义在其占领区(不仅仅是江宁等11县)普遍实施快速屠杀和慢性屠杀双管齐下的结果,因为不能排除离村农民、村民,包括回村的农民、村民,未在流浪过程中遭到所在地侵华日军的杀戮、残害。

尽管如此,日本法西斯还是嫌这种快速屠杀和慢性屠杀双管齐下政策见效不快,必须加大快速屠杀的力度,加快中华民众灭绝的速度。而且日本法西斯经过所谓“武士道”精神的洗脑,被训练成了杀人魔鬼,嗜血成性,已经没有丝毫人性。不仅以奸淫取乐,而且追求血腥快感:用刺刀挑开女童阴户强奸;奸后捅穿阴户;先奸后杀;光天化日集体强奸、轮奸,直至受害者腹胀如鼓、阴户出血如注,最终惨死。如此等等,不一而足。在夺城掠地的过程中,杀人如麻,制造一起又一起惨案,无数中国男女老幼,惨死在日本法西斯的刀下,或因伤残、悲愤、羞怒自杀。幸存者不仅身心遭受无法医治和平复的创痛,而且绝大部分只能在生活绝境中,苦苦挣扎。

1937 年“七七事变”后,侵华日军沿平汉、津浦两条铁路干线长驱直入,向河北、华北地区进犯。铁蹄所至,烧杀奸淫掳掠、腥风血雨相随,各种惨案接连不断,亘古未有的灾祸从天而降:10 月初侵占石家庄,随即魔爪伸向赵县,对县城狂轰滥炸的同时,从 10 月 7 日至 10 月 15 日,短短几天时间内,日军以飞机轰炸、机枪扫射、活人当靶、刀挑枪杀、火烧水淹、活埋放毒等极其凶狠残暴的手段,制造了一起杀害 1149 人的大惨案。

1937 年 10 月 7 日(农历九月初四)为赵县城关大集,近中午时分,集市活动达到高潮,城内街道熙熙攘攘,人群如鲫。突然从西北、东北方向飞来 5 架日军飞机,呈一字形排列,由北向南对准人群扫射猛炸。顿时人畜倒地、房屋坍塌,几分钟内炸死、炸伤无辜民众 200 多人,损失财产无数。不足百米的东马虹街被炸死 20 多人,血肉飞溅,尸体满街,一名赶集人被炸飞的椽子插进肚里,疼痛难忍,惨叫不止。幸存居民和赶集商贩、农民,乱成一团,赶集者纷纷向城外逃散。城关居民惊慌恐怖,或逃往城外,或躲进防空洞;商店闭门,街上无人,全城一片死寂。10 月 11 日夜晚一场激战后,次日赵县县城失守,日军像一群恶浪由西门、北门冲进县城,封闭东、西、北三门,开始大搜查、大屠杀。日军在城内仅一天就杀戮居民 110 余人。当天，日军又冲进城郊宋村、常洋、官庄、东晏头等七个村庄，杀死村民 700 余人，重伤致残 80 多人。常洋尤为惨烈。4 天中，日军在常洋村杀死、烧死、淹死村民近 200 人。其中 11 户被杀绝，被烧毁房屋 69 间，猪、羊、鸡、鸭被杀光吃净，农具家具全部被烧毁、砸烂。日军把粮食、衣物装了 10 大车，抢了本村 29 头大牲畜运到赵县县城。日军走后的第二天，逃往外村的村民陆续回来，寻找亲人的尸体。当时遍地血迹，死尸累累，多处尸体被烧焦，根本无法辨认，只得同埋一坑。在这次惨案中，全村几乎家家有死人，户户断炊烟。村民掩埋了亲人，又急忙流落他乡，数月不敢回家。一时间，这个离城仅三里的村子，完全成了一片废墟。

另外，日军还在东晏头屠杀 20 余人；在北解家疃杀戮 18 人；又把大、小李家庄被抓去给日军抬担架的 20 名青壮年也在县城西关杀害。日军在赵县城关和周边农村的 9 天大屠杀，共杀戮城关居民和农村村民 910 人，239 人重伤致残，20 多家断门绝户，30 多家只剩下孤儿寡母。被杀的民众有年迈的老人，有初生的婴儿，更多的是青壮年男女。日军在东晏头把陈大娘的儿子陈广妮卸下四肢，割成碎块，放在皮箱内，还硬逼迫陈大娘食儿之肉。惨无人道，登峰造极。

经日本侵略军 9 天的轰炸、烧杀、奸淫、掳掠，赵县城关和郊外 7 村民众，死者全部惨死，生者无法继续生存。由于被杀戮的人数多，家家死人，户户戴孝，日军屠杀的手段极其野蛮、残忍、无耻，民众无法忍受一个个亲人被日军残忍杀害的悲愤和伤痛，也为了自己和幸存的家人免受日军残害，被迫自杀。这样，日本侵略军屠杀的人数越多，手段越残忍，当地民众自杀的人数也越多，两者成正比。而这正是日本侵略军所企盼的。所以，愈到后来，日本侵略军屠杀的人数愈多，手段愈残忍。生者也愈难继续生存。不仅如此，幸存者的生存条件也几乎被彻底截断。特别是水井和其他水域,都被尸体填满或严重污染,民众既没有清洁、卫生的饮用水源,又无食物,耕牛、农具亦大部被掠夺、破坏,而且可能随时随地惨遭杀害,所以,大部分民众只得两手空空,出外逃荒、避难。①

侵华日军在侵犯赵县、制造赵县惨案的同时,1937 年 10 月 12 日,板垣师团的两个大队 5000 多人侵入藁城县南部梅花镇,制造了残杀 1547 人的又一宗大惨案。②

1937 年 10 月 12 日天色未亮,多数人家尚未起床,日军成群结队从镇西南翻过寨墙,扑向镇内,见门就砸,见房就烧,见人就杀。几个日军闯进王淘气家,进门枪杀其母亲,其父亲随手抄起一把三齿耙,喝令全家,“跟我往外冲”!一耙锛死一个日本兵。当他又扑向另一个日本兵时,不幸中弹身亡,儿媳和两个孙子被日本兵用刺刀刺死,仅王淘气一人乘机跑了出去。一群日本兵砸开鲁全成家大门,绑走鲁全成;开枪打死其两个不满 10 岁的儿子;将其 5 岁的女儿踢昏在地;将其哭喊的姥姥踹倒,先剁掉双脚,才捅杀致死;又将其母亲、妻子和一个孩子推入井里,用辘轳、砖头活活砸死。鲁全成家大院住有 6 户,20 口人,被日军杀死 15 人,其中三户被杀绝。这一天全镇被日军残杀的民众就有 300 多人。街道、院落、粪坑……到处都是血淋淋的尸体。

日军嫌在各家各户单独杀戮不过瘾,声势不大,显不出威风,起不到镇吓的效果,又把一批青壮年和民众抓来绑在一起,先强令他们跪在大街上、真武庙前和镇内几个较大的院落里,被看押起来,再分批拉到临时专设的杀人场集中屠戮。这样的临时杀人场,

---

① 李永辉:《血洗赵县记略》,见左禄主编:《侵华日军大屠杀实录》,解放军出版社 1989 年版,第 66—72 页。

② 因 10 月 12 日是农历九月初九,梅花镇惨案又称“九九惨案”。

全镇就有8处。在这8处杀人场,被屠杀的民众达1200多人。其中辘轳把水坑是最大的杀人场。1937年10月12日中午,日军以30个一串,或四五十个、百十来个不等,一串串将捆绑村民的从大街上和真武庙前往至水坑边驱赶。水坑周围架着机枪,飞机在上空盘旋。几百名端着刺刀的日本兵,边用刺刀和棍棒威逼民众往水坑里跳,边用机枪扫射,近处用刺刀捅死。尸体很快填满了大坑。血水溢出坑外,顺着路沟流满了半条街。推下水坑的600多人中,仅鲁全成、张满仓等8人幸免。事后,镇上幸存者用了五天时间打捞尸体。其中有100多具尸体血肉模糊,无法辨认,只得一起埋到镇西的一个大坑内。地主尚五子家长工大院,宽大而空旷。日本兵把100多人赶到院内,跪了一天一夜后,第二天,日本兵把这100多人全部枪杀和挑死,尸体扔到院内的两个大菜窖和一个大粪坑里。

1937年10月13日,南门外的屠杀更是令人毛骨悚然。日军想从被抓到南门寨墙下的200多名妇女、儿童那里找到吕正操部队的下落,但无论哄骗,还是恫吓、威逼,均无结果。日军随即拉出四个不满10岁的女孩,将其全部劈成两半后,继续逼问,仍问不出一句话来,气得日军狂蹦乱跳,把200多名妇女小孩全部枪杀,尸体扔进寨沟里。后来掩埋尸体时,其中有36具尸体无法辨认,埋在一起,故被称作"三十六口坟"。

从1937年10月12日黎明到15日中午,侵华日军大烧杀持续了四天三夜。梅花镇550户、2500人中,1547人惨死在日军的刀枪下,占全镇人口的61.88%;24人被日军挖眼、割耳、剁脚、断臂成为终身残废;4人被迫跳井或上吊自杀。死伤和被迫自杀合计1575人,占全镇人口的63%。其中46户被杀绝,占总户数的8.36%。日军在残酷杀戮的同时,又放火烧房,大肆抢劫,烧毁房屋、店铺600余间,各户村民尤其是商铺东西、财物被抢光。"九九惨案”后,日军在梅花镇盘踞7年,继续对幸存者进行残酷压迫、压榨、凌辱和奴役。因为人口特别是青壮年减少一半,劳动力极度缺乏,加上日伪实行保甲“连坐”和严格的人身控制,四围寨墙每天早9时才开门,下午5时闭门,生产劳动的时间极短,农民和村民还要“出夫”(承担劳役)、站岗、守寨墙、看电线。不仅没有工夫进行生产,且常有工伤事故(如冯巴巴、张二妮即“出夫”时摔死),又不许到远处种地。结果大片土地荒芜(全镇荒废土地23顷),农民常年处于饥寒状态。如陈书田一家5口人,1943年有两个多月没吃到粮食,只能野菜、树叶充饥,年迈父母双双饥饿而死;王福山家5口人,那年也有一个多月没吃到粮食。全村500余户,有400余户以糠皮、树叶、棉花籽、红薯藤、豆饼等充饥,连富农户也有吃糠的。①

山西尤其是雁北地区民众,在日本全面侵华战争爆发不久,也很快陷入了极其残酷和悲惨的境地。1937年9月上旬,侵华日军长驱直入山西省雁北地区。仅半个月时间,阳高、天镇、大同、怀仁、广灵、浑源、山阴、左云、应县、灵丘、右玉等11个城镇相继沦陷。日军在夺城掠地的过程中,制造了一起又一起绝灭人性的大惨案和特大惨案。在阳高,千余人被日军残杀,被强奸妇女无数,少女、幼女更被糟蹋得难以言状。有的被摧残致死,有的因抗拒被杀。更有一个15口之家,因忍受不了日军像野兽一样的昼夜轮番摧残蹂躏其女、媳,悲愤、绝望至极,用绳子互相拴在一起,集体投井自杀(其大女儿、女婿第二天也投井自杀)绝户。在日军的血腥屠杀中,一座两万人的县城变成了死城;②日军在灵丘,9—10月

① 梁海江:《梅花镇大惨案》,见左禄主编:《侵华日军大屠杀实录》,解放军出版社1989年版,第73—81页。

② 任达之:《阳高城惨案》,见左禄主编:《侵华日军大屠杀实录》,解放军出版社1989年版,第15—21页。

一个多月的时间里,屠杀民众1200余人。其中一半的遇害者是集体屠杀,而且是日军强令其事先自己挖坑,而后用刺刀挑入坑内杀害者。日军屠杀手段残忍、变化多样。对一些完全无力反抗的老弱妇孺、孕妇、病人,一会儿用刺刀挑一个,一会儿用大刀劈一个,一会儿又用枪打一个。进而提升为杀人表演和杀人比赛,把抓来的居民按大小分别捆绑成几串,强令跪倒在地,由几个日本兵轮流挥动大刀砍杀,能把被捆绑的一串人头一刀砍下,才算"优胜"。[①]在崞县城,日军在两天中制造了屠杀居民1300余人,烧毁民房、庙宇2000余间的大惨案。被杀害的人群中,包括200名被汉奸组织扒开城门、跪地迎接日军、声称"愿当顺民"的"商民"。另外,"数以千计的年轻妇女被日军奸污后又遭枪杀"。崞县城原本是一个繁华的市镇,屠杀洗劫变成一座死人城,一片悲凉景象。[②]

日本侵略军不但杀人如麻,奸淫无数,而且以杀人取乐,杀人手段花样翻新;进行杀人比赛、杀人表演;以活人为靶,进行刺杀训练;也不是简单地见人就杀、见一个杀一个,而是关上院子门、封锁街口路口、关上寨门城门,将全屋院、全村寨、全街道街区、全镇乃至全城各家各户、各个角落,男女老幼全部搜出、捉拿,以8个、10个或数十百个为一组,捆绑串联一起,选择合适地点,专设杀人场,分期分批集中屠杀。在一些村寨、集镇、县城,除了外逃和个别死里逃生者,几乎被杀绝。民众无论被残杀,还是侥幸逃生、保命,无不受尽百般折磨和屈辱。由于被杀人数多,水井、水坑及其周边多为杀人场和堆尸场所,水井、水坑被死尸填满,幸存者没有劳力,不

① 海志宽等:《血染灵丘》,见左禄主编:《侵华日军大屠杀实录》,解放军出版社1989年版,第40—48页。

② 郝树民:《崞县城惨案》,见左禄主编:《侵华日军大屠杀实录》,解放军出版社1989年版,第54—56页。

仅衣食全无,连干净安全的饮用水也没有。天镇县城关、朔县城关、宁武城关的特大惨案和民众的悲惨遭遇及处境,是典型例子。

1937 年 9 月 12 日,侵华日军的铁蹄踏入山西省天镇县城,连续进行了三天的大屠杀,制造了 2300 余民众被杀的大惨案。[①] 至于被残害致伤及被抢劫财物者,则更难以数计。

大屠杀过后许多天,日军才让居民清理死尸。大多数尸体已血肉模糊,严重腐烂,家里人只能凭亲人衣服的布料和自己做过的针线活上认尸。在狐神庙蒙难的高峨的尸体只剩下一条胳膊,家属从裹胳膊的那只破袖子才认出来。死在城内无人认领的尸体,由七八辆大车拉到南城门外偏西一里许的三官庙一带,挖坑掩埋。据幸存者王家珍统计,仅一个坑内就埋有 286 具死尸。被日军洗劫后的县城,像死一般寂静,白天乌鸦盘旋乱叫,黄昏狗吠狼嚎,县城内外,大街小巷,遍地污血,臭气熏天,往日人间,顿成魔鬼世界。[②]

朔县城惨案与天镇城“八八惨案”仅隔两星期。1937 年 9 月 28 日(农历八月二十四日),侵华日军侵占朔县城,屠城三日,屠杀民众 3800 多人,制造了一起灭绝人性的“九二八”重大血案。

1937 年 9 月 28 日上午 10 时许,日军侵入朔县城后,首先用机枪封锁东、西两处城门,枪杀正准备从南城门逃走的县长郭同仁,并将南城门封锁,把未逃走的一大批男女老幼用刺刀全部押回瓮圈和靠城门口的街道上。在各处大街小巷,随手枪杀未及走避的民众,准备实施早已准备好的大屠杀计划。

---

① 因 9 月 12 日是农历八月初八日,当地人称这次惨案 为“八八惨案”。

② 曹宏顺、王其正:《记天镇城“八八惨案”》,见左禄主编:《侵华日军大屠杀实录》,解放军出版社 1989 年版,第 22—30 页。

日本侵略军进行大屠杀的主要场地就是南城门外一段长 100 多米,深、宽各近 10 米的护城壕。日军先把从城门口截回来的居民押到城壕边上,让他们一排排地跪在地上,四周由全副武装的日本兵把守,一挺挺轻机枪枪口对准着人群;在城内的日军,则大肆搜捕居民,如稍有反抗或准备逃跑,当即枪杀或用刺刀捅死。日军把抓到的居民,先是用麻绳 10 个或 8 个一组捆串起来,一批一批地押到南城门外的杀人场上。后来更找来细铁丝,把抓来的居民每人脖子上缠几圈,一个一个地连在一起,有的还将其鼻子、肩锁骨穿开小孔,再用铁丝串起来。在押往南城门外杀人场的途中,谁要是走不快或有某种反抗动作,即用刺刀刺、用小刀在脸上划,惨叫声此伏彼起。不少人因鼻子、肩锁骨、脖子上缠着铁丝,走起路来又互相拉扯,未到杀人场就被活活勒死了。到下午四五点,南城门外已跪下的民众足有 2000 多人。在日军指挥官的指挥下,以表演和竞赛形式的大屠杀开始了:先是将一批跪着的居民拉到护城壕的边沿上,排成一字形长队,每个居民后面站着一个日军,当指挥官的命令一下,日军动作很整齐地把刺刀从其后背穿至前胸,搅动一下后,又一使劲,把尸体就挑进了城壕里。这样杀了几批后,日军指挥官又下令改变杀人方法,先开膛破肚,再用刺刀挑杀。当这些居民的胸膛被日军剖开,肠肚流出外面,一个个疼痛得在地上喊叫打滚时,在场外的日军官兵却拍手狂笑。日军不仅杀人取乐,而且不断变换杀人新花招,改用战刀直接往下砍头颅。其杀人程序,同样是押数十名居民一字形跪在护城壕边上,再在每人跟前指派一名手持战刀的日本兵,当指挥官口令一发,数十把战刀在空中一起一落,一个个人头便滚跌到城墙垛下。

日军如此轮番地杀了一批又一批,见被抓来的人越来越多,于是改用机枪扫射,没有死的再补捅几刀,然后将尸体一起堆入城壕里。就这样,一直杀到夜晚,使这段有 10000 立方米容积的护城壕,几乎被全部尸体填满。仅一天时间,就有3000多名民众倒在血泊中。日军还怕有人未死,苏醒过来后乘天黑逃生,又开来坦克在死尸堆上来回碾压,最后用汽车拉来稻草盖上,浇上汽油点火焚烧。顿时,滚滚浓烟腾空而起,呛鼻的血腥味笼罩了整个朔城。这还未完,又将抓来的大批民众,全部推入火海烧死。①

日军在城内一面到处杀人放火,一面肆意奸淫掳掠。大批妇女惨遭强奸、奸杀,或被逼投井、上吊自杀:南街吕耀先之嫂,刚结婚不久,被日军从房里拉出,当着其丈夫之面进行强奸,而后剖腹,用刺刀从其下身剖到腹部,肠子流了一地。其夫怒不可遏,赤手空拳与之搏斗,也当即被刺死;一对李姓年轻夫妻,被日军从房间赶出,强令两人全部脱光衣服,在院内扭摆,百般污辱,供其取乐;上揭徐宝院内十几名妇女,几乎全部被日军强奸、糟踏,徐的侄女遭日军污辱后,悲愤难忍,抱着一岁半的儿子投井自杀。

日军总是挨家挨户搜查抓人杀人、奸淫杀人和搜掠抢劫,三者同时并行,全城各家各户和各个商家、店铺的金、银、首饰及贵重物品,被日军劫掠,难以计数。

日军在朔县城连续三日的大屠杀中,仅当地居民就被残杀3600多人,约占当时城内总人数的一半,其中160户被杀光。加上外来探访的亲朋和做买卖的商贩,以及放下武器的中国士兵,总

① 在这次护城壕大屠杀中,太原纺织厂炊事员徐宝,被刺三刀未死,只是由于流血过多,反复昏迷,一阵清醒,一阵迷糊。过了很久,原来串跪在他身旁的侄子(被刺了8刀)也醒了过来,增强了他的求生欲望。叔侄俩齐心合力,从死尸下面钻了出来,乘黑滚到最下面的壕里,躲过了坦克碾压,相互将绳子啃断,在日敌点火焚烧前,从城壕的拐弯处慢慢爬了出来,逃到宁武县山区,两人白天带伤讨饭,晚上在庙里过夜,苦熬了两个多月,九死一生,在两千多死人堆里捡回两条命。(刘福斌:《朔县日军屠城记》,见左禄主编:《侵华日军大屠杀实录》,解放军出版社1989年版,第35—37页。)

计惨死者达3800多人，成为山西全省最大的一起屠城案。惨案发生几天后，日军转移南侵宁武，幸存者寻找和掩埋亲人尸体时，在最大杀人场城壕里看到的全是一壕人肉酱，只能根据死者衣裤和身上所带的东西辨认，然而，死者衣服多已烧得无影无踪，或者只有身躯而无头颅，或者已成一堆碎尸，甚至皮肉全无。况且许多人家里惨死者多，幸存者少，或者只剩孤儿寡母，根本无力寻找和掩埋尸体，再加上超过1/10的家庭被杀绝，更是无人寻找和掩埋尸体。由于无法辨认，又没有人力物力，以致几千具尸体长期沤在了城壕里。① 连尸体处理问题都无法解决，就遑论生产、生活和卫生防疫了。

在宁武，日军为制造特大惨案，屠杀更多的民众，事先做了十分周密策划。1937年9月30日晚20点左右，日军一侵占县城，很快物色了一个叫邢梅生的汉奸进行欺骗宣传，将在日军进城前逃往城外的许多居民骗回家。第二天黎明，八路军120师一支游击分队将日军进城后在城内西北隅设置的军火库点火炸毁，因同延庆寺僧侣照例行撞钟做功课的时间巧合，日军怀疑寺僧与八路军以钟为联络讯号暗通消息；由于城内居民与无家可归的铁路民工、逃难难民，以及因战争而停工的同蒲筑路工人杂居，日军又怀疑其中有暗藏的八路军游击队。于是策划了一场大规模的屠杀计划。

1937年10月2日上午，日军通过汉奸邢梅生等把被诱骗回城的民众和城内大多数居民吆喝到宁武县师范学校的操场上"开会"。当会场上聚集到两三千人时，日军立即封锁操场出口，只准进，不准出。一切准备就绪，突然轻重机枪一齐向人群扫射，上千名居民当场被打死，操场上顷刻间血流成河，尸积如丘。与此同

① 刘福斌：《朔县日军屠城记》，见左禄主编：《侵华日军大屠杀实录》，解放军出版社1989年版，第31—39页。

时,日军另一分队闯入延庆寺,勒逼主持仁柱法师交出寺内金佛。但仁柱法师宁死不屈,拒绝交出金佛。日军无计可施,恼羞成怒,将主持及全寺僧侣三四十人尽数杀害,无一幸免。寺内借住的数百名同蒲铁路民工和难民,亦被全部杀害。

日军又在城内各处挨门逐户搜查,肆意奸淫掳掠。见男人便用铁丝将锁骨穿通,数十人一串集体杀害;见妇女便或抢或奸,老妇、幼儿亦不能幸免。遇有贵重财物,则全部抢走,许多商铺的货架和钱柜被洗劫一空。日军在3天的连续屠城中,被杀戮的居民、民工、寺僧等,达4800余人。①

在山东,自1937年9月30日侵华日军沿津浦铁路侵入该省境内,日军铁蹄所到之处,民众即被推入苦难与死亡地狱。进入鲁境当天,便在德州北郊于庄、后赵庄残杀村民22人。此后,铁蹄所至,暴行、惨案随之。如在济阳,杀戮1800名壮丁和600余名居民;在藤县,屠杀居民2259人;在临沂,残杀城内外居民、村民300余人;在金乡,杀戮民工及居民3340余人;在济南北郊鹊村,日军一夜就杀戮村民80余人。

鹊村位于济南市正北10余公里津浦铁路西侧。四面峭壁,山势险峻,是济南北边门户。1937年11月15日下午6点左右,日军占领鹊山,随即开始了绝灭任性的屠杀。见人不论男女老幼,远者开枪射杀,近者刺刀捅死。一名日本兵在屋顶一连打死8人。顿时,全村哭声、惨叫声响成一片。

日本兵还在村内到处搜查杀人。村民在南山脚下躲藏的一个山洞被发现,三五个日本兵手端机枪向洞内狂扫,藏在洞内的10余人全部惨死。遇难者多处中弹,鲜血溅满洞壁。日军又将村里

---

① 王树森:《宁武城大屠杀》,见左禄主编:《侵华日军大屠杀实录》,解放军出版社1989年版,第49—52页。

抓到的 40 多人,用铁丝捆在一起,逼其一律面朝北方跪在一个大院内,一部分被日军当活靶子捅死,大部分被打得鼻青脸肿,有的被打成终身残废。有的在逃跑途中被日本兵追杀丧命。如张鸣镜全家虽然躲过了日军烧杀,但在逃往西乡途中,被日军发现开枪打死。日军在疯狂屠杀的同时,还肆意奸淫妇女。有些妇女无法忍受凌辱,含泪抱着年幼孩子跳湾自杀的有 11 人。

仅仅一个夜晚的时间,鹊山村遭日军枪杀、刺杀、烧死的 96 人、重伤 50 多人,死伤合计超过 146 人。① 当时全村约 1500 人,死亡人数占总人口的 6.4%,死伤(不含轻伤)人数合计超过总人口的 9.7%,亦即接近 1/10。日军的快速屠杀在这里达到了登峰造极的程度。

日军在残酷和高速杀戮的同时,又大肆烧、抢和破坏。鹊山村原有集市(三、八逢集),街面有若干店铺、商家,如纪家店、于家店、石家店、秦家店、张家小店、陈家药店、陈家木匠铺、王家点心铺和张家杂货铺等,在当地小有名气,街面也比较繁华。日军入侵鹊山,烧、抢和破坏随之:抢了秦家店,烧了陈家木匠铺和张家杂货铺,血洗了纪家店,抢了陈家药店,砸了于家店和石家店,关了张家小店。张承运 2000 多公斤谷子、玉米、小麦、面粉全部被抢;纪家店、秦家店、于家店、石家店做的都是饭店生意,面粉、粮食不少,全被劫掠一空。日军又放火焚烧,从集市往北,全是火海一片。陈光明、陈光元等 50 多户 200 余间房屋全被烧毁。被日军抢掠、烧毁的粮食至少 10 万公斤以上;烧毁的花轮大车 30 余辆,小轮木车 40 余辆,桌椅板凳 500 多件,犁耙等大型农具 50 多套,生活用具 600 多件(套),大型

① 高夙胜主编、崔力明编著:《两千年济南大事记》,济南市政协文史资料委员会 1999 年印本,第 355 页。据 2006 年入户调查确定,伤亡人数为 136 人,加上外地来此被杀的 40 多人,合计约 180 人上下。

家具、被褥和生活用品300多套(件);抢杀的牛马骡驴、猪羊、鸡鸭鹅等畜禽670余头(只);烧毁的木材等50多立方米。而且日军并未撤走,长期驻扎鹊山,村民、商户的房、屋、店铺不是被烧,就是被占,未被烧、占,除了腐尸,就是家徒四壁,空空如也。

日军灭绝人性的杀戮、凌迟和焚烧、劫掠,再加上长期残害、压榨、奴役、蹂躏,鹊山村已到地狱底层,阴森恐怖,绝无人间气象。村民人数尤其是劳动力大幅减少,幸存者不仅亲人被害的凄惨情景时现眼前、悲愤永远无法平复,也根本无法在居所继续生活、生存,被迫背井离乡,四处流离漂泊,有的更被日军抓去伪满当劳工、服苦役,连流离漂泊也不可能。因既无劳力,又无耕畜农具、种子肥料,土地几乎全部荒芜,村民衣食无着,只能苟延残喘。①

遭受惨绝人寰的烧杀掳掠、幸存者陷入绝境的不只是鹊山村,济南周边各县及其他地区,也都如此。1939年12月山东伪"临时政府山东庶政视察团"的调查报告称,济南"周围各县乡村,断壁颓垣,田园荒芜,乡农生活困难实达极点"。②

同鹊山村惨案相比,临沂惨案持续时间更长,范围更广,受害人数更多。1938年3—4月,山东临沂阻击战期间,曾参与指挥南京大屠杀的日军第五师团师团长板垣征四郎,就在临沂城内和城北古城村、城西大岭村,指挥制造了多起惨案,日军屠杀、奸杀手段之残忍,境况之凄惨,无法用文字形容。

1938年3月下旬一天清晨,日军冲进古城村和大岭村,见人就杀,见屋就烧,见东西就抢。全村被杀害62人,有一户被杀绝。

① 方正主编:《日本侵略军在山东的暴行》,山东人民出版社1989年版,第14—17页,另据新浪网资料补充。

② 《伪临时政府山东庶政视察团第五组视察报告》(1939年12月),见中央档案馆等合编:《日本帝国主义侵华档案资料选编·汪伪政权》,中华书局2004年版,第381页。

不到一天的时间，将古城村变成一片废墟。断墙残垣，血迹斑斑，鸡犬绝迹。在大岭村，日军更是无恶不作，大批村民遭受酷刑，惨死在日军刀枪下：刘志贤之母，嘴巴被割下；王富德之母，乳房被剜掉；姜志敏之祖母、父亲等 27 人，均遭枪杀；不少妇女被强奸、残害。刀声、枪声和凄厉的喊叫声震天动地。日军杀到村西头，躲在观音庙的 47 名村民，除两人侥幸逃脱外，均被日军用机枪打死，全村 300 多间房屋被烧光，有 4 户村民被杀绝。

日军又不断出动飞机对城里滥肆轰炸，特别在城垣弃守之前的两三天内，轰炸扫射日甚一日。一枚炸弹在北大街路南一杂货店的防空洞口爆炸，在洞内避难的男女老少 30 多人，有的被炸死，有的被闷死，无一幸免。颜家巷郁鸣漪一家，除本人逃出外，全部遇难。郁本人也因悲愤过度当晚自缢身亡。在西门里天主堂内避难的村民被炸死炸伤 300 多人，修女尤姑娘、夏姑娘和一信童也被炸死，尤姑娘被炸得骨肉四溅，糊到墙上。一刘姓居民被炸成肉汁，只剩头颅。其妻只得带着三个幼女逃难，一年后连饿带病而亡。有个卖炭的，其妻被炸没了影，后来在院子里只扒出一条腿。有个小女孩才出生一日，脑瓜子被炸得稀巴烂，一绺头发和血肉粘在一起，糊到了墙上。

日军进城后，在大街小巷密布岗哨，架上机枪，挨户搜查，堵门截杀。[①] 日军每到一家，遇人就是一刺刀，对中青年妇女则先奸后杀，连老人、小孩也不放过。大批居民向西门里天主教堂寻求避难，德国神甫紧闭大门，见死不救。700 多民众被丧心病狂的日本兵用机枪堵截射杀，无一幸免。事后用车拉了好多天，才把尸首清理干净。

① 被堵在家中枪杀刺杀的居民甚多，“鬼子拦门杀”一语至今还在临沂民间广为流传。（崔维志、唐秀娥：《沂蒙抗日战争史》，中国文史出版社 1991 年版，第 38 页。）

毫无人性的日军还光天化日之下强奸、轮奸、奸杀妇女。西门里太公巷一少女,被多名日军轮奸,不堪蹂躏,尖声呼救,当即被捅死;老营房巷一少女,被众日军轮奸致残后死亡。日军按其上司密令,“为避免引起太多的问题”,凡被强奸、轮奸的妇女,一律“将她们杀掉”。被先奸后杀的妇女人数大增,而且多被用刺刀或木桩捅入阴户致死。即使不被日军刺刀捅死,不少被奸妇女也因羞愤或严重受伤而自杀。临沂乡下某少女,惨遭一二十名日军轮奸,小腹肿胀,昏死过去,被一老妇救活后,仍羞愤上吊自尽。城隍庙一带,大批妇女因不甘受辱和被奸、被杀,纷纷逃至庙东杨家园投井自尽,顷刻间尸体填满井口。日军在城西疯狂屠杀十余日后还嫌不够,又在火神庙旁和南门里路西专设两处杀人场,用军犬、刺刀连续残杀无辜群众以取乐。王学武的父亲被日军用刀剁成三截,徐廷香之父、吕宝禄等被军犬活活咬死。全城被害群众计 2840 余人,加上城郊、沿途杀戮,远远超过 3000 人。

日军在进行血腥大屠杀的同时,还纵火毁城。从火神庙以西、僧王庙前玉聚福街东、洗砚池以南,北到石碑坊、杨家巷至刘宅一带,大火一直延续六七天不息,整个城西南隅化为灰烬;南关老母庙前、阁子内外,房屋全被烧光,其他钱物、财产损失,无法统计。临沂县城沦陷 3 年后,仍不见人烟,荒草蓬蒿,高过屋檐;粼粼白骨,随处可见;郊外古城村,同样一片废墟,断墙残垣,血迹斑斑,鸡犬绝迹,人影罕见,荒凉至极。无论城内、郊外,均无可供居民、村民生存的起码条件。外逃者和城内、村内极少数幸存者,都不敢回城、回村,即使回城(村),也不敢轻易露面,更无法恢复生产和正常生活。①

① 参见方正主编:《侵华日军在山东的暴行》,山东人民出版社 1989 年版,第 73—79 页;崔维志、唐秀娥:《沂蒙抗日战争史》,中国文史出版社 1991 年版,第 34—39 页。

在河南,1938 年 3 月下旬,侵华日军几乎同时制造了长垣县城和浚县县城两起大惨案。屠杀无辜百姓 1700 余人,制造了惨无人道的长垣城惨案,群众称为“黉学惨案”。①

1938 年 2 月 23 日,日军侵占长垣县城后,留下一批辎重物资,交汉奸“维持会”代为保管,继续南侵,旋即由国民党部队收复县城,赶走城内汉奸、土匪势力。3 月 24 日,日军派兵取运留下的物资,遭到国民党守军阻击,于是增调兵力和重型武器,疯狂反扑,准备血洗长垣城,进行报复。炮兵疯狂向城内轰击,导致无数百姓丧生。因城内已无军人驻守,日军从东门进入后,便开始了血腥大屠杀。3 月 25 日早晨,日军沿街逐户搜查,先用枪向房内扫射一阵,再用刺刀在床下和阴暗角落乱捅,见人就杀,远者枪射,近者刀捅。大街小巷,顿时死尸狼藉,血流成河。午后,日军将屠杀重心由逐户搜索屠杀转为大规模的集体屠杀,下令将各处搜出而尚未杀戮的居民,全部集中到黉学院内,连同原在此院躲藏的居民,一齐押到经祠大殿,架起机枪疯狂扫射,数百民众应声惨死。机枪扫射过后,数十名日本兵又进入殿内,用刺刀逐一翻挑尸体,凡中弹未及要害者,即用刺刀补杀之,其状目不忍睹,其惨叫声撕心裂肺。除北街城隍庙老道侯嘉修、西街周高升、城南甄庄甄五妮等 3 人在日军机枪扫射时,提前倒在墙角装死免遭枪杀外,其余数百人无一幸存。

日军在屠杀后,又继续四处搜索,凡被搜出者统统斩尽杀绝,一直屠杀到深夜。最后,日军拆毁民房,点燃起一处处火堆,四关五街遍地尸体,在灰蒙蒙的月光和火光映照下,全城一片凄惨景

① 因大部分人是被日军押至黉学院内集体屠杀的,故当地民众称这次惨案为“黉学惨案”。(李宏杰:《长垣城惨案》,见左禄主编:《侵华日军大屠杀实录》,解放军出版社 1989 年版,第 130—132 页。)

象。日军血洗长垣城,共杀戮无辜同胞1700多人,制造了惨绝人寰的“长垣城惨案”。

在与制造长垣城惨案几乎同时,日军又制造了浚县城惨案。1938年3月27日,日军调集骑、步兵千余人,在飞机、大炮掩护下向浚县城进犯。浚县守军和地方团队冒着敌军的密集炮火顽强固守,击退敌军多次进攻,但终因敌我力量悬殊,至次日深夜,城垣被敌攻破,日军自城东北角突入城内。一场惨绝人寰的大屠杀开始了。3月29日拂晓,一群日军将百余名居民逼进东门里一座房子内,人摞人垛成山,然后浇上汽油,纵火焚烧。除一人侥幸逃出外,其余全部罹难。40余名群众避入南关后城沟街王保善家后院,日军发现后破门而入。除5人逃脱外,其余悉遭枪杀。躲避在南山街附近土洞里的近200名居民也被敌人发现,日军用机枪向洞内猛扫,顷刻间,洞内居民几乎全部倒在血泊之中。在菜园街,日军集体屠杀居民500余人。在北门里,日军搜出数十名居民,五花大绑,押至西门城墙上,强迫其跪在城垛边沿,然后枪杀。随着一阵枪响,遇害者应声栽下城去。目睹此惨景,日军一齐狞笑。

坐落于县城东南侧的大伾山、浮丘山是豫北佛教、道教胜地,古迹荟萃,远近驰名,亦遭浩劫。一股日军闯入大伾山寺院,强迫禹王庙僧人慈海给其烧水。喝过水,日军竟将慈海和尚五花大绑,捆在八丈大佛前的杨树上,用刺刀刺死。在刻有“有僧东渡留禅杖”字样、显现中日两国人民友好的石崖下,日军却将天齐庙的本东和尚刺死,将海登喜法师刺穿胸膛,挖去双眼,并让猎犬咬掉鼻子和耳朵。日军还射击八丈大佛,炮击大伾山顶峰的八卦楼,毁坏文昌帝君圣像、魁星像。一伙敌军闯入浮丘山庙院,将庙院道人张殿、孙祥怀、李宗杰、王太仲、宋太贵、何玉秀等杀害。年逾古稀的王老太太避祸于庙院内,日军发现后,强令老人喝冷水,老人不从,日军竟用刺刀撬开老人嘴巴,将老人活活灌死,以此取乐。日军对庙院内所有文物肆意破坏摧毁,并以炸药轰塌三仙殿。日军又在文治阁周围纵火,数百间房舍化为灰烬。居民多惨遭杀害,幸未丧命者,亦被日军投入熊熊大火之中。坐落在大伾山上的阳明书院,是明代著名学者王阳明讲学处,是中原著名古书院之一,被日军大火焚毁,只剩断垣残壁。残暴的日本法西斯匪徒,不但是杀人不眨眼的刽子手,还是一群肆意摧毁人类文明的千古罪人。29 日傍晚,血洗浚县城的日军撤离。临行又强迫几十名青壮年为其运送辎重。行至中途,日军又将民夫全部枪杀。据统计,在两天时间里,日军共残杀无辜民众 4500 余人,蹂躏、残害妇女 500 多人,1000 多间民房化为灰烬,其他财物的损失不计其数。日军洗劫后,满城尸体横陈,东南城角的几口水井被死尸填满。西门里路南遏云楼前边的十多间马棚下,尸体成垛,血流似渠,大王庙门前尸体相迭高达丈余。许多家被杀绝,未被杀绝的,也是无家不戴孝,户户皆哭声。浚县城顿成悲惨世界和人间地狱,幸存者长期陷入无限悲愤和地狱级的苦难之中。①

在华中地区,日本全面侵华战争初期,除了夺城掠地过程中的烧杀掳掠和南京大屠杀外,日本侵略军在农村地区,多次进行屠杀,相继制造了太湖马迹山惨案、盐城惨案、徐州汉王惨案和阎窝惨案等多起惨案。

无锡马迹山(以下简称"马山"),是太湖西北部的一个古岛,1937 年淞沪之战后,后撤的国民党军田文龙部 600 多人,曾驻扎该地,日军当即调集兵力"扫荡"马山,对民众进行了血腥大屠杀。

1938 年 3 月 12 日(农历二月十一日)上午,日军出动 1400 多人,几十艘汽艇,在三架飞机的掩护下强行在东半山登陆,自

① 朱贵强、袁克胜:《血洗浚县城》,见左禄主编:《侵华日军大屠杀实录》,解放军出版社 1989 年版,第 133—137 页。

东向西逢屋就烧,见人就杀,东半山涧南、涧北两村首当其冲。日军将村民全部外逃的涧南村房屋烧毁,将涧北村没有外逃或隐藏在村子附近的25名村民全部赶到屋前场上集中屠戮,24人惨死。

马山岛西南栟檀溪村村民闻讯纷纷躲避,也多被日军搜出杀害。有18个人躲在房后山脚毛竹林里的一个洞里,被日军发现,除两个青年冲出逃生外,10个人被杀害,6个重伤。全村近百村民躲藏在村后冠嶂峰下山坳里。日军边搜边打枪,吓得小孩直哭,为防止暴露目标,一些孩子被活活捂死。不过大人也未能幸免于难。日军边搜边杀,见一个杀一个,许多人被捅死在路边,又将70多名青壮年男子驱赶到山峰尖顶,用机枪扫射杀害。

日军在烧杀的同时,又大肆发泄兽欲,强奸和奸杀妇女,上至六七十岁的老妇,下至十二三岁的小童,无一幸免,而且几乎一律先奸污、后残杀。大多奸后再用刺刀开肠破肚。柴前村一名怀孕八个月的妇女,日军奸污后将其衣服剥光,用刺刀破开肚子,将胎儿穿在枪头上取乐。

日军在东半山血洗后,就向西半山烧杀过去。在西村,日军将鲁姓兄弟俩吊在村西的水车棚梁上,当作活靶子,一刀一刀地扎,借以取乐,直至毙命,然后一把火将水车棚烧毁。

有的村民都躲到板残山上,山体光滑、陡峭,行走不易。日军一见人就用机枪扫射,无人得以幸免。还有部分村民跑到最西边的龙头渚上。日军空中飞机轰炸,陆上、湖上用机枪扫射,瞬间就集中枪杀了200多名村民。

日军在马山整整烧杀了两天,共杀害当地村民"999个半"①,

① 一名5岁小孩后被救活,左脸瘪了下去,被称为"半个头人"。算被枪杀"半个人"。

约占当地总人口的25%。不少村民三代人被杀绝。被杀害的还有国民党军田文龙部100余人,太湖渔民及无锡、常州等地来避难的民众400多人,共有1500多人死在日军的刀枪之下。日军还烧毁房屋3600多间、渔船40多条。

大屠杀后的马山,尸横遍野,血流山岗,一片凄凉。一些侥幸活着的人,老的老,小的小,女的多,男的少,造成"田地无人种、孤儿寡妇忍饥饿"的局面。①

苏北盐城惨案的规模、破坏和惨烈程度,均超过太湖马山惨案。

1938年4月,侵入苏北地区的日军少将佐藤正三郎指挥的101师团,共5个步兵大队。一个野炮大队,由如皋向北出动,依次洗劫海安、东台等地。4月26日,以轰炸机开道,进犯盐城县境,伍佑首当其冲。

伍佑是盐城南境千年古镇。镇内店铺、粮行、盐行众多,街道繁华,屋宇鳞次栉比,是盐城的海港和盐、粮、棉的重要集散地。日军一至伍佑,即在镇内外烧杀抢掠。顷刻间,伍佑南北四里长街变成一条大火龙。镇内外房屋倒塌,资源被毁,财物被一抢而光。来不及逃避的居民近者被刺杀,远者被枪击。一伙日军窜至居民宋吉安家要"花姑娘",宋不懂,摇了摇头,当即被乱刀劈杀,肚肠也被扯出五六步远;一王姓妇女,因刚烈不从,即被掼入火堆,她挣扎、嘶号冲出,又被投入火中烧死;一吴姓年轻妇女,被两名日军轮奸。伍佑居民群起杀死其中一名,另一名则带来大队日军,抓去居民刘占子和蔡姓、张姓等16人,强迫跪于日兵尸体四周,逐一用刺刀扎死,进行"活祭"。日军又强掳居民51人,迫令其拆房屋筑碉堡,后押至一座破墙框里,全部用刺刀刺杀。

---

① 中共无锡市委党史办公室:《太湖马迹山惨案》,见左禄主编:《侵华日军大屠杀实录》,解放军出版社1989年版,第117—124页。

1938年4月26日下午,日军窜犯盐城,一路烧杀掳掠,马家庄32户民房被烧去28户,抢去猪、牛数十头,鸡鸭数百只,衣物无数。黄昏时,日军侵入盐城县城关,在东、西大街肆意纵火,劫夺财物。一时间,城区火光冲天,光照数十里。无数古迹名胜、楼阁屋宇统统焚毁。南宋末年民族英雄陆秀夫公祠,规模宏大,文物众多,先劫后焚,只余一座孤零零的门楼。西门登瀛大桥,横跨串场河,气势雄伟,仅剩几根枯黑的桥桩兀立水面。据统计,全城被日军烧毁房屋58000余间,店铺1000余家。省立盐城中学、旧商会楼、县政府机关,房屋建筑、器具财产、文件图书资料,几乎荡然无存。商业最繁盛的西大街,400余家商店,仅徐同茂号大楼幸免烧毁。对城区居民的残害、屠杀,更是花样翻新,无所不用其极。所到之处,逢人便杀,各种残忍手段用尽:被抓居民,或汽油浇身烧死;或斩肢、挖心、剖腹;或剜去双眼;或作活靶,进行夜晚射击演习。一寇以枪捅穿幼儿肚腹,扛在肩上,幼儿未死,痛苦挣扎,众寇大笑不止。至于强奸、凌辱、残害妇女,上至七八十岁老妇,下至七八岁幼女,皆不放过,略有姿色者,先肆意凌辱,后关入城区迎宾旅馆,专设"慰安所",以供禽淫兽欲之发泄……数日间,盐城由一座有人口13万之众的县城变得人烟绝迹,满眼残壁断垣。全城大街小巷,白天无人行走,夜晚也只见野狗游弋。日军屠杀盐城城关居民,无精确数字统计,但慈善机关、红十字会仅在城西的一条大街,就收埋了480多具尸体。

在盐城县北上冈镇,日军此类兽行,不仅惨绝人寰,而且多不胜举。全镇内外,路边河沟,全是死尸。上冈原有人口数万,经此洗劫后,常住人口仅剩数千;上冈原有大小店铺数百家,大都被劫一空。单被烧去的民房就达29000余间。

不仅上冈镇,整个盐城县城关,同样如此。盐城原本盛产食盐、粮食、棉花,城镇繁荣,商贾四时云集,有苏北的"鱼米之乡"和

"小上海"之称。经日军数日暴行,尽成一片焦土,满目凄凉,城镇被毁,资源被掠,屋宇被焚,居民被杀,妇女被淫,财物被劫,农商破产,幸存者饥寒交迫,无以为生。[1]

1938 年 5 月 19 日日军侵占苏北重镇徐州后,在徐州郊区疯狂烧杀抢掠,又在汉王、阎窝等村接连制造了两起惨案。

汉王村地处徐州西南约 25 华里的山区,周围有南望、北望、蛤针窝、汉沟、罗岗、杨林等十几个自然村。1938 年 5 月 20 日日军闯进蛤针窝后,即大肆杀人、烧房、掠夺。不到一小时,全村 200 多间房屋全被烧光,民众 68 人被杀,而且手段极其残忍。洗劫蛤针窝后,日军紧接着闯进汉沟村,在村西头正遇上往外地逃难的村民,立即架起机枪狂扫。顷刻间,约 120 名逃难村民全部在密集的弹雨中应声倒下,无一幸免,人群顿成尸堆血海。村里尚未来得及逃跑的老人、小孩亦尽遭杀戮。村东二里处有一条由山水冲刷形成、南北走向的自然沟(汉沟村名即来源于此),沟内杂草丛生,许多村民来此躲避。尽管大沟位置僻静,但还是没有逃脱日军梳篦式的大搜捕。一群日军把大沟层层封锁,近者刀砍,远者枪杀,务必砍尽杀绝。顷刻,大人哭喊孩子,孩子哭喊着爹妈,一个个、一群群惨死在日军的屠刀下。前后仅一个多小时,在大沟躲避的 48 人,除 3 人幸免外,45 人惨遭杀戮。通条大沟,尸体纵横,枯草和溪水全都被鲜血染成了红色。

到黄昏时,日军杀完东大沟的村民后,又急忙调头直奔东南方向,将剩余的逃难人群,逼进罗岗和杨林两个山沟里,周围架设机枪严密封锁,数百名日军手持刺刀冲向人群,从南到北挨个刺杀,大人、孩子一个不留。

---

① 徐频等:《铁蹄蹂躏在盐城记》,见左禄主编:《侵华日军大屠杀实录》,解放军出版社 1989 年版,第 144—147 页。

日军在汉王各村,除了烧杀抢掠,还肆意强奸妇女,61岁的韩蒋氏和她13岁的小孙女,被几个日军糟蹋后,扔进水坑;在罗岗村西的麦地里,几名日军将待产孕妇董翟氏轮奸后,剖腹破肚,扒出未出世的婴儿,并将其头砍下来。4岁的女儿趴在妈妈身上哇哇直哭,也被日军砍成两截。

日军在汉王一带十几个村庄内烧杀洗劫了整整一天,共杀害村民两千多人,欺凌奸杀妇女儿童80人,烧毁房屋3300余间,抢走财产、物品不计其数。有的村庄几乎被杀光,完全变成废墟。①

阎窝位于徐州东郊40华里处的阎山脚下,是一个美丽富饶僻静的小山村。1938年5月20日清晨,千余名日军在飞机的掩护下,闯进阎窝村,将全村男女老幼围在村内,即时开始了凶残无比的大屠杀,不到一个小时,就有200多名村民惨遭杀害。日军觉得单个或零散折磨、杀戮不过瘾,于是将山坡上和苇荡里的逃难村民统统赶出来,集中到坝子口的一块空地上,又将从人群中拉出来的670多名青壮年,逼进一家姓滕的四合院里。院子周围立起芦苇,浇上十几桶汽油,点火焚烧,门前的三挺机枪疯狂扫射。转眼间,门洞里的尸体便垒有半人高。门洞,窗洞里逃出来的除个别人,无有幸免。仅仅在这个小小的四合院里,就烧死、枪杀670多名无辜村民。

日军在阎窝一带抢掠、屠杀了一天一夜,共烧毁房屋数十间,屠杀村民近千人,单是阎窝村就有18户被杀绝。惨遭日军屠戮、洗劫的,还有阎窝邻近的杏坡、王山、马庄等村。凡被洗劫过的地方,未能逃出去的人尽遭屠戮,房屋全被烧光,只剩得满目焦土,一

① 裘颖:《汉王惨案》,见左禄主编:《侵华日军大屠杀实录》,解放军出版社1989年版,第153—157页。

片废墟。山坡上,芦苇荡里,村里村外,尸骨成堆,血流成河。即使这样,大部分尸体根本找不到。直至当年 11 月,幸存者在烧杀现场才收殓了 200 多个头颅和成堆的尸骨,掩埋在阎山脚下的白马泉边,筑成无法计算死难人数的"人头坟"。①

(二)日本全面侵华战争中后期

日本全面侵华战争中后期,日本侵略军通过清乡、扫荡,实行杀光、烧光、抢光"三光政策",实行"集家并村"和保甲"连坐",同时加大了快速屠杀和慢性屠杀尤其是慢性屠杀的力度,增加了两者的方法、手段极其残酷程度,更加讲求规模和效率。

日本从全面侵华战争进入相持阶段后,侵华日军在对抗日根据地进行扫荡的过程中,为了对抗日军民斩尽杀绝,切断抗日军民的生存条件,将烧杀、奸淫、掳掠三管齐下的侵略政策,明确和发展为杀光、烧光、抢光"三光政策"(日文为"烬灭作战")。1940 年 9 月,日军第 1 军独立混成第 4 旅团在《讨伐队注意事项》中规定,部队归还时,"应明了敌性显著之敌根据地之村落,予以烧弃为止,彻底实行烧尽灭绝作战"。为了对抗日根据地"彻底烧毁和扫荡,以致使敌将来不能生存",该旅团在《第一期晋中作战行动实施要纲》中还对《烬灭目标及方法》进行了详细说明:"敌及装扮为当地居民之敌""认为具有敌对性质之居民中的 15 岁以上至 60 岁的男子",一律杀戮;"敌所隐匿之武器弹药工具炸药等";"认为系敌聚集之粮秣",要"没收带走,不得已时烧毁";"敌使用之文

① 祁守祥:《阎窝惨案》,见左禄主编:《侵华日军大屠杀实录》,解放军出版社 1989 年版,第 158—157 页。

件”“敌对性质之村落”,一律“烧毁、破坏”。① 1940年10月日军在对晋中襄垣的扫荡开始前,第222联队第一大队长桥本正少佐传达方面军的命令称,对八路军及八路军根据地内的人民,“不问男女老幼,应全部杀死,所有房屋,应一律烧毁,所有粮秣,其不能搬运的,亦一律烧毁,锅碗要一律打碎,并要一律埋死或投下毒药”。② 同年10—11月间,日军在扫荡太行、太岳根据地时,曾下达命令:“这次作战的目的,与过去完全相异,乃是在于求得完全歼灭八路军及八路军根据地,凡是敌人地域内的人不问男女老幼,应全部杀死。所有房屋,应一律烧毁,所有粮秣,其不能搬运的,亦一律烧毁,锅碗要一律打碎,并要一律埋死或下毒”。③ 日军独立混成第4旅团发布命令称,不仅“烧毁有敌军事设施之村落应特别彻底”,而且“前进时不应突然延长时间,而应尽量将前进路上两侧的广大范围予以彻底烧毁”,当即连续彻底烧毁寺子岩—姚门口之间东西约6公里间之村落,以及背庄—大有镇沿途村落、大有镇附近16个村庄。又及时总结经验,作为强化“三光政策”的“参考事项”规定:“为使烧毁能够彻底,于各纵队配置工兵,并准备炸药、燃烧弹、燃烧材料,乃绝对必要”。④ 到战争后期,在侵华日军兵力严重不足、被迫收缩战线的情况下,改以专杀青壮年农民、专烧农具作为“三光政策”的重点,明确将“专烧

① [日]江口圭一:《日本帝国主义史研究:以侵华战争为中心》,周启乾、刘锦明译,世界知识出版社2002年版,第283—284页。

② 齐武编著:《一个革命根据地的成长——抗日战争和解放战争时期的晋冀鲁豫边区概况》,人民出版社1957年版,第65—66页。

③ 李恩涵:《战时日本贩毒与“三光作战”研究》,江苏人民出版社1999年版,第239—240页。

④ [日]江口圭一:《日本帝国主义史研究:以侵华战争为中心》,周启乾、刘锦明译,世界知识出版社2002年版,第283—284页。

农具减少敌人生产量,专杀壮丁减少敌人战斗力”,定为日军官兵的行动指南。[①] 屠杀手段除枪杀、刀杀之外,毒药、毒气、细菌、瘟疫的投放和制造,成为重要的屠杀手段。

慢性屠杀方面,在不择手段将农民的农副产品劫夺尽净的同时,全力圈占、荒废、破坏、摧毁农地,减少耕地面积;全力破坏、毁灭农业动力和生产工具;像圈牲口一样集中禁锢农民、村民,将农民同农地隔离;增加农民、村民的苦役,增加和延长农民、村民尤其是敌寇据点周边地区农民、村民的“应差”时间,最大限度减少农民的劳动、生产时间。极力制造和扩大饥荒、瘟疫、毒祸、灾害、残废、贫困、死亡和死亡地带(包括扫荡区、清乡区、投毒区、人造瘟疫区、无住禁作区、禁区、隔离区、集团部落、集家并村区、无人区,等等)。这样,不仅死于快速屠杀的人数大大增加,而且慢性屠杀的速度明显加快,范围扩大,人数增多。在关内沦陷区,农民不仅随时随地死于日军的刀枪或“双毒”(毒药、毒气)、瘟疫,而且衣食极度短缺,甚至终年以草根、树皮充饥,随时随地因饥寒冻馁死亡。

前揭长城两侧“千里无人区”,在东西长 700 里、南北宽 200—300 里的广大区域内,日军在清剿和驱赶民众、制造“无人区”的过程中,山区全部房屋连同农具、家俬、器物、衣被,全部被焚毁,成千上万的民众被杀。为了将拒不下山的民众赶尽杀绝,日本侵略军专门组织快速机械化部队,普遍验查“无人区”,所到之处,草木过刀,房屋放火。并在各处山上搭起帐棚,长期监视、搜剿,甚至严冬不撤,只要发现一缕炊烟、一点火光,就立即前往搜剿,见人就杀,

① 《解放前的宾阳大林乡》,中南军政委员会土地改革委员会调查研究处编印:《中南区一百个乡调查资料选集·解放前部分》,1953 年印本,第 215 页。

已被烧光的房屋,即使留有残垣断壁,也要毁掉,以免再被利用;一经发现搭起的窝棚、地铺和住人的山洞立即摧毁;碾子、石磨一概炸掉;发现农作物就毁掉青苗。总之要灭绝隐藏居民及其一切生存条件,例如毛驴叫春就烧山 18 次。①

部分拒不下山的民众,虽然躲过了敌寇的子弹和烈火,也只能像原始人一样,过着穴居野处的生活:居住在十分隐蔽的地窖、山洞里,“铺着地,盖着天,星星月亮照经年”,靠野菜野果充饥;冬天大雪封山,而食物吃光,只能忍饥挨饿,而无法外出寻找食物,以免留下脚印;敌人“清剿”时,躲在山洞里的妇女,怕孩子哭闹暴露目标而大家遇害,只得狠心用奶头紧紧堵住孩子的嘴,明知孩子可能因此窒息而死,也别无选择。河北滦平县长城沿线划定“无人区”里的农民,在日军的反复搜查、清剿下,没有耕地、房屋、耕畜、农具和粮食、衣物,只能在隐蔽的洞穴栖身,不但不能进行正常的农业生产,甚至不敢生火煮食、取暖、照明,以免暴露目标,招致日军扫荡。② 同原始人的生活没有太大的区别。在这种敌寇反复清剿,生活极其艰难困苦的条件下,遭敌人杀戮和因冻馁、疾病、瘟疫死亡者,人数无以计量。在“千里无人区”献出生命的八路军干部、战士就“数以千计”,非正常死亡的一般民众,人数更要多得多。③

① 朱德新:《二十世纪三四十年代河南冀东保甲制度研究》,中国社会科学出版社 1994 年版,第 41 页;娄平:《千里无人区》,见南开大学历史系编:《中国抗日根据地史国际学术讨论会论文集》,档案出版社 1985 年版,第 557 页。

② 《滦平县志》,辽海出版社 1997 年版,第 244—245 页;齐武编著:《一个革命根据地的成长——抗日战争和解放战争时期的晋冀鲁豫边区概况》,人民出版社 1957 年版。

③ 南开大学历史系编:《中国抗日根据地史国际学术讨论会论文集》,档案出版社 1985 年版,第 555—559 页。

被赶入“部落”的民众，不仅没有生产和生活资料，几乎处于绝境，而且生命贱如猪狗。日军将“人圈”禁锢得犹如铁桶一般。日军为了镇压和残害民众，任意扣上所谓“政治犯”“经济犯”“思想犯”等罪名，动辄施以“倒栽莲花（活埋）”“军犬乱咬”“电磨粉身”“开膛挖心”等残酷死刑；不处死的则抓走或敲诈勒索。对“人圈”中民众的杀戮亦是家常便饭。如兴隆的撒河南、大磨儿峪等村，日军一次就将青壮年屠杀了一大半，两村顿成寡妇村。同时灾病、瘟疫相连，1943 年死于瘟疫的，仅兴隆一县就有 1 万多人；同年丰宁县黑河川张家营子村，一个冬天就死亡 80 多人，其中一天就死亡 28 人。被抓走的居民（投狱或做苦工）也绝少生还。加上冻死、饿死和被逼死等，非正常死亡者数量惊人，全家死绝的随处可见，黑河川千松台村，280 户中有 60 户死绝。兴隆县 1943—1945 年减少 5 万人，占总人口的 1/3，绝大部分是遭屠杀、受蹂躏的非正常死亡。几年中热河全省被杀 6 万多人，“失踪”44 万人，服劳役致死 31 万人，连同折磨、蹂躏致死不下 100 万人，占全省人口的 1/5 以上。“千里无人区”非正常死亡的人口比例自然要大得多。① 河北遵化县长城内侧，仅有 3 里宽的“无人区带”宽度较窄，建造“部落”数量较少，但居民惨遭屠杀、被抓、失踪和冻馁、瘟疫死亡情况同样十分严重。据调查，一处原有 35250 人的“无人区带”，被屠杀、被抓和失踪的依次为 614 人、164 人和 60 人，合计 838 人，占总人数的 2. 38%；冻馁、瘟疫死亡的分别为 570 人和 650 人，合计 1220 人，占总人数的 3. 46%，两者共 2058 人，占总人数的 5. 84%。②

① 南开大学历史系编：《中国抗日根据地史国际学术讨论会论文集》，档案出版社 1985 年版，第 558—559 页。

② 李永春、陆占山：《遵化境内的“无人区”》，见中共遵化县委党史资料征集办公室编：《遵化党史资料》第 2 辑，第 206 页；朱德新：《二十世纪三四十年代河南冀东保甲制度研究》，中国社会科学出版社 1994 年版，第 41 页。

山东沂鲁“死亡之区”或“无人区”,以临朐县的三岔(今属沂源县)、九山为中心,东至安丘、昌乐西部,西至蒙阴西北部(今沂源县)、博山东部,南至沂水、蒙阴北部,北至益都、临朐南部,纵横近100公里。民众惨遭日伪军的疯狂、反复扫荡和“三光政策”的杀戮、残害、劫夺。如临朐县唐立店子村、龙岗村、冶源镇、大车沟村等多个村庄,遭日军反复扫荡、洗劫,完全变成了废墟。其中唐立店子村12名村民被刺杀,全村房屋被烧光,500多名村民无家可归;龙岗村来不及逃走的村民,被日军驱赶到河滩上,用机枪集中射杀,当场打死75人,打伤40多人;冶源镇来不及躲避民众中20余人被残杀;在这一地区,“村村户户几乎都有人被杀或全家被杀绝”。日军在烧杀的同时,又大肆劫掠。大车沟村除47间房屋被烧,276头牛羊被宰杀,200棵树木被砍伐,全村粮食被抢光,家家断炊,无以为生。

沂鲁民众在惨遭日军扫荡、洗劫的同时,还备受国民党顽固派、投降派的压迫、搜掠和残害。1938年年底以后,国民党山东省政府机关、国民党中央军和山东地方部队四五万人麇集于鲁中沂鲁山区,除临朐保安第十七旅窦来庚部坚决抗战及个别部队于抗战初期一度抗战外,几乎全是顽固派、投降派。他们一方面同侵华日军防区相接,“和睦相处”,同汪伪政权亲密往来。并联合日军,进攻八路军,屠杀抗日军民。1943年1月,国民党新编第四师师长吴化文率部投敌后,更加肆无忌惮地进攻沂蒙抗日根据地,凶残杀害根据地军民,手段之残忍令人发指,如集体枪杀、砍头、活埋、剜眼、大开膛、打活靶、点天灯、活剥皮、栓在马尾巴上拖死等,花样不下几十种。山谷、河滩成了吴伪军屠杀人民的刑场。另一方面,又打着“抗日”的旗号,在这狭小且穷困的山区横征暴敛、疯狂掠夺,以保障军队“给养”。苛捐杂税名目繁多,什么抗日捐、救国捐、胜利捐、警备捐、军事附加捐,不胜枚举;盐税、酒税、土地税、房产税、牲畜税，多如牛毛。蒙阴县南埠东村（今沂源县南麻镇），由于新四师的疯狂掠夺，树皮、草根也全部被吃光。当地群众被催粮要款逼得悬梁自尽者比比皆是。当时有民谣曰，“见了国民党，浑身虚汗淌，见了保甲长，如同见阎王”。

日伪、国民党顽固派、投降派、地主恶霸等的人为灾难，已使沂鲁山区百孔千疮、十室九空，而 1941 年、1942 年又连遭大旱、霜冻，河溪断流，水井干涸，土地开裂，春季无法下种，夏季酷暑，滴雨不见，玉米枯焦，树木旱死，残存的高粱、谷子干秕无实。这既是天灾，也是人祸。土地大面积无种无收，饥荒进一步加重，大量村民冻馁死亡，随之瘟疫蔓延，死亡人数大增。有的村发病率高达 100%，小村一天就死亡十几人，大村几十人，不少村民一家死绝。许多村庄尸体无人埋，蛆虫满街爬，民众陷入了绝境。沂鲁山区成为灾难之区、死亡之区。

民众在饥饿、瘟疫和死亡线上挣扎，而驻在该地的伪军、国民党顽固军和国民党官吏却挖空心思寻欢作乐、荒淫无耻。当地没有饿死或逃走的青年妇女，不是被奸污，便是被掳去做小老婆。有的顽固军班排长竟可以有几房姨太太。国民党新编第四师吴化文部，竟大兴吃“铃铛面”、打“欢乐牌”之风。① 为了求生，人们扶老携幼逃往沂蒙抗日根据地，但新四师顽固军却用机枪、步枪封锁住人们南逃的道路，见人就打。结果好多村民不是被打死在逃难的路上，就是只能坐以待毙，冻饿而死，并且遭受国民党顽固派、投降派的搜刮、奸淫、摧残，再加上 1942 年、1943 年的旱灾，农民不是

① 所谓吃“铃铛面”，是将抢去的青年妇女肆意糟蹋后，用刺刀逼其脱光衣裤，在乳头上系上铃铛，令其擀面条，身子晃动，铃铛作响取乐；所谓打“欢乐牌”，是令青年妇女脱光衣服仰面平躺在两张并拢的方桌上，在其肚皮上打牌赌博行乐。

被枪杀致死或伤残,就是冻馁、疾病、瘟疫死亡,其中相当一部分在短时间内全家死光。一部分幸存者无论物质生活,还是人格尊严,没有一天甚至一时一刻是人过的日子。据临朐县不完全统计,逃荒要饭的16.8万人,典妻鬻子的1.4万人,遭日伪杀戮和饿病而死的10万多人,全县由原来的38万人,锐减至8万人。①

太行山中部的晋冀交界处,是另一处“死亡之区”。1942年日军连续扫荡,并投放鼠疫病菌,民众惨遭杀戮,又流行鼠疫,井陉县境正太铁路沿线南侧尤其严重,罹患者达总人口的80%—90%,以致庄稼无人收,尸体没人抬,赞皇县田村原有人口约1400人,经过1942年的日军扫荡,村民大都逃居于山谷旷野,因饥饿冻寒而死,1944年全村只剩800人左右。②

在日本侵略军反复扫荡的其他所谓“准治安区”或“非治安区”,农民的处境和遭受的残害大致相似,某些地区更为凄惨。

在日伪原来统治比较巩固的所谓“治安区”,凡属八路军实力所及之县,日伪政权能够征税搜刮的范围日益缩小,于是便从伪县政府势力可能达到的县城附近“治安良好”的各村拼命进行暴力掠夺。农民倾其所有亦不足缴税,被逼得倾家荡产、家破人亡。晋东南高平县白村农民姜某,含恨卖光先人留下的房屋土地,仍不够交纳伪县政府摊派的税款,最后只得卖掉妻子,自己流落他乡。更有许多人因日伪横征暴敛,家贫如洗,最后冻饿而死。1943—1944年间,高平县饿死250人,壶关县饿死150人。高平西梁村

① 崔维志、唐秀娥:《沂蒙抗日战争史》,中国文史出版社1991年版,第290—291页。

② 李恩涵:《战时日本贩毒与“三光作战”研究》,江苏人民出版社1999年版,第258页。

白某一家，夫妻和两个孩子共 4 人，统统饿死，全家遭到毁灭。①

在冀中，1942 年 5 月侵华日军制造的定县北疃大惨案，毒气、刀枪、火烧并用，在一个村一次残杀民众 800 余人。屠杀手段之残忍，村民被害情景之凄惨，令人毛骨悚然。

1942 年 5 月 27 日清晨，日军 500 余人，连同伪军共 2000 余人，围袭定县北疃村，村民和部分抗日武装人员因敌强我弱，无法抵挡，进入地道躲藏。日军一进村，就按照叛徒提供的图纸，将高浓度毒气瓦斯点燃后同燃烧的茅柴一起从多处洞口往地道投放，又用棉被将洞口捂盖严实，使毒气向地道各处流灌，在地道内逃难的八九百名村民，很快中毒，窒息身亡。老人、妇女和儿童几乎全部惨死在洞中。少数身体较壮者，即便能勉强摸到洞口爬出者，也未能躲过洞口日军的追捕和残杀。他们在洞里没有被毒死，却纷纷惨死日军的屠刀下。

1942 年 5 月 27 日至 28 日两昼一夜，日军共毒杀、枪杀、刺杀、砍杀村民和抗日武装人员 800 多人，约占当时全村总人口（1227 人）的 2/3，平均每户（全村 222 户）被杀者超过 3.6 人。相当一部分村民全家被杀绝。日军还疯狂强奸、蹂躏、残杀妇女，从 10 岁幼女到五六十岁的老妇，人数难以统计，有名有姓的就达 35 人。北疃村经过日军这次惨绝人寰的大屠杀后，几乎成了荒无人烟之处。②

在胶东，1942 年 11 月 23 日，侵华日军两万兵力拉网合围乳山县马石山地区，制造了惨绝人寰的“马石山惨案”。屠杀被围群

---

①　《华北伪政权的财政税收》，见中央档案馆等合编：《日本帝国主义侵华档案资料选编 · 汪伪政权》，中华书局 2004 年版，第 297 页。

②　中共定县县委党史办公室：《震惊华北的北疃毒杀惨案》，见左禄主编：《侵华日军大屠杀实录》，解放军出版社 1989 年版，第 240—244 页。

众500余人,伤残无数,由于八路军往返冲杀救援,被围群众2000余人得以突围,为此,许多指战员壮烈牺牲。

马石山位于乳山、海阳、栖霞、牟平四县交界处,地势险要,是八路军胶东抗日根据地的中心地区。日军采取梳篦式战术,对马石山"拉网合围"。23日,日军将方圆40余公里的马石山团团围住,被包围的群众有数千人,还有部分地方干部、伤病员以及与部队失掉联系的战士。日军随即对马石山附近村庄的村民进行大屠杀,而且手段异常残忍。在大院村,日军将躲藏沟壑、山洞中的村民一一搜出杀害。一村民全家9口躲藏一个山洞中,日军向洞内发射燃烧弹,除一人爬出外,8人全部被活活烧死。在西尚山村,日军捉到村长,先割掉耳朵,然后将他杀死。在大龙口村,日军用绳子将村民捆绑在树上,先用滚烫的开水从其头顶浇下,双脚被烫烂,再用刺刀将他刺死;又将另一村民横架在锅撑上,用火活活烤死。在草庵村,日军将民兵自卫团团长用乱刀刺死。

日军血洗马石山周边村庄后,接着在飞机的配合下,开始从四面八方搜山,步步向马石山主峰进逼。除了飞机轰炸,又以各种残忍的方式,杀害躲避在山上的村民。日军强迫躲藏在金银顶采石坑里的60多名民众,一个一个走上来,躺在地上,解开衣服,日军坐在头上,用刺刀慢刺慢割,让被害人活活痛死。这样一连杀害了50多人;招民庄70多岁的许德玉,日军用草苫将其卷起来,从下肢点上火,一直烧到头顶,谓之"烧草人";西山上一孕妇,被敌剥光衣服,从高高的悬崖上摔下去,叫作"摔西瓜";在金银顶采石坑外,日军将9个人,用绳子捆成一排,开枪射击,当场打死亡7人,称为"打活靶子"。日军还用刺刀剖开村民胸腹,五脏流出;把小孩活活劈成两半;用各种方式摧残妇女。如此等等。

日军此次"扫荡"中,共残杀抗日军民503人,其中绝大多数是马石山周围各村的农民和村民。日军还到处焚烧民房,奸杀妇女,抓捕苦工。草庵村的民房全被敌人烧掉;井桥村80%的房屋被烧毁;马石山下的石硼村,当时只有100多户人家,日军进村后一次就烧掉80多间房子。该村一名分娩不到3天产妇,被日本兵轮奸致死;有一对夫妻被日军杀害,其未满周岁的婴孩,还在母亲怀里挣扎着找奶吃。这个被敌人血洗的小村,有11人惨遭杀害,有100多人被捉去做苦工。①

在冀鲁豫边区,1941年4月12日至20日,日军对沙区地带(包括内黄、高陵、卫河、顿丘4县)的大"扫荡"(史称"四一二"大扫荡)中,纵横搜索,杀人放火,砍树毁林,实行地毯式的杀戮和摧毁。日军每到一村,见人就杀,见屋就烧,见财物就抢,杀人手段无所不用其极,制造了新的暴行和惨案记录。

在千口、杨固、夹河、余庄、南丈、东丈、土镇等村,日军连续数天对村民进行灭绝人性的杀戮、残害。4月16日在千口村,敌寇将数百名男女村民驱赶到村东南硝河坡一处空地,强令脱光衣服被拒,日、伪军就用皮鞭和棍棒抽打、机枪扫射,骑马在尸体上狂奔乱踏。日军将枣树林中搜捕到的1000多名村民集中到一家农户场院里,强迫全部躺倒,一层一层的垒起来,在上面任意践踏、拉屎撒尿、泼开水,最后用机枪扫射屠杀。

次日,日伪将杨固村100多名村民围困在一块不到110米大的枣林里,四面架起机枪,强令砍伐枣树,并用机枪扫射打死50多人,同时将土镇、桑村、成布等村转移到枣林里的900多名村民,全部押到杨固村的一处空地,用机枪打死300多人,用绳子捆绑未死者的手脚,分散投进六眼水井,填满后压上石磙、碾盘,再用炸弹将

① 中共孔山县委党史办公室:《胶东马石山惨案》,见左禄主编:《侵华日军大屠杀实录》,解放军出版社1989年版,第240—244页。

其炸碎,用泥土将井口封死。又对躲避在杨固村东头水沟和村西头道沟里、挤得转不开身的五六百名村民身上泼开水、浇汽油,用火烧,用机枪扫射。该村一名老妇因不让日军劫夺两只母鸡,被日军用刺刀挑死;其子去拉母亲,敌人又朝他开枪,其儿媳怀抱两岁的孩子扑上去堵枪口,被一枪打死,婴孩被兽军撕成两半,一家人全部惨死。日军闯进米秋景家,刺刀扎死其祖母;一脚踢倒其怀抱婴孩、烧火做饭的姐姐,抢过怀里的婴孩,扔进开水锅里活活烫死。

在夹河、东丈保、成布等村,日军对村民的屠戮、残害,还有更多、更令人切齿的毒招:在夹河,兽军骑兵不仅把60多名村民,一个个用刺刀扎死,而且将一名70多岁的老妪砍成8块;将一个年已半百的老妇开膛破腹。在南丈保,兽军将20多名村民关禁在一间屋子里,锁上房门,放火烧死;将一个卖豆腐的老人割耳挖眼、掏出脏腑,扔在大街上。在土镇,兽军将两名小孩扔进火里活活烧死,众兽兵在一旁观赏,乐得哈哈大笑。在余庄,兽军将7名村民套在一辆大车上,当作牛马鞭打驱赶,在大街上来回奔跑取乐,乐够了再将其一个个用刺刀捅死。在东丈保,兽军将一名4岁女童剥皮,挂在村头一棵大树上。在成布,兽军将从沙窝里搜捕的40多名村民,一个个捆绑,扔进大坑里,用炸弹炸死;将同时搜捕的20多名青年妇女的衣服扒光,在大街通衢、光天化日之下,结群淫辱,发泄兽欲,而后将其全部用机枪打死。

日军扫荡、烧杀、洗劫过后,横跨内黄、高陵、卫河、顿丘4县沙区地面,到处是惨不忍睹的死难者尸体。据冀鲁豫军区随军记者团1941年5月1日调查统计,仅南丈保、大堤口、余庄、东丈保、薛村、破车口、袁六村、温邢固、成布、土镇、杨固、桑村、夹河、马集、千口等15个村,被杀死1477人、重伤致残129人、失踪258人,被全家杀绝的48户。其中土镇一村,就被杀死296人、失踪41人、被全家杀绝的21户。①

日本侵略军为了彻底摧毁沙区抗日根据地，在大屠杀之后，紧接着是大烧大抢。据冀鲁豫军区随军记者团调查统计，方圆50里的沙窝基本区，被烧毁村庄141个②，80个村庄完全变为一片焦土。内黄县被烧毁房屋21159间；高陵县被烧毁房屋22844间；顿丘、卫河两县有3/4以上的房屋被烧毁。其中内黄县千口村被烧毁1350间；南丈保烧毁1432间；土镇村只有987间房屋，被烧毁973间，占98.58%；王张固全村38户，37户全部被烧光，仅1户幸免于难；成布村连鸡窝、猪圈都被烧得精光。

敌寇在疯狂和残酷烧杀的同时，用"到河东发八路军的洋财去"等口号，蛊惑和胁迫卫河以西的民众，到沙区来抢掠粮食、财物。仅内黄、高陵两县就被抢走和烧毁粮食132396石（军队损失尚不在内）。作为沙区两大特产和民众生活保障品的红枣、花生，更是抢掠的重点，敌寇每到一村，就把所有的红枣和花生种子劫走或全部烧毁。抢劫的被褥、家具、粮食、红枣、花生、猪、羊、鸡、鸭等，均用大车拉运，"民间财物被掠一空"，但具体数量难以统计。

另外，敌寇还带着斧头、钢锯，窜到各处砍伐枣树和其他成材林木。据统计，全沙区被毁枣树及林木12.8万余株。其中千口村被砍3349棵；破车口的枣树被全部砍光；从丁村往西直到桑村，绵延数十里的枣林残留无几。被砍倒的树木（主要是枣树）多达数十万株，大部被烧毁或用汽车拉走，所剩部分横七竖八地满地

---

① 冀鲁豫军区随军记者团：《敌灾最惨之沙区十五村被害概况》（通讯稿附件），见左禄主编：《侵华日军大屠杀实录》，解放军出版社1989年版，第214页。

② 1942年晋冀鲁豫边区党、政、军机关在沙区建立的"四一二阵亡将士暨殉难同胞之公墓"碑记载为142村。

皆是。

在这次敌寇扫荡和烧杀、洗劫中,内黄、顿丘、高陵3县交界沙区,共被焚毁村庄142个,烧毁房屋5万余间。屠杀民众四千余人①,炸毁水井百数十眼,砍伐树木数十万株,民间财物被掠一空。劫后尸体纵横,血腥遍野,断井颓垣,瓦砾焦土,无一完物留存。各村凡是没有来得及逃走和逃出敌寇包围圈的,全部被杀害,无一幸免。外逃幸存者回村里看到的是,住的房子被烧毁了,吃的东西被抢光了,路上、被烧毁前的屋前屋后,所有水井、水沟里都堆着尸体,不但找不到任何食物,甚至没有水喝,已经没有任何生存条件。②

在华中、华南沦陷区和游击区,由于侵华日军的反复扫荡和烧杀、奸淫、掳掠,农民既没有任何生命保障,也没有最起码的生活和生存条件,即使暂时没有被烧杀、毒杀,也只能在饥饿和死亡线上挣扎、煎熬,而且不能保证能过明天。

江西九江县石门乡,1938年日军入侵后,当地的一些恶霸、大地主很快投降,按照日本侵略军的旨意,组织维持会,并控制县"保警队"和整个乡村政权,为虎作伥,甘当日本侵略者走狗和爪牙,除了经常给日本侵略者拉夫派款,甚至捉拿农民送给日军杀戮,带领日军进入民宅奸淫妇女,如日伪保长一次就捉去7个乡邻送给日军杀死。又带领日军奸淫两名妇女。同时,汉奸地主又勾结国民党特务组织的所谓"游击队",屠杀农民、抢劫财物。在日军、汉奸地主和国民党特务"游击队"残酷摧残下,农民生活的痛

① 另外,濮阳、清丰、滑县等3县几十个村庄,被日军杀戮的民众约有8000人。

② 豫史文:《灭绝人性的"四·一二"大扫荡》,见左禄主编:《侵华日军大屠杀实录》,解放军出版社1989年版,第210—217页。

苦情形,如有的农民后来回忆所说,“那时真是有眼无珠,有脚无路,早农穿上袜子鞋,不知晚上脱不脱”。在这种情况下,农民根本没有条件和能力进行生产,农业生产水平下降了 78.9%。没有生产,自然无法生活。①

在湖南,相当一部分的民众,曾遭受巨大的民族灾难,惨遭屠戮、奸淫、劫掠,不仅成千上万的民众惨死在日军的刀枪下,幸存者亦无以为生。1943 年 5 月,侵华日军制造了震惊中外的汉寿厂窖(1955 年划属南县)大惨案,屠杀民众 3 万余人、伤残者 3000 多人,被强奸的妇女 2000 多人,烧毁房屋 3000 多间、船只 2500 多艘,把该地完全变成废墟。1944 年侵华日军侵犯湖南益阳、茶陵、道县等地期间,丧心病狂烧杀、奸杀(包括被奸自杀)、掳掠,恣意破坏,施放毒气,引发瘟疫,人口大量死亡。复因死尸无人掩埋,瘟疫急剧扩大,形成恶性循环,加速生产破坏和农民困苦。

汉寿厂窖大惨案发生在鄂西、湘北战役的第二阶段。其时,侵华日军三四万人,从湖北荆江各渡口大举南犯。1943 年 5 月,湖南华容、汉寿、南县、安乡等县和整个洞庭湖北岸地区均沦于敌手,国民党滨湖驻防部队纷纷夺路往西逃窜,大批逃难的国民党县、乡公务人员、学生、城乡居民及水上船民,紧随西窜的国民党军,聚集在厂窖大垸及其沿河水域,准备越河西渡,转移至常德等安全地区。于是日军大举进犯厂窖,以配合其迫战诱和策略,对国民党政权施加军事压力,造成民心恐怖,取得军事、心理战的双重效果。5 月 8 日,敌出动兵力 3000 余众,汽艇 60 多艘和部分飞机,从陆地和水上多面夹击,对厂窖地区实行军事“大合围”,随即在这一地

① 《江西九江县石门乡解放前的政治经济情况》,中南军政委员会土地改革委员会调查研究处编印:《中南区一百个乡调查资料选集·解放前部分》,1953 年印本,第 159—160 页。

区实行“三光”政策,滥杀狂烧,抢掠奸淫,多管齐下。5月8日下午,日军便开始在厂窖北堤一线实行烧杀。次日上午至12日,数千名日军就在整个厂窖地区进行了有计划的全面大屠杀。大屠杀地域范围包括现汉寿西港以东,沅江草尾以北,南县肖公庙以西,以厂窖大垸为中心,方圆约百十里的地区。据统计,长25华里的太白洲至龚家港沿河一带,被杀民众达6800多人;长7华里的瓦连堤一带,被杀民众3000多人;甸安河一带,被杀民众3000多人(其中多数为国民党溃兵),永固堤一带,被杀民众1500多人(其中部分为国民党溃兵);连山垸一带,被杀民众1000人以上;里中湖周围,被杀民众800多人。垸内其他地区,被杀民众亦为数不少。厂窖对河的三岔河乡永定、唯一两个村,被杀民众2000人以上;下柴市乡被杀者1500余人;游港乡被杀者1000余人;武圣宫乡被杀者500余人;靠近厂窖的安乡边境,被杀者1000余人。

大屠杀中,灭绝人性的日军,绞尽脑汁提高刺激性和残忍性。在玉成垸一处河洲上,敌人为了“锻炼”刺杀本领,竟用东洋大刀砍死村民30多人;或将村民三五十人为一串,用纤索捆绑,拴在汽艇后面,然后开足马力,在河里活活拖死、淹死;或用纤绳打成活密结,将船民、难民的颈脖成串锁住,赶入河中入水后,愈挣扎,颈脖绳结愈紧。最后全部勒死、淹死。日军在岸上狰狞狂笑不止。同成垸汪宏奎年已六十岁,因为耳聋,未答日军问话,或答非所问,日军即将其舌头与下颚一并割掉,汪宏奎不几天活活痛死;瓦连堤彭连山身患肺病,被抓后因行动迟缓,日军用东洋刀将他砍成数块,碎尸抛入藕塘;日军从一个难民身上搜出一张“难民身份证”,即一刀从其头顶劈下,用刺刀挑开肚皮,将咸菜塞入死者肚里;用刀将难民胆囊挖出,挤出胆汁,装入随身携带的瓶内保存。此外,日军还用焚身、敲脑浆、烫身、剖腹、挖眼、割耳、灌凉水等酷刑,残杀无辜民众。

日军在厂窖大屠杀中，总是一边杀人，一边纵火烧屋，大搞焦土政策。日军魔爪所向，无不烟腾雾绕，墙倾壁倒，令人惨不忍睹。1943 年 5 月 7 日，日军蹂躏南县，当晚即纵火焚毁了南县县城。除县政府及县立学校残留一点房屋外，其余全部被烧光，街上到处是一滩一滩的血痕，野狗四处扒开瓦片找吃死尸。随后，敌人又纵火焚毁了三仙湖镇，除南华公口旧址及四五家民房外，其余均被敌人烧光。敌占厂窖后，同样魔抓伸到哪里，即焚毁到哪里，厂窖附近的茅草街、狗头洲等小墟镇，亦很快付之一炬。武圣宫更被焚烧两次，一直烧得片瓦无存，敌寇才狞笑而去。日军白天纵火、杀人、抢掠，夜晚则以纵火为其联络和行动信号。灾祸所及，多达 13 保。烧毁的房屋有 1062 栋，财产损失至少为 2. 94 亿元（当时货币）。另据调查，仅今厂窖乡，除被烧毁民房 3000 多间、船只 2500 多艘以外，其他因纵火焚毁而造成的损失有猪 400 头、牛 200 头、家禽近万只、粮食 50 万斤，外加衣服、被褥等 5 万余件，农具家具万余件。折合金额数几千万元。据在全成村一、二组（即原作新乡五保四甲）统计，当时 47 户人家，大小房屋 113 间。日军侵占的几天里，房屋被焚 44 户、大小 104 间，损失猪 50 头（烧死 39 头，日军杀掉 9 头，“维持会”拉去两头），鸡鸭 229 只（烧死 134 只，日军劫去 53 只，跑掉 42 只）；粮食 21000 多斤（烧掉 13000 多斤，抢走 8000 斤）。与此同时，被堵截在厂窖沿河两侧的几千艘船只，更是焚毁无存。除太白洲一处因日军架设电话线，及打捞几个被打死的日军尸体，需留下几条木船外，其他船只全部被日军烧毁，几乎荡然无存。不仅如此，日军还烧杀兼行，借纵火烧屋之机，把民众成群结队赶往火里烧死。仅瓦连一个村，当时便有 20 多名妇女被大火烧死。

在破坏的同时又大肆掳抢。日军一般是白天杀人，傍晚出外

“打闹”(即抢掠)。民众所有财物,特别是金银首饰、上好衣料、粮食、糖、油及家禽、牲畜等,均不放过。1943 年 5 月 10 日那天,永固垸有两个农民被日军一个班掳去当夫,随他们挑着两副大筐跟着到里中湖、汀浃洲一带去“打闹”。据两人事后回忆,那 11 名日军,在一天之内(不到 9 小时),竟然犯下了如下的罪行:用刺刀、乱枪杀死村民 140 多人,强奸妇女 20 多人,纵火烧毁民房 5 栋,砍死耕牛 2 头,杀死生猪 10 多头。此外还抢走了民众的大量财物。两人随日军“打闹”一天,前后倒换箩筐 5 次,如此留下好的丢掉次的,最后剩下的全是金银玉器、毛料绸绫等贵重物品,重达 300 多斤。日军魔爪所至,无一不是劫掠、残杀本性大发,见家具什物,即尽数捣毁;见牲畜家禽,即任意宰杀;见到蚊帐铺盖,即撕烂作捆绑民众之用,或充作垫日军马房之用;见谷米、菜食,或随意吃掉,或倒入粪坑;即使吃剩的,也总要撒上屎尿,使劫后的群众返家之后,既无处安身,又无吃用度日。日军抢掠中,照例要掳去大量民夫做苦役,以后杳无音讯者,仅厂窖一地即达 200 多人。

日军蹂躏厂窖期间,对妇女更是百般凌辱、残害。小至十来岁的幼童,大至六七十岁的老妪,凡躲避不及者,无一幸免。当地民众唾骂,日军全是“人面畜牲”“两脚野猪”。当时还是一小墟镇的茅草街,日军仅在这地方盘踞一日一夜,被奸淫的妇女,即有三四十人之多,一年仅 10 岁的女童,惨被两名兽兵轮奸,母女痛不欲生,一同投河自杀。在厂窖垸内,不仅是一般妇女难免被强奸,连修道的童贞女也不能幸免;甚至龙钟老妪、孕妇、产妇、经期妇女等,全都不能逃脱。德福村一个 60 多岁的老妇,见日军枪杀她两个儿子,跑出屋外救护未遂,反被四个兽兵轮奸,兽兵事后还拍手狞笑。先奸后杀、因奸致死者,随处可见:某乌篷船一名 12 岁女童,被一群兽兵轮奸致死,尸体扔入河中;肖家湾一妇女因反抗被日军割去双乳;瓦连堤一名孕妇,惨遭 7 名兽兵轮奸,继而又被踢伤腹部,不几日因重伤、羞愤惨死;日本兵还在强奸孕妇后,用刺刀从肚里挑出胎儿作乐,一尸两命;更有日本兵奸后用刺刀捅穿被害者阴户,或用刀切割肉体,或用各种异物塞入阴户,致其惨死。于家垸一家 4 名女性,全是这样被残害而死。另外,还有大批妇女因拒不受辱丧命。仅厂窖垸一地,妇女中宁死不受辱、壮烈而死难有名有姓者,即达 50 多人。有一肖姓妇女,三次被日本兵逼奸,均成功挣脱。后逃至河边,兽兵仍紧追不舍,她急中生智,一手抱住日本兵滚入河中,与敌同归于尽。可见厂窖地区妇女受害人数之多,情景之惨。

由于厂窖地区属于洞庭湖围垦区,地形为低洼的淤积平原,人口多,密度大,再加上大批外来难民和国民党溃兵,人口数量愈多,而地形为低洼的淤积平原,地上无山林,地下水位高而无洞穴,根本无处藏身、逃避。日军借此条件,从武汉、当阳等地出动飞机,频频窜至厂窖上空,轮番轰炸、扫射,与陆上、水面日军紧密配合,形成铁桶般的包围大屠杀态势。国民党军残部和大批逃难民众,除少数乘船逃出外,绝大部分(主要是难民和当地群众)则全部被围死在大包围圈内,这就使得日军烧杀、奸淫、掳掠、破坏变得异常快捷而又轻而易举。上揭一个班的日军一天的杀戮、奸淫、抢掠罪行,是一个典型例子,由此可知日军在厂窖地区所犯的罪行。由于围垦区同洞庭湖水面高度相近,甚至比湖面低,破坏也很容易,日军将垸堤掘口数十处,禾苗十分之五六被水淹没。纵使未被大水淹掉没,也无人、无法耕作管理。秋收无望,外逃幸存者亦无米粮糊口。

惨遭日军血洗的厂窖地区,上上下下,垸内垸外,尸横遍野,江河变赤,无不室断炊烟,道无行人,一片悲惨景象。值得注意的是,惨遭日军杀戮的民众中,还有相当一部分是其他地区千辛万苦逃难到此的难民,仅永固垸一地,收埋的无名尸体,就达千具以上,人称“千人坑”。另外还有不少尸体沉于河底、湖底或漂流他处,未能掩埋。所以记者于惨案发生四年后发现河岸还有冤死者的白骨,河中还有烧余下来的船板。这些白骨即是难民或船民。难民们虽然在老家暂时躲过了日军的杀戮、残害,但却惨死他乡,最终还是未能逃脱日军的屠刀。这是沦陷区民众在死亡线上挣扎情景的真实写照。①

益阳在1944年沦陷后,农民也惨遭日军烧杀、奸淫、抢劫。如王村四五十户人家中,被抢去被褥24床、蚊帐10床、棉布12匹、铁锅29口、谷米100石、食盐180斤、食油100斤、鸡鸭159只、猪牛32头。16名妇女被强奸,其中3人因轮奸十多次而致死;从外乡逃来的一户农民全家9人,为不被敌人奸污,母女7人投塘自杀。农民龚松柏等3人,因在日军面前表示反抗,被日军捉去绑在树上用刺刀捅死。日军的残暴烧杀、洗劫,加上封建地主的压榨,农民被剥夺了最起码的生活条件,以致“日趋贫困,生活极为痛苦。特别是占50%以上的雇贫农,除过年过节外,几乎长年都是吃稀粥或杂粮,每年春荒时节,没有粮食,靠着种的蔬菜和野草来充饥”。许多佃农秋收割下的谷子交租还账,就揭不开锅,“禾镰挂上壁,就喊没饭吃”。②

日军在茶陵,“见人杀人,见物烧物,见东西抢东西,烧杀掳掠奸淫无恶不作”。抢不完、运不走的粮食、房舍、衣物,全部糟蹋、摧毁,“剩下的杂粮焚烧或拉屎洒尿糟蹋,将衣服熏蚊子垫马栏铺

① 刘雨佳:《南县厂窖大惨案》,见左禄主编:《侵华日军大屠杀实录》,解放军出版社1989年版,第257—270页。

② 《解放前的黄家仑乡》,中南军政委员会土地改革委员会调查研究处编印:《中南区一百个乡调查资料选集·解放前部分》,1953年印本,第60—61页。

战壕或撕破，并将家俱堆集焚烧，挖墙壁，拆楼板，毁门板……”，目的就是根绝农民的生存条件。村民为了逃命，全部躲进郊外山林，日晒夜露，风寒雨淋，加上日军施放毒气，死人、死猪、死牛，无人掩埋，腐烂生蛆，引发伤寒、痢疾、疟疾、皮肤病等瘟疫、疾病大流行，当时全乡 10 人中有 8 人患传染病，农民无钱治疗只有等死，1944 年仅庙市乡即病死 200 多人。不仅如此，农民还受到本地土匪游击队的搜劫。土匪游击队趁乱拦路打劫，搜掠民财；汉奸地主与敌（日军）、伪（汪精卫）、顽（国民党顽固派）勾结，对农民的压迫与剥削更为厉害；地主为了转移和分散目标，把一些东西寄放农民家中，被日伪军抢走后，强迫农民照价赔偿。日本帝国主义、汉奸、土匪、封建地主、国民党顽固派一齐“压在农民头上，简直使农民喘不过气来”。①

在道县，因日军烧杀掠夺，情况异常惨重，又瘟疫和天灾连年，人祸带来天灾，天灾伴随人祸。战祸、瘟疫、天灾三者交加，互为因果，而罪魁祸首就是日本侵略军。日军大肆杀戮、尤其是残酷杀害青壮年农民，奸杀妇女，将农户粮食、耕牛、生猪抢劫一空，导致农民既无口粮、种子，又无劳力、耕牛、肥料和生产、生活资金，无粮充饥，无力防病治病，导致疟疾、伤寒、霍乱等各种疫病肆虐，农民无钱诊治死亡者甚众，仅东门乡一个乡，因病死绝的农户即达 35 户，占总户数的 6.3%。这又进一步加剧了农民生产和抗灾能力的下降，导致天灾愈益频仍和收成下降、土地荒废。如东门乡 1938 年、1945 年旱灾，1946 年又发生虫灾，1938 年收成下降 31.4%；1945 年、1946 年两年收成均较常年下降 51.6%，有的甚至颗粒无收，农

① 《湖南茶陵县庙市乡土地革命后的二十年》，中南军政委员会土地改革委员会调查研究处编印：《中南区一百个乡调查资料选集 · 解放前部分》，1953 年印本，第 82—84、92 页。

民无力耕作,佃农无力佃种,外出逃生,致田地荒芜,“广大农民陷于贫困破产”。①

广西宾阳大林乡,1939年、1944年两次遭日军侵犯、驻扎和烧杀、奸淫、掳掠,损失非常惨重。日军掳掠不只是军队补给和个人的强盗抢劫行为(将财物运回日本国内),更要摧毁中国的反抗能力,根绝农民的生存条件。前揭日军诫条:“专烧农具减少敌人生产量,专杀壮丁减少敌人战斗力”,就是见于驻扎宾阳日军遗下的笔记本。故此,侵华日军一直是掠夺和破坏、摧毁并重,凡是他们搬不走或不需要的东西,一律破坏、摧毁或寓破坏、摧毁于掠夺之中。如日军杀一口猪,只要10多斤肉,其余全部毁弃;煮饭不用砖架锅,而用猪头代替;做饭烧水不烧木柴,专烧犁耙、农具、家具、门板、织布机等。这就大大加大了日军掠夺造成的损失和农民的生存难度。大林乡两次损失的财物主要有:稻谷174600余斤、大米315000余斤、糖2600余斤,平均每户损失稻谷496斤、895斤、糖7.4斤;损失耕牛59头、农具750余件,分别相当于1949年实有耕牛的30.7%和农具的138.6%。损失的各种财物共折合稻谷1570000余斤,平均每家损失4460斤。农民还损失衣服2080余件、蚊帐780余床、鞋底鞋模600余双、洋纱80余股、织布机250余架,平均每家损失衣服5.9件、蚊帐2.2床、鞋底鞋模1.7双、洋纱0.23股、织布机0.71架。②

这样,日军把农民的口粮和种子、耕牛、畜禽、农具、肥料劫

① 《封建统治下的东门乡》,中南军政委员会土地改革委员会调查研究处编印:《中南区一百个乡调查资料选集·解放前部分》,1953年印本,第72—73页。

② 《解放前的宾阳大林乡》,中南军政委员会土地改革委员会调查研究处编印:《中南区一百个乡调查资料选集·解放前部分》,1953年印本,第213—216页。

夺、破坏尽净,农民既无口粮充饥,又无条件进行生产自救;日军将农民的衣服、蚊帐、鞋底、鞋模、棉纱、织布机、缝纫机劫掠、摧毁无遗,农民既无衣服、鞋袜可穿,无蚊帐可用,又无棉纱、织布机、缝纫机织布、缝衣,不仅饥寒交迫,而且蚊虫肆虐,疟疾等瘟疫暴发,束手无策,大片地区的农民完全陷入绝境,直至解放才得以缓解。

广东省惠阳(今惠州市)先后四次沦陷,侵华日军占领惠阳期间,在城乡大肆烧杀、奸淫、抢劫,无恶不作,总计屠杀居民、村民5000人以上,仅1942年2月4日第三次沦陷的头三天,日军就屠杀居民3000人以上。

1938年10月14日,惠阳第一次沦陷。日军入城后,大肆烧杀,焚烧城关最繁盛之水东路店铺,大火10余天不熄,其余街道店铺、民房,亦一律焚毁。日军见人即杀,见物即抢,奸淫妇女,虽六七十岁之老妪,十二三岁之幼女亦未能幸免。日军侵占县城50多天,居民死伤惨重。至12月7日,日军退出县城,临走时还炸毁东新桥。

1941年5月3日,惠阳第二次沦陷。居民多事先逃避乡间,日军入城一无所获,遂到各乡搜劫,在蓬滚村屠杀村民及城中逃难者400多人。日军在5月10日撤退,当天拂晓,日军出动数百人,各携燃火工具分别在水东路、塘下、打石街(中山西)、万石路(中山南)的商店民房,以鸣炮为号,一齐放火焚烧商铺、民房。第一炮响后,顿时,各处火烟冲天。鸣第二炮,日军开始撤退,此时县、府两城已成火海,市区已成废墟,焚毁房屋达80%。此外,西湖周围的名胜古迹,如栖禅寺、永福寺、元妙观等,亦遭焚烧。

1942年2月4日,惠阳第三次沦陷。日军入城前曾遭国民党军队一个团的炮击,日军联队长被击毙。敌寇恼羞成怒,入城后进行报复,逢人便杀,只埔头一处即残杀100余人;礼门义路及叶屋巷口杀100余人;南津牛颈岭杀死300多人;还有在五眼桥河边被活埋的有几十人。而用汽车运出郊外残杀的更不计其数,估计这次被杀害的人数达3000人,残酷的大屠杀达3天之久,日军始退出惠阳。①

1945年1月14日,惠州第四次沦陷。日军入城后,采用"以华治华"的政策,事先组织伪军汉奸,一齐进城,随即组织"维持会",派出伪县长,设立机构,同奸商前往内地经营黄金、粮食生意,从中谋利;开设"防务公司"(赌博公司)、禁烟局(鸦片烟馆)、彩票公司、出入口货物附加征收处以及妓院等,榨取税捐。又利用汉奸为耳目,到处抓人,指为游击队,残酷刑讯,肆意杀戮。同时下乡大肆烧杀抢掠。3月,日军侵入沥林乡一带,除烧杀、奸淫、抢劫,还酷刑威胁农民交出枪弹。驻乡的伪县自卫队以"清匪治安"为名,向农民征粮、抽兵,军粮每月一次,每次每人1斤,全乡每年被征3万斤以上;征兵每年3次,按男丁摊派,既要人,又征粮,全乡每年被征12万斤以上。②

日军四次侵占惠州,民众生命、财产、资源损失不计其数,寺院、名胜古迹、景观亦几乎全被焚毁。民众幸存者长期处于哀伤悲愤和恐怖之中,一直在死亡线上挣扎、煎熬,求生艰难。即使躲过了日军第一次、第二次侵占、烧杀,未必能躲过第三次、第四次。沥林乡农民朱流明,叔父眼睛失明,家婶年过五十,妹妹年幼,全靠自己一人耕田维持生活,好不容易躲过了日军前三次侵占和烧杀、掳

① 谭力浠:《日军侵陷惠州暴行记》,见左禄主编:《侵华日军大屠杀实录》,解放军出版社1989年版,第228—232页。

② 《广东惠阳县沥林乡解放前的经济结构与阶级情况》,中南军政委员会土地改革委员会调查研究处编印:《中南区一百个乡调查资料选集·解放前部分》,1953年印本,第172—173页。

掠，但最终还是没能躲过日军第四次掳掠、残害。日伪既要粮，又抽兵，朱流明因无力交纳“兵役谷”，被拉去当兵，盲叔被逼自杀，婶嫁人，妹被卖，迅即家破人亡。①

① 《广东惠阳县沥林乡解放前的经济结构与阶级情况》，中南军政委员会土地改革委员会调查研究处编印：《中南区一百个乡调查资料选集·解放前部分》，1953 年印本，第 173 页。

第四章

日本帝国主义对手工业的掠夺和破坏

1937年，“卢沟桥事变”标志着日本全面侵华战争的开始。1937年12月，华北日军在北平宣布成立“中华民国临时政府”，1938年1月，日本政府制定《处理中国事变的根本方针》，对“华北临时政府”组织机构陆续进行若干调整。随着日军占领区域的扩大，临时政府逐步从北平、天津两市扩大到河北、山西、河南、山东数省的部分地区及青岛市。

东北沦陷期间，随着日本对东北资源掠夺的加强和对经济统制的强化，不少手工业濒临绝境。1937年，伪满洲国公布“重要产业统制法”，1938年，长春市设立“满洲纤维公社”，对东北纺织工业的原料、产品生产和销售、商品价格等方面实行统制。1939年，伪满洲国公布《原棉、棉制品统制法》，成立满洲棉业联合会，对纺织、织布工厂实行统制。在日伪统制政策下，农村织布副业因缺乏棉纱相继休业，染业生产停顿，小织袜厂纷纷倒闭。1939年，日本成立满洲柞蚕株式会社，向蚕农强行收购蚕茧，对茧、丝实行配给，对缫丝、织绸业者强行派购，民营缫丝厂、丝栈纷纷倒闭。1940年后日本在东北实行“主要物资配给制”“主要特产物专管法”等，对钢铁、棉纱、皮革、麻等实行全面统制，不少手工业户因原料缺乏，被迫停工或倒闭。

1938年10月，日本制定《华中方面军占领地域内一般商品出入境取缔规定》，随后接连公布严格禁止从沦陷区往抗战区、从上海往其他沦陷区运送物资的命令。1938 年 11 月,华北开发公司和华中振兴公司成立,前者支配整个华北一切资源的开发与统制,后者主持华中物资的产销经营。华中振兴公司在华中地区对交通运输、通信、电气、煤气及自来水、矿冶、水产等各项事业享有经营统制权。华中振兴公司成立后,将在此之前成立的华中矿业、华中蚕丝、华中水电、上海内河轮船、华中电气通讯、上海恒产、都市交通、华中水产等 8 家公司收为子公司。日本通过华中振兴公司,实现了对华中沦陷区主要产业和公用事业的统制。1938 年 12 月,兴亚院正式组建,作为日本政府对华侵略的最高行政机构,专门处理除了伪满和台湾以外的在华政治、经济、文化等一切事务。1939 年 3 月,兴亚院在中国占领区成立华北联络部、"蒙疆联络部"、华中联络部、厦门联络部和华北联络部青岛出张所,后又在广州和汉口设立派遣员事务所,各部、所,具体负责中国华北、华中、华南沦陷区及其他有关城市、地区的经济掠夺和殖民统制事务。1939 年 8 月,日本为维持华中沦陷区军票价值、扩大军票流通范围和物资顺利进口调运与配给,成立军票交换用物资配给组合,总部设在上海,在华中沦陷区各地设有分店、办事处 30 余所。1940 年 9 月,华中物资运销协会成立,以防止上海物资经其他沦陷区输入抗战区,并控制华中沦陷区的物资销售量,同时援助军票交换用物资配给组合加强华中沦陷区的军票地位。华中人造丝织品运销协会、华中棉制造品运销协会等 9 个运销协会总部均设于上海,在华中沦陷区内各重要城市遍设分支部。1940 年 11 月,日本成立输入配给组合联合会,以调整日本、伪满对华中沦陷区的贸易,输入配给来自上述地区的商品,在华中沦陷区对外贸易机构中,除军票交换用物资配给组合所经营的商品外,凡一般物资的输入配给均由该机构负责。1941 年 9 月,中央物资统制委员会成立,并成立地方物资统制委员会,负责各区域准许移出主要物资每月标准的申请、对当地施行物资统制、取缔“非正当物资”移动。1943年汪伪政权与日本协议决定取消中央物资统制委员会,日军将物资统制权移交给汪伪政权,3月全国商业统制总会和物资统制审议委员会成立,前者是华中沦陷区物资统制的执行机构,凡华中统制物资的收买配给、各地域物资交换营运、军需物资采办、输出物资供给等事项,均归其管理,后者是华中沦陷区物资统制的督导机关。全国商业统制总会下设米粮、棉业、粉麦、油料、日用品五个分支,对沦陷区物资进行强行收购,所列统制物资包括煤、铁、钢材、化工、药品等共37类,禁止自由流通。战事直接毁坏、战争中交通阻塞,以及在统制政策下原料供应和产品销售受限,使手工业受到极大影响。

第一节　手工业概况

手工业在中国国民经济中占据重要地位。1936年手工业估计产值是同期近代化工业产值的3.5倍,手工业品出口值超过出口贸易总值的1/3。

日本对东北资源掠夺的加强和对经济统制的强化使不少手工业濒临绝境。辽宁省棉纺织业大部分工厂停产,染业厂坊、民营缫丝厂、丝栈纷纷倒闭。吉林省染业生产停顿,针织业大多停产,缫丝业逐渐衰落,皮革业、缝纫业、家具及木制品业等业所剩无几。黑龙江省织布及印染业急剧衰落,针织复制业各厂或半停工或被迫倒闭。

日本全面侵华战争爆发后,关内沦陷区手工业普遍衰落。战争前浙江省近1/4人口依赖手工业为生,战争爆发后不少手工业户失业。战争期间山东发网、花边、草帽辫等手工业出口减少,逐渐衰落,部分手工业户数锐减,部分甚至绝业。经历8年战争后广东省手工业户所剩不多，全省近1/4县无手工业专业户。战事爆发后上海针织业、绸布印花业、制革业等业均遭到破坏，战区内作坊和工厂大多停工。苏州手工业大部分陷入停顿，青岛沦陷后因日本统制、交通阻塞、日货竞销等原因，纺织、金属冶铸等业陷入停顿或半停顿状态，郑州沦陷后手工业户数比1936年减少1/3以上，职工数量减少近1/4。

一、手工业在国民经济中占据重要地位

中国手工业生产历史悠久，是传统经济的重要组成部分。鸦片战争后，在西方工业化国家的冲击下，中国社会经济环境发生巨大变化，手工业的发展亦受影响，但仍在国民经济中占据重要地位。从产值来看，全国27种手工业产值自1914年的9.5亿元逐年增至1917年的21.6亿元，1918年和1919年各为13.8亿元和11.8亿元。[①] 1920年中国手工业估计产值为42.6亿元，1933年为43.5亿元，1936年为100.1亿元（分别是同期近代化工业产值的4.8倍、2倍、3.5倍），年均增长率为5.5%（低于同期近代工业化产值年均增长率的7.6%）。[②] 从对外贸易来看，1910年手工开采矿产品、手工半制品和手工制成品出口值近2.5亿元，1920年3.4亿元，1930年4.4亿元，1936年2.9亿元，在当年货物出口总值中各占41.6%、40.3%、31.8%、41.7%，分别是同期机器开采矿产品、机器半制品和机器制成品出口值的2.2倍、1.7倍、1.4倍和

① 彭泽益编：《中国近代手工业史资料（1840—1949）》第2卷，生活·读书·新知三联书店1957年版，“附录（一）”。

② 许涤新、吴承明：《中国资本主义发展史》第2卷，社会科学文献出版社2007年版，第834页。

2.9倍。[①] 从行业来看,1933年全国15大类行业中,除水电气制造业之外,其他行业均存在相当数量的手工业,据巫宝三估计,其中10类手工业产值超过机器工业产值(在10类行业工业总产值中占60.6%—99.7%),在39个分类行业中有5个行业手工业产值在对应工业总产值中占53.7%—70.6%、20个行业手工业产值超过75%。1933年,棉纺业中手工业产值占工业总产值的10.4%,棉织业中手工业产值占86.7%,缫丝业中手工业产值占53.7%,丝织业中手工业产值占70.6%,制糖业中手工业产值占89.1%,造纸印刷业中手工业产值占67.6%,制烟业中手工业产值占42.9%。[②] 据汪敬虞估计,1933年棉纱产量中手工业生产占25%,棉布产量中手工业生产占81%,生丝产量中手工业生产占59%,绸产量中手工业生产占75%,糖产量中手工业生产占98%,纸产量中手工业生产占83%。[③]

1937年中国手工业品出口值为1.9亿海关两(占出口贸易总值的35.4%),比1936年的1.55亿海关两(占出口贸易总值的34.2%)增加22.6%。[④]

在1937年63类手工业品出口值统计中,其中46类手工业品1937年出口值与1935年和1936年平均数相比有不同程度的增加,17类有不同程度的减少。植物油在手工业品出口值中所占比

① 刘克祥、吴太昌主编:《中国近代经济史(1927—1937)》,人民出版社2012年版,第1126页。

② 刘克祥、吴太昌主编:《中国近代经济史(1927—1937)》,人民出版社2012年版,第1123—1125页。

③ 汪敬虞:《中国近代手工业及其在中国资本主义产生中的地位》,《中国经济史研究》1988年第1期。

④ 彭泽益编:《中国近代手工业史资料(1840—1949)》第3卷,中华书局1962年版,第816页。

重最高,其次是茶,再次是挑花品等和丝,4 类合计占 56%—65%,1937 年出口值均比 1935 年和 1936 年平均数有所增加,植物油增加 70.9%(出口量增加 42%),挑花品等增加 49.5%,丝增加 11.1%(出口量减少 11.5%),茶增加 2.1%(出口量增加 7.8%)(见表 4-1、表 4-2)。①

在 31 类手工业品出口量统计中,其中 16 类手工业品 1937 年出口量与 1935 年和 1936 年的平均数相比有所增加,15 类有不同程度的减少。金银器出口量和出口值增加最多,各达 303% 和 271%,绳和熟皮出口量和出口值增加幅度也较大,绳各达 69% 和 47%,熟皮各达 45% 和 60%。出口量减少幅度较大的有烛、草帽辫和绸缎,烛出口量和出口值各减少 88%,草帽辫和绸缎出口量减少 28%,出口值各减少 19% 和 29%(见表 4-3)。②

表 4-1　63 类手工业品出口值(1935—1937 年)

(单位:万海关两)

手工业品＼年份	1935	1936	1937	1937 年比 1935 年和 1936 年平均数的变动(%)
金银器	2.3	6	15.4	271.08
抽纱品	338.3	139.9	472.1	97.45
毛毯	0.13	0.27	0.38	90.00
花边衣饰	209.5	374	543.9	86.43
玩具	1.8	3.1	4.5	83.67

① 彭泽益编:《中国近代手工业史资料(1840—1949)》第 3 卷,中华书局 1962 年版,“附录”表 1、表 3。

② 彭泽益编:《中国近代手工业史资料(1840—1949)》第 3 卷,中华书局 1962 年版,“附录”表 1、表 3。

续表

手工业品＼年份	1935	1936	1937	1937年比1935年和1936年平均数的变动(%)
石器	16.1	23.9	35.9	79.50
地毯	260.2	326.5	520.5	77.43
皮、衣、被、褥	290.3	419	617.8	74.20
藤器	2.5	5.8	7.2	73.49
植物油	3676.5	5865.7	8154	70.90
酱、酱油	9.6	10.3	17	70.85
家具	8.9	10.3	15.8	64.58
熟皮器	37.5	57.7	77.8	63.45
漆器	8	11.2	15.4	60.42
熟皮	17.2	33.8	40.9	60.39
景泰蓝器	8.1	13.5	17	57.41
扇	8.1	9.6	13.3	50.28
挑花品等*	548.9	1225.1	1325.7	49.46
牙刷	7.4	13.6	15.4	46.67
绳	15	25.1	29.4	46.63
棉毯	22.4	29.5	37.5	44.51
纸箔	111.4	128.9	172.7	43.74
料器、玻璃器	15.4	23.5	27.7	42.42
瓷器	56	72.9	90.9	41.04
酒、药酒	50.1	55.8	72.4	36.73
丝经	98.4	68.4	111.3	33.45
茧绸	322.6	345.7	443.5	32.72
爆竹、焰火	87.3	87.9	115.8	32.19
腐乳	17.5	21.1	25.2	30.57
木器	41.8	58.9	65.7	30.49

续表

手工业品 \ 年份	1935	1936	1937	1937年比1935年和1936年平均数的变动(%)
火腿、制过肉	94.1	78.9	110.4	27.63
竹器	66.1	87.5	94.8	23.44
粉丝、通心粉	202.7	198	240.3	19.94
丝绵	10	8.7	11.2	19.79
砖瓦	19.2	19.5	22.7	17.31
渔网	57	70	73	14.96
纸	149.3	163.5	175.3	12.08
丝绣货	213.9	275.4	273.8	11.91
袜	27.7	41.3	38.5	11.59
发网	66.5	77.5	80.1	11.25
丝	608.5	763	762	11.12
毛巾	18.9	25.1	23.9	8.64
黄铜器	59.3	75	69.7	3.80
子饼	334.1	425.8	390.4	2.75
土布	103.5	148.2	129.2	2.66
茶	1901.4	1968	1976.1	2.14
夏布	94.7	127	110.8	-0.05
神香	24	27.6	25.7	-0.39
伞	91.2	85.7	86.1	-2.66
席、地席	295	338.4	281.1	-11.24
文具	12.9	14	11.5	-14.50
象牙器	6.8	7.3	5.9	-16.31
草帽辫	146.7	147	118.6	-19.24
首饰	17.2	18.9	14.2	-21.33
墨	3.4	4.3	2.9	-24.68

续表

年份 手工业品	1935	1936	1937	1937年比1935年和1936年平均数的变动(%)
绸缎	544.3	488.6	364.5	-29.42
陶瓦器	49.6	51.6	35.4	-30.04
草帽等**	449.9	371.4	260.3	-36.61
袋包	37.9	19.1	6.7	-76.49
烛	7.2	1.1	0.5	-87.95
围巾	0.01	0.06	0.003	-91.43
女红用品	0.48	0.23	0.01	-97.18
棉胎	4.7	11.2	0.008	-99.90
总计	12007.42	15605.86	18897.701	36.87

注:* 包括挑花品、非丝绣货;** 包括草帽、蒲草帽、金丝、麻草帽。

资料来源:彭泽益编:《中国近代手工业史资料(1840—1949)》第3卷,中华书局1962年版,“附录”表3。

表4-2 植物油等4类出口值占当年手工业品出口值比重(1935—1937年)

(单位:%)

年份 手工业品	1935	1936	1937
植物油	30.62	37.59	43.15
茶	15.84	12.61	10.46
挑花品等	4.57	7.85	7.02
丝	5.07	4.89	4.03
总计	56.09	62.94	64.65

资料来源:彭泽益编:《中国近代手工业史资料(1840—1949)》第3卷,中华书局1962年版,“附录”表3。

表 4-3　31 类手工业品出口量(1935—1937 年)

手工业品数量 \ 年份		1935	1936	1937	1937 年比 1935 年和 1936 年平均数的变动(%)
金银器	千斤	1.2	3.3	9.1	303.10
绳	千担	14.6	36.0	42.9	69.33
熟皮	千担	3.7	6.8	7.6	44.59
植物油	千担	2124.5	2254.3	3109.0	42.00
爆竹、焰火	千担	44.3	46.2	59.5	31.55
地毯	千担	18.6	23.9	27.6	29.79
瓷器	千担	76.0	80.6	99.8	27.40
纸箔	千担	83.5	93.7	112.8	27.29
酒、药酒	千担	23.7	25.0	31.0	27.25
纸	千担	157.0	170.0	201.2	23.05
草帽	千顶	1598.4	2534.0	2530.5	22.47
茧绸	千担	10.3	9.8	12.1	20.82
茶	千担	630.8	616.7	672.5	7.81
伞	千柄	6056.0	7504.5	7256.4	7.02
丝绣货	千担	2.5	3.2	3.0	6.13
袜	千打	417.6	646.6	551.6	3.67
神香	千担	24.6	27.8	26.1	-0.42
席	千条	29562	36862	32952	-0.78
陶瓦器	千担	173.0	176.9	170.5	-2.54
土布	千担	19.2	27.3	22.6	-2.72
粉丝、通心粉	千担	203.6	190.5	189.7	-3.73
丝经	千担	3.9	2.2	2.9	-3.83
夏布	千担	8.6	11.6	9.6	-5.20

续表

手工业品数量 \ 年份		1935	1936	1937	1937年比1935年和1936年平均数的变动(%)
黄铜器	千担	15.1	18.6	15.3	-8.95
丝	千担	102.7	92.4	86.4	-11.49
渔网	千担	15.4	13.3	12.7	-11.74
子饼	千担	1938.8	2238.6	1711.5	-18.06
地席	千捆	114.9	123.7	96.7	-18.95
绸缎	千担	9.7	9.2	6.8	-28.16
草帽辫	千担	27.4	23.5	18.3	-28.16
烛	千担	4.0	0.6	0.3	-88.21

资料来源:彭泽益编:《中国近代手工业史资料(1840—1949)》第3卷,中华书局1962年版,“附录”表1。

二、日伪统制政策和东北手工业的凋落

东北沦陷期间,随着日本对东北资源掠夺的加强和对经济统制的强化,不少手工业濒临绝境。辽宁省棉纺织业大部分工厂停产,染业厂坊、民营缫丝厂、丝栈纷纷倒闭。吉林省染业生产停顿,针织业大多停产,缫丝业逐渐衰落,皮革业、缝纫业、家具及木制品业等业所剩无几。黑龙江省织布及印染业急剧衰落,针织复制业各厂或半停工或被迫倒闭。因纸张输入减少,东北手滤纸业有所发展。解放战争时期,吉林省解放区手工业、黑龙江手工卷烟业有所发展。

东北沦陷期间,全东北包括农村家庭副业,每年织布用纱量在10万—15万件,辽宁约占80%。辽宁棉布品种以大尺布为主,据

1934年全满一般工场调查，大尺布占44%、粗布占24%、细布占18%、斜纹布占7%、条纹布占2%，其他占5%。奉天、营口以大尺布为主，安东以粗布为主。① 据1934年伪满洲国工场调查记载，辽宁（不含旅大地区）有专业棉纺织工厂304家，织布机5972台，其中动力织机4674台、手织机1298台。“七七事变”后日本国内对棉制品实行统制，东北市场日本棉布减少，1939年减至1937年的1/10，1940年减至1/15。1939年，伪满洲国公布《原棉、棉制品统制法》，成立满洲棉业联合会，对纺织、织布工厂实行统制。城市织布工厂按地方组成棉织组合，农村织布副业因缺乏棉纱相继休业。1945年8月日本投降前，安东、营口、关东州、奉天4个织物组合所属棉织工厂有155个，棉织机1.1万台；另有织布专业工厂8个，织机800余台。加上12个棉纺织全能厂（除沈纺、营纺有部分中国资本外，其他均为日资），辽宁共有织布机2.3万台，因原料不足，生产能力仅使用21%。② 1946—1948年棉纺织工厂设备损坏严重。解放区工人克服困难，努力生产，如安东纺织厂，在人民政府接管期间，生产棉布近21.3万匹、棉纱1.36万余件，棉纱除自用外还可供12家民营织布厂。③

20世纪20年代末辽宁染业分为3种：一是机械染厂，专染花旗布及士林细布；二是手工染靛染坊，染花旗布、大布、麻花布；三是弹染，洗染各种新旧衣片。东北沦陷时期，日伪当局向染业经营者赊销布匹和染料，染色业厂坊增加，1933年沈阳有印染厂和染坊130户，染房763间，染缸、染锅710口，电力染机12台，安东有

① 《辽宁省志　纺织工业志》，辽宁民族出版社2001年版，第82页。

② 《辽宁省志　纺织工业志》，辽宁民族出版社2001年版，第43—44页。

③ 《辽宁省志　纺织工业志》，辽宁民族出版社2001年版，第43—45页。

染色工厂32个,其中棉印染机械加工厂10个。与此同时,日资大量进入辽宁印染业。1941年日伪当局颁布《纤维及纤维制品统制法》,在纤维联合会指导下生产,纤维联合会对染色组合所产产品实行收贩制度,1942年改为委托加工制。因加工任务不足,大部分民族染色业厂商纷纷倒闭。1945年8月日本投降后,私营厂相继复工,或新建染厂和手工染坊,沈阳市曾达49户。内战爆发后,因通货膨胀、交通不畅、原料短缺,私营印染厂陆续倒闭。①

1940年,东北地区共有铁工厂和纺机工场96个(其中辽宁77个),纺织器材工场4个(其中辽宁3个),工场规模一般4—6人。②

1939年,日本成立满洲柞蚕株式会社,在奉天、安东等地设立分社,在凤城、庄河、盖平、西丰等地设立出张所。满洲柞蚕株式会社向蚕农强行收购蚕茧,对茧、丝实行配给,对缫丝、织绸业者强行派购,民营缫丝厂、丝栈纷纷倒闭,1944年辽宁产柞蚕丝1000吨,比1934年下降约2/3。内战爆发后,1947年辽宁柞蚕茧产量仅600万粒(840担)。缫丝、织绸工厂大部分停工。③

1939年,安东共有织绸工厂59家,织绸机1400台,其中电力织机320台、手工织机1080台。安东义泰祥织绸厂规模较大,有织绸机110台,其中电力丝绸机100台、手工织绸机10台。到1945年7月,安东、奉天、营口、大连中国人开办的丝绸工厂合计21家,织绸机1879台,年产丝绸53.5万匹。④

1940年,吉林全境(指1985年吉林省行政区划范围)手工业

---

① 《辽宁省志　纺织工业志》,辽宁民族出版社2001年版,第94页。
② 《辽宁省志　纺织工业志》,辽宁民族出版社2001年版,第215页。
③ 《辽宁省志　纺织工业志》,辽宁民族出版社2001年版,第116页。
④ 《辽宁省志　纺织工业志》,辽宁民族出版社2001年版,第116页。

工场(店铺)有 901 家,从业人员 1.16 万人,各比 1934 年增长 43.2%和 44%。皮革、缝纫、制帽、纸制品、木制品和普通机械是手工业的 6 个主要行业,其中日办企业为 97 户(占 16%),从业人员 2795 人(占 31%),规模较大。1940 年后日本在东北实行“主要物资配给制”“主要特产物专管法”等,对钢铁、棉纱、皮革、麻等实行全面统制,规定“优先供给军需。对于规模宏大、生产力强的各种工业优先配给物资。其次规模小的工业,必要时对于生产力微小的工业可能不与配给,违犯者按照经济取缔规程处罚之”。不少手工业户因原料缺乏,被迫停工或倒闭,皮革、纺织、金属制品等业户所剩无几。①

东北沦陷后期,吉林省近代纺织业原料缺乏,生产停顿,到 1945 年日本投降时,保存下来的纺织工厂多数处于停产状态。到吉林省解放前,全省 400 多台织机和袜机分散在吉林、长春、四平等地,其中能生产的厂家不多,且只能生产粗布、麻袋和小针织品。②

1937 年 5 月 1 日,伪满洲国公布“重要产业统制法”,1938 年在长春市设立满洲纤维公社,对东北纺织工业的原料、产品生产和销售、商品价格等方面实行统制。吉林市大染坊减为 3 户,小染坊 10 户,染布所 12 户,从业人员减为 180 人。伪满政府为控制纺织品生产,强行推行“工业组合”,1942 年 10 月,长春市染业成立“新京染色加工工业组合”,有工厂 11 个、职工 134 人,固定资产 13500 元,每月生产染色布 4.3 万匹(折 71 万米)、棉线 6810 捆(折 1384 公斤)。

---

① 《吉林省志　第二十卷　轻工业志　手工业》,吉林人民出版社 1997 年版,第 17—18 页。

② 《吉林省志　第二十卷　轻工业志　手工业》,吉林人民出版社 1997 年版,第 4 页。

此外,当时四平市有染坊3家,郭家店有染坊2家,郑家屯有染坊8家,洮南有染坊1家。在日伪统制政策下,因原料缺乏,设备简陋,染业生产停顿,到1945年8月吉林省内多数染厂停产关闭。内战爆发后,印染加工业进一步遭到破坏,1946年长春市染厂全部停业,仅剩几家小手工染坊靠洗染旧衣为业,吉林市染业仅有6家染坊维持生产。1948年吉林省印染业基本处于瘫痪状态。①

1949年以前,吉林省以家庭手工业为主的小针织厂分布在长春、吉林、四平等地区,主要生产线袜等小针织品。1934年,吉林省有针织厂家59户、工人721人。1937年,针织品产量较高,以长春市为例,生产袜品18万打,比1925年增加75%。② 1937年以后,伪满洲国对纺织工业实行统制,小织袜厂纷纷倒闭,一些较大的针织厂被统制管理,形成“工业组合”。因原料紧缺,加上日本扩大战争的影响,针织生产每况愈下,1945年残存下来的织袜厂大多处于停产状态。抗战胜利后,吉林全省有190台袜机分散在长春、吉林、四平等地,生产普通线袜。③

20世纪30年代初吉林省缫丝业已有很大发展,1934年西安县缫丝业有45户,每户每年可缫丝千余斤。柞蚕灰丝除加工制成织物外,大多由烟台、牟平、牛庄、安东、旅顺等口岸销往日本、新加坡、菲律宾等国,缫丝作坊成为吉林省手工业中的重要行业。东北沦陷时期,日本对个体手工业实行原料配给制并立价,个体手工业逐渐衰落。1942年前后日伪当局在西安县成立义盛缫丝株式会

---

① 《吉林省志　第二十卷　轻工业志　手工业》,吉林人民出版社1997年版,第131—132页。

② 《吉林省志　第二十卷　轻工业志　手工业》,吉林人民出版社1997年版,第246页。

③ 《吉林省志　第二十卷　轻工业志　手工业》,吉林人民出版社1997年版,第247页。

社，有工人百余人，实行包供包销，后因连年亏损而倒闭。1948 年吉林省解放时，全省仅有一些零散的家庭缫丝作坊，产量甚微，乡村一些柞蚕放养户所收蚕茧多被外地收购。①

20 世纪 20 年代末，吉林省皮革制品行业作坊数比 1922 年增加 2.6 倍，辽源、白城、延吉、通化等地经营业务达 460 余家，从业人员 3100 余人。外资制革企业有 60 家、皮帽商行 22 家、靴鞋及皮帽制品作坊 115 家，有的脱离手工业传统工艺，使用化学药剂鞣制和挤水机、磨皮机、片皮机等设备。1931 年"九一八事变"后日资侵入，民族制革工业逐渐衰落，1934 年减至 46 户，从业人员减至 389 人。长春、吉林等地因日伪统治机关增多、日本移民涌入，对皮革制品需求增加，皮革工业有所恢复，1940 年工场有 81 户，从业人员 1039 人，各比 1934 年增加 76.1%和 167.1%（该统计仅限于注册企业，并未包含散布于广大农村及小城镇的零散业户）。太平洋战争爆发后，日本通过伪满洲国政府颁发《毛皮、皮革类统制法》，设立"满洲畜产株式会社""满洲皮革、毛皮输入组合"等统制机构，强令原皮由日籍商社收购，"牛、马、骡、驴、猪的屠宰者对各种皮张未经官署许可不得自行使用、消费、加工、贩卖"，重要化工原料由日伪"满洲丹宁剂统制组合"控制，并明令禁止华人用牛皮制革。日伪当局对皮革生产经营者逐户登记，控制生产品种、生产计划、原料来源和产品价格。绝大多数中国人所办的皮革生产工场因原料断绝、经营亏损而转产或停产，到 1945 年抗战胜利前夕，吉林全境皮革业厂商所剩无几，濒临崩溃。②

---

① 《吉林省志　第二十卷　轻工业志　手工业》，吉林人民出版社 1997 年版，第 274 页。

② 《吉林省志　第二十卷　轻工业志　手工业》，吉林人民出版社 1997 年版，第 140—141 页。

东北沦陷初期城市人口增加,吉林境内缝纫业有所发展,1934年缝纫业户达224户,店员2123人,1938年全省缝纫业店铺有219户(其中服装生产店铺129户、零活加工店铺39户、布鞋生产店铺40户、帽子生产店铺11户),店员3570人。129户服装生产店铺有店员2640人,其中日本人经营35户,店员1139人,各占27.1%和43.1%,规模大于中国人所办店铺。太平洋战争爆发后,伪满洲国政府对棉布等物资实行统制,缝纫业户纷纷倒闭。1945年抗战胜利后,日军军用物资棉布、棉纱流散于社会上,加上农村土纱土布有所发展,吉林省缝纫业短暂恢复,内战期间通货膨胀、生产萧条,缝纫业濒临绝境。1948年吉林省全境解放后,缝纫业开始恢复。1949年长春市被服缝纫业户有506户,店员986人,其中成衣铺307户,店员605人。①

1931年"九一八事变"后,长春成为伪满洲国的都城,随着伪政权机关和日本移民的增加,家具及木制品业有所发展。1933年"新京"特别市制材及木制品工场有45户,职工585人,1936年各增至63户和1376人,吉林全境(指1985年吉林省行政区划范围)共有237户,职工3111人,1940年各增至360户和3500人。1940年日办工场有24户(占业户总数的6.7%),职工903人(占职工总数的25.8%),规模较大。太平洋战争爆发后,日本加强掠夺东北资源,强制推行"山林管制法",木器业用材减少,全省家具木制品业逐渐萧条,到1945年抗战胜利时吉林市木家具业仅存11户,长春及其他各市县木器业户所剩无几。解放战争时期,解放区家具木制品业有所发展,1947年洮南县50余名木器手工业者组建

① 《吉林省志　第二十卷　轻工业志　手工业》,吉林人民出版社1997年版,第179页。

洮南县第三区木工生产合作社，是吉林省成立最早的木器生产合作社。①

1939 年，吉林境内五金制品工场有 329 户，从业人员 3365 人。1940 年后日本对金属原料实行配给制，除军需用品生产业户尚可维持生产外，民间五金制品业户相继停产倒闭。②

20 世纪 10 年代，山东机匠到东北设铺用旧式木机织布，或云游到农户承织，这种手工棉织业以吉林、长春、哈尔滨等城市为中心，散布于各县城。10 年代末黑龙江地区第一家棉织厂在哈尔滨傅家甸一带建成，一些小染坊和小织布厂也相继创办，大多设备简陋，土法操作，20 年代织布及印染业在黑龙江地区迅速发展。1931 年年初织布厂和染坊有 90 户，棉布产量 40 万匹（合 512 万米）。"九一八事变"后日本实行经济统制，黑龙江地区织布及印染业急剧衰落。1940 年滨江省织布业仅有 45 户，染坊 5 户。至抗战胜利前夕，黑龙江地区织布及印染业仅剩少数几家工厂，用旧织物粉碎成杂色纤维，再以手工纺成粗支纱，织成"更生布"出售。③

20 世纪 20 年代末，哈尔滨有十多家针织复制厂，均使用人力织机，日产毛巾约 2000 条，褥单产量很小。1930 年，哈尔滨有针织复制厂 90 余家，大多厂家资金微薄，设备简陋。齐齐哈尔、克山、青冈、兰西、阿城等一些交通便利的城镇也兴办起小针织手工作坊。1940 年年末，哈尔滨有针织复制厂 115 家，克山、拜泉、明水、依安、牡丹江等地也有针织厂（坊）。在日货竞争下，当地所产

① 《吉林省志　第二十卷　轻工业志　手工业》，吉林人民出版社 1997 年版，第 283—284 页。

② 《吉林省志　第二十卷　轻工业志　手工业》，吉林人民出版社 1997 年版，第 215 页。

③ 《黑龙江省志　烟草志　纺织志》，黑龙江人民出版社 1994 年版，第 7 页。

针织品销售困难。1941年以后,日本对纤维制品加紧统制,主要用于军需和出口换取战时物资,极力削减民用棉纱,严格配给工业用纱。因原料缺乏,各厂处于半停工状态,有些被迫倒闭,到1945年时所剩无几。抗战胜利后,东北人民行政委员会为解决军需民用,先后成立15个公营针织复制厂,1947年年末哈尔滨市针织复制业公营厂有13家,私营厂及个体户有469家。①

机制卷烟在东北卷烟业中居优势地位,自20世纪30年代起日本逐渐加强对东北烟草业的统制和掠夺,不少小烟厂或倒闭或被合并。解放战争期间,因机制卷烟市场供应不足,黑龙江手工卷烟业有所发展。20世纪初黑龙江卷烟业兴起,主要有波兰籍犹太人老巴夺兄弟开办的制烟丝作坊、秋林商行开办的烟厂和日本东亚烟草株式会社分部开办的小型卷烟厂。10年代英美烟公司吞并老巴夺烟庄,逐渐占据卷烟市场。② 在此期间民族卷烟业有所发展,但规模较小。1931年"九一八事变"后,日本对东北烟草业实行统制,1936年伪满政府公布《烟税法》和《烟税法实行规则》,1937年公布《重要产业统制法》,规定烟草与武器、飞机、汽车、金属、毛织、棉纺、火柴等项作为重要产业,产量和价格须经主管大臣许可。1940年公布《卷烟税法》和《卷烟税法施行规则》,1941年颁布"卷烟配给制及相应配给机构"法令,组成卷烟配给统制协会

---

① 《黑龙江省志　烟草志　纺织志》,黑龙江人民出版社1994年版,第113—114页。

② 1934年英美烟公司资本占东北烟草业资本总额的77%、设备能力的63%。1934年启东烟草公司(名义上是华资公司,实际上总共9950股中有7500股归驻华英美烟公司所有)卷烟产量为14.4万箱,占东北卷烟总产量的60%,1941年增至27.3万箱,占63%。黑龙江省地方志编纂委员会:《黑龙江省志　烟草志　纺织志》,黑龙江人民出版社1994年版,第93—94页。

(组合)。在伪满当局对烟草的所谓整顿下,众多小烟厂或倒闭或被合并,哈尔滨仅剩老巴夺烟草株式会社和协合烟草株式会社的部分卷烟制造企业,除此之外,在东北也仅保留启东、东亚、满洲、太阳、奉天、同新6个烟草制造企业。1941年,太平洋战争爆发后日伪接管长期在东北居垄断地位的英美烟公司。1943年,伪满兴农部设立"满洲烟草统制组合"。日本加强对东北烟草业的统制和掠夺,导致烟厂数目减少,产量锐减,1943年东北卷烟产量为14.1万箱,1944年为19万箱。1945年日本投降后,老巴夺父子烟草公司恢复称号,重新归英美烟公司所有,其余烟厂多数倒闭,黑龙江全境仅销售卷烟6000余箱。解放战争期间,市场机制卷烟匮乏,一些机关和企业创办烟厂供应部队和民需。手工卷烟逐渐发展起来,哈尔滨市有数百家手工卷制作坊,哈尔滨市人民政府成立职工合作社,建成新华烟厂,有职工30余人,生产手工卷烟。1948年年末,齐齐哈尔市私人卷烟有124户,每日产量1000包(每包500支),佳木斯、肇东也有手工卷烟作坊。[①]

东北纸业以机械制纸为主,手滤纸业占据份额较小,1940年后因纸张输入减少,均有所发展。1934年东北较大的纸房(东北手滤制纸业称为纸房或纸局)约有60家,年产额月42万圆(伪币),所产毛头纸为民间传统所习用。机械造纸畅销各地后,纸房逐渐减少。少数纸房仅赖其纸质强韧与民间习用的特殊性以维持营业。1927年东北区内机械制纸和手滤纸需要量各占55%和45%,1934年机械制纸提高到85%,手滤纸仅占15%。[②] 1935年

① 黑龙江省地方志编纂委员会:《黑龙江省志　烟草志　纺织志》,黑龙江人民出版社1994年版,第2、85、96—99、186—187页。

② 1935年机械制纸需要量进一步提高到91%,手滤纸仅占9%。东北物资调节委员会研究组编:《东北经济小丛书·纸及纸浆》,1947年印行,第14、28页。

日本国内纸浆资源缺乏,拟“日满纸浆综合增产计划”以吸取东北纸浆资源,令伪满政府将纸浆增产列入伪满第一次产业开发五年计划中,东北纸浆工业和制纸工业有所发展,制纸工厂增加。东北市场纸张供不应求,仍需从日本输入,1940 年输入几近断绝,伪满政府谋求自给自足,1941 年实行制纸五年计划,以现有制纸工业为基础,令优良工厂增设制纸机械、人造丝木浆工厂附设制纸机械兼制纸,日本投降后该计划搁浅。1940 年以降,东北区内纸张需求激增,而输入减少、配给不足,机械制纸工厂和手滤制纸工厂均极兴盛。民间创厂制纸有利可图,小规模制纸工厂多处设立,1942 年成立较大者有 7 家,1943 年成立 3 家,1944 年成立 2 家,统制之外的小工厂为数更多。小规模工厂产品多为粗劣纸张,产量亦微。以往手滤纸只有国人所制的毛头纸,后来则又有日本人所制的日本纸、高丽人所制的高丽纸,规模较大,加上 1938 年后纸浆工业勃兴,制造日本纸及高丽纸的手滤业者开始利用纸浆造纸,其中两三家增设制纸机成为机械制纸工业。1937 年东北纸产量为 4376 万磅,逐年增加,1943 年达 16805 万磅,1944 年因木材供给减少,资材输入困难,产量减至 10090 万磅。1945 年东北区内制纸公司有 43 家,工厂 55 家,制纸机 82 架(其中规模最大、设备最优的 15 家工厂的生产量超过东北总生产量的 70%),1946 年年末被损害程度约为原生产能力的 70%。①

解放战争时期,吉林省解放区民主政府对手工业者和私人工商业采取保护和扶持政策,对铁木农具业、服装鞋帽业、粮油加工业、皮革皮毛业、酱菜酿造业、陶瓷业等缺少资金和原料的手工业户发放贴息贷款,组织加工订货或产品包销。1945 年年末,延吉

① 东北物资调节委员会研究组编:《东北经济小丛书 · 纸及纸浆》,1947 年印行,第 8、15—16、24—25、表 5、75 页。

16个行业近300个作坊恢复生产。白城子靴鞋、棉纺、钟表、铁木、皮革、绳麻、缝纫等业户93家,1947年增至265家。1947年延吉市公民合作社成立,是吉林省第一个手工业生产合作社,入社社员有126人,同年洮安县成立木工合作社。解放区手工业担负"发展生产,保障供给"和"加紧生产,支援前线"两大任务。1948年白城子群众集资办社建厂,先后成立火柴、盆窑、皮革、制鞋、服装、木器、肥皂、铁工等11个工场,大量生产军鞋军服,并生产肥皂、火柴、毡袜、皮帽等供给前方部队。①

三、关内沦陷区手工业的普遍衰落

抗战前浙江省近1/4人口依赖手工业为生,战争爆发后不少手工业户失业。个别手工业产量在抗战期间达到民国时期产量最高值。1948—1949年浙江省瓯绣、纸伞等手工业年产量比战前减少2/3以上,杭州绸伞等产量不及战前的1/10。战争期间山东发网、花边、草帽辫等手工业出口减少,逐渐衰落,部分手工业户数锐减,部分甚至绝业。经历8年战争后广东省手工业户所剩不多,全省近1/4县无手工业专业户,个别县因手工匠人迁入,手工业有所发展。

淞沪会战前上海作坊数量是工厂数量的3倍,约1/2的作坊分布在沪南。战事爆发后,针织业、绸布印花业、制革业等业均遭到破坏,战区内作坊和工厂大多停工。苏州手工业大部分陷入停顿,青岛沦陷后因日本统制、交通阻塞、日货竞销等原因,纺织、金属冶铸等业陷入停顿或半停顿状态。战争期间上海绸布印花业、牙刷业等逐渐衰落,手帕业、制革业等有所发展,太平洋战争爆发前电工

① 《吉林省志　第二十卷　轻工业志　手工业》,吉林人民出版社1997年版,第18页。

器材业厂商增加,随后因外销受阻和日军管制而停工减产。北平手工业发展状况因行业而异,装花、藤竹等业厂商数量减少,围垫、镜框等业增加。抗战胜利后上海针织业各厂逐渐恢复,开工数量相当于战前的1/2,多为家庭式小型工场,牙刷业和电工器材业因美货倾销,部分停工。北平地毯业、玉器业等与战前相比,规模大为缩小,南京部分手工业户数和产销量比战前增加,部分减少。

总体而言,浙江、山东和广东手工业均遭战争破坏,战争期间仅部分行业有所发展,上海、北平等地亦是如此。

(一)浙江

1936年浙江省仰赖手工业为生者约500万人,占全省人口总数近25%,草帽、草鞋、刺绣等手工业品出口值超过1200万元,纸伞、纸扇等手工业品也遍销国内外。日本全面侵华战争爆发后,手工业急剧衰落,大批手工业户被迫歇业。1938年浙江省政府设立浙江省手工业指导所,组织民众成立工业合作社和示范场。1942年浙江省各种生产合作社有65个,社员5052人。抗战期间军用皮革需求增加,1943年温州市区大小制革厂有41家。中国共产党领导的革命根据地和部队也在部分地区领导民众组建合作社发展生产,1939年中国工业合作协会在浙江丽水设立分处,成立工合东南区兰溪事务所,先后组织被服、皮革等10多个生产合作社。天台县组织赤城镇妇女手工合作社,社员100多人,生产草鞋等品。1943年在工合常山事务所指导下,衢州印刷社、肥皂设、贫民工厂等6个工业生产合作社成立。日本全面侵华战争期间萧山县作坊(工场)倒闭129家,1380人失业,新设小作坊138家,每家2—3人,合计约300人,至抗战胜利前夕全县手工业从业人数仅存1214人,比战前减少将近一半。个别手工业品,如杭州扇子、花竹制品和建德县皮鞋在抗战期间年产量达到民国时期最高。

抗日战争胜利后，国民党政府对美国“最重要的一百十项物品”减免进口税，美货充斥市场，滥发钞票物价飞涨，手工业税收增加，种种因素导致一些手工业户关闭歇业或改作他业，不少传统手工业品产量大幅减少。1948—1949 年浙江省羽毛扇、毛笔等 6 品年产量比最高年产量（1927—1930 年）减少 63%—100%，纸伞等 4 品年产量比最高年产量（1936—1937 年）减少 67%—90%，绍兴锡箔，衢县土纸，杭州网篮、手杖和绸伞年产量比最高年产量（1930—1936 年）减少 75%—96%，建德县皮鞋、杭州扇子和花竹制品比最高年产量（1941—1944 年）减少 80%—95%（见表 4-4）。①

表 4-4　民国时期浙江省手工业部分传统产品产量

地区、产品 \ 产量			民国时期最高年产量		民国后期年产量		变动（%）
浙江全省	瓯绣	万套	25	1937 年	10	1948 年	-60
	草席	万条	1000	1936 年	98	1949 年	-90
	纸伞	万把	500	1936 年	120	1949 年	-76
	萧山花边	万码	600	1936 年	200	1948 年	-67
	麻帽	万顶	960	1930 年	360	1949 年	-63
	宝剑	万把	0.2	1929 年	0	1948 年	-100
	金丝草帽	万顶	310	1929 年	27	1949 年	-91
	剪刀	万把	160	1929 年	40	1949 年	-75
	毛笔	万支	400	1929 年	100	1949 年	-75
	羽毛扇	万把	20	1927 年	0.6	1948 年	-97

① 浙江省二轻工业志编纂委员会编：《浙江省二轻工业志》，浙江人民出版社 1998 年版，第 12—15 页。

续表

地区、产品		产量	民国时期最高年产量		民国后期年产量		变动(%)
杭州	扇子	万把	1.44	1944年	0.12	1949年	-92
	花竹制品	千件	5	1941年	0.25	1949年	-95
	绸伞	万把	5.3	1936年	0.36	1949年	-93
	手杖	千支	8.4	1935年	0.36	1949年	-96
	网篮	万只	6	1932年	1.5	1949年	-75
建德县	皮鞋	千双	2.7	1944年	0.55	1949年	-80
绍兴	锡箔	万块	400	1930年	100	1948年	-75
衢县	土纸	万吨	1.8	1930年	0.29	1949年	-84

资料来源:浙江省二轻工业志编纂委员会编:《浙江省二轻工业志》,浙江人民出版社1998年版,第14—15页。

(二)山东

日本全面侵华战争爆发前山东全省绣花制品每年出口1.7万套(约价值银元10万元),1933年范县和掖县沙河镇从事草帽辫生产者各达12万人和10万人(沙河镇草帽辫产量占山东全省的1/3),1937年发网出口72万罗(占世界需求量的41%),日军侵占山东后均逐渐衰落,1949年山东全省草帽辫出口仅20万元。山东花边业鼎盛时期每年出口产品价值白银350万两左右,20世纪30年代逐渐没落,1941年太平洋战争爆发后出口停顿,花边业一蹶不振。1947年青岛约50%的工厂歇业,其中包括大量手工业作坊工场。临清手工业原有26个行业中裘皮、花炮、织毯等9个行业绝业,木齐家具业、铁炉业和首饰业各从1936年的37户、40户和5户减至1943年的25户、23户和2户,鞋业从1936年的25户减至1944年的15户,皮条铺(车马挽具铺)从1937年的18户减至1943年的3户。据1947年统计,山东全省农村从事各种手工业(农村烧炭业、铁匠业、泥瓦匠业、玩具业等未计入)的农户占总农户的43.2%,其中从事纺织业者占比最高(占34.8%,每年平均工作3.6个月),其次是木匠业和缝纫业(各占3.1%和3%,每年平均工作各为4.3个月和2.9个月),土砖陶器业和草鞋等编制业各占1.6%和0.7%(每年平均工作各3.3个月和1.5个月)。①

(三)广东

日本全面侵华战争期间不少手工业者随政府机关迁往粤北山区。怀集县位于湘粤交界处偏僻山区,1933年全县仅有砖瓦石灰、织席和造草纸4种手工业,抗战期间迁入手工业匠人49户,86人,抗战结束时该县手工业发展到12个行业,129户,456人。翁源县在抗战前仅有为数不多的副业性家庭手工业从事竹藤编织,抗战期间自广州和从化迁入打铁、制鞋等手工业户后,该县方出现手工业作坊。经8年战祸摧残后,据1946年调查,广东全省95县中23县无手工业专业户,全省个体手工业户仅7.85万户,从业27.32万人,产值805亿元(法币,依当时汇率折合3000美元)。1947年后因恶性通货膨胀一些手工业户倒闭,至解放前夕全省由工商部门管理的个体手工业户为22.8万户,从业26.7万人,产值1.28亿元,其中约1/4从事服装缝纫、1/4从事竹藤棕草编织,其他从事小五金、小农具等15业。牙雕业从鼎盛时期1300多人减至50多人,潮汕抽纱从战前50多万人减至17.9万人,作为中国四大名绣之一的广绣仅存240多人。②

---

① 曲东涛主编:《山东省二轻工业志稿》,山东人民出版社1991年版,第10—16页。

② 张钊编著:《广东省志·二轻(手)工业志》,广东省人民出版社1995年版,第71—72、154页。

(四)主要城市

1. 上海

“八一三”淞沪会战前上海全市有工厂5525家、作坊16851家,合计22376家,雇用工人约60万人。工厂和作坊主要分布在沪南,其次是公共租界,各占41.5%和49.3%、25%和24.2%,各区域工厂和作坊家数比例在1∶1.5至1∶3.6。战事发生后战区内工厂、作坊大多停工,1937年年底失业工人超过35万人。① 据统计,1938年5月上海市失业难民人数超过1.4万人,手工业工人失业人数为2769人,其中针织工人和绣工2536人,手工业工匠失业人数达1673人,其中中西成衣匠三四百人,铜匠和木匠各近三百人(见表4-5)。②

表4-5 上海市工厂、作坊家数统计(1937年上半年调查)

区域 \ 项目	工厂		作坊		共计	
	家数	占比(%)	家数	占比(%)	家数	占比(%)
沪南	2295	41.5	8311	49.3	10606	47.4
闸北	1182	21.4	2848	16.9	4030	18.0
乡区	326	5.9	488	2.9	814	3.6
公共租界	1379	25.0	4085	24.2	5464	24.4
法租界	343	6.2	1119	6.6	1462	6.5
总计	5525	100.0	16851	100.0*	22376	100.0*

注:*数字四舍五入,此处数据有所调整。

资料来源:程海峰:《一九三七年之中国劳工界》,《国际劳工通讯》1938年第4期。

① 程海峰:《一九三七年之中国劳工界》,《国际劳工通讯》1938年第4期。

② 《上海失业难民职业分类统计》,《经济统计月志》1938年第6期。

上海针织业多设在虹口、闸北、南市一带，1937年抗日战争爆发后相当一部分毁于炮火，幸存各厂多停工或歇业，产品减少80%—90%，一些小厂原料以土纱为主维持生产一年多后，因原料价格上涨等原因被迫停工。[①] 1945年抗战结束后针织业各厂逐渐恢复，开工数量达战前的50%，产量仅30%左右。[②] 针织业多为家庭式小型工场，约有593家，袜机、布机、缝衣机合计26233部。[③] 其中电力袜机和手摇袜机各有4756部和18742部，主要产品为纱线袜，以往行销南洋及国内各地。因交通梗阻和外汇低落，销路不振，价格较低，而棉纱原料、工资和利息高昂，成本超过市价（每打线袜市价0.8元，成本需1万元，每打华袜市价1.4万元，成本需1.65万元），不少资力薄弱者相继停工，仅剩百余家勉强维持。[④] 上海原有袜厂30余家，产品行销本地和外埠，初时因战事影响外埠销路中断而损失严重。随着市场状况好转，小规模袜厂相继设立，合计四五十家，平均每家资本1000元左右，手摇袜机10余部，雇用女工30余人，每日每机约产2打，由马路摊贩代为销售，销量可观。[⑤]

日本全面侵华战争爆发后，上海绸布印花业约80%遭到破坏，太平洋战争爆发后外销中断，加上日货印花绸竞销，绸布印花业逐渐衰落。[⑥] 1938年上海沦陷后，因日本工厂大多改制军需品，

---

① 彭泽益编：《中国近代手工业史资料（1840—1949）》第4卷，生活·读书·新知三联书店1957年版，第111页。

② 彭泽益编：《中国近代手工业史资料（1840—1949）》第4卷，生活·读书·新知三联书店1957年版，第516页。

③ 山禾：《风雨飘摇中的上海工业》，《经济周报》1946年第25期。

④ 山禾：《风雨飘摇中的上海工业》，《经济周报》1946年第25期。

⑤ 《沪市小型工厂激增》，《国际劳工通讯》1938年第11期。

⑥ 彭泽益编：《中国近代手工业史资料（1840—1949）》第4卷，生活·读书·新知三联书店1957年版，第109页。

日货手帕外销减少,国产手帕外销增加,1940年最旺时每月出口60余万打,占产量的90%。1941年太平洋战争爆发后国外市场断绝,手帕转向内销。抗战胜利后上海手帕织造厂有70余家,为小型家庭工业,普通每厂10余工人,因原料价格上涨、资金难以周转及工潮等因素,织机开工率仅40%,10余家手帕厂倒闭。①

日本全面侵华战争爆发后,上海制革厂大部分散布于市郊战区内,不少毁于炮火。1941年日美开战后,国际贸易停顿,原皮供给减少,舶来精致皮革缺乏,对国产一般皮革需求增加。1943—1944年上海华商制革工厂多达215家,其中机器制革厂37家、手工制革厂178家。1944年上海139家制革厂中,20家设立年份不明,38家设于1937年前(占27%),1938—1943年设立81家(占58%)。机器制革厂资本额在5万—20万元的有10家,21万—100万元的有14家,150万—500万元的有12家,另1家资本额不明,合计37家,平均每家近200万元,手工制革厂资本额在5万—20万元的有84家,21万—40万元的14家,41万—100万元的仅有4家,合计102家,平均每家18万元。机器皮革厂平均每家有职工19人,手工制革厂平均每家3人。手工制革厂大多为小资本经营,原料品质有限,技术低劣,但在战时仍有部分市场。机器制革厂中停工者有3家,26家开工率在5%—30%,即近3/4的机器制革厂开工率不足30%,手工制革厂中停工者有20家,59家开工率在5%—30%,各占20%和58%,手工制革厂中3/4以上开工率不足30%。② 抗战胜利后上海制革业逐渐活跃,新设不少制革厂。1946年舶来皮革大量输入,制革各厂面临严重困难,1947

① 山禾:《风雨飘摇中的上海工业》,《经济周报》1946年第25期。

② 管怀琮译:《上海之皮革工业》,《中国工业(上海)》1944年第2卷第7—8期。

年秋季后输入略减,币值低落出口销路好转,据统计上海制革业有会员330家,至解放为止会员有373家,工人1535人。①

1937年日本全面侵华战争爆发后,纱布五金被日军统制收购,阳伞业国外销路受阻,生产大为减少。抗战期间油布伞因原料易于购买,国产油布伞销路较旺。抗战胜利后阳伞场商仅剩30余家,1947年增加到50家左右,旺季日产1000打,全年约产20万打,远低于战前,多销往京沪杭等地区的镇市和农村。1948年后物价剧烈波动,交通障阻,大部分生产萎缩陷入停顿。②

抗战初期上海牙刷销往全国各省、南洋等地,牙刷生产者有110户(其中10户为机器生产),工人1000余人,月产量高达80万支,太平洋战争爆发后国内外销路受阻,全业半数以上倒闭转业或转向内地生产,月产量不足30万支。抗战结束后美国玻璃牙刷倾销,价格低于国货30%,牙刷厂或作坊仅剩下一部分维持半停顿状态。③

1938—1941年电工器材业厂商增至105家,职工达5000人,日产电筒120万—130万只,其中国内、国外销量各占40%和60%。太平洋战争爆发后国外销路受阻,加上日军进入租界后对电筒禁用禁运,电筒、电池、电珠各厂纷纷停工减产。抗战结束后电筒、电池厂有15家复工,每天可产2000—2500打,随后因美货

① 彭泽益编:《中国近代手工业史资料(1840—1949)》第4卷,生活·读书·新知三联书店1957年版,第519页。

② 彭泽益编:《中国近代手工业史资料(1840—1949)》第4卷,生活·读书·新知三联书店1957年版,第116、520页。

③ 彭泽益编:《中国近代手工业史资料(1840—1949)》第4卷,生活·读书·新知三联书店1957年版,第116、520页。

倾销,1948 年复停工七八家,电珠厂部分逐渐复工但亦勉强维持。①

2. 南京

抗战前南京棉布、制扇等 15 类手工业合计 1481 户,抗战后卷烟、棉布等 17 业合计 5916 户,其中砖、瓦、饴糖酱色等 10 业户数比战前增加,饴糖酱色、砖、瓦等 5 业产(销)量比战前增加,制扇、毛巾和板鸭业户数比战前减少,丝织、绒织等 7 业产(销)量比战前减少(见表 4-6)。②

表 4-6 南京市手工业变动情况

项目 业别	户数(户)			产量或销量		
	抗战前	抗战后(1945—1949 年)	变动(%)	抗战前	抗战后(1945—1949 年)	变动(%)
竹货(筛子)(只)业	100	100	0.0	10000	11000	10.0
花席(席子)(条)业	43	58	34.9	400000	150000	-62.5
制扇(把)业	200	10	-95.0	4000000	1900000	-52.5
皂烛碱(皂)(箱)业	25	32	28.0	224400	72000	-67.9
国药(斤)业	87	179	105.7	116000	143500	23.7
丝织(匹)业	—	—	—	20000	2000	-90.0
绒织(匹)业	—	—	—	3000	500	-83.3

① 彭泽益编:《中国近代手工业史资料(1840—1949)》第 4 卷,生活·读书·新知三联书店 1957 年版,第 116、520 页。

② 中国科学院经济研究所编:《手工业资料汇编(1950—1953)》,中国科学院 1954 年印本,第 29—30 页。

续表

项目 业别	户数(户)			产量或销量		
	抗战前	抗战后(1945—1949年)	变动(%)	抗战前	抗战后(1945—1949年)	变动(%)
制茶(担)业	75	130	73.3	10000	9000	-10.0
板鸭(只)业	200	140	-30.0	3000000	1500000	-50.0
饴糖酱色(担)业	15	45	200.0	15000	60000	300.0
砖(万块)业	33	106	221.2	10000	24000	140.0
瓦(万片)业	33	106	221.2	400	840	110.0
灰炉坊业	30	30	0.0	—	—	—
制革(张)业	80	110	37.5	—	—	—
铁器(农具)(件)业	200	240	20.0	—	18300	—
卷烟(箱)业	—	3870	—	—	1500/月	
牙刷(支)业	—	—	—	30000	50000	66.7
毛巾(打)业	60	40	-33.3	300000	50000	-83.3
针织袜子(打)业	—	20	—	72000	—	—
棉布(匹)业	300	700	133.3	400000	400000	0.0

资料来源:中国科学院经济研究所编:《手工业资料汇编(1950—1953)》,中国科学院1954年印本,第29—30页。

3. 北平

抗战前北平市手工艺作坊及厂商有数千家,工人超过15万人,每年销往国外100余万美元。① 北平沦陷后,原料供应和产品销售

① 彭泽益编:《中国近代手工业史资料(1840—1949)》第4卷,生活·读书·新知三联书店1957年版,第127页。

均受极大影响,不少技术工人转就他业或失业,部分手工业厂商家数有所增加。战前北京市装花、玉器等43业厂商合计4528家,1943年木器、鞋业等34业合计3220家,其中装花、籐竹等17业厂商数减少,围垫、镜框等17业增加。① 北平手工业面临主要原料不足、成本高昂、资金缺乏、海外市场竞争加剧等困难,此外手工业工人以领活制作或论件计酬居多,在行业不景气、生活压力加大的情况下不少工人转做他业,技术也面临退化或失传的困境(见表4-7)。②

表4-7 北京市手工业厂商数量变动状况 (单位:家)

项目/业别	事变前厂商数	1943年厂商数	减少数	减少(%)	项目/业别	事变前厂商数	1943年厂商数	增加数	增加(%)
装花业	1000	37	963	96.3	围垫	20	115	95	475.0
籐竹业	20	3	17	85.0	镜框	20	94	74	370.0
玩具业	120	19	101	84.2	木器	100	385	285	285.0
地毯业	250	52	198	79.2	乐器	20	62	42	210.0
雨衣业	10	3	7	70.0	旱烟袋	30	57	27	90.0
桶业业	116	38	78	67.2	帽业	130	220	90	69.2
玉器业	320	127	193	60.3	绦带	70	110	40	57.1
造纸业	200	93	107	53.5	刀剪	60	94	34	56.7
刺绣业	30	15	15	50.0	料器	30	47	17	56.7
织工业	160				首饰业	160	247	87	54.4
织袜业	60	230	90	28.1	糕点业	110	166	56	50.9
毛巾业	100				灯画业	9	13	4	44.4
锦匣业	100	79	21	21.0	香烛	79	94	15	19.0

① 赵禾:《北京市手工业之概况》,《东亚经济月刊》1943年第10期。
② 张延祝:《日趋没落的北平手工业》,《经济评论》1947年第16期。

续表

项目 业别	事变前厂商数	1943 年厂商数	减少数	减少(%)	项目 业别	事变前厂商数	1943 年厂商数	增加数	增加(%)
度量衡业	30	25	5	16.7	折扇	11	13	2	18.2
珐瑯业	58	52	6	10.3	鞋业	300	330	30	10.0
雕漆业	10	9	1	10.0	花爆	10	11	1	10.0
铜铁锡业	300	272	28	9.3	小器	100	108	8	8.0

资料来源:赵禾:《北京市手工业之概况》,《东亚经济月刊》1943 年第 10 期。

抗战胜利后交通恢复,一些厂商作坊逐渐复业,1946 年 11 月各业营业总额约 20 万余美元,但与战前相距甚远。战前地毯业年产约百万方尺,1946 年减至 9 万方尺,挑补花业原有工人 10 万人,减至不足 2000 人,铜器业原有作坊 200 余家,仅余 30 余家,锡器业营业额仅占战前最盛时期的 1%,雕漆业技工从数百人减至数十人,玉器从业人员从数千人减至不足百人。① 抗战胜利后洋行及洋人向铜锡器业订货渐多,据 1947 年同业公会统计,会员有 49 家(其中 11 家作洋庄业务),此外也有未加入公会的家庭制造者,但未恢复战前数量(战前 230 家,其中 30 余家纯作洋庄)。战前最盛时铜锡器业年产量达 1.1 万担,1946 年仅 1700 余担。② 1932 年景泰蓝业同业公会有会员 58 家,未入会者 20 余家,抗战胜利近 2 年景泰蓝未有出口,制作者仅剩 15 家。战前北平玉器业最盛时从业者达 4000 人,战后仅剩 200—300 人,1946 年出口数

① 彭泽益编:《中国近代手工业史资料(1840—1949)》第 4 卷,生活·读书·新知三联书店 1957 年版,第 524 页。

② 李兆骙:《北平的手工业:铜锡器》,《工业月刊(西安)》1948 年第 3 期;张延祝:《日趋没落的北平手工业》,《经济评论》1947 年第 16 期。

量不及战前 10%。[1] 据统计 1947 年玉器业手艺作坊工厂有 15 家。[2]

北平地毯业厂坊有 80 余家,其中 57 家加入同业公会组织,约占 2/3,另外 1/3 属地下商号,规模甚小,未请领营业执照以逃避租税负担。57 家公会会员中 6 家歇业,33 家销售和织造地毯(其中 26 家织造、7 家专营门市),17 家纺造毛线毡毯,1 家染线。26 家地毯织造厂坊中资本额最高 1000 万元,最低 40 万元,平均每家 151 万元,工徒人数最多 95 人,最少 4 人,平均每家近 14 人,织机最多 20 台,最少 2 台,平均每家 3 台。[3] 织造地毯的主要原料是羊毛,自西北各省由平绥、平汉铁路运至北平,因交通不畅运输颇为困难,另外尽管工资不断调整增加,但也不足以应付日渐高涨的生活费用,致使工人缺乏,地毯业陷于停滞状态。[4]

1949 年北平织染、针织等 7 业手工业作坊和手工工场合计 1500 户,资本 2.78 亿元,职工 6389 人,户均资本 18.5 万元,户均职工 4 人,其中资本不满 10 万元者,造纸业、机器铁工业、针织业和织染业各占 100%、75.7%、63.4%和 53.6%,资本不满 20 万元者,制革业和金属品冶制业各占 69.3%和 66.7%(见表 4-8)。[5]

---

① 张延祝:《日趋没落的北平手工业》,《经济评论》1947 年第 16 期。

② 彭泽益编:《中国近代手工业史资料(1840—1949)》第 4 卷,生活·读书·新知三联书店 1957 年版,第 530 页。

③ 刘宝忠、曹宗坎:《北平的手工业:地毯》,《工业月刊(西安)》1948 年第 1 期。

④ 刘宝忠、曹宗坎:《北平的手工业:地毯》,《工业月刊(西安)》1948 年第 1 期。

⑤ 彭泽益编:《中国近代手工业史资料(1840—1949)》第 4 卷,生活·读书·新知三联书店 1957 年版,第 536—537 页。

表 4-8　北平数种手工业作坊和手工工场概况(1949 年)

业别＼项目	户数（户）	职工人数（人）	资本额（万元）	户均职工数（人）	户均资本额（万元）
窑盆业	21	190	1044	9	49.7
制革业	143	461	2957	3	20.7
造纸业	64	366	102	6	1.6
金属品冶制业	6	18	112	3	18.7
机器铁工业	527	1346	4886	3	9.3
织染业	463	2907	14322	6	30.9
针织业	276	1101	4349	4	15.8

资料来源:彭泽益编:《中国近代手工业史资料(1840—1949)》第 4 卷,生活·读书·新知三联书店 1957 年版,第 536 页。

4. 青岛

1936 年青岛纺织、针织、制革、金属冶铸、食品、造纸、草帽辫等业手工业户数合计 1100 户。青岛沦陷后,日本对棉纱、麻、皮革、铁的统制使纺织、针织、纺绳、制革、金属冶铸等行业陷入半歇状态,战时交通阻塞使木器、猪鬃、肠衣等业经营呆滞,日货竞销影响脚踏车白铁、肥皂、造纸等业的发展,窑业、洗染、靴鞋等业则因日本大量移民到青岛兴建宿舍、厂房而一度活跃。①

1936 年以前青岛金属品冶铸业有五六家,1941 年太平洋战争爆发后海上交通困难,纱厂所需日货器材供给断绝,故多由冶铸业代制,形成该业最盛时期。1944 年和 1945 年日本大肆掠夺后,市场原料所剩无几、价格昂贵,金属品冶铸业逐渐衰落。1937 年日本侵占青岛后,铁工业约有六七十户,1944 年前后日本大肆掠夺

① 彭泽益编:《中国近代手工业史资料(1840—1949)》第 4 卷,生活·读书·新知三联书店 1957 年版,第 122—123 页。

五金,铜、铁、煤等物资严重缺乏,工厂相继倒闭。① 1926 年青岛机器制革厂和手工业制革厂各有 4 家和 16 家,日本统治时期将皮革列为军用品,禁止贩卖和制造,制革厂大多停工,部分搬至乡村生产。1945 年后逐渐恢复,曾发展到 200 余户,1946 年因制革厂过多、产品滞销,成本较高而质量低下,不少业户倒闭。② 1940—1941 年由于日本对棉纱进行统治封锁,华中和华北交易受阻,上海产品北上困难,青岛针织业得以发展,共有 28 家。1942 年后所有产品和原料受日本控制,针织工业停滞。③

抗战胜利后,青岛制革、针织、纺织等业因原料来源充裕而一度有所好转。随后出现恶性通胀,城乡关系断绝,原料来源困难,加上美货倾销,各业大部分日趋倒闭,个别行业有所发展,如粉丝、绣花、发网等出口手工业,由 40 余户发展到 568 户。④

5. 郑州

郑州手工业多为散居户,1936 年成衣业、刻字业等 18 业合计 492 户,资本 20.28 万元,职工 2222 人(其中油坊业和自行车修配业两业 38 户无资本和职工人数数据),户均资本和户均职工数(油坊业和自行车修配业 38 户不计入)各为 378 元和 4.8 人,其中成衣业、竹木作业和麻绳业户数较多,营造业的户均资本额和户均职工数均最高,其次是制革业,肥皂业户均资本额较大,制鞋业户

① 彭泽益编:《中国近代手工业史资料(1840—1949)》第 4 卷,生活·读书·新知三联书店 1957 年版,第 123 页。

② 彭泽益编:《中国近代手工业史资料(1840—1949)》第 4 卷,生活·读书·新知三联书店 1957 年版,第 124 页。

③ 彭泽益编:《中国近代手工业史资料(1840—1949)》第 4 卷,生活·读书·新知三联书店 1957 年版,第 125 页。

④ 彭泽益编:《中国近代手工业史资料(1840—1949)》第 4 卷,生活·读书·新知三联书店 1957 年版,第 540 页。

均职工较多(见表4-9)。[①]

1941年手工业20业合计313户,资本额17.36万元,职工1644人,户均资本额和户均职工数各为555元和5.3人,其中砖瓦业户数最多,其次是麻绳业和打铁业,铁工业户均资本最高,营造业(主要业务对象是军用建筑)户均资本和户均职工数均较高。手工和半手工卷烟业开始兴旺,数量较多,多为家庭单干户(调查表中缺乏此项数据),棉织业有97户,实际营业者有94户,大都为家庭户(未列入调查表)。[②]

1941年日军侵占郑州,手工业户数比1936年减少36.6%,职工数量减少24%,资本额增加0.7%,户均资本额和户均职工数各增加46.7%和10.6%。成衣业等10业户数比1936年减少,砖瓦业和营造业户数增加。成衣业、制革业、度量衡和皮条业的户数、资本额和职工数量减少幅度均较大。皮条业、竹木作业和洗染业的户均资本和户均职工数有所增加。[③] 手工卷烟业自1936年的500余家减至10—20家,1945年抗战胜利后增至30家。[④] 1946年后家庭织布厂有10余家,织布铁机24部,解放前夕织布厂增至27家,增加铁机49部、木机1部(见表4-10)。[⑤]

1948年上半年手工业23业合计815户,资本24.27万元,职

---

① 郑州市工商业联合会编印:《郑州工商业兴衰史概况》,1984年印本,第38页。

② 郑州市工商业联合会编印:《郑州工商业兴衰史概况》,1984年印本,第50—51、55页。

③ 郑州市工商业联合会编印:《郑州工商业兴衰史概况》,1984年印本,第38、50页。

④ 郑州市工商业联合会编印:《郑州工商业兴衰史概况》,1984年印本,第85—86页。

⑤ 郑州市工商业联合会编印:《郑州工商业兴衰史概况》,1984年印本,第81页。

工3468人,户均资本和户均职工数各为298元和4.3人,其中成衣业户数最多,其次是轧花业,再次是炉坊业和刻字业,汽马车修配业户均资本额和户均职工数均最高,皮件业户均资本额和营造业户均职工数较高(见表4-11)。①

1948年上半年手工业户数、资本额和职工数比1941年各增加160%、40%和111%,比1936年也各增加65%、41%和60%,而户均资本额和户均职工数比1941年和1936年均下降。度量衡业等10业户数比1941年和1936年均有增加,洗染业比1941年减少,但与1936年持平,成衣业户数比1941年增加,但少于1936年,砖瓦业户数比1941年和1936年均减少。印刷业和针织业户数、资本额和职工数均比1941年增加,自行车修配业和肥皂业户数多于1936年(见表4-12)。②

1948年10月22日,郑州有手工业和半手工业452户,比1948年上半年度减少45%。③

表4-9　郑州手工业概况(1936年、1941年)

项目 业别	1936年			1941年		
	户数(户)	资本额(元)	职工数(人)	户数(户)	资本额(元)	职工数(人)
成衣业	200	32900	500	14	2500	30
制革业	14	56160	200	3	421	4

① 郑州市工商业联合会编印:《郑州工商业兴衰史概况》,1984年印本,第56—57页。

② 郑州市工商业联合会编印:《郑州工商业兴衰史概况》,1984年印本,第38、50、56—57页。

③ 郑州市工商业联合会编印:《郑州工商业兴衰史概况》,1984年印本,第57页。

续表

业别＼项目	1936年			1941年		
	户数（户）	资本额（元）	职工数（人）	户数（户）	资本额（元）	职工数（人）
度量衡	4	3187	11	1	200	6
皮条业	16	7616	19	5	2540	7
油坊业	29	—	—	12	1000	25
竹木作业	50	1350	40	31	1535	64
白铁业	30	1400	130	20	933	30
刻字业	32	2800	57	27	1200	42
麻绳业	36	16000	180	32	12000	90
洗染业	16	567	40	15	2800	60
服装业	5	700	30	5	700	30
镜框业	6	105	10	6	105	10
制鞋业	2	3100	32	2	3100	32
砖瓦业	30	21144	211	50	21114	211
营造业	4	25216	700	7	28572	750
自行车修配业	9	—	—	—	—	—
肥皂业	8	30400	58	—	—	—
手工制造业	1	185	4	—	—	—
铁工业	—	—	—	5	80940	26
印刷业	—	—	—	13	9360	60
针织业	—	—	—	3	200	35
打铁业	—	—	—	32	126	45
弹花业	—	—	—	30	4212	87
总计*	492	202830	2222	313	173558	1644

注：* 1936年18业户数、资本和职工数量加总各为492户、20.28万元和2222人，原表为494户、17.24万元和2164人。

资料来源：郑州市工商业联合会编印：《郑州工商业兴衰史概况》，1984年印本，第38、50页。

表 4-10 郑州手工业变动(1936 年、1941 年)

业别＼项目	1941 年比 1936 年变动(%)			1941 年比 1936 年变动(%)	
	户数	资本额	职工数	户均资本	户均职工数
成衣业	-93.0	-92.4	-94.0	8.6	-14.3
制革业	-78.6	-99.3	-98.0	-96.5	-90.7
度量衡	-75.0	-93.7	-45.5	-74.9	118.2
皮条业	-68.8	-66.6	-63.2	6.7	17.9
油坊业	-58.6	—	—	—	—
竹木作业	-38.0	13.7	60.0	83.4	158.1
白铁业	-33.3	-33.4	-76.9	0.0	-65.4
刻字业	-15.6	-57.1	-26.3	-49.2	-12.7
麻绳业	-11.1	-25.0	-50.0	-15.6	-43.8
洗染业	-6.3	393.8	50.0	426.7	60.0
服装业	0.0	0.0	0.0	0.0	0.0
镜框业	0.0	0.0	0.0	0.0	0.0
制鞋业	0.0	0.0	0.0	0.0	0.0
砖瓦业	66.7	-0.1	0.0	-40.1	-40.0
营造业	75.0	13.3	7.1	-35.3	-38.8

资料来源:郑州市工商业联合会编印:《郑州工商业兴衰史概况》,1984 年印本,第 38、50 页。

表 4-11 郑州手工业户数、资本额、职工数(1948 年上半年度)

业别＼项目	户数(户)	资本额(元)	职工数(人)	业别＼项目	户数(户)	资本额(元)	职工数(人)
成衣业	90	12586	200	营造业	39	4000	600
度量衡	8	300	13	自行车修配业	40	5925	109
油坊业	36	1995	60	肥皂业	17	2808	48
竹木作业	70	22815	110	印刷业	32	18220	250

续表

项目 业别	户数（户）	资本额（元）	职工数（人）	项目 业别	户数（户）	资本额（元）	职工数（人）
白铁业	50	1872	90	针织业	30	1200	285
刻字业	61	1600	231	汽马车修配业	10	102957	155
麻绳业	42	4000	110	炉坊业	60	252	70
洗染业	16	13085	115	手工卷烟业	30	515	400
服装业	22	8560	154	木机卷烟业	3	1123	31
镜框业	14	1909	27	皮件业	5	7850	23
制鞋业	44	8080	139	轧花业	80	9360	158
砖瓦业	16	11689	90	总计	815	242701	3468

资料来源:郑州市工商业联合会编印:《郑州工商业兴衰史概况》,1984 年印本,第 56—57 页。

表 4-12　郑州手工业户数、资本额、职工数变动(1936 年、1941 年、1948 年上半年度)

项目 业别	1948 年上半年比 1941 年变动(%)			1948 年上半年比 1936 年变动(%)		
	户数	资本额	职工数	户数	资本额	职工数
成衣业	542.9	403.4	566.7	-55.0	-61.7	-60.0
度量衡	700.0	50.0	116.7	100.0	-90.6	18.2
油坊业	200.0	99.5	140.0	24.1	—	—
竹木作业	125.8	1386.3	71.9	40.0	1590.0	175.0
白铁业	150.0	100.6	200.0	66.7	33.7	-30.8
刻字业	125.9	33.3	450.0	90.6	-42.9	305.3
麻绳业	31.3	-66.7	22.2	16.7	-75.0	-38.9
洗染业	6.7	367.3	91.7	0.0	2207.8	187.5
服装业	340.0	1122.9	413.3	340.0	1122.9	413.3

续表

业别 \ 项目	1948年上半年比1941年变动(%)			1948年上半年比1936年变动(%)		
	户数	资本额	职工数	户数	资本额	职工数
镜框业	133.3	1718.1	170.0	133.3	1718.1	170.0
制鞋业	2100.0	160.6	334.4	2100.0	160.6	334.4
砖瓦业	-68.0	-44.6	-57.3	-46.7	-44.7	-57.3
营造业	457.1	-86.0	-20.0	875.0	-84.1	-14.3
自行车修配业	—	—	—	344.4	—	—
肥皂业	—	—	—	112.5	-90.8	-17.2
印刷业	146.2	94.7	316.7	—	—	—
针织业	900.0	500.0	714.3	—	—	—

资料来源:郑州市工商业联合会编印:《郑州工商业兴衰史概况》,1984年印本,第38、50、56—57页。

6. 其他

苏州小手艺轻工业较为发达,战争爆发后工人四散,工厂存货机件被毁。据1938年苏州手工业调查,制扇业100余家、红木器业60余家、丝边业30余家、毛毯业数十户、烧窑业10余户均在停顿中,织席业数百户、绸缎绣件业100余家、摇袜业60余家、皮箱业50余家、玉器古玩业30余家、制帽业数十家、家用木器业数十家均有少数复业,象牙骨货50余家有半数复业。①

抗战期间绍兴造箔业因原料不足,年产仅100万元左右,比1935年减少3/4。箔业所需外来鹿鸣纸和外来锡减少,城内开设鹿鸣纸坊十多户,将箔铺裁下的零碎鹿鸣纸边重新打浆制纸,熔炼

① 《实业部特派员京沪线视察报告》,《实业月刊》1938年创刊号。

作坊收购家用锡器熔炼后供箔业所用,数量有所增加。抗战胜利后一些停业的箔铺逐步复业,并出现千余人个体打箔者和若干小箔坊,前者买锡打成锡页出售,后者购买锡页造锡箔纸,产量比沦陷时期增加 50%。酿酒业因粮荒缺乏原料,东浦、阮社等酿酒基地的酿坊半数以上停酿,1944 年全县酿酒 6000—7000 缸,不及战前的 1/10,抗战胜利后酿酒业有所好转,1948 年酒坊产量 5 万缸。纸扇因销路不通,产量仅为战前的 10%—20%,抗战胜利后纸扇产量约 1000 万把,占战前的 30%—40%。油坊因外来原料中断,产量仅及 20 世纪 30 年代的 3/10,抗战胜利后油坊业有 7 户,比战前减少 59%,产量不及战前的 1/3。乡区华舍、下方桥两大丝绸基地的机坊几乎全部停产,城南仅剩三四户绉纱作坊和二三户丝绢作坊,抗战胜利后华舍、下方桥绸缎机坊仅数户复业。茶叶生产因山区被封锁、茶园荒芜而一落千丈。草纸作坊、造纸农户和砖瓦窑因战乱大多停业,抗战胜利后有所好转。其他二三十个手工行业的作坊工场中,除染坊、磨坊、塘坊、熔炼、白铁、打铁和制服等业情况较好外,比沦陷期间无明显起色。解放前夕绍兴城内包括手工工场在内的各类工商户共计 4300—4400 户,从业者 1 万多人。①

杭州炼染业分经绒染业(专染经绒)、青蓝染业(专染布匹)、生绸染炼坊(专以手工染炼生绸)、机器炼业工厂 4 种。除机器染业外,其他均为劳工染坊,资本微小,在机械化炼业竞争下在战前已呈衰落,事变后损失更大,据调查,全市仅 12 家,资本合计 16 万元。②

包头绒毯业在约百年前由美国传教士指导推广,成为家庭工

① 中国人民政治协商会议浙江省绍兴县委员会文史资料工作委员会:《绍兴文史资料选辑》第 9 辑,1990 年,第 26、31、34 页。

② 《实业部特派员沪杭线视察报告》,《实业月刊》1938 年创刊号。

业,并逐渐成为包头一项专业。事变前,绒毯业作坊有26厂,事变后,因原料腾贵和产品销路不畅纷纷倒闭,1939年不超过7家,1941年仅剩3家营业。[①] 1939年包头市毯工约有200人,就业不超过60人。事变前包头提花毯年产6000条,产值12万元,1940年年产2500条,产值8万元。[②]

事变爆发前宣化有17家厂商从事毡帽生产,1938年年末有27家,1939年有39家,其中15家资本额在50—500元,11家在600—1000元,13家在1200—3000元,平均每家资本额1014元、工人和学徒近23名。与同类工业相比,毡帽业因所需固定资本多、产销周期长、流动资本周转率低,资本额略高。事变爆发后一般毛皮加工业受毛皮类输出取缔令的影响而趋于衰退,毡帽业因产品输出不在取缔之列,再加上地方市场可提供原料,厂商有所增加。毡帽制品几乎全部供给满洲国,年产总额超过50万元,在当地占重要地位。[③]

四、手工业者的工资管窥

据调查,20世纪20年代初浙江工人收入大体分为甲(月收入超过20元)、乙(月收入在10—20元)、丙(月收入10元以下)三类,丙类占大多数(约在70%以上),甲类和乙类占比较小(甲类不过5%、乙类不过20%)。丙类"仅足敷一身之费用,如有家室者,其妇女非另觅工作不能维持生活"。1936—1949年物价上涨,纸

① 彭泽益编:《中国近代手工业史资料(1840—1949)》第4卷,生活·读书·新知三联书店1957年版,第133页。

② 彭泽益编:《中国近代手工业史资料(1840—1949)》第4卷,生活·读书·新知三联书店1957年版,第134页。

③ 彭泽益编:《中国近代手工业史资料(1840—1949)》第4卷,生活·读书·新知三联书店1957年版,第130—131页。

币贬值,手工业劳动者工资以米计值,1947 年兰溪县政府规定石匠工资每工供膳百米 10 斤、泥工和木匠 8 斤,成衣和篾匠 6 斤 5 两,包膳者一律加米 4 斤,其他工匠照此类推。① 战前浙江於潜县普通厂坊工人或手工工人月工资约 15 元,工作时间 8—12 小时不等。据估计,战前土木石缝各工以每家 4 口计,米、菜和油灯等基本消费每日约需 3.5 元,1941 年石工每日工资 3—4 元,木工、泥工 1—1.5 元,土木石工人兼营农业,否则难以维持生活。造纸厂及其他小工场工人待遇菲薄,生活困难程度与土木工人相当,多数工人在农忙时成为农村短工,从事农作。② 浙江昌化纸业打料工人每天 1.5 元,造纸工人每天 2 元,由槽主供伙食,晒纸每刀 0.2 元、整理 0.4 元,实行包工制,闲散农户可借以补贴家用。石匠、木匠、泥工等工资约在 1 元以上(供膳食),高于 1936 年(0.25—0.4 元)。③ 贵阳城区印刷、制帽、制鞋、纺织、成衣、木匠、铜匠、铁匠等手工业普通工人月工资(供应膳食)在 5—11 元,童工通常无工资,最高月工资不同行业间差异较大,从 12 元到 25 元不等。④

山东眉村、寒亭及其他农村原用于副业的布机集中在潍县县城东关,城市布机多是布机所有者将布机售与事变前的放机商人,或以布机为股本取得“自股”参与机房经营。农村布机所有者或参加合股组织,或成为织布工人。潍县机房织布工人并未完全脱离农

---

① 浙江省二轻工业志编纂委员会编:《浙江省二轻工业志》,浙江人民出版社 1998 年版,第 16 页。

② 彭泽益编:《中国近代手工业史资料(1840—1949)》第 4 卷,生活·读书·新知三联书店 1957 年版,第 326—327 页。

③ 彭泽益编:《中国近代手工业史资料(1840—1949)》第 4 卷,生活·读书·新知三联书店 1957 年版,第 327—328 页。

④ 吴泽霖:《贵阳城劳工概况的初步调查》,《新大夏月刊》1938 年第 3 期。

业,农忙时各自回家务农,带有半工半农性质。工人每天一般从早晨6时劳动到晚上10时,三餐进餐时间约1.5小时,每天实际劳动时间为14.5小时。机房对工人及其他从业员须提供膳食,每人每月约需25元。[①] 织工工资极低,不需要技术而主要依靠体力的白布织工,普通每月工资为12—13元,依靠体力并需一定技术的条格布职工,则依技术高低工资自14—15元到18—19元不等。在一些机房工人被雇佣后前3个月工资被扣作身份保证金,3个月之后方可按月领取当月工资。[②] 1941年8月平遥土布出售价格为二斤布7元/匹,二斤细白禹州布和大尺布8元/匹,一斤半木机布5元/匹,上涨为事变前的2—3倍。事变后每匹二斤布、二斤细白禹州布、大尺布、一斤半木机布包织工价各自事变前的0.2—0.22元、0.25—0.3元、0.2—0.22元、0.18—0.2元增至0.55元、0.6元、0.6元、0.5元,增加1倍多。二斤布产量最多,事变前每匹二斤布的原料费、包织工价、营业费各为1.38元、0.2元、0.12元,事变后各增至5元、0.55元、0.35元,制造成本从1.7元增加到5.9元,以销售价格为7元/匹计,每匹二斤布利润为1.1元,与1928—1929年每匹利润1.2元相比,有所减少,相对于每单位制造成本,利润下降幅度较大。[③]

第二节 关内沦陷区主要手工业

抗战爆发后手工织布业和蚕丝业均遭到破坏,华北实行棉纱

① 彭泽益编:《中国近代手工业史资料(1840—1949)》第4卷,生活·读书·新知三联书店1957年版,第25页。

② 彭泽益编:《中国近代手工业史资料(1840—1949》第4卷,生活·读书·新知三联书店1957年版,第29页。

③ 彭泽益编:《中国近代手工业史资料(1840—1949》第4卷,生活·读书·新知三联书店1957年版,第48—49页。

配给,华中实行蚕丝统制,珠江三角洲强制丝厂复工并低价收购生丝。20 世纪 40 年代初华北手工织布产量比战前减少超过一半,苏浙丝织业织机数量比战前减少 1/3,战时主要蚕桑区生丝产量仅及战前的 1/10。浙江和广东盐产量各有不同程度的波动。

一、棉纺织业

战前华北棉布需求以手工织布为主,约占棉布总需求量的 2/3。战争爆发后华北手工织布业几乎全遭破坏,原本集中在潍县、高阳、定县和冀东等地的手工织布业,逐渐分散各地,其中一部分织机运往城市中的日本纺织工厂。据估计,1937—1939 年华北三省(河北、山东、山西)手工织布业产量比战前减少约 60%,1940—1941 年比 1937 年减少 62%,其中河北省减少幅度较大,高阳手工织布产量仅占战前产量的 2%—4%,占 1939 年产量的 8%—18%。高阳、潍县、济南向织布业者实行棉纱配给,并支付工价、缴回制品,山西织布业者申请配给棉纱织布后,交由同业公会发售或由县公署运入公益市场出售。织布工价因布匹质量和种类而不同,高阳每匹布织布工价在 1.6—2 元,潍县每匹 1—2 元,平遥每匹布 0.55 元。

(一)棉田面积、皮棉和土布产量的减少

1938 年 3 月,兴中公司联络在华日本纺织、棉花两类同业公会创立华北棉花会社,垄断华北的棉花收购与运销。随后日本先后成立一系列棉花统制机关,实行统一收购和公定价格制度。1939 年 2 月,伪临时政府将河北省棉产改进会改组为华北棉产改进会,在北京设立理事会,同时在河北、河南、山东、山西各省设立分会以及指导区办事处、分办事处。1939 年 5 月,华北棉花协会

在北平成立,统制华北棉花的收购、运销和分配。1941 年 3 月,华北棉花振兴会成立,指导奖励良种配给、棉花栽培、技术人员培训等事宜。

1932—1936 年,华北四省(河北、河南、山东、山西)平均植棉面积为 16125 千亩,华中三省(江苏、浙江、安徽)为 11791 千亩,合计在全国占 70.8%,华北平均棉花产量为 5430 千担,华中为 3217 千担,合计在全国占 71.5%。[①] 1937 年,华北四省棉田有 23875 千亩,产量为 6428 千担,1938 年棉田减为 12011 千亩,产量跌至 3173 千担,华中江苏吴县等 22 县棉花减产 41%。[②] 1939 年华北四省棉田和皮棉产量进一步减至 5612 千亩和 1432 千担,1940 年比 1939 年略有增加(6396 千亩、1795 千担),棉田面积和皮棉产量各仅占 1937 年的 26.8%和 27.9%(见表 4-13)。[③]

表 4-13　华北四省棉田面积和皮棉产量(1938—1940 年)

项目 \ 年份		1938(比上年变化%)		1939(比上年变化%)		1940(比上年变化%)	
棉田面积(千亩)	河北	6181	(-35)	2570	(-58)	3858	(50)
	河南	2585	(-60)	919	(-64)	1193	(30)
	山东	2787	(-50)	1761	(-37)	1025	(-42)
	山西	457	(-80)	362	(-21)	320	(-12)
	总计	12010	(-50)	5612	(-53)	6396	(14)

① 许道夫编:《中国近代农业生产及贸易统计资料》,上海人民出版社 1983 年版,第 209—212 页。

② 郑伯彬:《日本侵占区之经济》,资源委员会经济研究室 1945 年版,第 35、39 页。

③ 马仲起:《近年来华北棉产之概况》,《中联银行月刊》1943 年第 3 期。

续表

项目＼年份		1938（比上年变化%）		1939（比上年变化%）		1940（比上年变化%）	
皮棉产量（千担）	河北	1691	（-40）	654	（-61）	1070	（64）
	河南	543	（-60）	246	（-55）	320	（30）
	山东	815	（-50）	463	（-43）	336	（-27）
	山西	125	（-80）	69	（-45）	69	（0）
	总计	3174	（-51）	1432	（-55）	1795	（25）

资料来源：马仲起：《近年来华北棉产之概况》，《中联银行月刊》1943 年第 3 期。

1937—1939 年华北手工织布供给量不及战前手工织布需求量的 1/2，1940—1941 年不及 1/5。1937—1939 年华北 3 省手工织布业产量估计值比战前减少 60%左右，1940—1941 年减少 84%。据估计，战前华北棉布需求量为机织布 3.1 亿平方码、手工织布 6 亿平方码，合计 9.1 亿平方码。1937—1941 年机织布供给估计量在 2.6 亿—3.4 亿平方码，手工织布供给估计量在 1 亿—2.8 亿平方码，合计 3.6—6.2 亿平方码，仅及战前总需求量的 49%—77%，其中手工织布短缺程度更为显著（见表 4-14）。①

表 4-14　华北棉布供求量比较（1937—1941 年）

（单位：亿平方码）

年份＼项目	机织布供给量	手工织布供给量	总计	机织布供给量相当于战前需要量的比例（%）	手工织布供给量相当于战前需要量的比例（%）	二者总计占战前总需要量的比例（%）
1937	2.98	2.81	5.79	98.9	47.1	63.9

① 彭泽益编：《中国近代手工业史资料（1840—1949）》第 4 卷，生活·读书·新知三联书店 1957 年版，第 63—64 页。

续表

项目 年份	机织布供给量	手工织布供给量	总计	机织布供给量相当于战前需要量的比例(%)	手工织布供给量相当于战前需要量的比例(%)	二者总计占战前总需要量的比例(%)
1938	2.57	2.61	5.18	85.4	43.7	57.2
1939	4.2	2.75	6.95	139.6	46.0	76.7
1940	3.4	1.08	4.48	113.1	18.1	49.5
1941	3.38	1.08	4.46	112.2	18.1	49.2

资料来源:彭泽益编:《中国近代手工业史资料(1840—1949)》第4卷,生活·读书·新知三联书店1957年版,第64页。

1937年,山东、河北和山西3省手工织布业估计产量为2.84亿平方码,比战前(年产量约6.9亿平方码)减少59%。1938年减至2.61亿平方码,比1937年减少8.1%,其中山东减少52.8%,河北增加27%。1939年3省手工织布业产量比1937年减少3.2%,1940年和1941年均比1937年减少61.9%,河北省减少幅度高于山东省(见表4-15)。①

战前山东省手工织布业产量约在3.68亿平方码。1937—1941年间山东手工织布业产量除1937年和1939年略高于1.2亿平方码外,另3年每年产量在0.6亿平方码左右。② 事变前山西全省机厂坊、家庭手工业和游民习艺工厂棉布产量共计338万匹,产值1053万元(家庭手工业棉布产量和产值各占73%和45%,机

① 彭泽益编:《中国近代手工业史资料(1840—1949)》第4卷,生活·读书·新知三联书店1957年版,第63页。

② 彭泽益编:《中国近代手工业史资料(1840—1949)》第4卷,生活·读书·新知三联书店1957年版,第58、63页。

厂坊棉布产量和产值各占 26%和 54%)。1939 年太原、榆次、太谷、曲沃、新绛、汾阳、平遥工场制手工织布产量合计 3.87 万匹,相当于资本制动力机器产量的 9%,与事变前山西各地机坊产量近 87 万匹相差更远。① 高阳原为河北省最大手工织布产地,战前年产量约 7680 万平方码。日军占领高阳县城后,城乡关系隔断,纱布商逃往京津等地,日军"三光政策"更使高阳织布业均告停顿,1939 年洪水灾害进一步加剧民众困苦程度,大部分织布工具被出售到天津、保定,或被作燃料用。手工织布产量锐减,1939 年年产 1760 万平方码,1940 年和 1941 年各仅产 140 万平方码、320 万平方码。② 日军统治时期高阳每集上市的布不足 100 匹,棉线不足三四百斤。③

表 4-15　山东、河北和山西手工织布业产量估计(1937—1941 年)

(单位:亿平方码)

年份＼省份	山东	河北	山西	华北三省总计
1937	1.25	1.59	—	2.84
1938	0.59	2.02	—	2.61
1939	1.22	1.52	0.01	2.75
1940	0.64	0.31	0.13	1.08
1941	0.64	0.31	0.13	1.08

资料来源:彭泽益编:《中国近代手工业史资料(1840—1949)》第 4 卷,生活·读书·新知三联书店 1957 年版,第 63 页。

① 彭泽益编:《中国近代手工业史资料(1840—1949)》第 4 卷,生活·读书·新知三联书店 1957 年版,第 54 页。

② 彭泽益编:《中国近代手工业史资料(1840—1949)》第 4 卷,生活·读书·新知三联书店 1957 年版,第62 页。

③ 《高阳县志》编纂委员会:《高阳县志》,方志出版社 1999 年版,第 1186 页。

日本全面侵华战争爆发后,棉纱供给量减少,棉织业原料来源困难。1937年上半年山东省棉纱供给量合计1.9万吨,1938年降至0.93万吨(相当于1937年上半年供给量的49%),1939年增至1.9万吨(相当于1937年半年供给量),1940年和1941年仅1万吨。①1940年潍县运入棉纱约178.3万公斤,仅相当于事变前全盛时期年运入量的10%,其中自青岛运入最多(67万公斤),占37.6%。1941年1月至5月潍县运入棉纱20.4万公斤,月平均运入量占1940年月平均运入量的27.4%,其中自青岛运入棉纱占89.8%。②

1934年山西省内纱厂棉纱产量为5.17万捆,1938年减至0.58万捆③,1939年略增至1.25万捆。其中榆次纺织厂棉纱产量三年各为2.94万捆、0.53万捆、0.94万捆,新绛一厂和二厂合计各为2.23万捆、488捆、0.31万捆,因太原纺织厂棉纱仅供自织并不出售,未计入。④1939年太原、榆次、太古、曲沃、汾阳、平遥、新绛棉纱消费量合计1152.56捆,仅相当于事变前棉纱消费量(46000捆)的2%。从纺绩会社销售棉纱量来看,包括山西全省织布业者、毛巾业、线袜业和流出省外在内的棉纱消费量不足9000捆,相当于事变前的19.5%。⑤1940年太原、榆次、新绛等7地16

① 彭泽益编:《中国近代手工业史资料(1840—1949)》第4卷,生活·读书·新知三联书店1957年版,第58、63页。

② 彭泽益编:《中国近代手工业史资料(1840—1949)》第4卷,生活·读书·新知三联书店1957年版,第29页。

③ 榆次纱厂和新绛纱厂由日本纺织资本掌握成为军管理工厂,1938年相继开工,但棉花收购困难,劳动力不足。

④ 彭泽益编:《中国近代手工业史资料(1840—1949)》第4卷,生活·读书·新知三联书店1957年版,第39页。

⑤ 彭泽益编:《中国近代手工业史资料(1840—1949)》第4卷,生活·读书·新知三联书店1957年版,第55页。

支棉纱平均价在465—800元/捆,20支棉纱平均价在467—760元/捆,32支棉纱平均价在700—911元/捆,多上涨至事变前的3倍。平遥三种棉纱平均价格均相对较高,1939年仅有20捆棉纱流入,棉纱来源极困难。①

表4-16　山西棉纱平均价(1940年)　　(单位:元/捆)

地区＼项目	16支棉纱平均价	20支棉纱平均价	32支棉纱平均价
太原	513	691	911
榆次	536	607	728
平遥	800	760	700
太谷	465	467	784
新绛	600	620	—
汾阳	600	620	—
曲沃	700	—	—

资料来源:彭泽益编:《中国近代手工业史资料(1840—1949)》第4卷,生活·读书·新知三联书店1957年版,第40页。

(二)手工业生产及资源的损失

高阳棉纱依靠外地供给,棉布由农民手工生产。"七七事变"后厂纱供给不足。② 布庄和纱庄的减少使农民无法购入棉纱进行生产和出售,纺织工厂因棉花不足,棉纱量减少,并且棉纱被禁止

① 彭泽益编:《中国近代手工业史资料(1840—1949)》第4卷,生活·读书·新知三联书店1957年版,第40页。

② 1937年天津对河北省的棉纱供给中,高阳占23.4%,冀东占42.7%,合计占66.1%,1939年高阳和冀东各降至8.3%和41.7%,合计占50%,1940年天津对高阳和冀东不再有棉纱供给。彭泽益编:《中国近代手工业史资料(1840—1949)》第4卷,生活·读书·新知三联书店1957年版,第61页。

自由运往铁路沿线之外,导致土布生产流通机构再建受阻。1939年日商北泽商店进入高阳,1940年开始营业,5月由东洋棉花会社取代,配给棉纱由东棉会社指定布匹规格,所收制品全部运至天津,由天津染织厂印染后投入市场。事变前高阳县城有10余个染色加工工场,土地、厂房、机器等资产总计超过200万元,工人约有1000人,事变后,随着土布生产的衰落,各厂纷纷闭歇。①

截至1941年5月,高阳共有293户在东棉支配下从事织布,布机517部。其中农业兼业有74户、商业兼业有56户、织布专业有163户,各保有布机105部、121部、291部,三类织布业者平均每户保有布机数各为1.4部、2.2部、1.8部,织布专业织户在总户数中所占比重最高,为56%,商业兼业织户平均每户保有布机数最多。517部布机中约35%是依靠雇佣工人开动,常时雇佣工人数为183人,均为织工,其余以家属劳动为主,共1088人。商业兼业织户平均每户家属人数和工人数均最多,各为4.2人和0.95人,织布专业织户平均每户家属人数略高于农业兼业织户,平均每户工人数略低于农业兼业织户。1940—1943年机户产布20来万匹,据1945年调查,高阳3万台左右织布机在遭遇日军掠夺和天灾损失后,仅剩1800台(见表4-17)。②

表4-17　东棉会社所支配的机户状况(1941年5月)

项目＼织户	农业兼业织户	商业兼业织户	织布专业织户	总计
户数	74	56	163	293

① 彭泽益编:《中国近代手工业史资料(1840—1949)》第4卷,生活·读书·新知三联书店1957年版,第6页。

② 彭泽益编:《中国近代手工业史资料(1840—1949)》第4卷,生活·读书·新知三联书店1957年版,第10页。

续表

项目＼织户	农业兼业织户	商业兼业织户	织布专业织户	总计
保有布机部数	105	121	291	517
平均每户保有布机部数	1.4	2.2	1.8	1.76
家属人数	258	237	593	1088
平均每户家属人数	3.5	4.2	3.6	3.7
工人数	43	53	87	183
平均每户工人数	0.58	0.95	0.53	0.62

资料来源:彭泽益编:《中国近代手工业史资料(1840—1949)》第4卷,生活·读书·新知三联书店1957年版,第7页。

“七七事变”爆发前山西各地从事手工业织布者,机坊有130处,总人数9259人(其中工人8504人),家庭手工业者有34.3万户,总人数65.36万人。① 山西省103县中有45县作为农家副业的家庭手工业在织布业中占据重要地位,其中32县在河东道,平遥、万泉、猗氏尤其突出。工场制手工业零细工场数量也较多,散在全省26县,新绛、晋城、太原等地较为发达。榆次、太原各有资本制纺织工厂1家,新绛有2家,共计4厂。② 平遥包织业者、机户和独立生产者等织布业者所需棉纱一直由布庄供给,布庄则通过榆次、太原等产纱地的布线庄获取棉纱,事变后这些地方的布线庄在战争中被破坏或处于混乱状态,棉纱来源断绝,织布业全部停工。在倒闭危机中留存下来的布庄,对价格上涨的棉纱进行囤积,导致依存于布庄的机户无法继续生产,全部停止织布。全面停织

① 彭泽益编:《中国近代手工业史资料(1840—1949)》第4卷,生活·读书·新知三联书店1957年版,第51页。

② 彭泽益编:《中国近代手工业史资料(1840—1949)》第4卷,生活·读书·新知三联书店1957年版,第53页。

约经一年后,1939 年年初有 2—3 家织布业者开工生产,因棉纱运入数量有限,1940 年 7 月末也仅有 4 家织布业者复工。1928—1929 年平遥布庄有 40 家,平均每家有机户 50 户,平均每家布庄收土布 2 万匹,事变后布庄减少到 20 家,平均每家仅有机户 6.25 户,平均每家布庄收土布 3431 匹①。随着经济形势略见稳定,棉纱运入量有所增加,1940 年 10 月以城内机户为中心的包织开始恢复,散落农村的机户尚不在此列。1941 年平遥织工业同业公会登记会员 200 户,1943 年年初会员有 320 户,布机共计 1200 部。棉纱供给不足问题依然存在,自 1940 年 10 月到 1943 年年初,织布机户仅有 115 家,生产也处于时断时续状态,该时期大尺布、二斤布等产量合计 83835 匹,平均每户仅产 676 匹②。

1938 年太原、榆次、新绛、太谷、平遥、汾阳、曲沃有 14 家手工织布厂进行织布(8 家为再开复工、6 家为新设),1939 年有 16 厂(8 家为再开、8 家为新设),1940 年有 34 厂(2 家为再开、32 家为新设)。这些手工织布厂主要集中在太原和新绛,1938 年新设 6 厂中 5 厂在太原,1939 年新设 8 厂中 6 厂在太原、1 厂在新绛,1940 年新设 32 厂中太原和新绛各有 4 厂和 22 厂,其次是榆次,1938—1940 年每年各有 2 厂、3 厂、3 厂恢复织布。1940 年以太原、榆次为中心的邻近各县和以新绛为中心的邻近各县的织布业在数量上接近恢复到事变前水平。③

1939 年太原、榆次、太谷、汾阳、平遥、新绛合计有 28 家织布厂,

① 彭泽益编:《中国近代手工业史资料(1840—1949)》第 4 卷,生活·读书·新知三联书店 1957 年版,第 41、46 页。

② 彭泽益编:《中国近代手工业史资料(1840—1949)》第 4 卷,生活·读书·新知三联书店 1957 年版,第 42 页。

③ 彭泽益编:《中国近代手工业史资料(1840—1949)》第 4 卷,生活·读书·新知三联书店 1957 年版,第 53—54 页。

织机共515部,仅224部运转,运转率为43%。1939年新绛织机有11部,8部运转,榆次121部织机中有72部运转,两地织机运转率相对较高,太原、太谷、汾阳和平遥运转率不超过40%,其中,汾阳低至16%。与太原、榆次、新绛资本制纺织工厂平均70%左右的运转率相比,工场制手工生产的织机运转率极低(见表4-18)。①

表4-18　山西织布厂状况和棉纱消费量(1939年)

项目 地区	织布厂数（家）	织机数（部）	平均每厂织机数（部）	运转织机数（部）	运转率（%）	棉纱消费量（捆）
太原	12	225	18.8	90	40	656.6
榆次	5	121	24.2	72	60	277.7
太谷	6	97	16.2	39	40	125.0
汾阳	1	38	38.0	6	16	22.0
平遥	2	23	11.5	9	39	17.7
新绛	2	11	5.5	8	73	9.9
曲沃	—	43.8	—	—	—	—

资料来源:彭泽益编:《中国近代手工业史资料(1840—1949)》第4卷,生活·读书·新知三联书店1957年版,第55页。

“七七事变”爆发前,潍县织布业达到鼎盛,从业人员约15万人,土布年产值达2000万元,在潍县全部产业中约占25%。布匹远销至云南、四川、贵州、福建、河北、河南、绥远等各省。事变爆发后,山东各地治安紊乱,1938年潍县土布生产停工一年,1939年后随着交通治安改善而略有恢复。农村受到事变和旱灾影响,经济疲敝,棉纱来源断绝,不少农民将事变前约100元购入的织布机以30—50元价格出售以获取急需的现金,对于一些破旧到无法利用

① 彭泽益编:《中国近代手工业史资料(1840—1949)》第4卷,生活·读书·新知三联书店1957年版,第55页。

的织布机则将木材部分作燃料,将铁部件售与县城小型铁工厂,农闲期到潍县县城做机房工人每月收入6元工资以补贴家用。据估计,事变前潍县约有织布机10万部,事变后约有5000部遭到破坏,3万部作为零件流向济南、青岛、徐州、烟台等地,6.5万部流向其他非占领区(大多闲置在各个农家,并未运转),5000部分布于潍县织布区,其中县城东关约有1000部,岞山、南流和其他农村各有2000部、1000部、1000部。① 潍县县城东关织布机中仅约400部从事生产,大部分为少数染织工厂包织土布。与土布生产相关联的染织工厂,因购买力降低和原料来源困难等状况,仅有日华合办的信丰、元聚、德聚三厂经营,其他中国工厂几乎全闭歇。棉纱和棉布配给统制机构成立后,处于染织工厂与机房间中介地位的布庄和线庄也趋于没落。② 1939年潍县东关织布机总数为959部,1942年为1000—1300部。③

济南情况有所不同,战争爆发后内地农村机织业者相继集中于此,济南手工织布业产量比战前有所增加。1933年济南有织布厂60家,布机总数为800部,1936年通过冀东贸易大量廉价棉布流入,济南织布业受此影响开始出现衰退。1937年事变后不少机坊闭歇逃亡,1938年年末逐渐开始恢复。1936年济南织布工厂有180家,1940年增加到216家,木制织机从600台增加到1100台,铁制织机从115台增加到1117台。1936年济南棉布产量为800万平方码,1938年为37.6万平方码,1940年增加到2160万平方

① 彭泽益编:《中国近代手工业史资料(1840—1949)》第4卷,生活·读书·新知三联书店1957年版,第30页。

② 彭泽益编:《中国近代手工业史资料(1840—1949)》第4卷,生活·读书·新知三联书店1957年版,第12页。

③ 彭泽益编:《中国近代手工业史资料(1840—1949)》第4卷,生活·读书·新知三联书店1957年版,第13页。

码,1941 年为 1012 万平方码。①

1942 年济南有 300 户机织业者,比事变前增加 4 倍,布机总数超过 2000 部,多为规模极小的机房。1943 年济南共有机户 200 户,其中布机规模在 1—5 台和 6—10 台的机户数量较多,各有 69 户和 83 户,二者合计占机户总数的 76%,布机规模在 11—20 台的机户占 19.5%,布机在 30 台以上的机户仅有 3 户。包织户有 120 户,占机户总数的 60%,在总计 1797 台布机中,包织机房布机占 52%。布机规模在 1—5 台的机户中包织户所占比例较高,包织户户数和布机数量所占比例各为 87%和 85%,布机规模在 6—20 台的机户中包织户户数和布机数量所占比例各在 34%—53%和 38%—53%,布机规模在二三十台的机户中无包织户,规模较大、各有 73 台布机和 80 台布机的两户机房均为包织户(见表 4-19)。②

表 4-19　济南机户和布机数量(1943 年)

项目 机户分组	机户			布机		
	总数(户)	包织户(户)	包织户占机户总数比重(%)	总数(部)	包织机房布机数(部)	包织机房布机数占布机总数比重(%)
1—5	69	60	87.0	247	210	85.0
6—10	83	44	53.0	659	348	52.8
11—15	26	9	34.6	315	129	41.0
16—20	13	5	38.5	240	93	38.8
22—26	6	—	—	145	—	—

① 彭泽益编:《中国近代手工业史资料(1840—1949)》第 4 卷,生活·读书·新知三联书店 1957 年版,第 30、60 页。

② 彭泽益编:《中国近代手工业史资料(1840—1949)》第 4 卷,生活·读书·新知三联书店 1957 年版,第 31、38 页。

续表

项目 机户分组	机户			布机		
	总数(户)	包织户(户)	包织户占机户总数比重(%)	总数(部)	包织机房布机数(部)	包织机房布机数占布机总数比重(%)
38	1	—	—	38	—	—
73	1	1	100	73	73	100
80	1	1	100	80	80	100
总计	200	120	60	1797	933	51.9

资料来源:彭泽益编:《中国近代手工业史资料(1840—1949)》第4卷,生活·读书·新知三联书店1957年版,第38页。

(三)日资集团对华北棉纺织业的支配

东棉会社配给棉纱的范围以高阳县城为限,凡请领配给棉纱须先加入新民会的织业分会,提供连带责任保证人署名的保证书,每次对每户配给约可织成20匹布的棉纱。因手工织户布机粗笨,技术落后以及隐匿棉纱等原因,所缴制品长度宽度不足,东棉将其分为上中下等,上等每匹支付工价2元、中等1.8元、下等1.6元,所收布匹送至天津万新工厂进行轧光、上浆、印染等加工,也不再以高阳土布之名进行交易。①

随着棉纱配给统制的加强和日本棉纺织资本进入漂染厂,潍县机房经营形态多向包织工厂转化,并日益隶属于直接经营织布的漂染厂。拥有染坊设备、通过染纱制造条格布的工场(而非专门织造白平布的工场),能够维持较独立的经营。日系染织厂更能左右棉纱供给关系,并召集织布业者,而旧日布庄、线庄等独立

① 彭泽益编:《中国近代手工业史资料(1840—1949)》第4卷,生活·读书·新知三联书店1957年版,第8页。

企业日趋没落,或是成为织布投资者以隶属于染织工厂。[①] 事变前,线庄通过对布庄的金融支配,统治布庄下面的直接生产者农村机户,控制大部分土布生产;事变后,机器漂染厂通过包织关系统制着机坊和农村机户,支配土布生产。潍县县城东关的机坊和战前已有的织布工厂(4 厂,布机约 158 部)中 90%采取包织方式,直接隶属于机器漂染厂,农村机户也基本全为机器漂染厂织布。包织方式大体分为两种,一是由漂染厂直接发放棉纱实行包织,二是不发放棉纱而预付定钱。[②] 1941 年,潍县棉纱基本完全为日华合办的信丰、元聚、德聚三个染织厂支配,县城、南流、岞山等地的织布业者与其订立织布契约,三厂配给棉纱并缴回制品,织布业者领取织布工价,制品若不合规格,织布业者则须赔偿或被削减工价。织布工价一般为每匹大布 2 元、哔叽 1.8 元、细布 1 元,织布机数量多而放织工作少,领织者间的相互竞争使工价由染织工厂任意决定。织布工价所得并不足以弥补每部布机每月 6 元的修理费。有些机房除向染织厂领织以外,也用现金自线庄购入少量棉纱,制品供自己用或出售,产品较少,每月每部织布机土布生产能力约为大布 60 匹、哔叽 30 匹、细布 30 匹。[③]

事变后的济南织布业多是从潍县周村等织布区集中过来。这些织布业规模小,在原料价格不断上涨、无力购买棉纱的情况下难以使用自己资本进行独立生产,多被吸收到面袋厂和纺织厂所采取的包织制中。济南近代纺织业主要有仁丰、成通、成大三厂,事

---

① 彭泽益编:《中国近代手工业史资料(1840—1949)》第 4 卷,生活·读书·新知三联书店 1957 年版,第 13 页。

② 彭泽益编:《中国近代手工业史资料(1840—1949)》第 4 卷,生活·读书·新知三联书店 1957 年版,第 14 页。

③ 彭泽益编:《中国近代手工业史资料(1840—1949)》第 4 卷,生活·读书·新知三联书店 1957 年版,第 15 页。

变后由日本纺织资本支配,仁丰纱厂(钟纺系统)设有附属织布厂和染色加工厂,成通(丰田纺织系统)和成大(东洋纺织系统)两厂仅产棉纱,屡向当局提出设置织布机未能获准,开始采取包织制生产棉布。复聚泰和同顺泰两家是济南、周村、青州、济宁、徐州等面粉公司所用面袋的独占生产厂家,因其直接和间接投资的机房所产面袋难以满足需要,故也采取包织制来保证面袋供应。进行独立生产、规模在布机10台以上的机房,主要生产华北纺纱兼织布的近代工厂在技术上难以生产的条格布,随着包织制的发展,也有逐渐走向包织的趋势。包织工厂所得利益包括包织工价和所发棉纱两个方面,纺织厂依靠放织每匹包布可获益1.35元,每匹细布可获益7.29元。1941年,久益工厂依靠经手转放获取利益总计43900元,纯益为30200元。①

事变前后山西各地手工织布业者取得原料的方式,大体有三类。一是普遍流行的方式,通过商人(洋货铺)或经记"跑合儿"等购买纱厂营业处发售出来的棉纱,如太原、新绛、太谷等地;二是纱厂批发给代理店(布店或洋货店),当地布店或洋货铺买入后通过包织关系转至手工业者,如平遥、汾阳等以商人包买主制家庭手工业为主的地方;三是纱厂直接售与一些配给组合,再收售给一般织布业者,配给组合从中酌加运费,如榆次家庭工艺社,是半官半商的强制组织,也是织布业的奖励机构,事变后向纱厂直接购入棉纱。除榆次之外,各地织布业者一般都需通过中间组织取得原料,或依靠包织,基本无法直接从纱厂购入原料。② 山西当局(日伪)

① 彭泽益编:《中国近代手工业史资料(1840—1949)》第4卷,生活·读书·新知三联书店1957年版,第32—37页。

② 彭泽益编:《中国近代手工业史资料(1840—1949)》第4卷,生活·读书·新知三联书店1957年版,第47—48页。

规定棉纱售与指定商店,严禁售与非指定商店,以防止棉纱流入外地并得以强制推行公定价格。各县由县公署或同业公会向物资统制委员会或代理机关领取一定数量棉纱配给,再由织布业者申请配给,织布后交由同业公会发售或由县公署运入公益市场出售。事变后县城内民众出城门时,所携带物品须接受检查,以防止棉布流出,从外县购买棉布则须有证明书方可购买。如新绛,顾客购买棉布,须同织布业者一同到同业公会报明事由,公会向本地新民会申请,获准和领到证明书后才能交易。事变后棉花来源骤减,各纱厂普遍减工,开工率最高60%,最低30%,平均仅35%左右,市场销售棉纱极度减少,并且在日军统制下禁止自由贩卖,天津等地也因价格暴涨而难以输送棉纱,棉纱供给仅依靠事变前的存货和极少量的贩卖棉纱。① 1940年6月,太原、榆次的织布业者成立同业组合,与榆次纱厂签订契约,规定由该纱厂配给棉纱,同业组合须在一定期间内按一定规格织成布匹缴纳东洋纺绩商事部,并领取一定的织布工资。织布业者从同业组合领取棉纱、缴给布匹,由同业组合检查,完全转化为包织户。太谷织布业同业公会在同样条件下与榆次纱厂商订包织契约,新绛纱厂(上海纺绩会社)向当地织布业同业公会配给一定数量棉纱,也欲向榆次生产形态转化。平遥县城之外人员禁止从事织布和保有织机,当局劝告织布者移入城内,布庄为规避治安问题和棉纱来源不足的风险,也拒绝同农民机户恢复包织关系,这种状况持续两三个月。依照机户要求和当局指示,1941年3月平遥织工业同业公会成立,是由包织业者、独立织布业者及其他棉纺品(毛巾、袜子、手套等)生产者所组成

① 彭泽益编:《中国近代手工业史资料(1840—1949)》第4卷,生活·读书·新知三联书店1957年版,第54页。

的手工业者组合。①

二、蚕丝业

战前中国生丝产量平均每年近30万市担,其中苏浙、广东和四川各占50.4%、26.8%和10.6%。战时主要蚕桑区域沦陷,桑园和设备多遭毁坏,产量仅占战前约1/10,其中四川和苏浙各占64%和20%。1947—1948年中国生丝产量在7万—8万担,其中苏浙皖区占53%—55%,川滇区占18%,广东区占14%—15%,柞蚕丝区占11%—12%(见表4-20)。②

表4-20　战前、战时和战后中国生丝产量估计（单位:市担）

省别＼项目	战前产量 1933—1937年平均数	战时产量 1938—1941年平均数	地区＼项目	丝产品	1947年产量	1948年产量
浙江	107618	6046	苏浙皖区	厂丝	28000	31000
江苏	42322	—		绢丝	7000	8000
安徽	7256	1210		土丝	6000	5000
四川	31438	19348	川滇区	厂丝	3500	5000
广东	79806	—		小厂丝	2000	2000
广西	2418	1210		土丝	8000	8000

① 彭泽益编:《中国近代手工业史资料(1840—1949)》第4卷,生活·读书·新知三联书店1957年版,第42—43页。

② 彭泽益编:《中国近代手工业史资料(1840—1949)》第4卷,生活·读书·新知三联书店1957年版,第484页。

续表

省别＼项目	战前产量 1933—1937 年平均数	战时产量 1938—1941 年平均数	地区＼项目	丝产品	1947 年产量	1948 年产量
山东	9674	—	广东区	厂丝	4500	6000
河南	3628	1210		土丝	6000	6000
湖北	10882	—	柞蚕丝区	柞蚕丝及茧绸	8000	10000
其他各省	2418	1210	其他各省	各种生丝	1200	1400
总计	297460	30234	总计		74200	82400

资料来源：彭泽益编：《中国近代手工业史资料（1840—1949）》第 4 卷，生活·读书·新知三联书店 1957 年版，第 484—485 页。

1939—1940 年苏浙生丝产量比 1938 年增加约 1/3，1941—1942 年连续减少，1942 年比 1938 年减少 1/3 以上。1938 年蚕茧产量比战前减少约 1/4，1940 年恢复到与战前相当，1942 年桑园面积比 1940 年减少 3/10，蚕茧产量减少近 1/2。华中蚕丝会社统制蚕种和蚕茧的数量、价格和配给，独占经营华中各地机器制丝，1938 年年末家庭制丝社兴起，每家缫丝车不超过 20 部，1940 年江苏和浙江家庭丝厂有 400 家，1941—1942 年逐渐衰退。

珠江三角洲是广东生丝主要产地。1938 年战事扩大到广东，1939 年日本强制沦陷蚕丝产地丝厂复工，并不断降低价格收购生丝，1941—1942 年丝厂纷纷停业，1943 年生丝产量比 1939—1941 年减少 1/2 左右。内战期间广东生丝生产基本陷于停顿状态，1946 年缫丝厂数量比 1937 年减少近一半，1947—1948 年手工丝年产 300 吨。

1938 年苏浙两省织机数量比战前减少 1/5，其中仅约 1/3 开工，1939 年开工率提高到 62%，1939—1942 年织机数量逐年减少,开工率不断降低,1942 年织机数量仅及战前的 2/3。事变爆发后苏浙两省机业地蚕丝消费量比事变前减少 1/2 以上。日本全面侵华战争爆发后,杭州丝绸业用丝量减少,盛泽产绸工厂全部停闭,1938 年苏州城厢丝织工场开工数量比沦陷前减少 1/2 以上,1939 年杭州机坊逐渐复业,1940 年绍兴县丝织厂机户全部停业,苏州织机比战前减少近 1/2,盛泽丝比战前减少近 1/3,1942 年均又比 1940 年减少 1/2 左右。河南开封、南阳等地手工丝绸业亦在日军侵入后衰退。

(一)桑园面积、蚕茧产量的减少

1938 年 8 月战争扩大到华中后,江浙蚕丝业遭遇沉重打击,上海各大丝厂及茧商在战乱中难以收购蚕茧,蚕区普遍处于炮火之下,农民难以售出蚕茧。1938 年苏浙蚕茧产量较低(58.7 万担),1939 年有所增加(73 万担),1940 年约 77 万担,与事变爆发前产量相当(见表 4-21)。

1938—1940 年苏浙两省养蚕户在 126 万—131 万户,蚕茧产量在 58.7 万—76.8 万担,1941—1942 年养蚕户数、桑园面积和蚕茧产量均减少。太平洋战争的爆发、食粮腾贵而茧丝价低,1942 年养蚕户数比 1940 年减少 10%,桑园面积减少 30%,蚕茧产量减少 46.4%。①

① 维新政府实业部设立茧价评定委员会(后改隶国民政府农矿部),1940 年茧价评定委员会将春季标准茧价定为鲜茧司马秤 1 担 320 元(市秤 260 元),干茧 400 元(最低 280 元),但春茧上市时正遇法币跌落,丝价高涨,公定价格无法维持。华中蚕丝会社大部分也无法按公定价格收购。据 1942 年估计,植棉每亩收益 85.4 元(包括棉花 50.4 元和棉花的补助作物小麦 35 元),养蚕每亩收益 79.5 元(包括蚕茧卖价 59.5 元和蚕豆 20 元),相比之下养蚕收入每亩低 5.9 元。彭泽编:《中国近代手工业史资料(1840—1949)》第 4 卷,生活·读书·新知三联书店 1957 年版,第 102—106 页。

表 4-21　苏浙两省养蚕业概况(1938—1942 年)

项目 年份	苏浙 2 省养蚕户数(户)	桑园面积(亩)	蚕茧产量(担)
1938	1266896	3066989	587140
1939	1305533	1555779	729200
1940	1278110	2005595	768365
1941	1214205	1744868	557220
1942	1150299	1403917	411500

资料来源:彭泽益:《中国近代手工业史资料(1840—1949)》第 4 卷,生活·读书·新知三联书店 1957 年版,第 105 页。

浙江省建设厅对蚕种采取统制政策,1936 年杭州市制种场共 11 家,战争爆发后 90%种场遭火毁。① 1939 年,华中蚕丝株式会社统制蚕丝业,蚕种归华中蚕丝会社收买或委托制造。

战前浙江省桑田 260 万亩,改良种蚕子产量 140 万纸,蚕茧产量 100 万担,茧行 300 家,1947 年浙江省桑田 99.5 万亩,蚕子产量 45.5 万纸,蚕茧产量 10.9 万担。② 日本全面侵华战争期间浙江省损失桑园 170 万亩,比抗战前减少 65.4%,1948 年桑园面积增至 127.7 万亩,占兴盛时期桑园面积的 48%,1933 年全省桑园平均亩产桑叶 346 公斤,1948 年平均亩产降至 203 公斤,亩桑产茧量为 13 公斤。③

1936 年和 1937 年浙江省产茧量超过 3.6 万吨,1938 年和

① 民建杭州市委员会、杭州市工商业联合会:《杭州工商史料》第 4 辑,1989 年版,第 5 页。

② 朱世铣译:《浙江省的蚕丝业》,《纺织建设月刊》1948 年第 11 期。

③ 据 1948 年浙江银行经济研究室编《浙江经济年鉴》记载,日本全面侵华战争时期浙江收茧量减少 73.2%、茧行减少 50%,缫丝机自战前 8595 台减至 4474 台,产丝量自 2.4 万担减至 1.75 万担;《浙江省蚕桑志》编纂委员会编:《浙江省蚕桑志》,浙江大学出版社 2004 年版,第 101—102 页;《浙江省丝绸志》编纂委员会编:《浙江省丝绸志》,方志出版社 1999 年版,第 96—97 页。

1939 年分别减至 1.7 万吨和 2.4 万吨,1940 年不足 1.2 万吨,占战前产量不及 1/3,1946—1948 年自 0.6 吨增至 1.7 万吨。其中 1938—1940 年国统区产茧量在 3800—4820 吨,1941 年不足 3000 吨,1938 年和 1939 年沦陷区产茧量各为 1.36 万吨和 1.9 万吨,1940 年和 1943 年不足 1 万吨(见表 4-22)。①

表 4-22 浙江省产茧量和收购量(1935—1948 年)(单位:吨)

年份\项目	产茧量	收购量	年份\项目	产茧量	收购量
1935	29896	18599	1940	4265*	—
1936	36498	32480		7326**	—
1937	36104	1173	1941	2970*	—
1938	3818*	—	1943	9024**	—
	13600**	—	1946	5819	—
1939	4820*	3170	1947	9542	—
	19142**	—	1948	17227	—

注:* 为国民政府统治区统计数,** 为沦陷区统计数。

资料来源:《浙江省蚕桑志》编纂委员会编:《浙江省蚕桑志》,浙江大学出版社 2004 年版,第 188 页。

1935 年浙江省收茧 37.2 万担,自缫土丝者约占产量的 2/5。1936 年浙江省蚕丝统制委员会收茧计 65 万担,土茧平均价格每担近 21 元,改良茧平均价格在 27—35 元。1939 年浙江省油茶丝绵管理处春季收鲜茧 6.55 万担(改良茧和土茧各占 42.6% 和 57.4%),改良茧每担 47 元,土茧每担 37 元,秋季收购鲜茧 2431

① 《浙江省蚕桑志》编纂委员会编:《浙江省蚕桑志》,浙江大学出版社 2004 年版,第 184—188 页。

担,平均每担62.8元,烘制干茧821.5担。1940年油茶棉丝管理处统收鲜茧5.1万担。1941年浙江省建设厅设蚕丝管理委员会,除在嵊新自收部分蚕茧外,其他均由贸委会富华公司、复兴公司委托代收。抗日战争胜利后蚕丝机构纷纷恢复和整顿。1947年浙江省蚕业改进管理委员会成立,订立浙江省茧行丝厂绸厂土丝行号等级规则和管理收茧办法。

日本全面侵华战争期间浙江省茧行被毁150家,烘茧机损失42台(占93%)。1931年杭州茧行营业者有17家,全年收购鲜茧1.7万担,每担价格在43—52元,1932年每担降至23—30元,全年收购1.02万担①。1938年春改良种、春土种和秋种各为每担35元、30元、55元,1939—1943年(除1941年外)春改良种和土种价格均比上一年有大幅上涨,(除1940年外)秋种价格也比上一年有不同幅度的上涨(见表4-23)。

表4-23 杭州鲜茧价格(1938—1943年)

项目 年份	鲜茧价格(元/担)			鲜茧价格比上一年变动(%)		
	春改良种	春土种	秋种	春改良种	春土种	秋种
1938	35	30	55	—	—	—
1939	70	60	200	100.0	100.0	263.6
1940	227	183	121	224.3	205.0	-39.5
1941	202	144	174	-11.0	-21.3	43.8
1942	554	446	484	174.3	209.7	178.2
1943	2853	2250	—	415.0	404.5	—

资料来源:民建杭州市委员会、杭州市工商业联合会:《杭州工商史料》第4辑,1989年版,第8页。

① 民建杭州市委员会、杭州市工商业联合会:《杭州工商史料》第4辑,1989年版,第6—7页。

1920年山东全省散植桑3000余万株,1936年1600万株,1949年仅330万株,桑园约8000亩。① 1938年安东柞蚕丝输入断绝,经丝纬丝需使用山东柞蚕丝。山东柞蚕丝每年由满洲国输入蚕种,当地蚕丝试验场通过各场分厂配布,但因治安不稳实际并未实现,1939年后产量锐减。1939年山东栖霞、文登等地柞蚕茧产量比1932—1934年平均产量减少60.5%—95.7%不等(见表4-24)。②

表4-24 山东各地柞蚕茧产量(1932—1939年)

(单位:千粒)

年份\地区	栖霞	文登	海阳	牟平	烟台	威海卫
1932	100000	90000	80500	50372	10	60000
1933	77000	27000	96000	33580	9	58000
1934	99000	96000	73400	29900	11	61000
1939	15000	24000	3550	15000	—	—

资料来源:彭泽益编:《中国近代手工业史资料(1840—1949)》第4卷,生活·读书·新知三联书店1957年版,第70页。

(二)战争对蚕丝业生产的破坏

1. 苏浙

(1)制丝业

抗日战争爆发初期,日军破坏后上海残存丝厂产量比战前减少约4/5,无锡减少3/5,浙江减少1/4。江浙一带丝厂或被战争

① 山东省地方史志编纂委员会:《山东省志 丝绸志》,山东人民出版社1991年版,第15页。

② 彭泽益编:《中国近代手工业史资料(1840—1949)》第4卷,生活·读书·新知三联书店1957年版,第70页。

烧毁破坏,或在日军进攻下闭歇,基本停止活动。江浙地方丝厂有114家,其中74家被烧毁,残存40家,残存丝厂中继续开工的仅有上海同裕、鸿丰、怡和3厂。据1938年4月统计,上海残存丝厂釜数仅及战前的20%,产量仅及21%,无锡丝厂釜数和产量各残存37%和39%,浙江丝厂釜数和产量各残存78%和76%(见表4-25)。①

表4-25　日军破坏后江浙丝厂残存数量(1938年4月)

项目 / 地区	战前			残存		
	厂数	釜数	产量(担)	厂数	釜数	产量(担)
上海*	40	9674	23700	7	1924	5060
浙江	22	5550	16120	17	4320	12220
无锡**	31	11086	31870	13	4092	12380
苏州	1	320	900	1	—	—

注:* 上海10家小厂未计入,326釜;** 无锡10家小厂未计入,214釜。

资料来源:彭泽益编:《中国近代手工业史资料(1840—1949)》第4卷,生活·读书·新知三联书店1957年版,第66—67页。

1933—1937年苏浙两省生丝平均年产量合计15万担,1938年2省生丝产量为4.1万担,1939年和1940年②增至5.5万—5.6万担,1941年和1942年各减至3.9万担和2.6万担。1938年、1941—1942年华中蚕丝会社生丝产量占苏浙两省产量的

① 彭泽益编:《中国近代手工业史资料(1840—1949)》第4卷,生活·读书·新知三联书店1957年版,第65—66页。

② 1940年华中蚕丝会社丝厂与事变前釜数相比,江苏省恢复率为25%,浙江省为21%,地方丝厂总计不过24%。彭泽益编:《中国近代手工业史资料(1840—1949)》第4卷,生活·读书·新知三联书店1957年版,第65页。

15%—31%,辑里丝及土丝占52%—68%,租界丝厂及家庭制丝社占16%—17%。1939年和1940年华中蚕丝会社生丝产量所占比重较高,占38%—43%,辑里丝及土丝占27%—36%,租界丝厂及家庭制丝社占20%—35%(见表4-26)。①

江苏蚕区战时被侵占8年内丝产损失总额为20.8万公担,浙江丝产损失总额为42.4万公担。② 战前浙江省有缫丝机8598架,丝织品300万卷,1947年缫丝机4790架,生丝产量5669担。③ 1936年浙江省土丝产量为404吨,1938—1941年国统区土丝产量自269吨减至125吨,1941年回升到221.5吨,1946年④秋浙江土丝产量128吨,1947年为328吨,1948年春为426吨。⑤ 据不完全统计,1938—1943年杭州纬成、庆成、天章、长安等厂所产2万担生丝被日本掠夺。1946年浙江省实际开业的缫丝厂有21家,开车数3728台,1947年缫丝厂合计28家,1948年缫丝厂仅存11家,绸厂、机坊中机台关停达到3/4,1949年纬成、天章等9家丝厂产丝2846担。⑥

---

① 彭泽益编:《中国近代手工业史资料(1840—1949)》第4卷,生活·读书·新知三联书店1957年版,第94页。

② 吴惠芬:《抗日战争日伪控制下的江浙家庭制丝业》,《古今农业》2003年第3期。

③ 朱世铣译:《浙江省的蚕丝业》,《纺织建设月刊》1948年第11期。

④ 1936年是浙江省土丝生产最盛时,年产量1.7万公担,抗日战争胜利后随着蚕桑生产的衰落和机械缫丝业的发展,土丝产量下降,1946年土丝产量不及抗战前最高产量的21%。《浙江省丝绸志》编纂委员会编:《浙江省丝绸志》,方志出版社1999年版,第9页。

⑤ 《浙江省蚕桑志》编纂委员会编:《浙江省蚕桑志》,浙江大学出版社2004年版,第188页。

⑥ 《浙江省丝绸志》编纂委员会编:《浙江省丝绸志》,方志出版社1999年版,第8、97页。

表 4-26　苏浙两省生丝产量(1938—1942 年)　(单位:担)

项目 年份	华中蚕丝会社生丝产量	租界丝厂及家庭制丝社生丝产量	辑里丝及土丝产量	总计	
				生丝产量	蚕茧使用量
1938	6250	6850	28000	41100	587140
1939	20789	19255	14775	54819	729200
1940	24185	11319	20250	55754	768365
1941	12352	6754	20312	39418	512200
1942	5795	4235	16135	26165	359000

资料来源:彭泽益:《中国近代手工业史资料(1840—1949)》第 4 卷,生活·读书·新知三联书店 1957 年版,第 94 页。

战前无锡缫丝业产量占苏、浙、皖边界产丝区所有缫丝厂产量的 50%以上,原料采集占上述地区全部鲜茧产量的 60%以上,相关劳动力占无锡全盛时代 10 万产业工人的 70%。1940 年无锡县家庭制丝社有 99 家,其中 65 家在 20 釜以下,25 家在 21—50 釜,8 家在 51—100 釜,仅有 1 家超过 100 釜。江苏省(无锡除外)家庭制丝社有 8 家,其中 5 家在 20 釜以下,2 家在 31—50 釜,1 家在 51—100 釜数。浙江省家庭制丝社有 21 家,其中 8 家在 20 釜以下,5 家在 31—50 釜,6 家在 51—100 釜,2 家超过 100 釜。[①] 无锡家庭制丝社普遍资本规模微小,据 1941 年对 95 家家庭制丝社调查,总资本额 59.7 万元,平均每家 6300 元。资本额在 5000 元以下的工场有 65 家,占 68.4%,资本合计 19 万元,仅占总资本额的 32%。[②] 1948 年无锡丝厂城乡共计 80 余家,最大的丝厂有丝车

① 彭泽益编:《中国近代手工业史资料(1840—1949)》第 4 卷,生活·读书·新知三联书店 1957 年版,第 87 页。

② 彭泽益编:《中国近代手工业史资料(1840—1949)》第 4 卷,生活·读书·新知三联书店 1957 年版,第 85—86 页。

200 余部,最小的家庭工业式丝厂有丝车 8 部,丝车合计 2000 多部,其中 1600 余部已停工,仅有 400 余部运转,1948 年年末全部停顿。①

(2)丝织业

据华中蚕丝会社调查,事变前苏浙两省机业地②蚕丝消费量为 12.5 万担,事变爆发后减至 5.5 万担,减少 56%。事变前蚕丝消费量中机制生丝占 14%、土丝占 26%、人造丝占 60%,事变爆发后各占 9%、13%、78%。③

1938 年苏浙两省电织机和手织机合计约 2.7 万部,相当于事变爆发前的 80%。受物资统制及其他影响,织机数量随着丝绸销路缩小而减少,战争爆发后丝绸海外销路断绝,1942 年织机减至 2.2 万部。因生产费用增加、治安不良、原料及资材来源困难等问题,1939 年和 1940 年开工率仅约 60%,1942 年降至 35%。1939 年丝绸产量约 278 万匹,1942 年约 100 万匹(见表 4-27)。④

表 4-27 苏浙两省电织机和手织机数量及开工率(1938—1942 年)

项目 年份	苏浙两省电织机和手织机总数(部)	开工数量(部)	开工率(%)
1938	26845	9390	35.0
1939	25586	15765	61.6
1940	23971	14173	59.1

① 人韦:《垮了!无锡的缫丝工业》,《经济周报》1948 年第 24 期。

② 机业地为上海、杭州、苏州、湖州、盛泽、南京、丹阳、镇江、无锡等地。

③ 彭泽益编:《中国近代手工业史资料(1840—1949)》第 4 卷,生活·读书·新知三联书店 1957 年版,第 94 页。

④ 彭泽益编:《中国近代手工业史资料(1840—1949)》第 4 卷,生活·读书·新知三联书店 1957 年版,第 96、290 页。

续表

年份 \ 项目	苏浙两省电织机和手织机总数(部)	开工数量(部)	开工率(%)
1941	22339	12450	55.7
1942	22266	7891	35.4

资料来源:彭泽益编:《中国近代手工业史资料(1840—1949)》第4卷,生活·读书·新知三联书店1957年版,第97页。

日本全面侵华战争期间浙江丝绸产区遭受严重摧残。1939—1942年大城市丝厂多数停业,国民党政府一些丝绸业务机构和部分资产转入嵊县、新昌、诸暨等县兴办11家缫丝厂,制改良丝10余吨,运销土丝22.6万两,织绸数百匹,自设武义缫丝厂1所,缫丝车140台。1941年前浙江省蚕管会在永康成立实验织绸厂,自嵊县运木机12台进行生产,并向绍兴下方桥、华舍等地机户拨款5万元以维持生产。1942年永康沦陷,实验织绸厂遭破坏后残存机件运至龙泉复工。1943年蚕管会浙东办事处在云和设立小规模缫丝厂及制棉厂、在龙泉安仁设立实验织绸厂,制改良丝2.33万两、丝绵2.87万两、织绸1004匹。①

1936年浙江绸缎产量3346万米(其中厂丝织物543万米、交织物2018万米、土丝织物784万米),1946年浙江省丝织产量为905万米(其中厂丝交织151万米、交织绸452万米、土丝织物302万米),1947年1508万米(其中厂丝交织452万米、交织绸754万米、土丝织物302万米),1949年1498万米。②

苏州、杭州、盛泽、湖州是中国主要丝织地,华中蚕丝会社根据

① 《浙江省丝绸志》编纂委员会编:《浙江省丝绸志》,方志出版社1999年版,第96—97、174页。

② 《浙江省丝绸志》编纂委员会编:《浙江省丝绸志》,方志出版社1999年版,第174页。

苏州、杭州、盛泽、湖州等地丝绸业公会及自行调查结果估算,事变前该4地丝织厂电织机设备共计6040台、手织机6013台,事变爆发后因兵火焚毁、破坏、停工等原因电织机减至2723台、手织机减至2593台,各减少55%和57%(见表4-28)。①

表4-28 "七七事变"前后苏州等4地织机数量变动

项目 地区	"七七事变"前织机数量(部)		"七七事变"后织机数量(部)			
	电织机	手织机	电织机	电织机减少(%)	手织机	手织机减少(%)
苏州	700	3000	500	28.6	1000	66.7
杭州	4355	1824	1468	66.3	730	60.0
盛泽	229	700	229	0	700	0
湖州	756	489	526	30.4	163	66.7

资料来源:彭泽益编:《中国近代手工业史资料(1840—1949)》第4卷,生活·读书·新知三联书店1957年版,第97页。

杭州丝织业包括经纬业、生货机织业和丝绸织造业,2/3以上机商在家中设手织木机,家庭成员进行纺织。小手工业和丝厂共有6000家以上。② 丝绸业在杭州工商业中占较大比重,据统计直接从事丝绸业及随着丝绸业而发展的行业有10万余人,连同间接依附于丝绸业的从业人员,不少于20万—30万人。1931年杭州丝绸业户数占全市工商业总户数的22%,1946年占16.5%,1947年占12.4%。③

① 彭泽益编:《中国近代手工业史资料(1840—1949)》第4卷,生活·读书·新知三联书店1957年版,第68页。

② 《实业部特派员沪杭线视察报告》,《实业月刊》1938年创刊号。

③ 民建杭州市委员会、杭州市工商业联合会:《杭州工商史料》第4辑,1989年版,第1页。

1936年杭州市绸厂有140家,机坊4000户,机台1.47万台,年产绸缎110万匹,杭州沦陷后绸缎被日军抢劫一空。1937年杭州市丝绸业每月用丝比抗战前减少,1939年机缫丝(量)和手缫丝(值)仅及1937年的21%和13%,人造丝(量)为1937年的58%。① 1939年杭州下城机坊逐渐复业,1941年日本峰绢洋行放料机,部分绸厂代织,1942年震旦、天成等8家绸厂复业。1946年江商第三织绸厂等7家织绸厂自敌伪接收,丝织机合计226台。② 蚕丝纺经业是丝织业生产中的准备部门,初为料房。20世纪初盛行洋花锻,用丝需求量增加从而带动该业增至828家,20年代规模较大的绸厂自设准备部,接替了料房工作,20年代末经纬厂增多,料房尚存400余家,1931年减至233家,1932年年初一度停工,1935年丝织业织物趋向花式货,熟货比例少,用经不多,料房减至百余家,1937年日本全面侵华战争爆发后料房全部停顿,1941年前很少恢复,1942年有部分丝号转入纺制绫线、干经,抗战胜利后熟货缎子、织锦等织物织造者渐多,料房因而逐渐活跃,陆续复业(见表4-29)。③

表4-29　杭州织绸业每年用丝统计(1935—1939年)

项目 年份	机缫丝(担)	手缫丝(万两)	人造丝(箱)
1935	1200	396	4200

① 彭泽益编:《中国近代手工业史资料(1840—1949)》第4卷,生活·读书·新知三联书店1957年版,第68页。

② 《浙江省丝绸志》编纂委员会编:《浙江省丝绸志》,方志出版社1999年版,第174页。

③ 民建杭州市委员会、杭州市工商业联合会:《杭州工商史料》第4辑,1989年版,第14—15页。

续表

项目 年份	机缫丝(担)	手缫丝(万两)	人造丝(箱)
1936	1420	419	4800
1937	950	352	3800
1939	200	44.8	2200

资料来源:彭泽益编:《中国近代手工业史资料(1840—1949)》第4卷,生活·读书·新知三联书店1957年版,第68页。

1929年绍兴绸业处于旺销期,机户3850家、织机6860台,年产绸20.21万匹。“九一八事变”后机户陆续减少,1935年机户减至3200家,产量为1929年的1/4,1940年绍兴县丝织厂机户全部停业,1949年绍兴仅存机台797台。1925年湖州市大小绸厂有60多家,手拉机2000余台、电力机200余台,乡镇木机4000余台,1933年后湖州丝绸生产渐趋衰落。嘉兴地区丝绸生产集中在濮院、王江泾、王店等地,民国早期鼎盛时期濮院镇有“机杼千户,日出万绸”之称,王江泾有织机千余台,年产绸14万匹,先后在军阀混战时期和1933年后衰退。①

苏州丝织厂有30余家,振亚、大生、华经数家规模较大,其他有些小厂相当于家庭工厂。丝织厂均设于城内,战时未受损毁。②1938年苏州城厢铁机丝织工场有44户,电机697台,每月出产丝绸4000匹左右,比沦陷前的开机数额减少一半以上。1940年苏州城厢有丝织厂100家,另有纱缎庄账房附设的小规模手工工场20家,除振亚、大生、华经、东吴等少数大厂外,大多是使用铁、木织机的工场手工业,雇工1—2人,资本额在500—800元。1940

① 《浙江省丝绸志》编纂委员会编:《浙江省丝绸志》,方志出版社1999年版,第175页。

② 《实业部特派员京沪线视察报告》,《实业月刊》1938年创刊号。

年后随着日本对物资统制的加强，苏州丝织业所需生丝的供应和产品行销均受严格控制，不少工场主自黑市掮客购进原料，成本昂贵，一些丝织厂不得不从用厂丝改用土丝，改电力织为人工织。1940年苏州织机2051台，比1936年减少44.6%，1942年有1075台，比1940年减少47.6%。抗日战争胜利后，据吴县丝织厂业同业公会1946年和1947年会员登记册载，苏州城厢大小丝织厂有116家，电织机1311台，纱缎庄账房附设工场20余家。①

日本全面侵华战争爆发后，盛泽产绸工厂全部停闭。1940年盛泽丝织业农村木织机仅有1.2万台，电力机由鼎盛时期的1000台减至860台，丝织厂和手工工场织机3000台，比1936年减少31.8%，1942年1350台，比1940年减少55%。1946年盛泽全镇电力机和木机共有8000台左右，日产绸缎仅2000匹。1947年国民党政府实行蚕丝产销专卖统制后，厂丝均归中国蚕丝公司统购统销，蚕丝配购日渐减少，加上通货膨胀严重，丝价暴涨，不少丝织工场、现卖机户和小丝织厂相继倒闭。②

2. 广东

广东生丝产地向来集中在珠江三角洲的南海、中山、顺德、番禺等地，其次是西江沿岸各县，生产最盛时期年产7万余包（每包80斤），珠江三角洲产量约占广东全省的90%。1938年前5年粤丝价格低落，1933年粤丝每担平均价格为380元港币，1934年420元，1935年470元，1936年500元，1937年600元。种桑养蚕农家因丝价低落而亏损，植桑地亩多改种杂粮或荒芜。在此期间

① 段本洛：《欧战后苏州丝织手工业三十年间的蜕变》，《近代史研究》1986年第4期。

② 段本洛：《欧战后苏州丝织手工业三十年间的蜕变》，《近代史研究》1986年第4期。

平均每年生丝出口3.6万余担,年产值约2000万元。[①] 在蚕丝恐慌和世界经济恐慌前,广东干茧年产约50万担、生丝约10万担,后因丝市不振,不少制丝厂歇业。日本全面侵华战争爆发后蚕丝生产地区遭遇日军破坏,1939年广东全省蚕茧和生丝产量与1926年相比各下降80.3%和76.5%。1934年广东有丝厂37个,锅数2万余,1937年事变爆发,1938年成为炮火区,1939年仅剩顺德19个丝厂(10070釜)、南海县12个丝厂(6925釜),合计31厂。[②] 1940年广东机制生丝输出量自1937年的1.96万担减至2064担(减少89%),生丝总输出自2.63万担减至6171担(减少77%)。1943年干茧年产约10万担、生丝约2万担。1946年广东桑地面积比1937年减少56.6%,蚕茧产量减少59.2%,缫丝厂减少44.4%(自90家减至50家),其中顺德县仅存机器缫丝厂38家,丝车7150台,13家缫丝厂复工,年产生丝2000多担,南海县仅存缫丝厂2家,丝车700台,年产生丝1757担,其余为手工缫丝工场。[③] 内战期间广东生丝生产基本陷于停顿状态,据估计1947年广东机器丝产量225吨,手工丝300吨,1948年机器丝和手工丝各300吨,1949年全省生丝产量仅348吨,外销24吨(见表4-30)。[④]

珠江三角洲蚕丝产地相继陷落后,丝厂纷纷停工,日商三井三

① 彭泽益编:《中国近代手工业史资料(1840—1949)》第4卷,生活·读书·新知三联书店1957年版,第95页。

② 彭泽益编:《中国近代手工业史资料(1840—1949)》第4卷,生活·读书·新知三联书店1957年版,第69页。

③ 彭泽益编:《中国近代手工业史资料(1840—1949)》第4卷,生活·读书·新知三联书店1957年版,第69—70页;广东省地方史志编纂委员会编:《广东省志 丝绸志》,广东人民出版社2004年版,第276、298页。

④ 广东省地方史志编纂委员会编:《广东省志 丝绸志》,广东人民出版社2004年版,第299页。

菱洋行以军票800元在广州收购存丝。1939年丝价回升，日本强制丝厂复工，以借煤作为依限开工的条件，产丝以军票800元收购，不依限开工将生丝售与他人者则焚毁原丝厂。1940年生丝收价降为军票700元，加上交易中的苛例，多数丝商将生丝偷运至香港，每担售价约法币8000元。1941年再降至军票600元，不少丝厂停业，1942年珠江三角洲丝厂全部停业，所有蚕茧改缫"洗门"丝以供应土织纱绸。① 据估计，1939—1941年珠江三角洲生丝产量在4万—4.7万担，西江沿岸各县生丝产量在2万斤左右。②

表4-30　珠江三角洲生丝产量和西江沿岸各县生丝产量(1933—1941年)

年份＼项目	珠江三角洲生丝产量*(担)	西江沿岸各县生丝产量**(斤)
1933	46952	30124
1934	32975	28795
1935	40235	27834
1936	36978	26983
1937	34589	25892
1938	33561	22549
1939	40212	20697
1940	46459	20468
1941	47483	18944

注：* 1938年前珠江三角洲生丝产量为海关出口数量统计，1938年后为调查估计，包括出口及土丝在内；** 西江沿岸各县产量由植桑地面积产茧量和土织纱绸产量估计而得，1941年数字根据西江蚕桑改良场调查报告。

资料来源：彭泽益编：《中国近代手工业史资料(1840—1949)》第4卷，生活·读书·新知三联书店1957年版，第96、290页。

① 彭泽益编：《中国近代手工业史资料(1840—1949)》第4卷，生活·读书·新知三联书店1957年版，第95—96页。

② 彭泽益编：《中国近代手工业史资料(1840—1949)》第4卷，生活·读书·新知三联书店1957年版，第290页。

3. 其他地区

中国华南广东、广西,华中四川、湖南,华北山东、河南、山西,以及东北辽宁等省出产柞蚕。战前最盛时期山东、河南和辽宁产量较高。山东以烟台为中心,河南产区集中在南部鲁山、南台和镇平三处,辽宁安东和营口产丝后大多织成制品运至烟台供出口。豫南丝绸曾产出 7 万—8 万市担,胶东 4 万—5 万市担,安东 0.4 万—0.5 万市担,三处共计每年约合 1 千万—1.5 千万美元。① 豫西南鲁山、南台、内乡、镇平和南阳 5 县是著名柞蚕丝产地,沿用手工旧法进行缫丝和织造,因从业人数众多故产量可观,销往湖北、湖南,远至俄国、印度等地,出口大部分集中在上海或青岛装运。②

山东缫制土丝多为家庭副业,也有专门缫制土丝的手工作坊。20 世纪 20 年代山东柞蚕丝业最盛时,文登、牟平等地有百余家类似家庭工业的小丝厂,大多使用脚踏丝车缫制大缫灰丝,30 年代以后山东柞蚕丝生产日渐衰微,小丝厂开工者寥寥无几。据《中国实业志》记载,1934 年山东省有 59 县生产土丝,其中东平、乐陵等 34 县缫丝户合计 6445 户、丝灶 7353 乘,年产丝 3089 担。1949 年胶东一带丝纩(木纩)668 支(其中 640 支生产大纩灰丝),仅 572 支开工。③

开封、南阳等地是河南手工业丝绸的主要产地。开封景文洲是清朝有名的手工业丝绸作坊,1923 年有织机 72 张,1938 年日军侵占开封后减至 20 余张,1948 年开封丝绸作坊有 12 家、个体劳动者数家,木织机不足百张。20 世纪初南阳宛城城关及附近村镇

① 方柏容:《我国柞蚕丝业的回顾》,《纺织建设月刊》1948 年第 3 期。

② 方柏容:《我国柞蚕丝业的回顾》,《纺织建设月刊》1948 年第 3 期。

③ 山东省地方史志编纂委员会:《山东省志　丝绸志》,山东人民出版社 1991 年版,第 151—152、158—160 页。

机坊700余家,织机3000多张,1949年仅存10台脚蹬手拉木织机。1931年镇平有织机1万多张,年产丝绸16万余匹,日军侵入后逐渐衰退,20世纪50年代初手织机仅400余台。20世纪20年代鲁山城郊50余村从事织绸,织机4800余张,从业1.5万余人,县城内设7家炼绸作坊,年产柞绸26万匹,柘城县几乎户户养蚕,1931年全县产丝20余万斤,1938年后一蹶不振,1948年鲁山蚕茧产量不足2000担,柞丝不足万斤,博爱县七方村盛时大小织机900多张,1949年仅存数十张。1949年河南全省手工织机2000多台,年产土丝绸100多万米。① 织染业集中在镇平,用土法染色,织染业从业人数约占全县人口的1/5。②

(三)华中蚕丝会社对蚕丝业的统制

1938年中支蚕丝组合成立,额定资本300万元,首次实收30万元,委托片仓、郡是、钟纺3公司所组织的日华蚕丝公司经营,范围包括蚕茧及其他蚕丝类的买卖、丝厂经营、蚕种制造和配给。中华蚕丝组合在无锡组织惠民公司以与华商合作之名强行廉价向各地收购丝茧。华中振兴公司成立后,与华中蚕丝组合合并,成立华中蚕丝公司,由中日共同出资。1938年华中蚕丝株式会社在上海成立③,继承中支蚕丝组合一切事业,享有蚕种制造业、茧行业、机器制丝业

---

① 河南省地方史志编纂委员会编纂:《河南省志　纺织工业志》,河南人民出版社1993年版,第130—134页。

② 方柏容:《我国柞蚕丝业的回顾》,《纺织建设月刊》1948年第3期。

③ 华中蚕丝会社以日华合办为前提,实际由日本资本和日本人经营,制品售与日本的输出商人。1942年年末资本总额1000万元,其中300万元(6万股)实物出资包括工厂、机械器具及其他设备,是中国人及国民政府的出资。彭泽益编:《中国近代手工业史资料(1840—1949)》第4卷,生活·读书·新知三联书店1957年版,第73页。

的独占企业权,全面运营统制中国蚕丝业。华中丝业统制包括两方面:一是使中日产品品质各有特征,以避免直接竞争;二是限制双方产量。

华中蚕丝会社对蚕丝业的统制包括:(1)蚕种的统制。华中需要配给统制的蚕种,全由华中蚕丝株式会社供应,获取江苏省95个蚕种制造场(216.3万张)和浙江省34个蚕种制造场(121.2万张)的营业许可。华中蚕丝会社根据维新政府实业部训令进行改良蚕种的配给,收买蚕种制造业者所产全部改良蚕种,并委托制造业者制造,通过省建设厅、县公署、办事处和合作社配给农户,对数量、价格和配给进行统制。(2)蚕茧的统制。华中所产蚕茧,按维新政府实业部茧价评定委员会建议价格由华中蚕丝株式会社一手收购,以统制蚕茧的数量、价格和配给。因治安或其他原因华中蚕丝会社无法收购者,由规定的手工缫丝工场或其他特定单位,委托已获华中蚕丝会社许可的茧行收购,蚕茧运出也以华中蚕丝会社名义统一管理。华中株式会社获取江苏省214个茧行(212280担收鲜茧能力)和浙江省100个茧行(159400担收鲜茧能力)的独占营业许可。(3)生丝的统制。华中各地机器制丝业完全由华中蚕丝株式会社统制经营,生丝全由其统一贩卖,对于手工制丝工场及上海市内制丝工厂,以指定数量为限,由华中蚕丝会社配给部分蚕茧。①

苏浙两省蚕茧供给包括华中蚕丝会社、上海租界丝厂、家庭制丝和蚕农自制土丝四方面。日军严禁蚕茧运沪,在产区广设茧行或收买旧蚕行,压价收购蚕茧。在实际配给中华中蚕丝会社经手约40%,更多的是依办法直接向制造者购买和通过中间商贩买

① [日]堀江英一:《支那蚕丝业之调整政策》,《东亚经济论丛》1943年第3卷第2号。

卖。1938年苏浙两省蚕茧产量合计58.7万担,其中15.2%由华中蚕丝会社收购,1939年产量合计72.9万担,华中蚕丝会社收购率提高到37.3%,1940年收购率达45%。1941年后因英美冻结日本资产,生丝输出断绝,茧丝价格不稳,粮食涨价等因素,产茧量锐减,1941年华中蚕丝会社收购率为36.1%,随着一些蚕茧流向土丝生产,1942年华中蚕丝会社收买量占蚕茧总产量的34%,1943年降至23.7%(见表4-31)。①

表4-31　华中蚕丝会社在苏、浙蚕茧收买量(1938—1939年)

年份、项目 \ 地区		江苏省	浙江省	总计
1938	蚕茧产量(担)	277140	310000	587140
	华中蚕丝会社收买量(担)	73000	16300	89300
	收买量占产量比重(%)	26.3	5.3	15.2
1939	蚕茧产量(担)	346362	382838	729200
	华中蚕丝会社收买量(担)	172200	100000	272200
	收买量占产量比重(%)	49.7	26.1	37.3

注:蚕茧产量来自华中蚕丝会社估计,收买量是华中蚕丝会社实际收买量。

资料来源:彭泽益编:《中国近代手工业史资料(1840—1949)》第4卷,生活·读书·新知三联书店1957年版,第104页。

1938年华中蚕丝业由华中蚕丝会社统制后,除了旧法制丝,所有丝厂均交由该会社经营。该会社名义下恢复丝厂数量仅为事变前的30%,闲置的蚕茧和制丝设备推动了家庭制丝社的兴起。华中蚕丝会社独占机器制丝导致本地资本无法经营大丝厂,而20

① 彭泽益编:《中国近代手工业史资料(1840—1949)》第4卷,生活·读书·新知三联书店1957年版,第102—104页;《浙江省蚕桑志》编纂委员会编:《浙江省蚕桑志》,浙江大学出版社2004年版,第186页。

釜以下的家庭制丝社为当地新政策所允许。[①] 至1940年,以无锡和吴江为首,江苏和浙江各地产生家庭制丝厂400家,共8000釜,无锡最多时达二三百家。每家家庭制丝社最少有2—3部缫丝车,最多20部,若超过20部须另领执照分场营业。家庭制丝社与机器制丝厂主要区别是煮茧设备,家庭制丝社多使用煮茧灶或煮茧锅(少数使用煮茧机),生丝质量低于机器制丝厂。[②] 家庭制丝社因资本少和治安环境差,所产生丝凑足1担立刻售与生丝商人,生丝商人资本多在1万元左右,收购三五担后经敌伪运至上海,每担生丝预纳税捐,另加运费,到上海后抑价迫售与日商丝厂。生丝生产费用因煤炭价格上涨而增加,1939年每百斤生丝售价多在400元左右,高者达600元。家庭丝厂产生于1938年年末,1939年达到全盛,1941年和1942年前后由于丝业不景气及统制加强,逐渐衰退。[③]

三、制盐业

1939年后,山东日伪当局相继管辖王官等8处盐场,王官场实营盐滩不断减少,1944年停晒。1944—1945年解放区盐产量占1937年山东盐产量的1/3左右,1947年占3/4。战争期间浙江部分

① 家庭制丝社为1939年公布的《实业部管理手工制丝业暂行办法》中规定的手工业制丝,即不满20釜的小规模机器制丝工厂。按手工制丝业暂行办法规定,20釜以上丝厂不得作为手工制丝,但实际中一些100釜以上的丝厂在名字上分割为不满20釜的数家丝厂登记,共同使用场地和设备。彭泽益编:《中国近代手工业史资料(1840—1949)》第4卷,生活·读书·新知三联书店1957年版,第86—87页。

② 彭泽益编:《中国近代手工业史资料(1840—1949)》第4卷,生活·读书·新知三联书店1957年版,第82—84页。

③ 彭泽益编:《中国近代手工业史资料(1840—1949)》第4卷,生活·读书·新知三联书店1957年版,第89页。

盐场被日军占领,1937年盐产量比战前减少1/4到1/3,1938—1940年与战前产量相当,1941—1945年锐减,1946—1948年恢复到战前水平。战争期间广东盐场亦多丧失,1941年盐产量比战前减少1/2,1942年恢复到战前水平,1943年比战前增加1/3。

山东早年采用煎法制盐,20年代沿海地区除个别地方外大多采用日光晒盐,基本方法是先修滩,后纳潮或汲取地下卤水,制卤结晶成盐。滩晒法盐产量比煎法提高,而成本下降。1927—1931年,王官、永利等8个盐场平均每年产盐507万担。1932年和1937年,山东各产盐964万担和877万担。1939年后,日伪盐务机构相继管辖山东王官等8个盐场。1939—1941年王官场实营盐滩各80副、200副、750副,1942—1943年各减至380副和100副,1944年全部停晒。抗日军民不断收复被日伪侵占的盐区,并新开辟盐滩,1944年山东抗日根据地掌握王官场的寿北、广北盐区,永利场的垦利盐区,莱州场的冒北、潍北盐区,石岛场的荣成盐区,金口场的乳山盐区和涛青场日赣盐区,据不完全统计,盐田面积近6.5万亩,盐滩4640副。1944年和1945年解放区盐田实营面积各为6.5万亩和6.1万亩,盐产量各为244.6万担和309.3万担。抗战胜利后山东解放区所辖盐场进一步扩大,1946年共恢复盐田9.3万亩,新开盐田1.43万亩,产盐787.6万担。1945—1948年国民党占据胶澳盐场的2/3,其他均属解放区,1947年解放区产盐665万担,其中渤海区130万担、胶东区375万担、滨海区160万担。①

清末浙江制盐逐渐由煎熬法改为日光晒制。明代浙盐产量曾居全国第二位,改煎为晒后北方自然条件优于浙江,海盐生产发展

① 刘大可:《民国时期山东盐业生产概况》,《盐业史研究》1990年第3期;山东省地方史志编纂委员会:《山东省志　一轻工业志》,山东人民出版社1993年版,第40页。

迅速,民国时期浙盐仅占全国产量的9%。1930—1936年浙江每年盐产量多在23万—27万吨,日本全面侵华战争时期部分场区先后被日军占领,1937年盐产量减至17.5万吨,1938—1940年自21.4万吨增至27万吨,1941—1945年仅有1.8万—7.7万吨。①抗日战争胜利后各地盐场次第恢复,1946—1948年盐产量在21万—29.5万吨,基本达到战前水平。1949年余姚、钱清等10盐场和宁属、浙西2局盐田面积共34.6万市亩(折2.31万公顷),晒板110万块、盐坦7.6万格、煎灶460座,年生产能力约20万吨。②

广东海盐生产技术从煎煮发展到滩晒。20世纪20年代广东(两广)平均每年产盐370万担,占全国产量的10%以上。1930—1933年每年产盐456万—504万担,1934年和1935年在300万担上下。1936年广东(两广)有盐场17个,年产盐524万担。战争期间沿海沦陷,盐场亦多丧失。日本全面侵华战争爆发后,东北、华北和华东主要盐场被日军占领,湖南、江西和广西原由北盐供应的地区因盐源隔绝,军民食盐供应紧张。1938年广州沦陷,两广盐务局被迫分成粤东、粤西两个管理局,所产食盐一半保证本省需求,近一半调至缺盐邻省和抗日前线。经调整和合并后,1940年广东(两广)有盐场8个。1941年全省仅产盐12.94万吨(259万担),1942年增至26.15万吨,盐工和盐民合计12.5万人,1943年产盐34.6万吨。③

① 抗日战争时期国民政府管辖范围缩小,至1942年仅温台7场有数据。浙江省盐业志编纂委员会编:《浙江省盐业志》,中华书局1996年版,第105页。

② 浙江省盐业志编纂委员会编:《浙江省盐业志》,中华书局1996年版,第95、104、107—109页。

③ 广东省地方史志办公室编:《广东省志　盐业志》,广东人民出版社2006年版,第2、53、91页。

第五章

伪"满洲国"和关内沦陷区的交通

交通,包括运输和邮电两个方面[①],在战争时期发挥极其重大的作用,在和平时期的经济社会生活中发挥着基础性、先行性的作用。近代新式交通因西方列强在华掠夺的需要而引入中国;中国自办的新式交通则起于晚清的自强新政。在艰难发展的中国近代新式产业中,交通业占有重要地位。如在1936年的国家资本中,交通业竟占了57.5%。[②] 敌我双方无不重视交通的作用。日本帝国主义为灭亡中国、建立殖民掠夺体系,极为重视对中国交通线的占领、交通运输网的建立和利用。国民党政府对此亦有痛切认识:"交通与国防,关系悠深。盖在战时大兵团之运动,首贵神速,以时间争取空间,乃能出奇制胜。唯运动之神速与否,系乎交通。苟有稠密之交通网,优越之运输力,复能管理合度,运用适宜者,则其作战兵力,必能百以当千,劳而不疲。此次敌寇侵华之初期成功,即因其能先占交通点线,以作进攻基础之故……交通线亦即敌寇

---

① 根据《中国大百科全书》(中国大百科全书出版社1986年版)交通卷第1页的解释,交通包括运输和邮电两个方面。其中,现代运输方式包括铁路、公路、水路、航空、管道运输;现代邮电包括邮政和电信。

② 吴承明:《中国的现代化:市场与社会》,生活·读书·新知三联书店2001年版,第106—107页。

生命线。"①

1931年"九一八事变"前,中国东北新式交通运输已形成三大系统。一是以大连为中心的日本满铁运输系统;二是以海参崴为中心的苏联中东铁路运输系统;三是以葫芦岛为中心的中国东四路、西四路运输系统。②"九一八事变"后,东北沦陷,东北地区的交通事业一一沦入敌手。日本侵略者更是策划成立傀儡政权"满洲国",实行殖民化统治,企图把东北建成全面占领中国的基地。日本一方面控制伪满政府的交通行政部门;另一方面通过满铁这样的"国策会社",全面控制中国东北地区的交通运输业。

1937年"七七事变"开始,日本发动全面侵略中国的战争。日本在关内华北、华中和华南占领区扶植汉奸傀儡政权,实行交通统制,垄断交通经营,劫掠中国资源,奴役中国人民。公路、铁路、邮政、电信、航空、水运各业,都成为日本帝国主义侵略和掠夺中国的工具。

1931—1945年14年间,日本侵华战争给中国交通业造成巨大损失。直接的财产损失,如交通线路被日军占领、没收,交通工具、设备被战火毁损或被敌劫夺,所致损失数量巨大;交通线沦陷带来的营业损失,东北14年、关内8年,同样为数巨大;交通员工流离失所、伤亡的损失,亦不在少数。国民党政府对战争损失有多种估算。大体说来,财产损失一般按沦陷前的资产价值估算;营业损失按沦陷前平均营业额粗略推算。此外,还将战后重建交通所需费用也计入损失。据国民党政府交通部统计,1937年7月日本

① 国民党中央调查统计局特种经济调查处编:《四年之敌寇经济侵略》,1941年印本,第147页。

② 参见东北物资调节委员会研究组编:《东北经济小丛书·运输》,1948年印行,第10页。东四路是指奉(天)山(海关)、奉海(龙)、吉(林)海(龙)和吉(林)敦(化)铁路;西四路是指奉(天)山(海关)、四(平)洮(南)、洮(南)昂(昂溪)和齐(齐哈尔)克(山)铁路。

发动全面侵华战争以来，关内交通历年遭受的财产损失累计共约8478亿元，其中直接财产损失约7385亿元，间接财产损失约1093亿元。① 这一损失数，如按1937年7月法币币值计，约为27亿多元，折合美元价值约为9.9亿多美元。其中，国营交通业的财产损失占81%有余。另据统计，"九一八事变"以来的14年间，全国交通业的财产损失总额约相当于1937年7月法币价值53亿多元，折合美元价值近16亿美元。②

第一节 伪"满洲国"的交通统制体制

1931年"九一八事变"后，日本武装占领中国东北和内蒙古东部，夺占中国交通各业，炮制、扶植并假手汉奸傀儡政权伪"满洲国"，将伪满辖区的交通纳入日本主导的殖民体系。

1931年10月10日，日本关东军向满铁发出《关于铁路委任经营及新线建设的指示》，满铁随即拼凑铁路统制机构，即所谓新"东北交通委员会"，取代原中国东北地方政府的交通委员会，"接管"并经营中国东北地区铁路交通（中苏"共管"的中东铁路等除外）。③ 1931年10月23日，伪"东北交通委员会"正式挂牌，正副

① 李忠杰主编：《国民政府档案中有关抗日战争时期人口伤亡和财产损失资料选编》第2册，中共党史出版社2014年版，第821页。

② 李忠杰主编：《国民政府档案中有关抗日战争时期人口伤亡和财产损失资料选编》第2册，中共党史出版社2014年版，第816页。不过，国民党政府交通部的这一统计，虽名为"九一八事变"以来全国交通财产损失，但实际上，关外东北部分只列入了铁路、公路和电政3项损失。故而，这个所谓全国交通财产损失，是一个很不完全的统计。实际损失数，肯定远超统计数。

③ 满铁铁道部：《新东北交通委员会设立经纬》，编纂资料，极秘，手稿，见吉林省社会科学院《满铁史资料》编辑组编：《满铁史资料》第2卷路权篇，第4分册，中华书局1979年版，第1109—1110页。

委员长是汉奸丁鉴修(沈海铁路伪保安维持会会长)和金璧东(肃清王次子,吉长吉敦铁路局局长),首席顾问为十河信二,代理首席顾问为村上义一,两人均为满铁理事;另有顾问佐藤应次郎、山叶助、金井章次,这几人均为满铁社员。[①] 可见,这个委员会的实权掌握在满铁"顾问"手中,是一个十足的傀儡机构。

1932 年 3 月,伪"满洲国"傀儡政权成立,设有交通部,伪"东北交通委员会"解散。伪交通部掌管铁路、汽车、水路、港湾、船舶、航空、邮政、电信等事项。交通部首脑为"总长";1934 年 3 月,伪满政府由执政制改为帝制后,总长改称"大臣"。本部设有总务、铁路、水运和邮政 4 个司。1934 年,改为总务、路政、邮政 3 个司。1937 年,伪"民政部"所属土木局并入交通部,部内设有大臣官房、铁路司、航路司、道路司,部外设邮政总局。1939 年,又改为大臣官房、铁路司、水路司、道路司、航空司、都邑计划司及部外的邮政总局,还管理中央气象台。1943 年,取消道路司和都邑计划司,增设建设司。另有"国道会议"直属伪"国务院"。

在伪满地方政权中,亦设置相应的交通行政机构。1933 年,在营口、安东(今丹东)、哈尔滨设航政局(后改称"航务局");在黑河、佳木斯、葫芦岛、吉林设分局或办事处,管理水运行政。1937 年,在图们、牡丹江、安东、黑河、海拉尔、营口、锦州设土木建设处。在长春设治水调查处,在彰武、营口、锦州设治水工程处。1939 年,在安东设大东港建设局。航空行政方面,在长春、沈阳、齐齐哈尔、承德、哈尔滨、牡丹江设航空所,负责航空业务。伪满各"省"政府内设有交通厅或道路科;伪"市政府"内设有交通处或交通

① 满铁:《满洲事变与满铁》,极秘,见吉林省社会科学院《满铁史资料》编辑组编:《满铁史资料》第 2 卷路权篇,第 4 分册,中华书局 1979 年版,第 1112 页。

科；伪县、旗政府内设有土木科或交通科。

在伪满政府之外，更有日本人直接经营的"满铁"，在东北广设各种机构，如铁路局、江运局等。[①] 满铁于 1936 年成立的铁道总局，统一经营伪满辖区的铁路、国有汽车运输，东北北部的水运和海港、河港；还经营与水陆交通有关的仓库、旅馆，并通过国际运输会社、大连交通会社、大连汽船会社等控制短途运输、城市公共交通和海运业。

操控伪满政府的，实际是日本人。日本内阁决议要求，"施行日满两国的合理的产业统制，实现日满统一的自给自足经济体"，伪满政府应从日方"聘用有权威的顾问，作为关于财经问题及一般政治问题的最高指导者"；伪满的"铁路和其他交通机关，须由我方掌握管理实权"。[②] 国联调查报告也称，在伪满"政府"中，"日本官员甚为显要，各部均有日本顾问"，"实际上操有最大权力之各总务厅，其厅长，则均属日本人。其初命名为顾问，但最近职位之最重要者，已被实授为政府官员"；"日人在铁路局……者，为数亦众"。[③] 伪"政府"交通部长虽为华人，但铁道司和最具实权的总务司，全系日本人。

伪满交通行政实权控制在日本人手中，其交通的经营和建设，也由日本人掌控。1932 年 8 月 17 日，伪满政府"国务总理"与关东军司令官签署《满洲国铁路、港湾、水路、空路等管理及线路敷

---

① 参见东北物资调节委员会研究组编：《东北经济小丛书 · 运输》，1948 年印行，第 91—93 页。

② 日本外务省档案胶卷，WT27，IMT149，第 41—43 页，见吉林省社会科学院《满铁史资料》编辑组编：《满铁史资料》第 2 卷路权篇，第 4 分册，中华书局 1979 年版，第 1148 页。

③ 《国联调查团报告书》，见张研、孙燕京主编：《民国史料丛刊》第 230 册，大象出版社 2009 年版，第 215—216 页。

设管理协定》①,“委托”满铁经营伪满辖区的“国有”铁路、港口、水运、航空运输。日本以此建立殖民地化的交通统制。

伪满政府“委托”满铁经营辖区内交通业的具体工作,是由铁路总局和铁道建设局承担的。1933 年 2 月 9 日,满铁与伪满政府签订《满洲国铁道借款及委托经营契约》等系列文件,1933 年 3 月 1 日,满铁在沈阳设铁路总局,下辖奉山、沈海、吉海、四洮、洮昂、齐克、吉长、吉敦和呼海 9 个铁路局,经营伪满“国有”铁路;又在大连设铁道建设局,负责修建铁路。② 满铁派出一千多人参加铁路总局的工作,总局和所属的 9 个铁路局机构庞大,从业人员多达 3.5 万人,另有护路警察 5000 余人分布在各路局管内。此外,还有 3.8 万名中国员工被迫留下工作。③ 满铁自有铁路(即所谓“本社线”或“社线”)仍归满铁本社铁道部管理,在大连、沈阳分设铁道事务所。此外,随着 1933 年 9 月京图线通车,中国东北与朝鲜北部直接联系的完成,满铁又与日本驻朝鲜总督府签订“委托”经营合同,从 10 月 1 日起经营朝鲜北部的“国有”铁路。满铁在清津设“北鲜铁道管理局”,直属满铁总裁,主要经营雄(基)罗(津)线和罗津港。④ 这样,日本、中国东北、朝鲜通过海陆联运,形成更

① 满铁调查部:《满洲国有铁道委托经营契约关系文书集》,见吉林省社会科学院《满铁史资料》编辑组编:《满铁史资料》第 2 卷路权篇,第 4 分册,中华书局 1979 年版,第 1160—1163 页。

② 满铁铁路总局旅客科:《铁路总局事业概要》,见苏崇民主编:《满铁档案资料汇编 · 垄断东北铁路和海港》,社会科学文献出版社 2011 年版,第 369 页。铁路总局局长为宇佐美宽尔。

③ 苏崇民主编:《满铁档案资料汇编 · 垄断东北铁路和海港》,社会科学文献出版社 2011 年版,第 368、372 页。

④ 满铁事业部:《满铁铁路情况关系资料》,见苏崇民主编:《满铁档案资料汇编 · 垄断东北铁路和海港》,社会科学文献出版社 2011 年版,第 358 页。铁道总局成立后,北鲜铁道局改为北鲜铁道事务所,并迁至罗津。

紧密的交通联系。为实现满铁的“国策”使命，满铁还要求伪满政府提供各种便利。例如，不仅是铁路用地，其他想要使用的土地，伪满政府都要提供便利；铁路总局自由经营森林、矿山等；免除总局经营的一切“国税”和地方税，以及物品的输入税。①

为加强交通统制，1934年4月，满铁将9个铁路局合并为奉天、新京、洮南和哈尔滨4个铁路局，另设哈尔滨水运局统管水运业务，使权力更加集中。在1935年收买中东铁路后，新设牡丹江铁路局；奉天、新京、洮南3个铁路局迁址并改名为锦州、吉林、齐齐哈尔铁路局。此时，满铁经营的所谓“国线”已长达8800多公里，远超满铁“社线”长度。但这一时期，满铁“社线”仍归满铁铁道部管理，维持满铁主导下的“国线”“社线”二元经营体制。

为“适应国策要求”，“实现统一的一元化的经营体系”②，1936年10月，满铁将铁道部、铁路总局、铁道建设局和北鲜铁道局合并，在奉天设新的“满洲铁道总局”，直属满铁总裁，并由满铁副总裁担任总局局长，统一管理伪满辖区和朝鲜北部铁路运输，铁路“国线”“社线”合一。铁道总局从业人员一律称为“社员”。总局下辖5个铁道局，2个铁道事务所及铁道学院、铁道研究所；各铁道局下，设有铁道监理所，并设有学校、医院、农场、工厂、苗圃、种畜场、汽车管理所等。铁道总局还设有哈尔滨林业所、哈尔滨造船所，皇姑屯、新京、松浦、齐齐哈尔、大连等地铁道工厂及北满经济调查会等。中国东北地区与朝鲜北部铁路网连为一体，实现了所谓“一体化”经营。1937年，日本搞所谓撤销在伪满的治外法

---

① 铁路总局总务处附业课：《铁路总局附带事业的基调》，秘件，见苏崇民主编：《满铁档案资料汇编·垄断东北铁路和海港》，社会科学文献出版社2011年版，第377页。

② 《满铁改组断案》，见苏崇民主编：《满铁档案资料汇编·垄断东北铁路和海港》，社会科学文献出版社2011年版，第380页。

权,满铁将铁路附属地行政权“让给”伪满政府,又将其重工业部门“转给”伪“满洲重工业开发株式会社”,从此专注于交通运输业。满铁也趁机向伪满政府安插职员1495人。[①] 1938年6月,又新设或升格水道局和汽车局。这样,以铁路为中心,水路、汽车运输和港口等交通业,全部纳入满铁主导的交通统制体系,甚至损益、收支亦能互相弥补,比较灵活地适应了日本侵略和掠夺的需要。[②] 自1940年4月1日起,伪满“国线”与满铁“社线”实行统一核算,伪满政府对满铁承担的借款利息也一律免除。[③] 于是,形式上“委托”满铁经营的伪满“国线”,实质上也被满铁纳为已有,实现了全方位的一体化经营。但关东军司令官对满铁享有一元化的监督权。

日本发动全面侵华战争,无疑对交通的需求更加迫切。为适应全面侵华战争的需要,以及准备对苏作战,日伪进一步强化战时经济统制。他们修改所谓“五年计划”,并通过所谓“日满物(资)动(员)计划”,以“确立以日本为中心的日满经济一体化”。这就

---

① [日]满史会编:《满州[洲]开発四十年史》上卷,满州[洲]开発四十年史刊行会1964年版,第255页。

② 东北物资调节委员会研究组编:《东北经济小丛书·运输》,1948年印行,第137—138、164—165页。1945年日本投降前,铁道总局之下已有大连埠头、沈阳、锦州、吉林、哈尔滨、齐齐哈尔、牡丹江和朝鲜罗津8个铁道局,大连、沈阳、长春、哈尔滨、三棵树、牡丹江、齐齐哈尔、吉林8处铁道工厂,沈阳、通化、哈尔滨、齐齐哈尔4处铁道建设事务所。

③ 1940年4月1日开始实施的议定包括:满铁对伪满政府的各项借款,不论新旧一律无息,对既往未处理的借款利息,追溯到契约生效之时全部免除;委托满铁经营的伪满“国线”的经营收支,由满铁自行核算;满铁每年向伪满政府交纳报偿金1500万日元;另表所载的伪满“国有”铁路有关各项公债等的偿还,由伪满政府自行负担;废止原来对伪满政府的缴纳金制度(参见[日]满史会编:《满州[洲]开発四十年史》上卷,满州[洲]开発四十年史刊行会1964年版,第262页)。

要求满铁采取措施，把“日本掌握满洲交通”推向极致。铁道总局新动作不断，一方面，在1938年调整其机构职能；另一方面，规划伪满辖区各港口的腹地范围，同时还规定汽车运输业的统制方针，充实“国营”汽车，收买民营汽车。此外，通过进一步整合东北和朝鲜的水陆交通，设立日本海航路统制会社，缩短与日本之间的运输距离，加快输出中国东北重工业资源和输入日本武装移民。① 1939年5月，机构扩充有了动作，从总务课中分出部分职能，加强人事课的职能；增设自动车课，以加强对汽车运输的统制；在哈尔滨、牡丹江和齐齐哈尔三个铁路局中设电气课，以加强铁路战时体制。同年6月，应关东军的要求，又设置铁道总局企划委员会，专职负责交通业的计划和对外联系工作，以确保完成交通的日常工作和战时统制的业务。1940年4月，又在营业局内增设小运送课，以解决铁路运输的积压问题；在汽车局内增设计划课，满足汽车运输的整顿和扩充需要。②

为支持日本全面侵华战争，1939年4月“华北交通株式会社”成立之时，满铁总裁大材卓一与“华北交通株式会社”总裁宇佐宽美尔达成统一经营备忘录，约定两社业务上紧密联系，“在实质上达到满华铁路及其他交通的统一经营的目的”。③

1941年12月太平洋战争爆发后，日本、伪满政府及“满铁”均开足马力，支撑战时体制。满铁将本社企划和经营部分迁往长春，

① 《满洲经济年报》，1939年版，见苏崇民主编：《满铁档案资料汇编·垄断东北铁路和海港》，社会科学文献出版社2011年版，第385页。

② 苏崇民主编：《满铁档案资料汇编·垄断东北铁路和海港》，社会科学文献出版社2011年版，第387—391页。

③ 《关于满华交通统一经营的备忘录》，1939年4月17日，见苏崇民主编：《满铁档案资料汇编·垄断东北铁路和海港》，社会科学文献出版社2011年版，第397页。

以便与伪满政府更加紧密配合,落实日本的侵略决策。在长春设大陆铁道输送协议会事务局,以加强满铁、朝鲜铁路、中国华北、华中等大陆四大铁路系统的一体化运输,强化和落实战时体制。①

伪满政府还颁布了多种交通法规。铁路交通方面,1933 年颁布《铁路法》,规定了所谓"国有"铁路的原则;1934 年颁布《铁路营业法》,作出了铁路营业的具体规定;1935 年颁布《私设铁路法》,规定了私营铁路的原则,1937 年又颁布《私设铁路补助法》,具体规定了支付私营铁路补助金的方法;另有《私设铁路法施行规则》《私设铁路建设规程》《专用铁路规程》《私设铁路运转、信号、保安规程》《私设铁路职员制度》等规定先后颁行。公路交通方面,1937 年颁布《汽车运输事业法》,1940 年颁布《汽车交通事业法》,对定期汽车客货运输营业作出了规定;还先后颁布《汽车交通事业取缔规程》《汽车取缔规则》等。水运方面,1933 年颁布《河川航运法》,1937 年陆续颁布《船舶法》《船舶登记法》《船舶登录税法》。港湾、河川方面,1938—1940 年颁布有《开港取缔法》《船舶装载量测度法》《河川法》等。1937 年颁布《航空法》,规定了航空业的原则。1937 年颁布《运输法》,规定了小运输的原则。此外,还颁行有《吨税法》《都邑计划法》《海商法》《关税法》等。②

伪满政府于 1933 年 3 月公布所谓《满洲经济建设纲领》,计划铁路总长要达到 2.5 万公里,第一期计划十年间建设新路 4000 公里,全部"委托"满铁统一经营;十年内新建或改建公路 6 万公里;建立全东北电信网,充实对海外的电信,政府统一经营有线电

① 东北物资调节委员会研究组编:《东北经济小丛书 · 运输》,1948 年印行,第 141 页。

② 东北物资调节委员会研究组编:《东北经济小丛书 · 运输》,1948 年印行,第 95—97 页。

信、无线电信、电话、广播等事业；三年内开辟航空线路3500公里，由“满洲航空株式会社”经营，并开辟欧亚和东洋各地之间的航线；利用原有港口，先改筑营口、安东两港，再修筑葫芦岛港。对河流运输、城市建设，也有规划。① 目的是巩固傀儡政权的统治，配合日本侵略者的殖民统治。1934年3月，日本内阁通过《日满经济统制方策要纲》，交通和通讯业等14类产业置于最重要地位，要求由在伪满辖区“该种事业中处于支配地位的特殊会社经营”，直接受日本政府的特别保护与监督。伪满政府对此心领神会，同年6月发表《关于一般企业声明》，将交通和通讯业列为“国防上重要事业、公共公益事业、一般产业之根本基础产业”，明令要“特别讲求措置”。②

1937年，伪满实行所谓第一次开发产业五年计划，之后又有所谓北边振兴计划、农业开发计划、民生振兴计划、疆土计划等先后出笼，对交通的依赖加重。1939年第二次世界大战欧洲战场开战，翌年苏德战争爆发，日本也加紧备战，准备新的军事扩张。1941年，日本发动太平洋战争，东北要为日军提供更多的补给，伪满交通全力为日本的军事冒险服务。

第二节　伪“满洲国”的铁路交通

东北地区在1931年“九一八事变”发生前已建成铁路6200多公

① 东北物资调节委员会研究组编：《东北经济小丛书·运输》，1948年印行，第93—94页。

② 《日满经济统制方策要纲》（1934年3月30日）、《关于一般企业声明》（1934年6月28日），见中央档案馆等编：《日本帝国主义侵华档案资料选编·东北经济掠夺》，中华书局1991年版，第36—43页。

里。其中,中国自办铁路超过1186公里①,与俄国资本有关铁路1788.8公里(中东铁路及南部支路)②,与英国资本有关铁路889.9公里(北宁铁路关外段等)③,中国向日本借款修建铁路1231.7公里④,日本经营铁路1130.7公里("南满"铁路等)⑤。也即,日本经营和贷款铁路共达2362.4公里;且通过贷款、承包工程、供料等方式,

---

① 齐昂路(齐齐哈尔—昂昂溪)29公里,开丰路(石家台—西丰)63.7公里,鹤岗路(莲江口—兴山)56公里,西安支线(梅河口—西安)73.6公里,呼海路(三棵树—海伦)220.1公里,沈海线(奉天—朝阳镇263.5公里),昂齐支线(昂昂溪—齐齐哈尔)30.4公里,吉海线(吉林—朝阳镇)183.9公里,榆树线(榆树屯—昂昂溪)6.4公里,齐克线(齐齐哈尔—泰安)128.9公里,讷河支线(宁年—拉哈)48公里,洮索线(白城子—老爷庙)82.9公里。合计1186.4公里。

② 中东铁路(满洲里—绥芬河)1481.2公里,南部支线(长春—哈尔滨)242.1公里,梨树线(下城子—梨树镇)58.9公里,道里码头线(哈尔滨—道里码头)3.8公里,八区码头线(哈尔滨—八区码头)2.8公里。合计1788.8公里。中东铁路"南满"支路长春至旅顺段(即连长线)在日俄战争后被日本接管。

③ 奉山线(奉天—山海关)419.6公里,河北线(沟帮子—河北)91.1公里,葫芦岛线(锦西—葫芦岛)12.1公里,北票线(金岭寺—北票)17.9公里,锦古线锦县金岭寺段94.7公里,大通线(大虎山—通辽)251.7公里,皇姑屯联络线2.8公里。合计889.9公里。

④ 吉长线(吉林—长春)127.7公里,溪堿线(本溪湖—牛心台)14.9公里,四郑线(四平街—郑家屯)92.8公里,郑通线(郑家屯—通辽)114.5公里,天图线(开山屯—老头沟)101.1公里,天图线(朝阳川—延吉)10公里,郑洮线(郑家屯—洮南)228.1公里,洮昂线(洮南—三间房)220.1公里,吉敦线(吉林—敦化)210.5公里,奶子山线(蛟河—奶子山)10公里,金城线(金州—城子疃)102.1公里。合计1231.7公里。

⑤ 连长线(大连—长春)704.3公里,旅顺线(周水子—旅顺)50.8公里,营口线(大石桥—新营口)22.4公里,抚顺线(苏家屯—抚顺)52.9公里,烟台线(烟台—烟台煤矿)15.6公里,安奉线(安东—奉天苏家屯)261.8公里,吾妻线2.9公里,浑榆线(浑军—榆树台)4.1公里,甘井子线(南关岭—甘井子)11.9公里,入船线(沙河口—入船)4公里。合计1130.7公里。

不同程度地夺取或参与了贷款铁路的经营权。“九一八事变”后,侵略中国的急先锋、所谓“国策会社”满铁,运用各种手段,先后掌控了伪“满洲国”辖区全部铁路的修建权和经营权以及铁路“附带事业”。

一、日本劫夺中国东北地区铁路

自晚清至民国,日本一直图谋在中国东北夺取更多铁路权益。除了以借款渗透中国铁路、擅自铺设铁路、独资修建铁路、以战争手段与沙俄瓜分铁路,还计划大规模成系统地获得中国东北铁路权益。1913 年夺得所谓满蒙五路路权①,1918 年夺得满蒙四路路权②,1923—1927 年间又提出新满蒙五路方案③。1925 年满铁制

① 1913 年 10 月 5 日,袁世凯政府与日本以秘密换文的形式确定《铁路借款预约办法大纲》,袁政府许诺日本,四平街至洮南、开原至海龙、长春至洮南 3 条铁路由日本借款修建;洮南至承德、吉林省城至海龙 2 条铁路,日本有优先贷款权(参见吉林省社会科学院《满铁史资料》编辑组编:《满铁史资料》第 2 卷路权篇,第 2 分册,中华书局 1979 年版,第 610—611 页)。

② 1918 年 9 月 24 日,段祺瑞政府与日本达成满蒙四路换文,承诺向日本借款修建开原、海龙、吉林间(开吉铁路),长春、洮南间(长洮铁路),洮南、热河间(洮热铁路),洮热铁路线某一点至某海港间铁路(参见吉林省社会科学院《满铁史资料》编辑组编:《满铁史资料》第 2 卷路权篇,第 2 分册,中华书局 1979 年版,第 632—633 页)。

③ 早在 1923 年,满铁向日本政府提交了一个新的满蒙五条铁路方案。1927 年 10 月,为落实日本全面侵略中国的“东方会议”决议,满铁总裁山本条太郎亲赴北京,与当时控制东北四省(包括热河)的张作霖缔结修建 7 条铁路大纲的交涉协议,据此,1928 年 5 月,缔结其中 5 条铁路的承建合同,称为“满蒙新五路”,决定先建造除吉林至五常线之外的 4 条铁路,即:由敦化经老头沟至图们江江岸线;由长春至大赉线;由洮南至索伦线;由延吉至海林线(参见吉林省社会科学院《满铁史资料》编辑组编:《满铁史资料》第 2 卷路权篇,第 3 分册,中华书局 1979 年版,第 910—911 页)。

订了一个“满蒙开发铁路网”计划,欲分4期完成35条、8800公里铁路①,以实现日本的“满蒙特殊化”野心。

由于张作霖被炸身亡,东北实现易帜,日本的计划搁浅。不过,日本并不死心,以深具战略意义的吉会等铁路为重点,继续对东北地方政府施压。1929年10月,日本向吉林省政府再次提出,由满铁垫款修建敦化至图们铁路,且与朝鲜铁路连接。1930年,日本步步紧逼,抛出所谓中国在东北53项“违约事件”,指责中国在东北修建铁路、东四路(京奉西与沈海、吉海、吉敦三路)与西四路(京奉东与四洮、洮昂、齐黑三路)实行联运,是与满铁竞争,损害了满铁和日本利益,决心“采取一切手段加以阻止”,并逼迫东北地方政府谈判解决。② 日本帝国主义者等不及“交涉”成功,悍然发动侵略中国东北的战争。

“九一八事变”爆发后,日本关东军和满铁互相配合,全面劫夺中国东北地区的铁路和其他交通事业。日本长期谋划、处心积虑的侵略野心,得以一一实现。

日本侵略者在短短两三个月的时间内,夺取了中国东北地区除中东铁路以外的已成(约4438公里)和待建铁路的全部路权。1932年3月1日,汉奸傀儡政权——伪“满洲国”宣布成立。此前的2月25日,关东军已决定“委托”满铁经营中国东北全部铁路。3月10日,关东军司令与满铁总裁签订《关于满洲国铁道、港湾及河川委托经营及新设等协定》,规定将属于伪“满洲国”政府的铁

① 吉林省社会科学院《满铁史资料》编辑组编:《满铁史资料》第2卷路权篇,第3分册,中华书局1979年版,第847—849页。“九一八事变”后,日本在中国东北的铁路修建,基本在这一计划之内。

② 参见宓汝成:《帝国主义与中国铁路(1847—1949)》,上海人民出版社1980年版,第310页;吉林省社会科学院《满铁史资料》编辑组编:《满铁史资料》第2卷路权篇,第3分册,中华书局1979年版,第1041—1045页。

路、港湾、河川及其附带事业的经营权，以及这些交通的新建、扩建事宜，都“委托”给满铁；委任满铁总裁为关东军最高顾问，满铁其他业务人员为关东军顾问，伪满政府象征性地派驻监督官，监督经营；该项协定期限50年。① 同日，关东军还迫使伪满执政溥仪签署与关东军司令官本庄繁的秘密换文，作为日本内阁《中国问题处理方针要纲》的附件。溥仪在换文中“慷慨”表示，“敝国承认，贵国军队，凡为国防上所必要，将已修铁路、港湾、水路、航空等之管理并新路之布设均委诸贵国或贵国所指定之机关”。② 除航空交给另设的“满洲航空会社”承担外，铁路、港湾、水路及其附带的“国有”汽车等事业，全部交给满铁经营，满铁则以部分经营利润充作关东军军费。1932年4月11日和15日，日本内阁先后两次会议通过《关于帝国对满蒙新国家的具体援助与指导问题》，声称“鉴于帝国及新国家的国防及经济方面的需要，新国家的铁路和其他交通机关，须由我方掌握管理实权”。具体方法则按《关于满洲国铁道、港口、河川处理方针》办理，包括前述伪满“执政”溥仪致关东军司令官本庄繁函的秘密换文、本庄繁与满铁总裁的协定。这个处理方针的“谅解事项”还特别说明，满铁上缴日本政府的款额，应作为驻守“满洲国”军费的财源；经营利润（从收入中扣除营业费、新借款利息及旧借款利息的约半数的余额）的大约5%为满铁所得。例如，关东军与满铁约定，驻军费用标准大致为：兵营及其他设备费1亿日元，经常费490万日元。5月9日，日本政府以

① 日本外务省档案胶卷，WT27，IMT149，第65—73页，见吉林省社会科学院《满铁史资料》编辑组编：《满铁史资料》第2卷路权篇，第4分册，中华书局1979年版，第1143—1146页。

② 日本外务省档案胶卷，WT27，IMT149，第62—63页，见吉林省社会科学院《满铁史资料》编辑组编：《满铁史资料》第2卷路权篇，第4分册，中华书局1979年版，第1142—1143页。

"绝对机密"指令批准了关东军与满铁的协定。[①]

为掩人耳目,1932年8月17日,伪满政府"国务总理"与关东军司令官签署《满洲国铁路、港湾、水路、空路等管理及线路敷设管理协定》,完全接受前述各项协定、换文的内容,确立了关东军劫夺伪满"国有"交通事业的所谓法律依据。[②] 1933年2月9日,满铁总裁林博太郎遵照关东军指令,又与伪满政府交通部总长丁鉴修签署《满洲国铁道借款及委托经营契约》《松花江水运事业委托经营细目契约》《敦化、图们江铁道外二铁道建造借款及委托经营契约》等系列文件。这些"委托经营"的契约规定,"满洲国"辖区的吉长、吉敦、吉海、四洮、洮昂、洮索、呼海(包括松花江水运的一部分)、沈海及奉山(包括大通线及附属港湾)等已成铁路,所欠满铁的债务共计1.3亿多日元,以此作为借款总额,并将这些铁路所属的一切财产和收入,作为借款本息的担保,同时把这些铁路的经营委托给满铁;伪满政府与满铁以外的第三国之间所存在的债务问题,则在"政府"与满铁之间达成协议的基础上,由满铁处置,其需要支付的款项及修建奉山线向中英公司所借资金的偿还,由铁路委托经营的收入支付;敦化至图们江的铁路、拉法至哈尔滨的铁路及泰东至海伦的铁路建设,交给满铁承建。其建设资金约1亿日元;伪"满洲国"向满铁借款约600万日元收购天图轻便铁

① 日本外务省档案胶卷;满铁调查部:《满洲国有铁道委托经营契约关系文书集》,见吉林省社会科学院《满铁史资料》编辑组编:《满铁史资料》第2卷路权篇,第4分册,中华书局1979年版,第1147—1153页。

② 满铁调查部:《满洲国有铁道委托经营契约关系文书集》,见吉林省社会科学院《满铁史资料》编辑组编:《满铁史资料》第2卷路权篇,第4分册,中华书局1979年版,第1160—1163页。

路，并委托满铁经营。[1] 上述敦化至图们江铁路以外的两条铁路之借款及缔结委托经营契约以后再订契约时，大致按照开工顺序依次公布。1933 年 12 月、1934 年 12 月和 1935 年 12 月，又先后公布 4 批铁路项目，由伪满政府投资建设费，满铁承建。1935 年 12 月之后，不再公布有关契约。[2]

伪满傀儡政府也“配合”日本侵略者的要求，宣布“满洲国”铁路一律国有，不准私营，并将已成铁路和新路建设全部“委托”给满铁经营。满铁设铁路总局经营“委托”的铁路、水路及其他附带事业，同时在大连满铁总部设铁路建设局负责新路建设。1933 年 3 月 1 日，满铁在沈阳设立铁路总局，经营原来分属 9 个铁路局的中国铁路干线和支线共 18 条。这就是所谓的“国线”。铁路附属的 272 辆机车、354 辆客车、3604 辆货车以及皇姑屯、长春、松浦 3 家工厂，也都落入满铁之手。[3] 这些名义上的伪满“国有”资产，伪满政府根本无权过问，也不能从中获取收益；它们实际上都掌握在以满铁为代表的日本侵略者手中，成为实现日本“国策”的工具。

日本为霸占中国东北地区的全部铁路，又对久怀觊觎之心的中东铁路下手。早在 1924 年 5 月，中华民国政府与苏联政府签订《解决悬案大纲协定》和《暂行管理中东铁路协定》，规定中东路纯属商业性质，由中苏共管，不允许第三国干涉该路前途。日本不甘心，极力阻扰，唆使张作霖抵制两个协定的落实。苏联迫于形势，

① 满铁调查部:《满洲国有铁道委托经营契约关系文书集》，见吉林省社会科学院《满铁史资料》编辑组编:《满铁史资料》第 2 卷路权篇，第 4 分册，中华书局 1979 年版，第 1170—1181 页。

② ［日］满史会编:《満州［洲］开発四十年史》上卷，満州［洲］开発四十年史刊行会 1964 年版，第 362—363 页。

③ 苏崇民:《日本侵占下东北经济的殖民地化》，北京交通大学出版社 2018 年版，第 45 页。

与张作霖控制的东北自治政府签订《奉俄协定》,而内容与上述协定相同,确立了中苏共管中东路的原则。但中东路并未完全实现共管,苏联认为中东路“是苏联的财产,仅仅在管理上才是双方共同的”①,实际控制着中东路的运营。

日本入侵中国东北后,苏联为了自己的利益,保持中立,不支持东北人民的抗日斗争。苏联甚至答应日本政府的请求,允许日本通过中东路转运日军。为掩人耳目,规定转运日军需要付费②。但这一行径还是严重违反中东铁路纯属商业性质的条约规定,使中东路间接成为日本侵略者的帮凶。日本政府则多次向苏联保证,“苏联的权益,特别是苏联对中东铁路的权益将不受侵犯,而且日军司令部和日本驻满官员均奉有不得对苏联权益进行任何侵犯的严格训令”③。但中东路运营仍发生种种问题。例如,成高子站发生列车颠覆事件(有数十名日军伤亡),松花江二号铁桥爆炸事件(未遂),日本特务机关坚称是中东路内部人员所为,扣押苏联人员严刑拷问,继而一口咬定是该路 4 名中国劳工所为,对其进行惨无人道的拷问。日军还放任暴徒袭击车站。1933 年 2 月以后,中东铁路各车站屡遭武装暴徒袭击,苏联员工也成为袭击目标,货车遭到破坏和抢劫。苏方指责驻扎各地的日军及伪满警察

① [苏]《真理报》1933 年 4 月 24 日,见吉林省社会科学院《满铁史资料》编辑组编:《满铁史资料》第 2 卷路权篇,第 4 分册,中华书局 1979 年版,第 1205 页。

② 日本关东军应中东路要求,曾先后五次支付总额为 220 万日元的预付款(见吉林省社会科学院《满铁史资料》编辑组编:《满铁史资料》第 2 卷路权篇,第 4 分册,中华书局 1979 年版,第 1213 页)。

③ 《苏联副外交人民委员加拉罕对日本大使太田的声明》(1933 年 4 月 16 日),见吉林省社会科学院《满铁史资料》编辑组编:《满铁史资料》第 2 卷路权篇,第 4 分册,中华书局 1979 年版,第 1201 页。

对此不闻不问。日本及伪满机构还极力干扰中东路的运输业务。例如，事变前的1930年12月，东北政务委员会批准哈尔滨东北油房同业联合会关于由陆路直接向欧洲输出东北北部大豆和豆饼的申请，从此即可通过中东路向欧洲输出货物，到1932年共输出大豆20多万吨，也即“九一八事变”后，这一运输并未终止。1933年3月，伪满中东路督办（理事长）李绍庚通知苏联代表、中东路副理事长库兹涅佐夫，要求在3月20日前停运。苏联代表则认为中东路为苏“满”合办，还打出“苏满两国亲善牌”，要求暂缓停止经由满洲里的直通运输业务，维持海参崴经中东路至贝加尔州之间的运输（不换车、不倒车）。双方还发生中东路货车是否被苏联扣留或转移、日本是否拖欠中东路日军转运费、日本是否扣留苏联货物、日本是否指使伪满政府强占中东路转运码头等问题的交涉。日、苏各执一词。①

种种纷争，加上日伪在东北新建、拟建各路，与中东铁路形成激烈竞争，使中东路的营业越发难以盈利，甚至严重亏损。苏联认为日本占领中国东北是“进攻苏联的序幕”②，高度警惕日本的侵略阴谋，但也不敢与日本发生正面冲突。苏联此时在西方遇到强大的德国的威胁，其程度超过日本，不断调整对国民党政府和日本的外交政策，最终是着眼于维护苏联的安全和利益。权衡之下，苏联为减少与日本发生正面冲突的危险，保持远东的平静，决定将中苏共管的中东路“让渡”给伪满政府，以此表达苏联与日本“互不侵犯”的意向。③ 当初签订共管协定的，是中华民国政府与苏联政

① 吉林省社会科学院《满铁史资料》编辑组编：《满铁史资料》第2卷路权篇，第4分册，中华书局1979年版，第1190—1216页。

② ［苏］《真理报》1931年11月6日、1932年5月1日。

③ 沈志华主编：《中苏关系史纲》上卷，社会科学文献出版社2016年版，第74页。

府。苏联竟将中东路“转让”给一个不被国际广泛承认的伪政权,这是严重违反国际条约的。苏联不顾中国方面的抗议,于1933年5月2日公开向日本提议让售中东路,并于6月26日在东京与伪满政府代表开始正式谈判。当然,为安抚中国,苏联政府也于8月6日通知中国国民党政府外交部,同意签订中苏互不侵犯条约,并很快提交条约草案,展开正式谈判。① 1935年3月23日,日本侵略者由伪满政府出面,与苏联签订关于让渡中东路(当时已改称“北满铁路”)的协定,以1.7亿日元(铁路作价1.4亿日元,苏联员工退职金0.3亿日元)获得全部中东铁路及附属财产。② 日本从而获得东北地区全部铁路。

二、伪“满洲国”的铁路修建

1932年,即“九一八事变”后不到三个月,日本关东军要求满铁从速修建铁路,满铁先后部署所谓三次建设线的步骤,计划修建铁路4000多公里。③ 这一修建计划的线路和步骤,与1925年满铁制订的“满蒙开发铁路网”计划一脉相承。依据1932年3月10日关东军与满铁的协定,第一次建设线为敦(化)图(们江)线、拉

① 关于苏联与日伪售买中东路的谈判,参见吉林省社会科学院《满铁史资料》编辑组编:《满铁史资料》第2卷路权篇,第4分册,中华书局1979年版,第1218页。

② 《关于北满铁路之苏维埃社会主义共和国联邦[盟]权利让渡于满洲国　满洲国及苏维埃会主义共和国联邦[盟]间缔结之协定》,1935年3月23日,见吉林省社会科学院:《满铁史资料》编辑组编:《满铁史资料》第2卷路权篇,第4分册,中华书局1979年版,第1306页。

③ 宓汝成:《帝国主义与中国铁路1847—1949》,上海人民出版社1980年版,第327页。

(法)滨(江)线、海(伦)克(山)线;第二次建设线为通辽或锦县经赤峰至热河线、长(春)大(赉)线、延吉(后改称“图们”)经海林至佳木斯线(即图佳线)。[1] 第三次建设线有白城子至杜鲁尔(即白阿线)等。1933 年 3 月 1 日,伪满政府秉承日本旨意,公布所谓《满洲国经济建设纲要》,计划将来铁路的总长度为 2.5 万公里,在今后 10 年先建造 4000 公里新线,加上旧路,使总长度达到 1 万公里。[2] 铁路修建计划中的“第四次线”“第五次线”纳入“产业开发五年计划”。第四次线主要为分布在北部和东北部的所谓国防铁路,共 14 条、1624 公里。第五次线则是产业开发五年计划中的所谓“产业开发上所需要的经济线”,即以鸭绿江江口大东港为起点,连接凤城、宽甸、桓仁、通化、蒙江(今靖宇)、抚松等地,抵达京图线某一站的所谓“东边道纵贯线”。1939 年 4 月第三次修改产业开发五年计划时,确定“第六次线”,计划新建梨树镇至鸡西等路,并重点修建已有铁路的复线。1941 年 8 月,又决定修建“第七次线”。这些又是与所谓百万户移民计划、北边振兴计划相适应的。1942 年,满铁编制《满洲国铁道计划路线大要》,计划从 1945 年至 1959 年的三个五年计划期间,修建铁路 71 条,共 10355 公里。

日本侵略者及其傀儡伪满政府通过满铁在东北修建的铁路,大体分为四类。

其一,从日本殖民东北的“国策”,“特别是作战上的角度”出发,修建或改建便于与日本本国和朝鲜相联络的线路。为此,续建

① 吉林省社会科学院《满铁史资料》编辑组编:《满铁史资料》第 2 卷路权篇,第 4 分册,中华书局 1979 年版,第 1146 页。

② 中央档案馆等编:《日本帝国主义侵华档案资料选编 · 东北经济掠夺》,中华书局 1991 年版,第 31 页。

完成京(长春)图(们)线,新建图(们)佳(木斯)线、四(平街)梅(河口)线和梅(河口)辑(安,今集安)线。“九一八事变”前,中国东北与朝鲜之间只有安(东)奉(天)一条铁路线。“九一八事变”后,日本侵略者为建立和巩固东北亚殖民体系,增建由吉敦线的敦化东经朝阳川、延吉至图们的铁路(即京图线),以与朝鲜东北部铁路线衔接;又由朝阳川至开山屯修建京图线支线,以与朝鲜西北部铁路衔接,从而最终完成其图谋已久的吉(林)会(宁)铁路。这些线路还能通往朝鲜东部重要港口罗津;同时也是为了完成朝鲜东部另一重要港口清津港的筑港工程。这一系列工程,便于日本侵略者从殖民地朝鲜直接进入东北北部,还能把从东北北部劫夺的中国资源由哈尔滨更快捷地运抵罗津、清津两港,输往日本等地。这比起运至冰期极长的苏联海参崴,或绕道中国大连,都更加便捷、合算。在中国东北东边的中部、鸭绿江两岸的辑安与朝鲜满浦之间架设国际铁路大桥,密切了与朝鲜平壤等地的联系。加上原有的安奉铁路跨江与朝鲜铁路相接,于是在中朝之间构成了三条国际铁路交通线。

其二,可南下华北、西进内蒙古,为进一步侵略中国增强运输保障的铁路。“七七事变”之前,东北与华北之间,仅有一条京奉铁路。京奉线锦(州)朝(阳)支线延展至承德、古北口(即锦承、锦古线),与京奉线平行,使日军可直捣平津。日军占领华北后,又续建北平至古北口铁路,以与锦古线一气呵成,构成从东北直入华北的第二条铁路干线。为便于东北腹地与华北连接,又开辟新义和高新两路。新义线由锦古线上的义县经阜新煤矿至大郑线新立屯;高新线由新立屯至京奉线高台山,这两路的建成,既可使阜新矿的煤炭直运沈阳工业区,亦可使大郑线与四洮线相连,使日本掠夺的华北物资,不必经京奉线即可运往东北北部诸路;而沈阳以北军队,也不必经山海关便能快速进入华北。

西进内蒙古的线路，如京白线（长春至白城子）、白阿线（白城子至杜鲁尔）、鲁北线（平齐线的太平川至鲁北），均可深入内蒙古地区，并抵近外蒙。叶（柏寿）赤（峰）等线路，既能指向蒙边，亦可控制热河、进犯华北。

其三，为防御或进攻苏联，加强军备的线路。拉（法）滨（江）线如一把利刃，由吉会线拉法站刺向东北北部重镇哈尔滨，大大缩短日军由清津港至哈尔滨的路程。图佳线从中朝边境图们江岸的图们出发，跨越中东铁路而至松花江下游佳木斯，在经济上可聚集、拦截松花江上游丰富的资源，不经苏联控制的中东铁路而出口，军事上亦可快速扼断东北北部水陆交通要道。从图佳线的林口经密山至乌苏里江边虎头的林虎线，可以威胁苏联乌苏里铁路。延长呼海、齐克两线会合于北安，再北进至黑河（即北黑线），与苏联布拉戈维申斯克（海兰泡）隔江对峙，并可腰斩西伯利亚铁路。由滨（江）北（安）线的绥化东达佳木斯对岸，将东北北部铁路联成一体，使日军由朝鲜北部可直抵黑河，并利用图佳线协同支援同江军备。修建由中东铁路东段滨绥线的河西站至军事要塞东宁的遂宁线，以及由图佳线的新兴站至城子沟的兴宁线，并与遂宁线接轨，构建环形铁路网，虎视苏联海参崴等地。

其四，便利于对东北地区加强殖民统治和掠夺的线路，上述各路都兼具这种意义，如新义和高新两路。图佳线与通往鹤岗、绥化等地的铁路衔接，便于掠夺东北地区东北部各地的农、林、矿资源。齐（齐哈尔）北（安）、绥（化）佳（木斯）、宁（年）霍（龙门）等线路，在“北满谷仓”构成齐齐哈尔—克山—哈尔滨环形铁路网。① 日本

① 宓汝成：《帝国主义与中国铁路 1847—1949》，上海人民出版社 1980 年版，第 328—330 页。

尤其重视开通所谓“日满最短线”。为掠夺东北资源,加快对日运输,日本在日“满”之间构建三条主要贸易线。第一条是以“南满”三港(丹东、大连和葫芦岛)为门户,经过满铁“社线”,以东北南部为腹地,以大连为中心,并辐射全东北;第二条是以苏联海参崴为门户,经过中东铁路,以东北北部为腹地;第三条是以朝鲜清津、雄基为门户,以间岛、珲春等地为腹地。前两条为传统线路,而以京(长春)图(们)线为重点,以拉(法)(哈尔)滨线为培养线的第三条贸易线路的建设,极大地改变了东北与日本之间的贸易格局,加快日本对中国东北的掠夺和日“满”一体化。①

许多新线路的修建,首先是出于军事需要,“不惜支出巨额建设费而抓紧修建”,如滨北、洮索、锦承、北黑等线。②

从“九一八事变”到日本投降,14 年间,伪“满洲国”辖区共新建铁路干线 5020 多公里,支线和联络线约 1231 公里;干支线总计 6251 公里。另有 900 多公里铁路未完工(见表 5-1)。

在“国营”铁路干线之外,一些地方也存在民营性质的所谓“私设铁路”,主要用于煤矿、木材开采的运输。伪满政府制定《私设铁路法》和《私设铁路补助法》,规定自登记建设之日起,以十年为期,由官方给予一定额度的补助。③

---

① 满铁商工课:《昭和 9 年满洲商工事情》,见苏崇民主编:《满铁档案资料汇编 · 垄断东北铁路和海港》,社会科学文献出版社 2011 年版,第 645 页。

② 铁路总局总务处附业课:《铁路总局附带事业的基调》,秘件,见苏崇民主编:《满铁档案资料汇编 · 垄断东北铁路和海港》,社会科学文献出版社 2011 年版,第 377 页。

③ 东北物资调节委员会研究组编:《东北经济小丛书 · 运输》,1948 年印行,第 101 页。

表 5-1　伪满辖区新建铁路统计(1931 年 9 月—1945 年 8 月)　(单位:公里)

项目 干线别	路段和支线名	起讫地		里程		正式营业时间(年、月)	备注
		起点	终点	干线	支线		
1. 中东路	滨洲线、滨绥线	满洲里	绥芬河	[滨洲线 944.5 公里]		1903.7	1933 年中东铁路改称“北满铁路”,1935 年 3 月转让给伪“满洲国”,并“委托”满铁经营,其西部称滨洲线(哈尔滨至满洲里),东部称滨绥线(哈尔滨至绥芬河)。
				[滨绥线 555.6 公里]		1901.11	
	哈尔滨东门联络线				17	1936	
	亚林支线改建、续建	亚布洛尼(亚布力)	龙爪沟		13.1	1938	1907 年俄国商人开建森林铁路,1930 年铺轨至鳌麻子沟,1932 年转让给日商近藤林业公司,1938 年改建、续建至龙爪沟。全长 93.3 公里。
	开道绕行线	亚布洛尼(亚布力)	横道河子		58.5	1942.9	—

续表

项目 干线别	路段和支线名	起讫地		里程		正式营业时间（年、月）	备注
		起点	终点	干线	支线		
1. 中东路	海林支线	敖头	长汀		44	1942	为满足日本“开拓团”垦荒、伐木的需求修建。
	江南联络线	太平桥	江南		2.2	1943	
	博林支线	沟口	125 公里处		60	1935—1945	森林铁路,1928 年由东清铁路公司的东方公司开建,1930 年时已完工 52 公里。1935 年“委托”满铁经营,并向林区展筑,1945 年铺轨至 112 公里处。1947 年全部建成通车,全长 126.6 公里。
	牙林支线	牙克石	137 公里处		137	1940—1945	俄国商人与日本人合作修建的木材运输线。1945 年完成 137 公里。1947 年延伸至库都尔,全长 144 公里。

续表

项目 / 干线别	路段和支线名	起讫地		里程		正式营业时间（年、月）	备注
		起点	终点	干线	支线		
2. 齐北线		齐齐哈尔	北安	[231.4]			东北沦陷之前，齐齐哈尔至泰安段128.9公里已建成通车，并铺轨至泰东。
	泰克段（部分）	泰东	克山	31.9		1933.12	1932年9月临时营业。
	泰东北安段	克山	北安	56.1		1933.12	1933年1月临时营业。
3. 京滨线		新京[长春]	哈尔滨	[242.1]			原为中东铁路“南满”支路的区段。
	陶榆线	陶赖昭	团山子		76.1	1943.7	位于吉林北部，为京滨线支线，主要用于运输榆树一带粮食和石料。
4. 滨北线		三棵树/滨江	北安	[326.1]			含呼海路、海克路及拉滨路与呼海路联络线。
	呼海路呼海拉滨联络线	三棵树	徐家		15.2	1934.6	
	新松浦支线	马船口	新松浦		4	1934	1938年拆除。
	海克线	海伦	克山	162.2		1933.12	

续表

项目 干线别	路段和支线名	起讫地		里程		正式营业时间（年、月）	备注
		起点	终点	干线	支线		
5. 北黑线		北安	黑河	302.9		1935.11	1946年苏军拆除。
	黑河码头线	黑河	黑河码头		4.2	1935.11	1946年拆除。
6. 宁神线		宁年	神武屯（终点为绿神站）	[456.9]			1945年7月，日军拆除霍龙门至绿神、墨尔根至霍龙门段。1946年苏军拆除宁年至墨尔根段，至此，该路全部拆除。
		拉哈	讷河	38.8		1932.12	
		讷河	墨尔根	93.5		1937.7	1937年3月临时营业。墨尔根，今嫩江。
		墨尔根	霍龙门	103.6		1944.1	1939年11月临时营业。
		霍龙门	绿神	173		1944.1	1942年春临时营业。
	纳金口支线	双峡	南源利		72.6	1943.12	通往中苏边境的军用铁路，1945年春被日军拆除。
7. 绥佳线		绥化	佳木斯	381.8		1940.12	
8. 汤林线		南岔	伊春	104.7		1945.3	抗战结束时被破坏。

续表

项目 / 干线别	路段和支线名	起讫地		里程		正式营业时间（年、月）	备注
		起点	终点	干线	支线		
8. 汤林线	汤林路翠峦支线	伊春	翠峦		20.9	1945	
9. 图佳线		图们	佳木斯	580.2		1937.7	
	嘎呀河森林铁路	春阳	小李树沟和朝阳川		33.8	1935.3	该路在高丽屯站分岔，一路南行至小李树沟，一路北行至朝阳川。1938 年前后拆除。
10. 虎林线		林口	虎头	225.7		林口—密山段 1936 年 7 月营业；密山—虎头段 1937 年 12 月营业。	1946 年苏军拆除密山以东路段 164.8 公里。
	恒山线	鸡西	恒山		12.4	1941.11	恒山煤矿专线。
	青奎支线	青山	奎山		22	1943	虎林线与图佳线的联络线。
	城子河线	西鸡西	城子河		10.4	1943	城子河煤矿专线。

续表

项目 干线别	路段和支线名	起讫地		里程		正式营业时间（年、月）	备注
		起点	终点	干线	支线		
10. 虎林线	东当线	西安东站	兴隆		37.5	1942.3	军用铁路。1945年苏军拆除。
11. 城鸡线	梨树镇至西鸡西段	梨树镇	西鸡西	44.5		1941.11	1925年已由下城子通车60公里至梨树镇。
12. 遂宁线		河西	东宁	91.8		1939.12	1945年12月该路被苏军拆除。
13. 兴宁线		新兴	城子沟	216.1		1940.12	1945年8月苏联对日宣战后，日军破坏了部分路段。同年11月，苏军拆除其余全部铁路。
14. 连京线	连京线	大连	新京	[701.8]			原为中东铁路“南满”支路的一段。
	辽公联络线	辽阳	公原（本溪南站）		69.3	1942	亦称辽宫线。系“鞍山昭和制钢所”和“日满弓长岭铁矿有限公司”专用线。
15. 平齐线		四平	齐齐哈尔	[571.3]			1934年4月四洮铁路、洮昂铁路和齐克铁路昂齐支线合并，称平齐线。

续表

项目 干线别	路段和支线名	起讫地		里程		正式营业时间（年、月）	备注
		起点	终点	干线	支线		
15. 平齐线	三间房联络线	三间房	昂昂溪		9.8	1939	平齐线与滨洲线的联络线。
16. 白阿线（白杜线）		白城子	杜鲁尔	[377.3]		1941.11	该路包括洮索线、索兴线、兴温线和温杜线。
	洮索线怀远镇—索伦段	洮安（白城）	索伦	109.2		1935.11	该线全长192公里，1931年1月底已铺轨至怀远镇（今乌兰浩特北）。
	索兴线	索伦	南兴安	130.8		1936.7	
	兴温线	南兴安	阿尔山[温泉]	15.4		1937.1	
	温杜线	阿尔山	杜鲁尔	40.3		1941.11	
17. 京白线		新京[长春]	白城子	332.6		1935.11	
	大赉码头线	大赉城	大赉码头		5.5	1935.2	
18. 京图线		新京	图们	[530.7]		1933.6	亦称长图线，由吉长、吉敦和敦图等线路合并而成。

续表

项目 干线别	路段和支线名	起讫地		里程		正式营业时间（年、月）	备注
		起点	终点	干线	支线		
18. 京图线	敦图段	敦化	图们	191.9		1933.6	
	朝开线	朝阳川	开山屯		59.5	1934.11	原为天图轻便铁路的一部分,经改建而成。
	龙丰线	龙潭山站	大丰满		22.8	1938.1	丰满电站运输线。
19. 拉滨线		拉法	滨江	271.7		1934.9	
	小新联络线	小姑家	新站		9.1	1933.12	京图线与拉滨线的联络线。
	三棵树码头线	三棵树	码头		3.5	1933.12	通往松花江的水陆联运线。
	滨江支线	哈尔滨	三棵树		8.8	1935.9	与中东铁路接轨。
20. 平梅铁路	西四线	四平	西安（辽源）	82.5		1936.9	由沈海铁路梅西支线与西四线合并而成,全长156.7公里。梅西支线全长74.2公里,已于1927年12月通车营业。
21. 梅辑线		梅河口	辑安	251.6		1939.9	

续表

项目 干线别	路段和支线名	起讫地		里程		正式营业时间（年、月）	备注
		起点	终点	干线	支线		
21. 梅辑线	新通化支线	通化	新通化		4.9	1943.1	通往通化城区的线路。通化为伪满通化省“省会”。
22. 鸭大线		鸭园	大栗子	114		1940.12	
23. 奉山线		奉天[沈阳]	山海关	[419.8]			即京奉路关外段。
	大成皇姑屯联络线	皇姑屯	大成		3.9	1940	
	于大联络线	于洪	大成		4.5	1944	大成皇姑屯联络线的延长。
24. 溪田线		本溪南	田师傅	85.9		1940.4	阜新煤矿运输线。
25. 新义路		新立屯	义县	131.5		1937.1	
26. 高新线		高台山	新立屯	60.6		1940.3	
27. 锦古线		锦州	古北口	[542.2]			由锦朝支线、坂凌线、凌泉线、泉承线和承古线组成。其中，锦朝支线作为北票煤矿运输线，已于1924年12月建成通车。日伪新修线路448公里。

续表

项目 干线别	路段和支线名	起讫地		里程		正式营业时间（年、月）	备注
		起点	终点	干线	支线		
27. 锦古线	锦朝支线	锦州	北票	[113]		1924. 12	
	坂凌线	金岭寺	凌源	156. 8		1934. 12	
	凌泉线	凌源	平泉	87. 2		1935. 1	
	泉承线	平泉	承德	97. 5		1936. 6	
	承古线	承德	古北口	106. 2		1938. 11	
28. 叶峰线		叶柏寿	赤峰	148		1935. 12	
	总计			5020. 5	842. 5		
干支线总计				5863			
其他专用线和联络线	小汪清森林铁路	小汪清	宝清沟		72	1941	位于吉林省汪清县内，1947年全部拆除。
	龙青线	龙井	和龙		52. 4	1940. 6	吉林松下坪煤矿运输线。在朝阳川站与朝开线接轨。

续表

项目 干线别	路段和支线名	起讫地		里程		正式营业时间（年、月）	备注
		起点	终点	干线	支线		
其他专用线和联络线	吉兰线(舒兰线)	龙潭山站	舒兰		85.9	1941.1	吉林化工厂原料供应线。在舒兰站与拉滨线接轨。1944年12月关东军拆除部分路段。
	杉松线	团林子	杉松岗		42.1	1945.7	位于吉林省辉南县境内，为杉松岗煤田运输线。
	锦西线	锦西	杨家杖子		36.2	1941	位于辽宁西部，为商办杨家杖子矿运输铁路。
	京奉线南票支线	女儿河	南票		41	1945.7	南票矿区运输线。
	抚顺城联络线	抚顺	抚顺城		4.5	1945.7	位于辽宁省中部，为连京线通往沈(阳)吉(林)的通道之一。
	抚将联络线	抚顺	将军堡		3.6	1944.7	亦称将军堡联络线，位于辽宁省中部，与抚顺城联络线同期建设。
	赛马集支线	灌水	小孤山		50.7	1945.7	溪田线支线，为赛马集煤田运输线。

续表

项目 干线别	路段和支线名	起讫地		里程		正式营业时间（年、月）	备注
		起点	终点	干线	支线		
其他专用线和联络线	专用线、联络线总计				388.4		
干支线、专用线、联络线总计				6251.4			
未完工线	牙库线	牙克石	上库力		110		位于黑龙江省西部，为滨洲线支线。
	霍伦线	霍龙门	鄂伦		102.9		位于黑龙江省西部，从齐北线宁年站分岔，预定由西呼玛至欧浦。
	佳富线	东佳木斯	富锦		130		图佳线支线，为双鸭山煤矿运输线，仅铺轨至62公里处。1945年苏军拆除。
	逊河线	孙吴	逊河		59		位于黑龙江省，为北黑线支线。
	鲁北线	太平川	鲁北		100	1936年停工	由平齐线太平川通往内蒙古的支线。

续表

项目 / 干线别	路段和支线名	起讫地		里程		正式营业时间（年、月）	备注
		起点	终点	干线	支线		
未完工线	浑三线	浑江	三岔子		23.5		位于吉林省东南部，为林区运输线，临时营业17.5公里至城墙砬子站。
	松抚线	三岔子	抚松		38		浑三线延长线，为龙岗林区运输线。
	通仁线	通化	桓仁		98		吉林通化至辽宁桓仁，为东边道纵贯线的一段。
	城仁线	北甸	桓仁		119.4		溪田线延长线，为东边道纵贯线的一段。
	凤灌线	凤凰城	灌水		88		位于辽宁省东南部，为安（东）（桓）仁线的一段，1943年5月仅开办临时营业。
	西满铁道赵家屯支线	女儿河	赵家屯		13		

续表

项目／干线别	路段和支线名	起讫地		里程		正式营业时间（年、月）	备注
		起点	终点	干线	支线		
未完工线	安大线	南安东	大东港		20		安东至南安东之间临时营业。
	总计				901.8		

注:本表只列出新通车铁路里程,其他变动在备注中简要说明。[ ]内里程为以往通车里程,不计入统计。

资料来源:严中平等编:《中国近代经济史统计资料选辑》,科学出版社 1955 年版;马里千等编著:《中国铁路建筑编年简史(1881—1981)》,中国铁道出版社 1983 年版;张雨才编:《中国铁道建设史略(1876—1949)》,中国铁道出版社 1997 年版;苏崇民主编:《满铁档案资料汇编·垄断东北铁路和海港》,社会科学文献出版社 2011 年版,第 547—570 页。

三、伪“满洲国”的铁路营运

如前所述，满铁铁道总局对伪满辖区铁路实行一元化管理。不计罗津局，伪满辖区内7家铁道局共经管线路11058公里。①

1934—1944年伪满铁路营业规模见表5-2。

表5-2　伪满铁路营业规模（1934—1944年）

项目 年份	车辆保有数（辆）			营业里程（公里）	铁路职工数（人）	
	机车	客车	货车		现场职工总数	满铁社员数
1934	916	1265	15179	5477	—	—
1935	1094	1525	18229	8320	—	—
1936	1250	1701	20021	8884	—	—
1937	1384	2109	21974	9655	84397	56100
1938	1497	2239	2365	9846	99106	61502
1939	1617	2404	26987	10459	119315	77992
1940	1786	2609	30056	11039	121711	80653
1941	1946	2814	32353	11097	137157	93657
1942	2100	2984	35781	11140	—	—
1943	2265	3194	39309	11270	—	—
1944	2399	3049	41826	11285	—	—

注：1. 部分年份包括朝鲜北部铁路（以下铁路统计各表均同）。2. 营业里程不计私营铁路（以下各表均同）。3. 现场职工包括满铁社员以外的全部人员。

资料来源：据东北物资调节委员会研究组编：《东北经济小丛书·运输》，1948年印行，第134、173—174页；张研、孙燕京主编：《民国史料丛刊》第360册《伪满时期东北经济统计（1931—1945）》，大象出版社2009年版，第167页综合而成。

为维持铁路营运，日伪、满铁采取多种措施，以掠夺中国物资，

① 东北物资调节委员会研究组编：《东北经济小丛书·运输》，1948年印行，第164—165页。

巩固殖民统治,支撑军事冒险。如统一规章,优化车辆调配,扩大各线联运,提升运行效率。1934 年 2 月,废除各路间的车辆贷借制度,对辖区内铁路实行集中配车;同年 3 月,废除原 9 个铁路局各不相同的运输规章,统一伪满"国有"铁路有关货物运输规程。伪满"国有"铁路、满铁所属"社线"和朝鲜北部铁路之间,东北与华北之间,以及与日本铁道省所属各线、汽船会社的航路之间,先后开始联运。① 实行保税、负责运输、减免运费等措施,为掠夺东北资源提供便利。以往货主自行负责改为货运完全由铁路负责;设交货期间制度,加快运输速度;发行货物换取证,实施代收贷款制度,提供金融便利;设现状证明和提单制度,提供商业交易便利。

大的运费调整有三次。1936 年 2 月,满铁为推进一元化经营,决定统一伪满"国有"铁路旅客票价和货物运费。旅客票价方面,废止原奉山、京图、吉海及其他地带各不相同的票价,以京图线基本运费为基准加以核定,统一运费。如一等旅客票价为每人每公里 5 分,二等旅客票价为每人每公里 3 分,三等旅客票价为每人每公里 1.8 分。货物运费方面,围绕远距离(长途)运费递减、腹地开发特定运费两方面予以调整。也是废止各不相同的运费,以京图线运费为基准,规定统一的基本运费,实行远距离递减制,替代以往的距离比例法,便于长途运输;对海伦、齐齐哈尔、富拉尔基等偏远地区各站,以及大虎山、沈阳、图们、上三峰等接近港口各站之间一般货物的运输,规定了较为低廉的运费,以促进对腹地的资源掠夺。

满铁"社线"运费仍自成体系,但也尽量与伪满"国线"趋于一致,运费也有一定程度的调整,如普通运费方面,将货物等级由四级制改为六级制,提高远距离递减费率,以百公里以内为基本费率,百

① 参见东北物资调节委员会研究组编:《东北经济小丛书 · 运输》,1948 年印行,第 205—208、224—279 页。

公里以上每百公里减低7%。实施“腹地开发特定运费”制度，对海港发货及到货、生活必需品和建筑材料实行特定运费率，以海港发、到货的特定运费率适用范围最大。也即通过铁路运输，由大连、旅顺、营口和安东四港发出或到达此四港的货物，特定减低运费。这次调整运费率，范围扩大到运往南部各港口以及朝鲜北部港口的农产品，以促进东北腹地农产品的输出，加快对东北的资源掠夺。对于5000公斤以上的零担货物，也实行减价运输，促进杂货的流通。①

前述特定运费制度，尤其是日、“满”和朝鲜三者之间的货物联运特定运费，是推动伪满经济更加依附于日本的重大举措。满铁扩大和加强已有日、“满”旅客联运以及日本铁道省所属“省线”和满铁“社线”之间的货物联运，制定“国线”“省线”间货物联运的特定运费。从1936年3月21日起，在“国线”“省线”两方主要车站之间发行通过票据，在就近车站即可办理押汇，省去了烦琐手续，节省了时间，每吨货物也降低了5角到1元的直接和间接的中继费，使日、“满”贸易联系更加紧密。根据日伪交通统制的意图，海上运输实行“一航线一船”原则，构建5大联络系统和接续点：一是“省线”—釜山—北鲜线—安东—满铁“社线”—伪满“国线”；二是“省线”—釜山—北鲜线—上三峰—图们—伪满“国线”；三是日本神户（下关、门司）—大阪商船—大连—伪满“国线”；四是伪满“国线”—敦贺—北日本汽船—清津雄基—北鲜线；五是伪满“国线”—新潟—日本海汽船—北鲜线—伪满“国线”。这样的联运，均按货物品种规定低廉的协议运费，并按发货人的意图，发货或到货均可付费；规定运货时间，逾期则返还运费的全部或部分；除地方外，各机关均负有连带责任。此外，还可根据申请办

① 东北物资调节委员会研究组编：《东北经济小丛书·运输》，1948年印行，第189—196页；［日］满史会编：《满洲［洲］开発四十年史》上卷，满洲［洲］开発四十年史刊行会1964年版，第142页。

理货物兑换证和货物兑换事务;免费代办通关手续和总局线发货经由朝鲜北部的海上保险契约。日军军事工程急需的建筑材料,享有降低25%运费的特别优惠;军事工业所需物资,则可半价运输。①

这次价格调整,对伪满辖区经济的影响颇大。实行远距离递减制,有利于长途运输,不利于短途运输,加速了日伪对东北北部农产品的掠夺,但却打击了以哈尔滨为中心的东北北部民族工业的发展。1935年,哈尔滨铁道局将11%的大豆发送到哈尔滨周边地区,供当地加工,但次年只有5%的大豆运往当地,同期运往北鲜三港的大豆却由4%激增至32%。这一变化,加快了东北北部经济的没落,推动了日本控制下的"满洲市场"的统一,有利于日本侵略者实施的经济统制。腹地开发特定运费也加快了对东北北部边远地区的资源掠夺。1935年滨北线各站发送大豆25万多吨,次年增至42万多吨,增加了68%。同期北黑线南运的林产品由0.8万多吨猛增至7.1万多吨。东北北部发到海港特定运费的制定,也使东北北部物产更多地运往北鲜三港。1935年拉滨线发送的大豆,9%到达北鲜三港,但次年大增至82%;滨绥线则由16%增至81%;而滨北线、滨洲线运往北鲜三港的大豆从无到有,分别占发送大豆的13%和9%。②

1937年7月,日本发动全面侵华战争后,为适应战争的需求,日伪修改"第一次产业开发五年计划",除了数量上的加码,目标也有调整,放弃所谓"就地征集"("现地调弁")方针,改行支援日本方针,全力推动向日本的原料供给。这就要求全方位加紧实行远距离运输。为此,1938年10月再次调整运费。首先,设单一基

① 参见苏崇民主编:《满铁档案资料汇编·垄断东北铁路和海港》,社会科学文献出版社2011年版,第423—425页;苏崇民:《日本侵占下东北经济的殖民地化》,北京交通大学出版社2018年版,第58页。

② 苏崇民主编:《满铁档案资料汇编·垄断东北铁路和海港》,社会科学文献出版社2011年版,第425页。

本运费。统一“社线”“国线”“北鲜线”的货物运费标准，规定以各线中价格较低的满铁“社线”运费为标准，一律实行远距离递减。其次，为开发腹地、掠夺资源提供运费减价的支持。日伪所谓“开发”政策，以东北北部地区的开发、重工业部门的扩充、贸易政策为重点。凡有助于此的一般货物运输，均采取运费远距离递减；对特殊品种，设品种基本运费减价办法，运费低廉，不惜每年减少运费收入两千数百万元。尤其是谷物、家畜、木材、煤炭、铁矿这 5 个品种，占全部货运的 75%，获得更加低廉的运费优惠。谷物运费固定为每吨 23 元，其他 4 种，则加大远距离递减费率，加快腹地产品的流通，促进执行相关重要产业的“开发”计划。再次，整理港口装卸费，且以往海港发货、到货特定运费中，凡运往朝鲜北部三港的，统一运费率，均按距三港最近的里程计算。修正特定运费率，大连到货、发货运输里程超过 120 公里的（后改为 80 公里），予以减价；2 吨以上的零运货物的特定运费（后改为 5 吨以上）减价 25%（后改为 15%）。此外，1940 年 12 月又统一了旅客票价。货物运费的亏损，则以多次提高旅客票价加以弥补。

随着侵华战争的扩大、太平洋战争的爆发，日伪经济日益吃紧。1942 年 1 月，满铁再次调整物价，运费被迫提高。以客运一等票价为例，“七七事变”前的 1936 年每人每公里 5 分，至太平洋战争爆发后的 1942 年 4 月上涨至 6 分，1943 年 4 月上调至 6.5 分，1944 年更是高达 12 分，竟为 1936 年的 2.4 倍。二等、三等票价亦做相应上调。乘客最多的三等车票，从 1936 年的 1.8 分，经 3 次上调，1944 年 1 月达 5.5 分，是 1936 年票价的 3 倍多。货物运费也做了调整。① 不同时期货物运费的调整情况见表 5-3。

---

① 东北物资调节委员会研究组编：《东北经济小丛书·运输》，1948 年印行，第 197 页第 73 表。

表 5-3　伪满铁路货物基本运费调整一览(1933—1942 年)

年月＼项目	路线性质	运输方式	一级品	二级品	三级品	四级品	五级品	六级品	备注
1933 年 2 月“委托”营业开始时	伪“国线”	零运	0.7—0.78	0.6—0.66	0.5—0.55	0.4—0.45	0.3—0.45	0.2—0.4	100 公斤每公里
		整车	6.0—7.0	5.0—5.5	4.0—4.5	3.0—4.5	2.0—0.4	1.5—3.0	1 吨每公里
	满铁“社线”	零运	0.59—0.625	0.44—0.5	0.33—0.375	0.22—0.25			100 市斤每英里
		整车		4.4—5.0	3.3—3.75	2.2—2.5			1 美吨每英里
1936 年 2 月 1 日调整	伪“国线”	零运	1.0	0.84	0.65	0.5	0.38	0.28	100 公斤每公里
		整车	6.7	5.4	4.2	3.2	2.4	1.7	1 吨每公里
	满铁“社线”	零运	为整车运费的 1.5 倍						100 公斤每公里
		整车	5.5	4.58	3.66	2.74	1.82	1.4	1 吨每公里
1938 年 10 月 1 日调整	全线	零运	0.7	0.5	0.3				100 公斤每公里
		整车	4.58	3.66	2.74	1.82			1 吨每公里
1942 年 1 月 1 日调整	全线	零运	1.2	0.85	0.55	0.33			100 公斤每公里
		整车	6.0	4.4	3.0	2.0			1 吨每公里

注:一级品包括照相器材等;二级品包括度量衡器等;三级品包括棉线和棉织物、羊毛、车辆等;四级品包括大豆、包米、大米、果实、钢铁制品等;五级品包括钢铁、煤炭、纸浆、蔬菜等;六级品包括矿铁、碎石等。1 美吨约等于 907.2 公斤,1 英里约等于 1.609344 公里。

资料来源:苏崇民主编:《满铁档案资料汇编 · 垄断东北铁路和海港》,社会科学文献出版社 2011 年版,第 412 页。

以大豆为例，1934 年 4 月 21 日由依兰经哈尔滨通过拉滨等线运到大连的“河豆”，运费在各种费用中占了 6 成；从泰安运到大连的“铁豆”，运费高达 7 成。[①] 统一运费、降低运价后，1938 年从北安、齐齐哈尔、哈尔滨等地运往大连的大豆，运费在各种费用中的比重降至 16%到 21%不等[②]，降幅颇大。

1937 年日本发动全面侵华战争，1941 年又发动太平洋战争，满铁经管的铁路及其他交通工具均开足马力，以运输支持日本的军事冒险。

“七七事变”爆发后，满铁立即开始从中国东北、朝鲜和日本运输兵力。满铁一方面抓紧抢修夏季水灾损坏的铁路；另一方面利用营口支线，或绕行大郑线，向山海关或承德方向实施军运。从 1937 年 7 月到 1939 年 3 月，满铁平均每月开行军用列车 200 多列、动用 8000 多辆，共 37 万辆；运输军用建筑材料，1937 年 7 月达 30 万吨，次年 9 月达 80 万吨，同时在车站储备大量物资，1937 年 7 月为 11 万吨，次年 12 月达 125 万吨。[③] 尽管军运价格低廉，每吨公里运费仅为 1 分，但从铁路货运收入来看，军品运输收入也是趋于增加的，历年军品运费在 600 万元左右，但在 1937 年跃增至 1768 万元，增加了近 2 倍，竟可与当年“社线”的港口收入 1772 万元匹敌。1936 年“社线”“国线”货车收入共 18864 万元，军品运输收入 593.3 万元，占 3.15%；1937 年两线货车收入共 21736.3 万

① 《满洲经济年报》1935 年版，见苏崇民主编：《满铁档案资料汇编·垄断东北铁路和海港》，社会科学文献出版社 2011 年版，第 413 页。

② 东北物资调节委员会研究组编：《东北经济小丛书·农产》流通篇下，1948 年印行，第 8—12 页。

③ 满铁：《社线关系资料集成补遗》第三卷，见苏崇民主编：《满铁档案资料汇编·垄断东北铁路和海港》，社会科学文献出版社 2011 年版，第 471 页。

元,军品运输收入1768.3万元,占8.14%,增加明显。①

日伪于1938年10月开始严格实行所谓“统制输送”,具体方式是实施月间货物输送计划,即军用货物、总动员物资、满铁社用品、食品的运输,需经军部、有关会社和运输当局磋商,然后提出输送量,并核对输送能力(由当月运转材料、设备及辅助设备决定),决定各种物资的分配额,这一分配额就是输送计划量。②

1941年6月苏德战争爆发,日本企图借机与纳粹德国夹击苏联,搞了一次“关特演”,在1941年7月30日至9月15日期间,将日本国内动员到的兵力迅速集中到伪满“国境”附近,准备入侵苏联,也即关东军的特别演习。满铁全力配合,制定《战时铁道动员计划》,展开军事运输,获关东军司令官的“谢词”。③

但苏德战争爆发后,日伪依靠轴心国贸易获取物资的途径遇阻。1941年7月,美、英纷纷冻结日本资产,日伪对外贸易举步维艰,物资输入、财税收入都大受影响,只能在日本主导的所谓“大东亚共荣圈”内百般搜刮。为此,日本推行所谓“计划交易”“物资交流”。太平洋战争爆发后,日本更加急切,出笼《大东亚共荣圈内物资的交换计划》,设置“交易营团”,实施贸易统制,宣称目的是以圈内各地向日本提供重要物资,日本则供给各地开发资材;致力于圈内各地消费物资的自给和相互交流。但实际所谓“交流”,

---

① 苏崇民主编:《满铁档案资料汇编·垄断东北铁路和海港》,社会科学文献出版社2011年版,第472—481页。

② 满铁调查部:《昭和14年度满铁货物发送吨数的一般考察》,极秘件,见苏崇民主编:《满铁档案资料汇编·垄断东北铁路和海港》,社会科学文献出版社2011年版,第487页。

③ 苏崇民主编:《满铁档案资料汇编·垄断东北铁路和海港》,社会科学文献出版社2011年版,第496—498页。

是将搜刮到的物资输往日本,并保障各地日本侵略军能以战养战,傀儡政权能苟延残喘,并促使各日占区“同皇国日本间的相互依存度加深”,维持殖民统治。① 满铁配合日本的掠夺和搜刮,加紧货物运输。

太平洋战争期间,日本海上运输受美军打击、阻隔,伪满边境各站的进出口货物,例如对关内、朝鲜的“交流”物资,以及对日本的运输,都无法通畅,不得不实行所谓“陆运转嫁运输”,更加依赖铁路等陆路交通。这也是战时总动员的重要措施。尤其是安奉、奉山两线,是伪满、关内、日本之间的运输大动脉。1942 年 12 月至次年 3 月末,第一期转嫁运输的数量计划为农产品 30 万吨,华北盐 9 万吨,本溪湖生铁 10 万吨,经朝鲜釜山运往日本,顺利完成。预计在 1943 年 4 月以后,将 60 万吨华北煤运到朝鲜;还有 120 万吨谷物运往日本,其中的 40 万吨经罗津港运送。换防的日军也经陆路运送,而不论他们来自东北还是华北、华中。② 结果是,1943 年由华北经东北运往朝鲜、日本的物资为 44 万吨,由东北运往朝鲜、日本的物资为 175 万吨,其中经过朝鲜南部釜山、马山、丽水和木浦等港口运往日本的物资多达 151 万吨。1944 年由华北运往日本物资 156 万吨,由东北运往日本物资 361 万吨,均通过东北铁路。在重要的进出口车站(即所谓“国境”联络站)安东、山海关、满浦和上三峰,1939 年输入货物 103.4 万吨,而 1943 年猛增至 608.1 万吨,5 年间约增加了 5 倍。其中,经安东输入的货物增加了 2 倍多,经山海关输入的货物竟增加了 28 倍之多。经这

① 苏崇民:《日本侵占下东北经济的殖民地化》,北京交通大学出版社 2018 年版,第 354 页。

② 满铁:《部所长会议议事录》,极秘,见苏崇民主编:《满铁档案资料汇编 · 垄断东北铁路和海港》,社会科学文献出版社 2011 年版,第 506 页。

4 站输出的物资,从 1939 年的 136.7 万吨增加到 1943 年的 548.1 万吨,增加了 3 倍多。①

为完成运输,安奉、奉山、新义和连京等连接华北与东北、通往港口和朝鲜的路线,都调整列车运行,增加货运。安奉线增加货车 3 列,奉山线增加货车 4 列;各线控制旅客列车运行 6000 公里,为转嫁运输让路。从 1944 年 10 月 1 日起,满铁全面修改列车运行计划,以确保定时运转,全面发挥运输能力,提高车辆运用率。为此,改造、扩充铁路设备,修建复线,培训、补充员工,增加车辆和场站,采取多种措施。②

日本对陆上运输依赖加重,也使得奉山、安奉、图佳等铁路线的运输格外繁忙。普通客货运输遭到抑制,与战争有关的运输猛增。加上通货膨胀的影响,战时负担加重,铁路运费也被迫提高。除了前述旅客运费大涨,一度下调的货物运费也有提高。从 1942 年 1 月 1 日起,货物运费、手续费都有不同程度的提高。例如,煤的运费由每吨 0.2 分(500—600 公里)和 0.1 分(700—800 公里)都统一提高到 0.4 分,1—300 公里内价格不变;矿石运费由每吨 0.75 分(200—300 公里)、0.3 分(500—600 公里)和 0.15 分(700—800 公里)分别提高到 0.8 分、0.6 分和 0.4 分,1—50 公里内价格不变;木材运费由每吨 2 分(1—50 公里)和 1.52 分(200—300 公里)分别提高到 2.2 分和 1.8 分,500—600 公里内不变,700—800 公里运费则从每吨 0.72 分下调至 0.6 分。另外,煤、矿石和木材的包车手续费从每吨 0.75 分增至

---

① 东北物资调节委员会研究组编:《东北经济小丛书·运输》,1948 年印行,第 258—264 页。

② 《昭和 18 年度铁道输送对策》,见苏崇民主编:《满铁档案资料汇编·垄断东北铁路和海港》,社会科学文献出版社 2011 年版,第 506—518 页。

1分。满铁还计划将普通旅客三等运费提高到3分,由此可增加收入4970万日元。而提高军用货物运费的计划遭到关东军的质疑。① 1934—1944年伪满辖区铁路旅客、货物运输的变化见表5-4。

表5-4　伪满辖区铁路旅客和货物运输统计(1934—1944年)

项目 年份	运客(万人)	运输里程(万公里)	客运收入(万元)	客运收入占客货收入总额(%)	运货(万吨)	运输里程(百万公里)	货运收入(万元)
1934	2368	228560	3837	19.9	3466	9469	15450
1935	2930	281818	5058	22.0	3740	10170	17954
1936	3323	331992	5797	23.1	4209	10748	19344
1937	3843	413003	6934	23.4	4012	12903	22664
1938	5005	544880	9454	25.4	4736	16260	27551
1939	7597	853089	14728	30.9	5896	20462	32907
1940	9782	1053660	19069	38.0	6339	20594	31067
1941	10378	1100570	22262	37.7	7344	25864	36885
1942	13215	1403467	30691	42.2	8317	27957	42157
1943	16356	1672053	43572	50.2	8462	28159	43332
1944	17005	1737755	60133	56.9	7756	26708	45561

资料来源:东北物资调节委员会研究组编:《东北经济小丛书·运输》,1948年印行,第203、215、223—224页。

铁路旅客和货物运输的变化,受多种因素影响。

1933年,伪满政府"委托"满铁经营其"国有"铁路,同年10

① 苏崇民主编:《满铁档案资料汇编·垄断东北铁路和海港》,社会科学文献出版社2011年版,第443—445页。

月,朝鲜北部铁路也委托满铁经营。由于长春至图们铁路已通车营业,长春至朝鲜北部及清津港开行直达货运列车;通过与苏联海参崴遥相对应的清津港,得以与日本海的航运衔接。

1934 年 1 月,满铁将运往大连的农产品(如豆油、豆饼)所实行的混合保管制①,推广到东北各铁路沿线,并免费运输救灾粮食。同年 3 月,统一伪"国线"有关货物运输规程;伪满"国线"、满铁社线、北鲜线开行直达客车,又于 5 月开始货物联运。同年 6 月,设东方旅行社,为旅客提供旅行指导;沈阳、北平之间亦开行直达客车;9 月,连京线复线全线通车,长春大连之间开行"亚细亚"号特快;11 月,长春至朝鲜釜山也开通"光"号特快。因拉滨线开通营业,以哈尔滨为中心的东北北部市场,可绕开中东铁路,构成伪满铁路运输网。

1935 年 3 月,中东铁路被日本接收,东北铁路全部由满铁经营。长春哈尔滨之间的宽轨改为标准轨后,特快"亚细亚"号可从大连直达哈尔滨,运行时间 12 小时,比原来缩短了 8 个多小时。图佳线图们至牡丹江段、朝鲜雄基至罗津线等新建铁路陆续完工通车,朝鲜罗津港也开始营业,殖民地化的铁路交通网逐渐扩大。日本对中国东北的经济掠夺,除经由大连、安东外,更新增朝鲜北部罗津、雄基和清津三大港口,与日本海航运相接。同年 5 月,日本与伪满政府达成《关于经过图们国境列车直通运行及简化通关手续协定》,简化经朝鲜三港输入货物的通关手续,并从 7 月 1 日

① 所谓"混合保管制度",是把密集货物按同种类、同等级进行混合保管,并从中按相同数量提货的一种保管方式。另一种方式则为"分别保管",即把各个寄存物原封不动地为寄存者分别保管,不与其他寄存物混合,日后寄存者提货时,则按货物原来形状、质量和数量返还(参见苏崇民主编:《满铁档案资料汇编·垄断东北铁路和海港》,社会科学文献出版社 2011 年版,第 465 页)。

起,在三港设伪满税关。同年,长白线(长春至白城子)、白阿线(白城子至杜鲁尔)全线开通营业,便于日本对东北西北部地区的掠夺。运往朝鲜北部的农产品,以及松花江大豆,也实行混保制度。

1936 年 2 月,运费有较大调整;同年 3 月,伪满“国线”开始与日本铁道省所管铁路开始联运;5 月,又与北宁线联运。同年 7 月,中东路滨洲线宽轨改为标准轨,滨绥线宽轨亦于翌年开始改建标准轨。从此,东北铁路标准完全统一。9 月之后,伪满辖区铁路加入欧亚货物联运。平梅线四平至“煤城”西安段也于 9 月开通营业。10 月,伪满“国有”铁路被纳入满铁系统,“国线”“社线”实现统一经营,伪满地区铁路形成更加紧密的一元化经营。

1937 年,日伪开始实施“第一次产业开发五年计划”,加快掠夺东北资源。日本移民、中国内地劳工,大批进入东北,加大了客运量。“七七事变”后,铁路运输更加繁忙。该年有图佳线全线、虎林线、新义线、白阿线洮安至阿尔山段铁路先后通车;梅辑线梅河口至通化段亦开始营业,运输里程扩大。

1938 年,日本全面侵华战争扩大,伪满也修改“第一次产业开发五年计划”,加速扩充产业以支撑侵略战争,货运也随之繁忙起来。伪满地区与华北、日本之间的联系更加频繁,华北劳工、日本武装移民源源而来,客运人数比 1937 年大幅增加了 30%。为减轻客运压力,废除部分旅客票价减价办法,且严格限制免票的发行;为缓解货运紧张,规定载货车辆夜间不得停运,实行夜间装卸,缩短税关检查的停车时间。但军运频繁,未能明显缓和客货运输的紧张。这年 10 月,货物运费再做大的调整,统一满铁“社线”、伪满“国线”和北鲜线的货运价格标准,一律采用远距离递减制;对几种主要物资实行“品目”(品种)运费,予以减价;对日用品运输,也有减价办法。伪满政府还对与日本、朝鲜之间的货物联运,规定了直通运费价目。

1939年,随着铁路建设、产业开发的推进,华北劳工、日本和朝鲜移民及武装开拓团等持续进入东北,且东北境内短途旅客也逐渐增多,当年客运人数竟比上年增加近52%。为缓解客运紧张,严加限制铁路员工及家属的免票,停止大部分团体票的减价,并调整列车运行图,甚至减速运行,扩大客运能力。货运方面,年初大连港埠头积压货物20万吨;同年又发生关东军与苏联军队的诺门坎之战,运输量加剧;第二次世界大战欧洲战场开战,运往欧洲的大豆遇阻积压。但同年10月,促进掠夺吉林东边道资源、联络东北与朝鲜的梅(河口)辑(安)线开通营业,铁路营业里程超过一万公里,年底达10459公里;翌年1月与西伯利亚铁路开始联运,东北大豆恢复对欧洲出口。

1940年,欧洲激战正酣,日本也积极准备扩大战争,所谓产业开发计划也将重点转移到战争准备上来,加强经济统制,对负有经济侵略使命的"特殊会社"提出新的要求。满铁"社线"与伪满"国线"的基本运费率实现统一,交通统制又进一步;经济统制使得进口货物减少,货运量增加不多,收入却有减少。同年7月,满铁解除北朝鲜西部线中的清津至上三峰间(134公里)和会宁煤矿线(11公里)的"委托"经营。

1941年6月,苏德战争爆发,12月太平洋战争爆发,日本深陷战争泥潭,开始限制普通客运。加上上年颁布汇兑管理法,对关内外的汇兑大加限制,严重影响客商的往来;华北劳工来东北也明显减少。受战争影响,日本旅客大为减少。当年客运人数增加不多;而客运收入受1940年12月票价上涨的影响,增加超过16%。与军事侵略有关的军用品运输大增70%,推动当年货运量比上年增加超过25%;但货运收入增加并不为多。日伪财政捉襟见肘,不得不提高货运价格,次年施行。

1942年,铁路运输仍受战争影响,战时色彩加重。日本出笼《大东亚共荣圈内物资的交换计划》,加紧物资搜刮,但海运不畅,伪满地区与华北、朝鲜之间的物资交流更加依赖陆路运输;配合日本战略的伪满第二次产业开发五年计划加紧推进,煤、铁、农产品等重要战时物资的运输更加繁重。该年客运却又见活跃,不得不调整客车运行时间,增加客车;但受对日"转嫁运输"影响,又不得不减少客运。而票价上涨,使得客运收入大增了38%。

1943年,日伪实行战争总动员。1943年3月,日本召开大陆铁道输送协议会,对增强军事力量的物资,尤其是输往日本的"转嫁运输"物资、日占区内的所谓"交流物资",作为运输重点,货运量大增,运输总里程超280亿公里,达伪满时期最高纪录。安奉、奉山等线运量增加尤大,约占伪满地区货运量的20%。但货运繁忙,客运被迫临时停运三次,停运里程达14000公里,加剧了客运困难。铁路方面不得不采取多项措施:限制车票、快车票出售数量;限制旅客乘车;限制携带行李包裹;加挂车辆。当年旅客人数比上年增加了24%。而座位效率,由上年的73%增至82%。同时,因票价上涨,客运收入大增了42%。

1944年,日本陷入穷途末路,输往日本的物资已无法使用大连、朝鲜港口,不得不取道安东、朝鲜陆路。同年8月,日伪实施所谓"铁路运送决战年间临时特例",试图扭转运输困境,但该年货运量仍然下滑。而客运人数和收入,均创伪满时期铁路客运最高纪录。①

铁路运输的货物,主要有矿产品、农产品、林产品、畜产品、水产品、工业品和铁路器材等。1933—1943年伪满地区铁路主要货

① 参见东北物资调节委员会研究组编:《东北经济小丛书·运输》,1948年印行,第205—208、224—229页。

物运输量统计见表5-5。

表5-5 伪满铁路主要货物运输量统计(1933—1943年)

(单位:万吨)

项目 年份	矿产品	农产品	林产品	畜产品	水产品	其他	官用品	铁路用品	总计
1933	—	—	—	—	—	—	—	—	2777
1934	—	—	—	—	—	—	—	—	3354
1935	—	—	—	—	—	—	—	—	3594
1936	1382	839	189	17	51	565	158 [军品]	801	4002
1937	1357	647	203	15	59	583	397	751	4012
1941	2114	542	412	16	65	784	2013	1368	7314
1943	2590	574	426	16	116	816	2110	1814	8462

资料来源:1933—1936年数据根据苏崇民主编:《满铁档案资料汇编·垄断东北铁路和海港》,社会科学文献出版社2011年版,第472—473页;其余根据张研、孙燕京主编:《民国史料丛刊》第360册《伪满时期东北经济统计(1931—1945)》,大象出版社2009年版,第174页。

如果从货运结构看,也是维持战争的煤炭、军品运输量增加最快。受战争影响,农产品运输量尤其是大豆运输量自1940年开始明显减少,大豆从1938年最高量2213百万吨/公里,几乎逐年下降,至1943年降至780百万吨/公里,仅为1938年的35.2%;军用品及战时重要物资煤炭运输量则大幅增加,军用品1937年为1797百万吨/公里,但太平洋战争爆发的1941年猛增至8806百万吨/公里,增加了近4倍①。

1934—1943年,伪满地区铁路营业收支状况如表5-6所示

① 参见《昭和12年度统计年报》《昭和13年度统计年报》,《满铁统计月报》(1945年3月),见苏崇民主编:《满铁档案资料汇编·垄断东北铁路和海港》,社会科学文献出版社2011年版,第495页。

（含北鲜线①）。

表 5-6　伪满铁路营业状况统计（1934—1943 年）

项目 / 年份	（1）铁路运输收益状况					（2）铁路运输事故		
	1. 客货运输收入总计（万元）	2. 客货运输支出总计（万元）	3. 盈利（万元）	利润率（%）（3/1）	成本收益率（%）（2/1）	运转事故（件）	旅客事故（件）	货物事故（件）
1934*	19854	10911	8943	45	55	—	—	—
1935	22730	11988	10742	47	53	—	—	—
1936	25180	13861	11319	45	55	—	—	—
1937	29590	15870	13720	46	54	9875	823	5182
1938	37000	21300	15700	42	58	17498	566	10213
1939	47640	29101	18539	39	61	30182	570	23310
1940	50140	35213	14927	30	70	31944	865	38785
1941	59160	43309	15851	27	73	26289	2191	58692
1942	72850	50617	22233	31	69	31240	1190	41826
1943	86900	61351	25549	29	71	—	—	—

资料来源：* 1934 年收益状况据苏崇民主编：《满铁档案资料汇编 · 垄断东北铁路和海港》，社会科学文献出版社 2011 年版，第 530 页有关统计表计算；其余年份均据东北物资调节委员会研究组编：《东北经济小丛书 · 运输》，1948 年印行，第 264—265 页。运输事故据张研、孙燕京主编：《民国史料丛刊》第 360 册《伪满时期东北经济统计（1931—1945）》，大象出版社 2009 年版，第 179 页。

统计表明，1934—1943 年 10 年间，以 1935 年收益状况最佳，

① 朝鲜北部铁路收支状况如下：1934 年收入 300 万元；1935 年收入 430 万元；1936 年收入 610 万元；1937 年收入 710 万元、支出 590 万元；1938 年收入 890 万元，支出 760 万元；1939 年收入 1140 万元，支出 1137 万元；1940 年收入 740 万元，支出 953 万元；1941 年收入 640 万元，支出 829 万元；1942 年收入 770 万元，支出 917 万元；1943 年收入 830 万元，支出 1041 万元（东北物资调节委员会研究组编：《东北经济小丛书 · 运输》，1948 年印行，第 268 页）。

利润率最高,成本收益率所反映的盈利能力也为最高。从“七七事变”后的1938年开始,收益状况趋于变差;不计1944年,苏德战争和太平洋战争爆发的1941年,收益状况表现最差。另外,各路事故也越来越频繁。日本帝国主义的战争冒险,对铁路营运的影响可见一斑。

第三节　伪“满洲国”的公路交通

在东北,清末政府为抵御沙俄入侵,在原有驿道基础上,修建过几条军用公路。地方公路也有修建,除奉天、吉林、齐齐哈尔外,还有以大连、安东、营口、长春、郑家屯、三姓、延吉、锦州等地为中心的公路。

东北汽车运输事业,在第一次世界大战结束之后,才有所发展。1918年中华民国北京政府公布《长途汽车条例》,东北也兴起了汽车运输。但当时东北地区的道路、桥梁、设备都极为简陋,所谓公路,多为自然形成,人工修建的极少,且每到雨季便泥泞不堪,河流泛滥,车辆通行受阻,也就冬季结冰期尚可通行。加之东北匪患严重,沿途安全堪忧,汽车运输仅限于几个大的城市。1928年东北易帜,政局稍有稳定,1929年东北地方政府公布《汽车公路用地租用办法大纲》,一些汽车公司开始修建专用公路,经营汽车运输。如沈阳汽车公司、沈北长途汽车公司、四榆长途汽车公司、辽阳县南部农商联合会汽车部等。① 但规模甚小,往往在同一条线路上,经营汽车运输的最多不过十几人,每人一二辆车而已。

---

① [日]满史会编:《満州[洲]开発四十年史》上卷,満州[洲]开発四十年史刊行会1964年版,第648页。

“九一八事变”后，日本侵略者和伪满傀儡政权，为巩固殖民统治，极力发展陆路交通，公路汽车运输也是其重点。在伪满政府成立前，公路建设工程由关东军在沈阳设立的临时道路建设事务所承担，满足日军军用汽车运输的需求。1932 年 3 月 10 日，关东军司令官与满铁总裁签订《关于满洲国铁道、港湾及河川委托经营及新设等协定》，将属于伪“满洲国”政府的铁路、港湾、河川及其附带事业的经营权，以及这些交通的新建、扩建事宜，全部“委托”给满铁。汽车运输作为“附带事业”，亦由满铁经营。8 月 17 日，伪满政府“国务总理”与关东军司令官签署《满洲国铁路、港湾、水路、空路等管理及线路敷设管理协定》，对满铁经营伪满“国营”交通业，包括汽车运输，予以“法律”确认。

伪“满洲国”成立后，其公路组织机构先后有几类。一是“国道”会议，是伪满所谓“国道”建设的最高决策机构，设议长 1 人，由伪“国务总理大臣”兼任；副议长和议员若干人，主要审议伪“国务总理大臣”提出的国道建议，以及水利工程等重要土木工程。二是“国道”局，直属伪“国务院”，负责“国家”直属公路及水利方面的基本调查、计划的制定和方案的确定。三是伪“民政部”土木局，1937 年 1 月由伪“民政部”土木司与“国道”局合并而成，管理伪满全部道路。四是伪“交通部”道路司，1937 年 7 月 1 日，道路建设与管理由伪“民政部”划归伪“交通部”，伪“交通部”内设道路司，下设监理、直辖工事和地方工事 3 个科及哈大道路调查事务所，原“建设处”改为“土木工程处”。这次机构调整，将有关铁路、公路、河流、港湾、水运等事项的行政统归伪交通大臣管理。五是伪“交通部”土木总局，因日本发动太平洋战争，强化“战时体制”，伪“交通部”于 1944 年 3 月 1 日另设“土木总局”专门修建关东军指定的军用道路和机场。此外，城镇公路由伪“国务院”内务局城镇计划科负责监督指导，后升格为城镇计划司,直属伪“交通部”。①

在关东军策划下,伪满地区的公路修建、“国有”汽车运输,都把持在满铁手中,实行交通统制。1932 年 12 月,满铁本社铁道部营业课设自动车(汽车)系。1933 年 3 月,满铁成立铁路总局,在总局运输处旅客课设汽车系,与铁道部营业课汽车系并存。同年 7 月 27 日,在满铁监董事会上,决定“社线”“国线”有关汽车业,全部由铁路总局经营。1936 年 10 月铁道总局成立,铁道总局的营业局设汽车课,管理辖区内的汽车客货运输业务。在奉天、锦州、吉林、牡丹江、哈尔滨、齐齐哈尔及朝鲜罗津铁道局设汽车营业所 39 处,营业支所 118 处。1937 年 10 月废除汽车营业所,改设汽车区,并设停留所作为分支机构(也是区工作人员的所在地)。“七七事变”爆发后,1938 年 10 月铁道总局将汽车课从营业局分离出来,升格为汽车局。1943 年 5 月汽车局改称汽车部。②

一、伪“满洲国”的公路建设

1932 年和 1933 年,关东军授意满铁先后制定和修订《满洲特殊自动车交通事业方策》,计划在东北修建长达 6 万公里的公路网。1933 年 3 月,伪满政府“交通部”设“国道局”,下设“国道”建设处,接管关东军临时道路事务所的相关工作,具体负责“国道”的施工。国道会议、国道局及各土木建设处根据满铁的方案,制订“国道”建设十年计划,目标为 6 万公里“国道”。经过修改,第一

① [日]满史会编:《满州[洲]开発四十年史》上卷,满州[洲]开発四十年史刊行会 1964 年版,第 632 页。

② 苏崇民主编:《满铁档案资料汇编 · 水陆交通和运输工人》,社会科学文献出版社 2011 年版,第 131—132、141 页;东北物资调节委员会研究组编:《东北经济小丛书 · 运输》,1948 年印行,第 277 页。

期五年计划（1932—1936年）为1万公里，第二期五年计划（1937—1941年）为1.3万公里，总目标2.3万公里。结果在第一期计划中，完成修建“国道”8992公里，耗用工程费3830百万日元（约合伪满币3780多万元）；第二期计划，到1940年年底完成修建“国道”近9590公里，支出伪满币近7330万元。①

对地方公路，也制订了公路网改造计划，并从1935年开始改建，计划改建2万公里，连接伪满各省、县公署所在地，以及各县公署所在地通往主要火车站等处。此外，为满足日本武装移民的需求，从1937年开始实施移民道路五条计划，修建连接移民地与地方中心和地方交通要道的公路。②

伪满辖区所修公路，主要有“国道”、地方道路、警备道路、军用道路、“开拓民”道路、国防道路6类。到1941年，共修建“国道”18582公里，耗资伪满币11059万元，平均每公里约5952元。截至1945年8月15日日本投降，完成上述6类道路共约35452公里。③

主要的“国道”有：

安城“国道”，由中、朝边境城市安东（今丹东）起，至城子疃，全长216.2公里，是连接大连与朝鲜的通道，又是关东州内大连至

---

① ［日］满史会编:《満洲［洲］开発四十年史》上卷，満洲［洲］开発四十年史刊行会1964年版，第632页；黑龙江省地方志编纂委员会编:《黑龙江省志·交通志》，黑龙江人民出版社1997年版，第51页。另说第一期“国道”计划拟修3.4万公里，第二期拟修2.6万公里（见黑龙江省地方志编纂委员会编:《黑龙江省志·交通志》，黑龙江人民出版社1997年版，第50页）。

② ［日］满史会编:《満洲［洲］开発四十年史》上卷，満洲［洲］开発四十年史刊行会1964年版，第632—634页。

③ 黑龙江省地方志编纂委员会编:《黑龙江省志·交通志》，黑龙江人民出版社1997年版，第51页；中国公路交通史编审委员会编:《中国公路史》第1册，人民交通出版社1990年版，第363页。

城子疃铁路的连接线。这条路线早在清朝就已形成,当时是山东和河北等地向东北移民的主要道路之一。中日甲午战争和日俄战争中,日本曾利用此路调动军队。1932 年沿原有路线修建为国道,开始行驶汽车。

京吉“国道”,从“新京”(长春)的吉林大马路终端起,到达吉林市西南的黄旗屯附近止,全长 108.8 公里。1935 年动工,1935 年 6 月竣工,耗资 93 万多日元,动用劳力 60 万人次。①

北承“国道”,从北票到热河省会承德止,全长 342.9 公里。其中朝阳至承德段为清朝以来的重要道路,自 1923 年以来,东北军阀曾多次整治,到 1928 年已能通行汽车。1933 年 3 月,日军侵占热河后,责成伪国务院在原有道路基础上,按一等国道标准改建。此路也是关东军对付热河抗日武装的主要警备道路之一。

讷黑“国道”,早在清朝,该路就是重要的官马大道。从民国到伪满时期仍是东北北部的干线道路。该路由讷河起,到东北北部门户黑河止,全长 366.4 公里。伪满时期仅就原路加以整修而已。

齐海“国道”,原为官马大道,是东北重镇齐齐哈尔通往东北地区西部门户海拉尔的干线道路,全长约 400 公里。

此外,1939 年,伪满交通部公路司在奉天设哈大公路调查事务所,准备修建哈尔滨至大连的高速公路,设计最高时速为 160 公里,一般时速 100 公里。但直到日本投降,也未正式动工,仅做了一些前期调查。②

---

① ［日］满史会编:《满州[洲]开発四十年史》上卷,满州[洲]开発四十年史刊行会 1964 年版,第 635 页。

② ［日］满史会编:《满州[洲]开発四十年史》上卷,满州[洲]开発四十年史刊行会 1964 年版,第 643 页。

根据汽车行车路面的不同构造，“国道”有一、二、三等之分。一等“国道”通常是指连接伪满“首都”与主要城市及港口的道路及国防专用线，路宽 7 米。二等“国道”连接各主要城市，由各主要城市通往主要县城及车站所在地的道路，路宽 6 米。三等“国道”连接各县城及由县城通往地方城镇的道路，路宽无明确规定，以原有宽度为准。一、二等“国道”分为汽车道和马车道，在河川湿地等或不得不涉渡的地方，由于没有适当的设施，两种道路亦可并用。三等“国道”主要是利用原有路面，不分汽车道和马车道。①

地方道路，仅在 1933—1938 年，修建 13893 公里，另建有桥梁 21618 米，合计近 13915 公里；道路工程费共约伪满币 3070713 元，桥梁工程费伪满币 2739454 元。两项合计工程费 5810167 元。②

为保障汽车运输，满铁还建有汽车工厂，从事汽车的制造和修理。据统计，1938 年伪满地区有车体制造厂 14 家，每月可分别制造客、货汽车 70 辆、637 辆；另有汽车修理厂 194 家，每月可修理 1932 辆。③

二、伪“满洲国”的汽车运输

汽车运输分为“国营”和民营两类。与铁路并行或能替代铁路，与铁路形成竞争的路线，对维持殖民统治有重大军事和治安意义的路线，有利于经济掠夺的路线，乃至对“国营”公路形成竞争

① ［日］满史会编：《满州［洲］开発四十年史》上卷，満州［洲］开発四十年史刊行会 1964 年版，第 632—633 页。

② 黑龙江省地方志编纂委员会编：《黑龙江省志·交通志》，黑龙江人民出版社 1997 年版，第 59 页。

③ 参见张研、孙燕京主编：《民国史料丛刊》第 360 册《伪满时期东北经济统计（1931—1945）》，大象出版社 2009 年版，第 200—201 页。

的路线,都归“国营”,其他路线均可民营。“国营”汽车运输作为铁路的附带事业,也委托满铁经营。满铁在其铁路总局和各地铁路局内设有专门机构管理、经营公路汽车运输。避免公路与铁路形成竞争,固然是为保护历史更久的铁路的利益,但也有利于减少重复投资,使陆路交通布局更加合理。

据1933年2月满铁修订的《满洲特殊自动车交通事业方策》以及说明,汽车运输交由与铁路经营有关的特殊汽车公司经营,规定在各主要地区设数个独立公司分别经营,但由母公司负责投资并实行业务统制,也即在同一路线上的运输业务,必须由同一经营主体统一经营;特殊公司除由“满铁”和伪满政府投资组建外,原则上可在伪满辖区和日本募集股金,在必要时也可允许外国人投资入股;实行独占营业,不向一般业者发放许可,但在附加条件时可允许临时营业;否认竞争营业,减免多项税费,无偿“借用”营业用地;特殊汽车公司设立之前的汽车公司由满铁直接经营等。

1933年满铁和伪满政府计划中的6万公里公路,其中的一半将成为定期长途汽车运输线;与铁路关系密切的路线、可代替铁路的路线以及对军事行动和传达邮件不可缺少的路线,加上若干紧要路线,总长达2.5万公里,由满铁设特殊汽车公司垄断经营。特殊汽车公司的经营范围为:客货运输,汽车和零部件的销售,汽车装配修理厂的经营,母公司对其他汽车公司的投资;还可经营仓储业、金融及汇兑业、调配业、旅馆业和土地房屋的出租等附带业务。关东军对汽车经营有很大的控制权。1933年11月22日,关东军交通监理部指示满铁,汽车路线由军方与交通部协议决定;满铁经营的路线,应由军方发出指令。①

---

① 苏崇民主编:《满铁档案资料汇编 · 水陆交通和运输工人》,社会科学文献出版社2011年版,第94—99页。

1937年,满铁制订汽车事业四年计划。“七七事变”后,为满足全面侵华战争的需要,日本关东军又于1938年2月提出《满洲国汽车运输事业扩充统制纲要》,要求到1940年年底,“国营”公路通车里程要达到51463公里,汽车保有量要达到4000辆;民营公路线达到13000公里,汽车保有量达到1500辆;划定“国营”、民营各自经营及“国营”、民营并存的区域,在安东、奉天、吉林这类人口稠密的地区,以地方短途运输为主,民营汽车运输已较发达,原则上以民营为主、“国营”为辅,其他地区以国营为主、民营为辅;继续整顿民营汽车运输业,规定在1941年以前实现“一省一会社”(即在一个省区内由一家母公司统一经营)的目标;要求强制使用“国产”汽车,尤其是同和汽车会社制造的汽车。① 同年3月,关东军又决定,城市短途运输也可实行“国营”。这些措施进一步强化了交通统制,推动了适应侵华战争的汽车运输的发展。该年,许可开业的国营汽车路线139条,营业里程长约11717公里。②

1939年,日本扩大侵华战争,欧洲亦战云密布,9月爆发大战。满铁制定《国营汽车交通指定纲要》,要求加紧充实汽车运输各项设备,并划定195条开业路线,营业里程长约16175公里。此外,根据统制的需要,原来许可民营的路线,一部分也予以收回。③

1940年,汽车营业里程突破2万公里,比1936年增加了3倍,车辆增加了4倍,从业人员增加了9倍。不顾质量,快速扩张数

---

① 苏崇民主编:《满铁档案资料汇编·水陆交通和运输工人》,社会科学文献出版社2011年版,第112—114页。

② 《由国营汽车担任局部输送实施纲要》,见苏崇民主编:《满铁档案资料汇编·水陆交通和运输工人》,社会科学文献出版社2011年版,第117页。

③ 苏崇民主编:《满铁档案资料汇编·水陆交通和运输工人》,社会科学文献出版社2011年版,第119、132页。

量,导致许多问题。车辆破损严重,燃料、材料、熟练工补充困难,营业亏损严重。① 1938 年亏损超过 110 万元,1939 年、1940 年两年,更是连续亏损,每年均超过 420 万元之多。1941 年,满铁被迫停止扩张汽车运输,开始整顿。②

经过整顿,1941 年营业收支状况好转,扭亏为赢。截至 1941 年年底,"国营"、民营汽车共有 4422 辆,通车里程达 26342 公里。③ 但这年年底,日本发动太平洋战争,形势陡变。满铁不断加强汽车运输统制。因燃料紧张,10 月起更多使用木炭之类的代用燃料。1941 年使用 7.4 万公斤木炭行驶了 5.4 万公里。④

到 1944 年,日本侵略者深陷战争泥潭,更加强化汽车运输统制。关东军于 4 月公布《公路运输计划执行纲要》和《汽车运输统制业务处理纲要》,要求对汽车运输"加以最大限度的统制和运用,以期完成军事方面和增强战力的重要运输任务"。原则是,汽车运输仍以"国营"为主体,与铁路相结合,形成一元化,成为局部地区的重要运输骨干;与铁路和汽车的统制运输相呼应,要保证铁路运输和军事运输,加强短途运输能力,为此设立短途搬运统制协议会。运输统制的具体实施方式,规定运输申请要报不同机关调查汇总后提出(军需物资由野战铁道司令部提出、特殊

---

① 苏崇民主编:《满铁档案资料汇编·水陆交通和运输工人》,社会科学文献出版社 2011 年版,第 135 页。

② 苏崇民主编:《满铁档案资料汇编·水陆交通和运输工人》,社会科学文献出版社 2011 年版,第 137、139—140 页。

③ 参见中国公路交通史编审委员会编:《中国公路运输史》,人民交通出版社 1990 年版,第 373—374 页。

④ 满铁:《铁路统计年报》(1941 年),见张研、孙燕京主编:《民国史料丛刊》第 360 册《伪满时期东北经济统计(1931—1945)》,大象出版社 2009 年版,第 201 页。

物资由伪满政府和关东局提出、满铁社用品由满铁提出)；各机关要在每月 20 日之前协议申请，审定运输力的分配；按规定管制运输。①

满铁开始经营“国营”汽车运输，始于 1933 年 3 月的热河军用公路汽车运输。满铁设铁路总局伊始，关东军马上指令满铁“基于作战上的必要”，立即开始由朝阳或北票到承德和赤峰的汽车运输营业。3 月 20 日，满铁正式开始经营朝阳至北票 40 公里的汽车运输。当时，运输业务由奉山铁路局管理，拨给千代田牌汽车 5 辆。当时正值解冰期，运行困难，平常 2 小时的行程(每公里 20 公里)，此时需要 6 小时，甚至 15 小时，只是持续运行能力强于马车而已。②

汽车运输的旅客运费为每人每公里 5 分，采用十足里程收取运费，根据路线情况，最高运费率达到 6 分 4 厘，最低为 1 分 5 厘。各线均实行定期行车制度，但行车次数和车辆数不尽一致。除了奉天抚顺间、新京吉林间这类连接大城市的短途运输，其他长途路线一般是每天一个来回或者单程，有时 4 天一个来回；一趟行车由 2—4 辆车组成纵队，但也有 30—40 辆的纵队，如哈尔滨至同江间的汽车运输。③

满铁自 1933 年 3 月开始经营汽车运输后，营业路线逐年增加。到 1940 年年底实际营业里程达到 1.8 万公里(许可里程更长)。车辆保有量从 1933 年的 197 辆增加到 1941 年的 2285

① 抚顺矿务局藏日伪档案，见苏崇民主编:《满铁档案资料汇编 · 水陆交通和运输工人》，社会科学文献出版社 2011 年版，第 123—124 页。

② 苏崇民主编:《满铁档案资料汇编 · 水陆交通和运输工人》，社会科学文献出版社 2011 年版，第 125 页。

③ 苏崇民主编:《满铁档案资料汇编 · 水陆交通和运输工人》，社会科学文献出版社 2011 年版，第 129—130 页。

辆;从业员工从 1937 年的 1476 人增加到 1941 年的 5180 人;长途运输客运人数从 1937 年的 116 万人增加到 1941 年的 1159 万人;货运量从 1937 年的 37997 吨增加到 1941 年的 66352 吨(见表 5-7)。

表 5-7 伪满"国营"汽车运输统计(1932—1943 年)

项目 年份	营业里程(公里)	车辆数(辆)		员工数(人)	运输旅客(万人)			运输货物(吨)		
		客车	货车		长途	短途	旅客万人公里	起运	运输	货物万吨公里
1932	40	—	—	19	—	—	—	—	—	—
1933	—	100	97	611	—	—	—	—	—	—
1934	—	252	224	882	—	—	—	—	—	—
1935	—	219	261	726	—	—	—	—	—	—
1936	—	291	323	737	—	—	—	—	—	—
1937	5683	334	700	1476	116	—	4342	37997	40633	4023
1938	9544	—	—	2896	447	—	10228	38228	42854	1980
1939	14478	—	—	5175	706	668	20085	68377	70613	3204
1940	18230	—	—	5326	1109	1119	31887	66500	71317	4028
1941	18516	1412	873	5180	1159	783	36356	66352	75247	5076
1942	19877	—	—	—	1251	664	41913	68770	—	5958
1943	19803	—	—	—	949	622	33514	270402	—	8203

注:1. 各年平均每日行驶汽车数、1940 年货物起运量、1942 年和 1943 年营业里程包括北朝鲜的统计数。2. 车辆数不含其他种类车辆。

资料来源:1932—1936 年据满铁《昭和十二年度统计年报》(1937 年),见苏崇民主编:《满铁档案资料汇编 · 水陆交通和运输工人》,社会科学文献出版社 2011 年版,第 142—146 页;其余年份据张研、孙燕京主编:《民国史料丛刊》第 360 册《伪满时期东北经济统计(1931—1945)》,大象出版社 2009 年版,第 194—197 页。

“国营”汽车货物运输，有工业品、矿产品、农产品、水产品、杂品、官用货物和其他货物几类。各年货物运输情况见表5-8。

表5-8　伪满“国营”汽车运输各类货物起运量统计（1937—1941年）

（单位：吨）

年份＼项目	工业品	矿产品	农产品	水产品	杂品	官用货物	其他	总计
1937	1120	—	7845	183	5765	—	23084	37997
1938	6028	4273	4362	174	17009	—	6382	38228
1939	15219	32989	11106	497	—	5057	3509	68377
1940	—	—	—	—	—	—	—	66200
1941	—	20296	12176	—	—	2698	31181	66351

注：1. 1939年“其他”中包括林产品1875吨、畜产品126吨。2. 1938年全部统计及1940年总计中，均包括北朝鲜统计数。

资料来源：张研、孙燕京主编：《民国史料丛刊》第360册《伪满时期东北经济统计（1931—1945）》，大象出版社2009年版，第198页。

伪满“国营”汽车运输的收支情况见表5-9。

表5-9　伪满“国营”汽车运输收支统计（1933—1942年）

（单位：万元）

年份＼项目	收入				支出	盈(+)亏(-)	附：满铁汽车事业费
	客运	货运	其他	总计			
1933	44.6	14.0	2.3	60.9	140.0	-78.9	87.7
1934	85.9	37.5	3.1	126.5	192.5	-66.0	94.6
1935	107.2	46.5	4.5	158.2	264.8	-106.6	197.9
1936	137.9	47.5	3.1	188.5	298.0	-109.5	244.6
1937	—	—	—	351.3	418.8	-67.5	343.7
1938	392.2	340.8	19.6	752.6	862.7	-110.1	—
1939	707.1	528.5	14.3	1249.9	1682.1	-432.2	—

续表

项目 年份	收入				支出	盈(+) 亏(-)	附:满铁汽车事业费
	客运	货运	其他	总计			
1940	1171.3	803.5	35.0	2009.8	2433.2	-423.4	—
1941	1988.3	1052.8	27.4	3068.5	3063.3	5.2	—
1942	2346.9	1179.5	122.1	3648.5	3634.2	14.3	—

资料来源:1932—1936 年据满铁《昭和十二年度统计年报》(1937 年),见苏崇民主编:《满铁档案资料汇编 · 水陆交通和运输工人》,社会科学文献出版社 2011 年版,第 145 页;其余年份据张研、孙燕京主编:《民国史料丛刊》第 360 册《伪满时期东北经济统计(1931—1945)》,大象出版社 2009 年版,第 199 页。

开放民营的汽车路线,据调查,截至 1937 年 8 月,长达 5232 公里(市内公交线 226 公里);有汽车 617 辆,其中客车 524 辆(市内公交车 296 辆),货车 93 辆。①

伪满辖区民营汽车运输是作为日本殖民统治的附庸而存在的。在伪满政府成立前,民营汽车运输业者多属个体业户,主要经营客运,经营货运者寥寥。伪满政府成立后,这些小企业在所谓"统制管理""集中化经营"的方针指导下,绝大部分被日本集团资本和具有特权的大、中型企业所排挤、兼并。1938 年 2 月关东军制定《满洲国汽车运输事业扩充统制纲要》,要求民营汽车运输业必须与其他交通机关保持协调,且能适应"国防"需要;以"一省一会社"为原则。根据关东军的这一指令,伪满交通部在原统制管理的基础上,又进行更大规模的"扩充统制"。原有民营汽车运输企业有 1/3 以上继续被集团资本所垄断兼并。自 1933 年至 1937

① 满铁产业部:《满洲自动车交通路线调查表》,见黑龙江省档案馆编:《满铁调查报告》第二辑第 21 册,广西师范大学出版社 2005 年版,第 3 页。

年的5年间，原有运输业者由206家急剧减少到30家。但营运路线和车辆保有量却有所增加。据调查，民营汽车业较为发达的为奉天、安东和吉林三“省”，1937年民营汽车营业里程实有6700公里，车辆保有785辆；1938年营业里程实有8400公里，车辆保有985辆；1939年营业里程实有10500公里，车辆保有1195辆；1940年营业里程实有11500公里，车辆保有1345辆；1941年营业里程实有13500公里，车辆保有1505辆。营业里程和车辆保有量都有较大增加。①

另据不完全统计，1939年至1940年间，伪满辖区民营汽车运输企业共有20家（不包括市内公共汽车和出租汽车业者），汽车营业路线总里程达7826公里，营业汽车保有量由1505辆跃增到1940年的2137辆，车辆的技术状况和客货运输设施、设备也有较大改善，职工人数达5765人（见表5-10）。②

比较重要的运输企业有两家。一家是“大连都市交通株式会社”，另一家是“国际运输株式会社”。

“大连都市交通株式会社”为“满铁”直接投资的直系会社，不仅经营大连市内、市郊的电车公共汽车运输业务，还执行日本侵略者的交通统制国策，倚仗其雄厚的资本、人力和技术力量，担当起收买、兼并民营汽车企业的任务。

① 铁路总局汽车局营业课：《满洲国民营汽车运输事业概说》（1939年），见苏崇民主编：《满铁档案资料汇编·水陆交通和运输工人》，社会科学文献出版社2011年版，第145页。

② 东北财经委员会调查统计处编：《伪满时期东北经济统计（1931—1945）》，见张研、孙燕京主编：《民国史料丛刊》第360册《伪满时期东北经济统计（1931—1945）》，大象出版社2009年版，第202页。不同的调查，统计数不尽一致。

表 5-10　伪满辖区民营汽车业统计(1939—1940 年)

项目 地区	公司名	公司所在地	经营规模					运输业绩		备注
			员工数(人)	营运里程(公里)	客车(辆)	货车(辆)	车辆总计(辆)	客运(千人)	货运(吨)	
1. 辽东	安东交通株式会社	安东	418	697	52	80	132	882	2976	系 1939 年 12 月至 1940 年 2 月运输数
	奉天交通株式会社	沈阳	1396	1219	259	12	271	2043	—	1939 年上期统计数,含沈阳、抚顺两市
	奉南交通株式会社	鞍山	399	805	907	13	920	12	—	1939 年 11—12 月统计数
	小计		2213	2721	1218	105	1323	2937	2976	—
2. 辽西	锦西交通株式会社	北镇	37	72	8	4	12	35	1102	1939 年上期数
	昭和汽车公司	台安	16	68	3	1	4	51	680	1939 年全期数
	奉北交通株式会社	四平	344	1609	59	12	71	641	—	1939 年上期数,内有 249 公里停运
	小计		397	1749	70	17	87	727	1782	—

续表

项目 地区	公司名	公司所在地	经营规模					运输业绩		备注
			员工数（人）	营运里程（公里）	客车（辆）	货车（辆）	车辆总计（辆）	客运（千人）	货运（吨）	
3. 吉林	长春交通株式会社	长春	1121	462	198	—	198	7811	—	1939年上期数，含长春市
	满洲交通株式会社	长春	66	306	19	8	27	261	—	1939年全期数
	奉吉交通株式会社	公主岭	58	269	11	10	21	100	2	1939年下期数
	吉林交通株式会社	吉林市	150	514	31	24	55	1704	—	1939年全期数，含吉林市
	东满洲铁道株式会社	珲春	7	18	2	—	2	16	—	1939年上期数
	株式会社信义洋行	图们	3	3	2	—	2	16	—	1939年全期数
	小计		1405	1572	263	42	305	9908	2	—

续表

项目 地区	公司名	公司所在地	经营规模					运输业绩		备注
			员工数（人）	营运里程（公里）	客车（辆）	货车（辆）	车辆总计（辆）	客运（千人）	货运（吨）	
4. 黑龙江	丙通长途汽车公司	洮南	15	216	1	4	5	4	21	1939年全期数
	东亚运输商会	绥化	109	440	18	11	29	70	2	1939年下期数
	小计		124	656	19	15	34	74	23	—
5. 松江	哈尔滨株式会社	哈尔滨	540	71	106	—	106	9150	—	1939年上期数
	哈尔滨汽车交通合资会社	哈尔滨	64	134	14	3	17	51	291	1939年全期数
	哈郭长途汽车公司	呼兰	46	125	6	5	11	29	718	1939年下期数
	牡丹江市营汽车	牡丹江	109	29	23	—	23	2065	—	含牡丹江市
	小计		759	359	149	8	157	11295	1009	—

续表

项目 / 地区	公司名	公司所在地	经营规模					运输业绩		备注
			员工数（人）	营运里程（公里）	客车（辆）	货车（辆）	车辆总计（辆）	客运（千人）	货运（吨）	
6. 热河	华北满蒙运输商行	承德	12	110	2	2	4	4	1003	1939 年全期数
7. 旅大	大连都市交通株式会社	—	855	659	227	—	227	17016	—	1940 年数，含旅顺、大连两市
	总计	20 家	5765	7826	1948	189	2137	41961	6795	

资料来源：满铁：《满洲的民营汽车事业现状》（1940 年），见张研、孙燕京主编：《民国史料丛刊》第 360 册《伪满时期东北经济统计（1931—1945）》，大象出版社 2009 年版，第 202 页。原表个别数据有误，本表已订正。

1934 年 11 月,日资“南满洲电气株式会社”将其电灯、供电及附带业务全部转让给新设立的伪满“满洲电气株式会社”,从而专门经营电车和公共汽车业务。1936 年 4 月,更名为“大连都市交通株式会社”(以下简称“大连交通”)。该会社已于 1935 年 7 月与新京特别市共同出资设立新京交通(投资 25 万元);又于 1936 年 8 月设瓦房店复县交通(投资 9.9 万元);1937 年 3 月设奉天交通(投资 120 万元);1938 年 12 月设安东交通;1939 年 11 月设奉南交通等公司。此外,还投资于奉北、东吉林、牡丹江的交通公司。为配合日军入侵华北,又投资于华北地区的青岛、天津,染指华北主要城市的交通。[①] 该公司成为推动日伪交通集中统制的急先锋和控制民营汽车运输的核心企业。

至 1942 年年底,在伪满的民营汽车运输企业中,中国私人资本已减少到仅占 3.7%;至 1945 年 6 月,在伪满汽车运输企业的特殊公司和准特殊公司中,中国私人资本仅占 0.2%。

在汽车货运业方面,居于垄断地位的是“国际运输株式会社”。早在 1923 年,满铁鉴于当时中国东北南部地区的生产已无更多扩展的余地,计划向北部地区寻找货源,但又不愿直接以铁路的名义进行,为掩人耳目,决定设立一个分支机构,于 6 月 22 日成立“国际运送株式会社”,担负起实现“满铁”在东北北部乃至运东地区运输野心的重任。满铁先在 1923 年 2 月设立东亚运送株式会社,然后与日本运送株式会社合并,从而继承了日本运送拥有全部股份的另一家运输企业明治运送株式会社的营业。1926 年,国际运送株式会社、明治运送株式会社和又一家运输企业内国通运株式会社三家公司计划合并。而满铁认为,“国际运送株式会社”

① 参见苏崇民主编:《满铁档案资料汇编 · 水陆交通和运输工人》,社会科学文献出版社 2011 年版,第 150—155 页。

在中国东北和朝鲜的分支机构的业务负有特殊使命，应独立经营，于是在1926年8月1日成立一家新的企业——“国际运输株式会社”，成为满铁运输业务的重要辅助机构。原“国际运送株式会社”与内国通运株式会社合并，仍沿用“国际运送株式会社”之名。满铁给予新成立的“国际运输株式会社”的首要任务，就是运输东北北部物产，特别是该地区的特产，为满铁掠夺中国东北北部资源服务，同时与中东路竞争。这样，满铁就可以“躲在幕后通过国际运输株式会社来实现应付吸收北满货物等问题了”。“国际运输株式会社”（以下简称“国际运输会社”）额定资本金为1000万元，股份20万股，满铁以个人名义保有161765股，成为绝对的大股东。实缴资本340万元，满铁缴275万元。

由于“国际运输会社”负有特殊使命，满铁与其签订了额度300万元、以货物为担保的融资协议，提供包括运输和仓库货物的贷款、经办货物的运费、以及其他各种费用垫款。该社继承了原“国际运送株式会社”支社管辖的支店、营业所、派出所，还新设店所，于1926年8月15日开始营业。之后，营业网从中国东北、日本扩展到中国关内、朝鲜、中国台湾各地。1928年11月，该社已有支店16个，办事处（出张所）12个，营业所28个。①

1931年“九一八事变”发生后，“国际运输会社”抓住机会，承担军事、新线建材、劳工等运输，并随着日军的铁蹄不断扩大业务范围，营业收入也逐年上升，1932年股本分红高达8成。随后，又落实满铁进入朝鲜北部的国策，试图统制北朝鲜三港的海陆运输，于1934年9月正式接手国际运送、朝鲜通运和北鲜运输3家公司在朝鲜北部的全部业务。随着伪满“国线”铁道网的扩大和经营

① 参见苏崇民主编：《满铁档案资料汇编·水陆交通和运输工人》，社会科学文献出版社2011年版，第161—163页。

一体化的进展,中国东北南部和朝鲜北部港口的进出口货物猛增,“国际运输会社”的海陆运输也盛极一时。该社独家垄断了伪满辖区的大半汽车(包括胶轮马车)货运量。其分支机构遍布各大中城市,在铁路沿线城镇均设有运输营业所,享有全境铁路车站到、发货物的独家经营权。1936 年,满铁在奉天设铁道总局,统一经营伪满和朝鲜北部铁路。“国际运输会社”紧随其后,派出常务董事常驻奉天。

1937 年,日本玩起所谓撤销在伪满“治外法权”的把戏,“国际运输会社”设立打着伪满法人旗号的同名子公司,在奉天设总社;而仍在大连的日本法人“国际运输会社”,作为母公司负责统管日本国内、朝鲜、关东州及中国内地机构的业务。但两家会社实际上是一体的,两块牌子一套人马,实行共同经营。

除了经营运输和仓储业务,“国际运输会社”也有少量的金融业务,主要是以该社栈单或保管的货物为担保,从事押汇业务,1937 年经营的金融款额达 6300 万元。该社的金融业务后来逐渐减少。①

至 1941 年年初,“国际运输会社”已发展到有 11000 多名从业人员、830 家店的规模;最近一年收入达 1.5 亿元。1941 年,该社以伪满法人组织名义,牵头组建伪“满洲国运输组合”(运输业联合会),打着民间组织的旗号,实质是日本在伪满辖区汽车货运业的中枢指导机关。

“国际运输会社”在所谓小运送上,也具有垄断优势。所谓小运送,是指附随于铁路、船舶等大运输机构,或对其利用或与其结合,并以满铁所管铁路沿线的车站、码头为中心,进行短途为主的陆路运输。在东北地区,小运送存在多年。在铁路线以外各地的

① 苏崇民主编:《满铁档案资料汇编·水陆交通和运输工人》,社会科学文献出版社 2011 年版,第 165—174 页。

粮商或加工厂，将农产物及其加工品运往铁路沿线的粮栈、加工厂、特产输出行或车站仓库；所用运输工具，多为大车、四轮车（苏联式）、牛车或转运公司的拉货马车、胶轮车等。小运送从业者众多，价格自由浮动，每年运送货物约为1500吨，有利于当地工商经济的发展。① 日本侵占东北后，推行统制经济。“国际运输会社”的营业机构遍布铁路沿线，在小运送的统制上具有优势，且与各家船会社联系密切，又在日本、朝鲜、中国台湾设有分支机构，形成其他机构无法比拟的庞大的运输网。仅在1937年7月至1938年6月一年中，全部小运送业者经办的满铁站发到小运送货物1760万吨，该社独家经办了530万吨，占总量的31%；其余货物由另外的1200家经办。由此可见该社的垄断能力。1938年1月以后，满铁实行铁路集中货物配达，以零担货物为主，加上铁路通关代办业务和各车站、码头（不包括大连码头）装卸作业的代办等，全部由满铁交给该社承包，该社也得以经办一半以上的小运送业务。

为加强运输统制，满铁要求日伪实行小运送许可制度，指定“国际运输会社”承担小运送的整备统制事务。1940年7月，满铁制定“特定小运送人”规则，指定“国际运输会社”为特定小运送人，营业范围包括：小件行李或货物的收发作业及其附属业务，行李货物的装卸作业，代办报关业务，其他满铁认为特别有必要的业务。这样，该社实质上成为伪满地区小运送业的半官半民的统制机关。该社也借此良机，扩展业务，增加投资，1941年资金增至1500万元，1943年增资3000万元。

1941年，根据关东军的决定，伪满政府交通、兴农两“部”制定《关于战时农作物小运送实施要领》（即粮谷短途集运），“国际运输会社”

① 东北物资调节委员会研究组编：《东北经济小丛书·农产》流通篇下，1948年印行，第43—44页。

作为特定企业又独家垄断伪满辖区城乡间包括粮麻、木材、煤炭等物品的统制运输业务。据统计,1941 年实际完成运输量达 350 万吨,占粮谷类总输出量的 86%,1942 年实际运输量占总输出量的 93%。①

除伪满辖区外,"国际运输会社"势力范围更扩张到冀东、华北和内蒙古等地。随着日本在华北和内蒙古等地侵略活动的日益嚣张,"国际运输会社"以所谓"国策先驱"自诩,也加大在华北的业务扩张。早在 1925 年,"国际运送会社"已在天津设立办事处。1935 年 11 月,日本策划的所谓"冀东自治政府"成立,"国际运输会社"先后在山海关、唐山、北平、张家口设营业所,在所谓"冀东贸易"中极为活跃,不仅在大连与秦皇岛一带的沿海贸易中承担运输,还牵头代营柳江煤矿轻轨铁路,经营唐山的粮谷交易场;以张家口为起点,向绥远、多伦、西苏尼特等内蒙古一带扩张运输业务。同年 1936 年接手冈村汽船天津东兴洋行的业务和设施,翌年 2 月与兴中公司、大连汽船共同出资,设立天津塘沽运输公司经营天津、塘沽一带码头货物装卸和舢板运输业,并于 1937 年"七七事变"后不久的 8 月 1 日,迅速将天津办事处升级为支店,统辖华北和伪"蒙疆"地区的运输业务,成为侵华日军的得力帮凶。"七七事变"后,满铁在北平设华北事务局,奉日军之命经营日占铁路,指定"国际运输会社"办理货物运输。该社以天津支店为骨干,派遣社员,并调集在伪满的人员,又从日本雇人,紧跟日军,冲在前沿,在京汉、津浦、北宁等铁路沿线设营业分支机构,承担与铁路一体的运输任务。还根据军方命令,通过大清河等河流,承担天津、保定间的军用品和粮食搬运。同年 12 月,在天津设董事室,负责与日军行动有关的业务和联络交涉事务,并于 1938 年 2 月将董事

① 中国公路交通史编审委员会编:《中国公路运输史》第 1 册,人民交通出版社 1990 年版,第 377—378 页。

室紧随日本华北方面军司令部迁到北平，至9月又新设华北支社，统管华北地区的业务。1938年7月，该社将张家口支店业务转给伪“蒙疆”政权，协助其创办“蒙疆运输股份公司”。1939年4月，日本设“华北交通株式会社”经营华北铁路，1941年又设“华北运输株式会社”，统一经营华北运输。“国际运输会社”为这两家公司提供资金、人力、物力，助其开展业务，并于1941年9月30日将业务全部移交给两公司。①

1943—1945年，“国际运输会社”的搬运工具数量如下：1943年有马匹2670匹，马车4927辆，手车83辆，汽车277辆；1944年有马匹6191匹，马车6047辆，手车830辆，汽车292辆；1945年本社有马车11142辆，另外雇用马车27005辆，有手车2656辆，汽车340辆。② 其收支状况见表5-11。

表5-11　“国际运输会社”营业收支统计（1932—1942年）

（单位：万元）

项目 年份	收入	支出	损益	事业费	财产余额
1932	599. 7	566. 8	32. 9	—	189. 4
1933	1038. 9	678. 0	360. 9	—	323. 3
1934	1517. 5	996. 6	520. 9	55. 5	290. 1
1935	1662. 9	1038. 7	624. 2	89. 6	326. 9
1936	1905. 2	1208. 6	696. 6	64. 8	341. 0
1937	2525. 0	1681. 2	843. 8	82. 2	378. 3

① 参见苏崇民主编：《满铁档案资料汇编·水陆交通和运输工人》，社会科学文献出版社2011年版，第165—173页。

② 东北物资调节委员会研究组编：《东北经济小丛书·运输》，1948年印行，第291—293页。

续表

年份 \ 项目	收入	支出	损益	事业费	财产余额
1938	4341.4	2974.3	1367.1	209.6	601.6
1939	8845.1	6293.8	2551.3	376.7	890.0
1940	13667.8	10234.1	3433.7	658.2	1529.4
1941	16861.0	13158.1	3702.9	967.2	2123.1
1942	8520.3*	6627.4*	1892.9*	959.5	2161.4*

注:1. 收支包括子公司;2. 事业费不包括华北部分;3. * 为 1942 年上期数。

资料来源:苏崇民主编:《满铁档案资料汇编 · 水陆交通和运输工人》,社会科学文献出版社 2011 年版,第 183—186 页。

第四节　伪“满洲国”的邮政电信和航空运输

日本侵略者为在伪“满洲国”推行和巩固殖民统治,非常重视邮政、电信和航空运输业等。他们劫夺中国东北的邮电和航空事业,假手伪满傀儡政权,建立殖民地化的邮电、航空网络。

一、伪“满洲国”的邮政

国民党政府的中华邮政在东北设有辽宁、吉黑两个邮区。随着关内邮政业的发展、关内人民移民东北的逐渐增多,中华邮政在东北的业务也有所发展。到 1931 年,中华邮政在东北的邮政局所有 2850 处,邮路里程超过 5 万公里。① 加之东北邮区是亚洲与欧洲陆上交通最便利的孔道,不仅是中国邮政最重要的邮区,且为欧

① 参见彭瀛添:《列强侵华邮权史》,(台北)华冈出版有限公司 1979 年版,第 191—192 页统计表。

亚邮件运输的转递枢纽,邮政业每年有二三百万元的盈余,每年由东北各邮局汇入关内的款额超过2100万元。在某种意义上,东北邮政"谓为整个中国邮政之生命线,亦非过言"。①

第一次世界大战期间及战后,各国在中国的"客邮"纷纷撤销,但日本在"南满"铁路区域内和旅大租借地的邮局,反而猛增。据国民党政府邮政总局调查,1928年日本在东北设有非法邮局62处,1931年"九一八事变"前夕非法邮局扩大到223处。②

"九一八事变"发生时,中华邮政辽宁邮区邮务长为意大利人巴立地。他召集邮区高级职员商讨对策,并发布通令,要求区内各邮局继续维持业务;给邮差(邮递员)颁发白布臂章,上书"邮政局",加盖管理局关防(公章),并加编号、签名。巴立地还试图与日本占领当局"商议",请求日军允许邮政员工正常行走,勿予留难。巴立地又前往日本非法设在沈阳的邮局,要求对方在北宁铁路阻断期间提供邮件运输的协助。日方顾忌中华邮政已加入万国邮政联盟,是国际通信机关,未敢强行接管,暂时同意转寄往来上海及以南各处邮件。

然而,日本侵略者还是对中华邮政百方施暴。事变次日凌晨,日军二十多人闯入辽宁邮政管理局,恐吓邮区职员,殴打员工,强征邮车。在各地,日本"军队所至,对于邮件则强行严厉检查,对于员工则百般凌虐,稍涉嫌疑,辄或殴打或拘禁。内地各局所,或迫匪祸,或受军事影响,局屋被毁者有之,票款公物被劫者有之,员

① 何新吾:《东北现状》,首都国民印务局1933年版,见丁三青:《近代以来日本对我国东北邮政的侵夺》,《历史档案》1995年第3期。

② 刘朝珠:《日本侵略东北邮权始末》,见现代邮政月刊社编:《现代邮政》1949年第3期。

工拘禁伤害、受有损失者有之”①。

1932年3月,伪满傀儡政权成立后,发出通告,自1932年4月1日起,东北邮务由“满洲国”自行处理。4月24日,伪“满洲国”申请加入万国邮政公约、万国电信条约和万国无线电条约,为此,分别致电瑞士、比利时和美国,但遭万国邮联会拒绝。伪满政府还决定于8月1日发行伪满邮票,且日籍视察官、监察官强行进入邮局,强占办公场所。鉴于此,国民党政府邮政总局于7月23日命令辽宁和吉黑两邮区全面停业;交通部也发表严正声明,通告中外,暂停东北两邮区业务。两个邮区的员工3120人大部分陆续撤入关内。国民党政府同时宣布对伪满实行邮政封锁。

在日伪肆虐之下,东北邮政损失严重。2800多处邮政局所丧失。除部分邮袋设法寄回关内外,其余财产均被日伪扣留。房屋、地基、船只、车辆及其他财产,辽宁邮区损失约值法币110.38万元;吉黑邮区损失约值上海银元121.95万元。另有大量邮票、汇兑印件被迫就地焚毁。据报,辽宁邮区焚毁邮票额值19987.54元,汇兑印件额值41963.2元;吉黑邮区在滨江焚毁邮票额值149561.46元,汇兑印件920932.52元。此外,至少有2万元现款、存于外国银行的大洋117.17元和哈洋713.75元,也被日伪扣留。

日伪在初期不敢立即以武力接管东北邮政,原因之一,是担心国民党政府对其实行邮政封锁。但伪满政府以断绝通过西伯利亚铁路中转关内的国际邮件,反过来威胁国民党政府。此外,伪满政府还利用日本邮局受理邮件和汇兑业务,并在哈尔滨设外国行动邮件(即国际邮件)管理所。日伪沆瀣一气,使国民党政府的邮政封锁大打折扣。日伪还以山海关为突破口,施展各种手段,打破

① 杨斌:《邮政总局等关于“九一八”事变后处理东北邮务经过密呈稿》,《民国档案》1990年第3期。

“封锁”。中苏、中日之间早有邮运合同，而中日并未断交，中国在天津和沈阳设有国际邮件互换局，负责交接国际邮件，在1932年7月23日“邮政封锁”之后，国际邮件仍畅通无阻。但关内外通邮要地山海关并非国际邮件交换地，日军亲自护送邮件到达山海关，武力恐吓拒收邮件的中华邮政员工，殴打、关押、逼迫山海关邮局局长李鸿业签订“接收邮件办法”。面对日军的一再威逼，国民党政府举棋不定。最初声称完全拒收，接着允许接收国际邮袋，后又决定暂时将邮袋转存天津管理局，然后又以“欠资”处理日军和日侨邮件。而新任山海关邮局局长的英国人德敦竟将日军欠资邮件全部放行。

此外，在日本领事馆的唆使、庇护下，日本人在北京、天津、青岛、上海非法发展邮务，大肆走私邮件。例如，北京日侨信件都交给日本领事馆，再免费交给天津日领事馆，通过日本轮船运到大连，再由投递局向收件人索取寄费。甚至日本邮票也在中国境内公开发行。其猖狂可见一斑。山海关、福州、济南、汉口等地，也有日本人私设邮务代办机构，非法经营邮务之事。中国邮局仅仅是通过某些海关查处走私日本人邮件，给以欠资罚款；或例行公事地向日领事表示抗议。但日本以领事裁判权庇护日本人，国民党政府无可奈何。各国出于自己的利益，不顾日本侵略中国的事实，反而不满邮政封锁影响国际邮件交换，向中国施加压力。某些中国不良商人也参与到邮件走私活动中。封锁效果越来越差。

1934年9月，国民党政府派员与日本关东军代表在北平进行关内外通邮谈判。日方代表咄咄逼人，只要求国民党政府代表在“是”与“否”之间作选择。最后，国民党政府代表几乎全盘接受日方通邮方案；日方只同意增加一条“通过西伯利亚邮件依照旧例办理”，而对于撤销关内各地非法日邮的要求，置之不理。1934年12月14日，双方达成9条《通邮大纲》和7条《技术会谈之谅解事项》,19 日正式对外公告,在山海关、古北口两地设转递机构,关内外开始通邮。[①] 双方虽未正式签字,但自 1935 年 1 月 10 日起,关内外的邮政、汇兑先后恢复,邮政封锁"暂时"结束。国民党政府在山海关设"汇通转递局",通过山海关、古北口两处交换邮件,并将入关邮件集中在天津、北平、济南、青岛、上海等处邮政管理局,涂消日方邮票,加盖方印文字说明,以掩人耳目。[②] 同年 2 月 1 日,又开始办理关内外包裹和汇兑业务。1939 年后,因京奉路直达通车,关外至京津等地邮件实现直运;寄往华南邮件由绕道日本改由京奉路运至天津,再装船运往南方各地。伪满辖区寄往关内的包裹,由只限京津两局也扩大到多地。

① 彭瀛添:《列强侵华邮权史》,(台北)华冈出版有限公司 1979 年版,第 243—308 页。《通邮大纲》规定:通邮由双方邮政机关在山海关、古北口设转递机构实施;使用关东军特种邮票,但票面不表示"满洲国"和"满洲"字样;邮票印制 4 种,供函件、挂号、快信等贴用;邮戳在关东军方使用现用欧文;邮资由邮政主管机关各自决定;通邮文书尽量使用公历,不表示"满洲国"和"满洲"字样;1935 年 1 月 10 日实行通邮,2 月 1 日实行包裹和汇兑;通过西伯利亚的邮件依照旧例办理;本办法的变更,须经双方协议;依上述旨趣,作出处理进出山海关、古北口邮件、汇兑暂行办法。《技术会谈之谅解事项》主要内容有:通邮办法除协议部分,不得公开发表;关东军特种邮票花纹预示给中国邮政总局;寄给关内的邮件努力使用特种邮票;中方邮政机构对少数未贴特种邮票的邮件,免征欠资;关东军方面使用现用欧文邮戳,小邮局可继续使用中文邮戳,但务不表示"省"字;通邮文书(包括单据)努力不表示"满洲国"和"满洲"字样;双方邮政机关往来文书,关东军所发的,发信人为邮务司长,收信人为邮政总局局长或邮政储金汇业局局长,则由天津邮局转交,中华邮政方面,发信人为邮政总局局长或邮政储金汇业局局长,并由代理人签名,则附书代理人职衔,并在文末表示"奉命",邮务司长为收信人。

② 彭瀛添:《列强侵华邮权史》,(台北)华冈出版有限公司 1979 年版,第 309—310 页。邮票加盖方印文字为"此信系本局承转,所有无效邮票表示之邮资,均由本局赔缴。山海关汇通转递局印"。

伪“满洲国”成立后，在伪交通部下设邮务司，不久又设立邮政管理局。其下分为两个邮区。其中，奉天邮区包括奉天省、热河省、兴安南分省；吉黑邮区包括吉林省、黑龙江省、兴安东分省、兴安北分省、特别区。两区共有一、二、三等邮局及代办所1016处。1937年，伪交通部在长春设邮政总局，在新京（长春）、奉天（沈阳）、牡丹江、哈尔滨、锦州等5处设邮政管理局，各市县乡镇村设邮政局、邮政办事所（类似于代办所、信柜）。此外，伪邮政总局内除设有邮政处，还设有电政处、储金保险处，1942年又在沈阳增设邮政保险业务局。据统计，历年邮政局和邮政办事处的数量亦有增加。其中，1939年有邮政局544个、邮政办事处1523个；1940年有邮政局589个、邮政办事处1679个；1941年有邮政局588个、邮政办事处1708个；1942年有邮政局584个、邮政办事处1741个。[①] 1937年12月，满铁附属地的123处日本邮政局所并入伪满邮政，但旅大地区（“关东州”）的邮政仍由日本关东厅递信局继续经营，有邮政局所120处，直到日本战败投降，才由中国政府收回（电信业务已于1933年9月移交给日伪满“电电会社”）。

伪满还仿照日本邮政模式建立邮政管理制度，邮政人员的职称由员、佐、差改为日本式的技士、雇员、佣人；处长、会计长、局长改为技正、事务官或理事官。信差制服也由绿色改为深蓝色。在员工中，华人邮员与外国邮员所占的比例大约为5∶1。据1933年9月统计，伪满两个邮区共有邮员2350余人，其中日本人240名，朝鲜人200余人，白俄60余人，其余为华人。外国人尤其是日本人都充任重要职员，从邮务司到两大邮区的各级机构中，高级职员35人，日本人多达27人，华人仅有8人。从邮务司到邮区管理局及局以下各科的正职，均为日本人。日本人藤原为伪“满洲国”

① 金毓绂主编：《东北要揽》，国立东北大学1944年编印，第354页。

首任邮务司长。华人邮员待遇低下,只能充任差役。同一职阶中,日、俄、韩人的薪水比华人多一倍。

例如,黑龙江阿城邮局有二十多人,局长为华人,但实际掌权的是日本主事(副局长)。局长、日本主事从不值日、值宿,其他人轮流看护电话和邮局。每逢当班,自带行李,睡在办公桌上。早起扫地打水,擦拭桌椅,冬季生火烧炉。日常业务中,最忙最累的工作都由邮差承担。邮局没有自行车,邮件、报刊不分城乡,全由邮差徒步递送。日本主事动辄大发雷霆,训斥员工。不会说日语的人,在工资、工作上常常吃亏。每天早会上,都要朗读“国民训”;中午只要有一声鸣笛,员工都要起立低头,默祷日军阵亡者;班后会上,还要听日本主事讲一套“大东亚圣战”“王道乐土”“日满一德一心”等洗脑训话;还经常举办“防空演习”“勤劳奉公”之类的活动。①

1935年11月,伪满邮政以宣统二年(1910年)签订的《日清邮政小包协定》和1922年签订的《日华邮政交换协约》《代收货价和保价箱匣交换协定》为基础,与日本签订《日满邮政协定》,与日本及其占领区通邮。随着日本侵略军向关内、华中、华南及东南亚等地的入侵,通邮地区也随之扩大。

伪满邮政为适应日本侵略需要,对偏重于商业性的原中华邮政的邮资予以调整。1932年7月制定新资费,以伪满币计费,伪满辖区内互寄信函4分,明信片2分,邮筒和双明信片4分。1934年3月1日伪满改行帝制,降低邮费,伪满辖区内互寄信函3分,明信片1.5分,邮筒和双明信片(封缄)3分。1937年3月,伪满政

① 马云程:《伪满时期的阿城邮政局》,见张志和、胡仲元主编:《全国各级政协文史资料·邮电史料》上册,北京燕山出版社1995年版,第14—15页。

府为弥补邮政经费不足,将信函资费提高到 4 分,明信片 2 分,邮筒和双明信片 4 分,书籍、印刷品、贸易契、相片、字画样货每 100 公斤 2 分,并仿效日本增加农产种子,每 120 克 2 分。根据所谓《满华通邮协定》,将伪满辖区与关内信函改为 5 分,明信片 2.5 分。1942 年,进行第三次调整资费,信函提高到 6 分,明信片 3 分,邮筒(封缄)6 分,新闻纸、书籍、印刷品等各增加 0.5—2 分,特种处理费按类别增加 2—3 分,并将伪满辖区与关内和日本间邮资与区内互寄邮资划一。① 邮政包裹资费,1933 年规定小包资费按各区间核定,普通包裹重 1 公斤伪满币 0.4 元,每增加 1 公斤递增 0.2 元。1937 年规定,普通包裹部分就地投送和各局互寄,只按重量计费,最高限重 10 公斤,1 公斤以内 0.2 元;每增加 1 公斤加收 0.1 元。1942 年 3 月起,普通包裹仍按 1 公斤 0.4 元计,每增加 1 公斤递增 0.2 元。1944 年 10 月,伪满辖区内互寄 1 公斤以内 0.6 元,每增加 1 公斤加收 0.3 元;寄往关内的包裹 1 公斤以内 0.8 元,每增加 1 公斤加收 0.4 元;航空速达包裹每公斤另外加收 5 元。② 国际邮资方面,1934 年寄往日本的信函每 20 克 3 分,单明信片 1.5 分,其他种类的邮资亦有规定。1937 年,寄往日本的信函资费增至 6 分,单明信片调整为 3 分;寄往日本以外国家的信函 2 角,单明信片 1 角,双明信片 2 角,贸易契重 250 克 1 角,超过者每增加 50 克加收 4 分,盲人读物每重 1000 克 2 分,货样每重 100 克 8 分。寄往日本、

---

① 参见吉林省交通厅编:《吉林交通志》,黑龙江人民出版社 1988 年版,第 82—83 页《东北沦陷时期邮资调整情况表》;《内蒙古自治区志·邮电志》编纂委员会编:《内蒙古自治区志·邮电志》,内蒙古人民出版社 2000 年版,第 189—190 页。

② 参见吉林省交通厅编:《吉林交通志》,黑龙江人民出版社 1988 年版,第 115 页《寄往关内包裹资费表》;《内蒙古自治区志·邮电志》编纂委员会编:《内蒙古自治区志·邮电志》,内蒙古人民出版社 2000 年版,第 203—204 页。

中国台湾的航空信函每重20克3角5分,寄往朝鲜新义州2角。1942年公布新资费表,寄往其他各国信函改为每重20克2角,续重20克以内的1角2分。其他种类的邮资有的维持、有的调整。①

此外,伪满邮局还办理通往日本和朝鲜的国际邮件业务。1940年,图们、珲春、龙井为寄往日本邮件的交换区域,“新京”(长春)为交换局。②

至于汇兑业务,1932年8月,伪满邮政开办普通汇兑业务,每张限开500元,暂按1920年中国与日本签订的《华日汇兑协定》办法,相继开通“满”日普通汇兑。1934年8月再与日本交换“小汇兑”,每张限开50元。1935年11月《满日邮便协定》订立,翌年效仿日本汇兑制度办理。1936年1月开办电报汇兑,手续与原中华邮政相同,每张限开500元,由主要城市逐渐推向各局。为办理代收货价邮件而开发的普通汇票每张限额1000元,邮政公事汇票无限额。伪满邮政开办汇兑后,试图与关内互相交换汇兑,遭中华邮政拒绝。1934年12月,伪满与关内中华邮政签订《华满邮政协定》,次年2月按中国国内通行的中华邮政汇兑制度恢复关内外的汇兑往来。1937年“七七事变”后,再度停止通汇,汪伪政府成立后,伪满逐渐恢复对关内汪伪辖区的通汇。1935年10月,与德国开通汇兑。太平洋战争爆发后,日军占领地域扩大,伪满相继与香港、荷属印尼等地通汇。③ 伪满辖区内的汇兑资费,1934年8月

① 参见《内蒙古自治区志·邮电志》编纂委员会编:《内蒙古自治区志·邮电志》,第232页;吉林省交通厅编:《吉林交通志》,黑龙江人民出版社1988年版,第127页《寄往日本及其他外国邮件资费表》。

② 吉林省交通厅编:《吉林交通志》,黑龙江人民出版社1988年版,第150页。

③ 《内蒙古自治区志·邮电志》编纂委员会编:《内蒙古自治区志·邮电志》,内蒙古人民出版社2000年版,第212—213页。

规定小款汇票（“小汇兑”）1 元以内汇费为 3 分，5 元及以内为 5 分，5 元以上至 20 元为 1 角，补水费按普通汇费收取。1935 年又规定 20 元以上至 200 元汇费为 2 角，200 元以上至 2000 元为千分之一。1942 年汇兑资费调整，小汇兑、普通汇兑、电报汇兑资费均有变化。伪满辖区与关内的汇兑资费亦有规定。①

1932 年 8—12 月，伪满和伪“蒙疆”地区共开发和兑付汇票 62591 张，收付汇款伪满币 203 万元；1941 年增至 6589147 张，收付款伪币 4 亿元。同一时期，与日本之间的所谓“满日”汇兑，也由 1.3 万张、收付款 24.9 万元，增至 536 万张、3.1 亿元。十年间，“满日”汇兑收付款总额达 8.5 亿元。据 1941 年统计，“满日”汇兑中，上述日伪地区收汇金额为兑付金额的 9 倍。以此推算，十年间由东北汇往日本 7.65 亿元，由日本汇到东北仅 0.85 亿元，逆差高达 6.8 亿元。

储金汇业方面，1932 年中华邮政撤退时，将储金账簿带入关内。翌年 3 月 29 日，北平邮政管理局发布公告，通知关外邮政储金储户，可在河北省以南各地邮局办理确认手续，支取存款。伪满邮政从 1932 年 5 月起，沿用中华邮政储金制度，制定《暂行邮政储金规则》，开办普通储金业务。1935 年 10 月，增办“官吏义务储金”。1937 年 3 月，伪满政府仿照日本制度公布《邮政储金法》，将储金分为普通储金和特别储金两类。特别储金又分为：规约储金（即集体定期储蓄，在存款人中指定一名总代表，以其名义存入，一定时期内不得提取），存置储金（即定期存款，期限 2—10 年），定额储金（一次存入，定期内不得提取，也不得零取，存期至少 2 年，超过 3 年的利率递增），按月储金（即零存整取），在外者储金

①　吉林省交通厅编：《吉林交通志》，黑龙江人民出版社 1988 年版，第 155、157 页；《内蒙古自治区志 · 邮电志》编纂委员会编：《内蒙古自治区志 · 邮电志》，内蒙古人民出版社 2000 年版，第 216 页。

(在华北地区工作的人员可用邮政汇兑存储,不用储金簿),官吏义务储金(类似于公积金,伪官吏凡月薪在50元以上者,每月按3%以上,月薪在200元以上者按5%存储,除非退职,不得提取)。普通储金的款额限制,初期定为1角以上即可存入,最高限额伪币3000元。1941年3月,改为最低1元,最高5000元,团体储户不限额。同时开办"储金票储金",每张1角,贴于"储金票贴纸"上,贴满10张后即可转入储金簿。普通储金利息,初期为年利4.8厘,1937年7月,改为4.2厘;定期储金4.41厘。定额储金按存期长短而利率不同,3年以内的4.41厘,3年以上5年以内的4.5厘,5年以上7年以内的4.62厘,7年以上的4.8厘。其他种类均按普通储金利率计息。1933年开办当年,储户1万余人,存款余额伪币20.3万元;1935年储户增至7.3万户,余额增加10倍,达233.6万元。1937年12月,满铁附属地日本邮政局所并入伪满邮政,储户增至20.4万户,余额增至1730万元。"七七事变"后,日本疯狂搜刮资金,将邮政储金纳入所谓"国民储蓄运动",进一步扩大储金局所,储金额大幅增加。1939年储户超过百万户,余额破亿元。1940年,日本加紧准备进行更大的军事冒险,日伪将"国民储蓄运动"定为国策,由伪"协和会"组织所谓"官民合同"的"国民储蓄中央实践委员会",强行摊派和奖励并行,新储户达125.6万户,余额达2.29亿元。日本为进行太平洋战争,进一步强化"国民储蓄运动",公布《储蓄会法》,增加所谓"必胜储金""甦生储金"等名目,强制规定所有工资收入者均须定额储蓄,在每月发薪时由所在单位送银行或邮局;伪"国际妇人协会"也强行规定家庭妇女每月最低储蓄2元,由居民组长送存邮局或银行。①

① 辽宁省地方志编纂委员会编:《辽宁省志·邮电志》,辽宁民族出版社2002年版,第266—270页。

经过这样的大加搜刮，1942 年储金余额超 3 亿元，1943 年更是高达 4. 3 亿元。

伪满邮政还仿效日本邮政转账制度（即划拨储金），制定《暂行邮政转账储金规则》，从 1936 年 12 月 1 日起开办伪满辖区内及与日本之间的邮政转账业务。翌年 5 月，伪满政府公布《邮政转账法》，重订转账规则，从 12 月起开办转账业务。邮政转账的存款利息为年利 3 厘，并按件收取手续费。初期只限于少数邮局办理，后来发展到除电报转账外，凡甲种邮政办事所以上的各局均可办理。1936 年 12 月，伪满辖区邮政转账有 890 户，办理转账 1044 件，收付款伪币 3. 7 万元，结存金额 2 万元。次年增至 5019 户，办理 29. 4 万件，收付款伪币 2090 万元，结存 60. 1 万元。1941 年增至 12761 户，办理 147. 1 万件，收付款伪币 3. 48 亿元，结存 938. 5 万元。在此期间，伪满与日本之间的所谓“满日”邮政转账业务，从东北转往日本累计 2. 88 亿元，从日本转来东北累计 0. 4 亿元，逆差 2. 48 亿元。加上邮政汇兑逆差 6. 8 亿元，通过邮政汇兑、转账两项业务，从东北流入日本资金多达 9. 28 亿元。①

1937 年 9 月，伪满政府公布《邮政生命保险法》，自同年 10 月起各地邮局开始办理小额生命保险业务，分为终身保险、养老保险和立业保险 3 类。1937 年开办当年 3 个月共办理 2. 4 万件，保险金额伪币 384. 9 万元。1941 年增至 44. 3 万件，保险额伪币 9145 万元。

---

① 辽宁省地方志编纂委员会编：《辽宁省志 · 邮电志》，辽宁民族出版社 2002 年版，第 271 页。邮政转账，即划拨储金。用户在邮局存款，建立户头，通过邮政转账进行户头之间的资金划拨，称“普通转账”；双方用户有一方未在邮局建立转账户头的，也可转至对方邮局支付现金，称“普通付现金”；或以现金转至对方户头，称“现金缴纳”。邮政专款还适用于代收货价及收款邮件之缴款，用户与交易银行的存款转账，以及向官署缴纳公款等。

至此累计有效保险契约850万件,保险额伪币1.52亿元。①

伪满"国营"邮政状况见表5-12。

表5-12 伪满"国营"邮政统计(1932—1944年)

项目/年份	邮政规模			营业状况				
				一般邮件(万件)		包裹(万件)		储金额(伪满币万元)
	邮路(公里)	邮政局所(处)	员工(人)	接收	投递	接收	投递	
1932	—	—	—	1237	1414	7	7	—
1933	—	—	—	7430	7771	75	64	20
1934	—	—	—	12637	15064	86	133	63
1935	—	—	—	14412	19647	81	116	234
1936	—	—	—	16228	18322	79	138	711
1937	165637	1862	7331	17764	19718	176	231	1730
1938	145813	—	—	22387	23479	150	279	5161
1939	190226	—	—	28299	27963	197	384	10273
1940	—	—	—	34413	32899	253	479	16814
1941	—	2301	14609	31602	31077	203	285	22945
1942	—	—	—	32459	32358	266	322	30606
1943	—	—	—	33051	32426	243	304	43078
1944	—	2374	15968	—	—	—	—	—

注:1. 1932年邮政包裹为8—12月统计数,且不包括外国邮件和包裹;2. 1933年邮件和包裹数不包括外国包裹。

资料来源:1932—1940年各项统计数见伪满编:《邮政拾年之足迹》,见吉林省交通厅编:《吉林交通志》,黑龙江人民出版社1988年版,第89、116、171页;其余见张研、孙燕京主编:《民国史料丛刊》第360册《伪满时期东北经济统计(1931—1945)》,大象出版社2009年版,第224—225页。

① 辽宁省地方志编纂委员会编:《辽宁省志·邮电志》,辽宁民族出版社2002年版,第271页。

东北邮政员工也采取行动,反抗日伪的殖民邮政。在黑龙江肇东满沟邮政局,局长是日本人齐元造,会说中国话。他到任之后,经常打骂员工,工人都挨过他的皮靴子踢,对其恨之入骨。齐元造带来一幅天皇"圣像",放入专门房间,每天逼员工们给天皇"圣像"祈祷。有几个员工不愿,被他打得满脸淌血。1943 年 7 月某日,邮差陈德敏、陈发趁日本人不在局内,爬上房顶,用铁棍在放天皇圣像位置上方的天棚上扎了几个洞。当天晚上下了一场大雨。第二天早上员工们刚上班,日本宪兵司令部的一个队长来邮局检查信件、报纸。齐元造为在上司面前显示对天皇的忠诚,集合员工们去给天皇像祈祷。当他打开房门一看,顿时吓得面如土色,只见天皇"圣像"被棚顶上冲刷下来的泥水冲得跟庙里的小鬼一样。宪兵队长顿时暴跳起来,狠狠地打了齐元造一顿耳光。事后不久,齐元造被派往黑河当兵。当时,关内的抗日团体经常躲过日伪的层层检查,向东北寄送抗日宣传品。满沟邮政局也时常接到抗日宣传品,为了能使这些宣传品发出去,又不被日本人抓把柄,大家想出了一个办法,把整批的宣传品以邮件形式封装,通过邮务员工分拣装到各投递段格子里,再由信差分别送到各户。某天日本人得到情报,来邮局抓人。按照事先商量好的办法,窗口邮务人员理直气壮地说:"投递书报、信件,只要贴足邮票,只好照收,我们无权拆看检查,怎么会知道里面有宣传品? 这是按章办事。"信差们则辩解说:"我们只有按地址投递的责任,中间扣信是违法的,这是邮政章程上规定的。"日本宪兵在邮局呆了几天,找不出破绽,只好灰溜溜地离开。①

① 田宝元:《肇东邮电通信史话》,见张志和、胡仲元主编:《全国各级政协文史资料 · 邮电史料》上册,北京燕山出版社 1995 年版,第 26—27 页。

二、伪"满洲国"的电信

"九一八事变"前,东北地区的电信(电报和电话)业发展缓慢,且经营也不统一,分为几大块:一是辽吉黑电政管理局(直属东北交通委员会)管理下的官办电信,二是民营电信,三是日本满铁及其附属关东递信局经营的铁路电信和民用电信,四是苏联经营的中东铁路电信。

东北地区的电信业,始于1884年天津、山海关、营口之间的有线电报。次年又架设辽阳至朝鲜釜山、沈阳至吉林、齐齐哈尔至瑷珲的线路。日俄战争结束后,清政府接收部分电信线路,电信设施有所扩大。进入民国后,东北电信业陷入停滞,直到1920年才建成沈阳至北京、沈阳至洮南两条干线。旧有线路则设备陈旧,年久失修。国民党政府成立后,交通部设立电政司,并设电政总局于上海(1928年归并于电政司);各省省城设电政管理局,以省城电报局局长兼任管理局局长。但东北地区的辽吉黑电政管理局归东北交通委员会管辖。1931年,东北各省有电信局156处,收发电报80余万件(1930年统计)。无线电信发展较快,1922年接收中东铁路哈尔滨无线电信局,建设沈阳、长春、吉林、齐齐哈尔等处无线电台,1923年营业。各地纷纷设立无线电台。1927年与德国、1928年与美国分别开通直通无线通信,与法国巴黎也有直通线路。1927年,沈阳与哈尔滨、天津分别开始电传照相业务。东北的电话业则起步较晚,1900年电报局内开始附设长途电话,1906年沈阳、长春开始装设市内电话。1932年在伪满"电信电话株式会社"成立之前,有长途电话局165局,市内电话用户10700户。

广播方面,1926年8月,东北无线电监督处拟定广播无线电台建设计划,并制定条例和规程,首先建设沈阳、哈尔滨两处广播电台。1928年2月,哈尔滨广播电台装备美国产播音机,收取收听费,正式开始广播服务。不久,沈阳台也开始广播。

日本一直处心积虑在中国东北发展电信业务。1905年日俄战争后,日军在大连、旅顺、柳树屯、营口、海城、辽阳、沈阳、凤城、安东等地设公众电报局,开始办理一般电报,并向其他地方增设通信所。1908年,中日之间签订电信协约。到1932年,日本经营的电信局所已达214处,一年收发电报达507万件,远超中国官办电报业务量;并有佐世保至大连和长崎至大连的海底线路,朝鲜京城至沈阳的有线线路,东京至大连、大阪至沈阳、下关至沈阳的直通线路。日本在东北的无线通信,在大连设海岸局,并在大连东京间、大连大阪间、大连朝鲜京城间、大连北京间、大连天津间先后装设无线电设备。

电话方面,日本在日俄战争期间在中国东北设军用电话,1906年在多地设电话局,开始办理电话营业,有承办局11局,电话用户785户。1932年承办局发展到254局,电话用户增至21255户,规模也超过中国方面。1924年在东北与朝鲜之间架设长途电话线。其长途电话除了关东州和满铁附属地,还开通与沈阳、天津、北京之间的长途电话。①

1931年“九一八事变”后,日军要求满铁沿线的日本电信、电话局合并。1932年,日本制定《对满洲通信政策》,提出日本在满洲最高指导机关应是日本人,特别是日军军官要参与“满洲国”电信电话公司的创设和经营。1932年3月,伪满执政府成立,伪交通部接管了东北各地的电报电话局,设立奉天和哈尔滨两个管理局。1933年3月1日,伪满公布《满洲国经济建设纲要》,其第三

① 参见东北物资调节委员会研究组编:《东北经济小丛书·电信》,1948年印行,第3—5页。

项"经济统制之方策"中规定:"带有国防的或公共公益的性质之重要事业,以公营或令特殊会社经营为原则。"①同年3月26日,日本政府与伪满政府签订《关于设立日满合办通信公司的决定》,由日本政府、伪满政府、满铁、日本放送协会、朝鲜银行共同出资,于8月31日在大连(后迁长春)正式成立日伪合办的"满洲电信电话株式会社"(以下简称"伪满'电电会社'")。1934年6月,伪满政府将电信划入"公营"或特殊会社经营的事业或企业,但掌握实权的是日本人。

伪满"电电会社"得日伪支持,强行接管各地公、私电信经营机构,实行一元化经营,除警务、政府公务专用电话外,东北电信被其一网打尽。首先接收大连、沈阳、哈尔滨等地官办电报局和36处营业所,并恢复各地停办的局所,逐渐增设新的局所。随着日本移民的涌入东北,电报业务发展较快,1934年电报收发达1233万件。1934—1938年,伪满"电电会社"快速扩张,业务繁忙一时。1934年,长春无线电台建成,开展对欧美无线电通信,并增设141处电信局,实行电报费减价和电话传送电报措施,并开始办理贺年电报。1935年伪满接收中东铁路电信设施,"委托"满铁经营,同时恢复沈阳与天津间的电信业务,对华北办理日文电报,又开始沈阳与日本大阪和法国之间的直通无线通信。1936年提供华文电报翻译业务,制定朝鲜特别电报制度,接收原朝鲜电信局经营的延吉一带的电信设施。1937年,日本名义上撤销在东北地区的治外法权,将满铁附属地行政权移交给伪满政府,与德、意订立所谓三国"防共协定",加强备战,加大对东北的经济掠夺和统制,与伪满政府制订所谓产业开发计划。伪满"电电会社"密切配合日本的

① 中央档案馆等编:《日本帝国主义侵华档案资料选编·东北经济掠夺》,中华书局1991年版,第31页。

行动。“七七事变”后，该会社开通长春、大阪之间的无线电业务，并加强伪满与朝鲜之间的有线电路；又在伪满辖区各地委托伪县、旗“公署”和邮政局代办公众电报，推广电信。为方便日本人，各地均办理日文电报。1938 年，为落实产业开发计划，该会社也制订《事业五年计划》。1939 年，日本授意伪满制订所谓《北边振兴计划》，实行“开拓”政策，加速在东北的经济掠夺，加之日本与苏联在边境的军事对峙趋于紧张，日本在华北也加紧掠夺，伪满“电电会社”的电报业务量大增，当年收发电报多达 3411 万件。这一年，还开展沈阳与大阪之间的电传照相业务，增设气象通告电报、医疗无线电报等。随着日本侵华战争的加剧，欧洲战场的开战，伪满电信业全力支持日本的军事扩张，并转入所谓“临战体制”。太平洋战争爆发后，伪满电信日益陷入困境。据调查，1945 年 6 月时，伪满“电电会社”尚有员工 20910 人，其中技术员工 13291 人；技术员工中，日本籍 7746 人，中国籍 5545 人。伪满“电电会社”经营的各项不完全统计，参见表 5-13。

表 5-13　伪“满洲电信电话株式会社”经营统计（1933—1945 年）

项目 年份	员工数（人）	电报			电话				广播	
		局所数（处）	电报件数（万件）	电报费（万元）	局所数（处）	用户数（户）	长途电话次数（万次）	市内电话次数（万次）	电台（处）	收听户（户）
1933	—	363	1013	122	128	33253	64.3	7.40	4	7995
1934	—	576	1232	451	273	41493	207.4	45.40	4	12286
1935	—	650	1550	480	329	54112	252.4	38.60	4	19764
1936	—	685	1771	519	363	63374	269.7	33.10	4	41202
1937	8256	784	2089	577	408	73939	332.2	35.60	7	88876
1938	—	860	2650	754	444	82630	422.5	40.00	12	127417
1939	—	934	3411	912	468	93314	567.0	69.60	14	225889
1940	15224	982	4335	1045	509	107703	682.0	106.50	17	340294
1941	—	1050	4257	1093	520	118592	721.0	87.00	17	454835
1942	—	1122	4263	1541	525	124654	770.8	—	18	509319

续表

年份＼项目	员工数(人)	电报			电话				广播	
		局所数(处)	电报件数(万件)	电报费(万元)	局所数(处)	用户数(户)	长途电话次数(万次)	市内电话次数(万次)	电台(处)	收听户(户)
1943	—	1148	4370	—	—	—	875.0	—	20	554022
1944	—	1051	4600	—	—	130695	888.0	—	25	588597
1945	20910	1030	—	—	—	138156	368.0	—	25	—

注:1. 电报件数是指发报和承转的总计数;2. 市内电话次数是指公用电话和电话局经办的数量。

资料来源:东北物资调节委员会研究组编:《东北经济小丛书·电信》,1948 年印行,第 9、38、44—46、107—108 页;张研、孙燕京主编:《民国史料丛刊》第 360 册《伪满时期东北经济统计(1931—1945)》,大象出版社 2009 年版,第 229—232 页。

1934 年 8 月,伪满“电电会社”规定,电报分两类,即官报和私报。1939 年,又将电报分为动员令电报、军机电报、非常电报、人命安全电报、障碍电报、加急官报、加急局报、加急课全局报、加急汇兑局报、气象局报、加急私报、加急新闻电报、官报、局报、课全局报、汇兑局报、私报、新闻电报、庆吊电报。1941 年增办陆上局保管、医疗无线电报。①

有线电报方面,“电电会社”成立后,采取多种措施,扩充电报设施。如推广印刷电报机,减少莫里斯印码机,便于员工操作;重要的电报局之间,采用自动印刷设备,以加快工作,提高准确率;改用搬送式电报装置,实现多层通信,以节省线路经费等。此外,该会社也具备生产若干种电报设备的能力。电电会社一方面扩大本社的修理工厂;另一方面建新厂制造设备,如印刷电报机和自动电报机零件,交由大连修缮所和奉天工作局制造;至日本投降前,自

① 吉林省交通厅编:《吉林交通志》,黑龙江人民出版社 1988 年版,第 229 页。

动电报机的全部和印刷电报机零件的大部，均能制造等。有线电报线路总长（包括搬送式电路和电话电报双用线）也达到111500公里左右。①

无线电报方面，开展对欧美和东亚、东南亚各地之间的通信业务。对欧美的通信，利用长春无线电台，分别有旧金山、柏林、巴黎和罗马4条路线。全面侵华战争开始后，对美、法两国的无线电报通信中断。1942年，对东亚、东南亚的爪哇、马来群岛、苏门答腊、菲律宾、缅甸和中国香港开始无线电报通信；对日本东京、大阪，对中国关内天津、北平、青岛、烟台和上海等城市的通信，都通过长春、沈阳、哈尔滨和大连等地的电台。开办国际电报业务的局至1942年达37处。② 在伪满辖区内的无线电报通信，除重要电路外，都采用手压声码通信机；分别在大连、沈阳、承德、长春、哈尔滨、齐齐哈尔、牡丹江和佳木斯设中心局及若干地方局开展无线通信业务。船舶通信也是其无线通信的重要业务，主要由大连中心局向近海航行船舶提供。此外，无线电报业务还包括一般公众通信和新闻报道通信，大连、沈阳、承德、长春、哈尔滨、齐齐哈尔、牡丹江和海拉尔8处均能提供。至日本投降前，已有60个无线电信局所，100多架收信机。③

1934年，日伪统一电信资费，不分官报、私报，同城往来日文每语3分（伪满币），中文和欧文每语4分；同省和出省电报，日文每语6分，中文和欧文每语1角2分。同年12月，又将中文、日文

① 东北物资调节委员会研究组编：《东北经济小丛书·电信》，1948年印行，第10—11页。

② 吉林省交通厅编：《吉林交通志》，黑龙江人民出版社1988年版，第340页。

③ 东北物资调节委员会研究组编：《东北经济小丛书·电信》，1948年印行，第20—22页。

和欧文每语一律调整为1角5分。电报投递方式分为直接投递、电话投递、特使(专差)投递和专线传递4种。城市直接投递半径为4公里,配红色自行车。农村来报实行邮送,以普通件送达。①

电话也是伪满电电会社的重要业务。该会社成立之初,由日本和伪满政府方面接收大小电话局128处,之后逐年增加,至1942年增至525局,增加3倍多。电话用户则从1933年的33253户,增至1945年的138156户,也增加了3倍多。市外电话电路,由1933年的248线增至1945年的1094线,仍增加了3倍多。1934年开通由长春对日本东京的无线电路电话,同年12月又经图们、朝鲜南阳、清津与朝鲜北部开通有线电话,翌年2月成立所谓《满鲜间电话业务协定》;年底又成立伪"间岛省"内的"朝鲜总督府"管辖之电信设施接受协定。1936年3月与日本递信省签订《关于办理间岛省收发通信协定》,3月底接受"朝鲜总督府"的电信设施,从4月1日起开始电话联络。此外,还根据所谓《中、满电话联络会谈》,伪满辖区各主要城市与北平开通电话。华北伪政权出笼后,设立伪华北电信电话株式会社,伪满与华北的通话区域也随之扩大。同年,还实行市外专用电话制度,为报社、通信社和交易所提供服务。1936年,修改长途电话费,次年各地设电话继线监督;还设有"临时电话制度",便于使用廉价电话;大连开通对日本东京通话。1937年3月完成安东、沈阳之间的有线工程,1940年由沈阳延长至长春,1941年又延长至哈尔滨。1941年修改电话规程和电话费,加快了伪满辖区电话业务的一元化经营。

① 吉林省交通厅编:《吉林交通志》,黑龙江人民出版社1988年版,第239—240、246页。伪满电报计费实行语数制,以语为计算单位,日文每5个字为一语,中文每4个数码为一语,欧文每5—15个字母为一语,最低以5语起算。国际电报资费不详。

电话费除大连、沈阳、长春和哈尔滨4大城市采用次数制外，其他地区分为九级，电话费采取与次数无关的划一制度；又在上述4大城市试办简易通话，增加便利。还设“加入特殊设施电话规程”，以应对矿业的特殊用途。1941年，伪满电话向海外大力扩展业务。这年4月，利用大连的无线电话，与中国台湾和华中地区开始通话，并与部分大连航线汽船开通普通电话。以往国际电话都要通过日本中继，1941年8月长春与柏林开始直接通话。①

伪满“电电会社”规定，市内电话营业范围是指同一电话局内互相通话，其他均为长途电话。长途电话中，加急长途电话资费为普通长话的2倍；定时通话费为普通通话的5倍；预约通话费月额为普通话费的3倍，但报社减半；短期预约通话费为普通通话的3倍；长期专用电话费为普通电话的30倍。1933—1945年，又3次调整长话资费。第一次计费标准分33级，第二次分36级，第三次分18级。② 市内电话，1934年制定的《电话规程》规定分为普通电话、同线电话、电话副机、专用电话、公众电话、通话所用电话、局用电话、临时电话和专用通信设施接续电话（即用户交换机）9种。附带业务有移机、换机、换号、更名和代维线路5种。用户分为甲、乙两种。1934年8月，电电会社制定统一的资费标准，根据市内电话局机械设备容量和实装户数，划分为甲、乙、丙、丁、戊5级收费地域，按地域规定各种业务资费标准。以普通电

① 东北物资调节委员会研究组编：《东北经济小丛书·电信》，1948年印行，第38—48页；吉林省交通厅编：《吉林交通志》，黑龙江人民出版社1988年版，第341页。

② 《内蒙古自治区志·邮电志》编纂委员会编：《内蒙古自治区志·邮电志》，内蒙古人民出版社2000年版，第501页；吉林省交通厅编：《吉林交通志》，黑龙江人民出版社1988年版，第286页《东北沦陷时期长途电话资费表》。

话为例,除了装机登记费各不相同外,甲地装机费 100 元,月租费 9 元(伪满币);乙地装机费 100 元,月租费 8 元;丙地装机费 70 元,月租费 7 元;丁地装机费 70 元,月租费 6 元;戊地装机费 50 元,月租费 5 元。市内通话费一律为 5 分。1939 年调整市内电话资费,将 5 级地域改为 9 级,实行计次和包月两种收费制。1944—1945 年间,一年内两次调整资费,价格大涨。虽然取消了装机登记费,但其他各项资费普遍上涨 40%以上,最高的增加一倍以上。①

广播方面,早在 1925 年,东北地方政府计划在哈尔滨和沈阳设立广播电台。哈尔滨在 1926 年 10 月开始试验广播,1928 年元旦正式开始中俄两种语言广播。1928 年 10 月,沈阳广播电台也在东北无线长途电话监督处管理下开始广播。日本控制的关东州也在 1925 年 7 月开始试验性的广播。当时日本国内也仅有东京和名古屋两处广播。"九一八事变"后,沈阳、哈尔滨和长春的广播电台被日军占领,由关东军特殊通信部窃据,后"移交"给伪满政府交通部。1933 年 9 月伪满电电会社接收关东州递信局移交的大连广播电台和伪满政府移交的沈阳、哈尔滨、长春广播电台,统一经营伪满辖区的广播,为殖民化宣传服务。开办第一年,无线电广播听户有 7952 户。之后逐年扩充设施,增加设备,吸引听户。广播电台从中心城市大连、沈阳、长春、哈尔滨扩展到偏远的牡丹江、安东、承德乃至海拉尔、黑河、营口、富锦等地,到 1939 年,各重要城市几乎都设有广播电台,并以大电力电台为主。无线广播开办第二年听户达 12000 以上,82%为日本人。1936 年的听户中,日本人更是超过 87%。同年,伪满电台还开始中日两种语言广播。

① 《内蒙古自治区志·邮电志》编纂委员会编:《内蒙古自治区志·邮电志》,内蒙古人民出版社 2000 年版,第 529、548—550 页。

1938年,伪满“电电会社”机构也有扩大,营业部下辖的广播课升级为广播部;各电台所属的办理无线电业务的机构均改为独立经营的无线电营业所(后又改为广播普及局),听户也突破10万户,达12万多户。1941年,在北安设广播电台,以对抗苏联对日伪的广播。太平洋战争爆发后,日本与伪满之间利用无电荷电缆作为有线中继,对海外则由长春用20千瓦广播机两台、1千瓦以下数台加强宣传战。1942年、1943年,先后与轴心国意大利和德国达成交换广播协定;听户也在1942年超过50万户。1943年广播部再次升格,成为广播局;听户多达55万多户。为躲避盟军轰炸,1943—1944年,先后在孙吴、赤峰、本溪湖、吉林、兴安、鞍山和抚顺等地设微电力电台。①

此外,伪满“电电会社”始终密切配合日军的侵略行动和日伪的几次产业开发计划,成为日本帝国主义在东北建立殖民体系的重要推手。

三、伪“满洲国”的航空运输

东北的航空运输业,起于军阀混战时期。1920年9月,东三省巡阅使张作霖出于军事目的,设东三省航空筹备处。同年10月,在奉天(沈阳)东塔修建机场,从段祺瑞把持的北京政府瓜分到4架英制大维梅型运输机、4架小维梅型侦察机运回东北。1921年4月,东三省航空处(1925年改称“东北航空处”)正式成立,直属东三省巡阅使公署,张学良任总办,主要任务是建立空军。下设航空工厂和东北航空学校。航空学校除聘用中国教练,也聘

① 东北物资调节委员会研究组编:《东北经济小丛书·电信》,1948年印本,第90—94页。

用英国和前俄罗斯(白俄)教官,招收中学毕业生和陆军军官学校出身的学生参加飞行训练,1924 年第一期毕业 41 人。1923 年年底,航空处派学员 9 人赴法国学习航空,1925 年 3 月 8 人学成回国。1925 年继续选派学生赴法学习,一批 10 人入高德隆航空学校,另一批 19 人入漠拉诺航空学校,1926 年学成回国。之后,又陆续挑选两批学生学习航空,毕业 15 人;并派 4 人赴日学习侦察飞行。1926 年,东北航空学校还在秦皇岛举办东北水上飞机队和东北海防飞行训练班,1928 年迁至青岛。1928 年,航空学校并入东北讲武堂,改称"航空教育班",选派航空队队员来班深造,聘请日本教官分科训练,一年毕业。1930 年,航空教育班又改名航空教导队,隶属东北航空司令部,另外聘请日本教官分科训练。1931 年,又成立东北航空教育班。东北空军包括航校在内,向国外购入各式飞机约 300 架,共花费 7000 万元。

东北航空以军用为主,但也兼办定期搭乘客座和邮件。1924 年 3 月 1 日,航空处总办张学良驾机进行奉天营口之间的邮件空运,东北民用航空就此开启,但未能持续飞行。1925 年,东北航空处增设航线筹备处,拟定奉天—天津航空邮件运输计划。1928 年 11 月,再次拟定奉天、吉林、长春、哈尔滨、安东、营口等城市间的航空邮运和客运计划,准备增开南京—奉天航运线,派员赴济南、徐州等地勘察设站,并进行辽吉、辽黑长途航空邮运试飞,因"九一八事变"停办。①

日本早就策划攫取"满蒙"航空权。1924 年,日本修建大连周水子机场,并于 1927 年建成,由南满航空株式会社控制。1930 年日本内

① 参见辽宁省地方志编纂委员会编:《辽宁省志·民用航空志》,辽宁民族出版社 2013 年版,第 3 页;姜长英:《中国航空史》,(台北)中国之翼出版社 1993 年版,第 23—25、132 页。

阁会议决定，要与中国政府“交涉”。根据这一决定，以张学良为对象，一再就设立“日满”合办航空会社问题进行交涉，但未成功。

1931 年日本关东军发动“九一八事变”，占领东塔机场，中国东北航空建设的成果，全部落入日本侵略者之手。日本侵略者扶持伪满傀儡政权，实行经济统制，航空业也不例外。1931 年 11 月 11 日内阁会议，为获得“满蒙”航空权，并为关东军提供可靠的互相联系，决定以军事联络为借口，由日本航空输送株式会社将航线从朝鲜首尔和大连先延伸至沈阳，继而延伸至长春、哈尔滨，开辟沈阳—新义州、沈阳—大连、沈阳—锦州、沈阳—长春—哈尔滨 4 条军用定期航线，通航里程 1350 公里。

伪满政府成立后，日本筹划常设机关，从事在中国东北的飞行。日本侵略者有更大的野心，企图通过满蒙航空的经营，进而助其实现欧亚航空联络、产业开发和获取中国全部航空权，为更大的侵略扩张做准备。因此，日本千方百计使筹划中的满蒙航空经营，以“符合国防上的要求为最高方针”，并使其“在帝国政府的完全指导与监督之下进行经营”；但为在国际上掩人耳目，又要使其“作为满洲国法人的日满合办会社”，而实质上由日本“掌握其指导和监督权”。

1932 年 8 月 7 日，伪满“国务总理”与日本关东军司令签订《关于设立航空会社的协定》，规定“航空会社”为依据满洲国法律的日“满”合办股份公司，资本金为“伪满洲”国币 350 万元。其中，满铁 150 万元，住友合资会社 100 万元，伪满政府 100 万元（以机场、中间降落场等实物出资），民间 100 万元。

1932 年 8 月 12 日，日本内阁会议决议提出，“满洲的航空事业，其设施和经营的根本方针，应符合帝国国防上的要求，并有助于帝国航空事业和满洲国经济的发展”；“满洲航空会社的指导、监督以及一旦有事时的管理权，应使满洲国委托帝国驻满最高机关(过渡性的是关东军司令官)”。伪满政府、满铁还计划提供补助金,以弥补航空会社收入的不足。其中,伪满政府计划在1932年补助伪满币40万元,1933年伪满币100万元,1934年伪满币140万元,1935年之后伪满币170万元;满铁1932年补助50万日元,1933年至1941年如无其他办法,每年补助50万日元。①

1932年9月26日,主要由伪满政府、满铁和住友合资会社共同投资的“满洲航空株式会社”成立(以下简称“满航”),经营东北地区的民用航空。这家航空会社,是一家“准特殊会社”。它名义上是伪满法人公司,但其管理权“委托”给日本驻伪满最高机关,处于“日本政府完全的指导监督下经营业务”;股东原则上也不能分红。② 因而与一般商业性的公司有极大不同。满铁作为发起人和大股东,享有航空会社提供的连带运输(如旅客运输)、飞机特别使用以及制作航空摄影测量图等服务。

1933年3月,伪满政府公布所谓的《满洲国经济建设纲要》,规定由“满航”经营航空运输;在今后三年开航空路3500公里,将来“努力开拓欧亚及东洋各地”的航空线。③ 为确保日本在“满蒙”地区的航空权,“满航”采取多种措施,完善飞机、机场和各种设施,整改、扩充东北兵器厂,提供维修服务。1933年10月,开始制造飞机机身。1935年10月,在航空工厂扩建工程完工后,又开始制造飞机发动机。为打破英美油在满洲地区的垄断地位,保障燃料供给,1933年8月组建燃料班,取得了不错的效果。1934年1月设摄影

---

① 日本外务省档案,WT27IMT149。见中央档案馆等编:《日本帝国主义侵华档案资料选编·东北经济掠夺》,中华书局1991年版,第10—12页。

② 满铁:《满铁关系会社调书》,见苏崇民主编:《满铁档案资料汇编·水陆交通和运输工人》,社会科学文献出版社2011年版,第206页。

③ 中央档案馆等编:《日本帝国主义侵华档案资料选编·东北经济掠夺》,中华书局1991年版,第32页。

班，从事空中摄影和绘制精密地图，为日本的经济掠夺服务。1935年4月，修订航运时间表，建立以伪满“国都”新京为中心的航空网。同年从5月1日起，实施日“满”（新京—大阪间、邮件为新京—东京间）当天联络运输；从10月14日起开始与日本铁道省、日本航空会社实行空中连带运输。与伪“中华航空会社”也有联运业务。

1936年10月23日，日本与冀察政务委员会秘密成立所谓中日合办“惠通航空股份有限公司”。该公司先是开辟天津—大连航线，每周往返2班，航程759公里；开辟北平—天津—山海关—锦州航线，每周往返7班（“七七事变”后停航）。1938年10月，开辟北平—天津大连航线，并与东京—大连航线相连。同年下半年，北平—锦州航线延伸至奉天。① “满航”为惠通航空公司提供人员80人和飞机6架。

德国汉莎航空公司早有打通欧亚航路、连接柏林到北京的设想。此前汉莎公司的运输机已经飞到阿富汗。德、日两国的思路和利害一致，双方迅速达成协议，草签《关于欧亚航线定期航班协定的协定》《关于东亚航空领域合作的协定》。双方的合作通过秘密换文确认，并最终在缔结日德防共协定（1936年11月）中落实。在这种形势下，日本政府于1937年3月19日提出阁议禀请书。禀请书提出：鉴于现在国际局势……欧亚航路，北有苏联占据西伯利亚航路，南有英法荷联合控制印度航路，唯有横断伪“蒙疆”的中路尚存机会。满洲航空会社与汉莎航空公司在日德政府许可下对此航路实行联运达成完全谅解。此为日本进入欧洲的大好时机，请从速设立本航线：1. 本航线以东京为起点柏林为终点，途经新京—西安—喀布尔—巴格达和罗德岛；2. 本航线为定期航线；3. 为此依照日本法令设立新的公司；4. 请给予该公司必要的补助

① 辽宁省地方志编纂委员会编：《辽宁省志·民用航空志》，辽宁民族出版社2013年版，第159页。

金。日本阁议即日通过。1937 年 6 月 23 日,“满航”正式设国际航空会社,开展欧亚联络航空。①

伪满“交通部”设航路司掌管民用航空行政,航空运输业务则“委托”“满航”统制经营。以长春为中心,“满航”航线遍布伪满全境,并划分为奉天、“新京”、哈尔滨、齐齐哈尔和牡丹江 5 个管区,每个管区分设若干支店和出张所。截至 1938 年年底,奉天管区设 4 处支店、7 处出张所;“新京”管区设 1 处支店、6 处出张所;哈尔滨管区设 1 处支店、17 处出张所;齐齐哈尔管区设 3 处出张所;牡丹江管区设 9 处出张所。此外,还有飞往朝鲜、日本的航线。

至 1938 年,“满航”的飞行里程达 513 万公里。1940 年,“满航”有以下主要航线:

长春(“新京”)满洲里线(途经龙江、呼伦),每天往返 1 次;

长春锦州线,每周二往返 1 次;

长春牡丹江线,每周三往返 1 次;

长春沈阳线(途经通辽、开鲁、林东、林西、赤峰、锦县);

长春中江镇线(途经通化、辑安),每周二往返 1 次;

长春东宁线(途经牡丹江、穆棱、绥芬河);

长春承德线,每天往返 1 次;

长春新义州线,每周往返 1 次;

长春新义州线(途经沈阳),每周三往返 1 次;

长春清津线(途经图们、珲春),每周二往返 1 次;

滨江(哈尔滨)大连线(途经长春、沈阳),每天往返 1 次;

---

① 参见[日]前間孝則:《滿洲航空の全貌:1932—1945:大陸を翔けた双貌の翼》,株式会社草思社 2013 年版,第 252—2254 页;满铁:《满铁关系会社调查书》,见苏崇民编:《满铁档案资料汇编·水陆交通和运输工人》,社会科学文献出版社 2011 年版,第 207 页。

滨江佳木斯线，每天往返 1 次；

滨江富锦线（途经依兰、佳木斯），航程 465 公里，每天往返 1 次；

滨江牡丹江线，每周三往返 1 次；

滨江龙江线（途经北安镇、黑河、嫩江）；

龙江黑河线（途经嫩江），每周二往返 1 次；

牡丹江密山线（途经勃利），每周一往返 1 次；

牡丹江富锦线（途经密山、宝清、饶河、同江），每周二往返 1 次；

佳木斯宝清线，每天往返 1 次；

佳木斯汤原线，每周二往返 1 次；

佳木斯漠河线（途经佛山、乌云、黑河、呼玛、欧浦），每周一往返 1 次；

佳木斯饶河线（途经富锦、同江），每周二往返 1 次；

佳木斯富锦线（途经宝清），每天往返 1 次；

沈阳大连线（途经通化、辑安、安东），每周三往返 1 次；

沈阳承德线（途经锦县），每天往返 1 次；

沈阳张家口线（途经锦县、承德）；

沈阳北平线（途经锦县、天津）。

另有日本航空输送株式会社经营大连东京线（途经朝鲜新义州、朝鲜京城、日本大阪），每天往返 1 次；长春东京线（直达），每天往返 1 次；大连朝鲜京城线，每天往返 1 次。①

① 特种经济调查处编印：《伪满交通概况》，密件，1941 年 2 月，见中国社会科学院研究所编：《民国文献资料丛编 · 中国社会科学院研究所藏近代经济史料续编》第 3 册，国家图书馆出版社 2020 年版，第 179—182 页；[日]东京市役所编：《新東亜大観》，1940 年印行，第 229—230 页。

这样,以日本航空会社、“满航”和伪“中华航空会社”三家航空机构为主,伪满辖区对内、对外的主要航路有:

其一,日“满”联络急行线,包括长沈线(长春至沈阳)、沈京线(沈阳至长春)和东长线(日本东京至长春)。

其二,日“满”直行线,包括长清线(长春至朝鲜清津)、长东线(长春至东京)。

其三,多条普通航线,遍布伪满全境。①

“满航”客运收费以沿铁路航线与不沿铁路航线作为核准票价的基础。1935 年,大连—满洲里航线经停奉天、新京、哈尔滨、齐齐哈尔、海拉尔,航程 1715 公里,客运票价为伪满币 146 元;锦州—赤峰航线票价 33 元;奉天—通化航线票价 24 元。1939 年调整客运票价,沿铁路航线每人公里平均收费 0. 8 — 0. 12 元,不沿铁路航线每人公里平均收费 0. 166 — 0. 168 元。如奉天—大连航线客运票价为 16 元,大连—新京 34 元,新京—哈尔滨 21 元,哈尔滨—齐齐哈尔 22 元,齐齐哈尔—海拉尔 48 元,哈尔滨—牡丹江 47 元,等等。②

货物和邮件运输价格,是以客运票价为基础计算的。旅客手提携带 10 公斤以内者免费,超过 10 公斤按货物运价收费,逾重不足 1 公斤按 1 公斤收费。基本标准是:按营运里程计价,1 公斤 500 公里收费 1. 5 元(伪满币);1100 公里收费 3 元;1800 公里收费 4. 5 元;2600 公里收费 6 元。军用航线手提行李收费高于营运航线,400 公里 1 公斤收费 2 元,900 公里收费 4 元,1500 公里收费

① 金毓绂主编:《东北要揽》,国立东北大学 1944 年编印,第 352—353 页。

② 参见辽宁省地方志编纂委员会编:《辽宁省志 · 民用航空志》,辽宁民族出版社 2013 年版,第 233 页;黑龙江省地方志编纂委员会编:《黑龙江省志 · 交通志》,黑龙江人民出版社 1997 年版,第 923 页。

6元,2200公里收费8元。①

1932年,“满航”运送货物1.62吨,邮件1.65吨。1933年,运货18.98吨,邮件15.66吨。1936年,运货146.15吨,邮件51.67吨。1937年“七七事变”后,“满航”货物和邮件运量均有大幅减少。1939年后,军用和企业物资发运量占货运总量的多数,军用邮件占邮件发运量的33.3%。1941年后,更是全力运送军用物资。当年货运营业收入7.93万元(伪满币),邮运收入1.5万元,包租机收入2.63万元。②

本来,航空邮运也是“满航”的一大业务。如在伪满西部的内蒙古地区,1936年开通长春—哈尔滨—齐齐哈尔—海拉尔—满洲里和锦州—朝阳—赤峰两条航空邮路。次年又开辟长春—郑家屯—通辽—林西和奉天—通辽—赤峰—林西两条邮路。1941年4月整顿航线,长春—白城子—齐齐哈尔—海拉尔航空邮路每周往返3次,下行每周一、三、五,上行每周二、四、六;长春—通辽—开鲁—林东—林西—赤峰—承德航空邮路亦为每周往返3次,下行每周日、二、四,上行每周一、三、五。③

1932—1938年“满航”的营业情况,参见表5-14。

---

① 辽宁省地方志编纂委员会编:《辽宁省志·民用航空志》,辽宁民族出版社2013年版,第239页。

② 辽宁省地方志编纂委员会编:《辽宁省志·民用航空志》,辽宁民族出版社2013年版,第202页。

③ 《内蒙古自治区志·邮电志》编纂委员会编:《内蒙古自治区志·邮电志》,内蒙古人民出版社2000年版,第155—156页。

表 5-14 “满洲航空株式会社”营业统计(1932—1938 年)

项目 年份	定期航线 (公里)	飞行总里程 (公里)	运输旅客 (人)
1932	995	336669	1545
1933	2300	2618533	16509
1934	3945	3749292	21698
1935	5475	4606125	30945
1936	7495	5401125	32426
1937	7085	5145250	28023
1938	7570	5131046	32657

资料来源:大連商工会議所編:《満洲経済図説》,昭和十五年(1940 年)版(第 6 回),第 79—80 页。

“满航”还有不同于欧美航空公司的两大特色,即自制飞机和军民一体。“满航”在创办之际就决定从事全套的飞机修理、制造、组装、试飞。这是欧美国家所没有的独特安排。一般航空公司会从事本公司飞机的修理和组装,但制造飞机和发动机需要完全不同的生产设备,航空公司一般不会如此。“满航”的这种安排完全出于关东军的要求,一方面,伪满没有航空产业链,依靠日本国内又嫌太遥远;另一方面,关东军本身一直有独立于军部的意图,所以制定了“满航”自给自足的方针。“满航”以关东军占领的张学良旧东北航空所(工厂)和旧兵工学校为基础,占地 3 万平方米,建筑面积 10 万平方米。创办时全员 255 人,工务科设发动机工厂和飞机工厂,后来又增加了修理和飞机制造。1932 年,“满航”主要使用英国制朴茨茅斯飞机、日本制中岛 1. 2. SP 型飞机、荷兰制伏兹加 3M 型飞机。1933 年 10 月,“满航”奉天航空工厂制造的满航 1 型飞机投入运营,后期又相继制造满航 2 型、3 型和隼式飞机。1938 年后,增加日本制中岛 AT 型飞机和德国制容克斯 JU86 型客机。① 截至 1945 年 8 月，共生产各型客机 130 架。②

1938 年，因不符合伪满政府关于垄断的法令，“满航”将航空工厂分离出去，成立“满洲飞行机制造株式会社”。经过发展扩充，1942 年员工达 6500 人，除日本人外，还有本地人和俄罗斯籍员工。至 1945 年有 6 种机型达到量产，总共生产了 5350 架飞机，4000 台发动机，战时高峰年产飞机达 1000 架。③

在航空基础设施方面，日本侵略者除改建东塔机场，还于 1934 年 11 月建成奉天北陵机场，承担东塔机场的部分业务，东塔机场划归“满航”，用于飞机试飞。1933 年，日本修建朝阳机场，用于日军的航空侦察，后“满航”利用来开办空运。1942 年进行扩建，至日本战败投降未完工。1932 年，伪满政府在宽甸县城南门外修建军用机场，1936 年改为民用，1941 年废弃。1939 年，侵华日军军用机场锦州机场也开始民用空运。此外，各地还有大量较小的机场，供军用和运输营业用。例如，仅在黑龙江，1932 年就在 7 个县、市修建了机场；1933 年在 14 个城镇修建了机场。④ “满航”所用机场，全部是关东军强迫中国劳工所建。

“满航”的“军民一体”的军事特色也十分明显。在创立之初，“满航”首脑向关东军小矶国昭参谋长致意时就保证：一朝有事必定服从军事调遣，承担侦察轰炸任务。因此“满航”的飞行员全部

① 辽宁省地方志编纂委员会编：《辽宁省志·民用航空志》，辽宁民族出版社 2013 年版，第 74、85—86、95 页。

② [日] 前間孝則：《満洲航空の全貌：1932—1945：大陸を翔けた双貌の翼》，株式会社草思社 2013 年版，第 183 页。

③ [日] 前間孝則：《満洲航空の全貌：1932—1945：大陸を翔けた双貌の翼》，株式会社草思社 2013 年版，第 235—236 页。

④ 黑龙江省地方志编纂委员会编：《黑龙江省志·交通志》，黑龙江人民出版社 1997 年版，第 879 页。

可由关东军无薪委托任用("无给嘱托"),管理职位则是高等官待遇,其他是判任官待遇。此外因军事飞行有危险,也有相应的保障制度。创立时从日航转入55人,新招20人,共75人。其中飞行员8人,8人之中7人来自日航,大部分出身军队。9个月后人员发展到411人,在飞行员和机师中,军籍有将校30人(内含中佐1人、少佐6人、大尉1人、中尉1人、少尉16人)、准士官13人、下士官43人。飞行员松井在日记中记载:"无论日本航空还是满航,无法完全依靠普通旅客和其他营业自立,必须依靠政府或军部的支持。反之接受关东军资助的满航也就俯首帖耳。无论日航还是满航,高级干部多数是军人。'满航'以儿玉副社长为首,军人基本控制了公司的航运。"①

在日军侵略中国的军事行动中,"满航"也密切配合,成为日军的帮凶。到1936年,"满航"拥有12条不定期军用航线。日本关东军"讨伐"抗日义勇军时,"满航"派机为日军承担军运。日军在辽南、热河展开侵略行动时,"满航"派机与日本航空会社共同承担军运任务,运送粮食、弹药、被服和伤病员。1938年,"满航"又派机参加日军攻占汉口的战役。1941年11月,"满航"派13架飞机在越南西贡地区承担军运任务。同年12月,"满航"编入日本陆军特设第16运输飞行队。1942年12月,"满航"派大批飞机前往印度支那承担军运任务。1943年3月,派6架飞机赴巴布亚新几内亚为日军基地承担军运任务。②

此外,"满航"和"中华航空会社"还有走私鸦片等丑行。从满

① [日]前間孝則:《滿洲航空の全貌:1932—1945:大陸を翔けた双貌の翼》,株式会社草思社2013年版,第183—186、233页。

② 参见辽宁省地方志编纂委员会编:《辽宁省志·民用航空志》,辽宁民族出版社2013年版,第133、185页。

洲航空转职到中华航空的机师能都一男在日记中，以当事人身份记载了“中华航空会社”的内幕。因“中华航空会社”奉军令飞行的固定航班和临时航班比“满航”多，运输鸦片更为方便。有“鸦片王”之称的里见甫，经手巨量的鸦片资金，曾供述“蒙疆政府八成的财政收入由我提供……鸦片资金是由兴亚院直接管理的”（《周刊读卖》昭和三十年六月五日，《战争商人生存录 装点着鸦片的大陆秘史》）。东京审判中美方 IPS 的调查说：“蒙古鸦片通过铁路、飞机和船舶从蒙古运出，其中主要是由中华航空自有自用飞机运输的（《秘密文件 · CIA 对日工作》）”。据里见甫本人的资料记载，1941 年伪“蒙疆政权”辖地的鸦片贸易额高达 3 亿元（约合当时日元 1.5 亿，按现在物价合 560 亿日元）（《华中宏济堂内容概记》）。

飞机运输可避免盗贼和抗日军队的袭击，适宜运送体积小、重量轻、价值高的货物。而被称为“特殊航运”的航班不搭载乘客，安全性更高。神田好武于 1937 年入职日本航空输送会社，两年后转职“中华航空会社”，是 1952 年全日空的创始人之一。他对“中华航空会社”时期运输鸦片的情况记录如下：“我们的飞行时间是每月 100 小时以上，不停地飞，不停地运……大部分是军需物资和上前线的军官，有时候还有慰安妇……军需物资中，麻醉药、鸦片之类很多。运输这些物资的主要是九七重爆运输机，张家口—上海航线，被称为‘深夜鸦片邮递’。除了正规的运输，相当数量是机组人员的走私货，属于‘非法打工’……此外还有少数机师和驾驶员走私金条和港币（《神田机师长飞行日记》）。”①

① 参见［日］前間孝則：《滿洲航空の全貌：1932—1945：大陸を翔けた双貌の翼》，株式会社草思社 2013 年版，第 312—313 页。

第五节　关内沦陷区的铁路、公路、邮电和航空运输

1937 年“七七事变”之后,侵华日军先后占领中国华北大片国土。同年 12 月,日本华北方面军扶持汉奸汤尔和、王克敏等在北平组成傀儡政权“华北临时政府”。华北伪政权下辖河北、河南、山西和山东等 4 个省级伪政府,以及北京、天津和青岛 3 个特别市。1938 年 4 月 1 日,华北伪政权设建设总署,作为“建设华北”的领导机构,负责制定华北地区公路、水利和城市(主要是城市道路)的建设政策和规划,并领导下属各工程局进行工作。这也是为执行侵华日军的指令,直接为日本侵略服务的一个工程建设指挥中心。

1938 年 3 月,日本华中派遣军则扶持另一批汉奸梁鸿志、温宗尧等在南京成立“中华民国维新政府”。梁鸿志任“行政院长”,下辖苏、浙、皖 3 个省和京沪 2 个特别市;内部设有“交通部”。同年 9 月,伪“华北临时政府”、南京“维新政府”组成“中华民国政府联合委员会”。为巩固殖民统治,1940 年 3 月,以汪精卫为首的伪“中华民国国民政府”正式成立。1943 年 2 月成立“建设部”,内设路政署,下辖公路处,掌公路建设。伪“华北临时政府”也并入汪伪政府,改称“华北政务委员会”,伪建设总署于 1943 年改称工务总署。

此外,日军在占领察绥及晋北地区后,策划成立地方傀儡政权。1937 年 11 月 27 日,日本关东军召集察南、晋北和伪“蒙古联盟自治政府”三个傀儡政权成立伪“蒙疆联合委员会”,并于 1938 年 9 月 1 日改为伪“蒙古联合自治政府”。汪伪政府成立后,也无法过问其事务。因此,华北沦陷区包括伪“华北政务委员会”和伪“蒙疆联合自治委员会”管辖区域。日伪铁路部门所管铁路,则有

部分位于苏北、皖北。所以，华北沦陷区的范围更广。

一、日本在关内沦陷区的交通统制

日本在中国关内沦陷区的经济掠夺和交通统制，早有筹谋，一直按计划推进。日本采取与东北稍有不同的策略，但也是以国策会社的方式实施。“华北开发株式会社”和“华中振兴株式会社”，就是两大支柱性组织。各地汉奸傀儡政权则为虎作伥，如同伪满政府一样。

1934 年 4 月，对华经济侵略急先锋满铁成立“对华投资问题研究小委员会”，提出对华投资机关和计划、工业交通通讯各业投资调查和计划、华北矿业开发计划、通货货物金融实施方策、棉业和畜产业振兴计划等十项报告。[①] 日本中国驻屯军积极支持满铁的调查，在 1935 年 7 月制定的《随着华北新政权产生的经济开发指导案》中提出，“抓住一切机会，在交通、资源及金融各方面投资”；向以满铁为主体的会社投资于交通（铁路、公路、航空、水运、港口）及矿产资源的铁和煤炭，“其他日本方面的投资者使之随意投资”；对交通和矿产，要由军方与外务部门组成华北经济开发委员会进行统制；实施过程中，“口头上高唱门户开放，但在华北，在驱逐外国人势力上，竭尽全力”。[②] 该方案还就铁路、汽车交通、航空、水运、港湾等提出了计划。满铁也积极为日本政府献计献策，提出各种方针、方案、方策，认为华北的价值在于，“现在是军需资

① 满铁:《中国经济开发方策及调查资料》，见张利民:《论日本对华北经济方针的制定》，《历史教学》1996 年第 9 期。

② 中央档案馆等编:《日本帝国主义侵华档案资料选编 · 华北经济掠夺》，中华书局 2004 年版，第 3—5 页。

源供给地,将来是日本工业原料地”,主张扶植伪政权,由军方、满铁、兴中公司等实施统制经济。① 日军定下“华北开发最高指导方针”,是要“驱逐外国势力,使日、满、华依赖关系进一步紧密,努力尽快增强国防力”。② 显然,其目的是使中国成为日本独占的殖民地,借以扩充军事力量,为更大的军事扩张积累力量。其具体方案是,成立“华北兴业有限公司”,以统一计划,避免在华企业的竞争。日本政府综合各方面的建议,制定《第二次华北处理要纲》,企图在华北“建立起巩固的防共亲日地带,并取得国防资源,扩充交通设施”。③

由此可见,日本各界最为关注的是掠夺中国资源、壮大国防(军事)力量、建立“亲日”殖民秩序;并以各种名目包装、掩饰。1937 年 7 月,日本干脆直接发动全面侵华战争,以武力占领中国,实现其称霸亚洲的狼子野心。

“七七事变”后,日本华北方面军于 9 月 30 日制定《华北经济开发基本要纲案》和《华北开发国策会社要纲案》,“以把华北包含在帝国经济圈内为目标”,将日本资本分为统制企业和自由企业,统制企业必须顺应日、“满”产业计划,“根据日、满、华北为一体的计划制定计划”。也即必须服从建立殖民地秩序的目标。统制企业包括重要的矿产资源开发和原料加工企业;主要的交通事业;主要的发电、送电事业;开发盐田和认为其他的有必要实行企业统制的事业。统制企业要由国策会社实行综合的管理经营。这个筹划

---

① 中央档案馆等编:《日本帝国主义侵华档案资料选编 · 华北经济掠夺》,中华书局 2004 年版,第 14、21 页。

② 中央档案馆等编:《日本帝国主义侵华档案资料选编 · 华北经济掠夺》,中华书局 2004 年版,第 24—34 页。

③ 中央档案馆等编:《日本帝国主义侵华档案资料选编 · 华北经济掠夺》,中华书局 2004 年版,第 40 页。

中的华北开发国策会社暂定为“华北兴业公司”，除统一兴中公司和其他已有企业外，集中满铁和广大的内地资本而成，也吸收当地土著资本参加。[①] 这一计划后来由“华北开发株式会社”承担。

1937 年 12 月，日本政府制定的指导华北、华中侵略行动的《处理中国事变纲要》提出，“经济上以建立日、满、华不可分离的关系为目标”，即日本统治下的殖民秩序；为了开发和统制华北经济，设立国策公司，以“体现举国一致的精神和动员全国产业的宗旨”。国策公司主要从事交通运输事业、通讯事业、电力、矿业、盐业等重要产业的开发经营。为掩人耳目，“力求让中国方面出面”，且承认“对第三国在开发华北经济方面的适当投资”。纲要还要求满铁人员在经营交通、通讯事业中充分运用其技术、经验。[②] 1938 年 3 月，日本内阁通过了《华北开发株式会社设立纲要》和《华中振兴株式会社设立纲要》，确立了两大会社法的基本原则。同月，日本召开第 73 届国会，通过了《战时总动员法》，推动日本经济走向战时体制；同时还通过了《华北开发株式会社法》和《华中振兴株式会社法》，并在 4 月正式公布。

通过一系列动作，日本侵略者试图吸引更多的日本财阀参与掠夺中国，以强化战时经济。1938 年 6 月，日本制订华北产业开发第一次五年计划（1938—1942 年，后又修改为 1939—1942 年四年计划），交通方面计划扩充铁道、港湾及公路网，需资金 4.47 亿元。[③] 1938 年 7 月，又出笼一个《日本政府从内部指导

① 中央档案馆等编：《日本帝国主义侵华档案资料选编·华北经济掠夺》，中华书局 2004 年版，第 155—156 页。

② 居之芬主编：《日本对华北经济的掠夺和统制·华北沦陷区经济资料选编》，北京出版社 1997 年版，第 20—22 页。

③ 居之芬主编：《日本对华北经济的掠夺和统制·华北沦陷区经济资料选编》，北京出版社 1997 年版，第 24 页。

中国政权大纲》,以适应日本“国防国策”,建立殖民秩序,要求铁路、水运、航空、通信等,“实质上应掌握在帝国势力之下,不遗余力地完成军事任务”,并以“有利于人民的生活”的口号来欺骗中国民众;特别强调在华北方面“要在实质上抓住必要的交通事业”。①

“国策会社”巨头满铁,早在1934年就筹划设立一家“兴中公司”,参与并企图垄断对华北的经济侵略。满铁理事十河信二是关东军顾问,1934年两度来华考察。他在“视察报告”中建议,由满铁在华北设立运输公司,延长北宁铁路至山西,便于晋煤运往日本;与中国合办运输公司,经营中国国有铁路运输;设立对华投资公司,专门从事与中国交涉日本各项计划和方案的实施。② 1935年12月20日,作为“日本发展对华经济的统制性执行机关”,“株式会社兴中公司”在大连满铁会社内成立,资本为1000万日元,第一次实缴250万日元。公司社长为十河信二,总部设于大连,东京设有分公司。公司作为满铁的分支机构,按照满铁的指挥进行活动。③ 交通方面,兴中公司主要是策划修建(天)津石(门)铁路。天津为华北最大商港,又是日本华北驻屯军司令部所在地,石门(今石家庄)则位于华北腹地京汉铁路与正太铁路交会点上,可通往井陉煤矿及山西,因此这条铁路具有重要的军事、经济意义。兴中公司的修路计划未能实现,但在电力、采矿方面有所进展,还在

① 居之芬主编:《日本对华北经济的掠夺和统制·华北沦陷区经济资料选编》,北京出版社1997年版,第26页。

② 居之芬、张利民主编:《日本在华北经济统制掠夺史》,天津古籍出版社1997年版,第41页。

③ 中央档案馆等编:《日本帝国主义侵华档案资料选编·华北经济掠夺》,中华书局2004年版,第63页。

天津设立塘沽运输公司，从事对日输出中国盐产等物品的轮船运输。①

汽车运输是兴中公司的“直营事业”。为侵华日军提供军事运输，1937 年与“国际运输会社”设立军用材料运输委员会承运，1938 年 3 月由兴中公司独家承担军事材料的运输，有汽车 200 辆。② 但兴中公司只是满铁的子公司，还无法承担对整个华北的经济掠夺和统制，也不能满足日本其他财阀的要求，1939 年并入新成立的“华北开发株式会社”。

1938 年日军攻占武汉、广州后，中日双方进入战略相持阶段。日本侵略者更加注重巩固占领区的殖民秩序、加强经济掠夺。12 月 16 日，日本政府为协调军政各方的对华侵略活动，设立兴亚院，首相亲任总裁。筹划已久的大型国策会社“华北开发株式会社”，也终于亮相。

1938 年 11 月，所谓“中国法人资格特殊公司”——“华北开发株式会社”（中文名为“华北开发股份公司”）在日本东京成立，正副总裁均由政府任命；资本额为 3.5 亿日元，官民各半。然而，在政府的 1.75 亿日元股本中，实物竟占了 30.8%，其中主要是日军劫夺的中国企事业，尤其是铁路设施，折算为政府的投资。

“华北开发株式会社”（以下简称“华北开发会社”）首先是要落实华北产业开发第一次五年计划。其主要目标是：交通运输方面，恢复华北已有铁路交通，立即修建通古铁路、沧石铁路、

① 中央档案馆等编：《日本帝国主义侵华档案资料选编 · 华北经济掠夺》，中华书局 2004 年版，第 47、55 页；居之芬主编：《日本对华北经济的掠夺和统制 · 华北沦陷区经济资料选编》，北京出版社 1997 年版，第 122—124 页。

② 居之芬主编：《日本对华北经济的掠夺和统制 · 华北沦陷区经济资料选编》，北京出版社 1997 年版，第 125、126 页。

胶济铁路延长线,修复并扩建连云港,新建塘沽新港,经营华北汽车运输;通信方面,恢复北京至天津、天津至芝罘间的国内线,北京经天津至伪“满洲国”和北京至伪“蒙疆”的线路;恢复天津至上海线路,建立联结日本、伪“满洲”和中国关内的通讯网。因此,“华北开发会社”成为日本对华北实行经济统制和经济掠夺的主要机构。

“华北开发会社”最大的一家子公司是“华北交通株式会社”(中文名为“华北交通股份有限公司”)。日本政府在1937年12月先后出台的《华北经济开发方针》和《支那事变处理要纲》中决定,将另设“国策会社”,满铁也就不可能垄断包括铁路交通在内的华北经济了。日本对华北占领区的中国铁路,考虑到各路尚有大量对外借款,也顾忌中国人民的抵抗,不敢明目张胆地收为日本所有,借鉴处理东北铁路的经验,表面上承认华北铁路属中国“国有”,但通过夺取经营权而获得控制权。最后选择了“中日合办中国法人会社”的方式经营华北铁路。日本的如意算盘是,此举可以减轻中国人民的反感,也能方便地处理外债,还能控制实际经营权,获得“日本舍其名而得其实”的效果。1937年12月,根据日本大本营陆军部制定的《华北交通处理方针》,以及前述日本内阁企划院制定的《华北经济开发方针》,日本中央军部定下方针,即“铁路全部归民国所有,由日本军司令官掌管,在华北产业会社统制下,设中国特殊法人华北交通会社,使之经营此项事业”。之后,日本中央军部、华北方面军司令部等有关方面多次磋商,关东军司令部也提交了自己的方案,后期伪“华北傀儡政权”和伪“蒙疆政权”也参与其中。但基本原则还是日本军方确定的,即:华北原有中国铁路、港湾为“国有”民营;新建及改良原有铁路港湾而由交通会社支出者为社有;为偿还对原有线的外国借款,由交通会社上缴给中国“政府”的款项如何筹措,待定;中国“政府”遵照军方内部指导设立华北交通会社，经营“国有”铁路及有关的港湾；此外，还经营特殊路线的汽车运输、国内水路轮船运输以及附属事业；“华北交通会社”同中国“政府”签订委托合同进行经营；中国“政府”对铁路的行政监督，日本政府的事业监督，均通过会社执行；军事事项由陆军大臣下达命令并通过会社进行监督，但在重要战役结束前，军事事项由日本最高指挥官发布命令并监督之。以后如有军事行动，司令官可直接指示会社进行作战警备，并监督之；中国方面在“政府”中设日本人交通顾问，中国“政府”对交通行政的监督，必须得到日本顾问的同意。[①]

1938 年 4 月，日军司令官与华北伪“临时政府”头目王克敏签订协定，对华北交通运输，明确规定伪“政府”是根据《华北交通株式会社法》而设立交通株式会社的；伪“政权”非经日军司令官的同意，不得以任何形式改废交通会社法及其附属命令；日军司令官得对交通会社发出军事上所必要的命令和采取适当的措施；等等。[②] 1938 年 9 月至 1939 年 4 月，华北伪“政权”与日方对拟定中的交通会社，就利益分配问题也曾“谈判”多次，一方面，对日方表示无意干涉日本的军事行动和“建设东亚新秩序”，“也不打算排斥开发华北的资源”；另一方面，又苦心孤诣地替日本设想，担心日本的强压政策“会失去中国民心”，“对日本也非长久之策”，然后可怜巴巴地提出把铁路归还给伪政权，“希望拥有平

① 兴亚院华北联络部：《华北交通株式会社创立史》，极秘，见解学诗主编：《满铁档案资料汇编 · 华北交通与山东、大同煤矿》，社会科学文献出版社 2011 年版，第 41—46 页。

② 华北交通株式会社：《华北交通株式会社设立关系书类》，见谢学诗主编：《满铁档案资料汇编 · 华北交通与山东、大同煤矿》，社会科学文献出版社 2011 年版，第 51—52 页。

等的权利”。[1] 结局当然是对日本妥协。1939年4月14日,日本兴亚院与华北伪临时政府达成关于设立“华北交通株式会社”的谅解事项,划定交通会社的经营范围为铁道事业(包括日占各铁路干支线、将来建设或收买的铁路、在其他政权区域内所委托的铁路),汽车运输业,内陆水运业及其他附带事业;还规定在主要铁路以外的铁路、汽车运输和内陆水运业,在不妨碍交通会社事业的限度内,经会社同意,允许第三者经营,但必须服从会社统制。同日,还公布了华北交通株式会社《会社法》,将日方的意图、各方达成的协议固定为伪政权的法律。

1939年4月17日,“华北交通株式会社”正式成立,全面接替满铁华北事务局事务。公司资本额定3亿元,“华北开发会社”出资1.5亿元,满铁出资1.2亿元,华北伪政权出资0.3亿元,经营范围为铁路、汽车运输、国内水运、港口及其他附带事业和关联投资,执掌华北、“蒙疆”交通事业的一元化统制运营(“蒙疆”汽车交通不久又被划出)。[2] 公司组织机构庞大,职员人数众多。到1944年3月,有员工154797人(不包括港湾总局),其中日本人43863人,中国人110943人[3],主要集中在铁路部门。但是,“华北交通会社”《会社法》虽以华北伪临时政府名义制定和公布,却未见其公布中文本,会社《章程》亦未公布中文本;两份文件都未划分各方股份,只是规定总资本为3亿元,共600万股,经“政

① 解学诗主编:《满铁档案资料汇编·华北交通与山东、大同煤矿》,社会科学文献出版社2011年版,第56、74页。

② 中央档案馆等编:《日本帝国主义侵华档案资料选编·华北经济掠夺》,中华书局2004年版,第462—465页;居之芬主编:《日本对华北经济的掠夺和统制·华北沦陷区经济资料选编》,北京出版社1997年版,第229页。

③ 中央档案馆等编:《日本帝国主义侵华档案资料选编·华北经济掠夺》,中华书局2004年版,第464页。

府”批准可增加。实际出资，华北伪政府出资 0.3 亿元，仅占 10%的股份，成为最小股东；“华北开发会社”所谓出资 1.5 亿元，占了 50%的股份，而且是以日本侵占的中国铁路及附属设施出资，一次全额缴清，用中国资产控制了华北交通。第二大股东则是满铁，占股 40%，华北地区铁路此前就掌控在满铁华北事务局手中。这个所谓的中国法人中日合办公司，成为名副其实的日本控股公司。所有的安排，都在日本军方制定的《华北交通处理方针》和日本内阁制定的《华北经济开发方针》《支那事变处理要纲》等决策范围内。华北汉奸傀儡政权装模作样地“希望拥有平等权利”，不过是自欺欺人。1942 年，“华北交通会社”资本达到 4 亿元，其中华北开发会社和华北伪政府分别增资 8500 万元和 1500 万元。

“华北交通会社”还有若干关系会社。如：青岛交通株式会社（1938 年 7 月设立，日本普通法人），天津交通株式会社（1938 年 9 月设立，中国普通法人），青岛码头株式会社（1938 年 9 月设立，日本普通法人），华北交通会社港湾总局（1941 年 9 月由兴中公司移交），华北车辆株式会社（1940 年 6 月设立，日本普通法人），“蒙疆汽车股份有限公司”（1939 年 5 月设立，蒙古地区特殊法人），华北运输有限公司（1941 年 10 月设立，中国普通法人），天津驳船运输会社（1942 年 6 月设立，日中合办日本法人）。①

“华北交通会社”各年的收益状况参见表 5-15。

① 解学诗主编：《满铁档案资料汇编・华北交通与山东、大同煤矿》，社会科学文献出版社 2011 年版，第 218—242 页；解学诗：《满铁与华北经济（1935—1945）》，社会科学文献出版社 2007 年版，第 383—384 页。

表 5-15 华北交通会社收益统计(1940—1942 年)

(单位:千元)

项目/年份	铁道	汽车	水运	利息	年度总损益
1940	12436	-3323	-2928	-5994	191
1940(乙)	8064	-2102	-1659	-6083	-1780
1941	44719	-3298	-2977	-17683	20761
1942	69291	8065	-1701	-13526	62129

注:1942 年系 11 个月的统计数。

资料来源:满铁:《关系会社统计年报》,1943 年 12 月,见解学诗主编:《满铁档案资料汇编·华北交通与山东、大同煤矿》,社会科学文献出版社 2011 年版,第 200 页。原表个别数据有误,本表已订正。

日伪在华北邮政、电信、航空方面,均实行统制。“七七事变”后,北平伪组织成立所谓“华北电政总局”。1938 年 7 月,日伪成立“华北电信电话股份有限公司”(日文名“华北电信电话株式会社”),对华北地区的电报电话业实行统制,从 8 月 1 日起开始营业。又设有“华北航空公司”(日文名“华北航空株式会社”)统制华北的航空运输业。“华北开发会社”历年对交通电信的投资参见表 5-16。

表 5-16 华北开发会社对交通电信的投资(1939—1943 年)

(单位:百万日元)

项目/年份	交通	电信	总计
1939	161. 8	12. 3	174. 1
1940	402. 8	25. 5	428. 3
1941	635. 7	42. 0	677. 7
1942	884. 1	55. 7	939. 8
1943	995. 3	65. 2	1060. 5

续表

项目 年份	交通	电信	总计
合计	3079.7	200.7	3280.4

资料来源：许涤新、吴承明主编：《中国资本主义发展史》第3卷，人民出版社2003年版，第434页表4-10。

日本划定的华中地区，北至陇海铁路，南跨珠江三角洲，西起汉水，东达黄海、东海之滨，包括江苏、浙江、安徽三省和江西、湖北、河南部分地区，上海、南京、杭州、武汉、徐州、南昌等重要城市和战略要地。日本在华中地区也设立所谓“国策会社(公司)”。1938年4月30日，日本议会在通过“华北开发株式会社法案”的同时，还通过了“华中振兴株式会社法案”。同年11月7日，日本特殊法人“华中振兴公司”正式登记成立，日文名为“华中振兴株式会社”(以下简称“华中振兴会社”)。公司资本额为1亿日元，本部设于上海，东京设有分部。首任总裁为前横滨正金银行总裁儿玉谦次，1943年3月后为高岛菊次郎。鉴于华中地区经济较为发达，各国经济权益错综复杂，因此，“华中振兴会社”宣称着重于“战后华中经济的复兴”(“华中振兴株式会社法案”第一条)。会社法案规定其统制范围有：交通运输业，通信事业，电气、煤气及自来水业，矿业，水产业，前述各项之外华中所谓“公共利益”及“振兴产业”所必需的事业。与“华北开发会社”均由下属实体公司经营稍有不同之处，“华中振兴会社”经日本政府批准，也可直接经营统制事业。“华中振兴会社”成立后，原有各家公司如华中电气通讯公司等均纳入其中，成为子公司。“华中振兴会社”对子公司有责任进行投融资，自成立之后，70%的投资用于铁路、电气和通信事业。①

① 王士花：《“开发”与掠夺——抗日战争时期日本在华北华中沦陷区的经济统制》，中国社会科学出版社1998年版，第32页。

全面侵华战争前和战争期间日本在关内沦陷区的交通投资比较,参见表5-17。

表5-17 日本在关内沦陷区的交通投资统计(1936年、1938年)

(单位:千日元)

地区/项目	1936年			1938年			
	华北	伪"蒙疆"	总计	华北	伪"蒙疆"	华中	总计
汽车运输	357	—	357	8266	—	1516	9782
通信	—	—	—	5250	1500	5000	11450
航空运输	2250	—	2250	2500	—	500	3000
总计	2607	—	2607	16016	1500	7016	24532

资料来源:居之芬、张利民主编:《日本在华北经济统制掠夺史》,天津古籍出版社1997年版,第148页。

二、关内沦陷区的铁路交通

中国最早投入商业运营的铁路——唐胥铁路,即诞生在华北。1937年"七七事变"前,位于或途径华北地区的铁路有北宁、平绥、平汉、道清、胶济、津浦、正太、同蒲、陇海等,营业里程长达5775公里,分布于河北、察哈尔、山西、山东、河南、江苏等省。① "七七事变"后,华北地区中国铁路相继沦入敌手。在华北交通株式会社成立后,因徐州以南津浦铁路移交给华中铁道株式会社,营业里程

① 天津东亚新报:《华北建设年史》,见解学诗主编:《满铁档案资料汇编·华北交通与山东、大同煤矿》,社会科学文献出版社2011年版,第204页。日伪划分的华北地区,包括河南和江苏两省北部部分地区,津浦路徐州以北段、陇海路连云港至开封段以及道清等铁路,均属"华北交通株式会社"经营。

变为4995公里。

初期,满铁仍扮演着重要角色。满铁早在1935年11月即在华北设天津事务所,协助在华北的日军从事“特殊使命”。1937年7月9日,日本关东军铁道线区司令部向满铁发出派出人员和器材的命令。满铁立即派铁道总局一名监察和4名人员前往天津,负责与军方联络,包括拟定“接收”北宁铁路关内段铁路方案及其他重要工作。同时,在山海关组成以奉天铁道事务所车务课牵头的输送班,协助日军落实军运方案。满铁派员在铁路沿线指导、监督铁路员工,专门从事军运。后设天津输送班,并在山海关常驻联络员,协助关内外的军运调度;不久又改归“铁道监”统一指挥铁路军运。同年8月以后,日军沿京绥、京汉、津浦路进犯,满铁在丰台设输送事务所,管理丰台以西的北宁路段和京绥、京汉两路运输。8月27日,满铁将天津事务所升级为华北事务局,统辖满铁在华北的一切事务,包括战时运输,管理日军占领的中国铁路、公路、水运等交通,并开展临时营业。12月1日,华北事务局又设铁道事务所,加强铁路运输的管理。在日军华北方面军司令部从天津迁至北京后,华北事务局也于1938年1月27日迁至北京。华北事务局先后4次改组,到1938年9月18日,设有运输、水运等10个部局和输送委员会;到1939年4月有员工18693人(其中日本人15671人,其余为来自伪满地区的中国人)。

从“七七事变”到1938年8月底,满铁跟随日军先后占领、“接管”或控制华北铁路。在这一过程中,日军夺占中国铁路车辆、器材,从占领各路夺得机车329台,客货车3490辆。满铁在集中运送侵华日军入关的同时,还提供车辆供华北地区使用,并制造新车。1938年5月下旬,满铁派往华北的货车多达5707辆,占满铁全部货车的26%。

北宁铁路(即京奉线)系英国贷款修建,且有英国人参与管理。关外段(奉山线)早已被日本占领。关内段京山线(北京至山海关)最初拒绝运输日军,日军制定《华北铁路经营纲要》,谎称“在作战上不侵犯他国利益”,强制进行军运。日军沿铁路设置由满铁人员组成的站区,监督北宁铁路运行,并陆续派人打入该路机构“指导”经营,逐渐掌握实权。1938 年 1 月 23 日,华北方面军司令官命令华北事务局,从即日起“开始指挥经营北宁铁路”;同日,日军参谋长又发出指示,要求把“逐渐由我掌握实权”变为“从形式上也要统一经营”,从而使北宁铁路局名副其实地变为华北事务局的一个局。日军特务部还提出了具体方案。华北事务局和天津事务所奉日军之命,制定具体对策。同年 6 月 20 日,将天津铁道事务所和北宁铁路局合并成立天津铁路局,完全控制了北宁铁路实权。

1937 年 8 月 27 日,关东军侵占张家口,当地汉奸成立察哈尔治安维持会,不久又陆续设立伪“察哈尔交通委员会”、伪“产业金融委员会”、伪“察南自治政府”。伪“察哈尔交通委员会”掌管当地铁道、汽车、道路、邮政、电报、电话、广播、电灯、电话等领域。其中铁路与电报、电话事关日军军事,由关东军于 10 月 4 日指令满铁迅速经营平绥铁路。不久,日本华北方面军又指令华北事务局经营华北各铁路。1938 年 6 月,满铁成立张家口铁路局,改平绥线为京包线。该线名义上属于 1937 年 11 月 22 日成立的伪“蒙疆联合委员会”管理,以造成伪“蒙疆”独立于华北和外蒙古地区的局面,实际听令于日军,按照日军军部的命令,由满铁华北事务局进行“委托经营”。1939 年,该路按照兴亚院的指示,按地区分别隶属于伪“蒙疆”、临时和维新“政府”,经营权仍归华北事务局。其他各路,均根据《华北各铁路经营纲要》“委托”华北事务局经营,直至“华北交通株式会社”成立。华北日占区铁路在“七七事变”后以军运为主，也经营一般运输；1938 年军运减少，一般运输增多。1938 年总运输量 2035 万吨，军运占 26%。为管理华北日占区铁路，华北事务局设有天津、北京、张家口和济南等铁路局。①1940 年“华北交通会社”成立后，铁路由其统一经营。

日伪在华北占领区，出于军事和经济等目的，也修建新路。比较重要的铁路有：

通古线（通州—古北口），原为中国规划中的平古铁路，其中北平至通县一段已于“七七事变”之前建成。日本将通县至古北口段修建完成，全长 125 公里。此线北通承德，与伪满铁道系统沟通，可辅助北宁（京奉）线运输的不足；南可与平汉、津浦线联络，极具军事、经济意义。

新开线（新乡小冀—开封），因黄河决口，日军未能如期占领铁路中枢郑州，于是修建新开线，全长约 86 公里，以连接平汉、陇海两路，直通连云港，缩短出海里程，既能供调遣军队，又便于日伪之间货物的运输。

石德线（石家庄—德县），全长约 181 公里，所经之处，均为冀中平原膏腴之地，农产丰富，尤其适宜种植棉花；山西煤炭资源极为丰富。日本为发展本国纺织工业和军需工业，对河北棉花和山西东中部煤炭垂涎欲滴，筑路以便于运输粮棉矿产。且由德县转胶济铁路直奔青岛，为出海捷径，可分天津转运之劳，利益重大。就军事价值而言，该线位于河北腹地东接津浦，以达天津，西联正太，以通晋陕，进可窥视关中，袭我后方，退可拱卫平津，控制华北，极具战略意义。

① 兴亚院华北联络部：《华北交通株式会社创立史》，见谢学诗主编：《满铁档案资料汇编 · 华北交通与山东、大同煤矿》，社会科学文献出版社 2011 年版，第 23—37 页。

表 5-18　华北沦陷区新建铁路一览表(1938—1945 年)

项目 年份	铁路线/段名	起—迄	长度(公里)	开工时间	竣工时间	备注
1938	通古线	通州—古北口	125.8	1937.9	1938.3	在古北口与锦古线接轨
	北同蒲线	平旺—朔县—原平	223.0	1938.10	1939.4	同期同蒲全线改为标准轨
	凤山运煤线	南张村—凤山	6.6	—	1938.4	运煤
1939	新开线	新乡小冀—开封	86.2	1938.10	1939.5	陇海路与京汉路联络线,1947 年拆除
	烟筒山线	宣化—烟筒山	11.0	—	—	铁矿运输
1940	石滩线	轩岗—石滩	2.7	1940.4	1940.4	运煤
	大台线	门头沟—大台	30.4	1939.10	1940.5	运煤
	大青山线	包头—召沟	41.4	1939.6	1940.7	运煤,1945 年拆除
	刘顶磷矿线	海州—刘顶	10.0	—	1940.7	窄轨,磷矿运输,1945 年拆除
	史家岗线	蒋村—史家岗	7.6	1940.4	1940.9	运煤,1944 年拆除
	西佐线	马头—西佐	20.6	—	1940.11	改建,运煤

续表

项目/年份	铁路线/段名	起—讫	长度（公里）	开工时间	竣工时间	备注
1941	八徒线	博山—八徒	9.3	1940.3	1941.2	利用原日商运煤窄轨铁路改建
	石德线	石家庄—德州	180.7	1940.6	1941.2	运煤，代替流产的沧石铁路
	白潞线	白圭—潞安（今长治）	178.4	1939.6	1941.3	同蒲路支线，晋东南煤炭外运，1945 年拆除一段
	柳泉煤矿线	柳泉—贾汪煤矿	15.6	1941.2	1941.3	运煤
	赤柴线	东太平—赤柴	26.3	1940.8	1941.6	运煤
	怀庆线	清化—怀庆	18.0	1941.3	1941.8	1945 年拆除
	新河码头线	新河—码头	2.0	—	1941.8	—
	凭心线	常口—凭心	2.6	1941.7	1941.9	运煤
	雪花山线	井陉—雪花山	0.5	1941.8	1941.9	运煤，1943 年拆除
	南苑线	永定门—南苑	7.6	—	1941.9	—

续表

项目/年份	铁路线/段名	起—迄	长度（公里）	开工时间	竣工时间	备注
1942	西郊线	西便门—西郊	4.0	1941.10	1942.2	—
	章丘运煤线	普集—章丘	4.0	1941.7	1942.2	1945 年拆除
	寿阳运煤线	黄丹沟—寿阳	15.4	1941.5	1942.3	—
	民兴运煤线	风歧线中途—民兴	2.8	1941.7	1942.6	—
	孤山运煤线	三蒲站侧线增建	11.0	1941.4	1942.6	—
	金岭镇运矿线	金岭镇—铁山	7.1	1942.8	1942.9	—
1943	焦作运煤线	李封—王村	1.2		1943.5	—
	南新泰线	赤柴—南新泰	48.0	1941.11	1943.7	—
	罗家庄线	南定—罗家庄	6.6		1943.9	—
1944	磁山线	邯郸—磁山	44.5	1943.5	1944.6	—
	宣庞线	宣化—庞家堡	40.0	1940.12	1944.12	连联龙烟铁矿
	天津南线	新塘沽附近	1.2	1943.5	1944	—
1945	鹅毛口线	怀仁—鹅毛口	9.5	—	1945.2	运煤

续表

项目 年份	铁路线/段名	起—迄	长度 （公里）	开工时间	竣工时间	备注
修建中	同塘线	丰台—沙城	106.0	—	—	1944年9月停工
修建中	新泰线	南新泰—新泰	8.0	—	—	1944年10月停工
修建中	莱芜线	新泰—莱芜	38.0	—	—	1944年10月停工
总计	—	—	1201.6	—	—	—

资料来源：马里千等编著：《中国铁路建筑编年简史1881—1981》，中国铁道出版社1983年版；郑会欣主编：《战前及沦陷期间华北经济调查》，天津古籍出版社2010年版，第440页。不同的资料数据略有不同。

同蒲铁路白潞支线(白圭—潞安,今长治),全长约178公里,是沿白(圭)晋(城)公路修建的轻便铁路。晋东南不仅盛产煤炭,且太行山区为国共抗日根据地,抗日军民不断出击,随时威胁日伪同蒲、京汉、道清铁路交通,且使晋中日军无法与豫北日军取得密切联系。因交通不便,日军无法展开大兵团作战,多次进攻,均损兵折将。这一铁路的修建,既可掠夺煤炭资源,更可截断晋东南抗日军民的联系,将日军晋豫战场打成一片。国民党军中条山之战惨败,此线对日军发挥了一定作用。

京汉铁路磁山支线(邯郸—磁山),全长约45公里,这是日军为掠夺磁山铁矿资源和进犯晋东南抗日根据地而修的重要铁路。

其他铁路的修建,也都有经济掠夺、军事运用等作用,尤其是各地农林、矿产资源的外运(见表5-18)。

8年间,日伪在华北沦陷区新建铁路干支线(含少量改建)1200余公里;加上原有铁路,华北沦陷区铁路长达6200多公里。以1943年为例,华北沦陷区铁路营业里程为6158公里(见表5-19)。

表5-19　华北沦陷区铁路线路、起讫地和营业里程统计(1943年)

线路名及起讫地	营业里程(公里)	备注
京山线北京至山海关	449.8	—
京汉线北京至信阳小冀站段	976.7	—
津浦线天津至蚌埠段	1050.5	—
京包线北京至包头	919.3	—
京古线通州至古北口	153.4	—
胶济线济南至青岛	503.0	—
石太线石门至太原	282.2	1939年10月改轨

续表

线路名及起讫地	营业里程(公里)	备注
石德线石门至德州	180.7	—
陇海线连云港至开封段	503.0	—
同蒲线大同至蒲州	1139.3	内有 689.8 公里窄轨
总　计	6157.9	—

注:无备注者为标准轨铁路。又,营业里程短于通车里程。

资料来源:中央档案馆等编:《日本帝国主义侵华档案资料选编·华北经济掠夺》,中华书局 2004 年版,第 467 页。

在华北伪政权成立后,华北沦陷区的铁路法律上均归伪政权"国有",但由"华北交通会社"经营。① 该公司内设有铁路局,并在多地设铁路局,具体经营管理华北地区的铁路。初期有北京、天津、济南、太原 4 个铁路局,随着日军占领区的扩大,到 1945 年日本投降之前,华北地区有 8 个铁路局,管辖铁路线约 5657 公里。②

华北沦陷区铁路基本情况参见表 5-20。

表 5-20　华北沦陷区铁路基本情况统计(1935—1944 年)

项目/年份	基本情况			保有车辆(辆)				客货运输	
	员工数(人)	通车里程(公里)	营业里程(公里)	总计	机车	客车	货车	客运(万人)	货运(万吨)
1935	—	—	—	16954	1036	1373	14545	1886	2600

① 《华北临时政府与日本军关于华北交通公司经营范围谅解事项》,见中央档案馆等编:《日本帝国主义侵华档案资料选编·华北经济掠夺》,中华书局 2004 年版,第 457 页。

② 郑会欣主编:《战前及沦陷期间华北经济调查》,天津古籍出版社 2010 年版,第 451 页。

续表

项目/年份	基本情况			保有车辆(辆)				客货运输	
	员工数(人)	通车里程(公里)	营业里程(公里)	总计	机车	客车	货车	客运(万人)	货运(万吨)
1937.9	—	2924	—	3436	241	320	2875	—	—
1938	75441	5656	—	12933	909	870	11154	1449	2035
1939	87884	7136	5259	16993	1017	894	15082	2962	3053
1940	106382	7750	5604	18115	1108	997	16010	4023	3604
1941	129202	7806	6008	19592	1239	1201	17152	3890	3720
1942	140004	7933	6022	19883	1254	1308	17321	5650	4098
1943	154797*	8142	6117	21109	1311	1384	18414	8875	3982
1944	158365	—	5911	21471	1352	1410	18709	8097	3433

注:1. 本表年份系指该年4月至次年3月;2. 车辆保有数系指该年份末统计数;
3. 1943年员工数*系指华北交通公司员工数,包括汽车和内河航运员工;
4. 1944年营业里程减少,系徐州以南铁路移交给华中铁道株式会社。

资料来源:员工人数根据居之芬、张利民主编:《日本在华北经济统制掠夺史》,天津古籍出版社1997年版,第400页;营业里程根据解学诗:《满铁档案资料汇编·华北交通与山东、大同煤矿》,社会科学文献出版社2011年版,第207页;其他据郑会欣主编:《战前及沦陷期间华北经济调查》,天津古籍出版社2010年版,第436—437页。

华北沦陷区铁路营业收支状况如表5-21所示。

表5-21 华北沦陷区铁路营业收支统计(1939—1944年)

(单位:万元)

项目/年月	收入	支出	盈亏
1939年10月1日—1940年9月30日	20618	19375	1243
1940年10月1日—1942年3月31日	46635	41357	5278
1943	76328	67298	9030

续表

项目 年月	收入	支出	盈亏
1944	42644	36758	5886

资料来源：居之芬主编：《日本对华北经济的掠夺和统制·华北沦陷区经济资料选编》，北京出版社1997年版，第238页。

沦陷区铁路既要配合日军的军事行动，也要便于运输物产，成为日本掠夺中国资源的重要工具。在铁路运输的货物中，煤、铁矿石、盐、矾土、棉花这类战争物资的运输占全部货运量的大半（见表5-22）。

表5-22　华北沦陷区货物分类运输统计（1938—1944年）

（单位：千吨）

项目 年份	矿物类				农林畜产类			其他	工业类及其他	总计
	煤炭	铁矿石	其他	小计	林产类	农产类	畜产类			
1938	7601	116	1525	9242	267	1994	143	160	2147	13953
1939	11997	279	971	11997	478	2260	209	258	2260	17462
1940	13826	449	1788	16063	687	2216	256	574	2771	22567
1941	17042	653	1808	19503	820	2075	226	465	2846	25935
1942	18377	1044	1669	21090	1149	1919	172	714	3023	28067
1943	15786	1114	1535	18435	1175	2132	172	958	3540	26412
1944	11561	1009	1804	14374	916	1518	127	621	3017	20573

资料来源：郑会欣主编：《战前及沦陷期间华北经济调查》，天津古籍出版社2010年版，第436页。

如果细分运输的货物种类，以1939年的统计为例，则有表5-23所示的货物和数量。

表 5-23　华北沦陷区铁路运输货物分类统计(1939 年)

(单位:吨)

品名	数量	品名	数量
煤炭	8163512	棉类	29366
矿及矿石	207036	木材	131466
石材、碎石	833065	家畜	96703
大豆	102037	盐	92748
高粱	326841	盐鲜鱼介	14088
花生	71554	洋灰	43985
苞米	70249	小麦粉	177907
粟米	82358	绵绢丝布	38876
小麦	110372	油脂类	84578
生干果及野菜	79810	铜铁及其制品	34220
烟叶	8352	总计	10799123

资料来源:《北支蒙疆年鉴》昭和十五年(1940 年)版,见中央研究院社会科学研究所主编、郑伯彬等编:《沦陷区经济概览》,国民党政府经济部资源委员会 1941 年油印本,第 A6149—A6150 页。原表总计数为 20354320,本表予以订正。

统计表明,煤炭在铁路货物运输中运量最大。煤炭是华北沦陷区最主要的矿产。除当地消费,大量外运至日本、伪满地区,少量运往中国其他地区。受外汇管制的影响,日本对煤的需求,几乎都靠中国沦陷区满足。运往日本的煤炭,早期主要来自开滦煤矿和山东的煤矿,后来各地煤产,均要全力供应日本。1938 年 8 月,满铁“华北联络部”拟定华北煤炭输送计划,要求对日输出焦炭不少于 170 万吨,具体办法是:以门头沟产煤(该地多产燃料煤)供当地消费;限制开滦煤及大同煤(多属焦煤)对华中、华南输出;减少沦陷区本地煤的消费;加紧输送各地存煤。① 满铁华北事务局

① 《同盟旬报》第 2 卷第 24 期,见中央研究院社会科学研究所主编、郑伯彬等编:《沦陷区经济概览》,国民党政府经济部资源委员会 1941 年油印本,第 A5689 页。

据此亦制定货车配给计划，自当年 9 月 1 日起实施。各矿每天配给数量是：开滦煤 490 车，门头沟煤 76 车，坨里煤 30 车，口泉煤 130 车，六河沟煤 25 车，井陉煤 8 车，下花园煤 20 车，博山煤 20 车，黉山煤 15 车，大昆仑煤 15 车，一共 837 车。① 当时满铁在华北行驶的货车有 1998 辆，用于运煤货车则多达 42%；尤其注重焦煤的运输。据 1939 年 12 月统计，各大煤矿外运煤炭，按每月平均计算，开滦、大同、井陉煤 100%运往日本，中兴煤矿 60%的煤输日，山东其他煤矿 43%的煤输日。② 到 1939 年年底，华北物价高涨，货车供不应求，新成立的“华北交通会社”才不再固定煤车配额，但各交通机构仍有优先运煤的义务。华北各铁路每月运煤平均 65 万吨，但因货车不足，抗日军民沿途袭扰，各矿存煤无法全部运出。1939 年年底统计，各矿每天运出煤炭 22292 吨，但积存 4785 吨，21. 5%的存煤无法运出。③

1939 年冬，日伪为保障沦陷区煤炭对日输出，拟全部统制华北煤炭运销。“华北开发会社”提出，华北各煤矿一向由日资分散经营，未能统一经营。应先谋求分配方面的调整，具体办法是设立“北支石炭贩卖会社”，资本暂定 2000 万元，由“华北开发会社”和各地煤矿会社各出一半；举凡各矿产煤，均由该贩卖会社统一运销，俾能从事一元统制。但三井、三菱等公司原由兴中公司委托经

① 《北支经济年鉴》，1939 年版，第 118 页，见中央研究院社会科学研究所主编、郑伯彬等编：《沦陷区经济概览》，国民党政府经济部资源委员会 1941 年油印本，第 A5690—A5691 页。

② 伪《新民报》1939 年 12 月 16 日，见中央研究院社会科学研究所主编、郑伯彬等编：《沦陷区经济概览》，国民党政府经济部资源委员会 1941 年油印本，第 A5688 页。

③ 中央研究院社会科学研究所主编、郑伯彬等编：《沦陷区经济概览》，国民党政府经济部资源委员会 1941 年油印本，第 A5691—A5694 页。

营各矿,向兴亚院表示反对此议,只同意该贩卖会社的业务限于煤炭价格公定,或订立华北煤炭分配计划,以及调拨货车。①

不过,随着日本侵略战争的扩大,美英对日封锁也不断加强,海运难度加大,日本实施海运转陆运的所谓"转嫁运输",以保障对日输送资源。尤其是太平洋战争爆发后,华北铁路对日、"满"和华中方面转嫁为陆运的货物量猛增,再加上各日占区之间的所谓"交流运输",都加大了货运量。

据统计,1939—1943 年华北陆运转嫁运输,从 1939 年的 48.5 万吨,逐年增加到 1943 年的 904 万吨,增加近 18 倍(见表 5-24)。

表 5-24 华北沦陷区陆运转嫁运输统计(1939—1944 年)

(单位:千吨)

类别 年份	对日、"满"山海关口			对华中蚌埠口			总计		
	出	入	小计	出	入	小计	出	入	总计
1939	91	200	291	181	13	194	272	213	485
1940	397	262	659	267	124	391	664	386	1050
1941	1915	317	2232	913	198	1111	2828	515	3343
1942	2878	632	3510	2272	397	2669	5150	1029	6179
1943	4575	1400	5975	2425	640	3065	7000	2080	9040
1944	7711	1585	9296	3760	700	4460	11471	2285	13756

资料来源:解学诗主编:《满铁档案资料汇编 · 华北交通与山东、大同煤矿》,社会科学文献出版社 2011 年版,第 205 页。

1939—1943 年的 5 年间,华北外运的煤运往日本的比例,分别为 68.2%、70.0%、62.9%、58.7%和 46.7%,铁矿石更是连续多年全部运往日本(见表 5-25)。

① 中央研究院社会科学研究所主编、郑伯彬等编:《沦陷区经济概览》,国民党政府经济部资源委员会 1941 年油印本,第 A5695—A5696 页。

表 5-25　华北沦陷区铁路运输货物去向统计(1939—1943 年)

(单位:千吨;%)

去向	类别	1939 年	1940 年	1941 年	1942 年	1943 年
日本	煤炭	3373	4338	4807	5079	3717
	铁矿石	111	308	470	484	60
	矾土	144	148	180	178	154
	磷矿石	—	35	65	90	55
	盐	399	715	1047	1134	409
	小计	4027	5544	6569	6965	4495
	占总计的比例	68.2	70.0	62.9	58.7	46.7
伪满地区	煤炭	198	486	2077	2543	2802
	铁矿石	—	—	—	350	648
	硫化矿	—	—	—	6	8
	棉花	—	—	13	36	11
	其他	—	—	—	—	66
	小计	198	486	2090	2935	3535
	占总计的比例	3.6	6.1	20.0	24.7	36.7
华中地区	煤炭	1681	1890	1779	1968	1587
	硫化矿	—	—	—	8	4
	小计	1681	1890	1779	1976	1591
总计	—	5906	7920	10438	11876	9621

资料来源:中央档案馆等编:《日本帝国主义侵华档案资料选编·华北经济掠夺》,中华书局 2004 年版,第 469 页。原表个别数据有误,本表已订正。

统计表明,在 1939—1943 年的 5 年间,华北地区的铁路货物运输,连续 4 年有 59%—70%的矿产运往日本,以支撑日本的侵略扩张。

在华北大量货物运往日本和伪满地区的同时,日伪还将一些货物列为统制范围,禁止或限制对其他地区尤其是国民党统治区的输送。“华北交通会社”成立后,日本为确保其独占华北运输,令伪政权对向陇海铁路以南输送物资办法作出规定。1938 年 4 月 19 日,华北伪政权颁布《填发运输统制品专用品护照规则》,对货物运输加以限制,规定“凡运输一切统制品专用品,其数量在限制以外者,非持有临时政府行政部护照,不生效力”;“持护照人除照内所列物品外,不得夹带其他物品及转借他人冒用或带运他人物品”。

1939 年 7 月 24 日,伪政权按照日本人的指令,制定《陆路运输临时管制办法》,列出限制输出的货物清单:第一类,牛皮、羊皮(包括小绵羊皮及山羊皮)、羊毛、蔴、骡马;第二类,蛋及蛋类加工品、胡桃及胡桃仁、花生、杏仁、棉子、烟叶、粉条及通心面条、煤、毛毯、草帽、棉花。[①] 第一类货物,除陇海铁路线外,不得向陇海铁路以南区域运出;第二类货物,除陇海铁路线外,非持有伪“临时政府实业部”所发给的护照,不得向陇海铁路以南区域运出。请领护照者还应向省公署缴纳护照费;实业部为取缔上述两类货物运出,于必要地点设立陆路货运检查所,以查验护照、检查货物;违法规定运出货物的,没收货物,处以相当于货物价值 3 倍的罚金。[②]

日伪还制定了对这些货物的运输办法。一是按照《临时物资搬出取缔办法》规定所禁止搬运之物(牛皮、羊皮、骡马、蔴),由

① 伪《新民报》1939 年 7 月 27 日,见中央研究院社会科学研究所主编、郑伯彬等编:《沦陷区经济概览》,国民党政府经济部资源委员会 1941 年油印本,第 A6156—A6158 页。

② 居之芬主编:《日本对华北经济的掠夺和统制·华北沦陷区经济资料选编》,北京出版社 1997 年版,第 92—93 页。

“华北交通会社”承运；二是按照《临时物资搬出取缔办法》规定须有伪临时政府所发护照之物（鸡蛋、铜器、胡桃、花生油、杏仁、棉花籽、烟叶、豆索面、石炭、毛毯、麦秆、棉花）由持有护照之移出人提出护照，由交通会社承运；三是其他物资移出入提出中国联合准备银行外汇局物品移出承认书，由交通会社承运；四是物资之移出者在移出3个月内须再移入与搬运出物资价额相等之物资，此项物品由铁路移入，须由交通会社领有移入证明书，此项证明书由移入者做成后，由交通会社盖印证明。①

1940年2月1日，“华北交通会社”决定开始实施所谓“中日满货运一元化计划”。该会社与日本、朝鲜、伪满及华中沦陷区各铁路的联络货物运输站（联运站）扩充计划也同时实施。此后，华北重要地点由指定的联运站向日本及其控制的各地铁路，无论运送零担或整车货物，均可自由托运；由日本运到华北各处联运站，亦可同样办理。目的是提高经济统制和掠夺的效率。当时实施联运的货站多达123处。②

此外，还实行航运和铁路联运。“华北交通会社”在连云港码头设有车务所，制定了《连云港货物[办]报关办理规则》，为货物报关提供便利。③ 华北沦陷区铁路联运情形见表5-26。

---

① 伪《新民报》1939年12月7日，见中央研究院社会科学研究所主编、郑伯彬等编：《沦陷区经济概览》，国民党政府经济部资源委员会1941年油印本，第A6159—A6160页。

② 中央研究院社会科学研究所主编、郑伯彬等编：《沦陷区经济概览》，国民党政府经济部资源委员会1941年油印本，第A6160页。

③ 伪《新民报》1940年1月21日，见中央研究院社会科学研究所主编、郑伯彬等编：《沦陷区经济概览》，国民党政府经济部资源委员会1941年油印本，第A6163页。

表 5-26 华北沦陷区铁路货物水陆联运统计(1939—1944 年)

(单位:千吨)

项目 年份	陆运			海运				
	经由山海关	经由蚌埠和徐州	总计	经由塘沽	经由秦皇岛	经由青岛	经由连云港	总计
1939	285	507	792	309	3626	1142	46	5123
1940	704	525	1229	578	3766	1360	588	3692
1941	2303	525	2828	774	3077	1671	1425	6947
1942	3144	2091	5235	927	2768	1169	1560	6424
1943	4296	2250	6546	543	1774	704	1061	4082
1944	4025	1996	6021	224	485	628	519	1856

资料来源:郑会欣主编:《战前及沦陷期间华北经济调查》,天津古籍出版社 2010 年版,第 436 页。

在华中、华南沦陷区,日本侵略者除了和在东北、华北沦陷区一样尽力修复原有铁路外,新建铁路不多。水蚌路,自淮南铁路水家湖至津浦路的蚌埠,全长 61 公里;大通至八公山支线全长 22 公里,这是专门为掠夺淮南煤炭而修筑的。日本侵略者为了掠夺浙江武义县的炼钢原料萤石,利用拆除的浙赣路金华至衢州段轨料,修筑了金华至武义支线,全长 40 公里,1945 年拆除。华中沦陷区的铁路运输,1939 年货运量每月只有 15 万吨,1940 年每月也不过 16.2 万吨,不及战前运输的 80%。① 1940 年 2 月至 1941 年 7 月,“华中铁道株式会社”利用该地区各铁路(京沪、沪杭、苏嘉、江南、

① 郑伯彬:《日本侵占区之经济》,国民党政府经济部资源委员会经济研究室 1947 年印行,第 229 页。

淮南和津浦路南段）共运输货物近 318 万吨。[①] 湘鄂赣沦陷区铁路，受“华中军铁道部”管理，运输量不大。

在华南沦陷区，日本侵略者为了掠夺海南岛的资源，强征民工修建自榆林港至北黎的干线和榆林港东岸安游至田独铁矿及石碌铁矿经北黎至八所港的两条支线铁路，全长 254 公里。华南沦陷区铁路受“华南军铁道部”管理，运输也不大。

三、关内沦陷区的汽车运输

日本侵略者在关内华北、华中和华南占领区，抢夺中国公路，扶植汉奸傀儡政权，为军事行动和经济掠夺、建立殖民统治而修建新路、经营汽车运输。

（一）华北沦陷区的汽车运输

公路汽车运输也是日伪交通统制的重要方面。“七七事变”前，华北 5 省有公路 23598 公里，各类车辆 5212 辆；有长途汽车运输线路 115 条，营业里程 14264 公里；经营长途汽车运输的业主有 126 家，客货车 1200 辆。[②]

“七七事变”后，华北伪政权建设总署按照日军军部指令，一面组织抢修、恢复旧有公路，一面调查交通情况，先后四次制订公路建设五年或十年计划。但在抗日军民的打击下，这些计划都未能全部实现。据伪建设总署统计，自 1938 年至 1945 年，改善公路

---

① 国民党中央调查统计局特种经济调查处编：《四年之倭寇经济侵略》，1941 年印行，第 217 页；《第五年之倭寇经济侵略》，1943 年印行，第 110 页。

② 郑会欣主编：《战前及沦陷期间华北经济调查》，天津古籍出版社 2010 年版，第 454 页。

10389 公里,补充或养护公路 14608 公里,改建桥梁 4071 米,补修或养护桥梁 22733 米。自 1940 年至 1944 年的 5 年中,新建公路 1253 公里(每年新建里程分别为 393 公里、222 公里、343 公里、133 公里和 162 公里),新建桥梁 6034 米(参见表 5-27)。所有公路的修建、养护都是强迫当地居民进行的;同时,又反复被抗日军民破坏,路况非常低劣,只能勉强维持通车。

表 5-27　华北沦陷区公路修建里程统计(1938—1945 年)

项目 / 年份	公路(公里)			桥梁(延米)		
	新建	改善	修补、维护	新建	改善	修补、维护
1938	—	413	687	—	786	814
1939	—	679	1221	—	2780	3320
1940	393	—	1530	1078	—	6542
1941	222	32	4099	1745	9	3488
1942	343	80	4316	761	22	6278
1943	133	86	2687	1690	—	2191
1944	162	9099	—	760	474	—
1945	—	—	68	—	—	100
总计	1253	10389	14608	6034	4071	22733

资料来源:孙丙湘:《天津公路史》第 1 册,人民交通出版社 1988 年版,第 160—161 页;居之芬、张利民主编:《日本在华北经济统制掠夺史》,天津古籍出版社 1997 年版,第 402 页。

1935 年 6 月,满铁根据日本关东军指令,在山海关设汽车班,经营山海关至建昌营(108 公里)汽车运输。1936 年 4 月 1 日,满铁公路总局为配合日军逐渐扩大的侵略行动,并扩大在中国的汽车运输业务,由天津事务所设立"华北汽车公司",资本额 500 万元。但汽车公司负责人以个人名义出现,以混淆视听,减轻中国民众的警惕。该公司在山海关、唐山、北平、张家口等地设立了几家汽车公司，承担冀东和张家口以北察哈尔一带运输（见表5-28）。

表5-28　满铁华北汽车公司营业路线和车辆统计

项目 公司别	营业车辆数（辆）			营业线路（公里）			
	客车	货车	总计	线路名	营业线路	营业里程	途经地
山建汽车公司	4	2	6	山建线	山海关—建昌营	100	秦皇岛、抚宁、抬头营、建昌营
					山海关—南海	5	
民新汽车公司	8	5	13	唐喜线	唐山—喜峰口	171	丰润、玉田、平安城、遵化、三屯营
					玉田—林南仓	13	
					唐山—胥各庄	10	
承平汽车公司	16	4	20	承平线	北平—古北口	132	高丽营、怀柔、密云
张多汽车公司	15	30	45	内蒙古线	张家口—多伦	329	张北、尚义、公会
					张北—商都	126	
					张北—德化	121	
					张北—康保	109	
					张北—平定堡	164	
总计	43	41	84	—	—	1280	—

资料来源：郑会欣主编：《战前及沦陷期间华北经济调查》，天津古籍出版社2010年版，第454页。

“华北汽车公司”直接受日军控制，主要任务是运送兵员、辎重和军需物资，为日本侵略战争服务。“七七事变”发生时，张多公司调集40辆汽车参与东北、热河及张北间的军事运输，将日军储存的10万升汽油运往前线。日军侵占北平、天津等地后，为扩大战争，指示满铁不惜一切代价恢复交通运输，“华北汽车公司”立即调集车辆开通北平至天津、北平至唐山的旅客运输线。为此，日军一再夸赞“华北汽车公司”在“确立国防治安，开发经济、文化中作出了重大意义的贡献”。由于“华北汽车公司”经营目的是配合日军军事侵略和经济掠夺,自建立后连年亏损,至1939年累计亏损约260万日元。满铁则主要从军事需要着眼,不计盈亏,连年追加投资,至1939年累计投资约1200多万日元。因之,“华北汽车公司”在亏损的情况下仍不断扩张,在移交给“华北株式交通会社”之前,营运路线达到126条,营运里程达7687公里,分别比初建时增加14倍和6倍。车辆亦由84辆猛增到1211辆,从业人员由70人增至2000多人,在组织机构经过改组扩充后,下设天津、石门(今石家庄)、济南、青岛4个办事处,以及“蒙疆汽车公司”,成为华北地区最大的汽车运输公司,直至“华北交通会社”成立始告结束。①

1939年4月,“华北交通株式会社”成立(中文名“华北交通有限公司”,以下简称“华交会社”),会社内设自动车部(后改为“自动车处”),专管汽车运输。部内设汽车、技术两课,部外设“华北交通会社”自动车(汽车)事务所,统一经营华北地区的汽车运输。初期只将“华北汽车公司”移交的天津、石门、青岛及济南4个办事处改为事务所,后又改称营业所。此后,以北宁(今京沈铁路)、平汉、津浦三大铁路干线为中心,陆续建起10余处自动车营业所,以及数以百计的营业支所、停留所、车票代卖所、货物委托所等业务分支机构。河北、河南、山西、山东等省大部分公路汽车运输业务都在其垄断和控制之下。截至1940年1月1日,各事务所(营业所)营业地和营业里程如下:

天津事务所营业地有秦皇岛、滦县、唐山、天津、北京、通州,营业里程3008公里;

石家庄事务所营业地有保定、石家庄、顺德、开封、彰德、新乡,

① 参见中国公路交通史编审委员会编:《中国公路史》第1册,人民交通出版社1990年版,第387页。

营业里程 1143 公里；

太原事务所营业地有太原、运城，营业里程 925 公里；

济南事务所营业地有德州、泰安、济南、禹城、济宁、徐州、张店、惠民，营业里程 2668 公里；

青岛事务所营业地有潍县、胶州、高密、青岛、芝罘、临沂、威海卫、新浦（海州），营业里程 925 公里。①

随着日军占领区的扩大，后期又新增或重新划分出北京、徐州、开封等营业所。到 1945 年日本投降时，华北沦陷区仍有"国道"25 条，营业里程 7139 公里。②

为了加强控制，"华交会社"的大小头目、职员、技工多数是日本人，司机有日本人也有中国人，售票员、行李托运员及修车中的粗重工种则多数是中国雇员。"华交会社"和"华北汽车公司"一样，以运输日军兵员、辎重、粮食及其他战略物资为主要任务，经常充当作战的后勤，或随军"扫荡"中国军民抗日根据地，掠夺财物，只有在军事运输不多，运力多余时，才从事商业运输。

由于"华交会社"负有特殊使命，日伪政权给"华交会社"许多特殊权益。如可免交一切课捐赋税；必要时可以利用国有财产及收用公私土地、建筑物；可以装设专用电报、电话；有事业上必要的警察权。并特别注明"警察权"为"与司法权有关之各种权限及保安警察、卫生警察有关之权限"，还可在"所管地区范围之外行使职权"。由于"华交会社"以日本侵略军为后盾，享有许多特殊权益，业务不断扩张，自动车部经营业务也日渐增多。成立初期，接管

① 伪《新民报》1940 年 1 月 10 日，见中央研究院社会科学研究所主编、郑伯彬等编：《沦陷区经济概览》，国民党政府经济部资源委员会 1941 年油印本，第 A6240 页。

② 郑会欣主编：《战前及沦陷期间华北经济调查》，天津古籍出版社 2010 年版，第 461 页。

“华北汽车公司”全部财产。两个月后将“蒙疆汽车公司”划交伪“蒙疆联合自治委员会”。划交后,实有营运里程 4653 公里,汽车 957 辆,从业人员 2216 人,客运量 2474 千人,货运量 24.42 千吨。营运里程最多时为 1944 年 4 月至 1945 年 3 月期间,达到 18909 公里;客运量的高峰为 1941 年 4 月至 1942 年 3 月,超过 8985 千人,以后不断减少,1944 年 4 月至 1945 年 3 月期间减少到 3396 千人;货运量则以 1943 年 4 月至 1944 年 3 月的 409.8 千吨为最多。①

“华北运输株式会社”(以下简称“华运会社”)前身是在伪满的“国际运输会社”的分支机构。如前所述,早在 1923 年,日本东京国际运输会社即在中国天津、青岛设有办事处。“七七事变”后,由其所属大连支店演变而成的伪满“国际运输会社”大举侵入华北,1938 年 12 月在天津设营业所,次年 2 月又迁至北平,并升格为华北支社。1941 年,日军为进一步完成交通统制一元化的部署,以华北支社为基础,吸收“华北开发会社”资金 150 万元、“华北交通会社”资金 1000 万元、“国际运输会社”华北支社资金 400 万元和福昌华工会社资金 50 万元,总资本达 2000 万元,脱离伪满“国际运输会社”,独立经营,更名为“华北运输株式会社”,成为“华北交通会社”的分支会社。“华运会社”成立时,共接管“国际运输会社”在华北的支店、营业所、驻在所 500 多处,从业人员 5500 多人。其中主要的有天津、北平、石门、太原、青岛、徐州、济南、开封和连云港 9 个营业所,以及山海关、保定、塘沽、唐山、彰德、德县、阳泉和济宁 8 个办事处。主要业务是:铁路整车、零担货物的托运、转运、领取;市内车站、货场货物的搬运、装卸和短途运输;水陆联运;经营自有人力、畜力车,并组织民间人力、畜力运输

① 中国公路交通史编审委员会编:《中国公路运输史》第 1 册,人民交通出版社 1990 年版,第 389 页。

工具参加运输。“华运会社”的管理手段是“以华制华”，网罗把头和帮会势力，利用他们垄断、把持民间人力、畜力运输，压制民间运输工人和装卸搬运工人。有的把头不仅在经济上剥削工人，还秉承日军旨意，依仗日军势力，骗卖劳工，无恶不作。

在山西省，“华交会社”“蒙疆汽车公司”等日伪官办公司，以及16家日商小型运输企业垄断了日占区的汽车商运。“华交会社”在太原设自动车管理所，有汽车100辆，经营太原至祁县、交城、文水和太原至忻县、定襄、崞县的商运业务。1940年，太原自动车管理所移交给太原铁路局管辖，汽车发展到250辆，增设阳泉、临汾、运城、潞安等自动车管理所和若干分所，并委托太原、榆次、汾阳、阳城、和顺等地的25家客店办理客货运输业务。“蒙疆汽车公司”在大同设营业所，初期仅经营大同市内和大同至云冈、代县的少量货物运输，随着日军加强对晋北的经济掠夺，又开辟大同至察哈尔阳原、蔚县，大同至浑源、灵丘的运输线路，为日军运输兵员、军需品和抢夺的粮食、牲畜等，也为日军转运抢掠的羊皮、羊毛等土特产品和其他工业原料，仅在1939年就集运羊毛50多万公斤，同时还为日军掠夺大同煤炭服务，把日军捕捉的民工和战俘运往矿区，再把煤炭从矿区运到港口，转船运往日本。“华交会社”控制下的其他16家日商，13家有货车19辆，经营太原至榆次、太谷、汾阳的货物运输，1家米仓公司设在宁武，有货车4辆，经营宁武至五寨的商运。1942—1943年，山西“华交”系统及日商经营线路36条，总里程达2600公里。太平洋战争爆发之后，美孚石油供应中断，“华交会社”汽车改烧木炭、酒精，加之抗日军民炸公路、毁桥梁，“华交会社”经营陷入困境，营业范围日益缩小。①

① 山西省史志研究院编：《山西通志　第21卷　交通志·公路水运篇》，中华书局1999年版，第340、397页。

在伪“蒙疆”地区,“七七事变”发生后,国民党政府将所有供察哈尔、绥远长途运输的汽车全部撤走。1937 年,伪“蒙疆联合自治委员会”宣告成立,次年 1 月发布的第一号命令就是将满铁系统的张多汽车公司改组、扩大为“蒙疆汽车公司”。1939 年,“华北交通会社”成立,曾将“蒙疆汽车公司”划归“华北交通会社”统一领导。5 月,又应伪“蒙疆联合自治委员会”的要求仍划出单独经营。总公司设于张家口,又多地设营业处,在张家口、包头设修理厂①,垄断察哈尔、绥远和晋北广大地区的公路运输。当时有营运路线 35 条,总长 3036 公里,客车 53 辆,货车 199 辆,员工 455 人。全部资本为伪“蒙疆”法币 600 万元。其中有“华交会社”资本 400 万元。至 1941 年,营业路线发展到 53 条共 9000 公里,形成了以张家口、包头为中心,联接同蒲、平绥(今京包铁路)铁路各车站的汽车运输网。此后,因中国抗日游击队日益壮大,长城内外的公路运输经常遭到抗日军民的袭击,营运路线日益萎缩。至日本投降前夕,仅有 33 条路线维持通车,其中还有 15 条通车里程比原来缩短,289 辆营运汽车的工作率仅为 36%。

“蒙疆汽车股份公司”的前身也是日本国际运输会社的分支机构。1935 年《何梅协定》签署后,国际运输会社依据不平等条约,开始侵入察哈尔和绥远地区,先后在张北、张家口、平地泉、归绥(今呼和浩特市)设立营业所。“七七事变”后,业务迅速扩张,张家口营业所升格为支店,统一领导察绥地区的国际运输会社机构。1939 年伪“蒙古联合自治政府”贯彻日军“交通一元化”意图,以张家口支店为中心,以北平至包头铁路沿线各站点为基点,设蒙古特殊法人公司,改隶于伪“蒙疆政府”,单独经营。“蒙疆汽

① 中央研究院社会科学研究所主编、郑伯彬等编:《沦陷区经济概览》,国民党政府经济部资源委员会 1941 年油印本,第 A6252 页。

车公司”资本金为600万元,其中“华北交通会社”出资200万元,伪“蒙疆”政权出资400万元,有汽车291辆,营业里程4075公里。[①] 总公司设在张家口,在张家口、宣化、大同等地设有分公司,经营业务与华北运输公司相似。汽车客运价格,按路面性质,各有不同。以归绥为例,1936年,自然路客运每人公里0.065元,货运每吨公里0.77元;土路客运每人公里则0.032元、0.033元和0.036元不等,货运每吨公里0.49元、0.66元和0.43元不等。[②]

华北沦陷区也存在商车经营。日军在强化侵占地区运输体系的同时,日本的私营汽车运输业在日伪的庇护下,日益增多,垄断公路运输,排斥和限制中国的商营汽车运输业。如日军进占冀察两省之后,只准当地商车在公路损坏、长期不能通车的张家口至蔚县、张家口至怀安两条路上行驶,其他条件较好的路线全由日商经营。但因车辆不足,不得已采取借用当地商车的办法,以补足其运输需要。但要向商车提取高达20%—30%的管理费,并摊派公路建设费。当时在张家口的商车运输业原有59家,共有汽车95辆,除被借用19辆外,其余商车全部歇业。在北平,战前有长途汽车行37家,汽车60余辆。日本入侵后,各公路划归“华北交通会社”所有,当地商车行驶各公路时,必须取得“容认证”。由于这种限制,商车日渐减少,到1940年只剩下汽车行10家,客车17辆。

在山东省,日军入侵后,通过所谓“组合”“协会”等组织,对商营汽车进行控制。商车运货,必须通过“组合”批准,自由承揽时,亦须由“组合”轮流分配。商车除每月交纳会费外,每次行车还须

---

①　解学诗主编:《满铁档案资料汇编·华北交通与山东、大同煤矿》,社会科学文献出版社2011年版,第213页。

②　内蒙古自治区公路交通史志编审委员会编:《内蒙古自治区志·公路、水运交通志》,内蒙古人民出版社2001年版,第625页。

按运费收入交纳3%的管理费。太平洋战争爆发后,燃料供应困难,捐税征派日多,致使当地商车运输业不断倒闭。青岛市原有商营长途汽车公司3家,到1941年全部倒闭。①

(二)华中、华南沦陷区的汽车运输

华中地区为汪伪政权管辖区。日军为便于控制,在汪伪政权成立初期,按照东北地区模式,将公路运输划归交通、铁道两部分管。伪"交通部"公路署二处管汽车公司立案、发照等行政事务,"铁道部"管经营。实际经营权由类似东北"满铁"的"华中铁道株式会社"掌握。1942年,伪"铁道部"与"交通部"合并。1943年2月,"交通部"与"水利委员会"合并成立"建设部"。"建设部"下设有路政署,署下设公路处主管公路修建和运输。公路处首先组织修复杭州钱塘江大桥,并修通萧(山)绍(兴)公路,使日军得以向浙东一带进行骚扰。伪"建设部"曾拟定公路建设三年计划,准备由1943年下半年开始,三年内完成以下7条干线公路的整修:京沪干线(南京至上海)、京曹干线(南京经杭州至曹娥)、京蚌干线(南京至蚌埠)、沪寿干线(上海经杭州至寿昌)、京徽干线(南京经芜湖至徽州)、京庐干线(南京经巢县至庐江)、京淮干线(南京经高邮、宝应至淮阴)。以上干线总长2124公里,其中已通车806公里,需修复1143公里,需新建175公里。此外,公路支线(省道和县道)总长2317公里,除已通车1867公里外,需修建450公里。所有各干线的新建工程拟设公路工程局负责办理。但不到两年,日本投降,汪伪政权覆灭,上述计划几乎全部落空。

汪伪时期的复路工程以修复京杭国道由吴兴至长兴段为最

① 中国公路交通史编审委员会编:《中国公路运输史》第1册,人民交通出版社1990年版,第391—392页。

大。1940年,伪“江苏建设厅”成立省公路局,先后修复路线达1087公里;新筑路线近450公里。修复和新筑公路的工程经费来源,大多由伪“治安委员会”的交通网整理费项下开支,以及由当地伪县政府就地筹募。到日本投降时,江苏省公路通车里程仅剩876公里,占抗战前夕通车公路5400公里的16.2%。

华东和华南日军占领区的公路建设,除苏、浙、皖三省外,日军在广东省曾通令各县先后修复了29条公路,共长635.2公里。汪伪政权和当时东北、华北的伪政权都是日本帝国主义的傀儡,修建公路是为日军侵略战争服务,其标准简陋、质量低劣;同时,在抗日军民不断打击之下,敌伪政权无法实现其修路计划。①

伪政权统治下的交通运输与其他部门一样,全在日本侵略军的掌握之中。日本在占领区设有兴亚院,名为与伪“国民政府”平行,实际是控制伪政权的机关。兴亚院下设两个“国策会社”,即“华北开发株式会社”和“华中振兴株式会社”。这两个会社的组织法分别规定,可以兴办交通运输、通讯、电气、煤气、自来水、水产、矿产等多种产业,以投资方式控制占领区的经济命脉。“华中振兴会社”创立于1938年11月,资本1亿日元,分为200万股,每股50元,规定由日本政府和日商各投一半。这个公司未成立前,日军即以“军管理”“中日合作”等名目强占中国的民族工业,并纳入日商所设兴中公司的管理之下。“华中振兴会社”成立后,兴中公司即将所属企业移交“华中振兴会社”。“华中振兴会社”又继续强占和兼并,至1942年,拥有下属公司16家,其中3家公司专门控制和垄断交通运输。即专营长途汽车的“华中铁道株式会社”,专营市内公共交通的“华中都市自动车株式会社”(1944年

① 中国公路交通史编审委员会编:《中国公路史》第1册,人民交通出版社1990年版,第375—376页。

改为上海都市交通公司),以及专门办理搬运、装卸、仓储及水陆联运等的“华中运输株式会社”。

1939 年 4 月,伪“维新政府”与日本在中国设立的兴亚院华中联络部签订协议,组建日伪合办的“华中铁道株式会社”(以下简称“华铁”)。“华铁”除经营华中铁道业务外,还有专营华中主要公路线汽车运输业务的特权。直到 1945 年日本投降前,才将此权交日本军方直接管理。据汪伪政府建设部资料记载,“华铁”成立于 1939 年 5 月 1 日,除铁道运输外,经营苏、浙、皖三省及宁、沪长途汽车,资金总额原为 5000 万日元,后增至 6400 万日元,分 128 股,85%为日方投资,15%为伪“维新政府”投资。[①] 公司隶属于兴亚院的“华中振兴会社”。成立初期,有客车 191 辆,货车 63 辆。“华铁”经核准行驶的公路路线,在长江以南有 3821 公里,长江以北有 2668 公里。[②] 但有车行驶的江南为 1837 公里,江北为 800 公里,仅为核准数的 40%。日军在华中地区设立这家公司,目的是要控制华中地区的铁路和公路长途汽车运输,实现汽车交通统制一元化。因此,在敌占区的兴亚院与伪维新政府签订的《华中铁道公司设立纲要》中第六条规定,“对本公司以外,以一般运输为目的,而为铁道建设及经营或于主要路线而经营汽车运输之事业等,政府一概不予许可,以资统治”。即明文规定只能“华铁”独家经营。规定公布后商车与社会舆论反响极其强烈,伪政府迫于舆论压力,不得不向日方提出“异议”。后经多方交涉,兴亚院提出:

① 1944 年 4 月 18 日汪伪政府建设部:《咨华中各省市》,见中国公路交通史编审委员会编:《中国公路运输史》第 1 册,人民交通出版社 1990 年版,第 381 页。

② 1943 年 4 月 24 日汪伪建设部路政署致秘书厅:《函送改善铁道公路方面的意见》,见中国公路交通史编审委员会编:《中国公路运输史》第 1 册,人民交通出版社 1990 年版,第 382 页。

如在主要路线经营汽车(运输)时,其路线之选定和经营方法,由双方协议定之。这一补充规定与《华中铁道株式会社设立要纲》并无实质性区别,因“华铁”可借口军事需要自选路线,而其他企业无日方许可就不能经营,华中地区公路运输仍然完全置于日军控制之下。当时,日本帝国主义已穷于应付太平洋战场,并无足够的资金装备“华铁”。“华铁”拥有车辆有限,又严格限制商车发展,致使汪伪统治区内交通极其不便。“建设部”路政署函中承认:各地货物价值悬殊,盈虚互异……而运输能力不足以使其流通,实为最大原因。现在沿铁道、公路各地货物,请求拨车装运者,多不能如期充分供给,货既不得畅其流,价格自然不能一致。“华铁”从 1941 年 4 月到次年 3 月的一年内,共运旅客 285 万人次,货物 2 万吨;从 1943 年 4 月到次年 3 月的一年内,共运旅客 81 万人次,货物 3951 吨,客货运量均很小。1944 年,经汪伪“建设部”检验合格的客货汽车仅有 204 辆。①

华中都市自动车株式会社(以下简称“华都”)成立于 1938 年 11 月,总公司设于上海。资金总额 300 万日元,分 6 万股,每股 50 元,其中日股占 99.5%。“华都”下设上海、苏州、南京、杭州 4 个营业所,以及镇江、无锡、上海南市、沪东 4 个办事处。“华都”成立时,共有汽车 186 辆,分布于上海、南京、苏州、杭州、镇江、无锡等大小城市,其中上海有 119 辆。至 1941 年,全公司车辆数增至 248 辆。其中上海有 170 辆,每年均有盈余。后因东南亚局势紧张,汽油输入困难,特别是太平洋战争爆发以后,车辆只能以木炭为燃料,加上配件缺少,修车困难,行驶车辆日益减少,营运路线日益缩短,业务衰落,入不敷出。1942 年,日军将接管的原英商汽

① 中国公路交通史编审委员会编:《中国公路运输史》第 1 册,人民交通出版社 1990 年版,第 383 页。

车、电车交"华都"经营,业务状况也未见好转,至1943年已负债30多万元。镇江、无锡两地因无法维持而停业,杭州、南京、苏州三地各有一条路线继续运行。其中,"华都"杭州营业所仅剩的一条公共汽车线路,也主要是为满足日军和日侨的需要,开行于迎紫路与日本人聚居区拱宸桥之间。该营业所1942年营业亏损12321元,1943年1—6月亏损916元,1945年1月停业。①

至1944年11月,该公司改组为"上海都市交通株式会社,专营上海一地的公共电、汽车。之后业务仍日趋下降,至日军投降前夕,上海也仅有虹口公园至五角场一线勉强维持通车。

日本侵略者为进一步全面控制华中地区的交通运输事业,1941年9月向汪伪政府"交通部"提出建立"华中运输株式会社"(以下简称"华中运")。在日方拟定的《华中铁道株式会社设立要纲》中,汪伪政府投资不到总投资的1/10,提出"异议"。后日方对投资比例略做修改,伪政府也就屈服,于次年六七月间准予成立。"华中运"成立于1942年7月,公司设在上海,另在上海、南京、芜湖、杭州、九江、汉口等地设有6个支店。支店下设营业所42处,派出所160处。"华中运"资金预定为800万日元,每股50元,分16万股。按《华中铁道株式会社设立要纲》规定,日方投资255万日元,汪伪投资280万日元,"中"日合办事业投资265万日元。早在1939年,日军在上海设立"通运株式会社",经营汽车运输、仓库管理、装卸搬运及货物转运等业务。"华中运"成立时,日方将"通运"资产全部投入,即占7万股,成为"华中运"的主体。汪伪仅投入1000日元。《华中铁道株式会社设立要纲》各项曾说明,"社长(即董事长)由中国人充任,但在中国方面款项未交付

① 浙江省汽车运输总公司编史组编:《浙江公路运输史》第1册,近代公路运输,人民交通出版社1988年版,第128页。

前，暂不选派”。因此，社长空缺，公司大权全部由日方副社长掌握。公司董事、监事共6人，其中日方5人，绝对掌控大权。而“华中运”业务范围为水陆联运、仓库保管、货物中转以及代办装卸、报关、保险等业务。汪伪政府“行政院”批准这个公司成立时，曾明确提出不能独占权利。开业之后，“华中运”仍然依仗日军势力独占了有关业务。这个公司仅有货运汽车28辆，马车30辆，双轮小车35辆，大量业务是居间联系获取利润，类似皮包公司。但因大权在握，既不许客商插手与有关行业挂钩，也不许通过其他渠道联系，独家垄断，盈利较多。据“华中运”统计，从1943年10月至次年3月的6个月中，即获利近33万日元，而华中地区原有的转运、报关等行业大批关闭，工人失业。①

华南各省多为部分陷落，而且在沦陷前，公路遭到中国军民破坏，桥梁被炸毁，沦陷后有较长时期无法恢复通车。通车后，日伪组建的运输体系也不如华北、华中完善。

1938年10月广州沦陷后，国民党广东省政府迁至韶关。为了阻挠日军深入，实行“焦土抗战”。省政府于1938年12月和次年4月两次下令全面破坏公路，共破坏12554.6公里，占已筑成公路的84%。敌军占领后无法较快恢复通车。直至1940年10月伪广东省政府成立，日伪才通令各县修复公路，经1941年、1942年两年，共修复广州至新塘等处29条公路，共计635.9公里。这些路线都有行车公司开办的定期或不定期班车。其中以日商福太公司规模大，行车路线多，几乎垄断了当地的公路运输业。1943年福太公司按军方旨意，将汽车及有关机具作价交由伪广东省建设厅接收办理。至1945年4月，因战局紧张，又由日军

① 中国公路交通史编审委员会编：《中国公路运输史》第1册，人民交通出版社1990年版，第385页。

直接管理交通运输。

和其他沦陷区一样，日军侵入后，日商汽车也随之渗入。如在广东新会、东莞、南海、汕头等地，都有日商汽车公司经营运输，当地商营汽车运输业遭到排斥，走向衰落。在福建，厦门于 1938 年 5 月沦陷，日商福大汽车株式会社即在厦门经营汽车和配件业务。这年冬，日军将侵占来的原商营厦禾汽车公司的所有车辆、设备与福大汽车株式会社合并，作为日伪组办的“厦门市建设公司”下的汽车部，并添购日产、丰田等厂牌客车 10 多辆，货车 2 辆，工程车 1 辆，经营厦门市郊客货运输业务。营运路线有：浮屿至江关、浮屿至何厝、浮屿至五通、浮屿至钟宅、江头至寨上等线。乘客主要是日伪军政人员和部分商贩。货运主要是农副水产品进市和以日货为主的工业品、生活日用品下乡。除汽车部外，还有日商经营的“荷役株式会社”，也有货车数辆，经营货运，并兼营仓库出租。厦门市在日军侵占的 7 年间，客货运输经营一直处于萧条状态，业务无所发展。市区公共汽车亦未恢复。①

四、关内沦陷区的邮政电信和航空运输

在关内沦陷区，日本侵略者和汉奸傀儡政权控制、接管中国邮政电信系统和航空运输，为全面侵华战争和殖民掠夺服务。

（一）邮政电信

华北沦陷后，一方面，国民党政府管辖下的中华邮政在日本默许下，暂时还能继续营业；另一方面，日本除了一开始就接管了伪

① 中国公路交通史编审委员会编：《中国公路运输史》第 1 册，人民交通出版社 1990 年版，第 393 页。

“蒙疆”地区的中国邮政，对其他地区的中国邮政，则加强控制，逐步渗透，最终在1941年太平洋战争爆发后，全面接管。

日本关东军一手接管张家口、包头一带的邮政，单独成立“蒙疆邮电总局”，将“察哈尔、绥远两省及山西邮区长城以北各局均划入伪‘蒙疆’区域之内”，“自行组成一邮政区域，采取独自经营之方针”①，迫使这一地区的中国邮政完全脱离中华邮政，而与伪满邮政实行一元化。开始由伪满委托经营，1938年双方又缔结邮政业务正式协定。这是日本企图把满蒙从中国分离出去的阴谋的一个组成部分。辖区内共有邮电局57处，邮电代办所85处。1941年，伪“蒙疆政权”将“交通部”“邮电总局”合并为“交通总局”，下设邮政科、电政科等8个科。后又改为“交通部”，下设总务科、邮电科等部门，以及邮电局、邮电代办所、放送局、无线总台、邮电学院等直属机构。至1945年，伪“蒙疆”地区设有邮电局63处，邮电代办所98处。此外，在1938年3月，伪“邮电总局”在张家口设伪“蒙疆电气通信设备株式会社”，为伪“蒙疆”地区各级邮电机构、伪政府部门及其他单位提供通信设备和安装、维修服务。该会社由伪政府与日本合资，有资金1200万元，为特殊法人资格。其中，伪“蒙疆联合委员会”以实物投资200万元，伪“蒙疆银行”出资400万元，日本电报电话工程株式会社出资400万元，国际电气株式会社出资200万元。② 1938—1942年伪“蒙疆”地区（含察南、晋北地区）邮政函件业务量情况参见表5-29。

---

① 伪华北邮总：《邮政总局成立二周年纪念册》，第22页，转见邮电史编辑室编：《中国近代邮电史》，人民邮电出版社1984年版，第190页。

② 内蒙古自治区志·邮电志编纂委员会编：《内蒙古自治区志·邮电志》，内蒙古人民出版社2000年版，第92—94页。

表 5-29　伪"蒙疆"地区邮政函件业务量统计(1938—1942 年)

(单位:件)

年份＼项目	业务类别	平信	挂号	航空
1938	收寄	688	31	4
	投递	604	24	3
1939	收寄	763	38	8
	投递	746	30	4
1940	收寄	1134	44	14
	投递	1045	41	11
1941	收寄	1011	49	11
	投递	939	39	13
1942	收寄	1122	54	5
	投递	1034	42	7

资料来源:《内蒙古自治区志・邮电志》编纂委员会编:《内蒙古自治区志・邮电志》,内蒙古人民出版社 2000 年版,第 183 页。

伪"蒙疆"地区经济并不发达,包裹寄递的物品,以土特产居多。如绥远地区,大量日用百货、棉布等均从平津等地进货,本地土特产皮毛、肠衣等向平津输出,1937 年之前通过归绥邮局月进口包裹 1.1 万件。12 月之后,伪"蒙疆"地区各局办理寄往本地区内及华北、伪满各地和日本的小包业务(1 公斤为限)、代收货价包裹和保价包裹业务。各代办所只办理本地区内的邮政小包。贵金属制品、宝石、珍珠、珊瑚、象牙及制成品、无线电收音机、留声机和唱片、刺绣、金丝、银丝及其制成品、香水等,为限制收寄物品,一旦发现,收件人如果无法提交许可证,则需交付邮件手续费。皮毛、肠衣等土特产则禁止外运。呼和浩特每天只收寄 30 件小包裹,而从华北、伪满等地输入每天多达500余件。1938年，伪“蒙疆”地区小包裹邮件共收寄70990件，投出255022件。到1942年，小包裹邮件共收寄79118件，投出126297件。①

1938年1月，伪“蒙疆”辖区内邮政开办普通汇兑和电报汇兑，并开办“蒙满”、“蒙”日普通汇兑、电报汇兑和小汇兑。同年2月，参照伪满邮政汇兑制度中的“满”华汇兑暂行规程，开办伪“蒙疆”与华北地区（即所谓“蒙华”）的普通汇兑，加贴中华邮政汇兑印纸。汇兑资费，辖区内汇5元收费5分，10元收1角，1元及其零数收1角；汇往伪满和日本20元收取汇费0.15元，50元收0.25元，100元收0.35元，150元收0.45元，200元收0.55元，250元收0.65元，300元收0.75元。②

伪“蒙疆”地区邮政包裹资费，1937年制定的标准是，区内及华北地区每公斤伪“蒙疆”币0.2元，每增加1公斤加收0.1元，最高限重7公斤。寄往伪满地区每公斤0.4元，每增加1公斤加收0.2元。③

在华北地区，日本华北方面军采取在傀儡政权内部设立邮政总局的办法，逐步夺取邮政的控制权。最初，国民党政府为了防止日本接管沦陷区中国邮政，把中华邮政华北邮区的负责人全部换成外籍人员，并加派北平邮政管理局局长巴立地为平、晋、豫北联区邮政总视察，就地主持华北沦陷区的邮政事务。因此，日本暂未强行接收华北地区的中国邮政，但加强渗透，除强索邮票供“察南邮政”（即伪“蒙疆邮政”的前身）使用外，更是向邮政内部派遣“调查员”进行

① 《内蒙古自治区志·邮电志》编纂委员会编:《内蒙古自治区志·邮电志》，内蒙古人民出版社2000年版，第199页。

② 《内蒙古自治区志·邮电志》编纂委员会编:《内蒙古自治区志·邮电志》，内蒙古人民出版社2000年版，第213—214页。

③ 《内蒙古自治区志·邮电志》编纂委员会编:《内蒙古自治区志·邮电志》，内蒙古人民出版社2000年版，第204页。

监视。1938年夏天,日本驻北平特务部交通组组长白井到上海活动,表示要在北京设置邮政总局。“白井并不否认,北方之设立总局,系受华北日军所策动”,“现在北方充任调查员之日籍邮员五十人,均将被‘临时政府’(指华北傀儡政权)雇用,派在总局服务。其中以每七人为一组,派往其所辖各邮区,每区一组,每组中又以资历较高者二人留在管理局办事,分别畀以副邮务长及副会计长职务;其余五人,或派往重要属局,或令办理恢复局所事务”。① 1938年8月,伪“邮政总局”正式成立,主揽全权的副局长由日本军特务部从递信省调来的递信事务官担任。伪“邮政总局”不受考试入局和人数的限制,向邮局强制塞入日本人,以加强对邮政的控制。

1940年前后,日本逐渐加紧对邮政的干涉,突出表现在强行委派日籍邮局副局长和限制兑付汇票方面。1940年1月18日,巴立地在给重庆邮政总局的报告中指出:伪华北“邮政总局”“不过一傀儡机关,其实均由东京方面或兴亚院指示执行”。巴立地提出日本人要添派副局长事关重大,若同意则邮政实权全被剥夺。日本军方逼迫华北地区的邮政接受日籍副局长,从而实际上控制了邮政。日本人规定担任各邮区邮政管理局副局长的职权是:“(1)副局长位于各股长之上,辅佐局长办理一切局务,并指挥及监督各股事务;(2)关于一切收发文电于处理前应由副局长查阅之;(3)凡应由局长核夺事项均须于事前由副局长辅核之;(4)副局长为谋局务迅捷计,关于轻易事项须以局长名义决行之;(5)副局长因事不在局时得由日籍高级人员代理之。”②就这样,日本强

① 乍配林1938年7月23日第548号半公函,南京档案,见邮电史编辑室编:《中国近代邮电史》,人民邮电出版社1984年版,第190—191页。

② 《平津区交通事业接收总报告》,1946年5月,第172页,见邮电史编辑室编:《中国近代邮电史》,人民邮电出版社1984年版,第191页。

行向北京、河北、山东、山西、河南等邮区派驻了日籍副局长。太平洋战争爆发后，日本把巴立地等外籍人员投入监狱。1942 年 7 月，伪邮政总局改称“华北邮政总局”，同时另设由日本人直接控制的“华北邮政资金局”。从此，华北沦陷区的邮政大权完全沦于日军之手。日本控制华北邮政后，使邮政适应日本侨民、军政人员的需要，密切与日本、伪满等地的邮政联系。如国外汇兑绝大多数是在中日之间进行。1938 年 12 月开办中日电报汇票，1940 年 7 月开办中日小汇票。另外还接受委托代办事业，代办日本、朝鲜及满洲邮政人寿保险，代办日本储金及“振替储金”（划拨储金），直接替日本服务。

华北地区的邮政被日本劫夺后，一方面对后方各地汇往华北的汇票进行多方限制，最后停止兑付；另一方面巧立名目，搜刮民财，为日本侵华战争服务。如 1942 年 7 月为吸收社会游资，强制推行邮政人寿保险，或用抽签给奖的形式吸引民众资金，利用储金为日本筹措军费。仅从 1941 年 12 月起，五次开办有奖定集储金就达 1400 万元（伪“联合准备银行”的货币单位）。

在华中、华南沦陷区，日本对中华邮政采取了逐步抓住实权而先不成立伪邮政总局的策略，迟至 1943 年才由汪伪政权出面接收。1937 年 8 月 13 日，日本在上海一带发动大规模侵略战争。8 月 16 日，上海邮政管理局员工除局长等少数人留守外，其余均撤至静安寺愚园路临时租用的办公场所工作。8 月 20 日，上海邮政 8 名员工在运邮途中遇日机轰炸殉职。郊县有 4 处所局房屋毁于战火，33 个内地局和 78 个代办所暂停营业，市区内也有 15 个靠近战地的局所撤离。到 12 月，暂停营业的局所先后复业。由于华中地区（特别是上海）是中国的国际邮件互换局所在地，国际通邮关系涉及列强在华势力，加上外籍人员担任邮区负责人的较多，日本对强行接管尚有所顾忌。因而，直到 1940 年以前，尽管伪政权一再要求接管邮政,日本都没有同意。日本对华中邮政,采取指派邮件检查员和提高日籍邮员的地位等办法进行控制。邮件检查控制住进出口邮件,也即控制了邮政业务的核心。日本在人事上主要靠日籍副邮务长金指谨一郎进行监视和控制。国民党政府在1938年1月任命法国籍的乍配林为沪苏浙皖联区总视察,次年3月又任命他为邮政总局驻沪办事处主任。办事处设总务、业务、财务三科,握有实权的业务科科长就是日本人金指谨一郎。以后,日本人不断施加压力,又使金指谨一郎被任命为上海局局长帮办,另一日本人福家丰为上海局总巡员。从此,开始招收日本人为"不列等"邮务员,派往华中各省邮局进行监视。但是,华中邮政毕竟没有全部为日本人所掌握,与后方通邮照旧进行,国际邮件照样从上海进出口,华中盈余继续汇交重庆邮政总局。乍配林通过与法国领事馆的关系,利用上海法国总会电台,继续与撤到后方的国民党政府邮政总局保持联系,接受领导。太平洋战争爆发后,日本利用汪伪政权牵制重庆国民党政府,对汪伪一再提出的接收邮政的要求予以支持。但由于华中邮政此时亏空较多,汪伪政权不想贴补,所以只采取了控制办事处的办法。直到1943年3月,重庆与上海断绝一切邮政经济联系,日伪才正式接收华中邮政。6月,乍配林被汪伪政权免去主任职务,上海办事处实权落入日本人高木正道手中。与此同时,上海储汇分局和邮总上海供应处也被日伪劫夺。①

华中邮政被日伪"接收"后,收入锐减,连年赤字,管理混乱,贪污成风,业务量降低。以上海为例,1936年邮政函件收寄量达20350万件,1937年降至7797万件,1940年和1941年有所恢复,

① 邮电史编辑室编:《中国近代邮电史》,人民邮电出版社1984年版,第192—193页。

收寄量也只相当于1936年的一半左右，之后又有下降，1943年更是只有3960万件。邮政包裹在战前的1936年收寄量达268.6万件，但1937年大幅下降到109万件，之后一直未见起色，1944年只有17.5万件，1945年仅有6.6万件。邮资也大幅度上涨，一封平信从1937年的法币0.05元涨至1940年的法币0.08元，之后又经过9次上调，到1945年7月已涨至伪中储券400元。①

华南邮政的情况基本上与华中大同小异。至于早就被日本强占去的台湾省邮政，更是一切依照日本制度办理的典型殖民地邮政。台湾高级邮政人员的职务都由日本人充任，资历相等的台湾同胞工薪最高只能是日本人的2/3。

电信方面，“七七事变”后，日本武力劫夺华北、华中的电信事业，分别成立由日本包办的垄断企业，竭力使电信成为“大东亚共荣圈”通信网的组成部分。1938年，日本首先在北京设立“华北电信总局”。同年8月1日，由日本操纵的伪临时政府公布“华北电信电话株式会社”（中文名“华北电信电话有限股份公司”，以下简称“华北电电”）条例，以“中日合办”的名义成立“华北电电”，负责“华北电气通信事业之综合营运，通讯设施之改善扩充”。资本额3500万元，由日本电信电话、伪满电信电话等公司，以及华北伪政权共同出资，经营华北的电报、电话业。

“华北电电”的总公司设总裁室、通信部和管理部，由日本人直接控制，只有审查室和电气通信学院由华人理事负责。在华北地方上先设北平、天津、青岛、济南四总局，以后又加设徐州和开封（后移至郑州）总局，把总局改为通信局。此外，在烟台还设有分局。

“华北电电”经营陇海线以北的电报、电话业务。在经营中投

---

① 上海邮电志编纂委员会编：《上海邮电志》，上海社会科学院出版社1999年版，第125—130、154页。

资较多的是京津间1939年6月完成的无负荷地下电缆,至1943年改为十二路63回线。其次是在北京进行市内电话自动化升级,1940年已有40%的用户由共电式手动接线改为自动机,至日本投降前自动机已达70%左右。①

1937年"八一三"之后,日本强行接收上海电话局和电报局,强占国际电台的中央控制室。1938年1月,日本递信省指派日本国际通信株式会社、电信电话工事株式会社负责设立"华中电信公司"。为掩人耳目,于7月末改为日伪合办的"华中电气通信株式会社"(中文名"华中电气通信股份公司",以下简称"华中电信"),负责整个华中沦陷区有线、无线电信的"统制经营"。该公司设于上海,资本总额1500万元,伪"维新政府"以现物出资500万元,现金出资1000万元。公司还享有"关于土地之收用,电线路之建设,道路、河川、桥梁、堤防及其他公用土地之收用,经费之征收之手段及手续等通讯事业经营上所必要在一切特权"②。

"华中电信"在上海以外地区经营范围有限,发展不快。如汉口管理局所辖范围仅有大冶、九江、沙市三处无线电报设备,以及汉口、武昌两市的简单电话设备,其余长途有线设备多数残破,且由日军方利用,该公司素少过问。日本着意经营的是以上海为中心的沪宁杭地区以及国际通信。"华中电信"在日本兴亚院华中联络部的监督控制下,重建了真如、刘行电台,新建了南翔电台。这三个无线电台的部分机器,供应日军、中华航空株式会社、同盟通信社使用。到1945年,真如电台的主要机器设备都供应日军,

① 邮电史编辑室编:《中国近代邮电史》,人民邮电出版社1984年版,第193—194页。

② 《华中电气通讯股份有限公司设立要纲》,1938年8月10日,见章伯锋、庄建平主编:《抗日战争》第6卷,四川大学出版社1997年版,第757—758页。

其接收的海岸电台更是供日军使用的机要电台，除一个中国人任杂务外，全台都是日本人。

“华中电信”经过几番改造，把华中的国际通信变为日本东亚电气通信网的组成部分，形成以日本为中心的典型殖民化的电信网。1941 年 1 月，日本通过所谓“东亚电气通信业务协定”，取得了规定或取消各地建立直达电路的权力。因此，出现了畸形的无线电通信，如上海发电至厦门，不准设立直达电路，必须由日本东京电台转发。

“华中电信”受日本控制的程度远大于“华北电电”，其高中级人员均由日本人充任，机械线路技术亦均系日本人主持办理。1940 年 8 月，日本人在公司职工中就占 67.23%。1943 年 4 月以前，连电信资费也以日本军用票为单位。

太平洋战争爆发后，日本又接收了美商上海电话公司等企业，实现了全上海电信事业的统制经营。从此，电报业务量的 70%为日文电报，上海的电话用户中日本人占 87.7%，日伪军事机关占 53%。电信已成为日本侵华的工具。

日本为加快侵略步伐，对电信机件的添置与改造曾不遗余力。以上海伪电话总局为例，1939 年三个局共 2600 号线，实装用户才 1727 号，至 1945 年 8 月，机件容量达 7100 号，实装 4970 号，发展较为迅速。上海虹口分局的 3000 号机器已引进步进制自动电话交换机。长话方面，分别与无锡、南京、杭州等地开放了单路、三路、六路载波电路。“华中电信”还修复了沪杭、沪宁、宁蚌、蚌徐等有线报话线路，但因日本物资缺乏，有线电路开通不多，且经常被抗日民众切断，有线电信的发展不如无线电。①

① 邮电史编辑室编：《中国近代邮电史》，人民邮电出版社 1984 年版，第 194—195 页。

(二)航空运输

航空运输也是日本侵略者交通统制的重要方面。为对抗国民党政府方面的中美合资中国航空公司和中德合资欧亚航空公司,1934年,日本关东军借口《塘沽协定》善后处理事项,要求关内外通航。经交涉,拟在长城线开展中日联航。关东军代表再次提出中日合办航空公司大纲,遭婉拒。日方不甘心,暗中已开始筹备飞行。1935年7月,日军再次派出代表谈判,提出中"满"合办航空公司协定大纲。中方有所让步,国民党政府国防会议提出中日合办,仿照欧亚航空公司前例,限于商业性质,合同上不能有"满洲国"字样,且航线以平津与关外及大连的联络为范围。日方不满足于此,谈判破裂。日方眼见与国民党政府交涉不成,改与"冀察政务委员会"交涉,指派驻天津总领事堀内干城为代表,与"冀察政务委员会"委员长宋哲元谈判,并于1936年10月16日秘密签订航空换文。但国民党政府对此表示"碍难核准"。根据这个非法的秘密换文,11月7日正式成立所谓中日合办"惠通航空股份有限公司"。① 总公司设于天津(1938年1月迁至北京),额定资本法币450万元,中日各半,实缴270万元。航线有天津—大连线;北京—天津—山海关—锦州线;天津—北京—承德线;天津—北京—张家口—张北线。②

"七七事变"后,日方将中方资本没收。因战火蔓延,除天津—大连线外,其他航线停航。"八一三"淞沪会战后,中国航空公司和欧亚航空公司西迁,惠通航空公司乘机独占沦陷区各航空

① 中央档案馆等编:《日本帝国主义侵华档案资料选编·华北经济掠夺》,中华书局2004年版,第79—92页。

② 中央研究院社会科学研究所主编、郑伯彬等编:《沦陷区经济概览》,国民党政府经济部资源委员会1941年油印本,第A6257—A6259页。

线路，扩大业务至华中、华南，并与日本航空会社航线联航。1938年8月10日，公司的北京—天津—大连线于与日本航空会社的大连—东京线联航，同年10月1日北京—天津—青岛—福冈线与日本福冈—东京线联航。

1938年12月16日，日本侵略者设立中国特殊法人“中华航空股份有限公司”（日文名“中华航空株式会社”），将惠通航空公司并入。“中华航空公司”由日本、伪华北政权、伪南京“维新政府”、伪“蒙疆傀儡组织”共同出资500万元成立。其中，伪“维新政府”出资200万元，伪“华北临时政府”出资180万元，伪“蒙疆联合委员会”出资20万元，惠通航空公司出资100万元，大日本航空会社出资100万元。1939年9月21日，该公司召开第二次股东大会，将资本金增至5000万元，其中大日本航空会社出资2900万元，伪政权共出资2100万元。①

成立之初，“中华航空公司”营业航线有：北京—天津—大连线（每日往返）；北京—天津—济南—徐州—南京—上海线（每周往返4次）；北京—张家口—大同线（每周往返2次）；上海—南京—汉口（每周往返7次）。之后，又有大同—包头线、北京—青岛—上海线、大连—青岛—上海线、北京—上海—广州线、上海—南京—广州线、上海—台北—广州线；并与“满洲航空株式会社”开展联航。机场包括：北京南苑、北苑；天津东局子；保定东校场；滦州；济南张庄；青岛；济宁；烟台；太原；大同；张家口；乌兰哈达；包头；明安；平地泉；归绥；百灵庙；五原。② 其中，也包括邮政航空

① 伪《新民报》1939年12月16日，见中央研究院社会科学研究所主编、郑伯彬等编：《沦陷区经济概览》，国民党政府经济部资源委员会1941年油印本，第A6259—A6260页。

② 中央研究院社会科学研究所主编、郑伯彬等编：《沦陷区经济概览》，国民党政府经济部资源委员会1941年油印本，第A6263页。

运输业务,如1939年开辟北京—张家口—包头航空邮路,625公里,每周往返3次,下行每星期一、三、五,上行星期二、四、六。1940年伪“蒙疆政权”与伪满签订航空联络协议后,开辟承德—张家口—大同—厚和—包头航空邮路,每周往返2次,下行星期五、六,上行星期三、四;下行邮路之后又开辟承德—多伦—张家口定期航空邮路,由“满洲航空会社”承运。同年4月,设伪“蒙疆航空管理局”,与“中华航空公司”签订不定期航线并运输邮件。①

从1938年10月5日开始,日本与中国沦陷区主要城市之间的航空运输也开展起来,主要航线有福冈—上海—南京线、东京—福冈—青岛—北京线。②

第六节　日本全面侵华战争期间对中国轮船航运业的掠夺和控制

自从中日甲午战争后,日本在华航运势力急剧扩张,在华的专业轮船公司先有日邮、大阪,后有湖南、大东,以及日清公司等的设立,加上日邮、大阪等远洋轮船公司的航线衔接,到20世纪初,日本已经打破了英国的垄断,而形成英、日分霸中国航运业的局面。③ 1931年“九一八事变”后,东北全境沦陷,东北联合航运局和所有商办的轮船公司,连同东北全部航运资产和资源,全部落入日本之手。1937年7月,日本全面侵华战争爆发后,中国自己的

① 《内蒙古自治区志·邮电志》编纂委员会编:《内蒙古自治区志·邮电志》,内蒙古人民出版社2000年版,第156页。

② 中央研究院社会科学研究所主编、郑伯彬等编:《沦陷区经济概览》,国民党政府经济部资源委员会1941年油印本,第A6264页。

③ 严中平等编:《中国近代经济史统计资料选辑》,科学出版社1955年版,第237页。

轮船航运船只除少量转入四川等大后方外，余均损失殆尽。整个东半部内河、沿岸和远洋轮船运输，全被日本攫夺、垄断。

一、中国轮船航运业遭受的破坏和损失

1937年7月，日本全面侵华战争爆发后，中国沿海和内河的轮船航运业被日本侵袭垄断。侵华日军封锁长江及其他航线，大肆搜捕、击沉中国船舶，或将之转卖给第三国，使中国轮船航运业遭受巨大打击。根据日本《中外商业新报》的统计数据，1939年中国轮船吨数减少至11千吨，仅相当于1936年中国轮船吨数（5448千吨）的0.2%。①

为尽量保存船只，国民党政府主要采取了两种方式：一是督饬撤退。“八一三”淞沪战争之前有关当局已预知将要爆发大战，交通部提前督促招商局和其他中国航运公司将所有海轮尽速驶入长江，不能开入长江者则驶往中国香港或国外港口躲避。因此，除战前已租给日本的14艘海轮被敌利用外，其他海轮皆未落于敌手。其中驶入长江者数量最多，战前汉口有船450艘，42681吨，1938年2月增至645艘，143790吨。二是准许国有轮船暂时转移外籍。在这期间转移外籍的轮船计130艘，共145000吨，主要为意、德、希、葡、巴、挪等国，因此不少国轮得以保存。据1941年6月的统计，尚存轮船874艘，合计95685吨。② 但由于日本政府采取了封锁航线、扣押船只、限制运输等手段，外国在华航运业也大幅衰

① 朱荫贵：《抗战时期日本对中国轮船航运业的入侵与垄断》，《历史研究》2011年第2期。

② 中国航海学会编：《中国航海史（近代航海史）》，人民交通出版社1989年版，第301—302页。

退。1941年12月,太平洋战争爆发后,中国转入外籍的船只还是大都被日军抢夺或损毁。

为了防御日本海军侵入内江,国民党政府交通部门协助军事机关征调不宜行驶于内河的海轮以及船龄较大的旧船作为阻挡日军进犯的工具。抗战初期交通部门协助军事机关共征用商船87艘,约11万吨,主要在长江中下游的江阴、黄浦江、马当和闽江口、珠江口等处放水下沉,筑成防御工事。①

统计表明,中国航业经过战前整顿发展,到1936年时进出国内各港口吨位数量已达3500多万吨,且发展势头很猛,与英国的4100万吨相比,"颇有长足之进展,渐有压倒英商之势"。抗战爆发后,随着海岸线被日军封锁,长江、珠江均被迫停航,各埠航运业均遭受重大影响,中国的船舶吨位数直线下降,到1940年往来国内各口的船舶吨位数仅有160万吨左右(见表5-30、表5-31)。

表5-30　往来国内船只吨数国别情况统计(1936—1940年)

年份 / 项目 / 国别	1936		1937		1938		1939		1940	
	吨数(百万吨)	占比(%)	吨数(百万吨)	占比(%)	吨数(百万吨)	占比(%)	吨数(百万吨)	占比(%)	吨数(百万吨)	占比(%)
日本	15.50	15.53	6.02	11.02	2.26	7.69	3.76	17.02	5.00	31.82
中国	35.40	35.47	18.64	34.15	4.57	15.56	2.01	9.11	1.60	10.16
英国	41.19	41.28	23.17	42.43	16.05	54.63	10.94	49.48	6.41	40.79
美国	0.65	0.65	0.40	0.73	0.10	0.33	0.06	0.26	0.08	0.52

① 中国航海学会编:《中国航海史(近代航海史)》,人民交通出版社1989年版,第311页。

表 5-31　往来外洋船只吨数国别情况统计(1936—1940 年)

国别＼项目＼年份	1936		1937		1938		1939		1940	
	吨数(百万吨)	占比(%)	吨数(百万吨)	占比(%)	吨数(百万吨)	占比(%)	吨数(百万吨)	占比(%)	吨数(百万吨)	占比(%)
日本	9.42	20.82	6.80	19.18	6.48	22.03	11.99	40.21	13.74	53.49
中国	3.96	8.75	2.95	8.32	0.79	2.69	0.68	2.29	0.65	2.54
英国	16.16	35.72	12.94	36.51	12.35	41.97	8.30	27.82	4.44	17.28
美国	3.12	6.90	1.66	4.69	3.29	1.12	0.77	2.58	1.47	5.73

注:因篇幅限制,略去法国、德国、丹麦、荷兰等其他各国指数。吨位数据按原表数字做四舍五入处理,百分比数据保持不变。

资料来源:邓辉:《抗战期中我国之航运》,《经济汇报》1941 年第 4 期。

抗日战争时期,中国轮船航运业遭受到严重损失。1943 年只剩船舶 422 只,37303 吨。据交通部 1948 年所发表的统计资料称,1935 年中国江海轮船已有 3895 艘,67.5 万吨。① 另有统计,战前海轮有 124 艘,367383 吨,江轮 3333 艘,208617 吨。战时直接损失,计海轮 47 艘,250271 吨,江轮 2790 艘,99248 吨;间接损失,计有海轮 77 艘,117112 吨,江轮 86 艘,28689 吨,两部分合计,战争期间中国共损失江海轮船 3000 艘,495320 吨。与战前相比,中国的轮船损失了 80%—90%,而海轮则全部损失(见表 5-32)。②

不仅中国如此,在国内和外洋的各国商船数量在抗战爆发后也受到极大影响,急剧减少。1939 年欧洲大战爆发后,英国在华航运力量受到严重影响,日本遂乘机加快占领中国航运市场,尤其是在外洋航运领域已取代英国占据绝对领先优势,统计数字就显示了这种变化(见表 5-30、表 5-31)。

① 1948 年《中华民国统计年鉴》,第 291 页,见严中平等编:《中国近代经济史统计资料选辑》,中国社会科学出版社 2012 年版,第 157 页。

② 中国航海学会编:《中国航海史(近代航海史)》,人民交通出版社 1989 年版,第 300 页。

1941 年太平洋战争爆发后,日军占领中国香港,日本对英美等国在华航运势力更是进行了全面排挤和侵吞。

表 5-32　抗日战争时期中国轮船损失统计

类别 / 项目	海轮		江轮		总计	
	只	吨数	只	吨数	只	吨数
直接损失*	47	250271	2790	99248	2837	349519
间接损失*	77	117112	86	28689	163	148801
总计	124	367383	2876	127937	3000	495320

注:* 被敌炸毁掠夺之海船为直接损失(木船未计算)。征用沉塞港道者为间接损失。

资料来源:曾白光:《中国商船与航业》,《交通月刊》第 2 卷第 2 期,见严中平等编:《中国近代经济史统计资料选辑》,中国社会科学出版社 2012 年版,第 157 页。

在这期间,招商局共损失大小轮船、趸船、驳船 73 艘,计 88952 吨,其中江海轮船 27 艘,计 51912 吨。在损失的船只中,包括要塞沉船 18 艘,计 34520 吨,沦入敌手的大小客货轮、趸船、驳船共 42 艘,计 34142 吨,被敌机炸毁 13 艘,计 20290 吨。招商局的经济实力受到了极大削弱,船舶总吨位急剧下降。以江海大轮为例,抗战前的 1936 年江海大轮达 71177 总吨,1937 年下半年降为 54689 总吨,1938 年降为 30523 总吨,1941 年更降为 22713 总吨,招商局运力被日军摧毁和自沉的占战前的 2/3 以上。此外,招商局的码头和仓栈也遭到日军破坏。根据 1947 年招商局的调查,抗战时期招商局的财产损失达 2600 余万美元,营业损失 2.8 亿多美元,合计达 3 亿多美元(见表 5-33)。①

① 张后铨编:《招商局史》(近代部分),人民交通出版社 1988 年版,第 425—433 页。

表 5-33　招商局抗战时期各项损失汇总　（单位:美元）

类别＼项目	资产损失	营业损失	总计损失
船舶	17097526	241887241	258984767
上海码头、仓库	8342000	41393500	49735500
各地房产	1078170	2059550	3137720
总计	26517696	285340291	311857987

资料来源:《招商局战时损失》,1947 年,招商局档案,见张后铨编:《招商局史》（近代部分）,人民交通出版社 1988 年版,第 432 页。

根据抗战胜利后国民党政府内政部抗战损失调查委员会统计,按照 1937 年 7 月美元价值计算,抗战期间中国全国公私直接财产损失中,内陆水运设备损失 2081. 7 万美元,海运船舶类（包括海船、渔轮及木造渔轮船）损失则高达 13881. 2 万美元。该统计尚不包括港口设施、工商业轮运设备、航务交通事业营业等方面的损失,而两项数值合计已远超战时中国各银行的金银损失总数（约 1. 2 亿美元）,足见日本对华侵略战争对中国轮船航运业破坏之深重。①

以“七七事变”为契机,到 1940 年夏时,日本的海运业已经“实现了从日本为中心向东洋为中心的飞跃”。而这次事变给中国海运业带来的后果,是“中国民族航运业的溃灭,在华外国航运势力的衰退和日本航运业的新起点”。由于日本对长江和其他港口的封锁,日本海军对中国船舶的搜捕、击沉以及中国船舶转卖给

① 迟景德:《中国对日抗战损失调查史述》,台北“国史馆”1987 年版,第 261—264 页。秦孝仪主编:《中华民国重要史料初编——对日抗战时期》,第 2 编《作战经过》（四）,台北中国国民党中央委员会党史委员会 1981 年编印,第 31—40 页。

第三国,加上战火对港航设备的直接间接破坏,中国民族航运业受到极其巨大的打击和影响。截至1940年8月,日本方面也认为,“中国方面失去了总吨数超过30万吨的船舶和相当多的港航设备,基本处于毁灭的状态”①。

二、日本在沿海内河轮船航运业上的侵袭和把持

1937—1945年日本军国主义政府对中国发动的全面侵略战争,是力图把中国变为日本殖民地的战争,为达此目的,日本军国主义者动员了各种资源和力量。在此过程中,轮船航运业被日本政府视为与飞机同等重要的工具和利器②,成为岛国日本运输人员、物资,达成所谓“大东亚一体化”的重要手段。为此,日本政府制定颁布了一系列战时海运政策,推动实行战时海运体制,对日本海运业进行改造并直接对东亚和中国沿海内河的轮船航运业进行统制,以达到其“独占”的目的。日本政府的这一举措,对东亚和中国的沿海内河航运业造成了巨大冲击,影响深远。

1937年7月7日,日本发动了全面侵华战争。9月10日,日本政府公布临时船舶管理法。根据该法,日本政府拥有对航路、就航区域、物资运输,运费、租船费以及船员和造船的控制等大范围

① 《各社の航路を统一,东亚国策航路を确立》,日本《中外商业新报》昭和十五年(1940年)8月9日。

② 1943年(昭和十八年),日本邮船会社社长寺井久信在股东大会上说,“大东亚战争是飞机与舰船为中心的连续决战……”是“血与铁、精神与机械的死斗”。财团法人日本经营史研究所编:《日本邮船百年史资料》,大洋印刷产业株式会社昭和六十三年(1988年)版,第386页。

的决定权[①]。这是日本政府对海运业强化控制的步骤。

1938年4月,日本政府颁布“国家总动员法”。1940年2月,日本政府在已颁布“国家总动员法”的基础上,进一步制定和颁布“海运统制令”。使得日本“海运业必须严格服从国家的统制体制”[②]。

1941年1月,作为强化战时体制一环和整备强化海运行政的“海运事业法”“海上小运送法”“东亚海运株式会社法”三法案在日本第76议会上提出。[③] 1941年8月19日,日本内阁会议进而制订“战时海运管理要纲”,决定船舶、船员及造船等一切涉及海运的事项均要纳入国家管理之下。1942年3月25日,日本政府公布“战时海运管理令”,同日实行。

短短的几年内一连出台如此之多的海运政策,根本原因在于日本政府认为,对中国大陆、中国东北和亚洲其余地区,在战争状态下,“必然激起对庞大物资的运输需求”。“近海航路未来必将成为我国海运业者最活跃的舞台”[④]。日本政府制定颁布这些海运政策,目的就在保证“包含亚洲诸地区在内的大东亚经济共荣

---

① 财团法人日本经营史研究所编:《日本邮船株式会社百年史》,大洋印刷产业株式会社昭和六十三年(1988年)版,第357—359页。

② 财团法人日本经营史研究所编:《日本邮船株式会社百年史》,大洋印刷产业株式会社昭和六十三年(1988年)版,第360—361页。

③ 《战时体制强化へ,总动员法改正》,日本《读卖新闻》昭和十六年(1941年)1月28日;《海运业法一本建》,《日本工业新闻》昭和十六年(1941年)1月17日。

④ 财团法人日本经营史研究所编:《日本邮船株式会社百年史》,大洋印刷产业株式会社昭和六十三年(1988年)版,第370、373页。“近海”是指从日本国内到中国各口岸的航线。见中央研究院社会科学研究所主编、郑伯彬等编:《沦陷区经济概览·交通篇·航运》,国民党政府经济部资源委员会1941年油印本,第6197页。

圈的树立"这一根本目标的顺利实行。

在颁布实施这一系列对海运业进行控制和整合政策的同时,日本政府还同时指令实行直接掌控海运业的两大措施:一是推动日本最大的轮船公司日本邮船会社的近海部分轮船分离,合并进入近海邮船会社,使其一跃成为拥有 136 只轮船,82 万总吨世界排名第一大的轮船公司①。二是直接组织设立了专门针对中国航路的大型国策海运公司——东亚海运株式会社。

承担日本"海运政策向东亚中心主义迈出第一步","统一各社航路,确立东亚国策航路"任务的东亚海运株式会社,成立于 1939 年 8 月 5 日,被日本朝野视为是确立"对中国航运政策基础的国策会社"。②

日本政府直接推动东亚海运株式会社成立的目的,是认为"东亚历来的海运业处于各国争雄的状态之下,而作为我国海运业的各会社仍然停留在按照各自会社的经营政策行驶航路和配船的状况中"。因此,这种状况难以符合日本政府的要求,为此在"七七事变"爆发后的第 73 次议会上,日本政府就作出了"强化海运统制,将各关系会社打造成一体,奠定东亚海运基础"的决策,此后"经过一年半的反复研究"③,在"从以日本为中心转向以东洋为中心发展"的过程中,肩负"称霸东洋海运"重任的东亚海运株式会社,终得于在 1939 年 8 月 5 日正式成立。

---

① 财团法人日本经营史研究所编:《日本邮船株式会社百年史》,大洋印刷产业株式会社昭和六十三年(1988 年)版,第 356 页。

② 《各社の航路を统一,东亚国策航路を确立》,日本《中外商业新报》昭和十五年(1940 年)8 月 9 日。

③ 《关系会社打つて一丸,东亚海运会社设立,海运の综合力发挥へ》,日本《大阪每日新闻》昭和十四年(1939 年)8 月 6 日。

东亚海运株式会社社长由日本政府内阁书记长官河田烈氏担任。① 受日本政府指示以部分或全部资产参加该会社组成的有日本邮船、近海邮船、大阪商船、三井物产船舶部、川崎汽船、日清汽船、原田汽船、大同海运、冈崎汽船、阿波共同汽船、山下汽船 11 家公司，该会社资本金 7300 万日元，拥有船舶总数 59 只，共 20 余万吨。②

东亚海运株式会社成立时设定的航路包括：日本至天津、日本至青岛、日本至上海、日本至华南、台湾至上海、台湾至天津、台湾至华南、大连至华北、天津至上海、天津至华南、大连至华南等十多条。总社设于东京，并在横滨、大阪、神户、门司、长崎、台北、大连、天津、青岛、上海等地设立分社 16 处。③

东亚海运株式会社的成立，被日本寄以厚望："新会社的成立，不仅能使我国海运的综合实力得以发挥，而且能使日中间以及中国各地的海运交通得以急速地整备，而以从未有过的新面貌出现"。④

对于日本政府计划设立大型会社意图控制中国海运业一事，还在 1938 年 3 月，中国的媒体就已敏锐地有所察觉："日本递信省管船局……目前积极树立海运国策会社之计划，大体完成。曾派新谷监理课长前往中国各地调查，刻已返日有所报告，闻其计划内

① 《关系会社打つて一丸，东亚海运会社设立，海运の综合力发挥へ》，日本《大阪每日新闻》昭和十四年（1939 年）8 月 6 日。

② 《两国策会社生れ，东洋海运の制霸へ》，日本《中外商业新报》昭和十四年（1939 年）9 月 10 日。

③ 《关系会社打つて一丸，东亚海运会社设立，海运の综合力发挥へ》，日本《大阪每日新闻》昭和十四年（1939 年）8 月 6 日。

④ 《关系会社打つて一丸，东亚海运会社设立，海运の综合力发挥へ》，日本《大阪每日新闻》昭和十四年（1939 年）8 月 6 日。

容,举凡华中、南、北之航路,包罗无遗。并由递信省立案,筹妥资本金一亿日金,网罗日本十三个会社之航路,诚规模宏大之日本新兴航运公司也。”①

此期日本政府设定的“大东亚交通基本政策”的立足点,在于“开拓大陆、海洋、岛屿所构成之大东亚圈。并以帝国为中心,图有机的结合,充实国防力,同时促进产业建设,确保物资交流,以完成大东亚战争,强固大东亚基础”,进而实现“建设世界新秩序,确立帝国主动地位”②的目的。

此后,在太平洋战争爆发之前,该公司已将触角伸展到东南亚一带,并做好“扩展南洋各埠,如马来半岛、爪哇、菲列滨及海峡殖民地等处海运事业”③的准备。

除东亚海运株式会社外,日本另外设立了目标专门针对中国内河内港航行的轮船公司,以与主要目标是“近海”和沿海航路的东亚海运株式会社以及日本其他轮船公司的航线接轨和相互配合。这种旨在控制中国内河内港和沿海航运的公司从中国的北部地区到南方沿海内河所在多有,这里仅列举几家主要的公司为例。

1. 中华轮船株式会社

据日本《中外商业新报》报道,这是作为东亚海运株式会社卫星公司面貌出现的一家轮船公司,于 1940 年 2 月 25 日在上海成立。这家公司名义上是中国籍,实际却是“中国籍的国策会社”,“具有继承南京政府血脉的维新政府的特殊法人身份”。“该公司

① 凌君仪:《日对华航运新内容》,《远东贸易月报》1938 年第 3 号,第 31—32 页。

② 刘厚滋译:《大东亚共荣圈之物资交流》,《中联银行月刊》1942 年第 4 期。

③ 《十月十八日天津庸报》,见国民党特种经济调查处编:《经济汇报》1940 年第 6 号,第 31 页。

以处理占领地没收的中国航运有关的敌产，提携强化与中国民族资本有关的航运业以及解放长江航运的国策等为宗旨。”“其目的以长江及中国沿岸航运业的经营为主，以及向与其有关的码头、船舶、仓库等有关的事业进行投资”为主要业务。

中华轮船株式会社“是日中合办的公司，资本金为三千万元。中国以现物出资，折合一千五百六十九万余元，日方以现金一千四百三十万元出资。日方资金全部由东亚海运株式会社和中支振兴两家公司所出”。该社社长是“前维新政府交通部长江宏杰氏，副社长是大阪商船株式会社参事渡边重吉氏”。中华轮船株式会社总社设于上海，从1940年“五月中旬开始，已在长江干线开港和不开港间以及不开港之间从事航运”。①

中华轮船株式会社成立后，实力发展很快。公司刚成立时，“只有公司船4只，佣船4只，受托运航船5只，租用船4只，合计17只”。1941年12月8日，太平洋战争爆发后，该公司“积极扩充，至民国三十一年末，计公司船27只，佣船40只，受托运航船7只，租用船10只，合计有84只之多”。航线方面，“民国二十九年末，计有崇明、天生港及口岸四线，至三十年三月末，增加舟山群岛、裕溪口二线，后又增加北沙线、芜湖大通线及上海宁波线。是年下半年，又开航安庆地区及镇江地区等长江中流地区线八条。至三十一年又增加了几线……航线计长三千五百公里。此外对于上海、镇江、南京、九江等仓库的货物运输，亦在力求圆滑”。②

① 《各社の航路を统一，东亚国策航路を确立》，日本《中外商业新报》昭和十五年(1940年)8月9日。

② 光林：《日本在华中之国策公司概述》，《中联银行月刊》1943年第5期。

2. 上海内河轮船股份有限公司

上海内河轮船股份有限公司设立于1938年7月28日,是日本"为统制以上海为中心之航运起见"而设立的轮船公司。该公司同样"系敌伪合资营办。总公司设于上海北苏州路四三四号,资本总额为二百万元。其业务包括华中主要内河航路之客货运输、仓库及码头之经营等"。"该公司现有自置汽船五十三只,借用汽船十只,雇用汽船三十八只,合计一百零一只。此外并有拖船一百八十五只。"该公司的航线以上海为中心设定,大体可分为两部分:"①沿苏州河往来于北新泾、苏州、无锡、常州等地之苏州班。②沿黄浦江上游往来于闵行、叶榭、松江、金山、平湖、嘉兴、湖州、杭州等地之黄浦班。此外尚有通行内地之航线数十条。""该公司对于今后之计划,拟以增加船舶为主,并拟极力建设各地仓库。闻上海之仓库以及上海苏州两地之船舶修理工场,均已完成。"①这是一家以短期航线和小型轮船为主,旨在控制上海周边地区水运业务的轮船公司。

1944年英文《中国年鉴》对上述上海内河轮船股份有限公司的成立和运营情况有如下报道:"中日战争爆发后,往返苏浙两省的小汽船活动陷于停顿。由于两省某些地方秩序逐渐恢复正常,大多数由日人经营的华籍船只已开始恢复运输业务。为避免不良的竞争,以上海为中心管理内河航运的实施办法于1938年3月实行。……同时公布一项规定,凡非新公司所属之一切轮船及小火轮,一律禁止在内河航行。1938年7月,上海内河航运公司成立,资本为2238000元。此为中日合办之企业。此项新组织中,华股共1062000元,日股共1176000元,最后华中开发公司投资600000

① 《十二月十八日大陆新报》,见国民党特种经济调查处编:《经济汇报》1940年第8号,第21—30页。

元,估计该公司现有资本在6000000元以内。”

关于该公司的运营情况,《中国年鉴》有如下记载:“上海内河航运公司有90条以上的航线网,总里程约为6000公里。主要航线为苏州河线、黄浦江线、湖州线、杭州线、江北线、南铜线、泰县线、东台线、兴化线、靖江线、南京线、芜湖线以及淮河线。由此可见江苏、浙江、安徽等省平靖地区之一切内河航线,都统一在上海内河航运公司的控制之下。”该公司成立之后的运营成绩如下:“1941年10月至1942年3月间各线旅客总数为2170000人,票费收入为1500000元。货运共900000吨,运费为5200000元。与1941年4月至9月间客货运收入的成绩相比,票费增加了300000元,运费增加了700000元。估计从1940年11月至1941年3月,上海内河航运公司的净利共为108000元,1941年上半年净利为211000元,下半年利润与上半年相等。股息为10%。”①

成立上海内河轮船股份有限公司的另一个目的,是通过设立类似的轮船公司,有利于从各种渠道把中国的资源集中起来运往日本。如将安徽淮南煤矿公司的煤运往日本就是一例②。

3. 华中运输公司

华中运输公司创立于1942年7月1日,资本金800万元。该公司是作为“华中铁道、中华轮船、内河轮船运输公司的下层机构”而设立。其主要业务是“至一定的输送地点,搜集货物”,是主要为这几家公司筹集货运业务而设立的服务型下级公司。该公司创立以后,即“在华中设立六个支店,一百七十八处的营业所、回漕所、派出所及办理行李所,努力于物资的圆滑输送”。该公司成

① 《中国年鉴》(英文本),1944年版,第731页。

② 《四月八日上海通讯》,见国民党特种经济调查处编:《经济汇报》1940年第11号,第32页。

立后,大力扩充业务,在1943年的公司计划中,即准备向华中振兴公司“长期借入约一百三十万元”,供其“在各地努力扩充物资的搜集网”之用。该公司的水上工具中,“有木驳船、铁驳船、汽船”等,陆路上有汽车、马车、马匹等。①

4. 华北交通株式会社

“华北事变”发生后,华北的交通事业即由满铁负责经营,其后因“业务渐趋兴盛”,遂于“民国二十八年四月成立华北交通株式会社。资本金计四亿元,内开发公司二亿三千五百万元,满铁一亿二千万元,华北政务委员会四千五百万元”。“其业务除经营华北境内之铁道公路,内河水运外,伪“蒙疆”地区之铁道亦委托其运营,并担任塘沽新港及连云港之修筑工事。”②华北交通株式会社资本金如此雄厚,其被赋予的任务自然也非比寻常:“大东亚建设,日有进展;中日满之关系,日见紧密。为应合各种资源之开拓及经济建设之进展,输送机关之必须整备扩充,盖有与日俱增之势。华北交通公司,拟以铁道为动脉,于汽车及内河水运等以综合的经营,期其飞跃的发展,至于塘沽新港之建设,修筑连云港之工事,以及白河沿岸六个码头之经营,则皆该公司用为交通事业之根干者也”。也因此,“截止三十一年六月底止,本社投资额百分之五五点五,贷款额百分之七八点九,合计百分之六十九点五,均用于交通事业,额数之巨,远非其他事业之所及。交通事业之重要性,于此可见”。之所以如此,是日本政府认为,“运输事业不但担负治安上、军事上之重要使命,且为复兴华北经济并开发产业之根

① 上引均见光林:《日本在华中之国策公司概述》,《中联银行月刊》1943年第5期,第133页。

② 诵唐:《华北开发公司之伟绩》,《中联银行月刊》1944年第3期。

本事业”①。

5. 华北运输株式会社

“华北事变”发生后，华北境内之运输任务曾一度由国际运输株式会社担任。后为确立运送之单一经营，遂于三十年十月一日成立“华北运输股份有限公司”。该公司“资本金二千万元，实收一千二百万元。计开发公司一百五十万元，华北交通六百万元，国际运输四百万元，福昌华工五十万元”。业务除“经营水陆运输、劳力供应外，并兼营仓库、专业委托、买卖业及资金之融通关系事业”②。

对于华北运输股份有限公司成立后的活动，1944 年的英文《中国年鉴》有如下记载：“在华北运输公司管理之下，下述这些水道将予以发展：在该公司支持下，大清河已经开放通航，同时开辟其他河道及运河交通的工作也在向前推进。华北行政委员会的建设总局还决定改善南北运河及天津与永定河之间的水道工程，工程费共达 7500000 元。内河航运企业中最有势力的天津朝日会社现有船舶 130 只以上，雇用小船 1800 只，总共约有 60000 吨，航行于济运河、北运河、永定河、子牙河及南运河。目前华北内河船舶共约 500000 吨。”③

华北地区各省内河航运，仅河北、山东两省较有舟楫之利，“而敌所欲加以利用以攫取各地物产者，亦厥为冀鲁两省，尤以冀省为最”。1938 年 6 月，“敌伪为统制华北内河民船，乃设立所谓‘中国内河航运公会’”。1939 年 2 月，“并任日人渡濑二郎

① 中联银行调查室：《新民会全体联合协议会席上之报告》，《中联银行月刊》1942 年第 4 期。

② 诵唐：《华北开发公司之伟绩》，《中联银行月刊》1944 年第 3 期。

③ 《中国年鉴》（英文），1944 年版，第 738 页。

为理事长",同时发表公示,宣称将"于3月1日起,实施勒令各河航业者加入该会,以便统制"。公示的主要内容是:"华北之水运业,暂由'北支派遣军司令官监督指导',而由日本军特务机关管理"。公告指出,"各船舶应有日本军特务机关之'航行许可证',否则不许航行。日本军之特务机关及内河航运公会职员之检查官,对航行中及停泊中之船舶,得随时检查其是否有'航行许可证'及所搭载之货物"。此外,"日本军队可随时征用各船舶"。①

需要指出,无论是华北地区的华北交通运输会社、华北运输株式会社还是上述江南地区的中华轮船株式会社、上海内河轮船股份有限公司、华中运输公司,都并非孤立存在,而是分属于华北地区的日本国策会社华北开发公司和华中也就是江南地区的日本国策会社华中振兴公司。

日本发动全面侵华战争后,如何保证经济上的持续供给是不能不面对的难题。开发统制中国经济资源和市场由此成为日本政府政策中不能不考虑的重要方面。也因此,成立综合开发中国经济和资源的大型国策会社,成为此期日本政府的重要举措。1938年3月,日本国会第73次会议通过设立华北开发公司(华北振兴株式会社)和华中振兴公司(华中振兴株式会社)的公司法。华北开发公司和华中振兴公司本身并不直接从事具体的经营活动,而是在日本当局的直接策划下,通过投资和融资等形式,对有关的重要事业进行控制。例如,资本金为三亿五千万元的华北开发公司(其中半数由日本政府出资),其开发公司法案中对业务的

① 中央研究院社会科学研究所主编、郑伯彬等编:《沦陷区经济概览》,交通篇·华北内河交通概况,国民党政府经济部资源委员会1941年油印本,第6213页。

规定就是:“该公司对于下列事业为投资或融资,并统合调整其经营:(1)交通运输港湾事业;(2)通信事业;(3)矿业;(4)盐业及其贩卖利用事业。”①而“事业之主干为交通业”。

到1943年10月底,华北开发公司已拥有“子公司29个,组合3个,孙公司11个,合计子孙公司43,组合3个。刻仍本其原定之步骤,发挥国策公司之任务”。② 上述介绍的华北地区的华北交通运输会社、华北运输株式会社以及中华轮船株式会社、上海内河轮船股份有限公司、华中运输公司等,就是分属于华北开发公司和华中振兴公司下的子公司。

三、日本侵袭下在华各国航运势力的衰落

日本政府认为,“围绕中国的航权,历来是英国占据优势”,“日中战争的爆发,带来改变这种状况的契机”。③ 以“七七事变”为契机,到1940年夏,日本的海运业已经“实现了从日本为中心向东洋为中心的飞跃”。④

表5-34中1936年和1939年各国在华船舶的数字对比,清楚地展现了“七七事变”后以上海为中心的华中地区各国航运势力的衰落变化。

① 诵唐:《华北开发公司之伟绩》,《中联银行月刊》1944年第3期。

② 思淑、维亚:《华北经济动态》,《中国经济》1944年第5期。

③ 财团法人日本经营史研究所编:《日本邮船株式会社百年史》,大洋印刷产业株式会社昭和六十三年(1988年)版,第374—375页。

④ 《各社の航路を统一,东亚国策航路を确立》,日本《中外商业新报》昭和十五年(1940年)8月9日。

表 5-34 “七七事变”前后各国在华中地区航运势力统计(1936 年、1939 年) (单位:千吨)

国别＼项目	1936 年(昭和十一年)		1939 年(昭和十四年)	
	总吨数	指数(%)	总吨数	指数(与 1936 年比)(%)
美国	129	100	22	17.1
英国	6025	100	2802	46.5
中国	5448	100	11	0.2
德国	148	100	322	217.6
意大利	24	100	253	1054.2
日本	2279	100	1313	57.6

资料来源:《各社の航路を统一,东亚国策航路を确立》,日本《中外商业新报》昭和十五年(1940 年)8 月 9 日。

从日本报纸登载的统计数字看,1939 年,以上海为中心的华中地区的轮船航运势力中,美英两国的轮船数量有大幅衰减,日本方面有所减少但幅度有限,德意两国有大幅增长,但因绝对数量有限,无关大局。只有中国,从 544 万余吨一下减少到只有 11000 余吨,仅相当于 1936 年时的 0.2%,“基本处于毁灭的状态”绝非言过其实。此后,以“去年(1939)9 月欧洲大战的爆发为转机,英德意等国出现了衰退,可以期待,日本必将得到进一步的发展”。①

事实也确实如日本媒体预言,以近代中国内外贸易中心上海的轮船航运数字进行比较,就确凿地证明了这一点。

1939 年 9 月,欧洲大战爆发后,受到欧洲大战爆发的拖累,英意荷法丹麦等欧洲各国通过上海往来外洋的轮船数字都有减少,特别是此前的霸主英国,欧洲大战爆发前的 1939 年 8 月,其通过

① 《各社の航路を统一,东亚国策航路を确立》,日本《中外商业新报》昭和十五年(1940 年)8 月 9 日。

上海往来外洋的轮船数字还有 554516 吨,9 月欧洲大战爆发,到 11 月,英国通过上海往来外洋的轮船数字就只有 296520 吨,锐减了 257996 吨,减少将近一半。其他欧洲各国也都有不同程度的减少。此时,日本政府采取上述多种努力和多种措施大力发展本国轮船航运业的国策就显示了明显作用,欧洲各国减少的航运量,被占领中国沿海内河的日本顺势接收,也因此,就在 1939 年 11 月,日本通过上海往来外洋的轮船数字达到 336366 吨,第一次超过了英国的 296520 吨。再过 1 年,到 1940 年 11 月,通过上海往来外洋的轮船数字日本已经达到 363657 吨,而英国只有 215276 吨,日本已经大幅超过英国近 15 万吨。不仅如此,通过上海往来中国国内各口的轮船数字日本已达到 153934 吨,超过了英国的 150841 吨。也就是说,到 1940 年 11 月,日本已在往来外洋和中国国内各口的轮船航运吨位数中实现了全面超越英国,改变了"围绕中国的航权,历来是英国占据优势"的局面。到 1941 年 3 月时,这种差距进一步扩大,特别是在往来外洋方面,日本的轮船吨位数已经达到 480672 吨,远超英国的 82814 吨,超过英国 4. 8 倍。①

上述数字展示的上海港进出外洋和中国国内各口的统计数字,清楚地表明 1941 年 12 月 8 日太平洋战争爆发前,日本在中国的航运势力已经超越和取代了此前的霸主英国,一跃成为在中国的第一位霸主了。

这种新霸主局面的形成,无疑需要多种因素的综合作用相配合才能形成。事实也确实如此,除了以上所举之外,日本政府的其他各种手段和配合措施也所在多有。这些配合措施中,最主要且对日本确立霸主地位作用最大的措施,是日本利用战争和安全的

① 中国经济统计研究所:《经济统计月志》1939 年第 12 期、1940 年第 12 期、1941 年第 4 期。

理由对其他国家的轮船航运势力持续进行封锁、限制和打压的各种举措。

中日战争爆发之后,中国的轮船航运业遭到沉重打击,实力大幅消减和后撤。为免遭日方打击和保存实力,部分中国船舶转向外国注册,改换国籍悬挂外旗。这种情况也给各国在华航运势力带来了难得的扩张机会。这些外国航运公司或者承租或者购买中国轮船,以致战争爆发之后的第二年即1938年,“行驶南北洋线及长江下游之轮船,全系外商轮船公司之外轮”。除以前实力最强的“英商怡和及太古等公司外,其余礼和、鲁麟、华美、中意、正德、远东、美利等所有轮船,均系以前之华商轮船,或由外商承租,或由外商收买”。这些外商轮船公司,不仅“行驶南北洋线及长江下游”,且“以前不准外轮行驶之线,今则全为外轮所操纵”。这些外轮公司利用战争的非常时期,提高货物的运费和客票价格,其幅度“为历来所罕见”。在此过程中,日商日清轮船公司同样“强占商轮,改名航行”。江浙内河方面,已“为日商内河轮船公司所垄断”。①

但是,把东亚海域看成“内海”“近海”,把东亚航海业视为保证“大东亚战争”胜利基础的日本政府,岂能容忍其他国家的外商轮船公司趁此时机在华扩张?此时日本政府以“有外国船输入武器弹药”,而武器弹药的输入“能够从精神和物质上助长中国方面的抗日气势”为由,在1937年8月25日发布了交通封锁令,要求在被封锁地区出现的外国船要将“七七事变”前的船名、船长的姓名、吨数和资本数等通报日方。② 1937年9月,日本政府进一步发

① 《国内要闻》,《银行周报》1938年第37期。

② 《支那事变关系执务报告》上卷,第2册,第730—731页。文档号レファレンスコ－ドB02130172200。日本外务省外交史料馆藏。

布命令，对怀疑转换国籍有问题的船舶扣留执行“临检留证的必要措施”。①

因此，以“战事”为理由对航线进行封锁，限制和禁止其他国家轮船公司在华航行，就成为日本政府打压其他外轮公司趁机扩张的重要借口和理由。在此过程中，首先遭到禁运的是长江。据《经济统计月志》记载，1938 年年底，上海往来内港之航运，“表面上亦颇发达”，但“扬子江日人迄未允许开放”，因此“各外轮不得已纷向内港发展”②。

日方封闭长江航运，自然遭到其他各国的反对，但是，“虽经英、美、法各国当局向日方数度提出交涉”，日方的答复却是“拒绝开放”。英美各国轮船公司无奈，只得在向日方要求恢复扬子江航运的交涉中，退而求其次，请求“暂以南京为终点”，但也因“谈判未有端倪，已告停顿”。实际上，日本封锁长江航运，目的十分清楚，就是要把航运权控制在手。这一点，“大陆报”的报道就很清楚：当其他外商航运公司“被禁于扬子江航运”时，结果却是“日商现时在亚洲之大半重要水道中，得享无与为抗之垄断矣”③。

另一条史料也把日方控制长江打压其他国家航运势力的情况说得很清楚：“长江商务航务，全为日本人垄断，且汉口外侨因此无从趁船瓜代，屡次抗议，日本仍不明对于第三国之义务，至今尚无满意解决之望。近来长江下游，且有日本人企图夺运英船货物之举，设法使中国客家不装英船。其方法多非寻常所有。内河航业为日本人专利，入其掌握，好恶随意，于英国商务大有影响……

① 《支那事变关系国际法律问题》第 1 卷，第 3264 页。文档号レファレンスコ－ドB02030674300。日本外务省外交史料馆藏。

② 中国经济统计研究所发行：《经济统计月志》1938 年第 12 期。

③ 《扬子江开放问题，国内要闻》，《银行周报》1938 年第 46 期。

商务道路既不自由,则进出口货自被限制耳。”①

与此同时,以战事为由的日方航运封锁,进一步从长江向沿海一带扩展。

据宁波口海关册记载,1938 年“往来本埠船只,所受军事限制日见严厉,进出水道,时而一部封锁,时而完全禁止通行”。1939 年的情况更见严重:“本年宁波地方,迥异寻常,往来航业与进出贸易,无不备遭阻挠……”1940 年,则自“7 月 15 日起,日本海军宣布封锁本埠,形势骤变,自是以至年终,海路交通悉告断绝,各项贸易咸遭蹇滞”②。

对于 1939 年 5 月前日本对沿海内河航运造成的破坏,《经济统计月志》1939 年第 5 期中有一段话叙述得很清楚:“自上月日舰炮轰镇海与海门后,上海至海门之航线即已停顿。四月份因日舰往来不绝,浙海形势愈见紧张,除海门附近之灵江已正式封锁外,宁波附近之甬江与温州附近之瓯江,复先后于五日及二十三日禁止船只航行。于是上海与浙省各口岸间之三大交通干线,遂至完全断绝。宁波与温州皆属通商口岸,故本月份往来国内口岸类(轮船)吨数因此所受之打击,不言可知。”

但这仅是上海口岸轮船进出口数量减少的原因之一,“更有一因,即日人籍口检查,扣留第三国籍船只是也”。“查此项事件本年(1939 年)一月即曾发生,当时被扣留者为哈发、海达与永贞三轮。唯此次之范围,则已较前扩大,因自四月六日起至二十六日止,各国轮船之被日方扣留者,不下二十一艘之多。各国之国籍分

① 《国内要闻》,《银行周报》1939 年第 16 期。

② 民国二十七年、二十八年、二十九年(1938 年、1939 年、1940 年)《海关中外贸易统计年刊(宁波口)》,见杭州海关译编:《近代浙江通商口岸经济社会概况——浙海关、欧海关、杭州关贸易报告集成》,浙江人民出版社 2002 年版,第 402、403、404 页。

类,除包括葡(萄牙)轮十三艘,希腊轮与那威轮各两艘,匈牙利轮与巴西轮各一艘外,复有英轮与德轮各一艘。闻二十一艘之中至少有十二艘系行驶上海与其他通商口岸间之航线者,故吨数之减少当亦以往来国内口岸类首当其冲。""现在葡商各轮公司,因被扣轮船虽经交涉,迄未由日方放还,已自四月十七日起,全部停航矣。""闻日人排挤第三国籍航运事业之方法,除上言者外,尚有强迫外轮向日当局登记,籍口军事行动,阻挠航行与对于沦陷区货物之装运,须经其签发'搬出证'等。"①由此可见,1937 年 8 月和 9 月日本政府发布的封锁令和对外国船的"临检留证"令,至 1939 年仍然在实行。

除了扣留轮船外,对其他国家的轮船采取限制运输货物的措施,是日本政府使出的另一种限制其他国家航运势力发展的釜底抽薪办法。

例如,在华北地区,"日本虽确言尊重第三国在华贸易之利益,实则唯图增进其自己之利益,而置第三国利益于不顾。最近天津宣布出口商欲输出物品,必须向海关证明已以出口物产价值之外币,售予'联准银行',始能照准。否则任何种物产,均不准出口。数月之前,青岛亦照样实行矣"。采取这种强迫外国轮船商将相当于出口货物价值的外币售予日方控制的"联准银行",一方面可以充实联准银行所发行纸币的价值;另一方面可以限制和减少外商轮船运输中国出口货物,可谓一举两得。因为"日方在其武力占据各区内,垄断中国之产物,彼等之目的唯在:'1. 供应战地日军之需要;2. 供给在华与本国之日本实业所需之原料;3. 余剩之物产可供输往欧美者,其售得之外币,尽入日方统制之银行掌握中'"。当然,日方之所以能够如此做,是"因铁路与水道全受日

---

① 见中国经济统计研究所发行:《经济统计月志》1939 年第 5 期。

军统制,不得其准许,任何对象均不能运输”①之故。这也就是日方要把交通权控制在手的重要原因。

运出土货限制如此,对于外轮运入中国的货物,日方同样进行阻挠:“日人禁阻沿海航运,原在杜绝第三国货品之输入”②。“日军封锁华南愈亟,本月初九龙与韶关间之交通曾遭切断,本埠(上海)货品经九龙内运者因此所受打击甚深”③。

在这种种限制和阻挠措施下,轮船航运业的总体演变趋势只能是日益趋减。这一点,从上述中国最主要的进出口商港上海的轮船吨位数变化,就十分明显。1939 年年底,往来外洋与往来国内各口岸轮船的吨位数字都有明显的趋减,其原因,“则系某方统治交通阻挠土货运申之所致。关于此点可引最近消息两则,以显明之:1. 上月底有德轮两艘在浒浦装货准备运申,某方籍口未经得其允许,将货扣留,事后,德轮空船返沪,暂时停航。2. 沪温航线续通续断已非一日,本月初有外轮四艘由沪驶温,复在瓯江口外被某方所阻,虽一再交涉,始终无效。结果,内中三艘原货开回,另一艘系意商经理,则未有消息”。《经济统计月志》在对此情况进行介绍后一针见血地指出日方,“其实统治交通与阻挠土货运申亦非某方真正目的,其真正目的乃欲垄断航运,垄断商业耳”④。

确实,为实现垄断中国长江和沿海航运及垄断商业的目标,日方在很长时期内一直使出各种方式阻挠和刁难其他国家的轮船公司。《申报》1940 年 11 月 3 日以“四外轮巨额船货,昨突遭没收”为题报道:“日军当局今日(2 日)在法租界外滩鱼市场码头,扣留

① 《国内要闻》,《银行周报》1939 年第 12 期。
② 中国经济统计研究所发行:《经济统计月志》1940 年第 1 期。
③ 中国经济统计研究所发行:《经济统计月志》1941 年第 3 期。
④ 中国经济统计研究所发行:《经济统计月志》1939 年第 12 期。

德、英、意、葡商内河轮四艘，并没收丝与棉货，价值二百万元有奇……轮上所载货物，当夜与今晨，遭日方检查，而卸入日方汽艇。”①此为采取没收其他国家轮船公司的货物，对各外国轮船航运业进行的刁难和打击。此后又成立水上宪兵队和便衣警军，对各国轮船实行监督和侦查骚扰，进一步对各国轮船航运业进行排挤：“自日水上宪兵队对行驶浙闽及江北之外轮严加限制后，各外商轮船遂遭遇更艰苦之厄运。行驶江北之利平、利玛等轮，自被扣留后，因损失巨大而停驶。实际上江北一带运沪之土产，除由日商轮包运外，外轮如欲装运，即有被没收之危险，而由沪运往江北一带之货物，亦由日商轮承运，外轮无插足之可能。而日方近复连日派出便衣警军，分赴各码头，侦查由各地驶沪之外轮，至沪浙航运，目前已濒于绝境，行驶各处之轮只，闲泊沪滨者达十余艘之多。过去日舰封锁浙海口时，外轮行驶虽受阻碍，但小帆船有时尚可行驶。现日舰对此类船只竟加阻止，而以机枪扫射。行驶温州被扣达二月余之德商海福轮，于去年底释放返沪，至今多日，日方依然禁止该轮卸货。其原因为该轮不接受其处罚之规则。但该轮所装载者，均系水果，经二月余之稽延，恐已全部腐烂矣。”②

在日方采取多种手段和措施多管齐下的压迫打击下，其他国家轮船航运势力遭受不断打击和排挤的同时，日方轮船航运业的发展以无可阻挡之势不断增强。“日人本身之航运事业”，“颇有蓬勃之气象……长江下游航运，自被日方统制后，日清公司上月底起已加派商轮五艘，航行江南线（上海至江阴间各口岸）与江北线（上海至青龙港间各口岸），同时，并已新辟上海至厦航线。他如大连汽船会社之专航北洋班，大阪商船会社之专航南洋班，与上海

① 《四外轮巨额船货，昨突遭没收》，《申报》1940年11月3日。

② 《日轮垄断下之长江航运》，《申报》1941年1月15日。

内河汽船公司之专航江浙两省沦陷区之内河班之办法,近亦进行颇为顺利”。此为1939年时的状况,该年“一至四月,日籍船只所增之吨数,已达46588吨”。① 此后经过不到一年,1940年2月,“本月份往来外洋类日籍船只已远在英籍者之上”。再过9个月,到1940年11月,往来国内口岸类船只中,日籍船只“已第一次驾乎同类英旗船只吨数之上”。1941年4月,《经济统计月志》在总结日方轮船航运业的发展趋势时指出:“‘八一三’之前,日旗吨数在往来外洋类占第二位,在往来国内口岸类占第三位,在欧战之前,往来外洋类日旗吨数不及英旗三分之二,往来国内口岸类,虽升为第二位,仅当英旗二分之一强。今则同时执两类吨数之牛耳矣”。②

在各种打击下,有的外国公司和船只只得将资产售与日本而停止营业。如1941年7月发生之“航运界重要事件”,则为主要经营沿海航运的“英商大沽拖驳公司之船只以二十五万英镑之代价售予日本东亚海运会社。其全部资产包括拖驳船四十六艘,码头、机器厂、大沽产业等”。《经济统计月志》在报道这条消息的同时惊呼:“然则英国将完全放弃华北之航权欤?”而“关于内河之航运,日商内河汽船公司之营业似颇不弱。该公司去年开始建造之货船74艘,已将造完成。今复拟添造货船36艘及舢板180只,闻前后建造之费用将达686万日元之多也”③。

在日方轮船航运势力的迅猛发展,特别是日本政府的强力支持下,1941年10月时,日方轮船航运势力已经牢牢控制了中国沿

① 中国经济统计研究所发行:《经济统计月志》1939年第5期。

② 上引见中国经济统计研究所发行:《经济统计月志》1940年第3期、1940年第12期、1941年第4期。

③ 中国经济统计研究所发行:《经济统计月志》1941年第8期。

海和内河航运业，在内河航运方面，更是"一般国籍者须经'特准'方能行驶，已成（日本）独占之局"。①

根据海关统计数字，1942年时中国各通商口岸往来外洋进出口轮船的吨位数中，日本为9623732吨，在各国轮船吨位合计数10582807吨中，独占90.94%；在中国各通商口岸往来国内进出口轮船总吨位数5273795吨中，日本总吨位数为3757683吨，占比为71.25%。在各国往来外洋和往来国内合计轮船总吨位数15856602吨中，日本轮船总吨数为13381415吨，占比为84.39%。② 已经远远超过了其他国家轮船数字的总和。

表5-35是海关统计的1943年中国各通商口岸往来外洋和往来国内各港口的商船只数、吨数和货物运输吨数，这些统计数字更加雄辩地证实到1943年，日本在中国的轮船航运业中已经牢牢占据了绝对的垄断地位。

表5-35　1943年中国各通商口岸进出外洋和国内轮船数、吨数及货物运输吨数

项目／国别	各通商口岸往来外洋轮船数					各通商口岸往来国内轮船数				
	只数	进出口轮船吨数	百分比（%）	进出口货物数	百分比（%）	轮船只数	进出口轮船吨数	百分比（%）	进出口货物数	百分比（%）
中国（非民船）	869	507481	5.98	221256	3.36	1862	735530	21.62	277775	24.03
中国民船	1083	48258	0.57	17593	0.27	2485	62805	1.84	44914	3.88
法国	—	—	—	—	—	27	742	0.02	—	—
德国	6	14456	0.17	14043	0.21	61	103366	3.03	73888	6.39
意大利	1	1172	0.01	—	—	1	1172	0.03	25	0.00

① 中国经济统计研究所发行：《经济统计月志》1941年第10期。

② 上引数字见中国第二历史档案馆、中国海关总署办公厅合编：《中国旧海关史料（1858—1948）》第143册，京华出版社2001年版，第90页。

续表

项目 国别	各通商口岸往来外洋轮船数					各通商口岸往来国内轮船数				
	只数	进出口轮船吨数	百分比(%)	进出口货物数	百分比(%)	轮船只数	进出口轮船吨数	百分比(%)	进出口货物数	百分比(%)
日本	8624	7808869	92.04	6237010	94.81	2879	2279204	67.00	671149	58.07
满洲	94	38316	0.45	7997	0.12	532	213809	6.28	111207	9.62
葡萄牙	28	65632	0.77	80140	1.22	2	4688	0.14	—	—
总计	10705	8484184	100.00	6578039	100.00	7849	3401316	100.00	1178958	100.00

注:1. 本表将原表进口栏和出口栏的数字做了总计处理,百分比栏目为笔者设定,统计数字均为笔者计算。

2. 本表是根据原表中有统计数字的国家所做的统计表,英国、美国、巴拿马、挪威等国此时已无数字,故未显示。

3. "中国(非民船)"一栏的数字完全是轮船的统计数字。"中国民船"一栏中显示的是符合"普通行轮章程进出口"的民船,除此之外的民船不包括在内。

资料来源:中国第二历史档案馆、中国海关总署办公厅合编:《中国旧海关史料(1858—1948)》第145册,京华出版社2001年版,第574页。

根据统计,此前英美等航运强国的轮船数字已经完全消失,法、意、德等国的数字微不足道,只有日本的轮船航运数字高居榜首。1943年,日本在中国往来外洋轮船的吨位数百分比中占据92.04%,在进出外洋的货物运输数中占据94.81%;在往来国内各口的轮船数中占据67%,在往来国内各口的货物运输数中占据58.07%。而且,这还是在没有加上日本势力掌控的伪"满洲国"的轮船统计数上的比例数。因此,无论从哪一个数据和角度看,此时期日本在中国的航运业中都占到了绝对的垄断地位。

第六章

伪“满洲国”、伪“蒙疆”和关内沦陷区的对外经济关系

1937年,日本帝国主义发动全面侵华战争,意图完全占领中国。除了它之前占领的中国东北以外,还扩大侵略,侵占内蒙古、华北、华东、华南大片中国土地。日军在占领区,相继成立了伪“满洲国”、伪“中华民国临时政府”(后改称伪“华北政务委员会”)、伪“蒙疆联合自治政府”(后改称伪“蒙疆自治邦政府”)和伪“中华民国维新政府”(后被汪伪“中华民国国民政府”替代)等傀儡政权。日本帝国主义确立了“以战养战”“以华制华”的“基本国策”,通过在占领区利用各傀儡政权进行大规模的经济劫掠,为日本在全球扩张战略服务。日本的这一“基本国策”深刻影响着伪“满洲国”、伪“蒙疆”和关内沦陷区的对外经济关系。

这一时期伪“满洲国”、伪“蒙疆”和关内沦陷区的对外经济关系比较复杂,关键有两点:一是辨别真“外”假“外”,难度颇大;二是当时日本方面实行“军财抱合”及“以战养战”,侵华日军在伪“满洲国”、伪“蒙疆”和关内沦陷区的掠夺有很大部分是通过日资企业进行的,这使得当时国际收支平衡估计表“一般项目”里的进出口贸易、外国在华驻军费等,“资本项目”里的外国在华企业投资及其利润估算难度加大。

第一节　伪"满洲国"的对外贸易、外债与国际收支

1931 年前,中国东北的对外贸易占全国进出口总额的 37%,是当时中国唯一贸易出超的地区。东北的沦陷,使中国的出口贸易,特别是农产品的出口受到沉重打击。日本帝国主义在中国东北炮制伪"满洲国"傀儡政权,又以伪"满洲国"为"根据地",扩大侵略战争。日本在伪"满洲国"进行土地、矿产、金融和其他经济资源的掠夺,为其侵略战争服务。伪"满洲国"的对外贸易、外债与国际收支,被深深刻上了日本法西斯殖民掠夺经济的烙印。

日本侵占中国东北前后在华北大规模的走私活动,也严重地影响了中国正常的进口贸易。出口方面,自日本帝国主义武装侵占东北后,减少了中国东北的出口货物,同时这一时期正值西方资本主义各国为摆脱经济危机,纷纷实行输入贸易统制政策,提高进口货税率,限制进口,对农产品限制尤严。而中国出口产品中,恰恰以农产品及其制成品为最大宗,出口量大受影响。

1931 年"九一八事变"后,日本侵略势力夺取了中国东北的全部海关,利用海关作为其在东北实施贸易统制的重要工具。日本侵略势力以伪满政府名义公布《贸易统制法》等,加强了其在中国东北的贸易统制。

伪满时期的对外贸易,直接反映了日本的需要。伪满政府成立后,日本投资激增,东北经济完全被日本控制,出口贸易中日本(包括朝鲜)占最多数。在进口方面,由于大规模经济建设的需要,日本不断对伪满增加投资,因此进口逐年增大。从各海关看,大连、安东、营口占大部分。

伪满政府成立初期(1932—1936 年),对日贸易中因生产及建设物资进口,贸易赤字常达 1 亿元左右;而日本对伪满的投资,则

从3亿元增至5亿元。因此，虽然贸易入超，实际上由日本流入的资金比入超额多七八千万元。1937—1941年，伪满产业计划在第一年就因“七七事变”不得不进行修改，变成以军需生产为重点，大力开发重工业和优先进口建设所需的生产物资，贸易逆差严重，国际收支大为不利；1942年迄日本投降，1941年太平洋战争爆发后，伪满国际收支的收入部分，因日本投资锐减而大为减少；支出部分，由日本的进口虽然已经减少，但日本关东军军费从1944年9月后即不由日本国库支付，而改由当地筹措，亦即由伪满政府承担，因此伪满对日支出竟超过收入2亿元乃至13亿元。

一、日本在中国东北实行贸易统制

日本在中国东北实行的贸易统制，是与其在中国东北实行的全面经济统制紧密联系的，是多管齐下的。日本帝国主义于1931年发动“九一八事变”侵占中国东北后，从1932年6月强夺大连海关到1933年1月强行接收绥芬河海关，夺取了中国东北的全部海关。日本利用东北的海关作为其在东北实施贸易统制的重要工具。日本侵略势力又分别于1933年7月、1933年10月、1935年11月3次修订东北海关进出口税率，便于其在东北倾销日本商品及掠夺东北的丰富资源。1932年，日本侵略者指使伪满在山海关长城一带设立“税关”，宣布对关内贸易课以进出口税。① 伪满将中国关内商品当作外国产品而课以关税，使得中国商品在东北市场被日本商品进一步排挤，也使得伪满的进出口贸易逐步集中于

① 中国抗日战争史学会、中国人民抗日战争纪念馆编：《抗战时期的经济》，北京出版社1995年版，第172页；东北物资调节委员会研究组编：《东北经济小丛书·贸易》，1948年印行，第75—77页。

日本。

1932年6月,日本侵略势力公布《满洲中央银行法》,在掠夺中国东北金融机构基础上建立伪满“中央银行”,使之成为统一伪满币制、统制伪满金融的职能机构。日本侵略势力公布《货币法》等,将伪满的货币制度纳入日元体系,使伪“满洲国”在金融和货币制度方面沦为日本的殖民地、附属国。[①] 日本侵略势力在中国东北的金融统制,也是其在东北贸易统制的重要组成部分。

1933年3月,日本侵略势力以伪满政府名义制定了《满洲国经济建设纲要》[②]。该纲要主旨是以经济建设名义对中国东北重要经济部门进行统制,以更多地攫取东北资源。1934年3月,《日满经济统制方策要纲》出笼,力求“将日满经济作为同一组织体,以合理的融合为目标,考虑两国资源状况、既有产业状况和国民经济发展态势,实行适地适应主义”[③]。《满洲国经济建设纲要》提出,“重要之部门施以国家的统制”,对“公共、公益性质的事业”,实行“公营或特殊会社经营”。[④] 日本人在中国东北为此投入巨额资金建立多个行业的特殊会社和准特殊会社,利用东北资源实行垄断经营。到1936年,已有特殊会社和准特殊会社13家,名义资本达到12819万元。到1937年“七七事变”止,伪满特殊会社增至28家,资本总额4.8亿多元。到1943年3月,伪满的工矿、交通部

① 参见解学诗著:《伪满洲国史新编》,人民出版社1995年版,第148—149页。

② 中央档案馆等编:《日本帝国主义侵华档案资料选编·东北经济掠夺》,中华书局1991年版,第3页。

③ 中央档案馆等编:《日本帝国主义侵华档案资料选编·东北经济掠夺》,中华书局1991年版,第36—37页。

④ 解学诗著:《伪满洲国史新编》,人民出版社1995年版,第311—312页。

门公司企业实缴资本总额为61亿元，其中特殊会社、准特殊会社的实缴资本占59%强。这充分显示特殊会社、准特殊会社在伪满经济中的垄断地位。[①] 日本侵略势力大力组建特殊会社、准特殊会社，统制和掠夺采矿和冶炼业、轻重工业等，以产业升级代替初级产品出口，其目的是加强在中国东北的经济统制和经济掠夺。

在日本帝国主义发动全面侵华战争的前一年，1936年8月日本侵略势力以伪满政府名义公布《贸易紧急统制法》，中国东北开始进入统制贸易，大规模输入日本生产性资本。1936年12月，伪满政府实施“保税输送”制度，设置保税仓库、保税货场、保税工场等，东北贸易体制遂有急剧的变革。1937年12月，日本侵略势力以伪满政府名义公布《贸易统制法》，规定“禁止、限制输出入及增加或减免关税等重要事项”，以适应全面侵华战争需要，加强在中国东北的贸易统制，以期“保护日本利益，补助日本经济”。[②] 1938年2月，伪满政府公布《国家总动员法》，公布了经过多次修订的《汇总管理法令》等，贸易统制进一步加强。

1939年，第二次世界大战爆发后，伪满在国际市场上的进口受到沉重打击，只能从日本势力范围内获取极少的重要物资。为了应付这种情势，日本、伪满与关内沦陷区展开物资流通。1940年9月公布《加强一元贸易统制之实施要纲》，设置贸易汇兑委员会和临时贸易汇兑局。1940年10月，日本人主导制定《日满华经济建设要纲》，要求“改组和加强日满华经济”，“扩大组成东亚共荣圈”，希望中国与日本加强协作，“开发资源，复兴经济，特别要

① 章伯锋、庄建平主编：《抗日战争》第六卷，四川大学出版社1997年版，第83—85页；解学诗：《伪满洲国史新编》，人民出版社1995年版，第312—313页。

② 东北物资调节委员会研究组编：《东北经济小丛书·贸易》，1948年印行，第86—87页。

谋求交通的发达,物资交易的通畅,重要产业和资源的开发”,中国东北要重点发展矿业、电气事业、重工业及化学工业。[①] 1941年,在《日满华经济建设要纲》的基础上,伪满政府制定了一个《日满华经济建设联系要纲》,确定了在经济圈内伪“满洲国”应负担的责任和所起的作用。《日满华经济建设要纲》确定了第二次五年计划的方针。

太平洋战争爆发后,伪满原定的经济建设计划全盘变动,日本占领各地区均中止仰赖日本,转为对日出口。伪满对日、德、意的互惠贸易难以为继。伪满不得不放弃外援,致力于调整日本、伪满、关内之间的贸易政策。1942 年 1 月,设立伪满贸易联合会。[②]

太平洋战争爆发以后,日本将战争物资供应问题提上日程,资源贫乏愈显沉重。1941 年 12 月 22 日,伪满“国务院”总务厅为此抛出了《战时紧急经济方策要纲》[③]。《战时紧急经济方策要纲》强调伪“满洲国”竭尽全力支持日本,应对“大东亚战争”爆发而出现的“紧急事态”,为此必须进一步“整备并强化”伪满经济的“战时体制”;“发挥”伪满“自给资源”的作用;“加强”伪满同“大陆各地区”(即朝鲜和中国华北、华中、华南沦陷区)的“经济联系”;提出“在军需资源方面,要限制国内消费并加强增产,特别是在钢铁、煤炭、燃料、金属、农产品等物资方面,要竭尽全力增大对日的贡献”;同时考虑到伪满“国防的特殊地位”,必须“以及时满足日

① 中国抗日战争史学会、中国人民抗日战争纪念馆编:《日本对华北经济的掠夺和统制》,北京出版社 1995 年版,第 27—30 页。

② 关于伪满与旧关东州贸易统制的一体化,初期在伪满方面设立“满洲生活必需品输入联盟”及各种公会,在旧关东州方面设立“关东州贸易实业组合联合会”,分别实施消费物资的贸易统制。

③ 陈本善:《日本侵略中国东北史》,吉林大学出版社 1989 年版,第 590 页。

本战时紧急需要作为各项经济政策的唯一目标，以迅速征服战时的紧张局势”。随着战争的扩大和战线的拉长，日本陷入不能自拔的物资困境，更加重视在中国东北的贸易统制和经济掠夺。在掠夺东北金属方面曾经在东北全境开展“金属献纳”运动。1942 年 4 月 8 日，伪满政府制定《捐献金属处理要纲》，又于 1943 年 4 月 8 日制定了《金属献纳强调要纲》，下令进一步回收金属，以支援“大东亚圣战”。1943 年，伪北安省为支持日本的“圣战”，把德都钟灵寺 187 尊铜像尽数献纳，还隆重举行盛大的献纳仪式。日伪“回收”金属之风竟然达到恣意破坏重要历史文物的严重程度。日本侵略势力制定的《战时紧急经济方案纲要》这一经济掠夺纲领一直推行到日军无条件投降为止。①

二、伪“满洲国”的进出口贸易

（一）“九一八事变”前东北对外贸易概况

18 世纪末叶，沙俄势力进入黑龙江流域，当时贸易量很小。19 世纪 50 年代中俄《瑷珲条约》、中英《天津条约》等签订后，东北与俄、英、日、德等国贸易才初具规模，达 500 万海关两。中日甲午战争后，东北因资源丰富，成为列强所需原料的供给地，俄、日、英、美、德等列强与东北的贸易较多，其中沙俄、日本成为侵占东北的急先锋。俄国因“干涉还辽”取得清政府信任，强占旅大为租借地，并开放为自由港，积极铺设中东铁路，同时取得了铁路附属地的使用权、矿山开采权、森林砍伐权、电信电话建设经营权等特殊权利。东北的贸易商品主要为：出口大豆、豆饼、种子、面粉等农产品及半成品，

① 张宪文、张玉法主编：《中华民国专题史》第 12 卷，南京大学出版社 2015 年版，第 134—135 页。

入口麻袋、棉织品、水产品、砂糖、煤油、焦炭、钢铁等工业品。日本则迫切希望获取东北豆饼,极力扩张势力。豆饼在东北经济中的地位也迅速提高,营口的油坊工业日益发达,机器油坊也陆续出现。东北经济市场与外国的关系,日益紧密,营口贸易额在1897年达到900万两,1904年竟达到1700万两。日俄战争后,安东、大连、大东沟、满洲里、绥芬河、瑷珲、三姓、哈尔滨、珲春、龙井村等地,也相继开放。日本占据大连后,锐意经营,港口吞吐和铁路运输能力大大增强,"九一八事变"前,日本对东北贸易总额已经达到27000万两,占东北全部贸易的35%。① "九一八事变"后,日本将东北据为己有;苏联被迫出卖中东铁路,它在东北的势力被局限于哈尔滨以北;英、美等国因为不承认伪满政府,贸易也锐减。如表6-1所示,这一时期,东北贸易在1929年达到最高潮,总贸易为7.45亿海关两。与关内贸易相比,东北贸易增长速度较快;而且与关内基本处于入超的状态不同,连年出超。在"九一八事变"前的五年间,东北每年平均输出额为6.6亿元,输入额为4.35亿元,出超2.25亿元。

表6-1 伪满贸易统计(1921—1931年)

(单位:千海关两)

项目/年份	出口			进口				总贸易额
	对外国	对关内	计	外国品		中国品(由关内)	计	
				由国外	由关内			
1921	—	—	234407	—	—	—	218187	452594
1922	—	—	267659	—	—	—	188452	456111
1923	—	—	287032	—	—	—	200911	487943
1924	—	—	262413	—	—	—	193574	455987

① 东北物资调节委员会研究组编:《东北经济小丛书·贸易》,1948年印行,第12—13页。

续表

项目 年份	出口			进口				总贸易额
	对外国	对关内	计	外国品		中国品（由关内）	计	
				由国外	由关内			
1925	—	—	306390	—	—	—	238156	544546
1926	—	—	363314	—	—	—	270507	633821
1927	294129	107153	401282*	179554	18103	64678	262336	663619
1928	323170	105429	428639	213767	16648	64421	294837	723476
1929	332508	90365	422873	230061	17027	75313	322402	745275
1930	292125	97864	389989	206804	17216	72628	296649	686638
1931	326087	147781	473868	152652	9162	57133	218948	692816

注：* 原表数据为 401283，此处为订正数据。

资料来源：据东北物资调节委员会研究组编：《东北经济小丛书·贸易》，1948 年印行，第 15、17 页相关表格绘制。

从东北各海关统计看，辽南的大连、营口、安东三口最多，几乎占总贸易额的 90%；松北的哈尔滨、瑷珲两口约占 10%；吉东的龙井村、珲春两口则微不足道。大连是东北最大的国际商港，贸易额约占总额的 60%左右，且有出超的趋势。除了日本将之作为经济侵略的重要据点而大力经营外，主要还因为大连制油工业非常发达。营口的对外贸易在民国初年尚占据东北第一位，但因大连的繁荣而受到抑制。直到 1928 年"东北易帜"以后，因为铁路运费和税收减少的关系，才暂时呈现好转的趋势。

（二）伪满初期的贸易状况（1932—1936 年）

"九一八事变"后，日本在东北倡导"日满一体经济圈"。伪满政府成立时，设立了关东军特务部。这是一个庞大的组织，它网罗了国民经济各方面的专家，专门研究和拟定侵略满洲的经济计划。1933 年 3 月，以伪满政府名义制定的《满洲国经济建设纲要》，就是由该部制订的经济侵略计划。① 该纲要主旨是振兴实业,对重要经济部门进行统制,并制定了具体的经济建设方针。1934 年 3 月,《日满经济统制方策要纲》出笼,力求“将日满经济作为同一组织体,以合理的融合为目标,考虑两国资源状况、既有产业状况和国民经济发展态势,实行适地适应主义”②。

中国东北地区的自然资源十分丰富。根据 1936 年伪“满洲国”“国务院”的资源调查报告,中国东北地区可耕地面积为 4000 万顷(40 亿亩),其中已耕地 2500 万顷。森林面积为 1.7 亿顷。当时东北年产大豆 250 万吨,小麦 200 万吨,稻子 70 万吨,小米 100 万吨,高粱 800 万吨,玉米 500 万吨,杂粮豆类(大豆除外)60 万吨,棉花 30 万吨,烟草 16 万吨。存栏牲畜包括马 400 万匹,牛 300 万头,羊 3000 万头,猪 4000 万头。中国东北地区煤炭储量约为 30 亿吨,铁储量约 40 亿吨。其他矿物有黄金、菱镁矿、铝矾土、油页岩、金刚石等。林业、渔业资源也非常丰富。

伪满时期的对外贸易,直接反映了日本的需要。在关税方面,伪满政府发表“关税独立宣言”,于 1932 年 9 月声明将中国视为外国,并先后于 1933 年 7 月和 1934 年 11 月两次修改税则。在出口方面,伪满初期正值“大萧条”,世界经济衰退,东北天灾频仍,农业生产急剧下降,因此出口呈现萎缩状态。其后因为社会秩序逐渐恢复,经济状况有所好转,自 1936 年,出口才又增加。在进口方面,由于大规模经济建设的需要,日本不断对伪满增加投资,因此进口逐年增大。从各海关看,大连、安东、营口占大部分,其中大

---

① 中央档案馆等编:《日本帝国主义侵华档案资料选编·东北经济掠夺》,中华书局 1991 年版,第 3 页。

② 中央档案馆等编:《日本帝国主义侵华档案资料选编·东北经济掠夺》,中华书局 1991 年版,第 36—37 页。

表 6-2　伪满贸易统计（1932—1936 年）

（单位：千元）

项目 / 年份	出口额		进口额		总贸易额		净进口额	
	出口额	纯出口额	进口额	纯进口额	总贸易额	纯贸易额	净进口额	纯净进口额
“九一八事变”前五年平均	660403	638527	435302	413518	1095705	1052045	225101	225009
1932	618156	599761	337672	319277	955828	919038	280484	280484
1933	448477	423790	515832	491144	964309	914934	-6735	-67354
1934	448426	419956	593562	565091	1041988	985047	-145136	-145135
1935	421077	391545	604149	574616	1025226	966161	-183072	-183071
1936	602758	528616	691830	617687	1294588	1146303	-89072	-89071

注：“出口额”“进口额”中均包括过境商品，主要为以大连为卸货场所而转口国外的贸易，这些商品应列入“转口贸易”项目，如减去转口贸易的数额，即为“纯进口额”“纯出口额”。

资料来源：据东北物资调节委员会研究组编：《东北经济小丛书·贸易》，1948 年印行，第 31、32 页相关表格绘制。

连港在1933年竟占总额75%强,1936年占75%弱,辽南三口合计占90%以上。从贸易对象看,“九一八事变”之前,东北出口贸易中,日本居首位;伪满政府成立后,日本投资激增,东北经济完全被日本控制,出口贸易中日本(包括朝鲜)占最多数。1932年对日出口为2.35亿元,占全国贸易额的38%;1936年为2.85亿元,占47%。① 从贸易种类看,这一时期东北出口产品仍以大豆及大豆制品、其他农产物、煤、原铁为主,进口则多为棉纺、面粉、烟草、砂糖等,其他化学工业药品等生产所需物资,较前也有增加。

表6-3 伪满出口商品(1932—1945年1月) (单位:千吨)

年份\商品	大豆	粮谷	油类	花生	豆饼	煤	铁及铁矿石
1932	2478	670	128	42	1410	3780	365
1933	2302	392	82	55	1067	4546	488
1934	2424	565	98	94	1222	4263	437
1935	2371	208	88	5	1015	3977	428
1936	1898	462	84	7	841	3720	306
1937	1945	367	94	102	808	3004	642
1938	2164	599	73	82	869	—	984
1939	1711	703	95	28	1220	—	580
1940	602	188	26	26	495	3312	547
1941	683	365	20	8	448	2635	953
1942	685	316	12	12	541	1602	979
1943	686	361	11	3	456	2383	829
1944—1945年1月	828	699	13	—	505	35	372

资料来源:孔经纬:《东北经济史》,四川人民出版社1986年版,第390、490页。

① 东北物资调节委员会研究组编:《东北经济小丛书·贸易》,1948年印行,第32—37页。

表 6-4　伪满进口商品占进口总额的比重(1936 年)(单位:%)

种类	百分比	种类	百分比
棉织品	12.6	烟草	1.5
毛织品	2.6	砂糖	4.3
麻袋	2.0	化学药品	2.2
棉线	1.1	铁与钢	5.7
棉花	2.7	机械及工具	5.6
小麦粉	3.9	车辆类	5.7

资料来源:孔经纬:《东北经济史》,四川人民出版社 1986 年版,第 392 页。

(三)全面抗战时期伪满的对外贸易(1937—1945 年)

1937 年 5 月,伪满政府颁布《重要产业统制法》,对 21 种重要产业进行严格管控。1937 年 6 月,伪满政府开始实行第一次产业开发五年计划,致力于东北各种产业的开发,旨在使日本攫取东北的资源。“七七事变”后,为了配合日本战时经济的需要,伪满政府对计划进行修改,规定以军需生产为重点,努力建设重工业,扩充生产能力,所需物资 50% 由日本进口,生产资料输入为 1937—1939 年贸易的一大特征。从各海关看,大连贸易额仍占首位。由于日本占领华北,经由山海关的贸易①逐渐复苏,进出口均有增加(见表 6-5、表 6-6)。

1937—1939 年,伪满贸易的主要特点有:第一,伪满为推动大规模建设,在贸易统制政策下将生产器材与生活必需品进口并重,减免进口关税;对非急需和奢侈品则限制进口。第二,对关内的贸易,因为此前伪满与国民党政府均设置重税而一度萎缩,现在则有

① 这里含有假“外贸”,即关内与关外的贸易。

表 6-5 伪满贸易统计(1937—1939 年)

(单位:千元)

项目 / 年份	出口额		进口额		总贸易额		净进口额	
	出口额	纯出口额	进口额	纯进口额	总贸易额	纯贸易额	净进口额	纯净进口额
1937	645294	562548	887400	804662	1532694	1367210	-242106	-242114
1938	724009	665808	1273878	1215102	1997887	1880910	-549869	-549294
1939	834693	766253	1799143	1747660	2633836	2513913	-964450	-981407

注:因为伪满贸易统计中,系将旧关东州包括在内;但旧关东州的输入总额中有一部分又转口关内或其他国家,一部分于该地区内部消费,因此伪满的实际进口额要低于这一数据。

资料来源:据东北物资调节委员会研究组编:《东北经济小丛书·贸易》,1948 年印行,第 47 页相关表格绘制。

逐渐增加的趋势。第三,伪满第一次产业开发计划虽然仰赖日本生产器材,但也尽量从德国、意大利进口;由于德国、意大利都需要大豆,因此在日本的斡旋下,1936 年 4 月签订了《满、德贸易协定》,该协议主要内容为伪满对德出口 1 亿元大豆,德国向伪满出口 2500 万元重工业器材,此后又进行追加。1937 年秋,德国奥特沃尔财团与伪满中央银行签订"国际信用借款",限伪满向德国进口重工业制品。伪满与意大利之间也签订了《满、日、意贸易协定》。从贸易商品看,大豆和豆油、豆饼出口,在 1937—1939 年还在不断增加。1939 年大豆及豆制品出口量为 300 万吨,价值 3.5 亿元。从 1940 年起,大豆、豆油、豆饼的出口锐减,主要是受到"第二次世界大战爆发之后欧洲市场受影响所致"(见表 6-7)。①

这一时期,日本、朝鲜、伪满、华北、华中、华南与南洋若干地区,虽然可以进行物资流通,并采取种种办法,设立特殊交易资金部、交易公司等,但终因日本战局不断失利,制海权被美军掌握,陆路运输也非常有限,伪满经济终于到了不可收拾的地步,贸易额锐减。此期间伪满与各地的贸易,多为协定贸易,根据"物动计划"实行,所有对外贸易,不问品质、数量、价格,一律由伪满政府决定。伪满政府对物价高昂地区的贸易,采取"经济平衡资金制度"②,加以补贴。这一时期,伪满政府制定《战时紧急经济方策要纲》,其

① 孔经纬:《东北经济史》,四川人民出版社 1986 年版,第 489 页。

② "经济平衡资金制度",为伪满在统制经济背景下,为了防止物价昂贵而采取的经济缓冲办法,其目的主要是:平衡对外国交易物资价格与伪满价格的差额,使境内生产商品的成本维持平衡,对重要产业进行补助。这一制度肇端于 1937 年的铜铁平衡资金办法,这一办法将"日满商事会社"的铜铁统制贩卖所得利润加以保管,用作调整各厂生产成本之需。后来这种办法逐次推广发展,渐及煤、非铁金属、化学药品、水泥、矿石等。1943 年,伪满特设"经济平衡资金部"。

目的是增产战时紧急物资,把东北作为原料生产地,通过对它的榨取扩大对日本的援助。

表 6-6　伪满进出口贸易统计(1940—1945 年)

(单位:百万元)

年份＼项目	进口	出口	总贸易额	净进口额
1940	684	1771	2455	-1087
1941	675	1409	2084	-734
1942	751	1397	2148	-646
1943	915	1402	2317	-487
1944	903	1091	1994	-188
1945 年 1—2 月	103	230	333	-127

资料来源:据东北物资调节委员会研究组编:《东北经济小丛书·贸易》,1948 年印行,第 60 页第 38 表绘制。

表 6-7　伪满主要进出口商品对日本贸易依存度(1933—1939 年)

(单位:%)

年份＼项目	出口种类					进口种类			
	大豆(包括黄豆以外的种类)	大豆三品	大豆以外的主要农产品	动物性纺织品及毛皮	生产品	纺织品	食料嗜好品	消费品合计	生产品
1933	24. 2	34. 2	74. 8	70. 7	85. 3	65. 1	62. 6	64. 1	54. 0
1934	24. 8	35. 6	55. 8	61. 8	83. 5	89. 3	53. 8	74. 0	88. 3
1935	33. 4	40. 5	51. 4	67. 6	86. 2	92. 4	62. 8	77. 6	90. 9
1936	33. 4	39. 7	61. 2	58. 9	86. 6	95. 1	60. 0	80. 5	96. 8
1937	34. 0	43. 7	69. 8	55. 1	89. 7	70. 2	70. 1	72. 7	80. 9
1938	34. 1	45. 6	62. 4	70. 3	93. 4	65. 8	88. 6	75. 4	69. 9
1939	46. 3	58. 9	67. 8	70. 0	96. 0	94. 5	85. 9	89. 8	82. 2

资料来源:《满洲建国十年史》,第 620 页,见孔经纬:《东北经济史》,四川人民出版社 1986 年版,第 393 页。

表 6-8A 日本所占中国对外贸易国别比重 （单位:%）

地区	年份	进口	出口
东北占全国	1919	64.5	60.4
	1927	55.2	34.9
	1931	56.9	44.9
	1936*	83.0	59.2
全国总计	1919	36.3	30.9
	1927	28.4	22.7
	1931	20.0	27.4
	1936	16.3	14.5

注:* 为 1936 年东北数字引自伪“满洲国”贸易统计,该数字不包括在“全国总计”栏内。该年东北同日本的贸易数包括中国台湾和朝鲜。

资料来源:摘编自郑友揆:《中国的对外贸易和工业发展》,上海社会科学院出版社 1984 年版,第 60—63 页。

表 6-8B 日本与伪满的贸易关系(1942—1945 年) （单位:千元）

项目 年份	日本对伪满出口	占日本出口总额的比重	日本由伪满进口	占日本进口总额的比重
1942	546202	55	990344	31
1943	400122	48	796795	20
1944	456176	49	632749	23
1945	246658	41	161874	25

资料来源:《满洲开发四十年史》下卷,第 795 页,见孔经纬:《东北经济史》,四川人民出版社 1986 年版,第 492 页。

表 6-8A、6-8B 两个表对照来看,可以大致反映 20 世纪上半叶中国东北(伪“满洲国”)在日本对外贸易的地位变化。1942 年,日本由伪满进口占日本进口总额的比重有 31%,日本对伪满

出口占日本出口总额的比重达到55%;之后这两个占比都有所下降,至1945年,日本由伪满进口占日本进口总额的比重为25%,日本对伪满出口占日本出口总额的比重下降到41%。

三、伪“满洲国”的外债与国际收支

(一)外债

伪满外债情况,因复杂的政局和战事演变,难以详细说明,而且统计数据相互矛盾。可以从以下三个方面推求大略情形。

首先,从伪满政府的国债情况看。发行“国债”是伪满政府财政收入的重要组成部分,在1938年实施资金统制后应该也是外债的主要部分。据统计,1932年国债收入占财政收入的24.1%,随着境内税和关税收入的增加,国债收入占比大幅减少,1933年仅4.6%,1937年1.8%,此后又迅速增加,1942年占比17.6%,1943年发行公债516.1百万元,占比高达24.4%。这部分统计数据不甚精确,但总趋势应该不会有大的差错。

表6-9 伪满政府发行国债额(1931—1941年)

(单位:百万元)

项目 年份	“内国”(境内)债	外国债	总计	国债收入占财政总收入的比重(%)
1931	7.5	20.0	27.5	—
1932	55.1	50.3	105.4	24.1
1933	78.3	50.3	128.6	4.6
1934	80.5	88.3	168.8	—
1935	114.8	116.2	231.0	3.8

续表

年份＼项目	“内国”（境内）债	外国债	总计	国债收入占财政总收入的比重(%)
1936	154.4	170.1	324.5	—
1937	255.0	207.0	462.0	1.8
1938	512.7	346.3	859.0	10.1
1939	899.3	417.9	1317.2	13.2
1940	1090.0	636.3	1726.3	5.3
1941	1376.4	851.0	2227.4	15.4

资料来源:《满洲建国十年史》,见孔经纬:《东北经济史》,四川人民出版社 1986 年版,第 444、466、484—485 页。

其次,据伪满中央银行档案,1932—1945 年伪“满洲国”公债情况如表 6-10 所示。表中“日币公债”中“余额”数额与表 6-9 中“外国债”数额相差无多。由表 6-10 可见,1939 年以后,“日币公债”发行大幅增加,而偿还数额很少,于是余额日益增加,至 1945 年几乎达到 10 亿元,约占公债总额的 25%。

表 6-10　伪“满洲国”公债情况(1932—1945 年)

(单位:百万元)

年份＼项目	伪币公债			日币公债			总计		
	发行	偿还	余额	发行	偿还	余额	发行	偿还	余额
1932	—	—	—	35.0	0.5	34.5	35.0	0.5	34.5
1933	50.9	—	50.9	—	0.1	34.4	50.9	0.1	85.3
1934	3.6	—	54.5	10.0	0.1	44.3	13.6	0.1	98.8
1935	8.2	—	62.7	60.0	2.1	102.2	68.2	2.1	164.9
1936	30.0	—	92.7	60.0	4.1	158.1	90.0	4.1	250.8

续表

项目 年份	伪币公债			日币公债			总计		
	发行	偿还	余额	发行	偿还	余额	发行	偿还	余额
1937	105.5	—	198.2	45.0	6.1	197.0	150.5	6.1	395.2
1938	150.0	—	348.2	50.0	8.9	238.1	200.0	8.9	586.3
1939	106.0	—	454.2	200.0	11.5	426.6	306.0	11.5	880.8
1940	537.5	—	991.7	200.0	2.1	624.5	737.5	2.1	1616.2
1941	230.0	10.0	1211.7	220.0	2.4	842.1	450.0	12.4	2053.8
1942	545.8	0.1	1757.4	114.5	3.4	953.2	660.3	3.5	2710.6
1943	406.0	39.5	2123.9	20.0	4.9	968.3	426.0	44.4	3092.2
1944	472.0	7.3	2588.6	15.0	8.1	975.2	487.0	15.4	3563.8
1945	380.0	0.4	2968.2	—	32.0	943.2	380.0	32.4	3911.4

资料来源:中央档案馆等编:《日本帝国主义侵华档案资料选编·东北经济掠夺》,中华书局1991年版,第782页。

最后,从日本对伪满投资看,"九一八事变"前,日本对东北的投资,主要以大连旧满铁及其关系会社为中心,渐渐扩展到旧满铁沿线各都市,但一直受到中国政府方面的限制,因此投资额不过18亿元左右。① 日本占领东北后,特别是随着伪满政府的成立,日本建设资金和物资流入大增,特别是实行第一次产业开发五年计划,所需资金和物资更多。伪满政府对日本投资予以各种政策便利,并于1938年颁布《工厂抵押法》《矿业财团抵押法》《社债担保权信托法》等,设立企业财团社债制度,并实施资金统制。日本的金融财团组成债券推销团,对伪满国债予以优遇。1940年,这些投资中有一部分为间接投资,这是伪满政府外债的主要组成部分

① 东北物资调节委员会研究组编:《东北经济小丛书·贸易》,1948年印行,第110页。

（见表6-11）。

表6-11　日本对东北的投资（1931—1944年）

（单位：百万元）

年份	投资额	年份	投资额
九一八事变以前	1800	1938	525
1932	97	1939	1075
1933	160	1940	1225
1934	252	1941	1424
1935	382	1942	1299
1936	263	1943	989
1937	453	1944	871

资料来源：东北物资调节委员会研究组编：《东北经济小丛书·贸易》，1948年印行，第111页。

（二）国际收支

伪满政府国际收支的沿革，可以分为三个时期：第一，伪满政府成立初期（1932—1936年），对日贸易中因生产及建设物资进口，贸易赤字常达1亿元左右；而日本对伪满的投资，则从3亿元增至5亿元。因此，虽然贸易入超，实际上由日本流入的资金比入超额多七八千万元。第二，产业开发五年计划时期（1937—1941年），伪满产业计划在第一年就因“七七事变”不得不进行修改，变成以军需生产为重点，大力开发重工业和优先进口建设所需的生产物资，贸易逆差严重，国际收支大为不利，于是实行统制日元资金办法，并由日本银行设立各种信用贷款。第三，太平洋战争时期（1942年迄日本投降），1941年太平洋战争爆发后，伪满国际收支的收入部分，因日本投资锐减而大为减少；支出部分，由日本的进口虽然已经减少，但日本关东军军费从1944年9月后即不由日本国库支付,而改由当地筹措,亦即由伪满政府承担,因此伪满对日支出竟超过收入2亿元乃至13亿元。此外,对于关内各伪政权的收支,虽然从前有结余,但由于贸易情况的转变而变成透支,这主要是因为华北、华中地区物价昂贵,但伪满所需物资却仍需购买(见表6-12)。①

表6-12　伪“满洲国”国际收支(1933—1945年)

(单位:百万元)

项目 年份	收入			支出			差额
	贸易	贸易外	共计	贸易	贸易外	共计	
1933	448	489	937	515	360	875	62
1934	448	449	897	593	209	802	95
1935	421	622	1043	604	343	947	96
1936	602	759	1361	691	592	1283	78
1937	645	787	1432	887	515	1402	30
1938	725	1278	2003	1274	776	2050	-47
1939	834	2166	3000	1816	1094	2910	90
1940	689	1239	1928	1975	943	2918	-990
1941	696	1572	2268	1611	1157	2768	-500
1942	768	1418	2186	1694	1324	3018	-832
1943	895	980	1875	1775	1430	3205	-1330
1944	742	720	1462	1183	1811	2994	-1532

① 东北物资调节委员会研究组编:《东北经济小丛书·贸易》,1948年印行,第107—108页。

续表

项目 年份	收入			支出			差额
	贸易	贸易外	共计	贸易	贸易外	共计	
1945 年 1—2 月	103	192	295	230	451	681	-386

注:伪满政府于 1935 年 7 月初次发表其前两年(1933 年、1934 年)的“国际收支调查表”(包括旧关东州),此后每年发表前一年的“国际收支”。

资料来源:东北物资调节委员会研究组编:《东北经济小丛书·贸易》,1948 年印行,第 108—109 页。

伪满国际收支最重要的问题为来自日本资金的运用。从贸易关系而言,伪满方面处于入超;因此依赖贸易外收支出超来弥补。这反映了一方面伪满由日本进口所需建设物资,另一方面日本对伪满投资及其国库款项流入伪满(见表 6-13、表 6-14)。

表 6-13　伪“满洲国”对日本的国际收支(1938—1944 年)

(单位:百万元)

项目 年份	收入			支出			差额
	贸易	贸易外	共计	贸易	贸易外	共计	
1938	416	1208	1624	993	652	1645	-21
1939	521	2049	2570	1540	845	2385	185
1940	468	2380	2848	1859	1240	3099	-251
1941	485	3024	3509	1509	1403	2912	597
1942	593	2765	3358	1525	1345	2870	488
1943	693	2781	3474	1511	1510	3021	453
1944	706	2190	2896	1100	2721	3821	-925

资料来源:东北物资调节委员会研究组编:《东北经济小丛书·金融》,1948 年印行,第 191 页。

表 6-14　伪“满洲国”历年国际收支比较

（单位:千元）

项目			1938			1940			1943		
年份、收支			收受	偿付	差额	收受	偿付	差额	收受	偿付	差额
总额			1624965	1645498	△20533	2848332	3099635	△251303	3474653	3021741	452912
指数(以 1938 年为基期)			100	100	—	175	138	—	214	184	—
贸易			416825	993413	△576588	468539	1859881	△1391342	693507	1511041	△817534
贸易以外	总计		1208140	652085	556055	2379793	1239754	1140039	2781146	1510700	1270446
	经常部分	合计	393034	344496	48538	895221	889074	6147	2028674	1237935	790739
		利息及分红	8222	151436	—	10880	255479	—	2001	141580	—
		劳务收支	24911	66117	—	47356	394088	—	77330	168216	—
		海运收支	43622	5487	—	36739	6071	—	5888	10164	—
		保险收支	20939	35159	—	23499	42596	—	5188	19801	—
		旅行者消费	290633	46729	—	80057	143685	—	90455	213241	—
		政府经费	1523	19795	—	696690	47209	—	1842461	670906	—
		其他	3184	19774	—	—	—	—	6343	14027	—
	临时部分	合计	815106	307589	507517	1484572	350680	1133892	752472	272765	479707
		投资及其他	726691	92496	—	1448327	168526	—	698510	130552	—
		资金收回	88415	215093	—	25406	152135	—	53962	142213	—
		其他	—	—	—	10839	30019	—	—	—	—

注:1. 1939 年以前是按各种收支原因所调查的数字,1940 年以后是以外汇统计为基础所估计的数字。

2. 贸易额中不包含原关东州的数字,所以与贸易统计上的数字不等。

3. 有△符号者为入超。

资料来源:东北财经委员会调查统计处编:《伪满时期东北经济统计(1931—1945)》,1949 年版,第 11—21 页。原书资料来源:伪满经济部《金融情势参考资料》(1943 年),东北物资调节委员会编:《东北经济小丛书》(1948 年)。

第二节　伪“蒙疆”区对外经济关系

从1933年7月起，日本侵略势力大力向内蒙古扩张，在内蒙古相继成立了伪“蒙疆政府联合委员会”、伪“蒙古军政府”、伪“蒙古联盟自治政府”、伪“蒙疆联合委员会”、伪“蒙疆联合自治政府”①等傀儡政权。伪“蒙疆”区是指伪“蒙疆”政权控制地区。而1937年“七七事变”后日本关东军发动察哈尔战役，相继侵占张家口、大同、归绥等地，伪“蒙疆”地区实际上就一直处于日本统治者的严密统治之下。在伪“蒙疆”政权控制时期，这个地区主要依靠输出原料、并利用输出原料所得的资金输入衣食住等生活资料，对外贸易实际上左右着地域经济。日本侵略势力在伪“蒙疆”政权对外经济关系方面一直占有主导地位。

一、日本在伪“蒙疆”地区实行贸易统制

所谓伪“蒙疆”地域，包括内蒙古、察南、晋北地区。20世纪上半叶这一片辽阔大地盛产铁矿石、煤炭、粮食、鸦片以及羊、马、牛等牲畜及畜产品。这些都是当时日本国内极其缺乏并且是进行对外扩张战争必不可缺的重要战略物资。日本帝国主义对这些资源垂涎已久。在1931年，日本陆军大佐板垣征四郎就曾经详尽地分析了这一地区农、畜、水、林、矿产的资源，认为这些资源是“作为

① 1940年汪精卫在南京建立汪伪国民政府之后，日本又指使伪“蒙疆政权”与汪伪政权签订协议，伪“蒙疆”承认汪伪为继承“正统”的新中央政府，汪伪承认伪蒙为高度自治的地方政权，汪伪政权在名义上拥有伪“蒙疆”，但实际上没有管辖权。因此本章把伪“蒙疆”政权对外经济关系单独立为一节。

国防资源所必需的”,这一地区“是帝国自给自足所绝对必要的地区”。1935年7月,日本关东军参谋部针对内蒙古地区的经济情况,制定经济方面工作的“措施要领”,提出要设立“对蒙贸易公司收购蒙古产品”,“把便宜的日本制造的杂货卖给蒙古人”。日本侵略势力在张家口设立的“蒙疆银行”,发行“蒙疆券”,以便于在伪“蒙疆”地区实行贸易统制。1938年11月,日本御前会议作出的《调整日华新关系的方针》,1941年11月30日,日本政府与汪伪政权签订的《日本国与中华民国间关于基本关系的条约》等,都含有伪“蒙疆”地区资源开发内容。显而易见,日本帝国主义把内蒙古地区的资源视为“其侵略战争整体资源掠夺的一个重要组成部分”,不容他人染指。① 日本侵略势力认为:“蒙疆在资金、人力、物力等所有方面,必须依赖日本,否则其经济活动将无法进行。伪“蒙疆”作为广义上的高度国防国家,其意义并不在于经济上如何自立,而在于帮助东亚共荣圈繁荣发展”,即日本欲将该地区作为掠夺工业原料及军需物资的基地。日本为了有效地控制该地区的经济命脉和最大限度地获取所需要的战略物资,对重要经济部门实行国家统制。因为伪“蒙疆”作为日满支经济的一环,为了满足日本的战时经济需求以及尽早完成自身特殊的军事和政治建设,必须对经济的运行加以统制。②

当时伪“蒙疆”地区的对外贸易主要通过京包线和同蒲线进行,此外汽车、牛马车、骆驼队等也进行对外贸易运输。据1939年的统计,前者所占的比重为93%,后者只占输出入贸易的7%。通

---

① 张宪文、张玉法主编:《中华民国专题史》第12卷,南京大学出版社2015年版,第156—157页。

② 王龙耿:《伪蒙疆时期经济的殖民地化》,《内蒙古社会科学》1988年第2期。

过京包线的贸易主要以张家口为中心，进行沿线各城市与津京之间的贸易，输出粮食、皮毛，输入日常生活用品。铁路以外的商路主要有以下三条：第一条，多伦—承德—赤峰商路，主要输出家畜、蒙盐，输入砂糖、烟草、砖茶、日本酒等。第二条，大同—太原商路，主要是在晋北地区与山西省之间进行。对山西省来说是铁路以外唯一的重要贸易渠道。输出品主要是棉布，输入品是山西产烟草。第三条，以包头和厚和为中心与西北贸易的商路，最初有归绥（厚和）—外蒙、归绥（厚和）—新疆、包头—宁夏、包头—青海、包头—甘肃五条分道。第一分道和第二分道在 1935 年以后由于苏联对外蒙古控制的加深以及对新疆的不断渗透，已经完全断绝，仅剩以包头为中心的三条分道。1937 年“七七事变”后，由于治安不良以及西北国统区禁止对外输出，基本处于杜绝状态。但这之前西北贸易在该地区对津京的贸易中占极其重要的地位，即由西北贸易输入的商品皮毛类、鸦片等以包头地区为中继地再输往津京地区，并且从津京地区输入的商品棉布类、砖茶、烟草、火柴、砂糖等的相当大部分（事变前约占 40%）通过包头地区再输出到中国西北地区。①

日本帝国主义为了有效地控制伪“蒙疆”地区的经济命脉和最大限度地获取其所需要的战略物资，对伪“蒙疆”地区重要经济部门实行严密统制。1937 年 11 月，伪政权“蒙疆联合委员会”成立以后就陆续颁布了《兽毛类输出取缔令》（1937 年 12 月 1 日）、《皮毛类搬出取缔令》（1938 年 3 月 18 日）、《铜搬出取缔令》（1938）、《杂谷类搬出取缔令》（1939）等单行法。伪政权蒙古联合自治政府成立后，归纳统和上述单行法，并且加上了新的取缔品

① 丁晓杰：《论日本在伪蒙疆政权时期实行的贸易统制政策研究》，《史林》2008 年第 3 期。

目,于1939年10月10日颁布并开始实施《贸易统制法》;1939年11月20日颁布了《物资统制法》等,这些法规规定伪政权对认为有必要的"物资之生产、配给、转让处理、使用消费、保有及场所变动等"有权进行"统制"。[①] 按照伪"蒙疆""贸易统制法附则"第一条的规定,当时成为统制对象的贸易品目主要包括:(1)羊毛、羊皮及其他兽皮、兽毛类;(2)金矿、银矿、铁矿、铜矿、煤炭、石油等23种矿物和铜铁及其制成品;(3)油脂原料、药材、麻类及鸦片;(4)毛制绒毯及毛毡;(5)牛、马、羊、骡、驴等牲畜及猪。[②] 日本侵略势力根据这些法规对伪"蒙疆"地区重要物资实行全面统制。

日本侵略势力在《物资统制法》中规定:对于成为统制对象的贸易品在"价格运费、保管费、保险费、租赁费及加工费等"方面由伪政权决定费率;伪政权认为有必要时可以决定"同种或异种事业之事业主,命令设立以统制该事业为目的的组合"。根据《物资统制法》,日本方面可以通过伪"蒙疆政府"随时指定任何物资为认为有必要"统制"的物资,由伪政权指定价格,并通过伪政权指定的组合进行垄断经营。这实际上是日本为根据其战时需要,随时可能获得伪"蒙疆"地区的战略资源的需求而制定的法律,是当时日本在伪"蒙疆"地区推行经济统制政策的基本核心法规。于是,《物资统制法》颁布后,日本开始逐渐在伪"蒙疆"地区的生产和流通领域推行经济统制政策,即对生产领域的矿产、交通、鸦片、粮食、畜牧业等部门以及流通领域的对外贸易、物价、金融、配给消费等部门实行强制性的政府监督指导和控制措施。日本侵略势力

① 中国抗日战争史学会、中国人民抗日战争纪念馆编:《日本对华北经济的掠夺和统制》,北京出版社1995年版,第847—848页;丁晓杰:《论日本在伪蒙疆政权时期实行的贸易统制政策研究》,《史林》2008年第3期。

② 王龙耿:《伪蒙疆时期经济的殖民地化》,《内蒙古社会科学》1988年第2期。

当时对生产部门的统制程度相对低，统制经济的重点集中在流通领域。①

当时伪“蒙疆”地区的矿产、粮食、畜产品等重要物资都由伪政府或蒙日合资的公司垄断经营，小部分粮食、牲畜、鸦片也必须由伪政府指定的伪商会经营。伪“蒙疆”地区煤铁矿的埋藏量在华北数第一，当时又以大同煤矿和龙烟铁矿在本地区占有重要地位。1937 年“七七事变”后，日军相继占领了伪“蒙疆”地区的大同煤矿和龙烟铁矿。日资“南满洲铁道株式会社”立即接管了大同煤矿，日本人还迫不及待地从侵占多年的抚顺煤矿将各类煤矿管理人员直接拨给大同煤矿进行管理开发。1940 年，日本侵略势力又成立“大同炭矿有限公司经营煤矿”。② 龙烟铁矿在日资“兴中公司”的管理下，一面计划运输以往储存的 6 万吨矿石，一面修理铁路支线。于 1937 年 12 月 20 日，第一次向日本八幡制铁所（日本最大的炼铁厂）运输 600 吨的铁矿石。③ 1939 年，日本侵略势力又成立“龙烟铁矿有限公司”经营铁矿。④ 伪“蒙疆”地区牲畜及畜产品出口由“家畜输出组合”垄断，1940 年 4 月在察哈尔盟多伦和锡林郭勒盟贝子庙两处设立了家畜交易厂，1941 年 2 月在张家口设立了中央家畜交易厂，强化对牲畜及畜产品交易的控制。而粮食对外输出是采取指定输出业者制。1940 年年初，被指定的

① 丁晓杰：《论日本在伪蒙疆政权时期实行的贸易统制政策研究》，《史林》2008 年第 3 期。

② 中国抗日战争史学会、中国人民抗日战争纪念馆编：《日本对华北经济的掠夺和统制》，北京出版社 1995 年版，第 1026 页。

③ 赵春水：《日本对伪蒙疆地区龙烟铁矿和大同煤矿的调查与掠夺》，《内蒙古师范大学学报》2009 年第 5 期。

④ 中国抗日战争史学会、中国人民抗日战争纪念馆编：《日本对华北经济的掠夺和统制》，北京出版社 1995 年版，第 1026 页。

输出机关是“察南杂谷联合会”“厚和粮货栈公会”“巴盟各县粮谷同业会”。此外日系的“三井洋行”“三菱公司”“兼松洋行”“大蒙公司”“正华洋行”等也在伪“蒙疆”地区各地设立了粮业组合负责收购粮食。①

汇兑管理是伪“蒙疆政府”实行贸易统制政策中的重要手段之一。日本侵略势力先是在伪“蒙疆”地区成立了“察南银行”。后又于1938年把察南银行改组为“蒙疆银行”,使之成为伪“蒙疆政府”的中央银行,并和伪“实业银行”②一起垄断了伪“蒙疆”地区的金融业。蒙疆银行成立后,对外汇兑管理由其负责。1938年,伪“蒙疆联合委员会”公布了《货币取缔令》,开始通过蒙疆银行对重要物资的输出实行汇兑管理、统制。《货币取缔令》的主要内容有:(1)向伪“蒙疆”地域以外输出金或银锭、金或者金之合金以及以金或银为主要材料的物品时,必须经过伪“蒙疆联合委员会”的许可;(2)向伪“蒙疆”地区携带出相当于千元额以上的通货、支票以及期票时,必须经过“蒙疆联合委员会”的许可;(3)向伪“蒙疆”地域以外汇出千元以上汇款时,必须经过伪“蒙疆联合委员会”的许可。汇款许可业务由“蒙疆银行”执行,即防止伪“蒙疆票”与“伪中联票”③的私自兑换,从而控制伪“蒙疆”地区和华北地区的商品交易。1939年通过《贸易统制法》和《物资统制法》后,伪“蒙疆政府”可以随时指定任何物资为有必要“统制”的物

① 丁晓杰:《日本在伪蒙疆政权时期的家畜收购输出统制研究》,《宁夏社会科学》2010年第5期;宝音朝克图:《伪蒙疆政权的物资统制政策——羊毛统制政策的研究》,《内蒙古大学学报》(人文社会科学版)2001年第1期;丁晓杰:《论日本在伪蒙疆政权时期实行的贸易统制政策研究》,《史林》2008年第3期。

② 1938年3月,由日本侵略势力在伪“蒙疆”建立的伪银行。

③ 日本在华北占领区由中国联合储备银行发行的钞票。

资，由政府指定价格，并由政府所指定的组合进行垄断经营，重要物资贸易的大部分都采用了汇兑集中管理制。1940 年 9 月 1 日，伪“蒙疆政府”以法令的形式公布统制力更强的《汇兑管理法》，取代以前的《货币取缔令》；同时设立了临时汇兑贸易局，“处理有关贸易统制汇兑、汇兑资金的管理以及该领域内的调查事务”。从立法和行政两方面对汇兑和贸易实行计划性管理，开始对贸易实行全面的统制汇兑。也就是说，输出入组合在进行物资交易时，必须通过银行汇兑来结算，换言之，作为许可输出的条件之一是物资交易必须通过银行结汇进行。而《蒙疆银行条例》规定，对该区域以外的汇兑和对日本、伪“满洲国”的汇兑全部集中在“蒙疆银行”办理。这样主要物资的输出输入全部处于“蒙疆银行”的监视、控制之下，即实行贸易统制计量化，以便伪“蒙疆政府”随时把握输出输入的交易势态，更有效地继续推行贸易统制。①

二、伪“蒙疆”地区成为日本的原料供给市场

1937 年“七七事变”前伪“蒙疆”地区在古代茶马贸易基础上主要进行旅蒙贸易及西北与天津口岸贸易，主要是以包头、张家口为中心，输出家畜、蒙盐、皮毛，输入棉布、砂糖、烟草、砖茶等日常生活用品。1937 年“七七事变”后，日本侵略势力认为：应该由伪“蒙疆”供给的原料品，第一是国防工业、重工业的基本原料，尤其是铁矿石和煤炭。第二是重要的军需资源羊毛。因为当时日本国内仅能基本自给的重工业基本原料煤炭随着需求增大，凭日本国

① 张宪文、张玉法主编：《中华民国专题史》第 12 卷，南京大学出版社 2015 年版，第 160—161 页；丁晓杰：《论日本在伪蒙疆政权时期实行的贸易统制政策研究》，《史林》2008 年第 3 期。

内的供给已不能充分满足经济发展的需求。“九一八事变”后形成的“日满经济圈”虽然一时提供了丰富的铁矿石和煤炭,但随着后来军事国防工业的膨胀以及全面侵华战争的开始,日本的国防资源依然不能摆脱依赖海外市场的状态。因此“蒙疆作为矿产资源及羊毛资源的供给地,在日满支经济圈内占有重要地位”。之后在伪“蒙疆政府”所控制地区的对外贸易中,输出方面以农产品以及畜牧产品占重要地位,输入方面以工业制成品为主,并且在工业制成品中,消费资料与生产资料并重,生产资料的输入占重要地位。①

日本侵略势力大肆掠夺伪“蒙疆”地区铁煤资源。日军侵占了大同煤矿以后交由“南满洲铁道株式会社”经营。1938 年,“南满洲铁道株式会社”在大同煤田开发计划中要求大同煤矿在 1942 年能向日本输出 1000 万吨煤炭,1947 年能向日本输出 3000 万吨煤炭,以此作为大同煤田的开发目标。为了掠夺煤炭资原,日本除加强对大同煤矿的控制外,还于 1940 年修建包头至石拐的运煤铁路,霸占原官商办的石拐煤矿,改名为“大青山煤炭株式会社”。在日本侵占大同煤矿不到 8 年的时间里,总共掠夺 1400 万吨煤炭。伪“蒙疆”出产的铁矿石大部分进塘沽港海运日本。1939 年 7 月,日本侵略势力设立“龙烟铁矿公司”。该公司的开采量在 1939—1941 年 3 年间不断上升,每年开采铁矿石从 60 万吨上升至 100 万吨。龙烟铁矿 1941 年共输出铁矿石 51. 25 万吨,其中输往日本的占 95. 55%。龙烟所产铁矿石部分运往石景山制铁所,所产铣铁也全部运往日本。1939—1941 年三年中日本人从伪“蒙

① 王龙耿:《伪蒙疆时期经济的殖民地化》,《内蒙古社会科学》1988 年第 2 期;丁晓杰:《论日本在伪蒙疆政权时期实行的贸易统制政策研究》,《史林》2008 年第 3 期。

疆”地区掠夺煤炭达415万余吨，平均每年138万余吨。①

日军侵占包头后，用武力强迫中国皮毛商把库存的畜产品全部交出，把绒毛按一、二、三等及等外品四种分类，以每百斤平均75元的不等价（1936年包头市场绒毛平均价为125元），由日本陆军仓库强行收购，各种牛、羊、马皮也用低价收购。1938年，先后在呼和浩特、包头两地成立伪“通商会”，诱迫中国商人用日方配给的棉布纺织品、砖茶等日用百货，冒险去日本未占领地区收购皮毛。同时日本的垄断财阀“三井”“三菱”“钟纺”等纷纷在内蒙古各地设立分支，大量收购皮毛等物资。仅1939—1941年的三年中，日本从内蒙古直接掠夺绒毛有1600万余斤，各种皮张497万余张。②

日本侵略势力于1940年12月28日，制定了《豪利希亚大纲》，规定从1941年春起在蒙古各旗以全民入股的形式创办专门负责蒙旗畜产品的出售和生活用品的购入及配给事宜的豪利希亚。于是，五盟地区全部蒙旗均先后以旗为单位设豪利希亚，有些旗还设了豪利希亚支所，同时各盟设本部，在张家口设总本部，由政府和兴亚院直接进行监督指导，并予以援助。1941年2月，为了使畜产品收购机构更加完备和系统化，在张家口设“兴蒙委员会”实业处管辖的“中央家畜交易厂”，制订了《家畜交易厂事业扩充五年计划》，扩充锡、察盟家畜交易厂，并在乌、巴、伊盟也开设了家畜交易厂总厂和支厂。为提高收购效率，日本把收购畜产品与配给生活必需品结合在一起，蒙旗的所有生活用品均由家畜交

① 赵春水：《日本对伪蒙疆地区龙烟铁矿和大同煤矿的调查与掠夺》，《内蒙古师范大学学报》2009年第5期；王龙耿：《伪蒙疆时期经济的殖民地化》，《内蒙古社会科学》1988年第2期。

② 参见王龙耿：《伪蒙疆时期经济的殖民地化》，《内蒙古社会科学》1988年第2期。

易厂办理,其中不仅仅包揽旗民的生活用品,而且把蒙古地区原有的商务机构定为交易厂的隶属机构,对它们进行高度统制。这既能防止他人的交易,又能保证生产者向指定收购者交售羊毛。各旗豪利希亚收购家畜、羊毛等畜产品,再上交给“中央家畜交易厂”。家畜交易厂和豪利希亚的设立为日本垄断该地区羊毛市场提供了各种有利条件。①

日本人为了加强其军事力量,欲将伪“蒙疆”作为绵羊改良的基地,企图通过对原种蒙古绵羊进行改良,以达增加产毛量及改善毛质的目的,为日本提供更多更好的军需民用羊毛。为此,1938年10月8日,伪“蒙疆联合委员会”制定《蒙疆畜产政策要纲》,提出“蒙疆”的畜产方针:“鉴于蒙疆地区之畜产在国防及产业上的特殊重要性,以马和绵羊为重点力求振兴畜产,以适应军事上的需求并提高民生。为此,决定把通过增加牲畜头数、改良品种作为振兴畜产的主要方向。”当时在伪“蒙疆”地区进行绵羊改良的有伪“蒙疆政府”“善邻协会”“东亚绵羊协会”以及“东洋拓殖株式会社”“钟渊纺织株式会社”“大蒙公司”“蒙疆畜产公司”等数家日系公司。其中,“东洋拓殖株式会社”制订了《蒙疆绵羊改良增殖实施计划书》。1940年7月,“东洋拓殖株式会社”在德化县新民乡(今乌兰察布市化德县)设立了3000町步的“东洋拓殖株式会社德化牧羊场”。②

日本侵略势力还借助“金融战”的手段确保了其羊毛收购权利。“七七事变”前,中国银行、交通银行等国内一些金融机构在

① 宝音朝克图:《伪蒙疆政权的物资统制政策——羊毛统制政策的研究》,《内蒙古大学学报(人文社会科学版)》2001年第1期。

② 丁晓杰:《日本东洋拓殖株式会社在伪蒙疆的经营计划及活动述论》,《抗日战争研究》2010年第1期。

该地区发放收购羊毛的专项贷款高达200万元以上。但日本入侵后立即颁布《紧急通货防卫令》《通货取缔令》等法规，进行币制统一，取缔了在该地区流通的中国银行、交通银行、中央银行等发放的货币，以日元系统的附属——“蒙疆银行券”统一了整个伪“蒙疆”地区货币市场。随后，“蒙疆银行”以“羊毛为担保”发放信贷，促使伪政府指定的羊毛收购业者及时有效地完成收购任务。①

日本入侵初期，由军队收购的羊毛大部分经天津、大阪运往日本东京陆军千住制绒所进行加工。到1938年1月，在呼和浩特组建“满蒙毛织株式会社蒙疆毛织厂”后，部分羊毛直接运到该厂加工军用毛布等纺织品。后来在呼和浩特建“大蒙被服工厂”和“钟纺蒙疆出张所”，在张家口设选毛工场等毛纺织厂。日本侵略势力对伪“蒙疆”地区羊毛的生产、收购、加工、价格等整个环节实行强硬的统制政策，使该地区变成其倾销商品、掠夺资源的市场。由于日本依靠配给制度，把羊毛直接向日本输出或向其指定毛制品制造业配给，垄断了羊毛加工环节，使其他羊毛加工业者丧失了获得羊毛资源的机会。其目的在于直接满足其廉价的军用毛制品，而并非高价出售从中谋利，因此人为地造成了羊毛低价现象。这正是日本对该地区羊毛资源采取统制政策的最终侵略目的。②

1940年9月，日本入侵印度支那北部并与德国、意大利签订三国同盟条约后，日美关系更趋紧张。美国加大了限制对日本的战略物资输出力度。日本一方面为夺取南洋的资源准备对美国开战，同时也计划在不依靠海外市场的前提下，尽量充实提高国防。

① 宝音朝克图:《伪蒙疆政权的物资统制政策——羊毛统制政策的研究》,《内蒙古大学学报(人文社会科学版)》2001年第1期。

② 宝音朝克图:《伪蒙疆政权的物资统制政策——羊毛统制政策的研究》,《内蒙古大学学报(人文社会科学版)》2001年第1期。

所以在日元经济圈内获得日本及伪“满洲国”必要的国防资源的意义变得越来越重要。因此“蒙疆作为矿产资源及羊毛资源的供给地,在日满支经济圈内占有重要地位”。除了煤铁矿产及羊毛之外,伪“蒙疆”地区还出口皮张、粮食、药材类、麻类等。农产品及畜牧产品占输出总额的80%以上。进口商品主要有纺织品、调味嗜好品类、机械金属类、木材类、车辆类等。从进口商品结构分析看,制成品占压倒性多数,并且制成品中跨消费资料与生产资料的两大类之间。制成品中占显著部分的是纺织品等消费资料这一事实说明,该地域的产业是以农牧业为主,工业仍欠发达。另外,机械金属等生产资料的输入增加,这说明日本从掠夺该地区的资源的目的出发,加大了“开发力度”,所以生产资料的输入增加速度极快,1938 年为 476. 5 万元,1939 年达 3665. 6 万元,一年内激增 6. 6 倍。伪“蒙疆”地区进出口贸易对象国是日本。①

“七七事变”前伪“蒙疆”地区的对外贸易处于出超,出超额大体在 4000 万—7000 万元。“七七事变”后第二年依然持续呈现出超势态,约 400 万元。1939 年后开始出现入超,入超额达 3682. 3 万元。出现入超的原因一是以该地区为中继地的西北贸易杜绝;二是由于治安的关系本地域内的生产物输出减少。此外还因为输入品价格的提高。“七七事变”后,伪“蒙疆”地区物价上涨,输入品上涨幅度最大。原因一是该地域作为日满经济区的一员受日本、满洲国物价上涨的影响;二是由于事变后运输不畅,输入困难,供给失衡,导致物价上涨。抑制物价上涨的基本对策是必须控制通货膨胀以及解决物资的相对供应不足。但当时在通货及物资两

① 丁晓杰:《论日本在伪蒙疆政权时期实行的贸易统制政策研究》,《史林》2008 年第 3 期;宝音朝克图:《伪蒙疆政权的物资统制政策——羊毛统制政策的研究》,《内蒙古大学学报(人文社会科学版)》2001 年第 1 期。

方面伪“蒙疆”不能采取抑制物价腾贵的政策，所以作为抑制物价腾贵的对策只有实行“统制”这一条路。在当时的形势下，日伪政权通过制定法规，实行强制性统制贸易来达到目的。①

太平洋战争爆发后，由于军费开支浩繁，日本加紧对占领地的搜刮。指使伪“蒙疆政府”提出“粮食就是子弹、羊毛就是火药、人力就是武力”的“生产协力”三大原则。加大了对伪“蒙疆”经济的掠夺步伐。为满足其侵略战争所需之物力、财力，日本全面调整和加强对伪“蒙疆”地区的物资管理，1941 年 9 月 1 日、1942 年 3 月 5 日，伪政府经济部两次对输出入限制品目进行调整。到 1943 年 5 月 21 日，根据经济部第 18 号令，又公布实施了《基于贸易统制法输出入许可规则》，进一步强化了对输出的管理统制，该规则与前法相比，需要许可的输出品目由 16 种增加到 60 种，需许可的输入品目由 60 种减少到 30 种。当时对输入的限制控制得并不十分严厉。如《基于贸易统制法输出入许可规则》中，在强化对输出统制的同时，却对必须经许可的输入品目却由 60 种减少到 30 种。与输出相比，统制逐步放松。②

因此，日本将伪“蒙疆”定位于日本的原料供给市场、日本商品的销售市场，以及在此基础上的资本输出市场。但当时作为商品销售市场及资本输出市场的作用是第二位的，日本的主要目的是欲将伪“蒙疆”地区当作“日本及满洲国原料供给市场”。③

---

① 丁晓杰：《论日本在伪蒙疆政权时期实行的贸易统制政策研究》，《史林》2008 年第 3 期；宝音朝克图：《伪蒙疆政权的物资统制政策——羊毛统制政策的研究》，《内蒙古大学学报(人文社会科学版)》2001 年第 1 期。

② 丁晓杰：《论日本在伪蒙疆政权时期实行的贸易统制政策研究》，《史林》2008 年第 3 期。

③ 王龙耿：《伪蒙疆时期经济的殖民地化》，《内蒙古社会科学》1988 年第 2 期。

第三节 关内沦陷区的对外经济关系

在1937年“七七事变”前,作为日本帝国主义对华侵略急先锋的满铁,对华北、华中进行了大调查,搜集情报,为进行经济统制和掠夺做准备。1935年12月成立的日资兴中公司“负有统制和推行对华经济工作的使命”,是当时日本对华北进行经济侵略的先驱机构。“七七事变”后华北、华中、华南大片国土相继被日军占领。日方利用伪政权接管所占领城市海关。日本在华占领区各海关“均增加日籍内外勤关员控制一切关务,尤以出口货品为然”,这些海关成为日本侵略势力实行贸易统制的重要工具。1935年法币改革时北平、天津的中资银行在当地兑得巨额白银。国民党政府要求将中央、中国和交通银行存放于平津的白银南运,以确保法币现金准备金的安全。而在日本人胁迫下这些存银被扣留在北平、天津。平津沦陷后中资银行在当地的巨额存银处理问题,是在特殊时期特定环境下中外经济关系的特别问题。围绕这一问题,中、日、英三国经历数年角力,还牵涉到法国和美国。太平洋战争爆发后日军进占天津租界,中国存银被日本人攫夺。日本侵略者对关内沦陷区进行了空前规模的经济掠夺。日本在中国关内沦陷区实行的贸易统制,是与其在关内沦陷区实行的全面经济统制紧密联系的,是金融、产业、流通等领域多管齐下的,是在经济掠夺基础上实行统制,统制的目的是为了进一步掠夺。

在太平洋战争爆发前,尽管日本人企图排除美国在远东的经济势力,但沦陷区与美国之间的贸易却日益兴旺。同期,沦陷区与欧洲国家之间的贸易有所下降,关内沦陷区与东南亚国家和印度之间的贸易有所上升。太平洋战争后,欧美贸易基本停止,与东南亚的贸易也在衰退,日元集团独占了沦陷区的对外贸易。由于日本的掠夺政策，至1943年对日本的出口中二黑（煤、铁）和二白（棉、盐）有所增加。但是杀鸡取卵式掠夺不能持久，“1944年就大幅度下降，1945年日本投降前已微不足道”。

一、关内沦陷区的通商口岸及海关问题

（一）关内沦陷区的通商口岸

1937年“七七事变”后，日本帝国主义发动了全面侵华战争。中国国民党军队虽然进行了抵抗，但是华北、华中、华南大片国土仍然相继被日军占领。这一大片国土的通商口岸（见表6-15）也相继被日伪政权控制。

表6-15　关内沦陷区的通商口岸

通商口岸	日军占领时间	备注
秦皇岛	1937年7月	
天津	1937年7月	
龙口	1938年2月	
烟台	1938年2月	
威海卫	1938年3月	
青岛	1938年1月	
上海	1937年11月	
苏州	1937年12月	封锁
杭州	1937年12月	封锁
镇江	1937年12月	封锁
南京	1937年12月	封锁
芜湖	1937年12月	封锁
九江	1938年7月	封锁

续表

通商口岸	日军占领时间	备注
汉口	1938 年 10 月	封锁,1941 年 12 月贸易再开
岳州	1938 年 11 月	封锁
宁波	1941 年 4 月	
厦门	1938 年 5 月	
汕头	1939 年 6 月	封锁,1942 年 9 月贸易再开
广州	1938 年 10 月	
九龙	1941 年 12 月	
江门	1939 年 3 月	封锁,1942 年 5 月贸易再开
三水	1938 年 10 月	封锁
琼州	1939 年 2 月	外贸事实上封锁

资料来源:王建朗、曾景忠编著:《中国近代通史》第 9 卷有关章节,江苏人民出版社 2007 年版;久保亨等:《战时期中国经济发展与社会变容》(日文),庆应义塾大学出版会 2014 年版,第 94、95 页。

(二)英日关于中国海关的非法协定及海关变化

19 世纪中叶以后中国海关即处于英国为首的西方势力控制下,1937 年中国海关总税务司已由英国人梅乐和(F. W. Maze,1871—1959)担任多年。另一方面,日本侵占中国海关的野心由来已久,在侵占中国东北后日本假借伪“满洲国”名义劫夺了东北各关及其税款。① 1937 年日军侵占天津、上海等地后,当地海关仍然受英国人梅乐和为首的总税务司署控制,不过日本人已准备逐步夺取所占之地的海关行政权和关税收入。

1937 年 8 月,日本人对天津海关税务司施加压力,要求将一向由中国“中央银行”存放的天津、秦皇岛两关的税款改存于日本

① 详见陈诗启:《中国近代海关史》第 38 章,人民出版社 2002 年版。

正金银行，只许保留一小部分税款去支付某些国际债务和各种费用，否则日方将“接收”当地海关，由日方“完全管理”。①

日方意图以保全英国对中国海关名义上完整的管理权为诱饵，通过英美等国对国民党政府施加压力，以换取国民党政府的妥协。果然，英国为保全对海关的控制权及债权国及时获得外债，不管日本的要求是否侵略了中国的国家主权、是否干涉了海关行政，在得到日方允诺及时偿还外债、保障英国完整的海关管理权的条件下，积极劝说国民党政府妥协。海关英籍总税务司梅乐和屡次致电关务署，极力说服国民党政府同意日本的三项条件，指出国民党政府如答应日本所提条件，“不但中国政府在华北之主权可资维护，而于中国对内对外之债信，亦复极有裨益”②；威胁中国政府“不应该过高估计美、英、法三国在南京和东京的抗议，应知道这种抗议只能是一般性的。……日本军方大概会得出如下结论，即这种空洞的抗议并不预示要发生战争，因此不必太认真对待。由于现在北方只有津、秦两关标志着南京的主权，应当尽一切努力不使脱离，时间愈长愈好，不要忘记，河北省实际上由日本人控制，因此他们提出的条件并不算太苛”③；他们劝诱说“华北海关得以保存，关政完整得以维持，而海关执行职务，亦得日方辅助，不若曩昔之掣肘……如准职照所定办法继续办理，在六星期以内，所有津、秦一代海关之职务必能完全恢复原态，即长

① 中国近代经济史资料丛刊编辑委员会主编:《一九三八年英日关于中国海关的非法协定》，中华书局1965年版，第3页。

② 中国近代经济史资料丛刊编辑委员会主编:《一九三八年英日关于中国海关的非法协定》，中华书局1965年版，第7页。

③ 中国近代经济史资料丛刊编辑委员会主编:《一九三八年英日关于中国海关的非法协定》，中华书局1965年版，第9页。

城各口分卡,亦可恢复管理”①。梅乐和与英籍天津海关税务司梅维亮为了维护西方国家在华利益,尤其是维护英国对中国海关的控制权,力劝中国国民党政府对日妥协。他们劝诱中国国民党当局,如能设法维持该两关的行政完整,不但中国政府在华北之主权可资维护,而于中国对内对外之债信,亦复极有裨益,希望中国政府接受日方条件。

中国国民党政府拒绝对日妥协,认为这样会损害国家利益。他们希望列强能够对日采取适当措施以保护那些外国债券持有者的利益。中国“财政部”部长孔祥熙请求英国财政部首席顾问李滋罗斯采取适宜步骤,以便使中英两国的共同利益和权利免受日本人高压政策的破坏。中国关务署曾于1937年9月15日致电梅乐和,指出“查日领所提三项办法,碍及国家主权,且自敌方非法封锁中国海岸之后,对于海关巡船任意毁击,现已干涉海关行政。关税收入,关系担保偿还内外债务及赔款,该总税务司责任重大,自应于不妨碍国家主权及关政统一范围之下,力为维护。如遇有谋关不能执行职务时,应即将该关宣告封闭,立于附近相当地点,另行设关征税。同时并应预筹由他关代收该关税款办法,以图补救”。但是英国外交部以常务次官奥德写信给中国驻英大使郭泰棋说:“对我们来说,确有一种日渐逼近的真正危险,除非我们接受日本人的条件,把关税交出去并使之成为补充日本军费的资金。”英国驻华使馆代办贺武会见了蒋介石,用尽一切办法来劝说他同意梅维亮有自由行动的权力。日方则越来越强硬,到10月

① 中国近代经济史资料丛刊编辑委员会主编:《一九三八年英日关于中国海关的非法协定》,中华书局1965年版,第17页。

18日，梅乐和要求中国财政部“应即为决定，接受日方条件”。[①]梅乐和威逼利诱，迫使孔祥熙表态：“非正式特准该税务司得自由斟酌，将津、秦两关税款存于当地有相当地位殷实可靠之银行，以作最后只让步。”梅维亮在获得自由处理津、秦关税之权后，马上于10月22日在天津“正金银行”开立账户，并告知日本驻天津总领事：“自今天起，津、秦两关征收的全部关税，即进口税和进口附加税、出口税和出口附加税、复进口半税和复进口半税附加税将存于该行。”[②]津、秦两关关税款被强夺，津、秦海关变成执行日本侵略政策的工具。[③] 到1938年，龙口、烟台、威海卫三关税款也交由“正金银行”保管，中国华北海关的税款保管权被英国拱手送给了日本。

日军占领天津后，以空头允诺的方式胁迫英籍税务司将天津和秦皇岛两海关税款存入日本正金银行，随即食言不肯从该税款中按比例拨付由关税作担保的各种外债份额。对此，英国因无力顾及，不得不隐忍！1938年1月22日，在日本怂恿下伪“华北临时政府”宣布修订中国政府于1934年制定的海关税则，大幅度减免华北与日本及“日元集团”有关的商品进出口税率。其中，棉花、胡麻籽、矿砂等出口免税，其他主要物资出口税率降低幅度平均达40%—50%；小麦、面粉进口免税，砂糖及海产品进口税率减少50%，纺织品、钢铁、机械等进口税率也大幅度降低。[④] 新税率

① 中国近代经济史资料丛刊编辑委员会主编：《一九三八年英日关于中国海关的非法协定》，中华书局1965年版，第5—25页。

② 中国近代经济史资料丛刊编辑委员会主编：《一九三八年英日关于中国海关的非法协定》，中华书局1965年版，第6、16页。

③ 陈诗启：《中国近代海关史》，人民出版社2002年版，第811页。

④ 见中国近代经济史资料丛刊编辑委员会主编：《一九三八年英日关于中国海关的非法协定》，中华书局1965年版，第59—191页。

的受惠者是日本。而国民党政府不仅失去了华北各港口的关税收入,还失去了由于华北新税率降低后,原来从上海等地进口的货物改从天津和青岛进口所吸引到北方去的那部分贸易的税收。

日军侵占上海后,日方得寸进尺,要求江海关税款按照津海关前例办理。上海是中国最大的口岸,关税收入最多,是英国在华利益集中的地方,英国人不肯像津海关那样轻易放弃。因此英国就与美、法两国合谋对策,决定由英国外交部指示英驻华和驻日使馆分别在上海和东京同日方谈判,并通过驻华使馆向梅乐和指授机宜。谈判中心逐渐移往东京,谈判内容也由江海关问题扩大到整个沦陷区海关问题。在这样一个关系中国主权的海关问题谈判过程中,英国竟然把中国排除在外。谈判集中在中国海关税款保管、中国债务及赔款的偿付上。英国与日本一再讨价还价,谈了约半年。日本人以空头允诺的方式胁迫英籍税务司将天津和秦皇岛两海关税款存入日本正金银行,随即食言不肯从该税款中按比例拨付由关税作担保的各种外债份额。对此,英国因无力顾及,不得不隐忍。①

1938 年 4 月 16 日,英国驻日大使克莱琪电告英国外交部,日本外务省次官“再一次明确保证,日本政府无意干预海关的行政完整,并像英国政府一样对海关完整极为重视”。1938 年 5 月 2 日,日本外务相广田宏毅致克莱琪第 59/A1 号照会及其附件提出:日本在华占领区各海关所征一切关税、附加税及其他捐税,应以税务司名义存入正金银行;日方同意从占领区各海关所征关税款中按比例拨付以关税为担保的各项外债赔款;中国政府停付的对日庚子赔款照付等。克莱琪很快致广田宏毅照会,表示奉命声明:“英国政府不反对实施阁下的照会和附件中所提出的临时措

① 周祖文:《抗战时期平津存银问题:中日英三方的角力》,《抗日战争研究》2016 年第 2 期。

施”;“还奉命再一次向阁下指出,我国(英国)政府对于从各方面维持海关的权力和海关的完整,极为关切”。这样,1938 年 5 月 3 日,在日本进一步逼压之下,日英两国又在东京达成关于中国海关税收及外债本息偿付之谅解,英日两国签订了关于中国海关问题的非法协定。协定规定各关凡在日军所控制之区域以内者,所有税均应存放在横滨正金银行,其中一部分得由总税务司拨充行政经费,其以关税为担保之外债本息与赔款即得尽与以偿付。① 英日两国关于中国海关问题非法协定的签订,中国国民党政府“并不表示惊骇,因彼等早知有此结果,只是向英政府提出照会,声明中国不受其约束,并保留对海关之一切权利与行动自由。但中国民众以英竟与日订结协定,表示愤懑!”②

日方还怂恿伪政权接管江海关。江海关华员为此曾经成立海关华员护关会,发表《抗日护关宣言》,进行抵制。此后,日本在华占领区各海关“均增加日籍内外勤关员控制一切关务,尤以出口货品为然。无日籍高级职员签准,不得办理结关手续”③。

1941 年 12 月 8 日,日军偷袭美国海军基地珍珠港,同时进攻太平洋上的美、英属地,太平洋战争爆发。日军也立即开进上海公共租界,海关总税务司梅乐和被俘,日伪势力接管了海关总税务司署。

二、平津中资银行存银被夺问题

北平、天津沦陷后中资银行在当地的存银被夺问题,是在特殊

① 《一九三八年英日关于中国海关的非法协定》,第 59—191 页;周祖文:《抗战时期平津存银问题:中日英三方的角力》,《抗日战争研究》2016 年第 2 期。

② 陈诗启:《中国近代海关史》,人民出版社 2002 年版,第 821 页。

③ 陈诗启:《中国近代海关史》,人民出版社 2002 年版,第 822—826 页。

时期特定环境下中外经济关系的特别问题。

1935年11月3日,国民党政府宣布实行法币改革,规定由中央银行、中国银行和交通银行3家银行发行之银行券为法币,银币禁止流通使用,白银持有者须向国家提出兑换。国民党政府要求以宋哲元为委员长的冀察政务委员会将中央银行、中国银行和交通银行存放于平津的白银南运,以确保法币现金准备金的安全。而日本政府对中国法币改革表示不满。在中国法币改革宣布后6天,日本驻北平武官高桥坦即向宋哲元施加压力,禁止中央银行等3家银行在华北的存银南运;12日,关东军独立混成第一旅团长指挥的日军向山海关集结,造成大军压境的高压态势。以宋哲元为首的华北当局在白银南运问题上选择性地对日妥协,顺水推舟,下令禁止白银南运。1936年3月4日,天津市长萧振瀛致电国民党政府财政部部长孔祥熙,谓"北方金融特殊","所持以安人心者,全在现洋,就地保管,一旦南运,币信必摇"。[①] 这些在日本人胁迫下被扣留在北平、天津的中央银行、中国银行、交通银行、河北省银行、金城银行、中孚银行、上海银行和浙江兴业银行存银数共计有5493.27万元。[②] 仅留存于天津英法租界的中国银行和交通银行银两总额高达4000余万元,几乎占当时国民党政府除军费以外年度主要财政开支总额的20%。[③] 不仅中方银行的现银被扣留,即便英法银行的现银也被阻无法南运。据法国驻华代办称:北平、天津之中法工商银行有数十万现银,拟运往中央银行调换法币,但被

① 周祖文:《抗战时期平津存银问题:中日英三方的角力》,《抗日战争研究》2016年第2期。

② 中国人民银行总行参事室编:《中华民国货币史资料》第2辑,上海人民出版社1991年版,第198—200页。

③ 吴景平:《抗战时期天津租界中国存银问题——以中英交涉为中心》,《历史研究》2012年第3期。

“冀察政务委员会”所阻止，未能南运。①

1937 年 7 月全面抗战爆发后，日本占领平津，即试图攫夺该地区的中方存银，以用于建立和维持华北占领区的金融体系。1938 年春伪华北临时政府成立“联合准备银行”后不久，便借口开展外汇业务所需，拟提取中交两行存银。②

1938 年 5 月 7 日，天津中国银行和交通银行再次急电香港总处：“谓平伪当局已决定移动现银。”总处对此的处置仍是“报部，请英、法大使作相当保护外，亦只得徐观变化”。7 月 6 日，日伪催逼益急。中国国民党政府敦促英、法两国干涉。至 7 月 13 日，英、法租界当局开始介入。法租界当局派人将日本人劝走，并在随后不久“派警至行保护”。英大使馆表态对于中国银行“在津英租界一切生命财产均允妥为保护”。7 月 23 日，天津中交两行电总处，称日方觊觎“平津存银”，为保护北平存银，“平中法银行已代接管各项库存”。至此，日方以联合准备银行现银之借口而谋攫夺天津英法租界和北平东交民巷存银的努力暂告失败。③

1939 年 4 月 9 日晚，伪联合准备银行津行经理、伪津海关监督程锡庚于在天津英租界内的大光明戏院被枪杀。英租界方面逮捕了 4 名嫌疑犯。日本当局要求将此 4 人移交日方。英国迟迟不肯移交这 4 人。6 月 5 日，日方向天津英当局发出最后通牒，称英方若不将暗杀程锡庚的嫌疑犯交出，则日方将采取必要步骤，封锁英租界。6 月 14 日，日本正式封锁天津英租界，造成英租界内正

---

① 周祖文：《抗战时期平津存银问题：中日英三方的角力》，《抗日战争研究》2016 年第 2 期。

② 吴景平：《抗战时期天津租界中国存银问题——以中英交涉为中心》，《历史研究》2012 年第 3 期。

③ 周祖文：《抗战时期平津存银问题：中日英三方的角力》，《抗日战争研究》2016 年第 2 期。

常生活的停顿,天津租界危机正式爆发。时任日本驻英大使的重光葵回忆道:"日军对出入英租界的英国人不分男女都要脱衣检查,致使英国舆论为之哗然。"英国开始考虑对日经济制裁的问题,首相张伯伦在下议院暗示,除非日本解除封锁,否则英国有可能进行经济报复。17 日,英国官方对外宣称,如果天津局势至本周周末仍未改善,则英国可能的应对有三种:(1)取消日本原享之最惠国待遇;(2)废弃 1911 年英日条约;(3)对进口日货一律加征重税。与此同时,英国还向美、法两国求援。但美国在研究局势后,最终得出的结论是:"暂时美国在远东做不成任何实实在在的事。"法国不仅对英国提出的在远东联合展示武力的提议不热衷,反倒特别提醒英国"不要对日本采取任何经济制裁的措施,除非确信这些措施将会是有效的"。英国面对危机,最终采取了对日妥协的基本态度。7 月 22 日,英国驻日大使克莱琪与日方签订协定,具体内容为:"英国政府充分认识正在进行大规模敌对行动的中国的实际局势,并注意到,只要这种事态继续存在,在华日军为了保障其自身安全和维护其控制的地区内的公共秩序,就有其特殊的需要,也就必须采取必要的步骤,以便镇压或消除那种将妨碍他们或有利于他们的敌人的任何活动或动因。因此,英国政府将避免,并使在中国的英国当局也避免有任何将妨碍日本军队达到其上述目的的行动和措施。"英国最终于 1939 年 9 月 5 日将嫌疑犯 4 人移交给了天津伪政权。日本军方明确表示,"除非经济问题①解决,否则决不解除封锁"。②

英、日之间又为天津租界存银问题进行博弈。1939 年 9 月 1

① 主要是天津租界存银问题。

② 傅敏:《英国在远东的双重外交与天津租界危机》,《民国档案》2009 年第 3 期。

日，德军从三面突袭波兰，欧洲大战全面爆发。英国在应对欧战时，在应对天津租界危机的决策圈里对日妥协派渐占上风。其间，中国国民党政府为保护平津中资银行存银一再对英国进行交涉。关于国民党政府这些对英交涉活动，有学者认为：“在天津存银问题交涉全过程中，蒋介石虽然多次向外交部门发出有关指示，也曾派出专门代表甚至亲自出面向英国大使表明立场，并且是中英最终换文文本的审定者，但总的来看，蒋介石对天津租界存银问题重视不够。整体而言，围绕天津租界存银问题的对英交涉，中国外交体制运作明显滞后，缺乏及时性和有效性。”①；也有学者认为：“在中英关于天津租界存银的交涉中，中国政府经历了从由财政部孔祥熙主导到由抗战领袖蒋介石主导的一个变化过程，处置方法也逐渐从早期单纯的财政视角，转向中后期从外交政治全局角度加以考量。”②最终，英国不顾中国的反对，于 1940 年 6 月 12 日与日本正式签订《天津协定》，在天津存银问题上向日本妥协。至此，英日在天津问题上达成一致。日军解除了对天津英租界长达 372 天的封锁，天津租界危机由此平息。③ 在英日协定达成的当天，法国方面在没有同中方达成谅解的情况下，匆匆与日本达成天津法租界存银的协定，其内容除所提取的救济用款相当于 20 万镑之外，其余部分与英日协定相同。太平洋战争爆发后日军进占天津

① 吴景平：《抗战时期天津租界中国存银问题——以中英交涉为中心》，《历史研究》2012 年第 3 期。

② 周祖文：《抗战时期平津存银问题：中日英三方的角力》，《抗日战争研究》2016 年第 2 期。

③ 傅敏：《英国在远东的双重外交与天津租界危机》，《民国档案》2009 年第 3 期。

租界,攫夺中国存银达5700万余元。①

北平、天津沦陷后中资银行在当地的巨额存银被扣被夺,是在特定环境下中外经济关系的特别问题。围绕这一问题,中、日、英三方经历数年角力,还牵涉法国和美国。有学者认为:在这一问题交涉中"英国表现出只顾及本国利益,不尊重中国的主权和重大利益,对中国抗战持消极立场的本质,使以最高决策者蒋介石为首的国民党政府官员试图依靠英国维护国家利益的幻想破灭。与此相应,在国民党政府战时外交的全局中,国别的倾向性开始发生显著的调整,英国的地位不可避免地下降,美国的重要性上升"②;也有学者认为:"在平津存银问题这场中日英三方的角力中,中国虽然在存银上有所损失,但在战略上,中日英三国关系开始步入了中国政府,或者确切地说是蒋介石所设想的轨道。从这个角度来说,平津存银问题的源起与流变,对于抗战大局之影响,实不容小觑。"③

三、日本在关内沦陷区实行贸易统制

(一)多管齐下的统制

1937年"七七事变"后,日本帝国主义发动了全面侵华战争。由于蒋介石国民党的不抵抗政策,华北和东南大片国土相继沦陷。这一大片国土战前曾经集中了关内新式工矿生产能力的绝大部

---

① 吴景平:《抗战时期天津租界中国存银问题——以中英交涉为中心》,《历史研究》2012年第3期。

② 吴景平:《抗战时期天津租界中国存银问题——以中英交涉为中心》,《历史研究》2012年第3期。

③ 周祖文:《抗战时期平津存银问题:中日英三方的角力》,《抗日战争研究》2016年第2期。

分，并有丰富的自然资源。日本侵略者在中国关内各地城乡狂轰滥炸、烧杀奸淫、肆意破坏的同时，对关内沦陷区进行了空前规模的经济掠夺。日本在中国关内沦陷区实行的贸易统制，是与其在关内沦陷区实行的全面经济统制紧密联系的，是金融、产业、流通等领域多管齐下的，是在经济掠夺基础上实行统制，统制的目的是为了进一步掠夺。

“七七事变”后，日军在中国东部沿海夺城掠地，而国民党军队很快溃退。日军很快占领了在中国东部沿海大片地区，形成关内沦陷区。当时日本侵略势力在关内沦陷区政治方面迅速炮制汉奸政权。华北汉奸政权经历了从伪“中华民国临时政府”到伪“华北政务委员会”、从“中央政权”到地方政权的演变过程。在华中，1938年3月成立了梁伪“中华民国维新政府”。1940年3月，汪伪“国民党政府”成立并“还都”南京。伪“华北政务委员会”名义上是隶属于南京汪伪“国民政府”，但实际上拥有“高度自治”。日军在逐个占领了中国东部沿海口岸城市后，如其所述马上夺取当地的海关行政权和关税收入，再控制和利用这些海关，并修订关税税率，为其在关内沦陷区实行贸易统制服务。例如，1938年1月22日，日本侵略势力令伪“临时政府”降低国民党政府原所颁关税税率，实行新税则；5月30日，又令王伪“临时政府”及梁伪“维新政府”联合声明更正税率，改正税则在华中地区同样施行，有利于日本棉布、人造丝及其制成品等的进口，又促使中国煤、铁矿石等廉价输往日本。①

日本侵略势力在掠夺中国原有金融机构的基础上，先后成立伪“中国联合准备银行”、伪“华兴商业银行”、伪“中央储备银行”

① 章伯锋、庄建平主编：《抗日战争》第6卷，四川大学出版社1997年版，第744—745页。

等金融组织,也是日本人在关内沦陷区实行贸易统制的重要工具。这些伪银行发行“联银券”(亦称“联准券”)①、“华兴券”②、“中储券”③,日本人利用这些伪币收兑法币到国统区和抗日游击区去套购物资,在沦陷区亦是日本人实行经济统制的“吸血器”。1937年11月起日军还在关内沦陷区强制发行“军用手票”(亦称“军票”)用来掠夺沦陷区财源。1939年8月,日本侵略势力为维持华中沦陷区军票价值,并扩大军票流通范围,同时也是为了物资的顺利进口调运与配给,建立了军票交换用物资配给组合(军配组合)。其总部设在上海。其由总务部和棉纱布、毛绒及毛织品、人造丝布、砂糖、肥料、纸张、药品、染料8个专业商品部组成。总务部部长握有军配组合最高指挥权,由日本华中派遣军经理部部长担任,实际掌握经营权的常务干事则按经理部“第七出张所”的命令行事。各专业商品部门的组合会员,都是三井物产、三菱商事等少数日本大商社,因而被称为“大商社中心主义”。各专业商品部设有理事会,下面有经办商,但实际上是由总务部指挥。“军配组合”在华中沦陷区各地设有分店、办事处30余所,职员、组合会员人数除下属机构外有3500人,可见机构之庞大。从日本、朝鲜、中国台湾、伪满、华北等日元集团区域输入上海的重要物资,有一半以上为“军配组合”所控制,由它实施统制配给,并严格实行军票买卖。④

中国关内沦陷区的城市、矿山各类工矿和商业企业,或被炸

① 与日元等价,流通于北平、天津、青岛、济南及河南等地日军占领区。

② 与法币等价,流通于华中沦陷区。

③ 初与法币等价,流通于南京、上海、江苏、浙江、安徽、江西、湖北、广东等地沦陷区。

④ 黄美真:《1937—1945:日伪对以上海为中心的华中沦陷区的物资统制》,《抗日战争研究》1999年第1期。

毁、烧毁，或落入日军、日本浪人手中，为日本帝国主义全面实施蓄谋已久的统制、掠夺、“开发”沦陷区的经济资源计划创造了机会。日军对沦陷区工矿企业的掠夺，更加变本加厉。它以“军管理”和“委托经管”的方式，夺取了华北、华中沦陷区内差不多全部的工矿企业。不过在战争初始阶段，如第一章所述，日本帝国主义并没有将原已相当成熟和完善的有关方针、策略、办法，即时全面付诸实施。由于日本帝国主义侵华战争的破坏，特别是由于日军杀鸡取卵的掠夺政策，使关内工矿业生产停顿。

在日军侵占武汉、广州后，抗日战争进入相持阶段。这时日本侵略军由于战线拉长，战争范围扩大，迫切需要在中国建立新的军需工业，以补充其战争消耗。他们提出了“以战养战”政策，对关内沦陷区工矿业的掠夺，由赤裸裸的军事霸占，改为所谓“中日合作”方式经营，以便更好地掠夺中国资源，实现侵华日军军需物资就地供给。在这种情况下，日本侵略者对中国关内工矿业的掠夺政策做了一些调整，把沦陷区工矿业分为“统制事业”与“自由事业”两大类。“统制事业”代表日本军阀的利益，其目的是攫取中国的重要战争资源，包括日本所缺乏的军事资源及与军事直接相关的交通通讯事业、公用事业，以及与日本经济发生摩擦的蚕丝、水产事业等，只能由兴中公司、华北开发公司、华中振兴公司等国策会社系统的企业来经营。“自由事业”则是为满足日本工商资产阶级在华投资经营活动所要求的一般工业和商业，包括纺织、面粉、烟草、啤酒等行业，私人可以投资经营，但仍有一些限制。根据日本东亚研究所的调查，1938 年，日本在关内沦陷区的投资比 1936 年增加了 65%，其中企业投资增加了 72%，这些投资主要是在华北。1938 年，日本在关内的投资中，银行业占 18%，进出口业占 14%，纺织业占 22%，其他制造业占 9%，矿业占 7%，航运业占

5%,其中纺织业占的比重最大。[①] 1939 年第二次世界大战爆发后,日本人集中精力掠夺以二白(盐和棉花)、二黑(铁和煤)为代表的重要军事资源。1940 年 10 月,日本内阁通过了《国土计划设定要纲》,提出所谓"适地适产主义",即"日满华三者之间,实行适当分业",规定日本着重发展军事工业、机械工业和轻工业,伪满着重发展矿业、电气工业,一部分机械工业和轻工业,华北着重开发矿业和盐业,华中发展部分轻工业。[②] 关内沦陷区工业生产和贸易受到日本帝国主义更加严格的统制。

(二)华北的物资与贸易统制

关内沦陷区又大致分为华北、华中等区域。日本在这些区域的贸易统制具体方式有些差异。

第二次世界大战期间,华北对于日本,既有北攻或防御苏蒙联军的军事一线的重要战略价值;又有着反共防共前沿、直接镇压中国共产党领导的大规模的人民武装抗日游击战争,巩固伪满州国后方,占据中枢吞并全中国进而称霸大东亚的重要政治价值;因此,又是其发动太平洋战争的屯兵、练兵、运兵的重要"兵站基地"。而华北在日本战争全局中的经济地位更是至关重要。[③]

1940 年 10 月,日本人主导制定了《日满华经济建设要纲》,要求中国与日本加强协作,"开发资源,复兴经济,特别要谋求交通的发达,物资交易的通畅,重要产业和资源的开发",华北要重点

---

① [日]东亚研究所:《日本の对支投资》,1941 年版,第 1045—1046 页及附表。

② 郑友揆:《中国的对外贸易和工业发展》,上海社会科学院出版社 1984 年版,第 147 页。

③ 居之芬:《华北沦陷区的经济地位及日本统制掠夺之特点》,《晋阳学刊》1998 年第 1 期。

发展矿业、制盐业、重工业及化学工业，“为建立东亚共荣圈作出贡献”。[①] 从日本在《日满华经济建设要纲》中绘制的“生存圈”内各部位产业设置和经济发展蓝图可知，在日本整部战争经济机器中，如果其本土是核心，主要发展高新兵器工业、军事化工业；那么中国东北沦陷区是为其军事工业提供动力、钢铁和化工制品半制品及粮食饲料的补给地，也是其主要的殖民场所；而华北则纯粹是为其提供煤、铁、铝等原矿石，海盐、棉花、皮革、羊毛、肉类以及大批强制劳工的原材料和人力资源供给地。实施国家垄断资本的绝对统制。即以“满铁”和“华北开发公司”等殖民国策会社为核心，对占领区经济的基础产业与重要资源产业实施强行霸占和统制经营，实行强制的指令性生产和输出，并对产、供、销、输入、配给实行全面统制。这种统制掠夺以为其侵略战争服务为最高宗旨，因此这种国家垄断资本无不刻上日本军事法西斯主义的罪恶烙印。[②]

在日军侵占华北的作战中，每到一处即对华北重要国防产业（主要是铁路、公路、港湾、通讯、发电、煤矿、铁矿、盐业化工等）一律强行“军管”，再委托兴中公司及其他日本专业财团经营，使其迅速恢复生产，以便尽快向日本提供急缺的战略物资。当时煤炭在华北矿业开采及出口贸易中占有重要地位。日本军方把除外资企业（如开滦煤矿等）外的华北各省区的中国公私营煤矿，如井陉、焦作、阳泉、中兴、柳泉等 10 余座煤矿强行接管并作为“军管理”的绝对“统制”的企业。到 1938 年年底，兴中公司配合军管，

① 中国抗日战争史学会、中国人民抗日战争纪念馆编：《日本对华北经济的掠夺和统制》，北京出版社 1995 年版，第 27—30 页。

② 居之芬：《华北沦陷区的经济地位及日本统制掠夺之特点》，《晋阳学刊》1998 年第 1 期。

经营了井陉、焦作、阳泉等 10 个煤矿,使其煤产量达 200 余万吨,已达事变前生产能力的 90%以上。[①] “华北开发公司”成立后,接管了这些煤矿,迅速完成了对华北采煤业的统制。

日本侵略势力为了确保侵略战争对华北煤炭之需求,制订了详尽的“开发”计划,加紧掠夺华北的煤炭资源。以下以河北井陉煤矿及山东煤矿业为例进行探讨。

1936 年 11 月,日本满铁经济调查委员会在对井陉煤矿做了深入调查之后,日本满铁经济调查委员会便作出了《关于兴中公司经营井陉炭矿的收支预想调查》,其内容主要是关于井陉矿务局被兴中公司经营的预想。1937 年 11 月,为了迎合日本国内的煤炭增产计划,日军又对井陉煤矿进行调查,也制订了一套“开发”计划。日军“开发”计划的最终目的就是将井陉矿的煤炭资源开发殆尽。到了 1939 年,日本又制订出了《井陉炭矿株式会社事业计划案》和《井陉炭矿株式会社事业计划参考表》。[②] 1933 年 11 月,满铁制订了《华北经济调查计划》。同年 12 月,满铁经济调查会在天津、青岛等地设立分会,在北平、山海关、滦州、张家口、太原、济南等地设立办事处,专门调查开滦、井陉煤矿和冀东、山西、山东等地的工矿业与华北各种资源的供求关系等情况,以便为日本向华北地区的经济扩张及日后实施经济统制政策提供依据。1934 年 10 月,华北日本驻屯军司令部又制定了《华北重要资源经济调查方针及要项》,进一步提出了调查、“开发”华北资源的详细计划与方针:规定在华北掠夺的目标,是获取国防资源,强化日本

① 居之芬:《日本对华北经济的统制和掠夺》,《历史研究》1995 年第 2 期。

② 张宪文、张玉法主编:《中华民国专题史》第 12 卷,南京大学出版社 2015 年版,第 182—186 页。

在华北的经济统制；并准备组成“日满华北经济集团”。调查要项中把矿业资源放在重要地位，尤其重视华北的煤炭资源。1935 年前后，日本在制造了震惊中外的“华北事变”的同时，在经济上也加强了渗透与控制。日本把山东看作“中日满联盟经济”的重要一环，对山东的经济调查更为积极。由于日本名义上已把山东归还中国，所以这些调查主要是由侨居山东的日本人来进行的。具体到对于山东煤炭的调查，则大多由鲁大公司及后来的山东煤矿产销公司主持。这些调查详细且全面，对山东全省的主要煤田都有涉及。日本侵略者还致力于一些新煤田的勘探活动。从 1938 年至 1942 年 7 月，日本华北矿业开发株式会社调查局先后派遣庄司诚一等人，在鲁南、鲁西南地区多次进行矿产综合性地质调查，认为这一地区有煤，并进一步推断邹县（今邹城市）境内地层深部有丰厚的煤层存在。另外日本侵略者经过调查还发现莱芜县中心埋有 2 亿吨适于炼焦用的强黏结性有烟煤，还在新泰地方探得约有 10 亿吨以上的庞大煤田。①

1937 年 10 月，日本军部陆续接收了井陉、正丰煤矿之后，将它们改组为军管理煤矿。为了满足日本军方对井陉煤炭资源的掠夺，以满足其军需供应，“兴中公司”奉军部命令，对军管理工厂实行受托经营。但“兴中公司”设立后既缺乏管理经验又没有煤炭等事业方面的技术力量，因此当“兴中公司”占领井陉煤矿后，它一方面向满铁要求人员支援；另一方面通过日本陆军当局的援助指示，要求贝岛煤矿股份有限公司的支援。随着 1938 年“华北开发公司”的成立，兴中公司的托管被逐渐接替。直到 1940 年 7 月 22 日，“井陉煤矿股份有限公司”成立，日军的军管理时期才彻底

① 胡海香：《抗日战争时期日本统制下的山东煤炭业》，曲阜师范大学 2003 年硕士学位论文。

结束。华北开发公司开发煤炭资源的方针是:确保对华北煤炭资源的控制力,充分补给日本煤炭的不足,并将开发资金限制在最小数额。在“开发”过程中,为了使日本对中国煤炭业的掠夺具有“合法”的形式,日本公司大多采用与华北伪政权共同出资设立煤矿公司的“合办”形式。然而这种中日合办,名为“合办”,实际上企业完全被日方所操纵。“井陉煤矿股份有限公司”的成立,是华北开发公司与贝岛财团、华北伪政权勾结,打着中外合办的幌子,掠夺井陉煤矿资源的产物。① 山东煤矿也被日军改组为军管理煤矿。在日本“军管理”的名义下,1938 年 1 月,宁阳的华丰煤矿和泰安的华宝煤矿由日本满铁下属的“兴中公司”接管;3 月,峄县的中兴煤矿也被其接管。为了加强对煤炭的“开发”和吸引日本各垄断财阀的资本投资煤矿业,“兴中公司”把它掌管的中兴煤矿交给“三井矿山株式会社”经营,华丰煤矿和华宝煤矿交给“三菱矿业株式会社”经营。与此同时,在日本侵略者的威逼下,胶济沿线的各煤矿则被迫与 1923 年由满铁等投资创立的“山东矿业株式会社”签订了“让渡契约书”。这种名义上的“合办”,就其实质来说,“与吞并无异”。各矿主在“让渡契约书”上签字的同时,也就把煤矿的所有权拱手交给了日本人。于是,胶济沿线的淄川、博山、章丘、坊子等煤矿便为“山东矿业株式会社”所控制。随之而来的便是野蛮的“开发”与掠夺。② 1940 年 2 月,伪“中华民国临时政府”实业部颁发了“关于各省煤矿由中日合办的公告”③,使华北煤矿

---

① 张宪文、张玉法主编:《中华民国专题史》第 12 卷,南京大学出版社 2015 年版,第 189—193 页。

② 胡海香:《抗日战争时期日本统制下的山东煤炭业》,曲阜师范大学 2003 年硕士学位论文。

③ 中国抗日战争史学会、中国人民抗日战争纪念馆编:《日本对华北经济的掠夺和统制》,北京出版社 1995 年版,第 90 页。

“中日合办”形式“合法”化。

从 1937 年日军开始占领井陉煤矿开始直到 1943 年，对煤矿所采用的采煤方法均以残柱式为主，而这种采煤方法投资少，出煤率高，充分利用劳动力，但缺点则是危险性大，丢弃的煤多。因此，日本能够在井陉煤矿掠夺 800 多万吨煤炭资源的原因之一，便是在采用高出煤率的采煤方法和使用众多的劳动力的基础之上的；在煤矿的安保设施方面，日方采取了配置安全灯、配置瓦斯干扰仪、配置坑内照明、坑内负责人进行巡视时进行物理研究等措施，这些安全保卫设施的设置，在一定程度上也体现出，日军为了开采更多的煤炭资源，也尽力避免矿难的发生；从煤矿的运输来看，使用马匹、翻斗车、底卸式贮料机和铲煤机等，铁轨已延伸至坑内主要坑道 15 公里，并配有铁制和木制炭车共 589 辆。这些设备都增强了煤矿的装煤能力，同时也大大增强了日本对煤炭资源的外运能力。从 1937 年 11 月 1 日至 1945 年 8 月 15 日，日本在井陉煤矿共采出煤炭 827.845 万吨。而从 1908—1936 年，井陉煤矿 29 年间的煤炭资源产量是 812.88 万吨。日本用 8 年的时间挖掘了比井陉煤矿以往开采 29 年还要多的煤炭资源，其掠夺之巨由此可见。[①] 由于受战争的影响，1937 年山东各煤矿的生产大都受到严重破坏，基本处于停产状态。战争初期，国民党军队在逃跑时为防止煤矿为日军所利用，也对煤矿的生产设备进行了破坏。尤其是“山东省有关中日合办的煤矿遭到彻底的破坏”。淄川煤矿、南定煤矿、博东煤矿、旭华煤矿等煤矿被全部炸毁，价值千万元的设备、设施化为乌有。再加上治安状况的恶化，社会陷入了无政府状态，煤矿业主以及煤矿工作人员为逃避战祸纷纷逃走，各煤矿大部分

① 张宪文、张玉法主编：《中华民国专题史》第 12 卷，南京大学出版社 2015 年版，第 186—189 页。

进水,即使是中国人经营的煤矿也不能继续生产。战争使山东煤炭业处于毁灭的边缘。在占领了山东各地的煤矿后,日本侵略者不得不腾出手来收拾这个烂摊子,加紧对其进行恢复生产,以图尽可能多地掠夺山东的煤炭。1938 年 1 月,日军完成了对胶济铁路沿线的占领,日本人也陆续返回胶济沿线的各煤矿,在日军的武力保护下开始了"复兴"工作。由于大煤矿的复工需要相当长的时间,"姑为缓和计,应先恢复较容易恢复的中国煤矿",但需要在日本山东矿业株式会社控制的前提下,给予投资或技术上的援助,并奖励产煤。同时,在日军的武力镇压下,各矿区中国人民的反抗斗争也受到了一定程度的遏制。由此,各地煤矿的生产开始恢复。淄川煤矿、悦异煤矿、博山、振业、东方、荣德等诸煤矿的产煤量逐渐提高,章丘、官庄煤矿也开始增产。随着日本侵略者对山东煤矿的全面占领,为贯彻"旧本国策及日支共存共荣的主旨",就需要把山东的煤矿业作为"特殊的事情",进行"分产合销的统制"。"分产"就是各自生产,"合销"就是共同销售。具体地说,就是采掘权归各煤矿所有,但煤炭的销售则由各煤矿业主组成的销售公司进行组织和实施。"山东煤矿产销公司"就是为了适应这种需要而建立的。该公司以"山东矿业株式会社"为主体,主要经营管理胶济沿线各煤矿的各项事务。于是,这些煤矿的采掘权和销售权都被日本侵略者所垄断。1937 年,山东全省输入日本的煤炭才 10 余万吨,而 1940 年在"山东煤矿产销公司"的调配下,胶济沿线各煤矿输入日本的煤炭总量达 359944 吨。1941 年太平洋战争爆发后日本需煤急切。为增加山东煤矿生产,除了不断勘探新矿井外,日本侵略者还采取了其他相关的措施,筹建和扩建了一批与煤炭开采相配套的修理厂、炼焦厂、电厂。1942 年建成的博山铁工厂,专门用来修理和装配矿山机械设备。同年扩建的博山洪山电厂,装机容量达到 15300 千瓦。到 1944 年淄博煤矿共有发电厂 5 个,发电机 16 台,总装机容量达到32100千瓦，形成了贯穿神头、南定、张店、金岭镇、王村等地，全长12.25公里、配置33千伏线路和6个变电站的电力网。这些措施的实行使日本对山东煤炭的掠夺在1942年达到了最高峰，当年山东的煤炭产量竟占到了华北总产量的1/3。[①]

华北开发公司又于1940年年底与三井、三菱、大仓、明治等日本财团合股折半出资1365万元，接管了中兴、大坟口、磁县、山西、焦作和柳泉六个煤炭矿业所，组成华北煤炭组合加以统制经营和扩大开采。1941年12月，太平洋战争爆发后日军又将中英合办的开滦煤矿强行接收。到1942年，日本在华北统制和开采的煤炭年产总量已达2500万吨左右。[②] 太平洋战争爆发之后，日军在战争中对煤炭等资源的消耗，远远超出了日本的预料。随着1942年日军在中途岛、瓜岛战役中的惨败，日军的经济进一步恶化，对华北工矿资源的掠夺也更加疯狂。在沦陷区的煤炭业，资金器材不足、劳动力不足、运输困难、治安恶化等问题更加突出。日方在这种状况下，针对井陉、正丰、开滦等煤矿调整了掠夺煤炭的方针，提出了“以提高优质煤的产量为目标，集中人、财、物力，重点增加炼铁用焦煤的生产，实行超重点主义”。[③] 1943年至1944年，华北煤炭平均年产量仍在2000万吨左右，1945年开始大幅度下降。这些煤大部分用于日本在华北紧急上马的冶金和化工业，1/3约700

---

① 胡海香：《抗日战争时期日本统制下的山东煤炭业》，曲阜师范大学硕士学位论文，2003年。

② 居之芬：《日本对华北经济的统制和掠夺》，《历史研究》1995年第2期。

③ 王士花：《日本侵华战争时期对华北工矿资源的控制和掠夺》，《抗日战争研究》1993年第1期。

万吨左右,运往日本和伪满。[①] 日本帝国主义统制下华北煤炭生产指数,如果以 1936 年为 100,1937 年为 79,1940 年为 108,1942 年为 145,1944 年为 122。[②] 河北井陉、正丰等煤矿所生产煤炭,能够留给当地用的仅有 4.61%,绝大部分都被日方或运往日本,或用于军事等,运往日本本土的煤炭量日益加大。[③]

华北食盐及纯碱等基础化工产品被日本侵略势力视为重要军需物资。在日军侵占华北的作战中,“兴中公司”经营了处于“军管理”状态的久大精盐厂与永利化学厂。到 1939 年 8 月,永利化学厂生产纯碱 34.285 吨,烧碱 1483.05 吨,久大精盐厂已可产精盐 35000 吨,全部对日输出;到 1939 年年底,长芦盐场年产精盐 84.3 万吨,对日输出盐达 120 余万吨。1939 年 8 月,“华北开发公司”创设“华北盐业股份有限公司”,从兴中公司手里接管了长芦盐场,到 1942 年,年产量已达 96.8 万吨,较 1939 年增加了近 1 倍。1941 年 4 月,华北开发公司又以 6 万股 1000 万元,从日本民间财团手中接管了“山东盐业股份有限公司”,到 1941 年年底,该公司年产量已达 50 万吨,较事变前增加了 1 倍。这些盐除少部分就地加工成纯碱、烧碱对日输出外,绝大部分运往日本。华北开发公司接办永利化学工厂后在以盐为原料的纯碱、烧碱生产和盐的卤化物加工生产方面,1942 年以前年产纯碱始终在 35000—40000 吨徘徊,年产烧碱也不过 3500—4000 吨,全部对日输出。1943—1945 年 8 月,日本人在华北共采盐 500 万吨。纯碱年产量始终在

---

① 居之芬:《日本对华北经济的统制和掠夺》,《历史研究》1995 年第 2 期。

② 中国抗日战争史学会、中国人民抗日战争纪念馆编:《抗战时期的经济》,北京出版社 1995 年版,第 192 页。

③ 张宪文、张玉法主编:《中华民国专题史》第 12 卷,南京大学出版社 2015 年版,第 202—203 页。

3 万—4 万吨徘徊，共掠走纯碱 21.2369 万吨（7 年半），烧碱 1.7913 万吨以上（主要是永利化学工业公司的）。[①] 日本帝国主义统制下华北纯碱生产指数，如果以 1936 年为 100，1937 年为 34，1940 年为 108，1942 年为 145，1944 年为 122；华北烧碱生产指数，如果以 1936 年为 100，1937 年为 100，1940 年为 106，1942 年为 107，1944 年为 18。[②] 1937 年遭遇严重战争破坏，其后逐渐恢复，到 1942 年达到高峰，以后有明显下降。

棉花是军需和民用必不可少的原料，战争时期则是重要的战略资源。日本是个棉产资源极为贫乏的国家，而华北是日本“基本生存圈”内的主要产棉区，因此日本一开始就把华北棉花作为重要的战略资源，给予重点统制和掠夺。为最大限度地掠夺华北棉花，日本侵略者制订了华北“棉花增产”计划以及为实现这一计划而推行的“棉花增产活动”。尽管日伪采用各种手段，大力推行“棉花增产运动”，华北棉花产量非但没有增加，反而呈下降趋势。关于日伪推行“棉花增产运动”这方面内容，前面章节已有所述，我们在这里主要阐述在流通领域日伪对华北棉花资源的统制和掠夺。

伪“华北棉产改进会”是日伪棉花增产运动的主要实施机关，该会主要任务就是为了完成日军庞大的棉花掠夺计划，积极执行兴亚院华北联络部制订的棉花增产计划。“华北棉产改进会”除了进行繁殖良种、举办水利、斡旋贷款、训练技术人员等活动之外，还组织棉花运销合作社。棉花运销合作事业兴起于 1934 年的华

---

① 居之芬：《日本对华北经济的统制和掠夺》，《历史研究》1995 年第 2 期。

② 中国抗日战争史学会、中国人民抗日战争纪念馆编：《抗战时期的经济》，北京出版社 1995 年版，第 192 页。

北。通过棉花运销合作社运销棉花,比一般商贩的运销费用低廉,无形中增加了棉农的收益。南开大学经济研究所 1934 年调查显示,河北省西河区经普通商贩运至天津市场的棉花,每担皮棉的运销费用为七元六角,而翌年华北农产研究改进社指导下的晋县、无极一带合作社,运销棉花至天津,每担运销费用仅为二元二角八分四厘。伪华北棉产改进会为了降低棉花运销费用,便利日伪接运棉花,积极倡导该事业。该会于华北四省指导组织的棉花运销合作社,1939 年计:河北省为 500 余社,社员 18700 余人,山东省为 300 余社,社员 15700 余人;截至 1941 年 5 月计:河北省 893 社,社员人数 30701 人,山东省 938 社,社员人数 38871 人,山西省 46 社,社员人数 795 人,河南省 128 社,社员人数 6824 人,总计 2005 社,77191 人。从这些数据看,棉花运销合作社有明显发展。①

日伪当局为了廉价收购华北棉花,对棉花收购价格进行统制。1938 年秋,日伪当局规定了棉花的最高价格,强制规定西河美棉种每担不能超过 38 元,而当时天津西河美棉种市场价格,在 65 元左右,日伪的强制价格与当时天津的市场价格相差 27 元。从价格差上就可以看出棉农所受的损失,他们的经济效益减少近一半。在山西,棉花最初完全由日军统制收购,日军规定 1938 年棉花收购价只为山西汾阳市场价的 55.6%。1939 年收购价只为汾阳市场价的 50%。1938 年 8 月,日本在石门、济南两地设立了“棉花收买联盟”,在天津成立“棉花同业公会”,负责棉花收买工作。为了对华北棉花做一元化的统制收买,日本人于 1939 年 4 月 1 日成立了“华北棉花协会”。该协会设本部于北京,设支部于天津、青岛,并在天津、青岛成立棉花交易所和大型仓库。该会实行公定价格

① 杜秀娟:《抗日战争时期日伪对华北棉花资源的统制与掠夺》,河北师范大学硕士学位论文,2006 年。

制度，统一定价并规定纺织业者和棉花输出者只能使用该协会购买的棉花。公定价格制度破坏了华北棉花由原始市场经中级市场再到终点市场的正常运销体系，不仅棉农大受损失，而且棉花店及民族纺织厂亦不堪忍受剥削而纷纷倒闭。中国的棉花市场完全落入日本之手。“公定价格制度表面上是依各地植棉成本及一般经济情形，并考虑上市状况及各物价的均衡为原则，但连日本研究机构也不得不承认，棉花统制价格的决定标准，显然是以日本采购华棉之是否有利为前提的。”该协会对于各种棉花都规定有一定的价格，农民非得按照规定的价格出售棉花不可。为促进日本纺织业的发展，日本尽量压低棉花的价格而提高纺织品的价格。为了便于棉花经过天津、青岛输入日本，日伪当局有意识地利用地区差价促使棉花向天津、青岛移动。“以 1939 年公定价格为例，粗绒一等棉，石家庄每担 62 元，保定 64 元，天津与青岛则升为 66 元，各地差价依次为 2 元。10 月 5 日改正价，细绒一等棉，石家庄每担 75 元，保定每担 76 元，天津与青岛均为 80 元，保定较石家庄提高 1 元，而天津与青岛较石家庄则提高 5 元；12 月 21 日改正价格，细绒一等棉石家庄每担 103 元，保定 104 元，天津升至 112 元，保定较石家庄提高 1 元，而天津较石家庄则提高 9 元。”天津、青岛的棉花价格均高于石家庄、保定等内陆地区，这必然使棉花从价格低的地区向价格高的地区转移，棉花集中到天津、青岛等港口城市后，顺利地运销日本。①

1938 年 3 月，“兴中公司”以 300 万元资金设立了“华北棉花公司”，在华北主要产棉区的河北、山东、河南三省设立了 4 个棉花打包加工厂与仓库，“主要负责统制和垄断华北棉花的收购、运

① 杜秀娟：《抗日战争时期日伪对华北棉花资源的统制与掠夺》，河北师范大学硕士学位论文，2006 年。

送和输出,也融资给棉农,负责促使其改良品种扩大生产的督励业务”,垄断华北棉花的收购和对日输出。① 1939 年年底,“华北开发公司”以 300 万元资本从“兴中公司”手中收买了“华北棉花公司”。“华北开发公司”统制了华北棉花的收购与输出,到 1942 年华北年产皮棉平均达 360 余万担,大部分输向日本。“日棉实业株式会社”在华北地区设立天津、北京、张家口、青岛、济南 5 个支店,支店之下设立出张所。天津支店下设石门、邯郸、新乡、沧县 4 个出张所,张家口支店设厚和出张所,青岛与济南支店各设两个出张所,青岛支店下辖潍县、益都出张所,济南支店管辖张店、夏津出张所。该社以收购棉花为其主要业务。为了对华北棉花生产、指导、收买、纺织、棉织品及其他纤维制品的配给做综合的一元化的统制,1943 年 8 月 16 日,日伪当局成立了“华北纤维统制总会”。总会直属于伪“华北政务委员会”,下辖“华北棉产改进会”“华北纺织工业会”“华北纤维协会”“华北纤维公司”等棉花统制机关,本部设北平。该公司从事棉花的统一收购、管理、分配及进出口,特需用棉籽的管理、收购、加工及进出口,特需用纤维原料的打包及保管,特需用纤维制品的管理、收购、分配及进出口等。1943 年,英美盟军转入反攻,日本的进攻态势宣告结束,穷途末路的日本垂死挣扎,于是在华北沦陷区展开了极具破坏性的疯狂的资源掠夺,对棉花的掠夺进一步加强。1943 年,日伪《棉花收集促进要纲》出笼,规定了各省棉花责任收集量,河北省责任收集量为皮棉 1004500 担,山东省 44.4384 万担,河南省 29.2367 万担。《河北省棉花收集促进要纲》规定了河北省各道县的棉花责任收集量。为禁止农民储有或自行生产棉花等重要物资,日伪制定了严苛的

① 居之芬、张利民:《日本在华北经济统制掠夺史》,天津古籍出版社 1997 年版,第 230 页。

惩治规则。1944 年，伪华北政务委员会制定了《华北扰乱经济统制治罪暂行条例》，对私行移动物资及违反公定价格出售物资的行为予以严厉惩罚。条例规定，棉花及其制品为其主要物资种类之一。“以营利为目的，囤积主要物资，隐匿不报，或未经许可，自行移动大量物资希图暴利者，处死刑、无期徒刑，或七年以下有期徒刑，并课 1 万元以上 5 万元以下之罚金”。私行移动大量物资希图暴利者是日伪所不能允许的，私行移动物资以资抗日更是日伪绝对禁止的，否则处以死刑。《华北扰乱经济统制治罪暂行条例》规定：“犯上条之罪，移动物资于统制线以外之区域，查有资敌之实者，处死刑”。拒按公定价格出售物资的处罚，虽没有私行移动物资的处罚严厉，也要接受巨额罚款甚至判刑。“超过公定价格售卖物资或拒绝按公定价格售卖物资者，处 3 年以上 5 年以下有期徒刑，并科 1 万元以下之罚金。”这样加强对棉花等主要物资种类的统制，通过处罚、定罪等方式来加强对人民的控制，使华北棉花能最大限度地输向日本。1943—1945 年华北棉产每年平均 300 万担左右，大部分运往日本或加工成纤维制品运往日本。① 日伪当局通过这些机制，对华北棉花资源从收买到输出实行了严厉的统制。

（三）华中华南的物资与贸易统制

华中沦陷区初时是指日军侵占的上海、南京两市和江苏、浙江、安徽三省区域，后来扩大至武汉地区及江西省沦陷区。华南沦陷区是指日军侵占的福建、广东地区。日本对以上海为中心的华中沦陷区的物资和贸易统制，开始时是由日本侵华占领军以军事

① 杜秀娟：《抗日战争时期日伪对华北棉花资源的统制与掠夺》，河北师范大学硕士学位论文，2006 年。

手段推行的,有明显的暴力掠夺性质。

1938年秋之后,日本所预期的侵华战争"速战速决""速和速结"的目标未能实现,战争出现了持久的局面。日本为了应付长期战争,实现侵华日军的"现地自活",强化了"以战养战"方针,对华中沦陷区的物资和贸易统制也进一步加强。这年10月26日,日本制定了《华中方面军占领地域内一般商品出入境取缔规定》。之后,严格禁止从沦陷区往抗战区、从上海往其他沦陷区运送物资的命令也接连地公布。与此相适应,带有垄断性的物资内外贸易机构,也先后在上海建立起来。1938年11月7日,"华中振兴公司"①在上海成立,它是由三井、三菱、住友等财团依据1938年4月30日日本政府以81号法令颁布的《华中振兴株式会社组织法》联合组织的,是日本政府筹划设立的华中地区经济统制机构。它根据日本政府制定的该公司组织法规定,是一家"特殊法人股份有限公司"。所谓"特殊法人",系日本政府对公司拥有直接的监督和支配权。日本政府对该公司专门设置监理官。该公司决策层分别来自军方和大财阀系统,可以说该公司是日本军阀和财阀的一个结合体。"华中振兴公司"具体业务由其所属的16个子公司经营。这些子公司可分为:①采矿类:即"华中矿业公司"(其资产主要是劫掠中国浙江、安徽、江苏境内的铁矿、萤石矿等组成)、"淮南煤矿公司"(包括安徽的淮南煤矿和附近的大通煤矿);②水电类:即"华中水电公司"(资产由强占上海租界以外、南京、戚墅堰、杭州、镇江、芜湖、安庆等地的电厂、自来水厂组成)、"上海瓦斯公司";③通讯事业类:即"华中电气通讯公司";④交通运输类:即"上海内河轮船公司"(其资产以原日清汽船株式会社为主,合

① 华中振兴公司,又称"华中振兴株式会社""中支那振兴株式会社",公司总部设在上海,在东京设有分公司,在南京、杭州等地设立办事处。

并了劫夺于江苏、浙江等地轮船公司的船只，拥有内河小轮船及驳船等1177艘，在江、浙境内开辟内河航线90条）、“华中铁道公司”（产业包括沪宁、津浦路南段、陇海路东段、沪杭、淮南等约1200公里的铁路线，以及吴淞、浦镇、戚墅堰3个机车工厂和南京下关轮渡、车站、旅馆等设施）、“中华轮船公司”（该公司是由强占招商局所属的船舶、码头、仓库，以及平安协记、华丰宝记、东亚海运等轮船公司合并组成，拥有船舶95艘，均系长江轮船）、“华中都市公共汽车公司”（该公司是由被日军侵占的南京、上海、杭州3市的公共交通产业为基础组成）、“华中运输公司”；⑤纺织类：即“华中蚕丝公司”（该公司是在被日军侵占上海、江苏、浙江境内有关养蚕、缫丝场厂的基础上建立起来的）；⑥其他类：即“华中水产公司”（专门从事海上捕渔和冷藏加工，拥有渔船30余艘，在舟山设渔业基地，在南京、上海等地设鱼市场）、“华中盐业公司”（该公司是在被日军侵占的淮北盐场基础上建立起来的）、“华中火柴公司”（该公司是在被日军侵占的上海大中华火柴公司基础上成立的，包括上海和镇江2厂）、“上海恒产公司”（主要从事码头和房地产业务）和“振兴住宅组合”等。“华中振兴公司”主要从事华中沦陷区工矿交通及城市公用事业，是日本帝国主义掠夺华中资源，控制华中沦陷区物资和贸易的国策会社。①

“华中振兴公司”的子公司之一“华中蚕丝公司”是在华中振兴公司之前成立的。日本侵略势力为了掠夺华中的蚕丝资源，于1938年4月先设立了“中支蚕丝组合”。参与投资的日本公司共有6家制丝公司、2家生丝批发商、6家生丝出口商总计14家，它们分别是片仓、郡是、钟纺、昭荣、日华蚕丝、三井物产、三菱商事、

① 黄美真主编：《日伪对华中沦陷区经济的掠夺与统制》，社会科学文献出版社2005年版，第326—329页。

旭夕沙夕、原合名、神荣、上甲信弘、神户生丝、若林、日本棉花。日本侵略势力加强对中国蚕丝业的统制经营的步伐很急,“中支蚕丝组合”成立不到4个月,又在上海成立了“华中蚕丝公司”(日本名为“华中蚕丝株式会社”)。“中支蚕丝组合”并入华中蚕丝公司。“华中蚕丝公司”根据伪政府赋予的独占权,霸占江浙沪许多丝厂、蚕种场等,借以统制华中蚕丝业。①

1937年秋冬,日军占领上海及其周边的地区后,为统制并获取这个地区的物资,即实行“物资军事管制”,建立起以上海为中心的物资流通控制网。日军执行统制物资的机关主要有两个:海军方面为上海海军经理部,主管水路运输的统制;陆军方面有华中侵华日军经理部在上海设立的“第七出张所”,主管陆路运输的统制。上海货物运往外地,必须向这个出张所申请核发“物品搬出许可证”。外地货物运进上海,也必须持有向当地日本军方申请核发的“物品搬入许可证”。当时,上海除租界外通往外地的重要水陆交通已被日军所控制,日军在各交通要口设有检查站,没有日本军方核发的物品搬出入许可证,货物不能进出上海。而华商能直接领得“搬出入许可证”者寥寥无几,往往需假手日商才能获得。于是,当时这种移动许可证本身即成为交易的对象,许多日商借以牟利。②

日本侵略势力还在华中沦陷区成立商品别贩卖协会以援助“军配组合”,加强华中沦陷区的军票地位,强化控制华中沦陷区的物资和贸易。这种“贩卖协会”主要有9个,即:“华中人造丝织

① 张宪文、张玉法主编:《中华民国专题史》第12卷,南京大学出版社2015年版,第440—450页。

② 黄美真:《1937—1945:日伪对以上海为中心的华中沦陷区的物资统制》,《抗日战争研究》1999年第1期。

品贩卖协会”“华中食用油运销协会”“华中燃料油运销协会”“华中棉制造品贩卖协会”“华中肥皂贩卖协会”“华中火柴贩卖协会”“华中卷烟贩卖协会”“华中糖类贩卖协会”“华中五金运贩卖协会”。各“协会”总部均设于上海，而在华中沦陷区内各重要城市遍设分支部。运销规定甚为严格，凡已设有“贩卖协会”的商品，除“贩卖协会”外任何人不得运销。运销办法：一是先指定运销的区域，再按该区内人口的多寡以估计消费量；二是运销商品不限于日货，唯日货运输有优先权；三是销售价格均有规定，原则上不允许随时变更，决定销售价格的基础为上海的市价。“自从这种贩卖协会组织后，内地物资奇缺，物价飞涨，而上海存货又乏正当途径运销内地，是以走私颇不乏人，获利颇大。①

日军攻占华南厦门、广州、香港、福州和海南岛等地后，实施“以华制华”“以战养战”的战略，在工矿企业、农业、金融、商贸等领域实施全面的经济掠夺和统制。例如在广州地区，1939 年日军下令地方各商号须领取贸易许可证后才能营业。铁、钨、锰、锑等金属和矿石的贸易由日本三井、三菱、杉原 3 家公司垄断，收音机和零件的进口、销售、修理、制造权由日本宪兵司令部授予 5 家日本商号。为“攫取南方资源，以谋自给自足”，日军对华南地区矿产资源实行掠夺性开采。铁矿分布在昌江、崖县、陵水等地，以田独和石碌铁矿品位最高，矿石含铁量在 50%，据称是世界良质铁矿，是建造舰艇的最好钢材原料。日本侵略势力授命“石原株式会社”投资开采田独铁矿，“日室素肥料株式会社”（后改名为“日

① 张宪文、张玉法主编：《中华民国专题史》第 12 卷，南京大学出版社 2015 年版，第 374—377 页；黄美真：《1937—1945：日伪对以上海为中心的华中沦陷区的物资统制》，《抗日战争研究》1999 年第 1 期。

窒兴业株式会社”)投资开采石碌铁矿等。①

华中地区的粮棉生产,在全国占有重要的地位。中国三大米粮市场武汉、芜湖、无锡均在华中沦陷区内。江苏棉花产量冠于全国。在日本对华中沦陷区实行统制的各类物资中,粮食与棉花占有重要的位置。日本侵华占领军司令部把华中沦陷区的棉粮置于其严厉统制之下,规定只许持有日军发给的物品搬运许可证的日商才能运销。1939 年 8 月,日军为便于收购军用食米,对苏浙皖三省产米区实行禁止新米搬运出境,指定专由日本“三井物产”“三菱商事”“大丸兴业”“一郡商会”等大商社收购军用食米。指定采办商得再指定各地日本粮食商人为各地采购米粮的承包商,全部贱价强制收购。除了采办商、承包商,一律禁止搬运米粮出境。1940 年 1 月,由华中的面粉厂和经营小麦、面粉及其副产品的日华商社共同组织“华中制粉组合联合会”。这个联合会的任务是在兴亚院华中联络部的指导监督下,调整华中小麦、面粉及其副产品的供需关系,并力图对日本、伪满及南洋各地供应的畅通。棉花的收购则在日本占领军的指导下,先是由日本商社利用一些中国棉花居间商或轧花商进行。1940 年 2 月,又由“日本在华纺织同业公会上海支部”“日本棉花同业会”“上海制棉协会”“落棉协会”4 个棉业组织联合成立“华中棉花协会”,作为华中沦陷区棉花的统制收购机关。对华中棉花包括飞花及其他杂棉实行统一收购和配给,而最主要的任务则是负责收购向日军缴纳的棉花。“华中棉花协会”为了确保军用棉花的收购,在主要产棉地杭州、南京、安庆、南通、海门、启东、太仓、常熟 8 个城市设立支部,大致

① 赖正维:《抗战时期日本对华南地区经济掠夺与统制的特点》,《江海学刊》2004 年第 1 期。

划定了各支部的收买区域。”①

随着中日战争的扩大，持久战局面的出现，日本为在中国占领区“确立长期占领的阵势”，“向形成日满华经济集团、通货集团的目标前进”，对以上海为中心的华中沦陷区的物资统制，也转为以军方为主，有日本政府驻华机构参加并与汪伪政权“合作”的面目出现。及至 1943 年年初，日本由于在太平洋战场上失利，为协调与汪伪政权的关系，在中国沦陷区获取更多的物资，决定实行“对华新政策”，对以上海为中心的华中沦陷区的物资统制，则改由汪伪政权出面，自己退居幕后操纵。② 这是与华北沦陷区有所不同的。

汪伪政权参与物资统制，是从当时最急需解决的粮食开始的。1940 年汪伪汉奸政权成立后，即由汪伪管事部成立“粮食管理委员会”，负责办理汪伪军需米及民需米的采购、配给事宜。汪伪政权并在各产米区设置区办事处，“先试办征购米谷及配给民食部分”。经日本同意，汪日双方划分了粮食采办地区范围：松江、嘉兴、嘉善地区 6 个县、苏州地区 5 个县及无锡地区 4 个县，共计 15 个县（粳米产地）为日方军米收购区，由日本军方指定日本米商收购；芜湖、南京、镇江、无锡、湖州地区（籼米产地）为汪伪政府食米收购区，由汪伪政权指定中国米商收购。7 月 30 日，汪伪行政院通过了《苏浙皖食米运销管理暂行条例》和《米业同业公会管理暂行条例》，规定在汪伪收购区内搬运粮食，非请领“粮食管理委员会”核发之证照，“任何证明书件，不得凭以通行”。但在日本的严

① 黄美真：《1937—1945：日伪对以上海为中心的华中沦陷区的物资统制》，《抗日战争研究》1999 年第 1 期。

② 黄美真：《1937—1945：日伪对以上海为中心的华中沦陷区的物资统制》，《抗日战争研究》1999 年第 1 期。

密控制下,汪伪对粮食的统制,“未见大效”。1941年,日军企图扩大日商收购区域,又与汪伪商定将芜湖对岸的5县划归日方收购,江南的芜湖地区仍归汪伪方面收购。

1941年6月,汪精卫以伪“国民政府”主席兼行政院长身份第一次访问日本,向日本政府提出了各项希望,包括物资和贸易统制的内容。日本政府为推行“以华治华”政策,表示对汪伪政权给予政治上的支持、财政上的援助,也同意了汪伪关于物资统制的某些希望。1941年8月,汪伪全国经济委员会副委员长周佛海与日本派遣军副总参谋长土桥勇逸签订了《长江下游地带物资统制暂行调整纲要(修正案)》(以下简称《调整纲要》)。9月,按照《调整纲要》,成立了物资统制委员会。各地方物资统制委员会,由各警备区域有关的日军及汪伪机关共同组成,其任务是:(1)对该区域准许移出主要物资每月标准之申请;(2)对当地施行物资统制;(3)取缔“非正当物资”移动,尤其是防止物资流向“非和平区”等对策之审议。以后,日汪双方对华中沦陷区的物资统制,即按上述《调整纲要》推行。但在制定《调整纲要》时,日军最高司令官又做了两项决定作为“谅解事项”:(1)在上海除日本陆海军许可机关外,其他机关发出的物资移动许可证或类似文件,俱认为无效;(2)军需特定物资的移动限制,遇有必要,由日军最高司令官决定办理之。并且规定,凡自上海运往华中沦陷区其他城市物资的配给,“为防止流向非和平区域及完成军票政策起见”,“由日方指导之”;此前由日方成立的控制物资运销配给机构,如军票配给组合、商品别贩卖协议会及其他配给组合仍继续存在。由日本军方继续控制着上海这个最大工商城市的物资流动,并仍由日方各种物资配给组合包揽内外贸易,汪伪能有多少物资统制参与权可想而知。连曾任汪伪政权最高经济顾问青木一男也不得不承认:物资统制,“现在都是日本人在干。日本人的组合等一本万利大赚其钱”。“如果铁矿、煤矿等大企业被夺走还可以，但是竟连小买卖也都被日本人夺走了。”①

1943 年 1 月，汪伪政权发布对英美宣战布告后，立即就物资统制权的移交问题与日本驻华军政机关进行协商。由于华中沦陷区的物资统制权长期掌握在侵华日军手中，因此，双方在协商具体方案时，受到了侵华日本军部的阻挠。经汪伪最高经济顾问石渡庄太郎的调停，汪伪政权与日本驻华军政机关决定取消此前汪日双方共同成立的“中央物资统制委员会”，日军将物资统制权移交给汪伪政权；汪日双方联合设立“物资统制审议委员会”，作为华中沦陷区物资统制的督导机关；由汪伪政权指派中国工商界有力人士组织“全国商业统制总会”，作为华中沦陷区物资统制的执行机关，全国商业统制总会之下设立各种专业统制委员会，同汪日双方各该专业商行联合组织，负责执行各项统制物资的收购、配给及供应业务。1943 年 3 月 15 日，商业统制总会在上海成立。理事长由交通银行总经理唐寿民担任；另设米粮、棉花两统制委员会为其外围机构。基层组织为各同业联合会及各同业公会。1943 年 3 月 19 日，汪日共同成立物资统制审议委员会（物审会），由汪伪行政院副院长周佛海任委员长，日本驻汪伪大使馆公使堀内干城任副委员长。其任务是“以从事督导商统会完善地运用其机能，强化物资统制”。“物审会”实际上成了物资统制的决策机构。尽管如此，由于太平洋战争后，上海一带的贸易结束了短暂的畸形的繁荣期，在日伪严密统制下，进入了长期的萧条状态。②

① 黄美真：《1937—1945：日伪对以上海为中心的华中沦陷区的物资统制》，《抗日战争研究》1999 年第 1 期。

② 张宪文、张玉法主编：《中华民国专题史》第 12 卷，南京大学出版社 2015 年版，第 377 页。

抗战后期,日伪对粮棉等农产品的统制和掠夺加紧,日本侵略势力更加注意利用汪伪政权力量。在粮食统制收买方面,1942年12月,日本交还了芜湖对岸庐江、和县、含山、巢县的江北军需米区;1943年4月,汪伪粮食部又接管了江苏的吴县、吴江、常熟、昆山、太仓、松江、金山、青浦、武进、无锡、宜兴、江阴和浙江的嘉兴、嘉善和平湖15个县粮食统制事宜,使原来的日汪双轨制归为一体。1943年10月,日汪双方米商联手组织的"米粮统制委员会"(以下简称"米统会")①接管了原属汪伪粮食部及日方华中米谷收买组合的米粮收购、配给、调运、保管、审批移动执照等统制事项。其下层收买机构,华方为"米粮采办同业公会",日方则为"华中米谷收买组合"。在具体收购方式上,将产米区划分为甲乙两种产区,日商负责军需米及日侨配给米之收买,华商负责其他配给米的收买。为了有效实施统制,米统会在南京、镇江、苏州、无锡、吴江、常熟、常州、丹阳、金坛、芜湖、裕溪口、泰县、扬州、南通、松江、嘉兴、湖州、宜兴等地设办事处。② 米统会实权实际掌握在负责采办军米的日商手中。"米统会"依据"物审会"制定的《苏浙皖三省米粮收买实施要领》等,由"米统会"决定各县摊派定额,米商入户"登记存储食米,以便供给"日本军用。汪伪最高国防会议又通过了《扬子江下游清乡地区米粮封锁暂行办法》,规定"供给敌方米粮者"及"封锁工作人员因怠忽职务,而发生前项情事者",按其情节轻重,"处死刑、或无期徒刑,或10年以上有期徒刑"。③ 通

① "米统会"由伪上海商会会长袁履登出任委员长,日本米商油谷恭一为副委员长,日军另派宪兵大佐冈田到会监督。

② 黄美真:《伪廷幽影录——对汪伪政权的回忆纪实》,中国文史出版社1991年版,第204页。

③ 余子道、曹振威等:《汪伪政权全史》下册,上海人民出版社2006年版,第1289页。

过血腥手段，日伪米商将农民收获的粮食攫夺一尽，"米统会"向日军提供的军粮逐步增加，而广大劳动人民排队轧户口米的苦难生活却是日趋严重。[①] 为了加强对华中米粮的掠夺，从1944年4月开始，日军"直接援助"米统会，协助其米粮收买，开启了日军强力统一支援下的米粮强制收买。1944年年底以后，由于华中日军在战场败退，日伪所谓"安定地区"不断收缩，这一形势迫使日本军方为了确保军用米的供给，武装强制"收买"米粮，汪伪原本在日军卵翼下的米粮统制机构解体。在日本侵略势力杀鸡取卵式严厉统制下，1945年春华中粮食危机已达到爆发阶段，日本帝国主义在华中沦陷区的残暴统治岌岌可危。

1941年12月，太平洋战争爆发后，生丝在欧美市场上断了销路，"华中蚕丝股份有限公司"所属各厂被迫减产或停工。1943年11月5日，"华中蚕丝股份有限公司"宣告解散。根据日本对华的新政策，在1944年5月3日重新成立了"华中振兴股份有限公司"的分公司——"中华蚕丝股份有限公司"对中国蚕丝业实行统制。而另一方面，为了抵制日本人的掠夺，在日伪控制薄弱的地区曾出现了大批家庭手工缫丝业，蚕茧流向土丝生产。[②] 这是沦陷区人民对日伪蚕丝业统制的反抗。

抗战后期日本人在棉花统制方面也注意发挥伪政权作用。"商统会"成立后，随即着手筹组"棉业统制委员会"，将华商纱布界的代表人物推到前台，自己幕后操纵。1943年11月27日，"棉业统制委员会"[③]（以下简称"棉统会"）宣告成立。"棉统会"下设

① 黄美真：《伪廷幽影录——对汪伪政权的回忆纪实》，中国文史出版社1991年版，第172页。

② 彭泽益编：《中国近代手工业史资料》第4卷，中华书局1962年版，第105页。

③ 1944年7月与"棉业管理处"合并，改组为"棉业统制委员会"。

“棉花收买同业协会”“花纱布临时管理委员会”“棉花管理处”“棉花公库”等机构。“棉统会”的主要职责是供给日本军需棉花及对日出口棉花;操办华中棉花的统一收买及统一配给;规定棉花的收买及配给价格;筹集棉花收买资金;制订关于收买棉花需要交换物资的计划;审查核发棉花登记证及搬运许可证;等等。收买棉花的相关计划,由日伪双方纺织厂在“棉统会”指挥下,联合组织“棉花收买同业协会”负责执行。“棉花收买同业协会”在各地的棉花收买业务,由各地基层会员执行,并且所收棉花必须按照棉统会指定地点运交棉花公库验收,层层管制极为严格。“棉统会”成立后,中国沦陷区棉纺织业与日本棉纺织业紧密协作,并得到日本大使馆上海事务所的积极支持,原棉收购任务超过日本商人在枪杆子下强制收买时期的数量。棉统会在华中地区所收买的棉花中,60%直接交日军使用及出口,其余40%用于供应中日双方的纱厂,其中日方得到供应量的3/4,华商仅得1/4。[①] 汪伪棉纱布贸易政策实际上是日本对华经济统制政策的翻版和组成部分。

四、关内沦陷区的进出口贸易

1937年7月,日本帝国主义发动全面侵华战争,逐步侵占了华北、华东和华南沿海大片国土。日本占领沿海各省后,即严格控制了进出口贸易,但当时海关仍由以英国人为首的总税务司署管理。在太平洋战争爆发前,尽管日本人企图排除美国在远东的经济势力,但沦陷区与美国之间的贸易却日益兴旺。在进口方面,当时只有美国有能力向沦陷区提供棉花、烟叶、化学品等工业原料以

① 黄美真:《伪廷幽影录——对汪伪政权的回忆纪实》,中国文史出版社1991年版,第209页。

及机器设备等,以维持中国沿海地区工厂开工运转。沦陷区所需要的面粉、煤油和其他各种日用品也要从美国进口,美国来的进口商品值从 1938 年的 2590 万美元增至 1940 年的 9610 万美元,两年间增加了 2.7 倍多。在出口方面,沦陷区的大宗出口商品,如生丝、丝绸、猪鬃、植物油和籽仁、针织品等,过去主要运向欧美市场,欧洲战争爆发后则集中运往美国,使得对美出口值从 1938 年的 1460 万美元增至 1940 年的 3000 万美元以上。同期,沦陷区与欧洲国家之间的贸易有所下降,而沦陷区需要泰国、越南的米粮,又上海"孤岛"时期纺织和食品工业繁荣,大量运销南洋,同时也需要缅甸、印度的棉花和印尼的煤油。这都不是日本所能代替的。结果是,关内沦陷区与东南亚国家和印度之间的贸易有所上升(见表 6-16A、表 6-16B)。①

表 6-16A　关内沦陷区的进口值(1938—1941 年)

项目 年份	总值(百万美元)	日本及其属地(%)	美国(%)	东南亚(%)	印度(%)	其他(%)
1938	177.6	42.0	14.6	10.4	2.4	13.0
1939	367.9	38.0	14.7	8.1	9.7	16.3
1940	444.3	33.1	21.6	16.5	9.2	11.3
1941	469.5	30.0	18.5	25.2	7.3	13.5

资料来源:根据郑友揆:《中国的对外贸易和工业发展》,上海社会科学院出版社 1984 年版,第 171—173 页表改编。

① 郑友揆:《中国的对外贸易和工业发展》,上海社会科学院出版社 1984 年版,第 158—162 页。

表 6-16B　关内沦陷区的入超(1938—1941 年)

项目 年份	总值(百万美元)	日本及其属地	美国(%)	东南亚(%)	印度(%)	其他(%)
1938	76.5	41.1	11.3	12.6	0.9	10.6
1939	273.0	125.4	28.9	18.9	32.1	67.7
1940	339.9*	129.8	62.6	60.5	35.4	51.6
1941	335.3**	109.6	56.3	90.1	28.5	50.8

注:* 原表数据为 340.0。

** 原表数据为 335.2。此处为订正数。

资料来源:根据郑友揆:《中国的对外贸易和工业发展》,上海社会科学院出版社 1984 年版,第 162 页表改编。

上海是近代中国最大的进出口贸易口岸。从上海沦陷之日起,上海租界与其四周日军占领区的交通全被日军封锁,港口也随时有被切断的可能,随着战局的转移,上海口岸的对外贸易,此时多南移广州。从"孤岛"初期的 1937 年第三季度起,上海对外贸易的进出口业务顿现剧降,1938 年上海进出口贸易额继续下降,上海口岸 1937 年出口贸易值 11859 万美元,进口贸易值 149693 万美元;1938 年出口贸易值 4686 万美元,进口贸易值 8076 万美元。上海沦陷这一年多进出口业务空前衰落。战事西移后,上海"孤岛"形态确定,两租界内居民人心稍定,战区地主、资本家携款避难来沪;国民党政府对外贸易的贸易管制和外汇管制的法令在上海此时已无法推行实施,上海黑市外汇市场产生,外汇汇率暴缩,"孤岛"物价受黑市外汇汇率变化的刺激,推波助澜,立刻飞跌回涨,使"孤岛"市场上掀起一股收购外汇和囤积货物的投机之风,经营进出口业务的商人们遂既可留存外汇又可囤积货物发财。这些因素从而造成了"孤岛"经营对外贸易进出口业务较内地更为有利的特殊条件,反而推动了"孤岛"上海对外贸易的回升(见表 6-17)。

表 6-17　上海历年进出口贸易值统计(比数以 1936 年为 100)(1936—1941 年)

年份＼项目	出口贸易值(百元美元)	出口值比数(%)	进口贸易值(百元美元)	进口值比数(%)
1936	107.6	100	165.0	100
1937	118.6	110	149.7	91
1938	46.9	44	80.8	49
1939	67.1	62	179.1	109
1940	83.0	77	189.7	115
1941	108.3	101	196.8	119

资料来源:根据上海社会科学院经济所等编著:《上海对外贸易》下册,上海社会科学院出版社 1989 年版,第 3 页有关数据改编。

上海沦陷后,日军用军用手票和占领区物资换来的法币,在"孤岛"市场上直接收购进口战略物资如进口的高级钢材,有锋钢、车刀钢、横具钢等高炭钢和合金钢之类,这些物资的进口值明显上升。由于日军对上海纱厂用棉加紧封锁,使"孤岛"内所需不得不被迫另付外汇向国外大量进口,1939 年、1940 年棉花进口值跃居上海进口商品第一位。由于日军对沦陷区粮食统制封锁,移归军用和运去日本,因而迫使"孤岛"内租界当局为了维护民食,不得不向国外大量进口粮食,上海在"孤岛"初期,粮食(包括洋米、洋麦、面粉)进口数量增加,1939 年日军开始加紧掠夺占领区粮食后,"孤岛"粮食进口值就一跃为第三位。由于关内沦陷区的煤矿全被日方统制,中止运沪,致使上海产生缺煤恐慌,居民的生活用煤固然困难万状,工业用煤更是常苦不继,于是迫使"孤岛"租界当局不得不扩大进口外煤的数额。1938 年,上海对外煤进口骤升为进口商品中的第四位。①

① 张宪文、张玉法主编:《中华民国专题史》第 12 卷,南京大学出版社 2015 年版,第 358—359 页。

在战前的1936年,上海口岸出口商品中桐油、生丝、茶叶、蛋品等农副产品以很高的比重列于大宗出口商品的前茅。上海沦陷后,粮食、棉花等由日军严格统制,供它军用或运去日本,而且禁止供应“孤岛”居民使用。此外,牛皮、马皮、麻、纱布、矿砂等也因有关军需而严加统制;蚕丝等虽非军用但系大宗出口商品,日本侵略者为了集中掌握以便掠取外汇,由日军特设华中蚕丝公司,从育蚕一直统制到生丝出口,在日本人管辖下江浙生丝出口较全面抗战前明显减少;猪鬃、肠衣、茶叶、羽毛、草帽、花边等与军用关系不大或非军用物资,则允许日商以外的商人,通过所谓“规定手续,自由采运出口”。因此在上海“孤岛”期间总的出口趋势是:农副产品因日军统制出口在下降,非军用物资出口在上升。上海对南洋出口轻工业制成品,在“孤岛”时期,此时也出现了旺势。① 太平洋战争爆发后,日军开进上海公共租界、法租界及两租界越界筑路地区。这时,上海这种特殊形态的“孤岛”随之消失,上海对外贸易受到沉重打击。

天津是近代华北最大的进出口贸易口岸。天津沦陷后日本侵略势力将天津外贸纳入战争轨道,并使其成为实现“以战养战”政策的重要步骤。日本人规定天津进出口贸易,尤其是重要货物以及军需品的输出必经占领当局的批准,并由当局指定的贸易机构,例如“天津输出入配给组合联合会”(后改为“华北交易统制总会天津支部”)等进行。这样,日本人主宰和垄断了天津外贸。从“七七事变”到太平洋战争爆发,天津外贸虽没有大的发展,但也没有明显的下降,大体上维持着“七七事变”前的水平,处在起伏升降的过程中,有的年份还略有增长。太平洋战争爆发后,天津外贸便急剧衰退。天津出口方面,1938—1944年间输往日本的煤、

① 张宪文、张玉法主编:《中华民国专题史》第12卷,南京大学出版社2015年版,第360页。

铁、矿产、盐、棉、粮、皮毛等就达数千万吨（有不少没有计入海关统计）；输日的豆类产品占天津出口同类产品的比重，1939 年为 72.6%，1940 年达 92.72%。在进口方面，天津进口的纤维及其制品日货比重，1939 年为 56.07%，1940 年为 58.81%；天津进口金属及铜制品与机制品日货比重，1939 年为 48.56%，1940 年为 53.65%；天津进口药材香料、嗜好品日货比重，1939 年为 80.55%，1940 年为 41.35%；进口油脂、蜡、化学制品日货比重，1939 年为 41.9%，1940 年为 34.52%。① 日本及其属地在天津进出口贸易中占有重要的比重（见表 6-18）。

表 6-18　天津历年进出口贸易值分析（1937—1941 年）

项目 年份	进出口贸易值 （万美元）	日本及其属地 占进口比数（%）	日本及其属地 占出口比数（%）
1937	6285.8	36.96	22.19
1938	8846.2	59.99	55.79
1939	4877.2	52.79	19.84
1940	4688.3	47.32	29.41
1941	6531.5	42.64	31.65

注：日本及其属地占进口比数：天津进口值为 100；
　日本及其属地占出口比数：天津出口值为 100。
资料来源：根据姚洪卓：《近代天津对外贸易》，天津社会科学院出版社 1993 年版，第 85 页有关数据改编。

太平洋战争爆发后，沦陷区与美、英等国的贸易关系被完全切断，由于日本进军东南亚的战事，与东南亚国家及印度的贸易逐年下降。因而沦陷区对外贸易的结构和性质立即发生了剧烈的变化。无论是进口贸易，还是出口贸易，日本所占比重一直占压倒性

① 姚洪卓：《近代天津对外贸易》，天津社会科学院出版社 1993 年版，第 84—86 页。

优势。日本将其过剩的消费品,如人造丝、纸张、糖等向沦陷区倾销,使之成为沦陷区的主要进口商品;为在中国掠取更多的物资,日伪当局在关内沦陷区实行严格的物资统制,沦陷区从城镇到乡村所有物品几乎全是配给,大量军需物资运往日本。日本侵略势力特别看重搜刮沦陷区的煤、铁、棉、盐等原料,这4种原料1941年时仅占沦陷区出口值的8.6%,到1942年立即上升至39.7%,1943—1945年又达到44%—51%。中国关内沦陷区更进一步地变为日本的经济殖民地。①

表6-19是郑友揆精心整理的统计,为避免各种伪币的混乱和币值的剧烈变动一律折美元计算,可与表6-17、表6-18等相互参照。表6-19显示,1938—1941年关内沦陷区的进口骤增(可参考前述上海"孤岛"进口贸易变化),出口则增长有限,以至入超竟达出口值的3.5倍。到1941年,沦陷区出口煤586万吨、盐763万吨,确较战前大增。棉则自1939年起反而变出超为大量入超,使日本发生棉荒。最为关键的铁矿石输日(包括输伪满),战前即1936年有184万吨,沦陷后每年仅70万—100余万吨,1941年增至277万吨,平均每年输日数仍低于战前水平。②

表6-19 关内沦陷区的对外贸易(1937年—1945年8月)

(单位:百万美元)

年份 项目	1937年 全关内	1938	1939	1940	1941	1942	1943	1944	1945年 1—8月
进口	279.9	177.6	367.9	444.3	469.5	123.4	110.2	60.5	14.0

① 郑友揆:《中国的对外贸易和工业发展》,上海社会科学院出版社1984年版,第185—189页。

② 郑友揆:《中国的对外贸易和工业发展》,上海社会科学院出版社1984年版,第188页;铁矿石输日详见浅田乔二:《日本帝国主义下の中国》,游乐书房1981年版,第250页。

续表

项目＼年份	1937 年全关内	1938	1939	1940	1941	1942	1943	1944	1945 年 1—8 月
出口	245.8	101.0	94.9	104.5	134.3	44.3	17.2	16.6	7.2
入超	34.1	76.6	273.0	339.8	335.2	79.1	93.0	43.9	6.8
各国家(地区)占进口比重(%)									
日元集团	17.3	42.0	38.0	33.1	30.0	82.9	81.7	75.5	84.7
英国及中国香港	13.7	8.9	7.1	5.8	3.6	2.4	2.2	3.4	0.5
美国	19.8	14.6	14.7	21.6	18.5	0.7	0.2	1.0	—
德国	15.3	8.7	6.1	2.5	1.9	3.3	6.0	15.9	14.2
东南亚及印度	17.2	12.8	17.8	25.7	32.5	8.3	8.4	2.4	—
其他	16.7	13.0	16.3	11.3	13.5	2.4	1.5	1.8	0.6
各国家(地区)占出口比重(%)									
日元集团	13.1	33.1	15.2	16.4	23.4	88.0	93.6	89.8	97.6
英国及中国香港	29.0	20.2	25.2	24.6	21.5	1.5	2.1	4.0	0.7
美国	27.6	14.4	26.6	32.0	22.7	—	—	—	—
德国	8.6	9.9	5.3	0.2	0.3	0.7	0.1	0.2	—
东南亚及印度	7.8	9.2	15.0	17.3	25.5	5.6	3.1	0.9	—
其他	13.9	13.2	12.7	9.5	6.6	4.2	1.1	5.1	1.7

注:1. 1942 年以后日伪对统计保密,此后系从战后盟军所得副本按各年关金、法币、联银卷、中储券的近似汇率折成美元。

2. 日元集团包括"满洲国",1942 年以后它占进口 17%左右、占出口 25%左右。

资料来源:郑友揆:《中国的对外贸易和工业发展》,上海社会科学院出版社 1984 年版,第 171—176、184、187 页。根据许涤新、吴承明主编:《中国资本主义发展史》第 3 卷,人民出版社 2003 年版,第 428 页有关表格改编。

第七章

伪"满洲国"和关内沦陷区的商业流通

日本是一个资源极度贫乏的岛国,一直窥视着中国。"九一八事变"以后,日本侵占中国东北,扶植伪"满洲国",将东北地区变成它的经济附庸和对外侵略的战争基地。1937 年日本发动全面侵华战争以后,又先后占领了伪"蒙疆"和关内的大片土地。为了确保战时军需,日本在占领区颁布了一系列法令,对钢铁、煤炭、粮食、棉花等重要工业品和农产品的生产、流通、消费、价格实施全面统制,还建立起由日伪企业为主导的商品配给体制,全面掌控各类物资。日本除了在占领区实施统制经济之外,还大肆掠夺占领区的重要战略物资,运回日本,以维持日本的对外侵略战争。

日本在占领区的商业统制和物资掠夺,给占领区的商业发展和市场流通带来了巨大灾难。首先,由于日军的贸易封锁和商品统制,传统商业流通秩序遭到彻底破坏,农民和商人失去交易选择权,一切重要物资均纳入日伪政府统制之下,形成了以各类日伪机构为主导的商品统制和配给体系;其次,原材料均被日军控制和掠夺,商品流通量大幅下降,各地传统商业交易出现衰退,尤其是民族工商业的发展举步维艰,同时,随着日本商业资本和商人大举进入中国,日货大量倾销中国市场,中国商号也被迫经营日货,各地商业出现一时虚假的日货繁荣景象;最后,由于商品流通渠道遭到人为切断,大量物资被日军控制和掠夺,市场供需平衡被打破,导致物资奇缺,物价飞涨,出现严重的恶性通货膨胀,人民生活水平日益困苦。日本在占领区推行商业统制政策的主要目的就是要控制和掠夺占领区各种战略物资，打压中国民族工商业，把占领区变为日本商品的倾销地，为日本的对外侵略战争服务。

第一节　日伪的商业统制和物资掠夺

抗日战争爆发以后，日本侵略军为了实现“以战养战”的目的，加紧对沦陷区实行商业统制和物资掠夺。日本把在东北实行的物资统制办法搬到了“蒙疆”和关内沦陷区，先后设置了一系列物资统制机构，其中以 1943 年成立的“全国商业统制总会”的规模和实力最大，下属多个专业委员会，形成一整套严密的商业流通控制网络。在日伪统治下，凡是认为与其侵略战争相关的所有生产和生活物资，均纳入统制范围，不可任意流通和交易。沦陷区人民的生活必需用品全部施行配给票制度，以期达到控制各类物资的目的。日伪政权实施的这些商业统制政策严重地限制了中国的城乡经济，使广大人民群众遭受了沉重的苦难。

一、伪“满洲国”的商业统制和物资掠夺

（一）伪“满洲国”的商业统制政策

“九一八事变”后，为了实现使中国东北地区成为其原材料供应地和商品输出地的目的，日本军政势力参与并指导伪“满洲国”颁布了一系列纲领及法令，实现了对其商业的全面统制。伪“满洲国”的经济统制起源于 1932 年 3 月，伪满政府成立时设立了关东军特务部。8 月，关东军拟定了《满洲经济统制根本方策案》，推行“日满经济一体”，确定了关东军和“满铁”为统制伪“满洲国”的领导机构。1933 年 3 月，伪“满洲国”政府颁布了《满洲国经济

建设纲要》,对各重要经济部门加以国家统制。在商业流通方面提出"注重国民福利,维持其生计起见,对于生产必需品及其他有关国民生活之商品,就其供给与价格施以适当之调剂"的统制原则。① 并委托经济部门制定专利法、商标法,谋求保护工业所有权,制定有关信托保险等法制,统一度量衡制度、改良交易所等振兴商业的方针。

随着日本全面侵华战争的爆发,日本经济转入战时体制。与此相应,伪"满洲国"也逐渐步入战时体制轨道。1937 年 5 月,伪"满洲国"颁布《重要产业统制法》,这是实行经济统制的一项基本法令,它确定了重要产业的范围,规定国防上或国民经济的重要产业全由特殊会社或准特殊会社掌管。同时规定国内原始生产品的加工工业及设备生产能力过剩状态的也属于受统制的产业,这就扩大了原来统制的范围,许多与日本相冲突的工业,如纸浆、洋灰、纺织、制糖、制粉、火柴等纳入统制,煤矿、汽车制造、硫酸铔、酒精等改为日伪独占。随着"产业开发五年计划"的实行,新设了"满洲重工业开发会社""昭和制钢所""满洲飞机制造会社""满洲汽车制造会社"等,积极地进行经济侵略。

1938 年 2 月,伪"满洲国"政府颁布了总动员法,它的目的是为了国防上的需要,动员和控制所有的人力、物力,为战争服务。同年 4 月,制定了《钢铁类统制法》,由过去担负煤炭统制的"日满商事会社",办理煤炭、钢铁的统制事务。② 1939 年 10 月,改组为特殊会社,除煤炭、钢铁之外,还负责统制铜、水泥等非铁金属和化

① [日]满洲国史编纂刊行会编:《满洲国史(总论)》,黑龙江社会科学院历史研究所译,1990 年版,第 411 页。

② [日]满洲国史研究会编:《满洲开发四十年史》下卷,东北沦陷十四年史辽宁编写组译,1988 年印行,第 231 页。

工制品。它和“满洲林业会社”一样，成为统一掌管重要生产资材的机构。从此，伪满政府对重要生产资材的生产、分配、消费、价格，实施了全面统制。

农产物的经济统制开始于1937年10月。根据《棉花统制法》对棉花生产和配给进行统制，具体由满洲棉花会社实施。不过，这仅仅是为了改良棉花和增加生产为目的的局部措施。1938年10月，伪“满洲国”政府制定了《米谷管理法》，设立了“满洲粮谷会社”，统制稻米的生产、分配和价格调整。其目的是增加东北稻米产量，把廉价的稻米输往日本。正规地执行农产物的统制是从1939年开始的，主要是对大豆和小麦实行统制。关于畜产物，根据1939年制定的家畜调整法，对重要家畜，如马、牛、羊等，实施了移动、配给、输出入和屠宰等方面的统制。

消费物资的统制是在全面地掌握了重要生产物资的统制以后实行的。1940年，随着“产业开发五年计划”的进展，物价逐渐高涨。另外，因该计划的重点放在重工业，采取了限制输入消费品的方针，从而使消费品的供应逐渐减少，造成了物价昂贵，严重地威胁了当地人民的生活，不得不对消费物资实行统制。1940年6月，制定了《物价及物资统制法》。该法不仅规定了物品的价格，就连佣钱、包工费、租赁费，也要由该法规定。此外，还包括有关物资的收购和分配的统制范围等。从此，伪“满洲国”政府对所有的生活必需品实施了全面统制，尤其是主要生活物品，如粮谷、煤、盐、糖、棉织品、植物油等，采用了通账制和票据制。

太平洋战争爆发后，日伪对生产物资和消费物资进一步强化统制。1941年12月，伪“满洲国”颁布《战时紧急经济方策要纲》，提出“努力提高农产品及生活必需物资自给率，加强调整配给”，“对照各生产部门的各项政策，在财政、物价金融、配给、流通方面，采取适当措施，尤其要采取适当政策以防止通货膨胀”的战时物资流通统制的根本方针。此后,又陆续颁布了一系列物资统制法令,《纸配给统制规则》(1942 年)、《关于木材统制之件》(1942 年)、《关于兴安东省棉麻和线麻加工品统制之件》(1942 年 2 月)、《关于兴安西省棉麻及棉麻加工品统制之件》(1942 年 9 月)、《关于卷烟草批发业许可之件》(1943 年 7 月)等。[①] 1942 年 12 月,伪"满洲国"政府制定《满洲国基本国策大纲》,进一步强化经济统制政策,提出"以与日本综合经济关系为基础,以完成国防经济体制为目标,以贯彻计划统制经济为原则"的方针,贯彻"一业一社主义",并提出了产业各部门具体统制措施。[②] 通过这些法令,实现了对重要生产物资和消费物资实施全面经济统制,在彻底榨取中国人民的基础上推行经济侵略计划。

(二)伪"满洲国"的商品配给制度

作为统制经济的一环,伪"满洲国"对商品实施配给制度,负责商业流通的中央行政机构最初是实业部,下设工商司掌管商业行政事务。1937 年伪"满洲国"行政机构改革后,新设经济部统一掌管开发资源相关流通领域的行政事宜,下属商务司具体分管商事、通商、贸易、保险、仓库等事宜,专卖总局负责专卖事宜。1938 年 5 月,伪"满洲国"设立了隶属于国务院的企划委员会,下面分设汇兑委员会、物资委员会、劳务委员会、金融委员会、产业开发委员会、开拓委员会、物价委员会、整备委员会,是直接负责审议并制订动员计划的中枢机关。物资委员会和物价委员会相互配合负责

---

① [日]高桥贞三:《满洲经济统制法》,满洲修文馆 1943 年版相关章节。

② 中央档案馆等编:《日本帝国主义侵华档案资料选编 · 东北经济掠夺》,中华书局 1991 年版,第 5 页。

审议并制订下列事项和计划：(1)重要物资配给和填补计划；(2)确定配给顺序；(3)有关配给统制机构；(4)有关消费调整；(5)有关价格对策；(6)有关物资物价统制法令运用方针。而直接负责物资统制的是产业部，在产业部大臣官房设物资调查科，根据重要物资的品种和需要单位同部内各司、科联系，办理统制业务。①

伪满政府实现经济统制的基层机构有：(1)商工公会体系，原则上各省市旗县各设一个，使之变成协助政府经济管理和当地资金动员等经济统制的协助机关；(2)还有各类特殊会社、准特殊会社或组合等，这些机构在产业部的监督下分别通过各自的基层机构、辅助机关、生产者组合，或直接对生产、配给、价格或进出口等实行统制；(3)专卖机构体系，将盐、石油类、酒精、火柴、面粉生产的输入、输出、配给、价格等都纳入经济统制范围内。表7-1是伪“满洲国”各种物资统制实施机关，从中可以看出，将各类商品分别交给相关会社或组合统制，负责这些物资的生产、流通、价格和分配。

表7-1　伪“满洲国”各种物资统制实施机关(截至1939年10月1日)

项目 物资类别	统制机关	统制范围
钢铁、煤炭、有色金属类	日满商事株式会社	配给、价格、输入输出
轻金属	满洲轻金属制造株式会社	配给、价格
水泥	满洲共同水泥株式会社	配给、价格、进出口

① 中央档案馆等编：《日本帝国主义侵华档案资料选编·东北经济掠夺》，中华书局1991年版，第81页。

续表

物资类别＼项目	统制机关	统制范围
木材	满洲林业株式会社	采伐、配给、价格
橡胶	全满橡胶工业联合会	进口、配给
毛皮皮革	满洲畜产株式会社 毛皮输入组合 皮革输入组合 丹宁剂输入组合	毛皮皮革采购、价格、配给 毛皮进口 皮革进口 丹宁剂进口
羊毛	满洲羊毛同业会	收购、配给、价格
棉花	满洲棉花株式会社	改良繁殖、生产、配给
米谷、饲料	满洲粮谷株式会社	生产、配给、价格、进出口
小麦、面粉	满洲制粉联合会	小麦采购、面粉生产、进口、销售
重要特产品	满洲特产专管公社(未设立)	大豆、豆粕、豆油的购销
烟叶	满洲烟草株式会社	收购、配给、价格、进出口
麻袋	满洲特产中央会 关东州特产中央会	进口、配给、价格
生活必需品	满洲生活必需品株式会社	进口、收购、配给、价格

资料来源:中央档案馆等编:《日本帝国主义侵华档案资料选编 · 东北经济掠夺》,中华书局 1991 年版,第 58 页。

物资配给制涉及面广,从生产到消费、从收集到分配、从批发到零售、从民需到军需、从生产工具到生活必需品无所不包,建立健全物资配给机构是顺利实行物资配给制的关键所在。因此,日本军政以及企事业势力参与并指导伪"满洲国"政府建立健全物资配给机构。满洲国物资配给的具体情况如图 7-1 所示。

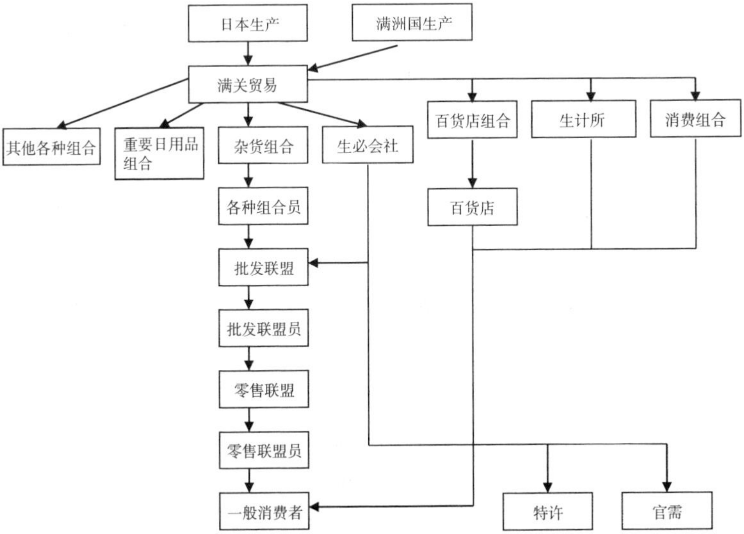

图 7-1　伪“满洲国”物资配给示意图

资料来源:《满洲国年鉴》,1943 年版,第 133 页。

从图 7-1 可以看出,伪“满洲国”的物资配给统制机构是以“满关贸联”为中心的“满关重要日用品统制组合”“满关杂货统制组合”“满洲生必会社”“其他各种统制组合”“满关百货店统制组合”“满铁生计所”“消费组合”“批发联盟”“零售联盟”等不同领域、不同级别的统制组合以及特殊会社构成的综合性机构。

伪“满洲国”政府依据相关物资配给统制纲领及法令,按物资生产、消费特征,分领域、分种类,实行了物资配给统制。

第一类型是专卖物资领域,即盐、石油类、火柴、酒精等专卖物资的配给,由专卖机构付诸实施。

第二类型是生产资料领域,即以重工业部门为中心的生产资料,包括钢铁、煤炭、有色金属、化学药品、机械类、水泥、木材等物资的配给,由相关领域特殊会社或统制组合付诸实施。

第三类型是农产品领域,即稻米、高粱、玉米、谷子、大麦、荞麦、绿豆、大豆三品、小麦及面粉、棉花、烟叶、麻纤维及麻织品、柞蚕及棉纱布、草制品等粮食农机产品的配给,由相关领域特殊会社或统制组合付诸实施。①

作为实施伪"满洲国"物资动员计划的一种重要手段,伪"满洲国"物资配给是按不同顺序进行,其顺序为:军需、准军需、官需、特需、准特需、重要民需、纯民需七个层次,具体配给情况如下:军需及准军需、无限满足,对于其他需求要加以控制;官需,与特需及准特需一样,必须尽可能地充分供应,但必须加以严格统制;特需及准特需,仅次于军需,必须尽可能地充分供应;民需,按物资数量供应。物资配给量是根据配给顺序的不同而定,凭通账票证供应。

对粮食的配给政策始于1940年6月,在各主要城市实行大米的票制配售,对象是日本人和朝鲜族,标准是:4岁至12岁每月9公斤,12岁至60岁每月15公斤,60岁以上者每月12公斤。从1941年起,除面粉由专卖机关配售外,其他各种农产品及其加工品,均由伪"满洲农产公社"配售。根据自该年开始实施的农产物动员计划,除供应日本、朝鲜和华北以外,伪满需用者分为关东军的军需和其他需要,后者还区分为各省民需,即民用粮食、饲料、加工工厂用粮等,以及特需,即重要事业团体、勤劳奉公队、伪满军、特定工厂、收购棉麻的特配需用等。各省民需农产品,由省向市县层层下达计划,并于农产物年度开始的五日前办完,如大米、杂粮、油类等的配售,在市、镇设立批发公会和零售公会,较小地区只设

① "满洲国通信社"编:《满洲国现势》,"满洲国通信社"1943年版,第573页。

零售公会。配售方法采取配售票制度或配售账制度。到1943年，伪满各地全面推行这种制度。而且由专卖机关专卖的面粉也转归农产物统制机构实行配售。

至于配给标准,数量是很低的,而且逐年下降。到1942年,日本人和朝鲜族的大米配售标准降到大人儿童平均8公斤,而且包括杂粮。日本人尚且如此,中国人自然几乎得不到大米。按伪满政府规定,只有官僚、高级军官、汉奸、地主、大资本家等少数上层人物,每人每月才能得到1—3公斤大米的配售。普通中国百姓,甚至农民也无法得到一粒大米。对中国人的粮食配给不仅品种次,而且数量少。

1943年的调查显示:伪“满洲国”中国人的粮食配给量分为一般人、劳动需要和农村地区三种。一般还分为甲、乙;劳动需要分为第一种和第二种,表7-2是伪“满洲国”新京粮食配给标准。

表7-2 伪“满洲国”新京粮食配给标准

类别		粮食配给标准(公斤/月)	
一般人	甲,特殊会社、机关以及相当于上述单位的机构	成人 儿童	12公斤 7公斤
	乙,其他	成人 儿童	9公斤 7公斤
劳动需要	第一种	成人	24.0公斤
	第二种	成人	15.5公斤
农村地区		成人	6.5公斤
		儿童	5.1公斤

资料来源:华北综合调查研究所紧急食粮对策调查委员会:《关东州及满洲最近的食粮情况》,1943年10月,第8页。

新京基本上按上述标准配给,其他城市的粮食配给标准更低。一般人中的乙种实际配给量,鞍山的成年人为6公斤左右,奉天只有4—5公斤。也就是说,城市的实际配给量与需要数量相距甚远。不足部分到黑市购买,或忍受饥饿,或到有粮食配给的地方购买食物,或迁到农村去。一般人中的乙种人,如果从农村流入城市,半年之内以种种理由不发给配给券。如果迁居,在新迁居的地方得到配给券,至少也需要半年左右的时间。享受劳动需要配给者,这种配给只限于劳动者本人,因此,他们便在不致被解雇的前提下消极怠工,另找活干。或者将劳动需要的配给粮食让给家里人,自己再去黑市购买粮食。

由于民食严重匮乏,粮食黑市交易剧增。表7-3是伪"满洲国"公定价格和黑市价格比较表,从中可以看到高粱的黑市价格要比公定价格高出13倍之多,白面的黑市价格也要比公定价格高出5倍,整体上看粮食的黑市价格普遍高出公定价格的10倍左右,真是民不聊生。

表7-3 伪"满洲国"粮食公定价格和黑市价格比较

种类＼价格	公定价格	黑市价格	对比
白面	2角8分	1元3角	5倍
苞米	1角2分	1元1角	9倍
高粱	1角	1元3角	13倍
粟	1角2分	1元2角	10倍
大米	2角2分	2元	9倍

资料来源:中央档案馆等编:《日本帝国主义侵华档案资料选编·东北经济掠夺》,中华书局1991年版,第616页。

因为粮食收成不好,以及日伪政府强行"粮食出荷",各地相继发生了民食、种子、饲料不足的现象,出现了多起请愿配给民食的事件。1943 年上半期，各地因缺粮引起的民众请愿事件已经达到 45 起，其中以北安、奉天、通化为最多，其次是四平、东安、龙江、锦州等地。在沈阳县农村，由于民众粮食极度匮乏，县内 95%的农民缺乏粮食，大部分人脸色苍白，呈现半病状态，屡次发生偷粮事件，某部落一个月已达 40 多件。新民县后营子村 1299 户中，粮食完全断绝的占总户数的 50%，存粮不足一个月的占 20%，缺粮不多的占 30%。中农以下的农民，只能以豆饼、土豆充饥，妇女老幼要饭的特别多。①

尽管东北地区普通民众的生活已经极度困苦，但是，日伪政府为了实现粮食配给的目标，进一步强化粮食搜刮和统制，专门设立了经济警察以取缔所谓的各种违法活动。警察部门通过各地保安科、经济保安股、经济保安科的经济警察对中国人进行种种监视和限制。大米和白面既不准中国人吃，也不准中国人存，一旦违禁便被视为经济犯和国事犯，各地民众苦不堪言。

（三）日伪对东北地区的物资掠夺

1. 对战略资源的掠夺

中国东北地区资源十分丰富，根据 1936 年的调查显示：煤炭储量约 30 亿吨，铁储量约 40 亿吨，另外有黄金、铝矾土、油页岩、金刚石等多种资源，这些都是日本发展军事工业和维持对外侵略战争的基础，日本早有觊觎掠夺东北各种资源的野心。“九一八事变”后，关东军将武装夺取的煤铁矿交给满铁经营。由于当时伪“满洲国”缺乏炼钢设备，所以除满足伪“满洲国”的少量需要外，煤炭、生铁几乎全部运往日本。

“七七事变”后，日本决定加快发展伪“满洲国”的重工业和军

① 中央档案馆等编：《日本帝国主义侵华档案资料选编 · 东北经济掠夺》，中华书局 1991 年版，第 613 页。

事工业,将伪“满洲国”建设成为对外扩张侵略的军事工业与原料基地。1937 年 12 月,关东军请来了拥有军事工业生产能力的新兴财阀“日本产业会社”,成立了庞大的康采恩“满洲重工业开发株式会社”(满业),满业除接收了满铁的一些企业之外,还先后建立了四十多家特殊公司,垄断了伪“满洲国”境内的钢铁业、轻金属工业、重工业、煤矿业的经营。

1938 年 9 月,伪“满洲国”修订了《产业开发五年计划》,执行期为 1937 年至 1941 年,表 7-4 是伪“满洲国”第一次产业开发修改后的计划指标。该计划从基于特殊战略考虑的“就地筹办国防的原则”和充分利用伪“满洲国”煤铁资源这两个优势,来扩大伪“满洲国”的钢铁生产规模。按照计划要求:生铁由 1936 年的 85 万吨增加到年产 450 万吨,其中输向日本 152. 2 万吨;钢锭由 58 万吨增加到 316 万吨,其中输向日本 112. 6 万吨;钢材由 40 万吨增加到 120 万吨;煤炭由 1170 万吨增加到 3111 万吨,其中输向日本 600 万吨;挥发油由 2. 4 万吨增加到 174 万吨,其中输往日本 145. 3 万吨;铝由 4000 吨增加到 3 万吨,其中输往日本 11625 吨;生产汽车 5 万辆,飞机 0. 5 万架;发电量由 45. 8 万千瓦增加到 257 万千瓦。这些数字充分暴露了日本掠夺东北战略资源的贪婪性,和试图把东北地区变成战争基地的野心。但是,第一次五年计划完全脱离了伪“满洲国”的财政状况,到了第三年即严重受挫,日伪不得不将掠夺的重点集中在钢铁和非铁金属等部门。

表 7-4　伪“满洲国”第一次产业开发修改后的计划指标

品名 \ 项目		1936 年年末生产能力	当初计划指标	修改后计划指标	对日输出指标
生铁	吨	850000	2530000	(设备 4850000) 4500000	1522000

续表

品名 项目		1936年年末生产能力	当初计划指标	修改后计划指标	对日输出指标
钢锭	吨	580000	富 1850000	（设备 3550000）3160000	1126000
钢材	吨	400000	1500000	（设备 1700000）1200000	—
铁矿石	吨	富 709000 贫 1768000	富 1590000 贫 6150000	富 2990000 贫 13000000	—
煤炭	吨	11700000	27160000	（统制外 3800000）31110000	6000000
液化煤	吨	—	800000	1770000	—
页岩油	吨	145000	800000	650000	—
挥发油	吨	24000	826000	1740000	1453000
铝	吨	4000	20000	30000	11625
镁	吨	—	500	3000	—
铅	吨	1220	12400	29000	20000
亚铅	吨	1643	6600	50000	—
盐	吨	333683	937588	910520	450000
铜	吨	—	—	3000	—
金	元	—	累计 212000000	340012000	—
汽车	台	—	—	50000	—
飞机	架	—	340	5000	—
电力	k·W	458600	1405000	2570550	—

资料来源：[日]满洲国史编纂刊行会编：《满洲国史（总论）》，第 541—542 页；东北物资调节委员会研究组编：《东北经济小丛书·资源及产业（下）》第九表，1948 年印行。

第二次满洲《产业开发五年计划》是在 1941 年策划的，更加着重于战略资源的掠夺,特别是钢铁、非铁金属等用于日本的军事工业。生铁,增加设备能力155万吨(1941年年底的设备能力是145万吨,增加后设备能力达到300万吨,计划产量250万吨)。钢增加60万吨(1941年年底是40万吨)。煤增加1350万吨(1941年年底产量2150万吨,增加后年产量3500万吨)。石油类、页岩油的设备能力增加34万吨(原设备能力18万吨),煤液化(锦州)3万吨,共计37万吨。轻金属,铝的设备能力增加5.2万吨(原设备能力8000吨),镁增加300吨(原来90吨)。铜增加5000吨(原来1000吨)。铅增加1万吨(原来5000吨)。特殊钢增加3万吨(原来6000吨)。电力,火力30万千瓦,水力70万千瓦,共计增加100万千瓦。[①] 第二次满洲《产业开发五年计划》的第一目标是确保供应日本的物资,特别是钢铁、非铁金属等,这一点比第一次产业五年计划显得尤其突出。

伪"满洲国"的产业开发计划,实际上就是日本对东北地区的大规模物资掠夺,为日本扩大战争提供所需要的各种战略物资。太平洋战争爆发以前,日本所需的38种重要军事原料中有24种是由东北地区供应的。太平洋战争爆发以后,日本对东北战略资源的依赖性更加紧密,甚至限制伪"满洲国"内使用,强行增产,不断扩大对日本的输出。据统计,1932年至1945年本溪湖煤铁公司共生产生铁344万吨,其中低磷铁171.8万吨,占总产量的49.9%,全部运往日本。[②] 1941年和1942年,日本生铁总输入量

① 中央档案馆等编:《日本帝国主义侵华档案资料选编·东北经济掠夺》,中华书局1991年版,第211页。

② 朱建华编:《东北解放区财政经济史稿》,黑龙江人民出版社1987年版,第200页。

中的 65.9%和 57.9%均来自伪“满洲国”的昭和制钢所。[①] 伪“满洲国”生产的油料大部分供应了日本军队，其中抚顺西炼油石所产重油的 92.1%直接提供给日本海军。[②] 仅 1943 年上半年伪“满洲国”实际供应日本的钢块就有 66156 吨，钢铁 22351 吨，普通铁 218000 吨，低燃铁 96000 吨，铁矿石 124000 吨，铅 1033 吨，亚铅精矿 3183 吨，铝 1280 吨，莹石 8133 吨，有烟煤 948000 吨，工业盐 166000 吨，食盐 144000 吨，曹达灰 3280 吨，纯苯 3502 吨，硫酸铝 24000 吨，大豆 599 吨，豆饼 162000 吨。[③] 这就是日本帝国主义所谓的“原料满洲、工业日本”的殖民掠夺政策，使伪“满洲国”的工矿业完全成为日本的经济附庸。

日本不仅掠夺东北的工矿产物，甚至还强行征收民间的金、银、铜、铁、白金等资源。伪满洲政府于 1943 年 8 月 20 日制定并施行了《金属类回收法》，根据这个法律，在伪“满洲国”境内进行旧金属和钢铁的回收。仅在奉天市就回收了价值约 7000 万元的旧机器和废铁等，在哈尔滨市回收了价值约 5000 万元的各种旧机器和旧铁，各大城市民间所有的铁器全部回收了。铜也是回收的重要物资，为了达到此目的，除了强制回收民间的各种铜制品外，还大肆破坏了中国宝贵的文物。如拆毁了热河省承德避暑山庄在乾隆时代修建的铜亭子，抢走了黑河地区五大莲池庙里的 200 多尊铜佛。由于强迫进行金属类回收，竟迫使沈阳铜行胡同内的铜器制造店铺全都倒闭。伪新京市向居民强征铜铁的办法，是由各

① 中央档案馆等编：《日本帝国主义侵华档案资料选编 · 东北经济掠夺》，中华书局 1991 年版，第 339 页。

② 中央档案馆等编：《日本帝国主义侵华档案资料选编 · 东北经济掠夺》，中华书局 1991 年版，第 387 页。

③ ［日］满洲国史编纂刊行会编：《满洲国史（总论）》，1990 年版，第 733 页。

市区通知邻组,由邻组通行各户,在限定具体日期将所有铜铁用具全部交出。居民被迫把自家铁门拆毁,交出防寒用的炉子,甚至日常生活中使用的铜锅、铜盆等。1944 年 2 月 4 日,又进一步扩大回收范围,原来指定回收的铜制品 53 种,现又新增了 44 种,铁制品也增加了 15 种,对新京等 10 个主要城市进行金属制品的无限制强制回收。①

2. 对农产品的掠夺

伪满时期,东北地区总人口的 80%以上是农民,农业是最基本的产业部门,农民所受到的压榨最为深重,对农业的掠夺也极为残酷。

1933 年,伪满政府发表《经济建设纲要》,宣称"谋求依赖国外的农产品实现自给并努力增加一般农产品的输出,以增进农民大众的福利,提高其生活"作为农业增产的主要目标。② 对大豆、高粱、谷子、苞米等普通农作物的品种改良和种植,进行指导和奖励;增产原棉目标是一亿五千万斤;改良并增产小麦,年产两千万石;奖励并指导烟、麻、果树等特殊农作物的种植。非常明显,日伪的所谓增产计划,与其说是增进农民的福利,不如说是掠夺农业原料,来摆脱日本国内的粮食不足所造成的困境。"七七事变"前,日本尚未直接控制东北地区的农业生产,对农产品的获取主要还是通过商业贸易的手段和渠道,并通过市场和价格政策给以影响。但在"七七事变"以后,日伪政府则采取严格的统制政策。1937 年制定《产业开发五年计划》时,首先将增产重点放在与军事相关的

① 中央档案馆等编:《日本帝国主义侵华档案资料选编 · 东北经济掠夺》,中华书局 1991 年版,第 404 页。

② 兴农部大臣官房:《兴农部关系重要政策要纲集》,1942 年版,第 2 页。

特殊农产品，随着战争形势的发展扩大到一般农产品。日伪的物资动员计划和生产力扩充计划，日益强烈地要求输出更多的东北大豆和其他农产品，以维持对外侵略战争。并且，随着战争长期化和泥沼化，日本国内和日本占领的华北地区的粮食缺口，都需要由东北的农业生产来解决。

为了完成掠夺农产物资的任务，日伪政府先后设立了“农事组合”“农事合作社”“兴农合作社”等机构来统制农业经济和控制农产品的产销。在中央设立了农事合作社中央委员会，作为全国性的组织机构，企图以中央集权的形式来掌握农村经济。各省、县、旗均设有农事合作社，它与金融合作社一起，对东北的农业实行控制。各县旗的农事合作社，受实业部和省、县政府委托，根本不考虑农民的利益，强行增产日本所需要的农产物。当时，农事合作社主要是在东北北部实行大豆的增产，同时还确立了小麦增产计划。在“满洲”的中部和南部，则是促进棉花、洋蔴、青蔴的增产。这样，就为日本掠夺必需的农产物打下了基础。

从1939年开始，伪满政府开始实行大豆和小麦的全面统制，一方面加强农产物“出荷”的组织机构，如兴农合作社、农产公社等；另一方面责成省、县以增产“出荷”为主要工作，命令省、县设置粮谷出荷督励本部。从此以后，榨取粮谷的机构设置更加完善，“出荷”的数量也逐年增加了。

日伪对农民“粮食出荷”名曰“收购”，实际是用低价格剥削东北农民，掠夺农产品。从1940年开始，伪满政府取缔了农产品私人交易，实行对农产品全面统制，严禁私藏粮食，违反者以经济犯论处。1942年进而公布《农产品强制出卖法》，伪政府把预定收买粮食的计划数量分配给各省，各省再分摊到各县。为了确保完成任务，各县采取了种种办法，如“先钱”契约制度，防止粮谷移动，禁止搬出县境，动员警察催逼等手段，实际上就是以武力强制“粮食出荷”。例如,1942年和1943年,吉林、龙江、北安、滨江、四平、通化、东安、间岛、新京等省市的粮食“出荷”率都在粮食生产总量的40%以上。其中北安省1942年粮食“出荷”率高达55.1%,1943年也达到53.5%。东安省的粮食“出荷”率也分别达到51.2%和49.5%。[①] “出荷”的粮食,农民还要自备车马送往指定的地点。“出荷”粮食的官定价格很低,如大豆100公斤只给17满元,按市价应值200满元,且需缴纳储金2%,余款由伪满政府配给棉布,出荷100公斤大豆通常配给布4丈,每丈付款4元,共付16元,再加上征储金2%,所以农民实际上只是得到一点棉布。[②]

根据伪满兴农部大臣黄富俊供述,1940年粮谷出荷的总数是620万吨,1941年680万吨,1942年720万吨,1943年780万吨,1944年820万吨,伪满崩溃的1945年900万吨。掠夺来的东北农作物,大部分运往日本本土和朝鲜及支援华北地区内的侵略战争,1942年运往日本260万吨,运往朝鲜30万吨,运往关东州7万吨,运往华北汪伪政权30万吨。1943年运往日本320万吨,运往朝鲜35万吨,运往关东州7万吨,运往华北汪伪政权40万吨。1944年运往日本390万吨,运往朝鲜35万吨,运往关东州7万吨,运往华北汪伪政权40万吨。三年总共运往日本970万吨,运往朝鲜100万吨,运往关东州21万吨,运往华北汪伪政权110万吨。运往朝鲜是为了换取朝鲜的大米,供日本用;运往关东州是为了换取芝麻、花生,供给日本榨油;运往华北是为了换取棉花、棉布、煤,其中棉花、棉布一部分留作自用,大部分交给关东军。

另据日本战犯古海忠夫的供述,如表7-5所示,1940年粮谷

① 中央档案馆等编:《日本帝国主义侵华档案资料选编·东北经济掠夺》,中华书局1991年版,第590页。

② 许涤新:《现代中国经济教程》,光华书店1948年版,第135页。

出荷的总数是580万吨，1941年650万吨，1942年720万吨，1943年820万吨，1944年890万吨。所得粮食除了留给部分供当地民需之外，大部分运往日本本土、朝鲜及关内地区。1940年留给当地民需275万吨，占总量的47%，运往日本160万吨，运往朝鲜及关内45万吨，供给关东军用达到80万吨，上述三项占总量的49%。1944年留给当地民需285万吨，占总量的32%，运往日本300万吨，运往朝鲜及关内65万吨，供给关东军用达到120万吨，上述三项占总量的54%。五年总共运往日本1120万吨，运往朝鲜及关内231万吨，供给关东军用500万吨，而且这个比重在不断增加。虽然根据日本战犯古海忠夫的笔供，粮食出荷数量与黄富俊的笔供略有出入，但都反映了日伪政府对东北农民的残酷压榨，东北农民生活的困苦。

表7-5　粮食出荷概数统计（1940—1944年）（单位：千吨）

项目＼年份	1940	1941	1942	1943	1944
预定收买量	6300	6700	7200	7500	8200
实际收买量	5800	6500	7200	8200	8900
对日援助数	1600	1800	2200	2600	3000
输出量	450	550	600	600	650
关东军用	800	1000	1000	1000	1200
劳需	—	—	800	1200	1200
民需	2750	3150	2600	2800	2850
备考	1. 1943年和1944年预定数量和实际收买数之间的差额是报恩出荷。 2. 输出是指向华北和朝鲜两处，1944年向华北输出30万吨，向朝鲜输出35万吨。由于伪满向朝鲜输出粮谷，朝鲜以10万吨大米供给日本，因此，伪满对日支援数量应是310万吨。				

资料来源：中央档案馆等编：《日本帝国主义侵华档案资料选编·东北经济掠夺》，中华书局1991年版，第501页。

除了抢夺粮谷之外,日伪还于1942年收买了牛、羊、狗皮7000吨,猪皮50万张,龟皮100万张,各种毛2.5万吨,肉类3万吨,动物油500吨。1943年收买了牛、羊、狗皮7500吨,猪皮52万张,兔皮120万张,各种毛2.7万吨,肉类3.2万吨,动物油520吨。1944年收买了牛、羊、狗皮8000吨,猪皮52万张,兔皮150万张,各种毛3万吨,肉类3.5万吨,动物油520吨。1945年收买任务牛、羊、狗皮9000吨,猪皮55万张,兔皮180万张,各种毛3.8万吨,动物油550万吨,到日本投降时只完成了一半。每年收买的畜产品,除动物油1万吨留伪满自用外,其余全部交给日本关东军。①

由于日伪的疯狂掠夺,东北各地的民食极端缺乏,不得不把灰菜、白菜、糠作为主食。由于营养严重不足,抢夺、请愿等事件频繁发生。

二、伪"蒙疆"地区的商业统制和物资掠夺

(一)伪"蒙疆"地区的商业统制政策

所谓伪"蒙疆"地区,即内蒙古西部、察哈尔南部、山西北部,面积50多万平方公里,人口565万人,盛产煤炭、铁矿、鸦片、粮食和牛、马、羊等畜产品,这些都是日本发动对外战争所必需的重要战略资源。1937年7月,抗日战争全面爆发后,日本先后占领了张家口、大同、绥远等地,并分别成立了察南、晋北、蒙古联盟自治政府三伪政权。1939年9月,在日本的扶植下伪"蒙疆联合自治政府"成立。

为了有效地控制商品的流通,最大限度地掠夺战略物资,日本逐步强化对伪"蒙疆"地区的经济统制。1937年11月,伪"蒙疆政府"陆续颁布了一些单行法规,《兽毛类输出取缔令》(1937年12

① 中央档案馆等编:《日本帝国主义侵华档案资料选编·东北经济掠夺》,中华书局1991年版,第549页。

月 1 日)、《皮毛类搬出取缔令》(1938 年 3 月 8 日)、《铜搬出取缔令》(1938)、《杂谷类搬出取缔令》(1939 年 10 月 10 日)等,对各类重要物资实施统制。1939 年 10 月,伪“蒙疆政府”将上述单行法规统合为《贸易统制法》。该法规定,政府在认为必要时,可以指定一定的物品在对其输出输入禁止的同时,也可以采取促进输出输入的措施。在这一原则规定基础下,当时成为统制对象的贸易物资主要有:(1)羊毛、羊皮为主的一切毛皮类;(2)金矿、银矿、铜矿、煤炭、石油等 23 种矿物和铜铁及其制成品;(3)油脂原料、草药、麻类及其制成品;(4)毛制绒毯及其毡类;(5)粮谷类。①

1939 年 11 月 20 日,日本通过伪“蒙疆政府”颁布了《物资统制法》,该法第一条规定:政府对认为有必要的物资之生产、配给、转让处理、使用消费、保有及场所变动等有权进行统制,同时对认为有必要的价格运费、保管费、保险费、租赁费及加工费等由政府决定费率,政府认为有必要时可以决定同种或异种事业之事业主,命令设立以统制该事业为目的的组合。根据该法,日本可以通过伪“蒙疆政府”随时指定任何物资为认为有必要“统制”的物资,由政府指定价格,并通过政府指定的组合进行垄断经营。这实际是日本根据其战时需求为随时可以获得该地区的战略资源的需求而制定的法律,是推行经济统制政策的基本核心法规。② 该法颁布后,日本占领当局逐步开始对伪“蒙疆”生产领域的矿产、交通、鸦片、粮食、盐业、畜牧业等部门,以及流通领域的对外贸易、物价、金融、配给消费等部门实行强制性的政府监督计划指导、控制措施。

---

① 蒙疆银行调查课编:《蒙疆金融关系法令集》,蒙疆银行 1941 年版,第 22 页。

② 财团法人东亚经济恳谈会编:《蒙古联合自治政府贸易关系法规集》,1941 年印行,第 59 页。

但在生产领域的统制程度相对低,伪“蒙疆”统制经济的重点集中在流通领域。

1940年8月,伪“蒙疆政府”公布实施《基于贸易统制法关于输出限制之件》,对输出物品具体指定羊毛、羊皮、粮食、矿产等15类物品为统制输出品。指定贵金属、无线电产品、纺织品、烟草、机械水泥等21类物品为统制输入品。进出口上述物品时,必须得到财政部长的许可,并由指定的“组合”办理。① 1941年9月1日、1942年3月5日,伪“蒙疆政府”两次对输出入限制品种类进行调整。1943年5月21日,更进一步强化对重要物资输出的统制,需要许可的输出品由16种扩大至60种。②

日伪在颁布一系列统制政策的同时,还通过设立各种组合,垄断物资流通渠道。根据1939年10月颁布的《贸易统制法》,伪“蒙疆政府”最初设立了有关纤维制品、粮食、日用杂货的输入组合。1940年12月,又先后设立了木材、水泥、钢材、医药品等输入组合。1941年8月,在察南、晋北、巴彦搭拉盟、察哈尔盟四个地区,设立了由当地商人组成的输入组合。组合由各地区同业公会和商会构成,日本人担任顾问。该组合势力较弱,主要从事土布等生活必需品的销售,接受日系输入组合的商品配给。

输出统制机构方面,特殊物资由政府经营,其他重要物资采取指定商制度。表7-6是伪“蒙疆”地区的商业统制机构一览表,可见各类商品均有指定的贸易商。例如,1940年年末,“蒙疆矿产贩卖股份有限公司”成立,全面控制矿产物的收购、配给和输出。部分公司虽然冠名为“蒙疆”“大蒙”“大青山”“满蒙”“日蒙”,实际

① 财团法人东亚经济恳谈会编:《蒙古联合自治政府贸易关系法规集》,1941年印行,第9页。

② 蒙疆新闻社编:《蒙疆年鉴》,蒙疆新闻社1944年版,第256页。

上全部由日本各财团委派理事长、经理掌管,中国人只有虚名。

表 7-6　伪“蒙疆”地区的商业统制机构一览表

输入统制机构	日本商人	一般物资	“蒙疆食料品输入组合”“蒙疆杂货输入组合”“蒙疆纤维制品输入组合”
		重要物资	“蒙疆铁钢输入组合”“蒙疆木材输入组合”“蒙疆水泥输入组合”“蒙疆药品医理化器械输入组合”“蒙疆纸输入组合”“蒙疆车辆输入组合”
	当地商人		察南输入配给组合(张家口)、晋北输入配给组合(大同)、察盟输入配给组合(张北)、巴盟输入配给组合(厚和)
	特殊机构		蒙古政府官厅(官厅用品)、日本大使馆、领事馆(官厅用品)、官吏消费组合(蒙古政府及日本大使馆、领事馆官吏生活用品)、华北交通生计所(华北交通从业员生活用品)、防共委员会(欧洲人生活必需品)、蒙古生计会(蒙古人生活必需品)
输出统制机构	矿产物		“蒙疆矿产贩卖股份有限公司”、大兴贸易公司
	药材		大蒙公司、正华洋行、永和洋行、岛贸易板式会社、三井洋行、满蒙毛织株式会社、三兴洋行、大兴贸易公司、钟渊纺织株式会社、厚包贸易组合、“蒙疆甘草工业股份有限公司”、察南药材统制组合、晋北药材统制组合
	牲畜		兴蒙委员会指定日本及当地 41 家商社
	亚麻仁及芥子		大蒙公司、三井洋行、兼松洋行、钟渊纺织株式会社、加藤物产、大兴贸易公司、正华洋行、永和洋行
	杂谷类		三井洋行、三菱洋行、兼松洋行、大蒙公司、正华洋行
	兽毛、兽皮、兽骨		满蒙毛织、三井洋行、三菱洋行、兼松洋行、大蒙公司、正华洋行
	鸦片		“蒙疆土业总组合”

资料来源:《跃进蒙疆的产业与贸易》,兵库县兴亚经济协会 1943 年印行,第 75 页。

由于伪“蒙疆”地区与陕北抗日根据地相连,其配给机构与经济封锁机构密切相关。从物资集散地运出的封锁物资,一定数量采取政盟公署、警备厅或县公署的许可制;购物的场合,需有各县参事官发给的证明和工商科的证明。县以下的配给机构尚不完备,但在主要县向各联合村分配配给额,联合村长据此将购入证明发给居民,在县城用其交换进行购买。为规范物资消费和阻止剩余物资向陕北抗日根据地流出,在物资分配方面实行票证制度和分配制度:米(对日人)、面粉(一部分)、盐、砂糖(对日人)、石油、火柴等主要采用票证制度,其他重要品种杂谷、棉布、木材、纸、烟草等实施分配制。① 通过上述方式,日伪当局最大限度地阻绝物资进入陕北抗日根据地,企图借此扼杀中国抗日力量。

(二)日伪对伪“蒙疆”地区的物资掠夺

日本对中国伪“蒙疆”地区丰富的自然资源垂涎已久,因而,掠夺伪“蒙疆”地区的各种战略资源,把伪“蒙疆”地区变为日本工业品的倾销地是日本的既定方针。早在“七七事变”之前,日本就派遣特务对伪“蒙疆”地区的资源进行了大量调查。1938 年,日本“华北开发株式会社”根据调查资料,绘制了包括 12 种矿产物产资源蕴藏的《蒙疆地区资源集散图》。1938 年 11 月日本御前会议提出《调整日华新关系的方针》,“关于资源的开发利用,在华北、伪“蒙疆”地区寻求日满所缺乏的资源(特别是地下资源)为政策的重点,中国从共同防共和经济合作的观点出发,提供特殊便利”②。为了便于掠夺,

① 中央档案馆等编:《日本帝国主义侵华档案资料选编 · 东北经济掠夺》,中华书局 1991 年版,第 1081 页。

② [日]外务省编:《日本外交年表及主要文书(1840—1945)》下卷,原书房 1955 年版,第 405 页。

日本鼓动国内财团、民间组织和个人到占领区兴办企业，伪“蒙疆”地区有三菱、三井、钟纺、兼松等10多家日本企业建立的各种株式会社。日本侵略者在伪“蒙疆”地区调查资源的基础上，假办企业之名，行掠夺资源之实，在满足侵略战争需要的基础上，其余部分运回本土，掠夺的资源主要有铁矿、煤炭、盐、粮食及各种农畜产品。

铁矿是日军进行大规模侵略战争的军工原料，察哈尔省龙烟铁矿是储量多、含量高的富矿，被列为掠夺的重点。《蒙疆年鉴》称龙烟铁矿是世界著名的硅质赤铁矿，仅次于美国沽多林铁矿。1938年，由兴亚院兴中公司在张家口设的支社主持开采，大同、厚和豪特、下花园等地设有办事处。矿石运到北平石景山或日本冶炼，当年日产铁矿石600吨，上半年运回日本7万吨。日本侵华8年，总计从龙烟铁矿运回日本铁矿石300万吨。① 另有资料表明：1939年龙烟铁矿产量19.2万吨，其中16.5万吨运往伪“满洲国”和日本，1940年龙烟铁矿产量39.6万吨，其中29.8万吨运往伪“满洲国”和日本，后面几年的情况大致相似，运往伪“满洲国”和日本的铁矿占龙烟铁矿总产量的80%左右。②

伪“蒙疆”地区是中国煤炭储量富集之地，当时勘查晋北、察南、包头的煤田储量为400亿吨。日军占领伪“蒙疆”地区后，没收了民族资本的矿业，由日军垄断金融资本所取代。1937年12月，日军在大同口泉、宣化下花园开采煤矿，日产分别为1300吨和300吨。1938年大同、察南、包头石拐沟3个煤田年产100万吨，

① 钱占元：《日寇对蒙疆地区的经济掠夺》，《内蒙古日报》2009年10月30日。

② 居之芬、张利民主编：《日本在华北经济统制掠夺史》，天津古籍出版社1997年版，第406页。

其中输入日本35万吨。1939年,日军在口泉开设"蒙疆煤炭液化厂",提炼石油。1940年,日军为运输石拐沟煤炭,修建了包头至石拐沟铁路。日军侵华八年,掠夺了伪"蒙疆"地区的煤炭约8000万吨。

盐是伪"蒙疆"地区的又一种重要资源,1938年,年产80万担。日本通过盐业组合,将盐外运,赚取高额利润,年运往伪"满洲国"达20多万担。日本对伪"蒙疆"地区各族人民的食盐实行配给,不准私人贩运。① 另据资料显示,日本每年从伪"蒙疆"运往国内的食盐达80万担。②

牲畜和畜产品为伪"蒙疆"地区的特产。为掠夺这些特产,伪"蒙疆政府"专设牧业总局,规定各种牲畜和畜产品均由钟纺、三菱、三井、大蒙、蒹松、满蒙、白毛等日资公司垄断经营。将收购数量下达各旗县,限期完成。这些公司统一定价,即所谓大大低于市场价格的"公定"价格,如1944年牛肉的"公定"价格每公斤5元(伪"蒙疆币",下同),市场价为20元;一匹马"公定"价格为800元,市场价为2000元;牛皮每公斤"公定"价格9.5元,市场价为100元;老羊皮每张"公定"价格23.5元,市场价为250元。抗战胜利后,据《晋察冀日报》调查,日本侵华期间,在伪"蒙疆"地区共掠夺牲畜113万多头(只)、兽皮378万多张、畜毛4450多万斤。③兽皮,"蒙疆畜产股份有限公司"1944年5月1日至1945年4月30日的《年度决算报告》所载数字表明,仅一年时间掠夺牛羊皮

① 钱占元:《日寇对蒙疆地区的经济掠夺》,《内蒙古日报》2009年10月30日。

② 文斐编:《我所知道的伪蒙疆政权》,中国文史出版社2005年版,第14页。

③ 钱占元:《日寇对蒙疆地区的经济掠夺》,《内蒙古日报》2009年10月30日。

321532 张。此外,还有骆驼皮、牛头皮、牛腿皮等共 31 种,270640 张。按当时公家的价格计算,价值 2.96 亿元(伪“蒙疆币”),按市价计算合 29.6 亿元。不仅如此,日本连伪“蒙疆”地区的兽骨、兽血都不放过。兽骨,仅 1944 年 5 月 1 日至 1945 年内,就收买牛骨、胶骨、材料骨合计 806384 公斤。兽血,从 1944 年 5 月 1 日至 1945 年 4 月 30 日,共收购各种兽血 49634 公斤;还有兽脂 34431 公斤。牲畜,据 1945 年 8 月统计,掠夺伪“蒙疆”地区牲畜 113 万多头;畜皮 378 万多张。畜毛,日本在投降前共掠夺到畜毛 4450 多万公斤。①

农产品,据 1938 年统计资料,当时伪“蒙疆”地区有耕地面积 1.4253 万平方公里,几种主要农作物的产量为:小麦 1381164 石,黍子 1473649 石、高粱 807288 石、豆类 686708 石,马铃薯 14883945 石。总产量的近 1/3 被日本掠夺。1939 年,伪“蒙疆政府”相继公布《粮谷管理令》《主要食料品搬出取缔令》。利用各种伪组织强令农民粮谷“出荷”,以及为低廉的价格强行收购农产品,残酷压榨农民的血汗。农民自己种稻子、小麦等,日本却严令禁止农民食用大米、白面。城镇居民,却只能定量配给质量低劣的杂合面。除粮食外,察北各县的亚麻,蔚县、涿鹿、怀来的白麻等,也都列为统制之物,不得自由买卖。日本强迫收购运回国内,用作军工纤维工业原料。②

在日本法西斯殖民统治下的伪“蒙疆”地区,蒙汉各族人民政治上遭受极其残酷的压迫,经济上遭受空前的掠夺,生产严重衰

① 文斐编:《我所知道的伪蒙疆政权》,中国文史出版社 2005 年版,第 14 页。

② 中国人民政治协商会议河北省张家口市委员会文史资料研究委员会编:《张家口文史资料》第 4—5 辑,纪念张家口解放专辑,1986 年 6 月,第 295 页。

退,人口急剧下降。在日本统治时期,绥远的土地荒芜达1000多万亩,锡林郭勒盟的牲畜损失了428500多头,土默特旗的人口也由原来的48000人减少至20000人。① 日本的残酷掠夺给伪"蒙疆"农业发展和人民生活带来了巨大灾难。

三、关内沦陷区的商业统制政策和物资掠夺

(一)商业统制政策和机构

为满足战争的需要,达到"以战养战、以华制华"的目的,加强对占领区战略物资的掠夺,日本侵略者在占领区先后实行了物资统制和物资配给。

日本侵华战争初期,日本军队对华侵略意见并不一致,故行政工作紊乱。1938年12月,日本为了协调军政各方的对华工作,设置了"兴亚院",并分别在北平、张家口、上海、厦门等地设置联络部。"兴亚院"集中了除外交之外占领区政治、经济、文化等各项职权,担当现地指挥工作,驻军和特务机关则处于辅助地位。日本在关内占领区统制事业主要依靠各地伪政权和两大国策会社——"华北开发会社"和"华中振兴会社"。"华北开发会社"之下共有18个子公司,"华中振兴会社"之下也有13个子公司,其触角已遍及一切重要产业部门。除垄断交通、通讯、电力、矿山、冶金、盐业和棉业等统制事业之外,还包括纺织、毛织、面粉、烟草、火柴、造纸、水泥、铁工等轻纺、建材、食品等工业,以及一般贸易商业。这些被日本列为"自由企业",允许华商和日商自由经营。

日本在华北占领区的商业统制政策,最初是从控制棉粮和生

① 张洪祥:《近代日本在中国的殖民统治》,天津人民出版社1996年版,第328页。

活必需物资入手的。1938 年 6 月和 11 月，日本通过伪“华北临时政府”先后颁布禁止毛皮类及棉花出口的命令，凡华北所产羊毛、皮革、棉花，非经伪实业部许可不得输出。华北皮毛统制机关是“天津日华皮革工业联合会”和“蒙疆畜产公司羊毛同业会”，棉花统制机关是“华北棉花协会”，非经该协会许可，不得自由买卖棉花，棉农也不得自由抬高棉价，由该协会按照日本纱厂采购标准，决定棉花“公定价格”。[①] 1938 年 12 月，日本兴亚院华北联络部成立后，命令伪“华北临时政府”成立“华北煤粮调节委员会”，力图控制平津两大城市的煤、粮物资的进出口、运输、储存、配给与价格。1939 年 6 月 15 日，又命令伪“华北临时政府”在华北各级伪政权下成立“物资调节委员会”，负责对华北各省、市粮食和生活必需物资的生产、消费、进出口、运输及物价情况的随时调查、统计和平衡调度；不久，在此基础上又设立“中央物资调节委员会”，力图统一对华北全境粮食及生活必需物资的统制。

太平洋战争爆发后，日本从战争物资到生活必需品均感严重匮乏，从而加强对沦陷区的商业统制。1942 年 11 月，日本大东亚省驻北京大使馆颁布《关于华北物资输出入及生产、配给机构整备要领》。1943 年 4 月，又陆续建立起“华北交易配给统制总会”“蒙古交易公社”等机构，下设上百个地区、行业分支统制机构，受日本驻北平公使直接“指导与监督”，负责实施“对华北境内全部物资贸易及生活物资之生产与配给的绝对统制”。具体使命是：(1)制定华北“物资交易及生活物资之生产、搜集及配给计划”；(2)实施“物资交易及统制并与以上事项有关之必要行动”；(3)实施“生活物资之配给及统制并与以上事项有关之必要行

① 国防最高委员会对敌经济封锁委员会：《敌伪在我沦陷区域经济统制动态》，1941 年 5 月印行，第 25 页。

为";(4)实施"生活物资之生产加工、委托加工并与以上事项有关之必要行为";(5)实施"生活物资之保有并与以上事项有关之必要行为";(6)实施"交易物资及生活物资之价格调整与统制"等。①

在华中占领区,1939年年初,伪"维新政府"也开始实施丝蚕、鬃毛、苧蔴、皮革、蛋及蛋制品等物资的统制。华中各类物资统制机关是日商联合组织"华中物产联合会",非经该会许可不得在沦陷区收购或搬运物资。同时还在上海成立了"华中肥皂贩卖协议会""华中火柴贩卖协议会""华中棉布棉纱贩卖协议会""华中砂糖贩卖协议会"等,在各个城市设立分部,以此对各种商品的销售实施严格统制。② 1941年又成立了"华中日本输入配给组合联合会",经营日本东亚输入输出联合会及中国台湾、朝鲜和东北的统制物品共25种组合,除重要物资和少量消费品仍由"华中军用票交换物资配给组合"统制外,其余一切生活必需品均由这个联合会统制配给。

1942年2月,汪伪政权颁布《调整物资统制一般原则》和《调整物资统制草案纲要》,设置"物资统制委员会",负责办理一切物资统制事宜,并规定对军需、外销、民生必需品等物资实施全面统制。1943年3月,日伪政府在上海成立了"全国商业统制会",下设各专业委员会、各业的公司委员会、各业的同业公会等,构成一个庞大的商业统制网。物资统制的三个主要统制机构的负责人为:伪商业统制委员会理事长是交通银行的总经理唐寿民,伪米业

① 《华北贸易统制机构的演变》,见日本天津支那问题研究所编:《中国经济旬报》1944年7月第232号,第35—39页。

② 国防最高委员会对敌经济封锁委员会:《敌伪在我沦陷区域经济统制动态》,1941年5月,第25页。

统制会的主任委员是上海商会主席袁履登，伪棉花统制会的主任委员是上海纱布交易所的董事长闻兰亭。其工作主要范围：统制物资的收买配给事项，国内各地域物资交换，输出物资的供给，输入物资的配给，政府委托军需物资的采办，实业部及其他主管部指定或委托事项。统制物资从大米、面粉、糖、盐、蛋等生活必需品，到棉纱、棉织品、钢铁、汽油、水泥等工业品，以及猪鬃、桐油、棉花、生丝等土特产品。①

另外又通过伪政府在各地颁布有关统制条例，如北平颁布《流动物资取缔纲要》，上海颁布《物资移动许可制》等，后者规定：(1)钢铁等18类物品，须先经许可始得在上海区内移动；(2)3码以上的绸布或手织物、2盎司以上的棉纱或毛线、1斤以上的糖或盐等，须先经许可始得由上海运往其他地区；(3)2公斤以上的米麦或面粉、5斤以上的豆类、20个以上的鸡蛋、1斤以上的茶叶等，须先经许可始得从其他地区运入上海；(4)猪鬃、肠衣、桐油、棉花、生丝等，除特定商业经营外，均禁止自由移动。希望对各地商品加以统制。1944年8月8日，宁波发布《甬江流域民船航行取缔规则》，禁止运输物品包括兵器弹药类、火药及原料、鸦片及麻药等。禁止输出敌地物品最高限量，食盐一斤、食用油类二斤、砂糖五斤、火柴一大包、香烟一百支为限。同年10月，杭州发布《杭州城门经济封锁的布告》，日军对于杭州市城门经济封锁的办法加以缓和，大米每人在八公斤以内者可自由搬入，香烟每人在五十支以内者可自由搬出，搬出入时间自午前七时至午后六时给予通

① 金湛庐：《记汪伪金国商业统制总会》，中国人民政治协商会议全国委员会文史资料委员会编：《文史资料存稿选编》第8辑，中国文史出版社2002年版，第889页。

行,但对于搬入危险物品、搬出大量米粮者,依军法严处。①

在华南占领区,日军对商业和物资也实行了统制,但由于日军在华南占领区域较少,所以对华南的经济统制效果不如华北和华中,统制机构规模也较小。1939 年,日军令地方各商号必须领取贸易许可证后方可营业,商业交易、货物贩运、进出口贸易等都不得自由进行,须经日伪政权的许可。1941 年 12 月,广东陆军特务机关颁布《和平地区内之营业取缔要纲》,规定广州市内除与治安或军事管理有关系之外,枪炮、火药等营业需向宪兵队履行手续,其他营业则须经中国机关许可。进出口贸易须向日伪机关领取许可证,部分重要物资严禁出口。②

(二)商品配给

日本在关内沦陷区的消费统制以华北为主。1939 年 11 月,日伪政府成立了"华北日本人米谷统制委员会",并在北平、天津、青岛等华北各大中城市同时成立分会,首先对日本人所需的主要食品实行消费配给,禁止一般中国百姓食用。1940 年 1 月,兴亚院华北联络部成立以日本会社为核心的"华北小麦面粉输入组合",对在华北各大小城市、产业中心和交通要道的日本侨民和职工实行重点配给供应,对中国城市居民只在春节前后限各户配购面粉一袋。③ 6 月以后,在天津等地实施了砂糖及煤炭等物资的配给,并且配给的范围逐渐扩大到其他生活必需品。

① 上海市档案馆编:《日本在华中经济掠夺史料(1937—1945)》,上海书店出版社 2005 年版,第 494 页。

② 张中华主编:《日军侵略广东档案史料选编》,中国档案出版社 2005 年版,第 339 页。

③ 中国抗日战争史学会、中国人民抗日战争纪念馆编:《日本对华北经济的掠夺和统制》,北京出版社 1995 年版,第 807 页。

1941 年 10 月，日伪在天津召集会议商定物资配给办法，并颁布条例，从粮食、日用品着手实施消费统制。华北消费品的配给在各地形式内容不一，如北平按每户的消费量，发放配给票，凭证向代理商购买，统制的消费品有面粉、大米、大米、小麦、煤球、煤油、火柴、盐等 27 种。其配给量为面粉每人每日一斤，儿童减半，米或杂粮每人每日成人十六两，老人十二两，儿童减半，食盐每人每月十四两，煤油每户每月四两。天津的粮食配给则主要通过社会局查明各户所需的粮食，指定代理商号，负责售卖，代理商定期向社会局报告销售情况。县级消费品配给的主要有粮食、盐、棉花、布匹、煤油等，有的完全配给，有的部分配给，有些地方由代理商经营，有些地方由城关合作社一类的机构经营。山西太原敌特务机关于 1942 年春设立“物资配给组合”，并于平定、阳泉、运城、临汾、潞安等地设办事处，该组合设立目的主要是防止物资流向国统区。同时在各地办理食盐配给，居民需要食盐须先向伪太原市署领取食盐购买证，凭证向食盐配给所购买。① 从实际实施结果来看，1941 年年底以前，日本通过对华北境内贸易的统制，基本达到了保证对日本驻军、侨民与产业中心的物资供应的目的。换言之，在 1941 年年底以前，日本在华北只实现了对日本商人贸易活动的基本统制，还未能实现对中国商人贸易活动的基本统制。

1943 年 4 月，日本将原“华北贸易组合联合会”改组为“华北交易配给统制总会”。该会受日本驻北平公使的直接“指导与监督”，负责实施“对华北境内全部物资贸易及生活物资的生产与配给的绝对统制”。1944 年以后，随着华北生活必需物资的更趋匮乏，日本的统制愈加严厉和严密。当年 2 月日本大东亚省驻北平

① 国民党中央调查统计局特种经济调查处编：《第五年之倭寇经济侵略》，1943 年印本，第 53 页。

大使馆制定实施了《关于华北生活必需物资的重点配给要纲》,规定“把剩余物资全部调拨给重要产业业务部门,用以扩充生产力和稳定在这些产业中从业人员的生活”。即要将有限的生活必需物资,重点确保对日本在华北的驻军及军备生产人员和日本侨民供应,并按其对战争的直接重要性,划分第一类、第二类,分别实施计划配给。对第一类重点配给人员的配给物资交由“华北开发公司”下属的“开发生活必需品组合”统筹配给,对第二类重点配给人员的配给物资,属于日侨的交由侨民团体来统一配给,属于伪职人员的交由“新民会”统制配给。而“对那些不属于第一类和第二类的普通人来说,则由各地迅速组织起来的生活必需物资配给组合,从这些组合的配给所,进行生活必需物资的配给。上述这些配给组合设立后,又同有关的小卖店合作”。① 也就是说,华北广大城乡百姓没有被列入配给计划,只能听凭基层小卖店“自筹配给”。

在华北,规定大米面粉为军用粮食,禁止一般人民食用,劳动人民只能吃花生饼、豆饼等饲料粮。在北平配给居民食用的是用豆饼、树皮、草根等 54 种东西混合制成的所谓“混合面”,又霉又涩,难以入口,因此而饿死、病死的人,不计其数。所谓粮食,主要就是由豆饼、树皮、草根等 54 种东西制成的混合面,开始配给时还多少给点粮食,以后就很少见到粮食了。

在华中沦陷区,1943 年 3 月,汪伪政权在上海成立“全国商业统制总会”,统制物资的收购、储运和配售、出口及军需物资的采办等业务。总会下设各种同业公会、同业联合会,并先后成立米粮、棉业、粉麦、油粮和日用品五个统制委员会,全面控制沦陷区的

① 中国抗日战争史学会、中国人民抗日战争纪念馆编:《日本对华北经济的掠夺和统制》,北京出版社 1995 年版,第 811 页。

商业贸易。[1] 对非占领区的物资，日军同样实行严密的统制。在上海，规定钢铁等 18 类物资，必须取得许可证，方可在区内移动，严禁输入后方和抗日根据地。当时上海四周布满了铁丝网，人员进出，严格搜查，即使是一斤糖盐、几斤大豆或 20 个鸡蛋等小量物品，都必须取得许可证，方可携带。一些紧缺物资，更是严禁自由流动，正常贸易几乎停止。

为了控制物资，日本侵略者对中国居民的日用消费品，实行配售制度，供应数量极少，远远不够食用。例如，1942 年 7 月 6 日，上海市工部局开始发售第一期配给米，规定市民可凭“市民证”领取购米证，每星期配米一次，每次每人可购食米一升半。上海人看了这张布告，立刻感到惶惶不安。因为根据一般人的食量，一升半米仅供一人两三天之用。更糟糕的是，配给米在数量、品种和售价等方面时有变更，例如第一期配给白米一升、碎米半升，第二期改为碎米一升、白米半升，数量与售价相同而品种不同。8 月 28 日发售第八期户口米时，碎米改为苞米粉。9 月 21 日，工部局宣布配给米改为十日一期，日期延长而数量并不增加。[2] 户口米不仅数量很少，而且质量也很差，籼米混有泥沙碎粒，白米霉糙难以下咽。原来日本侵略者把仓库里所存的碎米、糙米搬出来配给市民，而将好米留给自己吃。除食米外，配给制还推行到各项日用品、香烟、火柴、食油等。由于供求关系严重失衡，导致上海市黑市猖獗，上海当时形成了江湾、真如、北新泾、周家渡、漕家镇、龙华等分布上海周围的黑市米粮集散地。成千上万的民众及小贩冒着生命危

---

① 国民党政府物资统制审议委员会秘书处编:《物资统制法规》，1944 年版，第 78 页。

② 陶菊隐:《孤岛见闻——抗战时期的上海》，上海人民出版社 1979 年版，第 181 页。

险,穿梭于封锁线内外。而黑市的粮价通常是配给米的数倍,依靠工资收入的普通家庭根本无法承受。

1943年,汪伪行政院第193次会议通过了《苏浙皖地区物资收买配给实施纲要》,规定实施配给之物资,计为棉纱布、蜡烛、火柴、肥皂、砂糖、卷烟等六项,关于盐的配给计划另行订立。配给物由上海运出及在各地之总批发业务,应由"商统会"所属机构办理。交换物资之配给机关,在已设有商统会下层机构之地方,应任用该会各地最下层机构办理为原则;其在"商统会"未设下层机构之地方,及其在接近非和平区之地方应以运用当地各种收买机系责成"商统会"于各主要地区分设下层机构负责实施。该纲要自1943年11月开始。① 在实际实施过程中,日伪因无足够的物资可供配给,各种生活用品的供应时间、数量和品种随时变化。如1944年3月15日,伪"浙江省经济局"发布公告,"本局兹定于本月15日起至22日止开始第一次配给物资,规定每户配给火柴五盒、肥皂二块。依照评价……外加消费特捐4%,各户均凭本局填发配给证第一页,向指定商店购买,并将配给种类、数量、价格及配给证号码分别列表另行张贴配给商店门前,仰持有配给证之市民遵照规定缴证购买,凡逾期未购者,其配给证之第一页即作无效"②。可见,浙江省1944年第一次生活品的配给,品种也仅有火柴和肥皂,而且数量也少得可怜,甚至还要以特别消费的名义回收捐款,人民生活困苦不堪。

在华南沦陷区,为了防止粮食、食盐等重要物资流入国统区,

---

① 浙江省档案馆、中共浙江省委党史研究室编:《日军侵略浙江实录(1937—1945)》,中共党史出版社1995年版,第497页。

② 浙江省档案馆、中共浙江省委党史研究室编:《日军侵略浙江实录(1937—1945)》,中共党史出版社1995年版,第497页。

日伪对商品的转运实行严格的控制，并实施了重要物资配给措施。1942 年 9 月，日伪政权在广州市设置了“广东省物资配给委员会”，在各县市也设置了物资配给委员会，将物资分成五类，按照重要等级实施移动限制。各类商品价格也由省配给委员会制订，各商号每月要将存货向配给委员会报告，或由省配给委员会同伪警务厅、伪市政府执行强制性检查。物资配给数量或以户为单位，如火油配给每月每户限四两八钱，或以人为单位，如火柴配给每月每人限两小盒。[①] 1943 年，日军在广州成立“商业统制会广东分会”，对经济实行更加严格的统制。广东“商统分会”成立后，将物资分成三类，对物资的分配、消费、运输、收购实施全面的统制，并要求各商号组成各该业同业公会加入商统分会，以加强对商业的控制。

日伪政府在沦陷区的经济统制和残酷掠夺，使沦陷区城乡广大人民群众都挣扎在饥饿线上，给社会经济和人民生活带来了深重的灾难。

（三）对关内沦陷区的物资掠夺

在日本发动全面侵华战争之前，日本就曾经对华北经济做过周密调查。1934 年 10 月，华北日本驻屯军制定了《华北重要资源经济调查方针及要项》，提出了调查和开发华北资源的详细计划。1938 年 11 月，日本的《御前会议决定》中就明确提出掠夺中国资源的要点：“在华北、蒙疆地区，以寻求日满所缺乏的资源（特别是地下资源）为政策重点”，并要求中国“提供特殊便利”和“在其他

① 广东省政府秘书处编：《广东省政概况》第五篇建设，1942 年 5 月，第 66 页。

表 7-7　日本掠夺下华北 15 种工业的生产量统计(1936—1944 年)

产品	年份	1936	1937	1938	1939	1940	1941	1942	1943	1944
煤	千吨	16733	13267	10093	14677	18008	23247	24239	21963	20397
生铁	吨	5000	8000	3000	39000	50000	61000	90000	125000	218000
钢	吨	—	—	—	—	—	12814	45594	28718	8322
水泥	吨	207000	173000	181500	233686	328673	290315	339812	292141	260974
电	百万度	221	180	120	144	221	242	429	599	679
纯碱	吨	40000	13580	24945	25408	37334	38306	38592	33066	20000
烧碱	吨	4000	4000	—	21545	4241	4329	4264	3450	729
硫酸	吨	122	260	300	1130	977	557	489	194	657
盐酸	吨	—	—	—	95	136	169	176	177	180
酒精	千加仑	169	76	71	198	352	552	712	726	1355
焦油	吨	1793	727	800	936	937	1279	1134	2263	2263
电石	吨	—	—	—	—	—	494	1703	1864	4382
棉纱	千包	469	380	262	223	234	236	201	200	180
毛线	吨	785	376	408	318	266	130	100	70	40
面粉	千袋	20356	13034	8159	14249	12161	15239	10095	10000	9000

资料来源:严中平等编:《中国近代经济史统计资料选辑》,科学出版社 1955 年版,第 147 页。

地区，关于特定资源的开发也从经济合作的观点出发，提供必要的便利”。① 日本的国策会社“华北开发会社”打着“中日经济提携”和“中日合办”的旗号，强行掠夺中国企业，全面控制着华北交通、矿产、电力等重要产业部门。在日本占领期间，华北成了名副其实的“原料供应基础”，华北地区矿产资源的开发和生产出现畸形繁荣。

表7-7是1936—1944年日本掠夺下华北15种工业的生产量统计表，从中可以看出华北工业中有些日本帝国主义所需要的部门，生产一度有显著的增长。生铁1944年为1936年的43.6倍；钢从无到有，1941年到1942年一年内就增长了2.6倍；煤1942年为1936年的1.45倍；酒精1944年比1936年增加了7倍多；电也在同期增长了2.07倍。硫酸、盐酸、电石等都有很大的增长。但是与人民生活有关的棉纱、毛线、面粉等，不但没有增长，而且大幅度地下降了，都降到了1936年的50%以下，毛线降到了5%。这就严重地影响了各经济部门的平衡，使生产无法延续下去，人民无法生活下去。

还应指出，上述增产的日本所需要的产品，首先都是以满足日本本土的需要为原则。华北占领区的重要战略物资如煤、铁、碱、酒精等大多被运往日本或被日军控制利用。如1941年，华北仅经铁路运往日本的主要物资达到656.9万吨，其中煤炭480.7万吨，铁矿石47.0万吨，矾土矿18.0万吨，磷矿6.5万吨，盐104.7万吨。1942年，运往日本的主要物资达696.5万吨，其中煤炭507.9万吨，铁矿石48.4万吨，矾土矿17.8万吨，磷矿9.0万吨，盐

① 复旦大学历史系日本史组编:《日本帝国主义对华侵略史料选编》，上海人民出版社1975年版，第282页。

113.4万吨。[1] 据统计,到1945年8月,日本共从华北开采掠走煤炭12000余万吨,铁矿石500万吨左右,钢铁60余万吨,盐1200万吨,碱20余万吨,矾土矿石300余万吨,钨锰精矿石21.9565万吨,以及大量金矿、云母、石英等矿。[2] 这表明了日军对中国野蛮的殖民掠夺。

日军对华北地区农产品的掠夺主要是通过实施严厉的统制政策来实现的,棉花是日军在华北地区掠夺的重点。日军占领华北后不久,就立即宣布棉花为统制产品,对其生产、价格、销售和输出实行严格控制。1938年3月,日本设立了"华北棉花公司",作为掠夺棉花的统一机关,并由华北临时政府颁布《棉花输出许可暂行条例》,"非经实业部总长之许可,不得输出"[3]。1939年3月,日军在伪"华北临时政府"之下又专门设置了"华北棉产改进会",以扩大开发华北棉花生产。由于日军对棉花实行统购政策,老百姓被迫以低于市场价20%以上的价格出售给日本。日本又强行规定,必须将收购棉花的40%运往日本,17%运往伪满洲,35.7%供给华北日商纱厂做原料,不足8%运往华中华南交换物资。据资料显示,到1945年战争结束,日军计从华北掠夺了大约2000余万担棉花(皮棉)。除了棉花外,日军在华北还成立了诸如"米谷统制会""华北小麦协会"等机构,统制与掠夺华北地区生产的大米、小麦等重要农产品。1943年7月,河北密云、通县、香河、大兴等9个县,一次即被征取小麦3738吨,山西汾阳、文水、孝义、交城

① 居之芬、张利民主编:《日本在华北经济统制掠夺史》,天津古籍出版社1997年版,第417页。

② 居之芬:《日本的华北产业开发计划与经济掠夺》;中共石家庄市委党史研究室编:《日军侵华暴行(国际)学术研讨会》,新华出版社1996年版,第521页。

③ 伪"中华民国临时政府"实业部编:《实业公报》1938年第6期。

等地每年每县被掠去粮食均在10万石以上,全省则在500万石以上。①

在华中日军占领区,粮食完全由三井、三菱等及军部合作统制。1939年输出的米达700万石,1940年达900万担以上。由于日军将大批米运走,连一向产米的无锡、常熟、芜湖,都因而发生了米荒。② 到1944年,日伪在这些地区征收的“军粮”,每石只付给农民伪币1700元,仅为市场价的1/20,有时连伪币也不给,只给两包卷烟或者几两食糖而已。由于日伪的超强度掠夺,农民不仅生产难以为继,连生存也受到严重威胁,有些农民实在活不不去,选择了自杀的道路,甚至有一家七口全部自杀的。

华中各地农村除了受到日伪的直接掠夺,还要遭受各种杂牌武装的捐税盘剥。每个据点敌、伪保安队,伪警察的供应费(包括食米、菜金、油费、服装、工事荧、灯油、办公费等),仅无锡东伪五区的马膀桥据点,只有20人左右的一个伪保安队,就要在7个乡镇中征收。2月份征米11石多,柴280担,钱35万多元,计每乡征米1石6斗,树柴20担,稻草20担,菜金等5.1万元。2月份征款150多万元,草140扭,每乡征20万元,稻草20担(市镇还要多)。无锡北伪二区的供应费:2月份每个保安队要摊派到3.88万元,米3斗,还要加上伪镇公所和伪乡公所的经常费,敌伪过境的招待费,平均每月每亩要征到1—3升白米。公开的伪田赋,下芒(下半年)要征23斤(官定)到30斤稻。其他各节礼、年礼,伪军警特工的婚丧喜庆的强迫按户送礼,遍地设立税卡,牛捐猪税等

① 中央档案馆等编:《日本帝国主义侵华档案资料选编·华北经济掠夺》,中华书局2004年版,第787页。

② 陈翰笙等编:《解放前的中国农村》(二),中国展望出版社1987年版,第603页。

更是名目百出。因此苏锡澄虞地区内,普遍感到食粮恐慌。到荒春3月苦8月的时候,无饭吃的事情将成为普遍严重现象了。①

蚕丝是华中地区主要输出品,在国际市场上被视为日本蚕丝的劲敌。日军占领江南蚕丝区后,开始大肆掠夺中国蚕丝。1938—1943年,日本共掠夺鲜茧达100多万担,价值合法币4亿元以上,对中国蚕桑业造成了严重破坏。② 其中,由日伪扶植设立的"华中蚕丝会社"完全控制了江南地区的蚕丝业,垄断了江浙地区138家蚕种制造场的营业许可证,直接控制的蚕种场有14家。直营蚕种场的制种能力仅20万张,实际自1939—1943年仅产蚕种40万张,其余则是凭借拥有的营业许可证委托的形式来控制。"华中蚕丝股份有限公司"凭借着对茧行的控制,历年以压级压价等手法强行收购干茧共约2.5万吨,每担茧价比平常市价压低了1/3左右,这造成了江浙两省干蚕茧生产量逐年下降。如表7-8所示,1940年江浙两省干蚕茧产量达260770司马担;1941年下降到189240司马担,减产了27%;1942年持续下降到140140司马担,又减产了26%;直到1943年日本帝国主义的蚕丝业统制政策破产后产量才有所回升。这些被掠夺的蚕茧一部分用来供给在华侵占丝厂做原料茧,剩余部分蚕茧和废茧被运回日本国内作为制造军需被服的原料,以弥补其国内纤维生产的不足。1938—1943年,"华中蚕丝会社"在江浙收茧396784司马担,占该地区所产干茧总量的32.84%,直接收茧的比重虽然不大,但由于小丝厂、土丝产品实际上也在"华中蚕丝会社"的控制之下,可以说,江浙两

① 江苏省档案馆编:《苏南抗日根据地》,中共党史资料出版社1987年,第381页。

② 陈翰笙等编:《解放前的中国农村》(二),中国展望出版社1987年版,第602页。

省日占区的蚕茧已完全被“华中蚕丝会社”掠夺。

表 7-8 华中蚕丝会社历年收购江浙两省干茧数量统计(1938—1943 年)

(单位:司马担)

项目 年份	产茧量	指数	华中公司收购量	占产茧量比重(%)	小丝厂及土丝用茧量	占产茧量比重(%)
1938	197300	100.00	35414	17.95	161886	82.05
1939	246330	124.85	90998	36.94	155332	63.06
1940	260770	132.17	114032	43.73	146738	56.27
1941	189240	95.91	68288	36.09	120952	63.91
1942	140140	71.03	47278	33.74	92862	66.26
1943	174390	88.39	40774	23.38	133616	76.62
总计	1208170	—	396784	32.84	811386	67.16

资料来源:徐新吾:《中国近代缫丝工业史》,上海人民出版社 1990 年版,第 379 页。

日军除了控制粮食和蚕丝之外,还加大对华中地区食盐、茶叶、桐油等物资的掠夺。据《四年来之敌寇经济侵略》记载,两淮的海盐产区面积共 35 万亩,年产盐约 60 万吨。1939 年 5 月,由伪“维新政府”设立“海州盐务管理局”,8 月复于“华中振兴会社”下,成立“华中盐务公司”,以开发海州盐为目的,资本总额 500 万元,伪“维新政府”认 250 万元,“华中振兴会社”出资 150 万元,大日本盐业及东洋拓殖会社则共认 100 万元。据该增盐计划称:“从济南、中正、板浦、临兴四盐场之年产 60 万吨,一举增至 200 万吨,以供日本内地化学工业所需之原料。”

日伪掠夺茶叶的最高机构为上海日商三井、三菱两洋行。三井洋行设有专营收购茶叶业务之“福利公司”,下设茶厂二处,一为前汉口华茶公司之茶厂,一为闸北前昌记茶厂。该公司所需原料,系在浙属杭州、湖州,皖属宣城、芜湖收买,制造绿茶,对外推销。该公司于1940年春亦曾收购茶叶达4万箱之巨。三菱洋行则设有茶叶部,收购各地茶叶。武汉方面,日伪设有“武汉制茶股份有限公司”,资本20万元,专制茶叶,运销外国,并在羊楼洞设有工厂。1941年春季,日伪集资50万元,统制岳阳临湘一带茶叶,并在羊楼洞、羊楼司、城陵矶一带设庄收买。接近游击区的茶叶,则采用以盐换茶办法,大量掠夺。安徽的立煌、霍山、卢山、六安、舒城、岳西一带茶区,每年产额达800余万斤,亦被日伪直接收购或利用奸商,大量走私,集中六安,运销山东省。华南方面,1941年3月15日,厦门日伪成立“华南茶叶合作公司”统制闽茶。其中由日伪召茶商投资20万元,组织“福建茶叶采运公司”,华商投资18万元,组织“厦长茶叶采运公司”,对外贸易,以合作公司名义开展活动。在惠安的崇武、獭窟、南安的运河、石井、海城之岛美悟屿、行头、井头、乌礁、洲坟、茂州、打石坑等地偷运出口之茶叶,统由该公司低价收购,高价配发各茶商,或运销南洋。

日伪对于华中沦陷区的桐油亦加以统制。安徽六安、太湖、舒城、宿松、岳西、霍山一带,年产桐油约210余万斤,1/10均由日伪利用奸商大量搜集,由六安经卢江、无为运往芜湖沦陷区。湖北省西北年产桐油约25万担,也多半由敌人高价诱引奸商偷运赴汉,湘西每年外输桐油达50万石,1940年大部分均走私到汉口。浙江省年产桐油20万担,日伪也以高价诱惑农民偷运出境。以上各地桐油,多半以走私方法直接输往岳州及汉口运达上海。据日伪统计,1939年上半年抵沪的桐油数量为4800公担,约值37万元,1940年上半年为21473公担,约值1330万元,均由日军收购运销。

日伪对华中畜产的掠夺主要集中于皮革收购。华中皮革以汉口、上海、蚌埠、芜湖为集散地。1938年之前,日伪皮革收购集中在安徽,日商祥生洋行、三裕公司等曾派员纷赴蚌埠收购。同年9月间，日伪在汉口成立"华中皮革协会"后，华中皮革收购业务即由该公司经营。11 月开始统制，收购数量年达百余万斤。1939 年年底，日商大仓、三井、岩井、瀛华、大同、桀谷、新泰、真奇八家集资 340 万元，将"皮革协会"改组为"华中皮革股份有限公司"，设总公司于上海，设分公司于汉口，设办事处于内地各重要集散地点，收购贩买华中皮革。华中皮革，至此全由日军统制。1937 年，由上海输出的皮革共约 30755 千公担，1938 年为 139 公担。经由中国海关出口，1937—1940 年四年输日皮革共达 26314637 元，羊毛达 6527721 元。

华中兽毛出产以猪鬃、羽毛为主，其输出也为日伪所统制。统制办法系委托日商三井、大仓、岩井、荣泰等洋行，派员前赴开封、汉口等地，设庄高价大量收买。羽毛类的鸭毛、鹅毛及其他禽毛等，也为华中重要输出的大宗。1940 年上半期华中羽毛输出达 13500 公担，大部分均为日军所收买。①

由于日军对粮食等农产品的极度掠夺，同时又对农村所需的日用品等物资实施严厉统制，这就从根本上窒息了农村经济，恶化了农民生活。

第二节　伪"满洲国"、伪"蒙疆"地区的商业流通和市场

一、伪"满洲国"的商业流通和市场

（一）统制经济下的物资流动

中国东北的农业很早以来就和来自关内移民的商业资本有

① 国民党中央调查统计局特种经济调查处编：《四年之敌寇经济侵略》，1941 年印本，第 100—103 页。

着紧密关系,农民或多或少被纳入商品经济内。后来随着俄国、日本资本主义为首的列强进入东北,使东北农民日益深受资本主义商品经济的影响,并被置于他们的统治之下。这个过程明显地表现在农产品商品化的发展。根据1933年满铁调查课的调查:大豆商品化率达到80%—83%,小麦79%,高粱40%—42%,玉米35%—36%,谷子20%—22%,其他谷类16%—17%,东北农产品商品化率总平均为53%①,这表明东北农业的商品性质是相当强的。

在东北农产品的交易过程中,"定期集市"起着非常重要的作用,同更具有近代性质的集散地(县城市镇)交易一起存在很久了。尤其是在东北南部地区,距离满铁干线不远的地方集市很多,在辽河以西这种集市尤为发达。另外在热河、冀东地区也保留着这种交易方式。在这些地方,县城本身有定期集市,县以下的各镇也有各自的集日,通常是在每月6天的集日里,有成百上千的农民从近郊汇集到这里进行农产品或日用品的买卖。而在满铁、奉山、安奉各线的沿线和辽河沿岸的县城和市镇集中一些粮栈,这里的粮栈在本店、支店、代理店、联号等有机组织下,集中农产品,然后与大连、奉天等中央市场的特产商、出口业者结合在一起,形成了农产品的流通机构。当地粮栈从农民买进的农产品,即刻通过铁路或水运运往大连,几天之后经过出口商之手从大连港向欧洲、日本、中国关内输出。如以花生为例,从盖平附近收购的花生经过当地粮栈再由丹麦的商业资本宝隆洋行向欧洲市场出口,此外棉花、青麻、牛羊等也各自经过当地的棉花栈、麻栈、牛马店之手运往国外和国内的消费市场,这些商品的价格受强大的中央市场大连的

① [日]日本满史会编著:《满洲开发四十年史》上卷,东北沦陷十四年史辽宁编写组译,1988年印行,第565页。

行情影响,尤其是大豆,深受欧洲伦敦市场的控制。①

在伪“满洲国”实行统制经济之前,流通机构主要为外国商业资本所掌握,民族商业资本充当买办作用,其次才是密布于农村的零星商业资本。其流通渠道一般由厂家、进出口商、批发商、大批量用户、零售商、消费者这条线联结着。这种复杂交易中的重要环节一方面是批发商和货栈,以它们为中心联结着外国商业资本;另一方面与农村商业资本相联结。东北的大豆、棉花、畜产、手工业品、进口货等商品流通过程大致如下:

大豆等农产品:农民→小贩→(客商)→粮栈→(客商)→粮栈→(经纪)→粮店、油坊、烧锅;

棉花:棉农→小贩→花店→花号→棉花栈→(经纪)→纺纱厂→铺庄洋行;

畜产:农牧民→土拨子→皮毛拨→(客商)→货栈→铺庄洋行;

手工业品:工匠→小贩→厂家→(客商)→经纪→铺庄洋行;

进口货:洋行、满商→经纪→货栈、杂货铺、小贩→消费者。②

可见,东北土特产商品的流通过程相对复杂,每种农产品流通需要经过多个机构,且又以农产品的种类不同而各不相同,但是,不管哪种农产品,货栈作为联结农民和出口商的当地商人资本,在东北农产品流通过程中起着至关重要的作用。例如,从大豆等农产品的流通渠道可以看到,一般粮栈从农民那里收购农产品,再把它卖给油房或出口者,从中获得商业利润。从农民那里直接收购

① [日]日本满史会编著:《满洲开发四十年史》上卷,东北沦陷十四年史辽宁编写组译,1988年印行,第565—572页。

② [日]日本满史会编著:《满洲开发四十年史》下卷,东北沦陷十四年史辽宁编写组译,1988年印行,第224页。

往往是地方小粮栈,但集散地的大粮栈也有的直接从农民收购。买卖形式有实物交易和期货交易(即所谓买卖青田)。农民用自己的马车把粮食运送到粮栈院内。没有马的小户、贫农只能把大豆卖给有马的中、富农。小户、贫农遭到富农的剥削,或者因卖青田等形式,大部分利益被商人掠夺去。集散地粮栈把收购的粮食转卖给油房和出口商人。

日本发动全面侵华战争之后,为了控制和掠夺中国东北战略资源,日伪提出了根据五年计划制定的增产政策和流通统制。随着战时统制经济的不断加强,日伪进入所谓“物资动员”时期,一切重要商品都作为战争服务的手段纳入关东军和伪“满洲国”的统制之下。在农业方面,理所当然地将大豆和大米、小米、小麦等主要粮食置于统制之下。

1938年10月,伪“满洲国”颁布了《米谷管理法》实行粮食配给,建立了农民→合作社→粮谷会社→(粮栈组合)→消费者的一元化统制方式,此外,由于“棉业联合会”“制粉联合会”“生活必需品会社”等统制机构的建立,使东北农业被置于强有力的统制之下,成为日本帝国主义进行战争不可缺少的一环。

1938年《米谷管理法》具体内容如下:若新开水田,须经行政官署许可。在取得许可的水田以外不得种水稻,其次在废止水田或停止耕种水稻时,须向行政官署提出申请。非粮谷会社不能从大米生产或作为地租收取大米以及其他产业部大臣确定的米谷取得者那里收购大米。粮谷会社收购的大米,只能卖给取得地方行政官署许可的粮米贩卖者,不能出售给其他任何人。会社收购或出售大米的价格,须经兴农部大臣批准。粮米加工业者需要增添新设施时,须经所管大臣的批准。米谷销售业者取得地方行政官署的许可后成立米谷配给组合,为使米谷配给顺利和价格合理,须规定大米的零售价格和对组合成员配给比例等,其次该组合不能以营利为目的经营事业。

1939年，伪“满洲国”政府公布了《特产品专管法》，开始对特产品进行统制。根据这项法令，成立了“特产品专管公社”。统制对象为大豆、苏子、小麻子、大麻子、花生、胡麻、棉籽、亚麻仁、向日葵籽和以其为原料加工的油。农民如果准备出售上述各种农产品，除特殊情况外，只准许在交易所或经地方行政官署指定的场所进行交易。在交易所或指定场所收购特产品的，只限于粮栈，兴农合作社及专管公社或其特约收购人。收购方法既可以用行商办法，也可以按交易所的等级价格（固定价格）。粮栈收购的特产品，只要没有地方行政官的特殊许可，就必须全部卖给专管公社或其特约收购人。另外，特约收购人所收购的特产品都必须全部卖给专管公社。专管公社经兴农部大臣批准，按事前公布的收购价格收购。对大豆、小麻子、苏子、胡麻、花生五个品种，限在一定期间内将“出荷”奖励金通过粮栈支付给农民。油房业者，特殊加工业者，须经地方行政官署许可，使用专管公社和粮栈或合作社等收购的特产品。特约收购人由兴农部用布告公布，例如，混保大豆有三井、三赛、宝隆洋行。关于改良有高木商店、大矢组、桥本洋行、桥口洋行、深尾洋行的朝肥合资等。①

伪“满洲国”政府实施统制经济末期，为了进一步加强对日粮食和工业原料的供给，对农产品及其加工商品采取更加严厉的统制政策。图7-2是伪“满洲国”统制经济末期农产品流通示意图。东北地区传统意义上的农产品交易所和土特产出口贸易商均失去了存在价值，同时农产品及其加工商品的流通方式也逐渐趋于单一。农民上交的农产品除一部分出口到中国台湾、朝鲜、日本和中

① ［日］日本满史会编著：《满洲开发四十年史》上卷，东北沦陷十四年史辽宁编写组译，1988年印行，第591页。

国华北之外,在伪"满洲国"流通部分,主要通过粮栈组合。根据农产公社的指示,委托各地大小规模不等的油坊、磨场和碾米场进行加工,然后分拨给各类消费组合,再下拨给各类配给店,最后进入消费者手中。

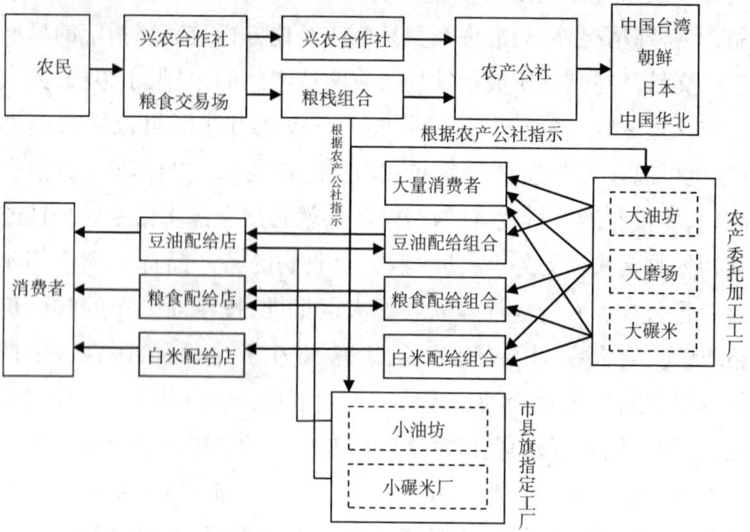

图 7-2　伪"满洲国"统制经济末期农产品流通示意图

资料来源:东北物资调节委员会研究组编:《东北经济小丛书·农产流通篇》上册,1948年印行,第142页。

除农产品之外,其他物资也均由各类机构加以统制。例如,钢铁、有色金属、煤炭由"日满商事株式会社"统制,羊毛由"满洲羊毛同业会"统制,棉花由"满洲棉花株式会社"统制,小麦、面粉由"满洲制粉联合会"统制,生活必需品由"满洲生活必需品株式会社"统制。此外,盐、石油、酒精、火柴均实行专卖,其生产、配给、价格等均实行统制。通过建立如上那样的农产品统制机构,日本直接控制了中国东北的农产品,用于扩充侵略战争的力量。

(二)伪“满洲国”商业的衰退

“九一八事变”后,由于日本掌握了政治主导权,大量日本人涌入中国东北地区。首先是军人军属、官吏和职员,其次是一般工商业者、土木业者、农业生产者及其家族。表 7-9 是伪“满洲国”商业人口概况。截至 1937 年 10 月 1 日,包括居住在关东州的日鲜台人共达 154 万余人,比 1932 年的 83 万人增加了 83%。其中,日本人为 60 万人(军人军属不在内),朝鲜人 94 万人,中国台湾人 600 人,日本人比 1932 年增加 2 倍多,共增加 33 万人,朝鲜人约增加 1.5 倍,共增加 40 万人,中国台湾人增加 500 人。[①] 1937 年,伪“满洲国”商业人口中的中国人占 95%,日本人占 4.8%,到 1940 年中国人下降到 92.8%,而日本人上升到 7.0%。在日本特权庇护下,短时期内日本商业人口的剧增,也反映了对中国民族工商业的挤压。

表 7-9 伪“满洲国”商业人口概况(1937—1940 年)

项目/年份	有职人口总数	商业人口								有职人口中商业人口百分数(%)	指数
		总计	占比(%)	中国人	占比(%)	日本人	占比(%)	其他外国人	占比(%)		
1937	18844485	1126974	100	1070390	95.0	53951	4.8	2633	0.2	5.98	100
1939	20132162	1184258	100	1119579	94.5	61358	5.2	3321	0.3	5.88	105
1940	20949225	1202918	100	1115774	92.8	84451	7.0	2693	0.2	5.74	107

资料来源:东北财经委员会调查统计处编:《伪满时期东北经济统计》,东北财经委员会调查统计处 1949 年印行,第 238 页。

表 7-10 是伪“满洲国”公司规模比较。随着日本商人和商业

① [日]日本满史会编著:《满洲开发四十年史》下卷,东北沦陷十四年史辽宁编写组译,1988 年印行,第 263 页。

表 7-10　伪"满洲国"公司规模比较(1937—1943 年)

(单位:千元)

项目 / 公司 / 年份		总计		10 万元以下		10 万—50 万元		50 万—100 万元		100 万—500 万元		500 万元以上	
		数量	%	数量	%	数量	%	数量	%	数量	%	数量	%
公司数	1937	1436	100	1216	84.7	172	12.0	23	1.6	22	1.5	3	0.2
	1940	2315	100	1857	80.2	396	17.1	32	1.4	23	1.0	7	0.3
	1943	2160	100	1234	50.7	804	37.2	57	2.6	58	2.7	7	0.3
资本金	1937	114638	100	23371	20.4	28653	25.0	12650	11.0	33964	29.6	16000	14.0
	1940	209594	100	33954	16.2	56171	26.8	14671	7.0	27457	13.1	77341	36.9
	1943	447847	100	44006	9.8	133450	29.8	32240	7.2	100114	22.4	138037	30.8

资料来源:东北财经委员会调查统计处编:《伪满时期东北经济统计》,东北财经委员会调查统计处 1949 年印行,第 238 页。

资本的大规模进入,从1937年至1943年,东北地区公司的数量和资本金规模均有一定增加,但是,从结构上来看都呈现出一个非常明显的变动趋势,即小规模公司大幅减少,而中、大型规模公司显著增加。这说明伪"满洲国"政府实行统制经济之后,资本逐渐向中、大规模公司集中,而商业资本较弱的民族企业却不断衰退。

1939年,伪"满洲国"政府在实行生活必需品统制配给时,曾经对商业有一次"实态调查"。表7-11是1939年伪"满洲国"的各项商业统计,虽然该统计很不完整,但大致反映了东北商业的状况。

东北商业行业原以粮栈业为最大,除购销粮食外,还供应油房、磨房、烧锅原料,或兼营加工。由于日伪对东北农产品的掠夺,主要农产品不仅产量下降,而且商品率在1939年以后明显下降,1939年为48.0%,1940年下降到25.3%。① 因此,粮栈业日益衰退,1939年东北有粮商5251家,资本总额13390万元,平均每家2.5万元,地位已经在绸布业以下。副食、烟酒商业19541家,资本总额23414万元,平均每户1.2万元。纺织品和百货商14265家,资本41774万元,平均每家2.9万元,超过粮栈变成第一大商业行业。不过以后即实行生活必需品统制配给,粮食和纺织、百货商业首当其冲,基本上变成"满洲农产公社"和"生活必需品会社"的配给店,营业和利润都受严格限制,总体而言二业均处衰落。这一时期,五金和电器商业发展非常迅速,1939年有2614家,资本总额达到24853万元,虽然资本总额位居第二,但平均每家9.5万元,位居第一。总的来说,在1939年以前,随着城市和工业建设的发展,商业也有所发展。1939年是日占时期东北经济发展的高峰

① 东北物资调节委员会研究组编:《东北经济小丛书·农产流通篇》上册,1948年印行,第5页。

年,随着日伪统制经济的强化,伪"满洲国"商业日益萎缩。

表 7-11　伪"满洲国"的商业统计(1939 年)

项目 行业	户数(家)	资本(万元)	店员数(人)	销售额(万元)	利润额(万元)
粮食业	5251	13390	63149	96882	3303
批发	633	6727	11905	38029	961
零售	4618	6663	51244	58853	2342
副食、烟酒业	19541	23414	114534	87780	4807
批发	923	11772	11110	23259	1303
零售	18618	11642	103424	64521	3504
纺织、百货业	14265	41774	152670	142779	11428
批发	2038	26791	33646	60175	3905
零售	12227	14983	119024	82604	7523
燃料业	926	941	4493	3492	255
批发	79	193	436	760	72
零售	847	748	4057	2732	183
机器业	2614	24853	23272	24479	1997
建筑材料业	2039	9234	30181	27456	2178
其他	18035	23778	133070	71716	6491
总计	62671	137384	521369	454584	30459
批发	5664	71077	91195	164296	8900
零售	57007	66307	430174	290288	21559

资料来源:东北财经委员会调查统计处编:《伪满时期东北经济统计》,东北财经委员会调查统计处 1949 年印行,第 239—243 页表 6-12。

由于实行统一分配制,私人工业丧失了原料来源,在基本生活资料的供给方面实行了配给制。这样,东北民族工商业彻底丧失了经营自主权。

1937 年 5 月,伪"满洲国"公布《重要产业统制法》,把原属于自由经营的制粉业、纺织业、油坊、火柴制造业作为特殊企业置于“政府”指导监督之下。1940年6月颁布《物资及物价统制法》,规定生活必需品及其他物产的销售价格等都由公定,并且一切从业者都要组成“统制”组合,通过特殊会社与准特殊会社进行统制。

《重要产业统制法》规定所谓重要产业完全由特殊会社或准特殊会社经营,在其投资中,东北民族资本所占比例较小。据1943年的统计,伪满工矿交通部门中的私人资本,主要是日本私人资本,占97%,属于中国私人资本的仅占3%。1945年6月,在伪满“特殊会社”和“准特殊会社”资本中,中国私人资本更是微乎其微,在工业中占0.5%,在交通业中仅占0.2%,在矿业中则为0,总计仅占0.3%,绝大部分为日本政府、日本私人资本及伪“满洲国”政府所占有。

一些规模较大的民族工商业逐步被排挤出重要生产领域,有的成为日伪指定的加工厂,有的甚至破产。由于煤炭、钢铁的来源初受限制,继则告绝,中国人的一些小型铁工厂和手工业小铁炉纷纷破产。例如:大连顺兴铁工厂、沈阳的兴奉铁工厂、哈尔滨的振兴铁工厂等先后宣告歇业。由于粮棉油类农产品统制,大连、营口、哈尔滨、长春等地油坊业、火磨(制粉工厂)、纺织业陆续倒闭200多家,甚至小油房、注磨坊的碾子和石磨也被没收。到最后,伪“满洲国”政府下令将中国资本家旧存的钢材、旧铁、机械、机器和零件以及破产歇业的全套机器设备,统统以低价强制收购,民族资本损失达到8亿多元。①

长春益发合公司始创于1892年,到20世纪20年代,建立了比较近代化的制油厂和制粉厂,并还涉及其他一些行业,不仅在关

① 王子衡:《日寇在伪满进行掠夺的三光政策》,见中国人民政治协商会议全国委员会文史资料研究委员会编:《文史资料选辑》第39集,中华书局1963年版,第61页。

内外20多个城市设立了分支机构,其触角还远达日本的大阪和名古屋,成为东北地区最大的私人企业之一。但是,在日伪经济统制的摧残下,每况愈下,许多工厂纷纷倒闭。到1926年,民族资本的制油厂只剩益发合一家,1929年,民族资本的制粉厂只剩益发合和裕昌源两家。尽管在1938年益发合增设了制米厂,1939年增设了造酒厂,1940年增设了碾米厂和油坊,但在1940年以后,其面粉厂因丧失自产自销能力而停止小麦生产去加工包米粉,1939年在长春设立的造酒厂到1941年前后就停了业。伪"满洲国"末期,益发合的工厂变为日伪军粮豆油的加工厂,粮栈变成收购所,百货店变成了配给站,库房变成了"满洲生产必需品公社""满洲纤维联合会""满洲农产公社"的仓库,这时的益发合实质上变成了日伪战时经济的一个分支,一个加工厂。

益发合的情况反映了民族资本主义工商业在日伪统治时期的遭遇,至于以农产品为原料的中小工商业更为困难,不是成为统制机构的加工厂就成为代销店或配给店,只能靠固定的加工费和手续费取得固定收入,以维持门面,至于企业的倒闭,更是屡见不鲜,如1942年,沈阳倒闭的各种工厂竟达836家之多,1943年哈尔滨道外的民族资本饮食店共337家,竟有146家歇业,占43%。双城县于1943年春,一次即封闭315家磨坊。同年,本溪市豆腐房88家中的1/3,煎饼铺300余家中的2/3均告歇业。齐齐哈尔的工商业从1939年的2407户,下降到1941年的886户,有1521户倒闭。这些都是由于粮食配给不足或根本不配给造成的。在伪"满洲国"崩溃前夕,民族工商业极端凋敝,经济生活一片荒凉。①

① 李作权:《东北沦陷时期的经济特征》,见东北沦陷十四年史总编室编:《1931—1945东北沦陷十四年史研究》第1辑,吉林出版社1988年版,第135页。

民族工商业的衰落凋敝，是东北经济沦为殖民地经济的主要特征之一，也是一种必然的结果。日伪日益加强的经济统制，使民族工商业活动的范围越来越小，加之日本资本的大量入侵，在竞争中民族工商业处于劣势，不可能有较大的发展。因此，伪满政府崩溃前夕，工商业极端凋敝，经济一片萧条，取代正常商业活动的是物物交易或黑市交易。

（三）伪“满洲国”的物价上涨和人民生活贫困化

1937 年 5 月，伪“满洲国”颁布《重要产业统制法》，对各产业部门实施统制，引起价格波动。进入 1938 年，物资的供求关系不平衡逐渐表面化，物价的上涨如水决堤。1937 年年末至 1938 年年末的一年里，原料物资和建设材料约涨三成，消费物资提高四成四分，加上 1937 年的小麦歉收，更助长了物价上涨的势头。

在这种形势下，伪满政府于 1938 年 4 月修改了《暴利取缔令》，对小麦、面粉、烟草等物资设定公价，对钢铁、煤炭、硫铵等物资按分配价格实施统制，当时尚未涉及进口商品为主的一般消费品。但这些努力仅仅只是昙花一现，到 1939 年情况更加严重，物价的涨势从生产资料、大豆到一般消费物资，输出品的上涨率更高于输入品。1939 年年末与 1938 年 12 月上涨率相比，大豆等特产品为 33%、杂粮为 81%、粮食为 34%、纺织品为 19%、建筑材料为 30%。

1940 年，伪“满洲国”物价的趋势越来越显示出恶性通货膨胀的趋势，上一年度以消费物资为主的全面物价高涨进一步加剧，迫使重要物资的统制价格无法保证，伪满政府不得不修改农产品价格政策，先后提高了农产品、麻袋、水泥、煤炭、钢铁等物资的统制价格。提高输出农产品的收购价格，导致统制以外的农产品价格大涨。在 1940 年的一年里，各类物资的价格普遍上涨。以伪“满洲国""首都"新京为例,其批发物价指数,如以1936年指数为100,则1937年至1940年的物价指数如表7-12所示。

表7-12　新京批发物价指数(1937—1940年)

[1936=100(满洲中银)]

项目＼年份	1937	1938	1939	1940
总平均	118	141	171	213
特产	109	193	146	153
杂粮	116	122	169	264
食料品	107	118	147	189
纺织品	116	165	209	240
金属物	174	228	168	225
建筑材料	117	141	183	201
灯用燃费	104	113	137	187
杂货	117	156	207	318
输入品	125	164	187	233
输出品	112	114	149	195
国内品	112	132	168	218

资料来源:[日]日本满史会编著:《满洲开发四十年史》,东北沦陷十四年史辽宁编写组译,1988年印行,第253页。

伪"满洲国"的物价政策是建立在公定价格制度和物资配给制度之上,但要取得经济统制的实效却非常困难。东北大部分是半封建的农村,原有流通机构在此根深蒂固,兼充地主、商人和高利贷者的民族资本在农村掌握着最后的分配机关。随着统制增强,物资枯竭,通货膨胀的加剧,相当多的生产品流到分配组织之外,形成黑市商品。哪种物品需要量大,或哪个地方需要越多,结果和需要相比它的绝对数量就越少,黑市情况就越严重。一般情况下黑市价格超过公定价格的3倍乃至更高，价格暴涨最厉害的物品是纤维类物品的棉布类，平均为公定价格的10倍多，其次是专卖品和生活必需品。

广大民众为了求生存，在公定市场上买不到的商品就只能求购于黑市，而黑市的物价更是高得惊人，而且是一涨再涨。1942年至1944年，沈阳、长春、哈尔滨黑市物价指数，如以公定价格指数为100，其各年各地黑市物价指数如表7-13所示。

表7-13　公定价格与黑市价格的比较（指数）（1942—1944年）

（公定价格为基准＝100）

项目 商品	沈阳			长春			哈尔滨		
	1942年	1943年	1944年	1942年	1943年	1944年	1942年	1943年	1944年
大米	415.7	1258.2	1669.0	328.3	756.1	1151.0	379.2	934.3	1444.1
白面	694.2	1407.5	3757.8	623.7	817.5	3788.9	562.9	1075.9	4136.8
高粱米	603.4	2497.7	1762.0	583.5	1078.7	1445.9	652.0	1653.4	1816.7
小米	399.5	2456.6	—	268.6	1024.7	—	297.5	1443.9	—
大豆	440.2	1648.4	1473.2	294.7	556.9	1001.4	409.5	705.3	740.7
鸡蛋	173.1	201.7	324.0	175.9	227.0	329.8	143.8	224.6	308.3
猪肉	154.4	360.8	466.7	151.5	205.6	294.4	138.3	238.4	271.3
牛肉	136.3	324.4	530.0	141.2	199.2	317.4	140.5	207.1	300.3
砂糖	416.8	1213.6	2058.4	397.6	977.5	3083.8	447.3	878.6	2470.1
豆油	775.2	1188.7	1945.2	440.5	916.2	2414.0	618.1	1343.2	1832.3
烧酒	283.1	902.0	1438.5	258.3	386.8	702.9	248.3	780.6	1466.7
纸烟	381.0	624.3	751.6	200.0	328.0	528.7	328.0	476.2	484.1
棉纱	1050.2	1603.8	3033.1	883.9	1201.9	2853.7	1144.4	1441.5	3229.7
棉布	999.5	1526.8	6973.7	850.7	1499.0	1150.3	808.1	1749.8	5550.2
煤	238.3	354.9	857.1	202.9	241.7	1099.8	153.5	186.1	972.2
火柴	500.5	756.1	1104.2	592.8	937.2	1241.6	670.9	1040.1	1708.3

资料来源：东北财经委员会调查统计处编：《伪满时期东北经济统计》，东北财经委员会调查统计处1949年印行，第308页。

在通货膨胀、物价上涨的大背景下,东北人民生活水平日益贫困化。伪满政府对粮食等主要生活资料实行严格的配给制度。1943 年对中国人一般乙种配给量是成人每月 9 公斤(新京),规定虽是如此,实际配售量大大低于这个数量。鞍山一般乙种配售量是成人每月 6 公斤,奉天只有 4—5 公斤。越到后期,配售数量越少,粮食质量也更低,而且经常中断。广大群众忍饥挨饿,只有少数富裕者才有可能从黑市上购买一点粮食。

不仅如此,在各个行业中,中日工人工资待遇大不相同,相差甚远。表 7-14 是 1940 年东北境内的中日工人工资比较,可见中国工人工资往往被压得很低,按工人每工时实得工资平均数计算,1940 年中国工人工资只有日本工人工资的 1/3 左右。按照这样的收入和物价比例,工人一个月的全部工资也只能买一二十斤普通的粗粮。

表 7-14　东北境内的中日工人工资比较(1940 年)(单位:元)

项目 行业	中国工人	日本工人	项目 行业	中国工人	日本工人
总平均	0.12	0.34	制材业	0.14	0.42
煤气业	0.12	0.41	纺织业	0.09	0.31
金属业	0.16	0.43	食品业	0.17	0.34
机械业	0.16	0.41	印刷装订业	0.15	0.45
化学业	0.13	0.41	其他工业	0.19	0.40
窑业	0.16	0.41			

资料来源:伪满经济部编:《满洲工场统计》,伪满经济部工务司,1940 年印行。

严重的粮食不足,不仅造成人民生活水平的严重下降,疾病、死亡率急剧升高,而且导致许多骇人听闻的惨剧。据资料显示,“龙江省”泰来县大五家子警察署管内 101 户,5 月特配粮食已经用尽，村民以野草之花“黄花”充饥，因而村民中营养不良、全身浮肿、呈现中毒状态者很多。“三江省”鹤立县有300人因无粮自杀。佳木斯市内住民全以豆腐渣、糠、草根等充饥。

人民为了生存，同伪满政府展开了夺粮斗争。仅1943年上半年，要求开仓放粮，配给民食的请愿活动已达45件，其中以北安、奉天、通化最多，其次是四平、东安、龙江、锦州等。① 警察署一方面实施镇压；另一方面对策是配给土豆及其他代用食品，同时实行疏散城市流动人口，对重要劳动者及官吏实行重点配给，对一般市民实行限制配给。所以，民食不足的现象相当普遍。

二、伪“蒙疆”地区的商业流通和市场

伪“蒙疆”地区位于察哈尔、绥远二省和山西省北部，包括乌兰察布盟、巴彦塔拉盟、土默特旗、锡林郭勒盟、察哈尔盟和张家口市、厚和豪特市（今呼和浩特市）、包头市以及晋北部分县，面积50多万平方公里，人口565万人，其中80%是汉族。

“七七事变”之前，该地区与外界的贸易主要有5条通道。通过京包线（对华北交易）和同蒲线（对山西交易）进行，以张家口为中心，进行沿线各城市与津京之间的贸易，输出粮食、皮毛，输入日常生活用品。通过黄河水路的西北贸易渠道，以包头和厚和为中心。对伪“满洲国”贸易的多伦—承德—赤峰渠道，主要输出家畜、蒙盐，输入砂糖、烟草、砖茶、日本酒等。该渠道主要被大蒙公司、三井物产所垄断。山西贸易的大同—太原渠道，主要是在晋北

① 警务总局编：《经济情报》，1943年12月。

地区与山西省之间进行,输出品主要是棉布,输入品是山西产烟草。[①] “七七事变”之后,由于治安恶化和物资统制等因素,“蒙疆”地区与外界的贸易受到较大影响,境内商业流通也趋于衰退。

日本对伪“蒙疆”地区的占领政策非常明确,即输出战略资源,输入日本工业品。为了有效地控制资源,日伪在伪“蒙疆”地区通过三菱、三井、大仓等来垄断和控制各大城镇商业的发展,同时通过“组合”制度控制各类物资流通。1938 年,日本三井、大仓两财阀与伪“蒙疆”政府集资 20 万元,设立出口公司,统制平绥沿线的驼羊毛、皮革、蛋粉、油脂等产品的销售。1939 年 9 月底,日伪成立“蒙疆商业株式会社”,资本 1000 万元,由伪“蒙疆联合自治政府”及“华北开发会社”各出一半,专销日本货,从而使内蒙古市场成了日本商品的天下。

统制伪“蒙疆”地区商业流通的最大组织是“蒙疆公司”和“大蒙公司”。蒙疆公司为日本统制伪“蒙疆”经济及经营一切商业之主要机关,1938 年 8 月成立,总部设张家口,其负责人为常务董事渡边侔等。大同、归绥等地均设有支店,业务共分四部:烟土部、皮毛部、杂粮部、铜货部。抗日战争前各店积存的皮、毛货物,一半由日人估价收买,一半限定伪“蒙疆”境内销售,不准华商收买新货,各地皮毛商因此纷纷倒闭。“蒙疆公司”收购的杂粮存储于平津两地,以备日军军需或转运日本国内。所有铜货不准自由运销,只限于“蒙疆公司”收购。“大蒙公司”经营日本及伪“满洲国”的砂糖、煤油、酒类、杂货、烟草、纺织物等,向伪“蒙疆”输入,并经营平绥沿线食粮、盐、皮类、牲口等输出。1937 年营业总额达 229.3 万元,资本 150 万元。总部初设长春,后移至张家口,支店分设沈阳、

① [日]兵库县兴亚经济协会编:《跃进蒙疆的产业与贸易》,兵库县兴亚经济协会 1943 年印行,第 66 页。

归绥、包头、大同等地，经营输出入贸易。从日本及伪“满洲国”购买砂糖、煤油、酒类、杂货、烟草、纺织物等向伪“蒙疆”输入；输出平绥沿线的食粮、蒙盐、皮类、牲口等。①

各类重要商品的生产、流通、消费等整个领域均被日伪统制。例如，粮食是最重要的战略物资，按照 1939 年颁布的《贸易统制法》，伪“蒙疆政府”对粮食运输采取“许可制”，对经营粮食输出入同业者进行严格登记管理。1940 年 3 月 7 日，指定“察南谷类联合会”“厚和粮货栈公会”“巴盟各县粮食同业公会”“三井物产株式会社”“三菱商事株式会社”“正华洋行”“永和洋行”“大蒙公司”“蒙疆公司”“兼松洋行”“大兴贸易株式会社”为政府指定的杂粮输出同业者。② 12 月 1 日，又颁布《粮食管理令》，不仅对粮食输出入实行统制，同时对粮食的收购、转让、买卖以及粮食的价格、加工、消费等各个环节均实行了“许可制”。农民除政府所指定的收购同业者不得向他人转让或推销粮食，指定收购同业者把从农民手里收购的粮食必须转交给获输出粮食的权力的专人或同业者。

在粮食加工方面，伪“蒙疆政府”也实行“许可制”。日本从 1938 年至 1941 年先后投资设立了“包头面粉股份有限公司”“厚和制粉股份有限公司”“大同制粉工厂”“瑞丰面粉无限公司”“日蒙制粉股份有限公司”“益丰制粉股份有限公司”等 6 家大型粮食加工贩卖厂家，依靠特有的权力和雄厚的资本，垄断了该地区粮食加工行业，严重打击了当地民族面粉工业的发展。③ 在粮食价格

① 中国抗日战争史学会、中国人民抗日战争纪念馆编：《日本对华北经济的掠夺和统制》，北京出版社 1995 年版，第 1024 页。

② ［日］福岛义澄编：《蒙疆年鉴》，蒙疆新闻社 1941 年版，第 101 页。

③ 呼和浩特市政协文史和学习委员会编：《归绥地区抗日斗争通志》，内蒙古人民出版社 2015 年版，第 70 页。

方面实行了"公定价格制度",以统一的物价制度对伪"蒙疆"地区的物价进行了统制。粮食公定价格和配给标准价格都很低,上涨幅度也很小。而对民需粮食则以低价收购,高价出售,残酷掠夺人民财富。消费方面实行"粮食配给"制度,配给对象分"特需、准特需、民需"等次,当然首先确保其特需、准特需。至于"民需",则竭力限制民间消费。

由于日伪对主要商品流通的统制和大规模的掠夺,使得当地民族工商业纷纷倒闭,商业日渐衰落。张家口是伪"蒙疆"地区最大商业城市,原来有 600 多家毛皮商店,"七七事变"后就有 300 多家商店关了门。皮革业由原来的 600 多人到日本投降前夕减少到 200 多人,皮裘业由 2000 多人剩下 500 多人,粗业由 400 多人剩下 100 余人。素有"皮都"之称,长盛不衰的张家口皮毛业,经日本 14 年的掠夺,变得萧条冷落,一蹶不振。① 西北贸易重镇包头被日本占领之后,西北贸易基本中断,原有各种工商业 1000 多户,"七七事变"后就只剩下 500 多户,市面极其萧条。②

晋北的大同在日军占领前行商非常活跃,经商者多达 1500 余户,主要经营牲畜、煤炭、粮食、杂货等。大多从事批发行业,从绥远、包头等地贩运杂货、皮毛等到大同销售或者发往天津、太原等地,然后再从大同的农村地区收购特产、药材、粮食、农副产品等运到口外销售。③ 日军占领大同后,实行经济封锁,垄断物资流通,斩断了行商的命脉,昔日的大商号纷纷倒闭。日军还对商铺进行

① 中国人民政治协商会议河北省张家口市委员会文史资料研究委员会编:《张家口文史资料》第 4—5 辑,纪念张家口解放专辑,1986 年版,第 296 页。

② [日]福岛义澄编:《蒙疆年鉴》,蒙疆新闻社 1941 年版,第 140 页。

③ 大同市地方志编纂委员会编:《大同市志》,中华书局 2000 年版,第 933 页。

疯狂抢夺，商铺主纷纷弃商保命。据统计，大同沦陷后残存的商铺仅有850家左右，其中杂货店近百家，米面店65家，皮货、油、盐店各30家，旧物店25家，所有这些店铺的总资本仅40余万元，商业凋敝情形可见一斑。本地商铺衰落的同时，大批日本人纷纷涌入，先后在大同开设了300多家商店，经营范围涉及所有行业，几乎垄断了大同市场。当时的大同街道两旁，日本招牌比比皆是，很多中国商店都竞相模仿日本式样改换招牌。1936年，大同的摊贩有1560户2100多人。日军占领后，只剩下一些小吃摊、估衣摊、破烂摊、纸烟摊维持经营，到1940年，日军加紧物资统制后，这些摊贩也逐渐衰落。①

绥远的商都县，由于是蒙汉农、牧区的交通枢纽和农牧产品集散地，行商客旅往来不断，促使县城的手工作坊和商业得到快速发展，至1935年，城里居民已达1602户，其中工商户居民约占70%，有名的工商字号共有317家。1936年，商都县被日军占领，日本在商都县设有“三菱、“三井”、“大蒙”、蒙疆“土药组合”等大公司、大洋行的办事机构，大量高价倾销人民不需要的日货，低价收购地方农牧产品，如粮食、油皮毛等，可以说当时的农牧产品都有这几家公司垄断收购，全镇200多家私人商户也被伪“蒙疆政府”控制，商店塞满日货，一些较大的资本家贿赂伪“蒙疆政府”，倚仗职权，横征暴敛，排挤中小商户，形成“大鱼吃小鱼”的局面。群众以私价买货，以官价卖货，差距有二三倍。有一个时期，农民卖一石小麦只能买到一个土布或一斤红糖，一斗莜麦买一块水烟。日本入侵之后，一方面那些有实力的商家逃亡；另一方面由于被剥削

① 大同市地方志编纂委员会编：《大同市志》，中华书局2000年版，第625页。

商业贸易不景气,破产日益增加。①

1933年5月,日伪军占领多伦县,奉关东军之命,天津大仓洋行派人在多伦县成立“大蒙公司”。伪“蒙疆联合自治政府”成立后,规定伪“蒙疆”地区各种牲畜和畜产品都必须由日本“三井”“三菱”“大蒙”等公司经营,其他商人不得经营。“大蒙公司”在多伦县成立之前,多伦县的牲畜和皮毛统归“皇军供给部”经营,“大蒙公司”成立后,在锡林郭勒盟多个旗县设立分支机构,对旅蒙商垄断货源,控制价格。随后实行颁发商业许可证的方法,限制经营。有些商户倒闭,有的勉为支撑,有的被其雇佣逐渐变为买办性质。被日军占领前,多伦县市场商品,一部分来自张家口,大批京货则由北京、丰台经古北口进入。多伦县被日军占领后,两条商路阻断。输入货物大部分是由锦州而来的日本舶来品,主要是砂糖、煤油、杂货、纺织品等。然后销往内蒙古中西部,多伦县成为日本对西蒙商业活动的中心。日伪统治多伦县时期,按同行业的商号成立“组合”,商品的收购、运输、加工、销售统由“组合”统一指挥,受日本或“蒙疆”的公司控制。多伦县当时有消费组合、棉布组合、碱业组合、盐业组合、百货组合、牲畜组合等。对城镇居民生活必需品曾实行“配给”供应的办法,按民户人口和富裕程度核定布匹、食油、白面、火柴、食糖、煤油、食盐等物品的供应标准,填发配给票,凭票购买。此外,实行鸦片组合,公开收购和贩运鸦片。1936年日本人除在多伦县开设15家麻醉剂贩卖店铺外,还在多伦县建立制造“吗啡”和“海洛因”的工厂。鸦片公开销售、吸食,致使多伦城乡吸烟馆遍布。时价每两海洛因在多伦县城为37美

① 赵忠东、李有轨、王培:《日寇统治下的商都县城关镇》,中国人民政治协商会议内蒙古自治区乌兰察布盟委员会文史资料研究委员会编:《乌兰察布文史资料》第5辑,1985年版,第203页。

元。日本人在多伦县城还设立名为“俱乐部”的官营赌场，设赌抽头，聚敛民财，并由日本人经营在县城内设立数家妓院兼小吃的“料理馆”。① 在日伪的政治和经济的双重压榨下，伪“蒙疆”地区民族工商业已是奄奄一息，濒临崩溃的边缘了。

第三节　关内沦陷区的商业流通和市场

商品流通必须以交通运输业的发展为前提，尤其是大宗商品的流转主要依靠轮船、铁路和公路运输。据统计，抗日战争爆发前夕，在轮船、铁路、汽车三种运输工具中，铁路占总量的75%，轮船占总量的24%，汽车运量较小。② 根据海关埠际贸易报告统计，并结合全国物价指数，抗日战争爆发以后中国商品流通总量呈现下降态势。从国内埠际贸易商品流向来看，由于受到上海“孤岛”贸易影响，外国输入品主要集中在上海一港，棉布、棉纱、面粉、纸烟等机制品基本上是从上海转运到内地各埠，而烟叶、桐油、煤炭、猪鬃等原料品主要从内地各埠转运到上海。华北沦陷区铁路装运货物以矿产品和农产品为主，也反映了日本对沦陷区的物资掠夺情况。

一、从交通运输业发展看商品流通量的变化

（一）水上运输

水上运输可分为沿海和内河航运两部分。在整个抗日战争时

① 多伦县志编委员会编：《多伦县志》，内蒙古文化出版社2000年版，第399页。

② 国家统计局主编：《伟大的十年》，人民出版社1959年版，第131页。

期,国内沦陷区的沿海运输事业大致经历了三个阶段:第一阶段是从"八一三"上海战事到第二次世界大战爆发为止,该时期中国航运船只遭到日军的严重打击,受损严重,损失船只470余艘,载重约54万吨以上,沿海航运业呈现日商与欧美列强互相竞争局面。第二阶段是第二次世界大战爆发以后,欧洲航运势力逐渐退出,日商轮船逐渐形成独占局面。第三阶段是太平洋战争爆发以后,日商轮船大多被炸,主要航线也只能勉强维持。内河航运事业在抗战爆发后分为三个区域,华北方面统一归日本"华北交通会社"经营,小汽船全部为该公司所收买,一般民船的搭客载货也必须持有该公司的航行证。据1943年统计,华北内河航运公会所属民船约11000余艘,载重约27万吨。华中地区河道纵横,日本另立了"中华轮船公司"和"上海内河汽船公司"分别经营,对一般民船虽同样加以诸多限制,但不具备独占华中航运的能力。华南经营水运的中心是日本的广东内河运营组合,经营广州、港澳、海口、汕头等线路。①

沦陷区港口随着战事的推进而不断向南扩大。1937年年底,秦皇岛、天津、青岛、芜湖、南京、镇江、上海、苏州、杭州均告陷落,1938年2月,龙口、烟台沦陷,5月威海卫、厦门,8月九江,11月广州、三水、汉口、岳州,1939年3月琼州,4月江门,7月汕头,1940年6月至7月宜昌、沙市,相继沦陷。由此可以看出,截至1940年年底,除西南地区少数港口之外,中国沿海沿江大部分重要港口已先后落入日军之手。

表7-15是1936年至1943年海关土货埠际转口贸易货值统计。单纯从数据来看,无论是进口、出口和总值均呈现先下降后上

① 郑伯彬:《日本侵占区之经济》,国民党政府资源委员会经济研究室1947年印行,第238—246页。

升的一个过程。由于受到战争的影响，1938 年和 1939 年两年土货埠际转口贸易值出现下降，战局稍见稳定之后，埠际转口贸易又趋活跃，1940 年以后贸易总值大幅增加。但是，该时期的贸易值统计数据的增加明显受到物价上扬因素的影响，参考全国物价指数，事实上在 1937 年之后，中国土货埠际转口贸易值是不断下降的过程。

表 7-15　海关土货埠际转口贸易货值统计（1936—1943 年）

（单位：百万元）

项目 年份	进口	出口	总值	全国物价指数
1936	11186	11019	22205	—
1937	11794	11627	23421	100（1—7 月）
1938	8384	7753	16137	131
1939	7176	8107	15283	220
1940	11187	14948	26135	513
1941	10954	15897	26851	1296
1942	14489	14902	29391	3900
1943	2660 联准券 15945 中储券	2733 联准券 15973 中储券	5393 联准券 31918 中储券	12541

资料来源：历年海关贸易统计。

表 7-16 随机抽选了 1937 年和 1940 年两年主要商品埠际输出量值的统计情况。例如，米谷 1937 年输出量 836. 8 万担，输出值 8106. 4 万元，单价 9. 7 元，1940 年输出量 4. 0 万担，输出值 141. 9 万元，单价 35. 5 元，米谷的输出量大幅下降，而单价却大幅上升，其他各类商品的情况也基本类似。商品输出量的下降直接证明了埠际贸易的萎缩，而商品单价的上升则反映了物价的上涨。所以，从 1937 年至 1943 年中国土货埠际转口贸易是明显衰退的，

而贸易值的增加是由于受到物价上涨的作用。

表 7-16 主要商品埠际输出量值统计(1937 年、1940 年)

项目/商品	1937 年			1940 年		
	万公担	万元	单价(元)	万公担	万元	单价(元)
米谷	836.8	8106.4	9.7	4.0	141.9	35.5
小麦	136.0	1145.2	8.4	10.2	473.3	46.4
黄豆	63.5	662.9	10.4	60.1	2103.6	35.0
棉花	83.4	6282.7	75.3	15.2	2499.0	164.4
棉纱	110.6	13509.1	122.1	60.3	30846.0	511.5
土布	4.3	589.8	137.2	2.8	1273.4	454.8
斜纹布	29.0	4531.7	156.3	9.3	5102.8	548.7
糖	171.1	3360.4	19.6	15.8	608.4	38.5
烟叶	41.4	2179.5	52.6	16.5	3235.1	196.1
煤	12.1	29.7	2.5	2.9	14.0	4.8

资料来源:郑有揆、韩启桐编:《中国埠际贸易统计 1936—1940》,1951 年印行,第 34—42 页。

由于受到战争影响,国内交通和市场网络逐步被切断,城市间贸易格局发生了较大变化,大致有以下几个特点。

1. 埠际转口贸易联系总量减少。受到战争影响,国内各个港口贸易联系受到较大冲击,城市间贸易联系数量由 1936 年的 332 条,减少到 1937 年的 308 条,1938 年的 249 条,1940 年的 60 条,这意味着在 1940 年只有 30 对城市发生埠际贸易联系(特指经海关部分),如去除与枢纽城市发生关系的"一对多"贸易类型则更少。①

2. 华北地区较早沦陷,日伪势力相对比较稳固。区域内六埠

① 王哲:《晚清民国埠际贸易的网络体系(1885—1940)》,《史学月刊》2010 年第 9 期。

秦皇岛、天津、龙口、烟台、威海卫、胶州之间的埠际贸易比较频繁。据统计数据显示，1937年，华北六埠间的贸易值2845.1万元，占全国贸易总值的17.1%，1940年，贸易值上升至10533.5万元，占全国贸易总值的26.8%[①]，不管是贸易值和贸易值所占比重均有较大增加，说明抗战期间华北六埠间的贸易关系日趋紧密。

3. 由于日军对长江沿线和东南沿海的封锁，汉口以下长江水运完全由日清汽船公司及大连汽船公司平分秋色，外商轮船不容许染指。同1936年和1937年相比，1940年华中、华南沦陷区内绝大多数城市的埠际贸易值是急剧下降的，特别是长江沿岸的城市，汉口、南京、镇江、芜湖、苏州、杭州的转口贸易值几乎为零，东南沿海的广州、厦门、汕头、南宁、琼州、龙州的转口贸易值也急剧萎缩。

4. 华中沦陷区的贸易总额仅从统计数据上看是上升的，但是，华中沦陷区的埠际贸易额主要集中在上海一港。据统计，1936年上海港埠际贸易量占华中16港埠际贸易总量的52%，1937年占49%，基本持平，1938年上升至63%，1939年为81%，1940年更是猛增至89%。这主要是受到抗战期间上海“孤岛”贸易影响。

（二）铁路运输

抗日战争全面爆发以前，中国原有铁路干支线共计11100余公里（东四省除外），截至1941年已沦陷达7500余公里，约占总里程67%强。其中，华北为5400余公里，华中约1800余公里，华南约300余公里。[②] 华北的铁路设施，国民党军队在撤退时未及时

① 郑有揆、韩启桐编：《中国埠际贸易统计1936—1940》，中国科学院1951年印行，第4—23页表6。

② 国民党中央调查统计局特种经济调查处编：《第五年之倭寇经济侵略》，1943年印行，第98页。

表 7-17　华北沦陷区铁路货运量及分类运输统计(1938—1944 年)

(单位:千吨)

项目 年份	货运量	矿产类				林产类	农产类	畜产类	其他	工业类及其他	合计
		煤炭	铁矿石	其他	合计						
1938	21883	7601	116	1525	9242	267	1994	143	160	2147	13953
1939	30226	10747	279	971	11997	478	2260	209	258	2260	17462
1940	35773	13826	449	1788	16063	687	2216	256	574	2771	22567
1941	38779	17042	653	1808	19503	820	2075	226	465	2846	25935
1942	40643	18377	1044	1669	21090	1149	1919	172	714	3023	28067
1943	39022	15786	1114	1535	18435	1175	2132	172	958	3540	26412
1944	34326	11561	1009	1804	14374	916	1518	127	621	3017	20573

资料来源:郑会欣编:《战前及沦陷期间华北经济调查》,天津古籍出版社 2010 年版,第 436 页。

破坏，连同机车设备俱落入日军之手，而华中和华南铁路在后撤时均进行过有意识的破坏。到1940年日军基本上修复了这些铁路，并且陆续增筑了一些铁路，不过新筑铁路除了海南岛环海线、蚌埠水家湖线之外，全部集中在华北。

华北沦陷区所有铁路均由“华北交通会社”统制经营，由于该地区日军势力较强，铁路线路密布，破坏程度较小，因此交通运输状况比较良好。表7-17是华北沦陷区铁路货运量及分类运输统计表，据统计1938年“华北交通会社”的货运量为2188.3万吨，随后几年货运量稳步上升，1942年达到4064.3万吨，货运量几近翻倍，直到1944年货运量才略有下降。从运送物资来看，该地区运送的主要是煤炭、铁矿石、农林畜产品等战略物资，尤其是矿物类占到运输总量的70%左右，这与日本在中国加紧掠夺各项资源有着密切相关。

华中苏浙皖三省沦陷铁路运输均由“华中铁道会社”经营，但是该地区局势并不稳定，运输业务不如华北发达。截止到1940年，其运力还没有恢复到战前水平。表7-18是华中沦陷区铁路货运量统计表，据统计1939年华中沦陷区各铁路每月货物运输量平均约15万吨，1940年约为16.2万吨，不及战前运力的80%。[①] 1941年7月，江南四线的民用货物运输量29万多吨，江北二线16万多吨，共计45万多吨，比6月微增2000吨，比2月增加7万多吨，但比去年12月又少6万多吨。究其增减原因，虽不无季节关系，也可见营业上无显著变化。

① 郑伯彬：《日本侵占区之经济》，国民党政府资源委员会经济研究室1947年印行，第229页。

表 7-18　华中沦陷区铁路货运量统计表(1940 年 2 月—1941 年 7 月)

(单位:千吨)

<table>
<tr><th>项目
年月</th><th>京沪铁路</th><th>沪杭铁路</th><th>苏嘉铁路</th><th>江南铁路</th><th>淮南铁路</th><th>津浦铁路南段</th><th>合计</th></tr>
<tr><td>1940 年 2 月</td><td>151</td><td>20</td><td>1</td><td>10</td><td>7</td><td>37</td><td>226</td></tr>
<tr><td>1940 年 3 月</td><td>171</td><td>40</td><td>1</td><td>17</td><td>15</td><td>77</td><td>321</td></tr>
<tr><td>1940 年 4 月</td><td>193</td><td>49</td><td>1</td><td>19</td><td>55</td><td>86</td><td>403</td></tr>
<tr><td>1940 年 12 月</td><td>—</td><td colspan="5">—</td><td>518</td></tr>
<tr><td>1941 年 1 月</td><td colspan="4">241</td><td colspan="2">171</td><td>412</td></tr>
<tr><td>1941 年 2 月</td><td colspan="4">229</td><td colspan="2">152</td><td>381</td></tr>
<tr><td>1941 年 6 月</td><td>—</td><td colspan="5">456</td><td>456</td></tr>
<tr><td>1941 年 7 月</td><td>292</td><td colspan="5">166</td><td>458</td></tr>
</table>

资料来源:中央调查统计局特种经济调查处编:《四年之倭寇经济侵略》,1941 年印行,第 217 页;《第五年之倭寇经济侵略》,1943 年印行,第 110 页。

湘鄂赣沦陷区铁路,如平汉线南段,粤汉线北段及南浔线等,仍由“华中军铁道部”管辖,华南铁路由“华南军铁道部”管辖,这些区域均因军运繁忙,并且战事颇多,列车时常中断,所以客货运输量较少。

(三)公路运输

抗日战争全面爆发之前,全国公路总长约 114200 公里,沦陷区公路占总长的 40%以上。国民党军队在后撤时破坏不多,华北的公路不仅路面未加破坏,连车辆也未作有效撤退,武汉地区公路均遭破坏。为便于物资掠夺,日军在沦陷区内修复了一些受损公路,又新筑了一些公路,但大部分集中在华北,华中沦陷区所筑公路里程极短,且多为县镇间联络线路,除了便于军队调动,几无任何作用。①

① 郑伯彬著:《日本侵占区之经济》,国民党政府资源委员会经济研究室 1947 年印行,第 230—237 页。

华北公路交通也归“华北交通会社”统制经营，由于该地区日军控制稳固，公路运输量有显著进步，客货运输都比较繁盛。表7-19是华北沦陷区公路货运统计表，据统计1940年5月华北沦陷区公路营业里程共有10710公里，1942年6月已增至14000公里，路线共计190余条。① 1940年货运量为117410吨，1942年为337590吨，1943年猛增到409803吨，到1944年已经增加到394000吨，货运量的增加比较明显。

表7-19　华北沦陷区公路货运统计（1940—1944年）

（单位：吨）

年份	1940	1941	1942	1943	1944
货运量	117410	229439	337590	409803	394000

资料来源：郑会欣编：《战前及沦陷期间华北经济调查》，天津古籍出版社2010年版，第459页。

华中苏浙皖沦陷区公路，都市的公共汽车运输归“华中都市公共汽车公司”经营。长途公路运输由“华中铁道会社”管辖，武汉方面公路运输由“武汉交通会社”办理。因华中地区河川非常发达，货物大多通过水运，公路运输主要仅有少数客运。1941年，由于日伪多次发动大规模“清乡”围剿，商旅往来更加稀少，又由于汽油统制、军运繁忙等因素影响，公路货物运输业务较少。

华南地区公路由“福大公司”支配，因军运繁忙，并且战事频繁，客货运输也不多。

（四）邮政运输

邮政业务的发展也从一个侧面反映出商品的流转及变化趋

① 国民党中央调查统计局特种经济调查处编：《第五年之倭寇经济侵略》，1943年印行，第109页。

势。除交寄一般函件之外,收寄包裹是与商品流转紧密相关的邮政业务,特别是因为种种原因,商品发货遇到困难时,商人们会较多采用邮政包裹的形式交寄货物。表7-20是华北沦陷区邮政业务营业概况,从交寄包裹数量来看,1937年为253万件,1938年因战争影响急剧下跌至97万件,1939年战事稍趋于缓和,交寄包裹数量回复至157万件,随后几年稳步上升,到1942年增加到229万件,达到最高峰,1943年之后又开始逐年下降,交寄包裹数量变化与华北沦陷区战局变化和经济发展基本吻合。

表7-20 华北沦陷区邮政业务营业概况(1937—1945年)

(单位:万件)

项目 年份	交寄函件件数				包裹件数
	普通	特殊	航空	总计	
1937	17579	778	—	18357	253
1938	7541	351	—	7892	97
1939	11948	552	154	12654	157
1940	17979	817	180	18976	180
1941	17238	877	229	18344	179
1942	17529	1010	33	18572	229
1943	19949	684	17	20650	177
1944	16446	1097	9	17552	97
1945	7071	536	4	7611	35

注:1. 华北沦陷区包括北平、河北、山东、河南、山西的统计数据,但山西、河南两区管理局成立于1940年,故1937—1939年不包括该两地数据。2. 1937—1938年因尚无航空,故邮件无统计数据。

资料来源:郑会欣编:《战前及沦陷期间华北经济调查》,天津古籍出版社2010年版,第483页。

二、商品结构和商品流向

由于受到战争影响，抗战时期沦陷区商品流通受到外来因素干扰，商品流通总量呈现下降态势，那么商品结构和商品流向又出现了哪些变化呢？根据海关对轮船运输货物的统计，据表 7-21 所示，1936 年原料品在货运总值中占 30%，随后比重一路下滑，1937 年为 28%，1939 年下滑至 18%，1940 年更跌至 17%，显然像粮食、矿产等原料品直接被日军统制和掠夺，并没有进入流通领域。半制成品在几年内升降幅度不大，大致保持在 30%以上。然而制成品所占比重却大幅上升，1936 年占货运总值的 38%，1939 年上升至 51%，1940 年也占到 49%，制成品所占比重的大幅上升反映了日本向中国各地商品倾销的力度在不断加强。

表 7-21　轮船运输货物结构统计表（1936—1940 年）

（单位：百万元）

产品＼年份	1936	1937	1938	1939	1940
原料品	272（30%）	260（28%）	158（25%）	123（18%）	218（17%）
半制成品	297（32%）	309（34%）	220（34%）	216（31%）	419（33%）
制成品	342（38%）	347（38%）	266（41%）	353（51%）	625（49%）
总计	911（100%）	916（100%）	644（100%）	692（100%）	122（100%）

资料来源：郑有揆、韩启桐编：《中国埠际贸易统计 1936—1940》，中国科学院 1951 年印行，第 34—42 页。

表 7-22 是 1940 年国内埠际贸易主要商品统计表，从当年全国埠际贸易统计来看，制成品占 49%，半制成品占 33%，原材料占 17%。埠际贸易中排名前 20 位的商品分别是棉布、棉纱、面粉、纸烟、烟叶、纸张、棉花、日用织制品、煤炭、黄豆、猪鬃、花生仁、各类

茶叶、果实、豆饼、药材、桐油、糖、小麦、粮食,上述20类商品占全国埠际贸易总值的76.7%。其中棉布基本上是机制品,土布仅2.8万公担,价值仅占3%,棉纱全部都是机制品,再加上纸烟、面粉、日用织制品、煤四项工业品,占上述20种商品值的62.2%。另外,1936年桐油在国内埠际主要商品中位居第三,粮食位居第四,因受粮食统制影响,1940年流通量均大幅下降。国内埠际贸易商品流向来看,由于受到上海"孤岛"贸易影响,外国输入品主要集中在上海一港,棉布、棉纱、面粉、纸烟等机制品基本上是从上海转运到内地各埠,而烟叶、桐油、煤炭、猪鬃等原料品主要从内地各埠转运到上海。

表7-22 国内埠际贸易主要商品统计(1940年)

货品 \ 项目		货量(公担)	货值(万元)	价值占比(%)	主要输出商埠	主要输入商埠
1	棉布	694410	41017	27.4	上海	雷州、九龙、蒙自
2	棉纱	602866	30846	20.6	上海	雷州、蒙自
3	面粉	1735319	10440	7.0	上海	天津
4	纸烟	9196339	6142	4.1	上海、青岛	九龙
5	烟叶	164854	3235	2.2	重庆	上海
6	纸张	—	2530	1.7	宁波、上海	上海、青岛、天津
7	棉花	151701	2499	1.7	上海、沙市、宁波	重庆
8	日用织制品	—	2404	1.6	上海	上海、青岛、九龙、雷州
9	煤炭	1645725	2204	1.5	秦皇岛	上海

续表

货品＼项目		货量（公担）	货值（万元）	价值占比（%）	主要输出商埠	主要输入商埠
10	黄豆	600652	2104	1.4	上海、青岛	上海、拱北
11	猪鬃	770240	2077	1.3	天津	上海
12	花生仁	357805	1621	1.0	青岛、上海、天津	上海、拱北
13	各类茶叶	170942	1522	1.0	上海、青岛	九龙
14	果实	—	1485	1.0	青岛、天津	上海、拱北
15	豆饼	378531	1317	0.9	上海	汕头、厦门
16	药材	—	1267	0.8	上海、宁波	上海、宜昌
17	桐油	79091	779	0.5	万县、天津	重庆、上海
18	糖	157731	608	0.4	雷州、琼州	上海
19	小麦	101578	473	0.3	上海	青岛
20	粮食	40257	142	0.1	上海	天津、汕头
合计		—	114712	76.7	—	—
贸易总额		—	149476	100	—	—

资料来源：郑有揆、韩启桐编：《中国埠际贸易统计1936—1940》，中国科学院1951年印行，整理而成。

华北沦陷区铁路装运货物大半为矿产，表7-23是华北沦陷区铁路运输本国产品结构，从1938年至1944年统计数据来看基本上占到货运总量的70%左右，其中矿产类中以煤炭占最多数，铁矿石次之。林产类和蓄产类所占比重较少，变化也不大，林产主要是从伪“满洲国”输入的木材。农产类的运量整体呈现下降趋势，1938年农产类占货运总量的14%，随后逐年下降，到1944年下跌至7%。

表 7-23　华北沦陷区铁路运输本国产品结构(1938—1944 年)

(单位:%)

年份\类别	矿产类	林产类	农产类	畜产类	其他	工业类及其他	总量
1938	66	2	14	1	1	16*	13953
1939	69	3	13	1	1	13	17462
1940	71	3	10	1	3	12	22567
1941	75	3	8	1	2	11	25935
1942	75	4	7	1	3	11	28067
1943	70	4	8	1	4	13	26412
1944	70	4	7	1	3	15	20573

* 原表数据为 15,此处为订正数。

资料来源:郑会欣编:《战前及沦陷期间华北经济调查》,天津古籍出版社 2010 年版,第 436 页。

从商品流向上来看,华北地区由内地运出者,多棉麦等农产,运往内地者则以棉纱及其他日货日用品为主。华中地区由汉口运往上海较多的是米、麦等粮食及药材、烟叶、废纸等,由上海运往汉口者以汽油、煤、其他军用品及日货为多。华南地区由农村运往广州的大多是水果、粮食、废铜钱,从广州运往周边农村的货物以煤油、棉布、日用品及其他敌货为主。

另外,非常值得关注的是,占埠际贸易前 20 位的商品大都以上海为最主要的输出或输入港口。据《中国埠际贸易统计》显示,1936 年上海港埠际贸易量占全国埠际贸易总量的 75%,1937 年为 72%,1940 年上升至 88%。这充分反映了上海作为全国工业和贸易中心所具有的重要地位。

第四节　商业与城乡市场的破坏和损失

上海是近代中国最大的商业和金融中心,从 1937 年 11 月上海沦陷至1941年12月太平洋战争爆发被称为“孤岛”时期。大量人员和资金涌入上海，催生了商业和金融业的虚假繁荣。人们开始疯狂地投机囤积，形成了“工不如商，商不如囤”的局面，引起物价狂涨，造成整个市场的混乱。上海租界的“孤岛”经济出现了一个畸形的黄金时代。1941年12月随着日军进入租界，加强商业统制和物资掠夺，“孤岛”繁荣彻底消失。中国其他的各个城市，在抗战初期由于日军的野蛮轰炸和掠夺，商业和贸易受损严重，随着日本资本和商品的大量涌入，大多出现了日货商业异常繁荣的现象。到了抗战末期，随着日军军事节节溃败，各地商业又重新衰落下去。日伪在中国占领区的主要城镇和广大农村，主要采用贸易封锁和商业垄断措施，独占商业与贸易市场，加紧了对各类物资的掠夺，给各地商业发展和人民生活带来了严重的灾难。

一、城市商业的畸形发展

（一）上海租界内商业的虚假繁荣

1937年8月13日，日军进攻上海，11月11日，除租界以外的上海市区全部沦陷，遭受日军重点进攻的闸北、虹口、杨树浦、南市最为凄惨，闸北地区几乎全部，虹口、杨树浦地区70%，南市地区30%的华商企业遭到严重损失，大批商店毁于战火，幸存者逃离战区，沦陷区人烟稀少、市面萧条，摊贩几近绝迹。而上海的公共租界和法租界，由于当时日本还未对英美等国宣战，仍能维持原状，这两块地方便像“孤岛”一样浮在日军占领区之中，此后至1941年太平洋战争爆发的4年多时间称为“孤岛”时期。

日军基于政治和经济上的考虑，未敢贸然进驻上海两租界，上海租界保持了相对安定的政治环境和社会环境。该时期大量周边难民涌入租界避难，投资者也把租界作为理想的投资和生活场所，租界内工厂和人口激增。据统计 1937 年年底租界开工的工厂仅 442 家,工人 2.7 万人,到 1938 年年底开工的工厂达 4707 家,工人达 23.7 万人;1939 年又净增工厂 1010 家,1940 年增加 236 家。太平洋战争爆发以前上海两租界人口不到 170 万人,其中公共租界人口约 122 万人,法租界约 48 万人。到 1938 年下半年,两租界居留的人口约 400 万人,而到 1940 年年初两租界人口最多时超过 500 万人。[①] 人口的剧增有力地刺激了市场需求,又为租界工业提供了充足的廉价劳动力,各地富户豪绅和外籍人士携款汇集于租界,促进了上海商业的发展。到 1940 年前后,上海租界的"孤岛"经济出现了一个畸形的黄金时代。

上海商业的繁荣首先体现在百货商业的大发展上。1938 年至 1940 年间上海市新设的民族工厂和商店共 1608 家,其中百货商店即占 500 余家,至 1939 年,上海百货行业共有 1000 余家,较抗战爆发前增加 1 倍左右。由原来集中在广东路、南京路、金陵路外,扩展到淮海中路、西藏路、静安寺路(今南京西路)、同孚路(今石门路)一带。当时,上海大小百货商店"从早到晚,顾客盈门,人如潮涌",上海四大百货公司的营业额每年均有较大增长,如永安公司 1941 年的营业额比 1938 年增长了 5 倍半,利润比 1938 年增长了 11 倍以上。[②] 棉布商业也不断发展,太平洋战争前上海棉布商业达 2700 多家,其中批发字号约近 2000 家,比战前增加约 1000 多户。[③] 面粉商业同样出现了畸形繁荣,产品供不应求。各厂所

---

① 刘惠吾主编:《上海近代史》(下),华东师范大学出版社 1987 年版,第 383 页。

② 上海百货公司等编著:《上海近代百货商业史》,上海社会科学院出版社 1988 年版,第 116 页。

③ 上海市工商行政管理局、上海市纺织品公司棉布商业史料组编:《上海市棉布商业》,中华书局 1979 年版,第 269 页。

需原料除向苏北产区购运外，还向外商大量订购洋麦，1939 年至 1941 年三个合计进口洋麦 1216 万吨，其中最多的 1939 年达到 845 万吨。① 五金业务也迅速好转，上海钢铁货品太平洋战争爆发以前存底总数约 2.1 万余吨，因外汇关系价格飞涨，钢板每担之前为 13 元，现售 17 元；洋板前为 11.5 元，现售 13 元；洋元前为 11.5 元，现售 15 元；洋方前为 11.5 元，现售 13.5 元；水流工字铁前为 13.5 元，现售 17 元；三角铁前为 12 元，现售 16 元。1939 年以来，上海市各行业无不生意兴隆，获利无数，而尤以五金业为最盛。据悉五金业中仅新顺泰一家，获利达数百万元之巨，其他各号亦一、二百万不等。② 1940 年，上海市场投机囤货之风急剧蔓延。

另据统计，1938 年新设的 491 家工厂和商店中，饮食商店达 129 家，日用品商店有 85 家，衣着商店有 58 家，文化商店有 53 家，医药店有 31 家，娱乐场所有 27 家，装饰品店有 26 家，其中新设商店占到总数的一半以上。③

国内外贸易方面，1938 年 10 月广州沦陷后，全国贸易中心重回上海。1939 年上海进出口贸易总额为 11.7 亿元，较 1938 年 6.8 亿元增加 4.9 亿元，1940 年上半年又较 1939 年同期增加 5.3 亿元。④ 上海埠际贸易也曾一度受挫，但到 1938 年年初，随着交通的逐渐恢复，埠际贸易也逐步恢复并有所发展。1938 年和 1939 年上海埠际贸易额分别为 5.14 亿元和 6.73 亿元，比 1937 年的

① 上海市粮食局等编：《中国近代面粉工业史》，中华书局 1987 年版，第 152 页。

② 上海社会科学院经济研究所：《上海近代五金商业史》，上海社会科学院出版社 1990 年版，第 45 页。

③ 专心：《一年来上海各公司商号变动调查》（上），《商业月报》19 卷 2 号，1939 年 2 月 28 日，第 1 页。

④ 钱承绪：《战后上海之工商业》，中国经济研究会 1940 年版，第 2 页。

8.46亿元为少,但到1940年则有较大幅度的上升,为13.15亿元。① 据《中国埠际贸易统计》显示,1936年上海港埠际贸易量占全国埠际贸易总量的75%,1937年为72%,1940年上升至88%。可见,这一时期上海的对内外贸易也呈现繁荣景象。

与此同时,大量资金开始涌入上海,进一步催生了商业和金融业的虚假繁荣。当时上海租界内的主要投机物品为纱布、粮食和股票三项。由于国际市场对纱布需求量的增加,日军在搜求纱布,大后方也在搜求纱布,租界内各纺织厂所产纱布成为抢手货,纱布价较其他物品上涨幅度大,如以1936年为100,将棉花、棉纱和棉布上涨幅度列表如下。

表7-24　上海棉花、棉纱和棉布平均价及指数(1936—1941年)

项目 年份	棉花(担)		棉纱(包)		棉布(疋)	
	平均价(元)	指数	平均价(元)	指数	平均价(元)	指数
1936	43.1	100	220.7	100	7.5	100
1937	40.9	94.9	276.4	125.2	9.7	129.3
1938	36.6	91.9	330.6	149.8	12	160.3
1939	84.3	195.6	549.8	249.2	15.7	209.3
1940	164.1	380.1	1046	473.9	29.6	394.7
1941	214.5	560.3	1674	758.5	51.3	684

资料来源:陈真编:《中国近代工业史资料》第4辑,生活·读书·新知三联书店1957年版,第240页。

从表7-24可看出,作为原料的棉花在5年中上涨了4.6倍,棉纱上涨了6.5倍以上,棉布上涨了5.8倍以上,可见纺织品所获

① 郑友揆、韩启桐编:《中国埠际贸易统计1936—1940》,中国科学院1951年印行,第12页。

的利润是极高的。据报道,英商怡和纱厂在1938年就净获利800万元,每包纱净赚50—100元。不少商人套购棉纱后,囤积起来,等待涨价后销售。由于工商利润不断看高,股票价格也水涨船高,怡和纱厂股票战前每股最低价仅7元,到1939年5月已涨至20元以上。中华纱厂的股票由太平洋战争爆发以前的每股10元,涨到120元,上涨了110倍。① 疯狂的投机囤积,形成了“工不如商,商不如囤”的局面,引起物价狂涨,造成整个市场的混乱。

“孤岛”时期租界内银行有208家,钱庄212家,比抗日战争爆发之前银行多134家,钱庄多120家。② 银行和钱庄大量增设,反映出存款数额的急剧增加。1937年前后,上海各银行的存款数额曾大幅度下降,但到1939年上半年全市银行存款共达30亿元左右,约占全国银行存款总数50亿元的60%。③ 1939年秋上海游资为12亿元,1940年3月增至30亿元,至1940年5月底,“孤岛”游资已超过50亿元,这一数目相当于国民党政府1940年年底法币发行总量78.7亿元的2/3以上。④ 在政局动荡、物价上涨的战时背景下,投资工业风险太大,投资商业反而有利可图,于是大量游资趋向投机囤积。1940年年初,在上海30亿元的游资中,有40%的资金流入投机市场,而仅有10%的资金投资于沪西新兴工业。⑤

---

① 陈真编:《中国近代工业史资料》第4辑,生活·读书·新知三联书店1957年版,第241页。

② 中国人民银行上海市分行编:《上海钱庄史料》,上海人民出版社1960年版,第287页。

③ 冯克昌:《上海繁荣的观察》,《商业月报》1939年第19卷第5号,第1页。

④ 《大公报》1940年8月12日。

⑤ 《申报》1940年3月8日。

“孤岛”时期上海商业的繁荣和高额利润在很大程度上是依赖市场供求的失调,尤其是1939年第二次世界大战爆发以后,欧洲国家减少了对上海的输出,上海洋货行业普遍获得了暴利。但是,1941年太平洋战争爆发后,日军进入租界,立即下令疏散人口,实行恐怖统治,加强商业统制和物资掠夺,市场出现一片萧条,“孤岛”繁荣彻底消失。

(二)其他城市和集镇的兴衰

由于日本对华军事侵略和资本扩张,沦陷区城市出现了商业衰落和短暂兴旺的交替局面。从整体上来看,抗战初期由于日军的野蛮轰炸和掠夺,各城市商业和贸易严重受损,随着日本资本和商品的大量涌入,出现了日货商业异常繁荣的现象,抗战末期,随着日军军事节节溃败,各地商业又重新衰落下去,下面来看一下各地城镇商业的兴衰过程。

秦皇岛经历了军阀混战,特别是1933年1月,日军炮火进攻山海关以后,秦皇岛地区被沦陷为伪“满洲国”和伪“冀东特别行政区”,商业经济完全殖民地化。为了控制进出口贸易,日伪政客先设立了“航行组合”,使港口贸易为日军侵华服务,有的县城还辟有“日本街”,日本和朝鲜浪人开设的洋行(鸦片馆)、医院、旅馆、料理店、妓院等,比比皆是。据1936年《北宁铁路沿线经济调查报告》记载,秦皇岛铁路沿线各地中外各类商号1100多家,日、朝商人开设的各类商号控制了秦皇岛地区的商业运输、转运、渔业、木业、建筑、煤业、面粉、玻璃、百货行业,日本人还以办理出入伪“满洲国”签证名义在山海关控制旅馆、照相等服务性行业。中国商号也都大多经营日货,使日货充斥市场。到日本投降前夕,除日、朝侨商及少数中国商号外,大部分中国商号都破产倒闭。1944年至1945年,仅一年零四个月时间秦皇岛就有39家商号向商会申请歇业。秦皇岛、山海关仅有的593家中国商号也只有一半能够勉强度日。[①]

烟台在1937年日军侵占山东前夕，商号就陆续开始关闭，到1938年日军占领烟台时，大部分商号已经停止营业，有的商号改转为行商或摊商。特别是在县城、村镇的座商几乎全部关闭或转行。但是，随着日本人的大量涌入，日本商业势力发展却非常迅速，1940年日本商号在芝罘区已达60余家，并组织起“日本联合会”完全垄断了芝罘经济，又建立起各行业“组合”全面控制了芝罘的工商业，致使芝罘区的生产不振，生意萧条，税赋繁重。敌人虽然不准商号停业，但多数商号待吃老赔，不少被迫歇业。1942年芝罘区仅有商户3413家，1943年降到3333家，1944年降到3285家，到1945年只有商户3212家。黄县全县商业户数1936年2211户，1944年降至1629户。荣成县四个集镇商业户数1936年以前是438户2694人，1939年下降到396户2115人，1945年又降到321户1330人。[②]

青岛在1933年全市商业企业5514个，资本总额约19090万元，全年营业额404283.7万元。1938年1月日本占领青岛后，日商凭借特权欺凌、侵吞、排挤中国民族工商业。日伪政府实施“战时统制经济”政策，严禁物资外运，控制商品流通，民族商业经营萎缩。1939年，全市商业计107个行业，3949个企业，资本总额10992.2万元。[③]

---

① 秦皇岛市商业志编纂领导小组编:《秦皇岛市商业志》，中国标准出版社1990年版，第2页。

② 山东省烟台市商业局史志办公室编:《烟台市商业志》，1987年版，第6页。

③ 青岛市史志办公室编:《青岛市志·商业志》，五洲传播出版社2000年版，第13页。

广州在抗战初期由于国内各省客商云集广州采办货物,导致当地商业出现了短暂繁荣局面。随着日军侵华重心南移,广州商业渐显萧条,物价大涨,尤其是那些生活必需品。1938 年 2 月,广州市商会调查全市商业情况,商店倒闭者占总量的 35%。① 10 月,日军进入广州城,原有 120 万人口骤降到不足 10 万人。到 1939 年夏,广州的商业活动基本上处于停滞状态,日军虽然采取了一些措施希望恢复商业秩序,但到 1940 年年底,广州商会下属的同业公会只有 30 多个行业(抗日战争前为 160 多个行业),基本上是日常生活所不可缺少的衣食住行、医药等相关行业。② 太平洋战争爆发后,滞留港澳的广东人大量回乡,日军从新占领区大肆掠夺资财,其中一部分物资运至广州。消费市场的扩大和生产条件的改善,造就了广州经济的表面"繁荣"。1942 年 6 月,广州商业的"繁荣"达到了沦陷时期的顶峰,开业商店多达 15079 家,其中粮食 861 家,店员总数亦达 43501 人。③ 1943 年 4 月,广东"商统分会"成立,进一步加强物资统制和商品调控,商人则借机囤积,使得广州商业赖以发展的物资严重匮乏,物价飙升。随着日军节节败退,广州经济很快便由"繁荣"走向了崩溃。

二、国内城乡市场的破坏和损失

在广大沦陷区,日伪政府对商业贸易采取了严格的统制政策,在占领区的主要城镇和广大农村,独占商业与贸易市场,加紧了对

① 广州市地方志编纂委员会:《广州市志》第 1 卷,广州出版社 2000 年版,第 239 页。

② 黄增章:《民国广东商业史》,广东人民出版社 2006 年版,第 140 页。

③ 广州市地方志编纂委员会:《近代广州口岸经济社会概况——粤海关报告汇集》,暨南大学出版社 1995 年版,第 829 页。

物资的掠夺。其主要手段是贸易封锁和商业垄断。

（一）贸易封锁

为了实现统制经济，加快掠夺资源，日伪政府在沦陷区实施贸易封锁，限制物资的自由流动。伪“河北省政府联合新民会河北省总会”、伪“河北省合作联合会”，共同设立了“经济封锁委员会”及“物资对策委员会”，山西成立了伪“山西省物资对策委员会”，统一全省的物资封锁。封锁的具体执行通过日军、宪兵队的经济封锁班或经济调查班与经济警察班，以“治安壕”为封锁线，以各碉堡交通路口为出入口，检查来往行人，物资出入封锁线必须具有许可证及搬运证，并且配给物品须与配给证数量相符，其超过量没收，若无许可证时完全没收。商人正常的贸易行为在经济封锁的压力下完全丧失自由，各地商业活动极度萎缩。

河北正定县日军规定商人办货前须先付 5 元伪钞，买一张“购货证”，到了平津、石家庄等城市，又须买一张“运货证”，再经 7 道封锁检查机关的检查，不交贿赂休想过关。货物运来又须向特务机关缴纳“购货登记费”才能买卖。内丘县依山岳地带设置了封锁线，蜿蜒长达 80 余里，均用山石砌成，并筑碉堡 7 处。邯郸县共设物资检查站 9 处，每处设武装警察 3 名，警备兵 3 名，在各紧要路口设 10 处物资检问处，每处设警士 2 名，专门检查物资流出情况。①

安徽沦陷区内日伪不仅在边界设立了大量封锁管理处（站），严格禁止粮食、食盐、布匹、药品及其他军需物资流向国统区，还在占领区内到处设立关卡，限制物资流动，对各种物资的流进流出课

① 中央档案馆等编：《日本帝国主义侵华档案资料选编 · 华北治安强化运动》，中华书局 1997 年版，第 251 页。

以重税,如从蚌埠到凤阳的刘府仅25里,就要收地方税、营业税、出境税、入口税和过路税等五道税,从芜湖到合肥,一路要过20多道关卡,关关受检,关关纳税;还对民间物资进行严格的统制,如粮食,从生产、消费到存储,每个环节都要统制,对农民未被征收的粮食,也强迫登记、入仓,不仅粮食计口配给,对食盐也实行每人每月半斤的限量配给。

江苏吴县特别区的商业与抗日战争全面爆发前相比也相去甚远,除接近苏州或交通便利之地略好外,其余各地商业均极为衰落,吴县特区公署所在地渭泾镇人口4400余人,而该镇商业异常萧条,竟无一家饭馆,而各店铺的货物,特别是日用品均很缺乏。当地的商品输出入仅靠各商店自行解决,作少量运输。因物资不能顺畅流通,使整个商业陷入停顿状态。①

广州和珠江三角洲一些地区被日军占领,为独占沦陷区的商业贸易,掠夺战略物资,日军对沦陷区的外贸及航运进行统制,对于外商贸易,则借口军事行动,禁止船舶装运货物,多方限制。珠江主航道在日本人的控制下,广九铁路更是支离破碎,广东原有商业渠道被人为切断。日伪对沦陷区内物资移动进行严密监视,在广州周围主要道路上设置了26个检查站,共有54名检查员和160名经济警察,对粮食、盐等战略物资实施监控,限制物资的贸易和运输。限制银行、钱庄的汇兑业务,宣布携带法币为非法。此外,对商店和商号进行严格盘查,商人领取搬运证明,必须由物主按买卖契约,核对印鉴,由物资委员会发给证明,违反者轻则罚钱或没收货物,重者坐牢。日伪的贸易封锁严重限制和打击了占领区的商业贸易。

---

① 清乡委员会经济设计委员会编辑:《清乡区经济概况调查报告》,大象出版社2009年版,第21页。

(二)商业垄断

从1937年7月日军全面侵华开始,日军就对占领区主要物资的流动加以统制,限制商品的自由流通。日本在沦陷区经济统制主要通过两大国策会社及其子公司,“华北开发会社”之下共有“兴中公司”“华北交通会社”“华北棉花会社”等18个子公司,“华中振兴会社”之下也有“华中铁道会社”“华中蚕丝会社”等13个子公司。①

为了统制华北的棉花收购、销售和输出,早在1938年年初日本就设立了“华北棉花会社”,并在华北沦陷区内迅速扩展的日商纱厂也分别成立“棉花同业公会”和“棉花协会”等机构,日商由以前在天津、济南等终点市场经花行中介从地方初级市场花店派来的花客手中购花,变成自己派员到地方初级市场,直接从地方县城花店统制收购棉花供华北境内日商纱厂使用。这些棉花统制收购、输出配给机构互相勾结,构成了日本对华北全境棉花从收购、运输、销售到输出和配给实行全面统制和垄断的网络。日本实行统制经济政策下所形成的新的棉花流通机构和流通体系,彻底改变了抗战前业已形成的华北棉花由农村棉产地原始市场,到县城初级市场,再到天津、济南等大城市终点市场的流通网络,中国棉花商人被排挤出棉花流通市场,传统棉花自由市场交易网络被统制系统所取代。

华中沦陷区的商品运输和销售也全部由日商控制。例如,汪伪政权规定在常熟、无锡、吴县等清乡区的物资运输,必须具备原产地证明书、实需证明书,由清乡督察专员公署及特务机关联署签

① 国防最高委员会对敌经济封锁委员会:《敌伪在我沦陷区域经济统制动态》,1941年印行,第20页。

发,并需登有部队上海第七出张所的证明书,方能运输无阻。事实上,也只有日商才有可能申领到上述证明。因为凡经营任何商品的商店,均需加入“组合”,遇到运输需求时,先由“组合”证明,然后申请军队认可,而华商本身无团体组织,又不能加入日商“组合”,更不明申领手续。例如,常熟地区的日用品输入一直由城区日比野洋行等日商自上海输入,发交各日商,然后转批各华商,再零售给消费者。米谷等农产品输出均由日商三菱、福记等行号下乡收购,利用内河航运大量输出。棉花则由“华中棉花协会”,授意“江商株式会社”到各地采办,也由航运输出。不仅华商不得自由搬运,即使农民欲囤留自给也不可能。县境内日本人经营的商业,都规模宏大,资本雄厚,整个市场为其控制。华商一般只携带少量货物,藉博蝇利而已。①

华中沦陷区的蚕丝完全由“华中蚕丝会社”统制经营,生丝完全由公司统一贩卖,但上海市内制丝工场及家庭缫丝工场,以指定数量限度,由“华中蚕丝会社”统一配给一部分茧料。在统制政策下,蚕茧价格由伪“维新政府”事业部茧价评议委员会公定,“华中蚕丝会社”则拥有唯一购买权,事实上是接受日本军事力量的控制。“华中蚕丝会社”用这种方式独占了沦陷区原料茧的购买权,切断了租界丝厂的原料来源,阻止了“华中蚕丝会社”统制圈外丝厂的成立,或者将它们收到自己系统内,从而统制了蚕茧的生产与价格。“华中蚕丝会社”凭借日伪发布的《禁止货物移动》命令和生丝出口须取得生丝检验所“检验单”的规定,在 1938 年至 1940 年的 3 年里共掠夺中国出口生丝 3887. 96 吨,内销生丝 455. 56

① 清乡委员会经济设计委员会编辑:《清乡区经济概况调查报告》,大象出版社 2009 年版,第 39 页。

吨,合计4343.52吨。[①]“华中蚕丝会社”在1938年8月10日至1942年9月3日期间经营总收入为26246万日元,总支出为24627万日元,纯利润为1619万日元。分配给股东的利润为255万日元,奖励骨干36万日元,合计为291万日元。根据股份结构,其中70%为日方的半额出资,30%为中方的现物全额出资,支付给日方股东的利润至少为178万日元,支付给汪伪政权的利润为76万日元。[②]

在广东沦陷区,日军规定华商或外商的商业交易、货物贩运、进出口贸易等不得自由进行,必须取得日伪政府的许可后方可营业。并将重要物资授权给日本大商社实行垄断经营,如铁、钨、锰、锑等金属和矿石的贸易指定由“三井物产”“三菱商事”“杉原产业”专营。牛皮、黄麻由振山洋行等日本商社专营。煤油、电油、油渣由“出光火水公司”专营。蚕丝贸易由“三井物产”“日本棉花”“三菱商事”等公司经营,其中“三井物产”统制了大部分的蚕丝贸易。1939年4月,日本7家渔业产品公司组成“广东鱼市场组合”,垄断经营广州鱼类批发及鱼类制品贸易。1940年4月,日本宪兵司令部将广州市内进口、销售和修理收音机及零件的专利权授予“福大公司”等5家日本商号。皮革为重要军用物资,日军当局先是组织“皮革资源统制组合”,继而组织“广州市皮革同业公会”,专营皮革采购,规定每个会员每月必须向日军提供1000张以上的生皮,广州市内所有生皮必须以“公允价格”销给日军。[③]

---

① [日]崛江英一:《中国蚕丝业的调整政策》,《东亚经济论丛》,1943年印行,第13页。

② [日]渡边辖二:《华中蚕丝会社沿革史》,湘南堂书店1944年印行,第377页。

③ 陈木杉:《从函电史料观抗战时期汪精卫集团治粤梗概》,(台湾)学生书局1996年版,第191页。

三、关内沦陷区的物价上涨和人民生活困苦

(一)沦陷区的物价上涨

抗日战争爆发后,沿海沿江城市相继沦陷,原有供需平衡被打破,物资供应骤显紧张,引起物价上涨。表 7-25 是沦陷区物价批发指数与工人生活费指数统计表,从物价指数来看,天津和上海的物价总体是呈现上升趋势。1937 年至 1940 年为第一阶段,天津的物价指数从 1937 年的 117.50 上涨到 1940 年的 399.74,上海从 1937 年的 118.60 上涨到 1940 年的 505.70,涨幅相对较缓。1941 年至 1945 年为第二阶段,天津的物价指数从 1941 年的 450.19 上涨到 1945 年的 305170.00,上海从 1941 年的 1099.30 上涨到 1945 年的 9740247.70,呈现剧烈上涨态势。同时,从地区物价上涨指数来看,1937 年至 1945 年的近 9 年里天津物价批发指数上涨约 2597 倍,上海物价批发指数上涨约 82127 倍,上海的物价批发指数上涨幅度要远远快于天津的物价批发指数。

表 7-25 沦陷区物价批发指数与工人生活费指数统计(1937—1945 年)

(1936 年=100)

项目/年份	天津物价批发指数	天津工人生活费指数	上海物价批发指数	上海工人生活费指数
1937	117.50	109.39	118.60	19.08
1938	152.06	139.00	142.60	150.62
1939	226.69	221.34	232.00	197.52
1940	399.74	378.68	505.70	428.35
1941	450.19	407.17	1099.30	826.84
1942	599.15	653.04	3452.60	1993.56
1943	893.22	1528.45	14361.80	7225.65

续表

项目 年份	天津物价批发指数	天津工人生活费指数	上海物价批发指数	上海工人生活费指数
1944	25378.36	—	100739.40	47750.45
1945	305170.00	—	9740247.70	6648285.00

资料来源：上海社会科学院经济研究所编：《上海解放前后物价资料汇编》，上海人民出版社1958年版，第83页；贾秀岩：《民国价格史》，中国物价出版社1992年版，第253页；中央档案馆等编：《日本帝国主义侵华档案资料选编·华北经济掠夺》，中华书局2004年版，第948页。

物价的上涨与货币超发和物资供应短缺有着密切关系。一方面，日本帝国主义在沦陷区毫无限制地掠夺各种物资，同时又人为地切断沦陷区与外国进行贸易，只同日本相联系，造成物资的严重匮乏；另一方面，各伪政权大量发行货币，1938年12月联银券的发行额为16192万元，1940年12月为71515万元，1942年12月便增至159251万元，到了1944年12月便增至1622518万元①，由于上述原因，沦陷区呈现出严重的恶性通货膨胀迹象。

（二）沦陷区人民生活困苦

在沦陷区，日伪政府对粮食和其他生活必需品实行广泛的配给制度，配给的品种、数量很少，少的难以维持生活，而且质量非常低劣。到1939年下半年，物资供应明显不足，出现了严重的抢购风潮，甚至出现了激烈的民众反抗运动，其中规模和影响较大的要数江苏无锡和苏州一带5万余农民的暴动。②

在日伪政府的统制经济下，沦陷区人民生活空前恶化。自

① 杨培新：《旧中国的通货膨胀》，人民出版社1985年版，第70页。

② 中共江苏省委党史工作委员会、江苏省档案馆合编：《苏南抗日根据地》，中共党史资料出版社1987年版，第380页。

1940 年夏以来,食品不足问题日益严重。除河南开封地区及其他较好的部分地区外,过去以米面为主食者不得不转向吃杂粮,而贫民阶级日常食杂粮也日显困难,北京郊区南苑、定县、唐山、喜峰口的一部分民众已以野菜为主食,或者已处于不得已而食草根树皮的状态。除此之外,通州、博山、唐山等地乞食者激增,古北口、南苑、博山、阳泉等地盗窃事件增加,大同、芦台、唐山地区出现饿死者。另外,各地出现了一些罢工、抢粮、偷盗等事件。①

1942 年至 1943 年,山东临城不少村庄有 80%的富裕中农靠吃糠生活。② 北平丰台附近农民不得不在日军军马的粪便中挑拣未被消化的大豆作食物。广东潮安也有类似情况。抗战时期工人工资低微,抗战后期工人吃的是用橡子、麻楂子、坏玉米、棉子饼、豆饼等混合而成的六合面。

广东向来为缺粮省份,日伪政府的掠夺更加重了广州市粮荒。自 1942 年 5 月 28 日起,广州开始实行人口调查,按户口配给粮食,实行计口授粮,并推行种植和食用杂粮等办法以缓解粮荒,但实际上收效甚微。10 元钱在广州可购买粮食的数量,1933 年是 70 公斤,1936 年为 8. 3 斤(1 斤为 500 克),1942 年为 6 斤,1943 年为 2 斤 10 两(1 两为 31. 25 克),1944 年 5 月为 7 两,同年 12 月为 0. 6 两。按照伪《中山日报》1940 年 10 月 6 日一篇文章的说法,是“富者转贫,贫者变乞,芸芸众生,无食者众”,各阶层的生活状况都急剧下降,在 1944 年 7 月,大学教授每月发米 80 斤,中学

① 中央档案馆等编:《日本帝国主义侵华档案资料选编 · 华北经济掠夺》,中华书局 2004 年版,第 945 页。

② 华东军政委员会土地改革委员会编:《华东各大中城市郊区山东省农村调查》,1952 年印行,第 85 页。

教员每月发米 50 斤。①

抗日战争时期,日伪的经济统制政策和商品配给制度,导致沦陷区物资匮乏,商业衰退,物价飞涨,严重影响了普通民众的日常生活,给当地商业发展带来了严重的灾难。

① 陈木杉:《从函电史料观抗战时期汪精卫集团治粤梗概》,台湾学生书局 1996 年版,第 199 页。

第八章

伪“满洲国”和关内沦陷区的金融业

第一节　伪“满洲国”的金融业

金融是经济的血液，也是殖民当局控制和征服一地必须摆在不容忽视地位的重大任务。日本军国主义分子早就将中国东北地区看作是征服中国内地前必须控制的基地，因而在此地发展日本的金融势力进而控制和垄断金融就成了必不可少的环节。下面分别将1931年前后以及成立伪“满洲中央银行”时期日本在此地控制金融活动的大体脉络做一梳理。

一、1931年前东北的日本金融势力

1900年1月，日本横滨正金银行在牛庄开设支店，这是最早进入中国东北的日本金融机构。1903年，正金银行开始发行银行券，成为日本在东北最早发行的钞票。当时在东北的外国货币中，俄国货币占有最大份额。1904年日俄战争时，日本政府发行了19000万元的军用手票，在满铁一线流通。以此为契机，当年8月在大连，第二年5月在奉天设立了正金银行的支店。1906年，日本政府发布敕令247号，作出调整，由正金银行发行1元为基础的银行券，兑换和收回日俄战争时期的军用票，强制在东北通用。正金银行遂“成为日本在满洲名实相符的代表机关”。此后正金银

行又陆续增设了旅顺、辽阳、铁岭、安东、长春和哈尔滨等地的支店。①

在横滨正金银行之后，陆续又有多家日本银行在东北成立或进入东北。截至1930年年底，日本在东北的金融机构计有银行本店15处，分店及出张所②49处，经营地产的金融业1处（东洋拓殖株式会社），无尽业者（与中国的做会机构相似）9家，当铺约240余家，东北南部、安奉沿线金融合作社20余处。其中，主要银行机构的情况如表8-1所示。

表8-1　1930年年底日本在东北银行机构情况统计

（资本及公积金单位：日金元）

银行名称	设立年份	已交资本	公积金	本店所在地	在东北主要支店
正隆银行	1908	5624375	109602	大连	哈尔滨东北南部、安奉沿线共十一处
满洲银行	1923	2906662	565000	大连	永吉及南北南部、安奉沿线共十五处
大连商业银行	1918	2000000	277000	大连	—
大连兴信银行	1900	200000	—	大连	—
长春实业银行	1917	400000	165486	长春	—
满洲殖业银行	1920	500000	8700	沈阳	—
“南满”银行	1919	375000	28931	鞍山	—

① 上述见满洲事情案内所报告36:《满洲通货及金融の过去和现在》,满洲事情案内所昭和11年(1936年)版,第53页。陈经:《日本势力下二十年来之满蒙》,上海华通书局1931年印行,第109页。

② “出张所”为分店日下属的储蓄所。

续表

银行名称	设立年份	已交资本	公积金	本店所在地	在东北主要支店
安东实业银行	1913	125000	116101	安东	—
协成银行	1918	250000	100872	安东	—
商工银行	1913	275000	10900	辽阳	—
振兴银行	1918	500000	139050	营口	—
日华银行	1918	500000	53819	铁岭	—
吉林银行	1920	75000	21600	永吉	—
平和银行	1920	200000	53622	永吉	—
哈尔滨银行	1921	500000	59320	哈尔滨	—
正金银行	1880	100000000	117292830	日本横滨	哈尔滨及满铁沿线共六处
朝鲜银行	1909	25000000	2901026	朝鲜京城	滨江及东北南部、安奉沿线共十一处
东洋拓殖株式会社	—	50000000	—	日本东京	哈尔滨、大连、沈阳
无尽业者	—	435000	142227	—	共九处均在满铁沿线

资料来源:雷雨著:《东北经济概况》,北平西北书局1932年印行,第50—51页。

到1930年年底,东北的金融业者中,"中国方面大小共计约一千五百处,外国方面大小共计约五百五十处;但中国方面之资本,估计不过约一万万元现大洋,外国方面有数字可考者,即已有四千八百万元左右。约及中国者之半。存放款项及汇兑数目,大抵同此比例"①。也就是说,在1931年"九一八事变"爆发前,日本在东北的金融势力一直处于持续和迅速的增长之中。

日本在东北金融势力进展之快和力量之强,还可从朝鲜和正金两家日本银行发行日币钞票的情况中得到证明。1917年,为全

① 雷雨著:《东北经济概况》,北平西北书局1932年印行,第53页。

面实行对中国的侵略,日本政府对中国东北的日本金融机构进行了整合和分工,将横滨正金银行的金券发行权及日本国库事务,“均移归朝鲜银行管理”①。由此,朝鲜银行遂成为日本在中国东北金融侵略势力的领头羊。此后,朝鲜银行发行的纸币成为日本在东北钞票的主要代表。正金银行尽管减少了发行数量,但发行钞票的行动并未完全停止。

朝鲜银行在 1918 年至 1927 年 10 年中发行钞票的情况如表 8-2 所示。

表 8-2　日本朝鲜银行在东北发行钞票情况表(1918—1927 年)

(单位:千元)

项目 年份	在东北发行额	总发行额	东北发行占总发行的比例(%)
1918	19098	115523	16.5
1919	37066	163600	22.7
1920	42342	114034	37.1
1921	46775	134360	34.8
1922	34251	100544	34.2
1923	39174	110233	35.5
1924	45190	129113	35.0
1925	42190	120540	35.0
1926	38829	110939	35.0
1927	43584	124527	35.0

注:“东北发行占总发行的比例”一栏为引者计算。

资料来源:陈经:《日本势力下二十年来之满蒙》,上海华通书局 1931 年印行,第 115 页。

① 陈经:《日本势力下二十年来之满蒙》,上海华通书局 1931 年印行,第 110 页。

从表 8-2 显示的朝鲜银行发行钞票的情况看,朝鲜银行从 1918 年开始在东北发行金票,当年数额就达到 1900 余万元,从 1920 年之后,在东北发行的钞票数额一直稳居其总发行数额的 35%左右。到 1927 年,朝鲜银行发行的金票数额已达到 4000 余万元,正金银行发行的银券数量也达到 400 余万元,而我国中国银行和交通银行在东北发行的钞票,加起来也“只达到四千与五千万余元”,与这两家日本银行在东北发行的钞票大体相等,加上日本在中国东北的整体实力,“操纵着满蒙金融界的实权,而把纵断的‘南满’铁道沿线做扩充一切经济的根干”,“在满蒙皆推行使用金票,以尽量扩大它的货币势力”。在 1931 年“九一八事变”爆发之前,两家银行实际上已成为“垄断了满蒙货币的势力”①。

总体来看,从 20 世纪初开始到 1931 年,从通货史的角度进行考察,东北金融领域中的大体演变脉络如下。首先,俄国和日本分别在自己掌握的“北满”和“南满”铁路沿线,设立金融机构和发行钞票,构筑扩大自己的势力范围。与此相对,中国的通货金融在日俄势力范围之外的地区也有一定的推进。这时,大体“北满”铁路沿线是俄罗斯、“南满”铁路沿线是日本,其他地区是以东北官银钱号为中心的中国金融控制区域。然而第一次世界大战和俄国革命使得情势为之一变:俄罗斯势力后退,日本金融势力北进,分别与“北满”中国方面哈大洋票系统和“南满”张学良政权下的现大洋票系统发生冲突②,在此时期爆发的“九一八事变”,导致此后伪

① 上引均见陈经:《日本势力下二十年来之满蒙》,上海华通书局 1931 年印行,第 115 页。

② 据安冨步的考证,20 世纪 20 年代以后,张作霖在东北北部以“哈大洋”票、张学良在东北南部以“大洋票”试图统一币制的努力都取得了一定的进展。见[日]安冨步:《“满洲国”の金融》,日本创文社 1997 年版,“序章”第 29—33 页。

“满洲中央银行”设立,中断和掠取了中国方面此前金融方面的发展,使得整个中国东北的金融,被纳入日本的势力圈。可见,“东北中国货币之受日金支配,则为整个之财政及政治问题,非仅金融一方面所能包括”①。

二、伪“满洲国”成立后日本在东北的金融扩张

1931 年,日本帝国主义在沈阳发动了侵略中国的“九一八事变”,大举向中国进攻,在短时间内就占领了东北三省。1932 年 3 月 1 日,日本炮制的傀儡政权伪“满洲国”正式成立,东北成了日本帝国主义者的殖民地。

此后直到 1937 年抗日战争全面爆发为止,东北日本金融势力的扩张大体循着两条线路发展:一条是建立日本控制的伪“满洲中央银行”,用以统合东北中国方面的各种金融机构以及币制,目的是“确立日本方面对金融的支配”。② 另一条是日本本国金融势力在东北的发展,其中又可分为两个阶段:1935 年 10 月前确立以朝鲜银行发行的钞票占据统治地位,此后朝鲜银行的钞票退出满洲,由日元与伪“满洲中央银行”发行的钞票按 1 ∶ 1 的比例直接挂钩,最终将伪“满洲中央银行”钞票纳入日本货币圈,完成了对中国东北金融的彻底改造和控制。

现分别进行考察。先看中国方面金融机构的演变:“九一八事变”发生时,东北境内的中国金融机构有被称为四大金融机构的东三省官银号、吉林永衡银钱号、黑龙江省官银号和边业银行。中国银行和交通银行在东北也设有支行。这些金融机构都

① 雷雨著:《东北经济概况》,北平西北书局 1932 年印行,第 53 页。

② [日]安富步:《“满洲国”の金融》,日本创文社 1997 年版,第 48 页。

发行钞票,且钞票种类很多,加上地方小银行和钱庄等发行的纸币和硬币等等,币制十分复杂。“九一八事变”爆发时,日本关东军迅速封锁和接管了中国的这四大金融机构,并决定设立伪满洲中央银行来接收和领有这些金融机构,并将这些银行的发行准备金强行集中,作为伪“满洲中央银行”成立时的准备金。“这次接收的成功使得‘满洲中央银行’的成立和其后的活动变得容易。”①1932 年 1 月,关东军统治部设立的“币制及金融咨问委员会”发布“货币及金融制度方针案”和“货币及金融制度关系法案”,在朝鲜银行、正金银行和“满铁”的协助下,3 月 15 日通过了“货币法”“满洲中央银行法”“满洲中央银行组织办法”。决定发行称为“国币”的伪“满洲国”中央银行纸币,并以之统一“满洲”的中国货币(以下简称“伪满币”)。②

1932 年 7 月 1 日,以被强行改组的中国四大金融机构为基础设立的伪“满洲国中央银行”正式成立。总行设于长春,并在沈阳等大城市设立分行,县以上城市设立支行和办事处,“总分支机构达 128 处。该行成立时资本定为伪币 3000 万元,实交 750 万元,最后又增资到伪币 10000 万元,实交 2500 万元”③。在伪满洲中央银行筹备成立期间,伪《货币法》也在 1932 年 6 月 11 日公布。伪《货币法》规定,货币的制造及发行之权归伪“满洲政府”,“由‘满洲中央银行’行使之”。伪“满洲中央银行”的货币采用银本位制,1 元纸币含纯银 23.91 公分,发行百元、十元、五元、一元、五角

① [日]安冨步:《“满洲国”の金融》,日本创文社 1997 年版,第 40 页。

② [日]安冨步:《“满洲国”の金融》,日本创文社 1997 年版,第 39—41 页。

③ [日]安冨步:《“满洲国”の金融》,日本创文社 1997 年版,第 260 页。

5 种纸币，铸造 1 角、5 分、1 分和 5 厘 4 种辅币。① 在这里，没有登载纸币可以兑换现银或外汇的规定，因此，这种伪“满洲中央银行”的货币可以看成是依靠政权力量强行推行的纸币。

伪“满洲中央银行”成立后，即将所谓整理回收过去的旧币定为首要的任务。1932 年 7 月 1 日伪“满洲中央银行”开业当日，即颁布实行《旧货币整理办法》，规定从即日起，在两年内收兑原四大金融机构发行的 15 种货币，其他各种钞币也限期收回。东北原流通的营口过炉银、安东镇平银也禁止发行和流通，并限期兑换成伪“满洲中央银行”的纸币。“在收缴‘旧币’中，有意压低兑价”。如东三省官银号发行的奉天票被强行按 50∶1（后又改为 60∶1）的比价兑换；吉林永衡官银钱号发行的“官帖”，流通额约有 103.1 亿吊，被日伪极力贬低价值，规定 360 吊换伪币 1 元，几天后又规定 500 吊换伪币 1 元，仅此一项，东北人民即被盘剥了 800 多万元（以伪币计）。② 对黑龙江省官银号发行的“官帖”，更以 1680 吊比伪币 1 元的比价收兑。到 1934 年，伪“满洲中央银行”收回各种旧币合伪币 14223 万余元。此外，还收兑了大量白银，仅在整理安东镇平银时，就用伪币搜刮白银 500 万两。③

伪“满洲国”的成立对东北金融的影响是巨大的。在日本政府控制支配中国东北金融的侵略政策下，这种所谓货币兑换，实际变成了对中国人民的一次掠夺。到 1934 年 6 月时，原有的各种东

---

① 满洲事情案内所报告 36:《满洲通货及金融の过去和现在》，满洲事情案内所昭和十一年（1936 年）版，“附录 · 货币法”。

② 吉林省金融研究所编:《伪满洲中央银行史料》，吉林人民出版社 1984 年版，第 9 页。

③ 洪葭管主编:《中国金融史》，西南财经大学出版社 1993 年版，第 263 页。前引满洲事情案内所报告 36:《满洲通货及金融の过去和现在》，满洲事情案内所昭和 11 年（1936 年）版，第 93—97 页。

北旧币已被收回 93.1%,1935 年 6 月收回率更高达 97.1%。① 这时,日本政府通过伪“满洲中央银行”及其强制推行的钞票,已控制掌握了中国东北的金融机构和金融命脉。

在日本侵略者通过成立傀儡政府伪“满洲国”和成立伪“满洲中央银行”,对“九一八事变”之前存在的中国东北方面的金融机构实施控制的同时,原有日本在中国东北的金融机构和势力中,除有代表性的两家银行朝鲜银行和正金银行外,1935 年 6 月,以正隆银行为代表的日本其他民间银行共有 13 家。这 13 家银行共有实收资本 1913 万元,公积金 246 万元,各项存款中金票 26000 万元、钞票 897 万元、国币 2540 万元;各种贷出项目中金票 24000 万元、钞票 603 万元、国币 3066 万元。② 与上述统计 1930 年时日本银行数量的表 8-1 相比,日本民间银行的数量减少了两家,但日本政府的代表银行朝鲜银行的势力却有明显的增长。从 1931 年 6 月末开始到 1936 年年末,朝鲜银行在东北开设了 8 家支店,使得朝鲜银行在满洲的支店数达到 22 家,职员数从 215 名增加到 329 名。1935 年 12 月时,朝鲜银行发行的金票总数额中有 60%即 1.2 亿—1.3 亿元在满洲流通。③ 与统计表 8-2 显示的 1927 年时朝鲜银行在东北流通的钞票 4000 余万元相比,增加了 2 倍。1932

① [日]安冨步:《“满洲国”の金融》,日本创文社 1997 年版,第 41、48 页。

② 这些数字中的金票为朝鲜银行发行的以金为本位制的货币,钞票为正金银行发行的以银为本位制的银元券,国币为伪满洲中央银行发行的货币。上述数字见满洲事情案内所报告 36:《满洲通货及金融の过去和现在》,满洲事情案内所昭和十一年(1936 年)版,第 201 页。

③ 满洲帝国政府编:《满洲建国十年史》,原书房 1969 年版,第 503—504 页。见[日]安冨步:《“满洲国”の金融》,日本创文社 1997 年版,第 96 页。

年12月到1936年12月间，朝鲜银行的存款从1.23亿元增加到2.71亿元，贷款从6000万元增加到1.22亿元，在4年间均增长了1倍左右。[①] 1934年时，在对东北土特产品领域的贷款中，正金银行占46%，朝鲜银行占26%，而伪“满洲中央银行”只占1%。[②] 日本通过本国银行对东北物产的直接控制，已实现了完全的垄断。

从1931年“九一八事变”起，中国东北的金融局面出现了巨大改变，通过“九一八事变”开始的赤裸裸侵略，日本使用暴力强行切断了中国东北和内地的联系，将中国东北变成了自己的殖民地。在此过程中，日本金融势力从过去通过满铁沿线，以大连为中心的“点和线”的势力分布，一改而为通过伪“满洲国”从“面”上直接占支配统治的格局。此后，日本政府更利用1934—1935年国际市场上白银价格上涨而日元放弃金本位制的机会，由日本大藏省次官津岛寿一和伪“满洲国”财政部部长星野植树联合发表共同声明，宣称在1935年12月10日开始的这个时点，将“满洲国编入日本元金融圈”。[③] 这个声明，实际是抛掉最后一点伪装，直接将满洲的金融纳入日本金融势力范围中，与日本金融合成一体公开宣布。

自此以后，中国东北成了日本金融势力占绝对统治地位的局面。这一点，从下面列举的伪“满洲国”主要金融机构放款的统计数字中完全可以得到证明。

---

① 朝鲜银行研究会编：《朝鲜银行史》，东洋经济新报社1987年版，第440—444页。见[日]安富步：《“满洲国”の金融》，日本创文社1997年版，第96页。

② 满洲国实业部临时产业调查局编：《特产交易事情》上卷，1937年版，第530、538页。见[日]安富步：《“满洲国”の金融》，日本创文社1997年版，第97页。

③ [日]安富步：《“满洲国”の金融》，日本创文社1997年版，第98页。

表 8-3 伪“满洲国”主要金融机构放款情况统计(1934—1945 年 6 月)

(单位:千元)

项目/年份	中央银行	兴业银行	兴农金库	境内私营银行	日本银行	关内银行	欧美银行	各种合作社	总计
1934	165092	—	—	34986	305291	29248	35928	7110	577655
1935	171000	—	—	32103	287673	22194	27191	16546	556707
1936	199359	—	—	36586	368012	23540	24457	22951	672905
1937	212569	258995	—	57288	162917	17866	30070	32642	772347
1938	419996	412419	—	71800	290223	14901	22247	49493	1281079
1939	871190	790373	—	98730	509722	14874	11154	90357	2386400
1940	872461	1294574	—	168141	770494	12880	4584	127651	3250785
1941	757595	1091984	—	281178	883260	15929	2255	167452	3199653
1942	691712	1222862	—	388269	1316862	7967	656	205951	3834279
1943	2186972	1884658	399358	450386	1752208	6987	603	246550	6927722
1944	6586198	3076441	1763582	527615	2974262	7201	—	985400	15920699
1945 年 6 月	9490765	3604221	2400063	534549	4081275	6424	—	985400	21102697

注:1. 表中数字 1943 年前按《满洲金融统计》。

2. 1944 年后数字,按《东北经济小丛书》,但大兴公司、无尽公司数字不在内。

3. 日本银行指日本设在伪“满洲国”境内的各银行。

4. 关内银行指总行设在关内,在伪“满洲国”境内开设的分支机构。

资料来源:吉林省金融研究所编著:《伪满洲中央银行史料》,吉林人民出版社 1984 年版,第 514—515 页。

从表 8-3 中可以看出,以伪“满洲中央银行”、兴业银行、兴农金库、日本银行和各种合作社组成的日本金融势力网,其实力远远超过关内银行和欧美银行,在日本金融势力网实力越来越强大的同时,关内银行和欧美银行的实力呈难以遏制的下跌趋势,从 1942 年开始,关内银行的放款就跌破千万元大关,同期欧美银行则是跌破百万元大关。再过一年,关内银行的放款数字跌落到 700 万元左右,而欧美银行甚至彻底失去了踪影。这期间,伪“满洲中央银行”的放款额则急剧猛升,1945 年 6 月高达 94 亿元以上,日本银行也达 40 亿元以上。合计日伪金融机构放款额高达 211 亿元左右,完全彻底地控制了中国东北的金融领域。

三、伪“满洲中央银行”的金融活动

从 1932 年 7 月 1 日正式开业到 1945 年 8 月日本投降时为止,伪“满洲中央银行”存在的时间约 13 年。在 1945 年 8 月日本投降之时,伪“满洲中央银行”有总店 1,本店营业所 1,支店 31,储蓄所 5,驻在员事务所 4,派遣员事务所 1,总分支机构共有 43 个单位,其中长春总行的职员就有 643 人。① 伪“满洲中央银行”的阵容如此强大,是因为伪“满洲中央银行”具有伪“满洲国”傀儡政权国家银行的特定身份,同时本质上是日本在中国东北殖民地银行的缘故。它的殖民地银行性质集中表现在以下几方面。

第一,伪“满洲中央银行”自始至终为日本关东军所控制和支配,它存在的主要目的是为日本关东军提供军费以及筹措军需物质,效力于日本关东军的侵略政策。第二,伪“满洲中央银行”政

① 杨承厚:《伪满中央银行简史》,《中央银行月报》1948 年新 3 卷第 7 期。

策方针的制定和重大问题的决策,直接取决于日本大藏省,可说是日本银行在华的特种分支机构,它按照日本银行模式实行货币和信用管理。第三,伪“满洲中央银行”发行的货币,币值完全为日元所左右,可说是日元的附庸。第四,伪“满洲中央银行”的组织和人事安排,完全受日本控制。正副总裁的任命,由日本大藏省建议,关东军提名,伪“满洲国”政府只是履行任命手续。第五,伪“满洲中央银行”既是经营货币、信用的经济组织,又是伪“满洲国”傀儡政权的金融机关,故此其不仅参与伪政权经济金融方针、政策和资源掠夺计划的制定,而且直接成为这些政策、方针和计划的执行者。①

具体而言,在伪“满洲中央银行”存在的13年里,主要活动包括垄断东北地区纸币发行,建立傀儡政府的货币制度;实行金融统制,为支持日本侵华战争进行产业开发;以及承担在东北日本关东军的军费开支和强制储蓄,包销公债控制外汇等等。

以下针对重点内容进行一些介绍。

伪“满洲中央银行”限制和收兑东北地区原有货币的情况,在上面第二目的内容中已经有所叙述。这里再介绍一下伪“满洲中央银行”垄断发行纸币和建立货币体系的情况。

本来制造和发行货币之权,应该属于主权政府。可是因为伪“满洲国”政府的傀儡性质,制造和发行货币之事遂“完全委托伪央行办理”。② 在这种状况下,伪“满洲中央银行”的纸币发行情况见表8-4。

① 《伪满洲中央银行简史》,见吉林省金融研究所编著:《伪满洲中央银行史料》,吉林人民出版社1984年版,第3页。

② 杨承厚:《伪满中央银行简史》,《中央银行月报》1948年新3卷第7期。

表 8-4　伪“满洲中央银行”纸币发行数额(1932—1945 年 7 月)

(单位:千元)

年份＼项目	纸币发行额	辅币发行额	发行总额	发行指数(1932=100)
1932 年年末	151863	—	151863	100
1933 年年末	129223	2169	131392	86.5
1934 年年末	168332	15772	184104	121.2
1935 年年末	178655	20284	198939	130.0
1936 年年末	254243	20448	274691	198.0
1937 年年末	307489	22420	329909	216.5
1938 年年末	425737	27159	452896	298.2
1939 年年末	625621	33724	657345	432.8
1940 年年末	947050	44179	991229	653.3
1941 年年末	1261531	55498	1317029	867.2
1942 年年末	1669631	58513	1728144	1137.9
1943 年年末	3011187	68606	3079793	2027.9
1944 年年末	5797999	78854	5876853	3869.7
1945 年 7 月	—	—	8085042	5323.8

资料来源:杨承厚:《伪满中央银行简史》,《中央银行月报》1948 年新 3 卷第 7 期。原表发行总数合计有误,已经重算核正。

伪“满洲中央银行”纸币发行之初,大体还能控制纸币的发行量,1932 年时一年的发行量不过 1.5 亿元。到 1935 年年底,经过 3 年时间,纸币量仅增加 30%,1 年的发行量也不到 2 亿元。但从 1936 年开始,纸币的增加就呈加速趋势,到 1942 年年底,仅仅 10 年时间纸币发行量就增加了 10 倍,达到 17 亿元左右。1942 年之后,随着战事状况恶化,伪“满洲中央银行”纸币的发行更以每年十多亿的速度增加,到 1945 年 7 月底日本投降前夕,纸币的发行量已达 80 余亿元,比 1932 年的发行额增加了 53 倍之多。而在日本投降之后,"根据最后结算(1945 年 11 月 13 日移交结余),伪满券之发行总额已超过 136 亿元(13688462264 元)之多矣"①。也就是说,在伪"满洲中央银行"存在的 13 年间,其货币发行量增加了 136 倍之多。

与此同时,伪"满洲中央银行"的货币发行准备金却是一再减少,日益空虚。根据伪《货币法》第十条及第十一条的规定,"伪央行对于伪币的发行,必须准备有货币发行额百分之三十以上的现金准备(此项现金准备包括银块、金块、确实可靠之外国通货及在外国银行之金银存款)。其余部分可以公债商业票据及有价证券抵充,谓之保证准备"。② 但自 1937 年伪满实行产业五年计划开始,伪"满洲中央银行"货币发行中的金银块相继输出英美,伪政府不得已乃改变伪《货币法》的解释,指定日本公债可以代替准备金中之金银;故在 1937 年 5 月以后,日本公债即可充作现金准备,且不受任何数额的限制。其后"七七事变"及太平洋战争相继爆发,现金准备内容更趋枯竭,1938 年 9 月遂再次规定伪"满洲国"国债也可以计入现金准备,开始还有数额限制,后到 1944 年 11 月伪"满洲国"债即可无限制充任现金准备;同时伪满洲政府借款以及对日军费之垫付等均得列入现金准备之内。其结果,是"现金准备完全变为公债及借款证书,实际上反不如普通之保证准备"③。

伪"满洲中央银行"前后 13 年存续期间现金准备变动情况可见表 8-5。

---

① 杨承厚:《伪满中央银行简史》,《中央银行月报》1948 年新 3 卷第 7 期。

② 杨承厚:《伪满中央银行简史》,《中央银行月报》1948 年新 3 卷第 7 期。

③ 杨承厚:《伪满中央银行简史》,《中央银行月报》1948 年新 3 卷第 7 期。

表 8-5　伪“满洲中央银行”发行准备金变动情况统计(1932—1945 年)

(各种准备金占百分比%)

项目 / 年份	金	英美货币	银及银圆	日元钞券	日公债及贷金	满洲公债	政府发行债券	合计
1932	3.9	4.8	19.0	24.6	—	—	—	51.3
1933	6.0	4.1	19.4	22.9	—	—	—	52.4
1934	7.7	3.0	11.6	21.9	—	—	—	44.2
1935	15.9	3.3	8.9	23.5	—	—	—	51.6
1936	16.0	5.6	1.3	46.8	—	—	—	69.7
1937	17.6	2.1	1.2	30.0	13.6	—	—	64.5
1938	5.5	—	—	1.6	25.4	18.3	—	50.8
1939	0.4	1.8	—	0.6	17.1	32.0	—	51.9
1940	0.1	—	—	1.1	11.3	26.4	—	38.9
1941	0.2	—	—	3.1	8.4	23.2	—	34.9
1942	0.6	—	—	0.5	26.8	8.4	—	36.3
1943	0.3	—	—	—	52.3	—	—	52.6
1944	0.5	—	—	—	28.3	—	3.9	32.7
1945	—	—	—	—	29.3	—	2.8	32.1

资料来源:杨承厚:《伪满中央银行简史》,《中央银行月报》1948 年新 3 卷第 7 期。原表合计有误,已经重算核正。

表 8-5 中数字清楚地表明,作为伪“满洲中央银行”发行钞币准备金的金、银及银圆、英美货币和日元钞券,1938 年后都大幅减少。银块及银圆是 1938 年,英美货币是 1940 年,日元钞券是 1943 年,金是 1945 年完全消失,与之相反的是,日本公债、伪满洲公债和伪满洲政府发行的证券充当了伪“满洲中央银行”纸币发行的主要准备金,加上伪满纸币发行数量的暴增,其贬值和通货膨胀的出现就是必然的现象。

伪“满洲国”和伪“满洲中央银行”成立后,配合日本的殖民意图,通过强行整理和收兑原来的各种货币,发行伪“满洲中央银行”纸币,建立了傀儡国的货币制度,可也正因为其具有的殖民地傀儡银行身份,其迅速败落的下场也就成为难以逃避的事情。

伪“满洲中央银行”成立后做的第二件重要事情,是垄断放款。通过垄断发行,集中资源以支持日本在满洲开发产业,进而支持侵略战争。为此,伪“满洲中央银行”根据伪“满洲国”《国家总动员法》《临时资金统制法》《汇兑管理法》和《银行法》等法规,集中一切可能集中的资源,从各个角度强化金融统制,控制各个领域的资金活动。其中,它将供应长期产业资金的业务,交给由日本人经营的朝鲜、正隆、满洲三家银行合并而成的伪“满洲兴业银行”,通过伪“满洲兴业银行”积极培植各专业垄断公司,大搞产业“开发”,掠夺资源。到1945年6月末为止,伪“满洲中央银行”借给伪“满洲兴业银行”、伪“兴农金库”、日本横滨正金银行的款项竟达76.54亿元①,占该行放款总额的75.5%,而对民族金融事业的放款只剩500万元,使得民族金融资本陷入绝境。

伪“满洲中央银行”成立当时,“放款额为一亿零七百余万元,到1937年年末时达二亿一千二百万元,增长一倍。迄至1945年6月末,放款总额达到一百零一亿余元,比1937年增加四十七倍。伪‘满洲中央银行’放款占社会总放款的比重,由1937年的百分之三十六点六,上升到百分之六十二点八。其余百分之三十七点二,在放款方向和使用上,也无不为伪‘满洲中央银行’所操控”。因此,“整个放款几乎为伪‘满洲中央银行’所垄断”。②

---

① 《伪满洲中央银行简史》,见吉林省金融研究所编著:《伪满洲中央银行史料》,吉林人民出版社1984年版,第18页。

② 《伪满洲中央银行简史》,见吉林省金融研究所编著:《伪满洲中央银行史料》,吉林人民出版社1984年版,第18—19页。

伪“满洲中央银行”垄断放款后，其主要的放款方向有三个。

第一个对象是向伪“满洲兴业银行”放款。伪“满建国”之初，工矿企业生产所需资金，大部分由伪“满洲中央银行”直接供给。后日伪为了使伪“满洲中央银行”成为有力的发行银行，并使金融资本与产业资本紧密结合，于1937年成立了伪“满洲兴业银行”，专管供应工矿企业所需的长期资金。伪“满洲中央银行”自然极力给与配合和资金支持，因此伪“满洲兴业银行”成为伪“满洲中央银行”的主要贷款户。“伪‘满洲兴业银行’的放款数额逐年猛增。1937年年末为二亿五千八百万元，1945年6月末一跃增到三十六亿零四百万元。而它从伪满洲中央银行取得的贷款竟达三十五亿一千五百万元，仅比其放出额少八千九百万元。”①

从伪“满洲兴业银行”放出资金的用途看，1945年3月末，工业资金占56%，矿产资金占11%，其他资金仅占33%。它的主要放款对象，不过30来个垄断公司。其中重点是拥有16个子公司的“满洲重工业公司”。而这是一家主要集中生产战略军需物资的公司。1944年3月末，伪“满洲兴业银行”对它发放了11.79亿元放款，占该行放款总额30.83亿元的1/3以上。② 资金供应的垄断，反映了生产的集中和垄断。伪满洲中央银行通过“伪满洲兴业银行”，重点支持了军工生产，支持了侵略战争，掠走和摧毁了无可估量的财富。

从另一份资料中，可以看出1942年6月至1944年12月间伪“满洲兴业银行”放款的主要对象。

① 《伪满洲中央银行简史》，见吉林省金融研究所编著：《伪满洲中央银行史料》，吉林人民出版社1984年版，第19页。

② 《伪满洲中央银行简史》，见吉林省金融研究所编著：《伪满洲中央银行史料》，吉林人民出版社1984年版，第19页。

表 8-6 伪“满洲兴业银行”主要放款对象表(1942 年 6 月至 1944 年 12 月)

(单位:百万元)

企业名＼年月	1942 年 6 月	1943 年 6 月	1943 年 12 月	1944 年 6 月	1944 年 9 月	1944 年 12 月
满洲重工业	169	164	163	253	307	327
日满商事	43	66	113	115	133	126
满洲房产	61	56	57	53	52	53
满洲林业	37	40	—	—	—	—
满洲矿业开发	15	15	51	68	76	91
满洲鸭绿江水电	35	35	25	26	28	23
满洲畜产	—	—	12	—	—	—
满洲农业公社	15	19	59	83	47	287
满洲电信电话	—	—	—	35	46	24
满洲电信建物	—	—	—	—	11	—
满洲电业	—	42	52	109	18	70
满洲生活必需品	41	55	76	84	110	105
康德矿业	—	—	—	—	51	61
密山炭矿	—	—	—	22	26	39
满洲兴业证券	—	—	—	20	24	26
钟渊纺织(钟渊工业)	—	—	20	20	20	20
关东军酒保	—	—	29	18	13	13

续表

年月 企业名	1942年6月	1943年6月	1943年12月	1944年6月	1944年9月	1944年12月
马车公会	—	3	—	—	—	—
东裕公司	11	10	—	—	—	—
满洲纸业统制协会	—	—	—	—	19	27
纤维联合会（满洲纤维公社）	—	9	—	11	25	51
满洲豆秆纸浆	—	12	—	12	14	18
满洲电化	—	—	—	—	18	40
满洲大豆化学	—	—	—	—	14	25
满洲林产化学	—	—	—	—	12	18
国际运输	—	—	—	—	47	87
满洲电气化学	—	—	—	14	—	—
同和自动车	16	—	—	—	—	—
满洲自动车制造	—	16	16	17	16	15
满洲工厂	—	—	—	—	29	28
满洲兴拓	13	—	12	12	29	33
三和兴业	—	13	12	15	16	16
奉天造兵所	—	7	12	—	12	—
满蒙毛织	—	—	—	—	19	—

续表

企业名＼年月	1942年6月	1943年6月	1943年12月	1944年6月	1944年9月	1944年12月
满洲住友金属	—	8	13	18	20	20
满洲飞行机制造	—	—	—	—	16	25
满洲电线	—	—	—	11	—	13
满洲制糖	—	9	—	—	—	—
昭和制钢所	—	6	—	—	—	—
本溪湖煤铁	28	52	82	—	—	—
满洲制铁	—	—	—	109	119	124
本溪湖洋灰	13	17	12	14	14	16
满洲开发	—	—	11	—	—	—
满洲盐业	—	—	—	—	14	17
吉林人造石油	15	—	—	—	—	—
其他	477	721	1056	1115	991	1226
总计	989	1375	1883	2254	2404	3064

资料来源:日本银行金融关系资料《满洲兴业银行日计表》和《金融月报》,见[日]安冨步:《“满洲国”の金融》(图表篇),日本创文社1997年版,第45页,表II-10C。

从表8-6的数据中,可以看出明显的几个特点:首先,伪“满洲兴业银行”对东北日伪实业的放款数额在2年左右的时间里有急剧的增加,从1942年6月总额9.89亿元,猛增到1944年12月的30.64亿元,两年半时间增加了2倍多;其次,伪“满洲兴业银行”放款对象虽然涉及各方面的多个公司,但主要以工矿企业为主;再次,伪“满洲兴业银行”放款重点中的重点,是集中生产战略军需物资的满洲重工业公司。可以看出,对满洲重工业公司的放款数量最多,各季度一直没有低于1.5亿元以下,进入1944年以后,更是从1.65亿元直接增加到3.27亿元。可见伪“满洲中央银行”通过伪“满洲兴业银行”重点支持军工生产,支持侵略战争,掠夺中国东北大量资源和宝藏的罪恶事实。

除了对伪“满洲兴业银行”大力放款外,伪“满洲兴农金库”也成为伪“满洲中央银行”放款的主要对象之一,成立于1943年的伪“满洲兴农金库”主要是为发放农副业资金,控制农村金融,掠夺农副产品而设立。资金不足则靠伪“满洲中央银行”全力支持。该库成立当年,从伪“满洲中央银行”就借款4.15亿元,1945年6月末竟达到18.39亿元。“在一年半的时间里,猛增三点四倍。相当于该库放款总额二十四亿元的百分之七十六点六。”①伪“满洲兴农金库”的放款对象主要是兴农合作社、农产公社、林产公社三家。1945年3月末对这三家贷放款预计为10.5亿元,占当时该库放款总额20.17亿元的52.1%,用于抢购粮豆及其他农副产品。②

伪“满洲中央银行”对日伪金融机构放款的第三个重点对象,是日本横滨正金银行。伪“满洲中央银行”对横滨正金银行的放款,1943年、1944年两年各为4亿余元,1945年因关东军军费改由东北就地解决,因之对横滨正金银行的放款猛增至26.6亿元。

① 《伪满洲中央银行简史》,见吉林省金融研究所编著:《伪满洲中央银行史料》,吉林人民出版社1984年版,第19页。

② 《伪满洲中央银行简史》,见吉林省金融研究所编著:《伪满洲中央银行史料》,吉林人民出版社1984年版,第20页。

"其中关东军军费即占 23 亿元"。①

伪"满洲中央银行"对以上 3 家金融机构的放款变动情况通过表 8-7 还可以看得更清楚。

表 8-7 伪"满洲中央银行"对三家金融机构的放款明细(1940 年、1943—1945 年) (单位:千元)

年份 \ 银行	兴业银行	兴农金库	横滨正金银行
1940	260306		
1943	989454	415944	460959
1944	2780837	1232436	470892
1945	3515895	1839499	2660000

注:1. 对正金银行放款,1944 年为 4 月末,1945 年为 7 月末数字。
2. 1945 年对兴业银行及兴农金库放款均为 6 月末,其余各年均为 10 月末数字。

资料来源:东北物资调节委员会研究组编:《东北经济小丛书·金融》,1947 年印行,第 50 页。

伪"满洲中央银行"在对日伪金融机构大量放款的同时,必然压缩对民间金融机构的放款。表 8-8 就显示了 1936 年到 1945 年间伪"满洲中央银行"对数十家私营银行的放款情况。

表 8-8 伪"满洲中央银行"对私营银行放款情况统计(1936—1945 年) (单位:千元)

年份 \ 项目	放款额	往来私营银行数
1936	11153	17

① 《伪满洲中央银行简史》,见吉林省金融研究所编著:《伪满洲中央银行史料》,吉林人民出版社 1984 年版,第 20 页。

续表

项目 年份	放款额	往来私营银行数
1937	11127	22
1938	12268	29
1939	5732	31
1940	4554	36
1941	14861	38
1944	30000	16
1945	5000	16

资料来源:东北物资调节委员会研究组编:《东北经济小丛书·金融》,1947 年印行,第 49 页。

伪“满洲中央银行”的重要职能之一,就是为伪“满洲国”和日本关东军筹措军费。前述伪“满洲中央银行”滥发纸币的一个重要原因就是为了支持军费开支。1945 年 2 月,伪“满洲中央银行”调查部部长庆田在关东军经理部的一次秘密会议上的讲话时说,“通货增加的一个主要原因,不能不说是军费开支。而军费开支又与产业资金相联系,特别是矿工业资金需要的增加”①。伪“满洲国”军费(包括治安费)开支,有双重负担。一个是军队、警察费用,一个是为日本关东军负担的军费,共占每年财政支出的三四成。其费用如果以 1932 年为基期,则 1940 年为其 3.8 倍多,以后逐年激增。起初以所谓“国防费分担金”的名义,由日伪按比例分担,列入财政预算。1944 年,日本财政经济已临崩溃,遂把关东军军费负担完全压在东北人民头上。日本政府指令横滨正金银行出面,代其向伪“满洲中央银行”借款,日本银行担保。然后日本政

① 《伪满洲中央银行简史》,见吉林省金融研究所编著:《伪满洲中央银行史料》,吉林人民出版社 1984 年版,第 11—12 页。

府转账给日本军部,再拨付给关东军,存入伪“满洲中央银行”总行“关东军”户头。至 1945 年 8 月,在 1 年多的时间里,在伪“满洲国”“筹措”军费即达 34 亿元。①

日本伪“满洲”军费的详细支出来源情况可参见表 8-9。

表 8-9　日本在伪“满洲”军费来源情况统计(1939 年上期至 1945 年下期)

(单位:百万元)

项目 年·期	日本国库金支出	横滨正金银行贷与	合计
1939 年上期	211	—	211
1939 年下期	319	—	319
1940 年上期	258	—	258
1940 年下期	423	—	423
1941 年上期	379	—	379
1941 年下期	744	—	744
1942 年上期	579	—	579
1942 年下期	763	—	763
1943 年上期	713	—	713
1943 年下期	1079	—	1079
1944 年上期	998	—	998
1944 年下期	479	600	1079
1945 年上期	—	1500	1500
1945 年下期	—	1300	1300
累计	6945	3400	10345

资料来源:[日]安冨步:《“满洲国”の金融》(图表篇),日本创文社 1997 年版,第 70 页,表 11-21。

① 《伪满洲中央银行简史》,见吉林省金融研究所编著:《伪满洲中央银行史料》,吉林人民出版社 1984 年版,第 12 页。

从表 8-9 可以看出，在 1939 年至 1944 年间，日本从国库金中为满洲的军费支出了 69.45 亿元，而在 1944 年下半期到 1945 年一年半的时间里，通过横滨正金银行支出了 34 亿元，而合计 6 年左右的时间，日本在满洲的军费开支共达 103.45 亿元。显然，日本控制的这些银行在其中发挥了重要的作用。

为帮助侵略战争，集聚资源，以伪“满洲中央银行”为首的日伪银行还采取种种措施，实行“资金统制”和强迫储蓄。从 1939 年起，在伪“满洲中央银行”和伪“协和会中央本部”控制下，组织中央、省、市、县(旗)储蓄联络委员会，设立所谓“实践委员会”，策划开展“国民储蓄运动”。为此，伪“满洲中央银行”各级机构内设立“储金部”，办理储蓄存款的具体业务。1941 年，为进一步加强对储蓄的控制，改由伪“协和会”直接领导，伪“满洲中央银行”予以协助。在主要城市组织以伪“满洲中央银行”为中心的国民储蓄金融机构委员会。各有关金融机构(包括邮局、合作社、保险公司等)均从事摊派储蓄。在各金融机构里组织储蓄“挺身队”，胁迫群众参加。从 1942 年开始，又强逼城镇居民、机关、企事业、团体等一律组成集体储蓄会，接收摊派任务。如若完不成，就被视作违法，有的被抓去当劳工。

1942 年 3 月，伪满洲政府公布实行《国民储蓄会法》，规定储蓄为义务制。1944 年，日伪在穷途末路的情况下，为挽救败局，将储蓄领导机构改为伪满最高行政机关“国务院”总务厅，在总务厅内设储蓄奖励本部，领导储蓄运动。在各种近乎疯狂的搜刮手段下，伪“满洲国”的年储蓄数额急剧增加：1939 年为 5 亿元，1944 年达 30 亿元，1945 年更猛增至 60 亿元，“竟达国民总收入预算额的百分之四十六点二，六年间增长十一倍”①。

---

① 《伪满洲中央银行简史》，见吉林省金融研究所编著：《伪满洲中央银行史料》，吉林人民出版社 1984 年版，第 13 页。

可以想见,为达到多多吸收存款的目的,伪满政府和伪"满洲中央银行"必然会采取多种手段和花样。事实也确实如此,伪满政府把工商企业存款、个人存款、生命保险费等都列入储蓄内容,甚至有出卖不动产储蓄、鸦片瘾者储蓄、小学生储蓄等,不一而足。看电影、戏剧,参加各种娱乐活动,下饭馆,买烟、酒、茶、糖等日用消费品也都要按消费额或商品价格搭配储蓄票。名曰储蓄,实则变相课税。还将每月 8 日定为所谓"诏书奉戴日",同时也为储蓄日。每当日本侵略军占领某个重要地点时,则确定感谢"皇军"战捷储蓄旬,胁迫群众参加储蓄。甚至采取高压措施,硬性克扣。如出卖不动产储蓄,不问其具体情况,一律按出售价款的半额,由房地产管理部门在办理出卖手续时硬性扣存,3 年内不准动用。对机关企业职工,按工资收入一定比例,从工资中扣留。农村储蓄按出售农副产品价款总额的 15%,在出售农村产品时由兴农合作社扣留。鸦片瘾者也要组成国民储蓄会,以"管烟所"、鸦片分配所等为单位,各所长为会长,瘾者为会员,会员每人每月必储 10 元,否则不供给鸦片。按《国民储蓄会法》规定:"无正当理由不组成单位储蓄会时,罚以五百元以下之罚金。"①可见其强迫储蓄之甚。

另外,为筹集资金,伪"满洲中央银行"和伪"满政府"还发行过伪币公债和日币公债。伪"满政府"在日本发行日币公债。日伪发行的公债,分为伪币公债和日币公债两种。在日本发行日币公债,给日本财团输出资本开了方便之门。伪币公债,由伪"满政府"发行,伪"满洲中央银行"包销。其偿还期一般为 10 年到 20 年,最长达 50 年。日币公债,也由伪"满政府"发行,由日本兴业银行等 17 个金融机关组成承包团包销。其资金主要用于对铁路

① 《伪满洲中央银行简史》,见吉林省金融研究所编著:《伪满洲中央银行史料》,吉林人民出版社 1984 年版,第 14—15 页。

和矿山投资。偿还期一般10年左右,最长不超过15年。

“日伪统治十四年间,共发行公债八十七种,合计金额四十亿零五千五百万元。其中伪币公债五十六种,三十亿零二千五百万元,占公债发行总额的百分之七十四点六;日币公债三十一种,十亿零三千万元,占公债发行总额的百分之二十五点四”。①

伪“满洲中央银行”承包伪币公债后对私营银行、民族工商业者及个人,采取软硬兼施的诱逼手段,强行推销。一是以发放公债抵押放款为诱饵,刺激企业承购公债。此项放款利率低,借款额可以达到抵押公债票面额的95%。二是降低银行存款利率。使一般存款利率低于公债利息,引诱企业购买公债。但是,更多的情况却是硬性摊派。1943年5月,伪“满政府”公布《资金特定用途制度》,规定各银行及商工金融合作社等金融机关,须保有相当于存款额30%的公债;各公司企业都得保有占纯益金一定比例的公债。对所有职工一律按收入比例摊派相应的公债。此外,对一般群众,也不放过,采取种种手段强行推销。及至伪满末期,又发行为期三年、五年的所谓“报国公债”等。金融机关、公司企业保有公债,可以得到许多优惠待遇。而劳动人民被迫承购的公债,在物价暴涨、货币贬值的情况下,则是徒蒙损失。

日伪为适应侵略战争的需要,从1937年起,实行所谓“战时统制经济”,公布了《国家总动员法》,强行把国民经济纳入军事化轨道。1938年9月,又公布了《临时资金统制法》,实行“资金统制”,把有限的财力、物力,集中用于军工生产。此项法令的执行由伪“满洲中央银行”进行监督、检查和办理具体事务。同时,伪“满洲中央银行”又强制私营银行设立所谓“银行协会”,要求加入

① 《伪满洲中央银行简史》,见吉林省金融研究所编著:《伪满洲中央银行史料》,吉林人民出版社1984年版,第15页。

"共同融资团",为其推动"资金统制"充当帮凶。而且,在一些重点厂矿企业中派驻驻厂(矿)员,监视生产,干预经营。这个"资金统制"随着侵略战争屡遭惨败而越来越严酷。开始时,"资金统制"只对资本金 50 万元以上和需要贷款 10 万元以上的企业实行。之后,对资本金 20 万元以上和需要贷款 5 万元以上的企业也列入统制对象。1940 年,日伪财力、物力愈益陷入困境,对一般企业的借款也严加控制起来。1941 年太平洋战争爆发,日伪与英美等国相互冻结对方财产,国际贸易断绝,日伪愈陷孤立,不得已实施了《战时紧急经济方策纲要》,推行所谓"彻底的重点主义"方针,集中一切可能集中的财力、物力,用于掠夺铁、煤、粮食等急需物资。对伪"满洲房产公司"、伪"满洲农产公社"的对外放款,也一并管理起来。对私营银行,则逼迫它们扩大存款,并将存款的 3 成存于伪"满洲中央银行"。各公司、企业,必须提报"资金需要计划"和"业务报告"。更有甚者,伪"满洲中央银行"对企事业单位的设立和撤销、资本的增减、名义的变更、企业内部的开支、利润分配以及个人买卖房地产等活动,但凡涉及资金流动的事务,都纳入了"资金统制"范围之内。①

"资金统制"的实行,维护了少数垄断企业的利益,摧残了民族工商业。三十几家工矿业垄断公司,1945 年 6 月获得的放款额竟比 1938 年 6 月增加 86 倍;29 家经营农副产品的大公司,1945 年 1 月得到的放款,也比前二年增加 3.2 倍。与此相反,民族工商业却遭受沉重打击。1941 年 7 月 28 日,伪"满政府"作为紧急对策,公布以 7 月 25 日物品价格为水准的《价格等临时措置法》,限制价格变动。再加上实行配给制度的控制,使民族企业营业衰落,

① 《伪满洲中央银行简史》,见吉林省金融研究所编著:《伪满洲中央银行史料》,吉林人民出版社 1984 年版,第 16—17 页。

资本金缩减到惨不忍睹的地步。“如1945年伪政府安排的产业资金65亿元中，一般产业（其中包括民族产业），仅有6亿元，占9.2%，比上年减少40%多。直到日本帝国主义投降时，在私人工业投资中，日本人占95.5%，中国人仅占0.5%，民族资本被摧残殆尽”。①

此外，伪“满洲中央银行”在控制外汇，垄断对外贸易等方面同样采取和实行了一系列措施。1935年11月，日元、伪币实现等价后，日伪为防止资金外流，维护币值，稳定汇兑汇价，乃制定公布《汇兑管理法》等有关外汇、外贸管理的方针、政策和法令。开始禁止伪币投机买卖和金银出境；禁止外币交易和输入。伪“满洲中央银行”负责管理对关内、日本的外汇、外贸。对第三国则由横滨正金银行一手独揽。

汇兑管理刚开始实行时，民众对伪币极不信任，金融市场动荡不稳。1937年1月和10月并以后屡经修改《汇兑管理法》，把汇兑管理与贸易管理扭在一起。凡输出贸易，必经伪“满洲中央银行”批准，另对非贸易输出入，证券输出入，商旅出境携带现款，向关内赡家汇款等均加以限制。其目的在于防止资金外流，沉重打击了民族经济。

日本和伪满间的外汇贸易，以“日满经济一体化”“日本搞军工工业”“满洲国是原材料基地”为指导方针，因此伪满与日本之间的汇兑，在初期并没有进行限制。1940年后，虽表面上限定10万元、3万元、5000元，但是只要伪“满洲中央银行”“同意”，即可通过该行或伪“满洲兴业银行”、横滨正金银行，不拘多少都可汇出汇入。汇兑资金的调剂，也不需要汇兑基金，概由伪“满洲中央

① 《伪满洲中央银行简史》，见吉林省金融研究所编著：《伪满洲中央银行史料》，吉林人民出版社1984年版，第18页。

银行"东京支行与日本银行签订短期透支契约解决。从1933年到1945年的13年间,伪满贸易由日本进口122.2亿元,占进口总值的82%,向日本输出50.7亿元,占出口总值的63%。① 进口绝大部分都是工业品,而出口65%左右是农副产品。这从一个侧面强有力地证明了伪"满洲国"殖民地经济被剥削、受掠夺的实质。

伪"满洲国"管理外汇资金,采取"外汇集中制",即把各银行取得的外汇资金,集中到伪"满洲中央银行",然后交由横滨正金银行调剂使用。

以上种种特点,都证明伪"满洲中央银行"自始至终就是被日本关东军和日本政府控制,受其支配并为其服务的殖民地银行。

第二节 关内沦陷区的金融业

1937年抗日战争全面爆发前后,日本势力进入中原地区,大片国土沦丧。日本侵略军在沦陷区进行经济榨取,无不以金融首当其冲:或劫持中国金融机构建立日伪金融系统;或设立日伪银行,发行钞券,统制汇兑,以控制沦陷区的经济;或发行和推广军票,提高其比价,吸收法币攫取国统区物资;另外还有制造假币以扰乱国统区币制;等等,不一而足。

一、日伪占领下的华北地区金融业

(一)"七七事变"前日本在华北的金融活动

东北成为日本殖民地后,关内的大片国土和资源遂成为日本

① 《伪满洲中央银行简史》,见吉林省金融研究所编著:《伪满洲中央银行史料》,吉林人民出版社1984年版,第21页。

帝国主义进一步的侵略目标。1935 年 9 月，日本提出建立独立于国民党政府的华北政权的要求。当年 11 月伪冀东防共自治委员会得以成立，12 月在日本和国民党政府双方参与下，成立了以宋哲元为委员长的伪“冀察政务委员会”，12 月 25 日改称伪“冀东防共自治政府”，这是完全在日本庇护下设立的傀儡政权。通过这个伪政权，大量日本商品以公开走私的贸易形式涌入关内，严重打击了国民党政府的关税收入。

在这种情势下，日本帝国主义金融势力必然插手干涉华北金融。首先是对 1935 年 11 月国民党政府实行的“法币改革”抱敌对态度。1935 年 11 月 8 日，日本驻华大使馆武官矶谷廉介发表声明公然反对华北现银南运和币制改革。第二天，日本外务省也发表谈话，以事前未与日本协商就着手币制改革为由表示不满。日系银行拒绝将白银移交国民党政府系银行。赞成币制改革的平津地区中国方面银行实际上也反对将现银南运，因此成立天津发行准备管理委员会作为名义上的现银保管机关，实际上现银仍归各家银行自己保管。外国银行中，除日系银行所有的 500 万元之外，基本上都已移交中国方面。中国方面的银行中，伪“冀察政务委员会”控制的河北省银行在日本方面的压力下也拒绝移交现银，并将各银行的现银逐渐集中到日伪控制的银行中。

1936 年年底，日本方面在研究建立日本控制下的华北特殊币制方案时，先后提出的方案有三种：“a. 金票案；b. 伪“满洲国”币案；c. 华北统一银行券案”①，但由于法币改革的原因都未能付诸

① “关于中国币制改革问题大藏省汤本国库课长谈话要领”，见［日］岛田俊彦、稻叶正夫编：《近代史资料》第八卷，1964 年版，第 124 页。见［日］浅田乔二等著：《1937—1945 日本在中国沦陷区的经济掠夺》，袁愈佺译，复旦大学出版社 1997 年版，第 182 页。

实施,结果在“七七事变”前后采取了接近c方案的办法。从1936年5月起伪冀察政务委员会、经济委员会命令河北省银行发行该行的新银行券,这种银行券在北平、天津、保定、察哈尔等地流通。显然,因为伪“冀察政权”受日本干预和控制,这种与国民党政府币制改革背道而驰的做法,不外是日本控制华北地区的一个环节。1937年8月,日本政府有关各省会议决定的《第二次华北处理要纲》,目的在于使华北成为“防共亲日满地带”,该要纲强调培植日本特殊权益和华北的独立,其中关于金融方面的对策有如下的表述:“最后的目标固然在于建立脱离南京方面金融统治的华北中央金库,但鉴于华北金融的现状,南京政权的通货金融政策及其他各种情势,上述目的难以实现。对于河北省银行这种华北原有的金融机关……应当加以培植强化,借以树立名副其实的冀察中央金库的基础,暂时以此作为当前的目标”。①

除河北省银行外,1936年11月,伪“冀东政”权在日方援助下在通州开设了冀东银行,1937年3月开始发行钞票。河北省银行和冀东银行发行钞票的行动,是日本针对国民党政府币制改革而采取针锋相对的敌对行动之一。目的是要搅乱华北的币制统一,甚至进一步想用这些新发行的钞票驱逐国民党政府发行的法币,结果形势的发展与日伪的期望相反,法币反而更加广泛深入地进入华北市场,日伪的企图未能得逞。

(二)“七七事变”后的华北地区金融

1937年八九月间,日军侵入内蒙古、张家口、大同和归绥一带。这些地区原来的货币状况十分复杂,除中国、交通两银行发行的钞

① [日]浅田乔二等著:《1937—1945日本在中国沦陷区的经济掠夺》,袁愈佺译,复旦大学出版社1997年版,第182页。

票之外，尚有当地发行机构发行的各种钞票。日军侵入后，为统制当地金融，遂采取一系列措施：首先是在1937年8月底，成立所谓“察南自治政府”，9月23日宣布设立“察南银行”，同年10月1日该行正式开始营业，其后为加强实力计，进一步扩大该行的组织，改为“蒙疆银行”，于同年11月13日宣布成立，12月1日正式接收“察南银行”，开始营业。该行的成立实际是作为伪“蒙疆”的中央银行，成为统一发行钞票及统制全蒙疆地区的最高金融机关。①

“蒙疆银行”成立后，即以“银行之银行”的地位，利用各地钱庄共同出资（各出资百万元），在各自政府所在地设立一家实业银行，由“蒙疆银行”操纵指挥，各行负责人均以参加股份钱庄的代表担任。此外尚设日籍指导员一人，由“蒙疆银行”指派，管导一切行务。

在“蒙疆银行”控制指挥下的傀儡银行共有3家，具体情况如下：

表8-10 日伪“蒙疆银行”控制下的傀儡银行情况统计

[单位：元（蒙银券）]

项目 行名	资本定额	实交	总行地点	分行处所在地
晋北实业银行	1000000	蒙银：500000 各钱庄：116250	大同	阳高、天镇、左云、岱岳镇、口泉镇、朔郡、应郡、浮源、泽源、广灵
察南实业银行	1000000	蒙银：500000 各钱庄：379000	张家口	宣化、蔚县、阳原、怀来、涿鹿、赤城、淮安、龙关、沙城镇、紫沟堡、张家口上堡、张家口桥东等处

① 谭玉佐编著：《中国重要银行发展史》，（台湾）台北联合出版中心1966年版，第522页。

续表

项目 行名	资本定额	实交	总行地点	分行处所在地
蒙古实业银行	1000000	蒙银:500000 各钱庄:345500	归绥	包头、集宁、丰镇、萨拉斋、厚和、新城、旂下营

资料来源:谭玉佐编著:《中国重要银行发展史》,(台湾)台北联合出版中心 1966 年版,第 523 页。

此后 1942 年 5 月间,这 3 家银行改组合并成为同和实业银行,"资本 500 万元,于三十一(1942)年六月正式设立"。据调查,控制这几家傀儡银行的"蒙疆银行","总裁为日人宗田征夫……监理官一职,系由日人柴山兼任。该行原定资本为一千二百万日元,后增为四千五百万元,但大部现金准备(硬币)早经运日,而以牛、羊、马及乳酪等实物为基金,发行钞券"①。

另一家重要的日伪银行是 1938 年 3 月成立的伪"中国联合准备银行"。1937 年 12 月,汉奸王克敏在日本的扶植下于北平组织成立了伪"中华民国临时政府"。在伪临时政府成立前的 9 月 12 日,如上所述,日本内阁会议就决定了《华北金融对策要纲》。这项要纲的计划很明显,就是不仅要积极利用河北省银行,而且要加以扩充,实现由中国人开设的各银行共同出资建立联合准备制度的目标。但只过了 2 个月,11 月 26 日,日本内阁会议上原来的《华北金融对策要纲》中积极利用河北省银行的方案,就被调整为《华北联合银行设立要纲》,规定银行资本由伪"华北政权"和在华北的中国各银行分别出资半数,伪"临时政府"的出资由日方援助。日本此时的打算,是将华北联合银行"作为伪临时政府的中

① 谭玉佐编著:《中国重要银行发展史》,(台湾)台北联合出版中心 1966 年版,第 524 页。

央银行，负有华北通货金融统制机关的职能”来设计和定位的。该银行“设置预定由日本人担任的顾问制度”，目的是保证能够由“日本金融当局掌握联银的权力”。①

以《华北联合银行设立要纲》为基础的联合银行营业条例于1938年2月5日正式公布，当天由正金、朝鲜、日本兴业3家日方银行向临时政府提供总额1250万元的贷款以助其成立。而联合银行的组织及业务方案，均由日方创立委员会拟定，目的就是要伪“中国联合银行”“必须按日本方面的基本方针强制贯彻执行”。

伪“中国联合银行”于1938年2月11日成立，于当年3月10日正式开业。伪“临时政府”于3月11日立即公布下述有关法令：(1)规定联银发行的纸币为国币；(2)公布旧通货的整理办法；(3)关于扰乱金融取缔办法；(4)规定联银券对外价值与日本元等价。② 伪“中国联合准备银行”总行设于北平，另在各重要城市设立分支行处，同时仿照“蒙疆银行”做法，在各重要城市里从中策动，另行筹设地方银行，由伪“中国联合银行”担任资本半数，余则就地征集，以树立其统制金融的权威。

伪“中国联合准备银行”总行和分支行设立情况如下：

表8-11　伪“中国联合准备银行”总分支行设立情况统计

总行设立地点及日期	分行设立地点及日期	分行设立地点及日期	办事处设立地点及日期
北平(1938年3月10日)	天津(1938年3月10日)	青岛(1938年4月6日)	威海卫(1939年2月6日)

① [日]浅田乔二等著：《1937—1945日本在中国沦陷区的经济掠夺》，袁愈佺译，复旦大学出版社1997年版，第185页。

② [日]浅田乔二等著：《1937—1945日本在中国沦陷区的经济掠夺》，袁愈佺译，复旦大学出版社1997年版，第186页。

续表

总行设立地点及日期	分行设立地点及日期	分行设立地点及日期	办事处设立地点及日期
	济南(1938年4月6日)	石家庄(1938年4月15日)	龙门(1939年6月5日)
	唐山(1938年4月20日)	太原(1938年11月1日)	秦皇岛(1939年10月14日)
	烟台(1938年11月1日)	山海关(1938年11月28日)	塘沽
	新乡(1939年2月8日)	临汾(1939年2月18日)	
	运城(1939年2月23日)	开封(1939年4月20日)	
	徐州(1939年5月16日)	海州(1939年6月1日)	
	秦皇岛(1939年10月17日)		

资料来源:谭玉佐编著:《中国重要银行发展史》,(台湾)台北联合出版中心 1966 年版,第 524—525 页。

除了伪"中国联合银行"直接设立的分支行处外,伪"联银"还有一批由其出资帮助成立和受其控制的银行。这些银行大部分都在 1939 年后成立,其中各家银行一半的资本金都为伪"中国联合准备银行"出资设立,这些银行的具体情况可参见表 8-12。在这些银行中,"河北及冀东两行在日本帝国主义占领华北之前就已接受日本方面的参加;中国、交通两行在太平洋战争爆发后被接收编入联银伞下,其余的银行都是由联银全部或半数出资,其中的山东农业银行是以旧山东省民生银行为基础;1944 年设立的华北工业银行是以发展轻工业为目的并继承中华汇业银行债权和债务的银行。其余的四家据称是'分别由山东、河南、山西各省有力人士提出新银行计划而由本行(指联银—引者注)援助创立的'"。这些联银控制的地方银行的职能,主要是分担联银"地方农业、工业和商业等方面的业务,并代理联银执行供应货币和吸收存款的业务"。①

表 8-12　伪"中国联合准备银行"控制下的银行概况

(单位:百万元)

项目 行名	设立年月	实收资本	联银出资	存款	放款
河北省银行	1929 年 3 月	3. 0	1. 5	46. 8	57. 8
冀东银行	1936 年 11 月	2. 5	1. 25	28. 3	29. 3
大阜银行	1939 年 8 月	1. 5	0. 75	17. 9	13. 0
鲁兴银行	1939 年 9 月	1. 5	0. 75	16. 4	12. 3
河南实业银行	1940 年 8 月	0. 5	0. 25	7. 5	3. 8
山西实业银行	1941 年 7 月	1. 5	0. 75	7. 6	2. 0
山东农业银行	1942 年 3 月	5. 0	2. 5	3. 2	1. 9
中国银行	1942 年 10 月	6. 0	3. 0	19. 0	11. 2
交通银行	1942. 10	5. 0	2. 5	17. 1	7. 7
华北储蓄银行	1943 年 3 月	1. 0	1. 0	—	—
华北工业银行	1944 年 10 月	10. 0	5. 0	—	—
合计	—	37. 5	19. 25	163. 8	139. 0

注:1. 河北省银行原为河北银行,1942 年 7 月改名为河北省银行。

2. 存款放款数字均为 1942 年年底数字。

资料来源:联银顾问室:《中国联合准备银行五年史》(1944 年),第 65—66 页,见[日]浅田乔二等著:《1937—1945 日本在中国沦陷区的经济掠夺》,袁愈佺译,复旦大学出版社 1997 年版,第 226 页。

① [日]浅田乔二等著:《1937—1945 日本在中国沦陷区的经济掠夺》,袁愈佺译,复旦大学出版社 1997 年版,第 227 页。

伪“中国联合准备银行”成立后,在开业的同时即开始对其他所谓旧通货进行清理,清理的主要对象是法币。其对此前通货的主要清理办法规定如下:

“第一条　中国联合准备银行发行之货币定为国币,一切款项之支付必须使用之。

第二条　原来流通之中国银行及交通银行发行之纸币(券面印有天津、青岛或山东字样)、河北省银行及冀东银行发行之纸币限于本办法施行之日起满一年内得以流通。前项列举之纸币对国币暂时按一元对一元之比率流通。

第三条　原来流通之中央银行发行之纸币及前条印有地名以外之中国银行及交通银行发行之纸币限于本办法施行之日起三个月内得以流通(下略)。

第四条　原来流通之纸币在第二条及第三条未予列举者,按前条办理,限于三个月内得以流通……”①

1938 年 6 月 10 日,中国、交通两行的北方券及河北省、冀东两银行以外的银行券一律被禁止流通,同年 8 月 7 日对中、交两行北方券实行贬值 10%,到 12 月 31 日又强行贬值 30%,同时精心策划对法币的进攻。1939 年 3 月 10 日,河北省、冀东银行券以及法币也一律被禁止流通。与此同时,也积极回收在华北流通的属于日系通货的日银券、朝银券、伪满洲中央银行券和蒙银券等,极力推动联银券的使用,也因此,伪联银券的发行额得以急剧增加。表 8-13 中的数字就显示了这一点:

---

①　联银顾问室:《中国联合准备银行五年史》(1944 年),第 8—9 页,见[日]浅田乔二等著:《1937—1945 日本在中国沦陷区的经济掠夺》,袁愈佺译,复旦大学出版社 1997 年版,第 187 页。

表 8-13　日军占领地区通货发行额统计(1937 年 12 月—1945 年 8 月)

(单位:百万元)

年月＼项目	蒙银券	联银券	军票	华兴券	储备券
1937 年 12 月	13	—	1	—	—
1938 年 6 月	18	59	1	—	—
1938 年 12 月	36	162	36	—	—
1939 年 6 月	32	264	131	0.6	—
1939 年 12 月	60	458	151	5.1	—
1940 年 6 月	57	599	160	5.6	—
1940 年 12 月	93	715	248	5.6	—
1941 年 6 月	66	690	271	—	65
1941 年 12 月	114	964	244	—	237
1942 年 6 月	83	937	251	—	1172
1942 年 12 月	143	1581	381	—	3477
1943 年 6 月	176	1949	471	—	9122
1943 年 12 月	379	3762	487	—	19150
1944 年 6 月	418	5995	436	—	38359
1944 年 12 月	1058	15841	671	—	139699
1945 年 6 月	1818	55391	1494	—	738723
1945 年 8 月	3600	132603	2516	—	2697231

注:发行额各种资料数字多不一致,据 1. 日银统计局:《战时金融统计要览》(1947),第 157—158 页(《日本金融史资料》昭和篇第 30 卷)。2. 兴亚院经济部第四课:《华中通货情况参考书》(1942 年 6 月)[秋元文书(54)]整理。

资料来源:见[日]浅田乔二等著:《1937—1945 日本在中国沦陷区的经济掠夺》,袁愈佺译,复旦大学出版社 1997 年版,第 188 页。

从表 8-13 中的数字可知,上述这些日系银行于 1937 年全面抗战爆发后,其纸币发行数字都有明显的增长。但是,其中发行纸币增长速度最快的有两家:一家是伪"中国联合准备银行",另一家就是华中汪精卫政权控制下的伪“中央储备银行”。

在1941年12月太平洋战争爆发之前,日军虽可以通过这些金融机构进行金融上的劫持,但对于英美等国在华北地区的金融机构和势力尚有顾虑。自太平洋战争爆发后,日军遂毫无顾忌,1942年1月上旬对平津两地的英国汇丰、麦加利,美国的花旗、大通和中国的中央、中国、交通等银行全数接收,国民党政府存于天津英租界的白银亦被攫去,充作伪“中国联合准备银行”的资金。到三四月间,更是假借整饬金融为名,对平津等地银钱业,实行彻底之清查,规定每庄号资本最低额需在50万元以上,并限定以资本之半数存放于伪“中国联合准备银行”。仅就天津一地而论,以不符规定致被迫停业之钱庄数达60余家,其余能够继续经营者,亦在严酷操纵下苟延残喘而已。

在以平津一带为中心的华北地区,自伪“中国联合准备银行”成立并发行联银券后,日伪即以其作为主要的通货使用。伪联银券发行之初,与日钞等价行使,并与国民党政府发行的法币等值联系,其对外汇价,早期系随日元对英镑连锁制,每元银联券合英镑1先令2便士,其后因战局关系,于1939年12月14日改随日元与美元相联系,每百元折合23美元又7/16。

伪联银券发行后,进入社会和市场流通主要采用以下的这些方式:

1. 充作财政支出,以军饷和政府所发薪资的方式进入社会及市场。

2. 伪“中国联合准备银行”以伪联银券分送各银行,强迫各银行接受,以为存款。

3. 收购物资,经营实业:利用敌伪统制机关以伪钞收购货物,设立各种公司(如华北交通、华北盐业等),以伪钞充作资本经营各种实业。

4. 以伪钞充作其他伪行及合作社资本：如伪联银曾贷款800万元给与"冀东银行"，充作该行营运资金。同时还担任河南实业银行、青岛大阜银行及济南鲁兴银行资本之一部分。另外，当日伪在华北设立合作社时，伪联银券也被充作资本。

5. 日军同样要求日侨使用伪钞：驻留平津的日本人，需向日本银行或伪行以日元兑换伪联银券使用，日本人间的交易，亦禁止使用日钞，日本人到华北地区旅行者，亦需兑换伪联银券使用。①

二、汪伪政权控制下的金融业

上面提到，在日本占领区日系银行发行纸币最多的有两家，分别是伪"中国联合准备银行"和汪精卫汉奸政权成立的伪"中央储备银行"。1940年3月20日，汪精卫集团在日本帝国主义扶植下，以"还都"为口号在南京建立起伪政权"国民政府"。1940年12月19日，在日本的直接策划、指导和干预下，汪伪政权公布了"中央储备银行法"，该法共6章31条。规定该行为伪"国民政府"设立之"国家银行"，资本总额为1亿元，由"国库"拨足。可招募商股，但不得超过40%。主要业务为发行本位货币、辅助货币、兑换券；经营"国库"；经理接收内外债券及本利支付结算；经理收付"国营"事业资金；管理"全国"银行储备并经理各行间汇拨结算事宜；代理地方公库及公营事业资金之收付；汇收存款及"国库"证券、公债息票之贴现；国内银行承兑票、国内商业汇票及期票重贴现；买卖国内外银行到期汇票、支票；买卖生金银及外国货币；抵

① 谭玉佐编著：《中国重要银行发展史》，(台湾)台北联合出版中心1966年版，第527页。

押贷款、放款等。①

1941 年 1 月,作为汪伪政权中央银行的伪“中央储备银行”在南京设立,随后分别在上海、苏州、杭州、蚌埠、宁波等城市设立分行,并在芜湖、南通、无锡、嘉兴、扬州、日本东京等城市设立办事处。伪“中央储备银行”由伪“政权行政院”副院长兼“财政部”部长周佛海担任总裁,金城银行大连分行经理钱大櫆担任副总裁。理事会、监事会也同时成立,周佛海、钱大櫆分任正副主席,罗君强任监事会主席。伪“中央储备银行”总行及重要支行设顾问室,日本人木村增太郎、吉川智慧丸为总行顾问室顾问。总行之下设业务局、发行局、国库局、外汇局、总务处、稽检处、秘书处、无线电台等,并在上海设立金融检查事务处,在南京设分处,统一管理金融检查事务。

伪“中央储备银行”设立后,立即发行伪“中央储备银行”券(以下简称伪中储券),伪中储券发行时规定流通范围为华北、华中和华南,但华北地区暂缓实行,故实际流通范围只有华中(包括南京、上海等华东地区)和华南。

伪“中央储备银行”是汪伪政权在金融领域中最重要的金融机构,汪伪政权希望通过其设立达到几种目标:首先是与西撤到西南地区的国民党政府争夺政权的正统地位和合法性。汪伪政权打着承继国民党政府“党统”“法统”“三民主义建国方略”的幌子,在不抵触日本的前提下,保留绝大部分国民党政府的政治体制,再按照 1937 年 3 月国民党中央政治会议通过的改组“中央银行”为“中央储备银行”的决议,将筹建中的伪“中央政权”的银行定名为“中央储备银行”,以示自己政权的正统性和合法性。其次,是想

① 中国第二历史档案馆编:《中华民国史档案资料汇编》第 5 辑第 2 编附录(下),江苏古籍出版社 1997 年版,第 952—958 页。

通过设立伪“中央储备银行”来奠定和维持伪政权的财政问题。当时，华中经济惨遭破坏，日本军票在日本军部的控制下大肆掠夺，而把持华中沦陷区财政的日本，又拒绝将存于横滨正金银行的江海关关税返还于汪伪，“汪伪政权成立前，只准以借款形式借4000万元”，而这4000万元根据1940年3月30日汪伪政府“财政部”部长周佛海，与日本横滨正金银行上海支店经理岸浪义质签订的《四千万元借款契约》和《谅解事项》规定，这4000万元法币存在横滨正金银行的存款账户上，可分4次提取，分别是3月30日1500万元，4月30日1000万元，5月30日1000万元，6月30日500万元，汪伪政权在“提取该款时要告知正金银行数额和现金种类，并且同意接受军票和华兴券”。再加上这时江、浙、皖三省的统税和整个华中地区的盐税也掌握在日本的手中①，汪伪政权要筹集和维持伪政府运作的资金，不得不从设立自己能够掌控的银行着手，伪“中央储备银行”就是在这样的背景下出笼的。汪伪政权是企图通过设立伪“中央储备银行”来复兴华中经济，进而实现解决政府财政问题的目的。最后，对抗坐镇重庆的国民党政府。汪伪政权借日本之力成立伪政权，目的便是逐渐成为中国的“合法”政府。所以除了在“名分”的“正统性”上与国民党政府相抗之外，也在经济举措上与之对抗，对其实施打压行动。伪中储行的设立形成了国民党政府、汪伪政权与日本政府三方金融势力角逐的局面。其中日本与汪伪从总体上是相互利用的关系，他们联合起来与国民党政府对抗和进攻，“从全局角度看，重庆国民党

① 朱佩禧：《寄生与共生：汪伪中央储备银行研究》，同济大学出版社2012年版，第17页。

政府是守方,汪伪政府和日本政府是攻方"①。

伪"中央储备银行"是最典型的殖民地银行,业务大权完全掌握在日本人手中,一切重大决策和业务活动均须受命于日本对华进行经济侵略的统帅机关"兴亚院"。日本则通过如下四种手段对其进行控制。首先,是顾问制度。日本先后派进伪"中央储备银行"的顾问、副顾问和顾问辅佐有37人。② 顾问的权力很大,伪"中央储备银行"对外数额较大的贷款、借款、放款,都必须经由顾问室审核批准,伪"中央储备银行"业务局和上海分行仅仅是办理手续而已。伪中储券的印刷发行,都由顾问室筹划决定,连发行局局长也无权过问。其他如重要规章制度的建立、对外重要文件的签发、科长以上人员的任免等,都要事先请示顾问同意后方可办理。副顾问大久保太三郎还兼任日本银行驻上海办事处处长,他们幕后策划各种金融措施,通过上海的横滨正金银行和伪"中央储备银行"贯彻执行,以控制沦陷区的金融。其次,日本方面规定"'中央储备银行'的外汇收入必须存入日本银行"。这样,伪"中央储备银行"的外汇就全部都转为日元,实际上由日本银行调度使用。其三,1942年8月,正金银行上海支行与伪"中央储备银行"签订《军用票与中储券之互相存放款契约》,名义上是互相存放款,但根据契约规定,正金银行上海支行需要中储券时,只要在账面上空收一笔军用票作为伪"中央储备银行"的存款,而后者就得对等地按18∶1的比例折合中储券,作为正金银行上海支行在伪"中央储备银行"的存款,由正金上海支行任意支用。其四,日

① 朱佩禧:《角力上海:伪中央储备银行成立及其原因探析》,《江苏社会科学》2007年第5期,第158页。

② 《历史档案》1982年第4期,第132页。另一说有40多人,见政协上海市委员会:《文史资料选辑》总第34辑(1980年第5辑),上海人民出版社1980年版,第155页。

本各级军政和特务机关可对“中央储备银行”进行经常性的检查和监督。①

伪“中央储备银行”自设立后，配合日本方面的计划，首要的攻击目标就是国民党政府货币体系中最重要的一环——法币。日伪攻击法币的过程分为以下几个阶段。

伪中储券首先在成为“孤岛”的上海投放，并宣称“所发钞票皆为法币，举凡纳税、汇兑及一切公私往来，一律行使”。并规定“关于现在流通之各种法币（指此前中、中、交、农银行发行的钞票），皆准与中央储备银行券等价流通”。② 这时，日伪允许原来的旧法币与伪中储券等价流通使用，一是借助法币威信推广伪中储券的发行，二是利用法币套取外汇。日本的意图，在于以中储券套取法币，利用法币与外汇的挂钩关系套取外汇，在驱逐法币的同时掠夺中国的物质。

汪伪政权极力推动伪中储券的流通和使用，但伪“中储券”没有现银准备，又是伪政权发行的纸币，要与旧法币等价行使，难度不小，特别是在以上海为中心的华中地区受到老百姓的抵制。汪伪政权不得不制定《妨害新法币治罪暂行条例》，又硬性规定关盐税等“中央”税收一律只收伪中储券，日军支出的军费和日商收购物质的资金均用伪中储券支付。

但是，伪“中储券”的推广却并不顺利。这期间，伪中储券难以推进流通的原因还有重要的几点：一是英美国家对伪中储券的态度有所抵制，而且伪中储券无法兑换英镑或美元；二是伪“中央

① 姚会元：《日本对华金融掠夺研究》（1931—1945），武汉出版社 2008 年版，第 236 页。

② 洪葭管：《中国金融通史》第四卷，“国民政府时期”，中国金融出版社 2008 年版，第 368 页。

储备银行”本身受日方顾问室、大使馆、军部、兴亚院的多头指导，这些部门本身存在部门利益和矛盾，影响政令实行；三是国民党政府坚决抵制伪中储券，宣称伪“中央储备银行”是日本的“傀儡银行”，不予承认。使得英美列强和沦陷区民众拒绝接受中储券，直接影响到其流通。中储券发行后，四联总处饬令中、交两行上海分行拒收伪券，并要求在上海的外国银行（英国汇丰银行、美国花旗银行等）不给伪“中储券”挂牌，拒绝承认伪“中储券”为法定货币。① 也因此，伪“中央储备银行”设立后，伪“中储券”的发行并不顺利。

1941 年 12 月太平洋战争爆发，内外形势又发生巨大变化：上海在太平洋战争爆发前的“孤岛”时期，战前开业的所有外国银行业务基本不受大的影响，仍继续开业，只有英国的大英银行于 1939 年并入麦加利银行。英国的汇丰银行、麦加利银行和美国的花旗银行、大通银行除了经营一般的银行业务外，还应中国财政金融当局之托，在法币的外汇储备和汇价的维持方面提供了一些合作和支援。汇丰银行和麦加利银行还参加了 1939 年中英货币平准基金，分别出资 300 万镑和 200 万镑。②

1941 年 12 月 8 日，日本偷袭珍珠港，太平洋战争爆发后，日军立即占领了上海租界，在租界的外国银行被日军强行接管和清理。在这些银行中，包括英国的汇丰银行、麦加利银行、有利银行和沙逊银行，美国的花旗银行、大通银行、运通银行和友邦银行，荷兰的荷兰银行、安达银行和比利时的华比银行均被日军接管。此时在上海的外国银行，除了德法意的几家银行外，其余均是日本籍

① 朱佩禧：《寄生与共生：汪伪中央储备银行研究》，同济大学出版社 2012 年版，第 53 页。

② 洪葭管：《中国金融通史》第四卷，“国民政府时期”，中国金融出版社 2008 年版，第 361 页。

的银行。其中上海银行、天津银行、汉口银行、济南银行系地方性小银行;三井洋行、三菱银行、住友银行系其日本国内大银行的分行,横滨银行、朝鲜银行和中国台湾银行三家银行的许多业务活动则更是直接为日本军国主义的经济金融侵略服务,尤其是横滨正金银行,在为日军提供军费、霸占关税、抢购外资、垄断信贷等方面发挥过重要作用。这时,这 3 家日本银行也代表日本军方去接管英美籍的大银行,其分工是:三井洋行接管麦加利银行、三菱银行接管花旗银行、住友银行接管大通银行。本来就是日本政府用于发展对外贸易、扩张对外势力而设立的横滨正金银行,这时更成为军方依赖的重要角色。它一家接收的就有最重要的汇丰银行、沙逊银行、华比银行等 8 个机构。它在霸占金融市场、掠夺金融资源、垄断信贷、抢购物资等方面起了独特的作用。① 正如它自己宣称的:“大东亚战争在各地的制胜,说它的成功大多是由于正金为之付出了巨大的努力,也是不过分的”。②

太平洋战争爆发,日军进入上海租界接管外国在华银行的情况,如表 8-14 所示。

表 8-14　太平洋战争爆发后日本在上海租界银行接管外国在华银行和金融机构情况统计

被接管的外资银行和金融机构名称	担任接管的日本银行名称	备注
[英]汇丰银行	横滨正金银行	—
[英]沙逊银行	横滨正金银行	—

① 洪葭管:《中国金融通史》第四卷,“国民政府时期”,中国金融出版社 2008 年版,第 361—362 页。

② 中国人民银行吉林省金融研究所编:《横滨正金银行史料》,中国金融出版社 1992 年版,第 4 页。

续表

被接管的外资银行和金融机构名称	担任接管的日本银行名称	备注
[英]通济隆公司	横滨正金银行	有发行旅行支票等银行业务
[美]美国运通银行	横滨正金银行	—
[美]美丰银行	横滨正金银行	实已停业,在清理中
[英]达商银行	横滨正金银行	—
[英]汇众银公司	横滨正金银行	银公司,未加入银行公会
[英]麦加利银行	三井洋行	—
[美]花旗银行	三菱银行	—
[美]大通银行	住友银行	—
[荷]荷兰银行	中国台湾银行	—
[荷]安达银行	中国台湾银行	—
[美]友邦银行	中国台湾银行	—
[英]有利银行	朝鲜银行	在东北的朝鲜银行合并为满洲兴业银行,在上海的朝鲜银行尚在营业

资料来源:洪葭管主编:《上海金融志》,上海社会科学院出版社 2003 年版,第 184—185 页。

太平洋战争爆发,日军在进占上海租界和香港,接管外国在华银行的同时,也封闭了国民党政府在上海租界的中央、中国、交通和农民银行。外国在华银行被接管和国民党政府在上海租界中的银行被封闭,导致法币外汇市场消失,利用法币套取外汇的功能亦随之结束。因此,日伪决定从华中和华南驱逐法币。1942 年 1 月 31 日,"兴亚院"制定了《大东亚战争开始后华中通货金融临时处理要纲》,其主要内容如下:

"1. 以打倒旧法币为目标,当前应积极采取压迫的姿态,同时切断新旧法币的等价关系;在将旧法币向敌区驱逐的计划下,应逐渐积极扩大各部门、各地区强制行使新法币的范围,借以促进旧法币逐渐禁止流通的措施;伪中央储备银行应立即竭力压缩新法币对旧法币的兑换……;伪中央储备银行应立即取消新法币与旧法币的等价交换,同时取消日元对旧法币的兑换牌价……

2. 为使伪中央储备银行成为银行之银行得以指导华中的金融,亟须加强该行对中国人开设的银行及钱庄的统制力,为此采取以下措施:A. 伪中央储备银行应从速在各地开设分支机构,不仅限于长江三角洲地带,汉口地区亦应开设。B. 从速实行贸易及汇兑管理,剥夺旧法币的贸易通货机能……南洋地区的汇兑由中央银行集中办理。

3. 鉴于储备银行必须尽可能早日成为我方(即日方,下同)筹措军费及其他必需资金的银行起见,应即相应对该行顾问制度进行调整扩充,进一步加强我方对该行的控制,同时使该行的经营得以全面配合我方的政策。由于这种关系,为我方便于获得新通货起见,中央储备银行必须更积极向日本方面的银行存款或放款……”①

在此政策指导下,1941 年 5 月 12 日,日本兴亚院制定《关于华中通货整理措施的规定》,“对旧法币的攻击进一步彻底进行,使新法币(指伪中储券)及早成为华中唯一的基本通货”②。实际上,还在 3 月 23 日时,就将法币与中储券等值的比价改变,规定旧法币 100 元只能兑换伪中储券 77 元,以后进一步快速贬值,5 月 20 日 100 法币可兑换伪中储券 74 元,5 月 22 日 66 元,5 月 23 日

① [日]清水善俊:《中国事变军票史》,第 232—233 页,见[日]浅田乔二等著:《1937—1945 日本在中国沦陷区的经济掠夺》,袁愈佺译,复旦大学出版社 1997 年版,第 232—233 页。

② [日]浅田乔二等著:《1937—1945 日本在中国沦陷区的经济掠夺》,袁愈佺译,复旦大学出版社 1997 年版,第 235 页。

60元,5月25日53元,5月26日50元。① 从3月23日开始,短短两个月时间里,日伪将法币与伪中储券的比价由等价贬值到2∶1。在这种贬值和打压的过程中,中国民众遭受的损失无法计算。《通货整理措施》还对华中地区流通的日本军票兑换伪中储券的比价固定为中储券100元兑换军票18元,从3月21日开始按照这项固定比价进行交易。“从此以后原来从属于法币、跟着法币转动的中储券,在军票=日本元这一虚构的关系上,也就以18元的固定比率加入日本元的领域,到日本战败为止,名义上一直维持这一比率。这样,中国整个占领地也就被囊括进入了日元领域”。②

1942年5月12日,日本兴亚院在决定《关于华中通货整理措施的规定》时,对于法币的全面兑换以及禁止流通,规定了具体措施。措施规定,兑换业务由伪中储行执行,对于回收的法币采取付给公债或以储备券存款转账的办法,“以抑制储备券的发放”。5月31日,汪伪政权公布了《整理旧法币条例》。规定回收的法币除了辅币之外以中央、中国、交通三行发行的法币为限,回收的地区收缩为苏浙皖三省及上海、南京两特别市。同时还公布了《金融稳定公债条例》,均从6月1日起施行。这项公债条例是企图使法币转化为伪中储券面额的公债,来抑制伪中储券的供给数量。公债年息5厘,20年还本,并规定不得转让,发行条件极为苛刻和不利。兑换时限规定从6月1日起到21日,到了6月23日,汪伪政权公布《禁止旧法币使用办法》,即日起施行,首先在南京、上海

① [日]浅田乔二等著:《1937—1945日本在中国沦陷区的经济掠夺》,袁愈佺译,复旦大学出版社1997年版,第235页。

② [日]浅田乔二等著:《1937—1945日本在中国沦陷区的经济掠夺》,袁愈佺译,复旦大学出版社1997年版,第235页。

禁止使用法币。其他各地的兑换和禁止法币流通也在同样进行，但由于各地的兑换和禁止是分地区分时期进行，以至于法币流通被禁止的时间并不相同。“蚌埠、芜湖等地禁止流通是在12月1日，汉口是在8月24日，九江、南昌等地则是在次年2月15日”。各地回收的法币共计112800万元，“其中回收的75%集中在上海”。①

在推进伪中储券的过程中，涉及日本在占领区流通的日元、军用票和伪“维新政府”发行的伪华兴券。1937年11月5日，日军在杭州湾登陆后开始发行军用票，军用票发行的依据是日本内阁决定的军用票管理办法第一条：“政府为便于供应军费开支，在预算范围内发行军用手票”，“对于军票发行额及发行准备都没有任何规定”。② 军用票与日本通货间也不能进行兑换，两者之间名义上维持等价，实际上这种没有发行准备且不能兑换的军用票，是一种便于日本侵略军掠夺中国物资的手段，军用票与日元等价的说法不过是一种欺骗。

1937年12月，上海和南京设立军用票交换所，以便于与日本控制的通货相交换，同时成立军用物资交换所，“真实目的是推广军用票发行，以备军费开支和军需物资的套购”③。1938年年底，军用票的发行额为3600万元，以后逐渐增多，1941年年底为24400万元，1943年年底为48700万元，1944年年底为67100万

① ［日］浅田乔二等著：《1937—1945日本在中国沦陷区的经济掠夺》，袁愈佺译，复旦大学出版社1997年版，第236—237页。

② ［日］清水善俊：《中国事变军票史》，第4页，见［日］浅田乔二等著：《1937—1945日本在中国沦陷区的经济掠夺》，袁愈佺译，复旦大学出版社1997年版，第192—193页。

③ 洪葭管：《中国金融通史》第四卷，“国民政府时期”，中国金融出版社2008年版，第369页。

元,1945 年 8 月一举猛增至 251600 万元。[①] 这种没有发行准备金且大量印刷流通的军用票的使用,实际是一种明目张胆的掠夺。特别是如前所述,1941 年日本兴亚院制定的通货整理措施将中储券对军用票的比价固定为 100∶18,这种比例一直维持到日本战败投降为止,就更是一种大规模的抢劫行为。

伪华兴券是 1939 年 5 月日本扶植的以梁鸿志为首的伪“维新政府”,在上海设立的华兴银行所发行的货币。这种伪华兴券以法币为发行准备金,名义上属日元集团,与伪“满中央银行券”、伪联银券、伪“蒙疆券”等无联系,其用心是不排斥法币并与之等价流通,以便于掠夺物资,套取外汇,但后来脱离法币的汇价水平,自己单独订立汇价,由于并无外汇储备,难以取得成效,等到汪伪“中央储备银行”成立,这家汉奸银行也就很快被取代了。它已发行的钞票,按照“伪华兴券 100 元折合伪中储券 240 元的比率,全数由该行(中储行)收回。此后经营一般商业银行业务,直至日本投降后由国民党政府接受清理”[②]。伪华兴券和法币被收兑完毕,伪中储券便成为华中地区唯一的基本通货。

而如前所述,1942 年 8 月,正金银行上海支行与伪“中央储备银行”签订了《军用票与中储券之互相存放款契约》,成为华中地区唯一基本通货的伪中储券,也就更容易按照日本侵略者的意志成为侵略军的军费、汪伪政权的政务费以及日本收购物品和资源的货币。

关内沦陷区的金融,在抗战期间大体能够以 1941 年 12 月太

---

① [日]浅田乔二等著:《1937—1945 日本在中国沦陷区的经济掠夺》,袁愈佺译,复旦大学出版社 1997 年版,第 188 页。

② 洪葭管主编:《上海金融志》,上海社会科学院出版社 2003 年版,第 173—174 页。

平洋战争爆发分为前后两个阶段，两个阶段各有不同的特点和表现形式。

1937年7月至1941年12月为第一阶段。

随着1937年7月抗战全面爆发，一时间资金逃避及银行提存十分严重。据估计，“自七月十日起至八月十二日止，各政府银行售出各项外汇，合计额达七百五十万镑”。而在战事全面爆发前一星期内售出者，不过为“一百五十万镑”。外汇之外，向各银行提取存款情况也十分严重，以上海商业储蓄银行和浙江兴业银行为例，上海商业储蓄银行“约提出二千五百万元以上，占存款总额百分之十六以上”，浙江兴业银行“约提出一千七百万元以上，亦约占存款总额百分之十七以上”①。“连中中交及各商业银行计算在内，提出之数总在二三万万元左右”②。

迨至11月，国民党军队撤出上海，当时日本还未与英美等国作战，上海的“公共租界”和“法租界”，仍然由它们的“工部局”发号施令。在此两个租界里，不仅外国资本银行与过去一样继续营业，中国方面的官方银行和民间银行、钱庄及各种金融机构也仍然继续营业。上海租界在这段时期成为“孤岛”。③

在应付了战争初期的提存风潮之后，上海附近省份成为战区，从1938年春季起，出现了两个重大变化：首先是来沪的人口日益

① 寒芷主编：《战后上海的金融》，（香港）金融出版社1941年版，第26页。

② 寒芷主编：《战后上海的金融》，（香港）金融出版社1941年版，第121页。

③ 1937年11月，国民党军队撤出上海。由于当时日本尚未与英美等国作战，尚未进入上海的“公共租界”和“法租界”等地，这些地区仍由过去的“工部局”管理。直到1941年12月太平洋战争爆发日军进入租界为止，这前后四年左右时期的租界，被称为上海的“孤岛”时期。

增加。战前,包括租界以外的所有上海城镇乡村人口“不过350万人”。抗战初期,上海人口撤退到内地,此后,随着战事西移,聚集到上海租界的避难人口出现了迅速的回流和增长。1938年下半年,据上海租界当局统计,仅仅是两租界的人口,“已增加到四百五十万人”。增加的人口中,“一种是难民,一种是各地来沪的资产阶级”,而且,“这批资产阶级都有大量的购买力”①。其次是大量游资在此期间汇聚上海。据当时的学者研究,汇聚上海的游资来源主要分为内地民众携来、战争初期出逃之资金回流、南洋新加坡等地逃沪资金和避难外国犹太难民带来等几种。② 特别是1938年北方联合准备银行成立后,“各种贸易政策货币政策,接二连三地频翻花样”;1939年上半年,“天津租界屡受威胁,先后引起了北方的资本逃避”。1939年秋间,第二次世界大战爆发,英国远东属地施行经济统制,“引起了当地华侨的资本逃避”等因素,都使得这时依然保持资本自由流动的上海,成为世界上少数几个仍然具有这种特点的城市之一。也因此,这些逃避的资金“不是以上海为转口,便是以上海为归宿”③,使得上海一时成为游资集中之地。

据《战后上海的金融》一书调查,上海7家主要银行和12家普通银行的存款,战争爆发后,1937年存款比1936年时的存款明显有所降低成为普遍现象。此后开始回升,1938年已经超过1936年,1939年继续有所增长,除普通银行中有两家存款量不如1936年外,其余17家银行存款量均比1936年有不同程度的增加。具体情况如表8-15所示。

① 魏友棐:《上海景气论》,财政评论社编印:《财政评论》1939年第1卷第6期。

② 参见宋柏:《游资的动向》,《金融导报》1940年第2卷第11期。

③ 朱博泉:《战时上海金融之病态及其治疗》,《财政评论》1940年第3卷第2期。

表 8-15　四年来银行存款变动状况(1936—1939 年)

(单位:千元)

年份 / 银行别	1936	1937	1938	1939	1939 年较 1937 年增加数
上海	153804	129127	144920	178204	(+)49077
中南	95065	94785	104715	101294	(+)6509
浙江兴业	83265	81600	108855	129680	(+)48080
浙江实业	50514	50101	62016	64406	(+)14305
国华	44874	38701	46453	66343	(+)27642
中孚	22490	24459	25483	27589	(+)3130
中国垦业	14693	14020	17505	18958	(+)4938
共计	464705	432883	509947	586474	(+)153591

原表说明:中南银行储蓄部存款未计入。

年份 / 普通银行	1936	1937	1938	1939	1939 年较 1937 年增减数
永大	4294	5134	6178	8397	(+)3263
中华劝工	5362	4626	5914	8462	(+)3836
至中	5415	6163	5159	6544	(+)381
惠中	990	1655	4889	6265	(+)4610
中国企业	4196	2618	4794	5345	(+)2727
正明	2851	2105	2738	3503	(+)1398
煤业	2133	1592	1962	2022	(+)430
中和	2075	1387	1611	2117	(+)730
浦东	1387	1255	1537	1792	(+)537
建华	232	353	1264	1206	(+)853
辛泰	2340	1579	1207	1252	(-)327
民孚	679	678	857	624	(-)54
共计	32054	29145	38110	47529	(+)18384

资料来源:寒芷主编:《战后上海的金融》,(香港)金融出版社 1941 年版,第 120—121 页。

但是,表 8-15 显示的这十几家银行增加的存款量,相比这期间聚积上海的游资而言,只是一小部分而已。那么,这期间汇聚到上海的游资数量大约有多少呢?据《经济统计月志》第 7 卷第 5 期称,“据最近新申社向银行界探悉,至少在三十万万元以上”①。南京《中报》1940 年 6 月 28 日刊载文章认为:“(1937 年)事变以来,沪市以无形成为一般富有者避难之乐园,资金麇集,金融活动,各项事业均呈畸形之繁荣。迨欧战爆发,南洋、香港各地之华侨,复以大批资金向沪市逃避,至去年年底止,据估计竟达 30 万万元之巨。最近两周间,欧战局势急转直下,华商各大小银行活期存款骤增,其存户以外商银行转入华商银行者居多,约其有 60 万万元之巨。而各华商银行,均因存款过巨,拒收新户存款”。②

日本调查者则认为,抗战爆发时华人资金出逃的数字约有 2 亿美元,“其中约有一半即 1 亿美元自(1939 年)9 月以降已渐次回流上海”,又认为,“无论这个数字正确与否,总有二十亿乃至四五十亿的游资汇聚上海”,“这一点是十分明白的”。③ 1939 年 2 月,重庆方面出版的英文报纸《*Social Welfare*》推测上海的法币存款在 38 亿元以上。而据美国当局推算,“1940 年秋时,上海的法

① 中国经济统计研究所发行:《经济统计月志》1940 年第 7 卷第 5 期,第 98 页。

② 中国经济统计研究所发行:《经济统计月志》1940 年第 7 卷第 5 期,第 328 页。

③ [日]松本信次:《中国の证券市场》,载日本《经济志林》第 15 卷 2 号,1942 年版,第 51 页;[日]及川朝雄:《上海外商株式市场论》,上海三通书局 1941 年版,第 25 页。

币存款在三十亿元以上"①。

这期间巨量游资进入上海后，有几个特点值得注意：首先是存款中活期存款数量多于定期存款。在上海、中南、浙江兴业、浙江实业、中孚和中国垦业6家银行的存款中，活期存款和定期存款的情况如下：

表8-16　六家银行活期存款与定期存款情况统计(1936—1939年)

（单位：千元）

年份＼项目	活期存款	定期存款	活期存款与定期存款之百分比(%)
1936	240189	179632	133.7
1937	219128	175053	125.2
1938	318288	145206	220.0
1939	365612	154519	237.0

资料来源：根据银行营业报告，见寒芷主编：《战后上海的金融》，（香港）金融出版社1941年版，第122页。

从表8-16看，1936年至1939年的4年中，从1937年起，活期存款就呈连续增加的趋势，与定期存款之比也是同样的趋势。这种现象说明这些资金绝大多数是游资，不愿把资金固定化以受到限制。其次是这期间汇聚上海的资金投资于工商业的数量有限，虽然1938年秋季后上海各工业营业转好，商业也趋向繁荣，但实际上"仍不能容纳大量游资，故银行的放款一般的均在趋向减少之中"。表8-17就显示了这种状况。

① 见日本东亚研究所译：《战时下的上海经济》（资料丙第291号A，原书为英文），东亚研究所1941年版，第216页。

表8-17　四年来银行放款变动状况(1936—1939年)

(单位:千元)

银行别＼年份	1936	1937	1938	1939	1939年较1936年增减数
上海	119549	92581	68038	85699	(－)33850
中南	75314	67865	67575	68693	(－)6621
浙江兴业	53021	48637	47760	49684	(－)3337
浙江实业	42812	41475	42969	44858	(＋)2046
国华	22880	22534	24902	34057	(＋)11177
中孚	15904	14853	14512	15117	(－)787
中国垦业	15243	13709	13499	14031	(－)1212
共计	344723	301654	279255	312139	(－)32584

原表说明:中南银行储蓄部放款未计入。

普通银行＼年份	1936	1937	1938	1939	1939年较1936年增减数
永大	4520	3145	4337	6221	(＋)1701
中华劝工	5559	5289	4935	6925	(＋)1366
至中	5396	5578	4526	3119	(－)2277
惠中	1201	1696	4292	5063	(＋)3862
中国企业	3831	2675	3986	3809	(－)22
正明	1676	1041	1089	2434	(＋)758
煤业	1092	1178	1304	1347	(＋)255
中和	1249	1727	1538	1372	(＋)123
浦东	1566	1715	1535	1426	(－)140

续表

普通银行＼年份	1936	1937	1938	1939	1939年较1936年增减数
建华	544	762	865	599	(+)55
辛泰	1469	1247	1129	1132	(-)337
民孚	1181	926	1163	979	(-)202
总计	29284	26979	30699	34326	(+)5042

资料来源:寒芷主编:《战后上海的金融》,(香港)金融出版社1941年版,第124—125页。

从表8-17中7家主要银行和12家普通银行放款总数合计看,1939年数字与1936年数字相比,减少了2750万元左右。这种情况"说明了战后上海正常放款途径的狭隘"①。

战事离开上海、人口增加、战争对物质的需求和巨额游资汇聚,加上正常放款途径的狭隘,必然使得以上海为中心的沦陷区金融出现多种变化。

1941年12月太平洋战争爆发直至1945年8月日本投降为止,是沦陷区金融发展的第二阶段。

这期间日军进入租界,金融投机更加剧烈。套购外汇、黄金,囤购货物,经营证券和买卖房地产等均为此期间金融投机牟利的途径。为达投机的目的,新设的银行、钱庄和信托公司不断增加。1944年的《申报年鉴》对太平洋战争爆发后出现的这种情况追述说:"迨至事变以后,新兴的银行乃顿形增加,迄至三十一年八月份为止,新设的银行计有特许银行三家,省市县立银行十九家,商

① 寒芷主编:《战后上海的金融》,(香港)金融出版社1941年版,第125页。

业储蓄银行六十二家,农工银行十五家,专业银行九家,共计一百零八家。"[①]作为金融中心的上海,情况更为突出:"抗日战争前,上海的银行、钱庄、信托公司的家数分别是 83 家、48 家和 6 家,而到抗日战争结束时则分别增加到 195 家、226 家和 20 家,增加情况实堪惊人。"[②]截至 1943 年 3 月,上海的银行数量就已超出一般人的估计,"竟多至 129 家,较事变之前的数量骤增四倍以上"。在这 129 家银行中,资本总数"千万元以上者计有 5 家,500 万元以上者计有 19 家,100 万元以上者计有 81 家,100 万元以下者计有 24 家"。"从各方面看来,银行家数的增加,实可以表示都市资金的缺乏正当出路;同时也是助长投机囤积之风的主要因素。"[③]

在汪伪政权全国经济委员会经济调查研究所编印的《经济研究》第 1 卷第 2 期(1944 年 2 月出版)的《统计》栏目中,刊载了截至 1943 年 12 月 30 日的上海华商银行一览表。这些银行有名称、总行或总管理处所在地、设立年月日、资本总额、实收资本额、常务董事姓名、总副经理姓名以及备注各栏的银行的详细情况,总共 168 家。其中 105 家成立于抗战后,1941 年 12 月 8 日太平洋战争爆发后设立的有 79 家。[④] 不难想见,这期间设立的这些银行,其中绝大多数都是为投机而设。再从存款的性质看,即使是如浙江兴业、浙江实业、上海商业储蓄、大陆、盐业、金城、中国、中南、中国

---

① 民国丛书续编编辑委员会编:《申报年鉴》(1944 年第 2 册),上海书店出版社 2012 年版,第 633 页。

② 洪葭管:《中国金融史》,西南财经大学出版社 1998 年版,第 327 页。

③ 民国丛书续编编辑委员会编:《申报年鉴》(1944 年第 2 册),上海书店出版社 2012 年版,第 633 页。

④ 据汪伪政权全国经济委员会经济调查研究所编印:《经济研究》第 1 卷第 2 期(1944 年 2 月 15 日出版),第 102—110 页统计表中银行成立时间统计。

垦业、四行储蓄会、新华银行这11家老资格的商业银行的定期存款，“在事变前占总存款百分之六十，活期存款占百分之四十。而于三十二年(1943年)间，定期存款仅占百分之二十，活期存款竟占百分之八十。”“此种情形，表示商业银行今已不复为民间储蓄之信托人，而仅为社会通货之代管者。”且因活期存款增减无定，不得不厚集准备，以防万一，以致全面抗战开始后的准备金“逐渐增至百分之四十六七，至三十一(1942)年始略减”。①

这些大量设立的银行在吸收存款后，主要的经营事业是投机。投机的重点在太平洋战争爆发前是外汇、外币、外汇套息和黄金，此后增加了囤积物资、地产等，特别是在外汇的套汇和投机方面获致了巨额盈余。以至于1939年年底时，据说不仅银行在战争爆发后受到的损失全部弥补收回，而且大都获致厚利，据说“有数家银行盈余在数百万、千把万，甚至数千万”，“各银行办理决算时，竟有关起门来由一二高级当局参加秘密进行的怪现象”。②

上海金融市场的另一支重要力量钱庄，在这期间同样经历了大起大落的变化。首先从数量看，1937年抗战全面爆发之际，上海的汇划钱庄总计有46家。1938年减为43家，1939年又减少两家，总数降为41家。到1941年春季，“上海的汇划钱庄数目共计39家，各家钱庄的资本总额为1600万元，每家平均资本约为40万元”③。表8-18是1934年至1940年上海钱庄基本状况统计表。

① 民国丛书续编编辑委员会编:《申报年鉴》(1944年第2册)，上海书店出版社2012年版，第634页。

② 寒芷主编:《战后上海的金融》，(香港)金融出版社1941年版，第57—58页。

③ 民国丛书续编编辑委员会编:《申报年鉴》(1944年第2册)，上海书店出版社2012年版，第639页。

表 8-18　上海钱庄基本情况统计(1934—1940 年)

(单位:千元)

项目 年份	资本总额	钱庄家数	每家平均
1934	22658	65	349
1935	19305	55	351
1936	18400	50	368
1937	19136	46	416
1938	17759	43	413
1939	16933	41	413
1940	17589	41	429

年份 资本分组	1936	1937	1938	1939	1940
10 万元以上	4	1	1	1	1
20 万元以上	17	12	12	12	12
30 万元以上	12	10	7	7	5
40 万元以上	5	8	7	6	7
50 万元以上	4	7	9	8	8
60 万元以上	3	3	3	3	3
70 万元以上	2	2	2	2	3
80 万元以上	3	3	2	2	2
总计(家)	50	46	43	41	41

资料来源:寒芷主编:《战后上海的金融》,(香港)金融出版社 1941 年版,第 147—148 页。

表 8-18 中显示的 1934 年到 1940 年间上海的钱庄业家数、资本、每家钱庄资本数等方面看,战前战后大体上没有什么大的变动。战后钱庄业虽出现过短期的衰落,但因战时损失不大,也因此没有受到多大的冲击。

但是,到了 1943 年 3 月底时,上海一地的汇划钱庄的家数骤增 108 家之多,其中资本额在 100 万元以上的有 61 家,50 万元以上的有 47 家,50 万元以下的有 8 家。但这种钱庄数量猛增的趋势并未结束,到了当年 12 月 10 日,加入钱庄业同业公会的会员钱庄,“竟达 193 家之多”。① 十分明显,这期间钱庄与银行骤增的原因一样,主要都是为了投机。

① 民国丛书续编编辑委员会编:《申报年鉴》(1944 年第 2 册),上海书店出版社 2012 年版,第 639 页。

上海的钱庄除了汇划庄外，还有一种营业注重于货币兑换的钱庄，此种钱庄营业范围较窄，俗称“钱兑”。这种钱庄因资本较小，调整转头较易，战事发生以后，经历了短暂的调整期，在1938年3月以后就迅速地发展起来。“最初以经营汇划及票据贴现为主。以后买卖日钞，更进而经营公债，现金，纱花等暗市交易，营业之佳，获利之厚，均甚于战前。故投机商人，纷纷集资开设，一时风起云涌，四川路一带，钱兑店星罗棋布，有如雨后春笋。廿七年度盈余，自数万至十余万不等。尤以三泰、实康、谦泰、天成等庄，获利最多。因之廿八年度上市等，竟达六十三家之多。”①此后钱兑庄的数量继续增长，“根据上海市钱兑业公会在民国三十年三月发表的报告，加入公会的钱兑庄共计一百二十四家”。而实际上同样性质的钱庄，随时随地多有创设，“根据私人的估计，在民国三十年初，上海一市的钱兑庄数目当在二千至三千之间”。②

钱兑庄大都为合伙组织，也有少数为股份有限组织。有的名为钱庄，有的名为银号，名称虽然不同但其主要业务则都为买卖金银、外汇、外币、公债和股票等。太平洋战争爆发后，因为公债、外汇外币的买卖业务都相继遭受禁止和限制，盛极一时的钱兑庄业务因为缺乏营业对象，难以支持而相继歇业，但也有改弦更张，扩大范围，改组成为汇划钱庄者，这种情况也屡见不鲜。

此后，汪伪政权认为钱庄创设过滥，实力不足，制定了一个将钱庄的资本总额提高至三百万元才算合格的规定，并要求在1943

① 王季深等编：《战时上海经济》第一辑，上海经济研究所1945年版，第18页。

② 民国丛书续编编辑委员会编：《申报年鉴》（1944年第2册），上海书店出版社2012年版，第639页。

年8月以前将钱庄的组织都必须改组为股份有限公司的规定,“若不符部令规定者,即勒令停业”。因此导致上海市的钱庄业面貌大变,“近来市上各家钱庄纷纷增资或合并,俾求自保”。① 具有长久历史的中国传统金融机构钱庄,在1943年后的组织形式一改而为股份有限公司。

因为种种原因,抗战时期上海金融市场最明显的特色,是投机色彩浓厚。这里再将黄金、外币和一般物价指数三个统计表列于后,可以使我们对这期间上海金融市场的投机程度和带来的严重后果,有更深一步的认识。

表8-19 上海金条市价统计(1942年1月—1945年6月)

(单位:市平10两;成色:0.992)

月份 \ 年份	1942	1943	1944	1945
1	11286.04	29617.00	97031.25	873625.00
2	12836.25	37316.00	136586.96	1989062.50
3	16985.40	47685.00	144250.00	3226600.00
4	19556.52	49827.00	140182.00	7393913.04
5	25200.96	46862.00	172500.00	9626538.46
6(注)	22091.00	54304.00	209666.67	—
7	21953.13	89895.83	365938.00	—
8	21634.60	95846.00	540577.00	—
9	22979.20	95288.00	583917.00	—

① 民国丛书续编编辑委员会编:《申报年鉴》(1944年第2册),上海书店出版社2012年版,第639页。

续表

月份＼年份	1942	1943	1944	1945
10	24615.40	96880.00	591188.00	—
11	26750.00	—	573955.00	—
12	31461.50	—	730571.00	—
最高价	31461.50	96880.00	770571.00	—
最低价	11286.04	29617.00	97031.25	—
平均价	21445.83	70014.90	357196.90	—
每年平均价指数	1874.9	6121.20	31229.00	—

注:1942 年 6 月以前货币为旧法币,此后为“中储券”。

资料来源:中国经济研究社编:《每月统计》,见王季深等编:《战时上海经济》,第一辑,上海经济研究所 1945 年版,第 55 页。

从表 8-19 中的数字可以看出,每条黄金(10 两一条)的价格,这 3 年多的时间中一直在上涨,即使是表中黄金的每年平均价指数,1944 年也比 1942 年涨了 16.66 倍。如果与战前相比,“战前每条(10 两)不过法币 1100 元,而卅四年七月行市,最高时每两达一千二百五十万元,每条需‘中储券’一万二千五百万元,相差达十一万倍之多,即以最近每条九千万元计(七月三十日行市),亦在八万倍以上,可谓骇人听闻者矣”①。

表 8-20 是 1942 年 1 月至 12 月上海各国外币的行市表。

① 王季深等编:《战时上海经济》第一辑,上海经济研究所 1945 年版,第 55 页。

表 8-20　上海各国货币行市统计(1942 年 1—12 月)

项目 / 年月	英金镑		英金票		美金镑		美金票		港票		日军票	
	最高	最低	最高	最低	最高	最低	最高	最低	最高	最低	最高	最低
1942. 1	290	240	30	—	295	245	18. 3	15. 4	3. 4	2. 45	26. 45	25. 00
2	350	280	—	—	360	290	18. 25	15. 78	3. 1	2. 68	25. 25	22. 72
3	420	350	—	—	430	360	20. 50	16. 70	3. 3	2. 80	22. 99	12. 09
4	480	400	—	—	490	410	36. 00	26. 70	5. 3	3. 50	14. 08	12. 99
5	780	470	—	—	800	480	50. 00	32. 00	7. 5	4. 70	14. 19	8. 37
6(注 1)	570	410	—	—	590	420	39. 00	24. 00	5. 10	2. 50	18. 35	17. 52
7	540	520	—	—	560	540	33. 00	28. 00	4. 20	3. 10	18. 35	17. 92
8	—	—	—	—	—	—	—	—	—	—	18. 05	17. 97
9	—	—	—	—	—	—	—	—	—	—	18. 05	17. 92
10	—	—	—	—	—	—	—	—	—	—	18. 08	17. 95
11	—	—	—	—	—	—	—	—	—	—	18. 03	17. 98
12	—	—	—	—	—	—	—	—	—	—	18. 03	17. 98

注 1:自 6 月份起,各项市价,完全改以“中储券”折算,日军票行市,系以旧法币百元折合计算,6 月后改以“中储券”计算。

资料来源:王季深等编:《战时上海经济》第一辑,上海经济研究所 1945 年版,第 56 页。

表8-20中统计的只是1942年一年中上海的外币行情，但同月中的最高和最低差价以及不同月份间的差价，足以使投机分子乐此不疲，踊跃参与其中。

与投机盛行伴行的，一定是物价的上涨。表8-21统计的是1937年至1944年上海物价指数状况，从中可以看到物价指数的急剧上涨趋势。

表8-21　上海物价指数统计（1937—1944年）

（简单几何平均，1936年=100）

类别/年份	食物类	纺织品类	建筑材料类	化学品类	燃料类	金属类	总指数
1937平均	117.4	116.3	124.4	106.8	—	145.4	—
1938	131.4	132.5	165.4	142.4	—	174.1	—
1939	203.7	212.8	245.2	242.1	—	344.3	—
1940	465.0	448.7	573.2	491.8	—	686.3	—
1941	974.3	818.2	1172.9	1170.5	—	2477.0	—
1942	2900.0	2640.1	3027.9	3840.4	—	9606.4	—
1943	10337.1	11287.3	18456.1	15575.4	—	57199.2	—
1944	59899.1	70600.9	121509.4	151771.5	—	353150.6	—

资料来源：国民经济研究会编：《每月统计》，见王季深等编：《战时上海经济》第一辑，上海经济研究所1945年版，第59页。

从表8-21中的数据可以看出，1936年到1944年的8年时间里，上海市场上各类物品的价格年年上涨且涨幅越来越猛，食物类的价格8年涨了将近600倍，纺织品类的价格涨了706倍，建筑材料和化学品类则分别涨了1200倍和1500多倍。

上海物价的变动投机和急剧上升，是在外汇金价变动之后。"数年来，则投机目标，显已集中于物资，无论军需攸关之五金，日用必须之粮食，旁及来源不继，市场不足之西药、呢绒、纸张等，莫不频加搜罗,居为奇货。尤以民国卅二年及卅三年,最为显著。物价涨势之猛烈,实远出金价华股之上。而在卅三年中,且有物价狂涨,华股下跌之现象。自入民国卅四年,初则以人民心理之恐慌,以及购买实力之衰退,物价大跌,而金价狂涨;继以欧洲战局之刺激,华股亦随之好转:入后则更以黄金华股之景气,而领导物价之上升,半年以来,黄金华股之涨风,可称空前,而物价之动荡,亦甚剧烈,常此以往,不特民不堪命,即整个上海金融市场,亦有陷于崩溃之情势。"①

从上引这段史料中,可以窥见抗战时期上海金融市场的混乱以及投机之风的惨烈和其中不同时期的变化。

三、"孤岛"前后的沦陷区证券业

抗战时期的上海华商证券市场②,在近代中国的证券市场发展史上占有特殊的地位。说其特殊,首先是其创造了许多纪录:如专门经营股票交易的公司曾达到近150家;上市交易的股票种类

① 王季深等编:《战时上海经济》第一辑,上海经济研究所1945年版,第57页。

② 目前有关这方面的科研成果数量还很少。洪葭管、张继凤所著《近代上海金融市场》(人民出版社1989年版),第五章第四节"战时的证券交易和交易所",是对此有概括介绍的少数著作。其他著述涉及此时都十分简略。张晓阳在《档案与史学》1999年第1期上发表的"抗战时期的上海股市研究",是目前见到的正面介绍分析抗战时期上海证券市场的唯一论文。但张文主要在于介绍和描述西商众业公所的外股向华商股票的转变,叙述分析其过程和投机性是其重点,且可能因篇幅的限制,叙述较为笼统和简略。对于这期间华商证券市场发展的阶段、华商证券市场的特点,以及这期间华商证券市场在中国企业发展史上所起的作用则未曾涉及。而这些问题正是本目准备重点探讨的部分。

最多时达199种,且全是华商股票,一举改变和结束了抗战前证券市场基本以政府债券为交易标的物的所谓"财政市场"性质;①还有,通过这期间上海华商证券市场的资本运动,近代中国第一次出现了跨行业跨领域的大型华商资本企业集团——"企业公司",且不止一家,一个行业。这些现象,在旧中国的证券市场上可以说都是唯一的特例。

显然,这期间上海华商证券市场上出现的这些特例,必然有使其产生的土壤及条件:战争造成的上海特殊社会环境、游资麇集、投机盛行、通货膨胀推波助澜等都不同程度、不同范围地成为其起因和存在的基础。但同样不可忽视的是,其中也有市场经济发展到一定水平一定规模后本身规律的运动作用,再加上监管弱化和其他一些因素,才共同营造出抗战期间中国证券市场上这段特殊的史实。

(一)抗战期间上海华商证券市场演变的几个阶段

从1937年"八一三"日军进攻上海到1945年8月日本正式投降,在8年的抗战期间,上海华商证券市场根据前后的演变和发展,可以清晰地划分成"中国股票推进会"的出现及结束、民间自发自由交易和伪上海证券交易所的诞生与活动三个阶段。

中国股票推进会的出现和结束　抗战爆发后,随着国民党军

① 这一点,可说是当时的共识和定论,在多种文献中均可看到这种说法。例如章乃器在《中国金融的现势》一文中(见章立凡选编:《章乃器文集》上,华夏出版社1997年版,第425页)就说:"上海原来也有中国人办理的证券市场,就是华商证券交易所;然而,它所买卖的,却只有政府债券——它是财政证券市场,而不是产业证券市场"。日本人松本信次在《中国の证券市场》(见日本《经济志林》杂志1942年第15卷第2号)中也有"华商证券交易所只不过是'财政市场',这一点是明白无误的"的结论。

队从上海撤退,原上海华商证券交易所奉命停业,国民党政府债券和华商股票的交易都暂告停顿。此后,随着上海租界成为"孤岛",上海原由外国人开办的证券交易所即西商众业公所在停业4个月后复业,一些过去经营证券的华商经纪人也随之在华商证券交易所大楼走廊上组织过小规模的证券现货交易,买卖国民党政府发行的公债。但在1938年3月国民党政府实行外汇审核办法后,法币对外汇价难以维持,黑市外汇出现,黄金和外股价格迅速上升,国民党政府发行的公债已难以成为交易对象。这时,所谓战时"孤岛经济繁荣"①现象已经出现,加上游资汇聚上海等多种因素,上海追逐外汇、黄金和外商股票的投机热潮迅速升温。尤其是对外商股票,在1941年12月太平洋战争爆发前,虽有起伏,却出现了前所未有的投机追逐热。"投机之狂热,匪可宣言",在短短的一两年时间内,西商股票"价格之暴升,竟有超过票面数十倍者"。②

在上海的这种投机热潮中,过去长期被人冷落的华商企业股票,这时也出现了转机。转机在这时出现有两方面的原因:一方面是由于上海法币价值低落、物价上升即"孤岛景气",上海各公司的营业都获利丰厚,每届发息分红,均有出人意外之优厚。而在外汇上发初期国难财者,在外商企业股票投机热潮中,也颇有希望购买华商股票以作投资和保本者。另一方面是受战争影响遭到损失经济困穷欲将原有股票抛出者,也不乏人。在供求双方都有增加的情况下,出现了一些专门代客介绍买卖股票的掮客和商号。但

① 关于上海的"孤岛经济繁荣",可参见魏达志:《上海"孤岛经济繁荣"始末》,《复旦学报》1985年第4期。

② 美商环球信托公司经济研究部主编:《日用经济月刊》1940年第2卷第6期"外商股票总诠",第545页。

与这期间狂热的外商股票投机热潮相比，无论在数量和热度上，上海华商股票的交易这时都还无法与之相比，还处于陪衬和配角的地位。

面对狂热的投机热潮和华商资金大量投入买卖外商股票的状况，当时上海的中国学者尤其是经济学者和企业家们深为忧虑，他们认为，当时上海的“一切均在畸形发展之中”。而其中最可忧虑的现象是，“一方面数十万万游资充斥于投机之途；另一方面关系国运之正当产业，则因缺乏资金，无由发展”。而这种现象如果继续发展下去，对社会相当不利，“此二者间之鸿沟愈深，则其为祸于社会者愈大”。因此，他们希望“对华商股票公开买卖场所，作有力之提倡”，而这种提倡最主要的途径是争取建立华商股票买卖市场，以谋求挽救之策。之所以如此，是他们认为，假如“中国股票得以推广，中国股票市场得以建立”，则可以“一方面导游资于坦途，另一方面谋中国工商业合理之迈进；且使两者相互为用，相得益彰”，从而能够收“贻社会无穷之福”的效果。① 也就是说，在原上海华商证券交易所奉命停业和国民党政府西迁，对上海经济活动鞭长莫及的情况下，他们将提倡华商股票买卖和建立华商股票市场的重任主动承担下来。他们认为，“现在游资充斥，投资途径窄狭，此正为我华商股票之抬头时期。股票商人亟宜趁此时机，力谋支持此民族企业之中国股票，使脱离陪衬地位，日趋于康庄大道，民族实业，亦由是趋于复兴。则我华商股票之发扬光大，自无待为之赘述矣”②。

---

①　王海波：《中国股票概述》，见《日用经济月刊》1940年第2卷第10期，第683页。

②　郑学诰：《我对华商股票交易感想》，见《日用经济月刊》1940年第2卷第10期，第698页。

此后,除在多种场合多种刊物报纸上发表鼓吹推进华商股票买卖的言论外①,他们还依托“上海信托业同人联欢会”这个组织,成立了“中国股票推进会”这个实体来推动华商股票的买卖,初步建立了抗战时期的上海华商股票交易市场。

“中国股票推进会”成立于1940年12月。对于该会成立的缘由,“中国股票推进会”曾特别加以说明,指出“各银行信托部及信托公司每受客户之委托代理买卖中国股票,而我国苦无股票交易之市场,买卖双方均难觅相当之头寸。因此组织中国股票推进委员会,籍为会员代客买卖、调节供求、便利交易,并尽创导之功能”。因此,该会“以推进中国股票之流通,便利投资,提倡实业”为宗旨。为避免外界尤其是重庆方面的误解,又特别声明,该会“绝对非投机性质”,“绝对非变相的交易所”。

“上海信托业同人联欢会”以上海11家信托公司和9家银行信托部为会员。“中国股票推进会”由“上海信托业同人联欢会”会员中的新华银行、永大银行、中华劝工银行信托部及上海、中一、中国、久安、生大、通易、环球、和祥信托公司等11家会员发起组成。“中国股票推进会”的组织章程中明确规定该会的事务为:“为本委员会会员介绍买卖中国股票、调查各公司内容、登记及报告买卖之价格及数量,并办理其他相关事项”。其“介绍买卖之股票以正式注册之股份有限公司股票为限。其公司名称及股票种类须先经本委员会审查通过方得办理”。同时还规定,“本委员会介绍买卖中国股票以现货买卖为限”。“中国股票推进会”的事务,由参加会员也就是各信托公司和银行信托部各推代表1人为委员,由委员中互推干事7人处理。干事任期1年,连选得连任。至

① 例如,在《日用经济月刊》1940年第2卷第10期,这些学者就集中刊发了一组提倡华商股票买卖的“股票证券专号”。

于买卖股票,由参加会员各家另派交易员办理。规定除星期日及例假日外,每日下午 2 点至 3 点交易员集会一次办理交易。①

"中国股票推进会"第一批介绍买卖的股票,包括金融业、新药业、纺织制造业、公用事业等十大类别 78 家华商企业的股票。当时上海的著名华商企业如中国银行、永安纺织公司、南洋烟草公司等均包括在内。对于"中国股票推进会"的活动,日本华中振兴株式会社调查课的评价是:"推进会成立后,上海华商股票界的面貌一新","特别是在价格方面有显著的表现",从该会"成立之后约一年左右的行情变动来看,几乎无例外的都出现了价格的上腾"。② 1947 年出版的《中国股票年鉴》对该会活动的评价是:"于中国股票之流通,该会确能尽其倡导职能,故对于推进中国股票之流通与提倡投资实业,其功殊不可没"。其后,"中国股票推进会""至太平洋战事发生,方始停顿"。③ 当事人刘恒之在对抗战期间上海证券市场的评论中,也认为"至三十年十二月太平洋战事发生后,该会即告解散。然对于以后华股事业之发展,不无贡献"④。从这些评论来看,该会的活动是取得了一定的成效的。

这段时期,可以说是抗战时期上海证券市场发展的第一阶段。

民间自发自由交易阶段　1941 年 12 月太平洋战争爆发,直接促成抗战时期的上海华商证券市场由陪衬地位转入主角。这个

① 上引均见稚敏:《关于中国股票推进会》,见《信托季刊》第 5 卷第 3·4 期。

② "振兴调查资料第 28 号"《上海华商证券业概况》,"中支那振兴株式会社"调查课 1941 年版,第 56 页。

③ 吴毅堂编著:《中国股票年鉴》,中国股票年鉴社 1947 年版,第 8 页。

④ 刘恒之:《抗战期中之上海证券市场》,见杨荫溥主编:《金融》第 23 期,见上海社科院经济所"中国企业史资料研究中心"所藏"经济类剪报资料汇集",卷号"10—007,编号 000110"。

转变过程的动因正如吴毅堂在《中国股票年鉴》中所描述:“民国30年12月8日,太平洋战事发动,日军进占租界,上海经济局势转变入另一阶段。其时外汇冻结,外股外币群在禁止买卖之列,大量游资为求得归宿,群向中国股票集中,从来未曾受人青睐之中国股票,至此始告勃兴”。其后,汪精卫伪政府公布的以伪“中央储备银行”纸币取代法币,并将兑换率一再变动的政令公布后,为求资产保值,华商股票热得以进一步被激发:“当三十一年上半期,伪“财政部”公布所谓新旧法币脱离之时,伪中储券对法币之比率,由七七、七四、七十、六六、六十、五三而降至五十,币值日低,一般人均求资金安全之道。中国股票乃受第一次普遍欢迎,盛况空前。”①针对这一期间华商股票市场发生的变化,王相秦在《华商股票提要》一书中指出:“及至今年(1942)自币制发生变动,及物价厉行统制后,一般拥有资金者,均争相收购华商股票,以期资金运用于企业之妥途。故近来华商股票之交易,已日趋旺盛。截至目前止,上海虽无正式华商股票市场之成立,而经营华商股票之公司,均已相率设立,蓬勃之象,迥非昔比,查其前途,实犹方兴未艾也。”②

在中国股票兴起初期,专业经营中国股票买卖的公司数量并不多。据统计,1941年以前成立的有10家,1941年成立的有8家,而在太平洋战争爆发后华商股票成为热门追逐对象的1942年,1年间成立者即为127家。曾创造过“新设者竟日有数起”的纪录,“统计先后成立者竟达145家,其中大多皆为向日经营黄金、纱花、钱兑业者所改组”。这145家股票公司若以资本分类,资金在10万元以内者56家,

① 吴毅堂编著:《中国股票年鉴》,中国股票年鉴社1947年版,第8页。
② 王相秦:《华商股票提要》,兴业股票公司1942年版,第195页。

10 万元以上 20 万元以下者 72 家,20 万元以上者有 17 家。①

这时,如此之多的股票公司集中成立,除了显示出股市投机热度在迅速提高之外,还有另一个原因,就是股票筹码的数量也在同样迅速增加。二者相互作用,共同推动华商股票市场迅速升温。股票筹码的增加在这时有其必然性:股票投机热必然增加对股票筹码的需求,对股票筹码的需求又必然寻求更多的供给,而这时上海特殊的社会环境和企业股票自由上市的状况对此需求又提供了可能,因此,企业股票筹码增加就成了这时上海华商证券市场必然的现象。股票筹码增加的来源,一是老企业增资股票上市,再一个就是新设立企业的股票数量大幅增长和上市。也因此,新设企业数量迅速增加成为 1942 年上海经济界引人注目的现象。据不完全统计,仅 1942 年下半年新设的公司数量就有 208 家②,以至于《华股指南》一书在总结这一年的股票市场时指出:“三十一年的上海,在经济上可说是一个产业年,在市场上可说是一个华股年。老工厂的扩大与新工厂的勃兴,造成了无数的企业家、资本家,——同时,也造成了许多的投机家。这些投机家靠了办工厂投机发财;也靠了做股票投机发财。到后来简直是泾渭不分,真实企业家与投机企业家混淆在一起,而投机企业家与股票投机家更是一而二二而一。这就是躲在所谓产业景气——其实应该称为物价景气——背后的庞大黑暗面。”③

值得特别指出的是,这时的企业股票上市准入门槛十分低。由于这时并无证券交易所存在,也无对上市企业标准进行审查的

① 吴毅堂编著:《中国股票年鉴》,中国股票年鉴社 1947 年版,第 9 页。

② 江川主编:《华股指南》,见《旧中国交易所股票金融市场资料汇编》下册,书目文献出版社 1995 年版,第 1727 页。

③ 江川主编:《华股指南》,见《旧中国交易所股票金融市场资料汇编》下册,书目文献出版社 1995 年版,第 1724 页。

机构存在,因此,新成立的企业股票均是“通过股票公司上市”,“并无一定标准遵循”,而且这时华商股票交易的状况,是“所有股票交易,纯由各股票公司自由买卖,自由开拍,在同一时间、同一股票,各家行情恒大相径庭,任其一家之供求状况,自行上落”①。因此,在这种状况下,上市公司股票鱼龙混杂,投机气氛日益浓厚,乃至于“空头股票充斥于市,投机家视为乐园,巧取豪夺,操纵垄断”②的现象就无法避免,且会愈演愈烈,也因此,终于引起汪伪政权的干涉。先是伪实业部拟订“取缔买卖华商股票暂行规则”12条,并呈经伪行政院会议通过公布实施,“规定凡买卖股票业商必须申请注册,依照资本总额交纳百分之十保证金,否则不得开始营业;非经华商公司股票审查委员会审定之股票,不得买卖。股票业商不得有操纵市价或垄断居奇之行为,同时不得为期货之买卖……”③但是,一纸文告怎能限制住已经出现并不断升温的投机热?因此,“伪实部取缔规则,等于具文,所谓禁者自禁,做者自做,绝鲜效果。而整个股市,仍然陷于投机气氛,市价高涨,刺激物价,间接威胁市民生活,引起大众不安”。④

在此种状况下,1943年2月28日,汪伪政权在“进退维谷,难于应付”⑤的情况下查封了永昌、中国两家股票公司,3月6日更

① 吴毅堂编著:《中国股票年鉴》,中国股票年鉴社1947年版,第10、30、12页。

② 吴毅堂编著:《中国股票年鉴》,中国股票年鉴社1947年版,第30页。

③ 《新中国》1942年8月28日,见上海社会科学院经济研究所“中国企业史资料研究中心”所藏“经济类剪报资料汇集”,卷号“补遗011,编号000042”。

④ 吴毅堂编著:《中国股票年鉴》,中国股票年鉴社1947年版,第32页。

⑤ 刘恒之:《抗战期中之上海证券市场》,见杨荫溥主编:《金融》第23期,见上海社会科学院经济研究所“中国企业史资料研究中心”所藏“经济类剪报资料汇集”,卷号“10—007,编号000110”。

是进一步查封了65家股票公司，“继而全沪150余家之股票商亦被迫停业”。此后，经过交涉和磋商，在分别向伪上海市经济局和工部局两方交纳合计1‰的“证明费”后，35家股票公司获准分两批于5月19日和6月9日恢复营业。由于这种做法引起市场骚动，为了对控制证券市场更加有利，1943年7月间，伪财政、实业两部决定恢复上海证券交易所，“令饬华商证券交易所筹办复业”①，抗战时期上

① 上引均见吴毅堂编著：《中国股票年鉴》，中国股票年鉴社1947年版，第32、35页。关于此时在上海恢复伪华商证券交易所的动因，过去的说法主要是认为此时“适有日敌经济要员来沪考察，认为此种经济病态（指资金无正当出路，囤货之风弥漫全沪），必须建立证券市场，疏导游资方可改善，伪华商证券交易所之复业，其动机即起于此”。（见朱斯煌主编：《民国经济史》，1970年台湾影印版，第154页。洪葭管、张继凤著《近代上海金融市场》一书亦采此种说法）。实际上，值得注意的应该说还有汪伪政权背后日本方面的态度和动向。从日本方面来看，同意恢复上海华商证券交易所，首先是认为战争进入持续阶段后，在上海成立证券交易所，是在上海当地筹集生产建设资金支撑大东亚战争的手段，认为这不仅是“现实的课题，而且作为理念，必须将其纳入大东亚共荣圈的构想之下进行考虑。当前的急务，一方面是整备上海的金融机构，另一方面是对上海的产业进行再整合”。因此，“当局的意向，是再开交易所，作为吸收游资的方策”（见“证券经济调查资料第四号”，《上海の证券市场》，川岛屋证券株式会社调查课1941年版，第13页）。由此，从日本方面看，恢复上海伪华商证券交易所并非仅仅是停留在解决当时上海游资和投机的问题，而是有着更深的考虑在内。松本信次在日本《经济志林》第15卷第2号（1942年出版）上发表的《中国の证券市场》一文，就从另一个角度透露了日本方面的这一设想，尽管这个设想看来近乎于妄想。文章开篇他就指出，“当日美英开战，我方取得决定性胜利之际，使人痛感大东亚共荣圈的确立已近在眉睫。‘大东亚共荣圈’确立后，在证券市场政策方面，必然出现划时代的新时期，这个新时期就是大东亚共荣圈证券市场政策的确立”。他接着解释建立这个所谓“大东亚共荣圈”证券市场的必要性是，“至今为止，我国的证券市场政策，可以说仅仅局限于日本的内地市场，换言之，即现在日本的证券资本主义，是以日本内地的资本

海华商证券市场的演变遂进入第三阶段。

伪上海华商证券交易所的诞生与活动 1943年7月中旬,南京伪财政、实业两部发布商字第1448号令,指出,“上海为全国实业首要之区,该交易所因事变影响陷于停顿状态,迄已数年。兹为调整证券流通稳定金融基础起见,着即早日筹备复业”①。随后,该所于7月24日招集股东临时会,商讨修改章程、补选理监事及其他复业事项,并决定增加资本至2000万元。10月29日,该所举行复业礼,发布4项上市股票审查原则,规定得以上市进行交易的公司股票需符合下列条件:

1. 遵照中华民国法律组织并领有主管官署执照之股份有限公司股票;

2. 公司成立已营业一年以上者;

3. 公司实收资本五百万元以上者(如有增加资本其增资部分未经主管官署核准者不得上市);

4. 依照规定呈送必要之书件者。

供给及分配的理论作为背景的。然而,如今我国的经济已飞跃发展到日本、满洲、支那、南洋等广大的区域。关于证券市场政策,理所当然,必须以涵盖这一广阔区域、且是统一体系的构想作为政策。简言之,就是应在东京、大阪、名古屋、朝鲜、台湾、满洲、北京、天津、上海、广东、火奴鲁鲁、曼谷、马尼拉、香港、夏威夷、西贡、新加坡、巴达维亚等各地设立证券交易所,并将这些证券交易所作为大东亚共荣圈交易所的一环,统一进行活动,并统一调节大东亚共荣圈内各国的资本供给以及分配”。他声明,这个以广大区域为对象的大证券市场的构想,要以各地各领域的证券市场作为其构成要素。他声称,他写《中国の证券市场》一文的目的,正在这里。由此看来,此时伪上海华商证券交易所的复业,并非简单的事情,也不能仅仅局限于从上海华商证券交易所复业本身进行考察,而可能有着更为复杂的背景。

① 怀方:《吾国证券交易所之简史与股票市场之演进》,《中国工业月刊》1943年第1卷第10号。

结果,依据以上原则审查合格,第一批得以上市的华商股票按类型分类包括金融投资股 21 种、百货股 6 种、化学工业股 16 种、文化股 9 种、纺织股 43 种、其他实业股 13 种,合计六大类共 108 家。①

伪上海华商证券交易所由原上海华商证券交易所的张慰如、沈长赓主持。各项准备工作完成后,“(1943 年)11 月 8 日正式开拍,所订营业细则凡 75 条,规定经纪人名额为二百人。为避免法令上之重复起见,先于 9 月 24 日废止 1931 年 8 月 26 日所颁之伪实部取缔买卖华商股票 12 条,更为避免执照上之重复起见,同时亦废止伪经济局所发给之股票营业执照,规定持有该局执照之二人,得合并为交易所经纪人一人”②。此后,直到 1945 年 8 月日本投降为止,是为抗战时期上海华商证券市场发展的第三阶段。

(二)抗战时期上海华商证券市场的几个特点

抗战时期上海华商证券市场具有的第一个也可以说是最大的特点,是改变了此前中国证券市场发展至此的走向,出现了一个完全以华商公司股票为标的物的证券市场。这个变化过程大体如下:

“抗战前,上海证券市场有二:一为外商之众业公所,一为上海华商证券交易所。前者专营外股,与我国工商企业绝少关系。后者尽属政府公债,亦未能视为真正资本市场。二十六年‘八一三’日敌攻沪,华商证券交易所宣告停业。同年十一月该所奉令

① 上引均见怀方:《吾国证券交易所之简史与股票市场之演进》,《中国工业月刊》1943 年第 1 卷第 10 号。

② 吴毅堂编著:《中国股票年鉴》,中国股票年鉴社 1947 年版,第 35 页。

筹备迁汉,以种种阻碍,未能实现”。此后,如前所述,抗战时期上海证券市场以1941年12月太平洋战争爆发为界,出现了一个从投机外商股票到转为关注华商企业股票的变化。在太平洋战争爆发之前,由于“外汇剧缩,资金外逃,洋股遂成为天之骄子。即向作外汇投机者,亦转而投机洋股,以至投机之狂热,股价之飞涨,史所罕见”。但好景不长,到太平洋战争爆发,“日敌与英美交恶,洋股被指为敌性证券,因是明令禁止交易。众业公所遂告停闭,而公债交易,亦难公开活动,华股乃转居上风”。①

前面已经提到,1940年12月16日成立的“中国股票推进会”,以提倡推进中国企业股票交易为己任,其“介绍买卖之股票,尽为中国股票,且以正式注册之股份有限公司为限”。经该会首批推出的中国企业股票有78家。此后经该会推出的华商股票数量续有增加,“当时经该会先后决议准予买卖之中国股票,凡88种”。②

太平洋战争爆发后,“中国股票推进会”停止活动,上海华商证券市场进入自发自由阶段,这期间上海证券市场上交易的华商企业股票种类有多少,在现有的资料中尚未找到明确记载。但我们如从前面提到的1942年成立的经营股票买卖的公司有127家,先后成立者有145家,以及1942年下半年新设立的公司企业有208家,并且股票纷纷上市交易来看,推断这时候在上海证券市场上买卖的华商企业股票,比“中国股票推进会”时期的88家只多不少,应该是没有问题的。

---

① 上引均见刘恒之:《抗战期中之上海证券市场》,见杨荫溥主编:《金融》第23期,见上海社会科学院经济研究所“中国企业史资料研究中心”所藏“经济类剪报资料汇集”,卷号“10—007,编号000110”。

② 吴毅堂编著:《中国股票年鉴》,中国股票年鉴社1947年版,第7页。

此后,上海华商股票交易进入第三阶段,即 1943 年伪上海证券交易所成立,到 1945 年结束为止 3 年左右的时间内,经其审查核准上市的华商企业股票共有 3 批。“第一批核准上市之股票,达一百零八种之多;第二批(三十三年度)上市者达六十一;第三批(三十四年度)上市者达三十家”。“计共上市股票一百九十九家”。[①] 在证券市场上交易的证券种类只有中国企业股票,没有政府债券和外国企业股票,以及中国上市企业股票种类如此之多的状况,是近代中国证券市场自诞生以来从未有过的事情。以至于当时的学者对此评论说,“上海证券交易所恢复营业后,目前专拍产业证券,将吾国最称发达之证券交易所由财政市场变质为资本市场,实为吾国长期投资机构奠定重要之基础”[②]。此评论应该说不无道理。

近代中国的证券市场,诞生于 19 世纪 80 年代初。当时中国证券市场出现,以洋务企业兴办热潮的出现为依托,但为时短暂,种类数量也不多。此后直到抗战爆发之前的半个多世纪,其间虽也曾出现过 1910 年的“橡胶股票热潮”,以及 1921 年买卖证券交易所及信托公司股票的“信交风潮”,但一是买卖的标的物是外国橡胶公司和交易所信托公司滥设的股票,与中国产业证券相去甚远;二是存在时间都不长,都仅在半年左右。[③] 此后国民党政府时

---

① 见刘恒之:《抗战期中之上海证券市场》,见杨荫溥主编:《金融》第 23 期,见上海社会科学院经济研究所“中国企业史资料研究中心”所藏“经济类剪报资料汇集”,卷号“10—007,编号 000110”;吴毅堂编著:《中国股票年鉴》,中国股票年鉴社 1947 年版,第 52 页。

② 怀方:《吾国证券交易所之简史与股票市场之演进》,《中国工业月刊》1943 年第 1 卷第 10 号。

③ 关于这三次股票买卖热,可参见朱荫贵:《近代中国证券市场上股票买卖的三次高潮》,《中国经济史研究》1998 年第 3 期。该文根据《申报》资料统计,1882 年至 1887 年第一次股票买卖热潮中先后上市的中国企业股票累计为 37 家。

期证券市场被称为“财政市场”、政府发行的债券成为交易所买卖主要标的物的情况,更是众所周知的事情。真正以华商企业股票为标的物,且发展到只有中国企业的股票上市,是在抗战爆发后这个特殊时期的上海证券市场上实现的。可以说,在抗战时期上海的证券市场上,所拍卖的上市企业股票国籍之单纯和企业股票种类之丰富,都开创了近代中国证券市场的纪录。①

但是,日本全面侵华战争时期的上海华商证券市场,在投机手法翻新和花样繁复等方面,同样开创了近代中国证券市场上前所未有的纪录,也因此构成在此期间上海证券市场上令人瞩目的第二个特点。这些投机手法不一而足,这里仅略举股票发行过程中的数例弊端,可见一斑。

一为在股票发行过程中造假。由于当时发行股票并非难事,“既无法令束缚,亦无机关管理,加以投资投机者一致盲从,故新股票一经发行,一转手间,即获厚利”之故,给投机者带来了可乘之机。其做法大体是:若干不正当商人,并无相当资本而开设空头公司进行欺骗。先是由参与者分别认足股款总额,接着召开创立会,造成公司正式成立之假象。“实际股款并未交出,或以传票转账或以远期票据抵现搪塞,而此时参与者各人均已摊得股票,即联络数家股票公司,狼狈为奸,上市买卖,并作虚伪宣传,抬高其股票市价,照票面加数成抛出。一般顾客,不知实情,高价买进,而彼等则坐获巨利。”由于此种现象并非个别且贻害甚大,以至于工部局不得不发布公告警告:“查近有若干不法商人,创设滑头公司,一面捏造消息,复凭无谓号召,将其股票推行市上。若干公司,其营

① 在1941年太平洋战争爆发前,中国证券市场上不仅始终存在外国股票的买卖,而且还出现过西商证券交易所和日本取引所(即交易所)并立的局面,这种状况直到1941年后才完全得到改变。

业亏折,已为人明晓,但仍在市上推行股票,虽公司经济情形欠佳,然由于有人从事垄断,股票价值竟于一星期内,告涨百分之二十五至三十。此外若干新公司之股票,其价值与前途,并不可靠,但亦凭虚伪之宣传,推行市上……”

二为包揽发行。包揽发行又分好几种,其中最恶劣的一种是“私相受授,直接操纵某项股票,使其价格腾涨之一法。例如有某厂拟扩大增资,或改为股份有限公司组织,股额除由发起人认购外,其余部分决议向外界招募。但发起人为图满足私人欲望起见,此项招募并不采取公开方式,竟私与某一机关定订,以每股十元票面之股票,作价十一元或十二元,全部包于该公司销认。此一二元之升价,既非溢价,更非承募费用,自归属于发起人所有,饱入私囊。承揽此股票之公司,却又以更高价分包若干股票公司,一方面相互布散利多消息,使不明真相的投资者,愿出高价购进。此种‘飞票’式的公开招股,与房主秘密出顶房屋索取巨额顶费,以及二房东分租房屋,索取小费,初无二致……”

三为操纵垄断。其做法是:“若干厂商当局或少数大户握有巨量之股票者,勾结股票商,遇有适当机会,将其股票价格故意抬高,常在国际战局变化之时,或金融头寸松动时,故作谣言,散布空气,使股价在数日之间涨起数倍。在此高价,大户即陆续卖出,迨散户套进,市价即形猛跌。此种情形可谓大户之惯技,使真正投资者咸具戒心。”

四为增资发股获利。在上海华商股票投机热中,老公司厂商不断靠增资发股进行投机是很值得注意的一种手法。当股市充斥大量发行的新企业股票以后,其经营技术幼稚和股票上市时大涨大跌给社会留下了恶劣印象,对新股产生疑虑转而注意老企业股票时,一些投机分子又找到了可乘之机:使老公司厂商增资发股。在此过程中,“不依产销状况为标准”,“不从业务着眼而滥行增资”,“完全视股票之需求而增发”,“因牟利而制造多量的股票”,“竟成一时风气”! 在增资方式上,先有“升股”和“认股”的区别,后发展到以“升股”为主,“有一股送五股,与一股升一股者”。此种手法的目的,“显然以升股作增资,用以博取股东之欢心,刺激股价之上涨……”①

另外,在发行过程中,还有“溢价发行”“股款临时收据流通”及“附加承募费”等名目,不一而足。

1943 年伪上海证券交易所复业后,投机之风,炽烈如故。一些专以搜刮散户为获利捷径的企业家和投机大户,利用大众对于股票产生的厌恶心理,“投井下石,故意将股市放空压低,以便在散户忍痛斩弃时,再趁机掩进。致使市场惊波骇浪,无有已时”。在此阶段,交易所场外交易、黑市猖獗始终未能禁绝。场外各经纪人私自对做,实行五日期、一星期期、一个月期不等的期货交易。甚至发展到“可允顾客只付一部分证金而代收货,或顾客如要放空而无现货时,亦可向顾客收取一部证金而代客交货”,这种做法,除“足以招致投机性之加强,扩大股市上落之幅度”外,更容易“为少数人所操纵利用”。为吸引投资人注意,有的公司与此前企业增资扩股的手法相反,“实行减资,发还股款。首创者为康元制罐,继起者有平安、三轮车、华成实业、联华地产等”,以期博取社会好感,获取更大利益。

1945 年抗战即将胜利前,由于军事局势已趋于明朗,加上伪中储币恶性膨胀,有加无已,大票面之伍千、一万元钞票相继发行,有资者为保本起见,除囤积货物,即买进股票黄金,因此其时“股票市气之鼎沸,价格之激昂,实属无以复加”。以至于伪上海证券

① 吴毅堂编著:《中国股票年鉴》,中国股票年鉴社 1947 年版,第 10—15 页。

交易所的“涨停板”，“几至无日无有”。这时股市“市面之疯狂，价格之爆跳”，“起伏高低，实动人心魄”。股价的高价与年初时相比，“甚有相差四千倍者”。[①] 可以说，在投机手段多样和股价起伏跌涨方面，抗战时期的上海证券市场同样是创造了中国近代证券市场的新纪录。

由于这期间股票市场上的资金资本运动，直接催生了近代中国工商企业发展史上少见的机构——企业公司。“何谓企业公司?”据当时人的观察，认为“似兼有英美投资事业之性格；且直接参与企业之经营与自行建业。是则所谓企业公司，实为集合大宗财力，投资、管理、或经营工商实业的机构”。[②] 据黄汉民、张忠民先生的研究，企业公司早在抗战爆发前的20世纪二三十年代，即已出现。[③] 但细加追究，那时的企业公司与抗战爆发后华商证券市场勃兴时期出现的企业公司在性质上还有所不同。抗战爆发后新设之企业公司，“其业务大多包括以下四款：1. 工商农矿企业之投资管理；2. 国内外贸易暨运输仓库业务；3. 买卖有价证券；4. 买卖及经营房地产等”。“是则企业公司无异于百业公司矣”。[④]

值得注意的是，这种“无异于百业公司”的企业公司，在抗战时期上海的设立，“蓬勃一时，竟如雨后春笋”。据《战时上海之企

① 上引见吴毅堂编著：《中国股票年鉴》，中国股票年鉴社1947年版，第40、41、51、52页。

② 陈禾章：《上海之企业公司》，见王季深等编：《战时上海经济》第1辑，上海经济研究所1945年版，第91页。

③ 参见黄汉民：《抗战时期上海企业公司的兴起与蜕变》，《学术月刊》1994年第10期；张忠民著：《艰难的变迁——近代中国公司制度研究》，上海社会科学院出版社2002年版，第三章第四节。

④ 陈禾章：《上海之企业公司》，见王季深等编：《战时上海经济》第1辑，上海经济研究所1945年版，第84页。

业公司》一文的作者陈禾章估计,抗战爆发后新设的企业公司,"不下三百余家"。在他编制的"沪市企业公司设立年月统计表"中,共有企业公司146家,其中"成立于民国三十年以前者计十四家,三十年者三家,三十一年四十三家,三十二年五十七家,三十三年二十九家","而其蓬勃兴起,则在三十一年十月以后"。①

表8-22 沪市企业公司设立时间统计(1937年前、1938—1944年9月)

设立年月	设立家数	
1937年前	8	
1938年		
1939年	3	
1940年	3	14
1941年	3	3
1942年1月	1	
1942年2月		
1942年3月	2	
1942年4月	1	
1942年5月	1	
1942年6月	2	
1942年7月	7	
1942年8月	1	
1942年9月	1	
1942年10月	5	
1942年11月	11	

① 陈禾章:《上海之企业公司》,见王季深等编:《战时上海经济》第1辑,上海经济研究所1945年版,第86页。

续表

设立年月	设立家数		
1942年12月		11	43
1943年1月		12	
1943年2月		2	
1943年3月		7	
1943年4月		7	
1943年5月		5	
1943年6月			
1943年7月		8	
1943年8月		4	
1943年9月		3	
1943年10月		2	
1943年11月		3	
1943年12月		4	57
1944年1月		16	
1944年2月		4	
1944年3月		1	
1944年4月			
1944年5月		4	
1944年6月		1	
1944年7月		1	
1944年8月		1	
1944年9月		1	29
总计			146

资料来源:陈禾章:《上海之企业公司》,见王季深等编:《战时上海经济》第1辑,上海经济研究所1945年版,第87页。

从表8-22中可以看出企业公司与股市间是一个互生互荣的

关系。1941年以前设立者数量并不多,其大量出现,是在太平洋战争爆发后,与上海华商证券市场的繁荣同步。“民国三十一年五月,新旧法币比率折换,一时金融市场引起极大波动,再由金融市场之动荡,引起工商各业之畸形发展,企业公司于焉崭露头角,十月以后,锋芒毕露……三十一年十一月至三十二年四月之六个月内,新设公司达五十家之多”。“(三十二年)十一月八日证交筹备就绪,正式开拍,一时股市兴高采烈……1933年1月,新设者盛况空前,计共十六家”。① 显然,证券市场的繁荣和投机为此期极力利用其扩大实力和势力的企业家和投机家,提供了一个极好的活动舞台。1933年1月一下出现十六家企业公司,其主要原因,正是因为伪证券交易所复业,导致上海的各种势力“组织企业公司,准备逐鹿股市”之故②,与“一时股市兴高采烈”间相互呼应的关系十分明显。关于这一点,当事人吴毅堂在《中国股票年鉴》一书中对此有所分析:“原来中国股票继外股上市之后,已获资金市场之青睐,上海企业界把握此千载一时之良机,在股市大显神通,展开所谓附业战与股票战。一时附属事业之扩充与增添,仿如雨后春笋,新股票之推行与拉抬,亦层出不穷。此种发展,乃完成新兴企业财团之初步形态。当伪币通货一元化实现,企业公司之兴起,达于高潮,虽多以投资性质为美名,实则深具控制股票公司之意义。新兴企业财团以此作为基础,而为拓殖之新据点,从事积极的活动,老股票之拉抬,新公司之创办,旧组织之吸收、收买、合作、改组。以各种不同之方式,借以培养自己之实力。唯作风过滥,大

① 陈禾章:《上海之企业公司》,见王季深等编:《战时上海经济》第1辑,上海经济研究所1945年版,第86页。

② 陈禾章:《上海之企业公司》,见王季深等编:《战时上海经济》第1辑,上海经济研究所1945年版,第86页。

有饥不择食之势……迨伪证交复业，企业界之活跃，又燃起第二次火焰，企业公司之新潮亦澎湃奔腾，不可一世……"①

应该说，通过证券市场进行的这种活动是大见成效的。也就是在这短短的期间内，中国企业历史上出现了前所未有的产业与金融业结合的巨大企业集团——企业公司，而且不止一个集团一个行业。据统计，这期间出现的企业集团，有所谓五大集团六大体系之说②，其中，五大集团之首的新亚集团在抗战爆发之前，尚不过是"资本仅有数十万元之组织，初不料十年发展，形成范围最庞大，机构最复杂体系。依当时情形，隶属于新亚财团下之公司厂商，有三十六家之多，各公司资本总额在十万万元以上。从体系言，可分为新亚系、新亚副系及新中系三大系统"③。其他的各大企业集团和体系除了规模略小外，情况也大体类似。这些企业集团"内部构成分子有企业地产一类公司为之扩大范围，擘划经营；有银行信托一类公司为之周转资金，予以支援；一方面从事基本事业之积极推展，以巩固集团之基础；一方面运用种种方法，向外扩展。总之，集团之内，枝连气通，一方稍受波折，可以群力挽救……"④

可以说，在中国近代的企业发展史上，通过证券市场这个平台的资本运动，无论在企业集团的扩展规模还是在扩张的速度上，以

① 吴毅堂编著：《中国股票年鉴》，中国股票年鉴社1947年版，第43、44页。

② 关于这五大集团六大体系的情况，吴毅堂在《中国股票年鉴》第44—50页有所介绍。

③ 吴毅堂编著：《中国股票年鉴》，中国股票年鉴社1947年版，第44页。

④ 陈禾章：《上海之企业公司》，见王季深等编：《战时上海经济》第1辑，上海经济研究所1945年版，第88页。

及通过这种资本运动所创造出来的新型企业财团的特色上,抗战时期的上海都创造了新的纪录。

虽然此后由于环境的变动和此前"作风过滥,大有饥不择食之势"留下了后患,再加上日本投降抗战结束导致的时局变动,仅仅一二年之后,这些企业集团即出现分化甚至瓦解,但在中国近代企业发展史上出现的这种空前绝后的局面,与这期间证券市场的繁荣投机热与产业之间出现的紧密连动关系,却是我们应当关注的现象之一。

(三)抗战期间上海证券市场特点的深层根源

如上所述,抗战时期上海华商证券市场的几个发展阶段以及所表现出来的这些特点,在近代中国证券市场上都是仅见的。那么,是什么原因和什么因素导致在此期间出现这些现象和特点呢?在过去对此的分析中,一般都是从这期间游资麇集、投机保值、伪法币取代法币造成的动荡和通货膨胀等方面着眼。这些分析当然都不错,但似乎都没有说到根本点。在笔者看来,这期间上海华商证券市场的发展和出现的特点,是在一种特殊环境下的畸形发展。或者换一句话说,就是在不正常环境中的正常发展。

首先,经过抗战前几十年的发展和积累,上海工商实业的基础已经有了明显的增进,再加上抗战爆发后,由于战时景气等原因,新成立的企业大量出现,前面提到的 1942 年一年就成立企业 208 家的事情就是一例。可以说,产业企业的大量出现是上海华商证券市场得以发展的前提。另外,上海是近代中国工商实业以及金融业最为发达的中心,20 世纪 30 年代上海甚至被称为远东的金融中心就是一个证明。其在工商业、贸易和金融领域的积累奠定了抗战爆发后上海华商证券市场兴起的基础。当然,基础毕竟只是基础,如无其他条件的配合,以后并不一定会出现华商证券市场的这种发展。而这里所说的“其他条件”中,最重要和最关键的是:抗战爆发后的华商证券市场,是在一种无法律和无政府监控下出现的发展。换句话说,就是这期间的华商证券市场,是在一种自由无限制或弱限制环境中的发展,有此前提存在,其他诸如游资麇集等条件才能充分发挥作用,进而共同演绎了中国近代证券市场发展史上的独特一幕。

因为证券市场是一种特殊的市场,有其自身运作的规律和特点,同时也要求有与其配套的环境和条件,才能保证正常的运行。其最大和最突出的特点,在于它是一种有价证券发行和交易的活动,进行的是资金和资本的运作。因此,需要在严格的法律、监管和有序的环境中才能保证正常的运行。这一点正如杨荫溥在《中国交易所论》一书中指出的,从事证券买卖的交易所与普通市场,“虽同为货物交易之机关,然细究之,则两者性质完全不同”。他进而指出,由交易所进行的证券买卖,其性质前提是“依一定之法律、于一定之时刻、在一定之场所、限一定之物品、由一定之商人、用一定之方法、为一定之交易者也”。也就是说,由交易所进行的证券买卖,其性质与一般市场迥然不同,“交易所之市场,为一有统系有秩序有法律之组织”,“实可称之为‘市场之市场’”,“断非普通市场之所能望其项背者也”。①

但是,在抗战时期的上海华商证券市场上,我们看到的却是另一番景象。且不说“中国股票推进会”和“自发自由”阶段,这两个时期华商证券市场股票发行和交易的“自由”“不规范”,没有限制或者说弱限制的状况是显而易见的,在前面的叙述中已有过不少提及。即使拿第三阶段即伪上海证券交易所复业后的情况来看,也远不是那么回事。例如,在股票的发行上,虽然成立了“上市公

① 杨荫溥:《中国交易所论》,上海商务印书馆1930年版,第9—11页。

司监督管理委员会”,改变了此前“新股通过股票公司上市,根本毫无限制”的局面,但“立法一事,审查通过又一事”,1944年红盘开市第一天,就发生交易所新股“未经‘证交’监理会之核准通过,贸然上市,致不周间,即被‘监委会’勒令停止上市,投资买户,形成啼笑皆非”①局面的事情。此后,发行方面的弊病仍然多有出现。其次,集中交易、禁绝场外交易以避免逃避佣金和捐税的事情发生,以及统一市价这两个方面也同样未能办到。“伪证交之复业原具有整饬股票市场之决心,顾开业以来,一切均未臻理想,建立资本市场之使命,顾难完成,即集中交易统一市价两端,亦未彻底办到。场外黑市猖獗,即已上市之股票,亦未经交易所之手,而在场外由各经纪人私自对做……”②

也就是说,在抗战时期的上海华商证券市场上,有效的监管和运作环境始终未能形成,而其根源,似乎可以追溯到上海租界的存在、“孤岛”时期的景气和游资的麇集,以及汪伪政权的权威、能力及当时日伪政权间在统治上海方面留下的空隙等方面,但无论如何,正是由于这种种因素的作用,终于导致抗战时期上海华商证券市场获得了远较正常时期不一样的自由和活动空间,失去了对投机和种种混乱不规范行为的制约,再加上战争时期带来的种种非常环境,才使得投机之风炽而难禁,并最终酿成这期间上海华商证券市场的畸形发展和种种特点。

应该说,证券市场的正常发展是需要一系列条件和环境的配合才能实现的。而首要的,应该是有权威和能力的政府、安定的环

① 吴毅堂编著:《中国股票年鉴》,中国股票年鉴社1947年版,第42页。

② 吴毅堂编著:《中国股票年鉴》,中国股票年鉴社1947年版,第41页。

境、严格制定并形成有效制约的相关法律。但是这些条件在抗战时期的上海证券市场上并不具备，因此，这期间上海华商证券市场上出现种种异于正常时期的现象和特点，也就是不奇怪和必然的了。

四、沦陷区金融市场与经济间的关系

近代上海成为经济和金融中心，其支柱与发达的对外贸易和制造业分不开。1937 年抗战全面爆发后，这种情况也没有发生根本的变化。这时，推动上海经济复苏和发展的动力，仍然来自对外贸易和制造业这两个支柱产业，但这两个支柱产业的复苏和发展又与金融市场有着紧密联系。先来看看工厂制造业。

1938 年年初，没有受到战争大的波及和损毁的沪西纱厂及小工业，相继重新开工，以供市场上经济生活需要。上海的各种金融行业也在救济经济和谋取自身利益的双重考虑下，开始办理各种货物押款。同时，在租界中新设的工厂更是迅速出现。据统计，1938 年 1 月 1 日起到 5 月 1 日止，“在公共租界中、西、北三区，以及沪西外国军队防线以内越界筑路上，开始之新工厂共计 560 家，所用工人共计 31162 名。截至 9 月底，公共租界中、西、北三区之工厂复增达 2540 家，而工人人数在中、西、北、东及界外马路五区亦增为 154296 名”。1938 年 10 月至 1939 年 12 月，公共租界内“向电力公司陈请接通电流之大小工厂数目总计达到 1994 家”①。

这里以染织厂和造纸厂这两个行业为例对这期间工厂制造业的情况略窥一斑。

---

① 汤心仪：《上海之金融市场》，见王季深主编：《战时上海经济》第 1 辑，上海经济研究所 1945 年版，第 15 页。

染织厂战前上海共有270家,布机约12000台,全年生产棉布约700万匹,每月平均约60万匹,厂址大部分在南市闸北及虹口一带。"'八一三'后,毁坏大小染织厂约80余家,损失达三分之一强。迨二十七年后,前租界特区比较安定,市面日趋繁荣,被毁各厂设法迁移至特区内整理复工,他如锡、常等地之厂,亦有迁沪开工者"。此后,至"二十八年新设染织厂犹如雨后春笋,据布厂业同业公会三十二(1943)年冬季调查记录,计有A、织布组之单纯织布厂516家,布机18000台,如全部日夜运转,估计每月可产棉布约117万匹,需要纱线约三万五千件;B、染织组之染织厂20家,布机3300余台,如日夜全部运转,估计每月可产棉布约216000匹,需要纱线约6500件;C、手织组287家,布机1900余台,如全部开工,每月可产棉布36000余匹,需纱约1090件以上"。① 也就是说,到1943年冬时,不算染织组和手织组的数字,仅仅织布组之单纯织布厂一月的产量,与战前相比就几乎增长了一倍。

上海战前各厂生产的纸类,主要行销于上海本埠、长江流域一带及国内沿海交通便利之处,如华北的天津、青岛、威海卫、烟台等地。出口至国外者,多运销于中国香港、安南、泰国、日本、缅甸、新加坡及南洋一带,专供华侨应用为多。战前1936年总出口额为法币五百四、五十万元,1937年增为七百余万元,"八一三"战后,物价飞涨漫无止境,1938年之出口额增为七百七十余万元,1939年增至九百二十余万元,1940年突增至一千九百四十余万元,1941年更剧增为三千八百八十八万余元。而上海各纸厂的营业额,"逐年有增无减,39、40年度平均恒在三四千万元,41年度约五千

① 王子嘉:《上海之棉纺织业》,见王季深主编:《战时上海经济》第1辑,上海经济研究所1945年版,第198页。

万元左右，42 年度全业营业总额约六千万元，大厂每家平均约一千二百万元，小厂每家约七十二万元”①。

在单岩基、王季深《上海之造纸业》一文中，所列举的 10 家“华商重要造纸厂”除四家开办年代不详外，剩余六家中，一家开办于 1939 年，三家开办于 1940 年，一家开办于 1941 年，二家开办于 1942 年②，可见抗战爆发后也成为造纸业发展的重要时期，太平洋战争爆发后依然延续了这种趋势。

其次再看上海的另一经济支柱贸易业。

上海是近代中国的最大对外商埠，对外贸易额长期占据全国一半左右。1937 年抗战全面爆发前，对外贸易是英美日德四国竞争的局面。抗战全面爆发后，1938 年进口方面，“以美国占第一位，日本占第二位，德国占第五位，英国占第四位”。出口方面“以美国占第一位，中国香港占第二位，英国占第三位，印度占第四位，日本占第五位”。1939 年第二次世界大战爆发后，情况发生变化，“南洋与上海之贸易，日见繁盛”。其原因在于第二次世界大战战事发生以后，上海与交战各国之间的交通逐渐阻塞，进出口数量逐渐减少，而南洋距上海较近，富于农产矿产等物，需要上海的工业制造品，凡“各种部门之制造，皆有其相当之建设与发展”。“虽重工业尚未发达，然凡一切衣食住日用所要之物品，上海能制造者不少”。再加上上海的制造业所出制品，虽然“以长江流域及国内各地为其销货之区域，然海外有南洋为尾闾，则于上海之工业实有莫大之利益。而南洋各国亦自有天然的特殊条件，足以形成其贸易

① 上引见单岩基、王季深：《上海之造纸业》，见王季深主编：《战时上海经济》第 1 辑，上海经济研究所 1945 年版，第 205、210 页。

② 单岩基、王季深：《上海之造纸业》，见王季深主编：《战时上海经济》第 1 辑，上海经济研究所 1945 年版，第 213—218 页。

上不变之特性”。因而“自二十八年欧洲战事爆发以后,上海之贸易已渐侧重南洋方面”①。

显然,上海作为制造业和贸易的重镇,其基础、设备和地理区位的优势等条件,在战争爆发后,各种物资需求大增的背景下,成为少有的能够快速回复生产能力的地区。这种特点还因太平洋战争爆发日本军队占领上海租界后,“上海之英美势力,彻底解除”,“海道不通,输入断绝”等情况而进一步得到激发。这时,上海对各方物资供应“不特不能减少,且因需兼筹日方之军需,而数量大增”②,使得抗战爆发特别是太平洋战争爆发后,上海的工商业在种种复杂变化的背景下,勉力支撑,也因此与金融业互动,获得发展的推力,进而改变了此期间上海的经济状况。

(一)太平洋战争后上海企业的新设与证券市场

1941 年 12 月 8 日,太平洋战争爆发,日军进占租界,上海的经济局势一变进入另一阶段,局势的变化首先在证券市场上得以体现:前已提到,这期间因此时上海由英美商人主导的西商众业公所被强令停业,导致“外汇冻结,外股外币群在禁止买卖之列”,大量游资为求得归宿,群向中国股票集中,使得“从来未曾受人青睐之中国股票,至此始告勃兴”。③ 另一方面,1942 年上半年,汪伪政权“财政部”公布所谓新旧法币脱离政策,伪中储币对法币之比率,“由 77、74、70、66、60、53,而降为 50,币值日低,一般人均求资金安全之道,中国股票乃受第一次普遍欢迎,盛况空前”。吴毅堂

① 潘吟阁:《上海之贸易》,见王季深主编:《战时上海经济》第 1 辑,上海经济研究所 1945 年版,第 61、62、60 页。

② 汤心仪:《上海之金融市场》,见王季深主编:《战时上海经济》第 1 辑,上海经济研究所 1945 年版,第 36 页。

③ 吴毅堂编著:《中国股票年鉴》,中国股票年鉴社 1947 年版,第 8 页。

在《中国股票年鉴》一书中对当时的状况描述为:“其时因无法令束缚,发展颇为迅速,企业界之增资,固能顺利进行,新公司之设立,新股票之发行,亦得美满结果,亦是你仿我效,一窝蜂地皆在股票投机园地上寻求出路。同时以利之所在,群趋若鹜,参加者日众,上至有产阶级,下至贩夫走卒,无不兼营中国股票,而风声所播,外埠游资,亦赶向上海,从事股票买卖,一时中国股票之盛况,驾乎黄金之上,而有领导市场之势”。①

这时上海的金融与企业之间的发展演变主要循着两条途径进行。

首先是新设企业日益增多。由于战时物资缺乏,原料限制,也由于物资求过于供,以及生产的供不应求,因此,这时“凡是拥有制成品和原料者当然都有因增值而赚钱的把握”②,因此,在大量游资追逐华商股票寻求增殖的气氛中,这期间除了老公司和老工厂复业复工外,新设立的公司工厂迅速增加,仅从 1942 年下半年看,新设立的公司企业就有 208 家,具体情况如表 8-23 所示。

表 8-23　新设公司企业统计(1942 年下半年)

类别＼年月	1942 年 6—11 月	1942 年 12 月	总计
纺织业	47	1	48
企业公司	28	12	40
银行业	21	30	51
电力机器	11	—	11
交通车辆	10	2	12

① 吴毅堂编著:《中国股票年鉴》,中国股票年鉴社 1947 年版,第 8 页。

② 《华股一年》,江川主编:《华股指南》,见金融史编委会编:《旧中国交易所股票金融市场资料汇编》下册,书目文献出版社 1995 年版,第 1725 页。

续表

类别＼年月	1942 年 6—11 月	1942 年 12 月	总计
新药业	6	1	7
化工业	6	—	6
出版业	5	1	6
造纸业	5	—	5
食品业	4	—	4
饮食业	3	2	5
地产业	3	1	4
农植业	3	—	3
百货业	2	1	3
钟表业	2	—	2
电影业	1	—	1
总计	157	51	208

注:“总计”栏为笔者增加及计算。

资料来源:江川:《上海企业之综合观》,引自江川主编:《华股指南》,见金融史编委会编:《旧中国交易所股票金融市场资料汇编》下册,书目文献出版社 1995 年版,第 1727 页。

表 8-23 有两点值得注意,一是 1942 年 6 月至 11 月 6 个月中,上海新设的公司企业为 157 家,而 12 月一个月就新设 51 家,速度明显加快;二是前 6 个月新设公司企业中以纺织业最多,其次是企业公司,再其次是银行业,到 12 月时此项顺序发生变化,银行业新设 30 家排在第一,纺织业新设只有一家,但因此前基数较大,仍然排在第二,企业公司新设 12 家,仍然排在第三,而银行业、纺织业加上企业公司,这三类企业合计 139 家,占总数的 67%。

(二)太平洋战后企业的增资与证券市场

在不断新设公司企业的同时,原有的老公司企业采用增资扩股的方式,也使得自身的实力增强和规模不断扩大。

表 8-24 是太平洋战争爆发后 1942 年上海主要公司股票增资情况。

表 8-24　上海 20 家主要公司股票增资情况统计(1942 年)

企业名称＼项目	原有资本	增资后资本	增资办法
五和织造	法币 100 万元	中储券 300 万元	原有股票一股,除照升中储券外,并得认新股二股
永安纺织	法币 1200 万元	中储券 6000 万元	除照升为中储券外,每股再有四股赠与
世界书局	法币 300 万元	中储券 500 万元	原有股票一股除折成中储券外,所缺由公司之准备金下拨付之。此外,老股作为二股(因改票面为 25 元。)亦认新股一股,尚有 50 万元由公司董监及同人分认之
丽华公司	法币 70 万元	中储券 175 万元	原本照升中储券外,每股得赠半股,认新股一股
新亚酵素	法币 100 万元	中储券 300 万元	原有老股一股,除照升为中储券外,每一老股得有一股赠与
宁绍商轮	法币 150 万元	中储券 300 万元	原有老股一股,除照升为中储券外,每一老股得有一股赠与
中华商店	法币 20 万元	中储券 50 万元	原有老股一股,除照升为中储券外,每股除再有半股之赠与外,得认新股一股

续表

项目 企业名称	原有资本	增资后资本	增资办法
中英药房	法币160万元	中储券240万元	每股依法折成中储券外,80万元由公司固定资产内提出补足,再有80万元另由公司支出之,总计每股得有二股之赠与
信宜制药	法币710万元	中储券2000万元	原有普通股一股,赠送新股六股,并得认新股一股半,即原有普通股一股投资中储券75元,共可得普通股八股半。原有之优先股改为普通股,赠新普通股二股,即原有优先股一股,其可得新普通股三股,尚余股额82.5万元,由公司同人认购之。
康元制罐	法币200万元	中储券1000万元	执有老股一股,赠送新股一股,并可认新股二股,尚余200万元,再由老股二股照市认购一股,计为100万元,另100万元由公司同人认购之,实际即以50元(连票面)溢价发行
中国国货	法币600万元	中储券1000万元	凡老股一股得认新股一股。
中法药房	法币500万元	中储券1500万元	凡老股一股得认一股,另赠送二股。该二股由存货准备金名下提拨之,尚有500万元,除由同人分认100万元外,余400万元照票面溢价15元发行之
中华书局	法币400万元	中储券800万元	每一老股得照票面满币50元认购新股一股。

续表

企业名称＼项目	原有资本	增资后资本	增资办法
大中华火柴	法币360万元	中储券2400万元	每一老股得升新股五股，尚余210万元，由各董监及同人分认之
新亚药厂	法币800万元	中储券3000万元	每一老股得升新股半股，及认购新股一股半，尚余600万元，以17元半溢价发行之（连票面共为27元半）
民谊药厂	法币100万元	中储券250万元	每一老股得认溢价股一股（连票面每股65元）
美亚绸厂	法币400万元	中储券1000万元	原有股本依法折成中储券，此外每股认新股二股，再得赠与股二股。
荣丰纺织	法币1000万元	中储券1250万元	增资办法，250万元悉由中国投资管理公司承募，以30元溢价发行（连票面40元）
中国内衣	法币500万元	中储券1000万元	每十股老股可认新股六股，其余四百股由中国布匹经销公司股东分认之，办法为每十股认四股
梅林罐头	法币120万元	中储券500万元	除将原有资本折为中储券外，每一老股可认新股三股，其余20万元，由盈余中提出补足之

资料来源：吴毅堂编著：《中国股票年鉴》，中国股票年鉴社1947年版，第15—17页。

表8-24显示的是1942年上海20家主要企业股票的增资扩股情况，从扩股的方式看，有持有老股的股东才可认购的新股，有对老股东的赠股，由公司同人认购的扩股和从公司出资认购新股等多种方式。当然，在公司企业增资扩股的背后，这时的证券市场上华商股票受到追捧，股价上涨或投机严重也是一个重要的推动

原因。关于这一点,当事人在对公司企业增资现象出现的原因分析后说:“原来新股票充斥市场以后,由于经营技术的幼稚与股票上市时大涨大跌之刺激予大众以恶劣印象,减削买户信仰心理,从而对新股深表怀疑”,因而“转移目标,群相争购老股”。在这种情况下,“老公司厂商利用时机,开始增资,一部分固属正当需要,一部分则完全视股票流通之需求而增发,亦即因牟利而制造多量的股票,此种不依产销状况为标准,不从业务着眼而滥行增资,竟成一时风气”。①

由表 8-24 可知,1942 年 20 家企业增资扩股后,1943 年增资扩股的企业一下剧增至 145 家,1944 年也有 48 家②,且增资扩股的方式和内容也与 1942 年的相仿。

也因此,1942 年可以说成是上海企业发展的转折年,同样也成为上海证券市场的转折年。对于这种变化,当时人评论说,1942 年“在上海产业历史上,不能不说是一个值得重视的新阶段。在这个阶段中,我们看见了许多工厂的复活,也看到了无数工厂的新生。这一方面表现了民族的更生能力,一方面也预示了企业前途的希望。这一年,中国企业股票的价格都有大幅的上涨,以至于主编《华股指南》的江川认为,“统观这一年的整个状况,华股之投资不能不说稳妥可靠,而又利益优厚”。如以 6 月为基期,“则至少有半数左右的老股,均涨至一倍以上,此外亦大多涨起七八成,仅有十分之一二所涨不过一二成”。③

---

① 吴毅堂编著:《中国股票年鉴》,中国股票年鉴社 1947 年版,第 14 页。

② 吴毅堂编著:《中国股票年鉴》,中国股票年鉴社 1947 年版,第 17—28 页。

③ 《华股一年》,江川主编:《华股指南》,见《旧中国交易所股票金融市场资料汇编》下册,书目文献出版社 1995 年版,第 1724 页。

表8-25统计的是抗战时期上海证券市场上各家企业增资和分红的状况，从表中可以看出，这期间上海市场上华商企业的增资扩股背后除了证券市场上股票的上涨外，还有企业的分红作为支撑。换言之，这时期投资华商企业股票的股东，即使不参与股票的投机，也可从企业分红中获得比较丰厚的回报。

表8-25　战时上海部分上市公司增资和分红状况统计

项目 企业名称	增资时间及数量	增资方式	分红状况
永安纺织股份有限公司（每股10元）	资本600万元，1930年增为1200万元，1943年增为12000万元	每次增资均为赠股	1938年股息5元；1939、1940、1942年股息红利各5元；1941年股息5元红利15元
美亚织绸股份有限公司（每股10元）	资本200万元，1941年11月增资为400万元；1943年1月增资为1000万元；1943年8月增资为4000万元	—	1939年股红利共1.2元；1940年股红利1.25元，1941年股红利1.25元另赠4.5元；1942年股红利1.3元另赠20元；1943年老股0.8元新股0.3元
康元制罐股份有限公司（每股10元）	1933年资本100万元；1936年增为200万元；1942年增为1000万元；1943年增为4000万元	1942年增资为每一老股升一股认2股；同时发行溢价股20万股，其中10外股由老股2股认1股，其余公开招募	1939、1940、1941年均为百分之十；1942年百分之七十；1943年股红利一分，赠品代金一分

续表

项目 企业名称	增资时间及数量	增资方式	分红状况
新新百货股份有限公司(每股10元)	1926年成立时资本320万元;1934年增为352万元;1943年8月增为4000万元	—	1938年4元;1939年0.4元;1940年1.6元;1941年3元;1942年4元
同丰印染股份有限公司(每股10元)	1936年成立时资本6万元;1937年增为15万元;1940年增为40万元;1942年11月增为1200万元;1944年增为6000万元	增资升股方式	1939年股息1分红利1分;1940年股息1分红利3厘;1941年股息1分;1942年43年增资升股
中国火柴厂股份有限公司(每股20元)	1932年创设时资本12万元;1941年增为24万元;1943年3月增为72万元;同年9月增为600万元;1944年5月增为1500万元	—	1940年股息红利4元;1941年股息红利4元,升股20元;1942年股息红利4元;1943年升股40元又升股60元
信义机器厂股份有限公司(每股10元)	1938年成立时资本120万元;1942年8月增为500万元;1943年8月增为2000万元	1943年增资时老股1股可照面值认购1股外,并可认购溢价股1股(每股溢价20元,连票面共30元)	1939年股息红利1.8分;1940年股息8厘红利1分6厘;1941年股息8厘红利1分2厘;1942年股息8厘红利7厘;1943年股息8厘红利7厘
中国国货股份有限公司(每股30元)	1933年成立时资本10万元;此后历经8次增资增为600万元;1943年第9次增资增为4800万元	—	1938年股红利共2元;1939年股红利4元;1940年股红利4.4元;1941年股红利3.8元;1942年3.6元

续表

项目 企业名称	增资时间及数量	增资方式	分红状况
中国内衣股份有限公司(每股 10 元)	创办于 20 年。1943 年增资为 1000 万元;1943 年 8 月增为 3000 万元;1944 年 2 月增为 1 亿元	—	1938、1939、1940 年股息 1 分;1941 年股息 1 分红利 8 厘;1942 年股息 1 分红利 1 分;1943 年股息 1 分
中原染织厂股份有限公司(每股 10 元)	1940 年 10 月创立时资本 10 万元;1941 年 6 月增为 20 万元;1942 年 7 月增为 50 万元;同年 12 月增为 200 万元;1943 年 8 月增为 1000 万元;1944 年 2 月增为 3400 万元	第 1 次增资实收现款,2、3、4 次增资均由公司增值项下每一老股增一新股,余额由新旧股东以现金收足	1941 年股红利 1 分 4 厘;1942 年股红利连同增资共计百分之五百另二分四厘
五和织造厂股份有限公司(每股 10 元)	1928 年成立时资本 10 万两;1931 年增为 15 万两;1933 年改为 25 万元;1937 年增为 40 万元;1940 年增为 60 万元;1941 年增为 100 万元;1942 年增为 300 万元;同年增为 800 万元;1943 年增为 2400 万元	1941 年、1943 年均为增一赠一	1938 年股红利 5 元;1939 年股红利 9 元;1940 年股红利 12.5 元;1941 年股红利 8 元;1942 年股红利 6 元;1943 年股红利 1.2 元

续表

项目 企业名称	增资时间及数量	增资方式	分红状况
祥生汽车股份有限公司(每股10元)	1931年成立。1942年11月资本增为500万元;1943年6月、9月两次增资,增为1200万元;1943年4月增为3000万元	—	1937年股红利1分3厘;1938年股红利2分4厘;1939年股红利4分5厘;1940年股红利5分;1943年股息8厘;1944年股息8厘之外赠代价券
景纶衫袜厂有限公司(每股10元)	1896年成立时资本12万两;1917年改为股份有限公司时资本16.8万元;1935年6月增为24万元;1942年9月增为200万元;同年11月增为1200万元;1943年9月增为2400万元;同年12月又增为5000万元	—	1938年股红利8厘;1939年7厘半;1940年1分3厘;1941年1分5厘;1942年6厘(每股赠1.25股)1943年股息0.2元
中国萃众制造股份有限公司(每股100元)	1931年成立时资本2.5万元;1939年1月增为12万元;1940年3月增为40万元;1941年3月增为60万元,6月增为80万元;1942年3月增为100万元;同年6月增为200万元;1943年11月增为800万元	—	1939年股红利1分2厘;1940年股红利1分6厘;1941年股红利2分3厘;1942年股红利1分2厘;1943年股息8厘

资料来源:根据汪伪政权时期上海华商证券交易所编印《证交》杂志(1944年9月16日—1945年3月17日),第1—12期内容制作。

表8-25是根据汪伪政权时期复业的上海证券交易所编印的杂志《证交》各期所刊载上市企业的内容所作。《证交》杂志从

1944年9月16日到1945年3月17日止,共编印发行了12期,每一期中都有企业内容介绍。其介绍的所有企业都有增资记录,也都有股息红利分配的记录。这里随机选取的14家企业与该杂志刊载的其他企业一样,共同的特点是抗战期内增资次数多、数额大,特别是1941年太平洋战争爆发以后,多数企业年年增资,有的甚至一年内增资不止一次,例如景纶衫袜厂有限公司在1942年到1943年的两年中增资4次,资本金从抗战前1935年的24万元迅速增为1943年的5000万元。同丰印染股份有限公司1936年成立时资本仅为6万元;1937年增为15万元;此后历经1940年、1942年、1944年的增资,到1944年时已成为资本金6000万元的企业。成立于1931年的中国萃众制造股份有限公司,开始时资本金只有微不足道的2.5万元,但从1939年开始每年增资,有时一年增资两次,到1943年时历经7次增资,资本金已增为800万元。而在这期间,如表8-25所示,这些企业都还有不低的股红利可分,有的还有赠金赠股等好处。

简言之,全面抗战爆发后,以上海为中心的沦陷区在种种因素的作用下,成为日伪甚至成为国统区获取物质的重要来源地,又在金融市场和证券市场追求利润的推动下相互作用,形成了中国历史上一段相当特殊的时期,其中表现出来的特点,很值得总结和深入分析。

第三节　金融业的破坏和损失

在日本处心积虑对中国进行的大规模侵略活动中,中国原有的金融发展和改革进程被打断,原来的金融体系被破坏,金融财产被掠夺,由此带来巨大的损失。

一、日伪对东北、热河和伪"蒙疆"地区的榨取

在日本控制的东北和华北地区,日本通过设立上述被日本控制的傀儡银行,直接将原有的中国金融机构纳入日本金融体系;通过发行新的伪钞票,以不等价方式强行兑换原有中国货币;通过强制储蓄、强制购买日伪公债等方式对中国货币金融进行破坏和掠夺,同时还通过其他方式进行大规模的掠夺和破坏。这里主要从日伪财政金融政策以及3次大规模增加税收和其他金融掠夺的角度进行一些分析考察。

掠夺性的财政政策。伪"满洲国"成立后,最早的财政预算是1932年10月所编制,金额9500万元。其中支出仅计算了整顿行政机构费以及最小限度内的行政费。收入以海关收入为大宗(4100万元),还有盐税(1700万元)、吉黑两省的盐专卖收益(430万元)、田赋及其他国内税(2400万元)等。再加上1933年2月侵略热河的费用2000万元追加在内,1932年预算共计约1.15亿元。这期间,以关税收入为大头的税收形态,一直延续到1941年。一直占租税收入的半数以上。为增加岁入,1933年实施了鸦片专卖制,1934年实行了摇彩票制。到1936年止,一般会计收入每年仅增加3000万元到5000万元。岁出除整顿行政机构的经费外,重点放在整顿和充实军队警察的费用,通讯设施的费用以及镇压抗日力量的经费等开支上。特别会计则注重于专卖事业、必需品、邮政和伪政府的国都建设等方面。"一般会计和特别会计每年计增加1亿元左右"①。

① 《古海忠之笔供(1954年7月4日)》,见中央档案馆等编:《日本帝国主义侵华档案资料选编·东北经济掠夺》,中华书局1991年版,第757页。古海忠之1937年时是日本经济部主计处长,1940年后任经济部次长"是负责金融事务的最高责任者"(见《东北经济掠夺》第760、763页古海自述)。

从1937年起，随着日本对关内进行大规模侵略，东北伪“满洲国”的财政也发生显著的变化，伪“满洲国”财政总预算呈现出异常的膨胀。1936年至1939年的财政预算情况可见表8-26。

表8-26　伪“满洲国”财政预算情况统计（1936—1939年）

（单位：百万元）

项目／年份	一般会计	特别会计		总预算		公债发行额		
		预算额	纯计	预算额	纯计	一般会计	特别会计	共计
1936	220	190	145	410	365	—	—	—
1937	283	656	357	939	640	30	290	320
1938	304	1088	485	1393	789	40	357	397
1939	403	1288	640	1691	1043	65	393	458
备考	一般会计的数字是预算额，也是纯计。纯计预算是把一般会计预算和特别会计中互相重复的部分扣除后的纯预算额。							

资料来源：《古海忠之笔供》，见中央档案馆等编：《日本帝国主义侵华档案资料选编·东北经济掠夺》，中华书局1991年版，第758页。

从表8-26的数据看，1937年至1939年，一般会计每年只增加1亿元左右，但是特别会计每年却是以2亿元至4亿元的速度增加。而到了1940年，“一般会计5.7亿元，特别会计超过了10亿元，国债金预算5亿元”①。特别会计预算如此增加的原因，是加大了对侵略战争的投资，如军需厂、军械厂、军需品、港口建设等的投入。

1941年太平洋战争爆发后，日伪占领区当局实施了战时政策，尤其是对日支援政策。所有措施都集中到战时紧急物资的增产和扩大对日支援上。因此，各项战时经济政策的支出急剧增加。

① 《古海忠之笔供（1954年7月4日）》，《东北经济掠夺》，中华书局1991年版，第759页。

如第二次产业开发五年计划、第二次开拓五年计划的经费;农产品紧急增产、农地改造和农产品上市费;铁、煤及其他战时紧急物资增产补助奖励费;劳务体制整顿、劳工动员等费用;对满洲重工业会社补助金和对重要产业会社的投资;等等。为了应对这些猛增的费用,不择手段地扩大岁收。

日伪采取了增税、增发公债、大印纸币和强制储蓄等手段进行掠取。以下分别进行一些介绍。

从1941年到1943年,日伪进行了3次大增税。第一次是1941年8月,在上一年设立的砂糖税和事业所得税外,又新增设了通行税、特别卖钱税、法人所得税、资本所得税和油脂税。同时大量提高酒税、烟税、卷烟税、房屋税和事业所得税的税率,修改了关税税率。这样,每年大约增加收入1.5亿元。1942年10月,又进行第二次大增税。这次重点是增加消费税,新设了清凉饮料税和交易税,恢复了过去废止的小麦、棉花、水泥统税,提高了酒税、特别卖钱税、勤务及事业所得税的税率。每年增收金额1.6亿元。地方税里又新设了市民捐。1943年12月又开始实行第三次大增税。这次提高了酒税、清凉饮料税、烟税、特别卖钱税和法人所得税。此外,还增加了专卖的利润,修改了土地税。每年增收2.46亿元。到1945年,进一步修改税制和扩大税收外,还大量提高香烟和鸦片的价格,增收金额达3.5亿元。①

很明显,日伪政权通过几次增税的方式,几年时间里,从广大民众身上强行进行搜刮,在短期之内掠夺面之广,手段之烈,令人触目惊心。

发行公债,是一种掠取资源和国民财富的手段。太平洋战争

---

① 《古海忠之笔供(1954年7月4日)》,《东北经济掠夺》,中华书局1991年版,第794页。

爆发后，日伪发行的公债数额急剧增加。1939 年 12 月底公债发行额为 13.17 亿元（包括借款），1944 年 12 月底，公债发行额增加到 39.63 亿元（包括借款）。此外，在专卖方面（盐、石油、酒精、火柴等），1944 年的利润增加约 8000 万元（1943 年是 6700 万元）。鸦片的利润增加 6000 万元（1943 年是 1200 万元）。监狱作业收入（包括矫正辅导院）约 3500 万元。赛马收入 2500 万元。彩票收入 2500 万元。总之，1944 年度掠夺资金 11.45 亿元（公债金不在内），而 1945 年度预算将近 15 亿元。①

为了满足日本扩大战争对资源和资金的需求，日伪政府在此期间不断增发纸币。1943 年 6 月，纸币发行额 18 亿元，到年底增加到 30 亿元。1944 年 6 月 35 亿元，年底增加到 40 亿元。1945 年达到 45 亿元。②

表 8-27 是伪“满洲中央银行”1932 年至 1945 年货币发行情况的统计，纸币在货币发行数额中远远超过铸币的情况清晰可见。

表 8-27　伪“满洲中央银行”货币发行情况统计（1932—1945 年 11 月）

（单位：千元）

项目 年份	发行总额	其中	
		铸币	纸币
1932	151865	—	151865
1933	131392	2169	129223
1934	184104	15772	168332
1935	198939	20284	178655
1936	274691	20448	254243

① 《古海忠之笔供（1954 年 7 月 4 日）》，《东北经济掠夺》，中华书局 1991 年版，第 795 页。

② 《古海忠之笔供（1954 年 7 月 4 日）》，《东北经济掠夺》，中华书局 1991 年版，第 796 页。

续表

项目 年份	发行总额	其中	
		铸币	纸币
1937	329909	22420	307489
1938	452896	27159	425737
1939	657345	33724	623621
1940	991229	44179	947050
1941	1317029	55498	1261531
1942	1728145	58514	1669631
1943	3079795	68608	3011187
1944	5876853	71042	5805811
1945 年 7 月	8085042	—	—
1945 年 11 月	13600000	—	—

注:此件摘自伪满“中央银行”调查部 1944 年 12 月《满洲金融统计》(1945 年数字摘自国民政府伪满“中央银行”清理处档案)。日本帝国主义战败投降后,伪币仍流通一段时间。

资料来源:中央档案馆等编:《日本帝国主义侵华档案资料选编 · 东北经济掠夺》,中华书局 1991 年版,第 793 页。

从表 8-27 中数字看,1944 年时,纸币的发行量已经是铸币的 81.7 倍了。可以想象,如此滥发纸币,必然造成恶性通货膨胀。据统计,1944 年时物价比 1933 年增长了约 100 倍。例如猪肉在 1933 年时每斤 0.25 元,1944 年每斤私价 24 元。但是在收购农民生产的粮食时价格变化却不大,1939 年高粱每百公斤收买价格 7.2 元,大豆每百公斤收买价格 10 元;到 1944 年时高粱每百公斤收买价格 7.8 元,大豆每百公斤收买价格 12 元。“日常生活用品的价格暴涨,而农民生产的粮食价格基本没有变化,从而使广大劳动人民贫困破产”①。

① 《曲秉善证词(1954 年 4 月 16 日)》,《东北经济掠夺》,中华书局 1991 年版,第 804 页。曲秉善当时职务为伪四平省长,见《东北经济掠夺》,中华书局 1991 年版,第 804 页。

另外，日本为了掠夺东北人民的资金，还先后发行了1厘公债、福民彩票、有奖储蓄，定期举办有奖储蓄，在满洲里、黑河等边远地区开设赌场等，以此达到搜刮资金的目的。[①]

除了这些手段以外，日伪经济部还强行制定各地吸收储蓄的数额，并将之以命令的形式分摊到各省，再由各省层层分摊到各银行、机关、会社及各市县。据担任伪四平省长职务的曲秉善口供所说，1943年至1945年，在伪四平省内就以储蓄为名，在城市榨取了1.5亿元，在农村榨取了3800万元，另外，还在城市推销了必胜储蓄票224000元，“总共榨取1.8822亿元”。具体操作方式是将数额分摊下去后，由曲秉善和实业厅长到各地，召集各方面的首脑人物开会，督励他们完成储蓄任务。关于农民的储蓄，是在各县农民粮谷上市时，按其粮价所得的20%，强迫农民立即储蓄，否则就不配给物质。“关于邻组储蓄，是伪四平市协和会本部通过邻组组织，按每户收入的0.5%强迫市民购买必胜储蓄票”[②]。

日伪当局还强迫民众无偿向日伪当局捐献报效金钱，作为对政府的支持。采取的手段主要有两种：一种叫飞机献金，由各地协和会向学校学生和市镇居民进行摊派；另一种叫八钱献金，由各地协和会在每月8日那天，强迫居民交纳8分钱以上的献金，支援日军发动的太平洋侵略战争。市内邻组则是从各户收集破布碎玻璃等，变卖后作为飞机献金。1943年秋，伪四平省昌图县就给关东军献纳了1架飞机。1944年秋，开原县用同样的方式献纳2架飞机。1945年春，伪四平省协和会献纳了2架飞机，四平省的学生

① 《曲秉善证词(1954年4月16日)》，见《东北经济掠夺》，中华书局1991年版，第804页。曲秉善当时职务为伪四平省长，见《东北经济掠夺》，中华书局1991年版，第805页。

② 《曲秉善口供(1954年8月21日)》，见《东北经济掠夺》，第805页。

献纳了2架飞机,总共献纳的飞机达到7架。①

一般的民族工商业,同样逃脱不了这种榨取。据哈尔滨双合盛制粉厂的职工控诉,伪滨江省和哈尔滨市公署,经常利用各种名义敲诈勒索商民的钱财。每次进行所谓捐献和献纳时,都是先由省市公署决定款数,然后商工会根据各商号资金多少,经营好坏实行摊派。派多少就得缴多少,否则就以反满抗日论处,甚至查封商号,停止营业,受到各种处罚。同时,还有警察、宪兵借机勒索。因此,谁也不敢违抗。双合盛于1943年9月22日,伪滨江省成立王道书院时,被强迫交款2000元。11月2日交纳所谓太平神社献金1000元,11月30日交纳修建哈尔滨市飞机场建设献金5000元。1944年2月8日和3月8日,被摊派飞机献金23485元。2月10日一天就被索要3次,共交出21元。1945年1月25日,"哈尔滨思想练成保护金"2万元。"这些繁重的苛捐杂税,使民族工商业受到极大损害"。②

表8-28 哈尔滨双合盛主要捐献款清单(1943—1945年)

(单位:元)

年月	项目	金额	年月	项目	金额
1943年7月10日	飞机献金	3	1944年1月24日	王道书院赞助金	500
1943年7月28日	法人市民捐	15541	1943年2月8日	飞机献金	19570

① 《曲秉善口供(1954年8月21日)》,见《东北经济掠夺》,中华书局1991年版,第805页。

② 《周一声等控诉书(1957年5月8日)》,见《东北经济掠夺》,中华书局1991年版,第807页。

续表

年月	项目	金额	年月	项目	金额
1943 年 8 月 10 日	军警劳工慰灵祭	300	1943 年 2 月 10 日	飞机献金	21
1943 年 9 月 10 日	第 25 团军旗祭	200	1943 年 3 月 8 日	飞机献金	3915
1943 年 9 月 12 日	第 2 高射炮部队北镇神庙秋祭	200	1944 年 11 月 16 日	军人后援会赞助金	400
1943 年 9 月 22 日	王道书院寄付金	2000	1945 年 1 月 25 日	劳务报国队援护金	5000
1943 年 9 月 29 日	博览会协赞金	1000	1945 年 1 月 25 日	哈尔滨思想练成保护金	20000
1943 年 11 月 2 日	太平神社献纳金	1000	1945 年 3 月 17 日	飞机献金	1
1943 年 11 月 30 日	哈尔滨市飞机场建设献金	5000	1945 年 5 月 15 日	哈尔滨 3 月会捐款	10000
1943 年 12 月 6 日	东分区援护金	580			

资料来源:《周一声等控诉书(1957 年 5 月 8 日)》,见中央档案馆等编:《日本帝国主义侵华档案资料选编 · 东北经济掠夺》,中华书局 1991 年版,第 808 页。

在 1943 年 7 月至 1945 年 5 月不到两年的时间内,仅仅一个哈尔滨双合盛制粉厂,就被勒索了 19 次,1943 年 9 月一个月,就被勒索 4 次,共计 3400 元。最多的一次就被勒索 20000 元,19 次共交纳各种献金 85231 元。可见日伪对东北地区民众的勒索攫夺达到何等疯狂的地步。

为了攫取尽可能多的资源和奠定长期侵占中国东北的目标,日本帝国主义不断加强对中国东北的投资。可以说,日本的大、中型财阀,没有一个不向东北投资的。其中最大的是鲇川义介的日本产业,它和关东军、伪满洲国相互勾结,设立了“满洲重工业开发会社”,控制了东北重工业的主要部分。属于大仓财阀的有本溪湖煤铁公司(资本1亿元,大仓占4000万元)、本溪湖特殊钢会社(资本1000万元)、本溪湖水泥会社(资本1500万元)、大仓事业会社(资本5000万元)、大仓商事会社(资本1000万元)。属于住友财阀的有:住友金属工业会社(资本3000万元)、住友钢管会社(资本1000万元)、安东轻金属会社(资本1亿元,其中住友5000万元)。属于三菱财阀的有三菱商事支店、三菱机器会社(资本2000万元)、三菱土地建物(资本1000万元)、电气化学工业会社(资本3000万元)、小野田水泥会社(资本500万元)、昭德矿业会社(资本700万元)。属于三井系统的有满洲油化工业会社(资本5000万元,三井的占2/3)、酒精制造会社(资本500万元)、三井物支店、康德苇纤维会社(资本500万元)、东满洲人绢纤维会社(资本3000万元)、康德工业会社(资本100万元)、农场及畜牧事业(资本100万元)。属于野口财阀的有鸭绿江水电会社(资本5000万元,政府和野口各出一半)、吉林人造石油会社(资本1亿元,野口占1/3)、舒兰煤矿会社(资本1500万元)。浅野财阀的有大同水泥会社(1500万元)、珲春砂金(资本300万元)。川西财阀的有东洋纤维会社(资本1000万元)、东洋轮胎会社(资本1500万元)。三井系统的有日满纤维会社(资本1500万元)、新闻纸制造会社(资本1000万元)、满洲电线会社(资本2000万元,住友、古河等财阀共同投资)。除此之外,中、小财阀的对我国东北的投资不胜枚举。日本财阀对我国东北的投资总额,大约有50亿元。①

① 《古海忠之笔供(1954年7月21日)》,《东北经济掠夺》,中华书局1991年版,第796—797页。

二、关内沦陷区的金融业损失

日本全面侵华战争爆发时，日本对中国进行侵略的指导方针中两个基本的关键点，就是“以华制华”和“以战养战”。因此，攫夺关内尤其是江南一带的财富，也就随着日军所到之处而立即开始实行。在此方针指导下，日本侵略者采取了一系列措施，除了发行军票、发行伪币等措施以外，还包括直接攫取关税税收、强收上海各银行储户存款、强征各银行和钱庄抵押质物、强征上海各银行所存中国政府税金，以及直接强行接管各国在华银行等。

（一）直接攫取关税盐税和统税

据 1937 年 10 月 2 日《申报》报道，日军“悍然不顾一切，在战区设税关攫取兰路海关局址，摧毁我国海关主权”。具体情况是，“江海关在杨树浦兰路，本设有分关，原有中西关员二十余人，担任验关填税单等工作。沪战后，因地处战区，无法工作，中西关员相继退出。厥后即由敌军占据，并准备设立税关，并自十月一日（即昨日）起，竟正式开始办公，凡来沪之敌轮货物，均在该处验关交税。但除日人外，其他各国外商均拒绝前往，仍赴江海关缴税”。①

日军占领华中地区后，“鉴于华中占领区内的军用手票对于本军的作战及长期建设所担负的重大使命以及构成，对日本国内日圆通货政策的有力屏障这一现状，军票价值的维持不仅是日本军队赖以生存的关键，而且也是培育中国新政权的基本条件”的缘故。1939 年 5 月 16 日，日本华中派遣军司令部作出决定，“从华中关税

① 《申报》1937 年 10 月 2 日，见上海市档案馆编：《日本在华中经济掠夺史料（1937—1945）》，上海书店出版社 2005 年版，第 257 页。

收入中提出1000万元作为军用手票特别资金(以下称作甲资金),借以实现维持军票(日圆通货)价值的目标”。具体操作方法是:“一、从华中关税收入中提出1000万元作为甲资金专款。二、本资金采取以华中关税收入剩余金担保,由日本政府作保,由横滨正金银行向华中派遣军经理部长贷款的形式。三、军方将上述资金存入横滨正金银行,开设甲资金账户,作为维持军票价值的调节资金。四、上述甲资金由军方保留必要的命令、监督权,委托横滨正金银行管理使用。五、由当地海关存款管理机关作出保证:横滨正金银行使用甲资金滋生的风险,不由该行承担。六、上述资金在完成其使命时,应立即归还正金银行(或进行清理)。七、关于本资金的使用,将另行规定。”①

1939年6月10日,“为在上海市场控制日银券对法币的行市”,日本兴亚院华中联络部通知日本正金银行,将该行“保管的上海海关存款账户内拨出法币500万元”,“列为乙资金账户进行整理”,这笔存款的使用“专以防止日圆价值的波动、跌落为目的。目前暂维持日圆牌价与法币持平的局面,而后再逐渐提高日圆行市。……通过对日圆买卖的控制,要努力实现在尽可能长的时期内能维持日圆牌价”。“本项调节工作,性质极为机密……要在极端保密的情况下进行此项工作”。②

显然,海关及其关税收入已经被日本视为维持占领区币值和金融秩序稳定所需资金的一大来源,同时也是其稳定的可攫取资金的重要来源地。因此截至1941年12月,华中华南已有19个海

① 《关于从华中关税收入中借用1000万元设立甲资金事》(1939年5月16日),见上海市档案馆编:《日本在华中经济掠夺史料(1937—1945)》,上海书店出版社2005年版,第258页。

② 《兴亚院华中联络部关于乙资金设立及使用事的通知》(1939年6月10日),上海市档案馆编:《日本侵略上海史料汇编》(下),上海人民出版社2015年版,第15页。

关被日军谋夺,其被谋夺的具体情况可见表 8-29。

表 8-29 华中华南的中国海关沦陷于日军的时间及情况统计

关名	口岸沦陷日期	税款被劫取日期	施行伪税则日期	政府令撤监督日期	备注
江海	1937. 11. 12	1938. 5. 3	1938. 6. 1	—	—
苏州	—	—	—	1938. 1. 17	—
镇口	—	—	—	1938. 1. 17	—
金陵	1937. 12. 13	—	—	1938. 1. 17	—
杭州	1937. 11. 23	—	—	1938. 1. 17	—
芜湖	—	—	—	1938. 1. 17	—
九江	1938. 7. 27	—	—	1938. 8. 29	—
厦门	—	—	—	1938. 8. 1	—
江汉	1938. 10. 25	—	—	—	—
粤海	1938. 10. 21	—	—	—	该关监督监管江门、三水、九龙、拱北四关
江门	—	—	—	—	—
三水	—	—	—	—	—
潮海	1939. 6. 24	—	—	1939. 10. 19	—
北海	1939 年 11 月第一次沦陷,1941 年 3 月第二次沦陷	—	—	—	该关于 1941 年 12 月间第一次收复,今年 3 月底第二次收复
宜昌	—	—	—	—	—
荆沙	—	—	—	—	—
琼海	—	—	—	—	该关监督兼管北海雷州两关,现驻雷州关办事
拱北	—	—	—	—	—
龙州	—	—	—	—	该关已于 1940 年 11 月间收复

注:该资料来源于中央调查局特种经济调查处编《四年之敌寇经济侵略》一书,1941 年 12 月出版。

资料来源:上海市档案馆编:《日本在华中经济掠夺史料(1937—1945)》,上海书店出版社 2005 年版,第 259—260 页。

因为江海关在海关中所处的重要位置,以及上海在国际关系中的地位特殊,因此日方乃放弃武力劫持手段,而采用与英政府和平谈判的方式进行谋夺,经数月避开中国政府的接洽,达成所谓"英日协定",而于1938年5月14日在伦敦与东京两地以公报宣布。该项协定的主要内容为:"凡在日本占领区域内各口岸海关所收入之税项,概将存入横滨正金银行。由此存款内,将应偿外债之额拨交总税务司,以完全履行以关税为抵押的外债与赔款之义务。此项外债与赔款之偿付,须视为关税于扣除海关行政经费及若干海关支付与津贴后之第一项开支"。但是实际上,"敌方缔结协定之主要目的,只在将税款完全攫为已有,所说偿付外债一端,只是幌子而已"。因此,协定缔结后,日本以"去年6月1日以前,所有海关存于汇丰银行之税款约2000万余元并未提存正金银行;中国停付日本庚子赔款约40万英镑(含1000万元)",未能清偿;中国政府未能承认英日海关协定三项理由为借口,不履行以关税为担保的外债及赔款。同时借口纽约英镑汇价低落,擅自改变关金单位的计算标准,"致使海关税率增加约6.25%"。[①]

日本在关税收入中究竟攫取了多少款额,准确数字不得而知,但是1938年华中华南沦陷各海关的税收总计是13213万余元,1939年为18676万余元,1940年更增加为28375万余元[②],数额相当大。根据汪伪政权与日方往来文书判断,"(1)在伪维新政府时代,海关税收全为敌方所攫去,伪方大概毫无所用。(2)伪中央政府成立后,敌方虽允在原则上将税收拨归伪方,但只是空头支票而

① 《四年之敌寇经济侵略》,见上海市档案馆编:《日本侵略上海史料汇编》(下),上海人民出版社2015年版,第260—261页。

② 参见上海市档案馆编:《日本在华中经济掠夺史料(1937—1945)》,上海书店出版社2005年版,第262页"华中南沦陷各关历年税收统计表"。

已，迄今犹未闻付之兑现。(3)华北及内蒙古方面：关税税收，不在伪中央政府过问之范围内。”①由此推断，其中被日本军方攫取的款额应该不在少数。

盐税收入的大头，也被日伪一方攫去。全面抗战爆发后，原来的盐税机关和正常工作，已经全部停顿。伪政府为搜刮盐税税收，乃在上海设立盐务管理局，又在两浙、松江、淮南等地先后设立分局办理征税事宜。伪政府统治区域辖有淮北、扬州、松江以至两浙等著名盐区。其产量在战前与华北地区的长芦和山东的盐区不相上下。战事爆发以后，淮浙盐区产量均减，只有海州盐区产量增加。根据敌方预算，大概每年可以征得税款约 8300 万元。“前维新政府之收入，全赖此直接征收之盐税及苏浙皖税务局附带征收之印花等税税收，以为挹注”。“27 年(1938)度伪府盐税收入依据《扬子江》杂志刊载共 8500 万元，其中归敌特机关者 5600 万元，即税收总额约 68%，伪府所得仅 2900 万元，即税收总额的约 31%。”②

与关税、盐税并列三大税种之一的统税税收，同样逃不了被日伪攫夺的命运。还在伪“维新政府”成立之前，上海伪统税局已在敌特务机关的支持下成立。伪“维新政府”成立之后，该伪局改组为伪苏、浙、皖税务总局，共有分局 14 处，其中江苏 8 处，浙江 3 处，安徽 3 处。1938 年度的税收总额达 5200 万元，纯收入 2400 万元。此后因为上海等地工业逐渐恢复战前状态，因之统税税收数额亦逐渐增多的缘故，“计 28(1939)年度税收额约在 8000 万元左右，平均每月可达 600 余万元。至 29(1940)年度平均每日可达 20 余万元。唯该

---

① 《四年之敌寇经济侵略》，见上海市档案馆编：《日本侵略上海史料汇编》(下)，上海人民出版社 2015 年版，第 31 页。

② 《四年之敌寇经济侵略》，见上海市档案馆编：《日本侵略上海史料汇编》(下)，上海人民出版社 2015 年版，第 31 页。

伪统税局,系独立组织,直属于敌特务机关,不属于伪维新政府,每月税额解缴敌特务机关,由该机关拨交一部于伪组织。”①汪伪政府成立后,曾向敌方请求将统税归由伪“财政部”接收,税收直接解缴伪组织,敌方虽口头上允诺,但实际上却迟迟拖着不予兑现。

(二)掠夺中国金融资产

太平洋战争未爆发前,侵占上海的日军当局已不时进入上海租界,攫取中方国民党政府在租界所存的金融资产。如1941年6月12日,日本借检查法租界中国中央银行所租Moiler洋行堆栈时,欲强行提取在该处所存70万元钞币,经法方反复交涉无效,于7月11日被上海日本宪兵队夺取。又如同一天,中央银行所租法租界爱多亚路万国储蓄会库栈房所存物品,亦被日方将所储辅币券及铜镍币等“约合法币90万元,暨各种旧表单、账册、文卷、箱件、家具等件”,“全数搬去”。中国农民银行亦遭抢劫,1941年7月18日,日方从上海中国农民银行仓库中掠去大批现钞、库券、金银等。该行当时报告中指明:“敌军侵占租界时,据现已查明者,计损失库存现钞804351.10元。又密存外库者,计现钞1276500.00元外,发库3363000.00元(已盖作废戳记)、现洋235680元、标金三条计210两、赤八条计80两、银块6200两、美金镑21元、港币754.00元、统一公债7400.00元、寄存建华银行款1779000.00元。”②

① 《四年之敌寇经济侵略》,见上海市档案馆编:《日本侵略上海史料汇编》(下),上海人民出版社2015年版,第32页。

② 《强占中央银行上海分行存钞等文件(1941年6月12日—7月)》《强占中国农民银行上海分行存钞等文件(1941年7月18日)》,见上海市档案馆编:《日本侵略上海史料汇编》(下),上海人民出版社2015年版,第23—25页。

在太平洋战争爆发后的1941年12月15日，日本驻海外财务官即向上海市银行业同业公会会员银行发出通告，通令银行在支付储户存款时需按下述规定执行："一、对于个人，以维持其生活认为必不可少之数为限，但最多一个月不得超过四千元。二、对于商业机关、工场及团体等，以由日本方面许可其继续营业者为限。其数额以认为其继续时所必需者为限。"同时该通告还规定中央银行、中国银行、交通银行及中国农民银行存于上海市银行业同业公会会员银行的存款、保管品等之取出以及其他一切之交易，都必须"暂时中止"。1942年1月12日，进而指令上海市银行业同业公会会员银行将英、美、和（荷）兰、比国这些"敌性国"籍人，以及重庆政府及政府关系人员的各种存款，"分别制表详细填报"①，并将这些存款移交日本正金银行。

表8-30是1942年4月21日上海市银行业同业公会会员银行遵从日本指令，将"敌性国"籍人和重庆政府及政府关系人员的各种存款移交给日本正金银行的具体情况。

表8-30　上海各银行移交日本正金银行款项统计（1942年4月21日）

行名	数目
盐业	四千一百三十五元
四明	一千三百〇二元
四行储蓄会	贰元九角九分
中国垦业	二千四百元
浙江兴业	四千九百五十四元五角五分
中国农工	九百廿四元

① 《日本海外驻在财务官通知（1942年1月12日）》，见上海市档案馆编：《日本侵略上海史料汇编》（下），上海人民出版社2015年版，第26页。

续表

行名	数目
浙江实业	七千〇十元〇九角
中国实业	十一元三角九分
新华	二万七千九百十九元一角四分
永亨	四百九十五元七角
中孚	一千三百三十八元一角四分
通商	三佰贰拾元〇四角六分
浙江建业	二千九百六十二元四角四分
上海	一万三千六百四十元〇七角七分
国华	二万五千〇七十八元八角九分
中兴	一千三百五十六元二角一分
共九万	四月二十日杨先生送去三千八百五十三元二角五分
金城	五万八千二百八十三元九角六分
大陆	二万贰仟四百十七元四角七分
中华劝工	十五元八角八分
中汇	十四万五千四百八十一元八角　支票八张
共　贰拾贰万陆千壹百玖拾玖元壹角壹分 卅一年四月廿一日杨先生送去叁拾五万〇肆百五十七元八角壹分 中国国货银行,该行自行缴送	
总计　五拾柒万陆千陆百五拾六元九角贰分	

注:原件系稿本,故数据文字使用不统一,现仍照原件抄录。

资料来源:上海市档案馆编:《日本侵略上海史料汇编》(下),上海人民出版社2015年版,第26—27页。

如表8-30所示,1942年4月21日,一次就有20余家上海市银行向日本正金银行移交了57.6万余元。另外,在1942年1月26日至3月11日之间,有十多家银行和钱业公会会员向上海市银钱业同业公会临时联合委员会致函,称他们所寄存在各家堆栈的抵押质物被日伪当局强行收走。这些被收走的物品都是银行和钱庄放出贷款时收受的抵押物，具体包括橡胶、铅皮、墨灰、电线、电灯线、羊皮、羊毛、麻料、洋钉等物资。①

抗战时期日本对华的金融控制和掠夺，通过上面的简单介绍可知，涉及全方位大范围和各个层面：从建立伪政权汉奸银行控制金融体系、发行伪币、夺取税金收入、强行攫取中国银行存款到直接掠夺金属货币以及银钱业的抵押物等，其野蛮和暴虐程度极为少见，是日本“以华制华”“以战养战”侵略政策的具体体现。但这些政策因其具有的反动本质，最终必然无法达到日本军国主义政府的目标，无法挽救侵略者的命运，无法逃脱最终必然失败的命运。

① 《强征上海各银行、钱庄抵押质物等文件（1942 年 1 月 26 日—3 月 11 日）》，参见上海市档案馆编：《日本侵略上海史料汇编》（下），上海人民出版社 2015 年版，第 34—37 页。

第九章
伪“满洲国”和关内伪政权的殖民地财政

第一节　伪“满洲国”的财政

“九一八事变”后，日本在东北沦陷区的财政政策主要依靠其傀儡——伪“满洲国”政府之手加以实施。伪满政府之财政远远不同于正常国家，其财政收入依赖于日本侵略者对中国东北主权的侵占，依赖于其对中国东北人民的殖民掠夺，依赖于以日本人为主导的殖民税收机构的运行。其财政支出也是以维系日本帝国主义东北地区殖民统治、将东北地区改造成为其军事侵略扩张的战略基地为目的的，具有鲜明的殖民政府特征。日本侵略者在“革除封建旧政权税制弊政”“改革税制”等幌子下，对东北地区的财政机制进行了殖民集权化的改造，并窃取海关和盐税利权、滥发“公债”、横征苛捐杂税、大搞强迫储蓄、诓骗人民购买“有奖债券”，种种暴政，罄竹难书。通过这些“财政”手段，日本侵略者将东北地区经济捆绑于其军国主义扩张的战车之上，助其实现了对东北地区殖民地最大程度地经济掠夺，给东北人民造成了深重的灾难。

一、沦陷前的东北财政制度及日本帝国主义对其改造的企图

1928年东北改旗易帜以来，形式上接受了国民党政府的领

导,其财政却仍保持着非常大的独立性。其财政税收虽名义上可分为国税、省税、地方税三级,国税项目下包括一个庞杂的税收名目,如所得税、矿税、营业税、关税、盐税、烟酒税、丝绸税、茶税、糖税、出产税、销场税、印花税、登录税、承继税、运输税等十余种。① 但是,1928 年,张学良就在“东三省保安总司令”属辖下成立了一个叫“财政稽查处”的机构。“不受吉林、黑龙江等各省管理的海关、常关、盐务、印刷税、烟草、酒、司法收入以及国有矿业、林业等其他官办营业收入,悉归其管辖,以区别国家收入和地方收入”。② 因此,东北地区的所谓“国税”实际上仍是掌握在张学良政权手中的,国民党政府财政部并无法直接管辖。而东三省各省之间的财政制度仍属独立,且互无关联。各省主管省财政的财政厅主要依靠下辖的捐税局征收省税,对主管地方财政的市县财政局监管有限。且“作为省级机构的实业厅、将军行署、教育厅等等也分别征收一定的捐税”③。如吉林的船捐中就有一部分是邮船局征收的江防经费。④

表 9-1　东北三省财政收入情况(1930 年)(单位:现大洋)

项目＼收入	金额	比率(%)
收益税—田赋	8333761	6.8

① 满铁庶務部調查課:《满铁調查資料第 74 编 其 1 奉天省の財政》,昭和三年(1928 年)版,第 96—97 页。

② 《財政上より観たる中央政府及奉天当局と黒龍江省との関係》,见满铁庶務部調查課:《調查時報》昭和四年(1929 年)第 9 卷第 1 号,第 601 页。

③ 解学诗:《伪满洲国史新编》,人民出版社 1995 年版,第 154 页。

④ 南满洲铁道株式会社庶務部調查課:《满铁調查資料第 82 编吉林省の財政》,昭和三年(1928 年)版,第 474 页。

续表

项目 \ 收入	金额	比率(%)
消费税 (内含盐税)	87416357 (45884301)	71.8 (37.7)
交通税	5887007	4.8
各种罚金	322320	—
官业收入	715048	—
杂收入	19101905	—
总计	121776398	100

注:消费税中包括盐税、消场税、出产税、卷烟统税、烟酒公务费、酒特税、豆税、油粮税、木税、蚕丝税、矿税、硝矿税、牲畜税等。交通税中包括契税、印花税、车牌税、帖照税、烟酒牌照税。

资料来源:[日]神戸正雄:《滿洲國の財政及財政策》,见京都帝國大學經濟學會:《經濟论叢》大正十一年(1932年)第35卷第2号,第10—11页。

表9-2 东北三省财政支出情况(1930年)(单位:现大洋)

项目 \ 支出	金额	百分比(%)
陆军费	98554951	68.3
财政费	18867717	13.1
外交费	206126	18.6
教育费	4703080	
内务费	5606826	
司法费	1395561	
建设费	339251	
农商务费	154240	
政务委员经费	700500	
预备费	13700553	

续表

项目＼支出	金额	百分比(%)
总计	144228805	100

资料来源:[日]神戸正雄:《滿洲國の財政及財政策》,见京都帝國大學經濟學會:《經濟论叢》大正十一年(1932年)第35卷第2号,第9页。

从表9-1和表9-2可以看出,日本沦陷前的财政收入在不计入关税的情况下,以消费税为主,占总收入的71.8%。而消费税中又以盐税为最大宗,其一项就占了总税收的37.7%。不过,另有关税收入尚需额外统计,1930年进出口贸易总额为703713000两,尽管当时中国海关关税税率较低,进出口税率仅有5%,以此计价东三省的关税总额仍有3500万海关两之巨。① 而在支出中陆军费的开支比率高达总支出的68.3%。可见尽管已经形式上改旗易帜,东三省财政仍然拿出绝大部分收入来维系供养张学良麾下数目庞大的军队。② 在支出中,财政费数额次之,占13.1%,这笔钱主要用于政府的日常运转和官吏的薪俸支出。另外,省内各县还要收取各种地方税以充当县内的行政经费。以吉林省为例,其各县中所要收取的地方税名目就有垧捐、营业捐、粮米捐、车捐、学田捐、屠捐、商捐、木捐、木炭捐、自治捐等数十种之多③。另外,各地方还经常以补助军备等名目向人民征收相当数额的给养杂捐。另外,在财政亏空严重时,奉张政权还可能通过滥发纸币和

① [日]天野元之助:《満洲経済の発達》,満铁経済調査会昭和七年(1932年)版,第70页。

② 另一方面,当年发生的中东路事件也可以看作该年度陆军费比率过高的原因之一。

③ 南満洲铁道株式会社庶務部調查課:《満铁調查資料第82編吉林省の財政》,昭和八年(1928年)版,第486—550页。

发行公债等手段弥补财政赤字。如1926年,因为前期为弥补财政亏空而滥发了大量奉票,造成奉票贬值,为了回收奉票抑制通货膨胀,由东三省公债局出头以“东三省整理金融公债”名目发行了5000万现大洋的公债,以奉票两元抵现大洋一元的兑换率发行。其中东三省官吏认购900万现大洋,东三省银行认购800万现大洋,东三省农界认购2100万现大洋,东三省商界认购1200万现大洋①。

总体而言,东三省沦陷前的财政体系不仅一直独立于中央政府,且自身内部也可以说是十分松散、混乱。这主要在下面五个方面中得到体现。

一是各地税收的征集上具有很大随意性。不但两重甚至多重征收的现象普遍存在,如吉林省财政厅在收取农民田赋后,各县还要向其再收取垧捐;木材在向省内缴纳木税后,还要再向县里缴纳木捐。② 就课税过程而言,也更多体现为“权宜主义,并无适当的课税标准。甚至很多情况下仅凭按物目击课税”③。就预算管理和决算管理来说,各省虽俱有章程,但是具体执行却十分松懈。如黑龙江省,仅于1912年和1913年两年编写有收支决算册,之后便未见下文。④

二是各省之间连税制、税率都各不相同。所谓沦陷前的“东

---

① 满铁庶務部調查課:《满铁調查資料第74編 其2奉天省の財政》,昭和三年(1928年)版,第41—44页。

② 南满洲铁道株式会社庶務部調查課:《满铁調查資料第82編吉林省の財政》,昭和八年(1928年)版,第268—530页。

③ [日]岡野鑑:《满洲国財政の生成と発展》,“建国”大学伪“康德”十年(1943年)印本,第44页。

④ 黑龙江省财政厅史志办公室:《黑龙江省财政资料长编》(第1册),黑龙江人民出版社1988年版,第265页。

北四省,其税目、税率各不相同,同一省内不同地域税制亦不统一"①。以田赋为例,奉天省征收标准为:正税上则地每亩大洋1角4分,中则地每亩大洋1角,下则地每亩大洋6分,沙碱地每亩大洋3分,"不分等则地"每亩大洋1分,另外还要征收10%的附加税和每枚7分的"税票费"。而吉林省的标准却是:正税是每垧不分土地好坏都要征收大洋5角。如果遇有战事还要再加每垧5角的附加税。而黑龙江的田赋征收标准则是:田赋正税一等地每垧大洋5角、二等地每垧大洋3角5分,三等地每垧大洋2角,"三费"附加税一等地每垧大洋3分,二等地每垧大洋2分,三等地每垧大洋1分,另外,在地租、三费的基础上还要额外再征收3%的附加税。②

三是各省不但财政基本独立于中央,各自为政,省内税收机构的设置、征税手续也很混乱。以奉天省为例,其各县中征税的手续就毫无规范而言,"在没有税捐局的地方,由各县知事征收各项税;在有税捐局的地方,则直接由税捐局征收;由各税捐局或知事汇款至财政厅。因此,在没有税捐局的地方,知事是中国政治组织的基层单位,直接向人民征收租税"③。

四是在整个沦陷前的东三省财政体制中,包税制盛行。就是为了促使基层征税机关完成税款的征缴,一般当局不把该机关所需经费足额拨付,而是从需征税额中划出一部分提成金或"比额提奖金",将其作为完成税款征收的奖励来发给这些机关充当经

---

①　[日]"满洲国"史编纂刊行会:《满洲国史(总论)》,黑龙江省社会科学院历史研究所1990年印本,第288页。

②　南满洲铁道株式会社庶務部調查課:《東三省財政紀要》,昭和四年(1929年)版,第28、32、38页。

③　满铁庶務部調查課:《满铁調查資料第74編 其2奉天省の財政》,昭和三年(1928年)版,第120页。

费。“同时,指定征税定额(称为比额),超过定额部分提取奖金,分配给所属职员。此外,以检讫费的名义,即对照检查课税证明书的工作也要征收手续费”。东三省“各征税机关一心追求增加税收,简直成为一个以承包征税为目的的营利机关”①。

五是财政制度的混乱,又助长了税收征收过程中的各种腐败行为。在那些县知事征收税款的地方,因为财政厅对其无直接监督之权,其“征税期及银钱的换算率等几乎听凭其意志决定,因此,就算税额一定不变,营私舞弊的余地肯定不少,所谓中饱即在于此,对于人民拥有极大的权威”②。在财政机构内部,人事制度也异常混乱且腐败。各省财政厅长可任意提拔亲信充任税捐局长,甚至买卖这一官职的现象也很普遍,而真正专业、正规的财政局长却极少被聘用。这也导致了财政系统内贪污腐败、徇情课税的现象十分严重。

日本帝国主义自日俄战争进入东北以后,一直将东北地区作为其掠夺经济资源的“满洲生命线”。从第一次世界大战期间开始,总体战理论在各国之间迅速流行,主张对人力、物力等战争潜力进行彻底挖掘,扩大军事统帅机关的权力,在国家经济层面对军事预算和军需生产进行有限配置。日本军事当局较早认识到这种理论对于其进一步进行侵略扩张的重要性,以田中义一、永田铁山为首的一批军官更是整日在国内对此理论进行鼓吹。出于对苏联

① [日]“满洲国”史编纂刊行会:《满洲国史(总论)》,黑龙江省社会科学院历史研究所1990年印本,第288页。

② 満铁庶務部調查課:《満铁調查資料第74編 其2奉天省の財政》,昭和三年(1928年)版,第120—121页。另外,参见同页中的下文,“县知事担当向人民征税的职务,而实际上直接执行这一任务的是所谓的幕友。知事更迭频繁,而幕友几乎没有变化,主要由当地人担任,甚至有终生担当者,其弊端极大,决不可等闲视之”。

这一社会主义国家的极端仇视，日本的总体战理论开始一直是以苏联为假想敌建立的。因此，东北的物资资源在日本的总体战略中也显得格外重要①。

东北沦陷前，日本对于东北地区的侵略活动一直是以南满洲铁道株式会社为急先锋进行的，通过从流通领域控制工业品的输入、矿业品和农产品的输出，把东北地区变成其原料产地、产品和资本投资市场。但是20世纪20年代以后，东北民众的民族意识进一步觉醒，中日在路权、铁路和港口修建、电业、特产交易、实业、金融业等领域进行了全面的经济斗争，制约了日本资本扩张，对日本在东北的经济侵略进行了有力的抑制②。如在满铁沿线的主要交易所的内部交易中，日本人所占的交易份额都大大减少了。1920—1930年间，日本人在奉天交易所金票交易的份额从90%下降到36%，四平街交易所中大豆交易的份额从50%下降到22%，公主岭交易所中大豆交易的份额一直只有9%—10%，长春街交易所院内大豆交易的份额从27%下降到18%。③ 因实业、金融领域中民族资本的竞争，以及农矿产品运量的削减，东北沦陷前的满铁已经开始出现了严重的亏损情况。这种对于东北经济控制力的减弱，是日本军国主义者所不能容忍的。为了全面控制东北经济，将其纳入日本的总体战略体系中，日本侵略者发动了入侵东三省的“九一八事变”。

东北沦陷后，不屈的东北人民在敌后进行了激烈的反抗，日本

① ［日］安富步：《満州暴走隠された構造大豆満铁総力戦》，KADOKAWA株式会社2016年版，第124—125页。

② 苏崇民：《日本侵占下东北经济的殖民地化》，北京交通大学出版社2018年版，第20—26页。

③ ［日］天野元之助：《満洲経済の発達》，满铁経済調查会昭和七年（1932年）版，第69页。

帝国主义在镇压东北人民反抗的过程中需要大量的财力支出。另外,日本侵略者还加紧了将东北改造为其总体战体系中的殖民地和“兵站基地”的过程,加速了对东北地区的经济掠夺。特别是作为“九一八事变”元凶的石原莞尔,提出了他的“最终战争”理论,在关东军乃至整个日本军界都有不小的影响力。他认为,日本欲征服世界,实现“八纮一宇”,以日本国内现有的资源是无法做到的。必须将东北乃至整个中国变成其称霸全球的“兵站”。在日本将于日后与美国展开的“最终战争”的军备体系中,东北地区定义的战略地位是,“将满洲作为重化学工业基地,以此为推动力,促进日本本国重化学工业的发展,在短时间内建成强有力的军事国家”。“要构筑重化学工业,就必须确立具有管理能力的强有力的国家统制机构”,“构筑日满一体化的强有力的军事帝国”。①

要在东北地区构筑这样一个内部管理组织严密的军备工业体系,没有一套高效和严密的财政组织体系是不可能实现的。东北原有的那套松散、混乱的财政体系也显然不能适应日本侵略者进行疯狂军备扩张的野心,所以他们早晚必将对其进行彻底改造。对于这种财政体系的改造,按照当时日本著名的财政学家神户正雄的观点,起码要满足以下军事、文化、经济等几个方面的要求②。

在军事上,将东北地区建设成为日本的“国防第一线”。苏联在实行五年计划后,军力增长很快。作为中、日、苏联三国军事理论的折冲区,日本为实现其军事称霸野心,需要保持大量的军事力

① [日]浅田乔二、小林英夫:《日本帝国主义对中国东北的统治:以十五年战争时期为中心》,东北沦陷十四年史吉林编写组内部资料,1993年印本,第15—16页。石原莞尔所提到的“重化学工业”体系,实际上所指的就是转化为军备生产的重工业体系。

② [日]神戸正雄:《滿洲國の財政経済》,立命馆昭和七年(1932年)版,第3—12页。

量。另外，为了镇压中国人民的反抗，还需要在财政收入中支出巨额的“治安维持费”。

在文化上，日本也要大量的“文治费”来推行奴化教育，并标榜日本“国民本位”的“德政”和“人民的福祉”。消弭中国人的抵抗意志，以便于日本侵略者的殖民统治。

在经济上，无论日本工业所需原料的采购，还是日本工业品的倾销都需要财政中划拨资金来维系一个庞大的产品流通体系。另外，建设东北重工业基地的投资、日本对东北的移民侵略也都需要大量的财政资金做支撑。

为了满足上述要求，日本帝国主义操纵下的伪满政府始终力图改革东北原有的财政制度，构建一种高效集权的财政体制，以满足其为供给军国主义战争机器而进行最大程度的经济掠夺的需要。当然，这种殖民地财政体制的构建在过程上因内外部环境和推进次序而表现出阶段性。所谓，“伪满之财政面目，在过去十余年中，随其内外情势之转移，数经更换。盖始则着重于整顿财政制度，以期收支相等；继而为谋产业之开发，积极起债成为量出为入的局面；终以日本之处境，受国际之包围，因而经济埂塞，为苟延残喘，临危挣扎，唯‘加强战力’是图”①。从为求收支相当，到量出为入，再到唯战力是图的演变过程，映衬出了一条军国主义操纵下殖民地财政确立、扩张、崩溃的阶段性渐进趋势。

关于伪满时期殖民地财政各阶段演变趋势的分期和表述，从伪满时期起就一般将其概括分为三个阶段：第一阶段为东北沦陷至 1936 财政年度，伪“满政府”自己将其概括为“创业财政期”，也

① 东北物资调节委员会研究组编：《东北经济小丛书·金融》，1947 年印行，第 199 页。

有称为“消极的健全财政时期”者，该阶段伪满殖民财政构建主要是围绕窃取海税和盐税，整顿税制、构建集权的财政体制进行的。第二阶段为1937年至1939年(财政年度)，伪满当局自己将这一时期概括为“基础财政时期”，也有称为“积极的健全财政时期”者。这一阶段伪满的财政主要面向国内的“产业开发五年计划”和“日本开拓五年计划”等军备战备作战计划。通过扩大公债发行、增设特别会计收支项目等手段，“积极”为日本备战即将到来的世界大战聚敛财政资金。第三阶段为1940年至1945年(财政年度)，被伪满当局称为“国防财政时期”，也称“重点的整备时期”。在这一时期内，为了应对日益不利的战争形势，日伪当局加速了战时经济体制和紧急的经济掠夺，通过战时征税、进一步增发债券，强制储蓄和强制“献纳”财物等手段，更加疯狂和非理性地利用财政手段向东北人民掠夺财物。① 总的来说，除名称略带殖民色彩外，上述分期方法和概述大致准确。结合上述分期概括，仅分期在名称上做一些调整，可以将伪满时期的财政政策和体制演变为:殖民化财政初步形成期、财政备战扩张期和战时财政癫狂期。

二、殖民化财政初步形成期的伪满财政

在入侵东北地区后，日本侵略者为了掩人耳目，积极尝试在东北各地拼凑为其效命的傀儡政权。尽管日军侵略者尽力推进汉奸的收买工作，但因力有不及和中国人民的反抗，他们对东北广大基

① [日]岡野鑑:《満洲国財政の生成と発展》，“建国”大学伪“康德”十年(1943年)印本，第38、62、92页。另参见东北物资调节委员会研究组编:《东北经济小丛书·金融》，1947年印行，第199、203、207页。

层地区仍在相当长一段时期内并不能加以有效控制。其所操纵的傀儡政权的有效控制范围，最多集中于他们军事占领的省城及附近的几个县而已。在更广大的基层地区，无论日军还是伪政权的指令都被当地搁置观望甚至拒不执行。“如吉林省熙洽以长官的名义通令全省42县服从他的指挥，然而，仅日军势力所能达到的省城附近及少数几个县，摄于威力不得不服从外，其他各县则束之高阁，不予理睬。辽宁省维持会所发布的政令几乎不能越出省城附近各县。”①后来，日本虽又积极推行了旨在派日本人直接往各县监督行政管理、弹压中国人民反抗的“自治指导部”。但那些身负“确保占领区的治安”和“对爱国者的武力镇压”的日籍自治指导员们，“其到县城就任本身已经属于有生命危险的事情”，“即使得到日本侵略军的掩护进到县里去，但在侵略军撤退以后，县城也是不保险的”。甚至有很多人长期躲在哈尔滨观望。② 可见，在相当长一段时期，日本帝国主义者都无法对大多数县派驻行政监督人员，更勿论触及县内的财政了。因此，在东北沦陷最初的一年左右时间里，除了满铁沿线的一些城市，如沈阳、辽阳、营口、长春等之外，其他的一些地区基本没有征到多少税。另一方面，各地风起云涌的东北人民反抗也需要侵略军当局凑集大量的“治安维持费用”进行镇压，在这种前提下日本殖民者将魔爪伸向了中国在东北地区的关税和盐税。

关税收入历来是东北地区各届政府的财政收入大宗。1930年，东北经过海关的进出口贸易总量7亿海关两，关税收入总额约

① 车霁虹:《伪满基层政权研究》，黑龙江人民出版社2000年版，第5页。

② ［日］岛村三郎等:《我们在满洲做了什么:侵华日本战犯忏悔录》，群众出版社2016年版，第3—4、25—26页。

有 3500 万海关两之多。[①] 不过,当时中国的关税主权已经严重丧失,海关的总税务司一直由英国人担任。在海关内部的管理机构设置基本是实行一种中外"二元制"的管理模式,中方在海关内的代表是各地海关的海关监督,隶属于国民党政府的财政部管辖。不过,这种海关监督的作用更多的是彰显"主权",对海关实际的业务运营影响不大。外方在海关中的代表则是隶属于英国海关总税务司的税务司,他们才是海关业务的实际管理者。当时东北地区的海关共有大连、安东、营口、奉天、滨江、延吉、瑷珲 7 关,另有大东沟、满洲里、绥芬河、三姓、拉哈苏苏、旅顺等 7 处分关,还有 10 处比较小的"分卡"。除了大连关只有税务司而无海关监督外,其他各关的管理结构基本都可归属为上述"二元"体制。因为,中国政府以前屡次在不平等条约中以关税抵押赔款或外债,中国实际能从总税务司领到的关税金额,需扣除赔款和外债的担保、利息和海关运营所必需的经费。

因为中国在东北海关中有英国的势力参与,日本侵略者要直接控制东北的海关势必要与英国发生直接的国际冲突。对于当时羽翼尚不丰满的日本军国主义来说,其还是力求尽量避免与英国发生正面冲突的。所以,日本利用当时海关"二元制"管理机制的漏洞,在伪满"中央政府"刚刚成立的 1932 年 3 月 8 日,就急不可待地强行往各处海关派遣了伪"海关监督",并蛮横无理地要求各关停止向上海的总税务司送交关税收入款项,并将其转交伪满政府所有。但因各个海关实际掌权者多为外国人的缘故,除哈尔滨关外这一阴谋暂时并未得逞。其间多次与上海的总税务司梅莰交

① [日]天野元之助:《満洲経済の発達》,満铁経済調査会昭和七年(1932 年)版,第 70 页。海关关税收入为贸易总额乘以海关进出口关税税率 5%得出。

涉也未见结果。又试图以变相代国民党政府缴纳借款偿还分担金的形式利诱其就范，也被拒绝。于是，5 月“伪满政府”又开始以情况最为特殊的大连关为突破口，实行“使海关人员归顺满洲国”的方针，妄图先占据这一收入占东北海关收入一半的东北最大关口，再强行接受海关。① 因大连的海关长福本是日本人，所以他很快就被说服了。6 月 24 日，总税务司梅荥接受国民党政府财政部长宋子文之命，以严重失职为由罢免了福本海关长的职务。因为此事，日本操纵下的 65 名日本职员联名辞职，并宣布脱离与上海总税务司的关系。日本就以此为理由，指使伪满政府冒天下之大不韪强行接收了大连海关，后来又依次强行接收了滨江、营口、延吉、安东、奉天、瑷珲等东北其他各处海关，并冻结了海关收入，后又驱赶走了海关中的几乎全部外籍员工和绝大部分原有中国员工，宣布将中国作为“外国”对待，对中国商品一律按“外国”商品扣税，又改海关为税关②，强行窃夺了中国在东北的关税利权。

在窃取了东北地区海关的管理权后，日本殖民者又对关税税制进行了修改，使其窃取关税收入时更加方便高效。首先，实施税关货币制度的变革。原来中国东北海关的课税单位是：进口税以海关黄金计算，出口税、吨税、转口税以及海关的诸多其他手续费则以海关银两计算。伪满政府以“诸多通货计量，官民多有不便”为由，将其一律改为用伪满政府发行的“伪满币”计算。“以一海关金单位则算‘伪满币’1. 95 元，一海关两则算‘伪满币’1. 56 元为‘伪满币’换算率”。其次，改订了海关税率。为了进一步分裂伪满与中

① 大连虽为无关税的自由港，但大连关的规定是凡经过大连进出东北其他地区的商品都要收税。日本依托“南满”铁路将大连作为中心地经营多年，才造成了大连关税收占东北地区总关税过半的形势。

② ［日］“满洲国”史编纂刊行会：《满洲国史（总论）》，黑龙江省社会科学院历史研究所 1990 年印本，第 288 页。

国国内的关系,以“外国”商品的税率改订了中国关内输出入商品和船舶的课税率。另外,对海关原有的税率也进行了多次修改。仅1933年7月的第一次关税修改就修改了进口税表29项,出口税表6项。最后,伪满政府还更改了原来的吨税(入港税)税率,并于1933年6月通过了新的吨税法。还一定程度降低了转口税(国内水运转口)的税率。①

对于原来同样占据东北地区财政收入大宗的盐税收入,日本帝国主义者当然也绝不会放过。原来东北的盐税机构也和海关一样,因主权丧失严重而实行的是一种“二元制”的管理体制。由主要管理盐务机构行政事务以及食盐生产和监制的东三省盐运使和从事盐税征收业务工作的东三省盐务稽核所并行管理,其中有实权的盐务稽核所中因为以往中国政府将盐税作为外债担保的因素,重要职位上多由债券国家的外国人充当。日本对东北盐税机关的侵夺,采取了利诱收买与强制接收并行的方式。先是以许诺伪职为诱饵收买了原来东三省的盐运使和一些稽核所所长,并动用了守备队强行接收。在接收原有盐税机关后,日本迅速对其进行了改组,废黜了原来“二元制”的管理模式,将盐税征收的业务和食盐生产监制的行政工作都集中到了在营口成立的盐务署手中。并改吉黑榷运局为吉黑榷运署,专门负责吉林和黑龙江两省食盐的专卖和缉私工作,将盐政机关也窃取到其正在建构的殖民地财政体系框架之中。后来在“确保财政收入”的前提下,伪满政府又开始逐步将盐务从“中央政府”的国税财政管理中单独分离,“使之成为促进税收专卖统一和机构改革的机关”。并增设了盐仓和办事处,以便提高官盐配给效率,

① [日]岡野鑑:《満洲国財政の生成と発展》,“建国”大学伪“康德”十年(1943年)印本,第51—52页。

并加大了打击私盐的力度，降低盐税税率和食盐专卖价格，对生产流通领域的工作加以整顿，并推进对日出口，以“取得日满经济合作的成果”①。

除了窃取中国在东北地区的利权外，伪满政府这一时期内还在东北地区初步完成了一整套集权制殖民地财政体系的构建。伪满政府的财政大权看似掌握在伪财政部手中，实则不然。伪满财政部事实上仅仅偏向于一些事务性的管理工作，如税务和专卖等。真正掌管预算决算、国家资本使用、国库收支管理的却是伪“国务院”的总务厅。日本在伪满这个傀儡政权的行政决策中一直奉行“总务厅”中心的策略，将伪满的经济、法律、宣传、人事等一系列重要事务的决策都放在总务厅内部进行，各级其他行政机构仅仅是贯彻执行这些决策的机构。因此，由日本人主管的伪“国务院”总务厅主计处实际上在背后直接操纵着财政部的工作。② 主计处内开始以一些原来的满铁员工为主，后来不久“便成了日本大藏省的实际分号，以主计处长松田令辅为首的大藏省派遣官僚充斥主计处”③。总务厅主计处内这种人员身份的改变，一定程度上也反映出日本侵略者对作为殖民地的伪满财政和日本本土财政之间有效衔接的一种要求。

伪满成立后，为了削弱以省财政为代表的地方财政势力，实现

① ［日］浅田乔二、小林英夫：《日本帝国主义对中国东北的统治：以十五年战争时期为中心》，东北沦陷十四年史吉林编写组内部资料，1993年印本，第632—633页。

② “满州国”総務庁情報処：《滿洲国大系：日文.第26輯（“康德”三年度予算に就て）》，伪“康德”三年（1936年）版，第14—19页。其中亦可看出“国务院”总理大臣、“财政部”大臣、“国务院”总务厅主计处处长在伪满预算编订过程中各自的作用和互相关系。

③ 谢学诗：《伪满洲国史新编》，人民出版社1995年版，第154页。

财政上的中央集权。伪满政府将各省原有的财政厅一律废除,并新设立了奉天、吉林、滨江、龙江、热河等5个税务监督署。又于1932年7月在《教令第43号》中,公布了税务监督署的新官制。根据这项规定,税务监督署为财政部下属的“国税监督”机构。其署长受财政总长的指挥监督,并受命指挥监督各个税务捐局长及其他所属征税机关。① 从5个税务监督署的分管地域上来看,奉天税务监督署分管了原属于奉天省财政厅管辖的奉天市、安东县、营口县等全部38个县市;吉林税务监督署分管了原属于吉林省财政厅管辖的吉林省城、长春县、永吉县等吉林大部分的40个县市;滨江税务监督署分管了原属于吉林省财政厅管辖的哈尔滨市、滨江县、双城县、阿城县,以及原属于黑龙江省财政厅管辖的呼兰县、兰西县、肇东县;龙江税务监督署分管了原属于黑龙江省财政厅管辖的克山县、龙江县、德度设置局等占大部分地区的40多个县或设置局;热河税务监督署分管了原属于热河省财政厅管辖的承德县、赤峰县、林东设置局等全部的18个县或设置局②。后来又采取所谓的“一县一局”主义,并将税捐局下属的分局和分所的配置进行了调整。这实际上从官制组织上,切断了原来“国税”与省财政之间的关系。不久,伪满政府又发表了《国税地方税划分案纲要及其办理方法》,以明晰“国税”和地方税为由,实际上废除省税,将原来省税的大部分并入“国税”,仅一小部分划归为地

① 满蒙文化协会:《昭和八年 满洲年鑑》,1933年印行,第109页。即使是废除了省财政,仍有地方财政上的割据势力在短时间内仍然存在。特别突出的事件是,吉林省在废除省财政厅后坚决拒绝将省金库并入伪“中央”国库。这种情况的出现,也反过来进一步加速了日本侵略者推进伪满财政“中央”集权化的力度。

② 满蒙文化协会:《昭和八年 满洲年鑑》,1933年印行,第111—113页。

方税。这实质上大大扩张了国税的地位，进一步强化了伪满“中央集权”的财政体制。各个税务监督署在重要的城市会设有下辖的“出张所”，并接管了原来的县级税务税捐局。奉天税务监督署有5个出张所、50个税捐局，吉林税务监督署有2个出张所、25个税捐局，龙江税务监督署有1个出张所、34个税捐局，滨江税务监督署有2个出张所、34个税捐局，热河税务监督署有2个出张所、16个税捐局。尽管税捐局这一县级的税收机构1912年就早已存在，不过，伪满的“税捐局”和原来相比最大的不同，根据时人口述，却在于以下两点：“其一，有征收，又有监督。税署理及出张所专门对税收机构的人事、行政、业务全面监督，可以防止及减少贪污、偷税、漏税等弊端。其二，上有监督署，出张所，下有局、分所、卡组织机构严密，权力集中，能保证税收任务完成”①。

尽管在人员配置上，伪满政府在接管民国遗留财政系统的时候，留用了大量原有人员。但是，日本侵略者必然对伪满财政体制内的中国人根本谈不上信任，因此要派驻大量日本人到财政体制内去进行指挥和监督。不仅财政系统如此，伪满这个傀儡政权从中央到地方的行政系统中都充斥了这种日本“太上皇”。不过，在包括财政系统的大多数伪满政府机构中，为了显示“民族协和”这块遮羞布，一般都会把中国人放到正职官员的位置上，但绝不会给予真正的实权。而掌握实权的，往往是那些被安插到副职官员位置上的日本人。具体而言，在税务监督署中，一般也是中国署长是摆设，实权掌握在日本人担任的副署长手中（常设副署长仅一人）。出张所的情况比较特殊，除了翻译外，基本全是日本人。

① 孙邦：《伪满史料丛书·经济掠夺》，吉林人民出版社1993年版，第656—657页。

"税捐局"一般也是一个中国正局长和一个日本副局长,副局长掌实权。在局内的各科中,也往往安插几名日本职员进行监视,或同样以日本人充当掌实权的副科长。当然也有一些税捐局中,正副官职都被日本人包揽的。如吉林"税捐局","共有职员60余人,局长、科长和股长多由日本人担任"①。总的而言,"整个税务权力,从组织机构到人员安排,上至税署,下至局、分所,全在日本人掌控之下,中国籍的署长、局长,甚至有些课长都是牌位,没有实权。但其中确实有人甘当敌人的走卒,尽力报效,为日寇进行经济搜刮"②。

随着财政组织的改组和日本人官吏越来越多地渗透到上述组织中,伪满政府对以捐税局为代表的地方税务组织的控制力也逐步增强,能够越来越熟练地驱使他们为自己收集更多的税款。表9-3显示,1932年9月末到1934年5月末不到两年的时间里,总的来说全东北160个税捐局之中,成绩好的甲、乙等的总数越来越多,成绩不好的丙、丁等的数量也呈现出迅速减少的态势。就税收征集而言,效率提高非常快。另外还需注意的是,"情况不明"的丁种税捐局基本可以看作是伪满政府不能实际控制的税捐局。这种税捐局在1932年至1934年间数目大大下降。1932年9月末有高达96个税捐局伪满政府不能实际控制,占全部税捐局总数的60%。1934年5月末这一数字减少到只有6个,仅占全部税捐局总数的3.75%。这一数字的变化,也反映出伪满政府对县级财政控制力的增强。

① 吉林市地方志编纂委员会编纂:《吉林市志税务志》,吉林文史出版社1993年版,第33页。

② 孙邦:《伪满史料丛书·经济掠夺》,吉林人民出版社1993年版,第657页。

表 9-3　全东北 160 个捐税局的工作成绩考核统计
(1932 年 9 月—1934 年 5 月)

年月＼等级	甲	乙	丙	丁	总计
1932 年 9 月末	总计 29		35	96	160
1933 年 11 月末	54	53	15	38	160
1934 年 5 月末	111	24	19	6	160

注:1. 甲乙丙丁等四级工作成绩考核的标准是:甲等为完成年度征税额定额以上者;乙等为按月准时缴纳收税金,但未完成预定征税额者;丙等每月缴纳税金不准时,临时办理征收事项者;丁等情况不明者。

2. 1932 年的工作成绩划分为三个等级考核。

资料来源:[日]"满洲国"史编纂刊行会:《满洲国史(总论)》,黑龙江省社会科学院历史研究所 1990 年印本,第 289—290 页。

在改造财政组织的同时,日伪当局还对税制进行了所谓"整理",使之能够用以更加便捷地榨取东北人民手中的财富。这种税制"整理",包括在伪满时期一共进行了 5 次,殖民化财政初步形成期内进行了第一次这种税制"整理"。据伪满政府自称其整理的目标包括"(一)收入的确保;(二)课税负担的公平;(三)国民经济发展障害的去除;(四)地方税关系的合理化;(五)征税机构的整备统制;(六)'外国人'课税问题的解决"等数个方面①。总体而言,这些目标除了那些与夸大"中央"财政收入和集权程度有关的内容以外,其他全属虚言。例如其中所谓的"课税负担公平","去除国民经济发展障害",伪满政府在成立之初确实号称要进行一些减免不合理税捐的"善政",但实际上如很多学者已经指出的那样,这些往往不过是故作姿态之言,实际对东北人民税捐负担的减轻十分有限。更重要的是在伪满号称减免税收时,有一大

① [日]岡野鑑:《满洲国财政の生成と発展》,"建国"大学伪"康德"十年(1943 年)印本,第 43 页。

半税收机关是伪满政府并不能加以控制的,"因而无论增或减都是无稽之谈"①。可以说,实际上伪满政府所谓"减税"减掉的税,很多都是其无法收集上来的税。这种掩耳盗铃般的"减税",只是侵略者收买人心的一张廉价的幌子。

伪满的第一次税制整理分三期进行,第一期为所谓的"应急的整顿改善",即将"九一八事变"后原本陷入瘫痪的征税机构加以恢复,使之尽快成为侵略者聚敛财力的工具。并出于"收揽人心"的需要,对一些"过重""不合理"的税率进行了调整,并重新发行了印花税票。该期的"税制整顿"有很多内容其实就是前面所提到的财政组织改造。从上至下地对伪满的收税机关进行的"整顿",恢复并确保了财政的岁入。在此期财政税务整顿中,比较有意思的是,伪满当局还将民国时期所谓因资料丢失而不能征收的旧欠税款,统统加以"免除"。这种明显慷他人之慨的做法,还居然被其作为"善政主义"加以自我吹捧。伪满当局在税制改革中所宣扬的"合理化"税收的"虚伪"可见一斑。

第二期为所谓的"第一次税制整顿"和第三期所谓的"第二次税制整顿"在内容上实际都是围绕租税体系改革进行的,并对征税机构又进行了"应急整备"。具体而言,第二期税制整顿,主要面向"统一全国的税制,使租税体系合理化",而第三期税制整顿则面向"实现租税体系的彻底合理化"。② 在租税体系调整方面,将以国税和地方税明确区别为中央财政和地方财政,并将此作为租税整顿的重点。具体而言,是将事变后一些市县委派收取的田

① 解学诗:《伪满洲国史新编》,人民出版社 1995 年版,第 156—157 页。

② [日]浅田乔二、小林英夫:《日本帝国主义对中国东北的统治:以十五年战争时期为中心》,东北沦陷十四年史吉林编写组内部资料,1993 年印本,第 638 页。

赋、营业税、牙当税、烟酒牌照税、牲畜税收归国税范围，又把国税中的一些包括车捐、船捐、庙捐、妓捐及戏捐委让到地方税名目之下。从税目上厘清了国税和地方税之间的关系。整顿后的国税（国内部分）条目包括盐税、田赋、契税、矿税（包括煤税）、营业税、牙当税、销场税、牲畜税、渔税、出产税、酒税、烟税、统税（卷烟统税、棉纱统税、麦粉统税、水泥统税）、印花税等。另外，还统一了各省之间税种、税目、课税标准、税率和课税方法。并规定了将收益税置于租税征收重点，将奢侈品消费置于消费税征收重点的原则，还制定了所谓“租税犯处罚法”，对违反殖民地税收制度者进行残酷镇压。在整备税务征收机构方面，伪满政府不但以“合理化”为名对这些机构进行殖民化改组，还致力于预算制度的普及、全面废除后来的请负的征税制度、提高税务官吏的所谓“素质”和业务效率等。还于1934年在全东北的160个捐税局中，煞有介事地选出了40个“模范局”，并废除了原来税捐局中征税有提成、奖金、差旅费包干补助等制度，以集权统一的殖民化财政体制代替了原来的松散的“包税制”①。

在伪满这一时期的财政收支和预算制定方面，日本入侵东北初期，因海关、税关一时尚未抢占，再加上暂时无法控制各地税捐局等基层税收组织的原因，在1932年3月前还谈不上有什么财政支出或财政预算。直到日伪从国民党政府手中强行窃取了东北地区的关税和盐税，才有了一定财政收入。伪满于1932年3月，才开始编写财政预算，因为考虑到接管上的便利，伪满政府沿用了民国的财政年度计算方法，以每年的7月1日作为新一个财政年度计算的开始。因此，在1932年3月至6月30日间，虽然是伪满的

① ［日］田村敏雄：《満洲帝国経済全集5租税篇前篇》，东光书苑伪“康德”五年（1938年）版，第55—64页。

第一个财政年度,但是预算却是仅仅按月编写了4个月,所以伪满政府后来一直自称这段时期为"月别财政预算"时期,或所谓的"建国年度"财政时期。如表9-4所示,在这一所谓的"财政年度"中,伪满政府岁出预算额18198000元,岁入决算额21237000元。岁出基本花在了"治安维持费"和伪"中央银行"成立时候的政府扶持金,而岁入则基本靠盐税和从伪"中央银行"借来的钱①。因此,直到1932年7月,伪满政府编写的1932年度财政预算才是一部真正的财政年度预算。

表9-4 伪满政府一般会计财政预算额("建国财政年度"至1936财政年度)

(单位:伪满币万元)

年度 \ 项目	总预算岁出额	总预算岁入额	追加预算额
"建国财政年度"	1883.9		48.9
1932财年	11330.8	11330.8	2464.9
1933财年	14916.9	14916.9	2137.3
1934财年	18872.5	18873.5	1120.5
1935财年	10499.9	10499.9	108.1
1936财年	21940.5	21940.5	141.8

资料来源:[日]岡野鑑:《満洲国財政の生成と発展》,"建国"大学伪"康德"十年(1943年)印本,第4—5页。

这一时期伪满政府的财政政策,整体上遵循着"消极的预算编制方针"。其中一般会计预算增加幅度并不大,甚至1935年度降低到了仅1亿元的程度。"岁出除整顿行政机构的经费外,重点放在治安经费上,如整顿和充实军队警察的费用,通讯设施的费

① [日]岡野鑑:《満洲国財政の生成と発展》,"建国"大学伪"康德"十年(1943年)印本,第40—41页。

表 9-5　伪满一般会计财政收入的比率分配(1932—1936 财政年度)　（单位:伪满币千元）

收入＼年度	“建国财政年度”	比率	1932财年	比率	1933财年	比率	1934财年	比率	1935财年	比率	1936财年	比率
经常费												
租税总计	8000	37.7%[①]	96532	63%	134076	68.9%	155727	72.3%	77435	58.2%	161757	73.2%
关税(租税)	—	—	52354	34.2%	75619	38.8%	86999	40.4%	43383	32.6%	84761	38.3%
内国税(租税)	—	—	25358	16.5%	37914	19.5%	46699	21.7%	25293	19%	53148	24.1%
盐税(租税)	8000	37.7%[①]	18820	12.3%	20543	10.6%	22029	10.2%	8759	6.6%	23848	10.8%
印花税	—	—	3651	2.3%	6041	3.1%	7587	3.5%	4265	3.5%	8639	3.9%
专卖利益	1000	4.7%	4731	3.1%	5540	2.8%	10841	5.3%	6373	4.8%	15834	7.2%
官产及其他收入	—	—	3515	2.3%	5485	2.8%	6282	3%	5311	4%	7003	3.2%
经常部收入总计	9001	42.4%	108429	70.7%	151142	77.6%	180437	84.1%	93384	70.5%	193233	87.5%

① 原文献数据为 22.7%,此处做了更正。

续表

年度 收入	“建国财政年度”	比率	1932财年	比率	1933财年	比率	1934财年	比率	1935财年	比率	1936财年	比率
临时收入												
国债	11500	54.2%	36840	24%	9000	4.6%	—	—	5000	3.7%	10000	4.5%
由特别会计滚存	—	—	109	0.6%	789	0.4%	803	0.3%	679	0.5%	2925	1.6%
盈余	—	—	—	—	24713	12.7%	29795	13.8%	28568	21.5%	10564	4.8%
其他收入	736	3.4%	7542	4.7%	8926	4.5%	3861	1.8%	5134	3.8%	4099	1.6%
临时部总计	12236	57.6%	44491	29.3%	43426	22.4%	34459	15.9%	39381	29.5%	27589	12.5%
总计	21237	100%	152920	100%	194568	100%	214896	100%	132765	100%	220822	100%

注:1. 租税项目中内含关税、盐税、内国税。2. 1935 财政年度数字,仅为当年度半年财政统计数字。

资料来源:东北物资调节委员会研究组编:《东北经济小丛书·金融》,1947 年印行,第 200—201 页。此表中的总计根据现有数据做了订正。

用,以及镇压抗日力量的经费等等。特别会计,当时只有专卖事业,需品(政府购置器械),邮政,国都建设等”①。需要特别注意的是,在伪满时期,“特别会计”项财政预算一般系用来有限发展一些从战略角度优先发展的项目。这一时期,“特别会计”项在财政收支中比率和影响力偏低的事实,也反映了伪满政府在这一时期的财政政策的阶段性特征。因为当时东北人民的反抗风起云涌,也因为其时伪满政府对东北财政系统的控制和殖民化改造都尚在初始阶段,一切财政政策的制定不得不以“收买人心”为主要目的,不得不以一种财政上“消极”的姿态来标榜其“轻徭薄赋”的“德政”。

从表 9-5 中可以看出,这一时期内伪满“一般会计”类财政收入变化的一些趋势。所谓“建国财政年度”的收入情况非常特殊。因在这一时期内伪满政府尚未接管海关,另外,伪满政府对于地方财政系统的接管也尚未完成,所以不但当时财政收入数量较少,而且 900 万元经常财政收入中有 800 万只能依靠刚刚强行接收来的盐政机构所收取的盐税,盐税一项收入就占到了经常财政收入的 88.9%。在“建国财政年度”的 3 个月中,财政收入方面比盐税更加重要的是发行国债。这 3 个月中伪满政府,共发行国债 1150 万元,占同期全部财政经常支出的 54.2%。1932 财政年度以后,随着关税收入被伪满政府窃取,以及伪满政府对基层税收机构控制力的加强,伪满的经常性财政收入类趋于稳定。此后,关税开始成为伪满政府“一般会计”类财政收入中最重要的部分,始终在占总收入 32.6%—40.4%之间徘徊。关税这一部分在财政收入中占据如此大的比率,与东北沦陷后,日本帝国主义者对东北地区的资本

① 中央档案馆等合编:《日本帝国主义侵华档案资料选编 · 东北经济掠夺》,中华书局 1991 年版,第 757 页。

和商品输出增长是密不可分的。关税收入比率较大,"所以占岁入之中心地位者,乃日货源源输入使之然也;而日本货物之输入伪满,则为日本对伪满投资之一具体手段,故输入之增加,乃起因日本投资之增加"①。仅次于关税的是"内国税"和盐税,分别占"一般会计"类总收入的16.5%—24.1%。其中"内国税"系很多消费税和收益税税种的一个统称,如卷烟税、土地税、营业税、粮食税、酒税、统税(棉花、面粉、水泥)等。也有一些统计资料把盐税也包括在"内国税"一项之中。而专卖物品的种类,在伪满时期并不多。在这一时期只有盐、鸦片、硝矿、火柴是实行"公卖制"的②,该项收入仅占"一般会计"收入的2.6%—3.9%。仅1934年鸦片专卖一项收入就达到了大约300万元伪满币。③ 在此一时期,除一开始伪满政府因获得财政收入途径有限等原因不得不大量发行公债外,公债发行数量较少。1932财政年度,公债发行数额就比所谓的"建国财政年度"下降了近半。此后一直在3.7%—4.6%的幅度徘徊。1934财政年度伪满政府竟然没有发行国债,这在整个伪满殖民时期都是绝无仅有的一个财政年度。所以若说这一时期伪满财政政策相对于后来更加"消极"更加注重"量入为出",倒也并非全是虚言。不过,需要强调的是这一国债数字应为仅在伪满国内的募集者,至于日本等海外募集之款应不在此列。若算上海外筹集的国债,则国债在财政收入中的比率可能要更高。"当时

① 东北物资调节委员会研究组编:《东北经济小丛书·金融》,1947年印行,第201页。

② [日]浅田乔二、小林英夫:《日本帝国主义对中国东北的统治:以十五年战争时期为中心》,东北沦陷十四年史吉林编写组内部资料,1993年印本,第642页。

③ 满洲国総務庁情報処:《满洲国大系 第16輯(财政金融篇)》,伪"康德"元年(1934年)版,第64页。

伪满取公债之路线,由日本筹措之资金,有时凌驾其在境内所筹措者。1936 年年末,在日所募之公债与借款达 17000 万元。此外,日本以公司债、股票及其他方式对满投资,亦不在少数。"①

表 9-6 伪满特别会计收支比率配置情况(1932—1936 财政年度)

(单位:伪满币千元)

项目 \ 年度		1932 财年	1933 财年	1934 财年	1935 财年	1936 财年
国都建设局	岁入	5283	7856	7639	6068	7666
	比率	20%/36.9%	8.7%/98.4%	4.4%/87.9%	4.4%/79.7%	2.9%/80.9%
国道局	岁入	1500	7620	—	—	—
	比率	5.7%/76.9%	8.4%/94.9%	—	—	—
北满特别区	岁入	—	2556	—	—	—
	比率	—	2.8%/107.2%	—	—	—
投资	岁入	—	—	17961	9249	25004
	比率	—	—	10.3%/88.8%	6.7%/117.9%	9.6%/95.5%
铁路国债	岁入	—	—	44647	34925	51903
	比率	—	—	25.7%/90.6%	25.5%/92.1%	19.9%/97.3%
国有林事业	岁入	—	—	—	—	10746
	比率	—	—	—	—	4.1%/85.2%
金矿冶炼事业	岁入	—	—	—	—	300
	比率	—	—	—	—	0.1%/29%
专卖作业	岁入	3972	11140	22320	22083	62518
	比率	15.1%/155.4%	12.3%/116.8%	12.8%/114.5%	16.1%/111.4%	24%/72.4%

① 东北物资调节委员会研究组编:《东北经济小丛书·金融》,1947 年印行,第 201 页。

续表

项目	年度	1932 财年	1933 财年	1934 财年	1935 财年	1936 财年
吉黑榷运局	岁入	—	17217	18040	8360	21234
	比率	—	19%/100%	10.4%/68.8%	6.1%/70.3%	8.1%/72.6%
关税及盐税担保	岁入	13475	25861	31160	36173	46497
	比率	51.1%/—	28.5%/—	17.9%/—	26.4%/—	17.8%/——
旧外债清理基金	岁入	—	—	—	—	—
	比率	——/100%	——/100%	—	—	—
减债基金	岁入	—	1758	7663	4977	7131
	比率	—	1.9%/100%	4.4%/100%	3.6%/—	2.7%/14.8%
国有资产清理基金	岁入	—	1437	4801	4136	6089
	比率	—	1.6%/100%	2.8%/83.3%	3%/54.3%	2.4%/49.1%
需品资金(政府购置器械)	岁入	2132	5611	9323	4657	8641
	比率	8.1%/100%	6.2%/100%	5.4%/96.9%	3.4%/104.6%	3.3%/98.4%
被服厂	岁入	—	5889	4629	2521	4300
	比率	—	6.5%/90%	2.7%/111.2%	1.8%/75.9%	1.7%/83.2%
军械厂	岁入	—	—	1623	1280	2443
	比率	—	—	0.9%/100%	0.9%/100%	0.9%/100%
邮政	岁入	—	3637	4158	2657	6084
	比率	—	4%/80.8%	2.4%/93.7%	1.9%/77.3%	2.3%/82.6%
总计		26362	90582	173964	137112	260556

注:比率项目中分号前所表示比率为分项岁入占总特别会计岁入的比率,分号后所表示比率为该项目岁出数字除以岁入数字所得之比率。

资料来源:东北物资调节委员会研究组编:《东北经济小丛书·金融》,1947 年印行,附表 5《会计别岁出岁入历年比较》。此表中的总计根据已有数据做了订正。

除了一般会计收支外,特别会计收支也在伪满财政体系中占据着极其重要的作用。这种特别会计项目不同于以确保国家财政统一透明为特征的一般会计项目。系政府为了推进某一事业或企业,而从政策上将其资金管理与一般会计项目分开,单独成立的一种特别会计预算管理制度。从表 9-6 可知,在殖民化财政初步形成期内,特别会计项目从 1932 财政年度的只有 7 项,增加到了 1936 财政年度的 14 项,其岁入的资金也从 1932 财政年度的 26362000 元扩大到了 1936 财政年度的 260556000 元,扩张了近十倍。特别项目岁入中,比较大的一笔岁入是关税及盐税担保项目。伪“满洲国”政府尽管强行接管了有英美帝国主义势力介入的海关和盐税机关,但是他们在这一时期内却始终不愿与前者彻底闹翻。因此,伪满政府一直声明要和国民党政府协商分配比率偿还原来用关税盐税抵押给欧美帝国主义国家的赔款和借款,这也是特别会计项目中每年都要保留很大数额和比率的关税及盐税担保资金的原因。不过,伪满政府在承诺分担关税及盐税担保的时候,还隐藏着一个“醉翁之意不在酒”的目的:就是凭借清偿担保的机会,宣布只对承认他的国家还债,想以此诱惑欧美和国民党政府承认伪“满洲国”政府的合法性。国民党政府为了坚决抵制伪满傀儡政权,也宣布对不承认伪满政府的债券国履行偿还义务。由于当时国际上的主流国家基本都拒绝承认伪“满洲国”政府,因此除日本以外,大多数国家应由东北地区海关盐关担保的欠款实际也是中华民国政府所偿还的。因此,特别会计项目中的这笔比较大的岁入项目大部分并没有实际支出。另外,特别会计岁入中其他两个比较大的项目是 1934 财政年度才新增的“铁路国债”和“投资”两项,1936 财政年度这两项相加有 7700 万伪满币之多,占全部特别会计岁入的 29.5%。这也体现了所谓的“产业开发”在特别会计制定过程中的影响力开始显著增高。

由表 9-7 可见,在这一阶段的一般会计类伪满财政支出中,行

表 9-7 伪满一般会计财政支出决算用途分配情况(1932—1936 财政年度)　　(单位:伪满币千元)

年度 项目	“建国”财政年度		1932		1933		1934		1935		1936	
	金额	比率	金额	比率	金额	比率	金额	比率	金额	比率	金额	比率
帝室费	333	1.9%	1149	0.8%	1450	0.9%	3753	2.0%	1309	1.3%	3165	1.4%
行政费	9768	53.7%	57374	44.3%	79915	48.4%	90581	48.4%	52974	53.1%	101536	46%
国防和治安费	8088	44.4%	45481	35.1%	53850	32.5%	63060	33.7%	29077	29.1%	83586	37.9%
征税费	7	0%	8936	6.9%	10975	6.6%	12414	6.6%	5632	5.6%	11455	5.2%
国储费			16692	12.9%	19290	11.6%	17431	9.3%	10840	10.9%	21044	9.5%
国库准备金												
总计	18196	100%	129632	100%	165480	100%	187239	100%	99832	100%	220786	100%

注:1935 财政年度支出应为半年度支出额。此表中的总计根据已有数据做了订正。

资料来源:中央档案馆等合编:《日本帝国主义侵华档案资料选编·东北经济掠夺》,中华书局 1991 年版,第 779 页。

政费与国防和治安费占据着最重要的地位，其中行政费支出约占总支出的四五成，国防和治安费约占总支出的三四成。不过此处的行政费并不能理解为单纯的一般行政费，事实上后者只占前者的一部分。这里的行政费包括一般行政费、警察费、司法费、教育费、产业费、土木费、交通费等。不过总的来说，一般行政费和警察司法费用占据着上述行政费支出的绝大多数比率。以 1936 财政年度为例，该年度行政费支出共计 98247281 元伪满币，其中一般行政费支出 54658743 元，占行政费总支出的 55.6%；警察费支出 11971925 元，占行政费总支出的 12.2%；司法费支出 10109519 元，占行政费总支出的 10.3%；教育费支出 5015448 元，占行政费总支出的 5.1%；土木费支出 16491646 元，占行政费总支出的 16.8%①。需要指出的是，在一些研究中专门的“经济建设费”已经在这一时期伪满的一般会计财政支出中占据了重要地位，约占总支出的 15%—21%②。实际在这一时期内，“国防道路”的建设费用和军马的饲养费用也被算到了上述“经济建设费”中。当时，伪满国内的反抗尚未平息，其基本政策仍以军事镇压内部反抗为主，尚无力进行以发展重工业军备为目的的大规模“产业开发”活动。因此在这一时期，即使是看起来很像单纯经济建设支出的财政支出项目，其背后也往往有军事或“治安维持”的色彩。③ 而对于治安维持费用来说，因真正镇压东北人民反抗的主力为日本财

① 国務院総務庁情報处：《満洲帝国概覧 康德三年版》，伪“康德”三年（1936 年）版，第 76 页。

② ［日］満洲国史編纂刊行会：《満洲国史 各论》，纂謙光社昭和四十八年（1973 年）版，第 432—433 页。

③ ［日］浅田乔二、小林英夫：《日本帝国主义对中国东北的统治：以十五年战争时期为中心》，东北沦陷十四年史吉林编写组内部资料，1993 年印本，第 645 页。

政出钱供养的关东军,所以尽管伪满傀儡政府要出钱分担一部分日本的国防经费①,但是关东军实际支出的军饷要远远超出伪满政府所分担的那部分经费。另外,在这一时期的伪满农村村屯中,以配合日伪军镇压东北人民反抗为目的而设立的保甲制乡村基层乡村组织,其所收取的“自卫团”费用等“治安维持费”也普遍为数不少,给各地的东北农民带来了不小的负担。总的来说,在这一时期里的伪满财政支出的用途中,军事镇压意向非常突出。

三、财政备战扩张期的伪满财政

1936年以后,东北人民对日本侵略者和伪满傀儡政权的武装斗争开始逐渐转向地下,伪满财政收支的中心也开始转入在东北地区建设其进一步入侵中国关内和苏联的“兵站基地”和“前进基地”,转入大量投资与战备有关的重工业和东北北部防御工程,转入积极备战即将到来的世界大战。由于日本在“九一八事变”中对东北地区的侵略暴行,其后续又一步步将侵略的魔爪伸向中国关内,这些行为都遭到了世界上其他稍有良知和正义感国家的谴责。面对这些谴责,日本侵略者在外交上常常采取一种“死猪不怕开水烫”的蛮横方针,如以退出国联对抗国际社会对其入侵东北的谴责等,而上述做法又使得日本军国主义政府在国际社会上陷入更深的孤立态势。为了打破这种国际孤立态势,日伪当局急于加速“日满经济融合”,通过实现其经济体系内部的“自给化”来对抗国际关系中的孤立无援,以便“一旦发生战争,所必需的物质

① 根据1933年缔结的日满共同条约,规定每年从伪“满洲国”一般会计预算总额中,减去公债金(包括借款)后,抽出10%作为伪满洲国所负担的国防费,送交日本政府。然而,日本帝国议会表决不接受这笔国防分担费。因此,从1936年起不再编制这笔预算(参见中央档案馆等合编:《日本帝国主义侵华档案资料选编·东北经济掠夺》,中华书局1991年版,第760页)。

能够实现自给自足”。因此,极力要求扩大铁、煤炭、石油(包括页岩油等人造石油)、电气、棉花等其稀缺的战略资源的产能。同时,德国纳粹党在1933年取得政权后,在欧洲加速了扩军备战的步伐。在战略上,与日本法西斯对社会主义苏联构成了东西夹击的态势。日本帝国主义者与苏联政府既有日俄战争的历史宿怨,又有对苏联五年计划后军事工业等重工业崛起的恐惧,更有社会制度根本上不同所带来的敌视。因此,在残酷镇压了伪满国内的反抗后,日伪政府又开始摩拳擦掌,妄图与德国一道“北进”夹击苏联。需要将东北建设为其“北进”入侵苏联的基地。另外,随着日本帝国主义对中国侵略战争的逐渐扩大,中国共产党和中国国民党也组成了抗日民族统一战线,最终将日本帝国主义拖进了抗日持久战的泥潭。在这种情况下,日本帝国主义者也开始感觉对华侵略战争不会如其预期迅速结束,不得不加速在东北殖民地挖掘战力,妄图实现“以战养战”的目的。在上述时代背景下,1937—1939财政年度的伪满财政政策开始有计划转向为日本侵略者在东北地区的军备扩张和侵略“兵站”提供财力支持。

为掠夺东北资源充实战备以配合日本帝国主义侵略扩展的野心,日本帝国主义者于1936年8月制定了《“满洲国”第二期经济建设要纲》,继而又于同年年底制定了《(第一次)“满洲国”产业开发五年计划》,在“经济建设”和“产业开发”的幌子下,叫嚣要“确立长期自给体制”,“制定日满一体的综合动员计划”,实现“满洲产业统制向日满一体的战时方向转换”。因此,“就地筹措的自给自足原则”和“日满一体化的适业适地地发展产业的原则”被日本侵略者看作是《产业开发五年计划》的两个核心原则①,企图通

① 中央档案馆等合编:《日本帝国主义侵华档案资料选编·东北经济掠夺》,中华书局1991年版,第224页。

过发展重工业来掠夺中国东北的资源,通过加深日本和东北经济的“一体化”联系,弥补日本军国主义的先天不足,增强日本军国主义扩大侵略战争的潜力。在伪满政府的第一次“产业开发”五年计划中,工矿业、交通通信、日本对东北“移民”等项目,都需要大量资金做支持。特别是日本为了发展以军工为代表的制造业,借当时世界大战尚未爆发之机,向德国、美国等国提交了不少机械设备的购买订单。而这些订单也需要大量外汇来支付。对于如此巨大的资金需求,日本侵略者尽管有强烈的投资愿望,但是因其国内当时也在积极扩军备战、加速军事工业建设,财政赤字与日俱增。另一方面,作为原来日本在东北地区推行经济侵略急先锋的满铁,尽管历来都是日本侵略者对东北地区投资的国策主力,但自东北沦陷以来,其也因承接了大量军事铁路修建工程而连年经营状况不佳。而在当时的国际环境下,吸引他国外资更是根本不可能的事情。因此,无论日本政府还是满铁,都无力单独提供伪满进行“产业开发”五年计划的全部资金,有相当一部分资金尚需伪满政府“就地补充”。所以,尽管日本投资是该五年计划的主力,来自日本的资金却也只占计划投资额的55%,而自东北本地凑集来的资金约占计划投资额的45%。① 在完成五年计划一共需要追加投资的2583827000元资金中,伪满政府就承当了其中的611671000元,筹资途径主要为发行国债。另外,东北所承担的资金部分的筹资途径还有东北民间出资7300000元,除满铁外其他会社借款122818000元,农业资金通融135427000元。② 另外,为了更好地贯彻经济掠夺政策及

① 大連商工会議所:《満洲事業成績分析、昭和十五年度 第4回》,昭和十六年(1941年)印本,第6页。

② [日]浅田乔二、小林英夫:《日本帝国主义对中国东北的统治:以十五年战争时期为中心》,东北沦陷十四年史吉林编写组内部资料,1993年印本,表10.16《产业五年计划资金筹措计划》。

军备扩张要求，日伪在东北成立了大量专项独立经营的“特殊会社”。从1936年12月伪满政府18个“特殊会社”中伪满政府的出资情况来看，不少此类会社中都有伪满政府的直接投资。其中全部资本由伪满政府投资的有“满洲中央银行”“满洲兴业银行”“满洲棉花会社”“满洲计器会社”“满洲生命保险会社”等，其中过半资本由伪满政府投资的有“奉天造兵所”“满洲采金会社”“满洲林业会社”“满洲火药贩卖会社”等。① 伪满政府依附日本军国主义政府，对所谓“产业开发”所做的资金投入可见一斑。

表9-8　伪满政府一般会计财政预算额（1937—1939财政年度）

（单位：伪满币千元）

项目／年度	总预算岁出额	总预算岁入额	追加预算额
1937财年	248099	248099	35049
1938财年	304555	304555	35421
1939财年	403378	403378	79331

资料来源：［日］岡野鑑：《滿洲国財政の生成と発展》，“建国”大学伪“康德”十年（1943年）印本，第4—5页。

伪满政府为协助日本帝国主义而为“产业开发”五年计划筹集的资金中，大量来源于一般会计类财政收入。1937年以后，伪满财政预算编制的原则发生较大变化。在拟定上述财政预算时，伪满政府自称其财政根本方针的转化主要面向下面五个方面：“一、极力避免一般行政费（统治财政）之膨胀，保持财政之强韧性。二、对于安定人民生活所需之设备经费（福利财政）采取积极

① 《滿洲國產業开發五ケ年計畫の概貌》，见［日］東洋経済新報社：《日本経済年報.第27輯（昭和十二年第1輯）》，昭和十二年（1937年）印本，第221页。

之方针,除特定财源外,发行公债(在境内募集)以充之。三、凡以开发资源为目的之企业及重要产业,因新设或扩充所需经费(开发财政),积极发行公债(以在境外募集为原则)以充之。四、整备'内国税'、关税,以及各种官营事业之体系与机构,使能适应财政之急需,以图岁入之通畅,而涵养财政之强力性。五、谋中央财政及地方财政之组织一体化,使中央财政集权与地方财政自治,熔为一炉,以期全体财政之有机效率化"①。其中多是冠冕堂皇的虚言,如强化民生等项均鲜有实际实施②,仅有"开业开发""发行公债"等语算是能够表达日伪这一时期增加财政收入的真实动机和实施方法。总的来讲,这一时期伪满政府开始将财政政策核心转变为辅助"树立产业开发五年计划,不得不放弃'量入为出'之财政政策"。开始转向主要通过在国内发行公债的方式扩张财政预算收支的"积极的建设财政方针"。如表 9-8 所示,1937 年至 1939 年这三个财政年度间,一般会计类财政预算收支和追加预算额都显著扩大。其中财政预算收支从伪满币 248099000 元增加到了 403378000 元,扩大了 62.6%,财政预算追加额从伪满币 35049000 元增加到了 79331000 元,扩大了 126.3%。

为了扩大财源,日伪当局这一时期对税制又进行了进一步的调

① 东北物资调节委员会研究组编:《东北经济小丛书·金融》,1947 年印行,第 203—204 页。

② 根据古海忠之口供,伪满"产业开发"五年计划,"与中国人们的福利毫不相干,大部分计划远远超过了国内的需要","从一开始就把重点放在日本所缺乏的铁、石油及其他重工业的开发上,而且工矿业部分,尤其重工业所占的比重不断增加,扩大对日本的支援";"飞机、兵器制作等。与民生毫无关系。在工业部门里和民生有关的仅有纺织、人造肥料和白糖,但从整个计划看等于零"(中央档案馆等合编:《日本帝国主义侵华档案资料选编·东北经济掠夺》,中华书局 1991 年版,第 204 页)。

整。在1937年至1939年三个财政年度间，伪满大的成系统的税制调整就进行了两次，即所谓的“第三期税制整理”和“第四期税制整理”。其中，“第三期税制整理”主要发生在1936年至1938年年末。其自称主要是希望实现“一、对中央地方的租税制度进行全面彻底的调查研究。二、完善国税的收益税体系。三、谋求有机地调整国税和地方税。四、谋求国税、地方税和其他税种国民负担的综合平衡。五、采取租税制度措施，制定相应制度，矫正伴随着国民经济发展的地域不平衡性而产生的地方税负担地域不均衡，用上缴的地方财源总额，使最大多数的地方自治团体能够最大限度地发挥自治运营功能。六、顺应旨在于‘建国’第二期工作取得飞跃发展的财政经济政策，确立相应的租税制度。七、鉴于我国与生俱来就是国防国家，要完善一旦有事能够适应租税动员的租税制度”①。具体而言，该期“税制整理”的内容主要包括制定商业登记税法（1936年）、制定地方税（1936年5月）、暂定契税法（1936年6月）并加以修订（1937年12月）、制定特许登录税（1936年6月）、制定意匠登录税（1936年6月）、制定国税征收法（1936年7月）、制定租税处罚法（1936年7月）、制定烟税法（1936年7月）、制定印花税法及结婚证书发放制度（1937年1月）、创设管理实施国税附加税及地方税中附课征收等事务的制度（1937年1月）、制定禁烟特税法（1937年1月）、制定土地执照的暂行发放规则（1937年1月）、制定工场财团登记税法（1937年6月）、制定针对参与全面侵华战争的“从军者”的租税减免办法（1937年10月）、制定不动产登录税法（1937年12月）、制定不动产登记税法（1937年12月）、制定船舶登录税法（1937年12月）、废止牲畜税法（1938年1月）、废止

① ［日］田村敏雄：《満洲帝国経済全集5租税篇前篇》，东光书苑伪“康德”五年（1938年）版，第63页。

屠宰税法(1938 年 1 月)、废止木税法(1938 年 1 月)、制定勤劳所得税法(1938 年 1 月)、制定自由职业税法(1938 年 1 月)、制定家屋税法(1938 年 1 月)、合理改正针对矿业的课税制度(1938 年 1 月)、制定取引税法(1938 年 1 月)、日本假意废除"治外法权"后对所谓"日本臣民"课税问题的实施细则等。①

伪满当局在 1939 年至 1941 年间所进行的第四次税制整理,则更明确地点明了税制整理的原因:系因"全面侵华战争胶着化、国际关系的险恶化",伪满当局不得不"强行推进""产业开发"五年计划。在此"新形势"下,税制体制所进行的必要的"适应性整备"及新税法的实行。这次税制整理的实施方针也是一如既往的冠冕堂皇:(1)确立实现国库增收的"弹性"税制;(2)实现国民"负担的均衡化";(3)实现规制实时购买力和重要经济政策的"调和";(4)确立地方财政的基础。此次"整理的内容"包括三个方面。第一方面,修改税法。如 1939 年 1 月 1 日修改了勤劳所得税和家屋税法,1939 年 12 月 1 日修改了棉纱统税、麦粉统税、水泥统税等三种统税的税法。第二方面,通过修改税法,变相增税。如两次修改法人营业税法(1939 年 1 月 1 日进行该税法的第一次修改,1940 年 1 月 1 日又进行了第二次修改)、两次修改卷烟税法(1939 年 2 月进行该税法的第一次修改,1939 年 12 月不到一年后就又进行了第二次修改)、两次修改酒税法(1939 年 4 月 1 日第一次修改了该税法,第二次修改则是在 1941 年 1 月)。第三方面,通过制定新税法,开征新税。如 1939 年 12 月 1 日创设了"游兴饮食税"、1941 年 1 月制定了事业所得税法、1940 年 10 月 28 日制定了砂糖税法等。②

---

① [日]岡野鑑:《満洲国財政の生成と発展》,"建国"大学伪"康德"十年(1943 年)印本,第 111—112 页。

② [日]岡野鑑:《満洲国財政の生成と発展》,"建国"大学伪"康德"十年(1943 年)印本,第 113—114 页。

表 9-9　伪满国内税体系(1938 年前后)

	分类		税目
国内税体系	收益税	一般收益税	勤劳所得税
			自由职业税
			家屋税
			地税
			营业税(又包括个人营业税和法人营业税)
		特殊收益税	出产粮石税
			矿业税(又包括矿区税和矿产税)
			禁烟特税
	消费税		酒税
			卷烟税
			烟税
			三种统税(又包括棉纱统税、麦粉统税、水泥统税)
	流通税		契税
			矿业登录税
			商业登录税
			特许登录税
			意匠登录税
			工厂财团登记税
			船舶登录税
			不动产登录税
			不动产登记税
			印花税
			取引税

资料来源:[日]田村敏雄:《满洲帝国経济全集 5 租税篇前篇》,东光书苑伪“康德”五年(1938 年)版,第 13 页。

第三、第四次“税制整理”的实际影响,主要体现在两个方面。其一,通过整理税制,制定增加新税法并对原有税法进行调整,在事实上实现了税收的增加,加重了对东北人民的财力掠夺。在税制整理前,伪满当局曾多次假惺惺地声称:现有税制“不合理”,消费税过多而收益税过少,底层人民因消费转嫁而税收负担“不均衡”“过重”。为此,伪满当局假意废止了几个税收总额并不高的“消费税”,如牲畜税法、屠宰税、木税法等。其二,增加了大量消费税和流通税税目,试图用这种掩耳盗铃的方法体现其税制的“均衡”。如表 9-9 所示,1938 年前后伪满的国内税中,收益税、消费税、流通税三者税目之间看似分配“均衡”。这种“均衡”却是建立在第三、第四次税制整理中新增了大量收益税和流通税基础上的。如收益税中新增的有勤劳所得税、自由职业税、家屋税、禁烟特税等。流通税中绝大多数税目都是新增的,如工厂财团登记税、不动产登录税、取引税、意匠登录税等。更有甚者,尽管废止了一部分“消费税”的税目,却并不意味着消费税本身的降低。伪满当局又通过后续的修改消费税法,实质上提高了消费税的税率,导致其在“税制整理”过程中不降反增。如表 9-10 所示,在伪满 1937—1939 年间的所谓“税制整理”中,无论收益税、消费税还是流通税等其他税种,其税收总额都显著上升。其中收益税从伪满币 2590 万元(主要依靠增收了法人营业税和勤劳所得税)增加到了 4690 万元,增加了 2100 万元。而消费税则从伪满币 4640 万元(主要依靠酒税和卷烟税的增税)增加到了 7020 万元,增加了 2380 万元。经过伪满税制整理的“均衡化”后,消费税增加的额度居然比收益税增加的额度还要多 280 万元伪满币。当然,这一时期伪满一般会计财政收入比重最高的还是关税收入,1937 年为伪满币 10810 万元,占一般会计类财政经常收入的 60%,1938 年为伪满币 13850 万元,占一般会计类财政经常收入的 62%,1939 年为伪满币 19300 万元,占一般会计类财政经常收入的 61%。①

① [日]東京银行集会所調查課:《満洲の財政・金融・物価》,昭和十七年(1942 年)版,第 58 页。

表 9-10　伪满国内税(“内国税”)税收细目(1937—1939 年)

(单位:伪满币百万元)

税目＼年份	1937	1938	1939
“收益税”合计	25.9	36.1	46.9
土地税	12.2	14.0	13.1
营业税	12.4	13.8	18.1
法人营业税	—	5.1	10.4
矿业税	1.3	1.5	1.9
勤劳所得税	—	1.7	3.4
“消费税”合计	46.4	43.3	70.2
酒税	9.9	11.5	16.3
卷烟税	16.7	16.1	37.6
三种统税	5.1	5.7	4.4
出产粮食税	11.4	10.0	11.9
牲畜税	3.3	—	—
所有税种总计(包括关税、流通税等)	180.7	221.9	319.0

资料来源:[日]“满洲国”史编纂刊行会:《满洲国史(总论)》,東京银行集会所調查課:《満洲の財政·金融·物価》,昭和十七年(1942 年)版,第 58 页。

税制整理所产生的第二个方面的影响则是一定程度上改善了对地方政府财政分权。在伪满建立初期,日本侵略者为了消弭地方政府的影响力,在财政上采取了高度中央集权化的方针。“采取缩小或削减省长及省公署的权限,将省当作伪中央与县的中间行政机构,没有军权,没有财权,没有独立处理省政之权,只有执行伪中央的权"①。一方面,随着伪满殖民政治体系在地方上的不断完善,更多的日本人和死心塌地的汉奸开始在地方政府中掌握权力;另一方面,原来中央高度集权,地方高度依赖中央财政补助的财政模式也逐渐暴露出弊端。在这种前提下,日伪政府开始为地方财政逐渐松绑,更多地给予地方上一些财政自主权。最具代表性的是,伪满当局恢复了自1932年省财政厅废除以来,被取缔的省财政权力。在1932年至1936年间,伪满省级政府的财政权被完全剥夺,所有省经费一律由中央划拨。1936年12月,伪满公布了《省地方费法》,并于1937年1月开始实施。根据该法案,一部分中央税收中将额外收取一部分的附加税以充当省地方费。收取此类附加费的比率为:法人营业税的50%、出产粮食税的50%、木税(很快被废除)的25%、矿区税的25%、禁烟特税的25%。如有不足,则伪"中央财政"还会提供一定数额的"国库补给金"②。

表9-11　一般会计财政支出(1937—1939财政年度)

(单位:伪满币千元)

年度/项目	1937财年		1938财年		1939财年	
	金额	比率	金额	比率	金额	比率
经常收入						
租税总计	180653	57.8%	221938	56%	320728	68.9%
内国税(租税)	72584	23.2%	83422	21%	127693	21.1%
关税(租税)	108069	34.6%	138501	35%	193035	32%
盐税(租税)	—	—	—	—	—	—

① 黑龙江省财政厅史志办公室:《黑龙江省财政资料长编》(第1册),黑龙江人民出版社1988年版,第20页。

② 《省地方費法》,见"國務院"総務庁:《滿洲国政府公報》,伪"康德"三年(1936年)12月26日。

续表

项目＼年度	1937财年		1938财年		1939财年	
	金额	比率	金额	比率	金额	比率
印花税	10399	3.3%	13638	3.4%	23548	3.9%
专卖利益	56899	18.2%	60124	15.2%	81681	13.6%
官产及其他收入	3853	1.2%	2623	0.7%	5120	0.8%
经常部收入合计	251805	80.5%	298333	75.3%	431078	71.4%
临时收入						
国债	5700	1.8%	40000	10.1%	80000	13.2%
普通收入	5106	1.6%	7382	1.9%	7782	1.3%
由特别会计滚存	7323	2.4%	5112	1.3%	15513	2.6%
盈余	42820	13.7%	45183	11.4%	69531	11.5%
临时部合计	60950	19.5%	97677	24.7%	172825	28.6%
总计	312755	100%	396010	100%	603903	100%

资料来源:[日]岡野鑑:《满洲国财政の生成と発展》,“建国”大学伪“康德”十年(1943年)印本,第20—22页。

参见表9-11,再结合表9-5所示的1936财政年度以前的情况,可以发现,这一时期伪满政府“一般会计”类财政收入已经可以说增长十分迅速,总收入从1936财政年度的伪满币220823000元增加到了1939财政年度的伪满币603902000元,增加了174%。结合1936财政年度的情况来看,经常税目下各个税目基本比率变化比较平稳。关税和国内税的比率仅有少量下降。变化比较明显的是盐税和专卖收入:盐税1936财政年度时期占一般会计财政收入总额的10.8%,1937年以后则被取消并入专卖收入;专卖收入则从1936财政年度的7.2%直接上升到了1937财政年度的18.2%,之后略有下降,不过,1939财政年度尚且占13.6%的比率。专卖收入项目的大幅度上升主要是源于原来的盐税收入被从租税类直接并入其中改为“盐专卖利益金”。另外,这一时期还将火柴、酒精、麦粉列入了专卖项目并收取了“专卖利益金”,只不过数量很少,上述几个新建的“利益金”加起来也没有任何一年超过“一般会计”类财政总收入的 1%。就“盐专卖利益金”而言,尽管每年都有数量上的增长,但是增长幅度相对于一般会计财政总收入则显得很慢,这就造成了其所占总收入的比率逐年有所下降。1937 财政年度为伪满币 22280000 元,占总收入的 7. 1%;1938 财政年度为伪满币 27648000 元,占总收入的 7%;1939 财政年度为伪满币 28743000 元,占总收入的 4. 8%,相对于 1936 财政年度的盐税收入(10. 4%)下降了接近 6 个百分点①。“一般会计”财政收入中的临时收入比重则越来越突出。从 1936 财政年度的 12. 5%上升到 1939 财政年度的 28. 6%。这其中增长最快的要数国债收入,从 1936 财政年度的 4. 5%(还有很多资料认为 1936 财政年度一般会计预算中其实并没有发行国债)上升到了 1939 财政年度的 13. 2%。

尽管一般会计类财政收入增长十分迅速,相对于这一时期内特别会计类收入及其公债发行那种爆炸性的增长却也相形见绌。根据长期掌管伪满经济系统的战犯古海忠之的笔供,1937 年以后的财政收入预算中,因增加了支撑“产业开发五年计划和日本开拓五年计划”等财政支出项目,因此,“决定放弃过去消极的财政方针,采取积极的财政方针。政府对生产事业和开拓等紧急事业的投资,依靠公债积极进行。从这时起,不仅一般会计具有侵略性,而且特别会计表现得尤为突出。通过特别会计,伪‘满洲国’

① [日]岡野鑑:《満洲国財政の生成と発展》,“建国”大学伪“康德”十年(1943 年)印本,第 21 页。

总预算呈现出异常的膨胀”①。可以说，在伪满的“产业开发”中，特别会计收入和公债发行的作用至关重要。② 具体各项财政收入的分配情况，可以参考表 9-12。

表 9-12　伪满财政收入细目（1936—1939 财政年度）

（单位：伪满币百万元）

年度＼项目	一般会计	特别会计		总预算		公债发行额		
		预算额	纯计	预算额	纯计	一般会计	特别会计	总计
1936 财年	220	190	145	410	365	—	—	—
1937 财年	283	656	357	939	640	30	290	320
1938 财年	304	1088	485	1339	789	40	357	397
1939 财年	403	1288	640	1691	1043	65	393	458

注：所谓“一般会计”的数字是预算额，也是纯计。这里的纯计预算是把一般会计和特别会计中互相重复的部分扣除后的纯预算额。其中的年份应为财政年度。

资料来源：中央档案馆等合编：《日本帝国主义侵华档案资料选编 · 东北经济掠夺》，中华书局 1991 年版，第 758 页。

表 9-12 中的数据主要来源于战犯古海忠之笔供，因统计口径和据当事年代久远等原因，在具体数字上可能与其他来源的数据资料有一定出入。不过，这份数据仍具有较大参考价值。从中可以看出特别预算（纯计）和公债都在这一时期里呈现出暴增的态势。至 1939 年，特别会计类纯计预算已经在数量上远远超过

① 中央档案馆等合编：《日本帝国主义侵华档案资料选编 · 东北经济掠夺》，中华书局 1991 年版，第 758 页。

② ［日］星野直樹：《滿洲國財政の回顧と展望》，见滿洲經濟社：《滿洲經濟 · 滿洲国財政金融問題特輯号》，伪“康德”七年（1940 年）7 月 1 日，第 10 页。

表 9-13　特别会计财政年收支情况(1936—1940 财政年度)　（单位:伪满币百万元)

年度 项目	1936 财年		1937 财年		1938 财年		1939 财年		1940 财年	
	年收入	年支出	年收入	年支出	年收入	年支出	年收入	年支出	年收入	年支出
地方财政调整资金	—	—	—	—	42.7	42.7	37.6	37.6	65.2	65.2
养老金	—	—	—	—	—	—	6.0	3.8	7.4	4.6
政府职员互助	—	—	极少	—	2.0	1.4	3.9	2.1	6.2	4.9
科学试验事业	—	—	—	—	2.2	2.2	4.8	4.8	6.7	6.7
需品(政府购置器械)	8.6	8.5	12.7	12.3	17.2	17.0	77.1	76.6	89.1	89.1
临时国都建设局	7.7	6.2	7.4	5.4	2.1	.2.1	3.2	3.2	7.0	7.0
北边振兴	—	—	—	—	—	—	—	—	86.9	86.9
军需厂	4.3	3.6	4.6	5.2	7.4	7.5	8.6	8.7	15.5	15.6
军械厂	2.4	2.4	2.7	2.3	12.3	12.3	15.7	15.7	12.2	12.2
赛马	—	—	2.6	1.1	4.4	2.3	5.9	2.9	10.1	2.9
禁烟	—	—	—	—	—	—	—	—	126.2	101.1
监狱	—	—	5.3	4.9	7.6	7.6	13	131	18.8	18.8

续表

年度 项目	1936 财年		1937 财年		1938 财年		1939 财年		1940 财年	
	年收入	年支出	年收入	年支出	年收入	年支出	年收入	年支出	年收入	年支出
国有林事业	10.7	9.2	13.8	16.4	26.0	24.4	74.5	74.3	112.4	112.1
水力电气建设事业	—	—	3.5	2.7	16.4	16.4	30.6	30.6	32.0	32.0
开拓事业	—	—	—	—	—	—	42.3	42.3	80.0	80.0
国内开拓推进事业	—	—	—	—	—	—	—	—	13.4	13.4
国债金			158.1	158.1	366.9	366.9	396.4	396.4	506.9	506.9
关税盐税担保	46.5	—	—	—	—	—	—	—	—	—
国债整理资金	—	—	121.4	73.2	96.9	96.8	116.4	116.4	100.1	100.1
减债资金	7.1	7.1	—	—	—	—	—	—	—	—
投资	25.0	23.9	155.7	144.7	326.2	326.2	280.3	280.3	252.7	252.7
国有资产整理资金	6.1	3.0	8.5	5.8	5.7	5.1	10.6	10.6	20.8	20.0
榷运署	21.2	15.4	—	—	—	—	—	—	—	—
专卖作业	—	—	126.0	65.8	158.8	122.8	195.9	139.5	393.2	335.1

续表

年度 项目	1936 财年		1937 财年		1938 财年		1939 财年		1940 财年	
	年收入	年支出	年收入	年支出	年收入	年支出	年收入	年支出	年收入	年支出
鸦片专卖	39. 1	28. 2	—	—	—	—	—	—	—	—
煤油类专卖	23. 5	17. 0	—	—	—	—	—	—	—	—
铁路国债	51. 9	50. 5	44. 9	44. 0	14. 8	14. 8	8. 3	8. 3	10. 4	10. 4
邮政	6. 1	5. 0	7. 9	6. 9	12. 0	12. 0	14. 8	14. 8	26. 3	26. 3
邮政生命保险	—	—	0. 2	0. 1	1. 0	0. 6	3. 1	1. 4	6. 1	3. 8
疏水事业	—	—	—	—	1. 8	1. 8	5. 0	5. 0	5. 5	5. 5
大东港建设事业	—	—	—	—	—	—	—	—	14. 3	14. 3
金矿精炼事业	0. 3	0. 1	1. 5	1. 3	4. 5	5. 4	—	—	—	—
总计	260. 5	174. 1	676. 8	550. 0	1128. 9	1088. 6	1854. 0	1288. 3	2025. 4	1927. 6

资料来源:[日]東京银行集会所調查課:《滿洲の財政·金融·物価》,昭和十七年(1942年)版,第88页。此表中的合计根据已有数据1288. 3做了订正。

了一般会计类纯计预算,是后者的1.59倍。在增速上的差距更加突出,一般会计类纯计预算在4年间增长了83%,而特别会计类纯计预算在4年间的增长幅度则达到了341%,增速是前者的近4倍。另外,伪满的公债发行额更是在此期间从无到有①,1939年达到了伪满币45800万元之多,已经超过了一般会计类纯计预算的总额。在所发行公债中,"特别会计"类的公债要远远超过"一般会计"类公债。1939年时,前者占发行总额的85.8%,后者则仅仅占14.2%。

表9-13中反映了1936—1940财政年度间特别会计类财政收支的扩长情况,其中特别会计类财政收入从1936年的伪满币26050万元,增长到了1939年的伪满币185400万元,增长了6.1倍。特别会计类财政支出从1936年的伪满币17410万元,增长到了1939年的伪满币128830万元,增长了6.4倍。这种收支金额的增长有相当一部分是靠发行国债来实现的,这些公债发行的成本就是一笔不小的开支。为此,1937年伪满当局在特别会计类财政中设立了"国债金"项目,来推进公债的扩张发行,到了1939年该项目收支就都达到了39640万元,分别占特别会计类财政收支总额的21.4%和30.8%。另外,伪满当局还特别新设了地方财政调整资金、开拓事业、邮政生命保险、监狱、水力电气建设事业、疏水事业、政府职员互助、科学试验事业、赛马等多项特别会计类财政项目,将鸦片专卖、榷运署(盐专卖)、煤油类专卖全都合并到了专卖作业项目中,将减债资金(内债)、关税盐税担保(外债)合并到了"国债整理金"项目中,并取缔了如金矿精炼事业(1939年取缔)特别会计类财政项目。除了项目的调整外,伪满当局还大大

① 不过根据包括之前引用的其他一些材料(如《东北经济小丛书》)来看,1936年伪满政府可能发行有少量的公债。

增加了投资等项目的财政收支预算额度。在这些特别会计项目中,很多是专门面向日伪当时正在进行的以“产业开发”为名的经济掠夺的,如投资、水力电气建设事业等项目;有的项目是专门用来为日本军国主义的军备战争机器服务的,如军需厂、军械厂等项目;有的协助日本向东北进行移民加深东北殖民化,如开拓事业项目;更有的项目是直接资助日本侵略者镇压东北人民反抗的,如监狱项目。可以说,特别会计财政在各个项目上的调整和财政收支变动中,渗透了日本侵略者对东北进行经济掠夺和殖民化的野心。

这一时期的公债可以说是支撑日伪实施“产业开发计划”的经济保障。一般而言,伪满当局发行的公债都要归入1937年新设立的国债金会计之中,再分别分配到各项预算的会计收支之中。1937年4月至1939年12月间,伪满当局在“国”内就发行了7次公债,分别是:1937年4月1日发行的“帝室财产公债”,发行额折合550万日元,利息5%;1937年4月15日发行的“第2次4厘公债(整理公债)”,发行额折合2000万日元,利息4%;1937年12月1日发行的“第3次4厘公债(投资公债)”,发行额折合8000万日元,利息4%;1938年3月2日发行的“第4次4厘公债(投资公债)”,发行额折合10000万日元,利息4%;1938年12月27日发行的“第5次4厘公债(投资公债)”,发行额折合5000万日元,利息4%;1939年1月1日发行的“蒙古王裕生公债”,发行额折合600万日元,利息4%;1939年12月20日发行的“第6次4厘公债(投资公债)”,发行额折合10000万日元,利息4%。另外,还在日本国内也发行了7次公债,分别是:1937年2月1日发行的“第1回兴业金融公债”,发行额为2500万日元,利息4%;1937年8月23日发行的“第2回兴业金融公债”,发行额为2000万日元,利息4%;1938年3月25日发行的“第5回北满铁道公债”,发行额为5000万日元,利息4%;1939年2月15日发行的“第1次投资事业公债”，发行额为5000万日元，利息4%；1939年4月20日发行的“第2次投资事业公债”，发行额为5000万日元，利息4%；1939年10月10日发行的“第1次水电事业公债伊号”，发行额为5000万日元，利息4%；1939年12月20日发行的“第3次投资事业公债第1回”，发行额为3500万日元，利息4%。① 综上所述，1937—1939年间，伪满当局共在“国”内发行了折合36150万日元的公债，占总发行额的56.4%，在日本发行了28000万日元的公债，占总发行额的43.6%，总公债发行量折合64150万日元。

表9-14　国债金使用金额累年比较（1936—1940财政年度）

（单位：伪满币）

年度 项目	1936财年	1937财年		1938财年		1939财年		1940财年	
	百万圆	百万圆	%	百万圆	%	百万圆	%	百万圆	%
一般会计	—	15.0	13	40.0	11	65.0	16	75.0	14
科学试验事业	—	—	—	0.3	—	0.5	—	0.5	—
必需品	0.7	—	—	1.0	—	3.2	—	1.4	—
北边振兴	—	—	—	—	—	—	—	63.2	12
赛马	—	0.2	—	0.6	—	0.7	—	0.2	—
禁烟	—	—	—	—	—	—	—	21.7	4
监狱	—	0.8	0.5	0.6	—	0.9	—	1.2	—
国有林事业	—	—	—	—	—	—	—	9.0	—

① ［日］浅田乔二、小林英夫：《日本帝国主义对中国东北的统治：以十五年战争时期为中心》，东北沦陷十四年史吉林编写组内部资料，1993年印本，表10.27《日中战争时期“满洲国”政府发行国债一览》。

续表

项目＼年度	1936财年	1937财年		1938财年		1939财年		1940财年	
	百万圆	百万圆	%	百万圆	%	百万圆	%	百万圆	%
水力电气建设	—	3.2	3	16.4	5	30.6	7	32.0	5
开拓	—	—	—	—	—	42.3	11	77.2	15
国内开拓民扶助	—	—	—	—	—	—	—	10.3	2
投资	14.5	83.5	75	305.0	83	250.0	60	200.0	39
疏水事业	—	—	—	0.8	—	3.2	—	4.0	—
大东港建设	—	—	—	—	—	—	—	11.2	2
金属精炼事业	0.3	1.5	1	2.3	—	—	—	—	—
国都建设事业	3.0	1.6	1	—	—	—	—	—	—
国有财产整理资产	1.5	1.5	1	—	—	—	—	—	—
专卖作业	—	3.5	3	—	—	—	—	—	—
国有林事业	7.0	—	—	—	—	—	—	—	—
总计	27.0	110.8	100	367.0	100	396.4	100	506.9	100

注:原制表根据满铁《年报》和《满日康德六年12月下旬预算说明》(1939年)做成。

资料来源:[日]東京银行集会所調査課:《満洲の财政・金融・物価》,昭和十七年(1942年)版,第91页。此表中的总计根据已有数据做了订正。

表9-14显示出1936—1940财政年度间,伪满所发行的公债使用情况。1939财政年度公债的发行额达到伪满币39630万元,比1936财政年度扩大了13.7倍,比1937财政年度扩大了2.58

倍。在使用用途上，直到1939年"投资"都始终是伪满当局举借公债最主要的目的。1937财政年度有75%的公债被用来进行"投资"，1938财政年度用来"投资"的公债达到了公债总额的83%，1939财政年度尽管用来"投资"的公债支出比重有所下降，不过仍达公债总额的60%。同时，该年度日本侵略者加速了对东北地区的"开拓"移民侵略，有伪满币4230万元的国债被用来辅助这项殖民企图，占当年伪满国债支出总额的11%。

表9-15　伪满一般会计财政支出决算用途分配情况
（1937—1939财政年度）　　　　（单位：伪满币千元）

项目＼年度	1937财年		1938财年		1939财年	
	金额	比率	金额	比率	金额	比率
帝室费	2524	0.9%	3499	1.1%	2499	0.6%
行政费	126539	47.3%	183659	56.3%	251185	57%
国防和治安费	101023	37.8%	103482	31.7%	150496	34.1%
征税费	11218	4.2%	13190	4.1%	13949	3.2%
国储费	26266	9.8%	22311	6.8%	22614	5.1%
国库准备金	—	—	—	—	—	—
总计	267570	100%	326141	100%	440743	100%

资料来源：中央档案馆等合编：《日本帝国主义侵华档案资料选编·东北经济掠夺》，中华书局1991年版，第779—780页。

就伪满当局的一般会计类财政支出而言，如表9-15所示，在这一阶段中行政费与国防和治安费仍然占据着支出最重要的地位，其中行政费支出的比率有明显的上升，从1937财政年度的占总支出47.3%上升为1939财政年度的57%。国防和治安费则基本稳定在31.7%—37.8%之间。如前文所述，此处的行政费中一般行政费只占前者中的一部分。在这一时期内,一般行政费的支出比率在行政费支出比率中逐年有所减少,1936 财政年度占行政费总支出的 64.7%,1937 财政年度占 53.6%,1938 财政年度占 53.4%,1939 财政年度下降到了 49.3%。相对而言,警察费和土木费的比率都有所上升,其中警察费的比率,1936 财政年度占行政费总支出的 9.8%,1937 财政年度占 12.5%,1938 财政年度占 14.3%,1939 财政年度则占 12.6%;土木费的比率,1936 财政年度占行政费总支出的 2.2%,1937 财政年度占 14.4%,1938 财政年度占 9.8%,1939 财政年度回升到了 10.7%。另外,从 1938 财政年度开始,行政费中又添加了交通费项支出。到了 1939 财政年度,交通费已达行政费总支出的 5.3%。①

这一阶段,"中央"在各地方的税收征收机构仅是略做了调整。1934 年以后,伪满开始通过细化"省"的辖区,缩小"省长"权限,以加强中央的统制。并将包括热河在内的东北 4 省,改为奉天、吉林、龙江、热河、滨江、锦州、安东、间岛、三江、黑河等东北 10 省。后来又新设通化、牡丹江、北安、东安、四平等省,并将兴安省分为兴安北省、兴安南省、兴安东省、兴安西省 4 个省份。伪满"中央政府"设在各个地方的"税务监督署"的管辖区域范围也随着政区的变动常有更改。以 1938 年为时间节点,当时伪满"中央"税收系统的 5 个"税务监督署"的管辖范围分别为:奉天税务监督署的管辖区域为奉天省、锦州省、安东省、通化省、兴安南省,下辖 52 个税捐局;吉林税务监督署的管辖区域为吉林省、间岛省和新京特别市,下辖 23 个税捐局;滨江税务监督署的管辖区域为滨江省、三江省、牡丹江省,下辖 37 个税捐局;龙江税务监督署

① 中央档案馆等合编:《日本帝国主义侵华档案资料选编 · 东北经济掠夺》,中华书局 1991 年版,第 780—781 页。

的管辖区域为龙江省、黑河省、兴安东省、兴安北省，下辖 20 个税捐局；热河税务监督署的管辖区域为热河省和兴安西省，下辖 12 个税捐局。这一时期，税务监督署和税捐局之间的出张所被大量裁撤，由 1933 年前后的 12 个下降为 1938 年的 6 个。其中隶属于奉天税务监督署的出张所有通化出张所（主要管辖区域为通化省）、安东出张所（主要管辖区域为安东省）、锦州出张所（主要管辖区域为锦州省）；隶属于滨江税务监督署的出张所有牡丹江出张所（主要管辖区域为牡丹江省）、佳木斯出张所（主要管辖区域为三江省）；隶属于吉林税务监督署的出张所有延吉出张所（主要管辖区域为间岛省）。①

另外，在 1936 年以前，因力图实行高度的财政中央集权化，伪满的地方税一直处于被“中央财政”相对压制的状态中。不但省财政被取缔，一切省级行政部门的支出都依赖“中央财政”拨款。在市、县、旗的行政层级，伪满“中央”长期以来也一直奉行补助地方市、县、旗级财政的方针，仅 1933 年度市、县两级地方财政列入预算的补助费就分别为 54 万元和 570 万元伪满币。② 1937 年以后，伪满又转为支持地方财政上的分权，并恢复了省财政。在此之后，地方财政的收支数额激增。甚至在总额上隐隐有与“中央财政”分庭抗礼之势。根据 1937 年伪满“国民负担情况”统计，国税直接税只占东北人民税负负担的 35.8%、省地方费税占 5%，地方税（市、县、旗行政级别）占 31.3%，街村税占 28.4%③。另外，由

① ［日］田村敏雄：《満洲帝国経済全集 5 租税篇前篇》，东光书苑伪“康德”五年（1938 年）版，第 68 页。

② ［日］“满洲国”史编纂刊行会：《满洲国史（总论）》，黑龙江省社会科学院历史研究所 1990 年印本，第 451 页。

③ ［日］田村敏雄：《満洲帝国経済全集 5 租税篇前篇》，东光书苑伪“康德”五年（1938 年）版，第 350 页。

表 9-12 可知,1938 年伪满“中央财政”为伪满币 7.89 亿元,加上公债也不过 11.86 亿元;1939 年“中央财政”收入为 10.43 亿元,加上公债一共能达到 15.01 亿元。而参见表 9-16 可知,伪满 1938 财政年度的地方财政收入达到 2.99 亿元,伪满 1939 财政年度的地方财政收入有 3.88 亿元。数量相对于“中央财政”也已经颇为可观。在地方财政收入中,省地方费税主要依靠征收牲畜税、家屋税、勤劳所得税附加税、法人营业税附加税、出产粮石税附加税、矿区税附加税、矿产税附加税、禁烟特税附加税等。地方税(市、县、旗行政级别)主要依靠征收地捐、车捐、船捐、渔业捐、不动产取得捐、屠宰捐、观览捐、牲畜捐及其他“许可”杂捐,再加上营业税附加捐、法人营业税附加捐、家屋税附加捐等国税的附加捐税。村街税附加税主要包括土地课税(据 1937 年统计该项占村街税收入的 79%)、建筑物课税、营业者课税、构户者课税及车、舟船、牲畜等其他课税。① 需要注意的是无论省财政、市县旗财政、村街财政,都能从国库拿到相当数量的财政补助金,以 1938 年为例此三级地方财政分别拿到的补助金为省财政伪满币 47764976 元,市县旗财政伪满币 23989618 元、村街财政相对较少,仅伪满币 690186 元。省财政和市县旗财政也都各自发行有一定数量的公债,只不过数量较少,1938 年省财政公债发行额为 396600 元伪满币,市县旗财政公债发行额为 4169839 元伪满币。②

① [日]東京银行集会所調查課:《滿洲の财政 · 金融 · 物価》,昭和十七年(1942 年)版,第 76—79 页。

② “國務院”内務局:《康德五年度 地方财政概要》,伪“康德”五年(1938 年)印本,第 1 页。

表 9-16 地方财政收入分析(1938—1939 财政年度)

(单位:伪满币元)

项目 \ 年度	一般会计(1938 财年)	特别会计(1938 财年)	总计(1938 财年)	一般会计(1939 财年)	特别会计(1939 财年)	总计(1939 财年)
省地方费	71284442	2684725	73969167	87370367	17670464	105040831
市县旗费	94352217	95891003	190243220	109112858	132556010	241668868
街村(保甲)费	34359730	—	34359730	41121894	—	41121894
总计	199996389	98575728	298572117	237605119	150226474	387831593

资料来源:“國務院”内務局:《康德五年度 地方財政概要》,伪“康德”五年(1938 年)印本,第 1 页;“國務院”総務庁地方処:《康德六年度 地方財政概要》,伪“康德”六年(1939 年)印本,第 1 页。

除了一般会计类财政收支外,各省财政和市县旗财政也都有专门的特别会计类收支。以 1939 年为时间节点,地方税中的特别会计类财政收支项目有:单列类 2 项,分别为鸦片麻药作业特别会计和鸦片麻药公营益金特别会计;省财政专属特别会计 6 项,分别为都邑计书经济特别会计、复兴工作经济特别会计、农地造成事业经济特别会计、省会馆经济特别会计、耕牛资金经济特别会计、森林交付金经济特别会计;市财政专属特别会计 9 项,分别为都市计书事业经济特别会计、水道经济特别会计、交通事业经济特别会计、市场经济特别会计、市营住宅经济特别会计、市立病院经济特别会计、基本财产经济特别会计、铁西工业土地事业经济特别会计、授产作业经济特别会计。地方特别会计经费的岁入总额在 1938 年以后增长特别快,1932 财政年度特别会计岁入仅伪满币 444145 元, 1936 财政年度为 8445530 元, 1937 财政年度为 8254276 元,1938 财政年度 94768003 元,比 1937 财政年度增长了 10.48%,1939 财政年度为 141420427 元,比 1937 财政年度增长了 16.13%。不过相比较于同一时期的“中央财政”而言,地方上的特别会计类收入总额仅在市、县、旗这一层级上超过了一般会计财政,总体上并没有在"中央财政"中那么重要。由表 9-16 可知,1938 年约占地方财政收入总额的 33%,1939 年占 38.7%。[①] 另外需要指出的是,在地方财政的特别会计收入中,因鸦片种植而带来的财政收入占到了相当大比重。1938 财政年度中,鸦片麻药作业特别会计收入为伪满币 67041901 元,鸦片麻药公营益金特别会计收入为伪满币 2699845 元,总计 69741746 元,占地方特别会计类财政收入的 70.75%,占全部地方财政收入的 23.36%[②];1939 财政年度中,鸦片麻药作业特别会计收入为伪满币 93422949 元,鸦片麻药公营益金特别会计收入为伪满币 6714444 元,总计 100137393 元,占地方特别会计类财政收入的 66.66%,占全部地方财政收入的 25.82%。[③] 可以说,伪满的地方财政有很大一部分是靠经营毒害中国人民的鸦片维持的。

从表 9-17 中所反映的 1938 年和 1939 年两个财政年度伪满地方财政一般会计项目支出明细中可以看出,警察费在地方财政支出中的重要地位,该项支出也是其经常性支出中所占比率最高的财政支出项目。1938 财政年度地方伪满币 199996389 元的总财政支出中,警察费一项就占了 48008420 元,占地方总财政支出的 24%;1939 财政年度地方总财政支出上升为伪满币 237605119 元,警察费则保持在 48026401 元的程度,仍占地方总财政支出的 20.21%。地方财政支出中占据其次比率的是公署费用,两个财政

① "國務院"総務庁地方処:《康德六年度 地方财政概要》,伪"康德"六年(1939 年)印本,第 12—14 页。

② "國務院"内務局:《康德五年度 地方财政概要》,伪"康德"五年(1938 年)印本,第 250 页。

③ "國務院"総務庁地方処:《康德六年度 地方财政概要》,伪"康德"六年(1939 年)印本,第 12 页。

表 9-17 伪满地方财政一般会计项目支出情况(1938、1939 财政年度) (单位:伪满币元)

项目＼年度	省地方费(1938 财年)	市县旗费(1938 财年)	街村(保甲)费(1938 财年)	总计(1938 财年)	省地方费(1939 财年)	市县旗费(1939 财年)	街村(保甲)费(1939 财年)	总计(1939 财年)
公署费	—	14954999	10066673	25021672	—	16898865	12310971	29209836
警察费	19924712	20437701	7646007	48008420	25382973	17604817	5038611	48026401
教育费	5677973	9524285	7711710	22913968	3011400	10760924	9962441	23734765
土木费	13441459	6412910	997368	20851737	16350128	4393238	1236277	21979643
营缮费	3404879	9890546	1358590	14654015	5668124	11366447	2478329	19512900
产业费	5699339	4993680	626884	11319903	7613688	5785882	912426	14311996
卫生费	686142	5700757	340091	6726990	814223	4281939	575452	5671614
公债费	—	267099	—	2676099	—	3031324	68647	3099971
其他诸费	22449938	19761240	5452293	47663471	28529831	34989422	8538740	72057993
总计	71284442	94352217	34199616	199836275*	87370367	109112858	41121894	237605119

资料来源:國務院”内務局:《康德五年度 地方財政概要》,伪“康德”五年(1938 年)刊本,第 1 页;“國務院”総務庁地方処:《康德六年度 地方財政概要》,伪“康德”六年(1939 年)刊本,第 1 页。* 1938 财年总计数,原表为 199996389,此处为订正数。

年度分别占总支出的12.5%和12.3%。警察费与公署费占据财政支出如此高的比率,也从另一个侧面反映出伪满殖民政权维持民族高压统治的本质。其他比率较高的支出,则应属教育费、土木费和营缮费,这几项支出的金额和比率都相差不是很大。所谓的“其他诸费”开支则是一个庞大繁杂的财政开支项目归类,包括诸如各种临时支出预备费、营费费、县税办理费、祭祀费、电话局费、社会事业费等,这些项目之间基本互无关联,仅仅具有统计归类上的意义。

四、战时财政癫狂期的伪满财政

日本帝国主义的侵华战争很快就陷入抗日持久战的泥潭,再加上续之又发动了太平洋战争,日军的侵略战线越拉越长,其经济实力上的先天不足也开始逐渐暴露。德意日法西斯国家与世界反法西斯阵营之间巨大的人力物力差距,使得前者逐渐开始在各条战线上陷入惨败。为了加紧榨取各种物资以充实战力,日本侵略者以建立“战时经济体制”为名,开始孤注一掷、丧心病狂地在东北地区进行各种杀鸡取卵般的搜刮掠夺。在日本这一时期对东北地区的诸多经济掠夺暴行中,财政掠夺占了其中很重要的一部分。伪满政府增税、滥发国债、强制储蓄等诸多财政掠夺手段无所不用其极,其财政政策也陷入了战时的“癫狂期”。

日本侵略者在这一时期对伪满政府的经济要求,从其1940年制定的《日满支经济建设要纲》中可以略见端倪。这份文件主要要求打造“日满支一体”的经济自存圈,伪满政府要加速推行“矿业及电气事业”的“振兴”,并争取东北地区的重工业“建设资材”实现“自给”化,极力扩大粮食和矿产资源产量与供给日本国内的数量,打造一个以日本为核心的自给自足的军备经济圈。落实在财政方面,就是以打造这一“日满支一体”的战争机器为最终目的,来确定“决战下之满洲国财政”。对此,当时掌握伪满财政实权的伊藤博毫不避讳,“日满不可分之关系,及复合民族国家之二国家之本质的特殊性,现于一起施策之上,将反映于财政之上者,谓为财政之本质性格”。“当日本赌皇国隆替,肩荷东亚兴废,为此圣战之际,满洲国协力亲邦日本,向圣战完遂之途,奋勇迈进”,因此“增税及公债发行之增大等诸般施策,亦至早日实施矣。于财政方面,亦有取顺应之体制。而准备于任何紧急之时,亦将以充分对处之财政的动员计划之必要,乃不言而喻也”。① 可以说,搜刮财力,构建一个以支援侵略战争为目的的战时殖民化财政体系,是这一时期伪满财政政策的核心之所在。

表 9-18　伪满政府一般会计财政预算额(1940—1945 财政年度)

(单位:伪满币千元)

年度＼项目	总预算岁出额	总预算岁入额	追加预算额
1940 财年 A	573555	573555	138204
1941 财年 A	649220	649220	96355
1942 财年 A	823400	823400	不明
1943 财年 B	1053000	1053000	不明
1944 财年 B	1315000	1315000	不明
1945 财年 C	1700000	1700000	不明

资料来源:A.［日］岡野鑑:《満洲国財政の生成と発展》,“建国”大学伪“康德”十年(1943 年)印本,第 6 页;B. 中央档案馆等合编:《日本帝国主义侵华档案资料选编·东北经济掠夺》,中华书局 1991 年版,第 797—798 页;C. 东北物资调节委员会研究组编:《东北经济小丛书·金融》,1947 年印行,第 209 页。

① ［日］伊藤博:《决战下之满洲国财政》,见斋藤直基知:《满洲国指导综揽(满文版)》,满洲产业调查会伪“康德”十一年(1944 年)版,第 52—53 页。

1940年至1941财政年度,从表面上来看,伪满财政的一般会计类预算编制方针,一度呈现出一种“空前之节约”的表象。以伪“康德”八年(1941年)的财政预算编制为例,其自称的编制方针为以下五点:“一、以充实备战之种种紧急设施为目标;二、以扩充生产力,及安定人民生活,确保并增产必要物资;三、加强国民经济之统制;四、对于已定经费加以根本的探讨,使其合理化;五、加强物资及劳力之统制”①。不过,从表9-18可以注意到,1940年至1941年财政年度预算收支数额在表中所列的伪满统治时期中,增长相对缓慢。不过,这种增速的放缓却绝非什么伪满当局“节约”收支的结果,而是因为当时第二次世界大战欧洲战场烽烟四起,伪满对欧洲物质进出口变得十分困难。再加上德意日三国轴心关系已经建立,同盟国虽暂时未对日本宣战,但也从物资上对日进行了封锁。在这种情况下,日伪军当局临时压低财政收支预算,完全是源于战略物资缺乏所导致的战时经济增长乏力,暴露了日本军国主义侵略野心与其经济潜力之间不可调和的矛盾。1942年以后,随着太平洋战争的爆发,日伪开始更加疯狂和非理性地掠夺东北资源。这种非理性的掠夺表现在,即使并非军需生产所必需的物质(特别是在最大产能的需要范围内),也要先搜刮到手再说。原料掠夺和军需生产进一步脱节,日本在东北的经济活动变成了毫无理性的“为掠夺而掠夺”。其中最突出的例子,战争后期因为海路交通运输断绝和陆路交通运力下降等,日本在东北地区所掠夺来的粮食被大量积压在车站站台腐烂。即便如此,其在东北地区掠夺农产品的“粮食出荷”行为仍越来越疯狂,出荷指标也仍逐年

① 东北物资调节委员会研究组编:《东北经济小丛书·金融》,1947年印行,第207页。

激增。哪怕造成东北人民的饥荒,也要维持这种"饥饿输出"。[①]在这种前提下,伪满政府的财政预算编制政策也随之很快被调整,1942 财政年度,其预算的编制方针的重点即修改为:"一、关于加强伪满军队,及充实防卫设施等经费;二、第二次产业开发计划所需经费,尤注重对日输出之铁、铜、煤、非铁金属、大豆、水产品、畜产品等之增产经费;三、开拓政策实行上所需经费;四、以往之振兴北边政策并于开发边境之计划中,所需经费列入一般会计,废止振兴北边之特别会计;五、防止劳工转移,统制工资以及关于劳工之福利抚恤等经费;六、关于生活必需物质增产及价格、配给等之统制所需经费;七、有关时局对策之机构所需经费。"[②]可见在这一时期,伪满财政预算的中心已经转入到辅助日本对东北地区人力、物力资源的加速搜刮,和支援推进"产业开发""移民开拓""北边振兴"这三项最具殖民政策代表性的伪满"三大国策"上来。在这种背景下,以一般会计为代表的财政收支预算在数量上的畸形膨胀也就不可避免。1942 财政年度以后,伪满一般会计类财政预算开始爆炸性增长,迅速地从 1941 财政年度的伪满币 649220000 元,增长到 1944 财政年度的 1315000000 元,增长了 102. 55%;到了 1945 财政年度更是增长为伪满币 1700000000 元,增长了 161. 85%。

除了需要直接从财政上辅助满足日本帝国主义者日渐增长的经济掠夺贪欲外,这一时期财政预算增长的另一个原因则是伪满内部出现了严重的通货膨胀。自"关特演"以后,驻伪满日军军费逐年增加,日本政府采取向伪满提供日元"国库金送金"的形式支付这笔

---

① ［日］山本有造:《「满洲国」经济史研究》,名古屋大学出版会平成十五年(2005 年)版,第 106 页。

② 东北物资调节委员会研究组编:《东北经济小丛书 · 金融》,1947 年印行,第 208 页。

军费,而伪满当局则要向驻守的日军提供大量伪满币供其日常消费。在当时的历史背景下,日本政府所提供的这部分所谓的“国库金送金”越来越难以在国际市场上购买实际性的物资,只能用来购买日本国债和在日本国内存款。在这样的情况下,伪满当局只有通过滥发纸币的形式,筹措驻伪满日军的军费开支。① 1939—1945年间,伪满当局为驻东北日军筹措的军费,累计高达价值等同于69.51亿日元“国库金送金”和3.4亿日元“正金贷入”的伪满币。② 伪满政府的滥发纸币,造成了伪满境内严重的通货膨胀和伪满币贬值。1941—1945年,伪满地区的纸币发行量扩大了5.2倍。③ 尽管实行了严格的价格管控,各地的黑市交易仍然异常猖獗,黑市价格一日几涨,伪满当局所规定的“公价”在实际交易中已经没有太大意义。在这种背景下,伪满当局的财政收支扩张是不可避免的。

为了进一步扩大税收,聚敛财物。伪满当局在太平洋战争爆发前后,对国内的税制进行了所谓的“第五次税制整理”。日伪一如既往地给此次税制整理树立了适应国家财政对财政收入增加需要的“弹性税制”、有利于统制经济通过经济金融等政策渗透社会经济、力图实现“国民负担的均衡化”、吸收国内购买力等冠冕堂皇的道义牌坊。但总的来看,这次税制整理仍是围绕在“增税”两个字上展开的。也就是说,其实质目的可以说是从税收制度上给接下来的增收创造依据。具体而言,此次税制整理的实质措施主要围绕在以下两个方面进行的:其一,通过制定新税法,开征新税。

① 相应而言,伪满政府的滥发纸币与进行所谓“产业开发”的关系却并不大。“产业开发”所需这部分资金主要是通过财政手段筹集的。

② [日]山本有造:《「满洲国」の研究》,京都大学人文科学研究所昭和五十八年(1993年)印本,第231页。

③ [日]满史会:《满洲开发四十年史》下卷,东北沦陷十四年史辽宁编写组译,1988年印本,第389页。

如1941年9月1日制定了特别买钱税法(合并了游兴饮食税等)、1941年10月1日制定了通行税法、1941年11月1日特别制定了法人所得税法、资本所得税法和油脂税法等。其二,则是通过修改现存税法,提高税率或征收范围,达到增税的目的。包括1941年9月1日修改酒税法、1941年1月30日修改卷烟税法、1942年8月30日修改烟税法、1941年1月1日修改家屋税法、1942年1月1日分别修改了事业所得税法和矿业税法等。①

基于第五次税制“整理”的成果,伪满政府在1941年至1943年12月间共实施了三次“战时大增税”。其中“第一次战时大增税”发生在1941年,主要从以下5个方面增加了税收:(1)参照间接消费税征收办法,依据新制定的《特别买钱税法》开征特别买钱税,尽管该税目其实是合并了游兴饮食税等原有税目,并吸收合并了一些地方捐税。但由于扩大了纳税对象,仅此一项税收就可较以往财政年度增收17711万伪满币。(2)参考直接支付课税的方法,根据新设《通行税法》,对飞机、火车等交通工具的乘坐者开征通行税。此项税目的开征,可以每年增加伪满币750万元财政收入。(3)通过修改酒税法,将酒税的税率一下子增高了50%,每财政年度又可增收1200万元。(4)对叶烟和“烟末”分别增税,前者增加160%,后者增加300%。此项增税又给伪满政府每财政年度增加了510万伪满币的收入。(5)通过修改卷烟零售价格税率把卷烟税实际提高了50%,此项增税每财政年度财政增收达伪满币3200元。1942年10月21日,伪满政府又推行了“第二次战时大增税”,主要从以下6个方面进行税收增收:(1)开征新税清凉饮料税,这项新设的消费税可每财政年度增收240万元。(2)对“第

①　[日]岡野鑑:《満洲国財政の生成と発展》,“建国”大学伪“康德”十年(1943年)印本,第114—115页。

一次战时大增税”时刚刚开设或新增的酒税和特别买钱税两税进行再次增税。其中酒税每财政年度又增收了伪满币3240万元,特别买钱税则又增收了5949万元。(3)对勤劳所得税税率进行修改,每个财政年度可以多收850万元税款。(4)对原来事业所得税中分担率也进行修改,又可据此每个财政年度增收税款514万元。(5)又新创交易税,并一口气将除物品贩卖业以外的26种营业行为都作为缴纳该税的对象,规定进行这些交易行为就要交税。据此又每财政年度增收了2083万元。(6)将1939年时根据《小麦粉专卖法》废除的麦类统税朝令夕改地加以恢复。并对棉、砂、水泥这三项统税的税法统统进行修改,以达到增税税收的目的。1943年12月11日,伪满政府又变本加厉地通过修改税制的方式进行了“第三次战时大增税”,并从以下8个方面入手增加税收:(1)借口原来酒税在各种类酒之间税率“不均衡”,将各种类酒的酒税税率普遍提高,增税总额达原来酒税的70%之多;(2)伪满当局还生成汽水类商品的税率也应向酒类看齐,并把原来的汽水税税率也提高了70%;(3)将卷烟税的税率提高到卷烟零售价格的72%;(4)借口烟税也要和烟卷税在税率上保持“均衡”,将烟税税率提高了40%;(5)伪满当局声称战时必须抑制消费,因此需要提高消费性质的税收,并据此将特别卖钱税税收总额增加了60%;(6)提高了法人所得税50%的税率;(7)伪满当局声称税收制度要找到生命保险业和银行业的“平衡”,对原来交易税“计算课税标准的收入金额”采用“特殊的方法”,将纳税周期改动为每年2次,起到了变相增加税收的作用;(8)将原来地方税中按照一定比率收取的国税附加税的税率进行了提高。① 另有资料显示,伪满在

① 中央档案馆等合编:《日本帝国主义侵华档案资料选编·东北经济掠夺》,中华书局1991年版,第799—801页。

1944年12月还进行了所谓的“第四次战时大增税”，主要内容包括10项之多：(1)再次提高酒税税率30%；(2)清凉饮料税税率再提高70%；(3)砂糖税税率提高1倍；(4)麦粉统税由从价改为从量并将税率提高1.6倍；(5)油脂税由从价改为从量并将税率提高1倍；(6)特别卖钱税扩大纳税客体，并增加了第四种纳税场所；(7)提高通行税税率，该税总额增加了2.6倍；(8)提高事业所得税税率，并修改征税内容；(9)提高资本所得税税率，该税总额增加了30%；(10)应纳地税的旱田、水田提高收入价格，税率由1%提高到4%。①

伪满当局的这几次“战时大增税”大大提高了其搜刮聚敛钱财的速度，其中通过“第一次战时大增税”伪满当局每财政年度就多搜刮了1.5亿元伪满币，通过“第二次战时大增税”又多搜刮了伪满币1.6亿元，而通过“第三次战时大增税”每财政年度多搜刮的伪满币则达到了2.46亿元。另外，到了1945年，伪满当局还根据“经济平衡资金制度”，大幅度地提高了作为专卖品的香烟和鸦片的专卖价格，仅此一项每财政年度又可增加3.5亿元伪满币的财政收入，这本质上也可以看作是伪满政府一次只在形式上略有差异的增税行为。②

通过上述几次“战时增税”，伪满当局增多了税种，提高了税率，到了伪满后期，算上各种地方税，一个庞大的捐税搜刮体系已经在东北地区形成，“几乎无人不税、无物不税”。其中，“由伪大同元年东北地方改权所征的内国税有七种，而1944年竟增加到三

① 九台市政协文教卫生委员会编：《九台文史资料》第3辑，内部资料，1991年印本，第101—102页。

② 中央档案馆等合编：《日本帝国主义侵华档案资料选编·东北经济掠夺》，中华书局1991年版，第794页。

十四种，比‘九一八事变’前增加二十一种”①。到1944年，伪满的国税体系中，共有直接税（所得税系统）9大类，包括勤劳所得税、事业所得税、资本所得税、法人所得税、地税、家屋税、禁言特税、出产粮石税、矿业税等；间接税（消费税系统）11大类，包括酒税、清凉饮料税、卷烟税、烟税、砂糖税、油脂税、统税（其中包括棉纱、水泥、麦粉三种统税）、特别卖钱税、通行税、关税、专卖益金（专卖品包括煤油、火柴、酒精、麦粉和盐）等；准间接税（流通税系统）6大类，包括交易税、取引税、契税、各种登录税（其中又包括不动产登录税、船舶登录税、矿业财团登录税、工场财团登录税、铁道财团登录税、矿业登录税、特许登录税、意匠登录税等）、各种登记税（其中又包括不动产登记税、商业登记税）、印花税等。另外地方税还包括14种省税、25种市县旗税、6种村街税。②

表9-19　伪满一般会计财政收入比率分配（1940—1943财政年度）

（单位：伪满币千元）

项目＼年度	1940财年A	比率	1941财年A	比率	1942财年A	比率	1943财年B	比率
经常费								
租税总计	377783	49.8%	377108	50.6%	504666	61.3%	681081	64.6%
关税（租税）	174570	23%	165368	22.2%	120000	14.6%	101755	9.7%
内国税（租税）	203213	26.8%	211740	28.4%	384666	46.7%	579326	54.9%

① 宽甸县税务局编：《宽甸县税务志》，宽甸县税务局1987年印本，第26页。

② 满洲中央银行調查部：《調查彙報（第1輯）》，伪“康德”十一年（1944年）印本，第182—185页。

续表

年度 项目	1940 财年 A	比率	1941 财年 A	比率	1942 财年 A	比率	1943 财年 B	比率
印花税	30404	4%	32149	4.3%	28981	3.5%		
专卖利益	56531	7.4%	65012	8.7%	54266	6.6%	总计 127379	总计 12%
官产及其他收入	14102	1.9%	20531	2.8%	22239	2.7%		
经常部收入合计	476820	63.1%	494800	66.4%	610152	74.1%	808460	76.6%
临时收入								
国债	40000	5.3%	115000	15.4%	145000	17.6%	不明	不明
由特别会计滚存	35303	4.7%	48184	6.5%	48184	4.9%	不明	不明
盈余	163156	21.5%	53565	7.1%	无	—	不明	不明
其他收入	40980	5.4%	34026	6.5%	27869	3.4%	不明	不明
临时部合计	279439	36.9%	250775	33.6%	213248	25.9%	246540	23.4%
总计	758269	100%	745575	100%	823400	100%	1055000	100%

资料来源：A、［日］岡野鑑：《满洲国財政の生成と発展》，“建国”大学伪“康德”十年（1943年）印本，第20—22页；B、中央档案馆等合编：《日本帝国主义侵华档案资料选编·东北经济掠夺》，中华书局1991年版，第776页。原始表格总计、合计部分数据疑有误。

由表9-19再结合表9-11可知，1940财政年度以后伪满的一般会计财政收入在数量上总体上呈现激增的态势。1939财政年度伪满该项岁入为伪满币603902000元，1940财政年度年增长为758269000元，1943财政年度进一步增长为1055000000元。此后的几年这种激增态势也被进一步保持，1944财政年度一般会计类财政收入为1300000000元，1945财政年度进一步增长为1700000000元①，1945财政年度相对于1939财政年度增长了

① 东北物资调节委员会研究组编：《东北经济小丛书·金融》，1947年印行，第209页。

181.50%。其中仅1941财政年度较为特殊,相对于1940财政年度收入不增反降。出现这种现象的原因,除了该财政年度各项税收增速放缓外,还和财政盈余项资金的减少有关。具体而言,在20世纪30年代一般会计收入中,最为重要的关税收入开始日复一日地缩减。这主要与战争形势有关,第二次世界大战欧洲战场爆发后,伪满政府无论是向欧洲出口大豆还是从欧洲进口机械设备都变得极其困难。太平洋战争爆发后,与日伪直接进行贸易的国家基本只剩下日本在所谓"大东亚共荣圈"中的少数傀儡和"盟友"。1943财政年度伪满的关税总额已经直降为伪满币101755000元,仅相当于1939财政年度关税数额的52.7%,占一般会计收入总额的比率下降到不足10%。随着海路运输的断绝和1944年以后日本要求伪满对日关税的"免除",可以想见在1944年乃至1945财政年度中关税收入的数额和比重只会越来越少。相对而言,内国税收入却大幅度增长。从1939财政年度的127693000元,占一般会计收入的21.1%,上升到1943财政年度的579326000元,占一般会计收入的54.9%,1945财政年度相比较于1939财政年度数量上增长了353.64%。可以说,伪满后期一般会计类收入的暴增主要是靠内国税项收入的增长拉动的。内国税中有大量系伪满三次"战时大增税"所开征或增加税率的税目,该项税收的增长可以说是后者最主要的"成果"之一。

表9-20　伪满一般会计和特别会计财政收入比较(1939—1944财政年度)

(单位:伪满币千元)

项目 年度	一般会计	特别会计	总额	扣除额	纯收入
1939财年	603902	1401374	2005276	717307	1287969
1940财年	711759	2487947	3199706	1012054	2187652

续表

年度＼项目	一般会计	特别会计	总额	扣除额	纯收入
1941 财年	649230	1840477	2498697	283769	2214928
1942 财年	823400	1750736	2574136	796174	1775962
1943 财年	1055000	2244233	3299233	1063452	2335771
1944 财年	1315000	2670939	3985939	1248817	2737122

资料来源:东北财经委员会调查统计处编:《伪满时期东北经济统计(1931—1945年)》,1949 年版,(11)—1。

表 9-20 所反映的是 1939—1944 财政年度伪满一般会计和特别会计财政收入情况。显而易见,这一时期内无论是一般会计还是特别会计收入都出现了爆炸式的增长。其财政纯收入从 1939 财政年度的 1287969000 元伪满币上升到 1944 财政年度的 2737122000 元,5 年间上升了 112.51%。不过,过去研究中往往忽略了一般会计财政收入和特殊会计财政收入两个项目之间的重复计算问题,并未扣除这部分重复计算的收入。这也造成了一些研究成果中,无论伪满税收总额还是特别会计收入与一般会计收入的差距,都被严重过高估计。实际上,特别会计类财政收支并非如一般印象中那样远远高于一般会计类收支。1942 财政年度时,甚至由于特别会计类财政收入因伪满当局节约“不必要”的开支及日本对东北投资下降而大大削减,造成该财政年度税收总额相对于上一财政年度出现了下降的现象。这种情况在整个伪满时期都是独一无二的。“自美日战事爆发之后,则江河日下。盖民国三十一年(1942 年)以降,各生产事业之成绩皆徒具虚名而已”①。

① 东北物资调节委员会研究组编:《东北经济小丛书·金融》,1947 年印行,第 210 页。

不过1943财政年度以后,“随大东亚战争之勃发,我国(伪满)经济已一掷从来之对日依存关系,而须经由日满经济之一体化,自侧面援助日本,故我国亦不能避免‘经费膨胀之原则’矣”①。在此之后,日本因战事失利而对东北经济进行更加疯狂的掠夺,特别会计类财政收支金额开始继续扩大,又保持了以往特别会计类财政收支继续膨胀的趋势。至1944年,特别会计类财政收支项目已经扩展到24个,分别为地方财政调整资金、恩给、政府职员共济、科学实验、需品、官舍、军需厂、军械、禁烟、勤劳奉公队、监狱、国有林、开拓事业、内国民开拓助成事业、国债金、国债整理基金、投资、国有资产整理资金、专卖工厂、水力电气、邮政、邮政人寿保险、理水事业、大东港建设事业等。② 1945年又开设了扶助爱国勤劳队员、临时都市建设、印刷工厂3个特别会计项目。

表9-21　特别会计财政年度收支情况(1940—1945财政年度)

(单位:伪满币千元)

年度 项目	1940财年		1941财年		1942财年	
	收入	支出	收入	支出	收入	支出
地方财政调整资金	66283	63451	41382	38846	63487	61561
恩给	8392	14516	11072	6203	14730	9368
共济	7247	1650	8742	2792	12391	3159
科学实验	7412	5433	8422	6409	6627	6647
需品	80240	86290	72152	80680	86085	88072

① [日]伊地知辰夫:《税务之现况》,见斋藤直基知:《满洲国指导综揽(满文版)》,满洲产业调查会伪“康德”十一年(1944年)版,第479页。

② 满洲事情案内所:《滿洲事情案内所報告第115滿洲國概覽》,伪“康德”十一年(1944年)版,第70页。

续表

年度 项目	1940 财年		1941 财年		1942 财年	
	收入	支出	收入	支出	收入	支出
都市建设	9977	5749	8099	4402	并入一般会计	
北边振兴	88221	78006	95343	82634	13660	13664
宿舍	—	—	—	—	34228	27535
军需厂	8407	8551	10677	11530	11100	13734
军械厂	11846	11987	14627	14409	14573	12656
禁烟	99476	83502	82550	61103	113047	89852
监狱	16179	16549	18752	17822	22512	22107
国有林	95559	94293	128011	122101	106699	100184
开拓事业	95740	94137	58226	53789	79114	69143
扶助境内开拓事业	9198	6483	11189	9044	11598	8328
赛马	15105	2828	20623	3516	3756	1517
国债金	485355	485355	475100	475100	485835	485835
国债整理资金	410861	388957	374256	345991	294682	253766
投资	318028	319549	295356	288304	224052	219768
国有资产整理资金	21980	21497	21905	21745	24841	23459
铁路	21993	21875	废止			
专卖工厂	265084	204318	254698	212495	258784	216507
水力电气	32593	32416	39316	34805	49678	47295
邮政	28806	26184	34301	32915	43332	39725
邮政人寿保险	6077	2764	10943	4745	16491	6450
理水事业	5802	5800	3818	3760	4173	3925
大东港建设事业	13511	10782	11617	9606	14595	10989
勤劳奉公队	—	—	—	—	—	—
扶助爱国勤劳队员	—	—	—	—	—	—
临时都市建设	—	—	—	—	—	—

续表

项目 \ 年度	1940 财年		1941 财年		1942 财年	
	收入	支出	收入	支出	收入	支出
印刷工厂	—	—	—	—	—	—
总计	2229372	2092382	2111175	1944746	2010070	1835264

项目 \ 年度	1943 财年		1944 财年		1945 财年	
	收入	支出	收入	支出	收入	支出
地方财政调整资金	67558	67558	77558	77558	101258	101258
恩给	18593	12937	19866	13682	26935	25205
共济	15789	12937	19866	13682	24004	22235
科学实验	7651	7651	9720	9720	15618	15618
需品	91481	91481	112884	112884	137793	137793
都市建设	—	—	—	—	—	—
北边振兴	并入一般会计					
宿舍	60928	60928	64645	64645	46592	46592
军需厂	14368	14368	20231	20231	84468	84468
军械厂	16113	16113	20200	20200	20200	20200
禁烟	110062	98362	107074	96723	536464	461659
监狱	35013	35013	49592	49592	65359	65359
国有林	140457	140457	261441	261441	129295	129295
开拓事业	94897	94897	103850	103850	109476	109476
扶助境内开拓事业	11247	11247	14591	14591	17268	17268
赛马	废止					
国债金	546116	546116	647070	647070	696530	696530
国债整理资金	212787	212787	311204	311204	403438	403438
投资	236787	236787	283625	283625	403143	403143
国有资产整理资金	33282	32921	22805	22404	24445	24445

续表

年度 项目	1940 财年		1941 财年		1942 财年	
	收入	支出	收入	支出	收入	支出
铁路	废止					
专卖工厂	363564	296365	234353	149219	514364	451231
水力电气	51430	51430	70488	70488	废止	
邮政	52111	51919	59835	59540	90539	88273
邮政人寿保险	24066	11040	31268	14696	42667	20548
理水事业	9480	9480	16344	16344	13138	13138
大东港建设事业	14000	14000	28270	28270	29320	29320
勤劳奉公队	16447	15762	87443	84853	184204	184204
扶助爱国勤劳队员	—	—	—	—	79750	79750
临时都市建设	—	—	—	—	150000	150000
印刷工厂	—	—	—	—	36596	36596
总计	2244227	2142422	2670929	2546042	3928865	3817142

资料来源:东北物资调节委员会研究组编:《东北经济小丛书·金融》,1947 年印行,《附表五·会计别岁出、岁入历年比较》。

表 9-21 中反映了更加详细的特别会计类财政收支情况,从中可以看出,1940 财政年度以后国债金、国债整理资金、禁烟、专卖工厂、投资等是特别会计类财政收支中数额最高的几个项目。众所周知,伪满政府的所谓"鸦片禁断"政策根本就是明禁实售,以禁促销的骗人把戏,"禁烟"实则就是其掩耳盗铃地公开兜售鸦片的招牌。而在伪满的所谓"专卖品"中,鸦片专卖品的数量,鸦片专卖常常占据过半比重。可以说,公债和鸦片在伪满特别会计收支中的作用异常重要。1940—1943 财政年度特别会计收支数额总体上虽起伏不定,但变化并不大。1944 财政年度后收支开始显著上涨,到 1945 财政年度时,特别会计类财政收入伪满币

3928865000 元,支出 3817142000 元,均远超往年。从中可以看出日本在垂死前还念念不忘为最后一搏而敛财的疯狂。不过该财政年度拟定的疯狂的特别财政收支预算并未实行多长时间,伪满当局就灭亡了。

表 9-22　伪满一般会计财政支出决算用途分配情况(1940—1943 财政年度)

(单位:伪满币千元)

年度 项目	1940 财年		1941 财年		1942 财年		1943 财年	
	金额	比率(%)	金额	比率(%)	金额	比率(%)	金额	比率(%)
帝室费	3168	0.5	4287	0.6	5673	0.7	4997	0.5
行政费	371788	54.9	415877	58.7	494138	56.9	589928	55.9
国防和治安费	243140	35.9	242635	34	278770	32.1	313203	29.7
征税费	16701	2.5	17594	2	21188	2.4	22146	2.1
国储费	42063	6.2	27811	3.9	40141	4.6	73070	6.9
国库准备金	—	—	—	—	28250	3.3	51654	4.9
总计	676860	100	708204	100	868160	100	1054998	100

资料来源:中央档案馆等合编:《日本帝国主义侵华档案资料选编·东北经济掠夺》,中华书局 1991 年版,第 781 页。

就 1940 财政年度以后的一般会计类财政支出而言,参照表 9-22 可知,在这一阶段中行政费与国防和治安费尽管后期在总支出比率中有略微下降的趋势,但仍然占据着一般会计支出中最重要的地位,两项支出大体维持在总支出的 85%—90%之间,其比率的下降大半是源于 1942 财政年度以后增加了“国库准备金”这项支出,而且这两项支出在数量上增长较为明显。1943 财政年度的行政费相较于 1940 财政年度,在数量上增长了 58.67%;而同期国防和治安费用也增长了 28.81%。另外,就行政费支出而言,一般行政费从1939财政年度占总支出的49.3%骤降到1940财政年度的39.4%,后面几个财政年度就基本维持在40%左右。产业费和警察费的比率上升较为明显。其中产业费的比率,1939财政年度占行政费总支出的10.5%,1940财政年度就上升到占27.7%,1941财政年度占22.4%,1942财政年度则为25%,1943财政年度则为22.6%;警察费的比率,1939财政年度占行政费总支出的12.6%,1940财政年度占13.5%,1941财政年度占20.4%,1939财政年度回升到了17.7%,1943财政年度回落到了15.7%。①

表9-23 伪满公债发行情况(1939—1945财政年度)

(单位:伪满币元)

年度 \ 项目	发行	偿还	余额	伪币发行	日币发行
1939财年	306000000	11483000	880774250	106000000	200000000
1940财年	737490000	2140000	1616124250	537490000	200000000
1941财年	450000000	123970000	2053727250	230000000	220000000
1942财年	660776000	3472300	2711030950	545776000	11500000
1943财年	426000000	44336700	3092694250	406000000	20000000
1944财年	487000000	15431600	3564262650	472000000	15000000
1945财年	380000000	32384400	3911878250	380000000	无
总计	4055441250	143563000	3911878250	3025441250	1030000000

注:表中“总计”项数字系自1932财政年度到1945财政年度开始总计的数据。
资料来源:中央档案馆等合编:《日本帝国主义侵华档案资料选编·东北经济掠夺》,中华书局1991年版,第782页。

在东北殖民地财政运行中,公债发行一如既往地是日伪当局敛财的重要手段。参见表9-23可知,1940财政年度以后,尽管数

① 中央档案馆等合编:《日本帝国主义侵华档案资料选编·东北经济掠夺》,中华书局1991年版,第781页。

字存在波动,伪满政府的公债发行额却也一直远远高于1939财政年度以前。特别重要的是,在伪满政府自1932财政年度累计发行的4055441250元伪满币公债中,仅仅偿还了143563000元,偿还率仅有3.54%。可以说,伪满的所谓公债基本是“有借无还”的,财政掠夺性质异常突出。正是由于这个原因,伪满国债的未偿还余额呈现出爆炸式增长。1939财政年度公债余额尚只有880774250元伪满币,1945财政年度时已经累增到3911878250元,增长率高达344.14%。在伪满累计发行的4055441250元公债中,有3025441250元是在伪满国内以伪满币的形式发行,占总发行量的74.6%。另有1030000000元是在日本国内以日元的发行形式再折合伪满币募集的,占总发行量的25.4%。可以说,伪满的所谓公债主要还是搜刮自东北境内。1944年,伪满所发行的国内公债有260000000元是面向贮金部认购,占37.1%,普通银行认购的有200000000元,占28.6%。余者则主要被兴业银行、商工金融合作社(伪满用来强迫工商业者进行“储蓄”的组织)、各种工商企业、“地方富裕绅及居民”、工薪生活者、民间“拔会”、保险公司等认购。这其中大部分认购具有强制摊派性质,且最终大半会转嫁到中国人民身上。其中所谓的贮金部就是一个伪满当局内部用以吸收其搜刮来的各种“会计资金”,进行存款生息的机构。而根据1943年伪经济部和伪国务院总务厅企划局联合改订的新《银行法》规定,伪满境内各种银行的资金“对于发展工商业只能投入20%,80%的基金要用于购买‘国债’”①。伪满当局为了“扩大公债推销,起初对民族工商业者、私营银行、个人采取软硬兼施办法进行诱逼,及至1943年5月,伪满政府公布《资金特定用途制

① 于祺元:《长春文史资料 第75辑 往事存真》,长春市政协文史资料委员会2007年版,第102页。

度》，规定各银行及商工金融合作社等金融机构，需保有相当于月存款额30%的公债，各公司企业得保有占纯益金一定比例的公债，所有职工也都必须按工资收入的一定比例承购相应的公债。给人民生活造成极大困难”①。

除了税收和公债以外，强制储蓄也成了日伪当局在其统治后期聚敛财富的一种别出心裁的重要手段。早在1935年10月，伪满就在其官吏系统内部强制推行了“义务储蓄”，规定月收入在50元以上者就要每月储蓄3%，200元以上者则要储蓄5%。不过，当时这种强制储蓄主要面对伪满殖民政府中的高收入者，所以流毒不广。后来，伪满当局慢慢发觉这种“强制储蓄”是一项敛财的好办法，就开始将魔爪伸向普通的中国民众。1939年5月，伪满当局就制定了“规定‘国民’平均每人储蓄12.5元，开展5亿元储蓄运动”的规划。② 1940年时，该项储蓄计划由作为日本殖民政策主要贯彻者的协和会出头，以“筹措产业开发资金，防止通货恶性膨胀”的名义进行强行推进，并最终发展为“始于城市，遍及农村”的“国民储蓄运动”闹剧。为了确保储蓄指标顺利完成，日伪当局在伪满全国的城乡按地域和工作单位分别组织成立了“国民储蓄实践委员会”，该委员会前期是由伪满当局督导，后期（1944年3月以后）直接隶属于政府机关。③ 储蓄对象如果有工资则储蓄额强制每个月在工资中扣除，一般无工资居民的储蓄额就靠上述“储蓄实践委员会”分行业每月挨家挨户催缴。1942年，伪满当局

① 长春《金融志》编辑室：《长春市志资料选编第5辑·长春金融史料》，长春市地方史志编纂委员会1989年版，第90—91页。

② 通河县地方志编纂委员会编纂：《通河县志》，中国展望出版社1990年版，第341页。

③ 赤峰市地方志编纂委员会编：《赤峰市志》，内蒙古人民出版社1996年版，第1547页。

又公布了《国民储蓄会法》,将储蓄作为了"国民"强制必须完成的"义务",并在邮局、合作社、保险公司以及各种金融机构中强制摊派储蓄,并组成各种储蓄"挺身队",胁迫群众参加储蓄。"被指定的认购数若完不成,即被视为违法,有的竟被抓去当劳工"。伪满当局对于这种"国民储蓄"的搜刮形式,也运用得越来越贪婪。1939年的储蓄目标尚仅有伪满币5亿元,"1945年竟把目标额扩大到60亿元"①。

除了"国民储蓄"外,日伪当局还想出了其他五花八门的强制储蓄名目来搜刮民财,如"出卖不动产储蓄""小学生储蓄""邮政义务储蓄""瘾君子储蓄""银行职员储蓄""圣战必胜储蓄"等。开始是要求"国民"在出卖不动产时,将所得部分强制储蓄。到后来连买化妆品、娱乐消遣,甚至到饭馆吃饭、买烟、买酒也要搭一定比例的"圣战必胜储蓄票"。上述提到的那些储蓄票大多"只能存,不能取",或是必须存很长时间才允许支取,与抢劫无异。② 在农村也要实行"配集储蓄",按已经被严重压低的"出荷粮"价格的20%在农民交"出荷粮"时强迫其储蓄。③ 伪满政府所搜刮的这些储蓄款,大多又被其强制银行认购了伪满那些基本不偿还的国债,并最终变成了其一般会计和特别会计财政收支的一部分。从强制储蓄到公债再到财政收入,构成了伪满财政体系内独具一格的资金掠夺链条。

除了上述强制储蓄外,伪满政府还搞了不少所谓的"有奖债

① 长春《金融志》编辑室:《长春市志资料选编第5辑·长春金融史料》,长春市地方史志编纂委员会1989年版,第89页。

② 丹东市金融志办公室编:《丹东市金融志1876—1985》,辽宁大学出版社1995年版,第26页。

③ 辽宁省委党史研究室:《辽宁省抗日战争时期人口伤亡和财产损失》,中共党史出版社2015年版,第71页。

券”用来坑骗人民，如伪满当局以“奖励国民节约储蓄，吸收散布于民间之零碎资金，以政府开发产业及助长国民经济所需之长期低利资金，并借以调节通货”的名目，通过了《储蓄债券法》，决定发行票面价格达到实际售价1倍、30年内随机抽签还款的“储蓄债券”，并在偿还时再进行1次随机抽奖，最高奖金达1000元伪满币。这实质上是一种结合了“彩票”和“债券”双重性质的“有奖债券”。当时确实诓骗了不少东北人民，第一次发行就一次卖出了200万元。后来，骗人把戏被识破，销售量有限。伪满政府就变本加厉，竟在推进“国民储蓄运动”过程中，在“各机关及公司于发放赏金时，强制摊派公债及该项债券”①。变诓骗为强售，也从侧面反映出这种“有奖债券”的资金掠夺本质。另外，伪满政府还先后发行了福民奖券、水灾赈济彩票、劳工裕民彩券、航空彩券等彩券，这些彩券中奖率低，发行量大，尽是坑钱骗人的把戏，着实给伪满政府骗得了不少钱财。

1940财政年度以后的伪满地方财政也发生了很多新的变化。在此期间，日伪在地方上的统治更加残暴，税收掠夺也爆炸性增长，因此原来本已数额庞大的地方“治安维持”和征税费用支出也随之膨胀。此外，在伪满的统制经济体制逐步确立后，进行农产品出荷“督励”、组织经济警察等维系统制经济体系运作的费用支出也是与日俱增。在上述形势下，伪满原有地方财政“大部分依靠国库的补助费，极端缺乏自主性和灵活性”的状况，就开始暴露出“地方团体很难根据其行政情况，制订必要的财政计划，所以，在很大程度上阻碍了地方行政工作的开展”的弊端。因此，伪满政府在1940年12月3日制定了《地方财政确立要纲》，力图扩大地

① 东北物资调节委员会研究组编：《东北经济小丛书·金融》，1947年印行，第217页

方财政的“灵活性和自主性”。该要纲中不但重新调整了中央和地方之间的税收分配关系,如把原属于“中央财政”的土地税、营业税、出产粮石税、矿区税、矿产帨、禁烟特税等税收分出50%的比率充实地方财政,还把“地籍整理”掠夺来的一些“无主地”,以及其他“国有资产”“尽可能地处理给”地方政府,以充实其“基本财产”,并调整了省和县市旗之间的税收分配,重点加强后者的“财政计划性”,甚至不惜承认县市旗级别的地方政府有独立设置地方税项目的权力,允许其“可以开辟途径,进行限制外课税”。①

在此之后,伪满地方税名目进一步增加,搜刮的数量也进一步增加,一定程度上能够保证伪满政府进行经济统制的经费需要。至1944年,伪满的地方税体系中省税包括:以牲畜税为代表的“固有税”;勤劳所得税附加税(相当于正税的50%)、法人所得税附加税(正税的25%)、出产粮石税附加税(正税的50%)、矿区税附加税(正税的25%)、矿产税附加税(正税的65%)、禁烟特税附加税(正税的25%)等国税的附加税;土地税(省财政收走征税额的50%)、营业税(征税额的50%)、出产粮石税(征税额的50%)、矿区税(征税额的50%)、矿产税(征税额的50%)、禁烟特税(征税额的50%)、事业所得税(征税额的30%)、家屋税(征税额的100%)等与国税瓜分税收的“分与税”。市县旗税包括:事业所得税附加税(正税35%)、家屋税附加税(市收取正税的87.5%,县收取正税的50%)等国税附加税;地捐、市民捐(每人三元)、各种法定杂捐(车捐、船捐、渔业捐、不动产取得捐、牲畜捐、屠宰捐等)、各种许可杂捐(电灯电热消费捐、不动产增加捐、佣人捐、接待人捐、牲畜捐、畜犬捐、行商捐、出产粮石捐、林业从事捐、狩猎捐、席

① 中央档案馆等合编:《日本帝国主义侵华档案资料选编·东北经济掠夺》,中华书局1991年版,第770—772页。

捐、山货捐等）；特别卖钱税分成税收额的 12. 5%；并允许县旗加收 50%的禁烟特税。街税包括门户费、地费、家屋费、杂种费。村费包括门户费和地费。[1] 地方财政收支也随着税收名目的增加而暴增，其中省财政收入从 1939 财政年度的一般会计类伪满币 31175464 元，特别会计类 56194903 元，合计 87370367 元，增长到 1942 财政年度的一般会计类 80952691 元、特别会计类 82668568 元，合计 163621259 元，增长了 87%。市县旗财政收入从 1939 财政年度的 109112858 元，增长到 1942 财政年度的 268981688 元，增长了 146. 5%。村街财政也从 1939 财政年度的 62361401 元，增长到 1942 财政年度的 115086278 元，增长了 84. 5%。在支出部分中，行政费用支出和警察费用支出的地位均异常突出，其资金增长趋势也十分明显。1939 财政年度，地方行政费开支为市县旗 16898865 元，村街为 19296704 元；1942 财政年度市县旗为 36201765 元，村街为 50015805 元，分别上升了 114. 2% 和 195. 97%。1939 财政年度，警察费开支为省财政支出伪满币 25382973 元，市县旗财政 17604817 元；到了 1942 财政年度则为省财政 32504187 元，市县旗财政 44317620 元，分别上涨了 28% 和 157. 4%。[2] 而行政费与警察费对于维系日本在东北地区的殖民统治至关重要，可以说伪满地方财政中维系统制经济体系和民族压迫的特性表现得非常明显。

伪满财政政策上诸多"暴政"的推行，有赖于其对东北税收机构的殖民化改造和控制。如前所述，伪满建立初期，就对东北地方

① 满洲中央银行調查部：《調查彙報（第 1 輯）》，伪"康德"十一年（1944 年）印本，第 184—185 页。

② 陈祥：《1930 年代における「満洲国」地方财政構造の変化》，见［日］新潟大学大学院現代社会文化研究科：《現代社会文化研究》第 50 期，2011 年 3 月，第 41—44 页。

基层税务权力系统进行了殖民渗透,将税务监督署和税捐局的实权掌握在派遣下来的日本官员手中。到了伪满后期,这种情况更加明显,不但税收机构中日本人的比率较前期大幅度增加,甚至在基层税收机构中连很多科级单位的实权也开始落入日本人手中。如在沈阳铁西的税捐局中,不但“历届局长都是从日本国内税务机关派来的高级官员。各级的科长、股长都是日本人。只有一个经理科科长是中国人,因为这个经理科没有掌管税务实权的职能”①。在税务系统中,除对少数汉奸官吏进行高薪拉拢外,日本职员和中国职员的待遇也截然不同,一般来说日本人不但比中国人工资高1倍有余,还单独享有中国职员没有的宿舍、休假、特殊生活用品供应等待遇。不过,对于税务系统中的少数中国官员,日本人也并不信任,“动辄扣以反满抗日的罪名”②。

日伪对税收机构殖民化控制的加强,不但大大提高了其征收各种“恶税”进行掠夺的效率,也使得其可以如臂使指地对无力缴纳这些“恶税”或是逃税的中国人进行残酷的处罚。早在1936年,伪满当局就指定了《租税犯处罚法》对逃避或不能按期缴纳租税者进行处罚。这个处罚法的厉害之处在于,“对一切有关租税犯案件,除涉及刑事诉讼应送交法院处理外,税捐局长有权审理和宣布即决处分,并对执行征收和对租税犯进行搜查的税务官吏赋予强制搜查权”③。这种所谓的“即决处分”,不需要通过司法和检察机关的任何立案、审查、诉讼、审判程序,就可由税务机关的日

① 年介恒:《沈阳市铁西税务志1935—1990》,沈阳市铁西税务编纂委员会内部资料1990年印本,第148页。

② 中国人民政治协商会议吉林省图们市委员会文史资料研究委员会编:《图们文史资料第1辑》,内部资料1987年印本,第79页。

③ [日]田村敏雄:《满洲帝国経済全集5租税篇前篇》,东光书苑伪“康德”五年(1938年)版,第94页。

伪官员自行决定对所谓的“租税犯”进行讯问、搜查、没收、拘留并实施各种处罚措施。[①] 在实施过程中，日伪税收机构对于这些“租税犯”“走私犯”（违反伪《关税法》）的处罚常常到了惨绝人寰的地步。如在鞍山地区，日伪税捐局利用“即决处分权”，随意大肆对所谓违反租税法者处以罚金甚至查封财产，老百姓“谁也不敢上诉”[②]。更有甚者，在伪安东税关，对于逃避关税者“不但使用皮鞭、讨电、灌凉水或辣椒面等，还别出心裁发明‘狗撕’（指挥狼狗撕咬受刑者身上的肉吃）和‘下水’刑罚（把受刑者放入江水中，濒死后再捞起，如此反复数次；或用开水灌进受刑者口腔）”。甚至还有直接用刀刺死被怀疑售卖走私品小贩的情况[③]。

经过伪满当局的数次税制“整理”再加上数次“战时大增税”，东北人民的财富被大量掠夺，税收负担十分沉重。1937 年，东北地区平均每人税收负担额为伪满币 6. 68 元，1940 年上升到 12. 5 元，1943 年更是上升到了 16. 2 元。在短短 6 年间，每人的税收负担就上升了 142. 5%。[④] 单就东北地区地方税收负担而言，1937 财政年度东北地区每人负担的省地方税为伪满币 0. 16 元，市县旗税为每人伪满币 0. 84 元，街村税为每人伪满币 0. 82 元，合计每人地方税负担伪满币 1. 79 元。到了 1941 财政年度，东北地区每人负担的省地方税为伪满币 1. 44 元，市县旗税为每人伪满币 1. 85 元，

① 郑树模主编:《辽宁税务志 1840—1989 年》，辽宁人民出版社 1998 年版，第 574 页。

② 中国人民政治协商会议鞍山市委员会文史资料委员会编:《鞍山文史资料选辑》第 9 辑，内部资料，1992 年印本，第 91 页。

③ 中国人民政治协商会议辽宁省丹东市委员会文史资料研究委员会编:《丹东文史资料第 1 辑》，内部资料，1984 年印本，第 60—61 页。

④ 东北财经委员会调查统计处编:《伪满时期东北经济统计（1931—1945 年）》，1949 年印本，(11)—5。

街村税为每人伪满币1.67元,合计每人地方税负担伪满币4.96元。4年间人均省税负担上升了800%,人均市县旗税负担上升了120.2%,人均街村税负担上升了103.7%,总计人均地方税负担上升了177.1%。[①] 另外,东北人民每人平均背负的公债负担,也随着伪满日益膨胀的公债发行和强制摊派而急剧上升。1937年时,伪满每人负担公债为伪满币12.04元。到了1943年时,上升到伪满币66.17元。不过,上述公债数据中有相当一部分是对外发行的公债。若只按对内发行的国债和地方债计算,1937年时每人平均负担额为伪满币6.81元,1940年为每人伪满币27.62元,1942年为每人伪满币44.09元,1943年为每人伪满币45.44元,6年间每人负担的公债额上升了567.25%。[②]

除了上述苛捐杂税和公债外,东北人民还要承受很多额外的财政负担,诸如变相财政税收、税务官吏敲诈勒索等。日伪当局在东北地区搞的各种变相财政税收,五花八门,可以说是利用了一切能想象出来的名目,其中不仅有变相货币税收,还有变相的实物税收,诸如天照大神费、飞机献纳金、金属献纳、各种神社献纳金、各种部队或军事行动赞金等。所谓飞机献纳金,就是强行在各地挨家挨户地收取“赞助”日本制造战斗机的“献纳金”以支援“大东亚圣战”。在锦州地区,日本居然无耻到强行胁迫当地学校师生不准穿鞋走路,进行所谓“赤足练成”运动,把节省下来的鞋袜钱去充当“飞机献纳金”[③]。另外,日伪还不定期地大搞各种变相的实

① 中央档案馆等合编:《日本帝国主义侵华档案资料选编·东北经济掠夺》,中华书局1991年版,第790页。

② 东北财经委员会调查统计处编:《伪满时期东北经济统计(1931—1945年)》,1949年版,(11)—6。

③ 中国人民政治协商会议锦州市委员会学习文史委员会编:《锦州文史资料 第9辑 锦州教育文化今昔》,内部资料,1990年印本,第59—60页。

物税征收。如1943年日伪当局强行制定了《金属类回收法》，规定东北人民手里的53种金属制品都要加以强行回收，以供其造武器之用。在北镇地区，不但诸如家具上的小五金件等日常生活用品都被强行“回收”，连“已登记允许保护的神佛铜像”也被其强行掠走，“最后连一把金属汤匙都不给留下”。还强行要当地居民定量缴纳如猪鬃、猪毛、狗毛等各种实物，“从军用萝卜干到细菌部队作试验用的田鼠”都有缴纳要求。[①] 在岫岩县，日伪当局竟然要求当地每户中国居民缴纳野兔皮一张，并强行掠走居民家里的狗，“以供军资”。[②] 日伪这些无理的变相税收要求，常常和各种苛捐杂税一样搞得中国商民苦不堪言。从哈尔滨双合盛制粉厂的捐献款清单来看，1943年7月10日至1945年5月15日间，其在两年不到的时间里被日伪以各种“献金”名义共计勒索了19次之多，勒索名目包括：飞机献金（勒索了5次）、法人市民捐、军警劳工慰灵祭、第25团（疑为联队）军旗祭、第2高射炮部队北镇神庙秋祭、王道书院寄附金、博览会协赞金、太平神社献纳金、哈尔滨市飞机场建设献金、东分区援护金、王道书院赞助金、军人后援会赞助金、劳务报国队援护金、哈尔滨思想练成保护金、哈尔滨3月会捐款等，总计勒索了伪满币85231元。[③] 另外，因为中国官员在伪满税收体制内没有实权，中国职员工资也远少于日本职员，所以他们常常串通起来，运用手里仅有的权力敲诈勒索，危害乡里。如鞍山税捐局的“大部分（中国籍）局长课长，无所事事、手提文明棍，日

① 政协北镇满族自治县文史资料委员会编：《北镇文史资料第8辑伪满时期史料专辑》，内部资料，1986年印本，第27页。

② 中国人民政治协商会议辽宁省岫岩满族自治县委员会文史资料研究委员会编：《岫岩文史资料第2辑》，内部资料，1988年印本，第30—31页。

③ 中央档案馆等合编：《日本帝国主义侵华档案资料选编·东北经济掠夺》，中华书局1991年版，第807—808页。

出而出半夜方归,走商号,串买卖,抽大烟,打麻将,勒索商民,偷税分肥,勾结员工通同作弊。逢年过节,商民送礼,庖厨充盈。一般的科股长和职员,工资收入少,又无其他待遇,可利用职权,诈欺勒索商民,也有利可图"[①]。这也给饱受日伪当局诸多"恶税"掠夺的中国人民带来了二次伤害。

需要特别强调的是,在伪满统制时期,日本人和中国人的税收收取标准无论在制度上还是在实际操作中都是截然不同的。首先,日本人的税收缴纳完全由税务部门中的日本人亲自处理,中国人根本无从过问,"实际上是从轻征收"。而法人所得税等税的收取办法制订过程中,也刻意地"保护了日本人的工商业"[②]。其次,日本人在《租税犯处罚法》等方面,享有领事裁判权。伪满的各种税收机关在执行处罚政策时根本管不到日本人头上,这实际上是变相地鼓励和保护了日本人逃税。再次,日本人在伪满的很多税收项目上根据《关于日本臣民适用满洲国租税法的规定》,享有特权的减税优惠待遇。[③] 最后,在实际的税收征收过程中,税收常常是被日伪当局作为一种"垄断市场,保护日商,打压华商"的手段。因此,不但对于日商中的一些大资本家,"税务机关对此无可奈何"。对于一般日商也"从税法以至征收的方法程序,都有优惠和庇护"。很多日本税务员也明显偏袒日商,"所

① 中国人民政治协商会议鞍山市委员会文史资料研究委员会编:《鞍山文史资料选辑》第3辑,内部资料,1984年印本,第79—80页。

② 孙邦:《伪满史料丛书·经济掠夺》,吉林人民出版社1993年版,第664页。

③ 长春市地方史志编纂委员会编:《长春市志资料选编长春税捐史料》,内部资料,1987年印本,第72页。

谓课税，徒具形式而已"[①]。伪满的税收体制这种民族差异性，显示出其明显地具有专门针对中国人民进行掠夺的民族压迫性和殖民性。

第二节　伪"蒙疆"政权的财政

1937年7月，日本全面侵华战争爆发后，日军在华北决定"迅速对河北省内的中国军队以及中国的空军主力给予打击"，以期快速占领整个华北。[②] 日本关东军在沿平汉线向保定、石家庄方向；沿平沈线、津浦线分别向天津、秦皇岛，天津、沧州方向长驱直入的同时，派遣"察哈尔派遣兵团"（后称"蒙疆兵团"）沿平绥线奔袭张家口、大同、绥远，先后发动"察哈尔作战"和"绥远作战"，逐步占领了张家口、大同、归绥等地，形成了关东军侵占察南、晋北和绥远的局面。关东军为快速侵吞、分裂内蒙，"准备对苏作战，要在华北、蒙疆建立地方政权、建立日、满、华北经济同盟的基础"[③]，相继在张家口、大同、归绥等地成立察南、晋北、伪"蒙古联盟自治政府"三个伪政权。为了便于加强控制和统一指挥，关东军随后策划将联合察南、晋北和伪"蒙古联盟自治政府"这三个伪政权。在关东军的直接操纵下，三个伪政权于1937年11月在张

---

① 中国人民政治协商会议鞍山市委员会文史资料研究委员会编：《鞍山文史资料选辑》第3辑，内部资料，1984年印本，第84页。

② 日本防卫厅防卫研究所作战史室：《中华民国史资料丛稿译稿第5辑——中国事变陆军作战史》第1卷第1分册，田琪之译，中华书局1979年版，第211页。

③ 日本防卫厅防卫研究所作战史室：《中华民国史资料丛稿译稿第5辑——中国事变陆军作战史》第1卷第2分册，田琪之译，中华书局1979年版，第127页。

家口正式签订《蒙疆联合委员会成立协定》,明确规定,伪“蒙疆联合委员会”“处理有关产业,金融、交通及其他重大事项;各政权将原有权力的一部分,委交本会行使之”“非经各政权之同意,不得脱离本委员会”。[①] 目的是通过伪“蒙疆联合委员会”对三个傀儡政权重要产业部门的整合,扩大和强化对伪“蒙疆”的侵略。1938年关东军“蒙疆兵团”改组为“驻蒙兵团”,又于同年7月提升为“驻蒙军”。在不断强化对伪“蒙疆”地区控制的局势下,日本驻蒙军又决定在伪“蒙疆联合委员会”的基础上改组成立“蒙疆联合自治政府”。1939年9月,伪“蒙疆联合自治政府”正式出笼,下设政务院、参议府、最高法院等。其中政务院下辖总务、民政、治安、司法、财政、产业、交通等七部,以及牧业总局、税务监督署、榷运清查总署等多个局署。[②] 1941年8月又改为伪“蒙古自治邦”。

当时伪“蒙疆”地区的经济发展状况主要表现为产业落后、以农畜产品输出为主,金融体系混乱、商业资本对外依赖大,生产规模总体规模狭小,生产力水平低下。有鉴于此,为确保财源稳定,无论是三个伪政权分立时期还是伪“蒙疆联合自治政府”时期,仍旧沿袭此前南京国民政府在察哈尔省、山西省、绥远省的税制。如伪“察南政府”的税收主要分为直接税、间接税和特税三大类;伪“晋北政府”税收主要分为关税、国税、印花税三类;伪“蒙疆联盟”政府的财政收入主要分为部、盟、市三大类。1937年成立伪“蒙疆联合委员会”,初时经济统制集中于产业、金融、交通等领域,为保持财政稳定,同样沿用先前三伪政府所设立的税收制度。

1939年,三个伪政权合并为伪“蒙疆联合自治政府”后,将三

① 卢明辉:《蒙古“自治运动”始末》,中华书局1980年版,第246页。

② 中国第二历史档案馆编:《中华民国史档案资料汇编》第5辑第2编附录上,凤凰出版社1998年版,第9页。

个伪政权各自分散的征税机构进行整合,并新设税务监督署于张家口、大同、厚和。其中,张家口税务监督署负责监督张家口、多伦等 15 个税务局;大同税务监督署负责监督大同、应县等 11 个税务局;厚和税务监督署负责监督厚和、包头等 11 个税务局。① 三伪政权在合并初期,依旧沿用传统的税收体制,分为国税和地方税两部分。其中国税包括:营业税、法人税、营业所得税、出产税、矿区税、矿产税、牲畜税、屠宰税、烟税、酒税、卷烟统税、棉纱统税、麦粉统税、火柴统税、水泥统税、物品税(即陆关税)、通行税、印花税、纸币发行税、鸦片税、盐税;地方税划分为特别市税、市县税、街镇乡村税(契税附加捐、屠宰附加捐、营业税附加捐、地捐、房捐、户别税杂种捐、地捐附加费、门户费、杂种费等)。②

由于受战争的影响,伪“蒙疆”地区的人口大量逃亡,对伪“蒙疆”汉奸政权财政收入产生重大影响。1939 年,伪“蒙疆”汉奸政权田赋税预计 244 万元,实际仅收 144.8 万元。③ 其后随着征税机构的整合加强,以及当地经济的少许恢复,人口部分回流,1940 年伪“蒙疆政权”一方面将伪“蒙疆”地区此前存在地域差别的税目转换为统一的税率。如将过去种类繁多的地方税整合为契税附加捐、屠宰附加捐、营业税附加捐、地捐、房捐、户别捐、杂捐(观览捐、车捐、游兴饮食捐等)7 种县市税和有地捐附加费、房捐附加费、门户费、杂费 4 种街镇乡村税。④ 另一方面,将主要征税对象

① [日]高木翔之助编:《北支·蒙疆年鉴·蒙疆篇》,北支那经济通讯社 1941 年版,第 51 页。

② 黄建伟:《伪蒙疆政府的税制》,《草原税务》1995 年第 12 期。

③ [日]高木翔之助编:《北支·蒙疆年鉴·蒙疆篇》,北支那经济通讯社 1941 年版,第 44 页。

④ [日]高木翔之助编:《北支·蒙疆年鉴·蒙疆篇》,北支那经济通讯社 1941 年版,第 149 页。

转移到商业与贸易领域,并先后颁布《出产税法》《营业税法》《四种统税法》等。传统的田赋在伪“蒙疆政权”财政中的地位逐渐下降,在1940年1—4月,伪“蒙疆政权”营业税为68万元,田赋为24万元。[①] 据表9-24可知,1942年和1943年,田赋占财政收入仅为7%左右。基于以上的税制调整,伪“蒙疆”地域内税制逐渐趋同,税制整顿的效果亦可通过财政岁入得到显现。由表9-24可知,从1942—1943年,伪“蒙疆政权”各项收入增减不一,但财政岁入整体呈上升趋势;各项税收虽有递减,但收入依然可观;税收的总体支出从1942年的1590万元上升增至1943年的1754万元。

同时,当时伪“蒙疆政权”在财政支出方面,还“断然实行了一般行政费的节减”和“收支合理化”等举措,并制定新会计法,“确立划一的会计制度”[②],至1943年实现了预算中收入与支出的基本平衡。

表9-24 伪“蒙疆自治政府”财政预算收支比较(1942—1943年)

(一)岁入 (单位:蒙疆券元)

项目	类别 \ 年份	1942年		1943年		增(+)减(-)额	
		金额	百分比(%)	金额	百分比(%)	金额	增减(%)
租税收入	田赋	1122200	7	1296514	7	+174314	116
	禁烟特税	3906512	25	6837000	39	+2930488	177
	法人附加税	—	—	31000	0.2[①]	+31000	—
	小计	5028712	32	8164514	46.2	+3135802	162

① [日]高木翔之助编:《北支·蒙疆年鉴·蒙疆篇》,北支那经济通讯社1941年版,第44页。

② 居之芬主编:《日本对华北经济的掠夺和统制——华北沦陷区经济资料选编》,北京出版社1995年版,第910页。

续表

项目	类别	1942年 金额	1942年 百分比（%）	1943年 金额	1943年 百分比（%）	增（+）减（-）额 金额	增（+）减（-）额 增减（%）
税外收入	官业收入	864520	5	699507	4	-165013	81
	官产收入	314371	2	372215	2	+57844	118
	结余金	395382	3	800000	5	+404618	202
	跨年度收入	346683	2	1205975	7	+859292	348
	小计	1920956	12	3077632	18	+1156672	160
调整收纳金		1435530	9	1139980	7	-295550	79
国库补给金	一般补给金	5602306	35	3600000	20	-2002306	64
	特别补给金	1916411	12	1543424	9	-372987	81
	小计	7518717	47	5143424	29	-2375293	68
总计		15903915	100	17525550	100	+1621635	110

（二）岁出

项目	1942年 金额	1942年 百分比（%）	1943年 金额	1943年 百分比（%）	增（+）减（-）额 金额	增（+）减（-）额 增减（%）
公署费	178151	1.1	159692	0.9	-18459	90
医务费	3854618	24.2	4757376	27	+902758	123
教育费	686862	4.3	747898	4.2	+61036	109
卫生费	911648	5.7	736688	4.2	-147960	81
产业费	636863	4.4	899589	5.1	+262726	141
土木费	2181452	13.7	2852372	16.3	+670920	131

续表

年份 项目	1942 年		1943 年		增(+)减(-)额	
	金额	百分比(%)	金额	百分比(%)	金额	增减(%)
营缮费	425820	2.6	976397	5.5	+550577	230
弘报宣传费	119300	0.7	130265	0.7	+10965	109
地方指导费	28891	0.1	140601	0.8	+111710	487
财务费	378571	2.3	550833	3.1	+172262	146
调查费	13500	0.1	180488	1	+166968	1337
辅助费	1027845	6.4	300500	1.7	-727345	29
补给费	4099528	25.7	3420700	19.5	-678828	84
预备费	1221610	7.6	1529870	8.7	+308260	125
其他	139796	0.8	142281	0.8	+2485	108
总计	15903915	100	17535550	100	+1621635	110

注:①因法人附加税于 1943 年开始征收,故 1942 年为 0,原表并无 1943 年比例,本表比例根据其在 1943 年总收入的比重计算而成。

资料来源:居之芬主编:《日本对华北经济的掠夺和统制——华北沦陷区经济资料选编》,北京出版社 1995 年版,第 910 页。

1943 年后,日军因太平洋战争失利、长期战争耗费巨大等因素,加紧了对伪“蒙疆”地区的经济掠夺,要求伪“蒙疆联合自治政府”对 1940 年颁布的一系列税收制度进行调整,如扩大税收,对最常用的日用品提高税率等,竭泽而渔的财政税收洗劫,最终导致伪“蒙疆政权”的财政萎缩和崩塌。

伪“蒙疆”地区作为日本侵略者全面侵华的第一批沦陷区,很早就被日本侵略者定义为:“作为日满华经济同盟的一部分担负着适应日本战时经济要求的生产力扩充以及外汇获得(或者外汇节约)的重要任务,就是要成为矿产资源(煤炭和铁)以及畜产品(主要是羊毛)的供给基地。”①因而,在日本侵略者占伪“蒙疆”地区之后,便开始制定各种政策掠夺资源,以迎合其侵华战争的需要。如1939年日本侵略者通过伪“蒙疆联合自治政府”颁布的《物资统制法》明确规定:“政府对认为有必要的物资之生产、配给、转让处理、使用消费、保有及场所变动等有权进行统制,同时对认为有必要的价格运费、保管费、保险费、租赁费及加工费等由政府决定费率,政府认为有必要时可以决定同种或异种事业之事业主,命令设立以统制该事业为目的的组合。”②根据该法,日本侵略者可以通过伪政权随时将任何“统制”物质,指定价格出售。此后,日本侵略者逐步对伪“蒙疆”地区的贸易进行强制管理。

伪“蒙疆”贸易输出,以鸦片为第一要义,占税额高达40%,其鸦片收入是伪“蒙疆政权”财政收入的主要来源。1939年7月,日本侵略者在伪“蒙疆”地区实施新的鸦片政策——清查制度,并对鸦片的生产及销售进行专制。1940年,制定了《鸦片收购机构改革实施要纲》,解散原指定的收购垄断机构“蒙疆土药股份公司”,成立以鸦片收购人为中心的“蒙疆土业组合”,通过给予鸦片商人一定的利润,由鸦片商人根据市场行情运行,而伪“蒙疆政权”以禁烟特税的名义,获取资金。据表9-21显示,1942年禁烟特税已占财政收入的25%,但随着日军在太平洋局势逐步走向颓败,为进一步掠夺伪“蒙疆”地区人民财富支撑日本侵略战争,伪“蒙疆”

① ［日］杨井克巳:《蒙旗経済の再編成について》,《蒙古》1940年第11期。

② ［日］高木翔之助编:《北支·蒙疆年鉴·蒙疆篇》,北支那经济通讯社1941年版,第115页。

地区的鸦片贸易加速扩张。1943 年,伪“蒙疆政权”财政收入中禁烟特税增至 39%。这一方面显示出了日本侵略者在伪“蒙疆”地区种植鸦片并进行贩卖毒害中国人民,另一方面也显示出伪“蒙疆政权”财政的无力,只能依赖罪恶的鸦片贸易。

总之,伪“蒙疆政权”是由日本侵略者为巩固其在华北地区的统治而设立的傀儡政权,其财政政策多是围绕如何开发伪“蒙疆”、如何挖掘其资源限度展开,谋求建立殖民经济并为全面侵华战争服务。

第三节　华北伪政权、梁伪“维新政府”和汪伪“国民政府”的财政

日本侵略者自“七七事变”之后,对华实行全面侵略,为达到长期霸占中国领土的目的,又要掩盖其侵略野心,日本侵略者根据侵占中国东北的经验,迫不及待地在新占领区内扶持傀儡政权。先后在华北地区成立“华北伪政权”、华中成立梁伪“维新政府”,造成该地区仍由中国人统治的假象。实际上,这两个傀儡政权的实权都是由日本侵略者控制,特别是其财政完全成为日本侵略的工具。汪伪国民政府成立后,先前成立的两大傀儡政权合并到汪伪政权之中,而其财政运作机制也被汪伪政权所继承。随着日本发动太平洋战争,侵略范围的扩大,汪伪政权的财政逐步被日本侵略者控制,最终因日本侵略者的战败而瓦解。

一、华北伪政权和梁伪“维新政府”的成立及其财政措施

1937 年,日本发动全面侵华战争,北平、天津相继沦陷。华北

对于日本侵略者来说，战略意义极其重要，除了可以巩固伪“满洲国”后方的政治力量外，还是日本侵略者意图称霸“大东亚”的一个重要战略基地。日本侵略者为了灭亡中国，在政治上采取“以华制华、分而治之”的策略，因此战争一爆发，日本华北驻屯军不仅在军事上占领华北，还很快在平、津两地利用北京政府时代的政客王克敏等人组建傀儡政权。1937 年 8 月底，在日军尚未占领南京之前，日本侵略者设想“在北方建立新的政权，不应作为华北的地方政权，而应成为取代南京政府的中央政权，其政令应普及到日本军势力范围”①，日本侵略者采取多方措施，企图诱降南京国民政府中的人员参与炮制伪政权，并多方游说吴佩孚等原北洋政府的高层，不过最终未能如愿。1937 年 12 月 13 日，日本占领南京，进行了残暴的南京大屠杀，企图磨灭中国人的抗战精神和打击国民党政府的信心，给国民党政府施加心理上的压力，同时准备立即建立能取代国民党政府的具有全国性质的伪政权。12 月 14 日，华北伪组织和伪“冀东防共自治政府”合并，在北平成立伪“中华民国临时政府”，管辖山西、河北、河南、山东 4 省及北平、天津两市，这个伪政权由于没有找到合适的人选担任“总统”，故不得不将汉奸政权名称定为“临时政府”，它盗用“中华民国”的年号，以北京政府时期的五色旗为“国旗”，以“卿云歌”为“国歌”，标榜实行三权分立制度，伪“临时政府”由王克敏总揽，下设行政部、财政部、治安部、教育文教部、法制实业部和灾区救济部等机构。②

---

①　吴景平、曹振威：《中华民国史》（第 9 卷上册），中华书局 2011 年版，第 215 页。

②　居之芬主编：《日本对华北经济的掠夺和统制——华北沦陷区经济资料选编》，北京出版社 1995 年版，第 51—52 页。

对日本侵略者来说,华北伪临时政府的成立,是其南下侵华的一大政治和经济上的“战略”。紧接着,“八一三沪战”后,日本侵略军溯江而上,将魔爪伸向了华中地区。对日本侵略者而言,华北地区的战略意义重大,华中则具有强大的经济优势。不过当时日军未打通津浦线,华北与华中的两块占领区无法连成一体。在“分而治之”政策下,京(南京)沪一带势必另行成立一个在本地区内相对统一的伪政权,以作华中日军的侵略工具。另外,华北、华中的日军分属华北方面军、华中派遣军两个军事政治系统,这二者又各受日本陆军和海军两大集团影响。华北日军扶植了一个伪“临时政府”,华中日军则不甘落后,华中派遣军司令官松井石根、畑俊六先后积极着手筹建由自己掌握的傀儡政权。1938年1月16日,日本首相近卫发表声明,“尔后不以国民政府为对手,期待足与日本真正提携之新兴政权成立与发展,与之调整两国国交,协力建设更生之新中国”①。日本侵略者随即于1938年3月28日在南京成立以梁鸿志为首的伪“中华民国维新政府”。与华北伪“临时政府”一样,梁伪“维新政府”采取三权分立政策,行政院是伪“维新政府”最高行政机关,由梁鸿志任行政院院长,行政院设秘书厅、铨叙、考试、统计、典礼、印铸、侨务局及外交、内政、财政、实业、绥靖、交通、教育等部。②

华北汉奸政权和华中汉奸政权的财政架构与劫夺方面,华北汉奸政权的财政是由伪“华北政务委员会”下设的财政部专门负责管理。自伪政权成立以来,伪“华北政务委员会”通过确立预算

① 秦孝仪主编:《中华民国重要史料初编——对日抗战时期》第六编傀儡组织(三),中国国民党中央委员会党史委员会1981年版,第31页。

② 费正、李作民、张家骥:《抗战时期的伪政权》,河南人民出版社1993年版,第119页。

制度、改造税制、整顿国有资产、扩充征税机关等措施，最大限度地恢复和增加了南京国民政府时期的三大税收——关税、统税和盐税。在1938年“华北伪政权”公布的财政收入中，关税为7349万元，盐税为1864.9万元，统税为3965.1万元，合计1.32亿元。但在1939年上半年，关税就达到了6320.6万元，盐税达673.9万元，统税达3453.5万元，合计达1.04亿元，显示出快速增长势头。① 梁伪汉奸政权在其行政院设财政部，负责财政收支管理，财政部下设盐务处（后改为“盐务司”）、税务署分别处理盐税与统税。由于梁伪汉奸政权主要管辖地区为华东地区，是当时中国经济最为繁荣的地区，因此日方虽已设立傀儡政权，但为了保证当地财政收入直接为其战争服务，分别通过直接或间接的方式牢牢地控制住梁伪“维新政权”财政。如税务署的下设机构苏浙皖三省税务总局，名义上虽然属于梁伪汉奸政权下属机构，但实“系独立组织，不属维新政府，每月税收缴日本特务机关，由该机关交一部与维新政府”②。据记载，税务总局月收入可达到500万元，但梁伪汉奸政权的统税仅能获取总税额的1/5。③ 除统税收入之外，梁伪政权的盐税也被日本华中派遣军直接控制。如1938年华中的盐税收入共计8500万元，但是梁伪“维新政权”实际仅得2900万元，约占税收总额的34%。④

---

① 居之芬主编：《日本对华北经济的掠夺和统制——华北沦陷区经济资料选编》，北京出版社1995年版，第901、906页。

② 中国社会科学院近代史研究所、中国抗日战争史学会编：《抗日战争史料丛编》第3辑第30册，国家图书馆出版社2016年版，第133页。

③ 上海档案馆藏：《汪伪苏浙皖总局任命及征税情况》，档案号U38-2-466。

④ 国民党中央执行委员会调查统计局特种经济调查处编：《四年来之敌寇经济侵略》，特种经济处1941年印本，第59页。

由于财政收入的限制,两大傀儡政权在其统治时间,基本上属于“维持会”性质,更多是为了维持社会稳定,其财政体系更多是服务于日本侵略活动。因此,无论是华北伪政权还是华中伪政权,从财政机构的设置到财政体系的运转都体现出勉强与无能的一面,对税收的掌控完全出自日本侵略者的需要。日本侵略者的野心极大,华北、华中只是其南侵略政策的第一步,将华北、华中打通连成一片,建立更大的伪政权机关作为其傀儡政权,最终彻底灭亡中国,是日本帝国主义的既定目标。

二、汪伪“国民政府”的财政

汪伪“国民政府”的成立与日本侵略者的扶持密切相关。汪伪政权成立之后,意识到财政的重要性,为维持和巩固其统治,初期沿袭原国民党政府的财政体系,建立起以税收为主的财政结构。随着太平洋战争爆发,汪伪财政被直接纳入日本侵略战争体系当中,其财政收支受到更多限制,最终导致财政状况急剧恶化。1945年日本战败投降,汪伪政权财政体系亦同时崩塌。

(一)从沿袭旧制到日本掌控的汪伪政权财政体制

1938 年 12 月 18 日,汪精卫、曾仲鸣、周佛海等汉奸逃离重庆,抵达越南河内后发表降敌“艳电”。1939 年 4 月,由日本特务秘密护送汪精卫等进入上海,着手组织伪“中央政府”。汪精卫希望整合之前存在的华北伪“临时政府”和华中梁伪“维新政府”,建立统一的傀儡政权。

日本政府曾考虑过将华北伪“临时政府”与梁伪“维新政府”合并成一个伪“中央政府”,但却没有实现。1938 年 4 月 16 日,日本内阁会议决定了《华北及华中政权关系调整要纲》,规定以伪

“临时政府”作为傀儡“中央政府”，尽快使梁伪“维新政府”与之合并。后来两傀儡政权会商取得了一些结果，在外交、教育、关税、盐税、财政上达成了卖国性质的协议。其后，华北汉奸纷纷提出各种建立伪“中央政府”的设想。同年 11 月 2 日，联委会第二次会议在北京举行。会议决定统一政权，以伪“临时政府”为改组中心，新的伪“中央政府”在地方上设“政务委员会”，实现币制、教育、税收统一。但由于双方都想保留原有权力与势力范围，最终两大傀儡政权的合并没有取得实质结果。在汪精卫集团投敌后，日本侵略者把组建统一傀儡政权的希望寄托到汪精卫身上，对南、北两政权的联合逐渐失去了兴趣。经过一年多的“筹备”，1940 年 3 月 30 日，南京举行伪“国民政府”的所谓“还都”仪式，正式成立“中央”傀儡政权。同时，华北伪“临时政府”与华中梁伪“维新政府”同时取消，在形式上完成了傀儡政权的统一。

汪伪政权在建立之后，不完全承认其傀儡地位，对日本方面还抱有幻想。但日本侵略者很快就让汪伪政权这个幻想破灭，在汪伪政权与日本侵略者签订的《日华新关系调整要纲》附件中，明确提出“在长江下游地域，经济上须实现日华之间的紧密合作”①。为控制汪伪傀儡政权，日本侵略者通过内部直接控制的方式，在汪伪政权内部设立经济顾问部，由日方人员出任最高负责人。因此这个名义上的“中央政府”，实际任由侵略者操纵、摆布；自建立之初，便在政治、军事、经济以至文化上全方位地适应日本侵略者对中国华北、华中地区进行法西斯殖民统治。汪伪政权的傀儡性质，使得其财政无法实现自主，只能受日本侵略者控制，彻底殖民地化。

① 黄美真、张云编:《汪伪政权资料选辑 · 汪精卫国民政府成立》，上海人民出版社 1984 年版，第 419 页。

汪精卫等成立的伪“国民政府”对外宣传是对原南京国民党政府的“继承”,为显示其“正统”地位,设立伪“中央政治委员会”(以下简称伪“中政会”)作为全国政治的最高指挥机关,由伪“中政会”对财政决策起决定作用。为使财政决策更为精当,又设伪“财政专门委员会”,其主任委员一般由伪政府“财政部”常务次长兼任,副主任一般由伪“财政部”钱币司司长兼任。1940 年 3 月 22 日,汪精卫代表伪中央政治会议公布了伪“国民政府”及各院、部、会长官名单,其中“财政部”部长为周佛海,政务次长为严家炽,常务次长为陈之硕。该委员会主要对伪“财政部”提出的财政政策进行“审查与设计”。伪“财政部”负责管理全国财政事宜,下辖关务署、税务署、盐务署,总务司、赋税司、公债司、国库司、钱币司,会计处三署五司一处,其中关务署、盐务署、税务署三署所征收的税收额占汪伪政权财政收入的一半以上。①

关于财政预决算,汪伪政权则沿袭国民党政府 1937 年 4 月颁布的《修正预算法》的规定,明确预算“是指经法定程序审核批准的国家年度集中性财政收支计划,是国家财政的主导环节”②。根据汪伪“国民政府”组织法规定“立法院”享有议决预算案的职权。③ 在立法院审议之前,伪“财政部”制定的财政收支计划只能称为概算,审议后方可称为预算。④ 财政预算编制最早是以月为

① 中国第二历史档案馆藏:《财政部主管关盐统三税及货币金融之现在情况及将来方案》,汪伪政府财政部档案卷宗号 2063-1955。

② 王琪延主编:《大众常用经济词典》,中国发展出版社 2001 年版,第 429 页。

③ 中国第二历史档案馆编:《中华民国史档案资料汇编》第 5 辑第 2 编附录(上),江苏古籍出版社 1997 年版,第 106 页。

④ 王世杰、钱瑞升:《比较宪法》,中国政法大学出版社 1997 年版,第 458 页。

单位,随着伪政权逐渐稳定,1941年财政预算编制过渡为半年制。之所以改为半年制,主要是因为“依政治之进展,为编制之张本,以期接近事实”①。由于汪伪“国民政府”财政会计年度参照原国民政府的历年制,因此预算与会计年度的预算会存在差异。同时规定伪“财政部”编制的预算案暂时免送“立法院”审议②,但到汪伪政权坍塌时,其财政预算也还是半年制,而伪“立法院”长期处于有职无权的地位,财政预算全由伪“中政会”进行掌握,所以伪“国民政府”只有概算而无预算,并且是采用半年制的概算。既然缺失预算审议这一合法环节,财政决算也就没法进行。

在财政原则方面,从保守的“量入为出”向被动的“量出制入”转变。汪伪政权从梁伪“维新政权”手中接过一个由日本侵略者控制的财政体系。汪伪政权成立后,作为傀儡政权的“中央政府”,日本侵略者不得不在名义上给予汪伪政权恢复财政统治权的机会。伪“宣传部”部长林柏生于1943年7月回顾1940年汪伪政权的财政时亦谈到“还都第一年(1940年)于杂乱之余而欲复兴建设自非易事,故首先厉行极度之紧缩以确立预决算收支之平衡,并尽最大之努力,维系仅存之元气,使民生经济不再受摧残”③。因而1940年汪伪政权“中央”的财政,只能根据有限的收入数额,按实际急缓需要应付支出。1941年,太平洋战争爆发后,汪伪政权作为日本帝国主义“以华制华”的手中工具,在日方的安排下,先后获得关税的管理权和保管权,但关税收入同样受太平洋战争

① 中国第二历史档案馆编:《汪伪中央政治委员会暨最高国防会议会议录》第10册,广西师范大学出版社2002年版,第146—147页。

② 中国第二历史档案馆编:《汪伪中央政治委员会暨最高国防会议会议录》第10册,广西师范大学出版社2002年版,第147页。

③ 浙江省档案馆藏:《汇集敌伪财政动态总资料》,财政档案卷宗号L057-010-0156。

的波及而缩减。正如日本侵略者所判断的那样,“海运断绝,贸易停滞,关税收入因而锐减,其于财政之影响,不可谓小”①。至于支出方面,“清乡”运动所需费用不断追加。基于以上现状,汪伪政权开始对财政进行调整,但这一时期汪伪政权仍然实行“量入为出”的财政原则。1943 年 1 月,日本为进一步“重点开发与取得在占领地区内的紧要物资以及积极获取敌方(按指重庆国民党政府)物资”②,并将汪伪政权绑上“战车”,令其直接参战,以此强化对汪伪政权的政治、军事和财政控制,扩大和强化经济与物资掠夺。如此一来,汪伪政权的军费开支不断攀升,通货膨胀更难抑制,财政支出陷于被动扩张的状态,因而不得不转为实行“量出制入”的财政原则。表面上汪伪政权依旧标榜“集中财力于治安、救济、经济建设和教育文化等措施”③,实际上为应付 1943 年上半年高达 2000 万元的开支,被迫追加关税收入 2000 万元。下半年财政支出进一步扩大,又再追加关税,共计 1.02 亿元。④ 到 1945 年,汪伪政权的财政预算,每月达至 36 亿元,“收支尚不能平衡,透支四万万元左右”⑤。如果说“量入为出”的实行是汪伪政权保守财政原则的体现,那么 1943 年后实施“量出制入”原则就是汪伪政权被绑上日本“战车”后财政收支不敷的必然。汪伪政权被绑上日本“战车”后,财政支出被动扩张,为应付不断增加的军费

① 伪中央储备银行调查处编:《中央经济月刊》第 3 卷第 1 号,第 5 页。

② 余子道、刘其奎、曹振威编:《汪精卫国民政府“清乡”运动》,上海人民出版社 1985 年版,第 123 页。

③ 财政评论社编印:《财政评论》第 11 卷第 2 期,第 124 页。

④ 中国第二历史档案馆编:《汪伪中央政治委员会暨最高国防会议会议录》第 17 册,广西师范大学出版社 2002 年版,第 133 页。

⑤ 伪中央储备银行调查处编:《中央经济月刊》第 5 卷第 4 号,第 80 页。

支出和无法控制的通货膨胀，不得不实行“量出制入”，完全不顾沦陷区内的经济现状和民众负担能力，加紧赋税搜刮，从而进一步加速物价上涨。物价上涨又反过来恶化财政收入。

（二）日本侵略者直接控制下的汪伪财政收入

从财政收入结构来看，汪伪政权的常规收入有关税、盐税、统税、印花税、矿产税、所得税、特税、蚕丝建设特捐、通行税、国有事业收入、国有行政收入以及各省的解款收入等；此外，有些年份为弥补财政的不足，汪伪政权还采用发行公债、向日本借款等方式解决财政困难，但这些收入属于临时性质。

在汪伪政权的常规收入中，关税、盐税、统税占据了绝大部分。以 1941 年为例，在汪伪政权该年预算中，关、盐、统三税的比重由上半年的 69.04%上升到下半年的 76.1%。[①] 即使到了汪伪政权最为困难的 1944 年，三税的总收入还是占汪伪政权财政收入的 49.8%。[②]

“九一八事变”以后，日本侵略者逐渐控制了东北、华北、华中、华南等地区的海关，截至 1939 年年底，全国被占海关已达 22 处。这些沦陷区的海关关税收入大部分被日军扣留、挪用，仅仅将部分关余用于维持占领区傀儡政权的日常运转。汪伪政权成立之后，为缓解财政危机，决定与日方就海关税收问题进行交涉，希望能将 1938 年 5 月英日关税协定签订后至 1939 年 1 月为止的关税收入交与汪伪政权，使之成为汪伪政权财政基础的重要部分。但

① 中国历史第二档案馆藏：《1941、1942、1943 年度上半年国家收支总概算书》，汪伪政府中储行档案卷宗号 2041（1）-128。

② 中国历史第二档案馆藏：《1941—1945 年国家收支总概算》，汪伪政府中政会档案卷宗号 2006-201。

是,这一建议被日方拒绝。太平洋战争爆发前,汪伪政权能够获得关税来源的只有上海的江海关和广州的粤海关,华中、华南地区的其他海关或因战争缘故被迫关闭,或掌握在侵略的日军手中,汪伪政权无权管理。太平洋战争爆发后,日方进一步强化了“以华制华”的侵略方针,先后允许汪伪政权接收海关和接管关税收入保管权。1942年,南京金陵关在日军协助下得以“恢复”,并作为江海关的一个分支,专门征收转口税。同年9月,汪伪政权“恢复”了广东的潮海关;随后,广东的江门分关、浙江宁波的浙海关也相继“恢复”。尽管如此,日本侵略者仍掌握着各关的实际管理权。但这毕竟是名义上属于汪伪政权的海关,在一定程度上扩大了汪伪政权的关税收入,缓解了汪伪政权的财政压力。至于关税收入及其保管权,汪伪政权出笼前,汪精卫集团向日本提出,“中央政府”成立前,希望能从正金银行保管的关税中,以借款形式,借支4000万元。“中央政府成立后,正金银行保管之关税,全部移交中央政府,以后每月之关税收入,纳入中央政府国库”,不过汪精卫集团也清楚将全部的关税收回绝无可能,遂又补充,“但其中一部分,仍如以前保管于正金银行,余则由中央政府指定之中国银行保管,想亦可行”。① 但日本侵略者以“关税收入之保管,这与日英海关协定有关系,仍照以前一样,委托横滨正金银行进行保管,以充作中央政府的收入。剩余部分的处理,在中国政府国库制度未整顿好以前,暂时仍按过去办法处理”②。日本以日英海关协定为幌子,将关税收入的保管权系于日本正金银行。1941年汪伪政

① 黄美真、张云编:《汪伪政权资料选辑·汪精卫国民政府成立》,上海人民出版社1984年版,第413页。

② 黄美真、张云编:《汪伪政权资料选辑·汪精卫国民政府成立》,上海人民出版社1984年版,第419页。

权伪国库成立后，虽然日方将关税扣除外债及赔款外的余额交由伪国库保管，但日本横滨正金银行依旧掌握着汪伪国民政府财政的命脉。直至1943年1月，日本侵略者统治下的所有海关关税收入交由海关总税务司管辖，汪伪政权才将关税的自由独立权收回。

汪伪政权关税收入包括进口税、出口税、转口税、船钞以及附加税等。中国海关大多集中在沿海地区，日本全面侵华战争爆发后，沿海海关大多受到战争的影响，中国的关税收入已亏损大半。据统计，1937年1月至7月，平均每月关税收入约为3750万元，而8月至12月月均收入仅1610万元；1937年关税总收入为34300万元，1938年的关税总收入为25456万元，与1937年相比，减少了8844万元，约为26%。① 随着汪伪在日占区恢复统治秩序，这些地区的对外贸易又兴盛起来。基于此，汪伪政权在成立初期，仅粤海、江汉两关的收入每年都有余额。由表9-25可知，1940—1941年汪伪政权的关税收入平稳中略有增长；1941年12月太平洋战争爆发后，汪伪政权投入战争，贸易对象缩小，战争导致海运停顿，故关税收入呈下滑趋势；1943年之后，日本侵略者在太平洋地区的失利，加之资源缺乏，使得日本侵略者对华北华中进一步扩大侵略，同时汪伪政权在此后一直输入军需战略物资给日本，使得关税收入继续下降；及至1945年，汪伪政权的关税收入比重仅占财政收入的4.7%。汪伪政权关税收入的变化在一定程度上反映出该政权由兴盛到崩溃的过程。

① 许毅主编：《从百年屈辱到民族复兴——南京国民政府外债与官僚资本》，经济科学出版社2006年版，第227页。

表 9-25 汪伪政权关税收入(1941 年 4 月—1945 年)

单位:中储券(百万元)

年份	1940 年 4—12 月	1941	1942	1943	1944	1945
关税收入	61①	235	168②	588	2749	19645③
占总收入比例(%)	27	48	24	23	23	4.7

注:①因资料不全,1940 年 4—12 月、1945 年的关税收入以预算数代替。据《财政部主管关盐统三税及货币金融之现在情况及将来方案》(二档馆藏汪伪政府财政部档案,2063-1955)来看,1940 年 4—6 月汪伪政府的关税实际收入即达 45 百万元,若以此数据为蓝本,取平均值每月为 15 百万元,则 1941 年 4—12 月的关税总收入为 120 百万元,将远远超过预算数,在总收入中所占比例也将高于预算数。

②余子道在其论文《汪精卫国民政府的"清乡"运动》中认为。太平洋战争爆发后,汪伪政权的"关税约等于零",这与史实不符,大概作者引用的是当时带有浓厚政治色彩的资料。见复旦大学历史系中国现代史研究室编:《汪精卫汉奸政权的兴亡——汪伪政权史研究论集》,复旦大学出版社 1987 年版,第 314 页。

③因资料缺乏,1945 年度的关税收入数额用预算数代替。

资料来源:1. 中国第二历史档案馆藏:《财政部主管关盐统三税及货币金融之现在情况及将来方案》,汪伪政府财政部档案卷宗号 2063-1955。

2. 中国第二历史档案馆藏:《国家总预算卷(1940 年 10 月—12 月)》,汪伪政府财政部档案卷宗号 2063-156。

3. 中国第二历史档案馆藏:《各年度国库收支决算报告及财政部追加国家收支总概算案并附表(1941—1945)》,汪伪政府中储行档案卷宗号 2041(2)-116。

4. 中国第二历史档案馆藏:《1941—1945 年国家收支总概算》,汪伪中央政治委员会档案卷宗号 2006-201。

统税是汪伪政权中第二大税项,在汪伪政权成立前,梁伪"维新政权"时的统税状况是,"江苏、浙江、安徽三省的统税局有独立之组织,不隶属于维新政府,每月交纳税收的方式,先交与日本方面,再由日本将其一部分交与维新政府"。汪精卫集团提出,汪伪

“中央政府”成立时，三省统税局交由财政部接收，税收纳入“国库”①。日本曾经承诺，“新中央政府成立后，江苏、浙江、安徽三省之统税，由中央政府财政部接收，税收归国库等，遂加以调整一层，并无异议”。但在10月30日的决定中，却明确表示反对汪伪政权完全控制统税。因此，汪伪政权在成立之初，其主要管辖长江地区的苏、浙、皖三省的统税是由日本侵略者扶持的苏浙皖税务总局负责征收，同时并由苏、浙、皖税务总局局长兼任汪伪政权的税务署署长。随着太平洋战争爆发，日本侵略者不得不表现出对汪伪政权的“诚意”，同意于1943年1月1日将苏、浙、皖三省税务总局撤销，另于苏、浙、皖三省分别设立税务局及印花烟酒税局，其中税务局“专办统税及特税行政”，印花烟酒局“专办印花烟酒税政”，同时各税务部门的人事任免权也由汪伪政权控制。② 1942年以后，汪伪政权面临关税收入减少，盐税收入增幅较小的财政收入困境。为渡过难关，汪伪政权对统税政策进行调整，通过整顿税务机关，屡屡提高统税率，改从量征收为从价征收以及征收临时特捐特税等方式，使1942年的统税收入不减反增，一跃而为第一财政收入项目。随着太平洋战争的爆发，1941年（截至1942年3月31日）关税收入为2.35亿元，统税收入为1.3亿元；1942年（截至1943年3月31日）关税收入减少为1.68亿元，统税收入则增加为1.96亿元。由表9-26可知，1943年汪伪政权统税收入达到近10亿元，这与其政权建立后华中统治秩序相对稳定，工商业的恢复和发展息息相关。1941年和1942年统税的实际收入大大超

① 黄美真、张云编：《汪伪政权资料选编·汪精卫国民政府成立》，上海人民出版社1984年版，第414页。

② 中国第二历史档案馆编：《中华民国史档案资料汇编》第5辑第2编附录（下），江苏古籍出版社1997年版，第730页。

过预算数额,主要得益于汪伪政权采取提高税率等措施。汪伪政权统税收入1943年剧增到9.05亿元,1944年到28.85亿元,但由于通货膨胀影响,物价上涨额相当之快,统税的实际收入则在减少(见表9-26)。

表9-26 汪伪政权统税收入(1940—1945年)

(单位:中储券百万元)

项目 \ 年份	1940年4—12月	1941	1942	1943	1944	1945
预算数	46	109	162	395	1919	112254
实际收入	58	130	196	905	2885	—
实际收入占总收入的比例(%)	—	26.10	28.20	34.80	23.90	—

资料来源:根据中国历史第二档案馆藏:《财政部主管关盐统三税及货币金融之现在情况及将来方案》(汪伪政府财政部档案卷宗号2063-1955)、《国家总预算卷》(汪伪政府财政部档案卷宗号:2063-156)、《1941、1942、1943年度上半年国家收支总概算书》(汪伪政府中储行档案卷宗号2041(2)-128)、《中华民国三十年度下半年国家收支总概算书》(汪伪政府财政部档案卷宗号2063-3772)、《1941—1945年国家收支总概算》(汪伪政府中政会档案卷宗号2006-201)、《各年度国库收支决算报告及财政部追加国家收支总概算案并附表(1941—1945)》(汪伪政府中储行档案卷宗号2041(2)-116)计算得出。

盐税亦是汪伪政权财政收入的重要来源。据史料记载,汪伪政权的盐税收入包括粗盐税、精盐税以及硝磺余利等。① 日本自全面侵华战争爆发之后,因食盐关乎民生以及工业用盐是军需工业生产的基本原料,战略意义与煤、石油旗鼓相当,对所占领地区

① 中国历史第二档案馆藏:《1941、1942、1943年度上半年国家收支总概算书》,汪伪政府中储行档案卷宗号2041(1)-128。

的食盐进行控制,实行专卖制度,仅将部分盐余转交给汪伪政权。但对汪伪政权来说,盐税收入在其财政收入中依旧占据着重要地位。为进一步提高盐税收入,汪伪政权先后采取强化管理机构体系,从产、运、销等环节加强控制、提高盐税等措施,如在汪伪政权成立之初,就成立伪盐务署,在重要产盐区成立伪盐务局,建立起一整套盐务管理体系。汪伪政权名下的盐场资源以长芦盐场、山东盐场和海州盐场最为重要,三个盐场的产量居于全国产量的2/3。但实际上大部分盐场都被集中控制在日本侵略者手中,仅有海州盐场留给汪伪政权支配。“七七事变”之前,海州盐场的税收可达6000万元,占全国盐税的三成;日本侵占后,盐田荒芜,加之暴雨侵袭,盐产量降低,难以维持正常需求。为了恢复盐场生产,汪伪政权在产盐、运盐和销售方面进行了长达一年多的整顿,最终使海州盐场产量得以恢复并提高。对于盐税税率,汪伪政权也先后多次提高。在汪伪政权成立之初,每担盐的税率为日本军票480元;苏浙近场轻税地区为1.80元、1.90元、2.20元、2.30元不等。华北的青岛精盐每担征税2.65元,天津、烟台精盐每担征税3.75元。[①] 太平洋战争爆发后,先后于1941年、1944年、1945年三次提高盐税税率,到1945年汪伪政权规定“食盐(精盐及粗盐)税率,不分产区、销区,一律改定为每担法币3千元,以先税后盐为原则,由产区盐务机关就场征收”,“另由销区盐务机关征收销区税,每担法币6百元”。[②] 汪伪政权如此频繁地修改税率反映了汪伪政权盐税收入的不稳定性。汪伪政权的历年盐税收入如表

① 余子道、曹振威等:《汪伪政权全史》(下卷),上海人民出版社2006年版,第744—745页。

② 中国第二历史档案馆编:《中华民国史档案资料汇编》第5辑第2编附录(下),江苏古籍出版社1997年版,第763页。

9-27 所示。1940—1942 年,汪伪政权盐税的实际收入均超过概算数,而 1943 年盐税的实际收入却低于概算数。虽然从整体趋势来看,盐税每年收入都在递增,但 1943 年的盐税实际收入的转向问题值得深思。1943 年的汪伪政权,首先是关税收入剧减,军费开支屡次增加,伪中央政府的财政出现困难,整个财政系统面临大问题。同时,沦陷区的盐斤以极低的价格纷纷运往日本;最终使得汪伪政权的盐税收入到 1944 年以后更为下降。虽然汪伪政权财政体系中,盐税依旧占据重要地位,但与之前相比不可同日而语。

表 9-27　汪伪政权盐税概算数与实际收入比较(1940—1945 年)

(单位:中储券百万元)

年月	项目	概算(A)	实际收入(B)	B/A(%)
1940 年	4—6 月份	5	13	118
	7—12 月份	6		
1941 年	上半年	9	23	110
	下半年	12		
1942 年	上半年	12	61	149
	下半年	29		
1943 年	上半年	33	83	95
	下半年	54		
1944 年	上半年	85	137[1]	64
	下半年	130		

续表

年月	项目	概算（A）	实际收入（B）	B/A（%）
1945年	上半年	691	—	—
	下半年	2002		

注：①1944年度盐税收入额的统计时间为1944年4月1日—1945年3月31日。

资料来源：根据中国第二历史档案馆编：《汪伪中央政治委员会暨最高国防会议录》（第一册），广西师范大学出版社2002年版，第38—40页；中国第二历史档案馆：《财政部主管关盐统三税及货币金融现在情形及将来方策》（汪伪政府财政部档案卷宗号2063-1955）；《国家总预算卷》（汪伪政府财政部档案卷宗号2063-156）；《1941、1942、1943年度上半年国家收支总概算书》（汪伪政府中储行档案卷宗号2041（2）-128）；《中华民国三十年度下半年国家收支总概算书》（汪伪政府财政部档案卷宗号2063-3772）；《1941—1945年国家收支总概算》（汪伪政府中政档案卷宗号2006-201）；《本部施政概况》（汪伪政府财政部档案卷宗号2063-1949）综合统计、编制。

总体而言，1941—1943年，日本侵略者进一步扩大战争，所需的战略物资，大多仰给东北、华北、华中等地，因而对汪伪政权的财政较为重视，采取“帮助恢复”部分海关、增加税种等一系列措施，帮助汪伪政权渡过财政难关，而汪伪政权则从财政、经济和物资资源上全面支持日本灭亡中国、称霸世界的罪恶战争。在日本侵略者的支持下，这一阶段汪伪政权的财政收入呈上升趋势。如表9-28所示，汪伪政权财政收入从1940年3月汪伪政权成立时的2.3亿增长到1944年年底的120.51亿元。具体年份而言，1941年比1940年上涨了1.15倍；不过从月份比较而言，仅增加61%。1941年年底，太平洋战争爆发，一方面，日本的侵略扩张呈加速度膨胀态势；另一方面，因英美海上封锁，汪伪政权对外贸易受阻，关税、盐税和统税不断减少。为了维持汪伪政权统治，日本侵略者调整对华财政政策，以维持汪伪政权1942年的财政平衡。1943年，日本在太平洋战场不断失守，汪伪政权完全沦为日本侵略战争的物资提供者，不得不实行竭泽而渔的税收政策,使得财政收入出现爆炸式增长,对其统治区经济民生却造成了严重打击,导致1944年财政收入不降反增,但汪伪政权的财政收入主要是数字上呈现增加趋势,实际上受通货膨胀的影响,其实际购买力并未出现显著增加,到后期反而下降,1945年更为恶化。

表9-28 汪伪政权财政收入(1940—1944年)

(单位:中储券百万元)

项目＼年份	1940年4—12月	1941	1942	1943	1944
总收入	230	496	695	2601	12051
平均月收入	27	41	57	216	1004
比上年增长率	—	161	140	374	463

注:1941—1944年收入包括上一年度的剩余款。

资料来源:中国第二历史档案馆:《财政部国库司1940年收支概况及应付未付款清册》,汪伪政府财政部档案卷宗号2063-4616;中国第二历史档案馆:《各年度国库收支决算报告及财政部追加国家收支总概算案并附表》,汪伪政府中储行档案卷宗号2041(2)-116。

(三)汪伪政权的财政支出与财政体系的崩溃

财政支出是政府根据其各项职能对国民收入的再分配。因汪伪政权1940年还没有建立国库制度,1945年的垮台又没有机会作出年度会计决算,所以对于汪伪政权财政支出的研究主要集中在1941—1944年度。汪伪政权财政支出主要包括国务费、内务费、外交费、财务费、军务费、实业费、交通费、教育文化费、司法费、事业费、抚恤费、总预备费以及地方补助费等。在汪伪政权的各项支出中,军务费支出处于首要地位,其中1941年为1.3亿元,占总支出的38%,到1944年军务费支出高达37亿元,占总支出的52%。[①] 军费

① 中国第二历史档案馆:《各年度国库收支决算报告及财政部追加国家收支总概算案并附表》,汪伪政府中储行档案卷宗号2041(2)-116。

的巨额开支,除了一部分用以支持日军的军事侵略和武装劫夺外,大部分用于日伪共同进行的“清乡”运动。汪伪政权的傀儡性质决定了其无法自主安排财政支出的重点方向,为维持汪伪和日本侵略者的统治,汪伪不得不将财政支出投入到“清乡”运动中去。

表 9-29　“清乡”前后江苏省财政收支变化(1939—1942 年)

(单位:中储券万元)

项目 / 年份	收入	支出
1939	332	332
1940	580	602
1941	895	807
1942	9495	6456

资料来源:申报出版社编辑:《申报年鉴》,申报出版社 1944 年版,第 1078 页。

1941 年 7 月,汪伪政权开始实行“清乡”运动,这主要是日本侵略者要求的“沪、宁、杭三角地带的治安稳定需要,以利于从占领区汲取更多的物资和人力”①。而且伪政权地方收入远不能满足行政需要。如表 9-29 所示,在汪伪政权成立之后,已经对地方做了整顿,但 1940 年江苏收支尚缺 22 万元。因此汪伪政权借助“强化治安,改善经济”的口号,意图通过清乡整理杂税,统一地方财政。“清乡”运动后,汪伪政权加强了对苏、浙、皖等省的控制,这些省份的支出也较之前稳定。如表 9-29 所示,江苏在 1941 年下半年实行“清乡”之后,收入快速增长,改变了过去入不敷出的状况。

随着太平洋战争的爆发,日本侵略者为其战争需要,要求汪伪

① 浙江省档案馆:《汇集敌伪财政动态总资料》,财政档案卷宗号 LD57-010-0159。

政权开始谋求自身的财政收支平衡,因此1942年度军费开支相对1941年有所减少。但1943年汪伪政权宣布“参战”后,成为日本太平洋战争的重要后方,汪伪政权不仅需要从财力、物力上支持日本侵略活动,更需要为日本侵略者打造较为稳定的殖民统治秩序。从表9-30可以看出,1943年,作为汪伪政权统治核心地带的苏南地区“清乡”运动进入第四期,上海、苏北也开始“清乡”,进一步扩大清乡范围。这种大规模的“清乡”运动给汪伪财政带来了严重的压力,1943年度,汪伪政权的军务费为6.45亿元,占总支出的45.75%①;日军在战场上的节节败退也使得汪伪政权投入大量财政的“清乡”运动最终瓦解,为汪伪政权的瓦解埋下了伏笔。

表9-30　汪伪政权“清乡”运动工作经费(1943年)

(单位:中储券万元)

项目 / “清乡”区地	必要总数	中央补助费		自筹数额
		上半年	下半年	
镇江、苏州第四期地区	1500	750	250	500
苏北第一期地区	2450	1400	1050	—
杭州地区	1500	200	1000	300
太湖第二期地区	600	300	—	300
上海第一期地区	400	200	—	200
上海第二期地区	800	250	250	300
余姚盐场地区	350	50	—	300
安徽省准备地区	200	50	150	—

① 中国第二历史档案馆:《1941—1945年国家收支总概算》,汪伪政府中政会档案卷宗号2006-201。

续表

项目 / "清乡"区地	必要总数	中央补助费		自筹数额
		上半年	下半年	
预备	100	—	100	—
总计	7900	3200	2800	1900

资料来源:余子道、刘其奎、曹振威编:《汪精卫国民政府"清乡"运动》,上海人民出版社 1985 年版,第 78 页。

汪伪政权的开支大部分用于帮助日本侵略者维持在华的治安秩序,对于国民经济发展与基础设施虽然名义上编列预算,但在实际建设中却未投入资金,反而积极帮助日本侵略者统制华中沦陷区的经济。从表 9-31 中可以明显看出,汪伪政权的经济建设费与军务费相比,两者明显不协调,这种不正常比例充分显示了作为一个傀儡政权,无权决策,更无法做到独立自主。何况,1943 年汪伪政权"参战"后,疲于为"大东亚战争"供应物资与财力,根本没有精力考虑华中地区的经济建设,更不用说基础设施的投入了。由表 9-31 可知,1943 年的财政预算中,汪伪政权财政支出重点投入在"治安"与"救济",而对"经济建设"与"教育文化""实业费"财政支出并不重视。

表 9-31　汪伪政权军务费、经济建设费概算比较(1941—1945 年)

(单位:中储券万元)

项目 / 年份	军事费		实业费		建设费	
	经常门	临时门	经常门	临时门	经常门	临时门
1941	9355	3622	317	7	无	无
1942	14121	7610	440	7	无	无
1943	24337	40186	947	58	无	290

续表

年份＼项目	军事费		实业费		建设费	
	经常门	临时门	经常门	临时门	经常门	临时门
1944	82420	371910	1977	83	793	42
1945	555963	30888480	10231	698	10275	1340

资料来源:1. 中国第二历史档案馆:《1941、1942、1943 年度上半年国家收支总概算书》,汪伪政府中储行档案卷宗号 2041(2)-128;2. 中国第二历史档案馆:《中华民国三十年度下半年国家收支总概算书》,汪伪政府财政部档案卷宗号 2063-3772;3. 中国第二历史档案馆:《各年度国库收支决算报告及财政部追加国家收支总概算案并附表》,汪伪政府中储行档案卷宗号 2041(2)-116;4. 中国第二历史档案馆:《1941—1945 年国家收支总概算》,汪伪政府中政会档案卷宗号 2006-201。

日本侵略者在中国占领区扶持伪政权,就是要通过“以华制华”的侵略方针来维持占领区的统治秩序、协助日军统制与掠夺占领区的物资,达到“以战养战”的目的。因此,汪伪政权作为日本侵略者在关内扶持的最大伪政权,必须根据日本的战略需要调整自己的政策方针,从表 9-32 中可以发现,汪伪政权财政支出从 1941 年到 1944 年呈快速发展趋势。由于 1943 年中储券的大量发行,以及 1943 年 4 月 1 日军票停止新发行后,日伪双方又于 1943 年 4 月 7 日与 1944 年 8 月 1 日续订了互相存放款契约,日本在华的军、政费完全由汪伪政权筹措。据统计,1943 年支付军费为 152 亿元,1944 年支付军费为 1445 亿元,1945 年为 23438 亿元,三年共计 25035 亿元①,从而造成严重的通货膨胀。

① [日]浅田乔二等:《1937—1945 日本在中国沦陷区的经济掠夺》,袁愈佺译,复旦大学出版社 1997 年版,第 265 页。

表 9-32 汪伪政权财政支出规模变化(1941—1944 年)

(单位:中储券亿元)

年份	1941	1942	1943	1944
支出额	3.4	5.0	11.8	70
比上年增长(%)	—	58	136	493

资料来源:中国第二历史档案馆:《各年度国库收支决算报告及财政部追加国家收支总概算案并附表》,汪伪政府中储行档案卷宗号 2041(2)-116。

总而言之,汪伪政权的收入与支出均呈不断增长之势,而且增长的速度越来越快,不过实际上,这种增长是通货膨胀造成的后果,按不变价格计算,其实际收支是不断下降的;此外,在收入与支出同时增长的趋势下,支出的增长速度逐渐快于收入,1940—1942 年汪伪政权的支出差不多与收入持平。但 1943 年宣布"参战"后,其支出迅猛扩张,最终导致汪伪政权财政体系的彻底瓦解。汪伪政权、伪满洲国都是日本侵略者扶持的傀儡政权,旨在为实现日本灭亡中国、征服世界的野心服务,汪伪政权的存在,是日本"以战养战"的需要,其生存的命运与日本帝国主义共存亡。随着日本帝国主义在战场上的失败,汪伪汉奸政府的财政体系和整个傀儡政权也最终土崩瓦解。

第四节 财政和税收损失

一、东北、热河和伪"蒙疆"地区的财政、税收损失

(一)东北地区的财政、税收损失

1928 年,国民党政府在形式上取得统一,开启了国民党政府

统治中国的时代,为巩固其一党专政的大地主大资产阶级的统治,国民党政府在继承原北洋政府时期的财政政策和措施的基础上,对国家财政的各个方面做了调整。财政管理方面,整顿从中央到地方的财政机构,划分国税和地税,建立预算和决算制度;税收和税制方面,收回关税自主权、改革盐税税制并调整税率;裁撤厘金,改征货物统税;整顿印花、烟酒、矿产等国税,收回税权,革除积弊,统一征管等一系列措施。在结束了北洋政府羸弱的管理局面,国民党政府整顿财政的措施以及明确划分中央和地方财政后,国民党政府经济在1928—1936年呈现出岁入明显增长的趋势。表9-33数据显示,中央收入在1928年为3.34亿元,此后1929年到1936年,呈上升趋势;除1932年度,国民政府受日本侵华的影响,比上年度略低。而且以税收这一项做考察,关税、盐税和统税是间接税,此三税的交纳者为商品运销、经销商,税收负担最终转化为商品,表格中提取的信息,关税是每一年度所收收入最多的项目,盐税次之。

表9-33 中央收入统计(1928—1936年)(单位:百万元)

项目 / 年份	岁入项目								总计I ②	总计II ③
	关税	盐税	统税	其他税收	各省征解中央税款	官产官业收入①	行政收入	杂项收入		
1928	179	30	30	7	77	—	—	12	335	335
1929	276	122	41	12	11	1	—	21	484	484
1930	313	150	53	15	4	1	—	25	561	558
1931	370	144	89	13	—	3	—	15	634	619
1932	326	158	80	18	5	22	—	5	614	614
1933	352	177	106	25	—	23	3	4	689	689
1934	353	167	105	24	—	64	11	21	745	745

续表

项目 年份	岁入项目								总计 I ②	总计 II ③
	关税	盐税	统税	其他税收	各省征解中央税款	官产官业收入 ①	行政收入	杂项收入		
1935	272	184	135	31	2	86	12	78	800	817
1936	379	197	158	35	—	25	8	68	870	870

注:①官业收入包括原表“国有事业收入”“国有事业利润”两项内容。原表注:国有事业收入“大部分来自各铁路,其中包括为军用运输服务所得收入”;国有事业利润“大部分来自中央银行”。

②总计 I 为各分项收入的总计数。各数均照原表录入。

③总计 II 为总计 I 中扣除“应行退还之收入”并加上“从暂记账中收回之款项”以后的数字。各数均照原表录入。

资料来源:据杨格《中国财政经济情况》,第 483—485 页附录 1《1928 年 7 月 1 日至 1937 年 6 月 30 日常年岁入和岁出》(岁入部分)。

东北地区虽然改旗易帜以后归属于国民党政府的管理,但其财政仍然有极大的独立性。东北地区的“国税”掌握在张学良手中,而不完全属于国民党政府管辖。各省主管省财政的财政厅由其下的捐税局管辖,东北地区“国税”下辖所得税、茶税、关税、盐税、烟酒税等,参照表 9-1 东北三省财政收入情况(1930 年)、表 9-2 东北三省财政支出情况(1930 年),我们可以对东北地区 20 世纪 30 年代财政收入和支出做详细探究。在 1930 年,消费税占东三省财政收入最高,盐税收入达到了 37.7%,尽管当时中国海关关税税率较低,进出口税率仅有 5%,以此计价东三省的关税总额仍有 3500 万两之巨。① 张学良维持东三省的财政力量较为强大。在支出中,陆军费达到了 68.3%,在日本侵略中国东北时,东

① [日]天野元之助:《満洲経済の発達》,満铁経済調査会昭和七年(1932 年)版,第 70 页。

北的军费开支颇为巨大,这可能是在日常行政开支下,东北地区军队的开支与维护本省安全有关。在东北沦陷之前,日本通过株式会社控制东北地区的经贸往来,这一时期,东北民众与日本的侵入在贸易、电业、金融诸方面做斗争,日本在东北地区经济力的控制有所减弱。1920—1930 年,日本人在奉天交易所金票交易的份额从 90%下降到 36%,四平街交易所中大豆交易的份额从 50%下降到 22%,公主岭交易所中大豆交易的份额一直只有 9%—10%,长春街交易所院内大豆交易的份额从 27%下降到 18%。① 但是,这一时期最主要的问题乃是中国民族资本在实业、金融等领域的竞争力不足,农产品运销量的减少,东北沦陷前的财政处于一定程度的损失状态。

日本占领东北后,决定在中国东北构筑一个内部严密的管理体系,建立一整套严格的经济、政治、文化体系;1932 年,伪“满洲国”成立,被绑架在日本战车上的傀儡政权从一开始其财政的收支跟着日本经济、战略需要而涨落。从 1932 年到 1936 年,伪“满洲国”财政损失表现在日本侵略经济财政体系后,伪“满洲国”在军事方面的支出呈现出很大的开支,即使财政用途指向经济性质,其军事维持“治安”的特征依然明显,行政费和国防治安费占有很大比例,以 1936 年为例,该年度行政费支出共计 98247281 元伪满币,其中一般行政费支出 54658743 元,占行政费总支出的 55. 6%;警察费支出 11971925 元,占行政费总支出的 12. 2%;司法费支出 10109519 元,占行政费总支出的 10. 3%;教育费支出 5015448 元,占行政费总支出的 5. 1%;土木费支出 16491646 元,占行政费总支

① [日]天野元之助:《満洲経済の発達》,満铁経済調査会昭和七年(1932 年)版,第 69 页。

出的 16.8%。①

从 1937 年到 1939 年,东北人民对日本和伪“满洲国”的抗争转入地下,为充分掠夺东北的战略物资满足战争需要,日本帝国主义者在这一阶段挟持伪“满洲国”进行了一系列的税制改革。税制改革无外乎体现在两个方面:其一,通过税制改革,制定新税,加强对东北人民的掠夺;其二,增加消费税和流通税。参照表 9-10 伪满国内税(“内国税”)税收细目(1937—1939 年),表中数据证明了,其在流通税、收益税以及消费税额方面有所增加,这一阶段的“税制整理”经过平衡,消费税增加的额度比收益税高。当然,这一阶段,关税收入在财政收入比重中依旧很高。对这一阶段,伪“满洲国”的财政损失所占比重较为稳定。

从 1940—1945 年伪满政府发行公债的情况,我们可以推断,东北地区在伪“满洲国”的傀儡控制下,其财政损失,所背负的经济负担何其严重。债务偿还未能还清,这也与日本帝国主义在这一阶段疯狂投入战场,拖垮了伪“满洲国”经济有关,其所背负的财政损失很严重。参照表 9-23 伪满公债发行情况(1939—1945 财政年度),1939 财政年度公债余额尚只有 880774250 元伪满币,1945 财政年度时已经累增至 3911878250 元,增长率高达 344.14%。在伪满累计发行的 4055441250 元公债中,有 3025441250 元是在伪满国内以伪满币的形式发行,占总发行量的 74.6%。伪满主要公债的发行,其掠夺的是东北人民的资产,给东北人民的生活造成极大困难,无论是东北境内人民面临的损失还是伪“满洲国”财政损失,在这一阶段都表现得极为明显。

---

① “国务院”总务厅情报处:《满洲国概览 · 康德三年版》,伪“康德”三年(1936 年)版,第 76 页。

(二)热河地区的财政、税收损失

自1933年春,日本以武力占领热河,1933年4月前后,日本帝国主义者组织热河省资源调查团,对热河省的各个方面做了一个详细的调查,以利于其未来对热河的施政与管辖。日本侵略者占领热河之后,将西拉木伦河以北之地划为“兴安西省”,并划出三县归“锦州省”,将热河划为七县六旗。财政和赋税是经济统制的主要方面,它构成了日伪在伪“满洲国”以及热河地区的经济管制,并对热河地区的经济、人民生活以及社会形势产生了重大影响。

对“热河省”社会、政治、经济等各方面进行考察,尤其是深入了解日伪进入热河地区实施统治之前热河地区的经济发展、财政问题,易于对此一时段热河经济结构做直观的观测。“热河省”在当时,其可耕地已经全部消耗,为政者对所统治区域不知道纾民困,反而加紧剥削,以致民不聊生,加之日本侵略者入侵,其肆虐杀人,百姓无法生存,导致大批百姓从热河逃亡。赤峰为四通八达的道路中心所在地,但道路的修建工作尚未做好,利用自然道路做长距离的运输工作,只能用驴骡等简单的牲畜作为交通工具,交通的落后,阻碍了热河地区致富的可能性。除了陈旧的交通设施之外,对于货物之经销、办理,例如赤峰之特产甘草,甘草商行,仅有日人满洲兴业公司一家,金融上不能得到更多帮助,经销地区距离太远以及证券化利用程度低,再加之,热河地区近代工业,仅有赤峰电厂以及满洲兴业甘草厂,规模狭小、资金不足、农村人口不能吸纳到城市。如表9-34所示,热河地区兴业银行票价的变化过程,很明显,从1925年到1928年,票价的涨幅达到200元,而1930年后即使发行了纸币,其票面市场流通的价格依旧很高,金融之阻滞,不但商民受其损害,农民也受其苦。

表 9-34　热河兴业银行票暴落状况(1925—1933 年 1 月)

(对现大洋一元之比)

1925 年春	1 元	1930 年 3 月	5 元
1925 年 1 月	3 元	1930 年 7 月	1 元(发行新纸币)
1926 年 2 月	6 元	1931	—
1927 年 1 月	15 元	1932	—
1927 年 2 月	20 元	1932 年 9 月	25 元
1928 年春	40 元	1932 年年末	30 元
1928 年 9 月	200 元	1933 年 1 月	50 元
1929 年春	—	—	—

资料来源:《国际贸易导报》1933 年第 5 卷第 12 期,第 59 页。

货币价值之暴落,赋税的严重,都市衰落,农商陷入疾苦的境地,故其财政也受重大影响,表 9-35 数据显示,赤峰县财政局之地方税收,由原本的 178813 元,减少到 1931 年的 93290 元。赤峰县下完纳亩捐之官地,在数年前达到 7045 顷 23 亩,近年民户逃亡,官地骤减 3700 亩,总计不过 4000 亩。其地方税收如此大减,可以想象全省赋税的征收。其直接导致地方公安的给养费不足、学校教育经费缺乏等一系列连锁反应。财政税收之损伤对整个热河省的经济造成了不可估计之影响。

表 9-35　赤峰县财政局征收地方税收预算额　(单位:元)

税目＼预算额	旧有全年预算额	1931 年实收状况预算额
亩捐	169086	84000
乌舟商捐	1680	1680

续表

税目 \ 预算额	旧有全年预算额	1931 年实收状况预算额
杂捐	8047	7610
五车驮捐	1260	1100
出街油粮捐	960	600
奢侈品铺捐	200	210
由省招商承包屠宰捐	4427	4400
由县招商承包小肠捐	600	700
由县招商承包汤锅捐	600	600
计(地方捐收入)	178813	93290

资料来源:《国际贸易导报》1933 年第 5 卷第 12 期,第 64—65 页。

1932 年,伪满当局在统辖区内设立“税务司”负责掌管国内税务,在各省设立了税务监督署,署下设“税捐局”,采取“一旗县一局”原则,直接执行赋税征收事务。1937 年,日伪加强对热河地区的管辖,专门派遣人员调查各县的财政状况,以达到充分利用与管理的目的,进行了一整套财政改革,废除了 1937 年前对热河地区采取的消极“量入为出”措施。地方伪政府财政机关逐渐代替税捐局某些职能,各旗县财政执行“收支分管”的措施,财政收入由财务局办理,财政支出由总务科会计股办理,事务员是日本人,监视财政局状况。① 财政的基本制度实行预算制度,记载了日伪统治时期赤峰县的预算岁入,“县税、交付金、过年度收入”都是用征税形式“取之于民”的,占岁入总额的 95%。日伪统治者把预算

① 全国政协赤峰市红山区委员会文史资料委员会编:《红山文史》第 2 集,1987 年印本,第 79 页。

“化整为零”，分裂开来，表示所征收的县税，仅占总预算的56.6%，掩盖了事实真相，混淆视听。① 日本在预算制度上的“量入为出”主要是想借其实际岁入的能力对财政进行调配，以达到岁入岁出的均衡。在财政支出方面，其殖民特征也是十分明显。其目的是有效控制地方的财政，通过财政的搜刮对当地老百姓进行剥削，扩大侵略战争。

据记载，1933年日伪当局强迫农民多种鸦片，除按规定每亩土地征收亩捐外，另加征“禁烟特税”6元，后又增到13元。1934年，全县征收禁烟特税35万元，对不按期缴“禁烟特税”者加罚滞纳金，对密植和多种者处以罚金。1935年，仅滞纳金和罚金两项即达3.6万元，其管控程度相当严格。日伪对没有耕地以及十分贫困的老百姓，利用春耕之季，积极设法筹办贷款给百姓，以伪省公署为主体，设立春耕贷款监理委员会。该委员会提出救济金额150万元，其中普通耕地每亩借与法币3角，鸦片地每亩借与2元，利息二分三厘，故一般老百姓以为可以多贷款，谁知被日本人坑骗，结果热河到处都是罂粟，利息之重，老百姓到期不能还，变得越加贫困。

尤其在日伪统治后期，为了达到以战养战的目的，日伪更加随意提升赋税税率，加重对老百姓的剥削，人民负担沉重。伪“满洲国”的财政也面临艰难处境，财政损失程度颇为严重，以赤峰县为例，1933年，日伪制定《国税征收发》，1935年赤峰县各税征缴253127元，1936年仅国税一项就达383000元，增长了51.3%。1940年太平洋战争爆发后，日伪对经济全面掠夺。1941年，第一次战时大增税，“国税”税率就提高了82%；同时提高卷烟税率

① 全国政协赤峰市红山区委员会文史资料委员会编：《红山文史》第2集，1987年印本，第84页。

20%,酒税50%,并增征制造税、出厂税;还增征特别卖钱税、通行税、法人所得税、资本所得税、油脂税。1944年,由于战争需要,进行全面大增税,并新增不动产所得税。酒税税率总额增13成;卷烟按等级课征,烟税率由5.5%提高到15%,如“三统税”增加6%—10%,清凉饮料税由35%提高到70%;地税由10%提高到40%;家屋税由3%提高到5%;资本所得税率提高3成以上。①

总体观之,一方面日伪占领热河地区,对省下县旗的经济管辖,进行财政整顿改革,其财政结构有所完整,并为地方制度奠定基础;另一方面,其大部分财政剥削来源于日伪对热河地区的掠夺与控制,并随着战事的加紧,日伪对伪“满洲国”的掠夺日益加剧,导致伪“满洲国”财政负担加重,从而内外交困,面临崩溃。

(三)伪“蒙疆”政权辖区的财税损失

1937年“七七事变”后,日军先后占领了中国的察哈尔省、山西省北部以及绥远省部分地区,随后在这些地区成立了察南、晋北、蒙古联盟自治政府三个傀儡政权。日本很早就认为“满蒙的资源很是丰富,有着作为国防资源所必需的所有资源,是帝国自给自足所绝对必要的地区”②。为了加强控制该地区的经济命脉和最大限度地掠夺资源,1939年9月,日本驻蒙兵团将该区域内的上述三个伪政权进行合并,成立了伪“蒙古联合自治政府”。虽然这个政权名义上是独立政权,但实权却掌握在日本侵略者的手中,日本人除了担任该自治政府的顾问外,还直接出任各级政府的官吏。日本侵略者对于伪“蒙疆”地区的战略意图不但是将其建成

① 赵建国主编:《松山区志》,辽宁人民出版社1995年版,第717页。

② 复旦大学历史系日本史组编译:《日本帝国主义对外侵略史料选编(1931—1945)》,上海人民出版社1975年版,第3页。

一个巩固的对苏作战基地，而且要利用该地区的丰富资源将这里建成支持日本战争的资源基地。

为了将伪“蒙疆”地区的资源用于日本侵略战争，日本对蒙疆地区的财税掠夺包括两大方面：一方面是直接从伪“蒙疆政权”获取财政收入；另一方面是将伪“蒙疆”地区丰富的农矿资源运往日本。

日本直接获取财政收入的方式主要有两种：一种是直接利用傀儡政权的财政体系获取。据统计，仅 1942 年和 1943 年，伪“蒙疆政权”的财政收入就高达 3342 万元。① 另一种主要利用日本控制的伪“蒙疆银行”进行资金转移。据统计，到 1945 年 8 月 20 日止，“蒙疆银行”资产转入日本银行或日本帝国所属银行，华中南户 1.74 亿元，海南岛户 600 万元，香港户 1230 万元，南方户 50 万元。② 这些巨额资金掠夺导致伪“蒙疆”人民普遍赤贫，农户现金收入极少，只能维持简单的生产与生活。

日本对伪“蒙疆”地区进行财税掠夺的另外一种方式是直接对伪“蒙疆地区”丰富的农矿资源掠夺。日本认为“应该由伪‘蒙疆’供给的原料品第一是国防工业、重工业的基本原料，尤其是矿石和煤炭，第二是军需资源羊毛”③。日本在伪“蒙疆”地区调查资源的基础上，假办企业之名，行掠夺资源之实，在满足屯军和侵略战争需要后，其余部分运回本土。掠夺的资源主要有铁、煤炭、盐及各种农畜产品。据统计，整个华北及伪“蒙疆”地区，1936 年煤矿产量为 1673 万吨，1944 年为 2039 万吨，是 1936 年的 1.2 倍；生铁产量 1936

---

① 居之芬主编：《日本对华北经济的掠夺和统制——华北沦陷区经济资料选编》，北京出版社 1995 年版，第 910 页。

② 中国第二历史档案馆编：《中华民国史档案资料汇编》第 5 辑第 2 编“附录”（上），江苏古籍出版社 1997 年版，第 898 页。

③ 杨井克巳编：《蒙古资源经济论》，三笠书房 1941 年版，第 58 页。

年为5000吨,1944年为2万吨,是1936年的4倍。[①] 由此可见,日本侵略者对伪“蒙疆”地区的矿产掠夺达到了十分猖狂的程度。

伪“蒙疆”地区自古畜牧业发达,日本在伪政权下设牧业总局,为统制和掠夺畜牧产品服务。1938年,又设立“东洋拓殖会社”负责经营畜牧,设立“蒙疆羊毛同业会社”专门经营羊毛业,并在平津设立羊毛工厂。[②] 日本对畜牧业实行严格的一元化统制,以独家经营为基本原则,避免竞争。这种垄断经营,便于对畜牧业的掠夺。日本通过伪政权的牧业总局定出“公定价格”,然后分配各旗、县收买,按牲畜与皮张种类、数目,限期完成,用强制性手段掠夺了大量畜产品。日本强占包头后,立即成立“物资调办社”实行经济军事管制政策,贬价强行收购皮、绒、毛。到1945年,包头的皮毛店已倒闭者十之六七,幸存者也铺底无存。[③] 日本通过强制的方法,用低价从伪“蒙疆”搜刮了近乎全部的畜牧业资源。

伪“蒙疆政权”财政随着日本的战争掠夺、挤压、无休止的索取,走向了崩溃的边缘,政权也因此走向崩塌。

二、关内沦陷区的财政、税收损失

(一)华北地区的财税损失

“七七事变”后,日本从华北开始发动了全面的侵华战争,先

① 严中平等编:《中国近代经济史统计资料选辑》,科学出版社1955年版,第147页。

② 延安时事问题研究会编:《日本帝国主义在中国沦陷区》,上海人民出版社1958年版,第67页。

③ 中国人民政治协商会议内蒙古自治区委员会文史资料研究委员会编:《内蒙古文史资料第39辑 内蒙古工商史料》,内蒙古文史书店1990年版,第225页。

后侵占了华北、华中和华南地区，并在沦陷区扶植傀儡政权来实行侵略统治。

中国许多地区成为日本掠夺的对象，而关内沦陷区（华北、华中）因其特殊的战略意义成为日本帝国主义者“开发”的重点对象，日本通过傀儡政权对华北和华中等地进行法西斯残暴的管理，对经济进行残酷的掠夺与控制。

在华北地区，日军每占领一处，即以“军管”的名义，对重要的工矿企业进行管制，然后委托日本企业进行生产经营。“日华事变以来，军部给华北接收了很多矿山、工厂为军管工厂，在自己支配下进行着管理指导，为有效经营工厂，军部委托适当业者，受托的业者必须根据军部所指示的条件很好地经营。”①

到 1939 年，日本企业先后控制了华北地区的 11 个煤矿，预计该年产煤 400 万吨；在盐业方面，日本企业控制华北地区的长芦盐场，计划该年度对日输出 40 万吨，并将长芦盐场的产量由 40 万吨增至 64.5 万吨。②

日本还通过掠夺华北伪政权的财政税收用以支撑其罪恶的侵略战争。1937 年年底，日军控制华北海关，“并于 1938 年实行了第一次关税改正，改正后的新税目有输入税 60 种，输出税 16 种。与旧税相比，输入税降低了 3 成至 7 成，输出税降低了 5 至 6 成”③。除接管海关之外，日本侵略者还控制了华北伪政权的国税总署，改称“统税总署”，将其下属的征税管理处改称“统税分局”。盐税方面，除设立长芦盐务管理局外，还设立了青岛盐务管理局。

① 中央档案馆编：《华北经济掠夺》，中华书局 2004 年版，第 233 页。

② 中央档案馆编：《华北经济掠夺》，中华书局 2004 年版，第 238—239 页。

③ 居之芬、张利民主编：《日本在华北经济统制掠夺史》，天津古籍出版社 1997 年版，第 102 页。

通过对以上三大税种和征税机关的整理,伪“华北临时政府”在1938年初步确立了财政基础,“1938年关税约7349万元,盐税约1865万元,统税约3965万元,合计13179万元,距年度预算相差近30000万元”①。而这些财政收入大部分被日本侵略者控制用于侵略战争。

(二)华中地区的财税损失

华中地区是中国工商业的中心地区,虽然矿产资源较华北及东北贫乏,但贸易、交通、工商、农业等都较为发达。因此,日军经济侵略华中的重点,也主要集中在这些方面。

日本对华中地区的掠夺,始于“八一三”淞沪抗战。日本侵略者相继占领上海、南京等地,由于战争破坏和日军的掠夺,华中地区经济损失惨重。以上海为例,在战前,上海占到了全国工业生产的1/2强,有华商工厂5200余家。在淞沪会战中,上海工厂合计被毁者约达70%,密集于闸北一带而全毁者,约占35%,浦东南市一带全毁者,占20%,损失总额当在8亿元以上。② 大量的中国工厂被日本侵略者“军管”,仅梁伪政权时期,苏、浙、皖三省属于“军管”的纺织、丝绸、化工等工厂,达到了200多家。③

为优先保证军需,日本当局对华中沦陷区出产的小麦、棉花、大米等农产品进行了统制。华中地区的米粮,一律被置于日军司

---

① 居之芬、张利民主编:《日本在华北经济统制掠夺史》,天津古籍出版社1997年版,第103页。

② 潘健:《汪伪政权财政研究》,中国社会科学出版社2009年版,第30—31页。

③ 黄美真编:《伪廷幽影录——对汪伪政权的回忆》,东方出版社2010年版,第158页。

令部的统制管辖之下，要进行运输则必须持有日本特务机关发给的“物品搬出许可证”。① 1939 年 8 月，日军对苏、浙、皖三省主要产谷地区发布禁止新米出境令，并指定由各日本商社进行收购。在日本指定军粮收购的地区里，只有军方指定的商人才能收购；沦陷区所产小麦，通过设立华中制粉联合会收购；沦陷区的棉花，则由华中棉花协会收购。所谓“收购”，实际上和强制征收相差无几。②

梁伪政权期间，伪统税局只属于日本侵略者，不属于梁伪政府。梁伪政府每月税额直接交付给日本特务机关，再由该机关划拨一部分给伪组织，充当伪组织所需经费。因此，梁伪政府期间华中沦陷区的主要税收均被日本侵略者控制，梁伪政权只能通过日本侵略者的划拨，才能满足基本的运转需求。

汪伪政权成立之后，汪伪政权接手了一部分向日军提供粮米的任务，开始插手日军的物资统制。③ 1941 年 9 月，汪伪政权成立了“中央物资统制会”，并设置地方物资统制会，具体负责督导改进物资供求及计划配给、调查统计物资产销、审议准许移出物资标准数量、严防物资流入大后方等。④ 然而，这一机构的实际领导权仍在日军手中，并未改变日军主导统制沦陷区物资的现状。

随着太平洋战争的爆发，日军对沦陷区的物资统制政策进行

---

① ［日］浅田乔二等著：《1937—1945 日本在中国沦陷区的经济掠夺》，袁愈佺译，复旦大学出版社 1997 年版，第 10 页。

② 中国社会科学院近代史研究所编：《日本侵华七十年史》，中国社会科学出版社 1992 年版，第 620 页。

③ 黄美真主编：《日伪对华中沦陷区经济的掠夺与统制》，社会科学文献出版社 2005 年版，第 506—507 页。

④ 上海市档案馆编：《日本在华中经济掠夺史料 1937—1945》，上海书店出版社 2005 年版，第 301 页。

了调整。一方面,日军企图加强对沦陷区物资的掠夺,当前对华经济施策的着眼点,是增加获取战争完成上必需的物资,图谋占领区内紧要物资的重点开发与获得,并积极获取地方物资;另一方面,为提高汪伪政权的积极性,日本方面一定程度上放松了对沦陷区经济的统制和垄断,"在实行经济施策过程中,力戒日本方面的垄断,同时活用中国方面官民之责任与创意使之体现其积极地对日协助之实"①。1943 年 6 月,汪伪政权公布《战时物资移动取缔暂行条例》,以苏、浙、皖三省及上海、南京两个特别市为对象,内容与日军统制规定相类。若宣布统制某项物资,则先由统委会核定一个极低价格,向生产者分头收购,集中物资供日军提购后,再把剩余物资另定高价,向民间销售。② 这不仅使日军优先获取军需品,而且直接盘剥了沦陷区百姓。

除了对物质进行掠夺之外,日本还通过汪伪政权发行的"中储券"进行掠夺华中民众的财产。日本认为"军需物资的筹措和其他军方所需及确保供日物资等方面的紧急需要""指导储备银行及财务当局,尽可能有效地使用储备券,以期军方所需等万无一失"。③ 随着日本将"中储券"日益"军费化",造成华中沦陷区的大规模恶性通货膨胀。如表 9-36、表 9-37 所示,1943 年、1944 年汪伪政权的财政收入均有结余,但是其中真伪未必如此。1943 年汪伪政权对商品实行从价征税,该年度关税、统税收入剧增,正是账面上财政结余的缘故,导致 1944 年统税增加缓慢,沦陷区经济

① 中央档案馆、中国第二历史档案馆、吉林省社会科学院编:《日本帝国主义侵华档案资料选编 · 汪伪政权》,中华书局 2004 年版,第 935 页。

② 中国人民政治协商会议全国委员会文史资料委员会编:《文史资料存稿选编 · 日伪政权》,中国文史出版社 2002 年版,第 890 页。

③ 上海市档案馆编:《日本在华中经济掠夺史料 1937—1945》,上海书店出版社 2005 年版,第 439 页。

开始衰退。账面上，显示 1943 年、1944 年汪伪财政收多于支，其实质是 1943 年后日本与汪伪通过中储行大量发行中储券增加日本军费开支，使得汪伪政权成为日本军事开支的机器，1944 年汪伪政权的财政更加恶劣，中储券大量发行，物价高涨，通货膨胀，1945 年，汪伪政权整个财政体系崩溃，再也无法维持下去。

表 9-36　汪伪政权的财政收支（1943 年）　（单位：万元）

科目	金额	科目	金额
岁入类		岁出类	
经常门		经常门	
关税	58760	国务费	4406
盐税	8326	内务费	2522
统税	90538	外交费	1550
烟酒税	8135	财务费	10068
印花税	512	军务费	14962
矿税	395	实业费	721
所得税	8532	交通费	123
特税	8367	建设费	265
通行税	3521	教育文化费	1683
蚕丝建设特捐	3302	司法费	1722
国有事业收入	765	事业费	7835
国家行政收入	375	抚恤费	181
国有营业纯益	2898	总预备费	7295
各省解款收入	21390	临时门	
交易税	313	国务费	2426
临时门		内务费	86
关税外债基金收入	5285	外交费	35
特种协款	859	财务费	55
拨款	897	军务费	33625

续表

科目	金额	科目	金额
其他收入	16344	实业费	46
兑换损益	484	教育文化费	55
经费剩余	436	国有营业资本支出	754
上年度移入款	19668	补助费	13772
—		粤鄂临时补助费	37
		临时加成费	6077
		特种建设基金	6
		其他临时费	705
		补付款	2302
		第三次加成费	4197
		本年度支出	117509
		结存	142593

表 9-37　汪伪政权的财政收支(1944 年)　(单位:万元)

科目	金额	科目	金额
岁入类		岁出类	
经常门	—	经常门	—
关税	274875	国务费	6828
盐税	13694	内务费	2877
统税	288544	外交费	2175
烟酒税	33970	财务费	31917
印花税	5594	军务费	63476
矿税	884	实业费	1538
所得税	42185	建设费	704
特税	7652	教育文化费	3082

续表

科目	金额	科目	金额
通行税	33781	司法费	4497
蚕丝建设特捐	10878	事业费	60797
交易税	2714	抚恤费	407
零售筵席娱乐等税	149290	总预备费	61797
国有事业收入	962	—	
国家行政收入	354		
国有营业纯益	1879	临时门	
各省解款收入	56655	国务费	—
香烛税	1450	内务费	4501
临时门		外交费	82
关税	4887	财务费	383
禁烟收入	51537	军务费	317299
特种协款	14361	实业费	36
债款收入	25224	建设费	42
公债收入	20711	教育文化费	608
其他收入	17109	补助费	16620
经费剩余	639	临时加俸费	20655
上年度移入款	142593	行政机关临时加俸费	90944
拨款	2646	其他临时费	457
兑换损益	0.2	补付款	6681
本年度收入	1205068	本年度支出	698498
		结存	506570

资料来源:中国第二历史档案馆藏:《各年度国库收支决算报告及财政部追加国家收支总概算案并附表》,汪伪政府中储行档案卷宗号2041(2)-116。

上册图表索引

目　录

中　册

第二篇　抗日后方和国民党统治区的半殖民地半封建经济

第二篇

抗日后方和国民党统治区的半殖民地半封建经济

第 十 章

抗日战争和解放战争时期的经济体制及其调整

1937 年“七七事变”爆发的次日，中共中央通电全国，号召实行全面抗战；数日后蒋介石也在庐山发表宣言，表明了国民党政府准备抗战的态度。国共两党实现第二次合作，共赴国难，领导人民开始了艰苦卓绝的全国抗日民族解放战争。国民党当局把经济战线的斗争放在至关重要的地位，进行了全国经济总动员，对经济政策进行了一系列调整，运用国家力量迅速发展大后方国防工业、重工业、能源工业及交通运输业，实行包括工矿、交通、金融、贸易、物价、物资等方面内容的战时经济统制以及田赋征实等重大举措，实现了国民经济体制由平时向战时的转轨；战时西南农村成为国民党政府“军民衣食所倚，易货偿债物资所出”的主要来源地，国民党政府采取了一系列扶助农业发展的措施。这些措施促进了战争初期后方工农业生产的发展，加强了大后方经济建设，为坚持长期抗战提供了物质保证。

为了支持抗战，保证国防耗费及国计民生的最基本要求，国民党政府陆续颁布了一系列战时经济统制的法令，依靠行政和法律手段，对大后方经济生活，从生产、流通到分配、消费等各个环节，实施了越来越严厉的经济统制。

由于国民党当局缺乏长期抗战准备，总是对英美的外援寄予过高的期望，这对国民党统治区财政、金融、产业等政策造成了不良影响。国民党政府因战时财政困窘而实行通货膨胀政策,导致国民党统治区物价飞涨,社会经济更加混乱。国民党的吏治腐败给抗战期间国民党统治区经济带来巨大的腐蚀和破坏,以致一些本来有利于抗战的经济政策,在实行过程中走样变形,弊端丛生,被贪官污吏用以发国难财。

日本占领时期,殖民当局对台湾人民政治上进行压迫,经济上进行剥削。日本资本家依仗侵略特权,从金融、工业、农业和贸易等多方面对台湾经济进行严格控制。他们力图使中国台湾经济发展转向为日本帝国主义全球扩张战略服务的轨道。

台湾光复后国民党政府通过对日产的接收和处理,将台湾的工业、农业、矿业、商业、交通运输业和金融业基本上都置于国民党政府控制之下,并设立专卖局和贸易局,由原来日本人在台湾的统制经济转变为国民党政府在台湾的统制经济。这个经济统制带来严重弊端,引发台湾"二·二八事件"。事件后,台湾省政改制,经济统制有所松动。

第一节　抗日战争时期战时经济体制的建立

"七七事变"后,日军对中国关内沿海沿江工业城市狂轰滥炸,使关内社会经济遭到严重破坏。"七七事变"前中国东部富庶地区是国民党政府财政收入主要来源地,这一收入来源地区沦陷使国民党政府财政收入迅速减少,而战时军费开支却大大增加,财政赤字庞大;战争爆发后国民党统治区现代工业薄弱,军需民用物资缺乏,国民党政府面临的经济形势严峻化。为了实行向战时经济的转轨,国民党政府颁布了一系列经济法令和条例。1942 年春颁布的《国家总动员法》,5 月,将行政院经济会议进行改组为"国家总动员会议",成为综理、推动国家总动员事宜的最高统制机构。从此国民党统治区战时经济体制完全确立。

一、经济形势的严峻化

1931年“九一八事变”后,国民党政府对日本帝国主义侵略战争已有所警觉,曾制定(并在国民党五届一中全会通过)《确定国民经济建设实施计划》,规定:“在目前国际情况下,凡基本工业之创办,重大工程之建筑,均须择国防后方之安全地带而设置之”,并从反侵略战争的需要出发,提出“调整原有生产组织,统制社会经济行动”等主张。① 但是国民党政府内部也存在着以对日妥协退让换取和平的幻想,蒋介石等“攘外必先安内”政策占了上风,因此对于日本在华北等地嚣张的侵略活动,备战行动不力。直至1937年,中国有限的工矿业约有80%以上集中于东部沿海和沿江城市,在国民党政府实业部登记注册的全国2435家工厂中仅上海一市就集中了1186家。上海、天津、无锡、武汉、广州这5个城市集中了全国工厂的60%。1937年“七七事变”后,日军对中国关内沿海沿江工业城市进行狂轰滥炸,使关内工业遭到严重破坏。上海一地仅在“八一三淞沪会战”中,完全被日军炸毁工厂就达905家,损失总额达15576.4万元。苏、锡、常各城及津浦线南段、沪宁线一带各城镇损失都十分惨重,仅工业设备就损失约一半。总计战时关内被毁工厂2370家,损失总额53440万余元。②

在全面抗战后,国民党政府才匆忙将上海等地厂矿内迁,尽管

① 浙江省中共党史学会编:《中国国民党历次会议宣言决议案汇编》第2分册,浙江省中共党史学会1980年版,第246、295页。

② 陈真、姚洛合编:《中国近代工业史资料》第1辑,生活·读书·新知三联书店1957年版,第78—86页。

做了很大努力,但是在仓促混乱中上海民营工厂只迁出146家,其余绝大部分工厂陷入日军控制之中。天津工厂全被日军所占,河北省仅运出材料一批,未能迁出厂矿;苏州、无锡、常州、广州以及山东等地也只迁出少数几家工厂,中国工业经济遭到十分沉重的打击。①

东部富饶区的沦陷,使中国农业损失也十分沉重。首先,耕地大面积缩小。抗战初期所丧失的大片国土,多为"著名膏腴之地",或是"特产殷阜之区",据统计全国粮食种植面积损失约1/3,棉花种植面积损失约2/3以上。其次,农业劳动力和耕畜的损失也很大。如果以1936年农作物产量指数为100,则1938年的指数分别为:稻谷81、小米20、小麦45、大豆34、高粱23、棉花29。② 可见,农业减产是非常惊人的。

"七七事变"前,中国东部经济较发达区是国民党政府财政收入主要来源地。"七七事变"后,中国东部地区很快沦陷,使得国民党政府财政收入迅速减少,1937年8—12月每月财政收入平均只有1600万元,比"七七事变"前减少了一大半;而战时军费开支却大大增加,抗战前两年国民党政府每年财政支出已增至10亿多元,而1937年下半年和1938年这一年半间财政支出迅速增至32.9亿元,与这一时期7.6亿元的财政收入相抵,亏短25.3亿元。③

日军切断和破坏国民党统治区海路和陆路、空路对外运输线,实行经济封锁,阻挠国民党政府获取外援。日伪政权还用掠夺来

---

① 陈真:《中国近代工业史资料》第4辑,生活·读书·新知三联书店1961年版,第17页。

② 石柏林:《凄风苦雨中的民国经济》,河南人民出版社1993年版,第271页。

③ 杨荫溥:《民国财政史》,中国财政经济出版社1985年版,第102页。

的法币大量套购国民党政府银行的外汇，对国民党政府实行激烈而复杂的货币战、贸易战和物资战。凡此种种，使得全面抗战爆发后国民党统治区现代工业薄弱，军需民用物资缺乏，财政赤字庞大，国民党政府面临的经济形势很快严峻化了。

二、战时经济体制的建立

1937年前，国民党政府逐步强化国家垄断资本的力量，并初步形成了国家资本对全国财经命脉的控制①，为全面抗战爆发后大后方迅速进入战时状态并进而实施国民党政府全面统制经济奠定了一定基础。

日本全面侵华战争不断紧逼，国民党统治区域陷于混乱之中。国民党政府不得不采取一些应变措施，较重要者包括在上海等地采取了安定金融的措施，在经济行政机构方面做了较大的调整，发动与组织了沿海沿江厂矿内迁运动等。但是这些仍然不够，急需对经济统制作全面调整，实现国民经济体制由平时向战时的转轨。

1937年8月，国民党对党政最高决策系统进行了初步调整，成立了国防最高会议，由蒋介石任主席，对党政军一切事项可"不依平时程序，以命令为便宜之措施"。原国民党中央政治委员会所属财政、经济、交通等专门委员会均由国防最高会议节制，使之实际成为抗战初期最高的经济决策机构。10月，蒋介石发布训令，于军事委员会下设工矿调整委员会、农业调整委员会、贸易调整委员会及水陆运输联合办事处，"对各项事业加以严密的组织，

① 参见刘克祥、吴太昌主编：《中国近代经济史（1927—1937）》，人民出版社2010年版，第118—142页。

适当的调整,给以有力的援助”①。同时,军事委员会设第三部管理国防工业,第四部管理民用工业和粮食、贸易,第六部管理交通运输事业。原属军事委员会的资源委员会职能也有所扩大,既要承担战略物资的统制,又要负责组织厂矿向后方迁移。这些措施使得军委会的经济行政职能大大加强。

“八一三淞沪会战”开始后,国民党政府为了进一步建立和强化其战时金融垄断体制,由中、中、交、农四大银行在上海组成“四行联合办事处”。1937 年 11 月,该处迁往武汉,改名为“四行联合办事总处”(以下简称“四联总处”),并先后在国内各重要城市设立 50 多个分处。四联总处随着战局变化再迁至重庆,并于 1939 年 9 月按照国民党政府颁布的《战时健全中央金融机构办法纲要》进行了改组,由一个联合机构改组为统一的中央集权机构,并扩大组织,提高职权,使其担负起筹划与推行国民党政府战时金融经济政策的任务。

上述机构的设置,是蒋介石等为适应抗战初期形势变化需要而采取的应变措施,但是又增加了国民党政府经济管理体制上的混乱,属于军事委员会系统的各专业经济统制机构与原经济行政机关同时行使职权,权限不清,号令不一。为此,1938 年 1 月国民党政府颁布《调整中央行政机构令》,再作调整:(1)将原实业部、建设委员会、全国经济委员会之水利部分、军委会第三和第四两部、资源委员会,工矿、农业的两调整委员会都并为经济部,使之成为主管全国经济行政事务的中央机关;(2)将原铁道部、全国经济委员会管辖之公路处、军委会所辖之水陆运输联合办事处并为交通部,统管全国国有铁路、公路、电信、邮政、航政的规划、建设和经

① 重庆市档案馆编:《抗日战争时期国民政府经济法规》上册,档案出版社 1992 年版,第 51—57 页。

营等，并负责监督公有及民营交通事业；(3)贸易调整委员会易名为贸易委员会，改隶财政部，并将国际贸易局改归贸易委员会管辖，使之负责进出口物品的管制，推动对外贸易的发展，管理外汇、借款和易货偿债，向国外购货，对敌封锁及抢购敌占区物资等，统一了对外贸易的事权。[①] 通过这次调整，使原来重叠分散的经济行政机构相对集中起来，改变了过去系统纷杂、政出多门的状况，加强了战时经济事权的统一性。

国际战争的残酷性迫使国民党政府必须动员一切人力、财力、物力为战争服务，为此要求国家机关对国民经济实行全面的控制。1938 年 3 月，国民党临时全国代表大会强调由国家控制经济，经济建设必须以军事为中心。大会通过了《抗战建国纲领》，其中“经济章”提出“经济建设应以军事为中心”，要“实行计划经济，奖励海内外人民投资，扩大战时生产”；要“以全力发展农村经济，奖励合作，调节粮食，并开垦荒地，疏通水利”；要“开发矿产，树立重工业基础”；等等。大会通过了《非常时期经济方案》，提出战时一切经济设施“应以助长抗战力量，求取最后胜利为目标”，“以期集中物力、财力”；对于战时的生产事业，“应以供给前方作战之物资为其第一任务”。《非常时期经济方案》还从农业、工矿、交通、金融、贸易、财政等方面对《抗战建国纲领》做了阐述和具体化。[②] 通过这次大会，国民党统治区战时经济方针初步确立。至此，国民党政府在战略防御阶段中，由刚开战时的手忙脚乱到初有章法，开始了向战时经济的转轨过程。

---

① 刘大禹：《抗战时期国民政府行政院的机构调整与改革》，《抗日战争研究》2009 年第 3 期。

② 秦孝仪主编：《中华民国经济发展史》第 2 册，近代中国出版社 1983 年版，第 604—611 页。

在抗战进入战略相持阶段后,随着局势不断变化,国民党政府对经济行政机构又陆续进行了一系列调整。经济行政主管层自1938年调整后变动不大,只是一些局部调整,如1939年将经济部农林司独立出来成立农林部,1940年设全国粮食管理局等。而这一时期经济最高决策层屡经变动。1939年1月成立国防最高委员会,行使原国民党中央政治委员会和国防最高会议的职权,后者即行撤销。国防最高委员会委员长仍然由党总裁(蒋介石)担任,对党政军一切事务,得不依平时程序,以命令为便宜之措施,一切大权都集中在蒋介石一人手中。1940年10月,国民党成立中央设计局,隶属于国防最高委员会,"主持全国政治、经济之设计及审核"。两个月后,1940年12月又在行政院内设"经济会议",由行政院院长及有关部委负责岗位组成,以蒋介石为主席,每周开会一次,讨论有关经济事宜。经济会议对于强化政府经济统制"致力尤多"。政府战时经济一切设施均由经济会议审定,其议决案以行政院命令行之。①

1941年,日本帝国主义为压迫国民党政府投降,加强了对国民党统治区的经济封锁,国民党政府的经济问题日益紧迫。为了加强对敌经济斗争和克服面临的困难,国民党于这年3月在重庆召开了五届八中全会,蒋介石在开幕词中指出:"今后抗战的胜负,一方面固然仍要取决于军事,但另一方面还要取决于军事以外之经济战争";"就现代战争的特质而言,我们毋宁说今后敌我成败的决定力,经济要占七分,军事仅占三分"。五届八中全会通过了《积极动员人力物力财力确立战争经济体系案》,指出"国家在战时,其经济力之能否持久,为最后胜利之关键。而

① 参见重庆市档案馆编:《抗日战争时期国民政府经济法规》上册,档案出版社1992年版,第59—60页。

经济力之能否配合军事之发展，又有赖于其机关之健全独立以及灵活运用”，要求积极动员全国人力、物力、财力，加强战争经济体系，“以求生产之增加，分配之公允，并厉行消费节约，务使一切经济之力量，得收全盘控制之运用”。为此，国民党五届八中全会制定了《战时经济体系基本纲领》，提出了建立战时经济体系的基本方针，决定调整经济机构，严厉对敌经济斗争，全面实行统制经济。根据经济形势的变化，这次全会还议决在行政院添设粮食部和贸易部。① 五届八中全会对于实现战时经济全面转轨有积极意义。

1941 年 12 月太平洋战争爆发后，国民党立即召开五届九中全会，讨论在国际形势发生急剧变化后，重新检讨有关经济政策等问题，并通过了《加强国家总动员实施纲领》，推进了国民党政府的战时经济统制。② 此后又于 1942 年 3 月颁布《国家总动员法》，进一步对全国实行战时全面统制。1942 年 5 月 1 日，根据《国家总动员法》将行政院经济会议进行改组为“国家总动员会议”，成为综理、推动国家总动员事宜的最高统制机构。③ 从此国民党战时经济最高决策机构相对稳定下来，经济机构的战时调整任务宣告完成，战时经济体制完全确立。

1944 年年底，中美两国联合组建战时生产局，以指挥监督及

① 荣孟源主编：《中国国民党历次代表大会及中央全会资料》下册，光明日报出版社 1985 年版，第 667—675 页。

② 荣孟源主编：《中国国民党历次代表大会及中央全会资料》下册，光明日报出版社 1985 年版，第 745—747 页。

③ 参见段瑞聪：《蒋介石与抗战时期总动员体制之构建》，《抗日战争研究》2014 年第 1 期。

联系中国公私生产机构。① 这对于增进中国战略物资的生产,防止抗战后期国民党统治区经济崩溃有一定积极意义,也使国民党统治区战时经济体制出现了新的变化,美国势力越来越深地渗入国民党统治区战时经济体制之中。

第二节　经济统制的推行

1939 年 1 月,国民党召开五届五中全会,提出要加紧后方经济建设,增强持久抗战能力,宣布要根据战争的实际情况,“分别轻重,斟酌缓急,实行统制经济”。并具体指出:为“调节物质之生产消费,举凡抗战必需之重工业、矿业、民生日用必需之轻工业、手工业,急要之铁道、航空线、公路等,应竭力之所能,努力兴举。更以巩固币制,流畅金融,促公私产业之发展,他如农、林、畜、牧之改进,内地蕴藏之开发,后方各省生产能力之增加,尤当合政府人民一切资本技术之力,切实加紧推行”②。

为了实行向战时经济的转轨,国民党政府颁布了一系列经济法令和条例,例如 1937 年 12 月国民党政府公布了《战时农矿工商管理条例》,次年 10 月又修正为《非常时期农矿工商管理条例》。③据此条例,经济部可以呈准行政院,对一些重要矿产及其制品、棉丝麻毛及其制品、粮、油、茶叶、糖、主要燃料和一些基本工业品以及生产经营这些物资的企业进行统制。为了支持抗战,保证国防

① 参见重庆市档案馆编:《抗日战争时期国民政府经济法规》上册,档案出版社 1992 年版,第 70—73 页。

② 荣孟源主编:《中国国民党历次代表大会及中央全会资料》下册,光明日报出版社 1985 年版,第 563—564 页。

③ 参见重庆市档案馆编:《抗日战争时期国民政府经济法规》上册,档案出版社 1992 年版,第 78—82 页。

耗费及国计民生的最基本要求，国民党政府还陆续颁布了其他许多有关战时经济统制的法令，依靠行政和法律手段，对后方经济生活，从生产、流通到分配、消费等各个环节，实施了越来越严厉的经济统制。

一、金融统制和通货膨胀政策

（一）严厉的金融统制

国民党政府非常重视金融统制在经济统制中的地位。1939年9月，国民党政府公布“呈奉委座亲加核正”①的《巩固金融办法纲要》②和《战时健全中央金融机构办法纲要》，明确规定四联总处“负责办理政府战时金融政策有关各特种业务”。10月1日，四联总处完成改组，蒋介石任理事会主席，中央银行总裁孔祥熙，中国银行董事长宋子文和交通银行董事长钱永铭为常务理事，凡国家金融经济大计及四联总处业务方针的确定，四行业务及其机构的调整，各种章程制度的核定，发行、贴放、内汇和外汇等重要款项的核拨，均由理事会决定。这样，确立了蒋介石在战争期间对四行具有直接指挥权。2日，蒋介石主持召开第一次理事会会议，会议通过《中央中国交通中国农民四银行联合办事总处组织章程》③。四联总处理事会下设战时金融委员会、战事经济委员会和农业金融设计委员会，负责审议战时金融经济政策及各有关重要问题。

① 重庆市档案馆、重庆市人民银行金融研究所合编：《四联总处史料》上册，档案出版社1993年版，第66页。

② 参见重庆市档案馆编：《抗日战争时期国民政府经济法规》上册，档案出版社1992年版，第77页。

③ 参见重庆市档案馆编：《抗日战争时期国民政府经济法规》上册，档案出版社1992年版，第644—646页。

改组后的四联总处内部组织得到了充实,性质上也有了很大变化,不仅中、中、交、农四大银行的业务均由其统一管理,而且全国举凡战时与金融有关的重大经济政策也都纳入它的工作范围之内。尽管四联总处职责以金融为主,但后来的事实证明,改组后四联总处的性质,由一个联合办事机构转变为金融经济管制机构。蒋介石终于在战争的背景下,通过改组四联总处,并赋予其管制金融经济的权力,才实现了直接管制金融经济的夙愿。四联总处已成为战时国民党政府实行金融统制和经济统制的指挥和监督机构,战时通货膨胀政策也是它决定实行的。蒋介石认为四联总处是指挥“经济作战之大本营”①。1947 年 2 月 27 日,蒋介石在四联总处第 338 次理事会上说:“在八年抗战中,我们中国金融经济之所以能免于崩溃,大部分是由于各行局能够同心一德,照四联总处之计划,努力推行的结果。”这证明蒋介石认识到了四联总处在抗日战争中、后期的重要作用。②

1942 年 5 月,四联总处理事会根据蒋介石“关于加强统制四行”的手令,制定了《修正中央中国交通中国农民四银行联合办事总处组织章程》③及《中中交农四行业务划分及考核办法》④,重新划分了中、中、交、农四行各自的业务范围,规定:(1)所有法币之发行统由中央银行集中办理,中国、交通、中国农民三银行以往所发行的法币及准备金全数移交中央银行;(2)中央银行还负责收

① 重庆市档案馆、重庆市人民银行金融研究所合编:《四联总处史料》上册,档案出版社 1993 年版,第 66 页。

② 伍野春、阮荣:《蒋介石与四联总处》,《民国档案》2001 年第 4 期。

③ 参见重庆市档案馆编:《抗日战争时期国民政府经济法规》上册,档案出版社 1992 年版,第 642—644 页。

④ 参见重庆市档案馆编:《抗日战争时期国民政府经济法规》上册,档案出版社 1992 年版,第 644—649 页。

存所有公私银行的存款准备金，统筹外汇收付，独家经理国库，调剂金融市场，集中办理票据交换和重贴现等；(3)中国银行主要负责经理政府国外款项之收付，发展与扶助国际贸易并办理有关事业之贷款与投资，受中央银行委托经办进出口外汇及侨汇业务，办理国内工商业汇款，办理储蓄信托业务等；(4)交通银行主要负责办理工矿交通及生产事业之贷款与投资，办理仓库及运输业务，经募或承受公司债及公司股票，办理储蓄信托业务等；(5)中国农民银行主要负责办理农业生产贷款与投资，办理土地金融业务，办理合作事业贷款，办理农业仓库、信托及农业保险，办理储蓄存款等。这一办法的实施，使当时金融方面最为重要的货币发行权和外汇管理权都集中于中央银行，加强了中央银行对国民党统治区金融的垄断权力。中央银行总裁孔祥熙也由四联总处理事会常务理事之一提升为理事会副主席。国民党政府又颁布了《公库法》《统一发行办法》①等，使中国、交通、中国农民等三大行头寸的调拨受制于"中央银行"，经营业务等亦受"中央银行"控制，国民党政府官僚资本的垄断性进一步增强。货币发行权集中于"中央银行"一家手里，为国民党政府推行无限制的通货膨胀政策，搜刮人民财富，扩张官僚资本，提供了更加便利的条件。

四联总处迁至重庆后，四行两局官僚资本金融体系的重心也随之转移到重庆。金城、大陆、中南、浙江兴业、上海、中国通商、中国实业、四明等商业银行纷纷来到重庆，英资汇丰银行、麦加利银行、美国的花旗银行及法国的东方汇理银行等也来此设立分支机构，重庆很快成为战时大后方的金融中心。国民党政府以重庆为中枢，加强了对整个大后方的战时金融统制。

---

① 参见重庆市档案馆编：《抗日战争时期国民政府经济法规》上册，档案出版社1992年版，第75—77页。

国民党政府于1938年4月颁布了《改善地方金融机构办法纲要》①,设法增强后方各地方金融机构资力,以调剂后方农工各业发展所需的资金。1940年1月公布《县银行法》,规定县银行资本总额要在5万元以上,其中商股不得少于半数;县银行不得买卖不动产,不得买卖有价证券等,该法规虽然对县级银行做了许多严格规定,但也对推动县级银行发展,扩大地方金融网起了一定作用。1940年8月,国民党政府又公布了《非常时期管理银行暂行办法》②,规定私人银行不得兼营商业,不得囤积货物及代客买卖等,试图杜绝商业银行的违法投机活动;该办法还规定一般银行须将其存款总额的20%作为准备金,转存中、中、交、农四行(后改为独存于"中央银行"),使"中央银行"的财力更加充实。由于上一办法执行不力,许多商业银行仍然公开设立商行,从事囤积投机,国民党政府又于1941年12月颁行《修正非常时期管理银行暂行办法》,主要是限制商业银行的新设,禁止银行职员利用行款经商,实行普遍检查银行和钱庄的业务等。这一办法的实施,特别是对银行实行普遍检查,对限制银行的投机活动,加强国民党政府战时金融统制,起到了一定作用。

从1942年12月起,国民党政府又在成都、西安、兰州、桂林、昆明、贵阳等17个城市设立"银行监理官",负责审核管辖区银行和钱庄的放款用途,检查管辖区银行和钱庄的有关账目等。以后又陆续颁行划一银行会计科目;不准各商业银行在限定的25个城

① 参见重庆市档案馆编:《抗日战争时期国民政府经济法规》上册,档案出版社1992年版,第642—644页。

② 参见重庆市档案馆编:《抗日战争时期国民政府经济法规》上册,档案出版社1992年版,第652—654页。

市添设分支机构;禁止各银行和钱庄接受金类押款等法令。① 总的来说,在抗战期间,国民党政府对地方银行和商业银行的管制越来越严格。

(二)日益恶化的通货膨胀

抗战之初,由于各行局货币发行权不统一,加之各省地方银行及部分地区仍拥有钞券、本票的发行权,致使中央银行对于全国货币流通及其他银行信用能力无法进行有效监管。1942 年 3 月,蒋介石发布“加强统制四行”手令,其中特别注重“限制四行发行钞票、改由中央统一发行”,“此为最急之要务,须限期完成”。国民党政府并加强省地方银行发行钞券的监管。这些举措的目的在于维持战时金融经济运行的稳定,强化“中央银行”职能,以保障战时国家财政经济的金融需求。②

但是因战时财政收入大减而军费支出大增,财政赤字问题日益严重,国民党政府为了维持其军政机构运行,实行通货膨胀政策,不断增加法币的发行。法币发行量在 1937 年时为 16.4 亿元,到 1942 年时已达 344 亿元(见表 10-1),1945 年更达 10319.3 亿元,比 1937 年增长了 628 倍多。通货膨胀政策必然带动物价上涨。1940 年农业歉收更使物价上涨速度超过法币发行量增长速度。至 1945 年 8 月,重庆批发物价指数比 1937 年增长了 1792 倍,比 1941 年增长了 90 多倍。实行通货膨胀政策是国民党政府推行经济统制的重要内容。但是由此造成的发钞与物价赛跑局面

---

① 洪葭管主编:《中国金融史》,西南财经大学出版社 1993 年版,第 366—367 页。

② 参见王红曼:《“四联总处”对战时货币发行的法律监管》,《中国社会经济史研究》2008 年第 3 期。

一直困扰着抗战期间大后方社会经济生活,使社会经济混乱,国民经济几乎崩溃。

表 10-1　法币发行额及其指数(1937—1945 年)

年月＼项目	法币发行额(亿元)	指数(1937 年 6 月=100)
1937 年 6 月	14.1	100
1937 年 12 月	16.4	116
1938 年 12 月	23.1	164
1939 年 12 月	42.9	304
1940 年 12 月	78.7	558
1941 年 12 月	151	1071
1942 年 12 月	344	2440
1943 年 12 月	754	5348
1944 年 12 月	1895	13440
1945 年 12 月	10391.3	73187

资料来源:据洪葭管:《中国金融通史》第 4 卷,中国金融出版社 2008 年版,第 464 页表及许涤新、吴承明主编:《中国资本主义发展史》第 3 卷,人民出版社 2003 年版,表 4-15 改编。

通货膨胀对于社会各阶层收入分配发生巨大影响。根据物价指数分析,工农产品价格剪刀差,以及农民购买价与出售价的差距日益加大(见表 10-2)。田赋征实使农民收入逐年恶化。丝、茶、桐油、猪鬃和后期棉花、蔗糖的统购价格都低于市价,甚至低于生产成本。农民成为国民党通货膨胀政策的最大牺牲者。工人、服务业者、公务员和教师的实际收入都由于通货膨胀而下降。士兵的货币兵饷 1944 年的购买力只有战前的 5%。而国民党政府是通货膨胀最大的收益者。豪门资本、投机资本、商业资本也都从通货膨胀中获得好处。①

表 10-2A　后方通货流通量和物价指数(1937—1945 年)

年份＼项目	(1)法币发行额(亿元)	(2)银行活期存款(亿元)	(3)通货流通量(亿元)	上海批发物价	重庆批发物价
1937	16.4	19.9	36.3	106	100
1938	23.1	25.1	48.2	116	99
1939	42.9	31.6	74.5	185	129
1940	78.7	43.0	121.7	465	938
1941	151	81.5	232.9	1002	1938
1942	344	174.5	518.1	2902	4440
1943	754	262.4	1016.2	10179	12588
1944	1895	870.3	2764.9	77658	42821
1945	10319.3	4755.1	15074.4	1590272	130791

注:1. 上海批发物价:1937 年 1—6 月 = 100;重庆批发物价:1937 年 = 100。2. 法币发行额为年底数。3. 据四联总处统计的国家银行活期存款占全部存款的比重,从全部银行(国家银行、省市银行、私营银业)存款总数中推出。4. (3)=(1)+(2)。

资料来源:据许涤新、吴承明主编:《中国资本主义发展史》第 3 卷,人民出版社 2003 年版,表 4-15 改编。

表 10-2B　重庆批发物价和工资指数(1937—1944 年)

(1937 年 1—6 月 = 100)

年份＼项目	制成品	半制成品	原料	工资
1937	120	110	90	100

① 许涤新、吴承明主编:《中国资本主义发展史》第 3 卷,人民出版社 2003 年版,第 475—479 页。

续表

年份 \ 项目	制成品	半制成品	原料	工资
1938	230	150	90	140
1939	510	250	140	230
1940	1300	630	450	350
1941	2820	1750	1330	600
1942	14140	6040	3700	1060
1943	39810	16940	11400	1970
1944	133350	50410	38390	3840

资料来源:据许涤新、吴承明主编:《中国资本主义发展史》第 3 卷,人民出版社 2003 年版,第四章第五节二有关表格改编。

表 10-2C　后方工农产品物价(1937—1945 年)

年份 \ 项目	后方七城市物价指数		四川四个县价格指数	
	农产品	工业品	农民出售价	农民购买价
1937	97	105	100	100
1938	95	145	103	118
1939	135	253	142	167
1940	340	298	429	530
1941	1079	1403	1615	1729
1942	2998	4782	3595	4007
1943	8466	17973	10149	11755
1944	29456	64906	38538	43658
1945	124618	241766	—	—

注:后方七城市物价指数,以 1937 年 1—6 月 = 100;四川四个县价格指数,以 1937 年 = 100。

资料来源:据许涤新、吴承明主编:《中国资本主义发展史》第 3 卷,人民出版社 2003 年版,第四章第三节三有关表格改编。

(三)战时外汇、金银政策

全面抗战爆发后,国民党政府财政捉襟见肘,“财政金融当局渴盼的是能够维持法币对外汇价和能够购买军需民用物资的外汇”①。全面抗战前夕,国民党政府手中约有2.5亿美元的外汇储备。大战起,国民党政府决定维持原来1元法币合1先令2.5便士或30美分的汇率,为此必须由中央银行无限制供应外汇,以致资金大量外逃。1937年7月7日至8月12日一个多月时间估计售出外汇750余万英镑,合1.2亿元法币,比上半年平均每月供应数增加了5倍。11月中旬沪宁杭相继沦陷,逃汇之风更加强大,中、中、交三行11月下半月售出外汇从每周50万英镑猛增至每周150万英镑。② 到1938年3月,国民党政府已损失外汇0.9亿美元,“尤其是,这时上海已陷敌手,中国银行仍然在租界供应外汇,令人莫解”③。

国民党政府于1938年3月12日颁布《购买外汇请核办法》④,指定中央银行办理外汇请核事项,停止无限制供给外汇,开始对外汇买卖实行统制。外商银行不满,遂于月底撕毁协议,自行开价买卖外汇,以汇丰银行的挂牌为标准,上海的外汇黑市也就由此产生。⑤ 中国银行也只得调整官价。国民党政府采取审核外

① 洪葭管:《中国金融通史》第4卷,中国金融出版社2008年版,第395页。

② 中国银行行史编辑委员会编著:《中国银行行史(1912—1949)》,中国金融出版社1995年版,第526页。

③ 许涤新、吴承明主编:《中国资本主义发展史》第3卷,人民出版社2003年版,第472—473页。

④ 参见重庆市档案馆编:《抗日战争时期国民政府经济法规》上册,档案出版社1992年版,第670—680页。

⑤ 中国银行行史编辑委员会编著:《中国银行行史(1912—1949)》,中国金融出版社1995年版,第527页。

汇用途和维持外汇市场两大方策来统制外汇,虽然通过外汇统制减缓了法币汇率下跌之势,对于稳定法币币值起到了一定的作用,但是日伪势力用他们掌握的法币到租界大量套取中国的外汇,上海租界的中国银行处于极为被动的局面,到1939年年初外汇已枯竭,只好向英、美乞援。1939年3月,成立中英平准基金,在上海、香港供应外汇。基金很快被消耗,不得不两次停售,调整官价。1939年9月,欧洲大战爆发,英镑跌价1/3,平准基金得以购入若干英镑,维持至1941年年初。1939年9月,四联总处改组后担负起决定外汇政策的任务,原属财政部外汇审核委员会的审核工作移交四联总处办理,凡政府机关、事业单位和商人申请外汇,经四联总处核定后,送交财政部填发通知书再行结汇。1941年4月,由美政府贷款5000万美元,英政府贷款500万英镑,中国政府拨款2000万美元,重组中美英平准基金,继续出售外汇。

1941年7月,英、美、荷宣布冻结日本人和中国人在该国存款,有助于防止资金外逃,使官价汇率得以维持在一定水平,中国统制外汇进入第二阶段。法币汇价过死,又使中国在日本侵略势力发动的货币战中遭到很大损失。尽管如此,国民党政府仍然竭力维持法币的外汇官价。其间由于国内外局势变化,外汇黑市逐渐消灭,外汇审核日趋严密。太平洋战争爆发后,中英美平准基金委员会内移,四联总处除继续发挥政策指导作用外,具体审核外汇的工作,则移交行政院下属的外汇管理委员会接管。法币与美元的官定汇价更是长期不动。此后,外汇官价与市价出现战时特有的变化(见表10-3)。

表 10-3　美元汇率(1937—1945 年)　(1 美元=法币数)

年月＼类别	官价	市价
1937 年 12 月	3. 42	3. 42
1938 年 6 月	5. 40	5. 39
1938 年 12 月	6. 40	6. 40
1939 年 6 月	6. 40	7. 51
1939 年 12 月	8. 51	14. 14
1940 年 6 月	—	18. 18
1940 年 12 月	—	17. 75
1941 年 6 月	—	19. 05
1941 年 12 月	18. 8	18. 93
1942 年 6 月	18. 8	—
1942 年 12 月	18. 8	—
1943 年 6 月	18. 8	59
1943 年 12 月	20. 0	84
1944 年 6 月	20. 0	192
1944 年 12 月	20. 0	570
1945 年 6 月	20. 0	1705
1945 年 8 月	20. 0	2185

资料来源:据许涤新、吴承明主编:《中国资本主义发展史》第 3 卷,人民出版社 2003 年版,第四章第三节二有关表格改编。

法币发行过量,牵动了后方物价飞涨。而法币汇价过死,又使中国在日本侵略势力发动的货币战中遭到很大损失。1942 年,孔祥熙曾经透露:国民党政府为了维持汇价在货币战中损失约“1 亿英镑”(合 4 亿美元)。① 尽管如此,国民党政府仍然竭力维持法

① 姚遂主编:《中国金融史》,高等教育出版社 2007 年版,第 345 页。

币的外汇官价,能买到官价外汇的主要是少数有权势的达官贵人,人们多在黑市上炒买炒卖外汇,这样更助长了外汇黑市的活跃,到 1945 年 7 月重庆黑市美钞 1 元要卖 2889 元法币,是官价的 140 多倍! 国民党官僚利用外汇投机大发国难财,蒋、宋、孔、陈等特权家族在美国的 10 亿美元存款,大部分是用这种办法掠夺来的。①

国民党政府还用一部分美国财政援助借款做基金,从 1942 年 4 月发行"美金节约储蓄建国储蓄券"。由于法币日益贬值,美元黑市价格逐渐上升为官价的数倍,买美金公债等成为有厚利可图的事情。1943 年 10 月,明明还有 3000 多万元美金公债尚未售出,孔祥熙等政府要员即宣布债券售完,停止发行,私分了剩余公债。这样一来,引起舆论大哗,国民参政会也有人频频提出质询。到 1945 年,身兼"行政院"副院长、"财政部"部长、四联总处理事会副主席、"中央银行"总裁等要职的孔祥熙,在一片指责声中不得不辞职下台。②

金银政策也是国民党政府战时金融政策的重要内容。战争初期,国民党政府先后颁布《金类兑换法币办法》《监督银楼业办法》《限制私运黄金出口及运往沦陷区域办法》等,加强收兑民间金银;1939 年又公布《取缔收售金类办法》和《加紧中央收金办法》,规定由中、中、交、农四行统收民间金银,禁止黄金自由买卖,强制收兑金店、银号、银楼等所存金银,严惩违规藏匿金银者。但是国民党政府收兑民间金银的效果甚微,到 1940 年年底拢共不到 70

① 参见许涤新:《官僚资本论》,南洋书店 1947 年版,第 75 页。

② 参见洪葭管主编:《中国金融史》,西南财经大学出版社 1993 年版,第 362—363 页。

万两。[①] 国民党政府还加强了对民营金矿的统制。[②]

从1943年6月起,国民党政府为遏制后方物价不断上涨之风,宣布准许黄金自由买卖,并用美国提供的"财政援助借款"从美国进口大量黄金,由"中央银行"随行市出售。"中央银行"所定的黄金官价不断上升,如1943年11月8日每两黄金官价为1.2万元,12月3日上升为1.3万元,1944年2月1日上升为1.5万元,8天后很快上升为2.15万元。黄金市价也跟着涨得更高,例如1944年11月16日每两黄金官价为2.4万元,当月黄金市价为3.6万元;1945年6月8日每两黄金官价又升为5万元,这个月黄金市价涨至每两18.2万元。每次黄金官价要变动时,一些有条件探悉内情的达官贵人和奸商们总是设法在投机市场上"搅浑水",大发其财。1945年3月28日,国民党政府内定从次日起提高金价,每两黄金从2万元陡升到3.5万元。这个绝密的事却很快泄露,重庆几十家公私银行、大公司及官僚富商连夜哄抢黄金,酿成"重庆黄金风潮",这是由于国民党政府内部腐败官员利用职权谋私造成的金融风潮。对这一事件,国内大小报纸争相报道,要求彻查严办;国外舆论也纷纷指责。国民党政府不得不将"中央银行"业务局局长、"财政部"总务司司长等几人分别判处3年、2年轻刑以作搪塞,对其余达官贵人则未加追查。[③]

1943年8月,四联总处理事会还决定开办黄金存款,以吸收民间资金,回笼货币,稳定币值。存户可按照当时黄金牌价以法币

---

① 参见许涤新、吴承明主编:《中国资本主义发展史》第3卷,人民出版社2003年版,第474页。

② 参见中国人民银行总行参事室编:《中华民国货币史资料》第2辑,上海人民出版社1991年版,第400—410页。

③ 参见中国人民银行总行参事室编:《中华民国货币史资料》第2辑,上海人民出版社1991年版,第416—432页。

折合黄金存入,到期时银行用黄金付还原本,用法币支付利息。据统计,截至1945年6月,用这种办法共回笼800多亿元法币,折算黄金约200余万两。一些中小商人、中小财主等为了保值,在买不到黄金现货时,常常购买黄金存款。不料到1945年7月国民党政府突然宣布存户都要捐献所存黄金的40%,这样不择手段地搜刮民财,激起民愤。国民党政府还借口来不及分铸,规定存户必须凑足整块金砖的数额(400两)才能兑取黄金,以此来限制存户提取黄金,受到损害的多为中小资产者。这年年底,四联总处理事会又宣布按官价以法币支付到期的黄金存款本息,这大大损害了存户的利益,也使国民党官僚资本银行的信誉更为下降。①

二、物价和物资统制

1936年,国民党政府资源委员会在各省设立钨、锑、锡、汞、铋、钼等特矿统制机构,负责管理和统制各地特矿生产、收购、运输和销售事宜。这是国民党政府物资统制的重要举措,当时取得重要成效。② 这类物资统制的重要举措在全面抗战时期继续实行,促进了中国特矿业的发展,对于支持大后方军事工业及经济建设起到了积极作用。为了易货偿债、进口军需物资的需要,国民党政府除了由资源委员会对钨、锑、锡等特种矿产实行统购统销,后又由贸易委员会统制桐油、猪鬃、茶叶的收购出口,继而又将统制范围扩大到羊毛和蚕丝。

① 参见中国人民银行总行参事室编:《中华民国货币史资料》第2辑,上海人民出版社1991年版,第422—427页。

② 参见郑友揆等:《旧中国的资源委员会——史实与评价》,上海社会科学院出版社1991年版,第252—253页;刘克祥、吴太昌主编:《中国近代经济史(1927—1937)》,人民出版社2010年版,第383—387页。

抗战时期,国民党政府撤退到西部区域。由于这里人口猛增而物资相对匮乏,而且国民党政府实行通货膨胀政策,物价涨势加剧,投机活动日益猖獗。因此,国民党政府经济部于 1939 年 2 月颁布《非常时期评定物价及取缔投机操纵办法》,要求在各地由地方主管官署会同当地有关机关、商会或经营日用必需品之同业公会等设立平价委员会,以办理当地日用必需品平价事宜;平价委员会由地方主管官署所派委员为主任委员,商会或同业公会推派委员不得超过委员总数之半数;由各地平价委员会以生产者与消费者双方兼顾原则议定当地各类商品价格;各地平价委员会评价标准为:"一、凡物品质生产及运销成本未受战时影响或影响甚微者,以战前三年或一年之平均价格为标准。二、凡物品质生产及运销成本受战时影响者,以其在战后之成本再加相当之利润为标准。三、凡物品质成本不易计算者,以及经营所需之资本总额再加相当之利润为标准。前项第二款、第三款之利润由平价委员会酌拟,呈请地方主管官署核定之,并呈报上级官署转报经济部备核。"①从此,国民党政府开始实施对大后方物价的管制。1939 年 12 月,国民党政府颁布《日用必需品平价购销办法》,决定由经济部设立平价购销处,主持办理西南、西北各省日用必需品的平价购销事宜;购销处营运资金由四联总处分期拨付,其会计独立,直接受四联总处之稽核监督。② 但是各地物价仍然不断上涨,囤积居奇、投机倒把活动猖獗。国民党政府又于 1941 年年初颁布了《非常时期取缔日用重要物品囤积居奇办法》,规定取缔囤积居奇的重要物品为

① 重庆市档案馆编:《抗日战争时期国民政府经济法规》上册,档案出版社 1992 年版,第 93—95 页。

② 参见重庆市档案馆编:《抗日战争时期国民政府经济法规》上册,档案出版社 1992 年版,第 95—97 页。

四大类(包括米、面粉、玉米、高粱等粮食类,棉花、棉纱、棉布、麻布等服用类,煤炭、木炭等燃料类,食盐、菜油、纸张等日用品类),对囤积居奇做了明确的界定,规定了严厉的惩罚条款,强化地方主管官署在取缔囤积居奇方面的责任,并对各地同业公会在取缔囤积居奇方面的作用提出了更严格的要求。①

在战时物资统制中,粮食占有重要地位。抗战爆发后,国民党政府即认识到粮食问题的重要性,为加强对粮食的管理和监督,于1937年8月31日颁布《食粮资敌治罪暂行条例》,规定:“凡以食粮供给敌军者,处死刑”;私运禁止出口食粮10万斤以上者,以资敌论;私运禁止出口食粮未满10万斤者,处无期徒刑或7年以上有期徒刑。② 处罚力度很重。

至1940年,从战区迁至大后方的人口达5000万之众,对粮食的需求激增。此时因国际路线和国内交通节节受阻,重庆及鄂西军粮民食均须赖川省接济,加之当年四川省春寒夏旱,秋收荒歉,一时供求失调,民情惶恐,囤积居奇之风渐盛,致使川省粮价骤然高涨。1940年7月8日,成都市米价每石售价100元,9日涨至108元,10日又涨至115元,至10月1日每石涨至200元。到1941年6月重庆米价较1937年上半年平均价格(每市斗1.32元)增长约31倍,达每市斗41.87元,形势日趋严重。③

1940年7月30日,国民党政府为统筹全国粮食之产销储运,

① 参见重庆市档案馆编:《抗日战争时期国民政府经济法规》上册,档案出版社1992年版,第99—102页。

② 参见重庆市档案馆编:《抗日战争时期国民政府经济法规》上册,档案出版社1992年版,第185页。

③ 参见抗日战争时期国民政府财政经济战略措施研究课题组编写:《抗日战争时期国民政府财政经济战略措施研究》,西南财经大学出版社1988年版,第29页。

调节其供求关系，设立全国战时粮食管理局，直隶于行政院，负责管理有关粮食的生产、储藏、运输、价格及各地粮食市场改进、粮食品质改良等事宜。[①] 1941 年年初，国民党统治区粮食问题日益尖锐，粮价暴涨，时有抢米风潮发生。4 月，国民党政府制定《非常时期粮食管理法（草案）》[②]；5 月，国民党政府颁布《非常时期违反粮食管理治罪条例》，规定"凡非经营商业之人或非经营粮食业之商人购囤粮食营利者、经营粮食之商人购囤粮食不遵粮食主管机关规定出售者，粮户或粮商之余粮经粮食主管机关规定出售而规避藏匿者，均以囤积居奇论"，对囤积居奇、哄抬粮价、违反粮食管理者规定了严惩办法。[③] 同时，国民党政府将田赋收归中央接管，并征收实物，以此掌握了大量粮食，这对于稳定后方粮价起到了很大作用。1941 年 7 月 4 日，国民党政府又设立粮食部，掌理全国粮食行政事宜。[④]

太平洋战争爆发后，港沪大量游资进入后方，而国际通路隔断使进口来源断绝，后方出现严重的物资缺乏，加上社会心理预期物价必涨而导致的抢购风、囤积风，使后方物价重又腾涨。国民党政府不得不强化物价和物资统制，于 1942 年年初决定实行盐、糖、火柴、烟类四项物品专卖制度，以期通过政府专卖，掌握实物，稳定物价，并兼收增加财政岁入之效。1942 年 3 月，国民党政府颁布《国

① 参见重庆市档案馆编：《抗日战争时期国民政府经济法规》上册，档案出版社 1992 年版，第 35—37 页。

② 中国第二历史档案馆编：《中华民国史档案资料汇编》第 5 辑第 2 编，财政经济(9)，江苏古籍出版社 1997 年版，第 323—327 页。

③ 参见《革命文献》第 110 辑，(台北)"中央"文物供应社 1987 年版，第 295—297 页。

④ 参见重庆市档案馆编：《抗日战争时期国民政府经济法规》上册，档案出版社 1992 年版，第 40—43 页。

家总动员法》,明确规定国家总动员物资包括:“一、兵器、弹药及其他军用材料;二、粮食、饲料及被服品料;三、药品、医药器材及其他卫生材料;四、船舶、车马及其他运输器材;五、土木建筑器材;六、电力与燃料;七、通信器材;八、前列各款器材之生产、修理、支配、供给及保存上所需之原料与机器;九、其他政府临时指定之物资”;对于国家总动员物资,政府于必要时得对其生产、贩卖、使用、修理、储藏、消费、迁移或转让及交易价格、数量等方面加以指导、管理、节制或禁止,进一步对全国实行战时物资统制。[①] 1942年11月2日,国民党政府行政院正式颁布《加强管制物价方案》,规定国家总动员会议常务委员会为管制全国物价最高决策机关,各省、市、县以及乡均设置物价管理机构。该方案规定了管制物价的10条措施:(1)实施限价;(2)掌握物资;(3)增进生产;(4)节约消费;(5)便利运输;(6)严密组织;(7)管理金融;(8)调整税法;(9)紧缩预算;(10)宽筹费用。[②] 这10条措施以实施限价为中心。而粮价是整个物价至关重要的一环,自然要遵照《加强管制物价方案》并与其他物资限价密切配合进行。为此,粮食部制定了《加强管制物价方案实施办法(粮食部分)》,提经国家总动员会议通过后,于12月通饬各省施行。粮食限阶的具体办法主要有:(1)粮食管制,在点(即粮食市场)由粮食机关负责,在面(即广大粮食生产地区)由地方行政机关办理。(2)粮食之限价先从都会、各省省会及重要的粮食消费市场开始,逐渐推广。(3)粮食之限价以稻谷、大米、小麦、面粉等四种主要食粮为主。其他次要食

---

① 参见段瑞聪:《蒋介石与抗战时期总动员体制之构建》,《抗日战争研究》2014年第1期。

② 参见重庆市档案馆编:《抗日战争时期国民政府经济法规》上册,档案出版社1992年版,第113—117页。

粮，在都会由粮食部于必要时指定公告；在省会及市场由省政府斟酌各地情形下，于必要时间、分别指定，报由粮食部核定公告。(4)开始实行的初期定价以各该地1942年11月30日的市价为标准，由当地粮食业同业公会议定，报经核定施行。(5)核定公告之定价，为各该地区粮食交易的最高限价。各地粮食之限价，非因产销状况发生特殊变化，经同业公会申请，粮食部及省政府核准，不得变更。(6)实施限价各地点，在限价之前应在管理须有充分准备。(7)粮食采购、运销、加工等业务，无论在点或面，均以民营为主，官营为辅。(8)都会、省会及第一期指定的重要市场，均于1943年1月15日起实施限价。[①] 1943年1月15日，粮食限价在整个大后方铺开。此后，国民党政府陆续颁布《限价议价物品补充办法》《取缔违反限价议价条例》；国民党五届十二中全会于1944年5月通过《加强管制物价紧急措施方案》；1944年8月，国家总动员会议又通过《各省管制物价物资及实施纲要》，这些法令规章的颁布，为加强战时物价物资统制提供了法律依据。为了进一步控制粮食，除了田赋征实以外，国民党政府又采取定价随赋征购余粮的办法，1943年又将征购改为征借，从农民手中又获取了大量粮食，以保证军粮的调拨、公教人员食粮的配给和民食的供应，进而起到充裕国家财政、平抑粮食市价的作用。限价政策在一定程度上缓解了通货膨胀压力，基本上保障了军粮民食的供给，稳定了军心、民心，对于坚持持久抗战具有积极意义。

国民党政府于1942年后实行“以花控纱，以纱控布，以布控价”政策，强化了对花、纱、布的统制。在这一年政府又公布了《管理工业材料规则》《管理钢铁材料实施办法》《管理工业机器规则》

---

① 参见重庆市档案馆编：《抗日战争时期国民政府经济法规》上册，档案出版社1992年版，第117—124页。

等等,实施了对战时工业器材的全面统制。花、纱、布统制曾经由经济部农本局管理,1942 年 12 月经济部颁布《加强管制物价方案实施办法》,对棉花、棉布、棉纱、煤焦、食油、纸张等 6 项日用必需品限价政策的实施作出较具体规定。① 但是花、纱、布统制改由财政部管理,农本局改隶财政部。财政部于 1943 年 2 月将农本局改组为花纱布管制局,继续沿用"以花控纱,以纱控布,以布控价"的政策,对花、纱、布进行全面管制。其办法是这样的:各厂自有存棉,全部由花纱布管制局征购,仍存原厂使用、作为局方供给的原料,生产所需机物油料及工资开支等,仍由厂方自行负责,所产棉纱,全部交给局方,局方按件支给厂方生产工缴费用,局方派员分驻各厂,管理原棉与棉纱仓库,办理拨花、收纱工作,监督生产,并随时审查各项项目。工缴费用,先由各厂分别造送开支计算明细表,经局审核后求取各厂的平均数值,再加 20%的利润。花纱布管制局第一次核定 20 支纱每件的工缴费为 8000 元,加 20%的利润合计为 9600 元。② 1944 年,花纱布管制局又制定了《管理小型动力纱厂花纱交换办法》,规定由该局向各厂供给棉花,工厂按数交换棉纱。对西北各厂机纱,则规定其所产全部棉纱必须由该局收购,再行核配。对纺户织户,则规定必须一律领花交纱,领纱交布,以彻底掌握他们手中的原料来源和产品出路。花纱布管制局通过加强对棉花、棉纱、布匹的生产、收购、运销的严格控制,掌握了大量的棉花、棉纱、布匹,并优先供应军需,保证了花、纱、布的供应,对于安定社会,支援前线抗战发挥了一定的作用。

---

① 参见重庆市档案馆编:《抗日战争时期国民政府经济法规》上册,档案出版社 1992 年版,第 124—131 页。

② 参见厉无咎:《抗战时期国民党政府对后方花纱布业的管制》,见《工商经济史料丛刊》第 4 辑,文史资料出版社 1984 年版,第 194 页。

为了抢购沦陷区物资，以及开展对敌经济反封锁，国民党政府还设有战时货运管理局，亦隶属财政部。另外，行政院还设有一液体燃料管理委员会，为专司汽油、酒精、柴油等液体燃料管理事宜的机关。中枢方面主持整个战时物资管制的，则有 1940 年设立的行政院经济会议，该会议于 1942 年 4 月改组为国家总动员会议，其决议由行政院以命令颁行，为战时管制全国物资之最高决策机构。1942 年 11 月、12 月，国民党政府先后颁行《加强管制物价方案》和《限价实施办法》，实行限价。当时称这一重大措施为“限政”。虽然粮价上涨势头因为实行田赋征实和限价政策得到遏制，但是其他物品价格仍然涨势很猛。综合下来，按照“经济部”统计，如果以 1937 年 1—6 月物价指数为 100，则零售物价指数 1942 年 12 月为 5829，1943 年 12 月为 17340，1944 年 12 月为 48035，1945 年 12 月为 93328。①

第三节　解放战争时期的经济体制及其变化

经过多年艰苦奋斗，中国人民的抗日战争终于取得全面胜利。大战过后，百废待兴。国民党政府加紧接收敌伪资产，使国民党国家垄断资本膨胀加剧，也由于接收变成“劫收”使得民心丧尽。

经受了巨大的战争创伤，中国百废待兴。但是，以蒋介石为首的国民党反动派，在美帝国主义支持下，又把中国拖入内战的旋涡。由于内战规模不断扩大，国民党政府的财政赤字日趋庞大，对美援、对外债的依赖也越来越大。

第二次世界大战后，苏联的力量逐渐加强，成为美国的主要对

① 中国第二历史档案馆编：《中华民国史档案资料汇编》第 5 辑第 2 编，财政经济（9），江苏古籍出版社 1997 年版，第 285 页。

手。美国从它的全球战略考虑,在西欧推行“马歇尔计划”,援助西欧各国经济复兴,以对抗苏联;在亚洲主要援助中国国民党政府,希望国民党能够消灭共产党以“统一中国”,成为美国在亚洲的“伙计”。

但是国民党反动派发动全面内战的行径,遭到全中国人民的反对。蒋介石等耗费了巨大的军费开支,结果国民党军队非但没能“统一全国”,反而在与人民解放军作战中连连败北。到1947年7—9月,人民解放军已由战略防御转为战略反攻,刘邓、陈谢、陈粟三路大军南下作战,将战争引向国民党统治区。在这以后,国民党政府统治的地域不断缩小,这对其税源,对其发行纸币流通的范围都有很大影响。由于国民党反动派大打内战以及通货膨胀政策的作用,国民党统治区正常的经济秩序逐渐被破坏,城乡经济都出现严重的衰退,加速了国民党统治区半殖民地半封建经济的总崩溃。

一、敌伪资产的接收

国民党政府对于收复区(原沦陷区)敌伪资产的接收,早有预案。1942年1月1日,国民党政府就公布了《敌产处理条例》,强调可供军用的敌国公产(包括动产和不动产)“得扣押使用或没收之。但教堂、学校、病院、美术馆、历史纪念物、图书馆、艺术馆及其珍藏品,应妥为管理,不得转让或毁坏”,“敌国人民私有财产应予尊重。其足以供敌国攻守上之用者,得扣押或阻其移动,但因军路(事)上之必要时,得破坏之”等。[①] 1944年8月10日,国民党政府修正公布《敌产处理条例条文》,与1942年《敌产处理条例》相

① 参见重庆市档案馆编:《抗日战争时期国民政府经济法规》上册,档案出版社1992年版,第200—201页。

比,减去了“教堂、学校、病院、美术馆、历史纪念物、图书馆、艺术馆及其珍藏品,应妥为管理,不得转让或毁坏”“敌国人民私有财产应予尊重”等词句,增加了“敌国公有及敌国人民私有财产,均应举行登记”等内容①,反映了国民党政府在长期残酷战争条件下对敌国公私资产采取更加严厉的态度。

当1945年8月15日日本天皇通过广播宣布日本投降后,国民党政府于1945年8月29日规定:“凡敌国在中国之公私事业资产及一切权益,一律接收由中国政府管理或经营之”,“凡与敌人合办之事业,不论公营或私营一律由中国政府派员接收,分别性质。应归国营者移交国营事业机关,应归民营者移交正当民营事业组织接办”。②

国民党政府于1945年9月5日成立由陆军总司令何应钦任主任委员的党政接收计划委员会,又于11月1日成立由“行政院”副院长翁文灏任主任委员的行政院收复区全国性事业接收委员会等机构负责接收事宜,并设立苏浙皖、河北平津、粤桂闽、山东青岛等区“敌伪产业处理局”,形成了由陆军总司令部负责接收军事,行政院收复区全国性事业接收委员会负责全国性政治、经济接收,各地区敌伪产业处理局负责接收各省市地方性事业的三条接收渠道。国民党政府又把全部收复区分为京沪(包括南京、上海市及苏浙皖,驻上海),辽吉黑(驻沈阳),冀鲁察热(包括平津青岛等市,驻青岛),晋豫绥(驻太原或郑州),鄂湘赣(包括汉口市,驻汉口),粤桂闽(驻广州),台湾(驻台北)等7区,“遴选高级干员派

① 参见重庆市档案馆编:《抗日战争时期国民政府经济法规》上册,档案出版社1992年版,第200—201页。

② 中国第二历史档案馆编:《中华民国史档案资料汇编》第5辑第3编,财政经济(1),江苏古籍出版社2000年版,第1—2页。

为财政金融特派员,处理各区内一切有关财政金融复员之紧急事项”。[①] 国民党政府的战后经济接收表面看来职责分明,但是在实际上,国民党军队与政府、中央与地方同时插手接收,各地接收机构林立。北平一地,仅中央各接收机构就有“教育部”“经济部”“社会部”“农林部”“交通部”等13个部门派出的机构,连同其他系统的接收机构共有29个;在天津有天津党政接收计划委员会、河北平津敌伪产业处理局、天津汉奸财产调查委员会和资源委员会驻津特派员办公室等23个机构;其他城市的接收机构,杭州有28个,上海竟多达89个。军政接收机构之间,政府各部门接收机构之间,矛盾重重,往往要抢先接收发横财。例如军政部在徐州抢先接收了烟草公司和酱油厂等民用企业,还强词夺理地说因当兵的要抽烟吃酱油,这些企业也属军用等;其他一些地方,也由于国民党军队首先到达,军队把关于“军用品”的概念肆意扩大,抢先接收了很多企业。国民党政府一些部门在接收中,也争先恐后,能抢则抢,“一时间封条满天飞,甚至一个工厂大门上竟同时贴有几个封条”。[②] 海南岛本应由农林部接收的25个农业单位,被经济部抢接了16个。[③] 诸如此类事例很多,以致蒋介石不得不承认,这次接收“系统紊乱,权责不明,有利相争,遇事相诿,形成无组织状态”。[④]

---

① 中国第二历史档案馆编:《中华民国史档案资料汇编》第5辑第3编,财政经济(1),江苏古籍出版社2000年版,第2—6页。

② 张鹏:《天津冶金工业史略》,见《天津文史资料选辑》第51辑,天津人民出版社1960年版,第66页。

③ 参见陆仰渊、方庆秋主编:《民国社会经济史》,中国经济出版社1991年版,第727—731页;陈真编:《中国近代工业史资料》第3辑,生活·读书·新知三联书店1957年版,第747—752页。

④ 中国第二历史档案馆藏:《1945年12月19日蒋介石致宋子文电报》,见陆仰渊、方庆秋主编:《民国社会经济史》,中国经济出版社1991年版,第731页。

经过一番乱哄哄的抢夺，到 1946 年年底，国民党政府对敌伪资产的接收处理工作，除东北外，基本完成。除交通运输各部门外，国民党政府接收到手的工厂矿场、商业、房地产和家具、仓库码头、金银外币、车船、各种物资（不包括国防用品和其他军用品）的资产分别按接收时当地的物价指数折合战前共 232456 万元法币，其分区情况可见表 10-4。

表 10-4A 国民党政府接收的敌伪资产估值统计（1945 年 11 月—1947 年 8 月）

项目/地区	接收产业总额		其中：工矿业资产			折合战前币值			
	估价年月	价值总额（亿元）	单位数	法币（亿元）	工矿业占总额比重（%）	物价指数 地区	物价指数 指数	产值总额（万元）	工矿业（万元）
苏浙皖区①	1946 年 1 月	14973.38	478	6503.17	43.4	上海	1603	93408	40569
山东青岛区②	1946 年 1 月	2269.69	215	800.74	35.3	青岛	3216	7057	2490
河北平津区③	1946 年 6 月	9404.30	2838	1627.30	27.6	华北	4129	14300	3941
粤桂闽区④	1946 年 12 月	15514.53	163	5651.73	36.4	广州	5611	27650	10073
武汉区⑤	1946 年 1 月	2215.84	158	773.84	34.9	汉口	2609	8493	2966
河南区⑥	1946 年 12 月	—	30	—	—	—	—	373	373
东北区	1947 年 8 月	12578.90	4188	9239.46	73.5	沈阳	3787	33216	24398
台湾区	1945 年 11 月	台币 109.91	1275	台币 71.64	65.2	台北	23.6	45658	29759

续表

项目/地区	接收产业总额		其中:工矿业资产			折合战前币值			
	估价年月	价值总额(亿元)	单位数	法币(亿元)	工矿业占总额比重(%)	物价指数		产值总额(万元)	工矿业(万元)
						地区	指数		
总计	—	—	9345	—	—	—	—	232465	114569

注:①敌伪产业处理局报告原注系 1946 年 12 月计算数字,唯查对同年 3 月及 5 月之其他资料,显系该年 1 月之估算,故不按 12 月指数折算(相差 2 倍以上),其中有德产 82.75 亿元,逆产 1000 亿元无分类,兹以半数为工矿业资产。

②产业总额中有德产 14.55 亿元无分类,兹以半数为工矿业资产。

③工矿业资产中包括有少量商业单位的财产,无法剔除。

④产业总额中有土地及逆产 4000 亿元无细 19 目,不列入工矿业资产。

⑤产业总额中有德产 500 亿元、逆产 150 亿元无分类,兹以半数为工矿业资产。

⑥原报告无估值,仅列有工厂 30 单位,兹参考其他地区按每厂战前币值 12.43 万元估算。

资料来源:简锐:《国民党官僚资本发展的概述》,《中国经济史研究》1986 年第 3 期。原表主要据中国第二历史档案馆所藏资料,折战前法币时,原值以万元为单位,指数 1936 年为 100。

表 10-4A 中接收的 8 个地区中,东北、台湾两区,与关内沦陷区不同,日本侵占、蹂躏时间更长,东北是日本发动全面侵华战争的“根据地”和“后方基地”,已成为日本“不可分离”的一部分;台湾自 1895 年后,不仅被日本占领了整整 50 年,而且被并入了日本疆域,更是日本全面侵华战争的“战略后方”,日本在占领期间,除了劫夺、破坏,亦有基于侵华战争和更深层考虑的投资“建设”。东北是日本投资最多的地区,并有巨额伪满“国有”资本,据统计,日伪投资折合战前 122.59 亿元法币,其中工矿业 66.71 亿元,占 54.42%。后因战争末期盟军轰炸,尤其是 1945 年 8 月苏联进军东北,将大部分工矿和交通运输设备拆除运往苏联。关于苏联拆走的设备,有两个估计:一个是美国政府战争赔偿顾问鲍莱 1945

年11月的调查;另一个是1946年中国政府委托日侨善后联络处留华专家所作。现将两个估计合为表10-4B。

表10-4B　苏联军队撤走的东北工矿和交通机器设备价值估计(1946年)

(单位:万美元/折合法币万元*)

项目 行业	美国鲍莱调查团估计			日侨善后联络处专家估计		
	万美元	折合法币万元*	占生产能力百分比(%)	万美元	折合法币万元*	占生产能力百分比(%)
电力	20100	68136	71	21954	74420	60
钢铁	13126	44495	50—100	20405	69169	60—100
煤矿	5000	16949	90	4472	15159	80
铁路	22130	75017	50—100	19376	65681	50—100
机器	16300	55254	80	15887	53854	68
液化燃料	1138	3858	75	4072	13803	90
化工	1400	4746	50	4479	15183	33
水泥	2300	7797	50	2319	7861	54
非铁金属	1000	3390	75	6081	20614	50—100
纺织	3800	12881	75	13511	45800	50
纸及纸浆	700	2373	30	1396	4732	80
交通	2500	8475	20—100	459	1556	30
食品	—	—	—	5905	20017	50
总计	89503	303371	—	120316	407849	—

注:* 美元折合法币汇率:战前1元法币=0.295美元。

资料来源:转据许涤新、吴承明主编:《中国资本主义发展史》第3卷,人民出版社2003年版,第607页统计表改编。表中美元折合法币的相关数据,系转录者计算编制,部分数据亦经复算核正。

两项调查估计,近一半的数据(包括占生产能力百分比)相当接近,但亦有部分数据高低悬殊。总体而言,后项估计数据相对较高,亦较具体、详细,应该是经过了较为严肃认真的调查、评估、计算,可能比较接近实际。依前项估计,苏军拆走的设备,除铁路部分外,共值6.737亿美元,折合战前22.84亿元法币。依后项估计,苏军拆走的设备,除铁路部分外,共值10.094亿美元,折合战前34.24亿元法币。参照以上两个估计,日本投降之初,东北原本存余的敌伪产业约为战前26亿—38亿元法币。

经历苏军大规模拆运、破坏,实际上留给国民党政府接收并有经济价值的日伪资产,数量十分有限。日本投降后,中国人民解放军迅速解放了东北大部分地区。1946年1月以后,国民党军队进入东北城市,9月起接收日伪产业,至1947年8月,接收了辽宁、辽北、吉林3省和长春、安东两市及热河境内铁路沿线的敌伪产业;当时东北的其他5省和大连、哈尔滨2市不在接收之列。据东北接收委员会负责人称,接管产业共值东北流通券1181.12亿元,按东北流通券每元折10.65元法币计算,即为工矿业产值战前2.44亿元法币,仅相当于上揭东北存余敌伪产业战前26亿—38亿元法币的6.4%—9.4%。

关于台湾敌产,日本在1895年割据台湾后,因限于财力,在相当长一段时间并未着力开发。到20世纪20年代,平均每年投资3300余万日元,1931年"九一八事变"以后着重经营东北,年均输台日资减至550万日元。据战争赔偿委员会调查,1945年8月1日日本在台湾的产业共值18.9亿美元,其中企业资产10.6亿美元,折成战前为27.51亿元法币。其中工业约占63.9%,矿业占4%,共合战前18.68亿元法币。

表10-4的统计是不完全的,在混乱中破坏浪费的部分,私吞盗卖的部分,都难以稽查。不过,从表10-4中仍可以看出,敌伪工矿企业资产占经济接收的比重很大。

按照国民党政府颁布的《收复区敌伪产业处理办法》，处理敌伪产业有三种基本形式，即发还、移转和标卖；分别按下列原则：(1)“产业原属本国、盟国或友邦人民，系由日方强迫接收者”，应发还原主；(2)对于“产业原属华人与日伪合办者”和“产业原为日侨所有或已为日伪出资收购者”，收归中央政府，根据产业性质或作移转处理——“甲，与资源委员会所办国营事业性质相同者，交该会接办；乙，纱厂及其必需之附属工厂交纺织管理委员会接办；丙，面粉厂交粮食部接办”；规模较小或不在甲乙丙范围内，予以标卖；(3)“韩侨之产业，如无助虐行为或非法取得情形，概可发还”；(4)对德侨产业，“除一有间谍嫌疑或行动者，二有帮助日军企图或行动者外，一概暂予保管，俟对德和约签订后再行处理”。国民党政府所接收敌伪工矿企业的具体处理情况可见表10-5。

表10-5 接收敌伪工矿企业的处理情况（1946年12月—1947年12月）

A 各区敌伪产业处理情况（单位数）

地区	处理或报告时间	接收单位数	发还	移转	标卖	待处理
苏浙皖区	1946年12月	478	109	86	226	57
山东青岛区	1946年4月	215	31	66	101	17
河北平津区	1947年1月	2838	131	278	1680	749
粤桂闽区	1947年2月	163	28	33	102	—
武汉区	1947年5月	158	15	106	32	5
河南区	1947年5月	30	5	8	—	17
东北区	1947年8月	4188	—	3413	—	775
台湾区	1947年2月	1275	—	551	724	—
总计		9345	319	4541	2865	1620
占总数百分比(%)		100	3.4	48.6	30.7	17.3

B “经济部”敌伪产业处理情况(单位数)

	处理总数	发还	移转	标卖	保管
工厂	1489	236	508	439	306
矿场	61	7	28	9	17
电厂	32	20	9	—	3
公司行号	511	35	253	30	193
总计	2093	298	798	478	519
占总数百分比(%)	100	14.2	38.1	22.8	24.8

资料来源:据许涤新、吴承明主编:《中国资本主义发展史》第3卷,人民出版社2003年版,第610页表改编。

抗战胜利之初,中国企业家无不欢欣鼓舞,希望通过接收庞大的敌伪产业来弥补战时损失,复兴中国工业。久受日本纱厂压抑的棉纺界尤为兴奋,由纱厂联合会要求将日伪纱厂委托民厂代营,他们也完全有此能力。“行政院”院长宋子文曾一度允诺,很快又反悔。纺织界要求收购,宋也不肯,而将接收之纱厂等用以扩大国家资本企业。从表10-5可以看出,国民党政府对敌伪产业的处理,发还者比重很小,多数产业被直接移转给国家资本了,标卖者也有不少被国家资本企业凭借优越地位和信息得标买去。①

对敌伪财政金融机构财产的接收,直接关系到国家财政经济命脉。被国民党政府接收的敌伪金融机构,连同其分支机构等,共944个单位。据国民党政府“财政部”统计,其中,伪“中央储备银行”被接收时,有黄金55万多两,白银近764万两,银元37万多

① 许涤新、吴承明主编:《中国资本主义发展史》第3卷,人民出版社2003年版,第609—611页;简锐:《国民党官僚资本发展的概述》,《中国经济史研究》1986年第3期。

枚,550 万美元;伪“中国联合准备银行”被接收时,有黄金 17 万两,1020 万美元,英镑 26544 镑;伪“满洲中央银行”有黄金 8 万两,白银 31 万两,银元 24 万枚。被接收的敌伪金融机构其他动产和不动产则更多。据统计,仅苏浙皖区共接收黄金 51176.9 万两,白银 857101 万两,另外还有大量外汇、有价证券和不动产等。这些敌伪金融资产大多由国民党政府金融机构“四行两局”来接收。例如,在敌伪金融机构较为集中的上海、南京地区,国民党政府财政部就规定:“朝鲜银行”、伪“中央储备银行”、伪“华兴银行”、伪“满洲中央银行”在南方的分行及伪省市地方银行等由中央银行接收;“横滨正金银行”和“德华银行”由中国银行接收;“台湾银行”由中国农民银行接收,“住友银行”“上海银行株式会社”“汉口银行株式会社上海支店”等由交通银行接收,三菱银行、帝国银行及其附属企业机关、伪“中央信托局”、伪“中央保险公司”、伪“中央储蓄会”等由中央信托局接收;伪邮政储金汇业局和伪“中日实业银行”、伪“中国实业银行”等由伪“邮政储金汇业局”接收。国民党政府金融机构“四行两局”因接收敌伪金融机构而迅速扩张,成为最大的国家垄断资本集团。①

国民党政府的经济接收以工矿、金融这两个方面最为重要,另外也接收了大量日伪在商业、交通、农业等方面的资产。

国民党政府官员在接收敌伪资产时,趁乱贪污中饱,受贿抢夺成风,人民怨声载道。据广东省参议员反映,该省接收有“三部曲”:先是“瓜分”,其次是“盗卖”,到不能交代时,就一把火了之。就是这样,“行政院”院长宋子文还认为“广东接收还算好”,其他地方更坏。老百姓讥讽那些在接收中暴富的国民党官员是“五子

① 参见陆仰渊、方庆秋主编:《民国社会经济史》,中国经济出版社 1991 年版,第 732 页。

(即房子、车子、金子、料子、婊子)登科”。美国学者费正清在其回忆录里揭露国民党官员在接收时把“所得的战利品塞进了自己的腰包,所到之处,民心丧尽”①。另外,有许多接收的粮食和物资等由于保管不善,变质损坏数量惊人。一些接收过来的工厂机器设备,因偷盗拆卸、锈蚀失修,致成废物。在接收过程中,社会生产力遭到严重破坏。由于各地有关揭发检举报告很多,国民党政府于1946年8月曾派出“清查团”到各地清查接收情况,但是这种“清查”因时间紧阻力大,仅能是“抽查”而已。“清查团”成员目睹种种流弊,亦觉“殊堪痛恨”。曾任接收大员之一的邵毓麟向蒋介石进言:“像这样下去,我们虽已收复了国土,但我们将丧失人心!”他预言,“在一片胜利声中,早已埋下了一颗失败的定时炸弹”。②

二、官僚资本的膨胀

由于接收了大量敌伪资产,国民党官僚资本体系迅速膨胀,并在国民经济的要害部门占据了垄断地位。1946年8月,国民参政会第四届第二次大会曾经通过“建议严厉清除官僚资本”案,指出“官僚与资本家已结成既得利益集团”,“官僚资本往往假借发达国家资本、提高民生福利等似是而非之理论为掩护,欺骗社会”,提出清除官僚资本八条原则。当时“行政院”院长宋子文令交各

---

① [美]费正清:《费正清对华回忆录》,陆慧勤等译,知识出版社1991年版,第375页。

② 参见陈真编:《中国近代工业史资料》第3辑,生活·读书·新知三联书店1957年版,第747—759页;陆仰渊、方庆秋主编:《民国社会经济史》,中国经济出版社1991年版,第742—746页。

主管机关“采择施行”。① 但是官僚资本体系的扩张却变本加厉。

在金融业，官僚资本已经形成了高度垄断。国民党政府的“四行两局”金融垄断资本体系除接收大量敌伪金融资产外，还利用清理敌伪钞票之机，对原沦陷区人民进行了一次大洗劫。战争期间敌伪在沦陷区强制发行军用票、“中储券”“联银券”“蒙疆券”等，战争胜利后对这些敌伪钞票理应进行清理。但是国民党政府所规定的法币对各种伪币的收兑比率很不合理，例如法币对“中储券”的收兑比率定为 1∶200，法币在大后方正处于不断贬值，购买力很低，根据多种因素的计算，法币对“中储券”的收兑比率应为 1∶80，而国民党政府定的比率极大地压低了“中储券”的价值，使居民持有的“中储券”几乎成为废纸。据计算，国民党政府仅从兑入的 41401 亿元的“中储券”中，就赚取了黄金 30 万两。国民党政府规定法币对“联银券”的收兑比率定为 1∶5，这也大大压低了“联银券”的价值。这是国民党政府对沦陷区人民的一次大“劫收”，国家金融垄断资本因而急剧膨胀。1946 年 11 月，国民党政府又宣布成立“中央合作金库”，其资本 6000 万元，其中由国库拨付 3000 万元，中、中、交、农四行共拨给 2000 万元，各省市政府、各县市合作金库共认购 1000 万元。其总库设在南京，各市、县设立分金库，经营存、放、汇款等业务。它在 1948 年春加入四联总处后，还可以随时得到办理抵押款的便利。中央合作金库成立后，国民党金融垄断资本体系扩充为“四行两局一库”，合作金库的分支机构遍布各县市，更有利于这一金融资本体系把势力渗入到城乡每一个角落，使国民党金融垄断资本体系发展到了顶点。据 1946 年 12 月的统计，在国民党统治区银行分支机构中，国家垄断

① 中国第二历史档案馆编：《中华民国史档案资料汇编》第 5 辑第 3 编，财政经济（1），江苏古籍出版社 2000 年版，第 37—38 页。

资本性质的银行及其分支机构约占总数的70%;“四行两局”的分支机构存款总额约占全国银行存款总额的92%;至1947年6月,在国民党统治区本国银行货币资本中,国民党官僚资本占据了93.3%的比重,民族资本金融业只占6.7%。由上述统计可见,这时全国货币资本已高度集中到国民党金融资本手中,而且其集中的程度非常惊人。①

国民党金融垄断资本利用其所集中的巨大货币资金,竭力扩大放款,扩大对工商业的投资,以控制整个国家的社会经济生活。“中央银行”在中国国货银行、四明银行、中国实业银行、中国通商银行、中国农民银行等银行中都有股份。中国银行在战后组建的纺织工业垄断企业“中国纺织建设公司”中占有40%的股份,并在新华银行、广东银行、中国保险公司、中国棉业公司、南洋兄弟烟草公司、中国国货联营公司、扬子电气公司、淮南矿路公司等85个厂矿企业中都有投资。交通银行投资的厂矿企业也有52家。中国农民银行、中央信托局、邮政储金汇业局等战后也增加了对一些厂矿企业的资金投放。“四行两局”通过放款投资方式控制了相当大的一部分社会经济力量。②

在资源、能源和重工业等方面,国民党政府资源委员会的垄断地位也大大加强。截至1946年年底,资源委员会共接收敌伪产业29个单位,技术和管理人员近3000人,资产折合战前币值3.36亿元,使得资源委员会实力大大扩张。资源委员会由此设立多家

① 杨荫溥:《五十年来之中国银行业》,《五十年来之中国经济》,中国通商银行1947年版,第44、54页;洪葭管主编:《中国金融史》,西南财经大学出版社1993年版,第374—376页;吴承明:《中国近代资本集成和工农业及交通运输业产值的估计》表1,《中国经济史研究》1991年第4期。

② 陆仰渊、方庆秋主编:《民国社会经济史》,中国经济出版社1991年版,第764—765页。

专业公司或局，管理相关厂矿。如电力，设东北、冀北、台北等公司；钢铁设华北、华中、鞍山、本溪、海南等公司；金属矿设华中、东北、台铜、台铝等公司。又设中国石油公司，除甘肃油矿、四川天然气矿外，接收抚顺炼油厂和本溪、鞍山油母页岩厂，以及规模巨大的台湾高雄炼油厂；同时设中国油轮公司，有油轮 23 艘；酸碱、水泥设有天津酸碱、台湾制碱、台湾肥料、台湾水泥等公司；作为新辟事业的台湾糖业公司，有 42 个厂、2.6 万职工，并有蔗田和专用铁路；天津、辽宁、台湾 3 个纸浆造纸公司辖有 11 个厂、近 4500 名职工。到 1947 年年底，资源委员会已辖有电力、钢铁、石油等 11 个生产部门、96 个管理机构、291 个厂矿、223775 名职工（8 月最高峰时有 261038 名职工）。[①] 这一年，资源委员会所属企业生产的钨、锑等特矿及石油制品都占全国产量的 100%，发电量占全国的 54.9%，钢材产量占全国的 51.8%，煤产量占全国的 28.9%，其他如机车、货车、电线、变压器、化肥等产品的产量在全国也占重要地位。就生产能力而言，资源委员会所属企业所占比例更大。[②]

在轻纺工业方面，国民党政府也大力扩展国营企业的势力，其中以中国纺织建设公司的建立和势力扩张最为引人注目。中国纺织建设公司是在战后接收敌伪的 112 个纺织、印染及有关机械等企业基础上建立的官僚资本垄断纺织工业的组织，拥有国民党政府给予的低息贷款、取得官价外汇、优先分配美援棉花等特权。国民党政府接收这些企业后进行了改组，在上海、天津、青岛等地分设棉纺厂 38 个，毛麻绢纺和针织厂 9 个，印染厂 7 个。1947 年

---

① 许涤新、吴承明主编：《中国资本主义发展史》第 3 卷，人民出版社 2003 年版，第 615、616 页。

② 郑友揆等：《旧中国的资源委员会——史实与评价》，上海社会科学院出版社 1991 年版，第 188 页。

时,中国纺织建设公司按开工数计,纱线锭占全国纱厂的 39.7%,布机占 60.1%,已经居于垄断地位。①

国民党官僚资本其他系统在工矿业的势力也有所扩张。从表 10-6 可见,1947 年国民党官办厂矿企业的钢铁、机械、电力、煤炭等主要产品,已占据了国民党统治区总产量的绝大部分。再结合表 10-7 有关工矿业各类资本的比较,战前国民党官僚资本在国民党统治区工矿业中只占 10.5%,民族资本占 44.7%,外资企业占 44.8%;而到 1947—1948 年国民党统治区工矿业资本中,民族资本和外资企业的比重分别下降到 40.0%和 16.9%,国民党官僚资本的比重上升至 43.1%,说明国民党官僚资本已经在国民党统治区工矿业中占据了垄断地位。相继组建的国家资本集团公司还有:中国植物油料厂("中植")、中国粮食工业公司("中粮")、中国蚕丝公司("中蚕")、中国盐业公司、齐鲁企业公司、恒大公司、中国农业机械公司、淮南矿路公司、扬子电气公司等。

表 10-6　官办厂矿企业若干产品占国民党统治区总产量的比重(1947 年)

产品	占国民党统治区百分比(%)	产品	占国民党统治区百分比(%)	产品	占国民党统治区百分比(%)
钢铁	98	锡	100	烧碱	65
机械	72	汞	100	纺锭	60
电力	78	石油	100	机制糖	90
煤	80	水泥	67	漂白粉	41
钨	100	机制纸	50	肥料	67

① 许涤新、吴承明主编:《中国资本主义发展史》第 3 卷,人民出版社 2003 年版,第 629—630 页。

续表

产品	占国民党统治区百分比(%)	产品	占国民党统治区百分比(%)	产品	占国民党统治区百分比(%)
锑	100	硫酸	80	出口植物油	70

资料来源:据陈真编:《中国近代工业史资料》第3辑,生活·读书·新知三联书店1957年版,第1446页表改编。

表10-7 产业资本比较(1936年、1947/1948年)

(单位:1936年币值万元)

	1936年关内			1947/1948年国民党统治区		
	外资企业	官僚资本	民族资本	外资企业	官僚资本	民族资本
A.工矿业	145128	34034	144839	62446	159874	148492
制造业	84486	15937	117043	26052	—	116261
公用事业	39699	8847	16796	27552	—	19471
矿冶业	20943	9250	11000	8842	—	12760
B.交通业	50796	164891	14905	10968	260205	13007
铁路	15714	100993	3786	—	151490	—
公路	—	52435	—	—	62240	—
轮船	33516	3778	11119	—	26130	—
民航	1566	1300	—	—	7175	—
邮电	—	6385	—	—	13170	—
产业资本总计	195924	198925	159744	73414	420079	161499

资料来源:据吴承明:《中国近代资本集成和工农业及交通运输业产值的估计》,《中国经济史研究》1991年第4期,表2。

在交通运输业方面,战前国民党官僚资本已占有很大比重,战后国民党统治区的铁路、公路运输和邮电,基本上被国民党官僚资本所包揽;轮船运输和民航中,国民党政府也占很大优势;在1947—1948年整个交通运输业资本中,国民党官僚资本的比重已占到91.6%,而外资企业和民族资本的比重分别为3.8%和4.6%,国家资本已占压倒性优势。从表10-7中也可以看出,在1947—1948年国民党统治区整个产业资本中,外资企业和民族资本的比重加在一起才1/3,而国民党官僚资本已占到近2/3的比重,其垄断程度显然已很高。

三、实行通货膨胀政策、限价政策及其恶果

(一)不断增发法币

抗战胜利后,国民党政府急于发动全面内战,其财政危机不仅没有因而减轻,反而更加严重了。由于内战军费开支的不断增长,使得国民党政府的财政赤字在抗战结束后不但没有消除或者减少,反而每年都在成倍增加,1945年近11067亿元的赤字,到1946年增至46978亿元,为1945年的4倍多;1947年猛增至293295亿元,又是1946年的6倍多;1948年的赤字则更大,仅前7个月就已经超过434万亿元,是1947年全年的14倍还多!赤字占财政支出的比率也从1945年的47.1%,逐年上升为1946年的62%及1947年的67.5%。[①] 财政赤字不断增加,是国民党政府发动全面内战所造成的一大恶果。

为了弥补不断增加的财政赤字,国民党政府采取了一系列措施,如出售战后所接收的部分敌伪资产,举借内外债,加征赋税,出售政府储备的黄金和外汇等。但是,到1946年年底,将敌伪资产

① 参见许涤新、吴承明主编:《中国资本主义发展史》第3卷,人民出版社2003年版,第691页。

出售给公众所得的5000亿元，很快被浩繁的军费开支消耗殆尽，后来又因政治、经济局势不稳，私人对于固定资产的购买已不感兴趣；所借外债，多被债权国指定购买该国的船只、设备和原料等，对减少财政赤字作用不大；内债的发行也因公众的抵制而越来越困难。加征苛捐杂税，使得民怨沸腾，社会动荡；恢复田赋征实和征借，使农民们对国民党政府越来越反感。而所增税收经层层截留，并不能弥补庞大的财政赤字。

表10-8　财政赤字和钞票增发统计（1946年至1948年1—7月）

（单位：法币亿元）

时间	财政赤字	中央银行垫款	钞票增发额
1946年	46978	46978	26942
1947年	293295	293295	294624
1948年1—7月	4345656	4345656	3415737

资料来源：张公权：《中国通货膨胀史（一九三七——一九四九年）》，杨志信译，文史资料出版社1986年版，第110页。

尽管国民党政府的财经智囊们绞尽脑汁，想尽了种种办法，但是由于国民党政府的财政部部长“对军费开支的需要是无法拒绝的”，财政赤字仍然越来越庞大。自1947年以后，国民党政府的财政赤字几乎全部靠滥发纸币来弥补。每年的赤字都是靠向中央银行借款来支付。到1947年年底，由于国民党政府向银行借款过大，以致银行停止了一切对私营企业的贷款。银行垫款后的亏空，则基本上靠增加纸币的发行进行弥补。

从表10-8中可以看出国民党政府实行通货膨胀政策，不断增发法币的大致情况。1946年钞票增发额为26942亿元，已经远远超过了当年出售敌伪资产及黄金、外汇等所得；1947年钞票增发额又比上一年增加了10倍多；到1948年，钞票发行额更是大大增加,该年1—7月钞票增发额就已达到3415737亿元,比1947年全年又增加了10.6倍。法币的发行总量,1937年6月时为14亿元,经过八年抗战,到1945年8月时达到5567亿元;而战后才三年,到1948年8月时,已达6636946亿元!是战前的470705倍,简直成了天文数字。①

由于法币发行量不断迅速地增加,使得钞票的印制和运输竟然成为令国民党政府财经官员们头痛的大问题。各地中央银行的分行,特别是重庆、昆明、西安等距上海较远地方的分行,常因库存钞票告罄,纷纷以"十万火急"电向总行告急。为了避免舆论指责,中央银行不敢印制更大面额的大钞,就多印2000元面额的关金券(相当于4万元法币),与法币同时流通。② 这实际上是变相印制大钞来救急,已经预示着法币制度的崩溃。

恶性通货膨胀必然引起市场物价的恶性上涨。上海的批发物价从1946年5月至12月上涨了50%,同期重庆的批发物价也上涨了43%。国民党政府面对1946年物价的涨势,于1947年2月又重新拿出抗战时期使用过的老办法,规定对日用必需品(如面粉、棉纱、布匹、燃料、食盐等)实行限价,并对工资实行限额等。这一措施实行不久就宣告失败。物价进一步飞涨,其涨幅甚至超过了纸币发行增长的幅度,上海的批发物价1947年12月比1946年12月上涨了14倍多,同期重庆的批发物价上涨了近15倍;上海的批发物价1948年8月又比1947年12月上涨了近60倍!同期重庆的批发物价也上涨了38倍多(见表10-9)。

① 中国近代金融史编写组:《中国近代金融史》,中国金融出版社1985年版,第298页。

② 中国人民银行总行参事室编:《中华民国货币史资料》第2辑,上海人民出版社1991年版,第531—536页。

表 10-9　国民党政府的纸币发行与物价指数(1937 年 6 月—1948 年 8 月)

(指数:1937.6=1)

项目 时间	法币发行额(亿元)	发行指数	对上一个月环比(上个月为 100)	上海批发物价总指数	重庆主要商品批发物价总指数
1937 年 6 月	14.1	1	—	1	1
1945 年 8 月	5569	395	120	86400	1795
1945 年 12 月	10319	732	114	885	1405
1946 年 12 月	37261	2642	113	5713	2688
1947 年 9 月	169181	12020	124	43253	18658
1947 年 12 月	331885	23537	123	83796	40107
1948 年 7 月	3747622	265789	191	2606000	1325000
1948 年 8 月	6636946	470705	(21 日止)	4927000	1551000

资料来源:据中国近代金融史编写组:《中国近代金融史》,中国金融出版社 1985 年版,第 298 页统计表改编。

(二)发布《财政经济紧急处分令》

在严重的财政金融危机面前,蒋介石于 1948 年 8 月 19 日以总统名义发布《财政经济紧急处分令》,其要旨为:(1)自即日起,以金圆券为本位币,废止法币;(2)“限期收兑人民所有黄金、白银、银币及外国币券,逾期任何人不得持有”;(3)“限期登记管理本国人民存放国外之外汇资产,违者予以制裁”;(4)“整理财政并加强管制经济以稳定物价,平衡国家总预算及国际收支”。同日国民党政府还公布了《金圆券发行办法》《人民所有金银外币处理办法》《中华民国人民存放国外外汇资产登记管理办法》《整理财政及加强管制经济办法》,作为蒋介石紧急处分令的组成部分。[1]这些法规的实质就是国民党政府为了支撑危局,依靠强权加欺骗,以更大程度地掠夺人民。

金圆券与法币相比,1 元等于 300 万元,面值大大提高,100 元面值的金圆券等于过去 3 亿元的法币。因此所谓金圆券“币制改革”,说穿了就是变相发行大钞,进一步实行通货膨胀政策。为了全面推行金圆券,蒋介石的《财政经济紧急处分令》还规定,全国各种商品和劳务价格,均冻结在 1948 年 8 月 19 日各该地价格的水平(要折合成金圆券),由各地方主管官署严格监督执行。同时,国民党政府还以取缔囤积为名,规定各种货物的存期不得超过 3 个月,并进行突击检查,将超过 3 个月存期的货物一律没收。国民党政府还强行收兑民间金银等,规定人民持有的黄金、白银、银币及外币,必须在 9 月 30 日前,按黄金每两兑换 200 元,白银每两兑换 3 元,银币每元兑换 2 元,美元每元兑换 4 元的比例兑换金圆券,凡违反规定在限期内不兑换者,其金银外币等一律没收。

国民党政府财政部部长王云五为了顺利推行金圆券“币制改革”,也曾希望美国能拿出 5 亿美元的贷款来做后援。为此,王于 1948 年 9 月下旬以参加国际货币基金董事会的名义专程赴美,向美国总统杜鲁门乞求援助。但是美国人对蒋介石已失去了信心,王云五空手而归。美国《华盛顿邮报》还尖锐地指出,“由于内战关系,军队的人数日增,任何方式的币制改革,在此时提出,都将注定失败的命运”[2]。

蒋介石等却迷信强权。他们为了贯彻《财政经济紧急处分

① 参见中国人民银行总行参事室编:《中华民国货币史资料》第 2 辑,上海人民出版社 1991 年版,第 574—580 页。

② 刘大中:《改革币制已届成败关头》,《观察》1948 年第 5 卷第 4 期。

令》,动用了警察、宪兵、特务等专政工具,还专门成立了经济管制委员会,并将几个主要的大城市划为经济管制区,委派俞鸿钧(时任中央银行总裁)、蒋经国到上海,宋子文到广州,张厉生到天津担任经济督导专员。上海是全国经济中心,蒋介石把其"太子"蒋经国派往上海这一重要城市以督导专员身份去实施强权管制,希望能以上海经济管制的成功来带动全国。

蒋经国把他的旧部调至上海充当其实施强权管制的主干队伍。他还可以随时调动上海各种警备、稽查甚至包括宪兵在内的武装力量,武力镇压一切反抗管制者。他一方面迫令上海各界上缴金银外币,另一方面严格实行限价政策。为了逼缴金银,他在上海摆下"鸿门宴",抓住金融界、工商界头面人物不放,金融大亨钱永铭、周作民、李铭、戴立庵等,工商巨头荣氏兄弟、刘鸿生、杜月笙等,都曾被蒋经国传去训话,逼迫他们交出金银外币。他的威逼,取得了一定的效果,如刘鸿生回去后对他的下属说:"今天蒋太子满脸杀气……不敷衍不行啊,要防他下毒手!"刘只好忍痛交出了8000两黄金、数千枚银元、230万美元。上海各大银行在头面人物的"带动"下,交出了大量黄金、白银和外币。上海市民们迫于强权压制,有不少人也交出了自己原打算作为保命钱或棺材本的硬通货。①

除上海以外,国民党政府还在全国设立了60多个汇兑点,强迫人民用金银外币等兑换金圆券。在1948年9月30日,政府又将兑换金银外币期限延长到10月31日。在国民党政权的高压统治下,到10月底止国民党统治区人民被迫上缴给中央银行的金银外币(其中上海交出的约占60%—70%)总共有:黄金167.7万盎

① 全国政协文史资料委员会编:《法币、金圆券与黄金风潮》,文史资料出版社1985年版,第61—80页。

司,白银888.1盎司,银元2356.1万元,美钞4985.2万美元,港钞8609.7港元,外币存款1069.8万美元,连同其他外币等合计值17961.2万美元。按照国民党政府行政院的估计,这次搜刮到的金银外币,约占国内金银外币存量的20%弱。[①] 这是国民党政府对人民的又一次大洗劫。人们在上缴金银外币后所兑换到的金圆券,不几个月即成为一堆废纸。

蒋经国等在实行限价方面的声势也很大。蒋介石《财政经济紧急处分令》颁布后第三天,蒋经国就调动上海六个军警单位的人员全部出动到上海各市场、库房、码头、车站等地突击检查,对违背《财政经济紧急处分令》者,"商店吊销执照,负责人送刑庭法办,货物没收"。蒋经国在上海各处布岗检查,设点接受告密,成立"经检大队"收集情报等,并下令枪决了破坏经济管制、贪污受贿的上海宪兵大队长、稽查大队长、警备司令部科长、与孙科有关的林王公司经理等人,逮捕了青帮头子杜月笙的儿子和管家、申新纱厂老板等60余人。

用强权进行"限价"只能维持一时,不能长久。一般老百姓都鉴于以往法币贬值的沉痛教训,宁愿多买些物品以保值。特别是当国民党政府宣布延长兑换金银期限后,人们更加怀疑金圆券的信誉了,自1948年10月2日起,人们"见物即购,尽量将金圆券花去,深恐一夜之间币值大跌致受损失"。有关当时居民抢购商品的报道很多,例如,在上海,"南京路一带著名绸布店和河南路的呢绒店,开门后人群潮涌而入,架上货物顷刻卖空";"小菜场上鲜肉绝迹,蔬菜又贵又少,食油抢购一空";在全国性的抢购风中,全国40多个城市发生抢米风潮,参加抢米的群众

① 张公权:《中国通货膨胀史(一九三七——一九四九年)》,杨志信译,文史资料出版社1986年版,第208页。

约在17万人以上。而商人们却尽量把到手的生活必需品藏起来,待价而沽。表面上市场物价没有变化,却是有市无货。“很多商店的橱窗、货架上已没有什么物品,像大水冲过一样空空洞洞”。①

(三)取消限价与滥发金圆券

面对全国性的抢购风潮,国民党政府手忙脚乱。立法院开会讨论经济危机时,“主张立即取消限价,维持市面,不要只顾面子,不肯承认失败”。于是,1948年11月初经立法议决,决定取消限价,允许人民手中持有金银外币。

金圆券的发行总额在1948年11月时就已经超过了原定20亿元的限额,此后有如决堤之水,一泻千里,到1949年1月已达200多亿元,1949年3月时已近2000亿元,4月时高达51612亿元,5月时更达679458亿元,比原定20亿元的限额高出了33970多倍! 金圆券的面额也越发越大,1949年3月发行5000元券和1万元券,4月发行5万元券和10万元券,5月发行50万元券和100万元券。“中央银行”还印制了500万元券,但来不及发行,上海就被中国人民解放军解放了。② 结果物价不过缓和了月余,然后再度一泻千里,在接下来半年多的时间里,金圆券贬值与物价上涨如同赛跑冲刺,市场经济秩序已经完全崩坏。国民党政府滥发纸币的程度及国民党统治区物价上涨的程度见表10-10。

---

① 洪葭管主编:《中国金融史》,西南财经大学出版社1993年版,第388页。

② 洪葭管主编:《中国金融史》,西南财经大学出版社1993年版,第389—390页。

表 10-10 法币、金圆券发行指数及物价指数

年月	法币、金圆券发行指数	上海物价指数	白米批发价指数
1937 年 6 月	1	1	1
1948 年 8 月	470704.4*	5714270.3	5279034
1949 年 5 月	144565531914.9**	36807692307691.3	47601809864252

注:* 法币;** 金圆券折合成法币。

资料来源:据洪葭管:《在金融史园地里漫步》,中国金融出版社 1990 年版,第 318 页改编。

表 10-10 前两栏数据都是根据国民党政府官方的统计材料计算的,已经是非常惊人的天文数字了,而后一栏粮价上涨的倍数还要大。从表 10-10 可以看出,自 1937 年 6 月至 1949 年 5 月这 12 年间,国民党政府纸币发行额增长了 1445 亿倍,上海批发物价指数上涨了 36 万亿倍,粮价上涨了 47 万亿倍,分别比纸币发行倍数超过 248 倍和 324 倍,这最强有力地表明了国民党统治时期通货膨胀及纸币购买力急剧下降的惊人程度;特别是在金圆券发行时期,9 个月间纸币发行额增长了 30.7 万倍多,上海批发物价指数上涨了 644.1 万倍多,粮价上涨了 901.7 万倍多,这在世界通货膨胀史上也是极为罕见的。

(四)有关恶果

国民党政府的限价政策刚刚取消,市场物价就开始上升。随着金圆券不断滥发,物价也如同脱缰野马一样疾飞。例如,白米每石限价时为 23 元,取消限价后才一个多月就涨到 1800 元,再过五个月已飞涨到 44 万元,如果每石米以 320 万粒计,则买一粒米就要金圆券 137 元。所以在当时老百姓中间流传着这样一首顺口

溜："粒米一百元，寸布十五万，呜呼蒋介石，哪得不完蛋！"①著名评论家、时任《观察》社长和主编的储安平在社评中绝望地悲叹："过去一个月真是一场噩梦！在这一个月里，数以亿计的人民，在身体上、在财产上都遭受到重大的痛苦和损失。人民已经经历到他们从未经历过的可怖的景象。""这次，又复失了他们多年劳动的积蓄，并更进一步被迫面临死亡。每天在报上读到的，在街上看到的，无不令人气短心伤。饥馑和怨恨，笼罩了政府所统治着的土地。"他大喊："七十天是一场小烂污，二十年是一场大烂污！污烂污烂，二十年来拆足了烂污！"②储安平的"二十年是一场大烂污"，其实是否定了国民党政府20年的统治。

由于金圆券声誉扫地，连一些国民党的地方政府也公开拒用，台湾、广东、四川、云南等地明令限制金圆券入境，国民党军队发饷也直接使用黄金或外币。原始的以物易物的交换方式在越来越多的地方盛行起来。

1949年4月，解放军百万雄师过大江，原国民党政府首都南京宣告解放。国民党政府仓皇出逃广州。为了做垂死挣扎，广州国民党政府于1949年7月4日宣布改行银圆券，规定每1元银圆券兑换5亿元金圆券，也可以兑现银元1元，兑现地点被限定在广州、重庆、福州、成都、昆明、桂林、衡阳、兰州、贵阳等9处，其他各地则只能以平汇或委托代兑等办法处理。银圆券出台不久，新华社就受命发表短评，宣布今后在新解放区只收兑银元，拒绝兑换银圆券及一切国民党地方政权发行的货币。这一声明给了银圆券致命的一击，使银圆券发行不到10天就发生了挤兑风潮。

这时，国民党在大陆的统治已摇摇欲坠。大约数百万两黄金

① 桑润生：《简明近代金融史》，立信会计出版社1995年版，第188页。

② 储安平：《一场烂污》，《观察》1948年第5卷第11期。

及大量白银和外汇已转移到台湾去了,广州国民党政府能控制的一小部分黄金直接用于军事开支,最后剩下的白银储备已不多。广州政府的财政赤字数倍于财政收入,亏空仍然要靠发行银圆券来填补,银圆券的前途充满了危机。由于银圆券不能保证随时随地兑现,更难以取信于民,群众的挤兑风潮不断发生。由于各地群众普遍拒用,国民党政府原来幻想依靠2000万银元发行1亿元银圆券,但实际流通的只有广东、重庆两地各1000万元。虽然银圆券才出生不多久,其寿命的终结已是指日可待的事了。1949年10月,广州解放,银圆券随即崩溃。①

第四节　台湾经济体制变化

中国抗日战争胜利后,按照《开罗宣言》及《波茨坦公告》的规定,台湾由中国收回。国民党政府对台湾省的经济接收及恢复台湾民生,是在收复前日本对中国台湾经济的控制及战争破坏基础上进行的。

一、光复前日本对中国台湾经济的统制及战争对中国台湾经济的破坏

日本依仗《马关条约》侵占中国台湾后,台湾总督府代表日本宗主国的国家权力强力介入台湾殖民经济的所有部门。

日本殖民势力立即着手控制台湾的货币金融,掠夺台湾的银币和黄金。台湾总督府为支付军费等开支,运进一大批日本

① 中国人民银行总行参事室编:《中华民国货币史资料》第2辑,上海人民出版社1991年版,第657—683页。

银行券(即日本银行纸币)和一元银币及辅币投入流通,从而加深了台湾通货制度的混乱。日本殖民势力先由日本银行在中国台湾发行大量兑换券强制兑换台湾人民手中的金银,又相继设立"台湾银行""彰化银行""台湾储蓄银行""三和银行""台湾商工银行""华南银行""日本劝业银行"等,这些银行的资本"半数以上是在日本人手中",还有所谓"住在台湾者"的投资额最大部分也是属于侨居台湾的日本人。这些银行成为日本控制中国台湾经济命脉、进行经济掠夺的重要工具。随着台湾殖民地化的加深,这些银行的资金、货币发行量、盈利、放款的总额都大大增加。①

1897 年 10 月,日本国内颁布"货币法",实施金本位,以适应日本资本主义走向国际市场的需要。当时鉴于台湾对中国大陆贸易仍然是用白银计算,台湾人民多年来习惯用银币,日本银行券在当时难以被台湾人接受等情况,故在台湾实际采用的通货还是原来的银币及银币兑换券。至于金元与银元或白银的兑换比价,则由总督府参照伦敦、上海和香港等地金银汇兑市场的行情决定后予以公布实施。1899 年,日资在台湾设立"台湾银行",发行银元钞票以吸收台湾现行银元和银两。1901 年以后,国际市场金银汇兑比价不但变动频繁,而且汇率变动也大。于是台湾总督府于 1904 年实行台湾币制改革,允许"台湾银行"发行金币兑换券,除纳税之外,强行禁止银元流通。1908 年,以银元纳税也在禁止之列,并规定银元的收兑期限至 1909 年 4 月末,银元兑换券的收兑期限为 1909 年 12 月末。这一整顿过程完结以后,即于 1911 年 4

① 参见周宪文编著:《台湾经济史》,台湾开明书店 1980 年版,第 912—914 页。

月在台湾施行“货币法”,完全与日本国内金本位制度相统一。[①]过去在台湾流通的银元及银币兑换券在1909年12月末作为流通手段而绝迹,代之而起的是“台湾银行”发行的金币兑换券。这种兑换券,台湾人民将其称为“金票”。

1941年日本政府修改台湾银行券发行制度以后,由于其最高发行限额由大藏大臣决定,因此台湾银行券的发行增速如火箭式上升。从1937年的1.15亿台元[②]增至1941年的2.9亿元,1944年年末更增加到7.96亿元,1945年高达29.08亿台元。[③] 通过滥发纸币,实行恶性通货膨胀政策,对台湾人民进行赤裸裸的掠夺。

日本殖民当局于1895年发布了“官有林取缔令”,规定“凡无足以证明其所有权的地契或其他确证的山林原野,均为官有”。[④]日本殖民当局又于1898年7月颁布了“台湾地籍令”和“台湾土地调查令”,对台湾土地进行调查。其时台湾能证实土地所有权的文件少,即使持有证件者中也有因害怕被征重税或不懂衙门的一套繁杂的“呈报”手续,未向日本殖民当局登记。因而在日本人清查台湾土地时,查出大量未报的“隐田”。例如,台湾西部土地调查前所报地亩面积为361447甲[⑤],土地调查后地亩面积

---

① 史全生主编:《台湾经济发展的历史与现状》,东南大学出版社1992年版,第59页。

② 战前台元与日元等值。

③ 邹建华:《简述日本占领台湾时期的通货问题》,《中山大学学报(社会科学版)》1995年第1期;史全生主编:《台湾经济发展的历史与现状》,东南大学出版社1992年版,第137页。

④ 东嘉生:《台湾经济史研究》(日文版),(台北)印刷公司1944年版,第98页。

⑤ “甲”是台湾计算田土面积的特有基本单位,每甲折合面积约为内地11亩3分1厘,换算成公制为9699平方米,即0.9699公顷。

为 777850 甲，清查出的面积大大超过原报地亩面积。① 1904 年，日本殖民当局在台湾进行“大租权”整理，以公债作为补偿金，将所有大租户的土地全部没收为台湾殖民政府所有。② 再加上没收大量未经登记的土地，以及直接掠夺农民的土地，这样就在台湾培植起一个新的日本大地主阶层。仅各新式制糖公司（事实上都为日本人资本家所支配）至 1926 年时共占土地达 103838 甲，超过台湾耕地总面积的 1/8。另有“台湾拓殖会社”“日本拓殖农林会社”“台湾合同凤梨会社”“南隆农场”“日本拓殖会社”等 10 家日资农业企业共占土地达 145200 甲，超过台湾耕地总面积的 17%。③

日本侵占中国台湾后，殖民势力加紧建设基隆港、高雄港、花莲港、新高港等，修筑机场、公路等，并在台湾设立“台湾铁道株式会社”修筑铁路。在第二次世界大战时，全台公私营铁路总计有 9042 公里。台湾的重要交通设施，都被日本殖民当局所控制。

在生产领域，日本殖民势力在不同时期对台湾工农业生产的重点要求有所变化。

在日本占领初期，日本国内糖的消费量很大，而台湾盛产砂糖，台糖这一重要特产早已引起日本侵略者的垂涎。日本侵台后即抓紧控制砂糖这一重要财富，先使台湾完成供应砂糖基地的任务。日本糖业资本家来台湾受保护关税的优待，又得到台湾总督府的资助。自 1902 年至 1915 年间，总督府发给日本糖

① 台湾银行经济研究室编：《台湾经济史》第 10 集，（台北）中华书局 1966 年版，第 68 页。

② 台湾银行经济研究室编：《台湾经济史》第 10 集，（台北）中华书局 1966 年版，第 69—70 页。

③ 周宪文编著：《台湾经济史》，台湾开明书店 1980 年版，第 467—468 页。

业资本家的补助金达1290万日元。日本糖业资本家依仗台湾总督府的行政暴力,以低廉价格强制收购台湾人民的土地和蔗园,如前所述,日资制糖公司霸占了台湾大量土地以种植甘蔗。日本在中国台湾大力发展新式制糖工艺。日资新式糖厂所产的糖在1902年仅占台湾总产量的2%,到1937年则占总产糖量的98%,而在同一时期的中国旧式糖房的产量比重则由97.9%降至0.94%。在1903年,台湾年产将近5万吨砂糖,到1932年后台湾砂糖年产量增至近100万吨。自1940年后,日本糖业资本更加集中,除了"大日本制糖公司"和"帝国制糖公司"以外,还有"台湾制糖公司""日糖兴业公司""明治制糖公司""盐水港制糖公司"四大公司,这六家又占新式糖厂产糖量的97%,或占台湾总产糖量的95%。① 换句话说,即是由三井、三菱、铃木等日本财阀垄断了台湾的制糖业,把台湾所产的砂糖绝大部分运往日本,从中牟取暴利。

台湾地区在20世纪20年代中期以后又被加上供给日本米谷的任务。自1921年以后,米的产品总值在台湾地区各类农产品中占第一位,但是台湾地区米总产量的一半,要输往日本。日本殖民者强迫台湾农民广种为日本人所喜欢吃的"蓬莱米",而台湾人要食用外米。② 在台湾殖民地形成了"糖米经济"特色。

到20世纪30年代后半期以后,日本殖民当局更要求台湾不仅要发展"糖米经济",还要供给更多的军需品。尤其是1937年

① 参见周宪文编著:《台湾经济史》,台湾开明书店1980年版,第492—493、548—558页。

② 周宪文编著:《台湾经济史》,台湾开明书店1980年版,第628、632页。

抗日战争全面爆发,日本实施所谓“高度国防国家建设”。中国台湾在日本全球扩张战略地位上急速提高,因此台湾的殖民经济由糖米为中心的农业本位经济开始转向以军需工业为重点。1941年太平洋战争爆发后,中国台湾成为日本南进主要根据地。这些重要的负担是日本军国主义发展过程中“所衍生的新问题,而转嫁给殖民地来解决”。面对这些负担,台湾的殖民经济就不能限定于单一商品作物,而变成了更加复杂的经济结构,台湾经济“进入另一个崭新的局面”。①

1937年,日本帝国主义发动全面侵华战争,为了适应扩大侵略战争的需要,在台湾加强对工矿业的统制,兴办“台湾化学曹达公司”“南日本化学工业株式会社”“台湾制盐株式会社”“钟渊曹达株式会社”“橡皮公司”“造船公司”等,加速发展军事工业、钢铁工业、燃料工业等;又加紧搜刮战争物资,成立“台湾煤炭公司”和其他机构,大力开采煤、石油、金、铜、硫磺等。台湾全岛计有台湾船渠、大日本海事、高雄造船等13家船业株式会社,具有相当可观的造船能力。1941年太平洋战争爆发后,日本对工业制品需求更为迫切,对台湾之寄望更殷切,因此陆续召开“台湾经济审议会”“东亚经济恳谈会”,陆续推动第二次生产力扩充计划,“大多着重在军需工业之扩充”②。台湾此种工业化有以下主要特征:(1)它是以台湾总督府为中心的官治式工业化,是由上而下垂直贯彻的;(2)它是配合日本扩大海外侵略过程的需要,因而台湾的工业化内容即是沿着侵略这条线,以化学工业为代表、军需工业为中心的

① 翁嘉禧:《台湾光复初期的经济转型与政策》,高雄复文图书出版社1998年版,第48页。

② 翁嘉禧:《台湾光复初期的经济转型与政策》,高雄复文图书出版社1998年版,第51页。

工业化;(3)此种工业化事实上是日本资本主义向战时经济整编转换的一个环节而已,大部分的统治措施是与日本国内的措施相配合,而不是台湾殖民地经济发展过程中独自产生的工业化;(4)它是以台湾本地人的牺牲来完成的。在工业发展过程中,日本资本愈加膨胀,而台湾本地人的资本适得其反。在遭受严重的压迫下,本地资本不得不退缩。“为了配合日本军国主义的战争,则台湾工业就必大幅度偏重于军需工业,并迫使台湾经济的殖民地畸形发展更加严重”①。

1919 年 7 月,“台湾总督府”合并各公民营发电所,采半官半民营,成立台湾电力株式会社。利用埔里盆地西缘观音山下南港溪溪水,兴建拦水堤堰与压力钢管,利用 50 米的落差,将溪水带动水轮机来发电,称为“北山坑水力发电所”,发电量为 1800 千瓦,以提供日月潭水力发电工程施工所需电力。1929 年 3 月 27 日,日本议会通过日月潭工程再兴案,1930 年 1 月 12 日,松木干一郎担任“台湾电力株式会社”社长。1931 年 10 月 1 日,日月潭水力发电工程再度动工,将全部的土木工程区分为七个工区,委由鹿岛组、大林组、大仓土木株式会社、今道组、高石组等营建会社分段施工兴建。1934 年 6 月 30 日竣工。10 万千瓦的日月潭第一水电站建成,标志着台湾开始进入电力时代,电力事业发展很快,1935 年又进行了日月潭第二水电厂的修建,利用第一电厂尾水发电。截止到 20 世纪 50 年代,日月潭水电系统发电量仍然占台湾总发电量的 70%。“台湾电力株式会社”修建总长 350 公里(一说为 370 公里)的 154 千伏的输电线路,南到高雄,北到台北、基隆。分为西部电网和东部电网,两路

① 翁嘉禧:《台湾光复初期的经济转型与政策》,高雄复文图书出版社 1998 年版,第 52 页。

干线在新竹和山上有两个开闭所，西部电网共有15个水电厂、总容量21万千瓦。东部电网有11个水电厂、总容量5.5万千瓦，另外还有火电厂8个，一共5.4万千瓦，枯水期补充水力发电的不足。以松山和高雄火电厂为最大。以前台湾的电力系统的特点是以水电为主，火电辅助。这也是台湾电价低廉的原因之一。1943年为终战前台湾电力最发达的时候，全年收入3300万日元，最高负荷17万千瓦，发电量超过10亿度，用户总量42万户。最大用户为日本铝业工业。

台湾有丰富的石灰石矿藏。日资经过多方筹划，于1915年开始建设高雄水泥厂，1917年建成投产，到1926年，高雄工厂水泥年产量达到127060吨，较之刚刚投产时产能增加了十倍。1929年，高雄工厂开工建设第二条生产线，装备φ3.15/3.45×59.8m的干法中空回转窑，熟料小时产量17吨。1931年7月，第二条生产线竣工，此时全高雄工厂年产水泥24万吨。1937年"七七事变"之后，出于军事及侵略需求，高雄工厂建设起第三条生产线，此时高雄1厂水泥年产量达到41万吨。此后，日资"台湾化成工业株式会社"苏澳工厂于1942年3月建成投产，"南方洋灰株式会社"竹东工厂于1942年破土建厂。

经过半个多世纪的积累，日本在中国台湾占据的经济资源相当可观。据估计，当时日本人的公私产业占中国台湾产业的80%以上。日本人的公有与私有地占台湾土地的70%以上。日本人的房产占台北所有房产的30%以上。① 台湾工业公司资本基本上属于日本人（见表10-11）。

① 翁嘉禧：《台湾光复初期的经济转型与政策》，高雄复文图书出版社1998年版，第56页。

表 10-11　台湾工业公司资本来源分析(1938—1941 年)

A　实缴资本 20 万—500 万元公司

年份＼项目	资本总额(千元)	日本人占比(%)	中国台湾人占比(%)	其他人占比(%)
1938	72076	59.6	38.5	1.9
1939	80588	62.0	36.3	1.7
1940	93433	67.7	30.9	1.4
1941	117619	72.7	25.5	1.8

B　实缴资本 500 万元以上公司

年份＼项目	资本总额(千元)	日本人占比(%)	中国台湾人占比(%)	其他人占比(%)
1938	302184	96.2	3.6	0.2
1939	325811	96.6	3.1	0.3
1940	361810	96.7	3.0	0.3
1941	414210	96.9	2.8	0.3

资料来源:据周宪文编著:《台湾经济史》,台湾开明书店 1980 年版,第 546 页表改编。

从表 10-11 可以看出,1938—1941 年间台湾工业公司资本不断增加;在实缴资本 20 万—500 万元工业公司资本中,日本人占比逐年增加,中国台湾人占比逐年减少;实缴资本 500 万元以上较大工业公司资本中这种态势更为明显,至 1941 年日本人占比已达 96.9%,中国台湾人占比只有 2.8%,工业公司基本上被日本人所控制。

在流通领域,自 1898 年起,日本殖民当局先后把鸦片、食盐、樟脑、烟草、酒类、火柴、石油等划为专卖品,由殖民当局垄断经营。

日本殖民当局明里禁止吸鸦片,暗地里委托地方上种植罂粟,制造和贩卖鸦片。据不完全统计，台湾人吸食鸦片者，在日本人占据中国台湾后迅速增加，1897 年有 5 万多人，1900 年增至 16.5 万多人。① 后来殖民当局统计的台湾烟民人数有所减少，但是这“主要由于死亡，少数由于停吸”。② 殖民当局在台湾的鸦片专卖事业既毒害台湾人，又能牟取厚利，增加当局财政收入。日本殖民当局在台湾鸦片专卖事业的收入，1910 年为 482 万日元，1918 年增加为 660 万日元，1920 年猛增为 1700 余万日元。③

食盐本是人民生活必需品。1899 年，台湾总督府把台湾食盐列为专卖品。起初，台湾总督府允许台湾民间制盐，但是要经过当局许可，所生产的盐由当局定价收购，再由当局转卖给居民或出口。殖民当局在实际操作中，以专卖的名义，千方百计压价收购，高价出售。20 世纪 20—30 年代，台湾总督府食盐专卖事业年收入大约 1000 台元。④ 1931 年“九一八事变”后，因为食盐关系到军事，当局着意奖励所谓“大工业化之综合性独占企业”，台湾食盐生产渐渐被“台湾制盐株式会社”“南日本盐业株式会社”“南日本化学工业株式会社”“钟渊曹达株式会社”等日资大企业垄断，台湾食盐年产量也从 1931 年的 8.55 万吨增至 1943 年的 46.52 万吨。⑤

中国台湾是世界樟脑主要产地。中国台湾樟脑年产量往往占世界总产量的 70%—80%。1899 年，台湾总督府颁布律令，把樟脑

---

① 周宪文编著：《台湾经济史》，台湾开明书店 1980 年版，第 584 页。

② 台湾银行经济研究室编：《台湾经济史》第 10 集，（台北）中华书局 1966 年版，第 141 页。

③ 史全生主编：《台湾经济发展的历史与现状》，东南大学出版社 1992 年版，第 88 页。

④ 史全生主编：《台湾经济发展的历史与现状》，东南大学出版社 1992 年版，第 89 页。

⑤ 周宪文编著：《台湾经济史》，台湾开明书店 1980 年版，第 599—604 页。

列为专卖品。起初是规定樟脑生产者必须以低价卖给殖民当局,到1907年则由殖民当局经营樟脑生产,并委托“三井物产会社”负责贩卖。从1920年起,台湾樟脑生产被日资“台湾制脑株式会社”垄断,运销仍然委托“三井物产会社”负责经营。樟脑的专卖给殖民当局带来丰厚的收入,1920年这项收入达到1189.2万台元。①

台湾烟的专卖始于1905年。起初规定台湾农民种植烟草须经官府许可,收获后将烟草烘干由官府收购;官府统制烟草加工及运销。1912年,“台湾总督府”专卖局开始直接经营制烟业。专卖局于台南、台北设立烟厂,用机械制造烟丝、纸烟。台湾烟的专卖为总督府增加了收入,又抵制中国福建烟的入口。台湾烟的专卖收入大致呈增长趋势,1905年为148万多台元,到1930年增至1604.8万台元。酒类专卖是从1922年开始实行。酒类专卖收入到1930年达到1431.8万台元。②

从历年台湾“总督府”岁入分析来看,各项专卖收入占比,1896—1904年鸦片为第一位,次为樟脑、食盐;1905—1920年樟脑为第一位,次为鸦片、烟草、食盐;1921—1931年烟草为第一位,次为酒类、樟脑、鸦片、食盐。③

日本占领台湾时期,日资企业利用各种特权和雄厚资本控制了台湾对外贸易。例如稻米、茶叶和砂糖等进出口交易,逐渐都被日本“三井物产公司”“三菱公司”等日资企业所控制,成了日本资本家所垄断的事业。

---

① 史全生主编:《台湾经济发展的历史与现状》,东南大学出版社1992年版,第89页。

② 史全生主编:《台湾经济发展的历史与现状》,东南大学出版社1992年版,第89页。

③ 台湾银行经济研究室编:《台湾经济史》第8集,(台北)中华书局1966年版,第128页。

1939年5月,“台湾总督府”公布“台湾米谷出口管理”,以比市价便宜23%—25%的公定价格强行收购米谷出口。再根据与日本农林省达成的协定,将米出售给日本米谷会社。后来因日本出现米荒,于是又公布“台湾米谷等紧急措施令”(1941年12月),实行食米配给制,实施米的公定价格制。[①] 这样,日本殖民势力不仅控制了台湾米谷的贸易,也控制了台湾岛内米谷的消费,以保障日本战时经济需要。

台湾为重要产茶地区,主要生产红茶、乌龙茶等,1896年茶叶出口值占全台总出口值的51.37%。1910年,日资“日本台湾茶株式会社”成立,主要生产红茶向俄国推销。该企业后来又合并于“台湾拓殖制茶株式会社”,为台湾制茶业巨头。1928年,“三井合同会社”成立新式工场,也制造红茶。台湾种茶以及销售等事业主要是控制在日本资本家的手中。除红茶外,销售于美国的乌龙茶和销售于南洋的为华侨嗜好的包种茶也是台湾茶叶出口主要商品。台湾茶叶出口常居台湾总出口值的首位,成为日本赚取外汇的重要商品。1941年,“台湾茶业同业组合”成立,凡属茶馆、茶商、茶业经纪人等均须加入。该组合加强了日本势力对中国台湾茶业的控制。[②]

从贸易商品结构分析来看,中国台湾对日本的输出,主要以砂糖、米、洋纸、香蕉、煤、樟脑(包括油)、酒精等为贸易的大宗,而从日本输入中国台湾的东西,主要是肥料、纺织品、机械、汽车、自行车、各种罐头、香烟、煤油、肥皂、火柴等日本工业品。[③] 日本资本家竭力搜刮中国台湾原料、大米和特产品,又向中国台湾扩大推销

---

① 翁嘉禧:《台湾光复初期的经济转型与政策》,高雄复文图书出版社1998年版,第49页。

② 周宪文编著:《台湾经济史》,台湾开明书店1980年版,第508、649页。

③ 参见周宪文编著:《台湾经济史》,台湾开明书店1980年版,第628—673页。

日本工业品,这样既把中国台湾变为日本宗主国提供农产品和原料的附庸,同时又把中国台湾变成了日本商品的销售市场和投资场所,日本商品在中国台湾市场上兴风作浪,破坏了中国台湾原有的手工业和家庭副业,瓦解了台湾地区农村自给自足的经济基础。这种贸易商品结构也能揭露出中国台湾经济的殖民地性质。

综上所述,日本占领时期,殖民当局对中国台湾人民政治上进行压迫,经济上进行剥削。日本资本家依仗侵略特权,从金融、交通、工业、农业和贸易等多方面对中国台湾经济进行严格控制。他们力图使中国台湾经济发展转向为日本帝国主义全球扩张战略服务的轨道。

中国台湾在光复之前,受日本帝国主义的统治,在第二次世界大战中,中国台湾成为日军"南进基地",中国台湾经济被绑上了日本帝国主义对外扩张侵略的战车,使得中国台湾经济发展受到一定的钳制。在第二次世界大战中,日本空军曾经从中国台湾的基地发起进攻,轰炸菲律宾美军等。盟军为了对日作战,也对中国台湾进行了连番大规模轰炸。根据中央设计局台湾调查委员会调查,美国飞机对台轰炸次数在 1 万架次以上。美国空军对中国台湾展开大轰炸,集中袭击机场、军火库、军营,以及海港、工厂、铁路交叉点等。大轰炸致使中国台湾各地弹痕累累,原有的生产设施遭到了毁灭性的破坏。以造船业为例,由于战争破坏,中国台湾的许多造船株式会社都受到严重损害。其中位于基隆的"台湾船渠株式会社"受损最为严重,已经完全陷于停顿状态;"高雄造船株式会社"的铁工厂及造船类设施也已经完全被毁坏。在战争中,盟军为了破坏在台日军的抵抗能力,对台湾铁路实行重点轰炸,使得台湾铁路破坏严重。第二次世界大战对于台湾其他各业的破坏也十分严重。在农村,农田水利设施及农民住房损失最为严重。在城市,全台各大中小城市都受到了美国飞机的轰炸。基隆、高雄、新高、马公等港口城市受到严重损坏，船坞、工厂等毁坏大半。冈山已经成为一片废墟。其他如台南、台中、新竹、淡水、台北、嘉义、台东等也有很大损害，工厂的建筑物、设备等都有不同程度的损坏。台湾糖业工厂被炸毁者有 34 处，甘蔗种植面积大幅度衰减，全台湾 1938 年糖最高产量为 141.8 万吨，1945 年糖产量降为 32.7 万吨，大幅度下降。由于糖为台湾争取不少外汇，糖产量大幅减少必然影响政府财政收入。全台所有火力、水力发电站，输电线甚至电缆均有不同程度的损坏。1944 年前，全台湾已完成发电厂装置容量 311 千瓦，最高负载创 77 千瓦，美军大轰炸后全台发电装置容量降为 275 千瓦，最高负载降为 33 千瓦。①

由于生产设施损失殆尽，再加上战时经济政策的影响，到第二次世界大战末期，台湾除了军工生产勉强维持以外，有关民生的工农业生产基本上已呈现停滞状态，生活物资十分匮乏。1944 年以后，因为：(1)战争扩大，军需浩繁，大部分民生物资被疑为军用保质民生必需品缺乏；(2)美国空军的大轰炸和美军海上封锁。大部分生产设施遭受摧毁，人力，物力损失惨重，生产锐减，外来经济资源的输入预告断绝；(3)大轰炸使台湾行政效率与社会治安变坏，人心浮乱，物价与明显浮动，台湾物价受多方面因素冲击，犹如脱缰之野马。如果台湾生产指数以 1937 年为基期，则 1940 年左右达到最高峰，当战争趋于激烈后，1945 年生产指数仅为 24.04，不及最高峰时的 1/4；1945 年农业产量仅及最高峰的 1/3。尤其是稻米的供需不平衡，造成严重米荒。到了光复初期，台湾市面连

---

①　参见史全生主编：《台湾经济发展的历史与现状》，东南大学出版社 1992 年版，第 139—141 页；翁嘉禧：《台湾光复初期的经济转型与政策》，高雄复文图书出版社 1998 年版，第 59—62 页。

粮油等食品也不能正常供应,人民生活朝不保夕。①

二、台湾光复、经济接收与处理

1941 年 12 月 9 日,中国政府发布《中华民国政府对日宣战布告》:“昭告中外,所有一切条约协定合同,有涉及中日间之关系者,一律废止。”因此,1895 年签订的《马关条约》属于废止之列,日本对中国台湾及其附属岛屿和澎湖列岛的统治,从是日起即失去凭借。1943 年 11 月 26 日,美、英、中三国签署的《开罗宣言》规定:战后东北、台湾及其附属岛屿和澎湖列岛应归还中国。1944 年 4 月,中国政府为接管台湾行政预做准备,委由中央设计局成立“台湾调查委员会”,并任命对日本与中国台湾的有关情况均较为熟悉,时任“行政院”秘书长兼全国总动员会议主任的陈仪②为主任委员。台湾调查委员会就接管台湾工作进行了艰苦的准备。其主要任务是,调查台湾实际状况,编辑有关台湾的资料刊物,研究有关台湾问题的意见及方案;训练台湾行政、普察、银行、教育等干

① 史全生主编:《台湾经济发展的历史与现状》,东南大学出版社 1992 年版,第 141 页;翁嘉禧:《台湾光复初期的经济转型与政策》,高雄复文图书出版社 1998 年版,第 63—64 页。

② 陈仪(1883 年 5 月 3 日—1950 年 6 月 18 日),字公洽,号退素,浙江绍兴人。日本陆军大学毕业。中华民国陆军二级上将,曾经担任福建省主席。第二次世界大战结束后,曾任台湾省行政长官兼台湾省警备总司令部总司令,主持台湾日产接收。任内发生台湾历史悲剧“二·二八事件”,为事件中最受争议政治人物之一。1948 年 6 月任浙江省政府主席,11 月释放浙江省警保处处长毛森报批处决的 100 多名共产党员。1949 年年初,陈仪被免去浙江省主席职务,以“勾结共党,阴谋叛乱”罪被捕。1950 年 6 月 18 日于台北市被枪决。1980 年 6 月 9 日,中共中央统战部、中共中央调查部追认陈仪先生是“为中国人民解放事业贡献出生命的爱国人士”。

部、专业人员;规划未来台湾行政体制及各种机构接收办法。至1944年年底,台湾调查委员会分类编辑了有关台湾各类概况的资料集13种,包括行政制度、财政金融、贸易、交通、教育、卫生、户政、社会、事业、警察制度、农业、林业、矿业等;并分类翻译了台湾总督府的各类法令,包括民政、财政金融、司法、农林渔牧、工商交通、教育6大类。① 1945年7月26日,美、英、中三国签署的《波茨坦公告》,再次确定了台湾和澎湖列岛等应归还中国,国际社会表明了支持中国方面诉求的一致立场。1945年8月15日,日本宣布无条件投降,世界反法西斯战争取得了最后胜利,被日本强占达50年之久的台湾可以重回中国怀抱。台湾调查委员会对台湾接管拟订计划,制定了各主要行业的具体接管计划草案,如《台湾地政接管计划草案》《台湾土地问题研究会报告书》《台湾金融接管计划草案》等,这些接管计划草案比《台湾接管计划纲要》更为具体,具有直接的可操作性。例如《台湾金融接管计划草案》对接管台湾金融业的步骤、各银行的接收单位、台湾银行券的处理等,均有详细设计,《台湾地政接管计划草案》对战后台湾地籍、地价、地权分配、土地重划等事宜,均作出明确规定。台湾调查委员会还起草并呈"行政院"于1945年9月通过了《台湾省行政长官公署组织大纲》。蒋介石原本准备成立台湾省政府。但是陈仪认为,台湾收复之初应政治与军事相辅治理,因此必须有一权力较大的临时机构作为过渡体制。1945年8月,蒋介石接受了这个建议,成立了台湾省行政长官公署,任命陈仪为台湾省行政长官兼台湾省警备总司令,负责从日本人手中接管台湾,并有权发布命令,集军政、立法大权于一身。"台湾省行政长官拥有远高于内地其他省

① 白纯:《简析抗战时期的台湾调查委员会》,《江海学刊》2005年第1期。

政府主席的高度集中的个人权力”。①《台湾省行政长官公署组织大纲》则成为战后陈仪赴台组建台湾省行政长官公署的直接依据。此外,台湾调查委员会还积极推动成立了“台湾重建协会”。该协会旨在集中熟悉台湾事务的专家,重点研究战后台湾重建过程中可能出现的各种问题,为台湾重建献计献策、为战后台湾省署(府)及时拟订重建政策,提供了一些参考。②

台湾光复包括接受日军投降和中国恢复对台湾行使主权两个方面。国民党政府任命陈仪出任台湾省行政长官兼台湾省警备总司令,根据《开罗宣言》《波茨坦公告》和日本正式签署的投降条款等国际法律文件,开始了收复台湾的最后实施阶段工作。1945 年 10 月 2 日,台湾省行政长官公署暨警备司令部前进指挥所在台北成立,处理日军集中及受降各事。17 日及 22 日,中国陆军第七十军、第六十二军分别在基隆港和高雄港登陆。1945 年 10 月 25 日,中国战区台湾省受降典礼在台北市公会堂(今中山堂)举行。日本原台湾总督兼第十方面军司令官安藤利吉大将向台湾受降主官陈仪将军递呈投降书。然后,陈仪发布广播演说,宣布:“从今天起,台湾及其附属岛屿及澎湖列岛正式重入中国版图,所有一切土地人民政事皆已置于中华民国国民党政府主权之下。这种具有历史意义的事实,本人特报告给中国全体同胞及世界周知”。日本侵占中国台湾省 50 年的历史到此结束。

受降典礼同日,台湾省行政长官公署正式运作。陈仪作为中华民国台湾省行政长官公署长官,主持接收台湾及其附属岛屿、澎

① 白纯:《台湾省行政长官公署论析(1945. 10—1947. 4)》,《历史档案》2003 年第 2 期。

② 白纯:《简析抗战时期的台湾调查委员会》,《江海学刊》2005 年第 1 期。

湖列岛的领土、人民、治权、军政设施及资产。此举又属恢复行使主权。中国政府接收班子以陈仪领导的原“台湾调查委员会”为基础，另从各地抽调干部加以充实，并指定陆海空军有关部队参与。鉴于内地接收机关叠床架屋，接收人员趁机渔利，陈仪在赴台之前便与蒋介石达成谅解，台湾岛内一切接收事宜，概由长官公署统一办理，以期事权统一。[①] 陈仪等人从事的台湾战后接收任务是在这一前提下进行的。

1945 年 11 月 1 日，台湾省行政长官公署暨警备司令部接收委员会组成，陈仪兼主任委员。作为台湾全省接收日产工作的最高领导机关，凡关于接收法律的执行事项、接收手续的拟议、审核事项，接收证件的颁发，接收封条的颁发，查核、汇报接收清册等等，概由接收委员会统一办理。为了便于接收工作的进行，接收委员会按日产所属部门分成民政、财政金融商业、教育、农林渔牧、粮食、工矿、交通、警务、文化、司法、总务等 11 组，分别接收台湾总督府及日本帝国政府各机关所属财产。[②] 接收日产除公有财产外，还有企业财产和私有财产。财产类包括房屋、土地、仓库及码头、运输设备、船舶、车辆、森林、矿产、粮食、牲畜、机器设备、原料及成品、固体及液体燃料、未完成的工程及设备、图书仪器、标本及模型、家具、器皿、现金、金银及饰物、有价证券、票据及应收款等项。鉴于在台日本人私产数量多，内容繁杂，1946 年 1 月接收委员会又于其下成立“日产处理委员会”，内有秘书、会计两室，调查、审核、处理三组，作为全台处理日产之总枢纽。为便利业务进行，该

① 史全生主编:《台湾经济发展的历史与现状》，东南大学出版社 1992 年版，第 145 页。

② 史全生主编:《台湾经济发展的历史与现状》，东南大学出版社 1992 年版，第 145 页。

会于1946年2月在台湾17县市成立分会。日产处理委员会负责核定相关日产的处理方式,包括接收公产、移交公产、管理机关接管、拨归公用、官商合营、拨归公营、出租民营、发还原业主及标售民营等各种方式,“除了处理台湾省接收委员会所接收的日产中的公有财产外,其主要工作侧重于接收日人私有财产”①。由于接收日产之标售及债权债务清算事务相当复杂,该委员会因而于其下另设日产标售委员会及日产清算委员会,以管理接收日产之估价标售事宜,并进行日台人民合资企业及金融机构一切债权债务之清算。日产处理委员会于1947年5月废止,改置“日产清理处”以处理残余的原日人私有财产。②

由于一些重要的生产企业数量及规模庞大,国民党政府一时没有足够的接收人员可以经营管理。因此,大企业的正式接收工作稍有耽误,至1946年5月才大概就绪。在过渡期(被设定为监理期间)由日本管理人员和技术人员留任原职,国民党政府派遣监理委员以维持企业的运营。因此,主要企业的接收工作是在1946年后半年才开始真正进行的。留任原职的日本管理、技术人员也在这一时期开始回日本。③

以台湾糖业日产接收为例,当时台湾全省制糖工业基本上为日本人控制,日籍技术人员及管理人员近5000人,大多数为生产经营方面的骨干,如果立即把他们遣返日本,台湾糖业的生产经营就会受到严重影响。1945年11月,接收委员会成立“台湾糖业监

---

① 史全生主编:《台湾经济发展的历史与现状》,东南大学出版社1992年版,第146页。

② 刘进庆:《台湾战后经济分析》,王宏仁等译,(台北)人间出版社2012年版,第35页。

③ 刘进庆:《台湾战后经济分析》,王宏仁等译,(台北)人间出版社2012年版,第34页。

理委员会”。其主要工作为:(1)调查各单位股东人数、糖工状况、人事变动情形及最近两年的工作状况;(2)调查至日本投降以后的物资移动及保管状况;(3)监督各单位继续维持原有业务;(4)计划修复被破坏部分,以期恢复生产能力。“台湾糖业监理委员会”一方面继续留用日籍技术人员及管理人员,另一方面尽量培训本省员工,大力选拔“本省员工能力经验均符标准者”,并公开登报约聘技术人员及管理人员,凡条件较优经过考试合格者,均予聘任。此外,监理委员会还在各制糖工厂中,根据工人文化程度的高低,举办各种不同形式的训练班,对工人进行业务训练,以提高整个台湾糖业工人的整体素质。在完成了上述一系列准备工作以后,才正式接收台湾糖业。“台湾糖业监理委员会”宣告撤销,新成立的台湾糖业股份有限公司(资源委员会与台湾省行政长官公署合办)正式接收了台湾的全部制糖工厂。①

至1947年2月底,国民党政府在台湾接收日本企业财产1295件,计台币71.64亿元;个人财产48968件,共8.88亿元;公务机关财产593件,共计29.3850亿元,合计共110亿元台币(土地价未计入)。这些日本人财产都被称为“敌产”而全部国有化。② 另有一统计如下:至1947年,据国民党政府行政院向参政会报告称,在台湾接收日本企业财产台币71.64亿元,个人财产8.88亿元,办公场所财产29.39亿元,共计台币109.91亿元。时台北物价指数为2360(1936年=100),依此折战前台币共4.66亿元。③ 两个

① 史全生主编:《台湾经济发展的历史与现状》,东南大学出版社1992年版,第145—146页。

② 刘进庆:《台湾战后经济分析》,王宏仁等译,(台北)人间出版社2012年版,第34—35页。

③ 参见许涤新、吴承明主编:《中国资本主义发展史》第3卷,人民出版社2003年版,第619页。

统计相比较,大致接近。不过,后一统计者又指出:“按台湾的日产是全部由省政府接收的,虽战争末期受盟军轰炸较烈,损失较大,但亦不应如此之小。”又1945年台湾695家日资工业会社的公称资本即达9.23亿日元(大多为战前币值);省政府接收企业1275家,仅合战前2.98亿元法币,未免偏低。①

关于台湾省接收日产的工作,有专家认为:从组织接收机关、制定接收法令,直到接收后日产的处理,大体能够做到统筹安排、有条不紊。国民党政府吹嘘说:“台湾的接收工作,在大体上说来,远较内地任何收复省市做得好”,“为台湾留下了珍贵的资产”。②

但是在台湾省接收过程中,也屡屡出现了一些官吏的贪污行为。例如,李卓之系行政长官公署秘书长葛敬恩之女婿,在任台湾省纸业印刷公司总经理时把几部大机器(当时价值千万元台币)廉价标卖,自己暗中以40万元台币买下来。迄改任台北市专卖局长时被继任总经理查出,拼命向他追索,李不得已行贿5万元台币。后任收下后,连同5万元贿款送交长官公署。事情被葛敬恩知悉,把5万元贿款批令缴交金库,报告则按下不办。陈仪知道后,仅骂了他一顿,仍准他做局长。又如,台北县县长陆桂祥曾传贪污5万万元台币。长官公署原说要派大员彻查,不料台北县政府起了一场怪火,把会计室的账簿单据烧得精光,令人无从查起。此外还有不少贪污超过千万元的大案。③

---

① 参见许涤新、吴承明主编:《中国资本主义发展史》第3卷,人民出版社2003年版,第620页。

② 史全生主编:《台湾经济发展的历史与现状》,东南大学出版社1992年版,第147—148页。

③ 参见李祖基:《台湾光复初期的经济问题》,《台湾研究集刊》1998年第4期。

台湾省所接收的这些“敌产”企业处理办法有公营化、拍卖、出租及官商合营4种。但是判定用何种方式处理的准则就十分暧昧：仅有一项规定较具体，在本国人所占资本达半数以上的企业(较小)，原则上拨售给该企业股东。其他的情况并没有明确的规定，实际上变成为由当时的资源委员会及台湾省行政长官公署再判断决定。[①] 在1945年6月27日台湾调查委员会党政军联席会第一次会议上，陈仪一再强调“事业国营有利”，台湾是一个比较富饶的省份，公营事业一定更容易发展，并确信在台湾“制造国家资本主义，并不是一件困难的事”等。较大“敌产”企业在接收后，在“实验民生主义”“发展国家资本”的理念之下公营化，又按企业的性质、设备及规模分为国营、国省合营、省营、县市营及党营等几种类型。例如，被接收的日资“台湾银行”“彰化银行”“台湾储蓄银行”“三和银行”“台湾商工银行”“华南银行”“日本劝业银行”等金融企业财产，被改编为台湾省营的“台湾银行”“彰化商业银行”“台湾土地银行”“台湾第一商业银行”“华南商业银行”等；原“台湾制盐会社”“南日本盐业会社”“台湾盐业会社”等企业财产，被改编为国营中国盐业公司；原“南日本化学工业会社”“钟渊曹达会社”等企业财产，被改编为国营台湾碱业公司。石油、铝业、钢铁企业是国营；电力、肥料、造船、机械、造纸、糖业、水泥等企业是国省合营；工矿、农林、航业、保险、土木建设等企业是省营，原“台湾铁道株式会社”等被改编成省营台湾省铁路局，陆上运送部门改编成省营台湾省公路局；还有一些小企业是由县市政府经营。[②]

---

① 参见刘进庆：《台湾战后经济分析》，王宏仁等译，(台北)人间出版社2012年版，第35页。

② 参见刘进庆：《台湾战后经济分析》，王宏仁等译，(台北)人间出版社2012年版，第35页。

通过这样的接收和处理,台湾的工业、农业、矿业、商业、交通运输业和金融业基本上都置于国民党政府控制之下,形成了严密的经济统制。

由于第二次世界大战期间台湾遭遇的猛烈轰炸,岛内各项交通设施均遭到不同程度的破坏,铁路部分中断,公路严重损失,港口因沉船阻塞,机场也陷入瘫痪,交通事业处于停顿状态。光复初期必须立即在接收基础上进行交通设施的修复与整治,重建台湾交通的新秩序。铁路和公路是战后重建的重点。台湾省铁路局与台湾省公路局统制全岛铁、公路建设与运营。到 1946 年年底铁路客运量达到 4494 万人,货运量达 306 万吨;公路局客运量达 196 万人。1946 年 7 月,台湾航业公司成立,积极疏通基隆、高雄等港口的航道,捞修战时被炸沉的日轮,扩充船舶,开辟海上航线。台湾交通事业经过光复初期的恢复与重建,逐步从瘫痪和混乱状态中摆脱出来,台湾省的交通事业朝着“民利其行,货畅其流”的目标迈进。

在这个统制网中起重要作用的还有专卖局和贸易局。台湾的专卖制度始于日本占领时期,专卖的物品为烟、酒、火柴、食盐、樟脑及度量衡等生活必需品,其实质是一种消费税,它通过官方垄断的形式,提高价格,获得厚利,来增加财政收入。陈仪对日本人的专卖制度极为欣赏,光复后遂如法炮制,在长官公署下设专卖局,专管省内烟、酒、火柴、樟脑、度量衡物品的专卖。这五种物品的原料,“无论系人民自种,抑系由人民领有公地代种,其所生产之收获物,均须照官定之低价如数卖与该局,否则农民便遭处罚。但经过专卖局制造之后,便以高价卖出”。就是省外运来的烟、酒、火柴等专卖品,也要经专卖局的转手才能买卖。专卖局下设台北、台中等 11 个分局,澎湖、埔里两个办事处,台北酒厂、台北烟草厂等 8 个工厂,监理樟脑精制、监理啤酒等 10 个公司。为进一步加强专卖品的生产和管理,完备和强化专卖机构,专卖局下还设有查缉室,各分局增设查缉股,“专管查缉私货之事”。①

贸易局是陈仪主台后新设立的机构,其宗旨为“统筹调剂物资供需,借以改善人民生活,促进经济建设”,业务范围为办理指定物资之进口、出口及其配销事项。同时,严格规定商品的进出口办法,凡出口物资,政府禁止同省的,以登记方法,由贸易局按照公平市价收购;属于专卖物品,专卖局以余额交由贸易局出口运销;一般商品,由贸易局向市场收购,分批出口。凡进口物资,由贸易局以本省出口物品与内地所需该物品的机关、商人以货易货;或由贸易局直接向国内外生产机构订购,或委托该业商人代购。陈仪给贸易局确定的经营原则是:“根据本省供求实际情况,调剂全省物资之盈虚”,“顾及民生需要并完成各生产交同关所委托之使命”,“推销本省生产品,使外来物资价格降低”。贸易局专管与省外的贸易,贸易局买来省外商品卖给台湾民众;台湾的产品需要出口,也经由贸易局输运出口。自贸易局开门后“独占生产事业,垄断市场,包办进出口,举凡有利可图的事业,均不容商人企业插足其间”②。

这实际上是由原来日本人在台湾的统制经济转变为国民党政府在台湾的统制经济。

三、光复初期经济问题与“二·二八事件”

如前所述,在日本殖民当局统治的最后时期,台湾市面连粮油

① 李祖基:《台湾光复初期的经济问题》,《台湾研究集刊》1998 年第 4 期。

② 参见李祖基:《台湾光复初期的经济问题》,《台湾研究集刊》1998 年第 4 期。

等食品也不能正常供应,人民生活朝不保夕。台湾光复之后,除了接收敌产之外,国民党政府立刻就面临以下必须解决的主要经济问题。

第一,币制与通货膨胀问题。台湾光复后使用何种货币?国民党政府在《台湾接管计划纲要》中曾规定台湾"接管后,应由中央银行发行印有台湾地名之法币,并规定其与日本占领时代的货币(以下简称旧币)之兑换率及其期间"。国民党政府当时拟议台湾光复后使用法币,尽管是"印有台湾地名"。1945年10月下旬,国民党政府公布了《台湾省银行钞票及金融处理办法》,希望将"台湾省的银行钞票,由政府分别面额、定额分期收换,其定价及收换期间,由财政部公告。台湾省内敌人设立之金融机关,由政府指定国家行局接收清理"。但是陈仪为了避免台湾如同大陆各省那样法币泛滥成灾,物价暴涨,反对在台湾用法币,他主张维持台币及台湾金融机构使其自成系统。他向蒋介石建议"为了保证台湾不受大陆通货膨胀的影响,中央、中国、交通、农业四大银行暂不插足台湾,仍运用原来的台湾银行管理金融"。陈仪关于台湾暂不用法币及使台湾金融机构自成系统的建议得到蒋介石的核许。国民党政府同意台湾省"目前币制仍应照陈长官所拟办理"。① 之后,陈仪便在台湾采取了以下三方面举措:(1)调整改组金融机构,将台湾银行加以接收及改组,使其成为光复后台湾省营金融机构总枢纽,其他银行一面接收改组一面继续营业;(2)由改组的台湾银行发行新台币换旧台币,同时收缴日本占领时期所发行的各种债券、库券,从而统一台湾币制;(3)限止法币在台流通,颁布《办理中央驻台机关部队及本公署所属各机关内地法币收付暂行办法》,严格控制法币来台的各

① 史全生主编:《台湾经济发展的历史与现状》,东南大学出版社1992年版,第148—151页。

种渠道。经过陈仪的一番努力，在光复初期，台湾形式上维持了独立的台币制度，其目的在于使台币形成一道“金融防波堤”，以隔绝大陆通胀的影响。但国民党政府财政部对此十分不满。“中央银行”利用调整币值比率的机会将台币比价压低，规定法币与台币为比值 10：1，为大陆豪门资本套取台币制造机会。至 1946 年 9 月初大陆金钞波动时，“中央银行”又将比值调整为 40：1，致使台币大幅贬值。其后这一比值不断调整，调整幅度越来越大，使得台币不断贬值。大陆的恶性通胀通过汇兑形式波及台湾，使得当时台湾货币政策呈现“高度不稳定性”，其“解决金融危机的功能亦大打折扣”。①

当时大陆恶性通胀波及台湾的直接结果是促使台湾通货膨胀。1947 年 3 月，《台湾省行政长官公署关于台湾“二・二八”暴动事件报告》坦言：“二月间上海美钞及黄金风潮发生后，各地物价飞涨，台湾自不能例外。”造成台湾通货膨胀的根本原因还在于战后各项事业的重建需要大量经费，台湾当局预算有巨额赤字，不得不依赖台湾银行垫款，而台湾银行则不得不靠增加台币的发行量来弥补。通货膨胀又造成物价飞涨。如果以 1845 年 8 月台湾物价指数为 100，1946 年年底这一指数达 214，1947 年年底这一指数已达 825，上涨很快。但是台湾物价指数上涨幅度比大陆国民党统治区小得多。②

第二，新统制经济弊端严重。国民党政府台湾省行政长官公署通过对日产的接收和处理，把台湾的工业、农业、矿业、商业、交

① 参见李祖基：《台湾光复初期的经济问题》，《台湾研究集刊》1998 年第 4 期；翁嘉禧：《台湾光复初期的经济转型与政策》，高雄复文图书出版社 1998 年版，第 138—139 页。

② 史全生主编：《台湾经济发展的历史与现状》，东南大学出版社 1992 年版，第 179 页。

通运输业和金融业基本上都置于其严密控制之下,形成了新的经济统制。行政长官公署下属的专卖局和贸易局可以说是实行新统制经济的两根柱子。1947 年 3 月 28 日,白崇禧对台湾省参议员发表的训词坦言:“台省行政经费预算总数为四十亿,专卖及贸易局收入约占二分之一。”当时“台湾是中国第一个没有受中央财政补助的省份”,战后台湾重建遭遇严峻的财政困难使陈仪不得不充分利用专卖局和贸易局的收入以维持正常的行政运转。

虽然台湾省行政长官公署通过专卖局和贸易局较为成功地增加了财政收入,但是实行不久,皆引起台湾民众的普遍反感。台湾省行政长官公署仿照日本占领时期的专卖制度,对樟脑、烟草、酒、火柴、度量衡器等物资流通实行官府专卖。这五类产品“无论系人民自种,抑系由人民领有公地代种,其所生产之收获物,均须照官定之低价如数卖与该局,否则农民便遭处罚”,“就是省外运来的烟、酒、火柴,也要经过专卖局的转手,才能买卖,否则就算报了关,纳了税,也依然被视为私货,被检查没收”。专卖局出品的专卖物资质量低劣,给民众生活造成不便。关于台湾煤炭经销,行政长官公署组成了燃料调剂委员会,所有炭场产炭,一律按照官方规定的价格卖给调剂委员会,不得自行买卖。调剂委员会低价收购,高价卖出,其中差价即中饱私囊。如 1946 年冬季收购私人石炭每吨价格 1000 元台币,而卖给上海市燃料委员会,价格则为 30 万元,即此一项获利即达 2 亿—3 亿台币。再如食糖也由政府统治专卖,定价不及成本,许多蔗农因此把蔗田犁毁。长官公署完全废止私人经营烟酒,台湾人以前所存的烟酒也不准私卖,必须到专卖局登记。另外,印刷、毛笔、文具、教科书等,一律规定由政府专卖。专卖局在缉私方面处处与小商为难,结果大宗走私未能遏制,小商业者的生活则愈益艰难。这不但继续增添了人民的生活负担,更为重要的是,因为经办官员上下其手,专卖制度成为贪污舞弊之渊薮,也断绝了台湾众多民间企业生路。①

贸易局本应为调剂民生进行省内外物资的配销,实际运营中经常为了垄断利润,不考虑任何后果,如以"公营事业的东西如果不涨价亏本"为由,配销物资经常涨价在商人之前,甚至还在岛内暗中大量收购民生物资,导致物价飞涨。另外,由于专卖商品太多,以致"一般小本商人无法生存"。"专卖与贸易两局就像两支牢牢的铁钳,紧紧钳住台湾人民的喉管,连喘息的机会也没有。又像两支吸血管,拼命地吸取压榨台湾民众快枯干的血"。②

第三,粮荒严重。台湾素有"粮仓"之称,一年三熟,据说只要一次的稻收就可供台湾一年的粮食。然而国民党为了打内战,把大量台米运往苏北、华北充军粮,台湾的米仓空了。所以进入1947年后,台湾的米价不仅没有稳定下来,反而如断线的气球般飘然上升。1月份每斤十四五元的米价到2月份飞涨到二十七八元到三十元左右。当上海的米价卖到七万元(指法币)一担的时候,台湾却早已涨到十四五万元一担了。面对如此突飞猛涨的米价,一般的老百姓和公教人员无不叫苦连天。公务员、市民均以番薯为主食。台湾行政长官公署不得不采取紧急措施,派宪兵四处搜查米店,并于1947年2月13日发布紧急通令,颁布指定最高米价办法,以限制米价。米谷限价之后,粮商米贩均避不出售,市场上的米全没有了,统统改在黑市里交易,米价涨至每斤四十元台币左右。许多城市出现了"有钱无米买"的严重米荒,贫苦百姓因饥

① 李祖基:《台湾光复初期的经济问题》,《台湾研究集刊》1998年第4期;翁嘉禧:《台湾光复初期的经济转型与政策》,高雄复文图书出版社1998年版,第168页。

② 李祖基:《台湾光复初期的经济问题》,《台湾研究集刊》1998年第4期。

饿难耐而全家自杀的惨剧时有所闻,全台震动。台北市也出现了署名“台湾民众反对抬高米价行动团”的警告性传单,宣称“为生活之驱使,为全台民众之生命争闹,决集全台之无产民众,向各该社会吸血鬼反击,以积极手段实施行动”。严重的通货膨胀和米荒已使台湾社会陷入岌岌可危的境地。①

第四,失业问题严重。日本占领后期,为了将台湾作为南进的据点,日本曾对台湾的农业、工业、水利、交通等积极经营,并已具有相当的建设规模,特别是为了补给战争紧缺,台湾的生产一直处于加足马力的状态,“台人都有工可做,他们可以维持最低限度的生活”,因此失业问题并不显著。但光复之后,台湾生产萎缩惊人,失业问题骤然突出。据上海《侨声报》驻台湾特派员的实地调查,台湾光复十个月后复工的工厂,除去“只开了8天工”的台湾糖厂和“在修复中”的铜矿厂与炼铅厂之类的工厂不算,竟还不及2/10。又据唐贤龙的调查,“二·二八事件”时台湾尚有1/2的工厂未开工。即使有的已复工,但开工程度也不足,原来100人的工厂,现在只用二三十人,许多原来在工厂做工的台湾人都失了业。光复后,国民党政府对台湾实施经济统制致使许多工厂、商店停业关门,断绝了台湾众多民间企业生路。以糖业为例,日本占领时期,日糖、台糖、明糖、盐糖等四大糖业会社垄断的40余家糖厂,年生产能力为130余万吨,而1946年仅生产10余万吨,生产萎缩惊人。其他如煤炭、电力、造纸、纺织、化学、油脂、肥料、水泥、制碱、玻璃等工业,都有不同程度的萎缩。另外据不完全统计,在战争期间被日本征调去当兵的台胞人数约有30万人,其中除了几万人早已做了日本的炮灰之外,其余20余万人在日本投降后,便做了临

① 参见李祖基:《台湾光复初期的经济问题》,《台湾研究集刊》1998年第4期。

时“日俘”，受尽苦难。后来这些人又慢慢地从日本、南洋群岛、澳洲、关岛、缅甸、越南、中国香港及我国东北等地被陆续遣送回台。此外许多旅居省外的台胞在战后也纷纷回到台湾，这些人回乡后一时找不到工作，便一起加入了失业的大军。据 1946 年召开的失业问题座谈会的估计，当时全台湾失业人数总共约六七十万人，也就是说每十人当中，就有一个失业者。日本占领时期绝迹的乞丐也开始在台湾各大车站码头以至通衢大道上大批出现。为了生活，许多失业女性沦落风尘，成为变相妓女；男人们有的则不得不干起了小偷小摸甚至抢劫的勾当，社会犯罪率急剧攀升。抢劫者甚至还散发“我们没做官，不得揩油，没饭吃，好惨！”的小纸条。台胞失业人数骤增，“百业停顿凋落，失业工人已在 20 万左右”，社会呈动荡趋势。民众因失业贫困而产生的不满与愤怒就像一颗危险的“定时炸弹”，成为社会动乱的潜在因素。严重的失业引起了社会各界的普遍关注，长官公署如能予以足够的重视，及时采取有效的措施，如将从日本人手中接收的公有地暂时放租给失业者垦种，使他们能够填饱肚子，以解燃眉之急（按：当时从日本人手中接收过来并掌握在政府手中的公有地占台湾耕地总面积的 66%），当可使失业问题有所缓解，至少也可使失业造成的影响降到较低程度。然而国民党台湾省当局所表现出来的态度和行为恰恰相反，不仅对战时被日本人征召后又被遣返的台胞不闻不问，让其自生自灭，而且还千方百计掩盖工业复原缓慢、人民大量失业等社会问题，甚至对报道这类问题的新闻媒体，如上海《侨声报》等兴师问罪。其结果自然是使这一问题的严重性有增无减，随后出现的物价暴涨及米荒等经济危机无疑又把众多的失业者推入了更惨的境地。生活的绝望使他们对政府的不满也达到了极点，致使“二·二八事件”发生时，众多的失业者，尤其是那些被日本人征召，战后又被遣返的失业者有相当一部分成了这场事变的主角。[1]

台湾光复,台湾人民曾经欢天喜地迎国军。但是台湾回归祖国后,国民党在大陆大打内战,大陆的经济危机也波及台湾,岛内通货膨胀,物价飞涨;台湾中小企业在国民党官僚资本的劫夺下,纷纷破产倒闭;加之农业歉收,致使当时台湾600多万人口中,有近2/3的人贫困交加,饥寒交迫,老百姓怨声载道。他们跟大陆人民一样,“想中央,盼中央,中央来了更遭殃”。这种由欢迎变为失望,最后成为仇恨的情绪,由一件偶然的事情,点燃了台湾群众反抗国民党政府的怒火。1947年2月28日约有四五百名群众来到行政长官公署,向行政长官陈仪请愿。卫兵事先未经警告即向手无寸铁的群众开枪,当场死伤数十名。于是事态迅速扩大,警备总司令部武装人员闻讯赶来,驱散集结群众,并在长官公署四周严密布岗警戒。群情激愤,一怒之下占领电台。陈仪随即宣布实行戒严,派出大批军警在全市大街小巷巡逻。愤怒民众通过电台向全省广播,控诉军警的暴行,号召人民起来反抗。越来越多的愤怒民众围攻行政长官公署、警察局、日产处理委员会、电台等机关,放火烧掉台北专卖分局,甚至开始抢劫军用仓库,释放狱中囚犯,与军警不断发生流血冲突。台湾各地民众闻风而动,群起响应,围攻所在地国民党机关部门,很快控制了除高雄、基隆以外的所有地区,国民党对整个台湾省的形势已失去控制。在动乱中,有些台湾本省人不仅反抗国民党公署,也有殴打伤害外省人之事。[2] 史称其

① 参见李祖基:《台湾光复初期的经济问题》,《台湾研究集刊》1998年第4期。

② 由于台湾光复初期,外省人大多居于主管或等级较高的职位,在长官公署的科股长,专员以上的316名中层官员中,也只有17名台籍人士,其余299名都是外省人或极少数的半山仔。因此在动乱中有人将腐败官僚赶出政府的诉求转变成为打倒外省人的行动,甚至扩大事端以致最后伤及无辜外省人。

为“二·二八事件”。①

1947年3月2日,台北市民众成立“二·二八事件处理委员会”,并随后在各地成立分会,代表民众就事件处理和台湾的政治改革与行政长官公署交涉。陈仪也派人参加了这个委员会。1947年3月8日,委员会通过其“宣传部”部长王添丁起草的“三十二条要求”,包括实行地方自治、保障人民基本权益、废除专卖制度、减免苛捐杂税等条款,基本反映了台湾各界人士要求民主和自治的合理愿望。但是在反抗队伍中也混进了一些与日本关系密切的地方绅士和流氓,他们将三十二条扩大为四十二条,增加了一些不切实际甚至错误的主张,例如要求接管行政长官公署等。这四十二条使陈仪怒而撤出了派往委员会的代表,并加紧部署镇压行动。蒋介石与国民党要员商量,认定“二·二八事件”是“暴乱”,为防止事态扩大,必须采取果断措施,进行镇压。蒋介石立即电令驻守上海的21军国民党国防部长白崇禧率领下火速乘船赶赴台湾镇压。3月8日中午,21军先头部队在基隆登陆,随即血洗基隆。9日,国民党主力部队进驻台北,与驻守在台湾南部地区的国民党“高雄要塞司令”彭孟缉联手,对反抗群众进行大规模镇压。大批台湾市民、学生及社会知名人士包括教授、作家、医生遭到屠杀,确凿死亡人数难以计算②,此外,还有不少人被捕、逃亡和失踪。“二·二八事件处理委员会”也被当作非法组织遭取缔,委员会成员也遭逮捕杀害。3月,国民党还在台湾进行了大规模的收缴枪支和肃清“暴乱”分子活动。1947年4月24日,国民党政府撤销台湾行政长官公署,成立台湾省政府,陈仪被撤职,魏道明出任台

① 参见白纯:《台湾光复后的民众心态与“二·二八”事件》,《民国档案》2000年第3期。

② 伤亡者数目长期有所争议。有的说是数百人,也有的说是数万人。

湾省首任省主席。①

关于“二·二八事件”的经济方面原因,有学者认为战后台湾经济领域存在四大矛盾,即台湾与大陆两种不同经济体制的矛盾、国民党政府高度经济统制政策与台湾民间资本家要求复苏发展的矛盾、国民党政府日益膨胀的财政支出与省内生产锐减的矛盾、国民党政府转移法币危机与台湾人民要求维持台币币值的矛盾等。这四大矛盾,“除一部分为客观因素外,大多数由国民党政府主管政策造成”,“内战毁灭了人民的资财和对和平的渴望,最终导致了台湾‘二·二八’起义的爆发”。②

四、“二·二八事件”后台湾经济的调整

“二·二八事件”过后,台湾行政长官公署被撤销,陈仪被撤职,但是台湾生产受到严重破坏、物资奇缺、民生困苦等经济难题仍然必须解决。又有许多大陆民众陆续随国民党官兵到台湾,导致岛内人口急剧增加。根据统计,在1946年即台湾岛内总人口为610万人,到了1948年便激增为680万人,1950年则增至790万人。另有60万人溃逃至台湾的国民党官兵及未审报户口的随军家属和其他大陆来台民众尚未计算在内。这对当时的岛内经济来说,是何等重大的压力。虽然部分大陆迁台民众给岛内带来了一些物资,包括黄金美钞、生产设备及少量物资,但远不足以负担由大陆来台的200多万军民的生活。这种结果自然导致岛内物价飞

① 参见中国第二历史档案馆编:《台湾“二·二八”事件档案史料》,档案出版社1991年版,第135、230—235页。

② 陈正卿:《试析台湾“二·二八”起义前的四大经济矛盾》,《民国档案》1987年第2期。

涨。据官方统计，自1946年至1949年，台北市批发物价上涨了1000倍。1947年，时任台湾省省主席的魏道明对以往诸多经济政策进行调整，如撤销专卖局，缩小专卖物资的范畴；撤销贸易局，调整贸易政策；扩大民营事业的范围，加大对民营企业的扶植；扩大社会救济范围；扩大对台籍员工的征用比例等。有学者认为，“二·二八事件”后为缓和矛盾，国民党高层开始检讨在台湾推行的公营经济政策的利弊得失，转而鼓励发展台湾的民营事业。① 国民党台湾当局不得不又采取以下经济调整措施。

第一，努力稳定台湾金融。台湾生产萎缩、物价上涨所造成的另一恶果是对外收支不平衡，导致外汇极度短缺。那时台湾国民党当局所谓“中央银行”尚未复业，对外收支均由台湾银行代为处理。到1950年，台湾银行外汇存底已完全枯竭，不得不向民航空运公司借用50万美元以应急。陈仪之后的台湾当局为避免台湾出现当时大陆恶性通货膨胀的波及，仍然顶住国民党政府“财政部”等压力，继续实行陈仪的维持台币及力主台湾金融自成体系的政策。当时对于台币盯住法币政策，非经国民党中央核可，不得变更。而自1947年起，大陆通货膨胀加剧，法币贬值相当厉害，台币兑法币汇率无法随市场调整，对台币是不公平的，且对台湾经济冲击更大。因此，白崇禧曾建议台币与法币汇率自1∶35，逐步调高到1∶50以资补救。台湾省政府成立后，随即在1947年5月16日公布汇率调整为1∶44。以后几乎各月皆有所调整。到12月24日，已跳到1∶90。然而，上海物价从1947年年底再度狂飙，台湾的定期调整汇率做法，已难适应市场的变化。为了遏制汇率不当所引发之物价剧烈波动，台湾当局乃呈请国民党中央准予自

① 褚静涛：《陈仪与台湾公营事业的初步建立》，《南京社会科学》2003年第4期。

1948年1月13日起,依照市场行情,逐日挂牌采取机动性调整。此一政策自采取到8月19日实施金圆券改革,总计台币与法币汇率共调整72次之多,此比率从1∶92提高到1∶1635。可见变动相当频繁,而且幅度很大。[①] 这一措施对于稳定台湾金融起到了一定作用。台湾当局又于1949年6月颁布《新台币发行办法》,实行币制改革,规定旧台币4万元折新台币1元,每5元新台币折1美元,发行总额限定为2亿元新台币,十足准备,希望借此建立民众对币制的信任和稳定物价。在改革币制的同时,台当局还陆续颁行了许多直接管制物价措施,包括军公教人员及眷属的实物配给、民生必需品的定价定量配售、重要商品及劳务的限价、当局供应物资机构及粮食主管部门对重要物资及粮食的掌握与抛售。[②]

第二,改良农业生产技术,实行"三七五"减租与开展公地放领。台湾发展农业有得天独厚的自然条件。台湾光复初期农民仍然占台湾总人口的比例达60%以上。台湾当局认识到无论为安定社会,提高民众生活水准及为工业发展所需资金与市场铺路,都要优先发展农业,所以无论是陈仪主政时,还是陈仪之后,当局都把修建农田水利等作为经济建设的大事,还努力改良农业生产技术,调整农业生产关系。

陈仪之后的台湾当局为了提高台湾农业生产力,还由"中国

---

① 翁嘉禧:《台湾光复初期的经济转型与政策》,高雄复文图书出版社1998年版,第182—183页。

② 参见刘进庆:《台湾战后经济分析》,王宏仁等译,(台北)人间出版社2012年版,第45—47页;翁嘉禧:《台湾光复初期的经济转型与政策》,高雄复文图书出版社1998年版,第144页。

农村复兴联合委员会”①及“台湾省政府农林厅”与其所辖机构负责推行改良农业生产技术项目，其中包括改良作物品种、增加化肥使用、指导栽培方法、防治病虫害、改良农具、引进新产品、实施间作轮作轮灌、施用农药、引进新渔业技术、充实渔业设施等。增加化肥使用，是当时台湾农业生产技术改良的一个重要举措。台湾当局千方百计进口化肥，并在接收日资化肥工厂基础上成立了国省合营的台湾肥料股份有限公司，改建高雄硫酸铵厂及花莲铝厂，兴建新竹硫酸铵厂等，努力增加本省化肥产量。台湾当局掌握较多化肥之后，又以化肥换取农民的米谷。②

所谓“三七五”减租，其主要内容有：(1)减轻租额负担。佃农对地主缴纳地租，一律以不超过主要作物正产品全年收获总量的37.5%为准。原租约中超过此一规定者，一律减为此数；不及此数者，不得增加。其他预收地租等一切额外负担全部取消。其因灾害歉收时，照受灾成数减免。(2)保障佃农权利。规定耕地租约一律以书面形式签订，租佃时间不得少于6年，非因法定事故地主不得将租约中止。土地所有权转让，租约不受影响。租约届满后，除因具备法定要件收回自耕外，仍应续订租约。同时，规定佃农应按期缴纳地租，积欠地租达两年的总额时，地主可终止租约，以保障地主的利益。自1949年4月台湾当局公布上项办法后，就从5月起即在全省展开换订租约工作，至6月中旬止，所有农业佃租契约均已登记换订完成。实行“三七五”减租是由于当时台湾岛内佃农约占农户总额的68.8%，佃权不定，租无定期，地主可以随时

① 简称“农复会”，1948年4月由中美两国共同设立的一个联合组织，以推行中国农村建设计划，其经费由美援资金提供。

② 参见史全生主编：《台湾经济发展的历史与现状》，东南大学出版社1992年版，第154—156、193页。

撤佃。租佃在新竹地区高达70%,根据全省抽样调查结果,平均佃租高达收获量的56.8%,不仅在全台湾,即在整个东亚地区也属极高。此外,尚有所谓"地头"(即批租地主的土地转租给耕户的中间人)从中盘剥,使得绝大多数岛内佃户生活陷于困境,而农民不满情绪之深亦可想而知。台湾当局鉴于上述情形,并总结以往在大陆失败的教训,决心在岛内推行"三七五"减租政策。①

台湾岛内所有公有耕地均来自台湾光复后接管日本殖民时期各地政府公有及日本人私自占有的耕地,据统计此项公地共有181490甲,占当时台湾耕地总面积的21%以上。台湾当局为使此项公地得到充分利用,并扶植自耕农取得耕地所有权,实现"耕者有其田",自1948年起实施"公地放领"计划。台湾当局于1948年公布了《台湾公有耕地放租办法》及其细则,将公有耕地大部分放租给合作农场经营,零散部分放租给自耕农。当时目的在于开垦荒地,救济农民。但是,由于在实行过程中,合作农场的纠纷太多,困难较大。后来,台湾当局决定把公有耕地直接放领给农民。"公地放领"计划在1951年以后成为台湾土地改革的重要内容。②

所有这些农业改良措施实行后效果明显,导致台湾农业产量大幅提高,农民生活得到改善。台湾稻谷年产量从1945年的63.8万吨,增长到1947年的99万吨、1948年的106.8万吨、1949年的121.4万吨;甘薯年产量从1945年的116.65万吨,增长到

① 参见史全生主编:《台湾经济发展的历史与现状》,东南大学出版社1992年版,第184—185页。

② 参见翁嘉禧:《台湾光复初期的经济转型与政策》,高雄复文图书出版社1998年版,第104页;史全生主编:《台湾经济发展的历史与现状》,东南大学出版社1992年版,第186—187页。

1947 年的 178.29 万吨、1948 年的 200.28 万吨、1949 年的 216.6 万吨。①

第三，发展台湾工业生产。无论是陈仪主政时，还是陈仪之后，台湾当局都要发展台湾工业生产。1948 年 10 月，蒋介石为安排后路，委派陈诚担任台湾省主席，开始注重经营台湾，首要任务是恢复岛内工业生产，另一方面要重建由大陆迁台的部分公营事业，于同年 6 月成立"台湾区生产事业管理委员会"，负责在台公营及省营各生产部门的策划、配合、督导推进工作。该机构成立后即确定了发展工业生产的两大方向：(1) 凡从事生产下列各项物资的企业，应予增产：军事需用及生活必需品，外销物品，进口货的代用品；(2) 凡生产下列各项物品的企业，应予停止或限制生产：非必要的消费品，足以影响必需品正常供应的产品，销路无把握的产品。以上两大方向，实际上成为台湾以后若干年工业发展的基本路线。

糖和米，可谓台湾传统经济两大支柱。战后台湾经济的恢复与发展仍然离不开这两大支柱。在糖业日产接收基础上，1946 年 5 月 1 日，国民党资源委员会与台湾省行政长官公署合作成立了台湾糖业股份有限公司，资源委员会还提出恢复台糖年产 100 万吨的目标。台湾糖业股份有限公司为了提高蔗农的生产积极性，提出了"分糖法"，即蔗农将所收获的甘蔗出售给台湾糖业股份有限公司，公司以一定比例(1947 年后为 50∶50)付还蔗农砂糖。"分糖法"实施后，蔗农的生产积极性大为提高，全台湾甘蔗种植

① 参见史全生主编：《台湾经济发展的历史与现状》，东南大学出版社 1992 年版，第 164 页。

面积从1946年的3.19万公顷增加到1949年的12.04万公顷。①台湾糖业股份有限公司十分重视各制糖工厂生产设备的更新及培养技术和管理人才。1947年,公司和美国通用技术公司签订技术合同,聘请美国顾问到台湾指导台糖生产,并在美国接洽贷款以购买制糖机器。在资源委员会和台湾省当局的扶助下,台湾糖业生产在极其艰难的条件下开始复苏,台湾糖产量历年均有提高,并已超过《台湾三年经济计划》中所预定的目标。②

台湾电力工业遭受到战争破坏,美军大轰炸使电力工业蒙受了重大损失。由于工业生产必须依赖充足的电力供应,因此光复后台湾当局将电力工业发展列为优先考虑。在日产接收基础上,1946年5月1日,国民党资源委员会与台湾省行政长官公署合作成立了台湾电力股份有限公司。该公司的宗旨为:"开发台湾全省电力资源,供应全省用电,促进台湾全省电气化。"公司将所有战时遭受破坏的设备重新修复,并将原有一些设备迁移合并,这工作至1950年完成。在供应全省用电方面,由于部分发电设备重新修复,部分发电恢复了发电能力,1947年年底,全台发电力已达21.3万多千瓦。电力工业包括发电、输电、变电、配电等环节。电能的生产过程和消费过程是同时进行的,既不能中断,又不能储存,需要统一调度和分配。电力工业可谓资金密集型自然垄断行业,需要政府资金支持,但是到了1948年,资源委员会资金吃紧,无力拨款支持台湾电力工业的发展,加上台湾物价猛涨,发电成本提高,台湾电力股份有限公司经营一度陷入困境。后来在台湾省

① 史全生主编:《台湾经济发展的历史与现状》,东南大学出版社1992年版,第163—164页。

② 史全生主编:《台湾经济发展的历史与现状》,东南大学出版社1992年版,第164页。

当局与台湾银行的扶助下，公司得以惨淡经营。至1949年10月，日月潭两个发电所的修复工程基本完工，新装置的14.3万千瓦发电设备全部启用，台湾电力工业至此有了一定的起色。①

在日产接收基础上，1946年5月1日，国民党资源委员会与台湾省行政长官公署合作成立了国省合营的台湾水泥股份有限公司，对台湾水泥实施统制生产。该公司所接管的工厂分别更名为台湾水泥有限公司高雄厂、台湾水泥有限公司苏澳厂、台湾水泥有限公司竹东厂、台湾水泥有限公司台北水泥制品厂。该公司成立后，积极修复战时遭受破坏的设备，恢复台湾水泥生产。台湾回归之初，大小城市断壁残垣，工矿企业满目疮痍，各行各业百废待兴，急需大量水泥供应。然而日本留下的水泥企业内设备陈旧，工人多怠工，工厂要运行非常艰难。台湾水泥股份有限公司从招聘人才和募集资金入手，首先从大陆聘请化学专家汤大伦、施昌辉；电机专家李文光、陈厚封；机械专家李睿源等，这些专家不仅是台湾水泥恢复阶段的技术力量，企业此后快速发展，日后台湾水泥技术进步都与这些大陆专家密不可分。该公司还争取到联合国农村复兴基金的贷款支持，使得水泥生产有较大发展。至1950年，台湾水泥总产量达33.19万吨，超过了日本统治时期的最高生产量。②

台湾光复后，在日产接收基础上，成立了国省合营的台湾机械公司（下辖有高雄机器厂、基隆铸造厂、高雄船舶厂等）和省营的台湾省工矿股份有限公司机械分公司（下辖有8个机械厂）。这

① 参见翁嘉禧：《台湾光复初期的经济转型与政策》，高雄复文图书出版社1998年版，第108页；史全生主编：《台湾经济发展的历史与现状》，东南大学出版社1992年版，第165—166页。

② 翁嘉禧：《台湾光复初期的经济转型与政策》，高雄复文图书出版社1998年版，第108页；史全生主编：《台湾经济发展的历史与现状》，东南大学出版社1992年版，第167页。

两家企业是台湾光复后机械工业的主体。台湾机械工业在全省修复战时遭受破坏的工业设备方面发挥了较大作用,光复初期本身业务也有一定发展。但是1947年后,由于通货膨胀也使得机械工业企业经营陷入困境。之后,随着国民党政府迁台,大批内地机械技术人员涌入台湾,台湾省机械工业技术力量大大增加,全省机械工业规模有明显发展。①

20世纪40年代后期台湾这些主要工业行业仍然被国民党官僚资本所控制。台湾民营工业的明显发展还是50年代以后的事情。

① 参见史全生主编:《台湾经济发展的历史与现状》,东南大学出版社1992年版,第166—167页。

第十一章
抗日战争和解放战争时期的工矿业

近代战争的基础是工业,处于工业弱势地位的中国,在政府组织下将主要工矿企业迁入西南大后方,为持久抗战做好物资准备。与东部沿海地区相比,大后方工业基础相对薄弱,对战争缺乏有力的支撑,属于后发国家的落后地区。在初步具备近代化特征的国民党政府干预下,西南地区工业化获得跳跃性发展,有力增强战争潜力之时,自身经济基础获得质的跨越。当然,西南地区战时的变化建立于战争的特殊环境。一方面,受战局影响,大后方工业出现马鞍形变化,抗战后期已经出现局部下滑趋势;另一方面,抗日战争胜利的喜悦却掩饰了大后方工业的衰退。

受抗日战争胜利刺激和日伪财产接收因素影响,国民党控制区工业出现较快增长,部分行业盈利空前增加。然则,国民党政府自身的局限性成为工业复苏的潜在隐患。在其一意孤行的内战政策下,工矿业恢复性增长昙花一现,并且构成(国民)政府掠夺和不当作为的受害对象。因通货膨胀、美货泛滥,国民党统治区工矿业迅速衰退,产量、产值快速下滑,甚至出现历史性低谷。国民党统治区工矿业的发展趋势是后发国家近代化政府作用重要性的良好诠释。

"九一八事变"后,国民党政府预感中日战争一触即发。面对日本巨大的军事压力,国民党政府决定将西南地区作为战略后方,在东部进行逐次抵抗后退守西部,以空间换取时间。为增强战争潜力,中国政府成立资源委员会等部门专门负责战时工矿业问题。

资源委员会从战争需要出发,有计划地将部分工业西迁后方,并根据战争需要有针对性发展部分产业。矿业是工业的基础,东部矿区逐步失守情况下,资源委员会在西部地区进行广泛的调研与开发,为即将内迁的工厂做好原料基础。尽管全面抗日战争爆发比较突然,资源委员会等部门依然将大部分矿业企业迁入后方。西迁只是持久抗战的物资基础,在战争压力下,国民党政府加强对经济干预,将战略资源列入国家专卖范围,形成对重要矿产的全面掌控。在政府干涉下,西南、西北地区采矿技术、资源产量获得较大提高。

矿业是工业基础,重工业则是现代战争的必要支撑。近代中国工业基础比较薄弱,且多分布于东部,应对战争能力较弱。西南、西北广大地区重工业更加落后,难以支持工业化战争。国民党政府以政府力量强行干预重工业搬迁与发展,为大后方工业化发展起到重要作用。“八一三事变”后,东部重工业内迁速度加快。但是因为缺乏制空权和重工业重型机械过多,部分企业遭到日军破坏或被迫炸毁,重工业产值迅速减少。从重工业投资大、周期长的特点出发,国民党政府以政府力量投资重工业,官营比重持续增加,成为大后方重工业主要特点。电力、机械等重要领域国有企业实现对民营的完全超越。资本要求相对较少的化学工业中,政府虽然大力支持民营企业,但民间资本依然出现小型化趋势,仅能承担中下游产业链。

轻工业对战争重要性相对较低,然则其余后方民众生活、军队后勤建设存在较大关联。中国政府为保持战争潜力,依然重视轻工业搬迁。大后方轻工业虽然存在起点低、基础薄弱等不足,但在国民党政府努力下依旧取得较沦陷区更大的成就。在资源委员会等机构组织下,棉纺织业、面粉业主要企业设备大部分迁入后方。

受条件限制,西迁工厂大部分改组为小厂,但依然基本满足军民需要。大中华等卷烟厂的内迁帮助西南地区实现烟草生产的新突破。

尽管西迁工业为抗日战争作出较大贡献,有力推动西部开发,然而,受战争环境影响,其成效相对有限。一方面,为满足战争需要,国民党政府对工业、矿业实行统制政策,以较低价格收购原料或产品,客观造成大部分企业只能勉强经营,且愈加困难;另一方面,大后方持续走高的通货膨胀进一步加剧企业危机,引起工厂长期处于非正常状态下生产。与此同时,战局变化对工矿业产生消极作用。1944 年,豫湘桂战役失利,日军逼近西南地区,大后方部分企业被日军破坏或被迫再次迁移,引起工业产值的进一步下降。日军投降后,西迁企业纷纷回迁东部,大后方工矿业生产逐渐衰落。

抗日战争胜利后,战胜的刺激和日伪财产的接收为国民党统治区工矿业恢复性增长创造良好条件,部分行业盈利率扶摇直上,甚至打开新的国外市场。但是,短期的恢复性增长并未成为国民党统治区工矿业的常态。伴随国民党政府内战政策确立和与之伴生的通货膨胀、美货泛滥、国家管制,最终造成国民党统治区工矿业由盛转衰。

国民党政府以自身利益为导向,接收日伪财产之时以国营企业为核心,甚至成立新公司专职接收和经营日伪产业,中纺公司、中国建设银公司等企业相继取得相关领域主导权。民营资本因缺乏政策话语权所得甚少,至于日军战时掠夺民间工厂原值归资本家,增值部分收归国家所有,国民党政府的做法无异于变相掠夺。大型国有企业公司的建立则进一步减少民营企业生存范围,为此后经济衰退埋下隐患。

解放战争爆发后,国民党政府坚持以军事需要为核心的财政、货币政策,资源委员会等分管工矿业机构实际掌控资金逐渐减少。为维持内战需要,资源委员会将有限资金用于少数战略资源,引起部分金属矿产量锐减。随着战争失利,国民党政府政策呈现劫掠特点,对民营企业管制日渐加强,引起各工厂资不抵债,纷纷破产。国民党为挽救危机寄希望于美国干涉。经济部门为增加美军干预几率,在法律、制度层面对美货入华打开方便之门,造成美国商品泛滥,民族工业生存空间日渐缩小。与此同时,财政赤字货币化引发的通货膨胀成为压垮国民党统治区工矿业生存空间的最后一根稻草。此后,国民党统治区工矿企业将注意力转向投机,以囤积原料、炒卖期货为盈利手段,生产退居其次。

总之,在长期战乱情况下,国民党统治区工矿业虽然出现短期繁荣,但其总体趋势是不稳定和逐渐衰退的。其发展走势受制于战争情况、政府政策等诸多因素。国民党统治区工矿业走势表明在后发国家政府对产业发展具有决定性作用,初步近代化的国民党政府难以承担经济近代化的历史使命。

第一节　国民党政府的工矿政策和工矿业的兴衰变异

工矿业是近代战争的核心与基础,当东南沿海地区沦陷后,西南地区矿产资源对于维持战争具有中流砥柱作用。尽管全面抗战的爆发对于备战工作比较突然,国民党政府依然将部分工矿企业迁入后方。在政府干预下,国民党统治区工矿业获得较快发展,为抗日战争胜利提供重要基础。

抗战胜利后,国民党政府通过接收日伪财产有力推动工矿业恢复性增长。然而,伴随全面内战爆发和以军需为核心的财政、货币政策出笼最终导致矿业投资逐渐减少,造成工矿业生产萧条和投机盛行。

“九一八事变”后,国民党政府决定将对日备战提上日程,作为战略资源的工矿业成为应有之义。国防设计委员会、资源委员会等部门在国民党政府统治区内广泛进行矿产调研与开发,为即将到来的抗日战争做好物资基础。根据既定计划,资源委员会将东部重要工矿企业陆续迁入西南地区。

在组织西迁基础上,资源委员会等部门对工矿业实行直接干预政策,以行政权力统筹战时工矿业。资源委员会在西南、西北地区进行矿产探测,先后发现大型天然气等重要矿藏。为提高采矿效率,资源委员会以国家力量为前提组建科研院所解决技术困难。在国家力量介入下,大后方工矿业获得跨越式发展。

抗日战争胜利后,资源委员会等部门为避免接收出现混乱局面,制订比较完善的计划。然而,因国民党政府制度不足和战争到来,工矿业发展依然出现诸多问题。在国民党政府以财政、军事需要为核心的货币政策形成对工矿业的束缚,最终导致其走向萧条。

在政府不当作为下,资源委员会等分管工矿业机构自身陷入入不敷出困境。为节约资金,资源委员会将少数战略资源作为投资重点,造成大部分金属产量锐减。伴随战争失利,国民党政府为美国资本进入打开政策之门,企图利用经济利益增加美国干涉概率。在国民党政府以自身利益为出发点的政策压制下,国民党统治区工矿业产量纷纷剧烈下滑。

一、抗日后方和国民党统治区的矿业调整与发展

(一)战前的有限准备与战时工矿业西迁

“九一八事变”后,国民党政府深感中日战争不可避免,决定加强资源控制,尤其是战略性矿业资源,作为维持持久抗战的物资

基础。1932年9月25日,全国经济委员会成立,在“谋国民经济之发展,以裕民生,而厚国基”[①]名义下进行战备工作,与军事工业相对密切的矿业生产成为经济建设的重点。

1932年11月,国民党政府建立隶属于参谋本部的国防设计委员会。蒋介石亲任委员长,翁文灏、钱昌照等要员名列其中。国防设计委员会初期作为秘密机关,主要负责调查和统计机构,对具体经济事务涉及较少。国防设计委员会下设8个部门,因部分职能为军事机关负责,其他机构难以涉足。因此,国防设计委员会“致力最多者,尤为原料及制造(矿产工业)”[②]。

国防设计委员会派出专人进行广泛的调研,为国民党政府战争准备提供重要资料。伴随备战工作深入和政府对经济控制力加强,国防设计委员会职责开始发生变化,对经济介入开始加深。1933年,国防设计委员会在陕北发现油田,成为抗日战争中起重要作用的延长油田。虽然工程后来停顿,但为玉门油田开发做好器械准备。

1935年,国防设计委员会更名为资源委员会,隶属于军事委员会。与国防设计委员会相比,资源委员会任务相对明确。根据新规定,资源委员会军事功能削弱,统制经济职能逐步彰显,主要职责进一步明确为“国防经济之调查、统计、研究工作……期有益切于直接建设及资源动员计划之用”[③],对经济事务“开始实际建设”。根据制度设计,资源委员会对矿业在调查权之外具有计划、统筹、专卖等权力。

① 李学通:《翁文灏年谱》,山东教育出版社2005年版,第161页。

② 陈真编:《中国近代工业史资料》第3辑,生活·读书·新知三联书店1957年版,第837页。

③ 陈真编:《中国近代工业史资料》第3辑,生活·读书·新知三联书店1957年版,第838页。

据统计,战前中国煤炭储量2460亿吨,位居世界第三。1933年产量2800万吨,居世界第8位。主要产区以靠近前线的河北、山东和后方的湖南、四川为主。西南后方各省总产量约600万吨,其中四川270万吨、湖南140万吨。石油潜在蕴藏量约36亿桶,但日本控制下的抚顺拥有全国53%的潜力,达到19亿桶。国民党政府控制区仅分布玉门油田等少数油矿。四川、新疆等地虽然勘测较早,所获却以天然气为主。如及时开发,产量可达到每年400万加仑,"对(未来)战争供应,已属伟大贡献"①。钨矿为制造武器必需品。20世纪30年代,全球钨产量14000吨,中国约占50%份额。在可预计时期内,钨砂产量可提高至12500吨。即使日军封锁部分出海通道,江西南部钨砂亦可通过西北陆路运入苏联,以帮助政府"债信始终维持,造成国际良好之声誉"②。

锑、锡战略价值低于钨等矿产,但因产地集中于西南后方,对维持外贸平衡,输入战略物资具有重要作用。因此,资源委员会将其纳入重要统计项目。锑矿主要分布于靠近后方的湖南等省。1937年产量为14600吨,接近世界产量50%。但是锑价格较低,短时期内"输出颇不经济"。中国锡矿集中于个旧,矿石品质较佳,矿质与美国并驾齐驱。但是个旧经济相对落后,造成采掘成本过高,传统矿厂因获利微薄,"遂致日渐衰落",亟待政府介入整顿。

调查表明,西南大后方矿产资源存在较大潜力。然而,在地区经济相对落后影响下,战略资源或特有矿产潜力未能有效发挥。如天然气、钨矿开发进展缓慢或仅探明储量。战争的压迫和落后

① 国民党政府教育部:《战后新中国》,中华书局1946年版,第99页。

② 浙江省中共党史学会编:《中国国民党历次会议宣言决议案汇编》第2分册,浙江省中共党史学会1980年版,第377页。

生产力呼吁政府介入,以达到化资源潜能为战争动能的良性循环。因此,资源委员会在军事委员会支持下对钨、锑实行统制政策。

钨矿、锑矿属重要战略资源,中国为世界主要产区。尤其是江西南部钨矿为世界瞩目,一度成为中国军队取得德械的主要交换物资。钨、锑矿因长期由商人经营,产量有限难以满足国防需要。资源委员会从国家战略角度出发,决定对钨、锑实行统制政策,以国家力量推动矿业发展,“统制所得利益,则均归国防及重工业建设用途”①。1936年1月,资源委员会在长沙建立锑业管理处。同年2月,钨业管理处成立于南昌。两家机构先对矿产出口进行管理,随后在政府资金支持下进行生产方法改良和产品深加工,提高附加值。因钨为德国所急需,委员会在江西创建钨铁厂,就地利用钨砂加工钨铁,“使加工收入归我国所有”②。然则,因资金有限和迫于战争压力的急于求成,造成商人与政府博弈,甚至一度影响矿业生产。

为弥补资金缺口,资源委员会决定采用外资突击性发展中国矿业,以实现矿产换武器目标。在新的世界大战一触即发的20世纪30年代,中国储量较大的钨矿、铁矿成为西方国家急需战略物资。经济委员会根据国际形势制订矿业三年计划:(1)加快钨、锑矿生产,建立钨铁厂,确保年产2000万吨。(2)开发茶陵、灵乡铁矿,年产30万吨。(3)新开大冶、阳新、彭县铜矿。(4)开发水口山、贵县铅锌矿和高坑、天河、谭家山、禹县煤矿年产分别达到5000吨、150万吨。(5)开发延长油田和巴县油矿,年产2500万

① 陈真编:《中国近代工业史资料》第3辑,生活·读书·新知三联书店1957年版,第838页。

② 陈真编:《中国近代工业史资料》第3辑,生活·读书·新知三联书店1957年版,第837页。

加仑。各项筹划共需资金约 2.3 亿元,除国库支付 7200 万元,其余皆为外资。在中央政府支持下,资源委员会与英、美、德等国开展技术合作和以货易货。1935 年,国民党政府派顾湛然为特使,与德国签订贷款合同和以货易货贸易协议。协议规定德国政府向中国提供武器装备和工业器材,中国向德国输出钨、锑等战略资源。在德国帮助下,资源委员会获得油田和钨矿加工设备,先后建立四川油矿和江西钨铁厂。资委会与德国合步楼公司签订共同开发江西钨矿合同,双方共建日产 6.5 吨钨铁厂。合步楼公司负责勘探新矿、提供设备和培训人员。1936 年夏,中德双方开始修建厂房,虽因战争爆发被迫中止,但部分设备运入中国,为后期钨铁厂建设提供技术支持。史实证明,如不"事前向外国接洽好贷款,(部分项目)根本无法推动"①。

在国民党政府努力下,虽然矿业备战工作存在诸多不足。但放置战争压迫和资金短缺的历史背景下,诸多政策存在无奈与苦涩。同时,在政府介入下矿业取得较快发展,为不远的战争做好资源支持。1936—1937 年,资源委员会在战略后方筹建天河煤矿、四川油矿、灵乡铁矿、水口山铅锌矿、青海金矿、四川金矿等 10 处矿产,邵阳、湘潭、萍乡、高坑、谭家山等重要煤矿实现国有化,矿业备战取得较大成就。但放置于长时段分析,国民党政府战前矿业政策在剥削工商之外,对战争爆发预计不足,造成"七七事变"后矿业西迁短暂的混乱与被动。

全面抗战爆发前夕,国民党政府将东部工矿企业相继迁入湖南、湖北等地,减少战事突起对工矿业冲击。卢沟桥事变发生后,国民党政府为避免东中部矿业资敌和保护持续抗战能力,决定将

① 时事问题研究会编:《抗战中的中国经济》,中国现代史资料编辑委员会 1957 年版,第 135 页。

矿业设备立刻迁往湖北、四川等地,以期“设法保全,俾能继续生产,以应要需”①。1937 年 7 月 28 日,国民党政府内部会议决定“把工厂迁移到内地去”②,并派林继庸等人立刻迁往上海着手内迁,成为“迁厂的发轫”。“八一三事变”前夕,资源委员会、财政部、军政部、实业部合作成立厂矿迁移监督委员会,工厂内迁进入高潮。为确保重点矿业企业内迁,委员会派出专员分赴各厂家要求提前做好迁移准备,随时应对政府搬迁工作。经济部接管迁移工作后,将邻近战区上海、江苏、河南等地矿业企业器材设备相继拆迁运往武汉。行政院颁布《工厂迁移协助办法》,对重点矿业企业迁移给予迁移补贴、定期免税、政府担保经营、无息贷款等优惠。普通矿产则拥有“免税、免验、便于运输、代征地亩等之便利”③。

在政府组织下,抗日战争初期迁入内地工厂 140 家,器械 2 万余吨,山东中兴煤矿、安徽淮南煤矿,河南中福、江西萍乡等煤矿器械相继迁入西南、华中地区,“以为开采湖南、四川等省新矿之用”。部分车间充分利用空余时间,见缝插针临时开工,为战争生产急需工业品。1938 年 10 月,武汉失守后,国民党政府将各厂矿企业再次迁入四川、贵州等省。为减轻企业家负担,西迁费用由政府负担。资源委员会以提供贷款,帮助招工等方式扶持工厂发展,愿意随工厂西迁者,政府支付旅费和安家费。同时,“经济部”对迁入厂矿生产进行督导,确保与战争需要相配合。1939 年,迁入西南地区企业 410 家,与矿业相关的电工、机械、钢铁等企业达到

① 国民党中执委宣传部编:《抗战建国纲领宣传指导大纲》,衡阳区书刊供应处 1938 年版,第 27 页。

② 陈真编:《中国近代工业史资料》第 2 辑,生活·读书·新知三联书店 1958 年版,第 87 页。

③ 唐凌:《开发与掠夺抗战时期的中国矿业》,广西师范大学出版社 2000 年版,第 25 页。

200余家,技术工人7000人,器械2万吨。为弥补资金不足,国民党政府特指出鼓励民营企业涉足工矿业西迁和建设。因政府力量薄弱和战争消耗,“建设事业,非政府单独力量所能完成”①。除与国防“密切关系之工矿业率先创办外”,其余行业,提倡民营企业参与其中,以解决资金困难和加快建设步伐,矿业属于资金密集型和资源密集型企业,国民党政府号召民间资本和海外侨胞以供应材料、加入官股和协助运输方式帮助政府。国家对国营、民营企业一视同仁,“努力促其发展”。

因战局持续扩大,内迁工作于1937年7月开始直至1940年年底方告结束,“完成中国有史以来第一次工业大移动”。伴随空间换取时间战略实施,资源委员会西迁工作逐渐占据主动。在武汉会战中,国民党政府准备充分,“附近厂矿之拆迁,比较彻底”②。大冶铁矿内迁物资达到57000余吨。与矿业相关的汉阳钢铁厂、六河钢铁厂亦基本完成拆迁。内迁工业中矿业机器虽然仅占1.78%,但与矿业相关机械工业占比达到40.4%。西迁设备为大后方矿业发展创造良好物资基础,在中福煤矿支持下,四川第一大煤矿天府煤矿成功出煤,三才生、富源等矿得到设备补充。资源委员会新建华安、华银等煤矿设备“不少是以内迁矿厂的设备和技术为基础的”③。

但是,因资源委员会等机构对局势估计不足,导致西迁工作出

① 曹必宏主编,中国第二历史档案馆、海峡两岸出版交流中心编:《中国国民党历次全国代表大会暨中央全会文献汇编》第14册,九州出版社2012年版,第299页。

② 唐润明主编,重庆市档案馆编:《抗战时期大后方经济开发文献资料选编》,重庆大学建大印刷厂2005年版,第621页。

③ 唐凌:《开发与掠夺抗战时期的中国矿业》,广西师范大学出版社2000年版,第28页。

现局部混乱,对矿业发展产生消极影响。邻近战区各矿“迁移的迁移,停顿的停顿”①,江苏、河北等地厂矿大部分未能及时迁出,仅河南焦作煤矿迁移机器2000余吨。1938年8月,江西钨铁厂设备安装完成,拟投入生产。但战争逼近不得不将器材转移至安全地带。湘潭炼钢厂德国机器安装成功,但因战局变化,所有器械被迫西迁,“完成时间,不得不延长”。天河、高坑煤矿则被迫停工。湖北大冶铜矿、水口山铅锌矿“只好暂时放弃”。时人总结西迁的失误在于“主持者的能力经验都有限……抗战后在比较紊乱的环境中,更不免有不合理的地方,不经济的地方”②。

(二)后方矿业的大发展

抗日战争爆发后,为整合全国之力迎击日军侵略,国民党政府决定强化经济统制,承担维持物资进口和战略资源的矿业成为重要方面。为统一战时经济管理,1938年1月,国民党政府成立“经济部”,下辖“实业部”、建设委员会、全国经济委员会之水利部分、军事委员会第三部、军事委员会第四部、军事委员会资源委员会、军事委员会工矿调整委员会、军事委员会农业调整委员会等部门。工矿调整委员会后改为工矿调整处,强化行政权力。“实业部”中设矿业司专管全国矿业事务。军事委员会资源委员会原属采矿室、冶金室特别划出成立矿冶研究所,并总体负责统筹战时中国工矿业。

① 钱昌照:《两年半创办重工业之经过及感想》,《新经济》1942年第7卷第6期。

② 钱昌照:《两年半创办重工业之经过及感想》,《新经济》1942年第7卷第6期。

资源委员会成立基本目的即“发展全国资源，经办国防工矿事业”①。为有效统制矿产资源，资源委员会于重要产地设立管理机构，如锑业管理处、钨业管理处、锡汞管理处。各管理机构一方面自主开采，另一方面帮助民营各矿改进技术、补充资金，实现增产、稳产。在世界战争背景下，矿业作为重要战略物资，为工业落后的中国“维持国外债信于不坠”②起到重要作用。战争爆发后，国民党政府组织专业部门对后方矿业勘测工作，再采掘业相对落后的西南、西北各省区的丰硕成果，充分体现出后发地政府干预重要性。在中央地质调查所、矿冶研究所、资源委员会矿产测勘处、油矿探勘处、采金局等专业技术机构努力下，各省“探勘发现之新矿甚多”③（见表 11-1）。

表 11-1　资源委员会矿厂统计

矿产	矿区
铝矿	云南安宁、昆明
	贵州修文、贵筑
石油	甘肃河西
	青海
	新疆乌苏

① 陈真编：《中国近代工业史资料》第 3 辑，生活·读书·新知三联书店 1957 年版，第 854 页。

② 秦孝仪主编，“中华民国”重要史料初编编辑委员会编辑：《中华民国重要史料初编·对日抗战时期》第 2 编，作战经过（3），中国国民党中央委员会党史委员会 1981 年版，第 609 页。

③ 中国第二历史档案馆编：《国民政府抗战时期厂企内迁档案选辑》中册，重庆出版社 2016 年版，第 640 页。

续表

矿产	矿区
磷矿	云南昆明、昆阳
铁矿	西康宁属盐边
	贵州威宁、水城
煤矿	云南永仁昭通
	湖北西部
锰矿	贵州遵义
天然气	四川巴县、隆昌
钨矿	江西赣南
汞矿	湘黔川边区
锡矿	云南个旧
	广西富贺钟
锌矿	西康会理
铜矿	云南东川
铁矿	陕西凤县、留坝、略阳
	宁夏中宁、中卫
煤矿	内蒙古蹬口
	甘肃永登、皋兰
盐矿	四川岷江、五通桥
钨矿	云南、新疆
石油	新疆

资料来源:章伯锋、庄建平主编:《抗日战争》第5卷,四川大学出版社1997年版,第249页。

限于技术与资金,部分矿区仅进行勘探,取得重要数据尚未进行开采。但是在战争特殊环境下,矿产资源的探查对战争部署、增强抗战能力具有积极作用。伴随持久战争战略的实现,大后方矿产资源战略地位逐渐突出,大部分已探明矿藏陆续得到开发,在平衡收支、供应工业等方面发挥重要作用。

表 11-2　资源委员会运出及交付出口矿产数量价值统计(1936—1941 年)

品名 量值 年份	钨		锑		锡		汞		总计	
	数量(吨)	约值(美元)	数量(吨)	约值(美元)	数量(吨)	约值(美元)	数量(吨)	约值(美元)	数量(吨)	约值(美元)
1936	2488	997488	—	—	—	—	—	—	2488	997488
1937	11595	10528836	9191	2279368	185	148740	—	—	20971	12956944
1938	7248	5881180	10462	1978938	1058	901398	—	—	18768	8761516
1939	6567	5943949	4870	1124889	1795	1918993	—	—	13232	8987831
1940	6962	7145171	8390	2261978	6979	7848887	130	742296	22461	17998332
1941	10272	13169728	1185	208039	7463	8209711	120	659986	19040	22247464
总计	45132	43666352	34098	7853212	17480	19027729	250	1402282	96960	71949575

资料来源:程玉凤、程玉凰编:《资源委员会档案史料初编》上,国史馆出版 1984 年,第 123 页。原始表格中的总计数据有误,本表已订正。

1936 年后,尽管国民党政府统治区有所缩小,但主要矿产品出口依然保持较快增速。在世界大战引发矿产涨价情况下,矿产出口价值呈现波折增加走势。1936 年,战略资源中仅外销钨矿 2488 吨,出口价值近百万美元。此后,锑矿、锡矿、汞矿相继实现出口创汇。1941 年,主要矿产品销售实现 22247464 美元,为以货易货换取国际物资起到中流砥柱作用(见表 11-2)。

资源委员会主要以开发矿业、发展电力、工业为主要任务,主要目标在于增强持久抗战潜力,满足国防需要。因战局变化过快,工矿业发展受较大影响。然而资源委员会“仍不避艰险,突破困境、勉力奋斗,于八年抗战中,次第创办各种工矿事业”①。为提高矿产使用效率,资源委员会设立矿冶研究所,主要负责采矿研究、选矿试验、冶炼技术打磨。经试验,该所炼铁厂及试验洗焦厂技术均有所提高。提炼锑、铝、铜试验以及白云石制造镁砖试验均告成功。除陵江炼铁厂科研之外,对矿产调查亦较为重视,帮助各矿解决技术困难。

从矿业层面而言,资源委员会首先开发煤矿,确保军队和电力使用。其次,加速油田、天然气、酒精等资源开采步伐。在日军对华封锁日益加强情况下,汽油、酒精产业的快速增长,基本确保“供应西南、西北公路之交通”。在抗日战争最艰苦的时期,大后方“陆路运输所需之液体燃料,仍可执行生产,勉能自给”②。各种金属矿产则以就近开采和加强统制为核心,以矿产偿还外债,购买军火。据统计,1945 年,国民党政府“战时之生产单位 119 个”,矿业部分占 38 个,仅次于工业部门,矿区分布于云、贵、川、滇、康、甘、新等省,涉及电力、煤、电工、非铁金属、化工等 8 大类,产品达到数百种(见表 11-3)。

表 11-3　资源委员会战时经办各事业主要产品生产量(1936—1945 年)

产品类别、单位 \ 年份			1936	1937	1938	1939	1940	1941	1942	1943	1944	1945
电力类	电力	千度	—	1553	3840	7045	10992	17301	24402	34776	51683	70136
煤焦类	煤	千吨	—	20	504	192	306	517	746	758	753	625
	焦	千吨	—	—	4	4	18	40	70	54	52	44

① 章伯锋、庄建平主编:《抗日战争》第 5 卷,四川大学出版社 1997 年版,第 315 页。

② 章伯锋、庄建平主编:《抗日战争》第 5 卷,四川大学出版社 1997 年版,第 315 页。

续表

产品类别、单位 \ 年份			1936	1937	1938	1939	1940	1941	1942	1943	1944	1945
石油类	汽油	千加仑	—	—	—	4	73	209	1896	3219	4048	4305
	煤油	千加仑	—	—	—	4	32	113	597	559	2158	1654
	柴油	千加仑	—	—	—	7	62	141	53	50	155	270
	天然气	千立方公尺	—	—	—	—	—	27	233	267	733	237
金属类	净钨砂	公吨	8806	11926	12556	11509	9542	12392	2897	8973	3225	—
	锑	公吨	—	14597	9464	11988	8471	7991	3510	429	204	—
	精锡	公吨	—	—	—	2501	17416	16589	14003	10800	5102	2704
	精汞	公吨	—	—	—	—	124	95	148	108	121	63
	精铜	公吨	—	9	580	582	1415	779	693	613	898	623
	精铅	公吨	—	—	—	262	326	277	94	94	161	106
	精锌	公吨	—	—	—	40	13	20	189	231	258	243
钢铁类	铁砂	公吨	—	6313	14942	55446	57668	38243	60275	80670	35253	42594

资料来源：章伯锋、庄建平主编：《抗日战争》第5卷，四川大学出版社1997年版，第320页。

在政府干预和实际控制范围缩小的情况下，大部分矿业资源产量保持较快增长，甚至实现从无到有的突破。山西等重要产区失守后，因贵州等西南新产煤区得到开发，煤、焦产量分别实现31倍和11倍增加。石油加工业起点较低，汽油、煤油增速较快，其中汽油增加1075倍，为各种资源产量中增加最快的部分。部分金属矿区距离战场较近，尤其是豫湘桂战役失败直接引起少数矿厂被毁。尽管锑矿等矿产下降加快，但总体而言虽然金属矿遭到较大冲击，但依旧保持增长态势。矿业产量增加之时，政府介入的加强和矿业本身特点，资本结构发生变化，与轻工业相比，矿业中政府占有相对优势（见表11-4）。

表 11-4　矿厂产权结构情况

工业类别＼产权	公营部分	民营部分
水电工业	89	11
冶炼工业	90	10
金属品工业	3	97
机器制造工业	73	27
电器制造工业	89	11
木材及建筑工业	4	96
土石品工业	49	51
化学工业	75	25
饮食品工业	23	77
纺织工业	49	51
服饰品工业	8	92
文化工业	16	84
杂项工业	6	94

资料来源:《后方工业概况统计》,《统计界简讯》1943 年第 23 期。

表 11-4 显示,在冶炼、机器、化学等矿业或矿业相关行业中,国营经济占据绝对优势。民营经济主要集中于轻工业领域,如饮食、木材、文化、杂项等部门。国、民营经济成分在矿业和轻工业的差异既是矿业本身特点的反映,亦构成后发地区近代化需要政府积极干预的本质。

抗日战争前夕,国民党政府即关注后方石油潜力,经实地勘测陕西延长永平油矿等油田相继出油,并在四川巴县设立四川油矿探勘处，在巴县等地寻找油田，但“虽间有兴作用，终鲜成效”。“七七事变”后，中国依旧属于“毫无石油生产之国”，持久抗战受到资源制约。因日军推进过快，中国出海口相继受到封堵，仅有的陆路交通线因首先优先供应武器运输而压力骤增。石油虽然属于重要战略物资，却难以有效运入后方，形成“油料来源几濒断绝”① 的危境。随着国民党政府西迁，石油供求矛盾进一步加剧。在战争消耗下，中国军队“对于石油生产，刻不容缓”。为维持军需，资源委员会决定在距离战场较远，已探明石油资源比较丰富的甘肃、新疆、四川开发石油。虽然四川探勘得油较少，新疆因政局变动“中经顿挫”，但甘肃玉门油田取得较大成就，一度成为战时中国石油来源的中流砥柱。纵向分析，抗日战争期间，石油工业获得较快发展，资委会在报告中称“能有今日之成效者，实缘抗战所促成”②。

战争爆发后，日军封锁中国海港，加之工业西迁、外国援华物资输入国内，汽油供求日益失衡。同时，四川勘测尚未取得明显成效。在各种因素共同作用下，资源委员会决定组建甘肃油矿筹备处，选派专业人员远赴荒漠探测石油。因玉门与陕甘宁边区距离较近，周恩来亲自批准将边区延长油田设备运交国民党政府，以加快玉门油田开采速度。经过各方面努力，4 个月后玉门油田开始产油，“虽油量不多，但予人鼓励至大”③。

因玉门油田地理位置相对偏僻，开发初期“地下藏量未能判

---

① 何葆善：《十年来之石油事业》，见谭熙鸿主编：《十年来之中国经济》上册，中华书局 1948 年版，第 h6 页。

② 玉门石油管理局史志编纂委员会编：《玉门油矿史（1939—1949）》，西北大学出版社 1988 年版，第 10 页。

③ 郭可诠：《抗战八年来之油矿经营记实》，《资源委员会季刊》1946 年第 6 卷第 1—2 期。

断”,经济委员会“未敢遽斥巨资,大量开发”①,仅在西北处安置小型蒸馏锅。1938年,玉门油田勘探进入攻坚阶段。次年,甘肃油矿筹备处在石油河等地发现原油,并少量出产,遂决定于东西两岸进行探采,预计储量“为数甚丰”。1939年4月,油井打通浅油层,虽获油较少,但油田潜力得到证明。消息传开后,国民党政府立即修建矿区公路,使其与甘青公路连接,并架设直达酒泉电话线。同时,在矿区修建房屋,改善施工人员生活条件。

随玉门油田产油逐渐增加和探勘对其潜力评估的乐观。资源委员会制订大规模开发计划,向国外订购新式开采设备,确保尽早出油。在采用陕北旧机器基础上,从高坑、湘潭、萍乡煤矿运入采煤钻探机,化解国外机器尚未运入造成的动力危机。为提高玉门油田政治地位,简化行政管理,甘肃油矿局取代甘肃油矿筹备处,成为正式政府机构。当年打通油井7口,平巷3处,经简单加工可产少量汽油。1941年,美国钻机、抽油机、油管套管及其他炼油设备相继运到,筹备处亦改组为甘肃油矿局。在新设备支持下,玉门油田开井8口,其中2井深入400余米发现大油层。因石油储量过于丰富,部分钻井发生井喷现象。油田技术人员感叹“原油自喷而出,不须抽取,尤具经济价值”②。其余各井虽然深度较浅,但亦钻入浅油层,堪称“陕北最佳之井”。玉门石油工业虽有起色,但探勘效果有限。资源委员会拟继续扩大玉门油田生产,加快冶炼厂建设,以供空军与陆军运输部队需求,争取3年中产量增至

① 何葆善:《十年来之石油事业》,见谭熙鸿主编:《十年来之中国经济》上册,中华书局1948年版,第h9页。

② 郭可诠:《抗战八年来之油矿经营记实》,《资源委员会季刊》1946年第6卷第1—2期。

1340 万加仑。

太平洋战争爆发后，日军攻击英美在东亚、东南亚殖民地，客观造成玉门油田订购美式器材计划终止。国民党政府尝试向苏联、英国订购石油器械，遭到两国拒绝。外援断绝造成玉门油田"开发工作，几至难以为继"。1942 年成为"甘肃油矿实最暗淡时期"①。鉴于外国器械难以入华，石油供求缺口日益扩大的压力，国民党政府决定在国内尽可能搜罗设备援助玉门煤矿。采油方面除以延长油田旧设备继续施工外，将四川探勘机器搬入一部，以图"整理凑集"，增加钻井能力。实践证明，四川油田器材"对甘肃油矿之采探，裨助不少"②。在各地设备云集的情况下，玉门油田打深井 3 口，最旺 1 口日出产量 500—600 桶，全矿日产石油 500—600 桶，汽油近 200 万加仑。原油产量增加客观引起炼油能力不足。玉门油田每年可产汽油 10 万桶，但因器材限制，炼油成分仅为 20%。玉门油田所产原油含蜡量较高，冬季易冻结。因此，采炼过程中需架设恒温设备，客观引起炼油成本增加。为应对新情况，资源委员会在大后方各省加快收购步伐，帮助玉门油田自制设备，确保炼油能力"与原油产量配合"。炼油设备日益改进，由最初锅式蒸馏炼炉向管状蒸馏炉过渡。在新设备支持下，矿方以裂化法炼油，使提炼汽油比例增加同时在井场与炼厂之间铺设油管，避免石油凝结，有效降低炼油成本。

虽然玉门油田地理位置较偏僻，运输困难，造成设备缺乏和原

① 郭可诠:《抗战八年来之油矿经营记实》,《资源委员会季刊》1946 年第 6 卷第 1—2 期。

② 郭可诠:《抗战八年来之油矿经营记实》,《资源委员会季刊》1946 年第 6 卷第 1—2 期。

油囤积。但是在政府干预下,经矿局努力经营,“已有各项成绩”,“虽在战期艰苦之中,已能年出汽油数百万加仑”①。为克服交通困难,玉门油田计划筹建玉门至兰州输油管道,建成之后即可在兰州建设炼油厂,“以利供应”。抗日战争期间,玉门油田生产汽油30余万桶,煤油、柴油10余万桶,产品运销后方多数省市。大部分地区“凡所用油,皆赖其供应”②。因战时特殊情况,玉门油田所产汽油多为军用,其次为交通和建设事业。煤油则为民间消费(见表11-5)。

表11-5 玉门油田产量(1939—1945年) (单位:吨)

产品 年份	原油	汽油	煤油	柴油	石蜡
1939	128784	4160	4101	7393	505
1940	414702	73463	32335	61535	5044
1941	3635109	209321	112590	141125	5180
1942	14262330	1895724	596935	53090	5440
1943	18769785	3036594	558458	28468	3627
1944	21202450	4047940	2157657	155374	13395
1945	20253960	3766347	1654197	270292	13540

① 中国第二历史档案馆编:《国民政府抗战时期厂企内迁档案选辑》中册,重庆出版社2016年版,第637页。

② 郭可诠:《抗战八年来之油矿经营记实》,《资源委员会季刊》1946年第6卷第1—2期。

续表

年份 \ 产品	原油	汽油	煤油	柴油	石蜡
总计	78667120	13033549	5116273	717277	46731

资料来源:陈真编:《中国近代工业史资料》第4辑,生活·读书·新知三联书店1957年版,第942页。

学术界从理论出发指出四川“具有产油之希望,须待时机钻探,定其价值”①。1936年,资源委员会划定巴县石油沟、达县、税家槽为矿区,订购德国器械,并于矿区附近修筑公路等基础设施。由于战争爆发,外购机器暂时难以运入,直至1938年油矿方开始钻井。资源委员会设立四川油矿探勘处,技术人员首先于石油沟一带打井1口,深度虽达1400公尺,但“仅略见油花”。虽然石油所获较少,该矿“产天然气甚富”。伴随广州失守,美制器械难以按时运输入川,资源委员会鉴于资金不足、暂停巴县等地石油勘测,转而在威远臭水河、隆昌圣灯山一带打井取油。1940年7月,威远钻井1402米,两处“均未见油,仍产天然气”,却发现盐矿与天然气。1943年5月,隆昌打井350米,未发现石油,却意外获得日产100余万立方米的天然气富矿。四川油田勘探虽然探油成果相对较少,但“以天然气而论,已证实可大量生产”②。

四川探油进展较慢,但发现“大量之天然气”,且“已证实可得利生产”。隆昌县经勘探发现“有储油之希望”,石油产量相对有

① 郭可诠:《抗战八年来之油矿经营记实》,《资源委员会季刊》1946年第6卷第1—2期。

② 何葆善:《十年来之石油事业》,见谭熙鸿主编:《十年来之中国经济》上册,中华书局1948年版,第h10页。

限,但该地“发行丰富之天然气,其生产能力5倍于巴县”①,经压取即可获得汽油,“效率与汽油相近”。经济部决定在四川境内“更从事探勘工作”。

抗日战争前夕,中国已勘煤矿多集中于东北、华北。因距离日军前锋较近,主要产煤区陆续丢失。西部各省已开发煤矿相对较少,“大多数均是土法开采”②,且受制于基础设施“煤业基础幼稚”。国民党政府西迁后,重要工厂相继迁入大后方,交通和工业用煤激增,“煤焦之需要,极感迫切”③。煤是基本燃料,不仅为民众生活所需,而且是军队运输基本需求。为满足战争和群众需要,“经济部”要求3年中煤产量由5万吨增至800万吨,主要增产来源于三方面:(1)大力开发满足军工生产和工业需要的如天府煤矿、石燕煤矿、嘉阳煤矿、威远煤矿。(2)重点发展铁路专用煤矿,如供应湘桂铁路的祁零煤矿、宜山煤矿,粤汉铁路煤炭来源的湘南煤矿等。(3)增加焦煤产量以应钢铁工业或其他冶炼部门需要。如大渡口铁厂重要煤炭来源之南桐煤矿、云南钢铁厂之宣明煤矿等。

资源委员会从西部矿业设备较少情况出发,在战场西移之前从河南、湖北、湖南等地搬迁部分煤矿机器进入西南地区。河南中福煤矿迁入四川后,为四川第一大煤矿——天府煤矿提供技术与器械支持。湖北大冶利华煤矿机器转让于裕华纱厂,虽然不再用于矿业,却在纺织领域继续发挥作用。湘潭煤矿入川后改组为嘉阳煤矿。内迁矿业工厂在大后方技术、资金薄弱历史环境下发挥

① 郭可诠:《抗战八年来之油矿经营记实》,《资源委员会季刊》1946年第6卷第1—2期。

② 林继庸:《战时后方民营工业动员——林继庸在中行经济研究处经济讲座演词》,《大公报(重庆)》1942年5月13日。

③ 谢学锦等主编:《谢家荣文集》第4卷,地质出版社2008年版,第115页。

举足轻重作用(见表 11-6)。

表 11-6　内迁矿业统计

业别、厂名 \ 项目		原设地点	负责人	内迁地点	主要产品	备注
煤矿业	中福煤矿公司	河南	孙越崎	川东	煤	与天府煤矿合作
	利华煤矿	大冶	黄师让	重庆	煤	机器转让给裕华纱厂,未复工
	湘潭煤矿	湖南	孙越崎	川西	煤	改组为嘉阳煤矿
	湘江煤矿	湖南	陆苞吾	川东	煤	部分机器迁川
	民生煤矿	河南观音山	张伯英	陕南	—	—

资料来源:章伯锋、庄建平主编:《抗日战争》第 5 卷,四川大学出版社 1997 年版,第 299 页。

资源委员会针对煤炭供应紧张情况,采取开发新矿、扩展旧矿,鼓励民营资本开采等有力措施。针对大后方国营煤矿、民营煤矿并存,缺乏统制的现实,资源委员会简化贷款手续,垫付部分开发资金,并协助各矿充实设备。同时,调整收购价,确保煤矿合理盈利。经过调整,后方煤矿管理与协调体制基本达到责任到位,有效减少因制度设计不合理造成的拖沓之风。1943 年后,因成本提高,劳动力参军引起人力不足,产运皆受到冲击。同时,大后方经济整体萧条进一步诱发煤炭业不景气。“经济部”为挽救困境,申请四行联合办事总处接洽借款,向各矿及时注入资金,帮助其更新设备、获得流动资金尽快走出危机。据统计,1938 年后,在资源委员会协调、支持下国民党统治区煤产量逐步提高,除 1944 年因豫湘桂战事减产外,其余年份保持稳定增长(见表11-7)。

表11-7 后方煤炭产量(1938—1944年) (单位:吨)

年份	产量
1938	4700000
1939	5550000
1940	5700000
1941	6000000
1942	6313697
1943	6617000
1944	5502000

资料来源:秦孝仪主编,"中华民国"重要史料初编编辑委员会编辑:《中华民国重要史料初编·对日抗战时期》第2编,作战经过(3),中国国民党中央委员会党史委员会1981年版,第601页。

另据统计,1937年,后方各省产煤约19808吨,1945年达到75万吨①,增长近40倍。在资源委员会等机构干预下煤矿产量"逐渐增加,后方各省有冶炼交通航运以及各种工业与城市需用煤焦,得以勉强供应"②。1945年,大后方重要省份基本存在煤矿分布。以往产煤较少的贵州、甘肃等省成为支撑抗日战争重要原料产地。

贵州长期处于地方军阀控制,煤矿开采相对缓慢。抗日战争

① 章伯锋、庄建平主编:《抗日战争》第5卷,四川大学出版社1997年版,第317页。

② 张伯颜:《抗战八年来之煤矿业》,《资源委员会季刊》1946年第6卷第1—2期。

爆发后，因贵州距离战场较远，且探明储量丰富，逐渐成为大后方重要煤炭来源区。1938 年，为满足钢铁工业需求，兵工署与“经济部”合办钢铁厂迁建委员会、南桐煤矿筹备处。两企业筹划开采贵州桐梓县、重庆南川县交界的桃子荡煤田，以供应重庆大渡口钢铁厂需要。

1941 年，贵州企业公司主持成立贵州煤矿公司，接办巫峰山筑东煤矿。同年 12 月，贵州煤矿公司将辖区内土窑统一收购，成立沙河办事处，以实现先进技术和规模经济优化组合。1944 年，因黔桂铁路抵达贵阳，资源委员会增设黔西煤矿处，开发都匀煤矿，“以资救济”。公司积极开发林东煤矿专供黔桂路燃料。巫峰山筑东矿场处于西南煤海中心区位，具有较好开采前景，虽然巫峰山、沙河煤矿储备量约 200 万吨，尚属中等，但其他各矿“储量甚丰，煤质亦较佳”①。巫峰山筑东矿场主要煤层生产能力为日出百吨。沙河办事处仍然采用手工业方法，每日生产约为 30 吨。与广西、江西相比，贵州煤矿距离消费区较近，运输成本低廉。巫峰山筑东矿场位于贵阳东门外，沙河办事处则处于贵阳老城区之红边门，两矿“运销贵阳，均甚便利”。

广州失守后，海路运输基本断绝，以云南为枢纽的西南国际线路价值逐渐提高，英美援华物资通过滇缅公路源源进入中国，运输量增加之时，对煤矿资源需求有所提升，云南矿业面临较大挑战。资源委员会以公路、铁路为核心将云南供煤区域分为三大块：(1)滇越铁路及川滇、滇缅两路靠近昆明之一段；(2)川滇东北段；(3)滇缅西段。② 后因滇缅公路暂时中断和滇越铁路被法军

---

① 李应元：《成渝铁路与四川经济》，《四川月报》1937 年第 1 期。

② 张伯颜：《抗战八年来之煤矿业》，《资源委员会季刊》1946 年第 6 卷第 1—2 期。

封闭,主要用煤区局限于川滇一部分,但总体需求依然较大。

1938年,叙昆铁路动工,为满足建设需要资源委员会在宣威打锁坡、观音塘等处开辟国营煤矿。云南省财政厅亦成立宣威煤矿筹备处,协助资源委员会开采煤矿。1939年,双方协商决定合资开采,并决定组建宣明煤矿筹备处,将工作面延伸至嵩明。打锁坡煤田分三层,平均厚度1.5米,均为含硫量较低优质煤,适合冶金等战略工业使用,预计储备量668万吨。后因战区扩大,叙昆铁路中断,矿方将剩余煤炭炼制冶金焦煤,运销昆明等地钢铁厂。同时建设炼焦炉等设备,先后建成炼焦炉60座、洗煤台1处,日可洗煤32吨。另有手工洗炼池2个,昼夜出煤8吨,炼焦土炉100余个,每炉产焦煤600公斤,焦油3—4加仑,氩水5—7加仑,粗苯0.5加仑。

湖南煤矿资源相对丰富,境内原有湘南、醴陵、观音滩三座煤矿。资源委员会进入湖南后,根据战前调研材料在原有基础上进行扩建开发。1939年9月,湘南煤务局先后探采永兴、耒阳等处白煤矿、资兴烟煤和汝城、宜章钨、锰、锡等金属矿。受矿区分散影响,煤务局下设一、二、三、四厂。

湘潭地区煤炭储量比较丰富。1937年9月,资源委员会与中福两公司组成办事处,利用中福西迁设备在湘潭谭家山开发煤矿,以供粤汉铁路和中央钢铁厂所需燃料。因战争迫近,次年迁入四川。1938年7月,为满足湘黔铁路燃料需求,资源委员会特设恩口煤矿局,与中兴煤矿公司签约成立湘乡恩口煤矿公司。仅仅4个月,受制于破路计划,矿场器材被迫转运云南交由明良公司继续经营。政府机构之外,其他资本对湘潭煤业投资逐渐增加。1943年7月,江湘煤矿公司与金城银行签约组建湘江矿业公司,以扩充湘潭杨嘉桥煤矿以供应粤汉、湘桂铁路燃料为主要目标。经勘测,煤层分为上下两层,上层厚7尺,下层厚4.4尺,煤质优良,储量约

3000 万吨。虽然因矿山与湘河码头之间 10 公里距离依靠人工挑运，但矿方开始着手修建铁路直达湘江码头“一俟完成，即可大规模开采”①。

武汉、广州失守后，湖南煤矿重要性进一步突出，永州、怀化等距离战场较远地区新矿相继开发。1938 年 10 月，以湘桂铁路为主要供应点的祁零煤矿筹备处成立。筹备处以原茂胜煤矿为基础，采用直井口开凿技术深入开挖煤层。1939 年 10 月，正式产煤，经探明矿场蕴藏年约为 8949000 吨。

1938 年 8 月，辰溪煤业办事处成立办事处在整理旧矿、添设配套设施之时对新矿探勘投入相当精力。1938 年 10 月，办事处与大冶源华煤矿公司合作，利用西迁机器组建辰溪煤矿公司，承租辰溪桐湾溪等处矿区。矿分布地区较广，公司先后开挖炭口坡、松林坡、王家桥等矿井。因矿井靠近河床，部分采煤区受地下水冲击难以开采，旋即停工。所以产量相对有限，仅可由辰溪煤业办事处负责销售。

国民党政府西迁重庆后，四川地区工厂林立，需煤骤增。尽管民营煤矿如雨后春笋般涌现，但与极速扩大的需求相比依然杯水车薪。为增强战争潜力，资源委员会决定大力开发四川资源，支持内迁工业。武汉会战之际，平汉路北段煤矿相继失守。“经济部”抢先将中福煤矿拆迁机器运入四川开发天府煤矿、嘉阳煤矿，后陆续投入威远煤矿、石燕煤矿建设。四川旧有的三才生、宝源、江合、东林等煤矿则进一步扩充设备，扩大生产。另外，资源委员会以注资、贷款等方式先后成立华安、华银、全济、华昌、义大等公司。在“经济部”帮助下，四川煤矿获得较快发展。1938 年，全省产煤约

① 张伯颜：《抗战八年来之煤矿业》，《资源委员会季刊》1946 年第 6 卷第 1—2 期。

140余万吨,1940年增至279万吨①,增幅约100%。

1939年,为供应岷江流域各县和重庆钢铁厂用煤,资源委员会、中福两公司联合办事处、民生公司等部门合资成立嘉阳煤矿公司。公司采用湘潭煤矿公司器械、人员为基础勘探犍为、屏山地区芭蕉沟地区,并于该地设厂开矿。6月,芭蕉沟煤矿正式产煤,所出煤矿由燃料管理处统筹,交由岷江办事处分配各用户。后燃料管理处停止垫付款项,该矿转由自行经营。矿方于朱石滩设营业处,宜宾、重庆等地设办事处,负责煤炭销售和管理。

芭蕉沟煤矿虽然仅拥有1层煤层,且相对较薄(厚度约0.65米),但储量达到2500万吨,日产煤500吨。因运输条件限制,煤矿潜力未能得到充分发挥。嘉阳煤矿公司修建矿山至马厅溪轻便铁路,并购进翻斗车150辆。为方便重庆往来运输,公司在朱石滩销售处购置木船70余艘,雇佣商船30余艘,总载重量约5000吨。

1939年,自贡盐场用煤逐渐增加,盐务总局决定开发黄荆沟煤矿局。因积水过深,排水设备功率较小而被迫放弃。次年,资源委员会与中福两公司联合办事处将其改组为威远煤矿公司。威远煤田仅一层,厚度约0.7米,但含硫量较低,煤质较好。公司成立后,利用盐务总局废弃矿井排水、采煤,实现日均产能300余吨,所产焦煤专供威远铁厂和自贡盐场。

为弥补政府资金缺口,资委会吸纳部分民间资本参与四川煤业公司,形成资源委员会、四川省政府和民间商人合办的官商企业。公司下辖江北县桶井镇煤矿、广元县杨家岩煤矿,并收购璧山钢厂。桶井镇煤矿预计储量超过200万吨,矿业设备比较成熟,共

① 秦孝仪主编,“中华民国”重要史料初编编辑委员会编辑:《中华民国重要史料初编·对日抗战时期》第2编,作战经过(3),中国国民党中央委员会党史委员会1981年版,第602页。

有开平巷4道，均已产煤。

1945年，受到豫湘桂战役影响，部分煤矿沦陷。国民党政府出台嘉陵江区春节前后增加产运煤斤办法，“施行以来，颇见成效”①。1—3月，各矿产量均有所增加。1944年，四川嘉陵江地区11月、12月煤产量分别为5万吨、5.8万吨。1945年2月，在生产周期较短情况下出煤6.4万吨，外加运往重庆销售部分，共计70267万吨②。3月，各矿上缴煤炭72059吨，超过1944年平均每月5万吨水平。

两广地区因部分沦入敌手，且已发现煤矿相对较少，截至抗日胜利，两省仅拥有较大型煤矿各一座。广西境内多为贫矿，仅合山煤矿具有较大潜力，全省用煤“大部分恃湘煤接济”③。1938年7月，矿务局与广西省政府筹设平桂矿务局，将西湾煤矿纳入管理。因日军轰炸，电厂遭到破坏，动能断绝、矿内积水，一度停产。为维持广西仅有煤炭生产力，厂方调入柴油机、蒸汽机各一部附带发电设备。经整顿和扩大，1日产煤达到200吨，除供应锡矿和民用之外，向梧州等地销售。总体而言，西湾煤矿存量较少，约为200万吨。就地理而言，该矿沿贺江至梧州，虽有水路相通，“但为浅水区，不得不限制生产”。1944年，资源委员会对广西合山煤矿提供贷款，帮助其修建运道、增加产量。平桂矿务局以西湾煤矿为核心，主要供应省内电厂和锡矿之用。

1941年1月，“经济部”和广东省政府合组工矿理事会，经营

① 《战时生产局工作——翁兼局长于招待记者时报告》，《中央日报（重庆）》1945年3月13日。

② 章伯锋、庄建平主编：《抗日战争》第5卷，四川大学出版社1997年版，第269页。

③ 张伯颜：《抗战八年来之煤矿业》，《资源委员会季刊》1946年第6卷第1—2期。

乳源八字岭煤矿,因运输困难,产量偏少。1944 年,资源委员会主办煤矿,拟修建矿区到港口轻便铁路,受豫湘桂战役影响作罢。尽管因煤矿靠近战区,开采进度较慢,但乳源八字岭煤矿储藏量达到 7000 万吨,足以供应粤汉铁路南段地区。

除西南后方煤矿相继开发之外,江西等省区虽然临近战区,甚至部分地区沦为战场,但自然资源丰富,部分煤矿依然得到开发。1936 年,为供应中央钢铁厂需要,国民政府筹建高坑煤矿,开凿大井 2 口。抗日战争爆发后,主要煤产区为日军控制。武汉、重庆等地煤炭供应缺口逐渐增加,江西作为煤矿重镇地位逐渐突出。1937 年 2 月,资源委员会与江西省政府筹建天河煤矿筹备处,以旧隆煤矿产煤供应浙赣铁路。1938 年,矿方动工开凿双山新井,旋因战事迫近暂时停工。次年 7 月,战局相对稳定,筹备处鉴于江西工业有所发展,煤炭需求量增加,决定继续开挖双山新井,“以谋大量开采”。天河煤矿煤质较佳,且厚达 7 尺,“煤质颇合工厂之用”①。为应对新形势,“经济部”将筹备处升格为局,大力整理既有各矿,以供各地需求。1939 年南昌失守,煤矿成为前线被迫暂停开采,重要设备运往湖南祁零煤矿。伴随战局稳定,高坑煤矿逐渐恢复生产,并生产焦煤供应湘桂铁路。

江西部分地区属战区,矿业发展受到较大限制。高坑煤矿潜力较大,煤层达到 4 层,平均厚度超过 6 米,估计储量 2000 万吨以上,且煤质较好“适合冶金焦之用”。然因其距离战场较近,受到较大影响。长尾塘本有大井 2 口,但因战争迫近,被迫停开,“尚未见煤”。白马庙煤厂本有 7 公里重轨铁路,因战争迫近被迫拆除。此后矿方采用手推车运输至码头,由船运之渌口改装火车。

① 张伯颜:《抗战八年来之煤矿业》,《资源委员会季刊》1946 年第 6 卷第 1—2 期。

萍乡属于富矿,长期供应汉阳铁厂等重要企业。抗日战争前夕,资源委员会专设萍乡煤矿整理局,以萍矿为主要开采对象。平汉路被日军切断后,武汉用煤多依靠该矿。但受战争冲击,萍乡煤矿"未及多量产煤",增天河煤矿"亦因战事关系……第二步扩充计划未能实行"①。

抗日战争时期,供电能源以火力与水力为主。因水电站投入成本较高,地理因素涉及复杂,所以,火力发电成为首选。武汉会战前,国民党政府设有7个电力单位:(1)川鄂区电厂工程处负责长江和陕甘一带电厂建设。下辖武昌电厂、汉中电厂、宜都电厂、兰州电厂、万县电厂。(2)湘黔电厂工程处,设于长沙,负责湘西电厂、贵阳电厂、萍乡电厂。(3)云南电厂工程处,位于昆明城西滇池向石嘴村。(4)龙溪河水力发电厂,设于四川长寿县。(5)湘江电厂,1938年投产。(6)西京电厂,位于长安,是大后方最早供电电厂。(7)安庆电厂,因安庆失守停用。此后,伴随采煤业发展和政府干预力度加强,抗日战争胜利前夕已建成火力发电单位18个,除上述保存部分电厂外,湘西、贵阳、柳州、汉中、宝鸡等工业相对落后地区亦出现电厂。

20世纪30年代,中国属于经济、工业相对落后的农业国,中国政府缺乏足够的工业能力和外汇储备应对全国性战争。特有矿产成为换取先进武器和平衡外汇支出的重要交换品。锑、钨、锡、汞主要产区分布于西南各省。钨矿以江西南部为主要产区,广东北部、广西等省亦有所分布。钨属于战略物资,中国武器制造业相对落后,需求量较小。抗日战争前夕,中国政府以钨矿为主要原料换取德国军火。钨矿以江西、湖南和广东为多。河北、福建、广西

① 中国第二历史档案馆编:《国民政府抗战时期厂企内迁档案选辑》中册,重庆出版社2016年版,第635、636页。

等省虽有出产,但数量较少。湖南省钨矿集中于汝城、桂东、临武、宣章、资兴、郴州、茶陵等县,其中资兴县矿苗较旺。广东省钨矿以翁源县和乐昌县为主,从化县和珠三角的梅县、东莞县亦有所分布。河北迁安、福建长乐、霞浦和广西宾阳县有少量钨矿。江西钨矿分布于赣南 17 个县,以大余县西华山、会昌县米田、安远县仁风山、赣县黄婆地、龙南县龟尾山为主要矿区,“综计全省矿苗,纵横达千里,广东、湖南的矿脉都由此而分出”①。

为更好统筹全国资源,国民党政府加强对矿业控制。“经济部”统一管理国民党统治区煤、铁、铜、锌、钨、锡、汞、锑、石油等战略矿产开采和加工工业。1938 年,国民党政府公布《非常时期农矿工商管理条例》,将金、银、铜、铁、铝等矿产及其制品纳入统制范围,针对各种金属矿不同特点,“分别专设机关执行管理事项”,主要涉及:(1)生产或经营之方法;(2)原料之种类及存量;(3)工作时间及劳工待遇;(4)品质及产量存量;(5)生产费用;(6)运销方法;(7)售价及利润。② 资源委员会先后开发江西西华、大吉,广东八宝山等地钨矿,广西桂平、湖南江华、江西洪水寨等地锡矿,湖南、贵州边疆三雀湾等处汞矿。钨矿属生产武器重要资源,资委会对钨矿控制力度较大。20 世纪 40 年代,国民党政府实业部统计钨矿开采 87 区,其中国营 6 区 49059130 公亩,民营 81 区 165558.91 公亩。江西省 6 区 490591.30 公亩,湖南 31 区 165588.91 公亩,广东省 3 区 641765 公亩,四川省 2 区 314380 公

---

① 杨德惠:《中国的钨矿业及贸易现状》,《商业月报》1936 年第 16 卷第 8 期。

② 《非常时期农矿工商管理条例》,《四川经济月刊》1938 年第 10 卷第 4—5 期。

亩[1],除江西省外,其余为民营矿。

从矿业属于资源密集型和资金密集型特点出发,“经济部”要求“关于战时必需之各矿业”[2]转由政府经营。企业职工薪水根据各地情况统筹发放。企业罢工或擅自停工属于违法行为,因战争停业者由主管部门批准后限期复工或组织迁移。未经“经济部”批准罢工或蛊惑停工,判处 7 年以下有期徒刑,并课以 1000 元以下罚金,怠工者处 1 年以下有期徒刑。企业技术或管理遇有困难之处,上报“经济部”解决,如不服从指挥,则由“经济部代管”。企业技术革新先报告“经济部”核定,由该部决定保密或试验。所得成果“收归政府利用,或由政府投资合办”[3]。同时,为维持企业正常发展,“经济部”在资金、材料、规划、设备、技术、能源、销售、用工等方面进行帮助,确保战略资源生产稳定。

伴随抗日战争进入相持阶段,战局相对稳定。为增强持久抗战能力,国民党政府制定国防工业三年计划大纲,加快军事工业建设和武器进口。为实现既定目标,国民政府制定 7 项规划,其中矿业涉及三项,即:(1)加速促进兵工所需原料及制品之生产,以应军事需要。(2)积极增加出口物资换取外汇。(3)建设基本工矿事业,以奠定工业化之基础。[4] 锑、钨等战略资源既需供应战争需

① 杨德惠:《中国的钨矿业及贸易现状》,《商业月报》1936 年第 16 卷第 8 期。

② 《非常时期农矿工商管理条例》,《四川经济月刊》1938 年第 10 卷第 4—5 期。

③ 《非常时期农矿工商管理条例》,《四川经济月刊》1938 年第 10 卷第 4—5 期。

④ 浙江省中共党史学会编:《中国国民党历次会议宣言决议案汇编》第 3 分册,浙江省中共党史学会 1986 年版,第 121 页。

要,亦担负“易货及债信关系,自应积极增加产额”①,3 年后钨砂产量 23800 吨,锡和锑分别增至 18600 吨和 12000 吨。

资源委员会统制矿产品之时,亦注重产品生产,以政府力量干预矿业发展。为确保矿业政策生产,“经济部”制定特别政策对矿业生产进行适当保护和鼓励,以投放贷款、矿工免兵役,甚至采取黄金购锡等手段确保生产稳定。国民党政府在西部各省综合考虑燃料、运输条件等因素选定新的工业中心。而矿场所需能源尤其是石油与煤炭则“由政府设立电厂,开发煤矿,以资供给”②。在资源委员会帮助下,中国矿业发展“为一般商力所不及”。

为扩大国外市场,资源委员会在上海设立国外贸易事务所,并在海防、仰光、纽约、兰州等地开设分所。抗战初期,贸易事务所在香港出售矿产品,并负责与美苏等国进行物物交换,每年交易数额达 13000—28000 吨。后虽因战场扩大,部分线路堵塞,但中方基本保证按约履行义务。为满足矿产外销需要,资源委员会利用驼峰航线美国空军返程之际运输矿产。

在资源委员会努力下,“美苏两方,对我国艰困中履行信约之精神,均表深切满意”③。因处于战争时期,各种矿产量与战争局势、外国需求息息相关,形成波动状态。钨属于军工业重要物资,钨矿需求持续走旺,“产量又日见其高”,产量稳定于 9000—10000 吨。1937—1940 年,锑矿维持 8000 吨以上,主要出口美国。太平洋战争爆发后,锑矿外运受阻。美国以墨西哥锑矿取代中国锑为

① 重庆市档案馆、重庆师范大学合编:《中国战时首都档案文献·战时工业》,重庆出版社 2014 年版,第 27 页。

② 章伯锋、庄建平主编:《抗日战争》第 5 卷,四川大学出版社 1997 年版,第 12 页。

③ 郑洪泉、常云平总主编:《中国战时首都档案文献·战时科技》下册,西南师范大学出版社 2017 年版,第 1801 页。

主要原料,造成锑生产“不得不从事减低”(见表11-8)。

表11-8 钨锑锡汞产收后外销数量总计(1937—1945年)

(单位:吨)

产销 年份	产收					外销				
	钨	锑	锡	汞	总计	钨	锑	锡	汞	总计
1937	11927	14597	—	—	26524	14057	8583	—	—	22640
1938	12556	9463	—	—	22019	7985	11112	—	—	19097
1939	11509	12017	1840	169	25535	7801	5482	208	—	13491
1940	9543	8469	16497	91	34600	2915	873	1947	137	5872
1941	12372	7989	6994	120	27475	14276	8041	6459	128	28904
1942	11897	3510	8087	163	23657	7402	89	3601	195	11287
1943	8973	428	4418	118	13937	10320	—	7260	96	17676
1944	3226	204	1570	103	5103	7707	—	6460	88	14255
1945	—	—	1878	62	1940	3393	1567	1756	23	6739
总计	82003	56677	41284	826	180790	75856	35747	27691	667	139961

资料来源:杨景炳:《抗战八年来之钨锑锡汞业》,《资源委员会季刊》1946年第6卷第1—2期。原始表格中的总计数据有误,本表已订正。

矿业承担初级产品交换援华物资使命。因此,出口运输成为矿业重要组成部分。出口运输分为两个阶段,即产地至集中地和集中处至出海口。抗战前夕,矿产品出口线路为产区汇集于所在地省会,由南昌、广州等省会城市运至香港、上海等重要港口出口。战争爆发后,上海失守,长江航线出口功能减弱。锑、锡等重要矿产出口途径屡次因战争变更,即使国内运输线路亦受到较大影响。伴随战线西移,各产区集中地由南昌、广州等国内主要城市变为赣县、南雄、衡阳、镇远、桂林等距离战场较远、社会秩序相对稳定的地区。出口线路受战争影响较大,以沦陷区范围变化分为3期,标志性事件分别为广州失守、日军攻占越南和太平洋战争爆发。

日军攻占广州之前,中国矿业主要出口基地为香港。江西钨矿、湖南锑经由南雄、曲江、广州进入香港。广东钨砂则直接由广州,通过广九铁路运入香港。广州丢失后,长江水运线路中断,国民政府在桂林开设钨锑联合运输处,以桂同线为干线,经桂林、柳州、南宁、越南同登和海防出口。此阶段,战线西移造成国内运输线路进一步复杂。

随着法国在欧洲战败,日军控制法属越南,海防、同登运输线为日方控制。为规避日军骚扰,中国政府将运输线路转移至贵阳,逐渐形成以贵阳为中心,滇缅路为纽带,香港、仰光为出口的新线路。干线为衡阳、桂林经柳州、三合、贵阳以至于昆明、畹町直达腊戌、仰光或香港。上期支线大部分保留,另开辟赣县之福州新线路。因日军掌握制海、制空权,中国矿业运输遭到劫掠,“运量不多,时运时辍”,损失较多且“成就甚微”①。此时,中苏关系进一步密切,国民党政府为争取苏援,开辟由贵阳、重庆、广元直达兰州、猩猩峡(今星星峡)的对苏贸易线路。

太平洋战争爆发后,英美东南亚殖民地陆续丢失,香港、仰光为日军攻占,滇缅公路一度被切断。受制于战局,此段时期中国对外出口矿产局限于两条线路。第一条为西北线,在上期基础上加大对苏交易数额。其次即利用驼峰航线返程机遇在昆明运输出口,或经贵阳运往苏联。尽管此时运输成本较高,但“外运数量与前数期均能达到预期,美苏俱表示满意”。

与农业文明战争不同,抗日战争已处于工业时代,重工业对战争潜力的发挥和战争能力的强弱起决定性作用。而矿产资源拥有或调动能力则对工业发展发挥重要作用。中国虽然军工业相对落后,在战争倒逼下亦因“兵工资源需要迫切”不得不全力开发金属

① 章伯锋、庄建平主编:《抗日战争》第5卷,四川大学出版社1997年版,第422页。

矿业,西南地区经济相对落后,但金属矿集中分布较多,为矿业发展提供有力物资基础。资源委员会从战略角度出发,"积极探勘,并设厂制炼,帮扶旧有铅锌矿厂并经济部协助增产"①。"七七事变"爆发后,为统筹战略资源,资源委员会对铜、铅等金属矿制订较详细计划。②

同时,资委会对铜、铅、锌等与兵器工业相关程度较高的金属矿予以重点探勘,先后出台调查勘探管制收购及生产精炼等计划。虽受基础设施落后等客观因素限制,未能完全实现既定目标,但既有的开发为抗日战争提供较大帮助,并为日后开采做好基础准备。为落实计划,资源委员会决定与地方政府合作成立专门机构同时推进4项计划。资委会与云南省合资组建滇北矿务局、昆明电冶厂,中央直辖或参与电化冶炼厂、川康铜铅锌矿务局等机构。重庆、昆明冶炼厂为精炼工艺,滇北矿务局、彭县铜矿筹备处、川康管理处肩负勘探、生产和收购工作。

滇北矿务局以东川铜矿为基础,以开发勘探和收购云南旧铜为主要铜源。1939年,资源委员会派三组技术人员赴云南考察。

1940年,东川铜矿每年可产粗铜200余吨,勘测储量170万吨,"经济部""正在筹备扩充选矿及冶炼设备"③。在实际工作中,资源委员会将云南矿区分为普通区和主要区。东川铜矿属于主要区,为首先开发地带。1942年,资源委员会与中央研究院物理探矿团赴东川进行物理勘探。次年,在中央研究院地质调查组

---

① 中国第二历史档案馆编:《国民政府抗战时期厂企内迁档案选辑》中册,重庆出版社2016年版,第638页。

② 胡祎同:《抗战八年之矿业:铜铅锌》,《资源委员会季刊》1946年第6卷第1—2期。

③ 中国第二历史档案馆编:《国民政府抗战时期厂企内迁档案选辑》中册,重庆出版社2016年版,第639页。

帮助下,探明东川落雪一处铜储量达到35万吨,东川地区铜矿储量"当近百万吨"。铜矿开采需要燃料较多,为应对大规模开发造成的燃料短缺,资源委员会在矿区附近尝试搜寻煤矿。虽然西洋沟等地陆续发现煤矿,但产量有限。煤矿不足造成东川铜矿以电力为主要动能。

1944年,"经济部"派员赴美讨论共同开发东川铜矿。根据资料和技术能力,纽约惠勒顾问工程公司为东川铜矿作出具体规划。美方计划因地制宜,以水力发电为主要动力。矿区内采用轻便轨道、高线索道和公路为主要运输手段,生产、运输等环节实现半机械化,以提高效率。在此基础上,将产量提高到日产电铜40吨,矿砂1000吨。美方预计,规划首先需要投入约1500万美元,周期为2.5年,电铜生产成本约为每磅1角零7厘美元,尚属有利可图。尽管因基础设施落后,美国筹划未能完全实现,但为东川铜矿开发做好一定基础。8年中,滇北矿务局虽因基础设施落后造成既定计划未能如期完工。然而在政府介入下依然取得较大成绩①。

表11-9　滇北矿务局粗铜产量(1939—1945年)

(单位:公吨)

生产事业＼年份	1939	1940	1941	1942	1943	1944	1945	7年总计
滇北矿务局	313	338	167	176	194	206	182	1576

资料来源:章伯锋、庄建平主编:《抗日战争》第5卷,四川大学出版社1997年版,第415页。

① 胡祎同:《抗战八年之矿业:铜铅锌》,《资源委员会季刊》1946年第6卷第1—2期。

表 11-10　滇北矿务局净锌产量(1939—1945 年)

(单位:公吨)

生产事业＼年份	1939	1940	1941	1942	1943	1944	1945	7 年总计
滇北矿务局	40	13	20	60	47	73	95	348
总计	40	13	20	181	188	264	243	949

资料来源:胡祎同:《抗战八年之矿业:铜铅锌》,《资源委员会季刊》1946 年第 6 卷第 1—2 期。

因东川铜矿产量不稳定,开采时间过长。1940 年后,滇北矿务局铜产量逐渐下滑,由 300 余吨降至不足 200 吨,仅 1944 年勉强产铜 206 吨,7 年总产量不足 1600 吨,甚至低于清朝时期(见表 11-9)。虽然铜矿因历史原因出产较少,但锌矿生产却取得较大成效。尽管早期锌矿生产出现波折,一度降至 13 吨。然而从 1942 年开始,滇北矿务局锌产量稳步增加,在豫湘桂战役失利和滇西大反攻,云贵部分地区陷入战场的情况下,锌产量突破 90 吨达到历史最高水平。

1938 年,川康铜业管理处成立,因矿产增加改为川康铜铅锌矿务局。该局初期注重管理工作,以收购、统制金属矿为中心,兼顾探勘、开发。川康铜铅锌矿务局以宁雅两地为主要勘察对象,辖区北起金汤荥经,南至会理通安"延绵 800 余里"。因辖地过大,管理处分为宁属方面和雅属方面。宁属方面下设宁属分处、大铜矿厂、通安探矿队、地质勘测队。雅属方面则包含雅属分处、岩后矿厂、二郎矿厂、松林探矿队。受基础设施运力限制,川康矿产难以运往内地,转而致力于铅、锌生产。

国民党政府颁布《川康铜业管理规则》后,两省大至铜生活用品,小至铜元、制钱皆归该部门管辖。1939 年,两省实现收集旧铜 760 吨。其后虽然受到战争影响,但依然达到 500 吨以上,直至

1943 年共收集铜料 2600 吨。1942 年,伴随器材陆续运到矿区,矿务局决定以会理天宝山铅锌矿为主要开采对象,设炼厂于益门。天宝山矿床丰厚,益门一带拥有煤矿,内部运输较为便利,在“三者配合”情况下,“产量自易增进”①,采矿初期每月即出产锌 15 吨(见表 11-11)。

表 11-11　川康净锌产量(1939—1945 年)　(单位:公吨)

生产事业＼年份	1939	1940	1941	1942	1943	1944	1945	7 年总计
川康铜铅锌矿务局	—	—	—	121	141	191	148	601

资料来源:胡祎同:《抗战八年之矿业:铜铅锌》,《资源委员会季刊》1946 年第 6 卷第 1—2 期。

彭县铜矿筹备处成立之初即以勘探、冶炼为主要业务。然当地矿砂含量较低,且内含硫、铁杂质。如不经过浮选则冶炼程序较多,成本过高加重企业经营困难,被迫等待美国设备输入后,方可正式冶炼。受战争环境影响,浮选设备难以及时运入,资源委员会鉴于该矿“生产极为困难”,被迫放弃。彭县铜矿生产期间年产量 50 吨。

后方各矿多集中于采矿,冶炼技术相对落后。工业时代战争客观要求冶炼业快速发展。为满足战争需要,国民党政府在昆明、重庆分别成立昆明电冶厂和重庆电化冶炼厂。

因战时需要多为精铜,国民党政府在重庆、昆明设立炼铜厂,皆以电解法提炼精铜。重庆厂后在綦江设立分厂,两厂日产精铜 6 吨。昆明炼铜厂产能稍逊,每日约 2. 5 吨,但可附带产铝 300 公

① 胡祎同:《抗战八年之矿业:铜铅锌》,《资源委员会季刊》1946 年第 6 卷第 1—2 期。

斤。1944 年后受战争影响，粗铜来源减少，产量降至 833 吨，仅可满足兵工厂和电力事业使用。

昆明电冶厂前身为中央炼铜厂，由长沙迁至昆明，主要任务为冶炼滇北矿务局所产粗铜以供电工厂生产电线。成立初期，滇北矿务局输送纯铜 500 吨，基本满足日产 4 吨生产计划。后因东川铜矿产量减少，年产量降至 200—400 吨。1939—1945 年昆明电冶炼厂共产电解铜 3000 吨。

重庆电化冶炼厂为新设厂矿，1939 年 4 月正式投产，以电炼川康两省铜料，维持军需生产为主要目标。原计划日产电铜 3 吨，后因川康铜业管理处供应不足，产量降至 200 — 300 吨。1941—1945 年，产铜 2500 吨。

抗战前夕，湖南水口山铅锌矿得到初步开发，每月可产铅砂 400—600 吨，锌砂 800—1200 吨。铅砂由矿方自行冶炼，锌砂则运销出口。资源委员会以水口山潜力较大，运进新式设备，使其采冶均为机械，成为战争时期“吾国铅锌之主要矿区”①。1938 年，长沙大火造成水口山矿产市场减少和器材输入短缺，产量有所降低。1943 年，水口山矿区铅砂产能降至 100 余吨，锌砂难以外运，堆积如山。1944 年豫湘桂战役失利，日军攻入湖南腹地，矿厂机器被迫迁入内地，生产完全停顿，部分机器被损坏。

大后方资源开发受到基础设施限制。湖南水口山、川康矿务局、滇北矿务局虽然产量较大，但因场地距离市场较远，交通运输成本过高造成“工作上大部分困难，往往由于交通阻滞而来”，时

① 胡祎同：《抗战八年之矿业：铜铅锌》，《资源委员会季刊》1946 年第 6 卷第 1—2 期。

人感叹“今后开发内地资源,当首谋外围交通之建设”①。

为应对战争消耗,“经济部”对金、铜矿开采相对重视,在大后方以及相对稳定的河南、江西部分地区相继发现金矿。与战略资源相比,国民党政府对金矿控制相对宽松。1938 年,资源委员会在西南地区和河南等省设立采金局。采金局对各省金矿分布与主要矿区进行详细调查,获得重要资料。中央地质调查所每年分区派专员调查各省矿产,并于各省地质调查所和其他科研机关合作勘探重要矿区。次年,“经济部”成立采金局,统筹金矿开采。为鼓励民间采金,“经济部”与四行制定增加金产办法和加紧中央收金办法,免除部分税收,“并予人民以提早施工之便利”②。采金局则定立民营金矿业监督办法、招商包采金矿和招募人民采金办法,为民间资本进入采金业准备法治基础。在政府带动下,1939—1940 年,国营、民营金矿产量达到 50 万两以上。采金局遂决定在金矿丰富地区设立采金处,各省分社探勘队,并与地方政府合作,组建西康、四川、湖南金矿局。

在政府干预下,各地金矿局相继取得不同程度进展。1937 年 7 月,青海省政府与“经济部”合作成立青海采金办事处,办事处设于西宁,先后投入 15 万元勘测金矿。1937 年,四川松潘区采金处建立,“经济部”投入资本 8 万元作为开发经费。次年,西康金矿局成立,注册资本达到 50 万元,负责经营康定区金矿。1938 年 7 月,“经济部”于河南淅川县建立河南金矿局,专项开采河南淅川县金矿,公司资本 15000 元。不久,豫陕鄂边区采金处成立,资本

① 章伯锋、庄建平主编:《抗日战争》第 5 卷,四川大学出版社 1997 年版,第 417 页。

② 中国第二历史档案馆编:《国民政府抗战时期厂企内迁档案选辑》中册,重庆出版社 2016 年版,第 637 页。

达到75万元。湖南于1939年1月和4月分别成立沅桃采金处和沅陵柳林议资利金矿股份有限公司,后者日产金10—30两。除较大金矿外,采金局还与商人合办国福公司、富康公司、国大公司、国新公司、兴华公司等。

钢铁工业为兵器制造业重要材料。因此,国民党政府较为重视铁矿开采,以其与冶炼业相配合,增强持久抗战能力。铁矿开采属于资金密集型行业,政府以国家投入为主要形式,对2公顷以下小矿则批准民众开采。

四川铁矿以菱铁矿为主,储量较少。仅綦江、涪陵、彭水等地为赤铁矿,潜力较大。然而,彭、涪区域道路不便,运输成本较高,不便开采。为满足战争需要,资源委员会对赤铁矿区相继予以开采。綦江铁矿和涪陵、彭水铁矿各划定5处矿区,以钢铁厂迁建委员会、渝鑫钢铁厂、资渝钢铁厂为少,其中綦江铁矿日产量最高达到400吨。邻近四川的西康省铁矿资源相对丰富,除已开采的冕宁、会理两处外,攀枝花、倒马坎等处亦发现富矿。资源委员会一度组织西康钢铁厂筹备处。但西康省多为山地,交通困难,铁矿难以外运。"经济部"被迫将西康划入康黔钢铁事业筹备处,"俟战后再为相机办理"①。

云贵两省作为后方重要组成部分,铁矿储量相对丰富。贵州西部威宁、水城两县"铁矿甚优"。水城一地,蕴含铁矿石1亿吨以上,加之附近焦煤产量丰富,形成良好的钢铁工业发展基础。资源委员会专设康黔钢铁事业筹备处,就地勘测矿量,以备将来设厂,云南省易门、安宁两县铁矿丰而易采。资源委员会特组建易门铁矿局,从事开采,云南钢铁厂即主要来源于该地。

① 中国第二历史档案馆编:《国民政府抗战时期厂企内迁档案选辑》中册,重庆出版社2016年版,第636页。

抗日战争时期,在“经济部”、资源委员会努力下,后方矿业取得较大成就。据统计,西南后方共计生产粗铜1714吨,电铜5500吨,铅1338吨,锌949吨,收集旧铜4500吨。在日军攻克缅甸部分地区,滇越铁路、滇缅公路被切断,液体燃料运输日益艰难危急时刻,玉门油田产量有所增加,有效弥补石油供应缺口。在工业化战争时期,大后方矿业的发展为持久抗战提供较好物质基础。资源委员会认为抗日战争时对矿业管理,虽未能满足“关心该业所期望”,然而在战争特殊环境下和百业凋敝的历史背景中,对矿业帮助“实已尽其最大之心力”①。

尽管资源委员会全力生产以满足战争需要,但受各种因素制约,成效不尽如人意。在日军封锁日益加剧和基础设施滞后条件下,属于技术、资金密集型的矿业发展困难重重。时人总结“交通之艰阻,经费之困难,人工器材之缺乏,以及战局不时之变化,在影响既定计划之完成”。铜铅锌生产“虽尽量生产,究难期全应需要”。煤炭则“工艰费巨、运输困难、建设需时难以应急”②。国民党政府对经济的过严管制亦形成部分副作用。“广西八步的矿区,云南个旧的矿区,江西锑钨区,烟筒不冒烟了,工人失业了,工厂关门了,血迹斑斑”③。整体而言,“距预期目标与实际需求量相差远甚”④。勘探工作虽然取得较大成就,却因机器工业落后和外

① 郑洪泉、常云平总主编:《中国战时首都档案文献战时科技》下册,西南师范大学出版社2017年版,第1801页。

② 重庆市档案馆、重庆师范大学合编:《中国战时首都档案文献·战时工业》,重庆出版社2014年版,第132页。

③ 陈真等编:《中国近代工业史资料》第3辑,生活·读书·新知三联书店1957年版,第733页。

④ 胡祎同:《抗战八年之矿业:铜铅锌》,《资源委员会季刊》1946年第6卷第1—2期。

来设备输入不足，以至于既定计划难以实现。战时矿业发展困难较大。

（1）基础设施建设滞后。中国西南、西北明清之后即属于经济相对落后地区，近代以来大多数省份处于军阀割据状态。在经济基础薄弱和中央政府难以介入情况下，多数省基础设施建设成效不佳，最终成为当地经济增长的瓶颈。在日军封锁历史环境下，运输条件恶劣的影响在部分领域被持续放大。矿业属于重工业，生产过程复杂烦琐，且对机器要求较高。即使在工业化程度相对较低的近代“采选炼各项工程，莫不需要大量器材与优良技术”。西南地区矿藏虽然丰富，但多集中于高山深谷之中，运输条件较为恶劣，部分矿厂附近“运输内外线均因经济所限，未能建设”①。滇北、川康矿区为重要金属矿来源。矿区建成后，虽然潜力较大，但是，矿区外交通环境较差造成外国器械难以运入矿场，所产矿砂无法及时外运，形成原料堆积和动力不足的恶性循环。受制于交通局限，部分矿区被迫采用人力搬运造成成本增加、生产迟缓，加之先进设备难以及时运入，部分矿采用手工业方法生产，不仅产量较少，还引起生产下降。

（2）劳动力短缺。西部各省人口较之东中部偏少，部分地区甚至土旷人稀。战争压迫和工业基础较弱导致中国军队需要以人力资源取得数量优势，客观引起征兵压力较大。同时，交通环境较差，新式机器短期内难以投入使用。矿区“每一工程……（需要）集中人力”。在抓兵、征粮情况下，本地居民已不堪其扰。征集外地民工则住宿、饮食需预先筹备，增加企业负担。以致”较大工

① 章伯锋、庄建平主编：《抗日战争》第5卷，四川大学出版社1997年版，第419页。

程,即无人力举办”①。

(3)通货膨胀冲击企业正常经营。在财政危机压力下,国民党政府实行财政赤字货币化政策,引起物价持续上涨。矿业因机器不足,仰仗人力开发,造成人工费占生产成本的80%以上。随着通货膨胀率逐步提高,工资和生活必需品价格居高不下,导致矿厂成本形成水涨船高之势。同时,部分矿产属于政府统制范围,以限定价格收购。为维护政府利益,订购价格涨幅落后于通货膨胀率,进一步增加企业压力。

二、抗战胜利后中国的矿业

(一)沦陷区矿业接收和全国矿业生产的恢复

抗日战争胜利后,国民党政府安排各部门针对性接收沦陷区矿业。为避免混乱局面,有关部门颁布一系列政策,对收复工作进行规范和指导。然则,因监督缺乏和战争导致的清贫生活,制度落实存在偏差。同时,由于国民党政府致力于内战,导致矿业恢复发展较慢。

1945年年初,抗日战争已初露胜利曙光。“经济部”等部门在战局明朗之时即成立收复区工矿事业整理委员会,专项负责对日矿业企业接收工作。

1945年8月,日本接受《波茨坦公告》,宣布无条件投降。国民党政府立刻将接收日本财产作为重要工作。沦陷区本属于中国经济核心,在日军以战养战政策推动下,工矿业获得进一步发展。抗日战争前夕,日本在华(除东北、台湾等地区)投资总额达到

① 胡祎同:《抗战八年之矿业:铜铅锌》,《资源委员会季刊》1946年第6卷第1—2期。

15.7 亿日元,东北地区为 30 亿日元左右[①]。战争爆发后,日本加快沦陷区资源掠夺,开设华北开发公司、华中振兴公司等企业。以华北开发公司为例,1941 年年末,投资总额近 7 亿日元,下辖矿业公司 7 家,位于各业之冠。华中振兴公司和蒙疆特殊公司分别拥有 244313000 日元和 170200000 日元资产。另外,日本商人在华投资数额亦达到 80 亿日元,虽然以贸易公司居多,矿业亦占据部分份额。沦陷区丰厚的经济资源,成为清贫生活中国民党政府官员觊觎的重要财富。

国民党政府对日伪矿业进行分部门接收,"经济部""军政部""交通部""农林部""粮食部""联勤总司令部""海军总司令部"负责具体事务,其中"经济部"起主要作用,对专项接受之外的矿业进行接盘,成为接纳矿业企业最多部门。根据"接收务尽,运用务速"原则,"行政院"成立收复区全国性事业接收委员会,在北京、上海、广州等地设立敌伪产业处理局专项负责日伪资产统筹。矿业部分由"经济部"负责。"经济部"将全国分为七大区:(1)苏浙皖区,(2)闽粤区,(3)湘鄂赣区,(4)东北区,(5)台湾区,(6)冀热察绥区,(7)鲁豫晋区,每区分别设立特派员办公处。依据所有权沦陷区矿业分为三大类:(1)敌人在华资产部分;(2)我国原有工矿设备被掠夺部分;(3)敌人掠夺后增加设备部分。[②] 第 2 项物归原主,第 1、3 项由"经济部"和敌伪产业处理局分拨各个机关接管或销售。伴随恢复重建事务增加,资源委员会内部分工进一步明确,矿业为石油、金属矿、煤等矿业资源分为专门部门,"以期各能关注"。同时,为加强各单位联系和集中办理接收等事宜,资源委员会在部分地区建立办事处,上海、台湾、重庆皆建立办事处。矿

① 张一凡:《收复区整理工作的检讨》,《新中华》1947 年第 3 期。

② 张一凡:《收复区整理工作的检讨》,《新中华》1947 年第 3 期。

业因事关战略全局,资源委员会特设专门管理机构。煤矿设煤业总局。钨、锑、锡战略资源与铜、铅等金属矿,设金属矿业管理处。石油亦为专业公司管理。尽管形式合理,计划严密,但因国民党政府内部错综复杂的矛盾和缺乏监督的机制,实践与初衷逐渐背离。

1945 年 10 月,伴随国民党政府军队陆续进入沦陷区,资源委员会将接收日伪矿产作为重要任务。资源委员会将工作分为三个阶段:(1)后方矿业调整与发展;(2)收复区日伪财产接收;(3)接办敌伪企业。根据进入时间和区域特点,资源委员会将沦陷区划分为内地、东北和台湾三大块。

内地主要指山海关以内不包含台湾之沦陷区。因关内沦陷区资源较多,辖区较大,造成矿业数量众多和分布广泛。经济比较发达的苏浙皖区,接收工矿业工厂 642 处,其中日军强占为 194 家,敌厂 448 家。资源委员会根据地理距离和产业特点将部分企业"化整为零,督促复工"。煤矿为 9 个单位,经改组后分别为井陉煤矿公司、淄博煤矿筹备处和大同煤矿。石油企业则全部交由中国石油公司管理。安徽、浙江、江苏等地铁、铜、硫等矿产专设华中矿务局。

台湾为较早沦陷地区,"日人经营工矿事业颇有基础"①。虽然战争中台湾工矿业受损 30%—50%,但规模依然较大。台湾区中矿冶厂 35 所,资本 22955000 日元,产值 28276000 日元。② 台湾石油公司设备修复 90%,可日产油 16000 桶。台湾铝业公司机械基本修复,每年产铝 8000 吨。台湾金铜公司日产金矿砂 300 吨和沉淀铜 45 吨。台湾长官公署设立后,资源委员会立即与其签署台

① 重庆市档案馆编:《战后方冶金工业史料》,重庆出版社 1988 年版,第 805 页。

② 张一凡:《收复区整理工作的检讨》,《新中华》1947 年第 3 期。

湾省工矿事业合作大纲。根据协议，石油、金铜矿、铝业为资源委员会独办。资源委员会立即着手成立台湾金铜矿、台湾铝厂、中国石油公司高雄炼油厂等 3 家企业。

东北地区沦入日本控制 14 年，且资源储量相对丰富，成为矿业接收重点地区。据行政院统计，东北三省应接办厂矿 57 家。煤矿方面，资源委员会统筹建立抚顺煤矿局、阜新煤矿有限公司、本溪湖煤铁有限公司、西安煤矿有限公司、北票煤矿有限公司和营成煤矿筹备处。石油企业则统一由中国石油有限公司责成组建东北炼油厂。

为战后矿业繁荣，资源委员会积极争取美援和拆迁日本赔偿机器。从战后实际出发，资源委员会将原有 100 余个工矿单位进行分类处置。第一类为适应战争需要者，应予以停止。第二类规模较小，以供应当地市场为主体。此类矿业尽可能转售于地方政府或民营企业，以节省财力，“致力于其他工矿事业之建设”①。第三类为矿产品，虽有经济价值，但市场减少，产能过剩者。第四类为国防战略资源，应予以扩大和维持者。矿业因属于资金密集型和资源密集型企业，并且分类比较复杂，因此，矿业主要集中于第一、第二、第四类。其中较大型油田和煤矿构成第四类企业核心部分。经过合并整理，继续经营企业中矿业占据 18 个，与电力并驾齐驱。暂时停工 11 家企业中矿业为 4 家。转交地方政府仅为 1 家煤矿。全部停工 22 家企业中煤矿、非金属矿分别为 3 家和 2 家。同时，资源委员会对后方和沦陷区矿场进行合并和整理。因战争关系矿场分布与生产规模各不相同，形成“有仅包括一厂一矿者，有所属厂矿分布数地者”，造成管理成本虚高和浪费。资源

① 陈真编:《中国近代工业史资料》第 3 辑，生活·读书·新知三联书店 1957 年版，第 863 页。

委员会根据各生产单位情况,对既有厂矿与接收矿区进行整合,尝试“使较小之生产机构合并为一个单位”①,以便统一调度和管理,并从规模经济理论出发,尽可能组成公司。

表 11-12 资源委员会支配的矿业企业(1944 年、1945 年、1947 年)

类别 \ 年份	1944	1945	1947
金矿	—	2	—
煤矿	18	19	43
石油工业	2	2	40
有色金属矿	14	13	50
铁和锰矿	4	—	—
矿产勘探处	2	1	—

资料来源:陈真编:《中国近代工业史资料》第 3 辑,生活·读书·新知三联书店 1957 年版,第 867 页。

经过接收日伪企业和全国范围内矿场的优化组合,资源委员会支配矿业厂家数量出现明显增长,煤矿、石油等战略性资源企业增速明显。1944 年,资源委员会下辖 2 家石油工业和 18 家煤矿。次年,抗日战争胜利之时总量变动较小,仅煤矿增加 1 处。接收工作基本结束的 1947 年,煤矿矿场达到 43 家,石油工业企业增至 40 个,较之 1944 年分别增长 2. 25 倍和 19 倍。有色金属矿在略有减少之后依然出现猛增,由 1944 年的 14 家增至 1947 年的 50 所,增幅达到 2. 5 倍。值得注意的是,1944—1947 年中国依然处于战争状态,1947 年已是解放战争转折点,在统治区减少,工矿业实际投资有所减少的情况下,矿场数量较之统计数据局限于国民党统

① 《翁委员长在本会第一届委员会议开会辞全文(三十六年八月四日)》,《资源委员会公报》1947 年第 13 卷第 2 期。

治区的1944年呈现翻倍增加，可见收复工作之作用（见表11-12）。

抗日战争局势逐渐明朗的1945年5月，资源委员会成立驻美代表办事处，负责工矿产品外销事宜。次月，办事处即奉命与美方签约，利用美国资本和技术协助中国工矿业发展。伴随抗日战争胜利，资源委员会先后订购台湾炼油设备与万桶炼油机件，由美国弗吉尼亚军部仓库代为进口。资源委员会邀请美国专家赴华实地勘测矿业。美国专家帮助资源委员会拟定石油法草案，并对中国钨、锑、锡、铜等矿产提出改造建议。为弥补技术不足，国民政府决定利用部分日本技术人员。但因日本人员身份敏感，美国特使魏德迈指出日籍人员只可暂时雇佣，且“上级之日籍管理员应予除去，使日人无从继续控制此项实业”①。在美援和技术人员逐步到位的基础上，国民党政府在对矿业接收基础上进行局部恢复和发展。

抗日战争胜利初期，国民党政府继续在西部地区开采和探勘石油。除玉门油田继续产油外，四川境内隆昌、巴县、江油等处相继发现油田。随着沦陷区接收和台湾光复，日本在中国沦陷区与殖民地石油产业为国民党政府接收，进一步扩大中国石油产业规模。

中日甲午战争后，日本即在中国台湾探采石油，苗栗等地相继发现油矿，并钻井250—260口。但多数油井产油较少，并因战争受到较大影响。抗日战争胜利后，产油油井约为70口，日产原油40桶。该矿天然气产量丰富，日产10余万立方米②，足够附近地

① 陈真编：《中国近代工业史资料》第3辑，生活·读书·新知三联书店1957年版，第914页。

② 秦浩：《中国的铜》，《申报》1948年11月22日。

区工业与民用。

日本作为工业化国家,炼油与储油设备较多,虽因战争冲击部分工程未能及时完工,然产量亦较为可观。日方留下炼油设备主要集中于辽宁锦西与台湾高雄。锦西炼油厂日产量3000桶,锦州、四平、永吉等处亦有少量炼油设备。台湾高雄炼油厂未能完全竣工,台湾光复后,国民党政府继续施工,于1947年4月投产,日炼原油7000桶,后增至15000桶。

国民党政府为供应军需,曾大力开发东川铜矿,但“开发量是微不足道的”①。抗日战争胜利后,资源委员会下属3个铜矿企业:东北金属矿业公司、台湾金铜矿务局、滇北矿务局。东北金属矿业公司是主要由日伪在东北金属矿企业合并形成。整体而言,金、银、铜、锌、钼、镁等矿皆有分布,但因受时局影响,仅沈阳冶炼厂投入使用。因战争冲击,厂内部分设备出现损坏,经修复1947年2月开工,每月产粗铜120吨,电解铜90吨。公司产品如电解铜、黄铜皮、紫铜皮、黄铜棒等“在市场上备受欢迎”②。电解铜质量与加拿大T字铜相近,且价格较低,占领国内部分市场。

台湾金铜矿务局的前身是日本矿业株式会社。1946年5月,资源委员会接收后改为台湾铜矿筹备处,次年改组为资源委员会台湾金铜矿务局。台湾属于日本早期殖民地,工业基础较为雄厚。公司选矿设备居于远东前两名,采矿全用架空索道和吊车运输,“当初规划得是相当周密的”③。可惜多为贫矿,金矿每吨含金量约为3克,铜矿砂每吨含金量0.7%,“未免太贫薄”。尽管受限于地理环境,然而在职工努力下,生产逐渐恢复,部分产品数量甚至

① 秦浩:《中国的铜》,《申报》1948年11月22日。
② 秦浩:《中国的铜》,《申报》1948年11月22日。
③ 秦浩:《中国的铜》,《申报》1948年11月22日。

超过日占时期。日占期间，年均产量2400吨（其中含铜1200吨）。1946年恢复开工后，2年内产沉淀铜2861497公斤，含铜量1672391公斤。粗铜1165353.5公斤，精铜747714.5公斤，电解铜237947.5公斤。1948年每月约产粗铜130吨，阳极铜105吨，电解铜70—80吨，“成分亦都合乎标准”①。

与抗日战争之前相比，此段时期矿业恢复与发展呈现出较强的政府干预特征。经过整顿日伪矿业和大后方产业继续经营，资源委员会在矿业中占据相对优势地位。1947年，资源委员会掌握石油产量100%，煤矿25%。铜矿产业中除山西保存3万吨冶炼能力外，“其余均属于本会，约每年产20万公吨”②。

（二）战后矿业萧条与南撤

后发国家现代化建设需要政府介入，但是不当干涉与过度干预将起到适得其反的作用。抗日战争胜利后，矿业领域国家力量的加强虽然在一定程度上满足经济发展需要，然而政府出发点却是维护自身利益与维持战争需要，对矿业成长形成新的约束，最终导致其步入萧条。

为维持内战军费，国民党政府出售敌伪工矿企业目标在于维持财政需要，对工矿发展关注较少，在民族资本主义较薄弱历史背景下，部分工厂“因标价太贵售不出去，便长期关起来，任其锈烂”③，造成财政与矿业两败俱伤。全面内战爆发后，矿业重建陷入困境。日伪矿业投资多集中于较早入侵的东北、华北和台湾。

---

① 陈真编：《中国近代工业史资料》第4辑，生活·读书·新知三联书店1961年版，第963页。

② 陈真编：《中国近代工业史资料》第3辑，生活·读书·新知三联书店1957年版，第862页。

③ 张一凡：《收复区整理工作的检讨》，《新中华》1947年第3期。

华中、华南地区因部分地区为中国军队控制或失守较迟,日本矿业企业较少。国民党政府拟扩建、重建的矿业公司因日本赔款到位迟缓和战争消耗,难以满足“所拟筹建之事业”消耗。因此,资源委员会被迫将矿业建设中心集中于基础相对较好的东北等地。然则,伴随中国人民解放军势如破竹的攻势,矿业公司“在时局安定以前,颇难积极恢复”,资源委员会感叹在战争环境瞬息万变情况下,矿业建设“不能不注重安全区域之复兴与建设”①。

在军事优先、通货膨胀历史背景中,资源委员会自身亦陷入入不敷出的困难处境中。资源委员会资金主要来源于国家拨款、银行贷款和外汇。资源委员会成立后仅2年,全面抗日战争爆发,此后十余年战乱频仍。国民党政府为应对军费开支对资源委员会拨款较少。长期以来,资源委员会资金占政府预算比例较小,年平均为1%—2%。1936—1947年,以1936年币值计算仅为1.3亿元。“财政部”为缓解压力,将经费平均分摊于12个月中,造成资金规模效应减弱。1946年后,恶性通货膨胀初显端倪,物价以日甚至按小时计算涨幅。政府拨款每“多逾1月……资金效用遂无形更为减弱”②。

受制于资金限制,资源委员会对矿业投入相对有限。为满足战争和经济发展需要,资源委员会将有限资金投入最迫切部门,且随局势变化不断调整,呈现逐渐被动与混乱局面。1945年,以电力、石油、钢铁为主要投资领域,金属矿、煤炭投资较少。次年度资金流向电力、煤、钢铁项目,金属矿、石油较少,1947年,全面内战

① 陈真编:《中国近代工业史资料》第3辑,生活·读书·新知三联书店1957年版,第862页。

② 陈真编:《中国近代工业史资料》第3辑,生活·读书·新知三联书店1957年版,第888页。

进入决战时刻,军需紧急,资源委员会将电力、煤、机器和钢铁作为重点,金属矿投入锐减。

为弥补资金缺口,资源委员会向银行贷款作为扩大生产流动资金。1946 年,资源委员会向国家银行贷款 351 亿元法币,东北流通券 18 亿元和台币 22 亿元。次年,贷款增至法币 1780 亿元,流通券 164 亿元,台币 88 亿元。为确保军队需要,仅有的贷款大多数流向与军需相关矿业部门。1946 年,借款法币部分煤炭占 30%,石油为 7%,其余矿业部门“均较少”。东北流通券贷款中煤矿比例达到 39%。1947 年,煤炭比重在东北流通券中依然占据首位,分别达到 29%和 44%,其他矿业比重较低,甚至未能进入统计范围。

全面内战爆发后,资源委员会用于重工业(包括矿业)建设经费占国家预算比重与实际价值逐渐下降,并随着军事需要变化,不断冲击既有规划。据统计,包括矿业在内的重工业投资额占国家预算比重约为 1%。

表 11-13 资源委员会预算在国家总预算内所占百分比数暨折合战前币值数额情况统计(1936—1947 年) (单位:千元)

项目 年份	本会预算数	国家预算总数	本会预算占总预算百分比(%)	该年物价为战前的倍数	折合战前币值数
1936	5493	1334873	0.4	1.0	5403
1937	18632	1511293	1.2	1.1	16984
1938	9998	963321	1.0	1.5	6665
1939	23615	1892269	1.2	3.0	7892
1940	74058	2600000	2.8	8.0	9257
1941	232300	10732584	2.2	21.0	11062

续表

年份＼项目	本会预算数	国家预算总数	本会预算占总预算百分比(%)	该年物价为战前的倍数	折合战前币值数
1942	454060	28283312	1.6	64	7095
1943	508300	57400000	0.9	249	2041
1944	1344339	149300000	0.9	773	1739
1945	9251073	1363600000	0.7	2565	3607
1946	90971150	7022700000	1.3	7163	12700
1947	1161106169	42582100000	2.6	89840	12956
总计	1263999239	51222417652	—	—	97491

注:第一栏为初次预算数。1938 年系半年预算数。国家预算总数总计系截至 1948 年 2 月 6 日的已核定数。

资料来源:陈真编:《中国近代工业史资料》第 3 辑,生活·读书·新知三联书店 1957 年版,第 892 页。

表 11－13 显示,资源委员会经费占国家预算比重在 1943—1945 年间低于 1%。抗日战争胜利的 1945 年降至战争爆发后的历史最低点,仅为 0.7%。虽然伴随内战爆发拨款总额有所增加,1947 年比重升至 2.6%,但也未能达到历史最高峰 1940 年的 2.8%,处于微不足道的地位。资金的匮乏必然引起非主要产业投入的减少,在确保军需所用的煤炭等战略矿产后,其他矿业的衰落和政策性掠夺不可避免。

与此同时,金属矿投入减少与部门利益相关联。资源委员会虽然掌握特矿(部分金属矿)管理权,但多数产品作为对苏贸易和偿还美债,“本会并无收入”。剩余外销部分中,所得货款归“中央银行”所有,资源委员会仅可获得 20%业务费用,伴随全面内战爆发,“中央银行”压力逐渐增大,将业务费用比例逐步降低。1948

年,业务费用比重降至2%,“尚不足国外经常办公经费”①。从政府内部分配体制出发,金属矿开发与资源委员会收入关联度较小。因此,金属矿成为资金注入的边缘环节。

受资金短缺影响,即使资源委员会重点投资的煤、石油等领域,同样出现捉襟见肘的局面。为减少经费缺口,国民党政府采取压低收购价、强化管制等措施,对民营煤矿形成变相掠夺,进一步加快煤矿产业衰落。

从经济规律出发,物品供应与价格呈反方向运动。全面内战爆发后,在军队用煤逐渐增加和日益严峻的通货膨胀形势下,煤价应有所提高。国民党政府却以行政手段干涉经济,导致煤价与成本、物价逐渐脱节,形成官价与黑市失调,生产者亏损日益扩大,投机倒卖行为逐步猖獗的恶性循环。

政府以行政手段压低煤价在造成企业亏空之时,诱发投机倒把、官商勾结,进一步恶化经济秩序。以至于时人惊呼“煤荒的形成,管制政策是不能不负相当责任的”②。

从管理学理论出发,政府管制目标在于维持价格稳定、减少垄断投机和合理分配。但是在国民党政府施政措施中,“多一个机关就多一种弊病,理论与事实背道而驰”③,甚至出现“得到管制利益的太少,受到管制损害的人反多”的怪现象。从体制分析,管理机关控制煤炭分配,将产煤方与用煤方隔离,形成管理机构主持分配,用煤方需要申请,矿方负责生产的新格局。管理机关以政府利益为重,将煤炭优先供应铁路、军队和电厂,民众则属于计划外群

① 陈真编:《中国近代工业史资料》第3辑,生活·读书·新知三联书店1957年版,第888页。

② 潘惠楼编:《京煤史志资料辑考》,燕山出版社2007年版,第479页。

③ 陈真编:《中国近代工业史资料》第3辑,生活·读书·新知三联书店1957年版,第732页。

体,群众为取暖被迫忍受黑市宰割。

国民党政府对煤价行政管制证明弊大于利。一方面,在通货膨胀压力下,管制价格形成工矿业发展的另一大障碍。有关部门以行政手段把"官价定价为黑市四分之一以下,又无力管制物价,客观上窒息了煤矿的生产者",形成旧矿难以维持和新矿无法开采的恶性循环。另一方面,国民党政府对煤炭流通过度控制造成煤矿生产新的制约。在统制体制下,煤炭由政府统筹运输与销售。使用者需要千里迢迢赶赴平津地区办理核准手续,然后恳求铁路局批复准运证。烦琐的审查手续徒增煤炭销售时间成本,政府"转运烟煤,却可获厚利"。在价格、运输、销售环节压制下,煤炭生产奄奄一息,煤矿厂主指责政府"不能太顾到自己的利益,而忘掉了民众的利益"①。

经过抗日战争,中国"工(矿)业已是千疮百孔",国民党反动"无情的内战更打掉了最后的一线希望"。由于矿业生产减少,中国工业发展受到严重影响。全面内战爆发的1946年,国民党政府统治区"十分之八的工厂即因原料、电力等影响而停顿"②,经济中心苏浙皖区开工率不足40%。

在战争压力和国民党政府不当施政下,石油产业在短暂恢复性增长后呈现逐渐衰落景象。1947年,国民党统治区进口原油1218万加仑,消耗外汇2075万美元。③ 1948年,全国每月汽油消耗量(含航空用油)1500万加仑,产油量却仅为112万加仑,不足

① 陈真编:《中国近代工业史资料》第3辑,生活·读书·新知三联书店1957年版,第733页。

② 陈真编:《中国近代工业史资料》第3辑,生活·读书·新知三联书店1957年版,第752页。

③ 陈真编:《中国近代工业史资料》第4辑,生活·读书·新知三联书店1961年版,第951页。

10%。为弥补缺口，国民党统治区每天进口石油 5 万桶，以每桶 1.52 美元计，全年耗费 91 万美元外汇。柴油每月进口 7.8 万吨，以国际价格每吨 37 美元计算，柴油进口则需外汇 3463 万美元。润滑油每月进口 31140 桶，以每加仑 6.6 角美元计，消耗外汇 1069 万美元。以上共计应投入外汇 6698 万美元①，如另加运费、关税、仓库报关费则数额更巨。

大后方仅存东川等铜矿区，供应日显不足。滇北矿务局原为云南东川铜矿，是明清以来的老铜矿。东川铜矿具有含量高（40%）、品质优良等优点。1939 年，中央政府直接控制铜矿。受制于战争环境，先进机器难以运入云南，被迫采用手工业做法炼铜，“因此始终未能大量开发”②。抗日战争胜利后，铜矿变为保管处，产量减少 20%。每月产粗铜约为 10 吨，难以满足云南生产需要。尽管获得部分日伪铜矿，但中国铜“虽有相当的产量，但是离实际需要量尚远，故仍有一部分须仰给国外”③。1948 年 1—6 月，国民党政府统治区进口黄铜 24218 公担、紫铜 58374 公担，价值法币 834081936000 元。④

全面内战爆发后，铜作为战略物资，进口由国民党政府统一管理。一般企业进口铜需向输出入管理委员会申请，核准后再取得外汇，方可获得进口铜产品资格。国民党政府管制政策对铜产业发展产生消极影响。

以工业重镇上海为例，全市规模以上铜加工业为上海市铜锡商业同业公会与上海市铜料工业同业公会。前者以销售铜产品为

---

① 陈真编：《中国近代工业史资料》第 4 辑，生活·读书·新知三联书店 1961 年版，第 951 页。

② 秦浩：《中国的铜》，《申报》1948 年 11 月 22 日。

③ 秦浩：《中国的铜》，《申报》1948 年 11 月 22 日。

④ 秦浩：《中国的铜》，《申报》1948 年 11 月 22 日。

主,后者则以加工、制造为主业,且可以官价获得外汇进口粗铜。因无法获得进口粗铜权力,铜锡商业同业公会被迫以收购市场废铜,如物资供应局、倒闭纱厂机器部件为主要原料来源,客观限制生产发展和加剧铜产品供应危机。

伴随国民党军队由攻势转为防御,逐渐处于被动局面,国民党政府提出"军事北上、经济南下"策略。宋子文接受抗日战争初期仓促西迁教训,决定将投资重点转向江南地区。1947 年 2 月,中国建设银公司购买新乐公司下属鄱乐煤矿,改为江南煤矿公司。中国建设银公司以资金为后盾,逐步改造传统开采方法,采用机器采煤方式,有效增加产量。该矿下辖的鸣山、洪门口两矿拥有职工千余人,日出煤 60—100 吨,主要供应长江、浙赣铁路。

1948 年 1 月,资源委员会主任翁文灏赶往广州会见宋子文,专门讨论广东工业建设问题。经过会晤,国民党政府作出重点建设广东工业和矿业中心南移决定。为保证战争潜力,资源委员会在决定将海南铁砂出口美国,以所得外汇作为新办钢铁厂资金。同时,资源委员会抽调部分技术人员加快广东狗牙洞煤矿开发。广东省政府与粤汉铁路局负责短期内修筑粤汉路狗牙洞支线,解决运输问题,以便大量开采。

1948 年年末,辽沈战役进入攻坚阶段后,东北地区资源委员会 15 个工矿企业因交通线被切断,生存"已成莫大困难"①。10 多万职工与家属生活物资基本依靠空投。面对危局,资源委员会决定发展华南、台湾工矿业,及时整顿华中地区事业,并将部分技术人员与家眷南撤。为稳定战略后方和满足战争需要,国民党政府决定矿业南迁战略:(1)谋求台湾岛内资源自给自足。在既有

① 陈真编:《中国近代工业史资料》第 3 辑,生活·读书·新知三联书店 1957 年版,第 865 页。

基础上以外债促进其矿业发展，谋本身之扩充。（2）充分开发华中地区资源，集中力量开发湖南、江西煤矿。与此同时，加快株洲工业区建设。（3）与广东省政府协商扩大南岭煤矿生产规模，加速海南岛铁砂采掘进度。

投资中心南迁之时，国民党政府加快资金外逃速度。因矿业运输成本较贵，不易外迁，相关机构采取就地销售、变现外逃方针。1948 年，资源委员会与国防部将钨砂、锡矿共计 1000 吨以及大批汽油等石油产品运往香港。中央信托局两个月中即外运矿产、桐油、猪鬃价值 1 亿港元。资金外逃与投资重点南移虽然有利于国民党政府经济利益，但在动荡不安与资金匮乏的社会环境中，对维系工矿业生存客观上起到釜底抽薪的作用，加快了矿业衰退。

特殊的历史背景造就特殊的行为政策。在加速资本外逃之时，国民党政府却努力引进美国资本投资矿业。1947 年，国民党政府决定引进部分外资进入工矿业投资。7 月 30 日，国民党政府宣布不歧视外商，尤其是欢迎美国企业投资中国工矿业。行政院院长张群表示，除国营行业和矿业外，外商皆可单独投资或中外合资。国营工矿业则以中外合资为主。合资企业中外商比例无硬性要求。政府以股东地位行使对合资公司业务和经营的管理权。外商独资企业所得利润可自由汇回本国。根据国民党政府界定，大规模石油矿等矿企皆可“与民资外资合办”。在民营资本相对薄弱的中国，此类政策事实目标是与美资合作。

在美国顾问魏德迈建议下，国民党政府决定在东北失利之时，全力开发华南矿产，请求“美方在利益均等下投资”①。为配合投资南迁与引进美资，国民党政府派宋子文出任广东省主席，集中

① 陈真编：《中国近代工业史资料》第 3 辑，生活·读书·新知三联书店 1957 年版，第 721 页。

力量开采海南岛铁矿。经过行政院、广东省政府协商,宋子文与翁文灏联合发表声明,表示中美在电力、煤矿、糖业、钢铁四方面进行全面合作,其中海南铁矿具有重要地位。除海南之外,台湾、湖南、贵州、云南、福建等西南、华南省份亦划入资源开发范围,其中台湾因地理因素居于特殊地位。国民党政府明确指出“能充分利用台湾的资源,政府的经济是可以稳如泰山的”①。在美国支持下,国民党开始与美商讨论开发台湾等省煤、铁、硫黄等资源。为取得美国支持,宋子文拒绝资源委员会动用日本留在海南50余万吨铁砂的要求,转将其50%售予美国以引诱“美方来台投资”。

国民党政府引进美国资本投资中国矿业除“需要外援”,以华南补偿华北之外,另一个重要因素在于以经济手段加深与美国联系,“以造成美国在维护其本身利益时,必须自动援华之种种条件”②,尝试仿效抗日战争时期,以经济利益影响美国对国民党政府政策,加大美军干涉中国内战可能性,即所谓“今后之美援必有良好影响”③。

第二节 抗日后方和国民党统治区的重化工业

抗日战争是近代工业的较量,尤其是重工业的竞争。与日本相比,中国在重工业等领域处于劣势,大后方工业基础更加薄弱。

① 陈真编:《中国近代工业史资料》第3辑,生活·读书·新知三联书店1957年版,第721页。

② 陈真编:《中国近代工业史资料》第3辑,生活·读书·新知三联书店1957年版,第722页。

③ 陈真编:《中国近代工业史资料》第3辑,生活·读书·新知三联书店1957年版,第722页。

因此,大后方重工业建设对抗日战争具有举足轻重的作用。在战争压迫下,国民党政府采取统制政策,以国家力量介入重工业发展和搬迁。虽然因缺乏军事力量掩护等原因损失较大,但大后方重工业的建设为争取战争胜利发挥了重要作用,同时为西南地区改变落后面貌起到了积极效果。

抗日战争胜利后,战争胜利的刺激和敌伪资产的接收为国民党统治区重工业注入新的活力。然而,伴随国民党政府坚持全面内战政策和战争后期通货膨胀货币制度确立,造成重工业迅速衰退。总而言之,在长期战争的历史环境下,大后方和国民党统治区重工业长期处于波动发展和整体衰落走势。

抗日战争全面爆发后,国民党政府立刻开始内迁计划和重工业整合行动。在资源委员会、"交通部"等部门合作下,官营机械工业成为后方工业的核心部分。与此同时,国民党政府对民营工业亦进行帮助搬迁,重庆、四川一带成为工业新集中地区。昆明、贵阳等相对落后地区获得较快发展。

电力、水泥和化学工业内迁较少,大部分企业受到日军破坏。电力工业集中于东南沿海,战争爆发后除华中地区少数电厂内迁外,基本被日军掠夺。戚墅堰、上海、浦东等大型电厂机器悉数为日军所得。杭州电厂、广州电厂设备为中国军队炸毁。1937 年,国民党统治区发电量减少 90%以上。水泥制造业中除湖北大冶华记水泥公司和重庆水泥公司因距离战场较远得以保全外,主要水泥厂多被日军侵占。在日军破坏下,国民党统治区水泥年产量降至数万吨。化学工业良好发展趋势被打断,沿海主要工厂被日军轰炸,永利南京硫酸铔厂等主要企业设备为日军抢劫。大后方化学工业虽然厂家数量超过战前,但是产量却不及战前一家大型工厂。

在战争客观要求下,国民党政府加强对工业干预,将国家力量

注入具体行业中,国营经济控制力逐渐增强。为发展电力工业,国民党政府积极整理原有电厂和筹备新电厂。资源委员会大力发展后方发电工业,在政府介入下,西康、云南等落后省区获得新式发电厂。国家介入的另一方面影响即国营力量有所扩大。抗战初期,国营发电量不足50%,此后保持30%以上的增速,最终实现对民营电厂的完全超越。国民党政府对民营化学工业内迁给予大力支持,帮助主要企业选址重建。政府掌握4个化学工业核心企业。民营企业呈现小型化趋势,资本薄弱,技术滞后。多数民营企业处于产业链中下游,不构成化学工业支柱。

抗日战争之前资源委员会对钨矿、锑矿等重要矿产实行国家专卖,并成立炼铜厂、锡矿工程处加快大后方矿产探测。抗日战争爆发后,国民党政府将战略资源销售环节控制进一步严格,对走私行为进行严厉打击,形成政府对重要资源的全面掌控。在政府支持下,大后方矿产产量相对稳定,冶炼技术取得较大进步。

抗日战争胜利后,国民党政府接收日伪财产和日本赔款,重工业得到一定程度的复兴,官营资本力量有所增强,民营工业则因缺乏话语权而难以分得胜利果实。国民党政府将日伪经营企业划归资源委员会、中纺公司等国有企业经营。日伪掠夺民族工商业虽然发还原主,但增值部分为国家所有。国民党政府做法无异于变相掠夺民间财富。

随着战局失利,国民党政府在分配掠夺民营企业之时,通货膨胀的恶化进一步减少民营和官营机械制造企业生存空间。全面内战爆发后,重工业产品持续下降,甚至降至战前产量10%—20%。电力企业在获得东北和台湾设备后,亦只能勉强维持。大后方民营化学工业基本停工,1949年全国化工产品产量仅相当于美国一家小型工厂。

一、机械工业

机械工业到抗战时期已有半个世纪的发展历史,战前1936年中国关内地区有较大规模的机械工厂753家,资本总额1342.7万元,工人2.7万人,年产值1571万元。机械工厂大都集中在沿海沿江城市,上海、天津、青岛、济南、武汉、广州、北京、无锡、杭州和太原等10个城市,有机械厂652家,占全国总厂数的87%,资本1107.4万元,占全国总额的82.3%。上海作为全国工业的中心,机械工厂数占到全国总数的1/3,资本额则占总额的近1/2。其他如华北的天津、华中的武汉和华南的广州,也成为地区性的机械工业中心。西南、西北等地分布稀少、发展落后。

(一)抗日后方机器制造业的迁入和兴办

1937年"七七事变"发生后,有人出于保全生产能力以支持长期抗战的考虑,提出拆迁机器工厂,以较少代价换取更大效益。8月10日,行政院会议通过拆迁上海工厂的计划,9月,设立工矿调整委员会,开始了工厂内迁的大规模行动。国民党政府组织工厂内迁时提供金融支持,受援助工业类有:(1)制造军用工业品的,诸如金属、机器、皮革、橡胶等制造工厂;(2)制造日用工业品的,诸如棉、绒物、糖、纸等制造工厂;(3)制造供内地生产及制造所用的物品的,如燃料、水泥、酸类、苏打、酒精等制造厂。贷款分三类,迁移费80万元、建筑及购机器570万元、流动资金235万元,共约885万元,其中400万元出自政府,其余由政府向银行担保贷款。①

① 沈春雷、陈禾章等编著:《中国战时经济志》,世界书局1941年版,第66页。

1. 战争损失与工厂内迁

日军全面侵华,致使关内机械工业直接损失总计 250281000 元,如表 11-14 所示。

表 11-14　日本全面侵华战争致中国机械工业直接损失

(单位:1937 年法币元)

类别	项目	原送估计数	修正数
机械工业	机器	45529900	141059800
	五金	23476300	96952600
	翻砂	2134300	12268600
	总计	71140500	250281000

资料来源:1. 据国民党政府"经济部"1937 年 7 月至 1945 年 8 月统计数字编制。金额法币按 1937 年 7 月时价折算。见于彤:《抗战时期中国工业损失状况部分统计》,《历史档案》1990 年第 2 期。
2. 参见经济部统计处编:《战区工厂损失调查》(1939 年 3 月),见《国民政府档案中有关抗日战争时期人口伤亡和财产损失资料选编》第 1 册,中共党史出版社 2014 年版,第 448—449 页。
3. 表内数值不包括东北地区、台湾,不包括中国共产党控制的根据地。

上海 1937 年年内迁出工厂达 146 家,其中顺昌、上海、新民等机器工厂计 66 家,占 45%①,表明机械工业在保全工业基础和生产能力方面的主要地位,也的确成为往后战时后方工业体系的支柱。上海之后,杭州、苏州、无锡、常州、青岛、太原等工业集中城市也进行了机器工厂的拆迁。据战后的研究统计,各地前后内迁的工厂有 343 家,分为机械、化工、电力电器、冶炼、纺织、食品、服装

① 林继庸:《民营厂矿内迁纪略》,新新出版社 1942 年版;齐植璐:"抗战时期工厂内迁与官僚资本的掠夺",见全国政协文史资料委员会编:《工商经济史料丛刊》第 2 辑,文史资料出版社 1983 年版。

及文教用品等类别，分别迁至四川、贵州、云南、陕西、广西、湘西、鄂西等地。其中，机械工业工厂有181家数量居首，迁至湘西者50家、广西14家、陕西8家、鄂西3家、贵州2家、云南1家；内迁技术工人5986人。[①]“经济部”部长翁文灏报告《抗战三年制经济建设》，1939年内迁工厂达418家，其中机械工厂168家、民营电器工厂28家、化学工厂54家、纺织工厂92家。[②]工厂内迁为抗战后方机械工业的起步发展提供了基础。

2. 官营机械工业

战时官营机械工业主要由资源委员会、“交通部”和地方政府办理。资源委员会1935年改建，1938年由隶属军事委员会改隶属“经济部”并大有扩展，设有机电工业资金会，其独资经营、参与经营并主办有机械工业6个厂，中央机器厂是其中一家独大的代表性企业。该厂1936年11月开始在湖南湘潭筹建，1938年被迫迁至昆明，正式成立中央机器厂。下设5个分厂，一分厂设计制造（生产）蒸汽轮机及相关器材，二分厂生产蒸汽锅炉及相关器材，三分厂生产内燃机及相关器材，四分厂生产发电机及相关器材，五分厂生产自动车辆及相关器材。1942年增设第六、第七分厂，分别生产纺织机械、农业机具。

中央机器厂资金由政府资源委员会重点投资和补助，后来也来源于产品销售利润。生产技术则引自美国、瑞士，后依靠改良和

---

① 欧阳仑：《十年来之机器工业》，见谭熙鸿主编：《十年来之中国经济》上册，中华书局1948年版，第F5—F6页；林继庸：《民营厂矿内迁纪略》，新新出版社1942年版，附表。技工人数见经济部《经济统计月报》第4期（1940年年底统计），1947年版。

② 沈春雷、陈禾章等编著：《中国战时经济志》，世界书局1941年版，第65页。

自主开发。[①] 资金和技术的结合给予中央机器厂发展源源不断的动力,"只要有一个合适的价钱,我什么都能做";对于技术人才的选拔和培养,总经理王守竞也有高远谋划,"有个指导思想:中央机器厂以训练人才为主,不是单纯搞生产。他支持技术人员搞试制、钻研技术,以便抗战胜利后发挥更大的作用"。[②] 中央机器厂生产出2套2000千瓦成套火力发电设备(装备了四川泸州电厂、云南昆湖电厂);其产品中的大型机械、精密机器等为后方工业提供了工作母机,生产了锅炉、发电机、柴油机、蒸汽机、煤气机等动力设备和纺织机、碾米机、抽水机、榨油机等生产机器,以及炼油、制碱等化工设备。[③] 其生产的分厘卡、铣刀、齿轮、飞机起落架等属国内首创,还有数量较多的军工产品。1943年鼎盛时期,中央机器厂成为大后方唯一的全能型机械工厂,云集了近300名工程技术人员;拥有工具机300部,当年国营各厂共760部、民营各厂共3432部[④];产品产值由1939年的410771.53元增至1942年的27816257.18元,1943年上半年即达3920余万元,半年比1939年全年增长94.5倍。[⑤] 产品大量供应军事、交通、学校等机关,资委

① 参见邵俊敏:《抗战工业史上的奇葩——资源委员会中央机器厂研究》,《兰州学刊》2012年第3期。

② 张柏春访问整理:《民国时期机电技术》,第63页,见严鹏:《战争与工业:抗日战争时期中国装备制造业的演化》,浙江大学出版社2018年版,第195页。

③ 全国政协西南地区文史资料协作会议编:《抗战时期内迁西南的工商企业》,云南人民出版社1989年版,第85页。

④ 国民政府经济部档案:《经济部关于战时机器电器工业概况的报告》,见中国第二历史档案馆编:《中华民国史档案资料汇编》第5辑第2编,财政经济(6),江苏古籍出版社1997年版,第301页。

⑤ 余少川:《机械工业的拓荒者王守竞》,云南大学出版社1999年版,第162页。

会和云南省政府所属厂矿以及民营工厂,对支持抗日战争起到了很大作用。

资源委员会所属的中央电工器材厂的第四厂,由原建设委员会电机厂接收而来,生产民用发电机、变压器、电动机等。由于电机工业也可视为机械工业一部分,因此资源委员会所属机械工业应有 7 个厂。“交通部”所属交通机械修造厂,生产机床、蒸汽机、汽车配件等,有 7 家。官营机械工业还包括中央工业试验所的机械制造实验工厂、中国植物油料厂铁工厂、农本局工具厂、国立中央工校机械厂、中国兴业公司经销部①,以及兵工署所属第一、第十、第五十兵工厂等 14 家兵工厂,专事生产军火器械,航空署所属 3 个制造厂和大定发动机制造厂等。

同属官营机械工业的还有地方政府经营的企业,如贵州企业公司成立于 1939 年,所属 28 个单位中有与资源委员会合办的贵州中国机器厂,生产农业机械。类似情况还有位于四川的湖北省建设厅机械厂、广西纺织机械厂、广西大学机械厂、广东粤北铁厂、湖南公路局修车总厂、陕西新记西北实业公司、西京机器厂、甘肃机器厂等。官营机械工业概况见表 11-15。

表 11-15　抗战时期后方官营机械工业概况

项目 厂名	成立年份	地址	资本额（万元）	职工人数（人）	隶属及产品
中央机器厂	1936	昆明	—	769	资源委员会;各种机械设备

① 顾毓瑔:《三十年来之中国工业》,见吴承洛主编:《三十年来之中国工程》,中国工程师学会 1948 年,第 41 页。

续表

项目 厂名	成立年份	地址	资本额（万元）	职工人数（人）	隶属及产品
江西车船厂	1940	泰和	—	—	资源委员会;车船、机械
江西机器厂	1941	泰和	—	—	资源委员会;机械设备
宜宾机器厂	1941	宜宾	—	—	资源委员会;机械设备
甘肃机器厂	1941	兰州	—	—	资源委员会;机械设备
四川机械公司	1942	成都	—	—	资源委员会;机械设备
中央汽车配件制造厂	1938	重庆	2000	—	交通部;汽车配件等
广西柳江机器厂	1939	柳江	1100	413	交通部;机床、各种汽车零件
广西全州机器厂	1938	全州	—	533	交通部;铸造、机械加工
桂林器材修配厂	—	桂林	1000	486	交通部;铁路电信器材、汽车配件
重庆钢铁配件厂	1940	重庆	130	195	交通部;电信器材、钢铁配件
桂林器材修配厂	1940	桂林	1000	—	交通部;机床、蒸汽机、抽水机
国营招商局机器厂	1939	重庆	—	74	交通部;机器修造
贵州企业公司贵州中国机器厂	1939	贵阳	20	—	贵州省政府与中国银行等合办;农业机械

资料来源:《资源委员会公报》第10卷第3—4期;“交通部”各机器修配厂,见陈真编:《中国近代工业史资料》第3辑,生活·读书·新知三联书店1957年版,第923—926页。

3. 民营机械工业

内迁民营工厂中机器厂是搬迁和抢救的重点，共有机械工业工厂181家迁往大后方，分布在湘西、广西、陕西、鄂西、贵州和云南等地，计有机器设备10余万吨，技术工人万余人。它们构成了后方民营机械工业的基础，机械工业也成为后方得到最大发展的一类民营工业。据统计，1944年后方国民党统治区的民营工厂有4764家，资本总额312530万元（合战前币值31610万元），工人数254597人，其中机器厂965家占20%、资本41870万元（合战前3240万元）占13%、工人33425人占13%，五金厂326家、资本11010万元（合战前1190万元），工人11178人。① 五金机械工厂二者合计厂数占27%、资本约占17%、工人约占18%，这就是后方民营五金机械工业的概况。又以1938年、1939年投资规模较大，缘于多数是内迁五金机械大小工厂355家申请复工，此后厂数增加而资本规模缩小，1942年以后困难重重。统计数中包括了一些资本不足1万元或工人不到30人的工厂。机械工厂分布见表11-16。

表11-16　国民党统治区机械制造业的地区分布（1943年）

地区	厂家	地区	厂家
重庆	394	江西	9
安徽	3	四川	70
浙江	22	贵州	16
福建	6	云南	26
广东	2	陕西	49

① 李紫翔：《大后方的民营工业》，《经济周报》第2卷第7期，1946年2月。

续表

地区	厂家	地区	厂家
广西	91	甘肃	18
湖南	236	河南	5
湖北	1	总计	948

注:重庆、四川分开计。按战时修改《工厂法》,凡有工人30人以上或使用动力,或资本在1万元以上者均可作工厂登记,故以上厂数中包括了一些30人以下的小厂。

资料来源:欧阳仑:《十年来之机器工业》,见谭熙鸿主编:《十年来之中国经济》上册,中华书局1948年版,第F12—F13页。

四川包括重庆是工厂最为集中的地区,有工厂464家。战时有"工业之家"重庆和"工业中心"昆明之说。[①] 其他湖南、陕西等十余省均有分布。较大的民营机械厂,有重庆的恒顺机器厂,1943年资本达500万元;民生机器厂是最大的造船厂,设有5个分厂;其他如上海机器厂、新民机器厂、大中机器厂、公益面粉机器厂、义昌机器厂、中华铁工厂机械厂、五通桥永利化学公司机械厂、六河沟制铁公司机器厂、华成电器厂、新中工程公司、亿中实业公司机器厂、申新纱厂细纱机制造厂等[②],大都可以制造整台机械。其他数百家小厂则从事机械配件和工具的制造和修理业务。

表11-17中机器电器业中民营厂产值占总值的比重,可见民营厂与官营厂之间的消长变化。

① 沈春雷、陈禾章等编著:《中国战时经济志》,世界书局1941年版,第68—70页。

② 马冠雄等:《后方民营机器工业过去及现在概况》,《西南实业通讯》1943年第8卷第1期。

表 11-17　后方机器电器业产值与民营厂的产值(1938—1945 年)

(单位:万元)

产值＼年份	1938	1939	1940	1941	1942	1943	1944	1945
总产值	567	1418	2214	3531	4071	4176	3465	2891
其中,民营厂产值	472	995	1374	1841	1832	1830	1367	987
民营百分比(%)	83. 2	70. 2	62. 1	52. 1	45. 0	43. 8	39. 5	34. 1

注:机器电器业产品,含动力机、工具机、作业机、发电机、电动机等机械,以及变压器、交换机、收发报机、电子管、灯泡和电池等电器。产值按 1933 年不变价格计。

资料来源:吴太昌:《抗战时期国民党国家资本在工矿业的垄断地位及其与民营资本比较》,《中国经济史研究》1987 年第 3 期。

由表 11-17 可见,后方机械工业中官营与民营厂是荣损与俱的,民营厂 1941 年达到峰值,官营厂 1943 年达到鼎盛;民营厂在机械工业产值中的比重,呈现逐年下降的态势,由初期占 83. 2%减少至 1945 年的 34. 1%。民营机械工业在后方恶性通货膨胀和物资统制政策中,经营条件处于明显劣势,工厂规模和生产能力等方面逐步落后。

4. 生产与损益情况

在武汉失守、湘桂战役等日渐危急的战局中,后方机械工业在资金、技术、人员、装备等方面排除万难,获得了宝贵的发展。官营中央机器厂的负责人王守竞、民营恒顺机器厂厂长周茂柏、上海机器厂创办人颜耀秋、新民机器厂和大中机器厂创办人胡厥文、顺昌机器厂经理马冠雄、公益铁工厂创办人薛明剑等实业家对机械工业作出了杰出贡献。沈鸿独具胆识,把利用五金厂迁往延安。历经艰险、艰难创业的后方近千家机械制造、修理、五金铸造工厂,生产出后方奇缺的工业机械及部件,发挥了机械工业作为工业之母、高端装备工业的功用。技术上从引进、改良到自主创新,能够设计

制造动力机械、作业机械、交通机械、精密工具和试验仪器,大型机械工厂和部分产品实现了从无到有。1938 年至 1944 年,有 113 件机械与工具获得实业部和经济部核准的设计专利,涉及多种类机械的设计和改进。民国时专家总结中国工业的发展阶段,谓同治元年(1862 年)开始初创时期,民国廿年(1931 年)开始仿照时期,民国廿六年(1937 年)进入创造时期。① 实现技术进步的同时,适应了战时军用和后方民用的特殊需要,比如煤气炉和节油器的发明、锅炉和纺织机的小型化;工业标准化在战前开始之后继续得以推行,制定了统一的机械基本标准。生产情况见表 11-18。

表 11-18 后方国民党统治区机器工厂重要产品产量(1938—1944 年)

(单位:部)

年份 / 机械产品	1938	1939	1940	1941	1942	1943	1944
蒸汽机	—	559	2949	4476	3491	2788	3608
内燃机	550	831	2910	3885	3933	2788	2754
发电机	223	163	2788	4144	4001	3552	5158
电动机	84	8703	12449	21890	10359	11451	6178
工具机	332	679	984	1220	1121	1729	1392
变压器	4575	3758	5850	10846	16136	12486	11200
纺纱机	—	—	—	—	248	266	440
面粉机	—	—	—	—	11	25	60
球磨机	—	—	—	—	8	19	12

① 顾毓瑔:《三十年来中国之机械工业》,见吴承洛主编:《三十年来之中国工程》,中国工程师学会 1948 年。

续表

年份 机械产品	1938	1939	1940	1941	1942	1943	1944
蒸汽抽水机	—	—	—	—	439	143	694
起重机	—	—	—	—	20	25	6
其他	—	—	—	—	1725	1556	2068

资料来源:欧阳仑:《十年来之机器工业》,见谭熙鸿主编:《十年来之中国经济》上册,中华书局 1948 年版,第 F13 页。

同时期生产指数见表 11-19。

表 11-19　后方国民党统治区机械工业生产指数(1938—1942 年)

年份 项目	1938	1939	1940	1941	1942
总指数	100	130. 7	185. 8	243. 9	302. 1
轻工机械	100	129. 6	181. 1	230. 6	272. 1
机床	100	204. 5	296. 3	367. 5	340. 6
蒸汽机	—	100. 0	492. 3	747. 2	581. 1
内燃机	100	151. 0	529. 1	726. 3	715. 1
发电机	100	711. 8	1217. 4	1869. 6	1447. 1
电动机	100	10360. 2	14802. 2	26059. 5	12332. 1

资料来源:顾毓瑔:《三十年来之中国工业》,见吴承洛主编:《三十年来之中国工程》,中国工程师学会 1948 年,第 41 页。

反观抗战前后五金机械工业工厂的损益统计,如表 11-20 所示。

表11-20 抗战前后全国五金机械工业工厂损益(1936年、1946年1—6月)

年月、项目 / 类别	1936年				1946年1—6月			
	厂数	资本(战前币值千元)	职员	工人	厂数	资本(战前币值千元)	职员	工人
工矿业工厂总计	13100	1734276	106720	1464914	9949	127987278373141	76154	614420
机器工业	986	26913	3812	35186	1033	15140354414	8168	47437
五金工业	272	441465	1654	12600	257	4697481370	2249	10898

注:资本数1946年为时值,按照编者折算币值办法,战争时期各年平均物价指数343倍为二者比例(《国民政府档案中有关抗日战争时期人口伤亡和财产损失资料选编》第2册,中共党史出版社2014年版,第579页),表中1946年资本数值应除以343以折合为1936年数值看待损益情况。

资料来源:经济部统计处编:《抗战前后全国工厂损益统计》(1946年7月),见《国民政府档案中有关抗日战争时期人口伤亡和财产损失资料选编》第2册,中共党史出版社2014年版,第580页。原表说明:表列数字包括民营与国营;东北地区、台湾未包括在内。

由表11-20可见,1936—1946年抗战前后工矿企业数量、资本规模和厂均资本、职员和工人人数全面减少。其中五金机械工业的工厂数基本持平,十年间工厂职员人数、工人人数有一定的增加,但是工厂的资本规模按可比币值计则大幅减少。机器厂厂均资本1936年为27.30千元、1946年上半年为4.27千元;五金厂厂均资本同期分别为1623.03千元和5.33千元。表明日军侵华给中国机械工业造成惨重损失,虽艰苦创业、竭力弥补却难以恢复。

(二)国民党统治区机械工业的复员与消长变化

抗日战争胜利后,国民党统治区的机器制造业,因接收敌伪产业和取得日本赔偿物资,官营机器工业得以随国家垄断资本而一

度体量大增，民营机器工业则难以分享胜利成果而相形见绌、陷入窘境。

1. 官营机器工业

1945 年年底，国民党政府行政院设立收复区全国性事业接收委员会，制定《收复区敌伪产业处理办法》；陆续设立苏浙皖区、山东青岛区、河北平津区、粤桂闽区、东北区敌伪产业处理局，并附设处理敌伪产业审议委员会；在武汉区、河南区设立处理敌伪产业特派员办公处，湖南、江西由省政府设处理机构，台湾区由省行政长官公署设立日产清理处。敌伪金融机构、交通设施和作战物资则由国民党政府国家银行、交通部和军事部门负责接收。敌伪产业包括日本在华的和伪满、汪伪等伪政权和汉奸机构的公私财产。至 1946 年年中接收基本结束。据统计，上述 8 个区共接收敌伪产业 9345 个单位，按各地物价指数折算，接收总值估计为战前 23.02 亿元法币，其中工矿业资产 11.46 亿元①，占比近 50%。由于东北地区苏军拆迁、共产党军队迅速解放，台湾地区金融业资产一并接收需剔除等特殊、复杂情形，8 个区合计接收敌伪产业中工矿业资产所占比重应达到一半以上。还应说明，苏军在中国东北拆运回国的工矿业设备，据 1945 年美国政府战争赔偿顾问鲍莱的调查、1946 年日侨善后联络处的估计，总值约 9 亿—10 亿美元，其中机器工业约占 1.6 亿美元，折合战前约 4.3 亿元法币。占东北地区机器制造业生产能力的 68%—80%。②

对接收敌伪产业工矿业部分的处理，按照《收复区敌伪产业

① 简锐：《国民党官僚资本发展的概述》，《中国经济史研究》1986 年第 3 期。

② 参见许涤新、吴承明主编：《中国资本主义发展史》第 3 卷，人民出版社 1993 年版，第 606—607 页。

处理办法》规定,基本上有四种方式:发还、移转(移管)、标卖(标售)和保管。① 上报经济部的各区处理报告,以企业单位为统计项目而无资产数值,据此得出处理情况如表 11-21 所示。

表 11-21　接收敌伪工矿企业单位的处理(1946—1947 年)

项目 地区	接收总数	发还	移转	标售	保管待处理	其他
苏浙皖区	478	109	86	226	57	—
河北平津区	2838	131	278	161	749	1519
山东青岛区	215	31	66	88	17	13
粤桂闽区	163	28	33	70	—	32
武汉区	158	15	106	15	5	17
河南区	30	5	8	—	17	—
东北区	4188	—	3413	—	775	—
台湾区	1275	—	551	724	—	—
总计	9345	319	4541	1284	1620	1518
占总数比重(%)	100	3. 41	48.6	13.73	17.34	16.92

注:其他方式主要是拆卸零部件出售。

资料来源:1947 年 2 月《行政院工作报告》,中国第二历史档案馆藏档三、2、479,见简锐:《国民党官僚资本发展的概述》,《中国经济史研究》1986 年第 3 期。

由表 11-21 可见,移转是主要处理方式,单位数占总数近 50%,就是将企业划归资源委员会、中纺公司、中蚕公司等政府部门接办。待处理(保管)则是特派员办公处暂行保管、留待成立相应的官营单位来接办。所以,向政府部门和单位转移的接

① 齐植璐:《十年来之经济建设》,见谭熙鸿主编:《十年来之中国经济》,中华书局 1948 年版,第 V99—V101 页。

收敌伪工矿企业数量是主要部分,占到66%。发还(原主)企业是指敌伪占用和投资改建的原华商企业,其增值部分由原业主购买或收归国有,在这种条件下,发还企业数量仅占3.4%。标售和其他方式(拆零部件出售)的企业,占30%。表中11-21不反映资产数据,但从战后国营工矿企业兴建情况看,接收的大中型企业大都归于移转和保管。进入标售的工矿企业,包括接收的商业企业和房地产,少数较有价值的都被依仗权势的官商资本抢先获得,仅有拆件零卖的小厂矿面向商民而已。庆祝抗战胜利的同时,迁川工厂联合会、纱厂联合会等民族工商业者团体,强烈期待发还被日军强占的企业、代营和收购敌伪棉纺织工厂,向政府提出复员和借机复兴本国实业的政策请求。但是,敌伪产业的处理方式无疑与这种愿望背道而驰,它首先促成了国营工矿业的急剧膨胀和扩张。

日本赔偿物资。战后美国政府派战争赔偿顾问鲍莱等人调查,经盟国远东委员会决定,中国可得到日本赔偿物资135万吨,但由于所需运费、建厂安装费代价高昂加之财政困难,国民党政府申请拆运48.785万吨,约值2250余万美元。1948年1月至1949年9月,共派船22次运回赔偿物资12504箱,"计35912.76重吨,容积57171.60呎吨"①,约值1300万美元,折合战前3346万元法币。由于美国驻日盟军总司令部1948年转向扶持日本、抑制苏联的政策导向,赔偿数量远未达到预期。中国分得物资中最大最好的吴港成套发电设备和起重机,终被剔除在外。赔偿物资主要是拆卸54家日本工厂的机器设备,资源委员会获得其中17个完整工厂和4700台机器,合28.785吨,占总数的59.7%;国防、经济、

① 吴半农:《有关日本赔偿归还工作的一些史实》,见《文史资料选辑》第72辑,文史资料出版社1980年版。

交通等部门获得其余物资,再由经济部分配少量机器设备给民营工厂。① 此外,至1948年9月,从日本运回战时中国被抢劫物资约值2774万美元,折合战前币值7200万元。除金属币、贵金属、图书、古物和轮船、车辆外,其中南京硫酸铔厂、广东省营造纸厂原厂、西北实业建设公司、南华铁工厂等的机器设备,计机器2545件又1套,约值220余万美元,是归还物资中属于工业类的部分。

国民党政府资源委员会至1946年年底接收敌伪产业293个单位,原有的后方生产单位93个收拢为47个。原来后方的机械工厂基本上收缩和移交:中央机器厂缩小组织,中央无线电器材厂局部结束(衡阳厂结束),宜宾机器厂、威远铁厂改组为四川钢铁厂,江西机器厂、江西车船厂等移交省营,甘肃机器厂准备租让民营。至1947年8月,资源委员会凭借接收11478亿元(合战前币值3.36亿元)资产,加上政府大量拨款和贷款,规模达到历来最大,下辖生产部门11个,管理机构96个,经营厂矿单位291个,职工达26万余人。1945—1947年,其机械制造业产品产量,动力机由1618马力增至2369马力,工具机由161部增至960部,作业机由102部增至492部。机械工业产品产值,东北1622亿元、华北(含西北)190亿元、华中(含四川)79亿元、华南(含西南)88亿元、台湾599亿元,合计2578亿元。② 资委会1944年至1947年支配的291家工矿业单位见表11-22。

① 《资源委员会接收日本先期拆迁赔偿物资概述》,中国第二历史档案馆藏档廿八。

② 国民党资源委员会编:《复员以来资源委员会工作述要》,1948年印行,第16—17页。

表 11-22　资源委员会支配的工矿业单位(1944—1947 年)

业别＼年份	1944	1945	1947	业别＼年份	1944	1945	1947
钢铁业	9	9	8	有色金属矿	14	13	50
机械业	6	7	10	铁和锰矿	4	—	—
电工业	5	5	14	金矿	—	2	—
化工业	20	37	48	矿产勘探处	2	1	—
电力业	22	27	38	国内外贸易处	2	2	—
石油业	2	2	40	国内办事处	—	6	0
食品业	—	—	40	总计	105	130	291
煤矿	18	19	43				

资料来源:《资源委员会工作述要》《资源委员会沿革》《资源委员会工矿产品展览会提要》等材料,见陈真编:《中国近代工业史资料》第 3 辑,生活·读书·新知三联书店 1957 年版,第 882 页。

资源委员会 1947 年年底支配的机械制造业单位 6 个,管辖 10 个单位,共有员工 9015 人(见表 11-23)。

表 11-23　资源委员会支配的机械制造业单位(1947 年 12 月)

单位名称＼项目	地址	附属单位数	员工人数	职员人数		工人人数	
				技术人员	管理人员	技术工人	普通工警
沈阳机车车辆制造公司	沈阳	3	2464	171	182	1514	597
中央机器有限公司	上海	5	3895	233	288	2326	1048
中央造船有限公司筹备处	上海	—	98	34	26	8	30
通用机器有限公司筹备处	上海	—	185	25	41	52	67

续表

单位名称＼项目	地址	附属单位数	员工人数	职员人数		工人人数	
				技术人员	管理人员	技术工人	普通工警
中央汽车配件制造厂	重庆	—	121	9	20	45	47
台湾机械造船有限公司	基隆	2	2252	131	202	1102	817
总计	—	10	9015	603	759	5047	2606

资料来源:国民党资源委员会编:《复员以来资源委员会工作述要》,1948 年印行,第 2—17 页;见陈真编:《中国近代工业史资料》第 3 辑,生活·读书·新知三联书店 1957 年版,第 875—876 页。

此外,中国农业机械公司 1943 年由农林部、中国农民银行和贵州企业公司在重庆发起成立,1946 年迁至上海,由中国银行、交通银行、中央信托局和新中工程公司增资改组,1948 年增资至 800 亿元,设 18 个分厂。中国农业机械公司隶属于行政院善后事业保管委员会,承担联合国救济总署的设厂制造农具计划。① 中国纺织机器制造公司,战后原由接收敌伪机械厂而在上海设立,隶属中国纺织建设公司,1947 年分离出来改为官商合办,资本 60 亿元。商股占六成,由 74 家民营纱厂入股。设 2 个分厂,生产纺织机及其零件。② 以上 2 家,连同交通部所属机车修造厂,也是战后官营机械制造业的组成部分。

2. 民营机器工业

民营机器工业在后方为抗战出力,却没能分享胜利果实。300

① 江南问题研究会编:《官僚资本各工业单位》,江南问题研究会 1949 年印行,第 76 页。

② 上海市文献委员会编:《上海市年鉴 1948》,上海市文献委员会 1948 年印行,第 N17—19 页。

家工厂分配区区 38 亿元复员贷款,可谓“当年艰难辛苦而去,今日倾家荡产而回”①。敌伪产业处理中,只有 29 个敌伪工厂供 22 家复员民营厂参与标售。赔偿物资中,仅有原永利南京硫酸铔厂设备运回返还,其他标售物资民营厂方面并无成交。在 1945 年经济部后方工业生产指数中,第四季度生产猛降,以机器生产较第二季度下降 56%而首当其冲。② 沦陷区机器工厂在 1945 年至 1946 年年初也不景气,据上海工商辅导处调查,上海 1947 年有机器工厂 643 家、五金工厂 196 家、翻砂厂 212 家,此前约 1/3 陷于停顿状态。③ 发诸报端的走访也披露了机器工厂小型化和艰难维持的情形。④

到 1946 年年底,后方不但官营机器厂减产停工,民营厂也大多歇业。上海等沿海城市到 1947 年迎来人员和资金的涌入,物价随之回升,老厂复业而新厂踊跃开设。从 14 个可比产品上看此消彼长,1947 年电力、煤、铁、酸、棉布、火柴和纸产量产值超过了 1936 年的战前水平,而面纱、面粉、碱、水泥等原民营工业主力呈现衰退之势,钨、锑、锡、铜等有色金属则仅及战前一二成。从产值总额的估计上看,1947 年比战前 1936 年小幅增加 6. 5%⑤,这是许

① 李烛尘:《工业危机在成因与挽救》,成都《工商导报》1946 年 7 月 25 日。

② 李紫翔:《胜利后的中国工业》,《中央银行月报》新 1 卷第 9 期,1946 年 9 月。

③ 欧阳仑:《十年来之机器工业》,见谭熙鸿主编:《十年来之中国经济》上册,中华书局 1948 年版,第 F16 页。

④ 闲客:《在风雨中挣扎的机器业》,《商报》1949 年 5 月 20 日;见陈真编:《中国近代工业史资料》第 4 辑,生活 · 读书 · 新知三联书店 1961 年版,第 870—871 页。

⑤ 参见许涤新、吴承明主编:《中国资本主义发展史》第 3 卷,人民出版社 1993 年版,第 646—647 页表 5-10。

多行业达到战后峰值的年份。

1947 年,国民党政府经济部工业司进行“三十六年度民营生产及输出事业生产能力评估”,这里选取评估的 37 类产品中确为工业品且有可比性的面粉、榨油、制盐、制糖、毛纺织、染料、丝织、针织、造纸、制革、肥皂、火柴、橡胶、水泥、煤、电力、机械、酸碱肥料和酒精共 19 类产品,与战前相应产量进行对比(见表 11-24)。

表 11-24 民营工业生产能力估计及与战前对比(1947 年)

项目 产品	单位	战前产量	1947 年估计产量	1947 年占战前百分比(%)
面粉	袋	77191340	77191340	100.0
榨油	担	1160518	850000	73.2
制盐	担	52165000	42851000	82.1
制糖	吨	34109	25000	73.3
毛纺织	码	1317900	16089420	1220.8
染料	吨	8968	8968	100.0
丝织	匹	385630	385630	100.0
针织	万打	2500	1800	72.0
造纸	吨	74842	59842	80.0
制革	张	1870320	1870320	100.0
肥皂	万箱	900	650	72.0
火柴	大箱	1133550	95000	8.4
橡胶	吨	267	300	112.4
水泥	桶	5547132	6213723	112.0
煤	万吨	3200	1700	53.1
电力	千瓦	431850	308500	71.4
机械	部	47147	8000	17.0

续表

产品＼项目	单位	战前产量	1947 年估计产量	1947 年占战前百分比(%)
酸碱肥料	酸吨	29398	22123	22.7
	碱吨	67853		
酒精	加仑	1492500	5000000	335.0

注:酸碱肥料产量 1947 年未分开,按一种产品估计。造纸、制革、火柴产量按原表第一种数值计算。

资料来源:齐植璐:《十年来之经济建设》,见谭熙鸿主编:《十年来之中国经济》,中华书局 1948 年版,第 V154—V155 页。

表 11-24 中,19 类工业品产量 1947 年较战前有 4 类增加:毛纺织增至 12.2 倍、酒精增至 3.35 倍、水泥和橡胶均增至 1.12 倍,4 类估计持平:面粉、染料、丝织和制革,7 类恢复至七成余:榨油、制盐、制糖、针织、造纸、肥皂和电力,4 类剧减:煤减至 53.1%、酸碱肥料减至 22.7%、火柴减至 8.4%、机械减至 17.0%。

各地民营机械工业情形。前述上海工商辅导处调查 1947 年上海有机器工厂 643 家、五金工厂 196 家、翻砂厂 212 家。其中 643 家机器厂的设备规模见表 11-25,每厂平均有工具机 15 部,工具机在 40 部以上的工厂有 34 家,65%以上工厂只有 1—9 部工具机,属于机修小工厂见表 11-25。

表 11-25　战后上海机械工厂设备规模

工具机数量(部)	机器工厂数(家)	工具机数量(部)	机器工厂数(家)
100	9	40—49	8
90—99	1	30—39	17
80—89	4	20—29	44
70—79	2	10—19	128

续表

工具机数量(部)	机器工厂数(家)	工具机数量(部)	机器工厂数(家)
60—69	7	1—9	420
50—59	3	—	—

资料来源:欧阳仑:《十年来之机器工业》,见谭熙鸿主编:《十年来之中国经济》上册,中华书局 1948 年版,第 F16 页。

武汉经“经济部”汉口工商辅导处调查,有机器翻砂工厂 15 家。共有车床 167 部、刨床 40 部、钻床 34 部、冲床 4 部、镗床 1 部,总计 246 部。主要的 11 家机器厂设备和产品情况见表 11-26。

表 11-26　战后汉口机械工厂设备与产品

设备 厂名	工具机(部)	产品
湖北省机器厂	29	柴油机、轧花机、铁道道钉、修理船舶
恒顺机器厂	17	内燃机、蒸汽机、抽水机、鼓风机、纺织机、工具机
毓蒙联华驻汉总厂	5	弹棉机
建国工业社机器厂	15	碾米机、面粉机
三北机器造船厂	21	修理船舶
渝汉机器铸造厂	15	面粉机、轮船机件、纺织机件
顺昌机器制造厂	7	工具机、修理船舶
冠昌机器厂	13	机件、修理机器
民生机器铁工厂	7	柴油机、蒸汽机、起重机、抽水机、印刷机、切面机
新华实业机器厂	9	印刷机、工具机、抽水机
森记周义兴机器厂	8	柴油机、面粉机

资料来源:欧阳仑:《十年来之机器工业》,见谭熙鸿主编:《十年来之中国经济》上册,中华书局 1948 年版,第 F20—F23 页。

广东广州,据广州工商辅导处调查,共有机器工厂152家,因燃料困难、资金短缺而规模小、产量低。广西南宁有机器工厂8家,每家仅1—2部工具机,从事汽车修理;桂林有机器工厂8家,西兴和机器机工厂有工具机26部,制造碾米机、榨蔗机、抽水机和工具机,又宝泰机器厂有工具机17部,制造道钉、螺丝及零配件。梧州、荔浦、靖西都算上,广西共有21家。以上是实地调查。

四川机器厂约余存50家,重庆据调查约余200家。湖南经过湘桂战役,236家机器厂损失殆尽,约余20家。估计江苏150家、浙江50家、安徽10家、江西15家、福建15家、云南15家、陕西30家、甘肃10家、青岛50家、天津200家。以上是据战时情况和战后变化的估计。总的看来,全国除东北、台湾外,1947年约有机器工厂2000家,有工具机1.8万至2万部。①

3. 机械工厂数量、分布与设备

又据国民党政府全国经济调查委员会调查报告,包括东北和台湾的全国机械工厂、五金工厂数量见表11-27。

表11-27 全国主要城市机器工厂、五金工厂数量和分布(1947年)

工厂 地区	机械厂数	五金厂数	工厂 地区	机械厂数	五金厂数
南京	58	44	广州	24	42
上海	543	430	兰州	4	—
北京	34	11	福州	25	—
天津	218	34	昆明	16	3
青岛	8	11	—贵阳	11	—

① 欧阳仑:《十年来之机器工业》,见谭熙鸿主编:《十年来之中国经济》上册,中华书局1948年版,第F20—F23页。

续表

地区＼工厂	机械厂数	五金厂数	地区＼工厂	机械厂数	五金厂数
重庆	73	35	长沙、衡阳	39	2
沈阳	52	19	南昌、九江	24	—
西安	8	1	台湾	178	29
汉口	190	21	总计	1505	682

注:上海机械厂数、五金厂数,上海工商辅导处1947年年底调查分别为643、196家,还有翻砂厂212家。二者有所不同。

资料来源:国民政府经济部全国经济调查委员会编:《全国主要都市工业调查初步报告提要》,1948年,第27页,见陈真编:《中国近代工业史资料》第4辑,生活·读书·新知三联书店1961年版,第839页。

以上2187家五金、机械工厂,拥有的机床设备见表11-38。

表11-28　全国主要城市机械工厂、五金工厂的机床设备(1947年)

机床名称	机械厂拥有数(部)	五金厂拥有数(部)	总计
车床	6569	1014	7583
刨床	940	155	1095
钻床	2296	440	2736
铣床	513	68	581
冲床	1257	409	1666
磨床	396	128	524
其他工具机	32	1557	1589
总计	12003	3771	15774

资料来源:国民政府经济部全国经济调查委员会编:《全国主要都市工业调查初步报告提要》,1948年,第35页,见陈真编:《中国近代工业史资料》第4辑,生活·读书·新知三联书店1961年版,第840页。

1505家机械厂拥有机床12003部,682家五金厂拥有机床3771部,总计2187家机器制造业工厂拥有机床设备15774部。

以上工厂数、城市分布和设备数,基本上反映了战后国民党统治区机器制造业的情况。

二、电力和电机、电器工业

(一)抗日后方电力和电机、电器工业的迁入和兴办

抗日战争全面爆发前,1936 年全国电厂 460 家,发电容量 631165 千瓦,发电度数 1724305 千度,投资总额 30773 万元,人均年用电 4.98 度。电厂数、发电容量和度数等以江苏为最,其次则浙江、广东、福建、湖北、山东等省,可见电力工业多分布于沿海沿江。截至 1937 年 9 月,全国电力工业发电设备,上海市、南京市、广州市和江苏、浙江、台湾等 19 省和东北区,500 千瓦规模以上电厂有上海电力公司、首都电厂等 62 家,发电容量 1255413 千瓦,9 月份发电度数 284702332 度,发电设备中锅炉共 214 座,原动机共 231 座,发电机共 242 座。①

"七七事变"和"八一三"上海抗战以后,中国沿海沿江通商大埠和重要城市的电业工厂相继沦陷。戚墅堰电厂以及上海、华商、闸北、浦东等较大的电厂,输电杆线和发电设备等尽丧敌手,被日军拆迁挪用。杭州电厂和广州电厂的发电设备,则由国民党军队在撤退时主动炸毁。战前有所发展的电力工业遭受重创,仓促中仅有汉口、沙市、宜昌、长沙、湘潭和常德等地的部分设备迁至后方,其发电容量为 25470 千瓦。以至于全面抗战初期的 1937 年,后方各电厂的总发电量仅 50826 千瓦,发电度数仅 5992 万度,足

① 朱大经:《十年来之电力事业》,见谭熙鸿主编:《十年来之中国经济》,中华书局 1948 年版,第 J15 页《抗战前一年之电业概况表》,第 J36 页《全国电业发电设备概况表》。

见损失巨大。

国民党政府在后方对电力工业的发展主要采取了以下两方面的措施。

第一,整理原有电厂。1940 年,陷入燃料、设备短缺而停业的原电厂有 48 家。各地采取修配改装等方式,促使其恢复生产。浙江省办理的浙东电力厂包括了金华等 7 个厂,江西省办理的吉安等 4 厂,福建省办理的永安等 5 厂,都将废旧机器收集修配,勉强利用。在四川、贵州、陕西等省,则有较大规模的企业公司投资电厂,改进和扩充设备、增加发电量。

电力工业关系到国防军需,又与轻重工业的生产密切相关,所以对于一些较具规模的民营电厂,如重庆、成都、昆明等电力公司,政府出面予以协助。首先在资金上协助,如重庆电力公司拆运机器的协助款,加装保护设备和修理设备的担保借款,对营业亏损的补贴补助费,又如成都启明公司的迁机借款,昆明耀龙电力公司的治湖费等。其次是在人力上协助,因水陆交通遭到封锁,机器设备的运输只有依赖空运吨位的分配。各电厂修建所需的机件器材,都由政府协助购运,还派员督导。同时,将重庆附近各大工厂的自用动力厂设法修复,通过架设线路将余电供给公用之急需。

第二,筹设新电厂。由于运输受阻,新建电厂困难重重。电厂机器设备的来源,有内地迁来工厂自制的水轮机,有少数从海口抢运到内地装配的新机器,其他就是东拼西凑的旧机器了。生产急需所迫,筹建新电厂主要由资源委员会来承当,所以后方新建电厂多为省营、国营,基本上没有新设民营电厂。

抗战期间,后方新建电厂有 19 个单位 27 个电厂,发电容量为 27899 千瓦。新电厂中由资源委员会独资办理的有 13 个单位 11 个厂,计有:四川龙溪河电厂、泸县电厂、岷江电厂、宜宾电厂,陕西汉中电厂,甘肃天水电厂,湖南衡阳电厂、湘西电厂(沅陵厂、辰溪

厂)，广西柳州电厂，云南昆明电厂，西康西昌电厂等。中央和地方合资办理的有6个单位16个厂，计有：四川万县电厂、灌县电厂、自流井电厂，陕西西京电厂(包括宝鸡分厂)，甘肃兰州电厂，青海西宁电厂，贵州贵阳电厂和浙江浙东电厂(包括碧湖、丽水、金华、松阳、龙泉、大港头、云和、小顺等8厂)等。这些电厂分布在10个省份，新增发电容量27899千瓦。其中龙溪河、万县2家是水电厂，灌县、贵阳2厂正在勘测水力，这是电力工业开辟水力发电方式的开端。①

到1945年年底，资源委员会经营的与电力、电机、电器工业有关企业，如表11-29所示。

表11-29　抗战时期资源委员会所属电力工业单位

项目 厂名	成立年月	厂址	经营	职员	工人	附注
西京电厂	1936年9月	陕西西安	参加经营并主办	80	265	陕西省银行及中国银行参加经营
贵阳电厂	1938年7月	贵州贵阳	参加经营并主办	67	190	贵州企业公司参加经营
龙溪河水力发电厂	1938年7月	四川长寿	独资经营	98	221	—
兰州电厂	1938年8月	甘肃兰州	参加经营并主办	65	220	甘肃省府参加经营
万县电厂	1938年8月	四川万县	参加经营并主办	62	189	四川省府参加经营
湘西电厂	1939年1月	湖南沅陵	独资经营	59	141	—

①　朱大经：《十年来之电力事业》，见谭熙鸿主编：《十年来之中国经济》，中华书局1948年版，第J23—J24页《战时后方新建电厂概况表》。

续表

项目 厂名	成立年月	厂址	经营	职员	工人	附注
昆湖电厂	1939 年 6 月	云南昆明	独资经营	133	372	—
岷江电厂	1939 年 7 月	四川犍为	独资经营	108	384	—
浙东电力厂	1939 年 7 月	浙江金华	参加经营不主办	26	42	浙江省府参加经营
汉中电厂	1939 年 11 月	陕西南郑	独资经营	25	59	—
自流井电厂	1940 年 11 月	四川自贡	参加经营并主办	72	192	四川盐务局参加经营
西宁电厂	1940 年 11 月	青海西宁	参加经营并主办	24	31	青海省府参加经营
泸县电厂	1941 年 1 月	四川泸县	独资经营	57	176	—
西昌电厂	1941 年 5 月	西康西昌	参加经营并主办	23	43	西康省府参加经营
湖南电气公司	1941 年 7 月	湖南长沙	参加经营并主办	—	—	湖南省府及商股参加经营
宜宾电厂	1941 年 9 月	四川宜宾	独资经营	96	352	—
天水电厂	1942 年 9 月	甘肃天水	参加经营并主办	30	43	甘肃省府参加经营
柳州电厂	1942 年 11 月	广西柳州	参加经营并主办	—	—	广西省府参加经营
王曲电厂	1943 年 2 月	陕西王曲	独资经营	—	—	—
天水水力发电厂工程处	1943 年 11 月	甘肃天水	独资经营	31	246	—
西宁水力发电厂工程处	1944 年 1 月	青海西宁	独资经营	15	18	—

续表

厂名＼项目	成立年月	厂址	经营	职员	工人	附注
修文河水力发电厂工程处	1944年3月	贵州修文	独资经营	5	51	—
全国水力发电工程总处	1945年7月	四川长寿	独资经营	—	—	—
汉中水力发电厂工程处	1945年4月	陕西南郑	独资经营	23	126	—
都江电厂	—	四川灌县	独资经营	—	—	—
安庆电厂	—	安徽安庆	独资经营	—	—	—
巴县工业区电力厂	—	四川巴县	参加经营不主办	—	—	—
富源水力发电公司	—	四川北碚	参加经营不主办	—	—	商股参加经营
中央电瓷制造厂	1937年12月	四川宜宾	参加经营并主办	84	131	交通部参加经营,有贵阳分厂
中央无线电器材厂	1938年4月	云南昆明	参加经营并主办	850	729	辖重庆、昆明两分厂,昆厂停顿
中央电工器材厂	1939年7月	云南昆明	独资经营	664	2072	—
华亭电瓷厂	1941年8月	甘肃华亭	独资经营	—	—	1945年12月结束
江西电工厂	1942年7月	江西泰和	参加经营并主办	—	—	江西省府参加经营结束

资料来源:《资源委员会公报》10卷第3—4期,并参与其他资料补充,见许涤新、吴承明主编:《中国资本主义发展史》第3卷,人民出版社1993年版,第502—505页。

抗战时期国民党统治区官营、民营电厂的发展概况,如表11-30所示。

表 11-30　抗日战争时期大后方电厂发展概况(1936—1946 年)

年份＼项目	发电容量(千瓦)			发电度数(千度)		
	官营	民营	总计	官营	民营	总计
(1936)	(28352)	(602813)	(631165)	(61239)	(1663066)	(1724305)
1937	62	50764	50826	1533	58389	59922
1938	2340	33165	35505	4056	69566	73622
1939	8970	31406	40376	9609	81885	91494
1940	10536	30186	40722	11117	100814	111931
1941	10988	33325	44313	17517	109785	127302
1942	12657	37169	49826	24618	112232	136850
1943	17424	46707	64131	35208	111229	146437
1944	21170	48747	69917	52115	102105	154220
1945	23821	49756	73577	70568	126127	196695
(1946)	(947864)	(333315)	(1281179)	(2146352)	(1478302)	(3624654)

资料来源:朱大经:《十年来之电力事业》,见谭熙鸿主编:《十年来之中国经济》,中华书局 1948 年版,第 J24—J25 页第六表。

表 11-30 中加入抗战前一年(1936 年)和抗战结束后一年(1946 年)的数值,以为对比。由表 11-30 可见,1937 年,国民党统治区发电容量与度数数值锐减,发电容量减少 91%、发电度数减少 96%,足见战争损毁与时艰程度。1937—1945 年,发电度数的年平均增长率为 11%。战前全国发电设备与产量以民营电厂为主,战时国民党统治区发电容量民营电厂在 1937—1940 年基本处于停滞不前甚至退步,从 1942 年起官营、民营电厂均有明显增长,民营厂数值较高而二者差距逐渐缩小。1937—1945 年发电容量方面,官营厂的年平均增长率达 39.3%,民营厂的年平均增长率为 6%。抗战胜利后的 1946 年数值因加入"光复区"及"收复区"接收电厂量值而陡增,10 年以来,已较战前电力工业水平增加

一倍，且官营厂一举而远超民营厂。

抗日战争前，中国民族资本电厂集中于城市，资本规模小、设备简陋，远远落后于外资电厂。首都电厂在国营电厂中经营较好。闸北电厂是最大的民营电厂，都在日军侵略中遭受损失。抗战期间，后方电力工业原动机中仍以汽轮机为最多。但是因条件所限与战前不同，一是已日趋淘汰的蒸汽机又被关注装用，二是柴油机所需燃料多用植物油替代，三是小型柴油机及煤气机被大量使用，四是水力发电开始引起政府的注意。后方能源紧张，而水力资源丰富，水力发电所需投资大、效益高。资源委员会开始注重中小型水电开发，战时共建成水力发电容量约 1.3 万千瓦。水电工程由中国人自己设计、建造，一部分设备出自后方机械制造厂。建设委员会在战前颁布了《电压频率标准》，但未及实施战端已开。抗日战争期间，主要注重于发电设备，在输电、配电方面进步有限。其他如发电机、变压器、电动机、电表、灯泡等各种设备还是缺乏统一规格。①

电器制造业。随着电力工业和电讯事业的发展，电机和电器需求与日俱增。电器制造业在中国相对于机械制造业出现较晚。中国人最早创办的电器制造工厂是叶有才于 1916 年创办的华生电器制造厂，甚至早于美国摩根财团 1917 年开办的“奇异安迪生电器公司”。到 1936 年，全国有电器工厂超过 200 家，大部分集中在上海。抗日战争期间，电机电器业有所发展，尤其是军用电器大有发展。从创办之始到抗战结束，中国的电机电器工业有了相当发展。1947 年，全国的年产量发电机达 2.5 万千瓦，电动机为 5 万千瓦，变压器为 14.67 万千伏安。技术水平上发电机最大单机

---

① 李代耕：《中国电力工业发展史料》，水利电力出版社 1983 年版，第 140、141 页。

容量达200千瓦,电动机为132千瓦,变压器为2000千伏安。电器生产的范围已经扩大到全套中短波无线电台、电话机、电线电缆、收音机等产品。

电机制造,以上海华生电器制造厂为中国代表性企业,最先于1916年开始制造限制表、自动开关、配电板等小型电力设备,随后制造变压器、电熨斗、电火炉。20世纪20年代中期开始制造电风扇、交流发电机,1936年成为中国最大的电风扇生产企业。20世纪30年代开始制造火车轮轴发电机及有关车用电器、2000千伏安变压器、200千瓦交流发电机。在技术方面,该厂走仿制加改良的路线。抗日战争时期,该厂一部分内迁至重庆继续生产,余部迁入租界。

1937年后,中国资本电机业共有16家工厂。除华生电器制造厂外,上海益中机器瓷电公司于1922年创设,资本为50万元。创办人是周琦、杨景时、刘锡麟3位留美学生。20世纪30年代,变压器及电瓷料为主要产品。华通电业机器厂创办于1919年,创办人为姚德甫,曾任外资上海电力公司的技工。20世纪30年代,以开关设备产品驰名市场,兼制电炉、电扇、变压器、电炉电灶、铁路行车电讯设备等产品。华成电器制造厂创办于1932年,主要生产交流感应电动机,功率从360瓦到73.5千瓦。抗战时期,全厂由南翔迁至汉口再迁衡阳,生产电动机兼制工具机。以上是较具规模的4家民营企业,其他规模很小。

国营企业中,建设委员会电机制造厂位于上海高昌庙,原来主要生产无线电机,1933年以后增制电动机及变压器,数量较少。山西省太原的西北实业公司,也制造电动机和电风扇,规模不大。

抗战时期,中央电工器材厂、中央无线电器材厂、中央电瓷厂是资源委员会电器工业的三大企业。中央电工器材厂筹建于1936年7月,分为四厂:第一厂是电线厂;第二厂是管泡厂;第三

厂是电话机厂,与德国西门子公司技术合作,制造有线电话器材;第四厂是电机厂,为接收建设委员会电机制造厂扩充而来。第四厂专门制造电力机器,内设电机、变压器、开关设备等3个车间。工厂主要在昆明,分部设于桂林。中央电工器材厂是后方最大的电器制造厂,产品产值约占资源委员会电器工业的75%,占后方电器工业的60%以上。中央无线电器材厂、中央电瓷厂也是后方同行中的最大企业。产品主要供应军用和交通运输业,很少民用产品。昆明中央机器厂则以200千瓦煤气发电机为其主要电机产品。

电子工业,在近代工业中是具有最高技术难度和知识密集度的行业,最早从事电子工业的企业迟至20世纪20年代中期才开始创办,集中于上海一地且因私营而规模有限。20世纪30年代,国民党政府有关部门开办了一批无线电厂。到1937年,中国资本开办的较具规模的电子工业企业主要有:建设委员会无线电厂、军政部电机修造厂、大华无线电公司、湖南电器制造厂、中国无线电业公司、中华三极铣电公司、中国无线电研究社、亚美股份有限公司、亚洲无线电公司、湖南电器制造厂、中雍无线电机厂、华昌无线电厂、亚尔电工社等。其中既有政府部门办理的,也有民间企业,主要情况如下。

(1)上海亚美股份有限公司,是最早由民间资本创办的电子工业企业,1924年10月成立并设制造厂,从仿制无线电零配件到组装电器整机,从组装矿石机到制造五灯收音机。公司还设立无线电广播电台、设立零配件门市部、编辑出版书刊,向社会传播普及无线电科技知识。中国无线电研究社对于无线电学的普及推广也有贡献。

(2)中国无线电业公司,是相对技术先进、产品高端的民营企业。1927年由留美学生胡光瀌在天津创办,1931年迁入上海。该

厂能制造军用无线电收发报机、无线电发射台和短波无线电话机。其制造的无线电广播电台设备在上海、汉口、南昌、桂林、重庆等地投入使用。抗战期间,工厂内迁到重庆,随后合并入中国兴业公司,改制各种电器。

(3)中央无线电机制造厂,在政府部门办企业中规模较大,由资源委员会与湖南省政府合办。开办基础是创设于1936年的长沙湖南电器制造厂,抗战爆发后迁至桂林,更名并扩大规模,在昆明、重庆等地设立分厂。该厂主要生产军用发报机,兼制无线电话机、广播发射机和收音机等。抗战期间再改名为中央无线电器材厂。战后迁往南京,即后来的南京无线电厂。

(4)建设委员会上海无线电机制造厂创办于1926年,1928年由建设委员会管理,制造无线电收发报机、电动机、变压器、干电池和电线等。20世纪30年代,发展成为全国资金、规模、生产能力和技术力量首屈一指的电子工业企业,几乎包办了各地所设28个短波无线电台的器材设备。

国营企业和民间工厂在技术方面各有侧重,国营厂主要制造军用无线电设备,生产若干种的收发报机、无线电话机、大功率广播电台发射机。民营厂主要制造无线电零配件、电话机和电子管收音机等民用产品。除上海亚美股份有限公司以外,华昌无线电厂、中雍无线电机厂、亚尔电工社都是电子管收音机主要生产厂,1937年开始曾出口泰国。电话机、电报机的生产有天津中央电机厂、南京交通部电信机件修造厂、中央电工器材厂昆明第三厂,还有上海中国电气公司、上海国际电话制造厂等。上海国际电话制造厂在1938年首次研制成功墙桌两用磁石式电话机。

抗战初期,内迁工厂中机电工业企业占了较大比重,1942年至1943年机电工业产值达到峰值。虽然受制于高端设备、原材料供应等条件,资源委员会大力促进了后方机电工业的发展。抗战

时期后方及解放战争初期，机电工业产值按照战前价格估算见表11-31。①

表 11-31　国民党统治区机电工业产值估计（1938—1947 年）

（单位：法币千元）

项目 年份	机械业		电器业		产值总计	其中	
	产值	其中资源委员会	产值	其中资源委员会		国营企业产值	民营企业产值
1938	4050	162	1620	543	5670	948	4722
1939	10128	684	4051	2714	14179	4234	9945
1940	15493	2324	6197	4524	21690	8397	13743
1941	25223	5296	10089	8071	35330	16899	18431
1942	29075	8243	11630	9304	40705	22388	18317
1943	29830	9695	11931	9545	41761	23460	18301
1944	24230	8481	10419	8856	34649	20980	13669
1945	19936	8234	8971	8074	28907	19039	9868
1946	74303	14861	33437	10031	107742	32323	75419
1947	161831	16183	72824	14563	234655	46931	187724

注：其中 1941 年产值总计数据分项数值做了调整。

资料来源：根据国民党政府经济部、资源委员会有关统计和档案资料，参照巫宝三《中国国民所得》中 1933 年主要机电产品价格进行估算。包括非军工企业代加工的军工产品产值。

由表 11-31 可见，第一，抗战时期机电工业有较为明显的发展，1942 年、1943 年是产值高峰，抗战结束时的 1945 年生产减退；第二，资源委员会在机电工业中，特别是电器业中居于支配地位；第三，国有企业产值，抗战时期比重加大、逐渐占有主要地位。

① 参见吴太昌：《国民党政府资源委员会垄断活动述评》，《中国经济史研究》1986 年第 3 期。

(二)国民党统治区电力和电机、电器工业的复员与消长变化

1945年8月15日抗战胜利后,国民党政府经济部将全国分为8区,即东北、河北平津、山东青岛、苏浙皖、河南、武汉、粤桂闽和台湾8区,派员接收电力事业。资源委员会接管经营日伪电业,被日伪强占的民营和外资电厂,接收后发还原业主经营。资源委员会对接收企业进行了改组和合并,在电力事业上组建骨干机构和企业,设立东北电力总局、冀北电力公司、台湾电力公司,以及青岛电厂、广州电力有限公司、鄂南电气股份有限公司等。原沦陷区日伪电厂,发电容量达120万千瓦,加上发还的私营电厂,1946年,全国发电容量达160.1万千瓦,其中公营电厂发电容量为136.78万千瓦,占85.4%;私营电厂发电容量为23.3万千瓦,占14.6%。

资源委员会接收下来的各地电厂概况如表11-32所示。以东北九省居首,发电容量有41.76万千瓦,占全部接收电厂的34.8%;台湾地区发电容量其次,为32万千瓦,占26.7%;上海的电厂发电容量是15万千瓦,占12.5%。这120.3万千瓦发电容量,是指已经“复员”即恢复正常运行的设备容量。接收而尚未复工的大量电厂不在其中,如苏军从东北地区拆走已投入运行的设备97.3万千瓦,未安装的设备35.6万千瓦,使得东北地区发电设备仅残余约60万千瓦,资源委员会接收其中41.76万千瓦。到1947年,中国共产党军队在东北地区占领和控制的电厂设备,总计达30.3万千瓦。[①] 1946年,全国的发电容量160.1万千瓦只是设备存余,与实际发电生产情况尚有差距。

---

① 朱大经:《十年来之电力事业》,见谭熙鸿主编:《十年来之中国经济》,中华书局1948年版,第J29—J30页。

表 11-32　抗战胜利后资源委员会接管的电厂分布
(1936 年前—1944 年)

地区＼容量	发电设备容量(千瓦)	地区＼容量	发电设备容量(千瓦)
上海市	150000	浙江省	20876
江苏省	65458	安徽省	2800
湖南省	1190	北平市	30000
天津市	61500	河北省	27000
湖北省	16650	青岛市	35000
福建省	8843	山东省	17200
广州市	28000	东北地区	417650
广东省	788	台湾地区	320000
广西省	644	总计	1203599

注:台湾发电容量 32 万千瓦,该地区电厂中的民族资本已极少,故全部算入接管范围。

资料来源:朱大经:《十年来之电力事业》,见谭熙鸿主编:《十年来之中国经济》,中华书局 1948 年版,第 J26—J27 页《收复区复员电厂概况表》。

平均每月耗电量指数,从一定程度上反映各地电力工业生产的复工情况。从 1945 年 1 月至 1947 年上半年各地区平均每月工业耗电量指数表(见表 11-33)可见,前国民党统治区恢复缓慢,新收复区中台湾地区恢复明显,关内地区恢复较快,而东北地区逆向而行,从 1946 年起工业耗电量暴跌。表 11-33 以日本投降时为基数,由于东北地区战时耗电量巨大,1945 年 9 月仍有 8025 万度,占全国的近 73%,因此随着日本投降后东北地区电力与工业生产的急剧下降,其月工业耗电量至 1946 年月均仅及基数的 35.9%,1947 年上半年月均仅及 38.6%。由此也抵消了关内、台湾地区的回升,将全国指数拉低至 1946 年月均仅占基数的 84.3%,即反而不如抗战时期水平,至 1947 年上半年才略微超过。全国电力工业的恢复情况,也是同样的格局和趋势。

表 11-33 各地区平均每月工业耗电量指数(1945 年 1 月—1947 年上半年)

(1945 年 9 月=100)

年月、耗电量 / 地区	1945 年 9 月实际耗电量(万度)	1945 年		1946 年 1—12 月平均	1947 年 1—6 月平均
		1—8 月	1—12 月		
前国民党统治区	467	110.7	108.7	105.9	113.9
新收复区	10531	248.7	197.0	83.4	105.3
其中:关内	1691*	161.6	152.8	264.5	357.7
东北	8025	262.4	202.5	35.9	38.6
台湾	815	289.4	232.2	175.4	239.1
全国	10998	242.9	193.3	84.3	105.6

注:* 为包括 1945 年 10 月武汉地区的耗电量 27.7 万度。

资料来源:根据资源委员会经济研究所收集的原始数据计算而得,见郑友揆:《中国的对外贸易和工业发展》,上海社会科学院出版社 1984 年版,第 213 页。

与东北地区相反而引人注目的是关内新收复区的较快复苏。特别是沪宁地区,战后月工业耗电量逐年上升。由 1945 年的月均 2700 万度,到 1946 年的 4500 万度,1947 年上半年至 6000 万度,占全国比重由战时的 10.2%增加到 1946 年的 48.2%和 1947 年上半年的 52.0%①,用电量和电力工业的恢复,表明沪宁乃至江浙地区又恢复了在中国工业分布首屈一指的地位。台湾地区工业耗电量的回升,得益于国民党政府接收日伪“台湾电力株式会社”的电业,计水电厂 26 处约 27 万千瓦,火电厂 8 处约 5 万千瓦,并于 1946 年成立台湾电力有限公司经营。至 1947 年 10 月,设备容量已达 145.5 万千瓦,发电量达 3892409 千度,官营电业约占七成。

① 郑友揆:《中国的对外贸易和工业发展》,上海社会科学院出版社 1984 年版,第 215 页。

1947年以后的两年,由于政治、军事和经济形势的急剧变化,国民党政府无暇顾及恢复拆毁损失,遑论进行新的电力投资建设。电力工业步履维艰,停滞不前。东北地区的发电设备容量到1949年年底只有68万千瓦,主要电厂未能完全恢复生产。1949年年初,中国大陆发电设备容量为184.86万千瓦,台湾地区在145万千瓦以上(见表11-34)。

表11-34 全国发电设备容量的地区分布(1949年年初)

项目 地区	火力(万千瓦)	水力(万千瓦)	总计(万千瓦)
北平市	7.4	—	7.4
河北省(包括天津市)	21.17	—	21.17
山西省	3.91	—	3.91
内蒙古	1.73	—	1.73
辽宁省	27.77	—	27.77
吉林省	11.11	12.15	23.26
黑龙江省	13.38	3.60	16.98
上海市	29.85	—	29.85
江苏省	9.52	—	9.52
浙江省	3.71	—	3.71
安徽省	1.43	—	1.43
江西省	0.95	—	0.95
福建省	0.55	—	0.55
山东省	13.56	—	13.56
广东省	7.21	—	7.21
广西省	0.88	—	0.88
湖北省	4.15	—	4.15
湖南省	1.53	—	1.53
河南省	0.93	—	0.93

续表

项目 地区	火力(万千瓦)	水力(万千瓦)	总计(万千瓦)
四川省	4.73	0.47	5.20
云南省	1.37	0.08	1.45
贵州省	0.26	—	0.26
陕西省	1.24	—	1.24
甘肃省	0.18	—	0.18
总计	173.56	16.30	189.86
台湾省 1947年10月数据	—	—	145.50

资料来源:李代耕编:《中国电力工业发展史料》,水利电力出版社1983年版,第28页。台湾地区见同书第27页,因性质特殊,不与大陆总计。总计与各省市分项之和稍存出入,是因为青海、宁夏、新疆、西藏电力容量极少,故未列入。

电器制造业。由表11-33还可见,战后机电工业迅速恢复并在战后两年有大发展。由1936年的长沙湖南电器制造厂在抗战中改组成的中央无线电机制造厂,再改名为中央无线电器材厂,战后迁往南京改称南京无线电厂。战后资源委员会的机电工业系统有中央电工器材厂(辖上海、汉口、天津、沈阳、抚顺等分厂)、中央无线电器材厂即南京无线电厂有四公司(辖4个分厂)、中央有线电器材有限公司及中央绝缘器材公司等骨干企业。1947年年底管辖单位共14个,有员工共4697人(见表11-35)。受益于资产的急剧膨胀,仍然在发展。美国商品充斥市场,以前的骨干机电企业甚至成为美国企业的装配厂或代销商,因此产量下降而产值反有增长。①

① 参见资源委员会档案(28)5984卷,电工部门近况;《资源委员会公报》第14卷第1期,生产要闻栏。

表 11-35　资源委员会支配的电器工业单位(1947 年 12 月)

单位及地址		附属单位数	员工人数	职员人数		工人人数	
				技术人员	管理人员	技术工人	普通工警
中央电工器材厂	南京	7	2893	378	378	1202	935
中央无线电器材厂筹备处	上海	4	960	176	127	470	187
中央有线电器材有限公司	南京	1	122	54	17	28	23
中央绝缘器材有限公司	南京	2	722	56	117	275	274
总计	—	14	4697	664	639	1975	1419

资料来源:国民党资源委员会编:《复员以来资源委员会工作述要》,1948 年印行,第 2—17 页。见陈真编:《中国近代工业史资料》第 3 辑,生活·读书·新知三联书店 1957 年版,第 875—876 页。

战后中国机电工业经过短暂的迸发式发展,便很快归于衰落。政治军事形势的剧变,使得国民党政府无暇顾及投资工业建设与生产。随着以日本赔偿和拆运机器设备补偿中国工业设想的落空,美国大量剩余物资和商品来华的冲击,以及金融形势的恶化,资源委员会国有企业各部门的生产走向停滞和衰退。相对而言,电力工业还不是最差的,免于崩溃而勉强维持。

三、水泥制造业

(一)抗日后方水泥工业的迁入和兴办

抗日战争时期,原有的华商水泥厂遭到战火摧残,损毁严重,有的被日军拆迁改建,或被强占生产。在全国 8 家大的水泥公司中,唐山启新洋灰公司、南京中国水泥公司、上海龙华上海水泥公司、太原西北水泥公司和济南致敬水泥公司等沦陷,湖北大冶华记水泥公司拆迁至湖南沅陵,仅重庆的重庆水泥公司保持原样。与

日占区的东北、华北、华中等地区相比,国民党统治区水泥产量明显萎缩,最高的1940年仅5万余吨。1943年是1932—1945年间全国水泥产量的峰值年,达196万余吨。其中日占区水泥产量达到191万吨(包括东北地区),远远超过国民党统治区的3.5万吨。详情见表11-36。

表11-36 水泥年产量(1936—1948年) (单位:吨)

年份＼地区	国民党统治区	东北日占区	华北日占区	华中、华南日占区	总计
1936	664360	580000	—	—	1244360
1938	21498	1012646	181500	595000	1810644
1939	48794	1018360	233686	380800	1681640
1940	50479	1001207	328673	—	1380359
1941	25429	1029717	290315	—	1345461
1942	39843	1393302	339812	—	1772957
1943	35088	1618067	292141	—	194529*
1944	40644	1273131	260974	—	1574749
1945	42230	—	—	—	42230
1946	957000	—	—	—	957000
1947	725585	—	—	—	725585
1948	720120	—	—	—	720120

此处数据原表总计数值为1963296,比分项数值相加多18000,未知依据,此处为更正数值。

注:原表缺1937年数值。

资料来源:陈真编:《中国近代工业史资料》第4辑,生活·读书·新知三联书店1961年版,第731页。

抗战期间,后方的水泥工业仅有四川水泥公司幸免于战火,后方军事、工业、交通和水利建筑等军民用事业建设的需要促使了水泥工业的创办。昆明、辰溪、贵阳、兰州等地先后开办了9家较具

规模的水泥厂,见表 11-37。

表 11-37　大后方水泥厂　（单位:吨）

厂名	厂址	年生产能力
华中水泥厂	湖南辰溪	30000
广西水泥厂	广西桂林	15000
昆明水泥厂	云南昆明	7500
江西水泥厂	江西天河	5000
嘉华水泥厂	四川乐山	7500
贵州水泥公司	贵州贵阳	2500
陕西水泥厂	陕西西安	2500
甘肃水泥公司	甘肃兰州	1500
湖南水泥厂	湖南零陵	2500
总计		74000

资料来源:奚正修:《我国水泥工业之过去现在与将来》(1948 年),《水泥工业同业公会年刊》1948 年 4 月,见陈真编:《中国近代工业史资料》第 4 辑,生活·读书·新知三联书店 1961 年版,第 719 页。

后方水泥厂设备简单,其中沅陵的华中水泥厂由湖北大冶华记水泥公司设备拆迁建成,连同广西水泥厂 2 家使用旋窑生产,其余厂均使用直窑设备烧制。华中水泥厂在 1940 年遭到日军 6 次轰炸,经济部贷款建设的广西水泥厂刚建成就遭逢桂林失守,机器设备全部陷落敌手。昆明水泥厂于 1940 年开工生产,初期产量较小。1941 年,资源委员会在贵阳合办贵州水泥厂、在西安开办陕西水泥厂、在兰州合办甘肃水泥公司。国民党政府还在四川乐山建成嘉华水泥厂,新建江西水泥厂等。昆明水泥厂 1942 年与华中水泥厂合并组成华新水泥公司,后逐步拥有辰溪、昆明、大冶 3 厂,成为后方水泥工业主要企业。1940—1943 年大后方的水泥产量详情见表 11-38。

表 11-38　大后方各省官营、民营厂水泥生产(1940—1943 年)

年份、数量、类别		地区	四川	贵州	云南	湖南	陕西	甘肃	总计
1940 年	厂数	官营	—	—	—	—	—	—	—
		民营	1	—	1	1	—	—	3
		总计	1	—	1	1	—	—	3
	产量:桶	官营	—	—	—	—	—	—	—
		民营	187714	—	230	99302	—	—	287246
		总计	187714	—	230	99302	—	—	287246
1941 年	厂数	官营	—	1	—	—	—	—	1
		民营	2	—	1	1	1	—	5
		总计	2	1	1	1	1	—	6
	产量:桶	官营	—	232	—	—	—	—	232
		民营	109367	—	10133	46136	930	—	166566
		总计	109367	232	10133	46136	930	—	166798
1942 年	厂数	官营	—	1	—	—	—	—	1
		民营	2	—	1	1	—	—	4
		总计	2	1	1	1	—	—	5
	产量:桶	官营	—	2432	—	—	—	—	2432
		民营	145012	—	17714	65006	—	—	227732
		总计	145012	2432	17714	65006	—	—	230164
1943 年	厂数	官营	—	1	—	—	1	1	3
		民营	4	—	1	1	—	—	6
		总计	4	1	1	1	1	1	9
	产量:桶	官营	—	2340	—	—	3706	10000	16046
		民营	138096	—	17734	63430	—	—	219260
		总计	138096	2340	17734	63430	3706	10000	235306

注:1943 年产量是上半年产量与下半年“可能产量”的总计。

资料来源:国民党政府经济部统计处编印:《后方重要工矿产品第二次统计》,1944 年印行,第 45 页分表(15)。

由表 11-38 可知,1940 年水泥产量 287246 桶,1941 年降至 166798 桶,1942 年和 1943 年恢复至 23 万桶以上。水泥厂由 3 家增至 9 家,3 家官营厂产量小,后方水泥主要由民营厂生产。①

(二)国民党统治区水泥工业的复员与消长变化

抗战胜利后,沦陷区的中国、上海、西北、西村等水泥厂发还给原厂主并恢复生产。江南水泥厂设备战时被日军拆走,华新水泥公司抗战结束后拟在大冶建立新厂,都向国外购置新机器以建成生产。华新的大冶厂年产量高达 36 万吨。后方四川、贵州等地水泥厂继续生产。资源委员会接管了东北、华北、台湾各地日资日占水泥厂。在华北的有华北水泥公司(合并北京、锦西两家水泥厂)、蒙疆水泥公司口泉水泥厂。在东北的有“关东洲小野田洋灰制造株式会社”(小野田水泥公司)的山东水泥公司以及大连、鞍山、泉头、小屯、哈尔滨、牡丹江、庙岭工厂,“满洲盘城洋灰株式会社”(盘城水泥公司)的本溪、安东、辽阳工厂和本溪分厂,“满洲浅野洋灰株式会社”(浅野水泥公司)的吉林、锦州、抚顺工厂。在台湾的有浅野水泥公司的高雄、苏澳、竹东工厂。接收的日伪工厂,资源委员会分别组成辽宁水泥公司、华北水泥公司和台湾水泥公司管理和经营。

据国民党政府工商部统计,1948 年全国有水泥工厂 24 家,其中国营厂 7 家,政府有投资的厂 3 家,民营厂 14 家;生产能力每月

---

①　另据《经济部关于战时后方化学工业概况的报告》,水泥产量统计略有不同:1938 年为 120460 桶,1939 年为 278024 桶,1940 年为 296940 桶,1941 年减至 149584 桶,1942 年为 233487 桶,1943 年为 209169 桶,1944 年为 243951 桶,为 1938 年产量的 1.88 倍。见中国第二历史档案馆编:《中华民国史档案资料汇编》第 5 辑第 2 编,财政经济(6),江苏古籍出版社 1998 年版,第 310 页。

近 8.6 万吨,最高月产量 24.4 万吨;机器设备有旋窑 43 座,方立窑 12 部以及轧石机、原料磨、水泥磨等。[①] 国营厂由资源委员会控制,7 厂分属于辽宁水泥公司(2 厂)、华北水泥有限公司(2 厂)和台湾水泥有限公司(3 厂)。[②] 另据水泥工业同业公会全国联合会统计,1948 年全国 8 个地区 19 家公司的 25 家水泥厂,总的年产量达到 279 万吨,居世界各国第 6 位。[③] 水泥工业工厂的地区与产能分布,相对于其他重化工业部门,全国各地尚属比较均衡,或与水泥的原材料、产品用途均较为广泛,生产设备多样、生产工艺较为简易相关。详情见表 11-39。

表 11-39　中国水泥工厂的地区分布和生产能力(1948 年)

地区	公司名称	属下工厂	年生产能力(万吨)	公司年产能力(万吨)	地区年产能力(万吨)
上海市	上海水泥公司	上海龙华厂	12.24	12.24	16.81
	天祥实业公司	上海新闸桥厂	11.16	2.16	—
	顺昌公司	上海长宁路厂	1.44	1.44	—
	大陆水泥公司	上海梵皇渡厂	0.84	1.44	—
	光华水泥厂	上海闸北厂	0.13	0.13	—

① 《中央日报》1948 年 8 月 14 日,见陈真编:《中国近代工业史资料》第 4 辑,生活·读书·新知三联书店 1961 年版,第 732 页。

② 国民党资源委员会编:《复员以来资源委员会工作述要》,1948 年印行,第 2—17 页,见陈真编:《中国近代工业史资料》第 3 辑,生活·读书·新知三联书店 1957 年版,第 877 页。

③ 陈真编:《中国近代工业史资料》第 4 辑,生活·读书·新知三联书店 1961 年版,第 735—736 页。

续表

地区	公司名称	属下工厂	年生产能力（万吨）	公司年产能力（万吨）	地区年产能力（万吨）
江苏省	中国水泥公司	江苏龙潭厂	27.00	27.00	54.00
	江南水泥公司	江苏栖霞山厂	27.00	27.00	—
辽宁省	辽宁水泥公司	辽宁本溪厂	28.00	38.00	59.60
		辽宁小屯厂	10.00	—	—
	华北水泥公司	辽宁锦西厂	21.60	39.60	—
河北省、山东省	启新洋灰公司	河北唐山厂	30.00	30.00	48.36
	华北水泥公司	河北琉璃河厂	18.00	39.60	—
	致敬洋灰公司	山东济南厂	0.36	—	—
湖南省、湖北省、云南省、贵州省、广州市	华新水泥公司	湖北大冶厂	36.00	40.68	48.86
		湖南辰溪厂	3.60	—	—
		云南昆明厂	1.08	—	—
	贵州水泥公司	贵州贵阳厂	0.26	0.26	—
	西村士敏土厂	广州西村厂	7.92	7.92	—
四川省、成都市	四川水泥公司	四川重庆厂	5.40	5.40	6.30
	嘉华水泥公司	四川乐山厂	0.90	0.90	—
山西省、甘肃省	西北公司	山西太原厂	9.00	9.00	9.30
	甘肃水泥公司	甘肃永登厂	0.30	0.30	—
台湾省	台湾水泥公司	台湾高雄厂	28.00	36.00	36.00
		台湾苏澳厂	6.00	—	—
		台湾竹东厂	2.00	—	—

资料来源：水泥工业同业公会全国联合会编：《我国水泥工业的概况》，1949 年 6 月印行，见陈真编：《中国近代工业史资料》第 4 辑，生活·读书·新知三联书店 1961 年版，第 735—736 页。

四、有色金属冶炼工业

(一)抗日后方有色金属矿冶业的办理

铜矿、铅锌矿、钨锑锡矿等有色金属矿产的采冶,以国民党政府统治的大后方为主。资源委员会主管这些重要矿业,采取了矿产管制和商业垄断经营的政策。抗日战争全面爆发前,1935年资源委员会成立不久,1936年就成立了锑业管理处、钨业管理处、彭县铜矿筹备处。钨业管理处与江西省政府合办钨矿工程处,开办江西钨铁厂,成立阳新大冶铜矿探勘队;1937年,在湖南常宁设立水口山铅锌矿探勘队,成立中央炼铜厂、重庆炼铜厂,成立云南锡矿工程处,成立青海金矿办事处和四川金矿办事处。[①]“七七事变”后,原设于湖南、江西的厂矿内迁,中央炼铜厂由长沙迁往昆明,改称昆明炼铜厂。1938年资源委员会由军事委员会改隶经济部,旨在办理重要矿业。随着管制范围由湘赣、钨锑向粤桂、锡汞的扩大,1939年资源委员会成立锡业管理处,1941年成立汞业管理处。钨锑锡汞由1939年经济部《公布矿产品运输出口管理规则》,列为甲种矿品,1940年公布《非常时期查缉处罚私贩私运甲种矿产品暂行办法》。资源委员会相关企事业单位见表11-40。

① 资源委员会编:《资源委员会沿革》,1947年油印本,见许涤新、吴承明主编:《中国资本主义发展史》第3卷,人民出版社1993年版,第111—112页。

表 11-40　资源委员会所属有色金属冶炼工业企事业单位(1945 年年底)

行业、单位名称		成立年月	地点	经营方式	说明
铜铅锌铁矿业	滇中矿务局	1939 年 2 月	云南易门	参加经营并主办	云南省府参加经营
	滇北矿务局	1939 年 3 月	云南会泽	参加经营并主办	—
	康黔钢铁事业筹备处	1943 年 6 月	贵州威宁	独资经营	—
	川康铜铅锌矿务局	1944 年 7 月	四川成都	独资经营	—
钨锑锡汞矿业	锑业管理处	1936 年 1 月	湖南零陵	独资经营	—
	钨业管理处	1936 年 3 月	江西大庾	独资经营	辖湖南及广西两分处
	国外贸易事务局	1938 年 9 月	四川重庆	独资经营	辖纽约分所
	平桂矿务局	1938 年 10 月	广西八步	参加经营并主办	广西省府参加经营
	锡业管理处	1939 年 2 月	广西桂林	独资经营	辖湖南分处
	云南出口矿产品运销处	1939 年 11 月	云南昆明	独资经营	云南省府及中国银行参加经营
	云南锡业公司	1940 年 9 月	云南昆明	—	—
	锑品制造厂	—	贵州贵阳	独资经营	—
	汞业管理处	1941 年 5 月	湖南晃县	独资经营	—
	新疆钨矿工程处	1944 年 7 月	新疆伊宁	独资经营	已停顿

续表

项目 行业、单位名称		成立年月	地点	经营方式	说明
其他矿业	矿产勘测处	1942 年 10 月	四川重庆	独资经营	—
	湘黔金矿局	1944 年 4 月	湖南洪江	独资经营	—
	西康金矿局	1944 年 4 月	西康康定	独资经营	—

资料来源:《资源委员会公报》第 10 卷第 3—4 期,并参与其他资料补充,见许涤新、吴承明主编:《中国资本主义发展史》第 3 卷,人民出版社 1993 年版,第 503—504 页。

资源委员会的矿产统制和商业垄断经营,始于抗日战争全面爆发前,源于国民党政府推行的易货偿债外贸政策。国民党政府 1935 年与德国政府签订《中德经济合作条约》,并由资源委员会负责与德方签订 1 亿马克的信用贷款合同。中方用钨、锑、桐油、猪鬃等农矿产品来支付购买德国的军火、兵工厂和重工业设备的借款本息。其中矿产品的收购和运交由资源委员会负责办理,同时宣布对钨、锑等农矿产品实行贸易管制。苏联出于对钨砂等军事工业原材料的急需,1938 年至 1939 年先后与国民党政府签订了三个贷款易货协定,苏联贷款总额 2.5 亿美元给中方以购买苏联工业产品,中方以钨、锑、锡、汞、桐油、丝、茶等农矿产品各半偿付本息。为此,经济部 1939 年宣布对锡、汞实行贸易管制。英国继 1938 年取得中国的钨砂外销代理权之后,1939 年与中方签订借款合同,中方以农矿产品各半偿付本息。美国对有色金属矿产品需求最大,1940 年至 1941 年先后与中方签订了中美“华锡借款合约”“钨砂借款合约”“金属借款合约”,中方以钨、锑、锡矿产品依照纽约市场价格结算,借款购买美国工业品。

资源委员会于1936年在上海、汉口设立国外贸易事务所(1938年迁往香港),抗战时期在有色金属矿产品的产销方面,基本上是专门办理对美、英、苏的易货偿债贸易事宜。一方面,随着美国大量购置军需矿产,其对国际矿产贸易实现了全面控制,特别是产生了纽约市场与国际自由市场价格间的极大差异。这导致了中方在与美、英、苏的易货偿债贸易期间,数以亿元计的损失。另一方面,资源委员会的矿产管制和商业垄断,又带给它大量的垄断利润。据钱昌照记载,1936年7月至1939年3月,它以钨锑贸易盈余直接转作工业投资,数量达到840万元,占到资源委员会拨付工业建设经费总额的30%①,易货贸易展开后利益更为可观,如钨业管理处在1936年至1940年6月间的总盈余年达到5900多万元,是该处同期总支出的两倍以上。② 这种国内的垄断利润强化着国民党政府的矿产管制机构,支撑着它的外销偿债政策。③

资源委员会在生产方面并无更多作为。从有关生产单位来看,特种矿产的铜、铅、锌等的生产方面,以接收原有企业为主,生产方法和技术的改进并不显著,年产在数十吨至数百吨之间起伏不定。钨、锑、锡、汞等的生产方面,勉强生产少量汞、钼、铋和纯锡,其他依赖与地方政府合办的矿业公司。出于外销偿债的需要,在各类矿产品的复炼提纯方面则取得了技术性的进步。

抗战时期后方的有色金属生产,铜、铅、锌、汞全部官营,钨、锑

① 钱昌照:《两年半创办重工业经过及感想》,《新经济》第2卷第1期。

② 曹立瀛、陈锡嘏:《江西之钨业》,油印本。

③ 参见吴太昌:《国民党政府的易货偿债政策和资源委员会的矿产管制》,《近代史研究》1983年第3期。

全部民营,锡有官营有民营。抗日战争时期,国民党统治区几种主要矿产的生产情况如下。

(1)钨、锑矿。资源委员会的锑业管理处、钨业管理处在战前的1936年就已成立,抗战时期钨锑矿等重要军工原材料列入甲种矿品,依照1940年《非常时期查缉处罚私贩私运甲种矿产品暂行办法》实行严厉的统制。钨、锑、锡、汞等矿产品,战前用于与德国,战时全部用于与美国、苏联、英国易货偿债贸易,用于偿付军工设备和工业产品。

钨矿产地,集中在江西、广东、湖南三省,以江西省出产最多,常占全国总产量的65%—70%。1928—1933年的6年间,中国钨矿年产量在2180—9708吨,总产量39618吨。6年间年比重在36%—71%,平均占世界钨矿总产量79876吨的50%,占有非常重要的地位。抗战前有国营钨矿6家,民营钨矿30余家。钨矿产品由于产地采冶方法落后,多以钨砂出口,又以第一次世界大战期间出口数量最大。① 赣南17个县的钨矿生产,采取家庭作业制、合伙制、棚主制、小贩制、雇工制等生产组织制度,各制度之间或有混合。钨矿的生产方法分为采矿、洗选两大部分,均以手工土法进行。② 抗战时期,钨砂主要用于易货偿债贸易。国民党统治区钨砂产量1937年为14212吨,1939年减至11505吨,1943年为8973吨,1944年仅为3226吨,呈现递减之势,与战时运输成本高昂及美国抑制国际市场价格有关。抗战期间中国钨

① 杨德惠:《中国的钨矿业及贸易现状》,《商业月报》第16卷第8号,1936年8月31日,见陈真编:《中国近代工业史资料》第4辑,生活·读书·新知三联书店1961年版。

② 曹立瀛、陈锡嘏:《江西之钨矿业过去与现在》,国民党政府资源委员会1941年版,见陈真编:《中国近代工业史资料》第4辑,生活·读书·新知三联书店1961年版,第977页。

砂产量见表 11-41。

表 11-41　抗战时期国民党统治区钨砂年产量(1937—1944 年)

(单位:吨)

年份	1937	1938	1939	1940	1941	1942	1943	1944
产量	14212	13682	11505	9532	12915	11885	8973	3226

资料来源:李鸣龢等:《十年来之金属矿业》,见谭熙鸿主编:《十年来之中国经济》,中华书局 1948 年版,第 K4 页。

锑矿。1936 年资源委员会锑业管理处总处设于湖南长沙,在柏林、纽约、伦敦、汉口等地设立分处,对湖南锑业进行整理。1937 年实施湘锑专营,所有锑矿产品由管理处定价、收买,由该处统制卖出。后因锑商反对而修改了专营办法。

锑矿产地,集中在湖南省,矿山分布于 28 县,尤以新化县锡矿山开采最早产量最大,广东、广西等省有少量出产。1924 年中国锑产量占世界产量的 91%,1932 年年产 13675 吨占 74%,1936 年年产 17035 吨占 49%。其中又以湖南省产量占 90%以上。① 新化县锡矿山所产锑品质最高,纯度常在 99%以上,通称为新化锑。锑矿产品有纯锑、生锑和锑养(氧化锑),统计时折合为纯锑计算。1916 年至 1935 年,全国出口量合纯锑 373429 吨,湖南产锑合纯锑 340813 吨,超过 90%;自清光绪年间至 1940 年,湖南各锑矿总产量估计在 48 万吨,新化县锡矿山占 3/4。锑矿的生产以土法为主,仅湖南益阳板溪采用机器新式方法。锑矿开采采用包工制,有拌砂、收砂、收锑 3 种形式;锑矿冶炼的炼厂设立,有专设、独立和

① 张家佑:《中国锑矿之生产贸易及经营》,《中行月刊》第 16 卷第 5 期,1937 年 5 月。见陈真编:《中国近代工业史资料》第 4 辑,生活·读书·新知三联书店 1961 年版,第 982 页。

附设3个种类。锑矿贩运,在锡矿山有锑业商业同业公会的交易所,炼商与贩运商交易达成后,锑产品即运往长沙。①

抗战时期锑矿产品全部与美、苏等国的易货偿债贸易,锑矿产品的产量见表11-42。

表11-42 抗战时期国民党统治区锑矿品年产量(1937—1944年)

(单位:吨)

年份	1937	1938	1939	1940	1941	1942	1943	1944
产量	14597	9463	12017	8469	7989	3510	428	204

资料来源:李鸣龢等:《十年来之金属矿业》,见谭熙鸿主编:《十年来之中国经济》,中华书局1948年版,第K7页。

由表11-42可知,抗战时期锑矿产量呈现逐年下降之势,是由于战时中国出海交通阻断,陆路绕道昆明至越南海防或缅甸仰光出海,或空运至印度出口,运费昂贵。锑业管理处收购待运出的纯锑超过2万吨,采取了限产措施。1944年豫湘桂战役,湖南矿区陷于停顿,产量剧减。

锑矿的生产受限,矿产品的复炼提纯等技术则有进展。经济部矿冶研究所和资源委员会锑业管理处合作改进冶炼技术,在湖南零陵冷水滩设立精炼厂,发明了纯锑精炼的去砒技术,锑品纯度提高至99.8%,含砷量降至0.01%以下,适应了国际市场的要求。后来该厂迁建于重庆童家溪。

(2)锡矿。云南个旧是锡矿主要产区,广西贺县钟山等地、湖南江华临武等地、广东电白揭阳等县,以及江西的钨矿矿区,均有

① 程义法、曾省斋:《湖南之锑业》,《资源委员会季刊》1941年第1卷第2期,见陈真编:《中国近代工业史资料》第4辑,生活·读书·新知三联书店1961年版,第984—991页。

锡矿出产,当时探明储量约为纯锡 60 余万吨。资源委员会设立云南锡矿工程处,开凿深井试探个旧老厂锡矿。1935 年以后,锡矿品产量由 7000 吨增至 11000 吨,云南个旧开设炼锡公司,采冶配套并直接外销。经济部 1939 年公布《锡业管理规则》,指定资源委员会办理锡品的收购运销事宜,资源委员会与广西省政府合办平桂矿务局,与湖南省政府合办江华矿务局,与云南省政府、中国银行合资经营云南锡业公司。在广西桂林设立锡业管理处,江西设立分处,云南设立出口矿产品运销处。

平桂矿务局经营望高锡矿,附设有选矿设备和精炼厂,出产精锡纯度高,超过美国市场标准,成为平桂锡品牌。锡业管理处江西分处成立洪水寨、溧塘、仙鹅塘、下垅锡矿工程处 4 个单位,以新法探采。云南锡业公司在锡矿精炼方面采用加油结晶法、低熔法及加铝法,出产滇锡纯度超过 99.95%。1943 年至 1944 年,因太平洋战争爆发后运输困难和国际锡价低落,个旧锡业衰落,仅少量空运出口。后美国改以黄金易锡提高收价,个旧锡业乃稍见起色。抗战期间后方锡产量见表 11-43。

表 11-43　抗战时期国民党统治区锡矿品年产量(1937—1945 年)

(单位:吨)

年份	1937	1938	1939	1940	1941	1942	1943	1944	1945
产量	12075	14261	12530	9685	6949	8037	4422	1670	3344

资料来源:李鸣龢等:《十年来之金属矿业》,见谭熙鸿主编:《十年来之中国经济》,中华书局 1948 年版,第 K11 页。

(3)汞。产地主要集中在贵州铜仁、玉屏、八寨、三合,湖南晃县、凤凰、辰溪,四川酉阳、秀山,云南保山,均为产汞区域。贵州铜仁万山司汞矿开采早规模大,有省营万山硃砂局,以土法采掘冶炼水银,汞的年产量为数十吨。1939 年,资源委员会管理特种矿产

汞,统管贵州、湖南、四川汞业,1941年合并贵州矿务局、湖南汞业管理处和四川分处,在湖南晃县成立汞业管理处。资源委员会接收了贵州省营万山硃砂局,设立茉莉坪三八等矿厂,接收湖南凤凰猴子坪汞矿,接收酒店塘汞矿设立为三雀湾矿厂,收购云南保山汞矿所产水银。在三省统一采收运销,收购或自采矿砂提炼为水银以铁罐装运,作为易货偿债贸易矿品销往国外。抗战时期汞产量见表11-44。

表11-44　抗战时期国民党统治区汞年产量(1937—1945年)

(单位:罐)

年份	1937	1938	1939	1940	1941	1942	1943	1944	1945
产量	1755	638	4901	2639	3480	4727	3422	2978	1733

资料来源:李鸣龢等:《十年来之金属矿业》,见谭熙鸿主编:《十年来之中国经济》,中华书局1948年版,第K13页。

(4)铜矿。铜的集中产地有云南巧家等地,西康会理等地,湖北大冶等地,四川彭县,贵州威宁,吉林磐石等地。为开采以云南东川、四川彭县、湖北大冶阳新和湖南省等地的铜铅锌矿,资源委员会1936年成立了彭县铜矿筹备处、阳新大冶铜矿探勘队,1937年设立了长沙中央炼铜厂和重庆炼铜厂。战时中央炼铜厂迁至昆明,扩充为设备完善的昆明炼铜厂。1939年设立滇北矿务局、滇中矿务局,统制云南省的铜铅锌矿、管制其生产和运销。1938年成立川康铜业管理处,1944年改为川康铜铅锌矿务局,勘探和开采川康地区铜铅锌矿产资源。

与铜矿采冶有关的厂矿情况:

(1)滇北矿务局。1939年由资源委员会和云南省政府合办,接收原东川矿业公司并加以整理。厂矿位于云南会泽、巧家,主要经营云南东川铜铅锌矿采冶与运销。其勘探业务有汤丹铜矿厂、

落雪铜矿厂等单位，并收买巧家、永北、易门等地土矿产铜。以土法开采铜矿砂并冶炼粗铜，后在东川自建12吨反射炉，也提炼少量精铜。所属会泽精炼厂1942年改由昆明炼铜厂接办。1944年产量为粗铜200余吨，还生产净锌、净铅及副产品，是战时后方主要铜业厂矿。

（2）川康铜铅锌矿务局。1938年资源委员会成立川康铜业管理处，1944年改为铜铅锌矿务局，位于四川成都。经营川康境内的铜矿采冶，其厂矿有荥经的聚坝铜矿、会理的炉厂铜矿、越嶲的芍药槽铜矿。彭县铜矿筹备处于1940年设立临时炼铜厂，年产粗铜约40吨，后交由川康铜铅锌矿务局接管。

（3）昆明炼铜厂。原为1937年资源委员会开设的长沙临时炼铜厂（中央炼铜厂），战时迁至云南昆明，改为昆明炼铜厂。初收购废旧铜币、存铜加以复炼，后接办滇北矿务局东川铜矿所属会泽精炼厂，以矿务局所产粗铜为原料炉炼精铜，还生产纯锌、纯铅等。设备较为先进完备，其机械化电炼技术设备标志着近代有色金属矿冶业水平。

（4）电化冶炼厂第一厂。原资源委员会设立重庆炼铜厂，收购川康一带废旧存铜加以复炼，位于重庆綦江。1942年扩充改组为电化冶炼厂第一厂，生产炉炼精铜、电炼精铜以及纯锌及其副产品。

以上主要铜厂矿战时的生产土法为主、困难重重，但也为军工企业提供了原材料，国民党统治区铜产量见表11-45。

表11-45　抗战时期国民党统治区铜矿品年产量（1937—1946年）

（单位：吨）

产品＼年份	1937	1938	1939	1940	1941	1942	1943	1944	1945	1946
精铜、粗铜	202	447	1230	1078	894	616	500	185	454	100

续表

产品\年份	1937	1938	1939	1940	1941	1942	1943	1944	1945	1946
电解铜	—	—	437	1240	697	566	533	534	556	91

资料来源:李鸣龢等:《十年来之金属矿业》,见谭熙鸿主编:《十年来之中国经济》,中华书局1948年版,第K18页。

日占区的日资铜矿,日军在东北地区建立一些掠夺性的铜矿和冶炼厂,有吉林天宝山铜矿、吉林磐石铜矿等。安徽铜官山铜矿也沦落日军之手。日军在台湾占据金瓜石铜矿,建造了齐备和先进的选矿与冶炼设备。日本占领时期达到3578—6954吨的铜产品年产量。①

铅锌矿。主要产地有湖南长宁水口山,西康会理天宝山,云南会泽矿山厂等地。铜铅锌矿常相伴而生,因此战时资源委员会设立的滇北矿务局、厂矿铜铅锌矿务局、昆明炼铜厂、重庆炼铜厂等也都有铅、锌矿开采和矿产品冶炼生产。

铅锌矿主要矿厂情况:

(1)湖南常宁水口山铅锌矿,1906年最早采用机械生产,民国时期产量较大。1940年遭受日军飞机轰炸,2年后恢复生产。水口山铅锌矿矿石含铅锌和银,在湖南本地设炼铅厂和炼锌厂加以冶炼,出产纯铅、纯锌和银、金、铜等副产品。产量见表11-46。

表11-46 抗战时期湖南常宁水口山铅锌矿品年产量(1937—1942年)

矿产品\年份	1937	1938	1940	1941	1942
纯铅(吨)	2452.82	1203.03	1011.03	1145.07	1074.57

① 参见秦浩:《中国的铜》,《申报》1948年11月22日,见陈真编:《中国近代工业史资料》第4辑,生活·读书·新知三联书店1961年版。

续表

矿产品＼年份	1937	1938	1940	1941	1942
纯锌(吨)	756.96	470.13	110.60	207.55	196.26
银(市两)	120825.51	77862.67	—	73744.42	35396.96
金(市两)	81.20	67.23	—	—	—
纯铜(吨)	0.44	—	—	—	—

资料来源:李鸣龢等:《十年来之金属矿业》,见谭熙鸿主编:《十年来之中国经济》,中华书局1948年版,第K20—K21页。1939年因迁址建厂停工无产量。

(2)西康会理天宝山锌矿。川康铜铅锌矿务局前身铜业管理处,1938年接收西康会理天宝山锌矿,与西康市政府合营。该矿原以产白银著称,后开采锌砂,运至益门炼厂以土法提炼净锌,纯度达99.8%以上。净锌产量,1942年118吨,1943年141吨,1944年162吨,1945年上半年92吨。

(3)云南东川矿山铅锌矿。滇北矿务局所属东川铜矿也设有铅锌矿冶炼设备,出产净锌、净铅及密罗僧、白银、硫黄等副产品见表11-47。

表11-47 抗战时期云南东川矿山铅锌矿品年产量(单位:吨)

产品＼年月	1939年3—12月	1940	1941	1942	1943	1944	1945年1—6月
净铅	267	100	260	94	183	161	55
净锌	43	11	12	60	44	72	61

资料来源:李鸣龢等:《十年来之金属矿业》,见谭熙鸿主编:《十年来之中国经济》,中华书局1948年版,第K22页。

辽宁锦西杨家杖子铅矿、安东北井子铅矿,热河五家子铅矿等位于东北地区,"九一八事变"后由日本占据和开发经营。

铝矿。铝是制造飞机等其他的工业原料,主要产地有山东淄川、博山,云南昆明、安宁,贵州贵筑、修文,产铝矾土;辽宁复县产铝黏土;河北滦县产铝页岩。浙江平阳、安徽庐江,产明矾。抗战时期昆明炼铜厂和矿冶研究所,已经能够提炼纯铝,1944 年产纯铝 300 公斤。山东淄博、河北滦县和辽宁复县、抚顺的铝矿矿区,落入日军之手,遭受采冶掠夺。

金矿。抗战时期后方金矿的经营,是在国民党政府黄金管制政策下进行的。经济部公布了《非常时期采金暂行办法》《增加金产办法》《加紧收金办法》等法规,成立国营金矿公司,颁布《协助民营金矿办法》《监督民营矿办法》等法规,促进民营金矿开采。1939 年经济部设立采金局,中、中、交、农四行设立收兑金银处。采金局筹划后方各省金矿的开采,重点在四川、西康、湖南和青海四省并推广到其他省份,设有采金处、矿产勘测处或勘探队。资源委员会成立了青海金矿办事处、四川金矿办事处、湘黔金矿局、西康金矿局。成立的金矿公司有四川的国福公司,西康的富康、木里公司,湖南的国新、国安公司。

1938 年后方各省金矿产量为 983 公斤,1939 年猛增至 9844 公斤,1940 年为 8348 公斤。从 1941 年起因物价上涨、金价官定,产量减少至 2630 公斤,1942 年更缩减至 300 余公斤。1943 年取消《买卖黄金法令》,1944 年采金局裁撤并由资源委员会接管,试图鼓励民间经营、促进金矿开采复苏。国民党政府的矿业政策措施,重在管制和收兑,金矿生产的手工土法程度没有改进。其他有色金属矿产的采冶中也有一些金银贵金属的副产品。

(二)国民党统治区有色金属矿冶业的消长变化

抗日战争结束后,国民党政府在东北、华中和台湾等地接收和控制多数的有色金属矿冶企业。民营矿业则一落千丈、丧失殆尽。

钨锑矿。国民党政府收复江西、广东等省矿场，制定《钨锑收购条例》，资源委员会和经济部会同呈准取消锡、汞管制，相关矿产管理机构调整为第一、二、三区特种矿产管理处，分别管辖江西、湖南和广东、广西两省境内的钨锑矿。对江西、广东钨矿积极恢复，1947 年可产钨砂五六千吨。经济部中央地质调查所派人调查湖南、广西、广东、江西钨矿，在江西南丰发现钨矿，并划定河北东部各县的钨矿区为国营保留区。

资源委员会第二特种矿产管理处在湖南省展开整顿，扩充国营锑矿，收买民营矿区以集中开采。同时筹建共用排水设施，便利民营矿区。在新化锡矿山筹办 2 家炼锑厂，就地收购锑矿砂，改进纯锑提炼方法，以适合国际市场标准。经济部还将长沙岳麓山锑矿划归国营，接收经营广东乳源县 4 个矿区。1947 年湖南的锑产量恢复到 2000 吨以上。①

锡矿。国民党政府取消锡矿管制，云南锡业公司和个旧锡矿陆续整理复产，广西锡业也有所进步，1947 年滇锡产量可达 3000 余吨。

铅锌矿。日军在东北占据经营的辽宁锦西杨家杖子铅矿、安东北井子铅矿，热河五家子铅矿等，抗战胜利后由国民党政府接收，很快回到共产党军队的手中。

汞。抗日战争结束后，汞业取消管制，资源委员会汞业管理处改组为西南汞矿局，办理国营汞矿的采炼。后将国营的贵州铜仁汞矿区移交黔东民生企业公司经营，玉屏汞矿区移交益民公司经营，湖南晃县酒店塘矿区出租予本善公司经营。

铝矿。国民党政府接收了 2 家台湾炼铝厂，设立台湾铝业公

---

① 李鸣龢等：《十年来之金属矿业》，见谭熙鸿主编：《十年来之中国经济》，中华书局 1948 年版，第 K7—K8 页。

司,复产后年产铝锭 2 万吨,还接收了山东淄川炼制氧化铝厂、辽宁炼铝厂 1 座。

铜矿。日军抗战时期在东北地区建立的一些掠夺性的铜矿和冶炼厂,有吉林天宝山铜矿,吉林磐石铜矿,在关内掠夺的安徽铜官山铜矿、台湾金瓜石铜矿等,抗战结束后,这些铜矿由资源委员会接收,成立东北金属矿业公司(辖 8 个矿厂)、台湾金铜矿务局。由于形势剧变,除台湾铜矿外,余均未正式恢复生产经营。①

1947 年年底资源委员会鼎盛时,支配有色金属矿业单位 12 个,管辖附属单位共 50 家,员工人数共计 16238 人。详情见表 11-48。

表 11-48　资源委员会支配的有色金属矿业单位(1947 年 12 月)

项目 单位名称	地址	附属单位数	员工人数	职员人数		工人人数	
				技术人员	管理人员	技术工人	普通工警
东北金属矿业有限公司	沈阳	8	681	53	134	184	310
山东铝业公司筹备处	青岛	2	52	8	21	7	16
华中矿务局	南京	5	1155	27	91	368	669
台湾金铜矿务局	基隆	1	2287	78	62	1425	722
台湾铝业公司筹备处	高雄	2	1107	70	59	348	630
第一区特种矿产管理处	赣县	8	1658	81	409	181	987
第二区特种矿产管理处	长沙	5	1490	100	185	349	856
第二区特矿处锑品制造厂	长沙	1	269	18	32	117	102
第三区特种矿产管理处	广州	6	686	53	158	152	323
平桂矿务局	八步	4	2134	33	132	525	1444
滇北矿务局保管处	会泽	3	946	3	17	3	923

① 参见秦浩:《中国的铜》,《申报》1948 年 11 月 22 日。

续表

项目 / 单位名称	地址	附属单位数	员工人数	职员人数		工人人数	
				技术人员	管理人员	技术工人	普通工警
云南锡业股份有限公司	昆明	5	3773	93	128	1	3552
总计	—	50	16238	617	1428	3660	10534

资料来源:国民党资源委员会编:《复员以来资源委员会工作述要》,1948 年印行,第 2—17 页,见陈真编:《中国近代工业史资料》第 3 辑,生活·读书·新知三联书店 1957 年版,第 875—876 页。

五、化学工业

(一)抗日后方化学工业的迁入和兴办

抗日战争全面爆发前,中国化学工业的基础化工和日用化工两部分得到了长足的发展,民国化工专家叙述道:“基本化学工业之基础,于焉确定。”官营兵工厂的制酸工业改良增产,民间铅室法硫酸工业在南北及西部均有立足,塔式法、接触法与电气沉淀法生产硫酸的设备已告建成;制碱工业技术上续有进步,苏尔维工厂及电解工厂生产烧碱均能多量供给;电解食盐工业扩展,漂白粉、盐酸、氯气毒气实现自给;氮气工业建立,已能够规模化生产人造肥料、纯硝酸、硝酸物、硫酸物及纯硫酸与液体氨。基础化工下游和周边的广义化学工业,如化学制药、钾肥磷肥、煤气与液体燃料、植物油提炼、酒精、硫化染料、油漆油墨、造纸、橡胶、火柴、玻璃珐琅、耐火窑业、水泥和制糖等业,发展之势蒸蒸向荣。“国防民生,胥是赖之。”①但是日军侵略打破了发展进程,沿海沿江地区工厂

① 吴承洛:《三十年来之化学工程》,见吴承洛主编:《三十年来之中国工程》,中国工程师学会 1948 年再版,第 34—35 页。

历经劫难、被迫迁往后方。塘沽永利碱厂和久大精盐厂、沪西天原电化厂和天利氮气厂等化工支柱企业,无不遭受损毁和劫掠。尤为可惜的,1937 年 1 月刚刚投产的综合性全能型化工企业永利南京硫酸铔厂,遭受三次轰炸,仅迁出一小部分,1937 年年底遭日军占领,1939 年由日伪更名为“永利化学工业株式会社浦口工业所硫铵工厂”予以经营,1942 年 1 月全套硝酸设备被日军拆卸至其国内。

原中央研究院 1938 年 11 月调查,内迁化学工业工厂 39 家,集中迁往重庆,见表 11-49。表 11-49 中开工情况 1939 年以后有所改变。

表 11-49 内迁化学工业工厂

厂名 \ 项目	原厂址	迁址	迁移设备(吨)	开工情形
永利化学公司	南京	重庆	910.9	—
天原电化厂	上海	重庆	375.9	—
天利氮气厂	上海	重庆	49	—
家庭工业社	上海	重庆	28	已开工
中华化学玻璃厂	上海	重庆	38.7	—
久大精盐厂	上海	重庆	85	—
龙章造纸厂	上海	重庆	400	—
中国铅丹厂	上海	重庆	4.3	—
中央赛璐璐厂	上海	重庆	42	—
中国工业炼气公司	上海	重庆	25.9	—
益丰搪瓷厂	上海	重庆	35.7	已开工
天盛陶瓷厂	上海	重庆	109	—
瑞华玻璃厂	上海	重庆	19	已开工

续表

项目 / 厂名	原厂址	迁址	迁移设备（吨）	开工情形
新亚药粉厂	上海	重庆	21.7	—
中法药厂	上海	重庆	9.5	已开工
中国窑业公司	上海	长沙	180	—
大新荣橡胶厂	上海	桂林	18.6	—
中国工商谊记橡胶厂	上海	柳州	204.9	已开工
大中橡胶厂	上海	湘潭	31	—
海普制药厂	上海	重庆	—	—
汉中制革厂	武汉	重庆	41.3	—
建华油漆厂	武汉	重庆	69.5	—
特四区冰厂	武汉	重庆	60	—
玻璃车光厂	武汉	重庆	8	—
科学仪器馆化学药品厂	武汉	重庆	6	—
汉光玻璃厂	武汉	重庆	10	—
光锺锰粉厂	武汉	重庆	90	—
民康实业公司	武汉	重庆	22	—
植物油厂	武汉	重庆	12	—
三星工业社	武汉	重庆	9	—
华中制药厂	武汉	辰溪	20	—
沪汉玻璃厂	武汉	衡阳	26.5	—
应城石膏厂	武汉	老河口	55	—
华中水泥厂	武汉	辰溪	2262	—
民生药房	汉口	常德	7.8	—
中国植物油厂	汉口	沅陵	500	—
福源油厂	汉口	老河口	39	—

续表

项目 厂名	原厂址	迁址	迁移设备(吨)	开工情形
财政部造纸厂	汉口	重庆	—	即可开工
江西光大实业公司	—	桂林	160	—

资料来源:中央研究院社会科学研究所主编、郑伯彬等编:《沦陷区经济概览》,国民党政府经济部资源委员会1941年油印本,第A5399—A5400页。顺序依原厂址做了调整。

1. 基础化学工业工厂

至1940年,化学工业内迁工厂有60家,主要分布在四川(40家)和湖南、广西和陕西等省,内迁技工1408人。① 民营厂的内迁和复工得到政策支持,1938年经济部部长翁文灏表示鼓励民营,"人民办理已有成绩之化学、机械、电工、纺织、造纸等工业,皆当由社会有志人士出而负责推进"。天原电化厂、久大精盐厂和永利化学公司等工厂在后方选址重建工厂、恢复生产。战时后方较具规模的制酸工厂、制碱工厂见表11-50、表11-51。

表11-50 抗战时期大后方制酸工厂

省别	工厂	设备
四川	中央工业试验所纯粹化学药品制造实验工厂	精制酸类全套设备
四川	中央制药厂	精制酸类设备
四川	中国造酸公司	铅室2间,焚硫炉4座,浓缩炉1座
四川	蔡家场制酸合作社	铅室1间,焚矿炉1座,设备1套

① 林继庸:《民营厂矿内迁纪略》,1942年版;国民党政府经济部:《经济统计月报》第4期,1947年版。均系1940年统计数。

续表

省别	工厂	设备
四川	广益化学工厂	铅室2间,蒸发炉1座
四川	裕川化学工厂	铅室1间,焚矿炉1座,浓缩设备1套
四川	建业化学工厂	铅室1间,焚矿炉1座,浓缩设备1套
四川	沅记永源硫酸厂	旧式铅室1间,焚矿炉1座,浓缩设备1套
四川	天原电化厂	Allen-Moore式电槽50只,三效蒸发器全套,石英炉1座
贵州	大众酸碱厂	铅室1间,浓缩锅1套
贵州	新筑制酸厂	铅室1间,浓缩锅1套
云南	大利造酸厂	铅室1间,焚硫炉1套,锅炉1座,盐酸炉灶3座
云南	昆明造酸厂	铅室3间,浓缩炉1座
江西	江西硫酸厂	采用钒金接触法,设备不详
浙江	浙江省化学工厂	烧矿炉8座,硝石炉1座,除尘室1间,铅室1间,铅塔2座,提浓室2间
陕西	集成三酸厂	铅台1间,焚硫炉1座,浓缩炉1座,盐酸炉硝酸炉各1座
湖北	湖北硫酸厂	铅室1间,浓缩设备1套
广西	两广硫酸厂	新式铅室法制硫酸设备全套,电气除尘机1台,遭敌机轰炸停工

资料来源:李尔康:《我国酸碱工业之概况与展望》,《经济建设季刊》1943年第1卷第4期。

表11-51　抗战时期大后方制碱工厂

省别	工厂	设备
四川	天原电化厂	Allen-Moore式电槽50只,三效蒸发器全套,石英炉1座
四川	永利化学工业公司川厂	改良路布兰法生产设备,增加石灰窑、碳化塔、煅烧炉。“侯氏碱法”试验装置

续表

省别	工厂	设备
四川	瑞华公司碱厂	粉碎机1台,反射炉2座,浸出槽4个,锅炉3座,蒸汽机1台
四川	友联化学社	鼓风机1台,反应炉1座
四川	裕民碱厂	离心机、碎石机、煤气机各1台
四川	同益碱厂	碾末机、打碎机、泵、蒸汽机各1台
四川	开济碱厂	碎石机、碾末机、卧式蒸汽引擎各1台
四川	嘉裕碱厂	碎石机、粉碎机、蒸汽机各1台,锅炉1座
四川	庆华颜料厂	硫化碱炉1座,硫化碱锅3个,锅炉2座,粉碎机蒸汽机各1台
四川	克太化学工业社	碎石机1台,反射炉1座
四川	利民碱厂	路布兰法生产纯碱的设备
四川	利国公司制碱厂	路布兰法生产纯碱的设备
四川	重庆坚泰碱厂	路布兰法生产纯碱的设备
四川	西南化学工业制造厂	路布兰法生产纯碱的设备
四川	开源碱厂	路布兰法生产纯碱的设备
云南	资源委员会昆明化工材料厂	—
宁夏	立达精碱公司	路布兰法生产纯碱的设备
浙江	浙江省化学工厂	碱厂尚在装置中

资料来源:李尔康:《我国酸碱工业之概况与展望》,《经济建设季刊》1943年第1卷第4期。永利川厂、利民、利国、坚泰、西南、开源和立达各厂情况,参考陈歆文:《中国近代化学工业史》,化学工业出版社2006年版,第57—60页。

从表11-50、表11-51可见,后方酸碱制造厂集中在四川省(含重庆),18家制酸厂有9家在四川,18家制碱厂有15家在四川。战时基础化工厂数达到乃至超过战前数量,而规模基本上不及战前,总产量甚至不及战前一家大厂。制酸工业以中央工业试验所纯粹化学药品制造实验工厂最具实力,该所隶属于经济部,在

重庆下设有制革、耐火材料(窑业)、纯化(酸类)和油脂4个实验工厂,投资484万元。纯化实验工厂生产盐酸、硝酸和硫酸等“三酸”外,还生产电瓶酸、醋酸钾、醋酸钠等。按照当时的广泛定义,中央工业试验所的4个实验工厂,也都属于化学工业。① 民营制酸厂以吴蕴初的天原电化厂最为令人瞩目,内迁设厂于重庆及宜宾,不但生产盐酸,还产烧碱和漂白粉,其电解法较为先进。电解化工还促进了电热、电池、电镀等业初步发展。1943年增资至1000万元,在后方工业中出类拔萃。

制碱工业以永利化学工业公司川厂为首要。1937年年底,永利公司塘沽厂落入日本旭硝子株式会社之手,范旭东率职工辗转迁至乐山县五通桥建设化工新基地。为适应战时环境和地方条件,先是改良路布兰法以提高纯碱产量,后在察安法基础上另寻新法,化学家侯德榜终于在1943年试验成功“侯氏碱法”。侯氏碱法能够同时制造碳酸钠和氯化铵,把制碱工业和合成氨工业合二为一,食盐的利用率高达98%,化工技术达到世界先进水平。②

中国化学工业“南吴北范”的传奇在战时后方继续。吴蕴初的天字号化工集团自成体系,天原电化厂复工,天利氮气厂和天盛陶器厂迁渝,天厨味精厂设香港厂和川厂投产。范旭东、李烛尘和侯德榜的永利厂在犍为开办了碱厂、炼油厂、机械厂、电厂、陶瓷厂和煤矿,久大厂设立精盐厂、电厂和机修厂,加上黄海化学工业研究社,形成永久黄化工集团。基础化学工业获得恢复和发展的同时,它的下游和周边工业,如酒精、动力燃料、煤膏、植物油压榨和

---

① 四联总处编:《工商调查通讯》第122号,1942年10月。见陈真编:《中国近代工业史资料》第3辑,生活·读书·新知三联书店1961年版,第832—833页。

② 参见陈歆文:《中国近代化学工业史》,化学工业出版社2006年版,第58—65页。

提炼轻油替代柴油、润滑油、油漆油墨、油酸、硫化染料、制药、化妆品、肥皂、蜡烛、造纸、橡胶、胶木及赛璐璐、火柴、炸药、电瓷、玻璃、耐火材料和水泥工业,就是当时广义上的化学工业,也得到了顽强的发展,支撑着后方生产生活和前方抗战。

2. 官营厂和民营厂

后方官营化学工厂,经济部所属中央工业试验所纯粹化学药品制造实验工厂的4个厂之外,主要是资源委员会所属相关企事业,见表11-52。

表11-52 资源委员会所属化学工业企事业单位

项目 厂名	成立时间	厂址	职员数	工人数	备注
动力油料厂	1939	四川重庆	209	1006	兵工署参加经营
犍为焦油厂	1940	四川犍为	—	—	独资
昆明化工材料厂	1940	云南昆明	42	28	独资
甘肃化工材料厂	1943	甘肃兰州	26	33	甘肃酒精厂改组
重庆耐火材料厂	1941	四川重庆	36	44	独资
江西硫酸厂	1941	—	—	—	江西省政府参加经营;已停顿
裕滇磷肥厂	1942	云南昆明	—	—	云南经济委员会、中国银行参加经营
北泉酒精厂	1941	四川北碚	45	158	液体燃料管理委员会参加经营
四川酒精厂	1938	四川内江	52	204	四川省政府参加经营
资中酒精厂	1939	四川资中	58	154	独资
泸县酒精厂	1940	四川泸县	77	189	独资
云南酒精厂	1940	云南开远	27	27	云南省政府参加经营
褒城酒精厂	1942	陕西褒城	17	84	独资

续表

厂名＼项目	成立时间	厂址	职员数	工人数	备注
咸阳酒精厂	1941	陕西咸阳	35	72	独资
益门动力酒精厂	—	西康会理	—	—	辖泸沽支厂,西昌行辕参加经营
甘肃水泥公司	1941	甘肃永登	22	8	甘肃省政府、中国银行参加经营
贵州水泥公司	—	贵州贵阳	—	—	贵州企业公司参加经营
江西水泥公司	—	江西泰和	—	—	江西省政府参加经营
华新水泥公司	—	云南昆明	—	—	云南省政府、商股参加经营

资料来源:《资源委员会公报》第10卷第3、4期。以上不含生产化工产品的兵工厂。

表11-52列19家企业基础化工仅江西硫酸厂1家,其他属下游化工工厂,又以8家各省酒精厂、4家各省水泥厂居多数,反映了战时需要带给行业的特点。酒精厂和水泥厂多数有省政府参加经营,是后方官营业中地方政府经营化学工业的具体表现。

后方民营化学工业,所获发展仅次于机械工业,至1944年有工厂1353家,资本11.127亿元(折战前币值1.11亿元),工人64530人。1938年和1939年是投资高峰,缘于内迁工厂的复工;1940年以后设厂数增加,资本规模则趋于小型化,厂均工人不到48人,为数众多的是资本不到战前币值1万元或雇工不到30人的工场。① 由于化学工厂定义广泛,民营厂中属于酸碱基础化工和水泥工业的为数有限,大多数属于下游的日用化学工业和周边工业。正如机

① 李紫翔:《大后方的民营工业》,《经济周报》第2卷第7期,1946年2月。9

械工业中从事机器修配、五金铸造的小厂,这些战时小型民营化工厂并不构成重化工业的支柱。

3. 化学工业的艰难发展

民国时的化工专家对"抗战建国"时期的后方化学工业概括道:"化学工业之发展,就多方比较,仅次于机械工业。基本化学工业,如酸类工业、电化工业,迁厂之中,既各具规模,而制碱工业与氮气工业,终有远大之建设,旧式碱类出产,亦能供给临时需要",相关的酒精、动力燃料、煤膏、植物油压榨和提炼轻油替代柴油、润滑油、油漆油墨、油酸、硫化染料、制药、化妆品、肥皂、蜡烛、造纸、橡胶、胶木及赛璐璐、火柴、炸药、电瓷、玻璃、耐火材料和水泥工业,就是当时广义上的化学工业,也各有所发展,"凡国防与民生所需之化学工业,其在后方,或已能自给,或渐能自给,或在力谋自给之中,或在图谋永久建设过程"。① 抗战后方主要化工产品,以酸、碱、酒精和水泥为典型,其产量和产值估计见表11-53。

表 11-53　抗战后方主要化工产品产量和产值(1938—1945 年)

产品 \ 年份		1938	1939	1940	1941	1942	1943	1944	1945
酸	产量(吨)	272	198	595	685	1006	1007	1193	600
	产值(万元)	4	3	9	11	16	16	18	7
	其中民营(万元)	4	3	9	10	14	14	15	6

① 吴承洛:《三十年来之化学工程》,见吴承洛主编:《三十年来之中国工程》,中国工程师学会 1948 年再版,第 35 页。

续表

产品	年份	1938	1939	1940	1941	1942	1943	1944	1945
碱	产量(吨)	520	940	1486	2079	2263	3251	6101	3342
	产值(万元)	13	23	36	50	54	78	146	80
	其中民营(万元)	13	23	35	47	51	73	135	72
酒精	产量(万加仑)	30	81	459	616	935	1072	1073	1622
	产值(万元)	73	195	1102	1478	2245	2572	2575	3893
	其中民营(万元)	55	125	771	1079	1401	1414	1468	2258
水泥	产量(吨)	21498	48794	50479	25429	39843	35088	40644	42230
	产值(万元)	86	195	202	102	159	140	163	169
	其中民营(万元)	86	195	202	102	156	131	143	144

注:产值按 1933 年不变价格估计,根据巫宝三等:《中国国民所得,一九三三年》,1947 年版。

资料来源:吴太昌:《抗战时期国民党国家资本在工矿业的垄断地位及其与民营资本比较》,《中国经济史研究》1987 年第 3 期,表 7-2;原据经济部统计。

通过这 4 种化学工业产品的产量、产值和民营厂所占的份额,可见后方的化学工业从无到有,主要是靠民营厂从内迁到复工的努力和政府的扶持,直到支持抗战获得胜利,民营工厂的产量和产值仍占有主要的比重。

1942 年数值在战时较为具有代表性。将表 11-53 中酸、碱和水泥 3 种产品的 1942 年产值,与战前 1936 年全国(不含东北)相关产值进行比较。按 1933 年不变价格计算,1936 年酸、碱、水泥

的产值分别是195万元、1693万元、2121万元①,1942年则分别是16万元、54万元和159万元。战时酸产值为战前的8.2%、碱仅占到3.2%、水泥占7.5%。据统计,战时基础化工厂数达到乃至超过战前数量,但产量产值、资本规模远不及战前。既表明日军全面侵华对中国化学工业的极大损毁,也可见中国官民发展经济支持抗战的艰苦卓绝的斗争。

(二)国民党统治区化学工业的复员与消长变化

抗日战争胜利后,化学工业企业和生产的恢复有三个环节:政府接收、民营厂复员和新建工厂。从资源委员会战后支配的化学工业单位情况看,接收敌伪产业是首要环节(见表11-54)。

表11-54　资源委员会支配的化学工业单位(1947年12月)

项目 单位名称	地址	附属单位数	员工人数	职员人数		工人人数	
				技术人员	管理人员	技术工人	普通工警
沈阳化工厂	沈阳	2	433	43	50	218	122
沈阳橡胶厂	沈阳	分厂4 通讯处1	951	105	121	542	183
葫芦岛硫酸厂	葫芦岛	—	205	16	26	91	72
天津化学工业有限公司	天津	分厂2 办事处1	971	63	61	101	746
中央化工厂筹备处	上海	2	323	45	66	77	135

① 战前1936年产值据徐羽冰:《中国基本化学工业之现状》(1935年),李尔康:《我国酸碱工业之概况与展望》(1943年),顾葆常:《十年来之化学工业》(1948年),见陈真编:《中国近代工业史资料》第4辑,生活·读书·新知三联书店1961年版,第498—526页。

续表

项目 单位名称	地址	附属单位数	员工人数	职员人数		工人人数	
				技术人员	管理人员	技术工人	普通工警
中央铔肥有限公司筹备处	南京	办事处 1	40	10	14	1	15
资川酒精厂	资中	营业所 2 通讯处 3	434	26	68	92	248
台湾肥料有限公司	台北	分厂 5 办事处 1	1714	95	167	683	769
台湾碱业有限公司	高雄	分厂 3 办事处 2	1527	115	159	291	962
锦屏磷矿公司	海州	通讯处 1	583	1	24	19	539
台湾糖业有限公司	台北	分公司 4 糖厂 36	21638	2887	2477	8449	7825

资料来源：国民党资源委员会编：《复员以来资源委员会工作述要》，1948 年印行，第 2—17 页，见陈真编：《中国近代工业史资料》第 3 辑，生活·读书·新知三联书店 1961 年版，第 877 页。中央铔肥有限公司筹备处的员工人数依据分项相加予以修改。

具体地依次看三个环节的情况，以硫酸厂为典型。战后 1948 年的调查，全国有硫酸制造厂 30 余家，分布于上海、浦口、天津、唐山、梧州、广州、太原、西安、兰州、成都、重庆、贵阳、昆明、丽水、恩施、葫芦岛、抚顺、鞍山、大连、宫原、沈阳、台北等地，其中规模较大者 20 厂情况见表 11-55。

表 11-55　国民党统治区硫酸工厂

项目 厂名	厂址	创设年份	经营方	年产量（吨）	开工情况
江苏药水	上海	1901	美商	4000	可年产 2300 吨
开成	上海	1933	民营	5400	未复工

续表

项目 厂名	厂址	创设年份	经营方	年产量(吨)	开工情况
新业	上海	1947	民营	3500	未开工
永利	浦口	1936	民营	36000	日产60—70吨
利中	天津	1933	民营	1350	已复工
梧州	梧州	1932	官营	3600	未复工
广东硫酸苏打	广州	1933	官营	7300	未复工
西北	太原	1937	官营	7300	不详
集成	西安	1935	民营	500	开工
兰州化工	兰州	1943	官营	720	开工
广益	重庆	1935	民营	100	开工
合作社	重庆	1940	民营	96	开工
葫芦岛	葫芦岛	1945	日厂转官营	15000	不详
抚顺煤矿	抚顺	—	日厂转官营	15000	不详
抚顺	抚顺	—	日厂转官营	30000	不详
鞍山满洲制铁	鞍山	—	日厂转官营	40000	不详
满洲化工	大连	1935	日厂转官营	39800	不详
本溪湖满洲制铁	宫原	—	日厂转官营	20000	不详
满洲染料	沈阳	1945	日厂转官营	12000	不详
台湾肥料	台北	—	日厂转官营	20000	月产600吨

资料来源:顾葆常:《十年来之化学工业》,见谭熙鸿主编:《十年来之中国经济》上册,中华书局1948年版,第D22—D23页。

表11-55中20家硫酸工厂生产工艺有铅室法与接触法的不同,原料有硫磺与黄铁矿的不同。大部分始于战前创设,战时开设的有伪“满洲国”和后方重庆的厂家,上海新业硫酸厂是1947年新设的;7家民营厂战后逐渐复工,东北日伪7厂基本上

由国民党政府接收转为官营厂,台湾肥料有限公司是战后接收3家日商厂而成立。

东北地区,由“满洲化学工业”“满洲曹达”“满洲染料”“满洲矿山”等会社办理或附设的敌伪化工厂,基本上由中方接收,但遭苏军拆卸和战火毁坏严重。“满洲曹达株式会社”由苏军接管改为远东电业曹达工厂。台湾地区,国民党政府接收“南日本化学工业株式会社”的高雄碱厂、“钟渊曹达株式会社”的台南碱厂等2厂,设立台湾碱业有限公司;接收“基隆氰氮化钙厂”“基隆过磷酸钙厂”和“高雄过磷酸钙厂”等3厂,设立台湾肥料有限公司。

关内各地,国民党政府接收了“东洋化学株式会社”“大和染料厂”等敌伪化学工厂,成立了天津化学工业有限公司等单位予以经营,还筹备建立中央化工厂、中央铔肥有限公司。资源委员会之前都是投资化工企业,战后开始直接支配和经营酸碱工厂。民营厂复员环节,酸类工厂方面,天利氮气厂返回上海复员,硝酸生产缓慢恢复,永利化学工业公司接收回来被日伪占据经营的“永利化学工业株式会社浦口工业所硫铵工厂”,经过竭力争取,被盗拆至日本的全套硝酸设备于1948年辗转归还。碱业工厂方面,永利公司收回塘沽碱厂,天原电化厂收回上海天原厂,新建了天原叙厂(宜宾)、青岛第一化工厂等碱厂。化肥工业方面,永利公司收回南京铔厂,合成氨和硫酸铵生产有所恢复。

生产恢复缓慢和实际产量低下,是解放战争时期国民党统治区的化学工业各行业普遍情况。复员之际,战时后方建立的民营酸碱工厂则基本歇业。表11-55中20家硫酸工厂的年产能力总量超过26万吨,可供当时全国所需,但是局势动荡、开工状况不佳,1948年硫酸的实际产量仅3万余吨。1949年,全国有制碱工厂20余家,烧碱生产能力3万吨,纯碱产量8.77万吨。百废待兴

而内战方兴之际,全国基础化工产品的实际产量,“在日本不过与中型工厂相若,以比美国,直一小型工厂耳”。①

第三节　抗日后方和国民党统治区的轻工业

战争时期,轻工业重要性相对降低。然在工业相对落后的中国,国民党政府依然专门组织轻工业西迁,为抗日战争提供物质基础之时,有效推动西南地区发展,产生了积极的历史作用。与沦陷区相比,大后方轻工业发展相对健康,虽然存在基础薄弱等困难,但在国民党政府努力下依然取得部分成就。

抗日战争胜利后,受战胜强心剂作用,轻工业一度获得较快发展。然则,昙花一现的成长并未成为政局波动下经济的常态。随着美货进入和战争爆发,国民党统治区轻工业受到较大波及。在国民党政府通货膨胀政策作用下,国民党统治地区轻工业逐渐衰退,最终陷入困境。

根据国民党政府以空间换取时间计划,东部沿海地区将逐渐放弃。为保存抗日战争潜力,政府将东部工业内迁。在政府和社会支持下,华东、华中大部分棉纺织业设备运往西南地区,在后方组建大批中小型纺织厂,逐步承担中国军民棉纺织品生产任务。面粉业重要企业也有西迁,但主要是兴建一大批小型工厂,以满足大后方军民需要。

在战争的历史背景影响下,大后方轻工业呈现出马鞍形发展,克服初期困难之后,在市场扩大刺激下获得较快成长。然而,伴随抗日战争结束,西迁人口回迁而逐渐衰落。棉纺织业在技术进步、

① 顾葆常:《十年来之化学工业》,见谭熙鸿主编:《十年来之中国经济》上册,中华书局 1948 年版,第 D19—D29 页。

产量扩大之时,遭到国民党政府管制政策影响,造成大部分企业亏本无利,难以扩大再生产。面粉企业努力满足骤然增加军民需要之时,却因人口回流逐渐凋零。

技术含量较高、西南地区起点较低的火柴、机械等行业类似特征相对明显。在大中华等企业嵌入后,云南、四川等省火柴业实现技术提高和零的突破。但是受专卖政策波及,火柴工厂纷纷陷入入不敷出困境。大后方卷烟业主要企业只能勉强维持生产。

抗日战争胜利后,在战胜强心剂和日伪财产接收的促动下,中国轻工业获得较快发展。但是,纷繁复杂的国内外环境对轻工业消极作用日益显现。战争冲击和国民党政府竭泽而渔的货币政策成为压垮轻工业的重要推手。与此同时,美货泛滥和国家过度管制最终将轻工业推入衰退处境。

值得注意的是,此段时期政府对经济领域控制力逐渐增强,通货膨胀、国家经营与管制、美货引进对轻工业造成较大影响。为接受日伪投降,国民党政府专门成立部分国有企业进行经济受降,中国纺建公司等企业应运而生。在政府支持下,中国纺建公司取得垄断与支配地位,对民营企业形成较大压力。

同时,在战争压力下,国民党政府经济政策逐渐走形,成为纯粹为满足战争与财政需要的工具,客观冲击轻工业发展与生存空间。国民党政府为满足军需,对棉花等战略物资实行价格管制,造成各厂资本抵债,纷纷破产。为争取美援,经济部门放开美货限制,造成美国面粉、纸张和卷烟大量进入中国市场,引起供过于求的危机,进一步打压国内轻工业。受政府不当作为影响,抗日战争胜利后国民党统治区轻工业虽然有所复苏,但整体发展缓慢产值与产量低于1936年。

一、抗日后方和国民党统治区的棉纺织业。

抗日战争初期,中国棉纺织业大量厂房被毁,大批机器设备及制品原料受损或者沦入敌手,国内棉纺织业产能锐减,难以满足战时军民衣被之需求。面对危机,政府和社会各界积极动员组织各地工厂内迁,克服交通条件落后、运力不足等困难,将部分棉纺织厂设备成功迁到大后方,并力图恢复生产。同时,后方中小型纺织厂陆续建立,民间手工纺织业在政府和社会各界人士的提倡之下有所复兴。沦陷区租界因周边纺织厂的移入而得到扩张。凭借进口美国、印度棉花的便利条件,加之国内市场供不应求,纱布价格上涨而棉花价格回落,劳动力工资廉价的良好形势,租界地区棉纺织厂曾一度获利丰厚,畸形繁荣。太平洋战争后,海外棉花供应断绝,日军管制加强,国内消费能力下降。伴随战局恶化,受棉纺织业市场隔绝,棉花减产、电力供应不足等诸多因素的影响,租界棉纺织业趋于衰落。战争后期,国民党统治区的棉纺织业所面临的各种困难进一步加剧。国民党政府为保障战时物资的供应和控制物价,对纱、花进行严格的管制。面对成本和原材料价格的上涨以及产品销售、价格受限,棉纺织厂及民间手工棉纺织业大多陷于无利可图而被迫减产、停产的境地。

(一)战争初期租界棉纺织业的畸形繁荣

“八一三事变”之后,上海地区纺织厂曾一度被迫停产。因中日军队僵持,为减少损失,公共租界西区的8家华资纱厂在9月间相继复工。上海战事结束后,位于公共租界的8家工厂和法租界的1家工厂,共34万纱锭和1400台织机仍保持正常的

开工状态。[1] 华北地区，中国军队放弃平津防守，当地纺织厂受到的损失比较小，停工2周后陆续恢复生产。其中1家设在英租界的华商纱厂仍照常工作，另外2家由在侵略者的强制“合作”下复工开业。3厂共有约8万纱锭和500台布机在生产运转。[2]

随着战事的扩大，国内重要纺织区域如长江北岸的通崇海地区、武汉、广州等地区相继沦陷。虽然部分纱厂设备正迁往内地，但大后方工业基础较弱，仅拥有不足20万枚纱锭和1000台织布机维持运转[3]，难以保证军、民供应，不得不依靠上海、天津租界等地的棉纺织业提供衣被之需。因而租界棉纺织业得以繁荣。同时，日军占领产棉区后立刻将棉花作为战略物资运往日本，造成上海等重要棉纺织重镇原料不足。为满足生产需要，上海各纱厂以进口棉维持生产。据统计，1938—1941年，上海口岸进口棉花634.33万担，占全国总量的91.6%。[4] 进口棉花的输入有效缓解上海纱厂原料紧缺状况。

1938—1939年，上海租界棉纺织业进入空前繁荣期，多数纱厂均获利丰厚。一方面，市场棉产品供给不足，仅西南各省每年缺少棉纱12万件，棉布400余万匹，大部依靠上海方面供应；另一方面，全国各地爱国主义情绪高涨，抵制日货运动此起彼伏。虽然上海华纱的市价高于日纱约20%，但依然脱销。战前大型纱厂年平

---

① 《中国近代纺织史》编辑委员会:《中国近代纺织史》下卷，中国纺织出版社1997年版，第64页。

② 《中国近代纺织史》编辑委员会:《中国近代纺织史》下卷，中国纺织出版社1997年版，第64页。

③ 《中国近代纺织史》编辑委员会:《中国近代纺织史》下卷，中国纺织出版社1997年版，第64页。

④ 《中国近代纺织史》编辑委员会:《中国近代纺织史》上卷，中国纺织出版社1997年版，第191页。

均盈利约100—200元,这一时期获利1000—2000万元已属平常。以统益纺织厂为例,该厂资本原为170万元,战后不断将红利转为股本而增资至297万元,运转纱锭数为57808枚,布机300台。1938年(以每年12月31日为决算期)盈利4623893元,1939年盈利6003599元,1940年盈利高达8985319元,相当于其资本额的三倍。纺织业感叹"如此高利,洵属空前。因市场较大,多数纱厂获得建厂以来最高的利润"。[①] 受高额利润的刺激,华商纱厂发展迅速。除原有的9家纱厂设备不同程度得到扩充之外,另有9家新厂建立,加之周边地区纱厂迁入租界。1941年,租界中华商纱厂的总设备已有纱锭65.7万枚,织机4760台。其中包括由闸北、杨树浦等地移来的纱锭13万枚。[②]

与以往相比,战时租界中新增纱厂设备均由国内厂家制造。如新生纱厂有纱锭9000枚,为1940年由中央机器厂所造的大牵伸型纱锭。后期12000枚纱锭则购自信义机器厂。1941年成立的公永纱厂的全部精纺设备来源于泰利机器厂,共有14256枚,系仿造的瑞士RIETER式。安达纺织公司日式精纺机大牵伸,为1941年元生机器厂的产品。国产化率提高反映出中国纺织机器制造业所取得的长足的进步。[③]

沦陷区新设立的工厂,为应付复杂的政治环境,多数改为英商纱厂或者美商纱厂。例如中纺、信和、安达等纱厂为英商纱厂。保丰、德丰、合丰等纱厂则改为美商纱厂。申新九厂、统益纱厂、崇信

① 聂光地:《战时我国之棉纺织业》,《染织纺周刊》1941年第7卷第6期。

② 陈真编:《中国近代工业史资料》第3辑,生活·读书·新知三联书店1961年版,第247页。

③ 刘国良:《中国工业史·近代卷》,江苏科学技术出版社1992年版,第829页。

纱厂改为英商；永安三厂、申新二厂改为美商。华商改投英美纱厂导致英商纱厂设备增为纱锭561432枚，织机6054台。美商纱厂由0增为纱锭153896枚，织机749台。①

受资本影响，新设纱厂普遍规模较小，平均纱锭数低于10000锭。新设工厂的厂房多系向停工的厂矿租用，或系临时建筑的简易设施。这一方面是因为时局混乱，投资者缺乏实业兴趣，而是利用有利的市场形势，急于开工获利；另一方面则由于日本侵略者的管制过于严密，设备、原材料的购买、产品销售诸多不便，小厂更易于规避风险，在夹缝中图生存。

与上海不同，日本侵略者对于华北棉业的管控相对严密，华北棉花优先供应日商纱和输出日本本土。天津地区港口规模小于上海，因此天津租界纱厂获得美棉和印度棉花途径较少。1939年，租界纺织业极为繁荣的年份，天津纺织厂的开工率仅为66%。1941年进一步下降到40%。②

1940年，因日军严禁物资内移，加之海外运输船只匮乏，进口棉花原料日减。上海各纱厂不得不将开工率减半。1941年，因电力供应不足，进一步缩减开工时间。继以太平洋战争爆发，受外汇冻结影响，外棉来源断绝。沦陷区生产更加困难，所幸国内市场棉制品供不应求，各厂尚能维持较高的利润。但1942年以后，上海各纱厂因原料日罄，电力供应缩减，工人粮食日贵，产量遭受限制而不得不减少开工，勉强维持职工生计（见表11-56）。1943年8月，日伪当局紧缩通货以平抑物价，并对纱布进行政府统买，各纱

---

① 刘国良：《中国工业史·近代卷》，江苏科学技术出版社1992年版，第830页。

② 刘国良：《中国工业史·近代卷》，江苏科学技术出版社1992年版，第824页。

厂之生产日渐趋于停滞。

表 11-56 全面侵华战争前后上海纱厂电力供给情况(1937—1943 年 12 月)

年月＼项目	电力供给量	备注
1937	100	以 1937 年之供给量 59600 千瓦为 100
1942	46	—
1943 年 11 月	31	—
1943 年 12 月	10	较 1937 年减少 90%,较上月减少 30%

资料来源:李嘉音:《事变后之中国棉纺织业》,《中国工业杂志》1943 年第 5 期。

时人对于 1943 年年底上海纱厂概况之调查,曾得出如下结论:大抵运用前仅存之国棉及配给棉花;开工率为战争前之 5%;制成品不能自由出售;各开工之纱厂以流动资金匮乏,不敷开支,唯有向银行借贷;工人生活开支昂贵,难以久持。上海租界棉纺织业的繁荣时代已经走到了尽头。

(二)沿海各厂内迁

全面侵华战争爆发后,随着战事的扩展,大片国土沦陷,大量的纺织厂及其设备被毁或者沦为敌手,大后方仅有纱锭数不足 10 万枚、织机数百台,一时难以保证战时中国军民的衣被供应,而不得不仰赖上海租界的纱厂。这一时期,我国沿海地区部分工厂,克服重重困难,进行艰苦卓绝的内迁。内迁的工厂连同内地新创立的中小型棉纺厂与广大农村地区的手工棉纺织业,逐步承担其供应我国军民棉纺织品的重任。

内迁纱厂主要来自武汉一带。武汉地区的纱厂除汉口第一纱厂因外资关系未迁移外,其他均移往川、陕等省。其中规模较大的

纱厂有申新第四、裕华、震寰等厂。申新四厂原有纱锭 4.5 万余枚,战争中约 3 万枚被损毁,其余则分别迁往汉中、重庆、成都等地。裕华纱厂纱锭 8 万余枚,分别迁至成都、重庆两地。震寰纱厂 1 万余枚纱锭迁往陕西,为西安大华纱厂租用。日商泰安纱厂有纱锭 24816 枚,织机 380 台,被中国军政部迁往重庆。除武汉的纱厂外,河南郑州的豫丰纱厂、苏州实业社等企业陆续迁入大后方。豫丰纱厂原有纱锭 56000 余枚,开战后即向四川迁移,"中途损失颇多"①。入川后,厂方于重庆、合山分投 2 厂。沙市纱厂共有纱锭 1 万余枚,迁至重庆复工。

汉口裕华纱厂迁川时,在宜昌被军队阻断,船舶被强行征用。运输物资屡遭日军轰炸,后在民生公司的合作与帮助之下才得以转运到重庆,中途共损失皮棉 3814 包,机器 880 箱。申新四厂设备在运川途中遭遇风涛,1400 千万发电机组及 200 箱机件沉入江底。该厂陆路运往宝鸡的设备损失纱锭 20000 枚,织机 690 台及全厂 70%的漂染整理设备②。总之,因为落后的交通条件和严峻的军事环境,从武汉一带内迁的厂家因舟车失事、敌机轰炸,地方黑恶势力的勒索及途经三峡急流时被迫抛箱减载等原因而中途损失纱锭 35%,织机 66%。③ 据重庆经济部统计室报告,1938 年后方内迁工厂共计 204 家,其中棉纺织厂 71 家,内迁物资达 206150 吨,其大体分布见表 11-57。

① 《中国近代纺织史》编辑委员会:《中国近代纺织史》下卷,中国纺织出版社 1997 年版,第 35 页。

② 《中国近代纺织史》编辑委员会:《中国近代纺织史》下卷,中国纺织出版社 1997 年版,第 36 页。

③ 《中国近代纺织史》编辑委员会:《中国近代纺织史》下卷,中国纺织出版社 1997 年版,第 35—36 页。

表 11-57 内迁纺织厂及物资吨数分布情况(1938 年)

项目 省别	厂数	物资吨数
湖南	44	161516
四川	10	17899
陕西	14	65900
广西	2	15000
云南贵州等地	1	1000
总计	71	261315

资料来源:李嘉音:《事变后之中国棉纺织业》,《中国工业杂志》1943 年第 5 期。

据统计,先后迁到四川的各厂约有纱锭 11.78 万枚,织机 500 台,连同迁陕的设备共约纱锭 18 万枚。另外,战前订货经香港辗转到达内地的纱锭约 5 万枚。内迁纺织厂中,如将小型织厂除外,共有大中型棉纺织厂 9 家。我国西北、西南地区纺织业比较落后,滇、湘、陕、新 4 省各有纱厂 1 家,共有纱锭 42000 枚,织机 1248 台。经过迁移之后,后方计有近 30 万枚纱锭①,生产力较战前有所增加。

内迁各厂不仅需克服搬迁路途上的重重困难,到达内地后亦同样面临各种挑战,如技术工人不足,机器设备缺失及零部件配给与维修的困难,动力及原料供给不足,生产资金匮乏等。部分内迁工厂长期无法正常开业,但多数厂家仍然克服困难,恢复生产。

战时严酷的环境,对于棉纺织业的发展固有诸多不利,但对于我国棉纺业机械制造业的进步却有意想不到的促进作用。由于重工业落后,中国纺织机器"向恃外国供给,种类之多,有英、美、德、

① 《中国近代纺织史》编辑委员会:《中国近代纺织史》下卷,中国纺织出版社 1997 年版,第 36 页。

法、日等十余种”。虽然大隆等工厂尝试自造精纺、摇纱、打包、织布等机器，但限于规模资力，兼以当时外货进口便利，价格低廉，造成纺织机器制造业长期处于试验阶段。抗日战争爆发后，日军利用海军优势封锁主要港口，迁入内地的工厂迫于需要不得不自谋解决之道。重庆公益、恒顺、顺昌、豫丰及花纱布管制局铁工厂等机械制造厂采联合分工制造办法，或则单独制造均颇有成就。西北地区的宝鸡、申新铁工厂一度制造纺钞机、自清花机至精纺机。① 国内民族机器工业在逆境在发展，为保证各内迁工厂的顺利复工及内地棉纺织业的兴办作出贡献。

在国人抗战图存的爱国情绪高涨推动下，后方纺织业经过一段时期艰难调整之后，较早进入复苏成长的新阶段。除内迁各厂之外，战时后方出现新建纺织厂热潮。重庆作为临时首都，成为当时重要的棉纺织业中心。据 1943 年统计，该市共有棉纺厂 13 家，纱锭 16 万余枚，年产棉纱 6 万件，产量占整个大后方的 52%。②

表 11-58 后方各省棉纺织厂统计（1943 年）

项目 省份	工厂数（家）	大型纱锭（枚）	小型纱锭（枚）	木机纱锭（枚）	铁织机（台）	木织机（台）	工人数（人）
四川	34	168400	5558	630	1100	624	12319
陕西	8	74680	5128	—	1270	—	5422
湖南	5	20000	464	120	248	90	1020
云南	4	15000	336	80	60	—	1000
广西	1	2300	—	—	47	—	230

① 陈真编:《中国近代工业史资料》第 4 辑，生活·读书·新知三联书店 1961 年版，第 289 页。

② 《中国近代纺织史》编辑委员会:《中国近代纺织史》下卷，中国纺织出版社 1997 年版，第 36 页。

续表

项目 省份	工厂数 (家)	大型纱锭 (枚)	小型纱锭 (枚)	木机纱锭 (枚)	铁织机 (台)	木织机 (台)	工人数 (人)
湖北	1	—	—	101	—	62	98
江西	2	—	—	43	—	58	823
总计	55	280380	11486	974	2725	834	20912

资料来源:张楧:《战时中国棉纺织业的演变(上)》,《工商天地》1948 年第 3 卷第 2—3 期。原始表格中的总计数据有误,本表已订正。

从表 11-58 解析,后方可运转的大型纱锭共计 28 万余枚,其中国营约占 6 万锭,小型纱锭共 11486 枚,其中国营占 2000 余枚,民营纱厂显然占主要地位。尽管当时市场条件对于纺织厂比较有利,多数工厂获利丰厚,但企业在生产方面却面临重重困难,各工厂开工率较低。1943 年,后方虽有大型纱锭近 30 万枚,但实际开工运转的数量约 17 万枚左右。即便开工的纱锭,实际产能仅为潜能的 80%左右。表 11-58 中显示的 11486 枚小型纱锭中,可能实际运转的仅为 5000 枚。

表 11-58 中的关于织机的统计似乎与其他资料的数据存在出入。经分析,造成差异的原因相对复杂,既有经济统计困难等主观因素,亦于存在工厂开工无序,客观上难以进行准确统计有关。大体可以确定当时的铁织机(动力织机)约有 3000 台左右,但实际运转的数量约有 2000 台。木织机实际生产的多达 3000 台,工厂织机产能仅为 70%左右。据统计,1943 年后方动力织机年产布仅有 94 万匹,木织机生产约 40 万匹。而散布在农村的广大土织机生产者,年产土布约 540 余万匹。

大后方棉纺织业逐步复兴之时,国民党政府棉花收购政策却客观阻碍其发展。抗日战争爆发后,国民党政府实行经济统制政策,对战略性物资实行垄断、半垄断政策,并组建专门机构进行统

购统销,属于战略物资的棉花理所当然成为统制物资。因财政压力和通货膨胀影响,收购价格实际购买力持续下降。1941 年,官价不足黑市价额的 50%,投机性纱号由 30 家增至 200 余家,纱厂将重点由生产转为囤积棉花。为防止企业囤货和抢购原料,国民党政府决定成立物资局,后改为花纱布管制局,统制范围由限价转为统一销售、运输。花纱布管制局主要负责增加布料生产、供应军需和民用、平抑价格任务。但是在战争环境和限价政策下,效果乏善可陈,统购价格长期徘徊于成本的 40%。国民党政府颁布《统筹棉花管制运销办法》《征购陕西陈棉》《统购统销陕棉五项原则》等政策,将大后方大部分地区作为管制区域。管制区内各银行、公司购买陕棉超过 100 担、各工厂储备超过 6 个月使用者,由政府派员限期、限价收购。凡购买棉花每月超过 300 担者,应报告统制机构申请许可证。因收购价格未能与生产成本匹配,棉农种棉积极性普遍下降。1945 年,陕西已出现收棉困难。监察委员调查后发现每担原棉官价仅为 18400 元,黑市价格却超过 3 万元。陕西省建设厅为完成收购定额采取“沿户搜查、没收治罪”[①]高压政策,造成人心惶惶。陕西省政府统计原棉产量由 130 余万担降为 20 余万担,即使提供“奖金制度亦无济于增产”[②]。

国民党政府实行统制价格客观造成棉谷价格此消彼长,在经济利益促动下农民纷纷改棉种粮。1943 年,大后方棉花总产量维持在 295 万担,次年降为 155 万担。[③] 1941 年,陕西、河南两省棉

① 陈真编:《中国近代工业史资料》第 4 辑,生活·读书·新知三联书店 1961 年版,第 271 页。

② 陈真编:《中国近代工业史资料》第 4 辑,生活·读书·新知三联书店 1961 年版,第 271 页。

③ 《中国近代纺织史》编辑委员会:《中国近代纺织史》上卷,中国纺织出版社 1997 年版,第 37 页。

花产量6万吨,1942年、1943年分别降至4万、3万吨,连同西南各省总计不过6万吨。[①] 原棉产量锐减,部分纱厂停工待料,军用棉花供不应求。为挽救危局,财政部宣布实行"统购棉花、以花易纱、以纱易布、以布控价"管制方针,确保军需民用和平抑价格。同时,因收购价过低,部分地区皮棉流入沦陷区,客观增强日伪战争潜力。在各种因素共同作用下,1943年,统制机构仅收获棉花3.5万吨,"棉花原料十分缺乏"[②]。受原料减少和物价猛涨冲击,棉纺织企业纷纷陷入经营困难处境,开工率普遍低于50%。其中最低的昆明"原有织厂30余家,1943年倒闭20余家"[③]。1944年,花纱布管制局要求各厂压缩生产。各厂迫于原料不足将产能减少30%—50%。[④] 手工纺织业亦因棉花不足出现停工待料现象。1945年3月,重庆560个土布织户、6万余名手工纺织工人罢工,要求更改统制政策。

管制政策虽然有效维持战争需要,提高战争潜力。但定价过低、调价过慢,造成棉农、棉纺织工厂盈余降低,难以扩大再生产,最终引发纱布严重减产。但总体而言,大后方棉花生产虽然有所下降,但总体平稳,"有些地区还有发展,突出的是四川省,棉田面积和总产量都有较大的增长"[⑤]。

---

① 刘国良:《中国工业史·近代卷》,江苏科学技术出版社1992年版,第833页。

② 刘国良:《中国工业史·近代卷》,江苏科学技术出版社1992年版,第833页。

③ 《中国近代纺织史》编辑委员会:《中国近代纺织史》上卷,中国纺织出版社1997年版,第38页。

④ 陈真编:《中国近代工业史资料》第4辑,生活·读书·新知三联书店1961年版,第271页。

⑤ 《中国近代纺织史》编辑委员会:《中国近代纺织史》下卷,中国纺织出版社1997年版,第72页。

（三）第二次世界大战后棉纺织业的曲折发展

抗战全面胜利后，国民党政府接收全部日资纺织厂，由新组建的国营中国纺织建设公司负责恢复生产。中国民族纺织业占据国内棉纺织业99%的份额，其中40%左右由中国纺织建设公司占有。国营企业在棉纺织业中具有垄断与支配性地位。

战后棉纺织业市场需求较大，中国棉纺织业在国内不再面临日商的挤压，并一度控制了东南亚市场。加之联合国救济总署向中国提供原棉援助解决当时棉业的原料问题，国内棉纺织业获得较快的复苏，棉纺织厂获利甚丰。1946—1947年，国民党政府对棉花棉纱的限价与管制纷至沓来，对棉纺织业的生产造成严重影响。因为战争而造成的交通断绝使各棉纺厂的原料燃料来源及产品运销造成困难。而金圆券的发行更是企业和民众一场劫掠。各民营厂经营大坏，纷纷外逃或者等待新的政权的诞生。

1946年，国共双方签署《双十协定》，在和平希望渐增情况下，国民党政府行政院对全国经济建设提出五年规划，以国家资本为主购入500万枚纱锭，8万台织布机，民营纺纱厂因资本较弱，计划进口纱锭250万锭。① 为增强产品竞争力，政府以立法手段减少中间环节，降低成本。为刺激生产，国家银行决定以低息贷款等方式，扶持棉花种植业，为纺织业发展提供原料基础。

从经济层面而言，战后棉纺织业市场相对较大。因国内连年战乱，纺织生产连续下跌，尤其是战争后期日本军队强制献铁运动客观造成沦陷区纺织品产量持续下降，市场棉货严重短缺。因战争胜利，国内长期压抑的消费欲望随战争的胜利而得以释

① 王菊：《近代上海棉纺业的最后辉煌（1945—1949）》，上海社会科学院出版社2004年版，第77页。

放,棉纺织品市场完全处在供不应求的局面①,部分地区甚至发生抢购。

与此同时,国际贸易环境改善、基础设施恢复与建设为棉纺织业发展提供良好条件。1946 年,伴随受战争破坏的棉纺织业生产陆续恢复,邻近省区产棉已不敷上海需求,华北通往上海铁路未能及时通车,形成行业性缺棉状态。当国内产棉区运输困难之时,国际贸易条件有所好转,为缓解棉花危机创造良好外部环境。与此同时,东南亚棉纺品市场出现真空,亟待新势力弥补。第二次世界大战时期,东南亚大部分地区被日军侵占,棉纺织品市场为日资企业占据。日本投降后,日本企业退出东南亚。西欧各国忙于治疗战争创伤无暇东顾。美国决定以中国企业弥补东南亚市场空缺。联合国救济总署提供原棉援助规定,中国工厂产品部分运往东南亚,再用销售款订购美国棉花。尽管美国计划从属于其全球战略,客观上却为中国棉纺织业打开新的国际市场。

与以往不同,此时中国纺织业恢复和发展国家干预力度有所增强,政府直接参与行业发展,成为重要特征。抗日战争胜利后,国民党政府对沦陷区日伪纺织机械工业进行系统性接收。根据工厂所属关系或由原主收回,或者政府继续经营。为发挥规模经济和方便接收,经济部门决定成立纺织实业管理委员会,筹建中国纺织建设公司。具体负责上海、天津、青岛、东北等地区日伪棉纺织企业接收。1945 年 12 月 4 日,该公司由经济部在重庆主持成立,隶属经济部纺织事业管理委员会,翁文灏任董事长,束云章任总经理。该公司于 1946 年 1 月 2 日迁沪办公,并先后在天津、青岛、东北设立分公司。1947 年 6 月,纺织事业管理委员会撤销,中国纺

① 刘国良:《中国工业史 · 近代卷》,江苏科学技术出版社 1992 年版,第 835 页。

织建设公司直隶于经济部。同年秋季，经济部改为工商部，仍管辖中国纺织建设公司，并在同年 9 月 4 日改组为“中国纺织建设股份有限公司”，对私人出售企业股票，其性质乃变成公私合营的纺织企业集团。

中国纺织建设公司国有部分以接收日伪棉纺织染及丝织企业为主，整个接收工作分为上海、青岛、天津、东北四个区域。根据各厂情况，中纺公司分别采取措施进行整理：(1)更改厂名。原有各厂一律改名，继续整理复工，维持原单位独立经营。类似情况有棉纺织厂 17 家，毛纺织厂 5 家，绢纺织厂、制麻厂、针织厂及机械厂各 1 家，共计 32 个单位。(2)合并经营。少数厂因设备关系，不能独立经营，便与其他厂合并经营，有东亚、日华 2 家制麻厂合并为第一制麻厂，上海纱厂与小林纱厂合并为第一纱带厂，内外棉第八厂及有新、振华两铁厂，合并为第二机械厂。(3)单独设立。有的厂内一部分设备可以单独划出，另行成立一个独立的工厂，如丰田一、二厂，将其铁工部分划出设立第一机械厂，单独经营。(4)拨作他用。原厂系属空厂，或仅有少数设备，尚待配备，这样的厂就拨作他用，如日华第十二厂，暂作仓库之用；惠美、桂川两厂机件，则待装配机械后开工，所有厂房，均暂予保留。(5)移交给其他部门。如远东钢丝布厂、日本机械制作所第五厂及丰田自动车厂等 3 个厂，均移交给中国纺织机械制造公司接管。(6)发还原主①。恒丰、大丰纱厂、华兴毛织厂、桂川染织厂及漂染厂 5 个单位，原是华资工厂，经苏浙皖区敌产处理局批准，将以上 5 厂产业发还原业主。其中日方在掠夺后增设的机件物资则收归国有，或由业主优先承购(见表 11-59)。

---

① 刘国良：《中国工业史 · 近代卷》，江苏科学技术出版社 1992 年版，第 539 页。

表 11-59　中国纺织建设公司接管日本在华棉纺织企业一览表

项目 地区	第一次接管单位及接管时间	中纺公司接管时间	厂数（个）	纱锭（万枚）	线锭（万枚）	织机（台）
上海	经济部苏浙皖区特派员办公处地位产业处理局 1945 年 9 月	1946 年 1 月 16 日	18	89.73	23.89	18195
青岛	经济部鲁豫区特派员办公处 1945 年 12 月	1946 年 1 月 25 日	8	32.45	3.60	7262
天津	经济部冀察热绥特派员办公处 1945 年 11 月	1945 年 12 月 25 日	7	33.29	5.08	8640
东北	1946 年 5 月	1946 年 9 月	5	22.32	1.34	5330
总计	—	—	38	177.79	33.91	39427
设备占全国比重(%)	—	—	—	35.8	63.5	57.5

资料来源:《中国近代纺织史》编辑委员会:《中国近代纺织史》下卷,中国纺织出版社 1997 年版,第 40 页。

纺建属于国有企业,得到政府有力支持。建立初期,国民党政府投入建设资金 10 亿元,低息贷款 50 亿元,为工厂渡过初期艰难阶段做好坚持基础。在国家资本介入情况下,中国纺织建设公司生产力获得快速增长。以工厂相对集中的上海为例,1946 年 1—4 月棉纱与棉布产量分别增加 7 倍和 7.5 倍。青岛市棉纱生产力由 8.54 万件增至 14.61 万件,棉布则由 190 万匹增至近 320 万匹。天津棉纱和棉布生产力快于青岛,分别由 7.94 万件和 214.83 万匹增至 18.54 万件和 484 万匹。东北地区因受战争破坏,生产力恢复较慢,1946 年仅完成棉纱生产 0.8 万件,棉布亦制造不足 13 万匹,与其余地区相比差距较大,尽管此后东北地区棉纺织业依然相对落后,但增速却快于上海、青岛等主要生产基地,

两种主要产品产量增长速度达到300%。① 1947年,上海民营纱厂50家,纱锭119万枚。中国纺织建设公司仅接收日伪工厂即获得90万枚②,占总量的40%以上。中纺公司技术处于优势拥有较高开工率。民营企业中开工仅为90万枚,中纺公司达到70万枚,接近50%。纱机方面中方处于绝对多数,全市19000台纱机,中纺公司独占12000台,其余34家民营的企业仅有7000台(见表11-60、表11-61)。

表11-60　中国纺织建设公司设备统计(1946年)

地区＼项目	厂数	纱锭	线锭	布机
上海	18	897328	238852	18195
青岛	8	324524	35964	7262
天津	7	332872	50756	8640
东北	5	223208	13420	5330
总计	38	1777932	338992	39427

资料来源:王菊:《近代上海棉纺业的最后辉煌(1945—1949)》,上海社会科学院出版社2004年版,第49页。

表11-61　中国纺织建设公司生产纱、布统计(1946—1948年上半年)

类别、年月＼地区		上海	青岛	天津	东北	总计
棉纱(万件)	1946年1—12月	25.37	8.54	7.94	0.80	42.65
	1947年1—12月	38.89	14.61	18.45	2.62	74.57
	1948年1—7月	25.24	7.92	11.64	2.59	47.39

① 王菊:《近代上海棉纺业的最后辉煌(1945—1949)》,上海社会科学院出版社2004年版,第51页。

② 《上海市民营纱厂共计五十家》,《工业通讯》1947年第1期。

续表

类别、年月＼地区		上海	青岛	天津	东北	总计
棉布(万匹)	1946年1—12月	540.67	186.99	214.83	12.11	954.60
	1947年1—12月	771.68	319.86	484.95	35.63	1612.12
	1948年1—7月	537.05	176.15	301.77	1.53	1016.50

资料来源:《中国近代纺织史》编辑委员会:《中国近代纺织史》下卷,中国纺织出版社1997年版,第40页。

因具有官方背景,中国纺织建设公司虽然起步较迟,但生产力、产值等方面较民企发展较快,并在短时间内取得优势。中国纺织建设公司在上海、青岛、天津、东北各地共接收纱锭175.8万枚,线锭3.3万枚,织机3.86万台,资产总额相当于1936年币值的8.77亿元。① 中纺公司接收工作促进民族资本占棉纺织业主导地位确立。在资本带动下,公司在主要产棉区设置棉庄,抢购棉花。因原料充足,公司日产棉纱2300件、棉布5.5万匹,超过全国产量的50%。同时,在经济部支持下公司取得原料支配权。1946年,公司收购棉花692万担,相当于全国棉花产量的90%。② 同时,在资金优势下纺建集团以规模经济为突破口,取得技术优势,如细纱生产万锭民营企业平均需要工人250名,职员14人,纺建集团则仅需工人202人和职员9人。

1947年,全国纱锭总数为442万枚,其中民族纱厂占437.6

① 刘国良:《中国工业史·近代卷》,江苏科学技术出版社1992年版,第541—542页。

② 刘国良:《中国工业史·近代卷》,江苏科学技术出版社1992年版,第542页。

万枚①,而中国纺织建设公司占民族纱厂纱锭总数的39.8%。当年,中国纺织建设公司共生产棉纱74.6万件,占全国棉纱产量的36%;棉布1600万匹,占全国棉布产量的70%。麻织品、毛织品等共1000多万码,漂白布80万匹,各种色布700万匹,花布100多万匹②,中纺公司取代日资企业成为中国纺织业领军公司,并对申新集团等民营企业形成相对优势。

国营企业打入棉纺织业之时,既有民营企业在战争胜利带动下纷纷恢复和发展。同时,因棉纱、棉花差价扩大,纱厂利润空间进一步扩大,民间资本投资建厂热情进一步提高。抗日战争胜利后,棉纺织业民营集团领军人物申新集团立刻投入新办企业热潮中。1945年,申新纱厂各厂陆续开工,当年即复工约7万锭。1946年,伴随局势稳定,申新集团大部分分厂相继恢复生产,纱锭生产约35万锭(见表11-62、表11-63)。

表11-62　申新系统纱锭数比较(1936年、1948年)

系统 项目	总公司系统一、六、七、九厂(荣鸿元系统)	总管理处系统二、三、五厂(荣德生系统)	申四系统(李国伟系统)	总计
1936年纱锭(万枚)	34.57	17.43	5.00	57.00
1948年纱锭(万枚)	36.87	22.11	7.00	65.98
其中				

① 严中平等编:《中国近代经济史统计资料选辑》,科学出版社1955年版,第135页。

② 顾毓瑔:《回忆中纺公司》,《中华文史资料文库》第12卷,经济工商编,中国文史出版社1996年版,第672页。

续表

系统 项目	总公司系统一、六、七、九厂(荣鸿元系统)	总管理处系统二、三、五厂(荣德生系统)	申四系统(李国伟系统)	总计
战后原厂规模(万枚)	31.37	20.06	2.00	53.43
新增纱厂纱锭(万枚)	5.50	2.04	5.00	12.54
新添厂名	裕中、鸿丰	合丰、天元	渝新、申四在重庆、宝雅、成都分厂	—
1948年比1936年净增纱锭(万枚)	2.30	4.69	2.00	8.99
1948年比1936年增加(%)	6.6	26.9	40.0	73.5

资料来源:上海社会科学院经济研究所经济史组编:《荣家企业史料》下,上海人民出版社,1962年版,第553页。原始表格中的总计数据有误,本表已订正。

表11-63 申新各厂纱锭开工统计(1945年年底—1946年年底)

(单位:枚)

年月 厂名	1945年年底	1946年4月	1946年年底
一厂	—	28740	46056
二厂	15000	38748	56900
五厂	10000	16001	30000
六厂	—	39090	59440
七厂	3000	19300	30000
九厂	40000	69134	128984
总计	68000	211013	351380

资料来源:王菊:《近代上海棉纺业的最后辉煌(1945—1949)》,上海社会科学院出版社2004年版,第64页。

表11-63显示1945年后1年之中，申新纱厂生产能力得到较快提升。因战争影响，1945年年底部分纱厂处于停产、半停产状态，只有九厂状况较好，投纱锭超过各厂总数的50%。半年之后，各厂生产规模皆有所扩大。未能开工的一厂、六厂恢复生产，半停产的七厂生产能力增加6倍。其中六厂产能已超过二厂、五厂成为仅次于九厂的大型企业。1946年年底，申新集团生产能力进一步增强，各纱锭数量进一步增加，与4月相比，增幅50%—70%，生产力由68000锭增至30余万锭，实现翻两番。

表11-64　中国纱厂统计（1948年）

项目／地区	厂数（个）	纱锭（万枚）	线锭（万枚）	织机（台）
上海	79	229.59	37.55	28202
江苏	63	64.51	3.29	7693
浙江	9	5.44	0.13	247
安徽	1	2.00	—	—
山东	12	40.61	4.04	8513
山西	7	6.64	0.24	1271
河北	12	45.27	6.07	10632
河南	3	2.33	0.20	42
湖北	6	22.73	—	834
湖南	1	2.40	—	240
江西	2	3.10	0.12	208
四川	18	19.77	—	976
陕西	6	9.73	—	1555
广东	1	1.88	—	90
云南	3	2.95	—	140
东北	6	22.32	1.34	5330

续表

项目 地区	厂数(个)	纱锭(万枚)	线锭(万枚)	织机(台)
台湾	8	5.48	0.05	393
华资总计	237	486.75	53.03	66366
上海英商	3	5.77	—	48
全国总计	240	492.52	53.03	66414
其中	—	—	—	—
已开	—	442.25	35.11	53807
占百分比(%)	—	89.79	66.21	81.02
未开	—	50.27	17.92	12607
占百分比(%)	—	10.21	33.79	18.98
华资公司营占百分比(%)	—	98.83	100	99.93
上海英商占百分比(%)	—	1.17	0	0.07

资料来源:《中国近代纺织史》编辑委员会:《中国近代纺织史》下卷,中国纺织出版社1997年版,第46页。

纺织工业健康发展需要机械工业配合,机械制造业长期属于中国近代工业短板,一度限制中国棉纺织业健康成长。抗日战争胜利后,日伪留下部分纺织机器制造厂为中国棉纺织业机器制造创造良好条件。为鼓励民族资本主义发展,国民党政府将部分日本企业廉价售予资本家。因大后方民营企业迁回上海,部分资本家被国民党政府委任为接收企业负责人。为推动企业发展,国民党政府同意资本家以分期付款方式购买企业。如合作五金制造公司负责人胡叔常以3.9亿元价格收购大丰铁厂。惠工机器四厂负责人丁维中以9.5亿元购买精密仪器厂。日军掠夺企业或出售予日本企业价格低于当时市场价50%的工厂不作为敌伪财

产,允许原主收回。国民党政府在上海以缴获日本远东钢丝布厂、日本机械制作所第五厂、丰田自动车厂等企业与民营工厂合并成立中国纺织建设公司。公司下设2家纺织机械厂:以华中丰田自动车厂为基础的第一制造厂和日本机械制作第五厂改编的第一制造分厂。

华北地区属于较早沦陷区,日本工业分布相对较多,改造基础比较成熟。中国纺织建设公司以日本丰田式铁工厂、曾我木工厂、华北木梭厂为基础组建青岛第一机械厂。全厂拥有机器400余台,可修理纺织机械零部件和制造纺织机和其他母机。1946年3月,投入生产,一年之中设计图示2428件,修理母机405套,制造零部件20余万件、铸成品20余万公斤。① 中国纺织建设公司将北京钟渊、昭和等厂迁往天津与富源、大宝等铁工厂合并成立天津第一机械厂。交通银行、经济部工矿调整处、财政部花纱管理局联合筹建经纬纺织机制造公司,以日本机器和价值100余万美元进口器械为主。申新九厂向西欧购买精密机床,将旧式机器全部改造。在官方和民间双方努力下,中国棉纺织机器制造业形成协调分工局面,部分产品国产化率达到90%,甚至100%,即使技术含量较高的细纱机等品种亦出现国货身影。

在全国棉纺织业相对景气的情况下,部分地区生产力甚至超过历史最高阶段的1936年,核心地区上海成为其中代表。然而,就全国而言棉纺织业生产力依然落后于1936年。上海等地区的快速发展建立于进口外国棉花和距离战场较远的基础上。因此在特殊历史时期,棉纺织业发展根基依然薄弱。

抗日战争胜利后,全国纱锭总数约为442万枚,相当于1936

---

① 《中国近代纺织史》编辑委员会:《中国近代纺织史》下卷,中国纺织出版社1997年版,第193页。

年的90%①,客观要求棉花供应量维持稳定。然而,因战争冲击,棉花种植、原棉产量降至历史最低时期。1946年,棉花勉强自给的局面再次被打破。全国产棉740万担,次年增至1100万担。若全国纺纱厂开工亟须原棉1100万担,手工纺织等其他领域消耗棉花超过500万担,总计需原棉1600万担以上,全国原棉缺口达到近1000万担。

经国民党政府争取,联合国救济总署紧急向中国输送价值6200万美元原棉,暂时缓解棉花紧张局面。随后,根据中美协议,美国棉花逐步进入中国市场,有效缓解棉荒。在进口原棉支撑下,中国纺织建设公司和上海主要纱厂暂时度过停工待料危机。美国棉花虽然有利于缓解棉荒,却对中国棉纺织业原料供应产生冲击,棉花生产再次陷入困境。1946年,进口美棉700万担,造成棉价低于成本。大部分省份棉田换种粮食作物,棉花产量锐减。1946年,纺织业进口棉花使用率达到50%,沿海省份为80%—90%。② 1949年,单产量降至22斤/亩,仅高于1945年。1948年7月3日,中美签署双边协定,美国承诺给予国民政府2.75亿美元援助,其中棉花款项7000万美元,可购买棉花40万包,约2亿磅。③ 中美双方就美棉使用达成协议,要求纱厂将棉纱或棉布出售政府,换取政府配发的原料。中国所产棉纱50%国内销售,其余部分出口换取外汇,所得外汇购买棉花进一步扩大国内棉纱生产。美棉大量进口客观减少国内棉花销售市

① 刘国良:《中国工业史·近代卷》,江苏科学技术出版社1992年版,第834页。

② 《中国近代纺织史》编辑委员会:《中国近代纺织史》下卷,中国纺织出版社1997年版,第62页。

③ 陈真编:《中国近代工业史资料》第4辑,生活·读书·新知三联书店1961年版,第287页。

场,在外棉冲击下“致使国棉价格已到成本以下,仍无人过问”①。国民党政府不当作为客观造成中华人民共和国成立后“原棉短缺的困难局面”②。

表 11-65　上海进口美棉、印度棉情况(1945 年 11 月—1949 年年底)

(单位:万担)

时期＼类别	美棉	印度棉
1945 年 11 月—1948 年 12 月	743.38	374.68
1949 年 1—12 月	33.57	19.78
总计	776.95	394.46

资料来源:《中国近代纺织史》编辑委员会:《中国近代纺织史》上卷,中国纺织出版社 1997 年版,第 191 页。

与此同时,因战争环境,国内棉花难以运往沿海工厂,原料来源日益困难。尽管美棉入华,但是受外汇管制影响,数量锐减。国民党政府被迫采取以物易物管理办法,规定中国纺织厂生产的50%纺织品出口。尽管国民党政府采取补救措施,但受战争冲击和掠夺性棉纱政策,1947 年,全国可上市棉花总量约 651 万担,棉花需求量却为 1100 万担,缺口超过 500 万担、原料短缺造成“1948年棉纺织厂开工率普遍下降”③。

就民营企业而言,战后厂数猛增,而纱锭数仅勉强恢复战前水

① 《中国近代纺织史》编辑委员会:《中国近代纺织史》上卷,中国纺织出版社 1997 年版,第 191 页。

② 《中国近代纺织史》编辑委员会:《中国近代纺织史》下卷,中国纺织出版社 1997 年版,第 72 页。

③ 《中国近代纺织史》编辑委员会:《中国近代纺织史》下卷,中国纺织出版社 1997 年版,第 47 页。

平。民营纱厂运转率偏低,一般在70%上下,故纱产量仅及战前的77%,1947年更降至66%。民营企业生产小型化和产值降低原因较复杂:首先,原棉不足。以全国450万纱线锭计,年需棉1100万担。1946年国产棉仅743万担,进口689万担[①],上海纱厂用料90%为洋棉。1947年国产棉1102万担,而民间自用和手纺需400万—500万担,进口降至394万担,原料缺口进一步扩大。其次,电力不足。抗日战争前夕,上海电厂容量28万千瓦,战后仅恢复到20万千瓦,而工厂增多,一月停电10—20次。纱厂系连续作业,受扰尤甚。最后,效率降低。战前华商厂每万锭约需工200人,昼夜出20支纱25件左右,每件耗棉3—3.5担;战后约需300人,出纱22件,耗棉4担以上。1934—1935年平均每一工人年产纱11.1件,1947年仅为10.48件。[②] 这一方面是战后设备旧损,另一方面是战后业者热衷于商业投机,生产管理日益窳败(见表11-66、表11-67、1表1-68)。

表11-66　生产力对比(1936年、1947年)

项目/年份/厂别	纱锭数(万枚)		织机数(台)	
	1936年	1947年	1936年	1947年
全部棉纺织厂(包括外资)	510.28	442.15	58439	53803
其中				
民族资本纺织厂	274.64	272.99	25503	21457

① 《中国近代纺织史》编辑委员会:《中国近代纺织史》下卷,中国纺织出版社1997年版,第47页。

② 《中国近代纺织史》编辑委员会:《中国近代纺织史》下卷,中国纺织出版社1997年版,第47页。

续表

厂别＼项目＼年份	纱锭数(万枚)		织机数(台)	
	1936 年	1947 年	1936 年	1947 年
民族资本比(%)	53.82	61.74	43.64	39.88

资料来源:《中国近代纺织史》编辑委员会:《中国近代纺织史》下卷,中国纺织出版社 1997 年版,第 45 页。

表 11-67　上海民营纺织厂设备数(1936 年、1947 年)

年份＼项目	纱锭(万枚)	线锭(万枚)	织机(台)
1936	111.44	12.27	8754
1947	140.82	13.84	11296
1947 年比 1936 年增加(%)	26.3	12.8	29.0

资料来源:《中国近代纺织史》编辑委员会:《中国近代纺织史》下卷,中国纺织出版社 1997 年版,第 45 页。

表 11-68　战后的棉纺业已开工的纱厂设备对比(1936 年、1947 年)

厂别＼项目	厂数	纱机(锭)	线机(锭)	布机(台)
1936:全国(不包括东北、台湾)	141	5102796	532270	58439
内华厂	90	2746392	173316	25503
1947:全国华厂	259	4376287	351053	53779
内:国营纺建公司	37	1646393	231130	32322
非国营厂	222	2729894	119923	21457

资料来源:国民党政府花纱布管制委员会调查,见陈真编:《中国近代工业史资料》第 4 辑,生活·读书·新知三联书店 1961 年版,第 272 页。

与1936年相比,二战后棉纺织业虽然取得较大成就,但与历史高峰相比依然存在较大差距。除工厂数量超过1936年外,纱锭、线机、布机等重要数据皆落后于1936年。虽然两组数据统计口径存在差异。第一组取自不含东北与台湾的全国数据,包含外资企业。第二组则以民族资本为数据来源。然则,第二组数据包括东北与台湾。1947年,民族资本占据棉纺织业优势,除少数英商设厂之外,日资等重要资本已撤出中国。所以,1947年数据基本能够作为全国棉纺织业统计资料。通过两者对比,1947年,棉纺织业生产力落后于1936年,短暂的繁荣并未成为中国棉纺织业的春天。

全面内战爆发后,国民党政府战局日趋恶化,经济形势由相对良好转为岌岌可危。棉纺织业作为重要经济部门亦受波及。国民党政府以行政权力限制美元汇率,引起投机盛行。1946年年初,抗日战争时期积累的600万两黄金储备和9亿美元储备消耗殆尽。为应对危机,金融机构将汇率提高到3350元,却依然低于黑市。美元升值削弱棉纺织业原材料进口价格上涨,削弱棉纺织业发展潜力。

伴随战争失利和通货膨胀加剧,国民党政府强制各纱厂以限制价格销售棉纱。1946年8月,国民党政府经济部纺织实业管理委员会下令各厂销售面纱,平抑物价。3个月中,各纱厂被迫低价出售棉纱近4万件。1947年,因外汇匮竭,政府对进口棉花采取配额制,民营工厂进口外国棉花需“向输入管理委员会申请后经外审核配委员会审核发给许可证始能结汇进口”①。进口棉花或棉纺织品由政府收购50%。在通货膨胀环境下,政府征购价逐渐

① 《中国近代纺织史》编辑委员会:《中国近代纺织史》下卷,中国纺织出版社1997年版,第48页。

落后于市场。以 20 支纱市价为例,实际成本 622 万元,市场售价 700 万元,征收价格却长期停滞于 370 万元。为控制经济形势,国民党政府决定改组花纱布管理委员会,以统购统销为指导方针,颁布花纱布管理办法,基本以战略物资管制为手段控制棉花。在政府不当作为下,上海棉纺织业走向衰落。

为应对国民党政府非法施政,各厂采用虚报成本、代纺抛空、贿赂官府等办法应付,产量虽低,利润不减,连同股票、外汇买卖,尽入暗账。中纺集团利用官方背景,以囤积棉花、控制收购为手段获得较丰富棉花储备。1947 年,中纺集团进口棉花 200 万担,“约占全国以贸易形式进口外棉的 90%”①。尽管作为国有企业中纺集团获得部分特权,但是在政府失政情况下,中国纺织建设公司经营亦受冲击。因军服产量过大,中央银行难以及时付款。在通货膨胀刺激下,定价与成本逐渐脱节,造成每年损失棉花 60 万担。

1948 年,中国人民解放军第一野战军解放延安,西北局势获得较大改观。中原地区解放军相继攻克济南等地,平汉线、陇海线相继受阻。内地棉花运输成本呈现较快增长走势,部分地区铁路运费与空运相近,郑州等地棉花甚至被迫空运。因原料减少,棉花价格增速超过棉纱,形成纱厂新的压力。1947 年,棉纱价格增速约为 12—15 倍,棉花价格却增加 20 倍。

在战争和经济双重压力下,国民党政府决定实行币制改革,尝试以新货币抑制通胀。1948 年 8 月,国民党政府发行金圆券,即所谓“八一九”改革,强制全面限价,并要求民族资本家将贵金属交出兑换金圆券。刘鸿生被迫上缴黄金 8000 两,美元 230 万

① 《中国近代纺织史》编辑委员会:《中国近代纺织史》下卷,中国纺织出版社 1997 年版,第 47 页。

元。申新集团除被绑架损失60余万美元外,连收藏字画亦被搜刮部分。限价期内,各纱厂出售棉纱5万件,棉布数十万匹,损失金额25万两黄金。① 国有企业为金圆券发行准备的组成部分。9月,中国纺织建设公司改组为中国纺织建设股份有限公司,资产为11.4亿金圆券。公司资本为8亿元,分800万股,其中52.5%为金圆券发行准备。② 上海工厂中除棉纺一、棉纺十二、棉纺十六、棉纺十七厂和毛纺、印染厂外,其余全部出售以换取外汇,生产受到较大程度冲击。实物控制之外,政府对各工厂外汇进行管制,要求每汇划万美元缴纳200美元税,对企业形成新的压力。在国民党政府以财政需要为前提条件的背景下,各个纱厂皆承担较大损失。据统计,金圆券政策实行后,仅上海一地纱厂就损失5亿元金圆券。③ 申新集团流失资产超过2.5亿元金圆券(见表11-69)。④

表11-69 申新上海各厂损失估计(1948年8月20日—10月底)

项目 厂名	售出棉纱(件)	售出棉布(匹)	损失(金圆券:千元)
一厂	6391	41496	5486.19
二、五厂	6930	—	5056.61

① 《中国近代纺织史》编辑委员会:《中国近代纺织史》下卷,中国纺织出版社1997年版,第50页。

② 《中国近代纺织史》编辑委员会:《中国近代纺织史》下卷,中国纺织出版社1997年版,第49页。

③ 王菊:《近代上海棉纺业的最后辉煌(1945—1949)》,上海社会科学院出版社2004年版,第212页。

④ 王菊:《近代上海棉纺业的最后辉煌(1945—1949)》,上海社会科学院出版社2004年版,第213页。

续表

厂名＼项目	售出棉纱(件)	售出棉布(匹)	损失(金圆券:千元)
六厂	4165	76089	4547.92
七厂	3082	17120	2588.33
九厂	9401	68446	8216.91
总计	29969	203151	25895.96

资料来源:王菊:《近代上海棉纺业的最后辉煌(1945—1949)》,上海社会科学院出版社2004年版,第213页。

1949年年初,上海主要纱厂虽然基本开工,但是内部经营已经以以物易物为主要手段。因通货膨胀率迅速提高,货币价值逐渐降低以至于丧失应有价值。各大纱厂被迫以棉纱取代货币,以棉纱为商品向棉花委员会换取棉花。棉纱则为日常开支货币进行周转。1949年5月,主要纱厂已无资本额设置。尽管受到国民党政府政策破坏工业命令影响,然而在人民解放军快速推进下,上海棉纺织业受损相对较小,生产力得到基本保护。人民解放军在军事攻击国民党余部之时,统战工作同时展开,中纺集团作为重点企业成为统战重点。

中国共产党上海地下党通过中间人与中纺集团经理顾毓瑔取得联系,以民族大义说服其与部分领导层保护机器,防止国民党军队破坏工厂。尽管厂方采取有效措施阻止军队控制工厂,却因流动资金为国家银行控制,造成资金大量转移,形成实物留沪,资金南移。解放军控制上海后中纺集团仅剩下厂房和机器。民营企业因对国民政府丧失信心,和中国共产党接触较少,将资金陆续外移。受资金外流冲击,民营纱厂经营逐渐困难,生产日益下滑。领军企业申新集团先后将数百万美元和其他外汇运往香港(见表11-70)。

表 11-70　申新上海各厂逃资估计

厂名＼项目	美元	港币	印度卢比	英镑	瑞士法郎
一厂	700134	75021	93357	132001	50000
二厂	310562	808440	40750	10750	—
五厂	229979	799348	40750	7043	—
六厂	108063	133400	—	110000	—
七厂	23689	21000	—	55000	—
九厂	755488	3310920	—	1740	—
总计	2127915	5148129	174857	316534	50000

资料来源:王菊:《近代上海棉纺业的最后辉煌(1945—1949)》,上海社会科学院出版社 2004 年版,第 228 页。

资金外逃造成流动资金迅速减少,引发 1949 年民营纱厂经营危机,棉纺织业生产能力出现下降。与 1948 年相比,“纱锭月平均运转量减少 3.8%,单位产量下降 6.4%”①。1949 年年底,全国棉纺织业工人数量 70 余万人,企业数为 1936 年 4 倍,达到 5000 余家,产量却低于 1936 年,客观说明集约化与规模经济效应减弱,棉纺织业生产力出现倒退。“总之,在破坏与恢复阶段,纺织企业发生了大破坏、大迁移、大改组”②。

二、面粉工业

抗日战争以前,机器面粉工业主要集中于上海、天津、武汉

① 王菊:《近代上海棉纺业的最后辉煌(1945—1949)》,上海社会科学院出版社 2004 年版,第 242 页。

② 《中国近代纺织史》编辑委员会:《中国近代纺织史》下卷,中国纺织出版社 1997 年版,第 202 页。

等几个大城市。抗日战争中,只有极少数工厂内迁,后方各省也投资兴建了一些新厂,以满足后方骤然增加的军民人口消费需要。不过这些工厂的规模都比较小,抗战胜利后,随着人口回流,迅速衰落。抗战胜利后,国民党政府接收了一些日资工厂,民营资本厂大部分发还了。但是由于抗战胜利的经济混乱,面粉工业苦于原料不足、资金周转困难,只能勉强维持生产。

(一)抗日后方的机器面粉工业

抗战大后方的面粉工业素不发达,据日本人估计,以1938年时中国面粉工业的生产能力为100的话,沦陷与后方为94∶6之比。[①] 原料供给的条件也很勉强,四川和陕甘虽都有小麦生产,但产量与河南、山东、江苏等小麦主产区相比,不足1/3[②],发展面粉工业,实为战争时期迫不得已的应变。

即使条件不足,为应对军政机关、团体、企业内迁,人口猛增,消费量增长,大后方还是兴建了许多面粉工厂,如表11-71所示。

表11-71　抗战时期大后方新建工厂一览表

项目 厂名	地点	年份	日产量（袋）
复兴第二厂	重庆	1938	900
福五重庆厂	重庆	1938	500
福民面粉公司	重庆	1940	1000
天厨味精四川厂	重庆	1940	800

① [日]浅田乔二等:《1937—1945日本在中国沦陷区的经济掠夺》,袁愈佺译,复旦大学出版社1997年版,第2页。

② 参见资本主义经济改造研究室编:《旧中国机制面粉工业统计资料》,中华书局1966年版,第15页表65的数字。

续表

项目 厂名	地点	年份	日产量 （袋）
天成面粉公司重庆厂	重庆	1942	500
恒信机制面粉厂	重庆	1944	360
海丰面粉厂	重庆	1944	180
新源面粉厂	重庆	1945	300
建成面粉公司	成都	1941	400
大星实业公司	成都	1945	570
允利面粉公司万县厂	万县	1941	300
复兴面粉制造公司第三厂	南充	1941	—
裕民面粉公司	长寿	1942	200
惠民面粉厂	泸县	1943	—
东成机制面粉厂	乐山	1944	360
福五宝鸡厂	宝鸡	1939	1600
渭南众峰面粉公司	渭南	1940	300
三泰面粉公怀	褒城	1940	300
泰记和合面粉公司	西安	1941	250
晋丰面粉厂	西安	1942	200
福豫面粉公司	西安	1943	2000
民丰面粉厂	西安	1943	100
永丰面粉公司	西安	1943	600
复兴面粉厂	西安	1943	—
福中面粉厂	西安	1944	—
宝成面粉厂	西安	1944	280
福利面粉厂	西安	1944	370
明德面粉厂	西安	1944	—

续表

厂名＼项目	地点	年份	日产量（袋）
建中面粉厂	西安	1945	600
西北面粉厂	兰州	1940	200
福五公司天水分厂	天水	1942	720
伊犁面粉厂	伊犁	1943	—
健华面粉厂	昆明	1939	—
嘉农面粉厂	昆明	1940	720
滇新面粉厂	昆明	1944	240
厚记面粉厂	梧州	1941	—

资料来源：资本主义经济改造研究室编：《旧中国机制面粉工业统计资料》，中华书局1966年版，第238—248页，附录一：民族资本机制面粉工厂一览表。删去100袋以下小厂和未开工工厂。

新设厂多为日产数百袋的小型工厂，超过1000袋的工厂只有重庆的福民面粉公司和西安的福豫面粉公司，再有就是荣氏企业武汉福新第五工厂内迁的宝鸡工厂。

福新五厂为机器面粉企业内迁工厂中唯一的大厂，原在武汉，1938年五六月间战事危急，国民党政府下令各工厂一律内迁，否则炸毁。荣德生不主张内迁，而福新五厂负责人力主内迁。最后从1938年8月全面内迁。福新五厂迁往重庆的是一套日产500袋的设备，迁往宝鸡的是一套日产3000袋面粉的设备及3000千瓦发电机组。该厂原有38部钢磨，日产能力12000包，由于拆迁迟缓，找不到船，只运出全部机器的1/4。其余分别藏于怡和、沙逊洋行的栈房内。迁往重庆的，1938年11月到达，修理改装后于1939年5月开工，仅有工人35人，日产500包。迁往陕西的1941

年10月才开工,日产2000包。①

重庆和陕西为抗战后方两大面粉工业中心。抗战前重庆有复兴、岁丰2厂,复兴日产能力1000包,岁丰250包。1938年复兴买入停业的先民面粉厂,改为复兴二厂,添购机器以后日产能力也达到1000包。1939年,福新五厂从汉口拆来部分机器,日产能力400包。1939年,这4个厂总日产能力2700包。1940年,湖北沙市正明厂拆建至渝改名福民厂,日产能力1000包。1942年,金城银行投资创办天成面粉厂,日产能力500包。再加上天厨味精面粉厂,共7厂总日产能力5000包。② 陕西交通不便,直到20世纪30年代陇海路西段通车后,西安、宝鸡、渭南才先后创办4家机器面粉厂。以西安成丰、华峰规模较大。成丰是济南成丰创办,投资60万元,日产能力3600包。华峰由河南信昌银号资本投资30万元,日产能力3600包。此外,宝鸡大新1934年创办,日产能力1200包,渭南西北聚记1933年开工,日产能力290包。1936年,这4厂的日产能力合计达到了8690包。成丰、华峰自开业后生产正常,利润优厚,但均未开足,产量约占生产能力的60%。

抗战时期,后方面粉工业有利可图,吸引官僚资本投入。1939—1944年,国民党机关、部队、企事业单位,或独资,或与商股合办,先后建厂17家,日产能力7860包。新厂规模大小不一,但日产能力在1000包以上的只有1940年创建的西北纺建公司第一面粉厂和广西面粉厂,以及1943年创建的中粮公司合川厂,700

① 孙果达:《民族工业大迁徙——抗日战争时期民营工厂的内迁》,中国文史出版社1991年版,第124、125页。

② 上海市粮食局、上海市工商行政管理局、上海社会科学院经济研究所经济史研究室编:《中国近代面粉工业史》,中华书局1987年版,第299—303页。

包的2家,其余都是500包以下的小厂。大兴面粉厂为贵州企业公司与上海国货联营公司合股,1939年于遵义兴建。有36寸钢磨2台,资本额20万元,1942年增资为100万元,日产能力400包,产品销往贵阳、重庆。因遵义本身不产麦,远地采购价格高,一直开工不足,年产量约30000包。广西面粉厂也是官商合办,初创时资本30万元,后增资至450万元,钢磨6部,日产能力1200包。原料采购自广西全州、黄沙河地区,产品销往本省各地,远至湖南衡阳、广东曲江一带。1942年扩建附属面食加工厂一座,生产面包、面条等。雍兴实业股份有限公司为中国银行出资4000万元,于1940年创办,为西北实业公司之冠。1940年,该公司分别于陕西甘肃投资兴建岐山面粉厂和兰州面粉厂,但规模不大,兰州面粉厂日产能力600包。产品就地销售。昆明嘉农面粉厂为官商合办,日产能力720包。广东省建设厅1943年于乐昌创建面粉厂1家,日产能力260包,沦陷时毁于敌手。①

(二)抗战胜利后国民党统治区的机器面粉工业

1. 接收和复工

抗战且胜利后,沦陷区面粉工业先由国民党政府接收,然后按性质分别处理。被日本军人掠夺民族资本厂一般发还原主,与日本人合资或有日本人增加投资的标卖。

一些优质的日资厂被官僚资本收入囊中。较突出的是齐鲁公司利用国家贷款买下天津东亚面粉厂,后划入恒大公司,也是官僚资本性质的公司,日产7000包。齐鲁公司设立的青岛一厂、二厂,

① 上海市粮食局、上海市工商行政管理局、上海社会科学院经济研究所经济史研究室编:《中国近代面粉工业史》,中华书局1987年版,第310—312页。

日产能力8800包。[1] 中国粮食公司除重庆、合川工厂外,在沦陷区又接收了镇江、苏州、南京有恒、汉口五丰厂,日产能力22973包。而东北地区占据优势的日资工厂则没有能够接收。山西的面粉厂在1945年日军投降后,全部面粉厂划归西北实业建设公司。其中大同面粉厂的厂房1946年改为阎锡山兵营,所有设备被拆卖。晋丰改名为太原面粉厂,自购自产自销,日产能力1000包,产品大部分供给阎锡山军队,后因缺少原料,不时停产或生产次粉。太原电灯公司面粉厂改为太原面粉厂分厂,日生产能力1200包。魏榆厂因原料不足,货币贬值,改为以麦易面。晋益厂生产普通粉,日产能力750包。1947年,阎锡山实行"平民经济政策",粮食由专管部门控制,不得自行购麦售粉,只能代磨,面粉厂时开时停。

上海在战前有13个大厂,阜丰、华丰、福新二七八厂等5家厂于1945年11月恢复生产。日商经营的8家即三兴一厂至五厂、大中华、东福、华友强身,被国民党政府接收后,原属福新的一二四厂和原裕通厂(三厂)和东福发还原主,三兴五厂(原祥新)是被日商强行收购的,接收时按敌产处理,标卖后改为建成面粉厂,有钢磨19部,是日商经营时新置,日产能力5000包。大中华原为立大面粉厂,被日商强购后未开工,接收后也作为敌产,先交粮食部管理,标卖后改组为鸿丰面粉厂,有钢磨16部,日产能力4900包。华友强身三原为日商华友面粉公司租用英商工厂,1941年被日商林大洋行买进,仍由华友租赁经营,抗战胜利后下落不明。1948年成立的协丰面粉厂,是租用1943年停业的信大面粉厂,有钢磨17部,日产能力6000包。简易小型厂(包括机磨)有27家,敌伪时已经停业,胜利后重新开张。这一时期面粉厂填报的产粉能力

---

[1] 许涤新、吴承明主编:《中国资本主义发展史》第3卷,人民出版社2003年版,第632页。

多数偏高,目的是尽量多争取代磨美援小麦。①

1946 年上半年,武汉原有 4 家面粉厂恢复生产。福新五厂是由李国伟回汉,收回被侵占的机器和厂房,1946 年 5 月开工,日产能力 700 包,年底增加到 2000 包,1948 年 9 月增加到 7500 包。胜新厂 1946 年 10 月复工,日产能力 4500 包。被日东“租用”的金龙厂作为敌产,由粮食部接收。业主四处请托,1946 年三四月间发还,复工后日产能力 1800 包。

无锡光复后,与日商合作的成丰、宝丰、丰年、成记四厂作为敌产被田粮处接收,加工军用面粉,接收人员舞弊十分猖獗。一年后工厂发还,厂里资产所剩无几。至于不在接收之内的华庆、惠丰、茂新等厂,因物价飞涨、货币贬值,无法维持正常生产,账面虚盈实亏,物资越来越少。各厂抽逃资金,从事投机。还经常受到国民党军政人员的敲诈勒索。通丰厂在抗战期间被日军强占,归于日东面粉公司,生产军粉。日本投降后被接收,由国民党军政部开封区特派员办公处领导,1948 年改为联勤总部第七粮秣厂第一分厂。

东北的面粉厂,抗战胜利后,民资厂经营仍然困难,流动资金不足,原料供应不足,开工率很低。如天兴福二厂有钢磨 14 部,只开 7 部,每日出粉 800 包,不到日产能力的 1/5。一个月只开工 15 天。如双合盛,甚至拒绝开工。到 1946 年 4 月在人民政府要求下才部分开工。裕昌源资本家王荆山是汉奸,哈尔滨、长春解放后,此厂被人民政府没收。

2. 生产萎缩

虽然发还了工厂,恢复了生产,但总的来说,在战后的几年,机

① 上海市粮食局、上海市工商行政管理局、上海社会科学院经济研究所经济史研究室编:《中国近代面粉工业史》,中华书局 1987 年版,第 168—169 页。

器面粉工业一直萎靡不振,虽然看来工厂数量不少,昔日大厂都如故,且有新工厂设立,但产量一直低迷,只有战前的 70%,如表 11-72 所示。

表 11-72 战后机器面粉产量(1936 年、1945—1948 年)

年份＼项目	统计类别	厂数(家)	日产(包)	年产量(万包)
1936	实存(华商)	152	432268	10916
1945	实存(华商)	147	441200	—
1946	新设	2	1130	—
	年底实存	148	429775	—
1947	新设	21	30380	—
	年底实存	168	479125	7719
1948	新设	8	11450	—
	年底实存	173	481975	3600

资料来源:许涤新、吴承明主编:《中国资本主义发展史》第 3 卷,人民出版社 2003 年版,第 670 页表 5-13。

产量低,是因为开工不足。上海的阜丰、福新等 11 家大厂,全部开工不足,仅有生产能力的 30%—50%。开工不足的主要原因则是原料不足。这 11 家大厂加上小型厂,按生产能力每年需磨小麦 2200 万担,但战前每年进口洋麦 1000 万担,其余来自苏、皖、汉口等省市。而战后进口洋麦也大为减少,1946—1948 年三年还不到 10 万担。同时,国内小麦受时局影响购运困难。1947 年至小麦落市时只收到 960 万担,为需要量的 1/3。天津面粉厂的原料小麦多取给于河南新乡、道口,安徽芜湖、蚌埠,江苏徐州、南京,山东济南、临清,以及正太路、津浦路或平汉沿线等地出产,而国民党在河北统制的地区除京津外还有十几个县,其余都是解放区,铁路

公路不通，原料来源困难，寿丰、福星厂先后停产。①

反之，洋粉的进口很多，1946 年、1947 年两年平均每年 600 万包，主要是联合国善后救济总署的救济粉，相当于上海全市销量的 85%左右。1947 年 1—11 月输入武汉的救济粉 382.71 万包，超过当年武汉各厂全年的产量。面粉厂一再呼吁停止进口洋粉，被粮食部拒绝。1948 年以后洋粉进口才减少。②

这一时期面粉厂能得到的原料唯有联合国善后救济总署援华小麦，从 1945 年 12 月到 1947 年上半年输入 80720000 担。美援小麦在上海、南京、广州、北平、天津五大城市设立民食调配处，由联总委托当地面粉厂加工，政府实行面粉配售。联总在上海委托阜丰、福新、华丰、裕通等几大厂加工，出粉率定得低（每百斤交二三四号粉若干麸皮），工缴定得高，利润很好。美援小麦到天津后，由面粉同业公会按各厂生产能力分配加工数量，按 78%交粉，多余面粉和麦麸等副产品归工厂，比沦陷时期代敌伪华北麦粉制造协会加工面粉还有利可图。再加上磅差、掺水等手段，利润更高。③

1947 年下半年，代磨美麦即将结束，粮食部为执行储粮计划，委托面粉厂代购小麦，在上海设立“五厂公记”，相当于联合营业

---

① 上海市粮食局、上海市工商行政管理局、上海社会科学院经济研究所经济史研究室编：《中国近代面粉工业史》，中华书局 1987 年版，第 268—272 页。

② 上海市粮食局、上海市工商行政管理局、上海社会科学院经济研究所经济史研究室编：《中国近代面粉工业史》，中华书局 1987 年版，第 173—179 页。

③ 上海市粮食局、上海市工商行政管理局、上海社会科学院经济研究所经济史研究室编：《中国近代面粉工业史》，中华书局 1987 年版，第 180—182 页。

所,由经办平价售粉的阜丰(附申大)、福新(附鸿丰)、华丰(附扬州面粉厂)、裕通和无锡茂新5家组成。“五厂公记”负责替粮食部代购小麦,代磨面粉,在收购的小麦中提三成自营,并在面粉转口限额方面得到优待。代购小麦资金由中国农民银行支付。中国农民银行与五厂分别签订代购合同。从1947年7月开始,至1948年8月结束,共代购小麦3192723担,代加工小麦2048835担。

1946—1949年间,国民党政府进行过两次价格管控,第一次叫平价,第二次叫限价,都给面粉厂造成损失,尤其是“八一九”限价。平价售粉由阜丰、福新、华丰、裕通、无锡茂新5厂承办,从1946年8月开始,共抛售面粉200多万包。五厂在平价配售中损失颇大。1948年“八一九”限价,先由上海区经济管制督导员办公处查清各厂存货,下令限价出售。但小麦并不限价,厂商只出不进,元气大伤。即使如此,面粉厂1947年仍然可以盈利,1948年上半年也还可以维持。①

原后方面粉厂则面临完全不同的问题。重庆在抗战胜利后,管制取消,复兴等厂解除委托加工合同,恢复自产自销,国民党政府机关、部队、学校、工商企业纷纷复员,重庆地区人口骤减,需求下降,大小面粉厂都受影响。天成停业,复兴减产60%,福新、福民、岁丰减产50%,小厂纷纷停业。当时各厂都苦于产品积压,成本高价格低利润低,资金周转不灵,设备陈旧电力不足,一部分厂减产,一部分厂停工,少数厂尚好,1948年年底尚存26家。而西安则由于国民党发动内战,陈兵数十万,军粉供应大增,西安面粉工业畸形繁荣。政府要求大厂“先军后民”,大厂代磨军粉不暇,

① 上海市粮食局、上海市工商行政管理局、上海社会科学院经济研究所经济史研究室编:《中国近代面粉工业史》,中华书局1987年版,第185—187页。

供应民粉的小厂应运而生,1947—1948 年新开业的小型厂有中原、大华等 13 家,共有钢磨 34 部,动力马达 15 部。1948 年,西安全市大小工厂的总日产能力达到了 17125 包。①

总体来说,这一时期面粉厂布局与战前略同,仍集中于上海、无锡、天津、济南、汉口等几个大城市,其中上海、无锡生产能力合计约 15 万包以上,占全国产能的 1/3,山东、山西、河南、河北除天津、济南外,有面粉厂 39 家,生产能力 5.23 万包,平均每家 1340 包,仅占全国产能 1/10 强。1949 年上半年,民族资本机器面粉厂共 169 家,日生产能力 475320 包;官僚资本 31 家,日生产能力 56393 包,合计 200 家,日生产能力 531713 包,与 1936 年持平,但实际开工天数则严重不足。1936 年产量 1000 多万包,1946 年仅国民党统治区机器面粉为 7719 万包,1948 年全国省市加起来却只有 3600 万包,是 1936 年产量的 1/3。

三、火柴工业

中国西南地区和西北地区原本也有一些火柴厂,不过规模较小、生产水平落后。抗战时期人口内迁,需求增加,火柴厂投资少见效快,后方各省都增加一些新厂。生产水平也有提升,如大中华迁川后,只能生产红磷火柴的四川地区可以生产安全火柴了,并且组建了化学原料工厂。抗战胜利后,国民党政府接收了沦陷区的火柴厂,日资厂一般改为公营,民营资本和外商资本则发回原主,火柴工业迅速恢复甚至发生畸形的繁荣。但受通货膨胀、外汇管

① 上海市粮食局、上海市工商行政管理局、上海社会科学院经济研究所经济史研究室编:《中国近代面粉工业史》,中华书局 1987 年版,第 304、305、309 页。

制、价格管制的打击,又陷入严重的不景气中。

(一)抗日后方的火柴工业

抗战时期,由于日本帝国主义对物资的统制,沿海各省火柴在内地逐渐绝迹,再加上大批机关、企业内迁,人口增加,火柴需要量也大增,刺激了内地火柴业的发展。1944 年年底,内地火柴厂增加到 110 家(见表 11-73)。

表 11-73　内地各省火柴厂数及 1938 年后新开厂数

项目 省份	厂数	其中 1938 年以后新开
四川	44	22
云南	5	5
贵州	14	8
西康	1	1
甘肃	6	1
陕西	5	—
江西	3	2
湖南	2	1
浙江	5	1
福建	3	2
广东	19	8
广西	3	1
总计	110	52

资料来源:刘阶平:《战时火柴工业与火柴专卖》,《经济建设季刊》1943 年第 1 卷第 3 期。

沦陷区火柴厂只有大中华公司九江裕生厂和杭州光华厂内迁了。刘鸿生出走香港后,决心在后方办厂,亲自到重庆考察。他认

为广西和云南火柴工业由政府统制，贵州工业基础过于薄弱，相比之下四川条件最宜。正好重庆老牌火柴厂华业有设备无资金无技术，有合作的愿望。正在此时，裕生厂迫于日军攻势，将80余吨易为日军掠取的氯酸钾、赤磷、牛胶等贵重原料运往湘西，刘乃决定以裕生厂原料与华业合作。这些原料又历经艰险，从常德运往重庆，抵作股款，与华业火柴厂合组公司。①

新公司名为“华业合记火柴股份有限公司”，资本总额25万元，分为250股，大中华150股，华业100股。第一任董事大中华3人，华业2人，刘鸿生为董事长，公司全权委托大中华经营（翁文灏代理总经理），大中华的品牌除飞轮、小江西外，全部无条件交华业合记使用，华业之狮球、电棒两牌也无条件交华业合记使用。

四川很少有安全火柴，华业合记以其四种商标全部生产安全火柴，大中华又将在上海印好的名烟牌商标交华业合记代制，所以火柴大卖。1940年获纯利90多万元，大中华分得股息14000元、红利231000元。华业又投入25万元扩大资本，使华业合记成为内地规模较大、技术较好的公司。

华业合记也成为大中华在内地发展的基地，它在重庆设立驻渝办事处，负责对内地企业的投资和沪渝之间的联系。接着，华业合记从重庆的丰裕公司和宜宾的洪泰火柴厂购买了一半股权。这时，云南、江西的火柴厂都已“官商合办”，贵州、广西则由“公营”火柴厂垄断。1940年，华业合记与贵州企业公司合作，将贵州火柴厂改造为贵州火柴公司，1943年与广西企业公司合组广西火柴公司。②

---

①　孙果达：《民族工业大迁徙——抗日战争时期民营工厂的办迁》，中国文史出版社1991年版，第68—69页。

②　青岛市工商行政管理局史料组编：《中国民族火柴工业》，中华书局1963年版，第138—139页。

因政府明令改制安全火柴,但重要原料赤磷(含硫化磷)、上等牛皮胶、氯酸钾、锑粉等往昔仰赖进口者因外汇及运输关系,入口不易,刘鸿生乃发起组织火柴原料厂,1940 年 5 月正式成立,名为“中国火柴原料厂股份有限公司”,由川黔火柴工商业联合会、大中华火柴股份有限公司合组,厂址设在重庆郊区长寿县,总资本100 万元,大中华占 26 万元。后来共参加 11 厂,一切按股份公司办理。股本除各会员厂自由购股外,同业工厂每箱出品代征股款10 元,呈财政部与统税同征。此款交经济部工矿调整处,以归还认股未足时调整处协助借贷集股之款。

原料厂主要产品是氯酸钾、赤磷、硫化磷、牛皮胶等。当时火柴原料紧缺,产品一经问世,行销川黔桂粤湘赣陕甘宁各省,引起官僚资本的注意。1941 年由财政部加入 100 万元,官商合办。改组后,宋子良为董事长,刘鸿生为常务董事,林天骥为总经理。1942 年设贵阳分厂,1943 年与昆明企业公司合作设昆明分厂。另外,大中华于 1944 年与广西企业公司合作,也开办了一家火柴原料厂,名为“广西化学工业股份有限公司”,但不久因战事停办。

值得一提的是,除生产上述原料,原料厂还附设杂药配合厂。本来火柴行业所用的杂药,非资本雄厚、请有专业人员才能自办,现在由配合厂配好,除赤磷、牛皮胶、氯酸钾等不能预先加入的之外,会员厂可以向配合厂取用。①

1942 年为了解决财政困难,并便于官僚资本控制民族工商业,以政权垄断经济,国民党政府先后对烟、糖、盐、火柴实行专卖。1942 年 5 月 1 日,火柴专卖先在川康两省实行,以后逐步推行到云南、贵州、陕西、甘肃、宁夏、青海、湖北、湖南、江西、福建、浙江、

① 上海社会科学院经济研究所编:《刘鸿生企业史料》下册,上海人民出版社 1981 年版,第 163—182 页。

广东、广西各省。办理专卖的机构为火柴专卖公司，总经理刘鸿生，公司设于重庆，在各省设有分公司13处、办事处40多处。专卖的方法是“官商并制、官收、商运、商销”。办法主要有：

第一，限制产销。所有火柴工厂都与专卖公司签订合同，产量由专卖公司按上一年度产量和市场需要按比例增减，专卖公司对火柴厂派出查核员，对制造、出厂和原料使用进行监督。出品由专卖公司收购，各地承销商先向专卖公司缴纳保证金，并与专卖公司签订承销合同，按规定区域和数量销售。

第二，控制原料。所有氯酸钾、赤磷、硫化磷、牛皮胶、白蜡等非得专卖公司许可不得制造、输入，凡制造厂以外商、民间有这些原料，也都由专卖公司登记、收购。

第三，限价。专卖公司在各地指定标准厂，计算标准成本，然后按标准成本评定火柴的等级，外加22%利润作为收购价。发售价格则由专卖公司制定，由财政部公布执行。同一销区的同一等级火柴，价格划一。①

火柴专卖的结果首先是财政收入增加。1942年5月至年底，火柴专卖收入12272234元，平均每月1534029元；1943年全年47730000元，月平均3977500元。但火柴厂却因工价原料高涨，成本增加，受限价影响，亏损严重。

但专卖对于大中华是有利的。首先是大中华生产安全火柴，原料得到专卖公司和中国火柴原料厂充分的供应。其次是大中华标准厂，得到的生产份额多，收购价格也对他们有利。华业合记1939年至1945年中分得股息红利31097888元，资本从25万元增加至4000万元，即使考虑货币贬值因素，利润也是不少。

① 刘阶平：《战时火柴工业与火柴专卖》，《经济建设季刊》1943年第1卷第3期，第226—228页。

1944 年 8 月,火柴专卖公司和烟类专卖局合并为“专卖事业管理局”,但为时不久,英美烟公司反对专卖,宋子文为讨好美国,于 1944 年年底下令取消专卖。但此时已经到了抗战末期,通货恶性膨胀,物价飞涨,物资紧缺,工厂大多关停。①

云南省抗战前有 13 家火柴厂,其中 7 家在昆明。抗战后昆明人口大增,1938 年 7 月云南省财政厅设立“火柴专卖处”,出资 50 万元,把各家火柴厂全部改为官商合办。在专卖处成立后,将昆明的大有庆、东兴、瑞和、锡庆 4 家合并为云南火柴专卖处第一制造厂,大云南、利华、民声 3 厂合并为第二制造厂,腾冲火柴厂、下关火柴厂迁至大理,与利华三厂合并为第三制造厂,曲靖火柴厂迁会泽与德昌合并为第四厂,昭通火柴厂改为第五厂。专卖处统一管理各厂产销,外省火柴入境由专卖处收买,火柴价格由专卖处决定,氯酸钾、赤磷等原料由专卖处委托法商统一进口。从 1938 年实行专卖后,火柴由每小箱 20 元提到 100 元。原厂出资人的股息定为年息三分,大量利润落入地方官僚资本手中。

江西省“火柴公卖”与云南省略同。抗战前,江西火柴除大中华九江裕生厂供应一部分外,多数由浙闽粤各省输入。省建设厅工商管理处先后与福建建华火柴厂和本地余安记商号开设了民生火柴一厂、二厂,1940 年建华又独资开办了第三厂。同年,省建设厅、财政厅联合设立“战时特种物品公卖处”,三厂火柴全部由公卖处收买,粘贴公卖凭证,再由批发商承销。

浙江省在 1939 年 1 月实行火柴专卖,不论本省外省火柴,都由专卖机关专卖,批发价格和零售价格均由专卖机关规定,具体做法是由贩卖商向专卖机关提交申请书,专卖机关核准后发给货款

① 青岛市工商行政管理局史料组编:《中国民族火柴工业》,中华书局 1963 年版,第 142—146 页。

缴纳通知书,批发商据此向指定银行交款,再持收据向专卖机关换取提单,凭提单向指定厂、库提货,各厂再凭提单向专卖机关兑取成本及收益。实际上,浙江省的专卖机关是一个官字号的经纪人。①

在官商合办的火柴厂中,实权操于官僚资本之手,大中华与贵州、广西企业公司合办的火柴公司,大中华或刘鸿生本人的投资占 1/6 或 1/4,但只得到监、董之类的职位,公司从经理到办事人员都由企业公司指派。中国火柴原料公司,由大中华的人任总、协理职务,但加入官股后,财政部指派了监督人员,财政大权被控制。

(二)抗战结束后国民党统治区的火柴工业

1945 年抗战胜利后,国民党政府对沦陷区火柴厂进行了全面的接收,包括日本帝国主义经营的青岛、山东、东华、中华、三友、三井、太原等火柴厂,中日合办的华北、信昌、华中火柴公司,广州的大明、大生、电化三厂。中华火柴联营社为沦陷区火柴统制的总机关,也成为接收对象。只有美光火柴公司,虽然在抗战中被日军接管,战后立即发还,重新挂上美商招牌。

被接收的工厂,天津的中华、三友,汉口的三井,山西的太原,都是被地方政府接收的,直接改为公营。其余都标售给私人接办。中日合办的工厂都发还给原业主,但是其中的日本股份却需要由原业主备价赎买。

联营社本身在北京、天津、青岛都存有大量的原料和火柴。1946 年联营社向经济部申请续办,全部财产也照中日合办工厂

① 青岛市工商行政管理局史料组编:《中国民族火柴工业》,中华书局 1963 年版,第 140—142 页。

处理,属于中国厂方的部分直接发还,属于日本厂方的由联营社“优先承购”。但是联营社的财产大部分已被接收当局处理了,如天津保存的4605箱火柴被拍卖了3435箱;40多种火柴原料,贵重的有氯酸钾4万多公斤,胶2万多公斤,蜡5万多公斤,大部分被盗卖或使用了。联营社一再交涉,才把出售这些物资所得,算到承购联营社日厂部分的价款中。可是在交涉的过程中,从1946年到1947年间,物价已经上涨了十几倍,当时出售物资所得已经大为贬值。这样相当于联营社的资产大部分都被接收机关侵吞了。①

在战后接收发还的乱局中,刘鸿生凭借特殊地位和人脉,使大中华在沦陷区的各工厂都比较顺利地发还了。包括上海、镇江的荧昌厂,九江裕生厂,汉口的炎昌厂,杭州光华厂,都是被不同地方不同机关分别接收的。当刘鸿生受命担任行政院善后救济总署上海分署长从重庆回到上海,通过他的疏通,被日军强占的九江裕生、汉口炎昌,独立经营的杭州光华,都无偿发还了。上海、镇江两个荧昌厂虽然属于中日合办工厂(华中火柴公司),但经刘鸿生向接收机关说明合办的强迫性质,也发还了机器厂房,并准许大中华赎买了日本人的股份和厂里收存的原料、成品。

各厂陆续发还之后,大中华积极筹备复工。1946年下半年,上海荧昌、镇江荧昌、周浦中华、苏州鸿生、杭州光华、东沟梗片厂先后复工。裁撤抗战期间开办的龙游火柴公司,将机器物料搬迁到杭州,扩大杭州光华厂的规模。香港的大中华火柴公司也于1946年增资复业。各厂复业同时,总公司调整了资本并向上海证

① 青岛市工商行政管理局史料组编:《中国民族火柴工业》,中华书局1963年版,第146—147页。

券所申请上市。

除恢复旧业之外，大中华公司还乘机向以往未曾插足的地区发展。1946年10月在青岛标买了青岛区敌伪产业处理局标卖的青岛磷寸株式会社，改组为“青岛火柴股份有限公司”，使大中华终于在华北地区拥有了一个发展的基础。大中华还企图承办台湾的火柴业，只因台湾省行政长官公署已成立了专卖局，不容大中华插足，才没有成功。①

战后初期，国民党政府采取自由贸易和外汇政策，导致美国火柴原料大量倾销。1946年以后，物价飞涨，火柴成为囤积对象。于是刺激火柴业异常增长。1946年和1947年，上海的火柴厂达到了25家，是战前的四五倍，1947年火柴产量为145010箱，是战前上海联营社许可生产的2倍。新开设的小厂都是投机性的，用少量资本租几间房屋几台手摇排梗机就可开工，甚至连最基本的资金都没有，靠借贷开工，靠乱出栈单来周转。这也不是上海独有的现象。广州的火柴厂数也较战前增加13家，青岛增加16家，昆明增加10家，陕西增加14家。

这种盲目发展的局面没能持续多久。1947年，国民党政府成立输出入口管理委员会，对民营企业实行外汇配额，火柴原料顿时紧张。广州市火柴业1947年第三季度所分得的外汇配额2800多美元，只能解决各厂原料的30%。连大中华都感到原料紧张，不得不恢复抗战期间停产的广西化学工业公司来生产氯酸钾；又联合中国火柴原料公司在台湾高雄筹建中联化工厂生产氯酸钾。其他小厂只能通过黑市获得原料。但与战前正常生产相比，数量大为减少见表11-74。

① 上海社会科学院经济研究所编：《刘鸿生企业史料》下册，上海人民出版社1981年版，第279—290页。

表 11-74 大中华公司进口氯酸钾、赤磷数量比较(1935—1937 年、1946 年)

(单位:吨)

年份 原料名称	1935	1936	1937	1946
氯酸钾	1289	1630.3	377	410
赤磷	53.5	74.4	1.5	25

资料来源:上海社会科学院经济研究所编:《刘鸿生企业史料》下册,上海人民出版社 1981 年版,第 294 页。

外汇实行管制不久,1948 年金圆券风潮中又开始实行物价管制。"八一九"限价每箱安全火柴的价格为 18000 元法币,折合金圆券 80 元,而每箱火柴的成本就要金圆券 123.86 元,火柴工厂无不大亏。上海除限价外,还限制物资向外流动,以打击投机,结果是火柴厂正常的生产资料配送也受影响。大中华各地的工厂,每次从上海购运原料,都要经过复杂的手续向地方机关申请批准,无谓地耗费许多时间。①

除了经济政策变动的影响,加之于火柴业的各种苛捐杂税也多如牛毛。再加上美国火柴到处倾销,火柴厂纷纷陷入倒闭或停产的困境中。上海市在新中国成立前后开工的虽有大中华上海荧昌、大明、正丰、大中、中国、光明、龙翔和记等 7 家,按排板车来算,荧昌现开 9 部,大明 10 部、正丰 8 部、大中 3 部、中国 8 部、光明 1 部、龙翔 1 部。从生产能力来说,以每部排板车每日生产火柴 4 箱计,每月 4800 箱,连外埠各厂一起算每月产量可达 11880 箱。但实际上有开工五天停一天的,有每月只开工二十天的。1949 年每

① 青岛市工商行政管理局史料组编:《中国民族火柴工业》,中华书局 1963 年版,第 147 页。

月产量9400箱左右。[①] 同时火柴工厂因资金困难，跌价求现，价格、成交量渐减，整个火柴产业处于不健康的停滞状态。

四、卷烟工业

抗战后方的卷烟工业完全是迫于战争、在极其困难的条件下从无到有发展起来的。虽然兴建了不少工厂，但机器设备数量少且配置不完全，各项原料供应都极其困难，产量与战前沿海地区工厂相比微不足道。只能说是在战争期间勉强维持生产，供给部分卷烟品种。

（一）抗日后方的卷烟工业

抗战以前，中国的机器卷烟工业分布十分不平均，全国的机器卷烟工厂基本集中于上海、天津、青岛、武汉等几个城市，特别是集中于上海。云贵川和陕甘等地卷烟消费是颐中、南洋等大厂名牌由中间商长途贩运来供给的。如重庆市场，抗战初期汉口尚未沦陷前，颐中烟公司的香烟由其汉口厂供应。武汉失守后，商贩先走衡阳—贵阳—重庆路线，后来又改由海防经昆明再至重庆；至滇越路阻，颐中对重庆的运销才完全停顿，只有零星由行商贩来的小量卷烟销售。[②] 而云南市场的香烟，据说是1910年滇越铁路完成之后开始由越南转口输入。最初输入的是英美烟公司的产品，然后有南洋兄弟烟草公司产品。抗战前几年又开始有上海华成、福斯等产品，

---

① 周萃機编著：《火柴工业》，商务印书馆1951年版，第143—144页。

② 上海社会科学院经济研究所编：《英美烟公司在华企业资料汇编》，中华书局1983年版，第495页，见杜振华：《英美烟公司与重庆烟市场》，《重庆工商史料选辑》第3辑。

但销售最多的是英美烟的五华、老刀、红锡包、三炮台、大炮台、金片等。直到1936年以前,云南纸烟全部是由外省输入的。以后才有亚细亚烟草公司成立,采用云南土种烟叶,生产合群等牌。①

全面抗战爆发以后,沿海地区的卷烟工业或被战火损毁,或由于交通断绝而无法供应后方市场。同时由于大量人口内迁,香烟需求骤然扩大,于是大后方卷烟工厂纷纷应运而起,各省都设立了一些机器卷烟工厂,如表11-75所示。

表11-75 后方机器卷烟工厂一览表

省别	厂别	地区	主要设备(架)
四川	南洋兄弟烟草公司重庆厂	重庆	卷烟机11,切烟机4
	华福卷烟公司	重庆	7,3
	蜀益烟草公司	重庆	6,2
	大通烟草公司	重庆	2,1
	金山机制烟厂	成都	2,1
	华泰烟厂	成都	2,1
陕西	泰丰烟草公司	西安	14,9
	益群烟草公司	西安	2,1
	华胜烟草公司	岐山	4,3
	大来烟厂	岐山	2,1
	中国宝兴烟厂	虢镇	1,1
	凤翔烟草生产合作社	凤翔	1,1

① 褚守庄编:《云南烟草事业》,新云南丛书出版社1947年版,第229—231页。

续表

省别	厂别	地区	主要设备(架)
广西	广西纸烟公司	柳州	4,1
	一中烟厂	桂林	2,1
	怡和烟厂	桂林	2,1
贵州	贵州烟草公司	贵阳	2,1
江西	民生卷烟公司	宁都	2,1
	华松卷烟厂	光泽	2,1
云南	云南纸烟厂	昆明	2,1
	南华烟草公司	昆明	2,1
甘肃	华陇烟草公司	兰州	2,1

资料来源:陈真编:《中国近代工业史资料》第4辑,生活·读书·新知三联书店1961年版,第442—444页。

表11-75中卷烟工厂除四川外,一般都使用本省或邻省烟叶生产,而四川虽然是后方土种烟叶产量最大的省,但因品质不佳,无法满足集中于重庆的高级香烟消费者,因此需要尽量向许昌一带采购美种烟叶。

这些卷烟工厂,绝大部分是只有一两部卷烟机的小型工厂,规模比较大、生产比较正规的是南洋兄弟烟草公司迁渝的汉口工厂和孔祥熙控制下的华福卷烟公司。但与抗战以前英美烟公司的上海浦东厂装置卷烟机74部、通北路厂80部,南洋兄弟公司东百老汇厂80余部、浦东厂50余部以及全部配套设施、每月出货数千箱对比,只能说是因陋就简、勉力维持生产而已。

南洋兄弟烟草公司迁渝工厂的生产状况可以代表后方卷烟生产的一般情形。1938年9月,南洋汉厂停工,开始将机件陆续搬

出工厂。[①] 由汉口运出的机器有卷烟机5架,切烟丝机9架,压烟骨机2架,蒸叶机1架,烤烟丝冷炉1架,炕烟丝炉1架。原料有许州烟叶7050包,美叶2桶,卷纸3000饼,大小锡纸168箱。同时南洋公司在重庆委托美商卫利韩公司购进美孚货栈面积约为4.18亩,为南洋渝厂厂址,原本预计1939年2月可以开工,月出货500—700箱。

但是刚刚开工的渝厂在1939年5月即遭空袭,厂区中弹燃烧。职工到工厂自建的防空壕避难,轰炸停止后回厂抢救,但水源又断,新建成的渝厂于是全部焚毁。不但损失了全部机件,原料损失美叶1桶,许叶330包,花王、金斧等唛纸。成品卷烟损失红龙牌96.5箱、双喜牌24.2箱、花王牌33.26箱、零支烟600余箱,现金4000元等。全部物料损失合计179296.77元法币,加上机件损失,约计40万元。

渝厂被炸毁后,恢复生产过程中遇到极大的困难,修复机器没有零件,当地也无处购买,只能向香港和上海订购,迁延数月才到货。因人口疏散,很难招募到女工。而且南洋豫厂地方狭小不能供给膳宿,实行计件工资,雇佣条件无法与附近纱厂竞争。即使雇到工人,也很不稳定,每每还未做熟即辞工。为保护原料,烟叶被疏散到离城50里的乡间,难以管理而且交通不便,料场找不到可靠的看守人,用料时又不能及时雇到搬运脚夫。办事效率低,无电话,办事须过江,每有空袭警报就须停工三四小时。除烟叶以外,各项生产材料如木材纸张之类在当地购买都很困难,与当地人交易,价格任其低昂且隔日即不同。卷烟厂所需的各项纸料,卷纸由于卷烟机保养不良而耗费过多,颜料不全印工太劣,大盒以草纸裱

① 中国科学院上海经济研究所、上海社会科学院经济研究所编:《南洋兄弟烟草公司史料》,上海人民出版社1958年版,第525—527页。

糊粗糙不堪,每千个给价150元尚不愿制。南洋渝厂还给中元造纸厂低息贷款,以保障价格固定的纸料供应。

在这样的条件下,抗战中南洋公司渝厂的产量始终没能达到预计的目标。抗战时期南洋渝厂的生产量见表11-76。

表11-76　抗战时期重庆厂的生产量(1939—1945年8月)

项目 年份	平均月产量(箱)	逐年增减(%)
1939	205.6	—
1940	379.5	+84.6
1941	277.8	-26.8
1942	236.4	-14.9
1943	274.5	+16.1
1944	128.2	-53.3
1945(1—8月)	88.1	-31.3

资料来源:中国科学院上海经济研究所、上海社会科学院经济研究所编:《南洋兄弟烟草公司史料》,上海人民出版社1958年版,第528—530页。

表11-76显示产量最高的1940年也未及500箱,始终在200余箱徘徊,产量总体看是不断在降低,至抗战胜利时已低至数十箱。

大后方卷烟工业,甚至中国卷烟工业颓势之时,中国卷烟业意外获得一项成果,云南引种美种烟叶获得成功。

卷烟工业不可或缺的原料为美种烤烟。英美烟公司得以将卷烟工业本土化并占据中国卷烟工业垄断地位近30年,是以其在山东河南成功引进美种烟叶并建立起加工(烤烟)、收购体系为基础的。凡有意参与中国卷烟行业竞争的厂商,不论是中国民族资本还是日本资本,无不着意于山东、河南、安徽烟叶的争夺。

当意识到抗日战争可能使大后方难以获得河南、山东的美种烟叶,宋子文试图在云南引种美种烟叶。1939年,宋子文联络颐

中烟草公司,说他有一万英亩土地适宜种烟试验,希望颐中公司提供烟种和派专家经香港前去试种。但颐中公司经过考察,认为云南全省找不到一个适宜开展试验和发展工作的地区。云南生产的土种烟叶质量低劣,证明云南省没有发展烟叶种植的希望。① 宋子文并未放弃,他要求南洋兄弟烟草公司也参与试验,1939 年经过在云南少量试种,认为勉可满意。董事长宋子文核定 1940 年扩大试种 2000—4000 亩。与云南省建设厅合办的云南改良烟草推广处就设于南洋兄弟烟草公司的滇分公司内,南洋公司担任美烟推广的技术经济部分。②

各县农地登记约 4000 亩。农民放款 8 万元,培功费 2 万元,硫酸钾肥料 1 成,试验区开费 1.5 万元,推广处经费及山东种叶工人旅费 5 万余元,防治病虫害 1 万余元,共计 20 万元。又烤烟棚 28 万元。宋子文又联络四联总处放款。1941 年试种小有成就,产叶不多但烟叶品质较好,南洋公司收购了 13000 余斤。

但由于云南实行卷烟统制,南洋公司设厂无望,与 1941 年撤出,云南省建设厅继续维持烟叶推广处的工作。长期坚持的结果是,1947 年 8 月,英美烟公司惊讶地发现上海市场上出现了云南省出产的地道弗吉尼亚烤烟,并且英美烟公司认为这些云南烟叶质量相当好。当年 9 月,上海振兴烟叶公司就与云南兴远贸易公司合作,由振兴给兴远贷款 20 亿元法币,由兴远公司在云南收购中心购买烟叶并运往上海。英美烟公司从昆明税务局得到的消息,云南全省用美国种子种植的烟叶所占土地为 238000 亩,总产

① 上海社会科学院经济研究所编:《英美烟公司在华企业资料汇编》,中华书局 1983 年版,第 329—332 页。

② 中国科学院上海经济研究所、上海社会科学院经济研究所编:《南洋兄弟烟草公司史料》,上海人民出版社 1958 年版,第 538—539 页。

量共计439000担。质量最好的开价每60公斤210万元法币。①

云南引种美种烟叶成功,引发当地农民和云南省政府的积极性。云南西部玉溪境内及其附近几个地区,还有开远和蒙自等许多地区被划为种植烟叶的地区,所获利润10倍于种植粮食。鉴于卷烟工业前途颇有希望,云南省主席卢汉命全省农民每年抽出4万亩用于种烟。种烟热潮也波及邻省,贵州建设公司也有意在贵州发展烤烟。

美种烟叶在西南地区引种,虽然在抗战中未及带来直接收益,但对于中国以后的烟草工业布局影响深远。

(二)抗战胜利后国民党统治区的卷烟工业

抗日战争胜利后,国民党政府迅速接收了伪"满洲国"和沦陷区的卷烟工业,但办理发还拖延了很长时间。大量的成品卷烟和原料被扣压,被接收机构直接出售牟取私利。恢复生产后的卷烟工业先苦于进口香烟的竞争,后被国民党政府混乱的经济政策打击,再加上内战对于原料供给和销售的影响,举步维艰。另外,垄断卷烟工业多年的英美烟托拉斯退出中国,使卷烟工业的生产格局全面扭转。

1.国民党政府对卷烟工业的接收

抗战胜利后,卷烟工业的当务之急是发还被日本帝国主义强占的工厂,尽快恢复生产,以保障就业和税收。

国民党政府在处理国民党统治区卷烟工厂时,对于被日本帝国主义强占的工厂,发还给原主。但如果工厂在被占期间资产有增添,以及工厂内保存的原材料、未及出货的制成品等,则需要原

① 上海社会科学院经济研究所编:《英美烟公司在华企业资料汇编》,中华书局1983年版,第353—359页。

主承购或拍卖。

南洋公司汉口厂,敌伪时期被中华烟草公司占用多年,1945年8月胜利之日由经济部接收。经济部本拟将这个工厂作为上海中华烟草公司的一部分直接收归国有,经过南洋公司力争,方始发还。厂内余存全部机器物料,除去属于南洋公司原有的机件外,其余机器物料,由南洋公司承购,由江汉关审计处派员会同估价。9月,经估价总额法币812998880元,分十次清偿。该项敌遗物资80%为烟叶、卷纸等原料。①

颐中公司收回工厂的过程则比较复杂。颐中的工厂分布于多个城市,各地环境条件不同,国民党政府先期办理接收的机构也不同,接收的情况也因之不同,颐中公司则竭尽公司的各种人脉关系,争取尽早接收、保全资产。1946年5月,颐中公司试图与美国海军陆战队接洽,搭乘他们的飞机至沈阳,以便抢在所有其他公司之前到达东北办理接收。在天津,颐中公司发现其工厂状况良好,但地方局势混乱,一些自称的国民党政府接收机构形迹可疑,颐中公司担心留守的日本经理把工厂交付,颐中公司甚至想到将部分房产出租给即将到达的美军,认为美军驻扎有利于公司财产的交还。在上海,国民党军队和机构已经进驻,颐中公司找到既是颐中公司华董,同时又是上海市政府秘书长致沈成式(沈昆三),代表颐中要求第三路军司令部通知公司的日本监督人做好移交一切准备。10月,颐中烟草公司代表经济部接收日本丸三商工公司,其财产项目详列,按清册均逐一点收无讹,由点收人颐中烟草公司代表,点交人丸三商工公司及经济部特派员办公处代表三方签章证明。11月,济南颐中烟草公司接收员赵宗谦一面向山东省党政接

① 中国科学院上海经济研究所、上海社会科学院经济研究所编:《南洋兄弟烟草公司史料》,上海人民出版社1958年版,第612—613页。

收委员会申请，一面与日军管理济南所长伊藤接洽，准备政府命令一到即行正式接收。①

颐中公司同南洋公司一样，遇到如何划定公司合法财产与敌伪增添资产的问题。由于颐中公司是直接被日军侵略军接收实行军管理的，公司认为，以 1941 年 12 月 8 日时间节点为界，当时公司所拥有的价值，以后一直继续存在。以后所有的由于继续营业所得，依法应为颐中公司所有，而不能被认为是“日本人的添加”，因为自被日本人控制以来，并未增添厂房或由日本人进过货以增加其资产。只有超出 1941 年 12 月 8 日的资产总值的部分，才能视作日本人的收益。但经过盘存，不但没有超出的资产，数字还有亏损。②但苏浙皖区敌伪产业清理处认为，日人移交之原材料、制成品，颐中公司在日本军管理时代向伪储备银行借款，日军需组向颐中公司订购之香烟该公司未曾交货，诸如此类的资产由经委派会计师查核后，要求颐中公司缴付 1388037 美元方能完成移交。直到 1948 年 6 月汉口英国总领事致信武汉地区敌伪产业清理处，指出英商颐中烟草公司在抗战胜利已经两年又 3/4 的时间，但该公司至今尚未获得正式收回财产。③ 接收过程虽不顺利，但经公司内部最后清点，颐中公司 1941 年价值为 49254 千元（港币），1945 年为 54119 千元，敌伪增添资产 4865

① 上海社会科学院经济研究所编：《英美烟公司在华企业资料汇编》，中华书局 1983 年版，第 95—102 页。

② 上海社会科学院经济研究所编：《英美烟公司在华企业资料汇编》，中华书局 1983 年版，第 98—99 页。

③ 上海社会科学院经济研究所编：《英美烟公司在华企业资料汇编》，中华书局 1983 年版，第 1480—1481 页。

千元,在抗日战争中没有遭受重大的直接损失。①

2.国民党统治区卷烟工业的格局

抗战以前,中国机器卷烟工业的格局非常不平衡。首先,主要的卷烟工厂集中于上海、天津、青岛、武汉等几个城市;其次,英美烟集团企业在资本量、产销能力各个方面都处于一家独大的垄断地位。就以卷烟工业最集中的上海来说,1937 年以前,颐中各厂的产量始终占绝大部分,如表 11-77 所示。

表 11-77　颐中烟草公司垄断上海卷烟生产情况　(单位:箱)

项目 年份	颐中公司各厂产量(箱)	约占上海总量百分比(%)
1934—1936	平均每年 599433	60
1937	全年 784184	70

资料来源:上海社会科学院经济研究所编:《英美烟公司在华企业资料汇编》,中华书局 1983 年版,第 236 页。

抗战期间,颐中各厂被日本帝国主义军管理,无法正常生产,上海民族资本厂反而获得一点发展空间。抗战胜利以后,这样的生产格局保持下来,表 11-78 显示从 1946 年到 1949 年上海卷烟产量的占比。

表 11-78　抗战后上海各烟厂比较(1946—1949 年)

项目 年份	颐中各厂产量		其他各厂产量	
	箱数	占比(%)	箱数	占比(%)
1946	169018	13.4	1090982	86.6

① 上海社会科学院经济研究所编:《英美烟公司在华企业资料汇编》,中华书局 1983 年版,第 1479 页。

续表

年份＼项目	颐中各厂产量		其他各厂产量	
	箱数	占比(%)	箱数	占比(%)
1947	247241	17.7	1151646	82.3
1948	178378	13.9	1101156	86.1
1949	146050	18.2	654447	81.8

资料来源:上海社会科学院经济研究所编:《英美烟公司在华企业资料汇编》,中华书局 1983 年版,第 237 页,据颐中档案“卷烟调查”卷编制。

民族资本厂的产量在上海已经占据了压倒性的地位。但是,这并不代表抗战以后民族卷烟工业的发展,反而是经济运行极其不正常的表现。抗战胜利以后,美国香烟无限进口,销售的前锋甚至及于西北西南东北的偏远地方;在华中华南等传统的卷烟消费市场,更是所向披靡,所有民族资本卷烟工厂包括南洋、华福等官僚资本厂都无法承受,于是要求政府终止美烟进口,只允许美种烟叶进口。① 1946 年 11 月开始管制外汇,美烟减少而美叶物美价廉,上海烟厂一度畸形繁荣,纷纷筹设新厂或扩充设备,为时不久又陷入供过于需。所以这一阶段迅速兴起的上海华商烟厂大都规模小、历史浅、经营分散、设备落后。依照上海卷烟同业公会的统计,除颐中和中华两外,华商烟厂有卷烟机者 93 家,有发动机者 89 家。在 93 家有卷烟机的烟厂中,3/4 的厂不及 10 部,其中半数又在 5 部以下,平均每厂 4.5 部。而有 20 部以上卷烟机的烟厂只有 5 家,卷烟机总数 143 部,平均 28.6 部。这些趁乱而起的小型工厂并无长远发展的打算,生产极富投机性。出一个新牌就到处打广告大肆宣传,一俟商誉确立,销路打开,就偷工减料,博取厚

① 陈真编:《中国近代工业史资料》第 4 辑,生活·读书·新知三联书店 1961 年版,第 445—446 页。

利,等到招牌做坏,再出新牌。1947 年年底,上海烟厂开工者 96 家,登记商标 346 种,出口 461 种,平均每厂出口 4.7 种。除了乱做招牌,卷烟工业也沾染投机栈单的风气。卷烟工业因制造过程较为简易,资本有机构成低,天然具有可投机性。在长期通货膨胀中,许多中小型烟厂以抛售期货栈单为获取流动资金的手段,卖出栈单再生产,卖得多就扩大生产,卖得少就辞退工人紧缩生产。甚至预计栈单一时不会取现,就移用资金参加其他投机。或者仅有空头厂名和登记商标就一面抛售栈单一面找人代卷。①

颐中公司的产能在战争中基本没有损失,抗战胜利后,除国民党接收敌伪工厂、由经济部设中华烟草公司,拥有卷烟机 69 部,一跃而成卷烟工业新兴大厂外,华商福新、华成等 17 余家共有卷烟机约 350 部,但外商颐中、花旗 2 家就有卷烟机约 320 部,其龙头地位仍岿然不动。② 颐中公司产销量之所以不断降低,主要是在 1946—1949 年的经济动荡愈演愈烈的大环境下,有意识地采取了收缩和转移的经营方针。③

原料不足的困难在战后一直存在。首先这是因为三大美种烟叶产地的产量还没有恢复过来,而抗战中兴起的手工卷烟产业又加入了对烟叶的争夺。战后香烟产量较战前有增加,战前全中国(包括东北)卷烟厂每月产量为 190000 箱,战后增加到 25 万箱。以 1946—1947 年冬天为例,全国香烟每月销量如表 11-79 所示。

① 陈真编:《中国近代工业史资料》第 4 辑,生活·读书·新知三联书店 1961 年版,第 459—461 页。

② 陈真编:《中国近代工业史资料》第 4 辑,生活·读书·新知三联书店 1961 年版,第 445—446 页。

③ 陈真编:《中国近代工业史资料》第 4 辑,生活·读书·新知三联书店 1961 年版,第 447—448 页。

表 11-79 全国香烟每月销量(1946—1947 年)

类别＼项目	销数(箱)	占比(%)
机器卷烟	125000	69.4
手工卷烟	50000	27.8
输入洋烟	5000	2.8
总计	180000	100

资料来源:陈真编:《中国近代工业史资料》第 4 辑,生活·读书·新知三联书店 1961 年版,第 440—441 页。

卷烟产量增加,但所需烟叶原料产量较战前大为减少,见表 11-80。

表 11-80 烟叶原料产量比较 (单位:10 万磅)

地区＼产量	战前每年产量	1946 年产量
山东	1250	200
安徽	300	80
河南	500	600

资料来源:陈真编:《中国近代工业史资料》第 4 辑,生活·读书·新知三联书店 1961 年版,第 440—441 页。

因此,卷烟工业绝大部分非仰赖国外输入烟叶不可。但政府严厉统制进口,尤其中央银行外汇枯竭,准予结汇输入烟叶的数额极为有限。以 1947 年第 2 季来说,政府核准输入烟叶结汇仅 800 万元,照成本价格每磅 1.5 美元计算,仅 530 万磅,而最新第 3 季限额更减至 500 万美元,仅 330 万磅。再加上纸圈进口仅够各厂需要的 1/3,钢精纸等各种卷烟工业所需原料在国内生产不足与

进口管制下无不短缺。

随着东北、华北战事的蔓延,卷烟的销路也成了问题。[①] 本来上海卷烟工业主要市场是华中及华北区域,自东北、华北战局紧张,上海卷烟已无一箱可运往北方。有些大烟厂过去月产七八千箱专销华北,现只好停顿。华南方面则因走私洋烟充斥,中国生产的香烟反而难以插足。因此上海烟厂只剩华中有限地盘。再加上通货膨胀、人民购买力低落,不但华商烟厂日益衰落,就是颐中也受市场容量局限。颐中公司力图重整战前的销售体系,也力图开辟山西、四川等地的市场,但是战争对消费市场的阻隔对于生产企业来说是无可奈何的现实,1947 年颐中不得不关闭了青岛工厂。[②]

另外,严重的通货膨胀也使得工厂无法正常生产。颐中公司认为,将中国作为一个整体来看,上海、天津和青岛的各厂生产的货品都属于过剩。卷烟工业的生产过程把原料变为制成品,制成品变为现款,现款购进原料,如此循环不息。但到 1948 年,工厂生产的制成品变为鸡肋,销售所得通货更是烫手山芋。1949 年上半年,通货每周贬值 15.84%,颐中公司的销售人每周末把香烟变为现款,就要损失利润 16%左右。所以公司不得不压缩生产,仅保留足以支付工资和购买烟叶的现款。[③]

南洋在 1946—1949 年间的经营也非常困难。1946 年,胜利之后,工潮随即发生,交通未复,捐税繁重,外烟大量倾销。但 1947 年局势仍不安定,经济动荡加剧,南洋公司更加审慎,撙节使

① 陈真编:《中国近代工业史资料》第 4 辑,生活 · 读书 · 新知三联书店 1961 年版,第 440—441 页。

② 上海社会科学院经济研究所编:《英美烟公司在华企业资料汇编》,中华书局 1983 年版,第 193—197 页。

③ 上海社会科学院经济研究所编:《英美烟公司在华企业资料汇编》,中华书局 1983 年版,第 195—196 页。

用原料而不贸然增加产销，每次烟价上涨都要重新核算原料购置成本。1948 年战火蔓延，6、7 月间法币已趋崩溃，南洋公司沪厂萎缩，汉厂和渝厂停业。①

颐中公司和南洋公司不约而同地开始着手筹设在广州建立新工厂，以争取在战争前锋未及的华南市场保持自己的优势。南洋和颐中的广州厂都在 1949 年年初开工，不过产量不大。另外从 1948 年起，颐中公司就与云南人民企业公司谈判，希望双方成立合资公司，在昆明设厂，利用云南生产的美种烟叶生产卷烟。双方于 1948 年 9 月同意成立裕云公司进行生产，双方各占 50%资本。1949 年春天，机器已经由上海拆来，待经长沙向昆明转运。当然这已经是解放战争的最后关头，卷烟工业即将面对全新的未来。

① 中国科学院上海经济研究所、上海社会科学院经济研究所编：《南洋兄弟烟草公司史料》，上海人民出版社 1958 年版，第 563—564 页。

第十二章

抗日后方和国民党统治区的农业及农村经济

20世纪三四十年代，在日本侵华战争和蒋介石国民党继而悍然挑起全面内战的残酷和特殊环境下，抗日后方和国民党统治区的农业及农村经济，生存和发展条件十分严峻和恶劣：西方列强以邻为壑，转嫁危机，1932—1935年爆发空前规模的农业恐慌，市场萧条，农业崩溃，农民破产，农业元气丧失殆尽；1931—1945年，日本帝国主义长达14年的反人类军事侵略、殖民统治和烧杀、奸淫、掳掠，国土沦丧，山河破碎，资源财产被大量劫夺。伪满和关内沦陷区的人民，固然惨遭烧杀、劫掠、蹂躏，抗日后方和国民党统治区的人民也因大部分国土沦陷，商品市场和农业资源大部分落入敌手，不仅生产、生活条件空前恶化，甚至连食盐也无法正常供应。同时，由于东北、华北和华东、中南大部分地区沦陷，日本帝国主义实行海上和经济封锁，国民党政府辖区和对外贸易大幅度缩减，财政收入大幅度降低，而支出增加，货币贬值。为保证和增加税捐收入，国民党政府实行田赋"征实""征购""征借"，自耕农田赋负担倍增，佃农则因地主转嫁田赋而地租负担倍增，生产生活维艰。日本帝国主义投降后，蒋介石国民党又急不可待，发动全面内战，抓丁拉夫，横征暴敛，继而国民党军队在战场上连连失败，国民党统治区不断缩小，城乡经济崩溃，通货恶性膨胀，农民食不果腹、衣不遮体、哀鸿遍野，完全陷入水深火热之中。

由于历史环境残酷而特殊，抗日后方和国民党统治区的农业及农村经济，在农户经济、阶级结构、土地类别、地权分配、租佃关系、地租剥削、农业生产、土地经营等方面，都呈现出与以往不同的特征，发生了与以往不同的许多变化。

农户经济状况和阶级结构、土地类别和地权分配方面，农民普遍加速贫困化、均贫化、赤贫化，富者变穷，穷者更穷。中农迅速贫农雇农化，贫农、雇农成为农户的主体，农户结构由过去两头小中间大的“橄榄球型”或“擀面杖型”，变成上小下大的“宝塔型”或“金字塔型”。至于地权分配，从全国范围看，依然是集中与分散同时并存或交错发生，并继续保持连续或间歇式集中态势，同时呈现若干地区性或阶段性特征：某些地区，公田比重较高，地主富农占地比重相应降低，形成地权“分散”的虚假态势；某些永佃制流行和原本地权集中的地区，因佃农抗欠、地主收租困难，或地主富户预感到国民党政权即将不保，放缓或停止了土地（田底权）兼并，或只买田面而不买田底，地权分配不再趋向集中，甚至转趋分散。东北的地权分配又是另外一种情形。东北被日本帝国主义侵占、蹂躏的14年间，地主汉奸为虎作伥，在帮日军掠夺土地的同时，大肆兼并；在日伪进行政策调整和日军投降时，又将日军掠夺的农民土地攫为己有，导致土地急剧集中。结果东北三省成为全国地权集中程度最高的地区。这是这一时期地权分配变化中的一个突出特点。

租佃关系方面，在传统封建租佃制度照旧延续的同时，也发生了许多重大变化，呈现出一些新的特点：一是租佃形式多样化。自耕农、佃农经济恶化，土地由农业生产资料变成金融调剂手段，并往往通过租佃进行；押租功能由地租保证蜕变为残酷的高利贷盘剥手段，五花八门的押租租佃应运而生；佃农在贫困化的过程中，不断丧失生产资料，由地主相应提供的生产资料的数量和比重越

来越大,也由此产生多种租佃形式。二是租户佃户结构多元化。因地权集中,人口繁殖和分家析产,少地和微地户增多,土地占有不断零细化和插花化。一方面土地饥荒日益严重,农民缺地少地;另一方面自有的少量土地,又因丘块畸零细碎或离家窎远,耕作不便,只能通过租佃进行调整。或经济困难,须借出租土地收取押租以解燃眉之急;或干脆全部租出,另谋生计。一些地主、富农及中农为了扩大经营或便于耕作,也出租远地、次地,租进近地、好地,或以高租租出、低租租进,赚取地租差额。这样,相当一部分地主、富农和中农、贫农,既是租户,又是佃户,二者合一,你中有我,我中有你,相互交错,形成租户佃户结构多元化态势。三是"佃农贫农雇农化"。佃农作为农业生产者的主体,原本属于农村社会的中层,中农占有较大比重,甚至以中农为主体,清朝前期曾一度出现"佃农中农化"的趋势。进入近代特别是20世纪后,佃农日益贫困,三四十年代空前加剧,佃农中的中农比重下降,贫农、雇农比重上升,形成"佃农贫农雇农化"态势,贫农、雇农成为佃农的主体。佃农由农村的社会中层沦为农村的社会底层。

主佃关系和地租剥削方面,这一时期的显著特点是超经济强制转趋强化,主佃矛盾空前尖锐,地租剥削愈加苛重和残酷,而基本原因是封建地主阶级空前政治化、反动化、凶残化和极度贪婪化。清朝中期以降,封建租佃关系发展变化的基本趋势是豪绅地主衰落、庶民地主兴起,后者成长为封建地主的主体,封建依附关系走向松解,押租制和永佃制就是封建依附关系松懈、经济强制取代超经济强制的产物。20世纪三四十年代出现重大矛盾性逆转:一方面,作为取代超经济强制的押租大幅膨胀;另一方面,超经济强制空前强化,地主不仅采用超经济强制手段征收和吞没押租,而且押租本身就成为恢复中世纪式人身奴役的条件。催租逼租手段亦空前残酷。同时地租额、地租率大幅提升,额外浮收和需索变本

加厉，佃农生产无不亏折，加速贫困破产。

抗日后方和国民党统治区的农业，因环境恶劣，农民负担沉重，运行和发展艰难。1937 年“七七事变”后，一年半的时间内，随着华北和华东、华南沿海省份的相继沦陷，国民党政府丧失了 50%以上的耕地、48%的森林和近 40%的耕畜，农产品数量也相应减少。而且损失数字还在继续扩大。而随着工厂、军队、机关、学校内迁，难民聚集，人口和口粮、副食、衣被、工业原料等的需求，尤其是抗日战争前线军需和战备物资需求大幅增加，农业领域的供求矛盾空前尖锐。面对这一严峻局面，国民党政府采取了开垦荒地、兴修水利、发放贷款、调整农业生产结构、制订农业增产计划、推广农业技术、加强对农产品运销的统制和管理等政策措施，以期发展农业生产和农村经济，虽有些微成效，但总的还是雷声大雨点小，土地垦废并存，农业兴衰互见。从整体上看，后方农业并无明显起色和兴旺态势，特别是 1941 年后，货币贬值，粮价猛涨，国民党政府将原来属于地方税的田赋收归中央，并由货币改征实物，相继进行田赋征实、征购、征借。在棉产区则直接征棉，国民党政府的粮食和农产增产措施很快由“养鸡下蛋”蜕变为“杀鸡取卵”，部分地区的农业即或稍现转机，也瞬息即逝。

日本帝国主义投降后，虽然山河收复，但在日军长期占领和摧残、蹂躏下，农地、农村、农民面貌全非：相当一部分农地被荒弃、破坏甚至被永久性毁坏，塘堰、圳渠坍塌或干涸；村落、农舍仅留残垣断壁，或被夷为平地，耕畜、农具、家具、衣被十不存一；农民九死一生，大多营养不良、伤病缠身，农业劳力严重短缺。农业和农村经济的恢复和发展困难重重，而蒋介石国民党全力准备和发动内战，根本无心也无力恢复、发展农业和农村经济。封建地主更是催租逼佃，凶残至极。同时，国民党政府为筹措内战军费，横征暴敛；为补充兵源，各处抓丁拉夫；美国剩余粮棉充斥市场，城乡贸易失衡；

恶性通货膨胀,农村资金枯竭。在这种情况下,农业大幅减产,土地成片荒芜,农村哀鸿遍野,国民党统治区的农业和农村经济迅即崩塌。

第一节 农户阶级结构和土地占有状况及其变化

20 世纪三四十年代,在日本侵华战争的残酷和特殊环境下,农户的经济状况和阶级结构、土地占有和地权分配及其变化,出现了和 20 世纪 30 年代前完全不同的特点:农民不是通常市场条件下的贫富分化和渐进式的贫困化,而是极端式的两极分化和加速度的贫困化、均贫化、赤贫化,农户普遍由富而贫、由清贫而赤贫。农户阶级结构也相应发生变化,富裕中农、中农数量不断减少,贫农、雇农、赤贫户大幅增加,很快成为农户的主体。农户结构由清末民初以前的“橄榄球型”“擀面杖型”“啤酒瓶型”,逐渐演变成 20 世纪三四十年代特别是 40 年代末的“宝塔型”或“金字塔型”。

土地类别和地权分配方面,清末开始的官地民地化、公地私地化的进程,到 20 世纪三四十年代,官地民地化进程基本终结,公地私地化进程尚未终了,并出现逆转。一些地区的祖田、祭田、会田和庙田、学田、校田等形式的公共土地,不仅长期存留,而且继续增加,在土地总面积中占有相当大的比重。在南方某些地区,地主富农的土地主要就是以族田的形式存在。至于地权分配,由于地主富户兼并和分家析产的交互作用,加上地区间政治、经济和社会环境的差异,整体上仍然是集中与分散交互行进或同时存在,不同时段、不同地区各有差异:土地改革前夕同 20 世纪 30 年代前相比,关内地区尤其是南方地区的地权分配变化不甚显著;华北部分地区的地权分配有所集中;遭受日军掠夺、蹂躏时间最长的绥远、察

哈尔、热河和东北三省，尤其是东北三省，土地急剧集中，成为全国土地最集中的地区。

一、农民的普遍贫困化和"宝塔型"的农户阶级结构

农民是农业生产和农村经济的主体，农户阶级结构及其变动，直接受到当时当地政治经济条件特别是土地所有制和土地占有状况的制约，某种状态的农户阶级结构，既是某种形态的地权分配及变化的产物，真实折射出农业生产和农村经济的概貌，又反过来直接影响与制约农业生产、农村经济的运行和兴衰变化。

20世纪三四十年代，在异常恶劣和残酷的政治经济环境下，相当一部分地区的农业生产和农村经济、农业资源遭到严重破坏，农户经济加速恶化，农民空前、普遍贫困化或赤贫化。在这种情况下，农户的阶级结构变化，并非通常意义上的贫富分化，而是急剧两极分化。其特点是富者越富，穷者越穷。也有的地区是农户递贫化或均贫化，富者变穷，穷者更穷。中下层农户很难往上发展，大多加速贫困破产，沦为社会的底层，形成上小下大的"宝塔型"或"金字塔型"的农户阶级结构。

农户阶级结构的类型及其变化受到诸多因素的影响和制约。在中国封建土地所有制条件下，不同时期和不同地区，土地供应、自然环境和农业生产条件、中央及地方政府的土地和租佃政策、地权分配和租佃制度、农民的地租和税捐负担等，互有差异，农业生产和农民家庭经济状况、农户阶级结构各不相同。可大致归纳为三种类型：一是两头小中间大的"橄榄球型"或"擀面杖型"。位于一头的地主、富农户数、人数最少，另一头的贫农、雇农等的户数、人数较多，位于中间的中农户数、人数则最多，构成农业生产者和农村社会的主体。中农大部分自耕地，依靠家庭劳力，既有自耕

农,也有佃农。中农是社会的稳定力量,是贫富两极矛盾、对抗的缓冲带,是社会稳定的基础。在传统农业社会,中农数量越大,所占比重越高,贫富两极数量越小,所占比重越低,社会越稳定。二是一头细小、另一头粗大的“啤酒瓶型”。小头是地主、富农,户数、人数很少,位于大头的农户人数众多,不过中农减少,贫农、雇农增多,中农和贫农、雇农等两类农户的户数、人数大体相等或相近,共同构成农业生产者和农村社会的主体。三是上小下大的“宝塔型”或“金字塔型”。① 位于上端或顶端的地主、富农户数、人数最少,位于中间的中农户数、人数虽仍比地主、富农为多,但加速缩减,而位于底部的贫农、雇农、其他赤贫户不断膨胀,其数量明显超过中农,成为农业生产者和农村社会的主体。贫农、雇农生产、生活条件恶劣,贫富两极之间的矛盾、对抗空前尖锐,而作为矛盾、对抗缓冲带的中农又急剧萎缩。因此,在三种类型的农户结构中,“宝塔型”尤其是“金字塔型”的社会稳定性最低。

不同时期和不同地区,这三种类型的农户阶级结构,比例和发展趋势互不相同。清朝前期特别是康熙、雍正、乾隆年间,清帝国正处于兴旺和鼎盛时期,农业生产形势较好,大量荒地被开发或垦复,农业新垦区向陕南山区、长城外草原和台湾岛延伸,农业区域迅速扩大。在土地开垦过程中孕育和产生了大量的自耕农。租佃制度和租佃习惯,也发生重大变化,一些地区开始产生、流行永佃制和押租制。永佃制和某些地区的押租制,有阻止地主增租夺佃,稳定佃农生产、生活的作用,使佃农家庭经济得到相应发展。② 因

① 这里区分“宝塔型”和“金字塔型”的标准为:贫农雇农相当于中农1倍以上至1.5倍者为“宝塔型”,超过1.5倍者为“金字塔型”。

② 参见刘克祥:《中国永佃制度研究》,社会科学文献出版社2017年版,第305—326页。

此,在清朝前期,甚至一度呈现“佃农中农化”的态势。① 中农大量增加,构成农业生产者和农村社会的主体,在大部分地区,“擀面杖型”或“橄榄球型”是农户阶级结构的基本类型,“啤酒瓶型”次之,“宝塔型”特别是“金字塔型”少见。

鸦片战争后,中国由独立的封建帝国沦为半殖民半封建地殖,国际资本入侵、渗透日益深入扩大,传统农业和农民家庭手工业遭到破坏;人口增加,土地供不应求,农民经营规模缩小,农副业收入减少,租税负担加重,入不敷出,经济恶化,农户由富转贫,中农减少,贫农雇农增多。与此相联系,农户阶级结构方面,“擀面杖型”“橄榄球型”减少,“啤酒瓶型”“宝塔型”增多,“金字塔型”也开始出现。

日本侵华战争期间,战争本身的破坏,日本“以战养战”,用中国的人力、物力、财力消灭中国的国策和杀光、烧光、抢光“三光政策”的推行,使农业生产、农业设施、农业资源和农民的生命财产都遭到空前浩劫。在抗战后方和国民党统治区,国民党政府的战时财政和战时税收政策的实施,封建地主敲骨吸髓、杀鸡取卵的地租榨取,使农民租税负担空前加重,无论佃农还是自耕农,都急剧贫困破产。所有这些反映到农户结构及其变化方面,两极分化空前剧烈,农户结构急速变化,而且不论贫富,包括大部分地主、富农在内,没有特殊原因或手段,很难往上发展。因此,除了小部分地主、富农及个别中农,投靠日伪、国民党反动官府,或掌管公堂及其他不正当手段,得以上升、发展外,其余几乎全是往下沉沦,最后沦落为农村社会的最底层,这是大部分农户的归宿。土地改革前后的一些农村调查中,不乏这类典型材料。

浙江衢县白渡乡,自日本全面侵华战争爆发后,农村阶级和农户结构变化极大,其突出特点是各个阶级大幅下滑。除一些奸商、

① 参见方行:《清代佃农的中农化》,《中国学术》2000 年第 2 期。

恶霸地主、乡长、保长、高利贷者、汉奸等发不义之财者外,余均因受日本侵华战争残害,国民党政府苛捐杂税、抓丁拉夫、货币贬值等损失,“一般都较前下降,个别已经破产”。该乡上埠头村原有地主8户,破产2户,财产减少1/3至1/2者6户;富农5户,除因战乱、贱价买地及任乡长贪污发财而升为地主的两户外,其余3户,1户降为贫农,2户各减少土地1/3;中农、贫农下降尤甚,借债户大增,战前全村只10余户借债,1942年、1943年两年中陡增至45户,占全村中农、贫农的3/4。①

1951年冬至1952年春对中南地区河南、湖北、湖南、江西、广东、广西6省100个乡的农村调查资料及数据,也真实反映了这种变化趋势。

河南潢川十里棚乡,1937—1949年间,原有的20户地主中,6户破产或下降,同时新增地主15户。其中7户来自富农,5户来自中农,3户来自贫农。无论新地主来自哪个阶层,几乎都是“靠掠夺霸占而上升”:或赌徒投身伪军提升为小头目,靠敲诈强索买田发财;或从小当兵,后成“民团”头目和保长,兼霸占自家弟兄田产;或原为赌棍,后勾搭匪霸,逼死自家婶母,霸占其田产;或富农兼放高利贷,盘剥获利,加上兼并田产;等等。没有一户是靠正当劳动或职业上升为地主的。因这类新兴地主多为恶霸地主,该乡恶霸地主也由原来的2户猛增到7户。②

如果没有特殊原因和手段,原有地主,不论大小,势必下降、破产。该乡原有的8户大地主,即有1户降为中地主,2户降为富

① 《衢县白渡乡农村经济调查》,见华东军政委员会土地改革委员会编:《浙江省农村调查》,1952年印本,第136—137页。

② 《河南省潢川县十里棚乡解放前的社会情况调查》,见中南军政委员会土地改革委员会调查研究处编印:《中南区一百个乡调查资料选集·解放前部分》,1953年印本,第16—17页。

农,另有2户外迁,最后只剩3户;原有的6户中地主,除1户恶霸地主扩大田产、2户维持不变外,其余3户,1户降为富农,1户降为中农,1户破产;原有的5户小地主,只1户未变,其余4户,1户降为中农,3户外迁,能够完全维持原样的很少。①

一般农户的变动和升降尤为剧烈:1937年前该乡有中农188户,占总户数的49.34%,解放前夕减至154户,只占当时441户的34.92%,其中降为贫农、雇农的共28户,死绝的7户,"移走者"70户,合计105户,占1937年前中农的55.85%。贫农、雇农则分别由107户和27户增加到163户和43户,所占比重分别由28.09%和7.09%上升到36.96%和9.75%。贫农、雇农合计比重从35.18%上升到46.71%,远远超过中农。作为中农重要组成部分的佃中农,也大幅下降。1937年前,该乡佃中农占农户总数的35%,1949年前减至18.15%,下降了16.85个百分点。减少的中农中,相当部分是佃中农。②

河南潢川十里棚乡农户结构变化情况,见表12-1。

表12-1　河南潢川十里棚乡农户结构变化(1936年、1948年)

(单位:户)

年份、占比	总户数	地主		富农		中农		贫农		雇农		其他	
		户数	占比(%)	户数	占比(%)	户数	占比(%)	户数	占比(%)	户数	占比(%)	户数	占比(%)
1936年	381	20	5.25	18	4.72	188	49.34	107	28.09	27	7.09	21	5.51

① 《河南省潢川县十里棚乡解放前的社会情况调查》,见中南军政委员会土地改革委员会调查研究处编印:《中南区一百个乡调查资料选集·解放前部分》,1953年印本,第17—18页。

② 《河南省潢川县十里棚乡解放前的社会情况调查》,见中南军政委员会土地改革委员会调查研究处编印:《中南区一百个乡调查资料选集·解放前部分》,1953年印本,第3、18—20页。

续表

年份、占比	总户数	地主		富农		中农		贫农		雇农		其他	
		户数	占比(%)	户数	占比(%)	户数	占比(%)	户数	占比(%)	户数	占比(%)	户数	占比(%)
占比(%)	100.00	9.97				49.34		35.18				5.51	
1948年	441	29	6.58	13	2.95	154	34.92	163	36.96	43	9.75	39	8.84
占比(%)	100.0	9.53				34.92		46.71				8.84	

资料来源:《河南省潢川县十里棚乡解放前的社会情况调查》,见中南军政委员会土地改革委员会调查研究处编印:《中南区一百个乡调查资料选集·解放前部分》,1953年印本,第2—3页。

如表12-1数据所示,1936年,地主富农、中农、贫农雇农各自所占比重依次为9.97%、49.34%、35.18%,中间大两头小,且大小差距明显,是典型的“橄榄球型”农户结构;1948年,地主富农、中农、贫农雇农各自所占比重依次为9.53%、34.92%、46.71%,地主富农变化不大,中农比重下降,贫农雇农比重上升,中农和贫农雇农各自所占比重分量基本对调,贫农雇农成为农民的大头和主体。这是典型的“宝塔型”,是“橄榄球型”农户结构蜕变为“宝塔型”的一个实例。

江西丰城的农户结构变化和河南潢川颇为相似。地主富农有升有降,虽然膨胀幅度不及潢川,但总体是稳中趋升,而中农和贫农、雇农则同样是明显下降。该县小袁渡乡,1937—1949年间的地主变动,由其他阶层上升为地主和地主下降的均为8户,户数(27户)不变,上升的主要途径或原因,无论地主还是富农,主要还是依靠贪污、霸占或其他“横财”,如充当乡长、保长、合作社经理,经管公堂、祠族土地和财产,大肆贪污,又兼放高利贷,或开设油盐杂货铺,进行投机买卖等。中农和贫农、雇农也

有升有降,但升的少,降的多。中农、佃中农由1937年前的193户减至解放前夕的157户,减少了18.7%。而贫农大幅增加,从163户增至196户,增加了两成,雇农亦从58户增至60户。贫农、雇农合计256户,相当于中农、佃中农的163%,比1937年前升高49个百分点。①

广东普宁和湖南益阳的农户阶级结构变化情况大同小异。

广东普宁塘湖乡,地主由1936年的6户增加到解放前夕的19户。其中除3户系旧地主分家增添外,其余10户均为“剥削或血手发家而上升为地主”。与地主膨胀成为鲜明对照,农民加速穷困,破产下降。中农比重从1936年的35.15%下降到解放前夕的23.40%。贫农、雇农以及贫民、游民等赤贫户的比重相应上升。解放前夕,这四类农户(或村户)依次为42.94%、2.90%和2.52%、3.28%,合计51.64%,相当于中农的2.2倍,超过总户数的一半。②

湖南益阳黄家仓乡,1936—1948年的12年间,地主、富农户数上升者占本阶层的21.21%,下降者占18.19%,较1936年增加3.02%;贫农、雇农及贫民、工人户数较1937年前增加6.11%,中农户数减少9.16%。显然,“富者愈富穷者愈穷”。从阶级变化的原因看,上升的3户地主,一是“血手起家”,依靠政治势力巧取豪夺;二是高租重利、买青苗、放新谷、牟取暴利;三是囤积居奇、商业投机。上升的6户富农,除1户掌管公堂与积谷、义仓发家外,其

① 《江西省丰城县小袁渡乡解放前社会情况调查报告》,见中南军政委员会土地改革委员会调查研究处编印:《中南区一百个乡调查资料选集·解放前部分》,1953年印本,第135—139页。

② 《地主阶级统治下的塘湖乡》,见中南军政委员会土地改革委员会调查研究处编印:《中南区一百个乡调查资料选集·解放前部分》,1953年印本,第176、186—187页。

余均为放高利贷起家。下降的36户农民,因地主加租加押、逼租夺佃而倾家的占38.9%;因国民党政府抽丁而被逼穷的,占27.8%;被日军烧杀抢劫而破产的占11.1%;上述人祸再加疾病或婚丧嫁娶亏累而下降的占22.2%。① 这些也从一个侧面反映出这一时期农户升降变化的特点。

也有少数地区,贫农、雇农比重下降,中农比重上升。不过并非贫农、雇农经济状况改善而上升为中农,而是由于国难、灾荒、饥寒、疾病,贫农、雇农短期间大批死亡,成为绝户,虽然中农也大批下降和死亡,仍无法填补贫农、雇农的"减员"空缺。湖南桂阳的情况相当典型。

湖南桂阳农民备受地主和国民党政府残酷的政治统治和经济压榨,地租盘剥、壮丁抽抓、税捐苛征,"农民生活如火如荼";加上沦陷时惨遭日军蹂躏,广大农民尤其是贫农、雇农,完全无法生活。据调查,该县樟市乡农民一般只有8个月的食粮,大多常年以谷糠、苦菜、蕨根、野草根充饥。该地冬春潮湿寒冷、夏秋蚊患猖獗,但2/3以上农民没有棉衣,60%以上没有蚊帐,不仅饥寒交迫,且2/3以上罹患慢性疟疾,往往"性命朝不保夕",死亡、绝户接踵而至,贫农、雇农尤甚。1936—1948年的13年间相继绝亡346户(含少量夫死妻改嫁的"绝亡"户),死亡835人,分别占1948年户数、人数的33.1%、24.3%(含个别女儿出嫁,非全属死亡人口),其中贫农、雇农、贫民241户,占绝亡户的69.65%,远远高于1948年的该类农户比重(41.68%)。虽然同期中农绝亡47户、下降30户,贫农、雇农在总农户中所占比重,仍从1936年的50.86%降至

① 《解放前的黄家仑乡》,见中南军政委员会土地改革委员会调查研究处编印:《中南区一百个乡调查资料选集·解放前部分》,1953年印本,第51—53页。

1948 年的 40. 34%，降低了 10. 52 个百分点，中农比重相应由 22. 76%升至 31. 10%，上升了 8. 34 个百分点。从实际数据看，贫农、雇农分别从 1936 年的 547 户和 70 户减少到 1948 年的 375 户和 35 户，分别减少 172 户和 35 户，合计 207 户。而同一期间贫农、雇农的死亡绝户分别达 191 户和 35 户，合计 226 户。这是贫农、雇农大幅减少的主要原因。如果不是分家和从他处移来贫农、雇农 80 户，贫农、雇农减少的幅度还会更大。中农由 276 户增加到 315 户，增加 39 户，但这期间分家和从他处移来中农合计 47 户。这是中农增加的奥秘所在。同时，在这一期间，75 户中农降为贫农，而只有 26 户贫农上升为中农，分别占各自户口总数的 27. 17%和 4. 75%。[①] 至此，中农增加、比重上升，贫农、雇农减少，比重下降的真相大白。

贫农、雇农以及贫民、游民或其他赤贫户，成为大部分甚至绝大部分农民的归宿。到 20 世纪 40 年代末，农户阶级结构类型以中农为主体的“橄榄球型”或“擀面杖型”已是凤毛麟角，只存在于极少数地方，可以说是一种例外；中农和贫农、雇农数量大体相等或相近的“啤酒瓶型”，亦不多见；贫农雇农作为农业生产者或农村社会主体的“宝塔型”或“金字塔型”，则成为农户阶级结构的基本类型甚至唯一类型。

表 12-2 反映的是 1936—1948 年间中南 6 省 97 县 100 乡农户结构的变化情况。

① 《湖南省桂阳县樟市乡解放前的政治经济情况调查》，见中南军政委员会土地改革委员会调查研究处编印：《中南区一百个乡调查资料选集·解放前部分》，1953 年印本，第 45—47 页。

表 12-2 中南 6 省 97 县 100 乡农户结构变化(1936 年、1948 年)

(单位:户)

省别	调查乡数	年份	总户数	%(1)/%(2)	各阶级/阶层(%) 地主	富农	中农	贫农	雇农	其他
河南	14	1936	5657	%(1)	6.04	2.72	35.24	40.88	6.00	9.12
				%(2)	8.76		35.24	46.88		9.12
		1948	6567	%(1)	5.99	2.85	32.06	44.40	5.18	9.52
				%(2)	8.84		32.06	49.58		9.52
湖北	20	1936	9759	%(1)	4.01	2.54	33.57	44.16	7.37	8.35
				%(2)	6.55		33.57	51.53		8.35
		1948	11565	%(1)	3.80	2.83	31.70	49.89	4.72	7.06
				%(2)	6.63		31.70	54.61		7.06
湖南	15	1936	9841	%(1)	4.32	1.68	29.59	38.48	6.47	19.46
				%(2)	6.00		29.59	44.95		19.46
		1948	10640	%(1)	4.84	2.04	32.97	35.80	4.93	19.42
				%(2)	6.88		32.97	40.73		19.42
江西	14	1936	7334	%(1)	2.96	2.41	27.42	45.08	7.05	15.08
				%(2)	5.37		27.42	52.13		15.08
		1948	8106	%(1)	3.58	2.51	26.70	45.65	5.86	15.70
				%(2)	6.09		26.70	51.51		15.70
广东	15	1936	8483	%(1)	2.38	1.54	21.75	34.63	7.13	32.57
				%(2)	3.92		21.75	41.76		32.57
		1948	9186	%(1)	2.94	2.10	22.73	38.61	8.03	25.59
				%(2)	5.04		22.73	46.64		25.59
广西	22	1936	8564	%(1)	4.52	3.15	33.73	35.91	11.81	10.88
				%(2)	7.67		33.73	47.72		10.88
		1948	10425	%(1)	4.38	2.40	30.74	41.05	10.96	10.47
				%(2)	6.78		30.74	52.01		10.47

续表

省别＼项目	调查乡数	年份	总户数	%(1)/%(2)	各阶级/阶层(%)					
					地主	富农	中农	贫农	雇农	其他
总计	100	1936	49638	%(1)	3.96	2.31	30.06	39.73	7.71	16.23
				%(2)	6.27		30.06	47.44		16.23
		1948	56489	%(1)	4.18	2.44	29.63	42.54	6.67	14.54
				%(2)	6.62		29.63	49.21		14.54

资料来源：据中南军政委员会土地改革委员会调查研究处编：《中南一百个乡调查统计表》，1953年印本，第2、10、12、14、16、18、20、26、34、36、38、40、42、44页综合、整理、计算、编制。

表12-2中数据显示，中南6省的农民贫困化和中农贫农雇农化、佃农贫农雇农化，早已开始发生。时至1936年，农户结构已由早先的“橄榄球型”“擀面杖型”“啤酒瓶型”转换为“宝塔型”“金字塔型”，而且几乎全是“金字塔型”。

1936—1948年间，农民加速贫困化，中农和佃农加速贫农雇农化，中农户口及所占比重，继续衰减、下降；贫农雇农的数量、比重，明显升高，“金字塔型”底座进一步加大。个别省区中农比重上升，如前所述，也并非贫农、雇农经济状况改善而上升为中农，导致中农数量增加，而是贫农、雇农大量非正常死亡，成为绝户，造成中农相对比重上升的假象。

江苏、浙江、安徽、福建等华东4省以乡（村）为单元的调查资料也显示，20世纪40年代末或当地解放前夕，整个区域的农户结构类型，从“橄榄球型”“擀面杖型”到“啤酒瓶型”“宝塔型”“金字塔型”，其数量逐个增大，区域逐个扩张，“金字塔型”同样成为各地农户结构的基本甚至唯一类型。即使以乡（村）为单元统计，“橄榄球型”或“擀面杖型”农户结构，也只偶尔存在于个别乡（村），情况见表12-3。

表 12-3 江苏等 3 省 4 县 8 乡(村)农户结构(橄榄球型、擀面杖型)统计(1949 年)

省别	县乡(村)	总户数	地主		富农		中农		贫农		雇农		其他	
			户数	占比(%)	户数	占比(%)	户数	占比(%)	户数	占比(%)	户数	占比(%)	户数	占比(%)
江苏	无锡观惠乡	448	1	0.22	7	1.56	204	45.54	138	30.80	0	0	98	21.88
	昆山太平乡	524	3	0.60	44	8.40	251	47.90	199	38.00	14	2.70	13	2.50
	昆山小澞乡	546	8	1.50	23	4.20	297	54.40	170	31.10	17	3.10	31	5.70
浙江	平湖胜利乡	186	0	0	13	6.99	120	64.52	43	23.12	6	3.23	4	2.15
小计		1704	12	0.70	87	5.11	872	51.17	550	32.28	37	2.17	146	8.57
占比(%)		100.00	5.81				51.17		34.45				8.57	
福建	龙岩条围村	150	0	0	0	0	75	50.00	56	37.33	0	0	19	12.67
	龙岩菜园3村	638	0	0	2	0	320	50.16	294	46.08	0	0	22	3.45
小计		788	0	0	2	0.25	395	50.13	350	44.42	0	0	41	5.20
占比(%)		100.00	0.25				50.13		44.42				5.20	
总计		2492	12	0.48	89	3.57	1267	50.84	900	36.12	37	1.49	187	7.50
占比(%)		100.00	4.05				50.84		37.61				7.50	

注:“平湖胜利乡”为平湖胜利乡第十三村;龙岩菜园 3 村,包括溪兜、泉井、菜园 3 个村。

资料来源:江苏部分据华东军政委员会土地改革委员会编:《江苏省农村调查》,1952 年印本,第 92、153、158 页;浙江部分据华东军政委员会土地改革委员会编:《浙江省农村调查》,1952 年印本,第 224—225 页;福建部分据福建省农民协会:《龙岩县保留土地革命果实地区四个典型村土地情况调查》,见华东军政委员会土地改革委员会编:《福建省农村调查》,1952 年印本,第 202—203 页。

这是在上述区域仅见的 6 宗“橄榄球型”“擀面杖型”农户结构实例。在这 6 宗实例中,中农数量均多于贫农、雇农,仍是农业生产者和农民的主体,不过两者数量的差距不完全一样。江苏、浙江 3 乡的两者差距略大,达 16. 7 个百分点,福建 4 村较小,不到 6 个百分点。前者农户结构可称“橄榄球型”,后者则属“擀面杖型”。

在大范围调查的华东、中南10省，区区6宗“橄榄球型”“擀面杖型”农户结构实例①，数量极少，纯属例外，并且各有特殊原因：江苏3乡乃因较完整地保存了永佃制，大部分租田有永佃权，且多为耕农所持有，有的田底租额还较轻。观惠乡所在之无锡张村区，“有永佃权的土地数量极多”，原来租额较高，1937年全面抗日战争开始后，由于革命运动的影响，“租额逐渐减轻”，到解放前夕，一般每年每亩交租2—3斗，故农民有“租田为自产”之语。② 昆山太平乡，地主多为住在城内的大地主，佃农持有田面权的“管业田”，在“出租土地中为数最多”，租额相对较轻，有永佃权的土地，租额一般为每亩8—9斗米。因此，田面价尚高于田底价。该乡田面价最高每亩750斤米，最低150斤米，一般450斤米；田底价最高每亩700斤米，最低100斤米，一般400斤米左右，比田面价约低50斤。③ 昆山小澞乡，“在苏南讲来是比较地多人少的地区”，土地相对充裕，地主多住在城区，租田“大多有田底田面之分，在租入土地中，有永佃权者占78.22%”，而其中71.53%的租田又为中农所租种。④ 故中农数量较多。浙江平湖也流行永佃制，胜利乡第十三村的土地绝大部分为城市地主或外乡地主所有，村内没有地主，也很少自耕农。13户富农中，6户是佃富农；120

① 河南潢川十里棚乡的“橄榄球型”结构曾存在于1936年，到1948年已消失，为“宝塔型”结构所取代。

② 无锡县农村工作团第五大队：《无锡县张村区农村经济情况调查》，见华东军政委员会土地改革委员会编：《江苏省农村调查》，1952年印本，第100页。

③ 《昆山县太平乡农村情况调查》，见华东军政委员会工地改革委员会编：《江苏省农村调查》，1952年印本，第154页。

④ 《昆山县小澞乡农村情况调查》，见华东军政委员会工地改革委员会编：《江苏省农村调查》，1952年印本，第159、161—162页。

户中农中,110户是佃中农;43户贫农更全部是佃贫农。不过租田大多分为“田底田”(收租权)、“田面田”(耕作权)两个部分,“田面田”大部分掌握在中农(佃中农)手中。据调查,村内农户占有的“清业田”(田底、田面合一田)、“田底田”分别只有138.2亩和187.6亩,村内农户占有的“田面田”则有1736.8亩。其中68.02%的“田面田”为佃中农所占有,平均每户10.74亩。所以佃中农构成农户的主体。①

福建龙岩条围等4村,是闽西土地革命的根据地,也是土地革命成果被大体保留下来的少数乡村之一。1929年,龙岩、永定等地农民在中国共产党领导下,发动武装暴动,建立闽西苏维埃政权,废除封建土地所有制,平分土地。1931年红军撤离龙岩县城,蔡廷锴十九路军进驻,次年以村为单位,重新调整土地,地主、富农也分得了田地。同年冬,十九路军败退,地主阶级凭借蒋介石国民党势力,企图反攻倒算,夺回土地,收取地租,但均被中国共产党领导下的农民大众粉碎。从1943年起,国民党政府又推行“扶植自耕农”政策,在无法直接为地主收回土地的情况下,企图付给地主一笔地价以作补偿,并借土地调整之机,给保甲人员及一些反动分子分到较多、较好的土地,同样地遭到中国共产党和农民大众的打击而失败,使原有的土地革命的成果,最终得以保留下来。② 如表12-3所示,地主未能复原,当地已无地主,富农也仅有2户,只占农户总数的0.25%,中农构成农业生产者和农村社会的主体,这是土地革命成果在农户阶级结构上的反映。

---

① 中共浙江省委农委调研处:《浙江省永佃权情况调查》,见华东军政委员会土地改革委员会编:《浙江省农村调查》,1952年印本,第224—225页。

② 福建省农民协会:《龙岩县保留土地革命果实地区四个典型村土地情况调查》,见华东军政委员会土地改革委员会编:《福建省农村调查》,1952年印本,第201页。

"啤酒瓶型"农户结构,相对于"橄榄球型""擀面杖型"而言,数量稍多,但差距有限。表 12-4 是江苏等 3 省 8 县(市)8 乡(村)"啤酒瓶型"农户结构统计。

表 12-4　江苏等 3 省 8 县(市)8 乡(村)农户结构(啤酒瓶型)统计(1949 年)

省别	县乡(村)	总户数	地主		富农		中农		贫农		雇农		其他	
			户数	占比(%)	户数	占比(%)	户数	占比(%)	户数	占比(%)	户数	占比(%)	户数	占比(%)
江苏	江阴新民一村	130	0	0	6	4.62	58	44.61	56	43.08	6	4.61	4	3.08
	太仓双凤镇	217	5	2.30	21	9.68	96	44.24	95	43.78	0	0	0	0
浙江	嘉兴鸣羊村	237	5	2.10	29	12.20	85	35.90	85	35.90	0	0	33	13.92
	杭县山桥二村	179	1	0.60	7	3.91	82	45.81	72	40.22	11	6.15	6	3.40
	余姚南留十村	130	4	3.10	4	3.10	51	39.23	35	26.92	17	13.10	19	14.62
安徽	铜陵东家店村	425	22	5.18	19	4.47	145	34.12	117	27.53	21	4.94	101	23.76
	广德梅溪村	367	22	6.00	18	4.90	104	28.34	75	20.44	36	9.81	112	30.52
	宣城东里村	678	8	1.18	23	3.39	304	44.84	267	39.38	49	7.23	27	3.98
总计		2363	67	2.84	127	5.37	925	39.15	802	33.94	140	5.92	302	12.78
占比(%)		100.00	8.21				39.15		39.86				12.78	

注:铜陵东家店村"其他"项含贫民 69 户、小商贩 18 户、手工业者 14 户;广德梅溪村盛产竹子,用以造表芯纸,"其他"项含纸工 68 户。

资料来源:江苏部分据华东军政委员会土地改革委员会编:《江苏省农村调查》,1952 年印本,第 29、59 页;浙江部分据华东军政委员会土地改革委员会编:《浙江省农村调查》,1952 年印本,第 101、188、209—210 页;安徽部分据华东军政委员会土地改革委员会编:《安徽省农村调查》,1952 年印本,第 114、120、146—147 页。

农户结构由"橄榄球型""擀面杖型"演变为"啤酒瓶型",中农数量下降,贫农、雇农数量上升,在一升一降的过程中,正处于交叉临界状态,两者数量不相上下。表 12-4 所列数据显示,8 宗个案平均,两者各自所占比重均接近 40%,相差仅 0.7 个百分点,中

农不再是农户的多数和主体。同“橄榄球型”“擀面杖型”比较，“啤酒瓶型”的中农约减少了 10%—30%，其中相当部分或大部分成了贫农、雇农。这是农民普遍和急剧贫困化、中农贫农雇农化和佃农贫农雇农化的开始。

因农民经济急剧恶化，中下层农民家庭经济状况及地位极不稳定，中农和贫农、雇农的消长变化，也更加快速、频繁。在中农数量下降，贫农、雇农数量上升过程中，两者的交叉临界状态，只是此消彼长的两个事物在快速运动中的一个节点，时间很短。况且，在 20 世纪三四十年代，能够有 2/3 以上的中农在一段时间内(哪怕时间很短)维持现状，亦属罕见，数量极少。事实上。“啤酒瓶型”农户结构也只有 8 宗，比“橄榄球型”“擀面杖型”仅多 2 宗。而且同样多属例外，有某方面的特殊因素：或有家庭手工业支撑；或土地较充裕，并有永佃权，租额较轻；或邻近城镇，种植经济作物或商品性作物，并兼充小贩，谋生手段相对灵活；或土地充裕，中农经营面积较大；或土地虽不十分充裕，但佃农占有或使用的土地比重相对较大。如江苏江阴织布手工业发达，新民一村所在的长泾镇，农民大多有土织机或铁木机，有手工织布副业，使农民的贫困化趋势有某种程度的缓解。① 江苏太仓流行永佃制，双凤镇部分农民通过高价(相当于田价的 2/3)购买田面，获得永佃权，不过租额相对较低，两熟田的租额占总产量的 20%—25%。一些富裕农民通过购买田面，得以保留中农地位②，浙江嘉兴鸣羊村土地较充裕、肥

① 江阴县农民协会：《江阴县农村经济概况》，见华东军政委员会土地改革委员会编：《江苏省农村调查》，1952 年印本，第 29 页。

② 《太仓县农村经济概况》，见华东军政委员会土地改革委员会编：《江苏省农村调查》，1952 年印本，第 60 页。

沃,人均使用土地 3.74 亩,中农使用土地较多,人均 3.98 亩。① 浙江杭县山桥乡位于县西,接近余杭,"城乡关系很密切",农民多种植水果、茶叶、棉、麻、桑、蔬菜等商品性作物,到城市售卖,"农民兼为商贩者亦多"。地租以花租"最为普遍",租额较轻,解放前三年每亩租额平均约 0.42 石米,占产量的 1/3 强。② 余姚南留十村,佃农有永佃权的土地,亦实行类似"花租"性质的"议租"(即大租)。业佃双方在租佃开始时订立租约,写明"租石"(即租底额),实交租额在秋收时议定,按早晚稻两季分缴(早六晚四)。租额亦较轻。1948 年时,大租加田赋为 80 斤米。③ 安徽铜陵东家店村、广德梅溪村都有竹山,盛产竹子,用以制造表芯纸,土地或竹山多由中农使用。东家店村中农占农户总数的 34.12%,使用土地占全村土地使用面积的 53.28%;梅溪村中农(包括佃中农)占农户总数的 28.34%,使用竹山占全村竹山使用面积的 46.56%。④ 宣城东里村属平原农业地带,土地供应不算特别充裕,全村人均占有土地 1.51 亩,使用土地 2.74 亩(因有 4 成多土地为外村地主所

---

① 中共浙江省委农委会:《嘉兴县塘汇乡农村经济调查》,见华东军政委员会工地改革委员会编:《浙江省农村调查》,1952 年印本,第 96、101、104 页。

② 花租,亦称"议租"或"不定租",是苏南、浙北部分地区实行的一种租制,每年根据收成,由当地有势力的地主与国民党地方政府共同议定租额(中共杭县县委调研组:《杭县山桥乡第二村调查》,见华东军政委员会工地改革委员会编:《浙江省农村调查》,1952 年印本,第 188、193 页)。

③ 中共宁波地委秘书处:《余姚县南留乡第十村调查》,见华东军政委员会工地改革委员会编:《浙江省农村调查》,1952 年印本,第 214—215 页。

④ 中共皖南区党委农委会:《铜陵县玉峰区东家店村调查》,见华东军政委员会工地改革委员会编:《安徽省农村调查》,1952 年印本,第 115 页;中共皖南区党委农委会:《广德县独树区梅溪村调查》,见华东军政委员会工地改革委员会编:《安徽省农村调查》,1952 年印本,第 123 页。

有,故使用地多于占有地)。中农户数占 44.84%,人口占 49.1%,但使用土地占 67.87%,租入土地占各阶层租入的 71.51%。① 所有这些,使得中农在土地占有或使用、农副业生产经营、地租负担、家庭收支等方面,尚差强人意,一般尚可维持正常的简单再生产,未有急速恶化和贫穷破产为贫农、雇农。

显而易见,时至 20 世纪 40 年代末,无论以中农为主体的“橄榄球型”或“擀面杖型”农户结构,还是中农和贫农、雇农大体相等或相近的“啤酒瓶型”农户结构,都只是某些特殊环境下的例外,已不多觏。相反,以贫农、雇农为主体的“宝塔型”尤其是“金字塔型”,则十分普遍,已成为各地农户结构的一般形态。表 12-5 为江苏等 6 省 20 县(市)29 乡(村)“宝塔型”农户结构统计。

表 12-5　江苏等 6 省 20 县(市)29 乡(村)农户结构(宝塔型)统计(1948—1949 年)

省别	县乡(村)	总户数	地主		富农		中农		贫农		雇农		其他	
			户数	占比(%)	户数	占比(%)	户数	占比(%)	户数	占比(%)	户数	占比(%)	户数	占比(%)
江苏	青浦城北乡	991	15	1.51	58	5.85	432	43.59	417	42.08	46	4.64	23	2.32
	武进政成乡	1084	9	0.83	41	3.78	467	43.08	476	43.91	0	0	91	8.39
	奉贤六郭乡	142	5	3.50	24	17.00	50	35.21	60	42.25	3	2.11	0	0
	无锡张村乡	894	13	1.45	11	1.23	346	38.70	472	52.80	0	0	52	5.82
	无锡泰安乡	232	8	3.45	4	1.72	99	42.67	96	41.38	13	5.60	12	5.17
	无锡坊前乡	773	18	2.33	42	5.43	307	39.72	320	41.40	9	1.16	77	9.96
	武进梅港乡	726	9	1.24	43	5.92	319	43.94	329	45.32	23	3.17	3	0.41
	吴县保安乡	1575	14	0.89	138	8.76	561	35.62	742	47.11	65	4.13	55	3.49
	吴县斜塘镇	524	1	0.19	29	5.53	213	40.65	241	45.99	0	0	40	7.63
	高淳薛城乡	295	7	2.37	7	2.37	111	37.63	155	52.54	3	1.02	12	4.07

① 虽然中农同时出租在本村和外村占有的部分土地,占各阶层出租地的 16.47%,扣除出租地后,中农实际租地比重仍达 55.04%。参见中共皖南区党委农委会:《宣城县东里村调查》见华东军政委员会工地改革委员会编:《安徽省农村调查》,1952 年印本,第 146—147、149 页。

续表

省别	县乡(村)	总户数	地主		富农		中农		贫农		雇农		其他	
			户数	占比(%)	户数	占比(%)	户数	占比(%)	户数	占比(%)	户数	占比(%)	户数	占比(%)
浙江	嘉兴高照乡	661	21	3.18	72	10.89	245	37.06	128	19.36	144	21.79	51	7.72
	嘉兴花鱼村	236	9	3.81	14	5.93	82	34.75	115	48.73	6	2.54	10	4.24
	绍兴鉴湖乡	736	6	0.82	19	2.58	260	35.33	270	36.68	33	4.48	148	20.11
	临海开石乡	998	64	6.41	25	2.51	324	32.46	432	43.29	41	4.11	112	11.22
	建德山鹤乡	1448	55	3.80	57	3.94	359	24.79	489	33.77	0	0	488	33.70
	余姚潮界乡二村	286	10	3.50	33	11.54	78	27.27	70	24.48	26	9.09	69	24.13
安徽	临泉4村	370	21	5.68	19	5.14	147	39.73	162	43.78	0	0	21	5.68
	肥西上派河乡	927	39	4.21	36	3.88	328	35.38	408	44.01	29	3.13	87	9.39
	屯溪徐村	138	5	3.62	2	1.45	57	41.30	62	44.93	2	1.45	10	7.25
	南陵戴镇村	458	19	4.15	20	4.37	149	32.53	152	33.19	47	10.26	71	15.50
福建	南平2县3村	214	12	5.61	15	7.01	88	41.12	99	46.26	0	0	0	0
河南	潢川十里棚乡	441	29	6.57	13	2.95	154	34.92	163	37.00	43	9.75	39	8.84
湖南	益阳樟市乡	1014	35	3.45	18	1.77	315	31.10	375	36.98	35	3.45	236	23.27
	益阳黄家仑乡	436	26	5.96	11	2.52	153	35.09	127	29.13	48	11.01	71	16.28
总计		15599	450	2.89	751	4.81	5644	36.18	6360	40.77	616	3.95	1778	11.40
占比(%)		100.00	7.70				36.18		44.72				11.40	

注:临泉4村为袁庄、周桥、杨楼、范楼;南平2县3村为南平大坝、兴华保和古田罗洋村。

资料来源:江苏部分据华东军政委员会土地改革委员会编:《江苏省农村调查》,1952年印本,第12、38、76、91、92、116、133—134、165、178、242页;浙江部分据华东军政委员会土地改革委员会编:《浙江省农村调查》,1952年印本,第83、98、133、152、164、197、294—295页;安徽部分据华东军政委员会土地改革委员会编:《安徽省农村调查》,1952年印本,第36—37、46—47、127—128、173页;福建南平2县3村据华东军政委员会土地改革委员会编:《福建省农村调查》,1952年印本,第9—10页;河南及湖南部分据中南军政委员会土地改革委员会调查研究处编印:《中南区一百个乡调查资料选集·解放前部分》,1953年印本,第2—3、37—38、49—50页。

在调查的同一区域内发现的“橄榄球型”或“擀面杖型”和“啤

酒瓶型"农户结构,分别只有6宗和8宗,合计14宗,分布地域为4省份12县16乡(村);而"宝塔型"农户结构为24宗,分布地域为6省份20县29乡(村),无论宗数抑或分布地域,都明显超过"橄榄球型"或"擀面杖型"和"啤酒瓶型"二者之和。"宝塔型"成为20世纪三四十年代尤其是40年代末农户结构的一种重要类型。

"宝塔型"农户结构位于底部的贫农、雇农数量最大,明显超过中部的中农,更比顶部的地主、富农多得多。同"橄榄球型"或"擀面杖型"比较,"宝塔型"的中农数量约莫减少了30%—50%,贫农雇农数量大约增加了一倍。

当然,不同地区或同一地区不同乡(村),具体情况不一。表12-5所列资料显示,"宝塔型"农户结构的地域分布及中农与贫农、雇农的比例构成,各有差异。地域分布方面,"宝塔型"农户结构大部分分布在商品经济发达、地权集中的苏南和浙江地区(这同调查者的调查范围即抽样数量也不无关系),24宗"宝塔型"个案中,江苏、浙江有16宗,占2/3。中农与贫农、雇农的比例构成以及两者的数量差距,亦高低不一。小的相差不到1个百分点(如江苏武进政成乡),类同"啤酒瓶型"农户结构;大的相差16.53个百分点(如嘉兴花鱼村),贫农、雇农相当于中农的1.48倍。24宗个案平均,贫农、雇农相当于中农的1.25倍,中农占农户总数的比重为36%,而贫农、雇农接近45%,贫农、雇农取代中农,成为农民的主体,农民普遍贫困化和中农贫农雇农化、佃农贫农雇农化已经到了非常严重的程度。

然而,事态更为严重的是,20世纪三四十年代尤其是40年代末,"宝塔型"已经不是最主要的农户结构类型。因为这时农民贫困化和中农贫农雇农化、佃农贫农雇农化趋势,犹如脱缰烈马,根本无法遏制。反映在农户结构变化上,就是"金字塔型"结构迅猛扩张,取代"宝塔型",成为农户结构的一般形态,见表12-6。

表 12-6　江苏等 8 省 60 县(市)125 乡(村)农户结构(金字塔型)统计(1948—1949 年)

项目/省别	县乡(村)	总户数	地主		富农		中农		贫农		雇农		其他	
			户数	占比(%)	户数	占比(%)	户数	占比(%)	户数	占比(%)	户数	占比(%)	户数	占比(%)
江苏	江阴 4 村	718	14	1.95	14	1.95	193	26.88	457	63.65	22	3.06	18	2.51
	江阴悟空乡	1814	2	0.11	27	1.49	281	15.49	1474	81.26	30	1.65	0	0
	武进马杭乡	1841	6	0.33	33	1.79	366	19.88	1342	72.90	94	5.11	0	0
	武进新南乡	1117	17	1.52	41	3.67	245	21.93	789	70.64	25	2.24	0	0
	武进茶山乡	1571	15	0.95	18	1.15	354	22.53	1053	67.03	131	8.34	0	0
	嘉定塘西乡	581	3	0.52	60	10.33	179	30.81	325	55.94	7	1.20	7	1.20
	嘉定塘东乡	121	5	4.13	7	5.79	22	18.18	84	69.42	0	0	3	2.48
	高淳庙湾村	150	1	0.67	5	3.33	37	24.67	58	38.67	25	16.67	24	16.00
	无锡胶南乡	1143	16	1.40	15	1.31	355	31.06	750	65.62	0	0	7	0.61
	无锡寺头乡	789	10	1.27	17	2.15	267	33.84	485	61.47	0	0	10	1.27
	无锡云林乡	2442	18	0.74	89	3.64	643	26.33	1607	65.81	15	0.61	70	2.87
	无锡村前村	219	18	8.22	4	1.83	63	28.77	119	54.34	4	1.83	11	5.02
	松江新农乡	808	21	2.60	40	4.95	288	35.64	396	49.01	49	6.06	14	1.73
	吴县鹤金村	168	0	0	9	5.36	55	32.74	85	50.60	10	5.95	9	5.36
	吴县姑苏乡	463	4	0.86	33	7.13	143	30.89	277	59.83	0	0	6	1.30
	吴县黄桥乡	296	1	0.34	28	9.46	50	16.89	107	36.15	72	24.32	38	12.84
	吴县新潦乡	1315	3	0.23	101	7.68	178	13.54	720	54.75	230	17.49	83	6.31

续表

省别＼项目	县乡(村)	总户数	地主		富农		中农		贫农		雇农		其他	
			户数	占比(%)	户数	占比(%)	户数	占比(%)	户数	占比(%)	户数	占比(%)	户数	占比(%)
江苏	小计	15556	154	0.99	541	3.48	3719	23.91	10128	65.10	714	4.59	300	1.93
	占比(%)	100.00	4.47				23.91		69.69				1.93	
浙江	11县36村	6637	232	3.49	177	2.67	1989	29.97	3027	45.61	532	8.02	680	10.25
	富阳3县5村	1004	60	5.98	27	2.69	162	16.14	523	52.09	88	8.76	144	14.34
	丽水城2街	229	12	5.24	2	0.87	53	23.14	150	65.50	9	3.93	3	1.31
	松阳望松8村	934	20	2.14	33	3.53	264	28.27	617	66.06	0	0	0	0
	衢县姜家坞村	164	3	1.83	2	1.22	31	18.90	114	69.51	14	8.54	0	0
	龙游希唐乡	198	1	0.51	12	6.06	54	27.27	131	66.16	0	0	0	0
	龙游灵山乡	147	6	4.08	16	10.88	49	33.33	76	51.70	0	0	0	0
	龙游詹家乡	138	8	5.80	1	0.72	13	9.42	116	84.06	0	0	0	0
	开化溪源乡	102	4	3.92	4	3.92	9	8.82	85	83.33	0	0	0	0
	嘉兴塘汇乡	1037	27	2.60	95	9.16	261	25.17	515	49.66	87	8.39	52	5.01
	衢县白渡乡	1114	21	1.89	34	3.05	346	31.06	551	49.46	83	7.45	79	7.09
	建德菴口2村	184	12	6.52	5	2.72	40	21.74	94	51.09	26	14.13	7	3.80
	金华乾溪乡	196	13	6.63	2	1.02	31	15.82	75	38.27	75	38.27	0	0
	吴兴钞田村	173	6	3.47	8	4.62	40	23.12	103	59.54	10	5.78	6	3.47

续表

省别＼项目	县乡(村)	总户数	地主		富农		中农		贫农		雇农		其他	
			户数	占比(%)	户数	占比(%)	户数	占比(%)	户数	占比(%)	户数	占比(%)	户数	占比(%)
浙江	小计	12257	425	3.47	418	3.41	3342	27.27	6177	50.39	924	7.54	971	7.92
	占比(%)	100.00	6.88				27.27		57.93				7.92	
安徽	歙县龙井村	110	14	12.73	11	10	21	19.09	64	58.18	0	0	0	0
	祁门钟秀村	212	4	1.89	8	3.77	39	18.40	161	75.94	0	0	0	0
	宿松柳坪乡	437	9	2.06	24	5.49	118	27.00	170	38.90	14	3.20	102	23.34
	绩溪余川村	200	15	7.50	7	3.50	49	24.50	125	62.50	4	2.00	0	0
	临泉杨楼村	130	5	3.85	2	1.54	33	25.38	54	41.54	6	4.62	30	23.08
	濉溪古西乡	1022	24	2.35	42	4.11	303	29.65	645	63.11	3	0.29	5	0.49
	来安殿发乡	340	14	4.12	1	0.29	125	36.76	177	52.06	9	2.65	14	4.12
	霍山诸佛菴乡	742	23	3.10	4	0.54	139	18.73	193	26.01	138	18.60	245	33.02
	无为百马乡	1212	16	1.32	19	1.57	394	32.51	743	61.30	25	2.06	15	1.24
	滁县关山乡	780	21	2.69	20	2.56	199	25.51	397	50.90	138	17.69	5	0.64
	滁县大王营乡	697	32	4.59	34	4.88	216	30.99	255	36.59	133	19.08	27	3.87
	贵池杏村保	198	3	1.52	2	1.01	68	34.34	113	57.07	0	0	12	6.06
	贵池齐山村	406	4	0.99	11	2.71	131	32.27	247	60.84	5	1.23	8	1.97
	当涂连云保	156	0	0	7	4.49	31	19.87	106	67.95	12	7.69	0	0
	宣城金象村	563	24	4.26	13	2.31	154	27.35	252	44.76	107	19.01	13	2.31

续表

省别＼项目	县乡(村)	总户数	地主		富农		中农		贫农		雇农		其他	
			户数	占比(%)	户数	占比(%)	户数	占比(%)	户数	占比(%)	户数	占比(%)	户数	占比(%)
安徽	岳西北山村	245	11	4.49	13	5.31	72	29.39	113	46.12	3	1.22	33	13.47
	芜湖杨埠村	446	1	0.22	11	2.47	138	30.94	269	60.31	7	1.57	20	4.48
	休宁花桥村	224	5	2.23	4	1.79	51	22.77	157	70.09	0	0	7	3.13
	黟县庐村	267	5	1.87	5	1.87	93	34.83	160	59.93	0	0	4	1.50
	小计	8387	230	2.74	238	2.84	2374	28.31	4401	52.47	604	7.20	540	6.44
	占比(%)	100.00	5.58				28.31		59.67				6.44	
福建	南平3县5村	669	26	3.89	31	4.63	166	24.81	393	58.74	53	7.92	0	0
	福安5县7村	2178	100	4.59	50	2.30	375	17.22	1353	62.12	114	5.23	186	8.54
	福州后屿村	379	7	1.85	9	2.37	116	30.61	228	60.16	0	0	19	5.01
	福州鳝樟村	391	1	0.26	10	2.56	138	35.29	233	59.59	0	0	9	2.30
	福安南塘保	337	9	2.67	5	1.48	47	13.95	269	79.82	0	0	7	2.08
	古田七保村	337	10	2.97	2	0.59	102	30.27	178	52.82	41	12.17	4	1.19
	晋江涵坂村	299	2	0.67	0	0	91	30.43	204	68.23	0	0	2	0.67
	福州义序乡	431	13	3.02	12	2.78	102	23.67	304	70.53	0	0	0	0
	小计	5021	168	3.35	119	2.37	1137	22.64	3162	62.98	208	4.14	227	4.52
	占比(%)	100.00	5.72				22.64		67.12				4.52	
湖南	茶陵庙市乡	576	18	3.13	13	2.25	197	34.20	291	50.52	13	2.26	44	7.64
江西	丰城小袁渡乡	593	22	3.71	13	2.19	157	26.48	196	33.05	60	10.12	145	24.45
	九江石门乡	556	24	4.32	5	0.90	169	30.40	244	43.88	30	5.40	84	15.11

续表

省别＼项目	县乡(村)	总户数	地主		富农		中农		贫农		雇农		其他	
			户数	占比(%)	户数	占比(%)	户数	占比(%)	户数	占比(%)	户数	占比(%)	户数	占比(%)
广东	普宁塘湖乡	519	19	3.66	9	1.73	154	29.67	237	45.66	15	2.90	85	16.38
广西	宾阳大林乡	550	21	3.82	9	1.64	179	32.55	260	47.27	37	6.72	44	8.00
	灵山梓崇塘乡	408	32	7.84	5	1.23	107	26.23	156	38.24	42	10.30	66	16.18
小计		3202	136	4.25	54	1.69	963	30.07	1384	43.22	197	6.15	468	14.62
占比(%)		100.00	5.92				30.03		49.30				14.62	
总计		44423	1113	2.51	1370	3.08	11535	25.96	25252	56.85	2647	5.96	2506	5.64
占比(%)		100.00	5.60				25.96		62.81				5.64	

注:1.“县乡(村)”栏中,江苏“江阴4村”为渎南乡新民、民生、竹华、万兴4个村;浙江“11县36村”为临安、余杭、于潜、昌化、分水、桐庐、富阳、新登、孝丰、安吉、武康11县,36村的村名不详;“富阳3县5村”为富阳盛村、余杭杨桥乡二村、临安横溪乡3个县;福建“福安5县7村”为福安县东郊步兜山,寿宁县清源、玉壶、东坑,宁德县栖云,霞浦县江边,柘荣县新城7个村;“南平3县5村”为南平县西芹镇兴华保、凤山区大坝村,古田县罗袭村、罗洋村,沙县城关区赤朱保5个村。

2.“其他”栏中,部分城镇郊区乡(村),手工业者、工人、小商、小贩、店员、自由职业者等非农业户数量较多,已将其剔除,未加区分者的“其他”村户则予保留。

资料来源:江苏部分据华东军政委员会土地改革委员会编:《江苏省农村调查》,1952年刊本,第29—30、39—40、42、81、82、86、92、107、128、141—142、173、183、301、312页;浙江部分据华东军政委员会土地改革委员会编:《浙江省农村调查》,1952年刊本,第16—17、28、29、57—58、63—64、71—72、97、137、168、176页;安徽部分据华东军政委员会土地改革委员会编:《安徽省农村调查》,1952年刊本,第32—34、36、57—58、70、78—79、81—82、92、96—97、100、112—113、130—131、139—140、153—154、167、209—210、215页;福建部分据华东军政委员会土地改革委员会编:《福建省农村调查》,1952年刊本,第9、12、22—24、61、69、89、152—153页;湖南、江西、广东、广西部分据中南军政委员会土地改革委员会调查研究处编印:《中南区一百个乡调查资料选集·解放前部分》,1953年印本,第75—76、146、176、193、219页整理、计算、编制。

表12-6列"金字塔型"农户结构个案,计64宗,涉及44428家农户(含部分村户),涵盖江苏等8省60县(市)125乡(村),在"橄榄球型""擀面杖型""啤酒瓶型""宝塔型""金字塔型"5种类型的农户结构中,"金字塔型"数量最多,涵盖地域范围最广,其宗数、农户(含部分村户)数和乡(村)数远远超过"橄榄球型"或"擀面杖型""啤酒瓶型""宝塔型"3个类型之和,依次相当于后者的1.68倍、2.13倍和2.78倍。时至20世纪40年代末,"金字塔型"成为最主要和最基本的农户结构形态。

在清朝和民国时期农户经济发展、成长和随后的农民贫困化历史过程中,"橄榄球型""擀面杖型""啤酒瓶型""宝塔型""金字塔型"等5种类型的农户结构,是依次产生和相互替代的。"金字塔型"农户结构形成最晚,是农民极度贫困、中农贫农雇农化和佃农贫农雇农化接近尾声的产物。

表12-6列数据显示,"金字塔型"农户结构中的中农数量大减。贫农、雇农则成倍增加,"金字塔型"结构中的中农和贫农、雇农比重变化,基本上是"橄榄球型"结构中两者所占比重及"主体"地位的调换。不过对照表12-2的相关数据,"金字塔型"结构中的贫农、雇农比重,比"橄榄球型"结构中的中农比重更高;而"金字塔型"结构中的中农比重,比"橄榄球型"结构中的贫农、雇农比重更低。

另外,1950年一项有关苏南地区农户结构、土地制度的调查,范围较大,涵盖苏南25县(缺丹阳、溧阳2县)973个乡,其结构是:地主、富农38555户,占4.92%;中农268116户,占34.20%;贫农、雇农477080户,占60.86%。[①] 这也是相当典型的"金字塔型"

① 据中共苏南区党委农委会:《苏南农村土地制度初步调查》,见华东军政委员会土地改革委员会编:《江苏省农村调查》,1952年印本,第5—6页综合计算。

结构。

农民普遍和急剧贫困化、中农贫农雇农化和佃农贫农雇农化，开始于 1931 年日本侵华战争爆发和随后爆发的全国性农业恐慌，1937 年日本全面侵华战争爆发后空前加剧。到 1949 年新中国成立，前后将近 20 年，农户结构由原来以中农为主体的“橄榄球型”结构、“擀面杖型”结构，经以中农和贫农、雇农共同为主体的“啤酒瓶型”结构，蜕变为以贫农、雇农为主体的“宝塔型”结构和“金字塔型”结构。最终“金字塔型”成为农户结构的一般形态。这就是中国近代最后 20 年中国农民经济和农户结构变化所走过的基本历程。

这种情况当然不限于上述华东江、浙、皖、闽 4 省份及中南豫、鄂、湘、赣、粤、桂 6 省份个别乡、村，其他地区亦不例外。到 20 世纪 40 年代末，全国除了少数地区，“宝塔型”或“金字塔型”就是农户结构的基本形态。表 12-7 比较完整地反映了南北各地土地改革前夕的农户阶级结构状况和特点。

表 12-7 中农户结构统计所涉及的范围，涵盖南北 27 省份，除西藏、台湾、内蒙古草原牧区（南部农业区和农牧混合区农户结构资料列入热察绥）因无同类农户结构资料，没有开列，其他省份均已包括在内，覆盖范围共 988 县，约占当时全国总县数的一半以上，覆盖农户近 4310 万户，也将近占全国农民的一半。① 这不仅可以验证在前揭抽样调查数据的真实性和代表性，更能弥补抽样调查的不足，全面、准确地反映全国范围的农户结构状况。

① 20 世纪 30—40 年代，全国县治多有变动，据李炳卫编：《中华民国省县地名三汇》（北平民社 1945 年版）统计，全国共 1839 县（含旗“设治局”等县级建制），988 县占 53.7%。全国户数无精确统计，如以全国人口约 45000 万人、10000 户，农户占 9 成估计，4310 万户，约占 47.9%。

表 12-7　土地改革前江苏等 27 省农户(户口)结构统计

(单位:户)

项目 省别	县数/%	总农户数	地主	富农	中农	贫农	雇农	其他
江苏	33	3162784	131146	99166	1081255	1642390	75664	133163
	%(1)	100.00	4.15	3.14	34.19	51.93	2.39	4.21
	%(2)	100.00	7.29		34.19	54.32		4.21
浙江	63	3948984	107100	87524	1180672	1993360	203777	376551
	%(1)	100.00	2.71	2.22	29.90	50.48	5.16	9.54
	%(2)	100.00	4.93		29.90	55.84		9.54
安徽	50	5217913	229387	155611	1758702	2687587	185345	201281
	%(1)	100.00	4.39	2.98	33.71	51.51	3.55	3.86
	%(2)	100.00	7.37		33.71	55.06		3.86
福建	42	1373841	32963	24380	447536	666162	47674	155126
	%(1)	100.00	2.40	1.77	32.58	48.49	3.47	11.29
	%(2)	100.00	4.17		32.58	51.96		11.29
小计	188	13703522	500596	366681	4468165	6989499	512460	866121
	%(1)	100.00	3.65	2.68	32.61	51.01	3.74	6.32
	%(2)	100.00	6.33		32.61	54.75		6.32
湖北	71	3612430	153076	176202	1098551	1902222	152528	129851
	%(1)	100.00	4.24	4.88	30.41	52.66	4.22	3.59
	%(2)	100.00	9.12		30.41	56.88		3.59

续表

省别＼项目	县数/%	总农户数	地主	富农	中农	贫农	雇农	其他
湖南	73	4095625	200859	106903	1171423	2076573	133669	406198
	%(1)	100.00	4.91	2.61	28.60	50.70	3.26	9.92
	%(2)	100.00	7.52		28.60	53.96		9.92
江西	59	1254544	48631	39539	322951	695572	39493	108358
	%(1)	100.00	3.88	3.15	25.74	55.44	3.15	8.64
	%(2)	100.00	7.03		25.74	58.59		8.64
广东	41	2366623	110144	53475	504846	1194679	142959	360520
	%(1)	100.00	4.66	2.26	21.33	50.48	6.04	15.23
	%(2)	100.00	6.92		21.33	56.52		15.23
广西	50	837427	38432	25561	277457	405743	76923	13311
	%(1)	100.00	4.59	3.06	33.13	48.45	9.18	1.59
	%(2)	100.00	7.65		33.13	57.63		1.59
小计	235	12166649	551142	401680	3375228	6274789	545572	1018238
	%(1)	100.00	4.54	3.30	27.74	51.57	4.48	8.37
	%(2)	100.00	7.84		27.74	56.05		8.37
四川	49	4798909	230853	121676	1317460	2442795	228465	457660
	%(1)	100.00	4.81	2.54	27.45	50.90	4.76	9.54
	%(2)	100.00	7.35		27.45	55.66		9.54

续表

项目 省别	县数/%	总农户数	地主	富农	中农	贫农	雇农	其他
云南	42	870142	44370	30380	234857	441316	59167	60052
	%(1)	100.00	5.10	3.49	26.99	50.72	6.80	6.90
	%(2)	100.00	8.59		26.99	57.52		6.90
贵州	65	1483560	69845	47215	472114	654911	108194	131281
	%(1)	100.00	4.71	3.18	31.82	44.15	7.29	8.85
	%(2)	100.00	7.89		31.82	51.44		8.85
小计	156	7152611	345068	199271	2024431	3539022	395826	648993
	%(1)	100.00	4.82	2.79	28.30	49.48	5.53	9.07
	%(2)	100.00	7.61		28.30	55.01		9.07
南部地区总计	638	33022782	1396806	967632	9867824	16803310	1453858	2533352
	%(1)	100.00	4.23	2.93	29.88	50.89	4.40	7.67
	%(2)	100.00	7.16		29.88	55.29		7.67
河北	49	1083446	27339	42716	443907	507652	29083	32749
	%(1)	100.00	2.52	3.94	40.97	46.86	2.69	3.02
	%(2)	100.00	6.46		40.97	49.55		3.02
山东	31	2207241	55518	50068	894313	1196078	157	11107
	%(1)	100.00	2.51	2.27	40.52	54.19	0.01	0.50
	%(2)	100.00	4.78		40.52	54.20		0.50

续表

省别＼项目	县数/%	总农户数	地主	富农	中农	贫农	雇农	其他
河南	41	1344449	48192	44737	431050	660699	131298	28473
	%(1)	100.00	3.58	3.33	32.06	49.14	9.77	2.12
	%(2)	100.00	6.91		32.06	58.91		2.12
山西	33	548162	15882	26013	233705	261380	5632	5550
	%(1)	100.00	2.90	4.75	42.63	47.68	1.03	1.01
	%(2)	100.00	7.65		42.63	48.71		1.01
小计	154	5183298	146931	163534	2002975	2625809	166170	77879
	%(1)	100.00	2.83	3.16	38.64	50.66	3.21	1.50
	%(2)	100.00	5.99		38.64	53.87		1.50
陕西	34	1170289	38290	26367	427889	499951	107457	70335
	%(1)	100.00	3.27	2.26	36.56	42.72	9.18	6.01
	%(2)	100.00	5.53		36.56	51.90		6.01
甘肃	63	1619959	52349	28458	606509	599042	218384	115217
	%(1)	100.00	3.23	1.76	37.44	36.98	13.48	7.11
	%(2)	100.00	4.99		37.44	50.46		7.11
宁夏	8	95976	3413	1941	34820	33527	15343	6932
	%(1)	100.00	3.56	2.02	36.28	34.93	15.99	7.22
	%(2)	100.00	5.58		36.28	50.92		7.22

续表

项目 省别	县数/%	总农户数	地主	富农	中农	贫农	雇农	其他
青海	7	80186	2593	1880	35230	30702	6000	3781
	%(1)	100.00	3.23	2.34	43.94	38.29	7.48	4.72
	%(2)	100.00	5.57		43.94	45.77		4.72
新疆	17	133357	3492	3615	46672	47073	19130	13375
	%(1)	100.00	2.62	2.71	35.00	35.30	14.34	10.03
	%(2)	100.00	5.33		35.00	49.64		10.03
小计	129	3099767	100137	62261	1151120	1210295	366314	209640
	%(1)	100.00	3.23	2.01	37.14	39.04	11.82	6.76
	%(2)	100.00	5.24		37.14	50.86		6.76
北部地区总计	283	8283065	247068	225795	3154095	3836104	532484	287519
	%(1)	100.00	2.98	2.73	38.08	46.31	6.43	3.47
	%(2)	100.00	5.71		38.08	52.74		3.47
热察绥	9	463371	23678	26052	128010	263596	14343	7692
	%(1)	100.00	5.11	5.62	27.63	56.89	3.09	1.66
	%(2)	100.00	10.73		27.63	59.98		1.66
辽宁	27	923901	27861	44655	229947	454903	156251	10284
	%(1)	100.00	3.02	4.83	24.89	49.24	16.91	1.11
	%(2)	100.00	7.85		24.89	66.15		1.11

续表

省别＼项目	县数/%	总农户数	地主	富农	中农	贫农	雇农	其他
吉林	13	206194	8474	10068	43750	75405	64971	3526
	%(1)	100.00	4.11	4.88	21.22	36.57	31.51	1.71
	%(2)	100.00	8.99		21.22	68.08		1.71
黑龙江	18	200312	10028	6227	28111	109968	45252	726
	%(1)	100.00	5.01	3.11	14.03	54.90	22.59	0.36
	%(2)	100.00	8.12		14.03	77.49		0.36
小计	67	1793778	70041	87002	429818	903872	280817	22228
	%(1)	100.00	3.90	4.85	23.96	50.39	15.66	1.24
	%(2)	100.00	8.75		23.96	66.05		1.24
总计	988	43099625	1713915	1280429	13451737	21543286	2267159	2843099
	%(1)	100.00	3.98	2.97	31.21	49.98	5.26	6.60
	%(2)	100.00	6.95		31.21	55.24		6.60

注:1. 表中全部数据均据相关省、自治区、直辖市及其下属地区、县(市)、区土地改革档案整理加工、综合、计算、汇集而成,其性质和学术价值基本相同。

2. 各地农户、村户阶级成分名目繁简不一,为便于汇集、比较,本表归纳、合并为常见的地主、富农、中农、贫农、雇农、其他等6大类。部分地区贫农、雇农未单独划分,或未分列,统称“贫农雇农”或“贫雇农”。此类“贫农雇农”“贫雇农”均被归入贫农项下。故表中雇农比实际数量少。

资料来源:据各地新编省志、自治区志、直辖市志(含市辖区志)、地区志、县志,各地农业志,以及解放初期的调查资料综合整理编制(已剔除交叉、重复部分)。

表12-7数据显示,27省份平均农户的整体阶级结构是,地主富农占6.95%、中农占32.21%、贫农雇农占55.24%、其他阶层占6.60%,贫农雇农相当于中农的1.71倍,是相当典型的"金字塔型"结构。就全国范围而言,20世纪40年代末或土地改革前夕,以省或县为单元计算,"橄榄球型"或"擀面杖型"或"啤酒瓶型"结构均已消失,"金字塔型"和"宝塔型"是农户结构的基本类型。

从各个地区看,农民经济状况恶化、中农贫农雇农化、农户结构类型蜕变同地权集中程度成正比,与商品经济、商业流通的发展,也有一定关系。不过起决定性作用的还是地权分配。愈是地权集中的地区,农民普遍贫困化和中农贫农雇农化、佃农贫农雇农化的程度愈严重,农户中的中农比重愈低,贫农雇农比重愈高,农户结构的"宝塔型"尤其是"金字塔型"特征愈典型和突出。南北比较,南方地区地权集中,商品经济、商业流通相对发达,农户结构的"金字塔型"特征也更典型,贫农雇农相当于中农的1.85倍。北方地区地权相对分散,贫农雇农相当于中农的1.38倍,农户结构的"金字塔型"特征不如南方地区典型。在南方地区内部,中南、西南两地区的地权集中程度高于华东地区,农户结构的"金字塔型"特征也更典型,贫农、雇农分别相当于中农的2.02倍和1.94倍,华东地区则只有1.68倍。至于受日军蹂躏时间最长、农业生产和社会经济破坏最严重、地权集中程度最高的东北、热察绥地区,农户结构的"金字塔型"特征也最为突出,贫农雇农相当于中农的2.76倍。

从人口反映出来的农户结构状况,同户口所反映的状况基本一致,但程度略有差异,这是因为地主、富农、中农的家庭规模一般相对较大,而贫农雇农特别是雇农的家庭规模较小。这就会相对提高地主、富农、中农的人口比重,降低贫农雇农特别是雇农的人口比重。从而使农户结构发生微小的变化。

表12-8是按人口计算所反映的农户阶级结构情况。

表 12-8　土地改革前江苏等 27 省农户(人口)结构统计　　（单位:人）

省别＼项目	县数/%	总计	地主	富农	中农	贫农	雇农	其他
江苏	33	13417421	350992	480786	5095321	6739798	253213	497311
	%(1)	100.00	2.62	3.58	37.97	50.23	1.89	3.71
	%(2)	100.00	6.20		37.97	52.12		3.71
浙江	63	14624075	514964	451735	4958631	7047093	478322	1173330
	%(1)	100.00	3.52	3.09	33.91	48.19	3.27	8.02
	%(2)	100.00	6.61		33.91	51.46		8.02
安徽	50	22628823	1262024	888439	8098406	11042965	725190	611799
	%(1)	100.00	5.58	3.93	35.79	48.80	3.20	2.70
	%(2)	100.00	9.51		35.79	52.00		2.70
福建	42	5439289	185382	142659	2155679	2276902	98277	580390
	%(1)	100.00	3.41	2.62	39.63	41.86	1.81	10.67
	%(2)	100.00	6.03		39.63	43.67		10.67
小计	188	56109608	2313362	1963619	20308037	27106758	1555002	2862830
	%(1)	100.00	4.12	3.50	36.20	48.31	2.77	5.10
	%(2)	100.00	7.62		36.19	51.08		5.10
湖北	71	14919126	773166	627513	4796616	7729566	445387	546878
	%(1)	100.00	5.18	4.21	32.15	51.81	2.99	3.66
	%(2)	100.00	9.39		32.15	54.80		3.66

续表

省别＼项目	县数/%	总计	地主	富农	中农	贫农	雇农	其他
湖南	73	18919723	1074638	617132	5887344	9490208	381981	1468420
	%(1)	100.00	5.68	3.26	31.12	50.16	2.02	7.76
	%(2)	100.00	8.94		31.12	52.18		7.76
江西	59	4782152	223528	207432	1422007	2425350	97871	405964
	%(1)	100.00	4.67	4.34	29.73	50.72	2.05	8.49
	%(2)	100.00	9.01		29.73	52.77		8.49
广东	41	9946114	607286	318297	2581268	4809956	417554	1211753
	%(1)	100.00	6.11	3.20	25.95	48.36	4.20	12.18
	%(2)	100.00	9.31		25.95	52.56		12.18
广西	50	4121886	337238	188833	1554863	1707319	211430	122203
	%(1)	100.00	8.18	4.58	37.72	41.42	5.13	2.97
	%(2)	100.00	12.76		37.72	46.55		2.97
小计	294	52689001	3015856	1959207	16242098	26162399	1554223	3755218
	%(1)	100.00	5.72	3.72	30.83	49.65	2.95	7.13
	%(2)	100.00	9.44		30.83	52.60		7.13
四川	49	21041668	1674084	730311	6716166	10035165	578470	1307472
	%(1)	100.00	7.95	3.47	31.92	47.69	2.75	6.22
	%(2)	100.00	11.42		31.92	50.44		6.22

续表

<table>
<tr><th>省别＼项目</th><th>县数/%</th><th>总计</th><th>地主</th><th>富农</th><th>中农</th><th>贫农</th><th>雇农</th><th>其他</th></tr>
<tr><td rowspan="3">云南</td><td>42</td><td>5413915</td><td>291740</td><td>259250</td><td>1840510</td><td>2464067</td><td>255403</td><td>302945</td></tr>
<tr><td>%(1)</td><td>100.00</td><td>5.39</td><td>4.79</td><td>33.99</td><td>45.51</td><td>4.72</td><td>5.60</td></tr>
<tr><td>%(2)</td><td>100.00</td><td colspan="2">10.18</td><td>33.99</td><td colspan="2">50.23</td><td>5.60</td></tr>
<tr><td rowspan="3">贵州</td><td>65</td><td>7185559</td><td>455416</td><td>298575</td><td>2596077</td><td>3230639</td><td>199320</td><td>405532</td></tr>
<tr><td>%(1)</td><td>100.00</td><td>6.34</td><td>4.16</td><td>36.13</td><td>44.96</td><td>2.77</td><td>5.64</td></tr>
<tr><td>%(2)</td><td>100.00</td><td colspan="2">10.50</td><td>36.13</td><td colspan="2">47.73</td><td>5.64</td></tr>
<tr><td rowspan="3">小计</td><td>156</td><td>33641142</td><td>2421240</td><td>1288136</td><td>11152753</td><td>15729871</td><td>1033193</td><td>2015949</td></tr>
<tr><td>%(1)</td><td>100.00</td><td>7.20</td><td>3.83</td><td>33.15</td><td>46.76</td><td>3.07</td><td>5.99</td></tr>
<tr><td>%(2)</td><td>100.00</td><td colspan="2">11.03</td><td>33.15</td><td colspan="2">49.83</td><td>5.99</td></tr>
<tr><td rowspan="3">南部地区总计</td><td>638</td><td>142439751</td><td>7750458</td><td>5210962</td><td>47702888</td><td>68999028</td><td>4142418</td><td>8633997</td></tr>
<tr><td>%(1)</td><td>100.00</td><td>5.44</td><td>3.66</td><td>33.49</td><td>48.44</td><td>2.91</td><td>6.06</td></tr>
<tr><td>%(2)</td><td>100.00</td><td colspan="2">9.10</td><td>33.49</td><td colspan="2">51.35</td><td>6.06</td></tr>
<tr><td rowspan="3">河北</td><td>49</td><td>4806523</td><td>147060</td><td>261679</td><td>2024771</td><td>2138968</td><td>103538</td><td>130507</td></tr>
<tr><td>%(1)</td><td>100.00</td><td>3.06</td><td>5.44</td><td>42.13</td><td>44.50</td><td>2.15</td><td>2.72</td></tr>
<tr><td>%(2)</td><td>100.00</td><td colspan="2">8.50</td><td>42.13</td><td colspan="2">46.65</td><td>2.72</td></tr>
<tr><td rowspan="3">山东</td><td>31</td><td>9998423</td><td>335047</td><td>316757</td><td>4114765</td><td>5188050</td><td>642</td><td>43162</td></tr>
<tr><td>%(1)</td><td>100.00</td><td>3.35</td><td>3.17</td><td>41.15</td><td>51.89</td><td>0.01</td><td>0.43</td></tr>
<tr><td>%(2)</td><td>100.00</td><td colspan="2">6.52</td><td>41.15</td><td colspan="2">51.90</td><td>0.43</td></tr>
</table>

续表

项目 省别	县数/%	总计	地主	富农	中农	贫农	雇农	其他
河南	41	9792505	500361	416262	3155278	4868067	662408	190129
	%(1)	100.00	5.11	4.25	32.22	49.71	6.77	1.94
	%(2)	100.00	9.36		32.22	56.48		1.94
山西	33	2290073	85405	142204	1088046	930979	26859	16580
	%(1)	100.00	3.73	6.21	47.51	40.65	1.17	0.73
	%(2)	100.00	9.94		47.51	41.82		0.73
小计	154	26887524	1067873	1136902	10382860	13126064	793447	380378
	%(1)	100.00	3.97	4.23	38.62	48.82	2.95	1.41
	%(2)	100.00	8.20		38.62	51.77		1.41
陕西	34	4139522	188134	135475	1793043	1605475	203941	213454
	%(1)	100.00	4.54	3.27	43.32	38.78	4.93	5.16
	%(2)	100.00	7.81		43.32	43.71		5.16
甘肃	63	9213299	518606	306325	4035009	3038099	831613	483647
	%(1)	100.00	5.63	3.32	43.79	32.98	9.03	5.25
	%(2)	100.00	8.95		43.79	42.01		5.25
宁夏	8	493061	31214	20875	222278	138602	56636	23456
	%(1)	100.00	6.33	4.23	45.08	28.11	11.49	4.76
	%(2)	100.00	10.56		45.08	39.60		4.76

续表

省别＼项目	县数/%	总计	地主	富农	中农	贫农	雇农	其他
青海	7	487070	19507	17846	240499	169021	27700	12497
	%(1)	100.00	4.00	3.66	49.38	34.70	5.69	2.57
	%(2)	100.00	7.66		49.38	40.39		2.57
新疆	17	447963	15542	13390	163414	153969	57014	44634
	%(1)	100.00	3.47	2.99	36.48	34.37	12.73	9.96
	%(2)	100.00	6.46		36.48	47.10		9.96
小计	129	14780915	773003	493911	6454243	5105166	1176904	777688
	%(1)	100.00	5.23	3.34	43.67	34.54	7.96	5.26
	%(2)	100.00	8.57		43.67	42.50		5.26
北部地区总计	283	41668439	1840876	1630813	16837103	18231230	1970351	1158066
	%(1)	100.00	4.42	3.91	40.41	43.75	4.73	2.78
	%(2)	100.00	8.33		40.41	48.48		2.78
热察绥	9	2185803	129878	152127	664322	1175637	39805	24034
	%(1)	100.00	5.94	6.96	30.39	53.79	1.82	1.10
	%(2)	100.00	12.90		30.39	55.61		1.10
辽宁	27	4572200	179594	268358	1458229	2167009	456711	42299
	%(1)	100.00	3.93	5.87	31.89	47.40	9.99	0.92
	%(2)	100.00	9.80		31.89	57.39		0.92

续表

项目 省别	县数/%	总计	地主	富农	中农	贫农	雇农	其他
吉林	13	1025659	63056	92990	123491	470646	255656	19820
	%(1)	100.00	6.15	9.07	12.04	45.89	24.92	1.93
	%(2)	100.00	15.22		12.04	70.81		1.93
黑龙江	18	797397	54032	47418	134427	387326	171560	2634
	%(1)	100.00	6.78	5.95	16.86	48.57	21.51	0.33
	%(2)	100.00	12.73		16.86	70.08		0.33
小计	67	8581059	426560	560893	2380469	4200618	923732	88787
	%(1)	100.0	4.97	6.54	27.74	48.95	10.76	1.03
	%(2)	100.0	11.51		27.74	59.71		1.04
总计	988	192689249	10017894	7402668	66920460	91430876	7036501	9880850
	%(1)	100.0	5.20	3.84	34.73	47.45	3.65	5.13
	%(2)	100.0	9.04		34.73	51.10		5.13

资料来源:据各地新编省志、自治区志、直辖市志(包括市辖区志)地区志、县志,各地农业志,以及新中国成立初期的调查资料综合整理编制(已剔除交叉、重复部分)。

同按户口计算所反映的农户结构情况比较，按人口计算，中农和佃农贫农雇农化程度、农户结构状态，大同小异。如表12-8所示，27省份平均，农户的整体阶级结构是，地主富农占9.04%，中农占34.73%，贫农雇农占51.10%，其他阶层占5.13%，贫农雇农的数量、比重远远高于中农，相当于中农的1.47倍。按前面设定的标准，农户结构属于"宝塔型"，与户口计算、测定的"金字塔型"不太一样，两者实际数据亦有差距。从区域和省份看，南北地区均有少量省份的农户结构类型有某些变化：南方地区江苏、安徽、云南3省，由"金字塔型"变为"宝塔型"；北方黄河中上游地区山西、甘肃两省，由"宝塔型"变为"啤酒瓶型"；山西、宁夏、青海3省、区，更由"宝塔型"变为"擀面杖型"。唯一没有多大变化的是热察绥和东北地区，中农人口只占27.74%，贫农雇农人口比重达59.71%。其中吉林、黑龙江中农人口比重分别低至12.04%和16.86%，贫农雇农人口比重分别高达70.81%和70.08%，后者分别相当于前者的5.88倍和4.16倍。全区平均，贫农雇农相当于中农的2.15倍，仍然是最典型的"金字塔型"。①

户口、人口从两个侧面所反映的农户结构及其嬗变，直至20世纪40年代末或土地改革前夕，就全国范围而言，农民贫困化和中农贫农雇农化、佃农贫农雇农化，都已走到或濒临尽头：贫农雇农取代中农，成为农业生产者和农村社会的主体。与此相联系，在农户结构方面，早先的"橄榄球型"结构完全绝迹，"擀面杖型"结构也已消失，或仅存在于个别省、县，"宝塔型"和"金字塔型"成为

① 原资料统计中，有少量县域户口和人口数据不完整、只有户口而无人口、只有人口而无户口，虽然两者数量相近，但有关户口农户结构和人口农户结构的异同及其表述，不一定完全切合历史实际。

农户结构的基本类型。至于被日本帝国主义侵占、蹂躏时间最长，洗劫最彻底的热察绥和东北3省，则是关内外农民贫困化和中农贫农雇农化、佃农贫农雇农化最彻底的地区，也是“金字塔型”农户结构最典型的地区。

二、土地类别和土地占有状况及其变化

不同历史时期、时段和不同地区，土地类别和土地占有状况及其变化，各有特点。

近代时期，全国农地仍分为官地、旗地(包括蒙旗地)、民地(又分公田、私田)三大部分，但开始了官地、旗地民地化、公田私田化的进程。由于太平天国农民战争，中日甲午战争和《马关条约》割地赔款，八国联军侵华和庚子赔款，辛亥革命和清王朝、八旗地主贵族的覆亡，清政府、北洋政府和国民党政府的卖地、放荒筹款，“九一八事变”和日本帝国主义对东北、内蒙古的鲸吞与蚕食等，一系列重大历史事件的冲击与催化作用，到日本全面侵华战争爆发前，除部分蒙旗地外，几乎全部官田、屯田、旗地都已转化为民田，官地旗地民地化的进程已基本完结。日本帝国主义全面侵华战争爆发后，日本侵略者又幕后导演“土地奉上”的闹剧，将剩余蒙旗地全部收归伪“满洲国”“皇上”，实即尽入自己囊中。公田私田化开始的时间与官地旗地民地化大致相同，但不同门类公田的私有化进程不一。由于商品经济对传统道德、乡村管理模式的冲击和封建乡绅阶层的衰微，一些慈善、公益性公田，如有关船渡、茶亭、修桥补路、义冢、慈善救济一类公田，加速流失和私田化，而族田、祠田、烝尝田等宗族田产和庙田、寺田、会田等宗教迷信田产，流失和私田化进程较慢，私有化程度较低，一些地区的公共土地继续存留，族田、庙田更有进一步扩大的趋势，部分地区的公共

土地还占有相当大的比重。

20世纪三四十年代,土地买卖和土地占有状况,总的来说,在日本帝国主义侵华战争特别是全面侵华战争期间,农民破产失地空前加剧,地主、富户、汉奸兼并格外猖獗,地权分配呈断续甚至加剧集中的态势,只是不同时段、不同地域各有差异,情况各式各样:在部分地区,地权加速集中,尤其是热河、察哈尔、绥远和东北地区,一些蒙古族王公、地主、汉奸在为虎作伥、替日本侵略者劫夺土地效劳的同时,不择手段兼并和霸占农田,日本帝国主义战败投降,又迫不及待地将原来日军劫夺的土地攫为己有,使得这些地区尤其是日本帝国主义占领和蹂躏时间最长的东北3省,成为全国地权集中程度最高的地区;在某些封建宗族制度根深蒂固的地区,地主面对大革命、土地革命和老区土地改革的冲击,为了加固封建宗族制度的根基、躲避土地改革的打击,采取强化、扩大烝尝地提留的策略,由此"活地主"变为"死地主",而且"死地主"的土地面积往往超过"活地主",而"活地主"的土地面积又往往低于中农和贫农雇农,以致呈现虚假的地权分散态势;有少数地区,在日本全面侵华战争期间,或佃农抗租,或地主逃往城里,无法收租,更无法继续兼并土地进行地租增殖;还有某些永佃制流行地区,老区开始土地改革,地主预感末日来临,停止了对田底(土地所有权)的购买与兼并,或改而购买田面(土地使用权),田底田价格大幅跌落,地权集中趋势中停,或转趋分散。这使得20世纪三四十年代的全国地权分配及其变化呈现多样化的态势。

(一)官地旗地民地化进程的基本完结和公共土地的继续存留

官地、旗地向民地的转化,在1937年日本全面侵华战争前,除

蒙旗地外已基本完结。[1] 官地所制不多。据估计,中日甲午战争前夕,官地约占全国耕地面积的25%,民地占75%;到20世纪30年代,官地比重降至10%,而民地比重上升到90%[2],已占绝对统治地位。

1937年日本全面侵华战争爆发后,长城内外、华北、华东、华中、华南大片国土相继沦陷,蒙旗地和关内各处官地成为日本侵略者劫夺或直接控制、经营的主要目标,蒙旗地和关内各处剩余的官地,被日军劫夺殆尽。

日本帝国主义对现今内蒙古自治区范围内的已垦或未垦土地、草原牧场,以及整个内外蒙古,觊觎和蓄谋已久,"握执满蒙利权"是日本征服整个亚西亚大陆的"第一大关键"。

1931年"九一八事变"后,日军迅速占领东北;1932年伪"满洲国"成立;1933年3月,日军侵占热河,立即加快了直接劫夺蒙地的步伐;1936年3月,成立以"整理"蒙地"地籍"为目的的"地籍整理局";1937年4月至11月,由伪热河省"次长"负总责,伪锦州、热河两省"荐任官"(均日本人)分别为首组成伪锦州、热河两个"调查班",对两省蒙地进行为期8个月的集中调查。就在调查期间,日本全面侵华战争爆发,加速掠夺蒙地的时机成熟。1938年10月,伪满"总理大臣"张景惠导演了由30多名蒙旗王公、旗长代表呈递"奉上书",将所辖蒙地全部"奉献"给伪满皇帝,名为"土地奉上"的事件,不过尚未包括伪锦州、热河两省蒙地。1939

① 官田旗地民地化过程详见《中国近代经济史,1895—1927》,本卷不赘。

② 陈翰笙:《现代中国的土地问题》,见中国农村经济研究会编:《中国土地问题和商业高利贷》,上海黎明书店1937年版,第24页。

年9月，伪锦州、热河两省“土地奉上”丑剧又在张景惠办公室上演。[①]“奉上”的蒙地所有权内容包括：(1)札萨克对蒙民及土地管辖自治权；(2)“国税”3/10的提成；(3)矿山、窑业、森林、药材出产物之提成；(4)山川、河流、牧野之所有权。[②] 这样，作为特种形式官地的蒙地，瞬间变为特种形式的日军“私地”，近代中国存留的最大面积官地，至此完全消失。

按照日本侵略者的旨意，一纸“土地奉上书”，伪锦州、热河和内蒙古其他地区蒙旗王公贵族、蒙民、箭丁的蒙地收租权和其他相关权益，瞬间统统被日本帝国主义劫夺净尽，汉民佃农也同时失去了永佃权，流行二百余年的蒙地永佃制也彻底消失了。在蒙地“奉上”之前，蒙地上各种形式的农副业收益，包括蒙旗地主应得地租和汉民永佃农、榜青户的剩余产品，绝大部分都以亩捐、特捐、杂税、摊派、劳役等形式，落入了日本侵略者的腰包。蒙旗地主加速贫困破产，蒙地永佃农、榜青户只能以草根树皮果腹，但毕竟原有蒙地永佃关系、农业经营模式暂时得以维持，现在蒙地统统收归伪满皇帝亦即日军所有，蒙地佃农不但税捐、劳役进一步加重，而且失去土地耕作，流离失所。蒙地“奉上”后，日军更加肆无忌惮地烧杀抢掠、乱砍滥伐，并大搞“集家并村”，将汉民佃农驱离家园和耕作的土地，集中监视、居住，建造“集团部落”(“人圈”)和“无住禁作地带”(“无人区”)。“集团部落”主要建在平缓地带，“部落”外沿筑有底宽1.2米、高3.5米的围墙，并建筑炮楼、挖掘护城壕。整个“部落”只有两个大门，门口有日军站岗，日出三竿才能

---

① 佟佳江：《伪满时期“蒙地奉上”研究》，《民族研究》2003年第4期；《宁城县志》，内蒙古人民出版社1992年版，第417—418页；《平泉县志》，作家出版社2000年版，第174页。

② 《喀喇沁左翼蒙古族自治县志》，辽宁人民出版社1998年版，第158页。

开门,日落即关门上锁。“部落”四围3公里的范围又被划为“无住禁耕地带”,严禁住人、耕种、放牧、打柴,沿边设有警戒线,埋有红桩子,越界人、畜,打死毋论。这样,大量平缓地带的耕地多被用于建造“集团部落”和围墙、壕沟、炮楼、军用公路和“无住禁作地带”,“部落”3公里外又多无耕地,结果不仅耕地量少质劣,而且因为路途远、劳动时间短,耕作不及时,土地产量异常低下,而苛捐杂税达数十种,所获产品还不够交税,“人民处在水深火热之中”。蒙汉人民赖以为生的蒙地,变成了日军禁锢、摧残、折磨、慢性屠杀蒙汉人民的监牢和地狱。①

日本全面侵华战争期间,散布在国内其他地区的残存官地,也都相继被日军劫夺,演变为各种名目的日军“会社”“农场”或日本移民、浪人“私地”。

河北、天津、宁河(今天津汉沽区)的军粮城、茶淀两个农场,有官地5.6万亩,原由军阀段祺瑞等出资经营,1941年军被日本“中日实业公司”(“华北垦业公司”前身)劫夺。官地立即变为日军“农场”私产。日本侵略者劫夺后,即将土地分割为许多碎块,强迫当地农民为佃户,从事奴隶式的劳动。“茶淀农场”被分成若干区,由汉奸充任“区长”,下管四五十户佃户,每5户佃户设一名伪警监视。佃户除了耕种自己的土地,还要替“区长”种地。日军“农场”的地租压榨极其苛重、残酷,佃户收割后须将全部稻谷运往指定地点脱粒,由“农场”过磅,如数入库,至于日后扣租若干、购买“余粮”若干以及价格高低,佃农均不得过问。购粮款则拖到

① 参见《敖汉旗志》,内蒙古人民出版社1991年版,第834—836页,附《日军“集家并村”罪行录》;《河北省土地志系列丛书·平泉县土地志》,2001年印本,第235页;刘克祥:《中国永佃制度研究》下册,社会科学文献出版社2017年版,第816—827页。

旧历腊月三十，甚至不予清付。农民终年辛苦，却不准吃一粒稻米；农民有食用稻米者，一经发现，即遭毒打或处死。①

江苏吴江的“模范灌溉庞山实验场”，系围垦庞山湖而成，1933—1936 年共垦出耕地 8700 亩。这算是 20 世纪 30 年代新增的少量官地之一。刚刚投入生产经营，1937 年秋即被日本侵略军劫夺，变成日军私产。1942 年春易名“庞山湖农家组合”，后又改称“庞山湖实验农场”，除 300 亩试验田外，其余由中国农民佃种纳租，按 37.5%收取。日军投降后由地方政府接管，1946 年转交扬子江水利委员会，同年 9 月改属长江水利工程局太湖流域工程处。1949 年 11 月，人民政府将其改称“苏南国营庞山湖农场”。②

这样，到 20 世纪 40 年代或 40 年代末，除了日本侵略者劫夺的部分农地（大部分是原来的官地）外，仅有某些县域的少量老学田③，若干县办农林场、试验场、苗圃，以及抗日战争期间后方地区开办的“难民农场”等。总的来说，这类残留的官地数量不多，面积亦小，无足轻重。

与无足轻重的残留官地相比，民田中的公共土地数量、比重要大得多。

诚然，同官地旗地民地化一样，民田私田化的进程也在持续，

---

① 参见《天津市汉沽区志》，天津社会科学院出版社 1995 年版，第 297—298 页；孙德常、周祖常主编：《天津近代经济史》，天津社会科学院出版社 1990 年版，第 268—271 页；天津社会科学院历史研究所编：《天津历史资料》1980 年第 5 期。

② 参见《吴江县志》，江苏科学技术出版社 1994 年版，第 207 页。

③ 学田有两类：一类属于官府所有，由官府直接调配，是为官田，全部是清朝或以前流传下来的；另一类系由族田、义庄田拨充，或由社会人士，宗教、宗族、慈善团体捐助购置，一般归某一学校所有和支配，是为公田，其来源既有科举时代的遗存，更多的是清末民初兴办新式教育后所捐助、购置。有的同一所学校兼有上述两类土地。此处单指前一类学田。

官地屯田的民田化,就是直接转化为私田。民田中的公共土地,如族田、祠田、会田、庙田、寺田,一些地区的义庄、义冢、桥梁、渡口、茶亭、灯会等田产,以及其他各类公共土地,或变卖、流失,或被地主豪强侵占,变公为私,相当一部分也变成了私产。个别地区,甚至寺庙田产也都成为豪强私产。如贵州晴隆,清朝时期,土地大部分为寺院及豪户所占有。到民国中后期,许多寺观田产亦转入权绅手中,“权属私有,可自由买卖。形成佃耕、雇工、出租、自耕等生产关系”①。不过这种情况似不多见,公田私田化程度还是不如官地民田化彻底。而且,相当一部分公共土地,特别是族田、祠田、会田、庙田、寺田等,在被侵占、变卖、流失的同时,又有捐赠、提存、补充和自身增殖。某些地区在20世纪三四十年代,公田甚至大幅度扩张。如湖北黄冈,据1929年调查,县内祠堂、庙宇、公会田产约占耕地总数的5%;到1948年,祠堂、庙宇、公会田产比重陡增至31.4%。② 总的来说,公田私田化的进程相对迟缓,民田公田仍然长期存留,部分地区直至土地改革前,公田还占有相当大的比重。

表12-9是江苏等27省988县(市)土地改革前的公地统计。

表12-9 土地改革前江苏等27省988县(市)公地统计

(单位:亩)

项目 省别	县数	耕地面积(亩)	公地面积(亩)	公地比例(%)
江苏	33	29188496	143997	0.50
浙江	63	28052674	3350066	11.94

① 《晴隆县志》,贵州人民出版社1993年版,第272页。

② 参见《阳新县志》,新华出版社1993年版,第168—169页。

续表

项目 省别	县数	耕地面积（亩）	公地面积（亩）	公地比例（%）
安徽	50	63749102	1855695	2.91
江西	59	13481685	2390479	17.73
湖北	71	33999372	67137	0.20
湖南	73	27161217	3139054	11.56
福建	42	10712650	3422365	31.95
广东	41	13001070	2926586	22.51
广西	50	7432108	523376	7.04
四川	49	42788380	1406698	3.29
云南	42	8487254	487882	5.75
贵州	65	21363856	142804	0.67
小计	638	299417864	19856139	6.63
河北	49	16833359	9563	0.06
山东	31	32259520	454066	1.41
河南	41	28638685	30268	0.10
山西	33	13503454	93817	0.70
小计	154	91235018	587714	0.64
陕西	34	20668166	585394	2.83
甘肃	63	49269282	1090878	2.22
宁夏	8	5680317	53132	0.93
青海	7	2301159	126126	5.48
新疆	17	4628099	139975	3.02

续表

项目 / 省别	县数	耕地面积（亩）	公地面积（亩）	公地比例（%）
小计	129	82547023	1995505	2. 42
热察绥	9	17037742	3848	0. 02
辽宁	27	26395286	5236	0. 02
吉林	13	12895136	214960	1. 67
黑龙江	18	11541186	0	0
小计	67	67869350	224044	0. 33
总计	988	541069255	22663402	4. 19

资料来源:据相关省、县(市)新编方志综合、整理、计算编制。

如表 12-9 所示,直至土地改革前夕,27 个省份 988 县(市)平均,公地占全部耕地面积的 4. 19%。其中除了极少量官地,均为民地中的公共土地。这些公地的分布,地区间差异颇大,省与省不同。浙江、江西、湖南、广东等省份,公地比重均在 10%或 20%以上,福建更达 31. 95%;而江苏、湖北、贵州、河南、山西、宁夏不足 1%,河北、热察绥、辽宁不足 0. 1%,黑龙江更是零。在同一省份内,县与县各异,公地比重高低悬殊。如安徽,表 12-9 中调查的 50 县平均,公地占耕地总面积的 2. 91%。其中皖南 11 县占 9. 0%,而歙县、休宁、祁门、黟县、绩溪、婺源(今属江西)等徽州 6 县,平均为 21. 9%,其中祁门、黟县、婺源更依次高达 36. 1%、40. 0%和 48. 9%,而歙县、休宁、绩溪依次只有 9. 3%、10. 7%和 12. 4%,高低悬殊。① 而相对于皖南,皖北的公共土地更少,据对

① 刘克祥:《永佃制下土地买卖的演变及其影响——以皖南徽州地区为例》,《近代史研究》2012 年第 4 期。

皖北19县24乡(村)土地占有状况的调查,各乡(村)的公地面积及比重统计,如表12-10所示。

表12-10　安徽皖北阜阳等7地区19县24乡(村)公地比重(1949年)

地区及乡(村)	耕地总面积(亩)	公地面积(亩)	公地占耕地百分比(%)
阜阳地区7县7乡	53398.41	1345.65	2.52
滁县地区2县2乡	25232.4	90.9	0.36
安庆地区3县6村	6608.29	1709.74	25.87
六安地区4县5乡(村)	9725.56	644.68	6.63
巢湖地区3县3乡(村)	10925.7	180.35	1.65
淮南矿区1乡(村)	4580.2	45.8	1.00
总计[6区19县24乡(村)]	110470.56	4017.12	3.64

注:原资料为8个地区(市)20个县28个乡(村),因宿县地区1县3乡、蚌埠3个村(原资料算作1个村),公地全部为零,舍弃不计,表列实为6个地区19个县24个乡(村)。

资料来源:据中共皖北区党委政策研究室:《皖北区典型乡(村)土地情况统计》,华东军政委员会土地改革委员会编:《安徽省农村调查》,1952年印本,第14—20页"二十八个乡(村)各阶层人口及占有土地比较表"摘要、整理、计算编制。

表12-10中数据显示,除安庆地区外,公地比重都比较低,6个地区19个县24个乡(村)平均,公地比重为3.64%,明显低于皖南。同时,皖北的公地分布,不同地区或乡村之间的差异极大。调查的28个乡(村),公地比重最高达44.31%(太湖磨利村),最低为零。

南北两大区域比较,长江流域和南方12省份,公地比重为6.63%,华北4省份和西北5省份分别为0.64%和2.42%,热察绥

和东北3省份更只有0.33%。

民田中的公共土地,最主要的成分是族田,更具体一点说,是以族田、祠田、祭田、义庄田、祀会田、学田、校田等形式表现的族有土地。庙田、寺田,以及各种慈善机构、义冢、义渡、桥会、茶亭、灯会等田产次之。

在一些地区,不少大姓、巨族,长期聚族而居,又习惯以留置、增殖族田作为保存族姓田产和敬宗睦族、扩大宗族威势的重要手段。传代愈远,支派愈多,族产愈丰,族有土地有增无减,构成一些地区的农田主体。由于公共土地的主要成分是族田,而各个族姓大小、贫富、聚散不一,单个族姓或支派聚居的区域范围有限,这就决定了公共土地的地域分布,不仅省与省、县与县不同,乡与乡、村与村也各异,高低差异悬殊。这是20世纪三四十年代公共土地分布的突出特点。

公共土地的地域分布,福建、广东最为广泛和集中。福建公田占土地总面积的比重达32%。但不同县域和乡村,公田分布和所占比重不一,公田大部分分布在闽北、闽西一带,沿海地区相对较少。比重高的超过70%,低的不到10%。闽北、闽西的公田比重不少在50%以上,沿海各地只占20%—30%,或者更低。据调查,在闽西、闽北地区,古田七保村的公共土地占75.8%,过溪、罗华两村分别占61.4%和58.18%,永定中川、西湖两村分别占70.04%和60%,永安吉前保占56.6%,这些村落的公田全都在50%以上。闽北建阳营前村和建瓯松山保,公田分别占37.31%和19.07%。这在闽北算是最低的。沿海地区的公田比重,除少数乡村外,大多比闽西、闽北低。仙游四个村、永春七个村和莆田华西村的公共土地依次占43.5%、29.53%和21.87%,这是高的。其他一般都不超过20%或10%。如南安新榜村占15%,福州市郊六个村占13.55%,另两个村占7.98%,福清梧峨

村占 9.02%。①

在福建，特别是闽西、闽北地区，公共土地所占比重高，主要原因是族田多。这些地区大多聚族而居，其中不乏强宗望族，而且提留、扩大祭产的风气很盛。当地乡间传统，一些官僚、商人和地主富户在生前都会给自己预留若干“赡养田”，田主死后，子孙将其保留下来转为“祭祀田”，经过一两代以后就变成了“族田”。当然，预留“赡养田”或提留祭社田的做法，并不限于官僚、商人和地主富户，一些田产不多的中小农户亦如此。时至 20 世纪三四十年代，在农民加速贫困化的情况下，一些中农、贫农等贫苦小族，也都有划出部分甚至全部土地为族田的。这除了受死后祭祀的传统观念影响，主要还是因为他们占有的土地数量有限，如果叔侄兄弟全部均分，非但不能解决生活所需，反而使田地丘块愈加零碎，无法合理利用，一些水田则根本无法分割，倒不如以族田的形式保留下来，子孙轮流耕种，土地得以正常利用，如古田过溪保贫农宋炳良父亲留下只有永佃权的四亩田地，由炳良兄弟三人轮流耕种，就是一例。一些强宗豪族除了预留“赡养田”，甚至出动全族房众，采用武力强夺等手段来达到扩充族田的目的。如福州近郊的尚干、林浦等村的洲田，有极大部分是“在几十年前以全族武力和邻村械斗而得到的”。地主夺得洲田后，从中划出一部分作族田，这既是为了死后子孙祭祀之用，也是使夺来的土地保持得更牢固，提防子孙把产业败光。②

族田的占有状况比较特殊。通常族田是以原购置者（祖宗）

① 华东军政委员会土地改革委员会编:《福建省农村调查》，1952 年印本，第 110—111 页。

② 福建省农民协会:《福建省共有田调查》，见华东军政委员会土地改革委员会编:《福建省农村调查》，1952 年印本，第 111 页。

为单位,凡是购置者(祖宗)的子孙后代均为单位成员。不同的祖宗,有不同的族田;各代祖宗有各代祖宗的族田。所以一个地区一个族姓中,常常存在着多个单位的族田。如古田罗华村计有族田112个单位(祖宗),合计族田面积1965.71亩,内中除林姓族田一项3.15亩,其余均为魏姓族田。同时每个族田单位(祖宗)又分别包括数量不等的成员,如罗华村的112个族田单位,共有成员1899户,平均每单位16.96户。而每个(户)成员又同时参加或分属多个族田单位(祖宗)。因购置者经济状况和成员户数不一,每单位和每户成员族田多寡不等。罗华村112个族田单位,平均每单位17.55亩,最高121.06亩,最低1.73亩。按成员平均每户1.04亩,最高60.7亩,最低0.15亩,高低悬殊。①

广东公田主要由族田、乡田(庙田)和学田三部分组成,分布广泛,数量庞大。据广东全省农民协会1925年对海丰、南海等21县41乡的公田调查,有10县22乡的公田占土地总面积比重在30%以上。其中公田最多的南海、海丰和花县,公田比重依次为60%、57%和55%,罗定、番禺和紫金、博罗的公田比重分别达50%和45%,最低的也在5%—10%或以上。

1940年有人估计,广东公田约占全省土地总面积的1/3。广东公田不仅数量大,而且集中成片,几乎全部为地主、乡绅耆老所操纵。②

浙江、安徽(主要是皖南)的公共土地状况,同福建有些相似之处,公田种类相当齐全,但绝大部分是族田。如浙江宁波、鄞县、

① 福建省农民协会:《福建省共有田调查》,见华东军政委员会土地改革委员会编:《福建省农村调查》,1952年印本,第112—113页。

② 广东经济年鉴编纂委员会编:《二十九年度广东经济年鉴》,广东省银行经济研究室1941年印本,第G43—G44页。

镇海、象山、奉化、慈溪、余姚、宁海地区，418.60万亩耕地中，有公地124.82万亩，占耕地总面积的31.9%，大部分是祠田、祀田、义家田等。[①] 江山县，公共土地数量大，分布广泛，但大部分是族田。据对城关区、凤林乡、清湖乡、蔡家村、淤头村等地的调查，公共土地平均占土地总面积的31.87%，其中70%是祠田，如淤头村，公共土地占该村全部土地的65.6%，其中祠田又占公共土地的89.2%。该村祠田的一个显著特点是，大宗祠占有土地很多，小宗祠土地虽少，但祠堂数量多。如该县上台朱祠有田3000亩，石门眉祠有田800亩，淤头毛祠有田580亩。至于小宗祠，城关区有宗祠单位262个，凤林乡有宗祠单位213个。[②]

在安徽，祁门莲花塘村，共有各类公共土地1366亩，占全村使用土地（2204.5亩）的61.9%。内族田1210亩，占公共土地的87.9%，占全村使用土地的54.89%。仅吴姓一个“公堂”[③]就有土地992亩，占全村使用土地的44.96%。[④]

据对祁门、休宁、贵池、太平、石埭、铜陵、宣城、芜湖等8县12村调查，公堂土地占有情况见表12-11。

---

① 《宁波市志》，中华书局1995年版，第336页。

② 中共衢州地委政研室：《江山县公共土地调查》，见华东军政委员会土地改革委员会编：《浙江省农村调查》，1952年印本，第275页。

③ “公堂”是皖南地区一个族姓集体祭祀祖宗的组织，小的族姓，一般只设一个公堂（或祠），有的族姓大，支派和人数多，除设总堂（或祠）外，下边还设有若干祀、祠、会等，如吴氏族姓，除设总堂（“致顺堂”）外，下设43个祀、30个会（参见华东军政委员会土地改革委员会编：《安徽省农村调查》，1952年印本，第6页）。

④ 据中共皖南区党委农委会：《祁门县莲花塘村公堂、祠、会调查》，见华东军政委员会土地改革委员会编：《安徽省农村调查》，1952年印本，第6、200—203页计算。

表 12-11 安徽皖南祁门钟秀村等 8 县 12 村"公堂"土地占有情况(1949 年)

地区＼项目	县别	村别	全村土地面积(亩)	公堂土地	
				田亩(亩)	占土地总面积百分比(%)
徽州	祁门	钟秀村	651. 00	90. 00	13. 82
		岭村	1679. 00	711. 00	42. 35
	休宁	汪村	363. 00	59. 94	16. 51
	小计		2693.00	860. 94	31. 97
池州	贵池	齐山村	1889. 49	450. 70	23. 85
		杨田村	2805. 30	1276. 20	45. 49
	太平	里仁村	7204. 32	3497. 26	48. 54
	石埭	三民村	944. 85	256. 90	27. 19
	铜陵	东家店村	2064. 50	285. 80	13. 84
	小计		14908. 46	5766. 86	38. 68
宣城	宣城	王山村	5795. 00	155. 40	2. 68
		金象村	3267. 45	18. 68	0. 57
		东里村	4380. 50	339. 30	7. 75
	小计		13442. 95	513. 38	3. 82
芜湖	芜湖	杨埠村	619. 90	268. 50	43. 31
总计			31664. 31	7409. 68	23. 40

资料来源:中共皖南区党委农委会:《皖南区农村土地情况》,见华东军政委员会土地改革委员会编:《安徽省农村调查》,1952 年印本,第 13 页统计表。

这是关于公堂土地(族田)的专项调查,未涉及其他门类的公共土地。8 县 12 村中,公堂土地(族田)比重最高的太平县里仁村达 48. 54%,最低的宣城县金象村不到 1%(0. 57%),平均为

23.40%。从地区看，徽州、池州，以及芜湖，公堂土地的比重甚高，均超过 30%，宣城较低，只有 3.82%。

安徽尤其是皖南地区，族田、祠田数量大，占比特别高，除了官僚、豪门、富商捐募购置和大姓豪族强占，各房各户提留和租金结余购置外，还有一个重要原因，就是一些宗族强迫族内子孙花钱买神主牌位或修谱摊派的办法，筹款购置和扩充族田。如歙县唐模村许氏，建有大型宗祠“许荫祠”供奉许氏历代祖先神主牌位。该祠最低可供奉神主牌位三四千个，但每个神主牌位均须花钱购买。许荫祠规定，“凡是许氏后裔，分支祖有入许氏家祠神主，交银三两至五两，聚买祀田，永供俎豆牌位”。许氏各支派后裔，为了父祖神主能够入祠供奉，只得照数纳银，无银则立契卖地折银，有的贫苦单丁，既无银又无地，甚至被迫卖房折银买神主牌位。许荫祠的五六百亩田地就是这样积累起来的。① 怀宁三民圩的汪公祠，1915 年修谱，规定汪姓 16 岁以上男丁，每人摊派 120 个铜钱；1937 年再次修谱，每丁又按银洋 1 元均摊。所摊银钱除修谱外，全部放债，1940 年前后，年息达 50%—100%，放麦 1 石本息收稻 3 石。过期不还，本利相滚，最后多以田地抵押、偿付。其他各公堂亦大多如此累积田产。据 1950 年的调查，必胜公等 4 家公堂的 101 亩田产中，64 亩是通过放债置办的。②

从江苏全省范围看，似乎公共土地很少，如表 12-9 所示，公共土地所占比重仅为 0.50%。这是由于该省公田的地域分布极不平衡、统计数据不够完整而形成的假象。江苏公田集中分布在

① 参见彭超：《歙县唐模村许荫祠文书研究》，《中国社会经济史研究》1985 年第 2 期。

② 中共安庆地委会政策研究室：《怀宁县天青乡三民圩调查》，见华东军政委员会土地改革委员会编：《安徽省农村调查》，1952 年印本，第 185 页。

苏南以及苏北沿江州县,其他地区少见。表12-9所录该省33县地权分配状况,19县的公地为零。14个有公田的州县中,12县位于苏南和苏北沿江地带。实际上,有的县乡的公田所占比重相当高。如高淳薛城乡,土地总面积为8632.76亩,各类公田3546.98亩,占全乡总田亩的41.09%;①双桥乡总田亩为8488.45亩,公田3845.96亩,占全乡总田亩的45.31%。② 无锡荡口镇共有土地13010亩,其中义庄田一项就达9691.6亩,占全镇土地的74.5%。③

江苏公田同样是以族田为主体,如高淳双桥乡有各类公田3845.96亩,内族田2176.38亩。占公田总面积的56.59%;④该县薛城乡,各类公共土地计3546.98亩,其中祠堂土地2222.38亩,占公共土地的62.66%。⑤ 不过江苏部分地区,相当部分的族田是以义庄田的形式存在,甚至以义庄田为主体。这是江苏族田和公田的重要特征。

江苏一些地方(主要是苏南)义庄的设立,宋朝范仲淹建庄是其嚆矢。明末清初延至民国,一些封建官僚晚年告老还乡,或躲避战乱,或谋权势名声,或图僻静享乐,选择自然环境优雅的风景地带,先后建起了一大批义庄或祠堂、庙宇。在苏州东山区涧桥、新

① 《高淳县薛城乡祠堂、神会土地情况调查》,见华东军政委员会土地改革委员会编:《江苏省农村调查》,1952年印本,第241—242页。

② 高淳县农会工作组:《高淳县双桥乡公堂土地调查》,见华东军政委员会土地改革委员会编:《江苏省农村调查》,1952年印本,第245页。

③ 中共无锡县委:《无锡县荡口镇义庄田情况调查》,见华东军政委员会土地改革委员会编:《江苏省农村调查》,1952年印本,第259页。

④ 高淳县农会工作组:《高淳县双桥乡公堂土地调查》,见华东军政委员会土地改革委员会编:《江苏省农村调查》,1952年印本,第243—244页。

⑤ 《高淳县薛城乡祠堂、神会土地情况调查》,见华东军政委员会土地改革委员会编:《江苏省农村调查》,1952年印本,第240页。

潦、渡桥、后山、湖湾等5个乡,先后建起了王、席、吴、翁、金、郑、周、严、席恒、叶等10个义庄。在苏州影响下,无锡荡口区先后建立了12个义庄;张村区堰桥乡也建有胡氏义庄;等等。①

相对于祠堂而言,一般义庄规模较大,占地较多。在明清时期,对义庄设立的限制较严,须有土地千亩以上,并经吏部批准,方能成立。因此,义庄占有的土地大多在千亩以上。无锡堰桥乡胡氏义庄占有土地1560亩;荡口区12个义庄,共占田13751.6亩,占全区总田数144368.25亩的9.52%,占地最多的华芬义庄有地4223亩。② 苏州东山区的10个义庄共有土地8119.8亩,其中占地最多的王、叶两义庄,分别有田2364亩和1850亩。10个义庄在东山有地3925.8亩,占该区农田总面积46000亩的8.5%。③

义庄田最初多由官僚地主捐赠,而这些官僚地主多为不在地主,其地散布多处。义庄田既多,田产分布地域,自然亦广。如苏州东山10个义庄,土地大部分在外县、外乡:计昆山700亩,常熟1500亩(棉田),苏州160亩;横泾1500亩;木渎334亩,合计4194亩,占10个义庄全部土地8119.8亩的51.7%。④ 无锡堰桥乡胡氏义庄的1560亩土地,本乡只有360多亩,其余有930多亩在太安乡,刘仓乡、胶南乡分别有100多亩和80多亩,还有20多亩在

---

① 《苏南族有土地调查》、《无锡县张村区特殊土地调查》,见华东军政委员会土地改革委员会编:《江苏省农村调查》,1952年印本,第235—236、249—251页。

② 《无锡县张村区特殊土地调查》、《苏南族有土地调查》,见华东军政委员会土地改革委员会编:《江苏省农村调查》,1952年印本,第249、236页。

③ 中共苏州地方委员会:《太湖东山区庄田情况调查》,见华东军政委员会土地改革委员会编:《江苏省农村调查》,1952年印本,第254—255页。

④ 中共苏州地方委员会:《太湖东山区庄田情况调查》,见华东军政委员会土地改革委员会编:《江苏省农村调查》,1952年印本,第255页。

江阴县。①

一个宗族的义庄田,虽然兼具救济族内鳏寡孤独及贫苦者、举办义学、修理祠堂庙宇、祭祀先祖等多重功能②,但并未完全取代族田、祠田、祭田。毕竟设立义庄的只限于豪族强宗,一般宗族和小的支派,仍有族田、祠田、祭田、祀田。在苏南一带,总的情况是义庄田和祠田、祭田、祀田等同时并存。如无锡荡口区12个义庄,占田13751.6亩,占全区总田亩(144368.25亩)的9.52%;15个祠堂占有土地6888.9亩。又如张村区堰桥乡2个义庄,有田1663.16亩,4个祠堂有田506.01亩;苏州东山区五个乡有7家义庄,占田7170亩,3个祠堂占田966.6亩。③ 也有的祭田兼有义庄田的功能。如堰桥乡范公祠的第六房,只有坟而无祠,有祭坟公田53.46亩,全部出租(墓地1亩除外),收入除用于修坟、祭祀及完粮外,余则补助本族贫苦子孙。

就土地面积而言,族田构成公田的主体,但族田以外的公田也为数不少,而且名目、种类繁复。其中分布较广、数量较多的主要是学田、会田、庙田、寺田、会馆田以及救济、慈善机构的田产等。只是具体到各个地区,这类公田的名目、种类、数量、内部结构等,不尽相同,情况多种多样。

① 《无锡县张村区特殊土地调查》,见华东军政委员会土地改革委员会编:《江苏省农村调查》,1952年印本,第250页。

② 如苏州东山席民义庄全年收租350石米,除完粮80石、工资杂支32石外,祭祖(修坟祠)20石,义米(救济族内贫苦者)60石,义学(资助本族学校)6石,合计198石,剩余152石,存银行生息,或买股票(中共苏州地方委员会:《太湖东山区庄田情况调查》,见华东军政委员会土地改革委员会编:《江苏省农村调查》,1952年印本,第257页)。

③ 《苏南族有土地调查》,见华东军政委员会土地改革委员会编:《江苏省农村调查》,1952年印本,第236页。

族田之外，学田分布较广，来源和结构各种各样，其中相当部分来自族田。如福建，不少学田，最初即是从族田抽出一部分收入，用于教育，或直接抽出一部分族田作为“书灯田”或“儒资田”，专门资助族内学子参加科举考试或用作私塾薪俸。清末民初新式教育兴起后，各乡先后创设小学，大多数从一族或数族的族田中提出一部分田租，或另划出一部分田地为学田，或将原有“书灯田”“儒资田”直接转化为学田，也有由临时捐募或摊派而来。到1935年前后，国民党政府通令全省各地，将各村所有的会田、庙田，以及原充学校经费的族田，充作“国教基金”。这样，不仅原有的“书灯田”或“儒资田”演化为校田，学田的数量也较前增多了。

浙江江山，国民党政府虽补助学校一部分经费，但学田仍是学校经费的主要来源，特别是保（村）校对学田的依赖程度更大。因此，学田尚占一定比重。城关区、凤林乡、清湖乡、峡口乡三村、蔡家村、淤头村等6区乡（村），有耕地94900亩，学田为3507.2亩，占3.70%，城关区的学田比重达6.42%。

江苏（主要是苏南地区）的学田绝大部分和义庄田、祠堂田密不可分。大体分为两种情况：一是学田以义庄田、祠田的形式存在，只是从义庄田、祠田的收入中拨出一部分，充当地方教育经费或本族子弟学杂费。

二是从义庄田、祠田中拨出或划出若干面积，充作学田、校田，但仍由义庄或祠堂管理。如无锡堰桥乡胡氏宗族，清光绪前同时设有胡氏义庄和义塾，分别有土地800亩和600亩，全部出租，前者收入充作救济胡氏族内鳏、寡、孤、独之用；后者收入用作胡氏子弟投考费用。另有祠田160亩，归族内两个祠堂所有，收入用于祭祀。三者各自管理，互不连属。

除了和义庄田、祠田密不可分的学田、校田，也有若干由学校直接占有、管理的学田。此类学田、校田多由某些社会人士、宗教

团体捐募。捐募方式则既有直接捐地,亦有捐募钱款,学校以之购地。前者如无锡县立师范由勖悌义塾和泰伯庙各捐助“灰肥田”(田面田)40 多亩,共计 84.85 亩;后者如中华中学以捐助所得购进“灰肥田”61.84 亩;等等。① 这类学田,大多面积很小。如高淳双桥乡有学田 58.8 亩,归 5 个学校所有,每个学校只有 11.76 亩。② 同时,这类学田的土地类别和性质也多种多样,除了传统的底面合一地,还有田面田,甚至如同“二地主”,以转租土地赚取地租差额,进行中间剥削。如中华中学租进土地 24.121 亩,其中 10 亩提租转租。所收租额,4 成归学校,6 成归原地主。③

湖南各地,学田大多来自族田,或族田兼有学田的功能。地主豪富为了牢牢抓住族权、族产,大多热衷办学校。该省的普遍情况是,族田就是学田、校田,墓庐、祠堂兼为校舍。湖南望族和祠堂、族田多,利用族田、祠堂开办的学校也多,有的一个族田单位即办有 5 所学校。④

会田的名目、单位很多,功能、性质比较复杂,既有基于乡村社会公益事业所需,也有的属于迷信组织,或为带有某些迷信色彩的农民联谊活动所需。闽西各县有为修桥、补路而组织的桥会、路会,并为修桥、铺路、补路而鸠资置田,还有迷信组织或带有某种色

① 《苏南学田简况》,见华东军政委员会土地改革委员会编:《江苏省农村调查》,1952 年印本,第 282 页。

② 高淳县农会工作组:《高淳县双桥乡公堂土地调查》,见华东军政委员会土地改革委员会编:《江苏省农村调查》,1952 年印本,第 245—246、248 页。

③ 《苏南学田简况》,见华东军政委员会土地改革委员会编:《江苏省农村调查》,1952 年印本,第 282—283 页。

④ 李锐:《湖南农村的状况和特点》,见新湖南报编:《湖南农村情况调查》,中南人民出版社 1950 年版,第 13 页;刘克祥:《儿时年节杂忆》,《中国社会科学报》2015 年 3 月 6 日。

彩的农民联谊组织田产。如古田罗华村的“秋斋社”，据说是在明朝该村遭受严重蝗灾，为了祈福敬神，全村农户捐田29.5亩，充当社田，作为一年一度的集会之用；过溪保的“上元会”，是农民在每年元宵节备酒联欢的会社，由会友集款购有田产。浙江遂安，也有各式各样的祀会。每个祀会的土地虽少，但单位多，该县文林村有祀会单位24个，如黄祥光福会、黄文昌会、黄中秋会、沈家桥会、城隍庙中秋会、中秋火神会等，每个祀会占有土地一般一二十亩，甚至不到1亩，但各会土地累计，亦为数不少。凤林乡祀会更多达178个，共有土地966亩。[①] 安徽祁门莲花塘村的祀会（“公会”）也不少。除了大姓，也有小姓为了不受大姓中恶势力的欺压、排挤，组会抗衡。每个会一般占有田地数亩或一二十亩不等。[②]

在江苏，有的会田亦称社田。会田、社田分布广泛。如高淳双桥乡即有社田127个单位，土地989.58亩，占全乡公田的25.73%，占总土地的11.66%；[③]薛城乡有神会244个单位，会田1141.60亩，占全乡公田的32.19%，占总土地的13.13%。神会这类迷信组织，既有少数人发起组织的，也有全乡性的。按其性质可分为两种：一种是祭神的，如土地会、观音会、地藏会等；另一种是集会游行的（在每年的农历三月十八日），如旗会、抬神会、盘香会等。神会土地均由在会人集资购置。神会土地与祠堂土地不同：后者只可子孙世代相传，不得出卖；前者则在会人可将其名下的一

①　中共衢州地委政研室:《江山县公共土地调查》，见华东军政委员会土地改革委员会编:《浙江省农村调查》，1952年印本，第279—280页。

②　中共皖南区党委农委会:《祁门县莲花塘村公堂、祠、会调查》，见华东军政委员会土地改革委员会编:《安徽省农村调查》，1952年印本，第200—202页。

③　高淳县农会工作组:《高淳县双桥乡公堂土地调查》，见华东军政委员会土地改革委员会编:《江苏省农村调查》，1952年印本，第245页。

份作价卖与他人,但是不得拆开、分割,故不影响会田的完整性。①

另外,还有类似于会田的“会馆田”。在一些稍大的市镇,特别是沿海城镇及其他商业地区,有属于商人组织的“会馆”、地域组织的“同乡会”、行业组织的“帮会”,以及与此关联的“天后宫”“万寿宫”等,置有“会馆田”等多种名目的田产。如建阳的江西会馆,起源于清宣统(1909—1911)年间,其时江西商人至此经商者日众,乃捐款建造“华万宫”,凡到建阳的江西商人,都须前往登记,并捐银三四角至一元不等,得以购置田地42亩;福州的汀州会馆,原是长汀、上杭纸靛商组织的“纸靛网”,后扩充为“四县网”,再进而升格为“汀州会馆”,置有会馆田16.8亩。随着商业的发展、商人队伍的扩大,“会馆田”呈现断续增加的趋势。②

庙田、寺田也分布广泛。寺庙单位比祀会少,但一般规模较大,土地数量较多。浙江江山,九华山庙有田五六百亩,一般庙宇也占有十数亩至数十亩不等。该县城关区等6区乡(村)共有36个寺庙单位,有庙田1364.3亩,占全部土地的1.44%,平均每单位有田7.9亩。③

江苏各地寺庙数量多,规模大小、土地多寡不等。多数县、乡寺庙不少,但规模小,单个寺庙占地不多。也有的寺庙历史久远,规模宏大,土地数量多,坐落范围广。如镇江焦山、金山、超岸、竹林、鹤林、招隐等6寺,除超岸建寺稍迟,全都建于六朝时代,历史久远,基础雄厚,焦山、金山、竹林3寺有和尚一二百人以上。6寺

① 《高淳县薛城乡祠堂、神会土地情况调查》,见华东军政委员会土地改革委员会编:《江苏省农村调查》,1952年印本,第239—241页。

② 福建省农民协会:《福建省共有田调查》,见华东军政委员会土地改革委员会编:《福建省农村调查》,1952年印本,第111—112页。

③ 中共衢州地委政研室:《江山县公共土地调查》,见华东军政委员会土地改革委员会编:《浙江省农村调查》,1952年印本,第279—280页。

共有土地3万余亩，焦山寺最多达1.7万余亩，最少的招隐寺亦有地800余亩。这些土地分布的范围很广。表12-12是镇江焦山等6寺庙土地分布地区统计表。

表12-12　镇江焦山等6寺庙土地分布地区统计(1949年)

(单位:亩)

地区	本山	丹徒	仪征	江都	六合	扬中	淮安	泰州	江宁	高邮	总计
亩数	5600.80	15964.15	3730.38	644.71	387.77	1900.00	170.00	2238.49	185.15	83.00	30904.45

资料来源:中共镇江地委:《镇江市焦山、金山等六寺庙土地情况调查》,见华东军政委员会土地改革委员会编:《江苏省农村调查》,1952年印本,第267页。

3万余亩土地中,位于寺庙所在地的只有5600亩,80%以上的土地散布在邻近丹徒、六合、江宁等县,更有的远及苏北扬中、仪征、江都、泰州、高邮、淮安。散布苏北的土地面积达8766.58亩,占6寺土地总面积的28.37%。江宁栖霞寺和无锡梅村镇泰伯庙,也分别占有土地1352亩和388.94亩,栖霞寺办有农场,雇工自种30亩;泰伯庙也雇工耕种76亩,并曾开设当铺、茧行、作坊等。其他如上海塘口乡青龙菴、排马庙,吴县永桢菴,宜兴茅桥潮音寺等,也都各有田地30亩左右。①

四川、云南等地都有数量可观的寺庙田产。四川成都,1938年有人检索该县第一区一个至四个联村内的土地校对册,相当一部分土地不是为军人所占有,即为宗教(包括天主堂)、学校等团

① 中共江宁县委:《江宁县栖霞寺情况调查》,见华东军政委员会土地改革委员会编:《江苏省农村调查》,1952年印本,第272页;无锡农村工作团三队:《无锡县梅村镇泰伯庙土地情况调查》,见华东军政委员会土地改革委员会编:《江苏省农村调查》,1952年印本,第269—272页;《苏南宗教土地情况调查》,见华东军政委员会土地改革委员会编:《江苏省农村调查》,1952年印本,第263—264页。

体公地。该县昭觉寺有地2000余亩,文殊院、天主堂各有地千余亩。[①] 云南会泽,庙地、族地在农地中占有极大比重,据称民国时期,土地集中在庙宇和地主手中,祠堂、庙宇的田产年收租米1557石(500公斤/石)。田产最多的是文庙、寿佛寺、南岳宫、万寿宫、川主庙等。[②]

相对于祠田、会田,寺田、庙田来源更广,除了封建帝王赐予之外,多为信徒、社会人士捐献,又可用香火或地租收入购置,甚至恃强霸占。如上揭镇江焦山等6寺庙土地,即或是寺庙兼并,或是当地香客富家捐赠;福建古田罗华村的倪公庙,系宋代一个进京赴考的员生高中归来建筑的,并自置庙产97.92亩。福州鼓山涌泉寺的500余亩水田及数片山地,则包含了捐献、购置及霸占等多种途径。[③]

公益和慈善土地在一些地区的公共土地中,也占有一定比重。这类土地包括育婴堂、孤儿院、救济院、普济堂、救生会、养老所、施诊所、红十字会、保圩局的田产等,其中部分机构占有相当数量的土地。如江苏无锡普济堂、同善局,江阴救济院都占有相当多的土地,分布范围颇广。无锡普济堂有田874.37亩,分布在该县查桥、梅村、新渎、开原等7个区及市郊6个镇内;同善局有出租田320亩,分布堰桥、刘仓、泰安、胶南、观惠等乡,收入用于施衣、施粥、施诊、施棺及掩埋路尸等;江阴救济院占有沙漕田8055.25亩,分布于江阴晨阳、华阳、澄西、要塞、花山等11个区内,所办事业有育

① 陈太先:《成都平原租佃制度之研究》,见《民国二十年代中国大陆土地问题资料》第62册,(台北)成文出版社1977年版,第32475、32473页。

② 《会泽县志》,云南人民出版社1993年版,第153页。

③ 福建省农民协会:《福建省共有田调查》,见华东军政委员会土地改革委员会编:《福建省农村调查》,1952年印本,第112页。

婴、育幼、习艺、安老、施棺掩尸、庇寒、施衣施药等项①；镇江瓜镇义渡局承担由镇江至瓜州、六七濠、大港、荷花池、三江营、天伏州等地的长江对渡，每日天明开渡，上灯停止，不取渡资，摆渡业务量大，占有的房屋田产亦较多，有房 201 间（出租 190 间）、土地 9530.59 亩；京口救生会、焦山救生局、北门孤儿院、贫鳌教养所以及育婴堂、养老所、施诊所、红十字会等共有土地 5671.24 亩，分布地区包括镇江水东乡、水西乡等 18 乡（洲），丹徒连益乡、永生圩等 8 乡（圩），以及金坛、扬州、仪征等地。②

无锡刘仓乡、堰桥镇横排圩则有用于修筑和保护围堤的“保圩田”。刘仓乡人多地少，劳动力过剩。1925 年，地主胡某、王某等发起开垦荡田，并规定：开垦者凡交纳筑堤费（每亩 1 石米）者，持有土地“田面田”；不交纳筑堤费者，其田拨归“保圩局”（由王某控制），每年所收租米，用作保圩费用，故名“保圩田”。因经管人贪污，土地大部分被侵吞、偷卖，1950 年调查时只剩田 38.78 亩。堰桥镇横排圩保圩田产生于清光绪末年。其时堰桥镇大地主胡某在横排圩购买大量荒芜芦荡田，招人耕种。因地势低洼多灾，屡垦屡弃，修圩无果。1915 年后，胡某搜寻无粮之田，拨为“保圩田”，派人收租，作修圩之用。计有低田 77.18 亩（部分位于胶南乡），鱼池 20 亩。1927 年后，所收租息甚少用于圩堤修理，保圩田、保

---

①　《无锡县张村区特殊土地调查》，见华东军政委员会土地改革委员会编：《江苏省农村调查》，1952 年印本，第 251 页；《无锡、江阴慈善机关土地情况》，见华东军政委员会土地改革委员会编：《江苏省农村调查》，1952 年印本，第 273—274 页。

②　镇江市人民政府民政科：《镇江市从事团体土地情况调查》，见华东军政委员会土地改革委员会编：《江苏省农村调查》，1952 年印本，第 275—281 页。

圩局“有名无实”。①

(二)地主的地权兼并与地权的分散与集中

土地转移和地权分配状况的变化,主要受到两个因素的影响:一是土地买卖,二是分家析产。这两个因素同时存在。在封建土地所有制条件下,地租剥削、贫富分化是社会常态,土地买卖是贫富分化的产物,进而推动和加剧贫富分化。在土地买卖中,地权总是从贫困户或由富转贫户流往富裕户或由贫转富户,而不是相反,结果是地权集中。至于分家析产,基于中国的诸子均分传统,必然导致地权分散,富农和一般富裕农户固然如此,地主富户亦然,故谚云“富不过三代”。

由于土地买卖、分家析产两个因素的交互作用,从较长时段和较为广阔的地域观察,地权集中和地权分散往往交替出现或同时存在;在某一时段或某个地区,因历史条件和社会、经济环境的制约,地权分配的变化态势,或集中或分散,二者居其一;或以某一态势为主,凸显某一时段或某个地区的特点。

20世纪三四十年代,对中华民族来说,是一个十分特殊和苦难深重的年代。大灾大难接踵而至:1931年夏季突发长江大水灾;在全国救灾关键时刻,日本帝国主义发动“九一八事变”、侵占东北;与此同时,西方列强转嫁经济危机,引发大规模的国内经济危机和农业恐慌;1937年,日本帝国主义凭借东北、内蒙古和早已予取予求的台湾资源,悍然发动“七七事变”,日本全面侵华战争爆发,大半个中国相继沦陷,中华民族面临灭顶之灾;1945年日本帝国主义战败投降,蒋介石国民党又发动反革命内战,同时,40年

① 参见《无锡县张村区特殊土地调查》,见华东军政委员会土地改革委员会编:《江苏省农村调查》,1952年印本,第251—252页。

代恶性通货膨胀，货币加速贬值，法币、金圆券、关金统统成为废纸。直至1949年蒋介石国民党败走台湾，成立新中国，中华民族才否极泰来。

这一系列大灾大难，不仅一宗紧接一宗，且多宗并发，交错重叠。因此与以往相比，20世纪三四十年代，各地农民失地破产愈加普遍和急速，地权进一步集中。只是在日本全面侵华战争和内战期间，倾巢之下无完卵，一些地区的农户极度贫困化和"均贫化"，农民急剧破产失地，但有能力和愿意买地的人很少，土地买卖淡静。在这种情况下，也可能出现某种程度的地权分散趋向。故地权集中与地权分散依然同时存在。

20世纪三四十年代，各个时段、各个地区，都有农民贫困失地、地权集中的不少个案或综合资料。

农民失地破产，地主兼并、集中土地，速度、规模、范围、类型多种多样。有的是全县范围的，如浙江衢县，"自抗战以来土地占有是日趋集中的"①；有的是全省范围的，如湖南，自日本全面侵华战争爆发到新中国成立前的12年间，"土地更加集中，使用却更加分散，封建剥削更加残酷，发展起来一批新兴的当权地主"②；有的农民失地、地权集中速度特别快，如河北内邱，1937年前，约占全县人口10%的地主富农，占有30%的土地，1945年土地改革前，地主富农占全县总户数的5%左右，但占有的土地上升到70%左右，占总户数95%左右的农民只占有30%左右的土地。③ 云南禄劝，1932年时，全县农民30096人，"完全丧失田地和其他生产资料的

① 中共衢州地委调研室：《衢县农村经济概况》，见华东军政委员会土地改革委员会编：《浙江省农村调查》，1952年印本，第57页。

② 李锐：《湖南农村的状况和特点》，见新湖南报编：《湖南农村情况调查》，中南人民出版社1950年版，第3页。

③ 参见《内邱县志》，中华书局1996年版，第411页。

佃农”占 26.8%,半自耕农和自耕农分别占 26.2%和 47%。到 1949 年年末,地主、富农分别占地 45%以上和 35%,合计超过 80%,贫雇农人口占全县总人口的 85.5%,而占有的耕地不到全县耕地总面积的 20%。①

导致农民贫困失地的因素多种多样,税捐、地租、高利贷、天灾人祸等,固然是农民贫困失地的主要原因。但除此以外,导致农民失地的因素还不少,因为封建地主压榨农民、兼并和掠夺农民土地的手段层出不穷、无奇不有。如河北饶阳一带地主,不仅把持村政权、宗族权,甚至把持婚丧操办权。“穷人家死了人,不由主家,操办人说了算,叫花多少钱就花多少钱,许多穷人没有钱就被迫卖房卖地”,倾家荡产。② 有的更是空手套白狼,明火执仗进行抢夺。国民党山东省政府参议员、临朐县寺头镇石佛堂地主冯登阶,凭着私造的一纸文书,即霸占了村前 300 多亩河滩和 100 多亩山林。该县吴家崖村大地主朱大镛,为了建造 6 套宅院,硬是强行霸占了 13 户农民的住宅。③

在安徽临泉、山东临朐等地,地主无论平常、灾年,总是不择手段盘剥农民、掠夺农民土地。政府征税、派款,地主助纣为虐,不仅是征收者和乡保基层政权的后台,而且从中贪占、渔利,农民交不起款项,只得卖田卖地充抵,地主乘机压价夺地,并利用捐款,从事投机买卖及放高利贷;蒋介石国民党抓壮丁打内战,地主乘机大搞壮丁买卖,敲诈勒索,以肥私囊;遇上灾年荒月,则囤积居奇、放高利贷:春季借 1 斗,麦季还 3 斗,无粮就用田抵,或 1 斗粮当入 1 亩

① 《禄劝彝族苗族自治县志》,云南人民出版社 1995 年版,第 192 页。

② 《饶阳县志》,方志出版社 1998 年版,第 219 页。

③ 崔维志、唐秀娥:《沂蒙抗日战争史》,中国文史出版社 1991 年版,第 294、295 页。

地,2 斗粮买进 2 亩地,大量兼并土地;在农民内部挑拨离间,制造和加深矛盾,而自己又以“中间人”身份调解,从中欺诈勒索,得渔人之利;勾结、窝藏土匪,坐地分赃,再以赃款投入高利贷或土地兼并;以女色勾引军阀、官僚,扩张自身威势,借势霸占农民土地;开设赌局,诱使农民入彀,赚取昧心钱,上钩者一年辛劳化为乌有,甚至倾家荡产。① 山东临朐前坡村(今属沂源县)保长刘恒俊,强令村民立约卖地顶摊派,把 30 亩好地顶到了自己手中。② 江西九江石门乡,1938 年日本帝国主义侵占该乡后,恶霸地主曹天椿任伪保长 3 年间,投靠日本帝国主义,大肆贪污并加重对农民的经济压榨。1939 年勾结日伪兴办合作社,共凑收了农民四千斤稻谷,只办了一年,合作社关门,本息全部被其私吞。日伪配给食盐、每人 12 两,他从中贪污 4 两,约计贪污折谷 4500 斤,用贪污的合作社股金和盐款,买田 9.2 亩,买典租 17 担,新建正屋两幢、偏厦一座,又强占农民田 5 亩。③

同以往比较,国民党政府和封建地主的压榨、盘剥更加残酷,农民失地破产更加迅速。表 12-13 具体反映了临泉农民的失地过程和原因。

① 《临泉县农村经济调查》,见华东军政委员会土地改革委员会编:《安徽省农村调查》,1952 年印本,第 37—38 页。

② 崔维志、唐秀娥:《沂蒙抗日战争史》,中国文史出版社 1991 年版,第 294 页。

③ 《江西九江县石门乡解放前的政治经济情况》,见中南军政委员会土地改革委员会调查研究所编印:《中南区一百个乡调查资料选集·解放前部分》,1953 年印本,第 160、165—166 页。

表 12-13　安徽临泉农民失地示例(1929—1949 年)

区别＼项目	姓名	原有土地(亩)	历年失地(亩)			现有土地		失地原因
			1929 年	1942 年	解放前	亩数	失地占原有地百分比(%)	
方集	常聚九	21	13	0	6	2	90.48	荒年“抵”粮吃,1 亩换 2 斗,以后人多地少不够吃,逐渐卖去
滑集	陶化凤	30	0	10	0	20	33.33	1942 年因灾荒卖去 10 亩,换了 3 石粮食
	王振国	8	0	5	3	0	100.00	1. 1942 年荒年买粮食;2. 借地主的粮 1 斗还 3 斗,土地“抵”给了地主
	赵席荣	8	0	0	8	0	100.00	原 40 亩,分成 5 户,每户 8 亩,因无劳动力,年年出粮款,逐渐卖完
胡集	刘槐堤	8	0	5	2	1	87.50	1. 1942 年荒年买粮食;2. 借地主的粮 1 斗还 3 斗,土地“抵”给了地主
城关	李友田	20	9	0	10	1	95.00	同上
	齐子德	7	0	0	4	3	57.14	一个月拉了 3 次壮丁,卖地 4 亩
老集	张国凤	24	0	15	0	9	62.50	1942 年保甲长派款,土地被甲长卖掉
长官	韦子英	27	0	0	21	6	77.78	1. 累年缺款逐渐卖去;2. 拉了一次壮丁卖地 3 亩
姜砦	李锦芳	12	0	0	12	0	100.00	儿子被拉去当壮丁,家中无劳力,地卖完了
总计	10 户	165	22	35	66	42	74.55	—

资料来源:《临泉县农村经济调查》,见华东军政委员会土地改革委员会编:《安徽省农村调查》,1952 年印本,第 38 页“农民失去土地情况表”。表中“失地占原有地%”和“总计”为引者所加。

表 12-13 中 10 户农民,从土地面积看,既有贫农,也有中农,但都急剧失地破产。1929—1949 年的 20 年间,除占地最多(30 亩)的一户,失地比重低于 50%(33.33%)外,其余 9 户的失地比重均在 50%以上。还有 3 户的土地全部丧失干净。10 户平均,失地比重为 74.55%。农民失地的 3 个节点中,越往后,农民失地数量越多。1929 年农民失地 22 亩,1942 年增至 35 亩,新中国成立

前高达66亩,超过1929年、1942年失地之和(57亩)。

农民失去的土地,绝大部分都是流向地主富农。因此,与农民失地相对应的是地主买地、兼并、积累和集中土地,见表12-14。

表12-14　安徽临泉地主兼并和积累土地情况示例(1912—1947年)

(单位:亩)

项目 区别	村别	地主姓名	历年积累土地面积			现有土地	积累土地的主要方法
			1912—1921年	1925—1942年	1947年		
瓦店	黄大庄	张俊明	100	0	200	400	主要是放高利贷。1929年大旱,1斗当1亩,2斗买1亩,搞进不少土地。大儿子当保长多派款,聚赌抽头,养土匪
		张大冠	80	300	0	400	囤粮,放高利贷,勾结官府不负担田赋等
	萧坡	肖相堂	28	200	200	500	1932年荒年乘机买进200亩。做收发、主任、局长零星买地200亩
滑集	杨庄	张振华	100	0	700	800	当律师、闹宗派、贪污仓库粮
	—	李保周	0	1800	0	2000	当区长贪污二百来支枪。放高利贷
	李大庄	李老仁	300	0	400	800	当保长、贪污、卖壮丁
	谢小湾	谢老祥	500	0	0	5400	放高利贷(外传有7000多亩)

续表

项目 区别	村别	地主姓名	历年积累土地面积			现有土地	积累土地的主要方法
			1912—1921年	1925—1942年	1947年		
滑集	高集	吕孟华	100	0	300	500	当保长、贪污、卖壮丁
	谢集	谢老培	100	0	200	300	干儿子当乡长,另一儿子当保长,挑拨是非,贪污、开饭店强卖饭
	下湾	王正山	200	200	0	500	荒年放1斗还4斗。一个荒年买地200多亩
艾亭	王新庄	王万成	300	0	900	1200	掌握那一片地面的乡保长,贪污,收老百姓银子、做买卖
通仙	朱老庄	朱银保	20	800	0	500	荒年利用封建势力买地800多亩(后闹宗派卖了一部分)
姜砦	申楼	杨逢春	0	0	170	170	借其姐夫(国民党军队团长)的势力,参加党政分会向农民勒索而得
蜗城	申楼	李中和	100	200	0	300	荒年及春荒放高利贷,借出1斗还4斗、5斗
	潘砦	潘毛	300	0	1400	1400	当区长贪污,放高利贷借出1斗还3斗
—	—	李老荣	400	1600	0	2000	荒年买进。放高利贷买进

续表

项目 区别	村别	地主姓名	历年积累土地面积			现有土地	积累土地的主要方法
			1912—1921年	1925—1942年	1947年		
	小计		2628	5100	4470	17170	—
艾亭	谢庄	谢老苏	0	0	0	1000	当保长数年所买
	大课庄	谢雪卿	0	0	0	1200	当乡长时所买
城关	朱大庄	王法周	0	0	0	300	当国民党军队团长、参谋长，放高利贷(分家前有1000亩)
方集	菜湾	谢少楼	0	0	0	500	荒年放高利贷所买
	王沿	陈子英	0	0	0	4800	荒年放高利贷所买
	小黄庄	方代世	0	0	0	1200	荒年放高利贷所买
	官庄	谢向普	0	0	0	1200	当乡长时贪污所得
—	—	任鼎昌	0	0	0	200	养土匪
总计			2628	5100	4470	27570	—

注:这类地主,一个区约有七八户(方集、艾亭、滑集三区特多),全县约有120户,每个大地主周围,约有较小的地主七八户。全县有10顷以上的地主约20户,20顷以上的地主约20户,30顷以上的地主约700户。全县地主共占土地约72万亩,占全县土地180万亩的40%。

资料来源:《临泉县农村经济调查》,见华东军政委员会土地改革委员会编:《安徽省农村调查》,1952年印本,第38页"农民失去土地情况表"。表中"小计""总计"为引者所加。

表12-14简要列示了24户地主的土地兼并、兼并办法和土地改革前夕占有的土地面积。地主兼并土地的办法和资金来源,调查者将其归结为"官、匪、贪、租、债",亦即当官勒索、贪污;勾结土

匪,坐地分赃;买地收租,养鸡下蛋;囤积放贷,榨取高利。除此之外,还可补充一条,就是荒年乘人之危,贱价和压价买地。关于地主的土地兼并和增殖过程,表 12-14 中列有 1912—1921 年、1925—1942 年和 1947 年 3 个节点,从调查比较完全的 16 户地主情况看,地主的土地兼并和增殖同农民失地一样,也是呈加速度进行。1912—1921 年,16 户地主共购进土地 2628 亩,1925—1942 年增至 5100 亩,相当于 1912—1921 年的 1.94 倍,1947 年达 4470 亩,又比 1925—1942 年增加 25.82%。土地改革前夕 16 户地主占有的 17170 亩土地,37.37%是 1947 年购进的。

高利贷盘剥是许多地区导致农民失地破产的重要原因。四川巴县,农户既无积蓄,又无健全的专业金融机构,农民生产所需资金,如种子、工资、纳税等项,往往多由借贷而来,除了少数合会,"大多仍乞灵于私人高利贷"。据 1937 年统计,全县有 800 人专靠放贷牟利。利率普通 3 分,最高达四五分。但农民不论何种生产,"剩余所得能高至四五分者甚少"。而且农民收获之后,即须变卖农产以偿还借款,而此时商贩趁机压价,售价往往不及正常市价的 2/3。结果,农民在"利息上既负担百分之五六十,物价损失又为百分之三十以上,农民借入百元,其利息损失之负担将近百元"。农民根本无力偿还,只能借新债换旧债,或进而典当田地。及至典当期满,又无力回赎,被迫绝卖,最终失地破产,地权全部集中于地主。① 山东平原县,地主富农通过高利贷兼并土地,如同变魔术一样,将农民土地扒入自己手中。该县庞庄地主郑某,1942 年借给农民张廷兰 8 斗谷子,规定麦收后还 12 斗小麦,因天旱无麦偿还,即将小麦叠利行息,不到二年,就把 11 亩地滚给了地主;

① 参见王国栋:《巴县农村经济之研究》,见《民国二十年代中国大陆土地问题资料》第 54 册,(台北)成文出版社 1977 年版,第 27614—27617 页。

张辛村地主张某，1925 年开始放贷牟利，到 1937 年已拥有土地 520 亩、果园 45 亩。① 陕西石泉，除了通行的高利借贷，又有直接以兼并土地为目的的"抵押"，即农民在生活困难时，须借地主钱粮，但不付利息，而以土地抵押，每年种出的粮食 80%交给地主，到期无法偿债，即将土地卖给地主。② 安徽泾县，新中国成立前，农民加速贫困化，常有贫苦农民因负债累累无力偿还，或因天灾人祸而将仅有的微少土地出卖；也有少数家业败落的地主出卖田地。买者多为富商和大地主，其中不少是通过种种高利盘剥以兼并手段获取的；③湖北建始，除了强行霸占，逼债夺地，是地主兼并土地的主要手段。该县土地革命失败后，地主和团防加紧勾结，反攻倒算，兼并土地，大量耕地被地主霸占，农民不断破产，沦为佃户。同时，地主又向农民放债，通常 3 年之后逼债，欠债户不能清偿本息，即将欠债户的田地作抵债，土地归债主所有。④

残酷的封建捐税、地租、高利贷剥削，大大加速了农民的失地破产和地主的土地积累。湖北建始地主放债 3 年后逼债、夺地抵债的盘剥手段，使农民失地破产，佃户成为农民主要成分。1943 年全县佃农占农户总数的 46%。官店乡第一保 120 户，仅 5 户地主即占有全保 85%的土地。⑤ 浙江丽水县南明乡下张、桥亭等 4 村，地主占地比重从 1939 年的 47.1%升至 1946 年的 49.4%，再升至 1948 年的 53.4%。⑥

---

① 参见《平原县志》，齐鲁书社 1993 年版，第 159—160 页。

② 参见《石泉县志》，陕西人民出版社 1991 年版，第 158 页。

③ 参见《泾县志》，地方志出版社 1996 年版，第 121 页。

④ 参见《建始县志》，湖北辞书出版社 1995 年版，第 273 页。

⑤ 参见《建始县志》，湖北辞书出版社 1995 年版，第 273 页。

⑥ 参见中共浙江省委农村工作委员会调研室：《浙江农村土地关系变化情况》，见华东军政委员会土地改革委员会编：《浙江省农村调查》，1952 年印本，第 5—6 页。

湖南桂阳樟市乡,贫农、雇农占有土地的比重分别从1936年的24.63%、0.60%减少到1948年的15.95%、0.35%,分别减少了8.68个和0.25个百分点。这些土地都流向了地主和其他剥削者、非农业生产经营者:地主的占地比重从1936年的22.28%上升到1948年的27.31%;旧官吏、宗教职业者、小土地出租者的占地比重分别从1936年的0.15%、0.11%和2%上升到1948年的0.48%、0.27%和4.88%。[①] 云南禄丰县禄村,1938年时,全村122户、1120亩耕地,地主有地696亩,占62.1%;1949年年末,地主土地增至952亩,相当于全部耕地的85%。[②] 甘肃庆阳,农民为生活所迫,往往以半价将土地当给地主,然后又从地主手中租回耕种,到期无力赎回,即以当价卖给地主,"使不少农民失去了土地"。[③]

有的一次大旱,就足以使无数农民失地破产,地权呈闪电式集中态势。1936—1937年,贵州湄潭县连续两年旱灾,借贷谷利超过5分,地主大斗进、小斗出,借一还二,盘剥农民,并乘机胁迫,贱价收买农民田土,水田一亩7元,旱地5元。农民丧失田土,地主占有的耕地大幅增加。[④] 1942年华北大范围大旱,河南许昌有59140家卖掉土地21.2万亩。[⑤] 山东平原县王庙乡165户地主、富农乘机兼并305户农民的土地1150亩。[⑥]

---

① 参见《湖南桂阳县樟市乡解放前的政治经济情况调查》,见中南军政委员会土地改革委员会调查研究处编印:《中南区一百个乡调查资料选集·解放前部分》,1953年印本,第37—38页。

② 参见《禄丰县志》,云南人民出版社1997年版,第140页。

③ 参见《庆阳地区志·农业志》第1卷,兰州大学出版社1998年版,第802—803页。

④ 参见《湄潭县志》,贵州人民出版社1993年版,第186页。

⑤ 参见《许昌市志》,南开大学出版社1993年版,第224页。

⑥ 参见《平原县志》,齐鲁书社1993年版,第160页。

日本侵华战争期间，在伪“满洲国”和关内沦陷区，一些大地主与日本侵略者勾结，充当汉奸，依仗日伪势力大肆侵吞农民土地。伪满期间，日伪统治者把农民的土地强行收归“国有”，后在1939年向农民返回部分土地，令其价买，并发放“地照”。一些与日伪勾结的汉奸地主利用“土地买回”之机，剥夺许多小户人家的土地买回权，把土地归入自己名下。如密山马家岗区刘家村的710垧“买回地”，被刘兆汉等3名汉奸地主占去600垧；大地主沈某、王某，分别在哈达岗、宝山屯、大荒地3村和黑台区兰岭强占“买回地”557余垧和200余垧。①

由于敌伪和汉奸、地主的残酷掠夺，农民的土地不断流向日伪和汉奸、地主。这从一些地区的农户结构变化，可以清楚地反映出来，见表12-15。

表12-15 吉林龙井县新中国成立前农户结构情况(1930—1943年)

项目 年份	农户总数(户)	地主		自耕农		半自耕农		佃农	
		户数	占总农户百分比(%)	户数	占总农户百分比(%)	户数	占总农户百分比(%)	户数	占总农户百分比(%)
1930	32220	2993	9.3	11075	34.4	7529	23.4	10623	33.0
1931	32365	3009	9.3	11048	34.1	7396	22.9	10912	33.7
1932	34450	3656	10.6	10134	29.4	8961	26.0	11699	34.0
1933	32146	3804	11.8	5936	18.5	6652	20.7	15754	49.0
1934	32143	3804	11.8	5934	18.5	6651	20.7	15754	49.0
1935	35431	3378	9.5	6227	17.6	8915	25.2	16911	47.7

① 参见《黑龙江省志·第七卷·农业志》，黑龙江人民出版社1993年版，第87—88页。

续表

项目 年份	农户总数(户)	地主		自耕农		半自耕农		佃农	
		户数	占总农户百分比(%)	户数	占总农户百分比(%)	户数	占总农户百分比(%)	户数	占总农户百分比(%)
1941	34945	3209	9.2	7031	20.1	8824	25.3	15881	45.4
1943	34289	2966	8.65	9076	26.5	10173	29.7	12074	35.2

资料来源:《龙井县志》,东北朝鲜民族教育出版社 1989 年版,第 121 页。

日军占领东北后,表 12-15 中各类农户,无论哪项数据的变化,都意味着农民土地的一步步流失和减少。这些土地一部分流向汉奸、地主,一部分流向日军和日伪。1932—1934 年间,地主(出租地主)、佃农增加,自耕农、半自耕农减少,意味着农民快速失地。其中特别是 1931—1933 年的 3 年间农户结构的变化,自耕农由小减到大减,半自耕农由增加到减少,佃农由微增到猛增,农民在短时间内,这种突然加速失地的变化过程,像手摸得着一样明显。1934—1943 年,农户结构的变化趋势相反,地主(出租地主)、佃农数量和比重同时下降,自耕农、半自耕农数量和比重则同时上升。不过这并非通常情况下的地权分散,并非土地由地主流向农民,而是全部被日军劫夺。早在民国时期开始,日本“东洋拓殖株式会社”就用法币放贷、金票(日币)收贷的手段,榨取农民、地主,使大批农民、地主破产,大量土地流入“东洋拓殖株式会社”手中。1937 年,“满洲开拓株式会社”龙井支店又以军事用地、铁路用地、城建用地、“移民开拓团地”“自耕农创定地”等名义,从农民、地主手中以贱价强行收买大量土地,共计 202500 亩,其中军事用地 32700 亩、铁路用地 5550 亩、城建用地 6750 亩,租给日本“移民开拓团”37650 亩,以“自耕农创定地”名义租给朝鲜农民 12 万亩。被日本侵略者逼迫破产的农民、地主,除部分沦为佃农外,多数被

迫离家迁居黑龙江等地。[①] 所以不只是地主、佃农数量减少，农户总数也在减少。同时，部分地主因土地被日军贱价强买，剩下的土地仍然招佃收租难以维持生活，只能收回自种，甚至还要租种部分土地，最后受害最深的是佃农。所以，地主减少，自耕农、半自耕农微量增加，而佃农的减幅最大。

地主、汉奸不仅在伪满时期与日伪勾结，大肆兼并和侵夺农民土地，日军投降后还通过抢占敌产的手段，侵夺本来应该归还农民的土地。黑龙江桦川一带，日本侵略者投降后，地主趁机抢占敌产，侵吞土地，结果土地集中程度进一步加剧。[②]

在关内一些沦陷区和抗日游击区，地主、汉奸，或投降日军，为虎作伥，或打着"抗日"旗号，浑水摸鱼，兼并土地。在山东平原县，地主原有的土地兼并更变成一种赤裸裸的暴力和武装攫夺。1937年抗日战争爆发后，地主杂团乘机蜂拥而起，他们打着"抗日"的旗号（后大都成为汉奸），独霸一方，横征暴敛，很快成为一批拥有武装的、明火执仗的、作恶多端的恶霸地主。如该县焦庄杂团头子刘某，本是一个不务正业的赌徒，1937年伙同地痞流氓拉起200多人的武装，兼并土地570亩，成为威镇城北的大恶霸地主。[③] 山东苍山，一些地主、汉奸大发国难财。卞庄的王占牛自当汉奸后，倚仗权势，肆意侵占百姓土地，加上利用抢夺的钱财强买土地，短短三四年间由一个小饭铺老板，一变而为拥有66.7公顷土地的大地主。[④] 兰陵县台儿庄一带，日本全面侵华战争期间，由于敌伪（还有投敌半投敌的国民党军队）七八年的攫夺榨取，不但

① 参见《龙井县志》，东北朝鲜民族教育出版社1989年版，第121页。
② 参见《桦川县志》，黑龙江人民出版社1991年版，第150页。
③ 参见《平原县志》，齐鲁书社1993年版，第160页。
④ 参见《苍山县志》，中华书局1998年版，第295页。

农民加速失地破产,一些中、小地主也不例外,土地日益集中到大地主手中。如刘家湖庄,这期间卖到外庄的土地有1139.5亩,相当于战前全庄耕地的49%。阶级结构也相应发生变化;原有的地主也没有了;19户中农只剩6户;贫农则由原来的42户增至72户,占到总农户的92.3%。①

兰陵台儿庄地区,地权集中的基本方向和路线是从农村业主转移和集中到市镇大地主手里;从农民及部分地主手里转移和集中到汉奸及同汉奸有关系的当权派地主手里。日本侵华战争前,地权从农村业主转移和集中到市镇大地主的趋向已经出现,日本侵华战争期间更加明显,并加速向汉奸及同汉奸有关系的当权派地主集中。占有台儿庄附近14个庄子土地的25户地主中,就有17户居于市镇,出租土地3176亩,占地主出租土地的74.4%。而这25户地主中,10户是汉奸,其土地占25户地主所有地的36%。伪乡长兼伪大队长汉奸毛文贵,战前只有39.5亩地,还当给了人家;当了几年汉奸,土地陡增至250亩,有4牛2马1驴,并雇用两名雇工,耕种230亩租地;大汉奸黄全明、郑典三等,既是占地10余顷的大地主,又是大商人,经营粮行、油坊、糟坊、茶食店、杂货店、布店、山芋干行、芝麻行等大商号,最终形成大汉奸、大商人、大地主"三位一体",成为台儿庄的主要统治者。这是日本侵华战争期间土地关系和地主结构的一个特点。②

在抗日战争后方地区和20世纪40年代后期内战期间,由于

① 参见鲁南区农会:《兰陵县台儿庄土地关系调查》,见华东军政委员会土地改革委员会编:《山东省、华东各大中城市郊区农村调查》,1952年印本,第86页。

② 参见鲁南区农会:《兰陵县台儿庄土地关系调查》,见华东军政委员会土地改革委员会编:《山东省、华东各大中城市郊区农村调查》,1952年印本,第86—87页。

国民党政府加紧税捐搜刮和抓丁拉夫,使很多农民急速丧失了原有的少量土地。

云南个旧,原本地租、税捐、借贷利息苛重,佃农难以为生。每年青黄不接,50%—60%的农户要向地主借贷,一般借苦荞还稻谷、借玉米还大米,并加息30%—50%,甚至1倍,谓之"放秋粮"。日本全面侵华战争期间,秋粮还息猛增至2—3倍。政府各项杂捐,民国以后也"有增无减"。日本全面侵华战争期间,耕地税3次递增,较战前骤增10倍,并将大部分中中则的山地改为上下则征税,加大税额增幅。若农民无力纳税,政府关押逼征,农民被迫将土地执照贴在门上,合家出逃避税,待保甲长发觉时已遁数月,只得将执照上交作"绝户"申报。1946年县政府给省政府的报告称,全县荒地占原报耕地面积的65.53%。农民土地大多荒芜,余则多属地主富农。据土地改革前的调查资料,平坝区8个乡,地主富农人口占9.97%,土地占61.94%;半山区3个乡,地主富农人口占6.03%,土地占81.39%。① 哈尼族、彝族、傣族聚居的沅江县,抗日战争期间,地主、富农也乘机购买廉价土地,扩大田庄。如南溪地主张某,土地跨及武山、农场田一带,年收租谷近千石。②

20世纪40年代后期,国民党政府崩溃前的残酷压榨,也导致大量农民失地破产。如江苏武进梅港乡,1947年后,因国民党政府苛敛压榨,抓壮丁,派"壮丁米",加上1948年农业因灾减产,农民无法维持生活,大多被迫借债,"往往借一担米,一年不到即变成两三担米",还不起本息就卖田给债主。③ 吴县姑苏乡忠心村,

---

① 参见《个旧市志》,云南人民出版社1998年版,第537—538页。

② 参见《元江哈尼族、彝族、傣族自治县志》,中华书局1993年版,第124页。

③ 《武进县梅港乡农村情况调查》,见华东军政委员会土地改革委员会编:《江苏省农村调查》,1952年印本,第140—141页。

1947—1948 年间,贫农共丧失了原有土地的 24%,雇农丧失了原有土地的 51%。[1] 这些土地大部分落入地主和富农手中。

当然,从 20 世纪三四十年代整个时期和全国范围观察,仍然是地权分散与地权集中交替发生或同时并存。在农民失地破产、地权趋向集中的同时,也存在着多种原因和形式的地权分散趋向。

在日本全面侵华战争期间,有的地区由于佃农困苦,无力完租,租额下降;或因佃农受革命形势鼓舞,群起抗租,地主收租困难,地权价值衰减,地主兼并地权的狂热降温;或地主日益腐化,生活开支不断增加,只能卖地应付需要,长期持续的地权集中进程中断或放缓,到新中国成立前夕,开始出现某种转趋分散的迹象。

江苏苏南地区,地主热衷土地兼并,地权集中,田价居高不下。日本全面侵华战争时期,某些县、乡的情况开始发生变化。

无锡坊前乡,佃农持有永佃权的"灰肥田",日本全面侵华战争前,租额一般为每亩 1 石糙米,"田底"价约每亩 10 石白米。在日本全面侵华战争期间,因为农民受到敌伪重重盘剥,生活更趋困难,无力交租;而且大地主逃亡在外,中小地主多移居城市,无法直接逼租;同时,农民在中共地下党组织发动下,大多欠租不交。"灰肥田"租额普遍下降,自 8 折至 6 折不等。地主因收租不易,加上生活腐化,开支浩大,结果"出卖土地者日益增加",如该乡地主倪某在抗日战争时期先后出卖"田底"300 余亩。田底价格亦下降,每亩低至三四石米。在这种情况下,地权分配趋向分散。到土地改革前夕,地主富农合计占地 1235. 14 亩,占总面积的 29. 28%。

---

① 苏南区农委会:《吴县姑苏乡农村情况调查》,见华东军政委员会土地改革委员会编:《江苏省农村调查》,1952 年印本,第 184—185 页。

在各阶级(阶层)中,占地最多的是中农,307 户占地 1861.87 亩,占总面积的 44.13%。①

松江新农乡,大部分土地有"田面"权(永佃权)与"田底"权(所有权、收租权)之分,田底价远高于田面价,前者相当于后者的 3—4 倍。到解放战争期间,田底价迅速下降,田面价缓慢上升,最后反超田底价。田底、田面价格的变化,从一个侧面反映出地主对土地(田底权)兼并的热衷程度和地权流向及其变化。20 世纪 40 年代,田底权和田面权的价格变化,见表 12-16。

表 12-16　松江新农乡田底、田面价格涨落统计(1936—1949 年)

项目＼时段	抗日战争前	抗日战争期间	抗日战争胜利后	解放前
田底每亩价格(石米)	8→9	7→8	9→4	4→3→2→1
田面每亩价格(石米)	2→4	2→4	2→4	3→5
备注	抗战胜利后,田底价突然涨至 9 石,以后因受解放战争胜利与老区土改影响,淮海战役后,更自 4 石下降至 1 石			

资料来源:中共松江地委调委调研组:《松江县新农乡农村情况调查》,见华东军政委员会土地改革委员会编:《江苏省农村调查》,1952 年印本,第 145 页。

1937 年前,田底价每亩 8—9 石米,日本全面侵华战争期间,政治经济形势恶化,田底价降至 7—8 石米。抗日战争胜利,一度激起地主富户的土地兼并狂热,田底价突然猛涨至 9 石米。然而,旋即内战爆发,中国人民解放军节节胜利,国民党统治区不断缩小,通货恶性膨胀,田底价由 9 石米迅速递降至 4 石米,

① 参见《无锡县农村情况调查》,见华东军政委员会土地改革委员会编:《江苏省农村调查》,1952 年印本,第 117—118、123 页。

特别是1949年元月淮海战役后,更自3石、2石,最后降至1石。田底价的节节低落,是市场需求淡静、地主土地兼并意欲减退乃至完全消失的结果。至此,长期持续的地权集中趋势总算画上了休止符。

江苏吴县堰里乡鹤金村,地权高度集中,而且大部分土地为城镇大地主所掌握,不过这些土地大多为"管业田",佃户有永佃权。因土地有田底、田面之分,地权分配处于饱和状态,一般地主为了收租,都不愿意出卖。但到20世纪30年代末,由于形势的变化,开始陆续有人出卖田底,"购入者大部分是占有田面权的富农"。初时每亩约值3—4石米,其后滑落,解放前一年跌至每亩仅值1石米。① 田底买主的身份和价格的跌落,说明田底流向和市场需求都在发生变化。地主由购买和兼并田底,改为出卖田底。因市场反应冷淡,甚至贱价出卖。在这种情况下,田底权的集中程度或有所降低。这与上述松江新农乡的状况十分相似。只是田面价远比松江新农乡高,亦即田面的兼并仍很激烈,主要作为田面转租的"盖头田"所占比例亦较高。②

在20世纪三四十年代恶劣的政治经济环境下,不仅一般自耕农频频失地破产,一些中小地主尤其是小地主、土地主,经济状况

① 参见《吴县堰里乡鹤金村况调查》,见华东军政委员会土地改革委员会:《江苏省农村调查》,1952年印本,第173—175页。

② 参见该村957.07亩租入地中,农民有永佃权的"管业田"585.95亩,占61.22%;田面转租的"盖头田"(除小部分是底面田外,均为田面转租田)371.12亩,占38.78%(《吴县堰里乡鹤金村况调查》,见华东军政委员会土地改革委员会:《江苏省农村调查》,1952年印本,第174页)。而松江新农乡大部分租入地有田面权,如张家村农民有田面权的田占租入地的98.7%(中共松江地委调委调研组:《松江县新农乡农村情况调查》,见华东军政委员会土地改革委员会:《江苏省农村调查》,1952年印本,第145页)。

也都日趋恶化，往往“富者变穷，穷者愈穷”，农民贫困化大多以“层压式贫困化”或“递降式贫困化”的形式出现在地权分配变化方面，则无论原来是集中还是相对分散，有相当一部分甚至大部分表现为某种程度的分散趋向，前揭中南6省份97县100乡的调查统计，所反映的就是这种情况。在调查的100个乡中，固然不乏地权分配由集中走向更集中、由一般或分散走向集中的变化个案，不过呈现分散趋向的变化情形明显更多一些。表12-17、表12-18分别从行政区划和地权分配类型的不同角度观察地权分配的变化趋势。

表12-17　河南等中南6省100乡的地权分配及其变化（1936年、1948年）

项目 省份	调查乡数	年份	总面积（亩）	各阶级（阶层）占地百分比（%）						
				地主	富农	中农	贫农	雇农	公田	其他
河南	14	1936	108625	39.53	8.20	34.41	12.36	0.19	0.60	4.71
		1948	110528	35.84	8.63	33.73	14.78	0.19	0.41	6.42
湖北	20	1936	100624	39.99	7.00	32.93	13.71	0.29	1.60	4.48
		1948	108670	34.54	8.05	31.91	17.35	0.19	1.51	6.45
湖南	15	1936	81438	42.60	5.58	27.47	11.85	0.37	3.24	8.89
		1948	82448	40.32	6.48	29.77	10.08	0.27	3.54	9.54
江西	14	1936	76150	36.67	6.04	25.70	10.95	0.49	11.86	8.29
		1948	77953	37.46	5.96	26.17	12.86	0.49	6.87	10.19
广东	15	1936	45938	47.72	3.56	19.77	10.80	0.27	11.70	6.18
		1948	52267	44.00	5.56	20.02	10.82	0.32	11.44	7.84
广西	22	1936	99581	41.00	8.70	32.60	9.78	0.53	3.72	3.67
		1948	107353	37.81	7.18	32.18	12.54	0.73	4.38	5.18
总计	100	1936	509419	40.70	6.94	30.07	11.70	0.36	4.45	5.78
		1948	539219	37.68	7.21	30.03	13.47	0.37	3.90	7.34

资料来源：据中南军政委员会土地改革委员会调查研究处编印：《中南区一百个乡调查统计表》，1953年印本，第10—20页表甲之五—表甲之十、第34—44页表乙之五—表乙之十摘录、整理编制。

表 12-18 河南等中南 6 省 100 乡的地权分配类型及其变化(1936 年、1948 年)

项目 / 地权类型	调查乡数	年份	总面积(亩)	各阶级(阶层)占地百分比(%)						
				地主	富农	中农	贫农	雇农	公田	其他
集中	41	1936	210883	56.99	6.31	20.23	6.86	0.25	3.48	5.88
		1948	221316	53.10	7.25	20.48	7.90	0.37	3.58	7.32
一般	44	1936	220462	32.28	7.51	35.05	13.34	0.39	5.48	5.95
		1948	233166	29.88	7.34	35.35	13.08	0.35	4.29	9.71
分散	15	1936	78074	20.54	7.03	42.63	20.13	0.55	4.13	4.99
		1948	84737	18.83	6.74	40.28	23.59	0.41	3.71	6.44
总计	100	1936	509419	40.70	6.94	30.07	11.70	0.36	4.45	5.78
		1948	539219	37.68	7.21	30.03	13.47	0.37	3.90	7.34

资料来源:据中南军政委员会土地改革委员会调查研究处编印:《中南区一百个乡调查统计表》,1953 年印本,第 4—8 页表甲之二—表甲之四、第 28—32 页表乙之二—表乙之四摘录、整理编制。

表 12-17 的统计数据显示,各省的地权分配状况互有差异,但不甚悬殊。地主富农的占地比重,1936 年最高 51.28%(广东),最低 42.71%(江西),高低相差 8.57 个百分点,平均 47.64%,地权濒临集中。值得注意的是 1936—1948 年间的变化趋势,6 省份中只有江西一省的地权分配呈集中趋势,地主富农的占地比重从 1936 年的 42.71%升至 1948 年的 43.42%,轻微增高。其他 5 省份,地主富农的占地比重均有不同程度的下降,河南、广西分别从 47.73%、49.70%降至 44.47%、44.99%,降幅较大;湖北、湖南、广东依次从 46.99%、48.18%和 51.28%降至 45.59%、46.80%和 49.56%,降幅不大。

按地权分配的不同类型观察地权分配的变化趋势也发现,不论地权集中还是分散,地权分配均朝分散的方向变化,集中、一般、分散三种类型的地主富农的占地比重,依次从 63.30%、39.79%和 27.57%降至 60.35%、37.23%和 25.57%。显然,地权分配的变化趋

势,与原有的地权分配状况或类型(集中抑或分散)并无直接关系。

通常,地权大多是在地主和农民之间流动。如果地权分配发生变化,地主富农的占地比重上升,则中农、贫雇农的占地比重下降。反之亦然。不过这是就一般情况而言。20世纪三四十年代的情况比较特殊,一些地区发生的农民经济和农户结构变化,不是通常的贫富分化或两极分化,而是"富者变穷,穷者更穷"的层压式递贫化或均贫化。中农贫、雇农和地主富农之间的土地占有关系,并非完全是那种"你增我减、你减我增"的对应关系。表12-17、表12-18的一些数据印证了这一点。如河南、湖北,地主和中农的占地比重都有所下降;广西以及地权"分散"地区,地主、富农和中农的占地比重一齐下降;等等。不仅地主的占地比重下降如此,地主的占地比重上升亦有类似现象,如江西,地主和中农、贫农、其他农(村)户的占地比重一齐上升。这里有一个问题必须弄明白,地主和中农等失掉的土地流往哪里,地主和中农等增加的土地又来自何方?检索统计数据可知,地主和中农等失掉的土地几乎全部流向贫农和其他农(村)户。这恰恰是递贫化或均贫化的表现和结果。地主衰落、失地,除部分变为富农、中农外,更多的是小土地出租者、小土地经营者、债利生活者、商贩等"其他"农(村)户,而中农贫困破产,则绝大部分降为贫农、雇农。在这种情况下,地主、中农的土地流向贫农和"其他"农(村)户也就不足为奇了。而江西地主和中农、贫农、其他农(村)户的占地比重一齐上升,其土地则几乎全部来自"公地",这是公田私田化的结果。

山东莒南、赣榆,河北保定(清苑)地区在20世纪三四十年代也出现了地权分配的分散趋势。据1944年4月对山东莒南壮岗、团林和赣榆金山等3个区13个村的调查,1937年抗日战争全面爆发后,土地买卖和流向发生变化,地主、富农买(典)进土地的户数、地亩少,卖(当)出土地的户数、地亩多;中农、贫农、雇农、小商

等买(典)进土地的户数、地亩多,卖(当)出土地的户数、地亩少。1937—1943年6年间,地主、富农买(典)进土地的共35户、买(典)进土地139.87亩,卖(当)出土地的共75户、卖(当)出土地1132.61亩,后者户数、地亩分别相当于前者的2.14倍和8.10倍;中农、贫农、雇农、小商等买(典)进土地的共388户、1162.75亩,卖(当)出土地的共252户、711.56亩,后者户数、地亩分别相当于前者的65%和61%。① 地权主要由地主、富农流向中农、贫农、雇农、小商。农户结构和地权分配相应发生变化。表12-19反映了该地这期间农户结构和地权分配变化的大致情况。

表12-19　山东莒南、赣榆3区13村农户结构和地权分配变化统计(1936年、1944年)

项目 成分	农户数(户)					土地面积(亩)				
	1936年		1944年		户数增减(+/-)	1936年		1944年		面积增减(+/-)
	户数	%	户数	%		亩数	%	亩数	%	
地主	49	4.65	41	3.46	-8	3814.27	26.93	2161.36	15.67	-1652.91
富农	62	5.88	80	6.74	+18	2364.25	16.69	2665.48	19.32	+301.23
中农	270	25.62	324	27.32	+54	4273.61	30.18	5139.54	37.26	+865.93
贫农	589	55.88	679	57.25	+90	3619.23	25.56	3756.99	27.24	+137.76
雇农	63	5.98	50	4.22	-13	74.93	0.53	55.23	0.40	-19.70
小商	21	1.99	12	1.01	-9	15.34	0.11	15.74	0.11	+0.40
总计	1054	100.00	1186	100.00	+132	14161.63	100.00	13794.34	100.00	-367.69

附注:1. 1944年总面积比1936年减少,并非耕地减少,而是某些大户将土地卖往外乡;部分农户增加土地,除买入外,部分属于垦荒新地。

2. 富农户数增加,大半属于分家,亦有少量属于中农和其他阶层升为富农。

资料来源:据中共中央山东分局调查研究室:《莒南、赣榆县三个区的农村调查》,见华东军政委员会土地改革委员会编:《山东省、华东各大中城市郊区农村调查》,1952年印本,第14页统计表改制。

① 中共中央山东分局调查研究室:《莒南、赣榆县三个区的农村调查》,见华东军政委员会土地改革委员会编:《山东省、华东各大中城市郊区农村调查》,1952年印本,第12—13页。

如表12-19,1944年同1936年比较,地主户数和占地面积均明显减少,户数减少8户,比重由4.65%降至3.46%,占地减少近1653亩,降幅尤大,其比重由26.93%降至15.67%,下降11.26个百分点。富农情况有所不同,虽然卖地户数和卖出地亩数多,买进的少①,但因为自身分家和有中农和其他阶层升为富农,其户数和占地面积都有所增加。不过地主富农整体的占地面积和比重是下降的,面积从6178.52亩减少到4826.84亩,减少1351.68亩,比重从43.62%减少到34.99%,下降了8.63个百分点。中农、贫农、雇农的情况是,部分雇农变成了贫农,雇农的户数和占有土地均减少,中农、贫农的户数和占地面积增加,中农尤为明显。中农、贫农的整体占地面积从7892.84亩增加到8896.53亩,增加1003.69亩,比重从55.74%增至64.50%,上升8.76个百分点。

这种土地买卖流向的变化、地权的分散化趋势,并非发生在传统封建土地制度和封建生产关系条件下,而是有赖于新的政治和社会环境。抗日战争期间,莒南、赣榆属于抗日根据地,抗日武装和民主政权实行"二五减租",肃清土匪,限制地主富农的某些剥削和投机行为。地主买地和占地面积缩小,就是由于高利贷和投机生意受到限制,负担相对加重,再加上本身生活浪费等原因;而农民经济改善,占有土地增加,主要是根据地实行减租减息,肃清土匪,戒绝不正当娱乐,豁免苛捐杂税,发展副业生产等,使得农户经济活跃,经济向上发展。②

河北保定(清苑)地区,20世纪三四十年代的地权分配,亦呈

① 富农29户买地,买进115.77亩;39户卖地,卖出247.93亩。

② 参见华东军政委员会土地改革委员会编:《山东省、华东各大中城市郊区农村调查》,1952年印本,第14页。

某种形式的分散趋向。表 12-20 反映的是薛庄等 11 村地权分配的变化情况。

表 12-20 河北保定(清苑)薛庄等 11 村地权分配及分散趋势(1930 年、1936 年、1946 年) (单位:亩)

年份＼项目	土地	地主	富农	中农	贫农	雇农	其他	总计
1930	亩数	6801.87	10147.55	16283.34	7491.25	499.25	191.10	41414.36
	%	16.42	24.50	39.32	18.09	1.21	0.46	100.00
1936	亩数	6121	9207.72	18218.21	6873.41	446.95	102.35	40969.64
	%	14.94	22.47	44.47	16.78	1.09	0.25	100.00
1946	亩数	4378	6464	22889	7634	97	64	41526
	%	10.54	15.57	55.12	18.38	0.23	0.16	100.00

资料来源:据河北省统计局:《1930—1957 年保定农村经济调查综合资料》(1958 年 10 月)计算、整理、编制。

表 12-20 中数据显示,1930 年时,地主富农的占地比重为 40.92%,地权分配属于一般状况,1936 年降至 37.41%,不过幅度不大;而贫农雇农占有的微量土地,不仅没有增加,还在减少。很明显,这仍是那种"富者变穷,穷者更穷"的地权分散。

1937 年日本全面侵华战争爆发后,情况发生重大变化。保定(清苑)的地方(包括 11 村中的部分乡、村)沦陷成为敌占区,战争破坏,日军劫夺,苛捐杂税倍增,土地所有者负担加重,一般中小地主亦不例外,土地价值明显降低。临近保定的抗日根据地推行的"合理负担""减租减息"和"统一累进税"等土地和税收政策,也对地主富农的土地观念产生影响。一些地主、富农,有的害怕打击,逃亡城市;有的通过如售卖、赠送、分家、假卖假当等方式,分散土地;农民则因缺地而买进土地。1936—1946 年间,地主仅买进土地 1.8 亩,富农买进 166.2 亩,而贫农和中农分别买进土地

2779.4 亩和 902.3 亩。①

正是在这种情况下，1936—1946 年间，地权流向呈现新的变化，地主、富农的土地明显减少，占地比重分别从 1936 年的 14.94%、22.47%降至 1946 年的 10.54%、15.57%，两者总计由 37.41%降至 26.11%；中农占地由 44.67%升至 55.12%，超过土地总面积的一半。虽然雇农失地速度加快，几乎丧失尽净，但贫农占地回升，其数量超过雇农失地。中农和贫雇农的占地比重由 1936 年的 62.54%升至 1946 年的 73.73%，无论是 10 年间的上升幅度还是 1946 年的占地比重数据本身，都说明 1936—1946 年间的地权分配变化，无疑是趋向分散。不过需要再次强调的是，这种比较明显的地权分散趋向，主要与抗日战争和当时中国共产党领导的抗日根据地的革命形势及革命主张有关，而非近代中国农村经济的发展常态或中国封建土地制度的本身规律使然。

（三）土地改革前夕的地权分配状况

在经历了 1928—1937 年的土地革命、1929—1934 年世界经济危机和国内农业恐慌、1931—1945 年日本侵华战争和中国人民的抗日战争、1946—1949 年解放战争后，农村的农户结构、阶级关系、农民经济状况和土地占有关系，都发生了重大变化，延至土地改革前夕，农村土地分配状况，与 20 世纪 30 年代或 20 年代前，已有很大不同。

表 12-21 反映的是土地改革前江苏、河北等 27 省份的土地分配状况，是延续了两千余年的中国封建土地制度在被彻底废除前的大致面貌。

---

① 参见隋福民、韩锋：《20 世纪 30—40 年代保定 11 个村地权分配的再探讨》，《中国经济史研究》2014 年第 3 期。

表 12-21　土地改革前江苏等 27 省各阶层土地占有状况统计

(单位:亩)

省别	县数/%	地主	富农	公田	中农	贫农	雇农	其他	总计
江苏	33	8212420	2898043	143997	10314360	6499767	116255	1003654	29188496
	%	28.12	9.93	0.50	35.34	22.27	0.40	3.44	100.00
	%	38.55			35.34	22.67		3.44	100.00
浙江	63	4529139	1566383	3350066	13939278	3216334	78099	1373375	28052674
	%	16.15	5.58	11.94	49.69	11.46	0.28	4.90	100.00
	%	33.67			49.69	11.74		4.90	100.00
福建	42	1471811	543230	3422365	3017629	1484024	28144	745447	10712650
	%	13.74	5.07	31.95	28.17	13.85	0.26	6.96	100.00
	%	50.76			28.17	14.11		6.96	100.00
安徽	50	17523611	4869857	1855695	22040336	15343139	347422	1769042	63749102
	%	27.49	7.64	2.91	34.57	24.07	0.54	2.78	100.00
	%	38.04			34.57	24.61		2.78	100.00
江西	59	3119245	1094993	2390479	3351412	2797189	39811	688556	13481685
	%	23.14	8.12	17.73	24.86	20.75	0.29	5.11	100.00
	%	48.99			24.86	21.04		5.11	100.00

续表

省别	县数/%	地主	富农	公田	中农	贫农	雇农	其他	总计
湖北	71	8138148	4812568	67137	12277385	7171729	88584	1443821	33999372
	%	23.94	14.15	0.20	36.11	21.09	0.26	4.25	100.00
	%		38.29		36.11	21.35		4.25	100.00
湖南	73	9461159	2428724	3139054	7573784	3064222	50180	1444094	27161217
	%	34.83	8.94	11.56	27.89	11.28	0.18	5.32	100.00
	%		55.33		27.89	11.46		5.32	100.00
广东	41	3522438	801859	2926586	2707167	1923281	66987	1052752	13001070
	%	27.09	6.17	22.51	20.82	14.79	0.52	8.10	100.00
	%		55.77		20.82	15.31		8.10	100.00
广西	50	1804142	631834	523376	2708810	1528696	69165	166085	7432108
	%	24.28	8.50	7.04	36.45	20.57	0.93	2.23	100.00
	%		39.82		36.45	21.50		2.23	100.00
四川	49	18140385	3075931	1406698	10449720	7271864	71258	2372524	42788380
	%	42.40	7.19	3.29	24.42	16.99	0.17	5.54	100.00
	%		52.88		24.42	17.16		5.54	100.00
云南	42	3339120	677016	487882	2315917	1418083	80620	168616	8487254
	%	39.34	7.98	5.75	27.29	16.71	0.95	1.98	100.00
	%		53.07		27.29	17.66		1.98	100.00

续表

省别	县数/%	地主	富农	公田	中农	贫农	雇农	其他	总计
贵州	65	8231684	2037345	142804	6690370	2645835	67644	1548174	21363856
	%	38.53	9.54	0.67	31.32	12.38	0.31	7.25	100.00
	%	48.74			31.32	12.69		7.25	100.00
小计	638	87493302	25437783	19856139	97386168	54364163	1104169	13776140	299417864
	%	29.22	8.50	6.63	32.52	18.16	0.37	4.60	100.00
	%	44.35			32.52	18.53		4.60	100.00
河北	49	2640308	2356569	9563	7431041	4172036	148140	75702	16833359
	%	15.69	14.00	0.06	44.14	24.78	0.88	0.45	100.00
	%	29.75			44.14	25.66			100.00
山东	31	7630279	2589428	454066	13200289	8193475	176	191807	32259520
	%	23.65	8.03	1.41	40.92	25.40	0	0.59	100.00
	%	33.09			40.92	25.40		0.59	100.00
河南	41	8118742	3158261	30268	10688975	5987227	105249	549963	28638685
	%	28.35	11.03	0.10	37.32	20.91	0.37	1.92	100.00
	%	39.48			37.32	21.28		1.92	100.00
山西	33	2104868	1818896	93817	6607736	2756567	60473	61097	13503454
	%	15.59	13.47	0.70	48.93	20.41	0.45	0.45	100.00
	%	29.76			48.93	20.86		0.45	100.00

续表

省别	县数/%	地主	富农	公田	中农	贫农	雇农	其他	总计
小计	154	20494197	9923154	587714	37928041	21109305	314038	878569	91235018
	%	22.46	10.88	0.64	41.57	23.14	0.35	0.96	100.00
	%		33.98		41.57	23.49		0.96	100.00
陕西	34	5079086	1823791	585394	8958976	3160304	184535	876080	20668166
	%	24.57	8.83	2.83	43.35	15.29	0.89	4.24	100.00
	%		36.23		43.35	16.18		4.24	100.00
甘肃	63	10250389	3656223	1090878	22961517	8960634	933241	1416400	49269282
	%	20.81	7.42	2.22	46.60	18.19	1.89	2.87	100.00
	%		30.45		46.60	20.08		2.87	100.00
宁夏	8	1076824	502896	53132	2778571	929081	173935	165878	5680317
	%	18.96	8.85	0.93	48.92	16.36	3.06	2.92	100.00
	%		28.74		48.92	19.42		2.92	100.00
青海	7	442853	197962	126126	856439	567588	14671	95520	2301159
	%	19.24	8.60	5.48	37.22	24.67	0.64	4.15	100.00
	%		33.32		37.22	25.31		4.15	100.00
新疆	17	954213	492228	139975	1782365	855048	67484	336786	4628099
	%	20.62	10.63	3.02	38.51	18.48	1.46	7.28	100.00
	%		34.27		38.51	19.94		7.28	100.00

续表

省别	县数/%	地主	富农	公田	中农	贫农	雇农	其他	总计
小计	129	17803365	6673100	1995505	37337868	14472655	1373866	2890664	82547023
	%	21.57	8.09	2.42	45.23	17.53	1.66	3.50	100.00
	%	32.08			45.23	19.19		3.50	100.00
北方地区总计	283	38297562	16596254	2583219	75265909	35581960	1687904	3769233	173782041
	%	22.04	9.55	1.49	43.31	20.47	0.97	2.17	100.00
	%	33.08			43.31	21.44		2.17	100.00
热察绥	9	4891696	3117851	3848	6037193	2519852	110520	356782	17037742
	%	28.71	18.30	0.02	35.43	14.79	0.65	2.10	100.00
	%	47.03			35.43	15.44		2.10	100.00
辽宁	27	8832068	5262455	5236	7349000	4068773	608700	269054	26395286
	%	33.46	19.94	0.02	27.84	15.41	2.31	1.02	100.00
	%	53.42			27.84	17.72		1.02	100.00
吉林	13	5671880	2442085	214960	3544059	607850	305624	108678	12895136
	%	43.99	18.94	1.67	27.48	4.71	2.37	0.84	100.00
	%	64.60			27.48	7.08		0.84	100.00
黑龙江	18	7177050	1275889	0	1990855	1061509	33533	2350	11541186
	%	62.19	11.06	0	17.25	9.20	0.28	0.02	100.00
	%	73.25			17.25	9.48		0.02	100.00

续表

省别	县数/%	地主	富农	公田	中农	贫农	雇农	其他	总计
小计	67	26572694	12098280	224044	18921107	8257984	1058377	736864	67869350
	%	39.15	17.83	0.33	27.88	12.17	1.56	1.08	100.00
	%	57.31			27.88	13.73		1.08	100.00
总计	988	152363558	54132317	22663402	18.15	98204107	3850450	18282237	541069255
	%	28.16	10.00	4.19	35.41	18.15	0.71	3.38	100.00
	%	42.35			35.41	18.86		3.38	100.00

资料来源:据各地新编省志、自治区志、直辖市志(包括市辖区志)、地区志、县志,各地农业志,以及新中国成立初期的调查资料综合整理编制(已剔除交叉、重复部分)。

这是一项覆盖范围较广、较为完整的地权分配统计,除了西藏、台湾,全国范围所有省份都已包括在内。涉及的实际区域为988县、54107万亩农地,分别占县治总数的53.72%和耕地总面积的37.5%①,有相当广泛的代表性。同时,几乎全部数据都是由新编地方志综合整理的土地改革档案,准确可信。这样的统计可以比较全面和完整地反映当时全国的地权分配实况。

如表12-21所示,同过去一样,不同乡村、地区之间,地主富农占有土地比重高低不一,地权分配状况差异颇大,有的集中,有的相对分散,也有的介乎集中与分散之间,属于一般状态。不过关于地权分配"集中""分散""一般"的划分,并无明确、严格和一致公认的数据标准或尺度。从人民政府公布的调查数据和一些调查研究者的观点或言论看,地主富农占地比重不足30%的,一般视为地权"分散";地主富农占地比重在30%—50%之间的,地权分配状况属于"一般";地主富农占地比重超过50%,则视为地权"集中";达到60%或更高,则属地权"高度集中"。

根据上述标准进行分类,江苏等27省份平均,地主富农占地

① 1937—1949年间,全国县治区划紊乱,数量变动频繁,且乏精确统计,此处县治百分比(53.7%)系据1935年的全国县治数(共1839县,包括"旗""设置局""地方"在内。见李炳卫编:《中华民国省县地名三汇》,北平民社1935年版)计算。土地面积百分比(35.89%)系据1949年耕地数(1444400千亩。见章有义:《近代中国人口和耕地的再估计》,《中国经济史研究》1991年第1期)计算得出。耕地百分比远低于县治百分比,因列入统计的部分县治,只有若干乡、村,并非全县农地面积。

(包括公田[1])比重为42.35%,地权分配属“一般”范畴,不能笼统地冠以“集中”。分省观测,27省中,只有河北、山西和宁夏3省,地主富农占地(包括公地)比重不足30%,地权分配属于“分散”状态;江苏、浙江、安徽、江西、湖北、广西等南方6省,山东、河南等华北2省,陕西、甘肃、青海、新疆等西北4省,以及热河、察哈尔、绥远等3省,地主富农占地比重在30%—50%之间,地权分配属“一般”状态;湖南、福建、广东、四川、云南等南方5省,辽宁、吉林、黑

① 过往的调查、研究从整体上计算(估算)各阶级(阶层)占地比重、判定地权分配状况时,一般都将公田视同地主富农(主要是地主)自有土地的一部分,有的直接计入地主阶层名下,如《广州市天河区志》关于土地改革前各阶层土地面积的调查统计表,地主占有的36610.1亩(占土地总面积的63.8%)土地中,包括“太公田(死地主)”23881.8亩(占土地总面积的41.6%)(《广州市天河区志》,广东人民出版社1998年版,第189页。)将公共土地归入地主富农的占地范围,乃因乡间公田主要由地主富农控制和得益,如广州芳村区,316.6公顷公尝田,90%以上为地主所把持。(《广州市芳村区志》,广东人民出版社1997年版,第132页)。20世纪三四十年代的情况尤其如此。同时有些地区特别是南方部分地区,地主富农的相当一部分土地是以“公堂田”(族田、祠田、祭田、会田等)、义庄田、学田(校田)等的形式存在,往往公田比重很大,福建、浙江、湖南、广东等省,公田依次占土地总面积的31.95%、11.94%、11.56%、22.51%,从而相应降低了地主富农的私有地份额。这4省份的地主富农私有地比重分别仅有18.81%、21.73%、43.77%、33.26%,福建竟成为全国地权最分散的省份,浙江也接近地权分散。因此,计算地主富农占有土地的比重时,若不包括公田,必然形成误导,掩盖和扭曲历史真相。虽然公田名目复杂,情况多样,如族田中有些小公堂的祭田,由族众管理,轮流耕种,属于族众“共业”,似乎不应算作地主富农的土地范围。不过这类公田所占比重不大,也无法准确计算和从公共土地中剔除。客观而论,将公共土地全部归入地主富农土地范畴,并非毫无问题,不过倘若将公田作为全社会“共业”,或避开公田的阶级属性及归属问题,则会有意无意掩盖公田阶级本质,扭曲历史真相,讹误愈加彰显。故此,只能两讹相权避其重。

龙江等东北3省,地主富农占地比重超过50%,属于地权“集中”;其中吉林、黑龙江2省,地主富农占地比重分别超过60%和70%,属地权“高度集中”。总计南北27省中,地权分散的3省,占11.11%;地权分配状况“一般”的15省,占55.56%;地权“集中”的8省,占29.63%,其中“高度集中”的2省,占7.41%。这就是土地改革前夕全国范围地权分配的基本状况。

南北比较,长江流域及其以南地区(包括西南地区),地权较为集中,关内5个地权集中的省份,全在这一地区。全区12省平均,地主富农占地(包括公地)比重为44.35%,接近地权“集中”。华北和西北地区,地权相对分散,区内9省中,3省地权分散;6省地权分配属于“一般”状态;9省平均,地主富农占地(包括公地)比重为33.08%,接近“一般”状态的底限。区内华北4省和西北5省比较,两者地主富农占地(包括公地)比重分别为33.98%和32.08%,后者地权略显分散,但差异不大。

关外热河、察哈尔、绥远和东北3省,又是另外一种情况。在日本帝国主义侵占、掠夺和奴役的14年中,不仅相当一部分耕地和可耕地被直接掠夺、破坏或永久性毁灭,而且广大农民急剧贫困、失地破产,极少数地主、豪强、流氓投降日军,充当汉奸,为虎作伥,霸占和兼并农民土地,地权加速集中。如表12-21所示,热察绥和东北3省的地主富农占地(包括公田)比重达57.31%,在各个大区中位居第一。热察绥的地主富农占地比重(47.03%)虽尚未达到地权集中的划线标准,但明显高于南方地区平均数(44.35%)。至于东北3省,地主富农平均占地(包括公田)比重为60.75%,已属地权高度集中范畴,成为全国地权高度集中第一区;其中黑龙江的地主富农占地(无公田,全为私地)比重高达73.25%,成为全国地权高度集中第一省,该省木兰县的地主富农占地(无公田,全为私地)比重高达89.19%,是27省988

县地权高度集中第一县。[①] 热察绥和东北三省尤其是东北三省成为全国地权分配最为集中的地区，这是20世纪三四十年代中国地权分配的最大变化。隐藏在这一最大变化背后的是广大农民惨遭日本帝国主义残害、掠夺的一部血泪史。

表12-21中统计数据真实而大范围地反映了土地分配的基本状况。不过因为资料条件所限，统计数据涵盖的范围仍没有达到全国户口、人口和耕地的一半，涵盖的耕地面积更不足4成，还未能完整、精准地反映全国的土地分配状况。

基于表12-21中统计数据的条件设定及其限制，使得部分县（乡、村）的同类材料和统计数据，或因农户分类方法、土地面积计算单位歧异，或因只有某类综合数据而无细目，无法纳入表12-21中统计序列。尽管如此，因材料和数据翔实、可信，有的数据，特别是某些地权高度集中或高度分散的统计数据，十分典型，价值很高。这类统计数据或表述，无论南北，无论地权集中或地权分散地区，都大量存在，又多是表12-21中稀缺的。如充分加以利用，与表12-21中数据相互参照、补充，丰富表12-21中统计内容，或进行适当修正，可以更完整、更准确地反映历史的真实面貌。

在地权相对分散的北方地区，不仅不乏地权集中甚至高度集中的材料、数据，而且不少是表12-21中所罕见。如河北衡水增村，1937年时，全村1258亩耕地中，3户地主占去900多亩，占71.54%；27户贫农只有174亩，占13.83%。[②] 天津东郊19500农户、77200人、28.5万亩耕地中，地主富农只占人口的10%，却占有80%的土地，而占农村人口90%的贫农、雇农、中农却只占20%的

① 《木兰县志》，黑龙江人民出版社1989年版，第95页。

② 《衡水市志》，民族出版社1996年版，第173页。

土地。[1] 武清1939年时,全县200万亩土地,2.7万户地主、富农占去了133万亩,占总面积的66.5%。[2] 内邱,1945年土地改革前,占全县总户数5%左右的地主、富农,占有70%左右的土地。[3] 山东菏泽,全县土地155.35万亩,地主、富农分别占有46.6万亩和32.6万亩,合计79.2万亩,占土地总面积的50.98%。[4] 苍山,占户口7.3%、人口8.4%的地主、富农占有76%以上的土地。[5] 山西平陆,1946年全县有耕地30余万亩,占农户7.5%、人口8.5%的地主、富农,占有70%以上的耕地。[6] 神池,1941年的地权分配状况是,占总户数8.04%的地主、富农,占有70%左右的土地。[7] 河南有关地权集中的材料、数据更多:叶县耕地共132万亩,地主、富农占有部分超过50%;[8]漯河,地主、富农占总人口的25%,而土地占66%;驻马店,地主、富农人口占13.8%,土地占68.5%;平顶山,地主、富农人口不足10%,而土地占60%—70%;西平盆尧乡,全乡耕地125842亩,每人平均2.16亩,但占人口90%以上的贫苦农民大多无地或少地;[9]睢县,地主、富农人口占9.48%,而土地占70%。[10]

---

① 《东丽区志》,天津社会科学院出版社1996年版,第239页。

② 《武清县志》,天津社会科学院出版社1991年版,第245页。

③ 《内邱县志》,中华书局1996年版,第411页。

④ 《菏泽县志》,齐鲁书社1992年版,第100页。

⑤ 《苍山县志》,中华书局1998年版,第295页。

⑥ 《平陆县志》,中国地图出版社1992年版,第81页。

⑦ 《神池县志》,中华书局1999年版,第91页。

⑧ 《叶县志》,中州古籍出版社1995年版,第297页。

⑨ 《漯河市志》,方志出版社1999年版,第462页;《驻马店市志》,河南人民出版社1989年版,第371—372页;《平顶山市志》下卷,河南人民出版社1994年版,第685页;《盆尧乡志》,2012年版,第160页。

⑩ 《睢县志》,中州古籍出版社1989年版,第153页。

南方一些地区,有关地权集中或高度集中的材料和统计数据更多于北方地区。

江苏吴县,新中国成立前夕,全县63%的土地被地主、富农和工商资本家占有。[①] 松江,地主、富农、工商业兼资本家占人口8.7%,占地71.1%;占人口47.8%的雇农、贫农占地仅7%。[②] 浙江衢县[③]郊区的732085亩耕地中,地主、富农占有70%以上。[④] 湖北黄冈竹陂寺乡,土地改革前,占人口6.67%的地主、富农占有63.37%的土地。[⑤] 建始,1949年全县有耕地69万亩,占全县人口4%的地主占有60%以上的耕地;占人口5%的富农占有20%耕地,地主、富农的占地比重超过80%。[⑥] 湖南武冈,全县土地55.1万亩,人均1.45亩,地主、富农人口占15.5%,有地44.44万亩,占总面积80.7%;贫农、雇农、佃耕农和中农只有耕地10.64万亩,占19.3%。[⑦] 零陵,据1949年的统计,占农村人口13.38%的地主、富农,占有65.52%的土地(其中包括6.31%的公尝地)。[⑧] 广东恩平,地主、富农人口占10.61%,土地(包括公尝地)占72.23%。[⑨] 崖县(今属海南省),占农村人口不到8%的地主、富农,占有70%

---

① 《吴县志》第5卷,上海古籍出版社1994年版,第265页。

② 《松江县志》第9卷,上海人民出版社1991年版,第301页。

③ 在表12-20中,衢县只有795亩耕地列入统计,地主富农占地比重为55.72%。

④ 中共衢州地委调研室:《衢县农村经济概况》,见华东军政委员会土地改革委员会编:《浙江省农村调查》,1952年印本,第57页。

⑤ 《黄冈县志》,武汉大学出版社1990年版,第76页。

⑥ 《建始县志》,湖北辞书出版社1994年版,第273页。

⑦ 《武冈县志》,中华书局1997年版,第270页。

⑧ 《零陵县志》,中国社会出版社1992年版,第245页。

⑨ 《恩平县志》,方志出版社2004年版,第173页。

的土地。[①] 云南昌宁,土地改革前,全县286979亩耕地中,65%被仅占人口总数10.35%的地主、富农占有。加上占土地总面积6.8%的学校、寺庙和公堂公产,地主、富农的占地比重达71.8%。[②] 大关,1949年年底,县内74%的耕地属占全县人口6.69%的地主富农所有,占人口74.5%的贫雇农只占有6%的耕地。[③] 贵州都匀,地主富农户口占12%,土地占68%。贫雇农说,“上山砍‘火闹’,山是地主的;下河打鱼虾,河是地主的;捡块泥巴打老鸦,泥巴也是地主的”。[④]

热察绥和东北三省本来已是全国地权最集中的地区,但某些县乡的资料数据,所反映的地权集中程度还要高。察哈尔阳原,全县6万户、90万亩耕地,地主、富农占去67.5万亩,占总面积的75%。[⑤] 辽宁沈阳于洪区,解放前27589户、138526人、700215亩耕地,占农村人口9%的地主、富农,占有64%的土地,占农村人口91%的贫雇农和中农,仅占36%的土地。[⑥] 1948年沈阳解放时,苏家屯区、新城子区和新井子区(大部)375个村屯,共28000户、125600人、617900亩耕地,地主、富农人口占9.3%,土地占58.9%。远郊区更为严重,高坎乡高坎村160户、2700亩地,8户地主占去2400亩,占全村土地的88.9%。[⑦] 庄河,土地改革前夕的1947年,全县耕地114.47亩,占农村人口8.68%的地主、富农

① 《三亚市志》,中华书局2001年版,第203页。

② 《昌宁县志》,德宏民族出版社1990年版,第157页。

③ 《大关县志》,云南人民出版社1998年版,第153页。

④ 《都匀市志》,贵州人民出版社1999年版,第752页。

⑤ 《阳原县志》,中国大百科全书出版社1997年版,第95页。

⑥ 《于洪区志》,1989年印本,第152页。

⑦ 《东陵区志》,沈阳出版社1991年版,第144页。

占有 80.1 万亩,为耕地总面积的 69.9%。① 盖平,占农户 7.6%的地主、富农,占有 75%以上的土地。② 吉林安广,1948 年土地改革前,占农户总数 7.7%的地主、富农,占有土地 80.74 万亩,占总面积的 84.1%。③ 黑龙江穆棱,据 1945 年的统计,全县 346875 亩土地中,262500 亩集中在地主、富农手中,占 75.7%。④ 尚志全县耕地 7 万垧,80%以上集中在地主、富农手中。⑤ 勃利(现七台河市)安乐屯,全村 120 户、2500 亩地,地主、富农、士绅 25 户,占地 2188 亩,占 85%。⑥ 汤原 4 村共有耕地 38575 亩,地主、富农占 31922 亩,其比重为 82.75%。⑦

还有一些地权极度集中的例子,如河北、天津塘沽新河一带农村,占人口不足 10%的地主、富农占有的土地达 80%—90%。⑧ 宁河胡庄,1937 年全村 77 户、1943 亩地,65 户中农、贫农、雇农仅占地 125 亩,其余 1818 亩均为 12 户地主占有,占全村土地的 93.57%。⑨ 甘肃临夏枹罕乡,占总户数不到 1%的地主占有 87%的耕地。⑩ 云南巧家全县土地为杨伯清、安似灏、陆绍堂、龙纯曾、禄介凡、安自召等几户大地主所割据,其中五区土地皆为龙纯曾所有;大地主禄介凡、安自召占有六区土地的 90%;四区大地主陆绍

---

① 《庄河县志》,新华出版社 1996 年版,第 265 页。

② 《营口市志》,辽宁民族出版社 2000 年版,第 3 页。

③ 《大安县志》,辽宁人民出版社 1990 年版,第 135 页。

④ 《穆棱县志》,中国文史出版社 1990 年版,第 143—144 页。

⑤ 《尚志县志》,中国展望出版社 1990 年版,第 145 页。

⑥ 《七台河市志》,档案出版社 1992 年版,第 317 页。

⑦ 《汤原县志》,黑龙江人民出版社 1992 年版,第 367 页。

⑧ 《塘沽区志》,天津社会科学院出版社 1996 年版,第 449 页。

⑨ 《宁河县志》,天津社会科学院出版社 1991 年版,第 201—202 页。

⑩ 《甘肃省志·第 18 卷·农业志》,甘肃文化出版社 1995 年版,第 104 页。

堂年收租5000石(每石275公斤)。[①] 会泽篮子圩村,据1950年调查,全村84户、364人,水田916亩,农民向地主租种848亩,占92.4%;旱地1558.2亩,农民向地主租种1505.7亩,占96.3%。[②] 贵州松桃县,占农村总人口7.4%的地主、半地主式富农和富农,占全县80%以上的土地。据1952年12月全县土地改革结束时统计,共没收、征收地主、半地主式富农及富农田土344000亩,占全县田土总面积的86.66%。[③] 若加上按人口留分给地主、半地主式富农及富农的田土,地主、半地主式富农及富农实际占有的田土比重实为94%左右。

也有一些地区,地主富农的相当一部分土地是以公尝田等公田形式存在,单从其私有田地看,地主富农的土地似乎不算多,但加上主要由地主、富农掌控的公田,地主、富农的占地比重同样很高。如浙江慈溪,土地改革前,全县土地469096亩,地主、富农分别占有26.59%和5.22%,合计31.81%,刚过地权"分散"线,但全县公田为149215亩,占土地总面积的31.81%,与地主、富农占地比重相同。两者合计,地主、富农实际占地比重为63.62%,地权分配属高度集中。[④] 安徽旌德,新中国成立前夕,占人口8.6%的地主、半地主式富农和富农占有土地6.87万亩,占土地总面积的46.9%,地权分配属于"一般"状态。不过另外还有属于祠堂、庙社的土地和学田2.42万亩,占全县土地的16.5%。"这些土地名为公益产业,实则由土豪劣绅掌管,租谷多被其侵吞"。算入这部分公田,地主、富农的实际占地比重上升为63.4%,地权分配属高

① 《昭通地区志》上卷,云南人民出版社1997年版,第417页。

② 《会泽县志》,云南人民出版社1993年版,第153页。

③ 《松桃苗族自治县志》,贵州人民出版社1996年版,第366页。

④ 《慈溪县志》,浙江人民出版社1992年版,第214页。

度集中。[①] 泾县，1949 年土地改革前，全县 343072 亩地，地主、富农分别占地 34.4%和 5.2%[②]，合计 39.6%，比重不高。这是因为地主、富农相当一部分土地都变成了祠田等公田，其比重达 24.5%，而且同大地主田地一样连段成片。故该县地主大户和公堂田集中的地方，常以姓氏作为田产地名，如赵家田湖（当地人称大片田畈为"田湖"）、方家田湖、马家田湖、佘家田湖、佘家庄上、赵家山等等。连同公堂田，地主富农的占田比重达到 64.1%。[③] 湖北阳新，1948 年全县 8.59 万户，耕地 65 万亩，占人口 11.8%的地主、富农占有 32.2%的土地，但祠田、庙田和祭田等公田占土地总面积的 31.4%。两者合计，地主富农的占地比重为 63.6%，同泾县接近。[④] 广东东莞，土地改革前，全县耕地 150 多万亩，地主、富农占有 41 万多亩，只占总面积的 26.5%。不过更多的是"公户"土地，共 55 万多亩，占 35.5%。除了明伦堂公产，余为各村各姓公尝田。所有"公户"耕地，"均为官僚、地主和豪绅所掌握"。两项合计，地主、富农实际占地比重为 62%。[⑤] 宝安全县农户 47789 户、192678 人，耕地 291468.7"排亩"，地主占人口的 2.2%、占耕地的 12.1%，富农占人口的 2.04%、占耕地的 5.6%，两者合计占田比重为 17.7%。雇农、贫农占人口的 35.9%，只占耕地的 13.4%；"其余的耕地为公尝田"，相当全县土地的 68.9%。加上

---

① 《旌德县志》，黄山书社 1992 年版，第 124 页。

② 此处富农占地 5.2%（计 18014 亩），系 1266 户富农和 500 户小土地出租者占地合计，原资料未加区分。

③ 地主富农占地中包括祠堂、庙宇、学校田地 24.5%。见《泾县志》，方志出版社 1996 年版，第 121 页。

④ 《阳新县志》，新华出版社 1993 年版，第 168—169 页。

⑤ 《东莞市志》，广东人民出版社 1995 年版，第 242 页。

公尝田,地主、富农的实际占田比重达到 86.6%。①

上述补充材料和统计数据,涵盖的范围相当广泛。由于这些材料和统计数据与表 12-50 的统计数据有所不同,反映的情况几乎全是地权集中或高度集中,弥补了表 12-50 中数据的不足,扩大了表 12-50 中数据的涵盖面,增强了表 12-50 中数据的代表性。因此,不妨参照这些补充材料和数据,对表 12-50 中部分统计数据和相关结论作出相应的调整、修正,以期更加符合或切近历史实际。

前述关于地权分配状况的分类,属于地权"分散"的河北、山西、宁夏 3 省份,地主富农占地比重依次为 29.75%、29.76%、28.74%。其中河北、山西两省,若考虑补充材料和数据,地主富农占地比重应高于 30%,地权分配属于"一般"。这样,地权"分散"的只有宁夏 1 省份。地权分配属于"一般"的 15 省份中,若考虑补充材料和数据,贵州的地主富农占地比重(49.15%)也会高于 50%,应属地权"集中"。这样,地权分配"一般"的省份新增 2 省、减去 1 省,由 15 省份增至 16 省份。其他如江苏、浙江、安徽、湖北、山东、河南等省,地权分配状况类型不变,但地主富农占地比重会不同程度地提高。江苏、安徽、湖北、河南等省的地主富农占地比重都在 40%以上。地权分配属于"集中"的新增 1 省,由原来的 8 省增至 9 省。原属地权集中的湖南、广东、云南、察哈尔、辽宁、吉林、黑龙江等省,地主富农占地比重也都不同程度地提高。与此相联系,南北地区平均和全国总平均,地主富农占地比重也都会水

① 该县地主、富农的私有土地中,包含"小土地出租者"的部分田地。见《宝安县志》,广东人民出版社 1997 年版,第 302 页。资料中缺中农相关数据,地主富农的占地比重存疑。总的来说,宝安县地权分配状况应与邻县东莞相近。

涨船高,不过具体数据难以确定。

地权分配的集中或分散,除了地主富农的占地比重,还明显表现在不同阶级(阶层)户均、人均占地面积的差别及其程度上。表12-22反映的是土地改革前27省988县各阶级(阶层)农户户均占地面积及差别。

表12-22　土地改革前江苏等27省各阶层户均土地面积统计

(单位:亩/户)

项目 省别	县数	总户数 (户)	总面积 (亩)	户均面积 (亩)	地主	富农	中农	贫农	雇农	其他
江苏	33	3162784	29188496	9.23	62.62	29.22	9.54	3.96	1.54	7.54
浙江	63	3948984	28052674	7.10	42.29	17.90	11.81	1.61	0.38	3.65
福建	42	1373841	10712650	7.80	44.65	22.28	6.74	2.23	0.59	4.81
安徽	50	5217913	63749102	12.22	76.39	31.30	12.53	5.71	1.87	8.79
江西	59	1254544	13481685	10.75	64.14	27.69	10.38	4.02	1.01	6.35
湖北	71	3612430	33999372	9.41	53.16	27.31	11.18	3.77	0.58	11.12
湖南	73	4095625	27161217	6.63	47.10	22.72	6.47	1.48	0.38	3.56
广东	41	2366623	13001070	5.49	31.98	14.96	5.36	1.61	0.47	2.92
广西	50	837427	7432108	8.87	46.94	24.72	9.76	3.77	0.90	12.48
四川	49	4798909	42788380	8.92	78.58	25.28	7.93	2.98	0.31	5.18
云南	42	870142	8487254	9.75	75.26	22.28	9.86	3.21	1.36	2.81
贵州	65	1483560	21363856	14.40	117.86	43.15	14.17	4.04	0.63	11.79
小计	638	33022782	299417864	9.07	62.64	26.29	9.87	3.24	0.76	5.44
	638	33022782	299417864	9.07	56.16*		9.87	3.04		5.44
河北	49	1083446	16833359	15.54	96.58	55.17	16.74	8.22	5.09	2.31
山东	31	2207241	32259520	14.62	137.44	51.72	14.76	6.85	1.12	17.27
河南	41	1344449	28638685	21.30	168.47	70.60	24.80	9.06	0.80	19.32
山西	33	548162	13503454	24.63	132.53	69.92	28.27	10.55	10.74	11.01
小计	154	5183298	91235018	17.60	139.47	60.68	18.94	8.04	1.89	11.28
	154	5183298	91235018	17.60	99.87*		18.94	7.67		11.28
陕西	34	1170289	20668166	17.66	132.65	69.17	20.94	6.32	1.72	12.46

续表

项目 省别	县数	总户数 (户)	总面积 (亩)	户均面积 (亩)	地主	富农	中农	贫农	雇农	其他
甘肃	63	1619959	49269282	30.41	195.81	128.48	37.86	14.96	4.27	12.29
宁夏	8	95976	5680317	59.18	315.51	259.09	79.80	27.71	11.34	23.93
青海	7	80186	2301159	28.70	170.79	105.30	24.31	18.49	2.45	25.26
新疆	17	133357	4628099	34.70	273.26	136.16	38.19	18.16	3.53	25.18
小计	129	3099767	82547023	26.63	177.79	107.18	34.44	11.96	3.75	13.79
	129	3099767	82547023	26.63	163.01*		34.44	10.05		13.79
热察绥	9	463371	17037742	36.77	206.59	119.68	47.16	9.56	7.71	46.38
辽宁	27	923901	26395286	28.57	317.00	117.85	31.96	8.94	3.90	26.16
吉林	13	206194	12895136	62.54	669.33	242.56	81.01	8.06	4.70	30.82
黑龙江	18	200312	11541186	57.62	715.70	204.90	70.82	9.65	0.74	3.24
小计	67	1793778	67869350	37.84	379.39	139.06	44.02	9.14	3.77	33.15
	67	1793778	67869350	37.84	246.24*		44.02	7.86		33.15
总计	988	43099625	541069255	12.55	88.90	42.28	14.24	4.56	1.70	6.43
	988	43099625	541069255	12.55	76.53*		14.24	4.29		6.43

注:* 地主富农作为一个阶级(阶层)整体,在计算户均土地面积时,除私有土地外,还包括主要由地主富农控制的公共土地(地主、富农分开计算的户均土地面积未涉及公田)。

资料来源:据表 12-7、表 12-17 综合整理加工、计算编制。

表 12-22 中列入统计的农户近 4310 万户,约占当时全国城乡 11000 万户的 39.18%,占全国农村户口(以 9500 万户计)的 45.37%,较为广泛和准确地反映了各阶级(阶层)户均占地情况。

如表 12-22 所示,27 省份 4310 万户,南北平均每户耕地 12.55 亩(包括公共土地在内),土地供应本已相当紧张,而不同阶级(阶层)之间的占有土地数量,多寡悬殊。地主、富农户均占地分别为 88.9 亩和 42.28 亩,中农为 14.24 亩(略低于全国总平均数),贫农、雇农分别只有 4.56 亩和 1.7 亩(均未包括公共土地)。地主、富农占地面积均远高于全国平均数,地主占地面积依次相当

于中农、贫农、雇农的 6. 24 倍、19. 50 倍、52. 29 倍；富农占地面积依次相当于中农、贫农、雇农的 3. 25 倍、9. 35 倍、24. 87 倍。如将公共土地计入地主富农阶级（阶层）分内，则地主富农合计，户均占地面积为 76. 53 亩，分别相当于中农和贫农雇农的 5. 37 倍和 17. 84 倍，高低异常悬殊。

这是就全国范围而言。具体到各地区和各省，不同阶级（阶层）之间的占地面积差别有的更大，其差别大小往往同地权集中程度成正比。27 省份中，地权分配相对分散、地主富农占地比重较低的宁夏，地主富农和中农、贫农、雇农之间户均占地面积的差别亦相对较小。地主户均占地面积依次相当于中农、贫农、雇农的 3. 95 倍、11. 39 倍、27. 82 倍；富农户均占地面积依次相当于中农、贫农、雇农的 3. 25 倍、9. 35 倍、22. 85 倍；地主富农合计，户均占地面积为 304. 98 亩（包括公共土地），分别相当于中农和贫农雇农的 3. 82 倍和 13. 51 倍。而地权分配最为集中、地主富农占地比重最高的黑龙江，地主富农和中农、贫农、雇农之间户均占地面积的差别亦最为悬殊。地主户均占地面积依次相当于中农、贫农、雇农的 10. 11 倍、74. 17 倍、967. 16 倍；富农户均占地面积依次相当于中农、贫农、雇农的 2. 89 倍、21. 14 倍、276. 89 倍；地主富农合计，户均占地面积为 520. 02 亩，分别相当于中农和贫农雇农的 7. 34 倍和 73. 76 倍。

南北比较，长江流域及其以南地区（包括西南地区），地主富农户均占地面积 56. 16 亩（包括公共土地），分别相当于中农和贫农雇农的 5. 69 倍和 15. 71 倍；华北地区，地主富农户均占地面积 99. 87 亩（包括公共土地），分别相当于中农和贫农雇农的 5. 27 倍和 13. 02 倍；西北地区，地主富农合计，户均占地面积 163. 01 亩（包括公共土地），分别相当于中农和贫农雇农的 4. 73 倍和 16. 22 倍，三地高低不甚悬殊，但东北三省，地主富农合计，户均占地面积

287.77 亩(包括公共土地),分别相当于中农和贫农雇农的 6.74 倍和 37.91 倍,大大高于长江流域及其以南地区(包括西南地区)和华北地区、西北地区。

不同阶级(阶层)之间人均占地面积的差别,同户均占地面积相仿,只是地主富农的家庭规模一般比贫农、雇农大,人均占地面积的差距相应小于户均占地面积。表 12-23 是江苏等 27 省各阶层农户结构人均土地面积统计。

表 12-23　土地改革前江苏等 27 省各阶层人均土地面积统计

项目 省别	县数	总人数（人）	总面积（亩）	人均面积	各阶级（阶层）人均土地面积（亩/人）					
					地主	富农	中农	贫农	雇农	其他
江苏	33	13417421	29188496	2.18	23.40	6.03	1.69	0.96	0.46	2.02
浙江	63	14624075	28052674	1.92	8.80	3.47	2.81	0.46	0.16	1.17
福建	42	5439289	10712650	1.97	7.94	3.81	1.40	0.65	0.29	1.28
安徽	50	22628823	63749102	2.82	13.89	5.48	2.72	1.39	0.48	2.89
江西	59	4782152	13481685	2.82	13.95	5.28	2.36	1.15	0.41	1.70
湖北	71	14919126	33999372	2.28	10.53	7.67	2.56	0.93	0.20	3.16
湖南	73	18919723	27161217	1.44	8.80	3.94	1.29	0.32	0.13	0.98
广东	41	9946114	13001070	1.31	5.80	2.52	1.05	0.40	0.16	0.87
广西	50	4121886	7432108	1.80	5.35	3.35	1.74	0.90	0.33	1.36
四川	49	21041668	42788380	2.03	10.84	4.21	1.56	0.72	0.12	1.81
云南	42	5413915	8487254	1.57	11.45	2.61	1.26	0.58	0.32	0.56
贵州	65	7185559	21363856	2.97	18.08	6.82	2.58	0.82	0.34	3.82
小计	638	142439751	299417864	2.10	11.29	4.88	2.04	0.79	0.27	1.60
	638	142439751	299417864	2.10	10.24*		2.04	0.76		1.60
河北	49	4806523	16833359	3.50	17.95	10.17	3.67	1.95	1.43	0.58
山东	31	9998423	32259520	3.23	22.77	8.17	3.21	1.58	0.27	4.44
河南	41	9792505	28638685	2.92	16.23	7.59	3.39	1.23	0.16	2.89
山西	33	2290073	13503454	5.90	24.65	12.79	6.07	2.96	0.06	3.68
小计	154	26887524	91235018	3.39	19.19	8.73	3.65	1.61	0.39	2.31
	154	26887524	91235018	3.39	14.06*		3.65	1.54		2.31

续表

项目 省别	县数	总人数（人）	总面积（亩）	人均面积	各阶级（阶层）人均土地面积（亩/人）					
					地主	富农	中农	贫农	雇农	其他
陕西	34	4139522	20668166	4.99	27.00	13.46	5.00	1.97	0.90	4.10
甘肃	63	9213299	49269282	5.35	19.77	11.94	5.69	2.95	1.12	2.93
宁夏	8	493061	5680317	11.52	34.50	24.09	12.50	6.70	3.07	7.07
青海	7	487070	2301159	4.72	22.70	11.09	3.56	3.36	0.53	7.64
新疆	17	447963	4628099	10.33	61.40	36.76	10.91	5.55	0.48	7.55
小计	129	14780915	82547023	5.58	23.03	13.11	5.79	2.83	1.17	3.72
	129	14780915	82547023	5.58	20.89*		5.79	2.52		3.72
热察绥	9	2185803	17037742	7.79	37.66	24.92	5.14	2.14	2.78	14.84
辽宁	27	4572200	26395286	5.77	49.18	19.61	5.04	1.88	1.33	6.36
吉林	13	1025659	12895136	12.57	89.95	38.11	28.70	1.29	1.20	5.48
黑龙江	18	797397	11541186	14.47	132.83	26.91	14.81	2.74	0.20	0.89
小计	67	8581059	67869350	7.91	62.30	21.57	7.95	1.97	1.15	8.30
	67	8581059	67869350	7.91	39.39*		7.95	1.82		8.30
总计	988	192689249	541069255	2.81	15.21	7.31	2.86	1.07	0.55	1.85
	988	192689249	541069255	2.81	13.15*		2.86	1.04		1.85

注：* 地主富农作为一个阶级（阶层）整体，在计算人均土地面积时，除私有土地外，还包括主要由地主富农控制的公共土地（地主、富农分开计算的人均土地面积未涉及公田）。

资料来源：据表12-8、表12-20综合整理加工、计算编制。

表12-23中列入统计的农村人口近19269万人，占1949年全国农村人口46396万人的41.5%①，能大致反映当时农村各阶级（阶层）人均土地占有情况。

表12-23中数据显示，南北27省份综合计算，包括公共土地在内，每人平均只占有土地2.81亩，土地供应相当紧张，而更严重

① 据统计，1949年全国人口为54583.4万人（见章有义：《近代中国人口和耕地的再估计》，《中国经济史研究》1991年第1期），以农村人口占全国人口的85%计算，农村人口为46396万人。

的是土地分配极其不均。地主、富农每人平均分别占有土地15.21亩和7.31亩,而中农、贫农、雇农人均依次只有2.86亩、1.07亩、0.55亩。地主人均占地面积依次相当于中农、贫农、雇农的4.14倍、14.21倍、27.65倍;富农人均占地面积依次相当于中农、贫农、雇农的2.56倍、6.83倍、13.29倍。地主富农合计,人均占地面积13.15亩(包括公共土地),而贫农雇农只有1.04亩,前者相当于后者的12.64倍。地主富农和贫农雇农之间人均占地面积的差距虽比户均占地面积的差距稍小,但同样十分悬殊。

具体到各个省份、地区,同户均占地面积一样,不同阶级(阶层)之间的人均占地面积差异,因土地供求关系、地权分配状况而各不相同。在27省份中,宁夏各阶级(阶层)之间人均土地占有面积的差别相对较小,地主人均占地面积34.50亩,依次相当于中农、贫农、雇农的2.76倍、5.15倍、11.24倍;富农人均占地面积24.09亩,依次相当于中农、贫农、雇农的1.93倍、3.60倍、7.85倍;地主、富农合计,人均占地面积32.47亩(包括公共土地),分别相当于中农和贫农雇农的2.60倍和5.75倍。其他大部分省份,地主、富农和中农、贫农、雇农之间人均占地面积的差距则要大得多。其中差距最大的仍然是黑龙江,地主人均占地面积132.83亩,依次相当于中农、贫农、雇农的8.97倍、48.48倍、664.15倍;富农人均占地面积26.91亩,依次相当于中农、贫农、雇农的1.82倍、13.66倍、134.55倍;地主富农合计,人均占地面积83.32亩(无公共土地),分别相当于中农和贫农雇农的5.63倍和42.51倍。

南北比较,长江流域及其以南地区(包括西南地区),地主富农合计,人均占地面积10.24亩(包括公共土地),分别相当于中农和贫农雇农的5.02倍和13.21倍;华北地区,地主富农合计,人均占地面积14.06亩(包括公共土地),分别相当于中农和贫农雇农的3.85倍和9.13倍;西北地区,地主富农合计,人均占地面积

20.89亩（包括公共土地），分别相当于中农和贫农雇农的3.61倍和10.24倍，三地之间高低差别不甚悬殊，东北3省不同，地主富农人均占地面积43.78亩（包括公共土地），明显比关内地区大，分别相当于中农和贫农雇农的5.83倍和25.60倍，明显高于长江流域及其以南地区（包括西南地区）和华北地区、西北地区，地主富农同贫农雇农之间的差距尤大。

统计数据显示，无论是土地在各阶级（阶层）之间的分配比例，还是各阶级（阶层）户均、人均占有土地数量的差异，统统说明地权分配极不均平。南北27省份988县平均，地主富农只占总户口的6.95%、总人口的9.04%，却占有42.35%的土地；贫农雇农户口占55.24%，人口占51.10%，却只占有15.30%的土地。地主富农1户占去了贫农雇农17.84户的土地，地主富农1人占去了贫农雇农12.64人的土地。由此可见，土地分配不均的严重程度。

土地分配的严重不均，不仅表现在占有土地的数量上，而且表现在不同阶级（阶层）占有土地的质量上。地主富农占有的土地质量好、产量高，而中小农户特别是贫农雇农占有的土地质量差劣、产量低下。

在南方地区，浙江衢县白渡乡，地主、富农不仅占有土地数量较多，质量亦较好。该乡土地质量等级，按习惯可分四五等之多，一般归纳为上、中、下三等，上、中二等被视为好田，下等被视为坏田。地主、富农占有和自用的土地中，好田占86.9%，坏田占13.1%，贫农、雇农占有和自用的土地中，好田只占61.5%，坏田占38.5%。① 建德顾家村、黄里坪村农田土质分沙土、乌土和黄泥土

① 中共浙江省衢州地委会政研室：《衢县白渡乡农村经济调查》，见华东军政委员会土地改革委员会编：《浙江省农村调查》，1952年印本，第141—142页。

三种,沙土为上等,每年能三收,每亩年产谷300斤;乌土为中等,每亩年产谷250斤;黄泥土为下等,土黏不易耕犁,每亩年产谷200斤。地主、富农占有使用的半数是沙土田,两村全部沙土田中,地主、富农使用的占48.3%。贫农占有使用的大部分为黄泥土田。[1] 另据对松阳望松乡8个村的调查,占人口3.5%的地主,不仅占有83%的土地(贫农占总人口的63.9%,只占有3.9%的土地),而且大都是"上等三熟平田"。如该乡乌井村地主占有的三熟上等平田占其全部土地的44.1%,山田(下等田)占46%,贫农占有的平田仅占其土地的22.85%,山田占58.57%;王村地主占有的平田占其土地的59.74%,完全没有山田,贫农占有的平田占其土地的48.89%,山田占36.2%。[2]

安徽宿松柳坪乡,田分畈田、山田,畈田好,每亩可产谷300斤,但数量较少,只占40%;山田较差,其中又分垄田、塝田两种,山田的土质、灌溉、光照均差,每亩只能产谷200—250斤。"该县畈田,大部为地主富农所占有,中农以下多占有垄田、塝田。"[3]滁县大王营乡,地主、富农占有的土地大部分是中、上等的好地,贫农雇农大多是孬地。以水田、旱田而论,水田肥沃,产量多出旱田几倍,地主、富农的土地中水田比旱田多,而中农、贫农、雇农相反,旱田多于水田。按土地等级划分,地主、富农占有的土地中,一、二等地分别占全乡一、二等地的57.37%和56.63%,而中农、贫农、雇

---

① 《建德县菴口乡顾家村、黄里坪村调查》,见华东军政委员会土地改革委员会编:《浙江省农村调查》,1952年印本,第170—171页。

② 中共衢州地委调研室:《松阳县农村经济概况》,见华东军政委员会土地改革委员会编:《浙江省农村调查》,1952年印本,第78页。

③ 中共安庆地委政策研究室:《宿松县柳坪乡农村经济调查》,见华东军政委员会土地改革委员会编:《安徽省农村调查》,1952年印本,第56页。

农分别只占一、二等地的41.25%和42.28%。[①]

在北方地区，河北保定，地主、富农所占有的土地，一般上等地较多，下等地较少。据估计，地主耕地中70%是上等地，下等地只占10%、富农的上等地也占60%，而贫农的上等地只占10%，70%是下等地、雇农只有5%是上等地，而80%都是下等地。从浇灌条件看，地主、富农的户均水浇地面积大大高于贫农、雇农，1946年地主、富农的户均水浇地面积差不多是贫农的5倍。[②] 有的地区，凡是较好的地，几乎全为地主所有，如甘肃庆阳地主李子良（字号"恒义兴"），占地7万多亩，"当地方圆100多华里的好地几乎为他所有"，农民持有的少量土地，几乎全是劣质地。[③] 辽宁盖平，优质地几乎全为地主富农所有，贫苦农民只占4.9%左右的瘠薄地。[④]

地主、富农和贫农、雇农之间的土地差别，不仅土质好坏、产量高低不同，两者常年单季产量相差1/4至1/3，还因土质、肥力、灌溉、光照差异，地主、富农部分土地能一年两熟、三熟，至少两年三熟，而贫农、雇农的土地大多只能一年一熟，最多两年三熟，全年产量一般只相当于地主富农土地产量的1/2至2/3。同时，地主、富农的土地，大多能抵御旱涝，年成较有保障，贫农、雇农的土地，抵御旱涝能力低，年成没有保障。若多年平均计算，两者的产量差距更大。退而言之，即使两者产量相等，由于土质、肥力、灌溉等条件

---

① 中共滁县地委政策研究室：《滁县大王营乡农村经济调查》，见华东军政委员会土地改革委员会编：《安徽省农村调查》，1952年印本，第103、105—106页。

② 隋福民、韩锋：《20世纪30—40年代保定11个村地权分配的再探讨》，《中国经济史研究》2014年第3期。

③ 《庆阳地区志》第1卷，兰州大学出版社1998年版，第803页。

④ 《营口市志》，辽宁民族出版社2000年版，第3页。

的差异,贫农、雇农必须投入更多的人力、肥料和其他工本,实际收益或纯收益也远比地主、富农低。

综合上述因素,按土地产量和实际收益计算,地主、富农的土地占有比重比现在按面积计算可能要高出20%—30%,甚至更多。而贫农雇农以及部分中农(主要是下中农)的土地占有比重比现在按面积计算则会降低20%—30%,甚至更多。这样,地主、富农和贫农、雇农以及部分中农(主要是下中农)的实际占地比重,必须进行适当修正。即使从低按20%的升(降)幅计算,地主富农和其他阶级(阶层)的占地比重,以及各省区和全国范围的地权分配类型,都会发生显著改变。表12-24所反映的就是调整前后的地主富农占地比重与地权分配类型变化。

表12-24　土地改革前江苏等27省地主富农占地比重与地权分配类型

项目 省别	地主富农占地百分比(%)		地权分配类型	
	按土地面积计算	按土地产量调整	按土地面积计算	按土地产量调整
江苏	38.55	46.26	一般	一般
浙江	33.67	40.40	一般	一般
福建	50.76	60.91	集中	高度集中
安徽	38.04	45.65	一般	一般
江西	48.99	58.79	一般	集中
湖北	38.29	45.95	一般	一般
湖南	55.33	66.40	集中	高度集中
广东	55.77	66.92	集中	高度集中
广西	39.82	47.78	一般	一般
四川	52.88	63.46	集中	高度集中
云南	53.08	63.70	集中	高度集中
贵州	49.15	58.98	一般	集中

续表

项目 省别	地主富农占地百分比(%)		地权分配类型	
	按土地面积计算	按土地产量调整	按土地面积计算	按土地产量调整
小计	44.35	53.22	一般	集中
河北	29.75	35.70	分散	一般
山东	33.09	39.71	一般	一般
河南	39.48	47.38	一般	一般
山西	29.76	35.71	分散	一般
小计	33.98	40.78	一般	一般
陕西	36.23	43.48	一般	一般
甘肃	30.45	36.54	一般	一般
宁夏	28.74	34.49	分散	一般
青海	33.50	40.20	一般	一般
新疆	34.27	41.12	一般	一般
小计	32.08	38.50	一般	一般
热察绥	47.08	56.50	一般	集中
辽宁	53.42	64.10	集中	高度集中
吉林	64.60	77.52	高度集中	高度集中
黑龙江	73.25	87.90	高度集中	高度集中
小计	57.31	68.77	集中	高度集中
总计	42.35	50.82	一般	集中

资料来源:据表12-20和正文文字资料综合编制。

如表12-24所示,按土地产量和收益进行调整后,一些省区的地权分配数据和类型发生明显变化,地主富农的占地比重都超过30%,原属地权“分散”的河北、山西、宁夏3省份全部升为“一般”,全国范围内已经见不到地权分散的省份;地权分配原属“一般”状态的江西、贵州和热察绥等5省份由“一般”升为“集中”。地权分配属“一般”状态的增加3省份,减少5省份,实减2省份,

由原来的16省份减至14省份;地权集中的省份由8省份增至14省份,超过27省份的一半,其中福建、湖南、广东、四川、云南、辽宁6省份更由“集中”升为“高度集中”,加上原有的吉林、黑龙江,地权“高度集中”的达8省份,占27省份的29.63%。从地区观测,江苏等南方12省份平均,地主富农占地比重由44.35%升至53.22%,地权分配由“一般”状态升至“集中”;热察绥和东北地区平均,地主富农占地比重由57.31%升至68.77%,地权分配由“集中”升至“高度集中”。27省份总平均,地主富农的实际占地比重从42.35%升至50.82%,全国范围的地权分配类型也从“一般”升至“集中”。作为农地,其价值高低完全取决于作物产量和占有人收益,故南方一些地区直接以作物(水稻)产量计算土地(水田)面积。因此,参考土地产量和收益计算调整后的地主富农占地比重和地权分配类型,更加贴近地权分配的真实状况。

第二节　租佃关系和地租剥削

20世纪三四十年代,就整体而言,租佃制度仍然是原有传统封建租佃制度的延续,但发生了许多重大变化,呈现出一些新的特点:在租佃范围波浪式扩大、租佃期限缩短的同时,租佃关系发生了三个重大变化:一是租佃形式多样化:自耕农、佃农经济恶化,土地由原来最基本的农业生产资料,变成自耕农及某些中小地主最主要的金融调剂手段,典当、“烂价”、“卖田留耕”等租佃形式广为流行。随着押租的恶性膨胀,押租由起初的地租保证蜕变为残酷的高利贷盘剥,随之出现的押租衍生租佃也大行其道。由于佃农掌握的生产资料越来越少,由地主提供土地以外生产资料的“帮工式”租佃在北方广泛流行,并向南方扩展,租佃名目五花八门。二是租户佃户结构多元化:地权集中,加上人口繁殖和分家析产,

人均土地减少，占有细碎化。一方面农民土地饥荒日益严重；另一方面又因丘块畸零细碎或离家穹远，耕作不便，往往必须通过租佃进行调整；或农民经济困难，须借出租土地筹款以救济燃眉之急；或干脆全部租出，另谋生计。部分地主、富农及某些中农为了扩大经营和便于耕作，也出租远地、次地，租进近地、好地，或以高租佃出、低租佃进，赚取地租差额。结果相当一部分地主、富农和中农、贫农，既是租户，又是佃户，两者合一，又相互交错，形成租户佃户结构多元化态势。三是“佃农贫农雇农化”。佃农作为农业生产者的主体，原本属于农村社会的中层，中农占有较大比重，甚至以中农为主体，并曾一度呈现“佃农中农化”的趋势，进入近代特别是20世纪后，佃农日益贫困，三四十年代更空前加剧，佃农中的中农比重下降，贫农、雇农比重上升，形成“佃农贫农雇农化”的态势，佃农由农村的社会中层沦为底层。主佃关系和地租剥削方面，大革命、土地革命、全面抗战期间的反霸和减租减息斗争、第三次国内革命战争，加剧了主佃矛盾和对抗，同时，进入垂死阶段的封建地主阶级变得愈加反动、凶残和贪婪，在农业生产、农村经济遭受严重破坏的情况下，地租额、地租率大幅攀升，额外浮收和需索变本加厉，地租剥削愈加残酷，佃农普遍生产亏折、入不敷出，加速贫困破产，延续了两千余年的封建租佃制度已经走到了它的尽头。

一、租佃范围的扩大和租佃形式多样化

20世纪三四十年代直至新中国成立和土地改革前，封建租佃制度一直完整地维持和延续下来，并未在质的方面产生整体性或根本性的改变。但由于地主富户的地权兼并、农民占地零碎和土地功能的变异，租佃范围和租佃形式不断变化：租佃范围波浪式扩大；租佃形式日益多样化。其中有些是20世纪30年代以前变化

趋势的延伸或扩大,也有相当部分是逆转和倒退。但不论哪种变化都没有改变或淡化原有租佃制度的基本格局和封建本质。恰恰相反,原有租佃制度的传统封建本质,特别是地主对佃农超经济强制,还有进一步强化的趋势。

(一)租佃范围的波浪式扩大

租佃范围的大小及其变化,直接受到地权分配和地主土地经营习惯的制约:地主兼并,地权集中,自耕农失地破产,少地户、微地户和无地户增多,自然导致佃农增加、租佃范围扩大;反之亦然。同时,人口增加、分家析产,单个自耕农占地面积缩小,也会导致佃农数量增加、租佃范围扩大。当然,也有部分出租地主,因分家析产或经济状况恶化,单靠吃租不足以维持生活,将出租土地收回自种,导致自耕农增加,租佃范围缩小。不过由出租地主演变的自耕农,远比由自耕农演变的半佃农、佃农少,两者相抵,租佃范围仍处于扩大态势。佃农增加、租佃范围波浪式扩大,除了个别时段、个别地区,在总体上是历史发展的一般趋势。表 12-25 反映的是民国成立到日本全面侵华战争爆发的 1/4 个世纪中,南北 22 省(缺新疆、热河和东北三省)农户结构和租佃范围的变化趋势。

表 12-25　南北 22 省农户构成及其变化(1912 年、1931 年、1937 年)

(单位:%)

省别＼项目/年份	佃农			半佃农			自耕农		
	1912	1931	1937	1912	1931	1937	1912	1931	1937
江苏	20	22	34	21	22	27	59	56	39
浙江	41	48	45	31	31	30	27	21	25
安徽	43	45	37	21	21	23	38	34	40
江西	41	46	38	30	30	35	29	24	27

续表

项目 年份 省别	佃农			半佃农			自耕农		
	1912	1931	1937	1912	1931	1937	1912	1931	1937
福建	41	40	42	30	30	32	29	27	26
湖北	38	40	36	28	30	25	34	30	39
湖南	48	47	44	23	25	29	29	28	27
广东	52	57	47	26	26	32	22	17	21
广西	45	40	34	26	28	25	39	32	41
四川	51	56	52	19	19	24	30	25	24
云南	29	35	42	26	27	26	45	38	32
贵州	33	39	44	24	23	24	43	38	32
河北	13	13	11	20	20	19	67	67	70
山东	13	14	10	18	19	15	69	67	75
河南	20	22	20	21	22	22	59	56	58
山西	19	18	15	20	21	20	61	61	65
察哈尔	35	38	35▷	29	26	29▷	41	36	36▷
绥远	36	28	32	16	19	11	48	53	57
陕西	21	25	18	24	23	21	55	52	61
甘肃	26	21	19	20	20	20	59	56	61
宁夏	—	30◁	18	—	9◁	14	—	61◁	68
青海	18	20	19	35	30	30	61	61	51
加权平均	28	31	30	23	23	24	49	46	46

注:福建、甘肃1931年、1937年各类农户之和,察哈尔1912年各类农户之和,青海1912年、1931年、1937年各类农户之和,均不等于100,数据存疑。

▷系1936年数据。

◁系1934年数据。

资料来源:据《农情报告》第6卷第6期,第72页;《中国经济年鉴》(1935),第G1139页整理编制,见国民政府主计处统计局编:《中国租佃制度之统计分析》,正中书局1946年版,第6—7页。

附注:浙江、安徽、广西、察哈尔1912年各类农户之和,福建1931年各类农户之和,甘肃、青海1912年、1931年各类农户之和,均不等于100,数据存疑。

如表12-25所示,1912—1937年的短短25年间,农户中的佃农、半佃农比重分别由28%、23%增至30%、24%,二者合计由51%增至54%,增加了3个百分点,自耕农则由49%降至46%,降低了3个百分点。不过并非直线升降,如佃农比重由1912年的28%增至1931年的31%再降至1937年的30%,半佃农在1912年和1931年的比重维持不变,自耕农在1931年和1937年的比重也相同。具体到各个省份,情况各有差异。江苏、浙江、福建、四川、云南、贵州等省佃农、半佃农比重明显上升,自耕农比重明显下降。其中江苏的佃农比重从20%升至34%,上升14个百分点;自耕农比重从59%降至39%,下降了20个百分点。云南的佃农比重从29%升至42%,上升13个百分点;自耕农比重从45%降至32%,下降了13个百分点。四川的佃农比重,尽管已高达51%,但仍上升了1个百分点,半佃农更从19%升至24%,上升了5个百分点,自耕农比重从30%降至24%,降低了6个百分点。湖南、广东的佃农比重虽然下降,但半佃农比重大幅上升,自耕农比重相应下降。江西也是半佃农比重上升,自耕农比重下降。另有资料显示,在蒋介石国民党第五次"围剿"、中央红军撤出苏区后,江西也是"佃农一天天的多起来",据1937年对江西农村的抽样调查,佃农、半佃农占农户总数的75%以上。① 安徽、湖北和北方各省区,情况有所不同:有的佃农、半佃农和自耕农比重升降和结构变化不显著(如河南、察哈尔);有的佃农、半佃农和自耕农比重有升有降,但无明显规律(如陕西、甘肃);也有的佃农、半佃农比重下降,自耕农比重上升(如河北、山东、山西)。这反映出各地租佃范围和农户结构变化

① 万振凡:《论民国时期"政府主导、服务型"乡村改造模式——以民国江西农村服务为中心》,《上海师范大学学报(哲学社会科学版)》2005年第6期。

的差异性和多样性。

日本全面侵华战争期间，日军烧杀掳掠，日伪劫夺搜刮，地主转嫁负担，农业生产和社会经济严重破坏，一些地区广大农民失地破产，地权愈加集中，典型的如江苏吴县姑苏乡忠心村，仅1947—1948年的两年间，贫农、雇农就分别丧失了24%和51%的土地。[①] 不过租佃范围并未相应扩大，而是相反。据国民党政府农产促进委员会1941年对四川、河南等南北12省份206县的调查，1937—1941年间，自耕农、地主兼自耕农均呈增加趋势，佃农、地主则减少，详见表12-26。

表12-26　南北12省农户结构及其变化（1937年、1939年、1941年）

（单位：%）

项目/省别	调查县数	自耕农			半自耕农			佃农		
		1937	1939	1941	1937	1939	1941	1937	1939	1941
四川	44	22.1	25.2	26.9	19.7	19.3	21.7	58.2	55.5	51.4
西康	4	19.3	15.9	13.9	27.5	25.5	26.5	53.2	58.6	59.6
浙江	6	30.2	27.2	33.6	32.2	23.5	36.3	37.6	49.3	30.1
湖北	2	44.5	47.2	52.6	32.9	31.7	25.6	22.6	21.1	21.8
湖南	23	22.8	22.1	22.7	34.0	33.7	35.6	43.2	44.2	41.7
云南	7	30.7	29.1	26.9	34.9	34.7	37.5	34.4	36.2	35.6
贵州	13	38.1	40.6	39.7	28.9	30.4	32.1	33.0	29.0	28.2
广西	23	46.0	46.0	47.1	28.9	28.1	26.7	25.1	25.9	26.2

① 苏南区农委会：《吴县姑苏乡农村情况调查》，见华东军政委员会土地改革委员会编：《江苏省农村调查》，1952年印本，第184—185页；万振凡：《论民国时期"政府主导、服务型"乡村改造模式——以民国江西农村服务为中心》，《上海师范大学学报（哲学社会科学版）》2005年第6期。

续表

省别\项目	调查县数	自耕农			半自耕农			佃农		
		1937	1939	1941	1937	1939	1941	1937	1939	1941
广东	15	21.0	22.8	25.2	32.5	36.7	37.3	46.5	40.5	37.5
甘肃	21	70.4	72.3	76.6	17.5	17.0	14.7	12.1	10.7	8.7
河南	27	53.6	55.6	56.7	21.0	20.3	21.1	25.4	24.1	22.2
陕西	21	55.9	57.1	59.4	25.2	24.4	22.6	18.9	18.5	18.0
平均	206	37.7	38.2	39.9	27.9	27.1	28.0	34.4	34.7	32.1

注:原统计另有“地主”“地主兼自耕农”两项,1937年、1939年、1941年的平均数分别依次为7.0%、6.3%、6.3%和14.4%、15.4%、16.0%。为便于同表12-24衔接、比较,将其舍弃,数据重新计算,表中自耕农、半自耕农、佃农之和为100。

资料来源:据乔启明、蒋杰主编:《抗战以来各省地权变动概况》,农产促进委员会1942年印本,第6页表1摘编改制。

如表12-26及附注所示,自耕农、地主兼自耕农比重分别从1937年的37.7%、14.4%递增至1941年的39.9%、16.0%,佃农、地主(纯出租户)分别从1937年的34.4%、7.0%减至1941年的32.1%、6.3%,贵州、广东、甘肃、陕西4省的佃农比重下降趋势尤为明显。

在地权分配并未趋向分散,甚至进一步集中的情况下,地主、自耕农比重上升,佃农比重下降,并非好现象,而是社会经济环境大变、佃农处境极度恶化的结果。据调查者的考察分析,各省自耕农增加,几乎全为地主因农产品价格高涨,收为自耕,以图厚利。“此种现象,几遍全国”;也有的因欠租过巨,或战争影响,佃农无力经营,地主乃收回自耕。概括起来最基本的原因还是“地主加租太重”“剥削日重”,佃农耕田获益不及劳工,“生活维艰”,“被迫弃农改业”,沦为雇工、苦力。调查者由此得出结论:“自耕农之

增加,既非农民购地自耕之结果,佃农之减少,亦不以自耕农或半自耕农为其出路,则农村经济未见改善,可见一斑。”①

当然,具体到各个省份或县域,自耕农、佃农的升降变动情况,仍然多种多样,包括部分地区自耕农减少,佃农增加。如湖北阳新,1942年同1929年比较,自耕农比重从30%降至20%;半自耕农维持30%不变;佃农由20%猛增至50%。② 广东怀集,1933—1942年,佃农由占总户数的32%上升到66%,自耕农下降了21%。③ 西康、云南两省,自耕农分别从1937年的19.3%、30.7%降至1941年的13.9%、26.9%,佃农分别从53.2%、34.4%增至59.6%、35.6.%。湖北、广西则是半自耕农减少,自耕农、佃农增加。四川情况有些蹊跷,佃农比重从1937年的58.2%陡降至1939年的44.5%,复猛增至1941年的51.3%,短时间如此大起大落,不太可能。不妨和同期另一项调查统计做一参照。见表12-27。

表12-27　四川各区农户类别统计(1939—1940年)

项目 地区	调查县数	调查户数	自耕农		自耕农兼佃农		地主兼佃农		佃农	
			户数	占比(%)	户数	占比(%)	户数	占比(%)	户数	占比(%)
成都平原区	13	2854	568	19.9	387	13.6	67	2.3	1832	64.2
川西南区	14	3291	774	23.5	606	18.4	13	0.4	1898	57.7
川西北区	12	2908	1022	35.1	771	26.5	47	1.6	1068	36.7
川东区	9	2271	760	33.5	125	5.5	1	0.04	1385	61.0
总计	48	11324	3124	27.6	1889	16.7	128	1.1	6183	54.6

资料来源:据郭汉鸣、孟光宇:《四川租佃问题》,商务印书馆1944年版,第16—19页第2表“四川各县各类农户比率表”摘录整理改制。

① 乔启明、蒋杰主编:《抗战以来各省地权变动概况》,农产促进委员会1942年版,第8—9页。

② 《阳新县志》,新华出版社1993年版,第168页。

③ 《怀集县志》,广东人民出版社1993年版,第141页。

这是一次较大范围的抽样调查,时间为1939年冬至1940年春。数据显示,四川成都平原等4区48县的佃农、兼佃农(自耕农兼佃农、地主兼佃农)、自耕农比重依次为54.6%、17.8%、27.6%。这一组数据特别是佃农比重(54.6%),同表12-25的1939年同类数据(44.5%)比较,似乎更接近历史实际。

同样,表12-26中的浙江佃农比重,从1937年的37.6%猛增至1939年的49.3%,又陡降至1941年的30.1%,短时间的大起大落幅度更甚于四川,殊不可能,不妨将它同该省1947年的相关统计进行比较,再作取舍,见表12-28。

表12-28　浙江嘉兴等7区18县农户结构统计(1947年)

地区＼项目	调查县数	调查户数	佃农		半佃农		自耕农	
			户数	占比(%)	户数	占比(%)	户数	占比(%)
嘉兴地区	3	108307	37223	34.4	42292	39.0	28792	26.6
湖州地区	3	148239	51769	34.9	40069	27.0	56401	38.1
杭州地区	2	49647	28654	57.7	10060	20.3	10933	22.0
绍兴地区	3	170472	106454	62.4	34693	20.4	29325	17.2
金华地区	2	112341	17467	15.6	66323	59.0	28551	25.4
台州地区	2	85111	42796	50.3	36795	43.2	5520	6.5
温州地区	3	154898	76082	49.1	40428	26.1	38388	24.8
总计	18	829015	360445	43.5	270660	32.6	197910	23.9

注:原资料有“地主”“半地主”两项统计,为便于与同类统计衔接、比较,将其剔除,重新综合、计算。

资料来源:据浙江省银行经济研究所编:《浙江经济年鉴》,1948年印本,第473—475页,“浙江省佃农制度概况表(三十六年)”综合整理改制。

表12-28统计,涵盖相关各县全部农户,地域达18县,总数近83万户,涵盖面较宽,代表性较高。1947年浙江的佃农、半佃农、自耕农比重依次为43.5%、32.6%、23.9%。如果同表12-26数据

连接,佃农比重从1937年的37.6%猛增至1939年的49.3%,又陡降至1941年的30.1%,再猛增至1947年的43.5%,10年间两次大起大落,如玩“过山车”。日本全面侵华战争期间,租佃关系和农户结构波动反复是事实,但也不会在短时间内如此大起大落。1939年(49.3%)和1941年(30.1%)的两项数据似乎失实。不过将两表相互参照,仍可看出这一期间浙江租佃范围的大致变化:在日本全面侵华战争期间,浙江佃农比重多有升降起伏,但总的趋势是波浪式升高,即从1937年的37.6%升至1947年的43.5%,应无疑义。

北方一些地区,原本租佃关系不甚普遍,日本全面侵华战争期间,租佃范围也不同程度地扩大。前述山东莒南壮岗区的租佃范围扩大情况,见表12-29。

表12-29　山东莒南壮岗区租佃关系的变化
(1937年、1940年、1943年)

成分 \ 年份/项目	1937				1940				1943			
	出租户数		出租土地		出租户数		出租土地		出租户数		出租土地	
	户数	指数	亩数	指数	户数	指数	亩数	指数	户数	指数	亩数	指数
地主	9	100.00	207.01	100.00	9	100.00	207.01	100.00	12	133.33	263.41	127.25
富农	8	100.00	73.53	100.00	9	112.50	70.29	95.59	15	187.50	91.41	124.32
中农	10	100.00	75.45	100.00	12	120.00	80.15	106.23	12	120.00	104.52	138.53
贫农	2	100.00	6.39	100.00	3	150.00	9.45	147.89	16	800.00	51.74	809.70
总计	29	100.00	362.38	100.00	33	113.79	366.99	101.27	65	241.14	511.08	141.03

资料来源:据中共中央山东分局调查研究室:《莒南、赣榆县三个区的农村调查》,见华东军政委员会土地改革委员会编:《山东省、华东各大中城市郊区农村调查》,1952年印本,第19页统计表改制。

据1937年、1940年、1943年3个节点的调查统计,从地主、富农到中农、贫农,除富农1940年出租面积略有减少外,各阶级(阶

层)的出租户数和出租地亩都明显增加。1937年至1943年6年间,出租户数和出租面积,分别增加了1.4倍和0.4倍。从时间看,1940—1943年增幅最大;从阶级(阶层)看,增幅最大的不是地主,而是富农和中农、贫农。这是因为,地主经济力量削弱,占地数量下降,出租土地亦相应减少。而一些富农和富裕中农,为减轻负担和减少雇工,增加出租;中农、贫农则多因为分家,没有劳力的只好将土地租出。这就促成了租佃范围的土地扩大。[①] 沭水、临沭(两县系抗战期间新设)情况相似,涉入租佃的农户和土地明显增加。据对两县8村的调查,1944年同1937年比较,出租户由74户增至179户,占总农户比重由4.56%升至9.92%,出租面积由2627.89亩增至4566.48亩,占总面积比重由7.33%升至13.41%;租入户由209户增至581户,占总农户比重由8.82%升至32.21%,租入面积由3210.93亩增至4850.03亩,占总面积比重由8.82%升至14.13%。出租地各阶层(包括贫农)都有增加,而地主、富农最为显著,乃因逃亡和为了减轻负担、减少雇工之故;租入土地以贫农增加最多,中农则户数增加,而租入面积减少。[②]

东北租佃关系亦呈明显扩大趋势。这种情况的出现,一是地权集中;二是1931年沦陷后,自耕农加速破产,更多的地主将土地出租,便于转嫁日军的苛征摊派。因而自耕农数量不断下降,半自耕农和佃农数量扩大,成为农民的主体。从吉林龙井县的农户结构变化,可见一斑(见表12-30)。

---

① 华东军政委员会土地改革委员会编:《山东省、华东各大中城市郊区农村调查》,1952年印本,第19页。

② 中共中央山东分局调查研究室:《沭水县(新设)石河、临沭县(新设)蛟龙、大兴三个区农村经济情况调查》,见华东军政委员会土地改革委员会编:《山东省、华东各大中城市郊区农村调查》,1952年印本,第63—65页。

表 12-30　吉林龙井县的农户结构变化统计(1922—1943 年)

项目 年份	农户总数	地主		自耕农		半自耕农		佃农	
		户数	占比(%)	户数	占比(%)	户数	占比(%)	户数	占比(%)
1922	29248	5145	17.6	13260	45.3	3392	11.6	7451	25.5
1925	27620	2578	9.7	10280	37.2	6161	22.3	8601	31.2
1926	28420	2697	9.5	10111	35.6	6481	22.8	9131	32.1
1927	30279	2747	9.1	10306	34.1	7069	23.3	10157	33.5
1928	32397	3050	9.4	10400	32.1	7831	24.2	11116	34.3
1929	32924	2931	8.9	10849	33.0	7553	22.9	11591	35.2
1930	32220	2993	9.3	11075	34.4	7529	23.3	10623	33.0
1931	32325	3009	9.3	11048	34.2	7356	22.7	10912	33.8
1932	34450	3656	10.6	10134	29.4	8961	26.0	11699	34.0
1933	32146	3804	11.8	5936	18.5	6652	20.7	15754	49.0
1934	32143	3804	11.8	5934	18.5	6651	20.7	15754	49.0
1935	35431	3378	9.5	6227	17.6	8915	25.2	16911	47.7
1941	34945	3209	9.2	7031	20.1	8824	25.3	15881	45.4
1943	34289	2966	8.7	9076	26.4	10173	29.7	12074	35.2

资料来源:据《龙井县志》,东北朝鲜民族教育出版社 1989 年版,第 121 页表 5-3 改制。

如表 12-30 所示,从 20 世纪 20 年代初到 40 年代初,20 余年间总的变化趋势,自耕农数量和比重波浪式下降,分别从 1922 年的 13260 户和 45.3%降至 1943 年的 9076 户和 26.4%,分别下降了 31.6%和 18.9 个百分点。半自耕农和佃农则呈波浪式上升态势。半自耕农的数量和比重分别从 1922 年的 3392 户和 11.6%升至 1943 年的 10173 户和 29.7%,分别增加了 2 倍和 18.1 个百分点;佃农的数量和比重分别从 1922 年的 7451 户和 25.5%升至 1943 年的 12074 户和 35.2%,分别增加了 62%和 9.7 个百分点。1922 年时,自耕农尚占农户总数的 45.3%,高于半自耕农和佃农

37.1%,但很快降至40%以下,1931年日军侵占东北后,更降至30%以下,佃农、半自耕农遂成农户主体。地主(出租地主)的变化也很大,有两点值得注意:一是20余年间,同自耕农一样,户数、比重均大幅下降,分别从1922年的5145户和17.6%降至1943年的2966户和8.7%,分别减少了42.4%和8.9个百分点。这标志着中小地主破产,地权恶性集中;二是日军侵占后头3年,地主数量一度增加,比重提高,乃因日军搜刮、劫掠,经营地主或经营性地主为缩小目标和转嫁负担,将自营土地改为招佃收租,所以,同期自耕农大幅减少,佃农大幅增加。

租佃关系的分布和租佃范围的大小,除了地权分配和地权集中程度,还同地主结构、地主土地经营的传统习惯密切相关。

从地区看,北方除东北外,地权分配一般不如南方地区集中,地主中乡居地主的比重较大,且多倾向雇工经营,招佃收租次之。如甘肃海原县(现属宁夏回族自治区),"出租土地者少,而雇工者多,且由来已久",当地谚云,"天圣山风,西安州葱,盐茶女儿嫁雇工"。① 漳县地主的剥削手段,一是雇工,二是地租,三是放债。② 宁夏同心县(1936年前称豫旺县)的剥削方式,一是雇工;二是出租土地。③ 陕西澄城县业善村,10户地主中,9户雇工耕种,只有1户出租土地。④ 河北定县有调查说,"田地较多者主要采用雇工经营,只有雇长工管理不过来时,才会出租部分土地,纯粹的出租地主很少"⑤。同时,出租地一般也只限于远地、劣地,如甘肃榆中,

① 《海原县志》,宁夏人民出版社1999年版,第152页。

② 《漳县志》,甘肃文化出版社2005年版,第381页。

③ 《同心县志》,宁夏人民出版社1995年版,第252页。

④ 《澄城县志》,陕西人民出版社1991年版,第101页。

⑤ 李金铮:《矫枉不可过正:从冀中定县看近代华北平原租佃关系的复杂本相》,《近代史研究》2011年第6期。

地主把肥沃、高产、稳产、交通便利的土地都留作雇工耕种，只把瘠薄、偏远的劣地招佃收租。[①] 因此，北方一些地区的佃户比雇工少，或两者不相上下，如山东莱阳有地主4562户、富农7698户，占有土地133.3万亩。1943年，全县有佃户39176户、164044人和长工57018人、短工95458人。[②] 长工人数相当佃农户数的1.46倍，长工、短工合计152476人，和佃农人数相差不远。

与北方不同，南方地权相对集中，城居地主和不在地主所占比重较大，土地经营一般以招佃收租为主，地租是最主要的剥削手段。据1950年对苏南27县（苏南共29县，缺丹徒、溧阳2县）973个乡的调查，地主土地的出租部分占83.7%。[③] 安徽旌德地主，出租地一般超过90%，官绅大地主的土地几乎全部出租[④]，湖南地权集中，地主大多招佃收租。如益阳黄家仑乡，地主占有的土地中，82.7%出租。[⑤] 广东灵山县（现属广西省）梓崇乡，18户地主占有的1848亩土地中，1818亩出租，占98.4%。[⑥] 即使在一些乡居和中小地主为主的偏远地区，地主直接经营的土地，一般也不足20%。如贵州麻江，938户地主占有的30171亩田地中，24637亩出租，占81.6%，自耕部分只占18.4%。[⑦]

---

① 《榆中县志》，甘肃人民出版社2001年版，第174页。

② 《莱阳市志》，齐鲁书社1995年版，第180—181页。

③ 中共苏南区党委农委会：《苏南农村土地制度初步调查》，见华东军政委员会土地改革委员会编：《江苏省农村调查》，1952年印本，第5—6页。

④ 《旌德县志》，黄山书社1992年版，第225页。

⑤ 中南军政委员会土地改革委员会调查研究处编印：《中南区一百个乡调查资料选集·解放前部分》，1953年印本，第55页。

⑥ 中南军政委员会土地改革委员会调查研究处编印：《中南区一百个乡调查资料选集·解放前部分》，1953年印本，第221页。

⑦ 《麻江县志》，贵州人民出版社1992年版，第428页；《黔西县志》，贵州人民出版社1990年版，第309页。

由于地权集中,地主土地以招佃收租为主,在南方各地,佃农、半佃农(或称"兼佃农""半自耕农")是农业生产力的主体,占农村和农业人口的大部分甚至绝大部分。若按耕地面积计算,耕地中的佃种面积比重,则比佃农比重更高。1940 年 6 月,据对川东内江、壁山、巴县、荣昌、合川等 5 县的调查估计,佃农约占全体农户 2/3,佃耕地面积约占耕地总面积 3/4。① 大致同期的抽样调查也认证了这一点(见表 12-31)。

表 12-31 四川各区自耕及租佃面积比较(1939—1940 年)

地区 \ 项目	调查县数	调查户数	耕种面积(亩)	自耕		租种	
				面积(亩)	占比(%)	面积(亩)	占比(%)
成都平原区	13	2400	28554. 7	5505. 6	19. 3	23049. 1	80. 7
川西南区	14	2670	51207. 0	7673. 2	15. 0	43533. 8	85. 0
川西北区	12	2090	13886. 5	5950. 2	42. 8	7936. 3	57. 2
川东区	9	2145	29011. 1	6549. 7	22. 6	22461. 4	77. 4
总计	48	9305	122659. 3	25678. 7	20. 9	96980. 6	79. 1

资料来源:据郭汉鸣、孟光宇:《四川租佃问题》,商务印书馆 1944 年版,第 16—19 页第 4 表"四川各县自耕及租佃面积比较表"摘录整理改制。

表 12-31 农户数比表 12-30 略少,只相当于后者的 82. 2%。各类农户共耕种土地 122659. 3 亩,其中租地 96980. 6 亩,占 79. 1%;自有地仅 25678. 7 亩,占 20. 9%。租种地的比重比佃农、半佃农的户口比重(72. 4%)高出 6. 7 个百分点。其中川西南区的租种地比重更高达 85%。这里有一个重要情况,尽管佃农的户口、人口比重中包含了相当部分的半佃农,他们自有若干土地,并非全部是租地。但总的租种地比重仍明显高于佃农、半佃农的户

① 章柏雨、汪荫元:《中国农佃问题》,商务印书馆 1943 年版,第 2 页。

口比重和人口比重。乃因佃农必须将一半以上的土地收获物交给地主,收益远比自耕农少,必须耕种比自耕农更多的土地才能生存,所以租地面积比佃农(含半佃农等)人户更能准确反映租佃范围的广狭。

(二)租佃形式多样化

20世纪三四十年代,由于地权集中,农民不断丧失土地和其他生产资料,加速贫困破产,在佃农增加、租佃范围扩大的同时,租佃形式更加多样化。

在传统农业社会,农地本是最基本的、纯粹的农业生产资料,但在近代时期,特别是20世纪三四十年代,由于自耕农和佃农经济状况空前恶化,农地越来越多地转化为中小土地所有者的金融调剂工具,佃农则因无力添置耕畜和农具设备,生产资料日益匮乏,逐渐失去独立从事农业生产经营的条件。所有这些,势必导致传统租佃形式的改变、新的租佃形式的产生和流行,出现租佃形式的多样化。

新的租佃形式主要集中在筹款救急的典当(含活卖、绝卖)租佃、押租衍生租佃和地主提供生产资料的"帮工式"租佃等三个租佃系列。

筹款救急的典当(含活卖、绝卖)租佃有两种情况:一种是自耕农迫于经济困窘,将田地典当、出卖,而后揽回耕种交租,一些地区谓之"卖(典)田留耕"或"卖马不离槽";另一种是地主或自耕农以"典田""烂价"的方式出租田地,到期原价回赎或无偿收回。

"卖田留耕""典田留耕"的租佃形式,在某些土地短缺的地区早已存在,如皖南徽州地区的契约资料显示,明初洪武年间就有"卖(典)田留耕"的租佃个案,此后伴随永佃制的流行,逐渐演变为"卖田留耕"永佃,并不断扩大。清末民初特别是20世纪三四

十年代,包括“卖田留耕”永佃在内的永佃制急剧没落,但因自耕农贫困加剧,而又离不开土地,“卖(典)田留耕”的租佃形式继续增加,成为租佃关系的一个重要组成部分。除了自耕农,“卖(典)田留耕”的还有永佃农。见休宁1943年的一纸“佃田批”:

立出佃田批人曹兆云,今因缺少正用,自情愿将身己业土名西杆沙丘计田壹丘,并带田塍后塝山柴薪、树木、茶柯、荒田尽是一并在内,今来央中立批出佃与刘观弟名下为业。当日时值佃价国币洋叁佰元正。其国币洋当时比即交付,亲手一并收足。其田本家揽转耕种,按年交秋收下午利谷柒拾伍觔租秤足,不得欠少。倘有欠少觔粒,凭公声明管业,另召另佃,本东不得难[拦]阻,倘有内外人言说,出佃人一力承值,不关受业人之事,今欲有凭,立此佃田批存据

另批,带来上首来路佃批一纸、断批一纸,共二纸。再批

中华民国三十二年十二月　日立出佃田批人曹兆云

凭中书人刘永清①

曹姓永佃农因“缺少正用”,将一丘永佃田(佃权)“立批出佃”,获价300元法币。但不愿出卖佃权而失去土地耕作,决定将水田“揽转耕种”。当然条件十分严苛:租谷(“利谷”)质量、规格写明为“秋收下午利谷”;称量衡器要用比市场和乡间用秤大得多的“租秤”足秤;利谷不能有任何短欠,即使欠少一斤一粒,立刻“凭公声明管业,另召另佃”,毫无延缓、通融、妥协的余地。

江苏苏南地区,20世纪三四十年代的典当、卖田租佃急剧扩大。苏南、皖南都是永佃制流行地区,与皖南不同的是,苏南苏州、无锡等地,直至20世纪三四十年代,农民典田、卖田留耕,大多仍

① 刘伯山主编:《徽州文书》第三辑(7),广西师范大学出版社2009年版,第36页。

能保留土地耕作权。当地租佃关系发展变化的特点是:一方面,地主富户不断兼并佃权,重新集田底、田面于一身,永佃制瓦解;另一方面,农民贫困加剧,纷纷典当、变卖土地,而又揽回租种,并保留耕作权,使永佃制得以延续甚至扩大。前述吴县忠心村,一方面贫农、雇农大量失地;另一方面该乡地主出租的2300余亩土地中,"绝大部分为管业田(永佃田)"①,永佃制所占比重不降反升。这正是农民"卖田留耕"的结果。在无锡,自耕农典卖田地几乎是永佃田("灰肥田")的唯一来源。

江西、福建、湖南、湖北、广东、广西、云南等省都有典(当)田、卖田留耕租佃形式的流行。

江西九江县有一种称为"东道田"的租佃形式,乃是农民"卖田留耕"的产物。按当地习惯,农民卖田时少得田价,一般只有正常价格的一半,但卖主可保留土地耕作,向买主交租,佃户也可以转租别人。这种"东道田"租佃在当地十分普遍,甚至构成租佃关系的主体。如该县石门乡的"东道田"占全部租田的80%。除了"东道田",又有"典租",即"典田留耕"。农民困难时订立"押田契",将田出典,典价为卖价之半,同时又立"写田字",将田佃回耕种,每年除完粮外,按典价交租,一般为加二息,每元钱交租10斤谷。通常典契无年限,但欠租抽田,或被逼将其绝卖。② 湖口的永佃制,大部分为自耕农"卖田留耕"。该县租佃有二:一称"寅租卯",地主可随时撤佃。一称"客田",富户廉价向农民买来土地又租给卖主耕种,若3年不交租,买主有权将土地转卖给他人;若佃

① 苏南区农委会:《吴县姑苏乡农村情况调查》,见华东军政委员会土地改革委员会编:《江苏省农村调查》,1952年印本,第184—185页。

② 《江西九江县石门乡解放前的政治经济情况》,见中南军政委员会土地改革委员会调查研究处编印:《中南区一百个乡调查资料选集·解放前部分》,1953年印本,第146—147、150页。

户不愿耕种,也可将佃权转卖他人。[①] 高安的情况是,破产农民往往被迫典卖土地,“土地一经典出,便沦为佃户,受到佃租与苛利的盘剥”[②]。

福建长汀田地典卖有卖“田皮”、卖“田骨”之分,后者是卖主放弃土地所有权,以向买主按约交租为条件,换取土地耕作权,亦即所谓“卖田留耕”。[③] 永定农民往往将土地典当给地主、富农抵债,议定年限,揽回耕作交租,但债主有权将土地改租别人,谓之“起耕”。如超过年限,农民无力回赎,土地即归债主所有。[④] 闽南晋江、永春、德化、诏安、东山、莆田等县的永佃制,“均以典卖之起因为多”,其中莆田多以自耕农无力施肥或购置农具,不得已出卖田地,而保留田地耕种。[⑤] 湖南桂阳有卖田留耕的所谓“包租”。农民因经济拮据被迫卖田,仍由自己耕种,但须向“东家”(买主)“包租”,即不管年成好坏,租额不变,以5年为期。契约写明,“五年纳完后,再行议租”。[⑥]

湖北有所谓“典当租”,农民由于生活贫困,将自己土地典当给地主,继续耕种,每年向地主交纳租粮。以1年或3年为限,到期还本取田。如欠租过多或本利不交,则将地留下。何时还清,何

---

① 《湖口县志》,江西人民出版社1992年版,第97—98页。

② 《高安县志》,江西人民出版社1988年版,第78页。

③ 《长汀县志》,生活·读书·新知三联书店1993年版,第123页。

④ 《永定县志》,中国科学技术出版社1994年版,第157页。

⑤ 郑行亮:《福建租佃制度》,见《民国二十年代中国大陆土地问题资料》第62册,(台北)成文出版社1977年版,第32178—32179页。

⑥ 《湖南桂阳县樟市乡解放前的政治经济情况调查》,见中南军政委员会土地改革委员会调查研究处编印:《中南区一百个乡调查资料选集·解放前部分》,1953年印本,第39页。

时赎田。[①] 在阳新,永佃权的来源有二:田主低价出卖耕地,保留永久耕种权,俗称"保庄";农民向田主买进永佃权,俗称"永批"。[②]

湖南常德,贫困小农遇婚丧等事需钱甚急时,常常将田地当给地主、富农,该地当田分为两种:一种叫"当干租",即出当人保留土地耕作,每年不论收获好坏,都须向当主交付当金一半的租额;另一种叫"脱当",土地由受主任意支配,但当主要交付一半"钱粮"。除"当干租"外,出当人如仍想佃耕,就必须交付比普通佃田更要高的租谷,最高的受主要拿走总收获的 70%—80%。农民明知吃亏太大,但因一时借不到钱,又不愿意卖掉自己的田地,也只有忍受这种残酷的剥削了。[③]

在广东惠阳,"典租"俗称"卖租"。农民将田典押给地主,但继续耕种,按年交租,典期 5—7 年不等,到期不赎,田底即归承典人所有。[④] 广西宾阳,农民被迫将土地卖给地主抵债,又佃回耕种,不仅交租,还继续完粮。[⑤] 云南呈贡、通海、晋宁等地,均有"实

① 启贤:《湖北农村的封建土地制度》,见人民出版社编辑部编:《新区土地改革前的农村》,人民出版社 1951 年版,第 56 页。

② 《阳新县志》,新华出版社 1993 年版,第 169 页。

③ 赵连等:《常德县上德乡第三保十一、十八两甲调查》(1949 年 10 月调查),见新湖南报编:《湖南农村情况调查》,新华书店中南总分店 1950 年版,第 78—79 页。

④ 《广东惠阳县沥林乡解放前的经济结构与阶级情况》,见中南军政委员会土地改革委员会调查研究处编印:《中南区一百个乡调查资料选集·解放前部分》,1953 年印本,第 170—171 页。

⑤ 《从抗日战争到解放前夕的大林乡》,见中南军政委员会土地改革委员会调查研究处编印:《中南区一百个乡调查资料选集·解放前部分》,1953 年印本,第 194 页。

典倒租",农民向地主典出土地又租回耕种交租。[①] 在永平,典当留耕是当地重要的租佃形式之一。农民因天灾人祸,把土地典当给债主,但"大多数仍由原业主耕种,交给债主一定的地租"[②]。

在北方,河南桐柏有称之为"典田""押田"的租佃形式。典田是农民将田地典当给地主,但继续耕种,向地主交租。按当地乡俗,出典人只能将"使用权"抵押给他人,但无权出卖;而承典人有权收租与出卖,价格为同类田地的七折;"押田"是农民以田地抵押借债,继续耕种,向债主交租,以抵充利息,并负担田赋,押价一般只有卖价一半,时间一般2—3年,过期不赎就成死押,田地归地主所有。[③] 山东平原县,有称之为"卖租粮地"的租佃形式,亦称"座佃座租"或"卖马不离槽",也叫"卖地留耕"。[④] 陕西岚皋,典当是主要租佃形式之一,地主趁天灾人祸,廉价收买土地,然后高额出租给典当人耕种,年底原户如需赎回,则按价交纳赎金。[⑤] 潼关有所谓"赘地",农民举借粮食或棉花,以土地抵押,仍然耕种,每年向债主交租,到期偿债赎地,逾期土地归债主所有,谓之"经业"。[⑥] 甘肃庆阳地区直接称作"典当",农民以相当市场一半的价格把土地当给地主,又揽回租种,到期无力回赎,即以当价卖给地主。[⑦]

典(当)田、卖田租佃,既有自耕农"典(当)田留耕""卖田留

① 《呈贡县志》,山西人民出版社1992年版,第75页;《通海县志》,云南人民出版社1992年版,第100页。

② 《永平县志》,云南人民出版社1994年版,第59页。

③ 《桐柏县志》,中州古籍出版社1995年版,第294页。

④ 《平原县志》,齐鲁书社1993年版,第160页。

⑤ 《岚皋县志》,陕西人民出版社1993年版,第109页。

⑥ 《潼关县志》,陕西人民出版社1992年版,第151页。

⑦ 《庆阳地区志》第1卷,兰州大学出版社1988年版,第802页。

耕”，也有地主或自耕农“典（当）田收租”“烂租收租”，到期无偿或有偿收回。

江苏泰县的租制，除了包租、预租、分租，还有“烂租”，也叫“淌田”或“淌租”，即佃户一次缴纳3年、5年地租，承种期满后，地归原主。“烂租”制的出租者多为破产地主或急需用钱而借贷无着的自耕农，承种者多为劳力、农具齐全，生活富裕的佃中农或佃富农。[①] 丹阳租制中有所谓“没本租”，就是佃农一次性交足几年的租谷，种地到期土地无偿归还田主。[②] 浙江丽水地区有“典佃”（亦称“典租”），典期一般多为1—2年，典价按土地等则及产量计算，较一般租额为低，通常典价加上一年利息大致等于正常租额，但须先交典价后种田。这种租佃形式在缙云县“很多”，丽水也很常见。[③] 浙江还有“押田”租佃，农民因经济窘迫，向地主高息借款。在借出当年，地主故意不加追还。待息上加息，利息已巨，即算账“押田”，并把原田租给原户，按期收租，欠租加利，继而押山、押屋。待其全部家产押光，原租田也就抽给别人租种了。[④]

在北方，甘肃庆阳地区有“当种”，也叫“堆种”。双方按协议定出土地亩数、耕种年限和当金，交清当金再种地，耕种期满后，无偿交还土地。[⑤] 宁夏中卫、灵武，地主招佃收租分年度收租和常年典当二种，常年典当多为破产地主和小土地出租者将土地一次性

① 《泰县志》，江苏古籍出版社1993年版，第142页。

② 《丹阳县志》，江苏人民出版社1992年版，第200页。

③ 华东军政委员会土地改革委员会编：《浙江省农村调查》，1952年印本，第30、228页。

④ 黄穗：《浙江农村租佃剥削情形》，见人民出版社编辑部编：《新区土地改革前的农村》，人民出版社1951年版，第19页。

⑤ 《庆阳地区志》第1卷，兰州大学出版社1988年版，第802页。

典给无地或少地的殷实农户长期耕种,到期可按原价赎回,逾期不赎者归承当人所有,或延长典当期限,重新立约。据土地改革前对灵武的典型调查,普通出租地占耕地的13%,典出地占15%。典当租佃明显多于普通租佃。① 宁夏永宁有记载说,"地主、富农凭借占有的大量土地出租或典当给缺田少地的农户耕种",典当同出租一样是地主、富农重要的土地租佃形式。②

20世纪三四十年代,押租制在其膨胀、演变和加速农民贫困化的过程中,也衍生出新的租佃形式。

山东桓台,押租同预租、利贷、典当("烂价")三者相结合衍生出押租"典地制"租佃。农民必须先向地主交纳典金(押金),方能种地。典期(租期)一般为1—3年,典金(押金)为地价的50%—60%,典地期满,土地由地主无偿收回。③ 在这里,地主剥削的不只是押租利息,连押租本金也堂而皇之地吞没了。这种租佃形式在江苏无锡叫作"赖本赖利田",即佃户先交租后种地,并且要预交数年之租,供地主作为放债之本,押租、地租合而为一,也是押租本金、利息全归地主所有。④

押租既是地主的地租保证,又是地主的高利贷资本。除了上述"典地制""赖本赖利田",押租在其发展、膨胀过程中,还陆续衍生出形形色色的特异型高利贷租佃。

押租恶性膨胀的四川,早在清朝,地主就将佃农欠交押租转为借贷。永川地主的做法是,如佃农无力交押,即"照依银数,每岁

① 《中卫县志》,宁夏人民出版社1995年版,第251页;《灵武县志》,宁夏人民出版社1999年版,第158页。

② 《永宁县志》,宁夏人民出版社1995年版,第88页。

③ 《桓台县志》,齐鲁书社1992年版,第134页。

④ 《无锡县志》,上海社会科学院出版社1994年版,第192页。

入息三分”[①]。押租演变为无本高利贷，佃农必须同时交纳地租和押租借贷利息，“押租借贷租佃”应运而生。民国时期特别是20世纪三四十年代，随着押租恶性膨胀和佃农加速贫困化，“押租借贷租佃”大行其道。在合江，押租俗称“稳谷银”，无力交纳稳谷银的佃农，每铜钱百串，须加纳“稳谷”1—4石作为利息。[②] 不只四川，其他各地也都是欠押生息。湖南南县，押租又称“进庄钱”，轻者每亩纳谷1—2石，相当1年租额，重者相当2年租额。佃农欠交押租，地主即按时计算，索取高额利息。[③] 江苏盐城，佃户如无现款交纳押租，即视为欠款，收取利息。[④]

还有的地区，如佃农欠交押租，地主强令佃户以房屋、田产、耕牛、农具甚至劳力、妻女抵押、抵卖。由此衍生出形形色色的“押租抵押（抵卖）租佃”。如贵州遵义，若佃农无力交纳押租，必须以家产或劳动力立据抵押。家产不敷者，还得另求有产者具文担保，然后才能上耕。[⑤] 凤岗的惯例是，必须先交田土一半价值的押金，否则以房屋、耕牛作抵，并须请人担保。[⑥] 如果佃农拖欠地租，房屋、耕牛、家产就会被地主没收。这比一般押租租佃更为残酷。四川宜宾地主则先以佃农的耕牛、农具作抵，然后转为租用，另计租金。在“押租抵押（抵卖）租佃”的基础上，进而衍生出“押租及耕牛、农具抵押租佃”。如果佃农没有耕牛和成套农具，则须“以身

① 刘克祥：《近代四川的押租制和地租剥削》，《中国经济史研究》2005年第1期。

② 瞿明宙：《中国农田押租底进展》，《中国农村》1935年第4期。

③ 《南县志》，湖南人民出版社1988年版，第103页。

④ 《盐城县志》，江苏人民出版社1993年版，第138页。

⑤ 《遵义县志》，贵州人民出版社1992年版，第297页。

⑥ 《凤岗县志》，贵州人民出版社1994年版，第334页。

为奴作抵”。[①] 押租原本是封建依附关系松弛、经济强制取代超经济强制的产物,现在却反过来变成地主购买奴婢的无本买卖,佃农因为无力交押而卖身为奴,押租由此派生出中世纪的“押租家奴式租佃”。

还有奇特的“押租转租制”。随着押租演变成高利贷,凭借押租谋利的行当应运而生。四川成都平原地区,有交纳高额押租的所谓“大佃”。“大佃”并不自种,而是转租,收取地租和部分押租,除将部分地租转交地主,其余抵充代交押租的利息,谓之“吃谷利”。由此衍生出“押租转租租佃”。[②] 江北、巴县一带,不少富佃或租地者也靠转租收押得利,并成惯例,“押租转租租佃”发展为一种重要的租佃形式。该地租佃有“大押”“小押”之分,如佃农交纳的押租超过一定数额(通常为地价的 1/5),即称为“大押”,大押将租地一部或全部转租,并收取押租,则承租者为“小押”(如不转租,则无“大押”名称)。[③] 在合江,更有富户独资或联合集资交纳押租,成批租进田地,分散转租给无力交纳押租的佃农,赚取“稳谷”。有人还发起成立被称为“田园会”的专门机构,筹集巨资,交纳押租整批租进田地转租,赚取“稳谷”瓜分。据说“田园会”所集款额,每年多达数千两。[④] 以赚取“稳谷”为目的的“押租转租制”成为当地的主要租佃形式。

由地主提供土地以外生产资料、佃农只供劳力的“帮工式”租佃,一般称作“帮工佃种制”或“帮工分种制”“分益雇役制”“分益

① 《宜宾县志》,巴蜀书社 1991 年版,第 124 页。

② 陈太先:《成都平原租佃制度之研究》,见《民国二十年代中国大陆土地问题资料》第 62 册,(台北)成文出版社 1977 年版,第 32516—32520 页。

③ 张伯芹:《江巴两县租佃制度之研究》,见《民国二十年代中国大陆土地问题资料》第 61 册,(台北)成文出版社 1977 年版,第 31513—31514 页。

④ 瞿明宙:《中国农田押租底进展》,《中国农村》1935 年第 4 期。

工偿制”等，最初发生于北方地区。因地主提供的生产资料、劳力、口粮数量及其条件、乡俗惯例不同，不同地区或同一地区有多种形式和称谓。苏北铜山、萧县、沛县一带有“分种”“锄户”“二八锄户”；河南各地有“拉鞭种”“把户地”“把牛”“揽活”“揽庄稼”“伙计”等；河北有“开过伙”“锅伙”“伙种”；山东有“招分子”“二八劈粮食”“三七劈粮食”“小种地”“二八锄地”等名称；山西、陕西部分地区也有帮工佃种制流行，其中山西五台县的帮工佃种制“最为普遍”。陕西的“帮工佃种制”主要集中在陕北地区，当地俗谓“安伙子”“安伙则”；热河、察哈尔、绥远和东北地区，是清朝特别是20世纪初发展起来的农业新垦区。直接生产者大都是来自华北、陕西等地的破产农民，几乎没有任何生产资料。他们不是给蒙旗王公贵族、旗人地主或汉人揽头佣工，就是以只供劳力的方式租地耕种。不论是清朝土地开垦初期，还是20世纪初，被称为“榜青”“办青”“并青”或“分种”“分青”的帮工佃种制，一直是租佃关系的主要形式。① 由于地主提供生产资料的数量、条件和各地租佃习惯不同，“榜青”分为多种类型，诸如“力量青”“外青”“里青”“里青外住”“里青外冒烟”“半青半活”“半青半伙”等等。

“帮工式”租佃从其产生之日起延至20世纪40年代，在北方各地一直在不断扩大，种类、名目增多。如河北新乐，有所谓“停三堆”和“代把”的租佃形式，前者由地主提供肥料、种子、牲口、农具，佃农只出劳力耕作；后者由地主除提供肥料、种子、牲口、农具

① 汪敬虞主编：《中国近代经济史（1895—1927）》中册，人民出版社2000年版，第798—804页；刘克祥：《试论北方地区的分益雇役制》，《中国经济史研究》1987年第2期。

外,还雇用若干名长工和佃农一起耕作。[①] 陕西澄城、岚皋土地租佃有出租、分种两种形式,澄城的"分种",地主负责完纳"公粮、公草",其他全由佃农承担;岚皋的"分种"是地主出土地、耕畜、种子,佃农承担其他投资和劳力。[②] 甘肃庆阳地区有"伙种""安庄稼""挑分子"等多种形式。"伙种"是地主提供部分畜力、籽种、肥料,佃户负责耕种、收割,产品对半或主六佃四分配;"安庄稼"是地主给租地人安排住宿,借给口粮,供给农具,收割后归还口粮,再行分配;"挑分子"是"一切归地主出,打多分多,打少分少";[③] 等等。

20 世纪初,"帮工式"租佃开始由北方向南方一些地区扩散,不过初时为数甚少,如江苏南通,"分益雇役制"只占全县租佃的 1.5%。[④] 广西只有恭诚、平乐、西林等少数几处存在。[⑤] 江西的"帮工佃种制",据说也极少。[⑥]

20 世纪 30 年代后,随着佃农加速贫困化,由地主提供农具、种子、肥料等生产资料的租佃形式流行区域扩大,开始成为一些地区租佃关系的一个重要组成部分。如江西丰城小袁渡乡有被称为"泼水制"的土地租佃。其中一种形式是"田泼田",即由地主提供

① 《新乐县志》,中国对外翻译出版公司 1997 年版,第 114—115 页。

② 《澄城县志》,陕西人民出版社 1991 年版,第 101 页;《岚皋县志》,陕西人民出版社 1993 年版,第 109 页。

③ 《庆阳地区志》第 1 卷,兰州大学出版社 1988 年版,第 802 页。

④ 乔启明:《江苏昆山南通安徽宿县农佃制度之比较以及改良农佃问题之建议》,1926 年印本,第 32 页。

⑤ 薛雨林、刘端生:《广西农村经济调查》,《中国农村》1934 年第 1 卷第 1 期,第 69 页;国民党农村复兴委员会:《广西省农村调查》,商务印书馆 1935 年版,第 157 页。

⑥ 吴顺友:《江西之农佃概况》,见冯和法编:《中国农村经济资料续编》,黎明书局 1935 年版,第 545 页。

一半肥料和种子。[①] 在江苏,类似的租佃形式更加普遍。如泰县,流行的租制有包租制、预租制、分租制和烂租制四种。分租制就是由地主提供土地和部分或全部种子、肥料,由佃农负责耕种,据称"此租制多为小地主采用"。[②] 在盐城,分租是主要的租制,分租比例因地主提供生产资料的多寡而异。[③] 江都租制中的分租,有对半分、四六分、提种子对半分、提打场工对半分等名目。[④]

苏南、浙江地区,分租制本来早已为定租制所取代,但20世纪30年代后,分租制又多了起来。在苏南,分租通称"分租田""分种田",常熟称"分场田",吴县、昆山称"合种田"。此种租制以高淳"最为普遍",松江亦占全县租田的20%—30%。[⑤] 这些"分租田""分种田"并非传统的分租制,而是地主在土地之外提供部分生产资料的一种新的租佃形式。如松江的"分种田",就是地主出肥料、种子,佃农出人工、牛工,土地产量按主七佃三分成。[⑥] 青浦的"分种田"又称"分种",是由地主负担肥料、种子、田赋,佃农出劳力、耕牛、农具。[⑦] 奉贤的"分租制",是地主出土地和耕牛、农具等,佃农出劳力,产品分配普通是主佃各半或主四佃六。[⑧] 丹阳也

① 中南军政委员会土地改革委员会调查研究处编印:《中南区一百个乡调查资料选集·解放前部分》,1953年印本,第126页。

② 《泰县志》,江苏古籍出版社1993年版,第142页。

③ 《盐城县志》,江苏人民出版社1993年版,第138页。

④ 《江都县志》,江苏人民出版社1996年版,第174页。

⑤ 中共苏南区党委农委会:《苏南农村土地制度初步调查》,见华东军政委员会土地改革委员会编:《江苏省农村调查》,1952年印本,第8页。

⑥ 《松江县志》,上海人民出版社1991年版,第301页。

⑦ 中共青浦县委会:《青浦县乡村经济概况》,见华东军政委员会土地改革委员会编:《江苏省农村调查》,1952年印本,第15页。

⑧ 《奉贤县乡村经济概况》,见华东军政委员会土地改革委员会编:《江苏省农村调查》,1952年印本,第77页。

有被称为“分种”的同类租制,具体方法是田主把田地租给佃农,种籽、肥料各出50%,佃农出劳力,收成得半。① 不仅农田,苏南地区的鱼池也有不少采用地主提供生产成本的租佃形式。据调查,苏南地主经营鱼池,除雇工自养者外,多半采用“合养”方式,即地主出池塘,农民出劳动力,鱼本双方对半负担,收益平分;也有地主将鱼本贷给佃农,收鱼时先将鱼本加利扣除,然后渔获平分。②

在浙江,绍兴等地清朝有地主出备牛力和种子、“与分秋获之半”,并令佃农无偿服役的情况,但不普遍。20世纪三四十年代,地主提供若干生产资料的“分租”“分种”成为一种重要的租制或租佃形式。该地的分租、分种,又称活租、“包田”或劳役租、力租。地主通常在出租土地的同时,供给种子、肥料等生产成本,由佃农负担全部劳动,收获按约定比例分配,但具体的租佃形式和计租方法多种多样:有的按某一比例分配产品,一般多为“主六佃四”,少数对半分,重者“主七佃三”“主八佃二”。分配产品还有正产、副产之分:或只分正产,副产归佃户,或行“熟熟分”,稻草、麦秆也不例外;有的按面积分割田禾,如种18亩,13亩归地主、5亩归佃户;或种31亩,21亩归地主、10亩归佃户,如此等等;也有的收获物全部归地主,另付佃农若干“工钱米”(如上虞县一般为每亩5斗米);有的地方佃农除交纳规定租额外,还要随叫随到,为地主提供无偿劳役。③ 在嘉兴,按面积分割田禾的叫“分种”,付给佃农一定数量工钱米的叫“包田”。④

---

① 《丹阳县志》,江苏人民出版社1992年版,第200页。

② 苏南农委会调研科:《苏南鱼池情况调查》,见华东军政委员会土地改革委员会编:《江苏省农村调查》,1952年印本,第299页。

③ 《浙江省农业志》上册,中华书局2004年版,第297—298页。

④ 中共浙江省委工作队:《嘉兴县高照乡农村经济调查》,见华东军政委员会土地改革委员会编:《浙江省农村调查》,1952年印本,第89页。

安徽临泉，地主负担全部或部分投资的“二八地”（小拉鞭）、“对半分组”，以及租地主地、给地主做工代偿地租的“帮工地”，是当地的主要租佃形式。①

江西、湖北、湖南也开始出现帮工佃种制，如江西高安的“代耕制”，俗称“作分田”，由地主提供住房、耕牛、农具、肥料、种子，佃农出劳力耕种，秋收时首先将地主投资从产品中提出，然后主佃平分。② 湖北黄陂，土地租佃除了定租制，还有分租，俗称“种分田”。农民出劳力、耕牛、农具，帮地主耕种，种子、肥料分摊，收入（包括柴草）对半分成，也有地四劳六或地六劳四分成的。③ 湖南邵阳，佃农“请”（租）田作的办法有两种：一种是除田地外，种子、肥料、工具、耕牛全归佃户负责，地主只到打谷时收租，叫作“大俵田”；另一种除了田地，种子、肥料、工具、耕牛也全由地主供给，佃户单出人工，叫作“小俵田”。不过“大俵田”在邵阳更为普遍，仅一些经营地主与富农自己田地太多，现有人力作不了时，便抓着穷苦农民缺乏土地、农具、种子等弱点作“小俵田”。④ 衡阳有称为“包租”的雇役式租佃，即“地主以自己的生产手段利用佃户的劳动力耕种，每亩包交租谷若干，余归佃户所有”。据说包租的多为贫农，“受剥削最重”。⑤ 在怀化，业主提供耕牛、农具的租佃形式，

---

① 《临泉县农村经济调查》，见华东军政委员会土地改革委员会编：《安徽省农村调查》，1952 年印本，第 41—42 页。

② 《高安县志》，江西人民出版社 1988 年版，第 78 页。

③ 《黄陂县志》，武汉出版社 1992 年版，第 63—64 页。

④ 柳思：《邵阳县租佃关系》，见新湖南报编：《湖南农村情况调查》，新华书店中南总分店 1950 年版，第 83—84 页。

⑤ 中共衡阳市委研究室：《衡阳市六区六保农村调查》，见新湖南报编：《湖南农村情况调查》，新华书店中南总分店 1950 年版，第 95 页。

是分租制的主要成分。[①]

定租早已取代分租的四川,20 世纪三四十年代,地主提供生产资料的“分租”租佃形式也广泛流行,在綦江,被称为“雇役制”,佃农只出劳力,耕畜、农具、种子、肥料都由地主供给。调查者认为“他们介于佃农和雇农之间,可以说是一种变相的雇佣劳动”。此制占全县租佃的 6. 3%。[②] 在四川全省,据 1941 年的调查,“帮工分租法”占 7. 7%。[③]

纵向观察,一些地区分租比例的变化,实际上是租佃形式变化在产品分配上的反映。如贵州,清朝后期的地租率一般为“对半分”,民国时期上升到“主六佃四”“主七佃三”至“主八佃二”。[④] 这固然不排除地租剥削的加重,不过更主要的还是地主提供部分或全部生产资料、租佃形式发生变化的结果。

同时需要注意的是,名义上同是地主提供土地和生产资料,佃农出劳力耕种,但佃农的实际负担方式和产品分成比例各不相同。例如黑龙江克山县的“榜里青”和“榜外青”租佃,都是由地主出土地、耕畜、农具、房屋、种子等,佃户出劳力,但“榜里青”是佃农吃住在“东家”,雇工支出双方各负担一半,收获粮食为主七佃三分成;“榜外青”佃农不吃住在“东家”,生产支出双方各半,粮食对半分,秸秆归地主。[⑤] 这也反映出租佃形式和主佃产品分配的多样化。

---

① 《怀化市志》,生活·读书·新知三联书店 1994 年版,第 130 页。

② 张登岳:《綦江农村经济之研究》,见《民国二十年代中国大陆土地问题资料》第 53 册,(台北)成文出版社 1977 年版,第 26885—26887 页。

③ 应廉耕编:《四川省租佃制度》,中农印刷所 1941 年印本,第 7 页。

④ 《贵州省志·农业志》,贵州人民出版社 2001 年版,第 40 页。

⑤ 《克山县志》,中国经济出版社 1991 年版,第 136 页。

二、租户佃户结构多元化和佃农贫农雇农化

与租佃形式多样化相联系,租户佃户结构明显多元化;随着佃农加速贫困破产,“帮工佃种制”广泛流行,佃户阶级结构表现为佃农贫农雇农化。

在封建土地制度和租佃制度下,占有大面积或较大面积的地主富户出租土地,少地缺地的中农贫农及其他贫苦农民租进土地,租户、佃户泾渭分明。然而,清末民初,特别是20世纪三四十年代,租户、佃户结构发生重大变化,形成租户、佃户结构多元化的格局。佃农作为农业生产者的主体,原本属于农村社会的中层,中农占有较大比重,甚至以中农为主体,并曾一度呈现“佃农中农化”的态势,进入近代特别是20世纪后,佃农日益贫困,三四十年代更空前加剧,佃农中的中农比重下降,贫农、雇农比重上升,形成“佃农贫农雇农化”的态势,贫农、雇农成为佃农的主体。

(一)租户佃户结构多元化

20世纪三四十年代,由于土地兼并、人口繁殖和分家析产、农民加速贫困化的多重作用,单个农户家庭占有的土地面积不断缩小,微地户、缺地户、无地户大增。一方面,农民占有的土地日益微细化,土地饥荒越来越严重;另一方面,占有的土地,或因田丘、地块畸零细碎,相互插花、交错;或因离家窎远,不便耕作,只得将畸零丘块出租,租进相对成片的土地;或将远地出租,租进近地;或因面积过于微小,无法自耕自食,但又很难租到土地,只得将其全部出租,另谋生计。一些经济窘迫的农户,也往往将土地租佃作为金融调剂和应急手段,经常变换在租佃关系中的地位和身份。如四川成都地区,一些贫苦农民“由于农村借款不易,不得已把一部分

田地佃出换取押租金,因此成为自耕农兼地主,再过些时候,手头如活动点,就找机会佃进一点,于是一身又兼佃农了"。[①] 这种情况十分普遍。在其他一些地区,一些经济艰困的中小土地所有者,不忍心绝卖和完全失掉土地,往往采取典当或"烂价"方式出租土地。在一些永佃制流行地区,由于分家析产、贫富分化,部分田底主大户变为小户或贫困户,田底数量有限,但无耕作权,只能招佃收租。所有这些,使一些贫民下户进入了"租户"行列,无形中扩大了租户的范围和数量。

分家析产、地块的分散和细碎化,也影响和制约了中小地主及富裕农户的土地占有与使用。一些地主经过多次分家析产和住所搬迁,占有的土地数量减少,且分散多处、土质好坏不一,单靠传统地租,已经难以生活,于是将远地、次地出租,租进近地、好地,雇工耕种,或低价租进土地,高价出租土地,赚取地租差额。富裕农民以及部分中农,同样出租远地、次地,租进近地、好地,以扩大土地经营。另外,在一些永佃制流行地区,一些地主富农因为只有土地所有权而无使用权,也必须另租土地耕种。这又使地主富农加入了"佃户"行列。

资料显示,一些地区的情况是,地主、富农租进土地,主要靠租地耕种为生的中农、贫农,又被迫将自有的少量土地出租(包括当租),农村各阶级、阶层几乎全都涉入租佃关系,租佃形式多样、复杂,租户、佃户多元化。从某个角度看,地权愈集中,人口愈稠密,土地愈紧缺,愈是形成租户、佃户的多元化格局。

广东南海,地狭人稠,全县平均,每户只有土地 4.29 亩,每人 1.34 亩,而且地权集中,占户口 7.8%的地主(包括"公堂"地主)、

① 陈太先:《成都平原租佃制度之研究》,见《民国二十年代中国大陆土地问题资料》第 62 册,(台北)成文出版社 1977 年版,第 32454—32455 页。

富农、高利贷者占有66.9%的土地，占户口50.3%的中农、贫农、雇农只占有16.7%的土地。除了某些“公堂”地，其他私有地，特别是中农、贫农、雇农及其他小土地所有者占有的土地，如前面所说原因，需要通过租佃进行调剂。所以租佃关系和租户、佃户遍及全县各个行业、阶层。表12-32清晰地反映了全县地权分配和各阶层土地的占有、使用和租户佃户多元化状况。

表12-32　广东南海地权分配和各阶层土地租佃情况（1949年）

成分＼项目	户口（户）	占有土地（亩）	使用土地（亩）	土地租出			土地租入	
				面积（亩）	占自有地百分比（%）	占总出租地百分比（%）	面积（亩）	占总出租地百分比（%）
地主	8044	147001	99437	116380	79.2	24.7	68816	12.4
兼地主	1658	33550	11640	24110	71.9	5.1	2200	0.4
债利生活	371	647	478	329	50.9	0.07	160	0.03
公堂	—	244321	61	244321	100.0	51.9	61	0.01
富农	2090	24586	33786	2305	9.4	0.5	11505	2.1
农业资本家	155	578	1705	157	27.2	0.03	1284	0.2
中农	21709	86078	215705	7871	9.1	1.7	137498	24.9
贫农	47051	24352	251569	1688	6.9	0.4	228905	41.4
雇农	10112	1629	38987	144	8.8	0.03	37502	6.8
小土地出租	10471	48799	13458	38565	79.0	8.2	3224	0.6
小土地经营	1873	8310	24232	1833	22.1	0.4	17755	3.2
工人	32036	19629	25948	11873	60.5	2.5	18192	3.3
小商贩	7248	5981	11938	2548	42.6	0.5	8505	1.5
贫民	10733	3690	7723	1933	52.4	0.4	5966	1.1
小手工业者	3536	2809	3074	1618	57.6	0.4	1883	0.3
工商业家	3988	11086	4113	8690	78.4	1.8	1717	0.3
游民	1755	659	2472	323	49.0	0.07	2136	0.4

续表

成分＼项目	户口(户)	占有土地(亩)	使用土地(亩)	土地租出			土地租入	
				面积(亩)	占自有地百分比(%)	占总出租地百分比(%)	面积(亩)	占总出租地百分比(%)
宗教职业	437	642	479	323	50.3	0.07	160	0.03
自由职业	1144	3137	1622	2014	64.2	0.4	499	0.09
其他	2328	5234	6499	3689	70.5	0.8	4954	0.9
总计	166739	672718	754926	470714	70.0	100	552922	100

资料来源:《南海县志》,中华书局2000年版,第524页。

表12-32中所列的20种职业、阶层,包括地主、富农和中农、贫农、雇农,不以农业为主业的利贷生活者、小手工业者、小商贩、工人、城镇贫民,以及宗教职业、自由职业,等等,都同时租出和租进土地,既是租户,又是佃户。一些农户、村户占有的土地,并不自种,而耕种的土地,又有不少是租来的。地主有79.2%的土地出租,而使用的9.9万亩土地(相当于占有面积的67.6%)中,却有6.9万亩(占使用面积的69.7%)是租来的,尤其突出的是工人、小商贩、贫民、小手工业者、游民、"其他"等阶层,土地不敷耕种,租地占使用面积的61.3%—86.4%,但同时又将自有的少量土地出租,其比重占自有地面积的42.2%—70.5%。这些都是以前少有的情况。

浙江衢县的租佃状况也很典型。该县地权相当集中,地主(包括不在地主)富农占有44.8%的土地,加上22%的公田,合计66.8%。同时,永佃制广为流行,土地普遍分离为大业(田底权)、小业(田面权)两部分,白渡乡的5058亩出租地(占农户用地的65.3%)中,有大、小业关系的占96%,一块土地"常有一业二主或一业三主"的情况;地块及其产权归属也"非常零碎",故"一户地主常拥有百余户佃农,一户农民承租几十家业主土地,且各村各阶

层之租佃关系相互交错”。① 表 12-33 清晰反映了该县白渡乡各阶层的土地租佃和租户、佃户多元化的一般情形。

表 12-33　浙江衢县白渡乡各阶层租进、租出土地情况统计(1949 年)

项目 成分	总户数	租进户		租出户		租进兼租出户		租进土地(亩)	租出土地(亩)	不涉租佃户
		户数	占比(%)	户数	占比(%)	户数	占比(%)			
地主	21	4	19.0	4	19.0	12	57.1	236	565	1
富农	30	6	20.0	3	10.0	21	70.0	269	251	0
佃富农	4	3	75.0	0	0	1	25.0	63	1	0
中农	212	153	72.2	3	1.4	53	25.0	1273	160	3
佃中农	134	128	95.5	0	0	6	4.5	1265	13	0
贫农	551	460	83.5	11	2.0	34	6.2	1910	70	46
雇农	83	35	42.2	9	10.8	0	0	72	18	39
其他	79	28	35.4	9	11.4	2	2.5	56	8	39
总计	1114	817	73.3	39	3.5	129	11.6	5144	1086	128

注:1. 租入田中包含当入田 86 亩:其中地主当入 15 亩、富农 8 亩、佃富农 1 亩、中农 20 亩、佃中农 11 亩、贫农 28 亩、其他 1 亩;租出田中包含当出田 43 亩:其中中农 9 亩、佃中农 2 亩、贫农 23 亩、雇农 8 亩、其他 1 亩。

2. 出租地未含公田出租田 1404 亩(另有祀田 33 亩,由族人轮种,未计入公田出租田)。

资料来源:据中共浙江省衢州地委会政研室:《衢县白渡乡农村经济调查》,浙江部分据华东军政委员会土地改革委员会编:《浙江省农村调查》,1952 年印本,第 143 页统计表改制、补充说明。

表 12-33 中农户按租佃关系分为租进、租出、租进兼租出和不涉租佃等四种类型,除佃富农、佃中农不涉纯出租、雇农不涉及租进兼租出外,各阶层农户、村户都涉及租进、租出、租进兼租出三

① 中共浙江省衢州地委会政研室:《衢县白渡乡农村经济调查》,见华东军政委员会土地改革委员会编:《浙江省农村调查》,1952 年印本,第 143—144 页。

个类型的租佃，半数以上的地主富农、1/4 的中农既出租又租进土地，租进户占农（村）户总数的比重达 73.3%。全乡 1114 户农（村）户中，只有 128 户不涉及租佃，租户、佃户合计占农（村）户总数的 88.5%。需要指出的是，农户租佃土地中也包括当地（当出、当进），不过没有单独列出。同时也未列入“自种”，租进户、租出户和租进兼租出户中，包括若干农户兼种自田。加上典当、自种，农户的租佃排列组合，实际上更为复杂多样。由此可见租佃范围之广，租户、佃户构成的多元化程度。

苏南也是永佃制流行地区，农户租佃情形同浙江衢县相似，表 12-34 是关于苏南地区农村各阶层土地租佃和使用情况的调查统计。

表 12-34　苏南 16 县 964 乡各阶层土地租佃和使用情况统计（1949 年）

（单位：亩）

项目 成分	户口占比（%）	所有地（亩）	自耕田（亩）	出租地（亩）		租进地（亩）	
				亩数	占所有地比重（%）	亩数	占使用地比重（%）
地主	2.3	2276749	372120	1904501	83.7	39198	9.5
公地户	1.2	395716	16092	379611	95.9	1434	8.2
工商业者	0.7	89141	27465	69538	78.0	5171	15.9
富农	2.1	480763	354007	126777	26.4	103940	22.7
中农	30.6	2433456	2197162	136741	5.6	1435537	39.5
贫农	50.2	1408786	1355528	52548	3.7	1518552	52.8
雇农	4.4	36320	32951	3360	9.3	68872	67.6
小土地出租者	4.7	284386	120118	164290	57.8	28427	19.1
其他	3.8	80873	52878	27998	34.6	27882	34.5

续表

项目 成分	户口占比(%)	所有地(亩)	自耕田(亩)	出租地(亩)		租进地(亩)	
				亩数	占所有地比重(%)	亩数	占使用地比重(%)
总计	100	7486190	4528321	2865364	38.3	3229013	41.6

注:1.“所有地”系据出租地占所有地的百分比推算得出。

2. 原资料土地面积亩后有两位小数,现四舍五入化为整数,部分总数与原资料有微小出入。

资料来源:中共苏南区党委农委会:《苏南土地制度初步调查》,江苏部分据华东军政委员会土地改革委员会编:《江苏省农村调查》,1952 年印本,第 6—7 页。

与表 12-33 不同,表 12-34 没有租出、租入土地的各类村户数据,但有阶级分类和各阶级、阶层村户的租出、租入土地面积,从中可以清晰地看出各阶级、阶层村户的土地租出、租入情况。如表 12-34,各阶级、阶层村户,包括小土地出租者、“其他”、工商业者乃至公田户,都涉及土地的租出、租入。正如调查者所说,“农村租佃关系复杂,各阶层之间,都有租佃关系”。对于地主租进土地,中农、贫农、雇农出租土地这一事实,调查者的解释是,前者属于“少数经营地主”租地“雇人耕种”,后者因“从事其他劳动或丧失劳动力”。① 这当然是事实,不过还有一个重要原因,就是土地所有权和使用权分离,一些土地所有者只有“所有权”而无“耕作权”。

浙江绍兴的调查资料印证了这一点。该县永佃制盛行,租佃关系大多受到土地所有权和使用权分离的制约。鉴湖乡 4 个村 260 户中农、佃中农仅有土地 1366 亩,一方面使用的 2987 亩土地

① 中共苏南区党委农委会:《苏南土地制度初步调查农村》,见华东军政委员会土地改革委员会编:《江苏省农村调查》,1952 年印本,第 7 页。

中,71.6%是租进地;另一方面又出租土地517亩,相当于占有地的37.8%;270户贫农仅有土地253亩,使用的1507亩土地中,87.4%系租佃而来,但仍有61亩土地出租,相当于占有地的24.1%。[①] 中农、贫农分别出租的517亩和61亩土地中,持有使用权的"清业田"分别只有15亩和2亩,其余502亩和59亩,都是没有使用权的"田底田"。同样,地主、富农出租的607亩土地中,只有4亩"清业田",其余均为"田底田";租入的129亩土地中,只有10亩"清业田",其余均为"田面田"。鉴湖乡第二村作为农地使用者主体的富农、中农、贫农、雇农,出租地全部为没有使用权的"田底田"。[②]

另外,一些地区的地主、富农大多将次地、远地出租给急需土地的中农、贫农,收取较高租额,同时租入好地,而付较少租额,获取租额差价,也是形成租户、佃户结构多元化的原因之一。如浙江嘉兴高照村富农周某,将自有中田30亩出租,每亩收租稻谷71斤、押租200斤,同时租入上田55亩,也是每亩租谷71斤;富农李某为戽水方便,租进近河中田40亩,每亩租谷70斤,同时租出中田20亩,每亩收租200斤。[③]

相对而言,北方地区的租佃制度不如南方地区发达,农地中的租地比重、农户中的佃农比重较低,但租佃涉及范围的广泛性、租佃类型的多样性、租户佃户结构的多元化程度,却一如南方。表12-35反映的是河南潢川等14县14乡各阶层土地租佃结构状况。

---

① 中共绍兴地调研组:《绍兴县鉴湖乡农村调查》,见华东军政委员会土地改革委员会编:《浙江省农村调查》,1952年印本,第134—135页。

② 中共绍兴地调研组:《绍兴县鉴湖乡农村调查》,见华东军政委员会土地改革委员会编:《浙江省农村调查》,1952年印本,第133—135页。

③ 中共浙江省委工作队:《嘉兴县高照乡农村经济调查》,见华东军政委员会土地改革委员会编:《浙江省农村调查》,1952年印本,第88—89页。

表 12-35　河南潢川等 14 县 14 乡各阶层土地租佃结构统计(1948 年)

项目/阶级成分	户数	占有土地(亩)	土地出租				土地租入			
			户口		土地		户口		土地	
			户数	占比(%)	亩数	占比(%)	户数	占比(%)	亩数	占比(%)
地主	394	39613	382	38.66	32583	79.52	20	0.86	253	0.62
富农	187	9539	109	11.03	2250	5.49	28	1.20	978	2.40
他租者*	232	3802	148	14.98	2012	4.91	15	0.64	159	0.39
中农	2106	37281	230	23.28	1987	4.85	786	33.65	17380	42.66
贫农	2916	16336	94	9.52	443	1.08	1364	58.39	21213	52.07
雇农	340	210	8	0.81	25	0.06	70	3.00	460	1.13
工人	48	99	7	0.71	45	0.11	1	0.04	4	0.01
贫民	181	99	4	0.40	25	0.06	25	1.07	130	0.32
游民	57	66	1	0.10	24	0.06	2	0.08	8	0.02
其他※	106	122	5	0.51	25	0.06	25	1.07	155	0.38
其他公田	0	453	0	0	778	1.90	0	0	0	0
外乡一般业主	0	2907	0	—	778	1.90	0	0	0	0
总计	6567	110527	988	100.00	40975	100.00	2336	100.00	40740	100.00

注：*“他租者”(“其他收租和债利生活者”的简化，原资料标为“其他剥削阶层”，欠妥。)包括小土地出租者、小土地经营者、债利生活者。

※“其他”包括手工业者、小商贩、独立生产者、自由职业。

资料来源：据中南军政委员会土地改革委员会调查研究处编印：《中南区一百个乡调查统计表》，1953 年印本，第 34 页表乙之五、第 55 页表乙 A 之五综合计算编制。

表 12-35 中 15 个不同的阶级、阶层或职业群体(未计“其他公田”“外乡一般业主”)，都有土地租出、租入，不同的是各阶级、阶层或职业租出、租入的人户、土地比例、数量互有差异。北方地主的土地原本多以雇工自种为主，但表 12-35 中，地主占有的

39613 亩土地中,32583 亩出租,占 82.25%,显然是在日本全面侵华的残酷战争环境下,生产经营条件恶化,大批地主将土地自营转为出租的结果。中农的情况是土地出租和租入都相当普遍,但其特点是土地出租少、租入多,后者相当于前者的 8.7 倍。不过尽管如此,土地还是以自耕为主,租进地只占使用地(占有地+租进地-出租地)的 33%。自耕农乃是北方中农的主体,这是不同于南方的地方。至于贫农、雇农、贫民、游民以及手工业者、小商贩等,均苦于土地奇缺,但仍有微量土地出租,乃多系耕作不便使然。

另据中共晋西区党委对辖区内 10 个行政村及 1 个自然村各阶层土地租入、10 个行政村及 2 个自然村各阶层土地出租所做的调查,详细情况见表 12-36A、表 12-36B。

表 12-36A 晋西北 10 行政村及 1 自然村土地租入统计(1941 年)

项目 阶级成分	户数	占有土地(垧)	租入土地(垧)	占各阶层农户租入地比重(%)	占本阶层自有地比重(%)	租入地占土地总面积比重(%)
地主	83	9757	—	—	—	—
富农	202	13691	171	1.8	1.2	0.2
中农	907	25226	2979	31.2	11.8	4.1
贫农	1615	23082	5963	62.4	25.8	8.2
雇农	189	469	300	3.1	64.0	0.4
其他	185	551	138	1.4	25.0	0.2
总计	3181	72776	9551	100.0	13.12	13.1

表 12-36B　晋西北 10 行政村及 2 自然村土地出租统计(1941 年)

项目 阶级成分	户数	占有土地(垧)	出租土地(垧)	占各阶层农户出租地比重(%)	占本阶层自有地比重(%)	出租地占土地总面积比重(%)
地主	66	8288	5485	59.4	66.2	7.8
富农	193	13519	2702	29.2	20.0	3.8
中农	885	25092	681	7.4	2.7	1.0
贫农	1554	22833	370	4.0	1.6	0.5
雇农	189	469	—	—	—	—
其他	171	549	—	—	—	—
总计	3058	70750	9238	100.0	—	13.1

注:各阶层占有土地中均有部分荒地,如孟家坪村各阶层农户占有地的荒地比例为地主 41.5%、富农 15%、中农 2%、贫农 3.8%,石岭子村地主占有地荒地为 30%。

资料来源:中共晋西区党委编:《土地问题材料汇集》,1941 年 12 月,转据岳谦厚、张玮:《20 世纪三四十年代的晋陕农村社会——以张闻天晋陕农村调查资料为中心的研究》,中国社会科学出版社 2010 年版,第 34 页表 1-5、表 1-6 编制。原资料部分数据计算有误,业经核正。

调查资料显示,除地主没有土地租入、雇农和“其他”没有土地租出外,其余各阶层农户都既有土地租入,也有土地租出,租出户和租入户同时分布于各个阶层。不过就其租出、租入的土地数量而言,地主、富农租出土地多,租入土地少(此调查个案则地主完全没有土地租入);中农、贫雇农则相反,租出土地少(此调查个案则雇农完全没有土地租出),租入土地多。地主富农租入土地、中农贫农租出土地,均带有调剂性。

20 世纪 30 年代初有关河北定县高村、李镇等 4 个村的租佃类别和情况调查,也真实反映了当地的租佃类别和租户佃户结构,详见表 12-37。

表 12-37　河北定县高村、李镇等 4 村租佃类别和情况统计(1931 年)

类别 \ 户数	户数	占比(%)	类别 \ 户数	户数	占比(%)
总计	1285	100.0	出租兼种自田和出租当入	6	0.5
租入(无自田)	126	9.8	出租兼种自田和当入	12	0.9
租入兼当入	7	0.5	出租兼种自田和当出、当入	2	0.2
租入兼种自田	302	23.5	出租兼种自田和当出、出租当入	2	0.2
租入兼种自田和当入	37	2.9	出租兼当入	1	0.1
租入兼种自田和当出	49	3.8	出租兼当出和出租当入	2	0.2
租入兼种自田和当出、当入	5	0.39	出租全部土地与租入	4	0.3
租入兼当出全部土地	10	0.78	出租全部土地与租入兼当入	1	0.1
出租全部土地	87	6.8	出租与租入兼种自田	15	1.2
出租兼当出全部土地	22	1.7	出租与租入兼种自田和当入	3	0.2
出租全部土地兼出租当入土地	2	0.2	出租与租入兼种自田和当出	1	0.1
出租当入	1	0.1	出租与租入兼当出和当入	1	0.1
出租当入兼种自田	1	0.1	出租与租入兼当出	2	0.2

续表

类别＼户数	户数	占比(%)	类别＼户数	户数	占比(%)
出租当入兼种自田和当入	2	0.2	租入户户数及百分比	558*	43.4
出租兼种自田	84	6.5	出租户户数及百分比	280*	21.8
出租兼种自田和当出	29	2.3	租佃总户数及百分比	816	63.5

注：* 含28种出租和租入户。

资料来源：据李金铮：《矫枉不可过正：从冀中定县看近代华北平原租佃关系的复杂本相》，《近代史研究》2011年第6期，表1综合整理改制。

表12－37资料显示，农户的租佃（包括典当）排列组合名目繁多，租佃农户中，除了传统的纯佃种（无自田）、佃种兼自种和纯出租（无自种）、出租兼自种外，更有其他多种租佃组合，4村农户的租佃组合形式，多达28种。值得注意的是，由于土地供应日趋紧张，农户贫困加剧，典当也开始成为新的、普遍的租佃形式，28种租佃组合中，有20种含有土地典当（当出、当进或出租当进）。

纷繁多样的租佃排列组合，相应扩大了租佃范围，导致租户佃户结构多元化。4村租入户的比重，低的35.2%，高的60.2%，平均43.4%；出租户比重低的16.6%，高的39.8%，平均21.8%；涉入租佃的总户数比重，低的51.3%，高的92.6%，平均63.5%。涉入租佃（含典当）的农户涵盖各个阶层，并不限于经济富裕、占地较多的地主富户和经济贫困、缺地少地的贫苦农民两极；而大量的典当租佃则说明，土地不仅仅是最基本的农业生产资料，而且越来越成为重要的金融调剂工具。因此，租进土地的农户，不一定缺地种，出租土地的农户，土地也未必富余或超出家庭劳力的耕作能力。

租佃形式多样化,租户佃户结构多元化,租户、佃户分布于各个阶层,不少租户同时又是佃户,佃户同时又是租户,模糊和打乱了过往租户和佃户的界限,租户、佃户相互交错混杂,租佃关系和租户佃户结构变得相当复杂,可谓“你中有我,我中有你”。[①] 不仅如此,个别地区或乡、村还出现了地主、富农大量租进土地,中农、贫农大量出租土地或同时大量租出、租进(大出大进)土地的异常现象。如江苏松江新农乡,富农占有的1031亩土地中,400亩出租,占38.8%,同时租进837亩,占1468亩使用地的57%。[②] 浙江嘉兴高照乡地主出租土地407亩、租进土地332亩;富农出租土地156亩、租进土地1657亩。[③] 前述广东南海地主,占有的14.7万亩土地中,79.2%出租,而使用的9.9万余亩土地,69.7%是租来的,自有地只占30.3%。浙江丽水城关两行政街中农、贫农分别出租土地106亩和15亩,相当于占有地的61.8%和13.6%,同时分别租进土地260亩和802亩,相当于使用地的79.9%和89.4%。[④] 有的乡、村,中农的土地租出、租入面积相近,如江苏无锡玉祁镇第三保,中农租出46亩、租入53亩;周新镇第八保,中农租出68亩、租入59亩。[⑤] 极个别乡、村的土地出租,甚至从地

① 参见李金铮:《矫枉不可过正:从冀中定县看近代华北平原租佃关系的复杂本相》,《近代史研究》2011年第6期。

② 中共松江地委调研组:《松江县新农乡农村情况调查》,见华东军政委员会土地改革委员会编:《江苏省农村调查》,1952年印本,第141页。

③ 中共浙江省委工作队:《嘉兴县高照乡农村经济调查》,见华东军政委员会土地改革委员会编:《浙江省农村调查》,1952年印本,第87—89页。

④ 中共丽水地委调查研究组:《丽水专区农村经济概况》,见华东军政委员会土地改革委员会编:《浙江省农村调查》,1952年印本,第28页“丽水城区两行政街各阶层占有和使用土地统计表”。

⑤ 苏南区农筹会调研科:《无锡县农村经济概况》,见华东军政委员会土地改革委员会编:《江苏省农村调查》,1952年印本,第70页。

主、富农到中农、贫农呈递增趋势，如江苏江阴蒲桥乡，地主、富农、中农、贫农依次出租土地 92.4 亩、104 亩、202 亩和 211 亩，依次占该乡租地总面积 609.4 亩的 15.2%、17.1%、33.1%和 34.6%。①

不过这种“大出大进”特别是地主富农作为主要承租者、中农贫农作为主要出租者的情况并不多见，它的产生可能同永佃制习惯、特殊地理环境和经济条件有关。丽水城关“行政街”在城内，住户占有的部分土地可能离家较远，耕作不便需要通过租佃调换；丽水地区流行“典佃”和押租，街村住户遇到困难，出租土地筹款应急，经济条件好转时，又租进若干土地耕种，如此反复循环，时间一长就形成了土地的“大出大进”；江阴蒲桥乡，位处城郊，地权较分散，但土地太少，不敷耕种，农民通常都有其他职业或从事副业生产，因此，严重缺地的贫苦农民干脆将土地出租，改为从事副业（织布业）或其他职业。松江新农乡、嘉兴高照乡、无锡玉祁镇第三保和周新镇第八保则更多的是受到永佃制的影响和制约，出租的土地只有所有权而无使用权，租入的土地则只有使用权而无所有权。在这些乡、村，地主、富农的部分租入地，部分并非通常的承租，而是兼并，即是兼并永佃农佃权的产物。

从整体上看，租佃关系复杂化，租户、佃户结构多元化，绝非地权分散，农民土地富余，超出家庭劳力的耕作能力。恰恰相反，是地权集中、农民穷困和少地、缺地的产物。由于地权兼并，加上分家析产，居住迁移，农户加速贫困化，占地微细化，农田地块四散和畸零细碎，离家窎远，不便耕作，只能通过租佃进行调剂。在这种情况下，越来越多的微地和少地、缺地农户被迫出租土地，以致租

① 江阴县农民协会：《江阴县农村经济概况》，见华东军政委员会土地改革委员会编：《江苏省农村调查》，1952 年印本，第 32 页。

户、佃户分布各个阶层,甚至租户超过佃户。福建福安、寿宁、宁德、霞浦、柘荣等5县7村是一个典型例证。农户一方面少地、缺地,另一方面又不得不将仅有的一点土地出租,以致业主多过佃户。如福安县城东郊村有业主411户,承租户只有206户;秦溪一个自然村的佃户为46户,而业主达172户,相当于佃户的3.7倍。① 一些地主富农在土地兼并过程中,同样受到地块分散、零碎的制约,因而土地分散多处,不成片段,地主和佃农之间也很难有成片和较大面积的土地租佃,占地一二百亩的中小地主,往往有数十家佃户,福安县城东郊一户出租田地180亩的地主,有48个佃户,分布在10个保、28个自然村;一户小佃农又往往有多个业主,如该地一户佃农就承租了分住在4个保、10个村庄的业主的土地。② 由此可见农户微地化、地块细碎化的程度以及对租佃关系的影响。

由于中农、贫农出租土地的原因不是土地太多,而是土地太少;不是家境富裕,而是经济拮据,或突发灾难,各地的普遍情况是,出租土地的农户数量大,但单个农户出租的土地面积很小。除了家庭无劳力或转为从事其他职业者外,在出租土地的同时,又必须租进土地,而且租进地面积一般大于出租地面积。地主富农则刚好相反,出租地面积远大于租进地面积。在整个租佃关系中,中农、贫农是"小出大进",地主、富农(特别是"半地主式富农")则是"大出小进"。中农、贫农在土地租佃中的"大进",当然是来自地主、富农的"大出"。因此,租佃关系主要还是发生在地主、富农

① 华东军政委员会土地改革委员会编:《福建省农村调查》,1952年印本,第3页统计表。

② 华东军政委员会土地改革委员会编:《福建省农村调查》,1952年印本,第3—4页。

和中农、贫农之间,而不是中农内部或中农与贫农之间。地主(包括不在地主)、富农(特别是"半地主式富农")是出租户的主体,而中农、贫农则是佃户的主体。毫无疑义,这是近代中国封建租佃关系的基本格局和本质特征。20 世纪三四十年代,租佃关系复杂化,租户、佃户结构多元化,没有也不会改变这一基本格局和本质特征。大量的调查数据清楚地说明了这一点。表 12-38 真实反映了江苏、浙江、安徽、福建、湖北等省若干县(市)乡(村)土地租佃的基本格局。

如表 12-38 所示,在大部分地区或乡、村,地主、富农出租的土地占出租地总面积的 70%以上,最高超过 99%,平均为 85. 1%。这些出租地绝大部分由中农、贫农、雇农佃种,除个别县区、乡村外,这一阶层佃种的土地占租地总面积的 90%以上,最高超过 99%,平均为 93. 5%。需要说明的是,表 12-38 中出租地为 336. 8 万亩,而租入地达 386. 7 万余亩,比前者多出 49. 9 万亩。乃因调查者采用"以户为经,以地为纬"的方法,城居地主及不在地主的土地,只列入农户租入地和使用地面积,未能在农户或村户占有地、出租地统计中得到反映,故调查资料中的租入地多于出租地。这也无形中降低了地主在出租地中的比重,相应提高了富农、中农等农户在出租地中的比重,甚至中农上升为出租户的主体。表 12-38 中凡是租入地多于出租地的乡、村,都属于这种情况。如浙江杭县山桥乡第二村,全村 1707 亩土地中,762 亩(占 44. 6%)为村外业主所有,因调查"仅计本村业主出租土地",故地主富农只有 8 户出租,占出租地总数的 37. 2%,而中农有 31 户出租,占出租地总数的 56%,成为出租户的主体。这当然是一种假象,如果将不在地主的土地计算在内,全村共有 1707 亩土地,866 亩出租地中,来自地主、富农的分别占 72. 8%和 7. 9%,公地占 5. 2%,三者合计 85. 9%,同表 12-38 中总平均数 86. 4%相近。中农则只

表 12-38　江苏等 10 省 158 县(市)2081 乡(村)土地租佃架构要揽(1949 年)

省县(市)乡(村) \ 项目		出租地					租入地				
		总计	地主富农		中农		总计	中农		贫农雇农	
			亩数	占比(%)	亩数	占比(%)		亩数	占比(%)	亩数	占比(%)
江苏	青浦 2 乡、村	3259	2135	65.5	890	27.3	17257	10019	58.1	5394	31.3
	江阴 6 乡、村	1746	1550	88.8	41	2.4	4985	1127	22.6	1714	34.4
	武进 2 乡	2990	1483	49.6	655	21.9	3708	732	19.7	2890	77.9
	无锡 11 乡、村	14349	12670	88.3	515	3.6	14929	4215	28.2	8572	57.4
	嘉定 2 乡、村	1068	1020	95.5	27	2.5	2162	683	31.6	1245	57.6
	松江 1 乡	1571	1201	76.5	350	22.3	10850	5442	50.2	4397	40.5
	昆山 2 乡	2564	2087	81.4	374	14.6	14177	9333	65.8	3735	26.3
	吴县 2 乡、村	1238	988	79.8	119	9.6	3776	1769	46.8	1678	44.4
	苏南 16 县 964 乡	2865362	2480426	86.6	136741	4.8	3229013	1435537	44.5	1587424	49.2
	江阴 101 乡	186540	136637	73.2	10005	5.4	236994	91083	38.4	135515	57.2
	小计(25 县 1093 乡、村)	3080687	2640197	85.7	149717	4.9	3537851	1559940	44.1	1752564	49.5

续表

省县(市)乡(村) \ 项目		出租地					租入地				
		总计	地主富农		中农		总计	中农		贫农雇农	
			亩数	占比(%)	亩数	占比(%)		亩数	占比(%)	亩数	占比(%)
浙江	临安地区11县36村	13400	11283	84.2	1175	8.8	18418	9800	53.2	7481	40.6
	嘉兴5乡、村	2703	2214	81.9	298	11.0	7862	4774	60.7	2923	38.0
	绍兴4村	1309	654	50.0	517	39.5	3874	2138	55.2	1422	36.7
	衢县1乡	2490	2221	89.2	173	6.9	5144	2538	49.3	1982	38.5
	临海1乡	4060	3859	95.0	75	1.8	4766	2230	46.8	2276	47.8
	建德3乡、村	592	523	88.3	54	9.1	5332	2286	42.9	2636	49.4
	丽水2街	1204	903	75.0	106	8.8	1105	260	23.5	825	74.7
	杭县1村	180	67	37.2	101	56.1	866	447	51.6	380	43.9
	余姚2乡、村	5107	2960	58.0	107	2.1	2657	1453	54.7	655	24.7
	小计(19县55乡、村)	31045	24684	79.5	2606	8.4	50024	25926	51.8	20580	41.1

续表

省	县(市)乡(村)	出租地 总计	出租地 地主富农 亩数	出租地 地主富农 占比(%)	出租地 中农 亩数	出租地 中农 占比(%)	租入地 总计	租入地 中农 亩数	租入地 中农 占比(%)	租入地 贫农雇农 亩数	租入地 贫农雇农 占比(%)
安徽	铜陵1村	983	857	87.2	72	7.3	977	592	60.6	292	29.9
	芜湖2村	846	786	93.0	57	6.7	6312	1943	30.8	2165	34.3
	宣城2村	4252	3277	77.1	853	20.1	7614	5050	66.3	2342	30.7
	屯溪1村	783	589	75.2	109	13.9	1496	1019	68.1	411	27.5
	无为1乡	2291	1633	71.3	492	21.5	6233	2540	40.8	3622	58.1
	滁县1乡	8154	7047	86.4	660	8.1	11339	5466	48.2	5137	45.3
	广德1村	623	373	59.9	97	15.6	615	386	62.7	199	32.4
	贵池1村	713	578	81.1	109	15.3	1616	684	42.3	902	55.8
	南陵1村	1357	1077	79.4	268	19.7	2813	1599	56.8	996	35.4
	小计(9县11乡、村)	20002	16217	81.1	2717	13.6	39015	19279	49.4	16066	41.2

续表

省	项目 / 县(市)乡(村)	出租地 总计	出租地 地主富农 亩数	出租地 地主富农 占比(%)	出租地 中农 亩数	出租地 中农 占比(%)	租入地 总计	租入地 中农 亩数	租入地 中农 占比(%)	租入地 贫农雇农 亩数	租入地 贫农雇农 占比(%)
福建	福州2村	508	219	43.1	61	12.0	1389	293	21.1	967	69.6
福建	福安1村	278	276	99.3	0	0	397	64	16.1	330	83.1
福建	古田1村	1986	1201	60.5	464	23.4	2855	1166	40.8	1578	55.3
福建	小计[3县(市)4村]	2772	1696	61.2	525	18.9	4641	1523	32.8	2875	61.9
江西	丰城等14县14乡	37814	27264	72.1	1512	4.0	33868	12531	37.0	19711	58.2
河南	潢川等14县14乡	40975	34829	85.0	1987	4.9	40740	13729	33.7	25014	61.4
湖北	江陵等20县20乡	45197	35932	79.5	2395	5.3	38430	11913	31.0	25172	65.5
湖南	长沙4村(保)▷	7818	6595	84.4	912	11.7	13103	5574	42.5	5233	39.9
湖南	宁乡1村(保)▷	3926	3164	80.6	498	12.7	3926	1570	40.0	2026	51.6
湖南	邵东1村(保)▷	1417	828	58.4	170	12.0	1602	748	46.7	739	46.1
湖南	衡阳1村(保)	1069	986	92.2	47	4.4	1211	484	40.0	672	55.5
湖南	衡山1村(保)◁	2989	2466	82.5	463	15.5	2791	507	18.2	2217	79.4
湖南	茶陵等15县15乡	37078	29032	78.3	958	2.6	35995	19581	54.4	14542	40.4
湖南	小计(20县23乡村)	54297	43071	79.3	3048	5.6	58628	28464	48.6	25429	43.4

续表

省县(市)乡(村) \ 项目		出租地					租入地				
		总计	地主富农		中农		总计	中农		贫农雇农	
			亩数	占比(%)	亩数	占比(%)		亩数	占比(%)	亩数	占比(%)
广东	惠阳等15县15乡	27585	19199	69.6	359	1.3	26666	10933	41.0	10826	40.6
广西	宜山等19县22乡	28067	22790	81.2	1235	4.4	37453	16629	44.4	17640	47.1
总计[10省158县(市)2081乡(村)]		3368441	2865879	85.1	166101	4.9	3867316	1700867	44.0	1915877	49.5

注:▷原面积单位为产量稻谷“石”,按当地一般水田产量,3“石”折成1亩。

◁原面积单位为产量“石”,按当地水田产量(1“石”好地产24石谷)1“石”折成10亩。

资料来源:江苏部分据华东军政委员会土地改革委员会编:《江苏省农村调查》,1952年刊本,第12—13、29—30、43—44、69—70、107、119、121、87—88、98—99、141—142、153、161、174、184、6—7页;《江阴县志》,上海人民出版社1992年版,第226页;浙江部分据华东军政委员会土地改革委员会编:《浙江省农村调查》,1952年刊本,第16、28、87—88、105—106、134—135、143、154—155、165—166、172、181—182、192、200—201、212页;安徽据华东军政委员会土地改革委员会编:《安徽省农村调查》,1952年刊本,第9—11、92—93、101—102、116、170、141—142、149—150、129—130、120—121、135—136、173—174页;福建部分据华东军政委员会土地改革委员会编:《福建省农村调查》,1952年刊本,第27—30、62—63、72—74页;赣、豫、鄂部分据中南军政委员会土地改革委员会编印:《中南区一百个乡调查统计表》,1953年刊本,第58、55—56页;湖南部分据新湖南报编:《湖南农村情况调查》,新华书店中南总分店1950年版,第18—19、68—69、89、94—95、99页;中南军政委员会土地改革委员会编印:《中南区一百个乡调查统计表》,1953年刊本,第57页;粤、桂部分据中南军政委员会土地改革委员会编印:《中南区一百个乡调查统计表》,1953年刊本,第59—60页摘要、整理、计算编制。

占10.0%，也比原来的56%低了许多。不过即便如此，仍未反映全部真相。因为31户中农虽然出租土地101亩，而包括31户在内的82户中农全都租入土地，租入面积合计447亩，出入相抵，净租入土地346亩，平均每户4.2亩。[①] 这说明由于种种原因，中农出租土地的现象越来越普遍，但同时因土地饥荒严重，承租者更多。所以，毫无疑问，就整体而言，中农是土地租入者，而绝非土地出租者，南方地区尤其如此。

北方一些地区的地权相对分散，租佃制度亦不如南方发达，农户中自耕农比重较高，不过同南方地区一样，中农也无土地富余，相反，还要租进若干土地作为补充。从整体上看，地主富农仍是土地出租者的主体，而中农则主要是承租者。如山东莒南，地主出租的土地超过各阶层出租土地总数的96%。[②] 该县洙边区，据1943年的调查，165个出租户中，地主34户，富农96户，中农35户；212个佃户中，富农12户，中农63户，贫农137户。[③] 中农佃户远比出租户多。皖北黄淮地区土地改革前夕农户各阶层的租佃结构，也颇能说明问题，情况详见表12-39。

---

① 参见中共杭县县委调研组：《杭县山桥乡第二村调查》，见华东军政委员会土地改革委员会编：《浙江省农村调查》，1952年印本，第190、192—193页。

② 中共山东分局调查研究室：《莒南三区十一村阶级关系的变化》，转自张学强：《乡村变迁与农民记忆——山东老区莒南县土地改革研究(1941—1951)》，社会科学文献出版社2006年版，第34页。

③ 中共山东分局调查研究室：《关于滨海区六十六个村土地人口问题之调查研究》，见山东省档案馆、山东省社会科学院历史研究所编：《山东革命历史档案选编》第九辑(1942.9—1943.7)，山东人民出版社1983年版，第189页。

表 12-39　皖北 10 县、乡、村土地租出、租入统计(1949 年)

乡村＼项目	土地租出(%)					土地租入(%)		
	地主	富农	公地	小计	中农*	中农*	贫雇农	小计
阜阳潘寨乡	76.0	6.0	14.5	96.5	2.8	52.0	44.3	96.3
涡阳潘砦乡	36.3	24.4	6.9	67.6	20.8	19.0	77.4	96.4
六安下圩村	56.0	16.6	11.5	84.1	14.7	59.7	39.4	99.1
霍山诸佛菴乡	62.0	2.3	7.7	72.0	6.9	57.4	38.3	95.7
濉溪古西乡	71.2	12.6	0	83.8	9.9	38.5	57.6	96.1
宿县尤沟乡	29.9	29.0	0	58.9	26.2	34.8	64.8	99.6
宿县时东乡	65.4	21.9	0	87.3	11.6	34.9	56.7	91.6
肥西上派乡	57.6	12.0	1.7	71.3	4.1	59.1	34.2	93.3
淮南洞山乡姚湾村	68.0	22.7	4.2	94.9	3.0	56.4	1.2	57.6
蚌埠市东乡三个村	41.7	33.0	0	74.7	7.4	60.5	21.3	81.8
简单平均数	56.4	18.1	4.7	79.1	10.7	47.2	43.5	90.8

注:* 部分地区的中农包括佃中农。

资料来源:据中共皖北区党委政策研究室:《皖北区典型乡(村)土地情况统计》,安徽部分据华东军政委员会土地改革委员会编:《安徽省农村调查》,1952 年印本,第 25—27 页摘要、整理编制。

表 12-39 列统计数据只有相对数而无绝对数,不过仍可大致反映各阶层农户的租佃状况。同南方地区一样,中农既有租出,也有租入,但以租入为主。具体情形互有差异,中农占出租地的比重最高超过 1/4,最低不足 3%;占租入地的比重,最低不足 1/5,最高超过 60%。10 乡、村平均,中农占出租地的 10.7%,占租入地的 47.2%,租出、租入两者相抵,中农净租入土地占租入地总

面积的36.5%。同南方地区一样，中农也是土地租入者而非出租者。

表12-39中肥西上派乡等3乡(村)另有较详细的调查资料，内有关于中农土地占有、租佃、使用的具体数据，现将其列为表12-40。

表12-40　皖北肥西上派乡等3乡(村)中农土地占有、租佃、使用情况(1949年)

项目 县乡(村)	户数	土地占有(亩)	土地租佃			土地使用	
			出租地(亩)	租入地(亩)	租入地为出租地百分比(%)	使用土地(亩)	使用地为占有地百分比(%)
肥西上派乡	328	2510	217	1687	777.4	3980	158.6
濉溪古西乡	303	5661	219	988	451.1	6430	113.6
岳西北山村	72	607	62	158	254.8	691	113.8
总计	703	8778	498	2833	568.9	11101	126.5

资料来源：据华东军政委员会土地改革委员会编：《安徽省农村调查》，1952年印本，第46—47、70—71、153—156页统计表摘要、整理编制。

3乡(村)中农户均占地12.5亩，面积相当小，毫无富余，虽有部分农户出租土地，但数量极少，平均每户只有0.7亩，仅仅相当占有地的5.7%，而户均租入地面积却达4亩，相当于出租地的5.7倍，超过使用土地的1/4。显然，这部分土地来自地主富农，而非中农内部，租佃关系只可能“常常”发生在中农与地主富农之间，而非中农内部或中农与贫农之间。

总之，20世纪三四十年代租佃形式多样化、租户佃户结构多元化，不会改变租佃制度的封建本质，中农没有也不可能摇身一变，取代地主富农成为主要的土地出租者。中农出租土地的主要

原因,除了缺乏劳力,主要是耕作不便或经济拮据。不论出于何种原因,中农占有的土地面积有限,往往不敷自种,根本不可能单靠地租为生,不可能由自耕自食的自耕农或自耕农兼佃农一变而为食租者,因而纯出租户极少。如浙江衢县白渡乡,212 户中农中,纯租进户 153 户,租出兼租进户 53 户,纯出租户只有 3 户,共租进土地 1273 亩,租出土地 160 亩,只相当前者的 12.6%。[①] 所以,中农在租佃关系中所扮演的角色,是承租者而非出租者,是纳租人而非食租人。这是近代中国封建租佃制度的一个重要标志和本质特征。

(二)佃农贫农雇农化

租佃形式多样化、租户佃户结构多元化过程中,最大、最明显的改变,还是佃农内部阶级结构的变化,是佃农加速贫困化和佃农贫农雇农化。

佃农同自耕农一样,并非单一的阶级或阶层,内部结构和贫富差别颇大,按其耕作面积、经营方式和经济收支状况,有佃富农、佃中农、佃贫农、佃雇农之别。在某些永佃制流行地区,还有极少数富裕永佃农,占有相当面积的佃权(田面田),租佃稳定,财力相对充裕,进行较大规模的雇工经营,浙江某些地区的“大佃农”,即属此类富裕永佃农。土地改革中,嘉兴有的乡、村在佃富农之外,另划有“大佃农”,阶级排位在佃富农甚至富农之上,似乎接近于经营性地主。[②] 在热河蒙地区,这种富裕永佃农占有和耕种的蒙旗

---

① 华东军政委员会土地改革委员会编:《浙江省农村调查》,1952 年印本,第 143 页。

② 参见华东军政委员会土地改革委员会编:《浙江省农村调查》,1952 年印本,第 84、100—101 页。

地佃权面积更大，多的上千亩，在日本侵略者的调查资料中，被直接列为“地主”。①

佃农的内部结构和贫富差异，在不同时期、不同地区或历史条件下，各有不同特点，并经常变化。在清朝前期，由于官府推行垦荒政策和一些地区永佃制的流行，佃农经济状况一度有所改善，内部结构发生变化，中农增加，在某些地区甚至成为佃农的主体，佃农结构呈“橄榄球型”，有学者将这种变化态势谓之“佃农中农化”。②

1840年鸦片战争后，佃农所处的历史条件发生了根本性的改变，中国由独立的封建帝国沦为国际帝国主义共同支配下的半殖民地半封建国家。列强各国的军事侵略和经济劫夺不断扩大、加深，农业生产和农民家庭手工业遭到严重破坏，封建差役和地租剥削更加苛重，加上永佃制蜕变、没落，永佃农丧失佃权，人口增加导致土地饥荒严重，佃农日益贫困，家庭经济萎缩，佃农中的中农减少，贫农、雇农增加，佃农内部结构相应由“佃农中农化”向“佃农贫农雇农化”逆转。民国时期特别是20世纪三四十年代日本帝国主义全面侵华战争期间，社会经济和农业生产条件的恶化程度前所未有，耕地、劳力、耕畜、农具减少，或残缺不全，而地租、税捐、夫差、劳役空前沉重。在这种条件下，相当一部分地区的农业生产和农户经济濒临或完全崩溃，进一步加速了佃农的全面贫困化和佃农贫农雇农化进程。

20世纪三四十年代，一方面，自耕农失地破产，地权集中，租佃范围扩大；另一方面，随着佃农的贫困化空前加速，大部分佃农

① 参见徐建生、刘克祥：《热河蒙地永佃制下的土地经营和佃农生计》，《中国经济史研究》2014年第4期。

② 方行：《清代佃农的中农化》，《中国学术》2000年第2辑。

由中农跌落为贫农、雇农。如河南潢川十里棚乡,1937 年前,佃中农占农村户口的 35%、占人口的 43.7%,解放前夕分别降至 18.15%和 22.75%,减少了将近一半。① 这种情况在其他一些地区也相当普遍。湖南益阳,佃农多因地主增租夺佃而沦为贫雇农或彻底破产。据对该县黄家仑乡解放前 12 年间阶级下降的 36 户所做的统计,"其中因被地主加租加押逼租夺佃,而倾家的占 38.9%"②。江西丰城小袁渡乡,1937 年日本全面侵华战争前存在的 22 户佃中农,1937—1949 年间有 8 户降为贫农、2 户降为雇农。③

由于佃农加速贫困破产,佃农中的贫农、雇农大幅增加,富农、中农大幅减少,以富农、中农为主体的情况已经极为罕见,只偶尔在极个别地区存在。如浙江平湖胜利乡第 13 村 159 户佃农中,有佃富农 6 户、佃中农 110 户、佃贫农 43 户,依次掌耕田面田 112.7 亩、1181.4 亩、265.3 亩。佃中农的户数和掌耕田亩分别占总数的 69.1%和 75.8%。④ 建德山鹤乡 39 户佃农中,佃富农 1 户、佃中农 24 户、佃贫农 14 户,佃中农占佃农总数的 61.5%,种租地 262 亩,

① 《河南潢川十里棚乡解放前的社会情况调查》,见中南军政委员会土地改革委员会调查研究处编印:《中南区一百个乡调查资料选集·解放前部分》,1953 年印本,第 3 页。

② 《解放前的黄家仑乡》,见中南军政委员会土地改革委员会调查研究处编印:《中南区一百个乡调查资料选集·解放前部分》,1953 年印本,第 52 页。

③ 《江西省丰城县小袁渡乡解放前社会情况调查报告》,见中南军政委员会土地改革委员会调查研究处编印:《中南区一百个乡调查资料选集·解放前部分》,1953 年印本,第 139 页。

④ 华东军政委员会土地改革委员会编:《浙江省农村调查》,1952 年印本,第 224—225 页。

占全部租地 365 亩的 71.8%。[①] 这两个例子都发生在永佃制流行地区，算是清朝“佃农中农化”的遗存，极为少见，不属于 20 世纪三四十年代佃农内部结构的一般形态。这一时期，包括永佃制流行区在内的全国绝大部分地区，作为佃农结构的一般形态，都是以贫农、雇农为主体。佃农结构不再呈现“橄榄球型”，而是典型的“宝塔型”或“金字塔型”。

所谓“佃农贫农雇农化”，并非理论或概念判断，而是一组组真确的数据统计，突出表现在佃农内部的租地结构和户口结构两个方面。

表 12-38 的农户租入地统计数据显示，江苏、浙江、安徽、福建等 10 省 158 县(市)2081 乡(村)86.7 万亩租入地中，中农和贫农雇农分别占 44.0%和 49.5%，后者比前者高出 5.5 个百分点，直接说明贫农雇农是主要的土地承租者，是佃农的主体。表 12-39 所列皖北 10 县、乡、村农户租入土地数据显示，中农占租地总面积的 47.2%，贫农雇农占 43.5%，虽然比中农低 3.7 个百分点，但因为贫农、雇农的租地面积和农业经营规模远比中农小(一般相当于中农的 1/2—2/3)，贫农、雇农在户数上明显超过中农。

关于佃农的户口结构方面，部分地区在土地改革时，佃农单独划有“佃富农”“佃中农”“佃贫农”的阶级序列(浙江某些县区在“佃富农”之上还划有“大佃农”)，可以更直观地检测佃农内部结构和“佃农贫农雇农化”状况(见表 12-41)。

① 华东军政委员会土地改革委员会编:《浙江省农村调查》,1952 年印本,第 165—166 页。

表 12-41　江苏吴县等 29 县 51 乡(村)佃农结构统计(1949 年)

项目 省县乡(村)		农户总数	佃农总数		佃富农		佃中农		佃贫农	
			户数	占总户数百分比(%)	户数	占佃农百分比(%)	户数	占佃农百分比(%)	户数	占佃农百分比(%)
江苏	吴县长青乡 3 甲	42	42	100.0	2	4.8	6	14.3	34	80.9
浙江	临安地区 36 村	6437	2237	34.8	26	1.2	819	36.6	1392	62.2
	衢县白渡乡	1114	632	56.7	4	0.6	134	21.2	494*	78.2
	建德山鹤乡 3 村	394	168	42.6	1	0.6	38	22.6	129	76.8
	平湖胜利乡 1 村	186	159	85.5	6	3.8	110	69.2	43	27.0
	小计	8173	3238	39.6	39	1.2	1107	34.2	2092	64.6
安徽	肥西上派乡	1276	214	16.8	4	1.9	113	52.8	97	45.3
	宿松柳坪乡	437	69	15.8	0	0	25	36.2	44	63.8
	来安殿发乡	340	276	81.1	0	0	101	36.6	175	63.4
	无为百马乡	1212	440	36.3	1	0.2	139	31.6	300	68.2
	滁县关山乡	817	564	69.0	4	0.7	168	29.8	389	69.0
	广德梅溪村	367	47	12.8	0	0	13	27.7	34	72.3
	岳西北山村	245	50	20.4	0	0	6	12.0	44	88.0
	小计	4694	1660	35.4	9	0.5	565	34.0	1083	65.2

续表

省县乡(村) \ 项目		农户总数	佃农总数		佃富农		佃中农		佃贫农	
			户数	占总户数百分比(%)	户数	占佃农百分比(%)	户数	占佃农百分比(%)	户数	占佃农百分比(%)
四川	巴县	141611	66764	47.1	1729	2.6	21241	31.8	43794	65.6
	永川	93309	41674	44.7	832	2.0	15099	36.2	25743	61.8
	铜梁	119365	45149	37.8	493	1.1	17881	39.6	26775	59.3
	大足	104608	37667	36.0	867	2.3	12998	34.5	23802	63.2
	壁山	77009	23268	30.2	401	1.7	10988	47.2	11879	51.1
	合川	191257	84464	44.2	865	1.0	31842	37.7	51757	61.3
	万县	156939	87295	55.6	1847	2.1	21855	25.0	63593	72.8
	渠县	166281	31600	19.0	569	1.8	14684	46.5	16347	51.7
	南溪	53435	19936	37.3	358	1.8	7455	37.4	12123	60.8
	小计	1103814	437817	39.7	7961	1.8	154043	35.2	275813	63.0
贵州	炉山	23584	5835	24.7	8	0.1	1927	33.0	3900	66.8
	黄平	24710	4232	17.1	15	0.4	1589	37.5	2628	62.1
	镇远	15630	2804	17.9	5	0.2	1079	38.5	1720	61.3

续表

项目 省县乡(村)		农户总数	佃农总数		佃富农		佃中农		佃贫农	
			户数	占总户数百分比(%)	户数	占佃农百分比(%)	户数	占佃农百分比(%)	户数	占佃农百分比(%)
贵州	施秉	14355	1436	10.0	9	0.6	716	49.9	711	49.5
	三穗	16479	2948	17.9	7	0.2	995	33.8	1946	66.0
	余庆	14404	4906	34.1	6	0.1	1311	26.7	3589	73.2
	江口	14347	2971	20.7	28	0.9	1924	64.8	1019	34.3
	思南	57913	2754	4.8	20	0.73	1614	58.6	1120	40.7
	小计	181422	27886	15.4	98	0.35	11155	40.0	16633	59.6
总计		1298103	470601	36.3	8107	1.7	166870	35.5	295621	62.8

注:* 原统计只有“佃富农”“佃中农”,而无“佃贫农”,但已知551户贫农中,有“纯租进户”460户,“租进又租出户”34户,总计494户,共租进土地1910亩,户均3.87亩。现以这494户贫农作为“佃贫农”入表,以期佃农结构更完整。

资料来源:江苏部分据华东军政委员会土地改革委员会编:《江苏省农村调查》,1952年刊本,第202页。浙江部分据华东军政委员会土地改革委员会编:《浙江省农村调查》,1952年刊本,第16、139、143、165—166、259—260、224—225页。安徽部分据华东军政委员会土地改革委员会编:《安徽省农村调查》,1952年刊本,第14—20、46、57、78、92、96—97、120—121、153—154页。四川据《巴县志》,重庆出版社1994年版,第98页;《永川县志》,四川人民出版社1997年版,第283—284页;《铜梁县志》,重庆大学出版社1991年版,第355页;《合川县志》,四川人民出版社1994年版,第283—284页;《万县志》,四川辞书出版社1995年版,第143页;《渠县志》,四川科学技术出版社1995年版,第207页;《南溪县志》,四川人民出版社1992年版,第149页。贵州据《凯里市志》,方志出版社1998年版,第582—583页;《黄平县志》,贵州人民出版社1993年版,第155页;《镇远县志》,贵州人民出版社1992年版,第232页;《施秉县志》,方志出版社1997年版,第534—535页;《三穗县志》,民族出版社1994年版,第276—277页;《余庆县志》,贵州人民出版社1992年版,第323页;《江口县志》,贵州人民出版社1994年版,第305页;《思南县志》,贵州人民出版社1992年版,第391—392页。

表12-41中所列，包括位于长江流域及其以南地区的四川9县、贵州8县和江苏吴县长青等29县51乡(村、甲)。这一地区地权集中，租佃制度发达，佃农是农户的主体，占农户总数的36.3%。不过由于资料的局限，这一数据未能准确反映历史实际。其中贵州8县，部分区、乡并未有单独划分佃农阶级序列，佃农比重明显偏低，只占全体农户的15.4%，与实际状况不符。① 如果剔除贵州8县不计，农户中的佃农比重升至39.6%，相对接近实际。加上自耕农兼佃农，一般超过农户总数的一半或更多。

佃农内部结构方面，佃富农、佃中农、佃贫农的数量和比例，除了前面提到的浙江嘉兴(未入表)、平湖、建德，安徽肥西等少数县(乡、村)，佃富农的数量极少、比重极低，相当部分乡、村没有佃富农，佃中农也只占1/3强，而佃贫农的比重大多在60%以上，29县51乡、村平均为62.8%，佃贫农是佃农的主体。然而，这还远远没有包括佃农的全部，没有完全准确反映出佃农的内部结构。因为

① 在南方地区，农户中的佃农比重，一般与地权集中程度成正比，通常稍低于地主、富农、工商业者、官公地和小土地出租者的土地比重但相差不会太远。而表12-41中贵州8县，农户中的佃农比重，远远低于地主等的占地比重。如黄平，地主、富农、小土地出租者占地达48.5%，而佃农只占总农户的17.1%。从阶级结构看，中农7340户，佃中农1589户，贫农8649户，佃贫农2628户，另有雇农2109户(见《黄平县志》，贵州人民出版社1993年版，第155页)。显然，相当一部分佃农分别被划入了中农、贫农和雇农序列。同样，施秉的地主、富农、公地、小土地出租者的土地比重达55.4%，佃农比重仅10.0%；农户结构为中农6840户，佃中农716户，贫农8215户，佃贫农711户，另有雇农995户(见《施秉县志》，方志出版社1997年版，第534—535页)。思南，地主、富农、公地、小土地出租者占地比重为28.1%，佃农比重低至4.8%；阶级结构显示，中农18029户，佃中农1614户，贫农26959户，佃贫农1120户，另有雇农3646户(见《思南县志》，贵州人民出版社1992年版，第391—392页)。这两县的佃农也分别被划入了中农、贫农和雇农序列。其他5县也都大同小异，这就相应降低了佃农在农户中的比重。

这里的“佃贫农”只限于以租种田地为主要或全部生活来源的佃农,那些租种小块土地并从事小贩、佣工、手艺,或农忙种地、农闲行乞的贫苦佃农,以及“帮工式”佃农,都被划入佃农以外的贫农、雇农序列,故佃农占农户总数的比重,即使不计贵州 8 县,平均为 39.6%,也还只是接近而并不完全符合实际。如四川 9 县,据 1936 年和 1941 年的调查,9 县的佃农比重分别达 64.3%和 73.7%,比表 12-41 所列数据分别高出 24.69 个和 34 个百分点。这部分缺漏的佃农,全是贫农、雇农。① 佃农中的贫农实际比重应在 80%以上。有的地区佃农中的贫农比重更高。广西凭祥土地改革时,845 户佃农中,仅有佃中农 64 户;镇向、龙茗两县地主出租土地 3625 亩,只有佃中农 10 户。② 虽然 3 县佃农中的富农(其数极少)等成分不详,贫农的比重无疑大大超过 90%。某些地区,佃农甚至几乎全是贫农,如安徽滁县,佃农单列而未划分成分,全部置于贫农之后。③ 江苏江阴、武进,福建福安地区各县,都有部分乡、村划有“佃农”,同样列于贫农之后。④ 山西灵丘、河南确山,佃农更排在雇农之后。

北方地区佃农相对较少,缺乏较完整、系统的佃农内部结构数据,只皖北若干县、乡(村)有按人口统计的佃农结构数据,现列如

① 参见刘克祥:《关于押租和近代封建租佃制度的若干问题——答李德英先生》,《近代史研究》2012 年第 1 期。

② 《凭祥市志》,中山大学出版社 1993 年版,第 235 页;《天等县志》,广西人民出版社 1991 年版,第 166 页。

③ 《滁州市志》,方志出版社 1998 年版,第 242 页。

④ 江阴县农民协会:《江阴县农村经济概况》,见华东军政委员会土地改革委员会编:《江苏省农村调查》,1952 年印本,第 29—30 页;《武进县农村经济概况》,见华东军政委员会土地改革委员会编:《江苏省农村调查》,1952 年印本,第 39 页;《福安专区农村基本情况统计》,见华东军政委员会土地改革委员会编:《福建省农村调查》,1952 年印本,第 12 页。

表12-42所示。

表12-42　皖北临泉等14县(市)16乡(村)佃农结构(人口)统计(1949年)

县(市)乡(村)＼项目	农户总人数	佃农总数		佃富农		佃中农		佃贫农	
		人数	占总人数比重(%)	人数	占佃农人数比重(%)	人数	占佃农人数比重(%)	人数	占佃农人数比重(%)
临泉田桥乡	2324	282	12.1	26	9.2	86	30.5	170	60.3
阜阳潘寨乡	3344	892	26.7	22	2.5	458	51.3	412	46.2
颍上朱庙乡	3179	1637	51.5	160	9.8	752	45.9	725	44.3
太和宝境乡	2690	270	10.0	0	0	77	28.5	193	71.5
涡阳潘砦乡	3745	113	3.0	6	5.3	18	15.9	89	78.8
来安殿发乡	1456	1207	82.9	0	0	566	46.9	641	53.1
怀宁龙河村	1215	142	11.7	4	2.8	85	59.9	53	37.3
怀宁骑龙村	1013	167	16.5	0	0	66	39.5	101	60.5
宿县尤沟乡	3642	174	4.8	0	0	100	57.5	74	42.5
宿县时东乡	6403	175	2.7	11	6.3	57	32.6	107	61.1
霍山诸佛菴乡	3201	872	27.2	0	0	351	40.3	521	59.7
涡阳潘砦乡	3745	113	3.0	6	5.3	18	15.9	89	78.8
肥西上派乡	5963	1064	17.8	16	1.5	587	55.2	463	43.5
乌江复虎村	788	163	20.7	61	37.4	60	36.8	42	25.8
和县刘塘村	1047	233	22.3	10	4.3	33	14.2	190	81.5
蚌埠三个村	2117	211	10.0	18	8.5	90	42.7	103	48.8
总计	45872	7715	16.8	340	4.5	3404	44.1	3973	51.5

资料来源:据华东军政委员会土地改革委员会编:《安徽省农村调查》,1952年印本,第14—20页皖北区"二十八个乡(村)人口及占有土地比较表"摘编。

表12-42中小部分县(市)乡(村)位于长江流域,同表12-31互有交叉。从整体看,租佃范围、佃农结构与南方地区有某些差异,租佃范围较小,佃农比重较低,佃农中的佃富农、佃中农人口比重稍高,不过佃贫农的人口比重还是超过一半,在佃农中占多数。而且一般情况下,在三类佃农中,佃贫农的家庭规模最小,如按户

口统计,佃富农、佃中农的比重会相应降低,佃贫农的比重相应提高。如来安殿发乡和肥西上派乡,佃中农的户口比重分别为36.6%和52.8%,比人口比重低10.3个和2.4个百分点;佃贫农的户口比重分别为63.4%和45.3%,比人口比重高10.3个和1.8个百分点。如果按户数统计,佃贫农和佃中农的差距会加大好几个百分点。佃贫农已构成佃农的主体。实际上,南北两地的佃农结构和佃农贫农雇农化程度大体相同。

所谓"佃农贫农雇农化",既有佃农的"贫农化",也包括佃农的"雇农化"。不过上述各地佃农的阶级序列中只有佃富农、佃中农、佃贫农,而无"佃雇农"。这部分贫苦佃农被分别并入了贫农、佃贫农和雇农。

这里所说的"佃雇农",不是指那些租种少量土地,而又佣工补充家计或以佣工为主的贫苦佃农,而是指那些不提供生产资料、单出劳力租种地主土地、获取劳动报酬的贫苦佃农。他们是在佃农贫困化过程中,由一般佃农向雇农下沉的产物,他们既是佃农,又是雇农,是佃农和雇农的混合体。

"佃雇农"的产生、扩大,佃农的"雇农化"有一个历史过程。

佃农的"雇农化"同佃农的"贫农化"一样,也是佃农贫困化的产物,是佃农丧失生产资料和渐进式破产的产物。前面在讨论租佃形式的变化时,特别考察了地主提供土地以外生产资料的各种租佃形式。这类租佃形式的产生和发展过程,实际上就是"佃雇农"形成和扩大的过程。

原本意义上的佃农不同于雇农。佃农是自备土地以外生产资料、以家庭为单位的独立的生产经营者,以定额或产品分成的方式交纳地租。在正常情况下,这类佃农的收益,包括两个部分:一是劳动报酬,借以维持劳动力的再生产;二是工具、设备折旧,垫支资金及其利息等,借以维持生产资料的再生产。

清末民初以降，佃农入不敷出，日益贫困，无力维修、补充、添置生产工具和设备，掌握的生产资料不断减少，越来越多的生产资料依赖地主提供。佃农随着所供生产资料的种类和数量不断减少，逐渐丧失原有的生产独立性，所得产品数量相应减少，垫支资金及其利息在所得产品中的比重下降，最后只限于劳力报酬（劳动力价格），其身份也蜕变为只供劳力但须同地主一起承担风险的产品分成制"帮工"，亦即"佃雇农"。佃农的"雇农化"程度同佃农丧失生产资料的程度、"帮工式"租佃扩大范围成正比。

因各地租佃习惯、佃农贫困化程度和"帮工式"租佃、"合种"一类租佃形式的产生时间、乡俗惯例不同，地主提供生产资料的种类、数量和相关条件，土地经营和佃农经济地位等，互有差异。

南北比较，北方地区的"帮工式"租佃产生较早，流行亦广，基本模式是地主供给全部生产投资，佃农等同于只出劳力的雇工，分得的产品等同于劳动力价格。而且大部分或绝大部分佃农须由地主借给口粮，在秋收分配产品之前，必须先扣除所借的口粮及其利息，连劳动力价格也已部分提前消费。

"帮工式"佃农因无力负担生产投资，也就相应失去了生产经营的独立性和自主性：由地主提供种子，佃农就无权根据家庭或市场需要自主决定作物品种和土地种植计划；由地主提供耕畜、农具，佃农的土地耕作、田间管理必须服从地主的统一安排、调配，无权根据生产需要自行决定；等等。这些都不同于独立生产经营的传统佃农，而接近于雇工。

尽管如此，这些"帮工式"佃农仍以家庭为生产单位和消费单位，这又与传统佃农相同，而区别于雇工。不过随着"帮工式"租佃的不断扩大、发展、演变，部分"帮工式"租佃已由传统的佃农家庭分散经营改为地主集中统一经营，佃农家庭不再构成一个生产单位，而逐渐演变为地主的"产品分成制雇工"。苏北铜山、萧县、

沛县一带的“锄户”“二八锄户”,山东一些地区的“二八(三七)劈粮食”“二八锄地”“干提鞭”,热河、东北等地的“里青”“里青外住”“里青外冒烟”“半青半伙(活)”,等等,都是这样的“产品分成制雇工”。其中热河一带的“里青”“里青外住”和山东莒南的“干提鞭”最为典型。日本侵略者在1937年进行调查时,按照当地习惯,“里青”和地主家庭成员一起算作地主的家庭劳力;“里青”耕种的土地同长工耕种的土地一样,属于地主“自种”;“里青”所种土地的收获物,全部列入地主的家庭收入,“里青”分走的粮食则列入地主的家庭开支。① “干提鞭”由地主提供耕牛、农具、种子、肥料等全部生产资料,并借给住房(免租金)、口粮,雇工亦由地主支付工资。佃户按牛力分租土地,多的一犋(2头)牛种地120亩,少的1头牛种地60亩。庄稼收获后,先加息扣除种子和所借口粮(“份子粮”),再按佃东“一五、八五”或“一九”比例分成,地租榨取和债利盘剥并重。② 这些佃农都已彻底“雇农化”,是最典型的“佃雇农”。除了产品分成、须和地主一同承担风险外,与普通长工并无质的差别。不仅如此,部分“帮工式”佃农甚至更接近于季节工。某些地区的地主不是进行单一的雇工(长工)耕种或“帮工式”租佃经营,而是采用长工、“帮工式”佃农“接力”的经营模式,

① 参见徐建生、刘克祥:《热河蒙地永佃制下的土地经营和佃农生计》,《中国经济史研究》2014年第4期。

② “干提鞭”佃农借用口粮(“份子粮”)有固定指标和借期,每犋牛借小麦1斗半,高粱、大豆各3斗,分阴历年前、开春种地、开始割麦3次借完;另借䅟子12斗,阴历正月开始,每月2斗。1头牛者减半。麦收还麦,秋收还秋,借1斗还4斗(年息超过800%),全部从“公堆”中扣还。而且,“份子粮”带有强制性,即使佃户自有口粮,无须借用,份子粮“也要在地主田里长着”,收获时如数扣归地主(中共山东分局:《莒南筵沟头、大店三区农村经济调查》,转自张学强:《乡村变迁与农民记忆——山东老区莒南县土地改革研究(1941—1951)》,社会科学文献出版社2006年版,第45—46页)。

由长工翻地、播种后，再交由被称为“锄户”“锄地”的“帮工式”佃农进行田间管理，担当中耕、除草、收割、打场归仓等农活。上述“锄户”“二八锄户”“二八锄地”就是这类“季节工”式的“佃雇农”。

南方地区的“帮工式”租佃产生较晚，分布也不如北方地区广泛，主要有两种基本模式：一种是地主提供耕畜、农具，肥料、种子等则由主佃双方分担；另一种是生产投资全部由地主负担，佃农只出劳力耕种。总的来说，南方地区佃农“雇农化”开始的时间比北方晚，进程亦相对缓慢，纯粹和典型的“佃雇农”数量不太多，大部分属于传统佃农向“佃雇农”演变的过渡形态。其家庭虽已部分失去独立进行生产经营的条件，但仍是一个独立或半独立的生产单位，佃农尚未完全“雇农化”。反映在主佃双方对生产资料的提供方面，以主佃双方共同承担的模式为主，如江苏松江、青浦的“分种田”，都是地主出肥料、种子，佃农出人工、牛工、农具，土地产量按主七佃三或主六佃四分成。① 武进、昆山、丹阳等县的“分种”或“份种”，通常所用肥料、种子，都是业佃各半，收获亦主佃平分。② 嘉定的“分租制”，也是肥料、种子各出一半，收获对半分。③ 江西丰城小袁渡乡“泼水制”租佃中的“田泼田”，同样是由地主提

① 《松江县志》，上海人民出版社 1991 年版，第 301 页；《松江县农村租佃、借贷、生产情况调查》，见华东军政委员会土地改革委员会编：《江苏省农村调查》，1952 年印本，第 205 页；《青浦县农村经济概况》，见华东军政委员会土地改革委员会编：《江苏省农村调查》，1952 年印本，第 15 页。

② 《武进县农村经济概况》，见华东军政委员会土地改革委员会编：《江苏省农村调查》，1952 年印本，第 47 页；《昆山县太平乡农村经济调查》，见华东军政委员会土地改革委员会编：《江苏省农村调查》，1952 年印本，第 154 页；《丹阳县志》，江苏人民出版社 1992 年版，第 200 页。

③ 《嘉定县乡村经济概况》，见华东军政委员会土地改革委员会编：《江苏省农村调查》，1952 年印本，第 82 页。

供一半肥料和种子,不过土地耕种、产品分配有不同特点:土地耕作的人力全部由佃农负担,肥料、种子则各下各的。禾稻成熟,地主、佃农各收一半。①

这些"帮工式"佃农的生产资料供给或分担情况、产品分配办法,不尽相同,但佃农所得产品中还保留着若干数量和比例的投资回报,江苏吴县的产品分配办法清楚地反映了这一点,该县20世纪初开始开垦的荡田,一般是地主出种子,收获后先扣除种子,然后进行产品分配。分配比例则视生产成本的分担情况而异:工具、肥料、种子若由双方分担,则产品对半分;如果工具、肥料、种子全部由地主负担,则主六佃四分配。② 前者的"产品对半分"中,即有一成产品属于佃农的生产资料投资回报。

当然,佃农"雇农化"不会长期停留在这种过渡形态,还在继续演进。佃农由于入不敷出,家境日益艰窘,负担生产投资的能力不断降低,地主提供的生产资料比重不断上升,由地主提供全部生产资料、佃农只供劳力的情况也越来越多,这些"帮工式"佃农也更加接近于纯粹的雇工或雇农。虽然各地产品分配的具体办法,互不相同,但都只是劳动力价格:如上述吴县佃农,工具、肥料、种子既有主佃双方分担的,也有全部由地主负担的,后者佃农所得的4成产品,即全部是劳动力价格。江西高安,由地主提供生产投资的"代耕制"分配办法是,先将地主投资从产品中提出,然后主佃平分。③ 嘉定的习惯是,"分租制"如是佃农单出劳力,则产量主六

① 中南军政委员会土地改革委员会调查研究处编印:《中南区一百个乡调查资料选集·解放前部分》,1953年印本,第126页。

② 中共苏州地方委员会调研室:《吴县渡桥乡新河村荡田调查》,见华东军政委员会土地改革委员会编:《江苏省农村调查》,1952年印本,第292页。

③ 《高安县志》,江西人民出版社1988年版,第78页。

佃四分配。[①] 吴县有一部分鱼池,也是由业主负担养鱼资本,佃农只出劳动力,收益业七佃三分配。[②] 在浙江,佃农只供劳动力的“分种”“分租”更广,产品分配办法也更多,其中不少是按某一比例分配产品,比例多为“主六佃四”,重者“主七佃三”“主八佃二”,并有正产、副产之分,或只分正产,副产归佃户,或行“熟熟分”,稻草、麦秆也不例外;或按面积分割田禾,如嘉兴,有的种18亩,13亩归地主,5亩归佃户,有的种31亩,21亩归地主、10亩归佃户,等等;或收获物全部归地主,付给佃农一定数量的“工钱米”,上虞通常为每亩5斗米;在嘉兴,按面积分割田禾的叫“分种”,付给佃农一定数量工钱米的叫“包田”。[③] 有些佃农除交纳规定租额外,还要随叫随到,为地主提供无偿劳役。[④]

上述产品分配办法多种多样,但有一点是相同的,即地主所得包括地租和生产投资回报两部分,而佃农所得却只有劳动报酬,即劳动力价格。这些贫穷破产、只能提供劳动力和获取劳动力价格的“帮工式”佃农,也就不再是处于“过渡形态”,而是产品分成制“佃雇农”了。不仅如此,那些按约领取“工钱米”的“包田”佃农,已经不是上述意义上的产品分成制“佃雇农”。因为在雇用方式和性质上,他们和伙食自理的计件工没有分别,与其称之为“佃雇

① 《嘉定县乡村经济概况》,见华东军政委员会土地改革委员会编:《江苏省农村调查》,1952年印本,第82页。

② 《吴县租佃情况调查》,见华东军政委员会土地改革委员会编:《江苏省农村调查》,1952年印本,第194页。

③ 中共浙江省委工作队:《嘉兴县高照乡农村经济调查》,见华东军政委员会土地改革委员会编:《浙江省农村调查》,1952年印本,第89页。

④ 《浙江省农业志》上册,中华书局2004年版,第297—298页;中共浙江省委工作队:《嘉兴县高照乡农村经济调查》,见华东军政委员会土地改革委员会编:《浙江省农村调查》,1952年印本,第89页。

农”,倒不如说他们就是领取计件工资的“包工”或雇工。不过这并不意味着封建租佃关系朝着带有某种资本主义因素的地主雇工经营的方向演变,而只是标志着封建租佃制度走到了尽头,已经没有回旋或自我修复的余地,彻底废除封建土地制度和封建租佃制度是唯一的选择。

三、地租剥削的恶性加重

由于商品经济的发展,地主日趋奢靡,家庭开支增加,地租剥削加重,原本就是封建租佃关系发展的一般规律。20世纪三四十年代,因为特殊和严酷的历史条件,农业生产衰退,农民收支严重不敷,地租负担能力大幅下降;而这时的封建地主,内部结构发生变化,官僚、军人、豪霸成为主体和核心,政治上异常反动、凶残,生活上日益奢靡、腐化,需求和贪欲大幅膨胀。地主阶级为了满足空前奢靡的生活需求,并将日伪劫夺和国民党政府的税捐摊派全部转嫁到农民头上,对农民的地租压榨无所不用其极,对传统压榨手段变本加厉、花样翻新,同时又增添了一大批压榨地租的新招、狠招:增加正租变本加厉,加幅扩大、间隔缩短,不择年成,想加就加,形成加租普遍化、经常化、频密化、手段凶残化的态势。个别地区的地主受制于传统,无法随心所欲地加租,于是要弄手腕,改变征租方式和产品分配办法,或分配前在“公堆”中先扣除本应由地主负担的各种费用(如税捐、交税脚力钱等),而后主佃平分,或先行主佃平分,地主分得一半(谓之“大租”)之后,再从佃农所得的一半分走10%,谓之“小租”,或“逢十抽一”,佃农所分产品达到10斤(升),地主就从中提走1斤(升),这可谓之曲线增租;增加押租花样翻新,征收范围空前扩大,定租要交押租,分租、劳役租也要交押租,押租征额节节上升,增押、增租交错或同时进行,你追我赶,

形成高押、高租的“双高”态势。押租还同高利贷相结合，欠交押租按借贷取息，或以耕畜、家产甚至人身抵押，又利用币种变换、通货膨胀反复换算等手段，加征、吞没押租；征收预租得寸进尺，名目增加，预收年份延长，预租时间和租额由一年加大到二年、三年，预租同高利贷紧密结合，延交、欠交预租按借债付息；竞标招佃心狠手辣，因人多地少，佃农竞佃激烈，竞标招佃增租，简单易行，也非常奏效。租期最长3—5年，一般仅一年，在那些人多地少、竞佃激烈和商业较发达的地区，这种增租方式简单易行，非常有效。那些拖家带口、困于土地饥渴的贫苦农民，抱着吃亏一年以渡过当前难关的“病急乱投医”的心态，往往高租落标，唯恐有失，往往跌入陷阱，地主轻而易举达到了增租“最大化”的目的。更为狠毒者，租佃根本没有年限，往往常年招标，只要有人投标，不论现耕佃农是否欠租或违规，谁出租额高，地就抽给谁种，原佃即被撤换。既实现了“地租最大化”，又分裂、离间了佃农队伍；额外浮收贪得无厌，强迫无偿劳役，请酒待饭，勒索鸡鸭土产，代完税捐差役，大斛大秤浮收，名目之多，条件之苛刻，旷古未有。地主的逼租手段也愈加凶残和暴力化，雇用警察、差役或流氓催租，武力或暴力逼租，采用劫夺、绑架、勒索、捉拿、拘禁、关押、酷刑、拷打等非法和私刑手段勒租、逼租，甚至草菅人命，成为地主勒租逼佃的新常态。

（一）超经济强制的强化和地主空前凶残化

明清以降，迄至20世纪二三十年代，随着城乡商品经济和近代资本主义的发展，地租租制由劳役地租而实物地租、货币地租，由实物分成租制而定额租制的演进，以及押租制和预租制的产生和流行，封建依附关系松解、经济强制取代超经济强制，成为历史发展的一般趋势。

然而，20世纪30年代后，由于土地革命失败，地主疯狂反扑；

日本帝国主义发动全面侵华战争,一些地主投降卖国、为虎作伥;日本投降后,蒋介石国民党发动内战,地主又加紧投靠国民党反动派,进行垂死挣扎。在这种特殊背景下,出现了一种反常的历史现象:一方面,押租恶性膨胀,预租广泛流行;另一方面,原本趋于松弛的封建依附关系和超经济强制发生逆转和空前强化,封建地主阶级压迫农民、催租逼佃空前凶残化。

土地革命失败后和日本全面侵华战争期间,封建地主,包括那些过往并不熟悉和热衷政治的"土地主",变得空前政治化、反动化:勾结官府,投降日本,为虎作伥,杀害抗日和革命志士,把持乡村基层政权,掌握武装和枪支,纷纷加入国民党、三青团和其他反动组织,成为其核心骨干。同时牢牢控制族权,参加和控制各种迷信和会道门组织,挑起宗族、村屯矛盾,发动和组织械斗,欺骗、麻醉和分化农民,火中取栗。新中国成立前夕,制造和散布谣言,污蔑和丑化共产党,扰乱人心,妄图垂死挣扎。在地租榨取方面,这一时期农业遭受破坏,农民贫困,地租负担能力本已大幅下降,而地主贪欲膨胀,无限制地提高租额,加重额外苛索,催租逼佃,凶残至极。这既是地主满足贪欲、实现地租和经济榨取最大化的必然手段,亦是进入垂死阶段的封建地主凶残本性的反映。

超经济强制逆转的背后,是封建地主内部结构变化的反复。早在清朝前期,因清政府抑制旧有缙绅,实行"摊丁入地",取消绅衿钱粮优免,加上商品经济发展,农业资本主义因素滋长,缙绅和权势地主渐行衰落,庶民地主开始壮大,成为地主阶级的主体。国民党当政后,实行大地主、大资产阶级专政,封建地主是其政权基础和主要支撑。土地革命期间,蒋介石国民党以地主为社会支柱进行军事"围剿",强化在农村中的法西斯统治,封建地主纷纷投靠国民党,疯狂反攻倒算和残酷杀戮。日本全面侵华战争期间,封建地主又投靠日军、卖国求荣,大发国难财。封建地主预感末日来

临,丧心病狂进行垂死挣扎。在上述历史条件下,封建地主的内部结构变化发生逆转,官僚、土豪、恶霸地主数量大增,成为地主阶级的主体和核心,促成和加速了封建地主政治化、反动化和催租逼佃凶残化。在某些地区,旧地主衰落,而新地主多是通过投身伪军、充当“民团”或乡保头目、勾结官匪,掠夺和霸占田产而上升为地主的暴发户,因而“在政治上日益残酷和凶恶”。①

这一时期封建地主空前政治化、反动化,其突出表现是,地主普遍贪索文武官职,迷恋政治权力和政治虚荣,为此拉帮结伙、不择手段谋财害命,尤其是那些可以不离乡土,直接鱼肉佃农、乡邻的区、乡、保长一类农村基层官职,以及保安队长等地方武装头目,成为地主谋取和争夺的重要目标。大量调查资料显示,这一时期的区、乡、保一类农村基层政权和地方武装,几乎全部为地主所控制,相当部分甚至大部分地主曾担任区长、乡长、保长、保安队长等职务。如江苏,据对江宁、江阴、常熟3县8个区73个乡的调查统计,地主1864户、9716人中,曾任乡长、保长者481人,区长以上者138人,合计619人,分别占地主户数、人数的33.2%和6.4%。②

其他地区也大同小异,或更为突出。原中央苏区江西宁都刘坑乡,1934年红军转移后,地主即随国民党军队还乡,为了反攻倒算,首先是夺取和控制基层政权,组织地主武装。据调查统计,地主直接掌握乡级政权者占66.6%,间接操纵者占33.3%;掌握保

① 《河南省潢川县十里棚乡解放前的社会情况调查》,见中南军政委员会土地改革委员会调查研究处编印:《中南区一百个乡调查资料选集·解放前部分》,1953年印本,第18页。

② 中共苏南区党委农委会:《苏南农村土地制度初步调查》,见华东军政委员会土地改革委员会编:《江苏省农村调查》,1952年印本,第10页。

级政权者占66.6%,间接操纵者占22.2%。[①] 九江石门乡有大小地主34户,以大恶霸地主胡某(县参议长)为首脑,勾结历任县长形成全县性的统治集团,在本乡则派遣亲信、爪牙把持乡、保两级政权,并掌控全部武器装备。[②] 丰城小袁渡乡有22户地主,直接掌握县、区、乡政权者11户,占总数的一半。其中区级以上者全是地主,乡级9人中,有7名地主,占77.8%。全乡19个保长虽非地主,但都与地主"有血亲关系或为忠实爪牙";全乡20多支公枪,全为恶霸熊某所掌握,而且该恶霸还有私枪4支。[③] 河南潢川十里棚乡29户地主,担任过保长、副保长的有12人,占地主户数的44.4%。[④] 湖南益阳黄家仑乡,乡长、保长不是地主亲自出马,就是由地主操纵指挥。全乡26户地主,直接参加并掌握乡、保政权的占46.2%。[⑤]

有的地方,乡、保政权完全为封建地主所专有,乡长、保长、联保主任等职,或由地主轮流充任,或父死子继,世袭其位,广东普宁塘

① 《土地革命到解放前夕的刘坑乡》,见中南军政委员会土地改革委员会调查研究处编印:《中南区一百个乡调查资料选集·解放前部分》,1953年印本,第98页。

② 参见《江西九江县石门乡解放前的政治经济情况》,见中南军政委员会土地改革委员会调查研究处编印:《中南区一百个乡调查资料选集·解放前部分》,1953年印本,第145、152页。

③ 《江西省丰城县小袁渡乡解放前社会情况调查报告》,见中南军政委员会土地改革委员会调查研究处编印:《中南区一百个乡调查资料选集·解放前部分》,1953年印本,第130页。

④ 参见《河南潢川县十里棚乡解放前的社会情况调查》,见中南军政委员会土地改革委员会调查研究处编印:《中南区一百个乡调查资料选集·解放前部分》,1953年印本,第11页。

⑤ 《解放前的黄家仑乡》,见中南军政委员会土地改革委员会调查研究处编印:《中南区一百个乡调查资料选集·解放前部分》,1953年印本,第58、60页。

湖乡就是属于这种情况，把持地方政权成为封建地主的主要职业。① 有的乡政权和基层武装被掌握在个别地主一家人手中。如湖北江陵三合乡，严姓恶霸地主兄当乡长、弟当副乡长，并掌握乡队武装。②

为了紧密勾结蒋介石国民党，寻找更大的靠山和政治出路，封建地主纷纷加入国民党、三青团，竞选、贿选“国大代表”。在各地乡村，地主是国民党、三青团的基层骨干和核心。前述江苏江宁、江阴、常熟3县8个区73个乡1864户地主中，“参加反动党团特务组织者”416人，占地主户数的22.3%。③ 湖南益阳黄家仑乡26户地主，有15人参加国民党，占该乡26名国民党员的57.7%，5名三青团员则全为地主。④ 茶陵庙市乡18户地主中，14人加入国民党，4人加入三青团，合计18人，占地主户数的100%。⑤ 桂阳县樟市乡，19名国民党员中，地主14人，占73.7%，由两名地主充任区分部书记；另有三青团员21人，两名地主充任区分队长。⑥ 道

① 《地主阶级统治下的塘湖乡》，见中南军政委员会土地改革委员会调查研究处编印：《中南区一百个乡调查资料选集·解放前部分》，1953年印本，第183页。

② 《湖北省江陵县解放前的三合乡》，见中南军政委员会土地改革委员会调查研究处编印：《中南区一百个乡调查资料选集·解放前部分》，1953年印本，第31页。

③ 中共苏南区党委农委会：《苏南农村土地制度初步调查》，见华东军政委员会土地改革委员会编：《江苏省农村调查》，1952年印本，第10页。

④ 《解放前的黄家仑乡》，见中南军政委员会土地改革委员会调查研究处编印：《中南区一百个乡调查资料选集·解放前部分》，1953年印本，第58页。

⑤ 《湖南茶陵县庙市乡土地革命后的二十年》，见中南军政委员会土地改革委员会调查研究处编印：《中南区一百个乡调查资料选集·解放前部分》，1953年印本，第84页。

⑥ 《湖南桂阳县樟市乡解放前夕的政治经济情况调查》，见中南军政委员会土地改革委员会调查研究处编印：《中南区一百个乡调查资料选集·解放前部分》，1953年印本，第42页。

县东门乡,有三青团员10人,地主占9人(内党员兼团员3人),并由地主充任分队长。① 江西九江石门乡,参加国民党、三青团的也多半是地主。②

一些大地主、恶霸地主竞选、贿选、强制票选县"参议员""国大代表"更是不择手段。1947年,湖南桂阳县樟市乡地主竞选县"参议长",有两个农民因没有将票投给地主的指定人,被捆起来灌大粪。③ 1947年湖南茶陵庙市乡地主竞选"国大代表",形成国民党(老年派)、三青团(青年派)两大对立派系,分别成立"文昌会"和"孔道会",大肆招兵买马,"压迫农民,拿谷子入会",为候选人出钱卖命。④ 江西九江县石门乡两名恶霸地主,其中一名地主将投票点移到房亲聚居地,并诉诸武力,拿着手枪迫使农民参加械斗。⑤

不仅如此,一些地主为了占领和扩大地盘,还牢牢控制宗族、统治族众,参加和成立五花八门的反动、迷信组织和会道门。如前

① 《封建统治下的东门乡》,见中南军政委员会土地改革委员会调查研究处编印:《中南区一百个乡调查资料选集·解放前部分》,1953年印本,第67页。

② 参见《江西九江县石门乡解放前的政治经济情况》,见中南军政委员会土地改革委员会调查研究处编印:《中南区一百个乡调查资料选集·解放前部分》,1953年印本,第155页。

③ 《湖南桂阳县樟市乡解放前夕的政治经济情况调查》,见中南军政委员会土地改革委员会调查研究处编印:《中南区一百个乡调查资料选集·解放前部分》,1953年印本,第43页。

④ 《湖南茶陵县庙市乡土地革命后的二十年》,见中南军政委员会土地改革委员会调查研究处编印:《中南区一百个乡调查资料选集·解放前部分》,1953年印本,第88—89页。

⑤ 《江西九江县石门乡解放前的政治经济情况》,见中南军政委员会土地改革委员会调查研究处编印:《中南区一百个乡调查资料选集·解放前部分》,1953年印本,第155、157页。

述江苏江宁、江阴、常熟3县8个区73个乡的1864户地主中参加封建会道门组织者391人,有些人更是一身多任,同时参加几种反动组织。[①] 河南潢川十里棚乡,地主大部分都加入了青帮,成为其骨干和主脑。并且组织民团,明里暗里掌握和成立土匪武装进行抢掠。[②] 湖南茶陵县庙市乡,地主参加、操纵的反动和会道门组织,多达9种,既有公开的,也有地下的。"应变自救会"就是接近解放时,恶霸地主和当地国民党、三青团联合发起的"反共"地下组织。公开组织则有"孔道会""文昌会""狗肉会""打猎会",以及纯为地主流氓打手的"十八武士""十六兄弟会",等等。[③] 江西宁都刘坑乡,地主组织"靖卫队""守望队",专门杀害革命干部。[④] 湖南道县东门乡,地主组织民社党、槌子会(以打人维持封建势力为目的),以及普化堂、孔孟道、赐山会、观音会、娘娘会等封建迷信组织。[⑤]

封建地主空前政治化和反动化,在政治上残酷压迫农民,反对和仇恨革命,同时最大限度地强化对佃农的统治和压榨,催租逼佃凶残化。从另一个角度说,地主空前政治化和反动化,实际上又是

① 中共苏南区党委农委会:《苏南农村土地制度初步调查》,见华东军政委员会土地改革委员会编:《江苏省农村调查》,1952年印本,第10页。

② 参见《河南潢川县十里棚乡解放前的社会情况调查》,见中南军政委员会土地改革委员会调查研究处编印:《中南区一百个乡调查资料选集·解放前部分》,1953年印本,第11—14页。

③ 《湖南茶陵县庙市乡土地革命后的二十年》,见中南军政委员会土地改革委员会调查研究处编印:《中南区一百个乡调查资料选集·解放前部分》,1953年印本,第88页。

④ 《土地革命到解放前夕的刘坑乡》,见中南军政委员会土地改革委员会调查研究处编印:《中南区一百个乡调查资料选集·解放前部分》,1953年印本,第101页。

⑤ 《封建统治下的东门乡》,见中南军政委员会土地改革委员会调查研究处编印:《中南区一百个乡调查资料选集·解放前部分》,1953年印本,第67—68页。

催租逼佃凶残化的保证与延伸。

20世纪三四十年代,地主的地租压榨所面临的形势十分特殊:一方面,由于日军烧杀劫夺和伪政权为虎作伥的压榨、奴役,加上残酷的战争环境和国民党政权的税捐苛征,农业生产遭到破坏,佃农加速贫困,耕畜农具和生产资金短缺,生产能力和地租负担能力大幅度下降;货币贬值,物资匮乏,市场萎缩,相应加大了地租榨取特别是地租计量、征收方面的不确定因素。另一方面,地主的赋税负担加重,家庭消费和开支增加,对地租的需求量进一步扩大。在这种情况下,地主对地租的征收愈加迫切和贪婪,榨取和催逼手法愈加凶残化。

豪绅地主麕集,早在同治二年(1863年)就开始设立和运用暴力机构催收地租的苏州,封建地主不仅一直采用"租栈"等暴力机构催租逼佃,到20世纪三四十年代更是花样翻新、变本加厉。单是吴县,20世纪初高峰时,就有租栈1000余家,1936年联合、归并至三四百家,更名"田业代表团",次年改称"农事改进会"。[①] 日本全面侵华战争爆发后,日军占领苏州,留在苏州城内的地主投降和勾结日军,参加汉奸"维持会",对原有"租栈"大肆扩充、强化,将一些小"租栈"联合、改组为更大范围的"公栈",直接由伪警察、伪绥靖队、伪保安队负责催租逼租。抗日战争胜利后,吴县地主又花样翻新,将"农事改进会"改组为"田业联谊会"。其时国民党政府推行"免粮不免租"的赋税和租佃政策,地主对政府的钱粮可以豁免,佃农对地主的租米却必须照纳,此举正中地主下怀,原来的伪警察、伪侦缉队、伪保安队摇身一变,成为国民党的地方武装,加紧为"公栈"逼租效力。"田业改进会"和"租栈"组织也更加严

① 参见邱建立、李学昌:《20世纪一二十年代江南田业会初探》,《史学月刊》2010年第5期。

密、巩固。“田业联谊会”设有“收租总栈”，按自然村及小集镇设若干“分栈”，催粮警察分配到各分栈，每分栈管理几十家或几百家佃户，催逼地租。

苏州属县及其周边各县如吴江、常熟、太仓、青浦、震泽、昆山、江阴、无锡、崇明以及江北的南通、淮安等地，都有地主收租机构或同业组织的建立，名称五花八门。吴江黎里镇早在光绪三十二年(1906 年)即有土豪劣绅倡设“田租会”，拟定章程，每亩捐洋一分，统计田亩五万有奇，即得洋五百余元，雇用差役追租。1945 年、1946 年先后改称“田业改进会”“田业联谊会”，到土地改革前夕全县有租栈 277 家。① 在常熟等地有“催租处”，采用“租赋并征”之法，“指佃完粮”。1946 年常熟县政府的《整顿租风实行办法》规定，凡区镇保甲长都要“挨户劝导佃农，迅速交租”。太仓地主在日军占领期间，投降和勾结敌伪，组织“评租委员会”，设立“催租局”，县有“总局”，区有“分局”或“催租站”。由伪警察、伪保安队催逼地租。日本投降后，由几户大地主为首倡议，召开四县地主代表会议，拟定租额，经国民党政府批准，谓之“官租”，并由县政府发出布告，规定佃农交租限期。② 青浦地主与县政府合组“佃租委员会”，统一收租；崇明则有“田业维持会”，不过活动情况不详。③

① 参见邱建立、李学昌：《20 世纪一二十年代江南田业会初探》，《史学月刊》2010 年第 5 期。

② 《苏南农村土地制度初步调查》，见华东军政委员会土地改革委员会编：《江苏省农村调查》，1952 年印本，第 9 页；《太仓县农村经济概况》，见华东军政委员会土地改革委员会编：《江苏省农村调查》，1952 年印本，第 60—61 页。

③ 润之：《江浙农民的痛苦及其反抗运动》，《向导》1926 年第 179 期，转自邱建立、李学昌：《20 世纪一二十年代江南田业会初探》，《史学月刊》2010 年第 5 期。

在浙江一些地区,旨在保证地租征收的类似组织也相当普遍。1912年,杭州的业主发起组织了“田地业户联合会”,以便“收回业主产权”。杭县地主富绅组织“田地联合会”,“以发展国民自治之能力,保卫个人应得之权利为宗旨”。在嘉兴,因田租收取不易,各业主组织“田业联合会”。其他很多县区,地主群体或地主与当地土豪劣绅、贪官污吏都建有同类组织,有的叫“田业追租局”或“产权联合会”,有的并无名称,“然其性质必与此相仿佛”。[①] 也有的自有武装,控制操控地方政权,直接握有生杀大权。如天目山区于潜县,许多恶霸地主控制了政权,拥有武装,甚至乡长有杀人的权力。该县出租千亩土地的大地主邵展成,曾经打死、饿死七八个农民。[②]

这一时期,无论是普遍设有租栈、“田业会”“催租局”“田租会”一类组织的江浙地区,还是其他地区,地主的逼租手段都愈加凶残和暴力化,雇用警察、差役或流氓催租,武力或暴力逼租,采用劫夺、绑架、勒索、捉拿、拘禁、关押、酷刑、拷打等非法手段勒租,甚至草菅人命,成为地主催租逼佃的新常态。

江苏苏州及周边地区,地主租栈惯用催头、差役以暴力、酷刑逼租,早已恶名昭著。这一时期更是发展到无所不用其极的地步。

苏州豪绅地主除了动用催头、差役催租,还动用催粮警及其他反动武装,抓捕、关押欠租佃农,俗称“吃租米”。有的村受拘押的农户竟然超过一半。如吴县迂里村216户,坐监牢的即达108户。坐牢时须自带伙食,一般在八、九月即被捕,到明年正、二月农忙时

---

① 参见邱建立、李学昌:《20世纪一二十年代江南田业会初探》,《史学月刊》2010年第5期。

② 《天目山区农村情况》,见华东军政委员会土地改革委员会编:《浙江省农村调查》,1952年印本,第10页。

才放出,时间长达半年。当时农村中流行着一句话:"免粮弗免租,公栈凶如虎,文官似强盗,武官赛阎罗。"①日本全面侵华战争期间,地主租栈又勾结、笼络日伪军头子,全部由伪警察、伪绥靖队、伪保安队负责催收地租,头目可从租款中提取一定成数作为报酬,其部下没有报酬,但可下乡抢掠作为补偿。于是大批汉奸武装下乡,大肆抢劫、绑索,不分男女老幼,随意作为"人质"押入城里,勒索的赎金往往多达应交租米的一二倍甚至三四倍。②

同时,地主和"租栈"备有各式刑具,拷打勒逼佃农。苏州地主申某即置有15—69斤的各种洋枷、脚镣、手铐,还有一种木制囚笼,将欠租佃农关进笼里,置于地主宅邸或租栈大门两侧"示众";地主蒋某,则以"抛笆斗"残佃著称,其方法是将佃农放在两爿相合的笆斗里,用绳捆好在地下滚,据说只要滚三次,即使不死,也会伤残。苏州地主勒租逼佃最常用手段是将佃农捆绑在一种特制木架上,掀翻屁股,用竹鞭、藤条等抽打,当地俗称"比"。随着时间的推移,"比"之名目越来越多,手段越来越残忍。地主汪某即以"三比"酷刑对付欠租农民而闻名,所谓"三比"是三天一"小比",五天一"大比",七天一"血比"。据调查,受过"血比"酷刑的佃农不在少数。③

---

①　参见邱建立、李学昌:《20世纪一二十年代江南田业会初探》,《史学月刊》2010年第5期;《吴县斜塘镇三、六二保农村调查》,见华东军政委员会土地改革委员会编:《江苏省农村调查》,1952年印本,第179—180页;陶冶成等:《租栈——血腥的收租机器》,见苏南人民行政公署土地改革委员会编:《土地改革前的苏南农村》,1951年印本,第83页。

②　陶冶成等:《租栈——血腥的收租机器》,见苏南人民行政公署土地改革委员会编:《土地改革前的苏南农村》,1951年印本,第83页。

③　陶冶成等:《租栈——血腥的收租机器》,见苏南人民行政公署土地改革委员会编:《土地改革前的苏南农村》,1951年印本,第83页。

在太仓,一过纳租限期,"田业会"即将佃农押送"催租局",同时网罗流氓上门催收。流氓不只逼租,更勒索"跑路钱""饭钱",不给就拿东西,上告警察局抓捕佃农,戴枷锁,蹲牢狱,地租也层层加码。全县每年每保都有三四户佃农被捆绑坐牢,用来恐吓其他佃农,令其火速交租。① 无锡梅村区薛姓地主动辄以"抛笆斗""吃毛竹筷""坐冷方砖"等残酷刑具对付欠租农民。薛典乡佃农邹于举,偶尔一次欠租,便被抓去吊打,用去10余石米才保出来,治伤医药费又用去不少。该县堰桥乡地主不仅以国民党政府为后台,成立"追租所",采用暴力追租,而且勾结土匪,用"土匪催租"等手段鱼肉农民。② 昆山、常熟地主残害欠租佃农的方法也残酷、多样,计有游街、锁庭柱、栽田、站笼、人质、戴枷、滚笆斗、拷打、开差船、放水灯等24种。不少地主备有手铐、脚镣、铁锤、棍棒等凶器,扣押吊打农民,逼得无数的农民家破人亡。据常熟大义区11个乡的统计,农民受地主残害的共有2716人,其中吃租米官司的970多人,被逼逃亡的350人,坐牢致死的47人,直接被逼死的51人,送弃婴儿和小孩的有1200多人。③ 江阴地主同官府相勾结,对佃农苛征酷逼,县有专门机构为地主追租,乡设"催租委员会",有规定租额、捕关、吊打佃农的特权。有的地主庄园还备有牢房,

① 《苏南农村土地制度初步调查》,见华东军政委员会土地改革委员会编:《江苏省农村调查》,1952年印本,第9页;《太仓县农村经济概况》,见《江苏省农村调查》,1952年印本,第60—61页。

② 苏南区农民协会筹备会:《无锡县梅村区四个乡租佃、债务情况调查》,见华东军政委员会土地改革委员会编:《江苏省农村调查》,1952年印本,第213页;《无锡县堰桥乡农村概况》,见华东军政委员会土地改革委员会编:《江苏省农村调查》,1952年印本,第132页。

③ 中共苏南区党委农委会:《苏南农村土地制度初步调查》,1952年印本,见华东军政委员会土地改革委员会编:《江苏省农村调查》,1952年印本,第9—10页。

私设公堂，任意捕关、拷打佃农。[①] 句容地主则用私牢关押欠租佃农。地主华某，五年中关押过400多名农民，有些就被杀死在牢里；地主廖在康，更备有煮人锅，将农民打死，碎尸煮熟喂狗。[②] 溧水一些地主则专门修筑堡垒，用以关押佃农。[③]

苏北地主催租逼佃，凶残程度一如苏南，甚至有过之而无不及。启东地主雇用警察逼租，据称"这类事件很多"。[④] 东台地主赵某更是毫无人性，用"一马拖尸"的酷刑残害佃农，"把不缴租的佃农拖在马背后跑"。[⑤] 最后将其活活拖死，残忍和惨烈程度不亚于"五马分尸"。睢宁地主夏某的狗腿子，向农民魏树德追租未遂，即将魏妻押走抵租，魏妻的两岁小儿跟着哭喊，狗腿子一刺刀将其戳死，并扔出老远说："去狗肚里喝汤吧！"[⑥]

安徽、浙江、福建一些地区，地主也都以拘捕、关押的暴力手段催逼地租，甚至侵占农民土地，强奸、强占妇女，草菅人命。安徽灵璧，地主、豪强勾结官府，称霸一方，不仅对农民进行地租压榨和高

---

① 《江阴市志》，上海人民出版社1992年版，第227页。

② 中共苏南区党委农委会：《苏南农村土地制度初步调查》，见华东军政委员会土地改革委员会编：《江苏省农村调查》，1952年印本，第9、10页。

③ 中共苏南区党委农委会：《苏南农村土地制度初步调查》，见华东军政委员会土地改革委员会编：《江苏省农村调查》，1952年印本，第9、10页。

④ 龚如言口述：《佃农生活》，见姚谦编著：《张謇与近代南通社会：口述实录（1895—1949）》下册，方志出版社2010年版，第60—61页。龚如言，1907年生，退休教师，住启东县聚阳镇，1992年7月21日采访。

⑤ 张广力口述：《几户地主》，见姚谦编著：《张謇与近代南通社会：口述实录（1895—1949）》下册，方志出版社2010年版，第124页。张广力，1920年生，南通县刘桥镇党委书记（离休），住东台市新桥镇东闸村一组，1997年6月13日采访。

⑥ 潘正芳：《旧事杂忆》（《睢宁文史资料》第7辑，1992年3月），转自马俊亚：《近代苏鲁地区的初夜权：社会分层与人格异变》，《文史哲》2013年第1期。

利贷盘剥,而且凭借权势,侵占土地,强迫劳役,拉丁勒索,甚至强占妇女、私设监牢、草菅人命。据土地改革时的不完全统计,全县被斗争的恶霸地主,直接杀害农民 1856 人,间接杀害农民 2882 人,强奸、强占妇女 3292 人,吊打农民 17999 人,霸占土地 1630 亩、牲畜 870 头、房屋 3299 间,敲诈勒索财物无数。① 临泉地主不但以土地剥削农民,而且还私设法庭,统治和压迫农民,如吕砦、潘砦、王盐店、殴坡等地地主皆设有法庭,非法没收群众家产,周砦佃农洪万一,想卖木料,地主向他借,洪不肯,其家产即被地主法庭借故没收。因此,农民平日对地主的话不敢说一个"不"字,否则"就是拉壮丁(地主敲诈农民的最毒的手段),就是法庭,就是黑枪,就是倾家荡产"。② 在安庆、怀宁、桐城一带,地主十分贪婪而又凶残,佃农常受地主的欺诈、威胁、凌辱,甚至因而家破人亡者亦不鲜见。桐城法华乡吴四道种地主叶季达的田,采用"勘租",有一年灾荒,吴因先割稻后报灾而犯了"规矩",不但要照好年成交租,并遭毒打、关押;地主刘子卿在厨房前桂花树上吊一根绳子,就是专打佃户的;法华乡地主"母老虎"的佃户徐黑皮有病未给她舂米,"母老虎"硬说他欠 13 石租子未交,将他拘押,后徐因无法交出,被迫全家远逃广西南宁。该地农民先后被"母老虎"抓进牢狱或逼死者多达 12 人。③

浙江余姚有一种"大租地",1927 年前亦称"官地",农民租种谓之"顶地",每亩须出"顶费"银洋十三四元(折皮花 50 斤),按当地惯例,佃户五年不交租,地主可以抽佃。1927 年以后,地主以拘

① 《灵璧县志》,浙江人民出版社 1991 年版,第 86 页。

② 《临泉县农村经济调查》,见华东军政委员会土地改革委员会编:《安徽省农村调查》,1952 年印本,第 41 页。

③ 《安庆专区农村土地关系》,见华东军政委员会土地改革委员会编:《安徽省农村调查》,1952 年印本,第 31 页。

押的暴力手段,取代原来撤佃的经济手段,如佃户不交租,地主就勾结官吏,将佃户拘捕送牢,佃户只得变卖房地,取款交租赎人。[①] 福建一些地方,地主豪绅强行霸占农民田产,残害人命之事也时有所闻,海澄镇黎明村地霸头子黄河东,仅他手下的一个头目就吃了18颗人心。[②] 在沙县,乡、保既是国民党政府机构的农村基层组织,又是地主压迫、残害农民的工具。地主利用乡,保暴力机构为其催租逼佃。大地主郑士良就是派乡兵为他催租。沙县习惯,立冬、白露是地主收租收债的日子,也是佃农最难度过的苦难日,因为这天交不起租就要挨打、坐牢、撤佃。徐法庆就因交不起租被地主范某打倒在地;郭法节因交不起租被国民党政府押了两个月,交清租才释放;钟书泉1949年立冬没按时交租,就被地主撤了佃。[③]

在工农革命根据地及周边地区,尤其是老苏区的基本县份,自国民党占领苏区以后,逃亡地主以及一部分投降敌人的叛变分子,依靠国民党政权,压迫和敲诈勒索农民,发财起家,在原苏区不仅老地主复辟,又产生了一部分新的地主。而这些地主多数与特务、土匪以及各种封建会道门直接勾结,甚至本人就是其中的头子,所以"在政治上特别反动"。[④] 他们直接把持基层政权,自有武装,疯狂反扑和反攻倒算,还强迫农民捐款购买枪支,作为统治和残害农民的工具。日本全面侵华战争期间,又投降和勾结日军,迫害佃农

① 《余姚县潮界乡第二村调查》,见华东军政委员会土地改革委员会编:《浙江省农村调查》,1952年印本,第202页。

② 《福建省志·农业志》,中国社会科学出版社1999年版,第41页。

③ 《福建沙县赤珠保封建剥削情况》,见人民出版社编辑部编:《新区土地改革前的农村》,人民出版社1951年版,第23—24页。

④ 刘俊秀:《江西农村阶级关系与各阶层土地占有的初步研究》,见人民出版社编辑部编:《新区土地改革前的农村》,人民出版社1951年版,第52页。

和乡邻,主佃关系和政治生态发生了重大变化,地主用政权暴力催租逼佃更加普遍。江西宁都,地主持枪逼租,借机明火打劫成为常态,刘坑乡大地主芦某,农民如不交租,即带枪下乡催逼,强迫农民供奉鸡鱼大肉酒席,如菜不好即将桌子掀翻,碗打破,这就是地主所说的"打租饭"。① 九江石门乡,贫农胡进荣租种地主胡某的10.7亩田,1941年偶欠一二担租实在交不起,胡在腊月二十六日将他的一只猪赶走,连其家里仅有的二担芋头也挑走,还说"不够抵交",将胡进荣送沙河乡坐牢;蔡增春租种另一恶霸地主胡某田8.7亩,也因交不起租而坐牢;贫农林家焕因交不起租,地主即拿走他家的用具抵租,并打他耳光。② 湖南桂阳樟市乡,地主对佃农稍不遂意,"即兵枪齐出,将农民捆起施以毒刑"。③

在原苏区和南方农村,封建宗族特别是会道门组织及其统治,这一时期也明显扩张和强化。江西许多村庄,除封建宗族外,还有二三十种以上的社团、会道门组织,如红帮、青帮、新建社、保产团、军界建新社、堂会、七支会、九支会、四年团、神社等等,最多者为兴国县长迳村,竟达95种。各地的所谓"户长""方长""族长""会社长",差不多都是地主恶霸担任,他们对农民有无上权力,任意施行各种非法压榨、盘剥。这些宗族社团又都占有相当多的土地,

① 《从土地革命到解放前夕的刘坑乡》,见中南军政委员会土地改革委员会调查研究处编印:《中南区一百个乡调查资料选集·解放前部分》,1953年印本,第101页。

② 《江西九江县石门乡解放前的政治经济情况》,见中南军政委员会土地改革委员会调查研究处编印:《中南区一百个乡调查资料选集·解放前部分》,1953年印本,第153页。

③ 《湖南桂阳县樟市乡解放前夕的政治经济情况调查》,见中南军政委员会土地改革委员会调查研究处编印:《中南区一百个乡调查资料选集·解放前部分》,1953年印本,第42—44页。

据湘、赣、鄂3省调查,公族田一般占耕地15%以上,广东一般占30%,西江地区最多占40%,有的县甚至占到60%。这些土地完全为地主恶霸所操纵,归他们收租管理,任意贪污挪用,甚至完全霸占。宗族、祠堂、会社、会道门组织,不仅成为地主恶霸催租逼佃的有力工具,而且也是本身利益所在,因而大大加强了地主恶霸催租逼佃的威势和凶残程度。①

在湖南、湖北、河南等地,地主"依仗政治权势随便打骂佃户,奸淫佃户妻女亦是极普遍的"。② 湖南封建地主政治上的反动和统治手段的毒辣,异常突出。他们利用衙门保甲(政权),团防土匪(兵权),祠堂宗法(族权),公私学堂(学权),庙宇会门(神权),20世纪三四十年代,更借国民党的党、团、参(议会)、特(务),将农民束缚得紧紧的。这在滨湖和湘西表现得最为明显。滨湖是"强管洲,霸管水"的世界,谁有权有势,谁就可以占地挽垸。争夺洲土时,佃户被双方"洲土大王"驱使互相残杀,最野蛮者有将对方佃户抢来杀掉,用锅子煮人肉吃的。湘西是"有枪就有势,有势就有官"。土匪、恶霸、地主三位一体,自筑寨堡、自设关卡、自立公堂烧杀劫掠,武装和刀枪催租逼佃更是家常便饭。③ 湖南沅江大地主王一华,往往在青黄不接时,强迫佃户提早交租,枪兵催逼。交不起的就记在账上,秋后以每石谷五斗利索还。1937年提早收

① 张根生:《中南区各省农村社会阶级情况与租佃关系的初步调查》,见人民出版社编辑部编:《新区土地改革前的农村》,人民出版社1951年版,第30—31页。

② 张根生:《中南区各省农村社会阶级情况与租佃关系的初步调查》,见人民出版社编辑部编:《新区土地改革前的农村》,人民出版社1951年版,第39页。

③ 李锐:《湖南农村的状况和特点》,见人民出版社编辑部编:《新区土地改革前的农村》,人民出版社1951年版,第67页。

租时,有个曹姓佃农,被逼情急,打伤了两个催租的枪兵,第二天王一华即通知乡公所增派2挺机枪、12个枪兵,捉拿该佃,说他是"暴徒",立即枪杀。众佃户畏于王一华淫威,只能忍气吞声,任凭摆布。① 道县地主不仅收租锱铢必尽,催租逼租更是草菅人命,凶残至极,惨案频生,不少佃农因地主逼租被迫卖妻、自杀,甚至被打死。东门乡佃农熊俊竹因地主催逼,卖妻偿还4石欠租;佃农吴志月因1946年虫灾严重,收成剧减,租谷未能如数完交,地主何枢臣即抬猪抵租,并且用铁棍殴打吴志月,吴因伤、辱而死,其弟也因被逼租上吊自尽;1947年秦姓佃农送租只少了两斤,地主何剑秋强令挑回补足后才收,秦争辩了两句,何抡起扁担就打,秦回家后即卧床不起,未几丧命。②

在广东、云南等地,地租剥削残酷,催租逼佃手段毒辣,地主甚至以虐杀佃农为乐。广东惠阳沥林乡,贫农谢进求租了大地主谢儒宗0.7亩田,母亲替他做田工,自己给他放牛,每年还要交204斤租,有一年因欠了80斤租谷,谢儒宗即把他家中一头50斤的猪抬走,谢进求母亲请求退回多余的谷,谢儒宗拔出手枪威吓说,"你敢再问就把你打死"。③ 云南易门县一带,租额高,条件严酷,"荒田不荒租",即使颗粒无收,租谷一粒不能少。田种得好要加

① 力文、方堤:《是谁造成贫困与灾难——记封建土地制度下的洞庭湖滨农村》,见人民出版社编辑部编:《新区土地改革前的农村》,人民出版社1951年版,第140页。

② 《封建统治下的东门乡》,见中南军政委员会土地改革委员会调查研究处编印:《中南区一百个乡调查资料选集·解放前部分》,1953年印本,第69—70页。

③ 《广东惠阳县沥林乡解放前的经济结构与阶级情况》,见中南军政委员会土地改革委员会调查研究处编印:《中南区一百个乡调查资料选集·解放前部分》,1953年印本,第169页。

租，农民交不起租税，不仅要抽田、吊打、坐牢，而且被驱逐出境，以致倾家荡产、走投无路。① 宣威地主安某将干枯的“树胡子”（生于松山上可作菜）绑在佃农身上，泼油点燃，让他在树林里乱跑，自己坐在椅子上拍手大笑，看到他死后还说：“该死该死，这个笨牛养的干啥，聪明的只要睡在地下几滚就熄了，那会像山耗子（老鼠）乱跑。”被这样虐杀的佃户不知有多少。② 昭通地区的一些地主，直接掌握政权和武装，实行封建割据，对农民统治、迫害、剥削和掠夺极其残酷。巧家县的几个大地主有上千人的武装，常强迫农民替他们争权夺利“打冤家”。地主陆某一次强迫农民过金沙江“打冤家”，死亡 260 余人；彝良大地主私设法庭，强迫农民缴纳的租税多达 36 种。除了各种物租之外，还有“人租”，即每户农民每代须有 1 人当丫头或长工；地主对农民的刑罚多达 120 种，可以任意处死农民。③

河南卫辉，封建地主凭借手中权势、武装催租逼佃，镇压和迫害农佃，也凶残到极点。如该县正面村大地主阎玉德，1938 年当上县政府“常备大队长”，与县长结为把兄弟，拥有私人武装 100 余人，步枪 100 余支、机枪 4 挺、冲锋枪 2 支、手枪 20 把，占有耕地 477 亩，开设烟土厂，凡是欠交地租的佃农，全部刑讯、处死。据不完全统计，仅正面一村，因交不起地租等原因，被阎玉德杀害的无辜农民就有 59 人。④

东北一些地区，地主逼租也十分凶残，后果惨重。辽宁凤城大

---

① 《易门县志》，中华书局 2006 年版，第 199 页。

② 小羊：《宣威县租佃关系概况》，见人民出版社编辑部编：《新区土地改革前的农村》，人民出版社 1951 年版，第 99 页。

③ 《昭通地区志》上卷，云南人民出版社 1997 年版，第 417 页。

④ 《卫辉市志》，生活·读书·新知三联书店 1993 年版，第 271 页。

地主夏福忱向贫农卢广仁凶残逼租,卢无奈将儿媳卖掉,儿媳服毒自杀。①

地主催租逼佃凶残化,所“催”之租,当然不限于正租,一切额外剥削,包括应由地主承担的税捐,以及各种劳役,也都以凶残手段催逼、转嫁,稍有差池,即重刑惩处,甚至枪杀。如苏北泗沭县②大地主史某,因佃户邓六应差迟到,史某立即坐家升堂,将年过半百的邓六吊打一顿,并要他说“越打越欢喜”。而且对史某来说,吊打已是轻的,重则要杀头、活埋。事实上史某就已经杀过和活埋过 4 人。③ 日军侵占苏北后,按田亩摊派伪费,每亩每年 1 石以上,本应由地主负担,但地主将其全部转嫁给佃农,庄头拿大棒逼着佃户将粮食送给伪军,不送就打。敌伪又按田亩“预借”麦租,每亩 2 斗至三四斗以上,地主亦转嫁给佃户,淮安一佃户因一时交不出,被地主绑在树上一枪打死。④ 在安徽灵璧,地主强制佃户无偿为其耕种或作杂役,中岗恶霸地主鲁赞臣规定 3 个佃户一轮 10 天为其家干活,长年不停;袁集地主袁协臣有耕地 1200 亩。自留 100 多亩由佃户代为耕种。在农忙季节,佃户必须先把地主的农活干完,才能在租地上为自己劳动。否则地主便以殴打、关押等残酷手段进行惩罚。⑤

如果地主本人是国民党军政大员,是凶残和暴力的化身,不一

---

① 《凤城市志》,方志出版社 1997 年版,第 535 页。

② 1941 年根据抗日战争形势发展的需要,建立淮海抗日根据地,并成立泗沭县,新中国成立后撤销,并入泗阳县。

③ 《苏北农村封建剥削种种》(1946 年 12 月调查),见华东军政委员会土地改革委员会编:《江苏省农村调查》,1952 年印本,第 438 页。

④ 《苏北农村封建剥削种种》(1946 年 12 月调查),见华东军政委员会土地改革委员会编:《江苏省农村调查》,1952 年印本,第 437 页。

⑤ 《灵璧县志》,浙江人民出版社 1991 年版,第 87 页。

定直接使用凶残手段催租逼佃,但后果一样惨烈。湖南湘乡地主毛炳文,系国民军军团长、国大代表、湖南省政府委员,其妻所管首善乡徐家湾水田 56 亩,佃与彭彰福耕种,每年纳租 114.5 石,1944 年日军入侵,无法耕种,颗粒无收。翌年冒险下耕,收成也很差。光复后,毛即派周、陈两名副官上门逼索 1944 年、1945 年两年租谷,佃农当即交租 102 石,其余立据认欠。1946 年,毛除收当年租谷外,又索上年欠谷,如不交清,即令解佃,彭变卖农具凑数,尚差大半,请求缓交不允,又借贷无门,被逼服毒自杀。①

封建地主尤其是官绅豪门,固然催租逼佃凶残成性,就是一些以新式企业装潢门面的垦殖公司,也都以凶残催租勒佃为能事。位于苏北大丰县的裕丰公司是典型例子。该公司名为农垦"企业",却是沿袭旧式租佃,而且条件苛刻。虽然采用主佃对半分成(后几经佃农强烈反抗,改为主三佃七分成)的"议租"制,佃农租地必须先向公司缴纳每亩 0.3 元的"写礼费",每亩 1—3 元的"顶手费"(即押金,约相当于地价的 30%—50%),种子、肥料、生产工具(包括耕牛)均由佃户自理。每年白露节前后(收棉花前一个月左右)公司"先生"(管事)由长工推车到佃户家中吃住,一日三餐酒肉恭奉,美其名曰"议租",佃户却无权参议。1921 年,西渣乡村民曹春树逃荒到公司打短工,忍饥挨饿,拼死拼活挣了几个钱,1936 年用来缴纳"写礼费"和"顶手费",租种公司一块田,公司强定每亩租花 22 斤,但曹所收棉花全部交租还不够,即被公司保安队扣押。后因确无油水可榨而放出,但所租田地全被公司夺走,两间滚龙草棚也被烧毁。曹春树全家被迫再次逃荒,流落他乡。②

在封建地主催租逼佃凶残成性的情况下,一些没有权势、无

① 《湘乡县志》,湖南出版社 1993 年版,第 125 页。

② 《大丰县志》,江苏人民出版社 1989 年版,第 103 页。

力凶残以挺的中小地主,以及某些寺庙,往往投靠土豪官绅或乡保长,狐假虎威,达其凶残勒逼佃农的目的。如湖南沅江,每逢秋收,地主以催租为名,到佃户家吃喝,并要请当地豪绅作陪,以壮威势。被请的豪绅既显威风,又饱口福,何乐而不为。这种狐假虎威的催租行径,加上每逢年节,强迫佃户给地主送湘莲、鸡鸭、鱼虾等土特产品,乡人称之为"打租"。① 江苏镇江焦山寺的地租,则全由乡公所自卫团"帮收",而帮收的所有费用,又都加在佃农头上。②

这一时期的超经济强制强化、地主催租逼佃凶残化,还必须提到的是苏北、鲁南地区的地主"初夜权"。

苏北、鲁南地区的地主"初夜权"由来已久,但起始和形成时间、发展演变过程不详,早期记载稀少,亦不连贯。20世纪三四十年代,有关"初夜权"的记载突然多了起来,而且相当具体,这是"初夜权"恶性膨胀的直接反映。资料显示,"初夜权"主要发生在有直接人身支配、经济奴役关系的地主和佃农之间。20世纪三四十年代,苏北、鲁南地主加速政治化、武装化、反动化、腐朽化,通过担任军政职务和卖国投敌,扩大威势,"横占土地,鱼肉人民"。农民贫穷破产,"非特中贫农不能上升,富农多数降为佃户"③,租佃关系相应扩大,佃农地租负担能力下降,地主不仅催租逼佃愈加凶残,而且"淫威"恶性膨胀,"初夜权"地域扩大,并由施行"初夜权"演变成肆无忌惮地奸淫、霸占佃农妻女。

---

① 《沅江县志》,中国文史出版社1991年版,第202页。

② 《苏南宗教土地情况调查》,见华东军政委员会土地改革委员会编:《江苏省农村调查》,1952年印本,第265页。

③ 《山东抗日民主政府三年工作总结及今后民主政治建设方案》,见马俊亚:《近代苏鲁地区的初夜权:社会分层与人格异变》,《文史哲》2013年第1期。

迟至20世纪三四十年代，苏北、鲁南地区的“初夜权”，已经不是什么“潜规则”，而是一种“不成文法”，佃农根本无力抗拒。苏北一些地方的情况是，“佃户娶妻，首先要让地主睏过，然后可以同房”。[①] 在鲁南，佃贫人家新婚，新娘要由地主行使“初夜权”；鲁南临沂一个有400多户的村庄，庄主兼族长张某占有全村土地，也同时享有全村新婚女子的初夜权，“谁家娶新娘子，先要被他睡三晚”。[②]

随着时间的推移，地主“初夜权”很快演变为肆无忌惮地奸淫、霸占佃农妻女，且愈演愈烈。先是乘催租之机，“居佃民之舍，食佃民之粟……或淫其妻女”。[③] 继而公开要求佃户献上妻女供其淫乐。[④] 最后，“地主对佃户的妻女，可以随意侮辱、霸占。或以服役为名，召至家中，或则公然霸占”。[⑤] 这样一来，“初夜权”的时间不再限于“新婚初夜”，而是无限期。泗沭县[⑥]地主周某对雇工妻子实施“初夜权”后，进而长期霸作“小婆子”；宿迁地主马某，有地60余顷、佃户200余家，他看中孙姓佃户17岁的女儿，在该女出嫁当晚，用花轿将其强行抬入自己家中，并长期霸占。同样被

---

① 《苏北农村封建剥削种种》(1946年12月调查)，见华东军政委员会土地改革委员会编:《江苏省农村调查》，1952年印本，第438页。

② 杨杰:《人生曲》，农村读物出版社1991年版，第205页。

③ 李妙根选编:《国粹与西化——刘师培文选》，上海远东出版社1996年版，第288页。

④ 萧县党史办公室、萧县档案局编:《萧县党史资料》(1)，1985年印本，见马俊亚:《近代苏鲁地区的初夜权:社会分层与人格异变》，《文史哲》2013年第1期。

⑤ 《苏北农村封建剥削种种》(1946年12月调查)，见华东军政委员会土地改革委员会编:《江苏省农村调查》，1952年印本，第438页。

⑥ 1941年因建设淮海抗日根据地的需要，设立“泗沭县”，新中国成立后撤销，辖区并入泗阳县。

马某长期霸占的还有王姓佃户的女儿和张姓佃户的妻子。[①] 有的地区,由“初夜权”延伸所霸占的佃户妻女,甚至成为地主恶霸妻妾的主要来源。盐东县[②]大恶霸柏某的5个老婆中,就有4个是强行霸占的。[③]

由于地主集地权、政权、军权、法权、族权于一身,佃农对地主施行“初夜权”和奸淫、霸占妻女的罪恶行径,根本无力反抗,也不敢反抗。否则轻则鞭打,重则招致杀身之祸。苏北沭阳地主徐某奸淫田姓佃户的儿媳,田仅责骂儿媳几句,徐即执牛鞭将田痛打;该县汤沟乡乡长、大地主汤某趁佃户王二娶妻,闯进其宅奸淫王妻。王母劝阻,即被其枪杀。[④]

(二)地主增租夺佃普遍化、经常化和地租新高度

中国封建地主,特别是近代半殖民地半封建社会末期的封建地主,其阶级本质、本性,不可能是满腹儒道、温良恭俭让,以慈悲为怀,或朝这个方向变化,而是日益反动、腐朽、贪婪、凶残。20世纪三四十年代,租佃关系中超经济强制的逆转和强化,催租逼佃的空前凶残化,正是这种反动、腐朽和贪婪、凶残本性的集中表现。因此,在农业生产和社会经济停滞、衰退,佃农加速贫困、难以维持简单再生产的情况下,封建地主不顾佃农死活,不择手段地增加地租、押租

① 参见马俊亚:《近代苏鲁地区的初夜权:社会分层与人格异变》,《文史哲》2013年第1期。

② 盐东县,盐阜抗日根据地设。1942年由盐城县东部析置,1949年撤销。

③ 《苏北农村封建剥削种种》(1946年12月调查),见华东军政委员会土地改革委员会编:《江苏省农村调查》,1952年印本,第438页。

④ 参见马俊亚:《近代苏鲁地区的初夜权:社会分层与人格异变》,《文史哲》2013年第1期。

和额外需索。南北各地所见,地主增租夺佃普遍化、经常化,手段强硬化、毒辣化,几乎无所不用其极;农业生产衰退,土地产量低落,佃农日益贫困,而地租(包括押租)却上升到了一个新的高度。

1. 增租夺佃经常化、手段多样化和毒辣化

地主为了满足自己的贪欲,增租不论收成、时间,不择手段,增租不成,即行夺佃,增租夺佃成风。增租夺佃普遍化和经常化、日常化,是这一时期地租剥削变化的一个显著特点。

20 世纪三四十年代,各地租佃关系中的一个普遍现象是,地主贪婪,地租加重,而灾荒频仍,生产低落,佃农的地租负担能力下降,往往无法按原额交租,主佃矛盾加剧。在某些土地租佃零碎、中小地主尤其是小地主居多地区,只得采用临田分租的折中办法。如福建福州市郊鼓山区一带农村,以往都是采用定租,日本全面侵华战争期间,连年水旱、风灾,水稻收成受损甚大,佃农无法按照定额交租,一再请求宽减;有的虽非硬租,但歉年折扣多寡,并无一定标准,易致主佃双方争执。该地小地主居多,经济外强制力有限。对他们来说,定租的租率虽高,但佃户交纳不起佃租时易被拖欠,分租也并非完全不合算。故自 1937 年后多改为分租,并逐渐形成对分的习惯。①

不过类似福州郊区的情况不多。相反,各种资料所见,而是地不分南北,地主不分大小,只要有需要和可能,就会最大限度地提高租额,采取一切手段进行朘削。江苏崇明,在日军侵占时期,地主"一面逢迎敌人,一面利用敌伪势力,加重对农民的剥削",大肆增租。原租额每千步(合 4. 166 亩)350—500 斤(18 两 3 钱老

① 福建省农民协会:《福州市鼓山区农村调查》(1950 年春调查),见华东军政委员会土地改革委员会编:《福建省农村调查》,1952 年印本,第 31 页。

秤),约占常年产量1000斤的35%—50%,后普遍增至每千步4石(160斤/石),约合每亩1石,租率升至64%。① 泰县,地主见佃户勤于耕作,土质有所改良,即换约涨租,或借口砌房造屋、办婚丧大事,临时涨租。否则,即以摘田夺佃相要挟。大埨庄地主"十聋爹"每届庄稼成熟,即坐车下田巡察,见哪块庄稼长得好即涨租,不同意就摘田,加上重利盘剥,兼并土地,不到10年,其田产即从200多亩增加到500多亩。② 苏北地区,地主可以不分季节,随时随地任意增租、撤佃,增租手段、名目繁多。最常见的有"宝塔租""跑马租""烧青苗"等。所谓"宝塔租",是佃农以相当地价1/3到1/2的押金租进土地,但每年"行租"(额租)不定,产量高时就增加租额,产量降低了不减少,有增无减。三年、五年就加租一次。待农民交不起租时,地主就将田收回。此种租制在东台西部较多。③ 最常用和毒辣的一手还是"烧青苗"。青苗长在地里,尚未成熟、收割,地主却要"涨租",否则即行"拿田"(撤佃),佃户眼看即将收割的庄稼,自然不舍得放弃,或因没办法再找田,被迫答应加租。当地谚语云:"地主想到烧青苗,佃户吓得头直摇。"④南通的"批价田"也同"烧青苗"相似,规定地主可随时涨租,如去年每亩收80斤租,今年可增为每亩100斤。⑤ 如此等等。在浙江余

① 《崇明县封建剥削种种》,见华东军政委员会土地改革委员会编:《江苏省农村调查》,1952年印本,第446、444页。

② 《泰县志》,江苏古籍出版社1993年版,第142—143页。

③ 《苏北地租形式简述》,见华东军政委员会土地改革委员会编:《江苏省农村调查》,1952年印本,第443页。

④ 《苏北农村封建剥削种种》(1946年12月调查),见华东军政委员会土地改革委员会编:《江苏省农村调查》,1952年印本,第434页。

⑤ 黄海山口述:《农民生活苦》,见姚谦编著:《张謇与近代南通社会:口述实录(1895—1949)》上册,方志出版社2010年版,第94页。黄海山,1931年生,南通市唐闸油脂厂退休,住南通市生港镇五星村,2010年7月5日采访。

姚,有一种称为"稍租"的地租形式,始于清朝末年,"地主每年规定租额",择佃承租。初时每亩租银 1 元 5 角,折谷 70 斤。到 1941 年,因受日军全面侵华战争影响,失业人数增加,竞佃激烈,每亩租额涨至 120 斤,"此后租额每年增加",最高达 280 斤。[①] 建德地主则以假卖方式抽回租田,威胁佃农,以便随意提高租额。[②] 山东宁阳一些大地主的规矩是,"歉年收原定地租,好年景提高地租"。[③]

在四川,任意加租是地主的固有权力。江北、巴县的情况是,"地主可以任意撤佃,可以任意加租加押,可以额外苛索";[④]在井研,"农民佃租土地,地主可以任意加租",据千佛乡民建村的调查,刘民生、程仲良等 4 户佃农,于 1914 年租种地主水田 320 挑(3.75 挑折合 1 亩),土 20.8 石(0.24 石折合 1 亩),共交纳押金铜元 2700 吊(相当于 121 石稻谷),每年交租谷 54 石、杂粮 1.5 石,相当于常年产量的 42%。到 1932 年,押金增加到 3500 吊铜元,提高 29.6%,租谷增加到 78 石,杂粮 1.8 石,租额上升 43.37%。抗日战争时期,物价上涨,押金转为稻谷,租额增加到 91 石、杂粮 2 石。到 1948 年,租额又增加到 100 石、杂粮 3.6 石,占常年产量的 78%。34 年内租额提高 85.2%,平均每年提高 2.53%。[⑤]

---

① 中共余姚县委调研组:《余姚县潮界乡第二村调查》,见华东军政委员会土地改革委员会编:《浙江省农村调查》,1952 年印本,第 202 页。

② 《建德县菴口乡顾家村黄里坪村调查》,见华东军政委员会土地改革委员会编:《浙江省农村调查》,1952 年印本,第 173 页。

③ 《宁阳县志》,中国书籍出版社 1994 年版,第 321 页。

④ 张伯芹:《江巴两县租佃制度之研究》,见《民国二十年代中国大陆土地问题资料》第 61 册,(台北)成文出版社 1977 年版,第 31585 页。

⑤ 《井研县志》,四川人民出版社 1990 年版,第 144 页。

在许多地方,佃农将荒地垦熟,或土地变肥,产量稍有提高,或所种树苗成长,或年成稍好,地主都会立即加租。苏北东台有所谓“跑马租”,就是地主将荒地租给农民开垦,待成熟时就不断加租,速度快如“跑马”。① 安徽宁国丘陵山区,农民租垦地主荒山种植苞谷,一九分租(佃九主一),佃户可以在山上栽树,种三四年后桐子、杉苗长大,地主就要加租,佃户出不起租,只好连山带树还给地主,地主白得树木。② 在贵池,地主土地,“谁交租多即交谁种”,往往将佃户垦熟的田,夺佃转租,原佃不得已,被迫加租。③ 来安地主起初将荒山野地租给佃户,租额较轻,但经农民辛辛苦苦将荒山野地培植成为熟田后,地主不是抽佃,就是将租籽加得很高,强迫佃户接受最苛刻的剥削条件。④ 新疆莎车,佃户承租荒地,先给地主劳动半年,地主满意后才给地种,所收粮食主佃平分,各种捐税全由佃户承担。租期一般不超过三年,佃户租种一二年后,地主认为荒地已经垦为熟地,即行收回。⑤

如果佃农投入工本,土地种肥了,产量增加,地主更要增租,或夺佃,或以夺佃相威胁。江苏句容,地主土地“出租时原是孬田,佃户种肥了就强行加租或抽田”⑥。江西九江石门乡贫农胡进弼

① 《苏北地租形式简述》,《苏北日报》1950年5月31日,见华东军政委员会土地改革委员会编:《江苏省农村调查》,1952年印本,第443页。

② 中共皖南区党委农委会:《宁国县西津区鱼塘村山林调查》,见华东军政委员会土地改革委员会编:《安徽省农村调查》,1952年印本,第218—219页。

③ 《贵池县齐山村调查》,见华东军政委员会土地改革委员会编:《安徽省农村调查》,1952年印本,第137页。

④ 《来安县殿发乡农村经济调查》,见华东军政委员会土地改革委员会编:《安徽省农村调查》,1952年印本,第97页。

⑤ 《莎车县志》,新疆人民出版社1996年版,第112—113页。

⑥ 《句容县志》,江苏人民出版社1994年版,第176页。

种地主胡祖植土地6亩,初交租谷每亩120斤,地主见每年产量增多,便将租额慢慢提高到每亩180斤。[①] 广东各地,此类增租"在解放前几年最为普遍,最为厉害,每年不断增加"。如广州天河区,地主"时常加租,如把瘦田租出几年让佃农耕肥后,就要加租"。[②] 广东灵山(现属广西),如遇丰年,地主即向佃户声明,今年收租不用46筒斗,改用48筒斗,但实际收租时却又用50筒斗,加租8.7%。而且没完没了,邓永飞批耕地主宁某4.8亩田,第一年交租28斗,第二年32斗,第三年36斗,第四年更升到56斗,交不起即被夺佃。解放前夕,一些地主听说解放军来了要实行"二五减租",即预先加租,以加抗减。地主邓某将其佃户的486斗租升至606斗,升幅为24.7%,同时,叫佃户在租簿上多写批额,如叫邓世应将45斗租改写为72斗,升幅更高达60%。[③] 扣除"二五减租",增幅还达到20%。

封建地主还不断突破传统租制或租佃习惯,将租额固定不变、丰年不增、灾年不减的定额租制(又称定租、包租、板租、硬租、铁租),变成只能增不能减的"增租制"。一些地区的规矩是,如遇年成灾歉,甚至颗粒无收,也必须照原额交租,不能短少升合,即所谓"荒田荒地不荒租""天干地开拆,租粿少不得"。[④] 反之,收成稍

① 《江西九江县石门乡解放前的政治经济情况》,见中南军政委员会土地改革委员会调查研究处编印:《中南区一百个乡调查资料选集·解放前部分》,1953年印本,第161页。

② 《广州市天河区志》,广东人民出版社1998年版,第189页。

③ 《灵山县梓崇塘乡解放前的封建剥削与反动统治情况调查》,见中南军政委员会土地改革委员会调查研究处编印:《中南区一百个乡调查资料选集·解放前部分》,1953年印本,第227—228、222—224页。

④ 《个旧市志》,云南人民出版社1991年版,第537页;《石门县志》,中国文史出版社1993年版,第122页。

好,地主立即加租。如安徽灵璧的“包稞”,“不论水旱病虫灾害,即使颗粒无收,均要如数缴纳”,但如果当年丰收,地主可加租,甚至加倍,俗称“复课”。① 山东邹县地主也是“任意涨租、蝗旱不减租”。1924 年地主嫌租额定得低,推说捐税负担重,每亩涨租半升(11 斤),并答应歉年减租。但 1938 年 6 月发大水淹了十几个庄子,秋后又旱;1939 年旱灾;1940 年又是蝗灾,五谷失收。地租一粒不减,硬叫佃户如数交纳。佃户只得折变自己的产业,交清地租。② 有些地区的地主则根本无所谓租制,完全随心所欲。如江苏南京郊区有些出租菜园的地主,“看什么办法剥削得最多就采用什么办法,没有一定的租制:钱租合适要钱,粮食贵了要粮食,菜贵了要实物,并时常增加租额,还有预交租。押金则很普遍,多者佃户要交三、四次”。③

浙江常山的“铁板租”,按惯例“不论丰歉,租额不变”。但有的地主则在丰年增加租谷 25—50 公斤。④ 在宁波地区,定租又叫“板租”“死租”,俗谓“荒熟无让”。但这种乡俗惯例,并不妨碍地主增租。“遇丰收年景,地主强迫农民在原定租额上另加新租”。⑤ 湖北松滋,无论活租、定租,租额、租率都是与年俱增。1930 年前后,两种地租形式的收租量,均占土地产量的 1/3,后来收租量与

① 《灵璧县志》,浙江人民出版社 1991 年版,第 86—87 页。

② 中共鲁南区党委调研室:《邹县二区大黄庄地主剥削农民的花样》,见华东军政委员会土地改革委员会编:《山东省、华东各大中城市郊区农村调查》,1952 年印本,第 90 页。

③ 《南京市郊区农村概况》(1951 年 1 月调查),见华东军政委员会土地改革委员会编:《山东省、华东各大中城市郊区农村调查》,1952 年印本,第 165 页。

④ 《常山县志》,浙江人民出版社 1990 年版,第 139 页。

⑤ 《宁波市志》,中华书局 1995 年版,第 338 页。

年俱增，地主收40%甚至与农民对半分。定租每亩收谷140—180斤；活租一般年景夏季每亩收大麦或蚕豆2—3斗（折市秤30—40斤），秋季每亩收籽棉30—40斤。① 同样流行定租的四川，地主增租乃家常便饭。在井研，"农民佃租土地，地主可以任意加租，而无地或少地的农民，没有土地就无法生存，只好忍受高租剥削"②。云南易门，定额租称作"包租"，流行范围和地租品种广泛，除谷租外，还有玉米租、麦租、蚕豆租、荞租、黄豆租、蜂蜜租等，无论水旱虫风，额租概不减让，谓之"荒田不荒租"，但是"田种得好要加租"。③

有的增租是在土地买卖、转移过程中进行的。卖主为了多得价款，虚报租额，买主又进而多加租石出租，导致地租大幅攀升。湖南长沙，十保王佑光佃耕地主黄步云新买进的100石谷田，原收租谷30石，黄加至租到44石，第二年再加至56石。1944年强迫王佑光退佃，但无借口，即诬王佑光与其儿媳有染，强行退佃。④ 在醴陵，如甲原有田租10石，将此田出卖给乙，报租11石，乙作11石租买进后，又作12石租出租给丙。当地称这种多加的租石为"浮租"。租越浮，农民也就越吃亏。该县磐石乡13保，一般多为主佃对分、主六佃四，也有主七佃三，甚至超过七三开的。浮租"最普遍"的一甲，"租额大都为三七开"（主七佃三），甚至超过三七开。如贫农汤启明佃耕地主张某田2.4亩，每年收获量8.4石，

① 《松滋县志》，1986年内部发行本，第278页。

② 《井研县志》，四川人民出版社1990年版，第144页。

③ 《易门县志》，中华书局2006年版，第199页。

④ 中共湖南省委政策研究室：《长沙县榔梨乡社会情况调查》，见新湖南报编：《湖南农村情况调查》，新华书店中南总分店1950年版，第33页。

交租7石,佃户得一成七,东家得八成三。[1] 益阳大地主胡桂五,1930年买进一宗水田,丰年可产谷100石左右,原年租74石,原佃超额交押400块大洋,扣"庄息"谷20石,交租54石。占产量约54%。胡买进后,另加90石田,一起出租,收押金340块大洋,年租126石。占产量约66%。[2] 这样,土地买卖、转移越频繁,地主增租越普遍、速率越快。

地主无休止增租,但佃农油水有限。一旦佃农油水干枯,或可能不利地主增租,不论佃农是否欠租或"违规",一律夺田换佃,寻找新的压榨目标。广东普宁贫农江德雄,租种地主3.25亩土地,每年交租谷12担,1948年加至14担,恰巧当年歉收,短欠一箩租谷,地主上门催逼,江德雄只得卖猪交租。地主发现江的油水已经被榨干,收到租谷后,立即吊佃,并说,"让你种了,也无谷可还的"。[3]

20世纪三四十年代,地主增租不只是直接增加租额、加大增租密度,提高定租租率或分租分成比例,而且在方法和手段方面,也有很大变化,新招层出不穷、五花八门,手段更加强硬、毒辣、隐蔽,可谓无所不用其极。

在农业生产低落、年成不稳及农民加速贫困、高利贷日益猖獗的情况下,预租成为一些地区地主增租的重要手段。

预租,有些地区称为"上打租",在20世纪三四十年代前,主

① 方兰溪等:《醴陵县磐石乡第十三保土地占有及剥削情况》,见新湖南报编:《湖南农村情况调查》,新华书店中南总分店1950年版,第39页。

② 李锐:《地主胡桂五一门发家史》,见新湖南报编:《湖南农村情况调查》,新华书店中南总分店1950年版,第154页。

③ 《地主阶级统治下的塘湖乡》,见中南军政委员会土地改革委员会调查研究处编印:《中南区一百个乡调查资料选集·解放前部分》,1953年印本,第181页。

要功能是替代押租,防止佃农欠租,故其租额一般比秋后现租低,以抵偿预交期间的应得利息。到20世纪三四十年代,预租和现租等额,地租与高利贷结合,成为地主的增租新招。

在浙江,预租又称"垫租"或"典租"。规定佃农必须提前一年交清租谷,次年耕种,即使颗粒无收,租谷概不退还。前揭余姚的"稍租",即为预租,按其预交时间的不同,又分两种:一为"隔年稍",即在租地耕种前一年预付租额;一为"稻上开花",即在收获前交纳。"稍租"不仅须提前预交,地主兼行债利盘剥,而且租额一年一定,不断增加,在1941年后的短短几年间,租额最高增加了3倍。① 嵊县租田有2/3系预租,预租在头年早谷登场时缴清,否则地主就撤回租田。租额每亩200斤上下,最高250斤,平均占收获量的65%以上。上虞县每亩预缴租谷折银元10元,约占农户全部收获量的32%—80%,种了一年后,又得把第二年的租谷交清,依次类推。因农民租田不易,"地主乘机提高租额,看谁出的租谷多,就把田租给谁种"。② 前述宁波地区,因农业生产衰退、"丰收年景"越来越罕见,丰年加租无望,于是地主改秋后现租为"隔年预租",规定"先交租后种田"。地主将所收预租高利放贷,利息等同加租;若佃农交不出预租,新谷登场交租时要另加利息50%,亦即加租50%,如遇灾歉收延迟交租,还得累计加息。这样,无论丰年、平年、灾年都达到了加租的目的,甚至灾年加幅更大。如佃农彻底破产,实在交不上租子,地主又想出了"赔租"的绝招,即收地换佃,由新佃清偿前佃欠租,再按一定租额交租。③ 由秋后现租改

① 中共余姚县委调研组:《余姚县潮界乡第二村调查》,见华东军政委员会土地改革委员会编:《浙江省农村调查》,1952年印本,第202页。

② 《浙江省农业志》上册,中华书局2004年版,第298页。

③ 《宁波市志》,中华书局1995年版,第338页。

为“隔年预租”,不仅可以多得一年利息,租谷旱涝保收,无荒年欠租之虞,甚至还可免除灾年田赋,因祸得福。如1934年萧山全县大旱,南部山区颗粒无收,因是预租,不仅租额早于上年收足,一粒不少,而且豁免当年田赋,地主双倍得益。①

浙江奉化有一个预租加高利贷的典型增租个案。该县奉中镇佃农周阿龙,1946年秋天向地主租田1亩8分,先预交租谷350斤,1947年才能入田耕种,但第二年秋天又得预交第三年的租子,周阿龙因无力交纳,经过地主同意写立借单,5分计息,于1948年早稻交谷525斤。而到1948年,周阿龙更加无力交纳,于是再写借单延长一年,利上加利交租778斤。这样,累计三年,连1949年的350斤预租在内,周阿龙共交预租1483斤半。如按原来的现租办法,1947年、1948年两年共交租700斤,占两年1100斤产量的63.6%,而改成预租后,已交和连本带利应交1483.5斤,比现租增加111.9%,相当租田两年产量的1.3倍,即使全部用于完租还差383.5斤。②

广东普宁,水稻栽培、收获,分早冬、大冬两季,租谷历来是大冬一次交纳。1943年,该县地主改变惯例,提前预征,强迫佃农早冬先交地租四成,大冬全部交清。③ 湖北有的地区叫预租为“押稞”,预租同撤佃、高利贷紧密配合,如今年交不上租,下年就收回

① 《萧山县志》,浙江人民出版社1987年版,第215页。

② 黄穗:《浙江农村租佃剥削情形》,见人民出版社编辑部编:《新区土地改革前的农村》,人民出版社1951年版,第19页。

③ 《地主阶级统治下的塘湖乡》,见中南军政委员会土地改革委员会调查研究处编印:《中南区一百个乡调查资料选集·解放前部分》,1953年印本,第181页。

土地。嘉鱼1亩田，要头年交4斗芝麻，交不起须请保，第二年加倍。①

华北和东北地区，预租通称“上打租”，秋后现租称“下打租”。20世纪三四十年代，原来的秋后“下打租”相继为“上打租”所取代。到40年代，“上打租”成为一些地区地租的主要形式。河北无极，“遇有水旱虫风等灾害减少或绝收，地主按原租额计算，仍以‘二八’‘三七’‘四六’、对半等比例分成，且多实行‘上打租’（即春种前先交租）”。② 怀柔，因经常受灾减产，地主为了防止佃农因灾减产欠租，将现租改为“上打租”，小周各庄柳姓地主，出租约300亩土地，租金全为“上打租”。③ 乐亭，租制有物租和钱租。钱租较物租低些，“但一般要上打租，即春交租”。④ 新乐自1942年日军“五一”大扫荡后，地主除向佃户转嫁日军差捐劫掠外，又实行“无限制”的上打租，一年一转租，没钱不给佃户种地，甚至宁荒勿佃。⑤

东北辽宁的情况是，民国时期实行钱租较多，到1929年“奉票”暴跌，改行实物地租。钱租多为“上打租”，并同高利贷相结合，即在土地耕作前交租，如滞纳则将租金转为借款，另计利息。也有实行“下打租”的，即在秋后交租，但租额多于“上打租”。日军侵占东北后，地主先是增加租额，提高租率，继而再将已经提升的租额由“下打租”改为“上打租”。据1935年伪满调查，辽宁每垧地现金地租35—50元，租率40%—55%，高的达60%。租率既

① 启贤：《湖北农村的封建土地制度》，见人民出版社编辑部编：《新区土地改革前的农村》，人民出版社1951年版，第55—56页。

② 《无极县志》，人民出版社1993年版，第125页。

③ 《怀柔县志》，北京出版社2000年版，第161页。

④ 《乐亭县志》，中国大百科全书出版社1994年版，第141—142页。

⑤ 《新乐县志》，中国对外翻译出版公司1997年版，第115页。

高,并一律规定为“上打租”。①

地租预征一年尚不能满足地主贪欲,于是一些地区很快从预征一年改为预征2年、3年。如广东灵山陈清河批耕地主宁某8亩田,每年租额80斗,但要预交两年160斗的“上期租”。加上利息,实际租额提高一倍。有的则征收了预租,又征现租,预租、现租重复征收。该县地主轮流收租的烝尝田,轮到自己收租前的一年,先向佃户征收预租,轮到自己收租时又再收现租。如邓世广批种的烝尝田,1949年才轮到地主容某收租,但在1948年容某即收足1949年的租额,到1949年又收一次,租额增加一倍。② 江苏大丰县,预租俗称“脱白租”或“烂本租”,租期一般为2—3年,地租一次交清,租额约占收获量的50%。③ 若算上利息,实际租率达70%—80%。

“标租”,有些地方亦称“标田”“投租”“投耕”“跑租”“赖租”“暗码田租”等,是20世纪三四十年代产生和开始流行的土地招租形式,同时也是地主的一种重要的增租手段。由于“标租”带有浓厚的近代商业和市场竞争色彩,表面上“公开公正”“公平合理”,与直接同高利贷结合的预租相比,更具隐蔽性和欺骗性。在那些人多地少、竞佃激烈和商业较发达的地区,这种增租方式简单易行,也非常奏效。

浙江宁波地区,地主采用的办法是,租佃一年一换,当年秋收前由佃户在标签上写明愿交租额,地主选择标价最高者为承种

① 《辽宁省志·农业志》,辽宁民族出版社2003年版,第31页。

② 《灵山县梓崇塘乡解放前的封建剥削与反动统治情况调查》,见中南军政委员会土地改革委员会调查研究处编印:《中南区一百个乡调查资料选集·解放前部分》,1953年印本,第223页。

③ 《大丰县志》,江苏人民出版社1989年版,第103页。

户。[①] 杭县山桥乡的“借田”（佃户无永佃权的田地），“地主看谁出租最多，每年更换佃户”。[②] 由于租期只限1年，那些拖家带口、困于土地饥渴的贫苦农民，抱着吃亏一年、以渡过当前难关的“病急乱投医”心态，往往高租落标，唯恐有失，自然跌入陷阱，地主轻而易举达到了增租“最大化”的目的。

类似情况和方法，在广东、四川、苏北等地都普遍存在。广东惠阳的祖尝田，采用“投租”和预租的双料增租法。该地祖尝田所占比重相当高，普遍采用“投租法”。如沥林乡的祖尝田占全部土地的23.3%，全部“投租”招佃，而且只有本房子孙才有资格投租，别房别姓农民无份。中标耕种期最多5年，一般12月开投，中标者必须先交足一年租额（租额用钱或谷由地主决定），次年3月才能耕种。以后每年租额也必须在头年12月前交清。[③] 花县祖尝田也用“竞投法”。每年开耕前在祖祠投标，出租价最高者得。[④] 四川江北学田，亦用招标竞佃，提高租价，每五年招标一次，出租价最高者得。有的还通过张贴广告或散布口头信息，广为招徕，借以提高标价（租额）。[⑤] 流行于苏北一些地区的“跑租”尤为苛刻。这种租制并非单纯用于招佃，而是实行于租佃持续期间，且均不定期，不论现耕佃农是否欠租或违规，谁出的租额高，地就抽给谁种，

---

① 《宁波市志》，中华书局1995年版，第338页。

② 中共杭县县委调研组：《杭县山桥乡第二村调查》（1950年7月），见华东军政委员会土地改革委员会编：《浙江省农村调查》，1952年印本，第194页。

③ 《广东惠阳县沥林乡解放前的经济结构与阶级情况》，见中南军政委员会土地改革委员会调查研究处编印：《中南区一百个乡调查资料选集·解放前部分》，1953年印本，第168页。

④ 江莘：《广东花县农村经济概况》，《中国农村》1935年第4期。

⑤ 郭汉鸣、孟光宇：《四川租佃问题》，上海商务印书馆1944年版，第20—21页。

原佃即被撤换。[①] 这样,地主不仅年年增租,而且达到了离间佃农和破坏其内部团结的目的,一箭多雕。

还有的挖空心思、巧立名目,在传统租制之外,“发明”或另立新的“租制”,以达到增租目的。

浙江常山的“时租”,就是地主发明的增租“租制”。土地改革前,该地租制分“铁板租”和“时租”两种。铁板租不论年成丰歉,租额固定不变;“时租”由“大租”和“小租”两部分组成。收获物先由地主与佃农对半分成,地主所得部分称为“大租”,然后,地主再分佃农所得部分的10%,谓之“小租”(下述湖南邵阳亦有类似“小租”)。[②] 这样,大租、小租合计,地主实得55%。“时租”产生的具体时间不详。只知常山同浙江其他地区一样,租制原本分为定租(“铁板租”)、分租两种,现在“时租”完全取代分租,成为基本的地租形式,租率亦相应由原来的50%升至55%。

无独有偶,湖北长阳、云南红河等地,都有相似的增租“租制”。湖北长阳有“主佃对分”外加“逢十抽一”的分租形式。即地主和佃农先“对半”平分收获物,地主再从佃农所得部分“逢十抽一”。[③] 云南红河有租佃双方各得一半土地实收产量的“分边制”。不过并非直接平分总堆,而是从总堆抽出1/10甚至3/10给地主,余下的再主佃平分。佃户实得45%或35%。[④] 这同“时租”有异曲同工之妙。

总之,只要能达到增租和搜刮的目的,地主什么手段都使得出来,花言巧语、软硬兼施;明火执仗,强割强抢,甚至杀人放火,无所

① 《苏北地租形式简述》,《苏北日报》1950年5月31日,转自华东军政委员会土地改革委员会编:《江苏省农村调查》,1952年印本,第443页。

② 《常山县志》,浙江人民出版社1990年版,第139页。

③ 《长阳县志》,中国城市出版社1992年版,第115页。

④ 《红河县志》,云南人民出版社1991年版,第121页。

不为。

湖南邵阳，地主王某先是甜言蜜语诱使农民谭进发租种刚被佃农退耕的40石谷田（可收谷28石），佃约（当地俗称“请字”）规定采用分租制，除了平分产量，每年另交“小租”1石2斗。当时谭进发要求“请字”写明年份，希望多种几年。王某保证，“除非你作我的田发了财自动不作时绝不退你”。谭进发信以为真，勤力耕作施肥，第一年获得丰收，主佃各分了14石谷，王某见此，随即逼迫将“分租”改为“实租”，租额增至15石。但第二年水灾歉收，全部收成还不够交租，谭进发被迫负债，第三年只得退佃。而王某租已到手，当然“乐得去欺侮其他农民”。①

有些地主更形同流氓、强盗。前揭益阳大地主胡桂五，将1930年买进的一宗水田（丰年可产谷100石左右）连同另一宗90石谷的田，一起租给刘家贤耕种，征收押租340元银洋，年租126石。1938年水灾减产，佃户先后两次请酒，要求减租。胡含糊以对，谓“等谷子收割后再说”。谷子收割后，胡即将刘家谷仓封锁，仅允减租19石，将仓谷全部抢走，并扣除340银元的押租抵充欠租，价格计算高出市场1/3，不仅租额一粒未减，甚至超过原租，然后夺佃。② 河南修武，地租一般为分租制，多为主七佃三分成，但有的地主，“根本不讲比例分成，随意向佃户勒索”。庞屯村地主王老虎，租给佃户庞生金1亩2分地，一年要粮10石8斗3升。麦收时，将小麦全部抢走，只顶了8斗3升。庞全家白干一季颗粒无收，逼得外出讨饭，背乡离井，有家难归。③

---

① 柳思：《邵阳县租佃关系》，见新湖南报编：《湖南农村情况调查》，新华书店中南总分店1950年版，第85页。

② 李锐：《地主胡桂五一门发家史》，见新湖南报编：《湖南农村情况调查》，新华书店中南总分店1950年版，第154页。

③ 《修武县志》，河南人民出版社1986年版，第287页。

在苏北,黄士达、黄串仙等5户启东、海门佃农,到射阳合伙租地谋生,共交押金700银元,承租约260亩的土地栽种棉花,头年棉花长势喜人,丰收有望。地主红了眼,竟然高价雇人抢摘棉花。当时市价摘一斤棉花一个铜板,地主出价二个铜板一斤招工抢收。面对地主的疯狂抢掠,五人商量以5个铜板一斤的工价招人,临工都来替佃户摘花,地主恼羞成怒,将黄士达等连人带棉花押送到通洋镇政府。后来黄串仙找了一个有些地方势力的人给镇长顾某写信,顾叫放人退还棉花,并说"以后不准欺负海门人"。[①] 地主的强盗行径才未能得逞。不过广东灵山佃农邓世全就没有那么幸运了。邓世全批耕地主"棺材头"10亩田,每年租额112斗,已交上期租112斗,1935年尚未收割禾稻,地主就前往索租,邓无法交纳,地主大怒,一俟禾稻成熟,立即抢割,把10亩田的禾稻全部割光,抢割完毕即行夺佃,所交上期租也一粒不还。[②] 邓世全全家辛苦一年,不仅颗粒未得,还额外多交一年租谷,靠剥削地租为生的地主,已经蜕变为十足的强盗。

2. 地主肆意增押、吞押和押租功能、性质的蜕变

押租最初作为地租的保证,从它产生、流行到20世纪三四十年代,地主的压榨手段和押租的功能、性质,一直在不断演变:押租产生、流行不久,由于地主贪欲膨胀,押租数额扩大,逐渐赶上和超过地租,押租及其利息在地租总量中占着越来越大的比重,从地租担保演变为利贷资本和利贷剥削的重要手段。这是押租功能和性

① 黄振远口述:《在六顷种田》,见姚谦编著:《张謇与近代南通社会:口述实录(1895—1949)》下册,方志出版社2010年版,第199页。黄振远,1926年生,射阳县陈洋镇丰和村二组农民,1997年11月8日采访。

② 《灵山县梓崇塘乡解放前的封建剥削与反动统治情况调查》,见中南军政委员会土地改革委员会调查研究处编印:《中南区一百个乡调查资料选集·解放前部分》,1953年印本,第223页。

质的头一个变化；随后，因押租数额过大，远远超过地租，丧失作为“地租保证”的理据，地主采用“增押减租”的策略，对超出常额的押租提供象征性的利息补偿，进行蒙骗。押租继续飙升，形成“押重租轻”态势，押租及其利息成为地主的主要收入来源，地租反居其次。这是押租性质和功能的再次变化；地主因原有的额租下降，失去相当部分的常经收入，日常生活和经济活动受到影响。且额租过低，继续增押失去理据，地主转而增加地租，加租、加押交替或同时并行，形成高租高押的“双高”局面，而且有息押租相应减少。佃农因苛重的押租和地租负担，加速贫困化，大多无力交纳押租。地主直接将佃农欠缴押租转为债款，交付利息，又或以田产、房产、耕牛、农具抵押，甚至须将佃户男子或妻女抵押和强制无偿服役，押租与高利贷、押租与人身奴役结合愈加紧密，押租完全变质，原本作为人身解放、经济强制取代超经济强制的产物，蜕变为高利贷和中世纪人身奴役的资本与手段，这是押租功能和性质的第三次变化。20 世纪三四十年代，由于日军劫夺，战争破坏，加上恶性通货膨胀，农业生产和农户经济空前恶化，而封建地主愈益贪婪和政治化、凶残化，不仅没有放松对佃农经济压榨，反而趁火打劫，将日军劫夺、战争破坏、通货膨胀的灾难统统转嫁到佃农头上，在肆无忌惮增征新押的同时，千方百计吞没旧押；增押不成就夺佃，或成功增押后仍然吞押夺佃。增加押租与吞没押租、增加押租与夺地换佃紧密结合。佃农所交押租全部化水，佃农完全或濒临破产，而地主夺佃吞押成为佃农加速破产的催命符。这是押租功能和性质的第四次变化。

上述四次变化，既有时间先后，也可能同时或交替产生。在不同区域之间，经济、社会环境有别，押租产生、流行的时间不同，发展变化互有差异。20 世纪三四十年代，就全国范围而言，四次变化同时发生和存在，但以第四次变化为主，疯狂增加押租和增加押

租同吞没押租紧密结合,尤为突出。

清末民初和20世纪二三十年代,押租已呈现明显增长趋势:数额增加,范围扩大,地区从南方向北方延伸。1937年日本全面侵华战争爆发后,由于历史环境的变化,押租恶性膨胀,地主随意提高押租,已成家常便饭。

江苏川沙横沙岛,佃农挑泥筑圩,砍芦挖柴,排除积水,披荆斩棘,开垦荒滩,但荒地开好后的第一年,农民不仅要向地主每亩交纳押租稻谷100斤,而且随着新垦田亩渐渐变好,押租每年加重,由100斤到200斤、300斤,最高到600斤。等到第五、六年土地完全变成良田后,地主即抽地或高价出卖,农民只能再到旁的地方去筑圩、开荒。① 安徽岳西,佃农租田须上"系庄"(押金),"地主往往无理提出要把系庄加大,佃户无力交纳或不愿交纳时,立即夺佃"。②

四川川南地区,地主以"夺佃"相威胁,"随意增加稳租(押租)";③綦江地主有随时提高押金的"自由",若不承认,则另佃他人。④ 犍为一带,"地主可以任意换佃",农民为保持土地耕作,只有忍痛任其宰割,"加押之风,因此特盛",地主缺钱时,"每向佃户加取稳金"。罗城镇孀居刘张氏,光绪三十四年(1908年)以小钱900串"写进"(租进)县学务局田100挑,其时该田价格不过1800串左右。其后币制多次变动,而刘张氏不知折换货币之法,学务局

① 路行:《血汗积成的横沙岛》,见苏南人民行政公署土地改革委员会编:《土地改革前的苏南农村》,1951年印本,第24页。

② 中共安庆地委政策研究室:《岳西县五河区北山村调查》,见华东军政委员会土地改革委员会编:《安徽省农村调查》,1952年印本,第164页。

③ 林采:《川南田租剥削概述》,见人民出版社编辑部编:《新区土地改革前的农村》,人民出版社1951年版,第80页。

④ 《綦江县志》,西南交通大学出版社1991年版,第283页。

每逢财政困难,动辄要求加押,否则退佃。而退佃,原交押金小钱已不流通,且其币值跌落"何止百倍",既不能持而向他处写田,又不能改从他业,无异于破产绝途。如是只有再三托人恳求少加之一法。计前后加稳3次:1930年加铜元2300串;1936年大旱之后加大洋100元,1938年又加50元法币。[①] 其他各县,大同小异。有的每逢正常年份,即加押加租(如梁山);有的不论丰歉,"任意加押加租"(如南充、井研、巫溪),或几乎年年加押(如广安、南部)。[②] 仪陇、开江、永川等县趁通货膨胀,"连年加租加押",甚至一年加几次。[③] 岳池有的地主,也年年加押。胡姓佃农,1930年租种地主水田40挑,年租30石,立约时交押租铜元3400吊,折谷28.4石。1931年、1935年、1937年先后加押5次,累计银元100元、铜元5700吊,共折谷38.5石,相当于初押的1.36倍。[④]

在湖北,押租俗称"批田",一般以田价的50%—60%为标准。该地押金全无利息,只有退本不退本之分,前者俗谓"烂利不烂本",后者叫作"连本焖"。日本全面侵华战争期间,货币贬值,地主借口物价波动,以"夺佃"威胁佃户,年年增加押金,而且数量很大。如浠水团陂熊姓佃户租了地主24石谷田,原交押金银洋24元,"历年增加",到1949年已加到108元,相当于原付押金的4倍半。[⑤] 长阳地主常以各种理由向佃户"加庄",民国年间,渔峡口高

---

① 易甲瀛:《犍为农村经济之研究》,见《民国二十年代中国大陆土地问题资料》第53册,(台北)成文出版社1977年版,第27305—27307页。

② 参见相关各县县志。

③ 《永川县志》,四川人民出版社1997年版,第282—283页。

④ 川南区党委档案材料,见何承朴:《辛亥革命后四川农村土地剥削情况初探》,《四川师院学报(社会科学版)》1983年第3期。

⑤ 启贤:《湖北农村的封建土地制度》,见人民出版社编辑部编:《新区土地改革前的农村》,人民出版社1951年版,第55页。

丘地主李明庆租给张宏纪土地6亩,先后8年间,加庄5次,累计庄钱达3600吊(合银元450元),已等于土地价格。①

广东地主增押之频繁,手段之蛮横无理,更是前所未有。灵山梓崇塘乡,邓景初1919年交付押金34斗,批耕烝尝田4亩,每年交租34斗,1935年加征押金18斗,1942年又加34斗,至解放前夕共交押金86斗,相当于初交押金的2.53倍;邓世广于宣统元年(1909年)交押金22斗,批耕地主容某田2.2亩,每年交租22斗,此后押金不断增加,到1941年累计共交押租8次,由22斗加至108斗,增加3.9倍。一些由几户地主轮流收租的田地,每年轮换一次,收租者就同时收一次押金。如邓壮广批耕石碑塘地主轮租田,头年地主"大头十二"收租,交押金谷22斗,第二年容威济收租,再交押金22斗,第三年容源增收租,又交押金22斗……以后,一直如同额租一样,每年都须重复交纳押租。② 云南富民县,地主在租佃过程中,屡次加押。如肖家营一佃农租田一份,到1950年已80年,地主先后加过银子、银元、谷、米4次,押金早已超过田价。③

不仅熟田熟地的押租不断增加,洞庭湖滨的围湖垦荒佃农,在将芦苇荒滩围垦成农田而尚未收获时,押租已增长数倍,湖南洞庭湖周边常德、益阳、沅江、湘阴、汉寿、南县、澧县、华容、安乡、临湘、岳阳等11县的荒洲租垦情况是,农民租垦,每亩荒洲先向地主交五六斗至一石的"进庄"(押金),写下佃约,搭个茅棚栖身,砍芦柴,排除洲内渍水,锹铲锄刨,用汗水创造耕地。但耕地未见,"进

① 《长阳县志》,中国城市出版社1992年版,第115页。

② 《灵山县梓崇塘乡解放前的封建剥削与反动统治情况调查》,见中南军政委员会土地改革委员会调查研究处编印:《中南区一百个乡调查资料选集·解放前部分》,1953年印本,第225—226页。

③ 《富民县志》,云南人民出版社1999年版,第103页。

庄”却“每年加重着，第二年、三年当荒洲变成良田时，它也由一石变成二石、三石甚至四石”。①

北方地区，20 世纪 30 年代前，押租还不普遍，日本全面侵华战争期间，押租在北方地区迅速流行，成为佃农租地的必要条件，而且地主押租不断增加。

皖北阜阳一带，无论包租还是分租，地主在把土地出租给佃农时，都要先收押金。金额一般相当于地价的 1/4。② 寿县，农民租地，须中人说合、由佃户备酒席，并向“主人家”（田主）送“写田礼”，通常“一犋牛”之田（50—80 亩），非银币十数元至数十元莫办。还须交纳数倍于“写田礼”的“押板金”，一般佃田距主人庄宅愈远，押板金数额愈大，以备佃户欠租或“逃匿”。③ 临泉一些地主年年增加“押头”。滑集区吕砦、周砦等地还将六月初六定为“佃户会”，实即“写押头会”，大肆增押。周砦一冯姓佃户，租种地主 65 亩田，第一年（1936 年）交押头油 500 斤、大牛一头、麦子两石；第二年增加 36 石麦子、5 口猪，此后“年年往上加”。即使如此，土地耕作也毫无保障。押头“谁出的多，就归谁种”。④ 河南潢川，20 世纪 30 年代中叶以前，地主以怕“佃户逃跑”为名，开始征收押租，数额一般相当于秋季“正稞”（正租）。日本全面侵华战争爆发后，由于币值连年贬值，地主以此为借口，连年加押，变成了一种合法的剥削形式。大地主和中小地主的增押手法各有不同：大地主

① 力文、方堤：《是谁造成贫困与灾难——记封建土地制度下的洞庭湖滨农村》，见人民出版社编辑部编：《新区土地改革前的农村》，人民出版社 1951 年版，第 137 页。

② 《阜阳地区志》，方志出版社 1996 年版，第 179 页。

③ 《寿县志》，黄山书社 1996 年版，第 112 页。

④ 《临泉县农村经济调查》，见华东军政委员会土地改革委员会编：《安徽省农村调查》，1952 年印本，第 41—42 页。

增押间隔稍长,通常三、五年一加,但加幅最大,一次增押连佃户请酒在内,约合秋季收成的一半,而且增押、增租往往同时或交错进行。陈老六租种大地主之田,平均每斗田每次加押 3 斗多谷;陈四文 1941 年佃大地主张某 4 石田,到 1949 年八年中两次增稞、四次增押金,共计押金谷 28 石,累计加幅达 367%。平均每石田合七石谷;鲍应付 1944 年交付押金谷 3 石 5 斗,佃种大地主田 10 石谷(2 石 5 斗田),1948 年加押金 50 万元,合米六石,两次共押金谷 15 石 5 斗,平均每石田 6 石谷。中小地主加押间隔更短,一般二三年一加,或一年一加,增幅比大地主略小。如刘应江 1942 年佃地主曹某田 16 石稞(4 石田),交押金银洋 40 元,合米 2 石 8 斗,到 1949 年七年中三次加押,累计加幅达 207%,平均每石田合 4.25 石谷。① 陕西竹溪,佃户在租地以前,必须给地主交纳一笔与一年地租相等数量的押金,俗称"掣手"或"羁庄"。日本全面侵华战争爆发后,法币急剧贬值,地主以"提庄"(撤佃)相威胁,"迫使佃户年年增加押金"。② 旬阳情况相似,当货币贬值时,地主就以提高租额相威胁,迫使佃农增加押金,但退佃时押金已变成一张废纸。③ 紫阳押金俗称"扯手",一般占租额一半左右,"地主遇事开支不敷,往往增加佃户扯手"。七宦乡地主王祝权因贿选"国大代表"开支甚巨,其后每个佃户都增加扯手钱。地主夺佃(俗称"提庄")亦不退扯手。④

---

① 《河南潢川县十里棚乡解放前的社会情况调查》,见中南军政委员会土地改革委员会调查研究处编印:《中南区一百个乡调查资料选集·解放前部分》,1953 年印本,第 6 页。

② 《陕南竹溪县主佃关系调查》,见人民出版社编辑部编:《新区土地改革前的农村》,人民出版社 1951 年版,第 100 页。

③ 《旬阳县志》,中国和平出版社 1996 年版,第 158 页。

④ 《紫阳县志》,三秦出版社 1989 年版,第 241 页。

20世纪三四十年代,地主增押越来越频密,押租额越来越高,但“增押减租”的情况日渐罕见,有息押租减少,无息押租增多。即使“增押减租”,所减之租也越来越少,与乡间借贷(遑论高利贷)利息差距越来越大,佃农损失愈加惨痛。

在湖南,增加押租谓之“伴借”“加庄”“加批”。这一时期,“伴借”或“加庄”“加批”越来越频密。但“加庄”加押超过常额也不一定相应减租,甚至加租。在益阳,庄谷(押金)超过正常数额谓之“重庄”,加庄会减少部分租谷,“也有加庄不减租”,即使“加庄减租”,因农民“是以高利借贷作重庄,其减租部分不够偿付债息”。① 湘潭除了“加批减租”,还有“减批加租”“加批加租”。② 宁乡地主在加租的同时,“又常要佃户加进庄”,名虽退息,但实际退息较普通行息低得多。“进庄”退息,每100元光洋扣租2石5斗至3石5斗,而普通行息为5—7石;每石谷扣租1斗5升至2斗5升,而普通行息为2—3斗。如欧少虎因东家加庄,1944年向别人借100元,年利5石,但加庄退息只能扣租2石5斗,实际吃亏2石5斗谷。③

四川成都地区的“押扣”,也同样远低于乡间借贷利息。按当地惯例,在押租超过一定水平后,每增加若干押租,会相应扣减一定数额的地租,抵充押租利息,是谓“押扣”。但扣减的租额远比押租所生利息为低。如成都通例,每增加押租银洋百元,扣减租额

① 中共益阳地委:《益阳新市区箴言乡第十六保初步调查》,见新湖南报编:《湖南农村情况调查》,新华书店中南总分店1950年版,第61页。

② 中共长沙地委办公室:《湘潭黄龙乡农村调查》,见新湖南报编:《湖南农村情况调查》,新华书店中南总分店1950年版,第35页。

③ 《宁乡第四区洋泉乡第八保调查》,见中南军政委员会土地改革委员会调查研究处编印:《中南区一百个乡调查资料选集·解放前部分》,1953年印本,第71页。

3石5斗,称为“三扣五”。[①] 而当时农村的借贷利率是借洋百元,应还息谷6石。佃农被剥削2石5斗。1921年后,因借贷利率高涨,“押扣”曾一度上升,有多至“四扣”者。20世纪30年代后,因佃农竞佃,“押扣”又降至“四扣”以下,地主的口号是“升租少扣”。意即租谷要增加,“押扣”要减少。[②] 佃农所受盘剥进一步加重。

押租是地主高利贷资本的主要来源。地主不仅将征收的押租用来高利放贷收息,而且直接将佃农欠缴的押租转成借款,收取高额利息。押租与高利贷互为条件,同质、同源。

前述皖北阜阳一带,佃农若无钱交纳押租,“就以高利贷形式抵交”[③]。湖南醴陵的习惯是,佃户交不起押规或交不清押规的,每年除纳租外尚须支付利息,叫作“水息”。[④] 沅江地主对交不起进庄谷的佃农,采取作“份田”的办法。作“份田”者除交租外,还要按照进庄谷的数量交付子息,子息率为40%,在交租时一并交清,一般每亩交子息谷1.16石。这种伴庄纳子息的办法在北部叫作“份子田”,南部丘陵区称“伴进”。[⑤] 也有的以耕牛、农具、劳力抵押,佃农必须转而租用,以劳力无偿服役,抵偿押租利息。

四川仪陇、开江、永川等县,“连年加租加押”,甚至一年加几

---

① 马正芳:《成渝铁路成都平原土地之利用问题》,见《民国二十年代中国大陆土地问题资料》第44册,(台北)成文出版社1977年版,第22519—22520页。

② 马正芳:《成渝铁路成都平原土地之利用问题》,见《民国二十年代中国大陆土地问题资料》第44册,(台北)成文出版社1977年版,第22519—22520页。

③ 《阜阳地区志》,方志出版社1996年版,第179页。

④ 方兰溪等:《醴陵县磐石乡第十三保土地占有及剥削情况》,见新湖南报编:《湖南农村情况调查》,新华书店中南总分店1950年版,第40页。

⑤ 《沅江县志》,中国文史出版社1991年版,第202页。

次。佃农交不起押租，就将欠押放佃农“大利”，夏借秋还，借一还二，并在青黄不接时，以市价的20%—50%买青苗，进行盘剥。[①] 云南富民县，交不起押金的佃户（主要是租种地主外村土地的佃户），每年除交租外，另交一部分无本金的利息，如肖家营村一地主，有一份田在成器墩村，规定佃户每年交租三石五斗，还要另交五斗谷子，当作假借一石谷子给佃户，按五厘交息，谓之“倒利押”。[②]

广东灵山，不少农民无法交押金，地主即将押金变为高利，每年纳息，限期清偿。邓永栋批耕地主宁某田10亩，每年交租66斗，须交押金66斗，因无力交押金，即被转为高利，每年纳息22斗。如无力纳息，或即行撤佃，或被迫典卖自有少量田地，交押偿息。邓永权在1935年批入“纪四德堂”烝尝田15.2亩，每年交租212斗，押金212斗，因无钱交押金，便将自己3亩田当给地主“剃刀三”，得谷120斗，每年再纳息32斗，1938年因无力纳息，便将该田绝卖折抵。“纪四德堂”见邓永权已无田地抵押，即行夺佃。[③]

有的更狠毒，直接以耕牛、农具、田地、房产甚至劳力、妻女抵押偿息。江苏奉贤，佃农若拿不出押租金，须立借贷字据，以自有土地作抵押，几年一翻滚，利上加利，最后还不起就以抵押之土地出卖给地主，自田变为租田。[④] 湖北江陵三合乡，农民租田“上

---

① 《永川县志》，四川人民出版社1997年版，第282—283页。

② 《富民县志》，云南人民出版社1999年版，第103页。

③ 《灵山县梓崇塘乡解放前的封建剥削与反动统治情况调查》，见中南军政委员会土地改革委员会调查研究处编印：《中南区一百个乡调查资料选集·解放前部分》，1953年印本，第224页。

④ 《奉贤县乡村经济概况》，见华东军政委员会土地改革委员会编：《江苏省农村调查》，1952年印本，第78页。

庄”,一亩要交一石谷的“上庄钱”,交不起庄钱,每年就要以劳动力抵息,一亩田做5个工,一间房做10个工。① 四川宜宾地主则以佃农的耕牛、农具作抵,并转为租用,另计租金。甚至有以身为奴作抵的。② 云南富民县,押租除押金(钱押)、粮押外,还有“人押”“力押”。佃户无力交纳押金,就交一个人在地主家做工作抵押。做工不给工钱,如抵押人回家,地主随即“拔田”,是为“人押”;地主根据租佃土地多少,规定佃户每年必须为地主做工若干天,一律不给工钱。农忙季节,佃户必须先为地主干完活后,才能干自己的活,是为“力押”。③ 贵州遵义地区,向地主租地须预交“押佃”(押金),其数额一般不得少于年交租额的50%,无押金可交者,必须以家产或劳动力立具抵押,家产不敷者,还得另求有产者具文担保,然后才能上耕。④ 这也是“人押”的一种形式。

地主征收和增加押租的目的,不仅仅是防止佃农欠租、“借鸡下蛋”放贷取息,还要将押租全部吞没据为己有。有些地方的习惯,押租就是不能退还的。前揭湖北的“连本焖”押租,就是不退的。⑤ 安徽霍邱,有所谓“烂押”制,立约几年后押金全部归地主,如要续种,须另付押金。⑥ 在寿县,佃户退佃时,押租不是“主人家”(地主)借口不还,就是按“三年两头烂”的陋规,只退还很少一

① 《湖北省江陵县解放前的三合乡》,见中南军政委员会土地改革委员会调查研究处编印:《中南区一百个乡调查资料选集·解放前部分》,1953年印本,第28页。

② 《宜宾县志》,巴蜀书社1991年版,第124页。

③ 《富民县志》,云南人民出版社1999年版,第103页。

④ 《遵义县志》,贵州人民出版社1992年版,第297页。

⑤ 启贤:《湖北农村的封建土地制度》,见人民出版社编辑部编:《新区土地改革前的农村》,人民出版社1951年版,第55页。

⑥ 《霍邱县志》,中国广播电视出版社1992年版,第228—229页。

部分。①

清末民初后币制、币种的变动、紊乱，特别是日本全面侵华战争爆发后货币急剧贬值，给地主侵蚀、吞没押租提供了可乘之机。押租产生后，地主一直将其作为家中"固定资产"，遇有分家析产，即同土地房产一同计算、分割。不过在币种清晰、币值相对稳定的情况下，佃农所交押金尚未完全丧失。按照惯例，通常撤换佃农时，地主不会直接如数退还押金，但一般会由"新佃进规"抵偿旧佃。② 佃农用所退押金尚可佃进相等或稍少数量的土地，不致完全失业破产。但清末民初后尤其20世纪三四十年代，币制变动频仍，币种繁杂、紊乱，货币急剧贬值，地主贪欲也恶性膨胀，正好乘机增收和吞没押租，地主撤佃很少退还押金。纵或退还，也因纸币贬值，其价值大幅缩减，甚至近乎零。正因为退佃无须退押，地主夺佃越来越频繁，土地租佃期限越来越短。

地主吞没押租的主要方法，一是强制变换佃农所交押租的币种，或现金、谷物来回变换折算，人为降低押金价值，最后令押金全部化水；二是借口货币贬值，不断增收押租，如佃农无法满足其要求，即行撤佃，押租全部被吞没，或退还的是一沓等同废纸的贬值纸币，佃农顿时倾家荡产。稍有不从，更可能被打入大牢。

在湖南益阳，押租有铜钱、缗钱、银元、法币、稻谷等多种形式。因不同时段、不同币种之间比价经常变动，地主采用强制增收押租，换约和变换币种，现金、谷物压价折算等手法，增加和吞没押

---

① 《寿县志》，黄山书社1996年版，第112页。

② 如湖南长沙一周姓官僚地主清咸丰十一年（1861年）至光绪十七年（1891年）间累计购置田租4880.5石，征收押租银4726两、钱1328千文。光绪二十五年（1899年）分分家产，因"日后换佃，总以新佃进规"，抵充旧佃，遂将押租和田产一起作为固定资产而加以分割。（参见中国社会科学院经济研究所该地主藏该地主"分关"）。

租,夺田换佃。民国初年,就因湖南银行纸币低落,地主即以纸币夺佃,早先以清朝制钱交纳“庄钱”的老佃农,所交押金“一变而为铜钱,再变而为票币,三变而为废纸”,佃农一夜之间失去土地耕作,倾家荡产。①

20世纪三四十年代,地主趁货币贬值增押、吞押、夺佃,导致佃农破产的惨剧就更多了。

还是益阳,直至新中国成立前夕,仍然保留着原有的租佃规矩和习惯。如黄家仑乡,农民租种地主土地,先得花费两石谷子,办“进庄”酒,央请当地有钱有势的人作引荐,向地主申请并接受地主所提条件,书写“佃字”,交纳押金,才能进庄。到退庄时,则只由地主把佃户叫去,说声“田不给你作了”,马上退庄,押金化水。②箴言乡某佃户,1939年进庄80元法币,折谷26石。1941年,地主强行将80元庄钱按当年市价折谷3石,23石进庄谷即时化水;另一佃农张良贵,道光二十八年(1848年)用其祖父名字佃种地主6.4石田,进庄缗钱175串,每年纳租72石。光绪二十三年(1897年)、1926年先后两次更换“佃字”,1926年将缗钱折成银元,当时是缗钱1000文换银洋1元,但地主强迫以1500文折银洋1元,合计银元116元,强令再添4元,凑成120元,49元进庄银即时消失。1940年再换“佃字”,将银元120元改为开始贬值的120元法币,又强令再加50元,共170元法币。此后法币贬值加速,眼睁睁看着押租缩水、消失。这样,在地主高压下,佃农“进庄”变“重庄”,

① 《益阳县志稿》(1933年),转自《桃江县志》,中国社会出版社1993年版,第151页。

② 《解放前的黄家仑乡》,见中南军政委员会土地改革委员会调查研究处编印:《中南区一百个乡调查资料选集·解放前部分》,1953年印本,第53页。

最终“等于零”。[①] 长沙榔梨乡，盛云溪佃地主王某120石田，原交押金120元，1947年地主借货币贬值，强令“加批”（加押）30石谷，否则夺佃。[②] 湘阴和丰垸，胡振明1937年交付“进庄”360元法币（合谷120石），向地主刘和生租田60亩。两年后法币贬值，刘和生强行收回19亩田“自耕”，退还“进庄”100元。但那时100元已经只能买25石稻谷，地主吞没“进庄”谷13石。到1942年，法币更不值钱，剩下的260元只值43石谷，地主认为“进庄”不够，要求“加庄”，胡振明无力再加，地主即行夺佃，“进庄”银和土地耕作全都化为乌有。[③] 1948年，湘乡弦歌乡地主李靖南吞没押金，佃户赵炳坤所交40石田的进信银元200元，只退金圆券200元，强行夺佃。赵不依，李勾结乡长张俊轩、恶霸喻少枚等10多人，将赵家打得稀巴烂，并以银元贿赂县政府抓赵下狱，直到次年8月湘乡解放，赵才得以释放回家。[④]

四川各地，地主趁货币贬值之机，增收和吞没押租的情况也十分普遍。巴县五布乡吴海良，1935年佃种田租16石，土租6斗，押佃140元法币，合黄谷20老石。日本全面侵华战争期间，物价天天暴涨，地主说“押佃少押不住租”，要把押佃加成2000元法币，否则搬家。吴海良只得借钱加上。后来物价涨得更凶，地主加押更勤更狠；1942年加黄谷1老石，1945年改成5万元法币，1946年加成16万元法币，1947年加黄谷2老石，1948年加桐子1老

---

① 中共益阳地委：《益阳新市区箴言乡第十六保初步调查》，见新湖南报编：《湖南农村情况调查》，新华书店中南总分店1950年版，第60—61页。

② 中共湖南省委政策研究室：《常熟县榔梨乡社会》，见新湖南报编：《湖南农村情况调查》，新华书店中南总分店1950年版，第28页。

③ 张式军、梁念之：《和丰垸访问记》，见新湖南报编：《湖南农村情况调查》，新华书店中南总分店1950年版，第51页。

④ 《湘乡县志》，湖南出版社1993年版，第124页。

斗,前后共加押6次,可买黄谷50老石,但地主在佃约上却只写2老石黄谷、1斗桐子。江北县萧盛余佃的田是活租,每年最高产量35石,1942年交押金22000元,可买谷33石,后来又加了2000元,地主借法币贬值,硬说萧盛余只交了两石谷子的押金。①

广东地区,清末和民国时期的币种及其变化更加复杂:清末用铜钱,1斗谷值400文;1923年后改用铜仙、八属银、中山毫,银毫1.6元值谷1斗,押租以铜仙为主,200枚折谷1斗;1940年改用广西票、广东票,2.5元折谷一斗;1944年又改用法币。币种、币值频繁变动、不断贬值,地主将升押、吞押、升租、夺佃玩弄于股掌之间。灵山梓崇塘乡邓梧初批耕"容古香堂"烝尝田40斗租,交押金时每担谷值1千钱,共交10千钱,折谷10担。第二年1千钱只能买谷半担,在地主强压下,每担谷补交1千钱,第三年1担谷值4千钱,每担谷又补交2千钱。此后铜钱、铜仙价值不断下降,每年都须补交押金,一直补到每担谷10千钱,共计100千钱,相当于初交押租的10倍。②

云南玉溪,每亩押金为银元80—100"半开",或者更多。这些押金最后也往往被地主吞没,其手法就是强令佃户将所交押金银元折成法币,继而趁法币贬值,押租缩水,最后全部变为废纸。③

20世纪三四十年代,越来越多的地主将夺田换佃作为增租、增押、吞押的重要手段。与过去不同,封建地主更加蛮横、凶狠和贪婪、毒辣,不论佃农是否欠押、欠租,有无违规、过失,只要能达到

① 张彬整理:《川东区十二个保租佃关系调查》,见人民出版社编辑部编:《新区土地改革前的农村》,人民出版社1951年版,第74—77页。

② 《灵山县梓崇塘乡解放前的封建剥削与反动统治情况调查》,见中南军政委员会土地改革委员会调查研究处编印:《中南区一百个乡调查资料选集·解放前部分》,1953年印本,第225—226页。

③ 《玉溪市志》,中华书局1993年版,第242页。

押租、地租最大化的目的,地主即时夺田换佃。不仅在无法达其增租、增押目的时夺田换佃,甚至如愿以偿,地租、押租均已到手,只因该佃膏脂已被榨干,也即行撤佃,而所交、所增押租,分文不退。即或退押,也不及原押万一。因此,押租增加愈多,租佃期限愈短,佃农被吞押夺佃、倾家荡产的风险愈高。

湖南邵阳,据1950年调查,近年来地主抽佃夺佃已成为农村中"普遍现象",抽佃首要的目的就是借故夺取佃户押金,如靖合乡地主张敬庭起初天天向佃户张安立喊抽佃,逼迫他增加了押金,但最后仍旧撤佃,而押金却扣着不退。① 衡阳一些恶霸或权势地主,也是往往强迫退佃而不退押金。该县六区六保谢笃才兄弟佃耕恶霸地主谢玉珊17亩田,交押金银洋72元,1944年谢玉珊强迫谢笃才退佃,却不把押金交还。② 广东灵山梓崇塘乡谭祥忠1929年批耕地主宁某田9亩,每年交租80斗,交押金80斗,当初每箩谷(合2斗)值铜仙800钱,1936年每箩谷升至2400钱,便须补交押金1600钱,1939年每箩谷升至6000钱,又须补交押金3600钱;逾二年,开始用广西票,过去所交铜仙统统作废,要全部重交押金。同年日军入侵,地主谷仓被烧,又强令交谷40斗修整谷仓,该佃因禾稻失收无谷可交,立即被夺佃,押租被吞,失耕破产。邓南龙全家10口人,因耕种2.4亩自田不够食用,1932年将其变卖,得谷120斗,用来交押批田6亩耕种,每年交租70斗,但只种了3年,即被夺佃,所交押租一粒不退。邓永权在1935年批入"纪四德堂"烝尝田15.2亩,每年交租212斗,押金212斗,因无

① 柳思:《邵阳县租佃关系》,见新湖南报编:《湖南农村情况调查》,新华书店中南总分店1950年版,第85页。

② 中共衡阳市委政策研究室:《衡阳市六区六保农村调查》,见新湖南报编:《湖南农村情况调查》,新华书店中南总分店1950年版,第92页。

钱交押租,便将自己3亩田当给地主“剃刀三”,得谷120斗,每年纳息32斗,1938年因无力纳息,便将该田绝卖抵折。“纪四德堂”见邓永权已无田地抵押,即行夺佃。邓世广批耕地主“剃刀二”田地,交纳押金谷150斗,后来夺佃时也全被吞没。[①]

在四川,20世纪40年代后,地主普遍利用通货膨胀匿吞押租。泸县石洞乡陈万银于1937年佃地主林玉群144石田,租额80石,交“稳租”(押租)1400银元,当时黄谷9元6角1石,1400银元合黄谷146石;1941年地主将1400银元折成1400元地方券,当时黄谷14元地方券1石,1400元地方券只合黄谷100石;1943年地主又将1400元地方券折成8万元法币,当时黄谷2万元法币1石,8万元已只合黄谷4石。地主即将8万元法币的“钱稳”改为4石“谷稳”,正式换约,佃户坚持不肯;后经协商改为谷稳12石。这样,从1937年到1943年的六年中,佃户陈万银即被地主剥夺稳租黄谷134石。[②] 壁山(今璧山)狮子乡赵国才,1915年租入地主田10担,押租银100两(合银元140元),1942年换约折成1万元法币,1944年再换约,并补交90万元法币(当时可购谷10石),至1947年换约时,适值法币作废,不仅100两银子和90万元法币(折谷10石),全都打了水漂,又补加押租谷子1石。[③] 彭水地主退佃时,佃农所交押租,也“多以各种理由赖账不还”。[④]

---

① 《灵山县梓崇塘乡解放前的封建剥削与反动统治情况调查》,见中南军政委员会土地改革委员会调查研究处编印:《中南区一百个乡调查资料选集·解放前部分》,1953年印本,第224—225页。

② 林采:《川南田租剥削概述》,见人民出版社编辑部编:《新区土地改革前的农村》,人民出版社1951年版,第80页。

③ 张彬整理:《川东区十二个保租佃关系调查》,见人民出版社编辑部编:《新区土地改革前的农村》,人民出版社1951年版,第74页。

④ 《彭水县志》,四川人民出版社1998年版,第155页。

有的即使照额退还，但因货币贬值，也已变成废纸。上海虹桥有所谓“积佃”，地主将一亩田“积佃”给农民，期限1—3年或5年，收取“积佃”租3—4担米或5担米不等，积佃期间，米不起息，田不收租，期满退田还钱。不过契约写明，到期还钱不按实物折算。由于纸币不断贬值，“那笔款子已只够买一包火柴”。①更多的是租佃没有期限，地主为趁货币贬值，频繁退押换佃换约，虽将押金退还佃户，但“过去佃户所交的能买几十石谷子的押佃，被退了一大堆废纸”。② 如广东灵山邓世广批耕地主“剃刀二”田地时，共交了价值32斗谷的铜仙，到1942年地主夺佃时，所退铜钱，仅值2斤米；邓世应批地主“剃刀二”120斗租的田耕种，交押金谷120斗，折铜钱6000，到1942年地主夺佃时，所退铜钱，只能买得7斤半米。③ 四川蓬安碧溪乡吕星基，1943年佃田50挑，交押租100元法币，值稻谷5石，1947年退押，仅能买个烧馍。④ 巫山一佃农交押租法币折谷2石，1948年退押，只够买一根油条。⑤

随着通货膨胀加剧，地主为了吞押，夺佃急不可待，广东灵山梓崇塘乡地主“剃刀三”出租在本联村的田地36亩，在1944年一年内共夺佃28亩，占78%；地主宁蒲生出租的78.2亩田地，

① 冯颐：《虹桥镇农村经济调查》，见人民出版社编辑部编：《新区土地改革前的农村》，人民出版社1951年版，第15页。

② 李竹等：《“押金”使农民受尽了痛苦》，见人民出版社编辑部编：《新区土地改革前的农村》，人民出版社1951年版，第75—77页。

③ 《灵山县梓崇塘乡解放前的封建剥削与反动统治情况调查》，见中南军政委员会土地改革委员会调查研究处编印：《中南区一百个乡调查资料选集·解放前部分》，1953年印本，第224—225页。

④ 《蓬安县志》，四川辞书出版社1994年版，第221页。

⑤ 《巫山县志》，四川人民出版社1991年版，第107页。

1942—1944 年间夺佃 46 亩,占 58.8%。[①] 这样一来,一些地区的租期越来越短,佃农破产速度进一步加快。上述蓬安个案,租期为 4 年;灵山邓南龙和邓永权个案,租期均为 3 年,佃农以破产告终。四川乐至,租期也大都只有 3 年,到期退佃退押,或重新订约续佃。由于货币贬值,原纳押金已无价值,既不能将其换约续佃,更不能向其他地主租地。[②] 中江在民国后期,地主借货币贬值不断增押换佃,农民频频破产。[③] 广东一些地主夺佃吞押频率之高,更令人咋舌。如灵山地主容嗣先 1939 年将 14 亩田地批给郑大耕种,租额 128 斗,收取押金 128 斗,耕种不及 2 年改批欧六耕种,过 2 年又改批,10 年内共批过 7 个佃农耕种,每改批一次,均升租、加押各 4 斗,夺佃时押金作废。10 年内累计租额升高至 152 斗,一共收取押金 920 斗。[④] 每次夺佃就是一次等同夺命的抢劫。

3. 地租押租新高度和实际租额租率同契约租额租率的背离

20 世纪三四十年代,地主变本加厉,无止境地增租增押,地租、押租不断飙升,原本已远远超出正常水平的地租额、地租率和押租额、押租率(单位面积押租同租额或产量、地价之比率),上升到了一个新的高度。因某些地区曾一度流行的"增押减租"习惯改变,"增押减租"一改而为"增押增租",地租、押租竞相飙升,呈现高租、高押的"双高"态势。而且,一般文献资料所载租额、租

① 《灵山县梓崇塘乡解放前的封建剥削与反动统治情况调查》,见中南军政委员会土地改革委员会调查研究处编印:《中南区一百个乡调查资料选集·解放前部分》,1953 年印本,第 221 页。

② 《乐至县志》,四川人民出版社 1995 年版,第 172 页。

③ 《中江县志》,四川人民出版社 1994 年版,第 174 页。

④ 《灵山县梓崇塘乡解放前的封建剥削与反动统治情况调查》,见中南军政委员会土地改革委员会调查研究处编印:《中南区一百个乡调查资料选集·解放前部分》,1953 年印本,第 221—222 页。

率,都是契约租额、租率,并非佃农实际负担的地租、押租。事实上,加上预租、押租应生利息(或佃农举借押租所付高额利息),佃农"帮工、帮粮"(代交田赋杂捐、代服差役),以及各种无偿劳役和其他额外需索等,实际租额、租率还要大幅升高,最多的高出一倍以上。由于这一时期预租、无息押租,佃农"帮工、帮粮"空前加多,"虚田实租"愈益普遍,实际租额、租率同契约租额、租率的背离程度更加严重。显然,观测这一时期的地租水平或佃农地租负担,只看契约或名义租额、租率,如同隔靴搔痒。

(1)地租新高度和高租、高押"双高"态势

大量资料显示,封建地主的增租、增押行径不是个别的、偶尔的,而是群体的、普遍的和连续不断的,其结果自然是各地的地租、押租在短时间内出现整体攀升趋势。

浙江萧山,地租分定租、分租两种,定租多行于沙地区,分租多行于平原水网地带,一般为主佃对半和主六佃四分成。某年地主傅导先在长河一带每年率先以七成收租,甚至以八分作一亩收虚租,"农民稍有不依,即强行撤佃"。① 其他地主纷纷效仿,地主分成比例普遍上升。从全省范围看,虽然直至解放前夕,名义上由地主、佃农对半分租,实际上大多为"倒四六",即地主得60%佃户得40%。更重的有"倒三七"甚至"倒二八"的,即地主得70%或80%,佃户仅得30%或20%。② 某些地区或县属,"主七佃三"更成为分租的一种主要或重要形式。在丽水地区,活租"一般为三七开、四六开或对半开,田主占大头,佃农得小头"。③ 桐乡,活租大都为"倒四六",即地主得60%,佃户得40%,更重的是"倒三七",

① 《萧山县志》,浙江人民出版社1987年版,第215页。

② 《浙江省农业志》上册,中华书局2004年版,第297—298页。

③ 《丽水地区志》,浙江人民出版社1993年版,第114页。

连稻草麦秆也不例外。[①] 椒江的"小租田"(佃农无佃权的普通租田)地租按业六佃四或业二佃一比例分成。[②] 后者与"主七佃三"分成相近。三门的分租制,"良田一般为四(佃)六(业)、三(佃)七(业)"比例"田头分成"。[③] 金华乾溪乡坛里郑村,一亩"清田"(即佃农无佃权),佃户付租最高280斤,普通240斤,最低200斤。1949年亩产最高400斤,一般350斤,最低200斤,租率依次为70%、68.6%和100%。[④] 等等。

湖北松滋地租有定租、活租两种形式。定租每亩收谷140—180斤;活租一般年景夏季每亩收大麦或蚕豆2—3斗(折市秤30—45斤),秋季每亩收籽棉30—40斤(1949年亩产皮棉28斤)。1930年前后,两种地租形式的收租量,均占土地产量的1/3,此后"与年俱增",1948年收租量达40%,甚至与农民对半分。[⑤] 洪湖据1947年的调查,地租率由1945年的50%增至调查时的60%,由佃农负担的田赋及各种附税,折合当时米价,日本全面侵华战争爆发前为每亩1斗5升至2斗,日本投降前,增至6斗,1947年达9斗5升,10年间上升了3.8—5.3倍。国民党政府的"堤捐",虽然名义上由土地所有人承担,但地主用"谁租谁负担"和"找人口修堤"等办法,全部转嫁到佃农及其他贫苦农民身上。

① 《桐乡市农业志》,中华书局2013年版,第165页。

② 《椒江市志》,浙江人民出版社1998年版,第255页。

③ 《三门县志》,浙江人民出版社1992年版,第185页。

④ 金华县人民政府:《金华乾溪乡坛里郑村调查》,见华东军政委员会土地改革委员会编:《浙江省农村调查》,1952年印本,第177页。如按1948年的亩产计算,租率更高。该年亩产最高360斤、一般300斤、最低200斤,租率依次为77.8%、80%、100%。

⑤ 《松滋县志》,1986年内部发行本,第278页。

佃农所交实际占土地产量的80%。①

云南富源,地租有定租(死租)、分租(活租)两种。1926年前,两种租制收租量,均占土地产量的30%左右。后来收租量“与年俱增”,升至40%,甚至“对半”或“四六”分成(地主占六成),租额、租率升高一倍。②

四川犍为,租期无定限,地主可以任意辞退佃农。谚云“七月田,八月土”,地主退佃、“农人争佃土地”多在此时。每年七月、八月成为退佃繁忙期。“地主可以任意撤换,使地租高至无以复加而后止”。③ 有的地区的地租,甚至年中、年尾大不一样。如巴县,据省建设厅1939年的统计,水田钱租每亩上田10.84元、中田8.68元,但至该年冬调查,上田涨至17元、中田10元,分别占正产7成和6成。租额分别上涨56.8%和15.2%。此外还须交纳副产额上田2元,中田1.5元。④

新疆和靖县(今和静县),土地租佃有伙种、租种两种。伙种始于18世纪,18世纪下半叶至20世纪30年代,由牧主出土地、耕畜、种子、农具,伙种户(主要是外来维吾尔族人)出劳力,收获小麦扣除种子后平分。1937年后,由于外来农民增多和一些贫苦牧民转向农业,佃农增多,牧主的租佃条件逐渐苛刻,或不提供农具,或改为牧主、佃户共同出种子,变相增加租额,佃户为了获得土地耕作,只好一一应允。⑤

---

① 《洪湖县志》,武汉大学出版社1992年版,第101页。

② 《富源县志》,上海古籍出版社1993年版,第113页。

③ 易甲瀛:《犍为农村经济之研究》,见《民国二十年代中国大陆土地问题资料》第53册,(台北)成文出版社1977年版,第27305页。

④ 王国栋:《巴县农村经济之研究》,见《民国二十年代中国大陆土地问题资料》第54册,(台北)成文出版社1977年版,第27565页。

⑤ 《和静县志》,新疆人民出版社1995年版,第179页。

山东桓台在日军侵占期间,大地主耿、冯、王、庞四大家肆意抬高地租额一倍以上。①

东北,由于日军的侵占、蹂躏,地租水平的升高更为急速和明显。如辽宁,20 世纪 20 年代,租额一般占土地经营收入的 40%—50%。黑山每垧 1—2 石粮(200 公斤/石),安东、凤凰城为 3 石,昌图 1 石 6 斗。按土地情况,上等地每垧 2 石或 2 石以上,中等田 1 石 5 斗左右,下等水田 1 石。实际租率,上等田 47. 7%、旱田 43. 5%,中等水田 46%、旱田 42. 6%,下等水田 43. 6%、旱田 41. 1%。钱租,1923 年辽中县上等地每垧小洋 30 元,次等地 6 元;1928 年辽阳县大双树子上等地每垧小洋 45 元,中等地 30 元,下等地 25 元;锦西县 1929 年上等地每垧小洋 40—50 元,中等地 30 元,下等地 10—20 元。总的来看,各类土地每垧租粮最高不超过 3 石(600 公斤),普通为 1—2 石(200—400 公斤);租钱最高不超过 50 元,普通为 30 元上下;租率最高不超过 50%,普通为 45%上下。伪满时期,租额、租率大幅上升。据 1935 年伪满调查,辽宁每垧地现金地租 35—50 元,租率 40%—55%,高者达 60%,且一律定为"上打租"。② 复县的分租,一般好地为主六佃四分成,薄地五五分成。③ 金县租率更全在 60%以上。④ 不仅水田旱地,一些地方的山场租,升幅也十分惊人。如岫岩柞蚕场收租,分为定租、抽"山份"两种形式。民国初年,一般蚕场租占收成的 30%,后来增加到 35%—50%,到解放前夕,有的已增至 65%。⑤

吉林龙井,"租额逐年提高"。清末开垦初期,租额产量

① 《桓台县志》,齐鲁书社 1992 年版,第 135 页。

② 《辽宁省志 · 农业志》,辽宁民族出版社 2003 年版,第 31 页。

③ 《瓦房店市志》,大连出版社 1994 年版,第 147—148 页。

④ 《金县志》,大连出版社 1989 年版,第 144 页。

⑤ 《岫岩县志》,辽宁大学出版社 1989 年版,第 177 页。

30%—40%，1930年后，租额增加到年总产量的40%—50%。1936年时，上等地、中等地的租额都升到产量的50%。① 通化，一般5亩上等地，能产粮食10石（200公斤/石），佃户交租5—6石，亦即租率为50%—60%；分租则为主六佃四。②

黑龙江地区，据对富裕、呼兰、绥化、拜泉、安达、青冈等县一些村屯的调查，1934—1938年，平均地租率由29.1%增加到40.1%，增长37.8%，青冈县董家店屯的地租由25%上涨到45.1%，增长80%。③

同清末民初的地租水平略做比较，这一时期地租的新高度，也清晰可见。根据综合统计，剔除押租因素，清末民初的单位面积租额，南方水田区一般为1—2石稻谷或0.5—1.0石稻米。在华北平原地区，每亩租额4—5斗为常见。东北地区，每垧（合10亩）租额1—2石。④ 北部高寒地区有低至二三斗者。就租率而言，无论南北，也不论分成租还是定额租，"租取其半"或"平分其粮"，仍是相当一部分地区最通行的标准。不过地区间互有差异，在一些土地瘠薄、产量低下或土地供求关系不十分紧张的地区，50%及其以下的租率占有较大比重。在南方，广西、贵州、云南等省份，对半分租是最通行的租率，并有一部分租率低于50%。广东、福建、浙江、江苏、安徽、湖北、湖南、江西、四川等省份，虽有部分县区通行对半分租，但所占比例很小，除了江西，租率大多超过50%。在有些地区，60%—70%的租率已属通行租率。在北方大部分地区，50%是最通行的租率，且有相当部分地区的租率低于50%。山东、直隶、山西、

---

① 《龙井县志》，东北朝鲜民族教育出版社1989年版，第120—121页。

② 《通化县志》，吉林人民出版社1996年版，第285页。

③ 《黑龙江省志·第7卷·农业志》，黑龙江人民出版社1993年版，第88页。

④ 东北斗戽容量较大，1石约合内地3石，每亩租额约为3—6斗，低的数升至1斗，平均约为4—5斗，与华北平原大体相近。

绥远、甘肃以及东北,不少地方的租率多为30%—40%。[①]

20世纪三四十年代尤其是40年代,各地租额、租率都大大超出了清末民初的水平,并表现出鲜明的特点:西南云贵地区和黄淮流域及其以北部分地区,无论租率还是租额,迅速赶上甚至超过长江流域及其以南地区。南北地区间的地租水平差异明显缩小。除热河、察哈尔、绥远和西北等干旱地区外,每亩1石或1石以上,属于普通租额;在绝大部分地区,50%已由通行租率变为最低租率。

在南方稻产区,除某些佃农持有佃权的永佃田,每亩租米1石、租率50%,一般已是下限,相当罕见。如江苏吴县,"底面合一"田的租米,每亩最少1石,最高1.65石,一般1.2石,占总产量的60%。[②] 无锡新渎乡,调查的1062宗水田定额租中,租额占产量50%的157宗,55%的64宗,60%的355宗,65%的80宗,70%的150宗。[③] 租率为50%即传统的"租取其半",仅占总数的14.8%,其余85.2%的租率都在55%以上,其中租率为60%—70%的达585宗,占总数的55.1%,成为当地定额租的主体。

浙江丽水,一般每亩产谷350斤,定租200斤,占总产量的57%;分租以"对半""倒四六"最普遍,高的"倒三七""倒二八"(地主占大头)。[④] 建德的定额租,普通每亩180—200斤,占正产物

---

① 参见汪敬虞主编:《中国近代经济史(1895—1927)》中册,人民出版社2000年版,第830—837页。

② 中共吴县县委会调研室:《吴县租佃情况调查》,见华东军政委员会土地改革委员会编:《江苏省农村调查》,1952年印本,第197页。

③ 余才友:《无锡新读乡农村调查》,见苏南人民行政公署土地改革委员会编:《土地改革前的苏南农村》,1951年印本,第53页。

④ 《丽水专区农村经济概况》,见华东军政委员会土地改革委员会编:《浙江省农村调查》,1952年印本,第29—30页。

300 斤的 60%—66%,分租多数为“三七”分,即产谷 300 斤,须交租 210 斤,亦有“二八”分者。椒江每亩年租 2—4 石稻谷,佃农“终年劳作难得温饱”。[①] 金华“清田”(底面合一)每亩租额最低 200 斤,最高 280 斤,普通 240 斤,以亩产 300 斤计,租率最低 66.7%,最高 93.3%,普通 80%。“大租田”(永佃田)租率为 70%。[②] 福建、江西、湖南、广东、四川地租水平也很高,甚至更高。福建沙县,地租最低为“四六租”(佃四主六),最高“二八租”(佃二主八),耕牛、肥料、种子,全部由佃农负担。[③] 闽东北一带地租更高得惊人,据查福安秦溪村平地每担田租额 80—100 斤,亦即租率达 80%—100%,山地租率稍低,占常年产量的 60%左右。另据对该县东郊保 15 户佃农的调查,租额占常年产量最低 55.5%,最高 148%,平均占常年产量的 102%、1950 年产量的 128%。[④] 江西地租有死租、活租两种,以死租为主。调查统计显示,无论死租、活租,租率一般都在 50%以上。如永新礼田区,头等田一亩(夏秋两熟)产量 5 石,还租 2.5 石,租额占 50%,中等田一亩产量 3.5 石,还租 1.8 石,租额占 52%,下等田产量 2 石,还租 1.1 石,租额占 55%;遂川县的地租形式绝大多数是死租,头等田(秋一季)产量 3 石,还租 2 石,其租额占总产量的 66.7%。赣县江后乡,头等田产量 3 石,还租 2 石,租额占

① 《建德县菴口乡顾家村黄里坪村调查》,见华东军政委员会土地改革委员会编:《浙江省农村调查》,1952 年印本,第 173 页;《椒江县志》,浙江人民出版社 1998 年版,第 255 页。

② 《金华乾溪乡坛里郑村调查》,见华东军政委员会土地改革委员会编:《浙江省农村调查》,1952 年印本,第 177 页。

③ 《福建沙县赤珠保封建剥削情况》,见人民出版社编辑部编:《新区土地改革前的农村》,人民出版社 1951 年版,第 22 页。

④ 《闽东北农村土地租佃剥削情况调查》,见华东军政委员会土地改革委员会编:《福建省农村调查》,1952 年印本,第 5 页。

66.7%,中等田产量2.4石,还租1.5石,租额占62.5%,下等田产量2石,还租1石,租额占50%。“各县均大体相同”。[①] 湖南邵阳县,上田的一石田产量一般只有8斗,额租通常为6斗,占产量的75%,分租多半是“三个箩下田”(地主2箩佃农1箩);中田产量只有六七斗,额租一般为四五斗,占产量的66.7%—71.4%。[②] 湘西桑植,地租为“佃四主六”“佃三主七”,甚至“佃二主八”,已经没有50%的租率。[③] 广东普宁县塘湖乡,好地每亩租额544市斤,占常年产量(750市斤)的72.5%;中地每亩租额489.6市斤,占常年产量(650市斤)的75.3%;坏地每亩租额435.2市斤,占常年产量(550市斤)的79.1%。[④] 各则土地的租率,都超过70%,而且土质越差,产量越低,租率越高。广东灵山梓崇塘乡,租率一般为“东六佃四”,最高“东八佃二”,最低“东四佃六”,但“情形极少”,亦即一般租率都在60%以上。[⑤] 四川巴县,据1939年冬的调查,上田每亩谷租10斗、副产租2元,租率70%;中田每亩谷租8斗5升、副产租1.5元,租率60%;下田每亩谷租8斗、副产租0.8元,租率50%。[⑥]

---

① 刘俊秀:《江西农村阶级关系与各阶层土地占有的初步研究》,见人民出版社编辑部编:《新区土地改革前的农村》,人民出版社1951年版,第45—46页。

② 柳思:《邵阳县租佃关系》,见新湖南报编:《湖南农村情况调查》,新华书店中南总分店1950年版,第83页。

③ 《桑植县志》,海天出版社2000年版,第103页。

④ 中南军政委员会土地改革委员会调查研究处编印:《中南区一百个乡调查资料选集·解放前部分》,1953年印本,第180页。

⑤ 《灵山县梓崇塘乡解放前的封建剥削与反动统治情况调查》,见中南军政委员会土地改革委员会调查研究处编印:《中南区一百个乡调查资料选集·解放前部分》,1953年印本,第222页。

⑥ 王国栋:《巴县农村经济之研究》,见《民国二十年代中国大陆土地问题资料》第54册,(台北)成文出版社1977年版,第27566页。

屏山也是1939年的调查，地租按产量计算，较肥沃的坝田，地主占总产量的70%，次者占60%，最劣之旱土，“主客各占半数”。① 同巴县一样，50%系最低租率。綦江的情况是，田租交纳于地主者，多者70%，少者亦达40%。② 大足，1941年的记载称，地租“往昔约其产量之半，今则增至十分之六至十分之七”③。

在原中央苏区和土地革命根据地，地主阶级疯狂反攻倒算，在抢夺、破坏农民房屋财产，追缴土地革命期间欠租的同时，不断增加地租租额，增租幅度和地租新高度尤为突出。江西宁都刘坑乡，佃农没有“皮权”（永佃权）的土地，地主多采用“活租”租制，租额、租期均不确定，租额重，租佃关系变化亦大。地主往往向佃户加租，或以夺佃相威胁达到增租目的。特别是日本全面侵华战争爆发后，土地产量下降，租额大幅上升，如江西宁都佃农卢垂亿租种的14亩水田，原纳租谷2500斤，1941年增至3000斤。租额提高了20%。按以往惯例不能增减的“定租”租额、租率，这一时期也达到了新的高度，一般每亩租额250斤，占年产量的78.3%，最高每亩300斤，占年产量94%，最低200斤，也占年产量的63%。有“皮权”的永佃田每亩租额最高230斤，占年产量的72.5%；一般200斤，占年产量的63%；最低150斤，占年产量的47%。④ 最低租率比以往的一般租率还高22个百分点；最高租率比以往骨

① 李鉴济：《屏山农村经济之研究》，见《民国二十年代中国大陆土地问题资料》第54册，（台北）成文出版社1977年版，第27863—27864页。

② 张登岳：《綦江农村经济之研究》，见《民国二十年代中国大陆土地问题资料》第53册，（台北）成文出版社1977年版，第26896页。

③ 《大足县志》，方志出版社1996年版，第261页。

④ 《土地革命至解放前夕的刘坑乡》，见中南军政委员会土地改革委员会调查研究处编印：《中南区一百个乡调查资料选集·解放前部分》，1953年印本，第101、103页。

租、皮租合计还高 12.5 个百分点。

云南、贵州与邻省四川、湖南不同,原来租额租率相对较低,20 世纪三四十年代狂升,开始追赶甚至超过四川、湖南。云南路南县(今石林县),日本全面侵华战争前,定租占秋季收获量的 63%,占全年产量的 51%;日本全面侵华战争爆发后,地主把国民党政府增加的田赋转嫁给农民,历年加租,一般加到秋收的 75%,个别突出的加到 100%,农民只剩下小春粮食。晋宁县,租额高的占实际出租田地收获量的 80%,少的占实际收获量的 50%—60%。昆明县官渡、西山一带,一般每亩稻田收租米 75 公斤,约占稻田亩产大米 87 公斤的 88%。① 峨山,地租主要有定租、活租两种,定租一般占产量的 60%—70%;活租高者二八分成(佃户得 2 成,交地主 8 成),最低者对半分,一般是三七、四六分成。② 会泽地租无论分收、定租、活租,租额一般都占收成总数的五成至八成。③

在贵州,毕节地区地租分固定租和分租两种。“一般好田好土实行分租;瘦田瘦土、易受灾害的田土,实行固定租”。分租按“主佃各半”“主六佃四”分收,50%是最低租率,更有“主七佃三”分成者。农民租地要先付“顶银”,遇收成好的年份,有的地主还要“加顶”(加押金),但灾年“均按常年产量收租”。佃户交不起租,地主就用押金顶租,押金顶完就抽佃,将土地租给别人,另收“顶银”。④ 独山地租有活租、死租两种。前者临收获时由地主或管家临田监收分租;后者在租佃开始议定租额,不论丰歉年景都要按额交租。活租有对半分、四六分、三七分(佃户得三或四,地主

① 《昆明市志》,人民出版社 1997 年版,第 16 页。

② 《峨山彝族自治县志》,中华书局 2001 年版,第 140 页。

③ 《会泽县志》,云南人民出版社 1993 年版,第 153 页。

④ 《毕节地区志·农牧渔业志》,贵州人民出版社 2002 年版,第 51—52 页。

得六或七）；死租多为常年产量的六成以上。[①] 黄平，地主招佃“收取高额押金”，并“按水稻产量对半收租，有的佃四主六或佃三主七”。[②]

北方地区，这一时期的租额、租率增长速度更快，上升幅度更大，地租水平与四川和长江中下游地区的差距缩小，有的甚至赶上和超过长江中下游地区。这是该时期地区间地租剥削发展变化的一个显著特点。

苏北、皖北的租额、租率大有赶上和超过苏南、皖南之势。苏北台北县（1951 年更名大丰）每亩租额 1 石至 1 石半左右（每石粗粮 140 斤，细粮 180 斤），约占收获量的 50%—60%，接近和超过苏南。[③] 皖北岳西有“死租”（包租）、“活租”（分租），死租按东七佃三或东七五佃二五、东八佃二分成，一般为每石种（产稻 20 石）14 石租，老庄田多到 15—16 石租；分租相同，一石种东得 14—16 石，佃得 4—6 石，租率均为 70%—80%。[④]

在黄河中下游流域及其以北地区，河南新郑，地主只出土地的“分种地”，正、副产品对半分成。此为“境内最低的租佃剥削形式”。[⑤] 西平，一般年景亩产 55—60 公斤，死租每亩 35—40 公斤，占总产量的 60%以上。[⑥] 淇县的“地租盘剥”，按“三七”或“四六”分，地主六或七分，佃户三或四分。[⑦] 修武，1948 年产品分成比例，

---

① 《独山县志》，贵州人民出版社 1996 年版，第 393 页。

② 《黄平县志》，贵州人民出版社 1993 年版，第 154 页。

③ 《大丰县志》，江苏人民出版社 1989 年版，第 103 页。

④ 《岳西县五河区北山村调查》，见华东军政委员会土地改革委员会编：《安徽省农村调查》，1952 年印本，第 165 页。

⑤ 《新郑县志》，陕西人民出版社 1992 年版，第 212 页。

⑥ 《盆尧乡志》，2002 年内部发行，第 160 页。

⑦ 《淇县志》，中州古籍出版社 1986 年版，第 393 页。

多数为地主70%、佃农30%。[①] 桐柏租率更高,土地较好、产量较稳定的采取分租,一般为主七佃三分成,重的主八佃二分成。[②] 淅川定租,水田最高1亩交8斗(200公斤),旱地最高1亩交4斗,夏秋各半。[③] 这在江南大部分地区也是最高的,但江南的土地亩产和年产量一本要高出1/4到一半。河北新乐,地主只供土地的租制有定租、分租、预租3种。定租租额最高为倒三七分粮,或产量一石二三,租额一石,租率为76.9%—83.3%,70%是最低租率;分租为收获物(包括秸秆、糠等副产品)对半分,或倒三七、倒四六分成。即租率为50%—70%;预租租率与定租、分租相同,还未计算利息。[④] 乐亭,土地租佃有两种形式:较普遍的是佃农负担田赋杂税,将所收粮食的50%以上交给地主;也有佃农交付"一定租价(押金)",地主负担田赋,一般每亩粮租四五斗(约折合80—100公斤),最多达6斗(约折合120公斤),"不论收成有无,必须如数交清,农民辛苦劳动一年,除去交租所剩无几"。[⑤] 绥远临河,"分成地租",有"二八""三七""四六"等,没有"五五"一说。当地给地主交租谓之"分股子",给官府交税叫作"带害",民间流行歌谣,"分上股子带上害,算盘子一响捆铺盖"。[⑥]

黄河上游流域陕甘地区,陕西紫阳,地租俗称"课子",有佃四地六、佃三地七和对半分3种。一般年景租额约占土地收成的55%—70%。[⑦] 潼关,1941年粮食平均亩产35公斤,地租平均

① 《修武县志》,河南人民出版社1996年版,第287页。
② 《桐柏县志》,中州古籍出版社1995年版,第294页。
③ 《淅川县志》,河南人民出版社1990年版,第137页。
④ 《新乐县志》,中国对外翻译出版公司1997年版,第115页。
⑤ 《乐亭县志》,中国大百科全书出版社1994年版,第141—142页。
⑥ 《临河县志》,内蒙古人民出版社1997年版。
⑦ 《紫阳县志》,三秦出版社1989年版,第241页。

31.25公斤，租率为89.3%；1947年平均亩产46.55公斤，租率为67.1%。"低产重负"，农民"借着吃，打着还，跟着碌碡过个年"。[①]城固，1941年西北大学对博望、原公等36村调查，水田稻租最高占亩产81.8%、最低69.0%；旱地麦租最高75.0%、最低55.5%，豆租最高83.0%、最低50.0%。佃农"交租后所剩无几，有些佃农不愿租佃土地而退佃，但无地、少地佃农多，又争相租地，地主借以抬高地租，造成更多的剥削机会"。[②] 旬阳，定租一般占产量的50%—70%，肥地、近地特别是水田水地的地租达80%。[③] 白河，一般稞石占可收产量的40%—90%，好地、近地、水田、水浇地的地租率高达90%左右。[④] 甘肃庆阳地区，地租以定租"居多"，一般每亩1斗（全区大小不一，合20—25公斤），占实际产量的60%以上。地租多以小麦为准，也有麦六秋四的。如遇麦子受灾，须以秋粮2斗折交1斗，租额反而加倍。[⑤] 天水地区，实物地租租率一般为亩产量的60%，山旱瘠薄地为50%。50%以下的租率完全消失。[⑥] 宁夏灵武，地主一般净得收获量的40%—50%，最高得七八成。[⑦] 永宁，"地租剥削量重者占农民收获量的70%—80%"。[⑧]

即使新疆这种地广人稀、劳力紧缺的地区，租佃条件的苛刻令人难以置信，地租也飙升到了一个新的高度。以莎车为例，该地租制有死租、定租、伙种、活租四种。死租，地主无任何生产投资，将

① 《潼关县志》，陕西人民出版社1992年版，第152页。
② 《城固县志》，中国大百科全书出版社1994年版，第310页。
③ 《旬阳县志》，中国和平出版社1996年版，第158页。
④ 《白河县志》，陕西人民出版社1996年版，第140页。
⑤ 《庆阳地区志》第1卷，兰州大学出版社1998年版，第802页。
⑥ 《天水市志》，方志出版社2004年版，第926页。
⑦ 《灵武县志》，宁夏人民出版社1999年版，第158页。
⑧ 《永宁县志》，宁夏人民出版社1995年版，第88页。

“荒芜的土地”租给佃户,当年按亩计租,先预交一半租子,交不起则“按时计息,带息偿还”,另一半秋后交足;定租,地主将土地连同耕牛、农具租给佃户,耕牛由佃户喂养,按议定土地产量主六佃四征租,“不论年成好坏,一次交足”,并给地主“经常提供无偿劳动,如挑水、扫地等类杂活”;伙种,地主除土地外,投资的种子和农具折旧等费用占1/3,产品主佃对半分,但须每年给地主提供无偿劳动4—5个月;产品对分后,佃户还要单方给管水人(密喇布)、包税人和送税人各一“秤子”(合8公斤)粮食;活租,佃户租地前,先给租主劳动半年,地主满意后才给地种,所收粮食主佃平分,各种捐税由佃户承担。租期一般不超过3年,因出租的大多是荒地,一二年后,地主认为荒地已经垦为熟地,即行收回。[①] 很明显,这里的地租水平和剥削残酷程度,更甚于中原和江南地区。和静县,佃农自备生产资料的土地租种,租粮一般为每亩100斤粮食。以1949年全县粮食平均亩产量(62.6公斤)计算,租率为79.9%。[②] 库车、柯坪等地,租率稍低,一般也达50%—60%。[③]

同地租一样,押租也升到了一个新的高度。

在四川,押租本已十分苛重,1937年后进入飙升状态,20世纪40年代末达到顶峰。潼南大佛乡,1937年一亩坝地收押租4元,1941年增至5元,1945年达10元,1946年改收押谷4斗,1949年增至1—2石。[④] 乐至1931年亩收押金5元,1941年租谷10石,要收押金1万—1.5万元法币。[⑤] 成都平原各县,过去通例每亩

① 《莎车县志》,新疆人民出版社1996年版,第112—113页。

② 《和静县志》,新疆人民出版社1995年版,第179页。

③ 《库车县志》,新疆大学出版社1993年版,第165页;《柯坪县志》,新疆大学出版社1992年版,第88页。

④ 《潼南县志》,四川人民出版社1993年版,第217页。

⑤ 《乐至县志》,四川人民出版社1995年版,第172页。

押银5两(合7元),1934年平均为8元,1936年已普遍增至13—15元,简阳最高达30元。[①] 川东江北、巴县押租,1927—1938年间,平均增长了大半倍或一倍多。其中江北的水田和旱地押租,分别增长1.6倍和1倍;巴县水田和旱地押租,分别增长0.66倍和1.1倍。[②] 云南、贵州情况相近,云南会泽"租地要交一年以上租额的押金"[③]。

中南地区湖北、湖南、江西、广东等省,押租一般相当于土地产量的1/3到1/2。[④] 湖北押租一般以田价的50%—60%为标准,高的(如长阳)"已等于土地价格"。[⑤] 湖南一些地方增加押租谓之"伴借""加庄""加批",是地主筹措现金或谷物的捷径。这一时期,"伴借"或"加庄""加批"更加频密,押租数额不断上升,原来的"进庄""批佃"很快演变成"重庄"或"大批""重批"。[⑥] 鄠县,每亩需交"批金"(押银)5—10银元,均高于租额。[⑦] 慈利押租轻

---

① 陈太先:《成都平原租佃制度之研究》,见《民国二十年代中国大陆土地问题资料》第62册,(台北)成文出版社1977年版,第32509—32510页。

② 张伯芹:《江巴两县租佃制度之研究》,见《民国二十年代中国大陆土地问题资料》第61册,(台北)成文出版社1977年版,第31524页。

③ 《会泽县志》,云南人民出版社1993年版,第153页。

④ 张根生:《中南区各省农村社会阶级情况与租佃关系的初步调查》,见人民出版社编辑部编:《新区土地改革前的农村》,人民出版社1951年版,第39页。

⑤ 启贤:《湖北农村的封建土地制度》,见人民出版社编辑部编:《新区土地改革前的农村》,人民出版社1951年版,第55页;《长阳县志》,中国城市出版社1992年版,第115页。

⑥ 中共益阳地委:《益阳新市区箴言乡第十六保初步调查》,见新湖南报编:《湖南农村情况调查》,新华书店中南总分店1950年版,第61页;中共湖南省委政策研究室:《长沙县榔梨乡社会情况调查》,见新湖南报编:《湖南农村情况调查》,新华书店中南总分店1950年版,第25页。

⑦ 《鄠县志》,中国社会出版社1994年版,第98页。

的相当于1年租额,重的相当于2年以上租额。①

同地价比较,押租也占越来越大的比重。在四川南川、南充以及其他一些地区,押租原来通常是上田占地价的5%,山田为1%。20世纪三四十年代,因累年加增,或采行"明佃暗当",押租步步攀升,不少地方的押租"已与地价相埒"。② 云南富民县,因地主多次升押,一些租佃押金,也"接近地价",甚至"早已超过田价"。③ 安徽滁县,押租一般也相当于地价的19%左右。④

押租在产生和流行后,即同正租一起构成地租的主要成分。由于押租是地租的保证,两者紧密关联,并构成一定的比例关系。地租的升高和变动,是押租升高和变动的条件和"理据",直接导致后者的升高和变动;同样,押租的升高和变动,反过来又影响和制约地租。当押租大幅增加,改变同地租原有的比例关系,地租迟早会上升,恢复同押租的"正常"比例关系。地主为了最大限度地榨取佃农血汗,总是轮番增加押租和地租。而且,20世纪三四十年代,有息押租或"增押减租"的情况减少,无息押租膨胀,押租、地租你追我赶,交替上升,最后形成高押、高租的"双高"态势。

广东灵山梓崇塘乡邓世有批耕地主容子廉田3亩,年租28斗,交押金7千钱,折谷28斗,押租、地租等量。当地上等水田每亩年产42斗,下等水田35斗,即使按上等水田计算,租率也达66.7%。后来铜仙贬值,地主开始"升批"加押,先后共升了6次,

---

① 《慈利县志》,农业出版社1990年版,第131页。

② 民国《南川县志》,第28—29页;民国《南充县志》第20卷(文艺志);瞿明宙:《中国农田押租底进展》,《中国农村》1935年第4期;吕平登编著:《四川农村经济》,商务印书馆1936年版,第199页。

③ 《富民县志》,云南人民出版社1999年版,第103—104页。

④ 《滁县大王营乡农村经济调查》,见华东军政委员会土地改革委员会编:《安徽省农村调查》,1952年印本,第108页。

共升了140千钱,折谷140斗,1943年又“升租”一次,由28斗升至32斗,租率升至76.2%,押租率更飙升至437.5%。①

四川增租、增押和高租、高押的“双高”态势最为典型。井研千佛乡刘民生等4家佃农,1914年共佃地主水田320挑(3.75挑折1亩)、土20.8石(0.24石折1亩),共交押金铜元2700吊(相当于121石黄谷),年纳租谷54石,杂粮1.5石,押租相当于租额的218%,租额相当于常年产量的42%。1932年,押租增至3200吊,按不变价格计算,对租额之比升至258%。随即租谷增至78石、杂粮1.8石,租率升为61%。日本全面侵华战争期间,物价上涨,押金转为黄谷,租谷又增至91石、杂粮1.8石,租率升为70%。这样,由于押租、地租你追我赶,很快由高押平租演变为高押高租。到1948年,租谷更增至100石、杂粮3.6石,租率高达78%,为进一步增押提供基础。②重庆北碚杨进明,1935年佃种12石田,可收谷10石,押佃银220两。1938年加租1石;1940年将押佃折成6000元法币,另外又加5000元,共11000元,当时可买到30石谷子,杨进明加不起押佃,只好将一口肥猪卖掉;1944年再加押佃6000元,加租苞谷1斗。③立约时,租率为74%,押佃银220两(合308银元),可买谷44石④,相当于地租的595%。此后两次增租、增押,地租增至8石6

① 《灵山县梓崇塘乡解放前的封建剥削与反动统治情况调查》,见中南军政委员会土地改革委员会调查研究处编印:《中南区一百个乡调查资料选集·解放前部分》,1953年印本,第226页。

② 《井研县志》,四川人民出版社1990年,第134页。

③ 李竹、刘希等:《“押金”使农民受尽了痛苦》,见人民出版社编辑部编:《新区土地改革前的农村》,人民出版社1951年版,第75—77页。

④ 1935年法币与银元等值,当时重庆稻谷每石7元法币。308银元可至少买谷44石(参见人民出版社编辑部编:《新区土地改革前的农村》,人民出版社1951年版,第75页)。

斗(苞谷1斗折稻谷2斗),租率升至86%;押租包括1940年将银两折成法币时吞没的27石6斗谷,增至57.7石①,相当于地租的671%。显然,这已经不是一般的高租、高押。

其他县区的情况大同小异。地租、押租同时或交替上升,只是地租租额原来已经很高,或已近极限,因而增幅相对较小,而押租增幅更大。如大足,1941年的记载称,地租"往昔约其产量之半,今则增至十分之六至十分之七",约增10—20个百分点;押租1941年按地价4%—5%交纳现金,约为地租之半。1941年后改交稻谷,数额大幅增加,据1951年的退押数字统计,全县10839户土地出租者,共收押佃谷2847.3万公斤,占1949年佃耕地粮食总产量的48.4%。② 考虑到总有少量业主或土地由于种种原因(如亲朋邻里之间的租佃、劣等土地以及"佃强业弱"等),未能征收押租,可以断定,绝大部分押租已接近和超过地租,增幅接近或超过一倍。仪陇在1941年前后,押租、地租已经很高。当时中田亩价80—120银元,押租16—60银元,占地价的20%—50%。水田谷租占产量的50%—70%,旱地钱租占收入的50%—60%。但地主仍不满足,借口货币贬值,连年加租、加押,押租、地租进一步飙升。县政府被迫于1946年宣布"限租",规定地租不得超过地价的8%③,但未干预押租。即使如此,也未实行。广汉押租原来交钱,金额接近于年租。20世纪40年代改交实物,亩田高的纳谷1.7—1.8石(每石140公斤),一般1.4—1.5石,低的1石左右,已大大超过租额。据统计,1949年全县地租共计大米344.27万

① 220两银子折成6000元法币,只可购16石4斗谷,被吞没27石6斗谷。1944年所加押佃6000元,可购谷约1斗。44石+(30石-16.4石)+0.1石=57.7石。

② 《大足县志》,方志出版社1996年版,第261页。

③ 《仪陇县志》,四川科学技术出版社1994年版,第178—179页。

公斤,平均每亩 123.5 公斤,折谷 1.26 石。押租高的超过地租 35%—43%,一般超过 11%—19%,只有低的才接近地租。地租则已接近极限:佃农正常年景交租后,每亩仅余稻谷四五斗,稍差则只剩两三斗,租率为 71.6%—86.3%。① 北川押租数额不详。地租据 1937 年的调查,每亩 8—12 斗,地租率亦不详。同周围地区比较,似乎不算太重。到 1946 年,押租、地租已高得惊人。据统计,这年全县农副总产值为 9450 万元法币,地主富农收取的粮租、押金达 5062 万元,占 53.5%;田赋、壮丁款、门户款等 80 余种捐税 1643 万元,占 17.4%,农民实际所得 2756 万元,占 29.1%。② 如将自耕农和其他农户的收入剔除,地租和押租所占比重将大大升高,佃农收入所剩无几了。

类似情况无法一一尽述。为了全面考察四川押租、地租的一般水平,现将成都、重庆南岸区等 57 县(区)的押租率和地租率列见表 12-43。

表 12-43　近代四川部分县(区)押租地租高度一览表

(单位:%)

项目 县(区)别	押租率（占地租或产量、地价百分比）			地租率（占土地产量百分比）		
	最低	一般	最高	最低	一般	最高
成都	—	400+	—	—	80	—
广汉	79	111—119	135—143		72—76	81—86
双流	—	80 以上[1]	—	—	85	—
金堂	—	87—167	—	—	60—70	83(上田)

① 《广汉县志》,四川人民出版社 1992 年版,第 87—88 页。

② 《川北县志》,四川人民出版社 1996 年版,第 378 页。

续表

县(区)别 \ 项目	押租率(占地租或产量、地价百分比)			地租率(占土地产量百分比)		
	最低	一般	最高	最低	一般	最高
绵竹	—	29—43	—	—	60	—
邛崃	—	200—300[②] (400—600)	—	—	50—70	—
丹棱	234 (下田)	250—288 (上田旱地)	301 (上田)	—	50—60	—
青神	—	53—60	—	40	50	60
井研	50 以上	—	—	50 (下田)	60(中田)	70(上田)
汉源	—	109[③]	—	—	60—70	80
大邑	—	110—130	—	—	50	80
永川	—	100 以上	—	—	30—60	70
富顺	—	33—50	—	—	50—60[④]	70±[④]
兴文	—	100	—	50	60	70
隆昌	—	100±	250±	40	60	70
屏山	—	100[②] (167—200)	—	50 (土租)	60 (田租)	—
江津	—	120—130	200	—	60—70	—
会理	—	100	100[⑤] (1000)	—	30—50	—
綦江	—	7→10[⑥] (70→100)	—	—	60—70	—
内江	—	156—202	318—319 (中、下地)	—	70±	—
沐川	50	—	—	—	40—50 (水田)	60—70 (旱地)

续表

项目 县(区)别	押租率(占地租或产量、地价百分比)			地租率(占土地产量百分比)		
	最低	一般	最高	最低	一般	最高
犍为	—	50	100 以上	—	50—60	70—80
长宁	—	100	—	—	50→60⑦	—
重庆南岸区	—	100	100⑤(1000)	30—40(中田下地)	50—60(中田中地)	70—80(上田上地)
沙坪坝区	50 以上	—	—	60	70	80—90
九龙坡区	—	140—150	—	—	70 以上	—
巴县	61.5(全县总平均)			—	70	—
万县	146(上田)	444(下田)	533(中田)	50	60	70
涪陵	150(下田)	200(中上田)	—	50	67—70	80
合川	—	50 以上②(70—167)	—	—	30—60	70
大足	—	48.4②(69—81)	—	—	60—70	—
忠县	—	100	100⑤(1000)	50	60—70	80
彭水	—	100—100⁺	—	50	60	70
武隆	—	200	—	50	60—70	80
璧山	100	—	—	—	70	—
梁山	20—25	—	100	—	70—80	—
垫江	—	33—50		50	60—70	80—90
铜梁	—	60 以上②(100 以上)	60—70⑤(600—700)	20—30	60 以上	—

续表

项目 / 县(区)别	押租率(占地租或产量、地价百分比)			地租率(占土地产量百分比)		
	最低	一般	最高	最低	一般	最高
营山	—	100	100⑤ (1000)	—	50—70	—
巫溪	—	125以上	—	—	50—60	—
大竹	—	60—100	200—n100⑧	—	60—70	—
江油	—	15±	—	—	50—60	—
仪陇	—	20—50⑤ (200—500)	—	—	50—70	—
青川	—	10—20② (25—50)	—	—	40—60	—
剑阁	—	30—50⑤ (300—500)	—	—	50	—
安县	—	40±	—	30以上	40—50	60
遂宁	—	10⑤ (100)	—	—	50以上	—
三台	—	100以上	—	—	60—70	—
盐亭	—	100—200	—	—	50	—
中江	—	100以上	—	—	60—70	—
西充	—	100② (200以下)	—	—	50以上	80
南充	50以上	—	—	—	70—80	—
广安	—	33.3—50② (66.6—100)	—	40—50	50—70	70—80
渠县	—	104—140	—	—	60	70
蓬安	—	100—200	100⁻⑤ (1000⁻)	—	50以上⑨	—

续表

项目 县（区）别	押租率（占地租或产量、地价百分比）			地租率（占土地产量百分比）		
	最低	一般	最高	最低	一般	最高
乐至	—	36—42	—	—	70	80 以上
潼南	—	50—100	—	—	50 以上	—

注：①该县永福乡 15 保押租总额对地租总额百分比。②占产量百分比，（　）内数字为折算后对地租百分比，下同。③1941 年该县城区镇调查平均数。④按 10 成收成计算。⑤占地价百分比，（　）内数字为折算后对地租%，下同。⑥ 1939 年押租占地价的 7%，1945 年增至 10%。⑦清朝租额约占产量的 50%，1937—1938 年调查，租额多占产量的 60%。⑧n>2。⑨占农田总收入%。

资料来源：据《土地问题资料》以及相关各县（区）新编地方志综合整理、计算编制。

据表 12-43，可以得出以下结论：一是大部分或绝大部分县（区）的押租额相当或超出地租，而地租达到或超过产量的一半，都属于“高押高租”。押租率达到或超过 100%的有 32 县（区），占总数的 56.1%；会理、重庆南岸区、忠县、营山、蓬安等 5 县（区），最高达 10 倍左右。租率达到或超过 50%的达 50 县（区），占总数的 87.7%。其中全部达到或超过 60%的有 30 县（区），占 63.2%。在这些地区，60%或 60%—70%是一般租率，或“法定租率”。① 到 20 世纪三四十年代，高押高租的“双高”已是四川农村租佃关系的常态。二是押租高度与地租高度成正比，押租率高的地区，地租率也高。押租率达到或超过 100%的 32 县（区）中，29 县（区）的地租率达到或超过 50%，占 90.6%。虽然一些地区曾经流行“增押

①　如泸县，“法定租额”为占常年产量的 60%—70%。这已高得惊人，但地主仍不满足。据统计，该县 10025 户收租者，仅 1889 户按“法定数”征收，占 18.8%，而超过“法定数”的达 8136 户，占 81.2%（《泸县志》，四川人民出版社 1993 年版，第 176 页）。

减租”,但表12-43中数据显示,除永川、蓬安等个别地区外,都是“高押高租”,所谓“押重租轻”的现象,已经接近消失。

云南、贵州也正在追赶。云南昆明县的水田每亩租额,1912年上、中、下则依次为1.1石、0.7石、0.45石,平均0.783石;1938年依次增至1.66石、1.18石、0.82石,平均1.22石,依次相当于1912年的150%、168%、149%,平均为155%。全县8个区,上、中、下三则水田的平均租率都在60%以上,总平均为77.2%,四五两区分别高达103.4%和101.7%。押租也在猛增。1912年普通为每亩2元,1926年增至5元,1938年再增至7.5元,最高达30元,远远超过一年的租额。① 在会泽,租地要交一年以上租额的押金,租额一般占收成总数的五成至八成。② 贵州湄潭,地租按“对半”“佃四主六”至“佃三主七”分租,50%是最低租率,“地主不劳而获谷物的多数”。租地要缴纳无息“押垫”货币,平均每亩水田1.5元法币,旱土5角。相对于四川,似乎押租不算太重,但佃农向地主“讨佃”时,须先送肉、鸡、鸭等礼物;佃得田土后,佃农须以自己的耕畜供地主使用,每届年节或地主家有婚丧嫁娶、祝寿、庆子等事,佃农须备礼金、礼物贡送,并提供无偿劳动,“否则,来年被取消租约”。③ 这可能比明码实价的高额押租更为苛重。黄平情况相似,地主出租土地,“收取高额押金”,地租按水稻产量对半收租,有的“佃四主六”或“佃三主七”,还立有佃约,“规定每年佃户帮工帮粮、送鸡、送鸭等”。④

① 林定谷:《昆明县租佃制度之研究》,见《民国二十年代中国大陆土地问题资料》第63册,(台北)成文出版社有限公司1977年版,第32855—32856、32862—32863、32837—32839页。

② 《会泽县志》,云南人民出版社1993年版,第153页。

③ 《湄潭县志》,贵州人民出版社1993年版,第186页。

④ 《黄平县志》,贵州人民出版社1993年版,第154页。

(2)地主额外需索和实际租额租率同契约租额租率的背离

上述地租,包括押租在内,基本上限于契约或名义租额、租率,还远不是地租剥削的全部。在契约规定或名义地租、押租以外,地主凭借地权垄断和政治威势,采用威胁、强制、蒙骗等手段,一直进行各种形式的额外浮收、需索、盘剥和搜刮,名目、花样之繁多,手法之卑劣,数量之庞大,远远超出常人的想象,20 世纪三四十年代更是变本加厉,这类额外浮收和需索、搜刮成为地主不可或缺的一大进项,在地主的地租和经济收入中,占着越来越大的比重。与此相联系,实际租额、租率同契约或名义租额、租率的背离,也越来越严重,所谓契约或原有的租佃习惯、乡俗惯例,不过是一种摆设。

20 世纪三四十年代,地主无分大小,地区无分南北,租佃无分久暂,额外浮收、需索、盘剥和搜刮无处不在,无孔不入,无奇不有。这类额外浮收勒索,并非个别或少数地主的个人贪婪,而是地主阶级的集体行为,是一种不成文惯例,并且有的还载入契约,十分明确、详细。如湘乡萧家冲易姓地主在佃约上注明,佃户每年必须交 3 斤重的鸡婆 2 只,肉腿子 5 个,木炭 200 斤,2 斤以上团鱼 2 只,派义务工 3 个。[①] 此类额外勒索,已经上升为"契约地租"。

地主的额外浮收、勒索,不仅十分普遍,而且名目、花样繁多,如湖南益阳专区,据不完全统计地主额外剥削的花样有 120 种。[②] 当然,不同地区、不同地主之间,互有特点或侧重,如上揭易姓地主侧重于实物,劳役次之;有的地区或地主,更多侧重于劳役,或是物资、劳役并重。综合起来,地主的额外浮收、勒索,可大致归纳为以下五大类。

① 《湘乡县志》,湖南出版社 1993 年版,第 124 页。

② 李锐:《湖南农村的状况和特点》,见新湖南报编:《湖南农村情况调查》,新华书店中南总分店 1950 年版,第 12 页。

一是强令佃户承担无偿劳役。

这是地主在押租、正租之外,无偿占有佃农的活劳动,并且遍及各地和各个租佃个案。在某些地区或某些佃农,是最为繁重和苦累的租役负担,严重干扰、破坏佃农的正常生产和家庭经营。

无偿劳役的范围和内容十分广泛,不论大、中、小地主,凡家中有婚丧嫁娶、寿诞、生子、年节、盖房等,佃农均须无偿帮工,稍微"体面"的地主,走亲访友和外出办事,都要佃农无偿抬轿,且须随叫随到,不得延误。江苏太仓,地主有事,附近的佃户均须帮工,每年还要送礼。① 泰县,地主盖房造屋、办婚丧,或家庭杂务,皆要佃户无偿服役,并得随传随到,谓之"打庄差"。凌官庄地主外出探亲访友,由佃户抬轿、推车;梁徐乡贫农杨庆云为种地主3亩薄田,要给地主当"三只脚"雇工,每4天要为地主干3天,工资全无,地租照交;地主陆载之强迫佃户翟宏爵之妻,丢下刚满月婴儿无偿为自己儿子当乳母。规定乳母不得为亲生子喂奶,只准喂米汤,还得贴米汤钱。② 在浙西天目山区,佃农不仅要给地主服劳役,甚至还有"兵役租"。于潜县出租千亩土地的大地主邵展成,拥有机关枪和长短枪,任意草菅人命、鱼肉乡里,邵家佃农每年有几个月的"兵役租",替邵家"剿匪"。③

湖北黄冈,佃户每年给地主修房子用12个工,抬轿子6个工;要送租粮、挑粪、做杂活;妇女还要给地主做鞋、喂猪、带孩子、打零工。湖北当阳流传民谣谓:"骑马坐轿,一叫就到,如期不到,何处也不要"(即立即撤佃,并且再也租不到地种)。湖南长沙、益阳等

① 《太仓县农村经济概况》,见华东军政委员会土地改革委员会编:《江苏省农村调查》,1952年印本,第61页。

② 《泰县志》,江苏古籍出版社1993年版,第143页。

③ 《天目山区农村情况》,见华东军政委员会土地改革委员会编:《浙江省农村调查》,1952年印本,第10页。

地,一般租一石田[①]要给地主做6—10个工。地主家中有婚丧嫁娶,皆要佃户帮工,不给工钱。[②] 湖南有些地区的地主还要佃农无偿舂米、挑水、砍柴、晒谷、打鱼、修房等,这类无偿劳役,"每年少则十几工,多则三四十工"。[③]

河南、山东、山西、贵州、新疆、辽宁一些地区,佃农承受的无偿劳役压榨尤为苛重。河南卫辉,有些地主要佃户给其常年担水、洗衣、推磨、干杂活,只管饭而无工钱。[④] 山东莒县,地主的无偿劳役压榨包括两部分。一是"指种地"(详后),二是"干拨工"。凡遇地主修墙、砍树、婚丧嫁娶、探亲、上坟填土、打更、运输等事,都要佃户"拨工"。离地主家较近的佃户还要为地主扫雪、挑水。拨工数量因佃户的牛力、人力多寡而异。有一犋牛和三个壮丁者,平均每年为地主无偿出工300个左右。只有一个壮丁的也要出工100个左右。不论忙闲,地主叫就得去。拨工的报酬一般是每天一升䅟子,不管饭。若有婚丧、探亲等必须管饭的时候,则只管饭而无其他报酬。给䅟子也是每年结算一次。也有地主预先给佃户一斗䅟子,便拨工一年,还是等于完全"无偿"。[⑤] 邹县佃农的无偿劳役也极为繁重,主要包括收割、送粮和柴火、割苇子、切地瓜干、摘花

---

① "石"为土地面积单位,能产1石(担)毛谷的面积称1"石田",5石田约合1亩。

② 张根生:《中南区各省农村社会阶级情况与租佃关系的初步调查》,见人民出版社编辑部编:《新区土地改革前的农村》,人民出版社1951年版,第38页。

③ 李锐:《湖南农村的状况和特点》,见新湖南报编:《湖南农村情况调查》,新华书店中南总分店1950年版,第12页。

④ 《卫辉市志》,生活·读书·新知三联书店1993年版,第271页。

⑤ 中共山东分局:《莒南筵宾、沟头、大店三区农村经济调查》,转自张学强:《乡村变迁与农民记忆——山东老区莒南县土地改革研究(1941—1951)》,社会科学文献出版社2006年版,第45页。

生,接送地主进城下乡,妇女给地主洗衣、做饭煎饼、看孩子等。佃农为了给地主服役,家里的农活只能请短工。[①] 山西保德,地主借给住处的"帮工式"佃农,除上述劳役外,还要给地主种地、挖茅粪、铡草、喂牲口、扫院、迎送客人、上集买东西等;女的给洗衣服、做饭;小孩给放牛放羊。[②] 贵州镇远,农忙时节还要佃户无偿帮工。每当插秧、打谷季节或地主家有红白喜事,佃户都要无偿帮忙干活,少则三五天,多则十几天。[③] 新疆博乐,有的佃农要无偿为地主割草、盖房、送粮和服其他劳役;妇女要无偿为地主家打柴、做饭,甚至必须专人常年无偿服役。1949 年前,常年给恶霸地主乌拉音无偿劳动的佃农就有 22 人。[④] 辽宁岫岩,无偿劳役也相当繁重,每年 35 天左右,随叫随到。[⑤]

另外,在许多地区都流行佃农代地主无偿代耕若干田地的"惯例"。安徽临泉谓之"梢种地"。地主自己留 10 亩、20 亩地,由佃户代种,有的管饭,有的甚至连饭都不管。[⑥] 湖南洞口县,佃农除节庆或其他需要随时帮工外,还要"无偿带耕田土"。[⑦] 山西保德,地主借给住处的"帮工式"佃农,除各种劳役外,还要给地主梢种 3—7 垧地。[⑧] 山东莒县叫作"指种地",亦称"白代(带)地"

① 中共鲁南区党委调研室:《邹县二区大黄庄地主剥削农民的花样》,见华东军政委员会土地改革委员会编:《山东省、华东各大中城市郊区农村调查》,1952 年印本,第 91 页。

② 《保德县志》,山西人民出版社 1990 年版,第 71 页。

③ 《镇远县志》,贵州人民出版社 1992 年版,第 231 页。

④ 《博乐市志》,新疆人民出版社 1992 年版,第 279 页。

⑤ 《岫岩县志》,辽宁大学出版社 1989 年版,第 177 页。

⑥ 《临泉县农村经济调查》,见华东军政委员会土地改革委员会编:《安徽省农村调查》,1952 年印本,第 42 页。

⑦ 《洞口县志》,中国文史出版社 1992 年版,第 146 页。

⑧ 《保德县志》,山西人民出版社 1990 年版,第 71 页。

“棉花田(地)”。即佃户要为地主毫无报酬地代种若干数量的土地,一般相当于佃农租地的1/10左右;名义上是让佃户代种几亩棉花,给佣人做衣服,实际上并不一定种棉花,即使种棉花也不一定给佣人做衣服。① 安徽滁县,地主家里有自耕三五亩土地的,往往要佃农代耕、代耙,不给一点报酬。②

二是强令佃户请酒请饭、招待住宿和馈送礼品以及鸡鸭、鱼肉、鲜果、菜蔬、土特产等各色物品。

这是地主在物租、劳役地租(包括无偿劳役)之外,进而无偿占有、搜刮佃农的家庭财物和农副产品。它同无偿劳役一样,也遍及各地和各个租佃个案。作为地租,定租尚有额度,分租尚有分成比例,请酒请饭、招待住宿和礼品、鸡鸭、鱼肉、鲜果、菜蔬、土特产等诸多馈送,往往漫无限制,完全是无底洞。

江苏泰县,逢年过节,佃户要向地主送礼,新谷登场或应时果蔬采摘,要送给地主尝新。③ 安徽无为,一年“三节”(春节、端阳、中秋),佃农要给地主送鸡、鱼等节礼。④ 河南、湖北一些地区,地租称“稞”,正稞以外的需索,谓之“杂稞”。河南潢川有稞鸡、稞草、稞棉花,另有年礼(3斤肉、3斤挂面、两包糖、20根油条)。杂稞、年礼相当于全年正稞的10%,最重者达24%。还有看稞酒、请

① 中共山东分局:《莒南筵宾、沟头、大店三区农村经济调查》,转自张学强:《乡村变迁与农民记忆——山东老区莒南县土地改革研究(1941—1951)》,社会科学文献出版社2006年版,第45页。

② 中共滁县地委政策研究室:《滁县大王营乡农村经济调查》,见华东军政委员会土地改革委员会编:《安徽省农村调查》,1952年印本,第108页。

③ 《泰县志》,江苏古籍出版社1993年版,第143页。

④ 中共巢湖地委政策研究室:《无为县百马乡圩区典型调查》,见华东军政委员会土地改革委员会编:《安徽省农村调查》,1952年印本,第94页。

吃饭等。县城大地主“阎司令”派人来看一次稞,花费达正稞的8%。[①] 在湖北,每年端午、中秋、碾节,以及地主婚丧生辰,佃户皆要给地主送鸡、鱼、肉、鸭、茶、蔬菜等礼物,有的还有随年稞、纳庄年、进门礼(安陆要送3斤肉、两只鸭)、油稞(黄冈1斤油)、鸡稞、柴稞、棉花稞、红薯稞等等,无所不包。[②] 湖南一些地区,请酒有“春酒”“新米酒”“看禾酒”“租酒”“写批酒”等;送礼名目租鸡、租鱼、租肉、稻草、豆子等,“山里有什么就要送什么”。这类名目繁多的“额外剥削,农民讲一天一晚也讲不完”。[③] 益阳、沅江等地,除了上述酒席外,还要在交租时请“打租酒”,而且不止一次两次。地主以催租为由,到佃户家吃喝,并要请豪绅作陪,以壮声威;逢年过节,还要给地主送湘莲、鸡鸭、鱼虾等土特产品,叫作“打租”,又于额组之外,每石田另交100公斤稻草和2个牛工,称为“附加”。[④] 前揭洞口县,佃农所种瓜果菜豆只要成熟,首先要送给地主“尝新”;端阳、中秋、重阳、春节等节日,佃户要给地主送鸡、鸭、鱼、肉、糖等礼物;每年庄稼成熟待收时,佃户先请地主吃“看禾饭”;秋收后再请地主喝“丰收酒”。[⑤]

福建各地,地主强令佃户请酒、招待和馈送礼品、鸡鸭、土特产

---

① 《河南潢川县十里棚乡解放前的社会情况调查》,见中南军政委员会土地改革委员会调查研究处编印:《中南区一百个乡调查资料选集·解放前部分》,1953年印本,第5页。

② 张根生:《中南区各省农村社会阶级情况与租佃关系的初步调查》,见人民出版社编辑部编:《新区土地改革前的农村》,人民出版社1951年版,第38页。

③ 李锐:《湖南农村的状况和特点》,见新湖南报编:《湖南农村情况调查》,新华书店中南总分店1950年版,第12页。

④ 《益阳地区志》,新华出版社1997年版,第819页;《沅江县志》,中国文史出版社1991年版,第202页。

⑤ 《洞口县志》,中国文史出版社1992年版,第146页。

之例盛行。佃农纳租时，须设丰盛筵席，款待到乡收租的地主，俗称“饭餐”，往往要招待四五人。除“饭餐”外，地主回家时，还需送“田头鸡”“田头鸭”“杂钱”等。此种苛例，南安、连城、莆田等地十分普遍。各地还有“冬牲”、加纳薯丝之例，有的还载诸契约。龙岩契约载明应付“冬牲”（牲畜、鸡、鸭等）或牲钱若干；尤溪谓之“食牲”，于年底交纳猪、鸡、鸭等；霞浦契约规定，上田加纳薯丝100斤，中田60斤，下田30斤，如田地加种其他作物，也要另行加纳租税，称为“小税”，与原约所纳之“大税”对应。至于佃户向地主交纳稻草、蔬菜，逢年过节或婚丧事，佃户必须送礼和提供无偿劳动，各地更为普遍。①

山东邹县，佃户每年端午、中秋、过年以及地主家有红白大事都得送礼，否则地主便要找借口将地抽回。如小山阴、邢庄、小河阁村的几个佃户就是因未能按节送礼，地主把地抽回去给别人种了；邢庄张士德种地主徐述彬的20亩地，因未送礼，春天地上已撒上粪要耕了，地主借口他父亲老了，硬把地收回10亩，这样，10亩田里所上的四十车粪，就白给地主强占去了。小河圈农民平昭凤，1941年种平家地主13亩地，有3亩春地上了12车粪，已耕耙好了，结果被地主借故硬收回去，一个工本钱都未给。② 莒县，佃户每年要向地主送筲帚、饭帚各6个，盖头3个；有的地主向佃户要求送做好的鞋底；个别地主要求佃户年前送年礼，一般是一对鸡、二斤干粉、二斤鲜鱼和其他一些新鲜食品。此外还须送接年礼，谓

① 《福建省志·农业志》，中国社会科学出版社1999年版，第40—41页。

② 中共鲁南区党委调研室：《邹县二区大黄庄地主剥削农民的花样》，见华东军政委员会土地改革委员会编：《山东省、华东各大中城市郊区农村调查》，1952年印本，第90—91页。

之“接年金”,每亩收 50 文。① 对佃农来说,笤帚、饭帚、盖头和鞋底、鸡鱼、干粉、新鲜食品等需索,已不胜负荷,而最要命的还是“份子粮”“双除种”“四除种”。所谓“份子粮”,佃户根据养牛多少,每年必须向地主借粮吃。每犋牛(只有一头牛的减半)借小麦 1 斗半,高粱、大豆各 3 斗,分阴历年前、开春种地、开始割麦三次借完;另借䅟子 12 斗,正月开始,每月 2 斗。麦收还麦,秋收还秋,借 1 斗从收获的“公堆”中扣除 4 斗。即便佃户有粮食吃,不借也要在地主的田里长着,收获时如数分给地主。“双除种”是种植时地主出种子,收获后从“公堆”里双倍扣除种子归还给地主。也有的四倍扣除,称“四除种”。②

江西玉山,佃户要交“田鸡”“田肉”,要办酒席,要应杂差。佃农租种 1 亩田,每年年底要向地主交纳 1 只鸡、数斤肉;如遇水、旱之年,请地主临田踏看,佃户需备办“丰美酒席”;平时,佃户要为地主无偿担水、砍柴、从事运输等杂活。③ 贵州独山,地主将田地租给佃农时,议定无偿帮工、帮粮数额,如一年帮工 10 天、20 天,每季帮粮一石、几升等,均系无偿性质。至于逢年过节,地主家中婚丧嫁娶,佃户要送礼、送物,甚至奉送瓜、豆、鱼、虾、时鲜,以及夏收、秋收地主或管家临田监收,由佃户供应酒饭等。这些都是不得

① 中共山东分局:《莒南筳宾、沟头、大店三区农村经济调查》,转自张学强:《乡村变迁与农民记忆——山东老区莒南县土地改革研究(1941—1951)》,社会科学文献出版社 2006 年版,第 45 页;中央山东分局:《莒南县三个区十一个村的调查》,见华东军政委员会土地改革委员会编:《山东省、华东各大中城市郊区农村调查》,1952 年印本,第 36 页。

② 中共山东分局:《莒南筳宾、沟头、大店三区农村经济调查》,转自张学强:《乡村变迁与农民记忆——山东老区莒南县土地改革研究(1941—1951)》,社会科学文献出版社 2006 年版,第 45 页。

③ 《玉山县志》,江西人民出版社 1985 年版,第 216 页。

违反的规矩。[1] 云南峨山,一些边远山区的佃户,逢年过节要给地主送礼,地主家有婚丧喜事、起房建屋等则向佃农派白工;佃农有畜禽、蔬菜、水果等物,甚至烧柴,也要给地主"进贡",佃农"事实上成为地主的奴隶"。[2]

显然,这种请酒、招待和礼品、时鲜、土特产馈送,既非"东佃情谊""佃农感恩",亦非佃农家境宽裕,甘于奉送,而是地主不顾佃农死活的强行勒索和敲骨吸髓的压榨,而其杀手锏就是夺田换佃。湖北、湖南等地,每个佃农每年最少要请酒二次,花谷 4 石。"如不请就要被加租退佃"。[3] 福建南平,佃农欲继续承佃,必须每年定期贡奉鸡、鸭,称为"田牲",若过冬至,佃户尚未馈送"田牲",地主即视为无意承佃,另租他人耕种。[4] 河南新郑,无论采用哪种租佃形式,佃户皆得向地主负担劳役和节礼,"稍有不周,地主就收回土地——端佃户的饭碗"。[5] 湖北江陵,每逢年节佃户必须给地主送礼,"否则就要夺佃"。[6] 四川石棉县,平时、逢年过节或地主家婚丧等事时,佃户须服劳役、送礼、送新(送初熟的农产品给地主尝新),"稍不遂意,地主即以退佃要挟"。[7] 贵州凤岗,佃农逢年过节要给东家送礼,东家有大小事务,要无偿出工,否则就有

① 《独山县志》,贵州人民出版社 1996 年版,第 394 页。

② 《峨山彝族自治县志》,中华书局 2001 年版,第 140 页。

③ 张根生:《中南区各省农村社会阶级情况与租佃关系的初步调查》,见人民出版社编辑部编:《新区土地改革前的农村》,人民出版社 1951 年版,第 38 页。

④ 《福建省志 · 农业志》,中国社会科学出版社 1999 年版,第 41 页。

⑤ 《新郑县志》,陕西人民出版社 1992 年版,第 212 页。

⑥ 《湖北省江陵县解放前的三合乡》,见中南军政委员会土地改革委员调查研究所编印:《中南区一百个乡调查资料选集 · 解放前部分》,1953 年印本,第 28 页。

⑦ 《石棉县志》,四川辞书出版社 1999 年版,第 165 页。

“拔佃”之灾。①

在这种情况下,佃农为了保持土地耕作,不致完全失业,只能屈辱忍受。湖南洞口佃农请地主的“丰收酒”,地主不去,则请账房、管家。而且招待要“热情”,酒席要“丰厚”,“稍有不慎,轻则挨骂,重则强行撤佃”。故“丰收酒”又名“保佃饭”。② 贵州麻江,每年年底佃户要送鸡、肉、酒等礼品,央求续租田种,俗称“稳田”。③ 镇远佃农,逢年过节都得给地主送礼,“以维系租佃关系”。④ 因此,佃农再穷再苦,即使饥寒交迫,对地主的需索也不敢怠慢。贵州独山佃农吴志汉说,“我当佃户十五年,自家不够吃,还得给老板(地主)送鸡、送鸭、送猪腿过年,八月中秋送月饼,五月端阳送粽子,老板家有事还得去帮工”。⑤ 湖南南县和康垸佃农陈子忠,1940 年为凑钱给地主张乐之做寿,连唯一的一件棉袄也被典卖。⑥

三是转嫁田赋,强令佃农“帮工帮粮”,代纳税粮杂捐,代为负担夫差徭役。

转嫁田赋一直是某些地主额外勒索的重要手段,不过这类情况以往并不十分普遍。日本全面侵华战争爆发后,日军烧杀劫掠,日伪政权苛征暴敛,税捐摊派和夫差徭役,成倍增加,国民党后方地区,田赋税捐也不断加重。于是地主在增加地租的同时,将日伪苛征、摊派、劳役等负担转嫁到佃农头上。这样,不仅田赋转嫁的情况空前普遍,佃农的捐差徭役负担也成倍增加,伪满和其他沦陷

① 《凤岗县志》,贵州人民出版社 1994 年版,第 334 页。
② 《洞口县志》,中国文史出版社 1992 年版,第 146 页。
③ 《麻江县志》,贵州人民出版社 1992 年版,第 428 页。
④ 《镇远县志》,贵州人民出版社 1992 年版,第 231 页。
⑤ 《独山县志》,贵州人民出版社 1996 年版,第 394 页。
⑥ 《南县志》,湖南人民出版社 1988 年版,第 104 页。

区,情况尤为突出。而且转嫁田赋很快形成惯例,日本帝国主义投降后,也一直延续下来,直至土地改革。

河北蓟县,土地租佃叫作“种分收”,地主除于麦秋两季,或按垅收割50%,或在场上收50%,“一切税赋差役,均由佃户负担”。[①] 宁河租制,除了定租、分租,还有“地租带差”,即佃农除照样交租外,须连带担负捐税和各种勤务。[②] 藁城无论定租、分租,还是“停三堆”,均由佃户完纳“银粮”(国税)。[③] 南宫一年两次交租,一般按五五比例分成,且税捐由佃农负担。[④] 无极,“捐税皆由租地佃户负担”[⑤]。南和,也是捐税一般由租地户负担。[⑥] 冀中新乐,1942年日军“五一”扫荡后,地主将日伪差捐、摊派转嫁给佃户,也出现了“租地带差”“当地代租交差”(除为地主给当价、交差外,每年每亩给地主拿1斗麦子或谷物)、“认差租地”等以转嫁负担为目的的租佃形式。地主推差推地后,逼租更急。[⑦] 河南辉县,替地主纳粮,是租佃土地的一个重要附加条件。[⑧]

在中南、东南地区和西部抗日战争后方地区,地主转嫁田赋、捐差的情况也在产生、扩散,甚至俨然成为一种新的租制。

湖南长沙,对国民党政府的苛捐杂税,地主大多以东六佃四或东佃各半、东七佃三的比例分担,甚至地主田亩应交田赋、军粮,均

① 《蓟县志》,南开大学出版社1991年版,第201—202页。
② 《宁河县志》,天津社会科学院出版社1991年版,第202页。
③ 《藁城县志》,中国大百科全书出版社1994年版,第97页。
④ 《南宫市志》,河北人民出版社1995年版,第153页。
⑤ 《无极县志》,人民出版社1993年版,第125页。
⑥ 《南和县志》,方志出版社1996年版,第129页。
⑦ 《新乐县志》,中国对外翻译出版公司1997年版,第115页。
⑧ 《辉县市志》,中州古籍出版社1992年版,第346页。

令佃户无偿运送。[1] 江苏太仓,佃户要向保甲、图正交纳年米和年份子,“如若不给,不仅明年催租特别紧,而且即送衙门吃官司”;图长还将自家田赋转嫁佃农,“若到官府查询,又得化钱,还不如不查”。[2] 安徽怀宁祠堂族产,田赋、苛捐杂税等均由佃户出,修圩、防汛等则东家(公)出钱、佃户出工。[3]

西部后方地区,不仅地主普遍将田赋差徭转嫁佃农,有的还俨然成为一种新的租制。新疆莎车,活租制形式下的各种捐税均由佃户承担;[4]且末县,不论何种租佃形式的产品分配比例,地主只纳田赋粮,其余苛捐杂税全由佃农负担;[5]博乐的主要租佃形式是帮工式“伙种”制,秋后扣除地主垫支的种子、饲料,主佃平分产品,并由佃农缴纳政府的赋税及宗教粮。[6] 在塔城地区,地主的田赋转嫁,已达至极端。塔城、乌苏、额敏、沙湾、裕民等县,所有按耕种地亩摊派的柴、草、饲料和劳役,均由佃户承担。此外,佃户还要负担保长、甲长的薪俸和办公费。[7] 陕西佃农,除了无偿劳役,还要代支官差。[8] 在华县,除原有的物租、钱租,又有所谓“带粮租”,不论物租钱租,田赋差款概由佃户负担,“地主不付一钱”,全由佃

① 中共湖南省委政策研究室:《长沙县榔梨乡社会情况调查》,见新湖南报编:《湖南农村情况调查》,新华书店中南总分店 1950 年版,第 27—29 页。

② 《太仓县农村经济概况》,见华东军政委员会土地改革委员会编:《江苏省农村调查》,1952 年印本,第 60—61 页。

③ 中共安庆地委会政策研究室:《怀宁县天青乡三民圩调查》,见华东军政委员会土地改革委员会编:《安徽省农村调查》,1952 年印本,第 190 页。

④ 《莎车县志》,新疆人民出版社 1996 年版,第 112—113 页。

⑤ 《且末县志》,新疆人民出版社 1996 年版,第 88 页。

⑥ 《博乐市志》,新疆人民出版社 1992 年版,第 279 页。

⑦ 《塔城地区志》,新疆人民出版社 1997 年版,第 168 页。

⑧ 《西陕县志》,河南人民出版社 1990 年版,第 132 页。

农负担。[①] 贵州普定,1941年国民党政府实行田赋“征实”后,地主借机加重剥削,凡租佃土地除应按分成交纳粮谷外,佃户还须代地主负担田赋。[②] 在这前后,原来并无押租的黔西一带,开始征缴押租。交不起押金的,地主或将土地另行出租他人;或令其代交部分田赋抵作押金,谓之“帮粮”;或押金、“帮粮”二者兼行。[③]

四是“虚田实租”,任意加大、虚开征租面积,提高租额。

“虚田实租”的浮收阴招,几乎无处不有、无奇不有。江苏无锡墙门镇一带,地主纳赋是“折实平田”,收租却是“原板田”,一亩相差二分多。而且田单上明明九分“原板田”,却逼迫佃户交一亩田的租。结果一亩租田,实耕面积不到7分。[④] 该县新渎乡,调查的1463宗租佃中,1461宗属于“虚田实租”,占调查总数的99.9%。一般是8分、7分算一亩,还有6分6厘算一亩的,最低的是5分8厘算一亩。[⑤] 南汇朱码乡城东村,一般预租都是“虚田实租”,佃农交10亩租只有7亩实田,预租利息、“虚田实租”合计,约增租80%。[⑥] 上海郊区,虚田实租“各区均甚普遍”。龙华区东吴村地主一般均以8分作一亩出租;真如区地主杨金氏9亩8分

---

① 《华县志》,山西人民出版社1992年版,第143页。

② 《普定县志》,贵州人民出版社1999年版,第191页。

③ 《黔西县志》,贵州人民出版社1990年版,第309页。

④ 吴甦:《无锡墙门镇调查材料》,见苏南人民行政公署土地改革委员会编印:《土地改革前的苏南农村》,1951年印本,第57—58页。

⑤ 余才友:《无锡新渎乡农村调查》,见苏南人民行政公署土地改革委员会编印:《土地改革前的苏南农村》,1951年印本,第53页。

⑥ 《南汇县朱码乡城东村租佃、借贷关系调查》,见华东军政委员会土地改革委员会编:《江苏省农村调查》,1952年印本,第210页。

地作13亩出租;新泾区地主2亩6分地,要当3亩收租。[①] 崇明县的土地亩积,一般都是虚数,封建地主控制“海苗”时,向官府报少,租给农民时则报多,如报官府完粮1万步,租给农民时要算12000步。土地丈量也有“官弓”“租弓”两种弓。土地典卖用的“官弓”长5尺2寸,故称“五二官弓”;出租土地用的“租弓”,长4尺8寸。因此,佃户只种9分1厘6毫的地,要交1亩地的租。崇明的土地一般以“步”计算,租田也是4尺8寸算一“步”。同时,一些地主欠债破产,也经常以七分、八分田作一亩抵债,债主(地主)即以契上虚亩出佃和计算租额,将“虚田”恶果全部转嫁给佃农。[②] 浙江杭县,“虚田实租”谓之“空头租”。地主以不到1亩的土地作1亩出租,或以田边地作水田出租,一般以7—8分作一亩,即浮收20%—30%。[③]

在湖南,长沙等地叫“虚田实租”为“指望田”,宁乡叫“虚田”或“浮起写”“纸上开田”,都是实田少于契约佃田数很多,但要按虚田交租,通常要多写2/10,如宁乡洋泉乡佃农谭福泉佃入田实际丈量54石谷田,产量也是50多石谷,但硬要交纳80石谷田的租,面积浮报和地租增收48.1%。[④] 沅江,忠义乡的地主多虚报田亩10%—20%,一亩田以1.1—1.2亩出租,租额浮收一成至二成,

---

① 上海市郊区土地改革委员会:《上海市郊区农村情况调查》,见华东军政委员会土地改革委员会编:《山东省、华东各大中城市郊区农村调查》(1951年5月),1952年印本,第121页。

② 《崇明县封建剥削种种》,见华东军政委员会土地改革委员会编:《江苏省农村调查》,1952年印本,第445页。

③ 中共杭县县委调研组:《杭县山桥乡第二村调查》,见华东军政委员会土地改革委员会编:《浙江省农村调查》,1952年印本,第194页。

④ 张根生:《中南区各省农村社会阶级情况与租佃关系的初步调查》,见人民出版社编辑部编:《新区土地改革前的农村》,人民出版社1951年版,第37—38页。

俗称“纳虚”。[①] 益阳地主往往将9分、8分田作1亩田出租，多收押金和租额。如黄家仑乡地主黄端午租给黄德生的25.2亩水田，每年作28亩收租，增收租额11%。[②]

广东地主也普遍采用“虚田实租”手法扩大地租征额。在东莞，地主将田塍等都计入田地面积，一亩水田实际只有9分。[③] 云南玉屏，地租一般采用分租制，分成租率为主六佃四；或主佃各半。但后者多系抬高面积出租，地主实际所收仍为6成，甚至超过6成。[④]

不仅南方，北方地主同样以“虚田实租”的手法浮收地租。河北邢台有所谓“空粮租”，即地主以高出土地实耕面积的亩数出租和收取租额。[⑤] 武清县的情况是，地贩子从地主手中租得土地后，再转手出租，采取虚放亩数，提高租金，从中渔利。[⑥] 山东邹县，地主出租土地大部分不足亩数，而且连荒地也计算在内，每亩地内总有一二分荒地，佃户必须连荒地在内，如数纳租。[⑦] 吉林东辽也有空头租，地主将壕沟、水泡、地埂等都计算在出租面积内，浮收地租。[⑧]

五是大斛收租，任意加大租斗（斛）、租秤，制订各种收租苛

---

① 《沅江县志》，中国文史出版社1991年版，第201—202页。

② 中南军政委员会土地改革委员会调查研究处编印：《中南区一百个乡调查资料选集·解放前部分》，1953年印本，第55页。

③ 《东莞市大岭山镇志》，中华书局2011年版，第181页。

④ 《玉屏县志》，贵州人民出版社1993年版，第138页。

⑤ 《桥东区志》，中国工人出版社1992年版，第313页。

⑥ 《武清县志》，天津社会科学院出版社1991年版，第246页。

⑦ 中共鲁南区党委调研室：《邹县二区大黄庄地主剥削农民的花样》，见华东军政委员会土地改革委员会编：《山东省、华东各大中城市郊区农村调查》，1952年印本，第90页。

⑧ 《东辽县志》，吉林文史出版社2002年版，第116页。

例,在斗(斛)、秤上和量、称过程中搞鬼,任意多收昧心租。同时,出粜出借用小斗(斛)、小秤,大进小出,额外赚取黑心米谷。

大斛大秤浮收一类苛例、恶行、损招,比“虚田实租”更为普遍,花样更多,更为缺德。

在江苏,过去征收折租,地主普遍提高折价,多收租钱。20世纪三四十年代货币贬值改征米谷,则多用大斗(斛)、大秤。太仓地主收租,有专门收租用的巨斗,而且还要“顶好的米”。① 地主汪家镇有一种特制的“活底斗”,斗底配有特别机关,能上能下,量进有1斗2升,量出只8升。地主陈健行的“司马秤”每担更要大25斤。② 江阴地主,惯用“大斗重秤收租,小斗轻秤出借”。收租用斗大1—3升,放债用斗小1—3升;收租用秤重1.5—2.5公斤,最多重5公斤以上,出借用秤轻1.5—2.5公斤,进出相差10余公斤。地主庄杨氏收租斗大,放债斗小,放债时斗底暗藏木块,放给农民一斗实际只有9升。③ 上海地主大斗大秤收租的现象“极普遍”,通常收租一石要多收5升,100斤要多收3斤;新泾区新民村地主都有两斛两秤,收租用泗泾斛(重85斤)或五分秤(每100斤比市秤多5斤),而支出时用市斛(重70斤)或市秤。④ 崇明地主,每家

① 《太仓县农村经济概况》,见华东军政委员会土地改革委员会编:《江苏省农村调查》,1952年印本,第60—61页。

② 中共苏南区党委农委会:《苏南农村土地制度初步调查》,见华东军政委员会土地改革委员会编:《江苏省农村调查》,1952年印本,第10页。

③ 《江阴市志》,上海人民出版社1992年版,第225页;中共苏南区党委农委会:《苏南农村土地制度初步调查》,见华东军政委员会土地改革委员会编:《江苏省农村调查》,1952年印本,第10页。

④ 《上海县马桥区租佃、借贷关系调查》,见华东军政委员会土地改革委员会编:《江苏省农村调查》,1952年印本,第208—209页;上海市郊区土地改革委员会:《上海市郊区农村情况调查》,见华东军政委员会土地改革委员会编:《山东省、华东各大中城市郊区农村调查》,1952年印本,第121页。

都有两只斗，一只是普通斗，另一只是租斗，租斗比普通斗要大一成，甚至2—3成。① 常熟地主浮收的手段不是大斗，而是斗面"淋尖"、斗外"脚米"，即所谓"淋尖不动手，脚米归账房"。②

苏北地区，地主的租斛，都比街市或乡间通行的斛子要大，一般为"加二"，农民需要1石2斗才合1石租，最多的加到2斗6升。淮安刘圩地主刘某的租斛，更大得出奇，农民说，"刘家升比斗大，斗比斛大"。③ 泰县张刘乡地主郭易哉的租秤，每石比市秤大34斤；蒋垛地主孟廷昆收租所用"蒋垛斗"比"国斗"（市斗）大5斤；官庄一些地主卖粮时在斛内安一个胆，称为"姜斛"；收租时将胆拿掉，称为"租斛"；量租时不用耥子刮平，只用手轻轻一掳，称为"摸斛"。佃农1石租量下来不足9斗；沙梓乡有3种量制：伯斛，每斗16斤；黄桥斗，20.3斤，地主收租用的"沙梓斗"，多达27.5斤。农民说，"沙梓好大斗，一箩装四斗"，"沙梓斗，吃人的口"。④

福建各地，地主常"以大斛称租"，连江、宁德、南平、大田等地此风尤盛。⑤ 安徽各地，租斗、租秤明显大于市场斗、秤。来安地主普遍"小斗出，大斗进"；⑥滁县地主还兼带"斗手"（有特殊量斗

① 《崇明县封建剥削种种》，见华东军政委员会土地改革委员会编：《江苏省农村调查》，1952年印本，第445页。

② 《常熟县农村经济概况》，见华东军政委员会土地改革委员会编：《江苏省农村调查》，1952年印本，第55页。

③ 《苏北农村封建剥削种种》，见华东军政委员会土地改革委员会编：《江苏省农村调查》，1952年印本，第434页。

④ 《泰县志》，江苏古籍出版社1993年版，第142—143页。

⑤ 《福建省志·农业志》，中国社会科学出版社1999年版，第41页。

⑥ 《来安县志》，中国城市经济出版社（无版权页，编后记时间1989年12月），第95页。

技巧者)。农民说,“不怕加一斗,就怕加一手”。[1]

山东、河南、湖北、湖南、江西、广东等地,地主大斛收租之风极盛。山东邹县,地主家备有“加一”大斗,比普通斗多一升,有时还要量“尖斗”(量时高出斗面)。又用大秤,有的大到“加一六”,每百斤多出16斤。[2] 河南潢川,地租谓之“稞”,地主“稞斗”1石合市斗1石1斗。[3] 湖北黄冈,地主租斗往往加大20%,多是1石收1石2斗。[4] 在湖南,地主“大斗收进,小斗借出”,几乎无处不在。隆回地主、富农不仅大斗进、小斗出,而且通过造假字据、改写租约等毒辣手段进行残酷剥削,害得农民倾家荡产、家破人亡。[5] 江西玉山,地主收租以大斛量进,每石多5升不等,借出或卖出时,以小斛量出,每石少5升不等。[6] 广东灵山加斗浮收,有明加暗加两种。前面提到的丰年加斗收租是明加。更多的是暗加:采用活动斗底,可上可下,是一种暗加;契约订明用44筒斗,但用50筒斗收

---

① 中共滁县地委政策研究室:《滁县大王营乡农村经济调查》,见华东军政委员会土地改革委员会编:《安徽省农村调查》,1952年印本,第109页。

② 中共鲁南区党委调研室:《邹县二区大黄庄地主剥削农民的花样》,见华东军政委员会土地改革委员会编:《山东省、华东各大中城市郊区农村调查》,1952年印本,第90页。

③ 《河南潢川县十里棚乡解放前的社会情况调查》,见中南军政委员会土地改革委员会调查研究处编印:《中南区一百个乡调查资料选集·解放前部分》,1953年印本,第5页。

④ 张根生:《中南区各省农村社会阶级情况与租佃关系的初步调查》,见人民出版社编辑部编:《新区土地改革前的农村》,人民出版社1951年版,第38页。

⑤ 李锐:《湖南农村的状况和特点》,见新湖南报编:《湖南农村情况调查》,新华书店中南总分店1950年版,第12页;《隆回县志》,中国城市出版社1992年版,第102页。

⑥ 《玉山县志》,江西人民出版社1985年版,第216页。

租，是另一种暗加。①

由于地主无止境的额外浮收、勒索，实际租额、租率与契约租额、租率明显背离，佃农实际负担的租额、租率，比契约或名义租额、租率还要高得多。额外浮收、勒索不同于契约或名义额组，无时不有，无处不在，名目繁杂，数额巨细不等，明的暗的双管齐下，还包括各种劳役乃至家务杂活，无法一一量化、物化（或货币化）和准确计算。尽管如此，仅从部分规律性的、有准确或估计数据可循的浮收、勒索，也可看出实际租额、租率与契约或名义租额、租率背离的严重程度，佃农实际所受地租剥削的残酷程度。一些数据显示，不同地主、不同地区之间，额外浮收、勒索轻重不等，实际租额、租率与契约租额、租率背离程度，互有差异，实际租额、租率与契约租额、租率相比，最低的高出 10%—20%，最高的超过一倍以上。

湖南洞庭湖滨各县，每亩租额一般为 1 石 5 斗至 2 石，约占常年产量（3—4 石）的 50%，但计租面积全是“毛亩”，不能耕作的道路和房屋、牛棚等宅基地，以及佃约以少写多的虚数，统统包括在内。通常实耕面积仅占“毛亩”2/3，或更少些，实交地租占常年产量的 60%或 70%。② 实际租额租率比契约租额、租率约高 10—20 个百分点。

在这里，实际租额、租率比契约租额、租率的背离程度还算是相对轻微的，主要原因是地主的额外浮收、盘剥手段比较单一，只

① 《从抗日战争到解放前夕的大林乡》，见中南军政委员会土地改革委员会调查研究处编印：《中南区一百个乡调查资料选集 · 解放前部分》，1953 年印本，第 227—228 页。

② 力文、方堤：《是谁造成贫困与灾难——记封建土地制度下的洞庭湖滨农村》，见人民出版社编辑部编：《新区土地改革前的农村》，人民出版社 1951 年版，第 138 页。

限于租地“毛亩”“虚亩”。这种较轻微的背离,即使在地主并无额外附加或需索的情况下,也会出现。如江苏如东,有佃农向大豫公司交330元押金租了一片地种棉花,议定是四六分租,公司得四成,佃农得六成。这是指的产品数量,但按价值或价格计算,因公司收的第一期棉花质优价高,佃农收的棉花质差价贱。所以名义上“四六分”,“实际上是对半分”。① 实际租率比名义租率增高25%,其幅度更超过湖南洞庭湖滨各县。

与湖南洞庭湖滨各县情形不同,在其他一些地区,地主的额外浮收、需索要繁杂和贪婪得多,因而实际租额、租率与契约或名义租额、租率的背离程度更加严重。

前揭江苏川沙横沙岛,契约租额每亩为100—250斤,在苏南似属中等水平。但垦荒农民的租地“都是破田低田”,且系一亩只有七八分的“口叫田”,不能耕种的路基、河面都计算在内。20世纪三四十年代,地主把亩积缩得更小了:以前是56平方寸为一步,250步为一亩,现在缩小到42平方寸,缩小了7.5%,但租额不变,实际租额进一步加重,超过产量的70%—80%,实际租额、租率与契约或名义租额、租率约高出一半。②

无锡一带,佃农没有永佃权的普通租田(“借田”),租额一般为每亩糙米一石二三斗、小麦2斗,占年产量的50%或50%以上。不过实际远不止此,额外浮收、盘剥主要有11项:一是租田面积包括田埂,但“借田不借埂”,田埂仍由地主使用。一亩租田有2分田埂,实耕面积只有8分。二是秧田、屋基无“双产”,秧田更不能

① 周俊平口述:《兵房的租率实为50%》,见姚谦编著:《张謇与近代南通社会:口述实录(1895—1949)》下册,方志出版社2010年版,第100页。周俊平,1917年生,如东县兵房乡18大队1小队农民,1990年11月5日采访。

② 路行:《血汗积成的横沙岛》,见苏南人民行政公署土地改革委员会编:《土地改革前的苏南农村》,1951年印本,第25页。

种麦,但须交“双租”。三是“口号田”[①]交实租,有的田仅七分、八分,亦即七分、八分田要交10分田的租。四是地主收租自带大斗,通常加1成或2成,斗量时还要“拍一拍,踢二脚”。五是押租无息。每亩押租高的7石,最少亦有五六斗。六是无偿劳役,佃户要为地主白做工若干天。七是“预借租谷”,秋后交租时扣算,但不起息,否则“摘田”退佃。八是地租由稻谷改征糙米或白米,由佃户“贴工”砻舂。九是有的须佃农送租上仓,还要过筛,“剥削几个人工”。十是有的要另交草租,每亩约2担,由佃户挑送上门。十一是每年逢年逢节要送礼,“地主到佃户家要吃鸡吃鸭”。[②] 11项额外浮收和盘剥,除了九、十两项,都带有普遍性,属于全体地主劣行。仅以其中“借田不借埂”“口号田”交实租、自带大斗、无息押租[③] 4项计算,实际租额、租率依次提高20%、10%—20%、10%—20%、30%,合计约70%—90%,租额由每亩1石5斗升高至2石5斗5升至2石8斗5升,租率由50%左右升高至85%—95%。结果农民整年辛劳,仍然食不果腹、衣不遮体。用农民土话说就是:“汗淌勒田里,清水鼻涕落勒碗里”,最后“眼泪鼻涕和了清水粥吞到肚里”。[④]

---

① 所谓“口号田”,是指田的大小随剥削者口说,有的田仅七分、八分,但地主出租出借时,便说是一亩,佃户便要照一亩完租。(蒋辛如:《谈无锡农村概况——“天堂”里的农民挨受地狱里的痛苦》,见苏南人民行政公署土地改革委员会编:《土地改革前的苏南农村》,1951年印本,第38—39页。

② 蒋辛如:《谈无锡农村概况——“天堂”里的农民挨受地狱里的痛苦》,见苏南人民行政公署土地改革委员会编:《土地改革前的苏南农村》,1951年印本,第39—40页。

③ 押租从中以稻米1石5斗(相当于一年租额)、年息3分计算。

④ 蒋辛如:《谈无锡农村概况——“天堂”里的农民挨受地狱里的痛苦》,见苏南人民行政公署土地改革委员会编:《土地改革前的苏南农村》,1951年印本,第40—41页。

崇明,每千步田(合 4.166 亩)租粮 4 石(160 斤/石),计 640 斤,占常年产量 1 千斤的 64%。同川沙横沙岛一样,崇明也是“虚田”“小步”:佃农交一亩田的租,实际耕作只有 7 分,所谓千步田千斤粮,实际上是 7 分田只产 700 斤粮。而且地主租斗比普通斗大一成,甚至大 2—3 成。即使以大一成计算,实际租额也由原来的 640 斤增至 704 斤,实际租率由原来的 64%增至 101%,升幅达 37 个百分点。所以佃农哀叹,“地主开仓,农民精光”;“种租田就赚落一把草啊”。①

苏北高邮,一熟沤田每亩租额最高 1 石 1 斗谷(82.5 公斤),最低 1 石谷(75 公斤);二熟高田亩租最高麦 3 斗 5 升(35 公斤)、稻 8 斗(60 公斤),最低麦 3 斗(30 公斤)、稻 5 斗(37.5 公斤)。这是正租。外加每亩押租 2—3 元法币、讨佃费 0.8—1.2 元,还有打方费、看青费、收租招待费,相当于正租的 50%。亦即实际租额租率比契约或名义租额、租率提高 50%。此外,还要负担枪支费、壮丁费、牛捐、猪捐等名目繁多的苛捐杂税,所以佃农“生活非常困苦”。②

湖南道县,地租既重,而额外需索苛繁,往往等于甚至超过正租。如柏成富佃种何枢臣一处水田,年产谷 27 石,副产物折谷 4 石,每年交租 18 石,相当于正副产物的 58.06%;每年另送鸡 2 只、猪腿 2 只、酒 4 瓶、冬豆 5 升、藠头 5 斤、米粉 5 升、麦粉 6 升(作粑粑),桃李 40 斤、新辣子 20 斤、红辣子 15 斤、笋 20 斤、丝瓜 20 斤、花生 10 斤、红薯 1 担,共折谷 15 石,还要义务帮工 50 天,应给工资谷 3 石,合计 18 石,与正租相等,实际租额、租率提高一倍,实交

① 华东军政委员会土地改革委员会编:《江苏省农村调查》,1952 年印本,第 444—445 页。

② 《高邮县志》,江苏人民出版社 1990 年版,第 178 页。

地租36石,实际租率为112.12%。[1]

河南灵宝,地租流行分成租制,一般为主佃对分。不过并非按实收产品临场监分,而是地主在收割前"看租"估产,佃农按地主估定的产量及约定分成比例交纳地租。地主借此高估收成、提高实际分成比例:一般至少"加二";如佃户快要交不起租,地主准备撵佃夺田,就"加三、加四";若佃户有自田,则"加四、加五",以便更快将佃户自田抢为己有;如佃户私自先割,就要"加六";如果遇好年成,甚至"大到加倍",本来只打4石,可能估成8石。这样,每打一石粮食,按照对半分,地主要分到六斗到七斗五升,对半分变成"倒三七"。若估产"大到加倍",则收获全部归地主,佃户所得为零。契约租率原本是50%,实际租率升到100%。[2] 山东兰陵台儿庄一带,分租制一般是"公打平分",租率为50%。实际加上清工[3]、捐税、劳力、吃粮等额外剥削,地租"简直要超过全部收获量"。[4] 山东莒南等地,租额名义上是对半分,但由于"双除种""折牛价""送礼"等额外剥削,佃户剩下的粮食只能有30%或40%。[5]

---

① 《封建统治下的东门乡》,见中南军政委员会土地改革委员会调查研究处编印:《中南区一百个乡调查资料选集·解放前部分》,1953年印本,第69页。

② 《灵宝县志》,中州古籍出版社1992年版,第379页。

③ 佃农给地主服劳役,在湖(田)里做活算工;场里做活不算工,谓之"请工"。地主家一年用的"清工"至少一百天。

④ 鲁南区农会:《兰陵县台儿庄土地关系调查》,见华东军政委员会土地改革委员会编:《山东省、华东各大中城市郊区农村调查》,1952年印本,第87页。

⑤ 中共中央山东分局调查研究室:《莒南县三个区十一个村的调查》,见华东军政委员会土地改革委员会编:《山东省、华东各大中城市郊区农村调查》,1952年印本,第45页。

在某些租额租率原本相对较低的地区,因额外浮收、盘剥成为地主提高租额、租率的主要手段,实际租额、租率同契约租额、租率的背离程度尤为严重,实际租额、租率也同其他地区一样高,甚至更高。

江苏丹徒、丹阳,太平天国战争后租额相对较低,但实际租额、租率同样很高。丹徒活租一般为“三七”“四六”分成,佃农占大头,但地主收租用大斗、大秤,“名曰租子三分四分,实际五分六分”①,实际租额、租率相当于名义租额、租率的1.6—1.67倍。丹阳每亩田最高产量为小麦200斤、稻谷300斤,合计500斤。租额最高313斤稻谷,超过产量的60%,一般为150斤稻谷(五斗米),约占总产量的25%。因为额租太低,地主普遍通过“口号田”、预租(包括“分期交租”)、以工抵租、强迫送礼和无偿劳役等方式,增加地租收入,额外浮收、需索成为地主的主要剥削手段。同无锡一样,丹阳的“口号田”也是8分作1亩出租。预租或“分期交租”更残酷,佃农实际交租增加一倍。② 另外,佃农还须给地主送礼、帮工,送礼“起码一、二石米”;帮工除了“义务替地主挑粮推车”,还有若干个工的杂活。③ 按以上几项计算,“口号田”实际每亩加租1斗;“分期交租”每亩加租4斗;“送礼”以起码2石米和通常租种

① 《丹徒县志》,江苏科学技术出版社1993年版,第181页。

② 如某佃租种刘公祠的田,名义上每亩交租4斗米,但分3期交纳,第一次春分交1斗米,此时农民无米,抵交3斗豆(到冬季抵上3斗米);第二次阴历六月初六交1斗米,此时农民更无米,以麦抵米,交小麦3斗(至冬季也抵得上3斗米);第三次到秋分再交2斗米,实际租额为8斗米,加了一倍,利息尚未计算在内。

③ 《地主对农民的几种剥削花样——丹阳通讯》,见苏南人民行政公署土地改革委员会编:《土地改革前的苏南农村》,1951年印本,第61—62页。

5 亩田计,每亩亦加租 4 斗。仅这 3 项合计,额外加收 9 斗米,占总产量的 45%,实际租额为 1 石 4 斗米,实际租率为 70%,比契约租额、租率分别提高了 1.8 倍。再加上无偿劳役和预租利息,额外浮收、盘剥相当于名义额租 2 倍以上。

湖南长沙,在“平租平批”,即押租与年租额相等(每石田均为稻谷 5 斗或 6 斗)的情况下,产品分割为“东佃对分”或“东四佃六”,契约租率为 50%或 40%。但当地押金一般年息以 3 分 4 厘计算(高者 6 分,低者 2 分半,中等 3 分 4 厘)。如计入押租利息,则产品分割比例最低“东六佃四”,最高“东七五佃二五”,中等“东七佃三”,亦即每石田的实际租额为最低 6 斗,最高 7.5 斗,中等 7 斗,实际租率为 60%—75%。① 同时,湖南包括长沙在内的一些地区,交租“车谷”(用风车扇谷)时,地主重绞风车,每石谷要多车四五升,租率提高 4%—5%。② 这样,实际租率为 65%—80%。因“平租平批”占租地面积的 70%—80%,所以,65%—80%可视为长沙的一般租率,相当于名义租率的 1.6 倍以上。

湖北地区的“死租”,租率一般占正产物的 1/3,最高占 60%。这在南方水稻产区属于偏低水平。不过押租很重,一般相当于田价的 50%—60%,而且没有利息,甚至退佃不退押,谓之“连本烂”。以购买年为 10 年计算,押租相当于 5—6 年的租额,应生利息 1—1.5 年的租额。另外,地主勒索的无偿劳动、各种节礼和“杂

---

① 中共湖南省委政策研究室:《长沙县榔梨乡社会情况调查》,见新湖南报编:《湖南农村情况调查》,新华书店中南总分店 1950 年版,第 27—29 页。

② 李锐:《湖南农村的状况和特点》,见新湖南报编:《湖南农村情况调查》,新华书店中南总分店 1950 年版,第 12 页。

稞”,占其全年收获量的15%—20%左右。[①] 这样,实际租率高达81.6%—140%。[②] 所以,佃农“把租一交,所剩无几”[③]。

河南灵宝的棉花租,一般在正常亩产的1/3以上,租额不高,但要负担名目繁多的捐税、徭役,经七折八扣,实际租额往往达亩产2/3以上,比名义租额增加一倍。[④] 潢川,一年稻麦两熟,佃农须缴纳稻麦双租,契约租率一般为30%—40%,本不算重,但押租高,“杂稞”多,浮收严重。额外盘剥远超过正租。押租一般相当于一年租额,以年息10分计算,押租利息与年租额相等,亦即额组增加1倍;[⑤]地主租斗比市场斗大一成以上,租斗1石相当于市场斗1石1斗;请酒、请饭、“杂稞”需索数额不菲,一般约占全年“正稞”的10%,最高达24%;无偿劳役也十分普遍而严重,但因未有量化和折成谷物,暂且从略。[⑥] 这样,押租利息、加斗浮收和请酒、请饭、“杂稞”需索合计,超过“正稞”租额、租率的20%—34%。实际租率由原来的30%—40%升至80%—100%乃至94%—114%。

---

① 启贤:《湖北农村的封建土地制度》,见人民出版社编辑部编:《新区土地改革前的农村》,人民出版社1951年版,第54—56页。

② 实际租率的计算公式:33.3%+33.3%+15%=81.6%;60%+60%+20%=140%。

③ 启贤:《湖北农村的封建土地制度》,见人民出版社编辑部编:《新区土地改革前的农村》,人民出版社1951年版,第56页。

④ 《灵宝县志》,中州古籍出版社1992年版,第379页。

⑤ 当地粮食借贷,一般年息100%,最高300%,最低50%。

⑥ 《河南潢川县十里棚乡解放前的社会情况调查》,见中南军政委员会土地改革委员会调查研究处编:《中南区一百个乡调查资料选集·解放前部分》,1953年印本,第5—7页。

四、佃农收支和家庭经济状况

残酷的封建地租和地主与日俱增的额外浮收、需索，不仅完全囊括了佃农的剩余劳动，而且越来越严重侵蚀其必要劳动。佃农生产严重亏折，收不抵支，既不能收回生产投资，也无法维持最起码的家庭生活和劳动力的再生产，除了从事副业，外出佣工，以补不足，或流浪行乞，就只能仰赖借贷，或受冻挨饿。结果往往以借债缴押租地开始，以欠租、失押、欠债破产告终。

20 世纪三四十年代，一些地区的普遍情况是，佃农一年到头辛勤劳动，大部分甚至绝大部分产品以各种方式或渠道落入地主手中，缴租后所剩无几，难得温饱，稍有灾歉或灾祸，即倾其所有，无以完租、偿债，或债上加债，或迅即破产。

在素称“鱼米之乡”的苏南地区，据对松江新农乡佃农和半佃农的收支调查，其中 29 户贫农每户平均租种水田 11. 34 亩（另有自田 0. 2 亩），户均收入折合大米，计农业 22. 14 石，家庭手工业及佣工 2. 12 石，合计 24. 26 石；户均支出计生产资料（不含地租）5. 11 石，生活费用 17. 12 石。收支相抵，如以全年农业收入计算，则除去生产成本 5. 11 石、生活费用 17. 12 石，亏短 0. 09 石，只能以副业补救。不过，即使连同副业收入计算在内，剩余劳动量也不过 2. 03 石。而这正是地租剥削的结果：29 户贫农（佃农）户均纳租 7. 2 石，相当于剩余劳动量的 354%，不仅囊括了佃农的全部剩余劳动，而且侵占了农民必要劳动（生活费用 17. 12 石）的 30%。19 户中农平均每户租种水田 20. 74 亩（另有自田 4. 47 亩，大部分为佃农或半佃农），户均收入折合大米，计农业 49. 92 石，户均支出计生产资料（不含地租）12. 95 石，生活费用 24. 52 石。收支相抵，剩余劳动量为 12. 45 石，虽较贫农为大。但户均纳租 15. 57 石，相

当于剩余劳动量的125%,地租同样不仅囊括其全部剩余劳动,而且侵占其必要劳动(生活费用24.52石)的13%。[①]

无锡佃农亏折更严重。该县一亩田的常年产量一般是2石糙米,生产成本最低要糙米1.27石,但因佃农穷困,包工费、肥料钱大都是向地主用高利借来,需还利息4斗,实际成本为1.67石。再要交1石左右(最高1石三四斗,一般是1石)的租米,即使不算额外盘剥,已亏折0.67石米。[②] 据对该县新渎乡39户贫、雇农(全为佃农、半佃农)的调查,平均每户有租田2.6亩(另有自田1.5亩),农业收入计米10.58石,生产资料(种子、肥料、农舍、农具、牲畜)2.6石,交租2.6石,生活费用14.6石,合计19.8石,收支相抵,短缺9.22石。即使以副补农,副业收入7石,出卖散工收入1石,收入增至18.58石,仍亏折1.22石。[③] 另据1947年的调查,如一家5口的农户耕种10亩土地,全年收支以大米计算,自耕农亏0.25石,半自耕农亏4.5石,佃农亏8.75石。[④] 佃农亏折额分别相当于半自耕农的1.94倍、自耕农的35倍。

苏北的生产条件不如苏南,耕作的人工、肥料多,而产量低,佃农生产亏折也更大。扬州西郊佃农郭文才的个案有某种典型性。该佃夫妻及子、侄一家8口。不论老小,全部参加劳动,世代租种

① 王树人:《从松江县新农乡的调查看江南农村的封建剥削》,见苏南人民行政公署土地改革委员会编:《土地改革前的苏南农村》,1951年印本,第17—20页。

② 蒋辛如:《"天堂"里的农民挨受地狱里的痛苦——谈无锡农村概况》,见苏南人民行政公署土地改革委员会编:《土地改革前的苏南农村》,1951年印本,第41—42页。

③ 余才友:《无锡新渎乡农村调查》,见苏南人民行政公署土地改革委员会编:《土地改革前的苏南农村》,1951年印本,第53—54页。

④ 《无锡县志》第5卷,农业,上海社会科学院出版社1994年版,第193页。

周姓地主 24 亩田,除 3 亩田较好外,其余都是“很坏的下等田”,更有 2 亩土质太差,耕种收获根本不够人工。一般年成要缴纳 12—14 石稻租。以 22 亩计算,生产支出计种籽、肥料、牛工人工合谷 37.26 石,收入为 30.2 石。收支相抵,已亏折 7.06 石,加上 14.1 石租谷,亏折扩大至 21.16 石。但这里还有个庞大的押租及利息没有算进去。①

在浙江,衢县、开化、遂昌、江山等县,佃农的生产亏折也很严重。

衢县,生产收支因土地质量而异。水田全年产量,上田常年收成折谷约 650 斤、中田 430 斤、下田 300 斤。生产成本差别不大,每亩人工、牛工折谷 105 斤,肥料折谷 90 斤,种子 4 斤,合计 199 斤。当地永佃田地租占产量的 40%,其他土地普遍超过 50%。从低以 50%计算,扣除生产成本和地租,上田每亩余 126 斤,中田仅余 16 斤,至于下田所需成本相同,而收成仅 300 斤,成本相当于收成的 666.33%,再去掉 150 斤地租,即使不算生产者本人及家庭成员的生活开支,已净亏 49 斤谷。若是旱地,所需人工比水田多 2/3,生产成本比水田高,收益仅相当于下等田的产量,约折谷 320 斤,佃农亏折又加大了不少。②

开化、遂昌、江山等县的垦山佃农,条件尤为艰苦,如按通常的生产收支计算,亏折程度更加惊人。该地的垦山租佃主要有两种形式:一种为“扦苗还山”;另一种为“分扦”。前者农民租垦荒山,

---

① 李明:《租种地主土地能有多少收获——胡场乡佃农郭文才家调查》,见人民出版社编辑部编:《新区土地改革前的农村》,人民出版社 1951 年版,第 128—129 页。

② 中共浙江省委衢州地委会政研室:《衢县白渡乡农村经济调查》,见华东军政委员会土地改革委员会编:《浙江省农村调查》,1952 年印本,第 149—150 页。

第一年种植玉米,第二年种桐子(三年桐),同时种杉苗。三年后桐子长大,不能再种玉米,单收桐子,再过三年后杉苗长大,不能再收桐子,佃农将成林的杉木全部交还地主,租佃关系即告终止。地主除在佃农种苞萝、桐子时收取地租外,并独得山林利益,佃农只能靠垦荒种树穿插种点玉米,勉强糊口,待桐树长成结果,稍有收益,即须无偿交地;所谓"分扦",是佃农民租垦荒山扦苗,修树"铲山"除草松土,经20年培养,杉苗成林出售,与地主分取收益,一般为佃四业六"分扦",最高三七、二八"分扦"。从生产收支看,每"山亩"种杉400余株,须用57个工,每工按米7斤计,共折米400斤,而当杉木出售时,每亩山价合米400余斤,佃农与地主四六"分扦",仅得米160斤,净亏米240斤。因此农民说:"种山如不是自己会劳动,就得讨饭。"①

中西部地区和北方地区,情况大同小异。湖南长沙县花果乡佃农梁杏生,一家6口,租种袁姓地主52石谷(按土地产量计算)田,先后缴纳押金折谷143石,年纳租谷26石,1948年的生产收支情况:收入正产稻谷48石,副产稻草、茶油、茶叶、麻、红薯等折谷10石,合计58石谷;支出为肥料和帮工工价约25石谷;地租26石谷;押租借款利息9石谷;给地主送礼、无偿帮工折合5.7石谷,合计65.7石谷,亏折7.7石谷②,种子、饲料、农具折旧维修、家庭成员的衣食,全都没有计算。邵阳上田(平田)5石谷田(约合1亩)产谷540斤,生产成本201斤,余339斤;中田(塝田)亦可产

① 中共浙江省委衢州地委会政研室:《衢州专区特征土地调查》,见华东军政委员会土地改革委员会编:《浙江省农村调查》,1952年印本,第266页。

② 张根生:《中南区各省农村社会阶级情况与租佃关系的初步调查》,见人民出版社编辑部编:《新区土地改革前的农村》,人民出版社1951年版,第35页。

谷540斤,生产成本251斤,余289斤;下田(坎田)产谷432斤,生产成本201斤,余231斤。纳租各有不同,上田按主六二五佃三七五分成,扣租337.5斤,仅余1.5斤;中田按主五六佃四四分成,扣租302斤,尚亏13斤;下田按主佃五五分成,扣租216斤,余15斤。[①] 扣除生产成本和缴纳地租后,不论上、中、下田,都剩余甚微,甚至亏本。[②]

山东临沭,租佃形式有分租、"干锄地""拔瓜地""拔地瓜地""干提鞭"等,生产资料提供、佃农额外负担互不相同,主产品分配均为主佃各半。不过不论哪种形式,佃农无不折本。"干锄地"是地主把自己种好了的地,交给佃户代锄和收割,粮食对半分,草统归地主。佃户只出劳力,似乎不亏。但这种地差不多全是栽种谷子、高粱,需工很多,一般要锄4遍,"如按工资计算,佃户所分到的粮还不够付工资"。最亏本的还是"拔地瓜地"。在麦收之后,贫苦农民向地主租地栽种一季地瓜(甘薯),即将地归还,一切农本均出自佃户,地瓜对半分。一亩地瓜需瓜种30斤,折高粱7斤,浇秧、种、锄、翻秧、收,共需10个工。折合高粱179斤,牛工1个折高粱26斤,合计成本高粱230斤。即按收地瓜千斤计算,顶多只能折高粱250斤,佃户分得125斤,比农本还少105斤。[③]

佃农生产成本高,地租负担重,入少出多,几乎全都难以维持

---

① 中共邵阳地委调查研究组:《邵阳震中乡十七保农村调查》,见新湖南报编:《湖南农村情况调查》,新华书店中南总分店1950年版,第88—90页。

② 上、中、下三类田中,下田余谷稍多,纯属偶然。下田(坎田)无灌溉水源,完全靠天吃饭,三年两旱,产量极不稳定,租率亦较低。上述数据指的是正常年景,各年平均,实际情况更糟。

③ 中共中央山东分局调查研究室:《沭水县(新设)石河、临沭县(新设)蛟龙、大兴三个区农村经济情况调查》,见华东军政委员会土地改革委员会编:《山东省、华东各大中城市效区农村调查》,1952年印本,第62页。

生活。

山东桓台,在日军侵占期间,大地主耿、冯、王、庞四大家肆意抬高地租额一倍以上,"造成民不聊生,卖儿卖女,沿街乞讨的惨景"①。江苏无锡,佃农大多口粮短缺,难以果腹。前揭墙门镇一带,一家4口种5亩租田,"已经不算差了",但平常收成去掉租子,留下种子、肥料,就所剩无几,"勉强只能维持五个月口粮"②。该县梅村区4个乡,调查的8户佃农(均有少量自田)中,6户口粮短缺,不论家庭人口和劳力多寡、负担轻重,地权归属、耕地大小,经营范围和生产结构,"每年的收入不够吃;粮食平时不够吃";一年收入减去租米和肥料、戽水费折米,"余下总是不够吃",无以果腹。③ 苏北和其他地区情况一样。前揭扬州佃农郭文才家虽种24亩租地,但一家8口的生活全靠其他营生,其父亲(1949年春去世)是木匠,本人经常在外推车揽活。在农闲季节,其他成员全部参加打草鞋等副业生产。尽管如此,仍然经常"没吃没穿",1949年整整一春天,没见过油星,没吃过干饭,连稀饭粮也是"挖空心思东借西借"。老婆生孩子,不曾有一粒大米进肚。产妇因缺补养病倒而卧床不起,婴儿因无吃食而送人。父亲的棺材也是借来的。④

---

① 《桓台县志》,齐鲁书社1992年版,第135页。

② 吴苏:《无锡墙门镇调查材料》,见苏南人民行政公署土地改革委员会编:《土地改革前的苏南农村》,1951年印本。

③ 苏南区农民协会筹备会:《无锡县梅村区四个乡租佃、债务情况调查》,见华东军政委员会土地改革委员会编:《江苏省农村调查》,1952年印本,第211—214页。

④ 李明:《租种地主土地能有多少收获——胡场乡佃农郭文才家调查》,见人民出版社编辑部编:《新区土地改革前的农村》,人民出版社1951年版,第130页。

安徽肥西,佃农“终年劳动,不得温饱”。倘遇灾年,“租子过了斗,两手空空双泪流”,逃荒要饭流落街头。“花子岗”“光蛋店”就是他们走投无路流动栖息的场所,地名流传至今。① 湖南邵东,中等田10石谷面积(相当于2亩)常年可产干谷8石,合1040斤(130斤/石),扣除生产工本501斤,还剩539斤。中等田的产品分配一般为地主4.5石(585斤)、佃农3.5石(455斤)。佃农将扣除生产工本后的539斤全部用来交租,尚差46斤。然而,押租及利息、地主额外浮收和需索,尚未计算在内。生产者农田生产以外时间的吃穿、全家老幼的全年衣食,等等,更是全无着落。② 在四川,“无论大佃小佃,纯依佃耕之收入,大都不能维持其全家最低之生活。尤以小佃为甚。而所以能勉强维系之者,全恃因佃得房地一份,以为居住耕作之所,再利用农暇操种之副业……故忍受租额押租之高重,俾获取地主此项供给,以操持其可能劳作与必须糊口之副业”③。

在这种情况下,佃农为了维持生产和生存,主要有三种选择:一是如同上述川境佃农,从事副业,以副补农;二是出外流浪、乞讨;三是借债。副业虽是首要途径,但本身大多需要某种条件、资本或技能,不能妨碍农业生产,收益亦有限;流浪乞讨则只能在冬闲,且为传统观念所不齿,不到完全破产或逼不得已不得进行。所以举债成为多数佃农维持生产和生存最重要的途径,或者副业(包括佣工等)、借债同时进行,遇到筹押租地、添

① 《肥西县志》,黄山书社1994年版,第84—85页。

② 中共邵阳地委调查研究组:《邵阳震中乡十七保农村调查》,见新湖南报编:《湖南农村情况调查》,新华书店中南总分店1950年版,第88—90页。

③ 郭汉鸣、孟光宇:《四川租佃问题》,商务印书馆1944年版,第132页。

置耕畜和婚丧嫁娶、天灾人祸,更必定借债和大笔借债不可。随着地主的地租压榨变本加厉,佃农贫困加剧,借债户、借债额都达到一个新的高度。

上揭江苏无锡梅村区6户口粮短缺的佃农,其中两户靠副业、佣工勉强支撑,1户情况不详,另外3户同时依赖副业、佣工和对外举债:范寿根除了"帮帮零工""上街卖菜卖柴",因母病、父死、妻害疔,几次借债,共欠谷15石;单泉根用妻子给人做奶妈、减口增收的办法,解决了口粮"不够吃"的难题,但因医治腿病,仍先后欠债3石米和8石谷;杨文彬也是"靠做短工"赚取口粮,婚丧则唯有借债,1947年、1948年因葬母、嫁女,分别借谷40石和20余石。可见副业、佣工只能勉强补充部分口粮,若口粮缺口过大,或遇病痛、婚丧、灾祸,必定借债。因此,调查者称,"凡是种租田的人,差不多都要欠债",并且往往是"举债还债"。①

江苏无锡如此,其他地区亦莫不如此。江苏松江新农乡,十家就有八家欠债,如王家村86户,欠债的就有75户,占87.2%,共欠债米935.8石,平均每户10.4石。② 上海县马桥乡三村67个农户中,负债的有35户,占52.2%,每户最高负债额达30石米,最低也有5石米,一般为10石米左右。③ 青浦七汇村,中农、贫农借债户

① 苏南区农民协会筹备会:《无锡县梅村区四个乡租佃、债务情况调查》,见华东军政委员会土地改革委员会编:《江苏省农村调查》,1952年印本,第212—213、215页。

② 王树人:《从松江县新农乡的调查看江南农村的封建剥削》,见苏南人民行政公署土地改革委员会编:《土地改革前的苏南农村》,1951年印本,第21页。

③ 《上海县马桥区租佃、借贷关系调查》,见华东军政委员会土地改革委员会编:《江苏省农村调查》,1952年印本,第208页。

比重分别为83.3%、91.7%。这里无论中农、贫农，大都是佃农[①]，而且所欠债务大多是用于交租，或债务本身就是欠缴的租额。农民因害怕地主“开租”（派警察抓人），或已经“开租”，多被逼借高利贷，以付清租米；或被逼另写借据，“将所欠租米全部作成债米”，每石加交5斗至8斗利息。[②]

四川巴县、綦江、犍为等地，农户普遍生产亏折，糊口维艰，依赖借贷活命，尤以佃农为甚。巴县农民中，自耕农仅占17.5%，大部分农民租种土地，“地租高昂”，长期“入不敷出”，生产、生活难以维持，“全恃借贷以资弥补”：春耕大多缺少耕牛，唯有高价“借贷一途”；又时届青黄不接、衣食不继，遂向富农、地主及放债为生之人高息借贷，“故债台日高”。[③] 綦江农民普遍亏折，1938年的农户家庭收支数据显示，178户农民平均收入201.57元，支出229.51元，收支相抵亏折18.94元。因此大部分农民负债。调查的178户农民中，96户负债，占53.9%，平均每户负债21.74元。[④]在犍为，“大多数农人莫不负债”，100户农家调查中仅11户未负债，其中尤以佃农借款缴押为多，“纳租以外，又缴利款，其负担之

---

① 在南方一些地区，佃中农是中农的主体，负债中农基本上是佃中农。如湖南益阳黄家仑乡，借债人大部分为雇贫农与佃中农，全乡欠债的160户中，雇贫农及佃中农占78.8%。见《解放前的黄家仑乡》，见中南军政委员会土改委员会调查研究处编印：《中南区一百个乡调查资料选集·解放前部分》，1953年印本，第57页。

② 中共青浦县委会：《青浦县农村经济概况》，见华东军政委员会土地改革委员会编：《江苏省农村调查》，1952年印本，第21、17、20页。

③ 王国栋：《巴县农村经济之研究》，见《民国二十年代中国大陆土地问题资料》第54册，（台北）成文出版社1977年版，第27676、27679—27680页。

④ 张登岳：《綦江农村经济之研究》，见《民国二十年代中国大陆土地问题资料》第53册，（台北）成文出版社1977年版，第26951—26952、26954、26955—26956页。

重,诚令人骇目"①。

当然,佃农严重收支不敷,短缺的不只是口粮,也不只是无力应对疾病、婚丧和灾祸等突发事件,往往完租后就已两手空空,完全无力维持简单再生产,甚至无力完租。因此,借债原因、债款用途广泛,涉及生产、生活各个方面。上揭上海县马桥乡三村35家借债农户的债款用途是:购买农具、耕牛、肥料等,约占50%;欠缴地租直接转成的"高利贷债款",约占30%;婚丧欠款约占20%。②松江新农乡王家村债户欠债原因、债款用途,见表12-44。

表12-44 江苏松江新农乡王家村第二十组债款用途调查情况(1949年)

项目 成分	总户数	欠债户	欠债总数(石米)	债款用途及数量(石米)				
				添购生产资料	为了生活	交租交捐	婚丧喜事	其他*
贫农	8	7	96.1	25.0	16.8	6.7	43.1	4.5
中农	14	13	286.2	45.0	61.0	16.3	90.8	73.1
雇工	1	1	3.0	0	3.0	0	0	0
手工业者	1	1	3.0	0	0	0	0	3.0
总计	24	22	388.3	70.0	80.8	23.0	133.9	80.6
占欠债总额百分比(%)			100.0	18.0	20.8	5.9	34.5	20.8

注:*"其他"大多是填补养猪养鸭亏折。

资料来源:中共松江地委调委调研组:《松江县新农乡农村情况调查》,见华东军政委员会土地改革委员会编:《江苏省农村调查》,1952年印本,第147—148页。

和上海县的情况大同小异,松江债户也是将大部分债款用于

① 易甲瀛:《犍为农村经济之研究》,见《民国二十年代中国大陆土地问题资料》第53册,(台北)成文出版社1977年版,第27157—27158页。

② 《上海县马桥区租佃、借贷关系调查》,见华东军政委员会土地改革委员会编:《江苏省农村调查》,1952年印本,第208页。

添购生产资料和应付婚丧大事。因表 12-44 中的“其他”项“大多是养猪养鸭亏折”，也可视同用于生产。故用于生产和婚丧的债款实际占总债额的 73.3%，与上海县的 70% 相差无几。略微不同的是，上海县农户（佃农）债款的剩余部分全是由欠缴租额转化而来，而松江县农户（佃农）是先扫仓和借债完租，然后再借债买米充饥。形式不同，实质则一。

南汇县朱码乡城东村，又是另一种状况。该村 127 户中 40 户负债，负债率为 31.5%，相对较低，但负债总额为 482.6 石米，按债户平均，每户 12 石米，最多的达 30 石米。借债原因为“受地主长期的剥削及反动政府的苛捐杂税，加上生病、死人、死猪等”①。据此，借债用途，除了“死猪”外，全都用于交租纳税和病丧二项，几乎没有直接用于生产和生活的。

广西鬱林（今玉林）、藤县、果德 3 县，农民债户的债款，则更多地用于买粮活命，见表 12-45。

表 12-45　广西鬱林等 3 县各类农户债款用途统计（1933 年）

项目 / 农户类别	负债户（户）	债款额（元）	用途分类*（%）					
			买粮	婚丧	经商	生产	医病	其他
自耕农	48	1272	51.9	38.9	2.0	0	3.9	3.3
半自耕农	65	1215.5	46.1	33.2	11.5	4.6	0.1	4.5
佃农	48	1099.2	57.4	22.7	11.8	6.4	0.2	1.5
总计	161	3586.7	51.6	32.0	8.2	3.5	1.5	3.2

注：* 原调查资料中，有几笔债款的用途有两项，但无具体数字，本表统计分类时，将其平分为二。

资料来源：据中央研究院社会调查所广西经济调查团编：《广西省农户经济调查表》各表综合整理计算编制。

① 《南汇县朱码乡城关村租佃、借贷关系调查》，见华东军政委员会土地改革委员会编：《江苏省农村调查》，1952 年印本，第 210 页。

和前面统计及案例不同。无论佃农、半自耕农(半佃农)还是自耕农,接近或超过一半的债款用于买粮充饥,佃农最高达57.4%,平均占51.6%,加上直接食用的谷米,用于充饥的债额相当于全部债额的60.5%;用于婚丧的债款比重亦达32%,自耕农更接近39%,借债人共19户。农户几乎凡有婚丧喜庆,必然借债,而且金额很大,平均每笔为60.5元。而用于农业生产,包括买牛、买谷种、肥料等,仅有5笔,金额只占3.5%。总之,将近9成的债款用于买粮充饥和婚丧疾病等急需。广东灵山梓崇塘联村,农户的负债原因,贫雇农主要是由于收入不能维持最低限度生活,中农主要是年成失收减种减产,都是买粮充饥,两者合计53户,占78家债户的67.95%。另有9户是婚丧和国民党征兵拉夫、被迫捐钱买枪。①

湖南益阳的农民债户,更没有分毫债款用于生产。据对该县黄家仑乡债户的调查,债户主体是贫农与佃中农,负债的原因,一是多因被国民党政府抽壮丁、敲诈勒索,以及天灾人祸、婚丧嫁娶所致,六村18家负债户中,就有11户是这样负债的;二是佃农因缴纳押金而负债;三是青黄不接期间,"年年借债,年年还债,甚至有的借债还债"②。

各地佃农负债原因和债款用途不尽相同,但除少数例外,大多用于非生产性消费,其中相当部分直接回到了地主、高利贷者、国民党地方官吏手中,债款自身没有再生和增值功能,借款人又须另

① 《灵山县梓崇塘乡解放前的封建剥削与反动统治情况调查》,见中南军政委员会土地改革委员会调查研究处编印:《中南区一百个乡调查资料选集·解放前部分》,1953年印本,第229—230页。

② 《解放前的黄家仑乡》,见中南军政委员会土地改革委员会调查研究处编印:《中南区一百个乡调查资料选集·解放前部分》,1953年印本,第57页。

辟财源偿还,使原已困难重重的家庭经济雪上加霜,急速恶化,甚至崩溃。然而耐人寻味的是,债权人并不期望甚至不愿意债户如期偿债,因为地主富户放贷的目的,不只是收回债款本息,而是债款抵押,是债务人身上残留的一点膏脂。正是由于上述两点,大部分或绝大部分借债佃农注定加速贫困,最终倾家荡产。

为了吸干债户膏脂,并且万无一失,地主、高利贷者的借债条件十分苛刻,既要请“保人”,又须契据、实物抵押。如湖南道县,农民向地主借债,“须请保人写借字,以实物或田契作抵押,还不起就夺田”①。倘若佃农急需借债而又无任何田地房产或实物可供抵押,或即使有少量土地,如价值不高,根本借不到债。如江苏无锡十字乡农民赵根大,只有 7 分自田,而且主要是荒地、坟地,价值不大。因而虽然缺吃少穿,却“并不欠债,因为人家不肯借给他,嫌他穷”②。湖南益阳,“能够借到债的人,一般都是或多少有点恒产的贫农,至少也须有恒业可靠的人,孤寡残废赤贫之家是没有多少债务关系的”,如该县箴言乡十六保 16 户佃贫农中有 10 户负借,而 19 户赤贫中只有 6 户负债。③ 在江苏常熟,“农村中借债的主要是中农和贫农。雇农因为借债还不出,所以借不到债”④。也正因为如此,无锡、常熟两地农民(主要是佃农)的借债户比重

① 《封建统治下的东门乡》,见中南军政委员会土地改革委员会调查研究处编印:《中南区一百个乡调查资料选集·解放前部分》,1953 年印本,第 71 页。

② 苏南区农民协会筹备会:《无锡县梅村区四个乡租佃、债务情况调查》,见华东军政委员会土地改革委员会编:《江苏省农村调查》,1952 年印本,第 211 页。

③ 中共益阳地委:《益阳新市区箴言乡十六保初步调查》,见新湖南报编:《湖南农村情况调查》,新华书店中南总分店 1950 年版,第 63—64 页。

④ 《常熟县借贷情况调查》,见华东军政委员会土地改革委员会编:《江苏省农村调查》,1952 年印本,第 217 页。

并不算高,并呈逐层递降态势。无锡虽“凡是种租田的人,差不多都要欠债”,但欠债户的实际比重,薛典乡和墙门一保分别为70%;梅村镇三保、五保和墙门十五保分别只有50%。① 常熟小庙村中农、贫农、雇农的借债户比重依次为51.0%、38.7%和33.3%,逐层递降。② 上揭上海县马桥乡以及南汇朱码乡的借债户比重也分别只有52.2%和31.5。③ 这种情况在其他地区也都普遍存在,如四川,据20世纪40年代初的大范围调查,急需借债的佃农中,半数以上无法借到。调查资料显示,佃农借债户占调查户数的42.5%,户均借债额为229.30元。若以实际借款额占希望借款额之成数而言,也仅占49.2%。这意味着相当一部分借债户借不足额,更有不少贫苦佃农完全借不到款,所以调查者说,“佃农在农民中需款最属殷切,而最不易达其所需”④。福建福安南塘保,269户贫雇农,84户借债,占31.2%,但有4户卖儿女,15户“出租”老婆,5户流浪行乞,合计24户,占8.9%。⑤ 显然,那些没有进入借债户行列的农户,并非收支有余、家境宽裕、无须借债,只是因为实在太穷,没有资格和条件借债。其实除了越来越多的佃农或农户

① 苏南区农民协会筹备会:《无锡县梅村区四个乡租佃、债务情况调查》,见华东军政委员会土地改革委员会编:《江苏省农村调查》,1952年印本,第215页。

② 《常熟县借贷情况调查》,见华东军政委员会土地改革委员会编:《江苏省农村调查》,1952年印本,第217页。

③ 华东军政委员会土地改革委员会编:《江苏省农村调查》,1952年印本,第208、210页。

④ 应廉耕编:《中国农民银行四川省农村经济调查委员会四川农村经济调查报告第七号·四川省租佃制度》,中农印刷所1941年印本,第30页。以下简称《四川省租佃制度》。

⑤ 福建省农民协会:《福安县南塘保农村调查》,见华东军政委员会土地改革委员会编:《福建省农村调查》,1952年印本,第64、65页。

极度贫困,无人愿意向他们放债,导致佃农或农户负债率相应下降之外,农户"递贫化"和"均贫化",地方金融、经济濒临枯竭,城乡各处无债可借,佃农或农户负债率也会明显下降,20 世纪 30 年代初的广西和日伪统治下的热河蒙地区是这方面的典型例子。[①] 因此,不能因借债户比重低就轻易断定佃农经济宽裕,必须根据实际和具体情况进行分析、判断。

相对于无处借债极贫户或赤贫户,那些能借到债款和救燃眉之急的贫苦佃农,情况似乎要好一些。然而,由于借贷条件苛刻、利息高昂,而债款用途,大部分或绝大部分并非生产和投资性的,而是纯消费性的。债款不能再生,更不能增值,还款无源,往往只能借债还债;借新债还旧债,债款越还越多,只得卖地卖屋。结果"中农卖地降成贫农,贫农变成雇工"[②]。

大量资料显示,佃农借债情况和经济恶化过程、速度、结局各有差异,但延至新中国成立,其中大部分已经倾家荡产,甚至家破人亡。其他一些贫困户,或因负债量大,或因家底过于单薄,如果不是土地改革,也难逃破产一劫。安徽休宁一些村落土地改革前夕的情况是,下观村共 80 户,70 户负债,户均负债 2000 斤稻谷;古楼村共 70 户,60 户负债,户均负债 3000 斤稻谷;老鹳村 137 户,87 户负债,其中一户负债 60 石稻谷。当地借贷计息,有现扣利、利滚利、出门利等形式。负债人若无力偿还,"在当尽卖绝之后,

① 参见徐建生、刘克祥:《广西农业危机和摆脱危机的对策论战与举措实践》,《中国社会经济史研究》2014 年第 4 期;徐建生、刘克祥:《热河蒙地永佃制下的土地经营和佃农生计》,《中国经济史研究》2014 年第 4 期。

② 王树人:《从松江县新农乡的调查看江南农村的封建剥削》,见苏南人民行政公署土地改革委员会编:《土地改革前的苏南农村》,1951 年印本,第 21 页。

只好以人口、劳力抵偿,当帮工或奴婢”①。1949年有调查者在总结安徽当涂、贵池等村的佃农负债情况后称,“农民长期受封建剥削,穷困不堪,一有婚丧嫁娶,临时灾难,就非借债不可”,而地主“放债且与租佃结合,农民向地主质地使钱,地仍自每年向债主交租,到期交钱才能收回土地,否则土地即为地主所有”;佃农债务“当年还不清,余下又拖下去,逐年利翻本,本滚利,愈拖愈多,愈拖愈穷,以致倾家荡产”②。这一总结正是历史真实的反映。

第三节　抗日战争后方和战后全国的农业生产和农村经济

日本全面侵华战争和战后时期,农业生产和农村经济处于空前严峻、残酷的政治与社会环境。抗日战争初期,国民党中央政府和一些地方政府为了解决军粮民食问题,满足抗日需要,曾采取若干方针政策和推广措施,后方部分地区的农业一度有所恢复和发展。当时总的情况是,兴衰互见、发展与停滞并存。进入20世纪40年代,日本帝国主义在对沦陷区大肆烧杀掳掠、对后方地区狂轰滥炸的同时,加强了海陆经济封锁,后方地区物资紧缺,货币贬值,经济更加艰窘,国民党政府相继实行田赋征实和田赋征购、征借,搜刮、贪污升级,由抗日战争初期的“养鸡下蛋”改为“杀鸡取卵”,农民弃田逋赋,贫穷破产,部分地区一度有所好转的农业和农村经济由盛转衰。日本投降,疆土收复,但农村满目疮痍、焦土

① 《休宁县志》第5卷(农业),安徽教育出版社1990年版,第106页。

② 中共皖南区党委政策研究室:《安徽当涂连云保、贵池杏村保及鳙口保调查》,见华东军政委员会土地改革委员会编:《安徽省农村调查》,1952年印本,第110—111页。

残壁、村落为墟、耕地破碎荒芜、耕畜农具、种子口粮、劳力资金短缺,农民亟待休养生息。然而,蒋介石国民党忙于“劫收”、贪污分肥、“五子登科”,同时加紧发动内战,不顾农民疾苦,无意恢复农业生产和城乡经济,反而为了发动内战,加税捐、印钞票、抓壮丁、拉民夫、劫民财,横征暴敛不止。结果城市工厂倒闭、商店关门、工人失业;农村满目荒凉,生产停滞,金融枯竭,农民破产,到南京国民党政权垮台时,农业生产和农村经济已濒临崩溃。

抗日战争后方地区和战后全国农业生产与耕作经营,包括土地利用、农田灌溉、作物结构、区域分工、耕作制度、生产工具、劳力使用、劳动效率、经营方式,等等,基本上是传统农业原有格局、结构、习惯和生产力水平、状况的延续,但有某些变化。为了满足战争需要和安插难民,国民党政府曾实施垦荒,某些地区的耕地面积一度有所扩大,但抗日战争中后期,因经济统制加强、租税加重或产权纠纷频发,土地垦而复荒;某些地区在开垦荒地的过程中,农田灌溉亦有程度不同的改善;为了增加粮食和棉花生产,国民党政府着力推广冬作、夏作和棉花种植,一些地区的土地利用、耕作制度、作物结构、区域分工等发生变化:改一年一季为一年两季或两年三季,改单一水稻或小麦种植为稻麦、稻豆或麦棉轮作,复种指数提高。在作物结构和区域分工方面,小麦南移,甘薯北进,棉花西扩,清末民初开始发生和强化的农业区域性分工被部分打破;因大部分商品棉产区陷落,新推广的棉花种植多为自种自纺自织,一些地区原有的农村商品经济又部分退回到耕织结合的自然经济。在生产工具和劳动效率方面,由于日本侵华战争前日商盗卖、侵华战争期间日军劫夺,以及农民贫困化等原因,耕畜数量减少,严重短缺,部分地区(苏浙等地尤为明显)由犁耕倒退为锄耕,劳动效率和耕作能力亦相应下降。农业经营模式方面,在农户经营规模缩小、地主雇工经营部分转为招佃收租的同时,某些地区还有各类合作社、难民农场和公私农场的产生和发展。这显露了抗日战争后方和战后全国农业生产与农村经济发展变化的主要特征。

一、国民党政府的农业政策、推广措施及其影响

1937年“七七事变”后一年半的短短时间内,随着华北和华东、华南沿海省份的相继沦陷,国民党政府丧失了50%以上的耕地,48%的森林,将近40%的耕畜。农产品数量也相应减少。以抗战前1936年全国农产品数量为100,1938年国民党控制区的农产品数量:稻谷为81,小麦为45,大麦为58,小米为20,大豆为34,高粱为23,甘薯为76,棉花为29,花生为42,烟叶为69。[①] 然而民食尤其是军粮,以及衣被、农产原料的需求并未相应减少,甚至增加。恢复和扩大后方农业生产,发展后方农业是摆在国民党政府面前的急迫任务。

针对这种情况,国民党政府从土地制度、租佃关系到荒地开垦、农田水利、农牧业生产、农村金融等,颁布政策法令,并采取多种农业推广措施,包括在一些地区推行冬作、夏作,提高复种指数和土地利用率;推行合作事业,建立各类合作社,包括信用社、农业社、手工业社、运销社、消费社等;普查、试验、改良旧的作物和畜禽品种,引进、培育、推广优良品种;防治作物、畜禽病虫害,研究、推广新的防治方法;普查、分析土壤,研究、制造、改进肥料及其施用方法;等等。以恢复、发展后方农业生产,并加强对农业和农产品的统制,保证抗日战争的需要。

---

① 刘克祥、陈争平:《中国近代经济史简编》,浙江人民出版社1999年版,第628页。

(一)土地和租佃政策

抗日战争时期国民党政府的土地和租佃政策,既是抗日战争前既定政策的延续,又有某些修改、调整,以适应战时环境和需要。

土地制度及土地管理和使用方面,国民党政权建立不久,中央政治会议第171次会议决议《土地法原则》(1929年1月16日送交立法院),曾开宗明义提出,“国家整理土地之目的在使地尽其利,并使人民平均享受使用土地之权利。总理之主张平均地权,其精意盖在乎此,求此主张之实现,必要防止私人垄断土地,以谋不当利益之企图”①。不过1930年6月30日公布的《土地法》,多达4编20章397条,内容包括总则、土地登记、土地使用和土地税等四个部分;1935年4月5日公布的《土地法施行法》(1936年3月1日施行)5编91条,均无“平均地权”“防止私人垄断土地”的相关条文或内容。在这前后,国民党政府还决议、公布了土地管理方面的若干法规、条例,如《公有土地处理规则》(1934)、《办理土地陈报纲要》(1934)、《土地测量实施规则》(1934年内政部公布、1936年修正),真正施行则基本上限于部分地区的土地陈报及部分特种土地的调查。

对租佃关系和佃农问题,国民党政府在不同时段出台过多项政策,相关规定、办法,多有变化,相互歧异,无一定准。国民党政府中央及内政部曾分别于1927年、1932年公布《佃农保护法》10条和《保障佃农办法原则》9条,两者条文、内容互有补充,亦有差异。《佃农保护法》规定佃农缴纳租额不得超过土地收获量的40%;佃农对所耕土地有“永佃权”;凡押租或先缴租项全部或一

① 中国农民银行经济研究处编:《农村经济金融法规汇编》,中国农民银行经济研究处1942年印本,第76页。

部分等“恶例一概禁止”;如遇岁歉或天灾、战争等,“佃农得按照灾情轻重,有要求减租或免租之权利”。《保障佃农办法原则》将租额最高限度改为当年“正产物收获总额”的375‰,并明确规定“副产物概归佃农所有”,不过佃农已无“永佃权”,只是规定地主典当或出卖土地时,佃农有优先承典或承买权;土地所有权移转时,除移转于自耕农外,佃农有继续承佃权。佃农如对土地有特别改良之设施,解佃时得要求地主予以赔偿。同时,规定在佃农“完全履行其义务”的情况下,地主“不得任意撤佃”,但地主收地自耕或地权转移于自耕农,撤佃不受限制。① 这些政策规定多多少少有起到“保护”佃农的作用,不过全是官样文章,无一付诸实施。

国民党政府建立初期,部分省县曾尝试进行“二五减租”。1928年秋,国民党浙江省党部颁布《二五减租条例》,规定佃租最高额为土地正产量的50%,再按此数实行“二五减租”,实交租额最高为正产量的37.5%。但浙江省政府强烈反对减租条例,通令各县政府严行禁止,甚至出布告宣称主张“二五减租”就是共产党。1929年,国民党浙江省党部仍坚持“二五减租”政策,在其机关报《杭州国民日报》上进行宣传,而浙江省政府则继续反对。后来这一争执上交国民党中央委员会裁决,国民党中央批准浙江省党部的《二五减租条例》。但浙江省政府对减租政策的反对并未停止,除若干县份(大革命时期农民运动有基础的地方,如绍兴县)外,多数地方并未真正实行。②

日本全面侵华战争爆发后,国民党军队节节败退、国土沦丧、难民蜂拥、农民破产、税收剧减、财政困顿,国民党政府开始着手调

① 中国农民银行经济研究处编:《农村经济金融法规汇编》,中国农民银行经济研究处1942年印本,第221—222页。

② 《浙江省农业志》(上),中华书局2004年版,第297—299页。

整土地政策，加强地政和土地管理。1938年3月，国民党临时全国代表大会通过《战时土地政策决议案》，拟定《战时土地政策大纲》9条，规定“奖励人民以土地呈献政府，并没收汉奸土地，依法分配与伤兵难民等”，但强调“非常时期”的土地分配“应逐步改进，不能操之过急，积渐施行，稳健推进”。1941年4月，国民党五届八中全会提出“为实现本党土地政策，应从速举办地价申报决议案”。10月，国民党内政部公布《地价申报办法大纲》27条，规定地价申报依测量地亩、调查地籍、查定标准地价、业主申报、土地登记、编造地价册的程序办理。1941年12月，国民党五届九中全会（5—23日召开）提出“土地政策战时实施纲要”，规定在整理地籍的基础上，私有土地由所有人申报地价并征收土地税，旋即召开的国民党五届九中全会，拟定《土地政策战时实施纲要》10条，规定在整理地籍的基础上逐步实施私有土地的地价税征收，以弥补财政。① 对沦陷和敌伪控制区的土地权属及管理，1940年11月国民党政府行政院公布《战地土地权利处理暂行办法》7条，规定“凡伪组织机关对于公私所有土地所为之处分及所发之土地权利证件一律无效”；一切土地登记、土地陈报、地籍整理所发之权利书状、管业执照、权利证件，如有加盖伪组织机关之伪印，以及加盖伪印之土地权利证件如有买卖典当抵押或设定其他权利等，“一律视为无效”。②

关于地权分配和自耕农问题，1941年6月，国民党政府召开第三次全国财政会议，蒋介石在会上所作的演讲强调，管制粮食与

① 土地税征收及其分配办法是：税率起点为1%—2%，累进至5%。地价税折征实物，实物归中央，中央按各县市地价税实收金额的50%，以现金拨付该县市作为补助。

② 中国农民银行经济研究处编：《农村经济金融法规汇编》，中国农民银行经济研究处1942年印本，第92—93页。

平均地权,是当前财政和经济的“中心问题”。财政会议结束后,中国地政学会召开第六届年会,会议主题就是讨论实施战时土地政策,并通过“欲求粮食之彻底解决,必须从根本上改革土地制度”的决议。不久,国民党五届九中全会拟定的《土地政策战时实施纲要》第8条规定,农地以归农民自耕为原则,嗣后农地所有权之转移,其承受人均以能自为耕作之人为限,不依照前项规定移转之农地或非自耕农所有之农地,政府得收买而转售于佃农,予以较长年限分年偿还地价。此前1940年7月,国民党五届七中全会通过“设立土地银行决议案”,1941年4月中国农民银行设立“土地金融处”。1941年12月,财政部核准了该处的“扶植自耕农放款规则”,以银行贷款解决购地价款问题。① 国民党政府又于1942年6月设立“地政署”,该署拟定了甲、乙两种“创设”自耕农的办法:甲种创设是由政府照价收买地主土地,交由佃农承租;乙种创设是由佃农向银行贷款购买或赎回土地自耕。不过行政院在审查这两种“创设”办法后,认为“不便强制人民出卖田产”;“不宜采取抑彼扶此之政策,致离散民心,妨碍长期抗战之主要国策”。故此,这种“创设”自耕农办法并未普遍推行,1943年最后改为择县试办。最先实行的是甘肃、广西两省,随后相继扩大到陕西、四川、湖南、广东、福建、贵州、湖北、浙江、安徽等14省82县。其中实行“间接创设”的有福建、浙江、湖南、四川、广西、甘肃、安徽、湖北、广东、陕西等11省;实行“直接创设”的有江西、湖南、广西、甘肃等7省14县以及甘肃的湟惠渠灌区,共扶植自耕农7992户、农田

① 中国农民银行的放款分甲、乙两种,甲种放款是政府为直接创设自耕农依法征收或购买土地之放款;乙种放款是农民购买或赎回土地自耕或依法呈准征收土地自耕之放款。两种放款均以该行发行的土地债券支付,最长期限为15年,利率为月息8厘。对农人或农民团体放款,以逐年缴纳地租方式摊还本息。

面积140991亩;1944年,江西、湖北、四川、甘肃、宁夏、福建以及绥远等省又扶植自耕农8492户、农田面积90337亩;1945年,四川以甲、乙两种办法扶植自耕农317户,绥远办理甲种扶植自耕农508户,宁夏择定贺兰、永宁两县为扶植自耕农示范区;1945年后,此项政策仍然在某些省份继续推行,计扶植自耕农3304户,农地面积18206亩。① 以上共计扶植自耕农20613户、农田249534亩,相对于全国近亿户贫苦农民、近15亿亩农田,实乃九牛一毛、杯水车薪,不过这仍然算是国民党政府土地政策某种形式的调整。

关于租佃制度和佃农问题,《土地政策战时实施纲要》在扶植自耕农的同时,对地租高度进行限制,第六条规定,地租一律不得超过所报地价的10%。某些省县也有保障佃农政策出台,实行"二五减租"。1943年江西拟定《江西省保障佃农办法》,规定地租额不得超过37.5%,同时要求租佃双方必须登记,填写政府固定格式的契约,由乡镇公所加盖印信备案,以示公证。湖北自1942年开展减租运动,先后有28县的2万户地主、23万农户参加。② 不过由于封建地主阶级的阻挠、破坏,多数地区减租收效甚微或有名无实。浙江椒江,抗日战争期间曾推行"二五减租",因业主抵制,改按实际收成的37.5%缴纳。抗日战争胜利后,业佃矛盾又起,国民党政府继续推行"二五减租",亦收效甚微。③ 岱山在民国后期,也曾推行"二五减租",因农民顾虑地主报复,实际并未实施。④ 云南个旧,1946年向省政府的报告称,全县荒地占原报

① 参见卢伟明、张艳飞:《抗战后期国民政府扶植自耕农运动初探》,《牡丹江师范学院学报(哲学社会科学版)》2007年第5期。

② 参见卢伟明、张艳飞:《抗战后期国民政府扶植自耕农运动初探》,《牡丹江师范学院学报(哲学社会科学版)》2007年第5期。

③ 《椒江县志》,浙江人民出版社1998年版,第255页。

④ 《岱山县志》,浙江人民出版社1994年版,第289页。

耕地面积的65.53%,为缓和与农民的矛盾,县政府拟定《个旧县二五减租实施办法》13条,但因各地要求"缓办"而未能施行。[①]湖南酃县,1945年曾提出"二五减租",但因地主豪绅"借辞拖赖",终无结果。[②] 益阳箴言乡,几次减租均无成效。1945—1948年曾颁布减租法令,但实际很少实行,1947年改选农会,农民与地主反复斗争,减租还是很少,有的根本未减。而且多数是假减租,或强迫佃户对农会说减了租,订立假减租后的新约,或先减租后收回,也有些佃户怕夺佃,自动将减租部分退还地主。1948年再次宣布减租,但实行的只限于少数兼营工商业的地主及公田、学田,而且只减1斗至1斗5升,大部分地主仍然不减租,或者明减暗不减。[③] 福建福州市郊鼓山区,1946年后也曾有极少数村子实行过"二五减租"及"三七五限租"。在设有"保农社"的后屿及古北两保减租户数可能多一点,不过只限于加入"保农社"并担负该社各种摊派的社员,有时为着加入"保农社",还须付出一笔"运动费",减租获益原极有限,况且被减的对象只限于部分外乡地主及小土地所有者,一些有势力的大地主以及可以控制"保农社"的大小地主根本不减租。[④]

(二)土地开垦和农田水利方面的政策措施

土地开垦方面,20世纪30年代初农业恐慌期间,东北沦陷,

① 《个旧市志》,云南人民出版社1998年版,第537—538页。

② 《酃县志》,中国社会出版社1994年版,第98页。

③ 中共益阳地委:《益阳新市区箴言乡十六保初步调查》,见新湖南报编:《湖南农村情况调查》,新华书店中南总分店1950年版,第60—63页。

④ 福建省农民协会:《福州市鼓山区农村调查》(1950年春调查),见华东军政委员会土地改革委员会编:《福建省农村调查》,1952年印本,第59页。

关内农民贫困破产、流离失所、土地荒芜。1933 年 2 月，国民党政府内政部会同实业部拟定《奖励辅助移垦原则》9 款，咨送各省政府协同办理跨省移送贫民垦荒事宜。同年 5 月，国民党政府公布《清理荒地暂行办法》14 条和《督垦原则》9 款，前者责令各省市限期清理公有、私有荒地，分别申报、绘图，待荒地查勘完竣后，由各县局按区段号数分别公有、私有编制荒地图册，交由省市汇集编制《清理荒地报告书》咨送内政、实业、财政三部备查；后者责令各省市在《督垦原则》到达之日起 6 个月内依照该原则意旨及《国有荒地承垦条例》与该省地方情形，拟定《督垦单行章则》咨送实业、内政、财政三部核定；各省市自《督垦单行章则》公布后 5 年内"应督同各县局设法将全省可垦荒地全部开垦或招垦"。

《清理荒地暂行办法》《督垦原则》公布 3 年多过后，不仅荒地垦殖毫无成效，连荒地查报也杳无声息。1936 年 9 月，改由政务院出头颁发《内地省市荒地实施垦殖督促办法》12 款，宣布分期分区督垦，将内地所有荒地分为两期垦殖：江苏、浙江、福建、安徽、江西、湖北、湖南、四川、贵州、河南、甘肃、陕西等 12 省及南京、上海 2 市为第一期；山东、山西、河北、广东、广西、云南等 6 省及青岛、北平、天津 3 市为第二期。第一期各省市荒地尚未查报或查报未齐者，限于 1936 年年底报齐，从 1937 年起实施垦殖；第二期各省市荒地限于 1938 年年底查报齐全，从 1939 年起实施垦殖。各县市公有荒地每年招垦亩数不得少于全数的 1/5；私有荒地应由各业主自行酌定垦竣年限呈报该管政府核准登记，如业主无力自行开垦，或逾期一年而不自行招垦者，应由该管政府另定办法代为招垦。①

① 中国农民银行经济研究处编：《农村经济金融法规汇编》，中国农民银行经济研究处 1942 年印本，第 223、225—228 页。

《内地省市荒地实施垦殖督促办法》颁发不及一年,日本全面侵华战争爆发,华北平原和华东、华中、东南等疆土相继沦陷,加上频繁的自然灾祸,大批农民和城镇居民流离失业,无以为生,而西部地区的荒地比例远比华北和东南部地区高,为了人民生存和抵抗日本侵略,荒地开垦更加迫在眉睫。国民党政府根据情况变化,重新规划,“寓救济于生产”,并将移民、难民和人犯垦荒作为重点。

1938 年国民党临时全国代表大会通过《战时土地政策大纲》,提出移民垦荒方针,由中央及地方政府设立垦务机关,统筹办理全国垦务。随后,国民党政府相继颁布《难民垦殖实施办法大纲》《非常时期难民移垦规则》《中央补助各省难民移垦经费办法》,规定垦殖行政方面,中央由经济部会同内政部、财政部、赈济委员会统筹办理,地方由各省设立垦务委员会负责,公有荒地分配给垦户耕作,垦竣后可无偿取得所有权,垦殖方式分为国营、省营和民营(包括农户、农业合作社和特许之团体机关)三种,中央可适当提供给养补助和生产贷款。1939 年 5 月又将《非常时期难民移垦规则》修改为《非常时期难民移垦条例》32 条(1941 年修正公布),规定公有荒地于垦竣后,垦者无偿取得“耕作权”;私有荒地则采取强制办法限期开发,逾期不垦者,由垦区管理机关视情况强制租赁,或强制出卖,或强制征收。在上述各项处理办法未完竣时,得先将该项土地分配予垦民耕作。此外关于移垦难民之登记、照料、衣食、医药以及垦区内之治安、住所、水利、生产资金、技术指导、教育卫生等项,均有详细规定。①

① 秦柳方:《关于抗战中的后方垦殖事业调查报告》(1941 年 11 月 30 日),见中国第二历史档案馆编:《中华民国史档案资料汇编》第 5 辑第 2 编,财政经济(8),江苏古籍出版社 1997 年版,第 219 页;中国农民银行经济研究处编:《农村经济金融法规汇编》,中国农民银行经济研究处 1942 年印本,第 237—242 页。

1939年,国民党政府的垦务主管部、会,曾拟定《筹设国营垦区计划纲要》,经行政院核定,计划在四川、陕西、云南、西康、广西、湖南等省境内,选择适于移垦之荒区,设置国营垦区,统归农林部主管。至1942年,共建有陕西黄龙山垦区、黎坪垦区,江西安福垦区,甘肃岷县垦区,西康西昌垦区,四川东西山屯垦实验区、雷马屏峨垦区、金佛山垦殖实验区,甘肃河西屯垦实验区,贵州六龙山垦区等。总计抗日战争期间,农林部设立的国营垦区有14处(其中筹设的河南伏牛山垦区因豫湘桂战役爆发而撤销),除江西、福建各1处外,其余全部在西部地区。①

在国民党中央政府的倡导下,西部各省区也根据时局所需,制定了相应的农垦政策和措施,分别设立垦殖局或省营垦区:广西1938年公布《移民垦荒办法》《官荒承垦规则》《清理荒地办法》和《荒地实施垦殖督促办法》,并指定以柳州附近及左右两江为难民移垦中心区域。② 除凤山河义民垦殖管理处、龙州工囚屯垦区外,还建立了柳州、南宁、百色、龙州四个垦殖区,面积涉及19个县;云南垦务委员会于1938年3月拟定《难民移垦实施方案》《云南省承垦公私荒地暂行办法》,开办开蒙垦殖局,还专门设立了侨胞垦殖委员会及招待处,办理华侨移垦事宜;贵州由省农业改进所指导试办垦荒,1943年10月颁布《贵州省督垦荒地办法》,设有平坝模范农村;四川于1938年9月公布《四川省督垦荒地大纲》及《承垦荒地实施规则》,1939年12月成立垦务委员会并制定《难民移垦实施方案》,开办平北垦务局、东西山垦区办事处、彭水垦区办事

① 秦柳方:《关于抗战中的后方垦殖事业调查报告》(1941年11月30日),见中国第二历史档案馆编:《中华民国史档案资料汇编》第5辑第2编,财政经济(8),江苏古籍出版社1997年版,第219—220页。

② 施珍:《成长中之中国垦殖》,《中农月刊》1945年第6卷第9期。

处、松理懋茂汶靖垦务局、雷马屏峨垦务局;西康设有宁属屯垦委员会,筹划成立宁属八县垦区;陕西于1938年5月成立垦荒委员会,1939年2月改组为垦务委员会,负责农垦事宜,制定《陕西省各县发动民力开垦荒地办法》《非常时期陕西省军垦办法》《陕西省扶植自耕农办法》等法规、条例,先后开辟汧山垦区、宝鸡宽滩垦区、渭滩垦区、郿扶第一集体农场等多个大型开荒点。经营方式则有省营、民营、军营、地方经营等4类,其中省营有陕西省汧山垦区办事处,民营有汧山垦牧合作社、更生村垦殖合作社、华北慈善联合会、宝鸡移垦委员会、渭滩垦殖合作社、郿扶难民工垦委员会、长安草汧垦殖合作社;军营有第八战区汧山军垦处、第八战区渭滩军垦处、第一战区官佐眷属安顿区办事处、荣誉军人管理处十八教养院垦殖场;地方经营则分散各县,受该县县政府的指挥监督,其开垦成绩,亦列入地方开垦报告中。① 青海1942年设立了柴达木垦务督办公署;宁夏拟有《初步难民垦荒计划大纲》,将全省荒地划分为移垦、民垦、蒙垦、屯垦等区域。1939年10月成立垦务委员会,设立垦荒办事处,制定《宁夏省垦荒规程》,办有云亭渠垦区。②

为了发掘和充实垦荒劳动力,促进人犯的教育改造,国民党政府又公布了有关人犯垦荒的规定、条例。1934年7月,国民党政府公布《徒刑人犯移垦暂行条例》12条(1936年2月修正公布),对移垦人犯条件、荒地提供、产品处理、人犯待遇、眷属安排等,做了原则性规定。抗日战争全面爆发后,国民党政府行政院、司法院

① 张俊华:《抗战时期陕西垦荒事业探析》,《佳木斯职业学院学报》2015年第2期。

② 陆和健:《抗战时期西部农垦事业的发展》,《民国档案》2005年第2期。

于1940年7月公布《徒刑人犯移垦实施办法》21条，作为《徒刑人犯移垦暂行条例》的补充。同月又公布《移垦人犯累进办法》15条、《移垦人犯减缩刑期办法》9条，作为《徒刑人犯移垦实施办法》的补充。① 上述四个法令构成一个整体，关于人犯移垦的条例、办法完备、适用，唯实施情况不详。

抗日战争期间国民党政府实施的垦荒政策和措施，取得了一定成效：扩大耕地面积，增加农产品尤其是粮食产量，解决军民口粮供应；救济难民，安顿军属，解决就业，稳定社会秩序；动员社会闲散劳力投入垦荒生产，建设农村，变消费者为生产者，化消极因素为积极因素，增强社会凝聚力，用实际行动支援抗战。这些都是显而易见的。不过问题也不少，到抗日战争后期尤为严重，如陕西暴露出来的问题，一是荒地界址不明、产权不清，荒地垦竣后纠纷频发，耕地所有权在垦荒中成为问题的症结。原规定垦户承领公有荒地垦竣后，"无偿取得土地所有权"，但情况并非如此，黄龙山垦区到后来，"地权纠纷颇多，地权日益集中"，垦荒农民很快丧失土地。该省地政局曾拟定《陕西省黄龙山垦区土地纠纷处理步骤》，后来亦成空文。二是国民党政府的农产品统制日益苛繁，垦区实行分成租制，农民生产热情减退，播种面积缩小，产量下降，土地垦而复荒。三是垦费普遍紧张，制约垦荒事业的开展。四是一些无耕作能力的难民滞留垦区寄生耗食，影响垦区治安和垦户的生产生活。加上自然灾害和野兽破坏等，都成为影响垦区建设的

① 《徒刑人犯移垦暂行条例》第十一条规定，"人犯移垦实施办法由司法院合同行政院定之"；《徒刑人犯移垦实施办法》第十一条规定，"移垦人犯适用累进办法，分为四级。初移者应编入第四级，按其成绩以次进级，但移垦之前持有两者，亦得编入较高级。累进办法另定之"；第十二条规定，"移垦人犯依累进办法进级者，有期徒刑得减缩其刑期，无期徒刑得减为有期徒刑。减缩办法另定之"。

重要因素。[1] 不仅陕西,其他一些省区也都不同程度地存在这些问题,甚至更为严重。

农田水利方面,1937 年前,国民党政府曾就统一水利行政及事业、奖励兴办水利、整理江湖沿岸农田水利等,出台了若干法令,即《统一水利行政及事业办法纲要》(1934 年 7 月国民党政府公布)、《兴办水利给奖章程》(1933 年 11 月实业部公布)、《兴办水利奖励条例》(1935 年 4 月国民党政府修正公布)、《整理江湖沿岸农田水利办法大纲》和《整理江湖沿岸农田水利办法大纲执行办法》(1936 年 12 月行政院同日公布)。其中较重要的是,中央设立水利总机关主理全国水利行政事务,各流域不设水利总机关,其原有各机关一律由中央水利总机关接收;水利计划统由中央水利总机关集中办理;各省水利行政由建设厅主管,各县水利行政由县政府主管,受中央水利总机关之指导、监督;水利牵涉两省以上者,由中央水利总机关统筹办理。[2]

1934 年 12 月,全国经济委员会接管各水利机构成为全国统一的最高水利主管机关,下设水利委员会,主管全国有关水利的设计、工程建设等的审议及实施。同时全国经济委员会还设有导淮委员会、广东治河委员会(1936 年 10 月 1 日改为广东水利局,隶属广东省建设局,但仍受全国经济委员会指挥监督)、黄河水利委员会、扬子江水利委员会(由扬子江水道整理委员会、太湖流域水利委员会、湘鄂湖江水文总站三机构合并改组而成)、华北水利委员会及 1936 年 9 月成立的珠江水利局等直辖水利机构,分别管理

① 张俊华:《抗战时期陕西垦荒事业探析》,《佳木斯职业学院学报》2015 年第 2 期。

② 中国农民银行经济研究处编:《农村经济金融法规汇编》,中国农民银行经济研究处 1942 年印本,第 493 页。

国家大型水利工程。1935 年 1 月设立的中央水工试验所（负责管理水工、土工试验、水文测验和其他有关水利基本设施与研究事项）亦隶属该会。①

1937 年 7 月，日本全面侵华战争爆发，国民党政府西迁重庆，主管水利机构随之调整，1938 年 1 月，全国经济委员会裁撤，原设水利委员会并入新成立的经济部，经济部下设水利司，辖管水利事务。原全国经济委员会直辖水利机构亦改隶经济部。1940 年 9 月，国民党政府设立“水利委员会”，掌管全国水利事务，拟有《水利委员会组织法》19 条，“自公布日施行”。因水利委员会位高权重、机构臃肿、经费庞大。② 该会未届一年，即无以为继。1941 年 5 月，行政院颁布《管理水利事业暂行办法》（同年 8 月修正）9 条。宣布“为节省战时人力财力起见，参照全国经济委员会办法，先于院内设置水利委员会，管理全国水利事务”，该会架构设置、职级及人员编制大加精简。③ 1947 年 4 月将行政院水利委员会扩大并改组为水利部，仍隶属于行政院，掌管全国水利行政事务。1949 年 4 月又裁撤水利部，所管水利事务改归经济部，下设水利署办理。同年 8 月，经济部水利署又改组为经济部水利司，后随国民党

① 参见曹必宏：《南京国民政府时期中央主管水利机关概述》，《民国档案》1990 年第 4 期。

② 水利委员会对“地方最高行政长官执行本会主管事务有指示、监督之责”，如地方最高行政长官的相关命令或处分“有违背法令或逾越权限者，得提经行政院会议议决后停止或撤销之”。该会除下设总务、设计、工务三处外，经行政院会议及立法院之议决，得增设、裁并各处及所属机关；该会除设“委员长”（特任）、“副委员长”（简任）、委员（简任）、参事（简任）及技监（简任）、技正（简任或荐任）外，得聘用顾问及专员。该会不算雇员，仅特任、简任、荐任、委任的科员以上官吏即达 116—166 人。

③ 该会设主任委员 1 人、常务委员 4 人，委员若干人，由行政院聘任之，下设秘书、工务两处，各分设 4 科。科员以上官吏减至 83—110 人。

政府垮台而迁往台湾。①

1941年前,国民党政府的水利主管机构朝设夕裁,隶属关系朝定夕易,变化无常,或人浮于事,在很大程度上影响了农田水利建设的实施。如《整理江湖沿岸农田水利办法大纲》规定,巨川湖泊应依寻常洪水(约十年一遇之洪水)流线所及洪水停蓄所需之范围,划定界限,在分界处建筑坚固堤防,堤内之地一律禁止私人耕种,已放垦者由政府发行地价券收归国有;放领之荒山荒地应于事前妥为规划,等等,全都停留纸面,从未实施。

1941年国民党政府进行机构调整、精简后,情况稍有好转。是年修正公布的《非常时期难民移垦条例》规定,"垦区管理机关应督促协助垦民兴办水利及道路;其兴办水利事项得请中央或省水利主管机关派水利工程人员指导协助,并得商请中央水利主管机关酌予水利贷款"②,由此开始了小型水利工程的规划、督修。并协助各省兴办农田水利,如由粮食增产委员会拨款,协助各省推进农田水利督导工作;核发专款在广东、江西、湖南、广西、贵州、福建等省举办示范工程,并先后与粮食部会拟《非常时期修筑塘坝水井暂行办法》和《服役兴修小型水利办法》,直接派员赴各地督办并办理示范工程,先后设立测量设计队,川东、川北、黔西等处防旱督导站,并由部设立农田水利工程处,负统筹规划之责,搜集各省水文气象资料,协助各省举办农田需水量试验。1943年,川北、川东、黔西三处防旱督导站测量查勘塘坝工程10万余亩,督修塘坝工程5万余亩。1944年,上述三防旱督导站改称第三测量设计

① 参见曹必宏:《南京国民政府时期中央主管水利机关概述》,《民国档案》1990年第4期。

② 中国农民银行经济研究处编:《农村经济金融法规汇编》,中国农民银行经济研究处1942年印本,第241—242页。

队及第八工程队、第七工程队，继续督导各地区兴修塘坝水井等工程。并另有多支工程队及测量设计队，分赴四川南溪、江安、重庆，广西柳州沙塘，广东粤南、粤北，湖南等地，协助办理抗旱工作，进行查勘测量工程。农林部还通过拨款、贷款、督导等办法，协助各省推进小型农田水利工程。并依照《非常时期修筑塘坝水井暂行办法》，订立各省 1944 年推进小型农田水利工程工作纲要，推动各省督饬普遍兴修。

陕西和西北诸省，农田水利素不讲求。除陕南外，大部分地区气候干燥，雨量稀少，旱灾频发，陕西有“十年一大旱，五年一小旱”之说。1928—1930 年连续 3 年，更是“全陕九十二县，无县不旱”。[①] 无雨即旱，固属天灾，亦是军阀混战、水利失修之人祸。1930 年杨虎城主持陕政后，决定将兴办水利、凿井开渠作为治陕方针之一[②]，特聘陕籍水利专家李仪祉任建设厅长，主持水利事务。李仪祉雷厉风行，当年冬天即开始实施酝酿了十多年的引泾灌溉工程，兴修泾惠渠，于 1932 年 6 月竣工放水。同月陕西省水利局成立，转任局长的李仪祉，“鉴于陕省灾情之重，农村破产之惨，为图根本补救，拟定兴修水利为施政方针”[③]，抗日战争全面爆发后，国民党政府对西北各省农田水利工程，亦“皆努力促其完成，并积极举办新工程、增加灌溉面积”。[④] 1942 年，蒋介石在视察西北时强调，西北各省“要实行垦殖，增加生产，必须多开渠塘，

① 《陕西水利急待振兴》，《中央日报》1930 年 11 月 1 日。

② 《杨主席治陕方针之六：兴办水利》，《陕灾周报》第 1 期，1930 年 11 月，第 14 页。

③ 西安市档案馆编印：《陕西经济十年（1931—1941）》，1997 年印本，第 224 页。

④ 中国第二历史档案馆编：《中华民国史档案资料汇编》第 5 辑第 2 编，财政经济（5），江苏古籍出版社 1997 年版，第 208 页。

便利灌溉”①。在国民党中央政府的支持下,陕西关中、汉中、陕北三地均开展了农田水利建设。在规模、形式上,大型和中小型并举,新渠堰的开凿修筑和旧有渠堰的疏浚修补并举,陕西农田水利进入了全面建设的新阶段。

(三)农业推广和农业改良的政策措施

国民党政府有关农业推广、改良的理念和政策措施,单就理念、条文而言,起步较早。1929 年,国民党第三次全国代表大会通过的《中华民国之教育宗旨及其实施方针》第 8 项提出,“凡农业生产方法之改进,农业技术之提高,农村组织与农民生活之改善,农业科学知识之普及,以及农民生产消费合作之促进,须以全力推行”,并公布《农业推广规程》(1933 年 3 月教育部、实业部、内政部令公布)②,由农矿部成立“农业推广委员会”,负责全国农业推广事务(1931 年实业部取代农矿部后,该会改隶实业部)。1930 年,国民党中央政治会议通过《实施全国农业推广计划》,还通过了《省农业推广委员会组织纲要》等文件,同时着手设立农业试验、改良及教学的相应机构与场所。1931 年,在合并后的中央农事试验场基础上成立中央农业试验所,与中央大学合办江宁殷巷镇农业推广实验区(后改名为“中央模范农业推广区”),与金陵大学合作开办乌江农业推广实验区,就中外已知的先进技术与方法,进行研究、试验并加以推广,引进、繁殖动植物良种。总的来说,因财政困难,经费不

① 蒋介石:《开发西北的方针》,《中央周刊》1943 年第 5 卷第 27 期,第 5 页。

② 《农业推广规程》的宗旨为“普及农业科学知识,增高农民技能,改进农业生产方法,改善农村组织、农民生活及促进合作”(中国农民银行经济研究处编:《农村经济金融法规汇编》,中国农民银行经济研究处 1942 年印本,第 508 页)与《中华民国之教育宗旨及其实施方针》第 8 项规定相同。

足，主要财力、精力被用于镇压工农革命，所谓“农业推广”，往往停留在制定条例、设立机构上，不过徒有虚名而已。①

抗日战争全面爆发后，由于战争的需要，国民党政府加强了农业推广工作，根据战时环境，调整、充实相关职能机构。1937 年，在军事委员会下设立“农产调整委员会”，1938 年 1 月，改实业部为经济部，下设“农本局”，“农产调整委员会”改为“农产调整处”，隶属“农本局”，另设农林司，主管农、林、蚕、垦、渔、牧。此前设立的稻麦改进所、棉业统制委员会、蚕丝改良委员会，全部归并至中央农业实验所，隶属经济部。1939 年成立“农产促进委员会”，主管各地农业推广工作，并于次年 1 月公布《农产促进委员会促进各地农业推广工作规程》，就该会补助各省地方或合作办理农业推广事项（包括技术人员、事业经费、材料提供等）作出规定。② 1940 年新设农林部，主管全国农林牧副渔事务。中央农业实验所亦归其管辖，并加扩充，另增设中央林业实验所、中央畜牧实验所、垦务总局等职能机构。为增加粮食生产，1941 年另设“粮食增产委员会”。后因“粮食增产委员会”同“农产促进委员会”机构重叠，1944 年 7 月后，“粮食增产委员会”的机构及其业务并入“农产促进委员会”。各省、县地方农业，除分别由建设厅、建设科职掌外，四川、广西、贵州、陕西、甘肃、河南、湖北、湖南、福建、浙江等 10 省，在农产促进委员会协助下，分别设有农业推广机构，所有主持、督导人等，或由该会派驻各省负责人兼任，或由该会遴选、推荐干员充当。部分区、县也建有“中心农业推广所”和（或）区

① 参见郭从杰、陈雷：《抗战前南京国民政府的农业推广政策》，《历史档案》2008 年第 1 期。

② 中国农民银行经济研究处编：《农村经济金融法规汇编》，中国农民银行经济研究处 1942 年印本，第 520—522 页。

(县)农场。据统计,截至1944年5月,全国共建有县农业推广所578处;在川、陕、湘等10省建有14个“推广实验县”。县以下则由推广所联络相关机构,辅导农民成立乡农会。据国民党政府社会部1943年9月统计,川、闽、皖、甘、滇、粤、桂、豫、赣、浙、湘、黔、康、陕、渝等16省市,有省(市)农会10个、县(市)农会640个、乡(区)农会9198个,基层会员2206443人。农林部还设有改良作物品种繁殖场,筹设各省推广繁殖站。农产促进委员会还实行分省“督导”,在设有省农业推广机构的陕、甘等10省,分别派驻“专员”“督导员”“视导员”,督导和协助农业推广工作。①

在调整、充实职能机构的同时,国民党政府相继颁布了一系列有关农业推广的纲领、政策、条例。1938年3月,国民党在武汉召开临时全国代表大会,大会以发展战时农业为主旨,强调“中国之经济基础在于农业,抗战期间首宜谋农村经济之维持,更进而加以奖进,以谋其生产力之发展”。大会通过的《抗战建国纲领》,提出“以农立国,以工建国”的方针,强调“以全力发展农村经济,奖励合作,调节粮食,并开垦荒地,疏通水利”;大会通过的《战时土地政策草案》第一条提出,“中央及地方政府应特设土地利用指导机关,改善农业生产技术,统制其生产种类,提高土地利用精度”。1938年5月,经济部颁布《经济部补助各省农业改进经费办法》,对农业推广经费作出专门安排,规定经济部补助农业改进经费,“以不超过各省自筹之费额为准”。② 这是用经济手段鼓励地方集中财力、设法集资推广和改进当地农业。1939年1月,国民党在

① 参见郑起东:《抗战期间大后方的农业改良》,《古今农业》2006年第1期。

② 《文汇年刊》编辑委员会编:《文汇年刊·党政重要法令及规程》,英商文汇有限公司1939年版,第64—65页。

重庆召开五届五中全会,提出加速发展后方农业。同年4月,又召开第一次全国生产会议,对抗战后方农业生产的开发建设进行全面规划,拟定战时农业生产政策的要点,把改良农业耕作和经营、推广农业科学应用,包括改良种子、防治病虫害、改进肥料和农具、兴修水利等作为农业增产的具体方针。1941年10月政务院第536次会议通过《改良作物品种登记条例》(同月农林部公布),规定凡在中国境内推广的改良作物品种,都必须符合该条例所规定的条件,并依照该条例进行登记。①

为了解决粮食、棉花供应和出口创汇问题,尤其是摆脱粮食紧缺的困难局面,国民党政府调整农业生产结构,改良农业耕作和经营,制订农业增产计划,推广农业技术,大力发展农业生产。为保障战略物资的供给,尤其是军民衣食的取给,国民党政府在《抗战建国纲领》中提出了增加农产、调整农业生产结构的基本方针,即劝导农民努力推广米麦杂粮种植,在急需提倡植棉省份加种棉花;对出口创汇的桐油、茶叶、蚕丝,亦应积极提倡。同时禁止有害作物的种植,限制不急需作物的过分生产。根据这一基本方针,在1939年5月行政院召开的生产会议上提出了一个以增加输出为目标的抗战建国农业增产计划。计划共分十项:一为江、浙、冀、鲁、川、粤、滇7省蚕丝生产计划;二为闽、浙、皖、赣、湘、鄂6省茶叶生产计划;三为长江流域及黄河流域棉花生产计划;四为长江流域及浙、闽两省桐油生产计划;五为西北及其他各省畜产计划;六为黄河流域花生生产计划;七为全国禽蛋生产计划;八为湘、川、鄂、赣、皖、浙苎麻生产计划;九为冀、鲁、豫、鄂、皖、苏芝麻生产计划;十为全国手工艺生产计划。据说这一计划如能实行,十年内的

① 中国农民银行经济研究处编:《农村经济金融法规汇编》,中国农民银行经济研究处1942年印本,第522—526页。

农产品和手工艺品出口额可达16.5亿元,相当于现在的3倍。[①]为增加西北羊毛产量并改进其品质,1940年在农林部下面特设“西北羊毛增产委员会”。

为了缓解粮食和部分工业原料的供求矛盾,国民党政府在开垦荒地、扩大耕地面积的同时,严格禁止种植罂粟,鼓励和促进棉花种植,直接用原来的罂粟地改种棉花。国民党政府的基本措施是扩大棉花种植面积和推广优良棉种、提高棉花单位面积产量双管齐下。1938—1943年间,农林部在四川、云南、广西、陕西、河南等地,都是同时推广这两项措施。1944年,因战局恶化,河南、湖南、广西棉产区相继沦陷,为推广改良棉种,农林部在陕西、四川、河南等省设置10处棉种管理区,另于陕西高陵成立改良棉场,大量繁殖改良棉种,以扩大改良棉种植面积。同时,国民党政府又在南方地区大力推广冬春作物栽播,提高复种指数和粮食总产量。贵州省规定,除严厉禁种鸦片外,“各县所有耕地,一律不准休闲”,并以十分之七八之耕地栽种食用作物。据称1939年的食粮生产,较上年可增加2/10。[②] 1942年,国民党政府在各省实施农业推广、督导制度,在黔、桂、湘等12省派驻代表,负责各省农业推广、督导。在西北及西南,又组织农业推广巡回辅导团,巡视指导各县推广工作,各省冬作和夏作的推广得到进一步的开展。

对农业经营和农业资金调剂方面的改良,主要是农村合作事业的推广和农村各类合作社的建立。

在国民党政府建立前后,国民党就已大力提倡合作,鼓动农村合作运动。蒋介石认为,“无论从事地方自治或经济建设,都要以推动合作事业,普遍设立合作社为最主要的工作”。在对苏区进

① 吴景超:《我国农业政策的检讨》,《新经济》1939年第2卷第10期。
② 《贵州经济》(1939年),中国国民经济研究所编印本,第A17页。

行军事“围剿”的过程中，蒋介石下令在原革命根据地推行合作社，这是国民党“三分军事，七分政治”政策的重要组成部分。1931年4月，颁布《农村合作暂行规程》；7月，决定将每年7月首个周六定为“国际合作日”，用以宣传合作理念；8月，国民党第四次全国代表大会颁布的临时宪法强调，“中国为农业国家，今后固须尽力于基本工业之建设，而尤不能不注意于农业之发展、合作事业之提倡”①；1932年颁布《农村互助章程》；1934年3月颁布《合作社法》，第一条规定的合作社属性是：“依平等原则，在互助组织之基础上，以共同经营方法，谋社员经济之利益，与生活之改善，而其社员人数及资本额均可变动之团体。”职能机构和建社措施方面，1931年国民党政府在上海成立救灾委员会，同华洋义赈会一起组织合作救济长江、淮河流域水灾，将农村信用合作制度迅速扩展到长江、淮河流域。1935年3月，国民党政府在南京召开全国农村合作事业讨论会；5月，立法院通过议案设立“合作司”；9月，实业部制定《合作社法》细则，“合作司”正式挂牌；1936年3月，国民党政府成立“中央合作事业指导委员会”，并计划在各省、市、县设立合作指导机关。1936年，实业部将各省农民银行整合为“农本局”，各县也相继成立“合作金库”和农业银行。这一系列措施促进和加速了农村合作运动的进展，合作社数量大增。1934年6月底，全国的合作社总数为9948个，比1924年增加约100倍。到1936年，全国农业合作社达到37318个、社员1643670人。②

---

① 荣孟源主编：《中国国民党历次代表大会及中央全会资料》下册，光明日报出版社1985年版，第947页。

② 参见王鹏辉：《论国民党的农村合作运动（1919—1945）》，《陇东学院学报》2015年第6期。

抗日战争全面爆发后,国民党政府为了复兴后方农业,采取扩大农业贷款、救济农村的政策措施,以应付战争需要。农民人数众多,经济贫困,经营规模狭小,信用低下,国民党政府属下的银行或其他金融机构的贷款对象只限某种形式的农民合作组织,而不包括单个农户。1938 年 8 月公布的《扩大农村贷款范围办法》和 1941 年 10 月公布的《战区农村救济贷款办法》都明确规定,增加农业放款,“应尽量利用各种合作社”;贷款对象“以原有及新组之合作社或互助社为限”。① 建立合作社固然有集中人力物力,改良生产技术和经营方式,提高农业生产;调整分配;统制产品运销及消费等功效②,而最直接的功能是方便国民党政府的战时农村金融政策和农业产销政策的推行,以合作社为政府农业金融机构与农民联系的纽带,通过对合作社的控制来实现对分散的小农经济发展的组织和计划,将分散落后的小农经济纳入其战时统制的经济体制。因此,抗日战争爆发后,国民党政府进一步加强了农村合作事业的推广措施,加大了推广力度。

1938 年,国民党政府决议中央成立“全国合作事业管理局”,省设“合作事业管理处”,组建“合作工作辅导团”,开辟“合作实验区”,开办“全国合作人员训练班”,设立“全国合作社物品供销处”,组建“中国合作事业协会”,编辑出版《民力周报》(“合作周刊”),创作和传唱《合作歌》,宣传“我为人人,人人为我”的合作理念;同年 1 月,国民党将豫、鄂、皖、赣 4 省合作事业办事处和农业调整处纳入农本局,并在同年 3 月召开的国民党临时全国代表大会上,将活跃农村金融和推进农村合作社建设

① 中国农民银行经济研究处编:《农村经济金融法规汇编》,中国农民银行经济研究处 1942 年印本,第 323、324 页。

② 张肖梅:《贵州经济》,中国国民经济研究所 1939 年刊印本,第 A17 页。

作为战时农业发展的重要举措。1939年，国民党政府又修订公布《合作社法》9章77条，农村合作社的相关法规条例愈趋完备。[①] 同年9月，《县各级组织纲要》规定，“县级合作社为基本结构，国民经济的发展，应与其地方自治合作”。上揭《扩大农村贷款范围办法》强调，农村合作“务期逐渐普遍发展，并应随时随地切实督促组织之健全”[②]；1941年，由蒋经国起草的《新县制》，更规定每乡、每保必须建立一个合作社。于是，农村合作运动全面加速开展起来，到1945年年底，全国合作社数达到历年最高数的172053个。[③]

在国民党中央政府的支持和督催下，抗日战争期间各地合作事业发展颇为迅速。不过由于不同省份、地区原来基础、战时环境、省地当局推行措施及力度各不相同，进展情况、合作社种类结构互有差异。

四川、安徽合作运动基础较好，虽然抗日战争期间环境各异，但发展都较快。四川1937年共有各类合作社8820个、社员551293人，战时全省农村合作运动空前发展，“一直处于全国的前列”。到1945年，全省合作社数量增加到22807个，相当于1937年的3倍，社员2264141人，约为抗战初期的4倍。[④] 合作社类别

① 《合作社法》最初由立法院起草，1934年3月1日公布，1935年9月1日施行。

② 中国农民银行经济研究处编：《农村经济金融法规汇编》，中国农民银行经济研究处1942年印本，第323页。

③ 参见王鹏辉：《论国民党的农村合作运动（1919—1945）》，《陇东学院学报》2015年第6期。

④ 成功伟：《抗战时期四川农村合作金融体系初探》，《社会科学研究》2010年第6期。

有信用、生产、消费、贩卖等,绝大部分为消费社。①

1937年"七七事变"前安徽共有各类合作社3991个,日本全面侵华战争爆发后大部分县市失守或沦为战区,省会从安庆迁至皖西大别山区立煌县,原先的合作事业几乎完全瘫痪。面对这种情况,安徽省政府于1939年年初采取措施,调整和加强职能机构,取消省"农村合作委员会",该会尚存的指导员办事处改组为县"合作指导处",由县长兼任处长,以加强领导和监督;在建设厅另设"合作科",掌管全省合作事业,并接办经济部原合作事业驻皖办事处的相关业务;在各县地方,则按不同情况处理:秩序安定者,分县设置"合作指导处",用"经常和猛晋的"姿态来推动合作事业的发展;环境特殊者,并县设置"合作指导队",用"游动和秘密的"工作方式,以与敌人争夺物资和人民。截至1939年年底,全省62县中,设置合作指导处者27县,其余35县按《安徽省特殊县区合作指导队编组办法》,并县设为14队。1940年后,安徽省农村合作社整理与组建工作全面展开,并将全省62县分为最安全区、安全区、较安全区及近敌区四种地带,分别确定各县合作事业的主营业务及工作重点。工作取得明显进展,仅1940年1—9月,全省增设各类合作社918个,还恢复与增设区联社22个。1941年,省政府为进一步推动农村合作,设立省"合作指导技术研究会",分期调训各县合作指导处、队干部和乡镇合作社社员,进一步加快了合作事业发展速度,1945年全省合作社数增至5763个。具体情况见表12-46。

---

① 巴县主要为信用社。1939年的222个合作社中,213个为信用社,占95.95%,消费社、生产社分别为4个和5个。见王国栋:《巴县农村经济之研究》,见《民国二十年代中国大陆土地问题资料》第54册,(台北)成文出版社1977年版,第27639页。

表 12-46　安徽各类合作社数量统计(1945 年)

项目 合作社类别	合作社数		社员数	
	实数(个)	%	实数(人)	%
信用合作社	4437	76.99	556359	86.86
生产合作社	721	12.51	44097	6.88
运销合作社	315	5.47	17160	2.68
供给合作社	65	1.13	5054	0.79
消费合作社	176	3.05	16935	2.64
联合社	47	0.82	351	0.06
公用合作社	2	0.03	568	0.09
总计	5763	100.00	640524	100.00

资料来源:据《安徽省志·金融志》,第 169 页"安徽省各种合作社概况表",《安徽合作》,1943 年第 9—10 期合刊第 10 页"历年合作组织进展趋势"统计,转据黄昊:《抗战时期安徽农村合作事业述论》,《青岛农业大学学报(社会科学版)》2011 年第 2 期改制。

虽然相当一部分县域陷落,或成为战区,1945 年的合作社数量仍比 1937 年的 3991 个增加 44%。同其他地区一样,大部分是信用合作社,占总数的 77%,且呈上升趋势,而生产社的比重下降。这种情形同某些省份(如贵州)刚好相反。① 这反映了不同地区合作社发展变化的不同特点。

广西、贵州经济落后,原来合作事业的基础亦差,但在抗日战争期间均有长足发展。广西在抗日战争前,农村合作社还停留在理论探讨和计划筹措阶段,抗日战争全面爆发后才开始明确和单

① 安徽的信用社比重从 1940 年的 40.31%升至 1945 年的 76.99%,生产社比重从 1940 年的 39.76%降至 1945 年的 12.51%;贵州的信用社比重从 1940 年的 98.20%降至 1944 年的 73.60%,生产社比重从 1940 年的 1.45%升至 1944 年的 14.00%。

设职能机构。1938年4月,开始派出指导员分赴各县指导推进合作事业,成立各种借款协会、互助社、合作社、合作金库等,其中信用社最多,生产社次之,供给社最少。① 至1945年,广西全省有各类合作社13664个,社员1183406人,其中村街"普营社"5092个,占37.27%,信用社8572个,占62.73%,另有农业生产社444个、工业生产社192个,分别占3.25%和1.41%。②

贵州因贫穷落后,灾情匪患严重,为防止灾民"闹事",稳定贵州局势,蒋介石曾于1936年2月指示南昌行营电令筹建该省合作事业机构。次年7月,南昌行营指令成立"贵州农村合作委员会",所需经费亦由南昌行营拨给,随即在铜仁、松桃、江口、石阡等8县组建"互助社"(预备社),中国农民银行贵阳分行亦在贵阳郊区试行组建合作社。③ 然而初时进展缓慢,1937年全省仅有合作社35个。1938年后,贵州省政府加大推进合作事业的力度,在各县筹设农村合作委员会分会,饬令该会"积极扩充,务期无合作社之县份,及早设立;有合作社之县份,增多其数量";并指定玉屏、镇远、黄平、施秉、都匀等10县为植棉实验县,在各县分别组织"棉花产销合作社"。又设"省农业生产贷款委员会",办理合作及与农业生产贷款,特请农本局于各县设立合作金库,其资金共达450万元,大大加快了合作社的发展速度。④ 表12-47统计反映了抗日战争期间贵州合作社数量变化情形。

① 参见廖兵:《抗战时期广西农村合作事业发展探析》,《广西科技师范学院学报》2017年第2期。

② 《广西年鉴》(第三回),1947年印本,第884页。

③ 戴斌武、肖良武、王莉娟:《抗战时期的贵州农村合作事业》,《贵阳金筑大学学报》2004年第2期。

④ 张肖梅:《贵州经济》,中国国民经济研究所1939年印本,第A14、A18页。

表 12-47　抗日战争期间贵州合作社数量统计
（1937—1944 年）　　（1937 年＝100）

项目＼年份	1937	1938	1939	1940	1941	1942	1943	1944
增（+）减（-）社数	35	+1343	+2950	+2356	+2342	+753	+115	-72
累计社数	35	1378	4328*	6684*	9026*	9779*	9894*	9822*
指数	100	3937	12366	19097	25789	27940	28269	28063

注：* 原资料 1939 年、1940 年、1941 年、1942 年、1943 年、1944 年累计社数有误，业经重算核正。

资料来源：《贵州企业季刊》第 1 卷第 4 期，转据戴斌武、肖良武、王莉娟：《抗战时期的贵州农村合作事业》，《贵阳金筑大学学报》2004 年第 2 期改制。

如表 12-47 所示，贵州全省的合作社数从 1937 年的 35 个增至 1944 年的 9822 个，增加了近 280 倍，其中 1938—1941 年间发展最快；1942 年后，因入社股金大幅增加，农民无力缴纳，合作社发展速度明显放慢，1944 年更出现倒退，合作社数量减少。从合作社的性质和类别看，绝大部分为信用合作社，1942 年前，所占比重超过 90%。其次为生产、消费、运销、供给合作社。

其他一些省区，合作事业也有程度不同的发展，各省环境条件、合作事业发展进程各有特点。

湖南合作事业缘于赈灾。1932 年，华洋义赈会湖南分会受湖南水灾善后委员会委托，赈济湖南特大水灾。该会除传统急赈、工赈之外，加放农赈贷款。受灾农民先组织“互助社”，向义赈会借款，用于灾后自救，恢复农业生产，互助社发展到一定程度后再上升为合作社。1934 年，湖南山区各县多遭旱灾，该会又将收回的水灾赈贷（拟作推行合作事业专款）转拨办理旱灾农赈。该会寓推动合作于农赈贷款之中，取得成效。截至 1936 年年底，湖南省有各类合作社 1985 个，还有 3 个区级联合社。

当然，义赈会的农赈合作也得到了国民党政府的支持，并受其监控,对义赈会指导的合作社要求"随时督促,俾臻完善"。1931年,由湖南分会代办的湖南农赈与合作事业移交全国经济委员会合作事业委员会办理,翌年5月再移交实业部接办,其职能机构相应改名为"实业部合作事业湖南办事处"。是年2月湖南省建设厅又设立"合作事业设计委员会",1933年2月改为"合作课",由党部、政府通令各市县设合作指导员,或由建设厅直接委派各县市合作指导员。1937年抗日战争全面爆发后,合作行政并入经济部农本局,完全为政府所控制。1939年3月设立"合作事业管理局"后,湖南的合作救灾事业成为国民党官僚垄断资本剥削压榨农民的工具。①

广东的合作运动发动较迟,至1933年3月才开始设立合作社筹备处,同年12月成立"广东合作事业委员会",开展62县市之合作运动;1936年夏裁撤,同年12月复设"广东农村合作委员会"接续办理。然而进展迟缓,至日本全面侵华战争爆发前,全省仅有225个合作社。迨1938年广州失守后,广东省合作事业完全停顿。到1940年8月,广东省建设厅设立"合作事业管理处",重新统筹全省合作事业的发展,在西江、北江流域推动蚕桑生产,组建蚕丝生产合作社,以弥补珠江三角洲蚕桑区陷落造成的损失。②由于合作事业与银行贷款的密切关系,"合作事业管理处"成立前的合作社主要是由负责全省农贷的广东省银行负责组织,之后才转由该处负责。在这一期间,广东合作事业有较快发展,合作社和社员数量从1214社、23245人增至1941年的14869社、509188

① 参见郑利民:《论民国时期湖南的农赈和合作事业》,《湖南科技大学学报》(社会科学版)2016年第6期。

② 广东经济年鉴编纂委员会:《二十九年度广东经济年鉴》,广东省银行经济研究室1941年印本,第G84页。

人,分别增加了11倍和21倍。初期合作社是以村为单位,1942年7月中央颁布新县制,要求以保为单位组建合作社后,广东省开始组织新的“保社”,并将原来以村为单位的合作社改为“保社”。全省合作社分三级:县合作联合社、乡(镇)社及保社,保社加入乡(镇)社成为会员,每户由一具有公民资格之人加入即可。①

浙江的合作事业又是另一种情况。该省在1929年12月就公布了《浙江省合作社规程》,开始兴办合作社。初时以信用社为主,1929年全省有信用社143个。1933年,浙江省对全省合作社进行整顿,要求发展多种合作社。1933年后,生产、消费、运销、信用合作社得到迅速发展。1935年全省有生产合作社395个、运销合作社110个、消费合作社37个。抗日战争爆发后,1938年,在丽水成立主管合作事业的“浙江省战时物产调整处”,草拟《浙江省战时合作社暂行办法》,并在各县设立“合作事业室”,推动和规范合作社的发展。1938—1940年,全省有53个县设有“合作事业室”,共组织战时乡镇合作社1337个,社员413476人,股金总计7177253元。合作社的生产业务主要是垦殖、造林、畜牧、养鱼及各种小型工业。②

合作运动的开展主要在抗日战争前期和中期,截至1942年年底,抗日后方地区有合作社105525个,较之抗日战争前全国2万余个合作社增加数倍,其中信用合作社81167个,农业生产合作社6996个,受贷农业生产款计95530913元。③

① 参见张晓辉、屈晶:《抗战时期广东农村的合作运动》,《商场现代化》2010年第5期。

② 李红梅:《民国浙江合作社的建立与发展(1928—1945)》,《浙江档案》2018年第5期。

③ 中国第二历史档案馆藏:《国民党政府主计处档案六(284)》,转自吴伟荣:《论抗战期间后方农业的发展》,《近代史研究》1991年第1期。

抗日战争期间,国民党政府在抗日后方和其他管辖地区农村,推行合作事业,组建各类合作社,发放和扩大合作贷款,对于改变农村金融结构,缓解农村金融枯竭状况,改善农民生产条件,恢复和发展农业、手工业生产,救济农村经济,稳定农村社会秩序,保障政府机关和军民消费需求,支援抗日战争,等等,都起到了某种程度的积极作用。

一些地区农村合作事业的发展,开始改变农村金融和信贷结构,农村合作社、县合作金库及银行所设支行、营业点,构成农村新的金融网,如贵州据 1943 年统计,农村的金融机构中,合作社与合作金库占 51%,商店、典当业占 10%,私人借贷占 32%。新式金融机构开始占主导地位。随着合作社的发展和信贷的扩大,农贷重心发生变化,反映在合作社发展变化上,信用社逐渐减少,生产合作社逐年增加。放款用途也在发生变化,1940 年贵州合作金库放款用于生产部分占 59. 92%(其中牲畜占 46. 92%),有利于农业生产的恢复和发展。① 在广西,合作贷款也为保障农业生产发挥了积极作用。该省的肥料贷款所占的比重始终保持在 20%左右,通过大力推行肥料贷款,使战时广西的绿肥、堆肥、骨粉等获得较快推广。到 1943 年,全省冬季种植绿肥达 30 万亩,改变了战前广西农民不注重冬作的习惯;制作堆肥达 11000 万公斤,使堆肥在全省得到广泛使用;筹建柳州、桂林等骨粉厂,推广骨粉 8000 担,提高了民众对骨粉、磷肥重要性的认识。这些都对战时粮食增产发挥了重要作用。② 在安徽,各乡镇保合作社通过组织农民互助生产,

① 参见戴斌武、肖良武、王莉娟:《抗战时期的贵州农村合作事业》,《贵阳金筑大学学报》2004 年第 2 期。

② 参见廖兵:《抗战时期广西农村合作事业发展探析》,《广西科技师范学院学报》2017 年第 2 期。

举办合作农场、合作农仓，进行生产自救，也取得成效。1939—1940年，一些县域的生产合作社业务已包括农工业各部门，农业方面除了粮食生产，油桐、茶叶、桑蚕、茯苓、生漆、竹木、畜牧等，工业手工业方面有纺织、造纸、榨油、制茶、缫丝、肥皂、染织、洗染等业务，在一定程度上缓解了物资紧缺状况。①

不过从总体上说，这种积极作用还是相当有限的。合作社中绝大部分为信用社，基本功能就是向合作金库或银行借款，或专为向合作金库、银行借款而组建，故民间将合作社调侃为“合借社”。而银行和合作金库向合作社贷款均须抵押，农民入社和合作社的设立亦有财产限制，无固定资产的佃农、贫农都没有资格加入。在以佃农为农民主体的南方地区，合作社的主要成分却是自耕农以上富裕农户。② 有些银行为了自身的利益，更是自己动手组社，抛弃合作社原有宗旨，大量网罗地主、富农为社员，而真正需要贷款的贫苦农民却被拒之门外。同时，多数合作社的筹设、组建，并非农民自觉自愿，而是采用自上而下的行政强制、半强制手段，无论经济、政治，均以政府战时需要为依归，不仅严密控制合作运动，而且把合作社的推广与“新县制”的推行紧密结合，以每乡、每保一社，每户一社员为原则，将合作社改为乡、保办理，其权力直接由乡长、保长掌握。③ 到抗日战争后期及战后时期，田赋由货币改为征

---

①　参见陈剑虹：《本省生产合作事业之动向》，《安徽政治》1941年第9期，转自黄昊：《抗战时期安徽农村合作事业述论》，《青岛农业大学学报》（社会科学版）2011年第2期。

②　如湖南，合作社社员中，自耕农以上农户超过70%，半自耕农约占20%，而佃农不过10%。见郑利民：《论民国时期湖南的农赈和合作事业》，《湖南科技大学学报（社会科学版）》2013年第6期。

③　郑利民：《论民国时期湖南的农赈和合作事业》，《湖南科技大学学报（社会科学版）》2013年第6期。

实、征购、征借,肆意抓丁拉夫,农村合作社更是落入极少数人的掌握之中,演变成某些特权者攫取私利、压迫农民、压榨农村的工具。

农业推广方面,除了国民党政府直接推动改良耕作、经营,推广冬作,推行合作事业之外,中央农业实验所和一些省区农业改进所或其他农业改进机构,在作物品种改良,良种繁殖、推广方面,也做了大量调查、实验、研究,并取得某些成效。

1942 年中央农业实验所迁至四川北碚后,曾在四川、贵州、云南、湖南、广西、陕西、河南等省分设工作站,与当地农业改进机构合作,开展农业改进与研究,1939 年育成适合西南地区种植的"中农 28"号小麦良种,产量超过普通农家种的 33%;由杂交育成适于长江流域的"中农 166""中农 690""中农 483"等水稻品系,都有抗条锈病、早熟、筋力大、不倒伏、产量高等优点。该所先后推广的"脱字棉"和"德字棉",前者亩产比民国初年引进四川但已退化的美棉增产 25%,后者又比前者增产 15%。蚕桑改良方面,该所注重家蚕、柞蚕及桑树品种的改良以及蚕、桑病虫害的防治研究,育成的"中农 29"号蚕种,虫体强健,丝质优良,非常适于丝厂的需要。①

某些省区农业改进所在农产改进方面,也都获得成效。成立于 1940 年 9 月的四川省农业改进所(原四川省稻麦改进所),组织架构齐全,研究力量较强,且"多富苦干实干精神"②。鉴于四川人多地少,该所为提高土地利用效率,在川东南推广再生稻,在泸县一带大量推广早晚稻种植;设立特约棉种繁殖场和标范棉田,引

① 参见郑起东:《抗战时期大后方的农业改良》,《古今农业》2006 年第 1 期。

② 《四联总处四川农贷视察团报告书》,转自郑起东:《抗战时期大后方的农业改良》,《古今农业》2006 年第 1 期。

进和推广改良棉种，扩大棉花种植，设立棉种管理区和轧花厂，实行纯种管制，避免纯种同土种混杂，导致纯种退化。同时，该所还在一些县域设立农业推广督导区，协助各县成立县农业推广所，开展农业推广活动。[①] 湖南省政府以政令形式号召农民兴修水利、少种糯稻、禁捕青蛙、保护耕牛等，“因缺少具体措施，收效甚微”，但也有例外。1941 年后，湘乡县数次派员到娄底一带指导修建塘坝，种植油茶、油桐，防治螟虫，推广良种，“收到一些效果”。[②] 浙江松阳在 1941—1946 年间，曾推广 6506 号、2777 号早籼和 9 号、17 号小麦等改良品种，分别提高稻谷亩产 50—100 斤、小麦亩产 20—50 斤。[③] 陕西农业改进所及所辖陕南农场以水稻改进为中心，改进所在 1938—1941 年间，采集陕南 16 县 90 个稻种的 1 万多个单穗，进行检定、比较、改良，培育出“洵阳南京白”“平利雷粘”“平利湖南谷”“白沙河市谷”等 4 个品种，在 3 年 4 项试验中，依次平均超过本地种产量的 15.60%、14.65%、26.88%和 19.01%。陕南农场选育的“凤尾粘”“白麻粘”稻种品质优异。前者穗大粒多（每穗比当地普通种多 2—3 倍），“望之有如凤尾”，每亩能增产 4 斗；后者不仅产丰质佳，且杆粗坚硬，不易倒伏，“见者莫不欣羡”，要求换种者，“颇不乏人”。[④] 广西、云南、西康等省，农业改进所或相关机构，在粮食作物和经济作物改良和推广方面，也取得不错的成绩。广西 1938 年着手进行大规模的水稻品种检定和改良工作，引进和培育

① 郑起东：《抗战时期大后方的农业改良》，《古今农业》2006 年第 1 期。

② 《娄底市志》，中国社会出版社 1997 年版，第 317 页。

③ 中共丽水地委调研组：《松溪县农村经济概况》，《浙江省农村调查》1952 年印本，第 78 页。

④ 王宝善：《陕南农业论文集》，陕西省农业改进所陕南农场 1944 年印本，第 41—61、62—65、70—71 页。

良种,效果显著。在邕宁、横县、桂平、容县、藤县、北流等县,所植黑督、白谷糯、东莞白、竹粘、白壳粘等水稻品种,每亩可增收50—100斤;云南省稻麦改进所积极试验、推广良种水稻种植,并试种棉花,采购、分发优良茶种、茶苗;西康省也进行了粮食作物的改良与推广,试验、研究所得麻类、水稻、小麦、玉蜀黍、青稞、马铃薯、棉花等良种,“皆质优量重,适于省内风土”。①

此外,抗日战争期间国民党政府在防治农作物病虫害、改良肥料及其施用等方面,也都采取了某些措施。

近代时期,中国农作物病虫害,以水稻蝗虫、螟虫,稻麦黑穗病,棉花蚜虫等为害最烈。国民党政府实业部曾于1933年订有治蝗计划,但未付诸实施。抗日战争期间,中央农业试验所为防治稻螟虫、棉花蚜虫和小麦黑穗病创制、改良相关药剂和器材,在重庆和成都分设杀虫药剂与器械制造厂,制造杀虫药剂和喷雾器,并协助各省农业机关,进行防治病虫害研究;在四川、湖南等地进行稻虫防治试验;在四川、陕西等省进行烟草水防治棉虫试验;在成都、耒阳等地防治甘蓝等项菜虫;又在重庆进行仓储改进及仓害防治试验等。各省防治病虫害的工作也有所进展。如四川农业改进所每到水稻插秧时,派员分赴各县,动员民众采除卵块,捕杀成虫、幼虫。实践证明,水稻除螟,每亩可增收20%左右,“农民见有成效,每年参加者甚众”。川北一带小麦黑穗病,为害最甚,损失有达30%以上者。该所以温汤浸种、碳酸铜灭杀,并指导农民拔除病穗,效果显著。棉花病虫害的防治,由该所与农产促进会、中央农业实验所合作办理,对地老虎、蚜虫、红蜘蛛、红铃虫、卷叶虫等的

① 郑起东:《抗战时期大后方的农业改良》,《古今农业》2006年第1期。

防治证明,可增收棉花 14%—30%不等。①

研究和改进土壤、肥料方面,从 1942 年起,中央农业试验所分别在各省进行地力保持、作物生长、肥料效力等一系列试验,以及根瘤菌的研究培养等,并同江西、浙江、广西、广东、西康、湖南、陕西、福建、河南和宁夏等省各合办蒸制骨粉厂一座,推广骨粉使用,改变农民肥料施用不当的习惯。四川省农业改进所亦先后建立成都、泸县、合川、绵阳、重庆、五通桥等 6 家蒸制骨粉厂。绿肥、堆肥技术也在后方各省得到推广:陕西在关中、陕南分别推广夏季豆科绿肥和冬季苜蓿绿肥;广东多数地方原无栽植、使用绿肥作物的习惯,尤以夏季为甚。自广东省农林局着力提倡后,"栽植渐多",1941 年获得农林部补助,栽植"更为普遍";广东省农林局又于 1939 年推广改良堆肥制造法,次年,在连县设立速效堆肥培养室,制成速效堆肥菌种以制造堆肥,在三四个星期内即可腐熟应用,该种堆肥菌普遍推广于全省。② 所有这些,都不同程度地提高了作物产量。

(四)战后国民党政府在台湾地区推行的农业政策措施

台湾地区的农业、农村经济及其变化,和大陆有所不同。1894 年中日甲午战争后,台湾澎湖地区被日本帝国主义侵占,整整半个世纪,成为日本扩大对华侵略、占领东北和全中国的后方基地,直到 1945 年日本帝国主义战败投降,才得以回归祖国怀抱。

中日甲午战争后,日本帝国主义侵占台湾,建立殖民主义政权,从经济基础到上层建筑,对台湾和台湾人民进行殖民主义统治

---

① 参见郑起东:《抗战时期大后方的农业改良》,《古今农业》2006 年第 1 期。

② 参见郑起东:《抗战时期大后方的农业改良》,《古今农业》2006 年第 1 期。

与奴役,并于1907年公布《台湾省农会规则》,将原本是民间组织的农会直接隶属和受制于日本殖民政府,从而更加顺当和肆无忌惮地从土地、农林牧渔、特产、工矿到商贸、财政、金融,进行全面掠夺,同时推行"农业台湾,工业日本"的殖民主义政策,农业、农民和农林牧渔资源成为日本帝国主义掠夺的重点,通过扩大水稻、糖蔗种植,推广良种,大量施用化肥,掠夺式增产大米、食糖以满足日本国内需要,弥补外汇赤字,同时向台湾输出化学肥料和工业品。导致台湾米、糖生产和社会经济的畸形发展。经过长达半个世纪的殖民主义掠夺,台湾财富、资源被攫夺殆尽,特别是日本全面侵华战争期间,工农业生产遭到重创。日本投降时,台湾农业产值只相当于1937年的49%,工业产值不到33%;铁路、发电厂和其他工厂、商店、学校、医院等设施均被严重破坏,加上日本政府停止台湾人的储蓄金归还申请,债券变成废纸,台湾城乡居民再次遭到洗劫。迨日本帝国主义投降,台湾全境工农业瘫痪,百业萧条,人民失业,物资匮乏,米荒严重,物价飞涨,民不聊生。

国民党政府对台湾的接收同在大陆沦陷区一样,接收大员都是"三洋开泰,五子登科",腐败贪污,军警横行,不到一年时间,接收变为"劫收"。台湾人民同大陆人民一样,"想中央,盼中央,中央来了更遭殃"。

在农业和农村经济方面,台湾光复之初,国民党政府似欲有所作为,曾于1946年公布《土地重划办法》和《合作农场设置办法》,但旋即发动全面内战,根本无暇顾及台湾的农业恢复和发展问题,《土地重划办法》和《合作农场设置办法》成为一纸空文。[①] 反而

① "土地重划"延至1959年才开始进行;"合作农场"亦无声无息,直到2003年12月才"修正发布"《设置合作农场办法》,但时异世殊,故复于2015年宣布废止《设置合作农场办法》。

千方百计搜罗物资、支持内战成为当务之急。为此，在台湾大量印制钞票，将台湾米、布、盐、糖等民生物资运往大陆；将原属日本人与殖民政府的财产，拆散卖往大陆；延续日本殖民政策中的专卖制度，垄断烟、酒、糖、樟脑等的买卖，其中重点是集中控制化学肥料进口，通过配售化肥，垄断和搜刮粮食，保证军粮供给。1945 年台湾光复之初，国民党政府曾一度积极筹划肥料供应，以期加快台湾农业的恢复与发展，但未及施行，化肥供应蓝图已经蜕变为粮食攫夺阴谋。1946 年进口的 5000 吨化肥，全部用于试办“换购稻谷”，同时成立“肥料运销委员会”，专责办理化肥配销。1948 年颁布《台湾省化学肥料配销办法》，以法规形式建立“肥料换谷制度”。次年将“肥料运销委员会”改为“肥料运销处”，隶属省政府粮食局，每年按照全省粮食及其他农作物增产计划制订肥料供需数量，进一步规范和强化“肥料换谷制度”。因此，台湾的农业长期未能复苏，直至 1953 年“土地改革”完成后，台湾农业才恢复到 1937 年的水平。

1949 年，蒋介石败走台湾不久，海南岛和广东全省亦于 1950 年五六月份解放。至此，台湾、澎湖地区成为蒋介石国民党在国内的唯一立足点。蒋介石喘息初定，心有不甘。然欲东山再起，非改弦更张不可。地盘狭窄，“母鸡”所剩无几，而军民人口和政府开支大增，粮食和财政压力加剧，沿袭“杀鸡取卵”旧法，绝非长久之计。这样，国民党政府才开始调整思路，从 1949 年起，着手施行“三七五减租”，缓解租佃矛盾；从 1951 年起，正式实行包括“公地放领”和实施“耕者有其田”在内的“土地改革”，解决农民土地问题。

1949 年 3 月 1 日，就任台湾省主席不久的陈诚，在台湾行政会议开幕式上正式宣布要实施“三七五减租”，接着相继于 4 月 14 日、6 月 4 日颁布《台湾省私有耕地租用办法》和《耕地“三七五”减租条例》，具体办法是：农民向地主所交租额统一按土地全年正产物的50%计算,再减去25%,公式为:50%×(1-25%),亦即地主收取地租,最多不能超过租地全年正产物的37.5%,故称“三七五减租”(即“二五减租”)。某块耕地全年总产量的计算,一律以1948年的产量为准,由县市地方组织的“推行三七五地租委员会”参照全省情形,负责评定。租额一经评定即永不变更,如耕地因灾歉收,佃农可依法申请减租;如收获量不及三成,应予免租。同时禁止佃农欠租,如佃农欠租累计达两年之总额时,地主可以撤佃。《耕地“三七五”减租条例》,还对租佃关系中有关事项作出规限或说明:废除押金制和预租制;租约必须以书面形式签订,租期不得短于6年;地主不得无故随意撤佃。①

“三七五减租”完成后,租佃矛盾趋于缓和,国民党政府即考虑扶持自耕农,实现“耕者有其田”。1951年1月31日,蒋介石手令陈诚,从速办理“土地改革”。陈诚根据蒋介石手令,从“公地放领”入手,开始“土地改革”。1951年6月4日,台湾省政府颁布《台湾省放领公有耕地扶植自耕农实施办法》,将政府公有土地放领给现耕农、雇农、佃农及半自耕农,以培植壮大农村社会中的自耕农阶层。农民承领公地的数量因土地质量高低而有等差。承领公地按质量分为三等,按承领人的家庭人口和耕作能力酌定承领面积,一般每户最多只能承领上等水田0.5甲(1甲合11.3亩)。或中等水田1甲,或下等水田2甲;旱田则每等比水田加倍,即上等旱田1甲、中等旱田2甲、下等旱田4甲。承领公地必须交价,

① 地主只有下列情况下方可撤佃:租期未满,但承租人死亡、无人继承,或迁徙转业,放弃其耕作权,或积欠地租达2年之总额,可以撤佃,但须待一期作业结束,下期作业开始前为之;租约期满,出租人如欲收回土地,但须不致因此使承佃人失其家庭生活依据,若出租人不能自耕或原收入已够维持一家生活,则不能收回土地。撤佃须租佃双方共同申请登记,方为有效。凡违反上述规定而强行撤佃者,一律以违法论处。

地价按照该耕地主要作物全年收获总量的2.5倍(以实物计算,以免因货币贬值而受影响)。全部地价由受领农户十年内偿付,不负担利息。根据公地放租的规定,公地租率为全年收获总量的25%,故受领农民,只要连续交纳十年地租,每年交纳的租额正好等于每年应交纳的地价,十年期满,即取得耕地所有权。

1952年7月24日,国民党中央改造委员会召开第371次会议,确定下年度的施政中心为实施"耕者有其田",并提出三条基本原则:一是采取温和手段;二是在不增加农民负担基础上使其获得土地,兼顾地主利益;三是地主所获地价须由政府引导转向工业。1953年1月20日,立法院通过《实施耕者有其田条例》,并规定自1953年5月1日起开始执行。《实施耕者有其田条例》按肥瘠程度,将台湾土地分为26个等则,规定地主留置土地最高限额为中等水田(7—12则)3甲,或中等旱田6甲(如地主留置1—6则之田,则相应降低面积)。凡超过限额的耕地,一律由政府征购,转售给农民。地价及其偿付办法与放领公地相同。① 到1953年年底,台湾省政府共征购地主土地143568甲,占地主出租土地的56%;被征购土地的地主计106049户,占地主总户数的59.3%;承领土地的农民计194823户,占佃农总户数的

---

① 购地农民分10年向政府偿还地价后,即为土地的所有人;政府亦分10年向地主偿付地价,偿还方式分债券和股票两部分:70%为土地债券,由台湾土地银行发放,水田按稻谷、旱田按甘薯计值,年利率4%,分10年20期均等清偿本息。这种办法使地主在10年期限内每年可向官方领取定量农产品(或按时价折成现金),免受物价上涨之苦,政府也可减少现金支出,减轻财政负担,避免因支付地价而大量发放货币,引发通货膨胀;另外30%为股票。政府在征购地主土地的同时颁布《公营事业转移民营条例》,将一些官办企业(包括台湾水泥股份有限公司、台湾纸业股份有限公司、台湾工矿股份有限公司和台湾农林股份有限公司)的股票卖给私人,迫使地主把卖地所得价款转为工业投资。

64%。地主留置土地,原则上鼓励自耕,假若出租,则租额永远不得超过1948年产量的37.5%。政府还规定,凡地主留置地供出租者,政府支持佃农以贷款方式自行购买,如佃农佃耕满8年以上,即可申请政府代为照价收买,地主不得拒卖。为了防止地主隐瞒土地,政府在"中美农村复兴联合委员会"的技术和经费协助下,于1952年1月至1953年4月,预先进行了全省地籍总归户,将同一所有权的土地,归入一户名下,使每个地主的土地,不论散处何地,都明白记载无遗,杜绝了土地的遗漏或隐瞒。到1953年年底,以"耕者有其田"为目标的"土地改革",基本结束。

"三七五减租"和"公地放领""耕者有其田",坚持"耕者有其田,有其田者自耕"的原则,缩小了租佃范围,限制和减轻了地租剥削,减轻了农民负担,解决了部分农民的土地问题,在一定程度上改变了原来土地分配不均和以佃农主体的农户结构状况,壮大了自耕农阶层。台湾自耕地面积的比重由1948年的55.88%增加到1953年的82.87%和1956年的84.90%;自耕农占总农户数的比重由1948年的33.02%增至1952年的51.79%、1956年的57.05%和1959年的58.83%;佃农比重由1948年的36.08%降至1953年的19.82%、1956年的15.86%和1959年的14.51%,自耕农成为农民的主体。①

农民获得土地,成了土地的主人,改善了农民的生产条件,调动了农民的生产积极性,改变了以往佃农土地使用中的短期行为,提高了土地产量。据统计,在实现"耕者有其田"之前的1952年,中等水田1甲全年稻谷产量为5530公斤,实现"耕者有其田"之

① 陈诚:《台湾土地改革纪要》,台湾中华书局1961年版,第80页。

后,1959年增至7258公斤,提高了31.74%。[①] 农民生活水平也有所提高,衣食住行和卫生环境明显改善,学龄儿童入学率从土地改革前1950年的70%提高到土地改革后1953年的90%。[②]同时,通过实施"耕者有其田",地主的土地占有规模和地租剥削受到某种程度的限制,出租者的地租收入降低,抑制了地主富户的土地兼并欲望,促使土地投资向工商业转移,有利于工业的发展。这些都给台湾农业和工商业的恢复、发展提供了有利条件。

不过台湾实施"三七五减租"和"耕者有其田",还算不上真正意义上的"土地改革"和公平、合理的土地分配,并未废除或破坏封建地主土地所有制,而只是在"兼顾地主利益"的前提下某种形式的改良。无论"公地放领"还是实施"耕者有其田",都不是没收地主土地和无偿平分给无地、少地的贫苦农民,农民不可能无代价获得土地。而且,即使这种佃农有偿承领土地的"耕者有其田"办法也极不彻底,因在政策制定和贯彻施行过程中,过分"兼顾地主利益",地主留置地远远高于户均、人均耕地面积,可被征收和供农民价领的耕地面积本来就十分有限,况且尚有超40%的地主,根本没有触碰,一寸土地也没有被征购,征购的土地只占地主出租土地的56%。这样,不仅佃农承领的土地面积远比地主留置的土地面积小,平均只有0.737甲,还不到地主留置地的1/4。而且还有36%的佃农完全没有领到土地,领地佃农只占佃农总数的64%。未能认领土地的佃农,大都是贫苦小农,他们的耕作面积比

---

① 陈诚:《台湾土地改革纪要》,(台湾)中华书局1961年版,第82—83页。

② 邓雪冰:《台湾农村访问记》,见廖正宏等:《光复后台湾农业政策的演变——历史与社会的分析》,台北"中央研究院"民族研究所1986年印本,第29页。

已经领到土地的新自耕农更要小得多。1956 年的资料显示,自耕农占农户总数的 59.6%(人口占 59.9%),自耕地面积占土地总面积的 84.9%,相当于农民整体户均耕种面积的 1.42 倍;而占农户总数的 40.4%(人口占 40.1%)的佃农、半佃农,耕种(佃种)面积只占 15.1%,只相当于农民整体户均耕种面积的 0.37 倍,相当于自耕农耕种面积的 1/4 强,不到地主留置地的 1/10。不过佃农、半佃农还算是幸运的,虽未领得土地上升为自耕农,但尚有"三七五减租",得以改善经济条件。至于那些人数众多、长期苦于土地饥渴的贫农、雇农和完全被挤离土地的贫民、游民,则自始至终同"土地改革"无缘,既未承领到土地上升为"自耕农",也因没有租种地主土地而享受"三七五减租"的果实。不仅仍被排挤在土地之外,还因为农户土地占有和经营规模的调整、变化,出卖劳力和佣工谋生的机会相应减少,生活更艰难。台湾"土地改革"的最大问题,是过分"兼顾地主利益"特别是大地主利益(未被征购土地的地主中相当部分是大地主),从不顾及农村社会最底层的痛苦和呼声。土地改革虽有"扶植自耕农"的部分功效,但扶植的"自耕农"原来多是佃中农或佃富农,绝少佃贫农,更没有佃农以外的贫农、雇农和贫民、游民。所谓"扶植自耕农",多为"锦上添花",绝非"雪中送炭"。

台湾国民党政府在完成"土地改革"、土地和租佃矛盾略有缓和后,旋即改头换面,对农业和农民进行新的榨取。1953 年 8 月设立"经济安定委员会",开始策划台湾经济建设计划,"以农业培养工业,以工业发展农业"成为农业政策的指导原则,其核心是"农业培养工业"。实质上仍是对农业和农民的一种榨取,只是不再赤裸裸地"杀鸡取卵",而是改用"催鸡下蛋"的所谓"发展的榨取",亦即"从政策上采取措施来促进台湾农业生产量的提高,以制造人力及物力的'剩余',并将此种'剩余'转移到非农业部门”①。其主要手段是借由生物性的技术革新来提高农业生产力，创造大幅农业“剩余”，然后再由政府运用包括变相税捐，如肥料换谷、田赋征实等在内的各种租税，以及“低粮价政策”等来吸取农业“剩余”，以转用于公共投资和工业部门的扩张。具体表现为：在产出方面，农业向工业供应廉价的粮食和原料；在生产要素方面，农业向工业提供劳力和资金，甚至宜耕之地亦被工厂侵用；在国内市场方面，农村的购买力充当工业产品国内销售的有力支柱；在对外贸易方面，农产品和农产加工品的输出成为初期工业发展购进机器设备所需外汇的主要来源；等等。而且在实际施行过程中，仍将赤裸的榨取同“发展的榨取”紧密结合。如“肥料换谷”，稻谷价格要比市场价格低 20%；在农产品和工业品的市场交换中，农民的所付价格比所得价格高出 25.7%。②

在“农业培养工业”政策原则指导下，台湾工业迅速发展，蒸蒸日上，而农业发展速度相对迟缓，且不断放慢，越来越不景气。农业增长率从 1953—1956 年的 4.9%降低到 1969—1972 年的 1.5%③，农业、工业在岛内国民生产总值中各自所占比重，工业直线上升，而农业直线下降。“土地改革”结束的 1953 年，两者比重分别为 38.3%和 17.7%，农业相当于工业的 2.16 倍；到 1972 年，

① 廖正宏等：《光复后台湾农业政策的演变——历史与社会的分析》，台北“中央研究院”民族研究所 1986 年印本，第 21—44 页。

② 廖正宏等：《光复后台湾农业政策的演变——历史与社会的分析》，台北“中央研究院”民族研究所 1986 年印本，第 63 页。

③ 廖正宏等：《光复后台湾农业政策的演变——历史与社会的分析》，台北“中央研究院”民族研究所 1986 年印本，第 24 页表 1—2。

工业比重升至40.0%,而农业降至14.1%,工业相当于农业的2.3倍。① 由于长期的低粮价、低农产品价格政策,加上肥料价格居高不下,农民生产不敷成本。农民为了维持生活,先是改变土地种植、经营,减少水稻面积,增加甘薯、甘蔗、水果等杂粮和经济作物种植,影响所及,台湾由粮食出口变为粮食进口;继而谋取农业外的就业和收益,农民中的“专业农”日减,“兼业农”日增,而且增速迅猛。初时,大部分“兼业农”尚以农业为主,但未几倒转,以兼业为主的“兼业农”数量超过以农业为主的“兼业农”,成为农民主体。同时,农村青壮年劳力大量流往城镇,导致农村劳力短缺和劳力老龄化、妇女化。在这种情况下,台湾农业和农村经济加速变异、衰退,最终酿成20世纪60年代末70年代初农业危机的爆发。

二、农业经营及其变化

抗日战争后方地区和战后时期国民党统治区的农业经营状态及其变化,明显呈现出多样性、地区性和时段性的特征:在经营单位和经营方式上,不仅有单个农户经营和农场集中经营,还有各种形式的合作社经营。单个农户经营既有自田自耕的家庭劳力经营或雇工经营,又有租佃经营(包括招佃收租和租地家庭劳力耕种或兼用雇工耕种),还有介乎招佃收租和雇工经营之间的雇工佃种制(亦称分益雇役制)经营。而此种分益雇役制又有多种过渡或变异形态;在地区上,不仅南北互异,抗日战争大后方和抗日战区、游击区也不一样。南方多租佃经营,北方多自田自种的家庭劳

① 廖正宏等:《光复后台湾农业政策的演变——历史与社会的分析》,台北“中央研究院”民族研究所1986年印本,第63页表2-3。

力经营或雇工经营，租佃经营亦以分益雇役制居多。不过这一时期这种差异正在缩小：北方的雇工经营逐渐减少，南方的分益雇役制增多，两地日渐趋同。抗日战争大后方和抗日战区、游击区两地的主要差异是，各种合作社（包括垦荒合作社）和包括难民农场在内的公立农场主要分布在大后方，战区、游击区甚少；在时段上，不仅抗日战争期间和战后期间不同，抗日战争后期和前期也不一样。抗日战争前期，后方部分地区的农业生产一度有所恢复和发展，一些新建合作社和农场主要出现在前期，抗日战争后期，由于国民党政府进一步加强农业统制和田赋征实、征购、征借，以及垦荒频繁的产权纠纷和地权兼并，农民加速贫困，经营萎缩，一些合作社、农场也在解体，退回到传统的个体经营。抗日战争结束后，因紧接着内战爆发，金融危机紧随其后，农户经营全面萎缩，合作社、农场进一步加速解体。原伪满地区，情况更惨，封建地主恶霸和地棍，将日伪劫夺的农民土地攫为己有，地主土地所有制恶性膨胀，农民更加贫困，农户经营进一步萎缩。战后时期原伪满、汪伪政权和其他沦陷区某些新设公立农场，主要是由没收的日伪敌产转化而来。

（一）农户个体经营状况及其变化

20 世纪三四十年代，中国的农业生产，仍是以农民家庭为生产和消费单位的传统个体经营，不过在延续中也有变化：人口增加，人均耕地面积减少，户均、人均经营规模缩小；加上农民急剧贫困，生产能力降低，生产劳动者提供的剩余产品和能够供养的人口数量减少，维系和协调家庭的能力削弱，农户家庭人口规模也日趋缩小。农户农业经营规模缩小和农户家庭人口规模缩小，两者之间互为因果；地主兼并，农民贫困失地，自耕农减少，佃农、半佃农增加，农民使用的土地来源结构发生变化，自地减少,租地增加,不过不同地域、不同农户之间,情况各异;各阶层农户的经营规模差别,因大部分农民贫困加剧,能够使用和支配的土地(包括租地)减少,加上生产资金和耕畜农具短缺,耕作能力降低,经营规模愈加狭小,而地主、富农控制的土地增多,生产资金相对充裕,有条件保持或扩大经营规模,导致地主、富农同贫苦农民之间的经营规模差别扩大。不过这种情况也并非绝对,因竞佃激烈,地租上升,招佃收租往往比雇工经营更合算,地主、富农可能改雇工经营为招佃收租,地主、富农同其他农民之间经营规模的差别不一定扩大,甚至缩小。因此,两者差异及变化出现多样化的态势;农民的耕畜农具占有和耕作模式,农户劳力供求、使用和协作,农民职业和农副业结构,等等,都在发生程度不同的变化。

农户的生产经营用地来源,主要是自地、租地两个部分。二者各自所占比重,直接受到地权分配和地主土地经营习惯的制约:地权分散,地主倾向雇工经营,农民生产用地多以自有土地为主;地权集中,地主习惯招佃收租,则农民生产用地多为租地。南北比较,黄淮流域及其以北地区除东北及内蒙古部分地区外,地权相对分散,地主中乡居地主占有较大比重,又大多倾向于雇工经营,农户用地一般以自有土地为主;长江流域及其以南,多数地区地权集中,城居地主和不在地主占有较大比重,地主无论乡居或城居、在乡或不在乡,土地多为招佃收租,农民使用土地亦多系租地,自有土地较少。各地农户经营规模,都异常狭小,南北比较,北方相对略大,南方地区更小。

关于这方面的情况,没有系统、完整的统计数据,仅有若干乡、村的典型调查材料,表 12-48 所列安徽皖北濉溪和山东莒南、赣榆等县调查数据,部分反映了北方地区农民用地来源,以及户均、人均经营规模。

表 12-48　安徽、山东 2 省 5 县 32 乡(村)农户土地使用和经营规模(1945 年、1949 年)

地区乡村 \ 项目	户数(户)	人口(人)	土地占有(亩)	土地使用(亩)					经营规模(亩)	
				面积(亩)	自有土地(亩)		租进土地(亩)		户均面积	人均面积
					面积	占比(%)	面积	占比(%)		
1 安徽濉溪县古西乡	1011	4830	13540	13905	11338	81.54	2567	18.46	13.75	2.88
2 山东莒南赣榆 12 村	2294	10858	30029	29697	26925	90.67	2772	9.33	12.95	2.74
3 莒南 3 区 11 村	2946	13724	42348	35279	29877	84.69	5402	15.31	11.98	2.57
4 沭水、临沭 9 村	1710	7921	38460	38061	33051	86.84	5010	13.16	22.26	4.81
总计/平均	7961	37333	124377	116942	101191	86.53	15751	13.47	14.69	3.13

资料来源:1. 据华东军政委员会土地改革委员会编:《安徽省农村调查》,1952 年刊本,第 46—47、70—71 页;2—4. 据华东军政委员会土地改革委员会编:《山东省、华东各大中城市郊区农村调查》,1952 年刊本,第 6、9—10、40—44、47、53、56—57 页。

表 12－48 数据显示,农民使用的土地中,自地最低占 81.54%,最高 90.67%;租地最低 9.33%,最高占 18.46%;平均自地占 86.53%;平均租地占 13.47%。租地比重不到 1/5.农业生产经营者多为自耕农或占有少量土地的半自耕农,纯佃农居少数。

南方地区地权集中,地主土地大部分或绝大部分用于招佃收租,而农民大多没有土地,只能靠耕种租地为生。因而农民经营的土地大部分来自租地。表 12-49 反映的就是这种情况:

南方地区地权集中,地主土地大部分或绝大部分用于招佃收租,而农民大多没有土地,只能靠耕种租地为生。因而农民经营的土地大部分来自租地。表 12-49 反映的就是这种情况:

表 12-49 中调查的范围较广,涵盖江苏、浙江、安徽、福建 4 省 32 县 55 乡(村)3 万多农户、近 14 万人口,能大体反映长江下游和东南沿海地区的情况。如表 12-49 所示,江苏、浙江、安徽、福建各地农户用地中的自地比重最高 83.78%(江苏武进马杭乡),最低 11.28%(浙江余姚南留乡第 1 村),4 省份省平均依次为 51.52%、44.65%、35.09%和 48.17%,除江苏外,均不足 50%。4 省总平均,农户用地中的自地占 44.90%,租地占 55.10%。农业经营者大部分为佃农、半佃农。这反映了南北两地农户构成和土地使用来源方面的明显差异。

农户经营规模方面,相对于表 12-48 中的皖北濉溪、山东莒南等地,长江流域及其以南地区,农户经营面积更小。表 12-49 中江苏、浙江、安徽、福建 4 省 55 乡(村)的农户经营面积,30 乡(村)在 10 亩以下,最小的户均、人均经营面积分别只有 2.6 亩和 0.68 亩(浙江丽水城 2 街),4 省总平均分别只有 8.86 亩和 2.01 亩,只相当于皖北、山东地区的 2/3 弱。不过就土地产量而言,南北两地比较,无论单季产量还是全年总产量,北方地区只相当于南方地区的 2/3—1/2,甚至更低。因此,从土地产量的角度观测,除个别地区外,南北两地农户经营规模差异不大,全都异常狭小。

表 12-49　江苏等 4 省 32 县 55 乡(村)农户用地来源和经营规模(1949 年)

项目 地区乡村		户数(户)	人口(人)	土地占有(亩)	土地使用(亩)					经营规模(亩)	
					面积(亩)	自有土地(亩)		租进土地(亩)		户均面积	人均面积
						面积	占比(%)	面积	占比(%)		
1	江苏武进政成乡	1268	5896	7050	7597	5369	70. 67	2228	29. 33	5. 99	1. 29
2	武进马杭乡	1977	7472	8619	9121	7642	83. 78	1479	16. 22	4. 61	1. 22
3	武进梅港乡	726	3303	4779	4683	3858	82. 38	825	17. 62	6. 45	1. 42
4	嘉定 2 乡 2 村	702	3326	7806	8899	6737	75. 71	2162	24. 29	12. 68	2. 68
5	无锡云林乡	2687	12614	9885	12073	8255	68. 38	3818	31. 62	4. 49	0. 96
6	无锡坊前乡	773	3872	4219	4074	3202	78. 60	872	21. 40	5. 27	1. 05
7	松江新农乡	808	3430	4965	14245	3395	23. 83	10850	76. 17	17. 63	4. 15
8	昆山太平乡	524	2540	4190	10355	2467	23. 82	7888	76. 18	19. 76	4. 08
9	昆山小澞乡	546	2375	4850	10298	4009	38. 93	6289	61. 07	18. 86	4. 34
10	吴县保安乡	1575	7004	7515	13698	6495	47. 42	7203	52. 58	8. 70	1. 96
11	吴县堰里乡 1 村	168	764	595	1490	533	35. 77	957	64. 23	8. 87	1. 95

续表

项目 地区乡村		户数(户)	人口(人)	土地占有(亩)	土地使用(亩)					经营规模(亩)	
					面积(亩)	自有土地(亩)		租进土地(亩)		户均面积	人均面积
						面积	占比(%)	面积	占比(%)		
12	吴县斜塘镇2保	524	2426	724	4861	724	14.89	4137	85.11	9.28	2.00
13	吴县姑苏乡	463	2082	3424	5066	2248	44.37	2818	55.63	10.94	2.43
14	镇江永东乡	1142	5303	7431	13744	6623	48.19	7121	51.81	12.04	2.59
15	上海郊区4村	493	2396	4992	3757	2275	60.55	1482	39.45	7.62	1.57
16	上海虹桥镇	199	962	1257	802	450	56.11	352	43.89	4.03	0.83
小计		14575	65765	82301	124763	64282	51.52	60481	48.48	8.56	1.98
17	浙江丽水城2街	508	1947	1418	1319	214	16.22	1105	83.78	2.60	0.68
18	嘉兴高照乡	661	2911	5979	11285	5066	44.89	6219	55.11	17.07	3.88
19	嘉兴塘汇乡	1037	4199	9120	14930	7330	49.10	7600	50.90	14.40	3.56
20	绍兴鉴湖乡4村	736	3696	2757	5323	1449	27.22	3874	72.78	7.23	1.44
21	衢县白渡乡	1114	5061	5119	7773	2629	33.82	5144	66.18	6.98	1.54

续表

项目 地区乡村		户数（户）	人口（人）	土地占有（亩）	土地使用（亩）					经营规模（亩）	
					面积（亩）	自有土地（亩）		租进土地（亩）		户均面积	人均面积
						面积	占比（%）	面积	占比（%）		
22	临海开石乡	998	3859	7912	8618	3852	44.70	4766	55.30	8.64	2.23
23	建德山鹤乡	1448	7244	12049	12117	7566	62.44	4551	37.56	8.37	1.67
24	建德庵口乡 2 村	184	912	1352	1622	841	51.85	781	48.15	8.82	1.78
25	杭县山桥乡 1 村	178	785	945	1631	765	46.90	866	53.10	9.16	2.08
26	余姚潮界乡 1 村	286	1275	3086	1888	434	22.99	1454	77.01	6.60	1.48
27	余姚南留乡 1 村	130	525	609	1356	153	11.28	1203	88.72	10.43	2.58
小计		7280	32414	50346	67862	30299	44.65	37563	55.35	9.32	2.09
28	安徽肥西上派河乡	1276	5763	8151	7445	4591	61.67	2854	38.33	5.83	1.29
29	安徽霍山诸佛庵乡	742	3201	3739	3267	1172	35.87	2095	64.13	4.40	1.02
30	无为百马乡	1212	6171	7273	11215	4982	44.42	6233	55.58	9.25	1.82
31	滁县关山乡	817	2871	3770	15889	1288	8.10	14601	91.90	19.45	5.53
32	滁县大王营乡	697	3135	15413	18598	7259	39.03	11339	60.97	26.68	5.93

续表

序号	项目 / 地区乡村	户数(户)	人口(人)	土地占有(亩)	土地使用(亩)					经营规模(亩)	
					面积(亩)	自有土地(亩)		租进土地(亩)		户均面积	人均面积
						面积	占比(%)	面积	占比(%)		
33	铜陵县东家店村	425	1688	2065	2058	1081	52.53	977	47.47	4.84	1.22
34	广德县梅溪村	367	1797	1784	1776	1161	65.37	615	34.63	4.84	0.99
35	屯溪徐村	138	579	1114	1833	331	18.06	1502	81.94	13.28	3.17
36	贵池齐山村	406	1656	1889	2793	1177	42.14	1616	57.86	6.88	1.69
37	宣城金象村	667	3147	3267	3079	1908	61.97	1171	38.03	4.62	0.98
38	宣城东里村	678	2894	4381	7919	2476	31.27	5443	68.73	11.68	2.74
39	岳西北山村	245	1108	1756	1725	1120	64.93	605	35.07	7.04	1.56
40	芜湖杨埠村	446	1981	620	4201	537	12.78	3664	87.22	9.42	2.12
41	南陵戴镇村	458	2117	2286	3742	929	24.83	2813	75.17	8.17	1.77
	小计	8574	38108	57508	85540	30012	35.09	55528	64.91	9.98	2.24
42	福建福州后屿村	627	2981	997	1640	768	46.83	872	53.17	3.62*	0.76*
43	福州鳝樟村	510	2126	1588	1826	1308	71.63	518	28.37	4.10*	0.98*
44	福安南塘保	337	1207	890	1013	616	60.81	397	39.19	3.01	0.84

续表

项目 地区乡村		户数(户)	人口(人)	土地占有(亩)	土地使用(亩)					经营规模(亩)	
					面积(亩)	自有土地(亩)		租进土地(亩)		户均面积	人均面积
						面积	占比(%)	面积	占比(%)		
45	古田七保村	269	1525	1482	3315	460	13.88	2855	86.12	12.32*	3.05*
46	晋江彭田村	318	1626	1755	1747	1444	82.66	303	17.34	5.49	1.07
小计		2061	9465	6712	9541	4596	48.17	4945	51.83	4.63	1.01
总计		32490	145752	196867	287706	129189	44.90	158517	55.10	8.86	2.01

注:* 按实际从事农业经营户数(后屿村 453 户,鳝樟村 445 户,七保村 269 户)计算得出;农业经营户人数无确数,按经营户占总户数比例折算,得出人均经营面积数。

资料来源:1—13. 据华东军政委员会土地改革委员会编:《江苏省农村调查》,1952 年刊本,第 38、44—45、39、45—46、133—134、82、107—108、116、122、141—142、153、158—159、160—161、165—167、173—174、178、183—184 页;14—16. 据华东军政委员会土地改革委员会编:《山东省、华东各大中城市郊区农村调查》,1952 年刊本,第 172、127—130、132—134、160—161 页;17—27. 据华东军政委员会土地改革委员会编:《浙江省农村调查》,1952 年刊本,第 28、83—84、87—88、97—98、133—134、139—140、152—155、164、168—170、172、188—189、192、197—198、200、209—212 页;28—41. 据华东军政委员会土地改革委员会编:《安徽省农村调查》,1952 年刊本,第 46—47、81—82、92—93、96、101—102、114—115、120—121、128—130、131—132、135—136、139—142、146—150、153—157、167—170、173—174 页;42—46. 据华东军政委员会土地改革委员会编:《福建省农村调查》,1952 年刊本,第 21—24、27—30、33—34、60—63、69、73—74、91、97—98 页。

农户经营规模大小的实际差异，主要不是发生在不同地区之间，而是在同一地区不同农户阶级（阶层）之间。这种差别及其大小，主要受到地权分配和地块分割、地主结构和土地经营习惯、耕畜农具占有和农民生产能力等因素的影响和制约。各地农户经营规模，通常按地主、富农、中农、贫农、雇农或富农、地主、中农、贫农、雇农的顺序递减，南北两地大都如此。表12-50、表12-51清晰地反映了这种情况。

表12-50　安徽、山东5县32乡（村）各阶层农户经营规模统计（1945年、1949年）

地区乡村＼项目		地主			富农			中农			贫农		
		用地（%）	户均面积	人均面积	用地（%）	户均面积	人均面积	用地（%）	户均面积	人均面积	用地（%）	户均面积	人均面积
1	安徽濉溪古西乡	2.10	8.36	2.48	9.86	32.65	5.62	46.24	21.22	3.92	41.76	9.00	2.08
2	山东莒南赣榆12村	7.63	29.82	6.33	20.97	31.45	5.23	41.40	17.36	3.52	29.38	7.32	1.61
3	莒南3区11村	1.80	4.35	1.03	6.76	22.29	4.53	63.04	15.26	3.29	24.12	8.74	1.85
4	沭水、临沭9村	5.28	26.67	4.45	12.14	36.25	6.10	46.44	27.54	6.47	34.93	15.68	3.31
平均		4.28	15.95	3.33	12.10	30.63	5.35	48.66	15.39	4.26	29.97	9.81	2.27

注：地主等4类农户用地百分比之和不等于100；平均数系根据相关实数计算得出。

资料来源：1. 据华东军政委员会土地改革委员会编：《安徽省农村调查》，1952年印本，第46—47、70—71页；2—4. 据华东军政委员会土地改革委员会编：《山东省、华东各大中城市郊区农村调查》，1952年印本，第6、9—10、40—44、47、53、56—57页。

表12-51　江苏等4省32县55乡（村）各阶层农户经营规模统计（1945年、1949年）

地区乡村＼项目		地主			富农			中农			贫农		
		用地（%）	户均面积	人均面积	用地（%）	户均面积	人均面积	用地（%）	户均面积	人均面积	用地（%）	户均面积	人均面积
1	江苏武进政成乡	2.83	23.93	3.08	6.80	12.60	3.15	37.50	6.10	1.52	37.86	6.04	1.28
2	武进马杭乡	0.21	3.25	0.48	9.20	25.42	3.44	36.16	9.01	1.84	48.54	3.33	0.99
3	武进梅港乡	1.42	7.39	1.33	12.13	7.78	2.50	50.29	7.38	1.69	25.94	3.69	0.79

续表

地区乡村 \ 项目		地主			富农			中农			贫农		
		用地（%）	户均面积	人均面积	用地（%）	户均面积	人均面积	用地（%）	户均面积	人均面积	用地（%）	户均面积	人均面积
4	嘉定2乡2村	12.65	31.6	4.51	17.85	31.86	4.74	25.22	14.32	2.81	44.28	6.58	1.23
5	无锡云林乡	0.81	5.44	1.00	6.96	9.44	1.73	35.04	6.58	1.28	51.07	3.84	0.86
6	无锡坊前乡	2.40	5.44	0.72	11.60	11.25	1.74	49.14	6.52	1.31	33.24	4.23	0.90
7	松江新农乡	5.12	34.71	7.01	10.30	36.7	7.23	49.49	24.48	5.32	34.87	12.54	3.05
8	昆山太平乡	0.58	20.00	3.16	18.41	43.32	5.97	58.20	24.01	4.87	22.71	11.82	2.60
9	昆山小澞乡	2.41	31.00	6.53	7.79	34.87	6.74	70.07	24.30	5.08	18.69	11.32	2.96
10	吴县保安乡	1.29	19.79	3.64	19.61	19.46	3.53	45.87	11.20	2.42	32.21	5.95	1.37
11	吴县堰里乡1村	0	0	0	9.93	16.33	3.27	46.85	12.69	2.48	41.34	7.25	1.60
12	吴县斜塘镇2保	1.12	46.2	15.40	19.72	30.03	5.85	58.34	13.31	2.30	22.40	4.52	1.09
13	吴县姑苏乡	1.65	20.94	4.19	15.32	23.51	4.11	46.91	16.62	3.41	36.10	6.60	1.57
14	镇江永东乡	4.04	92.65	8.06	20.10	57.56	12.79	45.98	14.30	3.06	27.91	7.49	1.57
15	上海郊区4村	3.59	8.99	1.26	6.85	14.29	2.32	44.49	15.33	2.93	34.28	6.92	1.56
16	上海虹桥镇	2.93	2.94	0.62	12.45	7.68	1.37	26.29	6.59	1.36	34.32	4.83	1.08
平均		2.35	19.85	3.18	13.69	24.09	4.36	47.11	12.31	2.62	34.58	5.87	1.38
17	浙江丽水城2街	0.96	1.06	0.18	0.77	5.10	1.46	24.70	6.15	1.32	68.04	5.98	1.50
18	嘉兴高照乡	11.09	59.62	9.56	30.48	47.78	7.91	46.16	21.26	4.74	9.49	8.37	2.35
19	嘉兴塘汇乡	9.71	53.67	8.78	30.16	47.40	9.10	30.10	17.22	4.22	29.83	8.65	2.06
20	绍兴鉴湖乡4村	1.64	14.57	2.65	5.49	15.39	2.15	56.12	11.49	2.01	28.31	5.58	1.15
21	衢县白渡乡	6.59	24.43	3.68	9.34	21.35	3.46	48.19	10.83	2.07	33.23	4.69	1.07
22	临海开石乡	8.74	11.77	2.41	5.58	19.24	3.62	48.00	12.77	2.97	34.93	6.97	1.80
23	建德山鹤乡	13.42	29.57	4.43	12.99	27.62	3.40	42.16	14.23	1.94	26.74	6.62	1.52
24	建德菴口乡2村	10.65	6.94	2.70	12.59	40.86	2.84	28.24	11.45	2.23	30.09	8.11	1.56
25	杭县山桥乡1村	0.83	13.57	2.26	8.37	19.50	2.97	56.82	11.05	2.62	31.05	7.03	1.53
26	余姚潮界乡1村	1.64	3.09	0.59	29.66	16.97	2.20	45.94	11.12	2.05	18.95	5.11	1.19
27	余姚南留乡1村	3.30	11.19	2.99	4.07	13.78	3.06	56.95	15.14	2.89	18.98	7.35	2.04
平均		8.77	25.56	4.39	17.77	34.17	5.51	42.78	13.83	2.64	30.57	7.39	1.73
28	安徽肥西上派河乡	3.15	6.02	1.02	8.80	18.10	3.45	53.50	12.13	2.53	28.40	5.19	1.17
29	霍山诸佛菴乡	1.54	2.19	0.40	1.59	13.00	1.44	37.09	13.42	2.54	32.13	5.44	1.19
30	无为百马乡	2.41	16.91	2.79	3.02	17.83	3.00	48.64	13.84	2.36	45.19	6.82	1.44
31	滁县关山乡	2.81	21.27	4.70	3.47	27.55	5.80	39.81	31.79	6.67	44.46	18.15	5.32
32	滁县大王营乡	2.34	13.62	3.23	9.40	51.41	8.17	53.02	44.79	5.04	29.64	21.62	5.04

续表

地区乡村 \ 项目		地主			富农			中农			贫农		
		用地（%）	户均面积	人均面积	用地（%）	户均面积	人均面积	用地（%）	户均面积	人均面积	用地（%）	户均面积	人均面积
33	铜陵东家店村	8.30	7.77	2.71	11.54	12.53	2.24	53.28	7.57	1.88	26.02	4.58	1.03
34	广德县梅溪村	6.50	5.23	1.49	9.64	9.5	1.49	58.95	10.07	1.83	17.40	4.12	0.99
35	屯溪徐村	6.02	22.05	4.41	1.93	17.67	5.05	64.41	20.71	4.37	23.57	6.96	1.93
36	贵池齐山村	2.52	17.58	2.20	5.16	13.11	2.12	45.15	9.63	2.49	47.17	5.33	1.31
37	宣城金象村	4.72	6.05	0.93	2.17	5.14	0.95	53.01	10.60	1.96	36.28	4.43	0.91
38	宣城东里村	0.81	8.06	1.47	3.91	18.92	3.92	67.87	26.38	8.79	21.69	6.44	1.65
39	岳西北山村	2.26	3.55	0.83	8.13	10.79	2.16	40.03	9.59	2.15	47.11	7.19	1.43
40	芜湖杨埠村	0.32	13.3	2.22	4.41	16.85	2.85	47.28	14.39	2.68	46.77	7.30	1.82
41	南陵戴镇村	5.19	10.22	1.98	7.52	14.07	2.63	57.30	7.68	2.64	23.04	3.42	1.29
平均		2.76	9.56	1.87	6.12	21.55	3.71	51.01	17.96	3.40	34.92	8.66	1.95
42	福建福州后屿村	0	0	0	3.80	7.79	1.15	31.51	4.61	1.06	45.01	3.36	0.66
43	福州鳝樟村	0	0	0	5.43	9.91	1.41	42.94	5.81	1.20	41.34	3.30	0.78
44	福安南塘保	3.03	3.41	0.79	3.65	7.40	1.19	22.22	4.79	1.56	70.47	2.65	0.73
45	古田七保村	0	0	0	1.83	30.35	3.57	42.18	12.71	2.71	53.27	11.39	2.33
46	晋江彭田村	0.43	3.75	0.36	0	0	0	49.28	8.65	1.65	36.59	3.87	1.07
平均		0.40	1.32	0.29	2.72	9.97	1.51	38.68	7.37	1.58	43.95	5.58	1.03
总平均		3.92	17.19	3.07	12.04	26.02	4.50	47.10	13.94	2.79	34.05	6.82	1.56

注：1. 从事土地经营的农户阶层未全入表，地主、富农、中农、贫农等4类农户用地百分比之和不等于100。

2. 平均数、总平均数系根据相关实数计算得出。

资料来源：1—13. 据华东军政委员会土地改革委员会编：《江苏省农村调查》，1952年印本，第38、44—45、39、45—46、133—134、82、107—108、116、122、141—142、153、158—159、160—161、165—167、173—174、178、183—184页；14—16. 据华东军政委员会土地改革委员会编：《山东省、华东各大中城市郊区农村调查》，1952年印本，第172、127—130、132—134、160—161页；17—27. 据华东军政委员会土地改革委员会编：《浙江省农村调查》，1952年印本，第28、83—84、87—88、97—98、133—134、139—140、152—155、164、168—170、172、188—189、192、197—198、200、209—212页；28—41. 据华东军政委员会土地改革委员会编：《安徽省农村调查》，1952年印本，第46—47、81—82、92—93、96、101—102、114—115、120—121、128—130、131—132、135—136、139—142、146—150、153—157、167—170、173—174页；42—46. 据华东军政委员会土地改革委员会编：《福建省农村调查》，1952年印本，第21—24、27—30、33—34、60—63、69、73—74、91、97—98页。

纵览表12-50、表12-51,各阶层农户的土地使用和经营规模差异颇大,各地情况亦不尽相同。两表所列5省36县87乡(村),以经营规模大小而言,地主居首的11乡(村),富农居首的64乡(村),中农居首的12乡(村),富农经营规模居首的乡(村)占调查总数的73.56%。按省和地区平均计算,也是富农经营规模最大。地主尤其是中农经营规模居首,多属例外,有其特殊原因。如浙江嘉兴高照、塘汇两乡,地主经营规模明显超过富农和其他阶层,乃因该处土地肥沃、平坦成片,商品经济和商业性农业均较发达,地主倾向雇工经营,经营地主构成地主的主体。高照乡地主使用的1252.13亩土地中,经营地主占980.7亩;塘汇乡南阳等4村34户地主中,19户是经营地主;①安徽宣城金象村,中农土地经营规模最大,为全村平均数的2倍,乃因该村出产宣纸,地主、富农占有大部分竹林、纸槽,雇工造纸,而农田绝大部分出租,很少直接经营②。上海郊区4村,其中2村没有地主、富农,另外2村的地主,出租土地的比重分别达93.22%和88.27%,18户富农中,8户是"半地主式富农",也是大部分土地出租,所以中农经营规模最大。③

各阶层农户的经营规模及其使用土地占总面积的比重,因调

① 华东军政委员会土地改革委员会编:《浙江省农村调查》,1952年印本,第85、100—101页。

② 该村11291.4亩竹山中,地主富农占6183亩;71套纸槽中,地主富农占39套,分别相当全村竹林、纸槽的54.76%和54.93%。地主富农占有的1344.2亩和401.93亩土地中,分别有91.82%和94.53%出租。见中共皖南区党委农委会:《宣城县周王区金象村调查》,见华东军政委员会土地改革委员会编:《安徽省农村调查》,1952年印本,第140—143页。

③ 华东军政委员会土地改革委员会编:《山东省、华东各大中城市郊区农村调查》,1952年印本,第127—140页。

查范围和统计数据所限,只能部分反映南北两地若干区域的情况。表 12-51 数据显示,除部分地区(如福建)外,各阶层农户经营规模大小及其差异,两地差距不甚悬殊。南北地主户均经营面积分别为 17. 56 亩和 15. 95 亩;富农分别为 26. 37 亩和 30. 63 亩;中农分别为 13. 95 亩和 15. 39 亩;贫农分别为 6. 83 亩和 9. 81 亩。南北同阶层农户的经营规模差异大致为 10%—20%,最大为 30%,不算悬殊。从播种面积和土地产量观测,北方农户的经营规模不比南方农户大,或许更小。

农户经营规模的差距主要还是在农户内部不同阶层之间。同一地区不同阶层之间的农户经营规模排位及差距,南北两地大体相近。除了少数例外,总的情况是,富农、地主、中农、贫农 4 类农户的经营规模依次递减:富农经营规模最大,地主次之,约相当于富农的 2/3 或 1/2 强;中农比地主经营规模略小或二者相近,约相当于富农的 1/2 强;贫农经营规模最小,约相当于中农的 1/2 弱或 2/3 弱,相当于富农的 1/4 强或 1/3 弱。总的来说,无论南北,除经营地主和部分富农外,各阶层农户的经营规模都很小,部分中农和全体贫农尤甚。

农户经营规模尤其是广大贫苦农民的经营规模越来越小,最根本的原因是人口增加、不断分家析产,农民贫困加剧、生产能力和劳动生产率不断下降。加上土地买卖频繁,产权归属和地块分割零碎,各家土地相互交错、插花。租佃关系也愈来愈复杂,往往出租者一主多佃,佃耕者一佃多主。这些都直接制约农户经营规模。

土地产权零散、复杂,地块分割细碎,不同业主的细碎田丘、地块相互穿错、插花,是农民保持(不用说扩大)原有经营规模的重大障碍。事实上,农户经营规模往往同田丘、地块面积成正比。表 12-52 所反映的情况有一定的代表性。

表 12-52　浙江嘉兴塘汇乡各阶层农户经营规模与地块分割示例(1949 年)

项目 成分	姓名	使用土地(亩)	分散程度(块数)	每块面积(亩)		
				最大	最小	平均
经营地主	蒋瑞亮	74.00	9	26.95	4.00	8.22
富农	钱子芳	48.60	11	10.00	2.00	4.42
大佃农	庄国仁	74.2	14	13.00	2.50	5.30
佃富农	毕竟成	82.50	14	11.00	3.50	5.89
佃富农	葛阿南	47.00	10	8.00	3.00	4.70
佃富农	陈掌法	70.00	11	15.00	4.50	6.36
中农	姚金才	18.65	7	5.00	0.83	2.66
中农	姚有宾	14.10	6	3.40	0.30	2.35
中农	张茂松	11.35	6	2.50	0.80	1.89
贫农	姚胜元	11.13	6	5.50	0.30	1.86
贫农	李宝全	8.26	5	4.00	0.30	1.65
贫农	吴海泉	6.20	5	3.50	0.50	1.24

资料来源:中共浙江省委农委会:《嘉兴县塘汇乡农村经济调查》,见华东军政委员会土地改革委员会编:《浙江省农村调查》,1952 年印本,第 119—120 页"各阶层使用土地分散情况表"。

经营规模和地块分割,明显分为两种类型,地主、富农的经营规模和地块面积相对较大,而中农、贫农的经营规模和地块面积都很小。表 12-52 中 6 户地主、富农(含大佃农)合计耕作面积 396.3 亩,分作 69 块,平均每块 5.74 亩,最大的一块近 27 亩;6 户中农、贫农合计耕作面积 69.69 亩,分作 35 块,平均每块 1.99 亩,最大的 5.5 亩,最小的只有 0.3 亩。贫农的经营规模和地块面积更小,3 户贫农的耕作面积只有 25.59 亩,还不及经营地主蒋瑞亮一块地的面积。地块分割也愈加细碎,16 块地平均只有 1.6 亩。地主、富农使用的土地因块大、成片,邻近住地,便利耕作管理,如抽水灌溉时,不受过水等各种限制,亦可将田亩间不必要的田塍拆除,这样并成大块后使用,既便利耕作,又增加耕地面积。而中农、贫农使用的土地,分割细碎,交错插花,有的还离家窎远,窄小、分散的农地也无法正常耕种。①

农户经营规模缩小的一个重要原因是农民贫困加剧,缺乏耕牛、农具,被迫高价租牛,或以人工换牛工,或以人拉犁,或干脆以锄(钉耙)代犁,犁耕倒退为锄耕。江苏吴县堰里乡鹤金村,因农民异常贫困,无力购置耕畜和大农具,全村耕畜、犁耙绝迹,耕田多采用钉耙人工翻耕。一些贫苦农民甚至连四齿钉耙也没有,只能通过“伴工互助”的形式,以人工换钉耙。值得注意的是,不仅经营规模小,又无力购置耕畜、犁具的中农贫农雇农采用锄耕,该村户均经营规模达 16.42 亩、有力置备耕畜犁具的 9 户富农,也不再饲养耕畜,以价格更低廉的钉耙换取贫苦农民劳力进行锄耕。②虽然锄耕的劳动生产效率远低于牛耕,但生产成本反而降低了。正因为如此,犁耕不断被锄耕取代。在某些地区,农户经营规模异常狭小,劳力大量过剩,农民不仅养不起牛,而且养牛很不经济,牛耕完全消失,锄耕成为土地耕作的主要甚至唯一模式。如浙江绍兴鉴湖乡第二村,共 152 户、168 个劳动力,耕种 1125 亩土地,仅有 6 头耕牛(包括 2 头小牛),可耕田 300 亩左右,其余 825 亩(占 73%)全用人力。按当地耕作习惯,牛力犁耕每个男劳力可种田 12—15 亩;纯人力锄耕只可种 8 亩。虽然后者的劳动效率只相当于前者的 53.3%—75%,不过即使纯人力锄耕,全村 1125 亩土地,

① 如该乡大佃农单宝生,为便利耕作经营,将自有的 6 亩远田出租给贫农沈慕仁耕种,自己另行租入 5.2 亩土地,而贫农沈慕仁因缺田,只好每天跑远路渡河耕作。

② 《吴县堰里乡鹤金村调查》(1950 年 3 月调查),见华东军政委员会土地改革委员会编:《江苏省农村调查》,1952 年印本,第 176 页。

也只需要 140. 6 个劳力,尚有 27. 4 个劳力剩余。① 杭县山桥乡第二村的情况更为典型,全村共 179 户、1275 人,耕种 1631 亩田地(其中水田 1320 亩),因人多地少,劳力过剩,养牛不经济,全村没有一头耕畜。该村有 206 个男劳力、71 个男半劳力、157 个女劳力、42 女半劳力,平均每个男劳动力耕种土地 8 亩(该地妇女不参加农业劳动),劳力供应绰绰有余。从劳动力的实际使用和雇佣调剂情况看,除家庭劳力外,全村共出雇长工 8 人、短工 6193 个工日,而本村仅雇入长工 4 人、短工 1915 个工日,50%的长工、近 70%的短工出雇在外村、外地。可见该村劳动力过剩程度。② 在这种情况下,耕牛显然已成为多余,有的虽然部分采用犁耕(耙、耖、耥等),也是用人力而不是畜力,牛耕蜕变为“人耕”。

在农民缺乏耕畜、农具尤其是犁耙、水车、禾桶、钉耙等大型或基本农具的情况下,耕作模式、劳力使用、劳动组织和协作等,也相应发生某些变化,并形成某种常态。如上揭江苏吴县鹤金村的“伴工互助”,除了劳力互助,更多的是劳力换农具(钉耙)。一些地区农民缺牛,买不起大耕畜,或牛只弱小不成犋,或有牛但无犁耙,需要两三家或三五家合伙协作,这在华北一些地区谓之“搁犋”,参加者互称“犋伙计”。“搁犋”只限于畜力协作,劳力还是各干各的。完全无牛的农户,若采用犁耕,一般多向地主、富农或有牛户租用。租牛有多种形式、方法,按天或按面积计算租金,或用人工换牛工(一般 3 个人工换 1 个牛工)。一些地区地主、富农出租耕牛,多以时期(租年)或租牛户耕作面积(包耕)计算,牛由租

① 中共绍兴地委调研组:《嘉兴县鉴湖乡农村调查》,见华东军政委员会土地改革委员会编:《浙江省农村调查》,1952 年印本,第 131 页。

② 中共杭县县委调研组:《杭县山桥乡第二村调查》(1950 年 3 月),见华东军政委员会土地改革委员会编:《浙江省农村调查》,1952 年印本,第 188—194 页。

户负责饲养,出租母牛所生小牛归牛主。这类耕牛出租通常订有契约,并有中人。另外还有自己不种田,养牛专门用来替人犁田。在北方一些地区谓之“卖套”,南方称为“包做牛工”,有的还有类似行会的组织,在福州郊区后屿叫作“牛福”,他们于每年春耕前及秋收后各聚餐一次,议定牛工价格,阻止其他村庄的牛工进村揽活犁田。① 缺乏耕畜农具的贫农、雇农和部分中农,多以换工的方式进行劳力调剂和协作。如江苏昆山小澞乡,农户换工谓之“伴工”。该乡的特点是,“伴工多,雇工少”,伴工极为盛行,有70%的农户“互雇伴工”。伴工主要是缺乏农具的贫农、雇农及一部分中农,以劳动力交换富农及富裕中农的多余农具使用。这样,贫农、雇农固然解决了农具问题,但富农也比雇工更方便。②

(二)各式农场的发展变化和经营状况

带有资本主义性质的各式农场,开始产生于20世纪初,20年代至30年代初曾有较大发展;日本全面侵华战争期间,农场发展处于停滞和萎缩状态,除抗日战争后方建有若干农场(不少属于“难民农场”)外,其他地区大部分农场尤其是原来国民党政府所设公营农场及同国民党政府有关的私营农场均遭破坏。日本投降后,一些地区的农场一度有所恢复和发展。被日本侵略者劫夺的农场全部收回,被日本侵略者破坏的农场部分开始恢复,一些地区并建立不少新场。不过好景不长,随着国民党军队节节败退,国民党统治区通货恶性膨胀,市场萧条,经济崩溃,绝大部分农场同城

① 福建省农民协会:《福州市鼓山区农村调查》(1950年春调查),见华东军政委员会土地改革委员会编:《福建省农村调查》,1952年印本,第52页。

② 《昆山县小澞乡农村情况调查》(1950年4月调查),见华东军政委员会土地改革委员会编:《江苏省农村调查》,1952年印本,第163页。

市工厂、商店一样停产、倒闭。

农场的生产经营模式多种多样。农场有公营、私营之分，土地来源有自有、租赁之别，规模亦大小不一，经营也有集中统一经营和分散招佃收租两种基本模式，或者两者兼用，如同部分经营地主和富农一样。所不同的是，不再以家庭为生产和消费单位，除某些难民农场和农业试验场外，是一种相对完全的资本主义商品生产。不过同欧美资本主义租地农场比较，仍有很大的区别。在土地的占有和使用方面，虽然有一部分中小农场是租地经营，但更多的还是认领、价买官公荒地、闲地或使用自有土地，纯粹的资本主义租地农场只占少数，大部分农场的收益中包含了地租剥削的成分。这同自富农和经营地主是一样的。即使是租地农场，在近代农村封建制度下，租地农场交纳的地租也仍然是封建地租，而非作为平均利润余额的资本主义地租。就这一点而言，仍然不能称之为真正的资本主义农场。

1. 各式农场的发展及其变化

带有某种资本主义性质的农场是城乡资本主义发展的产物，也是城乡资本主义发展的标志。因此，资本主义性质农场的发生发展，主要集中在大中城市周边地区和商业性农业相对发展的地区。一些主要生产蔬菜、瓜果、鸡鸭、禽蛋、牛奶，直接为城市服务和依附于城市的资本主义集约型中小农场，几乎全部集中在城市近郊；那些从事农业、林业、牧业的大中型农场，因并非直接或单一为城市服务，加之城市近郊人多地少，土地供应紧张，地块零碎，土地使用极度分散，一般离城市特别是大城市较远，不过大多仍然在城市经济辐射圈之内。①

① 有关大中城市效区资本主义中小农场的发生、发展和分布状况，详见《中国近代经济史（1895—1927）》，本卷不赘。

资本主义农场的兴起和发展主要是在第一次世界大战前后和20世纪20年代。进入20世纪30年代尤其是1937年日本全面侵华战争爆发后,农场的发展更完全停滞和呈现衰退状态。沦陷区的农场,则不是被日本侵略者劫夺,就是被战火和敌伪破坏,仅在部分抗日战争后方地区,在放荒招垦或安置难民的过程中,新建若干农场。

破坏、摧毁或劫夺是日本侵略者对农场采取的两种基本手段,凡日军侵略魔爪所到之处,大小农场不是被其劫夺,就是被严重破坏,甚至完全被摧毁。如江苏无锡周泾村和吴江庞山湖农场的土地先后被敌伪霸占,吴江庞山湖农场占有湖滩地万余亩,1933年开办,定名"模范灌溉实验农场",日本全面侵华战争初期,被吴江"维持会长"王联卿侵占,1943年被县伪政权接收,改名"庞山湖实验农场";①松江大有农场创办于1923年,日本全面侵华战争期间,遭敌伪破坏,"损失很大";②句容取名"中华三育研究社"的教会农场,开办于1924—1925年,日本全面侵华战争期间,"房屋设备,全部毁于炮火";③镇江三益农场的桑树被日军砍伐,焚毁殆尽;金坛茅麓公司的树木、房屋、家具被敌伪毁遗无几。④

河北宁河县(今天津滨海新区),20世纪二三十年代建有多家

① 苏南农林水利局:《吴江县庞山湖农场调查》(1949年冬调查),见华东军政委员会土地改革委员会编:《江苏省农村调查》,1952年印本,第358页。

② 苏南农林水利局:《松江县大有农场调查》(1949年冬调查),见华东军政委员会土地改革委员会编:《江苏省农村调查》,1952年印本,第362—363页。

③ 苏南农林水利局:《句容"中华三育研究社"调查》(1950年11月调查),见华东军政委员会土地改革委员会编:《江苏省农村调查》,1952年印本,第368页。

④ 苏南区农民协会调研科:《苏南农场概况》(1950年7月调查),见华东军政委员会土地改革委员会编:《江苏省农村调查》,1952年印本,第341页。

大中型农场,均被日本侵略者以种种方式劫夺。周学熙、朱启钤于1920年筹建的开源垦殖公司茶淀农场,有22691亩土地,开荒种稻,并设有3座蒸汽抽水站。因排水不畅及水旱灾害为虐,1935年售与河北省棉产改进会,改行试验推广优良棉种,1937年改称"冀东第一农事试验场茶淀农场筹备处"。1940年为"中日实业公司"所占,改种水稻;该县"华北水利委员会崔兴沽模范灌溉试验场",系1932年华北水利委员会筹建,简称"华北模范灌溉试验场",有地4875.83亩,为国内首个从事北方滨海地区灌溉试验的场所,并取得一定经验,1941年被日本侵略者强占,改称"华北垦业公司崔兴沽农场",实行租佃制,种植水稻千亩,所收稻谷全部缴交"米谷统制协会",充作日军军粮,而配给佃农杂粮;该县还有开办于1930年的久大农场(又称"久大公司置产部"),有土地14600亩,种植旱田作物。因与邵姓有土地纠纷,1936年邵姓怀愤将土地卖与日本钟渊纺绩株式会社,农场随即消失。[①]

日本全面侵华战争期间,除了战争破坏和日伪劫夺,也有若干农场的建立。在抗日后方的垦荒过程中,国民党政府为了安置难民和复员、伤残军人及其眷属,同时便于统制,一些地区的垦荒生产,不少是以农场、垦殖场、合作社等形式进行的。国民党政府规定的垦殖方式有国营、省营、民营(包括农户、农业合作社和特许之机关团体)三种:对私有荒地,采取强制租佃于垦户、强制出卖与垦户、强制征收等办法,限期开发;公有荒地则分配垦户耕作,垦竣后即无偿取得所有权。不过并非垦户私有和从事个体耕作。国民党政府明确规定,"垦区管理机关得于垦区内采用集团农场制,经营难民垦殖"。同时关于移垦难民的登记、照料、衣食、医药以及垦区内治安、住所、水利、生产资金、技术指导、教育卫生等项,均

① 《汉沽区志》,天津社会科学院出版社1995年版,第297页。

有详细规定。如此,国营、省营垦区内难民垦荒的基本形式就是"集团农场制"。不过这类"集团农场制"难民、荣军垦殖或军民屯垦,初时大都采用"垦区"的名称,1939年国民党政府即计划于川、陕、康、滇、桂、湘、甘等省境内,选择适于移垦的荒区,设置国营垦区,包括1942年前先后成立的陕西黄龙山、黎坪,江西安福,甘肃岷县,西康西昌等5个垦区,四川东西山屯垦实验区,1942年新设的四川雷马屏峨垦区、四川金佛山垦殖实验区、甘肃河西屯垦实验区、贵州六龙山垦区,等等,总计14处(其中筹设的河南伏牛山垦区因豫湘桂战役爆发而撤销),除江西、福建各1处外,其余全部在西部地区。这类垦区或是农场,直接以农场的形式垦营,或在垦区之下再设农场。其中办得最为成功的陕西黄龙山垦区,位于陕西省中部宜川、洛川、黄陵、宜君、白水、韩城、郃阳等县交界,1938年3月设立,原为陕西省营,1939年5月改为国营。垦区总面积500万亩,至1942年7月底止,共有垦民29500人,垦地178886亩,作物种植面积共计134954亩,有耕牛5849头。另外,农林部还直接设立了第一、二、三、四等4个国营农场,依次设于湖南宜章、四川峨边、贵州平坝和广东英德。其中第二农场,因垦荒规模扩大,1942年2月改办为"雷马屏峨垦区",规定年内收容垦民100人、垦兵600人,到1942年7月底已收垦民90人,垦地1527.6亩。后因该垦区业务与荣军垦殖相近,复将其并入军政部荣誉军人垦殖团办理,以节省人力物力。①

在一些地区的省营、民营(包括特许之团体机关)、官商合营移垦或"荣军"移垦中,也都有不同名称和形式的农场或农场型生

---

① 秦柳方:《关于抗战中的后方垦殖事业调查报告》(1941年11月30日),见中国第二历史档案馆编:《中华民国史档案资料汇编》第5辑第2编,财政经济(8),江苏古籍出版社1997年版,第219—221、223页。

产团体。在云南，富滇新银行与中国农业银行、中国农民银行、交通银行投资创办的“蚕业新村”，在开远草坝开辟 6 万亩桑园，广植桑树，建筑蚕室，集中经营养蚕制丝；贵州西南垦殖公司办有蛮子洞第一农场，除了种植粮食作物外，又开辟苗圃 20 余万亩，专播经济林木种子，广植油桐、胡桃、板栗及梓木等。① 湖南在垦荒过程中，省参议会议长为建设新南岳，发起组织南岳垦殖公司，额定资本 100 万元，中央认股 50 万元，省府 30 万元，剩余 20 万元为民股，后因工程过巨，增股 50 万元。② 陕西的垦荒生产，经营方式有省营、民营、军营、地方经营等 4 类，经营形式不少是农场（包括农场性质的垦殖场）或合作社，其中省营有陕西省汧山垦区办事处；民营有汧山垦牧合作社、更生村垦殖合作社、华北慈善联合会、宝鸡移垦委员会、渭滩垦殖合作社、郿扶难民工垦委员会、长安草汧垦殖合作社；军营有第八战区汧山军垦处、第八战区渭滩军垦处、第一战区官佐眷属安顿区办事处、荣誉军人管理处十八教养院垦殖场等。1941 年在甘肃天水小陇山地方也举办了军垦实验区，到 1942 年 7 月底，有荣誉军人 580 人，开垦荒地 3580 亩，作物栽培面积 815 亩。③ 这类垦殖机构，有的本身就是合作社或垦殖场。垦殖场即是农场，也有的是管理机构，下面有农场或合作社，如郿扶难民工垦委员会下有“郿扶第一集体农场”。1940 年，江西在吉安设有“江西省垦殖处固江办事处”，垦荒 200 余亩，以开设农场的

① 陆和健：《抗战时期西部农垦事业的发展》，《民国档案》2005 年第 2 期。

② 秦柳方：《关于抗战中的后方垦殖事业调查报告》（1941 年 11 月 30 日），见中国第二历史档案馆编：《中华民国史档案资料汇编》第 5 辑第 2 编，财政经济（8），江苏古籍出版社 1997 年版，第 223 页。

③ 陆和健：《抗战时期西部农垦事业的发展》，《民国档案》2005 年第 2 期。

方式安置国民党伤残军人200余名。① 1941年、1942年又在广昌相继设立下兰垦殖场、头陂垦殖场,合计垦荒1181亩,安置沦陷区难民272户、550人。② 浙江有三衢垦牧公司,资金40万元;广东省银行为提倡农林垦殖,于1939年投资500万元,筹设农林垦殖场4处,拟植桐1000万株,后将4场合并为连山林场及大旗林场,已垦面积337766市亩,植桐4554953株。1942年该行又增设龙归垦区,垦殖龙归至乳源一带荒山,于次年春遍植油桐;广西建有镇民、新生、八桂、广西银行、合山、露塘、南山等垦殖公司或垦殖社(场)。某些官商合营或主持人有特殊背景的垦殖农场或垦殖公司,规模庞大。如云南有官商合办的华西垦殖公司,成立于1939年,资金1000万元,由经济部,川、滇两省政府,中、中、交、农四行各认100元,其余300万元,"由国内党政领袖、殷商及海外华侨募集"。该公司曾在云南建水创设实验垦区;③由四川军界耆宿吕汉群创办的"中国抗建垦殖社",采用股份有限公司形式,计划规模亦不小。该社拟在四川马边建立垦区。重庆设总事务所,垦区设分区事务所,并制定了招致难民办法和详细的工作计划大纲,圈占荒地69.7万亩,不过虎头蛇尾,开垦面积仅4%。④ 另外,一些地方的人犯移垦,更是采用集体农场的形式。只是上述各类农场、合作社未必全部具有资本主义的性质。

抗日战争时期,国民党后方地区国营和公营农场(垦场)的整

---

① 新方志:《吉安县志》,新华出版社1994年版,第154页。

② 《广昌县志》,上海社会科学院出版社1995年版,第225页。

③ 秦柳方:《关于抗战中的后方垦殖事业调查报告》(1941年11月30日),见中国第二历史档案馆编:《中华民国史档案资料汇编》第5辑第2编,财政经济(8),江苏古籍出版社1997年版,第223、224页。

④ 陆和健:《抗战时期西部农垦事业的发展》,《民国档案》2005年第2期。

体情况,缺乏完整和准确统计数据。1948 年国民党政府农林部垦殖司在统计全国垦殖状况时,曾编有《中国之垦殖》初稿,数据有较明显的缺失,整体质量不太高,不过仍是目前能够见到的相对可靠的整体规模数据,尚有一定参考价值。现将其连同民营垦场一起汇总,见表 12-53。

表 12-53　江西、四川等 17 省公营民营垦场、垦民、垦地统计(1948 年调查)

项目 / 省份	垦场(个)			垦民(人)			垦地(亩)		
	公营	私营	小计	省份	总计	公营占比(%)	省份	总计	公营占比(%)
江西	18	63	81	安徽	81097	99.81	四川	389595	5.38
四川	6	24	30	陕西	68705	99.19	安徽	203523	99.83
西康	6	6	12	四川	28827	11.13	云南	104148	0
广东	4	8	12	江西	12247	85.05	陕西	104120	93.63
陕西	4	5	9	新疆	6007	100.00	江西	67761	59.01
广西	5	2	7	云南	5589	0	西康	31409	22.57
湖北	3	2	5	湖北	5422	49.98	湖北	24832	51.55
贵州	3	1	4	福建	4506	100.00	甘肃	16184	100.00
云南	0	4	4	西康	1636	56.72	广西	15163	71.34
甘肃	3	0	3	甘肃	1256	100.00	浙江	13300	0
安徽	1	2	3	广西	1225	100.00	新疆	10000	100.00
浙江	0	2	2	广东	1074	70.48	广东	7589	83.20
宁夏	0	2	2	河北	727	100.00	贵州	6895	53.59
河北	1	0	1	贵州	516	88.37	河北	2316	100.00
福建	1	0	1	江苏	80	0	福建	1400	100.00
新疆	1	0	1	宁夏	20	0	江苏	800	0
江苏	0	1	1	浙江	0	0	宁夏	450	0
总计	56	122	178	—	218934	82.80	—	999485	43.24

资料来源:国民党政府农林部垦殖司:《中国之垦殖》(内部资料),转自朱玲主编:《中国农业现代化中的制度实验:国有农场变迁之透视》,经济管理出版社 2018 年版,第 43 页。表中总计数据系引者计算。

如表12-53所示,17省有各类公营农场(垦场)56处,占178处公私农场(垦场)的31.46%;有垦民181277人,占垦民总人数的82.80%;共垦地432177亩,占垦地总面积的43.24%。这3组数据均有不同程度的缺漏,其中垦地面积缺漏最大。《中国之垦殖》材料显示,江苏、浙江、江西、河南、陕西等5省共垦地395.63万亩,全部垦地超过1000万亩。估计各类公营农场(垦场)的垦地面积应在400万—500万亩上下。

除了采用农场形式集中垦荒生产,一些地区也利用原有耕地,开设农场、林场、农林场,或农场形式的农业实验场、农业推广所。如浙江缙云,1938年筹设县农场,租用民田、民地,进行稻麦品种试验和良种繁育。1941年与县林场合并,称县农林场。① 绍兴县于1936年筹设县农场,下设东湖稻麦部,1938年场部迁至东湖;新昌、诸暨两县,均在1940年开设县农林场。② 江西泰和,因省政府迁驻,1940年省建设厅在该县建实验养鱼场,有鱼池53口,以养鱼苗为主,并负责水产技术的研究和推广。③ 福建松溪,1937年设县立农林场,引进推广水稻、小麦、棉花良种,兼行育苗,1942年在城关门设分场。④

同时,更多的县区或学校、机构建有各种名目的农林试验场、苗圃、示范农场等,其中不少兼有农场的色彩和经营方式。随着新式农场的发展、扩散,加上各县农林试验场经费无不短绌,兼具农场性质和经营内容的农林试验场、苗圃越来越多,农林试验场的营利性增强,试验性减弱,农林试验场和农场两者之间差距不断缩

① 参见《缙云县志》,浙江人民出版社1996年版,第146页。
② 《绍兴市志》,浙江人民出版社1997年版,第442页。
③ 《泰和县志》,中共中央党校出版社1993年版,第442页。
④ 《松溪县志》,中国统计出版社1994年版,第136—137页。

小。事实上,在一些地区,农业试验场、农业推广所、苗圃同农场、林场、农林场的名称或牌子是经常互换的。如福建永春,1937 年辟地 60 亩,筹设县立苗圃场,主营育苗、造林,兼种杂粮、蔬菜,饲养畜禽,3 年后改为县立农场。① 明溪县于 1939 年设县立农场,除了育苗,还种植水稻、甘薯以及马铃薯等蔬菜。1943 改称"县立农林场",土地扩至 140 亩。1945 年贷款垦荒 150 余亩,12 月复改称"明溪县农业推广所"②。江西贵溪,1939 年创建县立农场,有耕地数十亩,林地 150 余亩,1942 年改称"贵溪县农业推广所"③。广西贵县,1936 年将"贵县农林试验场"改称"贵县农场"。④ 也有的名称重叠使用,或同时挂两块牌子。如浙江龙游,有县公营苗圃一处,称"苗圃农场",面积 2 亩,树苗多为乌桕、桑树,共约 9000 余株,据说"管理尚佳"。⑤ 江西弋阳,1935 年筹设县农场,以农业为主,附带育苗。1940 年改称江西农业院弋阳农作物推广所和弋阳农林场,"两块牌子,一套人马";⑥;广西贵县,1945 年创立小江农场,创建时指定该场同时成立"农业推广所",一场两牌。⑦

1945 年抗日战争胜利后,各式农场进入一个短暂的恢复和发展阶段,日本侵略者劫夺、强占的农场得以收回,遭战争破坏和日军摧毁的农场开始着手恢复,并成立了若干新农场。

---

① 《永春县志》,语文出版社 1990 年版,第 151 页。

② 《明溪县志》,方志出版社 1997 年版,第 179 页。

③ 《贵溪县志》,中国科学技术出版社 1996 年版,第 231 页。

④ 《贵港市志·农业志》,广西人民出版社 1993 年版,第 417—418 页。

⑤ 中共衢州地委调研室:《龙游县农村经济概况》,见华东军政委员会土地改革委员会编:《浙江省农村调查》,1952 年印本,第 70 页。

⑥ 《弋阳县志·农业志》,南海出版社 1991 年版,第 323 页。

⑦ 《贵港市志·农业志》,广西人民出版社 1993 年版,第 418 页。

在江苏,松江大有农场,原来设备齐全,沦陷期间被日伪破坏殆尽,损失很大。抗日战争胜利后,房屋和生产设备得到修缮、添置,恢复了生产能力;被敌伪侵夺的吴江庞山湖农场,由国民党政府“长江水利委员会”接收,初步恢复生产。①

抗日战争胜利后,还建立了一些新农场。1946 年,湖北省复兴委员会在荆门开办沙洋曳引机(拖拉机)训练班,同时从事垦荒,以资示范,并在沙洋、十里铺辅助兴办集体农场。② 次年,荆门开办孔家坪合作农场,租地 1800 亩,另有湖面 300 亩,以农为主,兼养鱼捕鱼。③ 在江苏,1946 年南汇周浦中学开办实验农场,有地 20 亩,进行蔬菜示范栽培。④ 1947 年先后建有丹阳练湖农场、吴江平沙湖农场和无锡陆园农场。位于丹阳县城西北角的练湖淤滩,清朝康熙之前曾垦为熟田,康熙中叶废田还湖,后又日渐淤塞,1936 年前曾决定浚湖垦田,日本全面侵华战争期间工程停顿,至 1947 年年底,当地人士发起组织“浚垦委员会”,捐募、贷款 200 余亿元法币,与江苏省复耕队合作,利用机器开垦,取名“练湖合作农场”,共有土地 4410 亩。⑤ 平沙湖农场场址是位于吴江城西南 30 多里的太湖淤积地,面积约三四千亩,1945 年有国民党军官意图仗势霸占,后被当地地主周思谋等夺得,成立了这家合作农场,土地原来大部分为农民所占有、耕种,因地势低洼,时有湖水泛滥

① 华东军政委员会土地改革委员会编:《浙江省农村调查》,1952 年印本,第 363、358、361 页。

② 《荆州地区志》第 8 卷,农业,红旗出版社 1996 年版,第 197 页。

③ 《荆门市志》,湖北科学技术出版社 1994 年版,第 304 页。

④ 《南汇县志》,上海人民出版社 1992 年版,第 283 页。

⑤ 苏南农林水利局:《丹阳县人民练湖农场调查》(1949 年冬调查),见华东军政委员会土地改革委员会编:《江苏省农村调查》,1952 年印本,第 366—367 页。

之虞,农民出地,缴费修堤,成为合作农场的成员。[①] 无锡陆园农场也是股份合作制农场。有人见当地桃树产量较好,获利颇丰,于是申请集股办场。农场集股方式有二:一是土地股,由当地农民以土地投资入股,计有土地股 76 股,投入土地 37.72 亩(另租入 10 亩,合计 47.72 亩);二是现金股,主要是教职员及城市工商业者所投入,计 275 股。土地、现金合计 351 股,当年投产、种植杂粮。[②] 在河北,1948 年 2 月有茶淀难民合作农场的筹建,由河北垦业农场茶淀农区从太平村一带拨给土地万亩,在全省招"难民"(逃亡户)526 人,当年 6 月垦荒 4200 亩,种水稻 2000 亩,高粱、玉米 2200 亩,实收稻谷 87550 公斤(高粱、玉米因碱绝收),为期大约 1 年。[③] 这大概是这期间有据可查的大中型公立农场中,开办时间最晚、见效最快、寿命最短的一家。1949 年 1 月淮海战役结束后,江苏一些政治嗅觉较灵敏的地主(尤其城市地主)富户,预感即将土地不保,一些同国民党政府关系较密切的私营农场,无心经营,开始遣散职工,紧缩农场范围;但与此同时,也有部分地主将土地转向农场,试图借此维持其封建剥削,因此苏南地区又产生了不少徒有名称的虚假农场。[④]

20 世纪三四十年代,由于特殊的历史条件和社会环境,农场内部结构发生明显变化。20 世纪 30 年代前,带有资本主义性质的农场主要是私人农场。而三四十年代新建或留存下来的农

① 《吴江县平沙湖农场调查》,见华东军政委员会土地改革委员会编:《江苏省农村调查》,1952 年印本,第 357—358 页。

② 《无锡县陆区乡陆园农场调查》,见华东军政委员会土地改革委员会编:《江苏省农村调查》,1952 年印本,第 364—366 页。

③ 《汉沽区志》,天津社会科学院出版社 1995 年版,第 298 页。

④ 苏南区农民协会调研科:《苏南农场概况》(1950 年 7 月调查),见华东军政委员会土地改革委员会编:《江苏省农村调查》,1952 年印本,第 341 页。

场,公立农场明显增加。据1950年对苏南地区105个农场的调查,虽然从农场数量看,公营农场30个,占28.57%;私营农场75个,占71.43%,仍以私营农场为主。但从农场持有的土地面积看,105场共有土地93465.92亩,其中公营农场有地57748.32亩,占61.79%,私营农场有地35717.6亩,占38.21%。公营农场已明显超过私营农场。[①] 农场的这种内部结构及其变化,因地区而异,总的说,越是大中城市及周边地区,私营农场所占比重越大,反之,离大中城市较远的地区,则私营农场所占比重下降,公营农场比重上升。在苏南地区,离上海、苏州等大中城市较近的松江、苏州两个地区,53个农场中,私营农场47个,占88.68%,公营农场6个,仅占11.32%;离大中城市相对较远的镇江、常州两个地区,45个农场中,私营农场26个,占57.78%,公营农场19个,占42.22%。从农场土地看,地区差别更大。位处上海周边的松江地区,农场土地7596亩,其中私营农场占94.37%,公营农场仅占5.63%,苏州地区的农场土地中,私营农场亦占57%,公营农场占43%,而常州地区的32936亩农场土地中,公营农场占91%,私营农场只占9%。无锡县的农场土地中,公营农场亦占80.57%,私营农场只占19.43%。[②] 其他地区,公营农场的数量、土地所占比重一般比苏南地区高。从全国范围看,这一时期的农场,无论农场数量还是土地,均以公营农场为主。

---

① 苏南区农民协会调研科:《苏南农场概况》(1950年7月调查),见华东军政委员会土地改革委员会编:《江苏省农村调查》,1952年印本,第341—342、344页。

② 苏南区农民协会调研科:《苏南农场概况》(1950年7月调查),见华东军政委员会土地改革委员会编:《江苏省农村调查》,1952年印本,第344—346页。

2. 各式农场的生产经营状况

20世纪三四十年代，农场的生产经营受到诸多因素的影响和制约，农场类型、土地来源、土地利用、经营模式、经营范围、耕作制度，多种多样。类型有公营、私营之分，土地来源有自有、租赁之别，土地有面积大小、肥瘠之差异；土地使用和耕作经营，或雇工耕种，或招佃收租，或二者兼行并施；经营范围，或只限某一项目单一生产、养殖，或进行较大范围的综合经营；耕作范式，或精耕细作，采行集约型经营，或广种薄收，采行粗放型经营。如此等等，不同地区不同农场，或同一地区不同农场之间，千差万别。

资料显示，农场生产经营的范围和模式，直接受到地方经济结构、发展程度特别是市场条件的制约。通常在一些大中城市近郊或周边地区，因对蔬菜、瓜果、肉蛋、牛奶和其他副食品等的市场需求旺盛，商业性农业较发达，农产品商品化程度较高。但是人多地少，土地开垦无遗，供应紧张，使用分散，地价亦高，农场难以开发或聚积大面积的成片土地进行大规模的综合性经营。因此，大中城市周边地区尤其是近郊或市内，农场以私营农场为主，公营农场很少；持有土地和经营规模，则以中小型农场尤其是小型农场居多，生产经营的基本模式是雇用工人进行单项或单一集约经营的菜园、果园、养殖场、蜂场和营利性花园等专业化农场。

这种情况以上海郊区表现得最为明显。如前述苏南105个农场中，私营农场75个，占71.43%，上海周边松江、奉贤、青浦、南汇、嘉定等5县23个农场中，私营农场20个，占86.96%。[①] 这些农场

① 苏南区农民协会调研科：《苏南农场概况》（1950年7月调查），见华东军政委员会土地改革委员会编：《江苏省农村调查》，1952年印本，第344—345页。

分别专门生产蔬菜、水果、禽蛋、花卉等产品,直接供给城市需要。如上海江湾一带的几家鸡场,所产鸡和蛋全供本市居民,鲜蛋和童子鸡则大部分供应外国侨民;奶牛场的鲜奶销场更是基本上限于租界。

城市市区、近郊区农场以及果园、菜园、花园等专业化农场,由于使用土地、经营规模有限,为了提高土地和资金利用率,增加盈利,都是采用雇工集约经营。如苏南苏州、昆山、太仓、上海附近的小型农场,往往采用"集约经营方式"①,其集约化程度更高于邻近地区的经营地主、富农。农场生产也都使用长工和短工,但单位面积雇工人数往往比经营地主和富农多。在南方水田区,地主、富农通常10—15亩雇用一名长工,但不少农场则是6—7亩雇用一名长工。如浙江南浔,种植果树的湖阳公司,40亩地雇有6名长工;有地13亩的南浔南林果园和有地12亩的震泽醒农场,各雇有2名长工,这3家农场农忙时都还加雇短工;有地20亩的震泽紫阳种植园雇有3名长工。② 广东大埔裕园永兴公司,在进行集约化经营时,30余亩果园,雇有10余名长工进行管理。③ 每名长工的耕作面积只有3亩。

与市内或近郊农场不同,离城市市区稍远的郊区,农场类型及生产经营,会发生某些微妙的变化。表12-54反映的是20世纪40年代末南汇县公私农场的大致情况。

① 苏南区农民协会调研科:《苏南农场概况》(1950年7月调查),见华东军政委员会土地改革委员会编:《江苏省农村调查》,1952年印本,第354页。

② 孙云蔚:《浔震两地之桃园调查》,《农林新报》1932年总第288期,第329—333页。

③ 国立中山大学农科学院:《广东农业概况调查报告书续编》上卷,1933年印本,第23页。

表 12-54 20 世纪 40 年代末江苏南汇农场情况统计

项目 创建年份	场名	场址	土地面积（亩）	产权及经营	经营范围及项目
民国初年	南汇县立农场	南门外	20—33	公立	繁殖稻棉良种，试种蔬菜品种，培育树木及饲养畜禽
1920	三林农场	浦东三林塘	50	私营	桃园
1924	绿荫蔬菜场	航头	5	私营	蔬菜栽培
1930	大中农场	下沙大中厂内	50	私营	蔬菜栽培、养猪
1933	浦东垦殖集体农场	三墩	1000	私营	改良棉业、养鱼
1934	示范棉场	朱店镇	14	公立	繁殖棉种
1937 年前	江苏棉作试验场南汇分场	周浦白曲	56	公立	棉作、轧花等
1937	生园农场	南汇城内	8	私营	林苗、养兔
1946	周浦中学试验农场	周浦镇	20	公立	蔬菜示范栽培
1946	福庆农场	严路	140	私营	改良棉业及水稻
1947	梅村农场	—	—	私营	—
1947	中建农场	书院顾家荡	1034. 3	私营	以棉业为主的种植业
1947	李园农场	新场镇西	30	私营	蔬菜、养鱼
1948	夏森试验农场	—	40	私营	香料、瓜果

资料来源：《南汇县志》，上海人民出版社 1992 年版，第 283 页。

如表 12-54 所示，20 世纪 40 年代末，南汇共有各式农场 14 个，其中私营农场 10 个，公立农场 4 个，分别占 69. 23% 和 30. 77%。占地和经营规模，绝大部分为小型农场，但也有两个占地千亩的中型农场。在经营范围和产品市场导向方面，也是多样性的，并非单为城市服务，为城市居民提供某种产品，大致分为三类：一是直接为城市服务，从事种植或养殖，为市民提供蔬果、苗木或副食品，这类农场有 6 家；二是进行农林专项或综合试验与品种繁育，或作物改良与常规种植、养殖并重，这类农场有 5 家；三是常规农作物种植及产品加工,这类农场最少,只有2家。就经营目的和市场定位而言,一、三两类农场很简单、明确,第二类农场比较复杂,它是作物种植试验、品种改良和商业性种植、养殖的混合体,或以前者为主,或以后者为主,或两者并重,或通过使用和推广良种,推销产品,扩大效益,等等,不过基本上都是一种商业行为,并非单纯的农业试验和良种培育推广。南汇公私农场经营范围和性质的这种多样性,是农场经营从城市(特别是大城市)市区、近郊、郊区到普通乡村所呈现的一种过渡形态,是由南汇作为上海郊区县的特殊地理位置决定的。

在广大农村地区,公私农场的土地使用、经营模式,又有所不同,情况更是多种多样。如表12-55所示,反映了一些地区(主要是南方地区)若干公营农场的发展沿革与经营状况。

表12-55 山东、江西等南北9省22县农场发展沿革与经营状况撮要(1878—1949年)

地区	项目	名称	成立年份	创办者	土地面积(亩)	经营范围	沿革及经营状况提要
1	山东无棣	县办苗圃	1878	林芳春(知县)	67	育苗造林	苗有侧柏、刺槐、杨树、榆树、椝树等,光绪间建第二苗圃,1921年划分为6个苗圃,各圃均有专人看管
2	江西广昌	农业试验场	1907	县政府		农林兼营	种植棉、麻、蓝靛、苏豆、果木等
3	江西吉安	吉安农林试验场	1910	县政府	70(垦荒)	农林园艺综合经营	种植果树、油桐、蔬菜、草子、花卉等

续表

地区		名称	成立年份	创办者	土地面积(亩)	经营范围	沿革及经营状况提要
4	江西吉安	江西第一糖业试验场	1917	农商部	110	植蔗榨糖	种植甘蔗
5	江西吉安	江西蚕桑局	1925	省政府	150	蚕桑	植桑,抗战时由南昌乐化迁至吉安城内
6	湖南永兴	新生农林场	1926	县政府	560	林木园艺	有森林、果园、花圃等,职员有主任、文书、事务员、技师、场务等25人
7	广西龙州	龙州林场(又称省辖镇南林垦区)	1926	省政府	621	植杉造林	初有林地238亩,1933年迁新场,面积421亩,育苗种地8亩。因管理得当,杉木长势良好,至1947年树高20—30米,直径20厘米
8	广东清远	县立第一模范林场	1932	县政府	6000余	植树造林	用栽植、播种、压条等方法植树,1934年造林804亩,有桉、合欢、桐、松、杉、牛屎木等

续表

地区	项目	名称	成立年份	创办者	土地面积(亩)	经营范围	沿革及经营状况提要
9	广西鬱林(今玉林)	六万垦殖区附属垦殖林场	1932	省政府	6000	以植树造林、松杉为主	建设六万山垦殖区的附属垦殖林场,有林面积6000亩,房屋300多平方米,场员数十人,
10	四川广安	农事试验场	1932	杨森(二十军军长)	300	饲养牛羊,栽培果树,进行农业试验	引进英国乳牛数头(供其取奶食用),甘肃绵羊、成都麻羊800余只,不久死光,另拟办果树栽培、农作试验,均无实绩,1935年二十军奉命出川,经费不济,1937年6月停办
11	广西邕宁	明阳垦殖场	1933	县建设局	—	招佃垦殖(由初时的官督商办改为地方官办)	1909年广西提督龙济光用滇人曹有明、龙伯乾,集资2万元,办济福公司,领地垦荒,耕丁以裁撤营兵充之,民国后,因匪乱停办。1933年县饬建设局接办,招佃百余人垦殖

续表

地区	项目	名称	成立年份	创办者	土地面积(亩)	经营范围	沿革及经营状况提要
12	广西贵县	贵县农场	1933	县政府	600余	农林作物试验	1933年县建农林试验场和独山农场,1936年试验场改称贵县农场(独山农场继续浚垦),并另选新址,有肥地600余亩,1939年交省办,改名“广西省第四区联合农场贵县分场”,1940年退回县办,改名“贵县竹根农场”,因人力不足,部分耕地出租
13	江西弋阳	弋阳县农场	1935	—	—	以农业为主,附带育苗	1940年改称“江西农业院弋阳农作物推广所和县农林场”,两块牌子,一套人马,有职工20人
14	浙江绍兴	绍兴县农场	1936	县政府	—	以种植稻麦为主	场部在府山,下设东湖稻麦部,1938年场部迁东湖

续表

项目 地区		名称	成立年份	创办者	土地面积(亩)	经营范围	沿革及经营状况提要
15	福建永春	县立农场	1937	县政府	60	农林养殖综合经营	初为县立苗圃场,育苗、造林、3年后改为县立农场,种植杂粮蔬菜、养畜禽,1949年停办
16	福建松溪	县立农林场	1937	县政府	67+40多	农林综合经营	引进推广水稻、小麦、棉花,育苗,67亩由罗汉寺庙产拨充,1942年在城关设分场,有水田40多亩,解放前夕因经费无着停办
17	浙江缙云	缙云县农林场	1938	县政府	租民田68.66+地4.93	以稻麦试验和良种繁育为主	租用民田16.66亩、地4.93亩,进行稻麦品种试验和良种繁育,1939年另租田26亩,在胪膛分设良种繁殖区,1941年与县林场合并,称县农林场,职工7人
18	四川阆中	四川省稻麦改良场阆中分场	1938	—	—	良种繁育	试验繁殖小麦、水稻良种

续表

地区	项目	名称	成立年份	创办者	土地面积(亩)	经营范围	沿革及经营状况提要
19	福建明溪	县立农场	1939	县政府	140+153(垦荒)	农业园艺综合经营兼育苗	地29亩,工人4名,种植水稻、甘薯及马铃薯、蔬菜,1943年改称农林场,地扩至140亩,工人20名,1945年增至40人,贷款垦荒153亩,12月改称农业推广所,1946年缩小经营范围,工人限雇18人,新垦地悉数出租,解放前夕,濒于倒闭
20	江西贵溪	县立农场	1939	县政府	耕地数十亩	农林兼营	农场有耕地数十亩、林地150余亩,1942年改称县农业推广所,有职工21人
21	浙江新昌	新昌农林场	1940	县政府	—	—	场址在鼓山
22	浙江诸暨	诸暨农林场	1940	县政府	—	—	场址在平安乡,1948年迁至金鸡山脚

续表

地区	项目	名称	成立年份	创办者	土地面积(亩)	经营范围	沿革及经营状况提要
23	江西吉安	江西省垦殖处	1940	省政府	200	垦荒种植,安置伤残军人	在固江设办事处,安置国民党军伤残人员200余人,开荒地200亩
24	江西泰和	试验养鱼场	1940	省建设厅	鱼池19亩	养鱼苗试验,推广水产技术	抗战时省府迁泰和,在黄岗村建试验养鱼场,有鱼池53口,饲养鱼苗,并负责水产技术的讲座与推广
25	四川阆中	县农业推广所附设农林分场	1940	县政府	12	试验繁殖良种	试验繁殖小麦和水稻良种
26	江西广昌	下兰垦殖场	1941	—	485(垦荒)	集体垦荒种植,安置难民	安置沦陷区难民131户、401人
27	江西广昌	头陂垦殖场	1942	—	696(垦荒)	集体垦荒种植,安置难民	安置沦陷区难民141户、149人
28	四川金堂	中国农民银行园艺场金堂分场	1943	中国农民银行	186	果园经营	有良种果树1500余株

续表

地区	项目	名称	成立年份	创办者	土地面积(亩)	经营范围	沿革及经营状况提要
29	广西贵县	小江农场	1945	县政府	60余	农场经营兼农业推广	创建时指定该场同时成立“农业推广所”，一场两牌
30	江西广昌	农业推广所	1946	县政府	95	农业推广	业务有名无实
31	湖北荆门	沙洋集体农场	1946	省复兴委员会	—	推广先进农具，垦荒种植	民国时，省实业公司在荆州东门内开办农业试验场，1946年省复兴委员会在沙洋开办曳引机（拖拉机）训练班，同时从事垦荒，以资示范，并在沙洋、十里铺辅助兴办集体农场
32	湖北荆门	荆门江家坪合作农场	1947	荆门县	1800（租入）	种植养殖渔业（有湖面3000亩）综合经营	设理事、监事会，年分粮食20.3万吨，棉花360公斤，养母猪20头，育肥肉猪600公斤，捕鱼1600公斤，后因内战停办

续表

项目 地区		名称	成立年份	创办者	土地面积(亩)	经营范围	沿革及经营状况提要
33	福建永春	县立农业试验场	1948	县政府	70	经营果园为主	有工人7名,1949年停办

资料来源:1.《无隶志县》,齐鲁书社1994年版,第147页;2、26、27、30.《广昌县志》,上海社会科学院出版社1995年版,第225页;3、4、5、23.《吉安县志》,新华出版社1994年版,第154页;6.《永兴县志》,中国城市出版社1994年版,第332页;7.《龙州县林业志》,广西人民出版社1993年版,第438页;8.《清远县志》第5卷,林业,广东人民出版社1995年版,第201—202页;9.《玉林市志》,广西人民出版社1993年版,第276页;10.《广安县志》,四川人民出版社1994年版,第349页;11.《邕宁县志》,中国城市出版社1995年版,第359页;12、29.《贵港市志·农业志》,广西人民出版社1993年版,第417—418页;13.《弋阳县志·农业志》,南海出版社1991年版,第323页;14、21、22.《绍兴市志》(第二册)第13卷,农业,浙江人民出版社1997年版,第1037页;15、33.《永春县志》,语文出版社1992年版,第151页;16.《松溪县志》,中国统计出版社1994年版,第136—137页;17.《缙云县志》,浙江人民出版社1996年版,第146页;18、25.《阆中县志》,四川人民出版社1993年版,第371页;19.《明溪县志》,方志出版社1997年版,第179页;20.《贵溪县志》第4卷,农业,中国科学技术出版社1996年版,第231页;24.《泰和县志》,中共中央党校出版社1993年版,第442页;28.《金堂县志》,四川人民出版社1994年版,第196页;31.《荆州地区志》第8卷,农业,红旗出版社1996年版,第197页;32.《荆门市志》,湖北科学技术出版社1994年版,第304页。

表12-55中33个农场、农林场,除了湖北荆门江家坪合作农场,全部为公营农场。农场、农林场所在地区和地理环境,除了“江西蚕桑局”抗日战争时由南昌乐化(今新建县中部)迁入吉安城内,其余都在农村;建场时间最早1878年(光绪四年),最晚1948年,其中26场建于1832年或以后,18场建于1937年或以后。但不论建于何时,除四川广安农业试验场于1936年6月停办、湖北荆门江家坪合作农场“因内战停办”外,其他各场都至少存续到内战中期或1949年解放前夕,可以从较长时间观察这些农

场、农林场的经营状况及其变化。

总的情况是，无论农场性质、土地来源、农场规模、经营状况，多种多样，但又不同于城镇郊区农场的特点。

按设场目的和生产经营性质，一是以谋利为目的、按农场模式经营的苗圃、农业试验场、农业推广所；二是带有资本主义性质的农场或林场、垦殖场；三是垦荒生产自给，安置伤残军人和逃亡难民，以前二者为主，且二者内部，机构、名称经常变化，或者一个机构两块牌子。农场的土地来源，除浙江缙云县农林场、湖北荆门江家坪合作农场租用民田、民地外，全部为官地，而且相当部分是荒产。开荒生产、植树造林是这一时期兴办公营农场的主要目的和任务。农场规模大小悬殊，有土地面积可查的 27 个场，最大的 6000 余亩（林地），最小的 12 亩，相差 500 倍，27 场平均 698 亩。若剔除两家面积各 6000 亩的林场不计，25 场平均 273 亩，规模不大。农场经营范围，除育苗、果园、良种繁育、鱼苗饲养等专项经营，更多的是综合经营。经营范围不限于农业、林业和养殖业，还包括农业试验、良种繁育和农业推广等。土地使用和经营模式，大致分为三种：雇工集中经营；招佃收租；自耕自食。其中以第一种模式为主，招佃收租有 3 家，一家招佃垦荒，另两家因经费困难或人力不足，缩小经营范围，将新垦地或部分耕地出租。安置难民和伤残军人的三家则完全自耕自食，既不雇工，也不出租。第三种模式的农场经营是特殊历史条件下的产物。耕作经营范式，集约粗放不一，农场集约，林场（苗圃、果园除外）粗放。从少数有人员、劳力配置可查的农场情况看，多为集约型经营。福建明溪县立农场是典型例子。该场初时有地 29 亩，工人 4 名，种植水稻、杂粮、蔬菜，人均耕作面积 7. 25 亩；1943 年土地扩至 140 亩，工人 20 名，人均耕作面积 7 亩；1945 年工人增至 40 人，新增加的 20 人，实际用于贷款垦荒，人均耕作面积不变；1946 年缩小经营范围，工人限雇18人,于是将新垦地悉数出租,自营地仍为140亩,人均耕作面积7.78亩,始终没有超过8亩,明显低于当地单位劳力耕作面积。① 该省永春县立农业试验场,有地70亩,工人7名,人均耕作面积10亩,以经营果园为主,集约化程度也是相当高的。某些农场只有职工总数,而无工人数,不过仍可大致窥测其耕作经营范式。江西贵溪县立农场有耕地数十亩、林地150余亩,农林兼营,以农业为主,有职工21人。若以工人14人、耕地50亩左右计算②,人均耕作面积(含林地)14.3亩左右,亦属集约化经营。户均、人均耕作面积十分狭窄的难民和伤残军人合作农场,则只能加大劳力投入、提高集约化程度,才能维持场员生活。

以上所反映的只是公营农场、农林场的土地使用和经营情况,除一家合作农场外,完全没有涉及私营农场。这是受资料局限所致。前述苏南地区105家农场中,有土地使用和经营情况资料的计56家,其中公营农场21家,私营农场35家,可借以弥补上述33家农场资料的缺陷。现将苏南56家农场按其土地占有、使用和经营情况,分类见表12-56。

表12-56 苏南56家农场土地来源和使用情况统计(1949年)

项目 农场类别	佃田雇工经营			自田雇工经营			自田雇工经营兼出租			大部或全部招佃收租		
	场数	佃入(亩)	自田(亩)	场数	自田(亩)	佃入(亩)	场数	雇工(亩)	出租(亩)	场数	出租(亩)	自营(亩)
公营农场	1	61.00	31.00	11	26839.02	0	5	2918.50	406.50	4	14173.8	4774

① 福建当地人多地少,农业经营高度集约,通常每个劳力的耕作面积为8—10亩左右。

② 假定按工作于生产第一线的工人人数占职工总人数2/3计算(据对苏南11家私营农场的调查,共有职工330人,其中工人222人,占2/3强。——见华东军政委员会土地改革委员会编:《江苏省农村调查》,1952年印本,第352—353页),则工人为14人。

续表

项目 / 农场类别		佃田雇工经营			自田雇工经营			自田雇工经营兼出租			大部或全部招佃收租		
		场数	佃入（亩）	自田（亩）	场数	自田（亩）	佃入（亩）	场数	雇工（亩）	出租（亩）	场数	出租（亩）	自营（亩）
私营农场	独资	0	0	0	1	40.00	0	2	2220.00	73.00	1	1033.00	67
	合股	1	21.33	0	4	4959.73	67	2	331.49	65.43	1	1246.2	0
	宗教	0	0	0	1	380.00	0	1	34.70	23.30	0	0	0
	学校	0	0	0	1	41.50	0	0	0	0	0	0	0
	不明	4	3049.66	1775.02	14	3432.00	0	0	0	0	2	53.0	0
	小计	5	3070.99	1775.02	21	8853.23	67	5	2586.19	161.73	4	2332.2	67
总计		6	3131.99	1806.02	32	35692.25	67	10	5504.69	568.23	8	16506.0	4841
备注		1. 另有49场经营模式不详（占有或使用土地28517.219亩）。2. 私营农场中，有1场自田自营、佃田、出租三者兼用（自田自耕68.49亩，佃入30.57亩，出租56亩），计入“自田雇工经营兼出租”栏，并从其出租土地中扣除佃入土地，出租地以25.43亩计算。											

资料来源：据苏南区农民协会调研科：《苏南农场概况》（1950年7月调查），见华东军政委员会土地改革委员会编：《江苏省农村调查》，1952年印本，第350—351页“苏南区各县公私营农场几种类型统计表”改制。

如表12-56所示，不论公营农场还是私营农场，其土地占有和土地使用，都大致分为四种类型：第一种，农场没有或只有少量土地，只能全部或大部佃入土地进行雇工经营。这类农场类同农业资本家，计有公营农场1家，私营农场5家，共6家，占10.71%。第二种，基本上自地自种，全部或大部为自有地的雇工经营。这类农场类同带有某种资本主义性质的自富农或经营地主，计有公营农场11家，私营农场21家，共32家，占57.14%。第三种，农场占有的土地雇工直接经营，但有部分土地出租。这类农场类同部分土地出租的自富农或经营地主，计有公营农场、私营农场各5家，共10家，占17.86%。第四种，农场占有的土地大部或全部招佃收租。这类农场等同出租地主，计有公营农场、私营农场各4家，共8家，占14.29%。这其中第三、四种两种尤其第四种情形，在城市郊区农场中是罕见的。

至于农场的土地占有和使用面积，56家公、私农场共占有土地 64918. 19 亩,平均每场 1159. 25 亩,共佃入土地 3229. 56 亩,出租土地 18074. 26 亩,自田加上佃入地、扣除出租地,实际使用土地 50073. 49 亩,场均 894. 17 亩,相当于占地面积的 77. 13%,在总体上类同部分土地出租的自富农或经营地主。

当然,这是就整体而言,具体到各个农场,差异悬殊,公营农场和私营农场比较,情况也不一样。21 家公营农场共有土地 49142. 82 亩,平均每场 2340. 13 亩。21 场共佃入土地 61 亩,出租土地 14580. 3 亩,自田加上佃入地、扣除出租地,实际使用土地 34623. 52 亩,场均 1648. 74 亩,相当于占地面积的 70. 45%。35 家私营农场共有土地 15775. 37 亩,平均每场 450. 72 亩。35 场共佃入土地 3137. 99 亩,出租土地 2493. 93 亩,自田加上佃入地、扣除出租地,实际使用土地 16419. 43 亩,场均 469. 13 亩,相当于占地面积的 104. 08%。苏南公、私营农场比较,公营农场占地面积较大,但实际经营面积只相当于占有面积的 7 成;私营农场占有面积较小,但实际经营面积超过占有面积。这说明公、私营农场比较,公营农场的封建色彩更为浓厚。一些大的公营农场沿用封建租佃制度进行经营,如吴江庞山湖农场,全场 8600 余亩稻田,全部经由少数人包租,再分散转租给农民耕种。抗日战争胜利后,该场由"扬子江水利委员会"接收,拟将包租田收回雇工自种,遭到农民反对(因土地多原为农民所有),只得一部分沿用"包租耕种制",一部分采用"雇工包种制"。除自耕 224. 37 亩(包括试验田)外,其余仍按人口重新分租给农民,具体办法是 20—50 岁的,男每人 10 亩,女每人 5 亩;15—20 岁的,男女各 3 亩。租额为总产量的 37. 5%,另加机器戽水费(1949 年为每户 42. 5 斤稻谷)。① 原有经营模式未有改变。

① 苏南农林水利局:《吴江县庞山湖农场调查》,见华东军政委员会土地改革委员会编:《江苏省农村调查》,1952 年印本,第 360—361 页。

经营范围和项目，因所处地理位置和规模大小不同，各场互有差异。一些在上海、苏州等大中城市附近的小型农场，往往以集约经营的方式，专项或综合生产蔬果、园艺作物，供应市民需要；一些距离城市稍远、较大的农场，则往往以生产粮食、工业原料或供应国内外市场的某些经济作物为主，如镇江四益农场的蚕桑，上海中华农场的薄荷，及其他农场的小麦等；一些位处山地、湖滩的农场，则因地制宜，大多经营苗圃、林场、茶园，种植一般农作物，据调查，此类农场“所占数量很大，为农场中的主要部分”；另外还有部分农场，种植花卉、香料、果树，这类农场“所占面积不大”①。就总体而言，或从所占土地面积来看，农场生产经营的主要内容，还是粮食作物、经济作物、一般农产品和经济林木。

公私农场的经营管理、经济效益，好坏参差，优劣互见，情况多样。资料显示，公营农场中，成效明显的只占少数。广西龙州林场、浙江缙云农场要算是其中少有的佼佼者。前者“因管理得当”，经营20余年，树木成林，大树参天；后者租用民田民地，进行稻麦品种试验和良种繁育，成立1年后，另租民田，分设良种繁殖区，后与县林场合并为农林场，稳步发展。② 山东无隶县办苗圃、广东清远县立第一模范林场、广西玉林六万垦殖区附属垦殖林场也都不错。其余大多一般，或情况不详。更有部分农场机构臃肿，管理混乱，经营无方，业务有名无实；或经费短缺，人手不足，农场规模萎缩，经营衰退；或苟延残喘，半死不活，最后停办、倒闭告终；或一度有所发展，但兴衰、顺逆无常，最终亦难逃破产倒闭的厄运。

① 苏南区农民协会调研科：《苏南农场概况》(1950年7月调查)，见华东军政委员会土地改革委员会编：《江苏省农村调查》，1952年印本，第354—355页。

② 《缙云县志》，浙江人民出版社1996年版，第146页。

创办于1932年的四川广安农事试验场,先后引进英国乳牛数头(供其取奶食用),甘肃绵羊、成都麻羊800余只,但不久全死光;另拟办果树栽培、农作试验,亦均无实绩。1935年二十军奉命出川,经费不济,1937年6月停办,前后不过5年。① 福建永春县立农场,1937年开办时初为苗圃场,育苗、造林,1940年后改为县立农场,扩大规模,除育苗、造林,还种植杂粮、蔬菜,饲养畜禽,至1949年亏折停办。②

比较而言,大部分私营农场的组织架构相对精干,经营管理比当地一般农民科学、合理,经济效益较好,如湖北荆门江家坪合作农场成立仅一年,即取得粮棉渔畜全面丰收佳绩,可惜旋即因内战停办;江苏无锡陆园农场,经营桃园,耕作管理和农场收益均优于当地一般农户,对桃树的栽培、经营比当地农民好,整地立畦,桃树布植合理,施肥、修剪等较科学,尤其是有当地农民所没有的嫁接技术,因而产量较高,质量较好,收益较丰。在桃树旺产期,每亩最多产桃约20担,一般12—14担,如每担以5斗米计算,最多售米10担,一般6—7担,除去工本2.51石,可获利3.5—4.5石左右。③ 松江大有农场,以培植苗木为主,兼种水稻、蔬菜,1947—1949年3年均有盈利。④ 另据对镇江四益、上海中华两场1949年的收支调查,均为盈余。⑤ 当然,由于某种原因也有亏折的,如丹

① 《广安县志》,四川人民出版社1994年版,第49页。

② 《永春县志》第7卷,农业,语文出版社1992年版,第151页。

③ 《无锡县陆区乡陆园农场调查》,见华东军政委员会土地改革委员会编:《江苏省农村调查》,1952年印本,第365—366页。

④ 苏南农林水利局:《松江县大有农场调查》,见华东军政委员会土地改革委员会编:《江苏省农村调查》,1952年印本,第363页。

⑤ 苏南区农民协会调研科:《苏南农场概况》(1950年7月调查),见华东军政委员会土地改革委员会编:《江苏省农村调查》,1952年印本,第356页。

阳练湖农场,因新垦土地,所需工本较大,以致亏欠。1949 年收入 2088.98 石,支出 3657.499 石,亏蚀 1568.51 石。[①] 亦有农场生产状况比不上当地农民。如句容中华三育研究社附属农场,据其负责人称,"农场生产,不及一般农民",全年收入(稻、麦及豆等计算),只能维持农场内职工三五个月的薪水(据工人说,可维持 10 个月左右),其余需社方补助。不过工人的劳动成果并不限于农场收获,因"农场工人不但在田里做,还要帮做社内如筑路等其他工作"[②]。

三、抗日战争后方农业局部及不平衡发展和战后农业的整体衰萎

这一时期国民党统治区农业和农村经济的发展变化,明显分为两个阶段,各有不同特点。抗日战争期间,在大后方和国民党其他控制区,抗日战争前期和中期,国民党政府采取了多方面的政策措施,一些地区的农业生产有不同程度的恢复与发展:部分荒地被开发或垦复,耕地面积恢复或扩大;因提倡和推广冬作,提高复种指数,增加土地产量(主要是全年总产量),部分地区的作物结构发生某些变化,大麦小麦种植由北向南扩展,加上豌豆、蚕豆、豇豆、绿豆种植的推广,一定程度上缓解了春末夏初青黄不接的饥荒困境;棉花种植由东往西延展,四川、贵州、云南一些原来无棉少棉地区,开始植棉,部分满足了军民需求。但抗日战争中期后,随着货币贬值和田赋征实、征借政策的推行,农民破产,外逃逋赋,后方农业转趋

① 苏南区农民协会调研科:《苏南农场概况》(1950 年 7 月调查),见华东军政委员会土地改革委员会编:《江苏省农村调查》,1952 年印本,第 356 页。

② 苏南农林水利局:《句容县"中华三育研究社"调查》,见华东军政委员会土地改革委员会编:《江苏省农村调查》,1952 年印本,第 369—370 页。

衰微。

抗日战争胜利后,无论抗日后方还是原沦陷区,农业均未能得到恢复,而是转趋或加速衰萎。原伪“满洲国”和关内沦陷区尤为突出。日本侵略者在东北、东蒙和关内占领区烧杀、劫掠、蹂躏分别长达14年和8年之久,这些地区的农业生产、农业资源、农业生产设备和农户家庭财产均遭严重甚至毁灭性的劫掠、破坏,生产资金、耕畜农具、农业劳力极度短缺,农村山穷水尽、满目疮痍,农民缺吃少穿、精疲力竭,亟须轻徭薄赋,休养生息,医治战争创伤。然而,国民党蒋介石为了发动和支持内战,不仅没有采取任何措施与民休息,帮助农民摆脱困境,集中人力物力恢复农业与农村经济,而是继续摊派苛索,抓丁拉夫,敲骨吸髓,一般农户既无米下锅,又无劳力种地,深陷绝境,农业加速衰退。随着国民党蒋介石在战场上节节败退,统治区域不断缩小,财政日益拮据,经济加速恶化,物价飞涨,货币变成一堆废纸,农民和农村经济濒临破产。

(一)抗日战争后方农业的局部及不平衡发展

抗日战争时期特别是抗日战争前期和中期,国民党中央和一些政府推行了若干农业政策和措施,包括鼓励垦荒,增加耕地;兴修农田水利,扩大灌溉面积;提倡和推广越冬作物种植,提高复种指数和土地产量;成立农业试验场所,试验、推广作物和畜禽优良品种;开展合作运动,通过合作社发放贷款,解决农民资金困难,减轻商人和高利贷盘剥;等等。使一些地区的荒地被开发,农业生产获得不同程度的恢复和发展。当然,这种恢复和发展是局部的、不平衡的。

土地是农业生产的基础条件。1937年日本全面侵华战争爆发时,正值20世纪30年代中国农业恐慌结束不久,一方面,损失惨重的农民尚未喘过气来,新荒耕地尚未垦复,更遑论老荒和其他宜耕荒地的垦辟;另一方面,北部、东部农业和工商业发达地区,大片土地沦陷,大批工厂企业、机关学校西迁,加上难民,西部和后方其他地区人口骤增,粮食和轻工业原料供应的压力空前加剧。恢复和发展农业生产实属当务之急,垦复新老荒地,开发宜耕荒地更是刻不容缓。西部一些地区垦殖系数更低,宜垦荒地更多,据内政部 1934 年的统计,陕西省有荒地 36838824 亩,甘肃 6035894 亩,宁夏 1391308 亩,青海 8253658 亩,新疆 29030300 亩,云南 12112407 亩,四川 112465350 亩,西康 1130000 亩,贵州 16996275 亩,广西 64611840 亩,合计 288865856 亩。① 因此,抗日战争期间的荒地开垦主要推行于西部地区,取得某些成效。

西北地区,陕西垦荒开展较早,形式多样,设立于 1938 年 3 月的黄龙山垦区初为省营,1939 年 5 月改为国营,垦区规模宏大,成效显著,到 1944 年 7 月,共招收垦民 58400 余人,垦发荒地 33.1 万余市亩,收获作物产量 76.1 万余市石。② 甘肃于 1941 年 11 月开办岷县垦区,垦地面积约 10 万亩,除部分已由土著耕种外,可垦地约 5 万亩,并在天水举办军垦实验区,选定荒地约 1 万亩,有垦民和荣誉军人 1084 人,至 1942 年 7 月底,已垦地 2580 亩。同年 5 月,农林部在甘肃酒泉东部成立甘肃河西屯垦实验区,荒地面积约 1417.5 万余亩,预定当年招收垦民 400 人、垦兵 600 人。1942 年 7 月,青海由中央拨款 100 万元,马步青率部 3000 人前往柴达木盆地进行屯垦,可垦面积约 50 万亩,其中 10 万亩稍事整理,来春即可播种。③ 1942 年,国民党政府还计划在豫、皖、湘三省受水灾损

① 施珍:《成长中之中国垦殖》,《中农月刊》1945 年第 6 卷第 9 期。

② 陆和健:《抗战时期西部农垦事业的发展》,《民国档案》2005 年第 2 期。

③ 秦柳方:《关于抗战中的后方垦殖事业调查报告》(1941 年 11 月 30 日),见中国第二历史档案馆编:《中华民国史档案资料汇编》第 5 辑第 2 编,财政经济(8),江苏古籍出版社 1977 年版,第 220、221、224—225 页。

失地区,调移人民 20 万人,分送西北各地,从事垦殖工作,并考虑奖励中央公务人员赴西北开垦计划,凡现任中央公务人员前赴垦荒者,得享停职或留薪优待,以五年为期,第一年付全薪,以后逐年递减。所垦土地的所有权,即属开垦者。[①] 新疆省政府也于 1944 年招募河南省难民约 1 万人入省垦荒。[②]

西南诸省的荒地开垦,四川于 1941 年 11 月成立东西山屯垦实验区,设有 5 个垦场,至 1942 年 7 月底,已清荒地 3122 亩,垦地 1320 亩,种植面积 1170 亩。[③] 还有雷马屏峨和金佛山两个国营垦区,均开设(或改办)于 1942 年,同年 7 月底已招垦民 861 人,垦地 4407.6 亩。西康于 1941 年成立西昌垦区(次年改为屯垦实验区),设有两处垦场,有荒地 60.6 万亩,至 1942 年 7 月,已招垦民 247 人,垦地 1910 亩。[④] 在云南,有垦务委员会办理的开蒙垦殖局,华西垦殖公司的建水羊街坝实验区,富滇新银行的蚕业新村。贵州设有铜仁六龙山屯垦区,到 1944 年,该区有垦民 146 人,荣誉军人 383 人,开垦荒地 2605 亩。此外还有农业改进所设立的平坝

① 秦柳方:《关于抗战中的后方垦殖事业调查报告》(1941 年 11 月 30 日),见中国第二历史档案馆编:《中华民国史档案资料汇编》第 5 辑第 2 编,财政经济(8),江苏古籍出版社 1977 年版,第 225 页。

② 陆和健:《抗战时期西部农垦事业的发展》,《民国档案》2005 年第 2 期。

③ 秦柳方:《关于抗战中的后方垦殖事业调查报告》(1941 年 11 月 30 日),见中国第二历史档案馆编:《中华民国史档案资料汇编》第 5 辑第 2 编,财政经济(8),江苏古籍出版社 1977 年版,第 221 页。

④ 秦柳方:《关于抗战中的后方垦殖事业调查报告》(1941 年 11 月 30 日),见中国第二历史档案馆编:《中华民国史档案资料汇编》第 5 辑第 2 编,财政经济(8),江苏古籍出版社 1977 年版,第 221 页。

模范农村。①

抗日战争期间，整个西部地区的垦荒面积，据国民党政府农林部统计，截至1945年年初，该部直属垦区共招收垦民6.8万余人，荣誉军人2700余人，垦地44万余亩；各省垦务机关团体有垦民20余万人，垦地200余万亩。② 另据估计，包括国营、省营、民营以及政府倡导下的自发开垦在内，约为1000万亩左右。③

中南、东南诸省，国民党中央和地方政府在其控制区内，也采取多项措施垦发荒地。河南有1939年开办的邓县垦区，面积4.3万亩，先后收容难民近万人；在湖南，1939年农业改进所主办沅芷垦区，垦地21879亩。1942年又在沅江设立"湖田管理处"，开垦湖田。其他各县也都积极开荒，常宁一县即垦荒5000余亩；湘西靖县荣誉军人垦殖区，累计垦辟荒山万亩，种植稻麦、杂粮、油桐等。计有荣誉军人万人、眷属数百人，无妻者多与当地苗女通婚，"故人口日增"。江西在1938—1942年间，先后设立吉安、泰和、吉水、万安、南丰、南城等6大垦殖区，以及省直属吉安凤凰墟、高塘、吉水竹埠、太湖沿溪渡、安福坪湖等27处垦殖场，容纳垦民48816人，1942年又计划增设15处垦场和南侨垦殖团。浙江有保民垦殖运动，在衢县设有三衢垦牧公司，江山赈济会办有难民垦荒，不过由于宜垦荒地不多，加上其他原因，垦荒面积有限。福建垦殖开始于1940年，设有垦务总所，主管全省垦殖事务，下设崇安、建宁、泰宁、德化、宁洋、清流6个垦务所，以及邵武试验垦区，提倡集体耕作，并附设农具制

① 参见陆和健：《抗战时期西部农垦事业的发展》，《民国档案》2005年第2期。

② 《农林部工作概况》（民国三十年五月至民国三十五年三月），见秦孝仪主编：《革命文献》第102辑，1985年台北印本，第22页。

③ 参见陆和健：《抗战时期西部农垦事业的发展》，《民国档案》2005年第2期。

造厂。截至1941年6月底,全省有垦民1467户、5758人,配垦面积40729.95亩,垦发23950.27亩。此后着重开发闽西,1942年计划增设邵武、将乐、宁化、顺昌等垦务所,又拟于南靖设立侨民垦区,选招归侨50户、250人,垦殖荒地500亩。广东垦殖,有官办、民间团体和农民个体等形式。截至1941年,官办、民间团体以及各县督导人民垦荒共约56.98万亩,植桐455万余株;1941年12月至1942年6月,由省地方当局核准放垦的荒地荒山共189938亩,据说其他已垦而未依法申请及正在办理者,“当一倍于此数”。广西除抗日战争前设办的五林六万垦区和柳州广西水利垦殖实验外,抗日战争爆发后,有移桂难民垦殖处主办的桂林大埠良丰十里墟、桂林大沙乡、大中乡红景山垦区,安徽难民垦殖团开发的临桂县万正乡垦区,难民垦殖工艺场主办的良丰红木桥垦区,均由赈委会拨款,容纳垦民1379人,开垦面积计平地7980.1亩,水田1792亩。另有桂林、临桂等16县各垦殖公司所垦土地20余万亩,临桂、象县、柳江等41县放荒给农民垦发的184772亩,各县乡村“公垦”4万余亩。合计开垦面积约43万余亩。同时,广西省政府还先后拨款和组织归侨从事垦殖:1942年拨款50万元,接管良丰难民垦殖工艺场,安顿归侨,并在雒容成立侨民垦殖场,在龙州独山设归侨村,以合作和自费垦殖两种方式垦种,每人均以领垦30亩为原则。后者垦殖3年后,可以取得土地所有权。① 以上有限资料、数据显示,中南、东南诸省,到1942年前后,新垦荒地约200万亩。加上资料缺漏部分,应在500万亩以上。

抗日战争期间的后方土地垦殖,除了扩大耕地面积,最主要和直接的功效,还是因地制宜(视各地荒地数量、人地比例而定),妥

① 秦柳方:《关于抗战中的后方垦殖事业调查报告》(1941年11月30日),见中国第二历史档案馆编:《中华民国史档案资料汇编》第5辑第2编,财政经济(8),江苏古籍出版社1977年版,第222—224页。

善解决了人数众多的难民和退伍军人、伤残军人的安置难题。日本全面侵华战争爆发后，随着国土的不断沦陷，大批难民流往后方，战争初期仅流往西部地区的难民就达900万人，中南、东南诸省国民党政府控制区的难民人数更多；抗日战争也使退伍军人和伤残军人的数量加速扩大。庞大的难民和退伍军人、伤残军人不仅成为社会的沉重负担，而且直接影响社会的治安、稳定和城乡居民正常的生产、生活，情况相当严峻。通过土地垦殖，安置难民和退伍军人、伤残军人，为其创造条件，自力更生、自食其力，减轻国家和社会负担，安定后方秩序，并还为社会创造财富，向政府缴纳田赋、盈利，有力地支援了抗日战争。

水利是农业的命脉。抗日战争期间，国民党中央和某些地方政府对后方农田水利较前重视，农田水利建设有所进展，陕西在这方面取得的成效尤为显著。1930年，杨虎城主持陕政后，特聘陕籍水利专家李仪祉任建设厅长，主持水利事务。李仪祉就任当年冬天即开始实施酝酿了十多年的引泾灌溉工程，兴修泾惠渠，并于1932年6月竣工放水。同月陕省水利局成立，转任局长的李仪祉，“鉴于陕省灾情之重，农村破产之惨，为图根本补救，拟定兴修水利为施政方针”①，又着手修建洛惠、渭惠和梅惠3渠。

抗日战争期间，陕西关中地区新兴的农田水利工程有黑惠渠、沣惠渠、泔惠渠和涝惠渠，与战前开工修建的泾惠、渭惠、洛惠、梅惠4渠合称“关中八惠”。汉中兴建的大型农田水利工程主要有汉惠渠、褒惠渠和湑惠渠。② 陕北地处黄土高原，尤为干旱少雨，

---

① 西安市档案馆编印：《陕西经济十年》，1997年印本，第224页。

② 另，计划中有牧惠渠，位处西乡县，可灌田1万亩，但未及施工（王宝善：《陕南农业论文集》，陕西省农业改进所陕南农场1944年印本，第6页）。1952年7月编制的《陕西省水利事业五年（1953—1957）计划轮廓（修正计划）》，西乡牧惠渠亦是重点工程。

而农田水利则较关中、陕南落后,没有大规模的灌溉工程。抗日战争前,省水利局已开始着手规划陕北水利,抗日战争期间,陕北兴修的较大规模的灌溉工程主要有织女渠和定惠渠。织女渠被视为“陕北以科学方法开办水利之先驱”①。抗日战争前后,陕西灌渠兴修情况见表12-57。

表12-57　抗日战争前后陕西省兴修农田水利工程概况(1930—1950年)

地区水渠别	项目	水源	灌溉县域	施工日期	放水日期	灌溉面积(千市亩)	干支渠长度(公里)	兴建单位
关中	泾惠渠	泾河	泾阳、三原、醴泉、高陵、临潼	1930.10—1935.4	1932.6	730	273.98	渭北水利工程委员会
关中	洛惠渠	洛河	蒲城、朝邑、平民	1934.3—1950.4	1947.12	500	83.61	泾洛工程局
关中	渭惠渠	渭河	郿县、扶风、武功、兴平、咸阳	1935.4—1937.12	1936.12	600	177.80	省水利局
关中	梅惠渠	石头河	郿县、岐山	1936.10—1938.6	1938.7	132	121.87	泾洛工程局
关中	黑惠渠	黑河	盩厔	1938.9—1942.12	1942.4	160	55.78	泾洛工程局
关中	沣惠渠	沣水	鄠县、长安、咸阳	1941.9—1947.5	1947.5	230	48.44	省水利局
关中	泔惠渠	泔河	礼泉	1943.5—1944.2	1944.4	3	5	省水利局
关中	涝惠渠	涝河	鄠县	1943.7—1947.10	1947.9	100	22.43	省水利局

① 陈靖:《陕北水利纪实(上)》,《陕西水利季报》1940年第5卷第3、4期,第24页。

续表

地区水渠别 \ 项目		水源	灌溉县域	施工日期	放水日期	灌溉面积（千市亩）	干支渠长度（公里）	兴建单位
汉中	汉惠渠	汉江	勉县、褒城	1938. 12—1942. 12	1941. 7	110	41. 11	省水利局
	褒惠渠	褒河	褒城、南郑、城固	1939. 9—1942. 8	1942. 6	140	55. 31	省水利局
	湑惠渠	湑水河	城固、洋县	1941. 9—1948. 5	1948. 5	160	41. 3	省水利局
陕北	织女渠	无定河	榆林、米脂、绥德	1937. 8—1938. 12	1939. 4	11	18	省水利局
	定惠渠	无定河	横山、榆林	1941. 4—946. 10	1943. 9	40	34	省水利局
总计	13	—	27	—	—	2916	978. 63	—

资料来源:《陕西省水利局主要人员调查表及水利概况等统计材料汇集(一)》,陕西省水利局档案,陕西省档案馆藏,档号:96-1-96-1,第 17 页;王成敬:《西北的农田水利》,中华书局 1950 年版,第 19—20 页,转自石涛:《抗战前后陕西农田水利建设研究》,《中国经济史研究》2017 年第 2 期。

如表 12-57 所示,包括抗日战争前开始兴建的泾惠、洛惠等 4 条灌渠(其中 3 条的工程延至抗日战争或抗日战争后)在内,抗日战争前后陕西共兴建大小灌渠 13 条,总长(含支渠)979 公里,灌溉农田达 27 县 291. 6 万市亩(到 1945 年,实际竣工的灌渠灌溉面积为 133. 9 万市亩)。灌渠兴建单位,除泾惠渠为渭北水利工程委员会,洛惠、梅惠、黑惠 3 渠为泾洛工程局外,其余均为省水利局,集中了人力、财力、设备和管理协调,提高了效率,加快了工程进度。在垦殖成效较好的武功县,还在垦荒过程中修筑了全长 20 余公里的 4 道水渠,引渭水分段灌溉,种植水稻。① 在关中、陕北一

① 张俊华:《抗战时期陕西垦荒事业探析》,《佳木斯职业学院学报》2015 年第 2 期。

些地势较高、不易修渠引水灌溉地区和陕南丘陵山区,水利部门因地制宜,组织农民掘井、挖塘、筑池,兴建小型水利工程,也初见成效。同时,陕西在灌渠的管理保养、日常防护、灌溉配水、水费收缴等方面,制定和形成了公平合理、完备配套和切实可行的规章制度。还在泾惠渠建设阶段,李仪祉即拟具了《泾惠渠管理管见》《泾惠渠管理章程拟议》,完成了灌渠管理的初步设想和规划。在此基础上,各灌渠系统逐步形成了专业管理和群众管理相结合、官民合作的管理体制,在管理局(官方代表)的统一管理下,干渠、支渠划分若干"段""斗"①,交由群众管理,从上至下形成从省水利局、全灌渠管理局、渠段管理处到水老、斗长、渠保的完整管理系统,从而保证了整个灌渠农田灌溉的顺利运作②。

在其他地区,抗日战争期间未见大中型农田水利工程的兴建,仅农林部通过督导、拨款、贷款等方式,协助一些地区兴建和修补若干小型农田水利工程。湖南于1941年11月调遣专员督修各县塘坝,至1942年4月,修建完成水塘17543口,水坝5481座,灌溉面积达16152755亩。③ 1944年湖北已报验的21县,共完成水井1213口、堰坝1424座、蓄水库29座、沟渠969道、涵闸4座、池塘1245口、堤垸13座、生产水车935架,受益面积292590亩。④

---

① 各干渠或支渠逐段设有放水进入农渠、农田的引水口,谓之"斗口",简称"斗"。段设"水老"一人,管辖若干斗口;斗设"斗长"(又称"斗夫")一人,管辖若干村庄;村设"渠保"一人,统受管理局指挥监督。渠保由各村农民公举,或轮流充任;斗长由该斗渠保公举;水老由该段斗长公举。

② 石涛:《抗战前后陕西农田水利建设研究》,《中国经济史研究》2017年第2期。

③ 国民党政府行政院编纂:《国民政府年鉴·地方之部》第一回第七章,湖南省,1943年印本,第93页。

④ 国民党政府行政院编纂:《国民政府年鉴·地方之部》第三回第六章,湖北省,1946年印本,第5页。

1942 年四川兴建完成的各项大小型工程，灌溉农田而有增益者计 33. 5 万亩。① 另外，1943 年拨发小型农田水利工作督导费 145 万元，协助福建、广东、甘肃、山西、湖南等省，督导民众自动兴修，并介绍贷款，计推动小型工程修筑，灌溉农田 130 余万亩。1944 年复拨各省施工督导费 570 万元，并于四川、湖南、广西、江西、广东、福建、贵州、湖北、浙江、陕西、甘肃、河南、新疆、山西等 14 省，另筹垫头贷款 1900 余万元，又由农民银行统筹小型农田水利款 8900 余万元，分配于四川、西康、湖北、湖南、广西、贵州、云南、广东、福建、江西、安徽、浙江、河南、陕西、山西、甘肃、宁夏等 17 省，依照《非常时期强制修筑塘坝水井暂行办法》，督促各省推进 1944 年度兴修小型农田水利工程。② 不过因为时间短、时局变化，多未付诸实施，收效不彰。

在开垦荒地、增加耕地面积的同时，一些地区冬春作物和棉花等经济作物的种植得到推广，土地复种指数和土地全年总产量，以及棉花产量都有所提高。

对农业生产和土地利用，国民党政府规定，禁种罂粟，限种烟草、糯稻，改种糯稻为粳稻，提倡和推广冬耕，种植越冬和夏季作物、双季稻、再生稻，由此提高复种指数，减少农地休闲。贵州省明确规定，除严厉禁种鸦片外，“各县所有耕地，一律不准休闲”，并以十分之七八之耕地栽种食用作物。据称 1939 年的食粮生产，较上年可增加 2/10。③ 广西计有水田面积 1900 余万亩，1200 余万

① 《四联总处四川农贷视察团报告书》，见郑起东：《抗战时期大后方的农业改良》，《古今农业》2006 年第 1 期。

② 国民党政府行政院编纂：《国民政府年鉴 · 中央之部》第三回第一编，第十二章，农林，1946 年印本，第 6 页。

③ 张肖梅：《贵州经济》，中国国民经济研究所 1939 年刊印本，第 A17 页。

亩种植一季稻,估计其中至少60%(约750万亩)适于种植越冬作物,而实际利用(栽培小麦)的仅30余万亩,只占4%,1939年推广冬作,增加冬作面积40万亩,增产32万担;四川1939年和1940年,因春夏少雨,发生粮食恐慌,四川省和中央粮食管理局合作,于1940年、1941年先后办理冬季增产和夏季增产,种植洋芋、春荞、甘薯等杂粮作物近1000万亩。广东省推广冬作成绩更大。1939年广东54县冬耕总面积为4869607亩,收获杂粮25477815担。1940年全省冬耕总面积为11523456亩,收获杂粮56799419担;湖北则既推广冬作,也推广夏作。1941年两者分别为568584亩和25897亩,1942年分别增至694174亩和794672亩。据估计,1941年后方19省①推广冬作和夏作面积22985910亩,增产粮食42620745担,占全部增产措施所获粮食产量的45.62%。1942年国民党政府在各省实施农业推广督导制度,各地冬作和夏做进一步推广:湖南省各县市成立粮食增产总督导团,扩大粮食增产范围,1941—1944年间,每年增产粮食由600万石增至800万石;四川设粮食增产总督导团,推广冬季增产粮食作物2003265亩;1942年,后方19省推广措施面积40938088亩,较1941年增加78.10%,增产粮食43265591担,较1941年增长1.51%。② 据1944年统计,后方冬作面积比战前增加20%,约计5000余万市亩。尤以粤、闽、桂等缺粮省份,成效最著。③

通过荒地垦殖和推广越冬及夏季作物种植、提高复种指数,不

① 19省为四川、湖南、广东、广西、云南、江西、福建、浙江、西康、陕西、河南、甘肃、青海、山西、绥远、宁夏、安徽、贵州、湖北。

② 参见郑起东:《抗战时期大后方的农业改良》,《古今农业》2006年第1期。

③ 参见秦孝仪主编:《中华民国重要史料初编——对日抗战时期》第四编第3册,1981年台北印本,第658页。

同程度地增加了后方地区的耕地面积和耕地作物种植面积。如1941年西南5省推广冬耕面积847万余亩，利用荒隙地243万余亩，利用夏闲田315万亩，减糯改粳139万亩，推广再生稻3.6万亩，合计1547.6万亩。① 除“减糯改粳”不会引致作物种植面积发生变化外，其他几项都是实际增加耕地或耕地作物种植面积，总计扩大作物种植面积1408.6万亩。在整个后方地区，1941年推广再生稻和双季稻，利用冬闲、夏闲土地等项面积4232万亩；1942年、1943年分别为1469万亩和3353万亩。② 这都相应增加了同等数量的耕地作物种植面积。抗日战争前同抗日战争期间比较，后方地区战前7年作物种植面积年平均为65940万市亩，战时1938—1945年的作物种植面积，各年依次为65607万市亩、66366.3万市亩、67357.3万市亩、68218.8万市亩、69768万市亩、71033.6万市亩、71994万市亩、71275.2万市亩，8年平均为68951.9万市亩。③ 抗日战争期间，除1938年低于战前7年平均数、1945年略低于1944年外，其余6年均逐年增加，1944年最多达6000多万亩。战时8年平均，作物种植面积超过战前7年平均数的5%。

在调整农地使用、增加粮食生产、优化粮食结构的同时，后方地区的棉花和蚕桑种植也在扩大，棉花和蚕丝产量有所提高。

日本全面侵华战争爆发后，华北、华东和华中产棉区相继沦陷，棉花严重短缺。西南地区多无植棉习惯，而且相当一部分地区

---

① 封昌远:《最近全国粮食增产工作概况》,《中国农民》1942年第4期。

② 参见吴伟荣:《论抗日后方农业生产的发展》,《近代史研究》1991年第1期。

③ 中国第二历史档案馆藏:《中央农业实验所档案四二四(474)》,转自吴伟荣:《论抗日后方农业生产的发展》,《近代史研究》1991年第1期。

秋季多雨,不适宜植棉。四川全省战前年产皮棉仅 40 万担左右,贵州、云南棉花产量更少。发展棉花生产成为后方农业的迫切任务。为此,国民党政府在陕西、新疆两地发展棉花生产的同时,重点在四川等地扩大棉花种植,设立植棉指导区、特约棉种繁殖场、棉种管理区、标范棉田和轧花厂,培育和推广良种,将良种与土种隔离,防止混杂,并发放植棉贷款,扩大植亩面积尤其是良种种植面积,增加棉花产量。1938—1941 年,西南后方各省共推广“斯字”“德字”“脱字”等优质棉种 438.5 万市亩,至 1942 年,推广面积达 604.2 万市亩,占后方棉花种植面积的 21.3%。[①] 在推广优良棉种的过程中,植棉面积也有所扩大。1943 年,陕西、四川、河南、湖北等省共增加棉田面积 250.98 万亩,增产皮棉 67.77 万担。[②]

抗日战争期间,后方部分地区的蚕桑业,也有不同程度的发展。日本全面侵华战争爆发后,江浙粤鲁皖等主要蚕桑区相继沦陷,蚕丝来源几近枯竭,对外贸易、国防军备、国计民生损失惨重。为此,国民党政府采取多种措施,协助后方一些省区恢复和发展蚕桑业。如在四川设立蚕丝改良场和乐山蚕丝实验区;在云南设立蚕桑改进所;在湖南、广东、河南、西康分别设立蚕桑改良场;在四川、云南、西康分别设立示范丝厂;1943 年制订四川实施蚕丝增产五年计划,将桑苗及改良蚕种运至新疆繁殖推广;农林部复于 1944 年组织蚕丝委员会,与第三战区司令长官部合办苏浙皖蚕丝业复兴委员会,又在四川、西康、云南、广东、广西、湖南、河南等省

---

① 参见吴伟荣:《论抗日后方农业生产的发展》,《近代史研究》1991 年第 1 期。

② 国民政府行政院编纂:《国民政府年鉴·中央之部》第二回,第十二章,1944 年印本,第 5 页。

组织蚕丝生产。① 广东在珠江三角洲蚕桑区沦陷后，着手发展西江、北江流域蚕桑业，1939 年建立乐昌蚕丝育种场和连县、阳山两个天蚕试验场，育制蚕种，推广栽桑，以期拓展新的蚕桑区域。②

这些机构、单位成立，相关措施的推行，在部分地区取得成效。四川全省 1936 年产丝 8000 市担，1939 年产丝 2.5 万市担，1940 年产丝 2.93 万市担，分别比 1936 年增加 2.12 倍和 2.66 倍。③ 广东省战前四年生丝平均产量为 36569.25 担，战初四年为 42196.5 担，较战前增长 15.39%。④

从整体上看，综合数据资料显示，抗日战争后方地区，粮食单位面积产量、粮食和农作物总产量都有轻微增长。表 12-58 是战时后方小麦等 3 种主要粮棉作物的亩产量统计。

表 12-58　战时后方小麦、粳稻、棉花亩产量统计（1937—1944 年）

（单位：市斤/亩）

年份 作物	1937	1938	1939	1940	1941	1942	1943	1944	平均*
小麦	125	183	173	169	132	159	141	169	158
粳稻	316	362	369	311	325	313	306	—	328

① 参见郑起东：《抗战时期大后方的农业改良》，《古今农业》2006 年第 1 期。

② 广东经济年鉴编纂委员会编：《广东经济年鉴》（1940 年）上册，广东省银行经济研究室 1941 印本，第 E25、G86 页。

③ 参见郑起东：《抗战时期大后方的农业改良》，《古今农业》2006 年第 1 期。

④ 据许道夫编：《中国近代农业生产及贸易统计资料》，上海人民出版社 1983 年版，第 270 页表 5“广东省生丝产量（1933—1941 年）”计算。

续表

作物＼年份	1937	1938	1939	1940	1941	1942	1943	1944	平均*
棉花	22	27	32	28	25	22	26	—	25

注:* 小麦系 1938—1944 年 7 年平均数;粳稻、棉花系 1938—1943 年 6 年平均数。

资料来源:国民党政府主计处档案六、中央农业实验所档案四二四(276、286),转自吴伟荣:《论抗日后方农业生产的发展》,《近代史研究》1991 年第 1 期。

从表 12-58 中可知,战时后方地区小麦、粳稻、棉花等 3 种主要粮棉作物的单位面积产量,较 1937 年均有轻微增加。其中小麦和棉花亩产量,各年均较 1937 年为高;粳稻情况有所不同,亩产量在 1938 年、1939 年超过 1937 年并达到高峰后,大幅波浪式回落,除 1941 年亩产略高于 1937 年、1944 年情况不详外,其余 3 年均低于 1937 年产量,只是因为有 1938 年、1939 年的高峰产量拉伸,战时平均亩产量仍能达到 328 斤,略高于 1937 年的 316 斤。

由于战时后方地区耕地面积扩大、单位面积产量提高,粮食、棉花和农作物总产量相应上升。表 12-59 大致反映了战时后方 15 省粮食和农作物总产量的变化状况。

表 12-59　战时后方 15 省粮食产量和作物总产量统计(1938—1945 年)

(单位:千市担,战前 7 年 = 100)

年份＼项目	稻谷	麦类	玉米	高粱	豆类	粮食作物产量		各类农作物总产量	
						千担	指数	千担	指数
战前 7 年平均	789121	252713	59527	32506	85415	1435331	100	1590632	100
1938	806501	293249	70371	33997	91338	1572006	109	1717882. 56	108
1939	820238	289722	71293	34299	99531	1543745	107	1749695. 2	110
1940	663210	286941	67039	31264	90779	1395637	97	1574725. 68	99

续表

年份 \ 项目	稻谷	麦类	玉米	高粱	豆类	粮食作物产量		各类农作物总产量	
						千担	指数	千担	指数
1941	684153	238917	68533	29665	79454	1375818	96	1542913.04	97
1942	672169	299092	58496	24044	89834	1386241	98	1527006.72	96
1943	642761	280238	64899	28055	81796	1388033	98	1558819.36	98
1944	709018	340651	67340	27467	72810	1539717	106	1686069.92	106
1945	818887	295868	72631	29449	78436	1400568	99	1574725.68	99
战时 8 年平均	727117	290585	67575	29780	85497	1452742	101.2	1631988.432	102.6

注：表中稻谷包括粳稻和糯稻，麦包括小麦和大麦，豆类包括豌豆和蚕豆，农作物总产一项系由主要粮食总产加上油菜籽、棉花、花生、芝麻、大豆、小米等农作物产量数字而得。

资料来源：据中央农业实验所档案四二四(474)和许道夫编:《中国近代农业生产及贸易统计资料》第 20—77 页数字计算得出，转自吴伟荣:《论抗日后方农业生产的发展》,《近代史研究》1991 年第 1 期。

表 12-59 数据显示，按时段年均产量计算，战时后方粮食产量和各类作物总产量均微量超过战前 7 年的年均产量。如以战前 7 年年均产量为 100，则抗日战争期间 8 年粮食年均产量为 101.2，各类主要作物年均总产量为 102.6。粮食作物以外的作物年均产量增幅略大于粮食作物，不过两类作物的增幅都相当微小。由于粮食作物及其产量在各类农作物及其产量占着绝大比重，也就决定了两类作物及其产量的变化走势。因此，战时粮食作物产量、各类农作物总产量的变化趋势基本一致，都是战时开头两年明显增长，随即连续 4 年大幅回落至战前水平以下，直至 1944 年反弹，回升超过战前水平，但 1945 年又旋即下降至战前水平以下。各主要农作物种植面积伸缩、产量升降不一，情况多种多样。但农业产量增长大多限于前期，后期增长的情况和地区不多见。其中广西三

江县,从1941年开始推广优良品种,改良栽培方法,增加肥料,兴办水利,开垦荒地,防止病虫害,防止积谷损耗,并督饬尽量利用林隙及河岸地带,多种杂粮,以弥补粮食之短缺。据1943年统计,全县直接增产达25685市担,间接增产1470市担。① 不过这类后期增产的地区并不普遍。

就整体而言,抗日战争期间后方地区的农业生产确有某种程度的恢复和发展,基本上满足了军民食粮和部分工业原料的需要。作为后方国民经济核心支柱的农业,为战时后方经济的正常运行提供了一个坚实的支点,有力支援了全国的抗日战争。据国民党政府属下中央农业实验所对战时后方主要粮棉产品供需状况所作的分析、估算,若干主要粮棉产品的供需态势,见表12-60。

表12-60 战时后方地区主要粮棉产品供需状况估算
(1938—1945年)

(单位:千市担)

项目＼作物	粳稻	小麦	大麦	玉米	高粱	甘薯	豌豆	棉花
一般需求量	726315	169160	85553	59527	32506	216049	41295	4832
实际生产量	643519	209729	89363	66533	29665	277096	42217	5381
最大生产量	855357	237980	102301	78365	38282	319244	52234	6856

原注:表中一般需求量据战时平时需要情形填入;实际生产量由1941年或1942年材料填入;最大生产量选择1938年、1939年材料填入。涵盖地区,河南缺64县,湖北缺30县,浙江缺21县。

资料来源:第二历史档案馆藏:《国民党政府中央农业实验所档案四二四(853)》,转据吴伟荣:《论抗日后方农业生产的发展》,《近代史研究》1991年第1期改制。

如表12-60所示,各种农作物产量和供需状况不尽相同。在一般情况下,细粮粳稻和粗粮高粱求大于供,特别是粳稻,短缺近

① 民国《三江县志》,1946年修,2002年翻印本,第226页。

9%。这同国民党政府推广冬耕、夏作有关。种植小麦、大麦、豌豆等，用于粳稻的人工、劳力、肥料减少，土地无冬闲，全年总产量提高，但水稻单产下降，导致粳稻供不应求。高粱求过于供，则同酿酒和邻近沦陷区的地方常遭日伪流窜破坏，以便追剿游击队、抗日群众有关。至于小麦、大麦、玉米、甘薯、豌豆、棉花等，基本上供给不缺，少数作物（如甘薯、玉米）还有较大数量的富余。据统计，抗日战争时后方人口约为 21607 万人，相当于战前全国人口的 45%①，居民粮食需求量极大，但人均占有的口粮仍超过战前水平。据估算，1931—1937 年，全国年人均占有粮食（成品粮）501 市斤，扣除牲畜、种子和其他用粮，人均口粮为 353 市斤，而战时后方年人均占有粮食为 644 市斤，人均口粮 472 市斤，分别超过战前 28.5%和 33.7%。②

战时后方地区农业虽有某种程度的恢复和发展，不过速度缓慢，农业增长幅度很小，各省和省内地区间也很不平衡，只是一种局部的、断续而不稳定的短暂发展。其发展速度和增长幅度，战时 8 年平均同战前 7 年比较，粮食作物产量仅增长 1.2%，各类作物总产量仅增长 2.6%，增幅十分微小。各年的农业产量的增减状况，战时 8 年中，5 种主要粮食作物只有 1938 年、1939 年产量超过战前平均水平（另 1944 年的麦类、玉米，1945 年稻谷、麦类、玉米产量超过战前平均水平），其余都在战前平均水平以下，农业某种程度的发展更多的是在抗战初期；在地区上，农业发展比较明显的

---

①　据统计，1936 年全国人口为 47809.95 万人。见刘克祥、吴太昌主编：《中国近代经济史（1927—1937）》上册，人民出版社 2010 年版，第 809 页。

②　战前全国数据见刘克祥、吴太昌主编：《中国近代经济史（1927—1937）》上册，人民出版社 2010 年版，第 809 页；战时后方数据据国民党政府中央农业实验所统计。见吴伟荣：《论抗日后方农业生产的发展》，《近代史研究》1991 年第 1 期。

区域,大多局限于陕西、四川、湖南、广东、广西若干州县,其他除个别地方外,农业发展甚微。

战时后方农业发展的上述局限性和地区不平衡性,除了不同时段、不同地区面临的战争形势、气候年成、财政经济状况外,主要还是缘于国民党中央和地方政府制定、推行的政策措施尚欠得当、有力,后期甚至蜕变为地主豪富的谋利手段。

开垦荒地和推广冬耕,本是战时国民党政府农业"增产"的核心措施,但在一些地区,实际上不是未能切实执行,就是实行过程中走样、变质,甚至让地主豪富借机扰民、敛财。垦荒原拟农民领垦为主,兼行"扶持自耕农"。但实行时在一般垦区,多被"公司"把持,甚至名为垦殖,实则抢购、囤积土地,坐待土地涨价,或招佃分垦,收取高额地租。如华西垦殖公司凭借政府和银行的优惠条件,在滇越铁路中点以半圈占半价买的手段,占得耕地10余万亩,边囤地待涨,边以类似租佃的方式招民领种;各省凡有大规模水利工程完成的区域,也即有垦殖公一类组织,其用意亦复相同;另有很多私荒,往往被豪绅以垦荒名义承领,但并不耕种,甚至捏词领照,或收买废契,伪造契约,霸占土地。各地的普遍情况是,"荒地无人耕,耕好有人争",纠纷迭起。① 结果,强悍狡黠者视侵夺他人垦熟地为致富捷径,懦弱良善者视垦荒为畏途,有的地区垦荒"档案倒是堆积如山,而荒地还是荒地。名不符实,收效甚微"②。

同样普遍的情况是,许多发展农业的政策措施并未真正贯彻执行,即使贯彻执行,也主要满足国民党和大地主、大资产阶级的

① 秦柳方:《关于抗战中的后方垦殖事业调查报告》(1941年11月30日),见中国第二历史档案馆编:《中华民国史档案资料汇编》第5辑第2编,财政经济(8),江苏古籍出版社1997年版,第225—226页。

② 商有光:《推进贵州垦殖事业与解决地权之商讨》,《抗建半月刊》1939年第1卷第2期。

一己私利，不能惠及广大贫苦农民。如举办农业贷款，无论农民银行、农业金库还是其他商业银行，其目的无不是追求利息。因此往往以“殷实可靠”的地主富户为主要对象，而与大多数贫苦农民无缘。即使受贷，也是先经联保主任、保甲长、亲友及其他富户之手，最后到达贫苦农民手中时已变成高利贷。而且，放款机关为加速本金周转，增收利息，往往不愿发放生产贷款，以致失去了“农贷”的意义。一些地区设立农业仓库，举办粮食抵押贷款，贫苦农民因无大量粮食抵押，也无缘获得押款，农业仓库徒给地主富户以粮食囤积操纵之机。① 在广西，佃农和半佃农占农户总数的2/3，而他们获得的农贷只占1/3，其余2/3则落入富有者和高利贷者手中。② 农民不仅得不到贷款，没有资金，且因抓丁拉夫，导致劳力严重短缺。据统计，到1942年止，西南各省农户中，在征调兵役后，农民家庭完全没有壮丁的农户，四川占16.2%，贵州占52.5%，云南占22%，广西占21.4%；因征调工役而完全失去壮丁的家庭，四川占14.9%，贵州占31.7%，云南占25%，广西占8.8%。③ 既无资金，又缺劳力，其结果是农户经营面积缩小，耕作质量和土地产量下降，农业生产衰退。

同时，抗日战争爆发后，农民的田赋和其他捐派负担明显加重。湖北均县，一亩地的田赋至少在一元以上，差不多一年收成的一半；四川仪陇，“地硗土瘠，赋税特重，附加尤多”；西北苛杂名目

① 《新蜀报》1940年9月14日；韩克信：《普安农贷鸟瞰》，《中国农村》1939年第5卷第11、12期合刊，第22—23页。

② 辛涛：《大后方农民离开土地的问题》，《新华日报》1940年7月15日。

③ 农林部农产促委会：《各省农村劳力征调概况》，1943年印本，第30—37页，见吴伟荣：《论抗日后方农业生产的发展》，《近代史研究》1991年第1期。

之多,更为“全国之冠”。官吏的贪污中饱,也十分惊人。有人统计,政府要老百姓负担一块钱,但老百姓要出 20 块钱才能完事。[①]1941 年国民党政府相继实行田赋征实、征购和征借后,农民的田赋负担又进一步加重。据国民党政府的官方统计,征实粮额一般占土地收入的 15%,实际往往高达 20%以上,再加上田赋征购、征借和带征县级公粮等,高者往往占土地收获量的一半以上。但土地所有者的实际负担还远不止于此。官吏胥役的摊派、浮收、勒索以及完赋者长途运送所花食宿费用,其数量更大于“正供”。连国民党政府也不得不承认,“政府得谷一石,而人民之负担为二石或三石”[②]。普通自耕农的情况更惨。除本身田赋外,往往还要加上大地主转嫁的田赋。结果,有的自耕农被迫出卖子女或其他物产,购粮以纳赋,有的被迫贴契照于门而逃亡他乡。佃农的经济状况也恶化了。地主以田赋征实、征购、征借为由,竭力提高地租,原来收钱的改收实物,正租之外又增加押租和附租,以致广大佃农被榨得一贫如洗。

农民经济状况恶化,农业生产不能正常进行和发展,还由于抗日战争全面爆发后,大批官僚、地主、商人、富户转往后方,将其游资投向土地,导致一些地区土地兼并加剧,地价上涨,地租也随之加重。到 1940 年前后,西南重庆、成都、昆明、贵阳等后方城市周围的农地价格,都上涨了一倍至几倍,地租也水涨船高。如璧山丁家坳的地价上涨了 120%,地租也涨了一半。成都周围的地租也

① 童常:《抗战中的西北民生问题》,《中国农村》战时特刊第 19 期;国民参政会川康建设视察团编:《国民参政会川康建设视察团报告书》,1939 年印本,第 350 页。

② 彭雨新、陈友三等:《川省田赋征实负担研究》,商务印书馆 1943 年版,第 98—99 页。

涨了。[①] 随着土地兼并的加剧，一些地区出现了地权进一步集中的趋势。中农的比重下降，丧失生产资料的雇农增加。据统计，陕西、甘肃、青海、宁夏、河南、湖北、四川、云南、贵州、湖南、江西、浙江、福建、广东、广西等 15 省，长工人数 1937 年为 929 万人，1938 年为 950 万人，1939 年为 969 万人；农户雇用的短工工人天数 1937 年为 7.11 亿工，1938 年为 7.74 亿工，1939 年为 8.7 亿工。长工、短工均呈逐年增加趋势。[②] 农民丧失其他农业生产资料的情况也日益严重。如鄂北一带，农民为完纳捐税和田租，常常被迫抵押或出卖耕牛。1938 年一年中，在偷盗、抵押、出卖形式下，被宰杀的耕牛竟占耕牛总数的 40%—50%。加上征发壮丁、灾荒死亡等原因而出现的农业劳动力的缺乏，最后又导致了土地的荒芜和农业的衰退。农业生产力的破坏和农村经济的凋敝，随之造成农民生活和农村治安的急剧恶化，各处盗贼蜂起，城乡居民无法正常生产和生活，这又反过来进一步加剧了后方农业生产和农村经济的恶化。

（二）战后全国农业的急速衰萎和濒临崩溃

抗日战争胜利后，直至 1949 年国民党蒋介石败走台湾，无论抗日后方还是沦陷区，农业均未能得到恢复，1948 年后更是加速崩溃。

1945 年 8 月日本帝国主义投降时，中国特别是东北和关内沦陷区的农民、农业、农村惨遭日军烧杀、劫掠、破坏、蹂躏长达 14 年

---

① 沈志远：《过去一年的中国经济》，《反攻》1940 年第 8 卷第 1 期。

② 《国民政府主计部关于战时农村租佃关系状况的调查统计》（1948 年 6 月），见中国第二历史档案馆编：《中华民国史档案资料汇编》第 5 辑第 2 编，财政经济（8），江苏古籍出版社 1997 年版，第 215 页。

和8年之久,蒙受损失无以数计:耕地荒芜,或被完全毁坏,其中不少是无法复原的永久性或半永久性毁坏,耕地面积大幅下降;男女劳力或被日军杀戮,或战死沙场,或死于日军苦役,或被抓往日本、异国,因冻饿、劳累、疾病、折磨丧命,或体弱多病及残废。惨死病废者众,劫后余生者寡,生产劳动力极度短缺;农村屋舍或被炸塌烧光,或被拆建炮楼岗哨,大多仅剩残垣断壁、碎砖土坯瓦片,农户男女老幼多无处栖身;耕畜大多或被日军、日本浪人劫杀饱肚,或被运往日本国内,或被劫为军用,下落不明,一些地区的壮实牛马驴骡几近绝迹,即使残留少量老弱病畜,亦往往单只或病弱不成犋,不能拉犁;农具或连房舍一同被焚毁,或被日军充作柴薪,或残破而无力修补添置,绝大部分农户不是农具绝迹,就是残缺破损,无法配套;口粮、衣被、种子、肥料等,亦无一不缺。另外,树木森林被盗伐烧毁,河流淤塞,堤坝崩塌,塘堰干涸,农田水利废弛,生态环境和农业资源、农业生产条件,无不急剧恶化,农业生产形势异常严峻,农民处于水深火热之中。

面对这种极其恶劣和严峻的环境,国民党中央和地方政府并未轻徭薄赋,与民休息;更未能采取任何有效措施,帮助农民恢复和发展农业生产。相反,国民党蒋介石为了发动和支持内战,苛捐杂税不断加重,农民愈加亏折;又到处抓丁拉夫,农业劳力愈加匮乏。农民往往既无米下锅,又无劳力种地,农业生产条件进一步恶化,农业愈益衰退、萎缩。

1. 农业生产条件的进一步恶化

战后农业生产条件进一步恶化,突出表现为农政废弛,水利失修、窳败,耕畜、农具、肥料、种子严重短缺。

农田水利灌溉方面,无论原来基础如何,各地的普遍情况是,水利失修,河流淤塞,堤坝崩塌,塘堰干涸,灌溉农具残破、短缺,土地灌溉面积下降,水旱灾荒频密。安徽泗县,明初至民国数百年间，先是濉河改道入泗，农田被淹，潴水成湖，洪涝严重。乾隆年间曾经治理，境北淹地变为沃壤。此后水利松弛，水患年甚一年。光绪十年（1884 年）曾兴工治理，但因中法战争爆发而搁置。1915 年和 1933—1937 年又两次治理，排水条件一度有所改善，但终因治理标准偏低，加上战争破坏，水利条件继续恶化，“大河淤小，小河淤平”，以致全县大部分地区旱涝灾害频见。[①] 山东利辛，因黄河年久失修，多次泛滥，南侵夺淮，境内西淝河深受其害，河床淤积，堤坝溃决，雨量稍大即平满外溢，“大雨大灾，小雨小灾，无雨旱灾”[②]成为常态。湖北黄梅县，“大部分土地，由于水利失修，易涝易旱”[③]。安陆的情况是，“水利条件差，多数农田‘望天收’”[④]。有些地区虽有水源，但灌溉工具不足。江苏武进马杭乡等 3 乡（村）共有田近万亩，只有打水机一部半、水车 184 架，仅可灌溉 7700 亩，其余 2200 余亩则无法或不能及时灌溉。[⑤] 浙江金华，水车是“不可或缺的重要农具”，但因价格昂贵，一般农民无力添置，如坛里郑村 150 户贫农仅仅有水车 18 架，缺少情况相当严重。[⑥] 一些丘陵山区，因森林毁坏，水土流失，水旱灾荒频率陡增。如浙江衢州地区，因农民生活贫困，无力保养，致桐林、竹山、薪炭林破

① 《泗县志》，浙江人民出版社 1990 年版，第 102 页。

② 《利辛县志》，黄山书社 1995 年版，第 125 页。

③ 《黄梅县志》，湖北人民出版社 1985 年版，第 54—55 页。

④ 《安陆县志》第 4 卷，农业，武汉出版社 1993 年版，第 122 页。

⑤ 《武进县农村经济概况》（1950 年 1 月调查），见华东军政委员会土地改革委员会编：《江苏省农村调查》，1952 年印本，第 52 页。

⑥ 金华县人民政府：《金华县乾溪乡坛里郑村调查》（1949 年 11 月），见华东军政委员会土地改革委员会编：《浙江省农村调查》，1952 年印本，第 179 页。

坏甚多,影响水土保持,所以水、旱灾害连绵不断。①

耕畜、农具、肥料短缺的情况尤为普遍。日本全面侵华战争前,多数地区的耕畜、农具本不充裕,不过亦有部分地区耕牛农具不成问题。日本全面侵华战争期间,不论哪类地区,耕畜、农具均大幅减少,形成严重短缺。抗日战争胜利后和内战期间,社会环境未得改善,农民少有养殖、添置,国民党军队又任意宰杀和流窜破坏,加上在不同阶层之间,分配、占有极不均平、合理,以致短缺程度愈益严重。

浙江衢县,耕牛在抗战前原本足够使用,战时经敌寇两度流窜及国民党军队任意宰杀,加上疫病伤亡,农民无力添购,耕牛数量大减,耕作不得已多以人力代替牛力。② 周边龙游、江山、开化等地,更是"耕牛尤感缺乏"。有的战前耕牛已感不足,战后愈加严重。衢县等4县历年耕牛变化情况如表12-61所示。

表12-61 衢县等县耕牛情况变化(每百家农户养牛头数)统计(1936年、1948年、1949年) (1936年=100)

项目/县别	1936年				1948年				1949年			
	水牛		黄牛		水牛		黄牛		水牛		黄牛	
	头数	指数	头数	指数	头数	指数	头数	指数	头数	指数	头数	指数
衢县	33	100	17	100	20	60.6	5	29.4	18	54.5	9	52.9
龙游	17	100	21	100	11	64.7	16	76.2	10	58.8	14	66.7
江山	13	100	10	100	13	100	10	100	12.8	98.5	9.4	94.0
开化	32	100	22	100	—	—	—	—	17	53.1	11	50.0

① 中共衢州地委调研室:《衢州专区农村经济概况》(1950年3月),见华东军政委员会土地改革委员会编:《浙江省农村调查》,1952年印本,第54页。

② 中共衢州地委调研室:《衢县农村经济概况》,见华东军政委员会土地改革委员会编:《浙江省农村调查》,1952年印本,第60页。

续表

县别 \ 项目	1936年				1948年				1949年			
	水牛		黄牛		水牛		黄牛		水牛		黄牛	
	头数	指数	头数	指数	头数	指数	头数	指数	头数	指数	头数	指数
简单平均数	23.75	100	17.50	100	14.67	61.77	10.33	59.03	14.45	60.8	10.85	56.86

资料来源:中共衢州地委调研室:《衢州专区农村经济概况》,见华东军政委员会土地改革委员会编:《浙江省农村调查》,1952年印本,第53页。

统计显示,4县每百农户饲养耕畜数量变化,1936年、1948年、1949年等3个年份比较,除衢县1949年每百农户饲养黄牛比1948年增加4头、开化1948年情况不详外,其他各年都在减少。其中衢县、江山两县,1949年的水牛、黄牛只相当于1936年的一半或一半稍多一点。1949年与战前比较,4县平均计算,每百农户饲养的水牛和黄牛,分别减少了9头和7头。4县计25万户,以农民占80%计算,20万户农民总计减少水牛1.8万头、黄牛1.4万头,共3.2万头。无论战前耕牛是否充足,到1949年时无不短缺。①

其他一些地区,耕畜也大都减少。浙江松阳据1946年调查,有水牛1333头,黄牛4712头,较之战前"大为减少",不敷应用。②湖北安陆,日军侵占期间,耕畜多遭日军抢劫,加上国民党军队的破坏,1938—1948年间,累计损失耕牛3.8万头,1946—1947年,耕牛只剩2.2万头。③ 在湖南,耕牛也十分缺乏,据衡阳、长沙、永州、常德、益阳、邵阳等县调查,平均每户占有耕牛数,地主0—0.4

---

① 中共衢州地委调研室:《衢州专区农村经济概况》(1950年3月),见华东军政委员会土地改革委员会编:《浙江省农村调查》,1952年印本,第53页。

② 中共浙江省丽水地委调研组:《松阳县农村经济概况》,见华东军政委员会土地改革委员会编:《浙江省农村调查》,1952年印本,第80页。

③ 《安陆县志》第4卷,农业,武汉出版社1993年版,第123—124页。

头,富农 0.7—1 头,中农 0.5—1 头,贫农 0.1—0.2 头,雇农一般全无耕牛。① 除地主(一般很少直接经营土地)、富农耕牛充裕或基本够用外,部分中农和全体贫农、雇农耕牛无不短缺。

据 1951—1952 年对河南、湖北、湖南、江西、广东、广西等中南 6 省 97 县 100 个乡的典型调查,耕牛数量、农户占有比重及其变化,见表 12-62。

表 12-62 河南等中南 6 省 97 县 100 乡耕畜占有及数量变化(1936 年、1948 年)

项目 省别乡数	年份	户数(户)	耕畜数(头)	户均(头)	各阶级(阶层)占有耕畜百分比(%)					
					地主	富农	中农	贫农	雇农	其他
河南 14 乡	1936	5657	4084.04	0.72	11.85	6.17	57.85	22.46	0.39	1.28
	1948	6567	4358.33	0.66	11.55	7.15	51.38	27.60	0.28	2.04
湖北 20 乡	1936	9759	4391.32	0.45	6.22	5.12	53.77	32.78	0.34	1.77
	1948	11565	4434.01	0.38	6.82	6.36	46.71	37.29	0.28	2.54
湖南 15 乡	1936	9841	2634.12	0.27	6.32	4.73	58.30	26.31	0.37	3.97
	1948	10640	3071.49	0.29	8.43	5.57	60.03	21.59	0.13	4.25
江西 14 乡	1936	7334	2614.26	0.36	4.88	6.08	52.79	32.54	0.90	2.81
	1948	8106	2099.59	0.26	8.42	7.27	47.26	32.03	0.57	4.45
广东 15 乡	1936	8483	2225.25	0.26	11.42	5.89	55.22	25.27	0.18	2.02
	1948	9186	2798.31	0.30	11.41	8.34	52.05	25.57	0.25	2.38
广西 22 乡	1936	8564	5929.80	0.69	15.50	8.58	54.02	19.21	0.79	1.90
	1948	10425	7026.03	0.67	14.02	7.15	52.14	22.27	0.76	3.66
总计 100 乡	1936	49638	21878.79	0.44	10.28	6.39	55.14	25.59	0.52	2.08
	1948	56489	23787.76	0.42	10.60	6.96	51.39	27.41	0.43	3.21

注:总计栏的户数、耕畜数系按细数加总得出,与原资料总数(见该书第 2、20 页)略有出入。

资料来源:据中南军政委员会土地改革委员会编:《中南一百个乡调查统计表》,1953 年印本,第 2、10、12、14、16、18、20、26、34、36、38、40、42、44 页综合计算、编制。

① 《湖南农业志》,1958 年征求意见稿,第 12 页。

如表12-62所示,1948年同1936年比较,按省范围计算,6省100乡中,江西14乡的耕畜数由2614.26头减至2099.59头,下降了近20%。其余5省86乡,耕畜尚有不同程度的增加,6省100乡总计,耕畜数也是增加的。从21879头增至23788头,增加了8.73%。不过这并不等于单个农户使用的耕畜数量会相应增加。因大部分地区的户均耕畜数量并非增加,而是减少。6省100乡中,4省70乡的户均耕畜数量减少。6省100乡总计,户均耕畜从0.44头微降至0.42头,减少了4.45%。同时,耕畜在不同阶级(阶层)农户中的分配,地主、富农的比重从16.67%升至17.56%,而中农、贫农、雇农的比重从81.25%降至79.23%,一般农户家庭减少的耕畜数量就更多了。

由于耕畜数量持续下降,耕畜普遍短缺是战后各地农业面临的严重问题。少数地区,按耕地面积计算,畜力基本够用,但因分配不均,贫苦农户的耕畜严重短缺。如江苏吴县姑苏乡,除富农外其余各阶层农具及耕畜均感不足。如以耕地计算,富农平均每27.71亩有耕牛一头,中农每39.61亩有耕牛一头,贫农、雇农则需140.70亩才有耕牛一头。通常一头耕牛能耕地30亩左右(包括戽水),则中农有1/4的土地需靠人力耕种、戽水,贫雇农有8/10的土地须靠人力耕种戽水。① 浙江嘉兴高照乡,从全乡看,耕牛基本上不缺,但从各阶层分配情况看,中农以上各阶层大多够用或有剩余,贫农以下各阶层则“普遍缺牛,一般以人工来换牛工”。② 上述江苏武进马杭乡等3乡(村),有田近万亩,仅有牛

① 苏南区农委会:《吴县姑苏乡农村情况调查》(1950年7月调查),《江苏省农村调查》,1952年印本,第188页。

② 中共浙江省委工作队:《余姚县潮界乡第二村调查》,见华东军政委员会土地改革委员会编:《浙江省农村调查》,1952年印本,第92—93页。

197.5头,可耕田近6000亩,其余3900多亩,全靠人力耕种。而这些耕牛绝大部分为地主、富农所占有。[①] 吴县保安乡,共1575户,使用土地13698亩,只有32头牛、53具犁,其中贫农742户,使用土地4412亩,只有3头牛、2具犁。“贫苦农民用手力翻田地极为普遍”。[②] 安徽濉溪,地主、富农农具齐全,耕畜有剩余,而一般中农与贫农,农具大多残缺不全、耕畜不足,贫农尤为突出,土地翻种须靠人力或以人力换牛力才能解决。[③] 铜陵东家店村,中农、贫农也大多缺牛。[④] 浙江余姚潮界乡第二村共有耕牛39头,缺少耕牛55头,亦即短缺58.51%。以中农、贫农所缺最多。[⑤] 丽水县城16个保(另有2保情况不详)共872户,虽有耕牛602头,但中农、贫农极度短缺。770户中农、贫农中,既无自养又无租牛耕田的纯无牛户达624户,占81.04%。[⑥] 建德菴口乡顾家村、黄里坪村共

---

① 《武进县农村经济概况》(1950年1月调查),见华东军政委员会土地改革委员会编:《江苏省农村调查》,1952年印本,第52—53页。

② 《吴县保安乡农村情况调查》,见华东军政委员会土地改革委员会编:《江苏省农村调查》,1952年印本,第165、170页。

③ 中共宿县地委农委会:《濉溪县古西乡农村情况调查》(1951年5月30日调查),见华东军政委员会土地改革委员会编:《安徽省农村调查》,1952年印本,第74页。

④ 中共皖南区党委农委会:《铜陵县玉峰区东家店村调查》(1950年5月),见华东军政委员会土地改革委员会编:《安徽省农村经济》,1952年印本,第119页。

⑤ 中共余姚县委调研组:《嘉兴县高照乡农村经济调查》,见华东军政委员会土地改革委员会编:《浙江省农村调查》,1952年印本,第206页。

⑥ 中共浙江省丽水地委调研组:《丽水县租佃、借贷及雇工情况》,见华东军政委员会土地改革委员会编:《浙江省农村调查》,1952年印本,第234—235页。

有牛 77 头，缺牛 20 余头。“中农、贫农均感不足”。① 福建古田七保村，共 269 户，使用土地 3314.67 亩，有耕牛 72 头，但分配极不均平，两户富农（用地 60.7 亩）占有 14 头，而 178 户贫农（用地 1765.61 亩）只有 15 头，平均 11.87 户、117.71 亩才有 1 头牛。② 湖南南县，据 1952 年对同仁乡的调查，50%以上的农户无耕牛。③

犁、耙、锄、镐、钉耙等基本农具同样大幅减少，普遍短缺。浙江龙游，1949 年同往年比较，犁耙、锄头、四齿耙、水车等主要农具无不大减，情况见表 12-63。

表 12-63　龙游县每百家农具数统计（往年，1949 年）

（单位：件，往年 = 100）

项目 农具别	每百家占有农具数				价格（斤米）
	往年		1949 年		
	实数（件）	指数	实数（件）	指数	
犁	30	100	20	66.67	100
锄头	300	100	200	66.67	70
耙	30	100	20	66.67	150
四齿耙	100	100	60	60.00	40
水车	28	100	25	89.29	600

资料来源：据中共衢州地委调研室：《龙游县农村经济情况》，见华东军政委员会土地改革委员会编：《浙江省农村调查》，1952 年印本，第 67 页。

① 《建德县菴口乡顾家村、黄里坪村农村调查》（1950 年 3 月调查），见华东军政委员会土地改革委员会编：《浙江省农村调查》，1952 年印本，第 175 页。

② 福建省农民协会：《古田县七保村农村调查》（1950 年春调查），见华东军政委员会土地改革委员会编：《福建省农村调查》，1952 年印本，第 73—74、79—80 页。

③ 《南县志》，湖南人民出版社 1988 年版，第 103 页。

1949 年同往年比较,各种农具约减少 1/10 至 1/3 不等。

前揭河南、广东等中南 6 省 97 县 100 乡,情况变化同耕畜相仿,详情见表 12-64。

表 12-64　中南 6 省 97 县 100 乡主要农具占有及数量变化(1936 年、1948 年)

项目 省别乡数	年份	户数(户)	农具数(件)	户均(件)	各阶级(阶层)占有农具百分比					
					地主	富农	中农	贫农	雇农	其他
河南14乡	1936	5657	6899.60	1.22	12.52	6.88	59.93	18.86	0.34	1.47
	1948	6567	7073.60	1.08	12.30	7.05	56.51	21.64	0.10	2.40
湖北20乡	1936	9759	18489.47	1.89	5.96	5.24	47.99	38.10	0.68	2.03
	1948	11565	18506.04	1.60	6.35	6.11	44.43	39.83	0.60	2.68
湖南15乡	1936	9841	16214.66	1.65	6.20	4.20	54.54	29.87	0.56	4.63
	1948	10640	18185.17	1.71	7.98	5.34	55.50	25.81	0.47	4.90
江西14乡	1936	7334	12906.93	1.76	5.01	5.21	48.69	36.61	0.87	3.61
	1948	8106	15113.74	1.86	6.22	5.40	44.54	36.99	1.60	5.25
广东15乡	1936	8483	9418.93	1.11	4.27	4.42	50.26	37.58	0.81	2.66
	1948	9186	11733.16	1.28	7.32	5.90	45.31	37.02	0.88	3.57
广西22乡	1936	8564	13982.40	1.63	9.09	7.03	53.16	27.27	1.40	2.05
	1948	10425	15646.06	1.50	10.00	5.87	49.83	30.43	1.06	2.81
总计100乡	1936	49638	77911.99	1.57	6.79	5.38	51.73	32.43	0.80	2.87
	1948	56489	86257.77	1.53	7.94	5.83	48.88	32.80	0.83	3.72

资料来源:据中南军政委员会土地改革委员会编:《中南一百个乡调查统计表》,1953 年印本,第 2、10、12、14、16、18、20、26、34、36、38、40、42、44 页综合计算、编制。

如表 12-64 所示,从各省、乡总体数据看,农户的农具还是增加的,主要农具从 1936 年的 77911.99 件增至 1948 年的 86257.77 件,增加了 10.71%。不过从户均占有的农具数量看,增加的只 3 省 44 乡,减少的为 3 省 56 乡。6 省 97 县 100 乡合计,户均占有农具从 1.57 件微降至 1.53 件。同时,同耕畜一样,农具在不同阶级

(阶层)农户中的分配,地主、富农占有的比重上升,而中农、贫农、雇农的比重下降:前者从12.17%升至13.77%,后者从84.96%降至82.51%。一般农户占有的农具数量原来就十分有限,现在更少了。

农具总数、单个农户的农具数减少,农具在各阶级(阶层)中的分配,越来越不合理,作为农业生产者主体的中小农户特别是贫苦农户,农具的短缺状况越来越严重。

江苏武进湖塘区等三个区乡(村),轧稻机、抽水机、水车等主要农具大多为富农、中农所占有。富农每2户有水车一部、11户有轧稻机一架;中农每4户有水车一部、68户有轧稻机一架;而贫农每30户才有水车一部、216户有轧稻机一架,耕牛、农具"异常缺乏"。[①] 吴县保安乡,742户贫农仅有3头耕牛和2架犁。[②] 无锡堰桥乡,牛、驴等耕畜为数极少,仅某些村庄间或有一二头。[③] 在这些地区,大部分农户已经无法采用牛力犁耕。

在那些基本或勉强延续牛力犁耕的地区,犁耕农具亦往往残缺不全,无法配套,无法进行完整的犁耕。浙江余姚潮界乡第二村的中农、贫农、雇农,不是完全没有犁具,就是残缺不全,不能配套。78户中农使用土地867.57亩,有犁23.5架,但只有1架耙,仅为需求量的1/10;96户贫农、雇农,使用379.91亩土地,更仅有1牛1耙,完全没有犁,只能锄耕犁耕混搭,有条件采用犁耕的仅限于

① 《武进县农村经济概况》(1950年1月调查),见华东军政委员会土地改革委员会编:《江苏省农村调查》,1952年印本,第52页。

② 《吴县保安乡农村情况调查》(1950年1月调查),见华东军政委员会土地改革委员会编:《江苏省农村调查》,1952年印本,第170页。

③ 《无锡县堰桥乡农村概况》,见华东军政委员会土地改革委员会编:《江苏省农村调查》,1952年印本,第131页。

部分富裕农户。[①] 该县南留乡第10村,贫农、雇农的犁、耙、稻桶等基本农具,也都不同程度地短缺。[②] 安徽一些地区的情况相仿或更为严重。该省同南方许多地区一样,水田犁耕分犁、耙、耖等三个步骤,须相应置备犁、耙、耖三种农具配套。但在一些县、乡(村),犁、耙、耖往往数量不足,且残缺不全,各阶层更分配不均,贫困农户短缺尤甚。广德梅溪村367户,使用1775.93亩土地,有115张犁、57架耙、64架耖,耙、耖已明显不足。具体各个农户,因分配不均,数量不足、残缺不全的问题更加严重,佃中农、贫农和佃贫农,不仅犁具数量少,耙尤为短缺。34户佃贫农仅有1架耙,68户纸工(使用土地67亩)仅有2张犁,而36户雇农(使用土地199亩)则犁具全无。[③] 南陵戴镇村,富农、中农农具尚算齐全,或"勉强够用",而贫农、雇农农具"最为缺乏"。152户贫农仅有34张犁、7架耙、5架耖,47户雇农则仅有1张犁。[④] 宣城金象村的情况是,地主、富农和中农犁耙基本配套,但耖不足或极度短缺,贫农不仅耖极度短缺,犁、耙亦严重不足。107户雇农(占农户总数的

① 中共浙江省委工作队:《余姚县潮界乡第二村调查》(1950年6月调查),见华东军政委员会土地改革委员会编:《浙江省农村调查》,1952年印本,第197、206—207页。

② 中共宁波地委秘书处:《余姚县南留乡第十村调查》(1950年5月调查),见华东军政委员会土地改革委员会编:《浙江省农村调查》,1952年印本,第216页"南留乡第十村各阶层占有耕牛、农具统计表"。

③ 中共皖南区党委农委会:《广德县独树区梅溪村调查》,见华东军政委员会土地改革委员会编:《安徽省农村调查》,1952年印本,第120—121、125—126页。

④ 中共皖南区党委农委会:《南陵县戴镇行政村调查》,华东军政委员会土地改革委员会编:《安徽省农村调查》,1952年印本,第176—177页。

16%,使用土地占 2%)则犁、耙、耖全无。①

安徽皖北一些地区的情况更为严峻。濉溪古西乡,由于人多地少,又多为下等地。农民既缺土地,更缺农具。该乡除地主富农"农具齐全"外,一般中农与贫农的农具大多残缺不全,其中尤以贫农为最。表 12-65 具体反映了该乡各阶层农户的农具占有情况。

表 12-65　安徽濉溪古西乡各阶层农户土地使用和农具占有情况(1949 年)

项目/成分	户口(户)	人口(人)	使用土地(亩)	农具占有(件)					
				耩	大车	小车	犁	耙	锄头
地主	24	123	292.3	5.5	3.5	0	4.6	4.6	18
富农	42	244	1371.4	22	13.5	1	23.5	23	65
中农	303	1641	6430.1	114.85	81.65	11	130.8	151.4	402
贫农	645	2792	5806.0	69.8	20.5	25	77.5	82.5	438
雇农	3	11	4.9	0	0	0	0	0	2
其他	5	19	0	0	0	0	0	0	0
总计	1022	4830	13904.7	212.15	119.15	37	236.4	261.5	925

注:农具数据中的小数系同外乡亲友合用。

资料来源:据中共宿县地委农委会:《濉溪县古西乡农村情况调查》(1951 年 5 月 30 日调查),见华东军政委员会土地改革委员会编:《安徽省农村调查》,1952 年印本,第 70—71、74—75 页综合整理编制。

数据显示,农具短缺是各阶层农户的普遍问题,地主、富农所谓"农具齐全",实际只是相对于中农、贫农而言。因为即使富农

① 该村共有锄头 841 把,按全体农户(不计造纸工人、手工业者和其他村户)平均每户 1.5 把,地主、富农、中农、贫农、雇农依次户均 1.7 把、2.5 把、1.6 把、1.5 把和 0.7 把。见中共皖南区党委农委会:《宣城县周王区金象村调查》,见华东军政委员会土地改革委员会编:《安徽省农村调查》,1952 年印本,第 145 页。

也不能做到每户都有耩子、大(小)车和犁、耙。中农特别是贫农、雇农的农具“残缺不全”,其严重程度更令人难以想象。645户贫农,使用5806亩土地,而农具少得可怜。价格、效率较高的大车、小车固然罕见,平均30户左右才有一架,不可或缺的耩子、犁、耙,也要8—9户才有一件。就是锄头,也不是每户都有,要1.47户才摊到一把。至于3户雇农,唯一的工具就是两把锄头。他们虽然使用4.9亩土地,不仅无法独立耕作,即使外出佣工,假若雇主要求雇工自带锄、镰等小型农具,连出卖劳力的条件也没有。

2. 以副补农的强化和农家商业性副业生产的萎缩

耕牛、农具以及种子、肥料短缺,生产规模缩小,耕播违时、经营粗放,加上租税苛重,作为农民主业的农业,产量日减、收入大降,农民衣食无着,生活极其艰难。在单靠农业无法生存的情况下,只能全家男女老幼从事各种家庭副业,以弥补农业的不足。随着农民生产规模不断缩小和加速贫困化,“以副补农”的传统农业生产经营模式进一步强化。

无论农业、副业,大都分为自给性和商业性两个部分。清末民初以降,商业性部分明显扩大,自给性部分相对缩小。日本全面侵华战争和战后时期则呈逆向发展。一方面,农业生产和农民家庭经济萎缩,越来越大比重的农副业生产只能满足或无法满足家庭成员的直接需要(其中食粮需求又处于压倒一切的地位),而往常销往市场的农副产品因港口封锁、对外贸易大减,国内市场购买力下降,产品没有销路,导致商业性农副业萎缩,自然经济回潮;另一方面,到1948—1949年国民党大陆政权覆灭前夕,工农业生产大幅衰退,金融枯竭,纸币化水,市场交易空前萎缩,粮食成为农村市场交换的主要甚至唯一媒介,货币交换蜕变为物物交换,商业性农副业生产蜕变为自给性生产,商品经济倒退为自然经济。

近代时期以来,“以副补农”的传统农业生产经营模式一直呈现不断强化的态势。战后短短4年间,由于国内政治形势的急剧变化,经历了“以副补农”迅速强化到副业由商业性而自给性,最后急剧衰退、萎缩的全过程。

江苏无锡张村区,地狭人稠,人均耕地不足1亩,以往因土地肥沃,且临近县城,肥料劳力充沛,土地产量较高,农民尚可勉强度日。但在日本全面侵华战争和战后期间,遭日军蹂躏和国民党政府横征暴敛,农业生产力被摧残破坏,农业产量“渐行低降”,生活日见艰难,农民除大量离村、进城谋生外,留在村内的农民尤其是中农和贫农,只能依赖副业维持。据对该区寺头乡4村1保的调查,农村副业(包括种菜、捕鱼、养蚕等)及农业外其他生产收入,在农户收支中占着很大比重。从事副业生产的中农,副业收入可维持约4个月的生活,贫农可维持5个月。因此有些农民进而重副轻农,谓“种田是阿末条路,只要有点办法,总勿会在家”①。该县坊前乡,由于长期遭受封建剥削,人多地少,土地使用分散,农业收入不足以维持生活,因而从事各种副业以补助生活者颇多,占总户数的86.03%。因该乡因接近城市,副业生产不仅支撑农户家庭经济,不少副业(如砖坯、养蚕、绣花等)直接为城市工商业服务,也对城市有着极大的依附性。② 武进城郊茶山乡,地少人多,单靠土地收入不够维持生活,大多兼营其他副业。其户数占总户数的85%。③ 昆山太平乡的情况是,耕牛农具缺乏,劳动力剩余,

---

① 无锡县农村工作团第五大队:《无锡县张村区农村经济情况调查》(1950年3月),见华东军政委员会土地改革委员会编:《江苏省农村调查》,1952年印本,第96页。

② 《无锡县坊前乡农村情况调查》(1950年1月调查),见华东军政委员会土地改革委员会编:《江苏省农村调查》,1952年印本,第123页。

③ 《武进县农村经济概况》(1950年1月调查),见华东军政委员会土地改革委员会编:《江苏省农村调查》,1952年印本,第42页。

农民必须依靠其他生产以补助家庭开支。除了打短工,做手艺、小贩,全乡 90%以上的农户在冬季农闲时都从事纺织。① 吴江震泽、严墓两区,农民养蚕以弥补农业收入之不足,收茧缫丝出售,换回一部分食粮,以防荒灾;同时购买肥料,用于稻田,增加农业产量。② 苏北南通袁桥,一家只有 2—3 亩地,“吃不饱,饿不死”,进大生纱厂做工的也极少,只能从事其他副业。除了做瓦木匠、铁匠、竹匠、园桶匠外,几乎家家纺纱织布,十家之中八家有小木织机。农民所种棉花,一部分卖给纱厂,一部分自纺土纱、自织土布。③ 南通城东李观音堂一带,约一个人种一亩田。也是“田上收入不够吃用,就织布”,差不多家家纺纱,或卖给人家,或自家织土布。④

浙江衢县白渡乡,共有土地 7740 亩、1662 个劳动力,剩余 372 个劳力。贫农、雇农的剩余劳动力达 50%。为了生存,贫农、雇农除了出雇长工,主要副业有打扇子、养猪、种菜、磨豆腐、养蜂等,因打扇子成本最低,最为普遍,女孩长至 6 岁即要学打扇,俚语云:“娜妮会打扇,便有衣服穿。”战前养猪亦极为普遍,但因需要本钱大,战后衰落。⑤ 衢县山多地少,稻米、杂粮产量本已不足自给,自

① 《昆山县太平乡农村情况调查》(1950 年 1 月调查),见华东军政委员会土地改革委员会编:《江苏省农村调查》,1952 年印本,第 157 页。

② 《吴江县震泽、严墓蚕桑调查》(1950 年 2 月 20 日调查),见华东军政委员会土地改革委员会编:《江苏省农村调查》,1952 年印本,第 383 页。

③ 汤德林口述:《织土布》,见姚谦编著:《张謇与近代南通社会:口述实录(1895—1949)》上册,方志出版社 2010 年版,第 83 页。

④ 耿仲九口述:《农民生活》,见姚谦编著:《张謇与近代南通社会:口述实录(1895—1949)》上册,方志出版社 2010 年版,第 85—86 页。

⑤ 中共浙江省衢州地委会政研室:《衢县白渡乡农村经济调查》(1950 年 8 月),见华东军政委员会土地改革委员会编:《浙江省农村调查》,1952 年印本,第 150—151 页。

日本全面侵华战争以来，屡经日军及国民党政府摧残榨取，农民生产资金缺乏，又水利失修，病虫害肆虐，产量大减，粮食短缺愈甚，1949 年达 13.78%，需赖副业和土纸、木材、柴炭、植物油（桐油、柏油、青油、茶油等）、橘子等土特产（这些土特产亦是副业产品）换回粮食。① 余姚潮界乡第二村，人多地少，又深受地主剥削，贫苦农民单靠土地不能维持生活，都经营其他副业。② 松阳西南山乡，山峦绵亘，稻田很少，粮食不敷自给，但山间产竹，农民用其造纸，作为副业，借以弥补生活之不足。③ 丽水佃农，田质低劣的，每亩年产谷仅百斤左右，往往赔本，全赖副产收入以作弥补。④

福建、广东、四川等地，一般农户经营规模更小，单靠农业更难生存。福建福州郊外鼓山区一带，一个耕种 5 亩自田的 5 口之家，一年约缺口粮 1000 斤谷子，若是对半分租的佃农，则短缺半年的粮食。基本求生办法，一是多种供城市消费的商品性作物；二是从事手工业和充当手艺人。⑤ 在广东，因田地数量太少，“所有生产量，根本不足维持一家之生计”，故贫苦农民或“薄有田地者，往往

① 中共衢州地委调研室：《衢县农村经济概况》（1949 年 12 月），见华东军政委员会土地改革委员会编：《浙江省农村调查》，1952 年印本，第 58—59、60、62 页。

② 中共余姚县委调研组：《余姚县潮界乡第二村调查》（1950 年 3 月），见华东军政委员会土地改革委员会编：《浙江省农村调查》，1952 年印本，第 207 页。

③ 中共浙江省第七地委调研组：《松阳县造纸业概况》（1949 年 10 月），见华东军政委员会土地改革委员会编：《浙江省农村调查》，1952 年印本，第 315 页。

④ 中共浙江丽水地委调研究组：《丽水县租佃、借贷及雇工情况》（1949 年 11 月），见华东军政委员会土地改革委员会编：《浙江省农村调查》，1952 年印本，第 230 页。

⑤ 福建省农民协会：《福州市鼓山区农村调查》（1950 年春），《福建省农村调查》，1952 年印本，第 31—32 页。

于耕作之暇兼为雇工,以为补给”①。所述系日本全面侵华战争期间的情况,副业项目也只限于佣工。战后时期,土地供应更为紧张,农业产量也更难维持生计,更需要副业的补充和支撑。当然,副业也不限于佣工一项。在广东一些地区,蚕桑,种植蔬菜、果树,饲养猪、鸡、鸭、鹅和养鱼等,都是农家重要副业。四川綦江,农户“土地经营规模越小,农民想获得副业的动机愈大,副业愈占重要地位”②。

在某些地区,副业在农户特别是中农、贫农、雇农的家庭收入中占有相当大的比重,甚至取代农业成为主业。江苏无锡张村区,大部分农民的夏收夏种生产资金和部分日常生活费用,都仰给于蚕桑副业,故有“吃自田里来,用由养蚕得”之语。③ 浙江嘉兴塘汇乡南阳村和花鱼村,副业和其他收入占全村总收入将近20%。不过从事副业的基本上限于中农、贫农,他们从事副业的收入占全村副业收入的96.5%,而地主(包括经营地主)、富农(包括大佃农、佃富农)的副业收入仅占全村副业收入的3.5%。在中农、贫农的家庭收入中,副业自然占了很大比重。在南阳村,中农、贫农的家庭收入中,副业分别占15.8%和45.1%,在花鱼村,副业分别占18.5%和37.4%。④ 前述临安、孝丰、于潜、分水、富阳、昌化、安吉

① 广东经济年鉴编纂委员会:《二十九年度广东经济年鉴》,广东省银行经济研究室1941年印本,第B35页。

② 张登岳:《綦江农村经济之研究》,见《民国二十年代中国大陆土地问题资料》第53册,(台北)成文出版社1977年版,第26866页。

③ 无锡县农村工作团第五大队:《无锡县张村区农村经济情况调查》(1950年3月调查),见华东军政委员会土地改革委员会编:《江苏省农村调查》,1952年印本,第104页。

④ 中共浙江省委农委会:《嘉兴县塘汇乡农村经济调查》(1950年3月),见华东军政委员会土地改革委员会编:《浙江省农村调查》,1952年印本,第127页。

等7县,部分农户主要以副业为生。7县154848户中,21963户(占14.2%)"以经营副业生产为其生活的主要来源"①。江苏武进,不少农户以副业为主要生活来源。焦溪区从事编蒲包的人数占全区人口的43%,以编蒲包为主要生活来源者占31.5%;遥观乡以烧制砖瓦为业的占全乡人口的70%。② 吴县姑苏乡,从事泥水匠、木匠等手艺的贫农、雇农和部分中农,通常一年做工100天,工薪超过一般贫农的农业净收入。③ 苏北南通旧城南门外,段家坝到狼山一带,田少人多,不仅要"种田加织布才能勉强生活",而且"家家织布为主,种田为次",副业取代农业成为主业。④ 浙南庆元、龙泉、景宁3县因山多耕地少,大部分农户除耕耘少量田地外,以外出替人种植香菇为主要生活来源。3县种植香菇者约五六万人,庆元东区则全部皆是。每年九十月间,除留下老幼看家,全家男女均前往福建、赣南、广东等地种植香菇,直至次年清明前后方才返乡。⑤ 福建古田山多田少,农户经营面积狭窄,七保村1/3以上的劳力过剩,因而严重缺粮,完全无法靠农业为生。全村258户中,缺粮户达150户(占58%)。粮食从收割时起,能吃到次年阴

① 中共浙江省临安地委调研室:《临安专区农村经济概况》(1950年8月),见华东军政委员会土地改革委员会编:《浙江省农村调查》,1952年印本,第13—14、25页。

② 《武进县农村经济概况》(1950年1月调查),见华东军政委员会土地改革委员会编:《江苏省农村调查》,1952年印本,第37、53页。

③ 苏南区农委会:《吴县姑苏乡农村调查》(1950年7月),见华东军政委员会土地改革委员会编:《江苏省农村调查》,1952年印本,第189页。

④ 沈洪扬口述:《狼山人织布》,见姚谦编著:《张謇与近代南通社会:口述实录(1895—1949)》上册,方志出版社2010年版,第227—228页。

⑤ 中共丽水地委研究组:《丽水专区农村经济概况》(1949年10月),见华东军政委员会土地改革委员会编:《浙江省农村调查》,1952年印本,第27、31—32页。

历年的计 100 户(占 39%)。为了活命,这些农民不能不廉价出卖劳力,或离乡背井,外出谋生。当然更多的是在家从事各种副业。农民把“剩余下来劳动力尽量利用来增加各方面的收入”。挑脚,同山主合伙砍伐松柴(所得和山主二八分成,砍者得 8 成),打草鞋,饲养猪、羊、鸡、鸭等,都是增加收入的手段。① 福安南塘保,农户耕作面积异常狭小,而地租高利贷剥削极其残酷,农民除制糖、饲养畜禽,只能靠卖柴、挑担、打短工、织草席、打草鞋,“以补贴农田经常收入的不足”②。

战后农民家庭副业同战前一样,仍然大致由自给性生产、商业性生产和劳力出雇等三部分组成。20 世纪二三十年代,由于城乡商品经济、商业性农业和富农经济的发展,加上地权愈趋集中和农民贫困化,商业性生产和劳力出雇在农民副业中所占比重上升,自给性生产相应下降。日本全面侵华战争爆发后,由于工农业生产和城乡商品经济发展停滞、衰退,社会购买力萎缩,市场萧条,加上农民衣食和资金严重短缺,农民家庭副业结构出现新的变化走向,商业性生产萎缩,自给性生产比重上升。至于劳力出雇,情况比较复杂:一方面,农民土地短缺,经营规模愈益狭窄,劳力更加过剩,佣工人数增加;另一方面,商业性农业、富农经济和经营地主或经营性地主萎缩,雇工农户及其雇工数量减少,雇佣劳动供大于求,实际雇佣数量未必增加,甚至减少。即使雇佣数量增加,但雇工工资下降,一些地区的童工更只管饭而无工资。因此,佣工收益在农

---

① 福建省农民协会:《古田县七保村农村调查》(1950 年春调查),见华东军政委员会土地改革委员会编:《福建省农村调查》,1952 年印本,第 84—85 页。

② 福建省农民协会:《福安县南塘保农村调查》(1950 年春调查),见华东军政委员会土地改革委员会编:《福建省农村调查》,1952 年印本,第 65 页。

家副业收入中所占比重不一定上升，甚至下降。

江苏吴江六都乡后港村，农民以养蚕为主要副业，养蚕历史已有百年以上。每家都有养蚕工具，养蚕经验也很丰富，1950 年 7 月有调查称，“特别是近四、五年来，养蚕事业益见发展”①。该县震泽、严墓两区，日本全面侵华战争期间，灾祸迭起，蚕业一落千丈，桑树被砍伐当柴卖。至日本帝国主义战败投降，“养蚕业又为大家注意了”。过去大都只养春蚕，从 1948 年起开始养秋蚕，但因秋季桑树多虫，育秋蚕者仍很少。且因解放前夕丝茧销路不畅，农民养蚕兴趣减低，故“蚕桑业已不如以往那样兴盛”②。

战后蚕桑，作为某些地区农家的主要商业性副业生产，除个别地方短暂维持外，大多节节衰微。江苏无锡坊前乡，养蚕是中农、贫农的主要副业，养蚕数量占总数的 83.57%。农户养蚕规模，战前最多的每户养蚕 10 张左右，一般的五六张，战后减退至三五张，到 1949 年，养蚕最多的仅 6 张，一般在 2 张以下。③ 减少了约一半到 4/5。在武进，蚕桑作为全县范围的主要商业性副业，因战后丝价一蹶不振，这项副业大衰，过去全县每年用蚕种达 18 万张，战后仅 4 万张，各处桑树亦多半被砍伐。④ 浙江嘉兴塘汇乡南阳、花鱼两村，原来副业和其他收入中，养蚕缫丝占有相当大的比重。但

---

① 吴江县农筹会：《江苏吴江六都乡后港桑田调查》（1950 年 7 月），见华东军政委员会土地改革委员会编：《江苏省农村调查》，1952 年印本，第 382 页。

② 《吴江县震泽、严墓蚕桑调查》（1950 年 2 月 20 日调查），见华东军政委员会土地改革委员会编：《江苏省农村调查》，1952 年印本，第 383—384 页。

③ 《无锡县坊前乡农村经济概况》（1950 年 1 月调查），见华东军政委员会土地改革委员会编：《江苏省农村调查》，1952 年印本，第 125—126 页。

④ 《武进县农村经济概况》（1950 年 1 月调查），见华东军政委员会土地改革委员会编：《江苏省农村调查》，1952 年印本，第 53—54 页。

自遭受帝国主义的破坏后,日趋凋敝,1938 年一斤蚕茧值 8.5 升米,至解放前夕每斤只值 2.3 升米,收入和地位陡降。① 前述嘉兴塘汇乡,蚕桑在农家副业中占有相当大的比重,自遭受帝国主义的破坏后,“日趋凋敝”。② 在浙江全省,作为农户主要副业产品的蚕茧产量和收购量,1949 年同 1936 年比较,从 89 万担和 64.97 万担减至 19.59 万担和 9.09 万担,分别下降了 77.99%和 86.01%。③ 广东南海,1910 年全县桑地面积 29.76 万亩,按当时亩桑产茧 41.86 公斤算,全县茧产量当在 1.2 万吨以上。20 世纪 30 年代经济危机期间,蚕桑生产严重衰退,1935 年桑地减至 8 万亩。日本全面侵华战争期间,蚕桑生产更遭浩劫,桑地抛荒或改种其他作物,1946 年,桑地仅 8377 亩,只相当于 1935 年的 10%和 1910 年的 2.8%。抗日战争胜利后,蚕桑生产一度有所恢复,但因时局不稳,通货膨胀日益严重,加之连年灾荒,蚕桑产量极低。到 1949 年,亩桑产茧 10 公斤,只有 1910 年的 23.9%。全县产茧 357 吨,只相当于 1910 年的 2.98%。④

其他农家商业性副业生产,也大都明显衰落,或被自给性副业所取代。

浙江嘉兴塘汇乡南阳、花鱼两村,原来副业和其他收入中,除

---

① 中共浙江省委农委会:《嘉兴县塘汇乡农村经济调查》(1950 年 3 月),见华东军政委员会土地改革委员会编:《浙江省农村调查》,1952 年印本,第 126—127 页。

② 中共浙江省委农委会:《嘉兴县塘汇乡农村经济调查》(1950 年 3 月),见华东军政委员会土地改革委员会编:《浙江省农村调查》,1952 年印本,第 127 页。

③ 中共浙江省农委调研科:《浙江丝绸业概况》(1949 年 12 月),见华东军政委员会土地改革委员会编:《浙江省农村调查》,1952 年印本,第 303 页。

④ 《南海县志》第 14 卷,农业,中华书局 2000 年版,第 576—577 页。

了养蚕缫丝，饲养湖羊亦占有相当大的比重。湖羊既可积厩肥，又可繁殖小羊，羊毛、羊皮可以出卖，价钱亦好。但战后羊毛、羊皮销路都不大，养羊业顿形萎缩。[①] 浙江衢县，农村副业有制麻绳、制扇、制草鞋、烧砖瓦、烧陶瓷、造纸、榨油、饲养家畜，其中以制扇、制草鞋、饲养猪羊最为普遍。战前平均每一农户养猪一头，战后猪肉销路欠佳，又因缺乏饲料，因此产量锐减。羊群数量亦陡降。具体情况见表12-66。

表12-66　浙江衢县家畜数量变化趋势统计产量比较（1936年、1948年、1949年）

（单位：头，1936年=100）

项目 / 畜别	1936年		1948年		1949年	
	实数	指数	实数	指数	实数	指数
猪	62270	100	51250	82.30	29840	47.92
山羊	8980	100	3950	39.98	1200	13.36

资料来源：中共衢州地委调研室：《衢县农村经济概况》（1949年12月），见华东军政委员会土地改革委员会编：《浙江省农村调查》，1952年印本，第60页改制。

1949年同1936年比较，猪的数量下降了一半多，羊群的降幅超过8成半。

衢县周边龙游、江山、常山、开化、遂昌等县，情况大同小异。表12-67从1936年和1949年两个节点，反映出战前、战后农家畜禽养殖业的兴衰变化。

① 中共浙江省委农委会：《嘉兴县塘汇乡农村经济调查》，见华东军政委员会土地改革委员会编：《浙江省农村调查》，1952年印本，第126—127页。

表 12-67　浙江衢州地区饲养畜禽统计(1936 年、1949 年)

(单位:只,1936 年=100)

县别＼项目	猪				鸡				鸭			
	1936 年		1949 年		1936 年		1949 年		1936 年		1949 年	
	实数	指数	实数	指数	实数	指数	实数	指数	实数	指数	实数	指数
衢县	62270	100	29840	47.92	213200	100	239500	112.34	35900	100	39200	109.19
龙游	80000	100	50000	62.50	180000	100	170000	94.44	50000	100	6000	12.00
江山	32120	100	34160	106.35	212150	100	182690	86.11	32470	100	21420	65.97
常山	38420	100	29510	76.81	—	—	—	—	—	—	—	—
开化	30000	100	8000	26.67	200000	100	60000	30.00	10000	100	2500	25.00
遂昌	13980	100	12580	89.99	157500	100	35160	22.32	2550	100	2310	90.59
总计	256790	100	164090	63.90	962850	100	687350	71.39	131190	100	71430	54.45

资料来源:中共衢州地委调研室:《衢州专区农村经济概况》(1950 年 3 月),见华东军政委员会土地改革委员会编:《浙江省农村调查》,1952 年印本,第 53—54 页。

1949 年同 1936 年比较,除江山的猪、衢县的鸭,数量有轻微增加外,其他无不明显下降。6 县合计,猪、鸡、鸭的数量依次下降了 36.10%、28.61%和 45.55%。没有入表 12-67 的羊、鹅的数量变化基本相同。两者分别从 1936 年的 10730 只、16830 只减至 1949 年的 2450 只、13780 只,分别下降了 77.13%和 18.12%。

除了饲养畜禽,各县有多种商业性副业生产,如榨油、制糖、造纸、伐木、砍柴、制扇、制靛,等等。原来相当兴盛,产品大多销往外地,不仅农民赖以为生,亦是相关各县经济的重要支撑。战后时期,因市场需求、农民生产能力或生产资源萎缩,大都急剧衰落。6 县过往的土特产输出中,以土纸和油类的价值最大,最盛时二项折米达 581122 石以上,占土特产输出总值 80%以上。20 世纪 40 年代末,衰落特甚,土纸输出仅及盛时的 1/5,油类也降至 1/2 以下。其他占输出比重较大者如木材、木炭、木柴等,估计约值米 10 万石左右;橘柑、竹笋、红糖等,常年输出约值米 5 万石左右,盛年达 10

万石，战后亦大减。如龙游制糖最盛时植蔗面积约 1800 亩，年产糖 50 万斤；战后台糖充塞市场，且农村日益凋敝，植蔗面积大减，1949 年植蔗面积仅约 340 亩，产红糖 10 万斤，输出约 8 万斤，值米约 4 千石；土纸产量由最盛时的 20 万担减至 1949 年的 5 万担；桕油产量由最盛时的 2.5 万担减至 1949 年的 5000 担。总计 1949 年 6 县土特产输出约折米 353038 石以上，尚不及盛年的 50%，下降了一半以上。①

在福建古田七保村，作为农家重要副业的烟叶种植业、麻布业、木材业和红面业，或因农户资金缺乏、销路滞塞转产，由商业性生产转为自给性生产，或完全停歇。过去烟叶销路较好，尽管地租苛重，租种烟叶的田地仍不少，凡有耕地的农户几乎都会种植，全村烟叶收入仅次于稻作。战后烟叶滞销，产量大减，只相当于过去的 1/3，原来的烟地多改种番薯，"商品作物减少了，口粮作物在逐渐增加中"，番薯产量增加了一倍；麻织业原是从事人数最多的副业，几乎每家都有麻布机，妇女老幼都能绩麻。麻线、麻布除自用外，亦供出口外销。战后出口消失，产品仅供自用；林竹业和木材业在副业中原来也占重要地位，除油桐、油茶、毛竹、茶叶等经济林种植、经营，还有木材砍伐、运销。以往木材大都经过水路运往福州销售，因沿途关卡、水闸肆意摊派苛索、重租敲诈，生产者获利甚少，加上海口被敌人封锁，销路停滞，业务陷入停顿状态；过去该村红面业也很兴盛，各阶层都兼营此业，全村有面埕 30 多家，产品行

① 中共衢州地委调研室：《衢州专区农村经济概况》（1950 年 3 月），见华东军政委员会土地改革委员会编：《浙江省农村调查》，1952 年印本，第 54、56—57 页；中共衢州地委调研室：《龙游县农村经济概况》（1949 年 12 月调查），见华东军政委员会土地改革委员会编：《浙江省农村调查》，1952 年印本，第 69 页。

销上海、天津、北京一带,日本全面侵华战争爆发后停歇,一直未曾恢复。① 手工业产品市场销售萎缩、农民家庭经济衰败,也直接导致农村手工业从业人员和登门服务的手艺人纷纷失业。如福州郊区前溪村,1941 年 102 名手工业者和手艺人中,1949 年 7 月前,继续从业的只剩 22 人,失业率为 78.43%;到是年 8 月后,从业的只有 4 人,其余 98 人不是失业就是转业。②

3. 农业生产的全面衰退和农村经济的濒临崩溃

经历 8 年和 14 年日本帝国主义侵略战争及殖民统治的烧杀奸淫、蹂躏洗劫,农民、农业和农村经济惨遭劫难,农业资源、生产设施、农副产品、村落屋舍、家什财物,等等,被毁坏、攫夺殆尽,直接导致全国农业生产的大破坏、大衰退和农村经济的崩溃。

战后时期,农业生产条件急剧和全面恶化,广大农民特别是作为农业生产者主力的中农、贫农、雇农,耕畜、农具和口粮、资金严重短缺,导致原本最起码的简单再生产也无法继续进行,或只能在愈加恶劣和不断萎缩的条件下勉强维持。

调查资料显示,众多农户因为耕畜、农具和种子、口粮、资金严重短缺,即使缩小原本已十分狭小的经营规模,仍因没有耕畜,农具短缺、残破,连沿袭两千余年牛耕都无法保留,不得不退回到人力锄耕。江苏吴县保安乡,742 户贫农仅有 3 头耕牛和 2 张犁,因

① 福建省农民协会:《古田县七保村农村调查》(1950 年春调查),见华东军政委员会土地改革委员会编:《福建省农村调查》,1952 年印本,第 84—85 页。

② 福建省农民协会:《福州市鼓山区农村调查》(1950 年春调查),见华东军政委员会土地改革委员会编:《福建省农村调查》,1952 年印本,第 55 页。

而“用手力翻田地极为普遍”①。该县姑苏乡，中农有 1/4 的土地须靠人力耕种、戽水，贫雇农有 4/5 的土地须靠人力耕种戽水。②武进政成乡的 7049.94 亩水田中，4379.94 亩“须靠人力耕种”③。浙江嘉兴塘汇乡南阳、花鱼两村，300 户贫农耕种的 2708 亩水田，因只有 1 头牛、只得“以劳力代畜力，以铁铲代犁耙，从事耕种”④。安徽濉溪古西乡，645 户贫农，耕种的 5806 亩土地中，2281 亩“须靠人力或以人力换牛力来解决”⑤。这些缺乏耕畜、犁具的贫困和中小农户，减缩经营规模，因陋就简，以人力锄耕取代传统的牛力犁耕，无论劳动强度、生产效率、耕作的集约程度，两者不可同日而语。人力锄耕不仅劳动效率和耕作质量降低，耕作粗放，而且往往延误农时，土地收获下降。如浙江松阳，许多农民，尤其是贫农，因为自己没有耕牛，“往往使耕作失时，以致影响产量”⑥。

还有相当一部分中小和贫困农户，既无耕畜、犁具，又无锹、锄、耙（四齿耙）等替代锄耕农具，只有向地主、富农和其他富裕农

① 《吴县保安乡农村情况调查》（1950 年 1 月调查），见华东军政委员会土地改革委员会编：《江苏省农村调查》，1952 年印本，第 170 页。

② 苏南区农委会：《吴县姑苏乡农村情况调查》（1950 年 7 月调查），见华东军政委员会土地改革委员会编：《江苏省农村调查》，1952 年印本，第 188 页。

③ 《武进县农村经济概况》（1950 年 1 月调查），见华东军政委员会土地改革委员会编：《江苏省农村调查》，1952 年印本，第 53 页。

④ 中共浙江省委农委会：《嘉兴县塘汇乡农村经济调查》（1950 年 3 月），见华东军政委员会土地改革委员会编：《浙江省农村调查》，1952 年印本，第 123 页。

⑤ 中共宿县地委农委会：《濉溪县古西乡农村情况调查》（1951 年 5 月 30 日调查），见华东军政委员会土地改革委员会编：《安徽省农村调查》，1952 年印本，第 74 页。

⑥ 中共浙江省丽水地委调研组：《松阳县农村经济概况》，见华东军政委员会土地改革委员会编：《浙江省农村调查》，1952 年印本，第 80 页。

户租借,或以人力换取畜力、农具,方能维持耕作。如福建龙岩,76%的农户因贫穷养不起耕牛,或立约常年租牛(年租稻谷100公斤),或犁田时临时租牛,或以人工换牛耕。① 上揭安徽濉溪古西乡有部分贫农,也是以人力换牛力来完成耕作。江苏武进湖塘区等三个区乡(村),没有耕牛、农具的贫苦农民,都是用人力兑换,"以补生产工具之不足"②。

在那些仍然延续牛耕或仍以牛耕为主的地区,要么只限于情况较好的中农以上农户。如江苏武进梅港乡三保,耕牛系中农以上农户所有和使用,情况稍差的中农及其以下农户,就只能用锄头翻土,"故生产较困难"③。要么向地主、富农和其他富裕农户租借耕畜、犁具,或以人力换取畜力、农具,方能维持耕作。如上揭安徽濉溪古西乡有部分贫农,就是以人力换牛力来完成耕作。浙江嘉兴高照乡,贫农以下各阶层普遍缺牛,一般以人工换牛工,三个人工换一个牛工。④

不过更多的是用粮食交换和租借,或租借与人工换牛工并行。浙江义乌佛堂镇,每届春耕,贫农、雇农都是租牛耕种,或以人工换牛工。⑤ 建德蓭口乡顾家、黄里坪两村,中农贫农耕牛均感不足,

① 《龙岩市志》第11卷,农业,中国科学技术出版社1993年版,第245—246页。

② 《武进县农村经济概况》(1950年1月调查),见华东军政委员会土地改革委员会编:《江苏省农村调查》,1952年印本,第52页。

③ 《武进县梅港乡农村情况调查》(1949年6月调查),见华东军政委员会土地改革委员会编:《江苏省农村调查》,1952年印本,第133页。

④ 中共浙江省委工作队:《嘉兴县高照乡农村经济调查》(1950年),见华东军政委员会土地改革委员会编:《浙江省农村调查》,1952年印本,第93页。

⑤ 中共义乌县委会:《义乌县佛堂镇农村经济调查》(1949年12月),见华东军政委员会土地改革委员会编:《浙江省农村调查》,1952年印本,第159—160页。

地主富农将其多余耕牛出租。[①] 在金华，没有水车的农户，都是以每石田 40—50 斤的租谷向地主租借。[②] 在开化，贫苦农民无力养牛，也置不起犁具，故犁具多由农民于租牛时一并向牛主租用。[③] 四川犍为，农户面积小者，或数家共养一牛，或竟不养，至需用时，向他人租借，租价每日 4 角，并给饲料。[④]

随着农民的加速贫困化、无牛化和耕牛租赁对人工换牛工的逐渐替代，耕畜、犁具加速向地主、富农集中，耕畜、犁具的租赁也在发生量和质的变化。一些地区的地主、富农不再满足于出租自用有余的耕畜、犁具，赚取额外收益，而是购置多头甚至数十百头耕畜，用以出租谋利。地主、富农继垄断土地之后又垄断了耕畜、犁具，牛租成为地租以外的另一重要剥削手段。这又进一步加剧农民的贫困和农业生产的衰退。

肥料短缺、匮乏，是战后农业加速衰退的突出表现，也是衰退的重要原因。农民厩肥减少，除了丧失和无力饲养耕畜，猪、羊等家畜，鸡、鸭、鹅等家禽的数量下降，同样导致厩肥大减。同时，畜禽数量减少，导致家庭成员食物中的动物蛋白和家庭副业收入大大减少，这又不仅使粪便肥力下降，而且家庭生产和生活资金缩减，无力购买商品肥料。国民党某些地方政府曾举办肥料贷款，以

① 《建德县蓄口乡顾家村、黄里坪村调查》(1950 年 3 月)，见华东军政委员会土地改革委员会编:《浙江省农村调查》,1952 年印本,第 175 页。

② 金华县人民政府:《金华县乾溪乡坛里郑村调查》(1949 年 11 月)，见华东军政委员会土地改革委员会编:《浙江省农村调查》,1952 年印本,第 179 页。

③ 中共浙江省委农委调研室:《开化县农村经济概况》(1949 年 9 月)，见华东军政委员会土地改革委员会编:《浙江省农村调查》,1952 年印本,第 73 页。

④ 易甲瀛:《犍为农村经济之研究》,见《民国二十年代中国大陆土地问题资料》第 53 册,(台北)成文出版社 1977 年版,第 27110 页。

解决农民缺肥和无力购买肥料的问题,也以失败告终。如浙江开化,因肥料缺乏,国民党政府时曾举“折款贷肥”,但多被地主、富农侵占,再以高利贷转放给农民。“农民缺肥的问题不仅不能解决,且更加严重。”①

这样,由于生产资金缺乏和枯竭,各阶层农户尤其是下中农和贫农、雇农,使用肥料的种类和数量、用于置办肥料的资金,均持续下降。福建古田七保村,以往农民施用肥料的种类较多,一般有盐、粪、鸡毛、猪毛、头发、牛骨、烟梗、稻草、灰、桐油饼等,还有施用肥田粉的。战后却只用普通肥料,连盐和牛骨也少了。贫农、雇农的肥料使用量比以前约减少 1/3。肥料在生产资金中只占很小的比重。据调查,当地洋田、山田每亩生产资金分别折合稻谷 142.6 斤和 148.7 斤,肥料为 25 斤和 27.5 斤,分别占 17.53% 和 18.49%。而且这些数字“都在不断下降”,农业生产“在益加粗放的情况下进行”②。江苏吴县保安乡,各阶层农户生产投资,包括种子、雇用人工、肥料等,依富农、地主、中农、贫农的顺序递减,富农为折合稻谷 157.5—163.4 斤,地主 108.3—157 斤,中农、贫农分别只有 17.5—75 斤和 7.7—24.3 斤。贫苦农民为生产而垫支的成本,除种子为固定不可少者外,主要包括肥料在内的其他成本“已降低到几乎等于零了”。③ 从施用肥料的种类、数量看,同样依

① 中共衢州地委调研室:《开化县农村经济概况》(1949 年 9 月),见华东军政委员会土地改革委员会编:《浙江省农村调查》,1952 年印本,第 73 页。

② 福建省农民协会:《古田县七保村农村调查》(1950 年春调查),见华东军政委员会土地改革委员会编:《福建省农村调查》,1952 年印本,第 81 页。

③ 《吴县保安乡农村情况调查》(1950 年 1 月调查),见华东军政委员会土地改革委员会编:《江苏省农村调查》,1952 年印本,第 171 页。

地主富农、中农、贫农、雇农的顺序递减，浙江衢县白渡乡，地主富农施用石灰，每亩在120斤以上，中农100斤左右，雇农、贫农仅有60斤左右；地主、富农的饼肥用量，每亩在20—30斤之间，中农用量相仿，而雇农、贫农多无力施用；地主、富农及中农均大量使用人粪、牛粪、猪粪等，雇农、贫农则大多无力饲养牲畜，厩肥更为缺乏，人粪也无力购买。①

肥料不仅是作物正常生长不可或缺的营养，而且其施放及数量多寡，还同田地耕耘的集约程度成正比。肥料越少，耕耘越粗放，作物生长条件越差。浙江衢县，一般水田翻耕，均为耕三次、铲三次、施肥三次。铲田次数是由肥料多少决定的，如只铲而不施肥，水田便会短劲而减产。雇农、贫农因缺乏耕牛、农具，缺少肥料，水田一般仅能耕一次、铲二次，被迫粗放应付。同时，贫农、雇农因肥料缺乏，土地利用率和复种指数亦相应降低，一些能种三季的好田，也只能种两季，耕作经营加速粗放、衰退。② 同时，因不施肥，土壤团粒结构被破坏，土地日益板结、贫瘠。如陕西旬阳，地租苛重，佃农异常穷困，既无力施肥，也不愿施肥，不顾水土流失，“种一季收一季，掠夺性地利用耕地”。结果“地块由肥变瘦，越种越薄”③。

耕畜、农具、肥料和生产资金的严重短缺，生产和耕作能力不断下降，加上自然灾害和水冲沙压、日本帝国主义的侵略和蹂躏、

① 中共浙江省衢州地委会政研室：《衢县白渡乡农村经济调查》（1950年8月），见华东军政委员会土地改革委员会编：《浙江省农村调查》，1952年印本，第150—151页。

② 中共浙江省衢州地委会政研室：《衢县白渡乡农村经济调查》（1950年8月），见华东军政委员会土地改革委员会编：《浙江省农村调查》，1952年印本，第150—151页。

③ 《旬阳县志》，中国和平出版社1996年版，第158页。

国民党政府抽丁抓夫和战争破坏,以及瘟疫疾病肆虐,农村人口大量死亡,劳力严重不足,导致耕地荒废,一些地区的荒地增加,耕地面积下降。

湖南桂阳樟市乡,人口大量死亡,劳动力急剧减少,形成"人少地多"的局面,与地主阶级的残酷剥削和使农民经济更趋衰微,耕畜、农具、肥料俱减,而又灾害连绵,结果相当一部分田地,或因受灾,需要较多肥料才能种植庄稼;或因塘坝坍塌干涸,缺水灌溉;或因靠近山边,被山泥冲积堵塞,无力清理修复,只能任其荒废。这样,荒地日益扩大,到1949年,共占全乡现有田地的13.94%。① 江西玉山,民国后期,"政局动荡,成批劳力外流,大片土地荒芜",全县耕地面积从1936年的425070亩缩减为246700亩,减少了42%。② 山东长清,全县耕地从1934年的85.42万亩,减至1946年土地改革前夕的70.74万亩,下降了17.2%。③ 吉林通化,1937年有耕地58.5万亩,1945年后,因为全面内战,劳动力减少,5.1万亩耕地撂荒,1947年全县耕地面积降至53.4万亩,减少了8.72%。④ 1947年,广东抛荒耕地达75%,江苏为60%,安徽、湖南等省也在30%以上。⑤

战后时期,农业生产环境和条件恶化,农民加速贫困破产,生产和再生产在越来越恶劣和萎缩的条件下进行,导致单位面积产

① 《湖南桂阳县樟市乡解放前的政治经济情况调查》,见中南军政委员会土地改革委员会调查研究处编印:《中南区一百个乡调查资料选集·解放前部分》,1953年印本,第47—48页。

② 《玉山县志》,江西人民出版社1985年版,第218页。

③ 《长清县志》,济南出版社1992年版,第92页。

④ 《通化县志(1877—1985)》,吉林人民出版社2002年版,第282页。

⑤ 刘克祥、陈争平:《中国近代经济史简编》,浙江人民出版社1999年版,第671页。

量和总产量大幅下降。各个地区的农业生产环境、条件及其变化，不尽相同，但包括粮食作物、经济技术作物在内的农业产量大幅下降的整体趋势并无二致。

江苏常熟，因受战争的破坏和国民党政府日益残酷的榨取，农民缺乏生产资金，施肥减少，农业产量普遍下降。如塘墅乡，稻米、小麦亩产量，战前一般分别为 2 石 2 斗和 1 石 8 斗，解放前分别减至 2 石和 1 石 5 斗；董滨乡分别从 2 石和 1 石 5 斗减至 1 石 5 斗和 1 石 2 斗。① 江苏无锡云林乡，因税捐苛重，无力垩田，加以虫灾肆虐，水稻产量不断下降：1935 年亩产稻米 2 石 2 斗；1943 年减至 1 石 9 斗至 2 石；1948 年再减至一石七八斗。② 13 年间，亩产量降低约 2 成或以上。上揭湖南桂阳樟市乡，由于地主阶级的残酷剥削与国民党政府的税捐苛敛，劳动力大量死亡，耕地面积缩小，全乡农业产量急剧下降，解放前夕同战前比较，单位面积产量减少 20%，总产量减少 35%。③ 安徽黟县，1934 年全县粮食总产量 1262 万公斤，1949 年仅 1079. 18 万公斤，减少 14. 49%。④ 肥西粮食平均亩产，1933 年为 165. 5 公斤，1949 年降至 91. 7 斤，降幅达 44. 6%。⑤。歙县 1947 年全县稻谷总产量 36575 吨，1949 年只有 28504. 2 吨，两年下降了 22. 07%。⑥

---

① 《常熟县农村经济概况》，见华东军政委员会土地改革委员会编：《江苏省农村调查》，1952 年印本，第 57 页。

② 《无锡县云林乡农村经济调查》（1950 年 1 月调查），见华东军政委员会土地改革委员会编：《江苏省农村调查》，1952 年印本，第 112 页。

③ 《湖南桂阳县樟市乡解放前的政治经济情况调查》，见中南军政委员会土地改革委员会调查研究处编印：《中南区一百个乡调查资料选集·解放前部分》，1953 年印本，第 47—48 页。

④ 《黟县志·农业志》，光明日报出版社 1988 年版，第 147 页。

⑤ 《肥西县志》，黄山书社 1994 年版，第 104 页。

⑥ 《歙县志》，黄山书社 2009 年版，第 265 页。

浙江开化的基本情况是,农作物的耕种面积与产量,均历年下降,表 12-68 是 1949 年全县主要农作物种植面积、产量同 1940 年比较统计。

表 12-68 浙江开化主要农作物种植面积及产量统计(1940 年、1949 年)

项目 作物别	1940 年			1949 年			1949 年相当于 1940 年的百分比(%)		
	种植面积(亩)	总产量(千担)	每亩产量(斤)	种植面积(亩)	总产量(千担)	每亩产量(斤)	种植面积(亩)	总产量(千担)	每亩产量(斤)
水稻	173430	523	300	166821	416	250	96.19	79.54	83.33
小麦	21000	25	120	10000	10	100	47.62	40.00	83.33
大麦	6300	10	150	4000	5	120	63.49	50.00	80.00
玉米	37000	110	300	30000	66	220	81.08	60.00	73.33
甘薯	15000	75	500	10000	40	400	66.67	53.33	80.00
大豆	13000	20	150	15000	15	100	115.38	75.00	66.67
油菜籽	24000	15	70	22000	11	50	91.67	73.33	71.43
总计/简单平均数	289730	778	—	257821	563	—	80.30	61.60	76.87

资料来源:据中共衢州地委调研室:《开化县农村经济概况》(见华东军政委员会土地改革委员会编:《浙江省农村调查》,1952 年印本)第 74—75 页统计表整理、改制。

1949 年同 1940 年比较,水稻、小麦和大豆、油菜籽等 7 种粮食和油料作物,除大豆种植面积轻微增加外,其余 6 种作物的种植面积和总产量、单位面积产量,以及大豆的总产量、单位面积产量,都大幅下降。其中小麦、大麦的总产量只分别相当于 1940 年的 40%和 50%,大豆的种植面积虽然增加,但总产量和单位面积产量分别下降了 1/4 和 1/3。7 种作物合计,种植面积和总产量、单位面积产量依次减少 19.70%和 38.40%、23.13%。

某些地区或某种(类)作物,种植面积虽未大幅减少,甚至略有增加,但单产、总产仍然明显下降。如表 12-68 中的大豆,种植面积由1.3万亩增至1.5万亩,但总产由2万担减至1.5万担,单产由150斤减至100斤,分别下降了25%和33.3%。浙江龙游的豆类作物,1936年的种植面积为71530亩,1949年增至72520亩,扩大1.38%,而总产、亩产分别从12.16万担、170斤减至7.125万担和100斤,分别下降41.41%和41.18%。玉米种植,1936年和1949年都是2300亩,而总产、亩产分别从5520担和240斤减少到3680担和160斤,分别下降1/3。[①] 衢县、龙游、江山、常山、开化、遂昌等6县,1936年的水稻种植面积为1685544亩,1949年为1683194亩,只减少0.14%,但总产、亩产分别由4800766担和285斤减少到4186580担和249斤,分别下降12.79%和12.63%。[②] 湖南茶陵粮食产量,1949年同1940年比较,播种面积从404031亩增至512153亩,扩大26.76%,但亩产量从144公斤减少到105公斤,故总产量从5.81万吨降至5.36万吨,下降7.75%。[③] 湖南1936年的水稻种植面积为3477.72万亩,1949年为3490.15万亩,大体持平,并微量增加。但总产和亩产分别从1936年的144.72亿斤和416斤降至1949年的113.42亿斤、324.97斤,分别下降21.63%和21.88%。该省1936年棉花种植面积为736160亩,总产皮棉258005担,亩产35斤,1949年种植面积达90万亩(1946—1948年均超过100万亩),而总产量陡降至14万担,每亩产量亦只有15.6斤,总产和亩产分别下降45.74%和54.57%。[④]

---

① 中共衢州地委调研室:《衢州专区农村经济概况》,见华东军政委员会土地改革委员会编:《浙江省农村调查》,1952年印本,第65页。

② 中共衢州地委调研室:《衢州专区农村经济概况》,见华东军政委员会土地改革委员会编:《浙江省农村调查》,1952年印本,第50页。

③ 《茶陵县志》,中国文史出版社1993年版,第119页。

④ 《湖南农业志》第一分册,1958年征求意见稿,第136、393页。

粮食作物同经济作物比较,自给性(或以自给为主)作物同商业性(或以市场销售为主)作物比较,经济作物或商业性作物产量下降的幅度更大。棉花、蚕桑、烟草、糖蔗等,大都如此。

湖南,棉花总产和亩产降幅比水稻大一倍以上。浙江衢州地区,土棉、美棉、烟草种植及产量,都大幅下降。情况见表12-69。

表 12-69 浙江衢州地区棉花烟草种植及产量统计(1936 年、1949 年)

(1936 年=100)

作物别 \ 项目	1936 年			1949 年					
	种植面积(亩)	总产量(千担)	亩产量(亩)	种植面积(亩)		总产量(千担)		亩产量(亩)	
				实数	指数	实数	指数	实数	指数
土棉	2400	144	60	800	33. 33	20	13. 88	25	41. 67
美棉	4200	336	80	1400	33. 33	42	12. 50	30	37. 50
烟草	800	100	125	300	37. 50	45	45. 00	150	120. 00

资料来源:中共衢州地委调研室:《衢州专区农村经济概况》,见华东军政委员会土地改革委员会编:《浙江省农村调查》,1952 年印本,第 65—66 页。

棉花无论土棉、美棉,因种植面积和亩产量都在减少,总产量下降幅度最大。种植面积下降 2/3,而总产量的下降幅度超过 85%,只剩下一个零头。烟草的变化情形稍异,亩产量略有提高,从 1936 年的 125 斤增至 1949 年的 150 斤,但因种植面积大幅缩减,总产量亦减少一半以上,降幅远大于粮食作物。

山东烟草种植和产量的下降幅度更大。表 12-70 是山东烟草种植面积和产量统计。

表 12-70　山东烟草种植面积和产量统计(1935—1949 年)

(1936 年=100)

项目 年份	种植面积(亩)		烟草产量(斤)			
			总产量(斤)		每亩产量(斤)	
	亩数	指数	实数(斤)	指数	实数(斤)	指数
1935	401614	97.84	80322800	128.93	200	131.58
1936	410495	100.00	62300000	100.00	152	100.00
1941	129649	31.58	15178933	24.36	117	76.97
1942	107904	26.29	11732672	18.83	109	71.71
1948	215842	52.58	39520111	63.44	183	120.39
1949	144732	35.26	16524110	26.52	114	75.00

资料来源:据《山东烟草业概况》(见华东军政委员会土地改革委员会编:《山东省、华东各大中城市郊区农村调查》,1952 年印本)第 99 页统计表整理、改制。

从战前 1935 年、1936 年到 1949 年,山东烟草的种植面积和总产量、单位面积产量均呈波浪式下降。1948 年,种植面积和总产量、单位面积产量虽从 1942 年的低谷轻微反弹,但 1949 年再次陡降,种植面积和总产量、单位面积产量依次只有 1936 年的 35.26%、26.52%和 75%。

蚕桑方面,江苏武进过去农户以蚕桑为主要副业,蚕桑亦为该县之主要副业,战后丝价一蹶不振,蚕桑业大衰,农村桑树“多半被砍伐”。过去全县每年用蚕种达 18 万张,1949 年仅 4 万张,不到原来的 1/4。① 苏州太湖东山,原有桑田约有 1 万亩以上,解放前后只剩 5585.632 亩;1940 年最高产桑叶 20 万担,1949 年减至

① 《武进县农村经济概况》(1950 年 1 月调查),见华东军政委员会土地改革委员会编:《江苏省农村调查》,1952 年印本,第 54 页。

10 万担,减少了一半。[①] 无锡云林乡,1935 年时茧价高,农民重视蚕桑,无心种麦,施肥"垩桑不垩麦",亩产桑叶 14—16 担,能养两张蚕种;1949 年每亩仅产叶 7—8 担,只能养 1 张蚕种,普遍降低一半。[②] 广东南海,20 世纪 30 年代经济危机期间,蚕桑生产严重衰退,桑地从 1910 年的 29.76 万亩减至 1935 年的 8 万亩。日本全面侵华战争期间,蚕桑生产更遭浩劫,桑地抛荒或改种其他作物,1946 年,桑地仅 8377 亩。此后短暂复苏,但因时局不稳,通货膨胀日益严重,加之连年灾荒,旋即加速衰萎,1949 年仅有桑地 3.5 万亩,只相当于 1935 年的 43.75%、1910 年的 11.76%。[③]

作为制糖原料的甘蔗种植,近代时期持续衰萎,日本全面侵华战争和战后期间尤甚。广东南海,1937 年的甘蔗种植面积约 2 万亩,1949 年仅 10650 亩,只剩一半,总产 25292 吨。[④] 浙江龙游,糖业最盛时,植蔗面积约 1800 亩,年产糖 50 万斤;1949 年仅约 340 亩,产糖 10 万斤,分别只有原来的 1/5 或以下。[⑤]

总之,战后农政废弛,农业生产环境和条件空前恶化,农民愈益穷困,生产能力下降,单位劳力耕作面积和农户家庭经营规模愈益狭小,农业生产全面衰退。在一些地区,一方面人多地少,耕地紧缺;另一方面因缺少耕畜、农具,被迫以人力代替畜力,锄耕代替

① 苏州地委调研室:《太湖东山蚕桑情况调查》(1950 年 5 月调查),见华东军政委员会土地改革委员会编:《江苏省农村调查》,1952 年印本,第 386—388 页。

② 《无锡县云林乡农村经济调查》(1950 年 1 月调查),见华东军政委员会土地改革委员会编:《江苏省农村调查》,1952 年印本,第 113 页。

③ 《南海县志》,中华书局 2000 年版,第 576—577 页。

④ 《南海县志》,中华书局 2000 年版。

⑤ 中共衢州地委调研室:《龙游县农村经济情况》,见华东军政委员会土地改革委员会编:《浙江农村调查》,1952 年印本,第 68 页。

犁耕，人挑肩扛代替车拉驴驮，生产劳动效率下降，导致耕地抛荒；在耕土地则因缺少肥料、资金，耕作由集约转趋粗放，复种指数和土地利用率逐年降低，不仅耕地面积和作物播种面积缩减，而且土壤变得瘠薄、板结，作物单产和全年总产量大幅下降。农户收入大减，而支出猛增，地租、田赋、苛捐杂税有增无减，又外加牛租（包括用牛人工）、水租、农具租等新增开支。一减一增，农民的生产和生活资料愈加匮乏，即使不断萎缩的简单再生产也无法延续，完全陷入了绝境。

第十三章

抗战后方和国民党统治区的手工业

抗日战争爆发后日本封锁沿海地区的交通，海外进口商品的流通通道被阻断致使后方各种商品不足，物价急涨，上海等沦陷区的商品开始大量涌入国民党统治区。随着战争的长期展开，日本逐渐加强经济封锁，对中国境内物资流通进行全面统制，尤其是严格管制从上海等租界区向重庆等国民党政府统治区的物资运送。日本政府规定从 1938 年 10 月 26 日起，将对上海等占领区流入国民党统治区的工业品、机械等物资进行管制。

1937 年 11 月国民党政府正式公布迁政府于重庆，国民党党部与政府中央机关各部门纷纷前往重庆、武汉、长沙等地。1938 年国民党临时全国代表大会通过并颁布《抗战建国纲领》，提出"以军需工业为中心""开发矿产，树立重工业的基础，鼓励轻工业的经营，并发展各地之手工业"的工业发展方针。国民党政府制定促进手工业生产的五条措施：第一，从技术上积极加以改良以增加生产，适应抗战期间农村需要。第二，在各县城镇设立小型铁木厂，以供应各项生产工具。第三，关于农村手工业，着由农本局尽量施放贷款，以利发展。第四，扶导组织农村手工业合作社，调剂产销。第五，农村手工业生产简易，决动员广大农村农妇一致参加生产，以加强抗战建国之经济基础。①

---

① 《政府促进农村手工业》，《银行周报》1939 年第 2 期。

随着物价上涨,1939年国民党政府经济部发布《非常时期平定物价及取缔投机操作办法》《日用必需品平价购销办法》等法案,成立了平价购销处。1940年6月,日方加强对各海岸、边境的监视,彻底统制物资流通,甚至封锁了从广西省绕道越南到达内地的通道。1941年孔祥熙等人在国民党五届八中全会上提出《筹办盐糖烟酒等消费品专卖以调节供需平准市价案》,并获得通过。该提案希望专卖政策一方面能“促进生产,节制消费,调节物价,安定民生”;另一方面以此“开拓税源,充裕国库”,缓解战时财政危机。国民党政府颁布《国民政府财政部实施专卖共同原则》。1942年5月,日本进攻云南,截断滇缅公路,1942年进口额比1941年约降低50%,物价加速上涨。① 随着物价上涨,国民党政府对物价统制逐渐加强。1942年,行政院公布实施《加强管制物价方案》,规定以粮、盐价格作为平定一切物价的标准,实施限价政策,对物价进行全面管控。

1945年8月抗日战争胜利,9月国共谈判正式开始进行,10月10日签订《政府与中共代表会谈纪要》,但双方围绕一些现实问题的分歧远未解决。国共双方军队在通往华北的主要道路尤其是平汉路、平绥路和津浦路两侧地区发生大规模军事冲突。1946年1月,国共双方签署《关于停止冲突恢复交通的命令与声明》,至当月月底除东北之外内战基本停止。1946年东北军事调处的努力失败后,国共双方在四平、本溪两条战线进行军事较量,6月停战。东北停战后中原战事爆发,华东战场开始大规模战斗,全面内战爆发后华北再起战火,1946年年底国民党将华东中共军队主

① 金普森、董振平:《论抗日战争时期国民政府盐专卖制度》,《浙江大学学报(人文社会科学版)》2001年第4期。

力从苏皖压到山东,华东主战场从苏皖转入山东,东北平静4个月后南满成为主要战场。1949年中国人民解放军从国民党统治下解放了除台湾省之外的全部领土。

第一节 手工业概况

手工业的广泛分布体现在农家副业、多种行业和与工厂数量对比中。浙江、江西等15省农家副业以纺织居多,其次是草鞋草绳、土砖陶器等。抗战期间从事纺织作为副业的农家数量占总农家比重自1938年的1/6提高到1943年的1/3,1944—1947年约占1/4。1947年国民党区上海、天津等地作坊工场数量是工厂数量的3倍多,作坊工场中1/2以上集中在上海,1/2以上分布在纺织业、服装用品制造业和造纸印刷业。

战争期间手工业所受影响因地、因行业而异。日本全面侵华战争爆发后南昌、景德镇等地部分手工业遭到破坏,抗战期间广西、贵州手工业有所发展。抗战胜利后台湾、成都、重庆等地部分手工业有所发展,部分衰落。解放前夕湖南、天津部分手工业产量比抗战前减少。

一、手工业的广泛分布

(一)作为农家副业的手工业

1938—1947年浙江、江西等15省从事纺织作为副业的农家比重最高,其次是草鞋草绳,再次是木匠。1938—1942年16.4%—22.5%的农家从事纺织副业,1943年达34.1%,1944—1947年在23.8%—26.8%。从事草鞋草绳作为副业的农家比重在11.1%—12.8%,木匠在5.8%—6.5%。从事土砖陶器和裁缝的农家比重接近,多在4.5%上下(见表13-1)。①

表13-1 从事各种手工业副业的农家占总农家比重(1938—1947年)

(单位:%)

年份 \ 项目	纺织	草鞋草绳	土砖陶器	烧炭造纸	木匠	裁缝	铁匠泥匠等
1938	16.5	11.4	4.6	0.6	6.5	4.8	0.7
1939	16.4	12.1	5.0	0.5	6.3	4.6	0.3
1940	20.1	12.5	4.6	0.6	6.4	4.6	0.8
1941	20.7	12.2	4.6	0.6	6.0	4.0	0.7
1942	22.5	12.3	4.4	0.5	6.0	4.3	0.5
1943	34.1	11.8	4.3	0.5	6.5	4.2	0.5
1944	26.8	12.8	4.0	0.2	6.2	4.0	0.3
1945	23.8	11.9	3.7	0.3	6.3	3.8	0.8
1946	23.8	11.6	3.7	0.8	5.8	3.7	0.3
1947	24.7	11.1	4.1	0.4	6.3	3.5	0.4

注:地区包括浙江、江西、湖北、湖南、四川、河南、山西、甘肃、青海、福建、广西、广东、云南、贵州、宁夏15省。

资料来源:彭泽益编:《中国近代手工业史资料(1840—1949)》第4卷,生活·读书·新知三联书店1957年版,第553页。

(二)涵盖多种行业的手工业

1940年江西37县手工业25业合计527家,资本91.8万元,平均每家资本1742元(见表13-2)。其中花爆业家数最多(达72家),其次是针织业(50家);黄烟业平均每家资本额最高(9877

① 彭泽益编:《中国近代手工业史资料(1840—1949)》第4卷,生活·读书·新知三联书店1957年版,第553页。

元），其次是制糖、造纸和纺织业（均在6100多元）。①

表13-2　江西37县手工业统计（1940年）

项目 / 行业	数量（家）	资本额（元）	平均每家资本额（元）	项目 / 行业	数量（家）	资本额（元）	平均每家资本额（元）
花爆	72	47480	659	藤器	15	4590	306
针织	50	21980	440	土车	15	390	26
首饰	42	25500	607	制糖	14	86200	6157
纺织	41	250090	6100	铁器	14	3340	239
造纸	33	203122	6155	黄烟	11	108650	9877
酿造	31	46100	1487	烧窑	9	5520	613
缝纫	29	14260	492	制伞	9	1320	147
木器	26	15820	608	油漆	8	810	101
榨油	20	30400	1520	泥炉	8	490	61
皮箱	17	11410	671	肥皂	6	8700	1450
制面	17	8890	523	洗染	5	3900	780
铜锡器	16	2260	141	洋烛	4	3610	903
制革	15	13000	867	总计	527	917832	1742

资料来源：彭泽益编：《中国近代手工业史资料（1840—1949）》第4卷，生活·读书·新知三联书店1957年版，第328页。

抗战前成都棉织业、铜锡器业等16业合计6458户，从业人员3.35万人，抗战后户数和从业人数各为7284户和4.56万人。其中毛线业、棉织业等10业户数和从业人数均比抗战前增加，卷烟业、伞业等4业户数和从业人数均减少，牙刷业和油绸布业户数比

① 彭泽益编：《中国近代手工业史资料（1840—1949）》第4卷，生活·读书·新知三联书店1957年版，第328页。

抗战前增加,但从业人数减少(见表 13-3)。①

表 13-3　抗战前后成都市手工业变动情况

业别	项目	户数(户)			从业人数(人)		
		抗战前	抗战后(1945—1949 年)	变动(%)	抗战前	抗战后(1945—1949 年)	变动(%)
毛线业		27	146	440.7	1000	3000	200
棉织业	织袜	152	235	54.6	304	470	54.6
	毛巾	93	210	125.8	465	861	85.2
	棉布	3000	3000	0	18000	18300	1.7
丝线绣品业		400	700	75	1600	2800	75
刀剪		95	140	47.4	376	540	43.6
木器业	家具	120	168	40	360	500	38.9
衣帽业	绣花枕	16	22	37.5	82	106	29.3
	制帽	230	270	17.4	980	1000	2
牙刷业		35	42	20	180	126	-30
油绸布业	油纸	26	30	15.4	65	60	-7.7
冶炼	锄头	98	110	12.2	294	330	12.2
酱园		260	290	11.5	1005	1065	6
毛麻席业	草席	2	2	0	6	6	0
	刺绣	64	75	17.2	1050	8600	719

① 中国科学院经济研究所编:《手工业资料汇编(1950—1953)》,中国科学院 1954 年印本,第 44 页。

续表

业别＼项目		户数(户)			从业人数(人)		
		抗战前	抗战后(1945—1949年)	变动(%)	抗战前	抗战后(1945—1949年)	变动(%)
铜铁锡器业	铜盆	900	900	0	1800	1800	0
	铁农具	95	150	57.9	275	450	63.6
	锡茶壶	45	43	-4.4	150	145	-3.3
染洗整业	经纬	20	20	0	44	40	-9.1
	踩房	16	13	-18.8	50	35	-30
	漂房	18	18	0	48	45	-6.3
布鞋业		657	650	-1.1	5249	5193	-1.1
伞业		45	34	-24.4	111	100	-9.9
卷烟业		44	16	-63.6	44	16	-63.6

资料来源:中国科学院经济研究所编:《手工业资料汇编(1950—1953)》,中国科学院1954年印本,第44页。

抗战前重庆铁作、土布染织等15类手工业合计2578户,陶瓷、土布染织等12业从业人员合计2.68万人,抗战后土布染织、缝纫等18业合计5539户,土布染织、陶瓷等17业从业人员合计7.15万人。土布染织、缝纫和毛巾针织业户数和从业人数均比抗战前增加,纸伞、皮货、手工土卷烟、铁作、国烟业户数和从业人数均减少,度量衡户数比抗战前增加,但从业人数减少。制革和玻璃业户数各自20户增至358户、4户增至15户(见表13-4)。①

① 中国科学院经济研究所编:《手工业资料汇编(1950—1953)》,中国科学院1954年印本,第43页。

表 13-4 抗战前后重庆市手工业变动情况

项目 业别	户数(户)			从业人数(人)		
	抗战前	抗战后(1945—1949年)	变动(%)	抗战前	抗战后(1945—1949年)	变动(%)
纸伞业	52	21	-59.6	154	64	-58.4
皮货业	35	18	-48.6	150	100	-33.3
手工土卷烟业	120	80	-33.3	250	150	-40
铁作业	914	754	-17.5	1828	1580	-13.6
国烟业	120	118	-1.7	900	540	-40
陶瓷业	60	60	0	10000	10000	0
窑货业	38	38	0	456	456	0
毛巾针织业	110	133	20.9	1570	1700	8.3
缝纫业	500	1200	140	1500	5000	233.3
土布染织业	576	2026	251.7	9714	48504	399.3
玻璃业	4	15	275	—	500	—
度量衡业	3	42	1300	215	128	-40.5
制革业	20	358	1690	—	916	—
丝棉线业	—	62	—	—	35	—
食糖罐头业	—	128	—	—	640	—
布伞业	26	—	—	104	—	—
铜铁锡器业	—	323	—	—	763	—
电池业	—	25	—	—	418	—
洗染业	—	138	—	—	—	—

资料来源:中国科学院经济研究所编:《手工业资料汇编(1950—1953)》,中国科学院 1954 年印本,第 43 页。

据调查，1936 年昆明市手工业有皮业、鞋业、银首饰业、织布、染坊、铜器、打铁、钻铁、印刷等 56 业、1924 户、7209 人，资本合计 37.64 万元。1937 年小工业及小手工艺业共登记 35 业、2030 家。[①]

（三）与工厂对比的作坊工场手工业

据 1913—1919 年《农商统计表·工厂表》显示，工场手工业[②]自 2.1 万家减至 1.02 万家，手工工场在所有工厂数中所占比重自 98.40%略降至 96.58%，1947 年 1.08 万家，占 76.47%（见表 13-5）。[③]

表 13-5　工厂、手工工场数量（20 世纪 10 年代和 1947 年）

项目 \ 年份	使用原动力的工厂		不用原动力的手工工场		二者总计
	（家）	（%）	（家）	（%）	（家）
1913	347	1.60	21366	98.40	21713
1915	488	2.35	20258	97.65	20746
1917	481	3.06	15255	96.94	15736
1919	360	3.42	10155	96.58	10515
1947	3312	23.53	10766	76.47	14078

资料来源：彭泽益：《近代中国工业资本主义经济中的工场手工业》，《近代史研究》1984 年第 1 期。

① 昆明市志编纂委员会编：《昆明市志长编》第 12 卷，1984 年印本，第 300—301 页。

② 在中国资本主义萌芽研究中，习惯将有 10 人以上的厂坊划为工场手工业，1929 年《工厂法》规定，雇用工人超过 30 人的使用发动机器的工厂，为合于工厂法的工厂，除此之外为作坊工场手工业。见吴承明：《论工场手工业》，《中国经济史研究》1993 年第 4 期。

③ 彭泽益：《近代中国工业资本主义经济中的工场手工业》，《近代史研究》1984 年第 1 期。

据全国经济调查委员会调查,1947 年国民党区上海、天津等地合于工厂法的工厂有 3312 家,作坊工场手工业有 10766 家。3312 家工厂中的 58.7%在上海,其次是广州和天津,各占 8.1%和 6.5%,三地合计占 73.3%(见表 13-6),10766 家作坊工场中的 53.8%在上海,其次是天津和南京,各占 9.3%和 7.9%,三地合计占 71%。

上海作坊工场和工厂各有 5793 家和 1945 家,比率为 3∶1。南京、福州和衡阳作坊工场与工厂家数比率较高,各为 23.7∶1、9.4∶1、8.4∶1,贵阳、广州和青岛作坊工场与工厂比率较低,各为 0.7∶1、0.8∶1、0.9∶1(见表 13-7)。

3312 家工厂中的 32.9%分布在纺织业,其次是化学工业和饮食品制造业,各占 12.4%和 9.8%,三种行业合计占 55.1%,10766 家作坊工场中 24.9%分布在纺织业,再次是服用品制造业和造纸印刷业,各占 13.9%和 13.2%,三种行业合计占 52%(见表 13-8)。

纺织业中作坊工场和工厂各有 2684 家和 1089 家,比率为 2.5∶1。机械业、造纸印刷业和服用品制造业作坊工场与工厂家数比率较高,各为 5.7∶1、5.6∶1、5.1∶1,土石品制造业、电工器材制造业和五金业作坊工场与工厂家数比率较低,各为 1.3∶1、1.3∶1、2.1∶1(见表 13-9)。

表 13-6 国民党区工厂和作坊工场在各地分布(1947 年)

项目 地域	总家数在各地分布(%)	工厂家数在各地分布(%)	作坊工场家数在各地分布(%)	总计(家)
南京	6.3	1.1	7.9	888
上海	55.0	58.7	53.8	7738
北平	1.9	1.5	2.1	272

续表

地域\项目	总家数在各地分布(%)	工厂家数在各地分布(%)	作坊工场家数在各地分布(%)	总计(家)
天津	8.6	6.5	9.3	1211
青岛	1.3	2.9	0.8	185
重庆	4.7	2.9	5.2	661
沈阳	2.0	3.5	1.5	275
西安	0.5	0.7	0.4	69
汉口	3.3	2.6	3.5	459
广州	3.4	8.1	1.9	473
台湾	7.0	6.2	7.2	985
兰州	0.3	0.5	0.2	39
汕头	0.9	0.5	1.0	121
福州	1.3	0.5	1.5	176
昆明	0.5	0.9	0.3	66
贵阳	0.6	1.4	0.3	83
长沙衡阳	1.5	0.7	1.8	216
南昌九江	1.1	0.7	1.3	161
总计	100.0	100.0	100.0	14078

资料来源:彭泽益编:《中国近代手工业史资料(1840—1949)》第4卷,生活·读书·新知三联书店1957年版,第557页。

表13-7　国民党区工厂和作坊工场数量和比率(分地域)(1947年)

地域\项目	工厂(家)	作坊工场(家)	作坊工场家数/工厂家数
南京	36	852	23.7
福州	17	159	9.4
长沙衡阳	23	193	8.4
汕头	15	106	7.1

续表

项目 / 地域	工厂(家)	作坊工场(家)	作坊工场家数/工厂家数
重庆	96	565	5.9
南昌九江	24	137	5.7
天津	215	996	4.6
北平	49	223	4.6
汉口	86	373	4.3
台湾	205	780	3.8
上海	1945	5793	3.0
西安	24	45	1.9
沈阳	117	158	1.4
兰州	17	22	1.3
昆明	30	36	1.2
青岛	96	89	0.9
广州	269	204	0.8
贵阳	48	35	0.7

资料来源:彭泽益编:《中国近代手工业史资料(1840—1949)》第4卷,生活·读书·新知三联书店1957年版,第557页。

表13-8　国民党区工厂和作坊工场在各行业分布(1947年)

分布 / 项目	总家数在各业分布(%)	工厂家数在各业分布(%)	作坊工场手工业家数在各业分布(%)	总计(家)
饮食品制造业	9.8	9.8	9.8	1379
纺织业	26.8	32.9	24.9	3773
服用品制造业	12.7	8.8	13.9	1783
木材制造业	1.1	1.3	1.1	156

续表

项目＼分布	总家数在各业分布(%)	工厂家数在各业分布(%)	作坊工场手工业家数在各业分布(%)	总计(家)
造纸印刷业	11.9	7.6	13.2	1669
化学工业	11.0	12.4	10.6	1553
土石品制造业	1.1	2.0	0.8	152
冶炼业	3.5	3.3	3.6	494
五金业	4.8	6.6	4.3	682
机械业	10.7	6.7	11.9	1505
电工器材制造业	2.2	3.9	1.6	303
交通用具制造业	1.9	1.4	2.1	269
杂项工业	2.6	3.4	2.3	360
总计	100.0	100.0	100.0	14078

资料来源:彭泽益编:《中国近代手工业史资料(1840—1949)》第4卷,生活·读书·新知三联书店1957年版,第557页。

表13-9 国民党区工厂和作坊工场数量和比率(分行业)(1947年)

项目＼分布	工厂(家)	作坊工场(家)	作坊工场家数/工厂家数
机械业	223	1282	5.7
造纸印刷业	251	1418	5.6
服用品制造业	290	1493	5.1
交通用具制造业	47	222	4.7
冶炼业	108	386	3.6
饮食品制造业	326	1053	3.2
化学工业	410	1143	2.8
木材制造业	42	114	2.7
纺织业	1089	2684	2.5

续表

项目＼分布	工厂(家)	作坊工场(家)	作坊工场家数/工厂家数
杂项工业	112	248	2.2
五金业	217	465	2.1
电工器材制造业	130	173	1.3
土石品制造业	67	85	1.3

资料来源:彭泽益编:《中国近代手工业史资料(1840—1949)》第4卷,生活·读书·新知三联书店1957年版,第557页。

二、各地手工业的兴衰

抗日战争时期广西一度成为抗战大后方,外省人口涌入导致日用品需求增加,而舶来品因海港封锁难以运达,这促进了手工业的发展。1940年广西全省手工业者约有12万人,据46县市调查统计(不包含陶瓷之乡宾阳县和纱纸之乡都安、那马和隆山3县),专业手工业有2868户,其中服装用品业最多(528户),其次是棉纺织业和木器业(各376户和337户),铁器制造业、烟草业、制革业和藤葵草棕器业也均超过100户。专业手工业户主要集中在桂林(727户)、梧州(378户)和郁林(244户),柳州、南宁、百色、平乐和平南在100—199户(5地合计728户)。1944年,日军入侵广西,南宁、柳州、桂林、梧州及交通沿线的城镇手工业全部陷入停顿。①

贵州手工业多是在各地农民就地取材、利用农闲工作以补贴

① 广西壮族自治区地方志编纂委员会编:《广西通志·二轻工业志》,广西人民出版社2003年版,第2、15页。

家用中逐渐发展,抗战期间产量应社会需要而增加,质量较为粗糙。据 1943 年调查,贵州全省私营工业有 97 家,其中化工 38 家,机械 28 家,纺织和油脂各 7 家,皮革、食品、造纸印刷各 4 家,医药和土石各 2 家,橡胶 1 家。工厂大多集中在贵阳一地,其中一部分规模较小,仍属手工业制造,纺织业全为手工织布。[①] 针织业所用棉纱仰给进口,因交通不便运输费用高,成本昂贵,全省仅 3 家(均在贵阳),生产手巾、围巾、袜、花边等。贵阳丝织业有 20 家,资本一般在 1000—2000 元,多者 8000 元,制鞋业 83 家,资本 1.26 万元。贵阳年产桐油 350 担、漆液 27 担、茶油 150 担。[②]

据经济部统计处资料显示,截至 1942 年年底河南有民营工厂 48 家、湖北 6 家。河南民营工厂中酒精厂和卷烟厂较多,各有 28 家和 10 家,湖北 6 家民营工厂中有 3 家皂烛厂。豫鄂 2 省工厂简陋,大部分制造日用必需品,几乎全用手工或简单机器制造,无动力设备。54 家工厂资本额最多不超过 50 万元,10 万元以上者河南和湖北各有 4 家和 1 家,河南各厂资本额以 5000 元以下和 1 万—5 万元居多,各有 21 家和 13 家。河南 2 家工厂开工于 1937 年前,44 家开工于 1937 年后(另 2 家开工年份不明),湖北 6 家均开工于 20 世纪 40 年代,大多是在战争期间成立。[③] 战前湖北鄂城手工业 33 业合计 478 户,从业人员 1122 人,1949 年各为 248 户和 539 人,各减少 48%和 52%,其中 16 业户数和从业人数均减少,

① 贵阳市志编纂委员会办公室编:《民国贵阳经济》,贵州教育出版社 1993 年版,第 222—223 页。

② 贵阳市志编纂委员会办公室编:《民国贵阳经济》,贵州教育出版社 1993 年版,第 77—78 页。

③ 建子:《豫鄂两省民营工业之概观》,《西南实业通讯》1944 年第 5 期。

4业户数和从业人数均增加,5业户数增加而从业人数减少。①

解放前湖南夏布、醴陵瓷器、纸伞、湘绣和毛笔手工业品年产量比抗战前各减少93.3%、62%、50%、20%和11.7%,蔗糖年产30.45万担,比抗战前增加27%(见表13-10)。②

表13-10 湖南各县数种手工业品产量统计

业别 \ 项目	单位	抗战前年产量	解放前年产量	变动(%)
醴陵瓷器业	万担	100	38	-62.0
毛笔业	万支	3000	2650	-11.7
纸伞业	万把	800	400	-50.0
湘绣业	万件	5	4	-20.0
夏布业	万匹	150	10	-93.3
蔗糖业	万担	24	30.5	27.1

资料来源:彭泽益编:《中国近代手工业史资料(1840—1949)》第4卷,生活·读书·新知三联书店1957年版,第547页。

1933年南昌市制革作坊有46家,流动资本自数百元到1万元不等,其中34家流动资本在2000元以下。1939年日军占领南昌后,皮革艺人大多逃亡吉安、赣州等地。抗战胜利后皮革业逐渐复兴,1946年赣州皮革制品厂(店)有19家,1949年皮革制品作坊和店铺增至44家、从业人员218人,南昌市大小制革作坊30余家、从业人员300余人,皮鞋作坊20余家、从业人员400余人,皮

① 中国科学院经济研究所编:《手工业资料汇编(1950—1953)》,中国科学院1954年印本,第39页。

② 彭泽益编:《中国近代手工业史资料(1840—1949)》第4卷,生活·读书·新知三联书店1957年版,第547页。

件作坊30余家、从业人员200余人。① 抗战前南昌酱油制造业多为吉安人经营，抗战后老同兴等户迁入，采用绍兴方法酿造，质量较好且资本雄厚，产量在全市私营酱油制造业中占47%，原有酱油制造业在抗战期间损失巨大，无力竞争，多改制酱菜为主。1936年酱油制造业有39户，从业人员273人，1946年各为38户和250人。②

景德镇瓷窑、坯房、彩店在战争中敌机数度轰炸下均受到重创，产量减少，加上口岸被封锁，瓷器无法出口，内地运销亦成问题，市场大大缩小。1936年景德镇瓷业厂（店）2524家，1937年为3458家，1938年仅1095家，平均每家工人数自11.4人减至8.1人，1938年不足5人。1938年景德镇瓷业平均每月产值为12.5万元，比1937年的80多万元减少85%，各类厂家数量和工人数也有不同程度的减少。③

表13-11　景德镇瓷业统计（1936—1938年）

项目 类别	1936年	1937年	1937年比1936年变动（%）	1938年	1938年比1937年变动（%）
圆器厂（家）	582	879	51.0	152	-82.7
琢器厂（家）	653	1067	63.4	533	-50.0
匣钵厂（家）	163	138	-15.3	80	-42.0
彩红店（家）	1035	1263	22.0	308	-75.6

① 《江西省轻工业志》编纂委员会编：《江西省轻工业志》，方志出版社1999年版，第77页。

② 中国科学院经济研究所编：《手工业资料汇编（1950—1953）》，中国科学院1954年印本，第126页。

③ 彭泽益编：《中国近代手工业史资料（1840—1949）》第4卷，生活·读书·新知三联书店1957年版，第330页。

续表

项目 类别	1936年	1937年	1937年比1936年变动(%)	1938年	1938年比1937年变动(%)
窑厂(家)	91	111	22.0	22	-80.2
工人数(人)	28654	27862	-2.8	5324	-80.9
平均每月产值(万元)	81.3	83.1	2.2	12.5	-85.0

资料来源:彭泽益编:《中国近代手工业史资料(1840—1949)》第4卷,生活·读书·新知三联书店1957年版,第330页。

抗战胜利后天津市织染业尚存1100余家,电力和人力织布机各4100台和1.4万台,针织电机和人力机各550台和6400台,麻丝织机2000台,实际开动的机器仅约20%,工人从过去的5万余人减至四五千人。① 天津社会局发出工厂开业执照5000余号,包括手工制造工厂。4000多家工厂中小型手工业及半手工业工厂占半数以上,稍有规模的工厂有1500余家。战后物价暴涨,工业制成品价格落后于原料价格和工资上涨幅度,社会普遍贫困,购买力大大降低,加上交通梗塞,广大农村及县城地区的市场无法进行交易,3000家以上小型民营工业垂死挣扎。②

台湾农村副业以织席最为有名。台中一带盛产草席,台中县员林区以北的大村草席产量在全台湾占2/3。日本占领中国台湾后迫使农民将草园改种稻谷以获取军粮,抗战胜利后开始恢复草园,台中农户几乎每家均以此为副业。养蚕也是较为普遍的副业,台北、台中等17市县出产蚕丝,养蚕农民达万余人,兴盛时植桑面

① 霍世奋:《天津织染工业之概况》,《河北省银行经济半月刊》1947年第3卷第8期。

② 霍世奋:《天津小型民营工业当前的厄运》,《河北省银行经济半月刊》1947年第4卷第1期。

积超过 1100 市亩，产鲜茧 9 万余公斤，缫生丝 3000 余公斤，后在混乱动荡的局势下衰落，据 1947 年统计植桑面积仅剩 201 市亩，鲜茧产量仅 1.34 万公斤。①

台湾帽席编制较为普遍，西部自新竹至台南一带乡镇的家庭妇女一般都擅长帽席编制，据估计有 20 万人左右从事该项生产。全台湾帽子最高价值曾超过 1500 万日元，其中 80% 以上外销欧美，在中国台湾外输品中仅次于米、糖、食盐、茶和樟脑。光复前台湾外销品需送至日本神户由当地商馆决定买卖，光复后本地商人直接进行对外贸易，帽席产量逐渐增加，据估计大甲席 4 万—5 万张、大甲帽 3 万打、青林投帽 20 万打、漂白林投帽 2 万打、其他麻帽等数千打，林投席和染色林投帽处于试制阶段。台湾光复后建设厅指导成立工艺品生产推行委员会，各地县市政府协助改进设计，发展迅速。

台湾境内山地占 2/3，竹材产量大，椅、箱、帚、帘等主要竹制品大多在本地消费。1936—1939 年产额在 170 万日元左右，1940 年近 281 万日元。台湾光复后对外贸易改善，因竹材品质优良，外商订货增加，渐转向外销，1948 年上半年洋竹外销价值合 10 万美元以上，在输出品中仅次于糖、茶、水泥，居第四位。日治时代除竹帘、竹帚外竹具使用很少，光复后应市场需求竹制品范围扩大，一些高级家具以竹试制，政府协助设立新式样和新制品。

通草是台湾特产，通草纸是中国重要手工艺品之一。通草纸制造程序和所用工具简单，家庭妇女可作为副业。台湾所产通草纸 80% 以上运至美国供制花玩赏用。战争期间通草纸业一度遭受打击，光复后订货增加，生产逐渐恢复。通草纸加工作场多集中在新竹市，1948 年同业公会有会员 20 余家，工人和家庭生产者合

① 曙里：《苦难重重的台湾农村》，《经济周报》1948 年第 7 卷第 25 期。

计2000余人。据估计通草纸产量约7万斤,不及最高产量(曾达15万斤)的一半。

日治时代日本政府曾通过派遣留学生赴意大利学习珊瑚加工技术、在水产讲习所作珊瑚加工讲习等方式鼓励台湾珊瑚加工业发展,产值最高曾达100万日元,随着珊瑚采取量的减少,珊瑚加工业逐渐衰落,珊瑚雕工稀少,1948年台湾全省精于此技者不足10余人,加工制作工场主要有2家。台湾盛产贝壳,贝壳加工制作工艺品大量输出美国、菲律宾、马来西亚等地,估计年产值为2亿元。

1935年台湾出现以蛇皮制作名片夹等简单工艺品,1937年蛇皮染色成功,制作皮鞋、皮包等品。1939年日本政府自日本雇蛇皮加工技术人员到台湾推广,加工工厂达12家,产量比1935年增加约10倍。1940年牛皮、猪皮等皮类在统制下供应不足,刺激蛇皮产量增加,大量采用蛇皮制作皮鞋、皮箱等品,月产量骤增至十数万件。南邦物产株式会社成立,雇本省技工千余名,使用机油船至南洋各地捕蛇。日本政府奖助蛇皮生产,高雄南日本渔业会社特设皮革部从事远洋捕蛇,月产20余万件,大部分输往日本。1942年后日本加工人员大部分出征或改业,蛇皮加工业逐渐为台湾本省人独占。光复后蛇皮加工业仅剩南邦物产加工厂1家,因上海、厦门、福州等地牛皮大量流入,生产陷入停顿。1948年随着订货的增加,台北成立2—3家蛇皮加工厂,月产蛇皮1万张,比光复初约增加10倍,但较最盛时相差甚远。

以牛角、牛骨为加工制品始于1935年,后自南洋等地输入角骨到台湾加工,大多由日本政府指定为生产纽扣,1936年台北市每月生产纽扣曾达30万个。1942年各角骨生产者在日本政府所颁统制会社令下组成台湾工艺公司,月加工生产量曾达10万斤,为该业最盛时期,随后因南洋原料来源中断,产量骤减。光复后角骨加工业逐渐复苏，1948年仅纽扣一项月产高达5万余斤。①

第二节　主要手工业

抗战期间随着外来输入品和机制品供给的减少、军民需求的增加，棉纺织业、卷烟业和制盐业有所发展，抗战胜利后逐渐衰落。抗战期间国民党政府提倡各地发展土纱和土布生产，手工棉纺织业活跃。机制卷烟输入困难，河南、安徽等多省各地手工卷烟厂和家庭卷烟户兴起。全国盐产量减少，而四川和云南年均产量略有增加。抗战胜利后，洋纱洋布涌入、通货膨胀、原料短缺等原因导致手工棉纺织业衰落，手工卷烟在与机制卷烟竞争中失利，川盐在海盐的竞争下呈减产趋势。

蚕丝业和造纸业在抗战前期有所发展，在抗战后期和内战期间衰落。生丝是中国重要出口品，抗战期间国民党政府为从土产输出集中外汇，采用多种方式扶持蚕丝生产，四川生丝产量中土丝比重超过85%。抗战后期国民党政府对生丝实行统购统销，因收购价格过低商农无利可图，产量下降，抗战胜利后随着国际市场替代品的增加，川丝产量进一步减少。抗战前期四川乐山、贵州、皖南等地手工丝织业比战前有所发展，内战期间陷入停顿。

制糖业和造纸业各地发展状况不尽相同。抗战爆发后，外糖和洋纸输入困难，与此同时需求增加，四川糖业和造纸业有所发展，云南和贵州等地也纷纷兴办手工纸厂。福建糖产量和纸产量比战前减少，广西糖产也不及战前。20世纪40年代川糖运输受阻，糖类专卖制度导致糖业利润微薄，蔗糖产量逐渐减少。四川铜梁、梁山等地纸价相对下降，不少纸厂停业。

---

① 《台湾手工业概况》，《台湾建设》1948年第1卷第6期。

抗战爆发后安徽、福建、江西等地茶叶产量减少,20 世纪 40 年代浙江省茶叶产量减少,内战期间安徽、江西浮梁茶叶产量均低于抗战前。

一、棉纺织业

1938 年国民党政府迁至重庆后,农本局拨款 1000 万元成立下属法人福生庄,在上海、武汉等地购入棉花、花纱布,并将其运至后方,待产品价格波动时随时出售,以调控价格。1939 年福生庄承办手工纺织推广工作,将增加土纱产量、改良土纱品质作为推广工作的重心。农本局自陕西等地收购棉花,分送各分支庄或办事处,由各办事处弹制成棉条后,或贷花收纱,或给花换纱,或卖花买纱,土纱收回,或给工资,或补棉条。1939 年平价购销处成立后,协同相关机关和纱厂算定生产成本、运送费用,公示花纱布价格范围,规定所有产品需在价格范围内买卖,规定纱厂、纱户等须申请营业许可证后方可从事交易活动。1940 年福生庄成为专营花纱棉布机构。福生庄业务科内设立手纺股,统筹各推广区工作,每一推广区内分别设立福生分庄、支庄或办事处。到 1941 年福生庄在四川设立 11 个分庄,5 个支庄,42 个办事处。太平洋战争爆发后,日本加强对中国的经济封锁,后方运输更加困难,棉货供应越发紧张,市场上投机买卖盛行,花纱布价格暴涨。国民党政府将农本局改组为专营服用品棉花纱布运销调剂的机构,调解后方花纱布的供需平衡。改组后的农本局撤销福生总庄,各地福生分庄照常存在。农本局在继续此前手纺推广的同时普遍推广手织业务。收进土纱后,农本局再以一定的比例搭配机纱贷给织户,要求织户织成标准宽幅的机经土纬布,或者以纱交换,收进土布,再将棉布供应市面,用以平定物价。放花收纱、以花换纱和放纱收布及以纱换布是农本局推广手工纺织的主要方式。1942 年经济部成立物资局加强物资直接管理，并将农本局、平价购销处及燃料管理处三处改隶该局。物资局成立后将棉纱供应之调整及棉市管制列为首要工作，负责监管后方的棉花、棉纱、花纱布市场，“奖励生产，平抑物价”，“以花控纱，以纱控布，以布控价”。国民党政府颁布《统筹棉纱平价供销办法》和《物资局对于直接用户请购棉纱暂行供应办法》以稳定棉纱价格。1943 年物资局裁撤，财政部将原属经济部的农本局改组为花纱布管制局，实行对棉花、棉纱、棉布的全面管制。原料统一由政府分配，产品全部归政府收购，付给生产者的工资由政府制定。采取统购棉花、以花易纱、以纱易布、以布控价办法，在优先保证军用的前提下供给民用。

抗战期间国民党政府提倡各地发展土纱和土布生产，手工织布年产量约是机器织布的 9 倍。战时四川先后动员手工织布机 6 万台，织布 3 亿匹供军民需要。成都和重庆是四川棉布重要产地，织布工厂大多为家庭手工业。1942 年重庆织布机户数量比 1937 年增加 1/3 多，织机增加近 2/3。1944 年成都较具规模的手工纺织工场数量比战前增加 1 倍多，棉布产量增加 9 倍。璧山布业因军需增加而活跃，遂宁土布因洋布供给减少而畅销。抗战胜利后，随着军需减少、机制布和洋布增加，不少手工织布工场作坊停业。

抗战期间湖北、安徽、江西、广西、浙江等地棉纺织业有所发展。湖北恩施、光化、谷城等地人口增加，纱布供给不足，土布需求增加。国民党政府在安徽倡导植棉纺纱，棉纺织业以手工纺织为主，1942 年纺织工厂和染织工厂数量比 1939 年增加 5.5 倍。江西省兴办织布厂社和私营小织布厂，土布生产活跃。因洋布和机织布来源减少，浙江各地修整纺车重新投入使用。上海手工织布工厂多在战争中毁于炮火，太平洋战争爆发后基本停闭。无锡织布厂数量比战前增加。抗战胜利后随着洋纱洋布涌入和外来纺织品输入增加,安徽省内不少手工机坊和民生工厂停办或勉强维持生产,江西土布产量大幅减少,福建多数织布厂半开半停。浙江城市织布业和上海手工棉织业逐渐恢复。无锡、福州和广州等地因通货膨胀、纱布管制和棉纱短缺等因素,织布厂普遍减产。

1947 年全国棉纺手工业力织机和手织机合计 19 万台,开工率为 81.5%,力织机和手织机各开工 7.9 万台和 7.6 万台。①

(一)手工棉纺织业的生产特点

农民在棉纺织业生产中占据重要地位,农户从事手工棉纺织业作为副业较为普遍,城乡手工棉纺织业中乡村所占比重较高。手工棉纺织业的生产大体有代织和自产自销两种,以前者居多,生产规模通常都不大。

据四川棉作试验场 1937 年棉产调查,29 县以纺纱为副业的农户皆为棉农,仁寿、射洪、三台、遂宁和盐亭县棉产量较高,棉农中 30%—45%以纺纱为副业,比重高于其他县,内江、隆昌、井研县皮棉产量较低,纺纱户占棉农户数比重各为 10%。② 云南各县农民十有六七织布,是农村家庭妇女闲暇或晚间副业,依靠 1 部或 3—5 部木织机从事手工生产。③ 郁林和桂林分别是广西南北土布业中心,郁林土布生产多是作为农家副业的家庭手工业,桂林多为家庭工场手工业生产,除家属参加劳动外另雇工人数名。据不完全统计,1944 年贵州省有纺织户 5.8 万户,土纺纱机 15.7 万

① 力织机 10.2 万台,开工率为 77.1%,手织机 8.8 万台,开工率为 86.7%。蒋乃镛:《从生产数字上看今后的棉纺织业》,《纺织建设月刊》1948 年第 1 卷第 4 期。

② 方显廷:《川康棉纺织工业之固有基础》,《农本》1942 年第 57 期。

③ 《云南棉产与棉纺织业》,见农本局:《棉业经济资料参考》第 12 期,1943 年油印本,第 6—7 页。

架，木织机近7.7万架，均为分散的农家副业。①

成都布业在最盛时期有机户3000余户，1942年上期尚存800余户，约1/4在城内，3/4在乡村。城市织户多为工厂式，每家织机自10余台到100余台不等（木制机居多，铁制机较少），利用庙宇祠堂及会馆等场所，租金既廉，地址亦宽，也不需要另建厂房，所有资本除购买织布机外皆可作为流动资金使用，营业周转灵活。工人有雇工、学徒两种，雇工分长期和短期，前者工资低，但在生产停顿时照常享受其权利，后者则随时解雇，学徒多无工资。乡村织户多为家庭式（织机多为木制），农闲时开工，少有雇工。② 至1944年上期成都并无1家机器织布厂，织布业均为机户性质。据布业公会报告，城厢内外参加同业公会的机户有642家，织机约4000部，散落乡间的织机约1万—1.2万部。③

璧山机户织机多在6台左右，极少的织布厂也是联合若干小机户而成或由若干小机户扩大而成。织厂多在城内自设门市部或在外埠分设字号售布，或由布商订购，小机户则与布商作纱布交易，或贷纱按场交回成品而获取工资。④ 遂宁各织布工厂和机户所织布匹一部分在本地市场售与布店，由布店运向各地，另一部分为花纱布管制局代织，每匹获取工钱3000余元。⑤ 解放前江阴农

① 贵州省地方志编纂委员会编：《贵州省志·轻纺工业志》，贵州人民出版社1993年版，第406页。

② 《成都纱布业概述》，《农本》1942年第61期。

③ 张圣轩：《成都工业现状及其发展途径》，《四川经济季刊》1944年第1卷第4期。

④ 《机纱管制后之璧山棉货市场》，见农本局：《棉业经济参考资料》第3期，1943年油印本，第3—5页。

⑤ 蒋烈光：《三十四年四月份遂宁经济动态》，《四川经济季刊》1945年第2卷第3期。

家织布有两种,一是自产自销,二是织放机布,包括为商业资本加工的个体手工织布者和为手工工场加工的场外雇佣劳动者。农家织布中自产自销者占2/10—3/10,其余为织放机布。①

据20世纪40年代对重庆173家大织户(铁轮机在10架以上,或木机折铁轮机相当于10架以上)②的调查显示,171家资本总额4258.4万元(有2家织户资本额不详),平均每家约25万元(130家低于平均数,占76%),平均每家织户有铁轮机20架(123家低于平均数,占72%)。③ 171家织户共雇佣工人7210人,平均每家42人(114家少于40人,占67%)。173家大织户每月从花纱布管制局领纱33706并,平均每家195并(119家少于200并,占69%)。④ 生产二三布的39家织户每月产布19392匹,平均每家497匹(22家低于500匹,占56%),生产二七布的134家织户每月产布41850匹,平均每家312匹(82家低于300匹,占61%)。以每匹二七布折合1.14匹二三布计,173家织户每月产出二七布5.89匹。⑤

① 彭泽益编:《中国近代手工业史资料(1840—1949)》第4卷,生活·读书·新知三联书店1957年版,第473页。

② 173家大织户中81家在江北,56家在南岸,8家在市区,26家设于歌乐山、柏溪等地,2家设于璧山澄江镇(总厂在重庆)。这些织户多数成立于抗战爆发后,1938—1944年成立149家(1942年最多,有74家)。独资经营、股份经营、合伙经营和公营者,分别为68家、46家、42家和17家。

③ 铁轮机开工率为63%,另26%停工、11%损坏。

④ 其中生产二三布的39家织户每月领纱8750并(平均每家224并,24家少于200并,占62%),生产二七布的134家织户每月领纱24956并,平均每家186并(68家少于150并,占51%,95家少于200并,占71%)。生产二三布的39家织户每月实际需纱16040并,生产二七布的134家织户每月实际需纱53861并,领纱量各仅占需求量的55%和46%。

⑤ 张文毅:《重庆市一七三家大织户生产情况调查》,《四川经济季刊》1945年第2卷第3期。

棉纺织业的生产以传统工具和经一定程度改良的工具为主。1939年后方各省七七纺纱机有2.5万架,1940年超过4万架,1942年约6万架,约相当于8.4万锭动力纺锤。四川省棉纺织推广委员会等机构负责推广七七纺纱机,1940年四川已有1.6万余架,1941年增至3.6万余架,1942年约6万架。四川手纺车相当于9.2万锭动力纺锤,七七纺纱机有6万架,可织布230万匹,单锭手纺车所产棉纱可织布220万匹。① 全后方估计七七纺纱机和手纺车可供给900万匹棉布的棉纱,全部纱厂所能供给的棉纱至多织布560万匹。农户家庭大多用单锭纺纱,这一时期四川手工纺纱的工具,大部分是改良后的木质机器。②

抗战时期安徽棉纺织业以手工纺织为主,官办或商办的纺织工厂和民办的纺织机坊大多使用手摇、手拉、脚踩为动力的木制纺车和铁、木织机,很少有以柴油机、电动机为动力的纺织设备。1949年安徽省手工针织复制业大多使用木织机或铁木织机生产毛巾、袜子、帽子等,资金在50—500元,极少雇用工人和带学徒。③

抗战爆发后机纱输入困难,萧山、宁波等地纱厂被占或被毁,洋布和机织布来源减少,浙江各地将单锭、多锭纺车及木结构的多

① 除七七纺纱机外,另其他改良纺纱机,大多由各地昔日土纺机加以改良,不再是纯木质,而是部分零件用铁制的半铁机。穆藕初:《内地土纱状况》,《农业推广通讯》1940年第2卷第1期;《全川推行七七纺纱机》,《田家半月报》1941年第8卷第3期;陈洪进:《手工纺织业的推进在全国经济建设上的意义》,《农本》1942年第60期。

② 七七纺纱机以及其他新式纱机大抵不是农户购买力所能及,太平洋战争后每家纺纱机成本达450元,若木料再涨则每架将超过六七百元。陈洪进:《手工纺织业的推进在全国经济建设上的意义》,《农本》1942年第60期。

③ 安徽省地方志编纂委员会编:《安徽省志·纺织工业志》,安徽人民出版社1993年版,第130—131页。

订筒大纺车修整重新投入使用。余姚县有余姚式纺纱机2000部,可年产纱150万斤,多为家庭式经营。全县除3家织布厂外,其他均为家庭经营。织布厂使用拉式机,每厂不足50部,家庭使用旧式两脚踏机。① 1941年年初余姚全县约有新式手拉机700架、旧式布机4000架、新式手摇纱机400余架。经营手拉机的多是田主,少数是以往在沪甬一带经商的商人,棉农所用均是旧式布机。手拉布机在15架以上者,仅有六七家。②

贵阳纺织业有人力铁机和人力木机两种。使用人力铁机者仅有鲁丰布厂和协兴染织工厂两家,人力铁机合计21架,使用人力木机者有120—130家,多为家庭手工业,替布商纺织,仅得工资,资本最高8万元,最低10元,人力木机合计250架。③ 抗战前江阴县10.1万台布机中,铁木机、手拉机、投梭机各占12.6%、30%、57.4%,解放前6.7万台布机中三者各占27%、42.4%、30.6%。④

(二)各地的手工棉纺织业

1. 四川

抗战期间因土纱土布需求增加,四川棉纺织业有所发展。抗战胜利后因军需减少、机制布和洋布的增加、物价剧烈波动、原料

---

① 余姚式纺纱机产量较多,每日12小时最多产纱70两,但不及机纺产量1/10。赵棣华:《发展东南农村工业刍议》,《东南经济》1941年第11—12期;茅尘如:《略谈余姚土布》,《东南经济》1941年第1卷第11—12期。

② 汤逊安:《战时余姚土布发展的经过》,《农本》1941年第48—49期。

③ 贵阳市志编纂委员会办公室编:《民国贵阳经济》,贵州教育出版社1993年版,第69—70页。

④ 彭泽益编:《中国近代手工业史资料(1840—1949)》第4卷,生活·读书·新知三联书店1957年版,第474页。

短缺等因素，四川手工棉纺织业衰落。

（1）手工棉纺织业的推广

抗日战争爆发后国民政府除严令沿海地区机器纺织厂内迁四川外，也大力提倡各地发展土纱和土布生产。战时迁至后方纱锭277800枚，仅占原来总数的4.9%。[①] 截至1940年年底内迁民营纺织工厂共97家，迁入四川25家，约占1/4。内迁工厂“因机器搬迁损耗，工人技术不精，复受空袭威胁，工作效能大减”。1941年7月四川境内机器纺织厂开锭数总计105760枚，1945年165800锭，但仍与实际需求量相差甚远。[②]

1937年四川省政府制定提倡手工纺纱的办法，通令各市县遵办实施，该办法要求四川省已有民生工厂设置的县份，需在原厂内增设纺纱；劝令农家将旧有手摇纺纱机全部恢复利用，并以纺纱为主要副业；纺纱原料应优先使用土棉。四川省建设厅在三台仿造改良手纺机67部，分发资中、宜宾、泸县等37县督饬民间依照样式仿制推行。[③]

1938年四川省建设厅提出以土纱抵补洋纱缺乏的状况，制定提倡土布办法：“（1）由省府通令全川各级行政机关，从本年春季起所有学生、教员及公务人员所制新制服，完全采用土布；（2）各地所需土布以就地购买为原则，若不能买足或卖不出时，应立即报告省府，以便设法补充；（3）推行土布成绩作为抗战期间各级学校与行政长官考绩之一；（4）函知动员委员会宣传组，尽量宣传使用土布。”[④]同

① 彭南生、张杰：《衣荒与应对：抗战时期四川手工棉纺织推广运动的兴衰》，《湖北大学学报（哲学社会科学版）》2016年第3期。

② 李中庆：《抗战时期四川手工棉纺织业的暂时繁荣》，《抗日战争研究》2016年第3期。

③ 《川省手纺织之推广》，《农业推广通讯》1940年第2卷第1期。

④ 《棉种棉纱与棉布》，《四川经济月刊》1938年第9卷第4期。

年四川省棉纺织推广委员会成立,主要目的在于:提倡手纺织业,补充战时衣服原料需要;战时大规模机器工厂容易被轰炸,手工纺织业规模既小,且分散乡村,损失减少;倡导乡村妇女生产工作。

1938 年中国工业合作协会在汉口成立,各地设工合办事处、事务所,负责各地工合的组建和技术指导。1939 年全国先后建立了西北区、东南区、西南区和川康区 4 个办事处,随后增加晋豫、浙皖和湘桂黔共 7 个办事处。据 1942 年统计各办事处下设 72 个事务所,全盛时合作社达 3000 多个,社员 3 万余人,每月生产总值 25 万元以上。工合社规模一般较小,设备简单,生产军工民用物品。至 1939 年年底工合协会先后在四川组织成立了 464 社,纺织共 214 社,占总数的近 1/2。①

战时难民陆续涌入四川,国民党政府除组织难民进行垦务外,也将难民组织起来进行手工业生产,既补充战时生产能力不足,又解决难民就业问题。此外,宋美龄领导成立的中国妇女慰劳自卫抗战将士总会在北碚实验区创设工厂,招收当地出征军人家属从事纺织事业。抗战时期国民政府倡导成立的类似规模的手工织布工厂,遍布于四川各地,所产棉布大半均供给军需署被服厂,其余在重庆等地投入市场供给民用。

(2)手工棉纺织业的发展

国民党政府西迁重庆后,大量人口涌入,抗战前夕重庆城市人口有 30 余万人,1938 年全市近 53 万人,1941 年超过 70 万人,1943 年超过 90 万人,1945 年达 125. 5 万人。② 1937—1945 年四

① 彭南生、张杰:《衣荒与应对:抗战时期四川手工棉纺织推广运动的兴衰》,《湖北大学学报(哲学社会科学版)》2016 年第 3 期。

② 李中庆:《抗战时期四川手工棉纺织业的暂时繁荣》,《抗日战争研究》2016 年第 3 期。

川全省人口超过 4500 万人。① 棉纺织业既要满足众多人口的消费需求，也要满足军队军被服、纱布等需求。

据四川省政府 1936 年调查，四川全省有 47 县生产土布，其中 33 县兼纺纱且为产棉区。据四川省建设厅 1936 年调查，巴县、江北等 48 县有 97 家手工织布工场，其中 51 家资本额在 1000—6000 元，最高 10 万元，50 家工人数在 10—50 人，最多 744 人，平均每家资本额为 5421 元，工人 56 人。②

1935—1937 年四川省有手纺纱车 22.88 万架，产土纱 5.47 万包（合 2299 万磅），手织布机 6.56 万台（实际织布机 10 万台左右，以铁轮机生产率计算合为 6.56 万台），产土布 656 万匹（以 12 磅布作标准产量计），其中 451 万匹是使用 12 万包输入机纱织成。武汉、广州沦陷后机纱输入困难，1939 年川康输入棉纱 4.5 万包，加上内迁纱厂自产机纱 1 万包，合计 5.5 万包，机纱缺口达 6.5 万包。土纱因皮棉产量、皮棉输入和土纺设备的限制并不足以弥补该缺口。以土纱照常供给 5.5 万包、自产机纱和输入机纱 5.5 万包计，共 11 万包，可织 12 磅布 411 万匹，加上川康输入棉布 27 万匹，共 438 万匹，为战时川康棉布供给量，占 1935—1937 年产量的 66.8%。③ 据 1941 年统计，四川产棉 5.2 万担，土棉纤维短粗、韧性不足，仅适合纺 10 支粗纱，多用于家庭手工业。④

战时四川先后动员手工织布机 6 万台，织布 3 亿匹供军民需

① 1937 年四川全省近 4711 万人，1939 年约 4640 万人，1942 年 4592 万余人，1943 年超过 4600 万人，1945 年近 4755 万人。民政厅统计室：《四川人口静态之分析》，《四川统计月刊》1948 年第 2 卷第 2 期。

② 方显廷：《川康棉纺织工业之固有基础》，《农本》1942 年第 57 期。

③ 方显廷：《川康棉纺织工业之固有基础》，《农本》1942 年第 57 期。

④ 应理仁：《四川农产工业的概况》，《经济周报》1947 年第 5 卷第 20 期。

要。后方新式纺纱机年产棉纱 6.8 万余件,木机及手纺年产棉纱达 40 余万件,机器织布年产百万余匹,手工织布达 900 万匹。抗战胜利后上海布、美国布、墨西哥布、中纺布涌入重庆市场,物美价廉,土布难以竞争,此外也面临原料不足问题,至 1947 年,原有 200 余家军布厂家、1300 余家土布厂家和 1001 家花布厂家,一半以上相继停闭。①

四川织布业集中在成都和重庆。1944 年成都城乡大小机户近万户,织机 2.5 万台,从业人员约 8 万人,规模较大的手工纺织工场(厂)(资本额少则 1.5 万元,多则 200 万元,大部分为数十万元)自战前 20 多家发展到 55 家,年产白布和花布 360 万匹,是抗战前产量的 10 倍。② 布匹连同毛巾、袜等其他用途,成都棉纱每年用量约 500 余万斤,其中土纱和机纱各占 80%和 20%。土纱大部分由三台、中江、遂宁等处供给,小部分就地纺制,机纱一部分由申新成都分厂供给,大部分仰给于重庆、广元和陕西等处。1945 年受物价暴涨暴跌影响,成都大多数织户破产。③ 1945—1949 年织机自 1 万台减至 2000 台,白布和花布年产量自 120 万匹减至 15 万匹。④

重庆市(包括南岸江北)鼎盛时期有织机 4167 台,其中木机 2274 台,占 55%,铁轮机 1893 台。1935 年织机总数减至 1953 台,其中木机减至 883 台,占 45%。抗战爆发后重庆江北一地有大小

---

① 《四川工矿业近景》,《西南实业通讯》(上海版)1947 年创刊号。

② 《成都市志》编委会编:《成都市志·纺织志》,四川辞书出版社 2000 年版,第 29 页。

③ 张圣轩:《成都工业现状及其发展途径》,《四川经济季刊》1944 年第 1 卷第 4 期。

④ 《成都市志》编委会编:《成都市志·纺织志》,四川辞书出版社 2000 年版,第 31、39—41 页。

织布厂30—40家，其中蜀华、嘉陵、锦新、吉利生4家布厂规模较大、历史较长。蜀华有织布机70架，工人70—80人，嘉陵布厂有织布机60架，工人百余人，锦新、吉利生有织布机20—30架，4家布厂均附设染厂，采用手工土法。① 1937年重庆及近郊织布机户有420家，1942年增至576家（其中市区自19家增至27家，南岸自26家增至160家，江北自375家增至389家），增加37%，织布机自1973架增至3238架，增加64%，平均每家织户有布机5.6架。576家织户资本自数百元到数万元不等，多在一两千元，共有工人9476人，每月约需用纱1510件，产布6.54匹。② 棉纱陡涨后有1—2架木机的小布房均无法购纱而纷纷停业，停工布机有1000架之多。织布作坊在原料购置和成品销售方面采取合作的办法，土布原料供应合作社成立后登记布机超过2800架，每架出资100元，用以救济一般小规模布房。乡村工业合作社和信用合作社也推动手工纺织走向合作。③ 据1943年调查，重庆全市大小手工织布工场有724家，铁轮机5899架，领纱58180并。其中173家铁轮机在10架以上（或木机折铁轮机相当于10架以上），布匹产量和设备具有相当规模，共有铁轮机3438架和木机512架，领纱33706并，铁轮机数和领纱量均占重庆全市的58%，月产土布6万余匹。④ 抗战胜利后，国民党政府迁返南京，重庆、璧山、遂宁等地因无加工军布任务，不少手工织布工场作坊停业，重庆停业者占

---

① 《重庆江北之织布工业》，《国际劳工通讯》1939年第6卷第3期。

② 彭泽益编：《中国近代手工业史资料（1840—1949）》第4卷，生活·读书·新知三联书店1957年版，第151—152页。

③ 陈洪进：《论中国手工纺织业之经济基础及其战时趋向》，《农本》1942年第61期。

④ 张文毅：《重庆市一七三家大织户生产情况调查》，《四川经济季刊》1945年第2卷第3期。

1/3。1947 年重庆纺织工厂有 1124 家,包括 201 家土布厂。①

20 世纪 20 年代璧山布业全盛时期所产平布、斜纹布、提花呢布等销售市场遍布重庆、涪陵、万县等地及黔滇一带,后因洋布畅销各地织机纷纷停工。1937 年全面抗战开始后,洋纱洋布因沿海交通被封锁而进口困难,内地衰落的手工业得以复兴。1939 年农本局在璧山设立福生璧庄,专门办理放纱收布业务,1941 年军政部设立军需署被服厂,璧山布业再次活跃,私营机户向福生璧庄或军服厂请购或请贷机纱。织工每月至少产布 20 匹,每匹工资 20 元,超出 20 匹部分以每匹 40 元计。30 码花布工资为每匹 15 元,15 码为每匹 9 元。福生璧庄及军服厂每月供给机纱近千件,连同黑市纱和土纱,璧山每月产布 7 万匹左右。②

抗战后洋布供给减少,遂宁本县土布畅销省内外。1944 年曾向政府登记的纺织工厂有 18 家,资本共计 861 万元,铁机 270 架,木机 360 架。据估计,散机户有铁机 30 余架,木机 2000 架以上。1944 年各纺织工厂与散机户产布约 15 万匹,连同农户所织 14.5 万匹,合计 29.5 万匹(未计与花纱布管制局交换布匹)。③ 1945 年 5 月,花纱布管制局缩减各织户织布数量,限制每月每机至多领洋纱承织 5 匹,各织布工厂难以维持经营。机户通常每机布(5 匹)挪出洋纱 1 并以资补贴,故在洋纱管制之外,出现洋纱黑市,价格自每斤 4 万涨到 5.5万—5.6 万元。自织贩卖的织户工厂,因纱价和布价的不利变动而亏损。6 月承织量减至每月每机仅 3.5

① 应理仁:《四川农产工业的概况》,《经济周报》1947 年第 5 卷第 20 期。

② 《机纱管制后之璧山棉货市场》,见农本局:《棉业经济参考资料》第 3 期,1943 年油印本,第 3—5 页。

③ 冯名书:《三十三年遂宁经济动态》,《四川经济季刊》1945 年第 2 卷第 2 期。

匹,小织户大多无法维持,纷纷转让与大织户而另谋他业,大织户规模扩大,据估计每匹可获纯利 3000 余元。①

20 世纪 20 年代末四川重庆、成都等地织袜业有较大发展(重庆织袜工场作坊 150 余家、1 万余人,手摇袜机 2200 台;成都 320 家、1000 人,手摇袜机 700 余台),20 世纪 30 年代初因市场萧条、外来袜免征地方税等不利条件,重庆和成都织袜业遭受打击,停产 120 户,失业人员超过 8000 人。抗战爆发后大后方袜子需求增加,而外地袜进川受阻,四川袜业有所发展。重庆市 5 家织袜工场手摇袜机在 100—150 台,6 家手摇袜机在 50—99 台。成都天成针织厂袜机 80 台、南充明星袜厂袜机 50 台、宜宾逐日织造厂袜机 40 台,各为川西、川北、川南最大的织袜手工业工场。这一时期四川全省年产袜约 120 万打。1943 年后大后方棉纱短缺,国民党政府要求优先织制军用白布、民用针织品只能使用土纱。重庆 60 余织袜户转产织布,另 100 余户开工率不足 20%,1945 年重庆产袜 6.3 万打,仅占 1942 年产量的 11.7%。抗战胜利后随着美货倾销,四川省内大批织袜户停业、倒闭,据 1949 年统计,重庆、成都等 10 个重点产袜县市 10 人以上的工场仅有 19 家(336 人),个体生产户 514 家(1603 人),重庆产袜 20 万打,成都产袜 2.8 万打,各占设备生产能力的 25%和 9%。②

2. 湖北、安徽、江西、浙江

抗战期间纱布供不应求,机制品竞争减少,湖北、安徽、江西、浙江手工棉纺织业有所发展。抗战胜利后随着外来纺织品输入的

① 蒋烈光:《三十四年五月份遂宁经济动态》,《四川经济季刊》1945 年第 2 卷第 4 期;蒋烈光:《三十四年六至七月份遂宁经济动态》,《四川经济季刊》1946 年第 3 卷第 2 期。

② 四川省地方志编纂委员会编著:《四川省志 · 纺织工业志》,四川辞书出版社 1995 年版,第 245—246 页。

增加,安徽、江西手工棉纺织业生产萎缩,而浙江城市织布业生产有一定程度的增加。

湖北省政府迁至恩施后人口增加,棉布供不应求,1939 年建设厅成立手纺训练所推广手纺。1940 年改为湖北省建设厅手纺织工厂,有手纺机 30 台,月产纱 1000 斤,宽铁机月产布 300 匹左右,窄木机月产布约 250 匹。城市附近织户多由省银行贷纱织布,恩施城北及附近农村多经经纪人贷入棉花并上交土纱,每两平均工资 2 元左右。恩施动力弹花厂主要代省银行加工制絮,仅收取少量手续费,在附近乡村推广手纺,平均每月可贷花 200 余斤,收纱 200 斤。① 抗战前湖北光化县有纺户 500 户左右,抗战爆发后纱布供不应求,土纺手织逐渐发达。1941 年光化县棉纱产量 3.2 万斤、销量 1.4 万斤,1942 年上期各为 1.77 万斤、0.8 万斤,1941 年棉布产量 2.95 万斤、销量 1.7 万斤,1942 年上期各为 1.94 万斤、1.25 万斤。② 卢沟桥事变后工业中心相对沦陷,进口品输入减少,国产代用品需求增加,谷城成为鄂北各县纺织中心,共有纺织厂七八处。在纺织工厂之外,也有不少农民家庭使用土法纺织,谷城县年产土布约 12 万匹。土纱供应鄂北各县,并行销巴东河南南阳一带。土布每匹 20 元,土纱每斤 8 元,花每斤 2.8 元。③

抗日战争爆发后安徽大片土地沦陷,外地棉纱和棉布无法输入。皖南原是安徽棉手工纺织业繁荣地区,自芜湖沦陷后,东流等地棉花为日军强购,皖南纺织业濒于绝境。安徽国民党政府倡导植棉纺纱,1940 年建设厅推行"一部纺车运动"以图实现民间"自

① 《湖北恩施棉纺织业》,见农本局:《棉业经济参考资料》第 13 期,1943 年油印本,第 2—4 页。

② 梁庆椿等:《鄂棉产销研究》,中国农民银行经济研究处 1944 年版,第 403 页。

③ 唐正元:《鄂北手纺织业之推广》,《农本》1942 年第 57 期。

种、自纺、自织”，创办3家省营纺织工厂，1941年成立安徽省企业公司。1939年安徽省内设立纺织工厂和染织工厂各为12家和1家，1942年各增至72家和12家。大别山地区积极进行生产自救，1939年桐城、怀宁等6县年产土布670万匹、棉纱1274担。1944年盱（眙）嘉（山）地区各乡成立纺织小组267个，各区成立纺织合作社，社员达5880人，纺车3014架，各地抗日民主政府改良纺车并开办纺织训练班。1943年淮北根据地党委开办妇女纺织训练班，建立纺织合作社，1945年纺纱车5万多架，布机800多架。① 屯溪隆阜设有纺织工厂和毛巾工厂，1941年合并为1厂，资金3.1万元，木机60台，日产白布45匹。瑶溪省立皖南强民工厂有木机20台，日产白布20匹。皖南实业公司纺织厂有木机50台，日产白布60匹，另有建国工厂、旌德纺织工厂、太平平民工厂、黟县民生纺织工厂等，各厂生产能力合计每年约8万匹。战前调查民间土布产量约26万余匹，战后部分地区沦陷，部分地区停业，大体可产10万—15万匹，连同各厂共约20万匹。皖南人口约400万人，平均每人仅2尺半。② 随着交通恢复，外来纺织品输入，安徽省内手工机坊和民生工厂无力与其竞争。③ 战时安徽有37县创办民生工厂，1947年仅18县勉强维持，1940年所创办的3家

① 安徽省地方志编纂委员会编：《安徽省志·纺织工业志》，安徽人民出版社1993年版，第6—7页。

② 漫浓：《皖南棉纺织业》，《农本》1942年第57期。

③ 芜湖土布由20支纱织成，因织法不同土布有不同种类，每匹40两到80两不等，以64两、65两居多。据估计，64两土布每匹成本20312元（并未包含学徒劳动、营业税及生材折旧），市价20480元，每匹土布最多赚68元。上海洋布每匹市价4.7万元（洋布每匹重150两，长11丈，土布7.8丈），土布并不具有优势。许力村：《垂死中的芜湖土布业》，《经济周报》1946年第3卷第5期。

省营示范工厂除1家交由县办外,另2家于1945年先后停办。1948年全省手工纺织工厂仅存51家(其中县营36家、民营15家),比1942年减少39.8%。1949年全省手工棉纺织近1.3万家、从业人员3万余人,年产棉布2973万米,其中芜湖全市仅1100家棉织机坊勉强维持生产,织机2000余架,从业工人2000人。①

抗日战争爆发前,安徽针织复制业已形成一定的生产规模。制袜业除在交通便利、手工业基础较好的城市如合肥、芜湖、安庆等地比较发达以外,各县城镇也有生产厂家,国民经济建设委员会安徽省分会并通令各县民生工厂添设袜科或织袜训练班分期分批由乡村各保招收艺徒,提倡农民利用农闲时间织袜。1929年芜湖邵兴记毛巾厂是当时规模较大的针织复制手工作坊,木质织机40余台、雇工50余人,使用芜湖自产棉纱从事生产,产品畅销长江中下游一带城镇。芜湖一些从事手工棉纺织的私人作坊也利用淡季兼织低档毛巾。1936年蚌埠义和布厂设6台木质手拉织机生产毛巾,日产35打。抗日战争爆发后,安徽主要交通沿线多为日伪占据,大量城市手工业者弃工从商。交通阻隔加上全国性抵制日货活动使城市针织品难以进入乡镇,这为战争后方一些城镇的针织复制业提供了发展空间。不少县镇出现手工针织户,有些发展为作坊,阜南县有小作坊4家,每家织机2—5台、工人7人左右,安庆10余家城市针织户迁至石牌镇,1940年六安县桥头集一地的针织机就超过200部,所产毛巾和袜子行销大别山区。各地纷纷兴建难民工厂生产毛巾、袜子等日常生活用品,徽州地区隆阜毛巾厂(第一难民工厂)创办于1939年,容纳难民50余人,日产毛巾400余打,南陵新生袜厂、义兴毛巾厂等6厂均兴办于此时。据

① 安徽省地方志编纂委员会编:《安徽省志·纺织工业志》,安徽人民出版社1993年版,第6—7页。

1940年调查，安徽全省兴办9家巾袜业小型工厂。1940年成立的安徽省企业公司也下设针织工厂，1943—1945年年产毛巾400—530打、袜子600—950打。1949年安徽全省手工针织复制业从业户1740户（全部为个体手工业）、从业人员3387人。①

1939年日军占领南昌后，益元、利工、益民、立昌4家较大的织布厂（共有木织机300余台）全部被烧毁。江西省政府南迁泰和县，建设厅所辖江西兴业公司在赣南兴办织布厂、社，私营小织布厂也得到发展，仅赣州市织布厂就从1937年的6家增至1946年的22家。1945—1949年间南昌市先后开办4家织布厂，铁木机共计158台。抗战期间洋纱洋布来源困难，土布生产繁荣，1945年土布年产量达5160万匹，其中吉安550万匹、新余400万匹、乐平200万匹。抗战胜利后，洋纱洋布再次涌入，棉花涨价，1948年每匹土布劳力报酬比抗战期间减少2/3，民间纺纱织布无利可图，土布产量大幅减少，1947年和1948年土布产量各为3850万匹和3270万匹。1949年江西省仅有14家小型染织厂，连同一些小作坊，纱锭2万余枚，铁木织机和木织机共计2000余台，产纱5900件，产布2341万米，棉布难以满足本省需求，主要依靠自外省购入。②

江西省第一家针织作坊开办于20世纪10年代末，1936年手摇袜机达120余台，是全省最大的织袜厂，1938年年初南昌形成以生产棉纱袜为主的织袜作坊式厂店群落，袜厂（店）30余户，手摇袜机600余台。其他地县均有开办规模很小的袜厂（店）。

① 安徽省地方志编纂委员会编：《安徽省志·纺织工业志》，安徽人民出版社1993年版，第130—131页。

② 江西省地方志编纂委员会编：《江西省纺织工业志》，中共中央党校出版社1993年版，第104、113—114页。

1938 年日军占领南昌,大部分袜厂迁往赣州、吉安、南城和南丰等地,抗战胜利后袜厂回迁。1949 年江西全省有袜厂(店)100 余户,手摇袜机 1400 余台,从业人员 1200 余人,其中南昌市袜厂 32 户,手摇袜机 1000 余台,从业人员 900 余人。①

1937 年抗日战争全面爆发,嘉兴失守后杭州六一织造厂材料和动力机械设备被扫荡,萧山通惠公纱厂被轰炸停工,三友实业杭州制造厂被迫停工,1940 年宁波和丰纱厂失火被焚,1942 年日军侵占金华,大部分厂家停工或内迁。浙江省政府迁至丽水,官办布厂、省赈济委员会难民染织工厂、省手工业指导染织改进场等也迁入丽水地区云和等县继续生产。战争爆发后机纱输入困难,萧山、宁波等地纱厂被占或被毁,洋布和机织布来源减少,各地将单锭、多锭纺车及木结构的多锭筒大纺车修整重新投入使用,以补救抗战区棉纱不足的状况,土布生产重新活跃。

抗战前余姚洋布充斥,籽棉售与市镇上的花庄,去籽后运销宁海、上海,很少用于当地纺织。1939 年经济部农本局设立的福生壁庄统制收购棉花,皮花价格为每市斤 4 角 6 分至 4 角 8 分,每包 75 斤,每包加包布费 5 元。1940 年改由省政府委托浙江地方银行设立的大中庄统制收购,皮花价格为每市斤 6 角至 7 角 5 分,每包加包布费 7 元,均由花庄收取 5%手续费转手。棉农因限价而面临亏蚀,同时海口封锁导致洋布来源减少,不少农民使用旧纺织机自纺自织以售纱或售布。土纱和土布运销不受政府统制并且免税,农民获益多于直接卖棉花,手工纱布业兴起。余姚有手纺车 5.1 万台,纺工 13 万余人,月产棉纱 13 万余

① 江西省地方志编纂委员会编:《江西省纺织工业志》,中共中央党校出版社 1993 年版,第 159—160 页。

斤,浙江各县也多设手纺机构。[1] 1940年浙江全省余姚式手摇纺纱机(64筒纺机)共2350部,棉筒15万筒,纺织工人约5500人(单锭及其他多锭手纺车未计入)。[2]

浙东、浙南后方部分县市组织难民救济会成立难民纺织部,或是出征军人家属优待委员会开办征属工厂。1941年江山县组办征属工厂备旧式纺纱机100台、织布机40台,生产人字呢、工字布、毛巾等产品,温岭、浦江、常山、象山、上虞等县均建有征属纺织示范场。兰溪县农村从事土纺者有6356人,年产值11.3万元。战时慈溪周巷镇成为浙东纱布总集散区,月产纱约60万公斤、布1200匹(每匹平均6.3米)。[3] 1939年余姚每匹白布(计3丈)成本为4.32元,1940年增加82%,1941年比1940年增加56%,其中纺工成本增幅较大。白布年销量三四十万匹,每平方码售价不超过2厘。[4] 浒山、周巷因交通便利逐渐成为土布收销汇集地,平均每天在2镇销售的土布约有6000匹。[5] 战时浙江各地手工织布业各以手拉、脚踏机生产土布,从业人员有2万—3万人。[6]

1945年抗战胜利后,浙江城市织布业有所恢复。杭州布业同

---

① 赵棣华:《发展东南农村工业刍议》,《东南经济》1941年第11—12期。

② 浙江省轻纺工业志编辑委员会编:《浙江省纺织工业志》,方志出版社1999年版,第67页。

③ 浙江省轻纺工业志编辑委员会编:《浙江省纺织工业志》,方志出版社1999年版,第4、67页。

④ 1939—1941年皮花成本分别为2.1元、3.5元、5.25元,纺工成本分别为1.05元、2.4元、4.5元,1940年和1941年各比上一年增加67%和50%、129%和88%。参见茅尘如:《略谈余姚土布》,《东南经济》1941年第11—12期。

⑤ 汤逊安:《战时余姚土布发展的经过》,《农本》1941年第48—49期。

⑥ 浙江省轻纺工业志编辑委员会编:《浙江省纺织工业志》,方志出版社1999年版,第94页。

业公会会员从1945年的111家增至1948年的711家,织机3400余台,其中织机1—9台者有577家,另有未加入同业公会的、织机1—2台的家庭作坊约200家,织机约250台。1946年杭州染织布业有274家,1947年杭州市工商联染织布业同业公会会员有292家,三改布机3400余台,日产量3500余匹,但至1948年,“322家布厂已有十分之九向该业同业公会申请停工减机”,“产量不及战前的十分之一”。1947年宁波有布厂200余家,织布机约2000台,其中脚踏机占50%、手拉机占20%、动力机占30%。抗战胜利后航运畅通,温州棉布大量运销台湾,1946年城区布厂增至91家。1948年永嘉县大小布厂134家,织机2281台,从业者4528人,年产棉布31万匹。①

3. 贵州、云南、广西等

抗战期间贵州、云南、广西等地作为农村副业的手工棉纺织业较为突出,分布广泛。20世纪40年代中后期,贵州、陕西等地手工棉纺织业逐渐萧条。

贵州地处边陲,交通梗阻外货输入不便,故民生需用多仰赖自给,包括布料。日本全面侵华战争爆发后,大量人口涌入贵州,1937年全省总人数达1300万人。② 因地理和气候原因,贵州仅有少数县份生产数量有限的棉花,不能满足全省纺织手工业的需要。1943年贵州农本局改为花纱布公司,从事购买土纱和洋纱换布业务。1944年仅贵阳市有木机织布户600户左右,据79县市不完全统计,全省有纺织户5.8万户,年纺纱243万斤(折合6696件),

① 浙江省轻纺工业志编辑委员会编:《浙江省纺织工业志》,方志出版社1999年版,第4、94页。

② 俞智法:《抗战时期贵州棉业规模经营及其原因窥探》,《农业考古》2017年第6期。

年织布316万匹(折合3226万米)。① 抗战胜利后因改币损失,加上部分机户还乡,全省纺织户近万家,织机1万多架,从业者约2万人,解放前全省土布产量减至2246万米。②

贵阳纺织业使用人力铁机者仅有鲁丰布厂和协兴染织工厂两家,人力铁机合计21架,雇工63人,艺徒10人。鲁丰布厂设立于1932年,每月最高产量300匹,平均每月产量160—170匹,1937年停业清理,次年盘让他人后更名为"鲁丰工厂",1938年10月产量约200匹,产品仅批售本市商店。利兴永工厂设立于1933年,1937年停业清理账目后盘让他人,更名为"协兴染织工厂",每月最高产量240匹,通常在150—170匹,1938年上半年经营尚可,下半年清淡。贵阳使用人力木机者有120—130家,工人约360人,自抗战军兴后,因外货来源减少和西南人口增加,销路由疲转畅。③ 据(民国)《兴义县志》记载,兴义县织土布者百余户,年产土布约5.5万匹,除供本邑外,其余销往邻县,约200家业主从事土布经销。④ 战时沦陷区部分纺织工匠流亡至黔东南,加上种植美棉产量增加和湖、桂、川棉花输入,城镇和农村出现专业纺织户,纺织厂、纺织社增多,1938年黔东南各县共产棉布7.74万匹(19.15万银元)。1938—1942年榕江、锦屏等地设数家针织车间,配手摇针织机,抗战胜利后外省针织品涌入,1949年黄平、榕

① 贵州省地方志编纂委员会编:《贵州省志·轻纺工业志》,贵州人民出版社1993年版,第406页。

② 贵州省地方志编纂委员会编:《贵州省志·轻纺工业志》,贵州人民出版社1993年版,第401、406页。

③ 贵阳市志编纂委员会办公室编:《民国贵阳经济》,贵州教育出版社1993年版,第69—76页。

④ 俞智法:《抗战时期贵州棉业规模经营及其原因窥探》,《农业考古》2017年第6期。

江等4县针织业仅剩6家。①

云南土布所用棉纱除云南裕滇两厂出品外,由外纱供给。云南衣着用布除外来阔布外,是玉溪小布。玉溪土布产量在云南省最高,全县约有织布机15万台(有10台或20台脚踏机者已为织布工厂),织户2万户,织布工人10万余人,年销10支粗纱1.6万大件,年产土布420万匹以上,除销售各县外大量运至昆明市场。河西全县有织布机1.5万—2万台,是当地农民农闲时唯一副业,每年销纱1400大件,年产土布约25万匹,销于本县、昆明及附近各县。开远全县有织布机2万台,年销10支粗纱1300—1400大件,年产土布25万匹。蒙自全县织布机有2万—3万台,年销10支粗纱1.5万大件,年产土布26万匹,多销售邻近各县。② 下关是滇西商业集散地之一,1934年出现首家织布厂即同祥织布厂,有铁木机6部,随后有和顺布厂和益华织布厂,各有铁木机3部和6部,1937年庆和染织工厂成立,有铁木机16部,规模相对较大。4家织布厂资本合计5000元,工人104人。③

民国时期广西土布手工业分布较广,遍及全省,其中郁林和桂林分别是南北土布业中心。据估计,郁林县有织户1000余户,每户织机1—2架,年产土布约20万匹,鼎盛时期织户超过2万户,各种纺织机、纺毛巾机达22.7万台。桂林织户集中于城厢附近,织户400余家,织工2000余人,年产布匹多于郁林。抗日战争初期广西土布业有所发展,20世纪40年代渐趋萧条,1949年织户和

① 《黔东南苗族侗族自治州志》编委会编:《黔东南州志·轻纺工业志》,贵州人民出版社2006年版,第35页。

② 《云南棉产与棉纺织业》,见农本局:《棉业经济资料参考》第12期,1943年油印本,第6—7页。

③ 张肖梅:《云南经济》,中国国民经济研究所1942年版,第20—21页。

产量锐减，织户 11468 户，织工 22237 人，总产值 144541 百万元（旧币）。①

陕西为产棉区域，土布土纱产量较多，各县均为农村妇女利用闲暇纺织，设厂经营者很少。战争爆发后外货来源减少，布匹缺乏，陕西省小型棉织厂应运而兴。在纺纱方面，除各大纱厂外并无小型纱厂，农村妇女利用农暇以旧式纺车纺织，平均每人每日纺 8 支粗纱 6 两，织成土布后售于陕甘宁青各地。1944 年全省有手工工厂 900 余家，织机 1 万架左右。承织军布的织机有 50 余架，其他织机多购买民纱，织布后售于附近市场，但因棉纱来源断绝而不少停工。② 1941 年上半年甘肃南部天水、甘谷、泰安 3 县共有纺车 8.4 万台，每日产纱 1.5 万斤，织机 2.9 万台，每日产布 0.7 万匹。③

4. 其他城市

上海、福建等地手工棉纺织业均在日本全面侵华战争爆发后遭到破坏。内战期间，无锡、福州、广州等地因原料价格上涨、供给短缺，外国产品倾销等因素，手工棉纺织业生产受限。

上海纺织业自华界工厂被毁后，部分迁往内地，部分未能开工，外商工厂多继续生产。纱价自每大包 86 元涨至 128 元，棉花自每担 36 元涨至 48 元。棉纱供不应求，各织布厂、袜厂向各水木作定造摇纱车实行手工纺纱。上海市内水木作百余家，有 50 余家专门制造摇纱车，合计制造 1.5 万架。上海手工织布业工厂散居

---

① 广西壮族自治区地方志编纂委员会编：《广西通志·二轻工业志》，广西人民出版社 2003 年版，第 13、15、175 页。

② 关梦觉：《陕西省纺织业之危机及其出路》，（桂林）《中国工业》1943 年第 19 期。

③ 薛瑞华：《陇南天水甘谷泰安三县手纺调查》，《农本》1941 年第 53 期。

杨树浦、闸北、高昌庙、南市等地,“八一三淞沪会战”爆发后房产资财多毁于炮火,剩余300余家勉强支撑。战前上海周边家庭手摇织布机共有八九千台,1938年使用者仅有3000台。太平洋战争爆发后上海沦陷,纱布由敌伪统制,手织业停闭,经一年半交涉后仅争取到棉布7000余匹、棉纱500余件。1940年一些手工棉织业原属布厂将手工棉织部分成立手工组,当时有会员400余家,后逐渐增至700余家,抗战胜利后手工组与机器染织分开,正式成立手工业棉织业同业公会,初时有会员500余家。手工棉织业同业公会成立后要求政府豁免营业税和发放贷款。政府对手拉脚踏机及其他机用20支以下纱者免征营业税,每家限贷50万元。至1946年11月20日手工棉织工业同业公会登记会员1244家,织机5000余部,其中3000余部开工,每月产布8万余匹、毛巾被毯2万余条。棉纱原料由纺管会配给,会员厂家中仅4/10得到实际配给,其他仍购自经销商,每小包纱和每小包线价格各高出配给价格1万余元和4万余元。1946年4月上海棉织业先后有500余家复业,织机2000余部(其中10%使用电力),占战前近1/4。1948年手工棉织业同业公会改组,会员增至1636家,各类布机6900余台。①

1935年福建棉纺织手工作坊和工厂有150余家。抗日战争时期部分沿海织布厂迁往山区。抗战胜利后土布受到机织布冲击,多数织布厂半开半停,有的濒临倒闭,传统织布业(家庭式手工业作坊和个体手工业)成为手工业中较为落后的行业。福州手工纺织业所需纱布原购自市场,限价后市面棉纱绝迹。限价前,纺织生产合作社联合社会员社有七八个,限价后超过30个,每单位

① 彭泽益编:《中国近代手工业史资料(1840—1949)》第4卷,生活·读书·新知三联书店1957年版,第109—110、471—472页。

社辖有8—10个工场，手工纺织业依靠合作社要求配纱。中纺配纱因原料不继而停运，1948年福州手工纺织业普遍减产40%以上，手工纺织业织机数量不及战时的1/2，织机总数中超过1/2停工。① 1937年以前福建针织业所用棉纱均从上海进货，染料来自香港等地，1937—1945年大部分针织工厂倒闭，抗日战争胜利后福建省针织业短暂恢复，但由于外国产品倾销和内战影响，针织业基本衰落，1949年福州手工家庭作坊工厂仅有67家、工人263人，产值2.9万元。②

1938年郑州振华帆布厂成立，规模较大，备织布机67台，工人15名，另有家庭织布厂10余户，每户1—2台织机，通常不雇工。其他城镇如周口、滑县等地都有不同规模的手工织布业，受战争影响不少倒闭歇业。1945年，30余户产袜作坊从安徽界首集迁郑州，郑州个体手工针织厂有100余家，1949年年底增至180家，开封手工针织户73家、机器225部、从业130人。③

抗战前无锡有织布厂10余家，规模较大。敌伪统制时期，无锡附近地区工厂因治安和交通问题并未完全复工，上海纱布输出受到严格统制，商人或渡长江到苏北或经津浦线的蚌埠、芜湖，无锡在统制下仍可大量偷运至大后方，当时成为这一区域的棉布产销中心。抗战胜利后无锡大小布厂有78家，铁木机3200台。内战期间大型工厂将机器转移到南方，小型布厂勉强维持经营。物价动荡剧烈时小型布厂普遍采取以物易物的交易办法，以棉纱交

① 竹木:《特种萧条侵袭下的榕城》《畸形繁荣与萧条的交织》,《经济周报》1948年第7卷第22期、第25期。

② 福建省地方志编纂委员会编:《福建省志·纺织工业志》,中国社会科学出版社1999年版,第21、29、53页。

③ 河南省地方史志编纂委员会编纂:《河南省志·纺织工业志》,河南人民出版社1993年版,第16、159页。

易布匹。1947年1件棉纱可掉换“条漂”布27匹,1948年年初可换30匹,8月布匹价格降低到40匹及以上可交换1件纱。棉布价格仅略有提高,而棉纱价格飞涨,生活必需品价格也上涨,导致一部分小型布厂被迫停工。1948年无锡仅有61家布厂开工,布机2813台,每月需用棉纱4000多件,但纱管会每月配给仅160件,价格高昂甚至超过黑市。① 抗战前江阴县布机合计10.1万台,土小布产量为230万匹、改良土布产量为350万匹,解放前布机合计6.7万台,土小布产量为160万匹、改良土布产量为310万匹。②

广州织布业最繁盛时期,大小手织布厂有900余家,约8000部开机。1947年1月残存不足500家。1947年2月金融潮涨风爆发,原料工价等成本骤增导致出口土布的400家布厂中约100家倒闭,另约300家9成以上亏损。1947年2月涨风发生后,政府加强纱布管制。广州每月配纱数量不及织造业(包括织布针织织巾等行业)需求量的1/3,一些纱商在黑市抢购花纱,自上海由陆路或水路经汉口粤汉铁路转运至广州,沿途费用加上资金利润使广州纱价通常比上海高出50%。织布和织造业成本提高、销售困难,大小布厂开机数量一再减少。荷印战争结束后,新加坡对广州布厂积存需求增加,手织土布出口免税但由于政府实行外汇管制,1947年手织土布结汇出口费每斤需3.5万元,重量超过6斤的土布每匹缴纳结汇费21万元,巨额结汇费导致手织土布无法出口。1948年政府调低结汇价,每匹须纳港币7—10元,而布厂所接新

① 禾田:《挣扎于垂危边缘的小型布厂》,《经济周报》1948年第6卷第24期;人韦:《危机重重,纱布厂面临崩溃》,《经济周报》1948年第7卷第5期。

② 彭泽益编:《中国近代手工业史资料(1840—1949)》第4卷,生活·读书·新知三联书店1957年版,第474页。

加坡、暹罗等地订单每匹土布利润仅在 7—10 元，无利可图情况下广州土布出口仍陷入停顿状态。在内销方面，1947 年农村谷价下跌（1946 年 1 担谷可买 1 匹布，1947 年 1.5 担谷仅能买 1 匹布），据估计 1947 年内销土布数量不及 1946 年的 1/2，织布厂产量随着农民购买力下降而减少。在原料供给少、价格高、出口和内销受阻的压力之外，手织机布厂也面临电机织土布的竞争，1947 年年末广州全市残存的 300 家手织机布厂中，不足 200 家开工，开机数量少于 3000 部。①

二、蚕丝业

抗日战争前四川生丝产量在全国占 10.6%，抗战期间上升到 64%，1947—1948 年川滇区占中国生丝产量的 18%。抗战期间国民政府扶持蚕丝生产，四川省蚕茧和生丝由官方定价和统购。四川生丝产量以土丝为主，改良丝厂采用新法，大车房完全使用土法，农家参与缫丝比较普遍。1937—1943 年四川生丝年均产量超过 1000 吨，其中土丝占 85%，1944—1949 年生丝年均产量比 1937—1943 年减少 1/4，其中土丝占 89%。1941—1942 年四川产茧量比战前增加 1 倍多，1949 年比战前减少 1/4。抗战期间贵州丝产量增加。

丝织业机户生产规模较小，四川南充机户平均每户有织机 3.9 台，乐山平均每户 3.1 台，成都平均每户不足 2.5 台，西充每户不足 1.2 台。20 世纪 40 年代初乐山产绸量比战前增加，南充城乡产绸量是乐山的 2 倍多，西充机户织绸多为农家副业，1942

① 梁大任：《一年来的广州织布工业》，《棉业月报》1948 年第 1 卷第 3 期。

年产量占乐山同年产量的1/10左右。1944年乐山织机数量比1941年减少1/2以上。1944年成都丝绸业机房数量比战前减少约1/4。抗战期间皖南手工丝纺织业一度复苏。

(一)四川的生丝生产

日本全面侵华战争爆发后,国民党政府力求从土产输出集中外汇,以在国外采购国防建设物资和民生日用必需品,并偿还历年外债本息。1938年国民党政府和四川省政府采取低息贷款、增加投资、实行奖励等方式扶持蚕丝生产,省政府合并成立四川省农业改进所,将蚕桑生产纳入农业改良推广统筹安排,1939年省政府规定蚕茧和生丝由官方统一定价和统购。1936—1938年四川全省蚕业指导所从10所增至40所,辖区育蚕户从6620户增至45381户,桑树从60.5万株增至470万株。1936—1941年四川省推广改良蚕种量自6万张增至69万张,1942—1945年减至47万—55万张,全省产茧从1936年的13万担增至1941年的26.5万担。①

战前四川省有德合、六合等20家缫丝厂,丝车6240部,后因丝织业不景气大部分丝厂倒闭或裁并,全省缫丝设备半数以上归中央或四川省后,民营丝厂仅剩十余家。② 据估计,1943年四川改良木机缫丝车共17080部(其中川北区15650部、川南区1130部、川东区60部、其他地区240部)。截至1943年5月底,三台制丝业工会登记小车丝厂共1252家、缫丝车1.34万部、缫丝工人2.3

---

① 四川省地方志编纂委员会编著:《四川省志·丝绸志》,四川科学技术出版社1998年版,第10、23、25页。

② 应理仁:《四川农产工业的概况》,《经济周报》1947年第5卷第20期。

万余人。丝厂以丝车 4—6 部者居多,50 部丝车以上者仅 20 余家。小车丝厂发达的地方,大车丝厂几乎绝迹。① 川南丝业以乐山为中心,以往木机铁机缫丝厂年产量约 700 关担,摇经厂年产量约 5000 担。1947 年铁机缫丝厂仅有华新、新凤翔 2 家,新凤翔未开工,华新年产 100 担左右,木机缫丝厂有 3 家,年产约百余担,小手工业摇经厂十余家,年产约 50 担。②

1937—1940 年四川生丝产量约 1200 吨,其中土丝产量在 780—1121 吨,1941—1945 年川丝年产量在 1000 吨上下,其中土丝在 768—965 吨。③ 太平洋战争爆发后,同盟国对生丝需求迫切,为增加生产、统一收购,1943 年政府颁布全国生丝统购统销办法,全国所产内销外销改良丝和土丝的收购运销由财政部责成贸易委员会所属的复兴商业公司统一办理。国外丝市因英美限价、国内市场因法定汇率折价所限,收购价格压低,产量锐减。川丝自管制后外销丝价由贸易委员会评价统制收购,所定官价规定在成本之外加合法利润,禁止商民自由提高,复兴公司历年收购价格低于内售市价,商农无利可图,或走私偷漏或改作他业,川丝生产逐渐衰落。

从 1945 年起美国大量进口日本生丝,华丝基本被挤出美国市场,1946 年四川各地蚕丝机构相继撤销,市场凋敝。1949 年全省桑树约 4000 万多株,养蚕县自 91 县缩至 30 多县,全省蚕茧产量自 1942 年的 23 万担减至 9. 8 万担,川北地区生丝产量 252. 5 吨,不及 1940 年的 1/4,全省生丝产量自 1946 年的 847 吨减至 786 吨

① 钟崇敏、朱寿仁:《四川蚕丝产销调查报告》,中国农民银行经济研究处印行 1944 年版,第 172 页。

② 《四川工矿业近景》,《西南实业通讯》(上海版)1947 年创刊号。

③ 四川省地方志编纂委员会编著:《四川省志 · 丝绸志》,四川科学技术出版社 1998 年版,第 155—156 页。

(其中土丝产量在700吨左右)(见表13-12)。①

表13-12　四川厂丝和土丝产量(1937—1949年)（单位:吨）

年份＼项目	厂丝	土丝	总计	年份＼项目	厂丝	土丝	总计
1937	89	1121	1210	1944	113	854	967
1938	160	1050	1210	1945	139	768	907
1939	429	780	1209	1946	114	733	847
1940	121	1088	1209	1947	131	656	787
1941	124	965	1089	1948	47	739	786
1942	131	958	1089	1949	34	752	786
1943	125	903	1028				

资料来源:四川省地方志编纂委员会编著:《四川省志·丝绸志》,四川科学技术出版社1998年版,第155—156页。

四川改良木车丝厂采用新法缫制生丝,一般为农家养蚕缫丝者或购茧小规模缫丝者。缫丝车位以三五部或十余部为一连,以手摇代动力,缫丝方法与铁机丝厂相同,所产生丝与铁机厂丝类似。另有完全使用土法缫丝的大车房,因抗战后交通困难生丝外销受限和管制问题,多改为内销,1940年和1941年经营缫制细丝的厂商大多亏本,紧缩生产,缫制土丝内销相对于售与丝厂外销获利更多,故土法缫丝有复兴之势。② 加上1943年四川省政府规定蚕茧价格过低,蚕农不愿出售,多自行以土造大车缫丝增加收益。

① 四川省地方志编纂委员会编著:《四川省志·丝绸志》,四川科学技术出版社1998年版,第11页。

② 李守尧:《四川之蚕丝业概述》,《四川经济季刊》1945年第2卷第3期。

土丝坊多为农家副业，茧价高则售茧，茧价低则自行缫丝。① 全省土造大车在最盛时期超过 3 万具。②

一般小丝厂多为农家副业，无须雇用技术工人，一方面买茧缫丝；另一方面到市场售丝，用售丝所得款项再进行买茧，筹集少数资本即可进行周转获取微利，并且缫丝副产品如蚕蛹和煮茧沸水可用作肥料。置有数十部改良木车的丝厂多为股东性质，有些为绸厂机户投资，有些代人缫丝，代人缫丝的丝厂除固定资本外，流动资本由委托者负担，自营者资本均为雄厚，临时资金不足则可向商业银行透支或信借。③ 四川省蚕丝交易分预售和现售两种，小丝厂与大商贩或大绸厂间多先付 1/2—2/3 货款，后因丝市变动剧烈预售交易减少，仅预约购货优先权，现售在市场中更为普遍。

（二）四川的丝价、制丝成本

抗战期间四川生丝的政府收购价普遍低于市场价格，差价占收购价格 1/3 以上。与 20 世纪 30 年代末相比，1943 年三台和南充制丝成本均大幅增加。三台缫丝业入不敷出，南充小车丝和场丝净成本年均增幅均高于丝价年均涨幅。

1937—1944 年四川内销丝价格自每担 800 元涨至 49 万元，1945 年达 160 万—200 万元（见表 13-13）。除 1944 年秋丝收购价高于内销价外，其他均低于内销价，1937—1942 年差价占收购价比重在 33.3%—58.8%（1941 年春丝为 22.0%），1943—1945 年间有所降低。1937—1945 年生丝收购量（不包含 1940 年秋丝）

① 钟崇敏、朱寿仁：《四川蚕丝产销调查报告》，中国农民银行经济研究处印行 1944 年版，第 58 页。

② 尹良莹：《四川蚕业改进史》，商务印书馆 1947 年版，第 217 页。

③ 钟崇敏、朱寿仁：《四川蚕丝产销调查报告》，中国农民银行经济研究处印行 1944 年版，第 149 页。

合计1万担,差价合计7858万元。①

表13-13 四川生丝市场价格与官僚资本经营的贸易机构的收购(1937—1945年)

项目 年份	内销丝价格(元/担)	政府收购价格(元/担)	差价占收购价格百分比(%)	收购数量(担)
1937年秋丝	800	600	33.3	20
1938年秋丝	1200	900	33.3	760
1939年春丝	3000	2200	36.4	1500
1939年秋丝	4500	2920	54.1	500
1940年春丝	8050	6000	34.2	2100
1940年秋丝	8050	6000	34.2	—
1941年春丝	9700	7950	22.0	600
1941年秋丝	15000	10000	50.0	1000
1942年春丝	54000	34000	58.8	600
1942年秋丝	74000	69500	6.5	600
1943年春丝	140000	137500	1.8	600
1943年秋丝	144000	144000	0.0	370
1944年春丝	318000	310000	2.6	500
1944年秋丝	490000	510000	-3.9	450
1945年春丝	2000000	1951000	2.5	400

① 罗承烈:《四川蚕丝业》,《四川经济季刊》1944年第1卷第3期;姜庆湘、李守尧:《四川蚕丝业》,四川省经济研究处1946年版,第69—70页。

续表

年份＼项目	内销丝价格（元/担）	政府收购价格（元/担）	差价占收购价格百分比（%）	收购数量（担）
1945年秋丝	1600000	1424000	12.4	200

注:生丝由富华公司或复兴公司收购。

资料来源:罗承烈:《四川蚕丝业》,《四川经济季刊》1944年第3期;姜庆湘、李守尧:《四川蚕丝业》,四川省经济研究处1946年版,第69—70页。

抗战以前三台丝市行情以上海价格为主,抗战后以成都为主。抗战前三台小车扬返细丝价格约每百两28元,战时价格大幅上涨,1936—1938年平均价格在27—36元,1939—1942年自88元涨至2100元,1943年上半年达5000元(见表13-14),1939—1943年年均上涨181%。①

1936—1938年南充中等改良土丝年平均价格自每百关两16元涨至36.4元(见表13-15),1939—1943年自67元涨至4172元(年均上涨181%)。1939—1943年生丝价格自每市担1071.7元涨至9.28万元(年均上涨205%)。②

表13-14　三台小车扬返细丝价格(1936—1943年)

(单位:法币元/百两)

年份＼项目	平均价格	最高	最低	年份＼项目	平均价格	最高	最低
1936	27	35	26	1937	29	38	23
1938	36	64	26	1939	88	130	37

①　钟崇敏、朱寿仁:《四川蚕丝产销调查报告》,中国农民银行经济研究处印行1944年版,第188—190页。

②　彭泽益编:《中国近代手工业史资料(1840—1949)》第4卷,生活·读书·新知三联书店1957年版,第186—189页。

续表

项目 年份	平均价格	最高	最低	项目 年份	平均价格	最高	最低
1940	260	380	220	1941	600	1000	300
1942	2100	3300	800	1943.1—1943.5	5000	6000	3500

资料来源:钟崇敏、朱寿仁:《四川蚕丝产销调查报告》,中国农业银行经济研究处印行1944年版,第188—190页。

表13-15　南充丝价(1936—1943年)

<table>
<tr><th>项目
年份</th><th>中等改良土丝平均价格(元/百关两)</th><th>生丝价格(元/市担)</th><th>项目
年份</th><th>中等改良土丝平均价格(元/百关两)</th><th>生丝价格(元/市担)</th></tr>
<tr><td>1936</td><td>16.1</td><td>—</td><td rowspan="2">1941</td><td rowspan="2">275</td><td>7760**</td></tr>
<tr><td>1937</td><td>23.7</td><td>—</td><td>12000***</td></tr>
<tr><td>1938</td><td>36.4</td><td>—</td><td rowspan="2">1942</td><td rowspan="2">1460</td><td>—</td></tr>
<tr><td>1939</td><td>67</td><td>1071.7*</td><td>—</td></tr>
<tr><td>1940</td><td>152</td><td>—</td><td>1943.1—1943.6</td><td>4172</td><td>92800****</td></tr>
</table>

注:* 为年平均价;** 为丝公司春丝售价;*** 为丝公司秋丝售价;**** 为6月份价。

资料来源:彭泽益编:《中国近代手工业史资料(1840—1949)》第4卷,生活·读书·新知三联书店1957年版,第186—189页。

三台缫丝主要费用包括鲜茧、人工、燃料、资本、用具和房屋6项,其中以鲜茧为主。1938年每市担丝生产成本为539元(鲜茧占77.9%),1943年增至7.15万元(鲜茧占82.4%)(见表13-16)。缫丝厂另有茧筋、双头茧、蚕蛹、茧皮、茧水等副产品,副产品收入约占总成本的2.8%,扣除副产品收入后1938年每市担丝净成本为524元,1943年为7万元。1943年4月上旬每市担丝价达7.68万元,缫丝有盈余,下旬跌至6.4万元,每市担丝亏损0.6万元。①

表13-16　三台丝生产成本(1938年、1943年)

项目/类别	1938年三台每市担丝成本及构成		1943年三台每市担丝成本及构成	
	(元)	(%)	(元)	(%)
鲜茧	420.0	77.9	58905.0	82.4
人工	68.7	12.7	5766.8	8.1
燃料	28.8	5.3	3962.0	5.5
资本利息	13.8	2.6	1858.8	2.6
用具	4.6	0.9	572.0	0.8
房屋	3.1	0.6	429.0	0.6
总计	539.0	100.0	71493.6	100.0

资料来源:钟崇敏、朱寿仁:《四川蚕丝产销调查报告》,中国农民银行经济研究处印行1944年版,第190—192页。

1939年南充城区有21家小车丝厂,生产成本包括干茧、人工、燃料、资本利息和修理费等其他费用,每市担丝生产成本为643元(干茧占78%),1943年生产成本为8.8万元(干茧约占79%)(见表13-17)。净成本年均增加239%。南充厂丝总成本包括原料费用、制造费用、工资、厂务费用4项,1941年春至1942年春每市担厂丝总成本自0.64万元增至1.99万元(直接原料费用占60%—72%),1942年秋总成本达4.23万元(直接原料费用占80%)(见表13-18)。1942年秋净成本比1941年秋增加232%。1943年生丝价格比1939年提高86倍,中等改良土丝平均价格提

① 钟崇敏、朱寿仁:《四川蚕丝产销调查报告》,中国农民银行经济研究处印行1944年版,第190—192页。

高61倍,而小车丝净成本增加131倍。1941年丝公司秋丝售价比春丝售价提高55%,而厂丝净成本增加100%。①

表13-17 南充小车丝生产成本(1939年、1943年)

项目 / 类别	1939年南充小车丝成本及构成		1943年南充小车丝成本及构成	
	(元/市担)	(%)	(元/市担)	(%)
干茧	501.7	78.0	69300	78.6
人工	77.3	12.0	8784	10.0
燃料	30.4	4.7	5700	6.5
资本利息	5.8	0.9	794	0.9
其他	27.9	4.3	3615	4.1
净成本	621.0	—	82108	—
总计	643.1	100.0	88193	100.0

资料来源:彭泽益编:《中国近代手工业史资料(1840—1949)》第4卷,生活·读书·新知三联书店1957年版,第186页。

表13-18 南充厂丝生产成本(1941—1942年)

项目 / 年份	南充厂丝总成本(元/市担)	直接原料费用所占比重(%)	副产品(元/市担)	净成本(元/市担)
1941年春	6357	60	120	6237
1941年秋	12690	72	176	12514
1942年春	19877	72	248	19629
1942年秋	42310	80	701	41609

资料来源:彭泽益编:《中国近代手工业史资料(1840—1949)》第4卷,生活·读书·新知三联书店1957年版,第187页。

① 彭泽益编:《中国近代手工业史资料(1840—1949)》第4卷,生活·读书·新知三联书店1957年版,第186—189页。

（三）四川等地的丝织业

抗战前成都丝绸业机房有300余家、织机1100部，1944年机房仅220家。① 成都城区丝织业机户合计782家、织机1902台，城郊机户518家、织机1108台，产绸共计8万匹，消费生丝2000担。乐山丝织业有丝厂和机户两种，丝厂约有织机300台，机户约618家、织机1900台。1926年前乐山全境每年产绸约10万匹，后受人造丝织业竞销影响，1936年年产降至二三万匹，1937年约3万匹，抗战后年产有所增加，1941年六七万匹，1942年10万—15万匹，生丝消费3800担。② 1941年乐山全县织机有3000余部，1944年仅有1300余部。③

抗战前南充丝织业几乎完全设在城区，抗战后为避免空袭开始迁往乡间。据1942年9月至1943年2月调查，南充织绸机户共计534家，其中城区441家、乡间93家。南充全县织绸机共计2064台，其中木机、木龙头机、铁龙头机分别占62%、30%、8%，木机产出平绸，木龙头和铁龙头机均可织花绸。1941年平绸和花绸产量分别为8.6万匹和6.6万匹，合计15.2万匹（见表13-19），城区和乡间分别占87.5%和12.5%，生丝消费3300担。全县丝织业工人共3243人，其中织工2035人、帮工1208人。南充绸价涨幅巨大，以中等木机素绸为例，1938年12月每匹价格为9.6元，

① 刘敏：《三十三年四川之工业》，《四川经济季刊》1945年第2卷第2期。

② 姜庆湘、李守尧：《四川蚕丝业》，四川省经济研究处1946年版，第62、66页；李守尧：《四川之蚕丝业概述》，《四川经济季刊》1945年第2卷第3期。

③ 刘敏：《三十三年四川之工业》，《四川经济季刊》1945年第2卷第2期。

1939 年 12 月涨至 46. 55 元,1942 年 12 月达 1120. 5 元,1936—1942 年年均上涨 229%。①

表 13-19　南充织绸业统计(1942 年 9 月—1943 年 2 月)

项目＼地区	南充城区	南充乡间	总计
机户(户)	441	93	534
织机(台)	1769	295	2064
平均每户织绸机(台)	4	3. 2	3. 9
1941 年产绸量(匹)	133314	19009	152323
平绸(匹)	73038	13074	86112
花绸(匹)	60276	5935	66211
1941 年丝销量(市担)	3410	543	3953
土丝(市担)	2471	414	2885
厂丝(市担)	939	129	1068

资料来源:钟崇敏、朱寿仁:《四川蚕丝产销调查报告》,中国农民银行经济研究处印行 1944 年版,第 222 页。

西充丝织业机户织绸是农家一种副业,与南充织户以织绸为主业不同。1942 年西充机户有 320 家、织机 368 台,产绸 14656 匹,用丝 234850 两(合 146. 8 担),平均每台织机产绸 44. 2 匹,平均每匹绸用丝 16 两。② 据 1945 年调查,湖绉业和丝袜业户数各为 80 户和 30 户,机台数各为 120 台和 140 台,产量各为 11. 5 万

① 1936 年 1 月每匹 6. 2 法币元,12 月涨至 7. 3 元,1937 年自 7. 5 元涨至 9. 6 元,1938 年自 11 元涨至 23. 4 元,1939 年自 24. 75 元涨至 46. 55 元,1940 年自 48. 3 元涨至 110. 3 元,1941 年自 115 元涨至 391. 5 元,1942 年自 494. 54 元涨至 1120. 5 元。钟崇敏、朱寿仁:《四川蚕丝产销调查报告》,中国农业银行经济研究处印行 1944 年版,第 221、243 页。

② 尹良莹:《四川蚕业改进史》,商务印书馆 1947 年版,第 338 页。

匹和1万打。丝线业有6户,产值为1.2万两。①

抗战爆发后贵州成为大后方,人口骤增,贵州省政府倡导发展丝织业,丝绸织户有百余户,从业人员200多人。1938年全省产丝约10吨,1942年增至约70吨,同年贵州丝织公司开工,缫丝厂有木机9架,缫丝机40架,织绸厂有脚踏机16架,织机6架,另有并线机等6架,1947年停办,至1949年贵州丝绸业几乎全部停顿。②

抗日战争时期皖南手工丝纺织业一度复苏。绩溪设开源、大仁等4家丝厂,旌德设模范织绸厂(1939年改为皖南纺织示范工厂)。1941年安徽企业公司成立,内设屯溪丝织厂,备龙头丝织铁机10部(其中8部开工),1942年产绸合计近1000匹、平均绉70余匹、丝袜160余打,当年营业收入1.1万元,亏损达0.93万元。抗日战争结束后各厂因资金短绌、亏损严重等原因而关闭。1949年安徽手工丝绸业有261户、从业人数456人,总产值50万元。③

三、制盐业

战时长芦、山东、两淮以及河东盐区相继沦入敌手,两浙、福建、两粤等沿海盐区程度不同地遭受日军的侵略。国民党迁至重庆时,所控制主要盐产区仅剩四川、云南井盐区,和东南一小部分海盐产区及交通不便的西北池盐产区。1939年1月国民党五届

① 姜庆湘、李守尧:《四川蚕丝业》,四川省经济研究处1946年版,第65页。

② 贵州省地方志编纂委员会编:《贵州省志·轻纺工业志》,贵州人民出版社1993年版,第408页。

③ 安徽省地方志编纂委员会编:《安徽省志·纺织工业志》,安徽人民出版社1993年版,第108—109页。

五中全会通过《对于财政经济交通报告决议案》,规定以民制官运商销为原则,废除食盐引岸制度。国民党五届五中全会提出经济建设"必当依于战时人民生活之需要,分别轻重,斟酌缓急,实行统制经济"。盐务部门由此制定以"民制、官收、官运、商销"为原则的盐务政策。1941 年 4 月,国民党五届八中全会通过《筹办盐糖烟酒等消费品专卖以调节供需平准市价》提案。5 月,国民政府财政部成立国家专卖事业设计委员会,财政部盐务总局负责设计盐专卖。6 月,盐务总局向四行联合办事处借款 4 亿元,办理官收官运盐斤,另外国家财政拨款 1 亿元充作官收官运基金。1942 年 1 月国民党政府实行盐专卖,5 月废除盐产销税名称,改为盐专卖利益,颁布《盐专卖暂行条例》,并陆续公布实施《盐专卖暂行条例施行细则》《收盐规则》《运盐规则》《储盐仓坨管理规则》《销盐规则》《制盐许可规则》等细则。从 1943 年 1 月起国民党政府实行限价,在此前后各地区相继实施计口授盐。1944 年 1 月国民党政府颁布《凭证计口授盐办法》,要求在户籍登记完整的各大中城市推行凭证计口授盐办法,川康、川东、川北、云南、贵州相继实施。5 月,国民党五届十二中全会通过《加强管制物价方案紧要措施》议案,规定对盐生产施行津贴制度,使其价格在 1944 年下半年内不致再行变动,10 月国民党政府公布修正后的《盐专卖条例》。1945 年 1 月停办盐专卖。

抗日战争期间全国盐产量比战前减少 1/3 到 1/2,四川年均盐产量比战前增加近 1/4,约占全国产量的 1/2,其中自贡占四川产量的 1/2 以上。抗战结束后川盐在海盐的竞争下呈减产趋势。抗日战争爆发后,云南省外来盐供给减少、人口增加,1940—1941 年盐产量比 1939 年增加 1/3,抗战后期盐产量减少,但高于战前。

（一）四川盐业地位的上升

1933—1937年全国平均每年产盐4228万担（见表13-20），四川平均每年产盐734万担，占全国的17.4%，自贡平均每年产盐334万担，占四川的45.5%。1939—1943年全国盐产量减至2000多万担，1944年和1945年仅1000多万担，而四川盐产量有所增加，占全国比重自17.4%提高到40%左右，1944年和1945年超过50%。自贡盐产量占四川比重也自45.5%提高到51%—60%。①

表13-20 全国盐产量（1933—1945年）

项目 年份	全国盐产量（万担）	四川盐产量占全国比重（%）	自贡盐产量占四川比重（%）
1933—1937年平均	4228	17.4	45.5
1939	2125	43.4	54.6
1940	2495	39.4	52.7
1941	—	—	53.6
1942	2177	42.7	51.2
1943	2508	35.1	51.3
1944	1660	51.6	56.7
1945	1323	63.9	59.7

资料来源：赵国壮：《抗战时期自贡井盐业场商融资问题研究》，《盐业史研究》2015年第3期。

战前关税、盐税、统税为中央财政的主要来源，其中关税居首位，一般占全部税收的50%—60%，盐税居第二位，约占20%

① 赵国壮：《抗战时期自贡井盐业场商融资问题研究》，《盐业史研究》2015年第3期。

—30%。抗战期间盐税收入比重提高,推行盐专卖后,1942 年征收 14.4 亿元,是关税收入的 9 倍多,占国税收入的 32%,1944 年盐税收入占到国税比重的 60%。1935—1937 年四川盐税收入自 0.18 亿元增至 0.33 亿元,1942 年达 6.36 亿元,抗战期间川盐税收占全国盐税的 42%—44%。①

（二）川盐的增产和减产

1938 年四川省盐业燃料统制处改为统制委员会,直接隶属于四川省盐务局,向四联贷款 500 万元作为统购统销周转资金。1939 年 1 月,四川盐务局改为川康盐务管理局,设立富荣东西两个盐场公署。川康盐务管理局由财政部担保向四联(中国、中央、交通、农民四行联合办事处)贷款 1350 万元,由盐务总局拨款 100 万元,共计 1450 万元作为生产贷款资金,转贷场商从事增卤、建灶以及购买原材料之需,并发放补咸、少产、淘井津贴以鼓励场商开发新井。②

从 1938 年起国民政府为督促川盐增产,保证战时盐业经济的发展,先后采取多种鼓励增产办法:(1)明定保障办法。为保障井灶生产,特准湖北江陵、公安等 28 县及湖南临澧等 6 县为川盐专销区域,于战争结束后三年内专销川盐,所有余盐由国家收囤作为常平盐,以资保障。(2)办理增产贷款。(3)开放卤井。(4)鼓励开凿新井。(5)奖励推汲,实行补咸津贴和少产津贴。(6)倡导采用新的制盐工艺。扶持场商兴建枝条架晒卤台,浓缩卤水。并奖

① 鲁子健:《抗日战争时期的四川盐业》,《盐业史研究》2008 年第 2 期。

② 曾凡英:《裕国　利民　便商:曾仰丰与抗战时期自贡盐业》,《盐业史研究》2015 年第 3 期。

励改用平锅煎盐以节省燃料，增加产量。（7）办理推牛防疫及保险。（8）统制制盐燃料。凡使用机车推卤的各井场所需的重要材料，如钢绳、铁皮、五金材料，以及因增产所需的煤燃料，均由政府统制或统购。并由政府贷款，扶助煤商增辟新矿，开发煤源。（9）盐工缓役。① 川盐运务采取政府直接组织运输、招商代运、委托商运的方式。

宜沙失陷后，因运输困难自贡两场产浮于销，通过禁止开设卤井、限制盐崖淡卤补咸津贴等方式节制生产，盐工失业者增加，截至1942年6月登记失业人数达3400余人，另有未登记者，资中、犍为等场也因节制生产而出现盐工失业。彭水、河边、三台等场因物价飞涨，官收盐价并未随一般物价指数提高，灶商亏本减灶而导致盐工失业。② 至解放前夕，四川全省共有26个盐场，盐工共7.48万人，仅自贡一地失业盐工即达4598人。③

盐专卖制度实行严格官收，收购价格有时低于生产成本，损害生产者积极性，这种情况在实行食盐限价政策以后尤为突出。由于物价上涨和1943年年初限价政策的影响，各区场价往往低于制盐成本，制盐者亏损。1943年4月，四川自流井及贡井两场官收场价，炭巴盐仅为实需成本的33%，炭花盐仅为实需成本的29%。④

---

① 钟长永：《抗日战争时期的四川盐业经济》，《盐业史研究》1995年第2期。

② 四川省盐业工会筹备委员会编印：《四川盐工概况》，1942年印行，第47—48页。

③ 四川省地方志编纂委员会编著：《四川省志·盐业志》，四川科学技术出版社1995年版，第249页。

④ 金普森、董振平：《论抗日战争时期国民政府盐专卖制度》，《浙江大学学报（人文社会科学版）》2001年第4期。

1937年四川省各盐场产盐约707万担,1938年为840万担(见表13-21),1939—1941年均超过930万担,其中自流井场和贡井场产量合计从300多万担增加到500多万担,占总产量比重自46.4%提高到54.7%。① 1942—1945年自贡盐产量在22.9万—24.2万吨,1945年销量为15.8万吨,相比1938—1944年平均每年销量22.7万吨,减少30.6%。②

表13-21　四川盐产量(1937—1941年)

年份＼项目	四川各盐场产量(担)	其中:自贡	
		产量(担)	所占比重(%)
1937	7070129	3278874	46.4
1938	8398979	4568399	54.4
1939	9376653	5035985	53.7
1940	9634214	5138420	53.3
1941	9615507	5257810	54.7

资料来源:四川省盐业工会筹备委员会编印:《四川盐工概况》,1942年印行,第13—15页。

1938年1月至1941年4月,自贡盐场实际推汲的卤井(包括岩盐井、黑卤井、黄卤井)自57眼增至179眼,月推卤量自31.6万担增至87万担,盐锅自6333口(火锅6169口,炭锅164口)增至13334口(火锅6019口,炭锅7315口),月产盐量自28.3万担增

① 四川省盐业工会筹备委员会编印:《四川盐工概况》,1942年印行,第13—15页。

② 1938—1944年自贡盐销量分别为21.88万吨、25.55万吨、21.71万吨、22.63万吨、23.92万吨、21.4万吨、21.98万吨。宋良曦:《自贡盐业在抗战经济中的作用和贡献》《盐业史研究》1995年第3期。

至48.5万担。① 井盐生产能力的提高主要靠岩盐井，1941年岩盐井数量占常推卤井的9%，而产量占全部卤产的52%；1938年岩盐井月产卤量由1938年的13万余担增至1941年的45万余担。②

自1939年起云阳县云安盐厂及龙角、外郎等处井场共开灶102座，至1945年平均每年产盐2.4万吨，相比1932—1938年平均年产1.8万吨，增加30.5%。1938年巫溪县大宁盐场产盐0.53万吨，开县温汤井场产盐0.28万吨，奉节碛坝盐厂产盐0.28万吨，1939—1944年平均年产各为0.95万吨、0.38万吨、0.31万吨。抗战前彭水郁山盐场每年产盐0.15万—0.2万吨，1939年和1940年各产0.25万吨和0.24万吨。万县长滩井场于1930年停止生产，日本全面侵华战争爆发后恢复取卤煮盐，1938—1942年平均每年产盐0.055万吨，忠县涂井盐场在1938—1944年间平均年产0.059万吨。③

抗战结束后川盐在海盐的竞争下呈减产趋势。自1946年起盐政当局对川盐施行"安定政策"，核定盐价和每年产量，每年限定在600万市担左右。1948年经川康盐务管理局核定川盐产量为645万市担，其中自流井和贡井产区各分配314万市担和139.2万市担。据川康盐务管理局统计，自贡两地盐井和盐灶情况如下：自流井场"起推"的盐岩井14眼，自贡两场"起推"的黄卤井68眼，黑卤井74眼，自流井场"未推"盐岩井4眼，黑卤井3眼，贡井场"未推"黑卤井7眼；瓦斯灶"实煎"数自流井场2778口，贡井场

① 宋良曦:《自贡盐业在抗战经济中的作用和贡献》,《盐业史研究》1995年第3期。

② 鲁子健:《抗日战争时期的四川盐业》,《盐业史研究》2008年第2期。

③ 任桂园:《抗日战争时期的三峡盐业》,《盐业史研究》2005年第3期。

864 口,炭灶"实煎"数自流井和贡井炭花圆锅各 234 口和 78 口,平锅各 6 口和 4 口,炭巴锅各 128 口和 298 口。火灶每日最多可产火花盐 100—200 包,炭灶每日最多可产炭花盐 150 包、炭巴盐 40 包。自贡两场黄、黑卤井减产 60%,贡场炭花、炭巴井停产 60%,瓦斯灶停产约 15%。1948 年 8 月实行限价后,盐价冻结在 7 月核价上,而制盐主要原料价格大涨,自贡两场积压盐超过 100 万市担,10 月盐价解冻后自贡、重庆、成都、贵阳等地盐价提高 82%—171%。①

(三)川盐的生产特点

川盐生产者大多未脱离农业生产,生产技术有改进,但总体上仍使用大量手工劳动。

四川井盐业中,井户、笕户和灶户是基本生产单位,灶户是盐的直接生产者。井盐生产按生产过程分为井房、笕房、灶房三部门。井房负责凿井、管理和生产,笕房负责将卤井所产卤水输到灶房,灶房负责煎烧。

自贡两场盐崖井每井每日产卤 1200 担,机车黑卤井约 700 担,牛推黑卤井约 60—100 担,牛推黄卤井约 30 担。川北盐场多为竹筒小井,据 1942 年统计,川北有盐户 9510 家,盐井 105460 眼,灶 8125 个,锅 46901 口,每户有竹筒小井数口至数十口不等,每井日产卤一般二三担,少者仅一桶或半桶,少数大井(广水井)每日每井产卤数十担。②

---

① 张庆天:《四川盐业危机深重》,《经济周报》1948 年第 7 卷第 17 期。

② 四川省盐业工会筹备委员会编印:《四川盐工概况》,1942 年印行,第 13—15 页;李华:《近代四川盐业生产关系的特点》,《盐业史研究》2011 年第 2 期。

盐工主要有两类：一是世代相传的盐工，如自贡、犍乐场等；二是井灶附近农民兼作盐工，川东大宁、开县、奉节等场，若逢水涨卤淡，则忙事耕耘，川北各场则多于农输之暇，忙事制盐。川东和川北两区盐工多为农民，不作工时以农业为主，兼营副业较为普遍，川康区大盐场的直接盐工大多可依靠专技维持生活，间接盐工在闲班时种菜耕田或挑炭挑盐以增加收入。川北各场盐工多数未登记，据 1941 年估计，四川全省盐工有 56 万余人。据 1942 年统计，四川全省正式登记取得盐工资格的盐工有 12 万余人，其中直接盐工 9 万余人，间接盐工 3 万余人，自贡两场盐工合计约 3 万人。①

井盐汲卤技术设备有所改进，卧炉机车取代站炉机车，电气机车取代蒸汽机车。站炉机车马力为 60—100 匹，一般日汲卤 250—300 担，卧炉机车马力可达 250—300 匹，昼夜汲卤千担以上。卧炉机车先在岩盐井中使用，后逐步推广到黑卤井。1941 年后自贡岩盐井几乎全部采用卧炉机车汲卤，平均日汲卤水达到 1300 余担。20 世纪 40 年代机车汲卤在自贡盐场和犍为、乐山场广泛应用，1942 年机车汲卤占总产量的 82%。战时自贡电力工业开始发展，1941 年自贡生产第一部电动机车，1943 年有 8 眼井采用，年产卤 17 万余担，1944 年黑卤井 300 多万担的卤产中已将近一半由电气机车汲卤。② 机器生产限于自贡、犍乐等少数地区盐场，并且在生产中限于采卤这个环节，在多数地区和其他环节，则仍然大量使用手工劳动。

① 四川省盐业工会筹备委员会编印：《四川盐工概况》，1942 年印行，第 23、28—31 页；李华：《近代四川盐业生产关系的特点》，《盐业史研究》2011 年第 2 期。

② 鲁子健：《抗日战争时期的四川盐业》，《盐业史研究》2008 年第 2 期；李华：《近代四川盐业生产关系的特点》，《盐业史研究》2011 年第 2 期。

(四)其他

云南井盐使用锅煎土法,盐卤分配采取丁份制度。早年产盐地区多由私人或地方集资开凿盐井,凿成后按照出资多寡分配矿、卤份额,为盐业生产中的灶户,灶户后代按丁添灶,按灶设人。1931年盐运使张冲拟定《改组各井灶户方案》,取消丁份制,实行矿卤国有,招收有实力的商人和灶户组成制盐团体,采用包课包额、自煎自办的原则办理,井场工人多为附近农民,半工半农。1937年以前云南盐产量不超过年定额100万担。抗日战争爆发后,因缅甸私盐和越南私盐减少,粤盐来源断绝,川盐移销湘、鄂,加上战区扩大进入云南的人口增加,云南各井场盐产量自1939年的88万担增至1940年的118万担、1941年的116万担。因抗战后期人工被征、雨季多雨导致较低井硐进水等原因,1942—1944年盐产量自111.5万担减至101.8万担,1945年仅86万担,但普遍高于抗战前数额。①

截至1943年11月,西北局实产盐173.6万市担,超过官方计划规定的165万市担,粤东区完成原定年产270万担,12月中旬突破300万担。②

四、制糖业

糖品不仅是民众生活消费品,也是重要的战略物资。日本全

① 赵小平:《抗日战争时期云南盐业发展研究》,《盐业史研究》2005年第3期。

② 张立杰:《抗战后期国统区的盐政改制》,《抗日战争研究》2004年第3期。

面侵华战争爆发后，全国燃料需求剧增，而石油无法自给且石油进口受战事影响而锐减。国民党政府实施“酒精代汽油”政策。蔗糖生产的副产品糖蜜等是生产酒精的重要原料，1941 年 3 月经济部要求四川省政府严禁内江一带所产糖蜜用以制造泸酒，以维持酒精生产，供给军需。政府逐渐将糖类产品作为国家战略物资加以统制。1941 年国民党政府颁布《国民政府财政部实施专卖共同原则》，1942 年 2 月后相继颁布《战时食糖专卖暂行条例》《战时食糖专卖条例实施细则》等 13 种单行规章，规定食糖专卖的各项原则和具体办法。1942 年 11 月开始，国民党政府逐步将酒精糖料的统制范围由糖蜜扩大为糖蜜、红糖、橘糖，3 种糖料须由食糖专卖局按经济部要求优先配购，“非有余额不得配作别用”。为进一步保障酒精糖料的供给，食糖专卖局向酒精厂发放酒精糖料准购证，施行配给制，由酒精厂向制糖商直接洽购。从 1944 年 6 月起食糖专卖利益改征实物，7 月川康专卖局撤销，糖税由税务局接办，废除专卖，糖税恢复统税制度。

抗战期间川糖产量比战前增加 1—2 倍，约占全国产量的 1/2。1940 年四川甘蔗产量比 1938 年增加 1/4，1941—1945 年年均产量减少 1/8，1946—1948 年年均产量比 1938 年增加 1/8。沱江沿县糖产量占全川的 70%，多使用土法生产。1940 年内江、资中等 7 县蔗糖产量比 1938 年增加 1/8，1941—1945 年减少 1/2 以上，1948 年比 1938 年减少 16%。

江西赣南是全国著名土糖产区之一。抗日战争期间赣南糖产量约相当于四川糖产量的 1/2，1949 年仅占抗战期间的 1/10。广西多为土法制糖，20 世纪 30 年代前期糖产量约占全国同期产量的 1/8，1937—1941 年比战前减少近 1/3，低于赣南糖产量。1937 年福建土糖产量比 1936 年增加 1/5，1938—1941 年年均产量减少 2/5 以上，1946—1949 年年均产量比抗战前期年均产量略有增加。

(一)四川

1939年前四川甘蔗产区普遍存在预卖甘蔗制度,即蔗农因资金短绌在甘蔗未成熟时不得不以低价预卖甘蔗,1939年后形式上取消该制度,但蔗农经济力量薄弱,实际上仍存在预卖。1939年因雨水失调,甘蔗减产,蔗价大涨,预卖价与市价落差达5倍,蔗农请求县政府救济,当地政府召集社会团体特别是糖业同业公会与蔗农、制糖商代表等共同会议,协商评定甘蔗与糖清价格。甘蔗评价制度要求每年年末甘蔗将收获时,由当地政府召集蔗农、糖房和棚漏三方及地方机关法团代表开会,以议定该年甘蔗和糖清价格,并通令遵守,硬性规定同一价格。

川康区食糖专卖局成立后,规定蔗农和制糖商从事食糖原料及其成品生产,专卖机关按事先核定价格对成品进行收购,再由专卖机关在此价格上加入食糖专卖利益生成批发价格,向承销商和零售商发售,形成民制、官收、官运、商销的机制。专卖政策实施后,由食糖专卖局组织蔗糖评价会议,食糖专卖机关人员列席蔗糖评价会议,陈述意见,并无表决权,但《战时食糖专卖暂行条例(草案)》规定评价委员会所评议的甘蔗、糖清价格,须经财政部最终核定方能生效。食糖专卖机关将食糖收购、批发和零售价格纳入管制范围。制糖原料和糖类成品价格均由政府全面管控。

在1943年1月15日至1943年5月的限价政策施行期间,国民党政府对食糖价格进行了严格管制。限价政策于1月15日正式实施,食糖专卖局于14日晚决定将糖价提高2/3,1月22日蒋介石批评糖价提高幅度太大,要求立即取消“新糖价格”,继续遵行旧价,随后进一步明确指出专卖品的“出品价格,非经中央核准不得增价”。国民党政府暂时收回了专卖物品价格调整的权限。1944年专卖政策取消后，糖品价格仍由各县评价委员会评定。①

1. 甘蔗种植

1938—1942年(除1941年为43.16万市亩外)四川省蔗田面积在52万—67万市亩，1943—1945年减至29万—36万市亩，1946—1948年恢复到49万—56万市亩(见表13-22)。1938年四川甘蔗产量为2618万担，1939年不足1600万担，减少39%。1940年产量较高(3291万担)，1941年和1942年各比1940年减少36%和16%。1944年比1943年减少11%。1945—1947年甘蔗产量自2117万担增至3525万担，1948年减至不足2500万担(见表13-23)。内江、资中等6县蔗田面积占四川全省的56%—69%，甘蔗产量占60%—72%(1948年占56.3%)。②

① 1946年全面内战爆发，通货膨胀严重。内江蔗农普遍采取预售方式获取部分订金作为种蔗的资本，春初预售议价多在14万—16万元，并订立成交合约，下半年砍交甘蔗时，物价已涨1倍以上，蔗农要求重评蔗价，组织请愿，年末内江县政府进行甘蔗评价，推翻原有私人协议价格，成交合约无效，一律评为每万市斤30万元。1947年1月，资中县政府公布糖清价格为每万公斤830万元(当时白糖市价为每万公斤2800万元，依照糖清半价成规，每万公斤糖清议价应为1400万元，付糖房加工费约300万余元外，蔗农可得1000万余元)，其中应付糖房所得290万元，蔗农得540万元，蔗农在付地主租金90万元、人工伙食和肥料等190万元、贷款利息10万元后难以维持再生产。蔗农不满评定价格而捣毁资中县政府，极低的甘蔗评价影响甘蔗种植，一些蔗农改种红苕。内江地区档案馆:《内江蔗糖档案资料选编(民国时期)》上册，1984年版，第262—263、279页；张庆天:《川糖苦味》，《经济周报》1948年第7卷第23期。

② 内江地区档案馆:《内江蔗糖档案资料选编(民国时期)》上册，1984年版，第95—100页。

表 13-22　四川蔗田面积(1938—1948 年)(单位:万市亩)

年份＼项目	内江	资中	简阳	资阳	威远	隆昌	四川省
1938	13.5	13.5	4.8	1.78	1.06	0.81	52.16
1939	13.75	13.75	4.95	3.85	1.08	0.83	55.18
1940	16.64	14.04	6.92	4.81	1.41	1	67.43
1941	10.6	8.94	5.03	3.07	0.89	0.64	43.16
1942	15.7	14.1	6.02	4.97	1.52	1.01	67.36
1943	8.59	6.78	3	1.9	0.94	0.79	35.78
1944	7.6	4.04	3.9	1.5	1.4	0.12	32
1945	5.6	1.4	6.2	1.6	2.6	1.1	28.65
1946	7.9	9	6.2	2.6	2.6	1.1	51.7
1947	9.65	9.45	7.33	2.88	2.72	1.35	55.5
1948	8.54	7.56	5.86	2.3	2.18	1.21	48.95

资料来源:内江地区档案馆:《内江蔗糖档案资料选编(民国时期)》上册,1984 年版,第 95—100 页。

表 13-23　四川甘蔗产量(1938—1948 年)(单位:万市担)

年份＼项目	内江	资中	简阳	资阳	威远	隆昌	四川省
1938	675	675	240	189	53.06	40.5	2618
1939	412.5	412.5	148.5	115.5	32.42	24.75	1594
1940	831.9	701.9	396	240.6	70.25	49.9	3291
1941	529.8	447.1	251.7	153.3	44.7	31.8	2095
1942	661.5	540.6	241.8	171.5	53	49.9	2762
1943*	55053	43453	19230	12182	6055	5089	229302
1944*	68685	25913	25260	9772	8973	737	205182
1945	415.7	104.7	461.4	116.2	191.9	81.5	2117

续表

年份＼项目	内江	资中	简阳	资阳	威远	隆昌	四川省
1946	506.3	576.9	398	165.4	164.9	70.4	2802
1947	612.8	600.1	465.3	182.6	172.7	85.5	3525
1948	433.8	384	297.8	116.9	110.5	61.5	2496

注：* 1943 年和 1944 年单位为万市斤。

资料来源：内江地区档案馆：《内江蔗糖档案资料选编（民国时期）》上册，1984 年版，第 95—100 页。

2. 蔗糖产量

1919 年四川糖产量占全国总产量的 75%，后因多种原因所占比重下降，但至抗日战争爆发时，仍占 44%，抗战期间川糖地位再次上升，约占全国产量的一半。① 台湾光复前四川糖产量约占全国的 40%—50%。②

抗日战争爆发后，由于日本封锁，中外交通受阻，外糖输入四川困难，加上广东、福建等省的糖不能内运，川糖市场竞争对手减少，同时国民党政府迁都重庆，人口的增加提高了糖的需求总量，此外大批厂矿迁入四川，汽油缺乏，多以酒精代替作为燃料使用，糖的副产品漏水可作为酒精原料，这些因素促使四川糖业有所发展。川糖产量自 1935 年和 1936 年的不足 100 多万市担增加到 1937 年和 1938 年的 200 多万市担，1939 年因旱灾产量减少，1940 年超过 300 万市担。川糖中一部分销售本省，其他从产区水运至宜沙，转销两湖，盛时年销量约 300 万市担。自 1940 年 5 月宜昌沦陷后四川与两湖间交通受阻，川糖逐渐下滑，1941 年

① 内江地区档案馆：《内江蔗糖档案资料选编（民国时期）》上册，1984 年版，第 1 页。

② 《四川工矿业近景》，《西南实业通讯》（上海版）1947 年创刊号。

产量减至200多万市担,1942年和1943年不足200万市担(见表13-24)。①

表13-24　四川蔗糖产量(1935—1943年)　(单位:市担)

年份	四川蔗糖产量	年份	四川蔗糖产量	年份	四川蔗糖产量
1935	1794567	1938	2594169	1941	2209465
1936	1388989	1939	1655400	1942	1668634
1937	2193956	1940	3273303	1943	1818290

资料来源:朱吉礼:《四川蔗糖业的危机》,《四川经济季刊》1946年第3卷第1期。

1938—1940年内江、资中等7县蔗糖产量在110百万—189百万市斤,1941年和1945年减至77百万—83百万市斤,1947年增至212百万市斤,1948年为140百万市斤,低于抗战前期(见表13-25)。②

表13-25　内江等7县蔗糖产量(1938—1948年)

(单位:百万市斤)

年份＼地区	内江	资中	简阳	资阳	威远	隆昌	仁寿
1938	60.75	60.75	21.60	17.01	2.27	2.24	2.38
1939	39.19	39.19	14.11	10.97	2.76	2.10	1.54
1940	74.87	63.17	35.64	2.17	5.62	3.99	3.15
1941	4.77	40.24	22.65	1.38	3.58	2.54	2.00

① 朱吉礼:《四川蔗糖业的危机》,《四川经济季刊》1946年第3卷第1期。

② 内江地区档案馆:《内江蔗糖档案资料选编(民国时期)》中册,1984年版,第448、453、456、458页。

续表

年份\地区	内江	资中	简阳	资阳	威远	隆昌	仁寿
1942*	0.43	0.38	0.20	0.11	0.035	0.02	0.02
1945	49.72	4.14	26.82	1.56	0.38	0.22	—
1947**	61.28	60.00	46.53	18.26	17.27	8.55	—
1948**	43.38	38.40	29.78	11.69	11.00	6.15	—

注：* 1942 年产量数值原文如此，疑有误；** 1947 年和 1948 年产量单位为万市担。1 市担＝100 市斤。

资料来源：内江地区档案馆：《内江蔗糖档案资料选编（民国时期）》上册，1984 年版，第 449 页；内江地区档案馆：《内江蔗糖档案资料选编（民国时期）》中册，1984 年版，第 448、453、456、458 页。

1938—1942 年（除 1941 年减至 98 万市担外）四川省白糖产量自 118 万市担增至 150 万余市担，1943—1945 年减至 69 万—81 万市担（见表 13-26）。内江、资中等 6 县白糖产量变动趋势与四川省基本相同，占四川省白糖产量比重（除 1944 年占 55% 外）超过 60%。①

表 13-26　四川白糖产量（1938—1945 年）　　（单位：万市担）

年份\项目	内江	资中	简阳	资阳	威远	隆昌	四川省
1938	30.65	30.65	10.81	4.04	2.41	1.84	118.40
1939	31.21	31.21	11.24	8.74	2.45	1.87	125.30
1940	37.77	31.87	15.71	10.92	3.19	2.27	153.10
1941	24.05	20.30	11.43	6.96	2.03	1.44	98.00

① 内江地区档案馆：《内江蔗糖档案资料选编（民国时期）》中册，1984 年版，第 447 页。

续表

年份 \ 项目	内江	资中	简阳	资阳	威远	隆昌	四川省
1942	35.60	31.92	13.66	11.27	3.45	2.30	152.90
1943	19.50	15.40	6.81	4.31	2.14	1.80	81.20
1944	17.24	8.95	9.18	3.46	0.26	3.18	76.80
1945	12.67	3.21	14.12	3.58	5.92	2.51	69.40

资料来源:内江地区档案馆:《内江蔗糖档案资料选编(民国时期)》中册,1984 年版,第 447 页。

3. 糖价、成本和收益

内江等地糖产均沿长江下驶汇集于重庆,再分销川东和川北各地,运销湘鄂等省也必经过重庆顺流而下,重庆是川糖最大集散地。1936 年运销重庆的白糖、水糖和橘糖各为 8.5 万担、13.6 万担、0.19 万担,1937 年各为 8.6 万担、13 万担、0.25 万担,1938 年 1—10 月各为 11.3 万担、8.5 万担、0.27 万担。1936 年白糖、水糖和桔糖每担价格各为 20.9 元、9.2 元、8.46 元,1937 年和 1938 年白糖涨至 20 元左右,水糖在 10 元左右。①

1936—1938 年内江白糖每万公斤平均价格在 0.34 万—0.39 万元,1939 年增加近 1 倍,1940—1942 年各比上一年增加 1—2 倍,1943—1944 年各比上一年增加 2—3 倍,1945 年和 1947 年各比上一年增加 6.7 倍和 4.3 倍(见表 13-27)。从红糖、桔糖和漏水价格区间来看,上涨幅度也很大。②

① 集散重庆的糖大体分为六种:白糖、另糖、阳糖、橘糖、橘水、冰糖。另糖和阳糖一般通称为水糖,白糖、水糖和橘糖是运销数量较大的三种糖。见李华飞:《重庆糖业的现在与将来》,《建设周讯》1939 年第 22 期。

② 内江地区档案馆:《内江蔗糖档案资料选编(民国时期)》下册,1984 年版,第 605—610、629—636 页。

表 13-27　内江白糖、红糖、橘糖和漏水价格(1936—1947 年)

(单位:万元/万公斤)

项目 年份	白糖			红糖		橘糖		漏水	
	最高*	最低*	平均*	最高	最低	最高	最低	最高	最低
1936	0.37	0.28	0.34	0.15	0.10	0.15	0.10	—	—
1937	0.44	0.28	0.39	0.16	0.12	0.21	0.15	—	—
1938	0.35	0.31	0.34	0.21	0.10	0.21	0.16	0.03	0.02
1939	1.25	0.44	0.62	0.60	0.13	0.42	0.17	0.08	0.03
1940	3.64	1.16	1.82	1.27	0.56	0.90	0.54	0.35	0.09
1941	6.89	2.61	4.13	—	—	—	—	—	—
1942	22.32	7.40	12.89	13.50	3.20	8.39	3.30	—	—
1943	75.00	23.00	49.58	36.00	11.00	—	—	—	—
1944	240.00	66.00	134.30	112.00	32.00	—	—	—	—
1945	1750	348	1027	800	200	840	210	110	35
1946	2800	1200	1885	1900	630	1300	540	140	92
1947	17500	3400	9933	6400	900	8000	800	700	110

注:* 为 12 个月份价格中的最高价、最低价和平均价。

资料来源:内江地区档案馆:《内江蔗糖档案资料选编(民国时期)》下册,1984 年版,第 605—610、629—636 页。

重庆中庄白糖价格自抗战胜利前夕的每万市斤 1200 万元涨至 1400 万元,红糖自 400 万元涨至 500 万元,数月后白糖跌至 400 万元,红糖跌至 200 万元;在集散中心市场内江,尖庄白糖自每万市斤 1100 万元涨至 1200 万元,红糖自 350 余万元涨至 500 多万元,橘糖涨至 550 万元,数月后白糖、红糖和橘糖分别跌至 320 万元、175 万元、145 万元,冰糖和糖蜜分别跌至 600 万元和 17.5 万元。1945 年年末重庆白糖价格在 700 万元左右波动,红糖和橘糖在 300 万元上下,糖价涨幅落后于其他物价。在此期间糖类成交量极低,1945 年 9 月内江白糖成交量仅 4000 公斤,红糖和橘糖也仅数千公斤,糖蜜无成交,糖类运销商自抗战胜利前夕的250—260家减至50余家。①

1939—1948年内江每万公斤甘蔗的生产成本自83元增至259万元,1939—1944年甘蔗评价基本高于生产成本,1945年低于生产成本,1946年甘蔗生产成本比上一年增加1.5倍,而评价并未随着提高。②

表13-28　内江甘蔗生产成本估算和评价(1939—1948年)

(单位:元/万公斤)

项目 年份	生产成本	甘蔗评价	糖清评价
1939	83	138	2850
1940	350.4	410—440	8800—9000
1941	1114.2	1500—1600	33000—34000
1942*	6932	9800—10000	98000—100000
1943**	13824	13000—13500	135000
1944**	44730	49000—50000	980000—1000000
1945	219000	190000	—
1946	543153	100000—200000	3800000
1947	2594117	—	—

① 朱吉礼:《四川蔗糖业的危机》,《四川经济季刊》1946年第3卷第1期。

② 内江地区档案馆:《内江蔗糖档案资料选编(民国时期)》上册,1984年版,第113—141、251、260—261页;内江地区档案馆:《内江蔗糖档案资料选编(民国时期)》下册,1984年版,第560、579、581页。

续表

年份＼项目	生产成本	甘蔗评价	糖清评价
1948***	243.5	—	7104

注：* 1942 年为资阳县生产成本估算，资中县甘蔗和糖清评价；** 1943 年和 1944 年甘蔗改良种评价另外再加价 5%；*** 1948 年以前为法币，1948 年为金元券，糖清为资中县评价。

资料来源：内江地区档案馆：《内江蔗糖档案资料选编（民国时期）》上册，1984 年版，第 113—141、251、260—261；内江地区档案馆：《内江蔗糖档案资料选编（民国时期）》下册，1984 年版，第 560、579、581 页。

1939—1943 年沱江流域每万公斤糖清的制造成本自 0.2 万元增至 25.3 万元，年均增幅 235%（同期内江糖清评价自每万公斤 0.29 万元涨至 13.5 万元，年均涨幅 48%）；1944—1946 年沱江流域每万公斤糖清的制造成本自 65.83 万元增至 900 万元，年均增幅 270%（同期内江糖清评价自每万公斤 98 万—100 万元涨至 380 万元，年均涨幅 96%）。1939—1944 年沱江流域每万公斤糖清制成白糖的成本自 0.32 万元增至 67.7 万元，1945—1947 年自 412.5 万元增至 8128 万元（见表 13-29）。①

表 13-29　沱江流域糖清和白糖制造成本估计（1939—1948 年）

（单位：万元）

年份＼项目	每万公斤糖清的制造成本	每万公斤糖清制成白糖的成本
1939	0.20	0.32
1940	0.89	1.02

① 内江地区档案馆：《内江蔗糖档案资料选编（民国时期）》中册，1984 年版，第 473、480 页。

续表

年份＼项目	每万公斤糖清的制造成本	每万公斤糖清制成白糖的成本
1941	1.73	3.83
1942	2.30	2.40
1943	25.30	26.00
1944	65.83	67.70
1945	399.80	412.50
1946	900.10	970.10
1947	4840.00	8128.00
1948*	1.21	1.46

注:* 1948 年以前为法币,1948 年为金元券。

资料来源:内江地区档案馆:《内江蔗糖档案资料选编(民国时期)》中册,1984 年版,第 473、480 页。

内江制糖采用土法,从早年的木辊人推改为石辊和畜力。1939 年四川省农改所甘蔗试验场实验糖厂开创四川新法制糖的先例,到中国炼糖厂沱江实业公司,具属半机械化制糖。1940 年经济部中央工业试验所推广手摇离心机,离心机法出糖迅速,产品品质优于土法,白糖和漏水产量各为糖清的 50%和 40%,土法各为 30%和 30%。① 据 1942 年思创圣农业改进所统计,采用离心机法制糖和土法制糖每万公斤糖清的加工费各为 1.16 万元和 1.06 万元,产品收入各为 1.4 万元和 1.07 万元,纯益各为 0.24 万元和 0.01 万元。②

① 内江地区档案馆:《内江蔗糖档案资料选编(民国时期)》中册,1984 年版,第 323 页。

② 内江地区档案馆:《内江蔗糖档案资料选编(民国时期)》中册,1984 年版,第 331 页。

1940年内江糖房加工每万公斤甘蔗的纯益与收入比率为3.5%，漏棚加工每万公斤糖清的纯益与收入比率为0.9%，1942年资中等4县糖房纯益与收入比率在24%—40%，漏棚在16%—42%（见表13-30）。①

表13-30 内江等5县糖房、漏棚收入和成本（1940年、1942年）

（单位：元）

项目 地区	糖房（每万公斤甘蔗）			漏棚（每万公斤糖清）		
	收入	成本	纯益/收入（%）	收入	成本	纯益/收入（%）
内江	1001.87	966.8	3.5	10734	10641	0.9
资中	10180	7726	24.1	139320	104513	25.0
简阳	12165	8015	34.1	146500	85097	41.9
资阳	13100	7836	40.2	139320	89033	36.1
威远	11600	7453	35.8	129968	109042	16.1

注：内江为1940年调查表数据，另4县为1942年。

资料来源：内江地区档案馆：《内江蔗糖档案资料选编（民国时期）》中册，1984年版，第487、490、493、496页。

据估计，1942年每万市斤糖清生产成本为7.14万元（包含糖清5万元、漏棚加工费0.65万元和6个月银行利息1.49万元），折算后每万市斤白糖、橘糖、糖蜜成本各为15.82万元、7.32万元和4.32万元（见表13-31），低于政府核价，考虑到糖类制成后未能一时脱售，若加上放置时间银行利息，每万市斤亏折更多。②1943年6月，川康区专卖机关核定的白糖收购价格为每万斤白糖

① 内江地区档案馆：《内江蔗糖档案资料选编（民国时期）》中册，1984年版，第487、490、493、496页。

② 李汉文：《现阶段之四川制糖工业概况》，《西南实业通讯》1943年第8卷第1期。

14.4万元,而成本达18.6万元;橘糖6万元,成本8.6万元;糖蜜3.5万元,成本5.1万元。①

表13-31 糖类生产成本、政府核价和亏折(1942年)

(单位:元/万市斤)

项目 糖类	成本	政府核价	亏折	放置1个月亏折	放置4个月亏折
白糖	158200	144000	14200	21160.8	42043.2
橘糖	73200	60300	12900	16120.8	25783.2
糖蜜	43225	34800	8425	10326.9	16032.6

资料来源:李汉文:《现阶段之四川制糖工业概况》,《西南实业通讯》1943年第1期。

4. 蔗糖生产者

四川沱江沿县是川糖重要产区,产量占全川的70%,蔗糖业多用土法,据调查,截至1941年上半期内江、资中等8县中除内江与资中合计有9家使用新法制糖的糖厂外,其他均为沿用土法制糖的糖房与漏棚。② 在1949年前由糖房、漏棚生产的糖品仍占绝对多数。糖房、漏棚制糖工人大多来自农村(其中多数为蔗农),

① 覃玉荣等:《抗战时期川康区食糖专卖政策对内江糖业的影响》,《西南交通大学学报(社会科学版)》2009年第3期。

② 糖房对甘蔗进行粗加工,生产红糖、糖清。漏棚对糖清进行精加工,生产白糖和橘糖。另有冰铺,对白糖进行再加工,生产冰糖。1940年四川全省尚无机制制糖厂。1941年内江新法制糖厂有7家,制糖工具采用四川甘蔗试验场所制离心机,糖清多购自糖房。离心机有手摇式和电力拖动两种,各厂多用手摇机以人力工作,自备小型发电机的糖厂转熬每次提取后的糖蜜仍使用旧式糖锅。内江地区档案馆:《内江蔗糖档案资料选编(民国时期)》中册,1984年版,第402、424、499页。

据1941年统计至少有11万人。①

沱江流域糖业经营方式大体分为三类，一是蔗农植蔗，由糖房、漏棚等制糖，主要存在于下河地区（内江以上的沱江河段为上河，以下到泸县为下河）；二是自种自榨，广泛存在于上河地区；三是合作社经营，自1937年起内江、资中、资阳、简阳等县皆有蔗糖生产合作社的组织，但数量不多，如在内江，1939年合作社仅60所，每社35人，合计2100人，约占农民总数的2%。② 蔗农传统融资渠道有卖预货和借高利贷两种，其中以卖预货为主。沱江流域蔗农通过卖青山和预糖两种方式融资。卖青山即蔗农将未收获之甘蔗，于前一年冬或当年春季预卖于糖房，在内江、富顺、隆昌、泸县等地较为普遍。卖预糖多盛行于简阳、资阳、资中等地，蔗农据估算的蔗田面积，将所栽培甘蔗的应得糖量预卖给糖房或糖商（普通情况是大约两亩能产一千斤糖清或水糖）。

抗战期间内江、资中等地的糖房和漏棚有数千家，总体上多于战前，1940年糖房2600余家、漏棚1500余家，1942年糖房近1400家、漏棚近800家、糖房兼漏棚960余家、冰铺20余家，1945年糖房

① 刘志英：《论抗战时期四川沱江流域的制糖工业》，《内江师范学院学报》1998年第3期。

② 1937年四川省甘蔗实验场、农村合作委员会和中国银行在内江总场附近以三方协组的方式，设立蔗糖产销合作实验区，至1937年秋冬内江蔗糖产销合作实验区内成立合作社33个，社员1699名，植蔗9569亩，甘蔗生产贷款13.4万元。至1938年年底辖区内共组织合作社42社，社员1930名，植蔗24569亩，贷甘蔗生产抵押款13.4万元、加工贷款1.8万元。参见胡丽美：《抗战时期四川内江蔗糖业的长项债务纠纷》，《内江师范学院学报》2009年第11期；赵国壮：《略论近代四川沱江流域糖业经营方式》，《西华师范大学学报（哲学社会科学版）》2012年第6期。

2500余家、漏棚1200余家、糖房兼漏棚239家(见表13-32)。①

表13-32 内江等7县糖房、漏棚、糖房兼漏棚等数量(1934—1945年)

(单位:家)

年份\项目	糖房/漏棚	内江	资中	简阳	资阳	威远	隆昌	荣县
1934	糖房	794	300+	400+	—	—	—	—
	漏棚	80	200	200	—	—	—	—
1935	糖房	773	620	445	264	70	—	—
	漏棚	773	272	3	—	—	—	—
1936	糖房	267	—	—	—	—	—	—
	漏棚	132	—	—	—	—	—	—
1938	糖房	—	—	—	—	—	39	—
	漏棚	—	—	—	—	—	17	—
1940	糖房	815	530	613	622	—	23	—
	漏棚	732	495	287	5	—	—	—
1942	糖房	105	609	312	271	17	33	36
	漏棚	47	273	444	22	11	—	—
	糖房兼漏棚	548	45	324	—	35	9	—
	冰铺	17	26(4)*	2	2	—	—	—
	糖厂	4	4	—	—	—	—	—
1943	糖房	—	500	260	269	—	—	5
	漏棚	—	295	180	8	—	—	—
	糖房兼漏棚	—	—	80	24	—	—	—

① 内江地区档案馆:《内江蔗糖档案资料选编(民国时期)》中册,1984年版,第405—416、430—434页。

续表

项目 年份	糖房/漏棚	内江	资中	简阳	资阳	威远	隆昌	荣县
1945	糖房	769	530	613	622	—	—	—
	漏棚	725	350	173	5	—	—	—
	糖房兼漏棚	—	125	114	—	—	—	—

注：*(4)表示有4家为漏棚兼冰铺。

资料来源：内江地区档案馆：《内江蔗糖档案资料选编(民国时期)》中册，1984年版，第405—416、430—434页。

(二)江西、福建、广西

江西赣南是全国著名土糖产区之一。1919年江西年产糖30万担，仅次于广东和四川，居全国糖业第三位。赣南制糖业以赣州为中心，制糖多沿用旧法，数家农户组建一糖棚，蔗农兼做工人，按榨糖量分红，糖栈则专门雇糖师或工人，以时间或出货件数计工资，由栈主提供膳宿。1940年南康等8县手工制糖业有14家。① 抗日战争期间赣南糖产量为5.5万吨(110万担)，大多销往湖南、湖北、安徽等省。据1946年和1947年调查，南康、宁都蔗糖产量在2.5万—3万担，赣县1万担，大庾、上犹和雩都在0.1万—0.35万担。② 1949年赣南土糖产量仅0.54万吨(10.79万担)。③

福建制糖多以家庭作坊及蔗农合作经营，规模小，分布面广。福建著名产糖地有福安等20县，早期闽糖运销全国，后因洋糖倾

① 彭泽益编：《中国近代手工业史资料(1840—1949)》第4卷，生活·读书·新知三联书店1957年版，第329页。

② 《江西各县特产调查表》，《经建季刊》1947年第3期。

③ 《江西省轻工业志》编纂委员会编：《江西省轻工业志》，方志出版社1999年版，第7页。

销而产量减少。洋糖进口关税提高后,加上海口封锁,闽糖渐见起色,1939 年产量达 175 万担(相当于前 3 年产量的 2.8 倍)。① 据各官厅估计,1937—1939 年福建糖产量在 143 万—175 万市担,1940—1945 年自 65 万市担减至 42 万市担,1946 年略增至 52 万市担。据农业改进处估计,1937—1941 年福建糖产量自 121 万市担减至 65 万市担,1944—1946 年在 75 万—80 万市担(见表 13-33)。②

福建土糖产量占总产糖量接近 100%,1935 年和 1936 年土糖年产量在 4.4 万—5 万吨,1937 年增至 6.1 万吨,1938—1941 年自 4.6 万吨减至 1.3 万吨,1946—1948 年回升至 4 万—5 万吨,1949 年仅 1.5 万吨(见表 13-34)。③

表 13-33　福建各县蔗糖产量估计(1937—1946 年)

(单位:万市担)

年份	各官厅估计量	农业改进处估计量	年份	各官厅估计量	农业改进处估计量
1937	144.5	121	1941	65	65
1938	143.1	97	1944	60	75
1939	175.1	80	1945	42	80
1940	65	65	1946	52	80

资料来源:彭泽益编:《中国近代手工业史资料(1840—1949)》第 4 卷,生活·读书·新知三联书店 1957 年版,第 345 页。

① 赵棣华:《发展东南农村工业刍议》,《东南经济》1941 年第 1 卷第 11—12 期。

② 彭泽益编:《中国近代手工业史资料(1840—1949)》第 4 卷,生活·读书·新知三联书店 1957 年版,第 345 页。

③ 福建省地方志编纂委员会编:《福建省志·轻工业志》,方志出版社 1996 年版,第 53 页。

表 13-34　福建土糖产量(1935—1949 年)

项目 年份	土糖产量 (万吨)	占总产糖量(%)	项目 时间	土糖产量 (万吨)	占总产糖量(%)
1935	4.4	近 100	1941	1.3	近 100
1936	5.1	近 100	1946	4	近 100
1937	6.1	近 100	1947	5	近 100
1938	4.6	近 100	1948	4.3	近 100
1939	2.9	近 100	1949	1.5	近 100
1940	3	近 100	—	—	—

资料来源:福建省地方志编纂委员会编:《福建省志·轻工业志》,方志出版社 1996 年版,第 53 页。

据 1943 年调查,福建仙游县有糖房 549 家,分散在 27 乡,产蔗地区多为一村一糖房进行小规模生产,糖房数量多而产量低,235 家(占 42.8%)每家年产糖不足 4000 斤,91 家(占 16.6%)每家年产糖 4000—6000 斤,仅 86 家(占 15.7%)每家年产糖超过 1 万斤。①

广西制糖业多由手工作坊采用牛拉石辘取汁、开锅煮糖的土法制糖,压榨器有木制和石制两种,前者每日出糖 150—200 斤,后者 400 多斤。1933—1934 年广西糖产量占全国同期糖产量的 12%左右,仅次于四川和广东,居全国第三位。湘桂铁路建成通车后农村土糖生产有所发展,1935 年和 1936 年广西年产糖超过 100 万担,1937—1941 年在 60 万—100 万担(见表 13-35),7 年出口合计 45 万余担,年均出口 6.5 万担,比 1912—1927 年增加近 2/3。② 1941 年广西 78 县有糖榨,合计 6585 付,其中 22 县超过

① 福建省地方志编纂委员会编:《福建省志·轻工业志》,方志出版社 1996 年版,第 51 页。

② 广西壮族自治区地方志编纂委员会编:《广西通志·糖业志》,广西人民出版社 1998 年版,第 2 页。

100付,邕宁县达869付。钦县农产除稻谷以外以蔗糖为大宗,每年产糖70万—80万斤,河池县六圩每年交易土糖2400—2800担。1941—1944年广西农事实验场推广改良土法制糖,但至1949年广西农村使用改良法者为数不多。①

表13-35 广西蔗糖产量(1934—1941年)

年份＼项目	蔗糖产量(万担)	占全国比重(%)	年份＼项目	蔗糖产量(万担)	占全国比重(%)
1934	72	12.77	1938	61.47	—
1935	108	11.84	1939	89.80	—
1936	120	12.5	1940	100.10	12.39
1937	66.55	10.19	1941	91.55	—

资料来源:许桂霞:《民国时期广西制糖业的发展》,《广西民族大学学报(自然科学版)》2007年第4期。

(三)其他

1935—1949年间云南全省甘蔗种植面积保持在10万亩左右,总产24万—27万吨。1936年云南24个主要产蔗县种植甘蔗9.8万余亩,产蔗23.8万吨,年产糖2.1万余吨,炼糖使用旧法,除供本省需要外也销往邻省。② 土法制糖业是云南农村的重要副业,1934—1938年迤西13县、迤南15县和迤东4县合计32县平均每年产糖3700万余斤。制红糖者为榨房(榨蔗制成糖块),制白糖者为漏房(榨蔗熬成糖精),连同制造冰糖者均称为糖房。糖房分为自种自制、合伙榨制、专房代榨三种。自种自制是指种蔗数

① 许桂霞:《民国时期广西制糖业的发展》,《广西民族大学学报(自然科学版)》2007年第4期。

② 云南省地方志编纂委员会总纂、云南省轻纺工业厅编撰:《云南省志·轻工业志》第18卷,云南人民出版社1997年版,第56、58、61页。

量较多的蔗农独资备置全套制糖工具,家属参与割榨熬制,其中也有雇请糖工者。合伙榨制是指 10 家或 20 家蔗农集资购置工具,合设糖房,工具公用,轮流制糖。专房代榨是由蔗农或商人作为制糖商,专设糖房代人榨制并收取代制费。①

民国初期贵州全省年产红糖 20 万—40 万斤,采用土法生产。抗战期间外省大量人口入黔,食糖需求增加,与此同时食糖输入因交通梗阻而不足,1940 年安龙县设立机制糖厂,当年产白糖近 1.2 万斤,黄糖 2500 多斤。内战爆发后贵州制糖业逐渐衰落,1949 年全省仅产红糖 1330 吨。②

浙江义乌、平阳、瑞安为产糖区,年产 30 万担左右,据 1940 年调查平阳、瑞安制糖者有 310 余户。土法制糖压榨工具简陋,每日夜轧蔗 30—40 担,蔗内糖汁仅能取得 50%左右,每担甘蔗制红糖 10 斤或次白糖 5 斤,糖分损耗高。少数土糖由农民自行运输贩卖,大多由客商托本地牙户作为中介向农家接洽购买。③ 1949 年浙江数百家糖厂和作坊仅存 60 家土塘作坊。④

五、制茶业

茶叶是浙江的大宗特产,茶农经营茶园面积普遍较小。1938

① 彭泽益编:《中国近代手工业史资料(1840—1949)》第 4 卷,生活·读书·新知三联书店 1957 年版,第 262—264 页。

② 贵州省地方志编纂委员会编:《贵州省志·轻纺工业志》,贵州人民出版社 1993 年版,第 374—375 页。

③ 赵棣华:《发展东南农村工业刍议》,《东南经济》1941 年第 1 卷第 11—12 期。

④ 浙江省轻纺工业志编辑委员会编:《浙江省轻工业志》,中华书局 2000 年版,第 7 页。

年浙江茶叶产量与1933年相比变动不大,1940—1943年平均年产量比1938年减少约1/2,茶园中荒废和掘毁占20%—60%,1946年茶叶产量仅占抗战前产量的1/4。

日本全面侵华战争爆发后茶区封锁,茶价大跌,1938—1939年安徽茶叶产量比战前减少1/2左右,1940年恢复战前水平。内战期间制茶生产成本提高,1949年安徽茶叶产量约占战前的1/3。战前福建茶叶产量总体上低于安徽,抗战前期茶叶产量下降,1937—1941年年均产量比1934—1936年年均产量减少2/5。20世纪30年代前期江西茶叶产量约相当于安徽的2/3,浮梁是江西著名产茶县之一,占江西茶叶产量的1/8以上。抗战前期浮梁茶叶产量减少,1941年产量约占1936年的1/2,1947—1949年年均产量比1936年减少1/3。

1936年全国茶叶出口量为37.1万公担,1946年约6.9万公担,1947年增至16.4万公担(其中台湾茶5.9万公担),比1946年增加1倍多,但远少于战前出口量。①

(一)浙江

浙江有龙井、平水、遂淳、温州四大茶区,茶业兴盛时年产茶百万担左右。浙江茶分内销和外销两类,均以绿茶为主,约占总量的86%,外销茶中绿茶占90%。② 外销茶以平水绿茶、温州红绿茶为主,1936年平水珠茶输出19万余箱(每箱约50市斤),其中非洲9万箱(包括法国)、美国7万箱、英国1万箱(大半转销非洲)、印度0.6万箱、苏联0.1万箱、其他1.37万箱,平水产区沿山数十万居民依靠茶叶维持生

① 彭泽益编:《中国近代手工业史资料(1840—1949)》第4卷,生活·读书·新知三联书店1957年版,第499页。

② 陶德臣:《近代浙江茶业述论》,《古今农业》2000年第1期。

计。内销茶以杭州为主要产地，销往上海、南京、北京、天津、东北等地及本省，在浙江茶叶中占据重要地位。据 20 世纪 30 年代调查，全国 22 省年人均茶叶消费量为 1.2 斤，全年消费估计量近 33 万担，浙江年人均消费 1.6 斤。① 1931 年“九一八事变”后东北市场滞阻，1938 年上海沦陷后浙江茶叶改从香港转口。抗战期间浙江内销茶在东北销量仅占抗战前的 10%，在其他地区濒于绝迹。②

1938 年财政部对外销茶叶进行统购统销，浙江省建设厅成立浙江省战时物产调整处，下设浙江省茶叶运销总办事处。1939 年浙江油茶棉丝管理处在永康成立（于 1940 年年底撤销），内设茶叶部统筹办理茶叶产制运销及管制事宜，并在绍兴、平阳、遂安各设 1 所公营茶厂，中国茶叶公司奉令统筹办理全国茶叶改良产制事项，在浙江平水、遂淳两区合办数家茶厂。据浙江省油茶棉丝管理处茶叶部 1939 年统计，浙江全省茶厂合计 315 家，其中平水茶区 8 县 164 家、遂淳茶区 3 县 51 家、温处茶区 8 县 100 家。③ 1940 年浙江省政府颁布《浙江省茶叶管理办法大纲》，规定本省所产外销茶叶和输往外省销售者均由浙江省油茶棉丝管理处办理。1941 年太平洋战争爆发，海运中断，出口贸易停顿，加上茶价下降（从以往的每担茶价抵 3 担米价，降至 1—2 担米价，1938—1941 年平水区米价上涨 7.3 倍，茶价仅涨 1.38 倍），燃料价格高昂导致成本大增，茶叶产量锐减。④ 浙江省茶

① 《浙江省茶叶志》编纂委员会编：《浙江省茶叶志》，浙江人民出版社 2005 年版，第 6 页。

② 陶德臣：《近代浙江茶业述论》，《古今农业》2000 年第 1 期。

③ 《浙江省茶叶志》编纂委员会编：《浙江省茶叶志》，浙江人民出版社 2005 年版，第 168 页。

④ 彭泽益编：《中国近代手工业史资料（1840—1949）》第 4 卷，生活·读书·新知三联书店 1957 年版，第 495 页；陶德臣：《近代浙江茶业述论》，《古今农业》2000 年第 1 期。

园荒芜,茶栈、茶厂纷纷倒闭。1940—1941 年平水茶区茶园荒废 60%,茶园掘毁 20%,温处茶区各为 30%和 30%,龙井茶区和遂淳茶区均各为 50%和 20%。①

据估计,1915—1929 年(平均)浙江茶园面积为 62.4 万亩,1933 年在 52 万—57 万亩,1940 年和 1941 年各为 45.8 万亩和 59.2 万亩。1915—1929 年浙江平均年产茶叶 25.6 万担,1933 年在 42.6 万—58.6 万担,1938 年 50 万余担,1939 年 64 万余担(包含此前两年积压库存),1940—1943 年平均年产 28.7 万担,1946 年仅 19 万担(见表 13-36)。②

表 13-36 浙江茶叶产量和茶园面积(1915—1947 年)

年份＼项目	茶叶产量(万担)	茶园面积(万亩)	备注
1915—1929(平均)	25.6	62.4	《新农村》第 2 卷第 1 期《中国茶叶之生产》
1933	42.6	52.2	《申报年鉴》(1934);63 县市产量
	49.1	56.7	《重修浙江通志稿》;63 县市茶园面积、41 县市产量
	58.6	—	《中国茶叶之生产》
1938	50 万担以上	—	《浙江农业》1940 年《茶叶改进专号》
1939	64.1	—	《茶叶研究》第 1 卷第 6 期
1940	27.4	45.8	《浙江农村》第 67 期;53 县市产量

① 《浙江省茶叶志》编纂委员会编:《浙江省茶叶志》,浙江人民出版社 2005 年版,第 75—76 页。

② 《浙江省茶叶志》编纂委员会编:《浙江省茶叶志》,浙江人民出版社 2005 年版,第 72—73 页。

续表

年份＼项目	茶叶产量（万担）	茶园面积（万亩）	备注
1941	35	59.2	《浙江经济》第3卷第2期;53县市产量
1940—1943（平均）	28.7	—	《中国茶讯》第1卷第1期
1946	19	—	《浙江经济》第4卷第6期;58县市产量
1947	25.8	—	《浙江经济年鉴》;30县市产量

资料来源:《浙江省茶叶志》编纂委员会编:《浙江省茶叶志》,浙江人民出版社2005年版,第72—73页。

1938—1939年浙江省出口茶叶量自1万吨增至1.3万吨,1940年减至0.8万吨,其中平水绿茶出口量三年各为7550吨、8700吨、5843吨,遂淳绿茶各为850吨、1400吨、1596吨,温区绿茶各为900吨、1950吨、180吨,温区红茶各为750吨、1050吨、604吨。① 平水茶叶产量和茶园面积均居浙江四大茶区之首,1941年平水、温处、龙井和遂淳茶区茶叶产量各占浙江茶叶总产量的38.5%、22%、19.9%和19.6%,茶园面积各占35.8%、21.6%、18.4%和24.2%。②

抗战胜利后,茶区大多"外销断绝,内战不停,内销受阻,茶农工商,束手待毙,商况反较战时为劣"。抗战胜利一年后,华茶出口总量1万—2万箱。以平水茶为例,出口美元价折合法币约每担6万元,而茶农制毛茶每担成本约7.1万元,每担精制茶成本不

① 《浙江省茶叶志》编纂委员会编:《浙江省茶叶志》,浙江人民出版社2005年版,第343页。

② 《浙江省茶叶志》编纂委员会编:《浙江省茶叶志》,浙江人民出版社2005年版,第74页。

低于20万元,若计入运费、利息和汇兑,每担茶外销价需30万元方有微利。法属北非禁止进口,其他北非各地价格奇低,陈茶每担价格合5万元,新茶12万—13万元,远低于每担30万元的成本,外销茶叶来自1939—1941年中茶公司统购统销时期售与茶商的陈货。① 温州区绿毛茶平均价自1937年抗战初期的每担抵米625斤降至1946年的250斤,红毛茶自每担抵米550斤降至250斤。② 据估计,1946年平水茶毛茶产量4万担,温州区约产毛茶2万担,淳安区毛茶约1万担,占全国总产量的2/3,但与抗战前产量相比,仅占1/4。③ 杭州因交通便利,临近上海,加上遂淳等地茶厂尚未恢复,茶厂逐渐发展起来。1946年茂协记自上海等地购置铁木茶机和招聘技工,扩大制茶规模,1947年上海兴化茶叶公司开设之江茶厂,上海汪裕泰茶庄在杭州分设汪裕泰茶厂,此外还有大德、复泰等5家茶厂。与1939年相比,1948年平水茶区7县茶厂数量自158家减至105家、遂淳茶区3县自51家减至12家、温州区自100家减至36家,杭州市自0家增至21家,合计自309家减至174家。④

浙江省茶农经营茶园规模均较小,据1942年资料记载,遂淳和温处茶区茶农所经营的茶园面积最大20亩,最小仅0.2亩,在平水茶区133户茶农调查中仅3户茶农茶园面积超过20亩,21户在8.1—20亩,98户在1.1—8亩,11户不足1亩,每户最多生

① 彭泽益编:《中国近代手工业史资料(1840—1949)》第4卷,生活·读书·新知三联书店1957年版,第496页。

② 陶德臣:《近代浙江茶业述论》,《古今农业》2000年第1期。

③ 彭泽益编:《中国近代手工业史资料(1840—1949)》第4卷,生活·读书·新知三联书店1957年版,第495、497页。

④ 《浙江省茶叶志》编纂委员会编:《浙江省茶叶志》,浙江人民出版社2005年版,第169、171页。

产干毛茶3000斤,最少仅30斤,一般在50—400斤。①

据1948年资料记载,浙江24县茶农户数(制茶户数)为14.3万户,占24县总户数的9.6%,其中永康县茶户最多(3.2万户),黄岩县最少(600户),孝丰县茶户占总户数比例最高(70.3%),东阳县最低(0.5%)。24县合计年产茶叶10万余担,平均每县4186担,茶园总面积19.5万亩,平均每县8133亩,临安县年产茶叶最多(1.5万担),其次是宣平县和建德县(1万担),汤溪县最少(308担)。②

(二)安徽、福建、江西等

安徽省是中国茶叶最丰富的产区之一,主要分布在祁门、休宁、歙县、黟县、秋浦、太平、六安、霍县等地,祁门、休宁等地为皖南茶区,祁门以产红茶为主,其余多产绿茶,六安、霍县等地为皖西茶区,以产绿茶为主。

日本全面侵华战争爆发后,“整个茶区,又为敌人封锁,致产销阻滞,山价奇低,茶农所得,不敷成本,遂相率放弃茶园经营,甚至将茶树掘除,改种杂粮,产量锐减”③。1930—1937年安徽全省红茶和绿茶产量在30万担左右,1938年为13.6万余担,1939年为17.9万担,比战前减少近一半。④ 1940年安徽祁门、歙县、六安等13县红茶产量约12.3万担,绿茶17.4万担,合计29万余担。⑤皖南茶区如泾县马岭坑新屋里一带,战前以产茶著称,日本全面侵

① 《浙江省茶叶志》编纂委员会编:《浙江省茶叶志》,浙江人民出版社2005年版,第77—78页。

② 《浙江省茶叶志》编纂委员会编:《浙江省茶叶志》,浙江人民出版社2005年版,第76—77页。

③ 《茶业消息汇志》,《商业月报》1946年第22卷第6期。

④ 施立业:《近代安徽茶业述论》,《安徽史学》1986年第2期。

⑤ 龙振济:《安徽的茶叶与茶业》,《经济建设季刊》1943年第2卷第1期。

华战争爆发后茶价大跌,头茶自每担40—60元跌至12元,茶农严重亏折,产量减少。战前马岭坑96家农户,年产茶5万担,1940年仅300担。① 皖西大别山区立煌、六安等县生产绿茶,战前每年产量曾达30万市石,2/3运销各地,农民多依靠种茶换取粮食布匹。日本全面侵华战争爆发后,茶区封锁使产销阻滞,茶农入不敷出,不少放弃茶园改种杂粮,1945年产量仅3.6万市石。② 1940年皖西各县茶叶产量为9万担,1945年减至5万担。③

抗战胜利后,安徽茶叶在物价飞涨、特产捐和茶叶贸易税的双层征收下生产成本提高,不少茶厂因入不敷出停止制茶。1940年安徽茶叶耕种面积为35万余亩,1947年不足9.8万亩。1949年安徽省仅产茶10.6万担,祁门茶园抛荒面积占61%,未抛荒的茶园中50年以上、衰老过时的茶树占77%,间种杂粮的产地面积占49%,亩产茶叶21斤,比抗战前减少3/4。④

福建武夷岩茶生产经营最基层组织是在山岩厂,由包头代理岩主以包工制度栽种采制,包头主持岩茶产制,岩主以产茶量付工价,称"包价"。包工分为"大包"和"小包","大包"除交管茶山及制茶外,岩主提供主要产制工具,其他均由包头自理,"小包"除包头负责茶工膳食工资外,其他用具材料均由岩主提供。所有者茶庄直接监理在山岩茶厂的经营,各岩厂初制茶后交与茶庄,茶庄另雇人工进行精制和包装,分批运输茶栈出口或各茶庄自设茶叶店销售。武夷采茶工人多来自江西上饶一带,均为男工(少量为童工),各茶厂雇用采茶工人数以制茶量而定,通常成茶1000斤需采

① 施立业:《近代安徽茶业述论》,《安徽史学》1986年第2期。

② 彭泽益编:《中国近代手工业史资料(1840—1949)》第4卷,生活·读书·新知三联书店1957年版,第497页。

③ 施立业:《近代安徽茶业述论》,《安徽史学》1986年第2期。

④ 施立业:《近代安徽茶业述论》,《安徽史学》1986年第2期。

茶工人19—21人。

1934—1935年福建省茶叶产量在20万担左右，1936年达34.5万担，1937—1939年减至21万—22.6万担，1940—1941年不足1.8万担（见表13-37）。抗战爆发后因茶为外销品，福建省当局为管理外汇实行统制，加上交通不便转运困难，1940年山中有65家采制，1941年仅剩50家，1942年不到40家。①

表13-37　福建茶叶产量（1934—1941年）　（单位：市担）

年份	茶叶产量	年份	茶叶产量	年份	茶叶产量
1934	218930	1937	212950	1940	178184
1935	193915	1938	225770	1941	166420
1936	344930	1939	209950		

资料来源：彭泽益编：《中国近代手工业史资料（1840—1949）》第4卷，生活·读书·新知三联书店1957年版，第336页。

江西是中国产茶区域之一，据1934年江西经济委员会编《江西经济问题》记载，江西植茶面积百余万亩，产茶20余万担，浮梁是江西著名产茶县之一。1933年浮梁茶产量占江西茶产量的18.9%，1936年占13.1%，1935—1936年浮梁茶农户数约占全县户数的1/6，约占农户数的1/3。1938年以前浮梁红茶与祁门、至德等地红茶统称祁红，1938年皖赣两省分设红茶运销委员会后，浮红开始被划为江西茶叶的单独产区。浮梁也出产绿茶，相对于红茶处于较次要的地位。据估计，20世纪30年代浮梁茶山面积5万余亩，40年代3万多亩，解放前夕1万—2万亩。1933—1936年浮梁红茶产量在1.5万—1.9万担，日本全面侵华战争爆发后，

① 彭泽益编：《中国近代手工业史资料（1840—1949）》第4卷，生活·读书·新知三联书店1957年版，第330—336页。

浮梁茶叶外销港口上海和香港先后沦陷,1937 年和 1938 年各比 1936 年减少 12.5%和 29.7%,1941 年减至 1 万担。1941 年浮梁茶农每担毛茶制茶成本为 63.29 元,高于政府规定毛茶山价(为 60 元),加上茶厂在收购时多进行大秤、扣尾、扣样等盘剥,实际茶农所得茶价远少于 60 元。1947—1949 年浮梁红茶产量进一步自 0.9 万担减至不足 0.5 万担。①

表 13-38 浮梁红茶产量(1915—1949 年) (单位:万担)

年份	红茶产量	年份	红茶产量	年份	红茶产量
1915	3.3	1935	1.5	1940	1.52
1929	0.5	1936	1.92	1941	1.02
1932	1.3	1937	1.68	1947	0.9
1933	1.5	1938	1.62	1948	0.5
1934	1.5	1939	1.35	1949	0.46

注:民国初年红茶产量单位为箱,依当时每箱红茶约 50 斤,合 0.5 担;1936—1941 年每箱红茶约 60 斤,合 0.6 担。

资料来源:蔡定益:《论民国时期的浮梁茶业》,《农业考古》2011 年第 2 期。

1939 年黔东南茶区 11 县产茶 33.25 吨,因战争影响,1942 年作为产茶中心区的岑巩县仅产茶 5.5 吨。1948 年岑巩等 12 县人工经营茶园仅 130 余亩,以往的数千亩茶园老化成为自然茶山,境内产茶 133.65 吨。②

① 蔡定益:《论民国时期的浮梁茶业》,《农业考古》2011 年第 2 期。

② 黔东南苗族侗族自治州地方志编纂委员会编:《黔东南州志·轻纺工业志》,贵州人民出版社 2005 年版,第 20 页。

六、造纸业

四川夹江、梁山、铜梁和广安4县纸产量占全省产量的4/5以上。抗战前手工纸在与洋纸竞争中逐渐被淘汰。1937年梁山纸产量比事变前减少2/5,铜梁开工纸槽占总数的2/3。随着洋纸供给减少,手工纸业一度复苏,夹江年产高时超过抗战前,1938—1939年铜梁白纸产量比1937年增加1/2,1939年梁山纸产量比事变前增加2/5,1940年增加2/3以上。20世纪40年代初纸价相对降低,铜梁一些纸厂停业,梁山纸产量减少,但高于抗战前。抗战前江西纸业产值呈增加趋势,日本全面侵华战争爆发后纸张成本提高,一些产纸县不少槽厂倒闭。抗战期间因外来纸减少,纸张供不应求,江西萍乡等地纸业较为发达。云南和贵州纷纷兴办手工纸厂。广西竹纸生产分布广泛,优质纱纸出口东南亚、美国等地。

抗战初期浙江手工纸业较为衰落,后因洋纸短缺,依靠改良土纸满足社会用纸需求,1939年产纸县县均手工纸产量和产值比1938年增加约1.5倍。浙江省抗战后方和山东省部分解放区手工纸业均有所发展。日本全面侵华战争爆发后福建纸产量波动,1937—1940年年均产量比1936年减少1/20,1941年减少近1/2,1943年约减少4/5。20世纪40年代初广东南雄手工纸业因利润低、成本高而衰落,1943年产量比1940—1942年减少3/4以上。

(一)手工造纸业的生产特点

造纸业多为农家副业,生产规模较小,旧法制纸和改良技术并存。梁山手工造纸多为农家副业,规模不大。槽户有长槽和短槽之分,长槽全年雇工造纸,短槽仅农隙时使用家庭劳力造纸,各约占40%和60%,普通槽户以每户有二三家纸槽为多。夹江县半数及以上农户于农隙时造纸、农忙时停工,普通每一槽户纸槽很少超过5架,以手工业小作坊形式生产。槽户生产所需资金多仰赖于纸商与碱粉商等,纸商向槽户订购预货,预先付款,期满取货,预货价格较低(有的低至市价5成),槽户向碱粉商赊购实物,价格较高(有的高出市价2成以上),不少槽户在资金不足、生产成本增加时减少产量或粗制滥造以紧缩开支,或不得不中途停工。20世纪40年代初梁山平均每家手工纸厂纸槽数最多,为3架,其次是铜梁和广安,各为2.4架和2.2架,夹江平均每厂1.5架。①

福建槽户有专营和副业两种,专营槽户也称长槽,纸工较多,产品丰富,副业槽户也称短槽,为农户农余由家庭成员开槽造纸(或有雇工或没有),1939年专营槽户和副业槽户各有2388家和8427家。纸工也有专营和副业之分,1939年各有1.2万人和5.4万人。② 1939年福建南平塔前和石伏乡有41%的劳力农闲专事造纸业,全县11区中有9区农民兼营造纸。③ 福建造纸处于家庭手工业阶段,制法墨守旧规,工具简单,资本有限,据调查,邵武等15县3331户槽户中1814户固定资本不足100元,占54.5%,资本最多的1户也仅3000元。大部分槽户原料可自给,雇工工资极低,所需现金主要用于少量的配料(石灰、洋碱等),3331户中1023户流动资本低于100元,占31%。每槽户的纸工数以10—11

① 钟崇敏:《四川手工纸业调查报告》,中国农民银行经济研究处1943年版,第15—17页。

② 彭泽益编:《中国近代手工业史资料(1840—1949)》第4卷,生活·读书·新知三联书店1957年版,第338、341页。

③ 南平市工商联工商史料征集委员会编:《南平工商史料》第5辑,1992年,第138页。

人最为普遍(1256 户),其次是 5 人(507 户),合计占 53%。①

竹子织维造纸是赣西北一带农户的一大副业,云南易村造土纸亦是农户的重要副业,造纸收入是填补食粮缺口的重要来源,送纸需专门技术,但并非工人的专门职业,工人有时做纸、有时下田或其他。贵州土纸均为农民农闲时采用旧法制造。广西出产纱纸和竹纸,都安纱纸纸户平均每户有纸槽 1 个,融县竹纸造纸作坊平均每家有纸槽 2 个。山东手工纸产区以农村作坊形式生产土纸。

浙江龙游、龙泉、衢州等地纷纷兴办纸业改进场、皮纸示范场,利用当地原料生产改良土纸和印刷用纸,1940 年后浙江省抗战后方社会用纸全部依靠改良纸。浙江建设厅在浙东产纸中心的龙泉设立纸业改进场,借以推动改良全省土纸,随后亦有第五区专员公署设龙游改良纸厂。浙江省纸业生产机构大体分为三种,一是政府所设的改良纸厂,省办有龙泉纸业改进场及附设于其他各地的若干所分场,区办有第五区公署及浙西行营各主办的改良纸厂,县办有十余家,各厂场规模均不大,但总产量可观。二是私人设厂或数人合办纸业生产合作社,浙江各纸区普遍设立此类合作单位和小型纸厂。三是个人槽户,其造纸仍属于家庭副业,从业者众多,多由附近改良纸厂或合作社指导改良技术及方法,产品须交纸厂或社方收买运销。②

(二)手工造纸业的短暂发展

1. 四川、江西

四川省年纸产量约 2. 18 万吨,夹江、梁山、铜梁和广安 4 县合

---

① 彭泽益编:《中国近代手工业史资料(1840—1949)》第 4 卷,生活·读书·新知三联书店 1957 年版,第 339—340、342 页。

② 韦斐斌:《浙江的造纸工业》,《中国工业(桂林)》1943 年第 13 期。

计1.8万吨,占总产量的80%以上。战前洋纸比手工纸物美价廉,手工纸逐渐被淘汰,日本全面侵华战争爆发后洋纸减少,加上文化用纸需求增加,价格上涨,各地槽户(即手工造纸者)纷纷开工或增产。迷信用纸则因一般国民购买力降低而减少。如梁山,抗战前后文化用纸在纸产量中所占比重自7%提高到95%,迷信用纸自93%下降到5%,夹江文化用纸自60%提高到85%,迷信用纸自20%下降到5%,铜梁和广安也有相似变化(见表13-39)。据20世纪40年代初调查,四川省夹江、梁山、铜梁、广安4县手工纸厂合计4056家,纸槽8628架,其中停工2431架。①

表13-39 抗战前后四川各种纸产百分比

项目 地区	抗战前各种纸产比重(%)			战时各种纸产比重(%)		
	文化用纸	迷信用纸	其他	文化用纸	迷信用纸	其他
夹江	60	20	20	85	5	10
梁山	7	93	—	95	5	—
铜梁	30	67	3	52	45	3
广安	62	19	19	79	15	6

资料来源:钟崇敏:《四川手工纸业调查报告》,中国农民银行经济研究处1943年版,第16—17页。

20世纪40年代初梁山县槽户约1165户,全县纸槽约3500架。1921年前梁山县每年产纸(黄裱)合7万担,1931年前年产14万担,1931年后卢沟桥事变前年产跌至7万担,卢沟桥事变后更跌至4.2万担,因外省销路断绝,1937年销量仅1.4万担。1938年夏季以后书写及印刷用纸供应困难,洋纸价格上涨且缺

① 钟崇敏:《四川手工纸业调查报告》,中国农民银行经济研究处1943年版,第15—17页。

货，手工业逐渐推广，原业黄裱纸者大多改制书写及新闻纸，1938年年底黄裱纸仅四五千担，书写纸及新闻纸约6.5万担，1939年出纸量约9.8万担，1940年12万担。1941年城市粮荒推动农村粮价上涨，而纸价并未提高，一些槽户入不敷出，加上四川机器纸厂出纸量增加影响到手工纸销路，90%以上槽户被迫停工，当年出纸量九千多担。1942年纸价回扬，槽户相继复工，但因纸料不足产量增加并不明显，截至1942年4月产纸1.4万担。①

铜梁纸年产量在民国初年为最高，约12万市担，其中白纸、草纸、纸壳各占30%、67%、3%。抗战前白纸在洋纸倾销下销区缩小，草纸消费因川北旱灾而减少。1937年铜梁全县有手工纸厂591家，纸槽1363架，其中开工502家、纸槽912架，白纸产量2.2万余市担（约占盛时产量的61%），草纸5万余市担（约占盛时产量的62%），纸壳约0.32万市担（约占盛时产量的8%）。抗战后洋纸来源阻滞，白纸产量增加，1938年和1939年年产白纸三四万市担，1940年后粮价上涨、人工伙食增加，而纸价未能按比例提高，一些纸厂相继停业。太平洋战争爆发后，纸价因供给不足而暴涨，白纸生产有复苏之势，草纸和纸壳因纸价上涨而消费减少，产量随之减少，据估计草纸年产量约3.2万市担，纸壳0.2万市担。②

造纸业在夹江经济中占重要地位，全县年产竹料2.4万余吨，年产纸六七千吨，抗战后洋纸来源断绝，闽赣纸也难以运至大后方，夹江造纸业空前兴盛，年产高时约8000公吨。③ 抗战时期槽

① 钟崇敏：《四川手工纸业调查报告》，中国农民银行经济研究处1943年版，第61—67页。

② 钟崇敏：《四川手工纸业调查报告》，中国农民银行经济研究处1943年版，第107—115页。

③ 刘自东：《三十三年夹江经济动态》，《四川经济季刊》1945年第2卷第2期；《四川工矿业近景》，《西南实业通讯》（上海版）1947年创刊号。

户约5000户,从业人员超过4万人,纸槽2900—3500架,常年产纸6000—7000吨(抗战前文化纸占60%,染色坯纸和迷信纸占40%,战后各为85%和15%)。① 产品运销于成都、重庆等市及陕西、云南一带。1946年纸价骤落,仅有400余家槽户开工,其余完全停工,减产达2/5。②

江西历来为中国手工纸产地。1934年江西全省产纸县有53个,其中44县纸业总产值495万元,1935年和1936年各增至519万元和614万元。1937年后纸张成本不断上涨,弋阳、玉山、上饶县等地许多槽厂相继倒闭,土纸产量减少。1940年江西17县手工造纸业有30余家。萍乡等地因交通阻塞,外地纸张难以流入,当地纸业较为发达,上栗爆料纸业户约40家,日产爆料纸超过50吨,芦溪、宣风仅大表纸一宗日产10吨以上。1947年江西造纸业趋于没落,宜春纸产量自1920年的2000吨减至200吨,乐安县自1920年的2500吨减至500吨,其他县亦有减无增。③ 竹子织维造纸是赣西北一带的一大副业,20余方里内约有造纸槽150所,其中26家生产把纸,年产1.2万担,运销河南及长江中游沿岸。因江防告急和路上劫匪缘故,1948年后销路渐滞,26家中仅有两三家间歇制造成品,其他均已停闭。④

2. 云南、贵州、广西

抗日战争爆发后沿海口岸封锁,外来纸受阻,纸价飞涨,云南

① 四川省夹江县编史修志委员会编纂:《夹江县志》,四川人民出版社1989年版,第223页。

② 钟古熙:《经济消息纪要》,《四川经济季刊》1946年第3卷第2期;《四川工矿业近景》,《西南实业通讯》(上海版)1947年创刊号。

③ 《江西省轻工业志》编纂委员会编:《江西省轻工业志》,方志出版社1999年版,第34页。

④ 唐谷:《从枯竭到破产的农村经济》,《经济周报》1948年第7卷第11期。

日报向鹤庆县投资万余元法币扶持当地造纸业专造厚棉纸供印报使用。20世纪40年代云南机制纸厂仅1家,数家私营纸厂设备简陋,仍属手工生产。农村手工纸生产有一部分从副业转化为专营手工业或联户组成工场手工业。1949年云南全省有专营、联营手工纸作坊数10家,年产土纸290吨,机制纸厂1家年产410吨。①

云南易门县易村全村54户、235人。易村田地窄狭,农田每年收谷1030石,与全村每年食用缺口达475石谷(按时价合1.33万元)。农户利用编篾器和造土纸增加收入,前者每年可增加2270元,后者可增加1.88万元,各占全村亏困的17%和141%。早在20世纪10年代,有四川人到易村协助本地人开设纸作坊,但所产熟料纸销路欠佳,纸作坊停工;20年代末生料纸市场尚可,不少作坊相继成立;30年代初作坊数目大增;40年代易村人所开设的纸作坊共9家,属20户所有,以富农居多。据估计,易村9家纸作坊每年开工五六个月可造纸11.48万刀(1939年28张纸计1刀)。造纸技术分舀纸和炕纸两种,每一作坊通常需要舀纸和炕纸技术工人各1—2人,工人每日工钱5角左右,纸作坊各项生产设备约值1000多元,作坊开工半年支出合计1000多元,可获利1000多元,得利率约50%,高于雇工经营农田收益(年利1分以下)。坊主出租纸作坊得利率约26%,租入纸作坊的利润率约90%,故出租者甚少。②

贵州出产皮纸、草纸、毛边纸等,均为农民农闲时采用旧法制

① 云南省地方志编纂委员会总纂、云南省轻纺工业厅编撰:《云南省志·轻工业志》第18卷,云南人民出版社1997年版,第148页。

② 张子毅:《"易村"的纸坊:一个农村手工业的调查》,《云南实业通讯》1940年第1卷第7期。

造。1919—1949 年间贵州先后建成 2 家小机制纸厂,累计开工时间不足 10 年,累计产量不足千吨。抗日战争时期,国民党机关、学校、工厂纷纷内迁,纸张需求量增加。贵阳《中央日报》社在遵义开办造纸厂专门生产土报纸,民间也先后兴办 17 家手工纸厂。据 1947 年贵州 22 县统计,年产手工纸 9088 吨(其中白皮纸 3968 吨,草纸 5120 吨)。抗战胜利后随着机关、学校和工厂的回迁,手工纸业逐渐萧条,白皮纸和草纸年产分别降至 2000 吨和 700 多吨。①

表 13-40 贵州各县产纸概况(1947 年)

项目 / 地区	皮纸年产量(万刀)	草纸年产量(万刀)	项目 / 地区	皮纸年产量(万刀)	草纸年产量(万刀)
锦屏	20	—	赫章	10	9
印江	435.6	10	桐梓	10	9
玉屏	34.2	200	仁怀	2	10
独山	25.7	10	绥阳	3	10
都匀	348.6	10	平越	10	4.5
盘县	25	240	岑巩	20	14
郎岱	30	20	镇远	10	12
镇宁	100	20	龙里	12	4.5
贞丰	3.6	15	息烽	13	50
毕节	7.9	10.5	瓮安	35	1000
织金	1.5	11	总计	1177.1	2048.5
遵义	20	379			

资料来源:彭泽益编:《中国近代手工业史资料(1840—1949)》第 4 卷,生活·读书·新知三联书店 1957 年版,第 267 页。

① 贵州省地方志编纂委员会编:《贵州省志·轻纺工业志》,贵州人民出版社 1993 年版,第 49、53—54 页。

广西造纸手工业分为纱纸手工业和竹纸手工业，各以纱树皮和竹子为原料。纱纸生产主要集中在都安、隆山、那马等少数民族聚居山区县。1937 年土纸出口总值桂币 170 多万元，洋纸输入 233 多万元。据 1938 年调查都安有 15 乡 100 村生产纱纸，纸户 1111 户，纸槽 1117 个，年产纱纸约 128 万斤，那马有 5 乡生产纱纸，纸槽 564 个，年产纱纸 92 万斤，隆山有 14 乡 28 村生产纱纸，纸户 413 户，年产纱纸 35 万斤。那马纱纸质量最佳，出口东南亚、美国等地，都安纱纸大部分远销香港和省外，隆山纱纸质量较差，销往宾阳、柳州和南宁等地。广西盛产竹子，竹纸手工业分布较纱纸广泛，其中融县最为突出，全县造纸作坊有 50 家，纸槽 100 个，年产竹纸 8000 担。①

3. 福建、浙江

福建省造纸业素来兴盛，1936 年全省 47 县有手工纸纸槽 1 万多个，年产 4.6 万余吨，居全国第 4 位，其中文化用纸 1.9 万吨居全国首位。② 1937 年抗日战争全面爆发后在上海、华北一带销路受到影响，槽户数量稍有减少，1937 年福建年产纸 86 万市担，1938 年减至 62.4 万市担（见表 13-41）。日军入侵厦门后洋纸中断，加上消费量增加，福建省内纸业逐渐复兴，全省 47 县槽户共 10815 户，纸工 6.6 万余人，其中闽江流域槽户超过 5000 户，纸工超过 3.3 万人。1939 年福建产纸 88.6 万市担，随后减至 1943 年的 1.4 万市担。③ 抗日战争胜利后，因内战使东北和中原销路受

① 广西壮族自治区地方志编纂委员会编：《广西通志·二轻工业志》，广西人民出版社 2003 年版，第 1、12—13 页。

② 福建省地方志编纂委员会编：《福建省志·轻工业志》，方志出版社 1996 年版，第 127—128 页。

③ 彭泽益编：《中国近代手工业史资料（1840—1949）》第 4 卷，生活·读书·新知三联书店 1957 年版，第 338、340、344 页。

阻,通货膨胀、纸乡税收繁多和贷款利率提高使成本大增,1948 年福建全省手工纸产量仅 0.5 万吨。①

表 13-41 福建 47 县槽户、纸工数量和福建纸产量(1936—1943 年)

项目 年份	福建 47 县槽户数(户)	福建 47 县纸工数(人)	福建省纸产量(市担)
1936	10730	64136	819740
1937	10700	63013	860450
1938	10464	59138	624050
1939	10815	66024	886210
1940	—	—	724244
1941	—	—	426138
1943	—	—	138470

资料来源:彭泽益编:《中国近代手工业史资料(1840—1949)》第 4 卷,生活·读书·新知三联书店 1957 年版,第 338、340、344 页。

清朝南平土纸产量居福建全省之首。1930 年福建南平造纸槽户有 734 户,纸工 2788 人。土制纸遍及各乡村,主要原料为竹,1940 年南平县全县造纸户有 800 余户,纸类产量以竹纸为大宗,粗纸年产 12 万担(每担 50 市斤以上),改良纸 3 万余刀(每刀 14 斤),棉纸 2000 余球,粗纸每担 6 元(福州沦陷前每担 10 元),改良纸每刀 8—9 元(福州沦陷前每刀 12 元)。② 长汀县毛边纸质料良好,宜为写账所用,销路西至湘粤,南至南洋,抗战初年全县产纸仅 2 万担,约值 200 余万元,1941 年增至 10 万担,约值 1500 万元。

① 福建省地方志编纂委员会编:《福建省志·轻工业志》,方志出版社 1996 年版,第 128 页。

② 南平市工商联工商史料征集委员会:《南平工商史料》第 5 辑,1992 年,第 141—143 页。

长汀纸槽约 500 个，作坊 300 余所，纸业工人万余人，连同伐竹、烧石灰、挑木炭等工人，全县 3.5 万户中 70% 直接或间接与造纸业相关。①

抗战初期浙西沦陷，浙东各海口如宁波、温州、海门等埠与外地贸易尚未中断，洋纸可自海口输入，纸价所涨也有限，1937 年下半年至 1938 年上半年浙江手工纸业为最衰落时期。当时土纸未经改良（不适用于印刷），内外均无销路，价格大跌，纸户关闭，产量锐减，纸工失业（浙江全省直接和间接从事纸业的工人达数十万人）。在庆元、遂昌一带，战前南屏纸每件市价为 6 元，1938 年跌至 3 元左右，战前遂昌南屏纸年产 3 万余担，1938 年仅 1.2 万余担。② 1938 年浙江新登、龙游等 31 县手工纸产量为 243.7 万件，产值 681.7 万元，1939 年富阳、永嘉等 47 县手工纸产量为 966.5 万件，产值 1589 万元。③ 1949 年浙江省手工纸作坊 200 余家，土纸生产不及战前 1/7，衢县土纸产量仅 2900 吨，比民国时期最高年产量（1930）减少 84%。④

4. 河南、山东

河南省造纸业历史久远，20 世纪 30—40 年代仍停留在手工造纸阶段，生产麻纸、粗纸和火纸等土纸。产区主要为密县，日产麻纸约 1900 捆，1948 年降至 900 捆左右，另有沁县、安阳、南阳等产纸区。1937 年河南省麻纸产量 718.5 万捆，1938—1940 年不足

① 陈瀚笙：《利贷资本与手工业》，《中国工业（桂林）》1942 年第 6 期。

② 韦斐斌：《浙江的造纸工业》，《中国工业（桂林）》1943 年第 13 期。

③ 顾文渊等编：《浙江经济统计》，浙江地方银行总行 1941 年版，第 124—126 页。

④ 浙江省二轻工业志编纂委员会编：《浙江省二轻工业志》，浙江人民出版社 1998 年版，第 15 页；浙江省轻纺工业志编辑委员会编：《浙江省轻工业志》，中华书局 2000 年版，第 47 页。

70万捆,1941—1946年最高年产23万余捆,粗纸年产自1937年的43.5万斤增至1938—1946年的78万—93万斤,1937—1940年火纸年产21万—24万斤,1941—1946年大多在30万—39万斤(见表13-42)。①

表13-42　河南土纸年产量(1937—1946年)

年份＼项目	麻纸(万捆)	粗纸(万斤)	火纸(万斤)	年份＼项目	麻纸(万捆)	粗纸(万斤)	火纸(万斤)
1937	718.5	43.5	21.9	1942	18	83.7	38.9
1938	68.8	78.1	23.9	1943	18.9	79.5	37.8
1939	69	77.9	22.7	1944	23.5	89.5	39.2
1940	70	77.7	21	1945	19.3	88.2	24.6
1941	14.7	93	29.9	1946	17	89.6	32.8

资料来源:河南省地方史志办公室编纂:《河南省志·造纸、印刷、包装工业志》,河南人民出版社1993年版,第9—10页。

山东手工纸产区主要分布在高青、惠民、泰安等地,以农村作坊形式生产桑皮纸(毛头纸)、草纸、麻纸等品种。据20世纪30年代中期统计,高青等8县桑皮纸年产合计2.5万余件,高青县年产量占8县总产量的37%,手工制造桑皮纸是当地重要的家庭手工业。30年代惠民县纸坊有8家,阳信县常年维持生产的纸坊有6家,沂水县14家纸坊集中在县城西乡大匡庄,蒙阴县区纸坊近百家,临朐县自龙泉河疏导后手工纸业开始中兴,纸坊达百余家。

① 河南省地方史志办公室编纂:《河南省志·造纸、印刷、包装工业志》,河南人民出版社1993年版,第9—10页。

鲁中、鲁东和鲁西南部分解放区因革命战争需要，手工纸生产有所发展。①

（三）其他

湖南手工纸纸产量高于福建和四川。1941 年湖南全省手工造纸总产量近 181 万担，其中文书印刷类用纸、迷信类用纸、包裹杂用及特种用纸 3 类纸各占 27.7%、62.5%、9.8%，总产值近 9949 万元，3 类纸各占 62.8%、24.2%、13%。② 抗战胜利后湖南原有纸槽多已损坏，新建纸槽不多，土纸供不应求，价格上涨，1947 年土纸价格涨至高峰，官堆纸每担价格折合银元 45 元。解放前国民党封锁长江，邵阳土纸无法供应江北，价格一落千丈，每担官堆纸约值三四斗米，仅及造纸成本的 1/5，整个邵阳土纸陷入绝境。③

在历史上徽州和池州是皖纸著名产地，纸质轻薄，讲究纸张精美，新中国成立前夕安徽造纸全靠手工操作，主要生产宣纸、大表纸等，年产各种手工纸仅数千担。④

粤北的南雄、始兴、连县是广东省手工造纸区，据 1941 年统计，南雄一地年可产竹纸超过 20 万担。战时洋商卷烟工业不能向国内倾销，手工卷烟逐渐发达，1942 年南雄黄烟叶产量为 3 万担，每包价格自 7 月的 650 元涨至 12 月的 1.75 万元，同时期纸价仅自 226 元

① 山东省地方史志编纂委员会：《山东省志·一轻工业志》，山东人民出版社 1993 年版，第 113—116 页。

② 彭泽益编：《中国近代手工业史资料（1840—1949）》第 4 卷，生活·读书·新知三联书店 1957 年版，第 287 页。

③ 彭泽益编：《中国近代手工业史资料（1840—1949）》第 4 卷，生活·读书·新知三联书店 1957 年版，第 502 页。

④ 安徽省地方志编纂委员会编：《安徽省志·轻工业志》，方志出版社 1998 年版，第 68 页。

(工和单报为例)涨至550元,贷款于手工造纸的游资转向烟叶,南雄造纸业一落千丈。同时与成品售价相比,生产者成本费用飞跃上涨,利润下降,普通纸农资金不足问题更为严峻。1943年南雄全县手工造纸产量自1940—1942年的12万—14万担减至3万担。①

七、卷烟业

日本全面侵华战争爆发后,重要烤烟叶产区山东东部、安徽北部被日伪所占,仅豫中一带幸存,卷烟生产重镇天津、上海、青岛、武汉等地沦陷。上海等地卷烟因战争和交通原因不能大量运入内地,卷烟供不应求。1939年国民党政府将陕、豫两省手工卷烟明令开放,准由卷户纳税贴花行销,其他各省亦准援案办理。1942年沪、港等地卷烟禁止内销。同年烟类专卖局成立,国民党政府颁布《战时烟类专卖暂行条例》,规定烟类专卖的范围是纸卷烟、雪茄烟、熏烟叶、其他机制或仿机制的烟类以及卷烟用纸,先由川、康、鄂西区实施烟类专卖,从7月1日起分两期在全国实施。专卖局将已核定收购价格的各牌卷烟,按照各承销商平均配售,由承销商按配售的数量向制造厂商交价承购,并向专卖局照收购价格一定比例缴纳专卖利益(机制卷烟缴纳100%,手工卷烟及雪茄烟缴纳60%),然后逐包领贴专卖凭证。1945年1月,国民党政府停止办理烟类专卖,实行烟草统税政策,裁撤烟类专卖机构,同年4月正式废止《战时烟类专卖暂行条例》。

日本全面侵华战争爆发前舶来卷烟在中国畅销,战争爆发后沿海工厂受到影响,而烟草产地多在后方,加上舶来卷烟输入困难,卷烟业有所发展。抗战期间美烟输入有限,抗战胜利后美国卷

① 陈信友:《南雄造纸工业的厄运》,《中国工业(桂林)》1944年第26期。

烟成品和原料大量输入，比国产卷烟物美价廉，不少中国烟厂限于倒闭状况。日本全面侵华战争爆发后河南所产烟叶难以外运，多售与小卷烟厂。机制卷烟禁止内销后，河南手工卷烟厂遍布城乡，1942年手工卷烟年产能力是机制卷烟的30多倍。抗战期间沦陷区不少烟厂关闭，外烟输入困难，加上商贾和难民流入安徽、江西、广西、贵州等，家庭卷烟户和手工卷烟厂兴起。外省卷烟难以进入浙江，浙江省内卷烟短缺，1940年准许商民开办手工卷烟厂社，各地小型烟厂兴起，温州、衢州、江山、常山、金华、宁波、嵊县等地手工卷烟厂社（厂户）自数十家至百余家不等。20世纪40年代手工卷烟厂坊也遍及福建全省各地。广东省也因外来卷烟短缺，各地兴起开设私人卷烟作坊。抗战胜利后，随着机制卷烟的发展和运销，手工卷烟逐渐衰落。浙江省新增一批机制、半机制和手工烟厂，半机制、手工烟厂在与机制烟厂的竞争中失利，1946年年底大多停产或关闭。1947年河南卷烟产量不及1946年的1/2。四川不少雪茄烟厂坊倒闭，1949年产量比抗战前期减少1/3，重庆手工卷烟厂大部分停闭，1946年月产量仅及盛时的1/3。江西、云南、福建、广东等地不少手工烟厂关闭或歇业。

（一）河南、四川

1938—1945年河南烟叶面积在82万—101万市亩，产量多在95万—142万市担，1937—1945年平均每年熏烟产量为58.8万担（见表13-43）。[①] 抗战胜利后，卷烟业对熏烟叶需求相对旺盛，河南熏烟叶除供当地卷烟厂和手工卷烟户之外，也大量销往外地。1946年河南熏烟种植面积为65.7万亩，产量92.1万担，1947

① 陈洪友：《民国时期河南手工卷烟研究（1912—1949年）》，南京大学2012年博士学位论文。

年种植面积增至85.5万亩,但收获面积仅76.6万亩,产量79.9万担,1948年种植面积和产量分别为86.7万亩和116.5万担。①

表13-43 河南烟叶面积和产量(1938—1945年)

项目 \ 年份	1938	1939	1940	1941	1942	1943	1944	1945
面积(万市亩)	94.7	91.6	101	88	81.8	82.1	90.8	91.3
产量(万市担)	110.7	135.3	172	113.6	52.1	94.6	141.8	133.2

注:烟叶面积和产量统计数字包括熏烟叶。

资料来源:陈洪友:《民国时期河南手工卷烟研究(1912—1949年)》,南京大学2012年博士学位论文。

日本全面侵华战争爆发后,平汉铁路被拆撤,河南所产熏烟叶难以外运,襄城县取代许昌成为熏烟叶集散市场,熏烟叶大多售与小规模卷烟工厂。1940年河南"用木斗以手卷制者,全省计来二万有余,每日所出烟支三千万有余"②。1941年太平洋战争爆发后,沪港等外来机制卷烟禁止内销,河南手工卷烟产销畅旺,手工卷烟厂遍布城乡,1942年河南省手摇铁机约330部,每部每小时可卷烟8000支,手工卷烟木斗约500部,每部每天可卷烟2200支,合计全年可卷烟20万余箱(每箱5万支),同时期全省机制卷烟全年可卷烟5800余箱。③ 1945年巩县回郭镇有烟厂37家,手

① 《烟讯》1947年第4期;《烟讯》1948年第7期;《烟讯》1948年第12期。

② 《税务督察刘克俭督查洛阳郑州税务情况致税务署的代电》1940年4月,江苏省中华民国工商税收史编写组、中国第二历史档案馆编:《中华民国工商税收史料选编》第3辑,《货物税》(下册),南京大学出版社1996年版,第2539—2541页。

③ 陈洪友:《民国时期河南手工卷烟研究(1912—1949年)》,南京大学2012年博士学位论文。

摇卷烟机数十部，1946年长葛石固镇有烟厂48家，百余家手工卷烟作坊，从业人员9000多人。[①] 1946年年底河南烟厂总计近400家，年产13.1万余箱，1947年上海等地机制卷烟品质优良，充斥内地，而本省手工卷烟厂户所产卷烟质量较差，销路不振，加上原料价格上涨，社会动荡，相继停工歇业的卷烟厂有200多家，全年产烟5.63万箱，1947—1948年洛阳、信阳等8区每区烟厂数量大多在二三十家，平均每家烟厂有手摇卷烟机1—1.4部，产量合计5.6万箱（见表13-44）。1948年年初，河南卷烟厂共192家，卷烟机229部。[②] 1949年年初，河南省手工卷烟登记户1476户，年产约17万箱。[③]

表13-44　河南8区烟厂、手摇卷烟机数量和卷烟产量（1947—1948年）

项目 地区	1947—1948年 烟厂数量（家）	1947—1948年 手摇卷烟机数量（部）	1947年产量 （万箱）
洛阳分区	29	41	1.97
南阳分区	34	42	1.14
许昌分区	20	—	0.76
郑县分区	11	13	0.43
商丘分区	25	26	0.38

① 中国人民政治协商会议巩县委员会文史资料研究委员会编：《巩县文史资料》第13辑，1985年版，第20页；李耕五编著：《许昌烤烟发展史话》，1992年版，第158页。

② 王禹孖：《河南区卷烟产销概况》，《税务半月刊》1948年第3卷第5期。

③ 河南省地方史志办公室编纂：《河南省志·烟草工业志》，河南人民出版社1995年版，第34页。

续表

项目 地区	1947—1948 年 烟厂数量(家)	1947—1948 年 手摇卷烟机数量(部)	1947 年产量 (万箱)
开封分区	21	21	0.40
漯河分区	24	25	0.26
信阳分区	28	28	0.26

资料来源:王禹孖:《河南区卷烟产销概况》,《税务半月刊》1948 年第 3 卷第 5 期。

成都家庭卷烟手工业数量不少,集中在椒子街、紫东街、红布街等处。成都手工卷烟箱约有 1000 具,卷制工人 2500 人以上,普通工人每日可卷纸烟 1 条(每条 50 小包),熟练工人可卷 3 条。据估计,成都每月手卷纸烟产量约 3 万条,多销于附近各州县,使用烟叶 300 担,多运自河南和山西,部分由中江供给。① 中江工业以制造卷烟为主,大小工厂百余家,资本额最低四五万元,最高约 1000 万元,采用旧式手工方法卷制,产品运销四川全省,也有运至西安、兰州两地,每年销量约 2 万担。日本全面侵华战争爆发后,长江各流域销路断绝,中江卷烟业大受影响,20 世纪 40 年代每年均有烟厂停闲。② 以往卷烟市场除本地烟厂出品外,主要是豫烟,随后几乎全为沪烟和美烟替代,成都卷烟厂多有倒闭。③

抗战胜利后重庆市手工卷烟厂有所增加,但因外货涌进不得不降价配售,多数厂商纷纷停闭,1946 年年初全市尚存 140 家,仅

① 张圣轩:《成都工业现状及其发展途径》,《四川经济季刊》1944 年第 1 卷第 4 期。

② 邹必先:《三十四年一月份中江经济动态》,《四川经济季刊》1945 年第 2 卷第 3 期。

③ 张逸宾:《抢救当前中国卷烟工业》,《经济周报》1946 年第 3 卷第 9 期。

30 余家能勉强维持。[①] 重庆卷烟最盛时每月产量达 1500 大箱（5 万支装），1946 年减至 500 大箱。[②] 据统计，美国“菲利普”烟每月渝市销量 400—500 大箱，本地烟以往每箱售价 180 万元，1947 年最高仅售 100 万元左右，品质稍次者每箱约 50 万元，每箱捐税 29 万—30 万元，烟厂负担沉重，手工之烟厂全部停闭，机制工厂呈半停工状态。[③]

四川雪茄烟因原料质量高、配方独特而具有一定优势，20 世纪 30 年代末 40 年代初全省年产量最高时超过 3 万箱。20 世纪 30 年代中后期中江县雪茄烟生产进入鼎盛时期，大小厂坊超过 200 家，年产量超过 1.2 万箱。1940 年什邡县雪茄烟厂（坊）有 69 家，其中 33 家规模较大，年产 0.5 万箱。1941 年万县雪茄作坊自 1920 年 5 家增至 30 余家。20 世纪 40 年代后由于卷烟兴起、英美卷烟倾销和税负沉重等原因，不少厂坊倒闭，维持生产者大都处于半开工状态。1949 年全省仅有 30 个厂（坊）继续生产，年产量不足 2 万箱。[④]

（二）安徽、江西、湖南

日本全面侵华战争爆发后安徽省大片地区沦陷，各埠烟厂关闭，外烟入境困难。民国山东流亡政府迁驻阜阳南境，沦陷城市商贾不少云集界首，军需民用推动抗战后方卷烟业发展。抗战后方纷纷兴办手工卷烟工厂（场）、作坊，或一家一户使用木推子生产卷烟。20 世纪 40 年代手工卷烟在安徽广泛分布，1940 年阜阳城手工卷烟店铺超过 500 家，使用单人操作木推子的零星卷烟户到处可见，仅

---

① 钟古熙：《经济消息纪要》，《四川经济季刊》1946 年第 3 卷第 4 期。

② 张逸宾：《抢救当前中国卷烟工业》，《经济周报》1946 年第 3 卷第 9 期。

③ 《四川工矿业近景》，《西南实业通讯》（上海版）1947 年创刊号。

④ 四川省地方志编纂委员会编著：《四川省志 · 轻工业志》，四川辞书出版社 1993 年版，第 82—83 页。

东北关就有1300余户,六安便门外沿河街有20余家手工卷烟店铺,蚌埠小卷烟厂(场)和作坊最多时达340家,日产卷烟200箱,品种超过100种,亳县卷烟作坊100多家,界首24家,临泉数十家。六安勤生、寿县长淮、霍山新华、立煌建国等7家烟厂均自使用手工木机卷烟开始。寿县长淮手工卷烟社创办于1941年,组织难民近20人使用手摇卷烟机制造,寿县县城沦陷后迁至寿东维持生产。阜阳宏达手工卷烟厂创办于1942年,雇用工人20人,使用手摇卷烟机每小时可出烟1500支,月产36万支。淮南田家菴、合肥、芜湖、安庆等地也有少量手工卷烟工厂(场)和作坊。①

江西手工卷烟始于20世纪30年代,1931年中华苏维埃共和国临时中央政府在瑞金开办纸烟厂,以小型木机手工制作卷烟。日本全面侵华战争爆发后,沦陷区大批难民涌入江西等地,战争导致外地卷烟不能进入江西而当地烟叶无法外销,一些难民采用小型木制卷烟设备从事手工卷烟制销,仅景德镇和抚州地区家庭卷烟户就近400家,赣州有木锥盒子卷烟机千余架。40年代江西境内出现手工卷烟厂,1940年景德镇手工卷烟厂有40余家,从业人员100余人,生产牌号百余种,其中“金鸡”“金狮”日产量达200—250条,宜春“混一天”手工卷烟店扩大生产改名为“华南兄弟烟草公司”,雇卷烟工人7—8人,日产卷烟20—30条,浔阳卷烟厂雇男女工人100余人,手工卷烟机30余台,日产卷烟150条。1942年抚州地区手工卷烟厂有300余家,以临川、南城和南丰3县为最多。临川县城23家手工卷烟厂卷烟工人达数千人,南城县20余家卷烟厂工人近千名。抗战后期吉安市私营手工卷烟厂有20余家。在赣州地区以瑞金县手工卷烟最为突出,1940年瑞金县

① 安徽省地方志编纂委员会编:《安徽省志・烟草志》,方志出版社1998年版,第59页。

开办卷烟厂雇工百余人手工卷制“金钟”烟，年产千余箱，1940 年、1942 年和 1945 年先后成立 3 家卷烟合作社，各有社员 7 人，（另有学徒 3 人）工人 20 人，社员 11 人。据不完全统计，1940—1945 年景德镇、新余、抚州、吉安、赣州等地开办手工卷烟厂 400 余家。1945 年抗战胜利后，大批难民返乡，1946 年国民党政府财政部对个体卷烟户开始加以限制，据 1946 年部分市县统计，手工卷烟厂有 172 户。1947 年后随着交通恢复，机制卷烟大量进入各地市场，加上物价飞涨，不少手工卷烟歇业，1948 年全省手工卷烟厂数量显著减少，抚州、新余、吉安、景德镇等地手工卷烟厂仅存 50 余家。①

1938 年 11 月日军侵入湖南，洋烟货源断绝，外省烟草因交通阻塞而输入困难，烟叶原料紧缺，卷烟市场供应日趋紧张。上海、南京、汉口等大城市相继失守后，大批难民涌入湖南。为求生计，一部分难民依靠带来的手工卷烟技术和手工卷烟机，以生产、销售香烟为生。随着城市人口的增加，卷烟需求量较大，手工卷烟业有所发展。长沙因人工低廉，产烟丰富且运输便利，手工卷烟业较为发达，20 世纪 40 年代约有 56 家组织完善的烟厂，仅有华昌 1 家为机器卷烟，其他均为手工。56 家卷烟工厂资金合计 3000 万元，从业工人 4 万名，日产量 40 箱，年产总值 4 亿多元。② 抗战胜利后，随着省外卷烟和洋烟的输入和省内机制卷烟的发展，手工卷烟逐渐衰落。

（三）广西、贵州、云南

1933 年广西烟叶产量为 0.7 万吨，居全国第 9 位，1937 年增

---

① 《江西省烟草志》编纂委员会编：《江西省烟草志》，方志出版社 1998 年版，第 65—66 页。

② 何培桢：《记长沙手工业出品展览会》，《贵州企业季刊》1943 年第 1 卷第 4 期。

至1.5万吨,1938—1940年在1.3万—1.4万吨,1941年高达2.8万吨,1944—1945年复减至1.4万—1.5万吨。① 日本全面侵华战争爆发后,随着外地难民南下至柳州、桂林等地,一些难民带来手工卷烟设备和技术,手工卷烟业发展较快。桂林作为大后方城市,1938—1944年间新建烟厂41家,全市烟厂达66家,木质手工卷烟机267台,从业人员约700人,年产卷烟73万条。1938—1941年间柳州手工卷烟户发展到26户,1944年增至40余户,平均每户卷烟150条左右。1940—1948年梧州手工卷烟厂近30家。手工卷烟厂资本从数万元至数十万元不等,也有高达400万元、500万元者,工人数以10—30人居多。② 1944年桂林、柳州等地相继沦陷后,卷烟厂纷纷迁至贵州、四川等地另谋出路。

抗日战争期间一方面因上海等地卷烟不能内运;另一方面逃难来黔的移民具备手工卷烟技术,就地取材使用当地烟叶原料从事手工卷烟生产以谋生,生产设备仅需木斗。1941年贵州有手工卷烟厂社17家,多集中在贵阳,一般以10—30人方式组织生产。镇远难民卷烟厂及三穗龙溪口一带手工卷烟户约30户,每月出产卷烟五六十大箱。手工卷烟厂户产品多在当地及贵州各地行销。1943年贵州思南设有手工卷烟厂3家,每月产量为110大箱。贵定有烟厂8家,每月产量约六七十箱;都匀有烟厂7家,每月产量约一二十箱,独山有烟厂7家,每月产量约三四十箱。遵义、安顺等地也各有烟厂六七家。贵阳烟厂多至75家。1943年江口全县手工卷烟户有80户,使用木斗卷制,年产卷烟4000条。据调查,

① 广西烟草行业志编纂委员会编:《广西烟草行业志·广西烟草志》,广西人民出版社2009年版,第38页。

② 广西烟草行业志编纂委员会编:《广西烟草行业志·广西烟草志》,广西人民出版社2009年版,第174—182页。

1943 年贵州卷烟厂户除贵州烟草公司采用机器卷制纸烟外,其余全部采用木机卷制。1944 年日军发动豫湘桂战役,侵占湘、桂及黔南一带,湖南、广西两省 10 余家烟厂迁入贵州。1945 年,贵阳市有卷烟厂社 64 家,除贵州烟草公司生产机制卷烟外,华利、江华、桂林城区生产合作社、利群、南明、一中等 6 家烟厂使用小型卷烟机生产卷烟,该小型机采用人力。其他卷烟厂社仍采用木斗生产。同时期,铜仁县城手工卷烟业有 20 户。由广西迁至毕节的荣军第十二临时教养院和第九休养院,其中部分伤残军人及其家属,成立"荣军卷烟小组",使用木斗(木推子)生产手工卷烟。带动了当地卷烟厂的发展,相继出现战友、四喜、民族、荣光等烟厂和六合卷烟社。黔西县设有乐陶、荣利、荣军第一、荣军第二、寄生、兄弟等卷烟厂,也多使用木斗生产卷烟。据统计 1945 年,贵州生产卷烟 8000 大箱,其中 95%在境内销售,5%销往外省。随着贵阳物价暴跌,外来人口回乡,卷烟销量锐减。外地卷烟大量涌进贵州,贵阳各烟厂社产品销量下跌,据记载 1945 年年底贵阳卷烟厂社由 64 家减少到 20 余家。抗战胜利后外烟倾销,当地卷烟业逐渐衰落。①

云南手工卷烟始于民国初期,与机制卷烟同时兴起,机制卷烟生产效率高、质量好、成本低,手工卷烟逐渐被取代。1944 年云南扩大烤烟种植,机制烟厂和手工卷烟厂均有增加,20 世纪 40 年代昆明手工烟厂约 15 家,员工数十人,设备资产大多不超过 1000 元,有的为 2000 元或 3000 元。1946 年卷烟生产从省城向县城发展。玉溪县手工卷烟较为突出,仅玉溪州城手工卷烟作坊就超过 10 家,通常自购烟叶制丝,自印烟盒,摆摊设点自销或叫卖。随着

① 陈洪友:《试论抗战时期贵州烟草业发展模式》,《中国社会经济史研究》2012 年第 3 期;贵阳市志编纂委员会办公室编:《民国贵阳经济》,贵州教育出版社 1993 年版,第 232 页。

沿海和内地卷烟进入云南,以及当地机制卷烟的发展,1947 年后手工卷烟日趋减少。① 鹤庆县有纸烟制造所 300 余家,每家日产量在 3000 支以上,全县每月总产量约 2000 万支,是当地最重要的手工业。烟草来自蒙化,烟纸为江西所产,由驮马商或纸烟制造者自下关贩运至鹤庆,卷烟工作基本全由童工完成,熟练童工每日可卷 2000 余支,每千支可得工资约合新币 50 元。②

(四)浙江、福建、广东

抗日战争爆发后交通阻滞,烟叶销路不畅,烟价骤跌,浙江省烟叶种植面积减少,1938 — 1945 年烟叶种植面积自战前 23 万—28 万亩减至 9. 8 万—12. 6 万亩,产量自 2 万吨左右减至 0. 8 万—1 万吨,仅桐乡县统计,战时损失烟叶 1560 吨。③ 外省卷烟难以进入,省内卷烟市场货源奇缺,机制卷烟价格上涨,1940 年浙江省财政厅训令各区县实施国民党政府财政部颁布的《管理手工卷烟厂暂行办法》,准许商民集资雇员设厂和组织手工卷烟厂社,各地纷纷开设以地产晒烟作主要原料的小型烟厂,全省手工卷烟厂户迅速发展起来。

浙江松阳盛产烟叶,以往烟叶多销往上海,日本全面侵华战争爆发后烟叶运输阻滞不易外销,当地提倡制造雪茄烟,所需设备和制造程序均比较简单,形成战时新兴工业。1938 年浙江省农业改进所在松阳研制生产雪茄烟,并训练技工,1940 年创办雪茄烟厂,年产大支 20 万支、小支 30 万支,工人最多时达 100 余人,同年浙

① 云南省地方志编纂委员会总纂、云南省烟草公司编撰:《云南省志·烟草志》,云南人民出版社 2000 年版,第 186—188 页。

② 《鹤庆的手工纸烟业》,《工业生活》1944 年第 1 卷第 2 期。

③ 《浙江烟草志》编纂委员会编:《浙江烟草志》,浙江人民出版社 1995 年版,第 8—9 页。

东烟厂成立，年产大支20万支、小支200万支，盛时工人超过200人，另有古市（农商）联合社雪茄烟工场等10余家雪茄烟厂，工人数十人，1942年松阳县沦陷，大多烟厂先后停办。①

1940年后温州卷烟厂户多达七八十家，平阳县手工卷烟厂社有数十家，其他各县各有十余家不等，烟厂除青年协记、华比等5家进行机械半机械化生产以外，其他大多数采取手工刨丝、卷制和包装。1941年前后因交通阻塞，衢州外来烟源中断，各县纷纷筹办手工卷烟厂，1941年衢县城区设浙江省第五区区立平民工厂，由政府组织诸暨、绍兴逃荒平民向本地烟店采办烟丝手工生产卷烟，以维持生活，1942年城区又设大华、胜利、新生活工艺社等十来家卷烟厂社，农村有建成、更生等5家手工卷烟厂社，各厂日产卷烟200—400包，至1944年，江山手工卷烟厂社约有20家，抗战时期常山县也有手工卷烟厂近20家，龙游、开化各有手工卷烟厂、社若干。

抗战时期丽水成为浙江省的大后方，手工卷烟厂户增加迅速，1942—1945年丽水城区成立丽阳手工卷烟厂（资本3万元、雇工50人）、公利手工卷烟社（资本2.5万元、雇工20人、木机10架、月产6箱）、联成手工卷烟社等5家，龙泉县除三松工业生产社、华新烟厂外，另有不少难民生产自救的临时手工卷烟厂，庆元县手工烟厂产品行销本县和福建松溪、政和等地，缙云县先后有手工户65家，年产卷烟300余箱。

1942年金华开始发展卷烟业，浦江为烟叶产区，手工卷烟厂户10余家，东阳、义乌、兰溪和金华县均有开设，抗战时期多数土烟丝加工坊（店）兼制手工卷烟。1943年杭州城内设3家小型烟厂，各有小卷烟车1—2部，建德县金源昌烟店原以刨制土烟丝为

① 《浙江烟草志》编纂委员会编：《浙江烟草志》，浙江人民出版社1995年版，第139—140、150页。

主、兼制少量手工卷烟,1943 年发展成为资金 8 万多元、雇工 20 多人的小型手工卷烟厂(更名为“金源昌烟厂”)。宁波市区新开或复业卷烟厂有 10 家,附近各县也出现众多机制和手工卷烟厂。台州温岭县先后有中华桦楠烟草公司手工卷烟厂、潘郎镇手工卷烟合作社等十余家,黄岩有澄江百兴手工卷烟厂等,天台有城区手工卷烟社,仙居有民生、中南手工卷烟社,临海有同心许记烟社、合泰卷烟社等。绍兴嵊县城乡相继开设手工卷烟社 120 余家,产品行销本县及东阳、义乌、宁波、杭州等地。①

抗日战争胜利后,烟叶生产有所恢复,1946—1947 年烟叶种植面积从 1945 年的 9.9 万亩增至 18 万亩左右,产量自 0.8 万吨增至 1.5 万吨左右。浙江省外烤烟和省内晒烟原料采购渠道恢复,全省新增一批机制、半机制和手工烟厂,复工和新设烟厂有 40 余家,1945—1946 年大小卷烟厂家 100 余家。半机制、手工烟厂以宁波郊县、温州、台州、衢州和丽水等地各县为多,各厂通常有木机 5—6 架,雇工 5—6 人,月产卷烟 5 万支左右。1947 年后通货膨胀,经济形势恶化,烟农亏损致使产量再次下降,1948 年和 1949 年烟叶产量再减至 0.9 万吨左右。随着上海英美烟公司及其他烟厂的复业和开设,所产卷烟充斥市场,在竞争中多数半机制、手工烟厂难以维持生产,于 1946 年年底纷纷停产。温州、衢州、台州等地各县手工烟厂大多关闭,绍兴、丽水手工烟厂全部停业或关闭,金华、兰溪两县附近 24 家手工烟厂关停 19 家。1949 年浙江省内烟厂保持经常开工者仅 10 余家。②

① 《浙江烟草志》编纂委员会编:《浙江烟草志》,浙江人民出版社 1995 年版,第 161—163 页。

② 张逸宾:《抢救当前中国卷烟工业》,《经济周报》1946 年第 3 卷第 9 期;《浙江烟草志》编纂委员会编:《浙江烟草志》,浙江人民出版社 1995 年版,第 2、8—9、161、163 页。

1934 年福建省晒烟种植面积达 18.7 万亩,年产约 28 万担,1936 年产区遍及全省 30 县,1939 年国民党政府限制游击区棉烟种植,全省烟区仅剩平和、龙溪等 9 县。1940 年全省产烟 8.2 万余担,1941 年种植面积近 11.2 万亩,产烟 26.3 万担,1942 年减少,1948 年全省烟叶产量 3.6 万吨,为民国时期最高。1934—1935 年福州市、林森、长乐和连江县先后成立手工卷烟作坊 30 余家,1937 年漳州和龙岩等地若干县市、1939 年闽东霞浦和古田等县相继发展手工卷烟业,20 世纪 40 年代手工卷烟厂、坊遍及福建全省各地。1942 年后龙岩合股经营的卷烟厂和家庭作坊式小烟厂有数十家,抗战胜利后在各种外国卷烟倾销下,大量小烟厂关闭,规模较大的烟厂也难以维持而停业。1934—1949 年间福建手工卷烟厂、坊有 500 余家,生产卷烟牌号千余种。①

20 世纪 20 年代广东出现手工卷烟作坊,其中有家庭式、3—5 人的小作坊式和 10—20 人的卷烟店铺,每天卷烟少则 8—10 条,多则 30—40 条,因价格不及英美烟草公司所推销的外来卷烟的 1/3,故也有一定销路。抗日战争期间因交通受阻,外来卷烟短缺,广东各地纷纷兴起私人卷烟作坊和店铺。北江一带是广东省大后方,并占有南雄烟叶的便利条件,曲江、南雄、连县、潮汕和梅州设立烟厂约 20 家,除个别烟厂拥有少量机器设备外,其他均靠手工操作,西江地区高要、湛江和东江地区龙川等地的卷烟厂也以手工操作为主,广州地区大小土制卷烟厂有 100 多家。1930—1945 年间广东土制卷烟最高年产量达 10 万箱(5 万支装)。抗战胜利后,外来卷烟随着交通的恢复流入广东,土制卷烟销路仅限于下层市民和农村,广州大小卷烟厂自抗战胜利初期的 69 家逐渐减至 10

① 福建省地方志编纂委员会编:《福建省志·烟草志》,方志出版社 1995 年版,第 3—4、18、82 页。

余家,潮汕、梅州一带原50多家卷烟厂仅存10多家,曲江大小卷烟厂纷纷倒闭,剩余10多家前途渺茫。①

八、手工业者工资管窥

一般青年男女,以前在乡村劳作1日所赚不到1角,战时纺纱每日可赚七八角。② 据对四川璧山269户农户调查显示,42%农户在农作之外兼营副业,其中49户从事织布。花纱局和军需署被服厂发放棉纱令民众代织,按尺给以工资,1944年7月花纱局每匹布工价为500元,被服厂为400元。49户中27户向花纱局领纱织布、22户为被服厂织布,工人合计189人,平均每人年织布收入5.1万元。多数机户仅备织布机一两架,利用自家劳力领纱织布增加家庭收入,少数几家雇用工人。27家花纱局机户共有工人70人,一年收入337.9万元,平均每家工人数和收入各为2.6人和12.5万元。22家机户共有工人119人,一年收入623万元,平均每家工人数和收入各为5.4人和28.3万元。③ 浙江平阳土布生产者是农村家庭妇女,产量高者平均每天可织布7丈,四五天可织成1筒,每筒工资2元。纺纱每天大约可赚4角。④

四川盐工多由雇主供给伙食,工资较低,战前从数元到二三十元不等。抗战爆发后财政部盐务总局为动员四川省盐工增产,规定盐工工资除工程师、管事、山匠及柜房职员由井户核定外,工人

① 广东省地方史志编纂委员会编:《广东省志·烟草志》,广东人民出版社2000年版,第120—121页。

② 穆藕初:《内地土纱状况》,《农业推广通讯》1940年第2卷第1期。

③ 童润之:《璧山附郭四乡区农村社会经济状况调查》,《四川经济季刊》1945年第2卷第1期。

④ 寄遥:《浙南平阳手工纺织的再生》,《农本》1941年第51期。

工资支付标准统一由盐务局核计，计入成本，井灶主按所核数目按月发放。随着物价上涨，盐场加发津贴，自贡两场发放平价米贴。各盐场盐工工资高低悬殊，川康区自流井、贡井、犍为、乐山等场在资方发放津贴之外，盐工每月工资自 30 元到 196 元不等，普通为 50—100 元，资中、井仁、大足等场自 20 元到 150 元不等，普通为 30—60 元，川东区各场由资方提供津贴的盐工每月工资高则 150 元，低则 25 元，普通为 50—70 元，不发放津贴的盐工高则 225 元，低则 32 元。① 福建武夷采茶工人工资规则严密，以工作效率分级制订，以 1940 年碧石岩 14 工人为例，除膳食全春净得工资额在 9—16 元不等（当年米价为每元 5 斤）。② 纸工工资因地域、职务和技术而异，并随物价变动。以 1943 年 12 月邵武县为例，所有纸工除由槽户提供膳食外，扛尾与杂役每月 100—150 元，扛头、踏料与焙纸每月 200—350 元。③

① 四川省盐业工会筹备委员会编印：《四川盐工概况》，1942 年印行，第 28—31 页。

② 彭泽益编：《中国近代手工业史资料（1840—1949）》第 4 卷，生活·读书·新知三联书店 1957 年版，第 334—335 页。

③ 彭泽益编：《中国近代手工业史资料（1840—1949）》第 4 卷，生活·读书·新知三联书店 1957 年版，第 343 页。

第十四章

抗日战争后方和国民党统治区的交通业

在 1937 年“七七事变”中国奋起全面抗战之前，除东北地区以外的新式交通运输和邮电通信各业均有不同程度的发展。① 然而，这样的交通基础仍然十分薄弱，不足以应对日本军国主义发动的更大规模的侵华战争。

早在“九一八事变”发生伊始，国民党政府在交通方面即有所应对。如在铁路方面，建筑新路、整顿旧路、整理旧债、筹措新债。新路建设以长江以南为主，兼及西南、西北地区。完成株洲至韶关段，打通粤汉铁路，并与广九铁路接轨；兴建浙赣、苏嘉、沪杭甬铁路和钱塘江大桥以及淮南、江南铁路，构筑国民党统治中心的交通网，并与筹备中的西南地区铁路连接，便于运输和后撤；续建陇海铁路，建筑同蒲铁路，开启西部、西北后方的铁路建设。又仓促兴建京赣、成渝、湘黔铁路，为军民撤往西南后方做准备，未及完工日本侵略者已大举入侵。

日本发动全面侵华战争初期，以铁路为对象，疯狂破坏、切断、封锁中国铁路交通。日军完全夺占北宁、平绥铁路后，又沿平汉、津浦铁路南侵，在淞沪与中国军队主力激战，封锁海口，沿京沪、沪杭、浙赣铁路和陇海铁路分头西进。所到之处，中国铁路遭到严重

---

① 参见刘克祥、吴太昌主编：《中国近代经济史（1927—1937）》第四章“交通运输和邮电通信业”，人民出版社 2010 年版。

破坏,华北、东南沿海进口物资运输线被切断。而中国方面建成黄埔港支线,使粤汉和广九铁路相接,大批物资从广州、香港北运,支持抗战。

1938年9月,日军同时进攻武汉、广州,控制粤汉铁路两端,并切断平汉铁路南段。国民党政府一方面利用中国香港、越南海防航线和滇越铁路输入物资,另一方面加紧建设公路干线,并将西南、西北各主要公路干线提高标准,加以改善。赶筑甘肃新疆公路,续建西兰、川陕公路,便利中苏易货贸易,尤其是苏联军用物资的大量输入;兴建滇缅公路通达缅甸,完成湘桂公路连接越南,以维持国际交通。铁路方面则在武汉、广州抗战正酣之时,湘桂铁路衡阳至桂林段建成通车。同时,桂越公路高平至田东联络线完工,滇越公路也在赶筑。

武汉、广州沦陷后,日本侵略者加强了封锁。1940年6月,日本乘法国败于纳粹德国之机,占领越南海防,破坏滇越铁路运输。中国改由缅甸仰光进口物资,改善滇缅公路,赶筑滇缅铁路,并利用浙赣铁路部分路段通往东南沿海。1941年12月8日太平洋战争爆发,中国香港、新加坡相继沦陷,仰光告急。国民党政府不得不筹划建设中国印度交通。1942年3月仰光沦陷后,西南陆路交通全部中断,中国乃开辟中印空中运输线,使险象环生的驼峰航线成为支持抗战的国际交通生命线。1945年1月,中国远征军浴血奋战恢复滇缅公路全线,西南方向陆路国际交通终于恢复。

在这一过程中,西南、西北交通网的建设,对持久抗战发挥了重大作用。在全面抗战初期,国民党政府动员各铁路和长江轮船全力军运,同时抢运战区人员、物资、企业至内地,在后方恢复生产。南京、武汉相继沦陷,广大东部地区原有交通线路和器材遭受严重损失。国民党政府被迫西迁重庆,西南、西北地区成为国民党统治的军事政治经济中心。为适应战争和后方民生的需要,国民党政府大量投资,增修新的交通线路,补充各类器材,在交通素不发达的西南、西北地区发展新式交通业。如铁路方面,赶筑湘桂铁路,完成衡阳至桂林、桂林至柳州两段;南宁至镇南关段完成一段,不久自行拆毁。黔桂铁路则完成柳州至都匀段。赶筑滇缅、川滇两条铁路,川滇(叙昆)路昆明至沾益段建成通车;而滇缅路已完工程不久就自行拆毁。西北方面,赶筑陇海铁路宝鸡至天水段干线、咸阳至同官(今铜川)煤运支线。公路方面,则在缺乏水运和铁路的西南、西北发展公路运输。首先是承担国际交通和军事运输重任的港粤、滇缅、河岳(东河至岳墟)、滇越、西祥(西昌至祥云)等线,以及中印公路的修建;其次是国内省际联络线,如川湘路川段、川滇东路、川中公路、乐西(乐山至西昌)公路,以及天双(天水至双石铺)等公路的修建;最后是各省已建成公路的改善。

而旧式交通方式如驿运、木船等,也发挥了重要作用。

除了水陆运输,大后方航空运输也有发展。全面抗战开始,沿海和华北航线均告中断,中国和欧亚—中央两家航空公司先以武汉为中心,开辟武汉至香港航线;继而以重庆为中心,开辟重庆至香港、重庆至昆明、昆明至河内、昆明至仰光、昆明至印度等航线,力维国际航线不断。还与苏联合作开辟中苏航线。缅甸沦陷后,中国航空公司冒险开辟驼峰航线。

大后方邮政电信业对持久抗战亦有贡献。建设西南、西北电信网,电报以有线电报为主,多供军用;无线电报为辅,多为民用。长途电话也以有线为主。国际通报则全靠无线。增开通海邮路,自备汽车运输邮件,增加邮差邮路,增设局所,创办军邮。

1945 年 1 月中缅公路打通,交通部门为配合军事反攻,实施紧急修复公路、铁路和电信计划,成立铁路总队、电信总队和随军新闻电台等;同时修理招商局江轮,拨款协助民生公司打捞、修理轮船;又拨专款建造大批木船,增强长江水运力量。[1]

后方军民,包括海外华人华侨,都为交通抗战作出了贡献,甚至牺牲了生命。与此同时,国民党国家垄断资本发展成为后方新式交通建设和运营的主体。

1945 年 8 月抗战胜利后,接收日伪交通,办理复员运输,修复和新建交通线路摆上日程。然而,国民党政府在美帝国主义支持下挑起内战,中国共产党领导人民发起解放战争。战火纷飞,交通建设乏善可陈。在初期的复员运输兴盛一时之后,商营运输有所恢复和发展。但很快内战爆发,运输则以军运为主,商营运输陷入衰落。

因此,相比较而言,国民党统治区在全面抗日战争和解放战争前后两个时期,反倒是全面抗战时期的交通业有所发展。

第一节 抗日后方国民党政府交通统制的确立

战时交通,无疑以军事运输为主。其建设和运营,主要服务于战争需要;其次还要兼顾地方经济和民生的需求,即所谓抗战与建国并举。兵马未动粮草先行。战时所需物资,全赖交通才能发挥作用。而在特殊的战争环境下,如何发挥交通的作用,是摆在仓促应战的国民党政府面前的难题。国民党政府全面实施统制经济,交通业也不例外。

全面抗战爆发,国民党统治区被迫转入战时体制。作为国民党政府的战时经济统制政策的重要组成部分,交通统制是通过各

---

① 俞飞鹏:《十五年来之交通概况》,国民党政府交通部 1946 年印行,第 1—5 页。

项政策、措施体现出来的。正如曾任交通部部长的张嘉璈总结说,“战时的交通管理政策,则是按照国防计划,在强制实行的环境中,以争取战争的胜利为目的。所以战时交通管理,必须使交通各部门各单位在统一的意志指挥下,调度灵活,步伐一致”,体现出一种“统制”的精神。所谓“统”,他认为其意义“是使各种不同的甚至相反的事事物物,有计划的统一起来,组织起来”;“制”的意义,“就是利用组织统一的方式而发生一种力量,更进一步来运用这种力量”。他强调,“战时交通一定要在这种有计划有组织而统一的管理之下”,完成交通“对于全国总动员的任务”①。国民党政府交通部在抗战末期总结说,“交通在战时所负唯一任务,厥为配合军事,把握时机,加强军民运输与通讯,以争取胜利”②。

简言之,交通统制就是从规划、建设到运营,均由国家权力机构统一组织、集中领导、有计划进行,强制性比平常更加突出。具体方式就是以国营为主。它不以经济效益为主要目标,而是服从国家战略目标,绝对服从抗战军事的需要,最高目的就是夺取战争胜利。这也是一些国家战时的通常做法。由于交通更具有公共品的特性,尤其需要全国一盘棋规划、组织、建设和运营,统制的特色也更加突出。正如时人所分析的,与和平时期不同,战时交通统制更具有强制性,以军事第一为原则;凡有违背,即遭取缔。③

---

① 张嘉璈:《战时交通问题》,见国民党中央训练团党政训练班编:《中央训练团党政训练班讲演录》,中央训练团 1940 年印行,第 5—6 页。

② 交通部编:《六全大会交通工作报告》,见中国第二历史档案馆编:《中华民国史档案资料汇编》第 5 辑第 2 编,财政经济(10),江苏古籍出版社 1997 年版,第 108 页。

③ 王沿津:《战时交通政策》,独立出版社 1940 年印行,(台北)“中央”文物供应社 1976 年影印版,第 29 页。

由于国民党政府一直秉承“攘外必先安内”的方针，各方面并未做好抗击日本侵略的准备。“九一八事变”后，国民党政府将中国共产党和工农红军视作心腹大患，全力“围剿”。相当一部分的交通建设也是围绕这一目标进行的。1934 年 10 月，中央红军开始长征，一年后胜利到达陕北。其间，国民党政府自认为大规模的“剿共”行动告一段落①，一方面继续派兵“围剿”红军；另一方面迫于中国各界要求团结抗战及日本帝国主义步步进逼的压力，也不得不有所准备。《1935 年度防卫计划大纲》提出：“为抵制强暴，使敌难以达其速战速决之目的起见，集合国军实力坚固占领预定之阵地，以消耗之战略，行逐次之抵抗，将全国形成若干防卫区及核心，俾达长期抗战之要求。”②1936 年的国防计划大纲，提出以四川为作战总根据地。交通方面，也不得不有所调整。

1935 年 6 月，公路委员会举行会议，微调公路建设的目标。一方面，公路建设要继续满足“围剿”中国工农红军的需要；另一方面，也兼顾经济和工程的需求，同时也有应对日本入侵危机加剧的意图。改善原有公路，增筑联络公路，提高主要公路工程标准，成为公路建设的主要任务。③

然而，国民党政府对日抗战的准备工作，显然也是十分仓促

① 吴相湘编著：《第二次中日战争史》上册，（台北）综合月刊社 1973 年版，第 286 页。

② 中国第二历史档案馆藏：《国民政府军事委员会档案》，见张明楚、张同新等：《在历史的漩流中——抗战时期的国民政府》，广西师范大学出版社 1996 年版，第 25 页。

③ 俞飞鹏：《十五年来之交通概况》，国民党政府交通部 1946 年印行，第 1 页。

的,并未做好对日抗战的准备。①

1936 年 7 月 10 日至 14 日,国民党召开第五届二中全会,决定组织国防会议,其成员包括与交通有关的航空委员会委员长、行政院所属交通部部长、铁道部部长。② 1937 年 3 月在五届三中全会上又重设国防委员会为全国国防最高决定机关,交通、铁道两部为其下辖部门。同时亦保留国防会议。这样,国民党政府在仓促之间,也进行了一些抗战准备工作。同时,国民党政府还企图“剿灭”工农红军,只是因为西安事变发生而未能得逞。

西安事变和平解决后,国民党有保留地接受了中国共产党关于国共两党合作抗日的条件。国共合作、一致抗日的局面初步形成。1937 年“七七事变”后的 8 月 11 日,国民党中央政治委员会第五十一次会议决定设立“国防最高会议”,为全国国防最高决定机关,各部部长均参加。原中政会所属财政、经济、交通等专门委员会均由国防最高会议节制。③ 同时,国民党中常会召开秘密会议,决定自 8 月 12 日起全国进入战时状态。国民党政府的最高决策机制也开始向战时体制转变。④ 同年 10 月,在军事委员会下又增设农业、工矿和贸易三个调整委员会,并由三会联合组织水陆运

---

① 国民党要员陈诚在给妻子的信中承认,“对日虽决定抵抗,但毫无准备也”。见金冲及:《七七事变前蒋介石对日政策的演变》,《近代史研究》2014 年第 1 期。

② 章伯锋、庄建平主编:《抗日战争》第 1 卷,四川大学出版社 1997 年版,第 966—967 页。

③ 章伯锋、庄建平主编:《抗日战争》第 1 卷,四川大学出版社 1997 年版,第 968、969 页。

④ 吴景平、曹振威:《中华民国史》第 9 卷,中华书局 2011 年版,第 26 页。

输联合办事处。

南京沦陷后，国民党政府西迁武汉、重庆，机构又有调整。1938 年 1 月，全国经济委员会撤销，实业部改组为经济部，为主管全国经济行政事务的最高机关。撤销铁道部，其管理经营的铁路事业划入交通部；同时，全国经济委员会管辖的公路处并入交通部，改组为公路总管理处，连同军委会所辖水陆运输联合办事处，均划归交通部。交通部职能扩大，负责规划、建设、管理和经营全国国有铁路、公路、电信、邮政、航政事业，对公有及民营交通事业有监督之责，先后设有秘书、参事、技术诸厅，总务、人事、财务、路政、材料、邮政、电信、航政等司，会计处、统计处、公路总管理处，以及各委员会、电信总局、邮政总局、公路运输总局等。① 同时，作为战时最高统帅部的军事委员会，下设后方勤务部，负责交通运输、通信、补给等项事务；设航空委员会，指导航空运输和飞机、飞行器材的购买。

1938 年 3 月 29 日，国民党临时全国代表大会召开②，4 月 1 日通过《抗战建国纲领决议案》，确立抗战与建国并举的方针，提出“经济建设应以军事为中心”，“实行计划经济，奖励海内外人民投资，扩大战时生产”；“整理交通系统，举办水陆空联运，增

① 与交通行政管理直接相关的有：路政司掌管铁路行政；电政司掌管电报、电话、广播和电气交通的经营及公私电气交通业的监督；航政司掌管水运、航空行政；邮政总局掌管全国邮务行政，经营邮政业务、邮政储蓄和邮政汇兑等事项；公路总管理处掌管全国公路行政。公路运输总局成立于 1939 年 8 月，掌管全国公路运输和联运业务。参见王沿津：《战时交通政策》，独立出版社 1940 年印行，（台北）“中央”文物供应社 1976 年影印版，第 49—50 页。

② 大会开幕式在重庆举行，各项正式会议则在武汉举行。

筑铁路公路,加辟航线”。[①] 同时,大会还通过了《非常时期经济方案》。关于交通运输,提出“发展交通便利运输。1. 国内交通线路应加速添设。如铁路方面——湘桂铁路、川滇铁路、成渝铁路、咸阳至甘肃段等。公路方面——兰州经天水、南郑至老河口各段、陕甘新宁青各干线、川湘段、川滇段等。水道方面——改善旧水道,多辟内河航线,使与铁路公路联络等。2. 国际交通线路开辟扩充。铁路方面——镇南关至安南段、昆明至安南段、新疆通中亚等。公路方面——昆明至缅甸段。电信方面——在重庆、成都、昆明设强大电台。航空方面——开辟兰州经迪化到达边境以与苏联航线相联,开辟昆明到缅甸和仰光航线,以与英国欧亚航线相联”[②]。

1938 年 10 月,广州、武汉相继失陷,抗日战争进入艰苦的战略相持阶段。国民党政府机构不得不又做调整。1939 年 1 月 28 日国民党五届五中全会改组国防最高会议,以国防最高委员会“统一党政军之指挥,并代行中央政治委员会之职权”,设委员长一人,以国民党总裁任之;各部部长、航空委员会主任列为执行委员。[③] 这样,党政军合一、统一指挥的国防最高委员会就成为战时最高决策兼执行的中枢机关。

1940 年 1 月,行政院设水陆运输联合委员会,同年 9 月又改为水陆运输设计委员会,由交通部部长任主任委员。10 月,根据

---

① 中国第二历史档案馆藏:《中国国民党中央执行委员会档案》,见陆仰渊、方庆秋主编:《民国社会经济史》,中国经济出版社 1991 年版,第 519—520 页。

② 秦孝仪主编:《中华民国经济发展史》,(台北)近代中国出版社 1983 年版,第 608—611 页。

③ 章伯锋、庄建平主编:《抗日战争》第 1 卷,四川大学出版社 1997 年版,第 971—972 页。

国民党五届七中全会的精神成立中央设计局,隶属于国防最高委员会,掌管全国政治、经济建设计划和预算之设计与审议。同年12月,行政院设立“经济会议”,由行政院长及军委会有关部委负责人组成,以蒋介石为主席,每周开会一次,讨论有关经济政策事宜,内设秘书处,为经济会议的办事处。政府战时经济的一切设施均由经济会议审定,其议决案以行政院命令行之。下设政务、粮食、物资、运输、金融、贸易、合作、调查、检察、军事共10组,以分理各项经济事务。

1941年3月,国民党五届八中全会在重庆召开,通过了《积极动员人力物力财力确立战争经济体系案》,并制定《战时经济体系基本纲领》。进一步强化了以统制为核心的战时经济体系。[①]

1941年12月15日,国民党召开五届九中全会,通过了《加强国家总动员实施纲领案》,指出要借太平洋战争爆发的机遇,“与各友邦并肩勠力”“把握时机”。[②] 决议提出五项要求,并据以制定《加强国家总动员实施纲领》。国民党党政军机构也据此做了微调。

1942年4月,“经济会议”改为“国家总动员会议”,成为综理、推动国家总动员事宜的最高统制机构,下设秘书、总务、物资(审议)、检察等处(厅),分掌有关事务。

通过一系列举措,战时经济体制艰难运转;交通机构也屡加调整,交通统制得以落实。

公路交通方面,设置专门机构,负责公路建设的管理。制定法规,加强对公私汽车运输的管制。全面抗战爆发之初,公路交通仍

---

① 秦孝仪主编:《中华民国经济发展史》,(台北)近代中国出版社1983年版,第612—613页。

② 荣孟源主编:《中国国民党历次代表大会及中央全会资料》下册,光明日报出版社1985年版,第745—746页。

由全国经济委员会公路处管理,前线运输则由军事委员会后方勤务部负责①。1938年1月,国民党政府全面转入战时体制,调整中央机关,撤销全国经济委员会和公路处,交通部与铁道部合并组成交通部,下设公路总管理处,主管公路工程、运输和监理业务②;同时军事委员会后方勤务部将运输处汽车部分划出,成立汽车管理处,负责全国汽车兵团的指挥。

1939年8月,原属公路总管理处管辖的全国运输业务划出,另设运输总局,主管全国各省汽车运输业务或特约业务③,而公路总管理处则专管工程与监理。但各自为政现象仍很突出。而汉广相继沦陷后,通往越南、缅甸的国际运输显得更加重要。根据美国

① 业务机构有:1937年9月、10月,全国经委会先后设西南各省公路联运委员会和西北公路运输处,具体负责西南、西北各省公路运输,于迪化(今乌鲁木齐市)设中央运输委员会负责接运苏联援华物资;军委会则于广州设西南进出口物资运输总经理处(简称"西南运输处"),负责接运英美等国援华物资。其后,这些机构又有调整。1937年年底,西南各省公路联运委员会改组为西南公路运输总管理处(处长薛次莘);西北公路运输处与西北国营公路管理局合并组成陕甘运输管理局。西南进出口物资运输总经理处不久改称为军事委员会西南进出口物资运输总经理处,对外称兴运公司,又名西南运输公司,1941年年底撤销。见龚学遂:《中国战时交通史》,商务印书馆1946年版,第20页;周一士编著:《中华公路史》上部,(台北)商务印书馆1984年版,第245—247页。作者周一士曾任江苏省公路局副局长。

② 交通部公路总管理处由原经委会公路处改组而来,职掌业务为全国公路工程、运输和监理,1938年1月设于汉口,7月迁往重庆,处长赵祖康。1941年,该处并入军委会运输统制局,改组为公路工务总处。见周一士编著:《中华公路史》上部,(台北)商务印书馆1984年版,第242页。

③ 交通部公路运输总局职责为统筹办理各省干路及特约运输业务,1939年8月设于重庆,局长由交通部部长张嘉璈兼任(一说局长为潘光炯,见龚学遂:《中国战时交通史》,商务印书馆1946年版,第32页),外设各路运输局、驿运总管理处、中国运输公司、资源委员会运务处等。

来华考察专家的建议，拟仿照美国运输公司制度，设商业化机构办理运输业务，于1940年元旦正式成立“国民政府特许中国运输股份有限公司”，经营西南公路客货运输和国际贸易运输。股本定为5000万元，营业期限30年，设董事会，由交通部部长张嘉璈亲任董事长，陈延炯任总经理，共有客货汽车1400余辆。1941年7月改隶军委会交通统制局，董事会解散，改为官办。此时能用的汽车只有300余辆，仅能维持客运，货运全部停顿。1943年4月公司结束业务，设备移交西南公路管理局①。

1940年，国民党政府召开运输会议，认为运输与工程分立，不适应战时需要，乃于1940年4月由军事委员会设立交通统制局，统一管理全国所有交通运输事业，并于1941年7月将交通部公路总管理处和公路运输总局及下属公路机构全部并入该局。② 1942年年初，滇缅交通遭日军截断，承担滇缅公路运输的车辆转为接运通过驼峰航线空运来的物资。1943年3月又撤销交通统制局，复

① 简称“中国运输公司”，1940年，元旦成立，由交通部川桂公路运输局与财政部贸易委员会复兴商业公司运输部合并，交通部川滇公路管理处所属运输业务并入组成（龚学遂：《中国战时交通史》，商务印书馆1946年版，第20—24页）。

② 军事委员会交通统制局为统管全国运输的最高机构，1940年4月设于重庆，主任由军委会参谋总长何应钦兼任，副主任由交通部部长张嘉璈和后方勤务部部长俞飞鹏分别兼任。1941年7月交通部公路总管理处和公路运输总局及下属公路机构全部并入该局。1942年12月该局撤销，公路交通仍由交通部公路总局接管，直属军委会。参见中国国民党中央委员会党史委员会编印、秦孝仪主编：《中华民国重要史料初编 · 对日抗战时期》第四编，战时建设（三），中国国民党中央委员会1988年印本，第943—945页；龚学遂：《中国战时交通史》，商务印书馆1946年版，第33页；恽慰甘：《战时西南运输回顾》，见西南地区文史资料协作会议编：《抗战时期的西南交通》，云南人民出版社1992年版。

设交通部公路总局,统管全部公路事务。①

1944年10月,美国方面以美中联合作战任务艰巨,待运军品数量日多,向蒋介石递交《236号备忘录》,建议对运输采取统一和集中的管理;同时提交《陆上国际运输改善建议书》,提出具体建议七条,如统一机构、规定运量、管理司机、改良待遇、剔除积弊、奖掖商车和利用外才。经军政、交通、后勤三部和运输会议会商办法,提交方案,建议与美军合作实施。② 国民党政府乃于1945年1月改组运输管理机构,设军事委员会战时运输管理局,统一管理铁路、公路、水运、空运、驿运等业务。③

为加强战时运输的管理,落实运输统制,多项法规相继出台。国民党军事委员会于1939年的八九月间设立军事运输总监部及运输总司令部,并于11月公布《战时公路军事运输条例》及《战时公路运输实施规则》④,规定战时公路运输由运输总司令部统筹办

① 交通部公路总局1943年3月设于重庆,交通部部长曾养甫兼局长,赵祖康、龚学遂为副局长。下辖西北公路、川滇东路、川滇西路、滇缅公路、西南公路等运输局,川陕联运汽车管理处、川湘鄂区汽车联运处、东南办事处、重庆公共汽车管理处、各省公路局等机构。

② 龚学遂:《中国战时交通史》,商务印书馆1946年版,第50—52页。

③ 军事委员会战时运输管理局成立于1945年元旦,交通部部长俞飞鹏兼局长,次长龚学遂兼副局长,美军副参谋长麦克鲁上校兼副局长,马罗上校任助理副局长。外部机构有:西北公路管理局(设于兰州)、西北公路管理分局(设于汉中)、西南公路管理局(设于贵阳)、西南公路管理分局(设于芷江)、川滇东路管理局(设于毕节)、川滇西路管理局(设于昌都)、川康公路管理局(设于雅安)、川陕公路管理局(设于遂宁)、川湘公路管理局(设于重庆)、四川公路管理局(设于成都)、本局云南分局(设于昆明)和本局东南分局(设于宁都);各分局和管理局附设军运参谋室。该局于抗战胜利后的1945年年底结束。

④ 中国公路交通史编审委员会编:《中国公路运输史》第1册,人民交通出版社1990年版,第526—531页。

理,所有中央及各省公路局,以及公私汽车运输机构的军事运输事宜,均受运输总司令部指挥监督。还规定军事运输所用车辆,应由运输总司令部尽先在军事机关车辆中调拨。如不敷应用,再就下列各项车辆,通知各主管机关斟酌情形分别调拨或征用:(1)交通部所辖各公路管理局及运输局所属的运输车辆;(2)各省市所辖各公路局所属的运输车辆;(3)政府附属机关所属的运输车辆;(4)公私团体或私人所属的车辆。第(1)项为中央直属运输机构车辆,其余为公营和商营车辆。还规定,所调车辆在运送军品完成后,应立即发还各原有机关自行使用或营业。征用商营汽车,由公路运输总局或各管辖机关代为执行。

1942 年 1 月,军事委员会颁布《运输统制局管制商车办法》。之后,运输统制局又制定公布《各路所、管制站管制公商车辆办法》和《汽车商业同业公会的组织规定》。1943 年 2 月,交通部公路总局为控制商营汽车,在重庆设立全国商车指导委员会,并在昆明、宝鸡、兰州、衡阳和贵阳设置分会。全国商车指导委员会由交通部负责公路运输的官员龚学遂兼主任委员,政府有关机关及规模较大的汽车运输公司派人参加,各地分会的主任委员,由各地公路机构主管官员兼任,加强对各地商营汽车业的控制。同年 9 月,交通部公布《公路商车联营处组织办法》及《公路商车联合营运处所属车辆管理办法》。同年 12 月,交通部公路总局又公布《调整并加强汽车运输各业同业公会组织实施办法》及《调整商车办法》。在《公路商车联合营运处所属车辆管理办法》中,对商车的管理提出了具体要求,主要有:(1)设有联营处地点的所有商车,均应登记。登记的商车经联营处检验合格后,发给联合营运证,指定半数商车为公服务;半数自由营运。(2)为公服务及自由营运的商车,由公路总局视实际情形以命令指定行驶区域。(3)为公服务的商车,由调配机关支配使用;自由营运的商车,由联营处在指定联营区域内自由调用。但在军、公运输紧急时,自由营运的车辆,应优先装运军、公物资。(4)商车运费遵照交通部规定的运费率计算。为公服务商车的运费,由调配机关代收,统付商车所属联营处转发;自由营运商车的运费,由联营处向货主洽收。(5)商车所需燃料、配件等,由联营处呈请政府按官价协助;并准联营处设厂制造。(6)商车所有司机、技工的派遣、管理及车辆的修理,概归联营处负责办理。

除了明文规定的管理办法之外,在运输需要时,也采用临时的紧急动员办法。如1944年西南进出口物资督运委员会为督导接运美援物资,决定动员当时贵阳的1000余辆商车运输。临时动员也有规可依。如规定:(1)凡故意规避服务的商车,经查确实,即扣除请领轮胎的权利。规避一日者,酒精车与柴油车应扣除行驶里程70公里、木炭车50公里,以作为每月请领材料时核算里程的参证。(2)凡报修的商车,小修限3天,大修限10天以内修竣。特殊情形者,经检验后另行核定。(3)凡参加美援物资运输的车辆,不论行程多少,均可价购材料3000元,后又放宽发给。自1944年10月20日起,每吨公里补贴运费15元,使一般商车得以维持,不致影响运输效率。1944年12月,公路总局又颁发《战时限制车辆越区行驶办法》,以防止营运车辆自由营业。战时公路运输对商营汽车的管制,每变动一次管理体制或公布一种办法,管制也就愈加严格。这种状况,一直延续到抗日战争结束时为止。①

在上述行政和业务管理机构外,尚有若干存在时间不长的机构,如水陆运输联合委员会、水陆运输设计委员会、运输总司令部、军事运输总监部、运输会议、水陆空联运委员会、西南进出口物资

① 中国公路交通史编审委员会编:《中国公路运输史》第1册,人民交通出版社1990年版,第256—258页。

督运委员会等。①

铁路交通方面，也成立专门机构，落实统制政策。铁路交通的统制与管制有所不同。国营铁路线，原本都是分线设立管理机构。军事部门为实现铁路军运的贯通，所有军品运输所需的车辆及数量，由执行军运者通知相关铁路局筹拨。凡属军运车辆，都由军事部门监督指挥，不属军运车辆，仍由路局管理，军事部门原则上不加干预，这就是所谓的管制。但在必要时，铁路停办一切本身业务，全部员工和材料、工具一律用于办理军运，这就是所谓的统制。此时，各级军运机构一律按军事组织、军事管理；所需人员，大部分也要调用路局员工。②

“七七事变”后的 1937 年 8 月，国民党政府军事委员会在河南郑州设铁道运输司令部，由后方勤务部和军政部指挥；又在长江以北的郑州和以南的湖南株洲分别设调度总所（又名联合调度所），直属铁道运输司令部；以铁路线为单位，每一线路均设线区司令部，执行各路军运；线区司令部在各路车务段或运务段所在地设车站司令办公处。③ 铁道司令部因战局变化多次迁址。1938 年 6 月迁至武汉，10 月武汉沦陷，长江以北铁路大部分沦入敌手，军运逐渐转入公路，铁道司令部迁至衡阳。1939 年 8 月，改组为运输司令部，设于重庆，兼管公路和水道军运。1940 年 9 月，又恢复

① 周一士编著：《中华公路史》上部，（台北）商务印书馆 1984 年版，第 261—264 页。

② 龚学遂：《中国战时交通史》，商务印书馆 1946 年版，第 147 页。

③ 中国第二历史档案馆编：《中华民国史档案资料汇编》第 5 辑第 2 编，财政经济（10），江苏古籍出版社 1997 年版，第 59 页；龚学遂：《中国战时交通史》，商务印书馆 1946 年版，第 157 页。运输司令部内设运输、工务、总务、警务 4 个处；线区司令部内设运务处和总务处；车站司令办公处内设车务、工务和机务 3 个股。

为铁道运输司令部,公路和水道军运划归后方勤务部主管。1943年2月,又改组为铁道运输处,也隶属于后方勤务部。1944年年底,该处裁并入战时军委会运输管理局,原线区司令改为军运参谋,由各路局长统一指挥。

除设置军运机构,还有相应的法规和具体安排。中国铁路以国有国营为主,早在1930年即已公布实施的《铁道军运条例》,对军运即有多项优惠措施。[①] 全面抗战开始后,1937年8月军事委员会公布《战时铁道运输条例》《战时铁道运输实施规则》和《战时铁道警备规则》,并经多次修订。1940年又制定《战时铁道运输军用物资暂行办法》,与上述几项法规一并实施。[②]

新路的筹划和建设,亦有规定。1938年6月交通部颁布《交通部新路工程处章程》,规定由该处主办新路建设的一切事务,由交通部派员综理处务,监督指挥所属职员。各铁路的视察、技术事项的办理和审核,均由该处派工程技术人员进行。[③]各段铁路的施工,由交通部设工程局、处负责。通往西南大后方的湘桂铁路对于撤退人员和物资极具战略意义,1938年2月颁布条例,成立湘桂铁路股份有限公司,负责建筑和经营湖南衡阳至柳州的铁路干支线及其附属事业、铁路沿线附带有关事业,建

① 如规定与军品直接有关的运输,使用乙种运照,半价记账;间接有关的,用甲种运照,半价付现。满20人以上的正式军队,用乙种车照,半价记账;不满20人的,用甲种车照,半价付现,见龚学遂:《中国战时交通史》,商务印书馆1946年版,第159页。

② 龚学遂:《中国战时交通史》,商务印书馆1946年版,第159—160页。

③ 《交通部新路工程处章程》,见国民党政府交通部参事厅编:《交通法规汇编补刊》上册,大东新兴印书馆1940年版,第101页。

筑和经营其他铁路路线。① 1938年年初，还成立川滇铁路股份有限公司，建设昆明至叙府铁路干支线及其附属事业、铁路沿线附带有关事业，建筑和经营其他铁路路线。② 1939年6月，为筹备修建滇缅铁路，成立督办滇缅铁路公署。

轮船航运方面，也因应战时需要，从行政管理、人员培训、船运业务管理等方面加以调整。自清末兴办洋务新政，筹办轮运，政府并无专管航政的行政机构，而是委托海关总税务司兼管。1930年，国民党政府公布航政局组织法，正式设立航政局。1931年秋，在上海、天津、哈尔滨和汉口设4个航政局，并在船舶众多的重要港口设办事处，分别办理船舶的丈量、检查、登记，船员的考验、监督等事务。"九一八事变"发生后，哈尔滨航政局停办。1936年增设广州航政局。③ 1937年"七七事变"后，华北、华东地区很快沦陷，上海、天津两处航政局被迫停办。次年武汉、广州失陷后，汉口、广州航政局分别迁至重庆、梧州。原四川省川江航务管理处裁撤，迁至重庆的原汉口航政局改组为长江区航政局，并在四川各地和川、鄂、湘、赣、苏、皖等省设办事处。迁至梧州的广州航政局于1943年改组为珠江区航政局，管理广东、广西航政，而广西省航务管理局改为广西船舶管理处，双方业务各有侧重。④

---

① 《国民政府特许湘桂铁路股份有限公司条例》，见国民党政府交通部参事厅编：《交通法规汇编补刊》上册，大东新兴印书馆1940年版，第103页。

② 《国民政府特许川滇铁路股份有限公司条例》，见国民党政府交通部参事厅编：《交通法规汇编补刊》上册，大东新兴印书馆1940年版，第110页。

③ 俞飞鹏：《十五年来之交通概况》，国民党政府交通部1946年印行，第38页。

④ 广西壮族自治区地方志编纂委员会编：《广西通志·交通志》，广西人民出版社1996年版，第375页。

对航运业务的管理措施,也有相应调整。1937年9月,交通部训令各航运机关和地方当局、私人船业公司和内河船业,联合组成办事处,合作办理处置和分配船只以应各种需要、布置航行程序、供给军事运输所需船只、供给装运煤及其他货物船只、分配各船业公司码头和栈房、划一水脚价格、供给船用煤、处理船务技术及商业上的合作和调整。

商船的重要船员,原来多雇佣外国人,本国船员也大多由舵工机匠逐渐升任,缺乏严格规范的管理。1929年,交通部制定船员检定章程,设检定委员会,办理船员检定工作。1932年重新颁布船员检定章程规定,在超过20总吨的中国轮船上担任驾驶员或轮机员,均须检定合格,发给证书;船员检定合格后,才能发给或换发证书。1934年6月,正式实施船员检定章程,并颁布施行细则。1935年又合并修订为更为简明易行的船员检定暂行章程,以便实施。①

中国沿海和长江航运,除外国船只外,大都由轮船招商局承担。抗战开始不久,招商局沿海航运被迫停办,而长江航运需求猛增。交通部为适应战时需要,饬令招商局设法调动船只增加长江航运,组织长江航业联合办事处②,代行总局职权,发展并管理长江水道交通。还要求招商局增加定期航运,缩短航行时间;增加内河船只,办理铁路水道联运、公路水道联运。

航空运输、邮政电信的管理,也适应交通统制的要求而有调整。交通行政管理机构变动频繁,时而归政府行政机构管理,时而

① 俞飞鹏:《十五年来之交通概况》,国民党政府交通部1946年印行,第38页。

② 中国第二历史档案馆编:《中华民国史档案资料汇编》第5辑第2编,财政经济(10),江苏古籍出版社1997年版,第47页。

由军事部门统辖。这固然是因应战时之需,但也表明战时运输体制十分混乱,无法一以贯之地实行统一指挥、管理;政出多门甚至彼此倾轧的现象始终存在;私人通过交通牟利发国难财的情形也屡禁不止。

第二节　抗日后方的航运业

1937 年日本发动全面侵华战争后,中国的铁路运输多已中断,大部分公路也落入敌手。西南地区虽然有少数公路,但因汽油缺乏亦运量有限。至于中国空运,更是落后,运量极少。因此在战事由东向西推进时,东部地区大量工厂、机关、人员的西迁都依赖贯穿东西部的长江和轮船运输,也因此,长江中上游的运输显得特别重要。但招商局和三北轮埠公司的大批江海轮船,有的被征用沉江御敌,有的转售给外商,有的被敌人炸毁或缴获,损失惨重。

招商局虽为当时中国最大的国营航运企业,拥有巨大的江海轮船共计 8 万余吨,但保存下来并撤往长江上游地区的轮船只有 17 艘,而能在长江上游终年营运的不过 5 艘中型轮船,计 1802 吨。

在民营轮船公司中,三北轮埠公司退入川江的 16 艘轮船多数吨位大、吃水深,只有少数加入川江航行;华强公司和合众公司在川江航行的船舶也只有几艘小轮,力量微弱。① 而卢作孚 1925 年在重庆创建的民生公司一直致力于发展川江航运。该公司创办时只有 20000 元资本(实收资本仅 8000 元),仅有一条 70.6 吨位的小火轮,但仅用十年时间就垄断了川江航运,成为民国时期最大的民营航运企业,在长江的实力接近国营的轮船招商局。抗战爆发

① 凌耀伦主编:《民生公司史》,人民交通出版社 1990 年版,第 173 页。

时,民生公司能在长江上游航行的轮船有46艘,计18700余吨。而且民生公司的轮船在抗战初期未被征用,在沪轮船也在江阴封锁前驶回长江,且廉价收购了部分其他流散轮船公司的轮船,实力增强;再加西撤到大后方的很多人才被民生公司招聘,内外管理得以改善。① 因此,民生公司成为抗战期间国民党统治区最重要的交通支柱企业。

抗战初期,国民党政府企图吞并民生公司,欲将其全部船只交给军政部,由运输司令部掌管分配军差和航运。面对这种形势,一方面民生公司及时提出了"为抗战服务,军运第一"的经营方针,决定对船舶的调配完全服从于支前军运和撤退抢运的需要,并毅然采取大幅度降低运价的措施。1938年和1939年运输器材每吨运费60—80元,只及当时外商轮运的1/4—1/5。公差运费更低,按国民党政府规定,运输兵工器材只收30—37元,其他公物收40元,难童、难民免费运输,伤兵运送只收半费。② 另一方面,民生公司又通过铁道部部长张公权等在军政部部长何应钦面前游说,从而避免了被政府吞并的危险。③

民生公司承担了抗战时期主要的撤退抢运工作。1937年冬,民生公司抢运金陵兵工厂器材2000吨至重庆。12月15日,民生公司与兵工署签订了抢运汉口器材的合同。民生公司派"民本"等6艘轮船担任汉宜段抢运;调派"民主"等6艘轮船担任宜渝段抢运,共用两个月时间全部运完。至1938年4月底,共计抢运撤退物资12900余吨。1938年10月25日,武汉失守后,大约12万吨的待运物资和3万多人员滞留在宜昌,遭到日机轰炸。英、法等

① 凌耀伦主编:《民生公司史》,人民交通出版社1990年版,第205页。
② 凌耀伦主编:《民生公司史》,人民交通出版社1990年版,第259页。
③ 凌耀伦主编:《民生公司史》,人民交通出版社1990年版,第174页。

外轮趁机抬高运价2倍至3倍。为了加速物资和人员的撤退，总经理卢作孚亲赴宜昌指挥抢运，充分应用1936年开创的“三段航行”法，采取分段运输的办法，加快物资和人员的撤退，并研究出30吨重型机器的起卸方法，仅用40天时间，抢在枯水季节之前将滞留宜昌的全部人员和重要军工器材运入四川。民生公司在宜昌的抢运量相当于1936年全年的运量，不仅完成了国民党政府的内迁任务，而且为抗战后期大后方工业的发展提供了物质基础。因此，1938年年末的宜昌撤退抢运被喻为“中国实业上的敦刻尔克”①。

1939年9月，日军进犯长沙，湘桂兵工厂的第1厂、第2厂及41厂共计30000吨器材和兵工署的41厂计2000吨器材撤退到宜昌，由民生公司轮船抢运入川。1940年上半年，又抢运了16000多吨。1940年6月12日宜昌失守后，民生公司又冒着极大的风险，在接近敌人的平善坝、南沱、三斗坪一带抢运了达24800余吨的兵工器材。② 此外，在1938年，民生公司运送出川到前线的部队和壮丁人数共达30余万人，到1940年年底共运出110余万人。到1945年抗战胜利时为止，民生公司运送出川的部队和壮丁人数共达2705000人，弹药武器等30余万吨。③ 同时，民生公司还运送了大量军粮和食盐供应前线，共运出军粮116000多吨。④

抗战时期，民生公司的人员和财产虽然遭受了严重的损失，但公司的航运业务却取得了巨大发展。最显著的表现为轮船数量和吨位不断增加。1937年民生公司只有船舶46艘，其中以油为燃

---

① 凌耀伦主编：《民生公司史》，人民交通出版社1990年版，第183页。

② 凌耀伦主编：《民生公司史》，人民交通出版社1990年版，第180—183页。

③ 凌耀伦主编：《民生公司史》，人民交通出版社1990年版，第176页。

④ 凌耀伦主编：《民生公司史》，人民交通出版社1990年版，第206页。

料的船只30艘,以煤为燃料的船只16艘。1938年增加为71艘,计23358总吨。1939年,长江中下游地区沦陷,许多小船驶到宜昌无力入川,民生公司趁机购入60多艘,再加上新造17艘、购海关船4艘,船舶总数达到137艘,计36000多总吨。但在宜昌购买的小船中,有20多艘不适合在川江行驶,故民生公司对其进行了拆装改造,因此到1939年,船舶实际为116艘,共计30426总吨。1940年由于战争中的损失及其他因素,船舶数量下降到85艘,计25000总吨。从1940年至1945年,每年都有增有减,平均总数仍略有增加。抗战时期,民生公司船舶由1937年的46艘增加到1945年的85艘,增长了将近1倍;总吨位由18000多吨增加到26000余吨,增长了39%①(见表14-1)。尤其值得注意的是,在民生公司的85艘船只中,98%(82只)都是国内船厂建造的,其中民生机器厂制造了21艘,占自造船只的25.6%,说明抗战时期中国的民族造船工业发展迅速,而且民生机器厂制造川江轮船的能力已有了相当水平。②

表14-1 民生公司战时船舶增减统计(1937—1945年)

项目 年份	船舶(艘)			吨位(吨)	功率(马力)
	燃油船	燃煤船	总计		
1937	30	16	46	18718	—
1938	39	32	71	23358	44458
1939	40	76	116	30426	51935
1940	29	56	85	25281	42234
1941	30	58	88	26339	42764

① 凌耀伦主编:《民生公司史》,人民交通出版社1990年版,第202页。
② 凌耀伦主编:《民生公司史》,人民交通出版社1990年版,第204页。

续表

年份＼项目	船舶(艘)			吨位(吨)	功率(马力)
	燃油船	燃煤船	总计		
1942	28	63	91	26274	45861
1943	30	66	96	26309	49733
1944	24	63	87	25230	51636
1945	22	63	85	25781	51878

资料来源:《简讯》1946 年第 876 期,民生公司档案,见凌耀伦主编:《民生公司史》,人民交通出版社 1990 年版,第 203 页。

随着船舶的增加,客货运量及收入也在不断增加。年客运人数由 1936 年的 41 万余人次增加到 1945 年的 480 余万人次,增加了将近 11 倍;货运从 1936 年的 8 万吨增加到 1945 年的 16 万余吨,增加了 1 倍以上(见表 14-2)。

表 14-2　民生公司战时客货运输情况统计(1936—1945 年)

年份＼项目	运输量		运输收入				
	客运(人)	货运(吨)	客运收入(元)		货运收入(元)		收入总计(元)
			金额	占比(%)	金额	占比(%)	
1936	410000	80000	1383812	20.0	5512859	80.0	6896711
1937	520000	100000	1797418	20.9	6808456	79.1	8605874
1938	800000	140000	3380764	30.8	7599496	69.2	10980260
1939	1500585	150000	3882265	26.0	11048195	74.0	14930460
1940	1588964	160000	6180486	28.1	15845140	71.9	22025626
1941	1695888	170000	12690097	32.9	25869878	67.1	38559975
1942	2852859	167382	44667892	34.5	85055473	65.5	129723365
1943	3366166	166683	120940476	33.3	242662486	66.7	363611962
1944	4965946	167370	420788104	41.5	593000760	58.5	1013798864

续表

年份＼项目	运输量		运输收入				
	客运（人）	货运（吨）	客运收入(元)		货运收入(元)		收入总计（元）
			金额	占比(%)	金额	占比(%)	
1945	4884246	167540	2147870783	38.0	3510289630	62.0	5658160413

资料来源:《简讯》1946年第879—880期,民生公司档案;《业务》第4页、《财务》第105页,长航档案,转据凌耀伦主编:《民生公司史》,人民交通出版社1990年版,第204页改制。

抗战时期,民生公司的航线局限于长江中上游的主流和支流。日军侵占宜昌之后,只剩下川江的几条短途航线。唯一较长的是重庆至三斗坪航线,但民生公司在这条航线主要承担军运,运费极低。为了增加公司收入,民生公司在抗战时期增辟了多条新航线,并冒着极大的危险,在金沙江、乌江、澜沧江、赤水河及岷江、嘉陵江上游河段进行了试航与考察。此外,民生公司还与国民党政府交通部川滇公路管理处、西南运输处、战时生产局等部门合作,开展了川陕、川滇、川湘等水陆联运和水空联运,对保证战时国际进出口运输,支援抗日战争及后方建设发挥了重要作用。①

根据陪都建设计划委员会公布的抗战时期川江轮船航运业统计:1939年共有轮船160艘,70401总吨,其中民生公司有轮船116艘,30400总吨,占川江轮船总吨位的43%;招商局17艘,23894总吨,占34%;三北公司16艘,12418总吨,占17.6%;强化公司2艘,1746总吨,占2.5%;合众公司9艘,1943总吨,占2.7%。但招商局和三北公司大多数轮船的吨位和设备不适应长江上游的水文

① 凌耀伦主编:《民生公司史》,人民交通出版社1990年版,第190—202页。

条件,所以在实际参加川江营运的轮船中,民生公司占85%以上,经营航线及营业区域遍及川江、岷江、涪江、嘉陵江、金沙江和乌江,非其他公司所能企及。①

抗战时期民生公司一方面开拓后方航运,另一方面扩大附属企业,广泛投资产业。1928年创建的民生机器厂在抗战时期拥有先进的设备和强大的技术力量,能修造航行川江的各种船舶,制造后方需要的蒸汽机和各种生产设备,成为大后方最大的民营机器厂。与民生机器厂齐名的恒顺机器厂,最大的民营钢铁厂——渝鑫钢铁厂,最大的煤炭基地——天府矿业公司,最大的染织厂——大明染织厂等都为民生公司所控制。其他如贸易、保险、建筑、食品、新闻等70多个单位都有民生公司的投资。投资总金额最高达到公司股本额的一半以上,从而使民生公司成为一个以航运为中心,同时拥有机械、冶炼、煤炭、贸易、保险、纺织、食品等企业的巨大实业公司,职工增加到7000余人,形成了一个大后方巨大的民生资本企业集团,实力和影响遍及四川和西南。②

然而,由于航线缩短,公差运输繁重和运费太低,而物价燃料器材上涨,支出急剧增加,民生公司在航运上亏损严重。公司纯利从1936年的44万余元降到了1938年的35万余元,到1939年账面出现了第一次亏损,自此连年亏损。幸亏民生公司的附属事业年年盈利,才弥补了航运亏损的很大部分(见表14-3)。

---

① 凌耀伦主编:《民生公司史》,人民交通出版社1990年版,第205—206页。

② 凌耀伦主编:《民生公司史》,人民交通出版社1990年版,“绪论”第10—11页。

表 14-3　民生公司战时损益情况(1936—1945 年)

(单位:法币元)

年份＼项目	收入	支出	纯利	纯损
1936	8237453	7796872	440581	—
1937	9973874	9623851	350023	—
1938	12436508	12085768	350740	—
1939	15816199	16181415	—	365216
1940	12593272	12747802	—	154530
1941	3689931	3762854	—	72923
1942	4953905	5021489	—	67584
1943	4837192	4910530	—	73338
1944	3020936	3047837	—	26901
1945	5662368	5636662	25706	—

资料来源:凌耀伦主编:《民生公司史》,人民交通出版社 1990 年版,第 258 页。

国民党政府也通过减免税收、贷款和补贴等方式,给予民生公司财务困难一些帮助。首先,民生公司以支持抗战运输和公司连年亏损为由,要求政府减免税款。1938 年以前,民生公司的税务约占收支的 2%,1939 年收入多于 1938 年,但税收总额反而由 25 万余元减少到 17 万余元,减少了 81000 余元,仅占总支出的 1%。① 其次,民生公司向中央银行、中国银行、交通银行、中国农业银行及中央信托局、邮政储金汇业局申请到大量低息贷款。从 1941 年至 1945 年,民生公司获得各种贷款达 5.5 亿元之巨,折合战前币值约 170 余万元。再者,民生公司还以公差运价太低、船舶被炸,以及经济亏损严重为由,从政府处获得了较多补贴,补充款数折合战前币值达 280 余万元法币,以及 74546 美元。② 基本保

① 凌耀伦主编:《民生公司史》,人民交通出版社 1990 年版,“绪论”第 261—262 页。

② 凌耀伦主编:《民生公司史》,人民交通出版社 1990 年版,“绪论”第 266—269 页。

障了抗战时期大后方的交通运输任务。

值得注意的是,搬迁到重庆的南京政府航运业政策的变化,尤其是主张发展国家资本的政策在战争期间和战后的趋势越来越明显。国家资本一直在中国的交通运输业中占有垄断地位,这是历届政府借外债修建铁路和电信设施的结果。国民党政权对于中国航运业的发展也一向主张国营。孙中山在民生主义第一讲中即表明,轮船与火车、邮电等交通事业,概应由政府办理,以期运输迅速,交通灵便。若由私人办理,不仅财力不足,且易发生垄断之弊。[①] 1923 年发布的《中国国民党政纲》又规定:"企业之有独占性质者,及为私人之力所不能办者,如铁道航路等,当由国家经营之。"在 1931 年通过的《国民政府训政时期临时约法》中,则有"国家应创办国营航业,并对于民营航业予以奖励及保护"的规定。[②] 受到 1929 年爆发的世界经济大萧条的影响,国民党政府在 20 世纪 30 年代加强了经济统制,1932 年招商局的国有化即为显著例证。1932 年 10 月,财政部部长宋子文在呈交行政院的文件中表示,招商局收归国营的目的是"俾便澈底规划,造成近代企业,以维航政,而利国家及人民"[③]。宋子文所说的有利国家及人民的航政,即孙中山所谓的节制私人资本,发展国家资本。基本上,自从国民党政府宣布招商局改归国营,完成收购商股起,该局的性质已完全变成交通部属下的一个业务机关,亦是负责执行政府航业政策的机构。但因鸦片战争以来,

① 《徐学禹草拟"关于我国战后航业政策草案之补充说明"》,1944 年 1 月 18 日,(台北)国史馆藏国民政府档案,工业建设(八),典藏号:001-112000-0008,入藏登录号:001000006810A。

② 胡春台:《我国战后航业政策末议》,见中国商船驾驶员总会编纂组编印:《战后中国航业建设问题》,1943 年版,第 105 页。

③ 王洸:《中国水运志》,中华大典编印会 1966 年版,第 211 页。

中国内河和沿海的航权旁落,加上远洋航运尚不发达,所以国民党政府在战前并未制定明确的航业政策,抗战时期更是无暇顾及。①

抗战结束前夕,航权的收复为国民党政府制定战后航业政策奠定了基础。从1915年开始,中国已经陆续从11个国家收回了内河航行权和沿海贸易权。1943年1月11日签订的《中英新约》和《中美新约》废除了英美在华领事裁判权及其他旧有特权,国民党政府完全收回与航运业相关的沿海贸易权、内河航行权和引水权等主权,并收购英美在华船舶栈埠。战时继续航行于川江的英籍商轮于新约生效之日停航。英美在华轮船,自1943年5月20日起全部停止行驶。②

第三节　抗日后方的公路交通

公路交通包括公路建设和公路运输两方面的内容。中国公路交通兴起于民国初年,到1937年,全国公路总里程约113819公里③,初

---

① 熊大惠:《各国最近航业政策之分析与我国战后航业政策之研讨》,《交通建设》1945年第2期,第22—26页。

② 《航权之收回及战后五年水运建设计划——摘自〈十五年来之交通概况〉第四章〈水运〉》,《粤汉半月刊》1947年第2期,第7—10页。

③ 中国公路交通史编审委员会编:《中国公路史》第1册,人民交通出版社1990年版,第198页。其中,除黑龙江、吉林、辽宁外的关内各省公路里程为97313公里。这是根据各省公路史资料统计而得的最新数据。国民党政府交通部档案《交通部历年各省可通车公路里程表》记载为110952公里。见中国第二历史档案馆编:《中华民国史档案资料汇编》第5辑第1编,财政经济(9),江苏古籍出版社1994年版,第290—292页,但该表东北等省区的统计系1934年数据,不能反映1937年情形。

步形成全国公路交通网。但大约只有35%的公路铺有路面。① 另据不完全统计,1937年全国有各类汽车68917辆②,其中营业汽车28503辆,总收入约17806万元。③ 驿运则是利用人畜力等传统运输工具服务于抗战的方式。1937年"七七事变"爆发,中华民族奋起全面抗战。兵马未动粮草先行,战时交通的地位极为重要。大后方铁路里程短少,水运又素不发达,公路运输便成为后方交通运输的中心。为保障战时人员、物资运输的畅通,国共两党都采取诸多措施,推进公路建设和运输。

在大后方,公路建设是战时国民党政府在交通运输业投资最多的部门,所占比重高达56%④,国民党国家资本运输业(官营汽车运输)迅猛发展。公路交通建设的重点是改善后方公路、建设连接国际通道的西南、西北公路交通网;除了战场运输,公路运输的主要任务则是出口国内物产以换取外汇、输入国际物资以供抗战之需;省际交通运输则着眼于抗战与建设并举。在这一过程中,广大公路交通的建设者和运输者、沿线民众、爱国华侨,无不付出了卓越努力和重大牺牲。

---

① 龚学遂:《中国战时交通史》,商务印书馆1946年版,第8页。作者龚学遂曾于1938年2月任军委会西南进出口物资运输总经理处副主任,1943年任交通部公路总局副局长,1945年又以交通部次长身份兼任军委会战时运输管理局副局长。

② 国民党政府交通部档案:《交通部历年汽车分类表》,见中国第二历史档案馆编:《中华民国史档案资料汇编》第5辑第1编,财政经济(9),江苏古籍出版社1994年版,第290页。

③ 刘克祥、吴太昌主编:《中国近代经济史(1927—1937)》,人民出版社2012年版,第1333页。

④ 根据俞飞鹏编的《十五年来之交通概况》第102页表计算。国民党政府交通部1946年印行。

一、以国际运输通道为中心的战时公路建设

1937年,全国(包括东北)公路总里程约113819公里。其中,关内有97313公里。全面抗战开始后,急需改善旧路,赶筑新路,构建公路网,公路建设成为战时交通的重要任务。

为争取抗战胜利,中国军民一方面在抗战前方既破坏又抢修公路,以迟滞日军进犯、便利我军作战和人员、物资撤退;另一方面在西北、西南和中南部分地区大规模新建公路,改善旧路,加强养护,营建后方交通基地;建设重点是打通外国物资供给线,促进国内物产出口,维持国际运输通道。大体可分为三个阶段:"七七事变"全面抗战至汉广失陷为第一阶段,主要任务为紧急抢修前线军用道路,便于军队调动和人员、物资撤退;改善和修建粤港、西北、西南方向的国际交通线,以利物资进出口,滇缅公路的建设即为典型。汉广失陷至滇缅之战为第二阶段,重点为兴建西南、西北大后方公路和省际公路,整修和改善国际交通线,构建大后方公路交通网络,落实抗战与建国并举战略,以利持久抗战。滇缅之战至日军投降为第三阶段,继续公路的改善、整修和续建。

1937年至1940年间,为支援前方军事行动,国民党政府紧急抢修、改善军用公路约3600公里,遍及苏、浙、皖、赣、闽、鲁、豫、冀、晋、湘、鄂11个省。

国际交通线的建设在抗战中更是发挥了重要作用。国际交通线的建设是在激烈的封锁、反封锁中进行的。"七七事变"后,日本侵略者一面展开疯狂的军事进攻,一面加强对中国的封锁,试图切断中国与外部世界的联系和战略物资的供应。日本以海军封锁中国全部海岸线,于1937年8月宣布禁止中国船只在长江下游、东南沿海航行;9月,又将禁区扩大到北起秦皇岛、南到印支边界

的中国沿海地区(青岛和第三国的“租借地”除外);12 月,青岛也遭封锁。沿海仅有澳门、香港和广州湾未被封锁。[①] 日本还以空军轰炸国际铁路、公路、海港、飞机场,追炸列车、汽车、船舶,击落中国飞机。[②] 于是,战争开始后,在日本的严密封锁下,中国通往外界的陆路交通线路寥寥无几,在 1938 年年底滇缅公路开通之前,由苏联阿拉木图经中国新疆伊犁、迪化(今乌鲁木齐市)、哈密至兰州的西北公路,从法属印度支那经滇越铁路连接中国的通道,香港连接广东的通道,就成为打破封锁的重要环节。也即,西北、西南、粤港方向的公路建设,就成为争取外援的重要国际交通线。缅甸沦陷后,滇缅公路遭截断,西南方向则需开辟新的国际交通线,西北方向也需要改善或新开交通线。

具体而言,国民党政府首先在华南方面对广九、湘粤、湘桂等公路施以改善工程,以扩大香港与内地之间的运输能力;在西北方面,对西(安)兰(州)、甘(肃)新(疆)、霍迪、川陕公路开展续建、整修、改善工程,以便衔接苏联陆路交通线,承运援华物资;在西南方面,修筑桂越、滇缅、中印公路,构成经越南、缅甸和印度的进出口物资运输线路。为打通国际线路与后方各省的联络,又修建省际干线公路,各路初步连成一气。有几项重大工程在国际交通中发挥了重要作用。

首先是修建和改善西北地区公路。

1937 年 8 月,中苏签订《互不侵犯条约》。苏联还同意以易货贸易方式向中国提供军事物资,1938 年和 1939 年先后订立三次

① 张俊义、刘智鹏主编:《香港与内地关系研究》,南京大学出版社 2015 年版,第 95 页。

② 徐万民:《战争生命线——国际交通与八年抗战》,广西师范大学出版社 1995 年版,第 29 页。

贷款协定,约为2.5亿美元。利用这些贷款,中国从苏联购买大批军事物资。因此,由西安至新疆中苏边境的交通极为重要。但全面抗战爆发之前,西北地区仅着手西(安)兰(州)公路、西(安)汉(中)公路的建设。其中,西汉公路在蒋介石严令之下降低标准加紧修建,已于1936年勉强通车。全面抗战开始后,打通与苏联的交通,已成燃眉之急。国民党政府加紧修通西兰公路、甘新公路、迪霍公路,直达中苏边境,方便与苏联易货;修建川陕公路,将西北、西南连成一气,方便军事物资进入以重庆为中心的大后方。西兰公路,自西安至兰州全长704公里。甘新公路,其中甘肃段(红城子至猩猩峡)长1106公里;新疆段南线由迪化经达坂城、吐鲁番、七角井、哈密至猩猩峡813公里。迪霍公路,自迪化(今乌鲁木齐)至霍尔果斯(霍城)全长655公里。川陕公路,四川段(成都至七盘关)长420公里;陕西段(七盘关至西安)长573.5公里。这几条公路,有的在"七七事变"抗战前已经通车,加以整修;有的为新建,1939年7月全部贯通。西北公路网的建设,便利苏联物资进入中国西北,成为一条重要的国际陆路运输线。

其次是整修和新建西南地区公路,主要目的是连接与越南、缅甸和印度的交通,也是为了便于物资的进出口,特别是军事物资的输入。黔桂公路、河岳公路、滇缅公路、中印公路的建设,就是这一战略目标的重要环节。

黔桂公路由贵阳起,至河池止,全长390公里,早在1934年春即已通车,但路况极差,雨天无法行车,经整修,1939年3月初步完工。该路在车河与河岳公路连接。河岳公路起自广西省南丹县车河,至岳圩以南的中越边界,全长487公里,至1940年2月中旬各段大部完工。这一新线的开辟,有利于储存在越南的军用物资运回国内。

滇缅公路,即今昆畹公路,其东段原名"镇西干线",由昆明起经安宁、禄丰、楚雄、镇南(今南华)、祥云、弥渡、凤仪至下关,全长411.6公里,已于1935年修通。其中,昆明至禄丰段104公路铺有泥结碎石路面,禄丰至下关段多为土路,多处达不到标准。1936年由云南省禄凤段工程分处继续改善并加铺路面。

1937年8月,国民党政府拨款320万元,由云南省负责赶修滇缅公路,以备在日军封锁全部海岸出口后,能有一条经由缅甸仰光出海的交通线。10月,国民党政府与云南省和缅甸政府先后商定,由云南省政府主持修建下关至畹町段,境外腊戍至畹町段由缅甸政府修建。次年1月,云南省公路总局在保山设总工程处,同时,经委会公路处派出管理和技术人员进驻工地协助抢建,各县、区、乡长亲临工地督战。下畹段新线由下关经漾濞、保山、龙陵、芒市至畹町,全长547.4公里,于1937年11月开工。在1938年前后,每天有筑路民工和包工5万多人,最多时达20万人(含昆明至下关段改善工程),至1938年8月底仅9个多月时间,完成土方1100多万立方米,石方110万立方米,小桥涵约1700多座和部分路面工程,实现昆明至畹町全线959公里初步通车,创造了令人惊叹的筑路速度。①

1939年1月,交通部滇缅公路运输管理局接管滇缅公路的改善和未完工程及汽车运输,将全路分为7个总段、26个分段,除建立养路道班(以10公里为一班,修建一个道班房)负责路基和路面的维修及清理小塌方等工作外,主要是续建未完成的大中桥梁和芒市(潞西)至畹町间86.4公里路面工程,以及清除坍方和增设标号志等。大中桥梁由包商修筑,土方工程(路基、便道和清除坍方)和泥结碎石路面则征用民工修建。

① 云南省地方志编纂委员会编:《云南省志·交通志》,云南人民出版社2001年版,第108页。

滇缅公路通车不久,日交通量即达800辆,原有泥结碎石路面不能适应运输要求,从1940年7月起,在昆明至碧鸡关段试铺沥青路面14.6公里,效果良好。遂于次年2月,在畹町至龙陵段加铺柏油路面135.4公里,在保山附近铺筑4公里,在下关附近铺筑3公里。1942年6月,日军侵占缅甸,逼近怒江西岸,路面工程被迫停顿。

抗战期间,滇缅公路在国际援助物资的运输中,发挥了很大作用。自1939年2月至1941年12月,共运入外援物资221567吨。1942年元旦至2月20日,战局紧张,空袭频繁,仰光告急。在此紧急情况下,滇缅公路在50天中仍抢运物资52000吨;1942年2月仰光失守,6月日军占领缅甸全境,中缅公路交通中断。援华物资改由中印缅航空运输。滇缅公路承担陆路转运。1945年1月,保山—密支那—列多公路通车,滇缅公路与中印公路连通。至抗日战争胜利,在不到半年的时间内运送物资5万余吨。①

1940年冬,日军为切断中国西南方向的国际通道,阻止援华物资运输,派飞机轰炸滇缅公路惠通桥和功果桥。国民党政府决定另辟蹊径,修建中印公路,由交通部派员勘测。1941年太平洋战争爆发,盟军组成中缅战区,在缅甸开展联合作战,修建中印公路更加迫切地提上日程。1942年2月,经多次勘测,决定修建由滇缅公路上的龙陵经腾冲、缅甸密支那至印度列多的公路线,与印度境内铁路相接。不久缅甸沦陷,5月4日龙陵失守,滇缅公路被切断,中国远征军被迫撤退,已入缅的筑路员工6000多人也被日

① 参见云南省地方志编纂委员会编:《云南省志·交通志》,云南人民出版社2001年版,第108页;中国公路交通史编审委员会编:《中国公路史》第1册,人民交通出版社1990年版,第297—300页;西南地区文史资料协作会议编:《抗战时期西南的交通》,云南人民出版社1992年版,第1—121页;贾国雄:《抗战时期滇缅公路的修建及运输述论》,《四川师范大学学报(社会科学版)》2000年第2期。

军隔断，被迫绕道步行，历尽艰辛才返回国内。当年圣诞节撤往印度的中国远征军工兵独立团，配合驻印美国工兵团抢修列多至密支那公路（简称列多公路，长 434 公里），为反攻做准备。1943 年 12 月，施工难度最大的印度列多至缅甸新背洋的一段公路完成，到次年秋终于打通列多公路。

1944 年 2 月，为反攻缅甸，打破日军封锁，滇缅公路工务局筹建中印公路北线的保（山）密（支那）公路。该路从云南省保山县大官市滇缅公路 690 公里处起，经腾冲、37 号中缅国界桩（长 234 公里），进入缅境密支那宛貌止（长 133 公里），全路长 367 公里，可连接仰光铁路与列多公路。由保山至列多公路全长 1511 公路，被称为“史迪威公路”。中印公路南线则在缅甸境内，由滇缅公路终点畹町经八莫至密支那，长 337. 9 公里。中印公路穿越原始森林和蛮荒地带，人迹罕至，瘴疠为患，工程之艰巨和给养供应之困难较其他公路建设工程更甚。日本投降后，中美租借法案终止，中印公路军运随之停顿。加之经费短缺，中印公路竟因缺乏养护、年久失修而荒废。①

上述西北、西南地区国际交通线的构建，在持久抗战中发挥了重要作用。

在西南地区，还有三条联络各省的省际公路，与上述国际交通干线连接成网。一是由昆明经贵阳至重庆的昆渝公路，长 1139. 7 公里，以贵阳为中心，北通重庆，西接昆明，东至沅陵，南下柳州、桂

① 参见中国公路交通史编审委员会编：《中国公路史》第 1 册，人民交通出版社 1990 年版，第 300—303 页；《杜镇远、潘光迥关于与印缅当局会商兴修中印公路经过报告》，见中国第二历史档案馆编：《中华民国史档案资料汇编》第 5 辑第 2 编，财政经济（10），江苏古籍出版社 1997 年版，第 369—371 页；西南地区文史资料协作会议编：《抗战时期西南的交通》，云南人民出版社 1992 年版，第 56—108 页。

林,是西南地区省际交通的大动脉。二是由成渝公路上的隆昌经泸州、叙永至云南宣威、沾益的川滇东路,长791.56公里,从滇缅公路进口的物资均经此路转运至四川、陕西等地,物资到泸州后,即可顺长江而达重庆,大多重要军用物资、工矿器材都取道该路,比经由贵阳缩短200—300公里①。三是由滇缅路的祥云附近转北经兆安、西昌至乐山的川滇西路,长1073公里,沟通了川康和云南之间的交通,可接运来自滇缅公路的物资,直达四川腹地。

连接各省的公路工程还有:(1)衡阳至宝庆、洞口至榆树湾两条公路,共长248公里,缩短了东南各省与西南之间的运输线路;(2)贺县至连县公路,全长150公里,为粤桂间要道;(3)安康至白河、安康至南郑两条公路,共长525公里,是沟通陕南鄂北间交通的重要公路;(4)宝鸡至平凉公路176.8公里,是川甘两省不经过西安的另一条捷径;(5)天水至双石铺公路,长231.3公里,为西兰公路通川陕公路的要道;(6)西乡至重庆的汉白公路587公里,实际修通重庆至万源段424公里,是重庆至陕西褒城的最便捷路线。

滇缅战役之后,西南国际陆路交通已经完全断绝。为开辟西北国际运输通道,公路建设的重点又移至西北地区,修建了青藏、康青两条公路。

青藏公路自青海西宁至玉树,全长827公里,是西北地区通往西藏和西康的交通要道,1944年9月底竣工通车。康青公路自康定至青海歇武,与青藏线相接,全长793公里,1944年10月竣工,但质量极差,以至于日久废弃。

此外,还有若干公路的兴建和改善。

抗战期间的1938—1944年,国民党政府在后方新建公路

① 云南省地方志编纂委员会编:《云南省志·交通志》,云南人民出版社2001年版,第109页。

11675 公里,改善公路 88905 公里(见表 14-4);1937—1945 年共新建公路 14331 公里,修复公路 12576 公里,对公路进行改善工程的总里程约为 10 万余公里。①

表 14-4　抗日后方公路新建和改善里程统计(1938—1944 年)

(单位:公里)

项目＼年份	1938	1939	1940	1941	1942	1943	1944	总计
新建里程	973	2583	949	2616	755	1571	2228	11675
改善里程	5584	9802	9313	11887	15347	16666	20306	88905

资料来源:中国第二历史档案馆编:《中华民国史档案资料汇编》第 5 辑第 2 编,财政经济(10),江苏古籍出版社 1997 年版,第 114 页。

这些公路建设工程,对于西南和西北地区公路交通网的形成,对于战时物资运输以及后方经济的维持发挥了明显的作用。但这些公路,大多等级不高,"仅做到近似丙等标准,无法行驶高速度汽车"②;与国土面积相比,简直不成比例。

二、战时公路运输

全面抗战期间,国民党统治区的公路通车里程较战前全国通车里程大为减少,1937 年全面抗战前夕,国民党政府统治地区公

① 俞飞鹏:《十五年来之交通概况》,国民党政府交通部 1946 年印行。另据中国公路交通史编审委员会编的《中国公路史》第 1 册记载,1938 年至 1945 年新增公路 12737 公里(人民交通出版社 1990 年版,第 279 页)。

② 佚名:《我国公路工程概述》,见中国第二历史档案馆编:《中华民国史档案资料汇编》第 5 辑第 2 编,财政经济(10),江苏古籍出版社 1997 年版,第 417 页。

路通车里程为109500公里,到1942年滇缅路失守后公路里程仅为53000公里,尚不及战前的1/2。如前所述,战时后方公路都是仓促建成,交通环境一般也比较恶劣,尽管进行了大量的改善工程,多数公路路面状况依然较差,加上敌机对交通线的轰炸骚扰,车辆损毁很快,而新车辆和交通器材的进口、补充又很困难,汽车登记数较战前也大幅度减少。民用车辆由1936年年底的62000辆下降到1944年年底的32484辆,仅及战前的52.4%。在上述登记车辆中,自用客车占了很大比例,货车很多也为政府机构和国营企业所有(如资源委员会等都辖有庞大的汽车运输队)。据有关资料记载,1944年后方营业性车辆共7321辆,只占后方登记车辆总数的22.6%,其中国营公路运输机构(交通部公路总局各直辖运输处)拥有车辆4498辆,占营业性车辆的61.4%,私人营业车辆2823辆,占38.6%。① 这些营业性车辆的完好率也很低,如1944—1945年,营业性车辆的完好率只在40%—60%之间(客车完好率稍高),因此战时后方公路运输量难以提高,且很不稳定。在这一过程中,粤港、西南、西北等方向的国际运输,国营企事业单位、地方公营、民间商营和海外华侨,都在全面抗战的公路运输中发挥各自的作用;很多员工甚至牺牲了生命。

表14-5 抗日后方各类民用汽车、驾驶员、技工数量统计(1937—1945年)

(单位:汽车:辆;驾驶员、技工:人)

项目 年份	自用客车	营业客车	货车	邮车	特种车	机器脚踏车	汽车总计	驾驶员	技工
1937	36143	10837	17655	—	—	4282	68917	—	—

① 国民党政府交通部统计处编:《交通部统计年报》,国民党政府交通部1944—1945年合订本。

续表

年份＼项目	自用客车	营业客车	货车	邮车	特种车	机器脚踏车	汽车总计	驾驶员	技工
1938	18040	2489	15423	—	—	832	36784	—	—
1939	7951	1984	12776	—	—	67	22778	—	—
1940	2421	1593	11829	338	232	16	16429	24441	951
1941	3813	1623	15577	209	378	36	21636	27735	4164
1942	4732	1910	22755	567	393	83	30440	33260	6552
1943	4967	2085	23642	401	648	90	31833	36444	7608
1944	5179	2146	24000	407	658	94	32484	40798	7801
1945	5337	2314	25178	407	698	101	34035	41657	8005

资料来源：1937年统计数根据中国第二历史档案馆编：《中华民国史档案资料汇编》第5辑第3编，财政经济(7)，凤凰出版社2000年版，第348页；其他年份根据国民党政府交通部公路总局编：《公路统计年报》1946年(见张研、孙燕京主编：《民国史料丛刊》第623册，大象出版社2009年版，第223、232页)。上海市及军车未计入。

(一)国际通道的战时运输

中国近代工业落后，各种物资、设备大多仰赖进口。全面抗战开始后，对外依赖更加严重。不仅生产设备、交通工具、医药用品的需求大增，军用物资、航空器材的需要更是猛增且迫切。这样，国际运输愈加重要。国外物资进口原本依赖海运，天津、上海、香港分别为北、中、南三大商埠，以上海港吞吐量最大。自天津、上海失陷，国际运输海上通道只剩香港一地，其余皆为陆路。

重要的国际运输线，主要分布在粤港、西南和西北三个方向。粤港线，以广九、粤汉铁路为主，以水路、公路为辅。广州失陷后，此线停顿。

西南方向，有中越线、中缅线和中印线。中越线包括滇越、桂越两线，于1938年10月开始运输，由中国香港运至越南海防，改经滇越铁路而远达昆明。桂越线从越南海防至同登,以汽车经中国镇南关运至南宁,或至龙州改水运至南宁。1940 年 9 月越南沦陷,两线全部中断。中缅线是全面抗战以来历时最久、规模最大的陆路运输线,但自 1938 年 12 月起至 1942 年夏,腊戍、畹町、遮放相继沦陷,此线运输受阻,直至断绝。中印线在抗战后期发挥了重要作用。除中印空运线("驼峰运输"),中印公路即"史迪威公路"于 1945 年年初全线打通,成为车辆、物资进口的通途。中印之间的管道运输,亦发挥作用。

西北方向,即陕、甘、新线,1939 年 7 月通车后,成为西北地区唯一的国际通道,以中苏贸易为主,易货贸易兴盛。苏德战争爆发后,运输陷入停顿。这几条国际运输线,先后由不同的机构承担。

着眼于国际运输的办理,1937 年 10 月,国民党军事委员会在广州设置准军事机构"西南进出口物资运输总经理处"(以下简称"西南运输处"),以进口军用品为主要业务。广东地方官曾养甫、宋子良先后兼任或担任主任,在香港、河内、桂林、长沙等地先后视情况设办事处,广州沦陷前,总处于 9 月迁至昆明。内部机构亦有多次改组、调整,员工总数曾多达 2 万人,汽车约 3000 余辆。初期运输线路,一为经香港至广州;一为经海防至镇南关。国内则有同(登)衡(阳)、衡(阳)常(德)等 7 条线路。1938 年年底广州沦陷后,开辟滇缅公路,中缅运输线担当大任。在日军入侵东南亚期间,多名职员以身殉职,被赞为"西南精神"。1941 年年底,该处撤销,业务和设施分别移交给川滇东路运输局、中国运输股份有限公司、中缅运输总局。

西南运输处成立之初,为便于国际运输,对外称"兴运公司",于 1937 年 11 月从南宁出发,开始运输业务。后编为若干大队、中队,且屡有改编、调整。1938 年间,广九、粤汉两铁路屡遭日军轰炸、破坏,由港、粤入口物资,常有积压。5 月,先后成立广九、广乐

(昌)两个临时运输段,装载货物,由公路运输,绕过被炸铁路,再与铁路衔接。10月间,日军为策应武汉战场,在大鹏湾登陆。中国存放在港粤一带的物资亟待抢运。运输处选择重要物资先运,仓库存货用船运往梧州。广州芳村、花地等地的物资通过船运,市区仓库物资则通过汽车运输;另有一批物资以船运至英德,再转火车。汽车修理所机器设备通过汽车运输,一般人员则分别通过水路、陆路向梧州、乐昌撤退,至广州沦陷前夕的10月19日,全部疏散完毕。

香港分处自1938年2月开始办理进出口物资运输。铁路运输所需车辆,多由粤汉铁路供给,也向广九铁路借用。铁道运输总司令部计划每天调拨列车3列,装运1000吨,到10月仅运入物资13万吨,军品运入更少,其余为五金、材料、油料、机件等。水路运输主要通过港粤、港梧线,均为五金电料等普通货物,轮船运量有限,每月不过千吨。价廉速快的广九铁路,装运物资更多。广州沦陷后,进出口物资改由轮船运至越南海防和缅甸仰光,再转汽车运入国内。海防线于10月起开运,但限于普通货物。滇缅线除运输本处所需车辆、设备,还租用轮船,运送军品3000多吨。两年来运入物资约16000吨。中国香港至欧洲的出口货物,则交英、俄籍轮船运输,主要为钨砂、生锑、锡锌等矿产品,平均每月一次,历时10个月共运出矿产12640吨。公路运输,则利用进口新车驶入内地,随时配运,但因汽车运输未受重视,半年多时间,驶入新车1701辆,带运货物仅600余吨,随广州失陷而终止。香港分处也于1939年2月关闭。

在广州沦陷之际,运输处在新加坡设分处,以便接转自香港疏散和承收向欧美订购的物资,拨运仰光。1939年6月将工作范围扩大至荷属东印度群岛一带,主要负责提运滞留在荷属各地德国轮船运来的中国进口物资,经3次调查督运,因欧洲大战爆发搁置,中途无法提货问题,大半解决。1940 年 11 月,新加坡分处转移至菲律宾。

河内办事处设于 1937 年 10 月下旬,1938 年 3 月改为分处。同年 5 月移至海防,开辟三条运输线路:一由海防用铁路经河内直至昆明(即滇越铁路);二由海防用铁路至同登转桂越公路至镇南关达南宁;三由同登经桂越公路至龙州转水运至南宁。

粤港线阻断后,西南进出口物资只有从越南的海防转口最为经济。法属越南殖民政府政策多变,导致运输不畅。全面抗战开始之时,越南殖民当局强令,凡在 1937 年 7 月 13 日之后在欧洲购买,或在 8 月 15 日之后由欧洲运出的中国军火,一律不得通过越南。因此,该处除运输法国进口的军品、飞机外,仅运过苏联进口物资 2900 余吨。苏联物资到达时,正值 1938 年元旦,越南殖民当局尚未接到入口命令,中方不得不赶赴海外,与苏联船主协商,在报关单上加注“此系他轮于 8 月 13 日由黑海运出,本轮于 9 月由波罗的海转运而来”,送交殖民当局核实,才获准入口。但卸货未达半数,法国内阁改组,政策突变,严令“寸土分流不得通过”。几经交涉,至 3 月,中方才获准另外雇船,沿海以船运至中国东兴港登陆。1938 年 1 月,越南殖民当局曾允许中方免费通过 1000 辆汽车,后来仅允许湘桂、黔桂两铁路公司转运数十辆柴油车。广州失陷后,各机关车辆由香港转至越南。11 月初法方放行 6 辆卡车,但法国政府慑于日本的压力,下令禁止,凡军用车、救护车均不得通过。经再三交涉,仅放行救护车,仍禁止卡车通行。中方联络地方知名绅商向法方施压,殖民政府这才改停运为收税,意为商用车辆可以通行。最初,限每月百辆,不久放开限制,但只可夜间零散开行,不准组成车队,实为变相限制。此外,原来不限制运输金属材料和机器,后因军用材料经过渐多,法国政府又命海关,“凡制造军械所用机器及发动机,概不得通过”,殖民政府则断章取义,对普通机器也不许通行,导致停运两个多月。中方致电请驻法大使向法国政府提出质询,并请河内商会会长前往巴黎疏通,又借当地同情中国的舆论,到 1939 年 2 月上旬,法方才将原禁令改为“凡非制造军械所用之机器及发动机,均准通过”。也即,限于普通货物运输。

广州沦陷,粤港线中断,西南方向的国际运输,全靠中越、中缅两线。在中越线上,同登至衡阳公路运输极为重要。但衡阳位于粤汉铁路中段,两端已被敌占,致使同衡线丧失重要性,进口物资只能由同登过镇南关,经南宁、柳州转往贵阳、重庆,或运至广西境内存放。1939 年 11 月,日军在广西登陆,运存同登物资暂停内运。不久,日军侵占南宁,切断桂越线,并有进袭龙州、凭祥、宁明一带运存物资的意图。运输处将出口的钨、锑、桐油抢运至越南境内,又将龙州等地一部分物资再出境入越,存于凉山、同登、海防等地仓库,另一部分物资则雇人力挑运至田东。日军于 12 月下旬进逼镇南关、龙州,毁坏物资约 400 吨。

桂越线从那岑至岳圩,里程约 220 公里,法属越南殖民政府同意西南运输处用 200 辆汽车编为 6 队通行,每天开行 2 队。因路况不佳,验关耗时,往返至少需要 3 天。每队用车 33 辆,载重 60 吨,每月运量 3600 吨。岳圩至田东对岸的福昌镇约 180 公里,受空袭影响,往返亦需 3 天,维持同等运量,需配车 200 辆。至福昌镇渡河后,由田东至车河接黔桂线,或由田东至安顺接黔滇线。不料,殖民政府于 1940 年 6 月 20 日宣告停止中方一切运输。此时,中方存放在海防的物资尚有 8 万吨。同年 9 月 23 日,日军从镇南关入侵越南,越南很快沦陷,中越交通彻底中断,中方在河内和海防损失物资 32270 吨。

全面抗战初期,因粤汉路阻断,而桂越、滇越线只能转运普通货物,军用物资主要依赖中缅线运输。1938 年春,西南运输处意识到此线军运的重要性,于2月设昆明分处,筹办缅甸境内的接运工作,3月又设缅甸分处,筹办运输。同年10月,苏联船只运送数船军用物资来华,恰逢粤汉铁路中断,越南各港口又禁止中国军品上岸,不得已,乃将船只改驶仰光,于11月抵达。宋子良率员自香港赴仰光接运,总处亦派员携带宪兵,由施工中的滇缅公路抵达中缅边境芒市,这也是国民党中央军第一次进入滇缅边境。同年12月,宋子良押送苏联军品沿滇缅公路抵达昆明,这也是滇缅公路的首次运输。尽管运量不大,却打破了广州沦陷后日军对中国的严密封锁,振奋了中国军民的精神。

中缅之间,以缅甸港口仰光为起点,中国云南昆明为终点,有三条运输线:第一条为仰光经铁路至腊戍转公路至中国畹町,接滇缅公路;第二条为仰光沿伊洛瓦底江(怒江)至八莫,转公路至畹町接滇缅公路;第三条为仰光沿公路直至畹町接滇缅公路。第一条为主要运输线。仰光至腊戍铁路长885公里,火车行程2天。腊戍至畹町公路长187公里,包括装卸行程也需2天。腊畹公路缅境终点为九谷,与中国畹町隔河相望。因畹町在国境线上,不宜存转物资,于是缅方汽车须进入中国境内38公里遮放装卸货物。

仰光至腊戍铁路,每月可运物资1万—1.5万吨。公路运输,初期利用甚少,即使新车进口,也多用火车运至腊戍,再驾驶进入中国。1940年下半期美国租借法案汽车大批到港,火车运力有限,这才改由仰光至昆明直达汽车内运。

腊戍为铁路、公路转运中枢。缅甸铁路每月运达货物万吨以上,而由腊戍内运,仅依赖少量汽车。火车可载40吨运入,汽车运出仅为3吨,整卸零运,吐纳极不平衡,导致腊戍存货有增无减。最初租用的商车,为印度、缅甸人和华侨的零星组织,没有契约,视运价承接,导致运力微弱且不稳定。1939年春,仰光分处与维得尼斯公司(S.Vertannes)签订合同,由对方供给新车200辆,承担腊戍至国境段运输，运量大增。但行驶半年，车辆损坏殆尽。此时传来缅方禁运消息，货物急需内运，运输处调集国内 1 个汽车大队入缅，又在缅甸用新车组建 4 个中队，后合组为华侨第二大队，全力抢运。1940 年 7 月 18 日，缅方开放禁令，运输处为加强运力，冬季在仰光与华生公司和华侨公司签订合同，华生公司提供 300 辆车，华侨公司提供 100 辆车，专运物资；同时又商请缅方，在腊戍成立车辆统制所，由缅甸商车 200 辆运货，自腊戍运至中国遮放，以往返行程 3 天计，每天提供汽车 66 辆。1941 年年初，华生公司、华侨公司开始运输，缅甸车辆统制所供给车辆也都到位，从腊戍内运物资量大增，平均每月可达万吨以上，与铁路运量勉强衔接。

西南运输处原计划利用仰光至八莫的伊洛瓦底江水运，作为辅助路线，增加运量，未成，支处随即撤销。1939 年 5 月，为尽可能利用这条辅助路线，由仰光开始，水运物资至八莫，再转至国内。之后运量渐增。自仰光至八莫航道长 1404 公里，水运行程 14 天，运价低于铁路。在仰光铁路运力不足时，水运可资补充，由伊洛瓦底江轮船公司托运，最高运量曾达每月 2000 余吨。

滇缅路国内段自畹町至昆明 959 公里，经横断山脉，跨越怒江、澜沧江、漾濞江，有惠通桥、功果桥和漾濞桥衔接。1940—1941 年间，敌机多次轰炸惠通、功果两桥。中国护桥人员奋力抢修，维持通行。当时的运输原则是，尽量将物资运至功果桥以东，再逐步疏运。

在 1939 年间，公路运输以贵阳一带为中心，滇缅线行车不多，冬季还可调车支援广西运输。1940 年，越南海防紧张，运输中断，国际运输中心移至昆明。1940 年春，西南运输处抽调大批车辆去桂越线抢运，滇缅线运力减弱，腊戍、遮放、保山等地仓库物资告满，续来物资只好露天堆存。在遮放有交通部筑路用烈性炸药数百吨露天存放,因气温太高,于4月12日发生炸药自燃爆炸事故,引起大火,仓库物资全被烧毁,员工、居民死亡40余人。这就是抗战时期储运工作中著名的"遮放大火"。

英国长期对日本采取绥靖政策,在日本的要求下,于1940年7月18日在东京签订《英日协定》,承诺关闭滇缅线运输三个月,禁止军械、弹药、汽油、汽车和铁路交通器材运入中国,严重影响中国抗战。在封锁生效之前,西南运输处提前将行驶于湘、桂、黔等省车辆调入滇缅线,同时就地征用军、公车辆抢运油料及缅境物资,并派四个大队约800辆汽车进入缅境腊戍接运。至7月18日中缅交通关闭前7天就运入国内物资7215吨。关闭滇缅线的行径引起中国和全世界人民的关注和反对,苏、美先后予以指责,英国人民也要求重开。在此期间,日本加入德意轴心,威胁缅、印及太平洋英国属地。英国权衡利弊,三个月期满,于10月18日重新开放中缅交通。于是,滇缅公路运输也进入新的高峰,10月即运入国内物资329吨,全年共运入61394吨,平均月运5116吨。

由缅入境物资的运输,国民党政府指定西南运输处为唯一办理机构。国内接运,则各听其便。大部分运力用于兵工署物资的运输,根据轻重缓急分别运至保山、下关、昆明,然后再向东转运。各机关零星物资,则由边境直运昆明。滇缅路在滇越线通车时期,除运输处的车辆外,很少有其他车辆行驶。滇越线中断后,军、公、商车辆蜂拥而至滇缅线。1940年10月,运输统制局设昆明办事处,管理这类车辆。1941年5月,中、美、英三方合组滇缅公路运输工程监理委员会,规定在滇缅路行驶的商车,必须全部运输军、公物资。于是,每月运抵昆明的物资大增。而进出口物资,也多由商车承运。保山以西出口运输,因租用缅甸商车时,已支付来回双程运费,仍由西南运输处统制。

西南运输处所承办的国际运输，自 1937 年 10 月成立起，至 1941 年 12 月结束，历时 4 年 3 个月。1937 年的 3 个月运量不大；香港、武汉一线在 1938 年的 10 个月中运入物资 106143 吨；桂越、滇越线在 1938 年的 4 个月中运入 3225 吨，1939 年运入 20529 吨，1940 年的 6 个月中运入 17697 吨。滇越线在 1939 年的 11 个月中运入 27980 吨，1940 年运入 61394 吨，1941 年运入 132193 吨，合计 369161 吨，其中，1/3 为油料，军品不过 7 万吨而已。①

1942 年 1 月中缅运输总局成立后，把国外机构改称中缅运输公司（即该局仰光分局），由俞飞鹏兼总经理；另派外交部驻缅印代表沈士华、陈桐涛为副总经理。仰光军事紧张，外来船舶改驶印度，又先后在印度东岸加尔各答和西岸卡拉奇（今属巴基斯坦，下同）成立办事处。中缅运输总局除接管滇缅公路运输工程监理委员会及西南运输处国内外业务外，还成立川滇西路运输局，以加强国际运输的接转。

1941 年 12 月，太平洋战争爆发，中国香港、新加坡相继被日本占领，缅甸海运处于日军威胁之中。这时日军已从泰国侵入缅甸东南的毛淡棉，仰光岌岌可危，英缅军事运输紧张，缅甸境内铁路、公路、水运的运输工具都不敷用，影响中国存仰光物资的内运。

1942 年年初，美国租借法案内的汽车大批运到仰光，中缅运输总局成立“接车委员办事处”驻仰光，先后接收新车 3665 辆。铁路运送不及，只能载货循仰腊公路内驶。当时，内地司机缺乏，成为突出问题。这时缅甸已进入战争状态，仰光在日机空袭下，居民疏散，难以招雇印缅人员，只招到华侨 729 人，并抽调原在腊戍畹町段的华侨大队司机，组成仰光接车队和腊戍接车队，分别在仰腊段和腊畹（遮放）段接运新车。仰光撤退前，这一接车任务全部完成。

---

① 龚学遂：《中国战时交通史》，商务印书馆 1946 年版，第 85—99 页。

当时存放在仰光的物资共约70900吨,实需内运50600吨。1942年元旦至2月20日仰光撤退前又新到美国租借法案物资8船共15800吨,连原有物资共需内运66400吨;经1月份运出15400吨,2月份运出17700吨,将底盘、车身装配成内驶车辆14200吨,各机关自行运出4600吨,合共运出近52000吨。在这战局紧张、空袭频繁、人心浮动、工人星散、装卸迟缓、运具缺乏的情况下,50天内抢运大量物资,成为滇缅线运量的最高峰。之所以获得这样巨大的结果,主要是中缅运输总局成立时,对西南运输处国外机构和人员未加变动,得能驾轻就熟,迅赴事功。

1942年2月,日军自毛淡棉向勃固(Pegu)推进,准备切断仰光退路。这时,中国军队出国远征,中缅运输总局兼办兵站,调集国内外车辆运送两个军出国。参战车辆进则输送部队,退则抢运物资,随到随卸,随装随开,夜以继日,完成了抢运物资和送出部队的双重任务。

1942年2月,仰光失守,仰腊铁路停运。中国远征军与日本军在曼德勒地区相持。中缅运输总局组织车辆将存腊物资抢运至遮放。不料战局急转直下,4月下旬日军占领腊戍。中国存腊物资万余吨自行破坏,人员撤至遮放。遮放是中缅运输线的中转站,设有中缅运输总局的遮放总站,兼办兵站供应。滇西作战部队总部也在遮放,部队的装备、人员、车辆及内运物资的车辆、人员都集中在这条公路上,秩序混乱,运输困难。5月1日,日军进至畹町对岸的缅境九谷,形势更急,存放畹町、遮放、芒市三地的器材4万余吨,油料3万余吨,于5月2日至4日不得不自行破坏,仅在芒市抢出物资约百车左右,人员随军后撤。遮放、龙陵间85公里,后撤军民颇多,大小车辆和军车、战车不下数千,壅塞于途,虽力图疏通,但十分困难。

1942年5月4日晨退至龙陵，日军随之而进，中国运输人员仍继续抢运后撤。军方将龙陵木桥数座破坏，以阻敌追。不料日军另沿畹遮间僻径于5日晨窜至龙陵以东76公里怒江西畔的惠通桥侧，阻断滇缅线上军民的东退归路。这时惠通桥东西两岸人流、车流乱成一片，虽有破桥措施，为营救桥西人车，护桥部队竭力阻击，掩护东撤。日军在桥西高地开炮狂轰，军民伤亡惨重。上午10时，中国军队只得将桥炸断，依赖怒江天险，阻敌东进。这时桥西尚有汽车500余辆，人车绵延数十里，前有怒江，后有追兵，火光冲天。许多滇缅路西段职工以及由缅撤退华侨，惨遭日军杀害；车辆和仓库储存物资全部损失，日军搬不走的便纵火焚烧。江东的保山经敌机5月3日、4日两日狂炸，一片废墟。中国后援部队赶到，严守桥东，与敌隔江对峙，保山得以保全。至此，滇缅公路只余保山至昆明668公里。

在仰光进入军事状态时，港口不能再用，美国来船改驶印度加尔各答卸货。以后战局日紧，又改在西岸港口卡拉奇卸船，由中、美、英三方在加尔各答、卡拉奇及孟买三处联合办理运转存储。缅甸、滇西相继被日本占领，美援物资改经印度。办理国际运输的中缅运输总局已完成历史任务，于1942年8月10日撤销。①

---

①　参见龚学遂：《中国战时交通史》，商务印书馆1946年版，第99—102、104—105页；黄恒蛟主编：《云南公路运输史》第1册，古代道路运输·近代公路运输，人民交通出版社1995年版，第128—141页；贾国雄：《抗战时期滇缅公路的修建及运输述论》，《四川师范大学学报（社会科学版）》2000年第2期；中国人民政治协商会议云南省委员会文史资料委员会编：《云南文史资料选辑》第37辑，云南人民出版社1989年版；夏兆营：《论抗战时期的西南运输总处》，《抗日战争研究》2003年第3期；黄菊艳：《战时西南运输档案史料》，《档案与史学》1996年第5期；陶子厚：《抗战时期的西南运输总处》，《民国档案》1996年第2期。

1942年2月仰光失陷后,中国出海通道,全被阻塞。外援物资,无法运入。乃电商美国政府,请拨给运输飞机100架,并配备油料、配件和飞行修理等技术人员,担任中印缅境航空运输。获美国政府同意。中、美、英三方为此在印会商,决定派75架运输飞机由美军供应部直接指挥,以运力半数运驻华美军补给品,其余半数运中国空军器材及兵工物资;另派25架运输飞机交由中国航空公司专运中方电讯、医药、工业、交通等器材。航线原以印度东北铁路终点萨地亚(Sadiya)附近的丁江为起点,以缅甸的密支那、八莫、垒允,或中国的云南驿等处为终点,并由英方在密支那、丁江赶筑机场3所,八莫1所。甫经开运,缅境被日军侵占,改由印度飞越喜马拉雅山脉直抵昆明(此即艰苦卓绝的“驼峰运输”)。后又增加成都、宜宾、泸县3个终点。中国航空公司飞机最多时有50架。飞丁昆、丁宜、丁泸3条航线,月最高输入量可达2400吨。

中美双方由印空运进口物资,商定飞机到场,需立即装卸,不能延误。除美军自卸者外,主要由中方装卸并备车承担机场内飞机、仓库之间的短途接运或机场外长途转运任务。这一陆空联运业务,是中国战时运输的一种创新方式。开始承担这项任务的是中缅运输总局。1942年5月17日,中缅运输总局在昆明巫家坝机场成立昆明空运物资接转站,配车2辆,行驶于停机坪至仓库之间。5月、6月两月共接运57吨,为空运接转的开始。后因飞机渐多,随之汽车增至百余辆。自1942年6月至1943年9月共接运物资8348吨,其中中国航空公司运入7229吨,美军运入1119吨。

1943年夏秋间,成都机场建成。交通部公路总局筹建成都空运接转处,下设广汉、双流、新津、邛崃等接转所,具体办理中印空运物资机场内外汽车接转任务。

1945年1月军事委员会战时运输管理局成立后,除滇缅公路运输局原承担的机场空运接转任务由新成立的云南分局承办外,随着战局进展,其他公路管理局也都承担空运接转任务。这项业务至 1945 年 12 月底结束。

中印公路有南北两线:北线即原线,自印度阿萨姆(Assam)邦东北铁路终点列多(Ledo,当时或译雷多)经缅甸新背洋、密支那东越中缅国境至腾冲、保山接滇缅公路至昆明;南线则由密支那南向八莫、南坎进入中国畹町,循滇缅公路至昆明。北线长 1568 公里;南线长 1731.3 公里。

中印公路自 1943 年 1 月开始至 1945 年 1 月修通。在中印公路通车之前,1944 年 10 月 25 日美国驻中缅印军总司令史迪威建议,从密支那至昆明公路初期运输业务由美军统一管理。中国政府接此建议后,即由当时的最高运输决策机构——军事委员会运输会议与有关各部研究,拟具《中印公路运输管理纲要草案》甲、乙两案,于 11 月 8 日经蒋介石批准照乙案办理。内容是公路初步修通时先由美军主办,滇缅公路局协助;至工程完成时按甲案中美合作办理。几经周折,至 1945 年 3 月,美方始同意在中国境内者由中国办理,中、美双方合作事宜,由中美双方合作办理。战时运输管理局设云南分局,将中印公路(中国段)划分为:昆明至下关,下关至保山,保山至畹町,畹町至 37 号界桩(即国界),弥渡至吴家寨等五段管理。其运输业务,以中美军运、政府进出口物资,及政府核准的民生必需品为限。由云南分局发给特别通行证的货车,才准整队进入此线。任何机关不得在中印公路沿线设立厂、站。有关车辆的急救、保养工作,均由云南分局负担。凡出入国境人员,除运输人员及作战部队外,均按出入国境办法办理。

1945 年 1 月 16 日,中印公路全线通车。第一批车队于 1 月 12 日由列多出发,由主修列多至密支那间公路的美军皮可少将领队,以两辆摩托车为前导,继以货车,上绘巨箭,写有“中国生命线列多公路之第一次车队”字样。先锋车 6 辆,货车 127 辆,蜿蜒两英里(约合3.2公里),司机包括中美两国人员。16日抵密支那,2月1日和4日先后抵达昆明。至1945年8月抗日战争胜利为止,通过中印公路运入的物资,共约5万余吨。多系美军装备,仅有一小部分供应中方军需。载运这些军事装备的车辆共1万余辆。事实上从6月份起,缅甸进入雨季,塌方水毁,道路阻滞,闻名世界的"中印公路"实际使用仅为半年。

汽车运输的关键是汽油。1942年2月滇缅线中断,后方汽车主要改用酒精,但产量有限;改烧木炭或植物油,困难亦多。以致大批车辆停驶,给军事、经济带来巨大损失。

抗战时期,中国仅玉门油矿产油,距重庆2565公里,以当时两吨半的汽车运油,往返一次,本车即耗去两吨,实际运到半吨,或是运来5车,只剩1车。汽油供不应求,主要依靠进口。1939年年初,向美订购物资165835吨,汽油、润滑油就占11710吨,约占71%。滇缅线开通时,除内驶新车本身所耗燃料以外,共运进汽油等油料20余万吨。说明对汽油的需要量非常之大。

1943年8月,同盟国首脑魁北克会议决定修筑自印度加尔各答起至昆明的中印油管。同年12月工程开始,印缅境内由美国陆军建筑队担任铺设油管工程,中国境内则由中美双方合作。

中印油管越"驼峰"进入中国。在中国境内线路大致与中印公路相同。油管直径4英寸(约10厘米),每节长20英尺(约6.1米),自1944年3月全线动工铺设,次年4月油管通至昆明。自加尔各答经丁江、列多、密支那、八莫至昆明约3000公里。其间畹町沿滇缅公路铺至昆明这段管线,裁弯取直,比公路里程缩短1/3,计长690公里。管路运输与公路运输互相配合,无论是工程、运输、管理或使用都取得良好效果。1945年4月又将油管延伸至曲靖、沾益、呈贡、陆良等地,管路伸长280公里,供应各地机场美军用油。中印油管国内段通油后,输入中国的油料,据统计自1945

年 4 月起,每月平均输油 1 万余吨。至同年 11 月停止输油,共输入 10 万余吨。油管半年的运量相当于滇缅公路一年半的油料运量。①

西北方向的公路运输,对抗战发挥了重大作用。早在全面抗战爆发前夕,苏联表示愿给中国贷款及军火援助。1937 年 8 月 21 日,中苏两国签订《互不侵犯条约》,随即又在南京签订《贷款协定》和《贸易条约》。根据《贷款协定》,苏联先后提供给中国 2.5 亿美元易货借款,均用于中国向苏联"购买苏联制造之工业商品及工业设备",中国以苏联所需要的"物产品与原料品偿还之",以钨、锡、汞、锑、锌、桐油等战略物资和羊毛、生皮、丝、鬃、茶等商品,以偿还贷款。② 这项援华贸易往返运输,由苏联外贸机构汽车和中国政府组织特运汽车共同承担。全国经济委员会在兰州设立西北公路运输处,"专司国际运输及军运事宜",便于接受苏联援华物资。不久改为陕甘运输管理局。又在新疆设"中央运输委员会",以盛世才为首,以苏联专家为干部,承运苏联援华军用物资。③

双方易货运输,初期除通过港口,还通过新疆运往兰州交接。④ 1937 年下半年已辟有自兰州经迪化至霍尔果斯的公路线,

① 参见龚学遂:《中国战时交通史》,商务印书馆 1946 年版,第 102—104、106—117 页;西南地区文史资料协作会议编:《抗战时期西南的交通》,云南人民出版社 1992 年版,第 411—418 页;中国公路交通史编审委员会编:《中国公路运输史》第 1 册,人民交通出版社 1990 年版,第 285—286 页。

② 中国第二历史档案馆编:《中华民国史档案资料汇编》第 5 辑第 2 编,财政经济(2),江苏古籍出版社 1997 年版,第 607、608 页。

③ 龚学遂:《中国战时交通史》,商务印书馆 1946 年版,第 10 页。

④ 孙科:《中苏关系》,中华书局 1945 年版,第 15—18 页。

以转运甘肃、青海、宁夏等省出口苏联的皮毛。同年冬起,苏联即派汽车从苏境经霍尔果斯、迪化到达兰州,运送按照《贷款协定》供应的第一、第二期两期军用物资。当时有部分出口苏联物资,还由香港海运。1938 年 10 月,南部沿海地区相继沦陷,海上交通全被切断。苏联援华物资及贸易运输,也由香港海运转向甘新公路,经新疆进出。1939 年 6 月《中苏通商条约》签订后,苏联在兰州设商务代办处,办理移交苏联武器、验收中国商品事宜。中国代办对苏出口业务的各大公司也都在兰州设办事机构,经营来自西北五省的畜牧农产品及其他地区的钨、锑、桐油、茶叶、丝、猪鬃等物资的出口。

霍尔果斯至兰州(里程)长 2700 余公里,苏方在沿途设置储油站、转运站及仓库,并整修路面。中央运输委员会下设 10 个接待站,接待苏联过往车辆、人员。运输由苏方外贸机构汽车与中方西北公路运输管理局汽车承担。西北公路运输管理局在猩猩峡以东的甘肃境内也与中国新生活运动委员会服务处共同在公路沿线设置接待站,接待苏方车辆、人员。1940 年 3 月中苏双方改在猩猩峡交接,中方仍由西北公路运输管理局接运。从 1942 年起因太平洋战争、苏德战争,国际关系发生变化,中苏贸易逐渐衰退,至同年年末,中国政府与苏联通过新疆的易货贸易,几乎完全停顿,甘新国际运输线也随之冷落。①

(二)战时国营和商营汽车运输

除了国际公路运输,后方公路运输也至关重要。由于国民党

① 参见龚学遂:《中国战时交通史》,商务印书馆 1946 年版,第 117 页;中国公路交通史编审委员会编:《中国公路运输史》第 1 册,人民交通出版社 1990 年版,第 289—290 页。

政府实行统制经济,国营公路运输获得快速发展的机遇。其中,国民党中央政府直属公路运输和机关厂矿自办运输发挥了重大作用。

"七七事变"前后,中央直属公路运输各机构的货运汽车,从仅有西北公路管理局的124辆,迅猛发展到遍布后方八九个运输局的近5000辆。1938年后成立的交通部西南、西北和滇缅公路运输管理局,以及1941年组建的川滇东路、川滇西路运输局,这五个中央直属公路运输机构经营的国内运输线如下。

西南公路运输,营运路线以贵阳为中心,跨贵州、云南、四川、广西和湖南五省(区),共长2355公里,拥有5条营运路线:筑渝线(贵阳至重庆)长488公里;筑金线(贵阳至金城江)长441公里;筑晃线(贵阳至晃县)长389公里;晃郑线(晃县至郑家驿)长375公里;筑昆线(贵阳至昆明)长662公里。有货车1075辆,客车164辆,其他车辆101辆,共计1340辆。但大部分车辆车况差,能行驶的客货车仅有300余辆。

西北公路运输,营运路线以兰州为中心,跨甘肃、陕西、新疆、宁夏、青海、四川、湖北、绥远八省,共长5113公里,拥有7条营运路线:兰哈线(兰州至哈密)长1390公里;兰西线(兰州至西安)长719公里;兰广线(兰州至广元)长943公里;兰宁线(兰州至西宁)长236公里;褒白线(褒城至白河)长546公里;宝广线(宝鸡至广元)长444公里;平陕线(平凉至陕坝)长835公里。运输局有货车911辆,客车138辆,其他车辆20辆,共计1069辆,但能行驶的汽车仅300余辆。

滇缅公路运输,营运路线由昆明至畹町,全长959公里,有货车743辆,客车26辆,共计769辆。但只有377辆能行驶。

川滇东路运输局,营运路线为泸州至曲靖,全长747公里。至1944年年底,拥有营运汽车813辆(其中客车3辆),只有290辆可用。

川滇西路运输局,营运路线全长1234公里,包括内江至乐山,长203公里;乐山至西昌,长517公里;西昌至镇南,长514公里。至1944年3月,拥有各种汽车111辆,但只有69辆可用。①

以上五个中央直属公路运输机构,在1944年前后有营运路线10408公里,汽车4102辆。国民党政府中央直属公路运输客货运输量见表14-6。

表14-6 国民党政府中央直属公路运输客货运输量统计(1937—1945年)

项目/年份	客运		货运		总计	
	千人	千人公里	千吨	千吨公里	折合千吨	折合千吨公里
1937	6245	1080524	54	31464	679	139516
1938	1432	247770	49	28571	192	53348
1939	1441	197496	39	22718	183	42467
1940	916	159173	36	21936	128	37853
1941	484	74443	347	189205	396	196649
1942	372	71021	324	189166	361	196268
1943	3875	179724	324	153635	711	171608
1944	4357	196937	408	146691	844	166385
1945	1445	313084	650	173601	794	204910

注:折合千吨、折合千吨公里系以客运10人折合货运1吨,10人吨公里折合1吨公里。

资料来源:千人公里、千吨公里、折合千吨公里据中国公路交通史编审委员会编:《中国公路运输史》第1册,人民交通出版社1990年版,第239页;其余据1944年和1945年国民党政府交通部公路总局:《公路统计年报》。

① 中国公路交通史编审委员会编:《中国公路运输史》第1册,人民交通出版社1990年版,第238—239页。

统计表明,“七七事变”前公路运输以客运为主。“七七事变”后的初期,人员向后方疏散,客运也占较大比例。从 1938 年开始,客运量大幅减少。1945 年抗战胜利,客运量稍有回升。货运量的增加,主要是军运带来的。客货运量统计都包括军事运输。具体情况如下。

西南运输处虽以国际运输业务为主,但也统筹办理国内运输。1938 年 3 月扩展统筹范围,划分运输线为 7 个运输段。除同登至衡阳一段为国际运输线外,其余均为国内重要运输要道。衡阳至常德、昆明至贵阳、贵阳至柳州、贵阳至常德、贵阳至重庆、重庆至常德 6 个运输段,其下都设有分、支处,主要承担兵工署、航委会的油料和零件,也运输其他军事部门的军品。至 1941 年 10 月底撤销,运输工作移交其他机构。

1939 年 8 月 1 日,川桂公路运输局接管西南局原有各总段办事处,设贵阳、重庆、昆明、沅陵、柳州、南川 6 个区办事处,调整各线站务,重新规定各站等级,以海棠溪为陪都重庆的门户,贵阳为该路中心,分设长沙、昆明、柳州、南川等特等站;以后方交通重镇或国际线路枢纽为一等站,共有 8 处;其他二等、三等和代办站约有百处,总共有 135 站。主要承担后方客货运输,初期五个月运送旅客 24.4 万人,行李包裹 108 万公斤,货运重量近 786 万吨。

中国运输公司于 1940 年 1 月承接川桂公路运输局的业务,客运变化不大,货运最初以承运复兴公司的出口桐油为主,其次为资源委员会的钨、锑;进口则为军政部交通司航空委员会和交通部等机构的材料、油料。1941 年改隶运输统制局之后,每月的运输计划,均根据统制局命令而行,以运送军用物资为主,空回车运输食盐和钨、锑等物资。运输公司前期重视客运,但每月亏损百万以上;后期隶属统制局后,成为半军事性质运输机构,出口为换汇物资,进口为抗战军品,客运业务寥寥无几。但仍然亏损不止,无以为继,遂并入西南公路运输局。

1939年8月,公路运输总局成立后,办理川桂、川陕两路的特约交通车,行驶于重庆至桂林、重庆至宝鸡间。鉴于各路车少客多,运力不足,制定运货汽车通行公路附搭旅客办法,并令各路局利用公、商回空车辆,尽量疏散物资,以增加出口贸易。川陕间军车缺乏,由西北公路局调拨苏联进口车30辆协助军运;沿线宿站过少,乃委托中国旅行社在梓潼、广元、汉中筹设招待所,在川康滇三省干线兴办驿运,使物畅其流;在重庆贵阳线试办客货车司机分段行驶,所有客货车司机,均在宿站调换。11月南宁、龙州失守,由川桂路运输局协运同登、龙州一带物资,并加紧筹办田东至河池、昆明至老街驿运,开办兰州至猩猩峡驼运。

1940年6月、7月越、缅先后禁运;10月缅禁重开。总局全力抢运昆明存货,疏往内地。滇缅线内交通部材料,由中国运输公司和西南运输处调车200辆,承运700吨,限期完成。同时,还筹办川中公路客运,协助第六战区兴办川鄂交通。1941年,举办川陕联运。1941年7月,国民党政府统一运输机构,公路运输总局并入运输统制局运务总处。①

运输统制局办理运输,急于谋求大量进出口运输,将各公路划分为国际和进口与国内转运线,按照需要分配运量。国内线划分为川滇东路(昆明至泸州)、筑柳线(贵阳至柳州)等包括部分水路、铁路在内的15条线路。又整顿后方客运,规定每一公路线每天维持对开客车2次,递加至5次;特约交通车辆在繁忙路段必须负责畅行,并注意开行时间准确。1941年1月,为加强军、公运输,兼顾商运,规定抢运军品期间,登记各地商车,划分区段,发证

① 龚学遂:《中国战时交通史》,商务印书馆1946年版,第117—124页。

通行，每4次内须先运军品2次，第3次准运商货，第4次准运自用汽油，如此周而复始。还限制军车运输各机关和合作社物品，减少弊端；商车登记后，规定行驶路线，轮流为公服务，运输吨位渐增。照章服务至10月底的，计有云南区548辆、贵阳区960辆、重庆区567辆、成都区496辆，共2571辆。

1941年7月，运输统制局接管交通部公路运输总局和公路总管理处及其各线公路运输工程机构。西南公路则以中国运输公司为基础，办理重庆、贵阳、昆明等地客货运输，以运输局专门负责军品运输；1943年4月中国运输公司并入西南公路运输局，规模变大。但越南、缅甸禁运后，油料短缺严重，各路客运班车运营困难，尽量以军、公、商货车附搭旅客救急。后因川康、川滇靠近陪都，班车供不应求，且缺乏衔接，乃办理川康和川滇东路旅客联运；并加强各路客运。如川、陕、甘间公路旅客运输须与陇海铁路联络，重庆、贵阳、昆明、畹町各路客运须与叙昆铁路昆曲段联络，贵阳柳州线客运及衡阳鹰潭线直达客运，须与黔桂、湘桂、粤汉和浙赣等铁路联运。还规定抢运期间，每月运入民生必需品1500吨。在1942年滇缅路封锁后，公、商车辆必须以一半吨位运输生活必需品。

公路总局接管各公路运输后，公路运输进入最为艰苦、繁重时期。国际运输线均遭封锁，国内存料日渐耗尽，车辆残破加剧，配件购置和制造两难，运输任务却日益繁重。在这样的艰苦条件下，总局承担了几次重大运输任务。第一次为1943年9月运送急需军品4000吨至西北，由重庆起运2800吨，由成都、宝鸡等地起运1200吨，均为各战区弹械和通信器材，历时4周，全部完成。第二次为1944年6月衡阳困守之时，奉令在10天内调集400辆车，由重庆运载经济军需品至独山，接济湘、桂前线。第三次为继续征用600辆车，由重庆装运紧急军需品1800吨，赶赴独山转湖南；运送部队驰援;由遵义、三穗等地运送粮食接济前线等。平常运输,则为办理接运美国物资,由昆明运往东南各基地。此外,还参与河南饥荒救济、成都抢修飞机场的运输任务。

西南进口物资督运委员会专为督导接运美国物资而设。因零配件和油料短缺、调度不当甚至有车辆闲置,运输量日趋低落。委员会以动员各类车辆,参加协运美资为工作中心。如贵阳有车1400 辆以上,投入运输甚少。委员会召集数次小组会议,制定动员商车办法:一是取缔商车的逃避报派,凡故意规避派遣的商车,经查明即予以扣除请领轮胎权利;二是为限制商车停休时间,凡报修商车,小修限 3 天,大修限 10 天以内修好;三是辅助乐于运输的商车,凡参加美资运输的车辆,均可照价购买 3000 元材料,后又规定按照数月来的行车成本,自 1944 年 10 月 20 日起,每吨公里酌予补贴 15 元。该会还调查在贵阳各家中央企事业机构,查明有车2250 辆。经此动员,运力大增,加快了美资内运。此外,还调动各类车辆运输,支援湘桂前线。①

西北公路、西南公路的国内客货运输,对战时运输、一般客货运输和民生日用运输,都发挥了作用。

机关厂矿企事业单位兴办的汽车运输,也是战时国营公路运输的另一重要力量。机关厂矿的货运汽车,主要服务于本单位的运输,也承揽部分社会物资运输,以利用回空和增加效益。"经济部"资源委员会、"财政部"盐务总局、中央信托局、中茶公司、甘肃玉门油矿、邮政部门等政府机关和官办厂矿企事业单位,都有一定数量的货运汽车和相应的管理机构与维修设施。有些单位的汽车运输的规模、管理水平和运输效率,并不亚于官办的专业公路运输

① 参见龚学遂:《中国战时交通史》,商务印书馆 1946 年版,第125—129 页。

单位。到 1943 年 6 月，资源委员会运务处有各型汽车 642 辆。此外，还有代管汽车 275 辆，待报废汽车 44 辆，因日军入侵报损汽车 221 辆。其营运路线以贵阳为中心，主要营运路线里程 17471 公里，其中公路里程达 10161 公里。但日军攻占缅甸、滇西之后，运输里程减少，规模也逐渐减小。1945 年年初，资源委员会运务处并入战时运输管理局。

1938 年，资源委员会在重庆设甘肃油矿局筹备处，筹办玉门油矿工作。1941 年 3 月，甘肃油矿局和玉门油矿分别成立，统一管理生产、运输和销售。甘肃油矿局的石油运输路线由玉门矿区到重庆，途经甘肃、陕西和四川三省。运输工具主要依靠矿、局自备汽车，不足时由社会机构和商营汽车承运；另外还组织皮筏从广元经嘉陵江水运至重庆。在矿局管理时期，石油运输由局属运输处主办，有汽车 140 辆，并分设渝（重庆）广（元）、广兰（兰州）、兰肃（酒泉）、矿（玉门油矿）肃四个运输段。①

在官办运输中，还有各地区间的联运，在战时运输中发挥了作用。1937 年 9 月，全国经济委员会在长沙市成立“西南各省公路联运委员会”，将原来运营性的联运改为协调性联运，组织湘、赣、桂、黔、川 5 省公路局车辆，分段接运内迁客货，首先办理贵阳至长沙、贵阳至昆明、贵阳至柳州各线客货联运业务。同年 10 月 10 日，长沙至贵阳、重庆、昆明开始办理旅客联运。各省的省际联运客班，均为“各售各票，各开各车，各驶各路”，在两省交界处的站点换车。

此外，1939 年 2 月，交通部公布《粤汉、湘桂两铁路汽车接运所组织规程》，办理铁路、公路联运。为沟通福建省与重庆市的交

---

①　参见中国公路交通史编审委员会编：《中国公路运输史》第 1 册，人民交通出版社 1990 年版，第 242—245 页。

通,福建省公路运输部门开办了闽渝旅客直达班车,于1939年10月试办,次年1月正式通车,全程2485公里,10天可达,于1941年9月结束。

1940年,公路运输总局设联运稽核处,主办推进战区及沿海特种运输。1943年设联运汽车管理处。1944年6月交通部组设水陆空联运委员会,统筹全国铁路、公路、水运、空运、驿运运输。

湖南是全面抗战初期江浙沪等地区客货内迁、中转的必经之地,在西南地区的公路运输任务极为繁重。1938年1月,改西南各省联运委员会为西南公路总管理处,3月又改为"西南公路运输管理局",且隶属交通部,划定长沙至晃县为该局营运范围,专办湘川、湘黔公路的直达内迁旅客运输,由长沙至贵阳一票到底,途中不换车。从此,湘、川、黔三省公路局的省际公路旅客联运,统归交通部所属机构承办,并先后设川桂公路运输局、中国运输公司、川湘联运处、川湘鄂区汽车联运处、东南联运处等机构负责车辆进入各省。1938年秋,长沙至南昌旅客联运因日军进犯停办,后改为衡阳至吉安联运;1938年9月,湖南公路局迁祁阳,湘粤两省开办省际联运,均为"各售各票,各开各车"的老办法。西南公路运输管理局在1939年1月和4月先后公布统一的客货运价(见表14-7)。

表14-7 1939年西南公路运输管理局客货运价

(价格单位:元)

项目 客货运	类别	计算标准	1939年1月价格	1939年4月价格
客运	客座	每客座每公里	0.044	0.05
	行李	每5公斤公里	0.003	0.0035
	包裹	每5公斤公里	0.003	0.0035

续表

客货运＼项目		类别	计算标准	1939 年 1 月价格	1939 年 4 月价格
货运	不满整车	一等品	每 10 公斤公里	0.006	0.0072
		二等品	每 10 公斤公里	0.0054	0.0066
		三等品	每 10 公斤公里	0.0048	0.006
	整车	一等品	每公吨每公里	0.54	0.66
		二等品	每公吨每公里	0.48	0.60
		三等品	每公吨每公里	0.42	0.54

资料来源:湖南公路运输史编委会:《湖南公路运输史》第 1 册,近代公路运输,湖南人民出版社 1988 年版,第 93 页。

内迁旅客较多的,是长沙至贵阳。从长沙西站出发,汽车行驶 1109 公里到贵阳,行程 4 天,票价 36.2 元。每位旅客可免费携带行李 20 公斤,每超过 10 公斤收费 4.94 元。第一天,长沙至沅陵,381 公里,需时约 10 小时,中途在常德午餐,沅陵有中国旅行社特约招待所,一餐一宿 1.1 元。第二天,沅陵至晃县,238 公里,需时 8 小时,中途在芷江午餐,到达晃县东岸过夜,次日晨渡河至西岸。晃县有特约招待所西南旅社,一餐一宿 1.1 元。第三天,晃县至黄平,200 公里,需时约 8 小时,中途在镇远午餐,黄平有特约招待所兴华旅社,一餐一宿 0.7 元。第四天,黄平至贵阳,190 公里,需时约 7 小时,中途在马场坪午餐,贵阳旅社约 0.8—3 元不等。

其他路线,长沙至南昌全程 376.8 公里,票价 14.55 元,行程 1 天,在浏阳换车;长沙至桂林全程 544.9 公里,票价 12.62 元,行程 2 天,在黄沙河换车;醴陵至吉安全程 312 公里,票价 11.3 元,行程 1 天,在莲花换车。但因气候、道路条件以及突发事件(如敌机轰炸)的影响,联运车辆常无法到达规定地点接运,阻滞客货运行。1943 年 3 月,交通部公路总局在衡阳设东南办事处,组织办理湘、赣、闽、浙、粤五省公路旅客联运,仍实行“各售各票,各开各车”办法,开办 6 条旅客联运线路。如耒阳至江西铅山全程 1029 公里,票价 4542.5 元;耒阳经福建蒲城至浙江云和全程 1175 公里,票价 5237 元;耒阳至上饶全程 894 公里,票价 3935 元;铅山至广东曲江全程 918 公里,票价 4001 元;云和至曲江全程 1964 公里,票价 4695.5 元;云和经建阳、蒲城、龙泉回到云和,全程 426 公里,票价 1954.5 元。1943 年 7 月,设于四川黔江的川湘鄂区汽车联运处在湖南沅陵设办事处,办理三省旅客联运。因配件和汽油短缺,采取分段换车、分段保养的办法,使车辆在途中可轮换维修、正常行驶。车辆开出后,实行行车电话联络,由发车站用电话通知下一站点,以便到站能有车辆及时替换。遇有车辆中途发生故障,班车逾时未到,立即派车接客。1944 年春夏间,日军大举进攻湖南中南部,东南公路旅客联运被迫停办。

公路、水路联运也是重要的联运业务。1939 年交通部在桂林设东南联运处,接收粤汉、湘桂铁路的汽车 160 余辆,开展东南地区的公路运输,与粤汉、湘桂两铁路配合运输;并接收西江造船处木船 700 余只,开展西江、柳江、融江和溶江水运。1940 年 9 月宜昌沦陷之后,招商局和民生公司合办川湘川陕水陆联运,12 月在湖南保靖设转运站,由汽车从沅陵接转水运物资,经保靖转运四川。但接运环节过多,运量不大。1942 年 6 月交通部退还招商局及民生公司股份,将川湘川陕水陆联运收归部办,设总管理处,并设川湘联运处及嘉陵江运输处。其中,1939 年交通部东南联运处在衡阳设办事处,以汽车由江西鹰潭接运浙、闽物资至衡阳、耒阳,再转运至四川、贵州;由两广来的物资,亦由该处在曲江接运至耒阳、衡阳,再转运至四川、贵州。1941 年交通部将东南联运处车辆并入,成立川湘联运处,并在湖南沅陵设办事处,继续办理川湘间水陆货物联运,有汽车 81 辆,组成接运队,接运水路运来的物资,长沙至常德段为水运,常德至重庆为公路运输。1943 年,川湘联运处由黔江迁至沅陵,承办川湘间公路水路货物联运,由常德抢运第六战区军粮 18427 吨至沅陵;同时承运中国茶叶公司茶叶 29 批,计 1994 吨,由衡阳、安化起运,走水路经益阳、常德、桃江、凌源转汽车至四川,再转西北出口国外。川湘联运处承运的货物以第六战区军粮、川盐为大宗,军粮月运量达千余吨,川盐月运量达 3600 多吨;其次为茶叶,月运量达 250 余吨。其他如棉花、棉纱、布匹、铅丝、铁柜、药材等月运量亦达数十吨不等。联运处还把公路水路联运扩大到江西,如萍乡煤炭由禄口转船,顺湘江而下,经临资口,过南洞庭,溯沅水而上,直抵沅陵,再转汽车运往四川。1944 年夏,衡阳失守,货物联运主要依靠湘西重镇沅陵至四川的公路。①

另一个重要的中转地为江西,沟通东南沿海与西南大后方的往来。1940 年交通部调拨给江西省公路处道奇汽车 20 辆,改装为客车,开办福建鹰潭到湖南衡阳的特快联运车,贯通浙赣、粤汉、湘桂铁路,衔接东南、中南、西南各省公路、铁路。从闽浙至广西,5 天可达。之后,又开行赣县到广东曲江、南城到福建南平、上饶至建阳的联运。②

其他未沦陷地区同西南、西北大后方的交通运输,也组织起公

① 参见湖南省地方志编纂委员会编:《湖南省志》第 10 卷交通志,湖南人民出版社 2001 年版,第 58—63、88—89、344 页;湖南公路运输史编委会:《湖南公路运输史》第 1 册,近代公路运输,湖南人民出版社 1988 年版,第 93—94 页。

② 中国公路交通史编审委员会编:《中国公路运输史》第 1 册,人民交通出版社 1990 年版,第 246 页。

路、铁路、水运、驿运等多种方式的联运,各地均设立联运机构办理。其中,1941 年 2 月,交通部设立川陕联运处,借以沟通西北、西南两个运输局的运输。川陕联运处开行重庆经成都至广元的直达客车,发售全程(802 公里)通票。1943 年 6 月改为川陕联运汽车管理处,后又改称川陕汽车联运处,业务发展至西宁、宁夏、猩猩峡,并与陇海铁路办理公铁联运。据统计,不到两年共运旅客 16446 人,行李 260 吨,包裹 194 箱。1943 年成立川湘鄂区汽车联运处,主要经营川湘线(重庆至沅陵,1001 公里)、川鄂线(重庆至恩施,670 公里)、鄂湘线(恩施至沅陵,651 公里)、沅陵至晃县(长 238 公里)的汽车运输,开有定期直达班车。

这一时期的交通运输,主要是为了适应战时的需要,除运送军需物资外,旅客联运实际是为方便军政人员出差往来,普通老百姓乘坐联运汽车十分困难。如在东南联运中,凡乘联运车的旅客,须凭第三战区长官司令部所发单程准购证,才能购买联运车票。因此,一般旅客只得用高价搭乘私自揽客的货车,当时称作"拉黄鱼",旅客在途中饱受行路难之苦。①

抗战时期,地方国营(或称"公营")和商营汽车也是战时运输的重要力量。1936 年以后,国民党政府开始动员、整编各省汽车运输资源,全面抗战开始后,投入军运。1938 年 10 月,广州、武汉相继沦陷,抗日战争进入艰苦的相持阶段。前线各省和部分沦陷省份,内迁和集中了一些汽车,按照军事委员会公布的有关条例,仍积极参加军运。

1936 年 4 月,国民党军事委员会警卫执行部(第二组)在江苏、浙江、安徽、江西、福建、湖南、湖北、广东、南京及汉口等十省市成立

---

① 参见中国公路交通史编审委员会编:《中国公路运输史》第 1 册,人民交通出版社 1990 年版,第 247—249 页。

汽车总队部，按地段及车别编为若干大队、中队及分队，分别办理所属地区的汽车调查、登记、组训、征调等动员准备事宜。同年 11 月，全国经济委员会公路处成立汽车登记室，首先在苏、浙、皖、赣、湘、鄂、闽、豫、川、陕、京（南京）、沪等省市办理车辆登记。至 1937 年 7 月，全国经济委员会公路处主办全国汽车登记，并制定《各省市汽车编制办法》《各省市汽车总队部组织简则》及《各省市汽车队检验、编制、训练、演习实施细则》。不久，“七七事变”发生，全面抗战爆发，各省市汽车总队立即行动，把征集编队的公、商车辆分别拨交后方勤务部汽车管理处，或就近拨交兵站和军队直接使用。①

各省市汽车总队部征调的公、商汽车，一直没有集中管理，在抗战初期的各次战斗中，均遭重大损失。随着战局西移，各省市汽车总队部也陆续撤销。

抗战初期，各省公路运输的应变措施大体相同，从建立汽车总队部到对公商车辆实行军事管制。无论是支援前线作战，还是紧急抢运撤退物资人员，这些运输力量都发挥了作用，也为抗战作出了重大牺牲。同时，各省市公路运输事业也遭到严重破坏。加上当时汽车多系进口，配件供应日趋困难，新车无法补充，旧车无料修理，以致完好率低，报废车多，汽车保有量急剧下降。如未完全沦陷的浙江、湖南、湖北、云南、福建、江西、广西、山东等省，在全面抗战前的 1936 年，国营汽车曾发展到 2233 辆，而到 1945 年抗战结束后仅剩 662 辆，汽车站所由 723 处减少到 212 处，营运里程由 16708 公里缩短到 7565 公里。②

---

① 中国公路交通史编审委员会编：《中国公路运输史》第 1 册，人民交通出版社 1990 年版，第 252—253 页。

② 参见中国公路交通史编审委员会编：《中国公路运输史》第 1 册，人民交通出版社 1990 年版，第 254—255 页，第 259 页统计表。

各地商营汽车应征参加编队,也遭受损失。在军事委员会征调的第一批公商汽车中,商营汽车达1242辆,占公、商汽车征用总数2108辆的59%。抗战后方的商营汽车,多集中于西南、西北和滇缅地区。据统计,1944年商营汽车的分布状况是:西南区1295辆、西北区410辆、滇缅区824辆、川滇区111辆、渝蓉广区163辆、川康区20辆,共计2823辆。[①] 这是官方控制下的商营货车数量,后方商营汽车实际保有量大于此数。

最初,商营汽车除配合国营公路运输单位完成军公物资运输外,可以自行招揽业务。自1942年起,政府实行严格管制,对商营汽车进行登记,划分营业区域,给证通行;每4次运输只能运商货1次。更因燃料、轮胎和配件供应困难,价格暴涨,运输成本高昂,以致亏损日益增多。但也有一些内迁后活动自如的商营汽车运输,有各种特殊的有利条件。如山西的裕新汽车公司和裕文汽车公司,他们经营运输、接洽业务用公司名义,行车用第二战区采运处名义,成为川陕线的运输垄断者。

在内迁的大型汽车运输公司中,还有江南汽车公司和新绥汽车公司。江南汽车公司自南京内迁,先是在湖南长沙经营公共汽车业务,并将部分客车租与湖南省公路局使用。不久,迁移贵阳,继续经营客货运输。但因业务清淡,又迁往重庆。新绥汽车公司,原在西北一带经营西南地区运输业务,在贵阳、柳州、昆明设置分公司。这些大型汽车运输公司,还参加了交通部组建的全国商车指导委员会,是商营汽车运输业中的骨干企业。

除部分内迁商营汽车公司外,大部分商营汽车公司在战时均遭严重损失。

---

① 参见中国公路交通史编审委员会编:《中国公路运输史》第1册,人民交通出版社1990年版,第260页。

表 14-8 为抗战期间大后方国营、公营公路运输的统计。[1] 商营汽车运输则无系统统计。

表 14-8　抗日后方国营、公营公路运输统计(1937—1945 年)

年份 \ 项目	公路里程（公里）	汽车登记数（辆）	公营货运（万吨公里）	公营客运（万人公里）
1937	117296	68917	3146	108052
1940	121801	19429	2194	15917
1943	126743	31833	15364	17972
1945	133722	38199	17362	31308

注:汽车登记数不包括军车。运量 1937—1939 年为估计数。1943 年、1944 年包括重庆郊区汽车运量。

资料来源:《中华民国统计年鉴》,1948 年;俞飞鹏:《十五年来之交通概况》,国民党政府交通部 1946 年印行;《交通统计年鉴》1944 年、1945 年合订本。

为保障战时运输,还制定了相应的客货规章制度。

1943 年 10 月,交通部公布《中华民国公路汽车载客通则》(以下简称《载客通则》)和《中华民国公路汽车运货通则》(以下简称《运货通则》)[2],这是全国官办、商营以营利为目的的公路运输单位和机关厂矿企事业所属运输单位都应遵照的基本法规。这两个新的通则是在五省市的两个通则十年实践的基础上修改制定的,内容比较完善。《载客通则》分为总则、购票及乘车、退还票价、验票及补票、班车与包车、减价客票、行李运输、包裹运输、代收包裹

① 另据统计,1937 年有民营汽车 68917 辆,官办汽车 124 辆,全国共计 69041 辆;1935 年有民营汽车 34035 辆,官办汽车 4889 辆,全国共计 38924 辆。见中国公路交通史编审委员会编:《中国公路运输史》第 1 册,人民交通出版社 1990 年版,第 237 页。

② 中国公路交通史编审委员会编:《中国公路运输史》第 1 册,人民交通出版社 1990 年版,第 532、552 页。

货价以及金银货币有价证券、贵重物品之运输等10章107条内容;《运货通则》分为总则、公路运输机关与货主责任、货等运价及杂费、托运及承运、装运及提取、变更运输及运输阻滞、逾重及逾积、捏报及私运、赔偿损失,以及代收货价等10章60条内容。这两个通则显然比五省市颁发的两个通则更为具体、严密,而且客货运输业务也比五省市制定时有了较大的发展。这两个通则的修订,对当时站务管理工作提出了更为严格的规范和要求;对站务人员、旅客、货主都有明确的责任、权利和义务,特别是对站务管理有了依据,影响十分深远。

东南地区因遭日军入侵,公路运输业务受到重创,站务秩序混乱,工作人员损公肥私、营私舞弊事情时有发生。江西省公路处为扭转这种局面,开展正常运输业务,于1938年10月制定《江西公路处车站组织及办事规则》16条,要求各类站务人员,均须有殷实铺保或缴现洋300元保证;规定站务工作内容18项;营业进款必须于次日填单解缴;站长、站员均须遵守一切规章,穿制服服务;严惩动用公款、擅离职守、代人私运、需索旅客,以及营私舞弊等事情。《江西公路处车站组织及办事规则》实行后,站务秩序有所好转,战时繁重运输业务得以维持。

不过,运输价格的变化对汽车运输影响颇大。

这一时期,公路运输是主要运输方式。运输价格的变动,影响各行各业、民众生活。政府为平抑物价,对公路运输实行限价。但成本激增,运价只得一再调整。但运价调整总是落后于物价上涨。在整个抗战期间,运价一直无法与运输成本和物价相适应。

抗战初期,战争尚未扩及全国,西南、西北国际运输线路畅通,外援物资源源进口。这时全国物价基本稳定,汽车运输成本变动不大,运价也比较稳定。1938年10月,广州、武汉先后沦陷,物价逐步高涨。政府为避免刺激物价,对公路客货运价采取平抑政策。

1939 年,全国趸售物价总指数较 1937 年增长 1.2 倍,而公路客货运价仅上涨 50%左右。

1941 年 12 月,太平洋战争爆发。滇缅国际运输线继滇越线之后中断,进口汽油、配件、轮胎来源稀少,加上通货膨胀,价格暴涨。中央直属和各省公路运输机构,为维持运输生产,只得相应提高客货运价。早在 1941 年 5 月,交通部公路运输总局在重庆召开公路运价会议,商讨调整运价办法,决定采取全国分区划定基本运价,在分区范围内,以油价为主要依据,按照油价上升幅度调整客货运价。1942 年,全国物价大幅上涨,政府下令管制。交通部颁布《交通部加强管制物价上涨方案实施办法》,其中规定:"国营、公营及民营公路之汽车运价及运输,应由交通部负责管制","各运输事业之运价,除已于三十一年十一月三十日前核准有案外,均以三十一年十一月三十日之运价为最高限价","经实施限价后,无论军、公、商运,应一律恪遵,不得擅自增减,以免造成黑市"。此外,为加强对运价的管制,自 1942 年开始,运输统制局、公路总局先后制定《全国公路各区线客、货运价表》,规定由各省遵照执行,并向中央报备或事先报核。

1943 年 9 月,交通部在《公路商车联合联运处所属车辆管理办法》中,对商车运费又明确规定,"为公服务及自由营运商车之运费,应遵照交通部公布之运费率计算"。总之,在抗战期间,无论公商营运汽车的运费,一律按规定限价。但因社会上物价持续上涨,运价变动的幅度也随之越来越大。为弥补公路运输单位由于物价飞涨造成的亏损,1945 年 7 月,政府实行战时汽车运费补贴,如客票每公里 55 元,由救济总署补贴 30 元。但实行这种补贴办法,既增加国库负担,又影响运输单位的经营积极性,且补贴缓不济急,稽核困难,流弊颇多。

1945 年运价指数与全面抗战前比较,公路客运运价增加 355

倍,货运运价增加258倍,而全国趸售物价总指数增加1631倍。①运价上涨与物价上涨差距很大,严重影响运输的正常运转。1937—1945年运价调整指数与物价调整指数的比较见表14-9。

表14-9 抗日后方公路客货运价指数与物价指数比较(1937—1945年)

项目 年份	客运价格指数	货运价格指数	全国趸售物价总指数
1937	100	100	103
1938	104	108	131
1939	156	142	220
1940	308	308	513
1941	668	812	1296
1942	1456	1949	3900
1943	4708	5734	12936
1944	12624	12265	43197
1945	35550	25867	163160

资料来源:俞飞鹏:《十五年来之交通概况》,国民党政府交通部1946年印行,第115页。

物价的飞涨,迫使运价频繁调整。以西北公路运输局为例,1939年,西北公路运输局的客、货运价不再区分路线和上、下行,在原来运价基础上增加了30%,客运每人公里为0.055元,货运每吨公里为0.45元。此后,运价随物价多次调整,1939年9月1日至1943年7月31日的3年11个月的时间内,调整运价17次,客

① 俞飞鹏:《十五年来之交通概况》,国民党政府交通部1946年印行,第115页。

运运价上升16.36倍，货运运价上升27倍。①

三、穿行于峻岭、险滩和荒漠中的驿运

所谓战时驿运，就是继承传统驿传系统的运输方式，以力夫及牛、马、骆驼等兽力为动力，利用民间木船、板车、独轮车、大车等运输工具，承担军需民用运输任务，服务于抗战。驿运制度，原本“盛于元明，驰于清末，复兴于抗战第二年”。② 1938年10月，行政院召开全国水陆交通会议，鉴于政府汽车运力有限，而城乡民间运输的人力、畜力来源充足，工具构造简单，制作维修容易，材料就地可取，于是决定“利用全国人力兽力，增进货运”。交通部拟定《驮运计划及组织纲要》，于1939年元旦在重庆设托运管理所，统筹管理全国人畜力运输，并在各重要路线设立分所。当时国内物资运输改以昆明为枢纽。因此，驮运管理所在叙府（今宜宾）设立分所，在昆明设立办事处，利用原叙昆大道试办驮运。从当年2月开始运输，由叙府雇用民间驮马载运桐油等物资到昆明，回程装运军工器材。后又根据实际需要，增开或延长辟桂黔线（由柳州至三合，即今三都水族自治县）、川黔线（由重庆经贵阳至六寨）、川陕线（由广元至宝鸡）、泸昆线（由泸州至昆明），及川、康、滇线（由乐山至西昌与康定经西昌至昆明），共2900多公里。至年底共运物资7900吨，初见成效。1940年2月，调整机构，撤销驮运管理所，成立车驮运输所8处，直属交通部公路运输总局。这8个所的

① 根据历年国民党政府交通部编的《交通部统计年报》附录《运价指数与物价指数》“各主要交通线基本运价变动表”计算。

② 俞飞鹏：《十五年来之交通概况》，国民党政府交通部1946年印行，第34页。

名称、所辖路线、里程和使用的运输工具见表14-10。

表14-10　车驮运输线路和里程统计(1940年)

线路＼项目	起讫地	里程(公里)	主要运输工具
兰猩线	兰州—猩猩峡	1171	驮马,胶轮大车
汉渝线	汉中—重庆	800	驮马,板车
泸昆线	泸县—昆明	976	板车
川陕线	宝鸡—成都	890	板车
川康滇线	泸定—昆明 西昌—乐山	1300	驮马,板车
桂黔线	柳州—三合 河池—岳墟	522 486	木船,板车
川黔线	重庆—贵阳	488	驮马,板车
滇越线	昆明—老街	476	驮马,板车
	总计	7109	

资料来源:俞飞鹏:《十五年来之交通概况》,国民党政府交通部1946年印行,第35页。其中滇越、汉渝两所因战局变化停办。

为解决运输工具缺乏的问题,车驮运输所一方面贷款民间,奖励制造;另一方面在四川泸县设立板车制造厂,在短期内赶制板车5000辆,分拨各车驮运输所应用(后因进口轮胎减少,只完成2500余辆)。同时疏浚叙府至盐津间的险滩以便航运,缩短叙昆间车驮行程,减轻运输成本。截至1940年8月,任务大都完成,线路展长至7000余公里,运送物资达12000余吨。

1940年7月,军事委员会在重庆召开全国驿运会议,中央各部及15省都派代表参加。会议决定成立交通部驿运总管理处,主持全国驿运行政的指导、监督和设计事宜;在各省设驿运管理处,主管本省驿运行政和业务的实施。并确定驿运方针,应先打通国际干线和后方军运路线:其他路线按需要分期逐步举办。规定凡联通国际、省际的驿运路线,称为驿运干线,由中央主办;各省境内的驿运路线,称为驿运支线,由各省筹办。由此,全国驿运干支各线进入逐步发展的时期。

交通部驿运总管理处成立后,将车驮运输所改组为驿运干线联运管理处,办理各干线水陆联运业务,1942 年 6 月又改组为各干线驿运管理分处。1943 年 3 月在兰州成立西北驿站工程处,办理广元至哈密 2322 公里、西北驿运旅客服务站 79 站建设工程,年底完工。此外,总管理处还开展立法工作,到 1944 年先后颁行管理征雇规则 6 种、驿运营业章则 6 种、运输调度章则 5 种、奖励民营办法 2 种。

各地因地制宜,制定办法。如湖南省在 1940 年 3 月公布各县设置联运站暂行办法,规定每隔 30 华里设一处联运站;联运总站设站长 1 人,各联运站均设站目 1 人,负责办理联运事务,其薪饷和费用由县政府拟呈核定。如有公路、铁路、船舶站所、码头,也委托其兼办。各站的薪饷和用费,在所得的征收费内开支,不得另筹补给。每个联运站须有固定运夫 20 人,空闲时间可就近谋生。运费按每站每担(80 市斤)单程 6 角为上限,超过或不足规定的,按比例酌予增减(不满 80 市斤的,仍以 1 担计)。每担货物除收取运费,另外征收 4 分法币为联运站经费。对货物损坏、运送期限等亦有规定。①

在线路间开辟方面,一边着手开辟国际干线,一边督促各省筹办必要的干线。交通部为推行省际联运,商同各省政府在主要干线加派正副主任办理各段之间联运。这样,全国驿运形成一个干

① 湖南省地方志编纂委员会编:《湖南省志》第 10 卷,交通志,湖南人民出版社 2001 年版,第 297—299 页。

支分布、水陆纵横的驿运交通网。自 1940 年至 1944 年年底,共有川黔、川滇、甘新、川陕、新疆 5 条驿运干线和驿运管理分处及重庆驿运服务处,开辟线路 6689 公里(其中陆路占 87%,水路占 37%)。川黔分处,以运输川盐及煤为主,回程则运空油桶及钨砂;川滇分处,以运输棉花及盐为主,回程运军品及空油桶;甘新分处,以运输玉门油矿油料为主,次为运输甘肃的盐以及军粮补给;川陕分处,以运输宝鸡的棉花为主,回程运军粮军品及空油桶;新疆分处,以接收汽油内运为主,并兼运移民。

截至 1942 年年底,有川、滇、粤、桂、赣、湘、浙、闽、皖、豫、康、青等 12 省驿运管理处、驿运支线 21319 公里(其中陆路占 55%、水路占 45%)。

表 14-11　16 省驿运线路及里程(截至 1942 年年底)

项目 省别	驿运支线数	里程(公里)	项目 省别	驿运支线数	里程(公里)
浙江	35 线	3419	广西	11 线	961
安徽	4 线	1916	云南	1 线	412
江西	26 线	3294	河南	5 线	1175
湖北	1 线	28	陕西	12 线	1854
湖南	5 线	4305	甘肃	7 线	3476
四川	3 区	2067	宁夏	不详	不详
福建	6 区	5366	西康	不详	不详
广东	2 线	903	贵州	8 线	1417

资料来源:中国公路交通史编审委员会编:《中国公路运输史》第 1 册,人民交通出版社 1990 年版,第 347—348 页。

国际线路的开辟,也是驿运的重要一环。太平洋战争爆发后,日军侵占东南亚,西南国际公路运输受阻,驿运线路由国内扩展至国外。除 1942 年筹办的保山至八莫和腾冲至密支那两线因日军进攻缅甸停办，截至 1944 年年底，开辟 3 条国际驿运线路。一为苏联新疆线，由猩猩峡经迪化（今乌鲁木齐）至中苏边境霍尔果斯，连同辅线，共 2013 公里。二为新疆印度线（也即叶列线），由印度拉瓦尔品第（今属巴基斯坦）铁路站改由公路至斯利那加，再经驿路至列城，最终到达新疆叶城。列城至叶城驿路分东西两线，东线长 1005 公里，西线长 1160 公里。三为康藏印线，本为西康至印度贸易旧道，从康定（今属四川省）经拉萨至印度葛伦堡，长 2501 公里。

在运输工具和人力方面，各省掌握的城乡民间运输工具及人畜力，计各种车辆 60334 辆、驮畜 691800 头、人夫 362000 名、木船 47847 艘、竹木皮筏 100040 只。驿运原来利用民间旧有仓棚马厩等设施，但因过于简陋，各驿运干线又逐年添造或修整站房、仓库、车棚、马厩、码头、食宿站、修理所等，共 1307 处。① 驿运运输量参见表 14-12。

表 14-12　驿运干线运输量统计（1940—1945 年）

年份＼项目	运量（吨）	周转量（千吨公里）
1940	18	6649
1941	128	34628
1942	115	35760
1943	179	36189
1944	810	60426

① 俞飞鹏：《十五年来之交通概况》，国民党政府交通部 1946 年印行，第 34—36 页。

续表

年份＼项目	运量(吨)	周转量(千吨公里)
1945	88	18954
总计	1338	192606

资料来源:中国公路交通史编审委员会编:《中国公路运输史》第1册,人民交通出版社1990年版,第355页。

驿运经费方面,1940年至1944年年底,国库拨款约1.8亿元,为同期其他交通费用的2%。其运营原则上是自给自足,各干线收支相抵,结余500万余元;支线以管理费为营业收入,尚无确切统计。①

驿运价格,与公路运输价格有类似的变化趋势。面临物价飞涨的压力,驿运价格也不得不水涨船高,频繁调整。尤其是1942年开始,运价猛涨。②

1944年秋,滇缅战局好转,空运量增加,汽车和配件的供应也有了保障;而同时各省驿运管理处经费困难,对于交通部停收驿运管理费的决定未切实执行,致各方诸多责难;且有的中央机关自行其是,与地方矛盾较多,于是行政院先后下令将各省驿运管理处撤销。到了年底,交通部驿运总管理处也奉令结束。

1945年1月,军事委员会战时运输管理局成立,行政院规定该局为全国驿运主管机关,继续办理中央及各省驿运事宜,将各线驿运管理机构归并所在地公路管理局管辖,于局内设驿运科负责。

---

① 俞飞鹏:《十五年来之交通概况》,国民党政府交通部1946年印行,第36页。

② 1939—1942年驿运价格的变化,参见国民党政府交通部编:《运价统计》,国民党政府交通部1943年印行,第55—57页。

1945 年 8 月 15 日日本投降后，战时运输管理局以抗战结束，公路汽车运输逐渐增加，为节省人力、物力及减免政府不必要开支，将中央及各省主办的驿运事业先后停办，驿运由商民自由经营，不加管制。到年底，各公路管理局所属各线驿运管理分处及各省驿运管理处先后裁撤。①

第四节　抗日后方的铁路交通

“九一八事变”前后，中国铁路线长约 13960 公里②，主要分布在东北、华北和沿海各省。中国幅员广大，显得铁路里程过短，分布亦偏。且各路标准不尽一致，又不同程度地受国际资本和列强操控，更未考虑军事运输需要。为应对内忧外患，促进国民党统治中心区的经济，国民党政府曾计划五年修建铁路 8800 多公里③，且以长江以南和西南、西北地区干线为重点，以期形成网络，改变铁路布局极不平衡的状况。到“七七事变”发生后，铁路建设有所

① 俞飞鹏：《十五年来之交通概况》，国民党政府交通部 1946 年印行，第 36—37 页。

② 此为 1931 年年底数据，见宓汝成：《帝国主义与中国铁路（1847—1949）》，上海人民出版社 1980 年版，第 670—671 页。各种统计数据略有差异。如俞飞鹏主编的《十五年来之交通概况》认为，“九一八事变”时铁路线长 15000 公里（见该书第 7 页，国民党政府交通部 1946 年印行）。

③ 五年铁道计划，第一年修建粤汉路株洲韶关段、陇海路潼关宝鸡段、浙赣路南昌玉山段、苏嘉路、淮南路；第二年修建京赣路、浙赣路南昌萍乡段、钱塘江大桥、沪杭甬路杭州曹娥江段及其他支线；第三年修建成渝路、鄂陕支线、潼关黄河大桥、黄埔港；第四年修建湘黔路、广州梅县路、樟树镇赣县路、同蒲支线、湘桂路；第五年修建宝成铁路、黔滇路、川滇路、粤赣路。参见中国第二历史档案馆编：《中华民国史档案资料汇编》第 5 辑第 1 编，财政经济（9），江苏古籍出版社 1994 年版，第 91—94 页。

进展。1938年10月武汉、广州相继沦陷,全面抗战进入艰苦的战略相持阶段。为支撑持久抗战,国民党政府将铁路建设的重点转向大后方西南和西北地区。

一、战时铁路建设

"九一八事变"后,为应对日军的步步紧逼,各铁路线相应整顿路务,改造设施。如抽换重磅钢轨,更换枕木,要求干线铁路使用每米40公斤钢轨,替代原30—32公斤钢轨,这一工作在"七七事变"前大部分完成。其他如改造桥梁、增添机车车辆、装设调度电话和防空设备,改进或添设停靠站、股道、月台、供水站等设施,亦有进展。[①] 新的铁路线也在兴建或续建之中。如陇海铁路向西展筑;粤汉铁路建筑株洲至韶关段,全线得以贯通,且通过黄埔港支线与广九铁路接轨;浙赣、江南、沪杭甬、京赣、苏嘉等铁路先后通车,加强了国民党政府统治中心的交通联络,并为向西南后方疏散和运输预做准备。[②] 据统计,在国民党统治区,1931年"九一八事变"至1937年"七七事变"期间通车铁路,干线达3334公里,支线508公里,总里程约3842公里。此外,还完成了钱塘江大桥、首都南京轮渡工程。

为应对战争危机,还有成渝、湘黔和湘桂等铁路的动工兴建;川湘(湘黔路铜仁站至重庆)、贵(阳)昆(明)、广梅(广九路石龙站至梅县,延至潮安)、贵梅(浙赣路贵溪至梅县)、三梧(广九路三

---

① 俞飞鹏:《十五年来之交通概况》,国民党政府交通部1946年印行,第8—9页。

② 上述各路兴建情况,参见刘克祥、吴太昌主编:《中国近代经济史(1927—1937)》,人民出版社2010年版,第1176—1190页。

水至梧州)、浦襄(浦口至老河口)等铁路的筹划,均因全面战争爆发而终止。

1937年“七七事变”爆发,中国华北和沿海一带交通相继沦陷。国民党政府并未做好准备,其交通“不堪战时重任”①。因此,建设新线路,打破敌人封锁,维持国际运输,着手建设西南、西北大后方铁路交通网,是摆在国民党政府面前的艰巨任务。

“七七事变”发生,华中、华南地区的铁路肩负疏散和运输重任。粤汉路黄埔港支线紧急赶修完工,并与广九路接轨,便于自广州、香港输入物资。湘黔路作为重要的战备路,其东段首先开工,从粤汉路株洲出发,可通往云贵,便于中国军民和物资撤往西南后方,并相应支持或策应湘赣及华中、华东地区抗战。惜战争期间被拆除,路轨运往柳州修建黔桂铁路。② 湘桂铁路则为全面抗战时期修建的第一条交通要道,也是通往法属印度支那(今越南)的重要国际交通线,对于物资的进出口关系重大,也于“七七事变”之后加紧动工,其中衡阳至桂林段于1938年武汉、广州抗战正酣之时建成通车,对抗战有所支持;而南宁至镇南关段也动工兴建。联络西南地区东西向交通的黔桂路亦加紧筹划动工。

1938年10月武汉、广州相继沦陷,关内陷落和拆除铁路多达8810公里。国民党统治区原有铁路,尚有滇越路、浙赣路、粤汉路株洲至曲江段,以及陇海路洛阳以西段,通车里程共约2609公里。国民党政府一方面设法维持华中、华南铁路交通,另一方面加紧建设其统治的大后方西南和西北地区,继续推进包括铁路在内的交通建设。

---

① 张公权:《抗战前后中国铁路建设的奋斗》,(台北)传记文学出版社1974年版,第132页。

② 张公权:《抗战前后中国铁路建设的奋斗》,(台北)传记文学出版社1974年版,第66页。该路作为战备路,本应计入全面抗战前建成铁路,唯因通车时间在1939年前后,故列入这一时期通车铁路。

这一时期,湘桂路继续分段建设,以便接通越南海口和西江水运。其中衡阳至桂林段于1937年9月开工,历时一年完工,创造了平均每天建成1公里的高效纪录。该段的通车,对于军、民、商运输,颇见成效。桂林以下,分桂(林)柳(州)、柳(州)南(宁)和南(宁)镇(南关)三段,于1938年4月同时开工,征用民工修筑土方。1938年10月广州沦陷,柳南段材料无法从西江运来,被迫停工,转而加紧赶修桂柳段,已运抵贵县的柳南段车辆、材料全部水运至柳州,桂柳段得以从两段相向施工,于1939年12月建成通车。当时恰逢日军在广西北海登陆,桂南震动,中国军队由湖南增援广西,该段发挥了重大作用。南镇段系中法合资,由法方供应材料,从镇南关开始动工,1939年11月铺轨至明江弄梅村,开始抢运中国存于越南的军需物资。日军进攻南宁,该路停工。日军撤走之后,亦未复工,路轨拆除供黔桂路使用。

黔桂路为中国西南地区东西行干线,其开工建设极具军事意义,对后方经济及农产品流通也有重大作用。1939年9月由柳州开建,1943年通车至独山,1944年修建至都匀和清泰坡,6月柳州至清泰坡正式营业。因日军进犯独山而全路停工。该路工程艰巨,且多利用湘黔、南镇、浙赣、新宁等路拆除的旧料,工程组织也颇为混乱,加之战争后期财力不支,该路未能复工。

滇缅路为西南国际交通开辟的新路线,尤其是在滇越路、粤汉路南段遭日本截断后,其重要性极为突出,该路分东西两段于1938年11月开建。购自国外的材料原定取道越南内运,因日军禁运,材料被迫改运缅甸仰光,取道缅甸铁路运至中缅边境,转公路内运,后因太平洋战争爆发而停工。

叙昆路与滇缅路同时动工,分段建设,以便沟通川滇,南联越南,由大后方通达出海口,亦极具战略意义,但因财力不足于1942年停工。国民党军在中原败于日军后,陇海路宝鸡至天水段也加紧动工兴建。但因工程艰巨,直到抗战结束后的 1945 年年底才完工。而法国经营的滇越路,1940 年秋因日军入侵越南,威胁中国云南,中方乃将河口至碧色寨段拆除,昆明至碧色寨段仍由法国经营。1943 年中国与法国维希政府断交,8 月 1 日收回昆碧段。此外,一些联络重要工厂矿山、水运码头的支线,亦有建设。①

这一时期,新通车铁路干线约 1507 公里,支线约 551 公里,总计约 2058 公里(见表 14-13)。

自 1931 年"九一八事变"直到 1945 年 8 月抗战胜利,将近 14 年,国民党统治区新通车铁路干线 4841 公里、支线 1059 公里,总计约 5900 公里。14 年中,平均每年建成通车约 421 公里;其中,前 6 年每年约 640 公里,后 8 年每年约 257 公里。

表 14-13　抗日后方新通车铁路及里程统计
(1937 年 7 月—1945 年 8 月)

项目 线路别	起点	终点	干线公里	支线公里	动工时间	通车时间	备注
1. 湘黔路(田心—贵阳,全长 854 公里)	株洲田心	板塘铺	19.0	—	1937 年 2 月	1939 年 4 月	株洲至都匀长 854 公里,余下至贵阳与黔桂路共轨。湘黔路东段仅完成田心至板塘铺、湘潭至蓝田两段。1940 年田心至板塘铺作为粤汉路支线运营。后路轨拆除供黔桂路使用
	湘潭	蓝田(今涟源)	147.5	—	1937 年 2 月	1939 年 4 月	
	湘河口	杨家桥	—	13.4	不详	1938 年	运煤支线

① 参见张公权:《抗战前后中国铁路建设的奋斗》第五编,(台北)传记文学出版社 1974 年版;俞飞鹏:《十五年来之交通概况》第二章,国民党政府交通部 1946 年印行。

续表

项目 线路别	起点	终点	干线公里	支线公里	动工时间	通车时间	备注
2. 湘桂路(衡阳西站—镇南关，全长1022.4公里)	衡阳西站	桂林	360.0	—	1937年9月	1938年9月	"八一三"淞沪会战之后利用浙赣路拆下的路轨铺路，并以木桥跨越湘江
	桂林	柳州	176.5	—	1938年4月	1939年12月	—
	柳州	来宾	71.8	—	1938年6月	1941年9月	为柳州至南宁的一段，使用粤汉路拆下的路轨
2. 湘桂路(衡阳西站—镇南关，全长1022.4公里)	镇南关	明江	64.5	—	1938年4月	1939年11月	镇南关至南宁全长242公里。因日军入侵南宁停工，后路轨拆除供黔桂路使用
	来宾	合山煤矿	—	65.0	1937年	1941年9月	窄轨，运煤专线
	冷水滩	零陵	—	21.8	1938年	1944年3月	途经蔡家埠飞机场。1944年8月部分路段被日军拆除
	黎塘	贵县	—	—	1938年6月	—	全长58.2公里，湘桂路与玉江联络线，1938年10月广州沦陷后停建
	黄阳司	窑冲	—	3.0	1940年	1940年	运煤支线
	大湾	凤凰	—	19.5	1942年9月	1943年3月	湘桂路与红水河联络线
3. 黔桂路(柳州—贵阳南站，全长617.4公里)	柳州	金城江	165.9	—	1939年8月	1940年12月	939年11月因日军攻陷南宁一度停工，1940年2月复工。1944年9月柳州至清泰坡473公里正式营业
	金城江	清泰坡	307.5	—	1941年2月	1944年6月	

续表

项目 线路别	起点	终点	干线公里	支线公里	动工时间	通车时间	备注
4. 滇缅路(昆明北站—术达,全长880公里)	昆明北站	安宁	34.6	—	1938年12月	1942年	1米轨,因日军入侵停工,仅建成昆明至安宁一段。部分路轨拆除用于叙昆路
5. 叙昆路(叙府—昆明,全长859.8公里)	昆明北站	曲靖	159.9	—	1938年12月	1941年3月	1米轨
	昆明北站	昆明南站	—	8.0	1938年	1938年	联络线
6. 粤汉路	许家洞	蓼江	—	33.3	1937年12月	1941年12月	资兴煤矿专用线,全长38.6公里,但鲤鱼江大桥未能建成,致全线一直未能贯通,仅在江上架设简易木桥,铺设轻便轨道行走斗车转运煤炭
	白石渡	杨梅山煤矿	—	13.8	1942年	1943年	粤汉、湘桂两路用煤运输线
7. 陇海路	宝鸡	天水	—		1939年5月	1946年1月	长145.8公里
	渭南	白水	—	78.0	1938年6月	1938年10月	0.6米轨,运煤支线,1950年拆除
	宝鸡	双石铺	—	106.2	1938年6月	1938年10月	1米轨,1945年拆除
	咸阳	同官(今铜川)	—	138.4	1939年5月	1941年12月	运煤支线
	洛阳	金谷园	—	32.2	不详	1940年	窄轨,1944年拆除
	英豪	黄门沟矿区	—	18.6	1938年	1938年	—
总计	—	—	1507.2	551.2	—	—	总里程 2058.4公里

注:未计陇海路宝天段里程。

资料来源:张雨才编著:《中国铁道建设史略(1876—1949)》,中国铁道出版社1997年版;马里千等编著:《中国铁路建筑编年简史(1881—1981)》,中国铁道出版社1983年版;严中平等编:《中国近代经济史统计资料选辑》,科学出版社1955年版;中国第二历史档案馆编:《中华民国史档案资料汇编》第5辑第2编,财政经济(10),江苏古籍出版社1997年版,第110—111页。

铁路机务设施、机车车辆,是保障战时铁路运输的必备条件。其中,铁路机厂、机器为修理车辆必不可少的设备。“七七事变”后,鉴于华北形势严峻,首先将胶济路青岛四方机厂机器设备拆迁南运;接着又将津浦路济南机厂和浦镇机厂、京沪路戚墅堰机厂、沪杭路闸口机厂拆迁内运。武汉告急,平汉路江岸机厂和李家寨机厂、粤汉路武昌机厂和株洲机厂先后拆迁。各厂机器设备一部分拨给其他各路充实设备,一部分供给新厂和内地工业使用,如湘桂路在全州、桂林、苏桥建有新机厂,主要修理机车车辆;柳州机厂、贵定黔中机厂,则主要制造工业机器。不料,1944 年秋,桂柳铁路失守,贵州吃紧,各厂机器设备除黔中一家外,其余均被破坏,损失极为惨重。

机务器材,在全面抗战爆发前,已有储备。如车用煤炭、油料,修理工具和配件材料,均有储备。煤炭和一部分修理材料,以往由国内供给,其余均需从国外进口。战争初期,供应尚属充裕。随着战争的持续,煤矿次第沦陷,出海口悉遭封锁,储存器材日渐减少,行车备受影响。抗战后期,部分重要器材靠空运进口补充,大部分仍需就地供应。各路都重视建设新的煤矿,虽质劣量少,聊胜于无。万不得已时,甚至也有烧柴炭行车的。油料极度缺乏,不得不尽量利用土产油料,精加提炼,作为代用品。配件工具,则由机厂仿制,虽粗糙不堪,成本巨大,亦能勉强维持行车。①

经艰苦努力,各路尚能维持一定数量的机车、车辆,以备运输。各路历年机车、车辆的变化,参见表 14-14。

① 俞飞鹏:《十五年来之交通概况》,国民党政府交通部 1946 年印行,第 15—16 页。

表 14-14　抗日后方铁路机车、车辆统计(1938—1944 年)

(单位:辆)

项目 年份	车类	线路									存车整理委员会	总计
		湘黔	潮汕	陇海	粤汉	浙赣	湘桂	黔桂	川滇	滇越		
1938	机车	72	5	129	226	155	101	—	—	—	—	688
	客车	61	35	325	235	208	177	—	—	—	—	1041
	货车	505	51	1493	1566	1089	1497	—	—	—	—	6201
1939	机车	—	—	127	109	29	362	7	4	—	—	638
	客车	—	—	357	323	56	341	11	—	—	—	1088
	货车	—	—	1639	635	205	3946	—	60	—	—	6485
1940	机车	—	—	127	81	29	348	16	28	—	—	629
	客车	—	—	359	129	51	452	26	18	—	—	1035
	货车	—	—	1635	635	218	3628	60	147	—	—	6323
1941	机车	—	—	127	81	28	126	21	28	—	216	627
	客车	—	—	359	129	25	349	49	28	—	79	1018
	货车	—	—	1733	761	158	1318	218	252	—	1841	6281
1942	机车	—	—	127	73	28	126	63	28	—	180	625
	客车	—	—	359	114	25	314	78	28	—	71	989
	货车	—	—	1733	761	158	1140	668	235	—	1485	6180
1943	机车	—	—	126	73	9	122	82	28	32	164	636
	客车	—	—	254	129	13	287	70	39	41	54	887
	货车	—	—	1733	776	90	1058	958	224	388	1182	6409
1944	机车	—	—	111	—	9	—	24	25	32	—	201
	客车	—	—	346	—	13	—	19	33	41	—	452
	货车	—	—	1531	—	90	—	159	222	382	—	2384

资料来源:中国第二历史档案馆编:《中华民国史档案资料汇编》第 5 辑第 2 编,财政经济(10),江苏古籍出版社 1997 年版,第 134—135 页。原表个别数据有误,本表已订正。

国民党政府也曾为铁路建设提供建设专款。全面抗战开始,为完成京赣铁路,并建设湘桂、湘黔、滇缅、叙昆铁路,拨给 1937 年、1938 年建设专款分别 4106.88 万元和 4308.47 万元。1939 年、1940 年建设专款分别 9680.68 万元和 14777.05 万元,则用于抢建湘桂路桂柳段,兴建黔桂路、陇海宝天段。1941 年专款

33690.67万元,用于滇缅、黔桂路赶工,以及叙昆、宝天两路继续进行,陇海咸同支线建成,綦江铁路开工。1942年专款95912.84万元、1943年专款99346.15万元,则因浙赣、滇缅两次会战后,物价飞涨,滇缅、叙昆两路停工,铁道部集中力量赶筑黔桂、宝天、綦江铁路,并整理湘桂路沿线机车车辆,拨给专款。1944年,日军发动打通大陆交通线战役,国民党政府军大败,各铁路难以维持,国民党政府拨给560723.29万元,作为军运维持费和员工疏散费。1945年宝天段继续施工,黔桂路开始修复,总机厂扩建,员工救济和维持,拨给专款2620524.67万元。1946年拨款116000万元用于复员。9年间共拨专款超过355亿元。①

二、战时铁路运输

日本发动全面侵华战争后,疯狂抢占中国战略要地和铁路线。从“七七事变”到南昌失守,浙赣铁路拆除轨道,这一年九个多月中,中日双方激烈争夺。但武汉陷落后,中国铁路丧失十之八九,铁路已失去其运输的重要性,公路、水路运输成为交通重心。因此,这一年九个多月的铁路运输,成为战时铁路运输最繁忙的时期。之后,国民党统治区所剩无几的旧路,以及西南、西北地区新建的铁路,在持久抗战中,也发挥了一定作用。

1937年7月24日,国民党政府颁布铁路战时运输办法,并根据1936年2月军事委员会颁布的铁道运输司令部组织条例,8月1日在郑州正式组建铁道运输司令部,任命陇海铁路局长钱宗泽为总司令,负责“掌理指挥全国铁路军事运输”。为使铁路运输适

① 俞飞鹏:《十五年来之交通概况》,国民党政府交通部1946年印行,第102页。

应战时状态，铁道部还要求各路员工要“以英雄抗战精神……与军队同进退，勿先军队撤退”；“无论敌机如何轰炸，必须随炸随修，勿令行车有一日阻断”；各路“所有车辆一律共同统筹使用，以增加运输效率”；各路局“编成若干军用列车，交由运输司令部统筹支配。军用列车以外，预备若干列车兼顾人口物资之疏散，公物及工厂之迁移”。抗战期间各路一律减薪，并拟定最低预算，如有余款一律解部，集中分配使用，主要用于维持债务信用。①

抗战初期，军事运输主要依赖铁路。最初五年，运送军队和旅客超过 1100 万人次，物资 286 万吨。抗战八年的铁路运输，分为六个阶段。

第一阶段，自 1937 年 7 月 7 日卢沟桥事变全面抗战爆发，至 1937 年 12 月 13 日南京失陷。在华北，“七七事变”后，北宁路关内段、平绥路、胶济路，津浦路济南以北及蚌埠以南，均先后沦陷。但胶济路 103 辆机车、1820 辆客货车均撤走。日军占领石家庄后，沿正太路西进，正太路机车、车辆大部撤往同蒲路。正太路沦陷后，日军占领太原，沿同蒲路南进，中国机车车辆继续南撤，大部分运过黄河，交给陇海路使用；未能撤走的铁路材料予以破坏。

在华东，淞沪会战空前激烈，京沪沪杭甬、苏嘉等也成为这一时期运输最为繁忙的铁路，但遭受敌机轰炸也最为猛烈。铁道部部长张嘉璈亲自到沿线鼓动、督修，广大铁路员工冒着生命危险，随炸随修，维护行车无一日中断。铁路方面还为中国守军提供钢轨和枕木构筑工事。淞沪会战期间，京沪铁路开行军用列车 1346 次，运送军队 50 个师，辎重 5 万吨。

1937 年 11 月 16 日，国民党政府国防会议决定迁都重庆。南

① 张公权：《抗战前后中国铁路建设的奋斗》，（台北）传记文学出版社 1974 年版，第 132—133 页。

京撤退,铁道部奉命拆毁镇江以东铁路,同时指定津浦、京沪、江南三路车务处长维持剩余铁路行车,至南京军队退出最后一日才撤退。12 月 13 日南京沦陷,京沪、苏嘉两路完全被日军占领,京沪路机车 72 辆,抢运出 55 辆,客货车辆除部分损坏外,其余均转移到浙赣路及津浦路,部分材料也抢运移交浙赣路。

这一阶段,各路运送军队 4467376 人次,军需品 1236629 吨。①

第二阶段,自 1937 年 12 月南京陷落,经徐州会战至 1938 年 5 月 21 日徐州失陷。② 南京沦陷后不久,江南路失陷,抢运出 5 辆机车,65 辆客货车,转运到浙赣、京赣等路,来不及搬运的车辆、桥梁、站房等自行破坏。芜湖沦陷后,淮南路危急,遂自行拆除。京赣路只有部分通车,在战事爆发后被迫停工,400 多万元建路材料抢运到后方,已成路段旋即被拆除破坏。沪杭甬路自淞沪会战开始到 10 月底,遭敌机轰炸 128 次,铁路员工不避艰险,维护通车。11 月初,日军从杭州湾金山卫登陆,该路客货车停开,上海至松江间 48 公里铁路拆除,机车、车辆、材料向浙赣路转移,通车不久的钱塘江大桥及部分路段在杭州沦陷前被自行炸毁。浙赣路原有机车 47 辆,客车 66 辆,货车 648 辆,加上转移来的机车车辆,机车增至 107 辆,客车增至 160 辆,货车增至 1500 辆,大大增强了运输能力,钱塘江北岸撤退的人员和铁路材料等由此向后方运输转移。杭州失陷后,钱塘江江边至诸暨 64 公里铁路被自行被坏。

在华北战场,日军沿平汉路南侵,敌机轰炸平汉路,1938 年 1 月

① 张公权:《抗战前后中国铁路建设的奋斗》,(台北)传记文学出版社 1974 年版,第 134—137 页。

② 一说至 6 月开封失守(俞飞鹏:《十五年来之交通概况》,国民党政府交通部 1946 年印行,第 14 页)。

20日炸毁黄河大桥桥墩,中国铁路员工冒险抢修3天恢复通车,2月11日敌机再次炸毁桥墩,抢修两天通车。广大铁路员工英勇顽强,随炸随修,维持通车,平汉路每月平均运量达487列,计10万吨物资。徐州吃紧时,每日开行军运列车达30次。津浦、道清、正太、陇海各路车辆、设备南撤,均由平汉路转运,运输之繁忙,为各路之冠。2月中旬,日军进抵新乡附近,逼近黄河。为阻止日军进攻,中国守军炸毁黄河大桥,黄河北岸平汉路及道清路全部沦入敌手。

津浦路自开战至徐州失陷,遭敌机轰炸1433次,机车110辆、客货车218辆、桥梁4座及其他大量设备被炸和损坏。津浦路员工在抢修抢运中先后有79人牺牲、74人负伤。[①] 徐州会战期间,津浦路为运送军队、辎重、给养,开行列车960列。此外,还运送难民50列、公物24列、故宫文物17列、抢运沿线铁路材料1159列。并抢运出110辆机车、1700辆客货车,转入陇海、平汉、粤汉路使用。济南机厂设备,拆移粤汉路。

陇海铁路是徐州会战中中国军队军需供给的重要运输线。日机狂轰滥炸,企图切断陇海路。"七七事变"至1937年年底,敌机轰炸陇海路863架次,投掷炸弹1072枚,炸毁机车29辆,客货车51辆,铁路路轨24根,桥梁4座,车站房屋48所。1938年,敌机轰炸陇海路1351架次,投掷炸弹4417枚,炸毁机车43辆,客货车183辆,房屋24所,铁轨291根。1938年1月到9月间,陇海路员工有50人被炸身亡。[②] 徐州会战期间,陇海路不仅要运输陇海路线区内及大西北开赴前线的军队及支援前线的军需物资,还要转

---

① 《津浦铁路抗战史乘》,见国民党政府交通部编:《抗战与交通》1940年第33期。

② 刘春海:《陇海铁路之三年抗战》,见国民党政府交通部编:《抗战与交通》1941年第56、57期。

运来自平汉路的军队和军需品,因此“军运昼夜不绝,行车密度空前未有”①。

徐州会战后期,津浦路撤退的机车车辆和铁路材料,全部经由陇海路转运,但因陇海路东去军运列车,军令不许放行西返,以备紧张时撤运参战部队之用,致使陇海东段车辆拥挤不堪,堵塞交通。徐州失守后,津浦路全部沦陷,陇海路丧失本路及津浦路转移来的机车 271 辆,陇海路也被日军截断。

这一阶段,各路运送军队 4337777 人次,军需品 1146998 吨。② 台儿庄大捷即发生在这一阶段。

第三阶段,自 1938 年 5 月 21 日徐州失守至 10 月 25 日武汉沦陷。日军占领徐州后,沿陇海路西犯,占领中牟以东铁路,兵锋直指郑州。国民党政府炸开花园口黄河大堤,企图“以水代兵”,阻敌进犯。中国方面拆除大浦至连云港铁路,并炸毁部分车站设施和沿途桥梁。郑州以西路段,因受黄河北岸日军威胁,陆续向西拆毁路轨。日军进占同浦铁路黄河北岸之后,陇海路陕州至潼关段 100 公里左右路段,常处于日军炮火威胁之下。该路员工坚持运输,列车冒着敌人炮火行驶,而且摸索出一套经验,掌握了日军发炮间隔、落点和爆炸程度,列车行至 16 号山洞时先暂停一下,等到敌人炮火一闪,即迅速开车闯过,等敌人续发第二排炮时,列车已进入 17 号山洞中。这些“闯关列车”,保证运输不致中断。③

日军试图占领郑州沿平汉路南进攻武汉的战略因“黄水决

① 钱宗泽:《抗战以来之陇海铁路》,见国民党政府交通部编:《抗战与交通》1941 年第 33 期。

② 张公权:《抗战前后中国铁路建设的奋斗》,(台北)传记文学出版社 1974 年版,第 138—140 页。

③ 李占才主编:《中国铁路史(1876—1949)》,汕头大学出版社 1994 年版,第 280 页。

堤”而改变。从1938年6月12日起，日军沿长江西进，猛攻武汉。南浔路奉命拆除，南段轨料经湘桂路运至湘黔路，北段料轨船运到汉口一部分，因马当要塞失守，来不及运出的轨料全部沉入鄱阳湖中。武汉会战后期，平汉路南段被截断，中方进行了一些力所能及的拆除和破坏，210辆机车抢运出170辆，3881辆客货车抢运出3401辆。江岸机车厂设备拆运湘桂路，沿线厂屋钢架拆卸一部分运存香港等地，郑州机车厂机器辗转运至湘黔路。

武汉会战尚未结束，日军一部于1938年10月12日在广州大鹏湾登陆，之后广九路粤段、广三路和粤汉路南段广州至源潭段相继被占，源潭至曲江段路轨、桥梁自行拆毁，北段武昌至黄沙街段随武汉同时陷落，仅剩株洲至曲江段照常营运。广九、粤汉路在全面抗战爆发后，是运输出入口物资的重要线路，运送输入物资近70万吨，行车最密时在途行驶列车达140列，少时也有七八十列。敌人在未登陆前，以敌机对两路狂轰滥炸，每月轰炸多时达一百五六十次，少时也有六十多次。敌机向粤汉路前后投掷炸弹3256枚，每公里投弹3枚之多。后日军集中轰炸广州以北的银盏坳大桥，试图切断粤汉路。铁路部门组织抢险队，在大桥附近储备材料，随炸随修，在每天下午三四点前后，敌机离去，随即修理，傍晚时分，列车开始行车，保持行车一直没有中断。抢修保路过程中，有200多人被炸死、炸伤或劳累过度死亡。

南京撤退时铁道部迁至武汉办公。1938年1月1日铁道部并入交通部，张嘉璈任交通部部长。交通部在武汉失陷前迁至衡阳办公，后又迁往重庆。

这一阶段，各路运送军队2647583人次，军需品486163吨。①

① 张公权：《抗战前后中国铁路建设的奋斗》，（台北）传记文学出版社1974年版，第142—143页。

第四阶段,自1938年10月25日武汉失陷至1939年11月24日南宁陷落。广州、武汉相继失陷后,抗战正面战场移至鄂西、湘北及广州西北与西南、广西南部一带。其时唯一比较完整的铁路是自诸暨至株洲的浙赣路西段,在株洲接粤汉路,经衡阳与建设中的湘桂路连接,东段接通宁波、温州出口通道。当时西南地区锑、桐油、茶叶等物品,均由该路运至金华转温州,或由诸暨转宁波出口。浙盐运赣、赣米运浙,运输繁忙,成为东南地区运输干线。1939年2月,敌机开始轰炸浙赣路沿线车站,该路开始拆运机厂机器,转移机车车辆。3月初,日军进抵修水河一带,向南昌进攻。南昌附近莲塘向塘间路轨奉命拆除,计划继续向东拆至进贤,向西拆至樟树,因日军骚扰,拆路员工被迫撤退,退到距敌较远处继续破路,但因时间紧促,拆下的轨料无法运出,只能投入池塘中或埋藏起来。同时破坏樟树大桥,将桥墩、桥梁沉入水中。3月底南昌沦陷,4月初开始拆除东段诸暨湄河间路轨。至此浙赣路剩下不相连接的东西两段,东段诸暨至邓家埠438公里,西段樟树至株洲282公里。不久西段又自行拆毁,轨料运往柳州,供黔桂路应用。该路被肢解之前,东段客货车抢运出1208辆。该路自1937年年底中国守军退守钱塘江南岸至路线中断约15个月中,开行军用列车1700次,运送军队150万人次,军需品23万吨,伤兵6万人,商货23万吨。

与此同时,湘黔路已完工路段,路轨全部拆除,轨料西运以备建筑新路之用,桥梁加以破坏。

粤汉路因1938年11月13日岳阳弃守,长沙大火,自12月12日起,北段列车开至白水为止(距汉口308公里)。随即拆除汨罗至霞凝间路轨。1939年4月赣北吃紧,南昌失陷,霞凝至长沙段拆除,并准备拆除长沙至株洲段,奉命于4月15日开始向南每日拆3公里。南段自大坑口至曲江间轨道也开始拆卸。粤汉路仅株洲曲江段通车。

陇海路潼关以东至会兴镇段，沿黄河岸行车。日军未能占领郑州，陆续占据黄河北岸各渡口，瞄准潼会段间车站安置炮位，不断向该段铁路、车站发炮。潼关距敌人风陵渡据点仅800多米，受敌炮袭尤烈。潼关大桥多次被炸损毁，铁路员工冒死抢修，死伤20多人。敌炸我修，中断数日后又通车，再炸再修，间断保持通行列车。为此多人被授勋章。到1939年2月间，中方担心日军南渡黄河，命令陇海路由郑州至潼关顺序拆除，到4月中旬，中牟至汜水间77公里全部拆除，轨料继续西移。

这一阶段，各路运送军队2823872人次，军需品359863吨。①

第五阶段，自1939年11月24日南宁陷落至1942年年底。这一阶段南战场有粤北、湘北、桂南之战，北战场有中条山之战，长江方面有襄河两岸之战及鄂西、鄂北之战，还有浙东及沿浙赣路之战。全面抗战处于相持阶段，日军兵力不足，无法构成绝对优势。铁路方面，浙赣路损失435公里，但后方又能新建800多公里。1939年9月第二次世界大战欧洲战场开战，日军要应对广大亚太地区的形势变化，不再全力深入中国内地，但加强了对中国共产党领导的抗日根据地的“扫荡”，以及对国民党统治区的封锁和重点打击。1939年6月登陆汕头，11月在钦州登陆，24日攻陷南宁，1940年5月占领宜昌，7月登陆镇海，1941年2月间粤海沿岸，4月间福建、浙江海岸登陆。太平洋战争爆发后，又占领中国香港，进犯东南亚，于1942年3月占领新加坡、仰光，4月占领缅甸腊戍，截断滇缅公路，中国出海通道全被封锁。

浙赣路方面，日军于1940年10月和1941年4月两度进攻浙

---

①　参见张公权：《抗战前后中国铁路建设的奋斗》，（台北）传记文学出版社1974年版，第144—146页。

东,打击浙赣路诸暨邓家埠段,铁路员工一面抢修保持军运,一面奉命拆除东段铁路;中国守军反攻,日军退回原占领区后,中方又加紧抢修所拆铁路,保持通车。日军第二次进攻浙东时,诸暨至安华间铁路自行破坏时桥梁均被彻底破坏,未能修复。1942 年 4 月美国空军利用浙江空军基地空袭日本东京,日军为摧毁、占领浙江空军基地,发动猛烈进攻,由东向西,于 6 月 12 日占领玉山,南昌方面日军也向东夹击,浙赣路仍能通车的 113 公里路段两端均受威胁,被迫全线放弃。因两端均无出路,所有机车 31 辆、客货车 282 辆及机厂、铁路设备无法撤退,一律自行破坏。

粤汉路方面,1939 年 9 月至 1941 年年底,中日双方进行三次"长沙会战"。每次会战开始时,国民党军事当局都命令粤汉路由株洲向南拆除路轨,会战结束时日军退回新墙河以北原占领区后,又修复拆毁路段,因此"第三次长沙大捷"后,曲江至株洲间路段仍维持通车,并恢复通车至与湘黔路衔接的湘潭。

陇海路方面,由汜水继续向西拆除,拆到距洛阳东站 5 公里处为止,陇海路仅存洛阳至宝鸡 544 公里。其中会兴镇至潼关 108 公里路段靠近河岸,各站几乎每天遭黄河北岸日军炮击。为坚持行车,铁路员工反复抢修隧道,修建便道,搭建便桥。黄河北岸高于南岸,敌军炮位居高临下,铁路行车完全置于日军的监视之下,一有行车,日军立即炮轰。尤其是在 1939 年 11 月后,第 17 号隧道洞口遭敌定点炮击,机车受损 32 辆,客货车 88 辆,员工死亡 10 多人,受伤 50 多人,无法维持行车。工程人员决定修建 800 多米新隧道。工程人员冒着敌人的炮火,日夜施工,历经 10 个多月,用工 20 多万人,工款 70 多万元,于 1940 年 11 月完工,放行材料列车。交通部部长张嘉璈冒险亲临视察,鼓励员工。1941 年 5 月间,日军大举向黄河北岸中条山区中国守军进攻,发动中条山战役。中国守军损失惨重,被迫退出中条山区,5 月 16 日后,黄河北岸渡口被日军占领,陇海路受到的威胁和炮击更为严重,高柏至东泉店40多公里被迫停开列车,改用汽车转运。经抢修便道,11月底恢复通车。但列车运行和铁路线路始终未能摆脱日军的炮火袭击和威胁,平均每月四五百发炮弹袭来。如1942年5月间一列车被炮火击中,死伤旅客和员工40多人。

湘桂路衡阳至柳州、柳州至桂林两段,先后全段或部分路段通车。衡阳柳州段1938年10月正式通车后,恰逢长沙大火,长沙重要军品悉数南运至该路沿线,得免损失。及汉广、南昌沦陷,浙赣、湘黔和粤汉北段相继拆轨,各路车辆、器材均集中于湘桂路,客车增至4450辆,机车增至350辆。部分路段通车后不及一年,就开行军用列车480次,运送军队36万人次,货物23.5万吨,客运64万人次。

法国经营的滇越铁路设备简陋,运输能力低下,甚至缺乏行车号志,夜间不能行车,月运输量仅有3000吨左右。全面抗战开始之后,中方与法方多次交涉,要求其增加车辆,扩充运输能力,但1940年前每月运输军、公物资也仅提高到7000吨左右。1940年年初日军飞机轰炸滇越路云南境内铁路,炸断开远南两座大桥,而法方修复工作迟缓,张嘉璈亲临现场,调粤汉路抢修人员前往协助修复通车。1940年6月法国政府向德国投降,日本乘机要求越南停运中国政府物资,越方被迫同意,该路不再运输中国物资。及至9月,日军入侵越南,中国方面炸毁河口大桥,拆毁云南边境铁路,另派军运司令驻路指挥中国境内路段运输事宜。①

这一阶段,各路运输情况是:1940年运送军队2915725人次,

① 张公权:《抗战前后中国铁路建设的奋斗》,(台北)传记文学出版社1974年版,第147—153页。

军需品 475984 吨;1941 年运送军队 2802526 人次,军需品 311558 吨;1942 年运送军队 2007195 人次,军需品 340843 吨。①

第六阶段,1943 年至抗战胜利。浙赣战局渐趋稳定,浙赣路于艰难困苦中恢复江山至上饶段通车,以便利东南物资内运。陇海路剩余线路继续将沦陷区物资内运西北、转运西南。叙昆路通车路段承接空运至云南物资。滇越路云南段线路被中国接管后,云南矿产转运昆明出口,日军逼近越南时,该路赶运中国军队至边境防御。1943 年冬常德保卫战,湘桂、黔桂、粤汉各路发挥了作用。1944 年春开始,日军发动对豫、湘、桂的进攻,国民党守军大败。5 月 29 日洛阳沦陷,陇海路阌底镇东全部遭破坏,仅有潼关至宝鸡尚维持通车。6 月中旬长沙失守,随之萍乡、醴陵、株洲、湘潭相继失守。8 月 8 日,衡阳失守,粤汉路全部丢失。11 月桂林、柳州失守,日军一部进攻到黔桂路的独山,重庆为之震动。湘桂、黔桂两路也不能再有所贡献了。日军完成了打通大陆交通线的作战目标,国民党政府所控制的铁路所剩无几,铁路运输对抗战的贡献也降至最低点。

这一阶段,各路运输情况是:1943 年运送军队 2984456 人次,军需品 4553439 吨;1944 年运送军队 1529887 人次,军需品 250244 吨;1945 年运送军队 916556 人次,军需品 365124 吨。②

八年抗战,国民党统治区铁路共运送军队 27432953 人次,军需品 5429255 吨。铁路员工作出了重大牺牲,为抗战事业作出了

① 俞飞鹏:《十五年来之交通概况》,国民党政府交通部 1946 年印行,第 14—15 页。该书所分阶段与张嘉璈书略有不同。

② 俞飞鹏:《十五年来之交通概况》,国民党政府交通部 1946 年印行,第 15 页。第六阶段包括该书的第七、八两个阶段。

重大贡献。据不完全统计,铁路员工受伤 985 人,牺牲 1036 人。①当然,铁路也兼顾民生运输(见表 14-15)。

表 14-15　抗日后方铁路运量统计(1938—1944 年)

类别/年份	客运量(万人)				货运量(万吨)				包裹(吨)
	军人	旅客	总计	军人占比(%)	军品	货物	总计	军品占比(%)	
1938	205.05	649.34	854.39	24.00	124.95	610.05	735.00	17.00	不详
1939	246.77	781.44	1028.21	24.00	60.52	295.48	356.00	17.00	不详
1940	296.87	907.67	1204.54	24.65	45.95	217.73	263.68	17.43	不详
1941	208.97	1204.50	1413.47	14.78	36.37	277.26	313.63	11.60	5.25
1942	213.16	1132.80	1345.96	15.84	38.05	268.87	306.92	12.40	21.91
1943	298.45	1598.83	1897.28	15.73	45.58	328.56	374.14	12.18	28.87
1944	152.99	769.82	922.81	16.38	25.22	136.14	161.36	15.53	28.95
总计	1622.26	7044.40	8666.66	18.72	376.64	2134.09	2510.73	15.00	84.98

注:1. 本表除包裹吨数根据运量统计和 1938 年、1939 年系按营业进款与运价指数估计外,其余均根据统计年报。2. 原表个别货物吨数总计有误,现改正。

资料来源:中国第二历史档案馆编:《中华民国史档案资料汇编》第 5 辑第 2 编,财政经济(10),江苏古籍出版社 1997 年版,第 119 页。

战时铁路运输以军运为主,但也兼顾客货运输。据不完全统计,1938—1944 年 7 年间,各路共运送军人 1622.26 万人次,而运送旅客多达 7044.4 万人次,占总数的 81%。运输军需品总计 376.64 万吨,但运输货物高达 2134.09 万吨,占总数的 85%。

随着战局变化,国民党军队在正面战场连连失利,铁路营业里程颇受影响。各路营业里程的变化,见表 14-16。

① 俞飞鹏:《十五年来之交通概况》,国民党政府交通部 1946 年印行,第 109 页。

表 14-16　抗日后方铁路营业里程统计(1938—1945年)

(单位:公里)

年份＼路别	津浦蚌滕段	平汉南段	陇海	南浔	粤汉	广九	浙赣	个碧石	湘黔	湘桂	川滇(叙昆)	黔桂	滇越	总计
1938	265	544	1562	129	1145	179	998	177	—	—	—	—	—	4999
1939	—	—	542	—	451	—	438	177	175	361	—	—	—	2144
1940	—	—	587	—	451	—	414	177	—	602	—	—	—	2231
1941	—	—	587	—	481	—	414	177	—	535	—	95	—	2289
1942	—	—	680	—	481	—	—	177	—	535	196	166	—	2235
1943	—	—	680	—	481	—	—	177	—	625	196	166	—	2325
1944	—	—	680	—	495	—	86	177	—	639	204	474	286	3041
1945	—	—	455	—	—	—	86	177	—	—	204	—	286	1208

注:营业里程均为各年3月统计数。

资料来源:中国第二历史档案馆编:《中华民国史档案资料汇编》第5辑第2编,财政经济(10),江苏古籍出版社1997年版,第118页。

在汉广沦陷前,铁路营业里程近5000公里,且多为全面抗战前建成通车的旧路;汉广沦陷后,抗战进入艰苦的战略相持阶段,旧路丧失巨大,后方新路则赶修通车,为支撑持久抗战作出了贡献。在战争状况下,铁路行车效率并不算差。以陇海、湘桂、黔桂、川滇(叙昆)和滇越路为例,各年旅客和货物平均行程的情况是:战前的1936年每位旅客平均行程为91公里,而战时的1937年至1944年分别为100、107、110、119、110、109、111公里和118公里,比战前有所提高,甚至是较大幅度的提高。①

国民党统治区物价猛涨,客货运价上升指数远远赶不上物价

① 中国第二历史档案馆编:《中华民国史档案资料汇编》第5辑第2编,财政经济(10),江苏古籍出版社1997年版,第147页。

上涨指数①，造成铁路运输收入锐减，各路亏损严重，只能靠政府补贴维持运营（见表14-17）。以粤汉、湘桂和黔桂三路为例，1942年12月1日客票三等每人每公里0.3元，货物十等每吨每公里0.5元；1943年6月21日分别调整为0.405元、0.66元，分别上涨35%、32%；1943年11月20日，再次调整，分别为0.615元、1元，均上涨51%；1944年4月12日分别调整为0.96元、1.6元，分别上涨56%、60%。②

表14-17　抗日后方铁路营业收支统计（1937—1944年）

（单位：万元）

年份	项目	线路						南京轮渡
		京沪沪杭甬	津浦	胶济	正太	广九	平汉	
1937	收入	501.4	722.6	494.6	104.9	324.8	1880.1	22.3
	支出	1089.0	1103.9	494.3	141.0	263.0	2808.8	13.5
	盈亏	-587.6	-381.3	0.3	-36.1	61.8	-928.7	8.8
1938	收入	—	—	—	—	127.9	484.8	—
	支出	—	—	—	—	102.0	918.2	—
	盈亏	—	—	—	—	25.9	-433.4	—
1939	收入	—	—	—	—	—	—	—
	支出	—	—	—	—	—	—	—
	盈亏	—	—	—	—	—	—	—
1940	收入	—	—	—	—	—	—	—
	支出	—	—	—	—	—	—	—
	盈亏	—	—	—	—	—	—	—

① 1937年至1945年运价指数与物价指数的变化参见俞飞鹏：《十五年来之交通概况》，国民党政府交通部1946年印行，第115页。

② 中国第二历史档案馆编：《中华民国史档案资料汇编》第5辑第2编，财政经济（10），江苏古籍出版社1997年版，第127页。

续表

年份	项目	线路						南京轮渡
		京沪沪杭甬	津浦	胶济	正太	广九	平汉	
1941	收入	—	—	—	—	—	—	—
	支出	—	—	—	—	—	—	—
	盈亏	—	—	—	—	—	—	—
1942	收入	—	—	—	—	—	—	—
	支出	—	—	—	—	—	—	—
	盈亏	—	—	—	—	—	—	—
1943	收入	—	—	—	—	—	—	—
	支出	—	—	—	—	—	—	—
	盈亏	—	—	—	—	—	—	—
1944	收入	—	—	—	—	—	—	—
	支出	—	—	—	—	—	—	—
	盈亏	—	—	—	—	—	—	—

续表

年份	项目	线路							总计
		南浔	浙赣	粤汉	陇海	湘桂	川滇(叙昆)	滇越	
1937	收入	188.9	263.0	2028.0	1309.1	—	—	—	7839.8
	支出	211.8	570.7	1988.4	1667.8	—	—	—	10352.3
	盈亏	-22.9	-307.7	39.6	-358.7	—	—	—	-2512.5
1938	收入	81.5	408.2	894.9	390.7	145.8	—	—	2533.8
	支出	50.6	323.8	1600.5	849.0	173.9	—	—	4018.0
	盈亏	30.9	84.4	-705.6	-458.3	-28.1	—	—	-1484.2
1939	收入	—	—	777.4	981.3	1042.5	—	—	2801.2
	支出	—	—	2154.4	2268.7	911.2	—	—	5334.3
	盈亏	—	—	-1377.0	-1287.4	131.3	—	—	-2533.1
1940	收入	—	343.8	1450.5	1739.4	2149.4	—	—	5683.1
	支出	—	258.5	2454.2	2011.0	1534.7	—	—	6258.4
	盈亏	—	85.3	-1003.7	-271.6	614.7	—	—	-575.3

续表

年份	项目	线路							总计
		南浔	浙赣	粤汉	陇海	湘桂	川滇（叙昆）	滇越	
1941	收入	—	307.8	2968.9	3769.0	4206.5	1177.6	—	12429.8
	支出	—	274.4	3263.6	3648.8	3239.7	1051.0	—	11477.5
	盈亏	—	33.4	-294.7	120.2	966.8	126.6	—	952.3
1942	收入	—	1898.8	7824.5	16778.5	12728.4	4416.7	—	43646.9
	支出	—	1216.9	7072.6	11714.5	10537.7	3280.0	—	33821.7
	盈亏	—	681.9	751.9	5064.0	2190.7	1136.7	—	9825.2
1943	收入	—	410.9	30406.1	59791.7	49390.6	15840.5	11007.1	166846.9
	支出	—	2365.8	22181.1	59139.5	32406.5	16112.5	8576.4	140781.8
	盈亏	—	-1954.9	8225.0	652.2	16984.1	-272.0	2430.7	26065.1
1944	收入	—	4851.3	37593.8	—	—	59560.5	61077.8	163083.4
	支出	—	5338.8	44192.3	—	—	51553.4	48012.8	149097.2
	盈亏	—	-487.5	-6598.6	—	—	8007.3	13065.0	13986.2

注：1. 总计经重新统计，纠正了原资料个别数据的错误。2. 因四舍五入的关系，总计与各路加总结果略有出入。

资料来源：中国第二历史档案馆编：《中华民国史档案资料汇编》第5辑第2编，财政经济（10），江苏古籍出版社1997年版，第195—197页。

从账面上看，仅就营业而言，1941—1944年是盈利的。但扣除物价上涨部分，则盈利状况差强人意。而且，账面收入中，不少来自半价军运费，如1942年70%来自军运；1945年为配合反攻，收入锐减，政府不得不给予补贴。再考虑欠款、债款利息等，财务状况就不乐观了。截至1945年年底，铁路债务本息多达11.25亿元。①

① 俞飞鹏：《十五年来之交通概况》，国民党政府交通部1946年印行，第106页。

第五节　抗日后方的民用航空运输和邮政电信

为支持全面抗战,打破敌人封锁,维持国际运输,建设西南、西北大后方交通网,发展地方经济,民用航空和邮电业,也作出了艰苦努力。

一、民用航空运输

中国幅员广大,地理条件复杂,比起铁路、公路交通,航空运输本来是最适合发展的交通方式。只是北洋政府和国民党政府财力有限,航空事业发展缓慢。

1931 年“九一八事变”发生时,中国航空事业尚处于幼年时期。成立于 1930 年的中美合资中国航空公司(以下简称“中航”),主要经营国内航线;1931 年成立的中德合资欧亚航空公司(以下简称“欧亚”,1943 年改组为中央航空公司后简称“央航”),主要经营欧亚两大洲国际航线。当时,中航只经营上海经南京、九江、汉口、沙市至宜昌航线,以及南京经徐州、济南、天津至北平航线;欧亚仅经营上海经南京、济南、北平、洮南至满洲里一条航线。另有 1933 年成立的官商合办西南航空公司,经营范围主要在西南尤其是两广地区,也租用飞机飞往越南河内。国民党政府财政困难,预算内无法提供建设经费,仅在每年邮政经费项下,酌量拨给少许,聊胜于无。① 营业状况则差强

① 例如,1937 年拨充航空经费 53 万元,1939 年 27 万元,1940 年 54 万元,1941 年 0.9 万元。见各年《中华民国邮政事务年报》,转见中国第二历史档案馆编:《中华民国史档案资料汇编》第 5 辑第 2 编,财政经济(10),江苏古籍出版社 1997 年版,第 720—822 页。

人意,但亏损时多。① 1931 年空运航线 3932 公里,1936 年增至 11841 公里。“九一八事变”到“七七事变”,三家航空公司新开辟的航线分别为:

中国航空公司:宜昌—万县—重庆—成都(由已有的上海至宜昌航线扩展为沪蓉线)、上海—南京—海州—青岛—天津—北平、上海—温州—福州—厦门—汕头—香港—广州、重庆—贵阳—昆明;

欧亚航空公司:上海—南京—郑州—西安—兰州—肃州—哈密—迪化(兰州迪化从 1933 年 7 月起停航)、北平—太原—郑州—汉口—长沙—广州—香港、北平—归绥—宁夏—兰州、西安—汉中—成都;

西南航空公司:广州—梧州—南宁—龙州—河内、广州—茂名—琼州—北海、广州—梧州—桂林—柳州—南宁、广州—广州湾(今湛江)—河内。

三家公司所用飞机、零件、通信器材等,全部来自进口。初期飞机多为小型,载重约 600—700 公斤,客座 4—8 个不等,设备简单,速度亦慢。后逐渐改用中、大型飞机,载重约 2000—2500 公斤,客座 14—20 多个不等,设备较为齐全,速度也有提高。

到 1936 年,日本侵华野心已暴露无遗。国民党政府在航空方面也不得不预做准备。首先,各公司做迁移准备。中航、欧亚两家公司总事务所和技术设备总基地均设于上海,交通部督促两家公司分别在汉口和西安另设中心,添置设备。其次,在西安和洛阳建设油库,储备油料。再次,采购零配件,储存于各航站。最后,各编

① 刘克祥、吴太昌主编:《中国近代经济史(1927—1937)》,人民出版社 2010 年版,第 1343—1345 页。

组一个航空运输队,配备飞机和人员,协助空军,承担特别运输任务。①

1937 年“七七事变”后,中航的上海—海州—青岛—天津—北平航线、欧亚的北平—归绥—宁夏和北平—太原—郑州—汉口线段均相继停航。“八一三”淞沪会战爆发,中航的上海—温州—福州—厦门—汕头—香港—广州航线和上海—南京—汉口航线、欧亚的上海—南京和郑州—西安线段先后停航。两家公司按预定计划分别迁至汉口、西安②,继续经营未停航线段。不久,因日机袭击频繁,两家公司分别在重庆、昆明设置总基地。西南航空公司亦因敌机空袭广东,被迫停航。

到汉广陷落之前,国内空运线路有所缩短,而照常营业的线路,则业务陡增。③ 除奉命担任特种运输任务的航空运输队拨交空军指挥外,其余飞机和人员重新调配,增加航班。欧亚经营的汉口—长沙—广州—香港线段,关系到国际交通,空运需求大增,公司投入绝大部分空运力量应对。经过一番部署,各公司设法新辟

① 俞飞鹏:《十五年来之交通概况》,国民党政府交通部 1946 年印行,第 53—56 页。

② 中国航空公司总部于 1937 年 8 月 22 日迁至汉口,1938 年 1 月 3 日又迁至重庆,机航基地则迁至香港。欧亚航空公司总部于 1937 年 8 月 21 日迁至西安,10 月 8 日又迁至昆明。见民航总局史志编辑部:《中国航空公司、欧亚—中央航空公司史料汇编》,民航总局史志编辑部 1997 年印本,第 12、213 页。

③ 空运线路里程,1936 年为 11841 公里,1937 年减至 8569 公里。见俞飞鹏:《十五年来之交通概况》,国民党政府交通部 1946 年印行,第 55 页。两航飞行里程 1936 年为 372 万公里,1937 年缩减至 267.3 万公里;运送旅客 1936 年为 2.8 万人,1937 年为 2.7 万人;货运 1936 年为 25 万公斤,1937 年为 24.5 万公斤。见中国第二历史档案馆编:《中华民国史档案资料汇编》第 5 辑第 2 编,财政经济(10),江苏古籍出版社 1997 年版,第 162、164 页。

航线，重点在国际航线，并兼顾西南、西北后方空运需求。先后新开航线如下。

中航公司：重庆—香港（取道桂林，1937 年 12 月开航）、汉口—长沙（1937 年 12 月开航）、重庆—泸州—叙府—嘉定（1938 年 5 月开航）。①

欧亚公司：汉口—西安（1937 年 8 月开航）、昆明—河内（1937 年 12 月开航）、昆明—柳州—香港（1937 年 6 月开航）、昆明—桂林和重庆—桂林—香港（1938 年 10 月开航）。②

此外，还与苏联磋商合办哈密至阿拉木图航线，以便中苏交通；补贴法国航空公司开办河内至香港航线，维持内地与香港交通。③

这一时期，两家公司飞机和零配件的补充已遇困难。中航受财力限制，无力添置飞机，仅能补充零件，欧亚尚能补充大型飞机 2 架。但拨交空军的航空运输队飞机全遭敌机击毁。这一时期飞机数量已有减少。航空油料通过粤汉铁路运输接济，尚能满足需求。武汉会战吃紧之时，又加紧购运大批油料，从香港运抵武汉，转陇海铁路运至西北，再由水路转运入川，为日后空运储备了油料。

自“八一三”淞沪会战以后，空运需求大增，但飞机数量减少，运量反而缩减，空运供不应求。当时国民党政府迁都重庆，但军政部门多在武汉办公。欧亚公司的汉口—长沙—广州—香港航线、

① 民航总局史志编辑部：《中国航空公司、欧亚—中央航空公司史料汇编》，民航总局史志编辑部 1997 年印本，第 128 页。

② 民航总局史志编辑部：《中国航空公司、欧亚—中央航空公司史料汇编》，民航总局史志编辑部 1997 年印本，第 302—303 页。

③ 中国第二历史档案馆编：《中华民国史档案资料汇编》第 5 辑第 2 编，财政经济（10），江苏古籍出版社 1997 年版，第 78 页。

中航的重庆—桂林—广州—香港航线,在沟通各省和对外交通方面,发挥了重要作用。日本侵略者的空军自然不放过两航,多次袭击。中航的大型飞机“桂林”号和欧亚的两架大型飞机被击中,“桂林”号被毁,旅客和机组人员17人,仅3人幸免于难;另两架飞机受重创。两航员工不畏艰险,坚守岗位。1938年10月,在武汉即将失守之际,两航奉命抢运国民党军政要员撤退至大后方,调集全部飞机,穿行于武汉与后方城市之间。冒着敌机空袭危险,中航日夜飞行15架次,将国民党军政要员及其眷属共296人分别撤退至宜昌、重庆和成都。10月24日晚,将蒋介石夫妇运往衡阳。① 直至敌军进入武汉,两航最后一架飞机才飞离机场。

汉广失陷后,空运线路里程趋于缩短。② 国民党政府以重庆为中心开辟航线,至滇缅失陷前,两航公司先后开辟的航线有:

中航公司:重庆—桂林(1938年12月开航),重庆—昆明—河内(1939年3月开航),重庆—昆明—腊戍—仰光(1939年10月开航),南雄—香港(货运,1940年9月开航),重庆—昆明—腊戍(缅甸陷落后,先后改密支那、丁江、八莫)—吉大港—加尔各答(1941年12月开航)。

欧亚公司:昆明—重庆—成都、重庆—桂林—昆明和重庆—成都(1938年11月开航),重庆—昆明—河内和重庆—西安(1939年1月开航),重庆—西安—兰州—肃州(今酒泉)—哈密和昆明—成都—汉中—西安(1939年2月开航),兰州—凉州(今武

① 民航总局史志编辑部:《中国航空公司、欧亚—中央航空公司史料汇编》,民航总局史志编辑部1997年印本,第15、13页。

② 各年线路里程为:1938年10533公里,1939年10363公里,1940年10771公里,1941年9710公里,1942年8171公里,1943年10538公里,1944年8813公里,1945年21783公里。见俞飞鹏:《十五年来之交通概况》,国民党政府交通部1946年印行,第55页。

威）和兰州—西宁（1939 年 2 月开航），重庆—昆明—河内（1940 年 7 月开航），南雄—香港（1940 年 8 月开航），成都—雅安（1941 年 6 月开航）。①

1939 年 12 月，中苏合资中苏航空公司正式成立，总基地设于迪化，专营哈密—迪化—阿拉木图一线。

1941 年中德断交，中德合资的欧亚航空公司收归国有，1943 年改名为中央航空公司（以下简称“央航”）。

这一时期，后方水陆交通颇感困难，空运业务更加繁忙、拥挤，供不应求的状况更加严重。旅客多为因公乘机的军政人员，常须优先安排。各航空公司只能努力工作，增加运能，扩大运输量。运量增加的另一原因是，中国海岸全被封锁，国外物资除经滇越铁路和滇缅公路内运，急需物资，越来越多地从香港空运至内地。但日军入侵越南后，滇越铁路无法内运，滇缅公路又被英国逼迫停运，国外物资就全靠空运入境了。交通部督饬两航公司开辟广东南雄至香港线路，转运货物。从 1940 年起，国内物价猛涨，空运成本迅速上升。两航公司也不得不小幅提高运价，如渝昆线自 1942 年 12 月至 1944 年 7 月先后提价 4 次。②

1941 年冬，太平洋战争爆发，两航公司在香港飞机被炸受损严重，大型飞机全毁，飞中国香港、越南、缅甸航线也相继停飞，国际空运仅存重庆至加尔各答一线（2341 公里）。

中航除继续经营一般空运业务外，还奉命开辟中印航线，从租借法案获得运输机，承担物资进出口空运任务，先后开辟从昆明至

---

① 民航总局史志编辑部：《中国航空公司、欧亚—中央航空公司史料汇编》，民航总局史志编辑部 1997 年印本，第 303—305 页。

② 中国第二历史档案馆编：《中华民国史档案资料汇编》第 5 辑第 2 编，财政经济（10），江苏古籍出版社 1997 年版，第 129 页。

丁江(805 公里,1942 年开航)、宜宾至丁江(927 公里,1943 年开航)、泸县至丁江(1945 年开航,里程不详)的航线,飞行在艰险异常的驼峰航线上。所需油料、零件、飞行费用等,根据中美合同,一律由美军供给。驼峰航线是第二次世界大战中国战场极为重要的后勤补给线。昆明等地至丁江之间,山峦连绵起伏,犹如骆驼的肉峰,而飞机要在群峰与陡谷之间爬上爬下,穿越飞行,故被称为"驼峰运输"。早在 1941 年年初,美籍机师吴士驾机勘察试航。同年 11 月 22 日,美籍机师夏普驾机进行首次货运飞行。1942 年 4 月,中航在丁江设办事处。同年 5 月,中航以 5 架 C-53 型飞机开始执行昆明至丁江的驼峰空运,直到 1945 年 11 月停航。此外,还开辟宜宾、泸县分别至丁江的飞越驼峰的航线。驼峰空运是中航在战争后期的主要空运任务。从 1942 年 2 月至 1945 年 8 月,美国提供 C-53、C-47 和 C-46 型飞机共 90 架,在驼峰航线每天飞行 6—7 小时。被日军击毁和飞行事故共损失飞机 46 架,牺牲机组人员约 80 人。从 1942 年 5 月至 1945 年 11 月 30 日,在丁江分别至昆明、宜宾和泸县的 3 条驼峰航线上,往返飞行 43611 架次,飞行 161139 小时 40 分,总飞行里程 3593.25 万公里。运输旅客 37422 人次,大多为中国赴印远征军军人;运输货物 74809 吨。从印度运回的物资 50089 吨,主要是汽油、军工原料、钞票、五金器材和医用品等;运往印度的主要是钨矿石、锡块、茶叶、猪鬃和桐油等,多达 24720 吨(见表 14-18)。①

① 龚学遂:《中国战时交通史》,商务印书馆 1946 年版,第 270—274 页;民航总局史志编辑部:《中国航空公司、欧亚—中央航空公司史料汇编》,民航总局史志编辑部 1997 年印本,第 17—18 页;中国第二历史档案馆编:《中华民国史档案资料汇编》第 5 辑第 2 编,财政经济(10),江苏古籍出版社 1997 年版,第 161 页。

表 14-18　中印空运物资分类数量统计(1942—1945 年)

(单位:吨)

项目 年份	紧急弹药、枪械	兵工器材	钞券、黄金、印钞器具	军用航空器材	通信器材	医药	花纱布	军需被服	工矿器材	飞机汽油	汽车配件	美军物资	救济物资	其他	总计
1942	—	538	616	93	179	71	—	—	94	—	—	—	—	167	1758
1943	—	2215	1896	857	1549	408	—	753	447	509	—	843	—	121	9598
1944	—	6174	2110	659	3030	1236	—	898	863	2250	—	472	—	142	17834
1945	3000	3554	2659	371	1686	454	3742	303	1042	1828	525	—	24	139	19327
总计	3000	12481	7281	1980	6444	2169	3742	1954	2446	4587	525	1315	24	569	48517

注:1. 1942 年自 6 月起运,1945 年截至 12 月底。2. 回程(外运)装运钨砂、桐油、茶叶、猪鬃等出口。3. 美国军用飞机运输物资未计入。

资料来源:龚学遂:《中国战时交通史》,商务印书馆 1946 年版,第 273—274 页。

欧亚在香港沦陷时损失极重,大型飞机仅剩1架,老旧不堪,小型飞机仅存3架,无法获得德国零配件补充,营业每况愈下,甚至被迫出售航油维持日常开支。1943年3月,该公司改组后补充了一些被淘汰的老旧军用飞机,每月飞行1次即需修理,公司营业状况并无改善,1944年全年仅运送旅客560人,财务亏损5195万元。①

航空运输对夺取抗战的最终胜利,作出了巨大贡献。尤其是水陆国际交通线遭敌切断,物资进出口主要依赖空运。1938—1945年,两航共运送旅客26.8万人次,总运量近2.3亿人公里,相当于同期国营公路客运量的16%;运货(包括邮运)9万吨,总运量约7500万吨公里,相当于国营公路货运量的8.3%(见表14-19)。据不完全统计,航空员工有16人受伤,32人不幸遇难。②

1939年9月,中苏签订了一个十年期的组设哈密与阿拉木图间定期飞行合约。12月,中苏合资的中苏航空公司正式成立,总部设于迪化,专营哈密至阿拉木图航线定期航空。公司所运客货邮件,往来于哈密至重庆之间的,由中国交通部承担运输,往来于阿拉木图至莫斯科之间的,由苏方运输。还规定公司应尽量实地训练和任用中国驾驶员、机械师、无线电员及其他职员。公司董事会设董事6人,中苏各半;法定股本总额定为100万美元,国民党政府交通部与苏联中央民用航空管理总局各占一半。中方缴付股本现金62500美元,其余按合约供应材料和支付建筑机场劳工薪给等方式,以新疆当地货币支付后折合美元抵充。1941年因物价

① 民航总局史志编辑部:《中国航空公司、欧亚—中央航空公司史料汇编》,民航总局史志编辑部1997年印本,第220—224页。

② 俞飞鹏:《十五年来之交通概况》,国民党政府交通部1946年印行,第109页。

表 14-19　中国航空公司、欧亚航空公司运输统计(1936—1945年)

项目 年份	空运规模和业务量															
	航线里程(公里)	飞机(架)			飞行里程(万公里)			客运(人)			货运(吨)		
		中国	欧亚	总计	中国	欧亚	总计	中国	欧亚	总计	中国	欧亚	总计
1936	11841	15	12	27	272.0	99.9	371.9	20198	7775	27973	48.8	201.3	250.1
1937	8569	15	14	29	137.8	124.5	262.3	11610	11600	23210	56.2	189.1	245.3
1938	10533	16	11	27	62.8	67.1	129.9	8016	6641	14657	40.7	98.2	138.9
1939	10363	17	5	22	117.9	92.0	209.9	17220	11555	28775	117.3	313.3	430.6
1940	10771	19	5	24	161.7	115.2	276.9	17527	11048	28575	494.1	443.4	937.5
1941	9710	11	6	17	212.8	96.3	309.1	22583	6477	29060	3559.7	592.0	4151.7
1942	8171	16	1	17	283.9	26.2	310.1	26867	3986	30853	4298.3	51.1	4349.4
1943	10538	27	5	32	865.1	18.9	884.0	33224	2388	35612	19611.1	52.3	19663.4
1944	8813	32	4	36	1615.5	9.1	1624.6	39263	560	39823	27090.7	80.2	27170.9
1945	21783	53	15	68	1770.6	不详	不详	59177	1569	60746	28190.0	243.4	28433.4

项目 年份	空运规模和业务量			营业收支状况						
	邮运(吨)			两航盈亏总计(万元)(1)+(2)	中国航空			欧亚航空		
	中国	欧亚	总计		营业收入(万元)	营业支出(万元)	(1)盈亏(万元)	营业收入(万元)	营业支出(万元)	(2)盈亏(万元)
1936	102.3	16.3	118.6	-65.4	316.3	278.9	37.4	186.7	289.5	-102.8
1937	93.5	101.0	194.5	89.7	300.3	235.4	64.9	349.7	324.9	24.8

续表

项目 年份	空运规模和业务量			营业收支状况						
	邮运(吨)			两航盈亏总计(万元)(1)+(2)	中国航空			欧亚航空		
	中国	欧亚	总计		营业收入(万元)	营业支出(万元)	(1)盈亏(万元)	营业收入(万元)	营业支出(万元)	(2)盈亏(万元)
1938	64.1	60.5	124.6	91.6	218.6	150.6	68.0	219.5	195.9	23.6
1939	102.1	107.5	209.6	79.4	593.0	522.3	70.7	479.5	470.8	8.7
1940	73.8	85.7	159.5	362.4	1655.0	1470.4	184.6	1048.8	871.0	177.8
1941	90.3	103.0	193.3	1784.2	4406.0	2394.6	2011.4	1314.9	1542.1	−227.2
1942	55.0	44.9	99.9	7191.8	13840.3	6366.4	7473.9	1287.9	1570.0	−282.1
1943	61.2	27.6	88.8	3476.2	16384.9	11892.9	4492.0	1593.0	2608.8	−1015.8
1944	93.8	2.1	95.9	10175.9	46957.3	32158.5	14798.8	3315.9	7938.8	−4622.9
1945	256.6	2.4	259.0	229255.0	388144.9	155889.9	232255.0	39000	42000	−3000

注:欧亚航空公司,亦包括易名后的中央航空公司。本表盈亏仅指营业盈亏,并非全部的财务盈亏。

资料来源:中国第二历史档案馆编:《中华民国史档案资料汇编》第5辑第2编,财政经济(10),江苏古籍出版社1997年版,第162—164、675—677页;民航总局史志编辑部:《中国航空公司、欧亚—中央航空公司史料汇编》,民航总局史志编辑部1997年刊印,第114—122、299—315页;俞飞鹏:《十五年来之交通概况》,国民党政府交通部1946年印行,第55页。

飞涨，又将股本总额增至180万美元，增加部分亦由中苏各认一半。① 按照合约及附件，飞机由苏方分年提供，每年2架，但总数不超过8架。1940—1945年，公司共载客2.2万多人，运载货物47.4万多吨、行李56.7万多吨、邮件8.1万吨，三项合计超过112万吨。但财务状况堪忧，几乎年年亏损。人工、物价涨幅惊人，是一大因素，如1940年技术工人工资比上年上涨200%，小工也上涨60%，各种建筑材料上涨23%—120%不等。② 1944年，苏联籍总经理大幅调整运率，才有了盈余。但1944年8月爆发伊宁事件，迪化至伊宁段停航，业务大受影响，亏损严重。各年营业状况，见表14-20。

表14-20　中苏航空公司空运业务统计（1940—1945年）

项目 年份	空运业务				营业收支状况		
	飞行里程（万公里）	旅客（人）	货物和行李（吨）	邮件（吨）	收入（万美元）	支出（万美元）	盈亏（万美元）
1940	14.6	1710	46286	13638	18.7	31.3	-12.6
1941	29.8	3201	40283	21537	23.9	46.5	-22.6
1942	23.3	3640	159578	3877	34.4	43.7	-9.3
1943	19.7	4553	198408	12428	37.2	50.9	-13.7
1944	20.6	7654	31634	11294	80.7	54.2	26.5

① 180万美元股本的用途分为：工程100万美元，飞机35.8万美元，汽车6万美元，器具与家具3.7万美元，零碎器材2.5万美元，飞机备用器材6.3万美元，汽油与润滑油2.5万美元，箱桶3.5万美元，新飞机1架附发动机6件20万美元。见中国第二历史档案馆编：《中华民国史档案资料汇编》第5辑第2编，财政经济（10），江苏古籍出版社1997年版，第669页。

② 中国第二历史档案馆编：《中华民国史档案资料汇编》第5辑第2编，财政经济（10），江苏古籍出版社1997年版，第669页。

续表

项目 年份	空运业务				营业收支状况		
	飞行里程(万公里)	旅客(人)	货物和行李(吨)	邮件(吨)	收入(万美元)	支出(万美元)	盈亏(万美元)
1945	16.6	1666	64014	18671	45.5	84.7	-39.2

资料来源:中国第二历史档案馆编:《中华民国史档案资料汇编》第5辑第2编,财政经济(10),江苏古籍出版社1997年版,第705页。

国民党政府也曾给航空业拨发交通建设专款,1940年为328.9万元,1941年704.1万元,1942年280万元,1943年2485.6万元,1944年20200万元,1945年617851.5万元。① 看起来有增加,但考虑到国民党统治区物价猛涨,货币贬值严重,这点专款也只是聊胜于无。

影响营业的因素很多。其中,物价猛涨是一大障碍。对比历年运价指数与物价指数即知,尽管运价有所调整,还是赶不上物价上涨的速度。② 1945年物价已经是1937年的1600多倍,而运价的涨幅相形见绌。例如渝昆航线,1942年12月客运每人公里2.61元,次年8月1日调整为3.92元,上浮50%,1943年3月1日再调整到4.92元,上浮25%,同年7月1日调整到8.46元,上浮72%。③ 比较而言,中航公司盈利稍好,而欧亚—中央航空公司则连年亏损。

① 俞飞鹏:《十五年来之交通概况》,国民党政府交通部1946年印行,第102页。

② 以1937年上半年为基期,1937年至1945年航空运价指数与物价指数的变化,见俞飞鹏:《十五年来之交通概况》,国民党政府交通部1946年印行,第115页。

③ 中国第二历史档案馆编:《中华民国史档案资料汇编》第5辑第2编,财政经济(10),江苏古籍出版社1997年版,第129页。

二、邮政电信

邮政电信,包括邮政及其兼办的储汇业,电报和电话业。全面抗战爆发,邮政电信设施、机构都遭受重大损失。邮政员工围绕战区邮务的维持和后方邮务的扩展努力开展业务,维持战区和后方函件、包裹的邮递,设立新的邮政局所,开辟新的邮路,开展军邮业务和汽车邮运,维持国际邮运,付出了辛劳甚至鲜血,但邮政亏损严重。邮政兼办的储金汇兑业务,反倒兴盛一时。电信业在全面抗战前,已有所发展。抗战对电信的需求极大,西南、西北后方原本薄弱的电信建设,因敌人封锁而举步维艰,不得不因陋就简,陆续建设,努力完成战争时期军民通信任务。

(一)邮政和储汇

1931 年“九一八事变”发生后,东北地区虽很快沦陷,但“中华邮政”在该地区的邮政业务,仍坚守到次年 7 月才停办。关内尚存 22 个邮区,邮政局所逐年有所增加,由“九一八事变”时的 44000 处增至“七七事变”时的 72000 处。

东北沦陷后,东北三省两处邮区的邮路停办。之后日本势力在华北兴风作浪,新军阀间混战、国共内战,局势动荡不已,邮务颇受影响,邮路也由“九一八事变”时的 848000 多公里减至“七七事变”时的 584000 多公里。但公路、航空推动了邮递业务的发展,包裹业务量在 1936 年猛增,由上一年的 702 万件增至 911 万件。[①]另外,以往取道西伯利亚寄递的国际邮件,无法继续,改由海路寄

① 中国第二历史档案馆编:《中华民国史档案资料汇编》第 5 辑第 1 编,财政经济(9),江苏古籍出版社 1994 年版,第 630 页。

递,但费时较久。关内民众也有与东北亲友通信的需求,不得已,乃在山海关和古北口由非邮务人员另设汇通转运局,经转寄往东北和国外的邮件。①

“七七事变”发生后,邮政部门因应局势变化,设法维持和扩展业务。

上海作为商业中心,也是中国邮政枢纽。“八一三”淞沪会战爆发,长江沿线邮务受严重影响,各邮局采取非常措施,尽力维持邮路交通。鉴于京沪沪杭铁路受阻,邮局立即组织汽车邮运班,通过公路直达南京,疏散、运输邮件。同时还用汽船拖带木船,装载重件包裹,由松江循运河以达苏州、无锡、镇江各地,再转火车接运。不久,苏锡沦陷,又改由南通天生港至扬州转递。1937 年 11 月南京失守,邮件运送遇阻更加严重。当时上海、江苏等地邮件运送主要通过粤汉、浙赣铁路,交通拥挤,留给邮件的空间不多。邮政部门另辟蹊径,在广东省组织民船、在湖南省组织汽车和小轮邮班,直达武汉,弥补铁路运输的不足。浙赣铁路浙江段拆除轨道后,又改用汽车、木船水陆联运方法,由永嘉、鄞县运载邮件,并利用汉口至香港航线带运后方与上海及沿海各地的航空邮件。因此,随着战局的变化,各地邮政局所有所减少,但大多局所仍冒险维持。西南、西北地区的邮务则因应局势,有所发展。先后在四川、云南、贵州、广西、陕西、甘肃、新疆七省(区),以及内地完整区域,增设局所 8000 多处。到汉广沦陷时期,全国邮政局所仅减少

① 1934 年 12 月 14 日,中日双方在天津签订《关内外通邮协定》,在山海关和古北口各设邮件转递局一所,山海关转递局归河北省邮务管理局管辖,古北口局归北平邮局管辖。见沈阳市邮政局邮政志办公室编:《中国邮电史料》第 1 辑,1985 年印行,第 507 页。

2000 多处。①

汉广沦陷，粤汉铁路阻断，邮政部门设法开辟通海邮路十多条，较重要的有东西两条干线，东线经衡阳（初由宜昌）、吉安、鹰潭、金华至鄞县和永嘉出口；西线由昆明经滇越铁路至海防出口。此外，增开遂溪至广州湾、镇南关至海防、福建三江口或三都澳至上海等线。其后又有粤汉铁路上的曲江至沙鱼涌、曲江至广州，梧州经广州至香港，梧州经阳江或新昌至厦门的水陆联运汽车班。不过，运量最大的还是利用滇越铁路出口。但 1939 年 4 月鄞县、永嘉失陷，越南 1941 年 6 月遭日军入侵，东西两条干线全部阻断；其他线路除曲江至厦门的水陆联运，其他均因敌人封锁而受阻。不过，重庆至加尔各答、哈密至阿拉木图的航空线，可带运出海、出境邮件。②

不少地方虽然邮区多半仍在，但管理局所在地已经沦陷，如华北一些省区。而后方与敌占区民众存在通信需求，邮政部门乃设法酌情维持沦陷区的邮递。对政令尚能影响的地区和游击区，以及后方完整局所，均另设管理局办事处，就地指挥管理，各沦陷区与相邻完整地区的局所，如北平、山东、山西、安徽等地局所，有的按照地理关系暂拨邻区管理，有的分成若干小区，指定人员管理，根据军事交通的变化而调整。如湖北鄂东部分邮局在 1942 年 9 月由河南邮政管理局代管改为由安徽邮政管理局办事处代管；武汉沦陷后，鄂东南未被日军占领的邮局于 1939 年拨归江西邮区代管；通城邮局拨归湖南邮区代管。西南、西北以及边疆邮政，也在

① 中国第二历史档案馆编：《中华民国史档案资料汇编》第 5 辑第 2 编，财政经济（10），江苏古籍出版社 1997 年版，第 87—89 页；俞飞鹏：《十五年来之交通概况》，国民党政府交通部 1946 年印行，第 87 页。

② 中国第二历史档案馆编：《中华民国史档案资料汇编》第 5 辑第 2 编，财政经济（10），江苏古籍出版社 1997 年版，第 87—88 页。

努力开拓。①

太平洋战争爆发后,后方与沦陷区之间的邮路,先后组成浙东、湘北、鄂中、豫东等线。但这些地区多次遭日军进攻,邮路难以维持;平汉、粤汉、湘桂等铁路被日军占领,东南各邮区、皖北各地与后方交通阻隔,邮路不畅,不得不以秘密邮路维持。

全面抗战之前,80%以上的邮政局所集中在东南各邮区,广大的西南、西北地区不到20%。沿海各省相继沦陷后,政治、经济中心内移,大后方新增邮政机构1000多处。例如,1944年,抗日后方尚存16个邮区(见表14-21)。

表14-21 抗日后方各邮区经营状况统计(1944年)

项目 / 邮区	邮政规模			业务量		营业收支	
	邮路(公里)	邮政局所(处)	职工(人)	国内交寄函件(万件)	国内交寄包裹(件)	收入(万元)	支出(万元)
浙江	18853	3071	1263	2071	11487	6002	6861
安徽	26523	1431	905	1110	11160	6234	5094
江西	22863	1587	1588	2885	6271	6627	10774
湖北	16850	889	1059	878	24137	3943	8128
湖南	18996	2143	2257	6204	23790	19732	15439
东川	41541	2598	3666	18406	48198	38787	42081
西川	45250	2357	2605	10610	34617	23953	32874

① 中国第二历史档案馆编:《中华民国史档案资料汇编》第5辑第2编,财政经济(10),江苏古籍出版社1997年版,第88页;湖北省地方志编纂委员会编:《湖北省志·交通邮电》,湖北人民出版社1995年版,第751—752页。

续表

邮区＼项目	邮政规模			业务量		营业收支	
	邮路（公里）	邮政局所（处）	职工（人）	国内交寄函件（万件）	国内交寄包裹（件）	收入（万元）	支出（万元）
河南	9889	1427	985	1506	27109	8572	19661
陕西	23073	1072	2162	4466	33288	15062	20326
甘肃	22144	947	1211	2227	10585	5813	11154
福建	20341	3092	1607	2992	16108	7142	9341
广东	27228	2997	1684	2741	6424	8021	11038
广西	15246	996	1317	3704	27109	12756	8341
云南	23295	1118	1545	2578	10280	12456	22107
贵州	17038	823	1863	3772	16914	16224	23607
新疆	19954	276	570	257	1936	869	2972
航空邮路	8680	—	—	—	—	—	—
邮政总局	—	—	383	—	—	5242	19213
派往储汇局	—	—	1038	—	—	—	—
总计	377764	26824	27708	66407	309413	197435	269011

注:1. 本表统计数与《中华民国邮政事务年报》略有差异,但不影响分析;2. 业务量仅统计国内交寄函件和包裹数量;3. 收支项包括营业收支、营业外收支。

资料来源:国民党政府交通部编:《中华民国三十三年交通部统计年报》,国民党政府交通部1945年印行,第209—248页。

如表14-21所示,在大后方的云、贵、东西川、陕、甘、新7个邮区,邮政局所占了总数的34.3%,邮路里程、职工人数均占一半上下,规模相当可观。如果考虑到不分区的航空邮路主要经营大后方邮递,则邮路里程比重更大。业务量方面,国内交寄函件占总数的63.7%,包裹也占了50.4%,业务量都超过一半。营业收支方面,占比都超过57%,当然,亏损额也占了58%。这也是应对国民党政府公务人员和部分民众内迁后的通信需求,邮务作出的扩展。

为配合军事行动,国民党政府又在前线战区兴办军邮,为军事单位提供邮政服务。“七七事变”后,交通部奉命筹办军邮,邮政总局为军邮指挥机关,以各区邮政管理局为其分支,后方勤务部军邮督察处负责监察推进,以军邮总视察段为实际领导机构,分别配置军邮总视察1人,军邮视察若干人,分别主持1个军邮视察段和各视察分段。具体执行者,包括军邮收集所、军邮局、兼办军邮局所、部队军邮。这种军邮局体制,系地区制和部队制兼用,部队军邮工作,派有联络员担任。后期为防邮车走私,又将前后方干线公路邮车检查工作改归军邮人员负责。1942年前后,全国共设军邮总视察段13处,军邮收集所11处,军邮局244处,军邮派出所91处,兼办军邮局2113处,调办军邮人员500余人,年需经费约300余万元。中国军队远征缅甸,军邮局也同时跟进。截至1945年3月,设有军邮收集所12处,军邮局282处,军邮派出所大幅增至182处,兼办军邮局则减为1978处。①

此外,据不完全统计,八年抗战,邮政员工有155人受伤,165人死亡,伤亡总数多达320人,居交通业伤亡人数的第三位。②

然而,国民党统治区物价飞涨,材料、人工费也都相应上涨。

① 中国第二历史档案馆编:《中华民国史档案资料汇编》第5辑第2编,财政经济(10),江苏古籍出版社1997年版,第89、125页。

② 俞飞鹏:《十五年来之交通概况》,国民党政府交通部1946年印行,第109页。

尽管邮运价格也有调整,但还是赶不上物价飞腾的速度。如 1942 年 12 月,平信邮资为 0.5 元,次年调整到 1 元,上浮 100%;1944 年再次调整,为 2 元,也是上浮 100%。① 而物价指数,1943 年是 1942 年的 3.3 倍,1944 年是 1943 年的 3.3 倍。结果,邮政成本居高不下,经营连年亏损,财务状况不佳(见表 14-22)。国际邮资,也是屡次上调。例如,信函初重 20 克,1940 年 9 月资费 0.5 元,1943 年 6 月增至 2 元,1948 年更是激增至 190 元;单明信片 1940 年 9 月资费 0.3 元,1943 年 6 月增至 1.2 元,1948 年增至 120 元;贸易契每重 50 克 1940 年 9 月资费 0.1 元,1943 年 6 月增至 0.4 元,1948 年增至 40 元。其他种类国际邮资亦有大幅上涨。②

表 14-22　抗日后方邮政规模和经营状况统计(1937—1945 年)

项目 / 年份	邮政规模和业务					营业收支状况		
	邮政局所(处)	员工(人)	邮路(公里)	汽车(辆)	函件和包裹(万件)	营业收入(万元)	营业支出(万元)	盈亏(万元)
1937 年度	(1)72690	—	569863	—	57823	3657	3686	-29
1938 年度	(2)70610	39907	560745	448	54185	2448	2324	124
1939	—	43563	557520	552	61368	6296	6129	167
1940	86249	50102	584161	487	86716	9133	8965	168

① 中国第二历史档案馆编:《中华民国史档案资料汇编》第 5 辑第 2 编,财政经济(10),江苏古籍出版社 1997 年版,第 129 页。

② 内蒙古自治区志·邮电志编纂委员会编:《内蒙古自治区志·邮电志》,内蒙古人民出版社 2000 年版,第 230 页。

续表

年份＼项目	邮政规模和业务					营业收支状况		
	邮政局所(处)	员工(人)	邮路(公里)	汽车(辆)	函件和包裹(万件)	营业收入(万元)	营业支出(万元)	盈亏(万元)
1941	70999	55513	597639	483	87012	12419	16801	-4382
1942	(3)71293	56183	597790	437	85826	28103	43049	-14946
1943	70891	41358	598039	410	73542	97725	103899	-6174
1944	25792	28044	390139	434	66408	197435	269011	-71576
1945	(4)26620*	—	382746*	—	63696*	—	—	-7488

注:1. 1937 年度系指 1937 年 7 月至 1938 年 6 月,1938 年度系指 1938 年 7 月至 12 月,其他年度系指当年 1 月至 12 月。空白处为数据不详。* 系后方统计数。

2. 邮政局所包括重要局所(管理局、办事处、1—3 等局、临时局、营业处、支局、邮亭、邮政代办所)和次要局所(村镇信柜、村镇邮站、邮票代售处)。(1)为 1937 年 6 月底统计数;(2)为 1938 年 9 月底统计数;(3)为 1942 年 12 月底统计数;(4)为 1945 年 8 月底统计数。汽车包括三轮车。函件和包裹包括:信函、明信片、平常即立券新闻纸、总包新闻纸、印刷物及书籍、贸易契、商务传单、货样、小包邮件、信函存证、诉讼文书、图书小包、包裹等 13 类。邮路包括:邮差干路、邮差支路、轮船和民船邮路、铁路邮路、汽车邮路、航空邮路。

3. 营业收入、营业支出均包括兼办邮政储金的收支,但不包括上年转来盈余、营业外收支、拨充航空和公路联运支出、资本支出等。

资料来源:国民党政府交通部编:《抗战以来之交通概况》、各年《中华民国邮政事务年报》,见中国第二历史档案馆编:《中华民国史档案资料汇编》第 5 辑第 2 编,财政经济(10),江苏古籍出版社 1997 年版,第 170—173、720—822 页;国民党政府交通部编:《中华民国三十三年交通部统计年报》,国民党政府交通部 1945 年印行,第 209—214、218、242、246—248 页;俞飞鹏:《十五年来之交通概况》,国民党政府交通部 1946 年印行,第 85 页。

统计显示,尽管国土沦丧,但邮路仍有增加,从业人员多年维持在 5 万上下。一方面是西南、西北和边疆地区新邮路的开辟

（包括新局所的增设），另一方面是对战区甚至沦陷区邮路的努力维持，包括秘密邮路的开辟。另据统计，1940—1942 年，邮路都在 5.6 万—5.9 万公里之间，包括沦陷区邮路；而不计沦陷区邮路后，1943 年邮路为 4.2 万公里，1944 年为 3.9 万公里，差了上万公里。①

邮政兼办的一项重要业务，即 1930 年设立的邮政储金汇业局。次年“九一八事变”发生时，办理储金业务的邮局已有 500 多所，到 1937 年 7 月增至 723 所，储户 30 余万户。“九一八事变”后，东北各省与关内之间的互换汇票停办，汇兑业务有所萎缩。1933 年开办电报汇兑，又陆续增加直接互换国际汇兑，汇兑业务兴盛起来，办理汇兑业务的邮局到“七七事变”时已达 14033 所。

1935 年 5 月，国民党政府公布简易人寿保险法，同年 12 月 1 日，上海邮政储金汇业总局和南京、汉口两家分局开办寿险业务，之后陆续推广到各主要邮区及一等邮局，共签订寿险契约 5 万件，保险额达 800 余万元。

全面抗战开始后，各地尤其是西南、西北后方大量增设储汇机构，先后设立 25 家分局，分局之下设办事处或分理处。1944 年豫湘桂战局吃紧，当地分支机构迁至附近局所，维持营业。次年又撤销了业务清淡的 5 家分局。到 1945 年 9 月，办理储金及汇兑的邮局分别为 1900 所和 17713 所②（见表 14-23）。

---

① 统计数据来自国民党政府交通部编：《抗战以来之交通概况》，见中国第二历史档案馆编：《中华民国史档案资料汇编》第 5 辑第 2 编，财政经济（10），江苏古籍出版社 1997 年版，第 171 页。此处统计数据与《邮政事务年报》的统计数据略有差异。

② 俞飞鹏：《十五年来之交通概况》，国民党政府交通部 1946 年印行，第 90 页。

表 14-23 抗日后方邮政储金汇业和简易人寿保险统计(1936—1944 年)

项目 / 年份	储金业务				汇兑业务			简易人寿保险		
	办理储金局所(处)	储金存户(万户)	储金总额(万元)	储券总额(万元)	办理汇兑局所(处)	国内汇兑发张数(万张)	国内汇兑发款额(万元)	办理寿险局所(处)	投保件数(万件)	保险金额(万元)
1936 年度	664	28. 3	4224	—	14033	927	26646	285	42	387
1937 年度	722	22. 7	2576	—	15491	349	12119	304	4	545
1938	863	21	2909	—	15410	511	25080	304	4	492
1939	1056	25. 1	4331	264	16079	728	34201	313	4	480
1940	1935	31. 8	10858	3454	16485	931	56165	313	4	567
1941	1753	37. 7	24851	11932	16390	1040	121053	316	5	819
1942	1955	41	48696	29134	16897	787	188436	347	6	975
1943	1843	25	161443	58506	17425	727	726760	1653	6	5851
1944	2009	24. 5	310193	90483	12430	536	2418788	1633	16	29510

注:1936 年度系指 1936 年 7 月至 1937 年 6 月,1937 年度系指 1937 年 7 月至 12 月,其余年度系指当年 1 月至 12 月。除 1936 年度和 1943 年、1944 年,其余年份均包括沦陷区统计。本表统计数据与各年《交通部统计年报》略有差异,不影响分析。

资料来源:国民党政府交通部编:《抗战以来之交通概况》,见中国第二历史档案馆编:《中华民国史档案资料汇编》第 5 辑第 2 编,财政经济(10),江苏古籍出版社 1997 年版,第 175—177 页。

受战局影响,1937 年年底全国储金总额锐减,从 1937 年 6 月底的 4224 万元减至 2576 万元,储户也有减少。汉广沦陷后,储金仍无起色。1939 年,储汇局拓展储金业务,在后方重要邮局办理储金业务,同时积极吸引侨汇,同年 10 月发行节约建国储蓄券,使储金、储券额大增至 4595 万元。1940 年,又增添小额储金储券业务,并试办侨胞通信储金,年底储金额突破 1 亿元,储券额也猛增至 3454 万元。1941 年再次增办节约建国储蓄券,代售中储会有奖储券,简化储金手续,将业务推广到二、三等邮局,年底储金额超过 2.4 亿元,储券额也超过 1 亿元。1942 年因中国香港、菲律宾、新加坡沦陷,海外储券业务受阻,国内业务则努力拓展,增加节约建国储蓄券邮票,代办政府发行美金储券,再次推高了当年储金储券额,储金额近 5 亿元,储券额亦近 3 亿元(包括美金储券)。1944 年日军发动打通大陆交通线战役,储金业务也受影响,但各机构多方推动,增加乡镇公益储券,代办法币折合黄金存款,使得储金、储券额仍有大幅增加。① 不过,如考虑物价因素,则储金储券额的实际增加幅度,并无账面显示的那么大。例如,1944 年物价指数是 1937 年上半年的 419 倍,那么,当年的储金额约等于 1937 年的 740 万元。

1937 年下半年,汇兑受战争影响,业务明显缩减,国内汇兑发张、发款量双双大减。次年,各邮局采取措施,尽量提高汇款限额,吸收侨汇,与东南亚等地银行合作办理华侨汇兑业务,业务状况才有所好转。1939 年 1 月开办手续简便、汇费极低的定额汇票业务,销路较好。1941 年 5 月再次提高汇款额度,扩大电报汇兑业

① 见表 14-23 及俞飞鹏:《十五年来之交通概况》,国民党政府交通部 1946 年印行,第 90 页。两者统计数据相差较大,此处采用前者(来自国民党政府交通部编的《抗战以来之交通概况》)。

务,分别制定推广国内汇兑办法。1942—1945年,先后规定调整汇率和协助头寸办法,尽量放宽各局汇兑款和存款额度,促进了汇兑业务。①

(二)电信

电信是通信的重要方式,包括电报和电话。其中,1935年7月,国民党政府交通部《国内电报业务营业通则》规定,电报业务分为官军电报、局务电报、私务电报、公益电报和特种电报5类。私务电报分为寻常电、加急电、交际电、新闻电和加急新闻电5种;公益电报分为航行安全电报、气象电报、水位电报和赈务电报4种;特种电报分为邮转、国内船舶、铁路电线经转、国内船舶和特约减费4种。截至1949年8月,电报业仍有防空电、航行安全、官军、公益、旅行、寻常、汇款、书信和公电等电报。

全面抗战前,中国电信业已有所发展。②"九一八事变"发生后,电信部门进行了九省长途电话建设,在"七七事变"之前已完成京沪、津浦、平汉、粤汉之间的电信干线建设,沿海和中原各省的大城市之间,已能直达通话。又在上海真茹建设无线国际电台,与英美德法日澳荷等国签订无线电通报合同,使中国与外国大都市实现直接通报。中美、中日还实现开放无线电话。电话业务也有扩大。"七七事变"之前,已有有线电报线路近10.6万公里,长途电话线路5.2万公里,市内电话36处,市内电话交换机7.4万号,

---

① 俞飞鹏:《十五年来之交通概况》,国民党政府交通部1946年印行,第91页。

② 参见刘克祥、吴太昌主编:《中国近代经济史(1927—1937)》,人民出版社2010年版,第1369—1389页。

无线电台170座。①

日本全面侵华战争开始后，战火蔓延，敌机肆虐，中国电信设施遭受严重损失。电信规模、电信业务量，1937年均比上年大幅减少。电报线路受损最大，减少近2300多万公里，长途电话线路也减少750万公里。其他各项均有减少，见表14-24。

表14-24　抗日后方电信业规模和营业状况统计(1936—1944年)

项目 年份	电信规模				电信业务量 国内电报					
	电报线路(万公里)	长途电话线路(万公里)	电信局所(处)	职工(人)	去报次数(万次)	其中:因私次数(万次)	因私次数比例(%)	去报字数(万字)	因私字数(万字)	因私字数比例(%)
1936	10590	5225	1300	21119	538	421	78	20009	8385	42
1937	8212	4475	928	17762	577	436	76	23774	7659	32
1938	8713	4515	941	20000	463	269	58	23426	5571	24
1939	9172	5224	991	23000	474	263	55	25436	5899	23
1940	8802	5228	1135	25941	615	391	64	28566	8456	30
1941	8785	5330	1167	30105	883	580	66	38415	13519	35
1942	7468	6436	1234	32502	961	685	71	38472	14750	38
1943	6951	4364	1347	31601	1038	797	77	36098	17014	47
1944	5188	4408	1279	30444	1034	835	81	35975	21370	59

项目 年份	电信业务量(续) 国际电报				电话	
	去报次数(万次)	去报字数(万字)	来报次数(万次)	来报字数(万字)	长途电话通话次数(万次)	市内电话用户数(户)
1936	67	899	71	905	278	55577

① 中国第二历史档案馆编:《中华民国史档案资料汇编》第5辑第2编,财政经济(10),江苏古籍出版社1997年版,第177页;俞飞鹏:《十五年来之交通概况》,国民党政府交通部1946年印行,第77页。

续表

项目/年份	电信业务量(续)					
	国际电报				电话	
	去报次数(万次)	去报字数(万字)	来报次数(万次)	来报字数(万字)	长途电话通话次数(万次)	市内电话用户数(户)
1937	71	1177	68	969	250	10000
1938	65	1107	52	775	200	5600
1939	66	1183	54	891	240	5020
1940	45	1146	54	1273	273	5715
1941	41	1136	53	1447	343	5898
1942	7	396	7	747	402	6885
1943	6	382	8	926	534	7728
1944	6	386	8	877	547	7918

资料来源:国民党政府交通部编:《抗战以来之交通概况》,见中国第二历史档案馆编:《中华民国史档案资料汇编》第5辑第2编,财政经济(10),江苏古籍出版社1997年版,第180—185页。

为夺取抗战胜利,电信业员工同样付出了巨大努力。在前方,电信与军事完全打成一片,凡在前线的局、所、处、队等机构,终日处于炮火交织、敌机威胁之下,照常工作,维持电信通畅。全面抗战开始时,交通部为便利战地通信的指挥,密切与军事行动的联系,在每一战区设电政专员,授予专责,拨给专款和材料,方便其就近指挥。同时,饬令临近前线的局处,加紧筹设临时局所,充实设备。为应对敌机轰炸,组织修线工程队,随带杆料,驻守沿线要点,受专员指挥,抢修线路。南京陷落后,战区扩大,阵地变化无常,电信常缓不应急。乃集中曾受军训的报话员工,组织通信队,随带报话机料,派往前线,在专员指挥下,配置于各战区,协助各局处维持前线通信。鉴于电信线料来源困难,且不能使其落入敌手,军队撤退时,修线工程队尽可能拆除报话线路,转移至新阵地。来不及拆除的线路,尽量破坏。

后方的电信建设，也在同步推进。全面抗战以来，后方电信建设以西南、西北各省为重点。尽管器材奇缺，财力有限，仍坚持增加线路和整理旧线并举，几年间新建和移并电报线路约4.8万公里，电话线路4万公里，电报、电话器械亦多有改进和补充。

鉴于有线电报回路常被军事占用，无线电报成为重要的补充，普通商用电报得以畅通，因私电报次数竟能占去6—8成。截至1942年，先后在重庆、成都、昆明、贵阳、桂林、南郑、康定和兰州建成大型无线电台8座，中小型电台58处。之后数年，又有添设。国际无线电报，自上海沦陷后，重心移至汉口、广州，旋移于成都、重庆、昆明，维持对外通信。重庆电台可与中国香港、马尼拉、河内、莫斯科通报。太平洋战争爆发后，又增加与美国旧金山、洛杉矶、檀香山，东南亚新加坡、万隆，缅甸瓦城、腊戍、密支那通报。东南亚等地先后沦陷，尚能与美国旧金山、洛杉矶、檀香山和莫斯科通报。其他电台通报地，随第二次世界大战的战局变化而有增减，新的电台也在加紧建设。①

战时电信管理机构，几经调整。1943年，电政司改为邮电司，另设电信总局。1944年1月将全国分为5个电区，区下中心电局改称指挥局，负责指挥临近的电局。② 八年全面抗战，电信员工牺牲137人，受伤61人③，为抗战胜利作出了了不起的贡献。

---

① 中国第二历史档案馆编：《中华民国史档案资料汇编》第5辑第2编，财政经济（10），江苏古籍出版社1997年版，第80—81、78、82—83、178页。

② 中国第二历史档案馆编：《中华民国史档案资料汇编》第5辑第2编，财政经济（10），江苏古籍出版社1997年版，第178页。

③ 俞飞鹏：《十五年来之交通概况》，国民党政府交通部1946年印行，第109页。

第六节　解放战争时期国民党统治区的铁路和公路交通

解放战争时期,国民党统治区的交通各业,均无起色,呈现萧条状况。只在抗战胜利初期接收敌伪交通和复员过程中,忙碌一时,之后很快陷入末路。

1945 年 8 月,日本无条件投降。国民党政府立即着手接收日伪交通,修复交通设施,恢复运输,满足大量急迫的复员需求。国民党政府交通部认为,“交通复员为一般复员之先导”,抗战结束伊始,即成立交通复员准备委员会,并着手接收、整理收复区交通。将全国分为京沪、平津、武汉、广州、东北和台湾 6 个区,每区设特派员 1 人,主持接收,特派员之下分派接收委员若干人,分为总务组、路政组、航政组、邮电组,各设组长 1 人,分别负责接收路电航邮各业。规定接收范围限于当前敌伪经营的交通事业,对于战前原有机构的接收,另案办理;所有敌伪在收复区的交通机构、路线、工具及其他资产权益,不论国营、公营或民营,均先行接管,再候处理;接管公营、民营交通事业时,得通知战前原经营的公司或机构,派员协助;敌伪经营的交通事业中,如包括其他事业,得主管机构同意,暂先一并接管,随后由交通部与主管机构商洽处置;敌伪交通员工,除主管和平日声名恶劣者外,其余一概留用。对涉外交通事业的接管,也做了规定。①

在这一过程中,交通部门一面维持原有业务,一面进行抢修整

① 《交通部各收复区特派员办公处组织规程》《交通部设置收复区特派员暨接收委员办法》,见中国第二历史档案馆编:《中华民国史档案资料汇编》第 5 辑第 3 编,财政经济(7),凤凰出版社 2000 年版,第 4—7、47 页。

理，试图迅速恢复全国交通，推进复员工作，并进一步发展战后交通业。但是，随着国民党政府发动内战，社会动荡不安，民生凋敝，交通复员有一定进展，但交通建设几乎落空。

一、铁路交通

在接收各路之时，交通部将收复区分为京沪、平津、武汉、广州、东北和台湾6个区，派交通特派员接管铁路。北部铁路："华北交通株式会社"原天津局、北平局、张家口局、济南局、太原局、开封局、石家庄局、徐州局，均由平津区特派员接收。东部铁路："华东交通振兴株式会社"原上海局、南京局，由京沪区特派员接收。中部地区：敌野战军司令部统制之铁路，平汉南段、粤汉北段，由武汉区特派员接收。南部地区：广九铁路、粤汉南段，由广州区特派员接收。广九路九龙段，应俟行政院与英国方面洽商决定后再办。台湾铁路由交通部派员参加台湾行政长官公署统一接收。① 东北铁路则另有安排。

1946年3月，为加快铁路交通的恢复，交通部正式实行"干线区制"，将全国铁路按干线分为10个区，分别设管理局管理（台湾、海南和东北除外）。

（1）平津区：在北平设局，包括平绥、北宁等铁路及其他支线，共计长约1536公里。

（2）津浦区：在济南设局，包括津浦、胶济、石德、淮南等铁路及其他支线，共计长1962公里。

（3）京沪区：在上海设局，包括京沪沪杭甬、苏嘉、京赣等铁路

① 中国第二历史档案馆编：《中华民国史档案资料汇编》第5辑第3编，财政经济（7），凤凰出版社2000年版，第106页。

及其他支线,共计长1107公里。

(4)浙赣区:在杭州设局,包括浙赣、南浔铁路及其他支线,共计长1131公里。

(5)粤汉区:在衡阳设局,包括粤汉、广九、广三等铁路及其他支线,共计长1348公里。

(6)湘桂黔区:在柳州设局,包括湘桂黔铁路及其他支线,共计长1103公里。

(7)平汉区:在汉口设局,包括平汉、道清铁路及其他支线,共计长1630公里。

(8)陇海区:包括陇海、宝天铁路及其他支线,共计长1661公里。

(9)晋冀区:在太原设局,包括正太、同蒲铁路及其他支线,共计长1523公里。

(10)昆明区:在昆明设局,包括川滇、滇越和缅甸铁路,共计长634公里。

以上10个区中,浙赣、湘桂黔、昆明3个区因故未成立,其他各区于1946年3月起先后成立。①

铁路的接收、修复工作,进展并不顺利。这主要是受国民党政府发动内战的影响。1946年6月,国民党政府发动全面内战,用于内战的铁路,当然遭到解放区军民的破坏。国民党政府的铁路恢复计划,在华北地区成为泡影,其他地区进展参差不一。

在长江以北,津浦铁路在日本投降时全线均能通车,但国共内战爆发后,只有天津至沧州、浦口至徐州和济南南北几段有通车条件。平汉铁路,只有石家庄以北和彰德至新郑铁路已修复通车。

① 中国第二历史档案馆编:《中华民国史档案资料汇编》第5辑第3编,财政经济(7),凤凰出版社2000年版,第49页。

胶济铁路被解放区军民破坏严重，时通时断，有 90 公里待修复。平绥铁路，北平至青龙桥段尚可通车，青龙桥至怀来段破坏严重，怀来至天镇段被解放区军民接收通车，天镇至旗下营段被破坏，旗下营至包头段被接收后可通车。北宁、正太两条铁路修复后通车。陇海、同蒲铁路无法全线通车，日伪新修的石家庄至德州铁路被拆除。为利用铁路运兵进攻解放区，国民党政府大力抢修铁路，试图修复主要干线铁路通车。重庆谈判期间，国民党军沿同蒲路、平汉路北上，进攻解放区，遭到解放区部队的阻击，发生了上党战役和邯郸战役，国民党军惨败，妄图占领平汉路北段等铁路的企图未能实现。但国民党政府不甘心，在《双十协定》签订后不久，继续向解放区进逼。中共的对策是，不许他们在铁路上运兵，采取革命的“交通战争”，即破坏铁路交通。国民党军的进攻没有停止，国民党政府试图修通津浦、平汉、胶济、平绥、正太等华北 5 条主要铁路的打算也就难以实现，尽管津浦、平绥两路一度通车，但旋即又被解放区军民切断。

在美国总统特使马歇尔的“调处”下，国共两党于 1946 年 1 月 10 日签订《停战协定》，在北平设立“军事调处执行部”。美国和国民党政府想借助“调处”恢复华北铁路交通，在军调部下设立铁路管理科，后改为交通处，任务是协助国民党政府交通部修复华北、华中铁路通车。交通部立即筹备人力、物力，组织修复各铁路的工程队，还把已通车的江南铁路南京芜湖段拆掉，以供修复华北铁路之用。① 军调部交通处派出小组，协助津浦、胶济、平汉、平绥等铁路的修复工作。

在长江以南地区，修复工作有一定进展。粤汉铁路在战争中

① 中国第二历史档案馆编：《中华民国史档案资料汇编》第 5 辑第 3 编，财政经济(7)，凤凰出版社 2000 年版，第 318 页。

多次被毁,只有广州至源潭、武昌至岳阳段通车,坪石至乐昌、耒阳至岳阳段通轨行汽车。湘桂铁路全线不通,黔桂铁路仅都匀至南丹短期内修复通车。浙赣铁路只有杭州至诸暨、江山至上饶段通车。南浔、苏嘉、京赣、湘黔等铁路,战时拆除,无法通车。滇越铁路河口至碧色寨段无法通车。京沪铁路、沪杭杭甬段可通车。第二次世界大战结束后,美国对国民党政府修复、重建铁路提供了一定帮助。联合国善后救济总署给中国6亿美元的善后救济物资,其中有一部分铁路轨料,指定用于修复粤汉、浙赣铁路。从1946年年初至1948年年底,联合国善后救济总署一共向国民党政府供给钢轨及配件83689吨,桥梁钢材43006.5吨,枕木1095870根,机车242台,货车3466辆,机器及配件1万吨。① 国民党政府利用"联总"提供的轨料,组织修复粤汉路和浙赣路。粤汉路于1947年7月1日全线修复通车,浙赣路株萍段于1947年9月修复通车,杭南段于1948年1月修复通车,南萍段分月修复通车。南浔路划归浙赣路局管理,于1947年修复通车。湘桂、黔桂铁路在战时曾遭破坏和拆除,战后交通部将两路合并为湘桂黔铁路工程局,利用沿线保存下来的轨料和机车车辆进行修复,湘桂、桂柳、柳来(宾)1948年年底修复通车。此外,淮南铁路、江南铁路也在1948年修复。海南岛280多公里窄轨铁路则被国民党政府顺利接收。②

在东北地区,情况比较特殊。根据雅尔塔会议秘密协定,战后苏联将恢复沙俄时代在中国东北享有的一些权益,但承诺维持国

① 参见李占才主编:《中国铁路史(1876—1949)》,汕头大学出版社1994年版,第322页。

② 俞飞鹏:《十五年来之交通概况》,国民党政府交通部1946年印行,第16—18页。

民党政府为中国合法政府。这一承诺也符合英美在华利益和要求。中苏于1945年8月14日签订《中苏友好同盟条约》和《中苏关于中国长春铁路之协定》等4项附件。附件规定:中国长春铁路为中苏共同所有,共同经营。具体规定如下:将中东铁路由满洲里至绥芬河及南满铁路由哈尔滨至大连、旅顺的干线合并为中国长春铁路(以下简称“中长路”),为中苏共同所有,作为“纯粹商业性质之运输事业”共同经营,以30年为期,期满后无偿归还中国。共同经营期间,组设中苏合办中国长春铁路公司,设理事会,由中苏两国各派任理事5人组成。理事长为华人,副理事长为苏联人。另设监事会,由双方各派监事3人组成,从苏联籍监事中推选监事长,从中国籍监事中推选副监事长;监事会设总稽核1人由华人充任,副总稽核1人由苏联人担任。理事会委派局长1人由苏联人担任,副局长1人由华人担任。各处处长、副处长、科长及重要车站站长,由理事会委派,按双方人员平均充任的原则任用。处长为苏联籍时,副处长则为中国籍,反之亦然。铁路警察归中国政府组织、监督。①

根据协议,中苏共同所有、共同经营中长路,但苏联已出兵东北,先行接管。苏联政府派茹拉诺夫为中长路局长,在哈尔滨成立管理局,把全线划分为大连、沈阳、长春、哈尔滨、海拉尔、昂昂溪、牡丹江7个分局,一律指派苏联籍人员担任分局局长;哈尔滨管理局各处处长、课长及各分局课长、段长、站长,各级重要职员,概由苏方单独指派苏籍人员担任。②

① 王铁崖编:《中外旧约章汇编》第3册,生活·读书·新知三联书店1962年版,第1331—1334页。

② 中国第二历史档案馆编:《中华民国史档案资料汇编》第5辑第3编,财政经济(7),凤凰出版社2000年版,第294页。

1945年9月12日,苏军宣布接管中东铁路,苏军“铁路总监”发布命令:自9月11日以后,滨洲、滨绥两线(中东路西段和东段)直接归苏军管辖,其他各线则由哈尔滨铁路局指定运行;南满地区铁路由驻沈阳的苏军少将指导,全体铁路员工仍保留现职,恪尽职守,确保铁路的运行。9月22日,苏方中长铁路副理事长加尔金中将到达长春,27日即以中国长春铁路理事长名义发布命令,宣布自9月22日11时以后,满洲里至绥芬河、哈尔滨至大连旅顺全线和辅助支线及附属企业,一律划归中长路公司理事会管辖,“南满洲铁道株式会社”即行解散,移交给中国长春铁路理事会苏方理事,受其完全支配,原成员则由中长路理事会裁夺而从事各项业务。凡属未包括在中长路之内的其他东北铁路,全归苏军司令部监督,并由苏军统辖管理,或由中共军队,或由原中国籍员工分割运营。铁路中的日籍人员,不得无故擅离职守。①

1945年11月,国民党政府委派的中长路理事长张嘉璈率中方理事、监事抵达长春,会同苏方人员成立理事会;12月选派王竹亭为副局长,率领中国籍职员10人赴哈尔滨参加中长铁路局管理工作,参加1946年1月29日中长路理事会第一次会议。但中方实际无法行使职权。事实上东北铁路是由苏联单方面接管的。滨绥、滨洲两线的标准轨又被苏方改为与西伯利亚铁路相同的宽轨,以便该路与苏联境内铁路过轨联运,从中国运送“战利品”回苏联。中东铁路、南满铁路及支线改为中国长春铁路后,实际控制权掌握在苏联手中。苏联方面派3个旅的军队进驻中长铁路沿线,并在各大站段派驻军事代表;还以各种理由拆除铁路线及其设备,

① 金士宣、徐文述编著:《中国铁路发展史(1876—1949)》,中国铁道出版社1986年版,第555—556页。

当作战利品运回苏联,先后拆除铁路线 1500 公里。① 国民党政府交通部将东北铁路分为锦州、沈阳、吉林、滨江、龙江和牡丹江等 6 个区局,但实际只接收了北宁铁路山海关至沈阳段,2416 公里的中长铁路则为中苏共管。1946 年 3 月 29 日,王竹亭副局长率中方职员从哈尔滨撤到长春,不久又撤到沈阳,并于 4 月 24 日在沈阳成立中长铁路管理局副局长驻沈阳办公处。1946 年 4 月,苏联从东北撤军。中共中央东北局任命吕正操为中长铁路管理局理事长,取代张嘉璈。4 月 28 日,东北民主联军委派郭洪涛为中长路管理局副局长,取代王竹亭,同时向中长路各分局派驻军事代表。同年冬,经中共中央东北局与苏方协商,决定东北铁路总局与中长铁路管理局合署办公。1947 年 1 月,国民党政府在沈阳另立中长铁路管理局,同时在海拉尔、昂昂溪、哈尔滨、牡丹江、沈阳、大连和长春 7 个地区设管理处,实际只能管理中长铁路的陶赖昭至瓦房店一段,到 5 月中旬通车区段为开原至大石桥,10 月又收缩于辽阳至铁岭间。1948 年 11 月 2 日沈阳解放,国民党政府在中长铁路的一切机构均被接管。苏方局长一直在哈尔滨中长铁路管理局办公,与中共东北铁路总局保持合作,直至 1950 年新的中国长春铁路管理局成立。②

台湾光复后,设为特别行政区,4559 公里铁路也被接收。其

① 主要有北黑路 302.9 公里,宁神路宁年霍龙门段 284 公里,虎林路东安(今密山)虎头段及东安当壁镇支线 203 公里,新兴和绥宁铁路 307 公里,沈安路(即安奉路)苏家屯至金山湾复线,以及其他支线铁路。见李占才主编:《中国铁路史(1876—1949)》,汕头大学出版社 1994 年版,第 317 页。

② 吉林省地方志编纂委员会编纂:《吉林省志》第 26 卷《交通志·铁道》,吉林人民出版社 1994 年版,第 68 页。

中公营铁路 1626 公里收归国有，暂由行政长官设局管理。① 其中，西干线(基隆至高雄)408.5 公里，宜兰线(八堵至苏澳)98.7 公里，平溪线(三貂岭至菁桐坑)12.9 公里，淡水线(台北至淡水)21.2 公里，台中线(竹南至彰化)91.4 公里，集集线(二水至车埕)29.7 公里，屏东线(高雄至佳冬)62.9 公里，台东线(窄轨，台东至花莲港)175.9 公里，共约 901 公里。收归国营的铁路，有机车 244 台，客车 518 辆，货车 5892 辆，但客货车已有 1051 辆损坏，机车 45 台损坏。另有私营铁路 3024.22 公里，大多为窄轨铁路。②

截至 1945 年年底，全国铁路达 3 万多公里，包括战前和战后自建铁路 2 万多公里，敌伪兴建或延长铁路 1 万多公里。除全面抗战时期拆毁、中共军民破坏或接管、苏联控制的中长铁路外，国民党政府能利用的通车里程，约 8746 公里。③

经过接收、修复和新建铁路，到 1946 年年底，全国铁路总里程 30146 公里中，已有 15812 公里通车。④

国民党政府为取得美国的支持和援助，不断向美国摇尾乞怜。美国为了自己的利益，派出海空军帮助国民党军政力量赶赴收复区，抢占港口、城市和交通线，并直接出兵占领塘沽、秦皇岛、山海

① 中国第二历史档案馆编:《中华民国史档案资料汇编》第 5 辑第 3 编，财政经济(7)，凤凰出版社 2000 年版，第 114 页。

② 金士宣、徐文述编著:《中国铁路发展史(1876—1949)》，中国铁道出版社 1986 年版，第 559 页;中国第二历史档案馆编:《中华民国史档案资料汇编》第 5 辑第 3 编，财政经济(7)，凤凰出版社 2000 年版，第 318 页;中华民国庆祝中国铁路一百周年筹备委员会编:《中国铁路创建百年史》，台湾铁路管理局 1981 年印行，第 40 页。

③ 国民党政府交通部统计处编:《中华民国三十四年交通部统计年报》，国民党政府交通部 1947 年印行，第 29 页。

④ 国民党政府交通部统计处编:《中华民国三十五年交通部统计年报》，国民党政府交通部 1948 年印行，第 37 页。

关、青岛等战略要地。1946 年年初，国民党政府行政院院长宋子文聘请美国莫立逊—奴茨生工程顾问团来华，考察中国长城以南 8000 公里铁路，以及中国沿海自塘沽至海南的重要港口。考察团估计中国铁路重建需要 34639 万美元，美国可贷给 70% 的经费。国民党政府指令资源委员会所属“驻美中国物资供应委员会”从交涉、接洽租借法案的物资，转为负责同美国洽订贷款。① 1946 年 6 月 3 日中方同华盛顿进出口银行签订的铁路购料借款合同，借款 1665 万美元，用于在美国购买材料，修复中国铁路。② 不久，美国又从剩余物资中提供一批钢轨、机车等铁路器材，作价 237 万美元。③ 另外，中美双方还于 5 月、7 月先后签订成（成都）渝（重庆）、川（成都）滇（昆明）铁路借款合同。

据统计，在 1946 年交通部所购买的外国材料（包括敌伪物资）中，各铁路获得 51704 吨。此外，当年各铁路还从 114341 吨善后救济物资中分得 108370 吨物资。④

---

① 国民党政府：《驻美中国物资供应委员会工作报告》，见宓汝成：《帝国主义与中国铁路（1847—1949）》，上海人民出版社 1980 年版，第 335 页。

② 财政科学研究所、中国第二历史档案馆编：《民国外债档案史料》第 11 卷，档案出版社 1991 年版，第 524 页。

③ 宓汝成：《帝国主义与中国铁路（1847—1949）》，上海人民出版社 1980 年版，第 336 页。中美双方于 1946 年 6 月 14 日约定，美方应从租借法案剩余物资中，提供运输器材 320 万美元，通信器材 1.5 万美元，工矿器材 26.75 万美元，分 30 年摊还。同年 8 月 30 日，鉴于西太平洋战区 5.84 亿美元物资和固定资产中，半数已属剩余，包括中国购买存放于中国、冲绳岛、塞班岛及其他海岛美国剩余物资，中美又签订《剩余物资购买合同》。见王铁崖编：《中外旧约章汇编》第三册，生活·读书·新知三联书店 1962 年版，第 1403、1421—1425 页。

④ 国民党政府交通部统计处编：《中华民国三十五年交通部统计年报》，国民党政府交通部 1948 年印行，第 33—34 页。

1947年,美国资本集团通过美军陆军部提出一个"中国铁路建设计划",计划投资修建以陇海路天水兰州段为基干的北循甘青、青新公路向西北延展到新疆的铁路线,向南延伸与天水成都线连接的铁路线,向西南展长经云南通往缅甸的出海铁路线。国民党政府接受这一计划,并把它列入"五年国防计划"。[①]

1948年,美国国会通过"1948年援华法案",计划提供4亿美元援助国民党政府。[②] 国民党政府计划使用此项贷款增建粤汉路广州梧州支线及海南岛铁路,并改造"整理"一些旧线。9月,美国经济合作总署宣布分配美援时,提出拨给修复粤汉、浙赣及台湾、平津地区铁路款1050万美元。然而,随着内战的加剧,国民党军节节败退,国民党政权土崩瓦解,"美援"案也随之夭折。

在获得大批美援承诺后,1947年,"交通部"制定战后第一期铁路建设五年计划,计划5年在除东北以外的地区修建铁路13886公里,以及必需的港口、铁路器材厂。按全面抗战前币值估计,需法币15.41亿元及5.68亿美元,打算"以国家信誉为保证,而不以铁路本身为担保",筹措外债和内债,以解决建筑经费。[③]

"交通部"实际进行的新筑铁路工程只有:继续完成抗战期间动工修筑未全部完工的綦江铁路,1947年8月完工,全长98.6公里,战后修筑的只有19公里,1947年11月自猫儿沱通车至綦江

① 宓汝成:《帝国主义与中国铁路(1847—1949)》,上海人民出版社1980年版,第336页。

② 国民党政府财政部:《美国1948年援华法案之概说》,见财政科学研究所、中国第二历史档案馆编:《民国外债档案史料》第11卷,档案出版社1991年版,第718—719页。关于无偿和借款各占多少,并无定论。

③ 俞飞鹏:《十五年来之交通概况》,国民党政府交通部1946年印行,第10—20页;中国第二历史档案馆编:《中华民国史档案资料汇编》第5辑第3编,财政经济(7),凤凰出版社2000年版,第335—337页。

66.7公里(1950年11月通车至终点三江镇)。1945年年底陇海路宝天段145.8公里终于完工,次年年初正式营运。又继续修筑天(水)兰(州)段,进展极其缓慢。恢复修筑成渝铁路,也因材料短缺,进展缓慢。直到国民党政府败逃台湾,这两条铁路也未建成。中国大陆地区新通车里程仅有区区212.5公里。台湾省于1946年11月修建新竹至淡水铁路,次年11月完工,长17公里。这样,抗战结束至国民党政府败退台湾,新通车铁路共约229.5公里。

1946年,国有各铁路营业里程共计13692公里(干线10107公里,支线902公里,副轨岔道等2683公里),共有车辆29021辆(机车1942辆,客车2561辆,货车23984辆,业务用车534辆)。营业各路有员工263119人。截至1946年年底,关内收复区接收敌伪铁路员工22.6万人,酌量留用。之后"交通部"派去失业和复员员工1.5万人,一时间人满为患。改组之后,要求按战前每公里职员2.767人、工人8.067人、警察2.6人为标准,设法调整、裁减,但进展困难。①

1947年,国有各铁路营业里程共计8700公里(干线8177公里,支线523公里),共有车辆30581辆(机车2171辆,客车3338辆,货车25072辆),与上年相比,营业里程减少,但车辆数量增加。

客货运输方面,1946年各铁路共载运旅客12358万人,旅客周转量124.2亿人公里;载运货物2332万吨,货物周转量37.6亿吨公里。1947年各铁路共载运旅客14652万人,旅客周转量147.4亿人公里;载运货物3100万吨,货物周转量52.7亿吨公里。② 但旅客

① 国民党政府交通部统计处编:《中华民国三十五年交通部统计年报》,国民党政府交通部1948年印行,第39页。

② 中国第二历史档案馆编:《中华民国史档案资料汇编》第5辑第3编,财政经济(7),凤凰出版社2000年版,第192页。

中,军人占了很大比例。越往后期,越是如此。

与全面抗战之前、期间相比,1946 年的运输密度(每公里平均万人/万吨)有升有降。1935 年度(1935 年 7 月—1936 年 6 月)国有铁路运输密度,客运为 58.8 万人公里,货运为 87.68 万吨公里。① 1937 年,客运密度仍有 53.2 万人公里,货运密度却下降到 58.9 万吨公里。到 1946 年,客运密度提高 112.8 万人公里,货运密度由上一年的区区 4.2 万吨公里恢复到 34.1 万吨公里,但仍未达到战前水平。全面抗战时期及战后,客运密度大多年份高于战前,这是因为在战时有限的通车里程中,军政人员和民众因战争而频繁流动,战后复员运输更是繁忙一时。此外,比较物价,客车票价相对低廉,民众愿意乘车。但货运密度却大幅下降,这当然是因为货物周转量受战争(包括内战)影响而大减。国民党政权统治的末期,经济不振,货源减少,有限的运力大多受军运控制,调度失灵,1946 年货运密度比 1935 年度减少 61%。②

铁路运输工具、路线设备方面,机车数量与战前相近,客货车辆略增。据 1937 年 6 月统计,国有铁路有机车 1243 辆,客车 2047 辆,货车 15482 辆。③ 1937 年年底,机车及客货车辆数量均有减少,机车数量减至 1000 辆,客车 2000 辆,货车 15000 辆。1946 年年底,机车数量 1942 辆,客车则增至 2561 辆,货车增至 23984 辆。经过多年战争,车辆使用日久,损坏颇多,可用数量减少,

① 见国民党政府铁道部秘书厅研究室编:《中华国有铁路民国二十四年度统计总报告》,1935 年版。

② 见国民党政府铁道部秘书厅研究室编:《中华国有铁路民国二十四年度统计总报告》,1935 年版;国民党政府交通部统计处编:《中华民国三十五年交通部统计年报》,国民党政府交通部 1948 年印行,第 37 页。

③ 刘克祥、吴太昌主编:《中国近代经济史(1927—1937)》,人民出版社 2010 年版,第 1214 页。

1946 年，机车仅有 55%可用，客车 64%可用，货车 71%可用。铁路线也是千疮百孔，对列车载重和速度的限制极大。中途常需停车修路。①

运输货物种类方面，以起运为例，1946 年共起运货物 2268 万吨，其中，商业性运输 1106 万吨，非商业性运输（政府用品、铁路材料等）1162 万吨。商业性运输中，矿产品 647 万吨，农产品 228 万吨，林产品 70 万吨，畜产品 43 万吨，工艺制造品 118 万吨。②

因物价剧烈上涨，各铁路营业收支很难与战前比较。除京沪铁路外，其他各路多为亏损状态。

到后期，铁路交通状况更加恶化。据 1949 年 7 月统计，全国铁路总里程 30136 公里，除台湾、海南外，仅存 3256 公里能通车；且大部分为军事运输，拥挤不堪，欠费严重。如 1949 年 1—4 月，军运欠费多达 427.8 万银元。

例如，粤汉铁路广州至岳阳段 897 公里、广九段广州至深圳 147 公里、广三段石围塘至三水 49 公里，连同支线，通车里程共 1111 公里，沿线军运繁忙，军运费半价记账，无现款收入，军运愈多，客货运输愈少，收入愈绌，入不敷出，1949 年 6 月亏损 120 万银元，依靠财政补贴勉强维持。该路 5 月员工薪资不能及时发放，导致员工包围局长和各部门主管索款，局长无奈辞职。该路客货运输可到长沙，军车可到岳阳，每天开行列车 9 对，但军车到达后却不卸货，拥塞铁道，严重妨碍运输。各次客车乘客多为军人，均

① 国民党政府交通部统计处编：《中华民国三十五年交通部统计年报》，国民党政府交通部 1948 年印行，第 37—38 页。

② 国民党政府交通部统计处编：《中华民国三十五年交通部统计年报》，国民党政府交通部 1948 年印行，第 80 页。

无票乘车,秩序混乱。不得已,铁路方面只好暂停两趟特别快车。华南交通大动脉严重不畅。

湘桂铁路,全线通车939公里,金城江至南丹之间由公路接驳,未正式通车。该路沿线地瘠民贫,客货运量不多。受国民党军溃败影响,军政公务人员和物资大量撤退到西南,军品运输量极大,每天由衡阳开行军车一列,客车时常停开,货物甚少,且只收包裹,1949年6月亏损高达52.9万银元。沿线行车设备简陋,运力薄弱,最多只能开行列车3对,以往不办货运,客运亦甚清淡,可勉强维持营运。但军运增加后,运输负荷骤增,时常缺煤停车,情况极为窘迫。

浙赣铁路,株洲至清江258公里可通车,但客货运输业务不振,每月开支约11万银元,全靠国库补贴。

陇海铁路,受内战连连失败影响,仅宝鸡至天水勉强通车154公里,收入甚少,撤退员工无钱遣散,1949年6月收入3万银元,支出40万银元,亏损37万银元。

昆明铁路,川滇线昆明至沾益、滇越线昆明至碧色寨,通车里程480公里。沿线位于高坡地段,且为窄轨,运力有限,客货业务一向不旺,收支勉强持平。1949年6月收入14.2万银元,支出32.2万银元,亏损18万银元。

平津地区铁路绥包段,归绥至包头通车148公里,地处边陲,客货稀少,十有八九为半价的记账军运,靠国库补贴维持。该路远处西北,汇兑不通,接济困难,员工生活困苦。1949年6月收入1万银元,支出5.9万银元,亏损4.9万银元。①

随着国民党政权在大陆的彻底失败,铁路也回到人民的怀抱。

---

① 中国第二历史档案馆编:《中华民国史档案资料汇编》第5辑第3编,财政经济(7),凤凰出版社2000年版,第212—217页。

二、公路交通

抗战期间，国民党政府公路交通在大后方有所发展，但损耗也大。抗战胜利后，公路交通有所恢复。官办公路交通借助机构整合、接收敌伪交通设施、善后救济补充、官民复员复业、围攻解放区的军事急需等各种条件，公路交通机构、交通设施和运输成绩都有所恢复；商营公路交通的恢复则较为显著。但是，随着国民党发动内战和战争的加剧，社会的动荡不安，物价的飞涨，各种不利因素层出不穷，公路运输日趋式微。

（一）公路机构的变化和公路交通设施的恢复

1946 年 1 月 1 日，国民党政府军事委员会战时运输管理局被撤销，正式成立交通部公路总局，统一管理全国公路交通。局内设秘书、人事、技术、统计和警稽五室，总务、工务、运务、材料、会计和监理六处及设计考核委员会。为了实行分级管理，局外计划设置 9 个区公路工程管理局负责国道的建设和养护①。另设直属公路工程处、机械筑路总队、国道测量队等分支机构。省县公路交通，则分别由各省公路局管理，隶属省政府建设厅，并受交通部公路总局的督察和协助。区公路工程管理局的管辖范围开始以其驻地为

① 全国公路分干线和支线两种。干线按照甲等和乙等标准建筑，由中央直接主办，称为国道。甲等标准规定每天能行自动车 750 辆以上，平均时速 80 公里；乙等标准规定每天能行自动车 300—750 辆，平均时速 60 公里。支线按照丙等标准建筑，以及不足丙等标准勉强通车的乡村公路，暂不列等，均为省道，每天能行自动车 50—300 辆，平均时速 40 公里，由省方主办，中央政府予以督察和补助。见中国第二历史档案馆编：《中华民国史档案资料汇编》第 5 辑第 3 编，财政经济（7），凤凰出版社 2000 年版，第 55 页。

中心,为便利运输,将1000公里以内路线上的较大城市定为终点。但按此原则划分区局,使同一省内的国道由几个区局分管,同一省内省道的督察和协作也由几个区局办理,交通管理出现错综复杂的情况,不利于公路交通的发展。为此,公路总局于1947年1月将各区局的管辖范围按省界重新划分。

第一区公路工程管理局于1946年3月1日在南京成立,管辖苏、浙、皖三省和鲁、豫、赣、闽四省各一部分国道共6029公里。自奉命管辖范围限于苏、浙、皖三省后,里程变为5037公里,下属机构有上海、南京、杭州、歙县4个工程处和浦口、徐州、杭州、芜湖、安庆5个总段。1948年5月通车里程为3847公里。

第二区公路工程管理局基本是由西南公路局芷江分局人员组成,1946年3月18日在湖南晃县筹备成立,先后迁长沙、汉口。组建初期以汉口为中心,管辖国道1696公里,包括湘、鄂、赣、豫、皖、陕六省的部分国道和武汉长江轮渡。次年奉命改管湘、鄂、赣三省国道,里程约7602公里。除组建初期成立的武(昌)长(沙)路复修工程处、常(德)万(载)路复修工程处和沅(陵)常(德)路复修工程处及9个工务总段外,又成立芷江、湘潭和耒阳等5个工务段,还接管下摄司和衡阳两个渡务所。1948年5月通车里程为6114公里。

第三区公路工程管理局于1946年5月18日在广州成立,管辖广东全省及桂、闽、湘、赣四省部分国道,共2139公里。年底奉令改管粤、闽、桂三省国道,共7770公里。由广州、福州、柳州和柳寨4个工程处分别接管上述三省内全部国道。1948年5月通车里程为4758公里。

第四区公路工程管理局由云南分局及西南公路、川滇东路和川滇西路四个管理局合并组成,1946年3月在昆明成立,管辖云南和贵州两省国道及川、康、湘、桂四省部分国道,共5578公里。

奉命改管滇、黔两省国道后，在云南设立昆明、姚安、下关、保山和曲靖5个总段及腾冲工务段，在贵州设立安顺、毕节、遵义、镇远和独山5个总段及兴仁工务段，共管理两省国道4501公里。1948年5月通车里程为3857公里。

第五区公路工程管理局由原川陕、川康和川湘三个管理局合并组成，1946年3月1日在重庆成立，管辖川、康两省大部分国道和陕、鄂、湘三省部分国道，共4657公里。奉命专管川、康、藏三省国道后，所辖已建成公路在川、康两省境内的共3969公里。下设重庆、达县、泸州、南川、黔江、内江、雅安、成都、广元、西昌、会理11个总段。1948年5月通车里程为3065公里。

第六区公路工程管理局由交通部公路总局派员与新疆省公路局合并组成，1946年7月1日在迪化（今乌鲁木齐市）成立，管辖新疆省境内全部公路工程和运输业务及安西至猩猩峡、安西至茇茇台两段国道和青海省西北部茫崖金鸿山段公路的改善与养护，共6749公里。1948年5月通车里程为5235公里。

第七区公路工程管理局由西北公路管理局改组，1946年3月在兰州成立，管辖陕、甘、宁、青、绥五省的部分国道，长3493公里。以省划界后，管辖里程为9490公里。各条国道按其里程长度设置1—2个工务段负责管理。1948年5月通车里程为7690公里。

第八区公路工程管理局由交通部公路总局平津区办事处改组，1946年4月1日在北平成立，管辖冀、察、热、晋、鲁、豫六省的国道，共8217公里，分设保定、太原、济南、青岛4个工务总段和昌黎工务段及4个工程队，担任公路的抢修和管理。按省划界后，管辖上述六省国道，共8631公里。1948年5月通车里程为3847公里。

原计划在东北长春设第九区局，因发生内战未能成立，实际只成立了8个区局，管辖公路共约53792公里，实际通车里程约

39142 公里,占总里程的 72.85%。[①]

此外,在总局之下设有筑路机械管训处,三个机械筑路总队,青新公路和福厦公路两个工程处,第一国道测量队,东北公路督修工程处(隶属于东北运输总局,但未展开工作)。台湾省行政长官公署交通处下设公路局,负责公路恢复工作。

国民党政府还制定公路网规划。1946 年公路总局制定《四基五经六维国道网》;1947 年 7 月行政院公布实施修订后的《国道网计划》,对全国干、支各线作出规划。要求干线大部分利用已有公路,按新标准改造;支线大多则须新筑。按照国道网计划,国道里程为 57223 公里,其中须新筑 6754 公里。[②] 但这一规划未能全面实施。

抗战胜利后,尚未撤销的军委会战时运输管理局为应付军政方面兵员和一般民众前往收复区,以及配合国民党军事进攻解放区,以紧急抢通、暂维行车[③]为原则,办理第一、二期公路的抢修和恢复交通。国道修复由各区公路工程管理局和各省公路机构分别

---

① 国民党政府交通部编:《公路统计年报》,1948 年印行,参见中国公路交通史编审委员会编:《中国公路运输史》第 1 册,人民交通出版社 1990 年版,第 383—384 页。1948 年 5 月通车里程参见台湾“中华民国史交通志编纂委员会”编:《中华民国交通志初稿》,台北“国史馆”1991 年版,第 55—56 页。国民党政府交通部编:《交通复员工作报告》所载各区管辖公路里程与此略有差异,见中国第二历史档案馆编:《中华民国史档案资料汇编》第 5 辑第 3 编,财政经济(7),凤凰出版社 2000 年版,第 55 页。

② 周一士:《中华公路史》上部,(台北)商务印书馆 1984 年版,第 336—341 页。规划中的基线有 4 条:上海—拉萨、九龙—滂江、马尾—霍尔果斯、畹町—承德;经线有 5 条:海安—山海关、汕头—周家口、常德—滂江、广州湾—百灵庙、打洛—陕壩。另有纬线 6 条。东北、海南和台湾的国道线另行规划。

③ 中国第二历史档案馆编:《中华民国史档案资料汇编》第 5 辑第 3 编,财政经济(7),凤凰出版社 2000 年版,第 373 页。

办理,省道由省公路机构主办,中央予以协助。第一期计划抢修11条线路4263公里,拨工款598400万元,完成4019公里;第二期计划抢修17条线路4331公里,拨工款664300万元,完成3979公里。1946年,为运送救济物资和办理战区善后,又续办第三期修复工程,共40条线路9447公里,拨工款748500万元,当年完成2662公里。这些修复工程,分布区域广阔,人力、物力极为缺乏,工款常有不济,第一、二期已通线路因经费未能足额拨付,以致大多未铺路面,桥梁也多为便桥,一遇雨季,就有桥毁路滑的风险。第三期因拨工款过少,导致多数线路未能动工修复。①

到1946年,公路的紧急抢修告一段落后,各省又开始着手公路的修复和改善;修复和改善的公路里程,各省不一。

此外,新建公路方面,因内战全面爆发后,国民党政府统治区日益缩小,无力顾及更多的公路建设,仅在西北、西南和华南部分地区择要修建和改建了少量公路。其中由交通部公路总局组织修建的南疆、青新两条公路为当时西北地区的重点工程。其他则多为零星路段的局部修建,由各省负责进行。

南疆公路,起初系指由甘肃省敦煌起,经甘、新两省交界芨芨台到新疆若羌的路段,长739公里;后又向西延展,经且末、民丰至于阗(今于田),长770.61公里。基本参照丙等公路技术标准修建。1945年7月分别设立南疆公路甘肃段和新疆段工程处,修建甘肃段333公里和新疆段406公里公路,先后于年底和次年年初完工。但质量欠佳,需做进一步改善。1946年秋,第六区公路工程管理局继续展筑南疆公路由若羌经且末、民丰至于阗路段770.61公里,以及青新公路北段由金鸿山至青海省茫崖路段。全

① 中国第二历史档案馆编:《中华民国史档案资料汇编》第5辑第3编,财政经济(7),凤凰出版社2000年版,第50—53页。

路至1949年年底才勉强完工。

青新公路,是通往新疆的第三条路线。该路自青海省青藏公路倒淌河起至若羌止,全长1550公里。其中倒淌河至茫崖长1070公里,茫崖山至金鸿山长186公里为新建路段;金鸿山至若羌长294公里与敦煌-若羌公路共线。青新公路以茫崖为界,分南北两段,参照丙等公路技术标准先后施工。①

其他各省,也有一些零星的公路修建。为配合军事围堵人民解放军并侵犯延安,国民党各级政府在陕甘宁地区抢修了若干条干支线公路。甘肃抢修了庆阳、宁县等处干支线公路约455公里;通往四川的干线公路则未能建成。宁夏修建公路约364公里;另有60公里只完成了路基。陕西修建公路175公里。四川计划修建公路2532公里,实际建成勉强通车或仅完成路基约360公里。广西修建短途公路约128公里。湖南新建公路704公里。②

到1947年6月底,全国公路里程共计130219公里,其中已通车74048公里,未修复56173公里。③

抗战期间,车辆沦入敌手及毁坏和运输损耗甚多,数量减少,性能也逐渐降低。抗战胜利后,公路交通有所恢复。全国登记车辆数,1937年年底为68917辆,到1945年年底下降到38199辆,

① 参见中国第二历史档案馆编:《中华民国史档案资料汇编》第5辑第3编,财政经济(7),凤凰出版社1990年版,第420页;新疆维吾尔自治区地方志编纂委员会、《新疆通志·公路交通志》编纂委员会:《新疆通志》第48卷《公路交通志》,新疆人民出版社1998年版;青海省地方志编纂委员会编:《青海省志》第27卷《公路交通志》,黄山书社1996年版。

② 中国公路交通史编审委员会编:《中国公路史》第1册,人民交通出版社1990年版,第399—401页。

③ 中国第二历史档案馆编:《中华民国史档案资料汇编》第5辑第3编,财政经济(7),凤凰出版社2000年版,第345—347页,统计不包括台湾。

1946年年底有所恢复，增至51141辆，1947年6月底又增至66120辆。①

国营公路运输获得发展机会。从营业里程到车辆数量，国营机构的实力都有所恢复。在前述130219公里公路中，可通车里程74046公里，占57%。其中，国营运输机构的营业里程为31435公里。交通部公路总局设9个运输处，承担国道和跨省运输，营业里程不一。其中，第一运输处（设于上海）营业里程2115公里，有车辆299辆；第二运输处（设于长沙）营业里程4118公里，有车辆740辆；第三运输处（设于广州）营业里程6845公里，有车辆421辆；第四运输处（设于昆明）营业里程2381公里，有车辆1079辆；第五运输处（设于重庆）营业里程2702公里，有车辆222辆；第六运输处（设于迪化）营业里程1676公里，有车辆141辆；第七运输处（设于兰州）营业里程5067公里，有车辆923辆；第八运输处（设于天津）营业里程3186公里，有车辆658辆；第十运输处（设于贵阳）营业里程3309公里，有车辆520辆。第九运输处拟设于长春，因内战爆发，未成立。② 各省建设厅下均设有公路局。台湾省设有公路局和公共工程局。大城市市内交通亦有管理机构。

抗战时期1944年官办公路机构有汽车4498辆。抗战胜利后，得益于接收日伪汽车和联合国善后救济总署（以下简称“联总”）的分拨，车辆有所补充。据1946年6月底的不完全统计，公

① 中国第二历史档案馆编：《中华民国史档案资料汇编》第5辑第3编，财政经济（7），凤凰出版社2000年版，第348页（车辆统计数不包括军车）。

② 公路里程和车辆数均为1947年6月底统计数。见中国第二历史档案馆编：《中华民国史档案资料汇编》第5辑第3编，财政经济（7），凤凰出版社2000年版，第347—349页。

路总局接收敌伪汽车 5629 辆,其中 4321 辆尚可使用。① “联总”分拨各型车辆 29600 辆②,其中部分车辆拨给了公路局(数量不详③)。到 1946 年年底,公路总局各机构有营运汽车 6283 辆,其中货车 5176 辆。车辆数量明显增加,但完好可用汽车只有 2670 辆,占全部车辆的 42.5%。另据不完全统计,1946 年部分省公路局有汽车 2934 辆,完好可用汽车也不到一半。④ 这样,中央和地方公路局系统至少有车辆 9217 辆,占全国登记汽车的 18.02%(但这一统计不包括国营厂矿企事业单位的车辆)。1947 年 6 月底,前述 9 个运输处有车辆 5003 辆,其中完好可用的 2616 辆。另外,截至 1948 年年底,中央直辖公路运输机构有汽车站 365 座,另有代办站、招呼站和联络站共 47 处。⑤

此外,除了车辆,国营、省营运输机构还接收了大量公路交通建筑、器材。截至 1936 年 6 月底,接收敌伪修车厂和其他有关工厂 36 家,除了不需要的工厂交给敌伪产业处理局处理外,其余都

① 中国第二历史档案馆编:《中华民国史档案资料汇编》第 5 辑第 3 编,财政经济(7),凤凰出版社 2000 年版,第 401 页。同书 397 页又记载接收敌伪车辆 5611 辆。

② 由“联总”进口卡车 21900 辆、大客车 6900 辆、小汽车 400 辆、油罐车 200 辆、救济车 200 辆,合 3755 万美元。参见周一士:《中华公路史》上部,(台北)商务印书馆 1984 年版,第 366—367 页。

③ 据交通部报告,公路局向行政院善后救济总署(简称“行总”)商请拨给新车 3290 辆,几经交涉,“行总”答应先拨 500 辆,实际接收到 480 辆。行政院善后救济总署结束后,剩余约 2500 辆使用已久、完好甚少拟移交公路局。

④ 中国公路交通史编审委员会编:《中国公路运输史》第 1 册,人民交通出版社 1990 年版,第 401—403 页。

⑤ 中国公路交通史编审委员会编:《中国公路运输史》第 1 册,人民交通出版社 1990 年版,第 404 页。

加以利用。例如,平津地区的“华北自动车工业株式会社”等23家单位,合并组成平津区汽车修配总厂,从事制造三轮汽车及其他一切汽车配件,并整修华北地区车辆。利用华中、华铁两家公司南京车场,并接收敌伪工程车上拆卸的机具,成立南京修车厂。广州“丰田自动车厂”改编为广州第一修造厂,由第三区局运输处接管使用。此外,各单位还接收汽车零件、油料、大量房屋,加以利用。①

与上述专业汽车运输单位比较,政府机关、国营和省营企事业单位的汽车拥有量更多。据不完全统计,1948年各机关、企事业单位有汽车近2万辆。例如,甘肃油矿局和玉门油矿改组而成中国石油有限公司甘肃分公司,其运输业务由兰州营业所承担,1947年有汽车200辆,员工980人,营业里程超过3100公里。②

另一运输实力雄厚的机构是善后救济总署公路运输总队。“联总”成立于第二次世界大战期间。1945年年初,国民党政府行政院成立善后救济总署(即“行总”),下设15个分署。“行总”订有善后救济计划,目的是修复主要公路干线,补充运输工具,流通救济物资,重建经济机构,复兴战后工商业,输送难民返乡。为配合公路需要,向“联总”申请车辆、油料、配件、工厂设备、工程器材、电信器材等,共44.2万吨,价值7200多万美元,分三期由上海、天津和广州进口。③ “联总”运到中国的物资,统一由“行总”接收和分配。1946年2月,在上海成立“行总”公路运输总队,在

① 见中国第二历史档案馆编:《中华民国史档案资料汇编》第5辑第3编,财政经济(7),凤凰出版社2000年版,第397—412页。

② 中国公路交通史编审委员会编:《中国公路运输史》第1册,人民交通出版社1990年版,第404页。

③ 周一士:《中华公路史》上部,(台北)商务印书馆1984年版,第366页。

各地分设 9 个分处,有汽车 2500—3500 辆,雇用美籍退伍军人为高层管理。运输总队承运救济物资,免缴养路费和各种捐税,回空时也可承运普通客货。1946 年 10 月,"行总"与交通部商议合办,改称"行总"交通部公路运输总队,实行公有商营,统一经营全部车辆,美籍雇员年底全部退出。1947 年 1 月正式成立,但不久即于同年 7 月撤销,上海分队车辆由"行总"收回自办,改称上海公路汽车管理处;各地车辆则大多就地移交所在省市救济分署。①

(二)公路运输由恢复迅速走向衰落

抗战结束以后,因收复区铁路遭受破坏,短期不易修复,而水运又缺乏船只,使得公路运输仍处于主要地位。官办运输机构的公路运输,在初期以复员运输为主,之后则配合国民党对解放区的军事进攻,承担军事和公物运输。

在办理初期的复员运输时,国营运输机构除抽调车辆改装客车,也租用商车,增加运力。具体措施,一是办理停业工人免费运输,二是办理难民返乡运输,三是办理渝浦、渝京联运。停业工人运输仅限重庆地区的钢铁、机械、电机和酸碱基本化学工业四类工厂被裁工人及其眷属,由交通部会同社会部、经济部办理,从 1945 年 12 月 22 日开始运输,次年 3 月底完成。难民返乡,从 1946 年 1 月 21 日开始,期限 3 个月,由交通部与善后救济总署签订运输合约,对一般难民减收票价,另由善后救济总署补贴。例如难民较集中的云南、西南各公路局及陕豫联运处,原定每人每公里票价 55 元,减为 25 元;川湘公路局原定每人每公里票价 50 元,减为 25 元。但此类票价均为直达,不卖中途票。运输路线有:重庆经沅陵

① 中国公路交通史编审委员会编:《中国公路运输史》第 1 册,人民交通出版社 1990 年版,第 406 页。

至长沙；重庆经衡阳至长沙或柳州、梧州；贵阳至柳州、梧州；贵阳至衡阳、长沙；昆明经贵阳至柳州或衡阳、长沙；潼关至洛阳（或陇海铁路终点站）。① 为便利复员运输，还采取办理渝浦、渝京联运的措施。渝浦联运，由重庆经广元至宝鸡，转陇海铁路至潼关或陇海铁路终点，由陕豫联运处用汽车接运至洛阳，转陇海铁路至徐州，再转津浦铁路至浦口。该项运输从 1946 年 2 月 1 日开始，在重庆设联合营业所，办理售票，并代客收送行李。渝京联运，由商营中央运输公司试办，由重庆经贵阳、晃县、邵阳、衡阳、耒阳、泰和、兴国、宁都、鹰潭、淳安、歙县、芜湖到达南京，全程超过 2900 公里，约需 15 天，隔日开车 5 辆。统计从 1945 年 10 月至 1946 年 10 月，共运输复员人员 23. 86 万人，合 18704. 15 万人公里，运送公物 5837. 52 万吨，行李 565. 53 万吨。各路局承运复员运输的客车和租赁协运的商车共有 1300 多辆。②

国民党发动内战后，长江以北铁路运输几乎停顿，陆路运输只能依赖公路，且以军运为主；其他地区则商业、公物和军事运输皆有。而公路局运输机构主要承担军事、公物运输，并开展水陆空联运，见表 14-25。

表 14-25　公路总局运输统计（1946—1948 年 6 月）

项目 年、月	客运人数（万人）	延人公里（万人公里）	货运吨数（万吨）	延吨公里（万吨公里）
1946	451. 12	44893. 20	34. 90	10493. 68
1947	1315. 38	44893. 20	38. 22	10493. 68

① 周一士：《中华公路史》上部，（台北）商务印书馆 1984 年版，第 387—388 页。

② 中国第二历史档案馆编：《中华民国史档案资料汇编》第 5 辑第 3 编，财政经济（7），凤凰出版社 2000 年版，第 417 页。

续表

年、月 \ 项目	客运人数（万人）	延人公里（万人公里）	货运吨数（万吨）	延吨公里（万吨公里）
1948.6	968.67	19407.57	15.50	3256.41

资料来源:周一士:《中华公路史》上部,(台北)商务印书馆 1984 年版,第 391 页。

交通部所属公路运输,基本处于亏损状态。1946 年之前,亏损较少;1947 年运输成本越来越高,而历次运价调整则跟不上成本的上升,各运输处无不蒙受巨额亏损,全年亏损高达 2985 亿元。①

国民党政府也曾每年拨款补助公路事业。此外,还有善后救济基金的补助。例如,1946 年公路事业费预算 435.52 亿元,实际支出 449.37 亿元;善后救济基金预算 797.98 亿元,实际支出 823.63 亿元。另有复员支出预算和实际支出 7732.88 万元。总计预算 1234.27 亿元,实际支出 1273.77 亿元。②

各省公路局,因车辆缺乏,只能经营若干主要线路的运输业务,次要线路由商车承担。

统计表明,商营公路运输在抗战胜利后有所恢复。尤其是省道汽车运输,商车是主力。国民党政府允许商民参与公路的修复和兴建并恢复全面抗战前的专线经营;在官办汽车运力不足的线路上,与商营汽车公司签订合同,办理短期定线特约运输;开放公

① 中国第二历史档案馆编:《中华民国史档案资料汇编》第 5 辑第 3 编,财政经济(7),凤凰出版社 2000 年版,第 431 页。另据统计,公路总局所辖各运输处 1946 年营业收入 479 亿元,支出 532.62 亿元,亏损 53.62 亿元;1947 年营业收入 3455.26 亿元,支出 4453.89 亿元,亏损 998.63 亿元,参见周一士:《中华公路史》上部,(台北)商务印书馆 1984 年版,第 471 页。

② 预算和支出情况参见周一士:《中华公路史》上部,(台北)商务印书馆 1984 年版,第 463—465 页。

路，允许商营汽车进行短途运输。1947 年 3 月，交通部明令“全国公路运输，以开放民营汽车运输为原则”。

受全面内战等多种因素影响，各地区商营汽车的分布变化不一。据不完全统计，在战后的 1946 年，商营汽车分布密度较抗战之前略有提高，见表 14-26。

表 14-26　全面抗战前后各地区商车分布及密度统计

项目 地区	商车数量			平均每公里公路商车辆数		
	战前（辆）	战后（辆）	增减（%）	战前（辆）	战后（辆）	增减（辆）
东北地区	3776	3279	-13. 16	0. 47	0. 39	-0. 08
华北地区	4579	3464	-24. 35	0. 17	0. 13	-0. 04
华南地区	7470	6616	-11. 43	0. 39	0. 23	-0. 16
华中地区	6540	16594	+153. 73	0. 24	0. 61	+0. 37
西南地区	631	8284	+1212. 84	0. 07	0. 50	+0. 43
西北地区	212	1370	+546. 22	0. 01	0. 05	+0. 04
总计	23208	39607	+70. 66	0. 21	0. 30	+0. 09

注：华北地区包括平津，华中地区包括上海。商车数量包括小汽车。

资料来源：中国公路交通史编审委员会编：《中国公路运输史》第 1 册，人民交通出版社 1990 年版，第 418 页。

华中、西南地区的商车明显增加，在全国范围内，商车也有所增加。不过，到 1948 年，商车数量大幅减少，见表 14-27。

表 14-27　省（市）营与商营车辆统计（1948 年）　（单位：辆）

车辆数 省（市）	省（市）营		商营		车辆数 省（市）	省（市）营		商营	
	客车	货车	客车	货车		客车	货车	客车	货车
江苏	15	6	487	278	云南	—	—	247	640
浙江	27	—	—	—	四川	1	24	230	361

续表

车辆数 省(市)	省(市)营		商营		车辆数 省(市)	省(市)营		商营	
	客车	货车	客车	货车		客车	货车	客车	货车
安徽	19	12	—	—	西康	20	86	6	19
江西	110	24	—	—	热河	—	13	—	—
福建	33	25	—	366	哈尔滨	—	105	—	—
湖南	221	6	—	—	绥远	—	—	—	52
湖北	45	32	—	820	新疆	—	—	—	150
广东	—	—	260	818	上海	239	—	995	2407
广西	—	53	—	715	重庆	21	286	197	774
河南	11	43	—	41	北平	45	—	30	—
河北	—	39	—	—	青岛	—	130	—	236
山东	—	—	—	850	济南	—	—	2	236
山西	4	6	4	53	汉口	—	—	—	750
陕西	39	46	—	—	天津	—	—	219	526
贵州	28	59	—	—	广州	—	—	458	742
总计						878	995	3135	10834

资料来源:周一士:《中华公路史》上部,(台北)商务印书馆 1984 年版,第 391—393 页。

在全面内战时期,商营公路运输举步维艰。物价猛涨,各种税费不堪重负,运输成本大幅增加;公路质量低劣,车况渐差;官办汽车运输扰乱秩序,垄断运输;更有甚者,强征商车之事屡有发生。凡此种种,导致商营汽车运输惨淡经营。

(三)台湾光复后的公路运输

早在清朝同治年间的 1874 年,台湾巡抚沈葆桢兴建三大干线,即北路(由宜兰苏澳至台东奇莱,约 300 公里)、中路(由云林林圮埔至台东璞石阁,约 163 公里)和南路(分两条线路,一为凤山经赤山庄至台东卑南,约 107 公里;一为凤山射寮至卑南,约 107 公里)。中日甲午战争后,日本割占台湾,历年修建公路,至 1945 年 10 月 25 日台湾正式光复前,完成公路干支线 3380 公里,加上乡村道路,共 17097 公里。① 但日本所建公路,"多从军事着眼,公路干线几乎全与铁路平行"②,不利于民众出行。

仅有 40%公路可通汽车。于是,台湾公路交通首要任务是修复不通公路,维护可通公路。运输方面,以环岛干线为基础恢复省营客运,民营客运则指定路线由民间自营,官商合办货运。行政管理上,改变日本割占时期各州厅分别办理方式,实行集中管理,统一车辆牌照、行车执照和驾驶执照的检查、驾驶员考试、驾驶执照的发给。

公路工程由台湾行政长官公署工矿处接管。1945 年 11 月设公共工程局,负责公路工程;1946 年 8 月台湾省公路局成立,但公路工程仍由公共工程局负责(次年 5 月改隶省建设厅)。1949 年 10 月,公共工程局撤销,公路工程改归公路局负责。

光复初期,公路整修按环岛路线、中部横贯线和名胜区域线进行。环岛路线起于基隆,南经台北、新竹、台中、嘉义、台南、屏东达枫港,并延伸至最南端鹅銮鼻,称为西部干线,长 532 公里。又从

① 周一士:《中华公路史》下部,(台北)商务印书馆 1984 年版,第 1—2 页。另据统计,台湾光复,国民党政府接收台湾公路,省道 3689.74 公里,市乡公路 13994.65 公里,合计 17684.39 公里。剔除无法修复公路,总里程为 17092.3 公里。参见台湾"中华民国史交通志编纂委员会"编:《中华民国史交通志》初稿,(台北)"国史馆"1991 年印行,第 76、80 页。

② 台湾省政府交通处公路局编:《台湾省公路交通概况》(1947 年 12 月),见中国第二历史档案馆编:《中华民国史档案资料汇编》第 5 辑第 3 编,财政经济(7),凤凰出版社 2000 年版,第 351 页。

枫港起,经台东、花莲、苏澳、宜兰达台北,与台北基隆线相接,称为东部干线,长513公里。中部横贯线起于西部干线的王田,经台中、草屯、埔里、富士至花莲初音,与东部干线相接,长192公里。名胜区域线列入省道的,有台北淡水线、士林草山北投线和集集日月潭埔里线,共约89.6公里。但整修进展不大。截至1949年9月底,完成拓宽路基11公里,铺修路基11公里,路线改善16.1公里,建筑混凝土路面14公里,铺设柏油路面6公里。① 另有几座桥梁的加固或新建工程。受财力制约,县乡道路仅有少量修修补补。

1946年8月台湾省公路局成立时,有车213辆。又陆续接收旧车、购入新车、租用车辆、各机构拨给车辆,车辆数有所增加。到1947年年底,公路局有车324辆,200辆完好;1949年年底,有车543辆,但仅余330辆可用。而整个台湾省所有的车辆,1946年为3800辆,1947年为4770辆,1948年为5537辆,1949年为8087辆。② 车辆零配件、燃料,大多由国外进口。

台湾干线公路运输,由省营垄断。光复之初,台湾行政长官公署交通处铁路管理委员会附设汽车处管理汽车运输,原日据时期的自动车区改称汽车区;汽车处和各汽车区也负责公路监理。1946年公路局成立后,汽车区改组为台北、台中、高雄、枋寮和花莲5个运务段,负责公路运输;各段之下,在重要城市设车站,人烟稠密的乡镇设代办站或招呼站。公路局内设监理处,局外则有办公处和监理站。

---

① 周一士:《中华公路史》下部,(台北)商务印书馆1984年版,第10—15页。

② 周一士:《中华公路史》下部,(台北)商务印书馆1984年版,第46页;中国第二历史档案馆编:《中华民国史档案资料汇编》第5辑第3编,财政经济(7),凤凰出版社2000年版,第354页。

公路局经营公路客运业务包括：普通班车（出售普通客票、联运票、学生月季票、优待票证）、直达车、对号快车、夜班车、游览车、特别快车、包车、市区公共汽车、交通车、客运附属业务（行李、包裹、邮件的运送，广告）。货运业务是在1949年之后开展起来的，至1950年9月因民营汽车货运发达而停办。自公路局成立以来的省营公路运输业绩，见表14-28。

表14-28　台湾公路局客货运输统计（1946—1949年）

项目 年份	客运业务				货运业务		
	营业里程（公里）	行车班次（次）	行驶里程（公里）	客运人数（人）	行驶里程（公里）	行车次数（次）	货运吨数（吨）
1946	2366.0	32165	144867.3	724336.4	—	—	—
1947	17097.5	356437	612385.3	7343624.0	—	—	—
1948	14577.3	422487	704566.9	8454803.9	—	—	—
1949	14239.7	425218	630046.2	8160554.1	425853.4	27023	38125

注：1946年客运数据为8—12月统计数；1949年货运数据为4—12月统计数。

资料来源：周一士：《中华公路史》下部，（台北）商务印书馆1984年版，第22—32页。

1947年年底，台湾公路局有职员1005人，技术工人662人（含司机276人），普通工人273人。车辆数逐年增加，资产确有增加，财务状况却不尽如人意。从1947年12月1日起提高票价，每人每公里为台币5.4元，但与实际成本10.07元相差甚大，每人每公里亏损4.67元。1947年年底，公路局营业收入台币8440万元，支出12739万元，亏损4299万元。①

台湾光复后，长途汽车客运业除由公路局接管6家扩充公营外，尚有12家日台合资株式会社均改组为公司，继续营运；另有台

① 中国第二历史档案馆编：《中华民国史档案资料汇编》第5辑第3编，财政经济（7），凤凰出版社2000年版，第352、366—368页。

资商车2家。据1946年5月统计,可用车辆174辆,待修车辆280辆,通车里程1465.52公里。① 货运业接收时有7家,均改组为股份有限公司,有车715辆。另有部分军车流落民间,变为自用车营业,随意揽载客货。公路局拟定《台湾省私有客货汽车营运管理办法》,1947年3月实施,规定私有运货汽车须参加原有货运公司作为特约车正式营运;或约集30辆以上货车,照公司法组织公司,否则取缔。到6月底,已组成公司13家,营业货车541辆。另有4家公司从事三轮汽车货运,有三轮汽车41辆。② 到同年年底,台湾民营汽车业已有14家客运公司,20家货运公司,40家汽车行,3家市区公共汽车,总共有汽车1707辆,驾驶员8530人,技工869人。③

第七节　解放战争时期国民党统治区的民用航空运输和邮政电信

8年全面抗战,中国航空事业损失巨大。抗战结束后,航空路线的中心,也随着政治经济中心的东移,由陪都重庆移至上海;国际航线也在逐渐恢复,空运量逐月回升,中国航空公司和中央航空公司营业也有盈利。抗战胜利后,邮电业也是在接收、复员、修复线路和设施之后,再图发展。但无论是航空运输,还是邮政电信,最后都陷入困境。

① 周一士:《中华公路史》下部,(台北)商务印书馆1984年版,第61—62页。

② 周一士:《中华公路史》下部,(台北)商务印书馆1984年版,第64—65页。

③ 中国第二历史档案馆编:《中华民国史档案资料汇编》第5辑第3编,财政经济(7),凤凰出版社2000年版,第364页。

一、民用航空运输

抗战胜利后，接收敌伪航空事业、组织复员、发展和扩大空运业务，依次展开。伪“中华航空公司”在上海有大型民用飞机 3 架及发动机 2 台，小型民用飞机 5 架，发报机 10 部，飞机零件 5 车，交通部设立京沪区航业整理委员会，进行接收，交中央航空公司使用。据 1945 年 9 月统计，伪“中华航空公司”共有 DC-3 运输机 43 架，其中 30 架完好。东北的“满洲航空株式会社”尚未正式接收。

1945 年 9 月至 1946 年 6 月期间，中航、央航两家航空公司空运复员人员 120336 人，行李 1857 吨，复员物资 9612 吨，邮件 782 吨。还承担了国民党政府的“还都”运输，1945 年 8 月至 1946 年 10 月期间，每月提供飞机约 15 架，由重庆经汉口到达南京，运送人员 110281 人，公物 4169 余吨。可见乘客大多为“还都”的军政人员。在“还都”运输中，还发生过空难事故。1946 年 3 月 19 日，中航一架飞机在由重庆飞往汉口途中失踪，机组人员和乘客 30 多人下落不明。①

原有飞机不敷应用，除了抽调原承担中印空运的飞机外，还大批购买美军在华剩余运输机，并接收敌伪飞机。中航在 1945 年 9 月前，自备飞机仅有 5 架，同年陆续增购 9 架，由租借法案而拨来 40 架，共计有飞机 54 架，但完好能用的飞机仅有 21 架。央航由银行贷款 40 万美元，从印度购买美军旧飞机 11 架。② 1946 年 4 月，购得美

① 中国第二历史档案馆编：《中华民国史档案资料汇编》第 5 辑第 3 编，财政经济（7），凤凰出版社 2000 年版，第 12、14、58、82—83、99—100 页。

② 中国第二历史档案馆编：《中华民国史档案资料汇编》第 5 辑第 3 编，财政经济（7），凤凰出版社 2000 年版，第 123 页。

军旧飞机7架;7月,再次购得美军旧飞机150架,修整后有27架可用。[①] 1947年,又先后从美国购得旧飞机6架、最新型飞机6架。

1946年3月,中航将基地迁回上海,逐渐恢复东南和沿海各条航线,并增辟新航线。央航也于1946年6月将总基地迁回上海。中苏航空公司经营航线2条,长2000公里,有办事处和航站6处,职员80余人。[②] 另外,1947年1月,交通部设民用航空局,以加强航空事业的管理。

为发展空运业,在抗战胜利后一年多的时间内,中航、央航两家公司先后开办多条航空线路,扩大空运业务。

中航自1945年9月起,先后开辟重庆—汉口—南京—上海、上海—南京—济南—北平、重庆—汉口—郑州—北平、上海—福州—厦门—广州—香港、重庆—广州—香港、上海—福州—台北、昆明—河内7条复员运输航线,以及重庆—芷江—柳州、重庆—西安航线。1946年,该公司陆续将从重庆始发的航线改由上海始发,并增加航班。如上海—南京—西安—兰州航线,取代原重庆—西安和重庆—兰州两条航线;上海至北平,有6条经停地点不同的航线;增加重庆—昆明—西昌、北平—归绥、北平—太原、上海—福州—厦门—台北、上海—南京—汉口—桂林—广州—香港、香港—广州—海口航线。1947年,公司新增北平—沈阳、上海—南京—郑州、上海—汉口—昆明航线。1948年,中航为适应国民党政府发动的内战的需要,增加上海、厦门、福州至台北和台南的航班,以及多地至香港的航班。到1948年,中航有员工4808

① 民航总局史志编辑部:《中国航空公司、欧亚—中央航空公司史料汇编》,民航总局史志编辑部1997年印本,第225页。

② 中国第二历史档案馆编:《中华民国史档案资料汇编》第5辑第3编,财政经济(7),凤凰出版社2000年版,第159—160页。

人，其中飞行人员 242 人，各类技术人员 1688 人，航站 42 个，电台 46 处，气象台 13 所，各型运输机 60 架，国内外航线 27 条，与 38 个城市通航，航线里程达 45886 公里，年运输旅客 41 万人次，货物 3326 吨，邮件 2041 吨。其机务维修设备，在远东地区名列前茅，飞机、发动机、无线电和飞行仪表，多能自行修理，还受托为美国西北航空公司、荷兰航空公司、法国航空公司、菲律宾航空公司、英国海外航空公司和暹罗太平洋航空公司检修过境飞机。①

央航开辟了上海—南京—汉口—重庆、上海—青岛—济南—北平、上海—广州—香港航线②，战时的惨淡状况开始有所改观。截至 1947 年 2 月，该公司有航线 10 条。③ 1948 年，该公司有飞机 42 架，员工 2764 人，经营 18 条航线，与国内外 47 个城市通航，运送旅客约 24 万人，货物 1.7 万吨，邮件 1237 吨。④

为发展国际航空，中国还先后与菲律宾、法国、美国等国签订临时通航办法或航空协定。两家航空公司也开辟多条国际航线。1946 年 7 月，中航开辟上海—汉口—昆明—八莫—加尔各答航线，取代原有的重庆—加尔各答航线；8 月 26 日开辟上海—厦门—香港—马尼拉航线；次年 10 月 6 日开辟上海—关岛—威克岛—中途岛—檀香山—旧金山航线。⑤ 1947 年 5 月，央航开辟了

---

① 民航总局史志编辑部：《中国航空公司、欧亚—中央航空公司史料汇编》，民航总局史志编辑部 1997 年印本，第 23—26 页。

② 民航总局史志编辑部：《中国航空公司、欧亚—中央航空公司史料汇编》，民航总局史志编辑部 1997 年印本，第 225 页。

③ 中国第二历史档案馆编：《中华民国史档案资料汇编》第 5 辑第 3 编，财政经济(7)，凤凰出版社 2000 年版，第 161—163 页。

④ 民航总局史志编辑部：《中国航空公司、欧亚—中央航空公司史料汇编》，民航总局史志编辑部 1997 年印本，第 228、297 页。

⑤ 民航总局史志编辑部：《中国航空公司、欧亚—中央航空公司史料汇编》，民航总局史志编辑部 1997 年印本，第 24—25 页。

上海经汕头、广州至曼谷航线。①

国民党政府发动内战后,两航也参与内战军事运输。国民党军连连败退,两航航线锐减,运输业务急剧萎缩。从1949年年初开始,中航将部分人员及眷属迁往广州和台南,部分机组人员和设备迁往香港。为满足国民党政府人员逃跑,该公司新开几条航线,以及香港—上海—东京和广州—西贡—雅加达两条国际航线。1949年5月上海解放,从上海始发的航线全部停航。同年10月,中航仅剩下梧州、桂林、柳州、南宁、贵阳、昆明、重庆、海口、台南、台北、香港以及仰光、加尔各答、檀香山、旧金山等通航地。公司的运输业务大部分转移至香港,在与东南亚国家的空运竞争中,仍有实力。央航通航地点也只剩下昆明、重庆、成都、海口。②

两航员工目睹国民党政府的腐败、没落,在中国共产党人鼓励、策动下,1949年11月9日在香港宣布起义,并带动国民党政府在香港及九龙的资源委员会、招商局和中国银行等27家单位相继起义。从1950年1—10月,两航有起义员工1717人及眷属2427人回到内地,运回航空设备和器材1万余件(箱)、汽油3600桶。但两航留在香港的71架飞机及其他资产,被国民党政府卖给美国人陈纳德和魏劳尔(又译韦乐尔),后又被转卖给美国民用航空运输有限公司。直到1987年中国与英国签订关于解决历史遗留的相互资产要求的协定,此问题终获解决。③

两航营业状况见表14-29。

---

① 民航总局史志编辑部:《中国航空公司、欧亚—中央航空公司史料汇编》,民航总局史志编辑部1997年印本,第308页。

② 民航总局史志编辑部:《中国航空公司、欧亚—中央航空公司史料汇编》,民航总局史志编辑部1997年印本,第27—28、229页。

③ 民航总局史志编辑部:《中国航空公司、欧亚—中央航空公司史料汇编》,民航总局史志编辑部1997年印本,第33—34页。

表 14-29　中国航空公司和中央航空公司营业统计(1946—1949 年)

项目 年份	航线里程(公里)	飞机(架)			飞行里程(万公里)			客运(人)			货运(吨)		
		中航	央航	总计	中航	央航	总计	中航	央航	总计	中航	央航	总计
1946	43390	50	34	84	906	313	1219	210366	48933	259299	10172.0	3544.0	13716.0
1947	78157*	47	27	74	946	—	—	173317	120229	293546	14503.8	13548.4	28052.2
1948	—	60	42	102	—	—	—	404961	236238	641199	33326.0	17390.5	50716.5
1949	—	51	42	93	—	—	—	202570	117907	320477	14667.0	11987.4	26654.4

项目 年份	邮运(吨)			中航			央航		
	中航	央航	总计	营业收入(万元)	营业支出(万元)	盈亏(万元)	营业收入(万元)	营业支出(万元)	盈亏(万元)
1946	1304.1	206.6	1510.7	3960000	3700000	260000	177.0	136.6	40.4
1947	2781.0	1497.2	4278.2	42828001	45314664	-2486663	3029.9	2746.4	283.5
1948	2041.0	1237.2	3278.2	—	—	—	100298.6	114346.1	-14047.5
1949	420.3	226.2	646.5	—	—	—	—	—	—

注:1. 货物包括行李。2. 1948—1949 年收支为金圆券。3. 中央航空公司 1948 年收支为 1—9 月统计数。4. 空白处为不详。

资料来源:国民党政府交通部统计处编:《中华民国三十五年交通部统计年报》,国民党政府交通部 1948 年印本,第 12、261 页;民航总局史志编辑部:《中国航空公司、欧亚—中央航空公司史料汇编》,民航总局史志编辑部 1997 年印本,第 114—142、297—315 页;中国第二历史档案馆编:《中华民国史档案资料汇编》第 5 辑第 3 编,财政经济(7),凤凰出版社 2000 年版,第 567、580 页。

另据统计,两航员工人数在1948年达到7572人,为历年最多,见表14-30。

表14-30 "两航"员工人数统计(1929—1949年)(单位:人)

公司\年份	1929	1930	1931	1932	1933	1934	1935	1937	1938	1939
中国航空	79	107	122	150	150	202	240	247	—	—
欧亚—中央航空			77	107	134	156	163	176	489	719
公司\年份	1940	1941	1942	1943	1944	1945	1946	1947	1948	1949
中国航空	—	—	532	1038	1426	1687	2052	3928	4808	3480
欧亚—中央航空	777	302	—	383	448	602	1731	2349	2764	1906

注:欧亚—中央航空公司1931—1937年和1941—1942年员工人数仅为职员人数,不包括职工人数;1949年员工人数为截至当年7月15日统计数。

资料来源:民航总局史志编辑部:《中国航空公司、欧亚—中央航空公司史料汇编》,民航总局史志编辑部1997年印本,第111—112、295—296页。

由于物价飞涨,营业收支已很难与以往年度比较。另外,营业收入中,包括不少免费运输。例如,1946年客运中,有4805人免费乘机,占旅客总数的1.9%;货运则有5297吨免费,竟占总数的43.2%;邮运也有8904公斤免费,为总数的1%。① 1948年,是两家航空公司发展的顶峰。员工人数、飞机拥有量、客货运输量均达两航成立以来的最高点。随着国民党政府的溃败,两航在大陆的营运也走向末路。

抗战胜利后,还有一家由原美军第十四航空队司令陈纳德将

① 根据1946年《乘客人数及货物邮件行李公斤数》计算。见国民党政府交通部统计处编:《中华民国三十五年交通部统计年报》,国民党政府交通部1948年印行,第260页。

军组建的航空公司,也即国民党政府交通部民用航空局直辖空运队。陈纳德先是在美国活动,得到一些美国商人的资助,回到中国后,又在联合国善后救济总署承揽中国善后救济物资的生意。1946年3月初,陈纳德与善后救济总署业务主任奥姆斯特德上校洽商将善后救济物资运往中国内地,10月25日,与国民党政府行政院善后救济总署(即“行总”)签订合同。合同规定,联合国善后救济总署拨给“行总”200万美元以购买飞机和设备,另提供180万美元外汇以供支付外籍人员工资和购买燃料及其他重要进口物品。1947年1月,“行总空运队”成立。资本额定为100万美元,每股1万美元,美方股东占75万美元,中国股东占25万美元。其中,美国股东为陈纳德、魏劳尔(曾为第十四航空队提供后勤服务,在联合国善后救济总署担任过对外经济管理署远东和特别地区处处长)和泰勒。中国股东有卷烟、面粉商人王源麟(又名王维新,曾为张学良秘书)、南京金城银行经理王文山(曾任交通部人事司司长)和上海金城银行总经理徐国懋(曾先后担任全国经济委员会委员、重庆金城银行经理)。王维新担任董事长,陈纳德担任总经理,副总经理是魏劳尔、陈广沅(曾任“行总”运输处长)。不过,美方股份是否缴足,无从得知,因为会计是美国人,账目也从未公开过。陈纳德先用中方股东的钱,由他个人出面,从美军剩余物资中低价购买了15架C-46和4架C-47运输机,再高价卖给航空队,所赚差价就成为他们的投资来源了。这样一家明明是中美私人合股的民用航空运输公司,却命名为“行总空运队”,这是借善后救济总署的旗号,便于注册。同时,公司业务范围最初限定于空运善后救济物资,由上海飞往指定地点,回程可运载亟待出口的物资,但不得招揽其他业务,不得载客。这也是为避免两航反对、便于注册的把戏。之后这些限制都被打破,空运甚至参与中国内战,走私美钞、黄金。空运队先在广州建立基地,后迁往上海在柳州、桂林、衡阳、南昌、汉口等地建立了气象台和无线电台。1947年1月31日,空运队正式飞行,从上海空运物资到广州。继而将“行总”物资从上海运往衡阳、昆明、柳州、兰州等地。在下半年内,空运队又为国民党政府从东北地区撤出7000名技术人员,还向被解放军围困的城市空投了1.2万吨以上的物资和货币。又抢运大批土特产到沿海地区供出口总值630多万美元。① 年底“行总”运输任务结束,空运队合同本应结束,但股东们又利用各种关系打通关节,成为交通部民用航空局直辖的“民航空运队”,1948年1月27日正式成立。

空运队最初有19架各型旧飞机,后又购进25架旧飞机以拆零件备用。1948年又从美国购进几架小客机。全队最初有员工100多人,最多时约650人,其中100人为美籍。空运队为国民党政府发动的内战提供了大力“协助”。在人民解放军即将发起渡江战役前夕,空运队将总基地迁往广州,不久迁往台湾,结束了在中国大陆的活动。②

成立于1939年的中苏航空公司,公司经理部设在新疆迪化,董事会设于阿拉木图。按协定,有效期10年。公司在哈密、迪化和伊宁设置航站,在精河、乌苏设无线电台,在阿拉木图、沙雷沃译设办事处。1946年时有飞机3架,但仅有1架可用;员工80余人,除公司协理和一名翻译,其他都是苏联籍

---

① 《当代中国民航事业》编辑部编:《近代中国民航史稿》,1987年版,第235—236页。

② 见[美]小威廉·M.利里:《龙之翼:中国航空公司和中国商业航空的发展》,徐克继译,科学技术文献出版社1990年版,第191—192页;徐国懋:《陈纳德所办的民用航空公司》,见中国人民政治协商会议全国委员会、文史资料研究委员会编:《文史资料选辑》第25辑,中华书局1962年版,第134—149页。

人。受 1944 年 8 月爆发的伊宁事变的影响,迪化至伊宁段停航已久,1946 年 8 月恢复,但营业已呈衰落之势。1946 年亏损 13 万美元,截至 1948 年年底共亏损 130 万美元。据统计 1946 年 8 月客运 215 人,货运 6.9 吨,邮运 2.6 吨,飞行 17 班次、102 小时、24604 公里。同时期中国航空公司每月飞行 6000 小时,该公司区区 102 小时相形见绌。① 中苏航空公司营业状况见表 14-31。

表 14-31 中苏航空公司营业状况统计(1946—1947 年)

项目 年份	飞行次数(次)	飞行时间(小时)	飞行里程(公里)	载客(人)	载货(吨)	邮件(吨)
1946	229	851	214448	3000	224531	35946
1947	221	720	184705	3240	243073	37130

资料来源:《中苏航空公司历年业务盈亏对照表》,中国第二历史档案馆藏交通部档案,参见杨斌:《1949 年中苏续订〈中苏航空合约〉述评》,《民国档案》2006 年第 3 期。

该公司自 1943 年 10 月召开第四次董事会以后,至 1948 年讨论是否续约,其间未再开会。合同将于 1949 年 9 月 9 日到期,对是否解约,国民党政府犹豫不决。按约定,合同期满前一年如不通知解约,则续约 5 年。国民党政府认为苏方历年未能遵守合同,导致损失巨大,但又不敢得罪苏联,担心苏联支持新疆地方武装,不利于新疆的稳定,最终还是决定续约 5 年。1949 年 5 月 31 日,国民党政府交通部与苏联民航总管理局签订《延长合办中苏航空公

① 中国第二历史档案馆编:《中华民国史档案资料汇编》第 5 辑第 3 编,财政经济(7),凤凰出版社 2000 年版,第 685—686、732 页。

司(哈阿线)协定》。① 但很快,国民党政府败退台湾,该协定亦成废纸。1950年2月,中华人民共和国政府与苏联签订《中苏友好同盟互助条约》,同年3月,又签订《中苏民用航空股份公司协定》,中苏航空的合作翻开新的一页。

另一家昙花一现的航空公司,是有三青团背景的大华航空公司。其前身为西北航空服务公司。抗战后期,一些富商认为中国西北地域辽阔,但交通不便,办理民用航空有利可图。从1943年3月开始集资筹备,1945年8月通过关系在重庆社会局登记。后在交通部备案,10月19日又领到经济部颁发的营业执照,成立大华航空公司。董事长为刘攻芸,董事多为三青团成员。总经理为李景枞,吴世昌担任副总经理,掌握实权。中国农民银行、中央信托局和邮政总局资助了少量资金。不料,10月30日,行政院下令吊销其执照,禁止各地民用机场允许其停机。公司股东们不服,设法挽回,吴世昌等人有三青团和一些国民党高级官员(如孔祥熙)的支持,并未交出公司营业执照,也未解散公司,而是四处活动。交通部表示准许飞行。行政院则主张把订购的飞机转卖给中国航空公司。大华航空公司向行政院提起行政诉讼,却未见下文。1946年5月,吴世昌又拉到孔广晓、徐继庄入股。此二人合伙做美军剩余物资生意发了横财。通过关系购得老旧的C-47型飞机5架,人员扩大到200多人。孔广晓出资17万—18万美元,担任董事长,吴世昌任总经理。1946年7月15日,大华航空公司开通上海经广州至香港、上海经汉口至重庆两条航线。但公司不能以大华航空公司名义经营,经交通部协助与中央航空公司签订合同,

① 中国第二历史档案馆编:《中华民国史档案资料汇编》第5辑第3编,财政经济(7),凤凰出版社2000年版,第741—742页;王铁崖编:《中外旧约章汇编》第三册,生活·读书·新知三联书店1962年版,第1659—1660页。

把5架飞机委托给央航代为经营和养护,公司自雇飞行员,自揽客货。但合同不久就被撤销。公司仍暗中经营,但遭交通部强令禁止,被迫彻底停业。①

二、邮政电信

1945年8月20日,国民党政府交通部邮政总局发出训令,颁发《收复沦陷区邮政紧急措施办法》等四个文件②,并按"收复区"(关内各地)、"光复区"(东三省、台湾)分别进行接收;将北平、南京、东三省、台湾伪邮政总局改为交通部邮政总局驻该地办事处;原沦陷区各省邮政管理局在未接到重庆邮政总局命令之前,暂由各该地办事处指挥监督。接收后的各邮政管理局局长和帮办均从后方邮政人员中选派,分别随同政府接收大员前往接管。对于日本籍邮政人员,除主管以外,所有中下级人员均暂时留用。各地邮务被接收以后,立即在原沦陷区恢复邮路,沟通与后方的邮递,利用与后方往来的航空、铁路、轮船和公路运输,保持邮路畅通,恢复邮务,图谋发展。

邮电接收过程中,各路人马你争我夺。南京电话原有4500号,实际能用的不足3500号,但国民党政府党政军机关对电话的需求量颇大,邮电部门除了拆用原日伪机关电话外,竟拆除商用、

① 《当代中国民航事业》编辑部编:《近代中国民航史稿》,1987年版,第245—247页;民航华东地区史志编纂办公室编,王世敏主编:《上海民用航空志》,上海社会科学院出版社2000年版,第912—914页。

② 仇润喜主编:《天津邮政史料》第4辑,北京航空航天大学出版社1992年版,第64—65页。

住户电话,重新分配。① 接收部队甚至毁坏南昌电报局的无线电台。安徽、山西、上海、苏州地方政府与交通部为市内电话的所有权争吵不休;交通部与敌伪产业处理局之间为电话机件、小交换机的所有权亦争夺不休。②

因国民党发动内战,华北、苏北邮政陷入停顿或状况不明境地。③ 如北平邮区内的局所,1946 年被解放区军民占据 50 多处,多处邮路中断,包裹业务陷入清淡。④ 电信也受到影响。不少长途电话线路被中共军民破坏,如 1945 年 9 月京(南京)沪线电线杆被砍掉 270 根;津浦路宿州一带报话木杆也被砍掉。⑤

东北地区的电信接收,因苏军占领遇到困难。1945 年 11 月 14 日,接收人员与苏军通信官员签订备忘录,接收伪满“电电会社”,但国民党军迟迟未到,通信仍处于苏军控制之下,只好仍派伪满“电电会社”部分原负责人维持。⑥ 对原伪满邮政总局予以撤销,设邮政总局驻长春办事处就近管理。⑦

① 中国第二历史档案馆编:《中华民国史档案资料汇编》第 5 辑第 3 编,财政经济(7),凤凰出版社 2000 年版,第 11 页。

② 邮电史编辑室编:《中国近代邮电史》,人民邮电出版社 1984 年版,第 204 页。

③ 中国第二历史档案馆编:《中华民国史档案资料汇编》第 5 辑第 3 编,财政经济(7),凤凰出版社 2000 年版,第 77 页。

④ 北京市邮政局史志办公室编:《北京邮政史料》,北京燕山出版社 1988 年版,第 219 页。

⑤ 中国第二历史档案馆编:《中华民国史档案资料汇编》第 5 辑第 3 编,财政经济(7),凤凰出版社 2000 年版,第 11 页。

⑥ 中国第二历史档案馆编:《中华民国史档案资料汇编》第 5 辑第 3 编,财政经济(7),凤凰出版社 2000 年版,第 25 页。

⑦ 中国第二历史档案馆编:《中华民国史档案资料汇编》第 5 辑第 3 编,财政经济(7),凤凰出版社 2000 年版,第 128 页。

为沟通收复区邮运,邮政部门增开长江南北两条邮政汽车路线,一条自重庆、贵阳、晃县、衡阳、吉安、宁都、上饶至诸暨,一条为重庆、成都、宝鸡、潼关达洛阳,与陇海铁路东段相接。此外,又恢复贵阳、柳州、宾阳至贵县的汽车邮路,并与西江水路联运。

此外,还努力恢复国际邮运。至 1946 年 6 月,与英美两国轮船公司暂订带运邮件运费率,并商订正式合同。所有经由中苏、中印邮路的苏联、印度、美国、英国、加拿大、澳大利亚、新西兰、瑞士等国邮运,均取道海运,且与中国香港、马来西亚和欧美多地恢复邮运,并指定上海、广州两地互换国际包裹。①

收复区的邮政汇兑业务,也在增设分局和办事处,以求普遍发展。②

1946 年夏,国民党发动全面内战,各类交通忙乱不堪,邮政业务也大受影响。例如,原来南京到上海的邮件,一日即可到达,现在平信需 3—4 天,挂号信需 6—7 天,引起国内外用户严重不满。时任交通部部长俞大维也不得不承认,“整个国家机构都陷入支离破碎的境地,尤其是交通部所属邮、电、路、航四个部门,简直糟不可言”。为了让外国人对中国邮政“刮目相看,提高中国人的信誉和中国的国际地位”,方便今后借外债,俞大维决定推行“改良邮政”,挽救颓势。③

1947 年年初,邮政总局召集北平、河北、广东、湖北、陕西 5 个邮区的局长或帮办举行邮政业务检讨会议,确定改良邮政的三项

① 中国第二历史档案馆编:《中华民国史档案资料汇编》第 5 辑第 3 编,财政经济(7),凤凰出版社 2000 年版,第 77—78 页。

② 中国第二历史档案馆编:《中华民国史档案资料汇编》第 5 辑第 3 编,财政经济(7),凤凰出版社 2000 年版,第 77—78 页。

③ 中国人民政治协商会议全国委员会、文史资料研究委员会编:《文史资料选辑》第 65 辑(内部发行),中华书局 1979 年版,第 180—181 页。

任务:加速邮递、邮运稳妥、服务周到。

第一,加快邮件递送速度。为使邮件不因交通混乱而延迟递送时间,邮局无限制地收寄航空邮件;即使未纳航空邮资的邮件,也经常利用飞机的空余吨位带运。这样,不但全国飞机经过的地区,通信非常便利,就是若干飞机所不停落的地区,也因飞机带运至附近地区而使投递时间大为缩短。俞大维制定"航空运输,邮件第一"的原则,指定北平等邮局为航空邮件中心局,主要由中国航空公司和中央航空公司带运航空邮件。据统计,两航载运邮件,由 1946 年的 1511 吨,猛增至 1947 年的 4278 吨,1948 年也有 3278 吨。[①] 全面抗战前的 1937 年,北平至南京的邮运需要 3—5 天,现在缩短至 1—2 天;北平至新疆迪化的邮运时间,也从 29—32 天缩短至 4—10 天。[②]

扩充邮政汽车线路,也是加速邮递的方法。计有上饶、南昌、长沙之线,赣县、衡阳、桂林之线,兰州、酒泉、哈密、迪化之线等。此外,还设立火车行动邮局,先后在京沪、沪杭、津浦、平汉等路施行。办法是,邮件在火车行驶时,按照到达地的投递地点(如上海东区、西区等),先行分类拣好,火车一到,卸下邮件,当地邮局即可立即出班投递。加速都市邮件投递,包括"赶班邮筒"、投递地区编号,使本市寄信当天递到等。

第二,采取便利民众的措施。具体有:创立汽车行动邮局,以便利工厂工人、学校学生等(当时国内到处闹房荒,无法在大城市里多设支局,因而代之以行动邮局);设立示范邮局;增设新式邮亭;试办通宵邮局。

第三,改善服务态度。具体有:悬挂值班人员姓名牌;通令各局人员,态度绝对要谦和;经常召开营业人员座谈会,促进提高服

① 参见表 14-29《中国航空公司和中央航空公司营业统计》。

② 马骏昌等:《北京邮史》,北京出版社 1987 年版,第 175 页。

务质量。①

上述措施对加速邮件传递，改善邮政服务，有一定作用。但这些措施一部分只在上海和几个大都市推行，还没有推及内地、深入乡村。所以在城市邮政有所改善以后，邮政当局也曾把改进乡村邮政列为今后的中心工作之一，并在 1947 年 7 月 24 日交通部检讨会时，提出了改进乡村邮政方案，制订了三年计划，并在无锡、宁波进行试验，由邮局直接投递邮件，不再留局待取。②

改良邮政，还包括国共通邮问题。国共通邮，早在第二次国内战争（“土地革命”）时期即已开始。1929 年，中国工农红军第四军进入福建，为方便民众通信，军长朱德、政治委员毛泽东亲自签发“保护邮局照常转递”命令。1932 年《中华苏维埃邮政总局暂行章程》中特别规定，对中华邮政加以保护，对国民党统治区发来的邮件，代收代投，并代售中华邮政邮票。全面抗战时期，中国共产党提出国共之间正常通邮，国民党政府中的许多有识之士也积极响应。当时中华邮政在西北地区设置了第三军邮视察段，下设视察分段和军邮局，派驻邮政人员开展业务。仅在晋察冀边区，就建立邮局、代办处、信柜等机构近五百处，邮路上千公里，直通大后方、陕甘宁边区和华北各地。而致力于国共通邮的第三军邮总视察林卓午，在驻西安期间常与八路军驻西安办事处会商通邮事宜，1940 年 9 月 5 日获周恩来同志接见和“传邮万里，国脉所系”的亲笔题词。但国民党政府西安当局一再阻挠正常通邮，使许多在敌后抗日根据地工作的中华邮政员工不仅不能正常开展业务，甚至

---

①　霍锡祥：《回忆国民党时期的邮政》，见中国人民政治协商会议全国委员会、文史资料研究委员会编：《文史资料选辑》第 65 辑（内部发行），中华书局 1979 年版，第 181—182 页。

②　中国第二历史档案馆编：《中华民国史档案资料汇编》第 5 辑第 3 编，财政经济（7），凤凰出版社 2000 年版，第 183 页。

连生活都难以维持。不得已,林卓午于1941年年底奔赴延安,面见毛泽东主席及其他中共领导人,提出保护邮路畅通、帮助解决经费困难、安定邮政员工生活等项要求,均获中共允诺,顺利达成后方通邮协议。1942年1月14日,第十八集团军("八路军")总部发布通令,命令各地中共军政机关切实执行。[①]

抗战胜利后,根据1946年1月10日国共双方签订的停战协议中关于"恢复交通"的规定,国共双方代表就通邮问题在北京"军事调处部"(以下简称"军调部")进行谈判。国民党当局不承认解放区邮政,因此谈判没有结果。但在谈判期间,有些地区已实行通邮。如1946年解放区山东邮政管理局发布与国民党统治区通邮的命令,军调部集宁小组也达成八路军绥蒙区与国民党第12战区之间的通邮协议。对于国共两区通邮,国民党政府设置障碍,把从解放区寄往国民党统治区的信件涂销邮票,作欠资处理,加倍收款;在华北一些地方,针对来自解放区的邮件,"暂不按欠资例加倍罚款",而是涂销解放区发行的邮票,向收件人补收资费,粘贴中华邮政邮票。[②] 不过,这时的国共通邮,仅限于平常商民邮件,国民党当局还是蛮横无理地要求撤销解放区邮政机构。[③]

---

① 第十八集团军关于邮务问题通令,见成安玉主编:《华北解放区交通邮政史料汇编》,人民邮电出版社1993年版,第75页。成安玉曾任晋察冀边区邮政管理局局长。

② 1946年3月19日河北邮政管理局局长王良骏签发的密通令第25号,见仇润喜主编:《天津邮政史料》第4辑,北京航空航天大学出版社1992年版,第76页。当时解放区发行多种邮票,如骑马战士图(抗战胜利纪念邮票)、毛泽东像邮票、朱德像邮票、鹰球图邮票。见仇润喜主编:《天津邮政史料》第4辑,北京航空航天大学出版社1992年版,第133页。

③ 1946年4月4日河北邮政管理局局长王良骏签发的密通令第31号,见仇润喜主编:《天津邮政史料》第4辑,北京航空航天大学出版社1992年版,第79页。

当时,解放区邮局对待国民党统治区的邮务,都是主动通邮;对来自国民党统治区的邮件,“一向本着为人民服务的精神,准确转送,而无任何偏见”①。为保障人民通信自由,要求国民党当局承认解放区邮局和邮票,贴有解放区邮票的邮件不得按欠资论,实现国共通邮。国民党政府交通部邮政总局不得不规定,“对贴足共党邮票之信件,仅将其邮票涂销,不再向收件人补收邮资”。②这样,在内战全面爆发前后的一段时间内,国共之间的通邮局面得以暂时维持。但双方军事冲突未断,通邮经常受阻。例如,1946年5月10日人民军队进驻河北泊头镇,当地积压大量邮件,国民党邮政部门派员前往河间解放区冀中邮政局,商洽邮件运转办法,部分邮件得以转运,但也有部分邮件因军事冲突而终止。③ 国民党邮政当局对来自解放区邮件的所谓“补收欠资”问题,也是反复无常,导致双方停邮。中共方面多次抗议,国民党当局迫于压力,暂时放弃补收欠资,承认中共邮政组织,双方恢复通邮。④ 如此反反复复,严重影响民众通信。到1947年,内战加剧,双方通邮更加困难。如华北中共邮政组织鉴于国民党当局对解放区邮件随意检查、扣留,勒索收件人,殴打交通员,破坏邮路,且敌特利用通邮进

① 1946年4月5日晋察冀边区冀东邮政管理局公函,见仇润喜主编:《天津邮政史料》第4辑,北京航空航天大学出版社1992年版,第84页。

② 1946年5月21日河北邮政管理局致北平邮政管理局密代电内字第10号,见仇润喜主编:《天津邮政史料》第4辑,北京航空航天大学出版社1992年版,第81—82页。

③ 1946年6月3日河北邮政管理局局长王良骏呈邮政总局局长文,见仇润喜主编:《天津邮政史料》第4辑,北京航空航天大学出版社1992年版,第104—109页。

④ 1946年6月8日晋察冀边区冀东区邮政管理局令,见仇润喜主编:《天津邮政史料》第4辑,北京航空航天大学出版社1992年版,第111—113页。

行特务侦查,决定暂时与国民党统治区停止通邮。① 国民党政府交通部邮政总局也密令停止与解放区通邮。②

随着解放区日渐扩大,国民党统治区日益缩小,国民党统治区人民对于当局封锁交通、禁止通邮也越来越不满,纷纷写信谴责。上海和重庆的《大公报》都曾经为此发表评论,反对国民党封锁交通,呼吁国共两区正常通邮。1948 年邮政总局副局长霍锡祥出席国际邮联理事会会议时,被外国同行和社会知名人士质疑,为什么中国战争时期,战区邮运往来不绝,今天却对"农民起义"的地区重重封锁,断绝邮运?霍回国后,多次建议交通部部长俞大维与中共解放区通邮,以增加收入,安慰民心。③ 1949 年 2 月 17 日,国民党政府决定准予试办国共通邮。④ 同年 2 月,跟随"上海人民和平代表团"赴北京的颜惠庆、邵力子向中共方面洽询通邮一事,获得中共领导人的允诺。3 月 5 日,毛泽东主席在中共七届二中全会上的报告中说,"南北通航通邮业已开始"。3 月 9 日,解放区华北邮电总局(1948 年 8 月 10 日成立于天津)发布"与蒋管区通邮暂行办法",倡导国共两区正常通邮,并指定北平、天津、秦皇岛三处为双方交换邮件地点。而上海等地待发解放区的邮件越积越多,

① 1947 年 4 月 8 日冀中邮政分局局长宋德仁关于与"顽区"停止通邮的指示,见仇润喜主编:《天津邮政史料》第 4 辑,北京航空航天大学出版社 1992 年版,第 119—120 页。

② 1947 年 11 月 3 日邮政总局局长谷春藩密训令,见仇润喜主编:《天津邮政史料》第 4 辑,北京航空航天大学出版社 1992 年版,第 122 页。

③ 霍锡祥:《回忆国民党时期的邮政》,见中国人民政治协商会议全国委员会、文史资料研究委员会编:《文史资料选辑》第 65 辑(内部发行),中华书局 1979 年版,第 183 页。

④ 1947 年 2 月 17 日交通部关于行政院准予试办国共通邮训令,见中国第二历史档案馆编:《中华民国史档案资料汇编》第 5 辑第 3 编,财政经济(7),凤凰出版社 2000 年版,第 258 页。

民众十分不满。无奈,国民党政府交通部于 1949 年 3 月 15 日指令邮政总局,准派通邮代表团赴北平接洽全面通邮事项。① 双方谈判进展顺利,于 4 月 27 日正式签署全面正常通邮协议。② 但就在同一天,逃到广州的国民党政府行政院却决定停止国共通邮(包括通电信、汇兑)。交通部则认为,“国共通邮,似与军事关系较少,为便利人民通信起见,拟仍予继续办理,唯须经当地军警机关加以检查”,通电、通汇则停止。参加通邮谈判的国民党邮政总局代局长沈养义等人也颇为不满,认为“战区扩大,民众流离转徙,苦不堪言。为收拾人心及解民痛苦,通邮之需要,更为迫切”,加之“中共区内,外国籍人士仍有居留,其渴望通信,至殷至切。如一体停顿,不仅影响中共区人民对中央之向心力,且使友邦人士蒙受不便”,建议重加考虑通邮问题。③ 但国民党政府坚持断绝通邮。沈养义等人密令各地邮政员工,解放军所到之处,不必撤退。后来,随着形势的发展,各地中华邮政局所,先后均被接管,所有中华邮政职工均原薪留用,南北通邮问题迎刃而解。

在推行“改良邮政”的同时,交通部电信总局利用接收来的电信设备,以及美军剩余物资,在大城市内恢复并开办多种业务,主要有:特快电报,不逾 8 小时送到;特快长途电话(限叫号电话),限 10 分钟内接通;简便电报(即迟缓电报),24 小时译送;代传长途电话,限 2 小时内传到。还开办交际电报、乡村书信电报(无电

① 中国第二历史档案馆编:《中华民国史档案资料汇编》第 5 辑第 3 编,财政经济(7),凤凰出版社 2000 年版,第 259 页。

② 华北邮电总局与上海邮政总局通邮协议,见中国第二历史档案馆编:《中华民国史档案资料汇编》第 5 辑第 3 编,财政经济(7),凤凰出版社 2000 年版,第 276 页。

③ 中国第二历史档案馆编:《中华民国史档案资料汇编》第 5 辑第 3 编,财政经济(7),凤凰出版社 2000 年版,第 282—284 页。

信局处的发报人将报底连同相当报费的邮票贴在信中寄附近电局拍发)、夜信电报、减价夜间电话、电话收发电报、电话通知收取去报、旅行电报,等等。同时,对若干专业需要的电报如粮价重要资料电报、水位电报、赈务电报、气象电报、雨量电报等,也实行收取半费的优待办法。实行了这些措施后,电信业务有所发展。如军政电报由 1937 年 6 月的 1478 万字,减至 1947 年 4 月的 1049 万字,而私务电报则由 495 万字猛增至 3101 万字,国际电报也由 79.7 万字增至 168.5 万字。[①] 1947 年长途电话线路比 1937 年 6 月约增 1 倍,载波电话机约增 30 倍,各种电报快机约增 3 倍,无线电机约增 5 倍。长途电话业务比 1937 年 6 月增加了 5 倍;国际电报已通 32 路,跃居世界第 4 位,可与英美直接通话。特快电报以前需 8 小时,现仅需 1 个半小时。寻常电报以前不限时,现在至多 8 小时可到。[②]

截至 1947 年年底,国民党统治区有电信局所 1609 处,电报线条 10.2 万公里,长途电话线 9.7 万公里,长途电话通话 1086 万次(首次)和 724 万次(加次),国内电报去报次数 1818 万次、字数 48371 万字,国际无线电报来报、去报分别有 83 万次和 72 万次,字数分别达到 2464 万字和 1954 万字。[③]

随着国民党军队的溃败,国民党统治区不断缩小,电信规模、业务也都大幅缩减。据 1949 年 6 月统计,电信业务数字 4 月份比 1 月份减少 2/3,商用报话锐减 1/2;国际通信业务只及以前的一

① 邮电史编辑室编:《中国近代邮电史》,人民邮电出版社 1984 年版,第 208 页。

② 中国第二历史档案馆编:《中华民国史档案资料汇编》第 5 辑第 3 编,财政经济(7),凤凰出版社 2000 年版,第 182—183 页。

③ 中国第二历史档案馆编:《中华民国史档案资料汇编》第 5 辑第 3 编,财政经济(7),凤凰出版社 2000 年版,第 195—196 页。

半;电信员工人数也从复员之初的 47900 余人,减至 25100 余人,几乎减少一半。每月收入按银元计为 79.5 万元,支出多达 155 万元,月亏 75.5 万元。[①] 随着国民党政权在大陆的垮台,电信业也回到人民手中。

第八节　解放战争时期国民党统治区的轮船航运业

抗战胜利后,近代中国轮船航运业迎来了一段前所未有的新时期。这期间发生的大事件主要有:首先是国民党政府对敌伪船只的接收,在此接收中,获利最大的是国营的轮船招商局。其次是国民党政府为牢固地掌握水上交通运输,在战争期间和战后利用美援和借款购买了一批美国淘汰的轮船。最后是在战后的发展中,航运政策集中支持国家资本企业尤其是轮船招商局,对抗战中立下功劳的企业如民生公司等企业却采取排斥限制的方针,致使此期的民营航运企业难以得到正常发展。

一、抗战胜利后对日本和汪伪政权轮船和产业的接收

1945 年 8 月,国民党政府通知日方,长江一带所有船只集中沙市、宜昌,沿海一带船只集中上海听候接收。招商局于 8 月 25 日拟定《接收敌伪船只办法》12 条,规定:(1)敌伪所有商船,一律由交通部派员配合各地负责接收的军事机关,相互协商管理;

① 中国第二历史档案馆编:《中华民国史档案资料汇编》第 5 辑第 3 编,财政经济(7),凤凰出版社 2000 年版,第 226—227 页。

(2)交通部接收的敌伪船只,暂交招商局负责营运;(3)长江敌船集中沙市、宜昌或上海,沿海敌船集中广州、上海、烟台或威海卫,听候接收;(4)招商局往各轮派出接管人员,其人数视船舶吨位大小而定。此外,对具体接收程序和要求也作出了一系列规定。①

此后,招商局开始参与接收敌伪船只。1945 年接收的敌伪船舶合计 1335 只,129511 吨。1946 年继续接收,截至 1946 年 7 月止,累计接收敌伪船舶 2158 只,239141 吨。招商局接收敌伪船舶的具体情况见表 14-32。

表 14-32　招商局接收敌伪船舶概况表

船舶类别	1945 年 9 月—12 月 12 日		1945 年 9 月—1946 年 7 月	
	数量(只)	吨位数(吨)	数量(只)	吨位数(吨)
海轮	3	1095	10	18685
江轮	32	32759	31	42251
拖轮小轮	260	9167	431	22135
机帆船	135	9229	235	19039
铁驳	307	60867	368	101947
木驳	317	13602	698	26971
杂项特种船只	281	2792	385	8113
总计	1335	129511	2158	239141

资料来源:1. 招商局档案:《国营招商局接收敌伪船舶报告》,1945 年 12 月 21 日。
2. 招商局档案:《国营招商局经手接收敌伪船舶统计》,1946 年 8 月 28 日。

招商局接收的敌伪船舶均归其统一处理,招商局除将之部分

① 招商局档案:《接收敌伪船只办法》,见张后铨主编:《招商局史(近代部分)》,人民交通出版社 1988 年版,第 510 页。

留局自用外,或发还原主,或标价出卖,或拨交其他机关,或租予其他航运公司使用。截至 1947 年 8 月底,招商局留用的船舶共 332 只,74000 吨。①

除接收和留用了大量的敌伪船舶外,在国民政府的具体部署和指挥下,战后招商局还接收了一批造船厂、码头、仓库和地产等,使得此期招商局的局产实力迅速膨胀。招商局接收和留用的四大船舶修造厂的概况见表 14-33。

表 14-33　招商局接收和留用的四大船舶修造厂概况(1946 年 10 月)

接收时厂名	内河轮船造船厂	中央造船所	东亚海运会社黄埔造船所	天津驳船大沽东修船厂
改名	招商局上海第一船舶修理所	招商局上海第二船舶修理所	招商局上海第三船舶修理所	招商局天津分局大沽修船厂
地点	上海闸北光复路	上海南市机厂街	上海浦东秦同码头	大沽小码头
负责人	吴延明	王志涛	陈绍焕	未详
修造船舶能力	大小船舶均能修理,但缺少船坞设备,船舶不能进坞,最高造船能力为 100 吨	可修三四千吨巨轮,但无船坞设备,仅能造三四百吨小船	无船坞设备,除较大船壳不能修理外,其他各种船只均能修理	可修 800 吨左右的轮船,可造 800 吨左右的驳船
员工人数	职员 15 人,工人 142 人,临时工 48 人,总计 205 人	职员 24 人,工人 168 人,临时工 151 人,总计 343 人	职员 16 人,工人 224 人,临时工 230 人,总计 470 人	职员 14 人,工人 187 人,总计 201 人

① 徐学禹:《国营招商局之成长与发展》,见国营招商局编:《国营招商局七十五周年纪念刊》,1947 年 12 月印本,第 11 页。

续表

接收时厂名	内河轮船造船厂	中央造船所	东亚海运会社黄埔造船所	天津舿船大沽东修船厂
接收后所修船只等	修理大小船舶102 艘,码头 6 座,吊车 3 座	修理大小船舶329 艘	修理大小船舶147 艘	大修拖轮、驳船47 艘,小修拖轮、驳船 425 艘

资料来源:招商局档案:《招商局船舶修造厂现况调查表》(1946 年 10 月 31 日)及其他有关资料。见张后铨主编:《招商局史(近代部分)》,人民交通出版社 1988 年版,第 515 页。

抗战时期,日伪在沦陷区设立各种航运机构,抢占和新设的码头仓库等设备为数甚多,战后先由交通部各区航业接收委员会接收,后移交于航业整理委员会,再由航业整理委员会转交给招商局接管。[①] 仅在上海一地就接收了东亚海运、三菱洋行等码头四座,仓库 34 座。[②] 到 1947 年 8 月底,招商局总分各局的码头仓库等实力都大大增强,见表 14-34。

表 14-34　国营招商局码头仓库概况(1947 年 8 月 31 日)

项目/地点	码头			仓库		
	数量(座)	长度(英尺)	最浅水位(英尺)	数量(座)	容积(立方尺)	容量(吨)
上海	9	10447	14.0	109	26854589	671361
镇江	6	2213	15.0	21	1171485	26787
南京	5	1653	10.0	5	266000	6700
芜湖	7	2649	8.5	8	1640333	41006
安庆	7	2186	7.0	4	236000	5900

① 国营招商局:《国营招商局产业总录》,1947 年 5 月印本,第 231 页。

② 国营招商局:《国营招商局产业总录》,1947 年 5 月印本,第 235—236 页。

续表

项目 / 地点	码头			仓库		
	数量（座）	长度（英尺）	最浅水位（英尺）	数量（座）	容积（立方尺）	容量（吨）
九江	4	2744	15.0	3	485105	12128
汉口	4	634	12.0	9	1060000	26500
长沙	1	103	4.0	1	28000	700
沙市	2	71	20.5	8	2043507	51087
宜昌	1	200	15.0	11	705847	17647
重庆	2	287	4.9	2	15200	380
镇海	1	317	13.0	1	71280	1782
宁波	1	197	15.0	4	188073	4700
温州	1	296	17.0	3	211580	5289
福州	1	129	8.0	3	192652	4816
厦门	—	—	—	1	76160	1904
汕头	1	225	6.6	24	1133094	28327
香港	2	461	8.0	8	430080	10752
广州	1	410	12.0	7	5064000	126600
海州	2	1600	24.0	1	46657	1166
天津	7	2170	12.0	24	1574000	39350
塘沽	2	880	11.0	—	—	—
营口	1	600	20.0	2	262960	6574

注：原表单位是英尺和立方尺。一米大约相当于 3.280839 英尺，一立方米相当于 35.3147 立方尺。

资料来源：国营招商局编：《国营招商局七十五周年纪念刊》，1947 年 12 月印本，“统计图表 · 仓库概况”。

除码头仓库外，招商局接收的敌伪产业中还有大量地产房屋。1945 年 9 月，招商局在上海接收日本东亚海运株式会社、大连汽船株式会社、日本邮船株式会社和上海运输会社等日本公司的房产就包括广东路二十号的六层钢骨水泥大厦一座，黄陆路三十七号砖造三层公寓式房屋一座,南市老太平街二层楼房八栋,南市大码头街三层楼房八栋,四川路一百一十号大连汽船株式会社租用普益地产公司大厦底层全部,外滩三十一号三层砖造建筑一座和北苏州路北河南路处河滨大楼底层。截至1946年年底,招商局在上海和各地分局接收的房地产处所共123处,价值9240731562元。①

1947年2月时招商局接收的上海及各地敌伪产业房地产概况见表14-35。

表14-35 招商局接收上海及各地敌伪产业房地产概况(1947年2月)

所在地＼项目	面积(亩)	地产价值(元)	房产价值(元)	总计价值(元)
上海	886.9125	13505264650	11443091271	24948355921
镇江	46.1550	289066800	942000000	1231066800
南京	5.6500	79020980	1745280300	1824301280
安庆	1.1130	5000000	—	5000000
芜湖	32.4720	57278440	680350000	737628440
九江	127.5824	665550600	2505010000	3170560600
汉口	54.4143	1577603220	900000000	2477603220
沙市	11.7450	40000000	77700000	117700000
宜昌	21.7890	111123900	267618410	378742310
重庆	4.1720	20000000	150000	20150000
长沙	5.4500	12000000	7300000	19300000
湘潭	2.2420	20500000	40120000	60620000
宁波	7.5650	129063120	412600000	541663020
镇海	13.9796	3569260	319000000	322569260

① 国营招商局:《国营招商局产业总录》,1947年5月印本,第233—235、232页。

续表

项目 所在地	面积 （亩）	地产价值 （元）	房产价值 （元）	总计价值 （元）
杭州	9. 7610	6050000	—	6050000
海州	—	—	300000	300000
温州	4. 3880	650000	29787990	30437990
福州	38. 6120	38000000	93000000	131000000
汕头	60. 3723	272641750	564550000	837191570
广州	34. 3320	49274000	368740505	418014505
香港	3. 4440	4330400000	463200000	4793600000
梧州	35. 9630	54335660	—	54335660
烟台	1. 6940	463080	—	463080
通州	8. 5720	10286400	—	10286400
营口	15. 0120	50000000	—	50000000
大沽	2350. 5300	188042400	—	188042400
塘沽	437. 5900	381262000	8100000	389362000
天津	81. 6150	2285207284	2285542370	4570749654
北戴河	101.5570	40622800	—	40622800
总计	4404. 6841	24222276344	23153440846	47375717190

资料来源：国营招商局：《国营招商局产业总录》，1947 年 5 月印本，第 227—228 页。

此后，招商局的房地产仍然在增加，到 1948 年 9 月时，地产面积已经从 4404 余亩增加到 5145 余亩，价值 28184 余万元金圆券了。①

① 招商局 1948 年的地产和价值数字见张后铨主编：《招商局史（近代部分）》，人民交通出版社 1988 年版，第 528 页。

二、寻求美援和购船活动

从1939年至第二次世界大战结束,为补充被德国击沉的轮船,满足本国和盟国战时海上运输的需要,美国共建造了5777艘船只,货运量高达5630万吨,约占世界总量的60%。① 第二次世界大战结束后,1946年美国第79届国会第二次会议通过了第321号公法,即《1946年商船售卖法案》(*The Merchant Ship Sales Act of 1946*),同意将美国在战时建造的旧船作为剩余物资出售。除本国商人有优先购买之权外,其他如英国、法国、挪威、瑞典、荷兰、比利时、丹麦、意大利、希腊、中国、印度、澳洲以及南美各国均可以按照该法案购买。美国此举的目的是帮助同盟国尽快恢复因战争而遭到损害的航运事业,以促进国际贸易,推动经济复兴,遏制共产主义的蔓延。与此同时,美国政府也希望借此机会减少船只运营和维护的成本。②

国民党政府亟须补充战时损失船舶以解决战后交通运输问题,因此积极争取美国援助。蒋介石原本希望美国能以赠送的方式向中国让拨数艘自由轮。但美方表示,所有美国战时剩余的自由轮均按照《1946年商船售卖法案》,以每艘60万美元的价格出售,"陆海军部均无权将船舶赠送他国,总统虽可决定赠送,但亦

---

① Frederic C.Lane, *Ships for Victory*, Baltimore: Johns Hopkins University Press, 2001, p.4.

② 有关《1946年商船售卖法案》出台的背景和经过,详见 Lloyd Anthony Beers, Jr., "Ships of State: Maritime Policy as Foreign Policy Under the Merchant Ship Sales Act of 1946", *Master Thesis*, University of Maryland, 2009。

必事前取得国会同意”。[①] 1944 年 7 月 1 日，国民党政府在华盛顿成立了对美交涉借款、购运物资的专门机构——中国物资供应委员会（Chinese Supply Commission），在宋子文担任行政院院长期间，中国物资供应委员会直接隶属于行政院，由宋子文直接控制。王守竞和江杓奉宋子文之命分别担任正副主任委员。[②] 中国物资供应委员会在向美国购买船只方面做了以下工作。[③]

（一）10 艘 N3-S-A2 型旧船的购买与运华

从 1945 年 10 月起，中国物资供应委员会开始就购买 N-3 型旧船的事宜与美国航务委员会交涉。1945 年 11 月 23 日，宋子文致电中国驻美物资供应委员会，命其速向美国航务委员会商洽购买 N-3 型货轮 10 艘，价款 4325000 美元，全部付现。N-3 型货轮大多建于 1944 年左右，在当时堪称新船，但战后这些船只“美人目之已成废铁”。[④] 美国航务委员会得到白宫授权，以竞标的方式出售 10 艘 N3-S-A2 型旧船。作为唯一的竞标者，中国物资供应委员会于 1945 年 12 月 26 日中标，并在 1946 年 1 月取得了 10 艘旧船。这 10 艘旧船的总价为 4325000 美元，每艘船的平均价格为

① 《蒋介石致宋子文手令》（1946 年 2 月 6 日）、《宋子文致蒋介石呈》（1946 年 3 月 6 日），台北国史馆藏蒋中正档案：革命文献——对美外交：军事部分。见郑会欣：《国家赔偿与民间合作：复兴航业公司成立的背景及其经过》，《中国文化研究所学报》2011 年第 53 期。

② 皇甫秋实：《国民政府接洽美援体制的转变——以中国物资供应委员会为中心》，《历史研究》2014 年第 5 期。

③ 以下有关中国物资供应委员会购买美国船只的记述，除注明出处的部分外，见“Report on the Work of Chinese Supply Commission”，September 1945-February 1947，CDSR 2:15。

④ 张后铨主编：《招商局史（近代部分）》，人民交通出版社 1988 年版，第 461 页。

432500 美元,与《1946 年商船售卖法案》中规定的每艘船的法定售卖价格 468817 美元相比,低了 36317 美元。为支付购买和运输这批船只的费用,中国物资供应委员会向美国进出口银行申请了中美购买 N-3 型轮船 10 艘的借款 4243000 美元。

在考察了将 N-3 型船舶运往中国的各种途径之后,中国物资供应委员会最终与美国海运公司(Marine Transport Company)签署协议,由该公司负责将"海忠"号(S. S. HAI CHUNG)和"海孝"号(S. S. HAI HSIAO)运往中国。剩余的 8 艘船舶,则交由美国总统轮船公司(American President Lines)携带货物,运往中国。此外,中国物资供应委员会还为这些船舶主要的引擎装置购买了零件。1946 年 2 月 21 日至 3 月 11 日,这些船只在温哥华装载货物后驶往中国,于 1946 年 5 月 4 日以前,全部抵达上海。

(二)购买 16 艘旧船

1945 年 12 月至 1946 年 1 月,在美国航务委员会的协助下,中国物资供应委员会明确了 16 艘在太平洋西南水域的旧船的情况,其中 5 艘属于美国战时船务局,另外 11 艘由私人运营商所有。为了以最有利的条件购得这些船舶,中国物资供应委员会与美国航务委员会进行了为期数周的谈判,最终双方达成协议,由美国航务委员会负担将这些船舶运往上海的全部费用,而且船舶的价格不得高于美国政府登记的价值扣除修复这些船只的开销。中国物资供应委员会购买这批船只的价格在每吨 5—15 美元之间,均低于市场价格。

购得这批船舶以后,中国物资供应委员会与美国航务委员会另外达成了折价协议,由美方与以前的私人船主结算战时船务局应该支付的费用,共计 143208.05 美元,包括 90000 多美元现金,以及随船交付的超过 53000 美元的燃料和补给,以此作为对中方所购船舶的折价。11 艘私人船只交由招商局使用。①

（三）4 艘油轮的购运

1946 年年初，应国民党政府交通部的要求，中国物资供应委员会在美国购买了 4 艘油轮，并指定由美国海运公司负责将之运往上海。但由于美国政府采取了出口管制，而美国海军在获取燃油时又享有绝对优先权，中国物资供应委员会在为这 4 艘油轮采购油料货物时遭遇了很大阻力。最终中国物资供应委员会在美国购买了 1 油舱燃油和 1 油舱柴油，另外在墨西哥购买了 2 油舱的油料货物。此外，中国物资供应委员会还为这 4 艘油轮购买了可供它们使用一年的润滑油。上述油轮和货物花费共计 180 万美元，中国物资供应委员会为此向美国进出口银行申请了贷款，但该项请求被进出口银行驳回。

（四）美国国外资产清算委员会小型船只项目

1946 年春，为了满足中国海港和内陆航道对小型船只的迫切需求，中国物资供应委员会受命与美国国外资产清算委员会，联合国善后救济总署，马歇尔将军的代表，以及美国海军部洽商购买坦克登陆舰、中型登陆舰、拖船、驳船等小型船只的相关事宜。为了完成此项工作，中国物资供应委员会特在交通处之外增设航运处，由谭伯英主持。② 1946 年 4 月 19 日，在得到宋子文的首肯后，中国物资供应委员会正式向负责处置战后剩余小型船只的国外资产

① 《前驻美中国物资供应委员会王守竞致招商局函》，1947 年 11 月 15 日，《有关购买接收船舶的文书（中）WS-77》，招商局蛇口档案馆藏，档案号 125-2，第 40 页。

② 《王守竞致宋子文》，1946 年 4 月 13 日，《宋子文档案》，美国斯坦福大学胡佛研究院档案馆藏，第 51 盒，第 11 文件夹。

清算委员会提交了购买申请,并于1946年5月17日获得批准。

1946年8月13日,中国物资供应委员会和美国国外资产清算委员会在上海正式签订了购买小型船只的合约,美国国外资产清算委员会同意转让给中国政府价值2800万美元的船舶,并以这笔金额抵销美国政府对中国的欠债。

在中美双方洽商的过程中,中国物资供应委员会不仅向上海方面及时传达从联合国善后救济总署、美国国外资产清算委员会和海军等处了解到的相关信息,还设法查明了中国购买登陆舰所需的零件除太平洋剩余物资以外,在美国海军、陆军、航务委员会、内政部管辖的剩余物资中的存货情况,为进一步的采购做好了准备。此外,中国物资供应委员会与美国国外资产清算委员会商定,美方须在登陆舰交付以前加以修缮,并由美国政府承担维修费用,从而为中国政府节省了大笔开支。

(五)四批船舶借款的签订

1946年5月27日,经过在华盛顿和中国的多次洽商,中国物资供应委员会向美国航务委员会递交了中国政府购买159艘战时船舶的申请。申请的船只包括55艘N3-S-A1或N3-S-A2型货轮(2800吨),每艘39万美元;68艘C1-MA-V1型货轮(5000吨),每艘64万美元;20艘EC2-S-C1型自由轮(1800吨),每艘63.9万美元;16艘VC2-S-AP2型胜利轮(1800吨),每艘97.9万元。总吨位达882800吨。① 根据《1946年商船售卖法案》的相关条款,中国物资供应委员会在美国公民享有的优先申请期限过后立即提交了申请。中国政府因而成为《1946年商船售卖法案》公

① 《美国外交文件》,见吴景平:《宋子文政治生涯编年》,福建人民出版社1998年版,第501页。

布后第一个向美国申请购船的外国政府。上述船价估计约 1 亿美元,经中美双方商定原则,中方付现 1/4,美方承兑 3/4。旋因筹款困难,经由中国物资供应委员会与美国航务局洽商,先购买一部分旧船,价值以 2200 万美元为度,按前项商定原则,中方付现 550 万美元,由美方承贷 1650 万美元。①

由于此时中国内战爆发,正在中国调处国共冲突的马歇尔将军认为,向中国提供购买商业船只的信贷,必须根据《1946 年商船售卖法案》的原则,即“美国政府希望这些商业类型的船只将被出售给一个统一而民主的中国联合政府,因此中国政府必须了解,美国政府可以根据自己的利益,单方面终止此项转让船只方案”。②直到 1947 年 1 月马歇尔回国就任国务卿后,才命令国务院重新调整美国的对华政策。为此远东司司长范宣德向他提交一份备忘录,虽然仍坚持鼓励中国以民主方式达成统一以及继续停止对华军援,但同意对中国实行经济援助,包括交付商用船只。③ 但由于中国筹款困难,只好决定先向美国购买部分旧船。

1947 年 7 月 15 日,由中国物资供应委员会与美国航务委员会签订了 10 艘 EC2-S-C1 型自由轮的购买合同,扣除中方预付款之外,借款总额 4133720.22 美元,年利息率 3.5%,还本期限自 1948 年起,分别为 14—17 年。同日,中国物资供应委员会与美国航务委员会还签订了 N-3 型货轮 8 艘(初议 15 艘,因 7 艘不适用

---

① 《物资供应委员会附送世界贸易公司接办借款购船案会商记录代电》(1947 年 10 月 23 日),财政科学研究所、中国第二历史档案馆编:《民国外债档案史料》第 11 卷,档案出版社 1991 年版,第 622 页。

② *Foreign Relations of the United States, 1946*, The Far East: China, Vol.10, p.801.

③ *Foreign Relations of the United States, 1947*, The Far East: China, Vol.7, pp.793-794.

而退还)的购买合同,借款总额 2812560 美元,年利息率 3.59%,还本期限自 1948 年起,分别为 15—17 年。1948 年 2 月 27 日,由世界贸易公司代表国民党政府,与美国航务委员会订立 C1-MA-V1 型船只 12 艘的购买合同,借款总额 7462960 美元,年利息率 3.5%,还本期限从当年底起,分别为 15—17 年。1948 年 3 月 1 日,由世界贸易公司代表国民党政府,与美国航务委员会订立 VC2 型船只 3 艘的购买合同,借款总额 1977980 美元,年利息率 3.5%,还本期限 1 艘为 16 年,另 2 艘为 17 年。至 1949 年 1 月 14 日,上述 4 项购船借款,中方实际动支额为 16387220.2 美元。①

国民党政府将战后运用外债和央行现款从美国新购的绝大部分船只都分配给了国营的轮船招商局。从抗战胜利至 1948 年 9 月 8 日,招商局接收的国民党政府从国外购买的船只共计 143 艘,价值 33500259.24 美元。其中通过中国物资供应委员会向美国购买的船只共计 48 艘,价值 20531390.24 美元;另外委托摩立森—纳德森公司(Morrison-Knudsen International Company, Inc.)接收马尼拉美军剩余船只 82 艘,计 8703869 美元(见表 14-36)。

统计表明,招商局始终没有停止过向外国购船,所购船舶主要是海轮。从 1946 年到 1949 年,各年购买的海轮除 1 年在 61 只以上外,其余均在 72 只以上,尤其是 1948 年,更是分三次购买了 217 只总吨位近 70 万吨的外国船舶。这些从美国和加拿大购买的船舶吨位约占招商局船舶总吨位的 70%—79%,构成了招商局船舶的主体。

① 财政科学研究所、中国第二历史档案馆编:《民国外债档案史料》第 11 卷,档案出版社 1991 年版,第 631 页。

表 14-36　国营招商局抗战胜利后接收船只价值

（单位：美元）

案别＼项目	船别	艘数	船价	接受修理及运什费	应扣装运物资运费	船价净额	国民党政府已付现金	国民党政府向美加贷款	应付款	应收款	总计
美贷款（C.S.C.）	自由轮（Liberty）	10	5514906. 59	—	—	5514906. 59	1381186. 59	4133720. 00	—	—	5514906. 59
	湖式海轮（Laker）	16	2540947. 65	—	90909. 09	2450038. 46	—	2540947. 55	—	90909. 09	2450038. 46
	海轮（N-3）	10	4325000. 00	948798. 10	538088. 10	4735709. 60	5272798. 10	—	—	538088. 50	4735709. 60
	海轮（N-3）	8	3750536. 00	800000. 00	—	4550536. 00	1737976. 00	2812976. 00	—	—	4550536. 00
	海轮（C-5-AY）	4	4400000. 00	800000. 00	—	5200000. 00	1900000. 00	3300000. 00	—	—	5200000. 00
	小计	48	20531390. 24	2548798. 10	628997. 19	22451190. 65	10291960. 69	12787643. 55	—	628997. 59	22451190. 65
加贷款（B.S.C.）	Grey Type	3	1575000. 00	561794. 68	435162. 25	1701632. 43	2115638. 30	—	21156. 38	435162. 25	1701632. 43
	B-Type	7	2450000. 00	540084. 88	205535. 96	2784548. 92	510480. 08	2450000. 00	29604. 80	205535. 96	2784548. 92
	Corvette	3	240000. 00	871806. 47	13100. 00	1098706. 47	810105. 42	240000. 00	11701. 05	13100. 00	1098706. 47
	小计	13	4265000. 00	1973686. 03	653798. 21	5584887. 82	3436223. 80	2690000. 00	62462. 23	653798. 21	5584887. 82
委托摩立森接收马尼拉美军剩余船只	L.S.T.&L.S.M.	64	8339769. 00	2480770. 54	71768. 27	10748771. 27	973905. 37	8466364. 87	1380269. 30	71768. 27	10748771. 27
	等式船只	18	364100. 00	18205. 00	—	382305. 00	—	364100. 00	18205. 00	—	382305. 00
	小计	82	8703869. 00	2498975. 54	71768. 27	11131076. 27	973905. 37	8830464. 87	1398474. 30	71768. 27	11131076. 27
总计		143	33500259. 24	7021459. 67	1354564. 07	39147154. 74	14753089. 86	24307691. 92	1460936. 53	1354564. 07	39167154. 74

资料来源：《国营招商局胜利后接受船只价值表》，招商局蛇口档案馆藏，档案号 125-2，第 3 页。

表 14-37 招商局购买外国船只统计(1946—1949 年)

项目		1946 年 1 月	1947 年 12 月	1948 年 1 月	1948 年 6 月	1948 年 12 月	1949 年 1 月
海轮	艘数(只)	72	61	64	78	75	75
	吨数(吨)	223111.00	187470.92	198661.35	248431.24	238451.32	238451.38
江轮	艘数(只)	10	12	12	12	12	12
	吨数(吨)	8657.00	10480.70	10480.70	10480.70	10480.70	10480.70
远洋拖轮	艘数(只)	—	13	14	16	15	15
	吨数(吨)	—	7270.63	7868.08	8898.44	8300.99	8300.99
小拖轮	艘数(只)	4	2	2	7	12	12
	吨数(吨)	2187.00	470.00	470.00	964.00	1020.00	1020.00
铁驳	艘数(只)	—	25	25	30	30	30
	吨数(吨)	—	31214.39	31214.39	32774.13	32774.13	32774.13
油轮	艘数(只)	—	—	1	1	1	1
	吨数(吨)	—	—	601.50	601.50	601.50	601.50
总计	艘数(只)	86.00	113	118	144	145	145
	吨数(吨)	233955.00	236906.64	249296.02	302150.01	291628.64	291628.64
占船舶总吨百分比(%)		78.92	71.14	70.09	73.84	75.91	75.91

资料来源:1.《交通部统计年报》,1946 年。2. 招商局档案:《国营招商局船舶统计表(1947—1949 年)》。见张后铨主编:《招商局史(近代部分)》,人民交通出版社 1988 年版,第 519 页。

此外,为了赔偿战时军事征用民间船舶造成的损失,国民党政府从美国购买的轮船中抽调部分船只,抵扣给予民营航运业的赔偿金。为便于使用这批动用政府赔偿金购买的船只，各民营轮船公司以损失船舶吨位为比例，于 1948 年 6 月 23 日于上海联合组建复兴航业公司（China Union Lines，Limited），主要股东包括中兴、大达、中航、三北、鸿安、新华、益祥、华胜、宁绍、寿康、大振、永安、民生、天津等当时各主要民营航业公司。行政院核准战时民营损失船只计 12 万吨，以每吨赔偿 30 美元计，同意赔偿 3593047.52 美元，并由向美购船的贷款内拨出，代购船舶 11 艘，计 C1-MA-V1 型货轮 8 艘，VC2-S-AP2 型胜利轮 3 艘，拨交民营的复兴航业公司经营。1947 年 3 月 25 日行政院第 780 次会议作出决议："洽购美国之剩余船只拨交十二万吨，除以赔偿金抵付价款之现金外，其余价款，准分十年摊还。"其后交通部批示："订购剩余船只俟与美方洽定后，准由该公司派员与招商局会同办理。"①

1947 年 7 月 15 日，中国物资供应委员会主任委员王守竞与美国航务委员会代表 A. J. Williams 正式签订购买美国战时商船的合约。随后，交通部于 18 日致电民营航商组织的"民营船舶战时损失要求赔偿委员会"，要求各航商尽快推选代表，赴美国接收船只。② 复兴航业公司筹备处委派总经理谭伯英、副总经理程余斋和董浩云三位公司高层赴美接收船只。国民党政府分配给复兴航业公司的美国船舶包括 3 艘胜利轮（7600 吨），价值 2637471 美元，分别命名为"渝胜""京胜"和"沪胜"，以及 8 艘 C1-MA-V1 型

① 《交通部批》（1947 年 5 月 27 日），参见董浩云著，关志昌拟稿：《复兴航业公司诞生经过》，《董氏航业丛书》第 2 辑，（台北）中国航运公司 1978 年版，第 10 页。

② 《交通部致民营船舶要求赔偿委员会电》（1947 年 7 月 18 日），参见董浩云著，关志昌拟稿：《复兴航业公司诞生经过》，《董氏航业丛书》第 2 辑，（台北）中国航运公司 1978 年版，第 12 页。

货轮(3800 吨),价值 5550896 美元,命名为“复明”“复新”“复航”“复贸”“复运”“复昌”“复权”“复生”,总重量为 80762 载重吨,全部船价为 8188367 美元。[1] 根据美国《1946 年商船售卖法案》的规定,这批船舶所有的修理费,约 390 余万美元均由承购方负担,交通部规定由招商局与复兴航业公司各自承担一半。这样购船及修理费合计 10098367 美元,除去政府按照军事征用法同意支付赔偿金 3593047.52 美元之外,其余部分计 6505319.48 美元则作为政府对复兴航业公司的借款,分十八年偿还,前三年只付利息,按周息 3.5 厘,第四年起本息分十五年付清。[2] 国民党政府分配给复兴航业公司的美国船只 11 艘,价值 8188367 美元,而分配给招商局的美国船舶共 130 艘,价值 29235259.14 美元,数量和价值分别是前者的 11.82 倍和 3.57 倍。轮船航运业中,国民党政府对国营和民营企业的区别对待显而易见。

尽管国民党政府将美援船舶视为战后复兴中国航运业的关键,但这些美国船舶的实际运营情况并不尽如人意。美国的战时剩余船舶由于建造时间匆促,从铺设龙骨到下水,最快的甚至还不到五天,因此不单设备简陋,而且在质量和结构方面也都存在诸多问题,譬如为加快造船速度,大量的铆钉都改为焊接。[3] 早在 1944 年年底,中国物资供应委员会航运部主任谭伯英就指出,美国战时建造的船舶不适合用于战后中国的沿海运输。就胜利轮而言,它们精密的齿轮是在空调房里切割出来的,极易发生故障,而且难以

---

① 中国航海学会:《中国航海史(近代航海史)》,人民交通出版社 1989 年版,第 361 页。

② 《复兴航业公司美贷船只之经过及已付未付美方本息之现状》,国民党政府档案 063-133,台北“国史馆”藏。

③ 郑会欣:《国家赔偿与民间合作:复兴航业公司成立的背景及其经过》,《中国文化研究所学报》2011 年第 53 期。

维修。此外，胜利轮的运载量较大，为 1 万吨，因此必须在港口等待很长时间才能装满货物。而自由轮不太耐用，很多在首航后就断成两截。它们必须用钢板和铆钉打包加固。但铆接对美国工人而言已经是一种失传的技艺，实际上他们不得不引进加拿大和英国铆接工来完成这项工作。①

对于新购入美国船只的性能，招商局船务处处长黄慕宗评价说："就现有船舶而论，其主要者有十余种，非逾龄旧船，亦属战时剩余船舶，或年久失修，损蚀甚大；或吃水过深，燃油量大，除数种船型尚能称用外，颇多不相当者。"如自由轮宜于远洋航行，大湖型原只为提供美、加之间的大湖内使用，登陆艇更是为了适应登陆作战而制造。中国深水港不多，很多港口都无法停泊吃水深的自由轮（满载时达 8.5 米）和大湖型（7.38 米），而且这些轮船耗油量极大，一昼夜达 20 吨（大湖型）至 25 吨（自由轮），自由轮的船速亦因增加货舱而大大降低。② 一份关于战后中美经济关系的报告也指出，美国国外资产清算委员会售卖给中国的战时剩余船舶构造复杂、引擎易于损坏、替换零件难以获得，平常使用的成本过于昂贵。③

---

① K. P. Chen, Conversation with Mr. P. Y. Tan, November 29, 1944, Kwang Pu Chen Papers Box 7, International Business Conference 1944 Memos, Diaries, Notes, etc. Special.

② 中国航海学会：《中国航海史（近代航海史）》，人民交通出版社 1989 年版，第 341—342 页。

③ Economic Program for China, China Defense Supplies Records（以下简称 CDSR），Box10，Folder6（以下简称 10：6），Hoover Institution Archives, Stanford University.

三、战后航运政策及对民营航运的影响

由于在战后补充了大量敌伪资产和外国船只,招商局的船舶数量和吨位大幅增长。至1948年6月,招商局已拥有大小船舶490艘,总计409200吨,总吨位相当于抗战前夕的4.74倍,相当于抗战胜利前夕的17.2倍。① 而国民党政府向美国和加拿大购买船舶的款项"全部作为政府增资,以资充实"②,因此国家资本在招商局中的发展达到了民国时期的顶峰,航运业中,国家资本企业的实力也迅速增强。1948年时全国轮船吨位总数仅比1935年增加了62%,而同时期国家资本轮船企业的吨位总数则增加了近6倍。在全国轮船吨位数的比例中,国家资本轮船企业从1935年的11%增加到1948年的44%,见表14-38。

表14-38 国家资本与民营资本航运企业实力对照(1935—1948年)

(指数:1935年吨位=100)

项目 年份	全国总计			国家资本			民营资本			国家资本占全国比重(%)	
	轮船(只)	轮船吨数		轮船(只)	轮船吨数		轮船(只)	轮船吨数		轮船	轮船吨数
		吨	指数		吨	指数		吨	指数		
1935	3895	675173	100	28	71117	100	3867	604056	100	0.7	11
1946	2351	669474	99	533	302418	425	1818	367056	61	23	45
1947	3615	1032305	153	612	450670	634	3003	581635	97	17	44

① 张后铨主编:《招商局史(近代部分)》,人民交通出版社1988年版,第523页。

② 《关于动支国外借款购置美加船只》,招商局蛇口档案馆藏,档案号16,第53—54页。

续表

年份\项目	全国总计			国家资本			民营资本			国家资本占全国比重(%)	
	轮船(只)	轮船吨数		轮船(只)	轮船吨数		轮船(只)	轮船吨数		轮船	轮船吨数
		吨	指数		吨	指数		吨	指数		
1948	4032	1092217	162	464	477086	671	3568	615131	102	12	44

资料来源:严中平等编:《中国近代经济史统计资料选辑》,科学出版社 1955 年版,第 233 页。

1947 年,招商局的船舶总吨位占全国船舶总吨位的 40%。同年,轮船商业同业联合会成立时,招商局在该会登记的可用于营运的江海轮船共 246 艘,257119. 18 总吨,占该会会员船舶总吨位的 36. 14%。该会中主要航运公司的总吨位对比见表 14-39。

表 14-39 全国轮船商业同业联合会船舶吨位比较(1947 年)

公司\项目	船舶总数(艘)	船舶总吨位(吨)	总吨位所占比重(%)
国营招商局	246	257119. 18	36. 14
民生实业公司	107	54042. 80	7. 60
台湾航业公司	29	33089. 18	4. 65
三北轮埠公司	27	22625. 65	3. 18
中国邮轮公司	22	52535. 33	7. 38
中兴轮船公司	14	34407. 69	4. 84
大达大通联营处	9	7947. 96	1. 12
益祥轮船公司	5	15903. 68	2. 24
中国航业公司	4	15317. 90	2. 15
通安轮船公司	3	12082. 66	1. 70
华商轮船公司	4	10039. 33	1. 41

续表

公司＼项目	船舶总数(艘)	船舶总吨位(吨)	总吨位所占比重(%)
太平洋轮船公司	2	9140.10	1.28
其他	343	187211.13	26.31
总计	815	711462.59	100

资料来源:招档(海):《招商局概况调查》附录一(1948 年)。参见张后铨主编:《招商局史(近代部分)》,人民交通出版社 1988 年版,第 509 页。

在此基础上,招商局的航线也在不断扩展。1946 年,招商局行驶的航线主要分为:"北洋线则连云港、青岛、天津、秦皇岛、葫芦岛、营口;南洋线则宁波、温州、福州、厦门、汕头、香港、广州、海口、基隆、高雄;长江线则镇江、南京、芜湖、安庆、九江、汉口、长沙、沙市、宜昌、万县、重庆,各埠均设有分局或办事处。"国外方面,"亦已在海防、盘谷、仰光、马尼拉四地设置代理处,以为拓展国际航线之准备"。①

1946 年招商局航线以恢复长江和沿海南北航线为主,1947 年的招商局营业方针则一转而为"着重于海外航线之扩展"②,相继恢复并开辟了许多外洋航线。从正月起,招商局即陆续派自由轮开航曼谷、加尔各答及关岛、狄宁岛、曼纳斯岛,并派"海厦"号开航中国香港、新加坡定期班;"海陇"号开航马尼拉、厦门定期班。此外,还奉令派海黔轮前往日本,接运侨胞返国。于 6 月 19 日离沪首途,载运日本船员 75 人,日侨日俘 342 人,中国驻日军事代表

① 国营招商局:《本局编年记事》,见国营招商局编:《国营招商局七十五周年纪念刊》,1947 年 12 月印本,第 96 页。

② 招商局:《业务通讯》,1947 年 1 月 16 日,见张后铨主编:《招商局史(近代部分)》,人民交通出版社 1988 年版,第 532 页。

团官员眷属16人,及中央信托局桐油1000余吨。抵佐世保卸日侨日俘后,即赴神户卸货,复驶回佐世保,装运中信局物质2000吨,台湾及上海归侨共424人,7月12日经基隆返抵上海。后复租赁美轮试航南洋线之马尼拉,及中美之夏湾拿、美亚美,南美阿根廷之布宜诺斯艾利斯等地。近海远洋,均已开辟新航线。

截至1947年5月,招商局恢复及开辟的航线和配船情况如下。

海外线:

中印线——上海经香港、心岛至加尔各答	海天轮
沪关线——上海至关岛	海地轮
中暹线——上海经汕头、香港至曼谷	海陇轮
中菲线——上海经厦门、香港至马尼拉	海黔轮

南洋线:

上海—香港—广州	汉民、培德、仲恺、林森等轮
上海—厦门—广州	海粤轮
上海—汕头	海沪、海航两轮
上海—福州—厦门	海滇轮
上海—基隆	海厦轮
上海—宁波	江亚、江静轮

北洋线:

上海—天津	其美、执信、蔡锷、黄兴、秋瑾、海甬、锡麟、元培等轮
上海—青岛	海苏轮
上海—秦皇岛	海康轮
上海—营口	海汉、海津两轮
青岛—天津	海有轮

南北洋线:

天津—青岛—上海—香港—广州　延闿、邓铿两轮

汕头—天津　海穗轮

长江线:

上海—汉口　江宁、江安、江建、江泰四轮①

这里,有一点需要强调,即尽管招商局实力扩张迅速,航线延展范围急剧扩大,可是繁重的军运压力,却成为招商局正常展开业务活动的最大制约。甚至使得招商局连维持最低的正常的航线和航班也难以做到。“唯因军运频繁,征调无定,致虽拥有三十余万吨之船只,除沪甬一线勉强可持固定班期外,其余各线,从未能排定一最低限度之班轮,以维持普通客货运输”。招商局自己虽然也作出努力,“多次勉力试为排定,但终因军运关系,无法实施”,“而本局在营业收入上,亦蒙受甚大之影响”。②

1946 年 9 月 23 日,上海《大公报》对军运影响轮船正常运输的状况有如下报道:“复员年余以来,长段航运,迄未畅达。考其原因,固由于交通界良莠不齐,人谋不臧,但始终未脱军事性之控制,乃其重要致命伤。近数月内,复为粮运紧急,致真正之复员,运输更呈瘫痪状态。渝宜段之情况,入秋后稍微转好,宜渝段则停滞脱节,一月难见两艘复员船。汉中段所有中型以上之船只,几俱为军差所占,民航悉赖野鸡小轮维持……”③

这种军运把持轮船运输的状况,到 1947 年 6 月时仍然没有改变:“内战不断地扩大……战争需要军队、军火与给养。因此轮船成了最重要的军用交通工具。水路军运指挥机关的一纸命令,换

① 国营招商局:《国营招商局产业总录》,1947 年 5 月印本,第 312—313 页。

② 国营招商局:《本局编年记事》,见国营招商局编:《国营招商局七十五周年纪念刊》,1947 年 12 月印本,第 96 页。

③ 《复员航运瘫痪》,上海《大公报》1946 年 9 月 23 日。

来航商的千声叫苦，旅客的万声叹息。……招商局的船只85%—90%充作军运，上海驶往各地的客运停顿很多。万吨级的'海'字号、'天''地''玄''黄'等艘，以及接收的登陆艇，都加入了军差。"这种军运对轮船运输带来的痛苦，一位轮船经理曾向记者总结如下："(1)在行驶中途也要被拉；(2)已装上货的船，商人只能把货物搬到岸上堆积起来；(3)差费过低，不敷燃料成本，还要半年一结，等于拖欠。"①

1947年年底，上海《大公报》更是指称，"在各地战争急剧进行的今天，国营招商局是军运的大本营，每天有40多条船在南北洋及长江线装运军队和军火"。②

但是与招商局这种国营企业相比，抗战结束后民营企业的待遇就大大不如了。抗战期间在大后方作出巨大贡献的民生公司就是一个典型。战后民生公司不仅无权接收敌伪轮船、地产和设备，而且在美援船舶的分配上也处于劣势。国民党政府从美国购买的大部分轮船都分配给了国营的轮船招商局，民生公司仅在1946年7月从国民党政府购买的美国船只中获得5只适合川江的登陆舰。③ 此外，民生公司还通过入股复兴航业公司，分配到了少量美国船舶，作为国民党政府对战时军事征用民间船舶造成损失的赔偿。

战后民生公司未能获得国家资本的支持，因而转向利用外资，但也遭到国民党政府的阻挠。1944年11月，民生公司总经理卢作孚赴美参加国际通商会议，借机考察了美国各地的造船厂，感到

① 张乃刚：《航业七年》，上海《大公报》1947年6月10日。

② 上海《大公报》1947年12月13日。

③ 参见凌耀伦主编：《民生公司史》，人民交通出版社1990年版，第385页。

美国造船价格昂贵,随后又前往加拿大,参观了蒙特利尔、多伦多等地的造船厂。加拿大国会1944年通过了一个“输出信用保险法案”,采取降低利率的办法,鼓励外国向加拿大借款,并以借款在加拿大订购工业产品。于是卢作孚决定在加拿大借款造船。① 民生公司在1945年春获得加拿大政府同意担保,由加拿大帝国银行、多伦多银行、自治领银行三家联合贷给民生公司1500万加元。根据民生公司董事会常务董事会议的记载,其大体情况是,民生公司用获得的这1500万加元在加拿大订造行驶长江上游宜昌至重庆段的客货轮12只,总造价750万加元以内,行驶长江中下游上海至宜昌段的大型客货轮6只,总造价750万加元以内。“造船两项总价值不超过加币1500万元,其中15%交付现金,85%为长期借款,总数在加币1275万元以内。”这项长期借款的还本付息方式为,“自交船第3年起开始还本,分10年还清。”借款的利息“最高不得超过四厘半,待正式立约时确定。”这项贷款“由民生公司出具期票,由加拿大政府为民生公司向船厂保证到期付款,使其期票能转售于银行,先由中国政府致文加拿大政府,为民生公司保证到期付款。在造船的一年期间,民生公司需要交付15%即加币1712500元”。②

可以说,经过多方努力后获得的这笔由加拿大政府作担保、由三家加拿大银行实行的、给民生公司的购船贷款,是一笔长期、低息、大款额的贷款,特别是年息最高不超过四厘半,可说是十分优

① 王世均:《民生公司向加拿大借款造厂的经过》,见中国人民政治协商会议全国委员会、文史资料研究委员会编:《文史资料选辑》第33辑(内部发行),中华书局1963年版,第287页。

② 重庆档案馆藏:《民生实业公司董事会第二十届第一次常务董事会议纪录》,见张守广:《卢作孚年谱长编》,中国社会科学出版社2014年版,第1018页。

惠。现在手续上只需国民党政府同意为民生公司贷款作担保,这笔贷款就可最后成立。可就在卢作孚怀着兴奋的心情于 1945 年 5 月由加拿大经美国转印度飞回重庆后,他没有想到的现实是,“呈请本国政府为利用外资担保,竟比同加拿大政府谈判还困难棘手”。①

呈请国民党政府为民生公司作担保,需分别呈文行政院、交通部、战时生产局、外交部、财政部等部门,战时生产局在行政院院长宋子文的指示下,在批复民生公司的公文中称:“百分之十五现款所需外汇可由政府结汇,百分之八十五长期借款亦可由政府担保”,但“该项船只应归政府所有,由政府租给该公司使用”。也就是说,民生公司历经千辛万苦获得加拿大政府同意的造船贷款,要国民党政府担保可以,但所借款项由民生公司偿还,建造的船只却要归政府所有。

而由交通部奉命拟定的《民生公司向加拿大借款造船由政府担保办法》第十二条中,则进一步苛刻地把战时生产局所拟公文中“百分之十五现款所需外汇可由政府结汇”改为“应由该公司自行筹供”。另外还有还款需“按月提存本年应还之本息,缴存政府指定之国家银行”;“该项船舶的营业收入不足偿还该年应还之本息时,应在其他航业收入项下按月提交”;“民生公司在借款未还清之前,对于该项船舶不能设定任何权利或转移”;“该项船舶修理费用,由民生公司负担”;“政府如有运输上之需要,该项船舶应优先供应政府使用”②等项规定。

① 凌耀伦主编:《民生公司史》,人民交通出版社 1990 年版,第 330 页。

② 重庆档案馆藏:《民生实业公司董事会第二十届第四次常务董事会议纪录》,见张守广:《卢作孚年谱长编》,中国社会科学出版社 2014 年版,第 1030—1031 页。

交通部所拟的这些条文中,不仅把战时生产局批复同意的民生公司可以按官价结汇15%的内容一笔勾销,要民生公司“自行筹供”,还要把民生公司的船舶“全部抵押于政府”。并且把为民生公司担保的机会,转化成控制民生公司新造船舶和其他航业的手段,进而达到吃掉民生公司的目的。国民党政府的这些所作所为,是卢作孚没有想到的,也使他十分忧愤。此时,恰逢为中国化学工业作出巨大贡献的企业家范旭东向美国进出口银行商定贷款1600万美元,准备在战后建设10个化工厂的计划同样遭到国民党政府的拖延和阻挠,迟迟不予担保而未能实现,范旭东为此忧郁不乐,而于1945年10月病逝。此事引起社会各界对国民党政府的指责,民生公司向加拿大借款受到刁难一事也得到社会关注。特别是这时日本投降后大批政府机构、学校和内迁公私厂矿的人员和家属要返回家园,沦陷区需要接收,对轮船航运力量的需求十分巨大,在社会舆论和客观需要的双重压力下,国民党政府不得不为民生公司的借款担保,由于国民党政府机构的文牍主义和官僚作风,这些担保手续一直拖延到1946年夏天才办理完毕。可这时由于国际形势风云变幻,加上美国和加拿大的物价上涨等因素,原贷款只能够造船9只了(小船6只,大船3只),比原计划少了一半,使民生公司少造了大小船舶9只,蒙受了巨大损失。

此外,民生公司利用美国低价出售战时剩余物资的机会,向美国购买了巨型坦克登陆艇5只、大型油轮1只、中型登陆艇4只,以及尚未建造完成的驳船10只;向联合国善后救济总署水运处购得L.S.型登陆艇2艘;又在加拿大购买了3只扫雷艇,改装为拖轮。这些船只后来在美国和加拿大经过改造以后,陆续驶回国内。其中5只巨型登陆艇改建成三千吨级的“远”字号货轮,即“怀远”“宁远”“定远”等,行驶沿海;1只大型运油船改建成“太湖”号海轮,行驶海上;3只扫雷艇改建为“生”字号拖轮,即“生哲”“生辉”等,行驶长江。以后民生公司又与金城银行合作,组成“太平洋轮船公司”,在美国购买了“黄海”“东海”“南海”3只海轮,航行东南亚各国和日本。①

从1945年至1949年,民生公司的船舶急剧增长,见表14-40。船舶总数增加了14%,总吨位增长了179%,功率增加了168%,载重能力增加了296%。在1949年的96艘船只中,增加的新船有40艘,共49382.7总吨,占1949年公司轮船总吨位的68%;1000吨级以上的甲级船增加到15艘,共43800总吨,占公司全部轮船总吨位的60.4%,为1945年甲级船的6.24倍;新增船只的平均载重量、功率和速度也有很大提高,战时船只一般速度是18.53—25.52公里,平均功率为618马力,平均载重量105吨。战后新增船只航速一般增加为25.52—27.8公里,功率为2088马力,提高了2.37倍,平均载重量为650吨,增加了5.19倍。

表14-40　民生公司船舶增长情况表(1926—1949年)

项目 年份	船舶数 (艘)	总吨位 (吨)	载重量 (吨)	功率 (马力)
1926	1	70	20	180
1936	47	20409	7175	40548
1945	84	26004	8795	49832
1946	92	33667	15370	73492
1947	95	51683	25390	96632
1948	91	58214	28835	107692
1949	96	72469	34800	133362

注:以上数字均为年底实有数。

资料来源:根据长航档案,永久105号,第114、52—54页资料制作。见凌耀伦主编:《民生公司史》,人民交通出版社1990年版,第350页。

① 童少生:《回忆民生轮船公司》,《重庆文史资料》第17辑;王世均:《民生公司向加拿大借款造船的经过》,《全国政协文史资料选辑》第49辑。

战后随着沿海封锁的解除,海运的畅通,特别是战败国航运势力退出中国,以及英国在华航运势力的削弱,在中国各通商口岸往来外洋和内地的航线上,中国航运业的发展有了充分的空间。尽管国营招商局的实力急剧扩张,但也远未达到战前各港口进出外轮吨位的总和。而拥有大批海轮的招商局正忙于内战的军运,无暇发展沿海和远洋航运。这为民生公司积极开拓沿海航线提供了机遇。民生公司把长江航线的业务中心转移到上海,作为向沿海和远洋发展的基地。增辟由上海到台湾、汕头、香港等地的南洋航线,和由上海到连云港、青岛、天津、营口等地的北洋航线。另外还在台湾、广州、香港等地设立分公司或办事处,进而把航线延伸到越南、泰国、菲律宾、新加坡和日本。

国民党政府长期强迫征用民生公司的船只承担差运。① 而且应差的运费还被肆意克扣和拖欠。早在抗战期间,民生公司就已多次向有关部门呼吁:“差费收入,不敷支出甚巨,仅及成本五分之一,甚有差费收入不敷润滑油(支出)者。”②1946 年国民党政府运送大批官兵和军用物资出川到内战前线,民生公司即奉命担负了 62%—72%的运输任务。当时一艘船只的差运收入只及客货营运收入的 1/5,造成民生公司全年少收入 63 亿多元。③ 在承担

① 1945 年全年民生公司的“应差船只共 187 艘,3411 日(逐月累计)”。1946 年“上半年应差船只 102 艘,2005 日,应差日较去年增加约百分之十七”。见长江航海管理局、武汉大学历史系编:《民生轮船公司历史资料汇编》第三编,1960 年油印本,第 7 页。

② 民生公司档案,总 162 卷 3 册,《民生公司与其他川江轮船公司航行费用比较》,见凌耀伦主编:《民生公司史》,人民交通出版社 1990 年版,第 372 页。

③ 民生公司档案,总 2337 卷,《三十五年度业务报告》,见凌耀伦主编:《民生公司史》,人民交通出版社 1990 年版,第 372 页。

差运中,运费还不能适时和完全到位。此后,随着国民党统治区通货膨胀越来越严重,民生公司连年亏损,1947 年因承担政府各种差运,“按当时运价计算约共损失七百五十一亿七千万元”。[①] 民生公司在造船购船方面背负了沉重的外债,国内营业又受到应差运输和内战带来的种种影响,再加上政府和招商局的各种限制排挤[②],到 1949 年时,“公司在经济上已到了濒临破产的边缘”。[③]

航运业与国防和主权密切相关,国民党政府因此一贯主张航运国营。抗日战争全面爆发前,由于中国航权尚未完全收回,国民党政府未能在航运业推行国营政策,但通过将招商局国有化加强了对航运业的干预。抗战时期,东部地区大量工厂、机关、人员向西迁移,均需依赖民生公司的川江航运。因此,当国家资本在其他领域普遍扩张时,国民党政府却通过免税、借款、补贴等方式,在航运业中大力扶持民生公司,使之在抗战时期成为规模最大的航运企业。抗战结束前夕,国民党政府通过签订中英、中美新约完全收复航权,并在此基础上制定了国营主导、民营辅助、限制外股、侧重外债的战后航业政策。依据这一政策,在战后接收敌伪资产和分配美援船舶时,国民党政府均侧重国营招商局,而民生公司却失去了国民党政府的支持。民生公司的战后经营并未按照国民党政府的航业政策,集中于内河干线和支线,而是大力拓展沿海和远洋航线,与国营招商局形成了

① 长江航海管理局、武汉大学历史系编:《民生轮船公司历史资料汇编》第三编,1960 年油印本,第 56 页。

② 如国民党政府对客货运价的限制,招商局挖民生公司墙脚,高薪聘请民生公司高级职员等。招商局总经理徐学禹制造舆论,要“吃掉民生公司”等。见凌耀伦主编:《民生公司史》,人民交通出版社 1990 年版,第 376、383—385 页。

③ 凌耀伦主编:《民生公司史》,人民交通出版社 1990 年版,第 396 页。

正面竞争。

美国向中国提供援助主要是出于自身利益的考量,并不一定符合中国的实际需要,这是战后美国对华援助失效的一个重要原因。而且尽管美国在战后中美关系中占主导地位,但美国对华经济援助是中美两国交涉互动的产物,国民党政府对美求援的能动性也不容忽视。此外,中美两国在战后确立了政府对接的求援—施援渠道,不仅限制了中国从美国获得战后经济重建资本的途径,而且助长了国民党政府对经济的干预,为美国对华政策的失败埋下了种子。美国给予的经济援助增加了国民党政府干预经济和独裁政治的能力,这与战后美国援华政策的目标背道而驰,最终导致美国对华经济援助难以为继。① 战后中国航运业国营招商局的急剧扩张为美国援华的悖论提供了一个生动的例证。

① Chu-xiong GeorgeWei, Interest, Mentality, and Strategy: Americans and China's Economic Reconstruction, 1944 - 1949, Ph. D. Dissertation, Washington University, 1996.

第十五章

抗日战争和解放战争时期的对外经济关系

抗战期间国民党统治区的对外经济关系，受战争形势变化支配而呈现出错综复杂的势态。其中，对外汇兑等主要由“抗战时期国民党统治区的金融”章节叙述，在本章我们主要论述“外贸”“外债”及外来经济援助。国民党政府加强了对进出口贸易的统制。苏联、美、英等大国纷纷对中国进行易货贷款。因此，易货贷款成为战时国民党统治区对外经济关系的一个重要形式。

国民党政府在抗战期间，注意发展中苏经济关系，注重维持和发展中国与美英等反法西斯国家的经济关系，这样做既有利于中国的抗日战争，也有利于国际反法西斯战争。而在盟国对华态度方面，大致以20世纪40年代初为界分两个阶段。在前一阶段，苏联积极帮助中国抗战，以大量军火和军需品援助中国。而此时美、英对中国与日本双方采取“骑墙”态度，对中国的援助较少，在后一阶段，特别是太平洋战争爆发后，美、英两国都受到日本军队的攻击，损失惨重，因而改变过去“坐山观虎斗”的态度，对日宣战，并增加了对国民党统治区的经济援助，意图通过为中国提供武器和金钱，让中国军队为其拖住日军很大一部分兵力。在这一阶段，苏联因忙于对付法西斯德国，对华援助相对较少。这一切，都对战时国民党统治区对外经济关系的变化产生了重要影响。

中国抗日战争取得了巨大的胜利，经受了巨大的战争创伤，中国百废待兴。但是，以蒋介石为首的国民党反动派，在美帝国主义支持下,又把中国拖入内战的旋涡。由于内战规模不断扩大,国民党政府的财政赤字日趋庞大,对美援、对外债的依赖也越来越大。这对解放战争时期国民党统治区对外经济关系的变化产生了重要影响。

第一节　抗战时期国民党统治区的对外经济关系

日本帝国主义发动全面侵华战争以后,中国东部沿海大片富庶土地被日军侵占,沿海进出口口岸丧失,原有的 47 个海关仅存 12 个,即重庆、宜昌、瓯海、闽海、梧州、南宁、雷州、龙州、昆明(蒙自、腾越)、思茅、拱北。又新设洛阳、兰州、西安、上饶、曲江 5 关,共 17 关,对外贸易急剧下降。国民党政府认识到"我国欲图持久制胜,势非控制资源、管理贸易,不足以巩固财政金融基础而供应长期抗战之需要"①。一方面建立相应机构,实施对外贸易管制;另一方面创办国营公司进行独占性经营。日本侵略势力为了削弱和破坏中方经济实力,并实行其"以战养战"计划,对中方实行严密的经济封锁,同时想方设法套购中方外汇,抢购中方物资等。国民党政府在对日进行军事抵抗的同时,也不得不与日本侵略者进行复杂激烈的贸易战、资源战等。

苏、美、英等大国在中国抗战期间,纷纷参照战前德国的做法,对中国进行易货贷款。这主要是因为苏、美等国在参加世界大战前需要备战,及战争爆发以后都急需购置和储存重要的战略物资,中国的钨、锑、锡等特种矿产以及桐油、生丝、猪鬃、茶叶等农产品为它们所需要;而国民党政府急需国外军火、设备和资金,只有用

① 《贸易委员会工作概况》(1937—1948 年),财政部档案一四八/153。中国第二历史档案馆藏。

国内农矿产品来偿付。因此,易货借款成为战时国民党统治区对外经济关系的一个重要形式。

一、战时外贸统制政策的演变

20世纪30年代中国外贸环境的恶化大致从1931年日本帝国主义发动"九一八事变"后开始。日本帝国主义发动"九一八事变"侵占中国东北后,中国对外贸易出现了三大问题:一是进出口贸易出现大滑坡。二是贸易逆差更为严重。由于在世界经济大危机中资本主义各国都高筑关税壁垒以保护本国利益,使中国出口大受影响;再加上民国时期中国唯一的贸易出超地区——东北被日军占据,中国贸易逆差迅速扩大。"九一八事变"后的第二年,即1932年,贸易逆差已突破4亿关两。1933年逆差已达4亿5960万关两,接近当年出口贸易总额。以后几年的贸易逆差也一直很大。1920—1929年中国年均贸易逆差值达1.15亿关两,而1931—1936年中国年均贸易逆差高达3.47万关两,已是20世纪20年代年均逆差值的3倍多。[①] 三是华北日货走私之风日益加炽。日本侵略势力在侵占东北后,就把华北走私作为促使华北"隶属于(日本)帝国势力之下"的重要手段[②],不断用武力干扰中国海关缉私工作,庇护走私活动。1935年年底冀东伪组织成立后,不仅是白糖、人造丝等高税商品,其他"凡百物品,莫不以此冀东之间隙入",日货走私活动日益猖獗,1936年走私货值较前两年

① 见陈争平:《1895—1936年中国国际收支研究》,中国社会科学出版社1996年版,第50—52页。

② 《日本驻平特务机关松室孝良上关东军的密报》,《民国档案》1987年第4期。

增加了一倍多。估计 1936 年时毒品、军火及一般商品走私进口值高达 2 亿 3110 万关两。①

1937 年“七七事变”后,中国沿海进出口口岸大部分丧失,国民党统治区对外贸易受到极大破坏,外贸形势进一步恶化。

1937 年 8 月 13 日,日军进攻素以贸易枢纽著称的上海,以往通过上海口岸的进出口贸易出现梗阻。为了打破此种困窘局面,国民党政府开始对贸易政策进行调整。9 月 13 日,国民党政府财政部拟定《增进生产调整贸易办法大纲》,获国防最高会议通过。为强化贸易管制,该办法大纲决定设立“贸易调整委员会”,隶属于军事委员会,以调整、促进国营民营贸易相关事务。该办法大纲规定:在进口方面“除军用品外,其必需物品应许其照常进口,或酌量减低其关税,其余需要物品关税照旧,至奢侈消耗品则增高其关税,由财政部主办外交部协助,并随时采纳贸易调整委员会之意见”;此外,军需品及政府所用物品“仍由资源委员会及军事机关主办,农产、工矿、贸易三委员会均应尽力协助”。在出口方面“就原有国营及中外商营经理出口机关,办理收买输出等事项”,由贸易调整委员会“以督促管理之,并予以资金运输之充分协助及补助其亏损”。② 国民党政府委派著名银行家、上海商业储蓄银行总经理陈光甫出任贸易调整委员会主任委员。财政部拨款 2000 万元给该会供“自行购买商品运销外洋推销之用”等。③ 后又拨付运销资金 200 万元。11 月 5 日,行政院颁发《农产工矿贸易调整委

① 见陈争平:《1895—1936 年中国国际收支研究》,中国社会科学出版社 1996 年版,第 42—44 页。

② 重庆市档案馆编:《抗日战争时期国民政府经济法规》下册,档案出版社 1992 年版,第 279—281 页。

③ 重庆市档案馆编:《抗日战争时期国民政府经济法规》上册,档案出版社 1992 年版,第 55 页。

员会组织纲要》,明确贸易调整委员会“负调整战时农产工矿贸易之职责,促进原有或新设之国营及民营农产工矿贸易事业之发展,并予以资金及运输之协助”①。

1938年2月,国民党政府考虑到贸易事务与关务、外汇、外债等密切相关,而这些业务又属财政部的职责范围,为便于部门间的协助沟通,将贸易调整委员会改隶财政部,易名为“贸易委员会”,并将原属实业部之国际贸易局并入该会,从而统一了外贸的行政权。国民党政府规定贸易委员会主要职能为:“(1)关于进出口贸易之管制事宜;(2)关于国营对外贸易之督促、考核事宜;(3)关于商营对外贸易之调整、协助事宜;(4)关于出口外汇之管理事项;(5)关于对外借款,购料、易货、偿债之筹划、查核、清算事项;(6)其他关于物资供求之调节事项。”②贸易委员会内设秘书、业务、财务、调查等处,其核心部门业务处“掌理指导协助各进出口公司行号,及自行办理采购包购包装推销或委托购售国货商品,并管理本会设立之公司,经营进出口贸易业务”。同时,为便于贸易行政及相关业务的开展,国民党政府明确要求贸易委员会应在国内外重要地点设立办事处,其自行设立的贸易公司应在国内外设立分公司。贸易委员会组织成立了富华公司、复兴商业公司、中国茶叶公司这3个专门经营猪鬃、桐油、茶叶等土特产的国营出口贸易公司,并在各省和地方设分支机构,从敌伪手中和后方各省抢购各种出口土特产品。钨、锡等矿产品则由资源委员会矿产出口运销处统购后出口。财政部贸易委员会的设置,统一了

---

① 中国第二历史档案馆编:《中华民国史档案资料汇编》第5辑第2编,财政经济(9),江苏古籍出版社1997年版,第434页;重庆市档案馆编:《抗日战争时期国民政府经济法规》上册,档案出版社1992年版,第57页。

② 中国第二历史档案馆编:《中华民国史档案资料汇编》第5辑第2编,财政经济(9),江苏古籍出版社2000年版,第408—410页。

进出口贸易事权,为战时统制贸易的实行提供了制度保证,标志着国民党政府战时贸易统制机构的正式组成,以往的自由贸易政策开始逐步向战时外贸统制政策转轨。

1938 年 3 月,中国国民党临时全国代表大会召开,会议通过了《抗战建国纲领决议案》及《非常时期经济方案》。《抗战建国纲领决议案》指出,国民党政府的贸易政策为"巩固法币,统制外汇,整理进出口货,以安定金融"。《非常时期经济方案》则针对贸易不畅、出口受阻、外汇减少提出对策:(1)添设国内交通线路,扩充国际交通线路,发展交通机构,以使货畅其流,进而改进对外贸易,增进国产的出口,"对友邦亦应求各种物资得以充分交换,庶减少因海口封锁而发生之困难";(2)政府应限制进口增加出口,通过输入申请、举办消费税等方法阻止非必需品的输入,同时促进生产及抗战必需之工具的输入,并通过便利运输、举办兵险、政府推销等方法促进出口,"以期多得外汇";(3)"奢侈品应分别限制禁止",奢侈品消耗财力物力为数甚多,且多购自海外,使得巨额资金流出,害国病民,政府应当明定办法,予以限制或禁止。[①] 战时外贸统制政策进一步具体化,并将其与外汇管理政策紧密结合。

在出口贸易方面,抗战前期国民党政府为了适应抗战形势变化,"以期多得外汇",积极促进商营出口贸易,"对于出口商人予以贷款、垫款及保证借款、代办运销等项协助,并对主要输出物品之产制运销,酌予指导技术,融通资金,或筹划运输,以补商民能力之不足""同时,政府对于结汇货物,更予以豁免捐款,配备运输,

① 荣孟源主编:《中国国民党历次代表大会及中央全会资料》下册,光明日报出版社 1985 年版,第 486—495 页。

代保兵险及提高收价，以期优惠农商，增加出口”“实施以来，成效颇著”。[①] 1937 年 8 月 31 日，国民党政府公布了《食粮资敌治罪暂行条例》，规定凡以谷、米、麦、面、杂粮及其他可充食粮的物品供给日军者，处以死刑；虽非直接供给日军，而在非常时期将禁止出口的食粮私运出口在十万斤以上者，以资敌论；包庇或纵容前二项犯罪者，以共同正犯论罪。[②] 1938 年 10 月 27 日，国民党政府又颁布《禁运资敌物品条例》，明确规定，“凡国内物品足以增加敌人之实力者”，一律禁止运往“敌国及其殖民地或委任统治地”以及沦陷区。[③]《禁运资敌物品条例》实施后，经济部随即公布《禁运资敌物品一览表》，将牛等牲畜、米麦等粮食品、桐油等农产品、金属产品以及矿产品等物品列为禁运资敌物品。

在进口贸易方面，国民党政府在抗战前期主要从限制非必需品进口、肃清日货以及奖励急需品进口三方面进行贸易统制。1938 年 3 月，国民党临时全国代表大会通过的《非常时期经济方案》，提出要“集中物力、财力”“应以供给前方作战之物资为其第一任务”，明确提出“奢侈物品并非生活所必需，而消耗物力为数甚多，且往往购自国外，使巨额资金流出，害国病民，最为可惜，仅恃宣传劝告，效或未周，政府当明定办法，酌为限制，其为害尤重者，并可通令禁止使用，以挽颓风”。[④] 1939 年 7 月 1 日，国民党政

---

① 中国第二历史档案馆编:《中华民国史档案资料汇编》第 5 辑第 2 编，财政经济(4)，江苏古籍出版社 1997 年版，第 502 页。

② 重庆市档案馆编:《抗日战争时期国民政府经济法规》上册，档案出版社 1992 年版，第 185—186 页。

③ 重庆市档案馆编:《抗日战争时期国民政府经济法规》上册，档案出版社 1992 年版，第 198 页。

④ 秦孝仪主编:《中华民国经济发展史》第二册，台北近代中国出版社 1983 年版，第 604—611 页。

府颁布《非常时期禁止进口物品办法》,同时附《禁止进口物品表》,如洋酒、洋烟、鲍鱼、海参、人造丝织物、花边、绣货、象牙、毛织物及化妆品等都是禁止进口物品①,以此直接管制非必需品进口。

1938 年 1 月 20 日,国民党第五届中央常务委员会通过了对日经济绝交办法,规定由各地抗敌后援团体或经济绝交委员会,会同当地办理登记日货以及商铺作不进日货事宜。1938 年 10 月 27 日,国民党政府公布施行《查禁敌货条例》,规定“敌货”包括:(1)敌国(日本)及其殖民地或委任统治地之货物。(2)第一款区域外工厂商号由敌人投资经营者之货物。(3)第一款区域外工厂商号为敌人掠夺编制或利用者之货物;敌货“一律禁止进口及运销国内”,敌货查获后“一律予以没收”。1941 年 9 月 3 日,国民党政府又对《查禁敌货条例》进行增补修订,公布实施《修正查禁敌货条例》②,细化并拓展了原条例的内容,进一步严密了查禁敌货的工作程序。之后,国民党政府把“根绝敌货”作为对敌经济战的重要内容。

抗战后期,物资极为缺乏,形势又有了很大变化,国民党政府的贸易政策也不得不进行调整,由原来偏重鼓励输出以换取外汇的政策,转变为进口出口并重。对于进口而言,争取物资成为抗战后期政策的重中之重。1942 年 5 月 11 日,国民党政府公布《战时管理进口出口物品条例》。该法规对进出口概念范围进行重新界定,以“依封锁敌区交通办法规定之封锁线”为“国界”,这实际上

① 重庆市档案馆编:《抗日战争时期国民政府经济法规》下册,档案出版社 1992 年版,第 280—285 页。

② 重庆市档案馆编:《抗日战争时期国民政府经济法规》上册,档案出版社 1992 年版,第 192—195 页。

是对战争造成的相持阶段实际状态的一种承认(但是这所谓“国界”毕竟是假的,是暂时的①)。该条例规定,“自本条例公布后凡与本条例有抵触之法令概不适用”,这等于宣告此前为禁止进口及对日封锁而颁布的《查禁敌货条例》《禁运资敌物品条例》等即行废止。该条例的核心意义在于对进出口货物不再以敌友为取舍标准,很多过去曾遭禁运物品如蚕丝织品、呢料、印刷用纸、普通食物用具等,一概弛禁,只要有利于增强抗战物力,不论来自何国何地,均准予进口。② 新条例对于调动商人抢购物资内运的积极性,充实后方物资、增强抗战物力具有积极意义。1942 年 6 月 22 日,国民党政府行政院又公布《战时争取物资办法大纲》,主要内容为购运人抢购物资入封锁线或国境时,应向相应机关申请登记;物资运到相应地点后,购运人可自由出售,亦可由主管机关按成本加利润作价收购,并加给奖金;政府相应机关应给予购运人抢购物资以金融、运输、保险等方面的便利,并减免除国税外的各种捐税。③《战时争取物资办法大纲》为抗战后期的物资战提供了基本指针。

抗战初期国民党政府为了促进富余产品输出以换取外汇,曾经对民营出口商予以奖励。随着国营出口贸易逐步加强,民营出口贸易渐衰。1944 年 4 月 25 日,国民党政府财政部公布《促进民营进出口贸易办法》④,实际上又转而鼓励民营进出口贸易了。这

① 以后的学者在引用历史文献原文时,请注意在里面有“陷阱”,在进行对外贸易时要当心假“外”。

② 重庆市档案馆编:《抗日战争时期国民政府经济法规》下册,档案出版社 1992 年版,第 297—308 页。

③ 重庆市档案馆编:《抗日战争时期国民政府经济法规》上册,档案出版社 1992 年版,第 158—159 页。

④ 重庆市档案馆编:《抗日战争时期国民政府经济法规》下册,档案出版社 1992 年版,第 296—297 页。

种政策转变,对于抗战后期主要交通线被切断以后保障抗战及民生物资的供给,发挥了一定的积极作用。

二、战时国民党统治区进出口贸易

(一)出口贸易

1937年前,西方资本主义各国为了摆脱经济危机,纷纷实行输入贸易统制政策,限制进口,对农产品限制更严,而中国出口商品以农产品及其制成品为主,因此出口贸易大受影响。1934年中国出口值降至4.34亿关两,仅及1931年的38.6%。1935年、1936年,由于世界经济逐渐复苏,出口也稍有增加。1937年日本帝国主义发动全面侵华战争后,国民党统治区沿海进出口口岸大部分丧失,对外贸易受到极大破坏。

如前所述,为了适应抗战形势变化,为了“多得外汇”,国民党政府积极促进出口贸易,但是又注意对国内急需物资尽力避免外流,故而“促进”输出与“禁止”出口同为战时并行不悖的两种方策。国民党政府将物品分为两大类,一类是紧缺的军需及必要物资,如钢铁、五金及其制品、棉花和粮食等,为保护资源而绝对禁止出口。另一类为可出口物品,其中又分:(1)结汇出口的蛋品、肠衣、兽皮、羽毛等农副产品和一些矿产品;(2)政府机构专营出口的桐油、猪鬃、生丝、羊毛、茶叶等农副产品,及钨、锑、锡、汞、铋、钼等特种矿产。

全面抗战开始后,国民党政府逐渐意识到,对民营贸易调整促进政策的实施虽然使得民营出口贸易得以维持,但却难以将组织分散、资金薄弱、经营方式落后的中国商人组建成能够应付战时贸易困局的全国性民营贸易系统,并且随着战事的推行,局面的日趋紧张,政府与商民之间的利益矛盾逐步显现,与抗战大局有重要关系的贸易政策（包括易货贸易）时常因短视商人的消极抵制而效果减弱。因此，从支持抗战这一大局出发，建立国营贸易系统以适应整个抗战需要，便显得非常必要。故而，国民党政府自抗战前期开始，在对民营贸易的调整、统制的过程中，逐步建立起国营贸易系统，并订立有关政府机构专营出口贸易物资的统购统销法规。

中国茶叶公司战前原由实业部创设，本为官商合办性质。其业务范围主要为关于茶叶生产至增进及技术改良事项；关于茶厂、茶场之设置、经营及督导事项；关于茶叶贷款、收购及运输事项。1938 年国民党政府与苏联政府签订易货合约，中方以农矿产品易取苏方军需品。因苏方需茶甚殷，国民党政府为偿付债款及维持债信考虑，不得不把茶叶首先纳入统购统销农产品，于 1938 年 6 月颁行《管理全国茶叶出口贸易办法》。1939 年 5 月，行政院又将茶叶管理办法略加修正，出台《管理全国茶叶出口贸易办法大纲》，将全国茶叶外销完全纳入统制范围。该办法大纲规定，"凡各省茶叶之收购外销，均依据本办法之规定办理"，"各省茶叶收购外销事宜，由贸易委员会负责统筹办理，并由中国茶叶公司利用原有机构，尽量协助，其国外推销事宜，由中国茶叶公会办理"，"贸易委员会收购茶叶售出时如有损失，概归国库负担"。① 以往茶叶外销由各国洋行直接向茶栈订购，此后则转变为洋行向贸易委员会订购办理。因茶叶外销数额巨大，为扩大国营范围，1940 年 1 月由国民党政府财政部增资退还中国茶叶公司商股，把中国茶叶公司改组为纯粹国营公司，并划归贸易委员会管辖，主要办理茶叶对外贸易事项。中国茶叶公司在浙江、福建、湖南、江西、安徽、广东、广西、贵州、云南等省设有分公司。1945 年 4 月，中国茶

---

① 重庆市档案馆编:《抗日战争时期国民政府经济法规》下册，档案出版社 1992 年版，第 308—309 页。

叶公司并入复兴商业公司。

当时中国为世界猪鬃市场的第一供给国。猪鬃坚韧耐磨,是制造各种毛刷的天然优质原料,世界各国尤其是军事工业发达的国家,对于中国猪鬃的需求殷切。在全面抗战前猪鬃位居中国出口商品第 8 位,至 1939 年占总出口值的 4%,超过茶叶、桐油等而居中国出口商品第 4 位。1939 年 9 月 1 日,国民党政府公布《全国猪鬃统销办法》,明确规定"猪鬃为易货偿债所需,业经规定为政府统销货物,所有全国各色猪鬃之收购运销事宜,指定归贸易委员会统一办理"。1940 年 3 月 3 日,财政部将原统销办法加以修正,公布实施《修正全国猪鬃统销办法》,对猪鬃的统制侧重于统销。至 1941 年 11 月 24 日,《全国猪鬃统购统销办法》出台后,才对全国猪鬃实行全面统购统销,具体由富华公司负责。[①] 在贸易委员会成立之初,具体贸易经营业务原由该会在香港、上海设立办事处办理。后为避免日伪势力注意,香港等地办事处均改为富华贸易公司,主要负责将出口货物集中香港转销国外。富华公司逐渐转变为贸易委员会经营对外贸易业务的专职机关。富华公司总公司设在香港,并于上海、重庆、长沙、广州、兰州等埠设立分公司。1940 年 6 月,富华公司正式组织为商业机构,办理凡茶叶、桐油以外的一切输出物资(以猪鬃、羊毛、生丝、皮张等项数量为最大,连同肠衣、羽毛、药材及其他杂货等)的收购运销业务。太平洋战争爆发后,富华贸易公司由香港迁往重庆,设在长江南岸的向家坡,与贸易委员会同在一处办公。1942 年 2 月,国民党政府为调整业务精简机构,将富华公司并入复兴商业公司。

1938 年年底,国民党政府与美国达成桐油易货借款协定,中

---

① 参见重庆市档案馆编:《抗日战争时期国民政府经济法规》下册,档案出版社 1992 年版,第 309—313 页。

方在5年内向美国市场输送桐油25万吨，并以其货款一部分偿还在美购货借款。为应对此项易货偿债需要，国民党政府遂拨资本1000万元成立了复兴商业公司。其业务范围为经营中国进出口贸易，接受中外各公司商行委托代办进出口货物。1940年10月24日，国民党政府财政部公布《全国桐油统购统销办法》，由复兴商业公司负责全国桐油统购统销事宜。① 1942年富华公司归并到复兴商业公司后，公司业务范围扩充，如政府统销的桐油、猪鬃、羊毛、生丝等物品均划归该公司负责经营。复兴商业公司总公司设在重庆，在云南、贵州、广西、湖南、浙江、江西等出产桐油省份及香港、海防设立分公司或办事处扩展业务。抗日战争胜利后，贸易委员会及复兴商业公司于1945年年底被国民党政府裁撤。②

在全面抗战爆发前，国民党政府已经通过资源委员会对钨、锑等特种矿产的产销进行统制。1939年12月2日，国民党政府经济部公布《经济部矿产品运输出口管理规则》，再次明确，"钨、锑、汞、锡、铝各矿产品收购运销之管理，由经济部资源委员会执行之"③。至此，这六种特矿产品均由资源委员会就民间各矿进行统筹购销，并择定重要矿区自行开采，以应对各国易货偿债及换取外汇需要。资源委员会下设钨、锑、锡、汞4个专业管理处以及国际贸易事务所负责办理出口贸易业务。

财政部贸易委员会下辖的富华贸易公司、复兴商业公司、中国

① 参见重庆市档案馆编:《抗日战争时期国民政府经济法规》下册，档案出版社1992年版，第313—314页。

② 财政科学研究所、中国第二历史档案馆编:《民国外债档案史料》第11卷，档案出版社1991年版，第18页。

③ 参见重庆市档案馆编:《抗日战争时期国民政府经济法规》下册，档案出版社1992年版，第122—123页。

茶叶公司这三大国营公司分别垄断猪鬃、桐油、茶叶等土特产的出口;钨、锑、锡、汞、铋、钼等特种矿产由资源委员会实行统购统销,出口时须经贸易委员会批准。

在国民党统治区战时各种贸易统制措施综合作用下,出口贸易曾经一度有所增长,1937 年出口总值仅 8.38 亿元,到 1941 年增加到 29 亿余元。1942 年以后由于海陆口岸尽失,仅有空运通向印度,出口锐减,1943 年仅 1.65 亿元,尚不及 1937 年的 20%。8 年出口总值为 88.5 亿元。① 若以货物而论,8 年间共出口生丝 208157 公担,价值 97560.7 万元;茶叶 147846 公担,价值 25722.2 万元;桐油 2513949 公担,价值 33386 万元;猪鬃 195303 公担,价值 77492.6 万元;棉花 2050095 公担,价值 21717.5 万元;棉纱 542037 公担,价值 26363 万元;棉织物 619492 公担,价值 34191 万元;煤 1191 公担,价值 24735 万元;铁矿砂 75.35 万吨,价值 6131 万元;钨矿砂 2.63 万吨,价值 2.5 亿元;锑 1.58 万吨,价值 3465 万元;锡 2.44 万吨,价值 3.06 亿余元。②

战时国民党统治区生丝、茶叶、桐油、棉纺织品、猪鬃、钨、锑、锡等出口货物,主要是向德国、美国和苏联等国换取军用物资等,以及偿还债款之用。1939 年中德断交,中德贸易中断。太平洋战争爆发后,国民党统治区出口物品主要运往盟国,如钨、锑、锡、汞、铋、钼等特种矿产主要运往美、苏两国,支援盟国反法西斯战争。1942 年以后由于东部与南部海陆口岸尽失,国民党统治区进出口贸易锐减,出口总值 1943 年仅有 1.65 亿元,进口总值 1943 年仅

① 秦孝仪主编:《中华民国经济发展史》中册,(台北)近代中国出版社 1983 年版,第 664 页(按可变价法币统计)。

② 秦孝仪主编:《中华民国经济发展史》中册,(台北)近代中国出版社 1983 年版,第 664 页(按可变价法币统计)。

有1137万元,1944年只有605万元。① 当时运往苏联的货物,必须穿越漫长的西北公路。对美国的出口货,则几乎全部要由飞机运经印度,再去美国。② 1936—1948年几种货物的出口量值统计见下列各表。

表15-1　生丝出口量统计(1936—1948年)　(单位:千担)

年份	白土丝	黄土丝	白厂丝	生丝总出口
1936	5	9	46	157
1937	6	7	52	164
1938	12	4	31	110
1939	25	2	43	148
1940	14	1	45	97
1941	11	—	31	88
1946	3	1	10	26
1947	2	—	6	28
1948	1	1	5	21

资料来源:Hsiao Liang-lin, "China's Foreign Trade Statistics, 1864-1949", 1974, pp.102-110.

① 吴太昌:《抗战时期的国民党政府的贸易,物资管制及国家资本的商业垄断活动》,平准学刊编辑委员会编:《平准学刊》第五辑(下册),光明日报出版社1989年版,第669页。

② 郑友揆:《中国的对外贸易和工业发展(1840—1948年)——史实的综合分析》,程麟荪译,上海社会科学院出版社1984年版,第165—166、192—193页。

表 15-2　茶叶出口量值统计(1936—1948 年)

(单位:出口量:千担;出口值:1933—1947 年为千元;1948 年为千金圆券)

年份	出口量	出口值
1936	616	30662
1937	672	30787
1938	688	33054
1939	373	30386
1940	570	104571
1941	135	40761
1946	114	15340617
1948	289	28320

资料来源:Hsiao Liang-lin,"China's Foreign Trade Statistics,1864-1949",1974,pp.117-119.

表 15-3　豆类出口量统计(1936—1948 年)　(单位:千担)

年份	豌豆等	大豆	豆饼
1936	1875	102	353
1937	1163	33	29
1938	429	38	20
1939	962	101	28
1940	635	193	114
1941	602	107	209
1946	124	94	2
1948	630	416	154

注:"豌豆等"类别包括蚕豆等,1894 年前大豆、豆饼等总计在内;1913 年前大豆总计在内。

资料来源:Hsiao Liang-lin,"China's Foreign Trade Statistics,1864-1949",1974,pp.80-81.

表 15-4　桐油出口量值统计（1936—1948 年）

（单位：出口量：千担；出口值：1933—1947 年为千元；
1948 年为千金圆券）

年份	出口量	出口值
1936	1434	73379
1937	1703	89846
1938	1150	39237
1939	554	33615
1940	384	56358
1941	340	93871
1946	538	67998094
1948	1258	131802

资料来源：Hsiao Liang-lin, "China's Foreign Trade Statistics, 1864 - 1949", 1974, pp.95-96.

表 15-5　棉货出口值统计（1936—1948 年）

（单位：1933—1947 年为千元；
1948 年为千金圆券）

年份	原棉	棉纱	棉布	总计
1936	28198	12398	8970	49566
1937	31301	4845	7980	44126
1938	101003	22883	13640	137526
1939	8654	31767	36797	77218
1940	8462	70780	79540	158782
1941	60097	136741	202820	399658
1946	14886	455185	6330712	6800783
1948	—	123709	415526	539235

资料来源：Hsiao Liang-lin, "China's Foreign Trade Statistics, 1864 - 1949", 1974, pp.85-86.

(二)进口贸易

全面抗战前中国在进口贸易方面,由于世界经济危机波及中国,再加上国民党连年发动内战,人民生命财产受到严重损失,社会购买力下降,对进口货的需求锐减。进口值连年下降,到1935年降至6.75亿关两,仅及1931年的45.6%。全面抗战爆发后在进口贸易方面,国民党政府最初曾推行许可证制,供以官价外汇。另外,为了支持长期抗战,中国急需进口大批军火武器,而进口武器的主要障碍是外汇短缺。抗战前夕,中国仅有2.5亿美元的外汇存底。后来,沿海城市相继沦陷,日本侵略者又封锁我海上交通,对外贸易大受打击,外汇来源更为短缺。国民党政府控制外汇,与日本人经济作战,于1938年10月公布《查禁敌货条例》,完全禁止从日本及其控制地区进口一切商品。1939年7月公布的《非常时期禁止进口物品办法》,则主要是禁止奢侈品,不问货源。1940年9月,由于迫切需要某些重要物资,开始放宽禁令,减少了禁止进口的项目,又鼓励汽油、棉织品、钢铁等重要物资进口,不论来自何方均可享受减税优待。太平洋战争爆发后,日用必需品严重短缺,又有60多种商品被解除禁令,改用特别许可证来控制。1942年5月,国民党政府又废止战争初期有关进出口物品管制的法规,同时颁布《战时管理进出口物品条例》,对进出口的管制有较大程度的放松,其目的是争取物资的输入,调整统制政策的方向,更好地发挥对外贸易效用。同时,陆续增列鼓励进口项目,棉制品、化学品、钢铁、汽油等均减税优待;后又普遍减税,进口税率只有战前的1/3。所以,对于进口实际上没有什么限制。①

① 有关贸易和统销的一些法令,见沈雷春等:《中国战时经济志》,文海出版社1973年版,中国战时经济法规第十一部分。

国民党统治区各年进口值亦随贸易政策的变化而升降。1938年进口值达8639万美元，1939年受上年10月颁布《查禁敌货条例》的影响而陡降至3908万美元，后因政策放宽，使1940年增至6713万美元，1941年激增至13595万美元。这一时期进口商品主要是五金、钢铁制品、机器设备、化学品、汽油、煤油等，主要来自美国、德国、英国和东南亚国家等。太平洋战争爆发后，国民党政府对于紧缺物资，不管它们来自何方都鼓励进口，因而日本货、德国货被私商从沦陷区大量偷运到国民党统治区，以致1943—1944年来自德国和日本——均为中国的敌国——的进口货占国民党统治区进口总额的比重竟然分别高达46.5%和34.6%，居第一、第二位，美国居第三位。进口货主要是棉纺织品、化学品、机器等。到1945年时美国货所占国民党统治区进口总额比重又上升至第一位。①

（三）贸易对象国的变化

战时进出口贸易统计，因日军占领上海等地海关后，问题较多。而大后方海关由国民党政府管理，诸多保密，难窥全貌。表15-6是郑友揆经过校订和补充的统计，为避免币值过大变动，按公开市场汇率折成，谨供参考。

表15-6A　抗战后方的对外贸易　（单位：百万美元）

项目＼年份	1938	1939	1940	1941	1942	1943	1944	1945年1—8月
进口	86.4	39.1	67.1	136.0	41.5	48.9	17.3	7.0

① 郑友揆：《中国的对外贸易和工业发展（1840—1948年）——史实的综合分析》，上海社会科学院出版社1984年版，第163—165、190—191页。

续表

项目＼年份	1938	1939	1940	1941	1942	1943	1944	1945年1—8月
出口	59.5	21.3	14.9	20.0	32.1	25.9	18.3	8.8
出(+)入(-)超	-26.9	-17.8	-52.2	-116.0	-9.4	-23.0	1.0	1.8

注:1. 美元计值(原海关统计后期用法币),并与表6-17采用同一规格,以便比较。

2. 本表并不反映国民党统治区全部对外贸易。首先,军用物资不在进口统计之列,易货贸易的输出也不在内;其次,后方与沦陷区的贸易虽属国内贸易,但沦陷区运后方者包括进口洋货,尤其日货,数额颇巨,后方运沦陷区者亦有出口商品;最后,国际交通线愈困难,走私进口愈猖獗,且多系权势之家,无从查获。因此,就对外贸易而论,实际入超远大于表列数字。

资料来源:郑友揆:《中国的对外贸易和工业发展(1840—1948年)——史实的综合分析》,上海社会科学院出版社1984年版,第171—176、191、193页;据许涤新、吴承明主编:《中国资本主义发展史》第3卷,人民出版社2003年版,第464页有关表格改编。

表15-6B　抗战后方进口贸易各国和地区占比　(单位:%)

项目＼年份	1938	1939	1940	1941	1942	1943	1944	1945年1—8月
日元集团	0.2	0.2	—	—	1.3	22.8	14.4	1.0
美国	21.9	27.0	19.1	18.3	15.0	17.5	17.0	21.5
英国	9.7	6.3	6.4	3.6	6.7	5.9	10.1	3.2
德国	20.9	10.7	4.1	2.4	19.8	23.7	20.2	0.3
东南亚及印度	21.2	28.3	20.8	13.3	12.1	9.1	15.6	55.7
中国香港	4.7	13.8	40.2	58.3	10.7	14.5	15.8	13.3

续表

年份 项目	1938	1939	1940	1941	1942	1943	1944	1945 年 1—8 月
其他	21. 4	13. 7	9. 4	4. 4	34. 4	6. 5	6. 9	5. 0

资料来源:郑友揆:《中国的对外贸易和工业发展(1840—1948 年)——史实的综合分析》,上海社会科学院出版社 1984 年版,第 171—176、191、193 页;据许涤新、吴承明主编:《中国资本主义发展史》第 3 卷,人民出版社 2003 年版,第 464 页有关表格改编。

表 15-6C 抗战后方出口贸易各国和地区占比 (单位:%)

年份 项目	1938	1939	1940	1941	1942	1943	1944	1945 年 1—8 月
日元集团	2. 1	—	—	0. 8	—	—	—	—
美国	6. 2	0. 9	4. 7	6. 8	33. 5	52. 2	33. 6	22. 8
英国	4. 5	1. 6	0. 5	—	—	—	—	—
德国	3. 1	—	—	3. 2	—	—	—	—
东南亚及印度	11. 6	31. 4	17. 7	2. 9	4. 2	0. 9	9. 5	6. 5
中国香港	67. 3	51. 7	55. 8	78. 9	—	—	—	—
其他	5. 2	14. 4	21. 3	7. 4	62. 3	46. 9	56. 9	70. 7

资料来源:郑友揆:《中国的对外贸易和工业发展(1840—1948 年)——史实的综合分析》,上海社会科学院出版社 1984 年版,第 171—176、191、193 页;据许涤新、吴承明主编:《中国资本主义发展史》第 3 卷,人民出版社 2003 年版,第 464 页有关表格改编。

从贸易国别比较看,1938 年进口贸易中,美国居首位,德国居第二位,英国居第三位。德国居第二位是因为蒋介石一向采取亲德政策,抗战初期德国是中国军火的主要输入国。例如 1938 年 1 月中国进口的 3 万余吨军火中绝大部分自德国进口;其后两个月,德国又运华德制 HS123 型轰战两用机 12 架、迫击炮 300 门、高射炮 300 门及有关设备等。① 1939 年 9 月第二次世界大战爆发后，德货进口减少。但是,太平洋战争后,中国已向德国宣战,而德货进口却超过美货,连年居首位。同样令人惊异的是日本货进口也大增,居第二、三位。这与抗战后期国民党政府贸易统制政策演变有很大关系。“事实上日货进口在 1941 年以前也不少,而是隐藏在港货中。因 1938 年 10 月广州沦陷后,各国来货集中香港拆包、改装,作港货进口,故港货比重突增至 50%左右”②。在 1943 年、1944 年,中国进口贸易中美国居第三位。进口货主要是棉纺织品、化学品、机器、纸张等。到 1945 年时美国货所占国民党统治区进口总额比重上升至第一位。1936 年中国由苏联进口的商品价值 37 万美元,占当年中国进口总值的 0.13%;从 1937 年到 1941 年,中国从苏联进口的军火及其他物资的总值达 17318 万美元,年平均进口 3464 万美元,是 1936 年进口值的 94 倍。1936 年,中国向苏联出口了价值 124 万美元的商品,占该年中国出口总值的 0.6%;1938 年后中国根据易货贷款协定,向苏联出口战略矿产品和农产品,以偿还贷款。1944 年,中国对苏出口值达 969 万美元,为 1936 年出口值的 7.8 倍,占该年出口总值的 52.9%,对苏出口首次超过对美出口,跃居第一位;1945 年 1 月至 8 月,对苏出口占出口总值的比重进一步上升到 70.3%。③

再从进出口商品来看,海关统计的进口,仍以棉纱及棉制品为

① 参见程天放:《使德回忆——柏林最后五个月》,《传记文学》第 7 卷第 6 期,第 20 页。

② 许涤新、吴承明主编:《中国资本主义发展史》第 3 卷,人民出版社 2003 年版,第 465 页。

③ 参见徐万民:《八年抗战时期的中苏贸易》,《近代史研究》1988 年第 6 期。

多,次为化学品及染料,至于机器、工具、五金等大约占总值的不到10%。不过,卡车、机车、铁路器材、汽油等由政府用军事借款进口,不在统计之列。有人估计1938—1941年不报关的政府进口为9660万美元,1942—1945年为9240万美元,这就等于表15-1中报关进口数的42.7%。又估计1942年以后的报关进口中有1/4是按官价汇率取得外汇的。① 因此,把表15-1中的报关进口额的1/3作为政府经营的进口,不会高估。出口方面,1938—1941年资源委员会出口的矿产品约值4276万美元,贸易委员会出口的农产品约值4362万美元,共占本期出口总值的75%。② 余为商人出口,主要为药材、皮革、烟叶及杂品。1942年以后,统制物资的官价与国内外市价相差太大,统计失去真实性,不过75%这个比率只会有增无减。③

三、战时国民党统治区的外债

全面抗战爆发后,国民党政府一方面急需国外军火、设备和资金,另一方面财政极为困窘,无力进口大量军火及设备等。苏联、美、英等大国参照战前德国的做法,对中国进行易货贷款。这主要

① 此项估计参见张公权:《中国通货膨胀史(一九三七——一九四九年)》,杨志信译,文史资料出版社1986年版,附表T(2)。

② 郑友揆:《中国的对外贸易和工业发展(1840—1948年)——史实的综合分析》,上海社会科学院出版社1984年版,第169页。这些出口主要输往美国和苏联。在表4-12中,苏联是统计在"其他"栏内,1942年以后,"其他"栏突增至50%以上,其中主要是苏联所占。但这时输苏商品并未大量增加,只因统计中中国香港、英国等栏消失,"其他"栏百分比自然增大。

③ 许涤新、吴承明主编:《中国资本主义发展史》第3卷,人民出版社2003年版,第465页。

是因为苏、美等国在战前形势紧张需要备战时,及战争爆发以后,都急需购置和储存重要的战略物资,中国的钨、锑、锡等特种矿产以及桐油、生丝、猪鬃、茶叶等农产品为他们所需要;而国民党政府只有用国内农矿产品来延期偿付。因此,易货贷款成为国民党政府在抗战时期最主要的举债方式。

战时国民党政府的外债,从时间上来看,大致可分为两个阶段:1937—1940 年为第一阶段,这一阶段提供借款的国家以苏联和法国为主。苏联积极帮助中国抗战,以军火和军需品形式贷款给中国。在抗战前期法国对中国抗战也提供了较多的贷款援助。而此时美、英对中国与日本双方采取骑墙态度,对中国的援助较少,唯恐触怒了日本人,使英、美在远东的利益受到日本人的损害,所以对华贷款不多;1940—1945 年为第二阶段。这一阶段由于苏联忙于对付法西斯德国,而法国则败降于德国,这两国对华贷款停止。对中国提供借款的国家主要是美、英。在这一阶段,特别是太平洋战争爆发后,美、英两国都受到日本的攻击,损失惨重。中国成为美、英的盟友。美、英一改过去"坐山观虎斗"的态度,转而向中国提供巨额借款,意图通过为中国提供武器和金钱,让中国军队为它们拖住日军很大一部分兵力,不让日军抽出更多的兵力来攻击它们。

(一)中苏易货借款

1937 年年初,苏联驻华大使鲍格莫洛夫通知中国政府,苏联同意提供 5000 万美元信贷。国民党政府委派资源委员会负责人翁文灏访问苏联,苏外长李维诺夫表示,"(苏联对中国)实行帮助的方法应先订立中苏交换货物合同,如此,苏联就可帮助一部分设备"①。

① 中国人民政治协商会议全国委员会文史资料研究委员会编:《文史资料选辑》(第一辑),中华书局 1960 年版,第 63 页。

苏高层表态标志着苏联对中国出口武器敞开了大门,使得两国政府间的易货贸易成为可能。1937 年 7 月 7 日,日本帝国主义发动全面侵华战争,中国奋起抵抗。8 月 2 日,《中苏互不侵犯条约》签订。条约所确认的和平、友好原则,是整个抗日战争时期指导中苏关系的基本准则。条约的签订,进一步改善了中苏关系。中国急需进口大批军火武器,而进口武器的主要障碍是外汇短缺。抗战前夕,中国仅有 2.5 亿美元的外汇存底。后来,沿海城市相继沦陷,海上交通又被封锁,对外贸易大受打击,外汇来源更为短缺。在中国的友邦中,苏联是第一个提供军火贷款的国家,并且是先供应武器,后签订贷款协定。① 1938 年 3 月,在国民党政府外援很少的情况下,苏联率先对华提供经济援助,在莫斯科与中国国民党政府签订了《中苏第一次易货借款合同》。合同规定,苏联向国民党政府贷款 5000 万美元,以供国民党政府购买苏联的军火、工业品及设备等。中国自 1938 年 10 月起,每年偿还 1000 万美元,偿还时一并交付已使用贷款之利息,以苏联所需要的茶、皮革、锑、锡、锌、钨、丝绸等商品及原料作价偿还。② 当时苏联给中国的借款条件非常优惠:不要抵押品,利息仅为年息 3 厘,其军火售价比市价还低。1938 年 7 月和 1939 年 6 月苏联又分别向国民党政府提供了 5000 万美元和 1.5 亿美元的易货借款,其用途、利息和偿还办法,都与上一次相同。③ 因中国所购苏联物品多系军用,主要是常规武器、坦克、军用卡车等等,所以向苏联购物事宜由国民党政府

① 徐万民:《八年抗战时期的中苏贸易》,《近代史研究》1988 年第 6 期。

② 财政科学研究所、中国第二历史档案馆编:《民国外债档案史料》第 11 卷,档案出版社 1991 年版,第 19—21 页。

③ 财政科学研究所、中国第二历史档案馆编:《民国外债档案史料》第 11 卷,档案出版社 1991 年版,第 22—28 页。

军事委员会直接经办。至于易货偿债事宜,矿产部分由资源委员会主办,农产品部分由财政部贸易委员会主办。这一时期中苏易货偿债的活动基本上是在平等互利的条件下进行的,苏联供给中国的物资支援了中国的抗日战争;而中国以农矿产品偿付债务,也合乎苏联本身的战略利益。据有关资料记载,自 1938—1941 年,中国政府用苏联提供的借款,向苏联购买了九批军用物资,而中国运交苏联的矿产品有钨砂 31177 吨、锑 10892 吨、锡 13162 吨、汞 560 吨、锌 600 吨、钕 18 吨。[①]

上述三次易货借款,合同上共计 2.5 亿美元,不过中苏第三次易货借款原定为 1.5 亿美元,后来由于苏德战争爆发,实际只借用了 0.73 亿美元,所以中苏这三次易货借款实际上共计 1.73 亿美元。另外据国民党政府经济部官员透露,中苏之间还有两次借款,“一为第四次中苏易货借款,金额为 5000 万美元,二为第五次中苏易货借款,金额为 638.5 万美元”。也有学者指出,这第四、第五次中苏易货借款,实际并未执行。[②] 总的来说,在中国抗战初期,主要西方国家采取观望态度之时,苏联雪中送炭,对中国提供了数额巨大、条件优惠的贷款援助和物资援助,对支持中国抗战起了很大作用。中苏易货借款约定以货物偿付,而偿债货物之品目、数量以签订交货合同为前提。但是国民党政府交货价值往往未达各该年度应偿债额,原因主要有:“历年多方准备偿债之货物,或因苏方选择过严,压价太低,或因我方运输困难,物资集中不易,或因外汇汇率一再调整,出口物资节节上扬,原列预算不敷甚巨”,加之有

① 徐万民:《八年抗战时期的中苏贸易》,《近代史研究》1988 年第 6 期。

② 许涤新、吴承明主编:《中国资本主义发展史》第 3 卷,人民出版社 2003 年版,第 466 页。

时国库还延拨收购资金，使后期偿债工作时入困境。① 1945年年底，贸易委员会及复兴商业公司被国民党政府裁撤后，农产品出口偿债工作改由中央信托局接办。②

(二)向法国借款

日本帝国主义发动全面侵华战争后，一方面，法国政府由于当时绥靖政策的影响，不愿得罪日本。但在另一方面，为了维护法国在华利益不因日本的侵略而受到损害，同时法国国内的民主传统也使法国大部分人支持中国反对日本法西斯，所以当时法国政府又对中国的抗日有支持的一面。由于法国在太平洋的主要属地越南邻近中国滇、粤、桂3省，因此，假道越南运输就成为战时中法关系问题的焦点。因为中国沿海港口逐一失陷时，中国向法国提出开放中越边境，允许中国从国外筹集物资经印度支那入境，法国政府在此问题上表示默许，但当日本人提出抗议时，法国曾经一度关闭滇越铁路。对此，法国表示尽可能以秘密方式和变通的方法使军援假道越南转入中国。由国民政府财政部部长孔祥熙、交通部部长张嘉璈，同法国银行团、中国建设银公司的代表，于1938年4月22日在汉口达成湘桂铁路南镇段(南宁—镇南关)借款合同，合同规定，法国银行团向中国政府提供价值1.2亿法郎的铁路器材作为材料借款，用以修筑南宁—镇南关的铁路；另外，法国银行团再向中国政府提供3000万法郎的现金，以充作铁路建筑工程用款；借款年息7厘，期限15年。1939年3月，因订购机车、车辆需

① 财政科学研究所、中国第二历史档案馆编:《民国外债档案史料》第11卷，档案出版社1991年版，第54—74页。

② 财政科学研究所、中国第二历史档案馆编:《民国外债档案史料》第11卷，档案出版社1991年版，第18页。

要,签约各方又签订第一号附约,增加借款数额。此项借款先后总计有 1.8 亿法郎,14.4 万英镑。中国政府以盐余、铁路财产及其收益、广西矿税及其他国税为担保。① 该项借款所筑铁路,对于中国政府来说,在东部沿海口岸被日军占领的情况下,具有连接西南广西等省通往越南出海口的国际交通线的重要意义。②

抗日战争爆发后,国民党政府除决定在广西和越南之间建筑铁路,借越南海防作为一个出海口以外,还筹划在印度洋方面另辟一条国际交通线。英国也想趁机向中国西南地区扩张势力。1938 年 3 月国民党政府曾与一家香港英商达成初步协议,联合修筑从四川成都经叙府至云南昆明,经腾越出国境,与缅甸铁路相连的铁路线。法国政府得知此事,急忙出面干预。法国驻华大使借口法国享有承办钦渝铁路的权益,要求叙昆筑路资金由法国提供。经过几番斡旋,终于在 1938 年 11 月由中英公司、法国银行团和中国建设银公司三方在伦敦达成了共同投资川缅铁路(包括以后的滇缅、叙昆两路)的合作协议。三团体向中国政府交通部游说:铁路建成后,不但可把昆明与缅甸仰光、越南海防联结起来,还可以经叙府与正在施工或计划兴建的成渝、宝成两路相连等。中国政府与英法达成协议,以四川、云南两省铜、锡、钨、金、铅、煤或石油等采矿权,全部充作抵押品,由英、法贷款修建滇缅、叙昆两路。这时日本警告英国政府,如果英国给予中国军事意义的援助,则香港的安全将受到影响。英国对投资叙昆铁路迟疑不决。法国趁机图谋独吞叙昆铁路投资权益,向国民党政府要求单独讨论该路借款问

① 财政科学研究所、中国第二历史档案馆编:《民国外债档案史料》第 11 卷,档案出版社 1991 年版,第 75—95 页。

② 但是由于对战局变化估计不足,路基工程刚完成不久,日本侵略军已在钦州登陆,正加紧侵犯南宁。为了防止已成路基被日军所用,又仓皇将其掘毁。两年多的辛劳成果,在日本侵略下化为乌有。

题。1939 年 12 月，中法签订《叙昆铁路借款合同》，法国提供 4.8 亿法郎的贷款，年息 7 厘，借期 15 年，以本路财产收益及普通盐余作担保。双方又签订《叙昆铁路矿业合作合同》，使法方获得该路干线两侧各 50 公里范围之内共同探矿权和经营权，规定该铁路沿线矿业，"不论属何种类""均应给予"。法方在采矿公司的资本额中可占 49%的份额；并为修筑支线提供材料。这使法国取得沿线 100 公里范围以内共同探矿与经营矿业之权益。① 合同签订不久，法国因欧洲战事吃紧，无法履行合同。1940 年 6 月以后，因法国投降纳粹德国，中方通知法国银行团停止执行合同。

法国的两项借款，约合 1500 万美元，远少于苏、英、美各国的借款额。法国政府在欧战前拟对中国提供金融贷款，但是实际并未实行。②

（三）向美国借款

国民党政府遇到财务困窘时，每每希望得到美国援助。1937 年中国抗日战争全面爆发以后，英法等国在欧洲自顾不暇，对日本帝国主义侵略中国一味退让、妥协。国民党政府又不得不选择美国为争取外援的突破口。"七七事变"后，美国国务院于 7 月 16 日、8 月 23 日、10 月 16 日相继发表声明，只是劝告其他国家坚持国际条约，信守和平和不侵略原则，要求各国以和平途径解决纠纷，等等。面对美国的麻木和冷淡，蒋介石等还是千方百计地通过各种途径呼吁美国不要实行中立法。9 月 10 日，中国驻美大使王

① 财政科学研究所、中国第二历史档案馆编：《民国外债档案史料》第 11 卷，档案出版社 1991 年版，第 224—230 页。

② 许涤新、吴承明主编：《中国资本主义发展史》第 3 卷，人民出版社 2003 年版，第 466 页。

正廷在同美国国务卿赫尔的谈话中指出:“中国正在为生存而战,也在为门户开放而战,中国只要从国外得到军事装备,就能胜利地抵抗日本。”蒋介石在9月24日答外国记者问时说:“美国现在之态度并非其真实之态度。美国不应考虑中立法……美国不能守中立,并表示相信美国必能予中国以同情及援助。”而美国则利用中日战争使日本成为美国最大的贸易伙伴,美国成为日本石油、矿产、汽车、飞机零件的主要供应国。“1937年10月5日起,日本的进口原料中,美国的供给额铜占90.9%,废铁占90.4%,铁化合物占82.7%,飞机零件占76.9%,石油与石油制品占65.6%,汽车与汽车零件占64.7%,铝占45.5%”。毫无疑问,美国实际上正直接或间接地向日本提供侵略中国的物资。国民党政府为了寻求美国的财政援助,在1937年夏派财政部部长孔祥熙赴美国,并向美方提出5000万美元的贷款要求。但美国国务院以中日冲突前景未明,远东局势动荡不安为由,保持沉默。与此同时,美国国内的某些决策者则表现出帮助中国的倾向,财政部部长摩根索表现最为积极。他认为:中国抗击日本的侵略是与全球的紧张局势相联系的,相信日本在中国的胜利将鼓动其他法西斯国家的侵略冒险,从而极大地增加世界战争的危险。基于“世界和平是与中国能否长期抗战戚戚相关的”共同认识,1937年7月8日摩根索在罗斯福的支持下,不顾国务院的暧昧态度,与中国财政部部长达成协议,把中国在美存银6200万盎司以每盎司0.45美元的价格售与美国,再以售银所得购进美国黄金,存在美国纽约联邦储备银行,作为中国发行货币的准备;该银行以此存金为担保,贷给中国5000万美元,此即为《白银黄金互换协定》。此项贷款成为全面抗战爆发后一年时间里,美国对华的唯一财政援助。① 此项贷款,由于实

① 林宇梅:《美国援华贷款与中国抗战》,《民国档案》2003年第4期。

际上中国是用自己在美国存银换的，是提用自己的钱，所以学者们一般不把它列入战时中国外债项目。

1938年秋冬以后，中美关系开始出现转机，主要原因是日本的侵略已不仅仅局限于对中国的军事征服，它的东亚“新秩序”政策势必将排除欧美各国在东南亚及太平洋各重要岛屿的防卫和利益，从而对美国的安全构成威胁。如罗斯福总统指出的那样，“保卫中国即是保卫美国的关键”，因而美国在舆论上开始谴责日本对中国的侵略。另外，中日战争爆发以来，国民党政府由于得不到美、英等国的财政援助，而大量接受苏联的援助。美国意识到拖延援华只会促使中国投入共产主义怀抱，从而动摇美、苏之间政治抗衡的均势。此外，国民党政府委任颇受美国人尊敬的学者胡适出任驻美大使，对争取美国舆情有较大作用。美国的远东政策也出现了变化，并在经济上采取了有限制地制裁日本和有限制地援助中国的平衡外交政策。1938年秋，国民党政府派资源委员会委员陈光甫赴美，与美财政部部长摩根索就借款方案进行谈判。为了促使谈判成功，10月15日蒋介石致电罗斯福，强调美援对中国抗战的重要性：“一笔可观的美国贷款将立即加强我国人民的信心，并使我们更有力和更有效地抵抗日本疯狂进攻”。为了避免政治上的麻烦，陈光甫在谈判中提出了桐油贷款方案：中国政府在国内设复兴商业公司收购桐油，在美国设世界贸易公司向美进出口银行借款并代售桐油，陈光甫同时任两个公司董事长，这一方案即被美方所接受。① 然而，罗斯福总统并没有立即批准桐油贷款方案，仍要摩根索去征求国务卿赫尔的同意。赫尔坚持认为，贷款将会导致日本与美国的正面冲突，甚至引发美日战争。由于赫尔的反对，贷款事宜又被搁置。11月，赫尔恰好去秘鲁利马参加泛美会

① 林宇梅：《美国援华贷款与中国抗战》，《民国档案》2003年第4期。

议,摩根索趁机说服了代理国务卿韦尔斯。11 月 30 日罗斯福批准此项贷款。12 月 30 日,中美双方签订《购售桐油合同》,由中方在五年内向美方出售 22 万吨桐油,而美方则为中国代购 1000 辆卡车。[①] 1939 年 2 月 8 日,世界贸易公司分别与复兴公司、美国华盛顿进出口银行签订《桐油借款合约》《购售桐油合同》和《中美第一次(桐油)借款合同》,美国华盛顿进出口银行提供的借款总额为 2500 万美元,年息 4.5 厘,由中国银行担保。该项借款用于购买美国农工产品,中国用桐油在五年内运美销售,以售价净收入的一半偿付借款本息,另一半在美国续购农工产品。[②] 这次借款尽管数额不大,但是开创了中美易货借款的先河。

1939 年 10 月中旬,桐油借款的款项即将告罄,国民党政府想从美国得到第二笔商业贷款。这时罗斯福向美国国会提出增加进出口银行资本 30 亿美元(其中 5 亿美元用于国外),驻美大使胡适不失时机地求见罗斯福,会谈摩根索,申述中日局势严重性,要求美国再提供一笔贷款。罗斯福与摩根索对此都表现出积极态度。但是,由于美国正忙于修改中立法的辩论,贷款事宜暂被搁置一旁。1940 年 2 月,美参议院外交委员会通过辩论决定增加进出口银行资本 1 亿美元,中国借款的来源问题也随之解决。同年 3 月 5 日,联盟借款署署长琼斯通知陈光甫,美国将对华贷款 2000 万美元。3 月 7 日进出口银行宣布贷款确立。[③] 1940 年 4 月 20 日,美国华盛顿进出口银行对中国贷放了战时第二次借款。这笔借款又被称为“华锡借款”。借款总额为 2000 万美元,年息 4 厘,

① 林宇梅:《美国援华贷款与中国抗战》,《民国档案》2003 年第 4 期。

② 财政科学研究所、中国第二历史档案馆编:《民国外债档案史料》第 11 卷,档案出版社 1991 年版,第 118—123 页。

③ 林宇梅:《美国援华贷款与中国抗战》,《民国档案》2003 年第 4 期。

期限7年。借款由中国银行担保，担保品为中国云南所产之锡。这项借款用以购买美国农工产品，以华锡4万吨在7年内按年定额运售美国，作还本付息基金。[①] 华锡借款是抗战二年来，中国以千万军民浴血奋战博得同情的结果。

1940年夏，日本大举增兵东南亚，法、英两国迫于日本的压力，先后关闭了滇越铁路和滇缅公路。蒋介石十分恐慌，急电宋子文，要其转告美国当局“若不在金融上从速援我救济，则中国内外情形实难持久”，吁请美国对日施加压力。8月，美国政府决定停止航空汽油及机器部件对日出口。9月底，日本进驻印度支那北部，并与德国、意大利法西斯势力进一步勾结，三国在柏林签订了军事同盟条约。为了反对法西斯国际军事同盟，美国摒弃了外交上的中立态度，采取了加紧战争准备、援助反侵略国家等一系列重大措施。10月，为警告日本，美国宣布全面禁止钢铁对日出口，同时又批准了价值2500万美元的中美《钨砂借款合同》。[②] 同年10月，美国华盛顿进出口银行对中国贷放了战时第三次借款，这次借款又名“中美钨砂借款”。借款总额为2500万美元，用以购买美国物料。借款年息4厘，期限5年，由国民党政府担保。同时由国民党政府资源委员会与美国金属准备公司签订约值3000万美元的钨砂售购合同，以中国钨砂售价的净收益抵偿借款本息。[③] 这是中美之间又一笔易货借款。

1940年11月8日，在美国大选后的第一次内阁会议上，罗斯福政府原则上通过了新的援华决定，向中国提供1亿美元贷款，

---

①　财政科学研究所、中国第二历史档案馆编：《民国外债档案史料》第11卷，档案出版社1991年版，第259—269页。

②　林宇梅：《美国援华贷款与中国抗战》，《民国档案》2003年第4期。

③　财政科学研究所、中国第二历史档案馆编：《民国外债档案史料》第11卷，档案出版社1991年版，第285—298页。

500架飞机及其他物资。宋子文把此消息密报给蒋介石:援华贷款“原则上已通过,而手续繁多,稽延时日,供给现贷之飞机及借款之实现,仍为最大问题”,要其接见美国大使时“务必重申我方之急需”。11月30日蒋介石致电罗斯福告急:“日本与汪伪组织已正式签订条约,此时英美如无严重表示及大量助华之事实发表,对我国民心理与经济状态必发生不测变化”。罗斯福总统深恐中国国内状况恶化,一旦蒋汪合流,后果严重。他急忙在11月29日通知美财政部部长摩根索24小时内宣布对华贷款1亿美元的消息,并指定由财政部加拨5000万美元平准基金贷款,由美国进出口银行提供5000万美元的商业贷款。在日汪签订《基本关系条约》及发表《中日满共同宣言》的当天,美国总统发表了财政援华声明,宣布以1亿美元贷款援助中国。[①] 1941年2月,中美之间签订了战时第四次易货借款合同(《金属借款合约》)。由美国华盛顿进出口银行贷放给国民党政府中央银行5000万美元,年息4厘,期限7年,由国民党政府担保。中国以此款购买美国物资,以资源委员会与美国金属准备公司所签售购合同约值6000万美元的锡、锑、钨等金属售价抵还本息。[②]

1941年4月25日,由中国国民党政府代表宋子文、中央银行代表李干同美国财政部部长摩根索在华盛顿正式签订了《平准基金协定》。按照协定,美国财政部动用“美国稳定基金”(Americanst Stab Ilization Fund)5000万美元购买中国法币。中美《平准基金协定》共计10条,其原则是中美货币与财政上的合作,美元与华元(即法币)汇率的稳定,促进两国的贸易、福利和友好。该项借款按周

① 林宇梅:《美国援华贷款与中国抗战》,《民国档案》2003年第4期。

② 财政科学研究所、中国第二历史档案馆编:《民国外债档案史料》第11卷,档案出版社1991年版,第308—333页。

息1.5厘计息。使用借款期限初定至当年6月30日,后经双方洽商延长一年。该借款系由美国财政部直接供给,协定未规定中方须提供何处经济担保,也没有规定借款动用部分的清偿期限。该借款规定只能用于在中国维持法币对美元的汇价。另外,国民党政府和中央银行必须拨付2000万美元加入该平准基金。5000万美元的平准基金借款,美方严格限定只能用于维持法币汇率。①

重庆国民党政府虽然借到了数额远远高于战前的外债,但是其财政仍然很困难。1941年12月7日,日军偷袭珍珠港,中美两国正式成为共同抗日的盟国,这也为美国利用中国的人力和地利以及中国利用美国的财力和武器这种互动式关系的产生提供了契机。国民党政府由蒋介石和宋子文分别在重庆与华盛顿以中美"存亡以共",要求美国贷给中国5亿美元的空前巨额借款。此事经美国参众两院讨论通过后,1942年2月由美国总统罗斯福致电蒋介石表示允诺。3月中美双方代表在华盛顿签订《中美财政援助协定》。该借款数额高达5亿美元,协定中声明此项财政援助用于加强中国金融货币制度、资助生产、稳定经济关系、改良交通、供应租借法案以外的军事需要等方面,以增强国民党政府的作战力量。② 而对于借款利率、担保物品、还本付息期限等都没有作出规定。双方仅仅议定,所有一切条件,等战后事势进展,再作决定。美国具有较强的经济实力,等到日本偷袭美国,成为美国的凶恶敌人,而坚持抗战的中国成为美国的盟友以后,美国对中国的财政援

① 财政科学研究所、中国第二历史档案馆编:《民国外债档案史料》第11卷,档案出版社1991年版,第358—365页。

② 财政科学研究所、中国第二历史档案馆编:《民国外债档案史料》第11卷,档案出版社1991年版,第394—398页。

助确实很大。此项借款数额空前,而且对于借款利率、担保物品、还本付息期限等都未作规定,这是很少有的。

(四)向英国借款

全面抗战爆发后,上海等地金融市场发生混乱。国民党政府为了稳定金融秩序,决定维持原来每1元法币合30美分或1先令2.5便士的汇率,为此,必须由中央银行无限制地供应外汇。这样做的结果是大量资金外逃。抗战前夕,国民党政府手中约有2.5亿美元的外汇储备,而到1938年3月国民党政府已经损失了0.9亿美元的外汇,这时才将无限制供应外汇的做法改为审批供应。改行审批制度后,外商银行不同意,日本人也对国民党政府发动了货币战,在上海大量套购外汇。这时上海已经陷入日本军队手中,国民党政府仍然命令中国银行在上海租界供应外汇,这样使日本人占了极大的便宜。而国民党政府之所以这样做,又是为了照顾外商,讨好英美。在抗战初期的中日货币战中,中国方面处于被动挨打的局面。到1939年年初,国民党政府的外汇储备已经枯竭,只好向英美乞援。1938年10月,中国银行董事长宋子文在香港向英方银行接洽,希望他们加入中国平准基金以支持中国的币制。到了12月初,中国方面建议设立中英联合平准基金,即英方银行至少向基金投入300万英镑,中方银行将投入相同数额;由中英银行代表组成的小型委员会来控制和运作基金。中方并且强调:如果来自英国的支持达到500万英镑或者1000万英镑,中国货币的汇率将能维持较长的时间。到12月初,英国政府尚在犹豫。1938年年底,英国政府的态度转趋积极。促使这一转变的因素,除了英国商界包括在华英商对稳定英镑与中国法币比价的迫切要求之外,还由于美国已公开表示要对华提供2500万美元的桐油借款,且没有引起日本方面的强烈反响。为了尽可能减少风险,英国起初试图说服美国联合支持中国的货币,但为美方所拒绝。① 英国政府决定不再等待美国,先单独支持中国货币,以稳定战时中国金融,便利中英贸易,以贷款维持法币汇价。1939 年 3 月,英国政府决定由汇丰银行和麦加利银行代表英国政府出资 500 万英镑,以年息 2.75%的低利率贷放给中国;并与中国银行、交通银行签订《平准基金合同》,中国方面也拿出 500 万英镑,合成 1000 万英镑的平准基金,中英双方成立平准基金委员会对平准基金进行管理。委员会由五人组成,中方二人,英商银行二人,另有一名是由中国政府委派、经英国财政部认为合格的英国人。② 平准基金成立后,在对付日本人的货币战方面,仍然处于被动局面。

1939 年 3—8 月英国人还曾两次与中国国民党政府签订合同,对华贷放信用借款。这项借款洽谈时间较长,直到英国贵族院通过信贷新法案后,英方才确定对华贷款 300 万英镑。这项借款又分为两部分,即滇缅路购车库券部分和五厘英金公债部分。滇缅路购车库券部分于 1939 年 3 月由中国交通部与英国桑内克尔夫签订购买载重汽车合同。合同规定车价除了 1/4 付现金外,余额 18.8 万英镑发给库券,年息 5.5%,以中国运入英国的农矿产品售价抵偿,还本付息期限为四年。五厘英金公债部分,由于利率和担保等问题,延至同年 8 月才订立合同,金额为 285.9 万英镑,用以订购英国特种货物。该项债款年息 5 厘,由国民党政府以运销农矿产品抵英售价作为偿付本息基金,期限 14 年。中国所订购的英国货物,由于不久后欧洲战争爆发,英国限制购运出口,经国民

---

① 吴景平:《英国与中国的法币平准基金》,《历史研究》2000 年第 1 期。

② 财政科学研究所、中国第二历史档案馆编:《民国外债档案史料》第 11 卷,档案出版社 1991 年版,第 142—147 页。

党政府不断交涉,英国才于1943年下半年放宽对输华物资的限制,但时隔数年,物价高涨,原定款额已经不够购买原货之用,于是商定多出的金额由英方先垫付,将来纳入新借款内。这样几经周折,这批货物才得以购运到中国。该项贷款实际动用额为298.8万英镑。①

在中日货币战中,由于中方将维持法币汇率这一目标看得过重,为此投入了大量平准基金,而这些宝贵的外汇基金很大部分又被日伪方面套购了去,中方一直处于被动局面。到1941年年初,所剩下的平准基金又难以维持下去。因法币汇率与英镑、美元挂钩,英、美两国不得不在1941年4月同时向国民党政府贷放平准基金借款。英国第二次平准基金借款数额仍为500万英镑,年息只有1.5厘。② 美国贷放的平准基金借款为5000万美元,年息也为1.5厘。此后,重新组织有中、英、美三方人员参加的新平准基金委员会,主持运用和管理平准基金。除此以外,美、英、荷三国还于当年7月份宣布冻结日本人和中国人在该国的存款,这有助于防止中国资金外逃,使官方汇率得以维持在一定水平。

1941年英国对国民党政府还贷放了第二次信用借款,其数额为500万英镑,用途限于购买英国本部和英镑区域各地的机器材料,借款年息为3.5厘。合同规定,由中国政府向英国运送猪鬃、茶叶、生丝、锑及其他双方同意的商品,售给英政府所同意之厂商,以此来抵偿借款本息。③

① 财政科学研究所、中国第二历史档案馆编:《民国外债档案史料》第11卷,档案出版社1991年版,第170—200页。

② 财政科学研究所、中国第二历史档案馆编:《民国外债档案史料》第11卷,档案出版社1991年版,第348—353页。

③ 财政科学研究所、中国第二历史档案馆编:《民国外债档案史料》第11卷,档案出版社1991年版,第375—383页。

日军在1941年12月偷袭珍珠港美国海军基地以后,又袭击了英国在太平洋的战略基地新加坡。英国也和美国一起,对日宣战。在美国对华提供大量援助的同时,英国政府也宣布要援助中国。1942年2月,英国政府表示愿意以最高额5000万英镑的贷款,支持中国抗战。但是此项借款拖了较长时间没有兑现。经一再商洽,到1944年5月中英双方才在伦敦分别签订"中英租借协约"和"中英财政援助协约"。前者主要内容为,英国供给中国军队使用的武器、弹药及军事设备之价款不要求偿付,中国则应在对日战争结束后,将租借物品未消耗部分归还英国政府。后者主要内容为,英国供给中国总额不超过5000万英镑的贷款,其用途限于:(1)充作发行内债基金;(2)在英镑区域购料;(3)支付在英镑区域购料及与战事有关的劳务经费;(4)弥补以往信用借款购料不足之款项;(5)支付中国在印度、缅甸的部队薪饷及当地支出所需费用。以上各项用途,各定有限额。① 至于贷款利率、还本付息期限等条件,也与美国财政借款相似,等到战后局势进展对中英双方相互有利时再作决定。抗战时期国民党政府的主要外债见表15-7。

表15-7　抗战时期国民党政府主要外债统计

项目 借款年月	借款名称	借款金额(万)	年息(%)
1938年3月	苏联第一次易货借款	5000美元	3
1938年7月	苏联第二次易货借款	5000美元	3

① 财政科学研究所、中国第二历史档案馆编:《民国外债档案史料》第11卷,档案出版社1991年版,第432—439页。

续表

项目 借款年月	借款名称	借款金额(万)	年息(%)
1939年2月	美国第一次(桐油)借款	2500美元	4
1939年3月	英国第一次平准基金借款	500英镑	2.75
1939年6月	苏联第三次易货借款	15000美元	3
1939年8月	英国第一次信用借款	298.8英镑	5
1940年4月	美国第二次(华锡)借款	2000美元	4
1940年10月	美国第三次(钨砂)借款	2500美元	4
1941年2月	美国第四次(金属)借款	5000美元	4
1941年4月	英国第二次平准基金借款	500英镑	1.5
1941年4月	美国平准基金借款	5000美元	4
1941年6月	英国第二次信用借款	500英镑	3.5
1942年2月	美国财政借款	50000美元	—
1944年5月	英国财政借款	5000英镑	—
总计		92000美元	
		6798.8英镑	

注:不包括未执行或仅少量执行者。

除此以外,在抗战初期国民党政府还与法、比、捷、德、荷等国举借过一些外债。总的来看,抗战期间中国政府所借外债,笔数不多,但借款额却比战前大得多,超过国民党政府战前所借外债总额的 10 多倍。在抗战期间,特别是抗战后期,由于是同盟国共同作战,抗击共同的敌人,因此这时中国政府举借外债的条件较为优惠。首先,借款按照全额提供,没有折扣;其次,借款利率较低,而且以实际动用额计算利息;再次,借款多系易货性质,无须现金偿付;最后,这一时期的借款一般不用提供担保,仅指定由中国运售农矿产品以售价抵偿。自从美国于 1942 年向国民党政府提供了 5 亿美元的巨额贷款后,美国一跃成为中国政府的最大债主。中国抗日战争时期所举借的外债主要为军事财政借款,其中除了一部分用于稳定金融以外,大部分都用于在国外购买军用物资,这些外债及以租借物资形式的援助,在很大程度上解决了国民党政府坚持抗战所必需的武器装备问题。抗日战争时期中国政府所举借的外债,对支援中国人民的抗日战争,起到了很大的作用;而中国用于偿债的钨、锑、锡等特种矿产品及桐油、猪鬃、生丝、茶叶等农副产品,对于支援苏、美、英等国人民的国际反法西斯战争,也起到了一定作用。

四、战时美英对华租借关系

抗日战争时期中国与美国的租借关系,不同于一般意义上的租赁关系,也不同于自晚清以来中美两国间的历次债务关系。它是中美两国为达成抵御日本军国主义侵略扩张这一共同目标,而建立起来的以军事互助为主要内容的一种特殊的经济关系。中美租借往来不仅在战时中美关系演变过程中居重要地位,而且极大地影响了战时国民党统治区的财政经济状况。①

① 吴景平:《抗战时期中美租借关系述评》,《历史研究》1995 年第 4 期。

日本扶植下的汪伪政权在南京建立,德、意、日三国法西斯势力结成军事同盟条约,这些都促使美国摒弃中立态度,采取了援助反侵略国家的一系列重大措施,在美国朝野加强援助重庆国民党政府的主张渐占上风。1940年11月,美国政府原则上通过了新的援华决定,除了给中国提供贷款以外,还提供500架飞机及其他物资。罗斯福总统在1941年1月提交国会的"租借法案"中强调,如果"总统认为任何政府的防务对美国非常重要",华盛顿将资助该政府购买和补充军事装备。罗斯福等人意识到,只有采用"租借"方式对华提供军事援助,才能更好地帮助中国坚持抗战。1941年3月,美国国会正式通过并经罗斯福签署了《租借法案》。当时中国空军力量在抗战中几乎损耗殆尽,制空权完全被侵华日军控制。1941年8月,由陈纳德组建领导的美国志愿航空队(即"飞虎队")赴华参加抗战后,形势有了改观。当时美国政府还根据《租借法案》愿意为中国空军提供更多的装备并帮助训练中国飞行员。1941年12月7日,日军偷袭美国珍珠港。事变的第二天,美国对日宣战,从此中美两国并肩作战,结成了战时同盟。

太平洋战争爆发后,中国战场的战略地位日益得到美方的重视,美国政府主管租借事宜的部门逐步增加了对华租借物资的分配量。美国于1942年5月6日正式公开宣布《租借法案》适用于中国。据5月29日宋子文给蒋介石的电报,"美方已向中方交货的租借物资计有:枪械、子弹、飞机、通信及医药器材共6500吨,兵工材料、卡车及零件14.3万吨,铁路材料5万吨"①。

1942年6月2日,宋子文与赫尔在华盛顿正式签署了《中美抵抗侵略互助协定》(简称《租借协定》或《互助协定》)。该协定

① 秦孝仪主编:《中华民国史重要史料初编·对日抗战时期》第3编,战时外交(1),中国国民党中央委员会党史委员会1981年版,第503页。

第一条规定:"美国政府将继续以美国大总统准予转移或供给之防卫用品、防卫兵力以及防卫情报,供给中国政府。"这就以双边协定的形式,肯定了一年前美国单方面宣布的对华提供租借援助的义务及中国获得租借援助的权利;协定第二条载明:"中国政府将继续协助美国之国防及其加强,并以其所能供给之用品、兵力或情报供给之。"这就正式规定了中国向美国提供回惠租借的义务;协定第五条载明:"此次紧急状态终了时,中国政府当以未曾毁坏、遗失或消耗,及美国大总统决定为对于美国或西半球之防卫,或对美国其他方面为有用之用品,返还美国。"这实际上承认了中国在抗日战争中消耗了的租借物资是不必也无法归还的;协定第六条指出:"在最后决定中华民国政府给与美国之利益之时,对于1941年3月11日后中华民国政府所供给及经大总统代表美国接受之一切财产、兵力、情报便利或其他利益或事项,应加以充分之考虑";协定第七条关于中国政府为酬报美国租借援助而给与之利益之最后规定中说明,"应包括载有美国及中华民国同意之行动,并公开使其他具有相同志愿之国家参加,藉国际的及国内的适当办法,以增加为全世界人类自由幸福物质基础之物品之生产、使用、交换与消费,并取消国际贸易间一切歧视待遇、减低关税及其他贸易障碍"。①《租借协定》规定了中国根据租借法获得租借物资的具体事宜,为中国获得大宗美援奠定了法律基础。根据上述协定,中美两国政府又在华盛顿签署了8.7亿美元的《中美租借物资协定》。根据《中美租借物资协定》,中国可以无偿获取美国大宗军事援助。据美方统计,战时美国对华租借援助总额8.46亿美

① 财政科学研究所、中国第二历史档案馆编:《民国外债档案史料》第11卷,档案出版社1991年版,第407—409页。

元,其中除 2000 万美元须偿还外,其余都是无偿赠予。①

1944 年 5 月 2 日,英国与中国订立了《中英租借协定》②,但实际提供的租借援助数额远低于美国对华租借总额。

美国运用《租借法案》向中国提供租借物资,其主要用于援华的两个方面。

1. 改善交通状况,增加物资运输量。这方面重要案例有“驼峰航线空运”和“史迪威公路运输”。1942 年 4 月,滇缅公路被日军切断,唯一向中国运输战略物资的通道被堵,使美国租借援华物资的运输受到了严重影响。美国于 1942 年 5 月开辟了从印度阿萨姆邦飞越喜马拉雅山到中国云南昆明的空中运输线——驼峰航线。开启了“驼峰航线空运”。驼峰航线自 1942 年 5 月开辟,直到 1945 年 1 月中印公路通车前,一直作为美国向中国输送援华物资的唯一通道,可以说是支持中国战场持续抗战的生命线。通过这条运输线,1942 年运入各种军用物资 1571 吨,1943—1944 年空运数量大为增加。1942—1945 年,驼峰航线空运总量约 78.07 万吨,其中美军运输了 73.64 万吨,中国航空公司运输了 4.43 万吨。驼峰航线需飞越海拔 3000—6000 米、冰雪覆盖的崇山峻岭,是世界航空史和军事空运史上飞行高度大、气候条件恶劣、最为艰险的空运线。一旦飞机出现机械故障,几乎难以寻找一块紧急迫降地,飞行人员即使跳伞,在荒无人烟、毒蛇野兽出没的深山野林,也难以生还。1942 年 5 月—1945 年 9 月,在 3 年零 4 个月的时间里,中美共坠毁飞机 609 架,平均每月 15 架,牺牲和失踪飞行员 1500

① 许涤新、吴承明主编:《中国资本主义发展史》第 3 卷,人民出版社 2003 年版,第 602 页。

② 财政科学研究所、中国第二历史档案馆编:《民国外债档案史料》第 11 卷,档案出版社 1991 年版,第 436—437 页。

多名。史迪威公路是1944年中国军队在滇西和缅北大反攻胜利后修通的始自印度东北部终至中国云南昆明的公路。该公路从印度东北部边境小镇雷多出发至缅甸密支那后分成南北两线,南线经缅甸八莫、南坎至中国畹町,北线经过缅甸甘拜地,通过中国猴桥口岸,经腾冲至龙陵,两线最终都与滇缅公路相接。它于1945年年初通车,美英援华物资运输因此有了根本改观。仅1945年1—9月间通过空运以及中缅输油管和滇缅公路输送到中国的物资就达到59.38万吨。在这期间还有25783辆汽车和6539部拖车经滇缅公路运入中国,以至美英方面称该公路为"中国军事贸易之路"。它在枪林弹雨中为中国抗日战场运送了5万多吨急需物资,被称为"抗日生命线"。

2. 训练装备中国军队,增强军事战斗力。在中国建立空军部队,以中国为基地轰炸日本本土是租借援华的重要内容之一。1941年4月15日,罗斯福总统签署法令,允许美国军队的飞行退役人员到中国作战。经过美英军部协调后,美国从预计拨给英国的飞机份额中抽出100架P-40战斗机给中国,同时陈纳德从美国募集100余人共同组成美国志愿航空队①,因航空队的成功战绩而获得了"飞虎队"的称号,其中的战斗机、轰炸机得到租借物资中的专项调拨。1942年6月,根据《中美租借物资协定》的相关规定,国民党政府分两批派遣中国空军各部队飞行员赴印度进行改装训练。接着,又有部分飞行员被送到美国亚利桑那州的鲁克及雷鸟机场,接受高级训练。美国政府还应承,派遣500架飞机帮

---

①　太平洋战争爆发后,由于美国政府已经正式对日宣战,罗斯福总统认为美国军人以志愿队名义到中国参战已无必要,应该对它进行改编重组,编入美国正规航空兵部队。1943年3月11日,美驻华特遣航空队正式改编为第14航空队。

助中国建立一支空军,每月空运500吨物资来华,支持中国抗日。训练装备中国陆军,是美国军事援华的一个重要形式。经过美英两国军部协调达成协议,协议规定由英国给中国入印远征军提供食宿和军饷,并在租借法案中扣除;美国则提供装备和进行训练。“首先,入印远征军九千余人自利多移至蓝伽,改称驻印军,接受美式训练与装备。除了布朗式轻机枪和履带式小型装甲车两项由英国提供,所有武器弹药均自租借器械内配给装备,由美国官员负责装备训练,基本训练期定为6周。其次,1942年9月以后,每日由昆明空运士兵至印进行训练。最后,至1944年1月完成训练工作,受训结业的中国军官有2626人,士兵有29667人,共编为新第二十二师、新第三十师和新第三十八师。”后该计划又得到了美国陆军部的支持,“1941年5月陆军部同意拨出5000万美元租借专款新式武器装备中国军队”。“到抗战胜利,装备13个师,约18个炮兵团,17个辎汽兵团,5个特种工兵团”。①

美国通过实施租借法,共提供给苏联和英国租借物资约400亿美元,相比之下,中国得到的只是租借总额的零头,而且大部分是在太平洋战争爆发后得到的。尽管如此,在中国抗日战争中,美国的租借援助有很大的积极意义。中国在获得美国租借援助的过程中,也向美方提供了数额巨大的回惠租借,包括供给美方物资和劳务以及相应垫款。中国是在“抗战极艰苦,财政极困难”的年代里,履行回惠租借义务的,“虽政府之各项开支力求紧缩,而对美方要求垫付之款项无不从速照付,因而增加通货之发行,助成恶性之膨胀,影响国计民生至深且著”。中国对美巨额回惠租借属于非生产性支出,它大大加剧了国民党统治区原已存在的物资匮乏、

① 王正华:《抗日战争时期外国对华军事援助》,(台北)环球书局1987年版,第285—299页。

物价腾涨、收支失衡、通货失控的局面。为了履行回惠租借的义务，中国人民作出了巨大的奉献和牺牲。①

第二节　解放战争时期的对外经济关系

第二次世界大战结束后，国际经济形势发生了巨大的变化，德国和日本的工矿企业基本上被摧毁，英、法等国经济实力大大削弱，美国则进一步成为世界首富，1945 年美国工业生产占整个资本主义世界工业生产的 60%，美国的外贸额占世界对外贸易总额的 1/3。战前外国在华资本势力中，原以日、英最大，次为美、法、德等。经过抗日战争，英、法在华势力有很大的削弱，日、德、意等在华资产被中国作为敌产而没收，而美国资本在华势力则上升为第一位。②

战后，以往清政府签订的不平等条约基本上被废除。1945 年 8 月国民党政府签订了《中苏友好同盟条约》，这是一个新的不平等条约。国民党政府还与美国签订了一系列条约，其中最重要的是 1946 年 11 月 4 日签订的《中美友好通商航海条约》。该条约主要内容有三方面：(1) 两国国民有权在对方领土全境内居住、旅行以及经营商业、制造、加工、科学、教育、宗教及慈善事业，并为此取得"适当之房屋"，租赁"适当之土地"，选用代理人或员工；两国的"法人及团体"在对方国家与其本国"法人及团体"之待遇相同，例如在商品进出口、关税、内地税等方面，美国在华之法人、团体可与

① 吴景平：《抗战时期中美租借关系述评》，《历史研究》1995 年第 4 期。

② 许涤新、吴承明主编：《中国资本主义发展史》第 3 卷，第 39、586、600 页。

中国之法人、团体享受同等待遇。(2)双方互相给予最惠国待遇。例如,中国如以采矿权利给予第三国时,亦应给予美国。(3)美国船舶,包括军舰,可以在中国开放的任何口岸或领水自由航行,必要时还可以开入中国“对外国商务或航业不开放之任何口岸、地方或领水”。这个条约与以往那些列强与中国签订的不平等条约相比,在字面上是平等的,但是在实际上由于中美两国经济地位悬殊,能大量向海外输出商品和资本的是美国,真正享受条约各项优惠的是美国,条约为美国资本全面垄断中国市场提供了法律保障。①

美国垄断资本在国民党统治区兴建各种工矿企业,进行直接投资。仅 1946 年 4—7 月,美国各资本组织在上海就设立了 100 多个分支机构,并在纽约成立了“中美工商联合会”,制定投资计划。其中,投资的重点行业是矿业、军事工业和交通运输业。美国还向国民党政府提供了约 5 亿美元的贷款援助及约值 20 亿美元的救济、售让、赠予等物资援助。②

一、战后国民党统治区对外经济关系背景变化

近代中国在西方资本主义列强胁迫下签订了一系列包括通商口岸设立、协定关税、租界、片面最惠国待遇等在内的不平等条约。中国对外经济关系受到不平等条约制度的深刻影响。经过中国人民的不懈斗争,1917 年德意志帝国和奥匈帝国因在第一次世界大

① 王铁崖编:《中外旧约章汇编》第 3 册,生活 · 读书 · 新知三联书店 1962 年版,第 1430—1449 页。

② 许涤新、吴承明主编:《中国资本主义发展史》第 3 卷,第 598—602 页。

战中成为中国的敌对国而被废除不平等条约，1917年苏俄自愿放弃其在中国的特权（事后未完全兑现，亦无退还条约中获得的领土）。当时借助高涨的民族主义，中国政府收回了汉口、九江、镇江、厦门四处英租界，天津比利时租界和威海卫英租借地；和主要西方国家以及日本签订了关税新约，收回了关税自主权并申明原则上要废除领事裁判权。全面抗战爆发后，中国抵抗侵略的勇气和浴血奋斗，不断赢得国际社会的同情、钦佩和尊重。1942年10月初，外交部部长宋子文正式向美国政府展开废约的交涉，得到美方迅速回应，美方表示愿意自动放弃不平等条约，和中国签订新的条约，在法律上建立新的国家关系。英国政府与此同时也作出同样表示。中美和中英两国外交部门就签订新约展开谈判，并于1942年12月11日同时在华盛顿和重庆签署了新约，宣布从此在平等互利基础上建立国与国之间的关系。意大利和日本因在第二次世界大战中成为中国的敌对国失去他们的特殊地位。抗日战争胜利后，国民党政府积极进行废除不平等条约的努力。① 1946年，法国放弃其在中国的特权。其他原先允诺放弃在华特权的西方国家在英美和中国签订新约后，先后和中国政府订立类似的新约。这是战后国民党统治区对外经济关系背景的重要变化，是中国人民不懈斗争所取得的伟大胜利。

对外经济关系背景的重要变化还有：1945年8月《中苏友好同盟条约》的签订、1946年11月《中美友好通商航海条约》的签订及中国参加《关税及贸易总协定》的签订。

根据1945年2月美、英、苏三国达成的《雅尔塔协定》，1945年6月27日，国民党政府行政院院长兼外交部部长宋子文偕外交

① 见中国第二历史档案馆编：《中华民国史档案资料汇编》第5辑第3编，外交，江苏古籍出版社2000年版，第3—18页。

次长胡士泽以及沈鸿烈、钱昌照、张福运、卜道明、刘泽荣等人和蒋介石特派随员蒋经国,前往莫斯科为签订《中苏友好同盟条约》与斯大林等人进行谈判。双方经过一个多月的交涉,8 月 14 日,中国政府外交部部长王世杰①和苏联政府外交部部长莫洛托夫在莫斯科正式签订了《中苏友好同盟条约》。《中苏友好同盟条约》共八条,主要内容是:两国在对日战争中,"彼此互给一切必要之军事及其他援助与支持""不与日本单独谈判"或"缔结停战协定或和约"、战后"共同密切友好合作""彼此给予一切可能之经济援助""不缔结反对对方的任何同盟""不参加反对对方的任何集团"。同时,苏联政府重申尊重中国在东三省之完全主权及领土的完整。国民党政府声明,日本战败后如外蒙古公民投票证实其独立的愿望,中国政府承认外蒙古之独立②。另外,此条约还规定:中苏共管长春铁路 30 年,旅顺为共享海军基地 30 年,大连为自由港,苏军进入东北后,收复区内由中华民国派员设立行政机构并派军事代表和苏联联系。日本投降后最迟 3 个月内苏军全部撤出东三省。与条约同时签订的还有《关于中国长春铁路之协定》《关于大连之协定》《关于旅顺口之协定》《关于中苏此次共同对日作战苏联军队进入东三省后苏联军总司令与中国行政当局关系之协定》等附件③,并互换了关于外蒙古问题的照会等。

《关于大连之协定》宣布大连为自由港,"对各国贸易及航运一律开放";国民党政府同意"在该自由港指定码头及仓库租与苏

① 此时宋子文已辞去外交部部长职务。

② 根据条约原文,国民党政府允许将依公正的公民投票的结果决定外蒙古是否独立。1945 年 10 月 20 日,外蒙古人民在外蒙古当局与苏联的监视和控制下进行公民投票,结果显示 97.8%的公民赞成外蒙古独立。

③ 中国第二历史档案馆编:《中华民国史档案资料汇编》第 5 辑第 3 编,外交,江苏古籍出版社 2000 年版,第 685—698 页。

联”;“由国外进入该自由港,经中国长春铁路[1]直运苏联领土之货物,与由苏联领土经上开铁路运经该自由港出口之货物,或由苏联运入为该自由港港口设备所需之器材,均免除关税”。[2] 这是单方面对苏联在中国东北的进出口贸易有利。连同关于外蒙古的内容,可以说《中苏友好同盟条约》及其附件是国民党政府签订的新的不平等条约。

1946 年全面内战爆发后,国民党为了在内战中取得美国更大的支持和援助,于同年 11 月 4 日,由外交部部长王世杰与美国驻华大使司徒雷登在南京签署《中美友好通商航海条约》(简称《中美商约》。

条约共 30 条,其中第 2 条规定“缔约此方之国民,应许其进入缔约彼方之领土,并许其在该领土全境内居住,旅行及经商”;“缔约此方之国民,在缔约彼方领土全境内,应许其不受干涉,从事并经营依法组成之官厅所施行之法律规章所不禁止之商务、制造、加工、科学、教育,宗教及慈善事业;从事于非专为所在国国民所保留之各种职业,为居住、商务、制造、加工、职业。科学,教育,宗教、慈善及丧葬之目的,而取得保有建造或租赁及占用适当之房屋,并租赁适当之土地:选用代理人或员工,而不问其国籍,从事为享受任何此项权利及优例所偶需或必需之任何事项”;“不得阻止缔约此方之国民进入、旅行与居住于缔约彼方之领土,以经营中华民国与

① 简称“中长铁路”。抗日战争胜利后,中国东北地区中东铁路和南满铁路合并、由中苏共管时期的总称。自哈尔滨西至满洲里,东到绥芬河,南达大连,呈“丁”字形。1952 年全部移交中国政府后,分别改称滨洲、滨绥、长滨和长大铁路。长滨和长大两铁路合称哈大铁路,其中哈尔滨—沈阳段又为京哈铁路北段。

② 中国第二历史档案馆编:《中华民国史档案资料汇编》第 5 辑第 3 编,外交,江苏古籍出版社 2000 年版,第 692—693 页。

美利坚合众国间之贸易,或从事于任何有关之商务事业,其所享受之待遇,应与任何第三国国民进入、旅行或居住于该领土,以经营该缔约彼方与该第三国间之贸易,或从事于与该贸易有关之商务事业所享受之待遇,同样优厚";第3条规定"在缔约此方之领土内,依照依法组成之官厅所施行之有关法律规章所创设或组织之法人及团体,应认为缔约该方之法人及团体,且无论在缔约彼方领土内,有无当设机构,分事务所或代理处,概应在该领土内承认其法律地位。缔约此方之法人及团体,于履行与后款规定不相抵触之认许条件后,应有在缔约彼方领土内设立分事务所,并执行其任务之权利";第四条规定"缔约此方之国民、法人及团体,在缔约彼方全部领土内,依照依法组成之官厅所施行之法律规章(倘有此项法律规章时),应享有组织与参加该缔约彼方法人及团体之权利(包括管理与经理之权利),以从事于商务、制造、加工、科学、教育、宗教及慈善事业";第15条规定"缔约双方,对于得由志愿相同之所有其他国家参加之方案,而其宗旨及政策,系求在广大基础上扩充国际贸易,并求消灭国际商务上一切歧视待遇及独占性之限制者,重申其赞同之意";第16条规定"(甲)对输入品或输出品所征关税,及各种附加费用及其征收方法者,(乙)经由税关提取物品时所通用之规则、手续及费用者,(丙)输入品及拟予输出之物品,在本国境内之征税、销售、分配或使用者,缔约此方对无论运自何地之缔约彼此之种植物,出产物或制造品或对无论经何路线,其目的在输往缔约彼方领土之物品,应给予不低于所给予任何第三国家之同样种植物,出产物或制造品,或目的在进行任何第三国之同样物品之待遇";第19条规定"缔约此方之政府,如对国际支付方法或国际金融交易,设立或维持任何方式之管制时,则在此种管制之各方面,对缔约彼方之国民、法人及团体与商务,应给予公允之待遇";第21条规定"缔约双方领土间,应有通商航海之自由”;“缔约此方之船舶,应与任何第三国之船舶,同样享有装载货物前往缔约彼方对外国商务及航业开放之一切口岸、地方及领水之自由”;等等。条约规定双方互相给予最惠国待遇,例如中国如以采矿权利给予第三国时,亦应给予美国;美国船舶,包括军舰,可以在中国开放的任何口岸或领水自由航行,必要时还可以开入中国“对外国商务或航业不开放之任何口岸、地方或领水”。① 这个条约与以往那些列强与中国签订的不平等条约相比,在字面上是平等的,但是在实际上是不平等的。由于中美两国经济地位悬殊,当时中国的远洋运输不发达及生产落后,根本无法与美国平等地实现其中规定的权利,能大量向海外输出商品和资本的是美国。通过条约,全中国领土均向美国开放。真正享受条约各项优惠的是美国,条约为美国资本全面垄断中国市场提供了法律保障。不过,条约也保障了在美各州华侨与华工之生命与财产,不受美国各州的排华法案,而遭到剥夺。条约签订后,给中国的主权和政治、经济利益带来了极大的损害。美军驻扎中国不走,为非作歹。同时,美国商品如潮水般涌入中国市场,形成独占地位,这对民族资产阶级是个毁灭性的打击。工商企业大量倒闭破产,工人失业,国民党统治区的工业体系趋于瓦解。

20世纪30—40年代,世界贸易保护主义盛行。国际贸易的相互限制是造成世界经济萧条的一个重要原因。第二次世界大战结束后,解决复杂的国际经济问题,特别是制定国际贸易政策,成为战后各国所面临的重要任务。第二次世界大战结束后,美国为推动国际贸易“自由化”,向联合国经社理事会提出召开世界贸易

① 中国第二历史档案馆编:《中华民国史档案资料汇编》第5辑第3编,外交,江苏古籍出版社2000年版,第542—564页。

和就业会议,成立国际贸易组织。1946年由美、英等19个国家组成的联合国贸易与就业会议筹备委员会,起草了《联合国国际贸易组织宪章》。1947年11月在古巴哈瓦那举行的联合国贸易和就业会议上通过了该"宪章",通称《哈瓦那宪章》。与此同时,由美国邀请包括中国在内的23个国家,根据这一宪章中有关国际贸易政策的内容,进行了减让关税的多边谈判,签订了《关税及贸易总协定》,并从1948年1月1日起临时生效。此后,关贸总协定的有效期一再延长,并为适应情况的不断变化,多次加以修订。于是,《关税及贸易总协定》便成为各国共同遵守的贸易准则及协调国际贸易与各国经济政策的唯一的多边国际协定。中国也是关贸总协定的创始会员国之一,参加了关贸总协定的谈判和签字。①

二、进出口贸易的变化

抗战胜利后,国民党政府在获取美国的援助中,与美国政府签订了一系列经济条约和协定,如《中美友好通商航海条约》《中美空中运输协定》《中美救济援助中国人民之协定》《中美国际关税及贸易一般协定》《中美关于经济援助之协定》《中美农业协定》等,其中以《中美友好通商航海条约》最为重要。通过这些条约和协定,美国在中国取得了许多新的特权,便利了美国对中国的独占。

战后外贸商业中的突出现象是国家垄断资本的发展。资源委

① 1950年3月,台湾当局宣布退出关贸总协定。由于当时国际和国内的历史原因,中华人民共和国政府未能立即参加关贸总协定的活动或与之保持联系。

员会仍独家经理钨、锑、锡、汞等特种矿产品的出口，在战时基本上是易货偿债，战后自销量增大，1947 年占外销总量的 52.9%，故利润颇厚。① 中央信托局（以下简称“信托局”）在战后对外贸易中据有垄断地位。进口方面，实行输入限额分配后，在全国性配额（占全部配额的 76%）中，米、麦、面粉、煤、人造丝等配额由信托局独占，其余华洋贸易商只能代理信托局进口，收取回佣。出口方面，信托局于 1946 年、1947 年先后收购丝、茶，1947 年 6 月国民党政府公布国家《收购出口物资办法》，桐油、猪鬃统由信托局收购，1948 年又扩展至冰蛋、羊毛、驼毛、花生仁、大豆、油菜籽和水泥，信托局再将这些商品委托华洋贸易商出口，付给 2%—4%的手续费。② 战后新设的国营中国纺织建设公司，垄断了贸易外棉进口的 90%及部分纱布出口。官商合办的中国植物油料厂（以下简称“中植”）于 1945 年增资至 200 万元，商股仅占 27.5%。它在战后接收大批敌伪油脂企业，资产增加了 7 倍。战后桐油出口的 70%是由中植经营，信托局收购的桐油中，65%是委托中植出口。③ 中国茶业联营公司是战后新建的官商合办企业，不过它实际是信托局的附属机构。最令人瞩目的是以民营面貌出现的官僚资本企业，它们是由当权大族主办，实属于国家垄断资本。如宋子文家族的孚中实业公司，中国进出口公司，一统国际贸易公司，金山、立达、利泰等贸易公司；孔祥熙家族的扬子建业公司、嘉陵企业公司、益中实业公司；陈立夫家族的华美贸易公司、太平兴业公司；还有宋美龄与陈纳德合组的中美实业公司等。孚中实业公司，1945 年

① 数据整理自《资源委员会国外贸易事务所 1947 年度业务报告》。

② 上海社会科学院经济研究所等编：《上海对外贸易（1840—1949）》下册，上海社会科学院出版社 1989 年版，第 212—213 页。

③ 上海社会科学院经济研究所等编：《上海对外贸易（1840—1949）》下册，上海社会科学院出版社 1989 年版，第 161 页。

12月创设,资本3亿元,实为几家银行出资,宋子良任总经理,以宋家关系,取得美国伟力斯汽车、西屋电器等12家大公司的在华独家经销权。扬子建业公司,1946年1月创设,资本1亿元,孔家独资,孔令侃任总经理,取得美国共和钢厂等10家公司在华总代理权。嘉陵企业公司,1947年创设,孔家独资,由孔令俊(即孔二小姐)任总经理,亦取得美国一些公司的代理权。这些公司都代理中央信托局的出口业务,而利润最大者是汽车、钢铁、机电器材的进口。战后汽车最抢手,1942年2月实行限额分配,7座以上大车全部配给洋商,7座以下小车部分配给华商。孚中公司、扬子公司都事前得到消息,虚造大批成交电报,取得配额,孚中以吉普车为主,扬子以小轿车为主。又以美国汽车缺货,新车只发给特约经销户。扬子公司于1947年10月收买有近百年历史的上海英商利威汽车公司95%的股权,而不过户,仍以英商名义进口雪佛兰、奥斯汀汽车100余辆。至于这些公司套取官价外汇,黑市交易以及走私种种,报刊屡有揭露,闻者侧目。抗战胜利后,国民党政府取消战时的物资统制,撤销贸易委员会及复兴等国营公司,私营进出口商复业。但以私商面貌出现的官僚资本公司成为令人瞩目的大户。1946年实行鼓励进口时期,进出口商均获暴利。战后全国进出口额,上海占80%以上。上海进出口华商,在“孤岛”时期有613户,1946年冬增至906户,1947年春增至1464户。洋商复业不如华商,“孤岛”时期有723户,1946年春复业491户,冬增为523户。进口业务,战前由洋商垄断,这时则华洋各半。在1947年2月实行输入限额分配后,政府核准“合格”华商387户,而核准洋商191户;在进口额的配给上,洋商亦略多,在棉花、汽油、汽车、烟草等大宗进口上,洋商占有80%—90%的比重。出口业务,战前华商原有一定地位,这时,生丝、茶叶等传统商品仍有80%—90%为洋商所占,桐油、猪鬃、棉纺织品则80%

以上为华商经营。[1]

国民党政府因战时以法币垫付的美军在华开支得以美元结还，手中有6.16亿美元的外汇，连同由美运来和接收敌伪的黄金、白银共值8.58亿美元，为中国政府从未有过的巨额储备。[2] 又与美国洽商20亿美元复兴借款，自以为必成。于是在外贸上采取鼓励进口的政策，除汽车等五项商品须领证外，均可自由进口，奢侈品也可加征50%的附加税进口。同时于1946年3月4日开放外汇市场，中央银行按2020元法币兑1美元的官价供应外汇。于是洋货潮水般涌进，上海港为之拥塞。加以不计入贸易进口的联合国善后救济总署（联总）的物资已先商货而到（初期以食品、衣着等为主），城市美货泛滥，遍布地摊。1946年贸易进口值达6.53亿美元，为战前1936年的2.3倍。其中，美国向华输出的商品价值总额为3.2亿美元，占中国商品进口总值的57.2%。在中国进口总值中，1946年美国的比重已高达61.4%，比位居第二的印度（比重为7.0%）高出近8倍；1948年美国在中国进口总值中的比重升至66.5%。[3] 出口则因汇率过低受到抑制，结果出现了历史上未曾有过的4.74亿美元的巨额入超。国货厂商不敌低价外汇进口美货，怨声载道。[4] 在中国最大的通商口岸上海，当时美国洋行垄断了进口货源，它们经营的纸张、机械、化工原料、西药、烟草

① 上海社会科学院经济研究所等编：《上海对外贸易（1840—1949）》（下册），上海社会科学院出版社1989年版，第149—150、155、157页。

② 张公权：《中国通货膨胀史（一九三九——一九四九年）》，杨志信译，文史资料出版社1986年版，第193页。

③ 郑友揆：《中国的对外贸易和工业发展（1840—1948年）——史实的综合分析》，上海社会科学院出版社1984年版，第217—228页。

④ 许涤新、吴承明主编：《中国资本主义发展史》第3卷，人民出版社2003年版，第593—594页。

等几乎独占中国市场。[①] 此时的上海市场,成为美国货的天下,几乎“无货不美”。上海的进口商品中,美国货占了大半。上海永安、新新、先施等大百货公司,美货占其全部货物总数的80%。1946年经上海海关进口的前八位商品,绝大部分是消费品、奢侈品,还有军用品和剩余农产品,总值2.9亿美元,占全国进口总值的44.5%,其中,美国货占上海进口总值的54.9%。有些商品美货比重更高,如烟叶占98%、汽车占97.7%、药品占80.5%、洋杂货等占62.8%。[②] 天津各大公司的美货也占其全部货物总数的50%以上。美货除军火外,从机器工具、车辆、汽油、金属、水泥、棉花等生产资料,到布匹、呢绒、服装、鞋帽、卷烟、火柴、罐头、面料、小麦、牙膏、药品、牙刷、香水、口红、手纸等生活日用必需品,应有尽有。[③] 美国对中国市场的独占,使中国民族经济受到严重摧残。如美国的罐头倾销使中国罐头厂家受到很大打击,上海原有罐头厂180余家,到1947年1月只剩下50多家。1946年年初上海有制药厂200多家,在美药的打击下,到年底倒闭歇业的达120多家。

由于进口货物大增,贸易逆差加大,至1947年2月,国民党政府外汇存底仅剩2.3亿美元,20亿美元借款亦成泡影。这使国民党政府外汇储备大幅减少,国民党政府遂于1947年2月16日发布《经济紧急措施方案》,实行输入限额分配办法。限额每季公布一次,逐季减少。1947年第一季为9970万美元,至1948年8月第八季仅2107万美元。外汇官价已于1946年8月改为3350元法

① 王垂芳主编:《洋商史——上海:1843—1956》,上海社会科学院出版社2007年版,第113页。

② 王垂芳主编:《洋商史——上海:1843—1956》,上海社会科学院出版社2007年版,第79页。

③ 姚洪卓主编:《近代天津对外贸易(1861—1948年)》,天津社会科学院出版社1993年版,第100、117页。

币兑1美元,实行紧急措施方案时再改为1.25万元法币兑1美元,然而仍远低于黑市之1.4万元。至1947年8月不得不放弃官价,改由中央银行逐日挂牌。此后,进口额有所减少,1947年进口额为4.51亿美元,1948年进口额为2.11亿美元。尽管这样,美国商品在进口额中的比重仍较高,1947年为50.2%,1948年为48.4%。3年中,从美国进口的汽车轮胎数量,一直维持在进口轮胎总数的70%以上。① 可见,抗日战争胜利后,美国商品几乎独占了中国市场。

在中国出口贸易中,1946年后美国也位居第一,但是其所占比重逐年降低,而东南亚等地和欧洲国家所占比重有所上升。中国对美国和欧洲国家出口货物主要是桐油、生丝、猪鬃及战略矿产品等,对东南亚出口商品主要是棉纺织品和药材等。国民党政府于1947年2月规定补贴办法,因美国反对未果。1947年出口贸易比1946年大大下降,见表15-8。至10月暗中使出口打包放款可用法币偿还,故秋季出口略有起色。② 1946年,上海猪鬃出口值为1656.9万美元,占全国猪鬃出口总值的57%,其中输往美国的占75%。上海大宗商品出口也被美商垄断。当时华商中官僚资本进出口企业增多。而且,国民党政府严加管制外汇,大宗出口商品货源大多为国民党政府中的中央信托局所控制。除茶叶、生丝、蛋品等少数几种大宗出口商品为洋商操纵外,多数大宗出口商品为华商和官僚资本经营。1949年春,上海解放前夕,出口贸易停顿。③

① 上海市工商行政管理局等:《上海民族橡胶工业》,中华书局1979年版,第60页。

② 许涤新、吴承明主编:《中国资本主义发展史》第3卷,人民出版社2003年版,第594页。

③ 王垂芳主编:《洋商史——上海:1843—1956》,上海社会科学院出版社2007年版,第93、113页。

表 15-8　1946 年与 1947 年主要出口货物比较

项目 货别	1946 年 (单位:公担)	1947 年 (单位:公担)	1947 年减少程度	
			减少数量 (单位:公担)	减少比重 (%)
猪鬃	52684	44352	8296	16
蛋品	792279	101750	690527	87
皮革	340117	29841	310276	91
皮货	31811	3652	28159	89
桐油	867383	805373	62010	7
茶叶	372842	164433	208409	56
生丝	86523	16756	69767	81
羊毛	175739	23422	152317	87
绸缎	5588	4405	1183	21
茧绸	5911	602	5309	90
钨砂	70499	61086	9413	13
锑锭	175116	85740	89367	51
锡锭	112604	41150	71454	63

资料来源:据《中华民国史档案资料汇编》第 5 辑第 3 编,外交,江苏古籍出版社 2000 年版,第 646—647 页有关表格改编。

这一时期,国民党统治区的外贸有大量入超,1946 年入超 4. 12 亿美元,1947 年国民党政府采取限制奢侈品进口等措施后入超额减少,1947 年为 2. 35 亿美元,1948 年为 0. 41 亿美元。①

① 郑友揆:《中国的对外贸易和工业发展(1840—1948 年)——史实的综合分析》,上海社会科学院出版社 1984 年版,第 229 页。

到1948年5月,国民党政府中央银行外汇存底仅为0.28亿美元。8月金圆券风暴后,国民党政府的经济已全面崩溃。此后它在外贸、外汇上的诸多措施仅成具文,已无足论。1948年入超陡降,则因垂危前大量物资逃港、海关记入出口所致,见表15-9(用金圆券统计本年及1949年均为“出超”)。

表15-9 1946—1948年的对外贸易 (单位:百万美元)

<table>
<tr><th colspan="3">项目 \ 年份</th><th>1946</th><th>1947</th><th>1948</th></tr>
<tr><td rowspan="3">(A)进出口贸易净值</td><td colspan="2">进口</td><td>653.1</td><td>441.6</td><td>211.0</td></tr>
<tr><td colspan="2">出口</td><td>178.8</td><td>227.9</td><td>170.4</td></tr>
<tr><td colspan="2">入超</td><td>474.3</td><td>213.7</td><td>40.6</td></tr>
<tr><td rowspan="2">(B)贸易外物资进口</td><td colspan="2">联合国善后救济总署</td><td>155.6</td><td>157.5</td><td>8.1</td></tr>
<tr><td colspan="2">1948年美国援华法案</td><td>—</td><td>—</td><td>111.9</td></tr>
<tr><td rowspan="10">(C)进口总值</td><td colspan="2">进口总值</td><td>808.7</td><td>599.1</td><td>331.0</td></tr>
<tr><td rowspan="4">各类物资比重(%)</td><td>食品</td><td>17.2</td><td>9.6</td><td>13.4</td></tr>
<tr><td>原料</td><td>25.0</td><td>22.3</td><td>27.8</td></tr>
<tr><td>半制成品</td><td>14.5</td><td>21.0</td><td>16.4</td></tr>
<tr><td>制成品</td><td>43.3</td><td>47.1</td><td>42.4</td></tr>
<tr><td rowspan="5">各国和地区所占比重(%)</td><td>美国</td><td>60.9</td><td>57.0</td><td>66.5</td></tr>
<tr><td>英国</td><td>6.3</td><td>8.5</td><td>5.5</td></tr>
<tr><td>东南亚及印度</td><td>10.5</td><td>11.9</td><td>11.9</td></tr>
<tr><td>中国香港</td><td>3.6</td><td>1.4</td><td>0.9</td></tr>
<tr><td>其他</td><td>18.7</td><td>21.2</td><td>15.2</td></tr>
</table>

续表

项目 \ 年份			1946	1947	1948
(D)出口总值	出口总值		178.8	227.9	170.4
	各类物资比重(%)	食品	14.6	22.7	18.0
		原料	41.9	23.3	19.4
		半成品	23.6	29.3	25.9
		制成品	19.9	24.7	36.7
	各国和地区比重(%)	美国	38.7	23.3	20.1
		英国	4.4	6.5	3.9
		东南亚及印度	10.1	13.7	24.1
		中国香港	28.2	34.2	31.4
		其他	18.6	22.3	20.5

注:1. 为避免币值混乱,折美元计,本表采用较晚出之上海社会科学院经济研究所等编:《上海对外贸易(1840—1949)》(下册),上海社会科学院出版社1989年版,第139页"数字"。又1949年1—5月之进口为9490万美元,出口为9190万美元,入超为300万美元。

2. 联总和美援不是原拨款数,而是海关记录的物资运抵中国数,据郑友揆:《中国的对外贸易和工业发展(1840—1948年)——史实的综合分析》,程麟荪译,上海社会科学院出版社1984年版,第221—222页。

3. 进口总值为贸易进口和贸易外进口之和。各类比重和各国比重参见郑友揆:前引书,第224、228页,唯其中贸易进口因本表所用数与郑友揆折合数有差异,系按本表(A)改算实数,再与贸易外进口实数相加,求得比重。

资料来源:据许涤新、吴承明主编:《中国资本主义发展史》第3卷,人民出版社2003年版,第595—596页表改编。

从表15-9可见战后进口物质仍以制成品为主,而食品和原料比重大为提高(1936年分别为11%和13.4%),其中又主要是粮食和棉花。战时无论大后方或沦陷区粮食均大致可以自给,战后却依靠进口;同时上海等地棉纺织业的恢复主要是用美棉。这是国民党政府统治下农业衰败的结果。出口贸易格局的变化是原料比重下降，制成品比重上升（1936年原料占35.8%，制成品占16.9%）。原料1946年出口甚多，因猪鬃、生丝、金属矿砂等战争时有大量积存，1947年后则因生产不继而锐减。制成品比重的增长则主要由于纺织业依靠洋棉，必须将纱布外销以补充原料。其情况类似战时上海“孤岛”的经济，因而与东南亚及印度的出口贸易比重高。①

表15-9是根据海关记录的统计，不包括走私进口。美货（有汽车、汽油、尼龙制品、西药以至粮食，亦有农矿产品等）输入中国的另一条渠道是走私。由于大批不受海关检查的美国军用飞机飞行于中国领空，舰船航行于中国领海、内河，帮助国民党政府运送军队，到各地受降和抢占战略要地，它们往往装载了大量的走私货品来到中国。当时的中国报纸称这些飞机、军舰为“事实上的走私队”。当时有人称走私方式有五：“一是外国商轮水手夹带；二是盟军军舰及军用飞机人员夹带；三是香港、印度等方面利用飞机私运钻石、银件等；四是国外寄来的邮包夹带；五是职业走私者自外地带来。”②走私以上海、广州为主。《益世报》在一篇社论中指出，1946年1—5月江海关统计的进口总值，比实际的数目至少要差二三倍。③ 还有的报纸报道，充斥于广州市场的美国货，有90%以上是走私来的。④ 美国海军西南太平洋司令柯克走私汽车和美国海军陆战队走私医药用品，曾成为战后轰动一时的丑闻。1947

① 许涤新、吴承明主编：《中国资本主义发展史》第3卷，人民出版社2003年版，第596—597页。

② 《联合晚报》，1946年6月15日。

③ 《益世报》，1946年8月1日。

④ 《商务日报》，1946年7月25日。

年1—10月海关查获走私案1.7万余件,4009亿余元①,合1700万美元,但海关不能检查武装走私。日本人根据1947年1—5月中国海关与美国海关发表的中美贸易差额,估计平均每月美货走私进口65万美元;又根据同时期内地与香港海关统计差额,估计平均每月走私进口280万美元,走私出口100万美元。② 总之,数额是巨大的。由于走私的美货成本低、不交税,价格远低于中国的同类商品,这使中国的民营工商业者叫苦不迭。上海市工业协进会在1947年9月的一份呈文中称,由于美货尼龙丝袜的大量走私进口,使当地丝袜工业"遭受严重摧残""缩小范围者有之,改制出口者有之,甚或停业者亦不可胜计",呼吁"吾人平时有纳税义务,政府应对吾人负责,法令应为吾人保障",强烈要求国民党政府经济部"禁止美货尼龙丝袜大量走私进口"。

三、美援与外国在华投资

(一)美援

日本投降后,美国总统杜鲁门在1945年12月15日发表的《关于美国对华政策的声明》中称:"美国及其他联合国家承认,目前中华民国国民政府为中国唯一的合法政府,为达到统一中国目标之恰当机构""自治性的军队例如共产党军队那样的存在乃与中国政治团结不相符合,且实际上使政治团结不能实现""美国准备以一切合理的方式帮助国民政府重建其国家"。③ 为了帮助国

① 《大公报》,1947年11月20日。

② 许涤新、吴承明主编:《中国资本主义发展史》第3卷,人民出版社2003年版,第596页。

③ 许涤新、吴承明主编:《中国资本主义发展史》第3卷,人民出版社2003年版,第601页。

民党政府打内战,美国向国民党政府提供了以军火及军需品为主的第二次世界大战中美国的剩余物资。战后,租借法案继续执行。同时,联合国设立救济总署,运出救济物资,其中美国出资部分,应属美援。战后美军的剩余物资,部分让与或低价售与中国,亦属美援。1948年2月,美国总统杜鲁门向国会提出援华法案,企图挽救国民党政府的危亡,是又一次大的美援。① 这些物资有的作为美国对国民党政府的贷款,有的作为美国的“赠予”,大致情况见表15-10。

表15-10 抗战胜利后美援一览表 (单位:百万美元)

项目	金额	说明
(1)租借法案(战后)	赠予 513.7 贷款 1811.0	至1918年6月底共支7.8亿元,内5030万元移作油管贷款,3600万元计入海军船只与项下,余数内1.81亿元作为欠款。用途包括空军队3亿元,占领沦陷区费用2500万元,海空军训练费1500万元,兵器,飞机、坦克、军备物资3亿元多,工农业商品3790万元
(2)油管贷款	贷款 50.3	1946年6月14日中美协定,将战前订购油管继续交货,由租借法案内拨5030万元作为代款,推后签约为5899万元
(3)联合国救济总署物资(美国部分)	赠予 474.0	1916年运华以来,面粉、原棉、纺织品为主,1947年运入以原棉,机器工具、粮食、化肥为主,共运入5.268亿元(修正数),加运杂费25%作6.584亿元,美国部分按72%计为4.74亿元
(4)善后董事会救济物资(美国部分)	赠予 3.6	1947年年底联总结束,以500万元交善后董理会,继续援华,按美国占72%计为360万元

① 许涤新、吴承明主编:《中国资本主义发展史》第3卷,人民出版社2003年版,第600页。

续表

项目	金额	说明
(5)“中美合作”军事援助	赠予　17.7	“中美合作”组织(SACO)1945年9月2日至1946年3月2日由美海军拨交物资数,主要是军火
(6)美国援外物资	赠予　46.4	1947年5月31日美援外法案拨中美救济协定2840万元,1947年12月23日美紧急救济法案拨1800万元。运华米、种籽、药品、农药等
(7)剩余物资售卖	估值　900.0 售价　205.0 贷款　55.0 抵价　150.0	美军在国、印度、太平洋17岛之剩余卡车、船只、空军器材等。美方估值9亿元,1946年8月30日签订售卖协定,作价1.75亿元,加运费3000万元,共2.05亿元;其中5500万元作为中国欠款,余1.5亿元用中国战时垫付在华美军费用款抵付
(8)华西剩余物资售卖	售价　84.5 贷款　20.0 抵价　64.5	美方未估价,售价美元2500万又51.6亿法币。美元部分有500万计入(8)项之剩余物资售卖协定内,余2000万作为中国欠款。法币部分用中国战时垫付在华美军费用款抵付,按80元汇率折合美元6450万
(9)华北剩余军火	未作价	军火6500吨,未计价让与
(10)海委会船只售卖	估值　77.3 售价　26.2 贷款　16.4 抵价　9.8	据美国1946年售船法案,售与中国船4只,售价2620万元。1640万元作为中国欠款,余980万元,美国进出口银行垫付420万元,余付现
(11)船坞设备售卖	售价　4.1 贷款　4.1	美国外物资清理局移交中国船坞设备供上海,青岛造船厂用,售价410万元,作为中国欠款,30年偿清
(12)海军船只让与	赠予　141.3	1947年12月8日中美协定,让与船271只,实让131只,作价1.413亿元,内有3600万元系租借法案(战时)项下移入
(13)剩余军备售卖	估值　99.8 抵价　6.6	截至1948年11月30日中国认购数,原估价1.008亿元,实际装运9980万元,作价660万元,其中一部分由1948年援华法案拨款

续表

项目	金额	说明		
(14)经济合作总署物资	赠予　275.0 实支　193.2	1948年援华法案,6月28日拨2.75亿元与经合总署,包括购买粮食、石油、原棉、肥料、煤等,至1949年3月11日实支1.932亿元		
(15)1948年军事援华	赠予　125.0 实支　124.1	1948年援华法案,拨军援1.25亿元,至1949年3月11日实支1.241亿元,1948年年底运到6090万元,余运台湾		
	赠予(实支)	贷款	剩余物资抵价	总计
总计	1514.0	326.8	230.9	2071.7

注:剩余物资的售价中,除作为中国欠款(列入贷款)部分外,余数以货币或债权抵付,列入抵价。

资料来源:美国国务院:*United States Relation with China*,1949,pp.1044-1050,参阅世界知识社编:《中美关系资料汇编》第1辑,1957年版,第992—999页。据许涤新、吴承明主编:《中国资本主义发展史》第3卷,人民出版社2003年版,第602—604页有关表格改编。

表15-11　中国国际收支平衡表(1948年4月—1949年3月)

(单位:万美元)

收入		支出	
1. 出口货值	24500	1. 进口货值	82100
2. 美援	33800	1)美援	33800
3. 华侨汇款	3000	2)美援外进口	48300
4. 驻华使领	1600	2. 外债本息偿付	5000
5. 驻华外军	5000	3. 外侨汇款	500
6. 外人游历	2400	4. 使领、留学等费	12000
7. 教育及慈善捐款	2000	5. 其他	2000
总计	72300	总计	183700

资料来源:据《中华民国史档案资料汇编》第5辑第3编,外交,江苏古籍出版社2000年版,第649—650页有关表格改编。

表15-11是根据国民党政府行政院档案中发现的国民党政

府所做1948年4月至1949年3月中国国际收支平衡表估算整理而成。由于当时中国物价与汇率变化太大,这种估算问题较多。不过,从这一估算仍然可以大致进行国际收支项目间的横向比较。从这个表格可以看出,当时美援在国民党统治区国际收支中的重要地位,可以看出国民党政府对美援的依赖。

综上所述,在抗日战争胜利后,美国向国民党政府提供了约5亿美元的贷款援助及约20多亿美元的救济、售让、赠予等物资援助。这些美援,主要是为了帮助国民党政府打一场"美国出钱出枪,蒋介石出兵"的屠杀中国人民的内战,"援助国民党击毁共产党",而对于中国的经济建设没有多大益处。

(二)战后外国在华直接投资

外国在华投资可分直接投资和间接投资(外债)。我们先考察战后外国在华直接投资。

1939年12月太平洋战争爆发后,日本接管了英、美等在沦陷区和东北的企业和房地产。1945年8月日本投降后,日本的全部和德、意属于法西斯部分的在华(包括台湾)财产被中国政府接收;原属英、美等国财产则发还原主。战后,欧洲各国都失掉了扩大海外投资的能力,在中国的外国资本中,也形成美国独霸的局面。

战时,海关总税务司改由美国人担任,几十年来由英国人控制的中国海关战后已落入美国人之手。同时,原由汇丰银行控制的中国外汇市场也转由美国银行控制。1946年,战前6家英国银行有3家复业,战前4家美国银行则全部复业。这年冬,上海有美商贸易洋行256家,占上海洋行总数的48.9%。[1] 由于战后不久蒋

① 王垂芳主编:《洋商史——上海:1843—1956》,上海社会科学院出版社2007年版,第113页。

介石即发动大规模内战，时局不稳，外资企业的设立并不多。上海的贸易洋行由1946年冬的523家减为1947年的370家，其中美商贸易洋行也由256家减为182家。美国的威斯汀豪斯、环球、美孚等大公司都曾与国民党政府协议，准备设立电机、造船、水泥、石油等企业；美国财团取得煤矿、有色金属矿的开采权和成渝铁路、川滇铁路的筑路权。但都因投资环境日非而未能实现。航运方面，美国轮船则甚活跃。据中国海关登记，1947年往来外洋的外国轮船共1500万吨，其中美国船占35.6%、英国船占32.6%。①

由于美军和美国官员大批来华，美国在中国的房地产大增。在这方面，战后的国民党政府有个惊人之举，即将鸦片战争后列强根据不平等条约在租界区取得的土地永租权改换成土地所有权，发给“土地所有权状”。②

吴承明等学者对外国在华投资估计的估算见表15-12。

表15-12　外国在华投资估计　（单位：百万美元*）

项目＼年份	1936	1940	1948
日本直接投资	1560.1	4120.0**	—
日本借款	258.2	330.6**	—
日本合计	1818.3	4450.6**	—
美国直接投资	263.8	250.0	385.0
美国借款	64.4	132.9	1025.1
美国合计	328.2	382.9	1410.1

① 许涤新、吴承明主编：《中国资本主义发展史》第3卷，人民出版社2003年版，第608页。

② 此项出卖国土之举，甚至引起国民党官员抗议。见吴承明编：《帝国主义在旧中国的投资》，人民出版社1955年版，第98页。

续表

项目＼年份	1936	1940	1948
英国直接投资	870.7	765.4	715.5
英国借款	150.1	174.9	99.9
英国合计	1020.8	940.3	1115.4
法国直接投资	185.4	176.4	226.1
法国借款	90.9	81.1	71.1
法国合计	276.3	257.5	297.2
德国直接投资	47.0	44.0	—
德国借款	89.4	93.0	—
德国合计	136.4	137.0	—
苏联直接投资	26.1	26.1	—
苏联借款	—	250.0	—
苏联合计	26.1	276.1	—
其他直接投资	174.2	157.9	160.4
其他借款	161.1	158.7	214.2
其他合计	335.3	316.6	374.6
直接投资	3127.3	5539.8	1487.0
借款	814.1	1221.2	1410.3
总计	3941.4	6761.0	2897.3

注：* 1936年币值。

** 日本1945年。

资料来源：据许涤新、吴承明主编：《中国资本主义发展史》第3卷，人民出版社2003年版，第611页表格改编。

(三)战后国民党统治区的外债

经过中、苏、美、英、法以及全世界人民的团结战斗，意大利法西斯政权于1943年倒台；到1945年5月，苏军攻克柏林，希特勒自杀,德国无条件投降;8 月 14 日,日本宣布无条件投降,并于 9 月 2 日在投降书上签字,中国的抗日战争和全世界人民反对法西斯的战争取得了伟大的胜利。曾经给全人类带来巨大灾难的德、意、日法西斯联盟,终于被彻底打败。由于德、意、日三国是战败国,所有该三国外债作为战争赔款一律废除,中国对此不再负担偿债责任。

第二次世界大战后,苏联和东欧的力量逐渐加强,成为美国的主要对手。美国从它的全球战略考虑,在西欧推行“马歇尔计划”,援助西欧各国经济复兴,以对抗苏联;在亚洲主要援助国民党政府,希望国民党能够“统一中国”,成为美国在亚洲的“伙计”。当时中国共产党的力量在坚持八年抗战中越战越强大,势力已经扩展到西北、华北、华中和东北各地。美国对国民党政府的援助不同于“马歇尔计划”,它除经济利益的扩张外,还有一个更重要的政治目的,即“援助国民党击毁共产党”。

经过巨大的战争创伤,中国百废待兴。但是,以蒋介石为首的国民党反动派,在美帝国主义支持下,又把中国拖入内战的旋涡。在内战规模不断扩大和通货膨胀日益严重的情况下,国民党政府的财政赤字日趋庞大,对美援、对外债的依赖也越来越大。

1945 年 8 月,日本刚刚宣布投降,宋子文就向美国政府提出 20 亿美元的“建设大借款计划”,确切预算是 20.83 亿美元。美国原则上表示同意。但由于这项款额过大,美国政府又在 1946 年年初宣布,“对中国大规模的财政援助计划需推迟到中国政治经济局势能够提供更好的基础时再制定”。

不久,美国由抗战时期曾经手向国民党政府提供过四次易货借款的华盛顿进出口银行出面,在 1946 年一年内向国民党政府提供 5 笔数额在几百万至几千万美元的借款。

1946 年 3 月,美国华盛顿进出口银行与中国银行订立《美棉贷款合同》,由美方提供3300万美元的贷款,专供中方采购美国棉花。合约规定,中国商人采购美棉时,应由中国银行纽约分行向进出口银行申请发给美国棉商承兑书,美国棉商即按照承兑书开出期票,由中国银行签证承兑,中国银行两年内兑现,年息2.5%。这项借款从1946年6月10日至1947年7月10日共动用了3297.6万余美元。按照期票两年期期限,自1948年6月起即应还本付息。中国银行鉴于外汇来源紧张,筹措困难,又于1948年8月与美方订立《美棉贷款补充修正合约》,延期偿付本息。①

1946年6月,国民党政府与美国进出口银行签订1665万美元的"铁道购料"贷款合同,以购买修复铁路用器材。该借款期票年息3厘,本金分25年偿还,每年还本付息两次。对于借款动用期限,原来订明应于1947年年底截止,后因美国商人交货迟缓,余额不能如期用完,曾经两次延展期限。②

1946年7月,美国进出口银行与国民党政府签订了"中美购买发电机贷款"合约,由美方贷放880万美元垫款,供国民党政府在美国购置5000千瓦的发电机十台及附件设备等,该借款年息3厘,从1951年起分25年摊还,每年还本付息两次。合约还规定,国民党政府应雇用美国进出口银行所同意的工程师,以对用借款所购电机器材的设计、绘图、估价等负责,并监督装置电机设备等。该借款截至1949年2月,动支总额为78.5万美元。③

1946年8月,国民党政府为了购买美国16艘旧船,与美国进

① 中国第二历史档案馆编:《中华民国史档案资料汇编》第5辑第3编,财政经济(1),江苏古籍出版社2000年版,第995—1006页。

② 中国第二历史档案馆编:《中华民国史档案资料汇编》第5辑第3编,财政经济(1),江苏古籍出版社2000年版,第1014—1019页。

③ 中国第二历史档案馆编:《中华民国史档案资料汇编》第5辑第3编,财政经济(1),江苏古籍出版社2000年版,第1034—1039页。

出口银行订立“中美购船借款”合约，由美方提供 260 万美元垫款，供国民党政府在美国购买合约所列之轮船。国民党政府需付船价时，应出具还款期票向美国进出口银行支款。期票本金分 10 年摊还，年息 3.5 厘，每年还本付息两次。该项借款曾于 1947 年 2 月一次动用 254 万余美元。①

1946 年 8 月，国民党政府与美国进出口银行签订“中美采煤设备借款”合同，由美方借给国民党政府 150 万美元，供国民党政府在美购买采煤设备及器材。中方购买采煤设备及器材时，凭国民党政府出具的期票由美国进出口银行随时拨付垫款。期票自拨款之日起按年息 3 厘计息，本金自 1951 年起，分 15 年摊还，每年还本付息两次。该借款截至 1948 年 12 月已动用 147.5 万美元。②

总之，在 1946 年美国进出口银行向国民党政府提供了 6255 万美元借款，已知实际动用数至少在 5442.6 万美元。

在 1946 年 6 月，美国政府还与国民党政府签订了“中美租借剩余物资借款”（又名“3C 租借接管借款”）协定，将美国战时租借财产及中国在 1945 年 8 月 18 日以前申请已获准而未交付的物资，由国民党政府接购，其价值、运费等总计约 5890 万美元作为美国给中国的借款，分 30 年偿还。③

宋子文在 1945 年 8 月向美国提出“20 亿美元大借款计划”后，又到加拿大活动。经过一番活动，到 1946 年 2 月先成立了中

① 中国第二历史档案馆编：《中华民国史档案资料汇编》第 5 辑第 3 编，财政经济（1），江苏古籍出版社 2000 年版，第 1049—1059 页。

② 中国第二历史档案馆编：《中华民国史档案资料汇编》第 5 辑第 3 编，财政经济（1），江苏古籍出版社 2000 年版，第 1042—1052 页。

③ 中国第二历史档案馆编：《中华民国史档案资料汇编》第 5 辑第 3 编，财政经济（1），江苏古籍出版社 2000 年版，第 1024—1029 页。

加信用借款,由加拿大政府向国民党政府提供 6000 万加元的贷款,规定其中 2500 万元用以购买加拿大剩余的互助物资,另外 3500 万元用以购买中国方面复员所需的建设器材及支付费用。这项借款是加拿大政府追随美国政府对华政策的一个表现,同时加拿大也想趁机推销自己的战后剩余物资,因此在借款合同中还规定,除贷款以外,每隔半年,中方还应以数目至少相当于该半年内动支借款额 20%的黄金和外汇,在加拿大采购物资或支付其他费用。借款合约还规定,1947 年中国采购完毕后,将动用借款本息合成一总数,由中国方面以同额加币债票交给加拿大财政部,年息 3 厘,分 30 年平均摊还。①

由于国民党军队在内战中连吃败仗,使得美、加等国资本家对贷款给国民党政府产生了较多的疑虑。国民党的资源委员会在中国内战爆发后也曾派人到美国进行借款活动,但是美国进出口银行董事长这时却毫不掩饰地对他们说:"如果内战打胜了,交通和地方秩序恢复了,那么借款给你们买美国的机器设备去搞和平建设,是可以考虑的,是不成什么大问题的。但是目前蒋介石的军队打得不好,胜利看来没有什么把握。你说我们怎么能放心大胆借款给你们去办工厂呢?"到了 1947 年,中国人民解放军进入反攻阶段,美国给国民党政府的商业性借款就很少了。

据记载,在 1947 年以后,只有国民党政府交通部与美国航海委员会先后签订了 4 笔购船贷款合约,中国交通部向美国购买一部分战余旧船,价值 2200 万美元,中方付现金 550 万美元,另外 1650 万美元以年息 3. 5 厘计息,作为美方的贷款,分别在 14—17 年内偿还。

---

① 中国第二历史档案馆编:《中华民国史档案资料汇编》第 5 辑第 3 编,财政经济(1),江苏古籍出版社 2000 年版,第 983—989 页。

1948 年战后国民党政府财政部部长王云五为了顺利推行金圆券“改革”，也曾希望美国能拿出 5 亿美元的贷款来作后援。为此，王云五于 9 月下旬以参加国际货币基金董事会的名义专程赴美，向美国总统杜鲁门乞求援助，但是吃了一个闭门羹。美国主要关注的是中国内战的进展情况。

除了美国以外，战后只有加拿大曾向国民党政府提供了一笔 6000 万加元的贷款。英、法等旧中国政府的老债主，由于在世界大战中受到沉重创伤，还要靠美国援助，它们本身已无力对华贷款。

纵观国民党统治时期的政府外债，在 1933 年以前，包括美麦借款和美棉麦借款在内，总额约合 4000 万美元；1934 — 1937 年间，按照 A.N.杨格的计算，国民党政府得到并且实际使用的铁路借款总额约合 4000 万美元；至 1937 年中期按照中德易货信用借款协定，国民党政府为了工业和军事目的，从德国得到的信贷数额，大约也相当于 4000 万美元；因此这几年中国政府得到利用的外债总额共约 8000 万美元。此外，德、英、法、比等国资本已答应供给，已经达成协议，但未曾动用的铁路贷款，加起来总数也有 8000 万美元。还有数千万美元的信贷正在谈判和拟议中。抗日战争前国民党政府实际使用的外债约合 1. 2 亿美元。抗日战争期间国民党政府所借外债，笔数不多，但借款额却比战前大得多，以美元计超过国民党政府战前所借外债总额的十多倍。抗战胜利后，在 1946 年一年内国民党政府向美国进出口银行举借了 6225 万美元的贷款，向加拿大政府举借了约 6000 万美元的贷款，两者相加，就与抗战前国民党政府实际使用外债的数额相近；再加上 1947 年以后的外债，及由美国援助物资转化的贷款，数额就是抗战前外债的四倍多。总的来看，国民党统治时期外债有不断增加的趋势。尽管在抗战前经过外债整理，中国政府外债积欠额略有下降,但由于新借外债不断增加,后来中国政府所积欠的外债额迅速加大,债务负担越来越重,见表 15-13。

表 15-13　国民党统治时期所借外债分国表(各年积欠额)

(单位:百万美元*)

项目＼年份	1936	1940	1948
日本	258.2	330.6**	—
英国	150.1	174.9	399.9
美国	64.4	132.9	1025.1
法国	90.9	81.1	71.1
德国	89.4	93.0	—
苏联	—	250.0	—
其他	161.1	158.7	214.2
总计	814.1	1221.2	1710.3

注:* 1936 年币值。

** 日本 1945 年。

资料来源:据许涤新、吴承明主编:《中国资本主义发展史》第 3 卷,人民出版社 2003 年版,第 611 页表格改编。

表 15-13 虽然是几个重要年份政府外债的积欠额,但仍然可以大致反映出在国民党统治时期所借外债中各国比重的变化。在 1930 年中国政府所欠外债中,日本占据首位,其次为英、法、德。从表中我们可以看出,1936 年时各国数额虽有变化,但位次仍然大致如此。到 1948 年情况已经发生很大变化,美国不仅跃居首位,而且它的数额比其他各国总和还要多 50%,美国已经成为国民党政府的头号大债主。

第十六章

抗日后方和国民党统治区的商业流通与国内市场

抗日战争爆发后，沿海各省相继沦陷，国民党政府被迫内迁重庆。随着沿海人口大量涌入西部省份，生产和民生物资供需矛盾日益突出。国民党政府为了应对困境，做好持久抗战准备，在统治区内推行了战时统制经济政策，对重要工业品和农产品的生产、流通和价格实施全面统制，以确保对战略物资的有效控制。同时，由于沿海富庶之地尽被日本占领，关税、盐税和货物税等主要税收尽失，国家财政收入锐减，同时军事费用激增，财政收支失去平衡，赤字逐年上升。国民党统治区经济非常薄弱，国民党政府只能依靠增加法币发行来弥补财政赤字，最终导致通货膨胀，物价持续上涨，给国民党统治区人民生活带来了严重影响。抗战前我国经济中心主要集中在沿海沿江口岸，内地商业向来比较落后。抗战爆发后随着沿海人口和经济重心的内迁，商业中心也随之内移，重庆、成都、昆明、西安、兰州等西部城市在抗战时期呈现出一派繁荣景象，都发展成为较大的商业中心。但由于战争时期绝大多数内迁资本偏向于短期获利的商业领域，“工不如商，商不如囤”的现象比较普遍，投机性商业得到空前发展。

抗日战争相持阶段，中日双方为了有效削弱对方，遏制对方经济，都采取了经济封锁和反封锁。日本的经济封锁是为了阻止物资流入国民党统治区，而对国民党统治区的农产品又是需要的，是一种对内单向的封锁。而国民党统治区对敌的经济封锁一方面是要禁止敌人物资流入国民党统治区来套取法币,另一方面又要防止国民党统治区物资资敌,是一种双向的封锁。中日双方的军事对峙、经济封锁和反封锁为走私提供了巨大利润空间,在整个抗战时期,走私非常的猖獗。当然随着战局的推移,双方都从有利于自身的角度出发,不断调整经济封锁和反封锁,以及对待走私的政策。

抗战胜利初期,中国民族工商业得到一定程度的恢复;但是,在战后敌伪财产接收过程中,以"四大家族"为代表的国家资本,在政治、军事和金融力量的保护和支持之下急剧膨胀,形成了一个庞大的商业独占网络,国营资本的膨胀扩充和民营资本的萎缩是抗战后最为明显的经济现象。同时,美国为了达到独占中国的目的,一方面通过"美援"极力扶植国民党政权,另一方面通过与国民党政府签订一系列不平等条约,在政治、经济、军事和文化方面全面控制中国,使中国成为其商品倾销地,在全国各地到处是"无货不美,有美皆备"。国民党政府急于发动内战,军费开支急速增长,造成庞大的财政赤字,而弥补财政赤字的主要办法就是滥发纸币,大搞通货膨胀,物价飞速上涨。在国共内战的最后几年里,民族工商业已被搜刮得奄奄一息,大批资本家纷纷弃工从商,投机性商业获得畸形发展,国民经济濒临崩溃。

第一节　抗战时期国民党统治区的商业贸易状况

抗日战争爆发后,严峻的战争形势迫使国民党政府必须动员一切人力、财力、物力为战争服务,国民党政府先后成立了一些统制机构,负责制定和实施战时物资和商业统制,对全国农矿工商企业及物品的生产、运输、贸易和一般物价实施全面管制,实现向战时经济转轨。随着抗日战争的持久化，为了控制物资和保障民生，国民党政府对生产、流通、分配、消费等各个环节实施了越来越严厉的经济统制。

一、国民党政府的商业统制政策

（一）商业统制政策

商业是国民经济的重要环节，也是人民生活必不可少的重要组成部分，能否保证商业流通的顺利进行和各种物资的充分供应，关系工农业生产和社会稳定。抗日战争爆发后，沿海沿江各省相继沦陷，重要农工产品供应减少。国民党政府西迁重庆后，为解决后方物资严重短缺的问题，一方面积极地充实物资，使军用民食获得充足的供应；另一方面则对战时商业采取统制政策，对于粮食、日用必需品、燃料、日用工业品和外销物资等采取统购统销、专卖和限价等政策，实施管制。

抗战期间，国民党政府为对全国农矿工商企业及物品的生产、运输、贸易和一般物价实行管制，先后颁布了一系列法令和法规。1937 年 12 月，国民党政府颁布了《战时农矿工商管理条例》，次年 10 月修正为《非常时期农矿工商管理条例》。依据该条例，经济部得呈准行政院，管理以下各项物品。第一类是棉、丝、麻、羊毛及其制品。第二类是金、银、钢、铁、铜、锡、铝、镍、铅、锌、钨、锑、锰、汞及其制品。第三类是粮食、植物油、茶、糖、皮革、木柴、盐、煤及焦炭、煤油、汽油、柴油、润滑油、纸、漆、酒精、水泥、石灰、酸碱、火柴、交通器材、电工器材、电力机器、工具、教育用品、药品、人造肥料、陶器、砖瓦、玻璃。第四类是其他经济部呈准行政院指定物品。①

① 国民党政府经济部编：《经济法规汇编》第 2 集，1938 年印本，第 18 页。

为防止敌货侵入和物资资敌,1938 年 10 月国民党政府公布《查禁敌货条例》和《禁运资敌物品条例》两种。其主要内容为:第一,凡敌国物品一律禁止进口及运销国内,在沦陷区域内工厂商标系由敌人投资经营者,其货物也应视同敌货予以查禁。第二,在沦陷区域的工厂商号,已被敌人掠夺利用的,由经济部随时指定其物品名称、产地及厂商名称、商标,禁止运销国内。第三,国内物品凡是以增加敌人力量的,由经济部指定其物品名称,禁止运往敌国或沦陷区,至于执行查禁,则由地方主管官署负责主持。

1939 年因国内物价上涨较快,经济部于 2 月颁布《非常时期评定物价及取缔投机操纵办法》,以期遏制涨价风。12 月又颁布《日用必需品平价购销办法》,决定设立平价购销处,主持办理西南、西北各省日用必需品的平价购销事宜。通过这两个法令,政府实施了物价的管制,以遏止物价上涨;为达到这一目的,又对衣食服用之日用必需品加以控制,以平价购销日常用品,如布匹、衣被、毛线、被单、袜子、肥皂、牙膏、毛巾、蜡烛等。①

1941 年抗战进入更为艰苦的阶段,物资益形短缺,市场上囤积居奇现象日益严重,为此,国民党政府于 2 月颁布了《非常时期取缔日用重要物品囤积居奇办法》,规定取缔囤积居奇的重要物品为四大类(包括粮食类、服用类、燃料类、日用品类)二十一种。②1942 年 3 月,国民党政府又颁布《国家总动员法》,明确规定"政府于必要时得对国家总动员物资及民生日用品之交易价格、数量加以管制"。③ 其后,国内外局势剧变,物价上涨剧烈,蒋介石于

① 国民党政府经济部编:《经济法规汇编》第 4 集,1940 年印本,第 117 页。

② 国民党政府中央训练团编:《中华民国法规辑要》第 2 册,1942 年印本,第 18 页。

③ 重庆市档案馆编:《抗日战争时期国民政府经济法规》上册,档案出版社 1992 年版,第 170 页。

1942 年 9 月制定《加强管制物价方案》七条,并经国民党五届十中全会于 11 月 27 日通过,随后行政院于 12 月 19 日颁发《关于加强管制物价的训令》,决定自 1943 年 1 月 15 日在全国实行限价。①

1943 年 3 月,行政院又颁布《限价议价物品补充办法》,规定限价物品以八种重要民生必需品,即粮、盐、食油、棉花、棉纱、布匹、燃料、纸张为主,其余各项必需品,采行议价。1944 年 5 月 20 日,国民党五届十二中全会通过《加强管制物价紧急措施方案》,决定实行更加严格的物资管制,其主要措施包括:扩大征实数量及范围,以充实政府掌握之物资;向盟邦输入必要物资,以大量吸收社会剩余购买力,稳定国内经济;管制物价运价,取缔囤积居奇,加强物资流通,减少物资生产成本;对官兵、公教人员生活必需品,由政府尽量发放实物等。

1944 年 8 月 1 日,国家总动员会议第五十四次常委会通过《各省管制物价物资及实施纲要》,规定各省间之物资须完全自由流通,省政府不得禁止或妨碍出境,而应尽力促进物资交流,调剂有无;对于征实物资,应如期征足,不许借词减缓;八项日用品须按中央规定限价,非经呈请核准不得变更;议价物品也应择要实施。② 1945 年 2 月 15 日,国民党政府为了贯彻限价仪价政策,发布了《取缔违反限价议价条例》十条,对违反《国家动员法令》第八条所称限价议价者,予以取缔处分的规定。上述法令规章的颁布,为战时国民党政府实施物资统制提供了法律依据,保障了军民物资供应,并为稳定大后方民众生活起到了重要作用。

---

① 中国第二历史档案馆编:《中华民国史档案资料汇编》第 5 辑第 2 编,财政经济(9),江苏古籍出版社 1997 年版,第 241 页。

② 重庆市档案馆编:《抗日战争时期国民政府经济法规》上册,档案出版社 1992 年版,第 137 页。

(二)商业统制机构

为实施战时物资统制,国民党政府在抗战期间随着形势的变化先后成立了一些统制机构,负责制定和实施战时物资和商业统制(见图16-1)。

抗战爆发后,1937年9月2日,军政部部长何应钦在一份呈文中首先提出对有关国防物资"当仿照美国战时贸易部之办法,组织统制机关,主持办理"。嗣后军政部便奉行政院指令,召集有关部会洽商,并拟订战时贸易统制计划,主要内容包括:"战时为充实资源、保持军事民生之需要起见,凡进出口贸易由大本营统制办理,责成大本营之第四部执行之";"大本营第四部设贸易统制委员会,由外交部、实业部、财政部、内政部、军政部、海军部、航空委员会、全国经济委员会、军事委员会之资源委员会及军法执行总监部联合组织之"。与此同时,财政部拟定了《增进生产及调整贸易办法大纲》(共十条),于9月13日呈奉军事委员会委员长核准并经国防最高会议通过。这份大纲更加明确地提出在军事委员会之下设立农产、工矿、贸易三个调整委员会,分别负责战时民食农产、工矿业产品和出口产品的运输、储藏、转卖等事项。10月,农产、工矿、贸易三调整委员会正式成立,并由三会联合组织水陆运输联合运输办事处,在全国各重要地点分设办事处,以加强对各地区经济的控制。①

1938年1月10日,国民党政府经济部成立,该部系由前实业部,建设委员会,全国经济委员会水利部,及原属于军事委员会的第三部、第四部,资源委员会,工矿调整委员会,农业调整委员会等

① 中国第二历史档案馆编:《中华民国史档案资料汇编》第5辑第2编,财政经济(9),江苏古籍出版社1997年版,第433页。

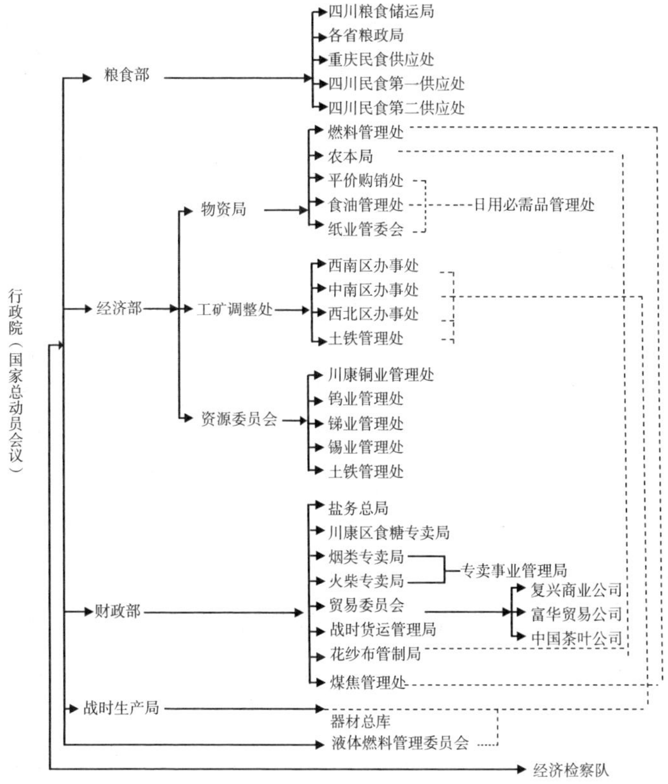

图 16-1　国民党政府的物资管制机构示意图

注:实线表示隶属系统,虚线表示变迁关系。

资料来源:龙大均:《十年来之物资管制》,见谭熙鸿主编:《十年来之中国经济》,中华书局 1948 年版,南京古旧书店 1990 年印行,第 U22 页。

合并成立,作为国民党政府战时最高经济行政机构,战时物资管制的大部分工作是由经济部主持的。就其受管制物资的品类区分,可分为三类。

第一类是日用必需品,包括棉花、棉纱、棉布、煤焦、食油、纸张等物资,此类物资原本由该部农本局、燃料管理处及平价购销处分别办理。1942 年 2 月,经济部物资局成立,增设了食油管理处与纸业管理委员会,并将前述三机关划归管辖,统筹日用必需品供应,及办理平价事宜。1942 年 12 月物资局奉令撤销,对上述日用品的管理又做了调整。原农本局所管的花、纱、布,改由财政部设置花纱布管制局管理。原燃料管理处业务仍旧,但该处改为直隶经济部。食油、纸张等原归平价购销处管理的物品,改由经济部设立日用必需品管理处接办。

第二类是工业器材,包括工业机器、钢铁、水泥、烧碱、漂粉、盐酸、染料、助燃剂、鞣剂、铜等物资,其中钢铁原由经济部与军政部共同组织的钢铁管理委员会管理,水泥原由军政部、经济部与交通部共同组织的水泥管理委员会管理。1942 年 2 月,该两个委员会撤销,移交经济部工矿调整处办理。铜由资源委员会所设的川康铜业管理处管理。其他各项如工业机器等,均由工矿调整处管理。

第三类是出口矿产品,包括钨、锑、锡、汞、铋、钼六类,由资源委员会所属的钨、锑、锡、汞等管理处分别管理。为了统筹战时生产事业,增强抗战力量,国民党政府于 1944 年 11 月成立了战时生产局,经济部管制物资的部分权限转移至该局,例如:主管焦煤的燃料管理处,即改隶该局,改名煤焦管理处,主管工矿器材产品的工矿调整处,也同时并入该局,但不久被裁撤。只有煤焦管理处在 1945 年年底该局因抗战胜利裁撤后,再次归属经济部。

战时物资归财政部管制的大致可分为两类:第一类为专卖物品,包括盐、糖、烟类、火柴等项;1941 年 7 月,由财政部组织设立国家专卖事业设计委员会筹划办理,1942 年分别由盐务总局、川康区食糖专卖局、烟类专卖局、火柴专卖公司负责专卖事宜。1944 年夏,食糖专卖停止,食糖专卖局裁撤,同年 8 月,烟类专卖局和火柴专卖公司合并,改组为财政部专卖事业管理局,统一管理全国烟类和火柴专卖的业务和行政。第二类为出口外销物品，包括桐油、生丝、羊毛、猪鬃、茶叶、药材等，由财政部设贸易委员会主持收购和运销业务，下设复兴、富华及中国茶叶三家公司，为实际负责经营的业务机构。

粮食是最重要的战略物资。1940 年 8 月，国民党政府设立粮食管理局，隶属于行政院，1941 年 6 月底撤销，7 月 1 日，改设粮食部，内置总务、人事、管制、储备、分配、财务六司，和调查处、会计处、统计室、督导室。地方机构则省有粮政局，县有粮政科，另有直属该部办理储运业务的四川粮食储运局，办理供应业务的重庆民食供应处、四川民食第一供应处、四川民食第二供应处。自从经济部的农本局撤销后，关于对棉花、棉纱、棉布的管理，即移交财政部办理。财政部于 1943 年 2 月专门设立花纱布管制局，经办此项业务。该局直到 1945 年抗战胜利时裁撤，相关业务交还经济部主管。

为了抢购沦陷区物资，及开展对敌经济反封锁，国民党政府还设有战时货运管理局，亦隶属财政部，在抗战胜利前裁撤。

另外，行政院还设有液体燃料管理委员会，为专司汽油、酒精、柴油等液体燃料管理事宜的机关。1944 年战时生产局成立时，该委员会改属战时生产局，战时生产局裁撤后，又改属经济部。

中枢方面主持整个战时物资管制的是 1940 年设立的行政院经济会议，该会议于 1942 年 4 月改组为国家总动员会议，其决议由行政院以命令颁行，为战时管制全国物资的最高决策机构，负有督导各主管机关执行的职责。该会议之下附设经济检查队，分驻重庆及各大城市，直接执行对粮、盐、布匹、燃料等应受管制物资的检查工作。

二、国民党统治区的商业状况

(一)国民党统治区的商业发展

1. 商业中心的形成和发展

抗日战争之前,我国城市和商业中心偏在沿海口岸,内地交通闭塞,市场狭小,吞吐力弱,经济发展普遍落后,工商业规模较小。众所周知,广西“山岭重重,易守难攻,富于农产森林之利,宜于农不宜于工商”①。贵州“所谓商业,什九属于行贩,又什九制造若干种货品,资本且均极微小,甚至有不满十元者”②。重庆是西南最大商埠,2000 元以上资本者也仅 700 余家。③ 西北地区除了西安稍为繁荣外,即使兰州等城市也无大的商业机构。但是,抗日战争爆发后,当中国东部、中部地区大部沦陷之后,西南的四川、云南、贵州等省和西北的陕西、甘肃等省成为支撑中国进行持久抗战的大后方。南京国民政府迁都重庆,大批工厂、机关、学校也从东、中部城市向西部地区转移,随着全国的金融、工业中心逐渐内迁,商业中心也随之内移。从而改变了中国经济发展的基本格局,为大后方城市商业的发展提供了历史机遇。重庆、成都、西安、兰州、贵阳、昆明、桂林等都发展成为新的商业中心。

重庆在抗战前就是西南的重要商埠,抗战时期的陪都,发展速度尤快。1935 年,重庆人口仅有 38 万人,1938 年也仅有 48 万人,而 1942 年人口增至 76.66 万人,1945 年年初更猛增至 126 万人,

---

① 胡政之:《粤桂写影》,见《广西印象记》第 1 辑,广西省政府,1935 年印本,第 2 页。

② 张肖梅:《贵州研究》,中国国民经济研究所 1933 年印本,第 32 页。

③ 《商业:重庆商号近况》,《四川月报》第 10 卷第 4 期,1937 年 2 月。

人口为战前的两倍。人口的激增,行政机关内迁,工业、交通和运输业迅速发展,对生产和生活资料的需求也随之扩大,进一步促进了重庆商业的繁荣。据统计:抗战期间,重庆各商业同业公会有123个,大小公司商店27481家,商业资本60多亿元。① 商业资本在战时也有较大扩张,抗战前夕,重庆的商业资本总额不过1000万元,到1941年已经增至12583万元,1942年更是猛增为49535万元。同时,商业企业平均资本也在增长,战前重庆商业企业的平均资本额仅为2000元左右,到1941年增至8823元,1942年则增至19111元。同时,重庆城市人口的职业构成发生明显的变化,商业人口所占比重有较大增加,据相关研究表明:1941年,重庆全市的商业从业人员达106083人,超过工矿业从业人员92006人,占全市总人口的15.1%,占全市从业人员的19.8%。而至1945年商业从业人口更猛增至234278人,占全市总人口的18.6%,占全市从业人员的39%。②

成都是四川省的省会,位于川陕、成渝两公路的交点,交通较为便利,川西土产的输出,外来物品的内销,多集散于此,是川西重要的商贸中心,也是连接西南、西北商业往来的物资集散地。抗战期间,成都一跃而为后方重镇,1937年抗战爆发初期成都城市人口48.4万人,而抗战结束后为74.2万人,为战前的1.53倍。③ 人口的激增,刺激了成都商业的快速发展,商店总数和经营范围都大为扩展。1936年成都商店共计17497家,到20世纪40年代商店达到28480家,净增了10983家。成都商业场原系清末开办的劝

① 傅润华、汤约生主编:《陪都工商年鉴》,文信书局1945年印本,第7页。

② 韩渝辉主编:《抗战时期重庆的经济》,重庆出版社1995年版,第117页。

③ 《四川省政府统计月报》1948年4月。

业场,抗战时期在原址上扩建商业、悦来和新集路三大商场,新修店铺300余间,较原来的劝业场大了一倍,三大商业场的匹头百货业占半数以上,匹头铺的刘万两、京货局的敬益增,各以富丽堂皇和货卖堆山取胜。① 此外成都传统的商业街区东大街、盐市口、暑袜街等地也成为大中型商店、钱庄、银行聚集之地。抗战后期,随着国内外政治、经济形势的变化,成都商业进一步呈现病态繁荣。

昆明是云南省会,东中部企业、学校迁入的一个重要地区,昆明人口由战前1936年的14万人,增加到战争爆发后1940年的20万人。② 为战时西南国际交通线的连接中心,太平洋战争爆发前,滇越线、滇缅线成为西南对外联系的主要通道,昆明地位尤为重要,土特产品多由昆明经滇越线、滇缅线转运出口,输入产品也同样经滇越线、滇缅线进口。太平洋战争爆发后,昆明又是中印航空线物资集散地。昆明成为战时西南重要的对外贸易中心。

桂林是抗战时期广西的省会。1936年10月省会从南宁迁至桂林时,桂林只有7万人,1940年1月,人口接近20万人,1944年达到31万人。抗战时期迁入广西的工厂共有29家,其中桂林有26家,大多是与国防、军需关系密切的工业,如机械、兵工、电器、电力、汽车制造、化工材料、交通器材等,这些工厂大多来自江、浙、沪、湘、鄂等省市。③ 在当时全国各省市中,工厂数名列第4位,工

---

① 张学君、张莉红:《成都城市史》,成都出版社1993年版,第245页。

② 云南省档案馆编:《近代云南人口史料(1909—1982)》第2辑,云南省档案馆1987年版,第167页。

③ 《广西经济建设手册》,广西省政府建设厅统计室1947年版,第54—56页。

业资本额为第6位。[1] 由于内迁人口和工商业的急增，桂林成为西南重镇和商贸中心，市场出现空前繁荣。

贵阳地处大后方，是西南交通的中枢，南来北往，输入运出的货物，大多要经过贵阳集散和转运。抗战期间，也有各类外来人员大量涌入，使贵阳人口迅速增加。1937年贵阳市人口仅12万人，到1945年贵阳人口激增到28万人左右，为战前人口的2.3倍。[2] 因而消费需求量自然提高，增加了物资交流，商业活动日渐活跃，商号和商会也普遍设立。早在1915年，贵州即开始有商会的组织，但直到抗战初期的1937年，全省除贵阳市外，各城市均未普遍设立。贵阳市因当时是全省政治经济中心，同业公会成立较早。1937年，贵阳市工商团体即有贵阳市商会、华洋杂货业、纱布业等31类。1940年外省迁黔工商业渐增，外籍资本亦大量流入，到1945年，同业公会计有绸缎、百货、五金、影剧、织补、盐业等45类，较1937年增加45%[3]，可见当时贵阳商务之盛。贵阳市遂由落后的山城一跃而为西南重要都市之一。

西安地处陕西关中，由于交通条件比较方便，抗战爆发后，西安商人云集，商店林立，各种商店行号较战前增加1/3以上，西安不仅是陕西省的商业贸易中心，也是西北最大的贸易中心。抗战全面爆发后，西安市户口增至4万户以上，人口增至20万人以上。人口的激增，刺激了商业贸易的发展。据1940年2月调查，西安

---

① 《统计资料：战时工业统计，截止民国三十三年底止》，《中国工业》1945年第28期。

② 贵阳市志编纂委员会编：《贵阳市志：人口与计划生育志》，贵州人民出版社1992年版，第9页。

③ 熊大宽：《贵州抗战时期经济史》，贵州人民出版社1996年版，第60页。

商号总数达6509家,资本在15万元以上的有4家,10万元以上的有6家,5万元以上的有24家,3万元以上的有53家,1万元以上的有78家,7000元以上的有93家,5000元以上的有213家,3000元以上的有226家,2000元以上的有289家,1000元以上的有536家,500元以上的有815家,300元以上的有1279家,不满100元的有951家。其中,成立公会的有47个行业。① 抗日战争时期,西安商业呈现一派繁荣景象。

兰州是西北重要的交通枢纽城市,以兰州为中心的干线就有四五条。公路交通网北至内蒙古,南达四川广元,东至河南,西至新疆。1935年前,兰州市共有人口9.6万多人,而到1942年前后,一跃增加到12万多人。大量人口迁入和交通业的发展,在一定程度上保证了兰州商业的繁荣。据统计,甘肃省全省共有商号25000家,店员约有10万人,年营业额为28亿余元。兰州市有商店2095家,店员约为13000人,年营业额为10.7亿余元。②

2. 商业企业数量和规模的扩大

抗战时期,由于沿海工商业企业和人口的大量内迁,国民党统治区原有商业得到充实之外,又催生了不少新兴行业。尤其是迁都重庆之后,工矿企业大量迁入,重庆市工商业得到快速发展。

抗战时期,由于局势不稳,投资工业周期较长,大量游资进入商业领域。重庆市投资总资本中的72.7%进入商业领域,26.3%进入工矿领域,而投入运输业和农业的资本均在1%以下。在商业资本中纺织品业占据首位,占到商业资本总额的20.6%,百货

① 《企业公司近讯》,《陕行汇刊》1941年第2期。

② 陈鸿胪:《论甘肃的贸易》,《甘肃贸易》1943年第4期。

业占到 10.1%,饭馆业占到 8.3%,五金电料业占到 6.5%,烟业占到 6.1%,粮食业占到 1.9%(见表 16-1)。

表 16-1　抗战时期重庆市的商业资本统计

类别＼项目	业别	数量（家）	资本总额（元）	资本占比（%）
各业资本比较	商业	25920	49535.3	72.7
	工矿业	1613	17957.0	26.3
	运输业	162	551.4	0.8
	农业	14	117.5	0.2
	投资总计	27709	68161.2	100.0
商业资本的分配	纺织品业	3074	10227.2	20.6
	百货业	2403	4998.5	10.1
	饭馆业	2579	4120.7	8.3
	五金电料业	1549	3193.2	6.5
	烟业	1508	3033.6	6.1
	粮食业	1513	944.5	1.9
	其他	13294	23017.6	46.5
	商业总计	25920	49535.3	100.0

资料来源:邓翰良:《十年来之商业》,见谭熙鸿主编:《十年来之中国经济》,中华书局 1948 年版,南京古旧书店 1990 年印行,第 L98 页。

同时,从重庆市银钱业放款比例和重庆市工商企业借入资金比例也可看出类似状况。重庆市银钱业放款总额中,商业放款占 52.19%、同业放款占 20.02%、工业放款占 7.02%、矿业放款占 2.63%、交通放款占 1.67%、个人放款占 3.87%、其他放款占 12.6%。重庆市工商公司借入资金总额中,商业借入资金比重达到77.62%,工业为2.11%,运输业为0.16%,农业为0.23%。[①] 不管是银钱业放款,还是工商企业借入资金,投入商业领域的资金都占到绝大多数。

正是由于大量社会资本进入商业领域,至1940年年底,西南地区的商会总数达到316家(四川131家、西康7家、广西75家、云南67家、贵州36家),占全国的19.6%。同业公会总数达到2506家(四川1640家、西康12家、广西245家、云南331家、贵州278家),占全国的22.9%。[②] 1939年至1941年期间,重庆、四川、云南、贵州、广西、西康经经济部核准开业的公司就达90家,资本总额达6812万元。其中以1941年最多,达到50家,资本总额达5140万元。[③]

其中,加入重庆市商会的同业公会,1936年仅有36个,1939年也仅有39个,而1940年则增至69个,1941年5月为86个,1942年年初为88个,1943年为116个,1945年则增至123个,呈逐年稳步增长之势。还有一些行业并未成立同业公会,如1945年有37个这样的行业。因此,1945年实际上已有商业行业160个。此外,重庆商业公司商号和商业资本也不断增加。据重庆市商会对加入商业公会的公司商号的统计:1936年有3058家,而1941年即增至14262家,1942年有25920家,同时还有大量的行商,据统计,1941年有行商4379家,其中布匹棉纱商(1843家)、五金器材商(1057家)居多。1936年,重庆商业总资本不过千万元,而至1941年增为12583万元,1942年猛增为49535.77万元,1944年增

① 邓翰良:《十年来之商业》,见谭熙鸿主编:《十年来之中国经济》,中华书局1948年版,南京古旧书店1990年印本,第L96页。

② 国民党政府主计处统计局:《中华民国统计简编》,中央训练团1941年印本。

③ 国民党政府经济部秘书室编:《经济部公报》,1941年印本。

至 12040.56 万元。①

贵阳的工商业团体发展同样迅速，1937 年有贵阳市商会、华洋杂货业、纱布业等 31 类，商号虽立，但人数少，规模小，资金微，商业行号仅 1420 户，资本总额为 180 万元，营业额为 981 万元。② 1940 年抗战转入第二期后，贵阳市顿时成为西南交通枢纽，外省迁黔工商业渐增，外籍资本亦大量流入。1942 年商业行号为 3894 户，1943 年为 4239 户，到 1945 年，再增加到 5422 户。商业资本亦逐年递增，1942 年商业资本总额为 7999.5 万元，1943 年为 10614 万元，较 1942 年增长 32.7%；1944 年为 15735.6 万元，较 1942 年增加近 1 倍；1945 年为 21040.5 万元，较 1942 年增加约 1.6 倍半。到 1945 年，同业公会有绸缎、百货、五金、影剧、织补、盐业等 45 类，较 1937 年增加 45%。1937 年贵阳市工商团体有贵阳市商会、华洋杂货业、纱布业等 31 类。至 1945 年抗战胜利时，同业公会有绸缎、百货、仓库、服装、纱布、汽车、汽车材料、五金、电气材料、旅馆、新药、国药、颜料、银行、银楼、卷烟、图书教育用品、餐馆、影剧、营造、机器、印刷、酱酒、糖食、海味、纸业、皮革、苏裱、煤炭、陶瓷、洗染、织补、摄影、菜食、面粉食品、粮食、棉花、油业、竹木、丝业、米粉、屠宰、理发、旧货、人力车、盐业、鸡鸭等，共 45 个，数量较 1937 年增加 40%。商业从业人员有 1.8 万余人，若以每一从业人员负担家庭 5 口计，则贵阳市直接或间接依靠商业为生活者近 10 余万人，占全市总人口的近 40%，商业可谓盛极一时。③

兰州商业在抗战时期也呈现一片繁荣景象。在 1945 年前后

---

① 韩渝辉主编：《抗战时期重庆的经济》，重庆出版社 1995 年版，第 116 页。

② 张肖梅：《贵州经济》，中国国民经济研究所，1933 年版，第 K25 页。

③ 贵州省人民政府财政经济委员会编：《贵州财经资料汇编》，贵州省人民政府财政经济委员会 1950 年印本，第 480 页。

兰州的商店总数已经达到2095家,营业总额增加到10亿多元,店员人数也达1.3万人之多。仅杂货店就有277家;京货店更是分门别类,形成了专门经营布匹、丝绸呢绒、百货、服装等商店。其中仅布匹商就有114家,丝绸呢绒商有26家,百货商有98家,服装商有63家。此外,茶商、烟商、食品商和粮行等均有较大数量的增加。与之相适应,进出口货物也大幅度增加。① 如1943年,仅输入兰州市场的布匹就达6万多匹,面粉达1314万多担,各类糖133万余斤,其他各类货物的出入量也均有增加。② 同时,兰州还出现了较大规模的百货公司——兰州中山商场。到1945年,兰州市的股份有限公司已达12家,支公司达17家,资本额高达8685.74万元。③

3. 国民党统治区商业的畸形发展

抗日战争时期,由于通货膨胀,物价不断上涨,但各地和各类商品的上涨时间和幅度是不相同的,因此囤积货物和倒卖商品可以获取暴利。商业投机暴利进一步吸引了大批农村地主、军阀、官僚、资本家等纷纷囤积居奇,从而推动物价上涨和货币贬值,而恶性通货膨胀又进一步促使投机商业空前发展。由于在通货膨胀和物价飞涨的经济环境下,国民党统治区的商业利润要远远高于工业利润,尤其是1941年以后物价不断上涨促使投机性商业空前发展,囤积物资可以获取暴利。由于银行利息高于产业利润,商业利润高于银行利息,投机商业利润更大大高于正常商业利润,于是各种社会资金纷纷涌向商业投机,包括游资、银行资本和产业资本都向商业资本转化,大搞商业投机。“工不如商、商不如囤”成为当

① 《兰州市各种商店家数》,《甘肃贸易季报》1943年第4期合刊。
② 《兰州市每年进货调查》,《甘肃贸易季报》1943年第2、3期合刊。
③ 《兰州商业公司设立表》,《甘肃统计年鉴》1945年第1期。

时社会的普遍现象，商业投机空前畸形发展。

许多银行把原先投向工矿业的资本转投向商业领域，出现了商业资本和银行资本相结合的现象。据统计，1939 年重庆市 15 家银行的放款中有 89%贷给商业，1940 年重庆 26 家银钱业的放款总额中有 96%以上发放给商业，1942 年 3 月重庆 60 家银钱业的商业贷款仍占总放款额的 80%以上，工矿业放款仅占 9.6%。① 这既反映了战时金融业的主要活动，也显示了战时银行业与商业的紧密关系。国民党四行二局不仅投资于各种商业的公开组织，而且还自立商号，专门从事投机。如四川畜产公司、四川丝业公司就有中国银行的投资。其他地方银行、私人银行也投资各类公司，如重庆猪鬃业的宝丰、和源公司就是以有权势的银行作后台组织起来的。

投机性商业的发展，还反映在商号的不断增加上。以重庆的低商业为例，加入低商同业会的商业，1938 年有 45 个，1939 年有 48 个，1942 年猛增为 117 个，1945 年又增为 250 个。在战时各业中，以商业发展最为迅猛，重庆战时各类企业共有 27712 家，而商业竟达 25929 家，占总数的 93.57%。1942 年重庆的工商业资本中，商业资本的比重达 73%，工矿两业则不及 26%。② 连翁文灏也说："后方生产事业 3 亿元，商业投资达到 10 亿元，使人感到吃惊。"③

战时后方商业的繁荣很大程度上是投机商业的繁荣，这种繁荣既不源于生产，自然也不可能促进生产发展。同时，投机性商业

---

① 周天豹、凌承学主编：《抗日战争时期西南经济发展概述》，西南师范大学出版社 1988 年版，第 263 页。

② 邓翰良：《十年来之商业》，见谭熙鸿主编：《十年来之中国经济》，南京古旧书店 1990 年印本，第 L96 页。

③ 许涤新：《中国国民经济的变革》，中国社会科学出版社 1982 年版，第 56 页。

的空前发展,致使物价涨得更快更猛,对整个国民党统治区生产造成破坏,工业生产由于缺乏金融市场的支持而迅速走向衰落。

(二)主要商品的流通状况

1. 粮食的流通

中国是传统农业大国,农村人口占绝对多数,正常情况下粮食供需尚能协调。据统计,1931—1935 年全国每年平均产粮分别约为 230200 万担、258386 万担、249458 万担、221971 万担、245823 万担。[①] 当时全国 22 省市总人口 4.16 亿人,平均每年粮食消耗约 231022 万担。[②] 除 1934 年以外,其他各年粮食完全可以供给并略有节余。因此,在抗战开始后的相当一段时间,国民党统治区并未产生粮食问题。抗日战争时期,国民党统治区的粮食流通大致经历了自由流通、分级管理和全国统制三个阶段。

抗战全面爆发后,1937 年 8 月国民党政府先后颁布《统制战时粮食管理条例》《食粮资敌治罪暂行条例》《没收资敌食粮及罚则处理规则》等一系列法规,决定设立战时粮食管理局,负责管理粮食的生产、消费、储藏、价格、运输、贸易、统制及分配等事宜。此时因战区范围尚小,后方交通尚称便利,加之 1937 年和 1938 年后方各省粮食丰收,抗战爆发后的两年中,国民党统治区不但粮价稳定,且较抗战前略有下降。因此,该时期并未对粮食实施统制,相反在 1937 年 7 月至 1940 年 8 月期间,国民党政府采取的是粮食自由流通政策。1938 年 4 月国民党政府颁布《各战区粮食管理办

---

① 徐堪:《粮价管制之措施》,《革命文献》第 110 辑,(台北)中央文物供应社 1987 年版,第 228 页。

② 徐堪:《抗战以前我国粮食供需的情况》,《革命文献》第 110 辑,(台北)中央文物供应社 1987 年版,第 91 页。

法大纲》第18条明确规定:“各战区间及战区与非战区间民有之粮食,应准商民自由流通,不得禁止进出,或无故没收,或阻止过境。但有特殊情形,经呈准军事委员会及行政院者,不在此限。”①

随着战区的不断扩大,大量人口迁入后方,对粮食的需求激增。又因国际和国内交通线路受阻,粮食供应趋于紧张,粮价骤然高涨。但是,国民党政府的粮食政策并没有立即转入统制阶段,而是在1940年8月至1941年7月期间采取了分级管理的政策,这一时期粮食政策上最显著的特点就是田赋仍然没有收归中央,而是呈现出各省“各自为政”的局面。1940年8月成立全国粮食管理局,在各地分设省县粮食管理机构,要求各级政府筹建自己的公仓,即保、乡镇、县以及国有公仓。采取了取缔囤积居奇、派售大户余粮、实施统购统销等措施,以加强对市场粮食的管理和供应。②

为了保证各大消费市场的粮食供应,全国粮食管理局决定以消费市场为中心,就近划区供应。如陪都重庆市的供应区有岳池、广安、大竹、武胜、合川、凉南、铜梁、江津、永川、水、长寿、江北、巴县等24县。1940年11月11日,全国粮食管理局召开粮食会议,重庆市市长吴国祯提出,对较大都市如成都、重庆所需粮食,须分配于产粮各县定量供应。会后全国粮食管理局公布了《各县供应重庆市及疏建区粮食办法实施纲要》。其余成都、自贡、健乐盐区、川北盐区等,也划为主要消费市场,并明确了粮食供应地区。

此外,采取平价米供应和局部统购统销措施。平价米供应首先于1940年12月在陪都重庆市开始试行,以后陆续推行各地。

---

① 重庆市档案馆编:《抗日战争时期国民政府经济法规》下册,档案出版社1992年版,第322页。

② 重庆市档案馆编:《抗日战争时期国民政府经济法规》下册,档案出版社1992年版,第325页。

平价米的供应范围,以党政军机关公务员役与其眷属、学校教职员工役与其眷属、住宿学校学生、抗战军人家属与贫苦市民为限,每人每月供应二市斗,幼童在五岁以下者每月一市斗。

由于各省粮政是独立的,其他各省基本上是针对本省的实际情况采取相应的措施。例如,山西、浙江、福建、陕西、甘肃等省实行过田赋征实;浙江、江西、云南等省在重要地区实行过计口授粮;福建省对各县粮食买卖加以统制,还有 20 余县成立公沽局,经营粮食买卖;湖南省实施过粮食公卖;云南省粜积谷平抑粮价;安徽省向沦陷区抢购粮食;贵州省统制农村的余粮。

然而上述办法实施后,粮价上涨如故,为此国民党政府认为有扩大机构厉行管制的必要,遂于 1941 年 7 月命令撤销全国粮食管理局,于行政院下设粮食部,统筹全国军粮民食,各省粮食管理局改为粮政局,各县粮食管理委员会改为粮政科。粮食部成立后,国民党政府为避免物价上涨对国家财政的影响,切实掌握粮食这一巨大战略物资,以保障军粮民食的供应,采取了田赋征实及征购征借、军公民粮定量供应、限制粮价等一系列重大措施,以加强对粮食的统制。

1941 年 8 月,各地田赋收归国民党政府接管并改征实物,所有全国粮食的征收、征购均由粮食部负责统筹,各省所征收的粮食,按国民党政府下达的指标,先拨充军粮,并运送到指定地点,交由军粮机关或兵站接收。军粮供给一直实行粮饷划分、主食公给现品制度。田赋征实和征购征借所得粮食,大部分分配拨军食之用。实拨军粮占征实谷麦数的比例 1941 年度为 79.85%,1942 年度为 57.07%,1943 年度为 55.99%。①

① 抗日战争时期国民政府财政经济战略措施研究课题组编写:《抗日战争时期国民政府财政经济战略措施》,西南财经大学出版社 1988 年版,第 48 页。

对于公粮供给，从1941年开始，国民党政府颁布《非常时期改善公务员生活办法》，规定中央公务员及其眷属每人每月购得平价米2斗，每斗仅收基本价款6元。1942年10月将原办法进行修正，对于公务员食粮一律免费配给，不收基本价款；配给数量以年龄为标准，30岁以上者月给米1石，26—30岁者8斗，25岁以下者6斗，工役一律6斗；重庆及各省以发实物为原则；各机关每半年造册一次，送由粮食部核商粮食机关拨发。自1944年起，将公粮列入各机关预算，即在预算范围内核实拨发，并由各省组织公粮稽核委员会稽核。

各省征实征购粮食，除拨充军粮公粮及各项专案拨粮外，所有余粮均照规定调剂民食。我国为农业国家，农民占80%以上。农村民食如无水旱灾害，大多可以自给。需要购粮济用者除军公教人员外，仅有少数重要都市及若干工矿产区。现军公教人员食粮已获充分供应，因此民食调剂的重点即为若干重要都市及工矿区域。为此，粮食部成立后即在成都及陪都重庆、内江等地分设民食供应处，办理该地区公粮民食的分配供应事宜。川北、川东及犍乐等盐区，每年分拨粮食于青黄不接时出售以资调剂。其他各省在重要消费市场所设民食调节处，计有江西之泰和、吉安、赣县，浙江之云和、永嘉、丽水，福建之永安、福州、南平，安徽之立煌、屯溪，贵州之贵阳、独山，山西之乡宁、湿县，陕西之西安，广东之北江、东江、西江、韩江、南路，云南之昆明二十二处。此外，湖南之衡阳、邵阳，河南之鲁山、洛阳曾一度设置。甘肃之兰州因业务较简，委托兰州市粮食同业公会分设供销处代办。①

1941年度川、滇、黔、粤、湘、浙、皖、赣、闽、桂、康、鄂、宁、青、

① 徐堪：《抗战时期粮政纪要》，《革命文献》第114辑，（台北）中央文物供应社1988年版，第36—38页。

绥、甘十六省共拨谷九百万二千余市石、麦二十万八千余市石。1942年度川、滇、粤、湘、浙、皖、赣、桂、闽、康、宁、绥、甘、陕十四省共拨谷八百四十二万六千余市石、麦十三万九千余市石。1943年度川、粤、浙、皖、甘、闽六省共拨谷七百五十八万六千余市石。1944年度已报经粮食部核准售济民食者为谷五百四十万四千市石、麦二万三千余市石。

对于战时工业所需职工食粮,国民党政府粮食部亦注意尽量供应。重庆市各工矿厂商工粮,大都由陪都民食供应处直接代购,还令饬该处各迁川工厂所需工粮,统按成本九折作价供应,每三个月调整价格一次。其在成都、内江或其他各城市之工厂,及盐糖矿各种工粮,由粮食部所设各民食供应处及四川粮食储运局各区分局统筹供应或代购,其价格均较当地市价为低。此外,资源委员会在甘肃之油矿,江西之钨、锑、锡等矿区职工食粮,亦由粮食部在各该省征实余粮下尽先价拨。

在当时大后方粮价上涨、市场紧张、人心不安之际,国民党政府规定价拨各省田赋征实所得拨充军粮公粮后之余粮调剂民食,在各重要消费市场设置机构,平价售济民食,缓解了城市平民和战时生产工业职工食粮困难,基本保证了后方人民生活的稳定。仅据上列不完全资料统计,自1941年度至1944年度,四年间拨供售济民食,调节市场者,共计谷三千零三十五万余市石、麦三十七万余市石。这样一来,须向市场求得食粮以为生计者大为减少,对于平衡供需、稳定市场,发挥了一定的作用。①

2. 花纱布的流通

我国是世界主要棉产国之一,抗战初期不仅能够自足,而且还

① 龙大均:《十年来之物资管制》,见谭熙鸿主编:《十年来之中国经济》,南京古旧书店1990年印本,第U28页。

能较多出口。从1939年起情况开始变化，随着战区的扩大、多数产棉区和工厂沦陷，棉花供需矛盾逐渐尖锐起来。到了1942年，由于棉粮比价失调，棉农弃棉种粮，棉花更加供不应求。因此，国民党政府的花纱布流通政策也大致经历了三个阶段。

抗战初期，由于供需关系没有发生较大变化，只是通过军事委员会下设的农产调整委员会办理棉花的购销业务，“花纱布之营运，仍照战前自由贸易”。1938年6月经济部农本局在重庆成立福生庄总庄，并在各省采购及供应中心分别设立分庄，以调节供需为手段管理花纱布市场及价格。由于这一时期后方花纱布的价格上涨不大，市场比较稳定，对花纱布的管制亦比较松，只是当市场稍有波动时，由福生庄随时抛售以平抑市价。

国民党政府加强花纱布的统制是从1939年开始的，其过程大致可分为半管制和全管制两个阶段。从1939年4月初起到1943年3月底止，是半管制阶段，采取的办法是平价、议价、限价，主要是控制纱价，监督市场；从1943年8月份起到1945年抗战胜利后，是全面管制阶段，对生产工厂实行加工代纺，全面控制。

1939年12月，经济部成立平价购销处，主持办理西南、西北各省日用必需品的平价购销事宜，其中就包括对衣服用品的供销、平价、管制。在这阶段，棉花仍由农本局福生庄控制，平价购销处只负责纱布的平价工作。1940年后，纱价上涨，土布价格随之高扬，平价购销处于8月11日公布《放纱收布办法》，规定“以定量之棉纱，供给渝市及附近织布机户，代为织成土布，借以增加市场供应量，而遏制市价涨风”。上述措施并不能有效遏制棉纱价格的急剧上涨，市场出现投机、偷运、盗卖之事。

1942年2月经济部成立物资局，将农本局划归物资局管辖，将平价购销处有关管制纱布业务移交物资局接办。物资局制定了“以花控纱、以纱控布、以布控价”的政策，采取严格的手续，对厂商的存货进行登记,对厂商棉纱进行统购统销和分配供应,对布匹实施平价定量供应制度。规定各厂商纱号存货全部征购,不准自行出售;各纱厂用户,直接向物资局或局派专员办公处登记,申请核配。棉纱价格由物资局根据各厂成本的平均数值,加20%的利润,作为征购价格,予以全部征购。关于平价布匹的供应,规定凡中央党政机关公务员及军事学校之官佐、公私立学校之教职员、文化学术团体之职员及各地方军政机关驻重庆办事处职员工役,每人均可购买平价布一丈五尺,以一次为限。1942年4月17日,又规定一般市民也按此种规定购买布匹。

1942年年底,物资局撤销,农本局改隶财政部。财政部于1943年2月将农本局改组为花纱布管制局,继续沿用"以花控纱、以纱控布、以布控价"的政策,对花纱布进行全面管制。其办法是:各厂自有存棉,全部由花纱布管制局征购,仍存原厂使用、作为局方供给的原料,生产所需机物油料及工资开支等等,仍由厂方自行负责,所产棉纱,全部交给局方,局方按件支给厂方生产工缴费用,局方派员分驻各厂,管理原棉与棉纱仓库,办理拨花、收纱工作,监督生产,并随时审查各项项目。工缴费用,先由各厂分别造送开支计算明细表,经局审核后求取各厂的平均数值,再加20%的利润。花纱布管制局第一次核定20支纱每件的工缴费为8000元,加20%的利润合计为9600元。①

1944年花纱布管制局又制定了《管理小型动力纱厂花纱交换办法》,规定由该局向各厂供给棉花,工厂按数交换棉纱。对西北各厂机纱,则规定其所产全部棉纱必须由该局收购,再行核配。对

① 厉无咎:《抗战时期国民党政府对后方花纱布业的管制》,中国人民政治协商会议全国委员会文史资料研究委员会编:《工商经济史料丛刊》第4辑,文史资料出版社1984年版,第194页。

纺户织户，则规定必须一律领花交纱，领纱交布，以彻底掌握他们手中的原料来源和产品出路。

为切实掌握物资，1943 年花纱布管制局制定了《奖励限期收购三十一年陕棉原则》三项，除重新确定收购价格外，另给棉农每担 800 元奖金，且免除棉农的军粮、公粮，以减轻其负担。截至 5 月底限期届满，共购进原棉 10.9 万余担。另委托湖北省平价物品供应处收购襄樊、随枣一带产棉 1 万担。至 1943 年年底所供应棉花中，军用达 21 万余担，厂用 51 万担，手纺 6 万担，民用及其他 1.2 万担。

花纱布管制局还采取多种办法争取掌握纱布物资：(1)以棉花向纱厂换机纱，或向手纺换土纱，并以棉纱向织厂换布匹；(2)向川、鄂、豫、陕收购土纱土布；(3)向游击区抢购纱布。1944 年共收进机 100760 件，土纱 14722 担，40 码宽布 2451234 匹；供应机纱 97288 件，土纱 1400 担，40 码宽布 1631668 批。在布匹供应中，军需方面占全部产量的 80%，其余 20%供售公教人员及一般人民。①

至于农村用布，由于当时的农村消费水平和消费习惯的原因，大都是土布，而土布除指定供军需外，可以自由买卖，价格也不加管制，通过市场调节。

从这里可以看出，花纱布管制局成立后，通过加强对棉花、棉纱、布匹的生产、收购、运销的全面严格控制，掌握了大量的棉花、棉纱、布匹，并优先供应军需，保证了花纱布这一重要民生必需品的充分供应，基本满足了后方人民的生活需求，对于安定社会、支援前线抗战发挥了一定的作用。

---

①　秦孝仪主编：《中华民国经济发展史》第二册，(台北)近代中国出版社 1983 年版，第 685 页。

3. 主要工矿产品的流通

由于中国的工业水平较低,战前重要工业器材,包括原料和生产设备等,多依赖进口。抗战爆发后,随着沿海工业区和进出口港口多为敌所占领,工业器材供应紧张。为此,1937 年 10 月,国民党政府在军事委员会下成立了工矿调整委员会,负责调整工业、矿业,管理和督促国营及商营机关办理开发、制造、购存原料、输送、转卖等事宜。12 月国民党政府颁布《战时农矿工商管理条例》,决定对钢铁、水泥及各种机器、材料进行统制。在工矿调整委员会的主持下,国民党政府一方面组织沿海厂矿内迁大后方,奖励各厂矿自备机器随同内运;另一方面成立材料库,组织新的器材来源。凡后方不能自制的各项工业必需器材,如钢铁、五金、化学材料、电器器材等,向国外采购,进出口之口岸改为大西南后方之边境城市,经由海防和仰光内运。① 1938 年 1 月经济部成立后,工矿调整委员会划入经济部,改为工矿调整处,负责大后方工矿业的调整与管理工作,战时工业器材统制即由该处职掌。上述进口的工业器材,基本上掌握在工矿调整处,成为它所统制的重要物资。

抗战初期,对自产工业器材的统制,主要限于钢铁与水泥,1939 年 5 月和 1940 年 1 月,经济部先后颁布《水泥管理规则》和《钢铁管理规则》,并分别与军政部、交通部组织钢铁管理委员会和水泥管理委员会,以实施对这两项物资的统制。经济部对水泥、钢铁的统制主要从分配用途、增加供给、稳定价格三方面着手。水泥为国防、交通、工业、建筑等工程的必需原料,战时后方虽能自产,但因产量不丰,供不应求,导致价格上升,国防需用紧张。为谋求分配合理化,经济部颁布了《管理水泥规则》,并会同军政部、交通部组织水泥管理委员会实行管制。该委员会对于后方水泥有统筹分配之责,其分

① 沙千里主编:《战时重要法令汇编》,双江书屋 1944 年版,第 253 页。

配标准依照下列顺序:(1)有关国防者;(2)有关生产和交通者;(3)属于普通者。凡购用水泥的用户,均须先向管理委员会申请核准领取购用证后,再向各制造水泥之工厂或销售行号购置。

据统计,自1939年6月至1940年12月底,后方四川水泥公司和华中水泥公司分配水泥523183吨,军事和交通工程共用356482吨,占其分配数的68.2%。后方水泥的生产量自统制后亦逐年增加,如以1938年为基数100,则1942年为193.83,1943年为173.65,1944年为188.10。

关于钢铁的统制,自1940年1月经济部颁布《钢铁管理规则》后,即会同军政部组织钢铁管理委员会,对国内制炼及进口的生铁钢料及废钢铁实施管制,规定在指定实施管理区域内,各机关各工厂商号需用钢铁材料时,得请由管理委员会审核,经批准后向指定的主管机关或商号购用,钢铁材料的转运并须向管理委员会请领运照,始得放行,否则,由各地检查机关予以扣留。1941年12月太平洋战争爆发后,西南经缅甸出海的陆路随之断绝,国际交通仅赖有限的"驼峰"航线空运,器材来源大为减少。为有效利用已有存量以维持后方生产,国民党政府决定加强对一切工业器材的统制,为此,将水泥和钢铁两管理委员会归并于工矿调整处,由工矿调整处专司其责,负责实施对战时工业器材的全面统制。

1942年1月,经济部核准公布《管理工业材料规则》《钢铁材料登记办法》,首先办理全国库存材料的数量登记。4月颁布《管理钢铁材料实施办法》《发给钢铁材料运输执照办法》《奖助钢铁材料内运暂行办法》。6月颁布《管理工业机器规则》,并公告管理燃料及鞣剂等化工材料。工矿调整处先后指定统制的工业器材,计达200余种,可分为三大类:(一)金属材料:(1)金属初制品(锭、板、条、丝、管等);(2)小五金杂件;(3)机器配件及工具;(4)电气材料。(二)非金属材料:(1)染料及助燃剂;(2)鞣剂;(3)水泥;(4)硫酸。(三)工业机器设备:(1)动力机;(2)工具机;(3)作业机器。按照上述法规和条例,工矿调整处对工业器材主要采取了存量登记、发放准购证和运输护照以及核定价格等统制措施,以切实掌握货源和物资流向及数量,进而达到稳定市场、节制物资虚耗的目的。

1942 年 4 月,工矿调整处决定扩大管制范围,将后方划分为五区,除由该处直接办理川鄂区的器材管制事项外,中南、西南、西北三区,则于桂林、昆明、西安分别设立办事处,并于成都、宝鸡、兰州、贵阳、衡阳、沅陵、曲江等处设立专员办事处,以加强对大后方工业器材的统制。

1944 年 11 月,国民党政府成立战时生产局,工矿调整处于次年 1 月并入该局,2 月被裁撤,此后工业器材的统制全部由战时生产局负责。综上所述,经济部工矿调整处通过上述措施,基本上实现了对各种工业器材的统制,保证了战时工业生产的正常进行,为支持后方经济发展、坚持抗战发挥了一定的作用。①

4. 实行专卖制度

抗日战争期间,为了确保物资控制,国民党政府曾对若干重要物资实施过专卖。1941 年 3 月,国民党八中全会通过《盐糖烟酒茶叶火柴等消费品专卖以调节供需平准市价案》和《粮盐专卖制度基础案》,财政部依此组建国家专卖事业设计委员会,把六类物品的专卖权掌握在了手里。

食盐专卖:食盐专卖始于 1942 年 1 月 1 日,以统制产制、整购分销为原则。政府在集散地设批发处,零售业务由核准登记的商人,或依法组织的合作社以食盐公卖的名义承办,分别向该管食盐

① 龙大均:《十年来之物资管制》,见谭熙鸿主编:《十年来之中国经济》,南京古旧书店 1990 年印本,第 U53 页。

专卖的官仓批购,依照核定价格转销。到 1943 年全国设配销点共 300 多处,供应配销县份计 1000 多市县。至于盐价,则严格执行限价。1942 年食盐专卖收益为 1174903009 元,1943 年为 1574151027 元。

食糖专卖:食糖专卖始于 1942 年 2 月 15 日,首先设立川康区食糖专卖局于四川内江,局之下设 24 个办事处、67 个业务所、3 个运销处。并分设组织评价委员会,以评定正式收购价格,其后粤、桂、闽、赣、滇、黔省等区局也相继成立。1942 年食糖专卖收益为 171380853 元,1943 年为 465085287 元。

火柴专卖:1942 年 5 月 1 日,财政部设立火柴专卖公司,实施火柴专卖,分全国为川康、滇、黔、闽、湘、甘、粤、陕、桂、浙、鄂、青、赣十三区,于重要产销地设立分公司。1943 年 10 月起,禁制黄磷火柴,加强管制火柴原料。1942 年火柴专卖收益为 45442788 元,1943 年为 140723722 元。

烟类专卖:烟类专卖始于 1942 年 7 月 1 日,首先在川康、鄂西等处实施,设烟类专卖局于重庆,四川省划定重庆、成都、广元、泸县、万县、南充、中江、乐山八区,每区各设一办事处。此后,烟类专卖范围扩大,及至全国各地。1942 年烟类专卖收益为 100551688 元,1943 年为 999989963 元。

国民党十二中全会决议裁并专卖机构,财政部于 1944 年夏停止食糖专卖,改征实物,由税务机关接办。同年 8 月,又将专卖事业司、烟类专卖局、火柴专卖公司合并,改组为财政部专卖事业管理局,统管全国烟类及火柴专卖事宜。1945 年 1 月专卖事业停办,各专卖机构也同时结束。①

---

① 龙大均:《十年来之物资管制》,见谭熙鸿主编:《十年来之中国经济》,南京古旧书店 1990 年印本,第 U64—U66 页。

国民党政府主持的专卖政策将原来征收的盐税、糖税、卷烟和火柴税改为征收专卖利益,而专卖利益以收购价格为计算标准,收购价格则以生产成本为依据,因此,水涨船高,生产成本和专卖利益会随着一般物价的上涨而升高。专卖事宜其实就是官僚资本对商业的垄断,不准自由运销,他们采取的办法是低价买、高价卖,这使官僚资产阶级在其中大发横财,但却把人民的负担大大加重了,使生产者的积极性遭到了打击。

三、国民党统治区与沦陷区的经济关系

(一)国民党统治区与沦陷区的走私活动

抗日战争前,日本浪人就在华北和华南沿海武装走私。抗日战争爆发后,日本封锁了中国的沿海交通,海外商品输入受到极大的阻碍,国民党统治区内各种商品奇缺,价格暴涨,输入有暴利可图。同时,国民党政府实施统制经济政策,对日本实行经济绝交,导致国民党统治区与沦陷区之间的经济资源不能正常流通,这为走私提供了巨大的利润空间。

日本对华走私策略随着战局的演变而不断变化,大致可以分为前后三个阶段。

第一阶段是抗战爆发至1941年7月美英对日封存资金。这一阶段中日处于大规模战争时期,日本迷信通过武力短期内能使国民党政府屈服,经济上主要是通过货币战,套取法币向美英购买军用品,因此,大量向中国倾销日货。货物品种应有尽有,包括烟、酒、化妆品、海鲜、毒品等奢侈品,洋油、洋火、棉纱、布匹、纸张、西药等生活必需品,以及机器零件、橡胶车胎、电器材料、染料、烧碱、汽油、五金等。日本对国民党统治区的走私具有多重目的:第一,以日货吸取大量法币,再用法币到上海、香港的金融市场上套取中

国法币外汇基金；第二，以日货换取战地输出品，如茶、丝、猪鬃、植物油及牛羊皮等，以增加其外汇；第三，借此倾销日本国内一部分未能销售的货物，与中国农产品作不等价的交换；第四，向沦陷区、敌后抗日根据地及大后方抢购它所缺乏的某些物资，如钨砂、棉花、粮食等；第五，利用奸商兼做间谍，以冒牌或无商标的商品，由奸商走私运销国民党统治区，而以报告大后方军情作为交换条件；第六，借机排斥列强对华贸易，以实现其独占中国市场的野心。其中以第一、二点最为重要，完全与本阶段日本对中国的金融攻势配合一致。①

第二阶段是1941年7月至滇西失陷。1941年7月，英美宣布封存中日两国资金，日本利用倾销货物套取法币外汇的方法失去效果，它的经济侵华策略随即改变。从该年10月9日起，禁止沦陷区一切物品运往任何口岸，尤其是中国香港和缅甸。与此政策相配合，日本制定了华北《1941年度经济封锁并确保资源要领》，其中第17条规定，“努力套取非占领区域之重要国防资源，但如由购买而获得时，则向敌区流出之交换物资，务须不致减低封锁效力，由师团自身及一般商人统制，利用特务机关实施之，重要者则报告方面军”。第18条更明确规定了可流出的物资“交换物资尽量利用鸦片、化妆品、果子酒、人造丝等不能增加敌战斗力及生活之商品，并由军方规定路径，以交换商品”。此后由沦陷区走私到国民党统治区的物品，本来就十分稀有的工业和军用物资已近绝迹，生活必需品也较罕见，而奢侈性消费品和毒品大幅度增加，占据了主导地位。就东南各省而论，走私输入的物品有香烟、糖、西药、棉毛丝织品、化妆品、鸦片、匹头、高丽参、香烟纸、海味、洋纱、

① 许涤新：《现代中国经济教程》，光华书店1948年版，第72页。

洋纱线、针织品、胶制品、鱼羹、颜料等。①

第三阶段是滇西失陷至抗战结束。该时期日本已经囊括东南亚丰富资源,一时无所缺乏,而国民党政府则因国际交通线路全断,物资供应问题陡然严峻。所以日本更进一步加紧封锁,明令禁止法币在沦陷区使用,使法币贬值,人为造成沦陷区物价高于国民党统治区。走私商人不敢在沦陷区买货内输,以免亏损。反之,若以物资资敌,掉换法币或特别优待之毒品,则转瞬可获厚利,因此造成国民党统治区物资资敌现象空前剧烈,尤其以粮食为甚。不法奸商为沦陷区高物价所吸引,不但将土产输出,且将此前千辛万苦向敌区抢购的重要物资重复运回沦陷区资敌。② 与由沦陷区输入国民党统治区的物品种类相反,由国民党统治区向沦陷区走私资敌的物资种类一直比较固定,以日本急需的物资为主,极具地方特色。除粮食、油、牲畜、木材、薪炭、茶叶、药材等生活必需品,各地特产、金银、法币等硬通货和货币之外,钨、锡、铅、汞等特种矿产品、铜元、废铜铁、桐油等战略物资被大量走私资敌,其中以粮食、桐油和特种矿产品数量特别巨大。③

参与走私的人员除了官僚之外,来自社会各个阶层,包括奸商、退伍和现役军人、公务员的败类分子、土豪劣绅、地痞流氓、土匪,还有一般的贫苦百姓,其中奸商走私占据最重要的地位。④ 值

① 国民党中央调查统计局特种经济调查处编:《第五年之倭寇经济侵略》,1943 年印本,第 73—77 页。

② 国民党中央调查统计局特种经济调查处编:《第五年之倭寇经济侵略》,1943 年印本,第 73 页。

③ 国民党中央调查统计局特种经济调查处编:《第五年之倭寇经济侵略》,1943 年印本,第 73—77 页。

④ 中央调查统计局特种经济调查处编:《四年之敌寇经济侵略》,1941 年印本,第 143 页。

得注意的是，这些参与走私的各种组织并不是单独行动的，往往是互相勾结，各尽其力，协同行动进行走私贸易。较多利用当地奸商及特殊势力，勾结敌伪而构成。走私组织的形式有：(1)独资经营，或专营运输，或专营推销，或两者兼营；(2)公司组织，一般规模较大，或公开经营，或托名接洽。(3)临时合伙，此类组织往往是遇有新到某私货待销，临时集资经营，交易成功即结束。①

走私线路一般并不固定，人迹罕至之地，通常也有走私人物活动其间。在战争进入相持阶段以后，日本在中国沿海建立了一些重要的走私据点：上海、天津、汉口、徐州、广州等，在沦陷区与国民党统治区之间及国民党统治区内部形成了密密麻麻的走私网。图16-2是敌货走私线路示意图，分华北、华中、华南三个区域，将比较明确的走私线路分列如下。

关于走私的数量，由于走私具有高度的隐蔽性，要正确估计其数量是比较困难的，因此各种资料估计不一。郑伯彬估计1938年度的走私额即达到1.27亿元，1939年度的走私额增至1.84亿元，1940年度上半年已达2.58亿元。③ 据国防最高委员会致军事委员会函称，1939年度敌货输入超过3亿元之巨。④ 在抗战前后的两三年内，日本由平绥路以及黄河走私到察、绥、晋、陕、甘、宁等西北各省的货物每年价值约3600万元。从广州湾、北海走私到华南的敌货，仅麻章、遂溪一路，每日即有40万元之多，每年约有1.4亿元。此外，从陇海路东段、宁沪路、沪杭路与长江水路分散

---

① 国民党中执会训委会编：《中国战时经济问题》1943年印本，第124页。

② 中央调查统计局特种经济调查处编：《四年之敌寇经济侵略》，1941年印本，第143页。

③ 郑伯彬：《日本侵占区之经济》，国民党政府资源委员会经济研究室1945年印本，第178页。

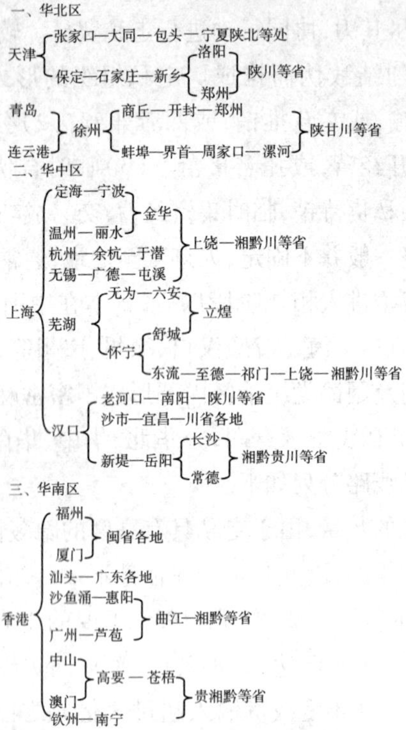

图 16-2　敌货走私线路示意图①

走私到苏、浙、鲁、皖、湘、赣等省,以及从广州、汕头、厦门分散走私到粤、桂、闽等省的敌货,合计每年约有 2 亿元。综合以上各路敌货走私的数额,每年达 4 亿元以上。②

由国民党统治区走私到沦陷区资敌的数量和价值,历来缺乏统计,仅在 1938 年至 1939 年,皖北就有 300 万石粮食走私资敌。

① 《大公报》1940 年 4 月 29 日。

② 常奥定:《经济封锁与反封锁》,重庆 1943 年印本。

由于大量粮食被走私资敌，在华中、华南许多地方竟然出现丰年粮荒。在1939年由国民党统治区出口的80万箱茶叶中，有1/4被走私到了沦陷区。而钨、锡、汞、锑等特种矿产品，至少分别有2000吨、10109吨、410吨和7417吨被走私资敌，价值3128万美元以上（其中汞因国际市场价格不明，未统计在内）。[①]

（二）国民党统治区与沦陷区的封锁与反封锁

抗日战争全面爆发初期，日本凭借军事优势由北向南逐步扩张，沿海经济富庶之地均为日本所占。此时，中日战事尚未完全停息，日本对占领区物资采取直接掠夺和统制，对于物资封锁尚有心而无余力。1940年，汪伪政权成立，加之中日战事进入胶着状态，日本深知单凭军事进攻无法解决问题，遂改弦易辙，以经济毁灭为今后作战之主旨，关于物资封锁部分，其内容如下：（1）改变过去对内地的日货倾销政策，采取经济封锁政策；（2）除毒品外任何物资一律禁止输入内地；（3）凡物资之非在华日军亦非占领区民众生活必需者，复非适宜于日本之生产消费者，一律禁止从内地输入；（4）断绝内地土产的销路，使国民党统治区不易获得外汇，动摇法币基础。

日本对国民党统治区的物资封锁虽然开始于1940年，但当时国民党统治区法币外汇极易套取，日本以货物换取国民党政府的外汇，再以外汇购买英美之军需品，因此日本并未厉行物资封锁政策。自1941年7月，英、美封存中日资金以后，法币外汇已经无法套取，日本逐步开始厉行物资封锁政策，特别是太平洋战争爆发以后。

华北封锁机构由日伪联合组成，日方居核心地位。根据地理

① 唐凌：《抗战时期的特矿走私》，《近代史研究》1995年第3期。

条件、军事形势及经济统制不同,分为两类地区:一是山岳地带及各边区接触地区,其封锁线主要是沿山脚的阻绝壕,并配合相关地带的交通线路展开,包括太行山岳地带,晋察豫边区、冀晋豫边区、鲁南地区以及伪武定道北边地区。其物资禁运种类较多,包括兵器弹药;硫磺电池;铁、铜、锡、钨;医药用品、棉花及棉织品、皮革、羊皮、麻、火柴、纸、蜡、糖、米、麦等。日伪政府的封锁条例规定:这一地区(即封锁线的第一线)运出物资实行许可证制度。二是平原都市地带,其封锁线是铁道线各市镇,这就是敌人所谓的第二封锁线,是沦陷区掠夺地带,河北平原、平津、济南、青岛、太原都包括在其中。这一地区物资运出由物资对策委员会证明,包括兵器弹药、硫磺、印刷机、各类金属及制品、医药品、盐、煤等其他日用消费品。

日伪政府对物资收购主要是向国民党统治区大量输入鸦片、化妆品、果酒及其他奢侈品来套购国民党统治区重要的国防资源,并对由于购买而流入国民党统治区的物资进行审查,不准增加国民党统治区的生活用品,对交换地点、线路也作明确规定。通货使用上主要是加强联银券的作用,扩大其流通范围,并为促进物资内流而扩大购买力。打击国民党统治区的通货,取缔和禁止法币在沦陷区的流通,从而扰乱国民党统治区抢购活动。

日伪政府在华中地区的政治、经济、军事基础都比较薄弱,因而封锁区域相对较小。1941 年 7 月,配合"清乡运动"日伪在华中地区建立了封锁机构。起初,封锁范围限于江苏的镇江、丹阳、武进、江阴、无锡、常熟、吴县、嘉定等十个县,随着"清乡"的展开,扩大到浙江的杭州、嘉兴、湖州,物资的最高封锁机关是伪"封锁总办事处",直属于伪"清乡委员会",其他各区乡均设办事处。封锁物资的种类与华北大致相同。

在华中实施物资封锁,日伪政府是出于以下目的:第一,治安肃清的重点是建立封锁线,使国民党统治区的军事力量与肃清民众完全隔绝。第二,建立流动封锁线,由日伪双方军警承担,日军直接指挥。第三,在封锁区内,将清乡区划分为"全敌区""半敌区""封锁线""封锁地带""警戒区"及"肃清完了地区"等。区别不同情况,采取不同政策,最终达到防止物资流入国民党统治区的目的。日伪政府在封锁条例中规定:"对全敌区的经济务须积极努力使之崩溃"。对"半敌区"内物资设法搬入特定肃清区进行统制。特定肃清区内物资则主要采取收购的方式。①

为了应对日伪政府的封锁,加强对敌经济斗争,防止重要物资走私资敌,国民党政府也在各个时期采取了不同应对政策。

1938 年 10 月 27 日,国民党政府颁布《查禁敌货条例》与《禁运资敌物品条例》。前者规定凡敌国、其殖民地、委任统治地及暴力占据地区的工厂所生产的货物,一律禁止进口。后者则规定,凡国内物品以增加敌人实力者,一律禁止运往下列区域:敌国及其殖民地或委任统治者;前款区域外之地方,已被敌人暴力控制者。②这两个法令的颁布,标志着国民党政府断绝与沦陷区一切经济联系政策的正式确立。

1939 年 7 月,国民党政府颁布《非常时期禁止进口物品办法》,共列出禁止进口物品 168 项。进口物品不再以敌友为标准,其他国家的奢侈品和消耗品也在禁止之列。但为了保留自由活用禁止进口的条件,国民党政府又颁布《非常时期禁止进口物品领用进口许可证办法》,禁止进口品中的糖类、煤油、汽油等,如有特

---

① 国民党中央调查统计局特种经济调查处编:《第五年之倭寇经济侵略》,1943 年印本,第 53 页。

② 经济部编:《经济法规汇编》第 4 集,商务印书馆 1940 年版,第 108 页。

殊需要可凭进口许可证进口。①

1940年4月,国民党政府财政部四联总处颁布了《加紧对敌经济封锁实施办法》,其中有如下规定:(1)扩大封锁区域;南京政府开始采取点线结合的办法进行封锁,即在接近敌占区设立封锁线,在封锁线上设置若干封锁点,以阻止敌货入侵,并取得一定的成效。之后,改进了这种封锁方法,将接近敌占区的区域划分为封锁区,在敌人可以越过封锁区侵入的地带,划分为巡逻区,而在这两区内设置若干封锁线和巡逻线,再在各线内选定若干控制点和缉私点,从而形成了点、线、面相结合,巡逻区与封锁区相补充的多层次的严密的控制封锁网。(2)实行上下相结合的组织形式。为了更有效地对敌封锁,加强对经济封锁与缉私的领导,各战区都实行上下相结合的组织形式,在下由战区司令长官部、战区经委会,缉获敌货及资敌物品审查保管委员会等组成;在上由中央委员、军事委员及参政员共同组成经济督察团,并在战区设军风巡察团,两团共同承担各战区封锁与缉私的监察事务。各战区封锁机关定期查明敌情向上汇报,而督察与巡察团则前往各地核查封锁缉私进展情况。这种上下相结合、内部共监督的办法是有效的。(3)查禁敌货。1941年9月,国民党政府颁布了《查禁敌货条例》,规定了敌货的范围,对敌货实行鉴别检查和登记制度。(4)缉私。1941年9月,国民党政府经济部颁布了《禁运资敌物品条例》,规定了缉私政策:各战区司令长官要根据各地交通地形,划定缉私封锁线路;在各交通要道要设立检查哨卡,严密检查过往的货物、行李,以防偷运资敌;对包庇走私的检查人员,一般予以死罪论处。

① 财政评论社编:《战时财政金融法规汇编》,财政评论社1930年版,第132、144页。

在日伪的经济封锁下，国民党统治区物资供应遇到极大的困难。为应付这种局面，国民党政府的对敌经济政策也做了相应调整。1942 年 5 月，国民党政府颁布《战时管理进口出口贸易条例》，进口货物不再以敌友为取舍标准，凡属军需用品、日用品及以前禁运的蚕丝、织品、呢料、印刷用纸、普通食物用具等，均予弛禁。但生活奢侈品、毒品和淫秽物品，绝对禁止进口。该条例颁布后，以前颁布的《查禁敌货条例》与《禁运物资敌伪物品条例》明令予以废止。①

国民党政府还通过一系列法令，鼓励商人从敌占区抢运物资。抢购物资主要靠抢购队，它是一种流动性、形式多样的组织。抢购物资形式有两种。一是封锁线内抢购；二是敌侧敌后抢购。抢购的物资一类是电工、交通、五金、西药等敌货，另一类是粮食、棉花、皮毛及其他外销物资。1942 年 6 月，行政院颁布了《战时争取物资办法大纲》，规定公司行号抢运物资进入大后方，除汇兑、运输、沿途安全由国家及地方金融机关、运输统制局，以及沿途军警予以种种便利外，并由中央信托局承保兵险，主管机关给予奖金。开列了汽油、钢铁、医药、交通、通信设施等 22 类物资清单。还制定了《奖励商人抢购办法》，规定做到下列之一者，给予奖励：(1)所购物资属于经济部指定的抢购种类，有利于国防、军需或后方生产者；(2)购运困难、风险很大者；(3)在一定期间，购运价值达到规定奖励标准者；(4)在一定时期内，购运数量达到规定标准；(5)提供情报，有利于经济作战者。②

① 常奥定：《经济封锁与反封锁》，重庆 1943 年印本，第 28 页。

② 财政部财政年鉴编纂处编：《财政年鉴第三编(1948 年)》下册，财政部财政年鉴编纂处 1948 年印本，第 78、54 页。

四、国民党统治区的通货膨胀与物价上涨

(一)国民党统治区的通货膨胀

通货膨胀是指纸币发行量超过商品流通中实际需要的货币量而引发纸币贬值,它的直接反应是物价水平全面而持续的上涨。在战争年代,通货膨胀和物价上涨是一种比较普遍的经济现象,但是像抗战时期出现的恶性通货膨胀还是非常少见的。这与国民党政府长期以来的财政赤字和日本对华军事侵略有着直接关系。

国民党政府自 1927 年成立以来,由于内战不断,国家财政长期处于赤字状态。1928—1933 年六个年度财政赤字大致徘徊于岁出总额的 10%—20%,1934—1936 年三个年度财政赤字情况已经相当严重,平均略低于 50%,其中最严重的 1935 年财政赤字占岁出的 60%以上。政府支出的 80%用于军费和债务,用于公共事业的真是微不足道,从而促使政府财政偏赖于通货膨胀。①

抗日战争全面爆发后,中国沿海富庶之地尽被日本占领,国家财政收入锐减,同时军事费用激增,财政支出失去平衡,赤字逐年上升。但是,政府并未开创合适的税收以抵补因战争而导致的税收损失,通货膨胀形势日益严峻。

从表 16-2 可以看出,抗战初期政府财政支出增长相对平缓,而收入方面由于沿海主要税源地区丧失,1939 年财政收入比 1937 年下降了 47%,政府收支不敷之数高达 73.5%。1940 年,中国遭到严重的歉收,农产品产量的突然下降使战争初期制约价格上涨的诸多因素失去作用,并加速了通货的普遍膨胀。此后三个年度财政赤字不断攀升,1941 年度财政赤字甚至占岁出总额的

① 杨荫溥:《民国财政史》,中国财政经济出版社 1985 年版,第 43 页。

86.9%。在政府财政支出项目中,军费开支一般占到总支出的60%—70%。1937年由于抗战爆发,军费开支上升至66%,1938年和1939年大致维持在相同水平。1940年因为军队扩充,使军费支出占政府总支出的78%,由于先后实行了田赋征实和征借,88%的粮食供应军队,使1941—1944年军事支出减少至50%左右。但由于开展征实和征借工作,政府行政支出分别增加了12%和14%。

表16-2 国民党政府财政统计(1937—1945年)

项目 年份	支出(法币百万元)	收入(法币百万元)	赤字		田赋征实的货币价值(法币百万元)	纸币发行额(法币百万元)
			金额(法币百万元)	占支出额的比例(%)		
1937	1992	1393	560	28.1	—	1640
1938	2215	723	1492	67.4	—	2310
1939	2797	740	2057	73.5	—	4290
1940	5288	1325	3963	74.9	—	7870
1941	10003	1310	8693	86.9	—	15100
1942	24511	5630	18881	77.0	2896	34400
1943	58816	20403	38413	65.3	16885	75400
1944	171689	38503	133186	77.6	50107	189500
1945	2348085	1241389	1106696	47.1	158498	1031900

资料来源:张公权:《中国通货膨胀史(一九三七——一九四九年)》,杨志信译,文史资料出版社1986年版,第244页。

虽然政府在增加财政收入方面做了不少努力,例如,开征公司税、战时消费税,实行专卖措施,田赋征实和征借,但无奈战时军费开支庞大,在失去传统岁入三大支柱——关税、盐税、货物税之后,国民党政府最初希望通过发行国债来弥补财政赤字。自1937年9月1日发行“救国公债”起,到1944年发行的“四川省征借粮食临时收据”为止,共发行公债22种。其中,以法币计值的8种共147.51亿元,以美元计值的1种,共9900万元,以英镑计值的2种,共1900万英镑,以美元计值的4种,共20394万美元,以粮食计共有7种7549万市石和179.9万包。[①] 只能求助于增发货币。但是,政府过量发行公债,使公众对政府的债券已经丧失信心,而银行界接纳公债已经达到饱和。1938年,政府公债发行量为14.5亿元,而由公众认购的仅为1840万元,1939年的情况亦类似,国民党政府只能求助于增发货币。

法币发行自抗日战争爆发到1938年年底增加了41.4%,1939年起开始迅速增加,平均每年增加87.2%,1939年是和缓通货膨胀转入恶性通货膨胀的关键年份。1942年以后,平均每年增加132.6%。表16-2和表16-3分别是1937—1945年的国民党政府财政和支出统计表。从1937年7月到1938年,法币发行是增加的,但物价上涨跟不上或者仅仅相当于法币发行的增加,例如,1937年12月法币发行指数为117%,而重庆物价指数为98%,1938年12月法币发行指数为164%,而重庆物价指数为164%,这是法币的和缓通货膨胀阶段。自1939年起,物价上涨的速度开始超过和大大超过法币发行增加的速度。1939年12月法币发行指数为305%,物价指数为335%,1945年6月法币发行为282倍,物价指数为2133倍,这就是法币的恶性通货膨胀阶段。

① 千家驹:《旧中国公债史资料(1894—1949年)》,中华书局1984年版,第375页。

表 16-3　国民党政府的支出统计(1937—1945 年)（单位:%）

项目＼年份	1937—1938 年	1938 年下半年	1939 年	1940 年	1941 年	1942 年	1943 年	1944 年	1945 年
军费支出	66	60	66	78	51	48	49	51	69
经济发展支出	8	12	13	11	10	10	8	12	11
债务支出	18	21	16	7	5	6	6	3	1
行政与一般支出	8	7	5	4	34	36	37	34	19
总计	100	100	100	100	100	100	100	100	100

资料来源:张公权:《中国通货膨胀史(一九三七——九四九年)》,杨志信译,文史资料出版社 1986 年版,第 81 页。

(二)国民党统治区的物价上涨和人民生活恶化

随着通货膨胀的发展,法币不断贬值,物价水平持续上升。战时物价的上涨总体而言,呈现出由缓而急,越到后来,涨势越猛。战时物价上涨趋势大致可以分为三个阶段。

第一阶段,从 1937 年战争爆发到 1938 年 10 月武汉、广州失陷。这一时期,一方面由于国民党统治区地处后方,受到战争影响较小;另一方面由于战争初期国民党政府实行相对谨慎的货币政策,发行额平均每月仅增加 2%—3%,并无限制供给外汇,因此整体物价变动不大,涨势尚属缓和。不管是批发还是零售,西南各城市物价指数均在 200 以下。这一时期居于涨势价格的物品多为进口商品,而普通农产品的价格反而略有下跌。

第二阶段,从 1939 年年初到 1941 年太平洋战争爆发。随着战争进一步扩大,国民党政府内迁,人口大量涌入内地,导致各种物资的需求量增大;加上广州沦陷,滇越线停运,国外进口商品进一步减少,造成市场供求失调。同时,国民党政府为了弥补日益膨胀的财政赤字,便开始大量增发货币。这一时期,西南各城市物价由缓和上涨转为猛烈上涨。到 1941 年年底物价涨幅最小的贵阳也较战前上涨了 10 多倍,重庆、成都等城市均较战前上涨了 15 倍以上。

第三阶段,从太平洋战争爆发至抗日战争结束。太平洋战争爆发,香港沦陷,滇缅路被切断,国外商品输入基本停止。而港沪陷落,对外投机外汇、外货的两大据点丧失。以致游资大量涌入后方市场,物价也随之猛涨,囤积居奇之风日益蔓延。囤积越猖獗,流通商品便越少,生产也越受到束缚,供求的剪刀差便越增大,物价也越狂涨,形成恶性循环,造成这一时期物价的全面暴涨。表 16-4 是抗战时期国民党统治区各地批零售物价指数统计表,可见重庆、成都等城市物价均较战前上涨了 15—20 倍,昆明物价更是暴涨了 30 多倍。

表 16-4 国民党统治区各地批零售物价指数统计(1937—1945 年)

(基数:1937 年 1—6 月 公式:简单几何平均)

物价指数＼年份		1937	1938	1939	1940	1941	1942	1943	1944	1945
批发物价指数	重庆	101	126	220	569	1576	4408	13298	43050	156195
	成都	103	128	225	665	1769	4559	14720	56965	170379
	康定	104	137	225	587	1352	4388	12982	49229	171050
	西安	105	146	245	497	1270	4120	16279	39679	155341
	兰州	107	146	217	399	1061	2853	10047	26533	88655
	昆明	—	—	—	—	—	—	—	63203	305711
	贵阳	98	105	187	413	969	3395	9428	34940	167025

续表

物价指数 \ 年份		1937	1938	1939	1940	1941	1942	1943	1944	1945
零售物价指数	重庆	102	122	203	548	1467	4248	13337	45840	177647
	成都	103	125	214	615	1735	4720	16416	66351	214353
	康定	107	153	243	690	1644	5539	18925	62830	92708
	西安	104	142	221	417	1135	3994	16136	10305	157169
	兰州	105	140	204	373	965	2592	8693	25241	96198
	昆明	—	—	—	—	—	—	—	74232	345912
	贵阳	100	105	191	448	1029	3711	11088	25546	239181

资料来源:据国民党政府主计处统计局编:《全国物价指数表各城市物价指数表》改制。

表16-5是抗战时期国民党统治区各地批发物价分类指数统计表。从物品分类情况来看:我国西南地区向以农业生产为主,制成品较依赖于外部输入,战时因受日军封锁,加之交通不便,内地原材料外运困难,上涨率较低,而外国制成品输入不易,价格猛涨。其中,食物类指数虽逐年增高,但始终低于总指数,1939年批发指数为163,较总指数220低26%,1941年和1945年,批发指数分别较同期总指数低10%和9%。衣着类涨势迅猛,批发指数平均超出总指数51%。金属类物品因战时消耗巨大,批发指数大大超过总指数,1938年超出总指数27%,1944年超出17%。燃料类物品,因战时消耗较多,批发指数在总指数之上,批发指数平均约超过8%。建材类和杂项类指数均盘旋于总指数之下,较总指数低27%和8%。

表16-5 国民党统治区各地批发物价分类指数统计(1937—1945年)

(基数:1937年1—6月 公式:简单几何平均)

项目/年份	总指数	食物类	衣着类	燃料类	金属类	建材类	杂项类
1937	103	100	107	103	109	104	103
1938	131	108	160	131	167	141	164
1939	220	163	308	284	305	227	240
1940	513	406	763	629	732	453	486
1941	1296	1170	1720	1374	1844	1108	1152
1942	3900	3254	5527	4347	5760	3167	3704
1943	12541	9425	23633	4274	17354	10152	11556
1944	43197	34808	77059	47621	50446	30628	43227
1945	163160	149245	231657	184918	183870	117373	146717

资料来源:国民党政府主计处统计局编:《全国物价指数表各城市物价指数表》。

通货膨胀给国民党统治区人民带来了深重的灾难,在通货膨胀的情况下,工人阶级按货币计算的名义工资是增加的,但是落后于物价上涨的速度,因此造成实际工资的下降,据《荣家企业史料》中对福新二、八厂的统计数据显示:抗战时期工人实际工资降到以前的20%左右,工人实际工资以1936年为100,1937年降为78.92%,1938年降为51.91%,1939年降为56.69%,1941年降为40.64%,1942年12月降为32.05%,1944年12月降为22.35%,1945年7月降为15.52%。天津启新洋灰公司工人的实际工资,如以1936年7月到1937年6月为100,1946年4月降为26.47%。①

① 上海社会科学院经济研究所编:《荣家企业史料(1937—1949年)》下册,上海人民出版社1980年版,第343页。

工人阶级在通货膨胀中受到最残酷的掠夺，由于发给工资时，真实工资已经大大降低，拿到工资后，工人阶级在转手之间要负担货币贬值的损失。抗战以前工资底薪每元可买一斗米，抗战开始后可以买五升米，后来只能买一升到二升米，工人阶级的实际生活水平不及战前的30%，因此，工人阶级的日益赤贫化，在战争和通货膨胀中是不可避免的。

农民在通货膨胀中也遭到了严重的压榨，首先是物价上涨过程中工农产品交换价格的剪刀差迅速扩大，使农民利益受到损失。按照中央银行编制的统计显示：在通货膨胀期间，原料品即农产品上涨速度慢，制成品即工业品上涨速度快，在抗战胜利前夕，差开4.76倍。抗战胜利后差价也维持在3倍左右。由于农产品上涨慢，工业品上涨快，农民实际收入下降，1939年9月降为64%，1941年后由于歉收，农产品价格稍有上涨，但农民实际收入仍然是降低的，1942年后又一直下降，农业工人的收入下降更多，1943年四川农业工人工资实值只及1937年的58%。表16-6是重庆各种职业实际收入指数统计表，在旧中国通货膨胀中生活发生最大变化的是职员、公务人员和知识分子。他们在抗战以前，保持较高的生活水平，而在国民党政府实施通货膨胀以后，生活水平迅速下降。

表16-6　重庆各种职业实际收入指数统计（1937—1943年）

项目 / 年份	工厂工人	非工厂工人	服务业者	公务员	教师
1937	100	100	100	100	100
1938	124	143	93	77	87
1939	95	181	64	49	64
1940	76	147	29	21	32

续表

项目 年份	工厂工人	非工厂工人	服务业者	公务员	教师
1941	78	91	21	16	27
1942	75	83	20	11	19
1943	69	74	57	10	17

资料来源:吴大业:《物价继涨的经济学》,商务印书馆 1946 年版,第 34—36 页。

第二节　抗战后的商业流通和国内市场

抗日战争胜利初期,国内局势渐趋平稳,中国民族工商业得到了一定程度的恢复和发展。但是,国民党官僚资本集团因接收敌伪财产而巨额膨胀,不仅没有发挥出推动工商业发展的作用,反而急于发动内战,军费开支节节攀升,物价飞涨,通货膨胀严重,中国经济陷入崩溃边缘。另外,大量美国商品低价倾销到中国城乡市场,挫伤了农民的积极性,使得中国民族工商业发展陷入困境,大批工人失业,也促使着国民党政权的倒台。

一、战后国内商业和市场的短期恢复

(一)民间商业资本的复兴

抗战胜利后,国共两党通过重庆谈判,达成“合作建国”的协议,国内出现了一定程度的和平气氛,这也为民族工商业的发展提供了有利的社会条件。国民党政府为了增加财政的收入和稳定政局,也采取了一些措施,曾一度支持民族商业资本的恢复。此外,国民党政府派来“接收大员”,还有一批拥有大量法币的所谓“重庆客”,他们发了“国难财”和“胜利财”之后,就在市场上大量争购

洋货,致使各个行业又呈现“兴旺”景象。因此,抗战胜利初期,中国民族工商业得到了一定程度的恢复和发展。

上海作为中国最大的商业城市,在抗战胜利后不久,各类商店相继恢复交易并有所发展。据统计,抗战前上海市共有棉布商业七八百家,1946 年 3 月成立同业公会,拥有会员 813 家;1946 年 7 月拥有会员 1330 家,其中棉布批发类商号有 825 家,门市商号有 505 家,4 个月内增加了 60%多。1947 年 12 月增加到 1796 家,其中批发类商号有 1200 家,门市商号有 385 家,门市兼批发的有 211 家,比 1946 年 7 月又增加了 466 家,即增加了 35%。1948 年 4 月再增为 2115 家,比 1947 年 12 月又增加 319 家,即 4 个月内增加了 17. 8%。① 棉布批发类商号的大量增加,表现为小额交易重复性投机商业活跃。

上海的百货商业在 1936 年有近 100 家,1945 年抗战胜利初期有 244 家,随着美国商品的大量涌入,1946 年 5 月增至 372 家。百货零售业 1937 年有 226 家,1946 年 4 月组织同业公会时有会员 902 家。各大百货公司顾客盈门,营业额直线上升。据永安、大新、新新三家百货公司统计,1946 年营业额比 1945 年增加 14. 1 倍,扣除同期物价因素,实际升幅为 8. 6%。② 各家公司的“礼券”特别旺销,各批发商号也赚了不少钱。

上海五金业在战后经济复兴的带动下快速发展起来。过去由上海迁至内地的国泰、义记、瑞昌、华茂等五金商店陆续返沪,日伪统治时期“避风头的大户重新复业,一些囤户转为设店经营,北京

① 上海市工商行政管理局、上海市纺织品公司棉布商业史料组编:《上海市棉布商业》,中华书局 1979 年版,第 324 页。

② 上海社会科学院经济研究所等编著:《上海近代百货商业史》,上海社会科学院出版社 1988 年版,第 28 页。

路一带恢复原来五金市场的面貌,曾由百老汇路和苏州河北迁出的五金钢铁店号纷纷迁回原址经营。1946 年进口美货五金钢铁大量涌入,在当时五金价格上涨的情况下,一些五金钢铁商人又一次获得暴利。特别是在外汇开放时期,五金各业店号自行进口的物资更无不大赚了一票。如钢铁业源祥号进口铅丝 50 吨,售出后所得价款可以再定购 250 吨;五金业一些订货利润也高达一倍以上”。①

上海的华商进出口商行在抗战胜利后也有较大发展。据 1946 年 4 月 10 日《大公报》显示:到 1946 年 3 月 31 日上海市进出口商业同业公会组成时,华商进出口商行共 500 多家,其中参加该进出口商业同业公会的第一批会员达 385 家。另据历年上海各《行业录》和《电话用户号簿》所载:上海华商进出口商行在上海“孤岛”末年的 1941 年约 613 户(包括南洋办庄约 160 户)。抗战胜利后的 1946 年起,进口商行迅猛增加,1946 年春季上海进出口商行总户数为 769 户,1946 年冬季增加到 906 户,1947 年更是达到 1464 户。②

浙江民族资本在抗战胜利后发展迅速,1947 年达到了复兴的高潮。据《浙江工商年鉴》统计:到 1947 年,浙江省主要的民营企业有 227 家,资本总额达 900400 万元,金融业也开始了发展,省级银行、县级银行、合作金库、商业银行、钱庄共计 344 家。据抗战胜利后不久的调查统计,杭州市工商业分 26 类、113 个行业,大小商

① 上海社会科学院经济研究所主编:《上海近代五金商业史》,上海社会科学院出版社 1990 年版,第 53 页。

② 上海社会科学院经济研究所等编:《上海对外贸易 1840—1949》下册,上海社会科学院出版社 1989 年版,第 150 页。

店、工厂、企业有1万多家。①

在河南开封，抗战胜利后国民党政府的党政要员纷至沓来，各家餐馆应接不暇，大小饭店发展到587家，呈现出一时的畸形繁荣。在洛阳，抗战后商行有的又迁到南大街一带，使得"南关一带的商行业又发展兴盛一时"。化工染料行业在1946年后由少到多，由小到大，很快发展起来，出现了一批专营商店，以当时洛阳县城内的南大街和东大街为主，形成了化工颜料销售中心，南大街以批发为主，从南门口到十字街共有化工商店30余家，东大街以零售商店为主，从东门口到十字街共有化工商店20余家。②

在山东青岛，1945年抗日战争胜利初期，商人由抛货存钱转为囤积居奇，物价由下跌转为暴涨。奸商投机，黑市猖獗，市场畸形发展。供美军和国民党官僚等上层人物纵情取乐的咖啡馆、舞厅、酒吧及金银首饰等行业颇为兴盛。1946年，全市商业企业8497个，资本总额378396万元，从业人员34256人。摊贩5093个，其中，布匹业460个、杂货业1547个、破烂业652个、纸烟业1170个、化妆业394个、水果业390个、估衣业480个。③

在广西南宁，抗日战争结束后随着交通运输线路的恢复，市场很快兴旺起来，各种商品源源不断地流入市场，有上海的纱，越南的西贡纸、胡椒、生胶、砂仁等，以及从广州运来的商品。百色（和生、泰德、利昌）、钦州（同丰）、梧州（泰丰）及西江沿岸城乡的商人

① 文史编辑室：《解放前的杭州工商行业》，杭州市政协文史资料研究委员会编：《杭州工商史料选（杭州文史资料第九辑）》，浙江人民出版社1987年版，第10页。

② 洛阳市第一商业局等编：《洛阳市商业志》，光明日报出版社1990年版，第319页。

③ 青岛市史志办公室编：《青岛市志·商业志》，五洲传播出版社2000年版，第13页。

纷纷前来投资设庄开店。每日交易棉花、棉纱上百包,煤油上百桶。运往下游的以桐油、粮食、豆类、花生油为最多,每日下行货船如织,大小木船200余艘。在柳州,茶油、桐油、棉布、百货业转向正常,长安、三江、贵阳等地农副特产品陆续在柳州聚积,商业复兴起来。在梧州,战时花纱布匹业缩小为30余家,抗战胜利后又恢复到60余家。百货业也得到恢复发展,原来开设的商号相继复业,同时还增开广宽号、永生号、金龙号等十余家商号。①

抗战胜利后,民族工商业虽然逐渐恢复,但是,全国各地市场物价短期出现狂乱现象。陪都重庆物价受战争胜利的影响最为强烈,首先黄金、美元暴跌,一般性物价也接着剧烈下降。自1945年8月10日至10月15日,物价平均跌落32.8%。其他后方各大都市,如昆明、成都、西安、兰州等物价也普遍下跌。其主要原因是战争中断的交通即将恢复,对外贸易即将重开,沿海廉价商品即将运来,所以商人纷纷抛售商品,导致物价暴跌,后方工商业大多数陷入停业状态。但是,营业费用、利息负担等有增无减,因而倒闭停业者不在少数。② 同时,沿海收复区的物价8月10日以后曾经一度狂跌,但不久开始回涨。例如,上海是中国经济中枢,当胜利消息传到上海之后,一般投机性物价猛烈下跌,继而日用品价格则因民众不愿保有伪币尽量换取实物而略呈上涨。8月下旬比中旬高涨20%—30%,到9月下旬,伪中储券与法币200∶1兑换比率正式公布后,法币的购买力大幅提高。随着大后方人员陆续返回,巨额资金也相续拥至,各行业均有转趋繁荣的景象。1946年上半年

① 谭肇毅主编:《抗战时期的广西经济》,广西师范大学出版社2011年版,第148页。

② 吴宗汾:《十年来之物价》,见谭熙鸿主编:《十年来之中国经济》上册,南京古旧书店1990年印本,第M17页。

物价涨势尚较缓和,下半年以来物价一再上涨。①

(二)国家资本对商业的垄断

抗日战争时期,以四大家族为首的国家官僚资本,凭借其政治权力和经济垄断,大发国难财,已经高度膨胀。抗战胜利后,国民党政府就发布《沦陷区敌国资产处理办法》,宣布将日本在华的所有"公私事业资产及一切权益,一律接收,由中国政府管理或经营",1945 年 8 月 31 日,行政院颁布《行政院各部会署局派遣收复区接收人员办法》,10 月,在行政院设立收复区全国性事业接收委员会,并将原沦陷区分成苏浙皖区、粤桂闽区、河北平津区、山东青岛区、武汉区、河南区、东北区、台湾区 8 个接收区。整个接收工作到 1946 年年底,同时接收了大量的日伪财产。

抗战时期日军占领的沦陷区本是中国最富庶的地区,集中了中国 90%以上的工商业资本,是全国的工业和商业中心。关于战后国民党政府接收的日伪在华工矿企业的投资总额,迄今尚无以稳定的货币表示的估价。根据有关资料估计和推算,投资总额当为近 20 亿美元。从战后国民党政府资源委员会接收的日本在华工矿产业情况看,在东北日本投资值为 200134. 8 万美元,国民党政府资源委员会接收值:东北为 115611 万美元,台湾为 21176. 5 万美元,关内为 45600 万美元,全中国为 182387. 5 万美元。再加上纺织工业和出售给公众的敌伪杂类工厂,合计 16000 万美元。接收总计就为:198387. 5 万美元(182387. 5+16000 = 19837. 5),接

① 邓翰良:《十年来之商业》,见谭熙鸿主编:《十年来之中国经济》上册,南京古旧书店 1990 年印本,第 L114 页。

近20亿美元。①

在各区敌伪产业处理局的报告中,商业部分没有系统的统计。仅经济部经手接收者有一份报告,截止到1946年11月,除东北接收情况不明外,共接收商业企业355家,冀热察绥区有261家,占61%,而商业集中的苏浙皖区仅有74家,湘鄂赣区有27家,显然是已由其他部门接收。接收商号按照行业划分:以货物贩卖业最多,达到290家,资产2.368亿元,占总数60%以上,其次是运输仓储业,共30家,资产达2亿元。这355家接收企业中日伪资本326家,资产估值47784万元。另,德资9家,英、美、法、比资本共19家,华资1家,均无资产估值。考虑到商业集中的苏浙皖区接收企业较少,因此,此项统计不能完全反映日伪的在华商业资产。至于对这些企业的处理,截至1946年11月,其属于英、美、法、比和华资的20家均经发还;属于德资的9家已移交有关部门;属予日伪合资的3家由经济部保管;属于日资的323家,其中171家由经济部保管,131家移交有关部门,19家标价出售,直接经营和发还的各1家。② 日商在中国的私人投资,投资方向主要是商业贸易方面,其次是制造工业、金融、交通运输等,这些庞大的日伪资产,抗战胜利后均为国民党政府所接收,变成了国家官僚资本。

通过接收敌伪的全部商业财产,官僚资本进一步膨胀。一般认为国民党官僚资本从三种不同而又相互联系的资本形态中产生出来,并在这三种资本形态中生存、活动和发展。这三种不同的资

① 郑友揆:《中国的对外贸易和工业发展(1840—1948年)——史实的综合分析》,上海社会科学院出版社1984年版,第208页。

② 邓翰良:《十年来之商业》,见谭熙鸿主编:《十年来之中国经济》上册,南京古旧书店1990年印本,第L107页。

本形态分别是:官僚私人所有的资本、官僚经营管理的国家资本、官僚支配的其他私人资本。① 这一时期属于“官”式的商业独占机构有中国纺织建设公司、中国石油公司、台湾糖业公司等;还有“四行二局”以及各部委和地方政府设立的各种商业组织和商号。属于“商”式的商业垄断组织有宋家的孚中公司、中国进出口贸易公司、统一贸易公司、金山贸易公司、利泰公司等;孔家则有扬子兴业公司、长江公司和嘉陵公司等;宋美龄有中美实业公司;C.C.系则有太平兴业公司、华美贸易公司等。

中国纺织建设公司成立于1945年12月,隶属国民党政府经济部。国民党政府为控制纺织工业,接收了日本在华纺织工厂后组建的经济机构之一。设总公司于上海,并在天津、青岛、沈阳设有分公司,在南京、汉口、沙市、重庆、杭州、南通、广州、汕头、郑州、西安等主要的花纱布集散地设立10个办事处,先后接管日资在华纺织工厂85个。业务范围主要是棉纺织业,兼统收日伪在中国的棉、毛、麻、绢纺织及针织、印染等企业。至1947年,该公司拥有160余万纱锭,32300余台织布机,约占国民党统治区当时纱锭总量的37%,织布机的60%,生产棉纱74.57万件,占全国棉纱产量的70%。中纺公司在全国各主要产棉区遍设分庄,廉价收购,自行打包,分级剔选,并享有仓贮、运输等种种特权。在进口棉方面,经济部给予优惠结汇,贮量丰厚,经常保持100万担以上周转量,使民营厂望尘莫及。② 因其利用特权垄断纺织业的命脉,故民族纺织工业遭到沉重打击。

① 王亚南:《中国官僚资本之理论的分析》,见《中国经济原论》,广东经济出版社1998年版,第381—407页。

② 《中国近代纺织史》编辑委员会编:《中国近代纺织史1840—1949》下册,中国纺织出版社1997年版,第231页。

孚中公司创办于1945年12月,总经理宋子良。资本3亿元法币,由国营中国国货银行、交通银行与私营金城银行按3:2:1的比例投资组成。按理该公司应由官商合办,但却以民营公司注册登记。早在1942年宋子良以国家官员身份驻美,即在美国设立一家国际孚中公司,进行贸易活动,故1945年抗战胜利后,孚中迅即取得美国伟力斯汽车公司、西屋电器公司等12家大公司商品独家经营权,大量进口吉普车与发电机、水电设备等。这些都是庞大的垄断组织,垄断着国内外贸易。例如,1946年美国对中国钢铁进口的90%为孚中公司所控制。① 在1946年11月7日公布《修订进出口贸易暂行办法》,到1947年2月16日公布《经济紧急措施公案》期间,严格限制进口,一般商人得不到进口许可证,而宋家的孚中公司和孔家的扬子公司却得到了112张许可证,核准进口金额达183万美元。②

扬子公司创办于1946年1月,股本1亿元法币,实为孔令侃独资设立。与孚中情况略同,孔也早以国家公务员身份在美国进行贸易活动,成立贸易公司,亦取得美国10余家公司如宝华药厂、共和钢厂等在中国的总代理经销权。1947年10月盘购上海美商威利汽车公司,取得美国雪佛兰和英国奥斯汀汽车中国经销权。1948年10月,在上海因倒卖200辆豪华奥斯汀汽车和电冰箱、呢绒等物品遭人举报,全国舆论哗然。孔令侃即向宋美龄求援,宋即以蒋介石的名义打招呼,事情最后不了了之。扬子公司在囤积和倒卖中赚了多少钱不得而知,仅据1947年账面结汇数,已结清的有182万美元、2.1万英镑、4.5万瑞士法郎,尚未结清的有90万

① 贾秀岩、陆满平:《民国价格史》,中国物价出版社1992年版,第384页。

② 许涤新:《官僚资本论》,海燕出版社1949年版,第83页。

美元,出口结售外汇 95.48 万美元、9.5 万英镑和 26.6 万瑞士法郎。①

这些公司采用各种办法,以转移国内资金、逃漏税收、逃汇套汇。同时依仗拥有的特殊背景,官商勾结,在实行限额分配外汇时,独得优待,在暂停分配时,得到特殊批准,在某些禁止进口项目中,又能得到“特殊进口”等,还有其他种种特权,获得了惊人的利润。官僚资本在政治、军事和金融力量的保护和支持之下急剧膨胀,形成了一个庞大的商业独占网络。这个商业独占网络一方面为国民党政府搜刮百姓、掠夺财富创造了条件;另一方面,它又排斥和压抑了私营商业资本的发展。

表 16-7 是抗战后国营与民营资本在国民经济中的比重。统计显示:到 1946 年上半年,国民党官僚资本企业的资本占全国产业资本总额的 80%以上,远远超过抗战前的 10%和抗战期间的 50.5%。他们控制了从动力原料、产品加工、市场销售到银行贷款的各个环节,利用其资本的空前膨胀和对国民经济的垄断地位,对民族商业实行排斥和吞并,使民族资本主义商业遭到空前严重的困难。民营企业除了产量和生产能力普遍下降之外,抗战后民营资本在国民经济中的比重也在不断下降。国营资本的膨胀扩充和民营资本的萎缩是战后最为明显的经济现象。从表 16-7 中我们可以看到,无论是基础工业还是民生工业,战后民营资本都在急剧萎缩,如基础工业,1945 年国营、民营资本之比为 20%∶80%,到了 1947 年则为 43.9%∶56.1%,民生工业则由 93.9%降为 61.9%,而出口矿产和特产的行业则一直为国家资本所垄断。有些行业如棉纺、糖业和纸业在 1945 年之前完全为民营资本经营,但战后逐渐为国家资本所渗透甚至垄断,如由国家资本经营的中

① 刘康:《孔祥熙的私人资本》,《经济导报》1948 年第 96、97 期。

纺公司在战后基本控制了棉纺市场,而政府在糖业中的投资则从零发展到1947年占整个行业资本的60%。

表16-7　抗战后国营与民营资本在国民经济中的比重(1945—1947年)

(单位:%)

项目 业别	1945		1946		1947	
	国营	民营	国营	民营	国营	民营
基础工业	20.0	80.0	23.8	76.2	43.9	56.1
电业	35.7	64.3	25.1	749.0	53.7	46.3
煤业	11.9	88.1	21.9	78.1	28.8	71.2
钢铁业	21.3	78.7	48.0	52.0	29.4	70.6
铸铁业	46.5	53.5	4.3	95.7	16.0	84.0
烧碱业	4.7	95.3	5.6	94.4	6.4	93.6
酸类业	9.4	90.6	7.9	92.1	28.6	71.4
民生业	6.1	93.9	27.1	72.9	38.1	61.9
棉纱业	0.0	100.0	27.6	72.4	35.8	64.2
棉布业	0.0	100.0	25.0	75.0	33.6	66.4
糖业	0.0	100.0	30.0	70.0	60.0	40.0
纸业	0.0	100.0	8.5	91.5	12.1	87.9
水泥业	5.1	94.9	28.5	71.5	33.1	66.9
酒精业	24.7	75.3	27.4	72.6	5.7	94.3
汽油业	100.0	0.0	100.0	0.0	100.0	0.0
煤油业	100.0	0.0	100.0	0.0	100.0	0.0
出口矿产特产业	100.0	0.0	100.0	0.0	100.0	0.0
桐油业	—	—	100.0	0.0	100.0	0.0
锡业	100.0	0.0	100.0	0.0	100.0	0.0
锑业	—	—	100.0	0.0	100.0	0.0

资料来源:秦孝仪主编:《中华民国经济发展史》,(台北)近代中国出版社1983年版,第768—769页。

二、美国对中国市场的独占

（一）战后中美经济关系

抗日战争胜利后，蒋介石打着“和平建国”的旗号，在“国家统一、民主政治”旗号下，坚持独裁内战的方针，企图在全国范围内恢复大地主大资产阶级的统治，要以美国的援助作为靠山。同时，德、意、日三个法西斯国家在战争中已经被打垮，英法两国也大大削弱，只有美国在战争中发了横财。为了扩大海外市场，实现独占中国的目的，美国极力扶植国民党政权。

美援是战后中美关系的一个焦点。据《中美关系资料汇编》显示：自 1937 年抗日战争爆发到国民党政府倒台，美国政府批准的对华援助，包括赠予及信用贷款在内，总数约达到 35. 23 亿美元。其中 24. 22 亿美元为赠予、11. 01 亿美元为信用贷款。在抗日战争胜利以前，美国政府所批准的援助，共计达到 15. 157 亿美元，约占总额的 40%。其目的是协助中国稳定战时经济，并使中国政府获得对日战争中所必需的军用物资、农产品和工业产品。抗战胜利以后，为了支持蒋介石集团发动内战，美国又提供了大量军事和经济援助，通过这些借款，美国控制了国民党政府的财政金融大权。美国政府批准的对华赠予和信用贷款共计达 20. 077 亿美元左右，约占总额的 60%。其中，15. 967 亿美元属于赠予、4. 11 亿美元属于信用贷款。① 另据吴承明估算，各项赠予和贷款均以实支数为准，剩余物资售卖以扣除贷款后的抵价为准，确定战后美援总数为 20. 72 亿美元，其中，赠予 15. 14 亿美元、贷款 3. 27 亿美

---

① 世界知识出版社编：《中美关系资料汇编》第 1 辑，世界知识出版社 1957 年版，第 1065 页。

元、剩余物资抵价 2.31 亿美元。①

第二次世界大战后,各主要资本主义国家都已确立国家垄断资本主义体系,美国这时已成为资本主义世界的盟主,其复兴欧洲的马歇尔计划和对中国的援助,都是美国国家垄断资本国际化的表现。不过,它对中国的援助不同于马歇尔计划,除经济利益的扩张外,其更重要的政治目的,是出于遏止共产主义的"冷战"需要,要"援助国民党击毁共产党"。美国总统杜鲁门在 1945 年 12 月 15 日发表的《美国政府对华政策的声明》中称:"美国及其他联合国家承认,目前中华民国政府为中国唯一的合法政府,为达到统一中国目标之恰当机构";"自治性的军队例如共产党军队那样的存在乃与中国政治团结不相符合,且实际上使政治团结不能实现";"美国准备以一切合理的方式帮助国民党政府重建其国家"②。总体上来看,美国对华经济援助,一方面是为保持战后中国经济的稳定、恢复和发展而采取的必要措施,另一方面也是对国民党政府政治军事上的全面支持,以期打赢内战。

美国还通过与国民党政府签订一系列不平等条约,进一步控制了中国的政治和经济,1946 年 4 月,美国与国民党政府签订了《新公司法》,获得了在中国开设公司的许多特权。最重要的是同年 11 月签订的《中美友好通商航海条约》(以下简称《中美商约》)。条约全文共 30 条,其主要内容有三点:一是美国人有在中国领土全境自由居住、旅行及经商的权利,并有从事商务、制造、加工、科学、教育、宗教及慈善事业的自由。二是美国商品的进出口

① 许涤新、吴承明主编:《中国资本主义发展史》第 3 卷,人民出版社 2003 年版,第 591 页。

② 世界知识出版社编:《中美关系资料汇编》第 1 辑,世界知识出版社 1957 年版,第 628 页。

关税、内地税、销售、分配或使用,享有不低于任何第三国和中国商品的待遇。中国对美国商品的输入以及中国产品运往美国,不得加以任何禁止或限制。三是美国的船舶可以在中国开放的任何口岸、地方或领水内自由航行,可以无限制地停舶几处口岸。美国商人和货物有可以选择"最便捷"的途径通过中国领土的自由,还不得课过境税或给予任何限制。美国企图通过这个《中美商约》独霸中国市场,变中国为其商品倾销地。

此外,美国还先后与国民党政府签订了《中美关于美国驻华军事顾问团之协定》《中美空中运输协定》《国际关税与贸易一般协定》《关于美利坚合众国救济援助中国人民之协定》《中美双边协定》《中美关于经济援助之协定》《关于设立中国农村复兴委员会之换文》等。其中,1947 年 10 月,中美双方又订立《国际关税与贸易一般协定》,对美国进口的 110 项商品实行减税,有的减少 1/2,有的竟减少了 5/6。1948 年 7 月签订的《中美双边协定》,全文共 12 条和 1 项附件,规定:美援受美国在中国的代表的监督、决定,美国可以在中国取得它所需要的任何战略物资。蒋介石政府保证美国商品来华倾销,因此这项协定,不仅是美国限制对蒋援助的协定,也是美国政府乘机掠夺中国战略资源,倾销美国商品的协定。① 到 1949 年年底,美国政府与国民党政府签订的各类经济协约达 25 项。通过上述一系列不平等条约,美国在政治、经济、军事、文化等方面全面控制了中国。

(二)美国对华投资和对中国市场的独占

日本投降后,其在华资产被中国政府接收,原属英、美等国资

① 王铁崖编:《中外旧约章汇编》第 3 册,生活 · 读书 · 新知三联书店 1982 年版,第 775 页。

产则发还原主。第二次世界大战后,欧洲各国都失掉了扩大海外投资的能力,在中国的外国资本中形成了美国独霸的局面。据统计,1902 年美国在中国的投资只有 7935 万美元,占外国在华投资总数的 4.5%,到 1914 年第一次世界大战之前,美国在华投资总额增至 9912 万美元,而在外国在华投资的比重中却降至 4.3%。在第一次世界大战以后,美国加紧了对华投资,到抗日战争爆发前,美国在华投资已增至 34051 万美元,占各国在华投资总额的 7.8%。1936 年,日本在华投资总额达 209643 万美元,占各国在华投资总额的 48.8%,居世界第一位。英国在华投资 104592 万美元,占各国在华投资总额的 24.4%,居世界第二位,美国则屈居第三位。

但是,在第二次世界大战以后形势发生了根本性的变化,原来几乎独占了中国投资市场的日本已被彻底打垮,英、法等国也元气大伤,失去了与美国进行竞争的能力。只有美国由于在战争中大发横财,工业生产急剧上升,对外贸易巨额出超,仅 1947 年至 1948 年出超额即达 176 亿美元,这就为美国的资本输出开辟了道路,而当时的国民党政府为了支持其行将崩溃的经济基础,不得不以各种方式吸收外资,这就为美国独占中国的投资市场打开了方便之门。1948 年美国在中国的投资达到 1393.3 百万美元,如果算上"美援"估计有 4709.2 百万美元,遥遥领先于英国的 1033.7 百万美元(见表 16-8)。

表 16-8　帝国主义在旧中国的资本 (单位:百万美元)

国别＼年份	1902	1914	1930	1936	1941	1948
英国	344.1	664.6	1047.0	1045.9	1095.8	1033.7
美国	79.4	99.1	285.7	340.5	482.4	1393.3*

续表

国别＼年份	1902	1914	1930	1936	1941	1948
法国	211.6	282.5	304.8	331.9	285.1	297.3
德国	300.7	385.7	174.6	136.4	137.0	—
日本	53.6	290.9	1411.6	2096.4	6829.0**	—
俄国	450.3	440.2	—	—	—	—
其他	69.6	92.7	263.9	354.3	333.0	374.6
总计	1509.3	2255.7	3487.6	4305.4	9161.8	3098.9

注：* 不包括未转做借款部分的“美援”，估计有4709.2百万美元。

** 是1944年日本投资最高峰时期的估值。

资料来源：吴承明编：《帝国主义在旧中国的投资》，人民出版社1955年版，第45页。

外国在华投资以直接投资即私人经营的企业和房地产占有为主。第二次世界大战后美国独占中国，私人开设的企业却不多。这是由于这时美国的资本输出已是以国家垄断资本为主，而中国的国民党政府已成为美国国家垄断资本的总代理人。也由于这个原因，国民党政府在争取美国政府的借款上是不遗余力的。据1949年统计，原来占65%左右的日本投资已不存在，美国在华投资总额达14.1亿美元，其中直接投资3.85亿美元、借款10.25亿美元，占全部外国在华投资额的44.1%。不过考虑到转做借款的金额只占到全部美援的11.9%①，因此美国居于绝对霸主地位。

第二次世界大战后，美国银行在中国亦起着举足轻重的作用，1946年，战前6家英国银行有3家复业，战前4家美国银行则全部复业。同时原由汇丰银行控制的中国外汇市场也转由美国花旗

① 吴承明编：《帝国主义在旧中国的投资》，人民出版社1955年版，第52页。

和英国汇丰两家银行决定。这些汇率的变动都直接支配着上海金钞黑市和物价,美国银行在中国金融市场上取得了支配地位。美国银行的这种作用从某种程度上远远超出了其单纯的资本投资。

几十年来由英国人控制的中国海关,在第二次世界大战后也已经落入美国人之手。1946 年冬,上海有外国贸易洋行 523 家,其中美商洋行 256 家,几乎占总数的一半,英商 90 家,另有俄商 35 家、法商 19 家、瑞士商 17 家、德商 8 家、其他国 98 家。[①] 据吴承明估计,1948 年外国在华投资总额达 31.97 亿美元,其中美国在中国的投资总额为 14.1 亿美元,占战后外国在华投资总额的 44.1%。[②] 这一数字不包括第二次世界大战后美国根据租借法案以及赠予或低价出售战后美军剩余物资给中国的 20.71 亿美元的“美援”,若包括此“美援”数字,则美国对华投资资本在中国外资总额中的比重将超过 66%。英国虽然在投资中居于第二位,但大多数是太平洋战争前的投资发还,法国和其他国家的投资较太平洋战争前也无显著增加。

表 16-9 是抗战以后中国进口贸易中各国或地区所占比重表。可见在进口贸易中美国占有绝对的优势,英国对华进口大幅下降,不到 10%,日本已经是微乎其微。仅以商业性进口而言,1946 年美国商品占商业性进口总值的 57.2%,1947 年占 50.2%,1948 年占 48.4%。如果把外援也计算进去,则美国在中国进口总值中的比重即增至 1946 年的 61.4%,1947 年的 57.0%和 1948 年的 66.5%,抗日战争前或太平洋战争前的几年中,美国在中国进

① 上海社会科学院经济研究所等编:《上海对外贸易》下册,上海社会科学院出版社 1989 年版,第 149 页。

② 许涤新、吴承明主编:《中国资本主义发展史》第 3 卷,人民出版社 2003 年版,第 600 页。

口总额中的比重尽管已经非常重要，但也仅占15%—21%。美国除了通过正常贸易渠道向中国输出商品外，还有大量美货通过走私进入中国市场，特别是1946年11月国民党政府施行管理入口之后，大量美国消费品和奢侈品从香港进入华南。其走私规模和程度，已经可以与抗战时期日本在华北的大规模走私相提并论了。走私从汽车、汽油到尼龙制品、西药，范围非常广泛，其中驻华美军、美国商船水手在走私活动中充当了重要角色，陈纳德的空运大队更有“空中黄牛”之称。

表16-9　抗战以后中国进口贸易中各国或地区所占比重

年份/项目/国家或地区	1946		1947		1948	
	商业性进口总值	进口总值	商业性进口总值	进口总值	商业性进口总值	进口总值
总价值（1000美元）	560555	716139	451031	608552	211028	331048
百分比（%）	100	100	100	100	100	100
美国（%）	57.2	61.4	50.2	57.0	48.4	66.5
英国（%）	4.6	6.5	6.8	8.5	8.1	5.5
日本（%）	0.4	0.3	1.7	1.2	0.9	0.6
东南亚（%）	4.1	3.2	6.8	5.0	7.9	5.1
印度（%）	8.7	7.0	9.0	6.9	10.6	6.8
中国香港（%）	4.5	3.5	1.8	1.4	1.5	0.9
其他（%）	20.5	18.1	23.7	20.0	22.6	14.6

资料来源：郑友揆：《中国的对外贸易和工业发展（1840—1948年——史实的综合分析）》，程麟荪译，上海社会科学院出版社1984年版，第228页。

国内商业领域,在1946年4月,国民党政府颁布新《公司法》不到三个月,美商就在中国设立机构168家,仅上海就占115家,并在纽约成立了“中美工商联合会”。① 除美商在华独立创办商业机构外,还与中国官僚合办了一些实际由美国人控制的公司,如中美实业公司等。中美实业公司是由美国军人陈纳德与宋美龄等人合办的,总公司设于上海,在南京、汉口、长沙、芜湖、九江、衡阳等地设有分公司,通过自备轮船和卡车运输,代销进出口物资,是一个庞大的商业托拉斯组织。更有大批实力雄厚的官僚企业积极充当美商的代理行,极力推销美货,攫取高额利润。孔祥熙的扬子建业公司独家经营16家美国企业的商品,与20多家英美厂商订立经营合同。在《中美商约》的基础上,美国的独占资本和蒋介石的官僚买办资本紧紧地结合在一起,控制着中国的经济生活。

在这一系列不平等经济条约的保护下,美国商品如潮水般地涌向中国市场,泛滥成灾。在1946年年初,美国运到上海的剩余物资,竟动员了全上海的起重机,花了三个月时间方才全部卸完,使整个复兴岛变成堆放剩余物资的大本营。美国商品通过各种渠道在我国市场上泛滥成灾!据1947年《中国经济年鉴》记载:“美货势如排山倒海而来,而种类之繁与数量之巨,都是空前的,衣食住行四大需要,无所不有……”美国商品的价格一般相当于中国同类产品价格的1/5到1/3。美货比起中国货来说被称为“价廉物美”。② 在美货商品中最突出的是由尼龙和塑料制成的“玻璃制

① 郑友揆:《中国的对外贸易和工业发展(1840—1948年)——史实的综合分析》,上海社会科学院出版社1984年版,第228页。

② 《美货倾销的影响》,狄超白编:《中国经济年鉴(1947年)》,太平洋经济研究出版社1947年版,第94页。

品”,如玻璃丝袜、玻璃牙刷、玻璃雨衣、玻璃裤带、玻璃皮包、玻璃头梳、玻璃皂盒……美国玻璃牙刷由于外表美观,并依仗特权进口,海关轻税或无税等有利条件汹涌倾销,售价比国货低 30%。① 还有其他方面如美货化妆品、日用品等百货俱全。如上海素以销售国货著称的永安公司,这一时期美国商品竟占商品总库存的 80%。当时的上海市场被称为“美货市场”“玻璃市场”,到处是“无货不美”“有美皆备”。

中国的每个角落都有美货充斥,包括城市和农村集镇。1946 年,天津进口货物中美货占 70%,市场上的美货占 59.16%。上海的各大公司美货就占了全部货物总数的 80%。② 这个时期杭州市场同样是国产品销不出去,民族工商业走投无路。如牛乳业竟杀掉了 1/4 的奶牛,其余的亦大多转到农村去作耕牛。抗战前日产鲜乳 3000 磅的西湖炼乳公司,被迫改制绽子油,最终倒闭。美国香烟大量倾销,占杭州市场销售量的 80%以上,使杭州的 5 家烟厂由于减产而倒闭。美国的卷烟纸大量进口,华丰纸厂的卷烟纸就大量地积压在仓库里。同时工业原料如美棉、人造丝、烟叶等却源源而来。杭州市棉织品的生产,有 60%用的是美棉和印度棉。而美棉与人造丝都控制在官僚资本的“中蚕”和“中纺”公司之手,限制配给,私营工厂不得已只能在黑市上购买。那时杭州市的丝绸工业不是忙于生产,而是为贷款和配给原料而奔走呼号。③ 在美国商品低价倾销的打击下,中国民族工商业处于岌岌可危的境地,

① 上海社会科学院经济研究所等编著:《上海近代百货商业史》,上海社会科学院出版社 1988 年版,第 46 页。

② 《解放日报》1946 年 7 月 8 日。

③ 闵子:《民国时期的杭州民族工商业概况》,杭州市政协文史资料研究委员会编:《杭州工商文史资料选》(杭州文史资料第 9 辑),浙江人民出版社 1987 年版,第 6 页。

大批工人失业。

三、国内商业的虚假繁荣和国内市场的崩溃

(一)国内商业的虚假繁荣

抗战胜利后国民党政府急于发动内战,军费开支急速增长,造成庞大的财政赤字,国民党政府弥补财政赤字的主要办法就是滥发纸币,大搞通货膨胀,而通货膨胀又导致物价上涨。在新中国成立前的最后几年,民族工商业已奄奄一息,大批资本家纷纷弃工从商,投机性商业获得畸形发展。

从工商业资本总额看,抗战以前商业资本占70%,到抗战结束后的解放战争时期,商业资本上升到90%,而工业资本只占10%左右。据新中国成立初期对北京和天津200家私人行庄的资金使用情况调查,这些行庄将96%以上的资金用于商业拆放和投机买卖。工业资本家也从囤积居奇中牟取暴利,形成了"工不如商、商不如囤、囤不如投机"的现象,商业资本空前膨胀,各类商人空前增多、造成国内商业的畸形发展。

由于生产下降和商品流转日益困难,抢购、囤积、卖空买空取代了正当的交易,商业市场表面畸形"活跃",实际上日益空虚。黄金、银元、棉纱、卷烟、颜料、西药成为市场交易的"筹码"。黄金市和棉纱关等交易所中,聚集着各式各样的投机商与经纪人,他们大搞投机倒把活动。上海投机者称黄金为老大,美钞为老二,二者在物价上涨中起着龙头作用,转手之间可获暴利。黄金投机的总领是国家银行。1946年3月4日中央银行开始抛售黄金,分明配、暗售两种。明配是由上海金业、银楼公会提出配额,按牌价出售;暗售是委托5家金号银楼按黑市价出售。最初黑市价每两约19万—20万元,10月以后大涨,12月达32.4万元,1947年1月

31 日为 44.1 万元,2 月 17 日高达 61.1 万元。2 月 17 日起停止抛售,酿成黄金风潮。此期间共抛售黄金 351 万两,金价上涨快于一般物价,各地游资以至军区的军饷、四联总处的生产贷款都来沪抢购黄金。①

除了黄金和美钞之外,永安纱厂的股票被投机者称为老三。棉纱和棉布也是一般性投机商品,所以在投机市场中也起着相当重要的作用。有时与黄金、美钞相互呼应、相互哄抬。棉布市场中从事投机活动的以批发商店为主,但也有许多小型的专"踢皮球""抢帽子"的所谓歇壁字号、皮包字号、袋袋字号等起着兴风作浪的作用。他们一般是几个人合租一间房子,墙头上各挂一块洋铁皮招牌,放上一张写字台或桌子,就成了一家字号。有的连这种空架子也没有,把图章放在皮包中或袋袋里,成了所谓的皮包字号或袋袋字号。这类从事棉纱棉布投机的商号在 1947 年以后大幅增加,据统计:1946 年 7 月上海棉布商号共有会员 825 家,1947 年 12 月增加到 1796 家,1948 年 4 月进一步增加到 2115 家,比 1947 年 12 月增加了 319 家,即 4 个月内增加了 18%。②

投机性商业的畸形发展并不仅限于上海一地,杭州到 1948 年为投机性商业服务的银行、钱庄也增加到 62 家,服务性的旅馆、菜馆等增加到 2260 家,占商业总户数的 22.7%。当时的黄金、白银、粮食、棉纱成了主要的投机对象。纱布厂干脆放弃了生产,进行纱布的囤积投机,以商养工。粮食业也不顾民食的需要,大量囤积居奇,由此激起了广大市民的公愤,从 1946 年到 1948 年,杭州先后

① 何汉文:《记上海黄金风潮案》,见《回忆法币、金圆券与黄金风潮》,中国文史出版社 2015 年版,第 167 页。

② 上海市工商行政管理局、上海市纺织品公司棉布商业史料组编:《上海市棉布商业》,中华书局 1979 年版,第 322 页。

爆发了三次全市性的抢米店的风潮。①

天津商业市场同样呈现出投机盛行、虚假繁荣的景象。例如天津市橡胶企业仅 1946 年一年就新增 19 家,相当于 1945 年实有户数的 63%。1947 年,国民党政府实行贸易管制,橡胶原料不准自由进口,改由政府配给外汇交同业公会掌握分配,当时黑市价格与分配价格悬殊,转手可获厚利,因此竟有专为分得橡胶再转手出卖牟利而设厂。如经营义隆车行的贾杰卿,即因此开设了中国橡胶厂,虽安装两台 14 寸轧胶机,根本不开工生产,每次分到橡胶即以黑市价格卖给钰华橡胶厂,大得其利。1947—1948 年又有 19 家新开业,到新中国成立前夕天津市共有 66 家橡胶厂,职工人数 1311 人,轧胶机 155 台。但是,资金雄厚的大厂多做囤积原料、投机倒把生意。有的则操纵行情,垄断市场。一般小厂资金薄弱,在通货不断恶性膨胀的情况下,经营日感困难。②

河南省在国共和谈时局势暂时稳定,商业迅速复苏,在某些行业出现繁荣景象,不久国民党挑起内战,复苏不久的商业迅速萧条,最终走向市场崩溃。1945 年抗日战争胜利后,美货大批涌入河南省,大至金属、机器、车辆,小至袜子、牙刷等商品充斥市场,商业出现畸形繁荣景象。1948 年年末,随着金圆券大幅贬值,物价暴涨,产销和供求关系趋于混乱,省内市场最终走向崩溃。③ 省会

---

① 闵子:《民国时期的杭州民族工商业概况》,杭州市政协文史资料研究委员会编:《杭州工商文史资料选》(杭州文史资料第 9 辑),浙江人民出版社 1987 年版,第 7 页。

② 边炳章:《解放前的天津橡胶业》,中国民主建国会天津市委员会、天津市工商业联合会文史资料委员会编:《天津工商史料丛刊》第 2 辑,1984 年 9 月,第 9 页。

③ 河南省地方史志编纂委员会编纂:《河南省志 · 商业志　供销合作社志》第 42 卷,河南人民出版社 1993 年版,第 54 页。

城市开封的绸布业从 1936 年的 3 万匹，下降到新中国成立初期的 9000 匹，年销售量由战前的 2.5 万到 2.8 万匹下降到 1.5 万匹，从业人员由战前的 720 余人减至 310 人。① 其他行业如颜料业、皮行业、榨油业、药材业等都同样经历了由迅速复苏到迅速萧条的过程。

（二）国内市场的崩溃

如表 16-10 所示：1945 年，国民党政府财政预算支出数为 2638 亿元，实际支出数为 23480 亿元，超出近 9 倍，其中在抗战后 8 月至 12 月的支出数额，即占到该年支出的 60%。1946 年，原拟定的财政预算支出为 25249 亿元，但实际支出却达 75747.9 亿元，增加了约 3 倍。1947 年，原拟定的财政预算支出为 93700 亿元，但实际支出却达 433938.95 亿元，增加了约 4 倍以上。在抗日战争期间，政府支出主要用于国防，但抗战结束后的巨额支出，除用于善后和复兴经济外，还要用于反对共产党的军事活动，因此国民党政府财政支出随着通货膨胀的恶化而大量增加，达到入不敷出的境地。1947 年的政府财政支出较 1946 年增加了 6 倍，1948 年上半年预算支出为 960000 亿元，较 1947 年度的实际支出数增加了 1 倍。到 1948 年 7 月，即实行货币本位变更的前夕，实际支出达 6554710.87 亿元，较预算数几增 7 倍。②

造成战后国民党政府财政巨额赤字的主要原因是军费开支的激增。依据张公权根据官方公布的数字计算 1946 年的财政预算

① 马致远：《开封市解放前私营商业概况》，见中国人民政治协商会议河南省开封市委员会文史资料研究委员会编：《开封文史资料》第 19 辑，1993 年版，第 6 页。

② 张公权：《中国通货膨胀史（一九三七——一九四九年）》，杨志信译，文史资料出版社 1986 年版，第 51、101 页。

把军费开支削减到占政府总支出的43%,几乎可以恢复到抗战前的水平。但实际上1946年军费开支占政府总支出的比重高达60%,其后,随着军事行动的扩大,军费比重的增长幅度更高,1948年上半年竟高达68.5%。另外杨荫溥则认为抗战后国民党的国防开支要更大,和它的财政赤字一样,可以肯定其经常在岁出的80%以上。①

表16-10 国民党政府财政收支概况(1945年至1948年1—7月)

(单位:法币百万元)

年份 \ 项目	现行钞票发行余额	政府支出数	政府收入数	财政赤字数	
				金额	占岁出比例(%)
1945	1031900	2348085	1241389	1106696	47.13
1946	3726100	7574790	2876988	4697802	62.02
1947	33188500	43393895	14064383	29329512	67.59
1948.1—7	374762200	655471087	220905475	434565612	66.30

资料来源:张公权:《中国通货膨胀史(一九三七——一九四九年)》,杨志信译,文史资料出版社1986年版,第51、101页。

国民党政府财政支出日益扩大的同时,财政收入却远不能满足财政支出的需要。1946年财政支出增加了3.2倍,在财政收入方面主要依靠关税、统税和盐税,而这些收入又有所减少。尽管还抛售了大量黄金、外汇和变卖没收的日伪产业,仍然是仅足以支付支出的37%。在抗战爆发之前,国民党政府弥补赤字的主要办法是发行公债,但是抗战后政府公债已经完全失去了信誉,购买者寥寥。为了弥补庞大的财政支出,国民党政府只剩下无限制发行货币的最后一条路了。1946年6月,财政部部长俞鸿钧在南京举行

① 杨荫溥:《民国财政史》,中国财政经济出版社1985年版,第175页。

的第四次财政会议上的报告中也直言不讳地说:“从一月到五月,政府已将本年度预算总额 2200 亿元,用去 1500 亿元,而同期的税收只有 2500 万元,约为支出的六千分之一,巨额的财政赤字由发行补足。”①

由此,法币的发行像脱缰的野马,一路飙升。如表 16-11 所示:1945 年法币的发行额为 10360 亿元,到 1948 年 8 月发行额已经达到 6000000 亿元,三年内增加了 578 倍,平均每年增加 145 倍。法币发行越多,必然引起币值的急速下降和物价飞涨。而且随着恶性通货膨胀的发展,物价上涨的速度大大超过了纸币流通的速度。法币已经完全崩溃,贬值到不及它本身纸张及印刷费的价值。1947 年 11 月 27 日中央银行监事会甚至决定,因用途已少,把才印好的 50 元、100 元新券分别煮销。② 郑友揆认为:1948 年 8 月 19 日金圆券改革前夕,中国经济事实上已经混乱不堪,处于瘫痪的状态。若按照美元或实际购买力计算,物价涨幅不太剧烈的 1946 年,倒是财政赤字最大的一年。从该年起国民党政府无限制的货币发行和信用扩张,造成了此后两年物价的猛涨,这又反过来促使货币发行量更为增加,以弥补政府的财政赤字。由于物价猛涨,国民党政府开支的实际购买力不断下降。这样,物价、财政赤字、货币发行量三者相互追逐,形成了通货膨胀的恶性循环。

这些因素的循环上升日益加速,国民党政府已经无法行使职能。物价指数的上升幅度比已是天文数字的货币发行指数还要高出 10 倍。货币流通率之快速,只有 1923 年夏第一次世界大战后德国的恶性通货膨胀方可与之相比。由于法币的崩溃,为了支撑危局,挽救经济,国民党政府不得不冒险实施不合时宜且未经周密

① 陈伯达:《中国四大家族》,人民出版社 1962 年版,第 38 页。
② 杨培新:《旧中国的通货膨胀》,人民出版社 1985 年版,第 79 页。

筹划的重大的货币改革。1948 年 8 月 19 日实行金圆券币制政革,当年夏天,国民党统治区的通货膨胀已经完全失控。5 月至 6 月间,物价上涨了一倍,6 月至 8 月中旬间,又陡增五倍,物价水平已经达到抗战前 1937 年上半年的 470 万倍。

1949 年四五月,南京、上海相继解放,人民政府在 6 月起宣布停止金圆券流通,以金圆券 10 万元兑换人民币 1 元的比率,收回后销毁。而国民党政府迁到广州后曾继续发行金圆券,但其价值已经形同废纸,到了 1949 年 7 月 3 日,广州政府宣布停止发行金圆券,改以银圆券取代。实质上银圆券只是变了一种方式掠夺百姓的财富,完全不能取信于民,甚至连国民党军队也拒绝使用银圆券。

表 16-11 国民党统治区的经济统计(1945—1948 年)

项目 \ 年月	1945		1946		1947		1948	
	6 月	12 月	6 月	12 月	6 月	12 月	6 月	8 月(1—18 日)
本期财政赤字(法币十亿元)	1099.7		4300.0		32000.0		169940.0	373940.0
本期财政赤字(百万美元)	645.0		1662.2		869.0		—	163.3
本期末纸币发行量(法币十亿元)	—	1036	2110	3730	9940	4000	250000	600000
上海批发物价指数(1937 年 1—6 月=1)	—	885	3724	5713	29931	83796	884800	4721000

续表

项目＼年月	1945		1946		1947		1948	
	6月	12月	6月	12月	6月	12月	6月	8月(1—18日)
重庆批发物价指数(1937年1—6月=1)	1553	1405	1716	2688	9253	40107	455080	1438000
美元市价(每1美元=法币数)	1705	1470	2587	5876	36826	149600	2290000	10700000
上海市场利率(月息%)	—	14	16	16	20	24	28	54
货币流通率	—	1.20	2.47	2.14	4.22	3.45	4.95	11.02

资料来源:郑友揆:《中国的对外贸易和工业发展(1840—1948年——史实的综合分析)》,上海社会科学院出版社1984年版,第204页。

通货数量剧增,货币价值猛跌,物价疯狂上涨。民族工商业因支出的货物所取得的货币,买不回来同样数量的货物而日益亏本。正是在帝国主义、官僚资本的侵吞、独占以及苛捐杂税的重重盘剥下,民族工商业如同在风雨飘逸之中的一叶扁舟,随时有覆灭的危险,它们“在困苦中求生存,在生存中谋挣扎”,面临全面破产的结局,大量企业纷纷倒闭。例如,北京同仁堂,一向以资金雄厚、储存药材多,特别是以贵重药材多而著称;但在国民党通货膨胀的情况下,店内的贵重药材消耗殆尽,无从购买。同仁堂面对币值一日数变的情况,对职工虽然按照布、粮、煤三种实物价格指数给予生活补贴,但职工的生活还是非常艰苦。① 再如:著名的北京瑞蚨祥绸

① 乐松生:《北京同仁堂的回顾与展望》中国人民政治协商会议全国委员会、文史资料研究委员会编:《工商史料》第1辑,文史资料出版社1980年版,第165页。

布店,在国民党实行“币制改革”巧取豪夺之下,连残存的一点货也被抢购一空。原来库存两万匹布,到新中国成立前夕只剩四五千匹了。① 像北京同仁堂和瑞蚨祥资本这样雄厚的大商店,尚难以开门营业,其他本小利微的小商店的处境就可想而知了。

苛捐杂税不断加大,摊派日益增多,又是促使工商业萧条破产的另一个重要原因。1945 年 9 月至 1949 年 4 月上海市捐税包括筵席税、娱乐税、房捐、屠宰税、旅栈税、车船牌照税、保卫团服装费、防疫经费、预征田赋、国民劳役代金、地方保安捐、市政建设捐等几十个种类。捐税不仅种类繁多,而且税率不断提高,税额日见加大。1945 年 9 月征收娱乐税的税率为 30%,1946 年 2 月增至 50%。② 如此繁重的捐税,使商业企业负担加重。不少企业“虚盈实亏”,账面上币值增大,但是扣除物价上涨因素,实际所得并不多。工商企业除交税外,还得向税务人员行贿送礼,县政府要筹募“应变经费”,镇公所要募“保甲经费”“壮丁捐”等,层层盘剥,苦不堪言。③ 国民党政府的横征暴敛,竭泽而渔,工厂、商店歇业倒闭者接连不断,国民党政府也不得不承认“工商号请求歇业,其实际营业萧条者固多,而故意逃避税捐,方行开业,随即报歇者,亦复不少,其中不乏规模较大商号”。据 1948 年 5 月 16 日《华北新闻》报道:“济南市四月份因摊派过重、营业不振而停业商家达三百余家,其中粮业、油业各百余家,磨坊业及其他各业百余家。并

① 刘越千:《山东孟家与瑞蚨祥》,中国人民政治协商会议全国委员会文史资料研究委员会编:《工商史料》第 1 辑,文史资料出版社 1980 年版,第 190 页。

② 唐振常主编:《上海史》,上海人民出版社 1989 年版。

③ 吴杰:《抗战时期温州的工商业》,中国人民政治协商会议浙江省温州市委员会文史资料研究委员会编:《温州文史资料》第 2 辑,1985 年版,第 135 页。

且以上停业之三百余家，皆因市府不予批准，即年半自行解散，此实为商业崩溃之现象。”1946 年 6 月济南市政府举办工商业总登记，到 12 月底登记的工商业共有 12449 户，到 1948 年 9 月，实际剩有 9357 户。20 个月的时间内，除去开歇相抵之外竟然减少了 3092 户。① 在这种形势下，除了投机商号，一般商店已经无法正常营业。

杭州的土特产业和商业到了 1947 年年底也受到了严重冲击。据当时的《中国经济年鉴》记载："于是由勉强维持以至不能维持，由不能维持以致倒闭溃灭的商号行庄，着实有一个很可观的数字。这个倒闭之风波及于每一行业，其中尤以茶行业为最。至 9 月底，申报闭歇的已有 28 家，其他闭歇的店号虽一时尚无精确的统计，但就已呈请市府备要而办理闭歇手续的营业单位，10 月份就有 24 家，如布业 5 家、娱乐业 5 家、粮食业 1 家、洗染业 2 家、绸商业 1 家、土纸业 2 家、杂货业 1 家、盐腊业 1 家、土烟业 1 家等，其资产在 2 万元以上。”②在国民党政府严重的通货膨胀和苛捐杂税的重压下，民族工商业大多奄奄一息，国民经济最终走向崩溃的边缘。

① 济南市工商业联合会等编印：《济南工商史料》第一辑，济南市工商业联合会 1987 年版，第 157 页。

② 中国人民政治协商会议浙江省委员会文史资料研究委员会编：《浙江文史资料选辑》第 28 辑，浙江人民出版社 1984 年版，第 10 页。

第十七章
抗日战争和解放战争时期的金融业

1937 年日本全面侵华战争爆发,中国金融开始了一个急剧变动的时期。先是国土东部的金融受到极大的冲击,被迫进入战时金融体制,并在西撤至大后方后进行了一系列改革。战后国民党统治区从接受沦陷区金融产业到出现难以控制的通货膨胀和恶性通货膨胀,只有四年的时间,各种挽救的方案均无法奏效。最终,长期在华的外国金融势力也随着国民党政府的统治结束而撤离了中国。

第一节　战时环境下的金融业

抗战爆发后,中国的金融经历了巨大的变化,从平时金融体制转为战时体制,西部地区也前所未有地成为战时金融中心。战争环境下的中国金融体系出现了一系列的改变。

一、《非常时期安定金融办法》的出台

1937 年的"七七事变",宣告了抗日战争的全面爆发,中国的金融也转入战时体制。其影响所及,包括中国社会经济的各个方面。为适应突发的社会环境变化、稳定金融,国民党政府在 1937 年 8 月 5 日颁布了《非常时期安定金融办法》,主要在于限制储户

大量提取现金。其中第一条规定:“自 8 月 16 日起,银行、钱庄各种活期存款,如需向原存银行、钱庄支取者,每户只能照其存款余额,每星期提取 5%,但每存户每星期至多以提取 150 元法币为限。”①但是,金融领域里最重大和最明显的改变,是出现了由中央、中国、交通和中国农民四家国营银行所组成,并有中央信托、邮政储金汇业局和中央金库先后加入的“四银行联合办事总处”(以下简称“四联总处”)。这个机构从 1937 年 8 月成立到 1948 年 10 月结束,横跨抗日战争和解放战争两个时期,前后历经 11 年。在其存在期间,成为高于四行并领导四行的组织,同时也是国民党政府经济和金融的最高决策机构,发挥了极其重要的作用。

首先,这 11 年的时间里,这个机构本身进行过几次改组,其角色定位和作用也随之有所改变,经历了一个权利作用逐步加大然后又逐步衰退淡出的过程;其次,在这段时期内,通过四联总处这个机构,中央银行的地位进一步得到提升,实现了对准备金的集中和货币的统一发行,完成了向“银行之银行”的职能转变,并逐步取代了四联总处这个机构的职能。在此过程中,随着中央银行地位的提升,四联总处的地位相对逐步下降,并在抗战结束后的 1948 年撤销。

二、四联总处的成立与三次改组

(一)四联总处的成立

1937 年“七七事变”发生后,猛然而至的战争给金融和经济带来的恐慌迅速笼罩全国,存户纷纷向银行挤兑提存,资金逃避并追

① 《财政部公布之非常时期安定金融办法》,见中国第二历史档案馆、中国人民银行江苏省分行、江苏省金融志编委会合编:《中华民国金融法规选编》,档案出版社 1989 年版,第 627 页。

逐外汇,银行存款骤减,呆账剧增,市面筹码奇缺,工商周转不灵。为了使全国金融和经济在战争的冲击下不致瘫痪,形势的急剧变化急切需要一个能够处置战时金融事宜的、事权高度集中而又具有权威性的金融中枢机构统筹全局、安定金融和稳定经济。

但是,在战前的金融领域内,并没有形成一个可以“统一意志”“集中资力”的权威机构或力量。因此,国民党政府财政部于1937年7月27日授权中央、中国、交通和中国农民四家银行在上海联合组织成立一个联合贴放委员会的组织,联合一起办理战时贴现和放款事宜,以活泼金融、安定市面和救济银钱工商各业。此后,“四行各派代表共同研讨并督促各行履行联合办理之事务,是为四行合力应付战时金融之嚆矢”。

自“八一三”淞沪会战全面展开,国民党政府财政部为谋划全国金融农矿工商各业资金的流通,以及筹措沿海厂矿企业向内地拆迁搬运所需的巨额款项,进一步令中央、中国、交通和中国农民四家银行在上海成立四行联合办事处以开展工作。因财政部部长孔祥熙尚在国外,办事处由宋子文代其主持,四行高级管理人员全体参加。该办事处最主要的工作是设立四行联合贴放委员会基金,“暂定基金一万万元,由四行分别担任,办理抵押、转抵押、贴现、再贴现,以及部令办理新放款”。这个四行联合办事处成立后,“随即通电国内各重要城市之四行,筹设联合办事分处。其先后组成者,计达五十二处。并于南京、汉口、长沙、南昌、重庆、济南、郑州、广州、杭州等处,设立贴放分处”,四联总处正式成立,“吾国之战时金融机构,至是规模粗具”。①

① 上引见徐堪:《中中交农四银行联合办事总处之组织及其工作》,见重庆市档案馆、重庆市人民银行金融研究所合编:《四联总处史料》上册,档案出版社1993年版,第53页。

从1937年8月至1939年9月的两年多时间,是国民党政府将其平时经济转为战时经济的过渡时期,也是四联总处活动的第一阶段。在这一时期中,有关财政、金融、经济方面的重大决策,以及这些决策的实施,主要是由国民党军委会、财政部、军委会三调整会(即工矿调整委员会、农产调整委员会、贸易调整委员会)和稍后组建的经济部设计和执行的。这一阶段四联总处的活动,偏重于安定金融和筹措资金等方面,发挥的作用尚属有限,"仅由四行代表共同研讨及指导联合应办业务之责,其范围较狭,其性质尤偏于联络方面"①,是四行为彼此之间联系工作、协调动作的松散的联络性的办事机构,还不是一个金融和经济领域里的决策机构。

但是,由于四行之间过去"各有历史及立场",系统和利益并非一致,内部所形成的纷繁矛盾也必然在四联总处成立后的工作上反映出来。这一点,正如四联总处秘书长徐柏园所说,"在二十六年至二十八年中,四行联合贴放数额不多,而放款途径,亦并未符合当时之理想。工矿业放款较少,商业放款较多,即同业放款,亦属不少。此外尚有以票据或其他资产作抵押,向银行借款以套买外汇及囤积居奇者,数更不鲜"②。另外,由于此时中央银行尚不具备"银行之银行"的条件,难以控制其他三家国营银行和地方官办银行,四行与西南、西北各省地方官办银行间也有不尽协调之处,为加强对国家银行的统制,国民党政府开始对四联总处进行第一次改组。

① 重庆市档案馆、重庆市人民银行金融研究所合编:《四联总处史料》上册,档案出版社1993年版,第54页。

② 徐柏园:《四联总处工作之回顾与展望》,重庆市档案馆、重庆市人民银行金融研究所合编:《四联总处史料》上册,档案出版社1993年版,第57页。

(二)四联总处的三次改组

1939 年 9 月,国民党中央发布《关于战时健全中央金融机构办法纲要》,决定对四行联合办事处进行改组。这是四联总处的第一次改组。

纲要规定:“中央、中国、交通、中国农民四银行合组办事总处,负责办理政府战时金融政策有关各特种业务”。联合总处设理事会,由中央银行总裁、副总裁及中、交两行董事长、总经理,中国农民银行理事长、总经理暨财政部代表进行组织。“联合总处理事会设主席一人,常务理事三人,由国民政府特派之。主席总揽一切事务,常务理事襄助主席执行一切事务”。财政部授权联合总处理事会主席,在非常时期对中央、中国、交通、中国农民四银行可为便宜之措施,并代行其职权。四银行各依其法或条例所规定之职权及业务,分别发展。“中、中、交、农四行总行及联合总处,对于财政金融重大事项,得随时向财政部密陈意见。但凡经财政部决定施行事项,函令四总行或联合总处办理者,应立即依照,切实办理,不得违反或迟误,并应指定专员负责督导各分处推行。并制定进行纲要及报告表式,按月将办理成绩报告四总行及联合总处,汇总转报财政部查核”。“财政部会同联合总处理事会设置视察十人至二十人,轮流分往四行总分支行,考查各该行奉行政府政策有无违反或迟误及其执行一般业务能否适合抗战需要,随时密报财政部查核,分别奖惩”。①

国民党政府发布上述指令后,四联总处即成立理事会,蒋介石以中国农民银行理事长的身份出任理事会主席,下设秘书处,主管

① 中国第二历史档案馆编:《中华民国史档案资料汇编》第 5 辑第 2 编,财政经济(4),江苏古籍出版社 1997 年版,第 470、471 页。

一切事务,由蒋介石任命秘书长一人主持。由于《关于战时健全中央金融机构办法纲要》中有“主席总揽一切事务,常务理事襄助主席执行一切事务”;“财政部授权联合总处理事会主席,在非常时期对中央、中国、交通、中国农民四银行可为便宜之措施,并代行其职权”的规定,使蒋介石能够以合法的身份直接总揽整个金融大权。

改组后的四联总处性质发生了根本变化。首先,从四联总处的最高领导层理事会的组成来看,蒋介石出任主席,“总揽一切事务”;孔祥熙、宋子文、钱永铭为常务理事,“襄助主席执行一切事务”;翁文灏、张嘉璈、徐堪、陈行、周佩箴、叶琢堂、贝祖诒等为理事。这样,四联总处集军委会委员长、行政院长、财政部部长、经济部部长和四行一局(中央信托局)的首脑于一堂,其阵容、地位和权威远非一般经济行政机构可比。

其次,从四联总处的任务来看,“中央、中国、交通、农民四银行联合办事总处组织章程”中规定的四联总处的主要任务为:(1)关于全国金融网之设计分布事项;(2)关于四行券料之调剂事项;(3)关于资金之集中与运用事项;(4)关于四行发行准备之审核事项;(5)关于受托小额币券之发行与领用事项;(6)关于四行联合贴放事项;(7)关于内地及口岸汇款之审核事项;(8)关于外汇申请之审核事项;(9)关于战时特种生产事业之联合投资事项;(10)关于战时物资之调剂事项;(11)关于收兑生金银之管理事项;(12)关于推行特种储蓄事项;(13)关于其他四行联合应办事项;(14)关于四行预算决算之复核事项等14项。从这些规定来看,四联总处的工作任务和职能范围,不仅包括金融领域,同时也包括经济领域。因此该组织章程规定总处之下设立战时金融和战时经济两个委员会。战时金融委员会之下分设发行、贴放、汇兑、特种储蓄、收兑金银和农业金融六个处,分别管理金融方面的事务。战时经济委员会之下,分设特种投资、物资、平市三个处,分别管理经济方面的事务。在这两个委员会之外,设置秘书处,之下分设文书、统计和稽核三科,管理行政事务。①

通过改组,四联总处具备了总揽国民党统治区金融经济事宜的运行机制。理事会是其最高的权力和决策机构,由主席召集,每周开常会一次,以讨论提案的形式,大至金融和经济大政方针,小至具体的事项进行研讨,作出决议,然后交付业务执行部门执行。遇有特殊情况,可由主席在常会休会期间随时召集理事会临时会议。战时金融和战时经济两委员会所属各处和秘书处,是四联总处处理具体业务和行政事务的执行机构,分别按各自的权责各司其职。两委员会所属各处均附设审核委员会或设计委员会,由各处处长召集,参加者有四行和有关政府机关代表以及理事会主席指派的专家,专门审核或计划各该处业务,并负责研究各该处应提交理事会的议案,提出审核和研究意见,供理事会讨论时参考。秘书处是理事会闭会期间处理四联总处行政和内务工作的常设机构,往往代表四联总处对上下左右行文,掌握了四联总处很大部分的实际权力,其各任秘书长都是深得蒋介石赏识和信任的人物,地位和权势都十分显赫。理事会制度以及就专门业务、专门问题设立专门的设计和研究班子的制度,是四联总处颇具特色的组织形式和工作制度。这是在战争状态下,国民党政府为维持金融和经济机器运转,既需要高度集权又需要集思广益的产物。在当时的社会环境下,应该说,这一组织形式和工作制度对四联总处总揽国民党统治区金融全局、统领国家各金融机构、协调金融机构与政府各部门的关系,减少矛盾和重大决策失误,能够发挥一定的作用。

---

① 重庆市档案馆、重庆市人民银行金融研究所合编:《四联总处史料》上册,档案出版社1993年版,第70、71页。

从四联总处的运行机制来看,在上层,是通过总处对国家金融机构领导机关进行督导;在地方,则是通过四联总处在各地的分处和支处对国家金融机构在各地的分支机构进行督导。据统计,1940年四联总处在国民党统治区所设分支处达36处(其中分处15处、支处19处、直辖支处2处)[①]此后还在继续增加。正是通过这些分支处的设置及其活动,四联总处得以将其控制金融的触角伸向整个国民党统治区。

四联总处通过改组,实际成为战时重要的中枢决策机构,在金融和经济领域中具有举足轻重的作用。蒋介石在四联总处改组后所发的工作手令中对四联总处的定位为:"今后抗战之成败,全在于经济与金融之成效如何。而四行今后之职责,不仅在金融,而整个经济之方针、计划,亦要由四行为唯一之经济基础。"[②]此后,从1939年9月至1942年9月四联总处进行第二次改组前的三年时间,四联总处的历史发展进入第二阶段,也是四联总处权势最重、地位最高的"全盛时期"。这一期间,四联总处的主要工作,集中在宏观规划西南、西北金融网的建设和推行、制定经济三年发展规划、开展对敌金融经济作战、筹措和维持战费、收兑金银、平抑物价、推进储蓄、核放对工业、农业和盐业等的贷款等方面。从根本上来说,是要通过四联总处的活动和安排,把过去基础设施缺乏和落后的西南、西北地区改造建设成能够支撑抗战的地区,是要统筹和集中有限的财力物力,纳入战时轨道的工作。这期间四联总处的地位和作用,被蒋介石称为"经济作战之大本营"。

---

① 《四联总处二十九年度(1940年度)工作报告》。

② 《蒋介石就四联总处工作手令稿》(1940年3月28日),见重庆市档案馆、重庆市人民银行金融研究所合编:《四联总处史料》上册,档案出版社1993年版,第155页。

应该说,四联总处在这期间的活动是重要和有成效的。例如,在宏观规划金融和经济方面,主要开展了两方面工作:一是以"活泼内地金融,开发后方生产"为主要使命,筹设和调整金融网。二是根据形势,制订和推进三年金融计划和三年经济计划。

在筹设和调整金融网方面,四联总处根据国民党政府西迁后,举凡应付军需、增加生产、调节流通、畅通汇兑、扩大农贷、收兑金银、推进储蓄等等,都需要金融机构的普设和健全,而战前西部地区金融设施不仅落后,而且少得可怜的状况,把在西南、西北地区尽快建立金融网,作为急需解决的重要问题着手推进。

1939 年 10 月 5 日,四联总处理事会形成《理事会关于加速完成西南西北金融网的决议》,决议认为,应当"以适应军事暨交通运输之需要,或与发展农矿工商各业有关,及人口众多之地为标准",在 1939 年内,在西南、西北各地"成立之分支行处约有一百五六十处",此为建立金融网的第一期计划。此后,针对筹设金融网所遭遇的困难,四联总处不断研究和实施改进方策。截至 1940 年 3 月 20 日,按照第一期计划四家银行的分支行处成立已达 171 处,进而提出在西南、西北进一步增设金融机构 45 处的计划。此计划"由四行分别认定",分二、三期推进,于 1941 年年底全部完成。在此计划中,要求四行每月都要向四联总处理事会呈报增设金融机构的动态报告,由理事会严加审议,保证进行。如此,截至 1941 年年底,西南、西北增设四行分支行处总数已达 245 处,其中四行设立的情况分别是:"中央银行 69 处,中国银行 85 处,交通银行 37 处,中农行 54 处。"①

在经济金融方面进行的另一件事,是制订三年经济计划和三

① 重庆市档案馆、重庆市人民银行金融研究所合编:《四联总处史料》上册,档案出版社 1993 年版,第 186、191、192、195 页。

年金融计划。当时,社会舆论一再呼吁改变战前经济建设“放任自流”“杂乱无章”的状况。国民党政府鉴于开发和建设西部地区,国际国内环境复杂,经济、金融经纬万端,也一再要求在国民党统治区实行“计划经济”,对经济计划、金融计划的制订寄予厚望。蒋介石称:“能于经济与金融,确定最低限度之三年计划,使以后经济与金融皆有计划有步骤之实施,则打破敌伪破坏我经济与金融之阴谋,实无足为虑。”①

1940 年 3 月 27 日及 30 日,四联总处理事会决议通过了《经济三年计划》《金融三年计划》,又于 4 月 9 日通过了《经济三年计划实施办法》《金融三年计划二十九年度实施办法》。经济计划规定了国民党政府在经济、金融建设上的两大目标,即“首在增进生产,便利运输,以求自给自足”,“次为稳定金融、安定物价”。提出了在经济建设中以“工矿为中心”,在发展工矿生产上又要把兵工生产所需的原材料生产放到首位。同时匡算了三年经济建设最低限度所需的资金。其中规定“各项计划中非直接生利的事业,其经费应由国库支付”;“其可以经营方式办理,本身生产或其利益可以偿还者”,由银行投资或贷款。金融计划的主旨有两个:一是如何以金融力量配合经济计划,二是安定金融、对付敌伪金融破坏。提出今后金融措施“应以稳定法币为中心,尤以调节法币之流通额,防止通货之膨胀为首要”。该计划预计三年内将大量增发通货,所拟补救之道为:推进储蓄、吸收存款、推销公债、募集捐款、增加税收、紧缩开支、节省消耗和严防敌伪破坏等。②

---

① 《蒋介石就四联总处工作手令稿》(1940 年 3 月 28 日),见重庆市档案馆、重庆市人民银行金融研究所合编:《四联总处史料》上册,档案出版社 1993 年版,第 155 页。

② 这两个三年计划见重庆市档案馆、重庆市人民银行金融研究所合编:《四联总处史料》上册,档案出版社 1993 年版,第 156—165 页。

这两个计划及其实施办法,规定了国民党统治区1940年至1942年经济和金融建设的大政方针,是四联总处此后处置经济和金融建设的基本依据,实际上也成了国民党政府在整个抗战时期指导经济和金融活动的蓝本。

1942年9月,四联总处按照国防最高委员会第85次会议通过的修正案,进行了第二次改组。

这次改组的原因,是因为"原定平市处之组织,与经济部平价购销处及现正筹设之物资局职掌重复;原定物质处之组织,与财政部贸易委员会之职掌重复;收兑金银事项,已决定交由中央银行办理;汇兑处原掌外汇审核工作,已移交外汇管理委员会主办……"①等等。也就是说,"所有业务因随事实需要历经变迁","为核正名实起见",需要进行改组。实际上,这次改组,应该说还有更深层的原因。

四联总处成立的原因,是在战前的金融领域内,并没有形成一个可以"统一意志""集中资力"的权威机构或力量,而在战争突然爆发的情况下,需要一个权威的机构或力量出面协调形势急变情况下的金融,安定市面,组织引导平时经济金融向战时经济金融转化,以及同时需要改变经济基础薄弱、金融机构缺乏的西部地区状况,建立起能够支撑抗战需要的后方经济体系的状况下成立的。这才会出现由蒋介石牵头、四行和国民政府各部委联合组成的四联总处,成为有权威的、能够减少矛盾和协调一致的领导机构。但同时,也因这种背景,使四联总处从成立开始就带有"战时"和"过渡"的性质,出现与其他政府部委和职能部门"机构设置重叠",

① 《徐堪徐柏园为拟订调整四联总处组织办法草案等呈稿》,见重庆市档案馆、重庆市人民银行金融研究所合编:《四联总处史料》上册,档案出版社1993年版,第86、87页。

“事权未能统一”的弊病。当战争爆发已有好几年,国民党统治区经济金融已一定程度上摆脱了战争爆发初期的混乱,中央银行的地位和作用已有提升,1942 年 5 月四联总处制定了对四行业务重新进行划分和考核的办法,在进一步提高了中央银行地位之后,对四联总处的地位和作用进行调整就是顺理成章的事情了。

第二次改组以后,四联总处发生了一些显著的变化:首先在机构设置上,取消了原有的三人常务理事,增设副主席一职,由孔祥熙以行政院长的身份兼任。其次将原有的战时金融委员会和战时经济委员会合并为战时金融经济委员会。原两个委员会下所设各处一律撤销,在战时金融经济委员会下改设“发行”“储蓄”“放款”“农贷”“汇兑”“特种”6 个小组委员会,“分别审查各项有关案件”。秘书处在原有的“文书”“稽核”“统计”科外,增设“发行”“储蓄”“放款”“农贷”“汇兑”5 科。在工作任务和职能范围上,修正后的章程不再“负责办理政府战时金融政策有关各特种业务”,其具体任务由以前的 14 项减为 10 项,主要是监督指导国家行政行局的业务。至于其他金融事宜,则“协助财政部”管理。

四联总处的第二次改组,使四联总处在国民党统治区金融经济领域内的地位与此前相比有所缩小和下降,其职能和工作被集中在金融领域,主要是督导国家行局、管理商业行庄和金融市场等方面。直到 1945 年 12 月四联总处进行第三次改组为止,这期间的三年时间,可以看成是四联总处历史上的第三个阶段。

1945 年 8 月,经历了 8 年的全面艰苦抗战后,中国人民终于迎来了抗战的胜利。与此同时,四联总处也迎来了第三次改组。

四联总处的第三次改组是在 1945 年 12 月四联总处即将迁回南京前进行的。这次改组的特点是机构大为缩减:原战时金融经济委员会改称金融经济委员会,原下设各小组委员会除保留“特种”“放款”两小组委员会外,“储蓄”“农贷”“土地金融”“放款考核”四小组委员会合并改组为普通业务小组委员会;秘书处原下设的“发行”“储蓄”“农贷”等七科合并改组为“总务”“业务”两科;1943年成立的会计处裁撤,会计处原下设的统计科改隶秘书处。“改组后紧缩员额,编余人员尽量介绍各行局录用”。[①] 与此同时,四联总处的下属分支机构也实行了大幅度缩减,在整个国民党统治区内只剩下30余处。

四联总处第三次改组后的另一个引人注目的变化,是最高领导层的人事变动频繁。除各理事会人选变换无常外,实际主持理事会的理事会副主席和主持秘书处的秘书长人选也是经常变换。抗战胜利前夕的1945年7月,曾长期主持四联总处理事会的副主席孔祥熙辞去副主席职务,由宋子文接任该职。1947年3月,蒋介石手令俞鸿钧代理四联总处理事会副主席。同年5月12日,国民党政府又改派张群为四联总处理事会副主席。不久,翁文灏又接任该职,成为四联总处理事会的最后一任副主席。从宋子文到翁文灏,在不到三年的时间里四联总处理事会副主席的职位四易其主。

秘书长的情况同样如此,四联总处共有过四位秘书长,抗战胜利后不到一年的时间里就换过两位。四联总处最高领导层人事情况的异动,既是国民党政府本身统治不稳、面临大崩溃局面的反映,也是四联总处地位下降作用减弱的反映。四联总处作为一个战时金融统制机构,本身就是战争的产物,是一种过渡性的体制。随着抗战的胜利,它得以存在的法律依据《关于战时健全中央金融机构办法纲要》已被废止,因此,四联总处第三次改组,实际上

① 《四联总处第295次理事会议记录》(1945年11月29日),见重庆市档案馆、重庆市人民银行金融研究所合编:《四联总处史料》上册,档案出版社1993年版,第105、107页。

是标志着其作为一个战时机构的扫尾和结束阶段的开始。宋子文在第三次改组时说："本处原为适应非常时期之组织，兹战事虽告结束，而复员期间政府各项金融经济设施仍需赓续协助推进，惟为适合当前环境起见，此后工作应以审核放款及研讨物价为主"①，点出了四联总处第三次改组的性质和此后的特点。

1946年以后，四联总处在金融和经济领域内，主要是在调整贴放方针审核贷款方面还有一些活动，但这些活动对于已经摇摇欲坠的国民党政府财政金融体系，以及病入膏肓的国民党统治区经济，已经没有多大的作用和意义了。此后，1948年9月28日，国民党立法院通过了撤销四联总处的议案。10月6日，行政院通过"四联总处应立即撤销，限十月底结束"的决议。10月7日，四联总处召开第372次理事会，讨论撤销结束事宜。10月12日，徐柏园在秘书处召开了结束工作会议，四联总处十一年的历史就此宣告结束。显然，通过四联总处的几次改组和变化，可以看出四联总处这十一年的历史，走过的是一条马鞍型的道路。但是，在四联总处由盛转衰的过程中，中央银行的地位却通过其扶持推动得到了发展和加强。

三、中央、中国、交通和中国农民四家银行的分工和中央银行地位的加强

抗战爆发前，国民党政府虽然建立起了以"四行二局"为中心的金融垄断体系，但可以说这个体系并未彻底完成，货币依然分由中、中、交、农四家银行发行就是明显的一例。战前出于统制经济

① 《四联总处第295次理事会议记录》(1945年11月29日)，见《四联总处史料》上册，档案出版社1993年版，第105页。

的需要,国民党政府已有将货币发行权进一步集中于中央银行的计划。财政部部长孔祥熙在《关于改革币制实施法币政策发表之宣言》中,就明确表示要把已有的中央银行改组为中央准备银行,而这个由中央银行改组的中央准备银行,“并不经营普通商业银行之业务,惟于二年后享有发行专权”①。此后由于抗战爆发,这个计划未能实行,但是,通过加强中央银行职能对经济进行统制和控制金融,一直是国民党政府没有改变的目标。

抗战爆发后,四联总处的成立使其成为高居四行之上的最高金融领导机构,并得以用行政权力驾驭四行,在四联总处的扶持和推动下,中央银行的力量和职能得到进一步发展和完善,成为逐步取代四联总处行使职能的国家银行。这个过程,主要是通过以下几个方面的措施来进行的。

首先是确立公库制度。一般而言,中央银行作为一国政府的银行,是辅助政府推行国家财政金融政策的中枢,通常由政府赋予其代理国库的职权,一切财政收入和支出,均由中央银行代理。抗战爆发之前,国民党政府虽经多次努力,希望确立中央银行统一代理国库的特权地位,并在相应的《中央银行法》②等法规中赋予中央银行代理国库的特权,但始终未能真正得到施行。例如国税收入一项,“表面上虽统一于国家,但各机关收税,得由经收机关向纳税人收取汇解国库;各机关支款,得由各机关向(国)库领出,自

① 中国第二历史档案馆编:《中华民国史档案资料汇编》第5辑第1编,财政经济(9),江苏古籍出版社1994年版,第317页。

② 如1935年6月12日颁布的《中央银行法》第26条规定,“国库及国营事业金钱之收付,均由中央银行经理。省、市、县金库及其公营事业金钱之收付,得由中央银行代理。在中央银行未设分行之地方,第一项事务得由中央银行委托其他银行代理”(《国民政府财政金融税收档案史料》,中国财政经济出版社1997年版,第461页)。

行保管”。由于国税收入不是直接缴纳国库，而要经“经收机关”中转汇解，因此，经收机关侵蚀、挪移国税收入的现象就时有发生；而各机关支款自行保管，则等于是支款机关掌握国库存款，削减了国库库存。这一点，正如孔祥熙自己在《公库法》颁布时所说：“以前各机关收支散漫无稽，除直接由国库收付者外，大都坐拨抵触，殊失公库管理效用。”①

抗战爆发之后，客观形势迫切要求财政统一，而国库统一更成为当务之急。1938 年 6 月 9 日，国民党政府颁布《公库法》。1939 年 6 月 27 日，又公布《公库法施行细则》。② 同年 10 月 1 日起正式施行。《公库法》规定，所有收入，除法定例外以外，悉由纳税人直接缴库；所有支出，除法定例外以外，悉由公库直接付与受款人，不得由各机关自行收解或领发。举凡国库现金、票据、证券之出纳、保管、转移及财产契据等之保管事务，均指定由中央银行代理。不仅一切库款收付，而且中央各政府机关之普遍经费，以及各特种基金之收付，原则上也需由中央银行经管，分别存储。各机关之各种证券、票据及重要契约亦需要交中央银行代为保管。财政部与中央银行直接签订代理国库契约，指定中央银行代理国库总库，各省分行代理国库分库；在未设中央银行分支机构的地方，委托中国、交通、农民银行和邮政机关代办，从而形成从中央到地方的国库网。

《公库法》实施后，到 1940 年时，国库的“总分支库仅 158 处”，“与所期相距甚远”。因此，1941 年国民政府召开第三次全国

---

① 《财政部长孔祥熙任内政绩报告》，见重庆市档案馆、重庆市人民银行金融研究所合编：《四联总处史料》上册，档案出版社 1993 年版，第 413 页。

② 《中华民国金融法规档案资料选编》，档案出版社 1989 年版，第 881、890 页。

财政会议时,“财政部提出限期推进公库制度,并完成公库网案”,“确定各省地方银行均有代库之义务,故全国分支库遂大为扩充”。1941 年增为 410 处,1943 年增为 978 处,1944 年更增为 1028 处。① 在公库网逐步扩大的同时,中央银行的实力和权力也得到了明显的提高。

其次是统一发行。抗战爆发后,各项费用剧增,1940 年的通货总数就已达 1937 年的 6 倍以上。② 为了筹措战时费用,弥补巨额的财政赤字,国民党政府的主要办法是靠增加货币发行,靠国家银行垫款来维持。据比较保守的统计,国民党政府在抗战时期财政赤字总额达 12097.5 亿元,国家银行垫款达 12624.1 亿元。③

抗战开始时,中、中、交、农四家银行仍然延续战前保有的法币发行权。但是,货币由各家银行分散发行,不仅导致货币种类繁杂,难以统一,还因贪图私利而致种种弊端。1942 年年初,通货膨胀的发展已到了危险的程度,但是,享有发行权的四家国有银行,除根据国民党政府的财政需要按份额印发钞券外,建立暗账私擅滥印的现象仍然无法杜绝,致使通货膨胀的趋势更加不可收拾。在这种情势下,国民党政府决定采取断然措施进行改变。3 月 22 日,蒋介石手令四联总处加强对四行的统制,要求特别要“限制四行发行钞券,改由中央银行统一发行”,并声称“此为最急之要务,

---

① 《抗战期中之财政》,见重庆市档案馆、重庆市人民银行金融研究所合编:《四联总处史料》上册,档案出版社 1993 年版,第 432 页。

② 《徐柏园就封存资金后之金融方针给蒋介石的呈》(1940 年 9 月 8 日),见重庆市档案馆、重庆市人民银行金融研究所合编:《四联总处史料》上册,档案出版社 1993 年版,第 281 页。

③ 财政部财政年鉴编纂处编纂:《财政年鉴三编》,中央印书局 1948 年版,见重庆市档案馆、重庆市人民银行金融研究所合编:《四联总处史料》上册,档案出版社 1993 年版,第 14 页。

须限期完成"[1]。5月28日,四联总处根据蒋介石手令制定的《中中交农四行业务划分及考核办法》正式公布,该办法对中中交农四行的业务范围和职能重新进行划分,规定:中央银行的主要业务为集中发行钞券;统筹外汇收付;代理国库;汇解军政款项;调剂金融市场以及政府机关以预算作抵或特准之贷款。中国银行的主要业务为受中央银行委托经理国外款项收付;发展与扶助国际贸易有关事业贷款与投资;受中央银行委托办理进出口外汇及侨汇业务;办理国内商业汇款;办理储蓄信托业务。交通银行的主要业务为办理工矿交通及生产事业贷款与投资;办理工商业汇款;公司债务及公司股票之承受;办理仓库及运输业务;办理储蓄信托。中国农民银行的主要业务是办理农业生产贷款与投资;办理土地金融业务;办理合作事业放款;办理农业仓库信托及农业保险业务;吸收储蓄存款等。[2] 通过职能的进一步划分,明确规定中央银行成为专业发行银行,废止了其他银行此后发行钞券的权利。

6月18日,四联总处与财政部联合制定的"统一发行办法"颁布,明确宣布:(1)自1942年7月1日起,所有法币之发行统由中央银行集中办理;(2)中国、交通、中国农民三家银行应将截至1942年6月30日发行法币的数额暨准备金造具详表,送财政部四联总处及中央银行查核;(3)中国、交通、中国农民三家银行已订未交、已交未发及运送中之新券应即全部移交中央银行接收,其印券契约并应移归中央银行承受。(4)中国、交通、中国农民三家

---

① 《四联总处三十一年度重要工作报告》,见重庆市档案馆、重庆市人民银行金融研究所合编:《四联总处史料》上册,档案出版社1993年版,第560页。

② 《中中交农四行业务划分及考核办法》(1942年5月28日),见重庆市档案馆、重庆市人民银行金融研究所合编:《四联总处史料》上册,档案出版社1993年版,第562页。

银行1942年6月30日止所发法币的准备金,限于同年7月31日以前全数移交中央银行接收;(5)中国、交通、中国农民三家银行1942年7月1日以后因业务需要资金时,得提供担保向中央银行商借。① 统一发行,是四联总处加强统制国家银行、提高中央银行地位的关键性措施。至此,国民党政府得以统一发行权,中央银行作为国家银行职能之一的"发行之银行"的目标在国民党政府的扶助下得以实现。

最后是集中一般银行存款准备金。集中一般银行存款准备金于中央银行,增强中央银行的实力,是中央银行成为"银行之银行"的重要条件之一。国民党政府认为,要使中央银行具有控制市场的力量,必须增厚其资力,但是这种增厚资力的方式如果仅仅限于增加资本,而不与一般银行有所联系,使一般银行对其有所依赖,则"仍不足以发生控制之效能"。因此,"实行中央银行制之国家,莫不将一般银行存款准备金,集中于中央银行,以便管制"。

中央银行集中准备金的过程,是分成两个步骤来进行的。1941年4月,四联总处制定了《非常时期各银行分期缴存准备金办法》,规定各银行、钱庄经收存款,除储蓄存款应照储蓄银行法办理外,其普通存款应以所收存款总额百分之二十为准备金,转存当地中、中、交、农四行之任何一行,并由收存行给予适当存息。之所以缴存中、中、交、农四行任何一行者,是因为中央银行分支行未能普遍设立于各地的缘故。因此,国民党政府财政部随后又发布补充命令,规定"各银行缴存准备金,在设有中、中、交、农四行地方,以中央银行为负责承办行,无中央银行地方,以中国银行为之,

① 《理事会关于统一发行实施办法的决议》(1942年6月18日),见重庆市档案馆、重庆市人民银行金融研究所合编:《四联总处史料》中册,档案出版社1993年版,第40—41页。

无中央及中国银行地方，以交通银行为之，其仅有四行之一行者，即由该行负责承办”①。此可以看成是集中准备金的第一阶段，在此阶段，中国、交通、中国农民三行和中国信托、邮政储金汇业局的存款准备金尚未包括在内。1943 年 3 月，四联总处与财政部举行特种小组委员会会议，作出改变这种局面的决定，宣布三行二局“依法应提缴普存准备金”。但可能是顾虑三行二局的反对，故采取了“暂规定各行局头寸应一律存入中央银行，不得彼此存放，或存于其他行庄，以符各行局资金集中中央银行之原则”②的委婉方式。此后，在推行集中三行二局存款准备金于中央银行的过程中，确实阻力重重，经过多次交涉，反复商讨，直到 1944 年 11 月蒋介石出面严厉命令“中、交、农三行及中信、邮汇两局所有头寸，概应存入中央银行，绝对不准再有存入商业银行事，否则，无论有无舞弊情事，概以违令论处”③。这才算基本上完成了中央银行对准备金的集中。对三行二局准备金的集中，是中央银行完成整个集中准备金过程的第二个阶段。

总体来看，抗战爆发后，国家金融机构的发展趋势是：出现了由四行二局一库以及国民党政府最高阶层共同组成的金融管理机构——四联总处，决定、推行和管理战时经济金融的大政方针。由

① 《财政部拟办理战时金融管制概况稿》（1942 年 6 月 20 日），中国第二历史档案馆编：《中华民国史档案资料汇编》第 5 辑第 2 编，财政经济（4），江苏古籍出版社 1997 年版，第 513 页。

② 《四联总处第 165 次理事会议日程》，见重庆市档案馆、重庆市人民银行金融研究所合编：《四联总处史料》上册，档案出版社 1993 年版，第 640 页。

③ 《四联总处第 246 次理事会议日程》，见重庆市档案馆、重庆市人民银行金融研究所合编：《四联总处史料》上册，档案出版社 1993 年版，第 650 页。

于四联总处本身的特点和性质,其作用经历了一个马鞍型的演变过程。但是,在此过程中,中央银行的地位和作用在四联总处的存在期间,得到了很大的发展,最终在四联总处逐步衰退淡出的时候,填补和取代了四联总处的职能和作用。

四、抗战时期国民党统治区的农村金融

抗战爆发后,国民党政府西迁,以西南、西北为中心的地区成为支撑抗战的"大后方"。随国民党政府西迁的还有工厂、机关和几百万来自中东部地区的军队及公教文卫人员。如何获取长期抗战所需的物资,如何解决西迁的几百万军队和公教文卫人员的军粮民食所需,遂成为国民党政府急待解决而又必须解决的问题。

此时,国民党政府的经济政策中有一个突出的特点,这就是自上而下大力推进农业金融设施的建设,并为此"不遗余力"。之所以如此,是因为国民党政府认为,"欲大量增加农产以足衣食,或发展特产以换取外汇促进工业建设,或调整农产运销以稳定物价,或垦殖荒地以安置流亡巩固国防"等,"在均有赖大量资金之协助"。[①] 而这种资金如何筹集和运用,特别是如何在农村推行,以扩大农业生产,是该政策需要解决的核心问题。该项政策的具体实施,包括以下五点。

(1)确定方针,使农业金融循一定方针作有计划之推进,以配合战时农业生产与经济建设。

(2)调整机构,使农业金融事业有组织有系统,俾便统一管理,普遍发展。

---

① 姚公振:《中国农业金融史》,中国文化服务社 1947 年版,第 299—300 页。

(3)增殖资金,使能加强农业信用基础,充裕农贷资金,期使农林事业之发展,无虑资金之缺乏。

(4)改善办法,使农业金融业务之经营齐一步伐便于考核,借使农业金融政策之推行,有其一定成效。

(5)扩大农贷,增进农业生产,以供军粮民食之需要,发展农产品之国际贸易。①

但是,这项农业金融政策实施的基础和前提,在于政府能够成功推动发展农业合作社和农村合作金库建设,也可以说,农业合作社以及与之配套的合作金库建设,是其中的关键点。

(一)国民党政府自上而下强行推行合作社和合作金库建设

近代中国农村的特点是区域广、分散、农民个体经营、抵御风险能力差。因此,缘起于西方,以合作方法组织训练农民,尤其是在金融方面进行帮助,使农民得以改善经济和生活环境,农业得到发展的合作运动,自民国初年传入中国后,很快就得到社会认可和宣传。真正实施则始于1923年华洋义赈救灾总会在河北香河县试办的农村信用合作社,较快发展是20世纪30年代国民党政府定都南京以后。1935年年底,全国成立的合作社总数有26224家,社员数达到100余万人。绝大多数存在于中东部地区,江苏、河北和江西三省合作社数即占总数的近50%,社员数占40%。合作社中,信用合作社数量又最多,占总数的近60%。②

抗战爆发前,中国农村的合作运动主要由民间和社团组织推

① 姚公振:《中国农业金融史》,中国文化服务社1947年版,第300页。

② 梁思达、黄肇兴、李文伯编著:《中国合作事业考察报告》,天津南开大学经济研究所1936年版,第5页。

动。抗战爆发后,整个情势剧变,推动农村合作事业的主体改变为政府,农业金融方针也被政府确定为"扩大农贷促进农业生产"①的利器而大力推进。

这时,人为和有意识地大力推进合作社和合作金库建设,被视为"扩大农贷促进农业生产"方针的前提和基础。"为适应人民需要与目前抗战建国之迫切要求","势需特别加以人力培植(合作组织),缩短其自然之成长过程"。"在尚无合作组织之区域,必须加紧推进,最低限度须尽先就每一乡镇成立一中心社,以资示范。并为策动各该乡镇设立其他合作社之中心。至已设有合作社之地方,应即加意督促各该社,就即居住业务区域内之人民,吸收为新社员,并促进其各种联合社之组织"。② 很明显,这时候政府是意图通过行政这只"看得见的手",直接干预和推动农村的金融建设,并试图通过这种努力,达到支持农业生产以支撑抗战的目的。

为此,抗战爆发之初,国民党政府为避免战事影响农贷对农业经济造成危机,除发动各农业金融机关扩大农贷、协助农业生产外,即开始相继颁行各种办法和措施推进农贷。1937年9月10日,实业部颁行《各省市合作贷款要点》,同年10月30日,军事委员会颁行《战时合作农贷调整办法》,1938年4月29日,财政部颁行《改善地方金融机构办法纲要》,同年6月24日,经济部根据行政院第368次会议决案,颁行《扩大农村贷款办法纲要》。③

① 姚公振:《中国农业金融史》,中国文化服务社1947年版,第301页。

② 台湾中研院近代史所档案馆:《参政会第四次大会本部促进各省市合作事业及调整合作金融办法》,1939年8月,机关号:18—3,宗号:1-(3)。

③ 姚公振:《中国农业金融史》,中国文化服务社1947年版,第301页。

除颁行这些措施外,为了统管农村合作组织建设,1939 年 1 月国民党五中全会通过《加紧推进合作事业案》决议,决定在经济部或行政院之下,“创设全国合作事业管理局,统筹全国合作事业之推动与改进”。合作事业局“职掌全国合作事业之推进”,此前管理农村合作事业的农本局合作指导室调整为“仅掌理合作金融之调整”。合作事业管理局成立后,“设置合作工作辅导团,派遣团员分赴各地策动,复设全国合作社物品供销处,从业务上便利合作组织之发展,此外又举办全国合作人员训练所,以造就合作专才”。①

由此,抗战爆发后,农村合作事业出现了一个较快的发展。表 17-1 的数字显示了这种变化趋势。

表 17-1　抗战爆发前后全国合作社数及社员数变动情况(1936—1945 年)

项目 年份	合作社数	增加指数 1936 年为 变动基期	社员数	增加指数 1936 年为 变动基期
1936	37318	100	1643670	100
1937	46983	126	2139634	130
1938	64565	137	3112629	145
1939	91426	142	4366758	140
1940	133542	146	7237317	166
1941	155647	117	9373676	130
1942	160393	103	10141682	108

① 中国合作事业协会编:《抗战以来之合作运动》,中国合作事业协会 1946 年版,第 4 页,见大象出版社 2009 年影印版。以下同。

续表

项目 年份	合作社数	增加指数 1936年为 变动基期	社员数	增加指数 1936年为 变动基期
1943	166828	104	13803183	136
1944	171681	103	15824716	115
1945	172053	101	17231640	109

注:“合作社数”“社员数”后的“增加指数”是后一年比前一年的递增百分数。如以1945年年底与1936年年底相比,合作社数增加了4.6倍,社员数增加了10倍有余。

资料来源:中国合作事业协会编:《抗战以来之合作运动》,中国合作事业协会1946年版,第13—14页。

表17-1显示,无论是合作社数还是社员数,1936年后各年均是一路攀高,攀高的速度相当快,从1937年抗战全面爆发到1941年,全国合作社的数量增加4倍,社员数增加5倍,出现了一波小高潮。1941年后,合作社各年数字仍有增加,速度相对而言趋于平稳,但社员数仍然以较大的速度扩大,到1945年时,社员数已是1936年时的10倍左右了。

与此同时,与农村合作社配套且承担农村金融贷款主要角色的合作金融组织——农村合作金库的数量也有了快速增加。合作金库乃是由合作社联合组织的金融机关,又称合作银行,原则上由合作社自集资金组织,为自有自营自享的以调剂合作社资金为主要目标的合作金融组织。“合作金库之作用,系专对合作社调剂资金,以促进农村之复兴”。1936年农本局成立,确定合作金库的目标在于《以调剂合作事业资金为宗旨》(规程第一条),并“拟定合作金库各种章程准则,以为实施之张本”。合作金库抗战爆发前已有设立,但数量不多。抗战爆发后,“鉴于初创时期我国合作组织尚未臻于健全,合作社资金缺乏,无力认购股本”,这时政府采取了一项新措施,就是规定设立“提倡股”办法,所谓“提倡股”,就是“由各级政府与金融机关及公益法团认购提倡股本,由上而下地辅设合作金库,借以倡导合作金融制度”①,是一种政府扶持和扶助合作金库设立的有力手段。

合作金库分为三级组织制度。上级组织为中央合作金库,规定资本至少一千万元;中级为省及直隶行政院之市合作金库,资本至少一百万元;下级为县市合作金库,资本至少十万元。县市以下则有县库代理处、信用合作社及其联合社。② 1943 年国民政府公布修改后的合作金库条例,依此条例,金库分中央和县市二级,省市一级作为中央金库的分支机构,不单独设置。政府以倡导合作事业之故,认股提倡,“采公营制及合作制之长,混合应用之”③。合作金库所营业务,在《合作金库规程》中规定为:

(1)合作金库办理存款、借款、放款、汇兑,及代理收付各种业务(第十七条)。

(2)中央合作金库得放款于省及直隶行政院之市合作金库,暨以全国为范围之合作社联合社。省合作金库得放款于县市合作金库及以省为范围之合作社联合社。直隶行政院之市合作金库得放款于区域之内信用合作社及各种合作社联合社(第十八条)。

(3)各级合作金库之信用放款,除直隶行政院之市合作金库,得对于各该区域内之信用合作社及信用合作社联合社为信用放款外,以对直属合作金库及同级信用合作社联合社为限(第十九条)。

---

① 姚公振:《中国农业金融史》,中国文化服务社 1947 年版,第 272、273 页。

② 姚公振:《中国农业金融史》,中国文化服务社 1947 年版,第 273 页。

③ 中国合作事业协会编:《抗战以来之合作运动》,中国合作事业协会 1946 年版,第 42、43 页。

(4)合作金库之营业资金,不得为本规程规定业务外任何事业之投资(第二十条)。①

实际上,中央合作金库直到抗战胜利后的1946年才成立,抗战期间主要设立和发挥作用的是县市合作金库。表17-2是抗战以来各省成立的县市合作金库统计表,大体反映了这期间合作金库的设立进度和地区分布。

表17-2 抗战以来各省成立的县市合作金库统计(1937—1944年)

项目 / 省别	总库数	1937	1938	1939	1940	1941	1942	1943	1944	时间不明	备注
四川	121	5	57	17	33	5	1	—	1	2	—
西康	10	—	—	7	1	2	—	—	—	—	—
贵州	54	—	15	26	12	—	1	—	—	—	—
云南	37	—	—	1	8	1	25	2	—	—	—
广西	67	—	16	13	13	16	2	3	2	2	另有县库筹备处一所
湖北	12	—	1	9	—	—	—	2	—	—	外停业者12库
湖南	29	6	6	5	9	1	—	1	—	1	—
江西	9	2	1	—	—	—	1	—	—	5	外停业者有2库
浙江	39	—	17	2	10	7	1	2	—	—	外有县库筹备处一所
福建	5	—	—	—	3	2	—	—	—	—	—

① 姚公振:《中国农业金融史》,中国文化服务社1947年版,第273、274页。

续表

项目 省别	总库数	1937	1938	1939	1940	1941	1942	1943	1944	时间不明	备注
河南	54	—	—	9	18	21	6	—	—	—	—
陕西	20	—	1	6	8	—	4	1	—	—	—
甘肃	19	—	—	—	19	—	—	—	—	—	—
（工合）	—	—	—	—	—	2	—	—	—	—	—
总计	476	13	114	95	134	57	41	11	1	10	—

注：除上表罗列外，尚有山东 2 库、河北 1 库、安徽 2 库均已停业，总计连停业之库，共 493 库。

资料来源：中国合作事业协会编：《抗战以来之合作运动》，中国合作事业协会 1946 年版，第 65—66 页。原表总库数计算有误，是经重算核正。

从表 17-2 的数字中可见，抗战时期合作金库以 1938 年、1939 年和 1940 年为设立高潮期。从地区来看，四川省设立最多，达 121 家，占总数的 1/4。四川是设立合作社合作金库较早、数量也较多的省份，故这里以四川为例，对抗战前后地方合作金融事业开展的情况进行具体分析。

1936 年 10 月，四川省政府为推动合作事业，调剂农村合作金融，建立合作社自有自营自享的金融机构，制定颁布了《四川省合作金库组织通则及章程》，并开始筹设四川省合作金库（以下简称“省合库”）。当年 11 月 22 日在成都成立，理监事中包括实业界、银行界、交通航运界中的头面人物。下设总务、业务、会计、出纳四处，各处设主任一人、办事员若干人，均由农业银行与合委会调派人员担任。省合库资金总额为 1000 万元法币，除省政府认提倡股 500 万元外，其余向不以营利为目的的社团征投资股，各级合作社认参加股，可分期交付。省合库经营合作贷款、短期信放、期票贴现、活期存款透支、农产储押、汇兑、储蓄存款，兼营仓库等业务。主要使命：“为调剂供应农村合作资金，扶助发展合作事业，辅导组设县市合作金库,组训民众,提高农民自治力、生产力和经济力。”①

省合库辅设县合库的方法是,“为开办县合作金库的需要,招收高中、大专毕业学员 95 名,训练四个月,毕业后分派担任内务与外勤工作”,“由各县主办合作人员商承县长,召集县属机关团体同合作社代表开会,议定在县财政内拨款数千元作提倡股,发动不以营利为目的的团体认赞助股,并由县属合作社认参加股。俟股本额凑足 10000 元时,即申请省合库派员来县验资核实。得到同意后,始由省合库派经办人员主持设库事宜,并拨款 10 万元作为开业资金”。② 1937 年设达县、威远、灌县 3 库;1938 年数量有一个极大增长,新设的合作金库达 37 库;1939 年设 6 库,1940 年又设 31 库,合计在 3 年多的时间里设立县合作金库 77 个,经营合作放款、存款、汇兑、代理收付、农仓储押和保管等业务。“各县合库营业总资金有农行提倡股 7420100 元,省合库提倡股 7802079 元,合作社及地方股 747920 元,共 15970099 元”。此外还有农本局在四川直接辅设的县合库 30 余库,“所营业务相同,但有无地方实际提倡股和合作社认交参加股,不作为设库的重要条件”。③

这些合作金库设立后经营贷款的情况如表 17-3 所示。

① 章国殷:《四川合作金融的兴衰》,中国人民政治协商会议西南地区文史资料协作会议编:《抗战时期西南的金融》,西南师范大学出版社 1994 年版,第 440 页。

② 章国殷:《四川合作金融的兴衰》,中国人民政治协商会议西南地区文史资料协作会议编:《抗战时期西南的金融》,西南师范大学出版社 1994 年版,第 440 页。

③ 章国殷:《四川合作金融的兴衰》,中国人民政治协商会议西南地区文史资料协作会议编:《抗战时期西南的金融》,西南师范大学出版社 1994 年版,第 441 页。

表 17-3　抗战时期四川农业合作贷款统计(1936—1940 年)

(单位:元)

年份＼项目	救济贷款	合作贷款	农产押贷
1936—1937	238157	360300	891200
1938	1221202	1330254	268294
1939	—	12511040	212602
1940	—	13924655	—

资料来源:章国殷《四川合作金融的兴衰》,见中国人民政治协商会议西南地区文史资料协作会议编:《抗战时期西南的金融》,西南师范大学出版社 1994 年版,第 441 页。

在农贷发放过程中,“不论灾区的预备社或非灾区的合作社,都由县合库的农放员与县指导办事处的合作指导员到场监督点放,并督促核实使用。到偿还本息时,一般的社都能如数清偿,对有特殊情况的个别社或个别户,经查实后,得报请酌情减免,以示体恤”①。

(二)国民党统治区农村金融状况

在政府的强力推进下,农村合作社和合作金库在抗战时期成为一支新型和主力的农村金融力量。对于这样一支新型金融力量出现后,与农村原已存在的金融力量特别是农贷力量相比,在所占的地位、农村金融放贷市场中所占的比率、利率多少等方面的情况和问题,可以根据台湾“中央研究院”近代史所档案馆和国史馆所藏的一批史料,进行深入一步的考察。

① 章国殷:《四川合作金融的兴衰》,见中国人民政治协商会议西南地区文史资料协作会议编:《抗战时期西南的金融》,西南师范大学出版社 1994 年版,第 441 页。

表 17-4　各省农村金融调查(放款机关)(1943 年)

项目 省别	报告县数(个)	借款农家(%)	放款机关(%)						
			银行	钱庄	典当	商店	合作社	政府机关	私人
浙江	23	56	33	8	3	6	8	20	22
江西	43	56	16	—	6	8	24	2	44
湖北	18	57	30	—	—	—	31	4	35
湖南	49	64	24	—	1	6	35	2	32
四川	121	54	22	3	9	4	31	8	23
河南	50	76	28	3	6	10	35	3	15
陕西	62	62	30	2	4	9	30	1	24
甘肃	43	64	30	1	7	8	41	1	12
青海	5	56	6	—	12	23	12	18	29
福建	46	58	15	—	9	15	44	—	17
广东	42	63	34	5	7	13	13	—	28
广西	72	59	15	2	11	6	36	10	20
云南	49	64	15	—	8	8	31	6	32
贵州	54	50	7	—	5	5	42	9	32
宁夏	7	58	12	—	4	16	28	—	40
加权平均	684	61	22	2	7	8	32	5	24
1938 年	681	51	8	3	13	14	17	2	43
1939 年	673	55	8	2	11	13	23	2	41
1940 年	621	50	10	2	9	13	26	2	38
1941 年	693	51	17	2	9	11	30	4	27
1942 年	716	55	19	2	8	10	34	6	21

注:合作社系间接借款直接放款之机关;国家机关指合作金库。

资料来源:《农林部中央农业实验所农业经济系调查》,台湾“中央研究院”近代史所档案馆藏档案,机关号:20—07,宗号:55—2。

表 17-4 中的调查数字必须注意:首先 1943 年这次调查的对象包括 15 个省 684 个县,虽不及 1942 年的 716 个县,但范围仍然很广,有相当的代表性。就在被调查的这 15 个省 684 个县中,有 61%的农家需要借款,最高比例的河南省甚至有 76%的农家存在借贷现象。从 1940 年开始,农家需要借贷的比例就一直攀高,可见农村借贷现象普遍存在,并且具有相当的重要性,同时也证明当时的农家经济困难的情况相当普遍和严重。在这种状况下,国民党政府强力推进建设的合作社和合作金库,在试图解决农村的经济困难和农民能够获得低利借贷方面,确实有必要。

由表 17-4 可见,合作社和合作金库在农村金融领域中确实已经成为一支异军突起的强大力量,1938 年时在农贷加权平均数中占据 17%,此后逐年增加,到 1942 年时在各类借贷机构中的占比达到 34%,再加上政府机关(合作金库)占 6%,则 1942 年时直接和间接由合作事业供给资金者达到 40%。但即使这样,也未能排除此前农村金融借贷中已经存在的其他主体对象,银行、钱庄、典当、商店以及私人仍然在农村金融借贷中扮演着重要角色。尤其值得注意的是,私人借贷在其中所处的重要地位:虽说从 1938 年开始私人在农村金融借贷中的占比总趋势有所下降,但在 1942 年占比最低的一年,也仅次于合作社而居第二位。而在此前最高的 1938 年占比甚至达到 43%,稳居该年的第一位,超过合作事业一倍多。这个事实除了表明合作事业发展相当快速和地位逐渐重要外,也提醒我们:处于几千年传统中国乡村中的人脉关系,居住环境以及农业社会中长期形成的以血缘、地缘等关系为纽带的农村社会生活现实中,在金融借贷领域中同样占有重要的地位而不可忽视。其次,银行在农村借贷中的进展情况也很明显,总体趋势同样逐年上升,1943 年占比达到 22%,排在第三位,而传统的重要金融机构典当只占 7%,不到银行的一半,钱庄占比只有 2%,基本处于陪衬地位。

这里,通过统计数字对占据农贷重要地位的私人放贷状况进行具体的分析观察,有助于深入了解当时的农村借贷金融状况(见表17-5)。

表17-5　各省农村私人放贷情况调查表(1941年)

项目 省别	来源占比(%)			放贷方式占比(%)			月利率(%)
	地主	商人	富农	信用	保证	抵押	
宁夏	—	40	60	33	33	34	3.4
青海	14	46	40	15	23	62	3.0
甘肃	16	36	48	29	19	52	3.0
陕西	14	42	44	32	18	50	3.2
河南	25	32	43	30	31	39	3.3
湖北	26	16	58	22	19	59	2.8
四川	37	21	42	27	24	49	2.8
云南	34	30	36	17	20	63	3.1
贵州	29	24	47	20	15	65	2.8
湖南	37	19	44	30	21	49	3.0
江西	33	18	49	30	15	55	1.9
浙江	25	23	52	19	23	58	1.7
福建	37	18	45	30	18	52	2.0
广东	38	21	41	20	16	64	2.2
广西	31	16	53	17	15	68	2.6
加权平均	30	25	45	25	20	55	2.8
1940年	30	24	46	11	25	64	2.6

注:原表名为"民国三十年各省农村金融调查(续),表1,现金借贷(续)"。

资料来源:《农林部中央农业实验所农业经济系调查》,台湾"中央研究院"近代史所档案馆藏档案,机关号:20—07,宗号:55—2。

从表 17-5 中可以看出，农村私人放贷比例最高的是富农，1940—1941 年所占比例均在 45%以上，其次为地主，占比为 30%，再其次为商人，放贷占比为 25%。从放贷方式看，最高者为抵押贷款，15 个省中，绝大部分抵押贷款在放贷比例中占到 50%以上，最高的比例为 68%。可以推测如无亲友或其他特别关系，能够以信用方式获得贷款的人实在是少数。再从利率来看，也十分苛重，低于月利二分八厘者少见，多数在月利三分左右，最高者甚至达月利三分四厘，可见农村借贷利率之高和农民生活之艰难。

通过表 17-6 可进一步观察这期间农村金融借贷的利率和放款期限情况。

表 17-6　各省农村金融调查（现金借贷）（1941 年）

项目 省别	放款月利率（%）					放款期限分布占比（%）				
	信用	保证	抵押	合会	合作社	1—3 个月	4—6 个月	7—9 个月	10—12 个月	13 个月以上
宁夏	3.0	3.0	3.2	—	1.0	33	33	—	34	—
青海	2.5	2.7	2.7	2.0	—	—	10	10	52	28
甘肃	1.6	2.2	2.4	2.3	1.2	13	20	2	59	6
陕西	1.8	2.1	2.5	2.1	1.3	26	33	1	39	1
河南	2.1	2.4	2.5	2.2	1.3	16	26	1	57	—
湖北	1.7	2.0	2.5	2.0	0.9	7	19	—	69	5
四川	1.9	2.2	2.2	1.9	1.3	12	20	1	63	4
云南	2.1	2.5	2.5	1.8	1.2	10	20	2	57	11
贵州	1.5	1.9	2.3	2.2	1.2	8	10	—	71	11
湖南	1.5	1.9	2.0	2.0	1.1	10	14	5	66	5
江西	1.5	1.5	1.7	1.6	1.1	1	21	1	74	3
浙江	1.3	1.2	1.3	1.4	1.1	12	32	—	50	6
福建	1.4	1.5	1.7	1.5	1.0	2	18	2	72	6

续表

省别＼项目	放款月利率(%)					放款期限分布占比(%)				
	信用	保证	抵押	合会	合作社	1—3个月	4—6个月	7—9个月	10—12个月	13个月以上
广东	1.9	1.7	1.9	1.9	1.0	4	28	—	51	17
广西	1.7	1.8	2.1	2.1	1.2	3	28	1	60	8
加权平均	1.8	2.0	2.1	1.8	1.1	10.5	22.1	1.7	58.3	7.4
1940年	1.9	2.1	2.1	1.9	1.2	5	16	8	65	6

资料来源:台湾“中央研究院”近代史档案馆藏档案,机关号:20—07,宗号:55—2。原表加权平均数有误,是经重算核正。

先观察表中的放款利率。表17-6记载的农村金融机构放贷时间同样是1940年和1941年两年,不如表17-4的时间段长,但仍有一定的代表性。从放贷利率数字看,15个调查对象省份中,各省虽有不同,可放贷的类别无论是信用、保证还是抵押放贷,都与表17-5的私人放贷利率差不多,最高的月利在3%左右,最低的月利在1%—2%,只有合作社的放贷利率最低,加权平均是月利1.2%,1940年和1941年两年均如此,甚至低于民间自发性质的合会放贷利率。当然这里也有一个问题需要解释,即合作社放贷的利率最低为何却未能完全取代其他类型的放贷机构?资料中没有解释,推测原因可能有以下几种。

一是合作社的覆盖面,所以未能覆盖的地区仍然只能借助于传统的已有机构获得贷款。二是合作社把持在某些人手中,未能成为大众获取贷款的顺畅渠道。三是合作社自身的问题,例如手续方面繁杂,或者自身资金有限导致不能普及等,限制了农村合作金融发挥作用。

此外,除了金融方面的借贷外,农村还存在一种粮食借贷现象,这种粮食借贷现象同样十分普遍地存在于广大农村(见表17-7)。

表 17-7　各省农村粮食借贷情况调查(1941 年)

项目 省别	借粮农家(%)	借粮方式(%)			借粮还粮利率(%)		借钱还粮利率(%)
		信用	保证	抵押	三个月	六个月	六个月
宁夏	60	25	37	38	35	51	75
青海	53	20	40	40	23	33	55
甘肃	47	24	28	48	24	39	57
陕西	30	34	32	34	25	44	57
河南	31	21	37	42	26	50	50
湖北	26	44	48	8	29	41	54
四川	38	25	32	43	24	40	50
云南	46	33	28	39	24	39	63
贵州	35	27	18	55	24	42	52
湖南	44	54	22	24	24	33	44
江西	45	41	35	24	21	32	40
浙江	38	47	35	18	19	30	30
福建	47	49	27	24	24	39	46
广东	37	44	31	25	28	43	43
广西	39	42	36	22	28	45	47
加权平均	41.1	35.3	32.4	32.3	25.5	41	50.9
1940 年	35	29	33	38	26	40.1	47

注:原表名为“民国三十年各省农村金融调查(续),表 2,粮食借贷”。

资料来源:《农林部中央农业实验所农业经济系调查》,台湾“中央研究院”近代史所档案馆藏档案,机关号:20—07,宗号:55—2。原表加权平均数有误,是经重算核正。

这种粮食放贷又可分为借粮还粮和借钱还粮两大类。放贷方式仍然是抵押、保证和信用三种。利率仍然很高,如借粮3个月,还粮时按加权平均算也需加利25%,如是借粮6个月,则还粮时需加利41%。如是借钱还粮,按借钱时之粮价折合后,6个月的借期仍需加利50%,对一般普通农民来说,仍然是难以承受的重负。

(三)农村金融的资金来源与贷款去向

根据资料来看,抗战以后农村的农贷资金,主要来源是政府支持。这种支持主要循着两条途径展开:第一条途径是增加农业金融机关的资本以扩张其信用。例如中国农民银行作为全国性的农民银行,抗战之前该行资本总额仅为一千万元,1941年9月5日,国民政府公布修正后的《中国农民银行条例》,以其所营业务增加,故“将资本总额增为二千万元”,1942年9月间,“由于政府责成该行专营农业金融业务,复由二千万元增至六千万元,借以加强全国农业信用基础”。

第二条途径是在设立合作金库时通过“认购股”等方式,将资金注入农村金融。在政府的政策安排下,“近年来以各行局及行政机关积极辅导各级合作金库”,导致其股本快速增加,如四川省合作金库1937年前实收股本总额二百一十万元,抗战以来则增加显著,1939年已经收足其股本总额一千万元。浙江省合作金库1939年“实收股本金额一百二十一万五千七百元,至1940年即增至一百四十九万七千二百元”。各县合作金库的资本也都增加一倍或两倍。如“由四川省合作金库辅设者,已多由十万元增至二十万元或三十万元。由中国农民银行辅设者,自三十一年起,规定股本额凡仍十万元者均一律增至二十万元”。据四联总处统计,自1941年1月至11月止,“中中交农四行局辅设各省市县合作金库三百一十七库股本总额,已达五千九百三十万另四千四百九十三元”。到1943年年底止,“中国农民银行辅设各级合作金库提倡股本总额，达五千二百九十三万五千另七十四元”。①

在农贷资金的来源中，除政府支持的两条途径外，还有第三条途径，这就是农业合作社自身收取的股金。表 17-8 显示了抗战前后合作金融股金的增长情况。

表 17-8　合作社股金增加情况（1937—1945 年）　（单位：元）

年份＼项目	股金数	平均每社股金数	平均每社员股金数	合作贷款结余数	股金对贷款结余数（%）
1937	5309079	115.3	2.5	27055948	19
1938	7994055	122.8	2.6	61948345	13
1939	12611944	137.9	2.9	112611898	11
1940	25513370	191.1	3.5	155578662	16
1941	48301078	310.3	5.2	249878770	19
1942	93291530	513.1	9.2	387694457	24
1943	326485306	1957.0	23.7	802376044	41
1944	707380719	4120.3	44.7	1187853797	59
1945	1461082953	8492.2	84.8	2482932926	59

资料来源：中国合作事业协会编：《抗战以来之合作运动》，大象出版社 2009 年影印版，第 34 页。

表 17-8 中的数字表明，抗战期间合作社自身的股金数确实在增加，而且增加的速度相当快，例如 1937 年年底时只有 530 万余元，到 1941 年年底就增加到 4830 万余元，4 年间约增加了 8 倍。但这个数字如果与上引 1941 年 1 月至 11 月止，“中中交农四行局辅设各省市县合作金库三百一十七库股本总额，已达五千九百三十万另四千四百九十三元”的资料数字相比，4 年时期收到的股金

① 上引各种数字均见姚公振：《中国农业金融史》，中国文化服务社 1947 年版，第 320—321 页。

总数还不如这四家银行不到一年时间辅助合作金库投入的资金多,可以说落后甚多。再从“股金对贷款结余数”这栏的数字看,1937年年底时,合作社自身股金在农村贷款的结余数中,只占19%,此后3年比例更是低于此数,直到1941年年底时,才恢复到1937年的19%,这表明来自合作社以外的资金支持,占了绝大部分,在余下的几年中,合作社自身股金比例最高的1945年年底,也只占59%,仍然有将近一半的农贷资金来自合作社的股金之外。这其中,政府的资金不言而喻是主要的来源,这种事实表明抗战期间来自政府途径的资金,是支撑农村合作事业开展和持续的主要资金来源。

这里,还有必要对这期间农贷资金的去向做一些分析(见表17-9)。

表17-9　中中交农和农本局农放款分类统计(1940年)

(单位:元)

项目＼行别	中央信托局	中国银行	交通银行	中国农民银行	农本局	总计	百分比(%)
合作放款	10976000	48480000	2904000	73958000	23472000	159790000	76.27
农仓放款	—	—	—	1416000	979000	2395000	1.14
农场放款	—	—	—	688000	—	688000	0.33
特种农业放款	—	—	7955000	18865000	—	26820000	12.80
动产抵押放款	—	—	—	1814000	—	1814000	0.87
农业改进机关放款	—	2870000	190000	—	—	3060000	1.46
水利机关放款	—	—	150000	—	5319000	5469000	2.61
其他	—	—	1381000	—	8085000	9466000	4.52

续表

项目＼行别	中央信托局	中国银行	交通银行	中国农民银行	农本局	总计	百分比(%)
总计	10976000	51350000	12580000	96741000	37855000	209502000	100.00

注:原资料附注:交通银行之"其他"一项系指该行其他银行合组银团之贷款,及广西省之战区农贷及调剂农村贷款;农本局之"其他"一项系指农业产销贷款及战区贷款。

资料来源:根据四联总处秘书处造送之材料编制。台湾"中央研究院"近代史研究所档案馆,《农业金融统计》,机关号:20—07,宗号:55—3。

表 17-9 中可以清楚地看出,五大金融机关的农贷资金中,合作放款所占的金额最大、占比也最高,金额近 1.6 亿元,在农贷总数中占比超过 76%。其余贷款类别中除特种农业放款占比超过 10%以外,其余类别都不超过 5%。在整个农业放贷总额中,中国农民银行占有特别的重要位置:中国农民银行各类农业放款总额达 9674 余万元,占放款总数的近一半;在合作放款中,中国农民银行放款数同样占总数中的近一半,达 7390 余万元。如果要进一步了解合作贷款资金更加具体细致的去向和分布,可以观察 1938—1941 年广西合作贷款用途分布百分比统计表(见表 17-10)。

表 17-10　广西合作贷款用途分布百分比统计(1938—1941 年)

(单位:%)

项目＼年份	1938	1939	1940	1941
耕牛	17.63	19.00	23.27	29.34
肥料	21.70	22.45	21.69	16.61
种子	9.78	10.49	6.60	5.89
粮食	33.03	24.73	18.83	15.78

续表

项目 \ 年份	1938	1939	1940	1941
农具	3.41	2.40	2.72	2.14
工资	4.10	4.70	4.16	5.67
偿还债务	0.66	1.19	4.13	8.51
垦殖水利	1.60	4.19	3.76	4.41
副业	—	—	6.23	6.54
一般生活费	—	—	—	0.35
牲畜	5.66	5.97	3.51	—
其他	2.43	4.88	5.10	4.76

资料来源:《广西经济建设统计提要》,台湾"中央研究院"近代史研究所档案馆,机关号:20—07,宗号:55—3。

表 17-10 中的分类达到 12 类,分别统计了广西省 1938 年至 1941 年 4 年农贷的具体用途,在抗战时期国民党统治区各省农贷应用中应该具有一定的代表性。耕牛、肥料、种子、粮食占了整个农贷的绝大多数,这四年中一直如此。不过其中作为消费品的粮食四年中占比一直在持续减少,从 1938 年占 33.03%一直减少到 1941 年的 15.78%,其余三栏即耕牛、肥料和种子则都是生产类物资,这三类物资加起来占比一直在总数的一半以上,如再加上农具、水利等方面获得的农贷,则可以肯定的是,这期间农贷的大部分是用在增加农业生产和改善农村经济状况方面了。

时任贵州省独山县合作金库经理韩克信于 1939 年发表的总结报告(原资料《一年来的独山县合作金库业务》刊于《农本半月刊》第 40 期、第 41 期,现存于南开大学经济研究所图书馆)对合作金库面向最基层民众的贷款情况有所描述。该资料指出,1939 年全年发放各项农业贷款的款项中用于购买耕牛(马)等大牲畜的数额为 8.23 万元，占贷款总额的 36.78%；用于料理婚、丧事件的占 9.79%；用于购买种子、肥料、农具的占 9%；用于赎田、垦荒的只占 4.19%；用于小本经营的商业性借款占 24.55%，其他约占 15.7%。还说，小本经营的借户 1031 人，人均借用 50—60 元，比其他社员的平均借款量 20—30 元，超出一至二倍；"在当时法币币值较为稳定（银元 1 元约合 1.83 元法币），交易量极微的农村中，增加 60 元资金，已经不是什么小本经营了。至于用作购买种子、肥料、农具的贷款总量还较少于料理婚丧事件，以及用于赎田、垦荒的贷款全县只有 9369 元左右，显然是不合理的"。

韩克信当时还对该县风汝、冗点、拉茂、打完四个信用社的借款情况进行了调查与分析。据说"上述四个社 142 人共借 4300 元，平均每人为 30 元；打完社 23 人借用 820 元，平均每人为 35.65 元最多，冗点社人均为 25.52 元最少"。根据借户的经济情况来看，"上述四社中平均每人拥有田土 10 亩以上的人家和财富逐年增加，每年都有盈余的富裕户共 76 人借得 2720 元，人均占用 35.79 元，占借款总额的 63.26%；每年收支相抵基本平衡的中等农户 48 人共借 1175 元，人均借用 24.48 元，占借款总额的约 29.32%；而财产逐年减少，终年辛勤劳动入不敷出和租佃他人田土耕作为生的贫困户 18 人共借 405 元，人均借用 22.5 元，占借款总额的 9.4%。四社之中以风汝社的富裕户 12 人借款 515 元，人均借用 42.92 元为最多；打完社的贫困户 2 人借款 35 元，人均借用 17.5 元为最少；而冗点社 33 人借的 875 元，全部为富裕户和中等农户所占用，贫困人家则分文未得"①。显然，当时农村合作金

① 参见钱存浩：《抗战时期贵州的合作金融》，见中国人民政治协商会议西南地区文史资料协作会议编：《抗战时期西南的金融》，西南师范大学出版社 1994 年版，第 435—436 页。

融的放贷,富裕户比贫困户要占有优势是难以避免的现象,要做到公平是很难的事情。

除了这种主要针对农户的直接款项放贷外,也有针对特定某些目标或达成某些特定计划的放贷。如四川省农村合作事业管理处为谋发展四川农业生产合作,切实支持开展需要,与省农业改进所协商决定:“各县合作社应在稻麦改进、棉花、蔗糖、柑橘、蚕丝、烟草的改良与家畜保育等方面由县属机构科技人员指导,搞因地制宜的农副业生产实验,将取得的成果作有计划的由点到面的逐步推广。”这一方针,经过努力实施后取得很大实效,“如合川、温江的稻麦,射洪、遂宁的棉花,资中、内江的蔗糖,金堂、江津的柑橘,乐山、南充的蚕丝,郫县、资阳的烟草,荣昌、隆昌的白猪与猪鬃等,在产量质量上都有不同程度的提高,取得增产获利的效益”。四川各县的合作社在实验推广生产改进的过程中得到所在区域的国家行局的贷款扶助。“如第二行政区的产蔗各县于 1939 年至 1943 年得到蔗糖生产贷款总额达 6926 万元;第十二行政区各县 1939 年至 1943 年得到的贷款总额达 2893 万元”①等。

显然,抗战时期国民政府通过自上而下强力推动建设合作社及合作金库,给农村金融带来了很大冲击:作为一支新型的有组织农村放贷力量,背后有政府资金支持,利率较低,放贷有目标和有重点选择,对原有的农村金融放贷必然有所冲击;加上政府支持推动的银行业对农村的贷款,使得抗战时期农村的金融格局出现改变是必然的,这一点,通过以上史料的列举和分析已经可以得到证明。当然,这种冲击和改变,受各种条件和历史原因的限制,其效

① 上引均见章国殷:《四川合作金融的兴衰》,见中国人民政治协商会议西南地区文史资料协作会议编:《抗战时期西南的金融》,西南师范大学出版社 1994 年版,第 443 页。

果有所局限也是必然:原有的农村放贷如钱庄、典当、商店和私人等主体仍然存在,私人放贷还很活跃,富人与穷人在获得贷款方面的难易程度差异很大等就是证明。

但是,无可否认,抗战期间国民党统治区出现了通货膨胀和货币贬值,也出现了经济困难和物质短缺,但从上面的梳理和分析以及当时人的回忆和介绍来看,抗战期间国民党统治区的农村金融特别是合作事业的发展和农贷工作,特别是在生产资料、作物改良和农田水利等方面的贷款,应该在其中发挥了积极的效应,对坚持长期抗战发挥的作用不应低估。

第二节　战后国民党统治区金融的崩溃

1945 年 8 月,日本宣布投降后,在短短的三年多时间里,国民党政府经历了战后对敌伪的金融接收,随后的法币恶性通货膨胀,以及为挽救危局进行的币制改革,当这些措施都未能起到应有的作用后,终于迎来了国民党统治区的金融崩溃。

一、国民党在金融方面的接收和集中外汇黄金

抗战胜利后,当务之急是收复失地和接收敌伪产业,尤其是金融机构集中的地区。为此国民党政府特设京沪区财政金融特派员办公处,特派员由中央银行副总裁陈行担任,上海是中外金融业最为集中的地区,属于接收范围内的金融机构也最多。京沪区财政金融特派员办公处接收的敌方金融机构包括四个方面:敌方银行、其他附属事业、协助外商银行接收太平洋战争爆发后被劫的资产,以及伪政权的金融机构。

其中敌方银行共 9 家,除德国 1 家外,其余 8 家都是日本的银

行。这8家被接收的敌方银行和负责接收的中国方面银行简况表见表17-11。

表17-11　抗战胜利后被接收敌方银行及接收单位简况

敌方银行名称及国籍	接收单位(国民政府各国营行局)
朝鲜银行(日本)	中央银行
横滨正金银行(日本)	中国银行
德华银行(德国)	中国银行
住友银行(日本)	交通银行
上海银行株式会社(日本)	交通银行
汉口银行株式会社上海支店(日本)	交通银行
台湾银行(日本)	中国农民银行
三菱银行(日本)	中央信托局
帝国(三井)银行(日本)	中央信托局

资料来源:洪葭管:《中国金融通史》第四卷,中国金融出版社2008年版,第477页。

被接收的附属事业共12家,包括东亚水火保险公司、东亚水火再保险公司、通惠保险公司(日伪合办)、日本生命保险株式会社上海支店、千代田生命保险相互社中支支部、第一生命保险相互合社上海支店、上海安田信托株式会社、安利保险公司(日伪合资)、虹口码头仓库及江山大阪仓库、上海日本保险会议所、大车印刷厂、上海恒产公司。

被接收的在沪伪金融机构有十家,具体单位及接收单位简况见表17-12。

表 17-12　在沪伪金融机构及接收单位简况

伪金融机构名称	接收单位名称
伪中央储备银行	中央银行
伪华兴银行	中央银行
伪“满洲国”银行上海支店	中央银行
伪省市地方银行	中央银行
伪中央信托公司	中央信托局
伪中央保险公司	中央信托局
伪中央储蓄会	中央信托局
伪邮政储金汇业局	邮政储金汇业局
伪中日实业银行	邮政储金汇业局
伪中江实业银行	邮政储金汇业局

资料来源：洪葭管：《中国金融通史》第四卷，中国金融出版社 2008 年版，第 478 页。

太平洋战争后被日伪进入租界后劫夺的原四行如中国银行、交通银行等行局，曾被日伪强令改组复业，抗战胜利后，仍由中国银行、交通银行自行接收清理。

对于 1941 年 12 月 8 日太平洋战争爆发后日军进入租界强行劫夺的英国、美国、荷兰、比利时等国银行，此时按照国民党政府财政部规定，一律由京沪财政金融特派员办公处派员先行接收，然后查明原主，依册交还。先后办妥接收、移交的这一类外商银行有 11 家，即英国的汇丰银行、麦加利银行、有利银行、沙逊银行、通济隆银行，美国的花旗银行、大通银行、友邦银行，荷兰的安达银行、荷兰银行,比利时的华比银行。[1]

抗战胜利后对敌伪金融机构的接收有两个明显的特点:一是参与接收敌伪金融机构的单位都是国民党政府国家资本性质,民间资本性质的金融机构没有资格参与接收敌伪产业。[2] 二是通过这次接收,使得国家资本行局的实力有显著的提高,在接收时不仅接受了敌伪金融机构的一般资产与房屋,还获得了大量金银财产。

在抗战胜利后国民党政府统治的不到四年时间里,不止一次通过集中黄金、白银、外汇等硬通货来提升自身实力。其中主要的行动至少有两次,一次是抗战胜利后接收敌伪金融机构的这次,这次仅汪伪中央储备银行交出的黄金就有 50 万两,白银 763 万两,银元 37 万枚;伪“满洲中央银行”交出的黄金有 8 万两,白银 31 万两,银元 24 万枚。[3] 另有一次是 1948 年金圆券改革时对民间硬通货的搜刮,据档案资料显示,自 1948 年 8 月 23 日到 9 月 24 日(外埠到 9 月 22 日)止,上海和外埠搜集的黄金、白银和外币加上商用外汇收入等折合就达到 1. 1 亿美元以上。具体明细情况可见表 17-13。

① 洪葭管:《中国金融通史》第四卷,中国金融出版社 2008 年版,第 478—479 页。

② 当时的商业银行,只能申请收复自己在收复区的所属行处,且要得到国民党政府财政部的同意才可。如金城银行在 1945 年 9 月 29 日向国民党政府财政部呈文,请求准许该行派员接收清理收复区所属行处。国民党政府财政部 10 月 16 日复函称:“该行拟派员接收收复区原有行处,自属可行,仍应依照部颁收复区商营金融机关清理办法及商业银行复员办法之规定办理,除电知本部各区特派员外,仰即遵照”(中国人民银行上海市分行金融研究室编:《金城银行史料》,上海人民出版社 1983 年版,第 767 页)。

③ 《国民党中央银行档案》,见洪葭管主编:《中国金融史》,西南财经大学出版社 1998 年版,第 371 页。

表 17-13　金圆券改革时收兑金银外币数量

项目 地区	黄金（纯金市两）	白银（纯银市两）	银元（枚）	银角（枚）	美钞（元）	港钞（元）
上海部分	756501.611	709500716	2205999.50	2207337	19688858.22	6556783.72
外埠部分	433260.373	5765336623	10993844.82	—	9550088.24	45454181.14
总计	1189761.984	6474837339	13199844.32	2207337	29238946.46	52010964.86

注:1. 上海:自 1948 年 8 月 23 日起至 9 月 24 日止;外埠:自 8 月 23 日起至 9 月 22 日止。
2. 外埠部分系根据各分行已到电报数字编制。
3. 自 8 月 23 日起至 9 月 24 日止收兑金银外币折合美元:91910487.62 美元。
4. 自 8 月 23 日起至 9 月 24 日止进出口外汇净收入折合美元:18650347.73 美元。
5. 总计美元:110560835.35 美元。

资料来源:台湾“国史馆”档案,全宗名:蒋中正总统文物,金融(三),入藏登录号:002000001323A,典藏号:002-080109-00003-006

上面这份收兑金银外币数量表,是时任中央银行总裁俞鸿钧向蒋介石所上的呈文。在此表前面,还有俞鸿钧的一份说明:“查自财政经济紧急命令公布后,本行自八月二十三日起至九月二十四日止,收兑金银外币折合美金九千一百九十一万余元,在该时期内进出口外汇净收入折合美金一千八百六十五万余元,综计收兑金银外币及商用外汇净收入共合美金一亿一千零五十六万余元。谨编具统计表一种呈请总统蒋。”①

这份“财政经济紧急处分令”,规定黄金、白银和外币等禁止流通买卖和持有,必须向中央银行或其委托的银行兑换金圆券,而这种金圆券很快就会贬值,因此这种收兑实际就是把人民手中持有的金银外币掠夺于政府手中的赤裸裸做法。

① 台湾“国史馆”档案,全宗名:蒋中正总统文物,金融(三),入藏登录号:002000001323A,典藏号:002-080109-00003-006。

二、战后法币的恶性通货膨胀

抗战胜利后的三年多时间里,近代中国经历了日益猛烈的通货膨胀,法币的发行量犹如脱缰的野马,难以控制。表17-14统计了1937年6月至1948年8月21日历年法币的发行额及指数表,从中可见通货膨胀的猛烈程度。

表17-14 法币发行额及指数(1937年6月—1948年8月)

年月	法币发行额(亿元)	指数(1937年6月=1)
1937年6月	14.1	—
1937年12月	16.4	1.16
1938年12月	23.1	1.64
1939年12月	42.9	3.04
1940年12月	78.7	5.58
1941年12月	151	10.71
1942年12月	344	24.40
1943年12月	754	53.46
1944年12月	1895	134.36
1945年8月	5569	394.84
1945年12月	10319	731.62
1946年6月	21125	1497.76
1946年12月	37261	2641.80
1947年6月	99351	7096.53
1947年12月	331885	23537.04
1948年6月	1965203	139376.09
1948年8月21日	6636946	470705.39

资料来源:吴冈编:《旧中国通货膨胀史料》,上海人民出版社1958年版,第92—96页。

“通货发行数在卅五年二月至卅六年二月之一年中，每六个月计增加一倍，卅六年二月以后，至同年十月止，每四个月增加一倍，十月以后，减为每三个月增加一倍”。其猛烈增加的原因大致为：“六个月加倍期内，因政府出售敌产与黄金外汇；四个月加倍期内，因前项出售停止或减少，同时也会放款增加；三个月加倍期内，银行放款虽因停贷减少，但以大量增发通货方式收购物资而致突增”。但是在这些大量发行的通货总数中，“用于弥补财政者占百分之六十有奇”。①

抗战胜利之初，国民党政府对货币发行和保持相对稳定采取了分四大区域对待的办法：第一块区域为华中和华南，用法币收兑伪中储券，将收兑伪中储券的比率压低到1∶200，还加大伪中储券的发行额，由接管时的2.1亿元增发至4.6万亿元，这增发的2万多亿元伪中储券的发行都用于军政费用。第二块区域为华北，用法币收兑伪联银券，收兑伪联银券的比率是1∶5，接管后又滥发伪联银券1200亿—1800亿元。第三区域是在东北，战后把整个东北地区划分为9个行省，在东北不再发行法币，由中央银行另外发行东北流通券，为东北九省流通的法币。1946年计发东北流通券275.30亿元。实际上法币仍流通一个时期，这一年在东北地区发行2.694万亿元法币。第四大区域是在台湾省，采取暂不变更币制的办法，台湾银行纸币与法币的币值暂不作决定，公务员将薪水汇往大陆，可按台币1元合30元法币计算。②

① 台湾“国史馆”档案，全宗名：蒋中正总统文物，金融（三），入藏登录号：002000001323A，典藏号：002-080109-00003-006。

② 洪葭管：《中国金融通史》第四卷，中国金融出版社2008年版，第520—521页。

1946年3月,国民党政府开放外汇市场,通过出售外汇和抛售黄金来回笼法币。这时,国民党政府明显高估了战争胜利对经济稳定产生的作用,认为在战争结束后所产生的有利心理作用下,在具有强大生产力的东北和台湾地区被光复以及在积累大量黄金、外汇和国际贸易恢复等情况下,对战时所采取的各种管制措施,即所有对物价、分配以及财物使用的各项管制方法都一律予以废止。国民党政府还立即着手制定了一项极其乐观的宏伟规划来恢复政府的各项工作,提高公务员的生活水平以及救济和振兴以前的敌占区。同时,军事开支仍然维持在足以保持充分战斗力的水平。“在1945年第四季度,政府的开支以贬了值的货币计算,为数极为庞大。内战的爆发,使重建华北交通的计划无法进行,省际贸易也从未恢复到正常的状态。北方的棉、煤南运特别受到铁路系统混乱的影响。军需方面对于粮、布的采购,造成其价格的上涨,这反转过来又扩大了政府财政赤字”①。

战后通货膨胀的急剧出现和扩大,还有几个重要的原因,其中之一是在兑换沦陷区货币时犯了错误。在战争结束后的第十九天,国民党政府就宣布华中、华北的各“傀儡银行”的伪钞需按200元等于1元法币的兑换率兑换法币,兑换限于四个月内完成,每人最多只能兑换五万元法币。在兑换期截止之前,“傀儡银行”的钞票仍准许在市面流通使用。用法币来折算,伪钞的价值是被低估了的。这虽然有使法币的增发降到最低限度的好处,“但由于伪币仍能在市面上流通使用,就造成了一个极为不利之点:即对于持有低价伪币者起了鼓励其在兑换期截止前尽量套购货物的作用。毫无根据任意规定的五万元法币兑换限额,也起了同样的作用,因

① 张公权:《中国通货膨胀史(一九三七——一九四九年)》,杨志信译,文史资料出版社1986年版,第48页。

为凡持有超过此限额的伪币者,都用来抢购货物。因而,低的兑换率,长的兑换期,每人兑换额的限制,允许伪钞在市面的流通使用等等都使这一兑换办法产生了高度通货膨胀的性质”。但是,“财政赤字以及因此而产生的货币流通额的增加,仍然是最主要的因素”①。表 17-15 显示了 1945—1948 年(1—7 月)国民党政府的财政经济状况。

表 17-15　国民党政府支出、收入赤字及田赋征实状况(1945—1948 年)

(单位:法币百万元)

年份＼项目	现行钞票发行余额①	政府支出数②	政府收入数②	财政赤字数	田赋征实折合法币估计数③
1945	1031900	2348085	1241389	1106696	188604(1945—1946 年)
1946	3726100	7574790	2876988	4697802	624675(1946—1947 年)
1947	33188500	43393895	14064383	29329512	3015899(1947—1948 年)
1948	374762200	655471087	220905475	435565612	—

注:①根据中央银行编制的统计数。

②1946 年和 1947 年的统计数不包括专项外国借款。1948 年统计数根据中央银行对该年上半年的记录。

③根据田赋征收统计数折合而成。

资料来源:张公权:《中国通货膨胀史(一九三七——一九四九年)》,杨志信译,文史资料出版社 1986 年版,第 51 页。

从表 17-15 中的数字看,1946 年的政府支出是 1945 年的 3.2

① 上引均见张公权:《中国通货膨胀史(一九三七——一九四九年)》,杨志信译,文史资料出版社 1986 年版,第 48—49 页。

倍,收入方面,在抛售了大量黄金、外汇和变卖没收的敌伪产业后,仍然仅占支出的37%,赤字却增加到46978亿元以上。“军事开支占政府总支出的比重1946年为60%,1947年为55%。行政开支,由于工作人员的普遍不满,薪金或工资必须按生活费指数予以调整,也大为增加。1947年政府支出较1946年增长了5.7倍,而收入则降到仅足以支应支出的32%。这是因为此时政府已停售黄金以及出售外汇和敌产,收入减少所致。1947年财政赤字达政府支出的70%。1948年,由于军事开支达到政府总支出的64%,财政情况更进一步恶化,政府不仅继续向中央银行要求垫款,而且还继续实行了田赋征实和粮食的征借。”①

1947年1月到8月,“8个月的军费支出即达7600亿元。当时的财政收入只占支出的一小部分,中央银行为国库垫款也就逐月增加。1948年1月,累计垫款35万亿元,5月份增为113万亿元,7月达到236万亿元。由于通货膨胀加剧,物价飞腾,钞票已来不及印刷。当时的钞券,多交外国印钞公司承印,如1947年上半年业已订印的139000亿元的钞券中,由国内印刷厂承印的只有900亿元,还不到百分之一,而在国外订印运输费时,英国承运的途中需时3个月,美国承印的也不快,因此‘钞荒’已成为极严重的问题”。国内的多个城市如“重庆、昆明、西安、郑州、济南、徐州、汉口等地中央银行分行以库存钞票告罄,纷纷以‘十万火急’电,向上海总行告急,有的中等城市如南宁、永嘉等地还因使用小面额钞票迭起纠纷,甚至发生挤兑风潮。为了避免舆论指责,影响币信,中央银行不敢印刷更大面额的大钞,但实际上法币一万元面额的钞票已不顶用,就多印二千元面额的

① 张公权:《中国通货膨胀史(一九三七——一九四九年)》,杨志信译,文史资料出版社1986年版,第50页。

关金券,这种关金券 1 元合 20 元法币,也就等于印制 4 万元的大钞”。“种种迹象表明,1935 年建立起来的法币制度,至此已岌岌可危”。[①]

法币贬值一个月比一个月严重,通货膨胀达到惊人的程度,币信日益减弱,往往一笔小额交易,就需捧着大捆钞票,法币已经处于崩溃边缘,国民党政府开始策划从币制改革中寻找出路。

三、战后的币制改革及其破产

1948 年 5 月,国民党政府内阁进行了改组:张群从行政院院长任内下台,中央银行总裁张嘉璈也同时辞职,原财政部部长俞鸿钧改任中央银行总裁,学者翁文灏接任行政院院长,出版商王云五继任财政部部长。这时,“蒋介石对王云五和俞鸿钧都做了改革币制的指示”[②]。币制改革的具体策划就在金融和财政当局的分别主持下同时悄悄地进行。

俞鸿钧召集李立侠等讨论制定出来的方案,主要内容包括三项原则:第一,在内战继续进行的情况下,币制不宜作根本性的改革;第二,法币虽已处于恶性膨胀状态,但只要采取一些辅助措施,还可以拖延一个时期;第三,当前关键问题在于财政收支悬殊,建议扩大采用《抗战前发行关金券办法》,稳定税收,整理财政。

这份方案的出发点,认为法币不作根本性改革,还可以拖延一定时期,如果骤然一改就会垮得更快。因为财政方面,“受了通货

① 洪葭管主编:《中国金融史》,西南财经大学出版社 1998 年版,第 382 页。

② 李立侠:《金圆券发行前的一段旧事》,见全国政协文史资料委员会编:《法币、金圆券与黄金风潮》,文史资料出版社 1985 年版,第 112 页。李立侠当时为中央银行稽核处处长、上海金融管理局局长。

膨胀的影响,收入只及支出的百分之五到百分之十”,所以就想到扩大采用类似战前发行关金券的办法,“在不改变法币本位的基础上,另由中央银行发行一种称为‘金圆’的货币,作为买卖外汇及缴纳税收之用,不在市面上流通”。根据他们的测算,采用这个办法,“可以使收入提高到相当于支出的百分之四十到百分之五十”①。

这个方案的特点:一是没有改变法币本位制度,法币仍作为货币本位继续发行流通;二是在法币之外,另发行一种金圆,金圆汇价固定为百元值美元 25 元,持有金圆可以无限制买卖外汇;三是金圆与法币比价由中央银行随时挂牌制定;四是央税收(主要是关盐统税)及输出入贸易结汇一律使用金圆。②

但是,这个方案并没有被蒋介石接受。蒋介石选中的是王云五组织财政部的人所拟定的方案。这个方案有三个实质性内容:一是彻底改革币制,可以乘机扩大发行;二是人民持有的金、银、外币均要缴兑给中央银行;三是硬性压制物价。这个方案曾在小范围内征求意见,但实际上即使有不同意见,也难以改变蒋介石的想法。张嘉璈回忆,蒋介石就曾几次找他这个刚卸任中央银行总裁职务的人征求过意见,据张嘉璈日记记载,1948 年 7 月 31 日,“蒋总统由莫干山抵沪,邀余于下午六时往晤。准时前往。见面后,总统告我,目下法币日跌,钞票发行日增,致钞票来不及供应,势非另发行一种新币以代之不可。问我意见,当即答

① 李立侠:《金圆券发行前的一段旧事》,见中国人民政治协商会议全国委员会文史资料研究委员会编:《法币、金圆券与黄金风潮》,文史资料出版社 1985 年版,第 112—113 页。

② 李立侠:《金圆券发行前的一段旧事》,见中国人民政治协商会议全国委员会文史资料研究委员会编:《法币、金圆券与黄金风潮》,文史资料出版社 1985 年版,第 113 页。

以如发行一种新币，必须有充分现金银或外汇准备。或则每月发行额能有把握，较前减少，方可行之。否则等于发行大钞。如谓大钞面额太大，人民将失去对于钞票之信用。而换发一种新币，而又不能有充分准备金，则至少必须能把握物质，有力量控制物价，使新币不再贬值”。而蒋介石“唯唯未置可否”。8 月 17 日下午在庐山晋见蒋介石时，蒋介石“仍以币制不能不改革为言”。张嘉璈回答“根本问题在财政赤字太巨。发行新币，若非预算支出减少，发行额降低，则新币贬值，将无法抑制。总统云，物价必须管制，使其不涨。现决定各大都市派大员督导，彻底实行。我答以：中国地大，交通又不方便，无法处处管到。仅在几个大都市施行管制，无法防止内地各县各镇之物价上涨，从而影响及于都市，或则内地物产不复进入都市市场。故期期以为不可”。而蒋介石答曰“隔日再谈”。①

实际上，这时蒋介石已经做好了各种布置，距正式公布金圆券改革法令的 19 日也只剩两天时间。次日（8 月 18 日），蒋介石将《改革币制计划书》交给张嘉璈阅看，这份计划书的要点如下：“A. 改革币制：本位币定为‘金圆’，每圆含纯金 0. 2217 公分纯金；每四金圆合美元一元；每一金圆合法币三百万元。人民不得以金圆券兑换金银外汇。B. 金圆券十足准备：其中百分之四十为金银外汇，余为有价证券及国营事业资产。金圆券发行额最高不超过二十亿圆。C. 限制薪资与物价上涨：民营事业工资不得超过八月上半月之工资率。物价不得超过八月十九日之价格。D. 限令人民交出金银外汇，兑换金圆券。E. 整理财政与管理经济所用方法，与以前宣布者，大同小异。”张嘉璈看后，认为币改成败关键在于

① 姚崧龄编著：《张公权先生年谱初稿》下册，台湾传记文学出版社 1982 年版，第 1014—1015 页。

两点:"①能否保持二十亿圆发行额之限度;②能否维持八月十九日之物价限价。"张嘉璈在回答蒋介石询问时说,物价绝对无法管制,因之二十亿圆发行额无法保持。"恐不出三四个月,即将冲破限关。"同时他认为人民对于法币已经用惯,若对于新金圆券不加信任,势必弃纸币而藏货品。"若四亿人民弃纸币而藏货品,则情事实不堪设想。"因此要求蒋介石"慎重考虑"。[①] 实际上蒋介石已经部署停当,不会再做什么考虑了。当天蒋介石离开庐山,第二天把方案提交国务会议通过,19 日正式公布。这就是金圆券改革前的基本脉络。

1948 年 8 月 19 日,金圆券改革以《财政经济紧急处分令》的基本内容,以"总统"命令的方式公布。这个紧急处分令包括四项内容:(1)金圆券发行办法;(2)人民所有金银外币处理办法;(3)人民存放国外外汇资产登记管理办法;(4)整理财政及加强管制经济办法(主要是限制物价,一切物品不得超过 8 月 19 日的价格)。[②]

照《金圆券发行办法》规定,金圆券面额分 1 元、5 元、10 元、50 元、100 元 5 种,1 元金圆券折合以前发行的 300 万元法币,一张 100 元面额的金圆券,相当于此前的 3 亿元法币。所有商品的价格一律按照 8 月 19 日的价格折合金圆券加以冻结,非经政府批准,不得擅自涨价;私人不得持有黄金、白银或外汇,其已持有者,概须上缴,政府以金圆券作价收兑。此外,还规定了改进税制、统制信贷、降低利率、严禁囤积物质等办法。政府还特派高级官员分

① 姚崧龄编著:《张公权先生年谱初稿》下册,台湾传记文学出版社 1982 年版,第 1016 页。

② 这四项内容参见吴冈编:《旧中国通货膨胀史料》,上海人民出版社 1958 年版,第 99—123 页。

驻上海、天津、广州三大地区亲自负责执行以上各项规定。在上海还调派秘密警察协助严厉执行。

但是，经济规律难以用行政手段对抗。在国民党军政费用无法控制，各种商品日益短缺的局面下，金圆券的改革注定短命和失败。在官定价格公布后，上海批发商便停止了营业，物资短缺益甚，上海的物价虽然一时被压住了，而内地各城市的物价，在金圆券改革法令公布之后，反更加狂涨不已。

与此同时，政府继续增发钞票，供弥补财政赤字之用，以致财政赤字占政府总支出的比例由 10 月份的 50%又复上升到 11 月份的 75%。几个月之后，财政赤字从 9 月份的一亿三千八百万元金圆券增加到五亿零三百万金圆券。“到了 10 月底，金圆券的流通额几乎超越了规定的最高发行限额的八倍。为了保证币值的两项主要措施——稳定物价和工资、限制货币的发行量——至此完全化为子虚。”①

面对着这样的局面，蒋介石政府不得不从 11 月份起，把限价改为“议价”，实际上是恢复自由涨价。这一限价一取消，原来硬压了 70 来天的市场物价，顿时便像脱离了缰绳的野马一样疾飞奔腾。例如白米每石限价为 23 元，11 月 11 日即上升到 80 元，到 12 月间已高达 1800 元。这时，蒋介石政府修正《金圆券发行办法》，又准许人民持有黄金、白银和外币，还以比原来收兑价高十倍的价格出售黄金。②

11 月份修正金圆券发行办法后，发行总额即已超过 20 亿元

① 张公权：《中国通货膨胀史（一九三七——一九四九年）》，杨志信译，文史资料出版社 1986 年版，第 58 页。

② 洪葭管主编：《中国金融史》，西南财经大学出版社 1998 年版，第 386 页。

的限额,以后金圆券发行面额越来越大,1949 年 3 月份开始发行 5000 元券和 1 万元券,4 月份发行 5 万元券和 10 万元券,5 月份再发行 50 万元券和 100 万元券。与此相应,金圆券的发行数额也是越来越大。表 17-16 是金圆券发行数额的统计表。

表 17-16　金圆券发行统计(1948 年 8 月—1949 年 4 月)

年月 \ 项目	金圆券发行数额(亿元)	环比	指数(1948 年 8 月 31 日=1)
1948 年 8 月 31 日	5. 44	1. 00	1. 00
1948 年 9 月	12. 02	2. 21	2. 21
1948 年 10 月	18. 50	1. 54	3. 40
1948 年 11 月	33. 94	1. 83	6. 24
1948 年 12 月	83. 20	2. 45	15. 29
1949 年 1 月	208. 22	2. 50	38. 28
1949 年 2 月	596. 44	2. 87	109. 68
1949 年 3 月	1960. 60	3. 29	360. 40
1949 年 4 月	51612. 40	26. 32	9487. 57

资料来源:吴冈编:《旧中国通货膨胀史料》,上海人民出版社 1958 年版,第 99—122 页。

从表 17-16 的数据中可以看到,金圆券发行不过两个多月,原定的 20 亿元的发行额就已宣告突破。此时,由于金圆券的信用破产,加上国民党战局失利,以及 1948 年 11 月初限价放开以后,物价暴涨,行市一日数变,演成各城市抢购物资,各城市商品被抢购一空的惨象。1948 年 11 月的《修改金圆券发行办法》,把最高限额的规定取消,通货膨胀的大门必然重新开启,从而走上法币的覆辙。至于金银外币准许人民继续持有,同时将金圆券对金银外币的兑换率提高,这对于以前抗不兑换的特权阶级是一种奖励,对于遵守"法令"的善良人民则无异于一种惩罚和讽刺。

在金圆券临近崩溃的1949年四五月间，物价已不是几天一涨，而是一日数涨，人民拿到金圆券后不敢落袋就得赶紧购物，否则物品就又涨价了。市场上或以黄金、美钞喊价，或以银元标价，农村物物交换盛行，邮局和铁路局收费亦以银元为准，公用事业中不但水、电、煤、气等费以美元价格为基础而变动，就是人们每天乘坐的公共车辆票价也往往因隔日有变而无从预计。金圆券从发行日起到1949年5月上海解放时为止，只有短短10个月的时间就走到了崩溃的境地。①

1949年2月的第二个星期内，蒋介石宣告退位，走前下令将黄金储备移运至台湾和厦门。代总统李宗仁企图用所剩下来的白银储备恢复银本位。当时曾发行了银圆券二千万元，但公众拒绝使用。到1949年10月国民党政府迁都重庆时，其所发行的二千五百万元的银圆券，在解放军尚未到达之前，就几乎全部停止流通了。②

金圆券是在1948年政治、经济极其不稳定的情势下出台的，各种因素注定了它的出台必然失败，后来所采行的各种挽救措施都证明了这一点。继此实行的银圆券改革更是徒劳。其结果更加暴露了国民党政府的无能和穷途末路。在通货膨胀的最后关头，货币遭到民众拒绝使用，只能说这是国民党政府垂死结局在经济方面的一个反映而已。

---

① 洪葭管主编：《中国金融史》，西南财经大学出版社1998年版，第389页。

② 张公权：《中国通货膨胀史（一九三七——一九四九年）》，杨志信译，文史资料出版社1986年版，第61页。

四、私营金融业的衰败

抗日战争胜利后,相对于国营金融机构对应接收日伪金融机构,财产和实力都大为增长的状况,对于私营金融机构来说,却是一个实力和经营都明显衰退的时期。

这种衰退主要体现在以下几个方面。

第一,私营金融业的数量明显减少,整体实力大幅下降。按照财政部制定的《收复区敌伪钞票及金融机关处理办法》第五条的规定,收复区内经敌伪核准设立的金融机关一律停止营业,限期清理。按照这个规定,“沦陷区各商业行庄,都须经国民党政府财政部各区财政金融特派员查明在沦陷期间的营业状况,暨有无和敌伪勾结情事,报告财政部核办”①。

日本投降时上海一共有私营银行195家,按照规定需停业银行有122家,战后经财政部核准仍可营业的有73家,1945年年末全市银行有83家。上海钱庄在日本投降时一共有226家,比银行家数多。其中战前经财政部核准有营业执照的16家,战前设立未经核准而在战时仍继续营业的有32家,其余178家停业清理,1945年年末时上海钱庄为48家。抗战结束时上海有私营信托公司20家,经财政部核准设立领有执照的有6家,战后经核定停业清理的有14家,仍可营业的也就是这6家。当时将保险公司也认为是金融机构的一种,故亦按照《收复区商营金融机构清理办法》的规定进行审核清理。审核结果,50家停业清理,准许继续营业的有43家,战后新设或增设分公司和总公司

① 中国人民银行上海市分行金融研究室编:《金城银行史料》,上海人民出版社1983年版,第767页。

由外地迁沪营业的有 24 家，1945 年年末私营保险公司约有 60 家。①

第二，私营金融机构的金银外汇被国民党政府搜刮，实力下降。抗战爆发后，为抵抗通货膨胀和防止金融灾变，民营金融机构通过各种途径聚集了不少金银和外汇，这些金银外汇成为国民党政府眼红和觊觎的目标，通过各种手段力图搜罗到自己手中。1948 年 8 月的金圆券改革，成为政府明目张胆洗劫民营金融机构的一次典型代表。国民党政府首先从法令上剥夺了民营金融机构持有黄金、白银和外币的权利。随金圆券改革《财政经济紧急处分令》同时公布的《人民所有金银外币处理办法》第 2 条规定："自本办法公布之日起，黄金、白银、银币及外国币券，在中华民国境内禁止流通买卖或持有。"第 11 条规定："除中央银行外，所有其他中外银行非经中央银行之委托，不得收兑、持有或保管黄金、白银、银币或外国币券。"②接着"中央银行通知各商业银行限期陈报持有外汇资产数额。当时上海银钱行庄都有明暗两套账簿，黄金外汇都在暗账收付，明账中看不到"③。

鉴于有大批外汇、金银集中在民营银行手里，在蒋介石的授意下，国民党政府行政院院长、财政部部长在金圆券改革法令公布后的次日（8 月 20 日），即邀集上海市银钱业负责人钱新之、陈光甫、宋汉章、徐寄庼、李馥荪、秦润卿、戴立庵、徐国懋、傅汝霖、沈日新

① 洪葭管：《中国金融通史》第四卷，中国金融出版社 2008 年版，第 479—480 页。

② 吴冈编：《旧中国通货膨胀史料》，上海人民出版社 1958 年版，第 103—104 页。

③ 戴立庵：《金圆券发行后蒋介石在上海勒逼金银外汇的回忆》，见《法币、金圆券与黄金风潮》，文史资料出版社 1985 年版，第 70 页。戴立庵当时是国民党政府财政部钱币司司长、上海联合银行总经理。

等数十人在行政院开会,“要各银行把所有的黄金、外汇全部‘贡献’出来。蒋介石宣布所有行庄应于9月8日前缴存金银、外汇,如不遵令,即予停业”①。财政部次长徐柏园还坐镇上海,胁迫各银行从速申报金银、外汇数额,遵限送查。

上海民营银行公会接连召开了几天紧急会议,商讨对付办法,大家当然不愿意把金银外汇交出来,但又不能不敷衍一番,于是决定由各行庄参照各行的实力,准备凑足一千万美元应付此事。上海银行公会主席李馥荪将此意向转达国民党政府后,蒋介石极为不满,大发雷霆,并特地打电话给中央银行总裁俞鸿钧,要吊销李馥荪所在的浙江兴业银行的营业执照,勒令停业。②

1948年9月6日,蒋介石在中央党部召开的总理纪念周上再次指责上海商业银行对于政府法令尚存观望态度,他声色俱厉地称上海商业银行:“其所保留之黄金、白银及外汇,仍未遵照政府的规定移存于中央银行,并闻上海银行公会理事会拟集合上海所有各行庄,凑集美金一千万元,卖给中央银行,便算塞责了事。可知上海银行界领袖对国家、对政府和人民之祸福利害,仍如过去二三十年前,只爱金钱,不爱国家,只知自私,不知民生的脑筋毫没改变。……若辈拥有巨量金银外汇的,尤其是几家大银行,这样自私自利,藐视法令,罔知大义……彼等既不爱国家,而国家对彼等自亦无所姑息,故政府已责成上海负责当局,限其于本星期三以前令各大商业银行将所有外汇自动向中央银行登记存放,届时如再虚与委蛇、观望延宕或捏造假账,不据实

① 中国人民银行上海市分行金融研究室编:《金城银行史料》,上海人民出版社1983年版,第882—883页。

② 中国人民银行上海市分行金融研究室编:《金城银行史料》,上海人民出版社1983年版,第882—883页。

陈报存放，那政府只有依法处理，不得不采行进一步的措置予以严厉的制裁。”①

在国民党政府和蒋介石的强权威逼恐吓下，上海商业银行的负责人为求自保，不得不一边找人疏通，一边一次次补报交出金银外汇的数额，如金城银行周作民分别于9月8日、9月29日和10月5日先后被逼补报了3次，包括美金债券、英金债券在内都不得不交出，“约有资金美金七、八百万元之谱”②。

在金圆券改革国民党政府搜刮的金银外汇中，大部分来自商业行庄，经此搜刮，商业金融机构的硬通货大为减少，手中只留下不断贬值的纸币，元气大伤。

第三，私营金融机构的存款大幅减少。抗战时期在国民党统治区，国民党政府控制的金融机构“四行二局”已居于垄断地位，在金融领域中占据极大份额，有钞票的独家发行权，有巨额外汇和黄金，在金融领域中拥有极大话语权。抗战胜利后，它们又分别接管了敌伪银行的资产、外汇和黄金，垄断力量又有新的增长。

相较于国民党政府的国家资本金融垄断力量，战前1935年金融巨变中就已被压制的私营金融机构，这时显得更为软弱无力，两者之间业务量所占比例更加悬殊，最能显示资本力量的银行存款余额，私营金融机构与国家资本行局相比不在一个等级。表17-17的统计数字就能够有力地证明这一点。

① 中国人民银行上海市分行金融研究室编：《金城银行史料》，上海人民出版社1983年版，第883—884页。

② 中国人民银行上海市分行金融研究室编：《金城银行史料》，上海人民出版社1983年版，第885页。

表 17-17 国家行局与商业银行(包括省银行和市银行)存款余额比较统计(1945 年 12 月—1948 年 6 月) (单位:亿元法币)

年月 \ 项目	存款总计	国家行局		商业银行(包括省、市银行)	
		存款余额	占比(%)	存款余额	占比(%)
1945 年 12 月	6036.73	5271.72	87.3	755.03①	12.5
1946 年 12 月	59181.75	54211.12	91.6	4970.63	8.4
1947 年 12 月	303541.81	258351.37	85.1	45190.44	14.9
1948 年 6 月	2144641.65	1869370.00	87.2	275271.65	12.8

注:①原表为 94.48 亿元,是因为没有将数十家边营业、边审核的商业银行统计在内,现据洪葭管主编:《中央银行史料》,中国金融出版社 2005 年版,第 948 页"中央银行 1946 年营业报告"完整数字列入。

资料来源:根据张公权:《中国通货膨胀史(一九三七——一九四九)》第 130 页数据编制。

从表 17-17 中数据可以明显地看到,从 1945 年 12 月到 1948 年 6 月,私营银行的存款余额占全体银行存款的比重分别只有 12.5%、8.4%、14.9% 和 12.8%,与国家资本行局的存款余额相比,处于十分不对称的地位。

历经八年全面抗战和战后的三年多时间,私营金融业地位和实力的日益衰落,已是不争的历史事实。

台湾方面,1945 年 8 月 15 日日本宣布无条件投降后,同年 10 月 31 日南京政府财政部颁行两项行政命令,作为接收日产金融机构的依据,这两项命令分别是"台湾省当地银行钞票及金融机关处理办法"及"台湾省商银金融机构清理办法"。在执行上,由台湾省行政长官公署派出特派员检查各金融机构的财务状况、业务状况和人事组织,了解该单位的实际运作。另外再组织监理委员会负责监理金融机构的业务,为接收工作进行准备。最后,则是正式接收并在接收过程中和接收后进行改组。在接收时,只要有日本人的股份,就全数纳入公产。

接收改组的工作以台湾银行为首。日本统治时期的株式会社台湾银行自 1946 年 5 月 20 日改组为台湾银行,之后并陆续接收三和银行和台湾储蓄银行。日本统治时期的劝业银行台湾各分行,于 1946 年 9 月 1 日改编为台湾土地银行。同年 10 月 1 日,台湾产业金库改组为台湾省合作金库,负责各信用合作社的资金调节与业务督导。①

在商业银行上,1947 年 3 月 1 日,彰化、第一、华南 3 家商业银行同时改组完成,台湾信托株式会社于 1947 年 6 月 1 日并入华南银行。所接收日本 4 家无尽会社而成立的台湾合会储蓄股份有限公司也于 6 月 1 日成立。

战后接收日资设立的金融机构被整合成 7 间行库,全为公营银行。加上民间资本,战后台湾的银行总分行加起来一共达到 170 家,“约每 3 万人有一银行服务”,“就地域分布而言,银行设立在人口较多的城市,信用合作社等基层机构则多设立于乡村地区”。②

随着抗战取得胜利,日本人在台湾的金融机构被改组为公营行库,中国大陆的金融机构也逐步在台湾地区建立起来。特别是南京政府于 20 世纪 40 年代末期从大陆地区败退到台湾前后,许多国营银行如原在大陆的“四行二局”即中国银行、交通银行、中央银行、中国农民银行、中央信托局、邮政储金汇业局等均撤到台湾地区开业,促使战后台湾地区的金融行业发展进入新的阶段。③

第三节　战后外资金融业的变化

八年全面抗战和战后的几年,是近代外国在华银行势力消

① 参见赖英照:《台湾金融版图之回顾与前瞻》,见张胜彦、洪绍洋:《台湾全志》第 5 卷,经济志,(台湾)国史馆台湾文献馆 2016 年版,第 151—152 页。

② 赖英照:《台湾金融版图之回顾与前瞻》,见张胜彦、洪绍洋:《台湾全志》第 5 卷,经济志,(台湾)国史馆台湾文献馆 2016 年版,第 152 页。

③ 张胜彦、洪绍洋:《台湾全志》第 5 卷,经济志,(台湾)国史馆台湾文献馆 2016 年版,第 153 页。

长发生极大变化的时期。如上节所述,抗战全面爆发后,英、美等国的银行势力受到一定削弱,太平洋战争爆发后,留在外国金融势力大本营租界内的英、美、荷、比系银行,更是被日系银行全面接管,停止营业,外国在华银行中形成了日系银行一统天下的局面。抗战胜利后,日、德、意三国在华银行全部被中国政府接管清理,结束其在中国的活动。而被日系银行全面接管停止营业的英、美、荷、比等国的十多家金融机构,率先得到中国政府的帮助恢复了营业。短短的十余年时间内,近代外国在华金融势力中,虽然不同国家的银行命运出现了截然不同的变化,但总体趋势是在走向衰弱。

一、战后各国在华金融势力的演变

1937 年之前,外国设在上海的银行共有 27 家,另在中国其他主要城市分布着某些分行。1941 年 12 月太平洋战争爆发后,作为与日本交战对手国的英、美、荷、比等国的银行被日本接管清理。战后,这四国的银行获得国民党政府的帮助,很快重新恢复营业,但因战败的日本和德国的银行被接管清退的缘故,这时在华外国银行总家数减少到只有 15 家,此后直到 1949 年 4 月,在华外商银行的数量只有减少没有增加。① 具体情况见表 17-18。

① 战前在华的法资汇源银行在战时受到日本限制,基本陷入停滞状态,1946 年 2 月 9 日,宣告停业。意资华义银行战后申请复业,当局予以核准,但因意大利战后经济困难,该行于 1946 年 7 月申请延期开业,此后再无该行消息。比资义品放款银行则于 1946 年正式改名为义品地产公司,不再进入外商银行之列。见宋佩玉:《近代上海外商银行研究(1847—1949)》,上海远东出版社 2016 年版,第 236 页。

表 17-18　上海外商银行简况(1949 年 4 月)

项目 行别	国籍	总行			上海分行	
		设立年份	地点	在中国分行地点	设立年份	行址
汇丰银行	英国	1864	香港	上海、南京、北平、天津、青岛、汉口、重庆、福州、厦门、汕头、广州	1864	上海中山东一路12 号
麦加利银行	英国	1853	伦敦	上海、天津、青岛、汉口、广州	1858	上海中山东一路18 号
有利银行	英国	1892	伦敦	上海	1916	上海中山东一路 4 号
沙逊银行	英国	1930	香港	上海	1931	上海沙逊大楼
花旗银行	美国	1812	纽约	上海、天津	1901	上海九江路 41 号
大通银行	美国	1920	纽约	上海、天津	1930	上海南京路 99 号
运通银行	美国	1919	纽约	上海	1918	上海九江路 158 号
友邦银行	美国	1930	纽约	上海	1930	上海中山东一路17 号
美国商业储蓄银行	美国	1930	旧金山	上海	1949	上海福州路 44 号
东方汇理银行	法国	1875	巴黎	上海、广州、汉口、湛江、昆明、北平、天津	1899	上海中山东一路29 号
中法工商银行	法国	1911	巴黎	上海	1911	上海中山东二路 9 号
华比银行	比利时	1920	布鲁塞尔	上海、天津、香港	1902	上海中山东一路20 号
荷兰银行	荷兰	1824	阿姆斯特丹	上海	1903	上海中山东一路20 号
安达银行	荷兰	1863	阿姆斯特丹	上海	1920	上海中正东路 110 号
莫斯科国民银行	苏联	1919	伦敦	上海	1934	上海中正东路 9 号

资料来源:华东通讯社编纂:《上海年鉴(1947 年)》,H11,见《上海金融志》编纂委员会编:《上海金融志》,第 185—188 页,见宋佩玉:《近代上海外商银行研究(1847—1949)》,上海远东出版社 2016 年版,第 241—242 页。

战后存留下来的外商银行中,仍然是美、英系的银行占据主要地位,分别是美系银行五家,英系银行四家,不仅在数量上远超其他外商银行,而且在实力上,也远非其他外商银行所能比拟。尤其是美系银行,由于在抗战胜利前后对国民党政府庞大的“对华援助”所产生的巨额金融业务,都依托于美系银行办理,所以其在各外商银行中发展最快。特别是大通银行、花旗银行和美国商业储蓄银行的背景均不简单:大通银行从 1929 年起,已由美国洛克菲勒财团控制,第二次世界大战后又兼并曼哈顿银行,改名为大通曼哈顿银行。美国商业银行则是美国西部财团的金融支柱,20 世纪 50 年代后成为美国最大的垄断资本银行。花旗银行在第二次世界大战后改名为第一花旗银行,成为一个新兴的东部财团,它与洛克菲勒财团和摩根财团都有错综复杂的联系和关系。无论从资产总额还是存款总额来说,这三家银行都是美国最大的银行。

这些美国银行在华的金融势力,随着抗战胜利后国民党政府与美国关系的进一步加紧而得到增强:首先,大量“美援”的金融业务,主要是所有款项的汇兑、结算,必须通过大通银行和花旗银行,被这两家银行所独占。其次,在美蒋之间有关金银的交易和调换,也成为这两家银行的业务对象,它们在 20 世纪 30 年代曾代表美国政府收购蒋介石政府出售的 5000 万盎司白银和提供白银银行抵押借款,而当 20 世纪 40 年代蒋介石政府向美国购买巨额黄金后,大通银行又成为蒋介石政府寄存黄金的保管库。1948 年 8 月蒋介石政府手中的金银已因打内战而消耗殆尽,但仍有上万两黄金寄存在伦敦的大通银行,有 46 万盎司白银寄存在纽约的大通银行。最后,国民党中央银行实行的外汇管理,后台是美国,使用的外汇主要是美元,法币完全沦为美元的附庸,而对外贸易的绝大部分又是对美贸易,因此由这些银行办理中美间国际汇兑业务,就比其他银行具有更多的便利条件。再加上第二次世界大战结束后美军大批来华,仅在上海和青岛等地因此而流入的美钞数量就达

6000 万到 1 亿美元。凡此种种，都使得美资银行在第二次世界大战结束后，一举超越过去的霸主英系银行，成为此时实力最强、地位最独特的在华外商银行。①

在美系银行地位日益上升的同时，过去长期占据中国最重要地位的英系银行地位却逐渐下降。英商洋行 1945 年下半年重新回到上海时，许多现实条件和情况已经发生变化，例如租界这时已经收回，治外法权已经消失，过去长期被英国人控制的海关总税务司职位已由美国人担任，中国海关大权已经被美国人掌控，美国对蒋介石政府付出巨大美援和战争期间建立的紧密关系等，都使得英系银行的地位必然无法与战前相比。例如原英系银行的领头羊汇丰银行，在上海申请复业时，必须在中国登记才能获得分行设立执照，在收回和整理好汇丰大厦并获得中国财政部登记批准，时间已是 1946 年 2 月。汇丰银行上海分行登记时资本为 1200 万元法币，作为中国大陆管辖行，1947 年年底，上海分行共管辖重庆、天津、北平、南京、青岛、厦门、福州、汕头等分行，并增设南京分行。这时上海分行外籍员工 24 人，总人数 291 人，与 1941 年 12 月太平洋战争爆发前的外籍员工 34 人，总人数 625 人相比，规模已经缩减不少。②

这时有两个因素制约了外资在华银行的发展：其一，第二次世界大战后，整个世界都在战争中削弱了财力，除了美国是唯一的金融贸易强国外，其余如英、法、荷、比等战胜国资金均消耗殆尽，急欲得到美国的贷款。在得到美国的同意下，1949 年实行了“集团大贬值”，英镑贬值 30.5%，从 1 英镑合 4.03 美元贬为 1 英镑合

① 参见洪葭管主编：《中国金融史》，西南财经大学出版社 1998 年版，第 368—369 页。

② 参见宋佩玉：《近代上海外商银行研究（1847—1949）》，上海远东出版社 2016 年版，第 238—239 页。

2.80美元。随后几乎所有西欧、北欧、中欧的国家以及加拿大等共计31个国家跟着贬值30%左右。日本在投降时因有外汇管制，日元兑美元为15日元合1美元，1948年贬值为270日元合1美元，1949年更降为360日元合1美元。① 在本身实力大幅削弱的情况下，外商在华银行的发展自然无法不受到制约。

其二，抗战胜利后难以抑制的通货膨胀，且一年更比一年严重，再加战前的治外法权不平等条约已经废止，没有额外的特权优惠，也给外资在华银行的发展经营带来了限制。

表17-19是抗战胜利后1946年8月时上海各类金融机构存款余额和所占比重表，从中可以看出此时外资在华银行与中国银行的实力相比已经不在一个数量等级上了。

表17-19　上海各类金融机构存款余额及所占比重(1946年8月)

项目 类别	机构		存款	
	总数(家)	比重(%)	金额(亿元法币)	比重(%)
华商银行	131	63.3	1116.0	74.5
外商银行	13	6.3	151.3	10.1
钱庄	54	26.1	202.9	13.6
信托公司	9	4.3	27.5	1.8
总计	207	100	1497.7	100

注:华商银行不包括“四行二局”。取消各国治外法权后,外商银行无特权可恃,存款比重大幅下降。

资料来源:洪葭管主编:《上海金融志》,上海社会科学院出版社2003年版,第437页。原表比重计算有误,是经重算核正。

① 参见干杏娣:《经济增长与汇率变动:百年美元汇率史》,上海社会科学院出版社1991年版,第41—45页,见洪葭管:《中国金融通史》第四卷,中国金融出版社2008年版,第473—474页。

1946 年 8 月时，外资在华银行恢复营业的只有 13 家，尚未达到战后 15 家的最高时期，但存款数额只有 151.3 亿元法币，在各类金融机构中所占存款比重只有区区 10%，连钱庄的存款比重也不及，其实力削弱的趋势已是十分确定。

二、外国在华金融势力的撤退

外资在华银行主要业务包括经营外汇、经手中国进出口贸易融资结算业务和当地的存放款业务。抗战胜利后，由于时局变动剧烈，直接或间接影响外资在华银行，共同的一点是，在华外资银行金融势力业务均有所削弱，直至 1949 年中华人民共和国成立前后，除两家外资银行依然留在大陆外，其余外资银行都已从中国大陆撤退。

抗战胜利外资在华银行申请复业时，外部经营环境与抗战前相比，已经出现了很大的不同。这时，租界消失，国民党政府相继颁布的各项金融法规，延续和完善了战时对金融市场和进出口贸易的统制，对外商银行的业务运营形成了相当的制约。根据战时颁布的外商银行在中国设立分行的规定：(1)设立地点应由本部(财政部)指定；(2)不得发行钞票及类似钞票之票券；(3)不得吸收储蓄存款；(4)放款不得以国防工业为对象。1945 年 12 月 10 日，汇丰银行、麦加利银行首先遵照部定规则办理，其余各行，亦均遵循筹办复业。各外商银行依据中国法令，其权利和义务，与华商银行相等，暂不兼营储蓄业务，并按照相关规定，向中国政府注册后方可营业。1946 年 2 月 20 日，上海外商银行陆续在国民党政府财政部登记。①

① 《上海市年鉴(民国 35 年)》，中华书局 1946 年印，第 J13 页。《中国货币金融史大事记》，第 290 页。见宋佩玉：《近代上海外商银行研究(1847—1949)》，上海远东出版社 2016 年版，第 256 页。

1947年9月1日,国民党政府新的《银行法》公布,同时废止1934年3月公布的《银行法》和《储蓄银行法》。新《银行法》中对于外商银行在华的经营内容有明确的规定:如非经特许,不得在中国境内设立分行;中央主管官署可按照国际贸易及生产事业需要,指定外国银行可设分行的地区;只准许外国银行经营商业银行或实业银行业务,不得经营或兼营储蓄银行或信托公司业务;设在中国境内的外国银行分行收付款项以中国国币为限,非经中央银行特许,不得收受外币存款或办理外汇;所收定期存款总额应在中国境内运用等。①

新《银行法》的颁布,特别是对外商银行业所做的各种规定,是国民党政府第一次对外商银行作出的法律规定,体现了一个主权国家对外商银行从设立直到具体业务范围的明确干预,是战后中国国家地位提高的体现。但同时也不得不看到,这些规定,对外商在华银行的发展具有不利的影响,过去那种仗恃不平等条约作为护符、依靠雄厚资金凌驾于中国银行业之上的局面有了很大的改观。

抗战胜利后,此前支撑外商银行业务的另一产业——进出口贸易,此时由于世界经济受到的战争创伤尚未恢复,加之国内内战的进行和通货膨胀等原因,也出现了大幅的下降。经营进出口贸易的外商洋行数量的减少就证实了这一点。

上海作为中国最重要的贸易口岸,从1843年开埠起,长期占据中国进出口贸易一半以上的份额。但是,进出口贸易的大权,特别是进口业务,一直是外商洋行的天下。这种状况直到1945年8

① 《新银行法》,《银行周报》第31卷第37号,1947年9月15日。见宋佩玉:《近代上海外商银行研究(1847—1949)》,上海远东出版社2016年版,第256—257页。

月抗战胜利以后,出现了大的变化。最明显的变化表现在洋行户数较前大为减少。“据不完全统计,洋行已从1939年的732户减少到1946年春季的491户。日本商行都已关歇;过去实力很雄厚的德国商行,也因已列入敌对国籍而被遣回国,所减的户数亦特多。”①表17-20是抗战时期和战后上海洋商进出口行的增减情况表,从中可以看出外商洋行变化的基本情况。

表17-20 上海洋商进出口洋行户数增减情况(1939年、1946—1947年)

年份＼项目	现存总户数	较1939年增减户数	现存户数的国籍别								
			日	美	英	法	俄	德	瑞士	荷兰	其他
1939年	740		102	199	130	35	6	53	18	9	188
1946年春	491	减249户	—	231	79	22	42	6	17	6	88
1946年冬	523	减217户	—	256	90	19	35	8	17	3	95
1947年	370	减370户	—	182	73	25	11	6	14	1	58

资料来源:上海社会科学院经济研究所、上海市国际贸易学会学术委员会编著:《上海对外贸易》下册,上海社会科学院出版社1989年版,第149页。原表总户数和增减户数计算有误,是经重算核正。

从表17-20中可以看到,1947年时,上海的外商洋行依然维持了下降的势头,总户数继续从1946年冬的523家下降为1947年的370家。美、英等主要国家的进出口洋行也在同步下降。经营进出口贸易的洋行数量下降,必然影响向来以外商洋行贷款融资和结算等业务为主的外商银行的经营和发展。

在洋行数量和业务都在减少时,华商经办的进出口企业数量有所增多,但是,这时在华商进出口企业中,官僚资本机构突然增多是一个明显现象。“它们的户数虽然在整个华商进出口行中所

① 上海社会科学院经济研究所、上海市国际贸易学会学术委员会编著:《上海对外贸易》下册,上海社会科学院出版社1989年版,第148页。

占比例不高,但它们的能量很大,它们和国家政权结合在一起,成为具有政治特权或凭借有特殊关系的官僚资本进出口企业。"①这种官僚资本进出口企业的势力不是一般华商进出口企业能够相比的,也不是外商洋行能够撼动的。这些新出现的官僚资本进出口企业不仅压迫华商民营进出口行,同时也挤占了外商洋行在华经营进出口业务的份额,对其业务经营形成了一种压迫和冲击。

在经营本地的存放款业务方面,抗战胜利后不断加重的通货膨胀,也对外商在华银行的业务经营造成了不利影响。在恶性通货膨胀的经济环境下,外商银行的资产、存款、放款实值较战前而言已经大为缩减,"只能为工商企业和社会炽热的投机活动办理收支出纳和结算,而无意对工业及对外贸易加以扶植"②。以汇丰银行上海分行为例,战后最初资本法币有 1200 万元(相当于 3 万美元),随着通货膨胀的发展,资本额一年后只相当于 4000 美元。③ 在严重通货膨胀的影响下,重物轻币的观念在民众中普遍存在,外商银行吸收存款艰难,资力日益薄弱,放款活动亦难以开展。到 1949 年 5 月上海解放前夕,"花旗银行上海分行法币存款总额仅值美金 2.5 万元,而保险库中存款仅有 500 美金"④。

恶性通货膨胀使得整个金融环境大受影响,也使得外商银行

---

① 上海社会科学院经济研究所、上海市国际贸易学会学术委员会编著:《上海对外贸易》下册,上海社会科学院出版社 1989 年版,第 152 页。

② 宋佩玉:《近代上海外商银行研究(1847—1949)》,上海远东出版社 2016 年版,第 261 页。

③ Frank H.King,"The Hongkong Banking in the Period of Development and Nationnalism, 1941 - 1984",见宋佩玉:《近代上海外商银行研究(1847—1949)》,上海远东出版社 2016 年版,第 261 页。

④ "Citicorp in China: A Colorful, Very Personal History since 1902", Citicorp,见宋佩玉:《近代上海外商银行研究(1847—1949)》,上海远东出版社 2016 年版,第 261 页。

的业务活动陷于停顿。麦加利银行认为，恶性通货膨胀对于本行而言，已经“造成了业务的完全中断”①。此时，外商银行在华业务上的停滞，进出口贸易的下降，恶性通货膨胀的不断发展和国民党政府战场上失利带来的外在环境改变，都使得外商银行在1949年前后相继退出中国，“仅英商汇丰、麦加利仍在上海设点，但业务也已大大缩小”②。

① Beverly Hooper, "China Stands up: Ending the Western Presence"，见宋佩玉:《近代上海外商银行研究(1847—1949)》，上海远东出版社2016年版，第262页。

② 王垂芳主编:《上海洋商史1843—1956》，上海社会科学院出版社2007年版，第256页。

第 十八 章

国民党政府的战时和战后财政

国民党政府的战时和战后财政，在时间上分为抗日民族战争和解放战争两个时期。在这两个历史时期中，国民党政府财政的背景、条件和国民党政府采取的相关政策措施，有某些形似之处，但实质和结局不同。

20 世纪 30 年代初期，日本帝国主义继制造“九一八事变”、侵占东北、炮制伪“满洲国”后，变本加厉，将其侵略魔爪伸向关内地区，加紧全面侵华战争的准备，中国面临生死存亡的重大考验，政治和经济受到严重打击，爱国知识分子围绕国家战时财政经济问题，各抒己见，集思广益。1937 年抗日战争全面爆发后，国民党政府对战时财政进行了初步探索，1937 年 8 月相继出台的《战时财政办法》《总动员计划大纲关于财政金融实施方案》，就是这种探索的产物。战争转入相持阶段后，为支撑持久抗战，国民党政府调整财政政策，整顿税制、增加税收、发行通货、举债募捐，以弥补财政赤字。同时改革和整顿地方财政，先是确立县级财政，明确划定县级财政收入；1941 年因财政加速恶化，濒临崩溃，进而确立国家财政和自治财政两级财政体制，省级财政纳入国家财政，自治财政则以县市为单位，并包括县以下各级地方自治团体。不过国民党政府推行战时财政的重点，摆脱财政困境的核心手段并不在这里，而是加速推行通货膨胀政策并改革税制，在增发货币、加剧通胀的同时，1941 年，国民党政府决定，各省田赋收归中央，并改征实物。

法币发行量从1941年年末的151亿元增至1945年的10319亿元,4年间增加了67倍。[①] 在这种情况下,国民党军队和公职人员的军糈民粮,由于施行田赋征实,基本保证供应,不受恶性通胀的影响;而城乡的平民百姓,无不深受恶性通货膨胀之苦。只因当时国难当头,人民深明大义,委曲求全,勒紧裤带抗日救国,最终得以驱逐敌寇,取得抗战的胜利。

抗日战争结束后,中国国内特别是东北伪满辖区和关内沦陷区,城乡一片废墟,民生凋敝,经济萎缩,财政困窘,百废待兴。各族人民爱国热忱高涨,渴望和平,期盼休养生息、安居乐业。国民党政府不顾国家战后艰难、民众苦痛和殷切期盼,只想趁机大捞一把。日本一宣布投降,国民党军队、官吏,立即倾巢出动,抢占地盘。国民党政府在美国全力支援下,和日伪紧密配合、投降受降、一唱一和,伪军摇身一变,成为曲线救国的“英雄”“将士”;国民党大小官吏更是贪腐变本加厉,接收大员“五子登科”,大饱私囊,日伪资产接收变成“劫收”。接着冒天下之大不韪,撕毁“双十协定”,悍然发动反革命内战。抗战结束后,国民党政府本来就没有立即将战时财政转为平时财政,现在更全面恢复战时财政,并加码和变本加厉。

抗战期间,国民党政府是消极抗日,积极反共。战后则是全力反共、灭共。在财政方面,必须搜罗更多人力物力、使用更大比重的财政支出支持反共反人民的内战。国民党政府曾将1946年的军费预算支出削减到占政府总支出的43%,接近战前水平;把军队253个师缩减到90个师。但国民党政府旋即挑起内战,军费开支大幅增加,1946年的比重升至60%。1948年上半年更高达

---

① 杨荫溥:《民国财政史》,中国财政经济出版社1985年版,第157页。

68.5%;军队维持在450万至500万人的水平。① 为了集中财力进行内战,对财政体制进行调整:1946年7月将中央—县两级财政体制改回到1941年前的中央—省—县三级财政体制,并相应划分国税和地税,大头归中央,小头归地方。未几,中央因战争财政支出剧增,引发恶性通胀,并克扣减地方税收以作弥补,省县财政收入缩减,而公路、水利、官廨、校舍修复,军属优待,军粮军糈解运,动辄巨款应付,入不敷出,税捐加征,无休无止。从中央到地方,财政税收一片狼藉。

随着战争的推进,国民党军队士气低落,美式武器装备优势丧失,在军事上由对解放区的全面进攻转为重点进攻,又由重点进攻被迫转为战略防守、重点防守。伴随战场上的不断失败,国民党统治区呈加速度萎缩态势,接踵而来的是,税源和财政收入日益缩减,财政支出则不断增加,收支不敷的严重程度与日俱增。国民党政府为坚持和扩大反革命内战,维持甚至增大居高不下的军费支出,只有维持和扩大财税收入。国民党政府为此推出的财政经济改革、整顿法案、条例、办法五花八门,却又无一奏效,只能再想办法,往往朝令夕改。国民党政府也知道,财政失败,乃因经济、财政、金融措施"轻决多变"。不过再"多变",也是万变不离其宗,核心不外乎加税举债、增发钞票两条。不是"饮鸩止渴",就是"杀鸡取卵",无一发展经济、"养鸡下蛋"。结果物价飞速上涨、货币恶性膨胀、经济凋敝、民不聊生,而财政收支飙升天文数字,会计无法用算盘计算。无奈之下,1948年8月废弃法币,改发金圆券,将此后12个月的财政收支估计,分别从法币73800000亿元和108000000亿元缩小为金圆券24.6亿元和36亿元,分别缩小300

① 张公权:《中国通货膨胀史(一九三七—一九四九年)》,杨志信译,文史资料出版社1986年版,第102—103页。

万倍，便于计算。但金圆券又步法币后尘，且有过之。11 月份的发行额已较 8 月份增加 10 倍，并贬值 80%，已不能用它“估计”政府财政收支。[①] 1949 年 1 月，天津、北平相继解放，国民党政府威信扫地，国民党统治区各省政府独自发行可以兑换银元的钞票，并且截留中央税款；人民不再接收金圆券，改用银元、铜元、代用券，或干脆进行物物交换，国民党政府被迫宣布关税征收关金，用关金单位单独计算，其他税收强征实物，士兵饷金使用银元，如此等等。实际上宣告国民党政府的财政制度和财政系统已经土崩瓦解。

第一节　抗战时期国民党政府的战时财政

日本全面侵华战争打响后，为维持战时生产和保障军需民用，国民党政府的财政由平时状态转入战时状态。随着战争的不断扩大，国民党统治区的前线后方，军需民用，耗费极巨，财政支出迅猛增加，财政局势日益艰难。为维持战时财政的正常运转，稳固统治，国民党政府采取整顿税制、发行通货和筹款募捐等举措，适时调整财政收支系统，一定程度上缓解了战时财政的紧张状况，使得战时军力、财力得到了保障，客观上促进了抗日战争取得最终的胜利。

一、国民党政府战时财政的起源

1927 年南京国民政府成立，此后便着手整顿国家财政经济，通过改革中央财税收支体系和管理制度等方式，极力统一全国财权，发展国民经济。1931 年“九一八事变”后，中日民族矛盾上升，

① 张公权：《中国通货膨胀史（一九三七——一九四九年）》，杨志信译，文史资料出版社 1986 年版，第 59、111—112 页。

两国大战随时可能爆发。为增强国家经济实力和国防实力,更好地应对即将到来的战争,一些仁人志士对国家战时财政经济政策展开争论,"战时财政"研究思潮迭起,"开源""节流"和"革除旧弊"等举措成为时人对经济备战的共同主张。1937 年 7 月"卢沟桥事变"爆发,日本发动全面侵华战争,为迅速调动人力、物力、财力集中抗战,国民党政府的财政旋即转入战时财政。由于国民党政权的本质和阶级的局限性,全面抗战初期国民党政府依旧热衷内战和掠夺人民,导致该时期的战时财政处于被动和应急状态,缺乏主动性和长远规划,财政支出捉襟见肘,继而不得不全面部署战时财政。

(一)"战时财政"研究思潮的兴起

随着 20 世纪 30 年代国际形势恶化,整个世界的均势被打破,作为中国强邻的日本悍然发动了"九一八事变",强占中国东北,大战一触即发。不久前才结束军阀混战的国民党政府能否经受得住这次战争的洗礼,让人担忧。其一,国民党政府虽实现了对全国的统一,但面临着经济凋敝、百废待兴的残局,加之政局不稳,地方派系林立,各怀鬼胎,维护统治有虞。其二,国民党政府加紧"围剿"红军,耗费了大量的财力物力,使原本脆弱的财政状况雪上加霜。曾任国民党政府财政顾问的美国人阿瑟·恩·杨格曾表示:"战前十年的财政支出主要用于对付内乱和日本制造的麻烦,1928—1929 年的开支款项,84%是军费加上利息,而在 1929—1937 年也从未降至三分之二以下。"①如表 18-1 所示,1929—1937 年,国民党政府的财政赤字总体呈现上升的态势,收入与支

① [美]阿瑟·恩·杨格:《一九二七至一九三七年中国财政经济情况》,陈泽宪、陈霞飞译,中国社会科学出版社 1981 年版,第 81 页。

出导致的财政缺口，使国民党政府的偿付能力面临巨大挑战。

表 18-1　国民党政府的收入、支出和赤字统计（1929—1937 年）

（单位：法币万元；%）

年份 \ 项目	支出	收入	赤字	赤字占支出比重
1929	43400	33400	10000	23.0
1930	58500	48400	10100	17.3
1931	77500	55800	21700	28.0
1932	74900	61900	13000	17.4
1933	69900	61400	8500	12.2
1934	83600	68900	14700	17.6
1935	94100	74500	19600	20.8
1936	107300	81700	25600	23.8
1937	116700	87000	29700	25.4

资料来源：[美] 阿瑟·恩·杨格：《一九二七至一九三七年中国财政经济情况》，陈泽宪、陈霞飞译，中国社会科学出版社 1981 年版，第 38 页表 1。

对此，一批具有远见卓识的爱国知识分子在战前针对国家战时财政经济政策展开争论，"战时财政"一词应运而生。"战时财政"，相对于平时财政而言，主要指国家处于战争状态或即将处于战争状态时，为保证军事斗争胜利的同时，又能协调国家各个机构的有效运转而采取的财政政策。20 世纪 30 年代，以马寅初、章乃器、何廉、刘大钧、千家驹、何伯雄等人为首的一大批经济学家，为应对即将到来的日本侵略，纷纷提出自己对于战时财政政策的见解。

这些学者敏锐地观察到，作为中国主要税源的关税、盐税和统税，势必会随着日本侵华战争的推进而缩减。如马寅初所言，日本"积极夺我东四省，无非以东四省为战时之资源地也。一面又消极地不许各国染指我国权利,开战以后,更必首先占领我国上海,以为彼之府库”①。若日本从中国东部发起攻势,成功占领后,其海军会对中国各大港口和通商口岸进行封锁,攫取巨额关税收入。同时,东部的产盐区亦会尽数落入日本囊中,致使中国丧失大部分盐税收入。此外,中国日常商品的生产和销售必然会受到战争的波及,统税收入难以为继。倘若如此,届时国民党政府的财政收入将会严重缩水,面临诸多掣肘。因而,对于国家战时财政问题,当时的经济学家们虽议论繁多,但大致主张无外乎三点:开源、节流和革除旧弊。

在“开源”问题上,他们主张国民党政府调整税制,增设新税种。比如,针对盈利所得,朱偰认为银行是盈利最甚而纳税最轻的行业,应当对其开设新税并加大征收,用以充盈国家财政。② 马寅初则鼓励征收营业税,“至就政府言之,则营业税之收入比较确定,比较均匀,征收费比较少,个人负担之痛苦比较轻。收入可靠,则各项政务得依次进行人民受益当亦不少”③。针对个人所得,千家驹提出国家应当理清个人的财产,并适当地征收个人财产税。④此外,当时的学者普遍认为还应当增设享乐税、奢侈税,以此抑制上层的享乐之风、奢侈之举。

除了开设新税以外,有学者认为可以通过适当发行通货和借债的方式达到“开源”之效。如何伯雄基于对第一次世界大战期间西方国家应对战时的财政措施的考究,提出国家在促进社会生产的同时,可以适当发行通货、举借内外公债来填补巨额的军费开

① 马寅初:《中国经济改造》,商务印书馆 1935 年版,第 451 页。

② 朱偰:《中国战时财政之出路》,《东方杂志》1937 年第 33 卷第 7 号。

③ 《马寅初全集》第 5 卷,浙江人民出版社 1999 年版,第 256 页。

④ 千家驹:《中国平时和战时财政问题》,《东方杂志》1938 年第 34 卷第 1 号。

支,但这些通货和内外债的发行必须控制在一定数量内,以免引发严重的通货膨胀。①

至于“节流”和“革除旧弊”,两者在一定程度上有互通之效。比如,章乃器认为历届政府最大的财政流弊在于“取之于民者未能尽用于民”,若不将此弊端革除,便会迟滞社会经济的进一步发展,进而影响国家财政的未来收入。是以,他一方面主张严格控制财政支出,“取有余以补不足”;另一方面,鼓励并支持发展农业、停止内战,以“防止民间资本变成内战资本,防止农业资本变成都市买办资本”。②

归根结底,时人提出的各种关于战时财政的主张,无不建立在以财政支持军事斗争的基础上。通过对战时财政的适时调整,以确保军事斗争的彻底胜利,实现中华民族的独立和自由。经济学家们对“战时财政”的探讨,为战时国民党政府制定行之有效的财政政策奠定了理论基础,尤其是在抗日战争后期国民党统治区经济状况极度恶化的情形下,这一时期的理论争鸣成果,为国民党政府摆脱财政困境提供了重要借鉴。

（二）国民党政府对战时财政的初步探索

“七七事变”后,日本全面侵华战争爆发,国民党政府不得不采取应对措施,实行全国抗战,国家财政旋即转入战时状态。国民党政府着手谋划战时财政,制定相关政策、措施。

1937 年 8 月 5 日,时任国民党政府财政部四川区税务局局长的关吉玉,提出《战时财政办法》八项,为“迅速而公平地征集全国

① 何伯雄:《中国的财政金融问题之研究》,《申报月刊》1936 年第 4 卷第 7 号。

② 章乃器:《由平时财政到战时财政》,《永生》1936 年第 1 卷第 20 期。

财力,救济民族危亡”,不仅拟定了比较具体的财政、税收措施,并对可能出现的危难局势预拟了相应的对策。

关吉玉的八项《战时财政办法》,内容甚广,主要涵盖税收捐派和财务行政两个方面。

一是采取“财务紧急措置”,强化财政管理。具体包括设立“国防金管理处”,统一管理战时财政收支、征集稽核等一切事项;设立“非常预算”,于普通预算外,立即办理关于战费的特殊“非常预算”,责成国防金管理处执行;整饬人事,慎选干员,保障事权统一,横的分科要少,纵的阶级要少,用的人员要少,奖惩确速,调动适宜,宽既往严将来,责其努力事功。

二是改进营业税,将其收归中央统一办理,经征税款,除以一部分按地方原收入八折抵偿地方财政亏额外,余者扫数拨归“非常预算”收入。同时对营业税进行改进,税率不分行业、级差,一律定为5%;商家账簿由国家统一格式和印制、发放;废除免税规定,凡有营业行为者,一律课税。预计上述改进后,除抵补各省市现收入外,可增收4亿元,划归“非常预算”收入。

三是设立国家专卖局,整顿专卖。专卖货品为石油、硝磺、铜、食盐、火柴、卷烟六种。石油、硝磺、铜为战争用品原料,食盐、火柴、卷烟为消费品,后者可通过提高价格,统制产销,节省资源,并代替商品营业税,利归国家。暂以食盐、火柴、卷烟及石油四项计,年可收纯益8亿元,较之现在税收约增6亿元。

四是推行“机关献金”。由“国府”令行中央及地方各机关之经常支出,除军务费外,一律降至八折,以二成作为“献金”,划归“非常预算”收入。各机关缩减之军费,由各机关在半年内,在不增税目、税率的条件下,自行调整。中央经常支出除军费外,年约6.5亿元,各省市约3亿元,以二成计,每年可得约1.8亿元的献金收入。

五是调整国税。国税主要包括关税、盐税、统税和所得税等四项。现年关税收入为 3 亿元，其中 80%由沿海口岸征收。战争爆发后，海口会立即被敌人封锁，关税收入“即行大部消灭，战争资源亦将无输入可能，是以维持对外交通线，至为紧要”，必须努力维持和建成香港线、川滇线、新疆线等对外交通线。为此要促成粤汉广九接轨；在最短期间完成川黔滇铁路；修筑新疆公路，以连接吉尔吉斯坦铁路。同时调整关税，提高奢侈品及无关战争用品税率至 200%，减低或免除有关战争用品及其原料品税率。盐税年收入约 1.8 亿元，盐产量年约 3000 万担，但 80%的产量在沿海，战时易被敌人破坏、攘夺，必须设法应对。在内地销岸（湘鄂皖赣）增储常平盐；整理内地井盐、池盐；努力改良制法，改行专卖，以保证民用食盐和国家盐税。统税因提供税源的货物制造厂（纱厂、面粉厂、火柴厂、卷烟厂等）在战时均易被破坏、攘夺，亦须设法应对，奖励迁往内地，另外，为维持和增加税收，可酌列丝、纸张、药材为统税货品，年可增收 5000 万元。所得税现今只有营利、薪给及利息三项，应尽先增加都市房产所得、土地所有者所得、特种营业（园艺、林业）所得，以扩大征收范围，增加税额。

六是“金融运用”。通过集中黄金、统制外汇、统制物价、增发钞票、增发公债，扩大“非常预算”收入。集中黄金至少可得 15 亿元，并应增加金银产量；严格统制外汇，一切国外汇兑统由中央、中国、交通三行办理，并节省硬通货以供战费；战时因人心恐慌，物价极易出现“不近情理之飞涨”，战争用品更易为投机家所操纵，故须成立“评价委员会”，公平评定全国物价，防止所征税款增加，还不及物品涨价之速，以致战时财政政策被“根本颠覆”；增发钞票需要准备金，可利用者包括存于纽约和伦敦的外汇、国内银行存银、国内银行及个人存金、金银首饰，共计约 27 亿元，以三成半为发钞准备率，可发钞 77 亿元，除已发之 14 亿元外，尚可增发 63 亿元;另有增发公债,现负内债约22亿元,尚可增发40亿元,其中全国各银行公会、各工商会承购20亿元;全国土地所有者认购10亿元;各地华侨认购8亿元;由人民自由或强制购买约8亿元。所集"非常预算"收入,应立刻尽量向外购买军用品,否则海路一阻,即使征得巨额硬通货,购买亦甚困难。华侨购债2亿元,款项既在国外,即可专用于购买军需器品。

七是杂税兴革。具体包括整理田赋、办理都市土地税、推行宴席捐、开办盈利税、创办遗产税,等等。其他可得收入和可办之新兴杂税,经国防金管理处允准,均应积极办理。杂税改良后,至少每年可增收3亿元。

八是统驭省县财政。各省财政厅厅长、市财政局局长,均由财政部会同国防金管理处呈请委派,各县征收人员由省府委派后,亦须报请财政部核予加委;各省县财政机关于国防献金外,须在不另立税目、不增高税率的条件下,负责力筹补助"非常预算收入",依其补助之多寡,订为奖惩黜陟条件之一;关于非常财政事务,国防金管理处得直接指挥全国各省市县等一切财政机关办理。①

继关吉玉八项《战时财政办法》之后,1937年8月30日,国民党政府国防最高委员会会议通过《总动员计划大纲关于财政金融实施方案》,对战时财政、金融拟定新的部署:

财政方面,改进旧税,变更稽征办法,维持国有收入;举办新税,另辟战时特别财源;发行救国公债,奖励国内人民及海外华侨尽力购买,指充战费;核减党政各费及停止不急需之一切事业费支出;修改关税进口税则,使消费品输入减少,战时必需品输入增加;

① 中国第二历史档案馆编:《中华民国史档案资料汇编》第5辑第2编,财政经济(1),江苏古籍出版社1997年版,第1—9页。

加强出口管理,国内“所产大宗适于各国需要之物品,得由政府办理输出”,交换战时必需之入口货品;整理地方财政,增加收入,紧缩支出,使有余力补助中央战费。

金融方面,加强通货管理和外汇管理。推算法币需要数额,预为印制存储;将发行之现银准备,妥为安全存储,并奖励督促收兑民间金银,以充实现银准备;合理增加与国防民生有关的农工商矿重要事业的通货供给;法币发行应从速实行中央储备银行法所规定的办法。另外,严格限制外汇;积极流通内汇,凡未设银行的地方应利用邮政机关办理。同时,加强金融业务管理、金融机关管理,必要时主管机关得与各地银行公会规定临时办法,以维持金融安全;指导投资,使资金运用于必需品的生产和储集事业;促令金融机关将资金逐渐转移至安全地带;促令各银行分别就指定地点设立分支机构或新组银行,以健全金融网;促令各银行组织联合储备机关,以健全金融机构。① 这些规定,除了金融机构、银行资金后撤及其善后措置,基本内容与此前经济学家们的主张和《战时财政办法》特别是“开源”“节流”的战时财政要义大致吻合。

时任国民党财政部部长孔祥熙,是当时以借债为核心的财政政策的主要制定者和实施者。在他看来,“大规模长期战争,则应以借债为填补战费之主干,以增税为支持借债之柱石,以发钞为发达产生融通资金及紧急之补充,三者交相为助”②。因此,在孔祥熙的支持下,抗战之初共发行了“救国公债五亿元、国防公债五亿元、金公债(合该时法币约五亿五千万元)三种,及赈济公债一亿

① 中国第二历史档案馆编:《中华民国史档案资料汇编》第5辑第2编,财政经济(1),江苏古籍出版社1997年版,第11—13页。

② 李茂盛:《孔祥熙传》,中国广播电视出版社1992年版,第112页。

元,共计十六亿五千万元”①。而同一时期国民党政府的税收总额仅为6.63亿元,发钞总额仅为9亿元。②

实际上,国民党政府“以借债为填补战费之主干”的政策在抗战初期确有某种成效。在国民党政府1937年度的财政收支报表中,现金结存除外的实际支出是209100万元,公债实收数为25600万元,占实际支出的12.24%。③ 此外,“1937年到1938年,国库赤字有40%是用出售外汇和认购公债弥补的”④。

面对日军的猛烈进攻,在敌强我弱的形势下,国民党政府无法阻挡住日军的长驱直入。截至1938年,日本除东北外,又迅速占领了华北地区,江南各省发达地区也大多沦陷,国民党统治区的面积大幅萎缩。随着重要港口城市和沿海省份的陷落,作为国民党政府主要财政收入的关税、盐税和统税锐减。而财政支出,一方面为应对前线抗战,军需浩繁;另一方面,国民党政府以“抗战建国同时并重”相号召,大力推进后方的开发与建设,为数亦巨。加之日本加紧破坏国民党统治区的经济与金融,在经济上拖垮国民党政府,以达到政治诱降的目的。各种因素交织下,国民党政府不得不再次调整财政政策。

二、国民党政府战时财政政策的全面实施

经过全面抗战初期的艰苦抵抗,国民党政府对“战时财政”积累了一定的实践经验,开始着手全面部署战时财政。一方面,适时

① 《马寅初全集》第13卷,浙江人民出版社1999年版,第487页。

② 杨荫溥:《民国财政史》,中国财政经济出版社1985年版,第116、163页。

③ 杨荫溥:《民国财政史》,中国财政经济出版社1985年版,第102、150页。

④ 张公权:《中国通货膨胀史(一九三七——一九四九年)》,杨志信译,文史资料出版社1986年版,第4页。

调整财政收支政策,通过整顿税制、发行通货和筹办募捐等方式增加财政收入;另一方面,划分财政收支系统,逐步规范地方财政,增强中央的战时财政统筹力量。

(一)适时调整财政收支政策

1938 年 10 月,广州、武汉相继失守,战争进入相持阶段。如前所述,受战争态势的影响,国民党政府的财政收入急剧减少,而财政支出却不断上升,收支平衡难以维系,同时迫于战线拉长,为应对日本发起的下一轮攻势,国民党政府急需补充兵源。大规模的征兵,致使财政支出呈现爆炸式增长,为筹集更多战时经费,弥补财政赤字,国民党政府全面实施战时财政政策。

1.整顿税制,增加税收

税制调整一直是战时财政的主线,一般通过开辟新的税收来源、增加税种、提高税率等方式来实现征额增收。继抗战初期对战时财政初步探索后,国民党政府于 1938 年 8 月颁布《抗战建国纲领财政金融实施方案》,强调国家处于战争的非常时期,需要采取新的税制——战时税制。

战时税制的推行,主要包括两大项:

一是整理旧税。战时新税制首先是建立在对旧有税制的整理上。对旧有税制的整改,集中表现为对关税、盐税和统税的调整,以适应战时需要。在关税方面,首先改定现行出口税制,即采用奖励和减免等方式,推进本土货物出口。如"凡出口货品所得外币价款结售于国家银行者,分别减免出口税,手工艺品出口亦予免税,以奖励输出,易取外汇"并拟重行改订出口税制,凡出口大宗货品,可以在海外推广销路易取外汇者,如桐油、牛皮、蛋品、猪鬃、肠衣等经规定应结外汇之各种货品,除于保险运输各方面予以优遇外,并得减免出口税。其次是改进转口税制,对转口税的征收次数和额度进行限制,规定“每种货品一次应收税款在法币一元以下者,免征转口税,使本产本销量少价贱之平民日用必需品得享受免税优遇”。盐税方面,多是明确对战时盐务的要求。其一,确保产量无虞,通过“增加川粤两区产量,以备鲁淮潞等区失陷后接济湘鄂豫皖陕等之食用”;其二,调整运销设置,“收运机关与地方政府及民营公司切实合作,大量运储以防盐荒”。至于统税方面,其一,奖励统税货品工厂移设内地,稳固后方。即通过提供各种政策优惠,与沦陷区争夺工厂,规定“其基地厂房之购置建设,机件、物料之迁移转运,以及资金之贷借等,依照工厂调整办法予以协助与便利。工厂需用原料如内地产量不敷必须取之于外者,在税捐及运输上再予以相当优惠,以助其发展”。其二,上调卷烟税率,以节制消费兼顾税收,规定“拟就现行四级税率一律酌予提高,并对原准放宽之限价,体察市场情形,重行考订,以期平允”。此外,还对直接税予以调整,明确规定扩大所得税范围,“凡动产与不动产之所得概予课税,现行税率酌予提高,并采分级累进制,使负担公允”。①

二是举办新税。其一,举办战时消费税。凡奢侈品及具有奢侈性之消费品,课以战时消费税。洋货按进口税则比例计算,土货按转口税则比例计算,使洋货负担较重,土货负担较轻。应征消费税之货品分为甲乙两类,甲类奢侈品如人造丝及海味、燕窝等四十余种,年值 2000 余万元之货品,征收较重之消费税。乙类普通消费品如呢绒、呢帽等 24 种,年值 5000 余万元之货品,征收较轻之消费税。此类消费税,虽可酌调海关人员驻关征收以节经费,但应另立体系,收支独立,不涉海关行政范围。其二,举办战时利得税。

① 刘冰:《国民政府抗战建国纲领财政金融实施方案》第四章财政,《民国档案》1987 年第 1 期。

凡在战争期内,特别利得者除所得税外,另按分级累进税率加征利得税,以平衡其负担。其三,筹办遗产税。限期订制条款及税率,即予施行。依据中政会所议决之原则列为条文,并另加入税率之规定,订立暂行条例公布施行。税则务求简明,税率亦求温和,以实验所得,随时改进补充。至于征收手续、完税期限及罚则各项,当一律于施行细则中详为规定,以期周妥。①

2.以“新三税”弥补“旧三税”

所谓“旧三税”是指关税、盐税和统税,这三大税收一直是国民党政府财政收入的重要支柱,无奈随着东部地区的沦陷,三大税收已大不如前。在 1937 年日本全面侵华战争爆发以前,“旧三税”占国民党政府税项总岁入 9/10 以上,1937 年后却不断缩减。如表 18-2 所示,1937—1940 年国民党政府关税、盐税和统税的预算数呈现下降趋势,实收数更是远远低于缩水后的预算数。就关税而言,1940 年实收数额跌至 3800 万元法币,实收比率仅为 14.5%。由此可见,抗日战争进入相持阶段后,关税、盐税和统税已经难以为继。②

表 18-2　国民党政府关税、盐税、统税短收情况(1937—1940 年)

(单位:法币万元;%)

项目 年份	关税			盐税			统税		
	预算数	实收数	实收占预算百分数	预算数	实收数	实收占预算百分数	预算数	实收数	实收占预算百分数
1937	36900	23900	64.8	22900	14100	61.6	17600	3000	17.0

① 中国第二历史档案馆编:《中华民国史档案资料汇编》第 5 辑第 2 编,财政经济(1),江苏古籍出版社 1997 年版,第 15 页。

② 杨荫溥:《民国财政史》,中国财政经济出版社 1985 年版,第 105 页。

续表

项目 年份	关税			盐税			统税		
	预算数	实收数	实收占预算百分数	预算数	实收数	实收占预算百分数	预算数	实收数	实收占预算百分数
1938	18500	12800	69.2	11500	4800	41.7	8800	1600	18.2
1939(1)	24300	34900	143.6	8300	6100	73.5	3200	2200	68.8
1940	25900	3800	14.7	10000	8000	80.0	(2)		
总计	105600	75400	71.4	52700	33000	62.6	29600	6800	23.0

注:(1)1939年度,国民党政府会计年度改为“历年制”。

(2)1940年起,改为货物税,故不列在此表。

资料来源:杨荫溥:《民国财政史》,中国财政经济出版社1985年版,第104页表3-3。原表百分数计算有误,是经重算订正。

为了弥补传统财政收入的日益短绌,国民党政府开征食盐战时附加税、货物税和直接税,并将这“新三税”逐渐发展为战时财政收入的新支柱。

(1)推行食盐战时附加税

1940年9月,国民党政府将盐税改为从价征收。1943年之后由于战事紧张,开支剧增,国民党政府再次改革盐税,将其设为专卖,开征食盐战时附加税,并按从量税率,每担加征300法币;自1944年3月起,再随盐附征每担1000元的“国军副食费”。① 食盐专卖与增收附加税的推行,极大地帮补了抗战时期国民党政府的财政收入。据估计,食盐的专卖收入及其附加税收入在1942—1944年间占全国税收总收入的38%左右,成为当时国民党政府最大宗的财税收入。②

① 财政部财政年鉴编纂处编纂:《财政年鉴三编》,第七篇盐政,中央印书局1948年版,第6页。

② 杨荫溥:《民国财政史》,中国财政经济出版社1985年版,第107页。

(2)将统税增扩成货物税

货物税,即统税、烟酒税、货物出厂税和货物取缔税的合称。此外,含有货物税属性的矿产税和战时消费税也包括在其中。全面抗战打响后,统税的实收税额大为缩减,为弥补税收损失,国民党政府将统税逐步整改成为货物税。其一,扩大征税地区和课税范围。除了把西南数省纳入统税征收区域以外,国民党政府于1940年起将统税改征为货物税,并把饮料品、糖类、茶类、纸箔、皮毛、陶瓷、竹木等都列入课税范围。其二,改变课税标准,此前的从量税率一律改为从价税率,以适应战时通货膨胀、物价飞涨的形势,保障统税收入。其三,重要物资进行实物征收。先是于1943年对棉纱与麦粉实行实物征缴。其中,棉纱年征收额度有"平价纱约三千五百余大包",麦粉的年征收额度有"每年征实数量达六万余袋"。[①] 接着,1944年下半年糖类也被纳入征实范围,截止到1945年10月,糖类征实缴税总额度"除供应外,尚达一百七十余万市斤之巨"[②]。其四,推行战时消费税。早在1938年国民党政府颁发的《抗战建国纲领财政金融实施方案》中,已经提及对奢侈品征收战时消费税,规定"凡奢侈品及具有奢侈性之消费品,课以战时消费税,洋货按进口税则比例计算,土货按转口税则比例计算,使洋货负担较重,土货较轻"[③],但这一税项直到1942年4月国民党政府才正式推行。战时消费税的课税地区为国民党统治区与沦陷区的边沿地带,征收税率为:日用必需品征缴5%,属次要

---

① 财政部财政年鉴编纂处编纂:《财政年鉴三编》,第八篇货物税,中央印书局1948年版,第32、36页。

② 财政部财政年鉴编纂处编纂:《财政年鉴三编》,第八篇货物税,中央印书局1948年版,第28页。

③ 中国第二历史档案馆编:《中华民国史档案资料汇编》第5辑第2编,财政经济(1),江苏古籍出版社1997年版,第15页。

的日用品则征10%,半奢侈品为15%,奢侈品课税最重达25%。①此税在全国仅征一次,后未再征缴。此外,战时种种货物税一并由战时消费税取代,虽由海关负责具体征缴,但不属于关税范畴。战时消费税自1942年开征到1945年废止,共计征收32.59亿元②,也是一项不小的收入。

国民党政府整合税项统称为货物税,并推行战时消费税,使得国库收入增收不少。自1940年至1945年,货物税收入逐年递增,不包括税收征实部分,每年货物税占总税收比重依次为27.4%、28.3%、35.8%、22.3%、22.7%、24.2%,如若将所征实物纳入计算,货物税收仅次于食盐项收入,位列抗日战争时期国民党政府财政收入的第二位。③

(3)开征新的直接税

直接税,顾名思义就是直接向人民征收的税种,主要针对纳税者的收入以及其所拥有的财产价值来征缴。抗日战争时期属于直接税性质的税项有5种,分别为印花税、所得税、遗产税、非常时期过分利得税和营业税。其中,印花税在民国初年已经开办,1940年6月划归财政部直接税处统一办理;所得税也于全国抗日战争爆发前(1936年10月)开征。全国抗战后,鉴于工厂搬迁、交通不畅等因素的制约,间接税征收变得困难,财政部转而将目光投向直接税。如表18-3所示,自1938年3月起,直接税的相关法案屡有出台,至1943年逐渐构建起完整的直接税征收体系。

---

① 秦孝仪主编:《中华民国经济发展史》第2册,近代中国出版社1983年版,第731页。

② 杨荫溥:《民国财政史》,中国财政经济出版社1985年版,第109页。

③ 杨荫溥:《民国财政史》,中国财政经济出版社1985年版,第109—110页。

表 18-3 抗战时期国民党政府的直接税相关法案汇总(1938—1943 年)

法案条例 税项名称	法案条例	颁发年月
遗产税和战时利得税	《推行战时税制》	1938 年 3 月
非常时期过分利得税	《非常时期过分利得税税率条例》	1938 年 7 月
遗产税	《遗产税条例》	1938 年 10 月
遗产税	《遗产税暂行条例施行细则》	1939 年 12 月
营业税	《修正营业税法》	1941 年 9 月
所得税(复公布)	《所得税法》	1943 年 2 月
非常时期过分利得税(复公布)	《非常时期过分利得税法》	1943 年 2 月
所得税	《财产出卖租赁所得税法》	1943 年 2 月

资料来源:据潘国琪:《抗战初期国民政府财政政策考辨》,《抗日战争研究》2003 年第 1 期整理编制。

新开征的直接税中,遗产税于 1938 年 3 月便欲开办,同年 8 月国民党政府再次提出对个人征收遗产税,“限期订定条例及税率,即予施行。依据中政会所议决之原则列为条文并另加入税率之规定,订立暂行条例公布施行”①,但最终延至 1940 年方才开征,并规定以遗产 5000 元为起征点,5000 元至 5 万元者课税 1%,5 万元以上者课以超额累进税,累进税率控制在 1%—5%的范围内。《非常时期过分利得税税率条例》于 1938 年 7 月颁布,定于次年 1 月 1 日正式开征。营业税于 1931 年颁布,原系地方财政收入税项,1942 年划归中央财政收支体系,由财政部直接税处接管。营业税的税则依照 1941 年的修订要求,统一以营业收入额为课税

① 刘冰:《国民政府抗战建国纲领财政金融实施方案》第四章财政,《民国档案》1987 年第 1 期。

标准,税率为1%—3%;对于不能以营业总收入计算者,则以资本额为课税标准,税率为2%—4%,由各省市分别酌定之。[①] 随着直接税征收系统的建立、完善,该税项所征额度呈现持续上升态势。1940年直接税共计征税0.76亿元,而1945年达144.11亿元,增长速度十分迅猛。[②]

总体而言,抗战爆发后,关税、盐税和统税逐渐短收,国民党政府不得不竭力开征食盐战时附加税、货物税和直接税,以“新三税”弥补“旧三税”,并结合扩大征收范围、提高税率、改用从价和归并税种等多项举措,使国民党政府财政收入得以维持。如表18-4所示,在1942—1943年间,三种新税收入已占国民党政府全年税收收入的60%以上,1944年增至87.3%,1945年其比重更是增至90%以上,成为国民党政府财政收入的新三大支柱。

表18-4 国民党政府战时新三税占全年税收收入的比重(1942—1945年)

(单位:%)

项目/年份	食盐战时附加税及盐税占税收的比重	货物税占税收的比重	直接税占税收的比重	三税总计占税收的比重
1942	—	35.8	30.7	66.5
1943	9.9	22.3	31.2	63.4
1944	43.6	22.7	21	87.3
1945	51.7	24.2	14.4	90.3

资料来源:杨荫溥:《民国财政史》,中国财政经济出版社1985年版,第114页。

① 秦孝仪主编:《中华民国经济发展史》第2册,近代中国出版社1983年版,第730页。

② 杨荫溥:《民国财政史》,中国财政经济出版社1985年版,第112页。

3. 发行通货，大举借债

抗日战争初期（1937—1938 年），得益于国民党统治区内农业丰收以及广大人民对法币的信任，这一时期国民党统治区的通货膨胀程度尚轻，法币发行增速较慢。如表 18-5 所示，1937 年法币发行额为 16 亿元，1938 年增至 23 亿元，与 1936 年的法币发行额相比，这一时期平均每年法币发行增速为 38.5%，尚处在人民可以承受的范围内。随着战争的延长和持久，军耗日繁，而上述增税措施无法实现釜底抽薪，为进一步弥补财政赤字，除了发行通货和举借公债，国民党政府别无他法。抗日战争进入相持阶段以后，国民党政府的法币发行可以划分为两个阶段：

表 18-5　国民党政府法币发行额及其指数（1937—1945 年）

（单位：法币万元）

项目 / 年份	发行数额	比上年增加		各阶段平均每年增加百分比	发行指数（各年 12 月）（1937 年 6 月=1）
		数额	百分比（%）		
1937	160000	40000*	33. 3	38. 5	1. 17
1938	230000	70000	43. 7		1. 64
1939	430000	200000	87. 0	87. 3	3. 05
1940	790000	360000	83. 7		5. 60
1941	1510000	720000	91. 1		10. 76
1942	3440000	1930000	127. 8	210. 7	24. 42
1943	7540000	4100000	119. 2		53. 57
1944	18950000	11410000	151. 3		134. 64
1945	103190000	84240000	444. 5		738. 45

注：1936 年年底发行数为 12 亿元，故 1937 年一年内增发数为 4 亿元。

资料来源：杨荫溥：《民国财政史》，中国财政经济出版社 1985 年版，第 157 页表 3-36。

1939—1941 年为第一个时期。本期法币增发量大涨，平均每年增发速度比 1937—1938 年这段时期加快了 2.27 倍。1938 年 10 月,抗日战争进入相持阶段,战争的持续使得军事开支继续上升,加之西南大后方经济基础薄弱,工业产出有限等因素导致建设经费持续攀升,国民党财政收支出现入不敷出的情况。为此,财政部门特意在 1939 年 1 月召开的国民党五届五中全会上作出申报,要求增加纸币发行量,并且最终得以批准,增发法币就此纳入战时财政政策体系当中。① 此后,法币发行总量不断上升,如表 18-5 所示,1939—1941 年间,法币发行总量平均每年增加 87.3%,仅 1939 年的法币发行量就已超出前两年的总和。更为甚者,1941 年的法币发行总量是 1939 年的 3.5 倍,是 1937 年的 9.4 倍,增发速度上升至 91.1%。②

1942 年至抗战结束为第二个时期。本期通货膨胀十分严重,法币发行量涨幅惊人。究其原因,一是本期内国民党政府军费开支飙升。1942—1945 年间,日本为迫使国民党政府投降,先后发动几次大的战役,使得国民党政府军事开支猛增猛涨。1942 年,国民党政府军事开支尚为 113 亿元,1943 年军费开支增至 230 亿元,1944 年的军费开支比前一年翻了将近两番,是为 553 亿元,1945 年的军费开支更是急剧膨胀,飙升至 4213 亿元,已是 1942 年军费开支的 37 倍之多。③ 二是本期内国民党统治区经济急剧衰退。1942 年后中国国际交通线几乎断绝,国际援助运输更加困难,国民党统治区工农业生产青黄不接,“30 年(1941 年)实是后

① 吴菊英:《国民党五届五中全会财政部财政报告》,《民国档案》1986 年第 2 期。

② 杨荫溥:《民国财政史》,中国财政经济出版社 1985 年版,第 157 页。

③ 吴冈编:《旧中国通货膨胀史料》,上海人民出版社 1958 年版,第 153 页。

方工业发展的顶点,过此即已呈衰象”。① 再加上民众对法币的信心不复从前,并且抗战后期法币流通范围大有缩减②,诸多因素交织下,本期内国民党政府财政亏空不断加大。因此,国民党政府不仅无法摆脱增发纸币,通货膨胀的局面,并且越演越烈,如表 18-5 所示,1943 年增发法币 410 亿元,1944 年增发法币 1141 亿元,1945 年更是增发法币 8424 亿元。平均每年发行法币增速为 210. 7%,其中,1945 年最为疯狂,发行增速竟达到 444. 5%。

除了发行通货以外,政府还依旧延续抗战初期所采取的公债政策,发行大量内外公债,以填补巨额的财政赤字。如表 18-6 所示,自抗战爆发至战事结束,共发行内债 23 次,其中,法币公债达 1607200 万元,关金达 1 亿元,英金达 2000 万镑,美金达到 2. 1 亿元。至于外债,全面抗战初期国民党政府通过三项易货借贷,从苏联获取总数为 25000 万美元的贷款;1939 年之后,美、英两国成为国民党政府的主要贷款国,截至 1944 年,国民党政府先后从这两个国家获得贷款共 9 项,总金额为 8. 5 亿多美元。③

表 18-6　国民党政府国内公债统计(1937—1945 年)

债券别* \ 项目		发行日期	发行额**		利率
			发行定额	实发行额	
1	救国公债	1937 年 9 月 1 日	5 亿元	2. 225 亿元	年息 4 厘
2	整理广西金融公债	1937 年 12 月	1700 万元	1700 万元	年息 4 厘

① 寿进文:《战时中国物价问题》,生生出版社 1944 年版,第 32 页。见杨培新:《旧中国的通货膨胀》,人民出版社 1985 年版,第 39 页。

② 杨培新:《旧中国的通货膨胀》,人民出版社 1985 年版,第 40 页。

③ 杨荫溥:《民国财政史》,中国财政经济出版社 1985 年版,第 153—154 页。

续表

债券别* 项目		发行日期	发行额**		利率
			发行定额	实发行额	
3	短期国库券	1937年8月1日	5亿元	5亿元	月息6厘
4	国防公债	1938年5月1日	5亿元	498111050元	年息6厘
5	金公债	1938年5月1日	美金1亿元英金1000万磅、美金5000万元	美金9900万元、英金9.3万磅、美金4185万元	年息5厘
6	赈济公债	1838年7月1日	3000万元	2500万元	年息4厘
7	建设公债	1939年4月1日	6亿元	6亿元	年息6厘
8	军需公债	1939年6月1日	6亿元	6亿元	年息6厘
9	军需公债	1940年3月1日	12亿元	12.5亿元	年息6厘
10	建设金公债	1940年5月1日	英金1000万磅美金5000万元	英金987万磅、美金4599万元	年息5厘
11	建设公债	1941年3月1日	12亿元	12亿元	年息6厘
12	军需公债	1941年2月1日	12亿元	11.85亿元	年息6厘
13	滇缅铁路金公债	1941年7月1日	美金1000万元	美金1000万元	年息5厘
14	粮食库券	1941年9月1日	谷171336石、麦2066667石	谷6762252市石麦598451包	周息5厘
15	中国农民银行土地债券	1942年3月26日	1亿元	1亿元	年息6厘

续表

债券别* \ 项目		发行日期	发行额**		利率
			发行定额	实发行额	
16	年粮食库券	1942年9月1日	谷 11380036 石、麦 240 万市石	谷 10463198 市石 麦 1209110 包	周息5厘
17	同盟胜利美金公债	1942年5月1日	美金1亿元	美金 9980 万元	年息4厘
18	同盟胜利公债	1942年7月1日	法币10亿元	6.1亿元	年息6厘
19	同盟胜利公债	1943年6月1日	法币30亿元	30亿元	年息6厘
20	整理省债公债	1943年7月1日	1.75亿元	1.75亿元	年息6厘
21	粮食库券	1943年9月1日	稻谷 2313 万市石、麦 155 市石	稻谷 2313 万市石、麦 155 市石	周息5厘
22	同盟胜利公债	1944年7月1日	50亿元	50亿元	年息6厘
23	四川省征借粮食临时收据	1944年9月	粮食 1200 万市石	粮食 1200 万市石	周息5厘

注：* 债券名称除救国公债、中国农民银行土地债券外，开头全部冠有发行当年的民国纪年，如“民国二十六年整理广西金融公债”（余类推）。为简化表中文字，债券名称前的民国纪年已全部删除。

** 除另有注明外，币种全部为法币。

资料来源：千家驹编：《旧中国公债史资料（一八九四—一九四九年）·旧中国发行公债史的研究（代序）》，财政经济出版社 1955 年版，第 32—33 页；《旧中国公债史资料（一八九四—一九四九年）》，第 275—318 页所辑相关公债条例资料；财政部财政年鉴编纂处编纂：《财政年鉴三编》，第九篇国债·内债，中央印务局 1948 年版，第 10—14 页综合整理、计算编制。

4. 兴办各种募捐活动

募捐活动与抗日战争相始终，它是促使中国人民取得抗日战争胜利的重要力量。为解决抗日战争所引发的财政问题，除了增税、印钞和发债之外,国民党政府在抗日战争期间还多次开展募捐活动。募捐活动的形式不一,既有官方组织的,也有民间自发组织的;涉及的主体也较为多元,既有国内的民众,也有海外爱国华侨,既有上层知识分子,也有下层农民穷户。全面抗战之初,国民党政府便已出台募捐政策,如表18-7所示,该时期国民党政府发布的募捐政策及社会宣传的相关文件就有6份之多。抗日战争进入相持阶段后,中国军需物资陷入极度缺乏的境地,为此,1939—1944年年底,国民党政府更是相继出台了一系列的捐募政策。

表18-7 全面抗战时期国民党政府募捐政策及社会宣传相关文件统计

项目 时间	颁发部门(者)	文件名称	主要作用(目的)
1937年9月	国民党政府行政院	《金类兑换法币办法》	为国库收集黄金
1938年1月	国民党政府	《统一募捐及慰劳工作纲要》	统一募捐工作,增进工作效率
1938年6月	国民党政府军事委员会政治部	《全国民众宣传大纲及宣传办法》	促进民族觉醒,歌颂军民抗战,揭露日军暴行
1938年7月	蒋介石	《告全国军民书》	鼓动全国军民抗战
1938年7月	国民党政府	《节约运动计划大纲》	鼓励社会捐献金银物品(献金)
1938年12月	国民党中央社会部	《推行义卖献金运动办法》	对义卖献金做了原则上的规定
1939年1月	国民党中央社会部	《各地推行义卖运动准则草案》	深化对义卖献金的推行、管理
1939年5月	国民党中央政治部	《关于义卖献金运动办法意见书》	推广义卖献金办法,减少劣弊

续表

项目 时间	颁发部门(者)	文件名称	主要作用(目的)
1939 年 7 月	国民党政府行政院	《统一缴解捐款献金办法》	统一捐款上缴,制定上缴的详细流程
1940 年 2 月	国民党中央社会部	《关于改进国内各地捐募办法》	进一步改进捐募办法强化管理
1940 年 2 月	国防最高委员会	《改进募集捐款献金办法》	试图使捐款由官方核准或备案
1941 年 3 月	国民党五届八中全会	《积极动员人力物力财力确立战争经济体系案》	动员全国之经济力以持久抗战
1941 年 6 月	国民党政府行政院	《统一征募劳军财物办法》	明确动员委员会负责及其他具体办法
1941 年 10 月	国民党政府	《非常时期捐献款项承购国债及劝募捐款国债奖励条例》	对捐献承购国债及劝募捐款国债的人承购数额分等级颁予勋章
1941 年 12 月	国民党政府行政院	《统一捐款献金收支处理办法》	捐款的处理办法
1941 年 12 月	国民党五届九中全会	《加强国家总动员实施纲领案》	强化全国动员以提升战力
1942 年 3 月	国民党政府	《国家总动员法》	设立专属机构,统制、运用动员之经济力
1942 年 6 月	国民党中常委	《国家总动员法实施纲要》	维护总动员法的实施
1942 年 6 月	国民党政府	《妨害国家总动员惩罚暂行条例》	维护总动员法的实施
1942 年 5 月	国民党政府	《统一捐募运动办法》	统一捐募组织管理及重要事项
1943 年 11 月	国民党政府财政部	《关于加强推进国内外捐献计划大纲》	进一步明确各机构在献金中的职能

续表

时间 \ 项目	颁发部门(者)	文件名称	主要作用(目的)
1944 年 11 月	国民党政府行政院	《改善士兵待遇献金献粮办法》	明确此项活动的主办机构,针对对象及其他具体办法

资料来源:据付文武:《抗战时期国民政府募捐政策研究》,《长春师范大学学报》2017 年第 5 期整理。

就募捐地域而言,鉴于华北、华东和华中等地区大部沦陷,这些募捐活动主要是在国民党统治区的大后方展开。重庆作为战时陪都,自然是捐募的重地。1938 年 12 月,渝市抗敌会兴办"一元还债运动"①,时评颇好,抢占了募捐活动的舆论先机。次年 2 月至 3 月又进行了"献金竞赛活动",在社会各阶层竞相捐募下,最后捐募所得近 500 万元。② 1940 年渝市为宣传抗日,鼓舞士气,兴办了"春礼劳军献礼运动",得到社会各方的大力支持。在渝四大银行献礼 40 万元;③社会底层人民也尽其所能,工人、学生甚至乞丐踊跃参与,当中仅靠工人几角几块这样零散小钱募集而来的款项即达 15800 元。④ 1941 年 1 月,响应蒋介石的号召,全国慰劳总会主持"出钱劳军运动",渝市各团体及个人也是不遑多让,至 3 月末募集资金 3588420 余元。⑤ 重庆的募捐活动以及积极响应,

① 《渝市抗敌会发起一元还债运动,将没收仇货充义卖献金》,《新华日报》1938 年 12 月 21 日。

② 《献金竞赛昨结束,总数近五百万元》,《新华日报》1939 年 3 月 13 日。

③ 《渝四大银行送礼四十万元》,《新华日报》1940 年 2 月 22 日。

④ 四川省总工会工运史研究室:《抗日战争时期的四川工人阶级》,《四川党史研究资料》1985 年第 9 期。

⑤ 彭承福主编:《重庆人民对抗战的贡献》,重庆出版社 1995 年版,第 177 页。

不仅鼓动了后方国人抗日捐募、共赴国难的热情，同时也为国民党政府解决财政困境提供了有力的支持。此外，川蜀之地作为抗战的后方对“捐款献金运动”贡献力量颇多，1944 年 5 月以前，四川 14 县市献金总值 2 亿元（包括黄金饰品，物品折价），5 月至 11 月底，内江、自贡、富顺等县市第二次献金活动总额约 5 亿元。[①] 就连远离战争前线的新疆，即便自身经济不算发达，但募捐抗战的热情尤为高涨，截至 1940 年 5 月，新疆总共募捐款项达大洋 322 万余元[②]，使得国民党政府的战时财政得以有喘息之机。

就募捐收入而言，如表 18-8 所示，抗战期间的捐款性收入总体呈上升趋势，至 1940 年达到最高值 0. 73 亿元，在该年度国民党政府国库收入各款目中排名第三位，仅次于关税 2. 59 亿元和盐税 1. 02 亿元。[③] 可以想见，国民党政府战时金融财政极为窘迫，因而对捐募献金十分重视；而募捐活动也确实在相当大的程度上为国民党政府解决了燃眉之急。

表 18-8　国民党政府收入总计、捐款性收入及所占比重（1937—1942 年）　（单位：法币百万元）

项目 年份	收入总计	捐款性收入	捐款占总收入比重（%）
1937	2075	37	1. 78
1938	1219	26	2. 13

① 《四川省志 · 大事纪述 · 中》，四川科学技术出版社 1999 年版，第 291 页。

② 中共新疆维吾尔族自治区委员会党史研究室：《中共新疆地方史》（1937 年—1966 年 4 月，第一卷），新疆人民出版社 1999 年版，第 47 页。

③ 国民党政府主计处统计局编：《中华民国统计提要 · 民国三十四年辑》，国民党政府主计处统计局编印，民国三十四年（1945 年）铅印本，第 64 页。

续表

项目 年份	收入总计	捐款性收入	捐款占总收入比重(%)
1939	2777	50	1.80
1940	4417	73	1.65
1941	10840	18	0.17
1942	26914	39	0.14

注:本表以法币百万元为单位,百万元以下四舍五入。

资料来源:1937—1939年的数据来自《孔祥熙检陈1937年7月—1939年6月财政实况秘密报告》,详见中国第二历史档案馆编:《中华民国史档案资料汇编》第5辑第2编,财政经济(一),江苏古籍出版社1997年版,第345页。1940—1942年的数据来自国民政府主计处统计局编:《中华民国统计提要·民国三十四年辑》,国民政府主计处统计局编印,民国三十四年(1945年)铅印本,第64页。

(二)逐步规范地方财政

就中央与地方的关系而言,非中央一级政权都可称之为地方政权,而地方政权的财政状况及机构体系,对中央政权的存续兹事体大,不容忽视。全面抗战时期,国民党政府以抗战与建国相号召,于国家财政而言,则是战争财政与建设财政两相并举,如此便予以地方财政双重压力。为更好统筹地方财力、物力,强化中央战时财政的调配运转,划分财政收支系统、规范地方财政实有必要。

1. 战前国民党政府地方财政的整顿

在近代以前,中国财政体系中并没有正式的县级财政,清代的财政制度统属于专制主义中央集权的政治架构。但进入近代后,中央权力日渐式微,地方权力不断膨胀,中央集权体制下的财政制度濒临崩溃。尤其是近代诸个不平等条约的签订,巨额赔款让中央财政难以为继，为分担财政压力，清政府开始逐步向地方摊派①，并在 1908 年正式提出中央和地方财政划分问题。辛亥革命结束了清朝专制统治，但也中断了清末财政改革的进程。

民国初年，各地军阀和地方实力派手握重权，对于中央的政令阳奉阴违，因而中央与地方的财政显得十分混乱。北京政府为获取列强的承认和支持，顺承了清政府遗留的赔款和外债，财政负担异常沉重；加之北京政府尚未实现对地方的完全掌控，许多地方军阀凭借地方财源与中央抗衡。北京政府只能通过划分财政的国地收支来解决中央的财政困境，抑制日益膨胀的地方势力。其时又恰逢地方自治的热潮，受当时英美政体的影响，以财源独立作为实现地方自治的首要手段，因而在财政的国地划分上，中央与地方不谋而合。1912—1913 年，北京政府相继颁布《国家地方政费标准》《划分国家税、地方税法（草案）》，将占财政收入大头的盐税、关税、田赋和厘金等重要收入纳入国家中央财政体系之内，反观地方财政，仅获得了小规模的税源。由于国地财源划分极不均衡，此次财政改革未能有效推行。

1928 年，国民党政府在名义上实现了全国统一，进入“训政”时期。“训政”时期的主要任务是采取地方自治等方式“训练”民众，为实行宪政奠定基础。所谓的地方自治主要是指县级自治，而县级自治首先必须在财源上实现自治。换言之，地方自治必须伴有与之配套的县级财政的支持方可实行。故而县级财政整顿被提上议程。同年 7 月，国民党第一次全国财政会议召开，会议决定统一全国财政，划分国税和地税的征收范围及权限，规定国家财政税源包括盐税、关税、常关税、烟酒税、厘金等 16 项税收；地方财政收

① 关于清代财政体制的沿革，参见潘国旗：《从中央与地方财政关系看国民政府时期的地方公债》，《历史研究》2016 年第 3 期。

入包括田赋、营业税、契税等12项税收①,希冀借此明确"国家的税,当然归国家,地方的税,当然归地方"②。由表18-9可知,国税、地税的划分,令地方财政的税项变得明朗。此次国、地收支的划分一定程度上厘清了国家财政与地方财政的界限,有助于中央财政地位的巩固和加强。但在省与县之间,当时未作出明确规定,实际导致地方税收几乎全部由省控制,县财政得不到独立收入,不得不自筹资金以维持日常开支,苛捐杂税因之屡禁不绝。

表18-9　国民党政府各省预算岁入比例(1931—1936年)

(单位:%)

项目 年份	税捐收入	地方收入	杂项收入	债款收入	总计
1931	46.57	8.09	35.70	9.64	100
1932	55.92	12.50	24.29	7.29	100
1933	61.89	7.30	25.34	5.47	100
1934	52.07	10.96*	32.87	4.10	100
1935	58.13	6.74	27.75	7.38	100
1936	49.88	10.07	30.41	9.64	100

注:*资料中为10.75%,但根据地方收入数额与岁入总额计算应为10.96%。

资料来源:朱斯煌主编:《民国经济史》,银行学会、银行周报社1948年印本,第181页。

为此,1934年第二次全国财政会议上,国民党政府对地方财政体制作出新的安排,一方面,废除了清末以来的苛捐杂税,如对

① 沈云龙主编:《近代中国史料丛刊》第3编第29辑,《全国财政会议汇编》,文海出版社2005年版,第22—27页。

② 《中央党部代表谭延闿讲词》,江苏省中华民国工商税收史编写组、中国第二历史档案馆编:《中华民国工商税收史料选编》第1辑上册,南京大学出版社1996年版,第1011页。

商业危害最为严重的厘金；另一方面，对县财政的主要税收来源作出规定。紧接着，国民党政府立法院于 1935 年颁布《财政收支系统法》，正式确定财政收支系统为中央、省、县三级制①，规定中央收入包括课税收入、专卖收入、特赋收入、惩罚及赔偿收入、归公绝产收入、规费收入、代管项下收入、代办项下收入、货品售价收入、租金使用费及特许费之收入、利息及利润收入、公有营利事业之盈余收入、协助收入、赠与及遗赠收入、财产及权利售价收入、收回资本收入、公债收入、长期赊借收入和其他收入等 19 项②，省级财政收入与中央财政相比，在项目方面，除了无专卖收入和归公绝产收入这两项外，其他 17 项均无区别。县级财政与省级财政收入项目相同，区别在于各项目包含的范围方面。按此规定，财政收支系统分为中央、省、县三级，各级财政关系得到了清晰的划分，可以说是国民党政府财政管理上的一大进步。

此外，《财政收支系统法》将田赋纳入了县级财政税收范围，而省财政以营业税作为财政的主要收入来源。按照省、县具体各项收入项目的分配原则：第一，对于省的收入来源，并未指定专一款项，而以土地税划归县市，仅以其纯收入总额 15%—45%归省，使得省的现有田赋收入将会损失 55%—85%，省的营业税又以 30%归县市，势必导致以田赋和营业税为主要来源的省财政落空。第二，虽然规定了县财政有独立的税源，但是省的职权与之前相比却未加具体的限制，省可以把诸多事项交办于县，让县经费处于艰窘的境地。第三，该法原来的目的在于实现财政收支内外相维，盈虚调剂，但是要在短时间内把各项收入按合理的比例分配到各级

① 财政部财政年鉴编纂处编纂：《财政年鉴三编》，第十二篇地方财政，中央印务局 1948 年版，第 1 页。

② 《国闻周报》1935 年第 36 期第 12 卷。

财政,是相当困难的。[①] 因而,在公布这一规定时,就没有明确施行的时间,“试行日期以命令定之”[②]。随后,国民党政府为实施《财政收支系统法》,于 1937 年 3 月又公布了《财政收支系统法施行条例》,但迫于日本全面侵华战争爆发,这一收支系统法被搁置一旁。

2. 全面抗战时期国民党政府的地方财政改革

“七七事变”后,国民党政府军事上节节失利,到 1938 年年底,“日寇便占领了中国土地的三分之一,农业生产的 40%,工业生产能力的 92%”[③]。1939 年 1 月,国民党五届五中全会召开,根据当时财政部部长孔祥熙的财政报告所言,“自二十六年七月起至二十七年十二月止,支出总数计为二十六万六千七百七十余万元,而同时期收入不过四万七千七百九十余万元,两抵计亏短二十一万八千九百八十余万元”[④]。由此可知,抗战之初中央财政严重亏短。与此同时,国民党政府所辖地方政府的战时财政也不尽如人意。地方财政常常因战地正常税捐的豁免、税务机构的失常及人民逃亡或规避等原因,税收大减,加之办理军需供应、防空、军训及救济等缘故,支出无限膨胀,因而不断倚赖中央的补助,成了中央财政的累赘。[⑤] 为了维持和强化地方财政实力,国民党政府有了重新划分国地财政收支系统、建立自治财政系统的打算。同时加紧地方财政整理,加强中央对地方财政的控制,增加地方对中央

① 蔡次薛:《论我国国地财政的划分》,《财政知识》1943 年第 1 期。

② 《国闻周报》1935 年第 36 期第 12 卷。

③ 张公权:《中国通货膨胀的历史背景和综合分析》,《工商史料丛刊》第 1 辑,文史资料出版社 1983 年版,第 139 页;第 2 辑,第 183 页。

④ 吴菊英:《国民党五届五中全会财政部财政报告》(1939 年 1 月),《民国档案》1986 年第 2 期。

⑤ 尹文敬:《如何调整国地财政》,《财政评论》1939 年第 5 期。

财政和战费的支援。

1937 年 8 月 30 日,国民党政府国防最高委员会会议通过的《总动员计划大纲关于财政金融实施方案》,在改革税制,改进旧税,维持固有收入;举办新税,另辟战时特别财源的同时;特别提出“整理地方财政,增加收入,紧缩支出,使有余力补助中央战费”①。不过未见具体政策、办法。

1938 年 8 月,国民党政府颁布的《抗战建国纲领财政金融实施方案》则有所不同,在制定“战时税制”的同时,为了保证“战时税制”顺利推行,制定了强化财政管理、改进财务行政的各项措施,包括调整税务机构、厉行会计及公库制度、改进人事管理办法。

调整税务机构方面,一是货物税的稽征,除关税、盐税外,合并归一机关办理。各省原设统、矿、烟酒各税机关裁并改组。每省设置一省局(或每两省设一区局)专司税、盐两税外各种货物税务的监督。省局之下,设置分局或驻矿、驻厂专员,负直接稽征责任。

二是现行之所得税、印花税及将来举办之遗产税等直接税合并归一机构办理。将财政部所得税事务处改组为直接税处,每省或每两省设直接税局,省局以下视事务繁简酌设分局。

三是为海关便于稽征沦陷区域货品倾销内地起见,应添设转口税经征卡所,以资严密,并改进查验手续,力求简便。对于肩挑负贩之零星商货,悉予豁免转口税,以避苛扰。

四是添设盐务运输及存储机构,以济民食,而维税源,其要点大致如下:增设专员驻在扼要各地,负责筹办运盐事宜;于适宜地点添设储盐食栈尽量存储。

五是减少各税务机关公文承转手续,使部署命令直接递达于

① 中国第二历史档案馆编:《中华民国史档案资料汇编》第 5 辑第 2 编,财政经济(1),江苏古籍出版社 1997 年版,第 11—12 页。

各级稽征机关,以增行政效率。中央所管货物税稽征机关承转周折手续繁多,亟应变更办法,使政府命令直接递达于各级执行机关:凡关军机税政及其他重要公务,各级征收机关均得径向财政部呈请核办;凡关军机税政及其他重要公务,财政部或主管署,得以命令径行主管下级机关遵照办理;凡关军人事经费及寻常公务,仍照向例经由各级承转机关办理。

六是分区设置税务署督察专员厉行督察制度,参照印花税督查办法,将全国划为若干区,每区设置税务署督察专员,随带助理人员分行督察,对于战区接近各地税务机关应付临时事变办法酌予指导,并随时调查各机关稽征情形、职员成绩,报部查核。

厉行会计及公库制度方面,一是所有各税收机关会计事宜,应即厘正系统确定组织,使居超然地位,实行会计独立。除海关原有会计制度暂缓置议外,所有盐务、税务等各个单位机关之会计部分,均于 1938 年度内施行。二是施行公库法。各机关收入应径由公库收纳,一切支出径由公库支付,公款出纳集中公库,以杜侵蚀浮滥之弊。

改进人事管理办法方面,一是严定财务人员铨选方法,所有财务人员,应一律考选合格人员,并先予以技术上、军事上之训练而后任用。拟于下年度内由部设立训练所,分别班级,授以技术上必需之课程,并予以军事上、精神上之锻炼。二是厘定财务人员任免、升调待遇及保障考成各规程,切实推行。三是财务机关人员之训练、任免、待遇、考成各事宜,于财政部添设人事司集中管理,力加整顿。①

1939 年 1 月,国民党五届五中全会决议“各级财政收支,当须

① 中国第二历史档案馆编:《中华民国史档案资料汇编》第 5 辑第 2 编,财政经济(1),江苏古籍出版社 1997 年版,第 15—17 页。

切实调整”,并且指出要强化县级财政,“县财政制度之确立,县财政经费之增加,尤有迅速实施之必要”①,在抗战进入相持阶段后,国民党政府又进行了两次地方财政改革。

1939 年 9 月,国民党政府颁布《县各级组织纲要》,重新规定县财政收入为:“(1)土地税之一部(在土地法未实施之县各种属于县有之田赋附加全额);(2)土地陈报告后正附溢额田赋之全部;(3)中央划拨补助县地方之印花税三成;(4)土地改良物税(在土地法未实施之县为房捐);(5)营业税之一部(在未依营业税法改定税率以前为屠宰税全额及其他营业税百分之二十以上);(6)县公产收入;(7)县公营业收入;(8)其他依法许可之税捐。”②

上述规定与 1935 年的《财政收支系统法》相比,更具有可行性。第一,田赋县附加部分仍由县所有,不影响省财政;第二,关于土地陈报后正附溢额田赋全归县有,以及中央补助县印花税三成,这都是对既定事实而作出的规定,不会对现行财政系统有大的影响;第三,房捐过去多由县负责征收,数额有限,若依照《财政收支系统法》规定,该数款的 15%—45%归省,只会徒增麻烦而无补省库,因而将房捐定为县税更切合实际;第四,屠宰税全额归县,已是顺应当时各省之趋势。1940 年起,各省先后开始施行《县各级组织纲要》。如浙江省,参照本省具体情况,规划用三年时间分阶段推进此项财政改革。即于 1940 年划定 10 个县先行实施;次年扩大至 20 个县;第三年覆盖至余下县份。③ 其中,因浙江省的税项中屠宰税、普通营业税、牙行营业税、自治经费(按现有普通营业

① 尹文敬:《如何调整国地财政》,《财政评论》1939 年第 5 期。

② 广西省政府:《广西省政府公报》1939 年第 603 期。

③ 尹红群:《民国时期的地方财政与地方政治——以浙江为个案》,湖南人民出版社 2008 年版,第 213 页。

税的规定收缴)等是由浙江省一并收缴的税款,因此省财政需拨补助县财政一定款项(见表 18-10)。①

表 18-10　浙江省省县财政划分的县份县款增加数及省款拨补事业费(1940 年)

(单位:法币元)

项目 县别	依照田赋标准收四成自治经费	依照营业税标准征收二成自治经费及应征之二成数	二成牙行营业税	屠宰税全部	拨补三成印花税	省款拨补事业费	总计
孝丰	9966	1264	10	5551	5513	32000	54304
新昌	10370	8488	622	13075	381	41000	73937
永康	26082	23238	1872	24168	2359	—	77720
浦江	19678	4732	180	17500	—	29000	71101
龙游	31492	10838	660	17184	2094	—	63258
常山	15842	4998	226	10752	391	35000	67215
慈溪	38548	18007	1617	18748	—	—	76918
天台	12392	7059	243	9019	347	47000	76060
瑞安	31596	19028	2409	13799	8597	10000	85425
丽水	10065	18596	2577	11611	—	17000	59849
总计	206031	116248	10416	141407	19682	211000	705787

资料来源:杭州市档案馆藏:《民国 29 年至 31 年浙江省民政厅县各级组织纲要浙江省实施总报告》,第 17 页,卷宗号 C-1-1-15,见尹红群:《民国时期的地方财政与地方政治——以浙江为个案》,湖南人民出版社 2008 年版,第 214—215 页表 4-2。

① 《划分省县财政办法》,浙江省档案馆 L31-3-5;见尹红群:《民国时期的地方财政与地方政治——以浙江为个案》,湖南人民出版社 2008 年版,第 214 页。

1940 年,浙江省已经实行省县划分的县份中,有 7 个县份仍需省财政拨补;1941 年浙江省实行省县财政划分县份达 20 个,经省政府观察其开办新事业的具体情况后,认为有 8 县尚需省财政拨付款项(见表 18-11)。

表 18-11　1940 年与 1941 年浙江的财政拨补县款比较

(单位:法币元)

县别	第一类		第二类	
	1940 年度原列数	1941 年度改拨数	县别	1941 年度拨补数
孝丰	32000	25000	于潜	20000
新昌	41000	35000	桐庐	15000
浦江	29000	25000	东阳	5000
常山	35000	30000	建德	10000
天台	47000	40000	象山	10000
瑞安	10000	—	乐清	10000
丽水	17000	15000	龙泉	40000
总计	211000	170000	松阳	20000
			总计	130000

资料来源:杭州市档案馆藏:《民国 29 年至 31 年浙江省民政厅县各级组织纲要浙江省实施总报告》,第 18 页,卷宗号 C-1-1-15,见尹红群:《民国时期的地方财政与地方政治——以浙江为个案》,湖南人民出版社 2008 年版,第 215 页表 4-3。

1939 年的渐进性县级财政改革,推进了县级财政的现代化转型,并为 1941 年财政两级制改革奠定了基础。此次财政改革原本旨在革除自近代以来中央财政大权旁落地方这一积弊,将中央的权力触角深入到地方;同时也想将西方财政体制中的"分税制"引入到中国,使中国的财政体制与世界接轨,增强国家各方面建设。

无奈抗日战争旷日持久,令中央与地方的财政压力不断加重,导致此次财政改革效果尚未完全显现。1941 年战争依旧胶着,而国民党政府的财政状况却极度恶化,濒临崩溃。因此,国民党政府不得不再次调整财政政策。

为了挽救财政危局和最大限度地发挥县级政府在抗战中的自主性作用,坚持持久抗战,国民党政府于 1941 年 6 月召开了第三次全国财政会议。会期历时 9 天,共收到提案 148 件,其中以改进财政收支系统、整顿金融和整顿田赋居多。综合大会对众多提案的讨论、修正,此次全国财政会议主要成果有三:其一,改订财政收支系统。即“将全国财政划分为国家财政与自治财政两大系统,省级财政系统并入国家财政,自治财政则以县市为单位,并包括县以下各级地方自治团体”①。此外,还对国家税课收入在两大系统中的分配标准做了详细规定:印花税 30%拨市县,遗产税 25%拨市县,营业税 30%拨市县,土地税及契税原属省收入部分悉归国家,其原属市县部分,暂仍其旧。屠宰税从营业税中划出,全额归市县。所得税悉归中央。②

其二,各省田赋暂行收归中央接管并改征实物。依据此次会议通过的《战时各省田赋征收实物暂行办法》,决定田赋由中央暂行接管,“各省田赋即土地陈报,一律三十年度内由中央接管,中央与各省市县分设田赋管理处”③。并且规定“田赋征实”,具体征收办法“以 1941 年度田赋正附税额每元折征稻谷二市斗,产麦

① 财政部财政年鉴编纂处编纂:《财政年鉴三编》,第十二篇地方财政,中央印书局 1948 年版,第 1 页。

② 中国第二历史档案馆编:《中华民国史档案资料汇编》第 5 辑第 2 编,财政经济(1),江苏古籍出版社 1997 年版,第 150 页。

③ 中国第二历史档案馆编:《中华民国史档案资料汇编》第 5 辑第 2 编,财政经济(1),江苏古籍出版社 1997 年版,第 147 页。

及杂粮地区得征等价小麦及杂粮。1942年度将此项标准提高为每元折征稻谷4市斗，或小麦二市斗八市升，增加了一倍左右”①。实际上，若将战时田赋征实所得换算为法币，则数额大大超过了各种税收获得的收入，最高的年份可达税收所得的4.5倍，最低的年份也约有2.5倍。②

其三，改进税政税制。关于改进税政、税制者的规定如下：(1)统一征收机构，于全国各县设立税务局，征收国税，并代征自治财政之各项税捐，由中央直接管辖监督。(2)取消各省原有通过税性质之捐税，改办战时消费税。(3)改订营业税法。(4)改进人事管理，普遍训练财务人员。③

1941年11月，国民党政府又公布《改订财政收支系统实施纲要》，议定1942年1月1日开始实行。④ 其中对自治财政系统的规定，县市并未加以区别，县与乡镇也未作划分，所以自治财政的规定即县财政的规定。⑤ 现将实施纲要中自治财政收支系统内容列举如下：

关于收入部分：(1)税课收入；(2)特赋收入；(3)惩罚及赔偿收入；(4)规费收入；(5)信托管理收入；(6)财产及权利收入；(7)公有营业之盈余收入；(8)公有事业收入；(9)补助收入；(10)地方性之捐献及赠与收入；(11)财产及权利之售价收入；(12)收

① 杨荫溥：《民国财政史》，中国财政经济出版社1985年版，第118页。

② 杨荫溥：《民国财政史》，中国财政经济出版社1985年版，第121页。

③ 《第三次全国财政会议重要议决案及实施情形简要说明》1941年8月15日，中国第二历史档案馆编：《中华民国史档案资料汇编》第5辑第2编，财政经济(1)，江苏古籍出版社1997年版，第150—151页。

④ 财政部财政年鉴编纂处编纂：《财政年鉴三编》，第十二篇地方财政，中央印书局1948年版，第1页。

⑤ 彭雨新：《县地方财政》，商务印书馆1945年版，第11页。

回资本收入;(13)公债收入;(14)赊借收入;(15)其他收入。①

此次自治财政改革在各省所属县市及特别市地方收入分类预算中可更清楚地显示。表18-12至表18-17是1943—1945年地方收入分类预算,仔细分析各表项目一列,可知其不仅有自治税课收入项,还有分配县市国税收入项,而且其他各项大体也是按《改订财政收支系统实施纲要》中所列15项收入分类,可据此窥见该纲要的实施情况。

表18-12 各省所属县市及特别市地方收入分类预算(一)(1943年)

(单位:法币千元)

项目＼省别	总计*	安徽	浙江	江西	湖北	湖南	四川	河南
自治课税收入	81628	2336	4448	7283	3554	4061	31938	1599
分配县市国税收入	80476	2847	4537	3813	1970	8501	22712	5247
其他税捐收入	16379	1644	2760	—	1215	—	—	—
国税附加收入	17089	202	1707	1090	186	1566	9391	423
特赋收入	1513	—	0	11	68	—	161	—
规费收入	2874	46	451	160	25	216	232	44
惩罚及赔偿收入	1658	36	487	76	173	135	229	68
公有事业收入	800	—	73	270	28	—	18	29
公有营业之盈余收入	3711	36	141	441	2566	174	102	30
财产及权利售价收入	45151	2958	1818	2037	2143	3599	17482	7006
地方性之捐献及赠与收入	3215	—	1892	175	467	—	424	—
信托管理收入	175	—	130	—	—	—	—	—

① 国民党政府:《改订财政收支系统实施纲要》,《东南经济》1941年第11、12期合刊,第137页。

续表

项目＼省别	总计*	安徽	浙江	江西	湖北	湖南	四川	河南
辅助收入	9864	855	101	191	103	1572	5441	79
公债收入	38	—	0	—	—	—	—	—
收回资本收入	7	—	5	1	—	—	1	—
赊欠收入	572	—	—	—	—	—	—	—
代办项下收入	0	—	—	—	—	—	0	—
各乡镇收入	16324	—	9565	—	—	—	—	—
其他收入	40557	7793	5658	302	2498	8840	4715	1152
总计	322031	18753	33773	15850	14996	28664	92846	15677

表 18-13　各省所属县市及特别市地方收入分类预算(二)(1943 年)

(单位:法币万元)

项目＼省别	陕西	甘肃	福建	广东	广西	云南	宁夏	青海	重庆
自治课税收入	981	1156	3742	3633	10123	2960	28	6	3780
分配县市国税收入	6858	2856	3756	4471	3746	3569	1120	623	3850
其他税捐收入	184	292	4126	7	6149	—	—	2	—
国税附加收入	100	659	413	969	118	0	—	15	250
特赋收入	—	20	37	9	44	1013	150	—	—
规费收入	50	187	106	372	197	593	—	—	195
惩罚及赔偿收入	47	66	175	36	78	44	—	—	8
公有事业收入	88	—	160	—	54	80	—	—	—
公有营业之盈余收入	73	1	85	2	48	12	—	—	—
财产及权利售价收入	558	770	1980	431	294	4022	7	6	40

续表

项目\省别	陕西	甘肃	福建	广东	广西	云南	宁夏	青海	重庆
地方性之捐献及赠与收入	—	—	123	103	27	4	—	—	—
信托管理收入	—	—	4	3	1	37	—	—	—
辅助收入	5	173	—	390	519	415	—	20	—
公债收入	—	—	9	—	—	29	—	—	—
收回资本收入	—	—	—	—	—	0	—	—	—
赊欠收入	—	—	—	—	—	572	—	—	—
代办项下收入	—	—	—	—	—	—	—	—	—
各乡镇收入	—	—	—	6759	—	—	—	—	—
其他收入	5030	229	2253	76	307	844	17	479	364
总计	13974	6409	16969	17261	21705	14194	1322	1151	8487

注:本表以法币万元来统计,为便于计算,采用四舍五入方法;* 总计数为表18-12和表18-13中各分项的实际加总数。

资料来源:郑成林选编:《民国时期经济统计资料汇编》第46册,国家图书馆出版社2016年版,第48—49页。

表18-14　各省所属县市及特别市地方收入分类预算(一)(1944年)

(单位:法币万元)

项目\省别	总计*	四川	浙江	湖南	江西	广东	安徽	河南	广西
自治税课收入	375581	130865	21402	12658	25975	17223	9344	5371	37227
分配县市国税收入	140720	33512	9516	15401	8460	6728	4723	7288	5661
国税附加	12219	5400	338	925	613	413	586	900	124
特赋收入	2010	780	0	—	18	19	—	—	73
规费收入	8764	353	965	107	432	442	62	275	450
惩罚及赔偿收入	6034	333	1624	168	254	69	93	375	131
财产及权利孳息收入	158265	38367	4403	9195	7740	1691	5265	14404	723

续表

项目＼省别	总计*	四川	浙江	湖南	江西	广东	安徽	河南	广西
公有营业之盈余收入	23971	609	200	268	1572	75	252	181	778
公有事业收入	35102	234	60	16672	2029	90	5748	6563	120
辅助收入	30926	11908	84	4089	331	70	1400	79	8032
信托管理收入	1504	1	45	—	—	—	—	1447	1
地方性质捐款及赠与收入	27862	970	3440	—	720	7254	—	—	880
收回资本及基金收入	230	10	15	—	—	50	—	120	34
赊借收入	148	—	—	—	—	25	—	—	—
公产公款收入	50	—	—	—	—	50	—	—	—
公粮收入	16575	—	—	—	—	—	16575	—	—
各乡镇收入	48424	—	47714	—	—	—	—	—	—
其他收入	113906	10254	4063	73	14510	138	689	5922	1959
教育专款收入	2806	—	—	—	—	—	—	—	—
地政收入	919	—	919	—	—	—	—	—	—
积谷收入	1739	—	1739	—	—	—	—	—	—
总计	1007755	233596	96527	59556	62654	34337	44737	42925	56193

表 18-15　各省所属县市及特别市地方收入分类预算(二)(1944 年)

(单位:法币万元)

项目＼省别	湖北	陕西	宁夏	甘肃	贵州	云南	福建	绥远	重庆
自治税课收入	18776	4490	39	6200	30242	27459	11315	309	16686
分配县市国税收入	7399	11747	1899	4878	5231	4298	8990	1139	3850
国税附加	521	424	—	300	449	19	1107	—	100

续表

项目＼省别	湖北	陕西	宁夏	甘肃	贵州	云南	福建	绥远	重庆
特赋收入	61	—	150	20	13	826	50	—	—
规费收入	59	188	—	251	260	3611	918	—	391
惩罚及赔偿收入	280	127	—	110	239	241	1299	25	666
财产及权利孳息收入	4625	1444	10	3431	8788	48521	9103	441	114
公有营业之盈余收入	15933	328	—	57	247	488	2945	—	38
公有事业收入	182	72	—	2	183	698	2362	—	87
辅助收入	—	156	—	3000	1291	486	—	—	—
信托管理收入	—	—	—	—	—	1	9	—	—
地方性质捐款及赠与收入	1501	2	—	—	479	531	12085	—	—
收回资本及基金收入	—	1	—	—	—	—	—	—	—
赊借收入	—	—	—	—	—	123	—	—	—
公产公款收入	—	—	—	—	—	—	—	—	—
公粮收入	—	—	—	—	—	—	—	—	—
各乡镇收入	—	—	—	—	—	—	—	710	—
其他收入	10100	23370	25	749	14385	8798	17029	1301	541
教育专款收入	—	—	—	—	—	2806	—	—	—
地政收入	—	—	—	—	—	—	—	—	—
积谷收入	—	—	—	—	—	—	—	—	—
总计	59437	42349	2123	18998	61807	98906	67212	3925	22473

注:本表以法币万元来统计,为便于计算,采用四舍五入方法。* 总计数为表18-14和表18-15中各分项的实际加总数。

资料来源:郑成林选编:《民国时期经济统计资料汇编》第46册,国家图书馆出版社2016年版,第50—51页。

表 18-16　各省所属县市及特别市地方收入分类预算(一)(1945 年)

(单位:法币万元)

项目＼省别	总计*	四川	浙江	福建	广东	安徽	湖北	甘肃
税课收入	924845	321508	52475	24785	64936	53317	46724	16956
分配县市国税收入	391033	123532	13117	22495	6087	8823	11254	19578
国税附加收入	24481	17707	613	638	—	1766	313	619
特赋收入	10202	2701	1789	1280	31	—	—	100
工程收益费收入	3035	—	—	—	—	—	3035	—
惩罚及赔偿收入	17730	590	3489	3304	230	272	462	188
规费收入	53367	673	4701	2039	2760	595	111	314
信托管理收入	94	1	62	17	8	—	—	—
财产及权利之孳息收入	538984	84415	19405	27417	6040	19772	47745	4554
分配田赋实物售价收入	19613	—	—	19613	—	—	—	—
公共造产收入	—	—	—	—	—	—	—	—
市政捐收入	—	—	—	—	—	—	—	—
乡镇临时事业费	23170	—	—	—	—	—	—	—
教款收入	—	—	—	—	—	—	—	—
补配国税收入	—	—	—	—	—	—	—	—
公有事业之盈余收入	36035	1340	2318	709	19	1682	22870	156
公有事业收入	18216	982	655	61	158	14603	492	2
辅助及协助收入	70241	32911	109	—	—	4969	950	10765

续表

项目\省别	总计*	四川	浙江	福建	广东	安徽	湖北	甘肃
地方性之捐献及赠与收入	165553	1416	130800	3114	9959	—	17134	—
其他收入	415268	129957	4342	53735	62092	10422	13609	428
财产及权利之售价收入	5676	11	30	—	—	—	—	—
收回资本收入	270	22	238	—	—	—	—	—
收回基金收入	120	—	120	—	—	—	—	—
公债收入	70	—	1	—	—	—	—	—
地政收入	—	—	—	—	—	—	—	—
积谷收入	—	—	—	—	—	—	—	—
县公粮收入	214345	—	112557	—	—	56213	—	—
总计	2932352	717766	346821	159207	152320	172434	164699	53460

表 18-17　各省所属县市及特别市地方收入分类预算(二)(1945 年)

(单位:法币万元)

项目\省别	贵州	陕西	西康	宁夏	绥远	青海	云南	重庆
税课收入	127075	32255	12589	184	1800	13439	99159	57643
分配县市国税收入	9534	105973	14146	6229	3944	1873	15595	28853
国税附加收入	1353	918	163	45	33	33	0	280
特赋收入	14	—	—	—	—	—	4287	—
工程收益费收入	—	—	—	—	—	—	—	—

续表

项目＼省别	贵州	陕西	西康	宁夏	绥远	青海	云南	重庆
惩罚及赔偿收入	821	166	67	26	45	—	6748	1322
规费收入	876	1404	152	—	—	—	35873	3869
信托管理收入	—	—	—	—	—	—	6	—
财产及权利之孳息收入	6552	3639	11311	—	2706	5	305423	200
分配田赋实物售价收入	—	—	—	—	—	—	—	—
公共造产收入	—	—	—	—	—	—	—	—
市政捐收入	—	—	—	—	—	—	—	—
乡镇临时事业费	—	18000	—	—	75	3000	2095	—
教款收入	—	—	—	—	—	—	—	—
补配国税收入	—	—	—	—	—	—	—	—
公有事业之盈余收入	2807	497	777	—	96	—	2764	—
公有事业收入	77	124	—	—	—	—	1062	—
辅助及协助收入	108	1940	535	—	5676	—	187	12091
地方性之捐献及赠与收入	103	162	125	—	—	—	2742	—
其他收入	4302	77871	—	3750	—	—	54020	741
财产及权利之售价收入	—	—	—	—	—	—	5635	—
收回资本收入	—	—	—	—	—	—	10	—

续表

项目\省别	贵州	陕西	西康	宁夏	绥远	青海	云南	重庆
收回基金收入	—	—	—	—	—	—	—	—
公债收入	—	—	—	—	—	—	69	—
地政收入	—	—	—	—	—	—	—	—
积谷收入	—	—	—	—	—	—	—	—
县公粮收入	43560	—	—	—	2016	—	—	—
总计	197182	242949	39865	10234	16391	18350	535675	104999

注:本表以法币万元来统计,为便于计算,采用四舍五入方法。* 总计数为表18-16和表18-17中各分项的实际加总数。

资料来源:郑成林选编:《民国时期经济统计资料汇编》第46册,国家图书馆出版社2016年版,第52—53页。

关于支出部分:(1)政权行使支出;(2) 立法支出;(3)司法支出;(4)教育及文化支出;(5)经济及建设支出;(6)卫生及治疗支出;(7)保育及救济支出;(8)营业投资及维持支出;(9)保育及救济支出;(10)财务支出;(11)债务支出;(12)公务人员退休及抚恤支出;(13)损失支出;(14)信托管理支出;(15)协助支出;(16)其他支出。①

国民党政府地方支出改革实施情况,可参见国民党政府各省市支出签发数额表。由表18-18和表18-19可知,1942—1944年的各省市支出已单独列出分配县市国税一项,这应是县级财政改革的直接体现之一。此外,在1942—1945年各省所属县市及特别市地方支出分类预算中(见表18-20至表18-27),其具体的支出项目也几乎依照《改订财政收支系统实施纲要》中支出部分各项规定实施。

① 国民党政府:《改订财政收支系统实施纲要》,《东南经济》1941年第11、12期合刊,第137页。

表 18-18　各省市支出签发数额(一)(1942—1943 年)

(单位:法币万元)

项目 省市别	1942 年				1943 年				
	总计	省市支出	分配县市国税	省级公粮支出	总计	省市支出	分配县市国税	省级公粮支出	县市建设费
四川	33223	11761	14462	7000	49075	19887	29188	—	—
云南	13334	11625	1709	—	18833	15629	3204	—	—
贵州	6893	4672	594	1627	10344	7334	3010	—	—
广东	13502	10368	1801	1333	16462	12201	4261	—	—
广西	11557	8856	1199	1502	12907	9316	3591	—	—
湖南	10110	8750	1360	—	17723	2894	8229	6600	—
湖北	9586	7838	1168	580	11850	11706	144	—	—
山东	3554	3554	—	—	5156	2985	123	2048	—
山西	4362	4362	—	—	5126	4486	640	—	—
河南	8328	5519	931	1878	36011	9722	3387	22902	—
河北	512	512	—	—	1538	851	—	687	—
江苏	1906	1905	1	—	4978	3688	458	832	—
浙江	12281	8490	2734	1057	14566	10348	4218	—	—
福建	10502	8512	951	1039	14242	10851	3391	—	—
江西	9935	8916	1019	—	14220	12899	1321	—	—
安徽	5482	4642	523	317	9576	6866	2710	—	—
西康	4890	3327	123	1440	7605	6075	530	800	200
青海	770	754	16	—	1740	1359	381	—	—
陕西	7977	6105	1872	—	15718	9725	5993	—	—
甘肃	6586	4923	521	1142	11775	9337	2302	—	136
宁夏	864	654	209	—	2333	1346	987	—	—
绥远	733	683	50	—	1942	1652	290	—	—
察哈尔	151	151	—	—	373	231	—	142	—
辽宁	18	18	—	—	32	32	—	—	—
吉林	19	19	—	—	32	32	—	—	—
黑龙江	18	18	—	—	49	49	—	—	—
热河	18	18	—	—	31	31	—	—	—
重庆	6164	3965	2199	—	9322	4191	3748	1383	—

续表

省市别＼项目	1942年				1943年				
	总计	省市支出	分配县市国税	省级公粮支出	总计	省市支出	分配县市国税	省级公粮支出	县市建设费
新疆	—	—	—	—	300	300	—	—	—
总计	183273	130917	33442	18915	293859	176023	82106	35394	336

表 18-19　各省市支出签发数额(二)(1944年)

(单位:法币万元)

省市别＼项目	1944年				
	总计	省市支出	分配县市国税	省级公粮支出	县市建设费
四川	137665	45624	35841	16200	40000
云南	37126	24979	4947	7200	—
贵州	26047	14983	5824	5040	200
广东	40722	26349	6388	7920	65
广西	41511	24387	9964	6660	500
湖南	56249	26793	16296	12600	560
湖北	33007	19080	5060	7200	1667
山东	9128	5611	1517	2000	—
山西	15311	10929	1332	3000	50
河南	52950	23635	7665	19500	2150
河北	4697	2447	—	1900	350
江苏	12215	6733	557	4859	66
浙江	35830	21505	7485	6480	360
福建	37052	21463	6889	8100	600
江西	46550	25619	10431	9900	600
安徽	25585	14500	4844	6066	175
西康	17218	12479	1089	2880	770

续表

省市别＼项目	1944 年				
	总计	省市支出	分配县市国税	省级公粮支出	县市建设费
青海	5136	2983	428	1625	100
陕西	54077	30952	14157	8750	218
甘肃	33099	19703	5004	5000	3392
宁夏	8124	3937	1937	2250	—
绥远	6349	4078	392	750	1129
察哈尔	740	445	—	202	93
辽宁	96	52	—	44	—
吉林	98	53	—	45	—
黑龙江	77	49	—	28	—
热河	86	52	—	34	—
重庆	29959	14398	5653	8474	1434
新疆	3195	1279	1916	—	—
总计	769890	405088	155616	154707	54479

注:本表以法币万元来统计,为便于计算,采用四舍五入方法。总计数以原表中各分项的实际加总为准。

资料来源:郑成林选编:《民国时期经济统计资料汇编》第 46 册,国家图书馆出版社 2016 年版,第 42—43 页。

表 18-20　各省所属县市及特别市地方支出分类预算(一)(1942 年)

(单位:法币万元)

项目＼省别	总计*	江苏	浙江	安徽	江西	湖北	湖南	四川	西康	山西
政权行使支出	944	3	108	—	—	296	—	171	42	—
行政支出	38398	166	2739	1978	1737	1207	2238	7940	435	579
立法支出	64	—	—	—	56	—	—	—	—	—
教育文化支出	31958	64	1103	818	1261	3124	1697	10803	528	167

续表

项目＼省别	总计*	江苏	浙江	安徽	江西	湖北	湖南	四川	西康	山西
经济及建设支出	9510	13	2231	157	718	332	370	1644	26	119
卫生及治疗支出	3454	12	248	67	213	158	230	617	26	7
保育及救济支出	2489	17	174	—	283	—	118	1318	37	—
营业投资及维持支出	1414	—	2	228	83	295	—	374	5	—
保安支出	16084	147	2050	612	659	1178	935	2725	189	304
财务支出	5000	10	234	200	193	129	253	1980	57	20
债务支出	128	49	24	—	3	—	—	35	—	—
公务员退休及抚恤支出	113	0	7	—	—	25	—	—	0	22
损失支出	34	—	—	—	—	—	—	—	—	—
信托管理支出	152	—	152	—	—	—	—	—	—	—
普通辅助及协助支出	3789	8	—	—	44	44	—	11	—	—
社会事业支出	490	—	—	—	—	251	—	—	—	—
特殊支出	240	—	—	—	—	—	—	—	—	—
其他支出	40400	0	255	418	2149	109	609	23921	23	369
预备金	1098	45	633	144	376	430	576	3717	254	129
未分配数	3073	10	593	—	413	—	—	952	503	—
总计	168717	545	10553	4622	8188	7578	7025	56208	2125	1716

表 18-21　各省所属县市及特别市地方支出分类预算(二)(1942 年)

(单位:法币万元)

科目＼省别	河南	陕西	甘肃	福建	广东	广西	云南	贵州	宁夏	青海	重庆
政权行使支出	—	—	—	176	75	43	31	—	—	—	—
行政支出	1205	2372	982	2058	1567	8165	1288	1343	178	—	221

续表

科目＼省别	河南	陕西	甘肃	福建	广东	广西	云南	贵州	宁夏	青海	重庆
立法支出	—	—	—	—	3	—	5	—	—	—	—
教育文化支出	2038	1543	917	2349	620	1794	1016	1754	48	—	314
经济及建设支出	456	96	182	740	469	1273	159	471	6	—	50
卫生及治疗支出	49	54	41	253	476	275	164	310	—	—	254
保育及救济支出	24	4	17	139	85	86	73	112	1	—	—
营业投资及维持支出	—	—	—	426	—	—	2	—	—	—	—
保安支出	888	1354	157	1418	917	747	1119	621	34	—	30
财务支出	195	35	33	502	332	310	114	160	—	—	243
债务支出	—	—	—	9	4	3	—	1	—	—	—
公务员退休及抚恤支出	—	—	—	10	6	15	17	5	—	—	5
损失支出	—	—	—	30	—	—	4	—	—	—	—
信托管理支出	—	—	—	—	—	—	—	—	—	—	—
普通辅助及协助支出	30	—	4	—	150	1420	26	—	—	—	2050
社会事业支出	48	—	—	—	—	—	—	—	—	—	192
特殊支出	—	—	—	—	—	—	—	—	—	—	240
其他支出	850	0	622	2818	5966	0	314	724	79	0	1174
预备金	1188	200	351	713	483	534	742	353	39	0	75
未分配数	—	—	—	9	515	—	61	—	—	17	—
总计	6971	5658	3306	11650	11668	14665	5135	5854	385	17	4848

注：本表以法币万元来统计，为便于计算，采用四舍五入方法。* 总计数为表 18-20 和表 18-21 中各分项的实际加总。

资料来源：郑成林选编：《民国时期经济统计资料汇编》第 46 册，国家图书馆出版社 2016 年版，第 56—57 页。

表 18-22　各省所属县市及特别市地方支出分类预算(一)(1943 年)

(单位:法币万元)

项目＼省别	总计*	浙江	安徽	江西	湖北	湖南	四川	河南
行政支出	63485	4234	3901	3131	4786	10301	13082	2743
立法支出	17	0	0	0	0	0	0	0
教育及文化支出	49862	2423	1960	2388	3723	4237	16213	3375
经济及建设支出	14310	837	302	1207	914	976	2256	270
卫生及治疗支出	6735	664	70	368	271	750	1077	224
社会及救济支出	5011	453	67	405	386	476	1651	38
保安支出	31306	6836	1913	1501	1870	3273	4778	1158
财务支出	8445	903	454	344	373	766	2600	326
公务员退休及抚恤支出	244	28	8	0	25	0	0	23
损失支出	140	14	0	0	0	0	0	0
债务支出	852	28	0	6	0	0	12	0
信托管理支出	131	87	0	0	0	0	0	0
营业投资及维持支出	1841	8	153	64	417	0	416	42
辅助支出	2894	0	0	0	101	0	11	105
各乡镇支出	16501	9381	0	0	0	0	0	0
其他支出	90841	5644	8267	5125	1557	4079	44504	3942
预备金	20520	2233	446	1182	574	1730	4813	3293
未分配数	8918	0	1212	129	0	2076	1432	140
总计	322053	33773	18753	15850	14997	28664	92845	15679

表 18-23　各省所属县市及特别市地方支出分类预算(二)(1943 年)

(单位:法币万元)

项目＼省别	陕西	甘肃	福建	广东	广西	云南	宁夏	青海	重庆
行政支出	3780	1681	2694	2427	7171	2656	348	305	245
立法支出	—	—	—	17	—	—	—	—	—
教育及文化支出	3018	1403	2253	773	3696	2893	249	462	796
经济及建设支出	1045	394	757	556	1115	2344	190	67	1080
卫生及治疗支出	135	55	402	499	1259	256	—	62	643
社会及救济支出	56	30	400	141	572	99	29	60	148
保安支出	1120	565	2897	1052	2162	1803	229	132	17
财务支出	157	177	588	451	589	335	34	31	317
公务员退休及抚恤支出	8	0	67	7	26	32	—	—	20
损失支出	—	—	29	—	2	95	—	—	—
债务支出	—	25	24	24	12	546	—	—	175
信托管理支出	—	—	—	0	2	42	—	—	—
营业投资及维持支出	—	—	683	57	—	1	—	—	—
辅助支出	—	8	—	140	—	1053	—	—	1476
各乡镇支出	—	—	—	7120	—	—	—	—	—
其他支出	3509	1740	4662	104	3630	421	222	—	3435
预备金	954	330	1406	498	1260	1622	12	32	135
未分配数	193	—	105	3394	209	19	9	—	—
总计	13975	6408	16967	17260	21705	14217	1322	1151	8487

注:本表以法币万元来统计,为便于计算,采用四舍五入方法。* 总计数为表 18-22 和表 18-23 中各分项的实际加总数。

资料来源:郑成林选编:《民国时期经济统计资料汇编》第 46 册,国家图书馆出版社 2016 年版,第 58—59 页。

表 18-24 国民党政府各省所属县市及特别市地方支出分类预算(一)(1944 年)

(单位:法币万元)

项目＼省别	总计*	四川	浙江	湖南	江西	广东	安徽	河南
行政支出	152650	23766	7525	18798	6796	11211	7352	8733
教育文化支出	139530	25644	5644	7979	7547	4398	3896	8180
经济建设支出	40976	7374	1418	1249	4248	5060	2179	541
卫生支出	18149	1956	1439	982	1266	1681	179	469
社会及救济支出	20117	4407	1378	1946	1443	665	267	494
保安支出	84038	8648	14036	4831	4272	3364	6126	3652
财务支出	26856	4534	2058	1155	1458	1321	755	854
辅助及协助收入	11733	835	357	833	64	—	220	953
公务员退休及抚恤支出	657	—	58	—	25	36	17	56
营业投资及维持支出	22519	3506	119	—	623	100	488	593
乡镇临时事业费	67691	1636	47714	14481	2358	—	—	—
有永久性质之财产购置支出	2083	2040	—	—	—	—	—	—
公粮支出	16645	—	—	70	—	—	16575	—
信托管理支出	223	—	177	—	—	—	—	—
损失支出	515	—	—	—	—	—	—	—
新兴事业费	10887	—	—	—	—	—	—	—
其他支出	302625	123986	6544	4584	28268	4687	3636	11500
预备金	60670	10538	4504	1820	2763	621	1240	6898
未分配数	22114	14667	—	918	1516	1186	1807	—
积谷收入	1739	—	1739	—	—	—	—	—
特种事业费	870	—	870	—	—	—		—

续表

项目＼省别	总计*	四川	浙江	湖南	江西	广东	安徽	河南
地政支出	930	—	930	—	—	—	—	—
债务支出	119	54	17	—	9	7	—	—
总计	1004333	233591	96527	59646	62656	34337	44737	42923

表 18-25　国民党政府各省所属县市及特别市地方支出分类预算(二)(1944年)

(单位:法币万元)

项目＼省别	广西	湖北	陕西	宁夏	甘肃	贵州	云南	福建	绥远	重庆
行政支出	13771	12400	10193	623	3638	7392	14998	4413	640	401
教育文化支出	10749	11699	7374	398	2536	8466	30012	2994	232	1782
经济建设支出	3706	2525	2167	206	2342	2240	921	1241	159	3400
卫生支出	3337	1216	1208	—	150	1860	585	550	15	1256
社会及救济支出	4968	1029	431	45	130	1237	576	402	34	665
保安支出	4663	5292	5819	279	1388	7080	6512	7079	313	684
财务支出	1420	8900	411	38	424	1024	1240	807	4	453
辅助及协助收入	289	570	317	—	232	1110	5382	259	55	257
公务员退休及抚恤支出	67	46	28	—	0	48	95	150	1	30
营业投资及维持支出	1182	415	—	—	—	—	100	15283	—	110
乡镇临时事业费	—	557	—	—	—	6	939	—	—	—
有永久性质之财产购置支出	29	—	—	—	—	—	14	—	—	—
公粮支出	—	—	—	—	—	—	—	—	—	—

续表

项目＼省别	广西	湖北	陕西	宁夏	甘肃	贵州	云南	福建	绥远	重庆
信托管理支出	1	—	—	—	—	23	22	—	—	—
损失支出	—	—	—	—	—	—	515	—	—	—
新兴事业费	—	—	—	—	—	—	10887	—	—	—
其他支出	9075	8987	11001	495	7354	27879	8912	30225	2424	13068
预备金	2928	1802	3399	40	790	2777	17195	2938	49	368
未分配数	—	—	—	—	—	653	—	1367	—	—
积谷收入	—	—	—	—	—	—	—	—	—	—
特种事业费	—	—	—	—	—	—	—	—	—	—
地政支出	—	—	—	—	—	—	—	—	—	—
债务支出	5	—	—	—	13	11	0	—	—	—
总计	56190	55438	42348	2124	18997	61806	98905	67708	3926	22474

注:本表以法币万元来统计,为便于计算,采用四舍五入方法。* 总计数为表18-24和表18-25中各分项的实际加总数。

资料来源:郑成林选编:《民国时期经济统计资料汇编》第46册,国家图书馆出版社2016年版,第60—61页。

表18-26　国民党政府各省所属县市及特别市地方支出分类预算(一)(1945年)　(单位:法币万元)

项目＼省别	总计*	四川	浙江	福建	广东	安徽	湖北	甘肃
行政支出	342002	60878	39205	8734	19213	12281	17241	6987
教育文化支出	421693	53284	29084	6629	11861	5910	31991	3225
经济及建设支出	93126	18786	8734	3045	9393	8472	5324	3051
卫生支出	43433	8730	4967	955	6771	432	2128	352
社会及救济支出	35815	12582	3854	1020	1163	363	993	121
保安支出	229549	23911	63618	12371	6900	22067	8351	1844
财务支出	45708	13670	7681	1606	3816	1257	3015	974

续表

项目＼省别	总计*	四川	浙江	福建	广东	安徽	湖北	甘肃
债务支出	708	72	217	—	204	—	—	26
公务员退休及抚恤支出	4378	524	214	320	743	30	136	1
辅助及协助支出	27990	4268	1205	1477	1080	494	1815	675
信托管理支出	9284	—	525	—	—	—	—	—
其他支出	1060145	340591	32931	105724	85430	61215	84521	26055
预备金	169438	60198	12043	1288	1819	3066	6152	2040
乡镇临时事业费支出	30708	7024	—	—	3396	—	2397	—
权利购置支出	52	—	—	—	—	—	—	—
有永久性质财产购置支出	11080	10743	—	—	—	—	—	—
营业投资及资金支出	38840	19765	616	5138	530	634	634	—
未分配数	98544	82741	—	—	—	—	—	—
县公粮支出	211794	—	108294	—	—	56213	—	—
新兴事业费	49160	—	33634	—	—	—	—	8110
总计	2923447	717767	346822	148307	152319	172434	164698	53461

表 18-27　国民党政府各省所属县市及特别市地方支出分类预算(二)(1945 年)

(单位:法币万元)

项目＼省别	贵州	陕西	西康	宁夏	绥远	青海	云南	重庆
行政支出	24132	70243	6100	857	1048	8392	63898	2793

续表

项目 \ 省别	贵州	陕西	西康	宁夏	绥远	青海	云南	重庆
教育文化支出	26844	24905	9481	550	457	1132	212605	3735
经济及建设支出	8480	11028	934	63	191	636	4058	10931
卫生支出	5940	3064	562	23	146	369	4325	4669
社会及救济支出	4375	559	1035	96	94	1786	6444	1330
保安支出	26288	19129	3195	546	260	823	38943	1303
财务支出	3288	876	853	48	2	79	6489	2054
债务支出	1	2	6	—	—	—	181	—
公务员退休及抚恤支出	340	90	18	—	100	120	857	885
辅助及协助支出	2071	1746	329	46	49	120	10808	1807
信托管理支出	53	8700	—	—	—	—	6	—
其他支出	40874	87856	4199	5786	7279	4692	102755	70237
预备金	10935	14749	1453	150	83	201	50006	5255
乡镇临时事业费支出	—	—	—	150	—	—	17741	—
权利购置支出	—	—	—	—	—	—	52	—
有永久性质财产购置支出	—	—	—	—	—	—	336	—
营业投资及资金支出	—	—	—	—	—	—	11523	—
未分配数	—	—	12698	150	2955	—	—	—
县公粮支出	43560	—	—	—	3727	—	—	—
新兴事业费	—	—	—	1766	—	—	5650	—
总计	197181	242947	40863	10231	16391	18350	536677	104999

注:本表以法币万元来统计,为便于计算,采用四舍五入方法。* 总计数为表18-26和表18-27中各分项的实际加总数。

资料来源:郑成林选编:《民国时期经济统计资料汇编》第46册,国家图书馆出版社2016年版,第62—63页。

由收入和支出系统相关分项规定的内容可知,《改订财政收支系统实施纲要》融合了《财政收支系统法》和《县各级组织纲要》这两大文件的主要内容。第一,中央统筹管理田赋和营业税这两大原地方收入,并由中央分税款与地方,对税额分配有利无损。第二,改变了过去县财政没有独立税源而依附于省财政的状况,给予县财政体制上的独立地位。即使县财政出现苦难,国家财政亦可补助,而不会出现过去省财政侵蚀县财政的现象,地方自治也能获得经济上的支持。加之 1941 年财政部拟定"战时三年计划",并规定了地方财政实施办法须坚守的几项原则:

(1)省与县之财政截然划分;

(2)省预算改由中央编制,作为国家附属预算;

(3)省之收支,由中央负责统筹调剂,以求平衡;

(4)县预算应依法编制,由省核定,并汇送中央核查;

(5)县之支出,应使管教养卫诸政分途发展,尤须特别注重地方经济建设之推进,县之收入,应以现实章制切实整理,并注意整顿扩充官产官业以期增进地方丰富之财源,不必悉赖税捐之收入;

(6)积极推行土地陈报;

(7)各地方具有通过税性质之捐税,应限期一律取消;

(8)严行监督,并限制地方发行公债。①

种种规定及措施,把财政收支系统加以全面改订,县财政出现了更为规范化的变动。一是地方税制的统一。财政部先后颁布各税征收通则,以便各省遵照办理,统一了全国地方税制,一扫过去地方杂税名目繁多或名同实异等弊端。此情形下,县单独的税源

① 《财政部编送之战时三年计划财政金融部分》1941 年 3 月 15 日,见中国第二历史档案馆编:《中华民国史档案资料汇编》第 5 辑第 2 编,财政经济(1),江苏古籍出版社 1997 年版,第 144 页。

为屠宰税、房捐、营业牌照税、使用牌照税、筵席及娱乐税(即行为取缔税改称)五种。二是实行划拨税款及补助,不同项目不同年份划拨税款比例各异。1942年中央划拨县市税款,除印花税按纯收入30%、遗产税按纯收入25%分配外,营业税系按纯收入30%、土地税(地价税或田赋)按各县市1941年度预算原额照拨;契税照原有附加率估计照拨,但以附加率不超过正税半数者为限。1942年度中央对县市补助,以1941年度各县预算所列本省补助费原额为据,但在贫瘠县市因推行新政收入不敷者,由中央另拨特别补助费,此项特别补助费,由各省省政府就中央核给该省总额,斟酌各县市财政状况与施政情形统筹分配。1943年度中央核给县市税款,除印花、遗产、契税照上度办理外,土地税(田赋地价税及土地增值税)按实收数15%拨给县市,其改征实物部分,实物仍归中央由中央按核定之实物平均价格拨给县款。①

上述划拨税款及补助的办法,使得将原归县级财政的主要收入划给中央后,县级的财政收入及需求仍能得到一定的保障,虽然各年度按比例所分拨的数量差异相当大,但是这属于战时的特殊措施,将来的分配将有利于县。②

3.全面抗战期间国民党政府地方财政改革的成效

全面抗战期间国民党政府地方财政改革的成效,首先体现在县级财政自治权力的扩大。此前的省县财政关系中,省对于县实施极度集权的制度,地方税收,多归省有;县只能在附加与杂捐中谋取出路,或以非法摊派解决财政难题,无独立地位可言。县级政务日繁,经费却无从增加,地方自治的进展自然有限。正如当时学者周玉津所说,"吾国地方自治倡导有年,迄无成效,主要原因,系

① 彭雨新:《县地方财政》,商务印书馆1945年版,第14—15页。

② 彭雨新:《县地方财政》,商务印书馆1945年版,第15页。

由于乡镇财政之尚无基础，遂至多重设施，徒有规章，不克实行”①。地方财政的变革显得十分重要，“不仅为县财政上之问题，亦可为整个县政建设之重要问题”②。朱博能的文章中也认为，一国国地财政的划分应与指导一国政治建设之原理相适应，“吾国中央与地方，向主均权之制，财政权自应适当分配与中央及地方，从而使得中央政府可以遂其发展，地方事业可以推进”③。经过1935年《财政收支系统法》、1939年《县各级组织纲要》、1941年确立自治财政系统等方式整理县级财政后，县财政的地位得到加强，县的收入也有了税制方面的保障，进而拥有相对充足的地方自治经费来推进地方自治。

其次，地方财政的改革有力地支持着前线的持久抗战。如“田赋征实”政策，“田赋改征实物，军粮公粮不虞匮乏，有助于抗战者甚巨”④，具体而言，“自三十年下半年起，办理两届征实，一届征购，成效俱属优异，最近三十二年都征实征购开办不久，情形尤佳，以各年度实征数额言，均已超过以往田赋征收法币时期之成效”⑤。若把当时征收实物所得与法币加以换算对比，田赋征实的成效体现得更为明显。“各省之县地方田赋附加收数，未经造报，兹将按过去田赋附加约当田正税四分之三比例算之，约计为六千

① 周玉津：《略论今后地方财政》，《大路半月刊》1943年第8卷第6期。

② 李建昌：《论县收入之整理》，《广东省银行季刊》1942年第2卷第12期合刊。

③ 朱博能：《地方财政与国家财政》，《闽政月刊》1941年第8卷第6期。

④ 马寅初：《财政学与中国财政——理论与现实》上册，商务印书馆2006年版。

⑤ 赵既昌：《田赋征实改良政策之运用与改进》，《财政评论》1944第11卷第6期。

二百三十五万五千余元。照上所列,现在各省田赋正附加税之总额,约在一万五千万元左右。参照田赋改征实物征收标准原案每元折收稻麦二市斗计,则全国田赋正附加税改征实物之后可得稻麦三千万石,如果以每石平均一百元计算,则三千万石约可得三十万万元,约当全国本年度直接税之收入二十三倍而强;这个数目不能算小"①。田赋征实,一方面令军需民用粮食的供应得以保障;另一方面,特别是经征官吏的贪污中饱,也大大加重了农民的负担,加速了农民的贫困化和农业生产的衰退、农村经济的凋敝。

抗战胜利后,战时的中央—县财政两级制并不适用于战后的财政格局。"我国幅员辽阔,县市单位,数约2000,中央政令,必以省为枢纽,承上启下,其地位极属重要。"②如若战后中央和县之间依旧缺乏省级财政的链接,将会使得中央无法对县级财政进行有效的管控。因而"省财政之重建,乃下次改订收支系统之重点"③。故抗战结束后,国家的财政体制又恢复到战前的中央—省—县财政三级体制。

第二节　战后国民党政府财政的短暂过渡

日本宣布无条件投降,中国人民终于获得了抗战的伟大胜利。然而,惨遭日本帝国主义长达14年和8年的侵略、烧杀、破坏、摧毁、洗劫,中国国内特别是东北和关内沦陷区,城乡一片废墟,民生

---

① 方家铭:《田赋征实与战时财政》,《行政干部》1941年第2卷第7—8期合刊。

② 马寅初:《财政学与中国财政——理论与现实》上册,商务印书馆2006年版,第169页。

③ 马寅初:《财政学与中国财政——理论与现实》上册,商务印书馆2006年版,第169页。

凋敝，经济萎缩，财政崩溃，百废待兴，各族人民渴望和平安宁、休养生息。国民党政府不顾百姓死活，急不可耐地要彻底消灭共产党和全国革命力量，以除心腹之患。面对日本帝国主义的残暴侵略和烧杀劫掠，国民党政府妥协退让，消极抗日、积极反共。日本宣布投降，国民党政府立即大打出手，抢摘桃子、夺占果实，并不择手段制造摩擦，侵蚀和进攻解放区，又联合和勾结日伪，搜查、抓捕中共地下工作者和抗日战士。

在财政方面，从抗战胜利到内战爆发的和平间隙期间，国民党政府先后对敌伪产业进行接收，对战后财政体系进行整理、规划与重建，分区设置和派遣财政金融特派员，随同军事人员前往各"驻在地"进行财政接收，采取"财政复员紧急措施"，推设收复区财务机关，订定库款收支办法，调整货物管理办法，并对台湾区财政采取紧急措施。在此同时或稍后，国民党政府财政部各部门，分别为战后财政"复员"先后拟定、调整、完善了一系列政策措施，包括关务署的关税征收、税则改定、海关机构调整措施；盐政局的盐务管理、盐税征收、食盐运销改制措施；税务署的货物税税目、税率调整和课征改进办法；地方财政司的《民生主义的自治财政政策纲领草案》；国库署的推设公库制度、健全库政办法；等等。名目繁多，涉及战后财政接收、财务管理、税捐征收的方方面面。不过所有这些财政政策、措施、办法，因战后和平间隙短渐，一些调整或改良措施的实施，多是在内战爆发后，也有的单纯是纸上谈兵，或者变成国民党政府盘剥民众、拼凑战费的搜刮手段。

一、战后国民党政府的财政接收

抗战胜利，国民党政府首先面临的问题就是沦陷区的接收。早在抗战胜利之前，国民党政府就准备制定章程，接收沦陷区规模庞大的敌伪资产。如1944年由经济部颁布的《收复区敌产处理办法》就对如何接收做了明确规定，“凡敌国在中国之公私事业资产及一切权益一律接收，由中国政府管理或经营之”，“凡敌人在吾国沦陷各地所有之资本财产及一切权益，一律悉皆接收作为国有……凡与敌人合办之事业，不论公营或私营，一律由中国政府派员接收，分别性质。应归国营者移交国营事业机关，应归民营者移交正当民营事业组织接办”。[①] 随着抗战的胜利，国民党政府即开始启动对日伪统治地区的财政接收程序：

首先，建立接收机构。1945年8月，国民党政府拟定的《行政院各部会署局派遣收复区接收人员办法》规定，行政院各部、会、署、局经陆军总司令部批准，可以派遣特派员或接收委员至沦陷区接收相应主管范围的日伪资产，特派员与接收委员的工作均受中国陆军总司令部的指导和监督。[②] 但因为国民党政府这一接收章程对相关主体和权责的规定比较模糊，而且接收工作常常伴随受降同时进行，导致其一开始接收工作不够规范。1945年9月5日，为统一接收，国民党政府在陆军总部下设党政接收计划委员会作为全国性质的接收机构，各个省（市）成立省（市）接收委员会。10月，经行政院长宋子文签请、蒋介石批准，成立了行政院收复区全国性事业接收委员会，由行政院副院长翁文灏主持该委员会工作，各地区、各省市则相应设立敌伪物资产业处理局。负责各地区敌伪物资产业接收，因此形成了陆军总司令部、行政院、各省市敌伪物资产业处理局三重接收架构。这个架构表面看似分工协作、

① 《经济部公布收复区敌产处理办法》经济部部令（第七三五号），见中国第二历史档案馆编：《中华民国史档案资料汇编》第5辑第3编，财政经济（1），江苏古籍出版社2000年版，第1页。

② 《行政院各部会署局派遣收复区接收人员办法》，《交通公报》1945年8月第8卷第15期。

职责分明，而事实上，“由于胜利突然到来，各地区情况迥异，军队与政府、中央与地方同时插手接收，致使各地区接收机构林立”①。在实际接收工作开展中，还是出现了系统紊乱、权责不明的无组织状态。

国民党政府把全国划分“七区（苏浙皖区、湘鄂赣区、粤桂闽区、冀察热区、鲁豫晋区、东北区和台湾区），各设接收机构”②。但是，财政领域的区划不同。在财政系统的接收过程中，根据行政院发布的《收复区财政金融复员紧急措施纲要》，将全国划分为京沪区（具体含三省两市，江苏省、安徽省、浙江省、南京市、上海市，驻上海）；在东北地方设辽吉黑区（驻沈阳）；在华北地方设冀鲁察热区（具体包含四省三市，河北省、山东省、察哈尔省、热河省、北平市、天津市、青岛市，驻天津）；在中原地区设晋豫绥区（驻太原或郑州）；在华中地区设鄂湘赣区（具体包含三省一市，湖北省、湖南省、江西省、汉口市，驻汉口）；在华南地区设粤桂闽区（驻广州）；以及台湾区（驻台北）七区。③ 财政部下派财政金融特派员分赴七区负责财政接收。

其次，接收、清理敌伪财政金融。国民党政府在修改后的《收复区敌伪财政金融机构财产接收办法》中规定，“凡收复区内所有敌伪财政金融机构财产由财政部各区财政金融特派员商请各该收复区接收委员会核发接收证件接收之”；“接收敌伪财政金融机构财产由接收机关通知当地军警机关协助办理。所接收之财产属于

---

① 陆仰渊、方庆秋主编：《民国社会经济史》，中国经济出版社 1991 年版，第 729 页。

② 杨荫溥：《民国财政史》，中国财政经济出版社 1985 年版，第 192 页。

③ 《收复区财政金融复员紧急措施纲要》，见中国第二历史档案馆编：《中华民国史档案资料汇编》第 5 辑第 3 编，财政经济（1），江苏古籍出版社 2000 年版，第 2 页。

现金、票据、证券及珍贵物品者,应交当地国库或指定之当地财政、金融机关保管之;其为民生日用或易于腐败之物品,得经报部核准,公开拍卖,保管其现金”。[①] 这些规定,对于国民党政府在战后对敌伪财政的接收发挥了重要作用。

接收、清理敌伪财政金融,最重要的就是对沦陷区金融业的接收。抗战八年,广大地区多遭敌伪蹂躏,“如设立敌伪银行,发行敌伪钞票”,“胜利后对于敌伪此等在金融方面之措施,所予我国公私蒙受之损害,自应分别予以处理”。[②] 被接收、清理的敌伪银行中,属于伪政权的有联合准备银行、蒙疆银行、中央储备银行、华兴银行等[③],属于外国侵略者的有横滨正金银行、朝鲜银行、德华银行等 92 家,两项合计,连同其分支机构,共 944 家单位。据统计,至 1946 年年底,已接收者为 629 家,尚未接收者为 315 单位。[④] 据国民党政府财政部统计,伪中央储备银行被接收时,共库存黄金 55.4 万两、白银 763.9 万两、银元 371783 枚、美元 550 万;伪中央联合银行被接收时,共库存黄金 17 万两、美金 1 千万元、英钞 2.7 万镑。[⑤] 除此之外,国民党政府还对金融市场进行接收,据统计在苏浙皖区就接收黄金 5.1 亿两、白银 8.6 亿两、美元 9.2 万、日币 3.8 千万日元、法币 54.5 元、有价

① 《收复区敌伪财政金融机构财产接收办法》,《上海市政府公报》1946 年第 2 卷 13 期。

② 财政部财政年鉴编纂处编纂:《财政年鉴三编》,第一篇《财政政策综述》,中央印书局 1948 年版,第 51 页。

③ 财政部财政年鉴编纂处编纂:《财政年鉴三编》,第一篇《财政政策综述》,中央印书局 1948 年版,第 51—52 页。

④ 财政部财政年鉴编纂处编纂:《财政部年鉴三编》,第 10 篇,中央印书局 1948 年版,第 228—234 页。

⑤ 《南京国民政府财政部档案》,中国第二历史档案馆藏,见陆仰渊、方庆秋主编:《民国社会经济史》,中国经济出版社 1991 年版,第 732 页。

证券23.5亿元。[①] 由于沦陷区一切金融机构和所属大量财产全都被国民党政府接收,使得国民党政府战后财政有了较大程度的改善。

最后,国民党政府对敌伪的工厂和物资进行接管。由于敌伪占领区多为中国富裕地区,且搜刮大量沦陷区人民的财产,其资产价值巨大,特别是敌伪工矿电商的大批物资。据1946年6月国民党政府经济部统计,该部接收工矿电商事业数量如表18-28所示。经济部接收了大量的工厂、企业,这些敌伪工厂、企业被国民党政府接收后,以直接经营、移管、标售及发还为原则来处理。据国民党政府经济部1946年年底统计,除东北区情形特殊无法知悉处理情形外,其余各区接收资产总计2243个单位。其中发还及标售的资产计778个单位,仅占接收总数的34%;而直接经营及移转管理的资产,计1037个单位,占接收总数的46%。[②] 由表18-30中第14项"财产及物资售价收入"可知,1946年国民党政府出售所得高达6848亿元。其数值不但远远大于国民党政府1946年总预算收入中的任何一项,而且还远大于国民党政府财政收入中的关税、盐税、货物税三大主要税的总和。还有部分企业和工厂直接被国民党政府作为国营企业接收,在表18-30中,我们可以看出"公有营业盈余收入"同样高达1090亿元。

① 《中央银行月报》第1卷第1期,第2—3页。见陆仰渊、方庆秋主编:《民国社会经济史》,中国经济出版社1991年版,第732页。

② 《经济部统计处编接收处理敌伪产业初步统计报告》(1946年1月),中国第二历史档案馆编:《中华民国史档案资料汇编》第5辑第3编,财政经济(4),江苏古籍出版社2000年版,第692—693页。

表 18-28 国民党政府经济部接收工矿电商事业数量统计(1946 年)

业别＼区别	总计	苏浙皖	湘鄂赣	粤桂闽	鲁豫晋	冀热察绥	东北	台湾
工厂	1831	629	165	95	152	381	132	277
矿场	77	2	15	4	23	6	11	16
电器事业	45	19	6	10	2	5	2	1
公私行号	435	43	32		37	285	—	38
行政学术机关	13	7	—	—	—	—	3	3
总计	2401	700	218	109	214	677	148	335

资料来源:中国第二历史档案馆编:《中华民国史档案资料汇编》第 5 辑第 3 编,财政经济(1),江苏古籍出版社 2000 年版,第 688 页。

国民党政府对工厂和物资接收,让其战后财政收入有了较大规模的增加。以当时全国经济最为雄厚的苏浙皖区(含上海、南京)具体接收情况为例,截止到 1946 年年底,该区域接收产业总估价竟达 12649 亿元法币①,不包括遗产数额(各项详细估价见表 18-29)。这个数字是相当惊人的,因为根据国民党政府主计处统计,1946 年年度国民党政府国家预算岁入总计 25249.4 亿元②(具体科目岁入详见表 18-30),而仅苏浙皖一区敌伪产业总估价 12649 亿元,约占 1946 年预算总计的 50%。由此可见,战后国民党的接收,使得战后国民党政府的财政相对战时大有改观。

① 杨荫溥:《民国财政史》,中国财政经济出版社 1985 年版,第 192 页。

② 《中华民国三十五年度国家总预算岁入表》,见中国第二历史档案馆编:《中华民国史档案资料汇编》第 5 辑第 3 编,财政经济(1),江苏古籍出版社 2000 年版,第 343 页。

表 18-29　苏浙皖区接收敌伪资产的估价(截至 1946 年年底)

项目 业别	数额 (法币亿元)	百分数 (%)
工厂	4487	35.5
物资	3194	25.2
金银及首饰	1650	13.0
房地产	1348	10.7
码头仓库	1020	8.1
其他	950	7.5
总计	(*)12 649	100

注:(*)遗产未列入。

资料来源:杨荫溥:《民国财政史》,中国财政经济出版社 1985 年版,第 192 页表 4-14。

表 18-30　国民党政府总预算收入总表(1946 年)

(单位:法币亿元)

项目 科目	经常收入	临时收入	总计
1. 土地税	945	—	945
2. 所得税	400	—	400
3. 非常时期过分利得税	50	—	50
4. 遗产税	30	—	30
5. 营业税	600	—	600
6. 印花税	130	—	130
7. 矿税	20	—	20
8. 关税	909	91	1000
9. 货物税	2025	—	2025
10. 盐税	2000	—	2000

续表

科目 \ 项目	经常收入	临时收入	总计
11. 罚款及赔偿收入	2	—	2
12. 规费收入	89	416	505
13. 财产利息收入	222	—	222
14. 财产及物资售价收入	—	6848	6848
15. 公有营业盈余收入	1090	—	1090
16. 公有事业收入	2	—	2
17. 捐献及赠与收入	—	830	830
18. 收回美军垫款收入	—	1500	1500
19. 征借实物收入	—	278	278
20. 其他收入	2	—	2
21. 债款收入	—	6771	6771
收入总计	8516	16734	25250

注:本表以法币亿元来统计,为便于统计,采用四舍五入方法。

资料来源:国民党政府主计部档案,见中国第二历史档案馆编:《中华民国史档案资料汇编》第 5 辑第 3 编,财政经济(1),江苏古籍出版社 2000 年版,第 342—343 页统计表。

二、战后过渡时期国民党政府财政体系的规划与重建

除了对沦陷区财政金融进行接收之外,战后国民党政府的财政工作另一重要工作就是规划和重建战后财政系统。早在 1945

年5月5日召开的国民党第六次全国代表大会上，其决议案中就包括“制定战后经济建设总计划”，涉及财政方面即“改革税制，简化稽征程序，厉行直接税，按所得累进征收，并限制遗产数额”等内容①，这为国民党政府战后财政系统的重建确定了方向。1945年9月6日，国民党政府行政院颁布《收复区财政金融复员紧急措施纲要》，拟具的财政复员主要措施有三大项：一是“分区设置财政金融特派员”，制定财政金融特派员公署组织规程，派遣财政金融特派员随同军事人员尽先搭机前往驻在地“执行任务”；二是采取“金融复员紧急措施”，包括供应收复区钞票，推设收复区行局，举办紧急贷款，处理敌伪钞票，处理敌伪金融机构及商业金融机构；三是采取“财政复员紧急措施”，包括接收国有及敌伪财产，减免赋税，推设收复区财务机关（涵盖关税、盐务、税务、公债四个部分），订定库款收支办法，调整货物管理办法，以及采取台湾区财政紧急措施。② 战后国民党政府财政系统重建的总体构想就是要求财政系统重构需符合国家经济运作总体布局。

财政部作为财政系统重构的负责部门，在抗战胜利后，一直不断调整财政政策。如在1945年9月3日财政部就宣布豁免沦陷区“本年度田赋一年”，后方各省“准明年年度亦豁免”③，即沦陷区1945年豁免田赋，其他后方省份则1946年豁免田赋，期望以此

① 《中国国民党第六次全国代表大会通过重要决议案》，见中国第二历史档案馆编：《中华民国史档案资料汇编》第5辑第2编，政治（1），江苏古籍出版社1998年版，第814页。

② 《行政院颁行复区财政金融复员紧急措施纲要》，见中国第二历史档案馆编：《中华民国史档案资料汇编》第5辑第3编，财政经济（1），江苏古籍出版社2000年版，第2—6页。

③ 财政部财政年鉴编纂处编纂：《财政年鉴三编》，第5篇，中央印书局1948年版，第57页。

缓解抗战以来农民怨气,缓解农村社会矛盾;但由于 1946 年 6 月内战爆发,这项举措并未真正实行。

在其他税收方面,财政部所属各部门制定了一系列战后财政政策:1945 年 8 月 19 日,关务署拟定奢侈品加征附加税、统一进口货完税办法、改定关税税则、调整海关分支机构、健全调整缉私;8 月 21 日,盐政局详定盐务政策,将盐税定为"国税",地方政府不得附加任何税捐,调整税制,规定盐税"就仓征收",若近场本销,则应"就场征收"。简化盐税种类,调整税率,并就场产、仓坨设备建设,食盐运销做了具体规定;8 月 31 日,税务署研拟战后货物税政策,调整征税科目、税率,改进课征办法,简化稽征程序,"奖助工矿事业"。在直接税方面,拟定和完备所得税制,包括举办"综合所得税",取消营业税,取消非常时期过分利得税,调整营利事业所得税税率,筹办农业所得税。同时改进遗产税制,"积极普遍推动现行总遗产税",举办赠与税,准备"加课"继承税。9 月 2 日,地方财政司为"顺从世界潮流"、遵奉孙中山"遗教"、依照"已定国策",出台《民生主义的自治财政政策纲领草案》,决定于 1946 年后"积极实行"。该"自治财政政策纲领草案",除以实现民生主义为最高原则外,尚有三大目的:一是配合地方行政计划;二是促进地方经济建设;三是巩固国家财政基础。具体实施事项和方向:一是增与地方财政;二是划清国地财政界限;三是废除苛杂摊派;四是调剂地方财力;五是调整收支比例;六是发展地方事业;七是简化基层政治机构;八是建立基层人事制度;九是筹划乡镇财政;十是厉行预算制度;十一是健全财务行政;十二是加强民意机关监督;十三是加强中央与省监督;十四是建立补助制度。9 月 20 日,国库署亦就推设公库制度、健全库政,拟具意见,包括推广公库网(涵盖国库、县市库两部分),设立集中库,分区设立国库署办事处等,"务使国家一切财政纳入正规,公库制度之基础益臻巩固",库款保管力求集中，库款运用力求灵活。①

以上措施的具体实行，主要是在内战爆发之后，这一时期国民党政府为适应战后经济运作的需要，对财政体制进行调整，开始由战时体制向战后体制的转变。主要反映以下三个方面。

首先，国民党政府进一步调整预决算制度。1945 年 7 月，战争还未结束，国民党政府公布《三十五年度国家总预算编审原则》。此后不久，抗战胜利，行政院与主计处根据形势变化，将《战时国家总预算编审办法》及《三十五年度国家总预算编审原则》合并为《三十五年度国家总预算编审办法》，国民党政府于 1945 年 8 月通令执行。

其次，推广与完善公库制度。1945 年 9 月，国民政府行政院拟定《收复区库款收支紧急处理办法》，要求收复区中央银行从速成立公库机构，并委托中国、交通、农民几家银行，各省市地区银行和邮局代理公库，同时要求收复区在三年内完成县库网推广，鉴于收复区不同情况和粤、闽、浙、赣、皖五分库改为集中库办理的良好成效，国库署决定将各省分库指定为集中库，由其集中管理所有该区内库款调拨，而在边远省份筹设若干办事处，秉承部署命令，就近办理国库行政事务，以便及时纠正各机关违法收支等其他急需处理事宜。② 1946 年 5 月 1 日，国民党政府对《公库法》进行修正，使公库制度更趋于完善。1946 年 7 月，财政部重新制定《国家、地方共分各税征收缴纳办法》，规定各地必须建立公库，承担分税缴款任务。

① 中国第二历史档案馆编：《中华民国史档案资料汇编》第 5 辑第 3 编，财政经济（1），江苏古籍出版社 2000 年版，第 70—86 页。

② 中国第二历史档案馆编：《中华民国史档案资料汇编》第 5 辑第 3 编，财政经济（1），江苏古籍出版社 2000 年版，第 85—86 页。

最后,筹划建立三级财政体制。抗战胜利后国民党政府财政部准备趁重建沦陷区机构之机,对地方财政体系进行调整。抗战胜利之后,国民党政府依旧实行的是战时的中央—县两级财政体制,地方财政以县为单位。同时财政部还对类似田赋、营业税等采取减免等措施,虽然营业税属于中央税,但却规定要将部分营业税返还给地方。伴随着相关税收的减免,地方财政数额减少,容易造成地方财政恐慌。为适应战后需要,国民党政府财政部开始将战时的收支体系进行调整。1946 年 3 月,国民党六届二中全会作出了“迅速改变财政收支系统”的决议,将“财政收支系统,改为中央、省(市)、县(市)三级制”①,不过真正的三级财政体系却是在内战爆发后才推行。

三、过渡时期的财政状况与通货膨胀

通货膨胀是自抗战中后期开始困扰国民党政府的一大难题,这一难题除了在抗战胜利后得到短暂缓解之外,并未根本改变,特别是内战时期在国民党大规模调兵遣将发动战争的背景下,通货膨胀进一步恶化。

抗战胜利给全国人民带来了和平的希望,大后方的人民希望早日返回故乡,人民急于处理手中的物品,而且沦陷区的接收,使得法币的使用范围进一步扩大,导致大后方的物价一度急剧下降。如表 18-31 所示,1945 年 8 月重庆物价指数为 179300,而到了抗战胜利的 9 月,物价指数下跌到了 122600。而在收复区,由于法币币值的高估,使得物价指数同样出现下降的局势。上海的物价

① 荣孟源主编:《中国国民党历次代表大会及中央全会资料》(下),光明日报出版社 1985 年版,第 1054 页。

指数 9 月较 8 月下降 36%，这是自抗战中后期物价日益上涨情况下绝无仅有的现象。

表 18-31　抗战胜利前后“收复区”中储券与后方法币实际购买力的比较

年月＼项目	重庆批发物价指数（1937=100）	上海批发物价指数（1936=100）	上海为重庆的倍数
1945 年 7 月	164500	4890351	29.7
1945 年 8 月	179300	9740248	54.3
1945 年 9 月	122600	6194634	50.5

资料来源：杨荫溥：《民国财政史》，中国财政经济出版社 1985 年版，第 191 页表 4-13。

但是这种情况并没有延续太长时间，由于“抗战胜利初期收复区人民心理上混乱的因素”以及“受国民党反动政府有意迟迟不公布伪币收换办法的影响”，从而“致使市场上伪币对法币的交换比率，天天跌落”。中储券对法币的交换比率，在 9 月上旬跌至一百三四十元兑一元；至中旬更跌至二百余元兑一元。① 这样快的跌落速度，使广大沦陷区人民担心兑换比率还会下跌。所以在国民党政府财政部于 1945 年 9 月 27 日公布了法币与伪币的兑换比率为 1∶200 后，沦陷区人民就大量兑换法币。据《金融周报》记载，南京“全市各行局收换伪币已达一千二百余亿元，合法币六亿余元”②。由于高估法币的币值，大量法币随着对沦陷区的接收涌入沦陷区，物价上涨十分明显。上海物价指数（与战前相比）从 9 月的 345 倍，暴涨至 11 月的 993 倍，上涨 1.87 倍，米价从每石 3725

① 杨荫溥：《民国财政史》，中国财政经济出版社 1985 年版，第 190 页。

② 《兑换伪币与东北流通券》，《金融周报》1946 年第 40 卷第 3 期。

元涨至10250元,上涨1.75倍,上涨程度为抗战以来少有。① 但200∶1的兑换率是极不合理的,这样也就使沦陷区人民手中货币的购买能力大打折扣,事实上是对沦陷区人民财产的一种劫收。

物价的上涨从根本上来说,是政府财政完全依赖货币发行的结果。战后出现的物价下跌情况不是简单地建立在政府减少货币发行的基础之上,而是市场所做的对和平期望的一种反应。随着内战的爆发,国民党政府大规模的调兵遣将,市场对国内的和平期望进一步降低,民众大量囤积物资,市场物价进一步上涨。如何处理战后大规模的通货膨胀以及产生的一系列的社会问题成为国民党政府战后过渡时期财政面临的最大难题。

国民党政府认为,物价上涨的关键在于政府的财政状况,时任国民党政府行政院院长的宋子文认为:"胜利以后,健全财政,实为首要而必须求收支趋于平衡之途径,则通货膨胀,自可逐渐遏止,一切金融经济等问题,始可获得解决。"②因此宋子文经济政策的首要任务即"安定物价,平衡国家预算"。但由于国民党政府战后大规模调动军队,准备发动内战,军费在战后依旧占据国民党政府财政支出的重要比例。据统计,1945年军费支出(含特别支出)占国民党政府财政总支出的比例为71%,1946年军费支出(含特别支出)占国民党政府财政总支出的比例为54%。③ 军费自战后过渡时期开

① 中国科学院上海经济研究所、上海社会科学院经济研究所编:《上海解放前后物价资料汇编(1921年—1957年)》,上海人民出版社1958年版,第121、168页。

② 《行政院向中央监察委员会提交的政治活动报告(财政金融经济部分)》(1946年10月),见吴景平:《宋子文评传》,福建人民出版社1992年版,第484页。

③ 吴冈编:《旧中园通货膨胀史料》,上海人民出版社1958年版,第153页。

始,就成为国民党政府财政的“无底洞”,消耗了几乎所有国民政府财政资源,最终导致国民党经济事业和政府财政的崩溃。

国民党政府在战后还偿还了部分国内公债,但偿还公债的措施简直就是一种毫无底线的手段,国民党政府在完全不考虑通货膨胀率的前提下,采取 1 : 1 的比率偿还战时公债。据《银行周报》记载,“沪市前公共租界工部局发行之西历 1936 年五厘半公债,业经沪市政府清理就绪,依照发行条例,定于本年六月三十日照票面还本,利息于开始付款时停支……”①。据《青岛市政府公报》记载,“查本市前于民国廿四年一月一日发行市政公债一百五十万元,年息七厘,原定民国二十七年十二月底止,本息全数偿清,又于民国廿六年一月一日发行市政建设公债六百万元,年息六厘,定于三十三年十二月底本息偿清,嗣以七七变起即行停支偿付,兹以该项公债发行时间过久,究应如何计算偿还,乃经电准财政部,本年五月十七日京财公二字第二四九五五号代电,复以该项公债仍按票面金额偿还,以符通案等由……”②。众所周知,在抗战中国民党政府为了弥补财政赤字和日益陡增的军费开支,发行大量纸币来弥补财政的亏空,但这些纸币发行量完全超出了当时国内的货币实际需要量,酿成了严重的通货膨胀和物价飞涨,纸币的购买力已经大不如从前,随着战事的继续纸币也持续贬值。因此到战后同币值的纸币的购买力已经与战时购买国债时纸币的购买力大不相同,且当时国债的利息低得可怜,然而国民党政府仍然按照相同币值偿还国债,这引起了民众的不满,并对国民党政府的财政体

① 《前沪工部局五厘半公债定六月底偿还》,《银行周报汇编》1948 年第 32 卷。

② 《府财(36)伍二(10)第六六号》,《青岛市政府公报》1947 年第 4 卷第 26 期。

系产生怀疑。

从1945年8月日本宣布投降到1946年6月国民党政府发动内战前,这一时期是国民党政府战后财政过渡时期。这一阶段国民党政府财政通过对敌伪资产的接收,获得巨额财政收入,也初步完成了对沦陷区财政机构的重建;但由于国民党政府忙于部署内战,对战后经济建设缺乏基本的安排。内战爆发后,国民党政府面临巨大的军费开支,再一次将财政转换成战时财政,将其通过接收所获得的财政收入投入到反人民的内战中,最终走向了财政的尽头。

第三节　战后国民党政府的财政穷途末路

国民党政府财政历经8年抗战磨难、加上大小官吏贪污中饱成风,早已千疮百孔,民穷财尽。抗战结束后,国民党政府无心医治战争创伤,将息调养,恢复元气,复被绑上反共反人民的内战战车,扩兵增税,官吏贪腐更变本加厉,旧病未除,又添新症,愈加救治无方,国民党政府的财政迅速陷入穷途末路的绝境。

内战爆发后,国民党政府无意采取措施恢复经济、整肃吏治、严惩贪腐、增加岁入,摆脱财政困难,只是改变财政体制,调整中央与省、县地方的税收分配方法及比例,强化中央对财政税收的掌控;通过某种形式的放权,减轻中央对地方财政的承担责任;搜罗尽可能多的钱财、物资用于内战。国民党政府并未达到预期目的。因为内战,中央财政支出剧增,引发恶性通胀;省、县财政收入减少,捉襟见肘,凭借三级财政体制获得的财政权,滥征捐税,强制摊派,民众苦不堪言。且离心力增强,地方已不按既定政策征税、为战争筹款,地方财政恶性膨胀,中央无法控制。国民党政府为了进行内战,又大肆征发壮丁,搜罗物资,导致国民党统治区农业和工业凋敝,城乡税源愈趋枯竭。同时,国民党政府官吏在接收敌伪资产时刮起的贪腐邪风,愈演愈烈,并由此引发销赃黑市泛滥。国民党政府财政、物资被掏空,物价疯涨、通货恶性膨胀、财政赤字飙升。为填补亏空、摆脱财政危机,1947 年、1948 年国民党政府在大量增发法币的同时,相继颁布《国民政府经济紧急措施法案》等多项法案、方案、办法、计划,加征税捐,举借内外债。但见效甚微,甚至白费力气。到 1948 年夏,财政收支及财政赤字均成天文数字,财政濒临崩溃。国民党政府只得“死马当活马医”,再次进行“货币改革”,废弃法币,改发金圆券。未几,金圆券即步法币后尘,且过之而无不及,很快被民众和城乡市场抛弃,同国民党政权一同被丢进了历史的垃圾堆。

一、战后财政末路及其表现

(一)三级财政体制的建立与瓦解

1946 年 7 月 2 日,国民党政府即颁布了改订后的《财政收支系统法》,并规定该法自公布日开始施行。改订后的《财政收支系统法》第二条规定“财政收支系统分为三级:一、中央。二、省及院辖市。三、县市级相当于县市之局”①。这样,国民党政府财政部对地方的财政体系进行了调整:将原来的中央—县两级财政体制改回到 1941 年以前的中央—省—县三级财政制。同时就如何划分国税与地税,也作出了相应安排。“中央税包括:一、所得税。二、遗产税。三、印花税。四、特种税。五、关税。六、货物税。七、盐税。八、矿税。”②“遗产税属中央税,但中央要分其收入予县市局 30%、院辖市 15%;营业税为省税及院辖市税,在省要以其总收

① 《财政收支系统法》,《审计部公报》1946 年第 1—2 期。

② 《财政收支系统法》,《审计部公报》1946 年第 1—2 期。

入50%归所属县市局,在院辖市应以其总收入30%归中央;土地税在省县市局地方,应以其总收入额50%归县市局,30%归中央,20%归省,且省应以其土地税之一部分辅助贫瘠县市局。在院辖市应以其总收入额60%归市,40%归中央。”①还规定土地税50%归县市局,而在《实施改订财政收支系统会议述要》中又规定“各省政府为谋所属各县市局调剂盈虚平均起见,得于县级应得土地税总收入50%内酌提一部分为统筹调剂之用。其办法由各该省政府拟定咨商,财政粮食两部核定之”②。第十条规定市县局税包括“一、土地改良物税,在土地法为施行之区域为房捐。二、屠宰税。三、牌照税。四、使用牌照税。五、筵席及娱乐税”③。

从表面上看,经过这次调整划分,中央与地方关系日渐清晰,呈现出均权的趋势。这是国民党政府自1928年成立以来,财政体系真正意义上实现了法律和财政两大层面权属的明确。省财政从此脱离了中央,恢复独立,有利于推进省级事业的发展,同时,县级财政的收入来源进一步明确。除原有五项自治课税外,又分得土地税五成、营业税五成、遗产税三成及契税全部,并可依法开征因地制宜的特别课税。

不过结果并非如此,虽然三级财政体制恢复,但因内战中央政府财政支出急剧增加,并引发恶性通货膨胀,连锁反应是省级、县级财政收入逐渐减少,而财政支出因内战日益扩大和物价飞涨无法控制。此外,“如公路之修复,水利之兴建,军属之优待,官廨校舍之重修,军粮军糈之运输,均为迫不及待之任务,动需巨款应付,仓卒饬办,经费多责自筹”。此类支出极其庞大,“自非县预备金

① 《财政收支系统法》,《审计部公报》1946年第1—2期。
② 《实施改订财政收支系统会议述要》,《粮政季刊》1947年第4期。
③ 《财政收支系统法》,《审计部公报》1946年第1—2期。

所能救济。县则责乡筹，乡复转令保甲摊派”。① 地方财力有限，为了应付入不敷出的情况，地方政府就对自己所辖区域硬性摊派税款，无休止地征税以此扩大财政收入。具体体现在税捐实征数随着内战的扩大远远地超过了预算数，如较晚经历内战战火的广西省的情况（见表18—32）。

从1946年、1947年广西省各县市税捐预算数和实征数的具体情况来看，1946年情况较为正常，总体上实征数和预算数差距不大；而1947年，实征数总体上都超过了预算数，在征收税款方面，预算计划起的作用极其有限，地方财政恶性膨胀的现象极为明显。从广西省各县市税捐的预算数和实征数的比较，可以发现地方财政的税收逐渐变得没有计划可言，预算不起作用了。国家财政体系在重新划分为三级财政体制后，地方重新获得了财政权，其通过滥征苛捐杂税和硬性摊派的手段，地方财政尤其是县市的财政实力越来越强。地方财政的离心倾向也随之进一步加强，最终却导致地方财政的恶性膨胀，进而地方财政也走向了末路，难以控制。

表18-32　广西各县市税捐预算及实征数比较（1946—1947年）

（单位：法币万元）

项目 税别	1946年			1947年		
	预算数	实征数	实征数占预算数之百分比（%）	预算数	实征数	实征数占预算数之百分比（%）
土地改良税	19125	6023	31.49	62240	60615	97.39
屠宰税	1326920	1190934	89.75	7002375	8306933	118.63

① 马寅初：《财政学与中国财政——理论与现实》下册，商务印书馆2005年版，第625页。

续表

税别＼项目	1946 年			1947 年		
	预算数	实征数	实征数占预算数之百分比(%)	预算数	实征数	实征数占预算数之百分比(%)
营业牌照税	44404	45178	101.74	115459	134319	116.33
使用牌照税	2682	2698	100.60	7367	5924	80.41
筵席及娱乐税	46489	34729	74.70	163979	258894	157.88
乡镇补助收入	620777	524109	84.43	1817687	3317309	182.50
总计	2060397	1803670	87.54	9169106	12083994	131.79

资料来源:广西省政府统计处编:《广西统计摘要》第三号,广西省三十七年(1948年)地方行政会议秘书处 1948 年 9 月印发,第 33 页表二。

因此,国地收支已非修订财政收支系统所能解决,地方不敷之数多依赖中央政府增多纸币给予补助。内战后期,地方财政已经不按照既定的财政政策征税,完全为战争自行筹款,广大民众对此苦不堪言。这也标志着国民党政府,战后财政体系重建失败,踏入了末路。

(二)财政困难的具体表现

虽然在抗战胜利初期,国民党政府的财政一度出现了好转的迹象,但是,抗日战争给整个国家财政经济所带来的巨大创伤,并非一朝一夕可以医治的。而且,国民党政府并没有利用财政力量逐渐恢复的时机,抓紧进行经济恢复和建设,相反,却发动了内战。客观来讲,在当时的环境下,无论是原抗日后方的国民党统治区,抑或是收复的“沦陷区”,都需要休养生息,均再也不能承受一个大规模的战争了。国民党政府在抗战胜利后不停地调运兵力,占领战略要地。这种种筹划内战的活动,耗费大量财政支出,进而引发了更为严重的通货膨胀，且破坏了正常的经济生产，从而又给短暂好转的国民党政府财政带来更为严重的困难，财政危机也再度出现，主要体现在以下几个方面：

其一，抗战胜利后，国民党政府并没有完全控制沦陷区，财源不如抗战前。国民党政府并未真正掌握东部富庶地区的税源，以山东为例，山东的盐场是由解放区民主政府实际控制着，其工业最发达的半岛地区已成为华中解放区的一部分。此外，解放区民主政府控制了一批大中城市和工矿区，如沈阳、抚顺、本溪、四平、长春、安东、旅大、烟台、临沂、清江、张家口、长治等城市；淄博、新汶线、焦作、六河沟、峰峰等煤矿，南墅铅矿，铁山、龙烟、鸡鸣山等铁矿。① 事实上，包括东北在内的许多中型工业城市已被解放。1945 年 11 月 7 日，毛泽东指出："我们已得到了一些大城市和许多中等城市。掌握这些城市的经济，发展工业、商业和金融业，成了我党的重要任务。"②内战爆发后，国民党政府全面进攻解放区，虽然国民党军队先后占领了原来由人民解放军占领的大中城市。但是，到 1947 年夏季后，人民解放军由防御转为进攻，解放区迅速扩大，许多工商业城市转到人民解放军手中。国民党政府失去了对这些城市的控制权。解放区的财源已脱离了国民党政府的财政体系，国民党政府财政的收入受到极大的影响。

其二，国民党政府为了内战的需要，饮鸩止渴般征发壮丁和物资，导致国民党统治区农业和工业凋敝，暂时得到缓解的财政危机又陷入更严重的危机之中。

国民党政府为了应对内战，在各地抓壮丁，不断扩充兵员。导

① 陆仰渊、方庆秋主编：《民国社会经济史》，中国经济出版社 1991 年版，第 874 页。

② 《毛泽东选集》第四卷，人民出版社 1991 年版，第 1173 页。

致农村劳力严重短缺,农业荒废。“山东鲁中区1947年10个县被抓走壮丁14万人,致使120亩土地无力耕种而荒芜。”[①]或为了战争,直接摧毁农田水利设施,破坏农业生产。如“苏北串场河两岸农田,一向靠沿河风车戽水灌溉,国民党军队却拆毁风车用作军用电杆或用作建筑碉堡的材料,结果无数良田受旱,无法耕种”。[②]国民党政府这种筹划内战、破坏农业生产的做法,致使政府财政收入减少,且丢失了民心。

在工业方面,据1947年1月不完全统计,国民党统治区的上海、天津、重庆、汉口、广州等20个大城市,从1946年秋到年底,企业倒闭达2.7万家以上,到1947年,国民党统治区原有工业体系80%已告瓦解,1949年,轻工业产值比抗日战争前减少30%,重工业产值减少70%,其中钢铁产量减少80%以上。[③] 各类企业纷纷倒闭,货物产量急剧下降,工业也出现了危机。农业和工业危机的出现,进一步加剧了税源的萎缩。

其三,抗战胜利之后,国民党政府的财政政策,在某些方面,仍是战时财政政策的延续。国民党政府战后并未立即走向和平建设阶段的财政体系,战时的货物税并未因为抗战胜利而被放弃,反而在战后取代了关税和盐税的地位,一跃成为税收收入的重要来源之一(见表18-33)。盐税和关税都已不占国税收入的首位地位,而被货物税取而代之,货物税跃居四项税收收入榜首。1947年度

---

① 陆仰渊、方庆秋主编:《民国社会经济史》,中国经济出版社1991年版,第871页。

② 《解放日报》(延安),1947年3月1日,见陈烈炯:《试论抗战胜利后国统区的农业经济全面崩溃》,《浙江农业大学学报》1988年第3期。

③ 李新、彭明等:《中国新民主主义革命时期通史》第4卷,人民出版社1962年版,见陈烈炯:《试论抗战胜利后国统区的农业经济全面崩溃》,《浙江农业大学学报》1988年第3期。

货物税收入更是遥遥领先于另外三项税收，占了四项主要税收总数额的45.1%，成为国民党政府收入的主要依靠。货物税涉及货物种类甚多，小到火柴、糖类、酒、烟草等生活日用品，大到煤铁、矿业等重工业品。由此也可以看出，战争破坏了国内的经济发展环境，使得中国的出口锐减（见表18-34），抗战结束后，进口贸易远远超过出口贸易，进口总值占对外贸易总值的79%，进口总值与出口总值的差额为41170万美元。抗战胜利后，对外贸易数额相对于1936年增加了22000万美元，这其中，进口贸易大幅度增加，出口贸易下降近半数。内战的局势使中国出口直线下降，处于严重入超状态，外汇不断外流，导致国民党政府难以利用国际市场发展经济获得收入，最后关税收入不如货物税，就只能通过对国内人民增加苛捐杂税来增加财政收入。这种竭泽而渔的方式也加速了国民党政府的败亡。

表18-33　国民党政府四项主要税收的实收数及其所占百分比（1946—1947年）

项目 \ 年度	1946年		1947年	
	数额（法币亿元）	百分比（%）	数额（法币亿元）	百分比（%）
货物税	3975	35.1	46910	45.1
关税	3166	28.0	23370	22.4
盐税	2323	20.5	17830	17.1
直接税	1859	16.4	15920	15.4
总计	11323	100.0	104 030	100.0

资料来源：杨荫溥：《民国财政史》，中国财政经济出版社1985年版，第176页表4-7。

表 18-34　抗日战争前后国民党统治区对外贸易总值(折合美元)的对比

项目 年份	进口总值		出口总值		总计	
	数额(万美元)	百分比(%)	数额(万美元)	百分比(%)	数额(万美元)	百分比(%)
1936	27980	57.2	20970	42.8	48950	100
1946	56060	79.0	14890	21.0	70950	100

资料来源:杨荫溥:《民国财政史》,中国财政经济出版社 1985 年版,第 179 页表 4-8。

其四,国民党政府内部大小官员在抗战胜利接收敌伪财产时贪污成风。“1946 年 8 月,国民政府派出‘清查团’到各地清查接收情况时,到处都接到人民群众大量的揭发检举材料。其中,济南为 221 件,台湾为 384 件,上海为 400 件,平津两地则达 1300 余件。”①一些军政要员凭借手中的权力在战后大发横财,置国民经济生产于不顾,同时,囤积货物在黑市抛售。1946 年上海市政府颁布了《沪字第三六号 为取缔证券黑市交易布告》②,1948 年颁布了《奖励密报经营金银外汇纱布黑市交易办法》③和《超越限价及黑市交易查获概解法院严办》④,且 1948 年 8 月蒋介石任命蒋经国去上海担任经济特派员,到上海督促落实“币制改革”和“限价”措施。国民党政府想利用法律的形式和任命特派员的方式来处理囤积居奇和黑市操纵物品与价格的违法行为,但是由于国民党政府复杂的人员结构,此种措施效果极其有限。“孔祥熙的大儿子孔令侃所办扬子建业公司,大量囤积进口汽车、药品、呢绒以及各种纺织品、土特产、大米等,其违法之重,当为全上海之冠。但是,

① 孙宅巍:《国民政府经济接收述略》,《民国档案》1989 年第 3 期。
② 《上海市公报》,1946 年第 5 卷,第 341 页。
③ 《工商法规》,1948 年第 1 卷,第 1266 页。
④ 《工商法规》,1948 年第 1 卷,第 1253 页。

蒋经国将扬子建业公司查封后，立即受到蒋介石、宋美龄的直接干预。宋美龄由南京直飞上海，并将在北平主持军务的蒋介石也搬来上海，保孔令侃安全脱险。"①可见，很多措施是针对一些巨商大户和中下层官员的，当打击的矛头一旦触及皇亲国戚时，便无可奈何，最后导致国民党政府的信用急剧下跌，各项措施更加难以奏效。所以，尽管颁布了很多相关法规，由政府高层担任特派员，但是国民党政府官员贪污受贿、囤积居奇情况并没有得到改善。

在以上诸多因素的作用下，内战爆发后的国民党政府财政迅速恶化，最直接的表现就在于财政赤字年年攀升（见表18-35）。1948年仅1—3月，财政赤字就达到了实际支出的61%。实际支出远远超过预算且远远超过实际收入，财政赤字严重，预算的作用也非常有限。在1948年召开的国民党政府的"国民大会"上，时任国民党政府财政部部长的俞鸿钧也承认："1947年度执行的结果，因军事连续失利，支出大大增加，达四十亿之巨……此数已超过预算四倍有几。"②内战爆发后，国民党政府军费支出快速增加，收入却因内战的影响，战后并未增加，给国民党政府造成严重的财政危机。

表18-35　国民党政府实际财政收支及赤字（1946—1948年3月）

（单位：法币亿元）

项目 年份	岁入	岁出	赤字	赤字占岁入百分比（%）	赤字占岁出百分比（%）
1946	12791	55672	42881	335	77

① 陆仰渊、方庆秋主编：《民国社会经济史》，中国经济出版社1991年版，第833页。

② 狄超白主编：《中国经济年鉴》，太平洋经济研究社1948年版，第116页。

续表

项目 年份	岁入	岁出	赤字	赤字占岁入百分比(%)	赤字占岁出百分比(%)
1947	130000	400000	270000	208	68
1948 (1—3月)	197043	501709	304666	155	61

资料来源:1948 年 1—3 月据杨荫溥:《民国财政史》,中国财政经济出版社 1985 年版,第 171 页表 4-2。

二、战后财政危机之穷途

为解决财政危机,国民党政府于 1947 年 2 月 17 日颁布了《国民政府经济紧急措施法案》。方案内容包括五个部分,维持和充裕财政居首:(1)关于平衡预算事项。缓发非紧迫性支出,严征现有税收特别是直接税,增开新税源,“以裕库受”,分别性质和缓急,发行股票标卖国营事业或售与民营。(2)关于取缔投机买卖、安定金融市场事项。即日禁止黄金买卖,禁止外国券币在国内流通,加强金融管制,取缔投机,以控制信用,安定金融市场。(3)关于发展贸易事项。调整汇率,修正输入许可制度,改良输出品生产技术,采取货品标准化,降低成本,开发新市场。(4)关于物价工资事项。严格管制和稳定物价,限定工资,定量配给、配售城镇之衣食物品,禁止衣食物品囤积、投机、垄断,禁止闭厂罢工或怠工,违者从严处罚。(5)关于日用品供应事项。拟定民生日用必需品供应办法,政府对食米、面粉、纱布、燃料、食盐、白糖、食油 7 项“民生日用必需品充分供应”,公教人员按月正当需要“勿使缺乏”,但得按照供需及各地情形“随时增减之”。经济部、财政部、粮食部、资源委员会分别掌管民生日用必需品之供应。① 这种战时强制法案，虽然对国民党统治区财政经济起到某种作用，但其成败与否，与国民党军队在内战中的表现密切相关。到 1947 年 4 月之后，随着国民党对解放区的全面进攻被迫转为重点进攻，市场方面再度陷于骚动，新的物价膨胀已似箭在弦上，一触即发。② 国民党政府为应付此项日益明显物价高涨的危机，很快就另行提出一项新的改革措施，即《经济改革方案》。1947 年 5 月 27 日，国民党六届三中全会决议通过并正式公布。

《经济改革方案》哀叹，“我国今日之经济，已面临严重之危机”。不过面对空前的危机局势，蒋介石国民党既未对自己悍然发动反革命内战的逆行作出反省，亦不清算日本侵略劫夺的罪责，而是颠倒黑白嫁祸自卫救国的共产党。污蔑“共产党蓄意造乱，利于国家之分崩，利于社会之动乱，以破坏民生为手段，以夺取政权为目标，视其一党之利高于一切，罔顾人民之疾苦，阴谋煽动武力争夺，无不用其极，使目前复员之工作，倍增困难……因而加重其危殆”。尽管如此，国民党政府也不得不承认，这种危机局势的形成和不断加剧，亦因政府政策措施不力，“缺点时现”：作为“建国之大经大法”的民生主义“未能力行”；对人力的发挥、物质的运用，“计划未周，不能造成生众食寡之经济基础”；经济、财政、金融的各项措施“轻决多变”，使人民对政府的信赖“减低”；经济政策重点不明，财政金融制度未立，国营、民营畸轻畸重，宜存宜舍，孰后孰先，无明确划分和坚定决策，生产建设致受影响；财政问题的

① 《经济紧急措施方案》，《金融汇报》1947 年第 44—45 期，第 19—26 页。

② 《经济改革新方案公布》，《经济评论》1947 年第 1 卷第 13 期，第 1 页。

解决,本以增加生产为先,但过去不从充裕国民经济着手,“空有平衡预算之悬想”,不免增发通货,复误认资金之真正用于生产者亦为通货膨胀,致未能以国家之力扶植生产,都市游资亦竞事投机,妨害生产;金融政策未能与经济政策紧密配合,以扶植农工,奖励生产,而是大部以商为主,趋逐近利,形成“不理农业敷衍工业与恶化商业”之病态;原为紧缩通货而抛售黄金,不意弄巧反拙,致“黄金领导物价上涨,造成市场之波澜”。总之,政府“缺乏久远之筹维与全盘之计划,舍本逐末,枝节应付,致使内地经济枯竭,资金集中一隅,造成不均不安之状态”。[①] 财政和经济完全陷于末途。

针对国内的严重经济危机和政府政策“缺点”,《经济改革方案》提出,方案,今后的“方策”,应“根据民生主义之精神与其社会化之原则,处理一切经济问题”。民生主义虽欲节制资本,但当今生产建设必须“先求其有”,以国家资本为中心,以国营事业任其难,领导私人资本,扶助民营事业。为了祛除政策“轻决多变”之弊,今后“凡一切有关财政、经济、金融之措施,应着重国家远大之利益,慎之于始,一经决定颁行,即不轻易变更”。

具体改革方案包括经济生产、金融制度、财政税收、交通运输、商业市场和经济组织 6 个方面,共计 15 个大项。(1)经济生产方面,保障并扶植农业、工业,改革农地分配,彻底推行“二五减租”,尽量设法实现“耕者有其田”,以水利为重点进行农业改革;发展工业“以民生工业为急切之图”,逐渐发展到全盘制造的工业。尽量保护现有生产事业,“安定在业,防止失业”,以达“发挥人力,增

① 《财政部秘书处奉发国民党六届三中全会决议通过之经济改革方案函件》(1947 年 5 月 27 日)附《经济改革方案》,见中国第二历史档案馆编:《中华民国史档案资料汇编》第 5 辑第 3 编,财政经济(1),江苏古籍出版社 2000 年版,第 49—51 页。

加生产"之目的。(2)金融制度方面,稳定币制,扩大存贷款业务,促进输出,充裕外汇基金;改革金融制度,调整和完善城乡金融网络,并特别注意为国家经济政策服务,以增加农工生产为其主要目的。(3)财政税收方面,保障并扶持农工生产,以裕田赋收入和直货两税收入;保障并扶持贸易与盐业,以裕关税收入和直货两税收入;重行改订国地财政税收结构,使地方财源足敷自力更生之需要;调整直、货、关、盐四税税率,增充税源,均平人民负担;停办各省市田赋征借,以减轻人民负担;调整征收机构,严密控制税源,简化稽征手续,革除积弊,以裕税课;迅速处理无须国家经营的企业,出售敌伪资产及剩余物资,整理税收,尽速弥补财政不足,防止通货膨胀。(4)交通运输方面,铁路、公路、航空、水运、电报、电话每个的情况,由中央、地方及民间协同经营,铁路干线由中央全力经营,支线许可并鼓励地方及民间经营;公路除连接各省会的国道由中央建造外,其余鼓励各省建造,或由省鼓励各县建造,公路运输鼓励人民经营;航空业的机场由政府经营,航空事业鼓励人民经营;水运、电报、长途电话等,均视情形采取相应措施。(5)商业市场方面,大力发展国内贸易,增加贸易总量,促进均衡发展;鼓励出口贸易,积极改善及扩张各种特产,增加出口,创收外汇,以平入超;责成全国合作社等同各国批发合作社联系,试行"物物交换制"。(6)经济组织方面,健全全国经济委员会的组织架构,改变以往行政院各部各自为政,而最高经济委员会等同虚设的局面,务使经济政策推行尽利,经济、财政、金融"息息相通,为一整体"。①

① 《财政部秘书处奉发国民党六届三中全会决议通过之经济改革方案函件》(1947 年 5 月 27 日)附《经济改革方案》,见中国第二历史档案馆编:《中华民国史档案资料汇编》第 5 辑第 3 编,财政经济(1),江苏古籍出版社 2000 年版,第 51—60 页。

《经济改革方案》全面、细微,但由于国民党政府主要精力集中于战场,以及国民党政府在内战战场已不占优,这次改革并无收效。

《经济改革方案》出笼后,随即有机构(抑或个人)撰文,就金融制度、生产经营对财政的关系,分析当时财政经济危局的成因与解决办法。认为中国80%以上的人口是农民,农业产业最为重要,如何使农业国趋向于工业化,是今后国家建设"最主要之课题"。农业生产要素有三,即土地、资本、劳力。中国地大物博、劳力充沛,倘有健全灵活的金融机构,与土地、劳力"配合得宜,即生产自可大增"。故现代经济结构"不可一日无适当金融之滋养政策与金融经济政策,殆如一物之两面,不可须臾或离"。然而中国近年的金融与经济明显"分离与脱节",包括旨在"复兴农村"的中国农民银行,1934年成立后"早已变质易辙";工业金融概不接受机器押款;商业金融的栈单押款限制甚严,商汇亦陷于停顿。概而言之,当今金融政策"不理农业、敷衍工业与恶化商业"。欲改变此种状况,非"彻底改造金融机构,并重新确立金融政策不为功"。

经济生产的关键在于组织。在自由经济社会中,多有私人企业家在其牟利动机下,尽其组织之能事。在统制经济社会中,则须由国家负此组织的主要责任,将土地、资本、劳力三种加以适当的配合,以增进生产,完成三民主义建设之目的。故经济金融政策,自应从大多数人民之利益及利用大多数人民之能力着手,各尽所能,劳必有获。"庶几,本末先后,合乎正道,生产繁荣,税收自裕,国家预算归于平衡,币值稳定,而物价日趋平稳矣。"①

---

① 《财政部秘书处奉发国民党六届三中全会决议通过之经济改革方案函件》(1947年5月27日)附《经济改革方案》,见中国第二历史档案馆编:《中华民国史档案资料汇编》第5辑第3编,财政经济(1),江苏古籍出版社2000年版,第60—64页。

尽管国民党政府深知,政策“轻决多变”是导致当时财政经济陷入危局的一个主要原因,但新的决策仍然无效,又不能坐以待毙,只得另谋出路。正所谓病急乱投医,庸医乱开方,结果政策“轻决多变”照旧,而且变化更多更快。作为国民党和中央政府最高决策的《经济改革方案》,出台实施半年多,亦无多少成效。国民党政府又于1948年1月28日制定公布《主要财政经济改革计划》,全部有十项内容。财政方面的主旨为:开源节流,节减政府一切支出,包括法币及外币支出,改善国税、省税地方税及其管理,以期达到增加收入与平均负担的目标。① 只过了半年多,危局不仅没有丝毫松缓,反而呈加速度恶化,法币几成废纸,只得死马当活马医,立即动大手术,发行金圆券,用以取代形同废纸的法币。同时于8月19日出台《关于整理财政及加强管制经济办法》33条。其核心是增加收入、缩减开支、稳定物价,加强和集中钱财、物资管制,以平衡国库收支。第一条即开宗明义:“政府为平衡国库收支,调节国际收支,并加强管理物价、薪资、金融业务,特制定此法。”第二条规定,“切实增进各种税收”,其税率低于战前标准者,应参照战前标准调整。第四条规定,各种国营事业应竭力节省浪费,裁汰冗员,所有盈余悉数解交国库。第五条再次重申,剩余物资及接收敌伪产业,“应尽量加速出售,以裕国库收入”。第九条规定的输入管理办法:输入限额自第七季起,照第五、第六两季平均标准,至少核减1/4;凡可供输出之物资,应奖励增加生产,并限制国内消费。而输出所得外汇,全部结售于中央银行。该办法一个特殊任务是为即将发行的金圆券保驾护航,规定出口所得外汇、华侨汇款均按金圆汇率,结存于中央银行;各种物品及劳动价格均按规定折合金圆,不得加价;文武公教

① 《论行政院长十项经济改革计划》,《银行周报》1948年第32卷第6期,第3页。

人员待遇和国营、民营员工薪资,一律折合金圆支给。第七条还特别规定,1948 年下半年度国家岁入岁出总算,应于金圆券发行后,依照本紧急处分令,按金圆改编。“因实际情形必需变通办理者,应由行政院咨请立法院修正。”①

然而,所有这些措施实施后均未见多大效果,反而是财政支出愈大,财政赤字愈大。如 1948 年上半年预算支出,较 1947 年一年的实际支出增加了一倍,即为 96 万亿元;更有甚者,到 1948 年 7 月底,即币制改革前夕,实际支出已达 655 万余亿元,几为预算支出数的 8 倍,从而形成了 434 万余亿元的赤字。②

在面临严重的财政赤字的情况下,国民党政府在推行上述一系列调整财政经济金融政策(包括发行金圆券)的同时,又进一步采取加征捐税、举借内外债,以维持巨额军费需求。

(一)加征捐税

为了挽救赤字愈演愈烈的财政危局,填补骤增的军费开支,国民党政府财政部增设新税、普遍提高税率外,还大肆强派苛捐杂税。

首先,开征全国统一的新税,提高征税额。1945 年 8 月 19 日,关务署呈准就奢侈品、非必需品于进口时加征“临时特种赋税”。允许进口的各项奢侈品、非必需品,原在应纳关税之外,已另纳税率为 10%—25%的“战时消费税”。现为“节约人民消费,

① 《国民政府关于整理财政及加强管制经济办法》(1948 年 8 月 19 日),见中国第二历史档案馆编:《中华民国史档案资料汇编》第 5 辑第 3 编,财政经济(1),江苏古籍出版社 2000 年版,第 65—69 页。

② 张公权:《中国通货膨胀史(一九三七——一九四九年)》,杨志信译,文史资料出版社 1986 年版,第 101 页。

减少其输入”,一律另征相当关税50%的特种附加税,“期能寓禁于征”。[①] 1946年3月,国民党政府提出增税方案,自10月起,扩大货物税征收范围,开征麦粉、水泥、皮毛、茶叶、锡箔及迷信用纸、饮料品、化妆品等7项新税,尽管这些税目中,许多在抗战后方实施过,但对沦陷收复区来说,完全是新税,是国民党政府剥削地域范围的扩大。[②] 1947年,国民党政府财政部将调整税制、健全机构、简化稽征手续、扩大税源、增加岁入作为年度施政方针的重点,主要事项包括:(1)积极实施特种过分利得税、交易所税及交易所交易税;(2)加强和推进遗产税及综合所得税;(3)举办丝织品统税,调查并筹征属于奢侈及半奢侈的机制品统税;(4)促进完税货品原料(如制卷烟的熏烟叶、制糖的甘蔗等)的增产,以繁荣农村经济,增与税收;(5)划一全国盐税征率,推进自由运销政策,建设盐场,加强缉私,并以剩余盐斤输出国外,以增加税收,并换取建设物资。[③] 另外,国民党政府财政会议决定开征特种营业税和建国特捐(即原拟财产税)等,恢复抗日战争时期的田赋征实和征借。恢复田赋征实极不得人心,田赋已划归地方税系统,而且1945年年底国民党政府已宣布免除原沦陷区1945—1947年、后方1946—1947年田赋,但并未真正实行,因而引起农村骚动,并加剧中央和地方的矛盾。1948年10月,又提高卷烟、薰烟叶、锡箔、洋啤酒、国产酒类、烟丝等7种商品征税额,并允许商人将增加税款加入货价发售。由于货物税税率的不断提高及征收范围的扩大,其收入快速增加。

---

① 中国第二历史档案馆编:《中华民国史档案资料汇编》第5辑第3编,财政经济(1),江苏古籍出版社2000年版,第70—71页。

② 杨荫溥:《民国财政史》,中国财政经济出版社1985年,第182页。

③ 中国第二历史档案馆编:《中华民国史档案资料汇编》第5辑第3编,财政经济(1),江苏古籍出版社2000年版,第91—92页。

其次,增辟地方性新税。南京政府行政院于战后发出训令,批准各县市可“以各县市境内特产为课税对象”,举办“因地制宜捐税”。号令一下,各省各县闻风而动。仅江苏省在1946年内即有溧阳、江都、宜兴、句容、江阴、吴县、常熟、吴江、南通、泰县10县征收土布、丝绸、山货、水产、锡箔、茶花、植物油等类物产的捐税。江苏南通一地,即有赁房捐、人力捐、住常费、临时费、枪械子弹费、办公费、特别费、门牌费、遗产税、烟酒税、田产税、营业资本税、营业收入税等名目繁多的20多种捐税。① 其他地方亦如是,只是摊派名称不尽相同。随着战局日益恶化,国民党政府将一些地方税收归省财政,而各县则另增新税。由于苛捐杂税甚重,民怨鼎沸,社会动荡,也导致国民政府统治合法性日渐丧失,最终倒台。

最后,调整原有各税征收办法,加重纳税者负担。如营业税,不以交易行为为课征对象,而是货物每经一手即课以一税,并不分整卖零卖,课以相同税率。如印花税,1943年规定货物满250万元以上者,超过部分每百元贴2角;满1千万元以上者,超过部分每百元贴1角。但自1946年4月起,该税则改为一律每千元贴3元,“层累而进,漫无止境,则等于重收一次营业税”②。广大工商业者不堪重负,纷纷要求降低课征率。同时对民营工商业进行强制摊派与募捐。以上海轻纺工业民营厂家为例,1948年1月,第四区面粉工业同业工会认募“戡乱建国文化事业捐款”法币2亿元,以每生产一袋面粉需认9734元的标准分摊到各会员厂;7月,上海区面粉工业同业公会认募救济特捐500亿元,以每生产一袋

① 陆仰渊、方庆秋主编:《民国社会经济史》,中国经济出版社1991年版,第802页。

② 陆仰渊、方庆秋主编:《民国社会经济史》,中国经济出版社1991年版,第801页。

面粉需认 216414 元的标准,分摊给各会员厂;10 月,上海区救济特捐募集委员会又根据行政院救济特捐督导委员会关于认缴外汇救济特捐的精神,规定所有领受外汇的企业,概以领受外汇的 2%,作为认缴救济特捐。[①] 繁重的赋税和捐税使得一些小工商业者纷纷破产,民族工业深受打击。同时,多数的特权商人,通过某种特权来规避摊派,致使国民党政府的摊派对象进一步集中于广大贫苦农民、手工业者和中小型民族工业主及商人等中小财产所有者。税捐负担的不公平,使民众失去了对国民党政府的信心。

(二)举借内外债

为弥补巨额财政赤字,国民党政府还不得不大量举借内外债。但因战前和战时大批内外债需要偿本付息,国民政府已经不堪重负。战后再次举借新债,更加困难。

战后国民党政府发行的内债有债券、国库券、公债等,名称各异,且计划发行数额都非常庞大(见表 18-36)。由于严重通货膨胀,国民党政府已无法发行法币公债。1946—1949 年,国民党政府发行的国内公债,除 1946 年 9 月的第二期土地债券以法币为本位外,其他如"同盟胜利公债""美金公债""黄金公债"等债券,均采用黄金、美元或实物计值。抗战胜利后,人民饱受战争之苦,对国民党政府的和平建国深信不疑,因此在抗战胜利后的短时期内许多人开始大量认购建国公债。但随着国民党挑起内战,和平被撕裂,人们开始拒绝认购国民党政府所发售的公债。尽管国民党政府在发行公债时,都会先发布告,强调不得摊派,但由于承购者寥寥,国民党政府不得不将公债的购买方式由自愿购买转变为强

① 陆仰渊、方庆秋《民国社会经济史》,中国经济出版社 1991 年版,第 805 页。

制摊派。但现实情况是,1947 年发行的公债,销售额仅为发行额的 14.2%,政府公债收入只占财政收入的 4.3%。① 1948—1949 年发行的公债,更是无人问津。

表 18-36 国民党政府所借内债统计(1946—1949 年)

(单位:法币亿元)

债务名称 \ 项目		发行日期	发行额	
			发行定额	实发行额
1	民国三十五年第二期土地债券	1946 年 9 月	法币 3 亿元	法币 3 亿元
2	增发三十一年同盟胜利美金公债	1946 年 10 月	4 亿美元	8000 万美元
3	绥靖区土地债券	1947 年 3 月	1000 万石	1000 万石
4	民国三十六年短期库券	1947 年 4 月 1 日、10 月 1 日	3 亿美元	—
5	民国三十六年美金公债	1947 年 4 月 1 日、10 月 1 日	1 亿美元	—
6	民国三十七年整理公债	1948 年 10 月 1 日	金圆券 5.23 亿元	—
7	民国三十七年短期国库券	1948 年 12 月	无定额	—
8	民国三十八年黄金短期公债	1949 年 2 月 1 日、6 月 1 日	黄金 200 万市两	—
9	民国三十八年整理美金公债	1949 年 4 月 1 日	1.36 亿美元	1.36 亿美元

资料来源:千家驹编:《旧中国公债史资料(一八九四——九四九年)》,财政经济出版社 1955 年版,第 378 页统计表。

外债和外援部分,战后国民党政府主要向美国和加拿大举借外债,数额不大,多被指定购买美、加原料、船只和机器设备等,对

① 张公权:《中国通货膨胀史(一九三七——九四九年)》,杨志信译,文史资料出版社 1986 年版,第 109 页。

弥补财政赤字作用不大。更重要的是,各种形式的美国援助和"救济"。日本投降后,在战争中发了大财的美国,面临着两个新的任务,一是处理数量庞大的战争剩余物资,减轻负担;二是取代日本,变中国为美国的独占殖民地。而当时的蒋介石国民党,正想仰仗美国的援助、利用美国的先进武器,排解财政和经济困局,彻底消灭共产党,实现国民党一党专政。这样,美国既能迅速处理战争剩余物资,又能控制蒋介石,打败共产党,变中国为美国的独占殖民地,一举两得、一本万利。结果,国民党政府成为战争剩余物资的最大买家和受主。表 18-37 真实地反映了战后时期国民党政府所背负的美债、美援的包袱情况。

表 18-37　国民党政府所借外债统计(1946—1949 年)

外债项 \ 债项明细		借款时间	借款数额(万美元)	利率	用途
1	中加信用借款	1946 年 2 月 7 日	6000(万加元)	3 厘	2500 万购买加方剩余物资,3500 万购买"建设器材"及支付劳务费用
2	中美棉借款	1946 年 3 月 14 日	3300	2.5 厘	采购美国棉花
3	美国售卖国外物资清理委员会造船厂设备贷款	1946 年 5 月 15 日	410[①]	—	购买美国售卖国外物资清理委员会造船厂设备
4	改进海港借款	1946 年 5 月	1500	—	改进海港
5	中美铁道购料借款	1946 年 6 月 3 日	1665	3 厘	购买铁路修复器材
6	中美租借剩余物资借款	1946 年 6 月 14 日	5890	2 又 3/8 厘(2.375%)	订购美国民用设备、物资

续表

外债项 \ 债项明细		借款时间	借款数额(万美元)	利率	用途
7	美国空军援助之飞机装备成本及训练费用	1946年6月28日	30775	—	支付飞机装备成本及训练费用
8	中美购买发电机借款	1946年7月16日	880	3厘	购买美方发电机10副
9	美国“赠予”271艘舰艇及售卖在华剩余军火	1946年7月	80000②	—	美国271艘海军舰艇及购买美国在华剩余军火
10	中美购船借款	1946年8月5日	260	3.5厘	购买美方商船16艘
11	中美煤矿设备借款	1946年8月26日	150	3厘	购买美方采煤设备及器材
12	美国售卖民用剩余物资借款(共5笔)	1946年8月30日	17500③	—	购买美国海外和中国华西剩余物资
13	民生公司加拿大购船借款	1946年10月30日	1275(万加元)	3厘	民生公司为恢复和扩大战后运输能力,向加方借款造船
14	美军在华固定设备“转让”折值	1947年5月8日	8400	—	支付美军在华固定设备“转让”费用
15	租借物资折款	1947年2月1日	69400	—	1942年租借物资总额中“未商定部分”
16	美国“对外救济”初期经费	1947年5月31日	2840	—	购买美国的谷物、种子、杀虫剂、药品等
17	美国售卖子弹价款	1947年6月27日	590.9931	—	购买1.3亿发子弹

续表

外债项 \ 债项明细		借款时间	借款数额（万美元）	利率	用途
18	中美船舶借款(共4笔)	1947 年 7 月—1948 年 3 月	1650	3.5 厘	购买美方旧船
19	中美救济协定贷款	1947 年 10 月 27 日	2770	—	具体用途不详
20	美国“让售”空军剩余器材	1947 年 11 月 6 日	75	—	购买美国空军剩余器材
21	美国“移让”海军船只	1947 年 12 月 8 日	14130④	—	“移让”的 131 艘海军船只原购价
22	美国“对外救济”初期经费的附加经费	1947 年 12 月 19 日	1800	—	购买美国的谷物、种子、杀虫剂、药品等
23	美国“让售”运输机	1947 年 12 月 26 日	75	—	购买美国 150 架运输机
24	联合国善后救济总署救济物资	1947 年 12 月 31 日	65840⑤	—	支付联合国善后救济总署救济物资折价
25	美国对华秘密“防务援助”款	1947 年	77763.8292	—	支付抗战结束至 1947 年 6 月 30 日秘密“防务援助”费用
26	中美购买轮船借款	1948 年 3 月 29 日	424.375	3.5 厘	购买美方 10 艘轮船
27	美国对华“经济援助”	1948 年 4 月 3 日—6 月 28 日	19047 年 5 日	—	采购的米麦棉石油肥料煤等
28	美国对华“特别赠款”援助	1948 年 6 月 28 日	12500	—	购买美国军用物资

续表

外债项 \ 债项明细		借款时间	借款数额（万美元）	利率	用途
29	美国对华租售、“移让”物资	1946 年 6 月 28 日—1948 年 6 月 30 日	69470[⑥]	—	美国租售、“移让”物资折款及各种服务、垫支费用
30	美国售卖剩余军事装备	截至 1948 年 11 月 30 日	659.683	—	购买美国剩余军事装备
总计			489766.3803（万美元）、7275(万加元)		

注:①此贷款为计息贷款,30 年本息清还(利率不详)。协定同时规定,美国亦可要求中国以某些货物及服务供给美国海军和政府其他船舶,所有费用作为中国每年应付本息的一部分。

②此系美联社华府通讯依据美国国务院公布的估计数字。原资料确数不可考,据《中美关系资料汇编》第一辑记载,实际移让海军船只 131 艘,原购价 14130 万美元,则属于军火售价(原购价)为 65870 万美元。

③ 其中 15000 万美元同美国对中国战时欠款相互冲销;中国政府在 20 年内,以与 2000 万美元等值的货币偿还美国,以供美国在华进行研究、文化和教育工作之用;中国政府在 20 年内,以与 2000 万美元等值的货币偿还美国,以供美国在华购置财产和支付经常费用。但美国同意指拨 3000 万美元支付为接收这些移让财产的运费和相关技术上的服务费用。故美国“实得数”为 17500 万美元。

④其中约 3600 万美元为前已租借给中国的船只之价值。

⑤ 美国对联合国善后救济总署的经费负担 72%,65840 万美元中,美国占 47400 万美元。

⑥原总数为 781040922.32 美元,剔除重复部分后为 69470 万美元,其中 18100 万美元必须偿还。

资料来源:据世界知识出版社编:《中美关系资料汇编》第一辑,世界知识出版社 1957 年版,第 1069—1075 页;沙英编著:《中国四大家族的危机》,光华书店 1948 年版,第 90—92 页;刘秉麟编著:《近代中国外债史稿》,武汉大学出版社 2007 年版,第 223—236 页;许毅主编:《从百年屈辱到民族复兴——南京国民政府外债与官僚资本》第 3 卷,经济科学出版社 2006 年版,第 388—398 页;财政部财政年鉴编纂处编纂:《财政年鉴三编》(1946),中央印书局 1948 年版,第九篇国债,第 15—18 页;中国第二历史档案馆编:《中华民国史档案资料汇编》第 5 辑第 3 编,财政经济(1),江苏古籍出版社 1997 年版,第 983—1073 页相关资料相互参照、综合整理、编制。

抗日战争结束后的三年多时间里，国民党政府举借的外债（主要是美债），接受的美援、"救济"，名目繁多、内容繁杂、千头万绪，难以一一罗列、统计。表 18—37 按时间顺序，一共列有 30 宗（项），总计 489766.4 万美元、7275 万加元。30 宗中，有的一宗（项）包括若干笔贷款或物资购售、赠与、移让等。按其性质，表中 30 宗外债、美援、"救济"等，大致分为 3 类：(1) 信用贷款。共计 11 宗，其中美国贷款 9 宗，计 14629.375 万美元；加拿大贷款 2 宗，计 7275 万加元。这些贷款均须计算利息，严格规定按期（分期）偿还本息。除一宗外，其余 10 宗均列明了利率（年息 2.5—3.5 厘不等）。债款主要用于购买两国剩余产品、支付相关劳务费用。(2) 购买、租借美国让售、出租的战争剩余物资（包括飞机、舰艇、船舶、武器装备、弹药、食品和其他某些民用物资等）之价款、租金，以及美方指定支付的各种费用，一共 10 宗，计 178949.683 万美元。(1)(2) 两项合计 21 宗、193579.058 万美元及 7275 万加元，分别占总宗数和总金额的 70% 和 39.5%。(3) 美国和联合国善后救济总署（其资金和物资亦主要由美国提供）移让、赠送、援助、救济物资折价和相关费用，计 9 宗、296187.3223 万美元，分别占总宗数和总金额的 30% 和 60.5%。这类称之为移让、赠送、援助、救济的物资，自然名义上是无偿的、免费提供的，至少相关协议没有规定偿还时间或要求。不过世上没有免费的午餐。事实上，国民党政府接受美国（联合国善后救济总署的相关物资亦主要来自美国）的数量巨大但毕竟有限的援助或"救济"物资，是同时或准备以无限的国家资源和国家主权偿还为条件的。

美国为了支持和援助国民党政府消灭共产党，将中国变为美国的独占殖民地，贷款和售卖、赠送战争剩余物资中，重点始终是军事装备和武器弹药。其总额 489766.3803 万美元中，365913.8803 万美元属于军事装备和武器弹药，占总额的 74.7%，即近 3/4。这些武器装备和相关费用,使用目的集中、明确,就是在抗日战争胜利后,帮助国民党政府“收复各解放地区,和解除日军武装,并将之遣送回国”。十分明显,收复解放区、消灭共产党,是压倒一切的中心任务。因此,日本一投降,魏德迈的头等大事就是亲自“指导”,将原先分散在后方各地的国民党军队“经由空运送到各收复地区担任新的任务”。据统计,仅这笔运输费用就达3亿美元。同时,美国又抓紧军用地面物资和装备、飞机和航空设备的“移让”,以协助蒋介石国民党“创建一个现代化的空军”。1946年的军事援助协定,规定在国民党政府偿还贷款的条件下,继续“军事租借”。该项协定明确规定,2500万美元作为1946年6月30日至10月30日之间“收复中国解放区域的费用”;另有1500万美元作为1946年6月30日至1947年12月31日之间,训练国民党陆海空军人员的费用。自抗日战争胜利至1948年6月30日为止,美国“移让”给国民党政府的“租借物资”,总计78104万余美元,几乎全是军事费用,包括兵器和军事装备、国防用具、坦克和汽车、船只和其他水上交通工具,以及相关服务和垫支费用等,而农业工业用和其他民用商品仅3791.9万美元,只占4.85%。①

资料显示,抗日战争胜利以后,除1945年3月21日至1946年3月13日间7宗民用工矿业、交通运输业,以及棉花等民用物资的信用贷款(计8280万美元)外②,对国民党统治区工农业生产、社会经济的恢复和政府财政困局的缓解,并没有什么帮助,美国自然也无法实现“收复”解放区、消灭共产党、变中国为美国独

① 世界知识出版社编:《中美关系资料汇编》第一辑,世界知识出版社1957年版,第1074—1075页。

② 世界知识出版社编:《中美关系资料汇编》第一辑,世界知识出版社1957年版,第1070页。

占殖民地的狼子野心。随着战事的扩大和战争形势的改变，到1947年夏季后，中国人民解放军开始战略反攻，且势如破竹，国民党统治区范围迅速缩小，财政、经济濒临崩溃，国民党政权摇摇欲坠。美国帮助国民党政府消灭共产党、变中国为美国独占殖民地的希望也越来越渺茫，向国民党政府提供的借款数额也不断减少，不过并未完全放弃，而是改为帮助蒋介石国民党寻找退路。1948年年末，由于国民党政权在华北华中的军事形势急剧恶化，装运国民党统治区的物资装备“有落入共产党手中之虞”，美国应国民党政府请求，此后将“所有运华物资一概改运台湾”，以期做最后挣扎，幻想东山再起。①

举借内外债的财政政策曾在抗战时期发挥了重要作用，国民党政府本想故技重施，以度过战后的财政困境，但战后举借内外债的措施也使得原本在抗战时就已经负债累累的财政愈加不堪重负。事实上，发行国债只是国民党政府在内战前意欲解决所有财政赤字的一种设想，随着战事的扩大，财政赤字加大，仅仅依靠发行国债远远不能补充巨额的财政赤字。国民党政府的财政已经濒于崩溃。

（三）金圆券改革和限价政策失败

由于在战场上节节败退，国民党政府管辖区域加速度缩小，经济面临崩溃，物价飞涨，法币大幅贬值。据南京国民政府全国经济委员会称，仅1947年全国物价即经历了4次涨风：第1次为年初至2月底，物价总指数上升68%；第2次为4月下旬至7月中旬，上升100%；第3次为9月中旬至10月下旬，上升74%，第4次为

① 世界知识出版社编：《中美关系资料汇编》第一辑，世界知识出版社1957年版，第997页。

11月中旬至年底,上升30%。1947年2月,每两黄金的市价为61.1万元;到年底已涨到850万元,上涨了12.9倍;1948年8月,更涨至53960万元,比1947年底又涨了62倍,与1947年2月相比则上涨882倍。恶性通货膨胀,物价飞涨,法币的职能尽失。①

为了挽救财政经济,蒋介石经与"行政院长"翁文灏、"财政部部长"王云五、"中央银行"总裁俞鸿钧研讨,行使《动员戡乱时期临时条款》中关于"总统"在"戡乱时期"可"紧急处分"的特权,于1948年8月19日发布《财政经济紧急处分令》,规定"自即日起,以金圆为本位币十足准备发行金圆券。限期收兑已发行之法币及东北九省流通券"②。同日颁布《金圆券发行办法》《人民所有金银外币处理办法》《中华民国人民存放国外外汇资产登记管理办法》和《整理财政及加强管制经济办法》等条例。

根据上述办法规定,金圆券发行额为20亿元,每元法定含量为纯金0.22217公分,300万元法币兑换金圆券1元,30万元东北流通券兑换金圆券1元,限1948年11月20日前兑换。③ 黄金、白银、银币在中国境内禁止流通、买卖或持有,必须在规定期限内兑换成金圆券或购买美金公债、存储于中央银行;黄金、白银每市两分兑金圆券200元和3元,银元每元兑2元,美元每元兑4元;一切金银、外币只有中央银行及其委托的银行有权收兑和保管;兑换期限截至9月30日,过期未兑、未存或未购美金公债者,经查出,即予没收。所有中国人(华侨除外)外汇资产,均需于12月31日

① 陆仰渊、方庆秋主编:《民国社会经济史》,中国经济出版社1991年版,第809—810页。

② 《总统颁布财政经济紧急处分令》,《金融周报》1948年第19卷第8期,第13页。

③ 《金圆券发行办法》,《法令周刊》1948年第11卷第34期,第1页。

前向中央银行或其委托银行申报登记,并接受管理。① 与此同时,国民政府实施“限价政策”,各地物价一律冻结在 1948 年 8 月 19 日各该地物价水平。通过金圆券改革,武力强制执行限价,收缴金银外币,至 1948 年 10 月底,国民党政府中央银行共收兑 17961.2 万美元,其中黄金 167.7 万盎司、白银 888.1 万盎司、银元 2356.4 万元、美钞 4985.2 万美元,港钞 8609.7 万元,菲币 78.6 万比索、外币存款 1069.8 万美元。②

但是,由于金银和外币黑市价格不断上涨,民众对政府的强制收购政策极为不满,富商大贾顽强抵制,国民党政府收兑金银外币的政策最终破产。1948 年 11 月 13 日,国民党政府公布法令,重新允许民众持有金银、外币等,引发社会以金圆券兑换金银、外币热潮,并因拥挤过甚而发生惨剧。而金圆券发行一个月之内,就达到了近限额的半数。“据金圆券发行监理委员会的第二次检查公告,截至九月卅日止,金圆券的发行总额是九亿五千六百七十五万二千四百九十四元四角。从八月廿三日金圆券正式出世到九月底止,为时不到四十天。在这短短的四十天中间,新币发行的数额,即达九亿五千余万元,合法币二千八百余万亿”③。对此,国民党政府不得不对《金圆券发行办法》进行修正,于 1948 年 11 月 13 日颁布《修正金圆券发行办法》。其主要内容就是废除了最高限额

① 中国人民银行总行参事室编:《中华民国货币史资料》第 2 辑,上海人民出版社 1991 年版,第 574 页。

② 张公权:《中国通货膨胀史(一九三七—一九四九年)》,杨志信译,文史资料出版社 1986 年版,第 208 页。

③ 娄立斋:《关于制度改革》,《工商天地》1948 年第 3 卷第 6—7 期,第 7 页。

20亿元的限制。[①] 取消限制,是为了支撑反革命内战,“至1949年4月20日,金圆券的发行额已达110891223万余元,并一次申请增发8万亿元”[②]。

由于金圆券的迅速贬值,一些地方政府公开拒用,台湾、广东、四川、云南等地明令限制金圆券入境和限制汇兑;军队发饷则直接使用黄金或外币;广西、福建等地已实行以1斤大米为交易单位的原始办法。[③] 这标志着金圆券彻底崩溃,被历史所抛弃,也标志着国民党政府构筑的财政金融体系全面彻底地崩溃。

第四节　1937—1949年国民党政府财政收支

抗日民族战争和解放战争两个时期的国民党政府财政收支,其收入来源、支出结构、平衡状况均有一个共同特点,收入来源主要靠加重税课、扩大发行,杀鸡取卵;支出均以军费为大头;平衡状况皆支大于收、入不敷出,赤字财政成为常态。

抗日战争开始时,国民党政府原本辖有除台湾、东北以外的国土疆域和税收财源。但因战前国民党政府推行“攘外必先安内”的反动政策,全力“围剿”苏区,残酷镇压民众抗日运动,对日本侵略退让妥协,备战得过且过,“七七事变”爆发,迫于中国共产党和全国人民的强大压力,匆促应战,并无顽强抗敌、誓死卫国之志,故每战必败,且一败涂地。大好河山迅即沦丧,中央政府被迫龟缩西

① 姜庆湘:《论金圆券的发行额》,《新人旬刊》1948年第2卷第3期,第9页。

② 陆仰渊、方庆秋主编:《民国社会经济史》,中国经济出版社1991年版,第819页。

③ 陆仰渊、方庆秋主编:《民国社会经济史》,中国经济出版社1991年版,第820页。

南一隅。如此,国民党政府统辖地域、财税来源大幅萎缩,而军费需求急迫,财政入不敷出。垦荒扩耕,冬播增产,杯水车薪,唯有加重税课,增发纸币,募捐借债,杀鸡取卵,饮鸩止渴。1941 年税制调整后的税项和田赋征实等折合法币合计,从 1941—1942 年的 62.7 亿元增至 1944—1945 年的 1368.7 亿元,增加 20.8 倍,其中田赋征实、征购、征借所得收入,估计平均为税收的 3—4 倍;法币发行额从 1937 年的 16 亿元增至 1945 年的 10319 亿元,增加 643.9 倍。① 结果物价猛涨,通货恶性膨胀,生产衰退,经济萎缩,人民贫困,财政困窘,赤字财政不仅成为常态,而且财政赤字与日俱增,从 1937—1938 年的法币 12.76 亿元增至 1944 年的 1331.86 亿元,增加了 103.4 倍,占支出的比重也从 61%增至 77.6%。② 只因全国人民浴血抗战,加上国际反法西斯阵线支援,才终于将日本侵略者赶出中国,国民党政府财政亦得以苟延到抗战胜利。

日本投降、抗日战争结束后,国民党政府不走国共合作、和平建国的光明大道,悍然撕毁“双十协定”,挑起内战,将本已百孔千疮的政府财政绑上战车,走上不归路。为了发动和进行内战,大幅增加包括军饷在内的军费开支。内战爆发前,1946 年 1—5 月,每月军饷 1500 亿元,6 月为 2600 亿元。内战爆发后,自 7 月起,军饷急速增加,下半年每月平均 5000 亿元。与上半年合计,外加弹药、运费等,全年共计 4.88 万亿元。③ 军费开支

① 参见杨荫溥:《民国财政史》,中国财政经济出版社 1985 年版,第 146、150、120、157 页。

② 张公权:《中国通货膨胀史(一九三七—九四九年)》,杨志信译,文史资料出版社 1986 年版,第 80 页。

③ 狄超白主编:《中国经济年鉴》(1947 年),见杨荫溥:《民国财政史》,中国财政经济出版社 1985 年版,第 173—174 页。

占财政总支出的60%。[1] 不久战争形势逆转,战场上连连失败,国民党统治区呈加速度收缩之势,税源大幅消减,财政支出持续增加,入不敷出日甚,深陷赤字财政泥淖。1948 年 1—7 月份同 1945 年比较,收入从 12413. 89 亿元增至 2209054. 75 亿元,增加 177 倍;支出从 23480. 85 亿元增至 6554710. 87 亿元,增加 282. 4 倍;赤字额由 11066. 96 亿元增至 4345656. 12 亿元,增加 391. 6 倍,占支出比重从 41. 7%增至 66. 3%,在赤字财政泥淖中愈陷愈深。[2] 1948 年 8 月,国民党政府推行货币改革,废止法币,发行金圆券,但除 10 月份情况稍有好转外,财政赤字以更快的速度飙升,占支出比重从 1948 年 1—7 月份的 66. 3%飙升至 12 月的 83%。1949 年国民党政府逃遁广州期间,金圆券已被人民完全唾弃,国民党政府改用银本位,据报道,1949 年下半年,政府支出为 255846154 银元,收入为 31738420 银元,只为支出的 12. 4%,财政赤字相当于支出的 87. 6%,达于顶峰。[3] 这应该是国民党政权逃离大陆前最后一组财政收支数据。从经济和财政的角度说,国民党政权在 1949 年逃离大陆前,早已彻底崩溃。

一、1937—1945 年国民党政府财政收支概况及其结构

1937 年全面抗战爆发后,国民党政府继东北沦陷,又丢失大

① 张公权:《中国通货膨胀史(一九三七—九四九年)》,杨志信译,文史资料出版社 1986 年版,第 102—103 页。

② 张公权:《中国通货膨胀史(一九三七—九四九年)》,杨志信译,文史资料出版社 1986 年版,第 101 页。

③ 张公权:《中国通货膨胀史(一九三七—九四九年)》,杨志信译,文史资料出版社 1986 年版,第 111—113 页。

片国土,华北平原和东南沿海等经济发达地区,全部为日本帝国主义所侵占,国民党政府被迫退居西南,财政收入急剧减少,被迫由和平时期的以税收为主的财政收入转变为银行垫款和借款为主。同时,由于军事费用的快速增加以及后方相关建设的需要,国民党政府的财政支出也快速扩大,财政支出远大于财政收入。国民党政府财政出现了严重赤字。

和平时期,国民党政府财政收入主要依靠赋税收入,但由于日军入侵,作为国民党政府财政收入重要税源的东南沿海地区快速沦陷,传统的关税、盐税和统税征额锐减,而国民党政府因其政府信用不高,公债发行效果不佳。为支撑抗战,国民党政府不得不依靠以“四行二局”为核心的银行体系的银行垫款来支撑财政。整个抗战时期,国民党政府财政收入主要依靠租税收入、债款收入、银行垫款和其他收入,其他收入具体包括田赋、商品专卖和政府经营收入等。①

由表 8-38 可知,整个抗战时期,国民党政府主要的财政收入来自银行垫款,总计 12621 亿元,占战时财政总收入的 81.77%,1941 年达到最高峰为 87.81%。但由于以“四行二局”为核心的银行系统存款有限,国民党政府不得不采取大规模增发法币的方法来解决日益严重的财政危机,造成了物价飞涨和严重的通货膨胀。如表 18-39 所示,以战时首都重庆为例,物价指数从 1938 年的 1.64 激增到 1945 年的 2133.2,而法币的购买力也从 1938 年的 0.6 锐减到 1945 年的 0.0005。

① 杨荫溥:《民国财政史》,中国财政经济出版社 1985 年版,第 116、150、163 页。

表 18-38　国民党政府财政收入结构(1937—1945 年)

(单位:法币百万元)

项目/年度	银行垫款		借款收入		租税收入		其他收入		总收入
	垫款额	百分比(%)	收入额	百分比(%)	收入额	百分比(%)	收入额	百分比(%)	
1937	1195	59.45	256	12.74	451	22.44	108	5.37	2010
1938	854	73.05	18	1.54	212	18.14	85	7.27	1169
1939	2311	75.75	25	0.82	484	15.86	231	7.57	3051
1940	3834	74.32	8	0.16	267	5.18	1050	20.35	5159
1941	9444	87.81	127	1.18	667	6.20	517	4.81	10755
1942	200811	78.73	156	0.61	2807	11.0	2462	9.65	125506
1943	40873	66.72	3871	6.32	12169	19.86	4348	7.10	61261
1944	140133	78.60	1947	1.09	30849	17.30	5367	3.01	178296
1945	1043257	83.05	62818	5.00	99984	7.96	50081	3.99	1256140
总计	1262189	81.77	69226	4.48	147890	9.58	64249	4.16	1543554

注:本表是根据杨荫溥著的《民国财政史》和陆仰渊、方庆秋主编的《民国社会经济史》的数据整合而成。总收入是银行垫款和债款计算在内的收入。

资料来源:杨荫溥:《民国财政史》,中国财政经济出版社 1985 年版,第 116 页表 3-10、第 150 页表 3-34、第 163 页表 3-39;陆仰渊、方庆秋主编:《民国社会经济史》,中国经济出版社 1991 年版,第 555 页统计表。

表 18-39　根据重庆物价指数计算的法币购买力指数(1937—1945 年 6 月)

项目/年份	重庆趸售物价指数(1937 年上半年=1)	法币购买力指数(1937 年上半年=1)
1937	0.98	1.0172
1938	1.64	0.6097
1939	3.55	0.2813
1940	12.76	0.0783

续表

项目 年份	重庆趸售物价指数 （1937年上半年=1）	法币购买力指数 （1937年上半年=1）
1941	27.37	0.0365
1942	77.76	0.0128
1943	209.30	0.0047
1944	587.74	0.0017
1945年6月	2133.20	0.0005

资料来源：杨荫溥：《民国财政史》，中国财政经济出版社1985年版，第159页表3-37。

在国民党政府战时财政收入中占据第二位的是租税收入，据表18-38可知，1937—1945年总计1479亿元，占战时总收入的9.58%，最高年份为战争刚刚爆发的1937年，为22.44%。此后逐年下降，到1942—1944年略有回升。这主要是因为抗战初期，民众抗日积极性高涨，而到了1938年，武汉、广州的沦陷，中国华北、华东、华中等国土被日本侵略者占领。国民党政府的租税大幅度减少，国民党政府不得不实行战时财政体制，调整税收政策。1941年8月15日，国民党政府召开第三次全国财政会议，并作出重大决定：（1）将田赋收归中央接管，彻底整顿，中央与各省市县分设田赋管理处。（2）田赋改征实物，以统筹战时军糈民食，收缩货币流通数量，平抑物价。（3）改定财政收支系统，将全国财政收支分为国家财政与自治财政两大系统，原国家预算及省预算的一切收支，统为国家财政收支，从国家税课中分配一部分与市县，作为自治财政收支。（4）改进税政税制，统一征收机构，取消各省通过税性质的捐税，改办战时消费税，由中央依消费物品之性质，统筹课税，改订营业税法，酌增税率，改进征收方法。改进人事管理，训练财务人员,提高其薪给,以增进效率,杜绝贪腐。① 由于1941年的财政改革,所以抗战时期,国民党政府税收结构在1941年之后发生了重大变革。

战前在国民党政府的租税收入中,关税、盐税、统税占租税各项收入90%以上②,但随着战争的爆发,关、盐、统三税收入锐减。如表18-40所示,1937年国民党政府三税收入预算为77400万元,而实际只有410万元,到1938年三税更是锐减到192万元。由于三税收入锐减,严重影响了国民党政府的财政收入,故在1940年,国民党政府用以食盐战时附加税、货物税和直接税这三种新税取代旧三税,成为国民党政府财政收入的重要来源。

表18-40 国民党关税、盐税、统税收入情况(1937—1940年)

(单位:法币百万元)

项目 年份	关税			盐税			统税			实收总额
	预算(A)	实收(B)	B/A(%)	预算(A)	实收(B)	B/A(%)	预算(A)	实收(B)	B/A(%)	
1937	369	239	64.8	229	141	61.7	176	30	17.0	410
1938	185	128	69.3	115	48	42.7	88	16	18.2	192
1939	243	349	143.6	83	61	73.5	32	22	68.8	432
1940	259	38	14.7	100	80	80.0	(1)	—	—	118
总计	1056	754	71.4	527	330	62.6	296	68	23.0	1152

注:(1)1940年改为货物税。

资料来源:杨荫溥:《民国财政史》,中国财政经济出版社1985年版,第104页表3-3。实收总额系引者计算。

① 中国第二历史档案馆藏:《国民政府财政部档案》,《中华民国史档案资料汇编》第5辑第2编,《财政经济》(1),江苏古籍出版社1997年版,第147-151页。

② 杨荫溥:《民国财政史》,中国财政经济出版社1985年版,第47页。

总体而言,整个抗战时期国民党政府的财政收入变化与国内外局势有密切联系。由表 18-41 可知,战争初期,随着国土的大面积沦陷,广大富庶的东部地区,迅速沦为日本控制的沦陷区。特别是 1938 年抗战进入战略相持阶段,该年度国民党政府中央财政预算,相较 1937 年缩水 14.41%(见表 18-40)。为扩大财政收入,支持抗战,国民党政府实行战时财政体制,调整税收政策,所以 1939 年财政预算收入大幅上涨,较 1938 年上升 63.74%,其总数是 1938 年的 1.6 倍。1940 年财政预算收入较 1939 年上涨达 208.58%,其总数是 1938 年的 3.42 倍。1941 年全面实行战时财政政策,中央财政收入快速上涨。1945 年财政收入的快速回升,与本年度抗日战争结束,东中部地区重新纳入国民党政府财税征收区域,以及国民党政府大量接受敌伪资产是密不可分的。

表 18-41　国民党政府财政实际收支规模和盈亏统计(1937—1945 年)

(单位:法币百万元)

项目 年份	总收入	总支出	收支盈亏
1937	2010	2091	-81
1938	1169	1169	0
1939	3051	2797	254
1940	5159	5288	-129
1941	10755	10003	752
1942	25713	24511	1202
1943	61261	58816	2445
1944	178296	171689	6607

续表

项目 年份	总收入	总支出	收支盈亏
1945	1256140	1215089	41051

注:(1)1937—1945年:财政实际收入是连债款和银行垫款收入计算在内的总岁入。(2)财政实际支出是现金结存除外的实际总支出。(3)1938年度,只包括1938年7—12月半年数字,因从1939年起,会计年度改为"历年制",即以各年1—12月为会计年度。

资料来源:杨荫溥:《民国财政史》,中国财政经济出版社1985年版,第102页表3-1、第116页表3-10。

从财政税收结构来看,战争导致国民党依赖盐、关、统三税作为财政收入的主要来源转换为依赖借款为主的财政收入模式。而且在抗战进程中,国民党政府不断调整战时政策,最后形成了除债款收入项外,其他常项岁入之大宗就是盐税、货物税、直接税三大系统的岁入结构。同时国民党政府也向国内外借债形成特殊的战时收入,确保国民党政府的战时收入来源,战时的财政结构虽然是由战争被迫形成,但正是这种畸形的财政收入结构保证了国民党政府得以坚持长期抗战。

二、1937—1945年国民党政府支出内容与收支平衡

抗战时期国民党政府中央财政岁出内容和项目随着国民党政府的财政体制改革而发生调整。1937—1939年延续战前的岁出科目分类;其后从1940年开始,国民党政府面对岁入不断减少的战争局面,开始调整岁出项目,特别是1941年召开第三次全国财政会议,对财政岁出系统正式进行调整,岁出项目分类更细,增加

了较多科目。但按照用途可以分为军费、建设费、债务费和政务费四大类，另外还有一些临时性的预算外支出。

首先，1937—1939年这一时段。从整体上来看，本时段即在抗日战争初期，国民党政府最重要的岁出科目是建设事业专款、军务费、财务费三项。由表18—42可知，建设事业专款在这三年中除1938年外，其他两年均是第一位的支出科目。而军务费和债务费各年具体支出数额排名有所变化。1937年军务费支出位居第二位，其支出数额高于债务费。1938年则是军务费支出项最高，其次是建设事业专款，债务费支出数额是第三位的。1939年岁出前三项分别是建设事业专款、债务费、军务费。

表18-42　主要岁出科目统计（1937—1939年）

（单位：法币万元）

年份＼科目	建设事业专款	军务费	债务费	财务费	教育文化费
1937	49879	41972	35314	705	4368
1938	36548	59134	23388	26778	2078
1939	86614	47151	52850	4990	4810

资料来源：选自国民政府主计处统计局编：《中华民国统计年鉴》，中国文化事业公司1948年铅印本，第232页。

战争初期，建设事业专款的大幅度增加，这主要是用于迁移沿海地区受到战争威胁地区的机器和工厂来装备西南大后方工矿企业，以及为西南内地交通打下基础，主要围绕经济复兴、农业复兴和交通建设。如表18-42所示，在具体的建设项目中，战争初期经济和水利建设还是保持较高投入，分别占岁出的4.98%和2.73%，这说明抗战之初国民党政府还是从财政上给民营工业和农业提供了相应的支持。由此可以看出，建设事业的支出对大后方生产发展、开辟税源,发挥了相当大的作用。更为重要的是,使经济结构向战时状态改变,从而改变资源配置格局,对缓解财政困局、支持长期抗战有一定帮助。

这一时段,由于抗战需要,军费支出主要用于士兵征集、武器装备购置以及军队日常开支。自"七七事变"以来,国民党政府对日退让妥协的消极态度有所转变,军费增加。至1938年武汉、广州会战,国民党政府的军费开支也在该年达到抗战初期的最高峰。随着广州、武汉相继沦陷,日本的侵略方针由大规模的军事进攻为主转为对华北敌后抗日根据地的围剿、扫荡,并全面推行"三光政策",对蒋介石则改为政治诱降为主、军事为辅,国民党政府在正面战场的压力减轻。因此,1939年国民党政府军费开支有所下降。

其次,1940—1945年这一时段,国民党政府除以上军费、建设事业费之外,还开设了一项新的支出科目即特别支出,包括战务费、公务员生活补助费、公务员平价米代金等8项(见表18-43的资料来源,特别支出项)。这一支出科目是1940年新设,至1944年废止,每项支出均有其具体用途。所谓战务费的开设不难理解,乃因战时环境所致。另外几项支出费用则多同物价、米价有关,由此可见这段时期通货膨胀严重,物价高涨,国民党政府不得不为维持公务员生活以及物价水平而设立名目众多的财政补贴。而且,本时段内特别支出项一直是财政支出的第一大支出科目,远高于居第二位的建设事业专款。总之,比较本时段各年度支出科目,其主要支出项一直是特别支出、建设事业专款、军务费、债务费四项支出科目。

虽然特别支出一直占据这一时段国民党政府财政支出的首位,但因为物价上涨、通货膨胀严重,如按不变价格计算,各项支出的地实际值是下降的。早在1940年,公务员、教师以及士兵等的实际收入,2/3 为通货膨胀所吞噬。到 1943 年,公务员已濒临饥饿线,实际收入降低到战前的 1/10,教师和士兵的情况也好不了多少,实际工资尚不及战前的 1/5。① 结果造成政府行政效率低下,纪律松弛,吏治腐败,军纪败坏,士气低落,战斗力低下。

表 18-43 特别支出科目统计(1940—1944 年)

(单位:法币百万元)

项目 \ 年份	1940	1941	1942	1943	1944
战务费	1475	2145	3558	6901	—
粮食费	—	1451	4571	12858	—
缉私团队经费	—	—	44	—	—
易货偿债费	—	989	987	—	—
公务员生活补助费	11	30	292	1600	
公务员平价米代金	0. 15	5	530	—	—
官价米亏损	—	—	70	—	—
物价平准基金	—	—	270	1000	—
总计	1486. 15	4620	10322	22359	46324

资料来源:国民政府主计处统计局编:《中华民国统计年鉴》,中国文化事业公司 1948 年铅印本,第 234 页。

前文中分别分析了 1937—1945 年国民党政府财政收入和支出的主要内容,对其财政收支的内部结构,特别是财政收支中的支柱型项目及其占比情况,也一并进行分析介绍。抗战期间,由于国

① 张公权:《中国通货膨胀史(一九三七——一九四九年)》,杨志信译,文史资料出版社 1986 年版,第 43 页。

民党政府各项支出规模不断增加,特别是战时军费开支,给国民党政府带来了巨大的财政压力,而国民党政府由于战争初期丢失东部财源,收入急剧减少,国民党政府财政赤字急剧增加。

表 18-44　国民党政府财政收支（1937—1945 年）

（单位:法币百万元）

项目 年份	财政收支数额				物价指数	折合战前币值		
	实际支出	实际收入	财政赤字	占总支出比(%)		实际支出	实际收入	财政赤字
1937	2091	559	1532	73. 3	1. 03	2030. 10	542. 72	1487. 38
1938	1169	297	872	74. 6	1. 31	892. 37	226. 72	665. 65
1939	2797	715	2082	74. 4	2. 20	1271. 36	325. 00	946. 36
1940	5288	1317	3971	75. 1	5. 13	1030. 80	256. 73	774. 07
1941	10003	1184	8819	88. 2	12. 96	771. 84	91. 36	680. 48
1942	24511	5269	19242	78. 5	39. 00	628. 49	135. 10	493. 39
1943	58816	16517	42299	71. 9	125. 4	469. 03	131. 71	337. 31
1944	171689	36216	135473	78. 9	431. 97	397. 46	83. 84	313. 62
1945	1215089	150065	1065024	87. 6	1631. 6	744. 72	91. 97	625. 75

注:实际支出是指现金结存除外的支出;实际收入是除银行垫款和债款以外的收入;物价指数以 1937 年 1—6 月为 1;1938 年为半年度。

资料来源:据杨荫溥:《民国财政史》,中国财政经济出版社 1985 年版,第 102 页(财政收支数额);张公权:《中国通货膨胀史(一九三七——九四九)》,杨志信译,文史资料出版社 1986 年版,第 242 页(物价指数)综合整理编制。折合战前币值系引者计算编制。

从表 18-44 可以明显看出,国民党政府在抗战时期的财政状况,出现严重的财政赤字,整个抗战时期的财政收支不敷程度大多在 70%以上,最高达 87%。具体来说,前 4 年(1937—1940 年)平均约 74%;后五年(1941—1945 年)平均为 81%,这说明国民党政府自 1941 年后财政赤字更为严重。而且,1939—1943 年,各年财政赤字均较上年度翻了一番。1944 年财政赤字增长了 3. 20 倍,1945 年最高竟达到了 7. 86 倍。可见,自抗日战争开始后,国民党政府财政收支不仅未达到基本平衡,而且呈现财政赤字不断扩大的态势。与财政赤字不断增大的状况相联系,银行垫款规模也持续扩大。从表 18-45 中的银行垫款数据,可以看出银行垫款上涨幅度同财政赤字增加速度基本是同步的。1937—1945 年,国民党政府银行垫款数额,平均各年占财政赤字的比重达到了 98. 5%。由此可以想见,在整个抗战时期,一方面,国民党政府无法承受巨额财政支出和巨大赤字带来的沉重压力;另一方面,为了继续抗战,维护统治,又被迫持续扩大财政赤字,在实际收入不断萎缩的情况下,用银行垫款的扬汤止沸之法,弥补财政亏空。

虽然国民党政府采用银行垫款的方法来弥补财政亏空,但由于“四行二局”为核心的银行体系的实际存款不足,国民党政府不得不在抗战爆发后,大规模增发法币,采用通货膨胀的手段缓解因战争爆发而带来的财政压力。如表 18-45 所示,全面抗战时期,除 1937 年战争刚刚爆发,法币发行增幅较小之外,其他年份,国民党政府都是大规模增发货币来应对财政困难。

表 18-45　国民党政府财政赤字、银行垫款、法币增发数统计(1937—1945 年)

(单位:法币亿元)

项目 年份	财政赤字	银行垫款及占财政赤字(%)		法币增发数及占银行垫款(%)	
		银行垫款(＊1)	百分数(%)	法币增发数	百分数(%)
1937	15	12	80. 0	(＊2)3	25. 0
1938	9	9	100. 0	6	66. 7
1939	21	23	109. 5	20	87. 0

续表

项目 年份	财政赤字	银行垫款及占财政赤字(%)		法币增发数及占银行垫款(%)	
		银行垫款(*1)	百分数(%)	法币增发数	百分数(%)
1940	40	38	95.0	36	94.7
1941	88	94	106.8	72	76.6
1942	192	201	104.7	193	96.0
1943	423	409	96.7	410	100.0
1944	1355	1401	103.4	1141	81.4
1945	10650	10433	98.0	8484	81.3
总计	12793	12620	98.6	10305	81.6

注:(*1)1937—1939年各年度,称“借入款”;1940年起,改称“银行借垫款”。“债款”或内债收入另列有项目,不在“借入款”之内。

(*2)国民党政府的财政年度从1939年开始改采“历年”制。本表1937—1938年数值是修正后的数值。

资料来源:根据杨荫溥:《民国财政史》,中国财政经济出版社1985年版,第163页表3-39、第164页表3-40综合整理、编制。

三、1946—1949年国民党政府收入与支出情况

(一)1946—1949年国民党政府的收入情况

抗战胜利后,国民党政府因接收日伪资产,其财政收入较抗战时期有了较大改善,但国民党政府不以医治战争创伤、恢复和发展经济生产为中心,却在美国的支持下悍然发动反革命内战,本已脆弱至极的政府财政又被绑上战车,财政收入由于国民党政府在战场上节节失败,税源一天比一天狭窄,城乡税收加速度萎缩,在财政收入地位中日趋下降,再次迅速形成依靠通货膨胀支撑的泡沫财政。

抗战结束后,国民经济逐渐走出战时体制,国家财政收入进入调整时期。同时由于战后接收沦陷区物资和财政,以及法币滥发严重、通货膨胀惊人等因素的存在,财政总收入仍然延续抗战时期快速增长的态势。随后,由于内战的影响,财政收入更是出现了加速扩大的现象。1947 年国家财政总收入是 1937 年的 6200 倍,是 1946 年的 3.71 倍,总额达到法币 93704 亿元。到 1948 年仅上半年的财政收入就是 1947 年全年的 10.27 倍,增长速度极快。1948 年下半年废法币实行金圆券,财政收入大幅缩水,只有 8.731 亿元。随后由于金圆券迅速贬值,到 1949 年 5 月,财政收入高达 8133300 亿元金圆券。最后由于国民党政府在内战中彻底失败,导致其财政体系的灭亡。

表 18-46　国民党政府财政实际收支规模和盈亏统计(1946—1949 年)

(单位:亿元法币;1948 年 9—12 月、1949 年 1—5 月,亿元金圆券)

年份＼科目	总收入	总支出	收支盈亏
1946	21519	71969	-50450
1947	120100	409100	-28900
1948 年 1—6 月	800000	3400000	-2600000
1948 年 9—12 月	8.731	39.507	30.776
1949 年 1—5 月	813300	—	—

注:(1)1946—1949 年 1—5 月:本期内的财政收支数据是杨荫溥从当时的书籍报刊等资料中搜集而得。(2)金圆券 1 元=法币 300 万元。

资料来源:杨荫溥:《民国财政史》,中国财政经济出版社 1985 年版,第 172 页表 4-4、第 215 页表 4-26、第 224 页表 4-32、第 227 页表 4-33。

抗战胜利后,国民党政府税收还是依靠抗战时的四大税源,即盐税、关税、货物税和直接税。从表 18-47 可以看出,战后国民政府税收来源中,货物税稳居首位,都在32%以上。而其他如直接税、关税稳步提升,这说明国民党政府对直接税抱有极大期待,而且抗战胜利后,中国对外贸易有所恢复。而作为传统的重要财税来源的盐税则呈现下降趋势,这主要是因为在抗战胜利后,国民党政府未能完全控制住国内盐场,导致盐税在预算中的比重和地位持续下降。

由于国民党政府在战场上的失败,税收日渐减少,"估计四税税收之损失,截至本年(1948年)三月上旬,达二万四千余亿元"①。尽管国民党政府极力希望增加财政收入,但随着国民党统治区的面积逐渐缩减,财政收入在其每年岁入中所占比重越来越低。

表18-47 国民党政府四项税收预算统计(1946—1948年上半年)

(单位:法币百亿元)

年份／项目	1946		1947		1948年上半年	
	数额	百分数(%)	数额	百分数(%)	数额	百分数(%)
货物税	2025	32.3	12476	37.3	97880	32.6
直接税	1230	19.7	9430	28.2	96420	32.1
关税	1000	16.0	6214	18.6	65975	22.0
盐税	2000	32.0	5350	15.9	40000	13.3
总计	6255	100	33470	100	300275	100

资料来源:杨荫溥:《民国财政史》,中国财政经济出版社1985年版,第176页表4-7。

此外,这一时期公营企业营业之盈余收入也是重要的岁入项

① 中华年鉴社编:《中华年鉴》(1948),中华年鉴社1949年版,第1076页。

目,在1947年于总岁入中所占比重接近10%。这主要是因为战后国民党政府接收大量工矿企业,将其收归国营或大量变卖。具体分析此时期的六项主要岁入科目,按其所占比重排名来看大致是这样一个顺序,第一位是物品售价收入,其次是债款收入,再者是统税及公营企业营业之盈余收入,还有盐税和关税。

为了应付内战,国民党政府的军费开支激增。为此在国内外发行债券,通过借债来增加财政收入。由于通货膨胀,战时国民党借债被迅速还清,但是国民党政府的信用也就被民众抛弃。国民政府战后更多依靠外债的支撑。抗战胜利后美国向南京国民党政府提供各种贷款和援助,数额空前,据综合统计,其中信用贷款为14219.3万美元,“美援”包括售让、赠与、“救济”和物质援助等项在内,为305064万美元,两项合计达319283.3万美元。① 由于战后国民党政府忙于内战,无暇顾及国内经济,军费开支浩大,美国贷款与援助金额虽然巨大,但仍然无法解决国民党政府的庞大财政赤字和支出需求,以支撑其财政体系的正常运转。

(二)1946—1949年国民党政府的支出情况和收支平衡

抗战胜利后,国民党政府财政收支难抵、入不敷出的状况更加严重。1945年下半年抗战胜利至国民党政府废止法币流通,推出金圆券作为新的货币(1948年8月),这个时段是国民党政府财政经济,由恢复转到战争直至崩溃的时段。本时段内的财政经济有其自身的特征,即延续了抗战后期高通胀、高赤字、高法币发行量的态势,并在此基础上加速恶化。此时通货膨胀极其严重,法币发行数额巨大,再加上居高不下的军事开支等,导致了财政总收支数

① 潘国琪:《论战后国民政府的“美债”与“美援”》,《广西师范大学学报(哲学社会科学版)》2003年第2期。

额极其庞大。而且这一时段国民党政府为掩饰真相,财政实际支出情况并没有准确的记录。不过通过对比分析相关资料,可探知本时段财政支出的大概面貌。

1946—1949 年,由于国民党发动反人民的内战,这一时期国民政府的各项支出中,以"国防"费用为最大支出项,其次还有债务费、经济开发支出及行政一般支出等,具体情况如表 18-48 所示,国防支出从 1946 年的 59.9%上升到 1948 年上半年的 68.5%,虽然 1948 年下半年后的军费开支无具体数据证实,但是由于当时正处于国共内战关键时期,考虑当时战争规模,国民党政府军费开支肯定高于 1948 年上半年。1946—1948 年上半年国民党政府财政支出结构(%)、国防费用所占比重及其变化,详见表 18-48。

表 18-48 国民党政府财政支出结构(1946—1948 年上半年)

(单位:%)

项目 \ 年份	1946	1947	1948 年上上半年
国防支出	59.9	54.8	68.5
债务费	0.6	1.2	2.6
经济开发支出	11.0	14.3	5.2
行政和一般支出	28.5	29.7	23.7

资料来源:张公权:《中国通货膨胀史(一九三七——九四九年)》,杨志信译,文史资料出版社 1986 年版,第 102 页。

总体而言,在所有支出中,军费支出占绝大比重,这反映出 1946—1949 年国民党政府财政的军事性。庞大的军费支出给国民党政府财政和经济带来巨大灾难,军事支出的膨胀,导致巨额财政赤字。国民党政府唯有增发纸币一途,而增发纸币又造成恶性通货膨胀,沉重地打击民族工商业和农村经济,从根本上动摇了国民党政府的财政和经济基础。

总之，抗战结束后，国民党政府的财政压力有所减轻，有过短暂的复苏；但战争遗留下来的致命财政问题并未解决，如极其严重的通货膨胀、纸币无节制地滥发等，并且随即又进入战争状态。伴随着战争的持续，此时的财政危局可谓“旧病未愈，新病又发”，财政已到了难以为继的地步。所以，纵使推行“货币改革”也无力回天，最终随着国民党政府军事上的失败，其财政也彻底崩溃。

中册图表索引

本书是国家社科基金重大项目（10&ZD074）成果

国家出版基金项目
NATIONAL PUBLICATION FOUNDATION

中国近代经济史

1937—1949

下　册（一）

刘克祥　主编

人民出版社

目　录

下　册

第三篇　革命战争中不断成长壮大的新民主主义经济

第 三 篇

革命战争中不断成长壮大的新民主主义经济

第十九章

抗日根据地经济

抗日根据地经济是抗日根据地军民在残酷的战争环境下，建立和发展起来的新民主主义经济。它有别于国民党统治区半殖民地半封建经济，同土地革命时期的苏区经济也不完全相同，是介于半殖民地半封建经济与社会主义经济之间的一种过渡型经济。

1937年7月7日，日本帝国主义发动“卢沟桥事变”，中国守军奋起抵抗，全面抗战爆发。日本全面侵华战争，使中华民族面临灭顶之灾。7月8日，中国共产党向全国发出通电，号召“全中国人民、政府和军队团结起来，筑成民族统一战线的坚固长城，抵抗日寇的侵掠！国共两党亲密合作抵抗日寇的新进攻！驱逐日寇出中国！”为了促成抗日民族统一战线的建立，7月15日，中共中央将《中国共产党为公布国共合作宣言》交给国民党中央，提出全民族抗战、实行民主、改善民生等抗日的基本主张，重申愿为彻底实现孙中山的三民主义而奋斗，停止推翻国民党政权和没收地主阶级土地的政策，取消苏维埃政府，取消红军番号，改编为国民革命军。7月17日，中共代表周恩来、秦邦宪、林伯渠同国民党代表蒋介石、邵力子、张冲在庐山举行会谈，在全国人民强烈要求抗日的压力下，国民党同意国共合作，共同抗日。8月22日，国民党政府军事委员会发布将红军改编为国民革命军第八路军的命令。9月22日，国民党中央通讯社发表了《中国共产党为公布国共合作宣言》。23日，蒋介石发表关于团结御侮的谈话，承认中国共产党的合法地位。10月,国共两党在南京达成协议,将留在湖南、江西、福建、广东、浙江、湖北、河南、安徽八省边界地区的红军和游击队(琼崖红军游击队除外),改编为国民革命军新编第四军。至此,以国共合作为基础的全国抗日民族统一战线宣告成立。

中国共产党早已做好全面抗战的准备。1938年8月22日至25日,中共中央洛川会议通过毛泽东起草的《中国共产党抗日救国十大纲领》,提出了全面抗战的路线、方针。会议通过的《中共中央关于目前形势与党的任务的决定》指出:中国的抗战是一场艰苦的持久战。会议确定:红军在敌人后方放手发动独立自主的山地游击战,使游击战争担负起配合正面战场,开辟敌后战场,建立敌后抗日根据地的战略任务。八路军从陕甘宁边区出发,东渡黄河,奔赴抗日前线。在国民党军队弃地向南溃退、大片国土沦于敌手的时候,八路军英勇抗击日寇的进攻,并深入敌后广泛开展游击战争,收复大片国土,发动群众改造旧政权,建立敌后抗日根据地。八路军、新四军在敌后开展游击战争,依托山区并逐渐向平原地区发展。先后开辟创建了华北的晋察冀、晋绥、晋冀豫、冀鲁豫、山东,华中的豫鄂边、皖东北、皖中、皖南、苏南、苏中、苏北、豫皖苏,华南的东江、琼崖等抗日根据地。

陕甘宁边区是土地革命时期保留下来的老革命根据地,是中共中央所在地,是全国人民进行抗日战争的指导中心,也是敌后抗日根据地的总后方。到1940年年底,中国共产党领导的抗日根据地已经拥有1亿人口,在全民族抗战中发挥着日益重大的作用。

为了坚持长期抗战,巩固和扩大根据地,中国共产党十分重视敌后抗日根据地的各项建设:政权建设、经济建设和文化教育建设。毛泽东同志对抗日根据地的政治、经济、文化和社会性质,做了明确的界定:“判断一个地方的社会性质是不是新民主主义的,主要地是以那里的政权是否有人民大众的代表参加以及是否有共产党的领导为原则。因此,共产党领导的统一战线政权,便是新民主主义社会的主要标志。有些人以为只有实行十年内战时期那样的土地革命才算实现了新民主主义,这是不对的。现在各根据地的政治,是一切赞成抗日和民主的人民的统一战线的政治,其经济是基本上排除了半殖民地因素和半封建因素的经济,其文化是人民大众反帝反封建的文化。因此,无论就政治、经济或文化来看,只实行减租减息的各抗日根据地,和实行了彻底的土地革命的陕甘宁边区,同样是新民主主义的社会。各根据地的模型推广到全国,那时全国就成了新民主主义的共和国。"①

毛泽东同志的新民主主义经济理论是新民主主义革命理论的重要组成部分,是马克思列宁主义同中国革命实际相结合的产物。一方面,它是以马克思列宁主义的基本原理为基础,坚持了无产阶级在民主革命中和革命胜利后的领导权,坚持了中国社会经济发展的社会主义前途;另一方面,它又根据自己对中国国情的认识,吸收了中国民主革命的经验教训,也包括孙中山的思想精华,提出了符合中国实际和人民要求的具体方针和政策。而这些方针政策经过根据地经济发展实践,不断完善,又反过来促进了新民主主义经济建设理论的形成和成熟。

1939 年 10 月—1940 年 1 月,毛泽东同志在《〈共产党人〉发刊词》《中国革命和中国共产党》和《新民主主义论》等著作中,以对中国国情的科学分析为基础,系统地阐述了新民主主义理论,总结抗日根据地建设的经验,提出了"新民主主义的社会"的概念,这是对根据地社会性质的科学总结。经过抗日根据地经济建设经验的积累,毛泽东同志 1945 年 4 月在党的第七次全国代表大会上所作的《论联合政府》中又对新民主主义经济理论有了新发展。

① 《毛泽东选集》第二卷,人民出版社 1991 年版,第 785 页。

特别是强调要发展私人资本主义经济。论述了新民主主义社会的经济中包括三个组成部分:国家经营、私人经营和合作经营。论述了三种资本主义的区别:法西斯的资本主义、民主的资本主义、新民主主义的资本主义,指出:“蒋介石搞的是半法西斯半封建的资本主义。我们提倡的是新民主主义的资本主义”,“它的性质是帮助社会主义的”,“有利于社会主义发展的”。①

抗日根据地经济在其发展过程中,政策逐步完善,建立起了有别于半殖民地半封建经济的新民主主义经济。抗日战争时期新民主主义经济建设积累了丰富的经验,在以后解放战争时期解放区的经济建设和中华人民共和国成立后的经济建设中都起着重大的历史借鉴作用。

第一节 红军长征途中的经济斗争和党在策略转变时期的经济政策

抗日根据地新民主主义经济的创立,源自 20 世纪 30 年代的历史大变动和红军的战略转移:蒋介石国民党为了彻底消灭工农革命,对侵占东北、步步紧逼华北的日本帝国主义采取不抵抗政策,强调“攘外必先安内”,对苏区采取规模一次大过一次的军事“围剿”。红军连续打退了蒋介石的四次“围剿”,但由于王明“左”倾冒险主义的恶性膨胀,红军在第五次反“围剿”中失利,被迫实行战略转移,北上抗日,挽救民族危亡。

1934 年 10 月中旬,中共中央机关和中央红军主力撤离苏区,踏上向西突围的征途。1935 年 1 月,在贵州遵义召开的政治局扩大会议上,结束了王明冒险主义在党中央的统治地位,确立了以毛

① 《毛泽东文集》第三卷,人民出版社 1991 年版,第 385—386 页。

泽东同志为代表的新的中央领导，扭转局势，中国革命从此踏上正确的轨道。中央在改变原来的军事路线的同时，开始纠正“左”的政治路线和政策。由于日本帝国主义军事侵略的不断扩大和国内外形势的变化，民族矛盾上升为国内主要矛盾，红军到达陕北后，开始调整和改变苏区的各项经济政策，着手创立抗日根据地和以抗日根据地为依托的新民主主义经济，开始抗击日本帝国主义的伟大战斗。

一、红军长征途中的军需给养与经济斗争

红军在长征中边行军边打仗，没有根据地作依托和有组织的人民群众的支援，伤病员的安置、粮食和弹药的供应，全依靠红军自行筹措，总的原则是：由总政治部统一制定政策、制度、办法；政治部门和供给部门协作配合、筹集给养；物资的运输、保管分配和加工制作均由供给部门负责。红军的武器弹药依靠缴获，取之于敌；粮食、被服和其他物资供给主要依靠没收征发、购买和借贷。

在整个长征途中，红军始终把人民群众的利益放在高于一切的位置。对补充给养、处理沿途军民关系，都制定了明确的政策和严明的纪律。1935 年 1 月，红军总政治部规定，必须“使城市与圩场的商人继续营业”，纸币要“尽可能维持兑现”；让商人捐款必须“极端审慎”，没有进行反革命活动的商店“不能没收”；[①]要绝对保护工农劳动群众的利益，“不拿群众一点东西，借群众的东西要

---

① 《工农红军总政治部关于地方工作的指示信》（1935 年 1 月 14 日），见赵效民主编：《中国革命根据地经济史（1927—1937）》，广东人民出版社 1983 年版，第 481 页。

送还,买卖按照市价”。[①] 红军在贵州、云南、四川和甘肃等省少数民族地区,一般不打土豪,筹集的物资主要通过购买。红军所到之处,张贴告示,宣布“粮食公平购买,价钱交付十足”。[②]

长征开始时,中央根据地国家银行员工曾组成十五大队,挑运银洋、纸钞和印钞器材等100余担,随同红军长征,为红军印制纸钞,并为支付的纸钞兑换现洋。1934年11月,红军进入湘南大镇延寿圩、宜章县城时,所用钞票,“均按日兑现”。[③] 红军进占遵义时,“曾在城内天主堂成立银行,发行钞票数种”,以纸币购买商品并兑付现洋。[④] 但是,毕竟现洋数量有限,到长征后期,购物纸币已无法全部兑现,不过红军始终纪律严明,买卖公平。1935年6月25日,红军总政治部发出《关于收集粮食的通知》和《关于粮食问题的训令》,规定购买粮食的政策和方法:为了争取群众与发动群众帮助红军购买粮食,买粮必须向群众作宣传,给足价钱,不准强行购买。先头部队政治机关应责成粮食征购人员,每到一地即与当地革命政府或群众共同商妥各项粮食价格,布告周知。因故逃跑群众不在家时,购买群众的粮食时须邀邻里同去并留字条和价款交邻里代转。禁止私人购买逃跑群众的鸡、猪及其他物品。[⑤]

---

① 《中国工农红军总政治部布告》(1935年1月),见赵效民主编:《中国革命根据地经济史(1927—1937)》,广东人民出版社1983年版,第492页。

② 朱德:《中国工农红军布告》(1935年5月),见赵效民主编:《中国革命根据地经济史(1927—1937)》,广东人民出版社1983年版,第493页。

③ 廉臣:《随军西行见闻录》,见《中国工农红军第一方面军长征记》,人民出版社1955年版,第18—19、25—27页。

④ 《新蜀报》1935年2月1日,见赵效民主编:《中国革命根据地经济史(1927—1937)》,广东人民出版社1983年版,第496页。

⑤ 《总政治部关于收集粮食事的通知》(1935年6月25日),见中国社会科学院经济研究所中国现代经济史组:《革命根据地经济史料选编》上册,江西人民出版社1986年版,第493页。

红军在长途跋涉、自身给养补充极其艰难的条件下，还进行了若干群众性的经济斗争，通过打土豪、分财产的方式，为工农谋福利。红军突围后曾多次计划建立新的革命根据地。最初计划中央和红一方面军转移到湘西与红二方面军会合，建立湘西革命根据地。1934 年 12 月中旬，因形势变化，决定放弃湘西，改向贵州，建立以遵义为中心的川黔边根据地。[①] 1935 年 2 月，又决定建立云、贵、川根据地；[②] 4 月决定建立川西根据地；[③] 6 月决定建立川、陕、甘根据地[④]，但均未成功，才于 8 月和 9 月，决定建立陕甘根据地，提出了在陕北创立根据地的任务。[⑤] 红军在长征途中，在某一个地方停留时间并不长，但仍然做了一些力所能及的经济工作。首先是沿途各地打土豪，把没收和征发来的粮食和财物分给贫苦农民。1935 年 1 月，没收了国民党贵州省主席王家烈的盐行，价值几十万元。同时缴获他从上海购进的价值五万元的白金龙香烟。盐和香烟除分给贫苦群众一部分外，

---

① 《中央政治局关于战略方针之决定》(1934 年 12 月 18 日)，见中央档案馆编:《中共中央文件选集》第 9 册(1934—1935)，中共中央党校出版社 1986 年版，第 436 页。

② 《党中央和军委告全体红军战士书》(1935 年 2 月 16 日)，见赵效民主编:《中国革命根据地经济史(1927—1937)》，广东人民出版社 1983 年版，第 503 页。

③ 《中央军委关于我军速渡金沙江在川西建立苏区的指示》(1935 年 4 月 29 日)，见赵效民主编:《中国革命根据地经济史(1927—1937)》，广东人民出版社 1983 年版，第 503 页。

④ 《中共中央政治局关于一、四方面军会合后的战略方针的决定》(1935 年 6 月 28 日)，见赵效民主编:《中国革命根据地经济史(1927—1937)》，广东人民出版社 1983 年版，第 504 页。

⑤ 《会合红二十五军、二十六军在陕北创立根据地讨论大纲》(1935 年 9 月)，见赵效民主编:《中国革命根据地经济史(1927—1937)》，广东人民出版社 1983 年版，第 504 页。

其余均低价出售。[①] 2月,总政治部发布训令,强调打土豪应以筹款及发动群众为中心,事前应在群众中详细调查土豪的家产,发动群众参加,并应立即就地分发给群众,严格纠正不争取群众、不散发东西给群众的错误。[②] 在一切成立工农临时政府的地方,取消一切苛捐杂税,废除封建债约,并发动群众打土豪。红军在遵义时,曾召开群众大会,成立遵义革命委员会。并组织了几百人的"抗捐队","清查贪官污吏,没收其财产,当场鸣锣聚众散发"。[③]还在黔北许多县区建立"临时工农政权革命委员会",废除国民党政府的苛捐杂税,没收军阀官僚豪绅的米谷、衣物,分给工人、农民及一切穷人,又没收其田地平均分配给农民及一切穷人。[④] 尽管由于红军转移,群众所得革命果实旋即丧失,但正如毛泽东同志所说:"长征又是播种机。它散布了许多种子在十一个省内,发芽、长叶、开花、结果,将来是会有收获的。"[⑤]红军播下的革命火种,成为后来在解放战争时期,人民解放军迅速解放南方各省的重要因素。

---

① 廉臣:《随军西行见闻录》,《中国工农红军第一方面军长征记》,人民出版社1955年版,第22—23、28—29、40页。

② 《关于筹款征集资财及节省问题的训令》(1935年2月20日),见赵效民主编:《中国革命根据地经济史(1927—1937)》,广东人民出版社1983年版,第507页。

③ 廉臣:《随军西行见闻录》,《中国工农红军第一方面军长征记》,人民出版社1955年版,第20—21页。

④ 《红军总政治部告工农劳苦群众书》(1935年2月22日),见赵效民主编:《中国革命根据地经济史(1927—1937)》,广东人民出版社1983年版,第505页。

⑤ 《毛泽东选集》第一卷,人民出版社1991年版,第150页。

二、革命策略转变时期的经济政策及其实践

1936年“西安事变”后，为了推动国共两党再次合作，团结抗日，1937年2月10日，中共中央发表《中共中央致国民党三中全会电》，向国民党提出包括停止一切内战，集中国力，一致对外；保障言论、结社、集会之自由，释放一切政治犯；召集各党各派各界各军的代表会议，集中全国人才，共同救国；迅速完成对日抗战之一切准备工作；改善人民生活等五项要求。同时宣布：停止武力推翻国民政府的方针；苏维埃政府改名“中华民国特区政府”，红军改名为“国民革命军”；特区实行彻底的民主制度；停止没收地主土地的政策等四项保证。旨在消除国内两个政权对立状态，团结全国人民对日作战，挽救民族危机。

与党中央的策略转变的同时，根据地各项经济政策也做了相应的调整：一是纠正王明“左”倾路线下的错误政策，如土地政策中的“地主不分田”“富农分坏田”的做法，以及过“左”的劳动政策和财政政策；二是为了建立抗日民族统一战线，向地主阶级作某些妥协和让步，争取他们对抗日民族战争的支持，同时切实保护工农基本群众的利益，以调动广大人民群众的抗日与生产的积极性。

（一）土地革命政策的改变

土地革命政策的改变，是从纠正王明的“左”倾错误开始的。在1935年12月瓦窑堡中央政治局扩大会议之前，中央就已着手纠正王明的“左”倾错误，调整土地革命中的土地政策。1935年12月6日，中央颁布《党中央关于改变对付富农策略的决定》，停止执行“加紧反对富农”和“富农分坏田”的“左”倾政策，改为保护富农经济的新政策。该决定明确规定在白区，要“联合整个农

民,造成广泛的农民统一战线。故意排斥富农(甚至一部分地主)参加革命斗争是错误的”。在根据地内,要“集中力量消灭地主阶级”,而对富农“只取消其封建式剥削的部分,即没收其出租的土地,并取消其高利贷。富农所经营的(包括雇工经营的)土地、商业以及其他财产则不能没收”。应保障富农扩大生产(如租佃土地、开辟荒地、雇佣工人等)与发展工商业的自由。如农民要求平分一切土地时,富农应照普通农民一样平均分得土地。① 从而纠正了“富农分坏田”的错误主张。

为了进一步纠正王明的“左”倾错误,推动抗日民族统一战线的建立,1936 年 7 月 22 日,中共中央发出的《关于土地政策的指示》提出,为要实现清算封建残余与尽可能地建立广大的人民抗日统一战线的目的,要进一步审查现行土地政策,并给予必要的改变。土地政策的改变主要有以下几点:第一,改变了过去“地主不分田”的政策,给地主以生活出路。第二,将小土地出租者与小地主区别开来,不没收其土地。明确规定以下五种人的土地不没收:(1)小自由职业者、技术人员、教员、医生、学生、小商人和手工业者等小业主;(2)凭自己劳动积蓄购得土地的工人;(3)生活情况很坏的小地主;(4)原非地主,因失去劳动力而不得不出租土地者;(5)将土地出租而自己仍受雇于人者。第三,根据地主对抗日的不同态度实行区别对待的政策。“一切汉奸卖国贼的土地财产等全部没收”,而“一切抗日军人及献身于抗日事业者的土地,不在没收之列”。第四,进一步改变对富农的政策。由原来的只没收富农的出租的土地,进一步发展为“富农的土地及其多余的生

① 《中央关于改变对富农策略的决定》(1935 年 1 月 6 日),见中央档案馆编:《中共中央文件选集》第 10 册(1934—1935),中共中央党校出版社 1991 年版,第 586 页。

产工具(农具、牲口等),均不没收”。①

1937年2月10日,中共中央在前述《中共中央致国民党三中全会电》中,提出了停止没收地主土地的政策。正如毛泽东同志所指出的“中国土地属于日本人,还是属于中国人,这是首先待解决的问题”②。3月,陕甘宁边区已实际上停止了没收地主土地的运动。4月26日,苏维埃政府(后不久改变为边区政府)发布关于土地政策的布告,宣布“在没有分配土地的统一战线地区,地主豪绅的土地停止没收”。以前逃跑的地主纷纷返回边区。陕甘宁边区政府颁布了在上述布告中也明确了关于处置回边区的地主的办法,规定“在已分配了土地的区域,地主豪绅回来,可在原区乡分配他以和农民一样多的土地和房屋”。给他们以足够维持生活和参加农业生产的条件。不过对已没收了的土地,不许还原。边区政府并进行了土地登记,确定土地所有权,用法律的形式,保障农民的革命成果。③ 同时提出了减租减息政策,宣布在没有分配土地的区域,地主豪绅的土地,停止没收,但1936年以前的欠租,应宣布取消,不准索取;以后交租办法,可由地主与农民双方决定,但应比以前减轻些;以前农民借地主的债如果利息超过本钱或者与本钱相等的,则不再付利,没有超过本钱的酌量减轻;以后借债,最高利息不得超过一分五厘。④ 5月,陕甘宁边区政府颁布选举条例,规定恢复地主富农的公民权。

① 《中央关于土地政策的指示》(1936年7月22日),见中央档案馆编:《中共中央文件选集》第11册(1936—1938),中共中央党校出版社1991年版,第57—59页。

② 《毛泽东选集》第一卷,人民出版社1991年版,第260页。

③ 谢觉哉、左健之:《关于陕甘宁边区农村经济的几个问题》,《解放》周刊1940年第119期。

④ 《回苏区的豪绅地主要收租还债怎么办》,《新中华报》1937年第349期。

中国共产党停止没收地主土地的政策在边区得到全面的实施。

(二)工商业政策的调整

中国共产党的策略转变中最主要的是对民族资产阶级政策的转变。为了争取和团结民族资产阶级,首先要纠正过去过"左"的工商业政策。陕北根据地商品经济不发达,私人工商业数量不多,在主力红军到达陕北以前,因受王明"左"倾错误的影响,曾发生过没收商店和商人货物,禁止赤白区商人往来贸易的情况,以致商品市场萧条,物资流通阻塞。主力红军到达陕北后,1935年11月25日,临时中央政府西北办事处张贴布告,宣布实行贸易自由的政策。不仅根据地的大小商人有充分的营业自由,"白区的大小商人也可以自由到苏区来营业",除粮食及军用品外,根据地的生产品均可自由输出。同时宣布在工业方面实行投资开放政策。允许苏区内外正当的大小资本家投资各种工业。为了促进私人工商业的发展,宣布取消一切捐税,甚至于连关税、营业税等也"一概免收"。① 12月1日,西北办事处又宣布,外出办货商人可将"苏票"(根据地银行发行的纸币)或现金到根据地银行兑换"白票"(国民党统治区钞票)。如需要携带现金出境的,亦可照数兑换。② 同时还规定:"为着发动商人输出苏区农产品,与运输食盐出口,银行可给予低利贷款。"③

① 《目前只有苏区才是经营工商业最好的地方!》,《红色中华》1935年第242期。

② 《中华苏维埃共和国临时中央政府西北办事处布告》(1935年12月1日),见中国社会科学院经济研究所中国现代经济史组编:《革命根据地经济史料选编》上册,江西人民出版社1986年版,第188页。

③ 《中央财政部关于陕北财政经济情况向中央军委的报告》(1936年7月15日),见中国社会科学院经济研究所中国现代经济史组编:《革命根据地经济史料选编》上册,江西人民出版社1986年版,第189页。

在王明"左"倾错误路线影响下，根据地的工商业资本家和军阀官僚、地主豪绅以及富农一样，"是没有选派代表参加政权和政治上自由的权利的"。[①] 1936年年初，西北办事处颁布的《西北苏维埃选举法》规定，"雇佣劳动在十人以下，资本在五千元以下之工商业主亦有选举权"。[②] 新的规定使中小工商业者有了选举权。1937年5月公布的《陕甘宁边区选举条例》规定，除汉奸卖国贼、因犯罪被剥夺公民政治权利者和精神病患者外，"年满十六岁的，无论男女、宗教、民族、财产、文化上的区别，都有选举权和被选举权"。[③] 所有工商业者都有了公民权。这些都极大地调动了工商业者的积极性。

为鼓励私人工商业的发展，1936年8月，根据地政府在提出积极开发池盐和定边盐业的计划中，宣布"除陈请中央政府拨给款项外，并欢迎国外华侨及国内资本家来投资"。[④] 上述政策解除了工商业者的顾虑，使他们能积极参与根据地的工商业经营。陕甘宁贸易局须向定边县商人购买布匹，商人不仅想方设法从白区进货，而且价格比市价低廉，还可短期赊欠。定边商业的繁荣，吸引了许多白区商人冲破封锁，冒着风险到根据地做生意。[⑤] 天津、北京、包头等地的商人通过他们在定边的庄号，在根据地收购皮毛等土产品，运销布匹等工业品，交易十分红火。[⑥]

---

① 《中华苏维埃共和国宪法大纲》(1934年1月)，见中央档案馆编：《中共中央文件选集》第9册(1934—1935)，中共中央党校出版社1986年版，第91页。

② 《苏维埃选举法有新的改变》，《红色中华》1936年第250期。

③ 《陕甘宁边区选举条例》，《新中华报》1937年第359期。

④ 《苏维埃政府积极开发花定盐业》，《红色中华》1936年第292期。

⑤ 《定边城商业政策与安定商人》，《红色中华》1936年第298期。

⑥ 《供给工作与财政金融问题》(1936年12月1日)，见赵效民主编：《中国革命根据地经济史(1927—1937)》，广东人民出版社1983年版，第524页。

为了繁荣根据地商业市场,1936 年 7 月,西北办事处还宣布,恢复从前逢五逢十的集市,并由苏维埃政府帮助设立消费合作社;国家银行西北分行设立营业部,批发食盐、布匹等大宗货物,以供给各个合作社;中央粮食部成立由粮食调剂局领导的“农产品收买处”,农民的农副产品如粮食、豆类、羊毛、羊皮等,随时可以上市出售,如销售困难,可由农产品收买处全部收买。① 根据地政府为了开发食盐生产,鼓励农民和商人用食盐到白区交换工业品,取消一切捐税,“只须缴纳一定的盐价,即可到处运售”。同时设立县、区消费合作社,或运盐合作社,从事食盐贩运。②

(三)财政金融政策的调整

财政金融政策的调整,具体表现为抗日财政经费筹集方式上的变化。为适应抗日民族统一战线的建立,有钱出钱,有粮出粮,有枪出枪,有力出力,有知识出知识,集中一切力量进行抗日民族战争,成为制定财政政策的指导方针。当时根据地红军和政府的财政收入来自以下三个方面:一是战争中缴获和没收地主、汉奸卖国贼的财产;二是人民捐助;三是国营企业收入。据美国作家埃德加·斯诺记载:中央财政部部长林伯渠告诉他,陕北根据地的财政收入,“有百分之四十到五十来自没收,百分之十五到二十自愿捐款,包括党在白区支持者中间募集的款项。其余的收入来自贸易、

① 《中华苏维埃共和国中央政府西北办事处布告》(1936 年 7 月 3 日);《苏维埃极力改善志丹群众生活》,《红色中华》1936 年第 286 期。

② 《中华苏维埃共和国中央政府西北办事处布告》(1936 年 7 月 8 日),见赵效民主编:《中国革命根据地经济史(1927—1937)》,广东人民出版社 1983 年版,第 525 页。

经济建设、红军的土地、银行给政府的贷款”①。

1936 年，根据地临时中央政府颁布《没收汉奸卖国贼财产条例》，宣布没收日本帝国主义在华办的工厂企业、铁道、矿山、银行及其他财产。② 被没收的上述财产，成为根据地最早的国营企业。

随着土地政策的改变，对地主的政策也由打土豪转为募捐。红军主力到达陕北初期曾一度继续实行打土豪的办法，1936 年 8 月 1 日，临时中央西北办事处、中共西北中央局、西北革命军事委员会关于收集新粮的计划中，规定在老区陕北省由红军向群众购买；在陕甘宁地区，主要没收豪绅地主的粮食，另募捐和购买一部分。③ 旋即改用对地主募捐方式。8 月 18 日，西北军委、总政治部、中央财政部关于筹款工作的训令规定：“对于地主阶级，只要他不反对抗日红军而愿意毁家纾难的，也应避免用没收办法，而以募捐的方式使其尽量拿出金钱和物品来。”④

与土地政策和工商业政策的改变相适应，在财政政策上，对富农也不再实行没收、征收和罚款，免除一切税收，只用募捐一项。

---

① ［美］埃德加·斯诺：《西行漫记》，董乐山译，生活·读书·新知三联书店 1979 年版，第 207 页。

② 《没收汉奸卖国贼财产条例》（1936 年），见中国社会科学院经济研究所中国现代经济史组编：《革命根据地经济史料选编》上册，江西人民出版社 1986 年版，第 506 页。

③ 《中央政府西北办事处、中共中央局、西北革命军事委员会关于收集新粮的计划》（1936 年 8 月 1 日），见中国社会科学院经济研究所中国现代经济史组编：《革命根据地经济史料选编》上册，江西人民出版社 1986 年版，第 501 页。

④ 《西北革命军事委员会、总政治部、中央财政部训令——关于筹款工作问题》（1936 年 8 月 18 日），见中国社会科学院经济研究所中国现代经济史组编：《革命根据地经济史料选编》上册，江西人民出版社 1986 年版，第 503 页。

对工商业资本家,也禁止一切没收和征发,不收任何租税,只实行募捐。上述训令强调,筹款必须注意经济政策,“没收地主的商店固然不对,没收一般的商店尤不允许”。对富农和工商业资本家的募捐也由过去的强制改为宣传动员,自愿捐助。并制定了对捐助者的奖励办法:资本家捐助千元以上者,给奖状及一等银质奖章,并单独登报表扬之;五百元以上者,给奖状及二等铜质奖章,并用大字登报表扬;百元以上给三等布质抗日奖章,并登报表扬。①

根据地政府对一般农民完全免除一切税收。陕北土质瘠薄,自然灾害频繁,加上地主的残酷剥削和军阀政府的横征暴敛,农民生活极端贫困。主力红军到达陕北后立即宣布取消国民党政府的一切苛捐杂税,并免征任何赋税。根据地政府来自农民的财政收入,只限于爱国捐助和借粮购粮。捐助必须完全自愿,并给予适当的奖励。② 群众困难时还及时给予救济扶助。1936 年陕北根据地由于受敌人摧残和农业歉收,根据地政府于 1937 年青黄不接时,支出 2 万元,用于救济③,解决了人民困难,深受群众拥护。

根据地金融政策的改变,首先是逐步调整银行的货币发行政策。中央红军到达陕北后,于 1935 年 11 月在瓦窑堡市成立了中华苏维埃共和国国家银行西北分行。西北分行的主要职能是发行纸币,办理机关往来存款,代理中央金库,发放农工商业贷款,进行

① 《中华苏维埃共和国中央政府西北办事处布告——为筹募抗日基金事》(1936 年 1 月 15 日),见中国社会科学院经济研究所中国现代经济史组编:《革命根据地经济史料选编》上册,江西人民出版社 1986 年版,第 499 页。

② 《中华苏维埃共和国中央政府西北办事处布告——为筹集抗日基金事》(1936 年 1 月 15 日),见中国社会科学院经济研究所中国现代经济史组编:《革命根据地经济史料选编》上册,江西人民出版社 1986 年版,第 499 页。

③ 《苏维埃政府决拨二万元巨款救济红属难民》,《新中华报》1937 年第 347 期。

现金管理,开展货币斗争。“西安事变”前后,出现了与之建立统一战线的西北军和东北军防区,西北办事处遂规定,苏维埃机关或部队,进驻友军区域,为保证商业自由和尊重当地市场习惯,在苏票未能在当地流通以前,一般使用友军的“白票”、现洋。① 1937年1月,西北分行随中央政府机关迁至延安后,为适应抗日统一战线的建立,开始在陕甘宁地区统一使用法币,停止“苏票”发行,并开始回收“苏票”。

银行借贷也实行减息。同时除继续以信贷资金支持国营企业和合作社以及农民、手工业者个体经济发展外,对私营工商业也发放低息贷款。这是过去所没有的。

经济和财政政策的调整,促进了根据地经济恢复和发展。停止没收地主土地减轻了地主的对抗和阻力,有些开明地主还主动向根据地政府捐献抗日基金。同时,实行减租减息,废除一切苛捐杂税,减轻了农民的负担,同时政府向农民发放贷款,免费供应犁铧和棉花种子,调动了广大贫苦农民的生产积极性。尤其是对富农政策的改变,不仅调动了富农的生产积极性,也消除了中农怕致富后被打成富农的恐惧心理,积极性空前高涨。1937—1938年,陕甘宁地区耕地增加了约60万亩,牛羊增加到30万头以上。②工商业政策的改变调动了工商业者发展工商业的积极性。“西安事变”后,内战基本停止,根据地政府可以用更多的力量进行经济建设,恢复和发展了一批国营工业。延长石油厂恢复生产,1936年1—3月产油7万斤,超过国民党统治时期的产量。除满足根据

① 《中华苏维埃共和国中央政府西北办事处布告——关于统一战线区域的金融问题》(1937年1月15日),见中国社会科学院经济研究所中国现代经济史组编:《革命根据地经济史料选编》上册,江西人民出版社1986年版,第388页。

② 《陕甘宁边区简史》,《党史资料》1953年第5期。

地需要外,还可出口。陕北省安定和永坪煤矿的开发,充分满足了根据地机关、工厂和群众的需要。还建立了中央印刷厂、兵工厂、被服厂,开采了盐池县的食盐等等。① 私营工业也有所恢复和发展,1937 年 1—6 月,延水和延川两县有染房 15 处,粉房 4 处,各县共有油房十余处,铁木手工业也大有发展。② 根据地商业的发展也很快。据西北办事处统计,1937 年 1—5 月,贸易总局贸易总额达 387703 元,其中,买进工业品 191110 元、土产品 8960 元,售出工业品 182956 元、土产品 4677 元。③ 合作社商业方面,陕北省 1937 年 1—6 月,发展区消费合作社 75 个,省县机关合作社 7 个,社员 57518 人,股金 64992 元。④ 私营商业发展更快,1937—1938 年间,除停业老店重新开业外,新开店铺 1000 余家。⑤

党的经济政策的改变,为以后抗日根据地的经济建设起了一个良好的开端。1937 年 7 月 7 日"卢沟桥事变"爆发,全国抗日民族统一战线正式成立,国共实现了第二次合作,伟大的抗日民族战争开始了。中国共产党领导中国人民坚持抗日民族统一战线中的独立自主的原则,坚持放手发动敌后游击战争和建立敌后抗日根据地的战略方针,逐步扩大了抗日民主根据地。在抗日根据地实行新民主主义建设方针,以策略转变时期的经验为借鉴,更有成效

① 毛泽民:《陕甘苏维埃区域的经济建设》(1936 年 4 月 13 日),见中国社会科学院经济研究所中国现代经济史组编:《革命根据地经济史料选编》上册,江西人民出版社 1986 年版,第 183—187 页。

② 《推动边区经济建设的重要关键——陕北开各县经济部长联席会议》,《新中华报》1937 年第 373 期。

③ 《苏维埃政府办事处会议检讨苏区经济建设工作》,《新中华报》1937 年第 366 期。

④ 《推动边区经济建设的重要关键——陕北开各县经济部长联席会议》,《新中华报》1937 年第 373 期。

⑤ 《陕甘宁边区简史》,《党史资料》1953 年第 5 期。

地推进抗日根据地的经济建设,为夺取抗日战争的胜利和粉碎国民党的反共阴谋,奠定了坚实的经济基础。

第二节　抗日根据地建立和发展初期的经济（1937 年 7 月—1939 年 10 月）

抗日战争初期,抗日根据地的地域开辟、民主政权建立和经济恢复、建设,均处于草创阶段。

在地域上,抗日根据地相当分散、零碎,陕甘宁、晋察冀、晋冀鲁豫、晋绥和山东沂蒙、华中淮南等根据地,几乎全是省县交界丘陵山区,地处偏僻,土地贫瘠,自然和社会环境复杂,经济闭塞、落后,内战时期又受到战争等因素的影响和破坏,亟须休养民力。各抗日根据地民主政府审时度势,与民休息,轻徭薄赋,停止实行没收地主土地的政策,改为减租减息,既减轻农民负担,又注重保护富农和工商业者的利益,缓和阶级矛盾。并在减租减息的同时,没收汉奸财产,没收日本帝国主义的在华资产,既孤立和打击了敌人,调动了各阶级、阶层的抗日和生产积极性,又筹措了经费,部分解决了抗日经费紧缺的问题。在国防经济和金融、财政方面,建立不脱离生产的自卫军;建立银行,发行货币;开源节流,克服财政经济困难;发展与调节资本主义,采取各种措施恢复和发展经济。农业生产方面,鼓励垦荒;开展互助合作和大生产运动;颁布相关条例、办法,兴办农田水利;改进、提高和推广农业生产技术。在发展工业和手工业生产方面,也给予足够的重视,边区政府一个重要的方针,是注意"启发小生产者和私人企业家的生产积极性和自动性",大力发展农村手工业,提倡大规模的手工业经营,促进农家副业。晋察冀边区政府根据地区特点,更将发展工业的重心,始终放在手工业与家庭副业上,为了粉碎敌人的扫荡和封锁阴谋,凡能自己制造的一切日用必需品,均设法自制,以求自给自足。

由于方针政策正确、措施有力,1937—1939年,各根据地工农业生产和商业流通都有了明显的恢复和发展;物价稳定,财政状况改善;耕地面积扩大,粮食等作物产量增加;牲畜饲养业迅速恢复和发展,农民的收入也有所增加,生活改善;工业特别是公营工业也获得了初步恢复和发展,各个根据地相继办起了一批小型工厂或手工工场。对于私人不易经营的军需工业、矿业、冶炼业、纺织机的制造等,则主要由边区政府和军区积极经营,晋察冀军区还在河北省完县神南镇成立了军事工业部,领导军火研究与生产,保证了八路军武器装备的供给。

一、抗日根据地创建初期的经济政策

在抗日战争初期,中国共产党采取了一系列有利于国共合作,团结全国各族人民组成广泛的抗日统一战线,一致抗日的经济政策,改变了第二次国内革命战争时期的没收地主土地,打土豪以充财政经费、征收地主富农钱财等经济政策,实行了适应全国抗战新形势的经济政策。1937年8月25日,毛泽东同志在《为动员一切力量争取抗战胜利而斗争》一文中,提出了抗日"十大救国纲领"。有关经济方面的内容包括:没收日本在华财产,否认对日债务,废除与日本签订的条约,收回一切租界。财政经济政策包括:整顿和扩大国防生产,发展农村经济,保证战时生产品的自给。提倡国货,改良土产。禁绝日货,取缔奸商,反对投机操纵。同时改良人民生活:改良工人、职员、教员和抗日军人的待遇;优待抗日军人的家属;废除苛捐杂税,减租减息,救济失业;调节粮食,赈济灾荒。等等。①

① 《毛泽东选集》第二卷,人民出版社1991年版,第354、356页。

首先是停止实行没收地主土地的政策，改为减租减息。

早在1937年2月，中国共产党在《中共中央致国民党三中全会电》中就提出停止没收地主土地的政策，并立即付诸实施。陕甘宁边区于1937年4月宣布："在没有分配土地的区域，地主豪绅的土地，停止没收，但去年以前的欠租应宣布取消，不准索取"；"以后交租的办法，可由地主与农民双方决定，但应比以前减轻些"；"以前农民借地主的债，如果利息超过本钱或者与本钱相等的，则不再付利，没有超过本钱的酌量减轻"，以后借债，"最高利息不得超过五厘"。① 1937年6月，中共中央在《御侮救亡、复兴中国的民族统一纲领草案》中提出，要"修订并实行土地法（指国民党政府颁布的土地法——引者注），整理田赋，改良租佃制度，减轻地租，禁止地租以外之其他要素，并保证耕者有其田的主张之最后实现"；"整理农民债务，减低利息，禁止高利贷，规定最高利率，提倡农民信用合作社，增加农村贷款，改良贷款办法，使农村银行及其他贷款机关，真正能为贫苦农民所利用"②。8月25日中共中央政治局洛川会议上，减租减息政策被列入《抗日救国十大纲领》，成为在抗日战争时期解决农民土地问题的基本政策。

减租减息是中国共产党在第一次国共合作时期提出并在部分地区实行过的政策。在1926年7月中国共产党第四届三次扩大会议对农民运动决议案中，提出减租25%。借贷利率不得超过二分。同年9月，国民党联席会议作出了"减轻佃农田租25%"，"禁止重利盘剥，最高利率年利不得超过20%"的规定，减租减息遂成

① 参见《回苏区的豪绅地主要收租还债怎么办》，《新中华报》1937年第349期。

② 《中共中央1937年6月27日关于民族统一纲领草案致共产国际电》，见许向楠：《新民主主义革命与马克思主义中国化的关系》，《读与写杂志》2015年第3期。

为国共两党的共同主张。随后,湖南、湖北、江苏、浙江四省相继公布减租条例。不过随着以蒋介石为首的国民党反动派叛变革命,减租减息政策或被取消或名存实亡。国民党政府在 1930 年 6 月颁布的《土地法》中,规定“地租不得超过耕地正产物收获总额千分之三百七十五”。抗日战争时期中国共产党提出减租减息政策,正是合法利用国民党政府的上述规定,令其不敢公开反对。

抗日民族统一战线建立不久,中国共产党领导的抗日民族武装就在根据地内,创造条件实行“二五减租”,改善农民生活。1938 年,中国共产党领导的抗日政工队,曾在浙江临海大固、小溪、长甸、宜山、下岭等乡领导农民实行“二五减租”。① 在这前后,慈溪三北抗日革命根据地也实行“二五减租”,规定交租不超过农产品收获量的 37.5%。②

减租减息政策是在抗日民族统一战线内,调节农民与地主两个阶级之间相互利益和关系的最恰当的政策。它一方面要求地主债主减租减息,减轻对农民的剥削,改善农民的生活,以调动农民抗日与生产的积极性;另一方面,又要求农民在减租减息之后,向地主债主交租交息,照顾地主的利益,保障地主的地权和财权,以争取地主阶级站在抗日阵线一边。减租减息政策相对于没收地主的土地分配给无地少地农户的土地改革,是属于改良性的政策。因为它不是取消封建剥削,废除地主土地所有制和消灭地主经济。但是这种改良,已经不是在反动统治下,维护封建土地所有制和封建统治,更不是发展地主经济的改良,而是在中国共产党和抗日民主政府领导下,为了减轻和限制地主对农民的封建剥削,发动和组织农民群众力量的优势,打破旧的封建专制统治的改良,因而是一

① 《临海县志》,浙江人民出版社 1989 年版,第 270 页。

② 《慈溪县志》,浙江人民出版社 1992 年版,第 212 页。

种有利于革命的改良政策。因为它在当时是减轻封建剥削和削弱地主经济的最直接最普遍的方法。实行减租减息政策就能够减轻地主对农民的封建剥削,把广大农民发动起来,投入到抗日救国斗争中去,同时又能够争取地主阶级的大多数站在抗日的一边。它有利于抗日根据地经济的发展,有利于夺取抗日战争的胜利,并为彻底解决农民的土地问题奠定基础。因此可以说,实行减租减息是对封建土地所有制的一种渐进性的改革。

在减租减息的同时,实行没收汉奸财产、筹措经费的政策。

1937 年 7 月 23 日,中共中央发表《中国共产党为日本帝国主义进攻华北第二次宣言》,对抗日的办法提出了八条建议,在经济政策上的两条措施是:(1)立即实行全面的对日抵抗,停止对日外交谈判,实行武装缉私,抵制日货,没收日本帝国主义在华的一切银行、矿山、工厂与财产,取消日本帝国主义在中国的一切政治的与经济的特权;(2)立即实施财政经济土地劳动文化教育等各种新政策,以巩固国防,改善民生。① 毛泽东同日发表《反对日本进攻的方针、办法和前途》一文提出:“财政政策放在有钱出钱和没收日本帝国主义者和汉奸的财产的原则上,经济政策放在抵制日货和提倡国货的原则上。”②

上述经济政策中,重点是没收汉奸的财产,没收日本帝国主义在华的财产,这是当时保障抗日根据地抗日军队供给的重要来源之一。没收汉奸财产和向汉奸筹款也是动员人民群众起来抗日,巩固和扩大抗日根据地的重要政策。1937 年 10 月 15 日,张闻天、毛泽东在给朱德、彭德怀、任弼时《关于没收汉奸财产问题》的

① 中央档案馆编:《中共中央文件选集》第 11 册(1936—1938),中共中央党校出版社 1991 年版,第 296—297 页。

② 《毛泽东选集》第二卷,人民出版社 1991 年版,第 348 页。

电文中指出,“没收大地主,指没收汉奸政策的主要阶级内容,大地主而未为汉奸者,当然不在没收之列。在一切汉奸分子中,首先应坚决没收大地主,而对中层分子之为汉奸者,在未得民众同意以前,不应急于没收。工农中有被迫为汉奸者,应取宽大政策,以说服教育为主”①。1938年4月20日,毛泽东、张闻天、刘少奇在致朱德、彭德怀、彭真、聂荣臻及朱德、彭德怀的《关于巩固与扩大晋察冀根据地的指示》中指出,“筹款方法除经常的税收捐款外,要注意向汉奸筹款。可组织特别的队伍到铁路车站及城市附近去没收与逮捕汉奸。我们没有可能大批帮助你们的经费”②。4月21日,毛泽东、张闻天、刘少奇在致朱德、彭德怀、刘伯承、徐向前、邓小平等的《关于平原游击战的指示》中指出,吸收民间的枪支加入游击队与军队,要采用宣传说服及借枪(可给借枪证)的办法,或发动群众自带枪支来当游击队。“筹粮筹款以自愿及公平摊派为原则,并注意逮捕城市及车站的大汉奸筹款”。③

为了扩大抗日民族统一战线,壮大抗日力量,分化汉奸,在没收汉奸财产、打击汉奸的策略上实行区别对待。1938年10月15日,张闻天在中共六届六中全会上的报告中提出对不同的汉奸采取不同的方针:消灭坚决的、死心塌地的少数汉奸,公布其罪状,没收其财产;争取动摇的与被迫的汉奸,同情抗日,帮助抗日。争取动摇与被迫的汉奸的方法是,不没收其财产,给他们以自新的道路,这样,动摇的与被迫的就可以回头,随后再坚决处置那些铁杆的汉奸,没收其财产。

---

① 《毛泽东文集》第二卷,人民出版社1993年版,第41页。

② 中央档案馆编:《中共中央文件选集》第11册(1936—1938),中共中央党校出版社1991年版,第503—504页。

③ 中央档案馆编:《中共中央文件选集》第11册(1936—1938),中共中央党校出版社1991年版,第506页。

国防经济政策方面，建立不脱离生产的自卫军。

1937 年 12 月 25 日，中国共产党发表的《中共中央对时局宣言》提出，“实行国防经济政策——首先须努力建立军事工业，加速军事交通和实行战时财政政策”①。而在此之前的 8 月 12 日，中共中央在关于抗战中地方工作的原则指示中，曾指出，一切地方工作，以争取抗战的胜利为基本原则。一切斗争方法与方式，不但不应该违反它，而且正是为了取得抗战的胜利。在改善群众生活的过程中，“应该鼓励一切同国防有关的生产事业中群众革命的热情，自觉地提高生产率。在抗日的直接后方，应竭力避免采取对抗战有害的罢工之类的斗争方式”。抗日战争初期抗日根据地比较小，几乎没有军事工业。主要是提请国民党政府去实行，支持国民党政府的国防经济政策。1938 年 3 月 25 日，中共中央向国民党临时全国代表大会致电中，提出希望采纳的八条意见中的第八条就提出，“组织抗战的经济基础，建立国防工业，发展军需工业，改进农业。用一切方法提高工业农业的生产，首先是国防工业的生产。鼓励海外华侨及国内富裕资产者的投资，保护与奖励工商业，发展国家资本，提倡国货，改良土产，调剂粮食，推动合作运动，实行节约运动”②。

1938 年 8 月 24 日，洛甫（张闻天）、毛泽东、刘少奇致电当时任北方局军委书记的朱瑞，并致电朱德、彭德怀、杨尚昆、刘伯承、徐向前、邓小平、唐天际，要求他们除建立完全在党的领导下的有

---

① 《中共中央对时局宣言——巩固国共两党精诚团结，贯彻抗战到底，争取最后胜利》（1937 年 12 月 25 日），见中央档案馆编：《中共中央文件选集》第 11 册（1936—1938），中共中央党校出版社 1991 年版，第 412—413 页。

② 《中共中央致国民党临时全国代表大会电》（1938 年 3 月 25 日），见中央档案馆编：《中共中央文件选集》第 11 册（1936—1938），中共中央党校出版社 1991 年版，第 484 页。

战斗力的若干游击兵团(如云臻同志的游击支队)及地方游击队外,广泛组织不脱离生产的自卫军,并使他们担任侦察、警戒、放哨、坚壁清野等。① 不脱离生产,既能抗敌,又能劳动,是长期战争所必须采取的措施。

金融和财政收支方面,建立银行,发行货币;开源节流,克服财政经济困难。

1937 年 9 月,陕甘宁边区政府成立,原中华苏维埃共和国国家银行西北分行改为陕甘宁边区银行。边区境内起初使用法币,但由于当时市场上辅币很少,难以找零,给市场流通带来困难,陕甘宁边区银行于 1938 年以"光华商店代价券"名义,先后发行了面值一分、二分至七角五分等六种代价券,信誉良好。它实际上起到了本位币的作用,群众称之为"光华票"。

各敌后抗日根据地也相继建立银行,发行货币。

中共晋西北党委决定,由动委会刘少白出面,于 1937 年 12 月创办了一个由共产党直接领导的银行——兴县农民银行,先后印制了三批纸币。第一批 2 万元、第二批 5 万元、第三批 10 万元。这些钞票,大部分做了八路军的军需支出。当时,只要有一二〇师副师长萧克的批条,每次可提款 2000—3000 元,最多的一次提款 1 万元。②

晋察冀边区军政民第一次代表大会,通过了"边区为统制与建设经济得设立银行发行钞票"决议案。1938 年 3 月 20 日正式成立晋察冀边区银行。关学文为银行经理,何松亭为银行副经理。

---

① 张闻天、毛泽东、刘少奇:《关于目前晋冀豫党与八路军的任务的指示》(1938 年 8 月 24 日),见中央档案馆编:《中共中央文件选集》第 11 册(1936—1938),中共中央党校出版社 1991 年版,第 479—480 页。

② 《兴县革命史》编写组:《兴县革命史》,山西人民出版社 1985 年版,第 62—63 页。

总行设在五台山区的石咀村。边区所辖各专区、县、区、村镇设分行、办事处、代办所等机构，代理边区银行业务。1938 年 8 月 17 日毛泽东、洛甫、王稼祥、刘少奇在致聂荣臻、彭真并朱德、彭德怀的《关于晋察冀边区货币政策的指示》中指出，边区货币政策应根据以下原则：(1)边区应有比较稳定的货币，以备同日军作持久的斗争。(2)边区的纸币数目，不应超过边区市场上需要数量。这里应该估计到边区之扩大和缩小之可能。(3)边区的纸币应有准备金。第一货物，特别是工业品。第二伪币。第三法币。(4)日军占领城市及铁路线，我据有农村。边区工业品之来源日军占领地，边区农业产品之出卖地，亦在日军占领区域。因此边区应有适当的对外贸易政策，以作货币政策之后盾。(5)边区军费浩大，财政货币政策应着眼于将来军费之来源。(6)在抗战最后胜利之前，法币一定继续跌价，法币有逐渐在华北灭迹之可能。杂币更会跌落，伪币亦会有一定程度的跌落。边区纸币如数量过多，亦会跌落。问题中心在于边区纸币应维持不低于伪币之比价。因此提议下列具体办法：甲、发行一定数量的边区纸币(此数量由你们考虑决定电告我们)，收买法币，保留一部分法币，大部分购买工业品，用一部分法币兑换伪币。乙、对于杂钞应设各种方法，使其流到边区以外去。丙、有无可能送一部分杂币至总部及一二〇师带一部分法币来延安，请考虑电复。丁、扩大边区纸币的印刷，因将来印刷一定比现在更困难。上述各项请考虑研究。待彭真来延时，再详细讨论决定"①。

① 《关于晋察冀边区货币政策的指示》(1938 年 8 月 17 日毛泽东、洛甫、王稼祥、刘少奇致聂荣臻、彭真并朱德、彭德怀)，见中央档案馆编：《中共中央文件选集》第 11 册(1936—1938)，中共中央党校出版社 1991 年版，第 539—540 页。

1938年10月21日和25日,广州、武汉相继沦陷,抗日战争由战略防御转入相持阶段。在此关键时刻,中国共产党召开了六届六中全会,会议根据毛泽东同志报告通过的《中共扩大的六中全会政治决议案》中指出的,全中华民族的当前15项紧急任务中,第8、9、11项为经济工作任务:为激发民众的抗日热忱和生产热忱,实行相当必要的民生改善;实行新的战时财政经济政策,增加收入,节省支出,克服抗战中的财政经济困难;集中一切力量反对日本法西斯军阀侵略者,加紧国外宣传,力争国外援助,实现对日制裁,使日本断绝外国军火和军事原料的供给,使我国能够得到友邦的军火、军事原料、医药材料、技术人员及财政的帮助。①

1939年1月15日至2月4日,陕甘宁边区参议会讨论通过了《陕甘宁边区抗战时期施政纲领》。在这次参议会上,边区政府就财政问题做了报告。主要内容:第一,财政收支状况。正确地解决财政经费,保证抗战中经费供给是财政工作的重要任务。边区是落后的小农经济区域,是自给自足,既无大量农产品输出,也无大量消费品输入,地方税收可以维持政府的财政。政府财政经费的支出,只能在量入为出的原则下,达到收支平衡。1937年10月到1938年9月一年的财政收支,收入为:盐税和出口货物的营业税59.1万元,救国公粮费42.2万元,公产及公营企业收入18万元。支出为:每月平均9.85万元。收支勉强平衡。但公路建设费、抚恤和赈济费,主要依靠中央拨款。第二,财政政策。(1)首先是帮助农民发展生产,提高人民实际收入,使人民可能以自己的生产增加收入,拿出一部分来帮助政府解决经费问题。边区人民热烈拥护政府,踊跃缴纳爱国公粮。为使农民公粮负担合理,政府规定:

① 中央档案馆编:《中共中央文件选集》第11册(1936—1938),中共中央党校出版社1991年版,第762页。

每人收入不到 300 斤者免收，1939 年为再次减轻农民负担，改为每人收入不到 350 斤者免收。从 351—500 斤，收 1%，501—650 斤，收 2%，650—800 斤，收 3%，最高每人收入 1250 斤以上，才收 7%。（2）取消苛捐杂税，实行统一税制，减低生产税率。一切税收除了一次征收外，没有任何附加或重征，边区人民负担有所减轻。边区现在只对食盐和出口皮毛、药材征收统一税，食盐的税额取消了过去的地方附加，每驮只收税两元。（3）厉行经费节省。一方面，建立财政上的严格预算制度，一切财政收入均统归财政厅管理，杜绝自收自用；另一方面，各级工作人员不领薪俸，实行津贴制度。最高津贴不得超过 5 元。如边区的县长每月津贴为 2.5 元，区长每月津贴为 1.5 元，办公费也很少，经费的节省，使财政支出减少。①

李富春在这次会上做了《加紧生产，坚持抗战》的报告，号召参议员组织群众搞好生产。他论述了战时生产运动的意义。第一，在抗战新阶段的转变中，要克服一切困难，渡过一切难关，争取抗战的最后胜利。估计到抗战发展的前途与边区的实际状况，将要到来的是财政经济物资上的困难增加。首先依靠我们自己的力量，就是要自力更生，发展农业工业各种生产和商业贸易，保证供给。第二，发展边区生产运动的第二层意义，在于进一步改善生活。第三，发展边区生产运动的第三层意义，在于边区的生产运动能在全国起推动与模范作用。②

中国共产党在抗日战争从战略防御转到战略相持时，已经预

① 高自立：《边区政府对边区第一届参议会报告（草案）》（1939 年 1 月 18 日），见陕甘宁边区财政经济史编写组等编：《抗日战争时期陕甘宁边区财政经济史料摘编·第一编·总论》，陕西人民出版社 1981 年版，第 94—96 页。

② 李富春：《加紧生产，坚持抗战》，《解放》1939 年第 65 期。

感到随着战争的继续,财政经济物资方面的困难必将会突出起来。因此,未雨绸缪,及时注意经济工作,发动生产运动。1939 年 4 月 13 日,为保障部队的基本生活和供给,克服财政经济困难,朱德与彭德怀、杨尚昆致电聂荣臻、贺龙等部队首长,要求各部队确立预算制度,严格限制预算外开支。厉行节约,反对浪费。要发展生产,加强贸易,并开荒种地,开办合作社,发展手工业生产。①

解决财政经济问题,一条是“开源”,发展生产;一条是“节流”,节省支出。为了节流,除发扬艰苦奋斗的传统作风外,还需要有制度方面的保证。1939 年 6 月 5 日,中共中央书记处发出《中共中央书记处关于严格建立财政经济制度的决定》,指出财政经济日益困难,除积极加紧生产以谋自给外,目前特别要注意认真地严格地建立财政经济的制度,发扬艰苦作风励行节省,以便坚持抗战,坚持长期艰苦斗争,因此,中央书记处有如下决定:

“一,严格统一收支。(甲)各机关部队的收入,不得于来报解中财经部以前,自行开支。(乙)所有公营企业,应按党政军系统统一领导,集中营业,所有盈余,概须报告中财经部,确定支配办法,不得自由支配,并将资金及营业状况于六月内确切报告中央。

“二,严格建立预决算制度。(甲)照中财经部通知第四号规定认真执行,每月开支预算必须负责在节省原则下切实估计,一次提出经中财经部切实审核发给,如经中财经部批准之预算有不同意见时,必须经中央书记处的审查批准,中财经部始能作第二次的修改。(乙)任何机关部队必须照批准之预算限度内开支,如有浪费或超过情事,概不批准。(丙)预决算及一切应缴单据必须按规定期限送交中财经部,如不按时送出者,停止发给经费。

① 中共中央文献研究室编:《朱德年谱》,人民出版社 1986 年版,第 207 页。

“三,建立会计审计制。(甲)由中财经部建立会计处与审计处,并有检查审核各机关学校部队的会计账目及开支情况之权。(乙)各机关部队学校关于会计审计方面有不明了及应实行改革之处,得随时分别询问中财经部会计处及审计处。

“四,为着调剂财政困难必须励行节省。(甲)从六月份起一概暂停建筑,已经在五月份批准建筑者亦需节省,限期结束。(乙)七月份,照前方规定各机关部队学校津贴一律发给 1 元,有特殊津贴者必须经中财经部之批准。(丙)从六月份起各种特别临时办公等费,要尽量减少,一切日常用品要想各种办法节省,以简单朴素为原则。(丁)各机关学校部队的油印刊物须分别经中宣部或总政治部批准后,始能出版,否则一律停止刊印。(戊)各机关部队学校除自己节省伙食举行会餐外,不得互相请客(外客来宾招待除外)。平时开会不得招待酒菜香烟。

“以上各项党政军民学各部门务须切实执行,并责成中财经部随时督促检查。各部门资材限于六月底以前进行一次总清理,报告中财经部”①。

1939 年 6 月 22 日,中央军委、总政治部关于目前时局及八路军新四军之任务的指示中,再次指出,在军队的物资方面,应有艰苦的准备工作。一方面进行深入的节省运动,节省财政、弹药、医药、通讯材料等;另一方面进行征集资料的工作,进行生产运动及合作社运动,帮助地方政府开发资源,调集一批干部,加以训练,以加强财政经济方面的工作,保证我军物资供给之自主而不依靠他人。这是一种艰难刻苦的任务,但无论如何应当积极准备。

“开源”就是发展经济,开展生产运动,只有生产提高了,经济

① 《建党以来重要文献选编(1921—1949)》第十六册,中央文献出版社 2011 年版,第 352—353 页。

发展了,财政才有可靠的来源。毛泽东1939年6月10日在延安高级干部会议上的报告及结论提纲《反投降提纲》提出,当前的任务之一,就是开展生产运动。他指出:"一切可能地方,一切可能时机,一切可能种类,必须发展人民的与机关,部队,学校的农业,工业,合作社运动,用自己动身的方法解决吃饭、穿衣、住屋、用品问题全部或一部,克服经济困难,以利抗日战争。"他还说:"吃饭是第一个问题,自力更生克服困难。"①

1939年9月3日,朱德和彭德怀致电刘伯承等,要求军队在打仗的同时参加生产。指出"晋东南、冀中、冀南、五台山区均受天灾,来年春夏粮食必成大问题,部队在不妨碍战斗的情况下,要开荒种麦,非战斗部队尤须注意这一点"。②

1939年5月4日,毛泽东在延安青年群众的五四运动20周年的纪念会上,做了题为《青年运动的方向》的讲演,提出:"我们现在干的是资产阶级性的民主主义的革命,我们所做的一切,不超过资产阶级民主革命的范围。现在还不应该破坏一般资产阶级的私有财产制,要破坏的是帝国主义和封建主义,这就叫做资产阶级性的民主主义的革命","目的就是打倒帝国主义和封建主义,建立一个人民民主的共和国"。③ 他在为《解放》杂志所写的纪念五四运动20周年的文章中同时指出:"若问一个共产主义者为什么要首先为了实现资产阶级民主主义的社会制度而斗争,然后再去实现社会主义的社会制度,那答复是:走历史必由之路。"④超越历史,

---

① 中央档案馆编:《中共中央文件选集》第11册(1939—1941),中共中央党校出版社1991年版,第118、120页。

② 中共中央文献研究室编:《朱德年谱》,人民出版社1986年版,第210页。

③ 《毛泽东选集》第二卷,人民出版社1991年版,第562—563页。

④ 《毛泽东选集》第二卷,人民出版社1991年版,第559页。

企图越过资本主义经济发展阶段，显然是不符合历史发展要求的。

1939 年 9 月 8 日，中国共产党的国民参政员毛泽东、陈绍禹、秦邦宪、林祖涵、吴玉章、董必武、邓颖超七人，在《我们对于过去参政会工作和目前时局的意见》中，就经济和财政方面所提的《意见》说：

在经济方面。要破坏敌之建设和开发而实现我之生产和节约。为此必须：(1)破坏敌在占领区域之经济建设和物质开发，发动民众彻底抵制仇货，禁止可资敌用的土产资敌，如某些特殊军需品，必须利用仇货者由国家统制购置；(2)由国家资助并奖励私人投资以扩大工农业合作运动，广泛地发展各种实用工业，尽力提高农业生产；(3)励行军政机关和私人节约运动。

在财政方面。坚决改变以前的作风，彻底实行战时财政政策，为此，必须：(1)法币发行与资本的流通必须有适当的配合，使之避免法币在沿海与内地价格不平衡的现象；(2)严格彻底统制外汇并由国民参政会成立外汇委员会按期审查财政部对于外汇批准与使用是否适当，以杜绝一切舞弊营私。(3)严格检查和禁止私人操纵金融，捣乱法币，特别是居官者之营利图私投机操纵，犯者重惩；(4)在战区，尤其是沦陷区的省份允许其发行一定数额的地方纸币和流通券；(5)国家的金公债，必须在海外侨胞国内银行界中广为劝募，并给以确实基金的保障，与国内投资的便利；(6)国家的赋税政策，必须依照各地的环境可能分别实行营业税、所得税、遗产税之累进率，并逐渐改良田赋，豁免苛杂；(7)汉奸的财产必须严格实行没收，逃亡到敌区的地主，国家应代其征收较原来为少之钱粮，暂作国家的直接收入；(8)国家预算，由中央到地方均应重视规定，与抗战有关者应按需要增加，与抗战无关者应尽量减少，可省者应削除；(9)国家行政人员特别是高级官吏之待遇，应一律降低，并须低于同级军官的待遇，取消特费与兼薪，废除公家借款或购置中的回扣。①

发展与调节资本主义,以促进根据地经济的成长,是中国共产党在抗日战争时期正确的经济政策,是与幻想在中国避免资本主义发展的民粹派尖锐对立的。中共中央和毛泽东在抗日战争时期主张发展资本主义的观点,可以看出,那些认为毛泽东是民粹派的研究是站不住脚的,是别有用心的。

1939年9月25日,王稼祥在《关于三民主义与共产主义》一文中,对抗日战争时期中国共产党的经济纲领做了以下的阐述:

"在经济纲领上或者说民生主义上,情形是这样的:无产阶级的代表马列主义者明白分清资产阶级性质的民族民主革命与无产阶级性质的社会主义革命。在殖民地、半殖民地国家中,只有首先实行驱逐帝国主义、肃清封建制度的民族民主革命,才能过渡与转变到无产阶级的社会主义革命。所以马列主义者在民族民主革命中,并不企图实行任何社会主义的经济纲领,但坚决主张彻底的驱逐帝国主义的经济势力与彻底的肃清封建土地所有制的土地纲领。民族民主革命愈彻底,则对于无产阶级愈有利。而激进的资产阶级的代表的思想是有民粹派的色彩,幻想中国避免资本主义,认为平均地权与节制资本的民生主义便是社会主义,其实这仅是主观上的社会主义,而客观上正是促进资本主义长足的发展"②。另一方面,激进资产阶级代表的土地纲领,在其主张上是革命的,但其方法却是改良主义的(由国家来收买土地),因而也使其土地纲领很难实现。

---

① 《建党以来重要文献选编(1921—1949)》第十六册,中央文献出版社2011年版,第595—597页。

② 《建党以来重要文献选编(1921—1949)》第十六册,中央文献出版社2011年版,第635页。

二、抗战初期根据地经济的恢复和发展

抗日根据地大多地处偏僻，土壤贫瘠，经济闭塞。陕甘宁边区地处黄土高原，干旱少雨，土地瘠薄，生产落后，加上内战破坏，土匪劫掠，民众困苦至极。其他如晋察冀、晋冀鲁豫、晋绥、山东、华中等抗日根据地，也多为省县交界丘陵山区，自然和社会环境复杂。各抗日根据地政府审时度势，在抗日民族统一战线建立后，严格执行予民休养生息的政策，减租减息，轻徭薄赋，既减轻农民负担，又注重保护富农和工商业者的利益，缓和阶级对抗和阶级矛盾，最大限度地调动各阶级、阶层的抗日和生产积极性，同时采取各种措施，发展经济，在短时间内促成了根据地工农业生产和商业流通的恢复与发展。

（一）农业生产的恢复和发展

抗日民族统一战线建立后，各抗日根据地政府根据当地情况，采取切实有效的措施，减轻农民负担，让农民休养生息。

陕甘宁边区是经济落后且环境很复杂的地区。土地革命前，土地、牲畜都集中在地主手里，苛捐杂税达 80 多种，放债利息为每元每月 1 角 5 分，年息高达 180%。军阀的蹂躏、封建势力的剥削压榨，加上连年的灾荒，使农村经济萎缩不堪，生产力水平很低。据典型调查，抗日战争前，粮食平均垧产量，固临县更乐区康家村为 27 斤（1934 年）①，安塞县四区各乡为 2.9 斗

① 华子扬：《生产大运动与边区人民经济生活》（1944 年 8 月 19 日），见陕甘宁边区财政经济史编写组等编：《抗日战争时期陕甘宁边区财政经济史料摘编·第九编·人民生活》，陕西人民出版社 1981 年版，第 65 页。

(1935年前)[①],绥西县景家沟村为37斤(1934年)[②],清涧县解家沟为40斤(1935年)[③],华池县温台区四乡城壕村为69斤(1934年)。[④] 广大农民终年劳动,收入的70%—80%落入封建地主、军阀官僚和高利贷者的腰包。当时,陕北流行这样的谚语:"地富囤粮如山堆,穷人斗无三升粮。"据绥西县景家沟村调查,1934年该村41户贫农,每人平均农业收入(折细粮)只有122.3斤;中农13户,每人平均农业收入也只有334.8斤。另据安定县(今子长县)玉家湾村调查,1934年该村28户贫雇农(全村共47户)每人平均收入为179.4斤(粗粮),其中10户雇农每人平均收入只有88.7斤粗粮。[⑤] 农民除了这点收入之外,几乎没有别的东西。一家人住在一个窑洞里,睡在一个炕上,全部家具财产用两头毛驴就可以载完。

鉴于农村经济原来就很落后,内战时期又受到战争等因素的影响和破坏,边区政府认为:在抗战爆发时,内战才停止不久,亟须

① 马宁:《陕甘宁边区的人民生活》,《新华日报》1940年3月14日,见陕甘宁边区财政经济史编写组等编:《抗日战争时期陕甘宁边区财政经济史料摘编·第九编·人民生活》,陕西人民出版社1981年版,第38页。

② 姚鹤亭:《从景家沟调查来看谁为广大人民谋利益》,《解放日报》1943年12月28日,见陕甘宁边区财政经济史编写组等编:《抗日战争时期陕甘宁边区财政经济史料摘编·第九编·人民生活》,陕西人民出版社1981年版,第96页。

③ 清涧县:《东河畔经济发展之一斑》(1942年5月),见陕甘宁边区财政经济史编写组等编:《抗日战争时期陕甘宁边区财政经济史料摘编·第九编·人民生活》,陕西人民出版社1981年版,第105页。

④ 《张振财和模范的城壕村》,《解放日报》1944年1月3日。

⑤ 《对玉家湾村在苏维埃时期土地斗争的调查》,见陕甘宁边区财政经济史编写组等编:《抗日战争时期陕甘宁边区财政经济史料摘编·第九编·人民生活》,陕西人民出版社1981年版,第6—10页。

休养民力，发展生产，恢复农村经济。否则，农民的生活得不到改善，抗战也难以长期坚持。为了贯彻休养民力的政策，在1937—1939年的三年里，边区政府除了向人民征收救国公粮，在"三边"地区（定边、靖边、盐池）征收盐税和少量货物税以外，没有征收其他任何税捐，也没有征收任何附加。救国公粮征收的数量也不多，1937年、1938年只有1万多石，1939年增加一点也只有5万多石。

在予民休养生息的同时，边区政府又实行减租减息，调动农民生产积极性。

抗日战争初期，陕甘宁边区未经分配土地的地区和各敌后抗日根据地政府先后根据《抗日救国十大纲领》发布减租减息布告、条例和办法。

陕甘宁边区未经分配土地地区属八路军驻防区，政府官员多由国民党政府委派，但各地均有中共领导的较强有力的群众团体，如抗日救国后援会、农会等，实际起着政权的作用，形成双重政权并立的局面。1937年11月，绥米地区就以八路军警备区、后援会和二区专员何绍南（国民党政府专员）的名义发布减租减息布告，提出对半减租（即减租50%），最高租率不得超过收获量的30%，土地按上、中、下三等，租额减到三斗、二斗五、一斗。① 布告发布时，已经秋收完毕，很多农民已交了租，只有某些经过土地革命的地区，这一年减了租。1938年秋与国民党顽固派的摩擦已经开始，但何绍南和八路军仍发出了一个重申前令的减租布告。1939年摩擦越趋尖锐，这一年收成是平年，何绍南已经不肯颁布减租布告了。但地方党组织和救国会还是在基层推行对半减租的政策。

① 柴树藩等：《绥德、米脂土地问题初步研究》（1944年），人民出版社1979年版，第55页。

由于摩擦频繁,大部分力量都集中到解决摩擦问题上去了,对减租问题没有予以足够的注意。陇东地区虽由抗日救国会和农会提出了“三七减租”,鹿县提出对半减租,但只在少数地区实行,如合水店子区与城区个别地区、庆阳高迎区五乡等。关中地区的凉耀、赤水、新宁等则由政府颁布减租命令,赤水规定每石折交二斗五升,并扣除三升互济粮(1939 年改为每石收三斗)。新宁规定对半减租。关中地区早在抗战以前就处于中共领导的地方政权的控制之下,许多地主已逃往附近国民党统治区,抗日战争开始以后,地主仍不敢来收租,规定对半减租,地主已感到很满意了,“只要求多少得点租子,维持着地权就够了,不敢妄想多收租子”。①

1939 年 4 月陕甘宁边区政府发布《土地租佃条例(草案)》,规定租额按上、中、下和水地、川原地、山坡地等不同等级,确定最高租额不得超过农产物 10%—25%;未分配土地区域,“以原租额为标准减租 25%”,“伙种②地不得超过租四、佃六”,“安庄稼③租额不得超过收获量之一半”。

晋察冀边区各地在发动农民参加抗日武装斗争的高潮中,就提出了减租减息口号。初期,各地提出的办法很不一致。例如,阜平最早提出对半减租(即减租 50%),后改为 25%减租。行唐减租 30%,曲阳、津源、灵寿等地减租 30%到 60%不等。阜平、行唐还规

① 陈廷煊:《抗日根据地经济史》,社会科学文献出版社 2007 年版,第 23 页。

② “伙种”,指出租人除土地外,还供给其他生产资料的一部分(如种子、耕畜、农具、肥料)农作物收获后由双方按成分配的一种租佃形式。

③ “安庄稼”又称“招门客”或“安伙子”,指出租人不但出租土地,而且要供给耕畜、农具、种子、肥料、饲料,还要供给承租人及其家属吃用粮食及住窑用具等,农作物收获后双方按成分配,承租人把借的粮食、种子、饲料归还出租人。

定抗属、军属减租50%。关于减息，阜平规定最高年利一分，100元以上债务本利停付。典地处理办法是，原业主典出后租回自耕者停付地租，承典人自耕者退收获物10%给原主，承典人出租者所得租额与原业主对分。

因为无统一政策规定和缺乏经验，在少数实行减租减息的地区，发生过“左”的偏向，如有个别村减租90%，有的烧毁契约，更有少数农会代替政府机关，强迫命令，捉人罚款，以至发生地主逃亡的现象。1938年2月9日，晋察冀边区政府颁布《减租减息单行条例》，规定地租“一律照原租额减少25%”，利息“一律不许超过一分（即年利10%）”，还规定“严禁庄头剥削”，禁止地租外的“额外附加”和高利贷剥削。

这是抗日根据地最早颁布的减租减息条例，从此全边区开始有了统一的政策规定。为了纠正过“左”偏向，强调谈判协商，主要靠地主、债主自动减租减息。而“地主阶级的态度是防御的抗拒的，有的被迫减轻了租息，有的则阳奉阴违。农民则畏首畏尾，欲减而又有所顾虑，有的竟在地主的威胁欺骗下，约定‘明减暗不减’，偷偷又把已经减掉的租息如数奉还”。①

在冀南和晋东南地区等地，抗日民主政府成立后，均规定了减租减息办法。如冀南行政公署规定，地主的土地收入，不论新债旧欠，年利一律不得（超）过一分五厘，月利不得（超）过一分二厘，简称“五一减租”“分半减息”。各地曾发生反对贪污、改造旧政权、实行合理负担、反对按亩摊派的农民斗争。这些斗争密切关系着战争勤务的动员，而减租减息则只在少数地区发生，晋东南少数地区曾对公地庙地实行减租。冀西少数地区发生停债停息，战后生

① 彭真：《关于晋察冀边区党的工作和具体政策报告》，见陈廷煊：《抗日根据地经济史》，社会科学文献出版社2007年版，第24页。

产和农民收入下降,无力偿还,地主(债主)慑于农民斗争,也暂不强行追讨,有的则只要本不要利。

总之,上述各根据地抗日民主政府,虽然都颁布了减租减息布告、条例和办法,如“二五减租”(又称“四一减租”,即减租25%)或“五一减租”(减租20%);“一分给息”或“分半给息”;等等。但是,除少数地区实行以外,大多数地区还只停留于宣传号召阶段。抗战初期,党和抗日民主政府的工作侧重于抗战的发动和战争勤务的动员,同时改造旧的基层政权,以改变根据地内双重政权并立的局面。对农民生活的改善,主要是在改造旧政权过程中,通过反对贪污,废除旧政权的苛捐杂税,改变按亩摊派赋税、公差,实行合理负担来实现的(这是当时农民的迫切要求),因而对减租减息未予特别强调。在双重政权并立和农村基层政权尚未改造的一定时期内,农村抗日统一战线内部主要矛盾集中表现在农民与地主阶级当权派之间的矛盾。这时对减租减息不予特别强调,具有策略意义。它有利于中立、分化地主阶级,争取一部分地主站到抗日民主政府方面,以孤立敌伪汉奸。然而,减租减息政策的提出和广泛宣传以及在少数地区的初步试行,为以后的贯彻执行奠定了必要的基础。

在实行减租减息政策的同时,陕甘宁边区还在原土地革命地区进行了保卫土地革命成果的斗争。陕甘宁边区大约有占土地面积60%、人口50%的地区经过土地革命,在那里,封建的土地占有制度已被消灭。中国共产党在这种地区的土地政策是巩固“耕者有其田”的土地关系,保障农民在土地革命中获得的土地和其他权益。同时通过土地税、土地借贷及劳动保护条例,抑制封建剥削重新滋生。政府实行奖励农民开垦荒地、兴修水利、改良农业耕作技术的政策,发放低息农业贷款,扶持贫农、中农经济的发展,保护富农经济的发展。上述政策的实施,促进了边区农业生产的发展。

过去逃往外地的地主、富农纷纷返回边区。

抗战初期，国民党利用设在边区内的党政机构和武装力量，肆意破坏边区建设。他们策动地主反攻倒算，挑起地主对农民的阶级斗争，破坏抗日统一战线。他们或强迫农民交还已经分得的土地和房屋；或强迫农民交还已经废除的债务和欠租。国民党绥米专署办的《绥德日报》宣称："凡在编成保甲区域为县政府权力所属；凡过去未收回之土地一律要归还原主。"国民党清涧县县长公然在大会上发表"收回土地归原主"的讲演，甚至下令：凡是不交土地的枪决，地主不要土地的枪决，拖延不交或拖延不要的判处徒刑，策动地主要回旧租旧债。① 安寨、志丹县个别地方土豪劣绅几乎将全部土地收回。②

针对国民党顽固派策动的地主反攻倒算活动，1937 年 10 月 6 日毛泽东与张国焘致电何绍南，严正指出："有人在贵境主张已分土地归还原主，另谋适当解决。当此西北吃紧，国难当前，安定民生至关重要，似可酌量情形，适当解决。若地主任意追还原有土地，勒索旧欠旧租，肆行报复，势必激起民愤，甚为不好。"陕甘宁边区政府于 1938 年 4 月 1 日颁布关于处理地主土地问题的布告，再次重申"已没收了的土地不应还原，分配了的房屋不得翻案，已经销了的租债不许再索取"；劝告地主"须遵守法令，不得有欺压群众及损害抗日之行为，违者依法处办"。与此同时，边区政府公布了农民享有土地所有权的文告，在土地已经分配的区域确定一切取得土地的农民的土地私有权，普遍实行重新登记土地，颁发土地所有权证，使农民有了反击地主反攻倒算的法律依据。1938 年

① 柴树藩等：《绥德、米脂土地问题初步研究》（1944 年），人民出版社 1979 年版，第 27 页。

② 《巩固政府与群众的联系》（社论），《新中华报》1938 年第 448 期。

5月15日,陕甘宁边区政府、八路军后方处联合发布布告,揭露和谴责国民党顽固派制造纠纷,破坏团结,破坏抗日统一战线,损害人民利益的种种行径。明确宣布,保护人民的既得利益,“不准擅自变更”;取缔一切破坏行为,保障人民民主权利;对各种破坏活动准许人民告发,证据确实者,准许就地逮捕,一经讯实一律严惩不贷。边区政府发动和支持广大农民起来反击地主反攻倒算的斗争,给予最顽固的坚持反攻倒算活动的地主分子以有力的制裁,使被地主夺去的土地和房屋,又重新回到了农民手里,从而捍卫了土地革命成果。

各抗日根据地政府减轻赋税,减轻农民负担,推行减租减息政策,在原土地革命地区,及时揭露、果断击退国民党和地主顽固派的反攻倒算行径,坚决捍卫土地革命成果,维护农民利益。这些都得到农民的衷心拥护,极大地调动了他们的抗日和生产积极性,促进了根据地农业的恢复和发展,开始改变这些地区的贫穷落后面貌。

1937年到1939年是陕甘宁边区农业生产恢复阶段。

陕甘宁边区处于分散落后的农村环境,农业生产是经济的主体。全边区150万人口,1936年只有耕地843万亩。主要粮食产物,北部以谷子、高粱为主,以荞麦、糜子、土豆、豆类为辅,沿黄河一带盛产红枣。南部以小麦为主,兼种部分杂粮。全境海拔很高,雨水稀少,十年九旱,粮食产量很低,平年每垧(三亩)产量145斤,荒年有时颗粒无收。驴和牛是主要耕畜,又是主要运输力量。骡马较少,山羊较多。主要出境物资为食盐、皮毛、药材等。副业以养蚕、纺织为主。人民生活极其困苦,贫下中农全是“糠菜半年粮”,中农之家也要吃糠。住的是土窑洞,穿的是“新三年,旧三年,补补钉钉又三年”的土布衣服。这就是陕甘宁边区农业生产的基本条件,抗日战争初期农村的一般情景。

内战时期,农业生产遭到很大破坏。在内战停止后,边区在党中央直接领导下,纠正了经济政策上“左”的错误,实行休养生息的政策,农业生产迅速得以恢复。耕地面积由1936年的843万亩增至1008万亩,粮食由103万石(每石三百市斤)增至137万石。牛、驴由十几万头增至28万头,羊子由50万只增至117万只。在短短的三年内,粮食产量增长33%,牲畜头数增加一倍左右。

1937年后,边区党委和西北局多次发布指示,多次进行动员,反复向群众说明开展大生产运动的意义、目的、任务,同时制订各年度的生产计划,层层落实,并奖励垦荒。

开垦荒地是增产粮食的主要措施之一,边区的北部绥德、米脂、佳县、吴堡、清涧等县,人多地少,没有荒地,而南部包括延安、安塞、保安、甘泉、华池及东三县等,人少地多,有许多荒地。边区政府制定奖励移民政策。规定移民三年不交公粮,减少义务负担。提供安家费,帮助解决口粮、种子、农具等问题。并规定生荒谁种归谁,熟荒采取“调分子”“安伙子”“揽工”等办法,进行垦植。绥德分区曾动员八千多人到延安开荒。

同时,开展劳动互助合作。

边区农民在农忙季节,原本就有组织变工队、扎工队、唐将班子等互助形式,调剂劳动,毛泽东在陕甘宁边区劳动英雄大会上所作的《组织起来》的讲话中,进一步从理论上和实际经验的总结中,阐述了建立在个体经济基础上的集体劳动对新民主主义经济的重大意义。事实证明,群众组织起来,大大提高了劳动生产率。

为了减轻农民负担,增加边区粮食产量,保证军粮供给,边区部队也同农民一样进行农业生产。早在1938年秋季,陕甘宁边区的部队就已开始从事生产。当时由于给养不足,留守边区的部队进行了种菜、养猪、打柴、做鞋等生产活动,改善了战士的生活。

1938年12月20日,《新中华报》刊登社论,号召“广泛开展生产运动”,“保证各地区物质供应的自给自足”,要求各地“努力提高工农业的生产力,激发工人农民以及广大劳动人民的生产热忱”,并发动各级党、政、军及群众团体中的全部工作人员,各部队的指战员“一面工作,一面生产,把工作和生产联系起来”,认为“只有这样才能支持长期抗战,才能保障战时物质供给”。

1939年2月2日,毛泽东在中共中央召开的生产动员大会上提出了“自己动手”的口号。6月10日,毛泽东在高级干部会议上进一步指出:“吃饭是第一个问题,自力更生克服困难”。① 从1939年开始,全边区开展了以自给自足为目标的生产运动,并取得成绩。是年,全边区开荒1055000多亩,其中,中央机关、八路军后方留守部队,边区一级机关、团体、学校,边区各县机关、团体、学校开荒达115000亩,秋季收获细粮9572石,从党中央毛泽东、朱德等领导同志起,到每一个干部、战士都进行生产活动。那年春天,延安到处呈现出一派新生气象,天还没亮,干部、战士就扛着镢头、铁锹奔向荒山,钻进山沟,山谷山野到处是意气风发的劳动大军,到处荡漾着《开荒歌》《生产大合唱》的歌声。经过一年的实践,大家初步尝到了生产自给的甜头,受到了锻炼,学会了本领。这一年,群众的生产运动也开展起来,仅开荒面积即达93万多亩,粮食产量有了增加。

在大生产运动中,部队、机关、学校的生产也取得了巨大的成绩。陕甘宁边区是中共中央和中央军委所在地,部队、机关、学校的生产自给运动,对敌后各抗日根据地起了示范作用。陕甘宁边区八路军留守部队的生产运动,从1938年秋就开始了,但那时还只是为了改良战士生活,还没有担负生产自给的任务。1939年,中共中央和毛泽东发出了“自己动手,生产自给”的号召,于是边

① 《毛泽东文集》第二卷,人民出版社1993年版,第226页。

区的部队、机关、学校全体动员，积极从事以农业为中心、以集体劳动为主的生产自给运动。这一年边区的生产运动取得了很大的成绩，解决了部队、机关、学校所需的两个月的粮食，每人一套夏衣和全部冬季鞋袜。

陕甘宁边区地广人稀，除绥德分区外，均有大量荒地。除鼓励当地农民开垦外，还实行鼓励外地移民来边区开荒。到 1939 年，陕甘宁边区共开荒 1002744 亩。1936 年至 1939 年间耕地面积增加情况见表 19-1。

表 19-1　陕甘宁边区耕地面积统计（1936—1939 年）

（1936 年 = 100）

年份	耕地面积（亩）	指数
1936	8431006	100. 00
1937	8626006	102. 31
1938	8994487	106. 68
1939	10040319	119. 09

资料来源：南汉宸：《陕甘宁边区的财经工作》（1947 年），见陕甘宁边区财政经济史编写组等编：《抗日战争时期陕甘宁边区财政经济史料摘编·第二编·农业》，陕西人民出版社 1981 年版，第 85—86 页。

如表 19-1 所示，全边区耕地面积从 1936 年的 8431006 亩增至 1939 年的 10040319 亩，仅三年时间，耕地面积增加近 19. 1%。其中 1939 年一年即增加 11. 63%。个别地区的耕地增幅更大，例如安定县的 5 个区三年间增加 44. 6%。

耕地面积扩大，粮食产量相应增加。这三年的边区年成都不错，1938 年、1939 年雨水均匀，全边区的粮食产量，无论是总产量或是单位面积产量都明显增长。据统计，1939 年全边区的粮食总产量为 137 万石，比 1936 年增加 32. 46%，增幅更大于耕地面积，每亩平均产量达40.9斤,比1936年增加13.6%。①

牲畜饲养迅速恢复和发展。到1939年,主要牲畜数量均恢复和超过了内战前的水平。若同1936年比较,牛、骡增长2倍以上,羊也增加将近2倍。②

农民的收入也有所增加,生活改善。安塞县四区的石峁、东营、西营等3个村和延安县裴庄乡的情况很有代表性。两地是经过土地分配的老区,内战时期生产都未得到发展,自1937年特别是1938年以来,人民安居乐业,致力于发展经济,收入显著增加,生活迅速得到改善。石峁等3个村,1939年同1937年比较,粮食产量增加107.3%,每人平均收入增加83.3%。裴庄乡1939年的粮食产量比1938年增加35.5%,副业收入增加6.7%;每人平均收入(农副业合计)由621.9斤增加到738斤,增长18.7%;每人平均粮食消费量增加11.5%,每人平均布匹的消费量增长4.7%。③

敌后各抗日根据地的农业生产,也都有不同程度的恢复和发展。

晋察冀、晋冀鲁豫、晋绥、山东、华中各抗日根据地的军民在"劳动与武力结合"的口号下,一面战斗,一面生产,甚至游击区的部队也坚持生产。在十分艰苦的环境中,创造了开展大生产运动

① 南汉宸:《陕甘宁边区的财经工作》(1947年),见陕甘宁边区财政经济史编写组等编:《抗日战争时期陕甘宁边区财政经济史料摘编·第二编·农业》,陕西人民出版社1981年版,第85—86页。

② 边区政府建设厅农牧科:《一九三九年农业生产总结报告》(1940年),见陕甘宁边区财政经济史编写组等编:《抗日战争时期陕甘宁边区财政经济史料摘编·第二编·农业》,陕西人民出版社1981年版,第95—96页。

③ 根据边区政府建设厅农牧科:《一九三九年农业生产总结报告》(1940年)中所列《安塞县四区石峁等三十八家人口耕地及收获量三年比较表》,及华子扬:《边区人民生活之介绍》(1944年7月26日)中的调查材料整理。原材料中的产量计算为石,整理时按每石300斤折合计算。

的多种形式：民主政府发放农贷（包括贷款、贷粮、贷种子）、支援牲畜、代制农具帮助农民发展生产；派出小股部队，打击敌人，掩护军民生产；农忙季节，军队支援农民抢收抢种等等。敌后抗日根据地部队、机关生产的成绩也都很大。

由于战争的破坏和消耗，根据地的农业生产资料和劳动力大大减少，导致部分耕地抛荒和弃耕，敌后根据地的情况尤为严重。而且，根据地大都属于经济落后地区，农业是命根子，政府的财政和人民的生活主要依赖于农业。大力发展边区的生产事业是“保证军需，充裕民生”，达到生产自给，支持长期抗战的根本措施；也是统制贸易，战胜敌人对边区经济封锁的物质基础。在农业生产问题上，中共中央北方分局和边区政府清醒地认识到，在经济落后的中国，95%—98%为经营农业的边区人民，农业的发展实“为根据地经济之中心关键”。因此，只有抓好“根据地经济支柱的农业”①，才能“振兴农村经济，而后才能促进其他生产事业的活跃”②，才能使工业和商业有充分发展的可能。故此，1938 年秋季反“扫荡”后，中共中央北方分局和晋察冀边委会在边区普遍开展减租减息群众运动的同时，发动群众掀起了生产建设的热潮，并在较短的时间里，取得明显成绩。

在没有外援的情况下，要坚持长期抗战，唯有增加农业生产。除了党政军和人民团体“自己动手”增加劳力外，“开垦荒地”这种扩大耕地的“外延”方法，也是增加农业收入的有效办法。另外，减租减息政策的实施，不仅调动了农民的生产积极性，也增加了他

① 彭真：《关于晋察冀边区党的工作和具体政策报告》，中共中央党校出版社 1981 年版，第 81 页。

② 邓拓：《晋察冀边区战时经济建设问题》（1938 年 3 月），见魏宏运主编：《抗日战争时期晋察冀边区财政经济史资料选编・总论编》，南开大学出版社 1984 年版，第 237 页。

们的收入,激励他们增加投入和开垦荒地,加速农业生产的恢复和发展。

为了鼓励农民垦荒和兴办农田水利,各地政府相继颁布相关条例、办法。1938 年 2 月,晋察冀边区政府颁布《晋察冀边区垦荒单行条例》和《晋察冀边区奖励兴办农田水利暂行办法》,《晋察冀边区垦荒单行条例》规定,“凡本边区的未垦之地及已垦而连续两年未经耕种者,不论公有私有,一律以荒地论,准许人民无租垦种”。《晋察冀边区奖励兴办农田水利暂行办法》要求“边区内旧有水利事业,无论公营私营,须由负责机关积极整理,以增进其灌溉量”。并规定,“如有河渠可资利用,人民愿意集体开凿者,得呈报当地政府转呈本会(按:即边区军政民代表大会)核准开凿之;经本会核准,开凿水利,其资力不足者,得呈请本会协助之”。

边区政府在认真执行《晋察冀边区垦荒单行条例》和《晋察冀边区奖励兴办农田水利暂行办法》的基础上,1939 年 4 月 3 日又颁布了《晋察冀边区奖励生产事业暂行条例》,规定:凡为增加生产,改善民生,充实抗战力量,投入生产之资金,政府皆予绝对保障。并可向政府请求低率贷款,以资鼓励生产。

在边区政府的号召下,全边区形成了垦荒、兴修水利和改进农业生产条件的热潮。仅平山、阜平等 9 个县的统计,到 1939 年年底垦荒达 1.5 万亩。在兴修水利中,仅北岳区 1939—1940 年间,就整理旧渠 2734 条,在 13 个县浇地 29.2 万亩,开凿新渠 1290 条,浇地 5 万多亩,凿井 2000 余眼,浇地 1.8 万亩。[①] 农具改造则着重在耕田、播种、收割 3 种器具的改进,及种子试验等,以期节省

① 宋劭文:《晋察冀边区的经济建设》(1943 年 1 月),见河北省社会科学院历史研究所、《河北学刊》编辑部编:《晋察冀抗日根据地史料专辑》,《河北学刊》杂志社 1985 年刊本,第 52 页。

劳力，提高生产水平。

晋察冀边区的山岳地区，尤其是晋东北，荒山荒地相当多，始终无人耕种，尚处于自然状态之中，有的属于地主私产，有的是寺庙公产，有的尚未被人占用，还没有受土地所有权的支配。这些荒山荒地“过去因迷信的风水关系，或因其他关系，任令荒芜，而却禁止贫民垦殖，即没有属主的荒地、荒山，亦因所有权没有保障，农民亦都懒得去垦”①。日军进入华北后的掠夺、杀戮，使一些地主逃亡他乡，劳力畜力也大量减少，已耕地中也有荒芜了的。基于上述情况，《晋察冀边区垦荒单行条例》特别规定了垦荒中的产权和耕作问题，强调“凡本边区未垦之土地，或已垦而连续两年未经耕种者，不论公有私有，一律以荒地论，准许人民无租垦种”；“荒地面积在五百亩以下者，得由四邻分种或独种之；荒地之面积在五百亩以上者，得由所在地之贫苦农民合伙垦种或分种之”。“凡公私荒地荒山，经承垦人垦竣后，其土地所有权即属垦种之农民。但其所垦面积大小，须请县政府报本会（按：即边区军政民代表大会）备案，发给执证”。“凡公有私有荒地荒山，抗日军人家属有垦种之优先权。但地主愿自行垦种者，得尽先垦种”。

这些条款积极鼓励民众垦荒，从法律上保障了垦荒者“无租垦种”即土地所有权，调动了农民尤其是贫苦农民的垦荒积极性。北岳区各地形成了垦荒热潮，各县都作出了不少成绩。1940 年 8 月 6 日，张苏在边区经济会议上的报告《生产与合作》中指出：“只平山、阜平等九县，垦荒达 15000 余亩”。四专区仅 1939 年即开荒地 49000 多亩。……在山多人少，劳力缺乏，条件异常艰苦的平西根据地，多年来耕地面积一直保持在 157000 亩上下，经过 1939 年

① 陈克寒：《模范抗日根据地晋察冀边区》，《新华日报》1938 年 9 月 2 日。

的生产运动,耕地面积增加到170000亩以上,一年之内增加耕地13000亩,占原有耕地面积的8%以上。① 又据冀西、平西、晋东北29个县的统计,共开垦荒地19950余亩。② 修滩工作也取得优异成绩,1939年夏的大水灾将晋察冀边区的沿河滩地几乎全部冲毁。北岳区21县"原有滩地170427亩,冲毁147626亩",占原有滩地的86.62%。③ 唐河沿岸民安庄至钓鱼台的36800亩滩地,冲毁32440亩,占全滩面积的88.15%。沙河沿岸法华至王快25个村庄,原有滩地15000亩,冲毁13500亩,占全滩面积的90%。④ 滩地禾苗荡然无存,农民生活无着。晋察冀边区政府及时提出了"恢复滩地,恢复耕地面积"的号召,于是年9月19日颁布了《晋察冀边区垦修滩荒办法》,明确规定了鼓励修复滩地的各项政策:关于垦修的办法中规定:"原属自耕之滩地,尽先地主垦修";"原系租佃之滩地,尽先地主兴修,仍由租佃户垦种;地主不能兴修者,由租佃户垦种;地主不能兴修者,由租佃户垦修";"地主和租佃户皆不能垦修者,由地方政府招人垦修之";"抗日军人家属、合作社有优先权,次为无土地之农民,次为大小地主,最后为政府经营";"抗属之滩荒无力垦修者,得由地方政府贷资或发动人力垦修之"。

边区政府在鼓励和督促滩地修复、垦种的同时,对滩地的使用和收益分配作出了明确规定:"地主兴修,佃户垦种之滩地,在垦修时间以内,其正产物不超过往年百分之六十者,租户不出租金,超过之数用以交租。至达原定契约租额为止";"由佃户垦修之滩

① 泉壁:《平西抗日根据地介绍》,《新华日报》1940年5月21日。

② 张帆:《晋察冀边区的农林建设》,《晋察冀日报》1943年1月17日。

③ 宋劭文:《边区行政委员会工作报告》(1943年1月),见魏宏运主编:《抗日战争时期晋察冀边区财政经济史资料选编·农业编》,南开大学出版社1984年版,第471页。

④ 张帆:《晋察冀边区的农林建设》,《晋察冀日报》1943年1月17日。

地，得按地势优劣，费工多寡，以工折价。予以二年至九年之土地使用权”；“因冲刷过甚，工程太大，地主和佃户不能垦修之滩地，地方政府招人垦修时，得按地势优劣，费工多寡，以工折价，予承垦人以五年至二十年之土地使用权。土地所有权不变”；“贫小地主，仅持唯一所有之滩地地租生活者，得与佃户合力垦修，垦修期间之收益，按出力之比例，公平分配”。

关于修复滩荒之领导，规定“设立滩地整理委员会，负责制定修滩计划、核估滩地使用之年限，监督垦修”；不得破坏河渠水道等水利设施。这些内容明确了垦修滩地的使用权。滩地租金的交纳办法，对抗日军属和贫苦农民予以优待，同时照顾贫小地主的利益，大大调动了各阶层人民修复滩地的积极性。1940 年春，边区开展的修滩运动，取得了显著成绩，1939 年和 1940 年两年中，只北岳区就修复滩地、熟地 211000 亩以上。因此，在部分地区耕地面积不仅没有减少，还有所扩大。除被灾地区如上述平西地区耕地面积扩大以外，在生产搞得最好的第五专区，耕地面积亦有显著增加。第五专区灾前的耕地面积为 2003989. 86 亩，1940 年增加到 2017530. 69 亩，增加了 1. 72%；其中仅平山县就增加了 7. 57%。①

水利是农业的命脉。边区境内河流纵横，不少水利资源可资利用。在北岳区的山麓地区历来有以渠、井灌溉农田之习惯。冀中平原地区，为海河各支流的中下游，历来水害严重。“冀中各河为害最大的是永定河和滹沱河。皆有小黄河之称。滹沱河下游安平油子、武毛营，饶阳王岗等地为经常决口地区，淹及饶阳、献县北部、肃宁、高阳、任邱、河间、大城、文安等县，至文安境则汇为湖泊，即所谓‘文安洼’，该地有句俗话：‘收了文安洼粮食满地抓，涝了文安洼十年不回家’”；“永定河含沙量大，且水势汹涌，右岸无堤。

① 《春耕竞赛总结》，《边政导报》1940 年第 2 卷第 28、29 期合刊。

时常注入大清河,为害永清、固安、新城、安次等县。下游土地多被沙压";"唐河既无堤防,又无固定河漕,更是年年泛滥";"潴龙河下游河道弯曲,狭窄,宣泻不畅,两岸时常决口";沙河含沙量大,"流经之处,田园多被冲毁,变为沙岗荒滩"。"七七事变"后,国民党军队南退,冀中各河河务局"相继解体,职员弃职逃散,河务无人负责",险堤决口比比皆是。① 鉴于上述情况,边区政府把奖励兴办水利、治理水害作为发展农业的一项重要政策。

1938年2月21日,边区政府颁布的《晋察冀边区奖励兴办农田水利暂行办法》(以下简称《水利暂行办法》)。提出要整理水利组织,整理旧渠,开凿新渠。奖励兴办农田水利事业。《水利暂行办法》规定:凡边区境内旧有水利组织和设施,"无论公营私营,须由负责机关积极整理。以增进其灌溉量;但其组织不健全者,当地政府得督促改组之"。其组织解体者,由边区政府派人管理。对于私营旧有水利事业,"其独占较大者",由边区政府派人监督其经营。以免发生流弊。《水利暂行办法》还明确规定对兴办水利事业要加以鼓励和资助,"如有河流可资利用,人民愿集体开凿者",可报边区政府批准,予以开凿。"如开凿水利,其力不足者",政府可以贷款资助之。

在冀中区,冀中行署改变了旧有的"水衙门"制度。成立冀中河务局,负责统一治理冀中各河水害,下设子牙河办事处和第十一专署河务委员会。1939年大水后,为适应迅速治理水害的需要,改变群众中历来存在的"给河务局工作"的被动观点。把治水真正变成人民自己的事情。结束冀中河务局,改为行署领导,各级政

① 冀中行署:《冀中五年来水利工作总结》(1943年4月22日),见魏宏运主编:《抗日战争时期晋察冀边区财政经济史资料选编·农业编》,南开大学出版社1984年版,第332—333页。

府添设水利技术员，负责计划工程，检查水利状况。水利工程有关各县均建立河务委员会，由县政府直接负责。“县长、实业科长、武委会主任任正副主任委员；在沿河区设办事处，由区长、实业助理员、武委会任正副主任委员”；聘请当地熟悉堤工、热心公益的人士为委员。负责具体监修和采购等工作。这种政府统一领导下的政民结合的水利组织形式，是分散的、地方性和半群众性的组织，较为适合战时的敌后环境。它以群众面目出现，既可以充分发挥群众的积极性，又可以减少由于敌人破坏所造成的损失。当地人士在政府领导下，起了骨干作用。他们有广泛的社会关系，有采购、监修的经验，能号召群众，团结群众，和群众在一起，同作同息，他们已不是过去肥肉美酒、大吃大喝、高高在上、不理工程的委员大人们了”。① 贪污中饱的恶习被禁绝，打骂河工之事也不再发生，从根本上清除了国民党旧河务局“水衙门”的作风。在组织民工方面，废除了封建剥削的雇佣制，实行“有人出人，有钱出钱”的合理动员；对民工伙食，实行一部或全部补助或“以工代赈”的办法。在工程占地问题上，改变了旧政府无偿占用农民土地的做法。本着局部利益服从全局利益，又兼顾局部利益的原则。“在影响到局部利益的地方，如新堤新河占地，都予适当的禾苗损失赔偿与占地赔价”。

奖励兴办水利，治理水害的各项政策，调动了广大农民兴办水利事业的积极性。掀起了兴办水利的热潮，使边区大部分旧水利工程得以修整，开凿了不少新渠、新井，治理了冀中的严重水害。

在北岳区，为提高农业生产，特别是提高山岳地区的农作物产量，边区政府提出“整理旧渠，开凿新渠”“变旱田为水田”的号召，

① 魏宏运主编：《抗日战争时期晋察冀边区财政经济史资料选编·农业编》，南开大学出版社 1984 年版，第 337—338 页。

水利建设取得了显著成绩。据不完全统计,1939 年水灾前,“平山等 13 县整理旧渠 123 道,可浇地 92264 亩;阜平等 11 个县开新渠 74 道,可浇地 30620 亩;曲阳 3 个县凿井 245 眼,可浇地 1842 亩”。[①] 1940 年,“易县等 13 县整理大小水渠 2611 道,可浇地 198759 亩;涞源等 13 县凿井 1848 眼,可浇地 17053 亩”。[②] 两年中,北岳区共整理旧渠 2743 条,恢复灌溉面积达 291023 亩;开凿新渠 1290 条,凿井 2088 眼,新增灌溉面积 248814 亩;合计恢复和新增灌溉面积 539637 亩。其中第五专区原有水渠 1336 道,可灌溉面积 92000 亩;1940 年新开渠 258 条,增加灌溉面积 47000 亩,比原有灌溉面积增加了 51%。[③] 在战争环境中,短短两年时间,取得这样大的成绩,可以说是惊人的。

在冀中区,治理水害的工作也获得成功。因冀中区是晋察冀边区农业生产的中心区域,所以边区政府在 1938 年年初就着手进行治河的准备工作。1939 年春,即开始了春季工程。“动员民工 171399 人。修堵三角塘、万安闸口、龙门口、殷家庄等重要决口及各河险工多处,保证了雄县、蠡县、高阳、任邱大部村庄的丰收。[④] 1940 年春形成了更大的治河高潮,在八路军的掩护下,在河务委员会的领导下,沿河地区的广大人民,战胜春荒,开展了全民治河斗争:男劳力出河工,女劳力下地劳动,儿童送水送饭。经过几个月的艰苦奋斗,“修堵了大小决口 215 处,长 17479.8 丈;整修险工

① 张苏:《晋察冀边区的农林建设》,《解放日报》1943 年 1 月 17 日。

② 张苏:《晋察冀边区的农林建设》,《解放日报》1943 年 1 月 17 日。

③ 张苏:《生产与合作》(1940 年 8 月 6 日在边区经济会议上的报告),见陈廷煊:《抗日根据地经济史》,社会科学文献出版社 2007 年版,第 40 页。

④ 冀中行署:《冀中五年来水利工作总结》(1943 年 4 月 22 日),见魏宏运主编:《抗日战争时期晋察冀边区财政经济史资料选编·农业编》,南开大学出版社 1984 年版,第 334 页。

53处，长2380.1丈；复堤筑坝39条，长528.05里；疏浚淤河九段，长1655.45里。共动员民工690285名"。[①] 在这些大小工程中，新乐县西里村决口和饶阳县王岗决口，都是几十年从未完成过的艰巨工程。西里村决口位于大沙河上，土质沙性。筑堤打椿都极端困难，又靠近敌占区，广大群众以百折不挠的精神，经数次失败，终于堵上了决口，消灭了新乐、定南、深泽北部、安平北部地区的水害。王岗决口，是由于滹沱河改道而形成的大决口，危害饶阳等8个县。政府动员了饶阳、献县、肃宁三县的56万群众，战胜了敌人的多次围攻和严重春荒，不怕流汗流血和牺牲（修河期间，曾被抓去民工70多人，有7人惨遭杀害），经过3个多月的抢修，共计"开凿了22里长的新渠（上口宽10丈，下口宽6丈），堵住了大小决口5个"，完成了多年来未完成的艰巨工程。"消灭了饶阳以下八县的水害，使文安洼有千余顷水田能种上水稻"。[②] 加上1939年及以后的抢险堵口工程，初步奠定了冀中河防的基础。

改进和提高农业生产技术，是提高农业生产力的重要前提。晋察冀边区的农业生产力水平很低，生产技术非常落后，因此，要想提高生产力，增加农业产量，单靠农民群众的生产热情是不够的，还必须从改进和提高农业生产技术入手。

早在1938年1月晋察冀边区军政民代表大会通过的《经济问题决议案》中，就明确提出，要发展农业生产，除普遍实行减租减息政策，提高农民的生产热情之外，还必须改进农业技术，要"设立农业技术改良机关，协助农民建立合作社，大量制造农具，指导

① 魏宏运主编：《抗日战争时期晋察冀边区财政经济史资料选编·农业编》，南开大学出版社1984年版，第339—340页。

② 魏宏运主编：《抗日战争时期晋察冀边区财政经济史资料选编·农业编》，南开大学出版社1984年版，第340—341页。

农民育种、播种、施肥、土壤等各种技术改良”。同年,边区政府创建了第一个农业试验场,开始进行农业技术的试验工作。不过,抗日战争之初,晋察冀边区政府刚刚建立,百废待兴,在最初的三年中,农业生产的中心不得不放在开荒修滩和春耕夏收秋收的急务上,农业生产的全面恢复需要时间。

(二)根据地工业的恢复和发展

抗日战争初期,中国共产党领导的各根据地,包括陕甘宁边区、晋察冀边区等,在农业开始恢复的基础上,工业也有初步恢复和发展。

陕甘宁边区革命根据地是在落后的乡村中建立起来的。不但没有机器工业,连手工业也很薄弱。1935 年 10 月,中央红军长征到达陕北时,仅有一个 40 多名工人的修械所。到抗日战争前夕,加上被服厂、印刷厂等,一共也不过 270 多名职工。从 1938 年起,中国共产党开始注意在边区建设公营工业。1938 年 3 月,延安只有一个兵工厂,厂长周建祥,原来是中央苏区造币厂的厂长。厂里仅有几台机器、几十名工人。工业专家沈鸿,偕同 7 名工人,将 10 部机器从上海经武汉、西安辗转运到延安,从筹建机器厂开始,制造机器、工具,创造条件,逐步兴办其他工厂。就在这一年,在边区政府的领导下,延安先后建立了难民纺织厂、造纸厂、被服厂、农具厂、制革厂、制鞋厂、石油厂以及八路军制药厂等。这些工厂后来大都起到了倡导和骨干作用。1938 年以前,边区的布匹完全依赖从外面输入,自难民纺织厂创办以后,这种情况开始有所改变。难民纺织厂起初在安塞县二区高桥镇,之后迁到延安县西川口,发展很快。开始只有 8 台机器 10 名工人,到 1938 年年底,发展到 45 名工人,机器增加到 12 台,计织布机 4 台、毛巾机 2 台、袜子机 5 台、弹花机 1 台。

因为织布需要棉纱，由政府向民间收买，促进了民间手工纺织业的发展。1939 年，边区经济开始被封锁，中央提出“自己动手”“自力更生”的号召，机关学校部队开始从事农业和手工业。边区政府于当年五一劳动节举行工农展览会，以鼓励工农业发展。1939 年又创建新华化学厂、后勤部制药厂。新华化学厂的主要业务是生产肥皂。开始仅有资本数千元，职工数人。同年还在安塞、固临、延长等地组织纺织合作社，由建设厅帮助训练工人，供给织布机，投放资本，调剂供销，开始实行公私结合（亦即军民结合）的政策。1939 年年底全部工人增至 700 人左右。各方面都比 1938 年有所进展，纺织业能生产大布 1400 匹，比 1937 年增加 116%。①

在晋察冀边区，抗日民主政府在发展工业方面，也给予足够的重视。早在 1938 年 1 月，晋察冀边区军政民代表大会就作出了“发展农村手工业，促进家庭副业，提倡较大规模手工业经营，发展国防工业”的决议。随着根据地的发展与巩固，为不使边区成为敌人的商品倾销市场，反对敌人经济封锁和在对敌经济斗争中求得商品出入平衡，并争取出超，使根据地能够完全独立自主地进行经济建设，1940 年提出了“争取边区工业品的自给自足”的口号。

晋察冀边区发展工业的重心，始终放在手工业与家庭副业上，“边区人民的生活必需品，除粮食外，最主要有：棉、布、盐、油、纸张（机关需要多）”。因此，从边委会成立以来，首先“发展工业的重心，始终放在手工业与副业上”。② 其中，纺织工业（织布）在边

① 高自立：《陕甘宁边区自给工业发展的特点》（1944 年 5 月 24 日），见西北五省区编纂领导小组、中央档案馆：《陕甘宁边区抗日民主根据地·文献卷·下》，中共党史资料出版社 1990 年版，第 272 页。

② 宋劭文：《晋察冀边区的经济建设》（1943 年 1 月），见河北省社会科学院历史研究所、《河北学刊》编辑部编：《晋察冀抗日根据地史料专辑》，《河北学刊》杂志社 1985 年刊本，第 54 页。

区工业发展中占了第一位。冀中、冀西、平汉路沿线,家庭纺织一向就很发达,“七七事变”后因战争破坏,大部停顿。晋察冀边区政府成立后,号召恢复纺织业,不久即行恢复,边区棉产量很可观,政府限种20%以后,年产量尚可达1.2亿斤,拿来制造土布,销路很好。1940年仅行唐、唐县出产土布200万匹以上。① 冀中区农家生产的土布,数量多,质量好,远销到晋东北、察哈尔、绥远、热(河)南等地,受到各地老百姓的欢迎。此外,火柴、造纸、制革、面粉加工、榨油及其他日用品工业都有很大发展。因而,人民生活日用品大部分能够自给。

在边区的工业发展中,边区政府一个重要的方针,是“启发小生产者和私人企业家的生产积极性和自动性。使他们在有利于民生军需的原则下,自由自主地去努力从事他们的生产和贸易”②。在节制资本的前提下,广泛动员私人资本,发展手工业工厂、作坊以满足人民群众日用工业品的需要。1940年8月颁布的《晋察冀边区目前施政纲领》(即《双十纲领》)纠正了一度发生的没有把封建经济制度与资本主义的生产在政策上严格加以原则区别的偏差,明确指出,“对于私人企业家的经营,即带有资本主义性的生产,应让其发展而不是削弱或加以阻挠”③。这种把个体和私人企业赢利欲望与抗日根据地的需要相统一的政策,对边区经济建设事业的发展起了重要作用。

---

① 张苏:《边区的生产状况与今后的任务》,见魏宏运主编:《抗日战争时期晋察冀边区财政经济史资料选编·农业编》,南开大学出版社1984年版,第274页。

② 彭真:《关于晋察冀边区党的工作和具体政策报告》,中共中央党校出版社1981年版,第77页。

③ 彭真:《关于晋察冀边区党的工作和具体政策报告》,中共中央党校出版社1981年版,第85页。

对于私人不易经营的军需工业、矿业、冶炼业、纺织机的制造等事业，则主要由边区政府和军区积极经营。其中军需工业占重要地位。为了自力更生解决军需问题，根据 1938 年 11 月中共中央六中全会关于“建立必要的军火工厂，准备反攻实力”的精神，1939 年 4 月，晋察冀军区在河北省完县神南镇成立了军事工业部，领导军火研究与生产。将原来的几个修械所合并，建成了 7 个军工连（厂），由修理部队枪械、制造黑色炸药和手榴弹，发展到可以翻砂、铸弹，制造地雷、迫击炮弹和生产子弹等。到 1940 年，军工生产进一步健全发展，军工连（厂）发展到 10 个。并相继建立了化学厂、被服厂，军工部还成立了技术研究室，专门从事军工新产品的研究和试制。在军工科研与生产中贯彻了军区首长规定的“集中领导，分散生产，小型配套，就地取材”的方针，就地及时供应部队需要，有力地支援了战争，取得了显著成效。

1. 公营民用工业的建立

晋察冀边区政府成立时，便确定了工业建设的方针是“发展农村手工业，促进农家副业，提倡大规模的手工业经营，发展国防工业”①。在这以后，边区的公营工业主要是发展军事工业，民用工业所占比例极小。只有“私人不易经营或不愿经营的而为国民经济之发展所必需经营的生产”②，政府才投资作少量经营。因此，晋察冀边区初创时期公营民用工业发展较慢，数量也很少，其中有些工厂是属于试验性质的。1940 年工矿管理局成立，公营工业有了较快的发展。

---

① 《晋察冀边区军政民代表大会通电》（1938 年 1 月 14 日），见魏宏运主编：《抗日战争时期晋察冀边区财政经济史资料选编 · 总论编》，南开大学出版社 1984 年版，第 42 页。

② 彭真：《关于晋察冀边区党的工作和具体政策报告》，中共中央党校出版社 1981 年版，第 80 页。

1939年4月24日,晋察冀边区政府在给各专区的指示中指出:"敌人为'确实掌握占领区域',正在进行其肃清后方扫荡华北之阴谋,尤其对我晋察冀边区,不特加紧军事进攻,而且实行封锁政策,禁止必须用品输入,以增加我物资上之困难,进而围困我军,制我军之命。阴谋毒狠,至此已极,本会为粉碎敌人此种阴谋诡计以杜塞漏洞起见,特尽可能力量,凡一切日用必需品之能以自造者,决定设法自制,以求自给自足。"①为了实现这一目标推动全边区工业生产的恢复和发展,晋察冀边区政府从1939年开始,陆续筹建了造纸厂、制胰厂、制革厂和造机厂,并在曲阳和阜平经营了两个煤井,这些厂矿由边区实业处直接经营。这就是边区初期的公营民用工业。

造纸厂(金龙纸厂),地址在阜平金龙洞,1939年2月建立,政府投资一万余元。该厂以营业为主。工人来源开始是从行唐请来几名手工造纸工人,以后增加到十几人,设备只有五个池子,主要靠手工操作,原料是从各地收集来的麻绳头子,经过剁碎、水浸、掺上石灰、蒸煮碾碎、洗净、打浆、抄纸、晒纸等工序,最后制成麻纸,日产约十五刀。这种纸起初只能做办公纸用,以后增加了一些填料,改进了技术,制成两面光的报纸,用来印刷《晋察冀日报》,初步解决了晋察冀边区机关急用的纸张问题。该厂还试验成功了以白草、稻草和麦节为原料的造纸方法,解决了造纸原料的困难。

制胰厂的地址在阜平县下店,1939年3月建成。政府投资五千余元,产品除供军需外,还部分提供市场经销。日产各种肥皂1200块,种类分香皂、洗衣皂和卫生皂三种。肥皂厂所用的原料为动植物油,在晋察冀边区可就地解决,只是火碱来源困难。边区的技术人员用生石灰和当地的土碱熬制成火碱,解决了原料问题。

① 《晋察冀边区行政委员会令》(边实字第86号),1939年4月24日。

该厂投入生产以后,改变了当地军民用草木灰溶液洗衣服的落后状况。

造机厂,即裕华工厂,1939 年 9 月在阜平建立。政府投资 17000 余元,该厂主要是研究和改进手工纺纱机,解决晋察冀边区纺织业所需之经线问题。该厂曾制造出一批纺织机及其零件,但因设备、技术等条件限制以及铁短缺,1941 年 5 月停办。

制革厂建立于 1939 年 10 月,资金 2 万余元,该厂以研究毛皮鞣制技术为主。厂址在阜平县。当地山羊很多,过去民间就有用芒硝土法鞣制毛皮的技术,但这样鞣制出的毛皮一沾水就发硬,不适宜游击战争环境。该厂经过研究试验,采用晋察冀边区生产的橡树种子外皮——橡宛子浸泡出单宁酸,经过发酵鞣制毛皮,这样的皮板遇水不变硬,很适合游击战争环境的战士们穿用。该厂除了生产皮衣外,还制造其他各种皮件如文件袋、皮带等等。1940 年生产各种皮货达 800 余件。

阜平炭灰铺煤矿,1939 年 5 月开始经营,政府投资 85000 元,是晋察冀边区较大的一座公营煤矿。有职员一二十名,工人最多时达 300 名。该矿以营业为主。所产煤炭是无烟煤,只能供取暖和烧石灰用。后来经试验用大炭(即无烟煤)炼铁成功,冲破了敌人对烟煤的封锁,解决了铸造农具、炊具和军需产品(子弹壳、手榴弹壳、地雷壳等)的燃料困难。因此,炭灰铺煤矿的经营,对晋察冀边区军需民用有着极其重要的意义。

永升煤井,位于曲阳县灵山,1939 年 10 月开始经营,政府投资 4 万余元,日本占领灵山后,生产被迫停止。

2. 军事工业的建立

军事工业方面,主要是创建军区修械所。晋察冀军区成立之后,八路军在晋东北、冀西、冀中一带广泛发动群众,开展敌后游击战争,有效地歼灭进犯的敌军。随着抗日根据地的扩大和武装部队的发展,军区面临的重要困难是枪支弹药极度短缺。当时国民党政府不发给八路军一枪一弹,八路军所用枪支弹药多半是平型关大战的胜利品,是从敌人手中夺来的;还有一些是通过民运人员收集国民党军溃退时丢弃的武器弹药,但数量都很有限,满足不了部队作战的需要。而且收集到的武器,往往零件不全,没有刺刀,或没有枪柄、枪拴。在这种形势下,军区司令部决定发展自己的军事工业,以适应敌后抗战的需要,因此于1937年年底成立了军区修械所。

修械所的建立,是晋察冀边区军事工业的萌芽,起初规模很小,设备简陋。当时主要任务是搞些修理和装配,将民间收集、战场缴获来的损坏或缺少零部件的枪械武器,经过修理发给部队重新使用。至于枪支弹药,开始阶段还不能制造。军区从1937年11月成立第一个修械所后,到1940年秋,已发展为13个修械所,军工人员也从最初60余人扩大到2000余人。各所成立和经营大致情况是:

军区第一修械所:1937年11月成立,地址开始在冀晋两省交界处的河北平山县桑园口,职工60余人。主要锻打刺刀、修理旧枪。主要设备为元车2部、柴油机1台。

军区第二修械所:1939年2月建立于山西省五台县跑泉厂,职工70多人,主要锻打刺刀,主要设备为元车1部。

军区第三修械所:1939年3月建立于河北省涞源县五亩地。职工人数不详,主要锻打刺刀、修理枪支。主要设备为元车3部、零车1部。

军区第四修械所:1939年春建立于河北省涞源县栾木厂,职工80余人,主要锻打刺刀、修理枪支。主要设备为元车5部、柴油机1台。1939年秋,厂房被大水冲坍,修械所迁至完县东阳洼,改编为军工部第三连。

军区第五修械所:1939年春建立于河北省唐县大滩、望天岭。职工170多人,主要制造黑火药、手榴弹。主要设备为翻砂炉、沙箱鼓风机、木旋床6—7台。1939年秋,厂房、机器被大水冲坍,全所被合并到第六修械所。

军区第六修械所:1939年建立于河北省唐县大石沟。职工80多人,主要制造手榴弹,主要设备为翻砂炉、鼓风机、木旋床。

晋察冀边区制造所:1938年5月创建于山西省五台县西会里村,工人最多时有500多人,主要产品是二、三号手榴弹,圆形弹和地雷,供八路军部队和地方武装使用。1939年春迁至河北省平山县五家坪村。

为了扩大军事工业的生产,支援抗日战争,各分区还自力更生地创建了许多修械所:

一分区修械所,设在河北省易县筐子沟。

二分区修械所,设在山西省五台县四道沟。

三分区修械所成立较早(1937年11月),地址在山西省曲阳县灵山镇。后来又吸收唐县拔茄村一个叫“裕农铁工厂”的私营厂参加,该所工人发展到120余人,生产工序分为修械(包括机工、钳工、铁工)、翻砂、木工、制药等车间。除修理枪支外,还可制黑火药、手榴弹。1938年下半年,该所又迁至阜平县虎峪村、马兰村、大石沟、通天寺等处。

四分区修械所,设在平山县古道村。

冀中军区修械所,除分出一部分到冀西筹建新厂外,余下的工人又招收一些小炉匠和杂工,共100余人,在饶阳成立了奖勤罚懒冀中军区第一修械所。在任邱成立了冀中军区第二修械所,有工人八九十人,主要生产炸药、手榴弹等。

以上修械所虽然设备落后,主要靠手工生产,但却能锻打刺刀,最初每班每炉只能打4把,经改进工艺后,增加至40把。修械所还能制造手榴弹、地雷,并积累了宝贵的经验,是晋察冀边区军事工业良好的开端。

修械所的骨干力量,主要来自华北大中城市的熟练技工,他们在抗日战争中发挥了重要作用。

军区修械所的普遍建立,虽然帮助部队维修了武器,也部分地制造了手榴弹、地雷等,但不能满足部队枪支弹药的需要。尤其随着游击战争的深入发展,八路军的枪支弹药严重缺乏。前线的战士因弹药缺乏,只能领到四五粒子弹,手榴弹因质量差,只能投三四十米远,威力不大。敌人冲上来,战士就拼刺刀,这种近距离作战,使部队伤亡很大。战争环境迫切需要改变军工落后状态,所以军区司令部决定成立军事工业部,以加强领导,扩大设备,自己制造枪支弹药,适应敌后抗日战争的需要。

1939 年 4 月,晋察冀军区军事工业部在河北省完县的一个山区小镇成立,部长刘再生,政委杨成。军事工业部刚建立的时候只有 7 个人,以后机构逐渐扩大、健全。其直属职能部门有:

工务科,曾先后改称为军械科、统计科,负责生产统计、工作检查与总结。

材料科,负责购买、调配各军工连所需的原材料。

管理科,管理各军工连伙食、住房等。

粮秣科,负责钱粮、被服,亦称供给科。

警卫排,负责军工生产设备及人员的安全、保卫工作,有二三十人。

军事工业部的成立把晋察冀边区军事工业推向一个新的阶段。

为了进行军工产品的研究制造,军事工业部成立后,即将北岳、冀中各分区的修械所合并到军事工业部,并增编了一部分工人,先后建成 11 个军工生产连(亦称“厂”或“所”,在现存文献中,仍有按习惯称“修械所”的)，以后又建立三个化学厂和两个矿工队。根据军区司令部关于“集中领导，分散生产，小型配套，就地取材”的原则，组织生产。

军工部组建之后，还组织研究室，这是一支由知识分子组成的技术队伍。他们大部分是北平、天津、唐山一带理工大学(燕京大学、北京师范大学、北平大学工学院、河北省立高等工业学校等)的毕业生，有的则是留日、留法勤工俭学回国的，先后来自延安、冀中或北平、天津、保定。当时凡懂技术、学习自然科学的人员，到达晋察冀军区后，大多被安排到军事工业部，研究室的工作人员最多时有20多人。他们平时的工作岗位就在各兵工连，与各连干部、工人一起苦心钻研，同吃同住同劳动，把所学的科学理论与晋察冀边区的实际相结合，用晋察冀边区的原材料和土设备，研制、生产出各种弹药的材料和成品。

(三)根据地商业的恢复和发展

在抗日战争初期，根据地商业也得到了某种程度的恢复和发展。经过革命和社会改革，根据地土匪肃清，社会安定，苛捐杂税取消，生产增加，人民生活改善，购买能力和消费水平提高，给根据地商业和市场创造了有利条件；同时抗日根据地民主政府采取了正确、坚定而又相对灵活的商业政策和措施，直接引领了根据地商业的恢复和发展，新的市场不断产生，旧的市场不断扩大，商业资本充裕，市场交易兴旺、有序，按照根据地各个边区的具体情况，对敌伪地区的输出入贸易进行严格限制，在根据地内部实行贸易自由，在抗日根据地处于偏僻农村、敌伪占据城镇和交通沿线的情况下，迫使敌人以根据地所需要的工业品来换他所需要的农产品及土特产品，从而在一定程度上打破了敌人的经济封锁。根据地政府在允许和鼓励私人资本商业发展的同时，还组织和发展合作社商业。在晋察冀边区,有22个县建立了合作社,合作社的业务范围,由最初的生产自救渡荒、贩运粮食、组织群众纺线织布,扩大到棉花、土布、猪鬃、皮毛、苇席等土副产品的生产运销,合作社资本在晋察冀边区整个市场资本份额达到10%,边区每年从敌占区运来的必需品,向敌占区输出的山货土特产,有一半是由合作社经营的。合作事业在整个经济活动中发挥了不可替代的重要作用。

1. 陕甘宁边区商业的恢复和发展

在陕甘宁边区,抗战初期根据地经济因战争破坏,在财政上实行"争取外援,休养民力"的方针。这时的供需特点是棉织业还未发展起来,食盐、甘草、皮毛的出产不多,出口商品只有不多的皮毛、甘草。在消费方面,因人口逐渐增多,人民生活也逐渐有所改善,购买力有所提高,需要大量的布匹和棉花的供给。党政军供给除部分粮食外,须外来供给。这时陕甘宁边区出入口极不平衡,主要靠外援收入弥补入超。

陕甘宁边区内主要市场为定边市、延安市和绥德市,定边、延安的商业资本相对充裕,各有大小商户400户左右。定边为食盐、皮毛、药材产地,抗日战争前全陕甘宁边区以及陇东药材、皮毛均由定边直接输往天津或包头,药材年输出量不下2万市担,约值200万元,皮子30万张,约值450万元,羊毛1万斤,约值400万元。延安市为陕甘宁边区土产向外输出,以及工业品输入陕甘宁边区内或边区外所经过的市场,又是陕甘宁边区的政治文化中心,因此京货商和过载行商资本居首位。经过革命,土匪肃清,社会秩序安定,苛捐杂税取消。人口增加,人民生活改善,消费水平提高,新的市场不断产生,旧的市场不断扩大,陕甘宁边区商业日益发展。如延安市,过去只有数十家小商店,现在商店发展至400余户,资本增加10倍以上,输出也不断增加。食盐输出1938年为7

万驮,1939 年为 19 万驮,1940 年以后又有所增加。因战争影响,药材输出减少,不过食盐输出的增加可以弥补。商品输出虽然逐年增加,但因抗战后工业品价格上升,而土产品价格上升幅度远不及工业品,形成不等价交换。输出和输入商品总量均有所增加,但输入工业品增长幅度少于土产品输出幅度。工业品价格的涨幅另一原因是敌占区和顽固派区对陕甘宁边区的经济封锁。这种封锁一般是禁止必需品输入边区,而放纵迷信品、消耗品的输入。同时对边区的土产实行统制,故意压低价格,增加税率,限制输出数量。

陕甘宁边区的商业,是在战后迅速发展起来的,在主要市场上客商资本占绝对优势,陕甘宁边区本地商和合作社受客商资本的支配,如延安市的商户,客商占 2/3,其中战后到陕甘宁边区的十大家(占了延安市全部商业资本的 50%以上),他们都是京货商,不与边区主要土产(如食盐)相联系,全靠用法币到外面买货。有的在山西、陕西、甘肃、河南、天津、上海、重庆均有分号或客庄,所以不会因没有法币或经济上略受封锁便全部停业而离开陕甘宁边区。当地商人和消费合作社的资本过小,在对外贸易上和边区内商品交换上不起决定作用。故客商资本一逃走,便引发了市场上的萧条现象,不过陕甘宁边区的土产输出仍然没有减少。①

这一时期私营商业尤其是中小商业欣欣向荣,以延安市为例,几年间的发展情况见表 19-2。

---

① 边区政府:《关于边区经济建设之报告书》(1941 年 10 月),见陕甘宁边区财政经济史编写组等编:《抗日战争时期陕甘宁边区财政经济史料摘编·第四编·商业贸易》,陕西人民出版社 1981 年版,第 18—20 页。

表 19-2 延安小商业发展情况(1936—1939 年)

项目 \ 年份		1936	1937	1938	1939
商业户(户)		168	204	233	262
其中	资本 10 万元以上	—	—	—	2
	资本 5 万元以上	2	7	10	17
	资本 1 万元以上	5	12	18	29
	资本 5000 万元以上	161	185	205	214

资料来源:陈廷煊:《抗日根据地经济史》,社会科学文献出版社 2007 年版,第 51 页。

在延安市,外省的商户从 1936 年的 87 户增加到 1938 年的 114 户、1939 年的 117 户;各县商户由 1936 年的 49 户增加到 1937 年的 59 户、1939 年的 66 户;本地商户由 1936 年的 168 户增加到 1937 年的 204 户、1938 年的 233 户、1939 年的 262 户。

在中心城市发展的同时,口岸城市出现南盛北衰。由于山西沦陷,绥德县出现衰落;而战前商业不甚发达的庆阳市、西华池、富县等对外口岸,由于食盐出口增加,商业日益繁荣。①

这一时期公营商业也有所发展。陕甘宁边区政府商业机关开办的光华商店,成立于 1937 年,1938 年拥有资本 5 万元,营业额 400 万元;1939 年资本增加到 50 万元,营业额 1000 万元。②

1937 年在对外贸易上主要由陕甘宁边区政府贸易局经营,边

① 西北财经办事处:《抗战以来陕甘宁边区贸易工作》(1948 年 2 月),见陕甘宁边区财政经济史编写组等编:《抗日战争时期陕甘宁边区财政经济史料摘编 · 第四编 · 商业贸易》,陕西人民出版社 1981 年版,第 20—22 页。

② 边区贸易局:《边区对外贸易概况》(1942 年),见陕甘宁边区财政经济史编写组等编:《抗日战争时期陕甘宁边区财政经济史料摘编 · 第四编 · 商业贸易》,陕西人民出版社 1981 年版,第 40 页。

区所需要的物资一部分直接由西安采购，采购的主要商品是棉花、布匹。1938 年绝大部分物资由西安办事处采办，被服则由办事处供给成品，对外贸易较为活跃。1938 年 3 月 1 日，贸易局改为光华商店，职责任务不变。1938 年陕甘宁边区对外贸易四通八达。1939 年以后，大部分货物则来自碛口。这一时期对外贸易的特点是单纯采购性的。进出口贸易不平衡，当时食盐、皮毛及甘草生产还不很多，棉花种植及家庭纺织业刚刚恢复。加之陕甘宁边区人口增加，人民生活改善，购买力提高，需要大量外来商品。由于当时还有 1000 万元以上的法币流入边区，弥补了进出口贸易方面的入超。

2. 晋察冀边区商业的恢复和发展

随着生产事业的发展，晋察冀边区的商业贸易也逐渐繁荣。但由于城镇和交通沿线均被敌人占据，抗日根据地处在广大乡村的战争环境中，敌人又不断加紧对晋察冀边区的经济封锁，经济环境极其艰难。在这种情况下，晋察冀边区政府必须有正确、灵活的贸易政策与措施，才能取得对敌斗争的胜利，并繁荣和发展边区的贸易活动，以促进根据地的经济建设。

起初，由于经验不足，曾经发生过两方面的偏向。随着根据地的扩大和反“扫荡”的胜利，在晋察冀边区商业繁荣的同时，一时放松管理，粮食大量出口，奢侈品等大量进口。之后又发生了贸易局、裕民公司（1938 年成立的一个公营商店）和合作社垄断商业贸易，排斥小贩和税务局对过境商品乱征税、乱扣押等现象，引起民众不满。在总结经验教训的基础上，晋察冀边区政府于 1938 年 8 月 17 日颁布了《统制对外贸易执行方案》，9 月发表《我们的贸易政策》等一系列政策法令。明确提出，“我们的贸易政策要成为粉碎敌人对我们的经济阴谋的武器之一”。具体政策是：一方面“统制对外贸易”，“绝对禁止日货的输入”；“于战争有利的东西尽量输入进来,于战争无关鸿旨的东西要尽量限制输入";"凡是可能用土货代替的外货,纵然是必需品,也把它的输入限制起来"。其目的是"为了要维持贸易平衡,甚至争取出超,以巩固边区的财政"。同时"鼓励一切土货输出",但因输出之物品属于资敌而有害于抗战,"如粮食,则仍严禁出口"。这就是统制贸易的基本内容。另一方面,晋察冀"边区的内部,原则上贸易必须是自由的"。只有如此,促进手工业的发达、农业的增进、商业的活跃,持久抗战才会有巩固的后方,才能"安定民生,发达生产"。各级政府主办的贸易机关的任务"在于节制民食民衣,促进土货的出口,平衡物价,稳定金融",但并不是与之争利。①

由于各级贸易管理机关坚决执行了晋察冀边区政府的贸易政策,有计划地输出,有计划地输入,控制了对外贸易,使"敌人占领的城镇和交通沿线农产品供不应求,这就使我们在很大程度上掌握了经济战线上反封锁的主动权,迫使敌人不得不以我们所需要的工业品来换他所需要的农产品及土特产品,这就在一定程度上打破了敌人的经济封锁"②。在晋察冀边区内部实行贸易相对自由政策方面,由于认识到"商业的集中害多利少,分散一点利多害小"③,因此吸收大量商人进行贸易活动,并给商人以赚钱机会,只要不是投机操纵,囤积居奇,允许让其独立自主地发展。晋察冀边区从事商业活动的小贩空前活跃,边区内部贸易出现了繁荣景象。

因为晋察冀"边区的经济主要是小农经济,小的生产,小的消

---

① 《我们的贸易政策》(1938年9月),见魏宏运主编:《抗日战争时期晋察冀边区财政经济史资料选编·工商合作编》,南开大学出版社1984年版,第356—357页。

② 聂荣臻:《聂荣臻回忆录》(中),解放军出版社2007年版,第473页。

③ 《经济建设的原则方案》,见魏宏运主编:《抗日战争时期晋察冀边区财政经济史资料选编·总论编》,南开大学出版社1984年版,第254页。

费，大部分人家，经济力量很小，一点余粮不能跑到远的市场出卖，小的消费品不能跑到远的市场上购买；特别在抗战环境中，布、盐、油等日用品，经常感到购买困难，所收山货，经常感到卖不上价去。为了改善人民的生活，对敌进行经济斗争，减少奸商垄断操纵，调剂边区经济，组织合作社是一个最好的办法”①。1938 年年初，晋察冀边区政府号召人民集资兴办合作社，用联合起来的力量，调剂军需民用，来解决生产生活的必需品问题。1939 年 2 月，晋察冀边区政府公布《晋察冀边区合作社暂行规程》，共 10 章 20 条。明确规定合作社种类有以下四种：(1)生产合作。凡经营种植、饲养、农田、水利、牲畜、造林、开矿、纺织，及制造一切农村日用品和职业上之用品者均属之。(2)运销合作。凡经营农业生产品、工业生产品之输出者均属之。(3)消费合作。凡供给农村日用品及职业上之用品者均属之。(4)信用合作。凡经营农工业生产之放款及农村之储蓄者均属之。②《晋察冀边区合作社暂行规程》还规定：合作社须有 9 人以上方得设立，社股数额无限制。并规定了合作社盈余分配、民主办社原则等。同年 4 月，晋察冀边区政府又公布了《奖励合作社暂行条例》，进一步调动了广大群众创办合作社的积极性。

为了加强领导，使合作事业健康发展，晋察冀边区政府实业处之下设立合作事业科，各专区和县成立了合作事业促进会，有的地区(如冀中)还成立合作总社，领导管理合作社工作。晋察冀边区政府又开办合作干部训练班，学习合作社的经营与管理、会计业务

① 宋劭文：《晋察冀边区的经济建设》(1943 年 1 月)，见河北省社会科学院历史研究所、《河北学刊》编辑部编：《晋察冀抗日根据地史料专辑》，《河北学刊》杂志社 1985 年刊本，第 57 页。

② 魏宏运主编：《抗日战争时期晋察冀边区财政经济史资料选编 · 工商合作编》，南开大学出版社 1984 年版，第 760 页。

等,加强充实了各地合作事业中的骨干力量。为了战胜天灾(1939年晋察冀边区发生大水灾)和敌人“扫荡”、烧杀、抢掠给群众生活造成的困难,提高合作社的质量并发展数量,1940年1月,晋察冀边区政府决定由边区银行举办300余万元合作贷款,重点鼓励运销合作和生产合作。这对畅流晋察冀边区贸易,扩大边区市场,打击敌伪市场,推动农田水利建设和改进农业、工业生产技术,发展群众需要的日用品生产,起了相当大的推动作用。

由于政府的倡导、扶植及广大群众的拥护,1939年晋察冀边区有22个县建立了合作社,总数达到1307个,其中平山县就有各类合作社588个,社员达3.3万多人,股金达4.5万多元。冀中区合作社运动始于1939年,当年七八月间大雨成灾,9月,冀中区行署确定大力兴办合作社,开展生产自救运动。专区、县、区建立三级合作运动委员会,拨出40万元救灾款支持合作社调剂粮食,组织群众生产渡荒。由于群众深受其利,推动了合作运动的迅猛发展。合作社的业务范围,由贩运粮食、组织群众纺线织布,进而向棉花、土布、猪鬃、皮毛、苇席等土副产品的产销发展。① 在全边区,合作事业在整个经济活动中发挥了重要作用,它的资本占边区整个市场资本的10%,边区每年从敌占区运来的必需品,向敌占区输出的山货土特产,有一半是合作社经营的。

在合作社的发展过程中,虽然因少数干部对合作精神了解不够,也发生了强迫入股、排挤商人、发财营利、脱离群众等现象,但经过政府的检查和整顿,及时得到了纠正,使边区的合作事业不断健康发展。

① 宋劭文:《晋察冀边区的经济建设》(1943年1月),见河北省社会科学院历史研究所、《河北学刊》编辑部编:《晋察冀抗日根据地史料专辑》,《河北学刊》杂志社1985年刊本,第57—59页。

（四）抗日战争初期的根据地财政与金融

抗日战争初期，根据地的财政和金融，条件极为艰难，抗日根据地大多处于敌人后方农村，又被敌人占据的交通干线分割成多个小块游击区，几乎没有任何工业生产。农业和手工业生产也非常落后，人力物力分散，部队分散而且经常流动。人民生活困苦，抗日部队供给得不到满足。就是在这种极其艰难的战争环境下，抗日军民几乎是从零开始，逐渐建立起了新型的财政和金融，恢复和发展生产，创兴和提升财政收入，废除封建剥削，实行合理负担，促进生产，改善人民生活，建立和巩固抗日民族统一战线。金融方面，整顿金融秩序，取缔伪币，驱逐劣币，保护良币，建立自己的银行，发行自己的纸币，稳定币值和物价，筑起抗日的金融堡垒。

1. 抗日战争初期的根据地财政

抗日战争初期的根据地财政建设，完全是从零开始。在抗日战争开始后的一个短时间内，抗日部队的军需供给，绝大部分甚至全部自筹自支。筹款方式、办法亦多种多样，诸如没收罚款、捐募、借粮、向国民党政府索取军饷，等等。此后随着战争胜利的积累，抗日根据地的巩固、扩大，社会生产的恢复、发展，源自社会生产的财政收入增加，开始建立和健全新型财政制度。同时组织多种公营经济收入，财源扩大，渠道多元化，保证了抗战需要。

（1）抗日根据地粮款的筹集

抗日战争是一场关乎中华民族存亡的大战，是一场持久而又残酷的战争。因此动员全国人民，一切为着前线，一切为着打败日本侵略者，就成为敌后抗日根据地行动的口号、总方针。

抗日战争时期，战争的需要是多方面的，政府对人民的动员也是多方面的。其中主要的一项是动员人民出粮出钱，保证抗日军队及党政工作人员的供给需要，这项动员，习惯上称为“筹粮筹款”。敌后抗日根据地处于多个被分割的游击战争的农村环境,人力物力是分散的,部队也是分散的,而且是流动的。因此,粮款的筹集和供应也是分散进行的。但每个根据地都是在中共中央的统一指导下,按照当时当地所处的环境条件,自行组织财粮供应,自行安排收入和支出,各地筹集粮款的具体形式,在抗战的前期、中期和后期,在不同根据地,不尽相同,归纳起来,大体上有以下七种筹集形式:

第一种是没收罚款。

这是根据中共中央 1937 年提出的“十大救国纲领”①而采取的一种筹款形式。所谓“没收罚款”,就是没收日本帝国主义在华的财产,没收汉奸的财产或对他们处以罚款。抗战初期,陕甘宁边区、山东根据地、淮南根据地以及晋察冀根据地的冀中区,都采用过这种筹款方法,但所得收入都不多,而且是逐年减少的。据陕甘宁边区财政统计,没收罚款占财政收入(钱的部分,未包括救国公粮在内)的比例,1937 年为 4.41%、1938 年为 3.95%、1939 年为 1.07%、1940 年为 1.62%。②

对于没收罚款的筹款形式,中共中央反复强调要注意政策,一再指出,“除了有真凭实据的汉奸之外,决不准乱没收一家商店”③。同时“严禁无组织、无计划的筹粮筹款”④;反对将负担完全放在地主资本家身上,禁止“捉人罚款以解决军饷的办法”。⑤

① 《毛泽东选集》第二卷,人民出版社 1991 年版,第 354 页。

② 西北财经办事处:《抗战以来的陕甘宁边区财政概况》,1948 年 2 月。

③ 《毛泽东选集》第二卷,人民出版社 1991 年版,第 425 页。

④ 《中央军委、总政治部关于目前时局及八路军新四军之任务指示》(1939 年 6 月 22 日),见中共中央党校党史教研室选编:《中共党史参考资料》(四),人民出版社 1979 年版,第 79 页。

⑤ 《毛泽东选集》第二卷,人民出版社 1991 年版,第 768 页。

这就有效地防止了乱打、乱罚的政策偏差。

第二种是捐募。

捐募，有些地方也叫捐献、捐助、捐赠，是用号召、动员等方式筹集粮款的一种形式。用捐募形式筹集的抗日经费来自两个方面，一是来自根据地内部，二是来自根据地外部，即国民党统治区和国外。

根据地内部的捐募，一般是在抗日民主政权尚未建立，来不及制定正规税收制度的情况下采用的过渡形式，或者是在财政经济极端困难条件下采取的一种临时应急措施。例如，晋绥边区开展的"四献"运动(献金、献粮、献鞋和扩兵)，山东根据地和冀中地区1938年年初募集的"抗日救国捐"。动员的对象，主要是富有者，但农民自动捐献的亦不少。

在国民党统治区和海外的捐款，是由地下党组织通过友好进步人士募集的。随着日本全面侵华战争的爆发，日本的野蛮侵略，八路军、新四军、华南游击队的英勇抵抗，引起了国内各界爱国人士、海外侨胞和国际友人的广泛同情，他们不仅从道义上支持，而且在物资上给予援助。据陕甘宁边区财政统计，1938年10月至1939年2月的5个月内，海外及后方捐款即达1300948元(法币)，约合当时小米40654石(每石300市斤)。[①] 在这方面，宋庆龄、廖承志等建立了不朽的功绩，对陕甘宁边区、东江根据地、琼崖根据地解决当时的财政困难，起了巨大的作用。1940年以后，由于国民党政府的封锁、破坏，外部的捐款断绝。

第三种是向国民党政府索取军饷。

向国民党当局索取的军饷为数很少，且不可靠。中国工农红军1935年至1936年在陕北会合时，计有官兵8万人，1937年改编

① 1938年陕甘宁边区每石小米约为32元法币。

为国民革命军,国民党只承认4.5万人①,每年只发军饷60万元(法币)。到1940年,八路军、新四军发展到50万人,国民党当局出于反共限共的需要,不但不相应增加军饷,反而将原来的60万元减为50万元,全体八路军、新四军官兵每人只合1元,并且拖延几个月不发。1940年以后,国民党当局不顾全国人民的谴责,更全部停发了八路军、新四军的军饷;对按照协议每月应发给琼崖民众抗日独立队的军饷8000元,也全部停发。

第四种是征税。

这是敌后抗日根据地筹集粮草和经费的主要形式。抗日战争时期全国9个抗日根据地都征过税,并建立了相应的税收制度。此外,处于游击状态的东北抗日联军,也用极简单的办法征过税。

各根据地开征的税种名称互异,数额多寡不一,比较普遍的有:救国公粮、田赋、统一累进税、货物税、商业商品税、盐税、田房契税和出入口税等数种。税收的具体名称和内容,不仅根据地之间不同,就是同一根据地内前后也多有变化。

上列税种,分别征收粮食、马料、柴草和现金。征收的现金,列入经费收入预算,征收的粮食、马料,列入实物收入预算,分别建立两套账,也有把实物作价统一编列财政收支预算的,例如晋绥边区就是这样做的。

第五种是借粮。

借粮是在特殊情况下的一种筹粮措施。

第六种是发公债。

抗日战争时期,发放公债的不多。据记载,陕甘宁边区1937

① 叶剑英:《中央抗战一般情况的介绍》(1944年6月22日与中外记者参观团的谈话),见《建党以来重要文献选编》(1941—1949)第二十一册,中央文献出版社2011年版,第332页。

年夏季发行过200万元(法币),晋察冀边区1938年发行过300万元。公债的发行,都是为了解决当时的财政困难,是一种临时措施。

第七种是组织公营经济收入。

由于日本侵略者的反复“扫荡”和国民党制造的两次反共摩擦,敌后抗日根据地的财政经济十分困难。在这种特殊的条件下,各根据地按照中共中央的指示,自己动手建立了自己的公营经济。许多根据地建立了贸易公司,办了一些自给性工业;军队进行了大规模的生产运动,发展了以自给为目标的农工商业;机关、学校也发展了同样的自给性经济。这些自给性的生产,特别是部队机关、学校掀起的大生产运动,抗日战争后期,曾解决了整个粮款需要的一部分或大部分。

组织自给性生产,自己动手解决粮食和经费的部分需要,这是一种特殊的筹集粮款形式。它在一般情况下似乎是不合理和不可理解的,但在分散的长期的人民游击战争条件下,则是进步的,具有重大历史意义的。

上述七种筹粮筹款形式,如果就粮款的来源分析,大体上可以归结为四个方面:一曰取之于敌,包括没收日本帝国主义、汉奸的财产和缴获敌人的战利品;二曰取之于友,包括各方爱国人士、国际友人和海外华侨的捐款,也包括国民党政府发的军饷;三曰取之于民,即各阶层人民用捐募形式、税收形式、借粮形式、公债形式提供的钱款和粮食;四曰取之于己,就是政府组织的公营经济收入和部队、机关、学校的生产自给收入。这四个方面的来源中,取之于民是主要的。取之于民,主要是取之于农民,即构成农民的财粮负担。①

① 地主缴纳的税收等,是地租的转化形式,实际是农民所出。这里讲的农民负担,是指广义的农民负担。

财粮负担是农民负担的重要组成部分。它包括:根据地政府征收的救国公粮、公草、田赋、资产米、农业统一累进税、村款粮、屠宰税、契税、公盐代金;农民自动的捐献、捐助,政府的突击借粮和所发公债款。农民的财粮负担是支持抗战最基本的物资基础,农民所出粮食,一般约占根据地筹粮总数的90%以上,农民所出钱款,一般约占根据地经费总额的50%以上。如果把粮食加在一起,据陕甘宁边区的资料计算,占财政、粮食收入总数(统一折粮)的比例是,1937—1939年平均为55.7%。①

(2)实行合理负担政策

合理负担,是在动员财力、人力的问题上,正确处理纳税人相互间、服役人相互关系的一条政策原则,它同兼顾的政策是紧密联系的。

抗日战争前期,负担的合理体现在三个方面:一是阶层之间的负担合理;二是地区之间的负担合理;三是农(业)商(业)之间的负担合理。

阶层之间的负担安排,总的出发点是基于抗日民族统一战线。因为"抗日战争的根本政策,是抗日民族统一战线"。② 这就是毛泽东提倡的互助互让、调节各阶层相互关系的恰当的政策。③

在这个指导思想下,中共中央对各阶层的负担安排在政策上确定了两条:一条是实行"有力出力,有钱出钱,有枪出枪,有知识出知识"④。在税收上,就是收入多的多负担,收入少的少负担,最穷苦者不负担。另一条是,对封建剥削应进行限制,对贫农中农的

① 陈廷煊:《抗日根据地经济史》,社会科学文献出版社2007年版,第61页。

② 《毛泽东选集》第二卷,人民出版社1991年版,第567页。

③ 《毛泽东选集》第二卷,人民出版社1991年版,第523页。

④ 《毛泽东选集》第二卷,人民出版社1991年版,第355页。

负担应尽可能减轻。

可战争初期，陕甘宁边区军政人员的财粮总收入（统一折合小米计算）为49138石，其中公粮为27360石，占55.7%。分年度看，1937年占40.6%、1938年占36%、1939年占75.8%。[①] 这三年，边区人民除公粮和少量工商税收负担外，没有别的负担（战勤负担很少）。由于公粮征收数量不多，加以农业生产迅速得到恢复、发展，所以公粮的负担也显得较轻。全边区实征公粮占实际产量的比例，1937年为1.27%、1938年为1.25%、1939年为3.80%。每亩平均负担细粮，1937年为3.99斤、1938年为4.2斤、1939年为4.1斤。[②]

这个负担水平，同华北各抗日根据地同期比较是轻的，如果同该地区土地革命前比较，那就相当地减轻了。以新正县（原属旬邑县，老区）为例，革命前（1934年）全县的负担为34550元，革命后（1937年7月至1938年10月统计）全县的负担为14575.3元，比革命前减轻60%。[③] 该县约有三万余人，革命前每人平均负担1

① 边区的财政收支（钱款部分）和粮食收支是分别编列预决算的，救国公粮征收数反映在粮食收支里面。为了便于比较和分析，这里把二者合并在一起，并将钱款收入折合成小米计算。各年小米的折算价格是1937年每石小米为26元（法币），1938年每石小米为31元（法币），1939年每石小米为39.4元（法币）（据西北财经办事处：《抗战以来的陕甘宁边区财政概况》（附表），1948年2月18日）。

② 据陕甘宁边区政府财政厅：《老区农业负担总结报告》（1949年）中的产量数字整理。此数字与南汉宸1947年财经报告数字一致，均为细粮数。实际负担比例与其他有关材料中的数字略有出入，主要是计算的口径不一致。这里系按公粮负担口径计算。

③ 高自立：《边区政府对边区第一届参议会报告（草案）》（1939年1月8日），见陕甘宁边区财政经济史编写组等编：《抗日战争时期陕甘宁边区财政经济史料摘编·第一编·总论》，陕西人民出版社1981年版，第95页。

元多,革命后每人平均只负担4角。所以,边区政府的政策得到人民热烈的拥护。1937年、1938年政府号召征收公粮1万石,1939年号召征收5万石,结果都超额完成了任务。尤其是延安、延长、固林、延川、甘泉等县,许多区域实际只有三五天便完成了任务,本来对于抗日军人家属和贫农照例应当免税,但他们自动把粮食捐给政府,还有许多农民自动超过标准缴纳公粮。

救国公粮是为了保证抗日救国的需要向人民征收的一种税收,因为它以征收粮食为主,所以叫救国公粮。1937年8月1日,陕甘宁边区党委基于晋绥危急、边区财政经济困难的情况,作出了《关于征收救国公粮的决定》,确定在边区人民中进行抗战动员,征收1.5万石(后改为1万石)救国公粮。据此,陕甘宁边区政府于10月制定公布了第一个《救国公粮征收条例》,并制发了《征收救国公粮附则》。之后,边区政府每年都专门发布征收救国公粮的文件,1938年发布了《关于征收救国公粮的决定》,1939年发布了《征收五万担救国公粮的训令》。这些条例、文件的主要内容是:

第一,关于纳税人。《救国公粮征收条例》规定:"凡边区人民,除抗日军人家属及因灾荒经政府查明豁免者外,均须缴纳救国公粮。"这就是说不论是已实行土地改革的地区的人民或未土地改革地区的人民,不论是地主、富农、商人或是中农、贫农,只要在边区政府管辖范围内的,都要按条例规定缴纳救国公粮。边区管辖的人口数量,边区政府成立时,经国民党政府行政院例会正式通过,指定受边区政府管辖并为八路军募补的区域,共26个县200万人。但自八路军主力开赴华北前线抗战后,国民党当局未履行诺言,陆续侵占了约50万人口的地区。所以到1938年、1939年,边区实际控制的地区只有150万人,其中农村人口约占90%,即130万人。这就是救国公粮征收的范围。

第二，纳税单位和计征标准。救国公粮以家(户)为单位计算，以全家实际收获量为计征标准。各家的实际收获量由各户自报，经“区征收救国公粮委员会”和乡政府审核后，即据以征税。隐瞒不报者，加倍征收。呈报不实，以多报少者，其少报部分，加倍补征。

第三，税率规定。救国公粮实行有起征点的全额累进税率。当时，边区农村存在两类不同的地区。一类是经过土地分配的地区，另一类是未经过土地革命的地区。这两类地区，各阶层人民的生产和收入水平都有一定的差别。因此，1938 年的条例规定：每人全年收粮在 350 斤以下者免征，350 斤以上者，最低税率 1%，最高税率 7%。

第四，关于租佃地负担。1937 年《救国公粮征收条例》规定：凡出租土地依靠收租生活的地主，其每人所收租粮不满 300 斤者征 1%，300 斤以上的按税率表加倍征收；佃户则按税率表减半征收。1938 年《救国公粮征收条例》规定：凡出租土地全部依靠收租生活之地主，按税率表规定加一倍征收；因孤寡稚弱残废缺乏劳动力，或因参加各抗日机关工作，对其土地出租不予加倍；对自己无土地或只有很少土地，主要靠租种别人土地为生之佃农，照税率表规定减半征收。

第五，征收办法。救国公粮由区组织征收，每年秋收后征收一次；以征收粮食为主，征收的粮食统一规定为小米、黄米、麦子三种。

以上都是条例或文件上的规定。实际执行则主要靠政治动员，自动缴纳，条例只是一个标准。在征收方法上，各地大都采取“欢迎”、宣传估定等民主摊派办法，并未完全按照条例执行。结果，救国公粮成了征募形式的“抗日救国捐”，负担偏重在少数富有者身上。据统计，1939 年征税户占总户数的比例，延安县为

27. 1%、安定县为 26. 4%、安塞县为 34. 1%、盐池县为 15. 6%、华池县为 31. 1%。负担的面都很窄。

陕甘宁边区的《救国公粮征收条例》,是抗日战争时期最早形成的税收制度。当时边区虽未按照条例彻底执行,但却为后来税收制度的确立、发展做了准备,对华北、华中根据地税收制度的建立,也提供了借鉴。

在晋察冀边区,边区政府成立前,在八路军发动下建立起来的县、区、村抗日组织,是一种半政权性质的机构,在许多方面实际上起了政权组织的作用。这些组织机构一成立,就废除了军阀、官僚、地主强加在人民头上的 30 余种苛捐杂税,田赋也废除了,使中国共产党一贯提出的减轻人民负担的主张在晋察冀边区初步得到实现。同时,立即开展了为革命筹粮筹款的工作,实行了县合理负担。筹集的对象主要是汉奸、土豪和资本家,农民出钱出粮的户较少,贫苦农民基本上不出负担,负担面不到 30%,一般只占总户数的 20%左右。部队的粮食供给是到哪里吃哪里,就地筹集,就地供应。部队多的县筹的多,部队少的县筹的少,部队来了就筹,没有什么计划。粮食来源为逃亡的大粮商、老财,每村不超过三五户。[①] 动员性质的县合理负担虽然是一种临时的过渡办法,但却解决了部队的吃饭问题,缓和了供给上的矛盾。同时,由于取消了苛捐杂税,筹粮筹款又集中在"富有者"头上,对于贫苦的农民来说,也喘了一口气,大大提高了他们的抗日积极性。但是,由于各自为政,财政不统一,筹粮筹款缺乏正确的标准,任何机关都可以筹款,曾引起社会不安。

① 南汉宸:《晋察冀边区的财经概况》,见中国社会科学院经济研究所中国现代经济史组编:《革命根据地经济史料选编》下册,江西人民出版社 1986 年版,第 88、92 页。

晋察冀边区政府成立后，1938 年 3 月 6 日，边区第二次行政委员会通过了《关于合理负担及粮银的决议》。从动员性质的县合理负担改为村合理负担，一方面是为了增加财政收入，解决供给上的困难；另一方面则是为了使“有钱出钱，有粮出粮”负担政策能够制度化、正规化，纠正那种乱摊乱派的不合理现象。所以试行村合理负担办法，是边区税收制度的第一次改革，后来的统一累进税就是在这个基础上发展起来的。

1938 年 3 月 6 日，晋察冀边区第二次行政委员会还决定，已经停征的田赋继续恢复征收。其征收办法要点是：(1)自 3 月 15 日起开始征收 1938 年上忙粮银，限 4 月 15 日以前解交 70%，其余限 5 月底以前全数解交。(2)粮银折合银元仍各照例计算。(3)征收纸币以边区银行钞票为准，法币限河北各地可通用，晋钞加一成征收。(4)粮银凭证遗失者，由村长查实征收。(5)赔粮(即有粮无地者)一律免征。(6)余粮(即有地无粮者)由财粮员检查再由地主缴纳。(7)因受敌人蹂躏或其他原因，经县政府查实无力缴纳者，一律免征。(8)县附加按粮银附加五厘，由县统一开支，不得自行筹集，但应指定项目，编造预算报边委会备案。县不得超过上年之县附加数。1938 年冀中区上下忙田赋就征收了 60 万元，占全区财政收入(钱的部分)的 20%。

晋察冀边区政府成立后，普遍建立了税务机构，恢复了已经取消的烟酒税、烟酒牌照税、印花税、营业税等旧税中比较合理的税种，并且新增了出入口税。1939 年年初，为了活跃土地买卖，保障土地所有权，又恢复了田房契税。

1938 年 11 月，晋察冀边区政府用布告形式公布了《救国公粮征收条例》。征收办法是：全部收入每人平均小米 1.4 石以下者不收。1.5 石至 2 石者收 3%，2.1 石至 3 石者收 5%，3 石以上加 1 石递增 1%，增至 20% 为止。由于免征点定得高，负担面比较小，一般在40%—50%之间。1939年后,降低了免征点,负担面扩大到60%。①

晋察冀边区政府在恢复田赋、整顿税收的同时,还发行了救国公债。1938年7月,边区政府颁布了救国公债募集办法,以政治动员的方式号召人民群众认购,粮食、布匹、棉花等物品均可折价购买。起初在北岳区发行,发行额为200万元,年利四厘,从1942年起还本付息,分30年还清。随后又在冀中区发行公债100万元,实际完成154万元。购买公债者多为富户、商人,农民购买者亦不少,有些贫苦农民也购买了一部分。

1939年5月和9月,晋察冀边区政府还先后发动了救国献金及赈灾献金运动。边区广大军民热烈响应政府号召,节衣缩食,踊跃献金慷慨捐助,掀起了狂热的高潮。许多干部把自己一个月或几个月的零用钱全部献了出来,许多工人、雇工把自己用血汗挣来的工资拿了出来,许多妇女把自己心爱的首饰,如手镯、耳环、银簪等,也拿出来献给国家,敌占区大城市的人民,也秘密地送来了巨款。在短短的几个月内,边区政府共计收到救国献金408万元,赈灾捐款62万余元。其中,冀中区完成救国献金102万余元,超过原分配数50万元的一倍多,占1939年财政收入总额的50%以上。②

晋察冀边区政府恢复田赋,试行村合理负担,开征救国公粮之后,负担面逐渐扩大。1938年负担人口占总人口的比例一般为40%—50%,1939—1940年扩大到60%。相对于动员委员会时期

① 《晋察冀边区行政委员会工作报告》(1938—1942年),见陈廷煊:《抗日根据地经济史》,社会科学文献出版社2007年版,第67页。

② 《冀中五年来财政工作总结》(1943年4月26日),见魏宏运主编:《抗日战争时期晋察冀边区财政经济史资料选编·总论编》,南开大学出版社1984年版,第688页。

把负担集中在剥削者头上的做法，有了改变。这对于发展抗日民族统一战线，贯彻兼顾各阶层利益的原则，起了促进作用。

据北岳区统计，1938 年征粮 104450 大石米，1939 年征粮 117156 大石米。据冀中区统计，1938 年征收 4950 万斤，1939 年征收 2647 万斤。负担占登记产量的比例，以北岳区巩固区为例，1938 年为 6.27%，1939 年为 77.12%。① 另据南汉宸《晋察冀边区的财经概况》及宋劭文《晋察冀边区行政委员会工作报告》中有关人民负担材料推算，全边区每人平均负担大约是：1938 年为 17.8 市斤米、1939 年为 12 市斤米。

晋冀鲁豫边区在各地抗日民主政权建立以后，对以前的种种苛捐杂税和陋规，均宣布取消。太行区的苛捐杂税，从 1937 年冬季到 1938 年 6 月，已先后完全废除，存在的只是田赋、契税、烟酒营业税、牲畜税（太北已取消）等几种。冀南取消的苛捐杂税计有土布、木、烧炭、花粉、油饼、山药、油、麻、菜蔬、柴草、估衣、芦草、麻席、白货等 17 种牙税和车行税。② 冀鲁豫边区从抗日民主县政府成立之日起，即分别宣布废除苛捐杂税。这些苛杂的废除，不仅减轻农民的负担，同时也减轻了工商业者的负担。

在宣布取消苛捐杂税的同时，各抗日民主政权机构根据战争供给的需要，相应规定了一些筹款办法。由于各地抗日民主政权不统一，环境条件不同，部队就地供给，打到哪吃到哪，因此征收任务和供给办法都是各自为政，执行情况很不一致。

晋东南各县，大部采取了二战区的《战时村合理负担办法》。其要点是废除过去的摊派制度，按财产情况把村分为十二等，户分

① 李成瑞：《中华人民共和国农业税史稿》，财政出版社 1959 年版，第 92 页。

② 陆诒：《冀南在进步中》，《新华日报》1940 年 3 月 15 日。

为十九级,按级定分,然后由村民公议,钱多多出,钱少少出,凡可以负担者均要负担,特等户则另按其财产情形由县摊派。这本是一个临时的征款办法,不是一个税则。阎锡山规定这个临时征款办法,虽本意是为了保证庞大的军费支出和弥补战争的损失,但对农民来说是有利的。由于是按累进率摊派,阎锡山及其手下的军阀官僚本身都是财产3000元以上的富户,向他们摊派高额负担,无异于与虎谋皮,只能变成一张空头支票。当时三、五专署已建立抗日民主政权,已宣布把若干苛捐杂税废除,但又感到保留的几种税收不多,解决不了财政上的需要,较大的一宗收入——田赋,又不合理,于是就不得不施行(或仿行)二战区颁布的村合理负担办法了。

这个办法太笼统。所谓按村依户分等,在财富上没有一定的标准,负担面也没有具体规定,而且在做法上只凭估计,不凭调查,这样并不能真正地将财富的多寡差别表现出来,因此贫富之负担,仍然是极不公平的。特别是没有照顾到人口因素,不是以人为计算单位,而是以户为计算单位,因此形成"富户捐"。正因为办法本身和做法上都存在某些缺点,所以在执行中造成了举拳头决定谁负担,谁就负担多少的偏向(老百姓叫"拳头负担")。然而,无论如何,这个办法比按田赋、地亩、人口摊派好,是分了"等"的,也有累进的意义。

冀南则采取"公平负担"办法。这个办法同冀中实行的公平负担办法又有某些不同。主要内容是:将各户土地按好坏折合成标准亩,然后按人计算扣除基本地(即维持基本吃粮需要的土地,同免税点相似,基本地仍按标准亩扣除,不是按自然亩扣除)1亩,再按应负担亩累进征收。同时还要扣除牲畜消耗,并规定家庭手工副业免税。标准地的计算是:一般旱地1亩折标准亩1亩,砂碱地1亩折标准亩0.24亩,水田1亩折标准亩0.68亩(此规定不够妥当，后来做了修改）。这种折合标准与实际情况不相符合，基本群众吃亏过大（因基本群众占有土地中坏地比例大）。同时，由于只征收土地税，工商业均不征税，农商之间负担亦不合理。1939年冀南开始“大囤粮”，一部分为商会摊派，一部分为乡村摊派，还搞了一部分富户捐。

它是晋冀鲁豫边区下的一个区（行政区）冀鲁豫的合理负担办法，也是根据人均占有土地数量，除去1亩的免税亩后，为“负担亩”，按“负担亩”累进计算征收，每人平均一个“负担亩”的不累进，仍按一个“负担亩”征收；每人平均超过一个“负担亩”以上的，则累进征收。累进办法是，每超过1亩，多征收1.1亩，如负担亩2亩按2.1亩征收，负担亩3亩按3.31亩征收，负担亩4亩按4.64亩征收，依次类推。征收公粮的同时征收公柴，规定一米三柴。这是部分县的做法。有些工作尚未开展的地方，筹粮筹款仍是按亩摊派。

至于田赋的征收，基本上仍沿用国民党的田赋征收基础，即按银两征钱。田赋征收，在晋冀鲁豫边区是较轻的。每两正银征收的大洋数字，各地不一致。1939年冀南每亩地收田赋0.2元，另加收建设费0.3—0.5元。漳北、太北、太南、太岳每两银子（上、下忙）1939年征收3—4元。另据辽县西周村调查，1936年每两征4元；1937年每两征省款2元，地方款征5角，再以每两以上加征6角，半两以上加征1.2元，2两以上加征3元，以累进征收；1938年每两征5元；1939年每两征5元；1940年每两征2.5元。

上述各种筹粮筹款办法虽然很不一致，但是在多数地区仍然贯彻了“合理负担即实行‘有钱者出钱’，但农民亦须供给一定限度的粮食与游击队”。[①] 据赞皇县黄北坪村的调查，1939年147

① 《毛泽东选集》第二卷，人民出版社1991年版，第425页。

户,共负担大洋1777.7元(折小米16339斤),每人平均负担小米27.9斤。各阶层负担占全村总数的比例是:富农占54.9%、富裕中农占17.9%、中农占19.8%、贫农占8.1%、商人小贩没有负担。[①] 同时由于废除了苛捐杂税,初步实行了合理负担,基本农民群众的负担比战前大有减轻。[②] 根据长治县的统计,人民负担1937年每人平均3.34元,1938年每人平均0.85元,1939年约为0.857元。另据阳城县的统计,1937年度(敌人未入境时),每人平均负担1.732元,1938年度(敌人已入境)因切实执行合理负担,每人平均负担降为1.182元,1939年度则锐减为0.629元。

由于各地分区而治,财政上各自为政,没有明确的负担办法,随征随用,这个时期的筹粮筹款也产生了不少偏差和问题。

首先,就地取给的粮食政策,使各地人民负担苦乐不均。哪里驻扎部队多,筹粮筹款就多,人民负担就重一些;反之,部队少的地方,筹粮筹款就少,人民负担就轻一些。由于部队打仗经常流动,在年度之间各地的负担就出现时轻时重的现象。特别是1939年开始突击囤粮,为反"扫荡"做准备,这种现象就更加突出。

其次,由于采取面向"大户"捐粮捐款的办法,负担面过窄,使地主富农负担过重。负担的重担放在剥削者头上,这是土地革命时期的政策,在抗日战争时期这个政策的基本精神还是适用的。这对削弱封建势力、减轻基本群众的负担是有利的,确实也调动了部分群众的积极性。但负担过分集中在剥削阶级身上,甚至使地主难以维持正常的生活,对抗日民族统一战线的巩固和发展影响很严重。对中农以下的阶层,也有消极影响,使他们在经济上不愿上升。因此在这一时期,有些地主、富农和商人,为了逃避负担,纷

① 据1942年晋冀鲁豫边区农村社会调查。

② 《战地的合理负担》,《新华日报·华北版》1940年1月27日。

纷逃往敌占区或城市，特别是 1939 年大囤粮“举拳头”的负担，对地主、富农打击很大。

再次，在一些工作未开展的地区，或乡村政权操纵在地主、富农手里的地方，仍然执行弊病最严重的按亩摊派的办法，乱摊乱派的现象很普遍，因而地主富农从中搞鬼，负担照旧落在广大农民头上。

总之，这个时期财政上很混乱，经济上缺乏明确的政策。有时只顾克服目前的财政困难，而忽略了长远的经济利益。1939 年发生的单纯需索（筹粮筹款）而不进行细致工作的偏向，给抗日军队和抗日政府的政治声誉带来相当不良的影响，更为显著。因此，当 1939 年敌人回师华北，“扫荡”与反“扫荡”作战剧烈展开，在敌人破坏烧杀下，根据地经济遭到重大损失后，各地较富足的绅商，纷纷逃往蒋管区或敌占区。基本群众的负担虽大为减轻，然而生产情绪并没有提高，农业生产急剧下降。根据地一度出现了民生凋敝，供应极度困难的局面。①

晋绥边区，从 1937 年 9 月八路军一二〇师进入以吕梁山为中心的晋西北，到 1939 年“晋西事变”平复，是该边区根据地的初创阶段。在这一阶段，新政权尚未建立，八路军和山西新军的财粮供给，主要靠统一战线组织——“动委会”设法解决。“动委会”全称为“第二战区战地总动员委员会”，成立于 1937 年 9 月 20 日，系由共产党、八路军及晋、绥、察三省政府、各军队、各群众团体的代表组成。“动委会”的主要任务是动员群众出粮、出钱、参军，支援抗日战争。这种统一战线的组织，1938 年在晋西北的 29 个县已普遍成立。

① 齐武编著：《一个革命根据地的成长：抗日战争和解放战争时期的晋冀鲁豫边区概况》，人民出版社 1957 年版，第 150 页。

“动委会”筹集粮款的方式,主要是山西省政府通过各县发出布告,废除苛捐杂税,借用阎锡山提出的“有钱出钱,有力出力”的口号,实行合理负担。在大青山根据地,“动委会”首先发动群众,抵抗土匪与汉奸伪政权的敲诈勒索,然后按地亩累进征收与集中救国公粮。

此外,还有群众自动的捐助。

不过上述几种筹粮筹款方式,筹得的粮款是有限的,而且是不稳定的。因此,在根据地初创阶段,部队的物资生活十分艰苦,每人每天的菜金只发三分钱。尤其感到困难的是粮食,部队经常处在行军作战的环境,吃不上饭,吃的黑豆也很有限,有几个月只能每人每天吃4两粮(16两1斤),伤病员也不到7两。由于缺乏最起码的营养,害夜盲症及肠胃病者,人数很多。那时,有钱都不易买到粮食,阎锡山扬言要“饿死八路军,困死八路军”,禁止群众将粮食卖给八路军,谁卖谁受处罚。为了求生存,部队在经济上不得不与反动派作激烈的斗争。在当时条件下,搞农工业生产很困难,只有从经营贸易得到一些赢利,通过商人换一点粮食,借以勉强生存。供应的极度困难,特别是粮食供应不足,对战争的影响很大,有一段时间,违反群众纪律以及大批减员的现象很普遍。然而,具有革命光荣传统的八路军一二〇师,并没有被困难吓倒,他们在最低生活都难以维持的条件下,仍然坚持战斗在吕梁山上。

山东抗日根据地在初创阶段,财粮供应基本上取之于民(没收汉奸财产充当抗日经费的数量不多)。筹粮筹款的方法主要有两种:一种是捐募;另一种是摊派。

捐募是用号召的方式,动员各阶层人民出钱出粮支持抗战。有的地方叫募救国捐,有的地方叫募救国公债。当时,群众支持抗战的热情很高,当那些揭竿而起的抗日队伍赤手空拳起来斗争时,人民大力捐献经费和枪支(山东民间存枪30万支以上)。装备自己的子弟兵。许多妇女拿出金银首饰和多年积攒的体己钱交给游击队,购买抗日武器。[①] 1938 年端午节,胶东敌占区的民众把千余元救国捐,包藏在食品干粮内带出城来送给游击队,回去时却带进了政府的法令、布告和报纸。还有把钱藏在粪箕子内带出来交给抗日政府的。[②] 捐募的方式,是抗日民主政府成立以前的主要筹款形式(胶东区捐款占总收入的比例,1938 年为 71.39%、1939 年为 66.13%、1940 年为 37.02%;清河区 1940 年捐款占总收入的 21.8%)。捐募虽出于群众的自觉自愿,但也体现钱多多出、钱少少出的原则。

摊派救国公粮,是抗日政权建立后采用的主要筹粮、筹款形式。1938 年 8 月 21 日,中共山东省委为了保证抗日战争经费的供给,曾经提出在敌后抗日根据地征收累进税,并明确规定,累进税的征收,贯彻钱多多出、钱少少出的原则,贫农、中农不超过所得的 5%,富农不超过 10%,地主不超过 20%,大地主不超过 35%,工商业者依其财产多寡,也按照农村各阶层的累进率收税。但是,由于中共山东省委忙于武装斗争,加之对政权建设重视不够,只是规定了征收的原则,一直没有制定出具体的征收办法。因此,各地在筹集救国公粮时,都采取了简单的做法——摊派。

摊派的方法,大体有三种:一种是按旧田赋的银两摊派;一种是按地亩摊派;还有一种是按户摊派熟食。

摊派的办法,是很不合理的。无论是按银两摊派、按地亩摊派或按户摊派,都不能体现钱多多出、钱少少出的原则。一些有钱有势的地主、豪绅往往依恃他们原来的社会地位,逃避负担,把抗战

① 肖华:《英勇抗战的山东军民》,见魏宏运主编:《中国现代史资料选编》(4),黑龙江人民出版社 1981 年版,第 566 页。

② 东辛:《胶东抗日根据地》,《解放日报》1941 年 10 月 10 日。

负担多加在中下层贫苦人民身上。1939 年 5 月,中共山东省委批评了这种做法,要求取消摊派制度,动员民众自觉地应募救国公粮,有计划地合理解决部队的给养。但是,仍未制定出具体的征收制度,各地继续沿用了这种不合理的做法。

用捐募的摊派形式筹集的粮食款项,主要供部队食用,也有一部分用于政权机关支出。当时的供应也没有什么标准和制度,就地筹集,就地供应,需要多少就筹集多少。由于部队数量不多,实际消耗水平也低,所以筹粮筹款的数字不大,农民负担也较轻。

据有关资料摊算,山东根据地用上述两种方式筹集的粮款,1938 年约为 2349 万斤、1939 年约为 3969 万斤。①

2. 抗日战争初期的根据地金融业

根据地的新式金融业,在抗日战争初期尚处于起步阶段。银行、货币是金融的核心,早在第二次国内革命战争时期,毛泽东同志于 1934 年 1 月 23 日发表的《我们的经济政策》一文中就曾经说过:"国家银行发行纸币,基本上应该根据国民经济发展的需要,单纯财政的需要只能放在次要的地位。"抗日民主政府在根据地建立新式金融业的基本步骤,就是毛泽东提出的"允许被割断区域设立银行,发行地方纸币";而根据地货币工作的基本方针是:独立自主、平稳物价、保护人民财富、保证生产发展。在陕甘宁边区,法币是根据地的本位币,国民党发给八路军的军饷法币均系元

① 这些数字是按各年军政人员数字和每人每天食用消耗 2.5 斤粮食推算的。1938 年年底,山东纵队为 24500 人,独立营团 1600 人,合计 26100 人(当时基本上没有脱离生产的政府人员),每人每年耗粮 900 市斤,推算出人武部粮款为 2349 万斤。1939 年山东纵队为 26100 人,八路军一一五师一个旅为 8000 人,估计政府人员为 1 万人,合计为 44100 人,推得数字为 3969 万斤。(见中华人民共和国财政部、《中国农民负担史》编辑委员会编著:《中国农民负担史》第三卷,中国财政经济出版社 1990 年版,第 438 页。)

以上整币,市场交易只能以邮票“找零”,给市场贸易带来极大不便,且邮票极易污损,交易双方遭受损失。在当时历史条件下,边区银行没有对外公开,不便以银行名义发行钞票,于是采用折中办法,以光华商店名义发行小面额的代价券,缓解了市场交易的找零困难。在华北各敌后抗日根据地,包括晋察冀边区、晋冀鲁豫边区和山东根据地,也都先后建立了抗日民主政府直接管辖的新式金融业,建立了自己的银行,晋察冀边区银行还发行了自己的货币,严格执行边区的货币金融政策,起到了发展地区金融的枢纽作用。

(1)陕甘宁边区的金融业

抗日民族统一战线建立后,法币是陕甘宁边区的本位币,国民党发给八路军的军饷法币均为元以上整币,这就给边区市场贸易带来极大不便。起初,市场以通行的邮票“找零”,而邮票易污损,群众损失较大。为了市场交易和抗日战争初期的根据地找零需要,边区自行发行元以下辅币。在当时历史条件下,边区银行没有对外公开①,不便以银行名义发行钞票,只能以光华商店名义发行代价券。1938 年 4 月 1 日成立光华商店,以“光华商店代价券”名义,先后发行了面值 1 分、2 分、5 分、2 角、5 角五种,后又增发 7 角 5 分券,共六种。② 作为法币的辅币,开始只发行 10 万元,至 1939 年年底不过 31 万元。由于光华代价券的信誉好,它实际上起到了本位币的作用,群众称之为“光华票”。光华商店当时是边区银行为积累资本而设立的唯一的商业机构。下设定边、盐池、曲子、庆阳、绥德、甘泉、张家畔等分店,又有一个过载栈、四个农产品购销

① 1937 年 9 月,陕甘宁边区政府成立,10 月初边区银行正式成立,原中华苏维埃共和国国家银行西北分行改为陕甘宁边区银行。

② 中国人民银行金融研究所、财政部财政科学研究所编:《中国革命根据地货币》上册,文物出版社 1982 年版,第 185 页。

处、两个运输队、两个货栈。有的分店后来改编为边区银行分行,如绥德分行、陇东分行。此外还在各地设立了办事处或分行,主要有:(1)西安办事处:1938 年秋成立,由八路军驻西安办事处会计科代理,主要办理汇兑业务。(2)三边分行:1939 年春成立办事处,冬季改为分行,主要办理汇兑业务。三边是盐、药材、皮革出产地,和周边贸易关系密切,故银行也办理商业上的业务。

陕甘宁边区银行的初期活动主要是商业活动,光华商店作为公营商店,当时独此一家(1939 年后才开始有其他公营商)。光华商店先是开设书店,后经营商店,营业范围相当广泛,包括党政军机关团体和市场上所需布匹、棉花、文具、纸张、染料、五金等,还有专营运输和流通的过载栈、农产品贩卖处、运输队等。光华商店在市场上推行边区政府的商业贸易政策、繁荣经济等方面,起了很好的作用。

光华券 1938 年开始发行,1942 年 2 月停止,共发行 4307215 元。发行情况统计见表 19-3。

表 19-3 光华商店发行纸币情况(1938—1939 年)

(单位:元;1938 年=100)

项目 年份	月份	本期发行数(元)	发行累计数(元)	指数
1938	7—12	99050	99050	100
1939	1—6	182690	281740	284.4
1939	7—12	35235	316975	320.0

资料来源:中国人民银行金融研究所、财政部财政科学研究所编:《中国革命根据地货币》上册,文物出版社 1982 年版;陈廷煊:《抗日根据地经济史》,社会科学文献出版社 2007 年版,第 79 页。

光华代价券是法币的辅币,它的价值和法币的价值是完全等同的,其地位和法币在边区的地位一样都是流通货币。光华代价券以光华商店资本作为保证,因而持券者可到光华商店换回如数法币。光华券的信用很好,它的流通范围甚至超出了边区。

关于三年来银行的工作所取得的成绩和作用,陕甘宁边区银行曾进行过总结:①经过三年的经营与不断发展,在组织的建立上、在资本的积累上、在干部的培养上,都可说已经打下了相当的基础,依据这基础进行今后的任务是比较顺利的;②给了财政上不少的帮助,如经常进行的巨额的垫款与服装的筹办与垫款等;③进行了对工业的投资,扶助边区工业初步基础的建立;④在商业上保证了机关必需品的供给,因而也就起了调剂物价的作用。"总结"也指出:银行的弱点是:在业务的对象上局限于机关与公营企业,而未与广大群众取得密切的联系,经过群众的经济组织使工作深入农村,起到整个边区经济的推动作用,就是说没有起国家银行应有的作用。同时,银行"偏重于注意自己直接经营的商业上,把范围缩到自己直接相连的系统,因此束缚了自己,不能面向全边区,面向广大群众";"还未注意与其他边区联系,以收得互相促进的效果"。①

(2)华北各敌后抗日根据地的金融业

抗日战争初期,华北各敌后抗日根据地,包括晋察冀边区、晋冀鲁豫边区和山东根据地,先后建立了抗日民主政府直接管辖的新式金融业,建立了自己的银行,晋察冀边区还发行了自己的货币。

晋察冀边区军政民第一次代表大会,通过了"边区为统制与建设经济得设立银行发行钞票"的决议案,1938 年 3 月 20 日正式

① 边区银行:《陕甘宁边区行三年来(1937 年 10 月—1940 年 10 月)工作概况报告》(1941 年),见陕甘宁边区财政经济史编写组等编:《抗日战争时期陕甘宁边区财政经济史料摘编·第五编·金融》,陕西人民出版社 1981 年版,第 14—15 页。

成立了晋察冀边区银行,总行设在五台山区的石咀村,关学文为银行经理,何松亭为副经理,边区所辖各专区、县、区、乡镇设分行、办事处、代办所等机构,代理边区银行业务。

晋察冀边区银行,严格执行边区的货币金融政策,起到了发展地区金融的枢纽作用。边区货币金融政策的主要内容是:"第一,确立边钞为边区本位币,以边币为衡量一切通货的尺度;第二,边钞发行的中心任务是沟通与扶植三省(边区)经济,加强边区经济力量,以与敌人进行经济斗争,造成统一的金融局面,而不是解决财政问题;第三,使边币成为广大人民的货币,在广大人民的拥护下,与贸易、合作、税收各种财政经济相联系,以与敌人作战;第四,采取主动,抓住每一个机会打击敌人,打击伪钞,在边区以内根绝伪钞的流通;第五,缩小敌人的市场,扩大我们的市场,在市场的扩大中,增加边钞的流通额与发行额以及巩固边币"①。边区银行在发挥其职能作用的同时,还要完成以下任务:"(1)统制金融:提高边币信用,使其成为边区的本位货币,驱逐伪钞恶币,肃清土票,吸收法币硬币而达成边区货币一元化,筑成抗战的金融堡垒。(2)调资金融:流通资金,充实筹码,使边区各个市场均呈活跃现象。(3)开展经济:办理贷款及投资,扶助经济之开展。(4)保存金融实力:吸收保存金融、硬币、法币,粉碎敌人收买的计划。"②

边区银行的业务,除代理金库为其主要工作外,也办理部分生产、运销等项事业的贷款。这种投资业务,大部分也是通过边区政府发放的。除此之外,还办理过规模较小的定期、活期、透支等项

① 韦明:《晋察冀边区的货币金融建设》,《新中华报》1940年第192期。

② 关学文:《边区银行成立概要》,《晋察冀边区银行成立二周年纪念册》(1940年3月20日),见陈廷煊:《抗日根据地经济史》,社会科学文献出版社2007年版,第81页。

信用存放款业务。就其工作性质而言,它实际上是起着“管库”“出纳”的作用,基本上脱离市场、脱离群众经济生活,而在组织上则为边区政府的一个附属部门,为边区财政服务。

晋察冀边区银行成立不久,便颁布了《晋察冀边区银行办理边区各级金库暂行章程》(以下简称《金库暂行章程》)。其中规定,由晋察冀边区行政委员会,责成边区银行办理边区各级金库。各级金库除承边委会之命,办理边区公款公物的保管支付等事项外,还须办理县地方款的保管及支付事项,各级金库收存边区款项,非奉有边委会的支付命令,不能支付予任何机关和部队,《金库暂行章程》,对边区各级金库的名称、收存款项、支付转发、保管等,也都做了比较详细的规定。

边区银行的边币发行方针有其特点:敌后抗日根据地的货币制度,具有明显的分散性,各个抗日根据地,都有自己的银行,并发行自己的货币。这是因为在当时的情况下,各抗日根据地被日伪侵略军分割隔离,各地的军需民用都以当地的出产为主,地区之间很少甚至没有物资交流,财政收支也完全独立,这种分散性有利于对日伪的货币斗争。根据地的货币制度,虽然是分散的,但在整体政策和总的任务上是一致的。

银行发行货币,必须有相应的准备金。晋察冀边区银行没有硬通货(金银)储备金,而是靠法币兑换,法币在抗战初期还是良性货币,边币在当时是一个兑换的纸币。为了维护边币的信用与便利边币的推行,边区政府筹集了一定数量的法币,作为发行边币的准备金。当时聂荣臻就捐献了 4 万元法币的部队津贴费,作为边区银行发行边币的最初基金。边币发行的基础主要是实物,就是以边区广大老百姓的粮食和棉布,作为边币发行的保证。在发行时也重视边区生产的发展、老百姓财富的积聚、特产交换的次数等等情况。也就是说,边区老百姓的财富增加了,边币就能巩固;

假若广大老百姓趋向贫困,边币也就随之低落;当货币流通不畅或交换频率下降,货币需要量就少,其发行额亦相应减少。因为货币发行量,不应超过边区市场上的需求量。这就是晋察冀边区银行发行边币的基本原则。

在边币发行过程中,还要考虑:边币是强制使用的地方法币、在边区独占流通界的法币。法币和硬币(及信用纸币)的流通,本是受不同法则的支配,但在今天的晋察冀边区关于边币发行的法则,却有了部分特殊的情形或新的因素。第一,它的发行额,基本上仍然受流通商品的价格总额所决定。第二,因为我们没有外汇基金,同时我们与敌区的贸易,在政治上是断绝的或者非法的,在实质上则是"以货易货"。因此,对外贸易的差额就严重地影响到边币的币值。第三,在政治经济学中,从理论上处理法币时不得不把它当作纯流通手段来对待,同时在纯资本主义社会中,实际上也是如此,或差不多是如此。但在现在的边区却是另外一种情况:因为是商品经济还未充分发展的农村,半封建社会的地主、富农素有窖藏货币的习惯,加以长期残酷的战争环境,富人窑藏货币之风益盛。同时他们所窑藏的,并不限于硬币,有时也储藏法币。就是说法币并不像资本主义社会那样,老是川流不息地运行在流通界,而是经常有一部分成为储藏手段①。

根据这种特殊情况和因素,边币发行最高额究竟应确定为多少? 以当时边区的经济情况、人民生活水平来说,估计按人口平均每人有一元五角的流通工具是最高额,以 1938 年年底全边区 1200 万人计,边币发行的最高额则是 1800 万元。此后则随着边区生产的发展、人民生活的提高,以及边区的不断扩大,边币发行

① 彭真:《关于晋察冀边区党的工作和具体政策报告》,中共中央党校出版社 1981 年版,第 115—116 页。

额也在逐渐增加。1938 年 3 月，边区银行成立，到 1942 年，边币发行指数见表 19-4。

表 19-4　晋察冀边区银行边币发行指数（1938—1942 年）

（1938 年 = 100）

年份	1938	1939	1940	1941	1942
发行指数	100	396.34	835.75	844.53	1229.95

资料来源：宋劭文：《晋察冀边区行政委员会工作报告》（1938—1942），河北省档案馆藏件。

边区政府为了提高边币的信用，不断扩大并平衡边币市场，加速边币的流通，于 1938 年 6 月，在边币发行政策的决定中，明确了边币发行的主要措施：①确定边币独占发行，边币为市面唯一的交换媒介。禁止法币、杂钞等在市面流通。持有法币、杂钞者，必须在交易前，先到兑换机关兑成边币，否则不得使用。这就使奸商很难投机操纵扰乱根据地金融。②人民有正当理由，需要携带法币或杂钞出境者，随时可以持边币到银行换取法币或杂钞。这样就使民众乐于保存边币。③人民有愿储藏法币者，听之，但不得投入流通界，致被敌伪吸收。并向民众说明，边区金融政策的目的，并不是吸收法币，而是防止敌人吸收法币，来套买边区的外汇，扰乱边区的金融。这样就避免发生法币逃亡的现象。④为了逐渐巩固边币的信用与地位，当时还必须借重于法币，依赖法币，需要联合在金融上势力最大的法币以打击杂钞。因此，规定边币以法币作基础，边币与法币兑换率为一比一，与其他各钞兑换则照市价。⑤严禁奸商私运法币、现银出境。⑥禁止伪钞入境或流通。[①]

① 彭真：《关于晋察冀边区党的工作和具体政策报告》，中共中央党校出版社 1981 年版，第 111—112 页。

对上述措施,边区政府在党内,部队、政权机关和群众中,进行了广泛的宣传解释和动员工作后,开始施行。这几项措施的制定和施行,为边币的发行作好了充分的准备工作,为边区金融的建立打下了基础。

关于边币的印刷。边区银行在物资和技术条件极端困难的情况下,几经计划,多次研究和试验,才把第一批边币印制出来。这第一批一元的边币票,是由人工刻票板,石印机印制出来的,质量较差,加上边币还没有被边区广大人民所认识,信誉不高,币值也不稳定。随着抗日战争的不断胜利,边区政府就把没收来的日伪、汉奸的黄金、银元等财产,作为边区银行发行边币的准备金;并把没收的财物在边区银行进行展览,表明边区银行的基金越来越充足。对印刷设备也不断进行更新,提高了印刷技术,使边币票的质量越来越好。[①] 这样,边币不仅基金充足了,而且信用越来越高,币值也日益稳固。

边币基本上是按照边币市场需要发行的,力求发行、回笼的平衡。大、小票比例,即5元、2元、1元、5角、1角等,配备适当。边币发行后,始终未出现过供大于求的现象,保持了边币币值的相对稳定。

边币的发行,使边区银行逐渐控制了边区的货币市场,沟通了三省的经济,促进了边区经济的恢复和发展。边区经济的统一,又使政治的统一作为一个整体得到了加强,而没有被太行山脉所阻隔。在边币发行的同时,边区政府曾下令禁止使用伪钞,限期肃清杂钞,收回各种土票,保护了边币的信用,增进了边币的流通。边币顺利地发行,使各阶层人民更加拥护抗日的边区政府;同时,敌

① 根据访问原晋察冀边区政府实业处长张苏同志记录整理,1981年9月23日。

占区的人民见到边币后，就清楚地知道在日伪的后方，还有抗日的根据地，晋察冀人民还在英勇顽强地抵抗着日本侵略者，中国是不会灭亡的！从而又起到了有力宣传抗日的作用。

由于发行了自己的货币，全面地推动了整个边区经济的恢复和不断发展。

为了保证军事的需要，边币发行中，有一部分是用于财政透支。这是因为晋察冀边区，属于经济落后的山区，没有发达的工业，只有分散的个体农业和少数的小手工业，加上日伪的破坏、封锁，要保持经常财政收支平衡是很困难的。所以，当时的一部分财政发行是完全必要的，它对收集物资、保证供应、支援抗日战争有着重要意义。当然，这种财政发行会助长物价上涨，影响币值稳定，这也是不可否认的。但是，决定边币发行或不发行的根据，不应当是物价涨与不涨，因为当时处在战争环境中，物价到处都涨，边区也不会例外。边区当时所应做的与所能做的，只能是求其物价不是暴涨罢了。因此，对边区采取稳定边币的政策，在当时进行抗战和有财政发行的条件下，不能理解为使边币毫不贬值，而是使这种贬值趋向缓和，也就是保持边币的相对稳定。

在晋冀鲁豫根据地，抗日战争初期，冀南银行尚未成立以前，货币金融市场是非常混乱的。当时市场上流通的货币种类极为庞杂，除国民党政府“中、中、交、农”各行发行的“法币”外，山西、河北两省银行和一些商业银行发行的钞票，以至各县政府及地方银号、商号、当铺等也发行了五花八门的杂钞，到处充斥市场。边沿地带还流通日伪钞票，个别场合，人民还有使用银元的。如在冀南地区流通的，除“河北省银行票”外，各县一般都发行地方流通券，如南宫、衡水、枣强、钜鹿、清河、晋县、束鹿、宁晋等县都发行县票。其中以南宫县数量最多，约有100余万元。又如在晋东南地区，流通的除山西省银行、山西省盐业银行、西北垦殖银行发行的钞票外,还有潞城、壶关、平顺、长治、高平、晋城、阳城、陵川等县发行的县票。

这些货币大多数币质低劣,信用很差,部分属于专区和县级单位发行者,其负责人在日本全面侵华战争爆发后几乎全部逃之夭夭,无人承担发行责任,这些货币在人民群众中根本没有信用基础,经常被拒收。在此种情况下,敌伪币泛滥于市场,原始式的物物交换盛行。这些种类庞杂的货币存在,既有碍于根据地内部经济建设的发展,更不利于对敌进行经济斗争和货币斗争。

此外,在根据地内部,在冀钞未发行前,各根据地局部地区之间,发行的货币也不统一。如在冀南,有冀南农民合作社发行的冀南合作社兑换券;在晋东南有第三、五行政区发行的上党银号票和山西省第五行政区救国合作社兑换券;等等。

在极其艰难的抗日战争条件下,只有设法平稳物价,才能开展生产,适当进行经济建设,繁荣市场,保证人民最基本的生活水平,才能支援战争。如果市场混乱,物价高涨,民不聊生,生产和贸易均要受到影响,各项建设和人民生活也难免遭受干扰和破坏。

为了达到稳定物价的目的,从货币工作的角度来说,首先必须将敌币排除、驱逐出根据地,同时肃清一切杂钞,使民主政府的本位币在货币市场上取得独占地位。否则,就难以控制和调剂货币流通数量,也就难以达到平稳物价的目的。如果本位币在市场上取得独占地位,就能做到主动调节货币流通量,达到平稳物价的目的。

冀南银行就是根据这个指导方针建立起来的。晋冀鲁豫边区的货币政策是:统一本位币市场,严格取缔敌币,保护法币,收回土杂钞,保护金银等等,不使它在市场上流通行使,使我们的货币在根据地货币市场取得独占地位。同时还由人民民主政府颁布法令,规定根据地内所有的财政收支、财务往来,经济企业、事业单位和人民群众之间的商业交易，债权债务清偿等，均须以根据地的冀南银行发行的货币为计价工具和商品交换媒介。

根据上述方针政策，晋冀鲁豫边区各地抗日民主政府在中国共产党的领导下，先后采取一系列重要措施，统一内部货币市场，严禁敌伪货币在根据地内流通，保护金银、法币不使其流通资敌，逐步收回各种土杂钞以及统一发行本战略区的货币等。

在冀南行署区，早在1938年8月20日即作出严禁敌伪货币流通的规定："凡伪中国联合准备银行票、中央储备银行票、朝鲜银行票、满洲中央银行票，各市场绝对禁止流通。如发现以上敌伪钞一律没收。"同年9月，冀南经济委员会确定的经济政策中提出整理货币市场的方针和政策措施：①整理地方土票，并逐渐收回，以澄清金融市场；②限制（中、中、交、农）法币流通范围，以免被敌伪吸收；③坚决打击伪钞，并严防敌伪汉奸收买硬币现金。

1939年10月15日，冀南银行成立，开始发行冀南银行币，由冀南行政主任公署与太行区抗日民主政府商定，为该两区的法定本位币，并即着手收回各种地方杂钞。以后，随着行政管理区域逐次扩大至太岳区和冀鲁豫区，抗日民主政府还逐步颁布了有关保护法币、禁使法币、保护银币、禁使银币以及禁使伪钞票等一系列法令和规章、办法，统一本位币货币市场。

日本帝国主义为了加紧对我敌后抗日根据地进行军事进攻和经济掠夺，在华北大量印发伪"联合准备银行"纸币，并到处以武力胁迫群众使用，以此盗取我根据地的物资。日本利用推行伪钞，贬价吸收法币，进而套取外汇，购买军用物资，以支持其侵略战争。针对敌人这一阴谋，山东根据地民主政府，及时地采取了保护法币，严禁使用伪钞，部分地发行本币，以及限制法币出境的办法，与敌人展开货币斗争。这样做的结果，既保持了法币币值的相对稳定，也稳定了市场物价。

1939年,国民党各地方政府,在日本"扫荡"中随其军队的溃散而逃跑。当地人民在中国共产党的领导下相继成立了民选的抗日民主政府。抗日民主政府为建立抗战的经济阵地,促进经济发展,保障军需民用,很快就肃清了国民党部队和地方政府滥发的各种纸币,稳定了金融市场。这时,市场上流通的主要是法币,同时民主政府也开始发行自己的本币——"北海币"(开始时只发行票面为1角、2角、5角的小面额货币,作为法币的辅币)。

第三节　抗日根据地经济政策逐步完善时期的经济(1939年10月—1943年8月)

1939年冬至1940年春,国民党顽固派掀起第一次反共高潮。1939年11月,国民党的五届六中全会进一步确定以"军事限共为主,政治限共为辅"的方针。12月,国民党军队进攻陕甘宁边区,先后侵占五座县城,并阴谋进攻延安,中国共产党坚决予以回击。在同一时间,阎锡山在山西发动"十二月事变",进攻中国共产党领导的新军和八路军。新军在八路军的支持下奋起抵抗,打退了他们的进攻。1940年二三月间,国民党军队进攻太行和冀南根据地,矛头直指八路军总部。八路军坚决打退了国民党军的进攻。1941年和1942年抗日战争进入最困难时期,日本帝国主义为了准备和支持太平洋战争,把华北变成"兵战基地",集中64%的侵华日军于华北、华中战场,加紧实行所谓的"治安强化运动",日本为了摧毁敌后抗日根据地,一方面增设据点,修筑碉堡,挖壕沟,建封锁墙,以加强其所谓的"囚笼政策";另一方面频繁出动大批日军伪军,对抗日根据地"铁壁合围""分区扫荡""梳篦清剿",实行野蛮的抢光、烧光、杀光的"三光政策",妄图摧毁敌后抗日根据地军民的生存条件。就在这时国民党顽固派发动第二次反共高潮,在用大军包围封锁陕甘宁边区和其他华北根据地的同时，把反共重心转向华中，制造了震惊中外的“皖南事变”。国民党顽固派指使其留在敌后的几十万国民党军队，打着“曲线救国”的旗号投降日本，更明目张胆地打起反共的旗帜，协同日本进攻抗日根据地。抗日根据地处于极端困难的局面。

为了粉碎日本的“扫荡”和国民党顽固派的反共活动，抗日根据地由以发展为主转为以巩固为主。中共中央决定深入群众工作，发动群众在根据地实行有利于广大民众的经济改革和政治改革。在经济改革方面实行减租减息，废止苛捐杂税与改良工人生活。在政治改革方面，实行民选制度，建立抗日民族统一战线的“三三制”政权。在根据地的经济建设中，在发动群众投入生产运动的同时，及时纠正了经济政策上对待私人资本主义经济的“左”倾错误，使根据地经济建设的各项政策更加完善，促进了根据地经济建设的发展。

一、根据地经济建设理论的系统形成和经济政策的完善

中国人民在抗击日本帝国主义侵略的斗争中，面临两个十分严峻的问题，一个是中国能不能打败日本帝国主义，将日本侵略者赶出中国，取得抗日战争的彻底胜利，如果能够胜利，又需要什么条件，必须通过什么方式和手段取得胜利；另一个是中国向何处去，中国共产党怎么办。这是中国共产党必须回答的大问题，必须通过严酷和艰苦卓绝的奋争才能解决的问题。中国共产党人对此作出了明确的回答和准确的选择。对于前者，1938 年五六月间毛泽东发表著名的《论持久战》，解决了抗日战争能不能胜利和如何夺取胜利的问题；对于后者，毛泽东在 1939 年 10 月至 1940 年 1

月间,先后发表了《〈共产党人〉发刊词》《中国革命和中国共产党》和《新民主主义论》等论著,以对中国国情的科学分析为基础,对中国革命的历史进程做了全面总结,系统地阐述了新民主主义革命理论;总结抗日根据地建设的经验,明确指出,根据地社会性质是新民主主义的社会。判断一个地方的社会性质是不是新民主主义的,主要是以那里的政权是否有人民大众的代表参加以及是否有共产党的领导为原则。共产党领导的统一战线政权,便是新民主主义社会的主要标志。同时,现在各根据地的政治,是一切赞成抗日和民主的人民的统一战线的政治,其经济是基本上排除半殖民地因素和半封建因素的经济,其文化是人民大众反帝反封建的文化。因此,无论就政治、经济或文化来看,只实行减租减息的各抗日根据地,和实行彻底的土地革命的陕甘宁边区一样,都是新民主主义的社会。中国共产党在同日本帝国主义和国内反动派、投降派的殊死搏斗中,建立了根据地新民主主义经济建设的系统理论,完善了相关经济政策。

(一)毛泽东系统地阐述新民主主义革命理论

国民党顽固派在发动军事进攻的同时,开动宣传机器,大肆贩卖反共理论,叫嚣“共产主义不适合中国国情”“共产党不需要存在”,宣扬“一个主义”“一个领袖”的封建法西斯反动理论。在国民党顽固派发动的反共浪潮中,广大人民十分忧虑,许多人尖锐地提出中国向何处去的问题。在这严酷的斗争面前,中国共产党必须作出回答。为了向全党和全国人民说明对中国革命理论和抗日根据地经济建设的全部见解,毛泽东在延安从事大量的理论研究,集中全党智慧,对中国革命的经验进行系统的总结。

1939 年 12 月,毛泽东在《中国革命和中国共产党》中首次创造性地提出“新民主主义革命”概念,创造性地指出:中国半殖民地半封建社会的主要矛盾,是帝国主义和中华民族的矛盾、封建主义与人民大众的矛盾,而前者又是最主要的矛盾。半殖民地半封建中国的社会性质决定了中国革命必须分为两个步骤:第一步是民主主义革命;第二步是社会主义革命。中国的民主主义革命在1919年五四运动以后,已经不是一般的民主主义革命,而是新民主主义革命,即是无产阶级领导的人民大众的反帝反封建的革命。新民主主义革命的政治纲领是推翻帝国主义和封建主义的压迫,在中国建立一个以无产阶级为领导的、以工农联盟为基础的各革命阶级联合专政的民主共和国。经济纲领是没收操纵国计民生的大银行、大工业、大商业,建立国营经济;没收地主土地,归农民所有,并引导农民发展合作经济;允许民族资本主义的发展和富农经济的存在。文化纲领是废除封建买办文化,发展民族的科学的大众文化。新民主主义革命的发展前途必然是社会主义。"民主主义革命是社会主义革命的必要准备,社会主义革命是民主主义革命的必然趋势"。只有完成前一阶段的革命,才可能去进行后一阶段的革命,不能"毕其功于一役",但两个革命阶段必须也必然是衔接的,不容插进一个资产阶级专政。新民主主义革命是以共产主义思想为指导的。共产主义有两个含义:思想体系和社会制度。从社会制度上必须把新民主主义和社会主义、共产主义分开。但是现时的中国革命不能离开无产阶级的领导,也就不能不以共产主义思想体系为指导。

毛泽东指出新民主主义革命"虽然按其社会性质,基本上依然还是资产阶级民主主义的,它的客观要求,是为资本主义的发展扫清道路;然而这种革命,已经不是旧的、被资产阶级领导的、以建立资本主义的社会和资产阶级专政的国家为目的的革命,而是新的、被无产阶级领导的、以在第一阶段上建立新民主主义的社会和建立各个革命阶级联合专政的国家为目的的革命。因此这种革命又恰是为社会主义的发展扫清更广大的道路”①。

毛泽东说:“现时中国的资产阶级民主主义的革命,已不是旧式的一般的资产阶级民主主义的革命,这种革命已经过时了,而是新式的特殊的资产阶级民主主义的革命。这种革命正在中国和一切殖民地半殖民地国家发展起来。我们称这种革命为新民主主义的革命。这种新民主主义的革命是世界无产阶级社会主义革命的一部分,它是坚决地反对帝国主义即国际资本主义的。它在政治上是几个革命阶级联合起来对于帝国主义者和汉奸反动派的专政,反对把中国社会造成资产阶级专政的社会。它在经济上是把帝国主义者和汉奸反动派的大资本大企业收归国家经营,把地主阶级的土地分配给农民所有,同时保存一般的私人资本主义的企业,并不废除富农经济。因此,这种新式的民主革命,虽然在一方面是替资本主义扫清道路,但在另一方面又是替社会主义创造前提。中国现时的革命阶段,是为了终结殖民地、半殖民地、半封建社会和建立社会主义社会之间的一个过渡的阶段,是一个新民主主义的革命过程。”②

毛泽东还说:“没有问题,现阶段的中国革命既然是为了变更现在的殖民地、半殖民地、半封建社会的地位,即为了完成一个新民主主义的革命而奋斗,那末,在革命胜利之后,因为肃清了资本主义发展道路上的障碍物,资本主义经济在中国社会中会有一个相当程度的发展,是可以想象得到的,也是不足为怪的。资本主义会有一个相当程度的发展,这是经济落后的中国在民主革命胜利之后不可避免的结果。但这只是中国革命的一方面的结果,不是它的全部结果。中国革命的全部结果是:一方面有资本主义因素

① 《毛泽东选集》第二卷,人民出版社1991年版,第668页。

② 《毛泽东选集》第二卷,人民出版社1991年版,第647页。

的发展，又一方面有社会主义因素的发展。这种社会主义因素是什么呢？就是无产阶级和共产党在全国政治势力中的比重的增长，就是农民、知识分子和城市小资产阶级或者已经或者可能承认无产阶级和共产党的领导权，就是民主共和国的国营经济和劳动人民的合作经济。所有这一切，都是社会主义的因素。加以国际环境的有利，便使中国资产阶级民主革命的最后结果，避免资本主义的前途，实现社会主义的前途，不能不具有极大的可能性了。"①

毛泽东在1940年发表《新民主主义论》，运用马克思主义原理，总结了抗日根据地建设的经验，提出了"新民主主义的社会"的概念。这是对根据地社会性质的科学总结。

多年以来，中国共产党人"不但为中国的政治革命和经济革命而奋斗，而且为中国的文化革命而奋斗；一切这些的目的，在于建设一个中华民族的新社会和新国家。在这个新社会和新国家中，不但有新政治、新经济，而且有新文化。这就是说，我们不但要把一个政治上受压迫、经济上受剥削的中国，变为一个政治上自由和经济上繁荣的中国，变为一个被新文化统治因而文明先进的中国。一句话，我们要建立一个新中国"②。

在中国建立这样一个共和国，"在政治上必须是新民主主义的，在经济上也必须是新民主主义的"。"大银行、大工业、大商业，归这个共和国的国家所有"；"在无产阶级领导下的新民主主义共和国的国营经济是社会主义的性质，是整个国民经济的领导力量，但这个共和国并不没收其他资本主义的私有财产，并不禁止'不能操纵国民生计'的资本主义生产的发展，这是因为中国经济

① 《毛泽东选集》第二卷，人民出版社1991年版，第650页。
② 《毛泽东选集》第二卷，人民出版社1991年版，第663页。

还十分落后的缘故”;“这个共和国将采取某种必要的方法,没收地主的土地,分配给无地和少地的农民,实行中山先生‘耕者有其田’的口号,扫除农村中的封建关系,把土地变为农民的私产。农村的富农经济,也是容许其存在的。这就是‘平均地权’的方针”;在这个阶段,“一般地还不是建立社会主义的农业,但在‘耕者有其田’的基础上所发展起来的各种合作经济,也具有社会主义的因素”。中国的经济,“一定要走‘节制资本’和‘平均地权’的路,决不能是‘少数人所得而私’,决不能让少数资本家少数地主‘操纵国民生计’,决不能建立欧美式的资本主义社会,也决不能还是旧的半封建社会”。这样的经济,“就是新民主主义的经济”。①新民主主义的政治,是新民主主义经济的集中表现。中国无产阶级、农民、知识分子和其他小资产阶级,乃是决定国家命运的基本势力。这些阶级,或者已经觉悟,或者正在觉悟起来,他们必然要成为中华民主共和国的国家构成和政权构成的基本部分,而无产阶级则是领导的力量。一定的文化(当作观念形态的文化)是一定社会的政治和经济的反映,又给予伟大影响和作用于一定社会的政治和经济;而经济是基础,政治则是经济的集中表现。这是我们对于文化和政治、经济的关系及政治和经济关系的基本观点。那么,一定形态的政治和经济是首先决定那一定形态的文化的;然后,那一定形态的文化才给予影响和作用于一定形态的政治和经济。

毛泽东总结抗日根据地建设的经验,论述了抗日根据地社会性质是新民主主义的社会。1941 年 5 月 8 日,他在《关于打退第二次反共高潮的总结》中指出,“还有一些同志,不了解陕甘宁边区和华北华中各抗日根据地的社会性质已经是新民主主义的。判

① 《毛泽东选集》第二卷,人民出版社 1991 年版,第 678—679 页。

断一个地方的社会性质是不是新民主主义的,主要地是以那里的政权是否有人民大众的代表参加以及是否有共产党的领导为原则。因此,共产党领导的统一战线政权,便是新民主主义社会的主要标志。有些人以为只有实行十年内战时期那样的土地革命才算实现了新民主主义,这是不对的。现在各根据地的政治,是一切赞成抗日和民主的人民的统一战线的政治,其经济是基本上排除了半殖民地因素和半封建因素的经济,其文化是人民大众反帝反封建的文化。因此,无论就政治、经济或文化来看,只实行减租减息的各抗日根据地,和实行了彻底的土地革命的陕甘宁边区,同样是新民主主义的社会。各根据地的模型推广到全国,那时全国就成了新民主主义的共和国。"①这就是说,排除了半殖民地因素和半封建因素的经济就是新民主主义的经济,实行了减租减息的社会经济也是新民主主义经济。抗日根据地的社会是新民主主义的社会。

新民主主义革命理论是中国共产党总结了大革命时期和十年土地革命时期的革命实践中正反两方面经验教训,同时总结了抗日战争时期根据地建设发展中的经验提出来的。因而是马克思主义同中国革命实际相结合的产物。一方面它是以马克思主义的基本原理为基础,坚持了无产阶级在民主革命中和革命胜利后的领导权,指明了中国社会经济发展的社会主义前途;另一方面,它又根据自己对中国国情的认识,吸收了中国民主革命的经验教训,也包括孙中山的思想精华,提出了符合中国实际和人民要求的具体方针和政策。而这些方针和政策在实践过程中的效果和不断完善,又反过来促进了新民主主义经济建设理论的形成和成熟。

① 《毛泽东选集》第二卷,人民出版社 1991 年版,第 785 页。

(二)新民主主义经济建设理论的形成和根据地经济政策的完善

中国共产党在创立根据地经济建设理论、推行和完善根据地经济政策的过程中,实事求是,正视和密切结合实际,强调明确革命理想、目标同当前经济现实及经济政策、工作任务两者之间的区别。中国共产党的理想、目标社会主义和共产主义,而现时的任务,当前的具体工作,是发展新式资本主义,不能把理想当现实。中国共产党和根据地政府,就是根据这样的指导思想确立和完善根据地的经济政策。

新民主主义革命理论的提出为抗日根据地经济建设理论的形成奠定了基础。首先是在抗日根据地的经济建设中强调要发展资本主义经济。

毛泽东反复阐述对资本主义经济要采取调节的政策,要大胆地让资本主义发展而不是压制资本主义。1939 年 12 月,毛泽东多次强调:“我们对于资本主义采取调节的政策。包括发展中农的生产运动,办好消费合作社扶助中农生产,与富农竞争,成立商品合作社扶持小手工业生产者,废除苛捐杂税培植小商业者,发展国防工业与资本主义展开竞争,大胆地让资本主义去发展而不是压制资本主义,对于劳资关系也采取调节的政策。”“社会主义是必然道路,但现在还不成,所以可以让资本主义发展,不过要调节它的发展。”①

在《中国革命和中国共产党》一文中,毛泽东明确指出,农民阶级中,富农不应过早地消灭。“中国革命的全部结果是:一方面

① 《在陕甘宁边区党代表大会上的政治报告》(1939 年 11 月 14 日),见顾龙生编著:《毛泽东经济年谱》,中共中央党校出版社 1993 年版,第 141 页。

有资本主义因素的发展，又一方面有社会主义因素的发展。”①新民主主义革命，“它在经济上是把帝国主义者和汉奸反动派的大资本大企业收归国家经营，把地主阶级的土地分配给农民所有，同时保存一般的私人资本主义的企业，并不废除富农经济。因此，这种新式的民主革命，虽然在一方面是替资本主义扫清道路，但在另一方面又是替社会主义创造前提。”②

1940年9月23日，毛泽东在延安杨家岭所作《时局与边区问题》的报告中，对民族资产阶级做了具体分析，认为在当时，资产阶级有左、中、右三派，对他们主要是团结的问题。毛泽东举例说，上海有资本家要捐20万元给八路军，要加入共产党，总的是希望祖国复兴者多。在谈到边区经济建设时说，边区经济有所发展，新的国营经济似乎像国家资本主义，这是一种特殊的国家资本主义。他还说，要消灭党内的资本主义思想，发展新式的资本主义。边区党代表大会把资本主义痛打了一顿，但有些地方是打得超过范围。党外资本主义是要发展的。边区有四种经济：国家资本主义、私人资本主义、合作社经济、半自足经济。私人资本主义要节制，但非打击，更非消灭。③

1940年10月14日，毛泽东在给刘少奇、陈毅、黄克诚的信中提出，“注意吸收民族资本家及其代表参加根据地建设”。对苏北以外的江浙民族资本家及其代表，“约请他们派人或介绍人参加苏北之地方政权工作，民意机关工作，及经济、文化、教育建设工作。”④

---

① 《毛泽东选集》第二卷，人民出版社1991年版，第650页。

② 《毛泽东选集》第二卷，人民出版社1991年版，第647页。

③ 顾龙生编著：《毛泽东经济年谱》，中共中央党校出版社1993年版，第146页。

④ 《毛泽东文集》第二卷，人民出版社1993年版，第300页。

毛泽东批评了党内对待资本主义经济及一些其他经济政策上的"左"倾错误倾向,强调了应该发展资本主义经济。1940年10月18日,毛泽东起草了《中央关于防止执行政策中左倾错误的指示》,指出:由于没有使下级干部彻底了解,由于上级没有事先预防与及时检查,致使许多地方犯有极左错误,主要是在土地政策,劳动政策,财政政策,锄奸政策,对知识分子政策,对待俘虏政策,对待国民党人员政策以及我之政权组织上表现过"左"。其结果是缩小了我之社会基础,引起中间势力害怕,给日本汪逆与顽固派以争夺群众团聚反动力量的机会。待错误形成,再去纠正,已使我们受到极大损失。现在华中工作正在发展(山东亦然),你们必须预防下级执行政策时犯过"左"错误,你们必须懂得"左"倾错误是当前主要危险,必须及时检查下级工作纠正过"左"行动,否则在敌人与顽固派的夹攻中取得我党我军发展与巩固的伟大胜利,要长期坚持根据地是不可能的。此事望你们尖锐的提起全党全军注意,切勿等闲视之。①

适应发展资本主义经济的要求,在劳动政策方面做了新规定。中共中央书记处于1940年12月3日发出《中央关于各抗日根据地劳动政策的初步指示》,提出不要对雇主提过高要求,而应兼顾各阶级的利益。根据地的劳动政策,应当以支持长期抗战、争取抗战胜利为原则,否则既不能保存工人已得利益,更不能彻底解放工人阶级。因此工人阶级眼前利益必须服从永久的全部利益。因此劳动政策应根据下列原则:既要力求改善工人阶级在政治、经济、文化各方面的条件,以便动员工人阶级积极领导和参加抗战,又要

① 《中央关于防止执行政策中左倾错误的指示》(1940年10月18日),见中央档案馆编:《中共中央文件选集》第12册(1939—1940),中共中央党校出版社1991年版,第518—519页。

协调各阶级关系,以便争取各阶级共同抗战。工会应当尊重政府法令及法律程序,劳动纠纷应尊重政府及劳资三方的仲裁。工人待遇的改善、工资的增加、工时的规定,必须以发展抗日根据地之工农商业,增加抗战生产,适合战时需要为原则。否则既有碍于根据地之坚持与巩固,也就违反工人阶级的根本利益。改善工人生活,必须估计到在持久的战争中根据地人民的生活日益艰苦,国民经济生活一般已降低,根据地工人生活想改善得比战前更好是不可能的。工会工作方向:动员工人到八路军游击队去参战,发扬劳动热忱,积极参加根据地的一切建设工作。使工人成为统一战线的模范,成为团结根据地人民的中心。对于阶级关系应适当调剂,而不是与各阶级尖锐对抗。必须纠正自由没收汉奸强迫雇主雇用工人和实行自己一切要求的办法。组织城市及乡村工人到工会中来。必须以马列主义来教育工人,特别是工人干部,首先使他们打破行会主义的思想,使他们认识工人阶级只有经济斗争是不能获得最后解放的真理,必须提高文化,消灭文盲,使工会成为工人阶级的学校,把教育工人看作是经常的重要的工作。

根据地政府还提出了解决目前一些具体问题的原则:手工业、农业、店员工人目前绝不宜实行8小时工作制,公营工业及合作社等除已规定之8小时工作制外,应经过工会发动工人做两小时义务工(现在陕甘宁边区实行此制度)。对失业工人及其家属应尽可能组织到各种生产部门如工厂及合作社中去。农业、手工业、店员工资,应以现在生活水准能够维持生活为原则,以当地政府颁布的劳动法令为根据订立合同,不宜有过高和过苛的要求,并且工资以不高于公营工厂工资待遇的总和为原则,否则将影响生产及技术的发展。但已增加之工资待遇不能以命令取消之。公营工业工人除工资外,一般待遇必须注意不能超过当地生活水准,一般需要照可能范围,工人伤亡抚恤不能超过抗日阵亡将士之抚恤,否则将影响部队。劳动政策的过"左"倾向必须纠正,否则不仅影响根据地工商业的发展,而且会造成阶级的尖锐对抗、工农对立,但在纠正这种错误倾向时应注意:纠正过"左"倾向时,应经过当地工会说服动员;从上而下作深入解释教育工作,先教育干部;加强新工运动,避免过"左"错误。①

1940年12月25日,毛泽东为中共中央起草的《论政策》的党内指示,阐述了必须避免过"左"、保护资本主义经济发展的政策。关于劳动政策。必须改良工人的生活,才能发动工人的抗日积极性。但是切忌过"左",加薪减时,均不应过多。劳资间在订立契约后,工人必须遵守劳动纪律,必须使资本家有利可图。否则工厂关门,对抗日不利,也害了工人自己。至少乡村工人的生活和待遇的改良,更不应提得过高,否则就会引起农民反对,导致工人的失业和生产的缩小。关于税收政策,必须按收多少规定纳税多少。一切有收入的人民,除对最贫苦者应该规定免征外,80%以上的居民,不论工人农民,均须负担国家赋税,不应该将负担完全放在地主资本家身上。关于经济政策。应该积极发展工业农业和商品流通。应该吸引愿意来的外地资本家到抗日根据地开办实业。应该奖励民营企业,而把政府经营的国营企业只当作整个企业的一部分。凡此都是为了达到自给自足的目的。应该避免对任何企业的破坏。关税政策和货币政策,应该和发展农工商业的基本方针相适合,而不是相违背。

对农村带有资本主义性质的富农经济,只是削弱其封建部分而奖励其资本主义部分,以奖励资本主义生产为主。为贯彻中共

① 《中央关于各抗日根据地劳动政策的初步指示》(1940年12月3日),见中央档案馆编:《中共中央文件选集》第12册(1939—1940),中共中央党校出版社1991年版,第570—574页。

中央1942年1月发出的关于抗日根据地土地政策的决定，中央于2月下达的执行土地政策的指示中说：在经济上，目前我党的政策，“奖励资本主义生产与联合资产阶级，奖励富农生产与联合富农”，以奖励资本主义生产为主，但同时保存地主的若干权利，可以说是一个七分资本、三分封建的政策。①

张闻天经过调查研究在1942年10月7日写成的《发展新式资本主义》一文认为：“我们有些干部，不懂得发展新式资本主义是新民主主义经济的全部方向和内容，也是将来社会主义的前提。不会运用新民主主义政治力量，推进新民主主义经济的发展。甚至机械了解‘政治是经济的集中表现’，因而以为，晋西北今天的抗日民主政权是新民主主义政权，晋西北今天的经济，也一定是新民主主义经济了”。“应当知道：什么是发展新式资本主义？为什么要发展它？”“晋西北封建势力还强大，农村资本主义只是萌芽，工商业家根本没有。封建剥削制度是落后的，资本主义生产方式，是现时比较进步的，可使社会进化的。封建剥削制度下，地主出租土地，农民租进土地，土地使用很分散。地主以高额地租盘剥农民，而农民缺乏生产工具和资本，生产情绪不高。所以农业生产力是低下的，农民生活是痛苦的，社会也是贫穷的”。“在资本主义方式的经营下，首先是富农经营自己的土地，并雇长工。土地集中使用，而又合理分工。富农饲养牲畜猪羊，经营工商业（油房、粉房、磨房、染房、商店等），自己有工具，有肥料，有资本，可以把土地耕种好，多打粮食和棉花。土地产量越高，对富农和资本家越有利（所以他们不像地主那样对生产漠不关心，当寄生虫），对全社

---

① 《中共中央关于如何执行土地政策的指示》（1942年2月4日），见《中国的土地改革》编辑部、中国社会科学院经济研究所现代经济史组编：《中国土地改革史料选编》，解放军国防大学出版社1988年版，第86—88页。

会更有利。资本主义经营,可使商品经济园艺业等发展,因工业需要原料,商业需要货物,富农和资本家又需要货币支付工资和投资工商业。我们在晋西北发展新式资本主义,一定要靠农业积累资本。将来社会主义,又要靠新式资本主义发展做基础”。“为要发展新式资本主义,第一,不要怕晋西北资本家多。现时,不要怕富农。因为今天的富农,每户平均剥削不到一个雇工,垄断不到一百垧山地,这有什么不得了呢? 倒是应该限制地主,奖励农民,才合我们的政策。有些农民出身的干部,体贴农民的疾苦,这是对的。但把改善农民生活完全放在合理分配别人的财产上,则是不对的。应主要从发展生产、增加社会财富来求民生之改善,才是比较妥当的”;“第二,不要怕农民受苦,就是说,不要怕雇农多,没法安插,失业、工资低,生活恶化。今天雇农、贫农的生活,都是很苦的。说贫农永远比雇农生活好,贫农不要丢失土地当雇农,这是落后的想法”。“在新民主主义政权下只要资本主义发展了,工人生活一定会改善。因为革命政府颁布劳动法令,限制富农资本家随意剥削工人,政府将有计划从农村征调工人,不会造成农村无政府状态,造成农村破产”。“所以我们所提倡的新式资本主义,与欧美的旧资本主义不同。我们有革命政权和革命政策,调节社会各阶级关系。凡可以操纵国计民生的工商业,均握在国家手中”。“社会主义和共产主义,是我们的理想。发展新式资本主义,是我们现时的任务,也是我们当前的具体工作。若把理想当现实,乱来一阵,会弄糟糕的”。①

中国共产党以新民主主义经济建设理论为指导,形成和完善了根据地的经济政策。

① 张闻天选集传记组等编:《张闻天晋陕调查文集》,中共党史出版社1994年版,第323—325页。

毛泽东在调查研究总结根据地经济建设经验的基础上，在1942年12月陕甘宁边区高干会议期间写成了《经济问题与财政问题》一书，制定了根据地经济建设的一系列经济政策。

(1)“发展经济，保障供给，是我们的经济工作和财政工作的总方针”。毛泽东说，“财政政策的好坏固然足以影响经济，但是决定财政的却是经济。未有经济无基础而可以解决财政困难的，未有经济不发展而可以使财政充裕的。陕甘宁边区的财政问题，就是几万军队和工作人员的生活费和事业费的供给问题，也就是抗日经费的供给问题。这些经费，都是由人民的赋税及几万军队和工作人员自己的生产来解决的。如果不发展人民经济和公营经济，我们就只有束手待毙。财政困难，只有从切切实实的有效的经济发展上才能解决。忘记发展经济，忘记开辟财源，而企图从收缩必不可少的财政开支去解决财政困难的保守观点，是不能解决任何问题的”，阐述了经济决定财政与财政制约经济的辩证关系。他强调如果只着重财政而不切切实实地有效地发展经济，就要走国民党竭泽而渔的老路。他同时指出，“发展经济的路线是正确的路线，但发展不是冒险的无根据的发展”。“党的路线是正确的发展路线，一方面要反对陈旧的保守的观点，另一方面又要反对空洞的不切实际的大计划。这就是党在财政经济工作中的两条战线上的斗争”。①

(2)公私兼顾方针。毛泽东提出，“在公私关系上，就是‘公私兼顾’，或叫‘军民兼顾’”。“只有实事求是地发展公营和民营的经济，才能保障财政的供给。虽在困难时期，我们仍要注意赋税的限度，使负担虽重而民不伤。而一经有了办法，就要减轻人民负

① 《毛泽东选集》第三卷，人民出版社1991年版，第891—893页。

担,借以休养民力”。①

(3)精兵简政,厉行节约的方针。1941 年 12 月,中共中央发出“精兵简政”的指示,要求切实整顿党、政、军各级组织机构,精简机关,充实连队,加强基层,提高效能,节约人力物力。这一政策是李鼎铭等于 1941 年 11 月在陕甘宁边区第二届参议会上提出的。这是在抗日根据地日益缩小的情况下,克服财政困难和休养生息民力的一项极其重要的政策。毛泽东强调,“这一次精兵简政,必须是严格的、彻底的、普遍的,而不是敷衍的、不痛不痒的、局部的。在这次精兵简政中,必须达到精简、统一、效能、节约和反对官僚主义五项目的。这五项,对于我们的经济工作和财政工作,关系极大。精简之后,减少了消费性的支出,增加了生产的收入,不但直接给予财政以好的影响,而且可以减少人民的负担,影响人民的经济。经济和财政工作机构中的不统一、闹独立性、各自为政等恶劣现象,必须克服,而建立统一的、指挥如意的、使政策和制度能贯彻到底的工作系统。这种统一的系统建立后,工作效能就可以增加。节约是一切工作机关都要注意的,经济和财政工作机关尤其要注意。实行节约的结果,可以节省一大批不必要的和浪费性的支出,其数目可以达到几千万元。从事经济和财政业务的工作人员,还必须克服存在着的有些还是很严重的官僚主义,例如贪污现象,摆空架子,无益的‘正规化’,文牍主义等等。如果我们把这五项要求在党的、政府的、军队的各个系统中完全实行起来,那我们的这次精兵简政,就算达到了目的,我们的困难就一定能克服,那些笑我们会要‘塌台’的人们的嘴巴也就可以被我们封住了”。②

① 《毛泽东选集》第三卷,人民出版社 1991 年版,第 894—895 页。
② 《毛泽东选集》第三卷,人民出版社 1991 年版,第 895—896 页。

(4)根据地经济建设的基本方针是发展经济,平衡出入口。1941年8月6日,毛泽东在《关于财经建设的基本方针给谢觉哉的信》中提出了边区财经问题的“规律性或决定点似在简单的两点,即(一)发展经济,(二)平衡出入口。首先是发展农、盐、工、畜、商各业之主要的私人经济与部分的公营经济,然后是输出三千万元以上的物产于境外,交换三千万元必需品入境,以达出入口平衡或争取相当量的出超。只要此两点解决,一切问题都解决了。而此两点的关键,即粮、盐二业的经营,如能增产二十万至三十万担粮与运三十万至四十万驮盐出境,即算基本地解决了两个问题”。“今年的八百万投资仅顾及公营事业,全没有顾及私人农业贷款与合作社贷款,仅是不得已的过渡时期的办法。今后必须停止公业投资,发动私业投资,即大放农贷与合作社贷款,兼放畜牧贷款与私商贷款,以达增加粮食产量、牛羊产量与相当繁荣商业之目的。如能投三四百万元于农业,加以政府的春耕秋收运动之动员,增产二十万至三十万担粮食,则收二十万担粮税数千万斤草税而民不伤,或尚可向绥、榆输出数万担。如能使畜产繁殖及商业有相当繁荣,则年收二三百万元羊税与七八百万元商税而民不怨,财政的基本问题即解决了。今年之仅仅注意公业投资未能顾及私业投资,是由于等着公营事业救急的特殊情况,但由此产生的害则是与民争利(垄断)及解决不了大问题。明年决不能继续这个方针,仅有盐业投资是明年应该继续的,而其他公营的农、工、商业则只当作必要的一部分继续下去”。“盐为达到出入口平衡之唯一的或最主要的办法,只要能年输三十万驮出境,换取三千万元(以每驮法币百元计)棉、布进来,即算平衡了出入口,因据银行告我,边区棉、布等入口年仅三千万元之数。如能输出四十万驮,除换取三千万元棉、布之外,尚有一千万元现币进口,则情况更好了。至收六百万至八百万元盐税以补一部分财政之不足,尚是第二个好处,盐的第一个好处是解决出入口平衡问题。出入口问题一解决,则物价、币价两大问题即解决了。据此以观今年盐的官督民运政策,不但是未可厚非的,而且是完全正当的,虽然是否能销出三十万至四十万驮尚不可必,然舍此并无解决出入口问题之其他办法,因而舍此便无解决物价、币价两大问题,故此政策的根本方针是完全正当的。因为完全的自由贸易政策,在盐的问题上,今年是不能行的,原因是粮贵、草贵与国民党限制,今年与去年不相同,舍官督民运(半强制主义),便不能运三十万至四十万驮出境”。①

(5)以农业为第一位的方针。毛泽东在《经济问题与财政问题》一文中指出:“确定以农业为第一位,工业、手工业、运输业与畜牧业为第二位,商业则放在第三位。”②他说,我们要用尽力量使农民发展农业生产,这样做的首要目的是使农民富裕起来,改善他们的生活,提出应该打破害怕农民群众富裕起来的幼稚观念,纠正农业经济政策中的平均主义,提出实行农业统一累进税,使农民好放手发展自己的生产,改善自己的生活。他还总结了边区农业发展的历史经验:纠正了经济政策上的“左”的错误,实行了休养生息的政策;党中央发出了发展农业生产的号召,打破农民怕发展生产的心理;开展了移民垦殖;实行了奖励政策;减少劳动力的浪费与调剂劳动力,动员妇女参加生产;政府发放农业贷款。

(6)发展合作事业,提倡股份制经济。陕甘宁边区高干会议确定发展农业生产是边区第一位的工作,而组织劳动互助又是发展农业生产的中心关键。毛泽东在《经济问题与财政问题》一文中大力提倡成立劳动互助合作组织。他提倡兴办适合边区手工业不发达、手工业工人不多等政治经济条件的合股企业、合股雇佣企

① 《毛泽东文集》第二卷,人民出版社 1993 年版,第 366—367 页。

② 《毛泽东文集》第二卷,人民出版社 1993 年版,第 462 页。

业,对合股企业的集股方式、股金来源、分红办法、股息额度等情况做了详细的考察,并仔细介绍了当时延安南区合作社的历史和经验,提出了发展集股合作事业的方针。

(7)自己动手,解决困难。毛泽东在《经济问题与财政问题》一文中指出:"因为封锁这件事,除了它的消极的坏处一方面之外,还产生了一个积极的方面,那就是促使我们下决心自己动手,而其结果则居然达到了克服困难的目的,学得了经营经济事业的经验。'艰难困苦,玉汝于成'的古语,对于我们,是完全自觉地被理解的。"①

总之,在这一时期根据地经济建设中,为克服财政经济上的严重困难,中共中央和毛泽东同志以及边区政府的领导同志等,提出了许多财政经济工作的正确方针和政策。上述方针政策在指导根据地经济建设方面起了重大的历史作用。

二、减租减息运动的兴起和减租减息政策的完善

抗日根据地的减租减息运动的大规模开展,有其特殊的历史背景。1939 年抗日战争进入相持阶段后,国民党顽固派在日本帝国主义新的政治诱降、军事进攻策略引诱、胁迫下,消极抗战,积极反共,制造摩擦,残杀抗日干部和积极分子,一再掀起反共高潮,抗日根据地处于日本侵略者和国民党顽固派夹击之中,政府财政、军队补给、人民生活非常困难。在这种形势下,中国共产党和根据地政府,发动和依靠群众,推行经济和政治改革:经济上实行减租减息,废止苛捐杂税,改善工人生活;政治上实行民主制度,调动民众积极性,保卫抗战果实和人民群众的根本,击退了国民党顽固派的

① 《毛泽东文集》第二卷,人民出版社 1993 年版,第 462 页。

反共逆流。因各地敌、顽、我力量对比和政治经济环境不同,各个根据地军民在1939年冬至1940年春的抗击顽固派斗争中,采取了多样的斗争方式和策略:晋察冀边区在1939年冬至1940年春开展了减租减息和赎地换约运动。陕甘宁边区绥米地区农民在反顽斗争中赶走了不抗日、专反共的国民党顽固派,结束了“双重政权”的局面,开展减租减息运动;在已进行土地革命的地区,支持农民向地主索回被夺取的土地(即“归地”运动);在未经过土地革命的地区,支持农民要求土地多的地主富农调剂一部分土地租给无地农民耕种(即“拼地”运动)。晋冀鲁豫边区在反顽斗争中掀起了反贪污、反恶霸、实行合理负担以及借粮斗争,打击了封建势力,保护了农民利益。晋西北游击区经过反顽斗争,建立了抗日的晋西北行政公署。除了减租减息,更开展了“献金地”和“牺牲地”(即为抗战而献金和牺牲)运动,借种逃亡地主土地,等等。在华中、山东根据地,也进行了减租减息。

因国民党顽固派的反共逆流得到大地主的支持,大大激化了农民同地主的矛盾,加剧了农民群众和基层干部的阶级仇恨和报复情绪。加上土地革命时期“左”倾错误思潮残余的影响,导致了部分地区减租减息运动中“左”倾蛮干错误的发生,即不满足于减租减息,减租减息发展为“不交租,不交息”;清理旧债变成废除一切债务;回赎抵押地和典地,变成无偿回赎;又把“耕者有其田”的宣传口号当作行动纲领,个别地区甚至出现变相没收和分配地主土地的情况。这些“左”倾错误导致根据地农民与地主的关系一度紧张,某些县区地主富农逃亡或投降敌人,提出“收复失地”的口号,带领敌人搜捕抗日干部和雇农,中间势力恐慌,抗日民族统一战线面临分裂的危险。面对这种严峻局面,中共中央及时采取措施,纠正了一些地区发生的“左”倾错误,明确和制定了对地主阶级又团结又斗争的策略,使抗日根据地的减租减息运动进入了全面发展的新时期。

（一）减租减息运动的兴起和“左”倾错误的纠正

抗日战争进入相持阶段后，日本侵略者对国民党采取以政治诱降为主、军事进攻为辅的方针，而以其主要兵力对中国共产党领导的八路军、新四军和抗日民主根据地进行围攻和“扫荡”。国民党顽固派则消极抗战，积极反共，处处制造摩擦，掀起了第一次反共高潮。为了粉碎日本的“扫荡”和顽固派的反共活动，应付突然事变，中共中央决定敌后抗日根据地由发展转入巩固，深入群众工作，加强根据地的政权建设和经济建设，实行有利于广大抗日人民的经济改革和政治改革，以提高群众的抗日积极性。1939 年 11 月，中共中央作出《关于深入群众工作的决定》，指出：“共产党只有进一步依靠群众、深入群众工作才能克服当前时局的危机，争取抗战的胜利，并在可能发生的不利于党与抗战的突然事变中，不使党与抗战遭受意外的损失”。该决定明确提出在抗日根据地内“必须实行激进的有利于广大抗日民众的经济改革与政治改革。在经济改革方面必须实行减租减息，废止苛捐杂税与改良工人生活。在政治改革方面，必须实行民选制度”。①

根据中央决定，陕甘宁边区和华北各抗日根据地于 1939 年冬至 1940 年春，在反击顽固派反共高潮的斗争中，开展了争取民主、改善民生的农民群众运动。由于顽固派围攻根据地，残酷屠杀抗日干部和积极分子，激起了广大农民的仇恨。反顽固派的斗争怒潮，遍及各地；农民争取民主、改善民生的斗争，汹涌澎湃。由于各地敌、顽、我力量对比和具体环境不同，斗争内容、方式和口号各有差异。

① 中央档案馆编：《中共中央文件选集》第十二册（1939—1940），中共中央党校出版社 1991 年版，第 190—191 页。

晋察冀边区在1939年冬就兴起了减租减息和赎地换约运动。是年12月,边区农民救国会提出了减租减息办法。次年2月,边区政府对《减租减息条例》进行了修订。主要内容是:(1)实行"二五减租"后,"地租不得超过正产物收获总额千分之三百七十五"。(2)保障佃户的佃权,承租人依据租约继续耕作,出租人不得解除契约。地主只能在"不能维持生活","保持耕地原有性质及效能","自己耕种而不用雇工"的前提下,并得承租人同意,才能收回土地。(3)债务利息"年利不得越过10%",清理旧债"按年利一分,一本一利计算清偿,其利息超过原本,停利还本,其已付利息超过二倍者,本利皆停付,结束积欠"。两年来,地主债主未减租减息者,农民"所欠租息一律停付"。

对借债中的抵押地和典地问题,《减租减息条例》规定:"债权人不得因欠息关系处置所质(即抵押)土地,如已处置者,应将所质土地交还债务人。"1940年2月,边区政府还颁布《三十年内典当地回赎法令》,规定"未出三十年"的典地,"均得回赎",出典人可"以原典价回赎";无力回赎者,照原典价,"订立借贷契约,按年利率一分行息",赎回典地。农民在减租减息和赎地换约中,获得许多经济利益。仅据1940年6月北岳区一、二、三、五专区16个县的不完全统计,减租粮达12290石,减息金额320600余元,农民抽回土地64900余亩。①

陕甘宁边区绥米地区农民在反顽斗争中赶走国民党专员何绍南后,已进行土地革命的地区,发生了农民向地主索回被夺取土地的"归地"运动;未经过土地革命的地区,发生了农民要求土地多的地主、富农调剂一部分土地租给无地农民耕种的"拚地"运动。

① 黄韦文:《关于根据地减租减息的一些材料》,《解放日报》1942年2月11日。

中共绥米特委根据农民要求,于1940年2月,颁布土地问题暂行调整办法,提出在1937年《土地维持现状布告》发布后,被地主、富农强行收回的土地归还农民;在未经过土地革命的地区,说服地主、富农让出一部分土地,租给无地农民耕种。①

反对国民党顽固派斗争胜利后,陕甘宁边区结束了双重政权的局面,绥德、陇东、鹿县先后召开临时参议会,通过了减租减息决议和办法。绥德分区参议会于1940年7月通过的《减租减息暂行条例》,规定减租比例如下:丰年按标准租额减25%;平年减40%;歉年减55%。歉年普通耕地收成在三斗以下免租;伙种地,除种子外,地主得四成佃户得六成。如种子耕牛出自地主,则地主得四成五,佃户得五成五;禁止押租或预租。为保障佃权,地主不得无故收回租地或更换佃户。关于减息,借贷金钱者,"利率不得超过月息一分五厘"。借贷粮食,"年息不得超过十分之三"。陇东分区临时参议会通过了"三七减租"和1939年以前欠租一律豁免的决议。关中地区的同宜耀和马栏参议会决定"四六减租"。

晋冀鲁豫边区在反顽斗争中掀起了反贪污、反恶霸、实行合理负担以及借粮斗争,对封建势力给以很大打击,农民也从斗争中得到了一些经济利益。减租减息则只在太行区和其他少数地区实行,核减标准分别为"五一减租"(即减租1/5)、"分半给息",低于晋察冀边区。在冀南、鲁西及晋察豫等地,1940年春耕中进行了分配公地、没收分配汉奸土地、借种逃亡地主的土地、分配地主、富农的隐瞒不交公粮赋税的"黑地",以及借种地主、富农"余地"的调剂土地的运动。

晋西北游击区在反顽斗争胜利后,建立了晋西北行政公署。

① 柴树藩等:《绥德、米脂土地问题初步研究》(1944年),人民出版社1979年版,第30页。

行署于1940年4月颁布减租减息条例,规定减租25%,取消一切附加;利息一律不准超过年利一分,凡付利息超过本钱者,停息还本,已付利息超过本钱一倍以上者,本利均停。不过政府和农会当时的注意力放在要地主"捐地",即所谓"献金地"和"牺牲地"(即为抗战而献金和牺牲),借种逃亡地主土地等上,对减租减息未能注意贯彻执行。

在华中,中共中央中原局于1940年集中大批干部,深入皖东地区开展减租减息斗争,提出"三七分租"(地主三成、佃户七成)、"分半给息"和"废除旧债"等口号。"三七分租"是针对当地租佃关系中多为分租制这一具体情况而提出的。当地分租制一般为"对半分"和"四六分"。对典当地的处理办法是:一是按不同年限折价赎回,如五年至十年九折,20年至30年五折等等;二是按不同年限,无代价抽回一部分,如3年以内抽回20%;20年至30年的抽回60%等等。总之,是以折中的办法调整典当关系。

山东根据地于1940年11月制定了《减租减息暂行条例》,规定地租一律照原租额减少1/5,利息方面:钱息年利不得超过一分五厘,粮息不得超过二分半。由于群众工作不充分,除了鲁南的南沂蒙和泰山区少数地区实行了减租减息以外,大多仍停留在宣传号召阶段。

上述情况显示,除少数地区外,减租减息尚未受到重视,因而还没有发动群众认真实行。在反顽斗争中,群众发动起来后,干部和群众又不满足于减租减息。而把注意力集中在打汉奸、斗顽固分子,分配公地,没收和分配汉奸土地,借种逃亡地主土地,清查没收分配地主、富农隐瞒不交纳赋税的"黑地",以及借种地主、富农的余地等方面,直接满足无地、少地的农民对土地的要求。这样就忽视和松懈了减租减息政策的贯彻执行,并助长了"左"的倾向。

根据地农民运动是在粉碎国民党顽固派第一次反共高潮中兴

起的。由于少数大地主支持顽固派的反共行径，激起了农民群众和基层干部的阶级仇恨和报复情绪。同时由于土地革命时期"左"倾错误思潮的影响尚未彻底肃清，少数干部把部分大地主的反共投降倾向，当作整个地主阶级的动向，怀疑地主阶级继续抗日的可能性，所谓"无地主不顽固""无顽固不汉奸"，主张改变对地主的政策，把他们排除在抗日统一战线之外，以致在农民群众组织起来之后，发生了"左"倾蛮干的错误。"左"倾错误在土地政策上的表现，就是不满足于减租减息，而把"耕者有其田"的宣传口号当作行动纲领，以致发生种种变相没收和分配地主的土地的错误倾向。以冀南地区最为突出。如中共冀南区党委制定的代耕土地办法提出：(1)逃亡地主的土地、族地、庙地一律分配给贫农抗属与雇农、贫农代耕，族地、庙地归农会负责管理；(2)在家地主的"余地"(多因负担太重而不愿自种或出租的土地)交抗属、雇农、贫农代耕。上述办法首先在冀南一分区实行，步骤是发动群众请愿，政府调解，规劝地主答应，即刻分配代耕。据统计，晋县共分配土地 27676 亩，宁晋分地 34000 多亩。① 晋西北和晋冀豫的某些地区，在 1940 年春耕运动中，也曾分配公地、逃亡地主土地和隐瞒的"黑地"。以及以"汉奸"之名没收和分配了一些地主和富农的土地。华中苏北个别地区在镇压反动地主暴动以后，曾发生不分首恶和协从，一律没收汉奸和暴动参加者的土地及财产的运动。晋察冀边区也曾发生佃户、债户在减租减息之后，不交租、不交息；清理旧债变成废除一切债务；回赎抵押地和典地，变成无偿回赎，或以极少代价赎地的偏向。

上述"左"倾错误导致根据地农民与地主的关系一度紧张，在

① 《平原》1940 年第 32 期；彭真：《晋县、束鹿、宁晋、藁城等县的土地问题和我们的处理办法》，1940 年 9 月 16 日。

冀南某些县区地主、富农逃亡,一部分地主投降敌人;藁城地主提出"收复失地"的口号,带领着敌人搜捕抗日干部,甚至搜捕雇农。中间势力恐慌,抗日民族统一战线面临分裂的危险。

在这种情况下,中共中央 1940 年 7 月 7 日作出《关于目前形势与党的政策的决定》,要求切实纠正"左"倾错误,并先后发出一系列指示,其中主要有:(1)1940 年 7 月发出《关于在敌后地区没收大汉奸土地财产问题的指示》,规定没收政策"仅仅应对付个别的罪恶昭著的大汉奸",对反共的顽固地主,"不论其罪恶如何重大,不论其勾结日寇有何证据,在他们未公开投敌当汉奸前,均不应没收其土地财产"。伪军军官的土地"概不没收",以利争取反正。对全家逃亡敌占区的普通汉奸或普通地主之土地财产"不应宣布没收,而应由政府暂时代管,以低租租给农民,俟其返回重新抗日时,即退还其土地财产"。(2)1940 年 10 月,中共中央发出《关于纠正冀南过"左"的土地政策的指示》和《中央关于防止执行政策中左倾错误的指示》,指出冀南的土地政策,"是过'左'的,是违反抗日统一战线原则的";重申:"'左'倾错误是当前主要危险,必须及时检查下级工作,纠正过'左'行动"。(3)1940 年 12 月,中共中央发出《关于时局与政策的指示》,进一步阐明抗战期间的土地政策,重申减租减息的原则规定,即要求地主实行减租减息,农民也须交租交息。对减租减息从量上加以限制,提出"不要减得太多,地租一般以实行二五减租为原则";利息"不要减到超过社会经济借贷关系所许可的程度","不要因减息而使农民借不到钱,不要因清算老账而无偿收回典借的土地"。各根据地政府根据上述指示,先后发布施政纲领和保障人权财权法令。总结了 1939 年冬季以来政治和经济改革的经验,巩固了改革的成果。这些纲领和法令,以反对日本帝国主义,保护抗日的人民,调节各抗日阶层的利益,改善工农生活和镇压汉奸反动派为基本出发点。

是克服和纠正各种“左”的和右的错误倾向的有力武器。促进了减租减息斗争的深入和健康发展。

“左”倾错误得到纠正后，农民与地主之间的紧张关系得到缓和，地主、富农解除了疑虑，逃亡敌占区的地主返回原籍。据晋西北调查，截至1941年2月，逃亡地主有2/3以上返回了根据地，抗日民族统一战线得到了巩固和发展。

晋察冀边区修正《减租减息条例》，纠正了减租减息过多，对地(债)主利益照顾不够的偏向，既保障地主的土地所有权，又保障佃户的使用权，地主与佃户之间普遍订立较长期的租约。尚未减租减息的地区，则根据新条例实行减租减息。

晋冀鲁豫边区太行区在纠正“左”倾错误的同时，普遍地实行减租减息。据1941年6月晋冀豫农救会的不完全统计，榆庄、辽县、襄垣、偏城、邢东、平南、赞皇、磁县等9县7750户佃户共减租粮17730石，平均每户减租达二石以上。另据黎城县统计，减息金额达104890元，收回押地7590亩。① 冀南和冀鲁豫地区也在少数地区实行了减租减息。

“皖南事变”后，华中根据地盐城农民在农救会的领导下，进行了减租减息斗争。提出“二五减租”“四六分租”和月利“分半给息”、年利“分八给息”(即一分八厘给息)的口号。对典地则按不同年限折价回赎，如承典人尚未收获，出典人回赎须偿还全部典价，并按月利一分五厘付息；期满一年按典价八折，二年以上六折，三年以上四折，五年以上十年以下一折，期满十年则价滥产回，即无偿赎回。盐城在减租减息运动中，创造了突破一点、推动全局的工作方法。取得了农民群众斗争与区、县参议会内斗争相结合的宝贵经验。

① 黄韦文:《关于根据地减租减息的一些材料》,《解放日报》1942年2月11日。

(二)减租减息政策和策略的完善

为了彻底纠正土地政策方面“左”的偏向,发动和依靠群众力量战胜困难,巩固和扩大抗日根据地,中共中央研究和总结了正反两方面的经验,于1942年1月通过《中共中央关于抗日根据地土地政策的决定》,确定了土地政策的三项基本原则:(1)农民是抗日与生产的基本力量,必须扶助农民,减轻地主的封建剥削,实行减租减息,保证农民的人权、政权、地权、财权,以改善农民生活,提高农民抗日与生产的积极性。(2)地主的大多数是有抗日要求的,一部分开明绅士并且是赞成民主改革的,只能是扶助农民减轻封建剥削,而不是消灭封建剥削,更不是打击赞成民主改革的开明绅士。实行减租减息的同时,又须实行交租交息,既保障农民的人权、政权、地权、财权,又保障地主的人权、政权、地权、财权,借以联合地主阶级一致抗日。只是对于绝对坚决不愿改悔的汉奸分子,才采取消灭其封建剥削的政策。(3)资本主义是中国现时比较进步的生产方式,而资产阶级,特别是小资产阶级与民族资产阶级,是中国现时比较进步的社会成分与政治力量。富农的生产带有资本主义性质,富农是农村中的资产阶级,是抗日与生产不可缺少的力量。富农有抗日与民主的要求,因此对富农及其生产,不是加以削弱,而是在适当改善工人生活条件下,奖励富农生产与联合富农。但富农有一部分封建性质的剥削,为中农、贫农所不满。因此,对富农的租息,也须照减,同时又须交租交息,并保障富农的人权、政权、地权、财权。一部分用资本主义方式经营土地的地主(所谓“经营地主”),其待遇与富农相同。

三项基本原则揭示了抗日战争时期农村各阶级在抗日斗争和发展生产中的地位和作用,阐明实行减租减息政策的历史根据。该决定还附有三个附件,分别就地租和佃权、减息清债以及若干特殊土地问题做了原则性的规定。各地根据三项基本原则和附件规定,参照当地习惯和农业生产水平,对减租减息条例,土地使用条例,做了若干补充修订,使其更切合当地实际,全面纠正了过去某些"左"的政策规定。这些具体政策和办法,可分述如下:

第一,关于减租率。各地按"二五减租"的原则,结合当地的具体特点,对不同租佃形式以及土地肥沃度和单位面积产量,规定不同的减租率;按不同年景规定不同的减免租额标准。对抗日军人家属和烈士家属以及少量土地出租者规定了具体的照顾办法。

第二,关于欠租的减免。规定"多年欠租应予免交",一些地区的规定更加具体和明确,即减租以前的欠租一律免交,减租后的欠租,分别情况补交、缓交、少交或免交。

第三,关于保障佃户的佃权。该决定附件规定:"有永佃权者保留永佃权,无永佃权者奖励双方订立较长期的契约。"关于这一点,各地均有相关规定,如承租人在租约期内按期、交清租额,"出租人不得收回土地"(晋冀鲁豫);不得因减租"解除契约,收回租地"(山东);累世承租之地,"视为承租承佃人取得永佃权"(晋察冀);"禁止借口自耕,收回土地,暗行出租或任其荒芜,以及假典假卖等行为"(陕甘宁);等等。①

① 参见《晋冀鲁豫边区土地使用暂行条例》(1942 年 9 月修正),见《晋冀鲁豫抗日根据地财政史料选编》第 2 辑,中国财政经济出版社 1990 年版,第 571 页;《山东省租佃暂行条例》(1942 年 5 月 15 日),同"陕甘宁"资料来源,第 96—98 页;《晋察冀边区租佃债息条例》(1943 年 1 月 21 日),见晋察冀边区财政经济史编写组等编:《抗日战争时期晋察冀边区财政经济史资料选编·第二编·农业》,南开大学出版社 1984 年版,第 36—43 页;《陕甘宁边区土地租佃条例草案》(1942 年 12 月 9 日),见《中国的土地改革》编辑部、中国社会科学院经济研究所现代经济史组编:《中国土地改革史料选编》,解放军国防大学出版社 1988 年版,第 120—123 页。

第四,关于减息清债。该决定指出,减息是对抗战前成立的借贷关系而言的,至于抗战后的息额,应以当地社会经济关系,听任民间自行处理。这样就纠正了过去侧重对现行利息“规定过低息额,致使借贷停滞不利民生”的偏向。各根据地参照上述原则对过去规定的减息至一分或分半,只作为清理旧债的计息标准。所有旧债,凡“付息超过原本一倍,停利还本,超过原本二倍,本利停付”。新债则由借贷双方协商处理。

第五,关于抵押地与典地的回赎。华北各根据地纠正了对抵押地和典地不加区别的政策规定。抵押地属债务关系中的抵押品,抗战前的旧债按“债务人已付利息超过原本二倍者,即作为还清,由债务人无条件收回押地”。①“凡抗战后新成立的借贷关系,债务人到期不能付息还本,债权人有依约处理抵押品之权”。关于典地“尚未转成买卖关系者,出典人随时可用原典价依约回赎土地,不得用抽地换约的办法。如已转成买卖关系者,不得赎回”②。华中根据地纠正了“烂价产回”(即无代价赎回典地)的偏向。

① 《晋冀鲁豫边区土地使用暂行条例》(1943 年 9 月修正),见《晋冀鲁豫抗日根据地财政史料选编》第 2 辑,中国财政经济出版社 1990 年版,第 574 页;《山东省租佃暂行条例》(1942 年 5 月 15 日)同“陕甘宁”资料来源第 96—98 页;《晋察冀边区租佃债息条例》(1943 年 1 月 21 日),见晋察冀边区财政经济史编写组等编:《抗日战争时期晋察冀边区财政经济史资料选编·第二编·农业》,南开大学出版社 1984 年版,第 36—43 页;《陕甘宁边区土地租佃条例草案》(1942 年 12 月 9 日),见《中国的土地改革》编辑部、中国社会科学院经济研究所现代经济史组编:《中国土地改革史料选编》,解放军国防大学出版社 1988 年版,第 120—123 页。

② 《中共中央关于抗日根据地土地政策的决定》(附件二:关于债务问题),1942 年 1 月 28 日,见《中共中央文件选集》第 13 册(1941—1942),中共中央党校出版社 1991 年版,第 288 页。

第六，关于对富农的政策。各地纠正了不区别富农与地主，限制和削弱富农经济的政策规定。同时针对地主、富农的雇工剥削带有封建性的特点，如鉴于各地普遍存在"典当雇佣""债务雇佣""娶妻成家雇佣""养老雇佣""带地雇佣"等封建性的雇佣形式，以及雇工工资低下、伙食粗劣、居住条件极差、劳动时间长、劳动强度大等情况，各地农会和政府均有改善雇工待遇的要求和规定。如制定雇工工资的最低标准，禁止虐待雇工，保障雇工休息、教育、医疗以及参加工会、参加抗日的权利等等。

中共中央1942年2月发出的《关于执行土地政策决定的策略的指示》，制定了对地主阶级又团结又斗争的策略。对大多数地主的抗日要求，要实行团结的方针，即团结地主抗日的一面；对地主反民主反民生的一面则要进行必要的斗争。在执行过程中，当农民未发动起来时，必须支持农民，打击地主在农村的反动统治，建立农民群众力量的优势。只有这样，才能使地主感到除了接受减租减息政策，便无出路。在农民群众充分发动起来，实行减租减息之后，应及时说服群众纠正过火行动，认真实行交租交息，贯彻执行政权机构的"三三制"原则①，保障地主的人权、政权、地权、财权，使地主愿与我们合作，达到团结抗战的目的。在纠正过火行动时，又必须注意保护干部和群众的积极性，防止地主反攻。

各抗日根据地按照中央上述策略指示，广泛发动农民进行减租减息斗争，创造了许多新的经验，进一步丰富和发展对地主又团结又斗争的策略。如山东临清抗日民主政府根据实际情况和群众要求，实施"赎地""双增双减"政策。"赎地"是让农民灾荒年景

① "三三制"原则，即抗日民主政权中人员分配为共产党员占1/3，非党的左派分子占1/3，不左不右的中间派占1/3。这是调整抗日根据地各阶级内部关系的合理的政权形式。

廉价卖给地主的土地,按原价赎回,地归原主(地主卖出的土地不准回赎);“双增”是地主为雇工增加工资,减轻佃农负担,增加佃农收入。增资数额不一,由当地工会、农会评议确定,一般增加1—2成,“增佃”一般实行“秋三七、麦二八”或“粮三七、棉二八”分成,佃农增加收入1—2成,有的还增加了衣物和现金。“双减”是减租减息。减租一般实行“二五减租”,即减收原租额的25%,多年欠租免交;减息规定凡抗日战争前成立的借贷关系,应以一分半为计息标准,如付息超过本金一倍者,停息还本,超过两倍者,本息均停付。① “双增双减”政策在一定程度上限制了地主的剥削,改善了佃农、贫雇农的经济状况和家庭生活。平度抗日民主政府也实行了减租减息。1941—1942年间,先后在平度大泽山、平南仁兆一带实行了减租减息,1944年胶东八路军发动秋季攻势,拔除了一大批日伪据点,平度、平南、平西三县减租减息运动大面积展开。减租,实行“一五”“二五”减租,即按原租额减去15%、25%;减息,减到社会借贷关系所许可的程度,一般为年息一分半。按此标准,清算了前三年的租与息。通过减租减息,减轻了农民负担。②

部分抗日根据地,根据当地具体情况,在进行减租减息的同时,开展“反霸清算”和“开明地主”运动。1942年10月,中共晋豫区党委与晋豫联办发动群众,对号称“四十里江山”的千峰寺和铁盆嶂寺恶僧进行斗争,依照《抗日救国纲领》与《晋冀鲁豫边区土地使用条例》,将其3000多亩土地及山场没收归公,除分给每个僧人5亩外,余则分配给下寺坪一带农民。晋豫联办还特颁执文,勒碑记事。岩山村斗倒了恶霸地主上官恒元,查出了杀害干部的

① 《临清市志》,齐鲁书社1997年版,第118页。

② 《平度县志》,1987年印本,第204页。

凶手上官洪章，经晋豫联办批准处决。索泉岭依法处置了不法地主李春景。一些开明地主主动放弃债权，交出土地：煤坪村王应钟在其兄王铸九（抗日区长）的帮助下，主动给群众退租退息并交出土地，受到县抗日政府的奖励。向阳坡村财主孙甲三在该村减租减息大会上，当众宣布放弃债款1万余元（冀钞）。会后，其族弟孙光国也主动向村长提出放弃债款2万余元。

因1942—1944年连年干旱，抗日政府在减租减息中，注意调整政策，在租额方面按土地产量计算，每年产量只1—3斗的不交租，3—5斗的每斗交1升，5斗—1石的每斗交1.5升，1—1.5石的每斗交2.2升。利息方面，利息超过1倍的停息还本，超过2倍的本息停付，无条件抽约；超过1倍不足2倍的，补足2倍抽约；其间因还不了债务将房地抵押了的，将房地无条件退还原主。经1942—1944年三个冬春的减租减息、反霸清算、减租清算以及开展“开明地主”运动，在老根据地，地主、富农作为阶级已经基本消灭。①

由于减租减息政策和斗争策略的进一步完善，抗日根据地的减租减息运动进入了全面发展的新时期。各根据地巩固区在1942年5月以后，减租减息运动取得了前所未有的成绩。据山东根据地1943年10月统计，共有47354个村庄、37万多亩租地实行了减租，平均每亩减租31斤多。有4435个村庄开展了雇工增资，近7.3万雇工增加了工资，平均每人增加工资折合粮食165斤。华中抗日根据地苏中地区有101万亩租田减租，占全区租田292万亩的45%。②

① 《阳城县志》，海潮出版社1994年版，第101页。

② 陈廷煊：《抗日根据地经济史》，社会科学出版社2007年版，第158页。

三、根据地农业生产的恢复和发展

1939年抗日战争进入相持阶段后,日本帝国主义把主要兵力放在敌后战场,对抗日根据地进行大规模的军事进攻和残酷扫荡,并实行经济封锁,而国民党顽固派消极抗日、积极反共,不仅停发了八路军军饷,而且同日敌沆瀣一气,对陕甘宁边区实行经济封锁,使根据地经济一度陷入十分艰难的境地。边区财政异常拮据,军民生活非常艰苦,粮食、棉布等生活必需品十分缺乏,“曾经弄到几乎没有衣穿,没有油吃,没有纸,没有菜,战士没有鞋袜,工作人员在冬天没有被盖”。为了克服极端严重的物资困难,坚持持久抗战,在推行减租减息、调整生产关系、实施社会改革、调动农民生产积极性的同时,中共中央号召抗日根据地军民自己动手、自力更生,垦荒补滩,扩大耕地面积,抗灾救灾,掘井筑堤,兴修水利,实验和推广农业技术,改良作物品种,扩大粮棉种植面积,不断提高粮食、棉花产量,恢复和发展畜牧业及家庭养殖业。为了迅速克服前线抗日和后方民生的双重困难,在严酷的战争环境下,军民齐动员,发动军民大生产运动,齐心协力,生产自救。在晋察冀、晋冀鲁豫、晋绥、山东、华中一些抗日敌后根据地,军民在“劳动与武力结合”的口号下,一面战斗,一面生产,甚至游击区的部队也坚持生产,创造了开展大生产运动的多种形式。

中共中央的号召得到根据地军民的热烈响应,根据地政府的上述政策、措施,全面贯彻执行,并且成效显著,根据地经济特别是农业生产,迅速恢复、发展,耕地面积逐年扩大,粮食、棉花种植面积增加,单位面积产量和总产量明显上升,畜牧业和家庭养殖业也得到恢复、发展,牛、驴、羊等牲畜数量大幅上升,八路军给养和民众生活物资都有了保障,一些原来极其贫穷困苦的地区,民众很快摆脱了贫困,过上了丰衣足食的生活,不仅当年自给,而且可以"耕二余一",亦即耕种两年可以供给三年需用。农村社会阶级结构也发生了明显变化,原来一些典型的贫困村或"贫农村",村民几乎全部是贫农,现在中农成为村民的主体,实现了贫农"中农化"或小康化。

(一)恢复和发展农业生产的政策

农业是国民经济的基础,根据地政府在恢复和发展国民经济的过程中,特别重视对农业的恢复和发展。1942 年 12 月,毛泽东在陕甘宁边区高干会议上的报告《经济问题与财政问题》,总结了边区农业发展的主要原因:"第一是纠正了经济政策上的'左'倾错误,实行了休养生息的政策","打破了农民怕发展生产的倾向,农民愿意增加耕具,富农敢于安伙子,雇长工,休养生息政策恢复了元气,便利了农民的再生产,同时粮价高,副业利大,也刺激了农民的生产热忱,使农业迅速发展"。"第二是发展生产的号召。例如:1939 年中央召开的生产动员大会,第二次边区党代表大会,第一次参议会,第一次农展会,均有发展生产的号召,这些号召起了巨大的推动作用"。"第三是移民政策。最近四年中耕地扩大 235 万亩,一个重要原因在于土地多的区域大批吸收了移民增加了人口"。"第四是奖励政策。移民三年不收公粮,并减少其他义务负担"。"第五是减少劳动力的浪费与调剂劳动力"。"第六是农贷政策"。

"根据过去的经验,下列八项政策是必须执行的":"第一项农业的政策就是减租减息"。"应依政府法令实行减租减息,这是增加农民生产积极性的极其重要的方针。在减租减息后,农民对地主的负担减轻,自己的保有量增加,生产积极性就会大大增加,生产量也可增加了"。"第二项农业政策就是增开荒地。根据荒地多的地方农民认为深耕不如开荒的要求,我们应在一切有荒地的县、区、乡组织移民多开荒地,以期增产粮食”。“第三项农业政策就是推广植棉”。“政府关于推广植棉应做的工作有如下列:(1)实地分配有棉地的农户种足15万亩棉地,并帮助棉户准备棉种、肥料及种棉经验,有耕牛农具困难的给予贷款。(2)制造轧花机及轧花机零件,供给棉农,并帮助棉农修理旧机。(3)研究棉油榨法,使棉农能将400万斤棉籽榨出48万斤油来。(4)组织公私合办的棉业合作社经营轧花、打包、销售及榨油等事业。(5)奖励优秀棉农,介绍种棉、轧花等优良经验,借以增进棉农的积极性,提高种棉的数量与质量”。“第四项农业政策就是不违农时,即在农忙时允许农民停止一切无关农业的开会与动员”。“农忙时期应该停止农民群众除农业以外的任何开会与动员,借以节省人力、畜力,使之全部用到农业生产上去。必要的开会与动员,应当利用农隙”。“第五项农业政策是调剂劳动力。这里有奖励移民、劳动互助、动员妇女、动员二流子、着重优抗、生产给假、军队帮助等项办法,都是有利于劳动力调剂的”。“第六项农业政策,就是增加农贷。1942年政府放了耕牛、植棉、水利等几种贷款,受到农民的极大欢迎,帮助一部分农民解决了困难。边区农民中,有1/3缺乏耕牛农具,这是一个极大的问题”。“第七项农业政策是提高农业技术”。“从边区现有的农业技术与农民生产知识出发,依可能办到的事项从事研究,以便帮助农民对于粮棉各项主要生产事业有所改良,达到增产的目的”。“我们认为下列各项是应该做的:(1)兴修有效的水利”。“(2)推广优良品种”。“(3)鼓励从事秋开荒,秋翻地”。“第八项农业政策是实行农业累进税”。“提议政府于1943年进行人民土地的调查与登记,依次制定一种简明的农业税则,依一定土地量按质分等计算税率,使农民能够按照自己耕地的量与质计算交税数目”。①

（二）恢复和发展农业生产的政策的实施

1939 年，抗日战争进入相持阶段后，日本帝国主义把主要兵力放在敌后战场，对抗日根据地进行大规模的军事进攻，并实行经济封锁，加上国民党顽固派积极反共，使抗日根据地处于十分困难的境地，军民生活非常艰苦，加之华北地区连年发生旱、涝、虫灾，1941—1942 年，各抗日根据地财政经济情况异常困难，粮食、棉布等生活必需品十分缺乏。1939 年，国民党发动反共高潮后，不仅停发了八路军军饷，而且对陕甘宁边区实行经济封锁，使边区财政经济出现严重困难。毛泽东在谈到当时的情况时曾说：“我们曾经弄到几乎没有衣穿，没有油吃，没有纸，没有菜，战士没有鞋袜，工作人员在冬天没有被盖。”②为了克服极端严重的物资困难，坚持持久抗战，中共中央向抗日根据地军民发出了自己动手、克服困难的伟大号召，各抗日根据地军民积极响应，“用军民两方同时发动大规模生产运动这一种办法”，自力更生，艰苦奋斗，去克服这个阻碍抗日斗争前进的严重经济困难。

1939 年 2 月，毛泽东在延安生产动员大会上指出：要解决陕甘宁边区 200 万居民、4 万脱产工作人员的穿衣吃饭问题，就要进行生产运动。1940 年 12 月 25 日，中共中央在党内指示中再次指出：认真地精细地“去组织各根据地上的经济，达到自给自足的目的，是长期支持根据地的基本环节”③。在党中央的号召下，生产

① 毛泽东：《经济问题与财政问题》，苏北新华书店 1949 年印本，第 9—34 页。

② 《毛泽东选集》第三卷，人民出版社 1991 年版，第 892 页。

③ 《毛泽东选集》第二卷，人民出版社 1991 年版，第 768 页。

运动在陕甘宁边区和敌后各抗日根据地迅速开展起来。陕甘宁边区是中共中央和中央军委的所在地,部队、机关、学校的生产自给运动,为敌后各抗日根据地起了示范作用。1939年,中共中央和毛泽东发出了“自己动手、生产自给”的号召,于是边区的部队、机关、学校全体动员,积极从事以农业为中心、以集体劳动为主的生产自给运动。这一年边区的生产运动取得了很大的成绩,解决了部队、机关、学校所需的两个月的粮食,每人一套夏衣和全部冬季鞋袜。1940年2月10日,《中央军委关于开展大生产运动的指示》要求各级军政负责人,要努力领导“部队中的生产运动。开辟财源,克服困难”。并要求这一运动还应“在前线部队中广泛开展起来”。①

1941年,由陕甘宁边区开始,接着在各抗日根据地,由军队、机关、学校的人员,组成庞大的生产大军,开垦荒地,种植粮食、棉花,解决军民的衣食问题。其中成绩最为显著的是负责守卫陕甘宁边区的八路军359旅。该旅于1941年进驻南泥湾,实行战斗、生产、学习三结合,把荒无人烟、荆棘丛生、野狼成群的地方,开垦成了“到处是庄稼,遍地是牛羊”的“陕北江南”。该旅共开垦荒地26万亩,不仅实现了粮食自给,而且做到了“耕一余一”,上缴公粮250万斤。1943年9月,毛泽东、朱德、任弼时等亲临南泥湾视察359旅屯田情况,高度赞扬指战员自力更生、艰苦创业的革命精神。1943年陕甘宁边区生产自给的总额占财政总支出的64%,而取之于民的仅占36%。②

① 中央档案馆编:《中共中央文件选集》第11册(1939—1941),中共中央党校出版社1986年版,第299页。

② 陕甘宁边区财政经济史编写组等编:《抗日战争时期陕甘宁边区财政经济史料摘编·第八编·生产自给》,陕西人民出版社1981年版,第29—30页。

在晋察冀、晋冀鲁豫、晋绥、山东、华中各抗日根据地的军民在"劳动与武力结合"的口号下,一面战斗,一面生产,甚至游击区的部队也坚持生产。在十分艰苦的环境中,创造了开展大生产运动的多种形式。如人民政府发放农贷(包括贷款、贷粮、贷种子)、支援牲畜、代制农具帮助农民发展生产;派出小股部队,打击敌人,掩护军民生产;农忙季节,军队支援农民抢收抢种;等等。敌后抗日根据地部队、机关生产的成绩也很大。晋冀鲁豫部队每人种地3亩,自给一季粮食。① 抗日根据地的大生产运动,"军民两方大家都发展生产,大家都做到丰衣足食,大家都欢喜"②。正如毛泽东所指出的:"这是中国历史上从来未有的奇迹,这是我们不可征服的物质基础。"③

八路军指战员和边区政府干部积极响应中共中央的号召,自己动手,开展农业大生产运动,自力更生,自给自足,不仅大大减轻了人民负担,而且群策群力的垦荒运动和农业大生产运动也为农民进行生产自救和劳动互助树立了榜样。

在减租减息提高了农民的生产积极性后,组织劳动成为发展农业生产的中心环节。抗日民主政府积极帮助农民在自愿互利的基础上开展劳动互助。抗日根据地的农民互助合作形式,是在吸收旧有的劳动互助组织的经验的基础上形成的。但其形式和内容都起了变化。它由"农民救济自己悲惨生活的一种方法","成了农民群众为着发展自己的生产,争取富裕生活的一种方法"。④ 互助合作和劳动协作明显提高了劳动生产率。陕甘宁边区的经验显

---

① 《中国现代史资料丛刊·抗日战争时期解放区概况》,人民出版社1953年版,第65页。

② 《毛泽东选集》第三卷,人民出版社1991年版,第930页。

③ 《毛泽东选集》第三卷,人民出版社1991年版,第894页。

④ 《毛泽东选集》第三卷,人民出版社1991年版,第1078—1079页。

示,一般的变工扎工劳动,二人可抵三人;模范的变工扎工劳动,一人可抵二人,甚至二人以上。① 劳动互助对劳动生产率的提高,随即物化为农作物收获量的增长。如延安县吴家枣园村,1942 年的收获是 141.5 石,1943 年是 256.75 石,增长 81%;安塞马家沟村,1942 年的收获是 83.7 石,1943 年是 160 石,增加了 86%;淳耀白塬村,1943 年的收获比 1942 年增加了 200 石,每亩比邻村多收 7 升至 1 斗。延安念庄的变工队 1943 年收获比 1942 年增加了几乎一倍;华池城壕村 1942 年的收获是 170 石,1943 年是 280 石,增加了 60%。② 在敌后抗日根据地,还开展了以劳武结合为基础的农业互助合作运动。这种建立在个体私有财产基础上的集体劳动组织,具有奇特的创造力和镇吓力,"一经成为习惯,不但生产量大增,各种创造都出来了,政治也会进步,文化也会提高,卫生也会讲究,流氓也会改造,风俗也会改变;不要很久,生产工具也会有所改良"③。

在恢复和发展农业生产的过程中,根据地政府大力开展劳动竞赛,推广劳动模范增产经验。

1942 年 4 月至 6 月,《解放日报》连续报道了延安县柳林区第二乡吴家枣园劳动英雄吴满有的先进事迹。他勤于耕作,精于农业技术,辛勤劳动,开荒多,打粮多,缴纳公粮多,并带领全村成为模范村。边区政府表彰了他的先进事迹,并号召边区农民向吴满有学习,向吴满有看齐。1943 年 3 月 3 日,中共中央西北局向边区各地党委发出通知,要求各级党委领导和推广由安塞劳动英雄

① 《毛泽东选集》,东北书店 1948 年版,第 889 页。

② 中共西北中央局调查研究室编:《陕甘宁边区的劳动互助》(1944 年),见陕甘宁边区财政经济史编写组等编:《抗日战争时期陕甘宁边区财政经济史料摘编·第二编·农业》,陕西人民出版社 1981 年版,第 487 页。

③ 《毛泽东选集》第三卷,人民出版社 1991 年版,第 1017 页。

杨朝臣和吴满有带头倡导的生产竞赛运动。从此，各地相继出现了大批劳动模范，他们在生产运动和各项工作中起了带头作用、骨干作用和桥梁作用。他们成为团结群众、教育群众、组织群众的核心力量。并出现了一批模范村、模范乡。他们的英雄事迹，广为传播，成为人们学习的榜样，推动了边区农业生产的发展。

大力鼓励农民垦荒和移民垦荒，是根据地政府恢复和发展农业生产的又一项重要措施。

农业是国民经济的基础。日本全面侵华战争爆发后，由于战争的破坏和消耗，根据地的农业生产资料和劳动力都大幅减少，导致部分耕地抛荒和弃耕，而根据地由于大都处于经济比较落后的地区，农业是最主要的甚至唯一的产业，政府的财政和人民的生活主要依靠农业，要在基本没有外援的情况下，坚持长期抗战，就必须增加农业生产。其中开垦荒地、扩大耕地面积这种恢复和发展农业的外延方法，是增加农业收入较有效的方法。

为了鼓励农民垦荒，各根据地政府相继颁布了奖励开垦荒地的相关条例、办法。晋察冀边区早在 1938 年 2 月就颁布了《垦荒单行条例》，明确规定，“凡本边区的未垦之地及已垦而连续两年未经耕种者，不论公有私有，一律以荒地论，准许人民无租垦种”。该条例颁布实施后，成绩颇佳，仅平山、阜平等 9 个县，垦荒面积即达 15000 余亩；四专区仅 1939 年即开垦荒地 49000 多亩；自边区政府成立到 1940 年的两年中，北岳区共开垦荒地达 276000 余亩。在山多人少、劳力缺乏、条件异常艰苦的平西根据地，多年来耕地面积一直保持在 157000 亩上下徘徊，通过 1939 年的生产运动和垦荒运动，耕地面积增加到 170000 亩以上，一年之内增加耕地 13000 亩，占原有耕地面积的 8%以上。① 又据冀西、平西、晋东北

① 泉壁：《平西抗日根据地介绍》，《新华日报》1940 年 5 月 21 日。

29个县的统计,共开垦荒地19950余亩。[①]

陕甘宁边区地广人稀,除绥德分区外,其他均有大量荒地。根据地政府除号召当地农民全力开垦外,还鼓励外地农民移往边区开荒。1943年3月1日,陕甘宁边区颁布了《陕甘宁边区移民难民垦荒条例》,明确规定谁垦谁有,免税三年,三年以后仍有困难者,继续减免并酌情减免义务劳动。边区政府还帮助垦民解决耕牛、农具、种子以至口粮和所需资金。就垦移民搬迁费由政府补助,因病无钱医治可免费就医。从1941年到1943年的3年间,陕甘宁边区安置移民统计见表19-5。

表19-5 陕甘宁边区安置垦荒移民数量统计(1941—1943年)

年份	1941	1942	1943	总计
移民户数(户)	7855	5056	8570	21481
移民人数(人)	20740	12431	30447	63618

资料来源:陕甘宁边区财政经济史编写组等编:《抗日战争时期陕甘宁边区财政经济史料摘编·第二编·农业》,陕西人民出版社1981年版,第645页。

如表19-5所示,1941—1943年的3年中,陕甘宁边区共安置垦荒移民21481户、63618人。在63618人移民中,有18300多个劳动力,一个劳动力平均以耕种20亩计,即可扩大耕地面积366000亩,每亩以平均出产2斗粗粮计算,每年可收粮食73200万石。这个估计,不论是耕地数量还是粮食收获量,都是偏低的。[②] 1939年至1943年开荒面积亩数见表19-6。

---

① 张帆:《晋察冀边区的农林建设》,《晋察冀日报》1943年1月17日。

② 陕甘宁边区财政经济史编写组等编:《抗日战争时期陕甘宁边区财政经济史料摘编·第二编·农业》,陕西人民出版社1981年版,第644页。

表 19-6 陕甘宁边区开垦荒地统计(1939—1943 年)

年份	1939	1940	1941	1942	1943	总计
开荒面积(亩)	1002744	698989	481262	354768	763276.8	3301039.8

资料来源:《陕甘宁边区农业》(1945 年文件),见陕甘宁边区财政经济史编写组等编:《抗日战争时期陕甘宁边区财政经济史料摘编·第二编·农业》,陕西人民出版社 1981 年版,第 57 页。

表 19-6 显示,1939—1943 年的五年间,陕甘宁边区共开垦荒地 3301039.8 亩,其中开垦荒地面积最多的 1939 年,垦地 1002744 亩,占 5 年垦地总面积的 30.4%。有移民数据可考的 1941—1943 年的 3 年中,共垦地 1599306.8 亩,占 5 年垦地总面积的 48.4%。显然,这 3 年移民垦荒是有成绩的。

开垦荒地使边区耕地面积有了较大幅度的增加。1939—1943 年边区耕地面积的变化见表 19-7。

表 19-7 边区耕地面积变化情况统计(1939—1943 年)

(单位:亩;1939 年=100)

项目 \ 年份	1939	1940	1941	1942	1943
实数(亩)	10040319	11742082	12223344	12486937	13774473
指数(%)	100	116.9	121.7	124.4	137.2

资料来源:据南汉宸:《陕甘宁边区的财经工作》(1947 年)编制,见陕甘宁边区财政经济史编写组等编:《抗日战争时期陕甘宁边区财政经济史料摘编·第二编·农业》,陕西人民出版社 1981 年版,第 87—86 页。指数系引者计算。

在极其艰难的形势下,根据地耕地面积不仅没有减少,反而逐年增加,从 1939 年的 1004 万亩,增加到 1943 年的 1377 余万亩,增幅达 37.2%。而且这种耕地增加,并非根据地范围扩大,几乎完全是根据地人民和八路军官兵、边区政府机关干部垦荒所致。这是十分了不起的成就。

为了恢复和发展农业生产,根据地政府十分重视对农田水利的兴建修护和抗灾救灾工作。

晋察冀边区北岳区政府,为恢复和发展农业生产,特别是提高山岳地区的农业产量,利用救灾抢种之机,大办农田水利,全面“整理旧渠,开凿新渠”,“变旱田为水田”,变旱地农业为水田农业,在农田水利建设和农业种植改制方面,取得了显著成绩。据统计,1939 年水灾前,平山等 13 县整理旧渠 123 条,可浇灌农地 92264 亩;阜平等 11 县开新渠 74 条,可浇灌农地 30620 亩;曲阳等 3 县凿井 245 眼,可浇灌农地 1842 亩。[①] 1939 年水灾之后,1940 年,易县等 13 县整理大小水渠 2611 条,可浇灌农地 198759 亩;涞源等 13 县凿井 1848 眼,可浇灌农地 17053 亩。[②] 两年中,北岳区共整理旧渠 2743 条,恢复灌溉面积 291023 亩;开凿新渠 1290 条,凿井 2088 眼,新增灌溉面积 248814 亩;合计恢复和新增灌溉面积 539637 亩。仅以第五专区为例,原有水渠 1336 条,可灌溉面积 92000 亩;1940 年新开水渠 258 条,增加灌溉面积 47000 亩,比原有灌溉面积增加了 51%。[③] 在战争环境中,短短两年时间,取得这样大的成绩,十分难能可贵。冀中根据地,在数十年未有的大水灾中,根据地军民在 1940 年共抢修险工 59 处,筑堤长 528 里,封堵缺口 197 处,疏浚河道 165 里,使“冀中不但克服了 1939 年大水灾的灾害,并且得到了 1940 年的大丰收”。[④] 在太行区的蝗灾中,“参加打蝗的人,达到百余万,费工千万个,从挖卵十万斤到创造打

① 张苏:《晋察冀边区的农林建设》,《解放日报》1943 年 1 月 17 日。

② 张苏:《晋察冀边区的农林建设》,《解放日报》1943 年 1 月 17 日。

③ 张苏:《生产与合作》,1940 年 8 月 6 日在边区经济会议上的报告。

④ 《中国现代史资料丛刊:抗日战争时期解放区概况》,人民出版社 1953 年版,第 34 页。

蝗一千八百万斤的空前记录”。[①] 由于“灭蝗、治水、救灾的伟大群众运动，收到了史无前例的效果，使抗日战争能够长期地坚持下去”。[②] 各根据地政府大力组织农民兴修水利，扩大了灌溉面积。陕甘宁边区在1940—1943年水浇地面积增加74%。晋冀鲁豫边区1941年成立了“冀南水利委员会”，专管治理猪龙河系各河和漳河、卫河等。截至1943年年底，整修河岸渠系14万丈，有效地减少了因敌人利用河水决堤淹没冀南所造成的危害，增加了水田3万顷。[③]

在农业资金方面，根据地政府通过发放农业贷款，保证农业资金的供给。各地抗日民主政府给农民发放的农业贷款，内容包括耕牛、植棉、水利等，帮助农民解决农业生产中的困难。1942—1943年，陕甘宁边区逐年增加发放农业货款的金额数量。1942年发放的农业贷款为500万元，1943年增加到11978万元。[④] 晋察冀边区1942年发放春耕贷款1758294元。[⑤] 晋冀鲁豫边区太行区1943年发放农业贷款900万元、水利贷款300万元。[⑥] 山东根

① 史敬棠等编：《中国农业合作化运动史料》上册，生活 · 读书 · 新知三联书店1957年版，第480页。

② 《毛泽东选集》第三卷，人民出版社1991年版，第1041页。

③ 齐武编著：《一个革命根据地的成长：抗日战争和解放战争时期的晋冀鲁豫边区概况》，人民出版社1957年版，第169页。

④ 边区银行：《行长联席会议决议草案》（1946年10月11日），见陕甘宁边区财政经济史编写组等编：《抗日战争时期陕甘宁边区财政经济史料摘编 · 第五编 · 金融》，陕西人民出版社1981年版，第395页。

⑤ 实业处：《1942年春耕贷款总结》（1942年10月25日），见魏宏运主编：《抗日战争时期晋察冀边区财政经济史资料选编 · 财政金融编》，南开大学出版社1984年版，第780页。

⑥ 《晋冀鲁豫边区政府关于太行区下年度生产贷款的决定》（1943年9月12日），见晋冀鲁豫边区财政经济史编辑组等编：《抗日战争时期晋冀鲁豫边区财政经济史资料选编》第2辑，中国财政经济出版社1990年版，第905—906页。

据地,北海银行发放大量农业贷款,1943 年下半年至 1944 年上半年发放农业贷款 2000 万元。① 同时各行各业都从各方面支援农业。如陕甘宁边区部队帮助锄草、秋收、推磨、修水利等费人工 74600 余个,牛工 2100 余个,帮助开荒 7750 亩,赠送工具 792 件,粮 70 石,柴炭 39000 余斤,药万斤等等。② 这样,就使农业生产在人力、财力、物力上有了可靠的保障。

抗日根据地政府还因地制宜地进行了一些农业科学研究和农业技术改良工作,以提高农作物生产量。1939 年就在延安建立了农业科学研究机构——“延安自然科学院”;1940 年 2 月 15 日成立了“边区自然科学研究会”;1941 年边区政府又决定把边区农业学校试验农场与 1939 年冬成立的光华农场合并,改为农业试验场,设农艺、畜牧兽医和园艺三部分。科技人员在资金缺乏,仪器、设备极其简陋的情况下,土法上马,进行农业试验和农业技术改造:选育牲畜、果树、蔬菜与农作物的优良品种;改良作物栽培与畜禽饲养方法;防治发病率和死亡率都很高的牛瘟、驴驹泻肚、马与骡的鼻疽、羊痘、猪霍乱等畜病,取得成效,研究出了高免疫血清和疫苗,扑灭了牛瘟,基本上控制住了多发病和传染病;先后选育和推广了粟、大豆、甜菜、花生、苜蓿等粮油作物的优良品种与 41 个瓜菜良种;在畜牧兽医方面,驯化了滩羊、河南奶羊,陕甘宁边区在推广植棉新技术,在选种、育种、因地制宜种植、种植方法、棉田管理、病虫害防治,以及在棉花收获后的轧花新技术等方面做了许多工作,使棉花种植面积得到迅速的

① 朱玉湘主编:《山东革命根据地财政史稿》,山东人民出版社 1989 年版,第 193 页。

② 中国社会科学院经济研究所中国现代经济史组编:《革命根据地经济史料选编》下册,江西人民出版社 1986 年版,第 39 页。

增长。①

在敌后各抗日根据地也大力推广农业新技术。在晋察冀边区，农业专家调查研究了各地水利建设和农林状况，创造了一些新的农具，如冀中创造的水利自动机、洋式造井、改良架、摇力吸水机、水利簸箕、改良水车及磨犁机等，种类不少，并开始了纯系育种，取得了客观的成效：小麦产量增加10%，玉蜀黍增产10%—20%，茄子增产40%。初时，一些农业专家的研究、实验是分散的。1942年，各地农业专家，“由分散走向集中，实验研究由自由转到统一”，农事实验研究“取得了伟大的成绩”：在作物育种方面，首先，确定了燕大811号谷在灵寿、阜平一带的适应性，811号谷比“本地黄”（最好的谷）增收15%（标准的靠山黄每亩收397.51斤，燕大811号每亩产500斤），如全边区适用此种谷可整体增产15%；其次，显示了燕14号、15号的抗旱性，和平西的玉米在阜平、灵寿的优越性（多产100斤）。在作物栽培方面，指出了小麦在陈庄一带沙性土壤灌溉的适当次数（每年四五次），确定了甘薯插秧留芽（叶）的适当数量，指出传统留三芽、四芽的“不利”，以五六叶为“优良”。在病虫害防治方面，研究了牛瘟、猪瘟，摸清了枣树害虫“步曲”的生活史，提出了预防方法。在肥料施用和浸种防病、催芽方面，指明了黑豆绿肥的优越性，证明了温汤浸种是防止黑穗病的有效方法。经过温汤浸种者可早出芽二天，但蓖麻油、石灰、酒均妨碍发芽，硷水及尿反而增加黑穗病。在牲畜饲养、管理方面，研究了剪毛、洗羊、编号、去势、断尾及交配时间，等等。根据地农业专家和技术人员的研究、实验取得显著成效，令人瞩目。连美国花旗银行驻北平经理郝鲁，见到根据地的农场实验成绩后也

① 参见陈廷煊：《抗日根据地经济史》，社会科学文献出版社2007年版，第173—174页。

说:“这是难以想象的”。①

(三)农业生产恢复和发展成就

由于根据地政府采取了促进农业生产恢复和发展的各项政策、措施,使根据地的农业生产逐步得到恢复和发展。耕地面积扩大,粮食产量提高,棉花生产跃升,畜牧业也得到较快的恢复与发展。

陕甘宁边区1939—1943年耕地和粮食生产量逐年上升,发展情况见表19-8。

表19-8 陕甘宁边区耕地面积和粮食产量变化统计(1939—1943年)

(单位:亩;1939年=100)

项目 年份	耕地面积(亩)		粮食产量(石)	
	实数	指数	实数	指数
1939	10040319	100	1370000	100
1940	11742082	116.9	1430000	104.4
1941	12223344	121.7	1470000	107.3
1942	12486937	124.4	1500000	109.5
1943	13774473	137.2	1600000	116.8

资料来源:据南汉宸:《陕甘宁边区的财经工作》(1947年)综合编制,见陕甘宁边区财政经济史编写组等编:《抗日战争时期陕甘宁边区财政经济史料摘编·第二编·农业》,陕西人民出版社1981年版,第85—86页。指数系引者计算。

无论耕地面积还是粮食产量,都是逐年增长,1943年与1939年相比:耕地面积扩大37.2%;粮食产量增长16.8%。粮食产量

① 张帆:《晋察冀边区的农林建设》(1943年1月10日),见中国社会科学院经济研究所中国现代经济史组编:《革命根据地经济史料选编》中册,江西人民出版社1986年版,第351—352页。

增长幅度明显小于耕地面积增长幅度，其原因应是棉花等经济技术作物占用土地增加。

相对于粮食作物，棉花生产的发展尤为迅速，种植面积和产量增长幅度更大。1939—1943 年间植棉面积和棉花产量增长情况见表 19-9。①

表 19-9　陕甘宁边区棉花种植面积和产量变化统计（1939—1943 年）

（单位：亩，斤；1939 年/1941 年=100）

项目	年份	1939	1940	1941	1942	1943
植棉面积	实数（亩）	3767	15777	39987	94405	150473.5
	指数（%）	100	402.9	1061.5	2506.1	3954.5
棉花产量	实数（斤）	—	—	508131	1403646	2096995
	指数（%）	—	—	100	276.2	412.7

资料来源：据陕甘宁边区财政经济史编写组等编：《抗日战争时期陕甘宁边区财政经济史料摘编·第二编·农业》，陕西人民出版社 1981 年版，第 87 页统计表改制。指数系引者计算。

1943 年同 1939 年比较，植棉面积从 3767 亩扩大到 150473.5 亩，增长了 38.9 倍；棉花产量缺 1939 年、1940 年数据，1943 年同 1941 年比较，棉花产量从 508131 斤增至 2096995 斤，增长 3.1 倍。同期棉花种植面积从 39987 亩扩大到 150473.5 亩，增加 2.8 倍。产量增幅明显大于种植面积，亦即棉花单位面积产量有所提高，从一个侧面反映了棉花生产发展的质量。

这一期间，畜牧业和家庭养殖业也得到较快的恢复与发展，

① 《边区农业统计表》（1940—1943），见陕甘宁边区财政经济史编写组等编：《抗日战争时期陕甘宁边区财政经济史料摘编·第二编·农业》，陕西人民出版社 1981 年版，第 87 页。

牛、驴、羊等当地三大家畜的数量均有不同幅度增长。表 19-10 反映了 1939—1943 年陕甘宁边区三大家畜的数量增长情况。

表 19-10 陕甘宁边区三大家畜数量增长统计(1939—1943 年)

(单位:头;1939 年=100)

项目 年份	牛(头)		驴(头)		羊(头)	
	实数	指数	实数	指数	实数	指数
1939	150892	100	124935	100	1171366	100
1940	193238	128. 1	125054	100. 1	1723037	147. 1
1941	202914	134. 5	137001	109. 7	1714205	146. 3
1942	209684	139. 0	169966	136. 0	1873120	159. 9
1943	214683	142. 3	169404	135. 6	1923163	164. 2

资料来源:南汉宸:《陕甘宁边区的财经工作》(1947 年),见陕甘宁边区财政经济史编写组等编:《抗日战争时期陕甘宁边区财政经济史料摘编·第二编·农业》,陕西人民出版社 1981 年版,第 98 页。指数系引者计算。

1939—1943 年,牛、驴、羊三大家畜,除羊的数量在 1941 年轻微下降外,均逐年上升,1943 年与 1939 年比较:牛增长 42. 3%,驴增长 35. 6%,羊的增幅最大,达 64. 2%。整体上明显大于粮食产量的增长幅度。

各敌后抗日根据地的农业生产也都有不同程度的恢复和发展。

耕地面积不同程度地扩大。晋绥边区的兴县,大量荒地被开发,耕地面积明显扩大。1941—1943 年,垦荒面积逐年递增,3 年累计垦荒达 69370 垧,耕地面积从 1940 年的 390000 垧增加到 1943 年的 498296 垧,增幅达 27. 8%。① 晋察冀边区,耕地面积扩

① 沈越:《兴县今年的春耕运动》(1944 年 8 月 31 日),见晋绥边区财政经济史编写组等编:《晋绥边区财政经济史资料选编·农业编》,山西人民出版社 1986 年版,第 262 页。

大了 1823933 亩。晋冀鲁豫边区在开展大生产运动后，太岳区 9 个县 1943 年扩大耕地面积 123492.87 亩。①

荒地的开垦，耕地面积的扩大，农田水利的兴修，为农业生产提供了基础条件，直接促进了农业生产的发展。1943 年太岳区 9 个县随着耕地扩大，当年增加农业产量 49397.148 石。② 植棉面积也明显增加，晋西北 1941 年植棉 32000 亩，1942 年增至 56000 亩，1943 年更增至 71000 亩，3 年间扩大 1 倍多。兴修水利更直接促进了农业的恢复、发展和土地产量的提高。据估计，仅因兴修水利而每年增产粮食就约有百万担以上③。

畜牧业和家庭养殖业也有某种程度的恢复、发展。晋察冀边区的平山等 4 个县，1941 年至 1943 年，新增加牛 2408 头、驴 1691 头、马 293 匹、羊 20170 只、猪 29837 头，做到了平均每 5 人养一头猪，每人养一只鸡。④

随着农业生产的恢复和发展，农民生活也得到一定程度的改善。据 1942 年 8 月 7 日《解放日报》关于华池县群众生活情况的报道，华池县人民的生活“已经大大地改善了”。房台区三乡二村革命前有 30 户，其中佃农 16 户、贫农 14 户，共有土地 350 垧，“过着被高利贷重利盘剥的生活”。1942 年该村共有居民 37 户，其中

---

① 《太岳区 1943 年春耕生产工作总结》(1944 年 1 月)，见晋冀鲁豫边区财政经济史编辑组等编:《抗日战争时期晋冀鲁豫边区财政经济史资料选编》第 2 辑，中国财政经济出版社 1990 年版，第 131 页。

② 《太岳区 1943 年春耕生产工作总结》(1944 年 1 月)，见晋冀鲁豫边区财政经济史编辑组等编:《抗日战争时期晋冀鲁豫边区财政经济史资料选编》第 2 辑，中国财政经济出版社 1990 年版，第 131 页。

③ 史敬棠等编:《中国农业合作化运动史料》上册，生活 · 读书 · 新知三联书店 1962 年版，第 357 页。

④ 魏宏运主编:《抗日战争时期晋察冀边区财政经济史资料选编 · 农业编》，南开大学出版社 1984 年版，第 328 页。

新兴富农2家、中农24户、贫农6户,另有“缺乏劳动力”的佃户5户,系移来的难民。全村共有大小耕牛75头、驴66头、羊990只,“其他猪鸡等每家都有”。① 如不计外来的5户难民,从阶级成分看,原来30户村民几乎全是贫农(除14户贫农外,佃农绝大部分也是贫农或“帮工式”雇农)。1942年32户村民中,中农、富农已占81.3%,贫农只占18.7%,即不足1/5。农民基本“中农化”。家畜占有方面,按本村32户村民计算,平均每户有牛2.3头、驴2.1头、鸡30.9只。这种情况在根据地建立和民主改革前是完全不可想象的。另据太行区一分区(包括晋东和晋西)和(顺)东、昔(阳)东、平(定)东、内丘、临城、赞皇、井陉等7县7个典型村4414户的调查:1942年总收入折米38832.32石,每人平均2.21石;1943年为47325.33石,每人平均2.9石。②

作为陕甘宁边区政治中心的延安,农村更是到处呈现一片丰衣足食、喜庆祥和的景象。据1943年6月16日《解放日报》报道:“延市农家丰衣足食——康树德家业旺盛食饱衣暖,刘雨云多打粮食积谷满仓。”延安“其他各区农家,也过着丰衣足食,愉快美满的生活”。同月18日《解放日报》还报道,“加紧生产,努力劳动的结果,已使延市各阶层人民的生活日益改善”。③ 另据固临④更乐区康家村调查,“革命前人民苦不堪言,现在已做到耕二余一”。1943年农业大丰收,粮食产量比1942年增加24%,全村全年人口和牲畜共用粮125石,出公粮16石。除开支外,还余细粮62.7

---

① 《华池县群众生活改善》,《解放日报》1942年8月7日。

② 晋冀鲁豫边区政府调查研究室编印:《太行区一九四四年国民经济调查初步研究》,韬奋书店发行。

③ 《各阶层人民生活蒸蒸日上》,《解放日报》1943年6月18日。

④ 固临县位于延安东南,距离延安城100多公里,属于陕甘宁边区和国民党统治区交界地带,历经多次行政区划变迁,县治名称今已不存。

石，比 1942 年增加 15%，做到了“耕二余一”，亦即耕种二年可供三年需用。①

四、根据地工业生产发展

抗日战争进入相持阶段，由于日本帝国主义的残酷“扫荡”和严密封锁，加上国民党顽固派与日本侵略者沆瀣一气，消极抗日，积极反共，根据地军民日常生活所需工业品、手工业品严重短缺。同时，反“扫荡”和抗击日本的武装战斗及游击战愈加频繁和残酷，武器弹药和器材的消耗大大增加，短缺程度愈加严重。在这种情况下，根据地军民唯一的办法是自己动手，恢复和发展工业、手工业生产，满足日常生活用品和军用物资、武器弹药的供应。根据地党政领导和全体军民，齐心合力，实事求是，因时因地制宜，制定和适时调整发展工业的方针政策：在所有制和企业性质方面，正确处理、调整私营和公营、军营和民营的比例关系，军事工业直接由军区掌管，鼓励私人企业的发展；工厂建设、分布方面，因地制宜，采用小规模、分散式生产模式，成功躲避敌人的“扫荡”、破坏；生产经营和管理方面，亦军亦工，军办、民办并举，公有、民营相结合，吸收职工参与工厂管理；工资报酬方面，实行计件工资、超额奖励制度，充分调动职工的生产积极性；等等。

在上述方针政策的指引下，根据地军民克服资金、原材料和技术人才等方面的重重困难，因陋就简、就地取材，从无到有、从少到多，在各个根据地创立起一大批中小工厂，行业涵盖煤炭、冶金、机

① 陕甘宁边区财政经济史编写组等编：《抗日战争时期陕甘宁边区财政经济史料摘编·第九编·人民生活》，陕西人民出版社 1981 年版，第 84—90 页。

械、石油、化工、制药、棉毛纺织、被服、造纸、印刷、陶瓷、肥皂、面粉等重轻工业行业,初步建立起最基本的工业体系,改变了落后的根据地山区在工业方面一穷二白的落后面貌,不仅满足抗日战争和民众物质文化生活的基本需求,还扩大了根据地人民的就业范围,有力地支持了抗日战争,保证和改善了人民生活。

(一)发展工业的方针政策

各抗日根据地为了尽快发展工业,建立最基本的工业体系,改变在工业方面一穷二白的落后面貌,满足抗日战争和民众物质文化生活的基本需求,相继提出了发展工业的方针、政策、措施和办法。

陕甘宁边区发展工业的方针、政策、措施,有一个明显的变化和完善过程。1940 年拟定的工业建设方针和任务,是要求在生产上达到"半自给",并确定以发展轻工业为主。[①] 1941 年后,陕甘宁边区开始立足于建立较为完整的工业体系,"下决心自己动手,建立公营经济,奖励私营工业的发展",具体措施包括:(1)奖励并保护内外工业实业家到边区投资,发展各种工业,并帮助发展家庭工业和生产合作事业。政府对于工业予以免税及低利贷款的奖励和帮助,并设法提高工人的劳动热忱,以增加生产,使工业资本家有利可图并扩大其生产规模。(2)政府办理有供给和提倡作用的工业,造就便利发展私人工业的条件,以帮助发展私人工业,并帮助解决抗日战争和民生的需要。(3)组织政府机关、部队,利用业余时间帮助发展工业,并保证工业品自给。(4)奖励农民提供工

① 毛泽东:《经济问题与财政问题》(1942 年 12 月),见陕甘宁边区财政经济史编写组等编:《抗日战争时期陕甘宁边区财政经济史料摘编·第三编·工业交通》,陕西人民出版社 1981 年版,第 19 页。

业原料，便利工业的发展，并组织工业品展览，实行工业奖励和竞赛，以鼓励发展在“分散经营，统一领导”原则下，巩固发展公营经济，合理进行生产自给。① 1942 年，建设厅确定“巩固现有工厂，发展农村手工业”的方针；1943 年进一步提出“为争取工业品全部自给而奋斗”的方针。

晋察冀边区政府在日本加紧对边区的经济封锁、严禁日用品和军用品输入的情况下，于 1940 年秋季，提出了“争取边区工业品的自给自足”②的口号，并鼓励技术的发明创造，号召边区广大军民，充分利用边区的土产原料，生产各种日用必需品，打破敌人的经济封锁。为了加强对工业生产的领导和促进生产技术的提高，边区政府于 1940 年 9 月 24 日成立了工矿管理局。

晋冀鲁豫边区 1941 年 8 月 16 日提出了“发展工业生产走向自力更生”的方针和“三年实业建设计划”。在工业建设上，“以造成自给自足为主要目的”。具体要求如下：主要纺织品的自给自足；主要文化用品的自给自足；大量发展制造药材；制造肥皂、电池、硫酸及玻璃、瓷料。完成以上任务的先决条件在于大量进行工具的制造，发展必要的煤铁生产，培养技术职工，建设市场，以利于工农业生产的交流。③

① 《关于边区经济建设之报告书》（1941 年 10 月 4 日），见陕甘宁边区财政经济史编写组等编：《抗日战争时期陕甘宁边区财政经济史料摘编·第三编·工业交通》，陕西人民出版社 1981 年版，第 22—23 页。

② 《为争取边区工业品完全自给而继续努力》，《晋察冀日报》1941 年 6 月 14 日。

③ 《发展工业走向自力更生》，《刘岱峰参议员谈三年实业建设计划》，见晋冀鲁豫边区财政经济史编辑组等编：《抗日战争时期晋冀鲁豫边区财政经济史资料选编》第 2 辑，中国财政经济出版社 1990 年版，第 172、176 页。

(二)陕甘宁边区工业生产发展

陕甘宁边区在抗日战争初期,延安先后建起了纺织、造纸、被服、农具、制革、制鞋、石油、制药等若干工厂,不过规模很小,设备落后,尚处于起步阶段。

抗日战争进入相持阶段后,陕甘宁边区的工业有了新的发展。工业门类、工厂数量、工业产量、生产技术都有新的变化。1940 年 1 月,边区举行第二次工业展览会,工艺实习厂建立了分厂,军事工业部分调往前线服务;造纸厂试验用马兰草造纸成功;植物染料的研究开始进行,并开始收集制造玻璃用的原料。1941 年 9 月,朱德提倡纺毛运动,开始发展毛纺织业。与 1939 年比较,毛纺织业又有新的进步,厂、社已发展到 33 个,职工约 1000 人,纺织业已能年生产大布 14700 匹,产量增加 105%。

1941 年,国民党对边区加紧封锁,外援完全断绝,更迫切需要发展自给工业。由边区政府拨款 70 万元,银行贷款 300 万元,作为工业生产资金,并举行了第三次工业展览会以刺激自给工业的发展。机关、部队、学校纷纷筹设工厂。359 旅抽调百余名勤务员做学徒,建立大光纺织厂、大光肥皂厂。这些工厂除自给外,尚有部分产品在市场上出售。另外开木厂二个、铁工厂三个、榨油厂一所、盐井一个等等。同时动员战士业余学习纺毛,编织用具,进行各种手工业生产。机关学校和中央系统、后勤系统,抽调勤务员、通讯员到难民工厂学习纺织,兴办了十多个纺织工厂及被服、制鞋、煤炭、木工、造纸、磨坊、榨油、丝织等许多手工业工厂及手工作坊,其中中央系统 27 个、后勤系统 19 个。在迅猛发展时期,曾有过纺织厂(社)36 个,职工 2400 多人;造纸厂 12 个,职工约 400 人;石油厂 1 个,职工 84 人;化学厂 11 个(皮革 5 个、制药 2 个、酒精 2 个、肥皂 2 个),职工共约 300 人;机械修理、打铁厂共 6 个,陶窑4个,面粉、赶毡、麻绳厂等7个。以上共计厂、社97个(此处原资料计算有误,分项合计为90个),大部分为机关、部队所创办,全体职工达7000人。

1942年建设厅提出:“巩固现有公营工厂,发展农村纺织业”的方针,除建设厅增设关中铁厂外,工厂总数减少1/3,中央系统工厂由27个减至19个,纺织厂总数由97个减至62个。工厂数量虽减,但经营质量提高。为了保护和促进纺织业的发展,边区政府将棉花、棉纱(原料)的进口税降低至1%,而布匹(成品)的进口税增加至15%。银行投资200万元在绥德组织“永昌土布产销公司”发放棉花,收购棉布,以合作方式奖励、发展农妇纺织,使棉纱的质量日渐提高。在正式提出“公私兼顾”政策以后,为了帮助私营工厂的发展,政府实行投资并采取订货办法,保证它们20%的利润,使私人企业如米脂民生纸厂、万合毛纺厂等亦与公营企业同步发展。这时,纺织、造纸工具已能全部自制自给,制造基本化学工业品所需的机器已开始装置,火柴制造已开始研究。与1941年比较,1942年工业更加稳步发展。纺织业年生产能力达到22000余匹,比1940年增加49%。造纸已够书报印刷之用。肥皂自给有余。为了进一步调动工人的生产积极性,边区总工会总结了生产竞赛运动的经验,于1942年秋,奖励了特等劳动英雄赵占魁,开展了学习赵占魁的运动,进一步促进了边区工业的发展。

1943年,边区政府贯彻执行毛泽东于1942年在边区高级干部会上提出的“发展经济,保障供给”的总方针,边区公营工业有了新的发展,公营工厂总计达到82个,其中:纺织厂21个、造纸厂12个、被服厂14个、炼铁厂3个、印刷厂4个、肥皂厂2个、火柴厂1个、陶瓷厂4个、皮革厂3个、纸烟厂1个、制药厂2个、机械修理厂3个、机器工具厂4个、木工厂7个、石油厂1个。另外还有煤窑6个、油坊9个及其他小型作坊未统计在内。增加职工人数

6300多人。重工业与化学工业取得显著成绩。机器制造业为印刷、造纸、皮革、玻璃、肥皂及部分纺织业,制造和改造了工厂装备;石油生产增加三倍。边区第一铁厂和基本化学工业的创立,玻璃与陶瓷业的初步成就,为边区工业的发展建立了自给的基础。轻工业也取得了新的发展。纺织工业:产布33000匹,比1942年增长近50%;造纸工业:1940年产纸833令,1941年2174令,1942年4983令,1943年达到5671令,较1942年增长14%;印刷工业:中央印刷厂生产量比1942年增长8%;肥皂业:新华、大光二厂共生产肥皂546855条,其中新华厂生产482588条,比1942年增长55%。

由于开展了学习赵占魁运动,工业劳动生产率明显提高,生产成本降低。如化学厂在减少职工27%后,产量提高了55%;其中,熬碱组自8月以后,在平均每人每天碱产量提高一倍(从原来的11斤提高到22斤)的基础上,节约生碱9000多斤、石灰9000多斤、石炭19000多斤。

私营工业和合作社工业也得到较快发展。私营工业中有规模较大的万合毛厂、民生纸厂、元华工厂等。手工业作坊遍地林立,仅以陇东分区、延川、固临、鹿县、吴堡、盐池、定边、延安等13县的手工作坊为例,统计见表19-11。

表19-11　延安、靖边等13县手工作坊统计(1942—1943年)

项目 类别	1942年		1943年		增长(%)	
	作坊(个)	工人(人)	作坊(个)	工人(人)	作坊	工人
毡坊	26	91	49	145	88	59
鞋铺	29	51	33	85	14	67
成衣铺	10	23	32	74	220	222
毛口袋坊	18	92	36	152	100	65
皮坊	33	149	72	338	118	127

续表

类别＼项目	1942 年		1943 年		增长（%）	
	作坊（个）	工人（人）	作坊（个）	工人（人）	作坊	工人
染坊	45	72	92	201	104	179
木工作坊	40	131	69	216	73	65
铁匠铺	63	169	101	336	60	99
钉掌铺	12	37	14	42	17	14
铜匠铺	7	10	9	19	29	90
粉坊	63	106	43	85	-32	-20
油坊	45	149	73	237	62	59
其他作坊	5	18	19	54	280	200
总计	396	1098	642	1984	64	81

资料来源：建设厅：《一九四二年工业统计表》（1944 年 4 月 1 日），见陕甘宁边区财政经济史编写组等编：《抗日战争时期陕甘宁边区财政经济史资料摘编·第二编·工业》，陕西人民出版社 1953 年版，第 596 页。

在全部 433 个合作社中有 233 个工业生产合作社。兼营工业的有安塞枣湾纺织社、固临安河纺织合作社、米脂民办纺织合作社等。这些合作社工业产品优良，很有成绩。总之，公营工业、私营工业、合作社工业三种形式，在边区政府的扶持和支持下共同发展，这是边区自给工业发展的一个重要特征。①

（三）晋察冀边区工业的发展

1940 年以后，日本加紧对边区的经济封锁，严禁日用品和军用品输入根据地。晋察冀边区政府于 1940 年秋季提出“争取边区

① 高自立：《陕甘宁边区自给工业发展的特点》（1944 年 5 月 24 日），见西北五省区编纂领导小组、中央档案馆：《陕甘宁边区抗日民主根据地·文献卷·下》，中共党史资料出版社 1990 年版，第 272—280 页。

工业品的自给自足"①,鼓励技术的发明创造,充分利用边区的土产原料,生产各种日用必需品。1940年9月24日成立工矿管理局,增添了设备,扩大了生产。增设了一批新厂如工具厂、窑业厂、酒精厂、第二造纸厂、皮件厂、纺织厂、化工厂以及唐县迷城煤矿等,边区公营工业从此有了较大的发展。

边区政府决定首先建立工具厂,制造和修理工具,以满足群众生产和生活的需要。利用边区出产的棉花、羊毛和牛羊皮等工业原料,建立纺织工业。扶植各种家庭手工业和小作坊的发展。集中了原来实业处的技术力量并广泛招请各地的知识分子,成立了工矿管理局技术研究室,专门进行各项技术研究和生产试验。研究室成员下到各厂,负责工厂的筹建和管理,在生产和科学试验方面都取得了很大成绩。

主要工厂的建设和生产经营情况如下:

工具厂:1940年10月建厂,资金1941年为8.5万元,1942年增为9.5万元。职工约80余人。产品主要有:纺车、秤、铁锅以及短枪等。还生产一部分仪器和供给酒精厂、工矿管理局技术研究室所用的铁、木质器具。工具厂用的切削工具和钢铁材料,少数是从敌占区购进,绝大多数都取材于敌占区的铁路钢轨。民兵破坏敌占区铁路后,将铁轨加工成工具钢和钢材使用。炼铁需要焦炭,焦炭的原料——烟煤,产地为日本所控制,来源困难。工具厂的技术人员经过研究试验,采用边区的无烟煤炼铁成功,解决了铸造工具的燃料问题。

窑业厂(包括玻璃厂):1940年10月建立,资金1941年为5000余元,1942年资金扩大为13000余元,主要生产各种陶瓷用具——盆、碗、缸、磁瓶、磁头、帽花等。1942年6月,制成了高温

① 《为争取边区工业品完全自给而继续努力》,《晋察冀日报》1941年6月14日。

耐火熔罐,以石英为原料烧制玻璃成功。生产玻璃器皿——玻璃灯罩、药瓶、玻璃管、注射针管等。同时也为军区硫酸厂和化学厂生产玻璃试管,支援了军工生产。

酒精厂:1940 年 10 月建立。利用当地盛产的红枣为原料,酿酒并烧制酒精。年产 70 度、80 度、90 度的酒精万余磅,供给部队医疗部门和各生产单位使用。

第二造纸厂:1941 年 1 月政府投资 1 万余元,建立了第二造纸厂,年产麻纸 2200 刀。

皮件厂:1941 年 3 月建立,以制革厂鞣制出的各种皮革为原料,缝制各种皮件——皮球、篮球、皮带、背包、枕套、马具等。

纺织厂:政府投资 4 万余元,1940 年筹备,1941 年 6 月建成投产。该厂以试验为主,主要进行技术推广,帮助群众发展纺织业。产品有棉背心、腰带、枪带、袜子等。1942 年停止织造背心和袜子,改为以梳纺羊毛为主,生产毛衣和线毯。

唐县迷城煤矿:1942 年边区政府投资 4.5 万元,当年 2 月投产开采。

化学厂:为解决煤油缺乏问题,工矿管理局技术研究室人员反复试验,从植物油中提炼煤油代用品,并获得成功,1942 年 4 月成立化学厂,从植物油中提炼原油,产品有润滑油、灯油、轻油、重油和煤油。每百斤植物油可分馏出原油 65—71 斤,重油 10 余斤;原油中可提炼出与普通煤油效用相等的燃油 30 余斤,汽油代用品 10 余斤,机油 20 余斤,为军事工业及机械加工工业提供了动力燃料。同时还利用炼油副产品生产电池,铅印油墨和肥皂等产品。①

① 赵北克:《边区工业发展的报告稿》(1942 年 11 月 20 日),见魏宏运主编:《抗日战争时期晋察冀边区财政经济史资料选编·工商合作编》,南开大学出版社 1984 年版,第 280—295 页。

边区政府贸易局、晋察冀日报社等单位,也根据需要创办和经营了若干工厂企业,如毛纺厂、被服厂、印刷厂、造纸厂等等。边防、管理比较稳固的专区、县域还投资兴办了一些小手工作坊,如行唐、阜平、繁峙等县办的毛织作坊,灵寿、平山、五台和阜平等县筹建了若干油坊,等等。

1942年1月17日,边区政府召开了工矿、农牧、贸易三局联席会议,对公营工业作出了以下决定:(1)整顿公营工业的经营管理,改变公营工厂"机关化、部队化,头大脚轻,指挥员多,战斗员少,不适合小商品生产的经营方式",规定厂矿的指挥员要直接参加生产;(2)要求各厂要分散经营,小规模地经营;(3)工农商密切结合,把原料、制造和消费联系起来;(4)工矿局所属各厂以解决民用为主。公营工厂于1942年年初进行了调整,主要内容是,明确工厂的性质和归属:工厂尽可能让私人开办,必须公营的仍由工矿局领导;属于军事工业的工厂交由军区经营,工矿管理局所属的皮革、酒精、皮件及第二造纸厂也移交军区经营管理。同年八九月间,为加强军工生产力量,边区工矿管理局副局长张珍带领部分技术干部深入军事工业部门调研,张珍调任军事工业部副部长,工矿管理局所属的窑业厂(玻璃厂)、纺织厂、化学厂以及唐县迷城煤矿等,均移交军区经营。工矿管理局经营的公营厂矿只余工具、造纸及炭灰铺煤矿三处。①

公营工业在初办时期总是赔钱,以后逐渐改为由政府投资,而交由工人合作经营,工厂与工人利益直接挂钩。同时,一些公营厂矿不断改进管理制度,使生产明显提高。晋察冀日报社印刷厂,在胡锡奎社长的领导下,对工厂管理进行整顿,改革工资制度。因为

① 参见张苏:《在农林工矿贸易三局第一次会议上的报告》(1942年1月30日),见魏宏运主编:《抗日战争时期晋察冀边区财政经济史资料选编·工商合作编》,南开大学出版社1984年版,第110—121页。

原来的工资制度存在严重的平均主义毛病，技术进步受阻，于是决定改为固定工资与超额计件工资两种。固定工资的评定标准，根据技术等级（分为三级）而有差别。超额计件工资，对每个工人每天提出不同的生产数量要求，超过定额的产品给以相当于固定工资每件应得额的10倍的工资。在改进工资制度的同时，在管理方面也注意吸收工人参加。“由厂长、职工会代表、工人大会代表直接选举代表，共同组织管理委员会”。“管委会的主要任务，是集中工人的意见，讨论工厂行政管理方案，兴举事项，某个时期的生产计划等等问题。这些问题由管委会决定后，再交由厂长执行，日常工作仍由厂长处理，各委员则只执行委员会所委托的任务”。①

随着游击战争的深入发展，八路军的枪支弹药严重短缺，军区司令部决定成立军事工业部，扩大设备，自己制造枪支弹药。1939年4月，晋察冀军区军事工业部成立时，组建技术研究室。技术队伍大部分是理工大学的毕业生，有的还是留日、留法勤工俭学回国的，最多时有20多人。他们担负着军工产品的研制工作，平时的工作岗位在各兵工连，与各连干部、工人一起精心钻研，同吃同住同劳动，把所学的科学理论与边区的实际相结合，用边区的原材料和土设备，生产出各种弹药的材料和成品。

军区军工部组建后，先后建成11个军工生产连（亦称厂或所，原有文献中，仍有称“修械所”的），后又建立三个化学厂和两个矿工队。根据军区司令部关于“集中领导，分散生产，小型配套，就地取材”的方针②，各兵工厂分散在易县、完县、唐县、曲阳、

① 《在改进中的报社工厂》，《晋察冀日报》1944年5月19日。

② 刘再生：《抗日战争时期晋察冀边区的军事工业》（1941年5月20日），见魏宏运主编：《抗日战争时期晋察冀边区财政经济史资料选编·工商合作编》，南开大学出版社1984年版，第32—47页。

阜平、平山等县山区,敌人"扫荡"不易到达的偏僻山村或小山沟,十分隐蔽,但水源可供生产需要;工厂规模小,遇敌来犯,可随时掩藏或转移设备。虽然敌人"扫荡"频繁,但军工生产的损失很小。

军工部所属各厂的建立,分为两批:一批是在1940年10月以前,对军区各修械所进行调整充实,逐步由修械转向制造;另一批是为了适应反"扫荡"的需要,于1940年11月在河北平山县一带建立"总厂",下设军工连。1941年年底,军工部所属各连产品只能供给正规部队的一部分,游击队还不能供给。"但各地武委会爆炸组很多,工兵所用手榴弹、地雷均由爆炸组供给,自1940年春季'扫荡'后,当时还能为了组织武装开展爆破运动,曾发展了很多民间军事工业"。① 军事工业部成立后,各军工连有明确的分工:一、二、三、四连制造步枪,六、七连制造手榴弹,五连复装子弹。军工产品主要是制造手榴弹(包括生产黑火药)、复装子弹和仿造捷克式步枪,1940年1月开始试制硫酸。

手榴弹厂的生产流程,有明确的分工协作。一般分为翻砂股——铸手榴弹壳,木工组——制手榴弹把,制药组——生产黑火药。军工部制造手榴弹的第六连,成立初期月产量在三千枚左右。生产规模较大的是边区政府的制造所(亦称手榴弹厂,制造2号、3号手榴弹),到1940年10月共制造出2号手榴弹53147枚,3号手榴弹304199枚,圆形弹1723枚,地雷71个。② 聂荣臻说:"在军事工业方面,我们注意手榴弹和刺刀的制造,日

① 吕正操、程子华:《关于军事工业情况的报告》(1942年12月4日),见魏宏运主编:《抗日战争时期晋察冀边区财政经济史资料选编·工商合作编》,南开大学出版社1984年版,第103—104页。

② 仓夷:《1940年边区实业建设的成就》(1940年12月30日),见魏宏运主编:《抗日战争时期晋察冀边区财政经济史资料选编·工商合作编》,南开大学出版社1984年版,第247页。

本鬼子对手榴弹是相当怕的，特别在山地里，正规军可以用，游击队、老百姓也可以用，它的效力很大，是用来解决战斗最好的东西。我们制造两种手榴弹，一种是普通的，一种是小的，可以掷六七十米远。”①

原料短缺是边区军工生产面临的突出问题。晋察冀边区军民采用就地取材、自力更生的办法，解决了军工原料问题。边区工业仿造的步枪，其主要原料——钢铁，来自铁路上的钢轨。游击队将其破坏后，向根据地内输送。这些钢轨经过锻打车铣之后，可制成枪筒、炮筒、掷弹筒、枪栓、子弹匣，性能很好。据抗战两周年的战绩统计，抗战两年来共破坏铁路达 177 里又 92 段。边区行政委员会向军区发出公函说：“边区军需工业的生产及农具的补充，均须使用大量钢铁。……请令各游击队配合地方机关不断进行破坏铁路并大量发动民众向内地搬运。为提高民众搬铁情绪，由各专员公署负责给价收买，每斤 5 分，以资鼓励”②。

军工生产所需要的其他原料如火硝、棉花等，边区政府采取措施，保证供给。硝盐，冀中产量很多，1940 年 3 月 4 日，冀中政治主任公署发令，“迅速调查所属硝盐产地，发动民众大量熬制，并请富有熬制硝盐经验之人士研究提炼硝质及精制方法”③。“各工厂都能够以自给原则来解决一部分军事器材和原料问题。我们的

① 聂荣臻：《晋察冀边区的形势》（1940 年 2 月 28 日），见魏宏运主编：《抗日战争时期晋察冀边区财政经济史资料选编 · 总论编》，南开大学出版社 1984 年版，第 78 页。

② 《晋察冀军区关于奖励搬运铁轨的通知》，见魏宏运主编：《抗日战争时期晋察冀边区财政经济史资料选编 · 工商合作编》，南开大学出版社 1984 年版，第 24 页。

③ 《冀中政治主任公署令》（实字第十号），1940 年 3 月 4 日。

铁和铅及硫酸可以做到不是舶来品”①。在军区成立三周年纪念总结大会上总结了军工生产情况:“一般的工厂都完成了生产计划,超过计划的占34.3%,按时完成的占53.7%;没有完成计划的占12%。”②军工生产“创造出来的枪支送到前线得到战士们的称赞,他们创造出来的手榴弹给战士在火线上以百倍的信心。而每次歼灭敌人的最后解决战斗的,就是工人创造出来的各色手榴弹”③。

五、根据地商业发展

抗日战争进入相持阶段后,日本加强了对根据地的经济封锁,根据地物资供给和商业流通产生极大困难。为了突破敌人经济封锁,保证根据地的物资供应和人民的正常生活,边区政府根据各自的地域环境和经济状况,制定相应的商业政策和措施,基本方针是外紧内松,“对外调剂,对内自由”;坚持原则,灵活多样,以多种方式进行对敌占区的贸易,开展对敌贸易斗争。奖励边区内地剩余土产出口,从敌占区、游击区换回必需品。为了争取对外贸易的主动,必要时实行“以货易货”,以求得输出入的调整与平衡。在商业体制、组织方面,巩固、发展公营商店的同时,保护、鼓励和扩大

---

① 张平凯:《晋察冀边区之军事工业》(1941年6月25日),见魏宏运主编:《抗日战争时期晋察冀边区财政经济史资料选编·工商合作编》,南开大学出版社1984年版,第29页。

② 张平凯:《晋察冀边区之军事工业》(1941年6月25日),见魏宏运主编:《抗日战争时期晋察冀边区财政经济史资料选编·工商合作编》,南开大学出版社1984年版,第29页。

③ 张平凯:《晋察冀边区之军事工业》(1941年6月25日),见魏宏运主编:《抗日战争时期晋察冀边区财政经济史资料选编·工商合作编》,南开大学出版社1984年版,第29页。

私人商业和合作商业,建立和扩大集市贸易,恢复和繁荣根据地经济,有力地支持了抗日战争。

(一)抗日根据地商业政策

为了适应抗日战争进入相持阶段后的新形势,突破敌人经济封锁,根据地政府提出了新的商业政策。1941 年 7 月 1 日,陈云起草的《陇东贸易分局工作须知》,提出了“对外调剂,对内自由”的商业政策。“对外调剂”,就是有计划地奖励边区内地剩余土产,如食盐、药材、皮毛、毛毡、毛口袋、军毡、毛线、猪鬃、马尾等的收集与运销出口,换回必需品或无代替品,如布匹、棉花、文具、纸张、机器、工具、原料、材料、钢、铜、铁、军用品、医药品等,运进边区内地,并严禁毒品(如鸦片)和限制奢侈品(如纸烟、酒、雪花膏、香皂、香粉等)与迷信品(如烧纸、香火等)运进边区内地。同时,限制边区内地食盐、布匹、棉花等必需品出口,并且最好先以剩余土产运出口去换回必需品进来,即先争取对外贸易之主动,打破法币买货观念,实行“以货易货”,以求得输出入的调整与平衡。“对内自由”,就是在不违反政府法令的前提下,不问边区内地商人或老百姓,也不问边区外面的商人或老百姓,都有在边区内地做买卖的自由。政府不但不用国家资本或权力来统制和垄断,并且还要帮助公私商业及消费社的发展,特别是奖励和保护私人商业的发展(《陕甘宁边区施政纲领》第十一条已明确提出)。使他们有货买、有钱赚,这是不限制自由。同时,也不放任自流,任商民囤积居奇,抬高物价,破坏金融秩序。如果发生这种现象,贸易局不仅用政府法令来严格纠正,并且也要健全与壮大消费社和集中公营商业力量从中起调剂作用,以打破私人操纵居奇。总括来说,“对外调剂”,正是为了“对内自由”。只有这样才能促进工农商业向上发展,以求得生产品与消费品达到自给自足。反之,如果没有“对外调剂”,任其自流式的入口,什么东西都运进来了,也就是边区所需要的东西运不进来,或运进来也是很少的,反而边区不需要的货物大量运进来了。这样,边区内部生产与消费都失掉了保障。“对内自由”因此也谈不到了,这样看来,两者是统一体,相辅相成,缺一不可的有机整体。陈云总结说:“这个政策的目的是:对外‘以有易无’吸收必需品进口,来发展与提高工农业生产,并保障边区内部军民的需要,来完成‘抗战建国’的大业。同时对内发展与保护私人商业,并健全与扩大合作社力量和集中公营商业的领导,使它们在商业上起调剂作用,促使边区商业资本向合理的方向发展为其最终目的。”①

“皖南事变”后,顽固分子对边区实行物资与金融封锁的政策。太平洋战争爆发后,物资封锁进一步加剧,并用倾销法币套取边区物资。对此,根据地政府确定的对外贸易政策是:(1)实行完全统一公营的对外贸易。建立物资局,将盐业、特产、贸易局、光华商店统一合并于物资局,由物资局建立对外贸易网,对外贸易负完全责任。一切有对外贸易关系的大的公营商店,完全受物资局的领导与委托,在物资局的统一计划下,执行一定的对外贸易任务。私人的出入口商,由物资局及其支店密切联系,给以出入口的任务,保障其供给,帮助其发展。(2)统一经营出入口的主要物资是对外经济斗争的物资基础。盐的部分统销,完全由物资局下的盐业公司负责,各部队机关所驮之盐,必须经过盐业公司出卖,不准私卖。(3)扩大对外贸易范围,展开经济统一战线,向边区周围展开贸易关系,不但要利用出入口商人、脚夫的关系,努力争取他们

① 陈云:《陇东贸易分局工作须知》(1941年7月1日),见陕甘宁边区财政经济史编写组等编:《抗日战争时期陕甘宁边区财政经济史料摘编·第四编·商业贸易》,陕西人民出版社1981年版,第111—112页。

给以方便，认真以互惠原则，采取各种方式（公开的、秘密的、上层的、下层的），在各方面展开经济统一战线工作，发展了边区四周的贸易，使我们争取主动，出入自如，不被束缚。(4)争取出入口平衡与物物交换的相对等价。①

边区政府还制定内部市场政策与实施原则：第一，调剂物资与调整物价；第二，扶助与依靠中小商人，繁荣市场，稳定物价；②第三，国家资本在内地商业中必须占主导地位。对国家资本与私人资本相互间关系的方针，国家资本与私人资本共同得到发展，使国家资本占主导地位。③

（二）陕甘宁边区商业的发展

就所有制结构而言，陕甘宁边区商业由公营商业、合作社商业和私营商业三个部分组成。经营状况、发展变化各有特点。

1. 公营商业

1941 年 5 月 27 日，中共陕甘宁边区中央局、中央军委、陕甘宁边区政府拟订了《关于公营商店的决定》，规定：公营商店的主要任务，应在贸易局的领导下组织土产品输出，换取必需品输入，以保证机关和人民的必需。所有公营商店均负有平定物价，巩固

---

① 《整财问题草案》（1942 年），见陕甘宁边区财政经济史编写组等编：《抗日战争时期陕甘宁边区财政经济史料摘编·第四编·商业贸易》，陕西人民出版社 1981 年版，第 107—110 页。

② 南汉宸：《陕甘宁边区的财经工作》（1946 年），见陕甘宁边区财政经济史编写组等编：《抗日战争时期陕甘宁边区财政经济史料摘编·第四编·商业贸易》，陕西人民出版社 1981 年版，第 122—125 页。

③ 叶季壮：《物资政策问题》（1943 年 5 月），见陕甘宁边区财政经济史编写组等编：《抗日战争时期陕甘宁边区财政经济史料摘编·第四编·商业贸易》，陕西人民出版社 1981 年版，第 125—126 页。

边区的艰巨任务,绝对禁止黑市买卖、偷漏捐税、囤积居奇等违法行为。光华商店在今后必须加强执行边区内的“公家商店”的任务,以其自己的力量,实际从事输出输入贸易,调剂物价,保证机关部队的供给,帮助各工厂购买原料,推销成品,并与各公营商店及合作社取得工农业上的密切联系和互相帮助,各机关部队亦必须爱护与帮助光华商店,使之有力量完成其任务。①

为了发展公营商业,陕甘宁边区政府推行了以下措施:

第一,巩固、扩大光华商店。光华商店属于银行直属的商业。到 1940 年,设立的营业商店有:延安光华商店、定边分店、盐池分店、曲子分店、庆阳分店、绥德分店、甘泉分店、张家畔分店等。另外还有一个过载栈、四个农产品购销处、两个运输队、两个货栈。②光华商店是实际从事贸易的机关,是公营性质的商店,是新民主主义国家商店的雏形,并且要在执行政府商业政策上起着推动与影响公私商业及消费社的作用。其主要任务是:(1)收集与运销土产出口,换取必需品进来,满足生产与市场上的需要;(2)稳定外汇与平抑物价;(3)帮助公私商业及消费社的发展。③ 1940 年光华商店的任务是只保证党政军各单位生产自给不足部分的供需品,如布匹、棉花。光华商店资金增至 120 万元法币,也是从八路

① 《中共陕甘宁边区中央局、中央军委、陕甘宁边区政府关于公营商店的决定》(1941 年 5 月 27 日),见西北五省区编纂领导小组、中央档案馆:《陕甘宁边区抗日民主根据地·文献卷·下》,中共党史资料出版社 1990 年版,第 352—354 页。

② 边区银行:《三年来工作概况》(1941 年),见陕甘宁边区财政经济史编写组等编:《抗日战争时期陕甘宁边区财政经济史料摘编·第四编·商业贸易》,陕西人民出版社 1981 年版,第 187 页。

③ 陇东贸易分局(陈云起草):《工作需知》(1941 年 7 月),见陕甘宁边区财政经济史编写组等编:《抗日战争时期陕甘宁边区财政经济史料摘编·第四编·商业贸易》,陕西人民出版社 1981 年版,第 187 页。

军军饷款中抽出的，全年流转总数达2000万元法币。因边区政府措施有力，公营商店颇为发达，延安一处已有规模较大的商店46家，比1938年增加45倍。光华商店的进货渠道：东由碛口仅能进小部分货物，如纸张、文具、日用品、洋布；北由定边输入纸张、布匹、棉花、皮毛；南由宜川、洛川进入一部分棉花、三八土布。①1941年1月"皖南事变"后，顽军对陕甘宁边区的经济封锁加强。面对这种局势，边区政府对光华商店业务方针规定为，"以其自己的力量，从事输出入贸易"，借以"调剂市场"，"保证机关部队的供给"，"帮助各工厂收买原料、推销成品"。贸易局作出新的决定，光华商店的经营方针为：(1)"赚钱不是光华商店唯一的任务，必须把稳定市场金融的责任负担起来"；(2)"有计划地收买运销食盐、皮毛，必要时折本亦应大量收买，向外推销，换进棉花、棉布、棉纱、文具纸张，供给机关、人民的需要"；(3)"供给各工厂工业原料，并代推销成品，以保护边区工业向前发展"；(4)"关于价格政策，光华商店出卖的货物，凡必需品，或无边产可代替的产品，应低于市价出卖。凡非必需品，或用土产可代替的物品，则高于市价出卖，以弥补损失"。总之，光华商店的业务方针，是以调剂市场，促进商业流通，促进工商业发展为主要目的。②

第二，成立盐业公司。食盐是边区生产的最大的出口物资，产销食盐是边区经济建设最重要的任务。1941年5月18日，中共西北局《关于运销食盐的决定》强调，必须发动群众运销食盐。

① 边区贸易局：《贸易工作概况》(1942年)，见陕甘宁边区财政经济史编写组等编：《抗日战争时期陕甘宁边区财政经济史料摘编·第四编·商业贸易》，陕西人民出版社1981年版，第188—189页。

② 边区银行：《自营商业检查初步总结》(1943年)，见陕甘宁边区财政经济史编写组等编：《抗日战争时期陕甘宁边区财政经济史料摘编·第四编·商业贸易》，陕西人民出版社1981年版，第189—190页。

1942年春又决定实行对盐外销统销政策,当年9月,成立盐业公司。规定其任务是:(1)实行对外统销,以食盐换回边区必需物资,并配合银行掌握外汇,巩固边币;(2)稳定盐价,募集资金,囤积食盐,掌握食盐外销价格,不使价格涨跌过猛;(3)团结盐脚,保证盐脚运盐利益,争取逐渐做到一切外销能经过公司成交,以控制市场调整供需,冲破封锁;(4)团结公私盐店,争取公私盐店参加公司组织。几年来边区食盐销量逐年增加:1938年为70000驮;1939年为190000驮;1940年为230000驮;1941年为299068驮;1942年为240000驮。盐业公司成立后,还在各地建立了6个分公司,7个直属支公司,并吸收了一部分公私盐店参加了公司组织。公司开始起着控制市场、冲破封锁、稳定和调剂价格的作用。① 关于盐业的经营模式,边区政府曾提出专卖,因行不通而改为过载,但由于只收过载费也无法做到统销。实行食盐统销政策的目的在于把大量食盐运销出去换回必需品和外汇,以争取边区出入口的平衡,稳定金融,调剂物资,保障供给,发展国民经济。由于"实行食盐统销,掌握了盐价,有资金到处囤盐,普遍缉私",因此1943年"上半年销盐十万余驮,较去年销量多。今年放青压低盐价,如耀县在7、8月间每百斤1700元法币,放青季节压低为每百斤1400元法币"。"今年统销盐价不受友区操纵,由于他们需要盐,顽区盐价不得不予提高。如耀县逐渐上升到2300元法币。陇东的西峰盐百斤2500元法币。肖镇2600元法币,7月、8月、9月三个月共销盐5万余驮(走私盐不在内)"。截至1943年9月底,盐池共运出252035驮,同一时间经盐业公司销盐154810驮。

① 盐务局:《关于盐务问题的报告》(1942年10月),见陕甘宁边区财政经济史编写组等编:《抗日战争时期陕甘宁边区财政经济史料摘编·第四编·商业贸易》,陕西人民出版社1981年版,第193—195页。

另北大池盐19000驮未在内,这就是说统销占销盐总数的61.4%,走私与自由出口的盐约在10万余驮,减去边区80万人口食用,每人每年6斤需3万余驮,也在7万余驮上下,其余就是走私与自由出口的,到年底盐池可运盐33万驮到34万驮,加上经营北大池盐1万驮至4万驮,估计可以销盐35万驮至38万驮,“造成了边区食盐空前外销的数量”。①

第三,成立土产公司。1942年年底成立了股份有限公司性质的土产公司。主要任务是推销边区土产,换取日用必需品,经营进出口业务,并掌控外汇。依据物资局所授权力,对特定产品进行统购统销。土产总公司设在延安,下设6个分公司:关分公司、定分公司、陇分公司、延分公司、鹿分公司、固延分公司。另有支公司设在商业进出要口,为直接营业基层组织。② 1943年,土产总公司土产科主要经营业务是,购买羊绒12349斤、土纱322斤、羊毛1750斤,收购磅线2903磅,推销肥皂971973箱余;换进货币:白洋145253元、银器2671两、黄金8397两、关金券136967元、法币10亿余元、边币87亿余元。土产推行和收益方面,1943年肥皂推销的收益107亿余元,商品收益36亿余元,企业投资收益2亿余元,其他收益及利息28亿余元。土产总公司的开支和赢利状况:各项开支6亿余元,各项耗损4亿余元,支付营业税25亿余元,支付财政补助金4亿余元,纯益91亿余元。支付股红12亿余元,全年红利率600%。“争取必需物资、外汇与稳定金融”。在外汇问题上,

① 物资局:《工作报告》(1943年),见陕甘宁边区财政经济史编写组等编:《抗日战争时期陕甘宁边区财政经济史料摘编·第四编·商业贸易》,陕西人民出版社1981年版,第195页。

② 物资局:《西北土产有限公司章程》(1942年),见陕甘宁边区财政经济史编写组等编:《抗日战争时期陕甘宁边区财政经济史料摘编·第四编·商业贸易》,陕西人民出版社1981年版,第207—208页。

一年来是供给了对外流通上的无限制兑换。金子与银洋也供给了晋西北的需要,在采取方法上,是有计划的而非盲目的。4月、5月、6月三个月中原战争的失败,导致法币贬值,法币大量涌进边区。边区政府为了防止银水的损失及时指示了各分公司,随时报告各口岸的进口情况,以运用适当的价格政策拒绝法币过多进口。在采取方针上是以棉花布匹为主,在肥皂的质量上是以好货换布匹棉花,法币换坏货。当时进口超过需要的法币由关分(公司)抛出,购进物资。四五月份关分(公司)抛出了法币1000余万。6月份又按其外汇的需要,指示各分(公司)法币和物资并重争取,因此这一时期法币贬值,边区政府实行有计划的掌握:一方面供给兑换的需要;另一方面防止银水损失及供给晋西北的需要,在有利的原则下指示了各分(公司)以适当的比价争取大量吸收黄金白银。在物资问题上,第一,一年来解决了机关部队的夏冬衣被的需要,而且调剂了市场,解决了群众需要。土产的经营及其市场调剂与合作社相结合,促进了国民经济的发展。① 表19-12是陕甘宁边区土产公司1943年度纯益统计。

表19-12 陕甘宁边区土产公司纯益统计(1943年)

项目	金额(元)	说明
辅助财政开支	404552000.0	占纯益总额48.3%
股金红利	214883400.0	占纯益总额25.6%
公益金	3000000.0	原规定1.0%,实际只占0.4%

① 喻杰:《土产公司工作报告》(1944年),见陕甘宁边区财政经济史编写组等编:《抗日战争时期陕甘宁边区财政经济史料摘编·第四编·商业贸易》,陕西人民出版社1981年版,第207—219页(喻杰系土产公司总经理)。

续表

项目	金额(元)	说明
利益滚存	214499673.8	占纯益总额25.6%
总计	836935073.8	—

资料来源:陕甘宁边区财政经济史编写组等编:《抗日战争时期陕甘宁边区财政经济史料摘编·第四编·商业贸易》,陕西人民出版社1981年版,第219页。

边区政府采用经济办法和价格政策来节制物价,统一了内部的经济管理,冲破了国民党顽固派的军事封锁、经济封锁。“价高招远商,货高招远客”。西安、长武、彬州、平凉、西峰镇、宁夏都成了物资进出的转运站。封锁线上有些国民党军队变成了根据地商人越过“封锁线”的“运输保护队”。因法币不断贬值,国民党军队的士兵吃不饱饭,下级军官就叫士兵背着东西进边区卖,搞点钱补充伙食费。逐渐发展到商人给他们花点钱,骡马队就可以顺利通行,把物资运进运出。后来,土产公司的业务扩大到晋察冀、晋东南边区。边区的财政经济基本达到物资丰富,仓库充实,金融、市场比较稳定,财政支出减少,利税收入增多,基本收支平衡,并稍有节余。

第四,机关、部队、学校进行公营商业经营(以下简称“机关商业”)。1939年各机关、学校已有消费合作社。至1940年上半年,共有30个合作社和食堂,资金共有6万余元。1940年冬,由于经济被封锁,外援断绝,财政困难达到极点,整个财政供给不得不从半自给急速地转到完全自给,因此机关学校的生产任务也迅速地起了变化。为着渡过这一严重的难关,从1940年冬到1941年春,先后由政府支付70万元,银行借出300万元,作为各部门增加的生产资金,加上第一时期各机关自己所积累的资金,各机关抽调人员,选择业务范围,决定以工商业为主要经营方向,农业则放在辅助地位。1941 年至 1942 年两年中的经营商业,是从要迅速解决困难的目的出发的,因此就不能不以各机关、学校所有资金的大部分去做图赚快钱的生意。1940 年这一年中,主要经营的是百货业。有些机关、学校利用他们原来的本小利微的合作社、小商店或小货摊,加以扩大,增加资金,补充人员,加入商会,正式经营商业。这时各公营商店的营业主要是从绥德、定边、鹿县贩卖百货,特别是机关、学校、部队自己需要的布匹、纸张、文具及老百姓需要的火柴、棉花等。延安、绥德、定边一带,机关学校设立的大小商店共有 60 余家。另有许多不设门面,靠着一二人带二三四五头牲口贩运货物,沿途流动出卖,叫作"走水生意"。据 1941 年 10 月统计,仅后勤商店管理委员会所辖,就有西北商店、西北莱社、兴华、合作、交通、新一、光民、民兴、百货、军民及贩卖部等大小 14 个商店,中等系统则有 20 个。这一年的商业,确实靠它渡过了难关,解决了很大的供给问题。例如中央直属财经处与各机关、学校,在 1941 年上半年的商业中,依靠 113 个员工所共有资金 296800 元的大小 20 个商店,获得了 256000 元的利润,供给了各机关学校日常经费的 48%。后勤系统以 706000 元资金在同一时期得到了 81 万元的利润,供给了他们日常经费的 45%。不过这一时期的商业有一个很大的弊病,即各自为政,互相竞争,甚至违反党的政策,影响物价与金融。时逢物价高涨,边钞跌落,顽固派封锁加紧,经营出入口的百货生意,顿时显出不景气,各机关学校靠此维持经费亦发生了问题。在这种情况下,亟须将机关学校的商业与军队的商业加以改进。这种整顿 1941 年下半年就已开始。1942 年春,边区初步实行精兵简政,决定将商业完全企业化。各系统一方面整顿原有商店,组织公营商店联合会,统一对公营商店的领导,严格贯彻法令政策;另一方面扩大商业范围,进行多样营业。例如盐店、骡马店、过载行、客栈、屠宰处等。经营方式亦有改变,或几个商店合并经营;或向私人商店及合作社投资,而自己不做生意;或向政府盐业公司、光华商店入股。中管与后勤系统照此方针整理的结果,从原有商店 38 个,员工 196 人,缩减至 1942 年 10 月的商店 25 个、员工 105 人。10 个月中,两系统以 800 万元资金,获得 1644 万元的利润,占了全部生产收入的 68%。又如边区政府各厅处的生产委员会,1943 年农商两业的收入为 60 万元,其中商业 35 万元,亦占 58%。又如分区及县级机关原是以农业为主的,但至 1942 年商业亦占了重要部分。1943 年财政经济的领导实行一元化,对外贸易统一于物资局,各机关学校要彻底实行精简。因此,各机关学校的商业必须在物资局的调节之下,分工经营土产与盐的运输,并以一部分资金与物资局合作,使公营商业更加合理化。①

2. 合作社商业

陕甘宁边区地广人稀,交通不便,商业不发达。为了发展商业,边区政府除鼓励私人商业的发展外,还大力发展消费合作社。据 1940 年 17 个县市的统计,共有消费合作社 132 个,社员 123279 人,股金 268756. 65 元,公积金 41678. 95 元。② 另据统计,从 1937 年到 1941 年的四年中,消费合作社的数量,由 130 社增到 155 社;社员由 57847 人增到 140218 人;股金由 55525 元增到 693071 元;销货款由 261189 元增到 6008000 余元;红利由 4800 元增到 102 万余元;公积金由 3500 余元增到 173000 余元。截至 1942 年 10 月底,19 个县市统计,与 1941 年比较,社员由 97297 人增至 115899 人,股金则由 712900 余元增至 600 余万元,红利亦由

① 毛泽东:《经济问题与财政问题》(1942 年 12 月),见《毛泽东选集》,东北书店 1948 年版,第 129—131 页。

② 建设厅:《陕甘宁边区消费合作社现状》(1941 年 8 月),见陕甘宁边区财政经济史编写组等编:《抗日战争时期陕甘宁边区财政经济史料摘编·第四编·商业贸易》,陕西人民出版社 1981 年版,第 283 页。

858000余元增至3908000余元。① “仅仅依靠政府的力量,派干部,摊股金,形成官办民不管,合而不作的现象,使老百姓认为参加合作社是负担,妨碍了他们积极性的发挥,只有南区合作社是真正有群众基础,大大地发展起来了。我们总结了南区合作社的经验,今年提出民办官助的政策”。② 南区合作社成立于1937年1月,第一年(1937年)股金(每股3角)159.9元,社员80人;第二年(1938年)股金(每股5角)1500元,社员400人;第三年(1939年)股金、社员均增加一倍(股金3000元、社员800人),公积金1200元;第四年(1940年)股金11000元,社员1000人,净利9600元;第五年(1941年)股金22000余元,社员南区全体共1000余家都加入了。净利18000元。总计有资本165000余元,尚有50000元存货。③

毛泽东在1942年高干会议上总结南区合作社成为合作社模范的经验:“第一,冲破了合作社的教条主义、公式主义、不拘守成规。南区合作社以消费合作社开始,但它的事业,却发展到南区全体人民经济生活的各方面,不仅经营消费事业,还经营供销、运输、生产、借贷等项事业。它组织了纺织、榨油、制毡等6个生产合作及一个拥有百余头牲口的运输队,是一个综合的合作社。它不斤

① 陕甘宁边区财政经济史编写组等编:《抗日战争时期陕甘宁边区财政经济史料摘编·第四编·商业贸易》,陕西人民出版社1981年版,第283—284页。

② 霍子乐:《经济建设报告》(1942年11月),见陕甘宁边区财政经济史编写组等编:《抗日战争时期陕甘宁边区财政经济史料摘编·第四编·商业贸易》,陕西人民出版社1981年版,第284页。

③ 海棱:《模范的南区合作社》(1941年5月25日),见中国社会科学院经济研究所中国现代经济史组编:《革命根据地经济史料选编》中册,江西人民出版社1986年版,第541—542页。

斤于合作社本身的公积金、公益金的百分比的多少，而尽量将赢利分给社员；它不限制股份的红利，不论社员的股金多少，一律照股分红；它不限制社员对股金处理的权利，每个社员都有随时退股的自由；也不限制社员资格，各阶层人民都可加入（因为延安是经过土地革命的区域，各阶级入股并不妨碍共产党对合作社的领导），机关社团也可加入。也不一定要用现金入股，当着它还未在群众中有完全信仰时，它允许人民用公债券、储蓄票入股，如粮食、牲畜、鸡蛋、柴草等等。因此，一切人民称便。

"第二，打破了合作社的形式主义，认真贯彻面向群众，替人民谋利益的方针。因此，它逐渐被群众所爱戴。如每年春耕时，事先从韩城等地运铧，以比市价要贱的价格卖给农民。组织各种生产事业，不仅吸收了失业工人，招收了学徒，安置了工作人员的家属，而且扩大了事业的赢利，保障当地人民日用必需品的供给，增加了人民的收入。比如南区合作社组织 800 多名妇女纺织，每月可纺纱 1400 斤，每月增加收入 7 万元。它的消费合作社营业的方针完全为保障老百姓的必需品，不仅使老百姓少走路，而且比大城市商店的东西还要便宜。

"第三，它以公私两利的方针，作为沟通政府与人民经济的桥梁。经过合作社，一方面贯彻政府的财政经济政策；一方面又调剂人民的负担使其更加合理化，增加了人民的收入，提高了人民的积极性。比如 1941 年政府动员驮公盐时，南区合作社要南区人民交纳代金给合作社，而由合作社的运输队代替人民驮盐交政府。比如在政府收公粮以前，合作社动员老百姓先交照上年应交的粮给合作社，合作社不仅保障替社员代交本年应出的公粮，而且承认所交公粮的数目即作为老百姓所入之股份。因此，一方面，合作社可以向政府交涉，替政府保管公粮，在政府未支用以前，合作社可以将公粮运转赢利；一方面，老百姓不仅交了公粮，而且入了股。所以有些老百姓家有余粮的,甚至愿交二年的公粮给合作社,不管下年增加公粮多少,由合作社负责代交,南区有40余户农民就是这样做的。这样就固定了农民的负担,增加了农民的收入,农民的生产积极性也就提高了。比如县、区政府要人民出教育经费与自卫军放哨费,亦由合作社从红利中替人民支付,既可免政府收费之烦,又可减人民之苦。比如政府奖励移民,救济难民的政策,合作社亦可实行(它可以给难民、移民以贷款等等)如此种种,使政府、合作社及人民三者公与私的利益,个体与集体的利益,密切地结合起来。

"第四,它根据人民的意见来改善合作社的组织形式。不开社员全体大会,而由社员按村举代表到会。不采取摊派入股的方式,而是团结社员的积极分子去劝导人民入股。不限制社员入股数量而照股分红,但在解决合作社的一切问题上,不管股份的多少,每一社员都有平等权利。"①

1942年高干会后,在提倡"民办公助",纠正保守观点和发展生产的方针下,部分合作社乃走向扶助生产,实行自由入股和按期分红,因而合作社有了新的发展,并在供给必需品,推销土产,建立集市,发展纺织和运输、医药等各方面起了重要的作用。

3. 私营商业

这一时期,由于国民党顽固派的经济封锁,货物来源困难,特别是停发经费后,边区境内停止流通法币,导致一部分大资本出走。1941年在延安做批发生意的十大家出走。在边区政府鼓励私人商业发展的政策下,边区私人商业中的中、小商户均有较大幅度的增加。如延安私人商业户数从1939年的246户增加到1940年的280户、1941年的355户、1941年的370户,1943年更达到

① 毛泽东:《经济问题与财政问题》(1942年12月),东北书店1948年版,第44—46页。

456户。[①] 大商铺有德盛玉、玉和祥、天德店。中商有敬信裕、福星明、晋豫合、广元合、自强永、永泰号等。延安市的过载栈和各地市镇集市贸易私人商业也得到发展。

4. 建立经济统一战线，开展反封锁的贸易斗争

在对外贸易上首先要掌握物资，用统销专卖的方法，并运用价格政策、税率及政府法令来进行反封锁斗争，以换得外汇和必需的物资，调剂内部市场，保证边区财政金融的需要。边区专卖与统销政策具有以下特点：（1）对外统销，对内自由。对外统销是为了有计划地统一推销土产与掌握价格。对内自由则是为了将分散的统销物资在群众自愿的条件下集中起来，集中的方法主要靠利润。如边区的食盐统销就是以价格高低来掌握食盐的流向，以保证各地的供销。（2）以经济刺激为主，政治动员为辅。在统销事业上以利润刺激为主，辅以政府法令，达到生产、贩运、销售的配合。开始时曾以政治动员为主，一度成为一些没有运盐习惯的地方和群众的负担。以后改为以经济刺激为主获得较好的效果。（3）利益均沾，互相照顾。食盐统销，政府获得大量盐税，成为财政收入的主要来源。盐户获得高价盐本，内外运户（俗称脚户）和运输合作社均获得大量利润，骡马店增加收入，运输发展，促进了边区的市场繁荣。专卖和统销的物资是经过广大群众的生产、运输与贩卖过程才集中起来的，因此是在和生产户、运输户、贩卖户及客商、外运输户互相合作的基础上进行专卖与统销的。这需要有正确的经济政策才能调整各种矛盾而达到统一。（4）平价加税，防止走私。在产地集中的条件下，增加产地税，降低口岸差价是减少走私及保

① 延安市政府：《延安市商业调查》（1945年1月），见陕甘宁边区财政经济史编写组等编：《抗日战争时期陕甘宁边区财政经济史料摘编·第四编·商业贸易》，陕西人民出版社1981年版，第299页。

证财政收入的最有效办法。①

(三)晋察冀边区商业的发展

在商业体制和结构方面,晋察冀边区商业由公营商业、合作社商业、私人商业和公私合营商业四个部分组成,以公营商业、合作社商业为主,后者在这一阶段获得长足发展,对稳定市场,平抑物价,统一对敌经济斗争发挥了很好的作用。私人商业方面,边区政府成立前,由于日军的严重破坏,大商人或逃往敌占区城镇,或因敌人烧杀抢掠破产,私营商业几乎全部为中小商人,以家庭副业形式经营的小商贩占绝大多数。在1940年前的一段时期内,内部自由政策的执行过程中也出现过一些"左"的偏向,合作社贸易局垄断土产、统制贸易,自卫队沿路检查苛烦,甚至县与县之间,互相限制出入、扣留商人。以致商旅裹足,流通减少,市面萧条。1941年8月后,开始采取措施纠正,实行内部贸易自由,取缔非法统制垄断,加强商人统战工作,保护商人的合法权利。1942年5月,晋察冀边区贸易管理局又作出关于便利发展私商的六项决定,有力地促进私人商业的发展。因边区政府财政困难,财力有限,边区政府还将发展公私合营商店作为繁荣经济的重要途径,将公营商店逐渐变为公私合营商店,团结了广大商人,扩大了商人统一战线,调动了广大商人的积极性,活跃和繁荣了根据地商业。

1. 公营商业

公营商业是边区政府投资兴办的商业,设置四种业务:调剂业务——以批发内外物资调剂民用军需为主;采购业务——以办理

① 西北财经办事处:《抗战阶段中边区贸易工作经验》(1945年8月),见陕甘宁边区财政经济史编写组等编:《抗日战争时期陕甘宁边区财政经济史料摘编·第四编·商业贸易》,陕西人民出版社1981年版,第540—542页。

出入供给军政需要为主;产销业务——以置办当前急需之生产实行部分的产销合一为主;医药业务——以收集配制土药代替边区自造药品及输入药品批发为主。公营商店的主要业务是对外办理出入口和对内调剂市场平衡物价,它所经营的商品种类限于影响人民生计的粮食、布棉、食盐、火柴与军需品等。公营商店总的任务是掌握出入口贸易,调剂群众生活,统一采购,掌握物价与金融。在敌人分割、封锁的情况下,公营商店的具体任务有三:一是调剂军民需要,搞活商品交流。抗战的困难时期,冀西的棉花、土布有余,如满城、完县、唐县、新乐、曲阳、行唐、平山、灵寿都盛产土布,粮食牲畜甚缺,而雁北正相反,故设在冀西分区"裕华"总店的任务是收购土布、棉花、供应雁北人民需要(实际上,土布收购延伸到冀中,而销售则延伸到晋绥边区),而设在雁北分区"中和裕"总店的任务则是收购粮食、牲畜供应根据地和冀西人民的需要,这样既使冀西人民得到粮食,又使雁北人民穿衣问题得到解决。两个分区在经济上互通有无。如有一次就给晋绥供应了一万尺土布,说明公营商店调剂军民需要的作用之大。二是扶植土特产品出口,采购军民必需的商品。雁北应县生产的土盐,洋源生产的黄芪,边区政府设专业商店直接经营,规定盐驮可直接进入根据地和边缘地区,使雁门关以南的繁峙、五台、定襄、崞县人民在抗战时又吃到了应县的土盐,至于黄芪出口则是通过商贩进行的,太行山盛产中草药材,日军侵占天津后,中草药材出口发生困难,边区政府决定在灵寿、曲阳、行唐、平山、唐县设置专业商店经营中药材收购、加工、出口等业务,其中以曲阳葡萄口的"济民药店"规模最大。根据地当时缺乏西药、电池、油墨、蜡纸、模造纸(印刷货币用)等紧缺商品,边区政府设立专业的采购商店采购,如在冀中区白洋淀附近的"永茂"商店,冀西的"大华"商店。三是掌握物资,稳定物价。人民生活和生产上最急需的物资:粮食、牲畜、棉花、土布等都是边区必须保证供应的物资,各专区、县、区设置的商店,在物价跌落时大量收购,物价上涨时大量抛售。这样,商店不仅对人民的缓急所需起了调剂作用,而且对稳定物价也起了重要作用。

公营商店经营方针,根据不同的交易对象有所不同,概括说来,可分三类:第一类,对外包括对敌和对友两方面,对敌贸易是以看利愈大赚钱愈多愈好,对友以买卖成交而不吃亏或两方都有利为原则。第二类,对内分为三种,一是对合作社以不赚钱为原则;二是调剂市场以平衡物价为原则,一般要赚钱,有时也赔钱,怎样调剂,由当地政府和商店协同掌握;三是对小商贩要按市价交易。第三类,对公家(军队、政府),公营商店不需要赚公家的钱,为补偿货物损耗,可收取百分之一以下的手续费。①

边区的商店多分布在各条贸易路线上。公营商店的类型、设置均与边区贸易路线有关。北岳区主要贸易路线有三条:一是由雁北下关经铁岭口、史家寨、阜平、王快曲阳至定县通冀中,龙泉关至五台山,这条贸易路线沟通了冀中区与晋绥边区的贸易;二是以平山回舍、洪子店、小觉为通道,西至定襄、忻县、五台、崞县、代县,东至灵寿、行唐、新乐、正定,这条线路主要是沟通北岳山区一专区与五专区的商业贸易;三是以完县北神南为中心,这条路线主要是沟通北岳区三专区与四专区的南北交易。

根据地各贸易路线所经过的地区及商店,按其任务的不同可分为四种类型:第一种类型,过货店,主要是进行贸易路线上的货物的收发转运,对转运站所在地区的合作社供给货物并吸收合作

① 宋劭文:《关于商店类型、业务与设置》(1944 年 1 月),原题为《开展 1944 年的大生产运动与敌经济斗争》,见魏宏运主编:《抗日战争时期晋察冀边区财政经济史资料选编 · 工商合作编》,南开大学出版社 1984 年版,第 449—450 页。

社的货物,不向市场供应商品;第二种类型,主要任务是从集市商贩手中吸收商品,调剂市场,平抑物价,同时兼营第一种类型商店——过货店的业务;第三种类型,主要是掌握游击区、敌占区物资,掌握出入口贸易,办理采购专卖,并执行货币斗争的任务;第四种类型,主要是在出入口点线上与敌占区或友区商店、商人定买定卖,收货发货并进行买卖货币的业务。①

2. 合作社商业

1939 年后,根据地政府相继颁布关于合作社的指示、规程和合作社法,着手开展合作社运动,并加以规范。1939 年 7 月,发出《关于发展边区合作事业的指示》。② 同年,边区政府颁布了《晋察冀边区合作社暂行规程》。1941 年颁布《晋察冀边区合作社法草案》,规定合作社是"依自愿互助平等原则,以联合经营方法,谋社员之经济利益与生活改善的经济组织"。③ 1940 年 8 月,边区首次经济会议的决定中,认为"牙纪(牙人、经纪)是封建社会的产物,进行超经济剥削基本上要取消的"但"须要一个过程",办法是"发展合作社。合作社起了应有的作用,或者说一般的乡村经济活动大部分通过合作社,那么牙纪自然会消失"。"目前合作社可以派人担任'牙纪'的任务"。④ 边区的合作社从 1939 年 8 月的 559 个、社员 32000 人、

① 魏宏运主编:《抗日战争时期晋察冀边区财政经济史资料选编·工商合作编》,南开大学出版社 1984 年版,第 450 页。

② 《关于发展边区合作事业的指示》(1939 年),见魏宏运主编:《抗日战争时期晋察冀边区财政经济史资料选编·工商合作编》,南开大学出版社 1984 年版,第 735 页。

③ 魏宏运主编:《抗日战争时期晋察冀边区财政经济史资料选编·工商合作编》,南开大学出版社 1984 年版,第 760、764 页。

④ 《边区首次经济会议的决定》(1940 年 8 月),见魏宏运主编:《抗日战争时期晋察冀边区财政经济史资料选编·工商合作编》,南开大学出版社 1984 年版,第 415 页。

股金56000元,迅速增加到1940年6月的5069个、社员508668人、股金873509元。[①] 1940年8月,边区经济会议上提出了整理合作社的要求,明确了合作社的任务与发展方向。会后许多县建立了联合社。北岳区的合作社从1940年的3790个、社员482617人、股金946766元,增加到1941年年底的4624个、社员627764人、股金1357191元。合作社的业务从简单的消费业务发展经营织布、纺纱、生产农具、榨油、造纸等业务。[②] 经过整顿,纠正了过去"只图赚钱,给社员利益很少的偏向"。明确了"合作社的经营业务要满足社员的需要","供给业务定要卖给社员便宜的东西","运销业务是把社员用不了的东西,联合起来运出去卖,得了利仍归自己"的指导思想,等等。[③] 对合作社与公营商店的关系,当时认为,公营商店是经济战场上的正规军,合作社是游击队;公营商店的业务主要是对外,合作社的业务主要是对内。[④] 工商局与合作社既分工,又配合,对稳定市场,平抑物价,统一对敌经济斗争发挥了很好的作用。[⑤]

① 张苏:《谈边区的合作事业》(1940年8月),见魏宏运主编:《抗日战争时期晋察冀边区财政经济史资料选编·工商合作编》,南开大学出版社1984年版,第783页。

② 贾尚文:《四年来北岳区合作事业概况》(1942年1月6日),见魏宏运主编:《抗日战争时期晋察冀边区财政经济史资料选编·工商合作编》,南开大学出版社1984年版,第860—864页。

③ 《怎样整理合作社》(1942年4月),见魏宏运主编:《抗日战争时期晋察冀边区财政经济史资料选编·工商合作编》,南开大学出版社1984年版,第900—901页。

④ 三专区实业科:《三专区第二次合作会议总结》(1942年7月13日),见魏宏运主编:《抗日战争时期晋察冀边区财政经济史资料选编·工商合作编》,南开大学出版社1984年版,第918页。

⑤ 《边区经济委员会第一次会议决定》(1943年3月11日),见魏宏运主编:《抗日战争时期晋察冀边区财政经济史资料选编·总论编》,南开大学出版社1984年版,第555—556页。

3. 私人商业和公私合营商业

边区政府成立前,由于日军的严重破坏,大商人或者已逃往敌占区城镇,或者由于敌人的烧杀抢掠已经破产。边区政府成立时,根据地私营商业几乎全部为中小商人,小商贩占绝大多数。小商贩中,专门以经营商业为主的只占少数,绝大部分多与农业结合,作为家庭副业经营,在农闲时以运销方式进行商业活动。在1940年前的一段时期内,内部自由政策的执行过程中也出现过一些“左”的偏向,如“合作社贸易局,或者滥用组织的力量,垄断土产,或者滥用行政权力,统制贸易,遂使商人无法活动,再加锄奸团的工作方式不善,自卫队的沿路检查太烦,又使商人不便活动,甚至县与县之间,互相限制出入,时而扣留商人,因此商旅裹足,流通减少,市面萧条起来”。[①] 1941年8月6日,边区第二次经济会议的报告中提出了贯彻内部贸易自由政策的办法:取缔一切非法统制垄断;加强商人的统一战线工作;保护商人的合法权利;给予商人以活动便利。[②] 1942年5月6日,在晋察冀边区贸易管理局第二次支局长经理联席会议上,又作出关于便利发展私商的六项决定:商业资产税免征,商店抗战勤务可以用一部分鞋子来代替;提高免征点;私商资金不足,可由政府及贸易局投资;纠正过去除奸工作的缺点,尽量给商人以便利;号召组织商人救国会;避免私商对登

① 张苏处长在边区第二次经济会议上的报告:《边区经济发展的现状与我们的经济政策》(1941年8月6日),见魏宏运主编:《抗日战争时期晋察冀边区财政经济史资料选编·总论编》,南开大学出版社1984年版,第418页。

② 张苏:《边区经济发展的现状与我们的经济政策》(1941年8月6日),见魏宏运主编:《抗日战争时期晋察冀边区财政经济史资料选编·总论编》,南开大学出版社1984年版,第418页。

记怀疑与害怕,取消商业登记。[①] 边区政府还定出了如何团结商人的具体措施:第一,组织商人救国会。1942年雁北横涧市场商民成立商人抗日救国会。第二,组织商会。1943年1月8日中共晋察冀北岳区党委关于建立商会问题的通知指出,商人是敌我经济战线中最活跃的因素,商会就是根据商人意志而自动组织起来的用以自己教育自己的业务组织。[②] 由于执行了内部贸易自由,扶植、发展、团结私商的政策,私营商业有所发展,仅北岳区1942年就有25个私营商店。"边区的工商业多是零散的,多是农工商不分的,在门面设铺的商人不多(一般市上也不过20%)俗称流水商人和兼营商业者也是单纯是小商贩,其拥有成万的资本者亦不少,常见差不多的一个集市,每集的贸易额,由二三万增至五六万,这是边区工商业发达的明显征兆"。[③]"流动商贩:他们不雇工不雇伙,只一个人做脚户来回运输","营业周转率也最快,开支很少,目前边区商业上这样人比较赚钱"。[④] 1943年后,私商小贩很活跃,敌区和游击区的小商小贩深入到根据地,进行交易;有的商贩从东线向西线的深处,而西线商贩向东,伸到平汉铁路沿线大集市,甚至到路东,这样刺激了东西商业路线的畅通。

边区政府在鼓励私人商业发展、团结和扩大私商的同时,将公

① 陈庸:《北岳区一、二、三月份贸易工作总结及四、五、六月份工作计划布置》(1942年5月6日),见魏宏运主编:《抗日战争时期晋察冀边区财政经济史资料选编·工商合作编》,南开大学出版社1984年版,第543—544页。

② 北岳区党委:《关于建立商会(商务会)问题》(1943年1月8日),见魏宏运主编:《抗日战争时期晋察冀边区财政经济史资料选编·工商合作编》,南开大学出版社1984年版,第517页。

③ 赵子尚:《五专区统一累进税工作中关于工商业调查问题的研究》,《晋察冀日报》1942年6月20日。

④ 赵子尚:《五专区统一累进税工作中关于工商业调查问题的研究》,《晋察冀日报》1942年6月20日。

营商店逐渐变为公私合营。1942 年 5 月 6 日，边区贸易管理局第二次支局长经理联席会议上的报告指出："今后商店发展的方向是以扩大私商为主，我们现有的公营商店要逐渐变为公私合营，大量的发展，使边区大大小小的市场都有我们的商店，更重要的是大大小小私人商店都与我们有关系，从这方面来团结广大商人，扩大商人统一战线。"因为这时边区政府的财政困难，财力有限，发展公私合营商店是繁荣经济的重要途径。至 1942 年 8 月，在北岳区除二专区外，一、三、四、五专区和直属商店就发展了 25 个公私合营商店。①

4. 对敌占区的贸易和开展对敌贸易斗争

晋察冀边区的四周是敌占区，边区市场的周围是敌占区市场。边区政府很早就确定了对外统制贸易、对内自由贸易的政策，严格禁止日货的输入，尽量限制非必需品的进口，可以有限制地用土货代替外货入口，有计划地输出土货。② 同时实施对敌贸易的稽征管理。1940 年 8 月 30 日，边区制定的《晋察冀边区管理对外贸易暂行条例》规定："商民向敌占区运输本货，或向敌占区购买货物者须于事先开具货名清单，申请当地县或专区贸易局核准"，始能运出或购入。"商民向敌占区运销本货，所得货价，应按边区市场比值，折合边币，尽数交由边区银行在敌占区办事处或代理站，并取得收据，归向原批准之贸易局核对无误后"，向银行取款，"因故不能者则携回法币或敌伪票据，通过贸易局"，交边区银行换取同

① 朱知清：《四、五、六月份工作检讨总结》（1942 年 8 月），见魏宏运主编：《抗日战争时期晋察冀边区财政经济史资料选编 · 工商合作编》，南开大学出版社 1984 年版，第 557 页。

② 韦明：《晋察冀边区的贸易战》（1940 年 1 月 19 日），见魏宏运主编：《抗日战争时期晋察冀边区财政经济史资料选编 · 工商合作编》，南开大学出版社 1984 年版，第 661 页。

值边币。“商民从敌占区买来之货物必先交原批准货之贸易局，检查相符后，始准在市面出售，否则以违法论”。“不经贸易局之批准，向敌占区运销或购买货物者，以通敌论”。[①] 为了保护和统一管理对外贸易，逐步形成了以下政策：严格掌握粮食、棉花等必需品的输出；以免税、轻税、奖励剩余土产的输出，取消各种限制。对输入之必需品则免税、轻税、奖励，对非必需品则严禁输入。边区出入口税则，在管理对外贸易中起了关键性的作用。1940 年 5 月，边区政府颁布《晋察冀边区征收本产货物出境税暂行条例》。[②] 1941 年 2 月 1 日又颁布了《晋察冀边区出入口税暂行税则》，规定：凡输出输入边区货物，依其性质分别规定税率：粮食、布匹(察南、雁北、晋东北可出口)、棉花(察南、雁北、晋东北可出口)、各种金属原料、煤炭、硝磺、大牲畜及皮、羊绒、动物油等禁止出口；羊皮、兽皮、鸡鸭蛋、蜂蜜、植物油、一般木料等，税率为 10%；猪毛、羊毛、茶叶等税率为 15%。花生、花生仁税率为 20%，其余一律免税出口。凡入口货物，依其性质分别规定：军火器材、电讯材料、印刷材料、火柴、盐碱、中西药、粮食、棉纱、生产用具等免税入口；钟表、海带、红白糖、自行车外胎等税率为 30%；羊绒、扣子、各种刀子、锁子、牙刷牙粉等税率为 20%；油印油墨、染料、洋烛、报纸等税率为 10%，其余一律禁止入口。入口货物纳税后，在境内可自由运销。偷漏案件，除照章补税外，处以所漏税额一倍至五倍之罚金，但所处罚金及应补税额之和不得超过货物总价。私货及敌货

① 《晋察冀边区管理对外贸易暂行条例》(1940 年 8 月 30 日)，见魏宏运主编：《抗日战争时期晋察冀边区财政经济史资料选编·工商合作编》，南开大学出版社 1984 年版，第 378—379 页。

② 《晋察冀边区征收本产货物出境税暂行条例》(1940 年 5 月)，见魏宏运主编：《抗日战争时期晋察冀边区财政经济史资料选编·财政金融编》，南开大学出版社 1984 年版，第 246—247 页。

案件,除将货物悉数没收外,送交当地县政府酌情处理。为了抵制日货还颁发了敌货鉴别表。① 同年 2 月,公布了《晋察冀边区购货特许证使用办法》,为军事机关、供给机关、工业机关、印刷机关购买禁止类输入品。为加强对外贸易的稽征管理,又修正公布了《查获日货私货及漏税案件奖励办法》。1941 年 12 月公布《边区关于粮食等八种物资运销紧急处置办法》,规定:粮食、油、榨油原料、棉花、布匹、皮毛、铁、铁器一律禁止出口。② 1942 年根据地缩小,敌我经济斗争更加激烈。边委会于 1942 年 9 月 1 日公布了《晋察冀边区出入口货稽征暂行条例》,规定:"本条例所称出入口贸易,系指对敌占区贸易而言,其他抗日根据地与边区直接贸易者不在此限"。③ 日军为掠夺粮食,除直接抢掠,还抛出大批伪钞,用"高价收买",边区各地粮价高涨,奸商乘机私运粮食出口,导致粮食外流。1943 年 1 月 7 日,边委会颁布了《边区为发展禁止粮食资敌规定六项紧急措施》:(1)奖励游击区粮食运入巩固区,巩固区粮食绝对不准出封锁沟;(2)划定封锁沟内 5—10 里为"缉私线";(3)开展群众缉私运动;(4)查获走私粮食案件之群众或团体,按粮食变价,给予 20%的奖金;(5)缉私线以内巩固区粮食,自由流通,不加任何限制;(6)游击区发动村民制定公约,"粮食不上

① 《晋察冀边区出入口税暂行税则》(1941 年 2 月 1 日),见魏宏运主编:《抗日战争时期晋察冀边区财政经济史资料选编・财政金融编》,南开大学出版社 1984 年版,第 251—254 页。

② 《边区关于粮食等八种物资运销紧急处置办法》(1941 年 12 月 21 日),见魏宏运主编:《抗日战争时期晋察冀边区财政经济史资料选编・工商合作编》,南开大学出版社 1984 年版,第 401 页。

③ 《晋察冀边区出入口货稽征暂行条例》(1942 年 9 月 1 日),见魏宏运主编:《抗日战争时期晋察冀边区财政经济史资料选编・财政金融编》,南开大学出版社 1984 年版,第 256—257 页。

伪市,不准卖与敌人"。[①] 1943 年 2 月 25 日,在经济会议上提出:"把北岳区生产运销迟滞的形势转变为活跃国民经济的形势,把粮食绝对禁止出口,改变为缉私与专卖有机地联系起来"。"把以货币易物的形式转变成以物易物的形式"。"把军政民的力量密切结合起来,以发展国民经济为基础改善民生,适当减轻人民负担,清除奸商居奇操纵,团结商人,打击敌人"[②],办理粮食专卖出口。粮食的内部调剂按市价,运粮出口高于市价,偷运粮食出口则予严加惩罚。第四专区 1943 年在缉私线外建立了 78 个缉私小组,如定唐在二、三区的砖路、白沙、田家庄一带,建立了缉私组,组织打击奸商,保护了专卖,一年多来查获了变价 363724.9 元的物资,5、6、7 月三个月查获牲口 46 头,粮食 921 斗。[③]

为掌握游击区、敌占区物资,根据地军民与敌军曾展开争夺市场的斗争。特别是雁北、平西、晋东北和冀中的市场,根据地军民都是先控制市场,再掌握物资,打击伪钞,反击敌人的倾销政策,在经济战线上变被动为主动。北岳区第四专区根据不同情况,掌握了敌人据点市场,建立了游击区市场,封锁和打跨了有利于敌的市场。第一,采取"合法与非法相结合,武装斗争与市场斗争相结合,有组织有计划地灵活地掌握了敌伪市场"。在进行过程中,

① 《边区为发展禁止粮食资敌规定六项紧急措施》(1943 年 1 月 7 日),见魏宏运主编:《抗日战争时期晋察冀边区财政经济史资料选编·工商合作编》,南开大学出版社 1984 年版,第 411—412 页。

② 宋劭文:《当前对敌经济斗争的方针》(1943 年 2 月),见魏宏运主编:《抗日战争时期晋察冀边区财政经济史资料选编·总论编》,南开大学出版社 1984 年版,第 540—545 页。

③ 《第四专区工商管理局 1943 年工作总结》(1944 年),见魏宏运主编:《抗日战争时期晋察冀边区财政经济史资料选编·工商合作编》,南开大学出版社 1984 年版,第 641 页。

"秘密的组织力量,与武装斗争结合,争取与打击敌伪市场的牙纪或包税人员,而逐渐走上公开的掌握"。第二,"在敌人军事政治力量仅限于据点活动时,企图掠夺物资、控制市场的情况下,我把市场转移到离开敌据点,在敌人增加兵力"清剿时,又把市场转回敌据点,"解决了群众交换,保存了市场与物资的安全"。第三,"削弱了敌统制的市场,建立了游击区完全由我掌握的市场"。"构成了路东与路西游击区与巩固区物资(如土布、食盐、棉花、牲口)交流的桥梁"。第四,"对不能掌握和不必要掌握的敌伪市场,实行封锁限制。……这些市场一般是敌伪军事力量较大,在贸易路线无关紧要,只是便于敌伪对我物资的吸收与掠夺,或消耗和促使游击根据地物资与伪币相结合,与边币脱离关系"。"这些市场……应加以封锁"。①

边区政府在进行对敌占区贸易和对敌贸易斗争过程中,坚持团结内外商人,进行隐蔽经济斗争的策略。随着斗争形势的日趋尖锐,1942 年、1943 年许多商人经营敌占区贸易,进行隐蔽的经济斗争。在经由敌占区游击区通往我巩固区贸易路线上设置货栈,利用商人为我办理出入口业务,出口商品由我供应,进口商品按边府计划进行,并以适当利润交付商人。例如五专区(后改为第四专区)贸易局,曾于 1939 年在行唐南城寨成立了新行贸易货栈,1940 年为便于商人往返敌区,发展进出口贸易,改为华昌总店。主要业务是打击伪钞,提高边币信用,促进进出口贸易。由于敌人封锁,物资供应困难,边币币值很低,而我到敌占区买货必用伪币,为打击伪币换取物资,主要采取"以货易货"的办法,由平山洪子

① 《第四专区工商管理局 1943 年工作总结》(1944 年),见魏宏运主编:《抗日战争时期晋察冀边区财政经济史资料选编·工商合作编》,南开大学出版社 1984 年版,第 642—643 页。

店的天德总店及其分店收购土布、羊毛、山货等,交给新行贸易货栈作价后运到敌占区,得到伪币后买回西药、颜料、钞票纸,为军区兵工厂买到钢锉、刀锯、炸药等。利用大商人到北京、天津、保定出口山货,购买物资(购军用品主要是天津),同时,收集军事、经济情报。1943 年华昌总店改为冀晋恒昌总工会店,在白洋淀端村有一个分店,任务是用船从天津经子牙河到河间牛庄运货,交换便利,亦便于掌握商人。除此,在灵寿、行唐还组织灵行货栈,在对敌经济斗争中均起了作用。在敌占区(城镇),在我力量所及之处建立隐蔽商店,进行隐蔽经济斗争,或根据地的贸易干部突破敌人封锁,以私商面貌出现,冒着生命危险到敌占区或游击区办理推销采购。在冀中变质后,1943 年九专区由赤明等人在白洋淀一带、蠡县、高阳、肃宁等地曾建立过隐蔽的经济商店,进行斗争。易县城南寺的聚兴隆总店的干部在 1943 年以私人面貌出现与定兴商人合作到北平推销杏仁、核桃等土特产,同蔚县商人合作出口白麻,从北平换回中西药和军民必需品。组织游击区商人小贩化整为零到敌占区做买卖;或组织商贩结伙到敌占区贩运物资,运交我公营商店。如 1942 年,四专区曲阳发动群众及小贩自由组织“互助搬运小组”,到敌占区及冀中贩运必需品。这种斗争收效甚大,“仅据两个区一个月的统计,即贩来粮食 700 余石,食盐 5800 余斤,棉花 1500 斤,土布 7800 余匹,火硝 4200 余斤”。① 通过敌占区的商人开展对敌贸易,一方面通过给以较高利润的办法鼓励他们代办输出土产、山货和输入边区急需物资;另一方面团结大批政治上可靠的爱国商人直接为根据地沟通商情,采购商品。这些商人大都在敌占区有各种关系,有的甚至和伪军的一些军官有联系,能较顺利地采购到紧缺物资,并通过“封锁线”,运进根据地。总之,贸易

① 甘娜:《曲阳的集市争夺战》,《边政往来》1942 年第 2 卷第 6 期。

战士在艰苦的环境中,出生入死与敌军进行经济斗争,有的甚至献出了宝贵的生命。在这一斗争中,一些商人、小贩作出了贡献,在他们之中,有的后来成了根据地的商业干部。1943 年边区贸易管理局(北岳区)各商店团结商人情况见表 19-13。

表 19-13 边区贸易管理局(北岳区)各商店团结商人情况(1943 年)

店别＼项目	来往巩固区	来往游击区	来往敌占区	来往雁北	总计
永德昌	10	80	—	35	125
建业布店	15	180	5	20	220
振兴号	12	85	17	—	114
瑞元昌	5	—	10	—	15
民兴号	20	15	—	42	77
济民药店	64	4	25	—	93
大兴号	3	9	4	—	16
民利店	—	8	—	53	61
总计	129	381	61	150	721

资料来源:陈庸:《一九四二年贸易工作总结报告》(1943 年 3 月),见魏宏远主编:《抗日战争时期晋察冀边区财政经济史料选编·工商合作编》,南开大学出版社 1984 年版,第 606 页,附表十一。(该书因附表十一原文不清,略。此处所引来自原始档案。)

1943 年,北岳区贸易管理局永德昌等 8 家公营商店共联络和团结 651 名商人,其中将近一半是从事往来于游击区的贸易,也有少数往来于敌占区。人数虽然不是很多,但对活跃根据地内部的自由商业流通、满足根据地物资供应,起到了关键性的作用。

六、抗日根据地的财政

相对于农、工、商业的情况而言,抗日战争进入相持阶段后,根据地的财政尤为艰难。1939 年年底至 1940 年年初,国民党顽固派消极抗日,积极反共,掀起了第一次反共高潮,并于 1940 年 9 月停发八路军军饷;1941 年 1 月,国民党顽固派发动"皖南事变",发动第二次反共高潮,并从军事上、经济上加紧包围和封锁陕甘宁边区和其他敌后抗日根据地,导致根据地财政困难空前加剧。

(一)陕甘宁边区的财政税收

1939 年 12 月至 1940 年 3 月,国民党顽固派掀起了第一次反共高潮。1940 年 9 月,停发了每月 60 万元的八路军军饷。1941 年 1 月"皖南事变"后,国民党顽固派发动了第二次反共高潮。从军事上经济上加紧包围封锁陕甘宁边区和其他敌后抗日根据地,导致根据地财政困难空前加剧。正如毛泽东所说:"我们曾经弄到几乎没有衣穿,没有油吃,没有纸,没有菜,战士没有鞋袜,工作人员在冬天没有被盖。国民党用停发经费和经济封锁来对待我们,企图把我们困死,我们的困难真是大极了。"①具体说,财政上面临的困难是:脱产人员增加,从 1940 年的 61000 人增加到 1941 年的 73000 人,增长 20%多;占边区财政收入 70%多的外援完全断绝,必须依靠自己解决;粮食差额巨大;物价上涨幅度大,例如 1940 年 9 月国民党停发八路军军饷时,延安物价指数为 578.13,同年 12 月上升为 716.7,到 1941 年更增长到 1373.5,边区财政没有积累,税收占财政收入比重很小。② 所有这些都大大加重了财政困难。

---

① 《毛泽东选集》第三卷,人民出版社 1991 年版,第 892 页。

② 黄静波:《抗日战争时期陕甘宁边区的财政建设》,见西北五省区编纂领导小组、中央档案馆:《陕甘宁边区抗日民主根据地·回忆录卷》,中共党史资料出版社 1990 年版,第 251 页。

根据地政府为了尽快克服财粮供给困难，群策群力，发动各机关、部队进行生产，发展公营经济，尽量做到财粮自给，同时动员边区人民踊跃出粮、出钱、出力，支持持久抗战，此举得到人民的热烈响应。1940 年边区政府计划征收救国公粮 9 万石，实收 97354 石，超额 8.2%。不过由于对军需的数量严重估计不足，征粮数量过少（距实际需要差 1/3），以致 1941 年 3、4 月间发生粮荒，只得临时采取以下措施：第一，向人民征募救国公粮 20 万担，公草 2500 万斤，人均负担公粮 1 斗 4 升，占收获量的 13.85%。第二，把支持农业放在财政投资的首位。当年农业生产投资 500 万元，超过几年来对农业投资的总和；新开荒地 60 万亩，增产粮食 40 万石。第三，为稳定金融和物价，1941 年 1 月边区政府决定，禁止法币流通，发行边币 1000 余万元。第四，加强税收工作。主要采取以下办法：1941 年 4 月成立边区税务总局，统一边区税收和税种；1941 年 10 月 1 日，边区政府重新颁布了《货物税修正条例》和《营业税条例》；在定边设盐务总局，统一征收盐税，建立边区统一税制。这些办法取得明显效果，1941 年税收比 1940 年增加 3 倍多，占当年全部财政收入的 30%。为弥补财政急需，1941 年决定计划发行“建设救国公债”。这在偏远的西北边区还是一个前所未有的创举，但却得到边区人民的热烈响应。“各县人民纷纷认购”。① 原本计划发行 500 万元，后来实际发行 618 万元，超额 23.6%。以上措施促进了农业、工业和其他经济的发展，增加了财政收入。在这种情况下，1942 年边区政府适当调减了公粮征收任务，但实际完成 165369 石。

财政收入的增加，有力地支援了根据地经济建设。1941 年经济建设的投资只有 480 万元，1942 年增至 7000 万元，增加 13.6

① 《加紧推销救国公债》，《解放日报》1941 年 5 月 27 日。

倍。1941年在“集中领导,分散经营”的财政方针指导下,各机关、部队、学校都建立了自己的“家当”,不过也因此发生了许多违反政府法令和财政纪律的问题。1942年开始纠正,有所扭转,但漏税现象严重。1942年12月至1943年1月,在中共中央西北局召开的高干会上,毛泽东做了题为《经济问题与财政问题》的报告,提出了“发展经济,保障供给”的财政工作总方针和公私关系上的“公私兼顾”或叫“军民兼顾”的原则。① 遵照毛泽东提出的“在财政经济问题上,应以百分之九十的精力帮助农民增加生产,然后以百分之十的精力从农民收得税收”的指示。按照发展生产是第一位的基本方针,边区财政对经济建设的投入逐年增加:1943年比1942年投入增加了9倍。边区经济建设获得空前的发展。财政收入逐年增加,人民负担逐步减轻。税收的增加幅度很大:1943年比1942年增长8倍,占当年财政收入的15%。②

税收方面,1941年到1943年间,陕甘宁边区开始实行税制正规化:一是对原来的税收制度进行了修订、改革,普遍建立了出入口税制度;二是各项税收制度均有正式立法手续,统一由边区参议会或政府委员会立法;三是对纳税人征税,按税法办事,反对任务摊派。

税制建设是实行统一累进税。一是把对农村和城镇征收的几种资产税与收入税,合并统一为一种税;二是将各级政府的权力统一集中于边区一级政府;三是在赋税征收方面,以粮、秣、钱三种形式统一缴纳。在此基础上,陕甘宁边区制定和公布了统一累进税

① 《毛泽东选集》第三卷,人民出版社1991年版,第891、894—895页。

② 黄静波:《抗日战争时期陕甘宁边区的财政建设》,见西北五省区编纂领导小组、中央档案馆:《陕甘宁边区抗日民主根据地·回忆录卷》,中共党史资料出版社1990年版,第255页。

制度,在五个县开始试行。

在粮的征收方面,救国公粮增加幅度很大。如以 1939 年为 100,1940 年为 186.32,1941 年为 385.87,1942 年为 316.50。[①] 同时,作为公粮附加,开始征收地方教育粮。从 1942 年起,统一规定各县附加粮总数为 1.2 万石,附加粮占公粮的比例为 7.5%。秣作为赋税形式,开始征收"公草"。1941 年边区政府确定征收公草 2600 万斤,要求保证马草马料的实物供给,实际完成 2500 万斤,相当计划征额的 96.2%。根据这种情况,1942 年边区政府减征公草 1000 万斤,实收公草 1600 万斤,如额完成征收指标。

商业税方面,1941 年开始向商人开征营业税。1939 年以前,边区商人没有任何负担。1939 年开始募集少量寒衣代金,解决前方战士的冬衣问题。当年募集 10 万元,1940 年增为 40 万元。1941 年边区政府明令改寒衣代金为营业税,10 月 1 日公布了《陕甘宁边区营业税修正暂行条例》。营业税按纯收益累进计征,最低税率为 2%,最高为 20%。1942 年又调高了税率,最低税率调到 3%,最高税率调为 30%。历年营业税占总税收的比例为:1941 年 10.3%、1942 年 11.3%、1943 年 34%。[②] 1940 年开征羊子税,以 200 万头羊计,征羊毛 600 万两,合 38 万斤,合现金约 76 万元;1941 年征收的羊毛折款约 100 万元。1942 年,为促进畜牧业的发

① 西北财经办事处:《抗战以来陕甘宁边区的财政概况》附表(1948 年 2 月 18 日),见陕甘宁边区财政经济史编写组等编:《抗日战争时期陕甘宁边区财政经济史料摘编·第六编·财政》,陕西人民出版社 1981 年版,第 236 页。

② 西北财经办事处:《抗战以来陕甘宁边区的财政概况》(1948 年 2 月 18 日),见陕甘宁边区财政经济史编写组等编:《抗日战争时期陕甘宁边区财政经济史料摘编·第六编·财政》,陕西人民出版社 1981 年版,第 318—319 页。

展,废除羊子税。盐税在1940年驴驮每驮收税3.2元,占盐业收入的4.4%;1941年增加到7.2%;1942年各月盐税占收入的比例变动很大,1月占14.6%,7月降至4.4%,11月升至36.3%,12月又降至10%;1943年2月为10.4%,6月降至3.1%,8月又升至10.2%。① 边区盐税收入历年占工商税收的比例变化如下:1939年占工商税收的67.3%,1940年占56.8%,1941年占46.3%,1942年占12.8%,1943年占15.6%。②

为了增加盐税收入,1941年边区政府投资600万元开发食盐生产,发动群众驮运公盐。1942年计划产盐40万驮(实产27.1万驮),动员群众运公盐12万驮。当年,部分地采取征收公盐代金的办法。每驮交边币1000元。凡运交食盐者,每驮交盐105斤(每驮可运盐150斤,交公盐105斤)。1943年以后全部改为征收公盐代金。公盐及公盐代金每年分两期缴纳,但须在8月底交清,用公盐或公盐代金形式取得的收入比羊子税多。据统计,1941年为700.9万元边币,1942年增至3555.7万元。③

此外,机关部队的自给性生产以及1942年边区自产特产并专利代销晋绥的特产,边区自力更生的办法,保证军政人员的最低需要。三年平均,农民缴纳的公粮占粮食供应量的93.6%,政府取

① 边区盐务局:《两年来盐务工作总结》(1943年9月),见陕甘宁边区财政经济史编写组等编:《抗日战争时期陕甘宁边区财政经济史料摘编·第六编·财政》,陕西人民出版社1981年版,第370页。

② 西北财经办事处:《抗战以来陕甘宁边区的财政概况》附表(1948年2月18日),见陕甘宁边区财政经济史编写组等编:《抗日战争时期陕甘宁边区财政经济史料摘编·第六编·财政》,陕西人民出版社1981年版,第367页。

③ 西北财经办事处:《抗战以来陕甘宁边区的财政概况》(1948年2月18日),见陕甘宁边区财政经济史编写组等编:《抗日战争时期陕甘宁边区财政经济史料摘编·第六编·财政》,陕西人民出版社1981年版,第374页。

之于民的各项财粮收入占总数的60.6%。

边区政府还对救国公粮征收条例进行了修订，于1941年11月2日公布《1941年度征收救国公粮条例》。同月20日中共中央西北局发布《关于1941年征粮征草工作的指示信》①，扩大了救国公粮的征收范围，规定“耕种所得之一切农产物”，均要计征救国公粮，并降低了起征点，原定为1.2石起征，1941年降为0.5石，即每口为150斤，抗日军人家属，抗日残废军人及家属，起征点为210斤，鳏寡孤独及失去劳动力者，起征点为180斤，全边区平均负担面达到86.1%。② 同时修正税率，调整了税级，提高了起征点税率，控制了最高累进率。规定最低税率为5%，以后每增加所得1斗，累进率增加1%，最高税率定为30%。1942年，边区政府又对《救国公粮征收条例》做了以下修订：税率起征点由0.5石提高到0.6石，起征税率由5%升为6%；1942年开始实行夏征。1943年开始试行农业统一累进税。边区政府于9月11日颁布了《陕甘宁边区统一累进税暂行办法》及施行细则，确定在绥德、延安、庆阳三县试行。③ 主要内容是：第一，增征土地财产税。把农民的所得与地主所获的地租区别对待，以削弱封建剥削，促进收租地主向工商业转化，调动农民的生产积极性。第二，改变了计税标准。土地财产税及土地收益税均按土地常年产量计税；农业收益部分，自耕农按常年产量的15%扣除生产消耗，佃耕地除扣除生产消耗外，并扣除缴纳的地租后计税；地租收入按减租后实得租额计税，农村副业及运输业以纯利八折、牧畜业以市价六折折粮计税。第

① 陕甘宁边区财政经济史编写组等编：《抗日战争时期陕甘宁边区财政经济史料摘编·第六编·财政》，陕西人民出版社1981年版，第121页。

② 《陕甘宁边区三十年度征粮征草工作总结》，《解放日报》1942年10月25日。

③ 南汉宸：《关于农业统累税的试行》，《解放日报》1943年10月10日。

三,调整了累进税率。农业统一累进税率,把收益税与土地财产税分别算出税本之后,合并累进征收,使不同阶层农民的负担更加公平合理。

(二)晋察冀边区的财政税收

晋察冀根据地从边区政府成立到1940年秋,在财政上逐渐实行统筹统支,除边区政府外,一切机关均停止了直接筹款。部队经费概由政府统筹统发。地方政府方面,县区以上各级政府由边区政府统筹统支,停止了县"合理负担",开始试行村"合理负担",并依照合理负担的原则,征收"救国公粮"。一方面废除了苛捐杂税,另一方面仍保留了旧税中部分比较合理的税收,保持了田赋,继续征收烟酒税、烟酒牌照税和印花税等。同时新征出入口税。

1940年恢复了田房契税。

税制调整、规范方面,一项重要措施是1941年开始实行的统一累进税。这是对旧税制比较彻底的改革。核心内容是实行"三统一"。

第一,将农村征收的几种资产税与收入税统一为一个税种。1940年征收的税种有田赋、村合理负担、救国公粮、工商营业税、烟酒税、烟酒牌照税、印花税等。改革后将田赋、村合理负担、救国公粮、工商营业税合并为统一累进税,同时取消烟酒税、烟酒牌照税和印花税。1941年以后,只保留三种税,即统一累进税、田房契税和出入口税。第二,征收权力统一于边区政府。1941年实行彻底的统收统支,除村款开支仍由村自筹外,县以上军政开支全部由边区统筹,由边区财政按计划供给。在税收管理上,改变了原来救国公粮作为边区收入,田赋及其他税收作为地方收入的办法。第三,原来征收救国公粮时附征马草、马料,田赋主要征钱,村合理负担既征粮也征钱,其他税收则全部征钱。改革后,统一累进税既征粮，又征钱和草，由边区政府按照需要和可能分别下达任务，统一征收，有粮出粮，有钱出钱，有草出草，还可以交军鞋抵顶公粮。

1941 年 3 月 20 日，边区政府修正公布了《晋察冀边区统一累进税暂行办法》①，内容包括以下几个方面：关于纳税人的规定："边区之经常费、临时费悉依本办法向财产所有人、收入所得人统一累进直接征收之。"统一累进税的征收范围，按资产和收入分别规定。征税项目：土地、商业投资、存款、公私合营之贸易投资、证券、存粮、存货及金银珠宝。征税的收入项目有：(1) 土地、林木、羊群及家庭副业收入；(2) 房租及存款、证券、存粮之利息；(3) 公司、商店、行栈、工厂、合作社及个人经营事业收入；(4) 公司合办事业收入；(5) 属于临时经营事业收入；(6) 自由职业及从事各业的薪给报酬收入。

关于计算单位：统一累进税征收范围包括农业、工业和商业，既有资产部分，又有收入部分。条例规定了两个统一的计算单位：计算土地的单位——标准亩，计算其他资产和收入的单位——元。各种资产、收入的统一计算单位——富力。

土地按"标准亩"计税。以每亩能生产六大斗谷（约合 150 斤）为统一标准亩。土地以外的资产和收入项目，均按实际的产品、产量和价格，统一以"元"来计算征收。这二者还必须有一个统一的计算单位才能综合计算征收。为此，规定了"富力"作为统一的计算单位。"富力"不是使用价值或价值的计算单位，是计算税收的统一折算单位。土地折合"富力"的标准规定为：自营土地以每 1 标准亩为 1 富力；出租土地以每 1 亩半标准亩为 1 富力；佃

① 《晋察冀边区统一累进税暂行办法》（1941 年 3 月 20 日修正公布），见魏宏运主编：《抗日战争时期晋察冀边区财政经济史资料选编 · 财政金融编》，南开大学出版社 1984 年版，第 354—360 页。

耕土地以每2标准亩为1富力。土地以外其他各种资产和收入折合“富力”的标准是:资产:以200元为1富力;收入以40元为1富力。这个标准是比照土地来定的。自营土地每1标准亩算1富力。每标准亩估计100元,是每值100元的土地,再加上1石2斗谷的收入作为1富力。其他资产是和收入分开算的,以2倍于100元,即200元作为1富力。其他收入按理也应2倍于1石2斗谷价作为1富力,但因为土地收入未扣除消耗,其他收入或无消耗(如利息、房租),或实际已经除去大部消耗(如工商收入),所以不再加倍,即以1石2斗谷在边区各地的平均价40元作为1富力。

关于税率:统一累进税采取有免征点的超额累进税制,税率则采取分数制。把纳税人应纳税的税率规定为若干“分”,再按照政府所规定的每分应纳粮食数或金额,计算纳税人的应纳税额。战争时期环境动荡,征收额很难固定,采取“分”的办法,征税就比较灵活,每分应纳税额由政府按照财政需要和人民负担能力逐年具体规定。

边区1941年的统一累进税征收办法,把“富力”分为十二等,按等累进,一等到七等以零点一为累进率,七等到十二等以零点二为累进率。征税单位名为“分”,按“富力”定“分”。最高计分到十二等即停止累进。1941年规定免征点为1.5富力。不足1.5富力者免征,超过1.5富力者,对超过部分进行征税。

1941年4—6月,北岳、冀中、平西等地区开展了调查、评议土地产量及资产收入的工作。冀中地区35个县、6689个村,完全以统一累进税办法进行调查的达4027个村,占62.8%;未调查财产,只调查土地产量的占8.3%;只调查土地亩数的占5.2%;未能调查单凭估计的占2.3%。全边区调查分数共1680万分(冀中区1000万分,北岳区680万分),每分负担小米1.35斗(北岳区)到

1.4 斗(冀中区),约合老秤 18.9 斤。[①] 统一累进税实施后,负担面又有所扩大。冀中区负担人口达到总人口的 80%,北岳区负担人口达到总人口的 74%。冀中区的纳税富力占总富力的 62.8%。

统一累进税修正了过去负担面过于狭小的缺点,实现了中共中央所规定的使全人口 80%缴纳国税的原则;同时规定了适当的免税点,保障了极贫苦人民的最低限度的生活,修正了过去的累进率,减轻了地主富农的负担,保证了一切人民的财权与地权,因而获得了全边区人民的热烈拥护。统一累进税的实行对保证战争供给,克服财政困难,起了决定性的作用。

1942 年和 1943 年,边区政府又两次对统一累进税则进行了修订。

1942 年 5 月 2 日公布了修订后的《晋察冀边区统一累进税则》。[②] 其修订要点如下:

(1)改变标准亩的计算标准,取消免征点的升降办法。1941 年规定,平均年产谷 1 石 2 斗(即 6 大斗)之土地为 1 标准亩,1942 年改为 1 市石谷为 1 标准亩。1941 年规定每人扣除一个免征点,免征点定为 1.5 富力,以村为单位将负担面控制在 80%的范围内自行升降免税点;1942 年改为在全边区范围内控制负担面(不超过 80%),免税点的扣除则根据各地不同情况分别规定,北岳区扣除 1.5 富力,冀中区扣除 1.8 富力。

(2)资产税与所得税分开计算。1941 年土地的资产与收入是合并计算的,出租土地以 1.5 标准亩折合 1 富力,自营地以 1 亩折

---

① 孙元范:《关于统一累进税在晋察冀的实施》,《解放日报》1942 年 8 月 10 日。

② 《晋察冀边区统一累进税则》,见魏宏运主编:《抗日战争时期晋察冀边区财政经济史资料选编·财政金融编》,南开大学出版社 1984 年版,第 362—368 页。

合1富力,佃耕地以2亩折合1富力。经过减租减息的地区,地租在375‰上下,若地租过低,则地主负担会过重。1941年在统一累进税实施过程中,少数地主由于负担过重,入不敷出而出卖土地。而在尚未实行减租减息的地区,地租都在375‰以上(一般均在400‰—500‰)。统一累进税设定的地租,少于实际地租,使地主负担太轻。为此,1942年把财产税与所得税分开计算,合并征收。地主与自耕农都有财产(土地),都要缴纳财产税;佃农没有财产(土地不缴纳财产税;他们都有收入,都要缴纳收益税。财产税部分(土地)以每4标准亩算1富力;收益税部分规定地租及农业收入均以每市斗谷算1富力;佃农与自耕农都有经营费(牛料、种子消耗),自营地按总生产物扣除1/4的消耗,佃耕地按总生产物扣除1/4消耗并扣除地租,地主没有经营费不扣除消耗。这样规定比较公平合理。

(3)最初几个富力层,缩短等距,降低累进率。缩短等距,降低累进率以后,贫农的负担减轻,中农的负担比较合理,地主的负担也不至于过重而影响生活。

(4)对工商业家庭副业征税的修改。1941年的办法中存在的问题:一是对工商业征税过高,免征点过低,没有估计工商业与农业消耗的不同。工业获利小,负担较重;商业虽然获利较多,但财产税与所得税合并征收,负担亦重。因此要加以改变。二是根据1941年统一累进税调查,在边区工商业中,专营者少,兼营者多。兼营者多采取家庭副业形式。边区的工商业多以家庭副业为其基础。1941年的征税办法,对于发展家庭副业的鼓励不够。三是原来的征税办法,对于存粮存款一律征税不妥。工商业资产税已经取消,家庭副业与遵照政府法令组织的合作社,一律不征税,存粮与放债资本和银行存款,一律不征资产税。资产以400元折合1富力,总收入以60元折合1富力,纯收入以40元折合1富力。征收工商所得税时,按总收入扣除一定消耗为标准(工商业消费以每一经营人员每年平均300元计），公营企业按纯收入征税。取消工商业资产税，免征点实际提高，累进率不高，工商业负担比上年减轻。

（5）对各阶层的负担水平明确规定了最高限度：贫农负担最高不超过其总收入的7%，中农15%，富农25%，地主70%（富力特高的个别地主除外），雇用工人的收入继续免税。

（6）减轻敌占区与接近敌占区人民的负担，由区行政委员会另颁发新税则，其累进率低于巩固区，按照估计数字，从轻征收。

边区政府于1943年2月4日公布了修订后的《晋察冀边区统一累进税则》。① 其修订要点是：低租地的租额在耕地总收获物20%以下者，其财产税以收租每8市斗谷之土地计1富力，以减轻低租地耕种者的负担。工商业收入及其他收入均以10市斗谷之价计1富力，纯收入均以7.5市斗谷之价计1富力，实物以市价折元。工商业消费以每一经营人员年平均50市斗谷计。对无劳动力之孤儿寡妇人家，每人扣除2富力的免税点。对逃亡户，凡在统一累进税调查后征收前返回边区者，免征点的扣除按实际人口计算。土地产量依估计或根据耕地的当年产量确定；以耕地种植芋叶、蓝靛、棉花、药材或兼种果木，或主要以出卖为目的种植蔬菜、麻等农作物，或种植其他纯商品性的农作物，均按其实际收入计算。经过修订，边区的统一累进税逐渐趋于完善。

至于统一累进税制下农民负担问题，1941年至1943年，是边区对敌斗争最残酷最严重的阶段。在这个阶段里，由于敌人疯狂地“扫荡”“清剿”“蚕食”，边区大部被分割，军事作战频繁，经济战犬牙交错，农村经济破坏严重，财政困难加剧，主要表现在：第一，战争供给的需要迅速增加。1941年边区脱离生产的军政人员

① 李成瑞：《中华人民共和国农业税史稿》，中国财政经济出版社1962年版，第50页。

占到总人口的5.9%①,约为59万人,如果按照最低的供给标准——每人每年5石小米匡算,边区需要的军政费用即达295万大石米(约合7.9亿市斤)。而边区1940年的公粮收入,据推算只有160万大石(按照1940年每人平均负担36斤米和1200万人口推算,每大石米按270市斤计算),相差46%。第二,由于农村经济被破坏,人民负担能力下降。农民的负担能力本来就很弱,经过战争毁灭性摧残,有限的民力下降很多。全北岳区每人每年平均收入:1937年为4.26市石谷,1941年为3.81市石谷,1942年为3.06市石谷,1942年比1937年下降29.17%。边区的财政收入主要取之于民,在人民负担能力大大下降的情况下,组织财政收入的矛盾更加突出。第三,根据地缩小,财源减少。1941年下半年开始,边区人口由原来的1200万缩减到800万—900万。冀中基本上变成游击区,1943年年初边区面积增大一些,但管辖的百十县,只阜平一城数年苦战仍在八路军掌控之中,其余县城均为敌所占。本来不多的工商税收随县城减少而更少了。

为了克服财政上的困难,1941年政府不得不继续增加人民的负担。边区政府向各地分配的征收任务,推算为244万大石(约合6.6亿斤)②,比1941年实征数约增加53.7%。从1942年起,

① 南汉宸在《晋察冀边区的财经概况》一文中提到1941年边区每人平均负担1.6大斗(即48.2市斤),按1000万人计算,即为160万大石。又据邵式平在《几年来粮食工作之经验教训与今年度的工作布置》一文中提到,"1941年征粮只完成计划的65.5%",据此推得计划数为244万大石(160万大石≈244万大石×65.5%)。

② 李成瑞:《中华人民共和国农业税史稿》,中国财政经济出版社1962年版,第92页。《民国三十二年统累税的调查改算工作》,见魏宏运主编:《抗日战争时期晋察冀边区财政经济史资料选编·财政金融编》,南开大学出版社1984年版,第487页。

边区的公粮征收任务没有再增加。据有关资料推算,1941 年边区每人平均负担正税 1.6 大斗米(折合 48.2 市斤),比 1940 年的 36 市斤米增加 20%,每人平均负担村款开支(即附加)6 斤,每人平均负担正税及附加合计为 49.4 市斤米。1942 年统一累进税和村款负担合计,每人平均负担约 45 斤左右。1943 年约 40 斤左右。另据北岳区(巩固区)统计,各年负担(正税)占登记产量的比例分别是:1941 年 14.98%,1942 年 13.62%,1943 年 10.7%。① 另据北岳区(巩固区)统计,各年负担(正税)占登记产量的比例分别是:1941 年 14.98%,1942 年 13.62%,1943 年 10.7%。② 1941—1943 年间农民负担统计如表 19-14 所示。

表 19-14　北岳区农民税赋(正税及其附加)负担统计(1941—1943 年)

项目 年份	征统一累进税(万大石米)		每人平均负担正税及附加(米、市斤)		每分负担统一累进税(米、市斤)	
	实数	指数	实数	指数	实数	指数
1941	124.5	100	49.4	100	20.25	100
1942	103.7	83.3	45.0	91.1	16.87	83.3
1943	74.7	60.0	40.0	81.0	12.15	60.0

资料来源:李成瑞:《中华人民共和国农业税史稿》,中国财政经济出版社 1962 年版,第 92 页。

① 南汉宸在《晋察冀边区的财经概况》一文中提到 1941 年边区每人平均负担 1.6 大斗(即 48.2 市斤),按 1000 万人计算,即为 160 万大石。又据邵式平在《几年来粮食工作之经验教训与今年度的工作布置》一文中提到,"1941 年征粮只完成计划的 65.5%",据此推得计划数为 244 万大石(160 万大石≈244 万大石×65.5%)。

② 李成瑞:《中华人民共和国农业税史稿》,中国财政经济出版社 1962 年版,第 92 页。

如表 19-14 所示,1942 年、1943 年同 1941 年比较,全年统一累进税征收总额、每人平均负担正税及附加税额和每分负担统一累进税额,都逐年下降。这说明到 1942 年,农民已经渡过了税赋负担的繁重顶峰。

(三)晋冀鲁豫边区财政税收

1939 年 9 月,日本帝国主义实施所谓“囚笼政策”,在晋冀鲁豫边区周围增兵至 10 万以上,在津浦路、陇海路、平汉路、正太路和同蒲路等路段分别向两侧各根据地逐步修筑公路、据点、封锁沟墙。1940 年以后,边区战争形势突变,斗争空前残酷。

1940 年 4 月,中共中央北方局在太行区黎城召开了高级干部会议(通称“黎城会议”)。确定了“建党、建政、建军”三大建设任务,确定了自力更生的财政经济方针。从 1940 年到 1942 年,财粮供给非常紧张,矛盾增多,困难加大。“晋西事变”以后,阎锡山停发了国民党政府给八路军的军饷。边区政府在解决战争供给的问题上,实行了以下三个措施:为保证军政人员吃粮的紧急需要,突击囤积公粮;整理、利用旧的田赋,增加财政收入;适应屯粮任务增加的需要,改进负担办法,使负担逐渐合理。

突击囤积公粮,在 1939 年就已开始,1940 年到 1942 年,由于战争紧迫,军需量增大,成为边区财经工作的中心任务。全边区的粮食收入约占国民总收入的 85%强,粮食之征收,亦占边区岁入的 3/4。因此,完成了屯粮工作即等于完成财政工作的 2/3。①

黎城会议提出了量入为出、收支平衡的财政方针。在实际工作中是量入为出与量出为入相结合。1940 年内派了三次借粮:第

① 陈廷煊:《抗日根据地经济史》,社会科学文献出版社 2007 年版,第 251—252 页。

一次为百团大战借粮；第二次为秋季公粮；第三次为 12 月派借粮。1941 年两次借粮。1942 年提出“不再增加人民负担”的口号，分配的任务数比上年有所减轻。屯粮政策也进行了调整。联办确定负担面要扩大到 80%，人民负担不超过收入的 30%，军政民脱离生产的人员不超过根据地人口的 3%。由于根据地工农业生产下降，商业出现萎缩，1941 年又遭旱灾，太行区收入减少，负担加重。为了克服屯粮工作的困难，边区政府决定由各地区根据各自的实际情况，规定合理的累进办法，起征点一律减至小米 1 石，只要维持到 80%户口负担，必要时特等富户也可以超过 30%，但不能超过 40%。①

根据有关材料推算，太行区 1941 年的屯粮数约为 67.8 万石米，1942 年约为 58.8 万石米；太岳区屯粮数 1941 年约为 31 万石米，1942 年约为 11.2 万石米。按照 1941 年晋东南 340 万人口计算，1941 年每人平均负担小米 0.29 石（约合 78.3 市斤），1942 年每人平均负担小米 0.21 石（约合 56.7 市斤）。② 比晋察冀边区同期负担要重一些。

边区通过突击屯粮基本保证了战争的供给，财政亦做到了收支平衡。在支出上也贯彻了黎城会议提出“军二政一”的原则。太行区 1941 年的粮食支出中，军粮占 66%，政粮占 21%，税捐占 4.3%，荣誉退伍军人供给占 3.3%，杂项占 5.4%。③

田赋的整理与征收，一是为了组织财政收入保证战争供给需

① 《戎子和同志在冀太联办第一次专员县长会议上的总结报告》（1941 年），《冀太联办第一次专员县长会议特刊》，见陈廷煊：《抗日根据地经济史》，社会科学文献出版社 2007 年版，第 252 页。

② 《129 师与晋冀鲁豫边区》，《解放日报》1944 年 8 月 17 日；《太岳区的环境和工作概况》，《解放日报》1943 年 6 月 3 日。

③ 《太行区粮食会议总结》，《政报》1942 年第 73 期。

要。田赋是边区的重要财政收入。1940 年太行区的财政总收入(现金部分)为 622936 元,其中田赋 466486 元,罚款收入 141500 元,公产收入 6250 元,杂项收入 8700 元。① 田赋收入占总收入的 74.9%。冀南区 1941 年的田赋征收任务总计有 150 万元。二是田赋沿用旧办法积弊甚多,需要加以整理与改进。其目的是要"改正一向有粮无地,有地无粮的积弊,剔除书吏中饱,改革征收办法,使之简单"②。

田赋经过整理,在边区连续征收了 2—3 年,冀南于 1942 年取消,晋东南于 1943 年并入统一累进税。征收田赋的标准,太行区 1940 年规定每两银子征收 3 元。1941 年边区政府规定,冀南每亩另收建设费 0.3 元,冀西的耕地不如冀南,酌量减征;漳北、太北、太南、太岳每两银子(上、下忙合计)按 4—5 元征收,比 1940 年增加 1—2 元。③

在合理负担办法的修订与改进方面,合理负担办法,是边区囤积军粮的主要征收制度。1940 年到 1942 年,边区各地根据黎城会议精神,陆续修订和改进了原来的负担办法。1941 年 7 月 1 日,边区政府在总结经验的基础上,研究了晋察冀的统一累进税则,制定和颁布了新的合理负担试行草案。从 1941 年冬季到 1943 年夏季,太行、太岳大多数县都执行了这个草案。

新的合理负担草案,比过去老办法更加合理:(1)资产与收入分

① 薄一波:《为完成财政收支统一的指示信》(1941 年 4 月 11 日),见陈廷煊:《抗日根据地经济史》,社会科学文献出版社 2007 年版,第 253 页。

② 冀南太行太岳行政联合办事处:《抗日政权各种基本政策》(1941 年),第 34 页。

③ 《戎子和同志在冀太联办第一次专员县长会议上的总结报告》(1941 年),《冀太联办第一次专员县长会议特刊》,见陈廷煊:《抗日根据地经济史》,社会科学文献出版社 2007 年版,第 253 页。

开,征税范围更明确,资产仍按比例征税,相对收入税有所减轻,征税项目也有所缩小。1942 年将资产免征点由 50 元提高到 100 元。(2)家庭副业负担一律免除。(3)脱离生产的抗日工作人员所得的生活费免除负担,并得在其家庭内计算人口,雇工工人、一般劳动者的工资免除负担。(4)宣布了负担面以 80%为标准,但可低至 70%,高至 90%。(5)降低了累进率,累进率按各阶层负担能力规定,收入负担的免征点定为小米 7 斗。后来太行区又有修订:雇工消耗每年只扣除 1 石或 2 石;在租佃地上为了减轻佃农负担,对佃方的收入,只按八成计算负担。冀南区在 1941 年重新修正了公平负担办法,以 0.6 为累进率,仍按土地亩数多寡累进。冀鲁豫区也于 1942 年 7 月 13 日颁布了《新合理负担暂行办法》,将土地分为十二级,以六级地产量 1 石 2 斗至 1 石 4 斗为标准亩,其他土地按此折合为负担亩,以 1.5 为累进率,每人平均 70 亩以上则不再累进。

鉴于边区农村经济枯竭,人民负担能力减弱,边区政府在 1943 年决定减轻人民的公粮负担、劳动负担,后来灾害严重,又对受灾地区进一步减免了公粮。据报载:太行区 1943 年的公粮,年初任务数就比上年减少 16%强,后不少地方又遭水灾,政府除了动员全区力量进行恢复生产以外,又决定太行区公粮总数再减去 3500 石,总计 1943 年比 1942 年减少将近 1/5。① 太行区在 1943 年和 1944 年两年中,政府因灾减免的公粮共有 14.05 万石。冀南区 1942 年的负担,比 1941 年减少 2/3,太岳区 1943 年比 1942 年减征公粮 4 万多石,减少 1/3。②

从 1942 年年初到 1943 年,边区实行了三次精兵简政。减少脱离生产的人员,规定政府和群众机关脱离生产的工作人员,不得

① 《解放日报》1943 年 10 月 24 日。

② 《129 师与晋冀鲁豫边区》,《解放日报》1944 年 8 月 17 日。

超过全区人民的1%。1942年冀南区减少军政人员1/2。政府系统三次简政,减少人员51%。由原来的548人的编制,减到只100人。① 边区财政支出减少,人民的负担减轻,社会积蓄增加。1941年时,边区每百人养活脱离生产人员4—5人,1942年精兵简政减到4人,1943年减到3人。②

在精兵简政的同时,部队和机关团体,开展了大生产运动。开荒、种地以及各种手工业生产,收到了非常圆满的效果。1943年,边区的许多部队已经做到全年蔬菜和三个月的粮食可以自给。食用油盐、肉类,日常的办公、杂支等费用,大部分由生产所得来解决。冀鲁豫的部队也完成了自己供给两个月的粮食任务。③

(四)晋绥边区的财政

1940年2月1日,晋绥边区召开第一次行政会议,成立晋西北行政公署,制定和颁布了晋西北六大施政纲领。新政权成立最急迫的任务就是解决部队的供给问题。前两年,由于日军的进攻和阎锡山的经济压迫,使部队最低生活都难以维持。同时,一二〇师主力返回晋西北后,部队人马增多,军队达到64000人,加上党政机关人员,达到83500人,还有5000匹马。④ 然而经济来源十

① 齐武编著:《一个革命根据地的成长:抗日战争和解放战争时期的晋冀鲁豫边区概况》,人民出版社1957年版,第98页。

② 晋冀察财经办事处:《晋冀鲁豫的财政经济工作》,晋冀察财经办事处1947年印本,第57页,见陈廷煊:《抗日根据地经济史》,社会科学文献出版社2007年版,第255页。

③ 齐武编著:《一个革命根据地的成长:抗日战争和解放战争时期的晋冀鲁豫边区概况》,人民出版社1957年版,第188页。

④ 晋绥财政处:《晋绥过去九年财政工作概要检查报告(草稿)》(1949年5月),见陈廷煊:《抗日根据地经济史》,社会科学文献出版社2007年版,第256页。

分困难。晋西北本来就较为贫穷,交通闭塞,加上阎锡山长期的剥削压榨和滥发纸票,农业商业萎缩,金融混乱,群众的负担能力锐减。“晋西事变”时,由于叛军的破坏,经济损失奇重。1939 年大旱,沿黄河一带基本无收,食粮匮乏,商业停滞,通货膨胀更加严重,当时晋西北的通货多到十七八种,膨胀到 3500 余万元,以全晋西北 300 余万人计,平均每人将近 12 元之多。① 原来粮款主要是利用旧政权筹集的,“晋西事变”后,出现了财政经济工作停滞和无人管理的现象。为了保证战争的需要,行署于 1940 年 2 月发动了全区的四大动员,即献金、献粮、献鞋和扩兵。献金(包括现金、现银、银币、金币、法币、省钞等)由各级政府及群众团体、士绅代表组成的献金运动委员会负责办理。动员的对象主要是地主、富农、士绅及工商界人士。献粮的办法是:以现存粮为对象,按户计算,每人平均扣除口粮 1 石,余粮 1 石以下征 10%,2 石以下征 15%,依次每增 1 石增加比例 5%,直到 9 石征 50%。如每户每人平均余粮超过 9 石者,超过部分全部充作抗日公粮。

献金、献粮运动开始时,由于政策规定不具体,干部作风生硬,工作方式简单,曾较普遍地出现了强迫命令等过“左”的偏向,出现了吊打、处罚等偏向。地主有的逃跑,有的因恐惧自杀。据统计,当时全边区因四项动员不当逃到敌占区和阎锡山统治区的富户有 900 户,岚林县自杀的有 21 人。② 1940 年 6 月间,边区召开党的书记会议,纠正四项动员中的过“左”的偏向,要求各地切实按政策办事。各地退还了没收的财产(负担超过存粮 50% 的部

---

① 汤平:《晋西北财政经济建设报告提纲》(1940 年 10 月),见陈廷煊:《抗日根据地经济史》,社会科学文献出版社 2007 年版,第 256 页。

② 《晋绥边区历年公粮工作总结》(1948 年 2 月至 1947 年 10 月),见晋绥边区财政经济史编写组、山西省档案馆编:《晋绥边区财政经济史资料选编 · 财政编》,山西人民出版社 1986 年版,第 494 页。

分),形势才逐渐稳定下来。

“四大动员”(献金、集粮、献鞋、扩兵)运动从1940年2月开始,原计划两个月,执行结果,除献粮外,其余三项动员均提前超额完成了任务。其中:献金,分配任务数为684331元,完成1810625元(银洋、当时银元与西农币比值为1∶4);献鞋,分配任务数为87000双,完成118441双;扩兵,分配任务数6280名,完成15885名;献粮,分配任务数为107100石,完成90426石。[①] 由于献粮没有完成计划,边区政府于1940年6月、8月和10月,又在兴县、临县、临南、岢岚、岚县、神府等6个县进行了3次代购和1次预借,共购到粮食9432石,又从晋中调粮8000石。维持了军队人吃马喂的最低需要,初步摆脱了缺粮的困境。四大动员后,建立了银行,设立了两个商店,为日后财政工作打下了基础。“虽然在动员中产生了强迫命令等过左的偏向,使人民受了些不应有的损失,但是实践证明,这一运动的发起还是非常必要的。不这样做就不能解决问题(自然在执行中的偏向还是不应该的),而且,其他任何办法都是来不及采用的。”[②]

1940年7月,边区政府公布了《抗日救国公粮条例(草案)》,规定以全年人均收入折米计算,每人平均5斗以下者免征,满5斗者征1%,满6斗者征2%,一直到1石,每增1斗,增比率1%;1石以上到1石5斗以下者征8%,直到5石,每增加5斗,增比率2%;5石以上6石以下者,征24%,直到10石,每增加1石5斗,增比

① 中共晋西区党委:《晋西政权发展史》(1941年12月),见晋绥边区财政经济史编写组等编:《晋绥边区财政经济史资料选编·总论编》,山西人民出版社1986年版,第320页。

② 陈希云:《晋绥财经工作报告》(1946年6月19日),见晋绥边区财政经济史编写组等编:《晋绥边区财政经济史资料选编·总论编》,山西人民出版社1986年版,第737页。

率2%;10石以上者征30%,不再累进。执行结果,据8个县、9个村的调查,负担面达到75%。负担占总收入的比例,平均为9.5%;地主为22%,富农为12%,中农为8%,贫农为1%。边区政府又提出以政治动员补救比例征收不足的方针。由于缺乏具体的政策标准,有的地方乱摊乱派,有的地方把未完成任务的部分全部加在地主富农身上。边区政府立即予以纠正,决定对地主富农的负担,凡是超过总收入50%以上的部分给予减免。据兴县、临县、河曲三县统计,当时按规定减免地主富农的公粮共有4996.7石。① 征粮的24个县,共完成212757石,基本上满足了1941年粮食年度军粮的需要。

边区在1941年3月和8月召开两次高级干部会议,9月召开行政会议,研究了经济建设和财政建设。政府于1941年和1942年间,对财政、公粮、税收、金融等工作,政策上进行了调整,制度上做了改进。1940年,边区人民的负担是比较重的。据调查,公粮负担,第一次献粮占收入的比例为17.52%,第二次征粮占收入的比例为22.24%。加上田赋、营业税和付款摊派,总负担占国民经济收入的比例接近30%。负担重的原因有二:一是敌人不断地烧杀、抢夺、破坏,致使经济萎缩。1942年,全区农业劳动力比战前减少1/3,牛减少6/10,骡驴减少8/10—9/10,羊减少6/10,猪减少8/10以上;耕地面积仅相当于战前的84%,山地粮食产量降低1/3以上;棉花总产量只有战前的3%,民间纺织业完全停顿,洋布占入口货总值的60%。② 二是对赋税限度控制不严。为了减轻人

---

① 中共晋西区党委:《晋西北公粮工作总结》(1941年12月),见晋绥边区财政经济史编写组等编:《晋绥边区财政经济史料选编·财政编》,山西人民出版社1986年版,第237—239页。

② 林枫:《坚持敌后抗战的晋西北根据地》,《解放日报》1943年7月8日。

民的负担,恢复和发展农业生产,积蓄民力,支持持久的抗战,边区政府调整了财政政策和负担政策。第一,确定公粮、田赋、营业税、契税、没收汉奸财产、公营事业盈余等为政府收入,由政府统收;军队及各级政府所需的粮食和经费,由财政统一供给。财政收支,坚持量入为出,适当地量出为入。不足部分主要靠各单位自力更生解决。第二,规定公粮的总征收量不得超过总产量的20%。规定公粮负担比例,最高不得超过其总收入的30%;负担面不得少于80%。第三,1942年明确规定:在敌占区不得任意动用物资,在游击区、近敌区征收公粮,负担要比内地适当减轻。第四,控制脱离生产的人员。晋西北根据地1941年八路军控制地区(包括根据地和游击区)157万人,脱离生产的军政人员6.8万余人(预算数为83700人),占根据地总人口的4.35%。① 为了减轻人民的负担,1942年边区政府规定,扩兵人数与居民的比例控制为1%;规定军政费用开支比例为7∶3,军费占全部支出的7/10,政费占全部支出的3/10。上述政策的施行,促进了经济的恢复和发展,克服了财粮供给困难。1941年大部分冬衣都靠自力更生得到解决,1942年是敌我斗争最残酷的一年,而食粮基本上满足了人民与军队的需要。

1941年10月,政府公布了修订后的《征收抗日救国公粮条例》规定:每人全年收入以折合小米计算,未满4斗(26斤斗)免征;每人全年收入满4斗征1%;4斗以上到6.75斗,每增加0.25斗,增征比率0.5%;6.75斗以上到9.25斗,每增加0.25斗,增征比率0.8%;9.25斗以上到1.3石,每增1斗,增征比率1%;1.3石以上,每增加1斗,增征比率0.5%;2石以上征30%,

① 中共晋西北党委:《经济建设材料汇集——财政》(1941年12月),见陈廷煊:《抗日根据地经济史》,社会科学文献出版社2007年版,第260页。

不再累进。[1] 边区政府还公布了《公草征收保管支付办法》，规定每石公粮附征 150 斤公草，其中谷草占 80%，杂草占 20%。这次征粮，完成 207604 石小米，比 1940 年的第二次征粮数减少 2. 5%。由于起征点降低，负担面扩大到 90%。各阶层的负担，据 9 个县、10 个行政村、28 个自然村统计，负担占收入的比例：地主 27. 5%，富农 27. 6%，中农 22%，贫农 13. 8%，雇农 8%，平均 21%。为了照顾贫苦农民的负担困难，政府发出补充指示，规定对一般工人雇工征收公粮时，其全部收入折半计算，本人还在家庭计算人口。对贫苦农民征收公粮时，将租牛的牛租、借入的种子、夏收以前借入的口粮等三项，在全部收入中减除。对肩挑小贩，凡资本额在 500 元以下者，以其全年盈余数的一半计算征收。贫苦农民的负担多数减免了一半。

1942 年 9 月，边区政府颁布了 1942 年度《修正征收救国公粮条例》，对原条例做了以下修改：第一，征收公粮计算收入，对剥削收入和劳动收入规定了不同的折合率：（1）自种地产粮按六成折米；（2）租出地收租与伙出地收益，均按七成折米，佃户偿还的借粮借种，扣除不算收入，收租或分益在一石以下同自种；（3）租入地与伙入地产粮，除交租（地租、牛租、房租）外，均按五成折米。第二，对产杂粮过多的地区，在收入折合率上做了照顾，规定小麦产量占全户总产量 1/5 以上，小麦部分先以一倍半折成粗粮，再按上述折米办法折米征收；若黑豆、黄豆、荞麦、大麦、高粱合计产量占全户总产量 1/3 以上，先以八成折成粗粮，再依上述办法折米征收。第三，扩大了征收范围，规定了非农业收益的折算比例：（1）工资及薪俸以四成折算；（2）纺织业不计收入，工矿事业之纯

① 晋绥边区财政经济史编写组等编：《晋绥边区财政经济史料选编·财政编》，山西人民出版社 1986 年版，第 200—203 页。

收益以八成折算;(3)经营商业之纯收益以九成折算,肩挑小贩资本额在3000元以下者,其纯收益以四成折算;(4)出贷现金、现粮所得之利息,按半数折算;(5)经行署审定备案的公营商业不征公粮,其他部队机关之商业与一般商业均征公粮;(6)公营之煤窑、粉坊、酒坊、油坊、铁匠炉均征公粮,以纯收益八成折算。① 第四,规定副业不超过正产1/10,或副业(纺织业不在此限)不超过正业2/10以上者,不征收公粮,超过者只征收其超过之部分,以促进农村副业的恢复和发展,增加农民收入。第五,为了照顾贫苦农民,提高了起征点。修订后的税率规定,每人平均收入小米未满5斗免征,5斗为起征点,征收5%;5斗以上,每增收1斗加征1%,每增收1升,加征1‰,递增至3石,征30%,3石以上不再累进。

第四次征粮是在残酷的战争中进行的。边区管辖的23个县,绝大部分变成游击区,完整县仅有6个。征粮任务仍然胜利完成。这次征粮,实际完成161587石小米(正税),比1941年实征数减少22.2%,达到减轻民负1/4的要求。据典型调查,1942年负担占总收入的比例,地主为26.9%,富农为24.9%,中农为18.8%,贫农为10.9%,平均为17.4%。②

紧随边区政府在调整税率和尽量做到人民合理负担的同时,又整理田赋。

田赋是旧税种,1940年8月行署第二次行政会议决定加以整理。整理的办法是:将所有土地分为水地、平地、旱地三种,以每种土地的地价分为上、中、下三级,共分三等九级。当年各地仍按旧

① 晋绥边区财政经济史编写组等编:《晋绥边区财政经济史料选编·财政编》,山西人民出版社1986年版,第204—206页。

② 陈希云:《晋绥财经工作报告》,见晋绥边区财政经济史编写组等编:《晋绥边区财政经济史资料选编·总论编》,山西人民出版社1986年版,第741页。

田赋基础征收，每1两银征银洋2.5元，与1939年相同。

1941年，为了减轻人民负担，边区政府豁免了上、下忙全部田赋。1942年继续征收田赋，并再次规定了整理田赋的办法。其主要内容是：在有粮册的地区，有粮无地者免征，有地无粮者增派；在遗失粮册的地区，调查登记地亩，按旧标准重派新粮；对旧粮制中的各种中间剥削，一概取消。整理之后，仍按旧粮银征收，每两银征银洋1.8元，按银行牌价折收"西农钞"（即西北农民银行发行的纸币）。这一年，共收田赋406万元（西农钞），占当时全部财政收入的19.7%。

在整理田赋的过程中，还建立了统一救国公粮制度。1940—1942年，晋绥边区除了征收公粮、田赋、村款粮、公草以外，还开征了营业税、出入境税、烟酒牌照税等。营业税是向工商业者征收的。1940—1941年，按资本额计征的税率为0.1%，按营业额计征的税率为0.02%—0.5%。1942年取消营业税，改为征收公粮。1942年10月《边区临时参议会施政纲领》第八条规定："实行合理的财政税收制度，统筹收支，确立一般预决算，非经参议会通过，政府不能任意增加人民负担。居民中80%以上的人民，按土地财产所得之多寡，负担抗日经费，切实整理村摊款，准备实行统一累进税。"政府决定停止田赋、村款、村粮、营业税的征收，把人民负担统一到公粮（还保留出入境税），把抗日救国公粮改名为"统一救国公粮"。

1943年秋，政府公布了《晋绥边区统一救国公粮征收条例》。对1942年的征收办法做了如下修改：第一，增加财产税。规定土地林木计征财产税，存粮、存款、投资、放债、证券、畜养、矿山、住宅、铺房、用具、肥料，均不计财产税。土地财产计征时依其生产量计算。财产以5斗米为1"富力"。自种地的产量每人平均在1石米以下，免征财产税。第二，修订农业收入折米的折合率。租入地与伙种地产粮除交租外,按粗粮四成折米计算;自种地产粮以粗粮五成折米计算;租出地收租与伙出地分益,均按粗粮六成折米计算。第三,调整了非农业收益征免范围和计算标准,非农业收益按规定折米后,再按当地市价折米征收。第四,增加了扶持中农贫农经济发展的规定:(1)贫苦农民春耕前所借口粮及种子,为生产而借贷所付的利息、地租,计征时一律扣除。(2)全家只有1人,以2口计,贫苦无依的老幼寄居户,作寄居户之人口计算。第五,修订了税率。统一救国公粮的税率,以"富力"作为计征标准,以"分数"作为税率。规定收入以1斗米为1"富力",财产以5斗米为1"富力"。全家收入富力与财产富力合计为该户之"总富力",总富力除以该户人口数,得出该户每人平均富力,作为征收比例之计算标准。每人平均富力未满6个富力,征收比例为1%;5个至7个富力中间,每增加1富力,加征1%;7个至11个富力中间,每增加1富力,加征2%;11个富力以上每增加1富力,即增加比例1%。递增至35个富力征收35%,35个富力以上不再累进。① 条例的贯彻执行,使地主富农的负担较前两年加重,地主加的多,中贫农的负担均有所减轻,贫农减的多,实现了"削弱封建经济、扶持生产、照顾贫苦农民利益"的政策导向。

(五)山东抗日根据地的财政税收

山东抗日根据地分散为渤海、鲁南、滨海、胶东、鲁中等互不相连的五个小区,1940年8月后,直接隶属于山东最高抗日政权机关"山东战时推行委员会"(1943年改为"战时行政委员会")统一管辖,在1940—1942年,实行财政税制调整、改革,建立新的财粮

① 晋绥边区财政经济史编写组等编:《晋绥边区财政经济史料选编·财政编》,山西人民出版社1986年版,第214—218页。

统筹与粮赋制度，扩大税赋负担面，既尽可能做到各阶层合理负担，又满足抗日救国的财政需求，调动了广大民众的抗日积极性，渡过了抗日战争的艰难时段。

1940 年 8 月 1 日，“联合大会”①选举了山东最高政权机关——“山东战时推行委员会”（1943 年改为“战时行政委员会”）。确定 1941 年的任务是：克服时局危机，开拓抗战新局面。贯彻民主制度，实行公平负担，统一财粮筹支，建立金库，整顿田赋税收。战时财经工作委员会（以下简称“战工会”）先后制定和颁布了关于财粮方面的条例和法令，使财粮工作逐步走上了正轨。

统一粮食筹支，是当时财经工作中最急迫的一项措施，其目的有三：一是在歉收的情况下，有计划地解决军需民食，战胜粮荒；二是为了克服原来筹粮工作中存在的多头要粮、平均摊派、随吃随筹等混乱现象；三是向敌人的粮食统制、劫夺作斗争，粉碎敌人“以战养战”的阴谋。统一筹划粮食，包括统一征收救国公粮，建立粮票制，统一支付给养，在地区之间调剂余缺等三个方面的内容。

救国公粮于 1941 年夏季开征。4 月 27 日省“战工会”《关于征收救国公粮的决定》及 5 月 6 日省粮食会议《关于粮食与征收救国公粮的决议》规定：救国公粮以行政主任区为单位，按照全区各抗日主力军、地方武装、政府机关、抗日政党、群众团体之领导机关应对脱离生产吃公粮的人数及牲口头数编造预算，确定应征救国公粮的数量。人的吃粮标准，每人每日按 2.5 斤编列；牲口的饲料标准，以每头每天 6 斤编列。另加 30%的预备粮食。按照各县的生产、土地、人口情况分配征收任务。对根据地与游击区、敌占

① “联合大会”，即山东省“国大”代表复选大会，山东省总动员委员会成立大会，山东省参议会成立大会，山东省工、农、青、妇文化界代表大会，山东各界救国联合总会成立大会的简称。

区的分配比例分别以85%与15%为原则。在公粮之外,每亩地多征一斤粮,作为优待抗属及救济灾民之用。征收救国公粮的办法,按照山东省战时工作委员会颁发的甲、乙、丙三种公平负担暂行办法执行。在新开辟地区,实行最简便的甲种办法;在较有基础的地区,使用乙种办法;乙种办法行之有成效后,逐渐实行丙种办法。坚决反对按银两地亩摊派的不合理做法。

山东省"战工会"规定:无论执行哪种征收办法,都要在有粮出粮的原则下,使人民得到真正的公平负担。全年征收公粮数以不超过该地区粮食总收入的30%为原则。秋季征收公粮,以不超过人民实际秋收粮食的30%为原则,个别大地主因累进关系,需要超过此原则者,亦不得超过其实际收入的70%。在征收公粮时要求负担面一般要达到80%以上,对贫佃农也应给予适当的负担,以免富有者负担过重。对于遥远偏僻地区或靠近公路敌人据点的地方,因筹办及运输的困难,必要时可收取给养代金,作为需粮较多的中心地区购买粮食之用。这样彼此调剂,可以使人民负担更加公平。① 1941年10月20日,山东省"战工会"拟定了《山东省清查土地登记人口暂行办法草案》;同时制定粮食保管、储藏和粮票使用等制度。

田赋是山东根据地财政收入中的主要项目,整理田赋及其征收制度,是保障财政供给的关键之举。1941年9月,山东省"战工会"颁发了《整理及征收田赋暂行办法》,要求各地尽量搜集旧粮册,访问旧粮政人员,切实把粮银数搞清楚,以增加财政收入。必要时,政府可组织力量清丈地亩,重新规定粮银数量。各地征收田赋并存三种做法:第一种是按旧银两征收;第二种是按银两计征,按地亩摊收;第三种是在清查地亩基础上,按亩征收。旧田赋制度

① 艾楚南:《怎样征收救国公粮》,《大众日报》1941年4月28日。

中的积弊以及征收过程中的中间剥削，均已铲除。各根据地的情况和做法是，胶东区：1938 年每亩平均收 0. 3 元，合每两银子 6 元；1939 年每亩平均收 0. 4 元，合每两银子 8 元；1940 年每亩平均收 1. 8 元，合每两银子 20 元；1942 年每亩平均收 2. 6 元，合每两银子 52 元。清河区：1941 年每亩平均收 1. 2 元，合每两银子 14. 5 元；1942 年每亩平均收 2. 7 元，合每两银子 58 元。滨海区：1940 年每亩平均收 0. 2 元，合每两银子 7. 5 元；1941 年每亩平均收 1 元，合每两银子 55 元；1942 年每亩平均收 5. 2 元，合每两银子 234 元。鲁中区：1941 年每亩平均收 1. 15 元，合每两银子 36. 8 元；1942 年每亩平均收 5. 3 元，合每两银子 159. 6 元。鲁南区：1942 年每亩平均收 6 元，合每两银子 240 元。照上述标准征收结果，1940 年全省根据地田赋收入占财政收入 32. 48%，1941 年占 54. 51%，1942 年占 51. 71%。①

为了使各阶层人民的田赋负担相对公平，1940 年 11 月，山东省“战工会”公布了甲、乙、丙三种公平负担办法。

甲种公平负担办法：自上而下逐级分配任务、评议征收的办法，它适用于新开辟的地区或工作基础较差的地区。主要有以下几点：第一，逐级分配救国公粮的征收任务。第二，各村分别确定各纳税户的负担分数，算出应征的公粮数。公平负担以户为负担单位，以村为实行单位。各村除特别穷户不负担、特别富户应有特别捐助以外，其余各户，按照农田、园地、商业、工业、利息等总收入的多寡、有无负债、人口多寡等情况分为 10 等。各等户的负担，按分数计算，称为“负担分”：一等户负担 15 分；二等户负担 12 分；

① 《山东省第二次行政会议财政组总结报告》，见山东省财政科学研究所、山东省档案馆合编：《山东革命根据地财政史料选编》第 2 辑，1985 年刊本，第 106—109 页。

三等户负担9.5分;四等户负担7.5分;五等户负担6分;六等户负担4.5分;七等户负担3分;八等户负担2分;九等户负担1分;十等户负担0.5分。第三,减免优待。凡贫寒之抗日军人家属,依照优待抗日军人家属条例之规定,免其负担。开垦的荒地,一律免负担三年,以示优待。

山东省“战工会”1940年11月颁布的乙种公平负担办法,在1941年4月和10月又做了两次修订,1941年度实际执行的是10月修订的办法。乙种公平负担办法适用于工作有基础的抗日民主政权辖区。这种负担办法,以户为纳税单位,以土地为课税对象,按每人平均土地多少划分等级,累进计征。属于土地收益税,其主要内容如下:

第一,关于土地的计算标准。除规定免税的以外,都是课税的对象。负担按当时土地的实际支配权划分:自耕土地由耕者负担,租佃土地由租佃双方分别负担,典当土地由承典人负担。计税的土地,按清丈土地折合之标准亩计算。具体做法是:把全部土地划分为上、中、下三等,每等又划分为上、中、下三级,计三等九级。按照普通收获年成,分别确定各个等级土地(每一官亩)的产量,然后以中等中级土地(每一官亩)的产量为标准折合。折算出来的产量面积,即为“标准亩”。

第二,免税亩的扣除与人口的计算。纳税人的土地折合成标准亩以后,再扣除免税亩,扣除免税亩以后的标准地作为各户课税的依据。免税亩的扣除,按人口计算。年满50岁以上的男女,现役抗日军人,按照规定脱离生产之政府、群众团体工作人员、行政村长及农救会主任,满7岁到未满16岁之在学儿童,抗日小学教员,不能劳动之残废人员,每人扣除标准地1亩。7—16岁之不上学儿童,16—50岁之妇女,每人扣除标准地半亩。

第三,负担亩与税额的计算。纳税人的土地扣除免税亩以后,以户为单位按人口平均,按每人平均标准亩多少累进计征。累进计征的标准,是"负担亩"。"负担亩"是超额累进的,共分十级累进。纳税人应纳的税额,按照全家应计"负担亩"和负担亩应征的粮食计算。每负担亩应征的粮食数,以村为单位,按照上级分配的征粮总数和全村总负担亩计算。

第四,免税优待。乙种公平负担办法规定:开垦荒地、旷地,其耕种期限在三年以上,按实际收入折合标准亩计算,耕种不到三年免其负担,新垦荒地三年以后再计负担。凡因开渠筑堤增加之收获量,三年不增加负担,因打井而增加收获量者永不增加负担。为奖励家庭副业发展,凡有小块之菜园,按普通地计算负担,大块经营以营利为目的者,按其邻近土地的等级增加二级计算负担。

第五,关于征收。每年征收两次,以征收粮食为主。柴草、田赋均按标准亩计算负担。田赋概由地主负担。柴草根据分配情况定,谁分得柴草由谁负担。

丙种公平负担办法适应于民主政权比较巩固的地区。课税对象包括资产和收入两部分。资产部分,包括土地、房屋、工场、商店及其他财产。收入部分,包括地租收入、农作物产量、林木收入、畜养收入、工商业纯收入、租赁收入、工资报酬、利息收入等。各种资产和收入,由户主按照政府印发的负担调查表自行填写上报,经村公平负担评议会审查确定。征收办法:每人每年平均收入不满30元免征;在30元以上,每5元作1厘,50元作1分;从50元到500元,以50元为一级,从500元到1000元,以100元为一级,每级以1.3为累进率计算分数;每人每年平均收入在1000元以上,超过1000元的部分,每百元按80分计算,不足10元之零数一律不计。每人应征之数,最高不能超过本人收入的35%。丙种负担办法是资产税和收入税合并征收,不再单独征收田赋。

三种公平负担办法执行情况:山东省"战工会"颁发的甲、乙、丙三种公平负担办法,1941 年实际推行的只是甲、乙两种(胶东区实行甲种办法的村庄占 71%),丙种负担办法完全没有实行。有些地方仍然继续执行按银两摊派的制度。

清河区、鲁中区、滨海区推行乙种公平负担。鲁中区半数左右村庄实行了乙种办法,执行结果,人民负担公平合理,团结也得以加强。滨海区这一年已将乙种公平负担办法推行到 281 个村庄,并试办了土地清丈工作,纠正了地多粮少和地少粮多现象。1941 年,各阶层的交粮热情比过去大大提高。①

据有关资料估计,1941 年山东根据地征收的救国公粮和田赋折粮,共约 1.96 亿斤。② 这一年由于敌人的“扫荡”和国民党反共军公开投日事件增多,根据地开始缩小,估计只有 1000 万人口。照此计算,每人平均负担为 19.6 斤。这一年每亩平均粮食产量可以达到 150 斤。如按每人平均耕地三亩计算,则每人平均实产量为 450 斤,负担占实产量的比例为 4.4%。另从军政人员占总人口的比例看,1941 年军政人员仍在 15 万人左右,占根据地人口 1000 万人的 1.5%。

1941 年,日伪加强了对根据地的围剿、扫荡。1942 年敌伪在山东根据地周围的据点增至 3700 处(1940 年年底为 1100 多处),挖封锁墙沟 8400 多公里,控制公路 7000 公里(1940 年年底为 5000 公里)。到 1942 年年底 1943 年年初,敌伪对付山东根据地的总兵力达到 22.5 万人(其中日本侵略军为 3.7 万人)。敌人抽

① 《省战工会关于鲁中区秋季粮食会议的决议》,《大众日报》1941 年 10 月 4 日。

② 根据山东省财政厅收集的资料估算,田赋折粮按公粮的 4%计算约为 5600 万斤,公粮按 1941 年征收统计数为 1.4 亿斤(鲁南区夏征数是估计补入的)。其中鲁中区为 3570 万斤,清河区为 1711 万斤,鲁南区为 1324 万斤,滨海区为 3232 万斤,胶东区估计为 4163 万斤。

出1万以上的兵力对山东各战略分区实行了前所未有的频繁“扫荡”。敌伪连续的“扫荡”和国民党军队的夹击，使山东根据地的形势迅速逆转：基本区缩小了；战略区被割成几块；军队和干部遭受了损失，群众组织遭受严重的摧残。1942年山东根据地面积缩小1/3，部队减员1/4。①

敌人的“扫荡”使农村经济遭受很大的破坏，增加了根据地财粮供给困难。山东分局在四年工作总结中谈到，1942年4月，山东根据地的军队人员为10万人（其中山东纵队6万人，八路军一一五师4万人），加上政府人员，合计吃公粮人数在17万人以上。当时根据地人口为800万人（以后还有所减少），吃公粮人数占到总人口的2%以上。太平洋战争爆发以后，日军从上海等地攫到几十亿元法币，以此从敌后抗日根据地攫取大量物资。同时大量发行伪币来代替法币。1942年从四周流入山东根据地的法币有几亿元，与此同时有相当数量的物资流出境外，被敌伪掠夺。这比几次大“扫荡”所造成的损失还要大。②

1942年4月，正当山东战场处于最艰苦最困难的关头，刘少奇代表中共中央到了山东，帮助中共山东分局总结了山东抗战四年来的斗争经验，提出了以后的斗争方针和任务，并且对山东的军事、政治斗争，群众工作，统一战线工作，党的工作和根据地建设等各项政策，做了指示。对于山东根据地胜利地渡过最艰苦阶段及以后的发展，具有深远的意义。中共山东分局在总结经验的基础上，加强了对经济工作的领导，调整了政策，有针对性地采取了相

① 萧华：《英勇抗战的山东军民》，见魏宏运主编：《中国现代史资料选编》(4)，黑龙江人民出版社1981年版，第574页。

② 薛暮桥：《抗日战争时期和解放战争时期山东解放区的经济工作》，人民出版社1979年版，第81页。

应的措施,主要有:深入开展减租减息运动,调动群众对敌斗争的积极性;开展以农业为主的大生产运动,恢复和发展生产;改进救国公粮征收办法,照顾各阶层的利益,使负担进一步公平合理;开展货币斗争,反对敌伪掠夺根据地内的物资。

1942年8月25日,山东省"战工会"发出《关于修正征粮办法的决定》。指出:从本年秋季开始,改按产量征收救国公粮(田赋仍单独征收,由地主负担),废除甲、乙两种公平负担办法,并绝对禁止按地亩摊派。改进后的救国公粮办法,以户为单位,按各户全年的收获量计算征收。收获量由户主登记,村评议会审核确定。莲池、苇塘、果园、菜园、竹园面积较大、有一定的收益者,按实收入折成粮食计算。

按产量征收的标准,以户为单位,按人口计算,每人平均全年产量不足100斤者不负担,每人平均全年产量在101斤以上的,全额累进计征,累进率规定如表19-15所示。

表19-15　山东抗日根据地累进税率规定(1942年)

项目 / 税级	每人平均产量(市斤)	税率(%)	项目 / 税级	每人平均产量(市斤)	税率(%)
—	100以下	免税	9	501—550	15
1	101—150	1	10	551—600	18
2	151—200	2	11	601—650	21
3	201—250	3	12	651—700	24
4	251—300	5	13	701—750	27
5	301—350	7	14	751—800	31
6	351—400	9	15	801—1000	35
7	401—450	11	16	1000以上	35
8	451—500	13			

公草、公柴的征收,按公粮比例计算,一般以缴纳 1 斤公粮者应缴纳 2 斤公草、公柴为原则。

1943 年,山东省“战工会”对按产量征收的办法又有改进:对自耕农的产量,一律扣除 20%的农本费计算;逐块评定产量改为划地段评定产量。累进分级的标准:胶东区以每人平均收入多少为累进分级标准。鲁南区以每人平均地亩多少为累进分级标准。滨海区分级办法与胶东区大致相同。清河区按产量与阶级两个标准分级累进,如每人平均产量 300 斤,贫农征 3%,中农征 13%,富农征 21%,地主征 30%。关于出租地及租种地的计算方法,滨海区规定,凡自耕或雇工经营的土地,从产量中扣除生产成本 20%后计算公粮;佃农按同样方法扣除生产成本后,再扣除地租计算公粮;出租地按地租收入征收,不扣除生产成本。鲁南区规定,出租地及租种地 2 亩折 1 亩计算负担,自种地 1 亩算 1 亩负担。胶东区的办法与滨海区近似,但在计算公粮以后再打八折,而不是先扣除 20%的农本。鲁中区规定,出租地 3 亩折 2 亩计算,租种地 3 亩折 1 亩计算。

关于累进率,胶东区规定:每人平均产量 150 斤,征 1%,200 斤征 2%,250 斤征 3%,300 斤征 4%,350 斤征 6%,400 斤征 8%,450 斤征 10%,500 斤征 12%,550 斤征 14%,600 斤征 17%,650 斤征 20%,700 斤征 23%,750 斤征 26%,800 斤征 29%,850 斤征 32%,900 斤以上征 35%。清河区分四等(四个阶层)分别规定累进率。

1942 年到 1943 年,山东根据地最困难最艰苦,由于党政军民齐心协力,加强了对敌斗争,开展了根据地的经济建设,两年的财粮收入完成得很好,保证了战争供给的最低需要,人民的负担相对有所减轻。据有关资料统计,山东根据地征收的救国公粮和田赋折粮两项,1942 年为 16376. 0 万斤,1943 年为 20955. 5 万斤。其中,救国公粮占70%左右,田赋折粮占30%左右。具体征收数字如表19-16所示。

表19-16 山东根据地公粮、田赋征收统计(1942—1943年)

(单位:万斤)

年份、项目 \ 地区		渤海区	鲁南区	滨海区	胶东区	鲁中区	总计
1942	公粮	1407.6	748.4	2997.8	5112.5	1778.0	12044.3
	田赋	422.2	296.8	899.3	2180.1	533.3	4331.7
	小计	1829.8	1045.2	3897.1	7292.6	2311.3	16375.0
1943	公粮	2010.8	989.4	3600.0	6915.2	2308.8	15824.2
	田赋	603.2	296.8	1080.0	2458.7	692.6	5131.3
	小计	2614.0	1286.2	4680.0	9373.9	3001.4	20955.5

资料来源:据山东省财政厅自山东省档案馆抄录的资料整理编制。

表19-16中统计数据,除滨海区1943年为估计数外,其余均为统计数。各年田赋数,除胶东区为统计数外,其余均为推算数(按公粮数的30%推算)。

按照当时根据地人口800万人计算,则每人平均负担:1942年为20.5斤,1943年为26.2斤。每人平均负担比1941年度增加了,但负担进一步公平了。这主要反映在两个方面:第一,负担面扩大了。1941年的负担面一般在70%左右,有些地方还不到70%。1942—1943年,负担面一般扩大到80%左右。广大人民(包括贫农的多数)都有粮赋负担,中农、富农和地主的负担也有所降低。各阶层的实际负担比例比较公平合理了。以滨海区为例,1943年秋各阶层的负担情况是:地主平均负担占收获量的30%(低于原规定的35%),富农19%,中农10%,贫农3%,总平均为 11%。[①] 负担的进一步公平合理,调动了各阶层的抗日积极性。广大农民节衣缩食,把自己的劳动成果,热情地献给了自己的政府,献给了自己的子弟兵。沂南一个模范村,收公粮田赋时,在动员的第二天,就完成了 3 万斤公粮和 2700 元田赋。[②]

(六)华中抗日根据地的财政

华中抗日根据地包括苏中、盐阜、淮海、苏南、鄂豫、淮北、淮南、皖江等 8 个边区或地区,涵盖的范围广阔,地域跨度特别是东西跨度很大,自然和物产条件差异悬殊,根据地民主政权建立时间先后不同,民主政权的财政收支和军队补给,差异亦大,其中财政状况较好的皖江根据地,财政收入除满足当地军政给养外,尚有相当数额上交新四军军部。基于这种情况,各边区的财政政策、措施,筹款办法和人民负担情况也各有差异。各边区政府在极其艰难的条件下,采取多种改革、调整措施,开源节流,尽量做到公平负担,在保障各阶层人民的基本生活需求和抗日军政的补给之间取得平衡,克服了困难,推进了抗日斗争的开展。

1. 苏中区的财政

苏中区的财政筹集方式是收税。开征的税种有:公粮、田赋、产销税、盐税、屠宰税、牙税、契税等数种。1941 年 12 月 13 日,中共苏中区党委发出《关于征募救国公粮的指示》,计划征收 6 万石。征募救国公粮主要采取政治动员方式,政府组织了征募委员会,各群众组织亦成立了调查组、宣传队、征募队、运输队,掀起群众性的征募运动。

---

① 谢辉:《山东滨海区的民主建设》,《解放日报》1944 年 8 月 4 日。

② 《山东抗日军民根据地的缩影——沂蒙区沂南一个村的调查材料》,《晋察冀日报》1943 年 4 月 24 日。

1942 年中共华中局第一次扩大会议后,为了统一筹集军粮,建立正规的制度,苏中行政公署于 9 月 1 日颁布《三十一年度秋季征收粮赋条例》。规定:(1)公粮、田赋合并征收,统一征收粮食;(2)除征粮赋以外,不征任何附加;(3)根据当时的租佃关系,分别规定了业佃双方的负担标准。各种作物征收的具体标准如表 19-17 所示。

表 19-17　苏中区粮田每亩征收标准(1942 年)

(单位:斤/亩)

项目 农地类别	一等田	二等田	三等田	四等田
水稻田	12	9	6	4
玉米地	14	11	8	6
黄豆地	9	6	4	2
小麦地	12	9	6	4

军粮征收原则是,土地生产什么征收什么。水稻田征稻谷,玉米地征玉米,黄豆地征黄豆,小麦地征小麦。表 19-17 列每亩征收数均为各种粮食的原粮数。

草田、棉田的征收标准如表 19-18 所示。

表 19-18　苏中区草田、棉田征收标准(1942 年)

(单位:斤/亩)

项目 农地类别	计税标准	税率(%)	备注
草田	土地实产量	8	征公草
棉田	土地实产量	6	征公棉

对出租地、佃耕地的征收标准。苏中的土地集中程度较高。

1942年开始实行“二五减租”，但减租不彻底，租率仍很高。租佃土地的征收标准，田赋由出租人负担，公粮由业佃双方负担，粮赋加在一起，征收标准与自耕土地相同。业佃双方的征收标准，又按粮租制分别确定。实行粮租制的，粮赋按数计征的粮食，业主负担3/4，佃户负担1/4；单是公粮部分，业主负担60%—65%，佃户负担40%—35%。条例规定：凡出租或承租土地在100亩以上的户，除按上述标准计征外，超过部分的土地，按累进率加征粮赋。实行银租制的，对业主按银租额征10%的公粮和田赋，其中田赋征3%，公粮征7%；对佃户按照自耕土地的公粮征收标准减一半征收。出租土地在100亩以上的户，其超过100亩的土地，按累进率加征。如兼有银租及粮租，则按照其田亩总数累进征收，粮租田征粮，银租田征银。

苏中区筹集粮款的具体办法，前后有所不同，人民的负担也相应有所变化。1942年以前，苏中区处于敌、伪、顽夹攻之地，斗争激烈、尖锐。敌伪的汽艇穿梭般往来于水网区，公路被截断，部队只能以营或连排活动。区乡政权尚未得到改造，部队的物资供应很困难。军政人员所需的粮食和款项，来源有三：一是人民主动支前。主动出粮出钱支援新四军作战。黄桥决战时，镇上60多家烧饼店日夜不断地赶做烧饼支前。“黄桥烧饼黄又黄哎，黄黄烧饼慰劳忙。烧饼要用热火烤哎，军队要靠百姓帮”这首流传至今的“黄桥烧饼歌”，就是当时人民积极支前的生动写照。[①] 二是抗日民主政府劝募救国公粮。1941年冬计划征募6万担，实际完成7万担；1942年夏季原定征募杂粮31万担，实际完成23.6万担，代金825906元，公银23785元。三是征募田赋、自卫捐和寒衣捐。仅寒衣捐一项，在学校和农抗会的支持下，即完成了77

① 《黄桥烧饼歌》，《新华日报》1980年10月4日。

万元。[①] 粮赋负担主要落在地主和工商富户身上。

1943年,苏中区普遍执行了统一的粮赋条例,农民负担比较轻。东台县是苏中区经济情况中等类型的县,这个县约有100万亩土地,55万人口,1943年全县征收粮赋共141393担,约合2120万斤(每担150斤)。[②] 每人平均负担38.5市斤,每亩地平均负担21.2市斤。东台县粮食产量每亩400斤左右,负担占产量的比例为5.3%。1943年民主政府只征公粮田赋,每亩征麦4斤半,稻19斤,而佃户仅负担1/3。[③]

1943年度苏中区的财政情况比较好。一部分主力部队转到地方武装部队,地方党政机关实行了精简,粮食和现金的收支相抵,略有结余。东台县1943年共征收粮赋141393担,支出132764担,结余8629担。[④]

2. 盐阜区的财政

抗日政权建立后,行政公署就宣布废除国民党政府和军阀的一切苛捐杂税,逐步开征了救国公粮、公草、土地税、进口货物税、牙税、营业税、屠宰税、契税等税种。沿海各县还征收了渔业税。救国公粮和土地税均收粮食,公草征麦秸稻草。盐阜区的农业生产条件较差,产量也较低。在正常年景下每亩粮田的收获量:旱田

---

① 《苏中区党委一年来工作总结报告》(1942年2月),见江苏省财政厅、江苏省档案馆、财政经济史编写组合编:《华中抗日根据地财政经济史料选编(江苏部分)》第1卷,档案出版社1984年版,第157页。

② 董希白:《东台县一年来行政工作》(系1944年5月30日在东台县临时参议会上的报告)。

③ 《苏中报》1944年7月4日,见陈廷煊:《抗日根据地经济史》,社会科学文献出版社2007年版,第278页。

④ 董希白:《东台县一年来行政工作》(系1944年5月30日在东台县临时参议会上的报告)。

在160斤左右,水田在250斤左右。[1] 农民收入水平低(每人全年平均收获量不足150斤的约占全部人口的20%),生活较差。据中共华中局向中共中央报告,1943年各阶层缴纳公粮、土地税占总收入的比例大致是:贫农4%,中农6%,富农8%,小地主8%—10%,中地主15%,大地主20%。[2]

1941年6月,阜宁县民主政府公布了分六级累进的征粮办法。要点是:1—9亩以下无力负担,不交公粮;10—30亩每亩交公粮2.5斤;31—50亩每亩交公粮3斤;51—100亩每亩交公粮4斤;101—300亩每亩交公粮4.5斤;301—1000亩每亩交公粮5斤;1001亩以上每亩交公粮6斤。佃户每亩分担地主公粮1.5斤,直接交政府,其数额在地主应交公粮内扣除。敌伪区内佃户分担地主应交公粮,由地主代收并交公粮。实行货币地租形式的,佃户仍分担地主应交公粮1.5斤,地主依照下述比例,以货币折交公粮:10—30亩每100元交公粮2.5元;31—50亩每100元交公粮3元;51—100亩每100元交公粮6.25元;101—300亩每100元交公粮7.5元;301—1000亩每100元交公粮8.75元;1001亩以上每100元交公粮10.25元。柳田、柴田每2亩折1亩,草田每4亩折1亩,碱田、法垦田按实收数量交公粮3%。

1942年,行署公布了《盐阜区清查田亩暂行办法》。1942年2月,各地普遍开展土地清查。全区增加了田亩200多万亩[3],阜宁

① 骆耕漠:《关于征收粮税的新办法》(1944年),江苏省档案馆资料。

② 《华中区关于十个问题的答复》(1944年8月27日),湖北省档案馆资料。

③ 曹荻秋:《两年来财经工作总结及今后工作方针》(1943年),盐城地区财政局资料,1980年1月25日。

县一区增加土地 43.9%,二区增加土地 32.6%[①],扩大了负担面积,增加了财粮收入,为进一步实行合理负担奠定了基础。行署随后颁布了《土地税征收章程》和《公粮公草征收条例》。《土地税征收章程》规定:田赋以及临时带征一律废除,统称土地税。土地税一律由业主缴纳,按清查田亩结果分为水田、稻麦田、旱田、棉田、洼田、草滩、花碱、荒地等九类征收。租佃土地,由业佃双方分担。夏季,佃农每亩负担 3 斤,其余由地主负担;秋季,佃农缴纳公粮为:旱田每亩 2 斤,稻麦田每亩 2 斤,水田每亩 4 斤(大米)。公草按田亩征收。条例规定,开垦公荒自领垦之日起 5 年内免除赋税,开垦生荒 3 年内承垦人不纳租税。参加主力部队的军人家属有田不足 3 亩者免征,在 3 亩以上不足 60 亩者减征 1/2,在 60 亩以上者仍按级征收;参加地方部队的军人家属有田在 2 亩以下者免征,在 2 亩以上不足 60 亩者减征 1/4,在 60 亩以上者仍按级征收。

1943 年对征收标准和租佃分担比例做了修订,降低了起征点的税率,提高了稻麦田的最高税率。旱田的税率,1942 年 5 斤为起征点,1943 年改为 3.5 斤为起征点;水田的税率,1942 年 9 斤为起征点,1943 年改为 7 斤为起征点。关于租佃关系负担的修订,主要是降低了佃农分担的比例。夏季公粮负担,1942 年规定佃户每亩 3 斤,1943 年改为每亩 2 斤半。秋季公粮负担,1942 年规定佃户每亩 2—4 斤,1943 年按分租田、包租田分别做了规定。对分租田的公粮,佃户应分担之数额规定为:承租田如为旱田,其公粮累进等级属于不足 10 亩或不足 25 亩,由主佃双方各半负担,属于 25 亩以上各级,佃户每亩分担 2 斤半;承佃之田如为稻麦田,其公粮累进等级属于不足 10 亩或 25 亩者,由主佃双方各半负担,属于

① 《盐阜报》1942 年 4 月 11 日,见陈廷煊:《抗日根据地经济史》,社会科学文献出版社 2007 年版,第 279 页。

25 亩以上各级，佃户每亩分担大米 2 斤；承佃之田如为水田，不分等级，佃户每亩分担大米 3 斤半；承佃之田如为棉田，不分等级，佃户每亩分担皮棉 4 两①。这样修订有利于扶持贫农经济的发展。

3. 淮海区的财政

1941 年，淮海区实行合理负担，征收盐税、田赋、公粮，解决了部队的粮食、军需，援助了主力部队的南下。1942 年，由于敌人进攻和封锁，货物流通阻滞，主要的税收——盐税几乎断绝。1942 年 6 月 7 日，行署颁布了《淮海区田赋改征粮食暂行条例》。该条例规定：每亩全年收获在 120 斤以上为一等田，每年每亩征收小麦 2 斤。每亩全年收获在 80 斤以上不足 120 斤为二等田，八折征收。每亩全年收获在 50 斤以上不足 80 斤为三等田，六折征收。每亩全年收获在 20 斤以上不足 50 斤为四等田，四折征收。每亩全年收获在 20 斤以下为五等田，二折征收。田赋由土地所有权人负担，与公粮同时征收。②

1942 年 6 月 7 日，行署同时颁发了《淮海区救国公粮公草征集条例》。条例规定，救国公粮公草的征集，以地亩多少划分征粮等级，以收获量大小决定土地等级，公平分配，合理负担。500 亩以上为一等户，每季每亩征公粮 12 斤，全年 24 斤。250 亩以上不足 500 亩为二等户，每季每亩征公粮 10 斤，全年 20 斤。100 亩以上不足 250 亩为三等户，每季每亩征公粮 8 斤，全年 16 斤。50 亩

① 《盐阜区秋季公粮公草征收条例》（1942 年 8 月 14 日），见《华中抗日根据地财政经济史料选料选编（江苏部分）》第 1 卷，档案出版社 1984 年版，第 400—403 页；《盐阜区一九四三年度秋季公粮公草征收条例》（1943 年），见《华中抗日根据地财政经济史料选编（江苏部分）》第 2 卷，第 370—373 页。

② 《华中抗日根据地财政经济史料选编（江苏部分）》第 1 卷，档案出版社 1984 年版，第 387—388 页。

以上不足100亩为四等户,每季每亩征公粮6斤,全年12斤。20亩以上不足50亩为五等户,每季每亩征公粮4斤,全年8斤。5亩以上不足20亩为六等户,每季每亩征公粮2斤,全年4斤。5亩以下为贫户,免征粮草。公草依公粮征收等级加倍征收(即公粮1斤征公草2斤)①。1942年全区预计征收公粮5000万斤,由于敌人收买粮食,奸商偷运粮食出口,公粮征收受到很大的影响。

1943年颁发《淮海区重订征收救国公粮公草暂行条例(草案)》和《淮海区清查田亩实施纲要》。规定:凡是有收益的土地,不论是自耕、出租、承佃、典出、典入,其业主、承佃者和承典者均要按照规定缴纳公粮公草。应征救国公粮户的田亩,按照土质及生产量厘定等级,以亩为计算单位。行署把全区土地统一划分为壤土、黄土、黏土、砾土、劣土、碱土等六类。各类土地的产量均以1943年的收获量为主确定。各户的田亩数量、土质和收获量,均由户主按照上述要求自报,由区、乡田亩等级审查委员会审定。区、乡审定以后,即作为征收公粮公草的依据。

救国公粮的征收,按每人平均田亩多少计算,根据户主占有或经营土地的不同情况分别确定。自耕田计算时先将田亩打九折而后以人口平均。出租田按田亩数打四折后以人口平均。佃耕田按田亩数打六折后再打九折,然后以人口平均。1943年,淮海区虽已开展了二五减租,但减租还不彻底,减后的租率一般仍在40%左右,所以租佃地的负担确定按业四佃六分担,即出租田按打四折计算,佃耕田按打六折计算。由于出租田的收入是纯收入,不包括农本,自耕田、佃耕田的收入为毛收入,包括农本在内,所以确定出租田1亩按1亩计算,自耕田、佃耕田1亩按9分计算(即打九折,

① 《华中抗日根据地财政经济史料选编(江苏部分)》第1卷,档案出版社1984年版,第389—392页。

佃耕田打六折后再打九折），以平衡各阶级的负担。按照上述规定计算后，再按每人平均田亩多少分成 16 组，全户每人平均田亩在 1 亩以下为第一组，100 亩以上为第十六组。田亩等级按照每亩全年的收获量划分为 16 级。每级产量相差 20 斤。每亩全年收获量在 20 斤以下者为第一级，301 斤以上者为第十六级。征收率按照每人平均田亩多少（16 组）和田亩等级（16 级）分别确定，贯彻累进的原则。每人平均田亩多，每亩收获量高的，征收率（每亩征收粮食数）高一些，反之，征收率低一些，或者免征。公草依每户应交公粮数的 2 倍带征，即交 1 斤公粮带征 2 斤公草（包租田业主免交公草）。

《重订征收救国公粮公草暂行条例》规定，有下列情况之一者，由业主陈报经县政府查明属实后，免征当季公粮：（1）因水旱灾害使收获量降至 20 斤以下者；（2）鳏、寡、孤、独有田 2 亩以下而缺乏生产能力者；（3）因人口死亡无人耕种而招致荒芜者；（4）土地被政府、部队临时占用，致未能播种者。①

4. 苏南区的财政

苏南为鱼米之乡，地处敌伪的心腹地带，斗争复杂，环境恶劣，粮款的筹集相当困难。从 1941 年起，日军为强化汪伪政权的统治，确保长江下游的“治安”，集中兵力在沪宁路西进行“清剿”“扫荡”。在经济上，伪中央储备银行大量发行“储备券”，强迫使用。在“清乡”区，用储备券收买粮食、猪、蛋，进行经济掠夺。1942 年春，敌伪又在沪宁西路的新四军中心地区搞“清乡”，在经济上实行封锁，掠夺民财。当时茅山“清乡”区内，敌伪收捐税不下二三十种，田赋补征，每亩 5 斗，平均每亩田负担伪储备券 200 元以上

① 《华中抗日根据地财政经济史料选编（江苏部分）》第 2 卷，档案出版社 1984 年版，第 308—312 页。

(一石大米约合伪储备券200元),占农民收获量的50%以上。各种税收限期缴纳,违者加倍处罚,使广大农民破产。

苏南根据地筹集粮款的方式主要有以下三种:

第一种是征收工商税和田赋。新四军茅山地区从1939年就开始征税,利用国民党江苏省政府的办法征过营业税和田亩捐。田亩捐规定在5亩以上的业主每亩抽0.15元,一年收一季。① 工商税方面,主要是征货物税、营业税。货物税是反对敌伪封锁和统治的一个斗争工具,进口的货物,除部分日用品和烟酒糖征税外,必需品和军用品均免税;出口或过境的货物则一律征税。

第二种是公粮。茅山地区从1939年开始征收。根据各个不同地区的情况,规定合理的比例征收。除极贫苦者免税外,大多数人民都要负担,规定禁止乡保私行派款。

第三种是群众的捐募与慰劳。捐募主要依靠群众团体进行,应募者主要是工商业者或社会上的上层爱国人士。慰劳则是群众性的,是农民对新四军自动的物资支持。

1943年,茅山地区每人平均负担41元,路南地区每人平均负担11元。②

5. 鄂豫区的财政

鄂豫区军政办事处成立后,设立贸易统制局,颁发了边区各项税捐暂行条例。1941年7、8月,边区成立税务总局,加强了税收的统一领导和管理;鄂东、鄂中、襄南、豫南等地亦成立了税务分

① 石西民:《地方游击队是怎样产生的——记一个丹阳游击队》,见新四军和华中抗日根据地史研究会编:《新四军和华中抗日根据地史料选》第二辑(1937—1940),上海人民出版社1984年版,第442页。

② 樊玉琳:《苏南敌后抗日民主政权的建设》,见新四军和华中抗日根据地史研究会编:见《新四军和华中抗日根据地史料选》第七辑(1943),上海人民出版社1984年版,第113页。

局。统一征收的税种有关税、棉花税、坐商税(营业税)、屠宰税、卷烟税、田契税等数种。其中,关税为边区的主要税源,1943 年关税收入每月可得 20 万元(银元)。①

1940 年 8 月,边区财政经济会议决定征收田赋、公粮。并决定调查田亩,提高田赋征收标准(每亩增为 1 元),同时征收公粮。为了解决财政经济困难,1942 年边区政府决定紧急动员,借募军粮 2 万石大米。由党、政、军、士绅组成借粮委员会,向有余粮的户(主要是地主富农)借粮。借粮可以抵作本年田赋,部分作为补征上年的田赋和救国公粮。同时确定,公粮田赋均征实物累进税,全区全年征收 50 万石稻谷。当年,边区政府提出了深征广征和整理地方捐税的号召,贯彻负担公平合理的政策,增加了财政收入。

1941—1943 年间,边区为解决财经困难,发行了两次公债。第一次是 1941 年为创办边区银行筹集资本,发行救国建设公债 50 万元(以应城膏盐救国捐作担保),年息六厘,分 10 年偿还。第二次是 1942 年 4 月,发行额为 500 万元,第一期发行 100 万元。第二期建设公债,全部用于农业投资。为解决财政困难,还发行边币 100 万元,救国公债 20 万元。

上述措施使边区财经状况有所好转。财政从主要依靠工商税收转到主要依靠田赋、公粮以后,收入大大增加。

边区的田赋制度,是在旧田赋基础上建立的。边区政府在 1942 年重新对户口、田亩进行了登记。田赋按田亩分等级征收。田地分上、中、下三等,每亩全年实收粮 3 石以上者为上等田,每亩实收粮 2 石至 3 石者为中等田,每亩实收粮 2 石以下者

① 李健:《鄂豫边区的关税建立和发展》,见华中抗日根据地和解放区工商税收史编写组编:《华中抗日根据地和解放区工商税收史料选编》(上),安徽人民出版社 1986 年版,第 47 页。

为下等田。1942年规定:上等田每亩征收田赋谷8升,中等田每亩收6升,下等田每亩收3升。田赋一律由业主负担,分上、下忙两次征收。

救国公粮亦按田亩分上、中、下三等征收。每亩征收标准与田赋征收量相同。自耕地由耕者负担,租佃地由地主与佃户各半负担。公粮除按田亩征收外,还要对占有田较多的户另行加征。加征也分级累进,占有中等田在10亩以上的户(即交公粮在6斗以上的户)开始累进,下等田在16亩以上的户开始累进。由于各户占有的田地既有上等,又有中等和下等,为便于计算,统一规定按缴纳公粮数的多少(实际是统一折合成中等田计算)累进加征。各地具体的征收标准则有所差别。例如襄南县1943年规定:每亩收谷3石(樊斗:1樊斗=1.04斗=16.2市斤)以上的为好田,每亩征田赋谷9升,征公粮1斗5升,合计2斗4升;每亩收谷不到3石的为普通田,每亩征田赋谷6升,征公粮1斗,合计1斗6升。①公粮只按田亩征收,不另加征。

黄冈县1943年规定:征收田赋先把田分成五等,即特上等、上等、中等、下等、特下等,各按不同税率征收。特上等田每亩收谷1.2斗,上等收9升,中等收6升,下等收3升,特下等收1升。公粮的征收标准与田赋相同,1石谷=10斗=156市斤谷。收获量不满5斗者不征税。

公粮除按亩计征外,另按田的多少划分等级,以交公粮多少确定累进加征数字。全户交公粮2—3石的不加征,3—3.5石的加征6%,3.5—4.5石的加征8%,4.5—5石的加征14%,5—6石的加征18%,6—7石的加征22%,8—9石的加征25%,最高加征不

① 《襄南县在秋收工作中进行田亩调查及征收田赋公粮的宣传解释工作纲要》,湖北省博物馆藏资料。

超过50%。①

边区人民负担的抗战捐税主要是田赋税，1941年每亩每年出1元钱。比敌占区人民负担少80%以上，比大后方人民少60%以上。② 除粮赋负担外，农民的劳力负担也是很轻的。在新四军五师活动范围内，群众负担的劳役，最多没有超过总劳动力的5%，而且军队让农民服劳役时，一律发饭给钱。

6. 淮北区的财政

淮北的田赋于1941年开征，一次征收三个年度（1939—1941年度）的赋额。开征之前，政府对旧田亩册籍做了整理。征收办法有两种：淮宝地区征收实物，按照土地平均年收获量，划分等级，按等计征，平均计征率为2%；其余地区征收法币，按田亩等级，每亩分别征收8分、1角、1角2分（当时每石粮价约为250元）。1943年秋，田赋与公粮分别计算，全部征收实物。

从1940年夏征到1942年夏征，公粮征收均采取分配任务，民主评议，无固定标准。政府只原则规定：上等户（有钱有地的殷实富户，包括地主、富农、商人），平均出粮占收获量的12%；中等户（自耕农、小康之家），平均出粮占收获量的8%；下等户（即半自耕农），平均出粮占收获量的5%；赤贫户（收粮极少或根本收不到粮食，无力缴纳公粮者）免征公粮。从1942年秋季起，改行累进税。1942年秋计征的累进税率分10级，每人平均收获量5斗以下的免征，5斗的征3%，10斗以上的征15%。1943年夏征，邳睢铜灵联防办事处规定：每人平均收获量不满60斤免征，60斤以上不满

① 武汉大学历史系编：《黄冈县革命史料汇编》（初稿）（1959年5月），武汉大学历史系资料室藏打印稿。

② 陈少敏：《艰苦奋斗的三周年》，见新四军和华中抗日根据地史研究会编：《新四军和华中抗日根据地史料选》第三辑（1941），上海人民出版社1986年版，第369页。

100 斤征 5%,100 斤以上不满 200 斤征 7%,200 斤以上不满 300 斤征 9%,300 斤以上不满 400 斤征 11%,400 斤以上不满 500 斤征 13%,500 斤以上征 15%。

7. 淮南区的财政

淮南区地处江淮之间,1940 年 4 月 18 日,津浦路东各县与新四军驻军联合建立抗日民主政权——路东联防办事处。津浦路西各县亦与新四军驻军联合建立了路西联防办事处。1943 年,路东路西统一成立淮南行政公署。行署成立后,全区设路东、路西两个专署。抗日民主政权建立后,部队供给的主要来源为公粮、田赋、进出口货物检查税、营业税等收入,其中公粮、田赋收入约占财粮收入总数的 2/3。

田赋于 1940 年夏季开征,基本上沿用原安徽省的征收办法。1941 年春,民主政府开始进行土地查登。以乡为单位进行,先"依户求田",按田的好坏分成甲、乙、丙、丁四等,经复查修正后由政府发给田主营业执照。1943 年"改赋征粮",分夏秋两季征收。夏季征收小麦,秋季征收大芦秫、稻、绿豆、黄豆四种。征收率不超过其总收获量的 2%,并按土地等级分别确定固定的征收额。

救国公粮征收办法经历了几次改革。1940 年夏季,淮北区第一次征救国公粮。征收办法有两种:一种是按各户自报收获量征收 3%,租佃地负担主二佃一;另一种是依各户自报产量,按累进税率征收,粮多者税率高,粮少者税率低,5 担以下者免收。1940 年秋季,统一了征收办法,按照实际收获量征收 3%,将各户自报收获量改为由乡保评议委员会按户评估收获量。1942 年夏季公粮征收率仍为 3%,对租佃地改按"东三佃七"(即按分租比例)负担,同时加征公草,每一斤公粮征一斤公草。当年淮南普遍干旱减产,政府为照顾人民的生活,对灾区减征了公粮,同时在收成较好的地区另行征收救灾公粮,用于灾区人民。公粮减免的办法是:凡收获量在二成以下的粮赋全免;收获量在三成以上的征"一九"(即减免81%),四成征"二八",五成征"三七",六成以上全征。救灾公粮是一种临时性的措施,征收率为2%,另按户累进加征:总收获量在30—50石的增加5%,300石以上的增加10%,贫农不征救国公粮。1943年夏季征粮实行"划一估租"的办法,秋季废除地区划一,田地分四等,依等级征收3%的公粮。路西专署秋季公粮征收6%。

开征货物检查税,主要是同敌人的经济侵略作斗争,保护根据地内工商业的发展。过境通行的货物亦须抽税。输出的货物凡政府许可的给予免税或减税优待,以便换来外来的工业品。抗战初期,货物检查税是边区财政收入的主要来源。

从1943年起,淮南区还普遍征收营业税、牙帖税、契税、牲畜税、屠宰税等。营业税按经营类别分别计征,杂货摊贩按资本额征2%;菜馆按营业额征0.5%;油坊,每榨月征5斤油价之税;糟坊,月征30斤酒价之税。牙帖税,每季照其收入总额征5%。契税,分卖契、当契、补卖契、宰当契四类征收,卖契税率最高,1943年照契价征收12%。牲畜税,牛驴征1.5%,骡马征2%,猪羊征3%。屠宰税,照每头征3%。

8. 皖江区的财政

皖江抗日根据地建于1940年,1942年冬成立皖江行政公署,辖皖中、皖南两个专员公署。根据地处于皖江平原,物产丰富,交通便利,财源充足。根据地的财政收入除满足当地军政给养的需要外,尚有相当数额上交新四军军部。

皖江区的财政收入基本上是赋税收入。开征的税种有:检查税、田赋、公粮、营业税、屠宰税、牙帖税、契税等数种。征收货物检查税,是根据地初创时期财政收入的主要形式。检查税按货物价格征收,急需品,如洋布等征收5%;日需品,如肥皂、洋油等,征收

15%;消耗品,如烟、酒等,征收15%;奢侈品征收20%。

田赋、公粮是筹集粮食的主要形式。行署成立前,田赋、公粮用突击方式征收,收到的粮食仍分散保存在农民家里。敌人大"扫荡"后,依靠区、乡政府分夏、秋两期征收。田赋和公粮征收,均利用旧政权田赋册籍。营业税在很长一段时间内均按旧税法征收。

七、抗日根据地的金融业

由于国民党政府停止对八路军、新四军的补给,切断了抗日根据地的一切经济来源,根据地抗日部队和民主政权的财政、金融遇到了空前的困难。解决的唯一办法是自力更生、独立自主。因此,1939年后,抗日根据地各边区政府在自力更生发展经济、精兵简政减轻人民负担的基础上,逐渐建立独立统一的金融制度、体系和秩序,各边区政府相继建立自己的银行,发行自己的货币,全面开展各项银行业务,包括存储款、发放农贷、投资工商业、办理汇款、代理金库、经理公债、买卖金银等。边区政府在建立独立统一的金融体系的过程中,并同敌伪、顽固派进行艰巨、复杂的货币斗争,驱逐伪币、杂币,保证边币对货币市场的占领,对法币则根据不同条件、情况,采取相应对策:或允许流通,或禁止流通,以保障边区健康的金融秩序和市场交易。同时,实施严格的外汇管理,在一定时期内,将伪币视同"外汇",加以利用和管理,主动掌控汇价,加强出口贸易管理,积极组织出口,采取灵活多样的交易方式,除了政府直接掌握的物资集中出口,又鼓励民众零星出口,又有"以货易货",或"尽量做到以货易货"。形式灵活多样,争取进出口交易平衡,保持汇价和物价的平稳;又设置"外汇"交易所,扩大"外汇"来源,以进口军民急需物资。经过顽强努力和坚决斗争,根据地自有的金融、银行、货币,从无到有、从小到大、从弱到强,形成了一个独立自主的完整体系,有力地支持、推动了商业贸易、工农业经济的运行与发展,抗日根据地出现了物价稳定、市场繁荣、生产发展、人民丰衣足食的局面。

(一)陕甘宁边区的金融业

1939 年,中共中央提出“自己动手、自力更生”的号召,决定停止法币流通,建立边区统一的本位制货币——边币。1941 年 1 月 30 日,边区政府颁发布告,停止使用法币;2 月 18 日颁发布告,授权边区银行发行边币。边币是边区的本位币,面额分为 1 元、5 元、10 元 3 种。边币进入流通后,逐步收回光华券。

边币的发行,标志着边区金融业的发展进入了一个新的阶段。

边币的发行有力地支援了边区军民发展生产的需要。发行边币获得货币购买力,组织生产和收购土产品,进行边区外的商品交换、纳税、认购公债等。边币取代法币承担了这一职能。国民党区域物价上涨,法币贬值,发行和使用边币可以避免法币贬值损失,保护边区人民的利益。

边币作为流通手段,一切交易价格,以边币为准;一切支付手段,以边币作为工具;禁止不法分子利用边币、法币比价差进行货币投机,取缔黑市,禁止私贩法币出境。

在边币流通过程中大体上经历了币值平稳、急剧下降、再平稳的三个阶段。光华券,因为是辅助性纸币(兑换券性质),发行量不大,与法币同时流通,无比价问题,那时是“平稳”的;在“皖南事变”后,曾一度发行量过多,边币贬值,黑市猖獗,物价上涨,处于不稳定状态。随着边区经济的发展,边币日益趋于稳定。

1942 年 1 月 5 日,中央财政经济部发出《关于法币贬值各根据地应采取的对策的指示》,指出:“今后各根据地金融上的总方针应当是:(1)建立独立的与统一的金融制度,以维护根据地的资源,财政上应努力发展私人经济特别是农业,以其税收收入来解决财政问题,不要依靠发行钞票为主要来源;(2)对外贸易应实行相当管理,要尽量做到以货易货,有计划管理主要贸易,以剩余生产品,换进缺少的或不足的必需品;(3)要向着自给自足的路上发展。"①

1942年10月,西北局召开高级干部会议,毛泽东在《经济问题与财政问题》报告中,提出了"发展经济,保障供给"的总方针。根据地经济建设遵循这个方针,广泛深入地开展大生产运动,取得了重大成绩,积累了丰富的经验。

1943年,中共中央和西北局决定,成立西北财经办事处统一领导陕甘宁边区和晋绥边区的财经工作。西北财经办事处确定边区银行的主要任务是:发展公私营经济和国民经济;支持财政预算;调剂货币和金融。西北财经办事处拟定边区银行的发行投放比例为:财政周转占30%、经济周转占50%、金融周转占20%,防止了把银行附属于财政只当"出纳",又使银行适应边区的财政经济的需要,不能因怕发行货币而束缚生产。

关于边区银行的任务,《陕甘宁边区银行条例(草案)》规定:"陕甘宁边区银行,为发展新民主主义经济之枢纽,担负如下任务:(1)维护法币、巩固边钞与敌伪货币斗争。(2)发展国民经济,特别是农村经济,以支持抗日战争。(3)稳定社会金融,平抑战时物价。"但在不同历史阶段,边区银行的中心任务又有所不同。1941年的中心任务是"稳定边币,实现边区政府'稳定金融,稳定

① 《中央财政经济部关于法币贬值各根据地应采取的对策的指示》,见晋冀鲁豫边区财政经济史编辑组等编:《抗日战争时期晋冀鲁豫边区财政经济史资料选编》第2辑,中国财政经济出版社1990年版,第717页。

物价,争取对敌斗争的主动权’”;1942 年的基本任务是“发展边币,巩固边币”;1943 年的基本任务是:“(1)发展国有及国民经济;(2)支持财政预算;(3)发行并调剂货币”。从以上各年任务可以看出,边区银行的核心任务概括起来是:发展经济,支持财政,稳定金融。

《陕甘宁边区银行条例(草案)》规定银行业务如下:“(1)经收各种存款和储蓄。(2)办理下列各种贷款:甲、农贷,如耕牛、农具、植棉、青苗等贷款;乙、合作事业,尤其是生产合作社;丙、公私工业,如长期投资放款,短期借款;丁、公私商业,如小本商人贷款,出入口抵押放款。(3)办理边区及其他有通汇条约之各种汇兑。(4)办理期票汇票等之买卖贴现。(5)办理票据交换及划汇。”边区银行主要开展了以下六项业务。

1. 吸收存款

边区银行按存款的性质分有六种:(1)定期存款;(2)往来存款——即甲种活期存款,主要是机关、工厂的存款,或无资金时银行的投资转存;(3)特别往来存款(是不能透支的);(4)储蓄存款(主要是学生存款);(5)暂时存款(一种临时性质的存款);(6)票据存款(是无利打票的活期存款之一)。定期与储蓄存款方面,存款者主要是机关、部队、学校;往来存款主要是公营商店、工厂、机关、个别商人。在各项存款中,往来存款所占比重最大,定期存款比重最小,如 1941 年 6 月底,银行存款总额为 1334000 元,其中,定期存款 2000 元,占 0.15%;往来存款 1130000 元,占 85.3%;特别往来存款 160000 元,占 12%;储蓄存款 18000 元,占 1.4%;暂时存款 12000 元,占 0.9%;票据存款 12000 元,占 0.9%。[①] 存款中

① 陕甘宁边区财政经济史编写组等编:《抗日战争时期陕甘宁边区财政经济史料摘编·第五编·金融》,陕西人民出版社 1981 年版,第 371 页。

大部分是机关公款,流动的多,而固定的长期利用的不多。如1940年10月以前银行存入22022115.55元,取出21303904.54元,余额718211.01元。① 银行存款利息一般是1分2厘,有的较高。但政府规定最大存款利率不得超过1分5厘。② 由于金融波动,物价上涨,吸收定期存款很困难,银行存款业务主要是:(1)信托存款——存款以500元起码,以三个月或半年为一期,到期自由提取,保证红利起码每月10%,按月支付;(2)实物存款——以某种物价为标准,存时照价折成实物,到期仍照实物价格折成现款付还。③

2. 开展汇兑

汇兑是调剂各地筹码、平稳物价、促进物资交流的重要手段。"皖南事变"前,西安与延安之间的汇款业务是边区银行的主要汇兑业务。1940年以前,共计汇出588笔,计330余万元,汇入有700笔左右,计270余万元;总计汇出汇入1200多笔,计600余万元,占全部汇款笔数的80%以上,款额占总数的90%以上。④

当时由西安八路军办事处会计科代理拨兑公款,与边区银行建立汇兑往来。奔赴延安学生的汇款,大多是从西安办事处转汇

① 陕甘宁边区财政经济史编写组等编:《抗日战争时期陕甘宁边区财政经济史料摘编·第五编·金融》,陕西人民出版社1981年版,第370页。

② 边区银行:《银行报告》,见陕甘宁边区财政经济史编写组等编:《抗日战争时期陕甘宁边区财政经济史料摘编·第五编·金融》,陕西人民出版社1981年版,第372页。

③ 边区银行:《金融工作》,见陕甘宁边区财政经济史编写组等编:《抗日战争时期陕甘宁边区财政经济史料摘编·第五编·金融》,陕西人民出版社1981年版,第368页。

④ 边区银行:《两年来汇款工作的初步总结》,见陕甘宁边区财政经济史编写组等编:《抗日战争时期陕甘宁边区财政经济史料摘编·第五编·金融》,陕西人民出版社1981年版,第491页。

的。1940年绥德、陇东成立分行,与延安的汇兑业务亦开办,延安与边区各分行全部通汇。1942年,延安与晋西北农民银行建立了通汇关系。“皖南事变”后,延安与西安汇通关系断绝,边区内部汇兑成为主要业务。1941—1942年间,延安汇出403笔,西安只有5笔,占1.2%;汇出金额14016583.70元,到西安的只有9800元,占0.07%;外地汇入529笔,均为边区境内汇入,金额24828727.62元。①

3.代理金库

《陕甘宁边区财政厅金库条例》规定:“金库概委托边区银行代理之。”银行代理金库,是执行财政上的统筹统支制度,是实现财政统一的关键。1939年7月至1941年6月底为银行存款制,会计不独立,附属在银行会计内;1941年7月又实行委托金库制。银行设金库处,单独实行会计制度,各金库的组织系统建立起来。1941年3月10日,边区财政厅颁布《关于各县建立金库组织的训令》后,各地基层金库也建立起来。分库有陇东、关中、三边、靖边、绥德等五处,支库有神府、志丹、安塞、安定、延川、延长、固临、甘泉、延安、延市、清涧、吴堡、米脂、曲子、盐池等15个。②

银行代理金库,使财政上的税收、罚没款及其他一切政府收入,均交金库管理。《陕甘宁边区政府训令》指出:“今后政府一切收款,均必须随时交到金库,不得擅自压下不交金库,在未得上级

① 边区银行:《两年来汇款工作的初步总结》,见陕甘宁边区财政经济史编写组等编:《抗日战争时期陕甘宁边区财政经济史料摘编·第五编·金融》,陕西人民出版社1981年版,第495页。

② 边区银行:《代理金库工作》,见陕甘宁边区财政经济史编写组等编:《抗日战争时期陕甘宁边区财政经济史料摘编·第五编·金融》,陕西人民出版社1981年版,第507—508页。

金库支付命令之前,一概不得动用金库存款。”①

金库制度保证了边区政府的财政支配。边区金库在资金收付和调动上发挥了重要作用,使有限的财政资源得到有效的发挥。

4. 管理外汇和金银

1941 年 2 月禁止法币流通后,边币不能直接到国统区购物,这样法币就被当作外汇来使用。边区在各贸易口岸设有货币交换所,兑换外汇。开始对外汇管理不严格,采取自由兑换制。因金融波动,物价上涨,1943 年 3 月底,银行实行严格的外汇管理制度。边区颁布了《陕甘宁边区银行管理外汇办法》,规定:“凡拟带法币在边区境内通行……满二千元及二千元以上者,必须向政府指定的检察机关登记,并领取通行证,违者以破坏金融论罪”。“凡拟向外地采购物资,规定物品之交换所及统购机关等,准按订购的实际需要,兑给法币或外币百分之四十至百分之八十。但必须填具交换所规定之保单,保证于限定时期内将货运到”。“凡运售物资局规定之物品,请求兑换法币或外币之外商,须先呈验进口货物登记证,交易所成交证或存货单,经审查后,得按该外商所售货物额,兑给一部或全部”。“凡携带法币或外汇出境者,必须将货币交换单随身携带,遇检查时呈单受验”。②同时建立了严格的审批制度。在实行外汇管理的同时,边区银行还实行了对生金统一收购的政策,防止生金生银外流。1942 年 2 月,边区银行颁布了《禁止私人收售质押及私运现金出境惩罚条例(草案)》,规定:“本条例所称现金包括金块、金条、元宝、银条以

① 《陕甘宁边区政府训令》,见陕甘宁边区财政经济史编写组等编:《抗日战争时期陕甘宁边区财政经济史料摘编 · 第五编 · 金融》,陕西人民出版社 1981 年版,第 521 页。

② 《陕甘宁边区政府档案》第 348 卷,庆阳地区档案馆藏。

及一切金银器具,首饰和硬币”;各地货币交换所“收进之现金应按期交给边区银行”;“现金所有人,如不愿出售而又急需抵押者,可以到边区银行请示抵押贷款”;如违反本条例,而“私运现金出境,沿途军警哨卡均可立即将其现金全部没收,并将私运人扭送当地政府”。①

5. 建立信用合作社

边区银行建立信用合作社始于1943年3月的延安南区信用社。信用社是银行帮助建立起来的,帮助银行开展业务是信用社的任务,帮助银行收回边币,兑换破旧票子,发放农贷。在银行的指导下从事吸收存款和放款业务。信用社在边区金融业中发挥了打击高利贷;互助互济,组织新型借贷关系;扶助生产,发展农村经济;奖励储蓄,推动节约的作用。

6. 贷款业务

边区银行全部资金的运作,主要在贷款,以支持生产和财政开支。边区的贷款可分为:生产建设贷款(包括农业、工业、盐业、运输业、合作社、机关生产等放款);财政性贷款(包括财政借款、机关借款);商业贷款;物资局投资;其他贷款(包括短期的暂欠与私人借款)。边区银行贷款以1942年的高干会议为界,分为两个时期。1942年10月以前为第一个时期,又分为两个阶段。第一阶段,1941年“皖南事变”以前:边区财政依赖于外援,银行处于发展阶段,贷款业务很少,贷款的种类主要是财政机关贷款、生产建设贷款(主要是对公营工厂)和商业贸易贷款。在各种贷款中,生产建设贷款所占比重较低。1939年总额为108278101元,生产建设只有13514472元,仅占12.48%;1940年总额为403699811元,生

① 陕甘宁边区财政经济史编写组等编:《抗日战争时期陕甘宁边区财政经济史料摘编·第五编·金融》,陕西人民出版社1981年版,第572页。

产建设只有10478258元,仅占2.59%。[①] 第二阶段从1941年至1942年10月高干会议前。当时财政困难,发展生产需要资金,银行贷款总的投向是解决财政困难和发展生产。由于财政由完全依赖走向自力更生,各机关、部队、学校经费转为生产自给,银行贷款任务转为投向机关、部队、学校的生产资金,调剂出入口贸易和弥补财政赤字。1941年贷款总额为26814316元,其中:财政机关贷款为12394347元,占总额的46.22%;生产建设贷款为10896752元,占40.63%;商业贸易贷款为3523217元,占13.5%。1942年贷款总额为78947232元,其中:财政机关贷款为27752515元,占35.15%;生产建设贷款15075400元,占19.10%;商业贸易贷款为36119317元,占45.75%。[②] 在生产建设贷款上由单一的公营工业投资转向多方位投资,如农业、纺织、合作社、运输业等。

1942年10月,高干会议确定了"发展经济,保障供给"的总方针,纠正了财政经济问题上的保守观点,银行放款方针彻底改变。对农业和其他生产建设:盐业、手工业、私营工商业的贷款力度加大。把贷款重点转移到工农业生产上,为1943年的经济建设发挥了重要作用。银行贷款利息因行业不同、资金周转期长短的不同而有所差异。农业的资金周转期长,一般为一年,利息最低为1分。工业投资周转期为3—6个月,利息1分2厘。商业资金周转

① 边区银行:《两年来放款工作初步总结》,见陕甘宁边区财政经济史编写组等编:《抗日战争时期陕甘宁边区财政经济史料摘编·第五编·金融》,陕西人民出版社1981年版,第392页。

② 边区银行:《两年来放款工作初步总结》,见陕甘宁边区财政经济史编写组等编:《抗日战争时期陕甘宁边区财政经济史料摘编·第五编·金融》,陕西人民出版社1981年版,第392页。

最快,为1—3个月,利息高达1分5厘。① 因吸收存款业务成效不大,银行放款资金是靠货币发行。1938年7月至1943年8月的放款与货币发行比较如表19-19所示。

表19-19　陕甘宁边区银行放款统计(1938年7月—1943年8月)

(单位:千元)

年月 / 项目	1938.7—12	1939.1—12	1940.1—10	1940.10—1941.3.15	1941.3.15—12	1942.1—5	1942.10—1943.8
发行额	99	218	704	4340	22012	30327	475775
放款总额	120	209	653	5777	17668	2512	489418
放款占发行额(%)	121.2	95.9	92.8	133.1	80.3	8.3	102.9

资料来源:银行工作检查委员会:《放款总论》,见陕甘宁边区财政经济史编写组等编:《抗日战争时期陕甘宁边区财政经济史料摘编·第五编·金融》,陕西人民出版社1981年版,第396页。

从表19-19可以看出,边区银行业务的开展始终坚持发展经济、保障供给的总方针,在支持财政、发展经济、稳定金融、保持出入口平衡和反封锁斗争等方面作出了成绩。

边区银行的上述业务,都是在边区银行独立发行和流通边币的前提下开展起来的。

"皖南事变"前,边区银行以积累的法币作为资本,作为1941年2月边币的发行基金。1939年10月边区银行成立时资本只有10万元。到1940年10月,边区银行资本包括:"10万元财产资本;两年半所得782000元;发票子1020000元;财产垫款137000元;实际归

① 边区银行:《银行报告》,见陕甘宁边区财政经济史编写组等编:《抗日战争时期陕甘宁边区财政经济史料摘编·第五编·金融》,陕西人民出版社1981年版,第395页。

银行支配的 1465000 元,流动资金 1165000 元;建立三个支行,每支行资本 100000 元,光华商店 50 万元,工业投资 32 万元”[①],总计资本 6089000 元,比初建行时增加了 61 倍。边币的发行以盐税、货物税、营业税等作保证。这三种税的历年收入:1941 年 16094894 元;1942 年 36391490 元;1943 年 1110278939 元(以上均以当年小米市价折成边币计算)。[②] 还有牲畜买卖税和斗佣、羊子税、烟酒税等。税收制度的健全,为边钞的发行提供了保障。特产也是边钞发行的保证之一。1942 年 10 月,边区颁布了《陕甘宁边区银行条例(草案)》,对边钞发行准备基金做了规定:“(1)总的准备金为百分之百;(2)其中百分之四十为生金银、硬币、法币及银行经过物资局及光华商店所储存之商品;(3)其他百分之六十为保证准备,如生产事业投资及放款合同,各种有抵押之借据。”[③]1941 年 1 月 30 日,边区政府颁布了《关于停止法币行使的布告》。[④] 1941 年 2 月 18 日,边区政府宣布,边区银行发行面额 1 元、5 元、10 元的边币。[⑤] 1941 年 2 月 22 日,又发布《废止法币实行边币的训令》。[⑥] “皖南

① 曹菊如:《在边区政府第 38 次会议上的发言》(1940 年 11 月),见陕甘宁边区财政经济史编写组等编:《抗日战争时期陕甘宁边区财政经济史料摘编·第五编·金融》,陕西人民出版社 1981 年版,第 85 页。

② 《历年税收统计表》,见陕甘宁边区财政经济史编写组等编:《抗日战争时期陕甘宁边区财政经济史料摘编·第六编·财政》,陕西人民出版社 1981 年版,第 237 页统计表。

③ 陕甘宁边区财政经济史编写组等编:《抗日战争时期陕甘宁边区财政经济史料摘编·第五编·金融》,陕西人民出版社 1981 年版,第 96 页。

④ 西北五省区编纂领导小组、中央档案馆:《陕甘宁边区抗日民主根据地·文献卷·下》,中共党史资料出版社 1990 年版,第 341 页。

⑤ 《发行边区钞票的布告》,陕甘宁边区政府档案,第 211 卷,庆阳地区档案馆藏。

⑥ 《发行边区钞票的布告》,陕甘宁边区政府档案,第 211 卷,庆阳地区档案馆藏。

事变”后，边区经济发生严重困难，中央主张增发边币1000万元，并指定了专门用途：(1)财政借款250万元；(2)买粮食300万元；(3)盐业投资300万元；(4)银行活动资金100万元。[①] 1942年9月，李富春就金融贸易政策提出了以下三条原则：(1)以事实上的物物交换，求得出入口收支平衡；(2)以实物保障，求得金融稳定；(3)统一集中自己的力量，进行对外斗争。强调“发行不是用财政消耗，而是解决经济流通，估计明年要发行一万万元，交财政厅使之周转，要按时支付，况边区只有一家，如银行不支，财厅将无路可走，要主动发行，使之周转。”[②]边币在1941年2月至1943年间，发行的币种有1角、2角、5元、10元、50元、100元、200元、500元、1000元、5000元等10种，另有本票500元、1万元、5万元三种。[③]

边币的发行可分为两个时期、六个阶段。1941年2月至1942年12月为第一时期，1943年1月至12月15日为第二时期。第一时期划分为四个发行阶段。第一阶段：1941年2月至6月发行情况。“皖南事变”后，中央指示发行1000万元，实际发行11052110元。[④]第二阶段：1941年7月至12月，尽管出现了通货膨胀，财政困难

① 陕甘宁边区财政经济史编写组等编：《抗日战争时期陕甘宁边区财政经济史料摘编·第五编·金融》，陕西人民出版社1981年版，第127页。

② 李富春：《在一九四二年整财会议上的发言》，见陕甘宁边区财政经济史编写组等编：《抗日战争时期陕甘宁边区财政经济史料摘编·第五编·金融》，陕西人民出版社1981年版，第104—106页。

③ 中国人民银行金融研究所、财政部财政科学研究所编：《中国革命根据地货币》上册，文物出版社1982年版，第189页。

④ 《1941—1942年的发行统计表》，见陕甘宁边区财政经济史编写组等编：《抗日战争时期陕甘宁边区财政经济史料摘编·第五编·金融》，陕西人民出版社1981年版，第122页。1941年1月为光华券，2月发行额中有42600元边币，其余为光华券。

仍亟待解决,经济建设,特别是民间手工业、农业和盐业生产需要大量贷款。边区政府决定继续有限制的货币发行,月平均递增率不超过10%。[①] 第三阶段:1942年1月至6月边区的经济形势有了好转,国统区开始限价,大批货物流入边区,使法币趋于稳定。边区政府建立了货币交换所,边币的流通范围扩大。银行发行货币1000万元,发展生产。[②] 第四阶段:1942年6月以后,由于沦陷区贬低法币价格,使法币流入大后方,造成法币下跌,物价上涨。国民党政府动员边区附近大量存盐,要求每户至少存盐一斗,刺激了边区食盐出口。这时边币价格有所回升,边币法币之比由7月的3.25∶1上升到10月的2.1∶1,使边币由中心区域流向边界。[③] 边区政府在1942年7—12月共发行边币7345万元,比第三阶段每月平均递增率高出9.2个百分点。[④] 货币发行量大增,物价并未波动,边币与法币的比价反而有所提高。[⑤] 1943年1月—12月15日为边币发行第二时期。1942年10月至1943年1月14日,中共中央西北局召开高级干部会议,毛泽东在会上做了《经济问题与财政问题》的报告,提出了"发展经济,保障供给,是

① 《1941—1942年的发行统计表》,见陕甘宁边区财政经济史编写组等编:《抗日战争时期陕甘宁边区财政经济史料摘编·第五编·金融》,陕西人民出版社1981年版,第122页。

② 陕甘宁边区财政经济史编写组等编:《抗日战争时期陕甘宁边区财政经济史料摘编·第五编·金融》,陕西人民出版社1981年版,第122页。

③ 陕甘宁边区财政经济史编写组等编:《抗日战争时期陕甘宁边区财政经济史料摘编·第五编·金融》,陕西人民出版社1981年版,第133页。

④ 陕甘宁边区财政经济史编写组等编:《抗日战争时期陕甘宁边区财政经济史料摘编·第五编·金融》,陕西人民出版社1981年版,第122页。

⑤ 陕甘宁边区财政经济史编写组等编:《抗日战争时期陕甘宁边区财政经济史料摘编·第五编·金融》,陕西人民出版社1981年版,第134页。

我们的经济工作和财政工作的总方针”。[①] 第一阶段：1943 年 1—6 月，主要按照西北财经办事处的指示：及时解决农业贷款、资金周转和解决财政困难，同时也照顾到金融波动，如 4 月金融波动时，就紧缩发行，逐月递增率由 4 月的 20%下降到 5 月的 6.5%。[②] 第二阶段：1943 年 6 月后边区政治经济形势发生了变化：一是时局紧张，影响到金融波动，陇东西华池黑市 7 月中旬边币比价跌至 11∶1；二是食盐和特产走私严重，换回的物资和外汇不能集中支配；三是财政困难，7 月预算需 1 亿元，除税收 1000 万元，物资局转账 3000 万元外，其余尚无着落；四是准备物资备战，9 月 2 日财经办事处决定购粮 6 万石及被服材料，预计需 15 亿元。[③] 巨额的财政开支迫使边区只有增加发行量以救急。1943 年 7—12 月间发行货币（折合流通券）69376175 万元，还原成边币 1387523500 万元，平均每月递增率达 30.4%。由于发行速度过快，导致边币下跌，物价飞涨。1943 年 7 月中旬陇东西华池黑市边、法币的比价跌到 11∶1，12 月 8 日跌到 18∶1。西华池的码子布 1943 年 6 月底为每百丈 21000 元，7 月 13 日涨到 8 万元。[④] 1943 年 1—12 月间，延安市食物、衣着、燃料、土产、杂项等五类物价总指数的变化，如以 1 月为 100，2 月上升为 126，3 月为 169，4 月为 252，6 月

① 《毛泽东选集》第三卷，人民出版社 1991 年版，第 891 页。

② 西北财经办事处：《陕甘宁边区银行各种统计表》（1948 年 2 月 18 日），见陕甘宁边区财政经济史编写组等编：《抗日战争时期陕甘宁边区财政经济史料摘编·第五编·金融》，陕西人民出版社 1981 年版，第 142 页。

③ 王思华：《金融与物价》（1943 年 12 月），见陕甘宁边区财政经济史编写组等编：《抗日战争时期陕甘宁边区财政经济史料摘编·第五编·金融》，陕西人民出版社 1981 年版，第 138 页。

④ 王思华：《金融与物价》（1943 年 12 月），见陕甘宁边区财政经济史编写组等编：《抗日战争时期陕甘宁边区财政经济史料摘编·第五编·金融》，陕西人民出版社 1981 年版，第 138—140 页。

为359,7月为454,8月为627,9月为1053,10月为1385,11月为1522,12月为1950。为平抑物价,稳定金融,中共中央西北局作出以下决定:迅速出售12500斤特产;停发边币;三个月不发经费;不准机关、部队、学校兑换法币。所有法币要兑给银行;公营商店统一管理,各分区公营商店统一组织起来,支持边币;防止财经机关的坏分子捣乱,负责同志审查财经干部。①

边币的发行起了重大的历史作用:第一,解决了边区的财政困难。1941年共发行边钞24261625元,其中财政机关借款12394347元,占总发行额的51.1%;1942年共发行边钞91076835元,其中财政机关借款27752515元,占总发行额的30.5%。② 第二,为边区建立独立自主的经济体系发挥了重要作用:(1)促进了边区公营经济的发展。(2)支持边区手工业及私营经济的发展。(3)扶持农业,促进农业生产发展。银行贷款帮助贫苦农民部分解决了耕牛、农具和种子困难。第三,边币发行,排除了法币,保护了边区人民的利益,安定了人民生活。使边区经济摆脱了国民党对边区经济的控制和封锁,有力地支持了抗日战争。

(二)晋察冀边区金融业

在金融方面,摆在边区政府面前的突出任务,就是同敌伪和国民党顽固派开展货币斗争,调剂金融,促进工农业生产。1940年9月,彭德怀在中共中央北方局高级干部会上的报告中指出:敌后抗

① 王思华:《金融与物价》(1943年12月),见陕甘宁边区财政经济史编写组等编:《抗日战争时期陕甘宁边区财政经济史料摘编·第五编·金融》,陕西人民出版社1981年版,第141页。

② 陕甘宁边区财政经济史编写组等编:《抗日战争时期陕甘宁边区财政经济史料摘编·第五编·金融》,陕西人民出版社1981年版,第135页和第392页有关统计表数据计算。

日根据地的货币政策的基本原则是“保护法币信用，使法币不为敌人吸收；抵制敌伪币，破坏敌之经济掠夺；调剂金融，活跃市场；刺激生产，发展工农商业及低利借贷”。具体做法是：“发行单一的地方本位币”；“严禁法币流通，使敌不易吸收。法币兑换本位币后方能行使，但私人保存法币，不加干涉。向敌区购买有利抗战之必需品或到其他抗日区域去者，经证实后，可用本位币向银行兑换该区通行之货币”；“严禁敌伪币之流通及保存，如人民已有伪币，政府限期贬价收缴。军队缴获之敌伪币，兑换本区地方票后，方准使用”；“取缔一切杂钞”；“发行钞票，必须有一定之基金并发行一定量之辅币整币，以适合当地经济条件为原则。一般的在根据地内流通货币数目不得超过全人口每人3元。”①

这个时期边币的发行量逐年增加：以1938年为100，1939年为396.34，1940年为835.75，1941年为844.53，1942年为1229.95。②发行量逐年增加反映出边区经济的发展；边区的金融业在不断地巩固和扩大。这样的发行量，仍不能满足边区市场需要。公营企业、公私合办的企业贸易局、合作社以及财政税收机关，都能自觉地遵守政府的货币政策，边币的信用逐渐树立起来。在边币发行量不断增加的同时，肃清边区内流行的各种杂钞。1939年年底至1940年年初，边区境内的各种土票被肃清；1940年年初，基本上肃清了晋钞；1940年2月底，宣布停止法币在边区市场上流通。边币的基础巩固，信誉提高，在边区市场上成为唯一的本位币。

---

① 彭德怀：《敌后抗日根据地的财政经济建设》，见魏宏运主编：《抗日战争时期晋察冀边区财政经济史资料选编·总论编》，南开大学出版社1984年版，第331—332页。

② 宋劭文：《边区行政委员会工作报告》，见魏宏运主编：《抗日战争时期晋察冀边区财政经济史资料选编·总论编》，南开大学出版社1984年版，第526页。

巩固边币,稳定边区金融的基础是发展边区经济。边币的发行额是以生产与商业的发展为基础的。掌握大量商品,才能自如地调剂金融,稳定物价,不断扩大边币的流通范围。边区银行大力办理生产贷款和投资业务,发展生产,繁荣经济,改善民生,以优惠利率扶植农业和工业。对工农矿业贷款,利率月息 5 厘,商业为 8 厘。1939 年,冀中地区发生数十年以来未有的大水灾,被毁农田 17 万亩,淹没村庄 1 万多个。为帮助农民生产救灾,扶植合作社的发展,1940 年春,发放合作贷款 300 万元,利率为月息 4 厘。1941 年日军对边区残酷“扫荡”,牲畜、农具被掠夺一空,人民无力生产。在这种情况下,边区银行又举办了生产贷款,扶植农业、工业和商业的恢复与发展。农业贷款的对象,首先是有劳动力而缺乏耕畜、农具的贫农,其次是生产资料不足、基础较差的中农以及其他阶层的生活困难户。银行实行“公私兼顾”的原则,促进广大群众的生产积极性,使政府的信贷资金在繁荣经济上发挥了重要作用。边区银行开展的存放款业务,是对高利贷剥削的否定,是发展边区经济,增强抗战实力的重要措施,也是巩固边币,稳定边区金融,使边区货币得以占领广大市场的关键所在。

由于采取了上述措施,边币的基础日益巩固,信誉日益提高。“边区广大群众把边区银行看成是自己的银行,有些群众还把过去埋存地下的金银首饰挖出来,送到边区银行,换成边币,边区银行储蓄保证金也就日益增多起来”。① 到 1940 年夏,“边区货币完全统一,金融稳定,人民称便”。② 这样,边币取代了法币的主币地

① 《聂荣臻回忆录》(中),解放军出版社 1984 年版,第 476—477 页。

② 宋劭文:《晋察冀边区的经济建设》(1943 年 1 月),见河北省社会科学院历史研究所、《河北学刊》编辑部编:《晋察冀抗日根据地史料专辑》,《河北学刊》杂志社 1985 年刊本,第 63 页。

位，成为边区境内统一的本位货币，在边区内实现了本币一元化的独立自主的货币制度。

为了加强对边区金融工作的领导，使银行与各级政府密切联系起来，在边委会统一灵活的指挥调度之下，在全边区建立起完整的金融网。同时，充分发挥信用合作社的作用，由银行协助建立起信用合作社，在银行大力支持与指导下，使其在普遍经常地发放生产贷款、扶植分散的农业、手工业生产，调剂城乡金融工作中发挥桥梁作用。

1940 年 4 月，晋察冀边区政府制定《晋察冀边区银行办理边区各级金库暂行章程》。① 1941 年 1 月经修订后，正式颁布了《晋察冀边区金库章程》。明确了金库设在边区银行内，由边区银行负责代办，银行的分行、办事处、营业所为公款收付转汇的机关。规定了边区银行办理边区金库的守则，要求专立金库账簿，记载公款的实存与收付，公款的数额，必须按边币计算。边区金库库存款项的付出权，属于边区行政委员会。边区金库，必须按月向边委会编送月报表，以掌握边区财政收支情况。更好地发挥边区银行的监督作用，使边区的财务收支更加制度化，财政金融制度日臻完善。

1941 年 6 月，边区行政委员会在《关于政府与银行关系的决定》中明确指出，银行的分行、办事处、营业所除上级银行的领导外，受同级政府领导。加强了边区政府对边区银行的领导，使边区银行在对日伪的经济斗争中、在支援边区生产中，发挥金融堡垒的作用。边币币值的相对稳定，使边币的信誉不断提高。正如宋劭文所指出的："边区银行，是边区人民自己的银行，它为边区一切

---

① 魏宏运主编：《抗日战争时期晋察冀边区财政经济史资料选编 · 财政金融编》，南开大学出版社 1984 年版，第 684—685 页。

抗日的人民服务。放款、存款、汇兑等业务的开展,对于边区经济的活跃,人民生活的调剂与改善上起着极伟大的作用。”①

为了维护金融秩序,保证边区本币在市场的独占地位,必须坚决开展对敌货币斗争。

边区政府在1940年5月的布告中规定,“白银绝对禁止流通,公然行使,私相授受者,一经查获,全部没收,其欲自行保存或向银行政府机关兑换者听便”;白银“绝对禁止出境,携往敌区或敌据点者,一经查获,全部没收,并以汉奸治罪”。② 在对敌经济斗争上掌握白银,是一个掌握物资、争夺市场的斗争,也是对日伪货币斗争的重要内容。日伪对白银的政策是倾销商品,掌握白银,吸收边区粮食及其他主要物资。因此,边区政府采取了严禁粮食等主要物资出口,以白银去换回需要的物资。

1940年6月至1942年5月期间,晋察冀边币独占边区市场,边区与敌占区贸易之间的中间货币基本上被消灭,边币与日伪货币之间的斗争,进入了更加激化的程度。主要是肃清河北省伪钞。1939年5月,边区境内禁用了日伪新发行的河北省钞票——“新冀钞”,同年8月新冀钞全部从边区境内清除。但对“七七事变”以前河北省银行发行的钞票——“旧冀钞”,仍然允许继续使用,与边币按市价兑换,当时“旧冀钞”,实际上起着边区与敌占区贸易的交换媒介作用。日军为了从经济上封锁边区,准备禁止使用河北省“旧冀钞”,切断边区与敌占区贸易的渠道。边区采取先发制人的策略,决定驱逐河北省旧冀钞。敌占区流通着的六七千万

① 宋劭文:《晋察冀边区行政委员会工作报告》,见魏宏运主编:《抗日战争时期晋察冀边区财政经济史资料选编·总论编》,南开大学出版社1984年版,第526页。

② 《边政导报》1940年第2卷第16、17、18期合刊。

元“旧冀钞”，会相继排泄到边区掠夺物资。边区采取的具体措施是坡度贬值兑换，以边区政府为中心，逐渐坡度贬值，推到敌占区，如在阜平1元旧冀钞值边币5角，再远则值6角，更远则7角、8角、9角。这是借助商人把“旧冀钞”输运到敌占区。当时所有公私机关，特别是合作社、贸易局等，都开展贬值“旧冀钞”活动。始终保持着比敌占区低二成的市价。“结果使许多商人都不愿带河北钞票进边区，反而从边区内部把河北钞票带了大批到敌区去”。[①]“旧冀钞”被驱入敌占区，日伪不得不继续维持旧冀钞，放弃停止使用的企图。

日军停使旧冀钞的阴谋破产后，又采取了伪造边币和法币的恶毒手段，以假乱真，打击破坏边币，侵占边币市场，掠夺边区物资。1940年7月，发现建屏、石家庄沿平汉线一带，日军伪造边币、法币，边区行政委员会“为严防假法、本币流行”，于1940年8月3日发布通令，并附发真假法、本币鉴别表及其说明。通令内容是：(1)晋察冀边区银行边币真假鉴别表——1938年印5元券、1939年印5元券、1939年印2元券、1938年印1元券、1939年印1元券、1938年印5角券共六种；(2)法币真假鉴别表——中国银行1926年印上海字5元券、中国银行1918年印天津字5元券、中央银行1936年印10元券、中央银行1928年印10元券、交通银行1918年印天津字5元券、中国银行1935年印5元券、中国银行1928年印上海字1元券、中央银行1936年印5元券、中国银行1930年印5元券共九种。以上各表列举了假币与真币，在纸料及正反面的花纹、花边、风景、字迹、冠字、号码、图章、颜色等方面的

---

① 彭真：《关于财政经济政策的实施》，见魏宏运主编：《抗日战争时期晋察冀边区财政经济史资料选编·财政金融编》，南开大学出版社1984年版，第110页。

特点,供各机关和税收部门鉴别真假法币、边币时使用。在收受款项时,有疑难之处不能确认时,立即持币到边区银行鉴别,切忌以真当假,或以假当真,影响边区银行的信用。在通令的说明中,号召各机关团体,对日军伪造的边币、法币严加防范,杜绝流行。边区政府注意对日军伪造边币、法币情况宣传的尺度,防止草木皆兵,使群众不敢行使边币,从而影响边币的信誉。通令说明中还规定,凡是滥用假币的,如是无知受骗者,将假币没收,有意破坏者,严加治罪。边区政府在每县、每区内部,设立边币对照所。除掉兑换破烂的法币及损坏了的边币外,还担负辨别真假法币、边币,打击伪币的任务。日军汉奸制造伪钞,以假乱真的货币阴谋,再次破产,边币的信用提高,金融阵地得到巩固。

日本侵略者以伪钞掠夺根据地物资的诡计未能得逞,以杂钞套取必需品的阴谋也遭到严重打击后,又以汇票形式代替伪币偷偷流入边区,“它是伪钞的化身,是敌人货币侵略的又一套把戏”。① 边区政府立即采取紧急处置,在统制对外贸易的同时统制汇兑,要求把敌占区来的汇票,交给统一的机关,有计划地打入敌区,换回必需的商品物资。

对敌货币斗争是与市场、物资争夺战紧密结合进行的。根据1941年8月边区第二次经济会议的决定,边区脱离法币,建立起独立、单一的本位币制,使边币价值免受法币贬值的影响,完全建立在边区经济发展和边区银行金库所存有价物的基础上。

《关于法币贬值各根据地应采取的对策的指示》强调,要在不同地区针对不同情况,作出相应部署:在“华北各根据地——如晋察冀、晋冀鲁豫等处,在政治上经济上都有比较巩固的基础,边币

① 胡仁奎:《贸易与汇兑》,见魏宏运主编:《抗日战争时期晋察冀边区财政经济史资料选编·总论编》,南开大学出版社1984年版,第16页。

的信用相当高,法币的信用反而逐渐下降,法币不但在境内不能流通,并且也极少储蓄,在对外支付上,由于完全处于敌后方,贸易的对象是敌占区,可使边币与伪币暗中联系,采取以货易货办法进行之,完全不用法币是没有问题的(晋东南与晋察冀边区已这样做了,并无问题发生)。不过在这些地区内,可能发生的问题是敌人可能用政治上的宣传,经济上的利诱,特别是配合军事扫荡以大量法币(战前华北保有法币6亿到8亿元)向我根据地特别是不大巩固的区域驱入,吸收我资源,扰乱我金融,我们的对策,除了与法币断绝联系外,并应(1)在经济上实行必要的反封锁,发展生产,利用代用品(如晋东南以核桃油代替煤油、以火镰代替火柴),减少输入;(2)在政治上宣传法币跌价的必然性,并在各主要地区附近压低其价格,以边币换吸一部分,乘机使边币流通范围向外扩展;(3)如法币已经挤入我区时,应相机贬值收回,以免侵犯我边币之流通。"已进入根据地的法币,一部分设法于短期内迅速送往顽区,一部分通过私商抛出境外,换回货物。① 在华中各根据地,如鄂豫、苏北等地,因军事变动性大,政权基础不甚稳固,金融制度尚未建立,边区发行的流通券,还只是一种临时性货币,为数很小,信用又在法币之下,还不可能阻止敌占区法币的流入,只能从减轻法币跌价所造成的损失方面想办法:(1)急速成立银行、发行边币,并可允许成立钱庄发行地方辅币;(2)以边币或地方辅币吸收境内法币以扩大边币或地方辅币流通范围;(3)在相当巩固的一定地区,有可能动员党政军民、公营商店、合作社,将所得之法币随时随地交给贸易局向境外换回物资,不得再用于境内,更不应囤

① 《中央财政经济部关于法币贬值各根据地应采取的对策的指示》,见晋冀鲁豫边区财政经济史编辑组等编:《抗日战争时期晋冀鲁豫边区财政经济史资料选编》第2辑,中国财政经济出版社1990年版,第717—718页。

积,以减少法币在境内停留所遭受的损失。

1942 年 5 月以后,边区政府规定边区银行及税收机关停止接收法币,银行只能抛出法币,绝对不收法币,持有边币者可以无限制地到银行兑换法币,而持法币到银行换取边币者,坚决拒兑。此办法使法币即刻贬值二成至三成,使边币脱离了法币的控制,摆脱了对法币的依附,成为根据地内独立自主的一元化本币。边币的价值随着边区财政经济的恢复和发展及对敌粮食、市场和物资争夺战的胜利而逐步提高,边币市场也随着边区政治军事斗争的胜利及与敌争夺市场斗争的胜利而不断扩大,最终取得了对伪钞的压倒性优势。

(三)晋冀鲁豫边区金融业

晋冀鲁豫边区在金融业方面的首要任务是成立边区银行、发行边区货币、驱逐伪币、扶持生产、保护人民利益。

1939 年 10 月 10 日,冀南行政主任公署发布《冀南银行开始营业,所发本币及辅币与中、中、交、农四行法币同值流通的命令》。[①] 1939 年 10 月 15 日,冀南银行成立,发行冀南银行币,作为冀南行署和太行区两区的法定本位币。最初冀南银行的职责任务是:整理抗日根据地货币经济,调剂农村金融,同敌伪钞作斗争,排挤和肃清敌伪货币,扶持生产,发展贸易,繁荣市场,增强抗日力量,巩固抗日实力,为人民利益服务。

1940 年 7 月,太北专区召开财经扩大会议,根据当年 4 月中共中央北方局召开的黎城高干会议决定,确定冀钞为冀南、太行、太岳三大战略区的法定本位币。同年 8 月,冀南、太行、太岳行政

① 晋冀鲁豫边区财政经济史编辑组等编:《抗日战争时期晋冀鲁豫边区财政经济史资料选编》第 2 辑,中国财政经济出版社 1990 年版,第 701 页。

联合办事处(以下简称“冀太联办”)正式成立。1940 年 9 月确定货币政策——抵制伪币,保护法币,调剂金融,增加生产,繁荣农村。① 1941 年 2 月 3 日,“冀太联办”颁发布告,冀钞流通范围扩大到太岳行署区。同年 5 月 10 日,“冀太联办”颁发《晋冀豫区禁止敌伪钞暂行办法》。提出“保护冀钞、打击敌伪钞”,“敌伪钞与敌汇票绝对禁止在本区域内行使与保存”。② 7 月 5 日,边区颁发《晋冀豫区保护法币暂行办法》,提出“保护法币之流通,防止敌伪吸收、套换及奸商之走私操纵”。③

1941 年 9 月,晋冀鲁豫边区临时参议会后,鲁西行政专员公署所辖 33 个县划归晋冀豫区,冀太联办改称晋冀鲁豫边区政府。但冀鲁豫区的鲁西银行仍然存在,该区仍流通鲁西银行币(简称“鲁西钞”)。

根据 1942 年 1 月 5 日《中央财政经济部关于法币贬值各根据地应采取的对策的指示》,边区政府于 1942 年 9 月 1 日公布《本区保护法币暂行办法》,规定“本区一切交易、往来、收支公款,均以冀南银行钞票(简称“冀钞”)为本位,行使法币时须向冀南银行分行或其委托之代办机关兑换冀钞后,始得行使”。④ 同日还颁布了

① 《张霖之关于金融贸易工作的讲话》,见晋冀鲁豫边区财政经济史编辑组等编:《抗日战争时期晋冀鲁豫边区财政经济史资料选编》第 2 辑,中国财政经济出版社 1990 年版,第 710 页。

② 晋冀鲁豫边区财政经济史编辑组等编:《抗日战争时期晋冀鲁豫边区财政经济史资料选编》第 2 辑,中国财政经济出版社 1990 年版,第 713 页。

③ 晋冀鲁豫边区财政经济史编辑组等编:《抗日战争时期晋冀鲁豫边区财政经济史资料选编》第 2 辑,中国财政经济出版社 1990 年版,第 714 页。

④ 《晋冀鲁豫边区政府公布之本区保护法币暂行办法》,见晋冀鲁豫边区财政经济史编辑组等编:《抗日战争时期晋冀鲁豫边区财政经济史资料选编》第 2 辑,中国财政经济出版社 1990 年版,第 719 页。

《本区禁止敌伪钞票暂行办法》。①

晋冀鲁豫边区为了控制各行政区的货币流通数量,稳定各区的物价、币值,经边区财经会议决定,从1943年2月22日开始,冀钞实行分行署区发行管理的办法。除普通版外,另发行加盖“太行”“太岳”或“平原”等地区名称的冀钞,分别在各该行署区行使流通。

冀南银行的货币发行,在1943年以前,主要弥补战时财政不足。后来随着财政经济政策的贯彻执行,大生产运动的深入开展,社会物资财富的增加,冀南银行的货币发行,用于经济建设、生产投资方面的比重逐渐增大。据统计,从1940年到1943年,生产投资逐年所占比重情况如表19-20所示。

表19-20　冀南银行货币生产投资的比重(1940—1943年)

(单位:%)

项目 / 年份	军政费用透支比重	生产投资比重
1940	81.20	18.80
1941	57.20	42.80
1942	50.05	49.95
1943	25.10	74.90

资料来源:前冀南银行研究室主任:《晋冀鲁豫边区货币金融工作》,山西省档案馆馆藏资料。

1943年3月1日,冀钞1元相当于晋察冀边区银行币1元2角5分,相当于晋西北农民银行币5元。

① 晋冀鲁豫边区财政经济史编辑组等编:《抗日战争时期晋冀鲁豫边区财政经济史资料选编》第2辑,中国财政经济出版社1990年版,第718页。

冀钞币值保持相对稳定的主要标志是：随着根据地不断扩大、生产的逐步发展、经济建设的日臻巩固，货币发行量虽不断增加，但物价指数仍然低于货币发行增长指数。据统计，1940—1943 年间冀钞发行指数、物价指数和货币购买力统计如表 19-21 所示。

表 19-21　冀南银行冀钞发行概况统计（1940—1943 年）

年份＼项目	发行指数	物价指数	货币购买力
1940	100	100	1.000
1941	307	153	0.630
1942	523	383	0.260
1943	1756	5435	0.018

资料来源：前冀南银行研究室主任：《晋冀鲁豫边区货币金融工作》，山西省档案馆馆藏资料。

冀南银行历年来发行货币主要是用于支持生产和贸易的发展，通过生产、贸易，支持财政，保障战时供应。

冀南银行币在战争年代之所以能够保持币值相对稳定，主要因为以下三个方面。

货币流通地区范围的大小。货币流通地区范围扩大，使用货币人口增多，需要货币量大，货币发行额应该增加；反之，货币流通范围缩小，使用货币人口减少，需要货币量小，货币发行额应该收缩。

工农业生产总值的大小。工农业生产总值增加，货币需要量大，货币发行额应该增加；反之，工农业生产总值减少，货币需要量小，货币发行额应该减少。市场贸易零售额的大小。市场贸易零售额扩大，货币需要量大，货币发行额应该增加；反之，市场贸易零售额缩小，货币需要量小，货币发行额应该收缩。在投放货币时，注意到地区上、时间上不过于集中;票券面额大小应该适合市场客观需要。

市场货币量不足,会形成实物交换,于民不便;敌伪币、杂钞、金银等进入货币市场,市场货币量过多,会导致物价上涨,币值下跌,于民不利。根据市场变化情况,视货币流通量的余缺,主动增加货币投放或紧缩货币,可以防止物价暴涨或暴跌。

根据实践经验,当军事形势有利、地区扩大、农业丰收、秋冬农副产品上市旺季或对外贸易出超时,可以争取时机多收购一些物资,多发放一些货币。相反,如果军事形势不利、地区缩小、农业受灾、春夏淡季或对外贸易入超时,应该主动减少货币投放量,或抛售物资回笼一些货币。实际工作中注意掌握:(1)货币投放与财政征收相结合。即在筹划货币投放时,要考虑财政征收、出售商品等回笼货币的渠道、方式、方法;在筹划货币回笼时,适当照顾必要财政支出、收购商品等的货币需要。(2)财政支出与贸易周转相结合。在财政上大量支出时,商业贸易要尽量多出售商品、物资,回笼货币。在财政收入有余时,商业贸易尽量多收购物资,适当增加投放一些货币。(3)掌握军事大宗货币支出与地方大宗货币回笼相结合。军队开辟新的地区、定期或不定期的支出大宗军费时,一方面及时供给必要的货币投放市场;另一方面要注意研究掌握回笼货币的渠道和数量。

(四)山东抗日根据地的金融业

山东抗日根据地金融业的核心任务也是建立独立的银行独立系统,自己发行货币并使其独占市场。

1939 年 9 月,北海银行重新开业。山东省军政领导机关的财经工作,最初由山东纵队统一筹划。山东北海银行设立山东纵队供给部,总行兼办鲁中区业务。1940 年春开始发行“北海币”。由于印刷钞票材料缺乏,北海币发行赶不上抗日根据地扩大的需要。有些地方曾发行过地方流通券。如鲁南区发行“临、郯、费、峄边区流通券”。鲁中区莱芜县发行“农民合作流通券”。益都、寿光、临淄、广饶四县民主政府,联合发行“益寿临广四县边区流通辅券”。1940 年 7 月,省战工会成立后,在鲁中设立了“山东北海银行总行”。胶东区的北海银行改为分行。这时北海银行发行北海币,主要是解决战时财经困难。总行和分行各自独立经营。1941 年和 1942 年又建立了滨海区分行和鲁南区支行。1941 年在全省财经文教大会上,决定加强北海银行工作,扩大北海币的发行,推行北海票,加强货币斗争。1941 年 7 月,中共山东分局提出“建立独立的银行业务,使银行成为调剂金融、巩固法币、投资生产的经济命脉的中心系统”。① 山东省战工会也作出决定,“立即建立独立的北海银行组织系统,直接受战工会财政处领导,印发一定数量北海票作为本位币,维持市面流通。保存法币,防阻法币外流,并将印发纸币全部投资生产建设事业。保证一定的基金,发展银行业务,如储蓄、汇兑、借贷、投资等工作,并在各地建立北海银行分行办事处与银行网,便利于金融流通”。② 此后,独立的北海银行系统逐步建立起来。

从 1942 年夏开始,为了统一进行货币斗争,控制货币发行量,根据地政府给总行和各分行下达发行数额,要求各区将发行数额向总行报告。逐步健全银行制度。1943 年 6 月,山东省战工会制定《北海银行组织章程》,对银行的组织领导及业务范围做了统一

① 中共山东分局:《抗战第五年的山东十项建设运动》,见山东省财政科学研究所、山东省档案馆合编:《山东革命根据地财政史料选编》第 1 辑,1985 年刊本,第 101 页。

② 山东省财政科学研究所、山东省档案馆合编:《山东革命根据地财政史料选编》第 1 辑,1985 年刊本,第 112 页。

规定,依据统一银行工作的准则,北海银行系统建立起来。

日军加紧对敌后抗日根据地的军事进攻和经济掠夺的同时,在华北开始大量印发伪“联合准备银行”纸币,以武力胁迫群众使用,以此窃取根据地的物资。在太平洋战争爆发以前,日军还利用推行伪钞,贬价吸收法币,套取外汇,购买军用物资,支持侵略战争。针对敌人这一阴谋,山东抗日根据地政府及时采取了保护法币、严禁使用伪钞、部分地发行本币以及限制法币出境的办法,与敌人展开坚决的货币斗争。

首先,严厉打击伪钞。抗日民主政府严厉查禁伪币。针对1941年冬敌伪接管山东平市官钱局及民生银行,山东省战工会于1942年1月发出通知,禁止民生银行钞票和伪平市官钱局纸币的流通使用。

其次,取缔土钞、杂钞。当时各地商民大量发行土钞、杂钞,1941年仅滨海地区即有土钞、杂钞300余种。国民党山东地方政府和军队发行的货币达二三十种。各地分别不同情况,采取不同办法进行清除。对地方商会、商号、士绅发的钱帖子,由政府通知发票人进行登记,限期清理,或由发票人交出发行基金代为收回,或发动民众持票向发票人兑现;对汉奸或逃亡者,则以其财产变价进行收兑;对国民党地方武装政权发行的杂钞,概不承认,严禁流入根据地;对投降派或顽固派的票子,采取没收其财产予以适当收兑,尽量减少人民的损失。以上措施得到群众拥护,使土钞、杂钞迅速绝迹。

货币斗争中最艰巨的任务是排挤法币,建立独立自主的本币市场。1942年之前北海币发行量尚少,在根据地内不能发挥本位币的作用。1939年胶东区发行北海币32.41万元;1940年扩大到鲁中、清河区共发行290.54万元;1941年发行北海币1455.79万元。三年累计发行量1778.74万元。发行量逐年有较大幅度增加，但因抗日根据地扩大和物价上涨了近三倍，这一发行量当时仍只能作为辅币和财政来源的补充，不许实行依靠法币、保护法币的政策。太平洋战争爆发后，上海、天津等大城市的英美租界相继沦陷敌手，而滞存于租界的大批法币，随即为敌人所得。由于国际关系的新变化，法币对日军已失去当作外汇使用的作用，便限制法币在其占领区流通。与此同时，他们还大量印发汪伪"南京政府"的伪法币进而向抗日根据地渗透，企图扩大伪钞的流通范围。日军还企图将大量伪法币压缩于抗日根据地，以掠夺物资，实现其在经济上"困死"抗日根据地军民的阴谋。本来物资输出、贸易出超，对根据地人民是有利的，但敌人这种以货币作为其掠夺手段，给根据地带来了灾难。大批法币流入、物资输出的结果，造成恶性通货膨胀，物价飞涨，人民生活十分困难。当时山东解放区以法币计算粮食、棉花、布、花生油等人民生活必需品价格指数，以 1937 年为 100，1938 年为 135，1939 年为 275，1940 年为 903，1941 年为 2327，1942 年为 8595，1943 年为 47656。这就是说，6 年中涨了 470 多倍。其中上涨最快的是 1942 年、1943 年两年。面对这一严重局势，如果继续使北海币与法币保持联系，并在市场上流通，北海币势必成为法币的附庸，无法战胜敌人的进攻，摆脱经济困境。为此根据地政府先后采取了法币贬值和停用的政策，开展了排挤法币的斗争。

1942 年 1 月，山东省战工会指示各地，为提高北海票信用，各地应迅速确定以北海票及民主政权发行的纸币为本位币，对法币实行七折、八折、九折等使用。同年 4 月，中共山东分局财委会和省战工会又先后发出指示，实行法币贬值或降价政策，要求各巩固区，逐渐做到禁止法币流通，扩大北海票的流通范围，提高其信用。同时增加发行北海票，并增加本币面值种类，如规定 5 角、2 角 5 分、2 角、1 角应占总数 1/3，1 元以上占 2/3，10 元票尽量少印，以便流通。

从1942年4月1日起,南京汪伪政权采取压低法币价格的手段,5月又停止"中央""中农"两行法币在沦陷区流通。同时,限沦陷区人民自6月8日起于半月内将法币以1∶2的比例兑换伪中央票。这样就将有80亿法币失去市场,而流入抗日根据地。为了粉碎敌人倾销法币,掠夺根据地物资的阴谋,1942年5月29日,中共山东分局财委会发出《中共山东分局财委会关于法币问题的指示》,要求各地实行贸易统一管制,严格实行"以货易货",阻止法币内流及物资外流。宣布以北海银行票为山东抗日根据地的本位币。自1942年7月1日起,所有军政民间来往账目,借约契据,一律以北海币计算。① 7月中旬,山东省战工会财经处召开扩大金融会议,提出北海银行的中心任务是以北海币为山东各抗日根据地的唯一本位币,预先要做好废除法币的准备工作;建立各个根据地向外的汇兑;加强银行业务,和群众利益联系起来。各地先后展开了"排法"斗争。滨海专署布告:自1942年8月1日起,以北海银行票为本位币,凡一切财政开支,市面交易一律以北海币为标准,并作为公共和企业会计计算单位。自1942年8月15日起,法币一律五折使用,并逐渐达到停止法币在市面上流通。凡敌占区商人带法币100元以下者,须按五折向当地政府机关或银行兑换北海票使用;在100元以上者,须交当地政府贸易局代为封存保管,限期带回。8月15日起,凡由敌占区带法币入境在500元以上者,禁止入境,一经查获,即予没收。奖励以货易货办法,一切出入货物,须向贸易局或县政府领取运销证,始得起运。违者依法

① 《中共山东分局财委会关于法币问题的指示》,见山东省财政科学研究所、山东省档案馆合编:《山东革命根据地财政史料选编》第1辑,1985年刊本,第166—167页。

论处。胶东区行政公署于1942年9月公布了《关于停止法币流通的布告》。这次“排法”斗争除胶东成功，沂蒙中心地区部分成功外，其他地区几乎都失败了。胶东区的成功在于停止法币流通。而失败的原因，主要是当时仍维持法币在根据地市场上流通，本币（北海币）发行量很小，仍与法币保持着密切的联系，市场上的货币流通量仍无法控制，本币币值随着法币的流入和贬值而难以稳定提高，市场物价亦随着法币的恶性通货膨胀而继续暴涨。同时只用行政办法，由政府出布告限制法币流入，规定本币与法币的比价，没有采取经济办法，集中必要的物资力量作后盾，难以达到预期效果。而本币币值也就随着法币的贬值而贬值，政府布告规定的比价几乎不起什么作用。最重要的启示是必须执行独立自主的货币政策，使本币与法币完全脱钩。事实上，必须以经济办法为主，辅之以必要的行政手段，才能收到对敌货币斗争的胜利。胶东区1943年上半年停止使用法币建立本位币的斗争取得成功，不仅停用了法币，肃清了土钞，而且打击了伪币，提高了本币，降低了物价。中共山东分局总结胶东的经验，1943年6月30日发出《中共山东分局关于对敌货币斗争的指示》。[①] 滨海区也作出停用法币的决定，通知各地，“自布告之日起，粮食交易一律不准使用法币，自7月21日起，停止市面流通，自7月21日至8月10日为兑换期，7月31日以前，法币1元换本币1元，8月1日以后，法币2元换本币1元。自8月11日起查出行使法币者概予没收”。[②] 当时有些地主、商人不相信民主政府能够停用法币，不相信北海币的币

① 《中共山东分局关于对敌货币斗争的指示》，见山东省财政科学研究所、山东省档案馆合编：《山东革命根据地财政史料选编》第1辑，1985年刊本，第285页。

② 《大众日报》1943年7月9日。

值能够高于法币,便乘机秘密收藏法币,结果吃了大亏。1943 年 7 月开始停用法币时,1 元法币兑换北海币 7 角,到当年年底,6 元法币才能换到 1 元北海币,即 1 元法币只能换到 1 角 5 分北海币。这时他们也不得不忍痛抛出法币了。

货币斗争的胜利,使北海币完全占领了山东抗日根据地市场,保持了币值的稳定。停用法币,使本币最终脱离了法币的影响。市场上的货币流通量根据地可以完全控制,根据地各种物价也稳定了下来。如滨海区 1943 年 7 月停用法币以后,到当年 12 月的半年中,物价指数平均下降了一半。由于几亿元法币被排挤出根据地市场,换回了大量物资,这就有力地支持了抗币,基本上保持了币值和物价的稳定,从而有力地支持了抗日战争。对敌货币斗争的这一巨大胜利,大大增强了抗币在人民中的信用。

北海银行在进行货币斗争的同时,逐步扩大业务范围,开展了储蓄、汇兑、借贷、投资业务,扶持了根据地工农业生产及商业的发展,增加了税收,扩大了财政来源。

储蓄借贷业务方面,山东省战工会成立时,就提出"举办低利贷款",各地成立贷款所,初期贷款主要是农业贷款,对象多为贫农和抗日家属,其用途有生产性的,也有救济性的。1940 年胶东北海银行的贷款直接扶持了农业生产,促进了商业的发展。1941 年年初,泰山区成立低利贷款所 5 处,贷款 44556 元,扶持了 167 户贫苦农民和抗属发展生产。鲁西银行贷款 40%投资于工业,30%投资于商业,活跃了农村市场。1942 年以后,农村贷款数量增多,范围扩大。1942 年北海银行向鲁中、鲁南、胶东、清河地区,发放贷款总数 938 万元。其中农业贷款 483 万元,占总数的 51. 5%;工业贷款 441 万元,占总数的 47%。1943 年北海银行发行春耕贷款 580 万元。工业贷款主要是扶持手工纺织业,滨海区发放纺织贷款,土机每张 500—1000 元,洋机每张 2000—4000

元,纺车每架50—80元。促使纺织业空前发展。1942年11月到1943年2月,滨海区共生产土布总值420万元,群众获利223.5万元,增加私人资本109.5万元。[①] 1943年第二季度共贷款354993元,使各地纺织业得到迅速发展。

1943年北海银行已在根据地建立起本币市场。1943年本币用途:农业贷款占25.41%,工业贷款占12.25%,合作贸易贷款占10.43%,信用贷款占6.52%,政府往来经费占14.39%,基金占12.52%,材料费占4.45%,损失费占2.25%,存款占11.78%。[②] 银行业务的开展促进了根据地经济的发展。

第四节　抗日根据地全面发展新时期的经济（1943年10月—1945年8月）

1943年10月中共中央总结了前一时期抗日根据地减租减息运动和经济建设的经验,由毛泽东起草了《开展根据地的减租、生产和拥政爱民运动》的党内指示。主要内容包括:(1)今(1943年)秋"实行彻底减租",以"发扬农民群众的积极性,加强明年的对敌斗争,推动明年的生产运动"。(2)"必须于今年秋冬准备好明年在全根据地内实行自己动手、克服困难(除陕甘宁边区外,暂不提丰衣足食口号)的大规模生产运动,包括公私农业、工业、手工业、运输业、畜牧业和商业,而以农业为主体"。"实行按家计划,劳动互助","奖励劳动英雄,举行生产竞赛,发展为群众服务

① 朱玉湘主编:《山东革命根据地财政史稿》,山东人民出版社1989年版,第158页。

② 朱玉湘主编:《山东革命根据地财政史稿》,山东人民出版社1989年版,第159—160页。

的合作社”。“在财政经济问题上,应以90%的精力帮助农民增加生产,然后以10%的精力从农民取得税收。对前者用了苦功,对后者便轻而易举”。“在一切党政军机关中讲究节省,反对浪费,禁止贪污。各级党政军机关学校一切领导人员都须学会领导群众生产的一全套本领。凡不注重研究生产的人,不算好的领导者。一切军民人等凡不注意生产反而好吃懒做的,不算好军人、好公民。一切未脱离生产的农村党员,应以发展生产为自己充当群众模范的条件之一”。与此同时,党内指示批评了下述错误观点:“不注重发展经济,只片面地在开支问题上打算盘的保守的单纯的财政观点”;“不知用全力帮助群众发展生产,只知向群众要粮要款的观点(国民党观点)”;“不注意全面地发动群众生产运动,只注意片面地以少数经济机关组织少数人从事生产的观点”;“把共产党员为着供给家庭生活(农村党员)和改善自己生活(机关学校党员)以利革命事业,而从事家庭生产和个人业余生产,认为不光荣不道德的观点”;“不提倡发展生产并在发展生产的条件下为改善物质生活而斗争,只是片面地提倡艰苦奋斗的观点”;“不把合作社看作为群众服务的经济团体,而把合作社看作为少数工作人员赚钱牟利,或看作政府公营商店的观点”;“不把陕甘宁边区一些农业劳动英雄的模范劳动方法(劳动互助,多犁多锄多上粪)推行于各地,而说这些方法不能在某些根据地推行的观点”;“不在生产运动中实行首长负责,自己动手,领导骨干和广大群众相结合,一般号召和个别指导相结合,调查研究,分别缓急轻重,争取男女老幼和游民分子一律参加生产,培养干部,教育群众,只知把生产任务推给建设厅长、供给部长、总务处长的观点”。(3)“为了使党政军和人民打成一片,以利于开展明年的对敌斗争和生产运动,各根据地党委和军政领导机关,应准备于明年阴历正月普遍地、无例外地举行一次拥政爱民和拥军优抗的广大规模的群众运动”。

这个指示是在抗日根据地抗日武装斗争开始进入局部反攻，经济建设进入全面发展的新时期发出的，具有极其重要的意义。以这一指示为标志，抗日根据地的减租减息运动和经济建设进入了新的发展阶段。

一、减租减息运动的全面深入

由于普遍地开展了减租减息运动，调动了广大农民的积极性，抗日根据地依靠农民群众的力量，进行了英勇的反“扫荡”、反蚕食、反清乡的对敌斗争，战胜了严重的困难，度过了最艰难的岁月。抗日根据地 1943 年进入了恢复和发展时期，1944 年开始了局部反攻。在对敌局部反攻、抗日根据地不断扩大的形势下要求减租减息运动更加普遍、更加深入地发展。而随着中国共产党的整风运动的深入，各级党政领导机关和广大干部大力克服主观主义和官僚主义，大兴调查研究之风并实行群众路线的工作方法，也为减租减息运动的深入准备了条件。

实施减租减息政策，不仅需要正确的政策和策略，还要有正确的工作方法，即群众路线的工作方法。1942 年以后，减租减息的政策和策略趋于完善，但是各抗日根据地都不同程度地存在着干部通过行政命令，包办代替，实行减租减息的错误做法，即恩赐减租。

包办代替的恩赐减租，违反了相信群众、依靠群众、放手发动群众这个基本原则，具体表现为：不是通过启发教育提高农民的觉悟，调动农民的积极性，经过农民群众的斗争实行减租减息，而采取行政命令的办法，由少数干部出面，包办代替群众与地主进行斗争；或者由少数干部出面去笼络“开明”对象，而不管是真开明,还是假开明,都给予“开明”称号。包办代替容易使农民产生依赖思想,使他们抱着观望甚至敷衍的态度参加斗争。这样的斗争也能热闹一时,但是,斗争以后效果不能持久;这样的斗争也能为农民争得暂时的经济利益,但是农民群众看到的只是政府、农会或干部的“恩赐”,甚至是“开明东家”的“恩赐”。群众看不见自己的力量,也就不懂得用团结战斗的力量去保卫已取得的经济利益。这样,一旦干部离村,地主的反攻倒算就容易得逞,农民得到的经济利益便会丧失。总之,包办代替的恩赐减租,不利于在思想上提高农民的阶级觉悟,调动农民的积极性;不利于在政治上打破地主的优势,建立农民群众的优势;不利于在经济上巩固农民减租减息的既得利益,这些都是发生明减暗不减的重要原因。包办代替的恩赐减租还是一些地区发生少数干部“左”倾蛮干错误的原因之一。由于他们不相信群众能够经过实际斗争提高觉悟,消除疑虑,起来斗争,往往以救世主的面目出现,打抱不平,采取过火行动,妄图以此压下地主的威风,提高农民的斗争勇气;或者从恩赐观点出发,为农民多争得一些经济利益,而违背党的政策,如对地主减租退租过多,处罚过重,打击富农生产,等等。

为了纠正恩赐减租,推动减租减息运动的深入发展,1943 年 10 月 1 日,发出《中共中央政治局关于减租、生产、拥政爱民及宣传十大政策的指示》(以下简称《十一指示》),指出:“减租是农民的群众斗争,党的指示和政府的法令是领导和帮助这个群众斗争,而不是给群众以恩赐。凡不发动群众积极性的恩赐减租,是不正确的,其结果是不巩固的。”为了发动农民群众,杜绝包办代替,“在减租斗争中应当成立农民团体,或改造农民团体”。《十一指示》要求各级领导“检查减租政策的实行情况”,“亲手检查几个乡村,发现模范,推动他处”。①

各根据地党组织和政府根据《十一指示》,采取整风的办法,检查纠正减租减息运动中的包办代替、恩赐观点。各地印发了毛泽东 1927 年 3 月写的《湖南农民运动考察报告》,以这篇文章阐述的正确对待农民运动、放手发动群众、组织农民、依靠农民的马克思主义观点,作为整风的思想武器。各级领导的广大干部,反省检查了在过去工作中,自以为比群众高明,看不起群众、轻视群众力量、不相信群众的自觉性和创造性以及害怕群众起来,害怕群众不懂政策和策略,害怕群众起来得罪地主等错误思想。树立一切为了群众、相信和依靠群众的自觉性与创造性、群众自己解放自己的观点。为了深入发现工作中的问题,各地检查减租减息政策实施程度,不仅看各项政策是否贯彻执行,还要看群众的生活是否得到真正的改善,减租减息政策的实施是否经过群众斗争,群众的阶级觉悟是否提高,群众的积极性是否已经调动起来,是否组织了群众的大多数?通过检查工作,进一步认识了包办代替的危害,各地在减租减息运动中提出了大胆放手发动群众,反对包办代替的方针和“组织群众大多数,树立基本群众优势”的口号。

各根据地的各级领导机关还按中央《十一指示》和 1943 年 6 月 1 日中共中央通过的《关于领导方法的决定》,检查过去工作中的主观主义和官僚主义的领导方法,大力提倡从群众中来,到群众中去,一般的号召与个别的指导相结合,领导骨干与广大群众相结合的领导方法。提倡干部深入基层,实行典型试验突破一点,取得经验,指导一般,推动全局以及相信和依靠群众自己解放自己,放

① 《中共中央政治局关于减租、生产、拥政爱民及宣传十大政策的指示》,见《中国的土地改革》编辑部、中国社会科学院经济研究所现代经济史组编:《中国土地改革史料选编》,解放军国防大学出版社 1988 年版,第 153 页。

手发动群众的群众路线的工作方法。

各抗日根据地由于纠正了恩赐减租的偏向,1943 年冬季以后,在减租减息运动中,普遍采取了群众路线的工作方法。各根据地贯彻群众路线的主要经验有以下几点。

(1)从思想教育入手,唤起群众的阶级觉悟。

干部和积极分子深入农民群众,从调查顽固地主反对和破坏减租减息政策的违法行为入手,启发农民起来揭发地主残酷剥削和压迫农民的种种行径,激发农民对地主的阶级仇恨;用农民终年劳累不得温饱的切身困苦,对比地主阶级不劳而获的寄生腐朽生活,开展算账、控诉活动,使农民认识到减租减息是合理合情而又合法的正义要求,从而能够理直气壮地起来要求减租减息。

农民有了初步的阶级觉悟,还不一定敢于斗争。长期的封建剥削和压迫养成了农民严重的自卑心理,他们有着各种各样的担心和顾虑:八路军、新四军会不会走?敌人会不会来?来了怎么办?地主报复怎么办?等等。为了解除上述疑虑,不仅要进行抗日时局的教育,更主要的是要启发农民认识团结组织起来的力量。让农民亲自看到他们组织起来的力量,以鼓舞士气、增强信心。

(2)在斗争中发现和培养农民积极分子,建立农民群众团体的领导核心。

中国共产党的群众路线也就是阶级路线。调动农民群众的积极性,首先要调动贫农雇农的积极性。中共平原分局 1944 年 4 月在减租减息运动中,明确提出“以贫农雇农为运动的核心,和切实照顾贫农的方向”。在检查老区的减租减息斗争中,普遍开展佃户、雇农独立自主的运动,首先建立起贫苦佃户小组和雇农小组,并注意在斗争中发现和培养佃、雇农小组中的积极分子,采取个别的或集中训练的方式,对他们进行阶级教育和政策教育;然后再通过这些积极分子去团结教育组织广大的农民群众。积极分子是中国共产党密切联系农民群众的桥梁，是中国共产党的政策和策略能够正确贯彻执行的保证。保持领导骨干和核心的先进性和纯洁性，农民群众团体就能够在斗争中克服某些农民的落后、散漫、迷信以及狭隘的报复情绪，持久地保持农民群众的积极性。

(3)依靠农民群众贯彻执行中国共产党的政策，把政策变为农民群众的行动。

放手发动群众，相信和依靠群众的工作方法的普遍运用，极大地推动了抗日根据地减租减息运动的深入发展。

减租减息虽然没有彻底消灭封建剥削制度，但是其中也贯穿着农民和地主的斗争。除了少数开明士绅以外，大部分地主总是千方百计逃避和反对减租减息。据各根据地调查，其主要做法如下。

改变租佃形式。其中包括：改定租制为活租制，以陕甘宁边区发生最多。因为改定租为活租，地租可以随农作物产量的增长而增长；改租种制（包括定租与活租）为“伙种制”（有的地方又称“伴种制”）。伙种时，地主提供的部分牲畜、农具、种子、肥料可多可少，比较容易投机取巧，变相提高租率，同时，伙种制期限短，多为当年说合当年伙，明年不合，秋后分①，便于地主抽回土地报复农民；改正常的租佃形式为特殊的租佃形式，主要有：“认差种地”，即佃户负担地主农业税及一切公差又称“租地带差”或“认粮种地”，认 6 亩种 4 亩，佃户种 4 亩地，为地主负担 6 亩农业税及公差。“推差推地”，即谁种地谁负担赋税公差，佃户另为地主负担部分劳役。地主以这种特殊租佃形式，将其繁重的负担转嫁到佃户身上。② 同

① 柴树藩、于光远、彭平：《绥德、米脂土地问题初步研究》，人民出版社 1979 年版，第 59 页。

② 晋察冀边区七分区抗联：《关于解决目前土地问题的指示》（1943 年 12 月），见陈廷煊：《抗日根据地经济史》，社会科学文献出版社 2007 年版，第 343 页。

时,将地租与负担混在一起,产量和负担常有变动,地主便于从中投机取巧。

地主还假典假卖租地维持原租额。这种情况多发生在与地主关系密切的佃户,即依附于地主的所谓可靠佃户或其亲属之间,因而不易发现。假典有以下四种:(1)假立典约,地主不要典价,减少租额,佃户代交公粮;(2)地主立典约,佃户立借约,以利息代替地租,形式上由租佃关系变成借贷关系;(3)佃户用粮食按年交纳典价,数额仍与原租额不相上下;(4)佃户出少数典价,讲明几年以后,“价烂产回”,实际等于预付几年地租。假卖租地多发生在两面负担地区,即将地主出租地改为佃户自耕地,晋察冀边区平西各县均发生地主威胁利诱佃户将租地改为佃户自耕地,佃户替地主交纳累进税。按统一累进税法,收入越多税率越高,一般佃户均大低于地主,税率更低于地主。甚至少数佃户收入低于免征点的(每人平均收入在两个富力,即 20 市斗谷以下)可以免税。将地主出租土地改为佃户自耕地,地主可以得到佃户减免税课的利益,使政府税收减少。①

有的地主风闻减租,先将原租额提高,或者在减租后变相增租,以抵消减租。地主在减租前事先提高租额的事件,各地均有发生。晋察冀平西地区许多地主在减租前,以夺佃威胁佃户将原租额提高 25%,减租后仍维持原租额。地主在减租以后变相增租的花样很多,最主要的是增加租地亩数,减租前,地主为少交农业税,大多隐瞒耕地亩数。减租后,地主为报复佃户,提出重新丈量土地,增加租地亩数,达到增租的目的。陕甘宁边区庆阳一大地主重新丈量出租土地,由原来的 710 亩,增加到 829 亩,增加 119 亩。

① 《北岳群运》第 10 期,见陈廷煊:《抗日根据地经济史》,社会科学文献出版社 2007 年版,第 343 页。

减租后增加对佃户的额外剥削,各地减租减息条例,均规定取消额外剥削,但不少地区在减租以后常常发生对佃户的额外剥削的情况,如要佃户送工、挑水、打柴、打场、碾米、出公差、运公粮,甚至白(无报酬)种地,等等。实际上是将减掉的实物地租变成了劳役地租。减租后地主向佃户索要土地副产物,如柴、草、瓜、果、蔬菜,等等。减租后地主改用大斗向佃户收租。减租后地主向佃户索要过去的欠租,使佃户得不到减租的实际利益。

明减暗不减也是地主对抗减租的普遍手法。地主威胁利诱佃户隐瞒实情,本来没有减租,干部来问,都说减了租;或者干部在村时减了租,干部走后,佃户又将减掉的租粮送回地主。还有把地租分为虚租和实租,虚租减了,实租未减。据太行区 15 个县 1944 年调查统计,1943 年发生的 12525 件租佃纠纷中,有 7680 件为明减暗不减,占租佃纠纷的 61.3%。

撤佃收地是减租后地主报复佃农的惯用手段。减租法令虽有保障佃权的规定,但夺佃事件在各地仍层出不穷。地主片面引用有关“保障土地所有权”“契约自由”等条款,或借口生活困难,收地自耕,或典卖租地,甚至有的地主诬告佃户“不履行契约”“荒芜耕地”等,达到撤佃的目的。少数地主趁敌人扫荡蚕食之机,凭借敌伪势力收回租地。据太行区 15 个县的调查,夺佃事件占全部租佃纠纷的 30.2%。另据晋察冀边区六专区昌宛房第四区统计,1942 年有 17 户地主夺走了 21 户佃户的租地 127 亩,1943 年有 35 户地主夺走了 45 户佃户的租地 279 亩。还有少数刁顽地主,挑动不觉悟的佃户相互“争租夺佃”,报复原佃户。地主还利用在政权中的地位,曲解法令,欺骗农民。如绥德某地主利用农民不识字,随便拿一封信对农民说:“今年上头有公事,租子一定要交足”。晋冀鲁豫边区,许多偏僻山区,土地贫瘠,历来租率低于 37.5%,地主故意曲解政府有关最高租额不得超过 37.5%的规定,说成是地租一律向37.5%看齐,从而提高了地租。

少数顽固地主在减租减息之后,对政府减租减息法令断章取义,强词夺理,编造法律根据,控告农民。有的利用他们在各级政府和参议会中的合法地位,肆意夸大农民某些过火行动,攻击一点,不及其余,批评农会支持农民的合法权益是什么"违背政府法令",抨击政府偏袒农民。1943年春夏各抗日根据地均发生许多地主控告农民的案件。晋察冀边区平山县政府当时受理的"2000多个案件中,差不多就有80%是地主控诉农民"的。① 地主精于强词夺理,伪造证据,掩盖事实真相,在诉讼中处于明显的优势。而经济贫穷、文化落后的农民在诉讼中往往处于不利的地位。这样,农民在减租减息中获得的经济权益,就会丧失殆尽,从而导致有的"农民陷于无地可种,失业,贫困无法维持生活的景况"。②

有些地主宣扬封建伦理(如说"佃户靠地主生活""佃户减租没良心"等)来影响部分落后保守的农民,使他们不敢理直气壮地起来要求减租减息;通过收买干部、操纵甚至控制乡村政权和农会的办法,以阻挠减租减息;还有少数顽固地主造谣惑众,以"变天"恐吓农民,汉奸地主勾结敌伪,捕捉干部,威胁佃户,破坏减租减息,等等。

地主不甘心减少租息,千方百计逃避和反对减租减息。这说明减租减息运动始终充满了地主和农民的反复较量。为了完成抗日救国的大业,切实减租减息,就必须按照《十一指示》,"检查减租政策的实行情况"(以下简称"查减"),将那些由于地主对抗造成"明减暗不减"或"漏减"的问题予以解决。因此,各个抗日根据

① 《中共北岳区党委关于保护农民既得利益给四分区地委的指示信》(1943年7月2日),见魏宏运主编:《抗日战争时期晋察冀边区财政经济史资料选编·第二编·农业》,南开大学出版社1984年版,第183—185页。

② 《中共北岳区四分区地委关于当前执行土地政策初步检查纠正右的偏向的决定》,《战线》1943年第13期。

地在1943年冬至1944年春和1944年冬至1945年春连续两个冬春开展了“查减”运动。

“查减”的任务是检查减租减息政策执行的程度，揭露地主所采取的明减暗不减，减租以后的变相增租，夺佃转租、“上打租”（即预收地租）、额外剥削、高利贷剥削等违法行为，深入贯彻减租减息政策，保护农民的减租减息的既得成果。各地提出的“查减”内容和标准可归纳如下：减租率是否达到25%？减租以后的最高租额是否不超过375‰？多年欠租是否废除？农民的旧债是否得到清理？减租减息后是否废除了旧约，订立了新的租佃债息契约？佃户的佃权是否确实有了保障？农民生活是否真正改善？农民生产积极性是否提高？生产是否增长？减租减息是否经过了群众斗争？是否发动和组织了农民群众的大多数？农民群众是否在农村基层政权和自卫武装力量中占了优势？等等。

在“查减”中，各地采用深入细致的方法逐村逐户地检查；重新发动和组织农民群众，特别着重发动和组织佃农和雇农。冀鲁豫地区普遍开展雇佃运动，即首先把贫苦佃户、雇工发动起来，发动他们检举揭发地主抵制和逃避减租减息、向农民反攻倒算的违法行为。同时对干部进行深入细致的思想教育，克服“问题不大”和“差不多”的错误思想，克服包办代替和恩赐观点，树立一切为了群众、相信和依靠群众的观点。少数干部过去对地主抵制和逃避减租减息听之任之，甚至自觉或不自觉地为地主所利用。群众对他们不信任。这时一般采取整风的方法，启发教育干部检查自己翻了身，当了干部，而脱离了群众，不关心群众疾苦以及在工作中依靠群众不够等缺点错误；并让干部到群众中检查，取得群众的谅解和信任，从而密切干群关系，团结起来，与违法地主开展说理斗争。

在“查减”中，各级政府机关，特别是司法机关，检查了过去工作中的官僚主义、文牍主义以及旧的法制观点；提倡从实际出发、实事求是和群众路线的工作方法,树立减轻封建剥削,兼顾佃户与地主、债户与债主双方利益的新的法制观点。

针对“查减”中检查出来的问题,各根据地政府按照以往规定的减租减息条例提出了处置办法。其中有些做法比之原条例规定又有所发展。如对过去应减而未减的租额,这次查出来以后分别情况区别对待。对少数情节恶劣的顽固地主,责令其全部退出,以示惩罚。华中淮北地区对个别情节恶劣的顽固地主,除依法减租退租以外,还处以三天至一个月的拘役处分;对一般地主则酌情少退,或既往不咎,侧重于今后严格按法令减租,重新订立租佃契约。

又如“查减”中调查和处理的重要内容——额外剥削问题,山东根据地政府对山东各地比较普遍的份子粮、带种地、拨工、送礼四种额外剥削,分别规定了处置办法。份子粮在伙种制条件下,大多数为佃户春季吃地主一斗粮食,秋季还三斗或四斗,不吃也要一还二,政府规定这种份子粮应按“二五减租”和减租后租额不超过375‰处理;非伙种制中的份子粮一律取消。“带种地”或“白带地”即佃户无代价替地主种一定数量的土地,实际上是一种劳役地租,政府规定,带种地一律改为正常的租佃关系,另立新租约。“拨工”即佃户为地主服各种劳役,地主不给工资。政府规定,拨工制一律取消,佃户的一切服役,地主均应按普通工价发给工资。对于送礼,政府规定一律取缔。这些规定比以往笼统说“取消额外剥削”更加具体化了,也就更加便于落实了。

晋察冀边区政府在“查减”中,对复杂的典地纠纷提出了具体的处理办法:如出租人因逃避负担典出土地,在典期内因灾荒及土地变质,承典人未获应得收益者,典当期应延长1/3—1/2;如出典人生活困难必须回赎时,除按契约执行赎地手续外,得再给予承典人原典价额1/3—1/2的补偿;承典人原是该典地的佃户者,在典地期满后得继续享有租佃权,出典人不得在赎回典地后借故夺佃;典地原为租佃地，出典人为抗拒减租而出典他人者，原佃户有继续租佃权，新承典人的损失，由出典人予以补偿。这些办法有利于解决地主为抗拒减租或逃避负担而典出土地或假典土地造成的典地纠纷。

为了维护抗日民主政府减租减息法令的严肃性，各根据地发动农民去要求地主将过去应减而未减的租额，应废除而未废除的地租以外的额外剥削退还佃户，于是普遍开展了退租运动。

各地退租的年限规定不完全相同。如山东根据地政府规定从各地颁布减租减息条例时算起；晋冀鲁豫边区政府则规定从当地抗日民主政府建立，政府法令实际能够执行时算起；华中苏中地区规定从实际发动减租减息运动时算起；晋察冀边区从1941年3月31日边区政府颁布减租减息布告时算起；等等。

在退租运动的高潮中，许多地区曾发生退租年限过长的问题。如晋冀鲁豫太行区有退租五年的。又如陕甘宁边区有的地区从1940年算起；有的地方对所有地主无区别地一律要求退租若干年，有的地区还要加计利息，甚至附加罚款，以致发生退租数量过多，处罚过重的情况。部分中小地主无力退租，不得不打欠条，或者变卖田产，有的因此而破产。有一些解放较晚的地区，也与老区一样规定退租若干年。

针对上述偏差，中共中央在1944年2月8日批转《西北局关于减租的指示》中指出："应防止对地主采取过左的政策，如不看具体对象一律退回三四年长收的租子，及对地主过多的罚款等"。"如已发生应适当纠正（但不能损害群众积极性）"。[①] 各地根据中央指示，及时总结经验，按各地实际情况，重新规定了退租年限

① 《中共中央转发〈西北局关于减租的指示〉》，见《中国的土地改革》编辑部、中国社会科学院经济研究所现代经济史组编：《中国土地改革史料选编》，解放军国防大学出版社1988年版，第169—170页。

和办法。如山东省和晋绥边区规定,只退1942年及以后应减而未减的租额;晋冀鲁豫边区政府规定自1942年11月28日政府发布土地使用条例细则半年以后,即1943年5月28日以后算起;一般只退一年;华中苏中地区政府规定,四年八熟未减租者,退租不超过三熟,三年未减租,退租不超过二熟,二年未减,退租不超过一熟,一年或四季未减者,退租少于一熟。为了纠正陕北某些地区退租过多的偏向,中共中央西北局1944年10月10日发出指示,对因退租而生活困难的地主,由政府减少其公粮负担;对尚未减租已打了欠条的地主按其经济状况,说服农民酌情取消或少退。各地对不同的地主区别对待,如晋冀鲁豫边区对少数勾结敌、顽势力推翻减租成果的汉奸恶霸地主,退租年限从严,并给予经济上的惩罚;对一般地主只退一年,免予处罚;小地主和富农还可以酌情少退;中农以下小土地出租者不退。一般地主一次退不出,可以分期退,或在下年租额中扣除。晋察冀边区政府规定,根据地主与佃户双方的经济情况、生活条件,分别实行全部退或少退或不退;还规定佃户替地主已交的统一累进税"二五减租"后租额仍超过法令规定的最高租额的超过部分,或因灾应减而未减多收的地租,一般均不退,佃户生活特别穷苦的可酌情退一部分或全部。山东抗日根据地规定对地租以外的额外剥削,如承租人要求算账,一般可以从1942年5月租佃暂行条例颁布时算起,对汉奸恶霸地主可以追索到1942年以前,至抗战爆发时为止。

在退租运动中,农民获得的利益,缺乏全面的统计资料,据华中盐阜区1944年统计,全区退租佃户7021户,共退租粮628万斤,平均每佃户得退租粮895斤。① 另据晋察冀边区北岳区八个

① 《解放日报》1945年1月8日,见陈廷煊:《抗日根据地经济史》,社会科学文献出版社2007年版,第352页。

县调查,在1461宗租佃关系中,共退租粮1508.57石,平均每佃户退租粮1.03石。其中最多的有高达16石的。山东滨海区在大店调查,在"查减"中得到退租的佃户202户,退回租粮78430斤,柴草76500斤,平均每佃户得到粮食388斤、柴草378斤。山东胶东地区牟平等七个县截至1945年上半年统计,共减租退租1013063斤。①

老区"查减"的最大障碍是少数恶霸地主。过去,恶霸地主勾结官府,横行乡里,称霸一方。他们强夺田产、霸人妻女、欺压农民、无恶不作,农民对其恨之入骨。抗日根据地建立以后,恶霸地主仍在暗中作威作福,威胁挟制农民,阻碍抗日民主政府减租减息法令的贯彻执行,更有少数恶霸地主暗中勾结敌伪,充当汉奸,破坏抗日斗争。农民在恶霸地主的欺压下,敢怒不敢言,不推翻恶霸地主的统治,农民不敢减租减息,不能真正翻身。1943年以后,各根据地在实行大胆放手发动群众的方针以后,明确以贫农和雇农为运动的核心,开展雇、佃、贫农的独立自主的斗争,群众的斗争矛头直指恶霸地主。老区农民在"查减"中从揭露和控诉恶霸地主抗拒和破坏减租减息向农民反攻倒算的罪行入手,进一步要求清算恶霸地主过去杀人害命、霸占田产、欺压农民的种种罪行。特别是占农村人口10%—30%的赤贫阶层,其中有许多既不是佃户,又不是雇农,减租减息和改善雇工待遇、增加工资的斗争,均不能改善他们的经济地位,而他们中有许多人是恶霸地主巧取豪夺的受害者。他们过去忍气吞声,不敢申辩,现在则扬眉吐气地起来与恶霸地主开展说理斗争了;他们过去含冤负屈,不敢控告的,现在则向抗日民主政府上诉,要求昭雪冤案、报仇雪恨了。觉悟了的农民

① 《大众报(胶东版)》1945年10月16日,见陈廷煊:《抗日根据地经济史》,社会科学文献出版社2007年版,第352页。

还要求清算恶霸地主与地主阶级的当权分子(伪乡长、保长),贪污公款、公物、公粮和勒索霸占农民钱财的种种罪行;要求清查恶霸地主和其他地主分子隐瞒土地,向农民转嫁田赋公粮的行径。于是,在华北、华中各抗日根据地开展了反恶霸、反贪污、算旧账、清查“黑地”(即隐瞒不缴纳田赋公粮的土地)的农民群众斗争。这场斗争的兴起,势如破竹,汹涌澎湃,给予地主阶级的封建统治以沉重打击。斗争果实大部分都分配给贫苦农民,特别是那些既不是佃户,又不是雇工的赤贫户,使他们从长期的赤贫地位中解脱出来,激发了他们的革命热情。山东胶东地区栖东县 7 个区、295 个村,经过反恶霸斗争夺回现金 20700 元,土地 3315 亩及油房一处;反贪污索回 22900 元,粮食 11300 斤,反资敌、资匪索回 24630 元,查出国民党土顽部队匿藏物资近百万元。① 贫苦农民在反恶霸、算旧账斗争中,还通过下述方式获得了一部分土地:政府根据群众揭露控诉,出布告宣布恶霸汉奸的罪状,没收其土地财产,分配给受害的贫苦农民;恶霸地主过去巧取豪夺农民的土地,经过说理斗争,退还农民;恶霸地主过去贪污公款、公物及农民钱财,以土地作价偿还农民;清查出恶霸地主隐瞒不缴纳赋税的“黑地”,经政府没收分给贫苦农民。据晋绥边区 14 个县不完全统计,1944 年农民在斗争中,共获得土地 6455235 亩;1945 年上半年山东文登县农民在斗争中共获得土地 5 万亩,占全部土地总面积的 10%。②

在反恶霸、算旧账斗争中,涌现出一大批贫、雇农积极分子,许

---

① 《解放日报》1944 年 12 月 13 日,见陈廷煊:《抗日根据地经济史》,社会科学文献出版社 2007 年版,第 352 页。

② 《大众报(胶东版)》1945 年 10 月 16 日,见陈廷煊:《抗日根据地经济史》,社会科学文献出版社 2007 年版,第 352 页。

多优秀分子被农民推选担任了农会和农村基层政权干部,使贫农、雇农在农会和政权中的领导地位进一步加强。

但是,少数地区在强调了“大胆放手反对包办代替”之后,忽视和放松了中国共产党的政策指导,忽视和放松了政府法令的教育和约束。少数干部把相信和依靠群众的自觉性和主动性,变成放任甚至崇拜群众的自发行动,他们迷信群众能够创造一切,以群众团体的决议,代替政府法令,甚至错误地认为,群众团体的决议就是法令,迷信群众能够懂得政策、能够自己教育自己、能够自己约束自己;同时有些地区对反恶霸、算旧账斗争中出现的新经验、新问题,未能及时总结,悉心研究,并制定新的政策和策略,进行正确的指导;加上这些干部在思想上过急地解决贫农特别是赤贫农民的生产资金,特别是土地问题,以致发生了一些超越中国共产党的土地政策的“左”倾错误。主要表现在以下三个方面。

第一,严重扩大打击面,普遍打击地主,打击富农,侵犯中农利益。在发生“左”倾错误的地区,把反对和清算极少数恶霸地主的斗争,变成了普遍清算地主封建剥削的斗争。少数地区把“削弱封建”的口号,变成了“斗好户”的口号,不区别封建剥削与资本主义剥削,发生普遍打击富农的错误。在“斗好户”的口号下,侵犯了中农的利益。特别是在有些地主富农少,中农占农户比重大的地区或中农当权的村庄,斗争中农比较普遍。

第二,算旧账、清查“黑地”处罚过重。少数地区算旧账没有一定的限制,不分阶级,不区别对象,多年历史旧账一律清算。如华中淮北地区算旧账从民国元年算起,并以分半计息,被占土地以每年土地收益计算利息清偿,本人死后,儿子负责。在清查“黑地”斗争中也有重罚倾向。许多地区规定,“黑地”期限自报,不报者一经查出,除追交过去欠交赋税之外,处以数倍的罚款。少数地区清查“黑地”变为没收分配“黑地”。

第三,斗争方式简单生硬、不注重说理,不依据法令,乱斗乱罚。过火的斗争方式,增加了地主不必要的仇恨,丧失社会同情,不利于孤立少数恶霸地主。

上述“左”倾错误,造成了极为不良的后果:少数清算所有地主的地区,地主破产实际上消灭了地主经济,妨害了团结地主共同抗日,使守法的开明地主无所适从,感到没有出路,而少数恶霸地主不孤立。少数发生“左”倾错误的边远地区,出现大批地主逃往敌占区,甚至个别地区发生地主叛变投敌,勾结敌伪军杀害干部和农民积极分子的事件。在“斗好户”、打击富农、侵犯中农利益的地区,不仅把富农推向地主一边,增加地主反攻的力量,而且助长了农民中均产主义思想的滋长,妨碍了生产运动的开展。农民们认为,“斗好户”就是“共产”,不仅富农不敢雇工发展生产,中农也不敢冒尖,贫农也不积极生产。在极少数侵犯中农利益严重的地区,造成贫雇农与中农之间的对立,给少数顽固地主,汉奸特务以挑拨离间、策动反攻复辟的机会。

中共中央对各地反恶霸、算旧账的斗争十分关注,针对出现的问题及时向各地发出指示,给予正确的政策指导。1944 年 2 月 8 日中共中央在转发《西北局关于减租的指示》时指出:“凡已发动群众起来彻底减租减息的地区,应即注意对地主的团结,在彻底实行减租后,对地主一般的不是继续斗争,而是注意团结他们,稳定他们,使他们不但不离开我们,且不得不靠近我们”。“在减租斗争中,应防止对地主采取过左的政策。”①

针对华中睢、邳、铜地区反恶霸的群众运动和淮北行署发动的

① 《中共中央转发〈西北局关于减租的指示〉》,见《中国的土地改革》编辑部、中国社会科学院经济研究所现代经济史组编:《中国土地改革史料选编》,解放军国防大学出版社 1988 年版,第 169—170 页。

反贪污斗争,1944 年 5 月 31 日中共中央给华中局的指示中,明确指出:“反恶霸和算旧账只能限于个别的顽固家伙”,期限亦不能那样长。对个别的恶霸和贪污案件,应“发动群众经由政府或法院依具体情况公允处理,要犯主给苦主以适当的赔偿,要吞没者吐出一部分,只要不超过可能,达到双方关系的调整和正气的伸张”。而对地主阶级的大多数,“不是无限度的对他们进攻,要真心保护其合法权益”。“普遍的反恶霸算旧账,必致造成过分震动,某些方面人人自危,给予特工和二流子等以活动机会,甚至‘逼上梁山’,破坏根据地的抗日秩序,而妨害大规模的生产运动,并影响各阶级间的抗日团结”。应正确地彻底执行“从减租减息到发展生产的群众运动方针”。号召各阶级参加生产运动,一方面可以提高和保护基本群众的利益;另一方面可以使地主阶级认识中国共产党的建设能力,缓和农民与地主的阶级矛盾。①

各地党委和政府,根据中央上述指示,切实纠正少数地区发生的“左”倾错误,对反恶霸算旧账斗争出现的新问题,制定了具体的政策和处理办法。

首先,严格区别恶霸地主与一般地主,对不同的地主实行区别对待。冀鲁豫边区拟定的政策是:对中小地主减租减息以后,要团结他们稳定他们,其中有违法行为的,如明减暗不减、夺佃等等,亦应从轻处理,对勾结敌人实行反攻倒算或有人命案的恶霸地主,群众痛恨,应从重处罚,实行清算斗争,直至使其破产不再成其为地主;大地主中的反共反人民顽固分子,与上述汉奸恶霸地主应有所

---

① 《中共中央关于在新区彻底实行减租减息在老区发展生产运动给华中局的指示》,见《中国的土地改革》编辑部、中国社会科学院经济研究所现代经济史组编:《中国土地改革史料选编》,解放军国防大学出版社 1988 年版,第 174—175 页。

区别,对欺压勒索农民严重者,可以算旧账,给予处罚,但应注意保持其地主成分,使其降为中、小地主。大地主中比较守法,参加抗战,减租减息以后对农民态度较好者,过去对农民的压迫勒索,应说服农民谅解,从宽处理,不斗不罚。

其次,区别对待富农,重申中共中央决定对富农的政策,减租减息以后,鼓励富农发展生产;切实保护中农,凡损害中农利益的,赔偿其损失。为了团结中农,大量吸收中农参加农会,吸收中农积极分子参加农会领导和基层政权的工作,调动中农发展生产的积极性。

反贪污斗争应缩小打击面,主要打击那些依仗敌伪势力贪污勒索的恶霸地主或贪污致富的分子,算旧账时间不要追索太长,同时考察其对抗日的态度以及是否有悔改表现,区别对待。

再次,查"黑地"斗争,应尽量争取隐瞒者自报。隐瞒不报查出后亦应区别对待:对贫农、中农不处罚,根据生活情形,补交一部分或大部分漏交的公粮;对富农及中小地主,应如数追交公粮,一般不给处罚,只是对于少数主持隐瞒土地的顽固地主才给予适当的处罚。

此外,对地权纠纷,严格区别正常的"公平交易"、乘人困难廉价购买以及凭借权势掠夺土地三类不同情况,制定了不同的处理原则,以孤立打击少数恶霸地主。

这样,在放手发动群众之后,及时地加强了中国共产党的政策指导,使群众运动与中国共产党的政策指导密切结合,使反恶霸、算旧账斗争沿着中国共产党所规定的正确轨道前进。

在纠正"左"倾错误时,各地实行较为妥善的步骤和办法,加强政策教育,提高群众认识,着重克服农民的均产主义思想,使干部和群众自觉认识并主动去纠正错误,避免单纯的行政命令和组织处分,收到较好的效果;既纠正了错误,又保护了群众的既得利益。

在老区普遍开展“查减”运动的同时，游击区和新区也开展了减租减息运动。游击区是指根据地与日伪占领的点线之间，抗日武装力量经常进出开展隐蔽或半公开的对敌斗争的广大中间地带。在八路军新四军对敌局部反攻取得胜利和老区“查减”退租斗争的鼓舞下，游击区农民在反对敌伪敲诈勒索，减轻或废除对敌伪负担斗争取得胜利以后，提出了减租减息要求。游击区减租减息具有以下几个特点：(1)减租减息标准低于根据地，并且因各地具体环境和条件不同，标准各异：有的减 15%，有的减 20% 不等。(2)在斗争策略上和方式上，具有更大的机动性和灵活性。一般均采取和平协商的方式，实行互助互让的原则。如华中提出“让租”的口号，动员地主少收地租。其方法是一件一件地解决，力求避免过分的社会震动和妨碍抗日人民内部的团结。(3)与打击汉奸的斗争密切结合。游击区少数地主投靠敌人充当汉奸，凭借敌伪势力强化对农民的剥削和压迫，或者原是实行过减租减息的根据地，因敌人扫荡蚕食变为游击区，汉奸地主凭借敌伪势力，推翻减租减息成果。因此，实行减租减息前，一般是先发动群众惩办汉奸地主，制止地主阶级的妥协投降，并把二者结合起来。(4)与反对敌伪勒索，减轻或废除对敌负担相结合。减轻和废除对敌负担是农民和地主的共同要求，有利于加强一切抗日阶层的团结。同时，地主对敌负担减轻或免除之后，也容易接受农民的减租减息要求。晋察冀边区北岳区和冀中区的游击区，减租密切联系对敌负担，在减租后的新的租佃契约中列入对敌负担办法。因地而异地实行“有差无租”(佃户只出负担不交地租)、“有租无差”(佃户只出地租不出负担)、“有租有差”等多种办法。

各游击区在减租减息中，特别注意改善赤贫农民的生活。晋冀鲁豫边区政府规定：“游击区的公地社地应租给赤贫农民，租额可低至10%至15%”,“游击区逃亡户之荒芜土地,由政府代管,租给贫苦农民耕种或由合作社集体耕种,租额可低至10%”。①

游击区农民减租减息斗争还与敌后武工队的军事斗争密切结合,相互促进。武工队军事政治斗争的胜利,为减租减息创造稳定的军事政治环境,提高农民的斗争信心;而减租减息激发了农民的抗日积极性,为武工队的军事政治斗争创造了良好的群众基础。在军事上占优势的游击区,经过减租减息发动农民,改造政权,逐步发展为游击根据地或新的根据地。

随着对敌局部军事反攻的进行,陆续从日军占领下收复大片国土,建立了许多新的抗日根据地。如1944年冀鲁豫新区根据地人口达到将近2000万人;山东根据地一年内扩大新根据地4万平方公里,包括2万个村庄、1000万人口。为了巩固这些新区,各地根据中共中央指示,从老区抽调大批具有领导减租减息斗争经验的干部,集中训练,掌握政策,然后分赴新区,发动以清算汉奸罪行和减租减息为主要内容的群众运动。1944年,冀鲁豫新区成为敌后最大的抗日根据地。1945年1月,中共中央指示北方局即时进至冀鲁豫根据地,并从太行、太岳等老区抽调一批有领导减租减息经验、作风又好的干部到冀鲁豫新区,发动群众,实行减租减息,以进一步巩固抗日根据地。

新区因过去敌伪长期统治,伪乡长、伪村长、伪保长和其他汉奸,凭借权势,乘国家危难,以廉价取得农民土地,甚至少数汉奸恶霸采用欺骗敲诈等手段强取豪夺农民的土地,因此收回这些被掠

① 《晋冀鲁豫边区政府指示——执行土地法令、减租和颁布土地问题处理办法》(1944年10月15日)附:《几个土地问题处理办法的决定》,见河南省财政厅、河南省档案馆编:《晋冀鲁豫抗日根据地财经史料选编(河南部分)》第1册,档案出版社1985年版,第341页。

夺的土地，成为新区农民的迫切要求。而这类土地问题又往往同民间的土地纠纷交织在一起。如汉奸将掠夺的土地转卖给其他人，或者业主无力缴纳苛重赋税，被迫以廉价卖给有微薄积蓄的农民，还有少数地主将土地廉价卖给或典给佃户的。各地政府在保障地权，反对强买强典，侵占掠夺和奖励发展生产，照顾贫苦农民生活的原则下，制定了新区土地纠纷的处理办法。山东根据地政府制定了以下处理办法：(1)业主无力缴纳苛重赋税，放弃土地逃亡，伪乡长、伪保长或其亲友依靠敌伪势力，将欠赋税的土地没收，迫立契约占为己有，应无条件退还原主；(2)业主弃地逃亡，伪乡长、伪保长或其亲友未经业主许可将土地出卖或典与他人，原则上应归还原主，但买主可收回其一部分或全部；(3)业主无力缴纳赋税，伪乡长、伪保长劝其卖地，得原主同意将地卖给佃户或贫民，承买人自己耕种所立契约应属有效，不应再索回土地。新区减租减息的普遍开展，调动了广大农民的抗日与生产积极性，建立起农民群众的政治优势，巩固了新区的抗日民主政权。

抗日根据地的减租减息运动，对农业生产、社会经济和抗日斗争都有重大而深远的历史作用，在未经土地革命的地区，尤为明显。

各抗日根据地实行减租减息政策的村庄约占 70%以上。晋察冀边区和陕甘宁边区未经土地革命的地区，实施减租减息政策最为普遍。晋冀鲁豫边区的太行区，是比较普遍深入地实行减租减息的地区，据该区 12 个县调查，有 91.8%的村庄实行了减租减息。据山东根据地 1945 年 9 月统计，在 23417 个村庄中，实行了减租减息的村庄有 14963 个，占 64%，未实行的村庄主要是新解放区。晋绥边区兴县减租减息的村庄占全县村庄的 83%。华中根据地 1945 年对 4 个分区 30 个县 373 个区 2391 个乡的调查，实行减租减息的区 327 个，占 87.7%；实行减租减息的乡 1779 个，占

74.4%。另据盐阜区统计,1944 年共有 56433 户佃户,减租粮 2234 万斤,平均每户 296 斤,退租粮食 638 万斤。全区雇工 15889 人,共增加工资粮 514 万斤。① 减租减息减轻了地主对农民的封建剥削,改善了农民的生活,调动了农民发展生产和参加抗日斗争的积极性,对抗日根据地的生产建设、政权建设和抗日武装斗争,起了重大的历史作用。

减轻了地主的封建剥削,实现了土地制度初步改革。减租后的地租率降低,封建剥削有所减轻。据 1944 年对晋绥边区 6 个县的调查,实际减租率,最低为 26%,最高为 52.3%。具体情况如表 19-22 所示。

表 19-22 晋绥边区 6 县地租率核减情况统计 (单位:%)

项目 县别	战前平均租率	减租后平均租率	实际核减租率
兴县	40.0	20.0	50.0
偏关	31.3	15.6	26.0
五寨	34.0	14.4	40.0
临县	39.3	22.4	43.2
交西	21.7	12.2	43.7
静乐	26.0	12.4	52.3

注:偏关平均租率由 23000 垧租地计算得出;五寨由 5460 垧租地计算得出;临县由 9532 垧租地计算得出;交西由 101 佃户租地计算得出;静乐由 1126 佃户租地计算得出。

资料来源:陈廷煊:《抗日根据地经济史》,社会科学文献出版社 2007 年版,第 362 页表 9-1。

另据陕甘宁边区绥德地区调查,四十里铺艾家沟 108 垧定租

① 陈廷煊:《抗日根据地经济史》,社会科学文献出版社 2007 年版,第 360—361 页。

地原租额 270 石,1943 年减租后租额 132. 5 石,减少 50. 9%,活租地 246 垧,原租 53 石,减租后租额 30 石,减少 43. 4%,伙种地 17. 5 垧,减租 40%,安庄稼 34 垧,减租 49%。① 这说明不同租佃形式的租地,减租的程度是不同的。

减租减息使租佃关系发生了一些实质性的变化:废除了超经济强制和地租以外的剥削;佃户的佃权也有了切实保障。通过减租减息,使地主阶级占有的土地减少,农民占有的土地增加。据晋察冀边区北岳区 39 个村,晋冀鲁豫边区的太行区 12 个县 15 个村,晋绥边区兴县、临县 5 个村,山东滨海县沭水、临沭、莒南 11 个村 3124 户以及华中盐阜区阜东 5 个县 431 个乡的调查,减租前后各阶级占有土地百分比变化如表 19-23 所示。

表 19-23　晋察冀边区北岳区等 5 个地区减租减息前后土地分配变化

(单位:%)

项目 时间	地主	富农	中农	贫农	雇农
减租前	35. 2	18. 3	28. 5	17. 2	0. 75
减租后	16. 4	15. 6	45. 2	20. 67	0. 51

资料来源:据陈廷煊:《抗日根据地经济史》,社会科学文献出版社 2007 年版,第 365 页表 9-4 摘要改制。

如表 19-23 所示,减租减息前后比较,地主、富农的占地比重从 53. 5%降至 32%,降幅逾 40%;中农、贫农的占地比重从 45. 7%升至 65. 87%,升幅超过 44%。值得注意的是,在地主、富农的占地比重降幅中,地主的降幅远大于富农。地主的占地比重降幅为

① 贾拓夫:《关于边区土地政策问题的报告》,见陕甘宁边区财政经济史编写组等编:《抗日战争时期陕甘宁边区财政经济史料摘编 · 第二编 · 农业》,陕西人民出版社 1981 年版,第 244—245 页。

53.41%,而富农的占地比重下降轻微,只有14.76%。这是党和民主政府减租减息的政策导向决定的,是党和民主政府的政策导向所预期的。而在中农、贫农的占地比重升幅中,中农的升幅又远大于贫农。中农的占地比重升幅达58.6%,而贫农的占地比重升幅仅有20.17%。雇农的占地比重更是只降不升。这是因为相当一部分贫农和绝大部分雇农,自己没有土地,又租不到土地,因此无法从减租减息这种改良措施中获利。

减租减息所引起的土地占有关系的变化,又进而导致农村阶级结构的变化。据上述5个地区的调查资料,各阶级占农村总户数的比重变化如表19-24所示。

表19-24 晋察冀边区北岳区等5个地区减租减息前后阶级结构变化

(单位:%)

项目 时间	地主	富农	中农	贫农	雇农
减租前	4.31	7.7	29.0	52.34	5.65
减租后	2.9	6.5	41.6	44.68	2.51

资料来源:据陈廷煊:《抗日根据地经济史》,社会科学文献出版社2007年版,第367页表9-6摘要改制。

减租减息前后,农户阶级结构变化的基本态势是两头缩小,中间扩大,即地主、富农和贫农、雇农全部下降,而中农比重大幅上升。虽然整体形状仍是宝塔型,并未变成擀面杖型,但作为贫穷一极的宝塔底座,明显缩小了。

减租减息改善了农民的生活,提高了农民的阶级觉悟,使他们认识到自身阶级利益与民族利益的一致性,踊跃参军参战,抗日积极性空前高涨。1945年抗日根据地民兵发展到220多万人,自卫军近千万人。正如八路军总司令朱德所指出的:"改善人民的经济生活,首先的和主要的,就是实行减租减息,而另方面,又规定交租交息，这是保证农民占人口百分之八十到九十的解放区在经济上坚持抗战的基础。”①

减租减息发动和组织了农民，打破了地主阶级的专制统治，建立了农民群众的政治优势。经过斗争，涌现了一大批农民积极分子，培养锻炼造就了一大批农村基层干部，为改造农村基层政权，创造了条件，从根本上巩固了抗日民主政权。

二、农业生产发展

在农业生产方面，根据地政府认真总结前期经验，特别强调农民组织起来，发挥集体协作智慧和力量。

1943年10月，毛泽东起草的《关于根据地的减租、生产和拥政爱民运动》通知中，明确提出，在目前条件下，发展生产的中心环节是组织劳动力。每一根据地，组织几万党政军的劳动力和几十万人民的劳动力（取按家计划、变工队、运输队、互助社、合作社等形式，在自愿和等价的原则下，把劳动力和半劳动力组织起来）以从事生产，即在现时战争情况下，都是可能的和完全必要的。共产党员必须学会组织劳动力的全部方针和方法。1943年10月，毛泽东在中共中央西北局召开的陕甘宁边区高级干部会议上做了《论合作社》的讲话，指出：“过去束缚边区生产力使之不能发展的是边区的封建剥削关系，一半地区经过土地革命把这种封建束缚打破了，一半地区经过减租减息之后，封建束缚减弱了，这样合起来整个边区就破坏了封建剥削关系的一大半，这是第一个革命”。“但是如果不从个体劳动转移到集体劳动的生产关系，即生产方式的改革，则生产力还不能获得进一步的发展。因此建设在以个

① 《朱德选集》，人民出版社1983年版，第151页。

体经济为基础(不破坏个体的私有财产基础)的劳动互助组织,即农民的农业生产合作社,就是非常需要了,只有这样,生产力才可以大大提高。现在陕甘宁边区的经验:一般的变工、扎工的劳动是二人可抵三人,模范的变工扎工劳动,是一人可抵二人,甚至二人以上。如果全体农民的劳动力都组织在集体互助劳动之中,那末,现有全边区的生产力就要以提高百分之五十到百分之一百。这办法,可以行之于各抗日根据地,将来可以行之于全国,这在中国经济史上是要大书特书的。这样的改革,生产工具根本没有变化,生产的成果也不是归公而归私的,但人与人的生产关系变化了,这就是生产制度上的革命,这是第二个革命"。① 同年 11 月 29 日,毛泽东在陕甘宁边区劳动英雄大会上做了题为《组织起来》的讲话,进一步从理论上和实际经验的总结中,阐述了建立在个体经济基础上的集体劳动对新民主主义经济的重大意义。主要内容:"高级干部会议方针的主要点,就是把群众组织起来,把一切老百姓的力量、一切部队机关学校的力量、一切男女老少的全劳动力半劳动力,只要是可能的,就要毫无例外地动员起来,组织起来,成为一支劳动大军"。"把群众力量组织起来,这是一种方针。还有什么与此相反的方针没有呢?有的。那就是缺乏群众观点,不依靠群众,不组织群众,不注意把农村、部队、机关、学校、工厂的广大群众组织起来,而只注意组织财政机关、供给机关、贸易机关的一小部分人;不把经济工作看作是一个广大的运动,一个广大的战线,而只看作是一个用以补救财政不足的临时手段。这就是另外一种方针,这就是错误的方针"。"在农民群众方面,几千年来都是个体经济,一家一户就是一个生产单位,这种分散的个体生产,就是封

① 毛泽东:《论合作社》(1943 年 10 月),见毛泽东:《经济问题与财政问题》,苏北新华书店 1949 年印本,第 161—162 页。

建统治的经济基础,而使农民自己陷于永远的穷苦。克服这种状况的唯一办法,就是逐渐地集体化;而达到集体化的唯一道路,依据列宁所说,就是经过合作社”。“我们的经济是新民主主义的,我们的合作社目前还是建立在个体经济基础上(私有财产基础上)的集体劳动组织。这又有几种形式。一种是‘变工队’、‘扎工队’这一类的农业劳动互助组织,从前江西红色区域叫做劳动互助社,又叫耕田队,现在前方有些地方也叫互助社”。“除了这种集体互助的农业生产合作社以外,还有三种形式的合作社,这就是延安南区合作社式的包括生产合作、消费合作、运输合作(运盐)、信用合作的综合性合作社,运输合作社(运盐队)以及手工业合作社”。“我们有了人民群众的这四种合作社,和部队机关学校集体劳动的合作社,我们就可以把群众的力量组织成为一支劳动大军。这是人民群众得到解放的必由之路,由穷苦变富裕的必由之路,也是抗战胜利的必由之路。每一个共产党员,必须学会组织群众的劳动。知识分子出身的党员,也必须学会;只要有决心,半年一年工夫就可以学好的。他们可以帮助群众组织生产,帮助群众总结经验。我们的同志学会了组织群众的劳动,学会了帮助农民做按家生产计划,组织变工队,组织运盐队,组织综合性合作社,组织军队的生产,组织机关学校的生产,组织工厂的生产,组织生产竞赛,奖励劳动英雄,组织生产展览会,发动群众的创造力和积极性,加上旁的各项本领,我们就一定可以把日本帝国主义打出去,一定可以协同全国人民,把一个新国家建立起来。”①

1944年4月任弼时在陕甘宁边区高干会议上指出:“在发展生产与把分散的个体经济组织起来走向使命化运动中,我们表扬

① 毛泽东:《组织起来》(1943年11月29日),见《毛泽东选集》第三卷,人民出版社1991年版,第928—933页。

劳动英雄的方法,用表扬模范生产工作者的方法(去年产生了大批劳动英雄和模范工作者),用提倡革命竞赛的方法,用实行按户计划的方法,使广大农民群众从合作互助运动中体验到组织起来的好处,去年劳动英雄大会总结了使命劳动的经验,今年经过党的领导和各地劳动英雄们的推动,可能有百分之六七十的劳动力实行组织起来(据说安塞已经百分之九十以上的组织起来了)。这样就使边区散漫的个体农民经济,逐渐成为在私有基础上比较有组织的合作经济”。①

中共中央西北局调查研究室 1944 年调查总结了陕甘宁边区的劳动互助的经验,劳动互助具有以下的优越性:(1)劳动互助可以提高劳动效率。“实行劳动互助的时候有许多人、牲口同时在一个地点劳动,能提高劳动效率。例如十个人集体劳动,在同样长的劳动时间内就能作出十三四个人的活来,就是说提高百分之三四十的劳动效率”。(2)“实行劳动互助可以把人力和畜力都用在有效的劳动上,节省了许多不必要的浪费的时间,也就是实际延长了有效的劳动时间”。(3)“实行劳动互助的结果可以造成真正群众的普遍的劳动热潮,不但能把全体农业劳动力吸收与组织到生产中来,而且能推动许多半劳动力和迄今还站在生产战线之外的劳动力,把他们也吸收与组织到农业生产中来”。“凡是成立了劳动互助的农村,农民更容易相互学习生产技术和交换生产经验。分散劳动的农民有很深固的保守观念,不肯采用新的农作方法和新的技术,但是在组织起来之后,就能打破这种陈旧的保守观念,

---

① 任弼时:《去年边区财经工作的估计与今年边区金融贸易财政政策的基本方针》(1944 年 4 月),见陕甘宁边区财政经济史编写组等编:《抗日战争时期陕甘宁边区财政经济史料摘编 · 第二编 · 农业》,陕西人民出版社 1981 年版,第 435 页。

使他们接受新的农作方法和新的技术”。(4)“在荒地缺乏地区，提高收获量主要的方法也是更好地组织劳动力使农民有更多的时间来改良农作方法”。①

陕甘宁边区组织劳动互助的主要经验是:组织劳动互助“要坚持群众自愿,典型示范”;“及时解决困难”,“当群众已认识变工的好处后,能否发现与解决他们的困难,就是能否组成变工队的关键”。综合许多模范变工队的经验提高的主要途径如下述:第一,采取记工法,提高劳动效率;第二,采取分工合作提高生产力;第三,是农业与副业分工;第四,提倡技术互助,提高技术;第五,减少误工,延长有效劳动时间;第六,提倡节约;第七,加强计划性;第八,组织读报识字组,既提高文化政治认识,又可交流生产与变工的经验,提高变工队与生产。②

陕甘宁边区一方面利用、改造旧有的互助组织形式,另一方面新建各种变工的互助组织,使农业互助合作由自发走向自觉。旧有的劳动互助组织,如陕北的变工队、扎工队等,经过改造和充实,从临时调剂到全年固定,从几户扩展到数十户,甚至全村。新的劳动互助组织,如陕甘宁边区白原村组织,以行政村为单位,把所有男女老幼和畜力都组织起来,在全年各种生产活动上实行大变工。1944 年陕甘宁边区组织起来的农民,占农业劳动力总数的 45%。

在敌后抗日根据地,把农民组织起来,显得更为重要。为适应战争环境,出现了劳力与武力相结合的变工互助组织。在大生产运动中,组织起来的农民越来越多。响应毛泽东的“组织起来”的

① 中共中央西北局编:《陕甘宁边区劳动互助》(1944 年),见陕甘宁边区财政经济史编写组等编:《抗日战争时期陕甘宁边区财政经济史料摘编·第二编·农业》,陕西人民出版社 1981 年版,第 490—507 页。

② 参见詹武、云天:《劳动互助的一些经验》,《解放日报》1945 年 3 月 7 日、9 日。

号召,1944 年在北岳区,1945 年在整个边区开展的大生产运动中,劳动互助运动逐渐走向自觉的发展阶段,劳动互助组织在边区的广大地区迅速发展起来。由于日军的掠夺与破坏,劳动力、畜力严重不足,农具缺乏,荒地增多,产量下降,农民的生产和生活都遇到严重困难。据北岳区农会 1943 年春季调查,北岳区劳动力比日本全面侵华战争前减少 7.43%,有的地方减少 16%以上,平均每个劳动力所经营的土地增加到 15—25 亩;耕畜减少情况更为严重,有的地区竟减少到战前的 40%—70%。① 据北岳区四专区 1944 年春耕时的调查统计:阜平每头牲口平均耕作土地 100 亩以上,完县平均耕作 120 亩以上,唐县则更达到 180 亩土地。② 由于敌人到处修筑工事,建据点,挖封锁沟、筑封锁墙,修公路,占去了大量良田,据边区行政委员会统计,到 1942 年 12 月,日军在北岳、冀中、平北、冀东各地,共修据点和碉堡 3336 个,修公路 26905 里,挖封锁沟 7885 里,筑封锁墙 897 里。仅公路、封锁沟、封锁墙三项即占土地 358.54 平方里,折合良田 193600 多亩。③

由于战争环境,农民无力耕作,使土地荒芜。每逢春耕夏收季节,日军进行"扫荡"已成定律。边区政府在发动军民度荒救灾,发放贷款帮助农民解决耕畜、农具困难的同时,组织农民在战斗中

① 北岳区党委会:《北岳区农村经济关系和阶级关系变化的调查资料》(1943 年 5 月),《南开史学》1985 年第 1 期(由晋察冀边区行政经济史编写组提供)。

② 晋察冀边区行政委员会:《经济社会主义的结论》(1944 年 1 月 24 日),见陈廷煊:《抗日根据地经济史》,社会科学文献出版社 2007 年版,第 383 页。

③ 宋劭文:《边区行政委员会工作报告》,见魏宏运主编:《抗日战争时期晋察冀边区财政经济史资料选编·总论编》,南开大学出版社 1984 年版,第 482—483 页。

生产。根据“劳力与武力相结合”“战斗与生产相结合”的方针，组织农民“一手拿锄，一手拿枪”“敌来则打，敌退则耕”“快收、快打、快藏、随收、随抢、随藏”。每逢春耕夏收、夏种秋收大忙季节，在反“扫荡”的战斗中，男女老少一齐动员，同日军展开“寸土必争”“粒米必得”的顽强斗争。在残酷的战斗环境中，边区农民创造了各种形式的既便于生产，又便于对敌斗争的“劳力与武力相结合”的组织形式。主要有以下四种。

第一种，抢收抢种包工队。每逢麦收、秋收抢收、抢种大忙季节，有组织有领导地形成了大规模的自愿抢收抢种包工队。包工的报酬，一般比平时要多，特别是在劳力缺乏、环境残酷的时期，报酬就更多一些。有的地方，“规定割一亩谷挣五升小米，抢稻中规定三七、四六、对成、三一等分批办法”。① 这种包工队，自愿参加，报酬合理，机动灵活，干活迅速，是当时实行抢收抢种的最好形式。

第二种，抢收抢种大拨工。这是在农活紧张时实行的一种集体劳动的劳动互助。在区村干部的组织与计划下，把全村的男劳动力和畜力，按体力、技术、经验等分成游击、收割、耕地、播种等不同的小组，在游击小组的警戒之下，根据距敌人远近，庄稼成熟先后，由远而近，先熟先割、先收先种的原则，实行分工合作，轮流收割耕种。在报酬上，实行“各组满打满算，求得每亩使用工数，再从事变工，若欠工则还工，或还钱”。② 这种劳动组织形式，规模大，人数多，有较严密的组织性，便于完成抢种抢收的突击任务。

第三种，劳力与武力相结合的小拨工。形式各种各样：有的是

---

① 晋察冀边区实业处农会编：《晋察冀边区的劳动互助》（1945 年 6 月），见魏宏运主编：《抗日战争时期晋察冀边区财政经济史资料选编·农业编》，南开大学出版社 1984 年版，第 605—606、614 页。

② 《晋察冀的大生产运动》，《晋察冀日报》1944 年 8 月 3 日。

游击组负责警戒敌人,拨工组给游击组成员种地;有的是在拨工组里抽出两三个人,轮流放哨警戒,其他人负责种地;还有的游击组本身就是拨工组,平时坚持生产,战时则站岗放哨,并抽空在哨位附近生产。小拨工,人数少,便于组织,行动方便,能长期坚持,是当时最流行的一种"劳力与武力相结合"的组织形式。

第四种,封锁沟、封锁墙两边的拨换工。敌人的沟墙分割封锁,使不少地区甲村被圈在沟墙以里,而土地却被圈在沟墙之外,而乙村则被圈在沟墙以外,土地被圈在沟墙以里,也有的村庄,土地被分成沟墙里外两片,因此生产遇到了困难。在实践中产生了换种地和拨工的生产方法。所谓沟墙两边换种地,其方法主要是换地、换种、换肥、换劳动力等。换地的办法,"不是按地的亩数,而是按地的产量交换",实际上是一种自愿的变工,既方便,又省工,双方都有利。换种的办法,主要是"换劳动力",互助代种代收,但各人地的收获,仍归各人所有,只是人力的换工。换肥的办法,是随着土地、人力的换工而产生的,因为沟墙封锁,送粪困难,于是沟墙两边两家交换肥料上地。换劳动力的办法,是以全劳动力换半劳动力,因为青壮年给敌人当夫不保险,所以就和老头小孩子拨换,半劳动力出工可以"磨洋工",整劳动力在家干活也一顶一,双方都有利。另外,是沟墙两边的拨工。就是"按土地关系,沟墙内外耕地面积,及劳动力大小等具体情形,以自愿为原则组织了拨工队"。① 拨工队按规定的集体劳动的时间,在无法出沟墙时集中突击墙里的土地,一有机会就出沟墙到外边合力耕种沟外的土地,解决了单家独户无法耕种的困难。

---

① 晋察冀边区实业处农会编:《晋察冀边区的劳动互助》(1945 年 6 月),见魏宏运主编:《抗日战争时期晋察冀边区财政经济史资料选编 · 农业编》,南开大学出版社 1984 年版,第 632—634 页。

根据1944年大生产运动总结中,北岳区4个专区26个县的不完全统计,共有人口2523000人,劳动力789600个,组织拨工组38500个,计230000人,参加拨工人数占总人口的8.1%,占劳动力的28.1%。① 随着大生产运动的普遍开展,劳动互助组织也得到空前的发展。根据冀晋区1945年生产总结,据4个专区的24个县统计,总人口2934243人,劳动人口1613831人,整劳动力909619个,组织起来的人数为327365人,占总人口的11.1%,占劳动人口的20.5%,占整劳动力的35.1%。在畜力组织方面,据1个县的不完全统计,共有牲口89172头,组织起来42331头,占总计头数的44%。在新解放区、游击根据地和游击区,劳动互助组织也相继建立起来,如盂寿县组织起来的人数占总人口的8.8%,寿榆县组织起来的人数占总人口的9.8%。② 各根据地农民参加劳动互助组织的人数统计如表19-25所示。

表19-25 各根据地农民参加劳动互助组织的人数统计

项目 地区	劳动人口总数(人)	组织起来的人数(人)	组织起来的人数占劳动人口总数的比例(%)
陕甘宁	338760	81128	23.9
晋绥	391845	146550	37.4
晋察冀	5676940	562704	9.9
其中:北岳	1000000	200000	20

① 宋劭文:《一九四四年大生产运动总结及一九四五年的任务》(1945年1月),见魏宏运主编:《抗日战争时期晋察冀边区财政经济史资料选编·农业编》,南开大学出版社1984年版,第418页。

② 《1945年冀晋区生产会议总结报告》(1945年),见魏宏运主编:《抗日战争时期晋察冀边区财政经济史资料选编·总论编》,南开大学出版社1984年版,第614页。

续表

项目 地区	劳动人口总数(人)	组织起来的人数(人)	组织起来的人数占劳动人口总数的比例(%)
晋冀鲁豫(太岳)	700000	70000	10
山东	—	—	—
华中(盐阜区)	—	177000	—

资料来源:《林伯渠同志边区政府工作报告》,《解放日报》1944年2月8日;《敌后解放区的农业生产》,《解放日报》1945年1月18日;晋察冀边区行政委员会农业处编:《1945年大生产运动总结材料》。

在劳动互助合作的发展中,出现了个别的土地入股、统一经营为特征的农业生产合作组。晋察冀边区的冀中区饶阳县五公村处于日军施行的惨绝人寰的“五一大扫荡”最后合击圈里,受害惨重。1943—1944年间,全村320户,有110户卖地,218户卖衣物家具,饿病57人,饿死15人。1944年,在互助组的基础上,组成“土地合伙组”,实行土地、资金入股,农业副业统一经营。《土地合伙组章程》规定:将全组所有土地合起来共同使用,地权仍归原主所有;总产数提10%为公积金,其余按劳动和土地对半分。在副业生产方面,所得红利,提10%为公积金外,按资四劳六分配。当年农副业生产收入108万元(旧币),户均252元,人均58万元,超过当地中农水平。1944年秋后合伙组由4户发展到17户88人,228亩耕地,改名为“农业合伙组”。重新修订了《农业合伙组章程》,将原来的农业分红劳动土地对半改为劳六地四分配;副业分红由原来的劳六资四分配改为劳七资三分配。同时规定因劳致病,合伙组帮药费一部分或全部(久病者合伙组不负责);因公负伤,药费由合伙组负责照常记工三年,如家无劳动力,可长期记工,直至后辈成为主要劳动力时为止。1945年5月,耿长锁被选为大组组长，此后被称为“耿长锁农业合伙组”。①

为了树立榜样，奖励先进，加速农业集体化和农业生产的发展，1943 年 10 月，边区政府公布《陕甘宁边区劳动英雄与模范生产工作大会及其代表的选举办法》，筹备召开全边区的劳动英雄和模范工作者大会。与此同时，专区、边区先后举行生产展览会，展出边区军民的劳动成果。劳动英雄大会上，交流生产经验，奖励劳动模范和科学工作者的同时，展览农业生产的成绩和普及农业科学技术知识。大会号召大家“组织起来”！“第一，普遍发展变工、扎工”；“第二，实行移民政策，增加新的劳动力”；“第三，明年要把全边区的二流子都改造成好人”；“第四，发动能劳动的妇女参加农业生产”；“第五，多开荒地，深耕细作，增修水利，发展副业”；“第六，多种棉花，发动妇女纺线”；“第七，办好合作社”；“第八，组织运输队，多运盐出口”。大会之后，《解放日报》在 1944 年 1—2 月间，登载了《吴满有和吴家枣园》（1944 年 1 月 1 日），《刘玉厚与郝家桥》（1944 年 2 月 21 日），《模范党员和劳动英雄申长林同志》（1944 年 1 月 28 日），《植棉英雄郭秉仁》（1944 年 1 月 15 日），《农业畜牧英雄贺保元》（1944 年 1 月 25 日），《水利英雄马海旺》（1944 年 1 月 18 日），《张清益创办义仓》（1944 年 1 月 14 日），《妇女农业劳动英雄郭凤英》（1944 年 1 月 6 日），《难民劳动英雄陈长安》（1944 年 1 月 5 日），等等，介绍了这些劳动英雄们的英雄模范事迹。

在敌后各抗日根据地也召开奖励劳动英雄大会。1944 年 2 月，晋察冀边区召开第一届群英大会。1944 年 12 月 20 日至 1945 年 1 月 30 日，又举行了第二届群英大会。大会总结了 1944 年的大生产运动，具体布置了 1945 年的大生产运动，会议提出了“组织

① 这个农业合伙组，解放后 1951 年改为“耿长锁农业合作社”。见杜润生：《当代中国的农业合作制》（上），当代中国出版社 2002 年版，第 67—69 页。

起来”“精耕细作”,争取做到“耕三余一”号召。通过英雄模范人物事迹的介绍和创造性的工作方法的交流,使边区多年来未解决的问题,如优待抗属、安置荣誉军人、民兵战粮等,都得到了妥善的解决,促进了各项工作的开展。群众中大批英雄模范的涌现,体现了敌后军民高昂的革命斗志。群英大会期间,晋察冀边区举办了首届展览会,于1945年元旦开幕,展示边区各项工作取得的成绩。1944年12月,晋冀鲁豫边区太行区召开了第一届杀敌英雄劳动英雄大会。这次大会在宣言中列举了边区生产一年来所取得的成绩:“打了820万石细粮,安置了3万余灾难民,组织了两万个互助组(拨工队),参加的有14万多人,在秋耕中又发展到20万人,收成比往年增加了,日子过得也有劲气了。”1944年12月5日,邓小平在大会上的讲话中指出:“吴满有方向问题,过去有些人认为他是发展新式富农的方向,或者把他解释成很玄妙、很深奥的东西,这是不对的。我以为吴满有方向就是中共中央土地政策的具体表现。他的环节有三个:首先一个就是扶助贫农、中农上升,第二是奖励富农经济,第三是削弱封建,忽视任何一面都不正确,奖励富农经济只是其中的一个内容。我们实行彻底减租、扶助贫农生产、组织起来、劳动互助、公私兼顾、精耕细作、多耕多锄、多上粪,就是实行吴满有方向,就是实行贫的变富,富的更富的方向。……吴满有方向的普遍发展,根据地新民主主义经济建设的进步是不成问题的。”①这是对吴满有方向本质的最全面最精辟的阐述。

陕甘宁边区除了实行以上主要政策,还实行奖励开荒,扩大耕

① 邓小平:《在太行区第一届杀敌英雄劳动英雄大会上的讲话》(1944年12月5日),见晋冀鲁豫边区财政经济史编辑组等编:《抗日战争时期晋冀鲁豫边区财政经济史资料选编》第2辑,中国财政经济出版社1990年版,第35页。

地面积;推广植棉;奖励移民,安置难民;提高农业生产技术等政策措施,在农业生产上取得了显著的成就。在1943年以前连年增产的基础上,又有了新的发展。边区耕地面积在1943年前逐年增加,从1937年的8626006亩,扩大到1944年的12205553亩,1945年更达到14265144亩。[①] 边区粮食生产量据边区政府主席林伯渠在第三届边区参议会第一次政府工作会议政府工作报告中提供的数据:1937年为110万石,增加到1941年的163万余石,1942年的168万石,1943年的184万余石,1944年的200万石,1945年"因天旱,有些地方歉收,产量当受影响。但人民负担却逐年减轻了,以救国公粮为例",1941年征收20万担,1941年16万担,1943年18万担,1944年16万担,1945年"为照顾部分歉收情况,减为12万担"。政府采取各种措施,使棉花种植面积迅速扩大。1942年达到94405亩。1944年达到315000亩,1945年更达到350000亩;棉花自给率,1943年达到50%,1944年上升为70%。畜牧业牛、驴、羊的繁殖很快,到1945年,牛、驴已达403920头,较日本全面侵华战争前增长百分之二三百,羊1954756只,较战前增长300%左右。[②] 另据南汉宸在《陕甘宁边区的财经工作》中提供的数据,牲畜增长情况如表19-26所示。

---

① 南汉宸:《陕甘宁边区的财经工作》(1947年),见陕甘宁边区财政经济史编写组等编:《抗日战争时期陕甘宁边区财政经济史料摘编·第二编·农业》,陕西人民出版社1981年版,第86页。另据陕甘宁边区政府主席林伯渠在第三届边区参议会第一次政府工作会议政府工作报告中说:陕甘宁边区至1945年耕地面积扩大至15205553亩,较日本全面侵华战争前增长79.4%;植棉扩大至35万亩,较1943年增长270.6%。

② 《边区建设的新阶段——陕甘宁边区政府主席林伯渠在第三届边区参议会第一次大会上政府工作报告》(1946年4月5日),见中国社会科学院经济研究所中国现代经济史组编:《革命根据地经济史料选编》下册,江西人民出版社1986年版,第39—40页。

表 19-26 陕甘宁边区家畜增长情况(1939—1944 年)

(1939 年=100)

项目 年份	牛(头)		驴(头)		羊(只)	
	实数	指数	实数	指数	实数	指数
1939	150892	100.0	124935	100.0	1171366	100.0
1940	193238	128.1	125054	100.1	1723037	147.1
1941	202914	134.5	137001	109.7	1714205	146.3
1942	209684	139.0	169966	136.0	1873120	159.9
1943	214683	142.3	169404	135.6	1923163	164.2
1944	223058	147.9	180862	144.8	1954756	166.9

资料来源:南汉宸:《陕甘宁边区的财经工作》(1947 年),见陕甘宁边区财政经济史编写组等编:《抗日战争时期陕甘宁边区财政经济史料摘编·第二编·农业》,陕西人民出版社 1981 年版,第 98 页。

在十分困难的条件下,牛、驴、羊的数量稳步增长,1939—1944 年的 6 年间,增加了将近半倍或半倍以上。虽因地区贫穷,基础薄弱,总的来说,在畜牧业中,“牛、驴、骡、马等数目不多,大多是供翻地、运输使用,而羊子及皮毛,为边区主要出口货物之一,1944 年统计,全年羊出口约 87533 只,羊毛出口约 88066 斤,羊皮出口约 29000 张,羔皮出口 69000 张,总共牲畜皮毛出口价值约在 11 亿元以上”。①

各敌后抗日根据地的农业生产也都有不同程度的恢复和发展。

晋察冀边区北岳区 1944 年总计扩大耕地面积近 54 万亩,其中开生荒 23 万余亩(包括机关、部队开生荒 39334.95 亩),消灭熟

① 《边区羊子的发展问题》(1945 年 2 月),见陕甘宁边区财政经济史编写组等编:《抗日战争时期陕甘宁边区财政经济史料摘编·第二编·农业》,陕西人民出版社 1981 年版,第 93 页。

荒20万余亩,平毁沟路堡垒2万余亩,修滩近8万亩(包括机关部队修滩1893亩)。[①] 在水利建设方面,北岳区旱地多水地少,水地只占全部耕地的15%。在生产运动中,各地开展了变旱田为水田运动。全北岳区总计开渠460道,凿井成滩达46930.6亩。全区,1944年变旱田为水田117065.7亩(包括机关部队1893亩)。1944年风雨比较调顺,北岳区的农业生产取得了十年来未有的大丰收。据42个英雄模范村的统计,比1943年增加43%(一般村没有那么多,但都比1943年增加了)。总的产量增加的情况是,"估计一亩生荒地平均产谷3大斗,一亩熟荒地平均产谷4大斗,一亩滩地、一亩旱田变水田平均产谷5大斗,总计可增产谷25万大石"。[②] 只是由于日军对农业生产的破坏,产量没有能够恢复到日本全面侵华战争前水平。但有些地方,如定唐、曲阳、定县的某些村庄,因水利的兴修,生产量超过了日本全面侵华战争前水平。群众生活得到初步改善,据38个村庄的统计,1943年有许多户不够吃,1944年,不够吃的户减少了58%。许多村庄"秋后粮食仓满囤流,丰裕的景象,掩盖了战争的残破"。[③] 如边区最贫瘠的阜平县,"开始消灭了从长期以来存在的吃糠,吃树叶的现象"[④],"全县拿瓢要饭吃的没有了,到处飘扬着歌声,讲述着国内外大事,许多人

① 宋劭文:《一九四四年大生产运动总结及一九四五年的任务》(1945年1月),见魏宏运主编:《抗日战争时期晋察冀边区财政经济史资料选编·农业编》,南开大学出版社1984年版,第412页统计表。

② 宋劭文:《一九四四年大生产运动总结及一九四五年的任务》(1945年1月),见魏宏运主编:《抗日战争时期晋察冀边区财政经济史资料选编·农业编》,南开大学出版社1984年版,第411、413、414页正文及统计表。

③ 刘奠基:《晋察冀边区九年来的农业生产运动》,见史敬棠等编:《中国农业合作化运动史料》上册,生活·读书·新知三联书店1987年版,第348—349页。

④ 《晋察冀的大生产运动》,《解放日报》1944年8月3日。

穿上了新棉衣,个个都是红光满面,‘穷山恶水一片沙’的阜平,现在开始改头换面了”。① 1945 年在边区二届群英会上把“耕三余一”作为当年大生产运动的奋斗目标,提出全边区增产粮(包括植棉折粮)160 万大石的任务。其各区分配数额为:冀晋区 60 万大石;冀中区 60 万大石;冀察区 40 万大石;冀热辽区,要求不低于 1944 年的生产水平。② 晋察冀边区,抗战八年间,扩大耕地面积共 1823933 亩。到 1944 年耕畜增加 22097 头,农具增加 257492 件,压青草肥 1872692 担,平均比 1943 年增加肥料 20%。仅因兴修水利而每年增产粮食就约有百万担以上。③

晋绥边区 1944 年军民共开荒 748000 亩,共计增产粮食 16 万担。植棉面积也有很大发展,晋西北 1941 年植棉 32000 亩,1942 年增至 56000 亩,1943 年更增至 71000 亩;1944 年晋绥全区植棉面积达到 18 万亩。

晋冀鲁豫边区在开展大生产运动后,1944 年农业生产得到恢复和发展。太行区 6 个分区军民共开荒 335886 亩,相当于原有耕地面积的 13%,全区 8 个分区共增产粮食 30 万石。晋、冀、鲁、豫四省是我国重要产棉区,日军入侵后,棉田面积大幅度下降。④ 在开展大生产运动以后,上述四省抗日根据地的植棉面积迅速得到

---

① 《今年阜平的大生产运动》,《晋察冀日报》1944 年 12 月 7 日。

② 宋劭文:《一九四四年大生产运动总结及一九四五年的任务》(1945 年 1 月),见魏宏运主编:《抗日战争时期晋察冀边区财政经济史资料选编·农业编》,南开大学出版社 1984 年版,第 478 页。

③ 史敬棠等编:《中国农业合作化运动史料》上册,生活·读书·新知三联书店 1987 年版,第 357 页。

④ 1937 年四省棉田面积:山西 2482 千亩,河北 15031 千亩,山东 6049 千亩,河南 7012 千亩;1938 年分别下降为 457 千亩,6082 千亩,2878 千亩,2585 千亩。见汤心仪等:《战时上海经济》第一辑,上海立达图书公司 1945 年版,第 195 页。

恢复,到1946年全区植棉面积已达850万亩,年产棉花达2.5亿斤[①],保证了全区棉、布自给。

随着农业生产的恢复和发展,农民生活也得到一定程度的改善。陕甘宁边区许多地方都达到了“耕三余一”,农民收入增加,生活好转。就是在敌后抗日根据地,农民收入也有所增加。据太行区一分区(包括晋东和晋西)和(顺)东、昔(阳)东、平(定)东、内丘、临城、赞皇、井陉等7个县7个典型村4414户的调查:1942年总收入折米38832.32石,每人平均2.21石;1943年为47325.33石,每人平均2.9石;1944年为56344.28石,每人平均增加到3.37石,1944年的总收入比1942年提高了52.5%。[②] 到1945年,晋察冀和晋冀鲁豫边区都有许多村子达到了“耕三余一”。涞水县皮罗村44户中,除3户外,均可有一年余粮。[③]

三、工业生产发展

在农牧业有所恢复、发展的基础上,党中央和根据地政府提出了发展工业,实现工业化,打倒日本帝国主义、保障和巩固民族独立的任务。1944年5月,毛泽东发出号召,“要打倒日本帝国主义,必须工业化;要中国的民族独立有巩固保障,就必须工业化”。

① 《解放日报》1946年8月26日,见陈廷煊:《抗日根据地经济史》,社会科学文献出版社2007年版,第395页。

② 晋冀鲁豫边区政府调查研究室编印:《太行区1944年国民经济调查初步研究》,见陈廷煊:《抗日根据地经济史》,社会科学文献出版社2007年版,第395页。

③ 《解放日报》1946年2月6日,见陈廷煊:《抗日根据地经济史》,社会科学文献出版社2007年版,第395页。

中国共产党“是要努力于中国的工业化的”。[①] 接着,中共中央西北局提出了“争取工业品全部自给”的决定,强调“只有工业发展,才能改造社会面貌,才能建立在经济上不依靠外力而独立自主的边区”。为此,必须继续发展公营工业和民营工业。各级工业领导部门“应责成机器制造工厂及化学工厂,帮助解决炼铁、火柴、纺织、印刷的某些机器设备,及技术改造。首先做到布匹、铁、火柴的全部自给”;同时“必须有计划地发展合作和民营纺织、造纸、煤矿、瓷器等工业”。并明确提出,“奖励边区内地主商人创立工业,并欢迎边区以外的工商业家来边区发展工业”。凡私人资本经营工业,只要他不违反政府法令及劳动政策,政府应予以协助,并对其企业的发展予以法律上的保障。为了解决民营工业资金的困难,“集合民资民力”,首先应该“采取合作社形式”,政府得借予工业资金。为了解决技术上的困难,各工业机关及各工厂应对合作社给予帮助,并“派出一定技术人员指导民营工业的发展”。[②]

(一)陕甘宁边区工业生产发展

陕甘宁边区政府响应毛泽东的号召,执行中共中央西北局关于“争取工业品全部自给”的决定,着力发展工业。包括公营工业、合作手工业与个体手工业,并鼓励私营工业的发展。

首先着力发展公营工业,增加对公营工业的投资。1944 年,对工业的投资大大增加,财政和银行两方面的投资总计 20 亿元,

① 《毛泽东同志号召发展工业打倒日寇》,《解放日报》1944 年 5 月 26 日。

② 《西北局关于争取工业品全部自给的决定》(1944 年 5 月 29 日),见陕甘宁边区财政经济史编写组等编:《抗日战争时期陕甘宁边区财政经济史料摘编·第一编·总论》,陕西人民出版社 1981 年版,第 250—252 页。

重点解决军民衣被和布匹自给的问题。当时边区布匹不能自给，1943 年的自给率只有 69%。决定 1944 年扩大植棉，估计可收棉 400 万斤。炼铁工业方面，1944 年计划产铁 470 万斤。所有炼铁工业和棉纺织工业都需要从财政上给予资本支持，即妇纺投资就有 48000 万元。①

为了加快工业发展，必须学习和加强对工业的管理。1944 年 5 月 20 日刘少奇在工厂代表大会上的讲话中指出，必须好好学习、研究，把办工厂当作一门学问，用严肃的态度对待它。例如怎样组织劳动，怎样管理工厂，怎样改良技术，怎样规定工资等，都要用心去研究。

边区政府对公营工业管理的基本方针，是“集中领导，分散经营”。中央直属机关经济问题学习班在《边区公营工业的发展》一文中，对工业发展中出现的各种情况和问题，进行了深入调查和研究，特别就“如何实现分散经营基础上的集中领导”问题，分别就各种不同情况，给出答案或建议。该文提出：所有权和经营的过分分散，常使生产与消费脱节，消费同资金脱节，全边区的生产种类与生产数量发生盲目性，等等。这对于统一地解决全边区工业自给是不利的。然而，由于生产方法与管理经验的限制，又不能将所有权归于某一机关。因此，只能采用统一计划分配的办法。这不同程度地表现于历次工厂联席会上。如今年（1944 年）的大会上定出总的任务：两年内做到全面自给，做到年产 31 万匹大布、470 万斤生铁、两万令纸等，尤以布与铁为主要任务。大会并提出以提高质量为主要努力的目标。这样，公营工厂虽然分属 11 个系统，

① 《边区财政问题》（1944 年），见陕甘宁边区财政经济史编写组等编：《抗日战争时期陕甘宁边区财政经济史料摘编 · 第三编 · 工业交通》，陕西人民出版社 1981 年版，第 81 页。

但有此总任务、总目标,据以拟订各自的生产计划,当能如臂使指,一致行动。不过,由于分散经营,采办机关各自为政,以致原料的集中、分散与调剂,都不合理,以及产品销路的不畅,在比较重要的部门,就必须采取“联合与统一供销”。同时,随着生产力的发展,工业部门和产品日益多样,各厂间的生产衔接和废物利用也愈加重要,但这是分散经营难以解决的。如皮革厂利用牛蹄废物胶,对于火柴厂是一宝贵原料;火柴厂研马牙石时太细太粗所不能利用的废物,对于玻璃厂又是很好的原料;而该厂制匣片的废片很多(每天 200 多斤),如果由纸厂研究利用,可充当上等纸用原料。玻璃厂与化学厂间也有类似的情况。但是,均未好好地组织起来,以致马牙石屑丢掉,废木片烧掉,而火柴厂常常得不到满意的胶。为了克服这个弱点,就必须建立各厂间的联系,尤其要在他们中间倡导、树立互相帮助、照顾全局的作风。还有统一劳动待遇问题。由于生产部门的多样化,工资制度的复杂,在分散经营的状态下,发生了在轻重工业间及轻工业不同工厂之间,程度不一的高低差异现象。虽然这次工代会上由政府统一规定是较合适的方式,但这里必须注意:各厂实行的制度有半供给制、全面工资制、合作制的不同,还有计件、计时的算法不同。不同制度下发扬的积极性与创造性也就不同。实行全面工资制的最高工资(或平均工资)不能超过同厂同劳动或者重工业的计时工资。因此,在原则上必须肯定在办法上向好的看齐,必须辅之以计时的按件计算或者奖励制度等,使之在勤惰与技术高低的差别性上合理地统一起来。不然,统一反成障碍,失其原意,而且也无法持久。

这是在分散经营基础上的集中领导在现阶段上的各种形式与办法。新民主主义公营工业的重要特征之一,是它的组织性与计划性,它与旧的资本主义工业无政府的盲目的生产是不同的。但在当时落后的生产条件下,它的具体形式,只能是“集中领导,分散经营”，必须在集中领导下去分散经营，又必须在分散基础上强调集中领导，将集中领导与分散经营合理地配合起来。因此，“集中领导，分散经营”是落后生产条件下发展民主主义公营工业唯一正确的方针。①

为了提高公营工业企业的经营效果，边区政府提出，对工厂要在实行统一管理的基础上，实行工厂领导“一元化”，建立厂长负责制。实行统一领导与群众路线相结合。工业企业要实行经济核算。工业管理机构要企业化。克服工厂机关化与纪律松懈状态。同时要精简机构，建立切实可行的规章制度，但制度的内容必须是“群众性的”。工业企业要贯彻公私兼顾的原则，不断改革工资制度，不断克服平均主义等。②

为了加快工业的发展，1944 年全边区所有公营工厂都开展和参加了学习赵占魁的运动，提高了生产效率与劳动热忱，增加了生产量，降低了成本，提高了职工的阶级觉悟，劳动积极性空前高涨。又提出团结知识分子、发展科学技术的号召，动员一切工业技术人员回到工业生产战线上来。1944 年 5 月，交际处举行技术人员座谈会，希望边区一切有工业技术和学习过工业的同志，回到工业部门中来，发起工业战线的“归队”运动。在现有基础上，提高技术，增强效率，“保证两年边区工业品的全面自给”。为此规定机器、化学等工业部门主管机关，与纺织、火柴等工业部门主管机关，在原料、技术的供给与配备上，要“实行互助，尤其在原料上要互相

---

① 中直经济问题学习班：《边区公营工业的发展》，见陕甘宁边区财政经济史编写组等编：《抗日战争时期陕甘宁边区财政经济史料摘编 · 第三编 · 工业交通》，陕西人民出版社 1981 年版，第 365—369 页。

② 《公营工业的管理》，见陕甘宁边区财政经济史编写组等编：《抗日战争时期陕甘宁边区财政经济史料摘编 · 第三编 · 工业交通》，陕西人民出版社 1981 年版，第 371—394 页。

提出保证,确定时间,准时交货”。[①] 边区政府表彰了边区模范科技人员,在报刊上介绍其先进事迹。

在加速发展公营工业的同时,又大力发展合作手工业与个体手工业。

公营工厂产品主要供给边区部队和党政机关需要。生产合作社、私营工厂及家庭手工业产品主要供给人民需要。1944 年年初,陕甘宁边区的各类合作社,不计部队、机关、学校、工厂等单位的合作社,已有 634 个,其中生产合作社 114 个。到 1945 年 7 月,合作社增至 882 个,社员达到 265777 人。[②] 这些合作社,绝大多数是综合性的,抗日战争结束前 591 个合作社的生产概况如表 19-27 所示。

表 19-27 陕甘宁边区主要合作社生产概况统计(1945 年)

项目 行业	合作社数(个)	职工数(人)			计划股金(边币万元)	实收股金(边币万元)	借款(边币万元)	月产量(边币万元)
		工人	职员	小计				
化学业	11	608	21	629	36500	112560	14000	39055
水泥木工匠	10	72	8	80	2500	2000	500	—
食品业	48	308	46	354	5000	5875	1500	4564
矿业	2	492	4	496	2200	25000	1000	43500
铁铺修理所	6	61	—	61	1000	1267	1900	—

① 《号召一切工业技术人员回到工业战线上来》,《解放日报》1944 年 6 月 4 日。

② 边区政府研究室:《边区合作社八年的发展概况》(1944 年 8 月),见陕甘宁边区财政经济史编写组等编:《抗日战争时期陕甘宁边区财政经济史料摘编 · 第三编 · 工业交通》,陕西人民出版社 1981 年版,第 484—485 页。

续表

项目 行业	合作社数（个）	职工数（人）			计划股金（边币万元）	实收股金（边币万元）	借款（边币万元）	月产量（边币万元）
		工人	职员	小计				
缝衣业	68	859	90	949	1500	3200	0	1565
纺织业	90	2926	111	3037	43500	45000	13500	43750
运输业	317	1584	285	1869	85000	12500	17516	189775
供销栈	6	135	15	150	20000	25000	0	—
农业	9	165	—	165	5000	12500	1798	—
医药卫生	24	144	41	185	4000	50000	3759	—
总计	591	7354	621	7975	206200	294902	55473	322209

注：根据1945年7月之统计与全年数字有所不同；消费社和信用社未列在内；边币与法币比率为边币10元折法币1元。

资料来源：《中国工业合作协会西北办事处延安事务所工作概况与今后计划的报告》，见陕甘宁边区财政经济史编写组等编：《抗日战争时期陕甘宁边区财政经济史料摘编·第三编·工业交通》，陕西人民出版社1981年版，第486页统计表。

表19-27中的合作社，除了消费社和信用社，全部包括在内，行业类别较杂，主要包括生产、运输、农业、医药等四个方面。生产方面，真正意义上的工业、手工业，只占少数。据1944年统计，合作社经营的小工厂、作坊，总计共有235家，工人、学徒估计约为500人上下。①

推动私人和个体手工业的发展，也是陕甘宁边区发展工业、实现工业品自给的一项重要措施。个体手工业在自给工业中起着重要的作用。小手工作坊是旧有的经营方式，大部分为私营，一小部

① 贾拓夫：《关于边区工业问题的研究》，见陕甘宁边区财政经济史编写组等编：《抗日战争时期陕甘宁边区财政经济史料摘编·第三编·工业交通》，陕西人民出版社1981年版，第529—530页。

分为公营或合营。家庭手工业也是旧有的,但它是在“新条件下充分发展了的一种形式,完全为私营”。工厂、手工业作坊、家庭手工业三者比较,就其发展之广、与人民生活关联之深而言,作为家庭手工业主体的家庭纺织业,虽然生产技术落后,但由于它是农家一种主要副业,在国民经济中的价值仅次于农业生产。其次,大量存在的各种小手工作坊中,也有一部分是作为农业的副业或与城镇小商业相联系而存在,其人数虽不很多,但分布极广,其作用不可小觑。

私人小手工业作坊只就“三边”(定边、安边、靖边)、陇东、绥德三地统计,包括毡坊、口袋、皮坊、油坊、油篓匠(编织油篓)、铁木匠、银匠、铜匠、裁缝、鞋匠、绳匠、箩匠(编织箩筐)、染坊、粉匠、磨坊、酒坊、马掌铺、纸烟作坊、毛合子作坊等在内,共有1425家,工徒2907人,若将全边区公私手工作坊加以估计,工徒当在5000人上下。①

家庭手工业的普遍发展,主要是纺织业。据1944年及1945年统计,全边区有纺妇20万人上下(包括织妇的纺妇在内),织妇6万人上下(包括纺妇的织妇在内),可纺纱200万斤上下,可织布50万小匹上下,“这些家庭纺织业极大部分是抗战期间发展起来的”。②

此外,在机关、学校也发起了纺织运动。1944年2月,边区建设厅公布机关、学校纺纱办法。边区生产自给委员会制定纺纱劳

① 西北局调查研究室:《边区经济情况简述》(1948年2月19日),见陕甘宁边区财政经济史编写组等编:《抗日战争时期陕甘宁边区财政经济史料摘编·第三编·工业交通》,陕西人民出版社1981年版,第597—598页。

② 贾拓夫:《关于边区工业问题的研究》,见陕甘宁边区财政经济史编写组等编:《抗日战争时期陕甘宁边区财政经济史料摘编·第一编·总论》,陕西人民出版社1981年版,第287—288页。

动规则，使边区植棉纺织业得到较快的发展。1944 年中，边区政府直属机关、学校共有 13 个单位，11 个单位经营的工业包括 17 种行业，共 44 家工厂、作坊，资本达 3747 万余元，人员达 197 名。各作坊以供给本单位需要者最多，也有专门营业的，也有一种为主而兼另一种者。作坊的经营，大多数机关都能贯彻公私兼顾的合作方针。①

边区政府还鼓励私营工业的发展，并直接投资。1944 年，边区政府对私营工业投资贷款 230 万元，投资 130 担小米，1 万斤羊毛。② 同时鼓励地主商人投资工业，并有成效：如庆阳市商会副会长张守安，投资举办纺织厂；庆阳县城有由地主商人开办的小型纺织厂——民生纺织厂及庆兴纺织厂。民生厂经理梁鸿桂，过去是来往西安、庆阳间的纱布商人，1944 年他带 300 多万元货物通过国民党封锁线时，全部被胡宗南部队“没收”。1945 年春天他找木匠制造工具，做成一架“七七”纺纱机及两架织布机，“工厂现已开工”；庆兴纺织厂是由庆阳县过去“八大家”之一的地主刘宪庭等五个私人股东和三个机关股东合资创办的。③ 整个边区，私营工厂、作坊数量明显增加，规模扩大。私营工厂包括纺织、造纸、炭工、盐工在内，共有工人 4258 人。④ 其中纺织厂 50 个，310 人；造

① 边区财政厅：《边府直属各单位作坊、运输业、商业概况》（1944 年 6 月 24 日），见陕甘宁边区财政经济史编写组等编：《抗日战争时期陕甘宁边区财政经济史料摘编·第三编·工业交通》，陕西人民出版社 1981 年版，第 626 页。

② 霍子乐：《与中国记者谈话》（1944 年 6 月 29 日），见陕甘宁边区财政经济史编写组等编：《抗日战争时期陕甘宁边区财政经济史料摘编·第三编·工业交通》，陕西人民出版社 1981 年版，第 644 页。

③ 《庆阳绅商转向工业办纺织厂》，《解放日报》1945 年 6 月 2 日。

④ 贾拓夫：《关于边区工业问题的研究》，见陕甘宁边区财政经济史编写组等编：《抗日战争时期陕甘宁边区财政经济史料摘编·第一编·总论》，陕西人民出版社 1981 年版，第 287 页。

纸125人,炭工1891人,盐工1932人。①

这样,经过短短两年时间,陕甘宁边区的轻重工业,有了长足的发展。

重工业与化学工业获得了显著成绩:机器制造业方面,为印刷、造纸、皮革、玻璃、肥皂及一部分纺织业制造或改造了工厂设备,石油产量增加了3倍;军火生产完成任务,通讯器材有优良成绩。特别值得指出的,是边区第一铁厂的创立,基本化学工业的成功,玻璃与陶瓷业的初步成就。这些成绩与成就,"给边区工业的发展建立了自给的初步基础";"轻工业也有新的成就与进步"。②截至1945年8月日本投降前,重工业与化学工业能炼铁、炼油、修造机器、配制军需品、制造三酸、玻璃和陶瓷;轻工业能年产布15万大匹以上,造纸一万至二万令,并创立火柴厂。全部职工增至万余人。民间纺织业已有纺妇15万人以上,织妇四五万人,各种织布机二三万架。③

综合陕甘宁边区工业、手工业作坊和个体手工业、家庭手工业的发展变化,1943—1945年间,各行业无论厂(或作坊)数、工人或从业(参与)人数、产品数量,除个别行业外,都有了大幅度的增加。

从厂数和职工人数看,据统计,1944年全边区有公营工厂101家,职工6354人,其中计纺织21厂,1375人;被服17厂,795人;

① 西北局调查研究室:《边区经济情况简述》(1948年2月19日),见陕甘宁边区财政经济史编写组等编:《抗日战争时期陕甘宁边区财政经济史料摘编·第三编·工业交通》,陕西人民出版社1981年版,第647页。

② 高自立:《为工业品的全面自给而奋斗》,《解放日报》1944年8月22日。

③ 林伯渠:《边区建设的新阶段》,见陕甘宁边区财政经济史编写组等编:《抗日战争时期陕甘宁边区财政经济史料摘编·第一编·总论》,陕西人民出版社1981年版,第285—286页。

造纸 11 厂,394 人;印刷 4 厂,297 人;木工及大车业 10 厂,290 人;各种化学工业 9 厂,594 人;石油业 1 厂,126 人;煤及炼铁 11 厂,1360 人;机械及军火 10 厂,973 人;纸烟 7 厂,150 人。私营工厂方面,计纺织 50 厂,310 人;造纸 126 人,炭工 1891 人,盐工 1932 人。私营工业工人共计 4258 人。私营的小手工作坊也有很大发展,据三边、陇东、绥德三个分区的统计,有各种作坊 1425 家,工徒 2857 人。若将全边区的公私手工作坊加以估计,工人当在 4000 人以上。手工业合作社方面,据 1944 年合作社联席会议时统计,共 235 家,他们大多数属小工厂和作坊性质,工人学徒估计约 500 人。除上述厂(坊)社以外,对边区工业自给具有很重要作用的还有家庭手工业。1944 年全边区有家庭纺妇 15 万人,织布的 6 万余人,机关部队亦从事纺织。农村的家庭纺纱,不但供给了人民的需要,而且和公私营纺织厂相结合,供给后者原料。

从产品的角度看,也反映出工业的增长幅度和速度:公营纺织厂 1943 年产布 32969 大匹,1944 年估计为 4 万大匹,增长 21%;家庭织布,1943 年是 4.4 万匹,1944 年约产 11 万匹,增长 150%;造纸业产品,1943 年 8000 余令,1944 年 15000 令,增长 87%;新的工业如炼铁,1944 年建立起来正式出品。当然,也有的工业由于某种原因,1944 年比 1943 年减少了,如石油产品只及 1943 年的 40%,因为 1944 年打井 5 口皆未出旺油(1943 年只打一口井);盐的产量也比 1943 年减低。总的说来,边区工业是在不断迅速增长着,许多工业品如布、纸、铁、火柴等,再经数年努力,就可以完全达到自给的要求。① 事实上,经过边区军民的努力,到 1944 年年底,

① 西北局调查研究室:《边区经济情况简述》(1948 年 2 月 19 日),见陕甘宁边区财政经济史编写组等编:《抗日战争时期陕甘宁边区财政经济史料摘编·第三编·工业交通》,陕西人民出版社 1981 年版,第 117—119 页。

作为重要生活日用品的毛巾、肥皂、火柴、袜子、纸张、陶瓷、纸烟、铁等,已能全部或部分自给。①

边区工业生产的发展,不仅充分利用本地原料,冲破了敌人封锁,独立自主地发展了经济,奠定了以后工业发展的基础,同时“还起了平衡稳定金融的作用”:一是保障供给的作用。就1943—1945年间的统计,1943年公私产大布104000匹,纸8139令,1944年大布约140000匹,纸10766令等,全部供给了边区军民。肥皂则生产自给有余,1939—1945年共产2111292条,历年输出达600000条;火柴生产,1944—1945年共产2003箱,1946年可达15000箱,能保证整个边区自给;公用印刷纸也已够用,1944年交财政厅5902令,1945年可交7000令;土纸逐年产量提高,印刷厂用外来纸逐年减少。中央印刷厂用外来纸,1941年占82.5%,1942年下降到50%,1943年为18.5%,1944年为10.4%,1945年更下降到0.2%。二是“发展经济的作用”。建设厅所属7个工厂,历年资金累计44988581元,折合米42527.35石。净增加资产达3倍之多,折米32583.16石。不仅如此,还在资金上、技术上、工具上辅助或建立了许多小工厂。如新华化学厂1943—1944年派技术工人带工具去三边、陇东,建立肥皂与粉笔的生产;1943—1944年公私产大布约24万匹,合纱280万斤,以每斤纺纱工资420元计,农村妇纺收入共117600万元之多,这是把农村中闲余劳动力变成财富的一种突出表现;再如马兰草,原为野生,荒弃而无用,自采割用来造纸后,每年收割之数在50万斤左右,以1943—1945年计算农村收入(驮运在内)可达750万元。三是在财政金融上的作用。历年产布将近40万匹,减少近40万匹价值的外汇,同样历年产纸4.4万令,肥皂200万余条,火柴2000余

① 赵栋生:《边区财政经济的新面貌》,《解放日报》1945年1月4日。

箱，以及铁等也减少了外汇，增强了平衡金融的作用。①

（二）晋察冀边区工业

晋察冀边区工业明显分为军用工业和民用工业两个部分。

1944年抗日战争进入战略反攻阶段后，晋察冀军区于同年9月建立二级军区，即组成冀晋、冀中、冀察、冀热辽四个二级军区。为适应战争需要，军区决定“每个军区有一个生产管理处”，军区司令部设置直属兵工生产管理处，下有4个工厂，即子弹厂、化学厂、手榴弹厂、机器厂。其他军区生产管理处，有3个工厂，即子弹厂、化学厂、机器厂。此外，各分区有一个修械所、制弹厂。② 军工生产可分散各地，不仅产量大增，而且在日军“扫荡”边区某一地区时，其他军区生产管理处各厂仍可进行生产，这样又可起到互相支援的作用，使武器能源源不断地供给部队。此谓“‘扫荡’东方有西方，‘扫荡’南方有北方”。③ 边区军事工业的布局得到进一步的发展。各兵工生产管理处所属兵工厂均于1944年1月至3月投产，全军区军工人员5000余人。工农大众帮助政府与军队在各个根据地及某些重要战略地区内建立修械所、枪炮制造厂、手榴弹厂，“数量上逐年增加，质量上逐年提高”，制造出各种近代化的

① 《历年边区工业概况材料之一》（1946年），见陕甘宁边区财政经济史编写组等编：《抗日战争时期陕甘宁边区财政经济史料摘编·第三编·工业交通》，陕西人民出版社1981年版，第133—136页。

② 程子华、唐延杰：《关于军事工业情况的报告》（1944年11月23日），见魏宏运主编：《抗日战争时期晋察冀边区财政经济史资料选编·工商合作编》，南开大学出版社1984年版，第103—104页。

③ 军工部部长刘再生在成立二级军区生产管理处的干部会上的报告。见何振廉：《回忆抗日战争时期晋察冀边区工矿局、军工部所属厂矿》，1982年9月24日。

武器,不仅供应了前线部队必需的装备,而且满足了数量日益庞大、参战日益频繁的边区民兵的武装需要。① 军工生产开创了在敌后就地取材,土法上马,自力更生发展军事工业的道路。“就地取材”,包括边区出产的硝、磺、煤、铁矿、棉花、动植物油等物产和杂铜、生铁、钢轨等材料的利用。“土法上马”就是根据科学原理,利用土设备和自己设计的工艺流程来制造武器产品。经过努力,边区的军事工业由只会锻打刺刀、修理枪支和制造黑火药,发展到能成批地制造各类枪支和各种弹药。军工生产所需的原材料,有不少种类,边区均可达到自给。据1945年2月的统计,边区所需兵工材料,除常用的水银、肥田粉、卫生球、碱面等还需要从敌占区购买外,其余如火硝、硫磺、生铁、黄蜡、棉花、铁轨、大铜元、制钱、碎铜、锡、铅、银、石炭、石灰和动植物油,以及进行土法生产所需要的各种大缸、筛子之类均可自给。自给品价值达162751130元。军工产品品种增多,质量也有很大提高。据1944年9月的统计,军工部各生产连的各种军工产品月产量为:捷克式马步枪100支,掷弹筒65个,枪榴弹筒223个,枪220支,硝酸铔(特别炸药)1340斤,无烟药500斤,黑色无烟药180斤,黄药手榴弹10000枚,复装七九子弹(完全自造)11000发,复装六五弹30000发,捷克弹10000发。② 1944年元旦在边区举办的“检阅战斗生产胜利成果”的首届展览会上,专设“军工陈列室”,展出了军工部各连自制的各种武器。当时的《晋察冀日报》报道说,“在敌后战争环境,技术这样落后,军需原料又如此缺乏,工厂设备简陋,而制造出来的枪

① 林宁:《抗战中的边区工人》(1946年5月1日),见陈廷煊:《抗日根据地经济史》,社会科学文献出版社2007年版,第410页。

② 程子华、唐延杰:《关于军事工业情况的报告》(1944年11月23日),见魏宏运主编:《抗日战争时期晋察冀边区财政经济史资料选编·工商合作编》,南开大学出版社1984年版,第104页。

支弹药却达到这样优异的程度，所有参观的英雄、战士、老乡，对军火工人这种积极创造和自我牺牲精神，均给予最大的崇敬”。[1] 时势造英雄。在这场抗敌军工生产中，涌现了一大批先进英雄、模范典型。如军工技师韦彬，是在敌后解放区研究与创造无烟火药成功的第一人。在两年中，他主作与副作化学药品、工具和方法达42种。他曾在大雪没胫的冬天实验炸弹爆炸片数，在狂风中实验自制炮弹的射程，他曾培养出许多技术工人。[2] 技师胡大佛，曾参加留法勤工俭学，学习机械制造。边区军工生产所需要的机械，大部分是由他承担设计的。在1945年1月边区政府召开的地区二届群英大会上，被授予军事工业部头等奖状和资金大洋8万元。

民用工业生产也发展迅速。1944年至1945年上半年，晋察冀边区的纺织业在大生产运动中有了进一步的发展，北岳区所属各县县区级合作社办的纺织厂增加32处。村级合作社纺织业的增加数量更多。各地出现了一批张瑞合作社式的综合性合作社。其中大都有纺织生产合作社，使边区的纺织业走向稳定发展的阶段。在冀中区，1943年后，轻纺织业也有所恢复和发展，根据河间、肃宁、饶阳、高阳、无极、定县、安国、安平、深泽、博野、晋县、束鹿、蠡县、建国、交河、容城、任丘等20个县的调查，1944年的土布产量共9075750匹[3]。北岳区第一专区（1945年改为冀晋区第二专区）到1945年也有发展，根据这年上半年的不完全统计：盂县纺

① 特讯：《检阅战斗生产胜利成果边区举行首届展览会》，《晋察冀日报》1945年2月17日。

② 《晋察冀日报》社论：《今年“五一”我们需要做的事情》，《晋察冀日报》1944年5月1日。

③ 《冀中土布产销调查表》（1945年4月25日），见魏宏运主编：《抗日战争时期晋察冀边区财政经济史资料选编·工商合作编》，南开大学出版社1984年版，第210—211页。

妇由779人增到1736人,织布技术工人23人,毛纺车61辆,棉纺车由734辆增到1603辆,织布机由12架增到18架。忻定纺妇共6102人,纺车由5024辆增到5247辆,织布机1569架未增,1944年织布4880斤,1945年上半年织布6830斤(仅包括县联社的产量)。代县纺妇由494人增到912人,纺车由494辆增至818辆,织布机增至15架。盂阳纺妇由236人增至1617人,纺车由四五百辆增到1128辆,毛纺车增至19架。边区政府1945年提出"争取工业品生产逐渐自给自足"的号召,各地普遍掀起了开展手工业、副业、举办合作社的热潮。冀晋第二专区地处山岳地带,以农业生产为主,素无纺织基础,1944年大生产后出现了工业品价高、粮食价低,谷贱伤农的情况。1945年政府号召广泛植棉,发展纺织业,共种植棉花11000余亩,产棉80万斤,开动纺车8356辆,织布机1640架,纺织品严重缺乏的情况有所缓解,对于改善人民生活,起着极其重要的作用。① 1945年,边区合作社本着"民办公助,生产第一"的方针,使农业拨工与副业拨工结合,利用群众的剩余劳动力、资金、原料、技术,开展群众性的多种多样的生产事业,不少合作社经营业务由单纯供销转向供销与生产更好地结合起来,与群众的切身利益联系更为密切,出现了更多的民办社和生产社。据不完全统计,边区合作社经营的生产业务有纺织、榨油、造纸、农具、医药、面粉、煤炭、熬盐、毛织等20余种。据冀晋区1945年9月统计,全区县、区合作社经营的各种生产作坊即有461

① 《发展工矿业,克服工农业剪刀差》(1945年),见魏宏运主编:《抗日战争时期晋察冀边区财政经济史资料选编·工商合作编》,南开大学出版社1984年版,第296—304页;《冀晋区第二专署大生产运动总结》(1945年),见魏宏运主编:《抗日战争时期晋察冀边区财政经济史资料选编·农业编》,南开大学出版社1984年版,第524页。

个，其中大部分是1945年新建的。① 手工业、副业和合作社生产事业的广泛开展，使群众的生活必需品得到自给自足，增加了群众收入，为“耕三余一”打下了基础，对打破敌人经济封锁，开展边区对敌经济攻势，具有重要意义。

（三）晋绥边区、晋冀鲁豫边区和山东根据地的工业生产

1943—1945年间，晋绥边区、晋冀鲁豫边区和山东根据地的工业生产，也都有程度不同的发展。

煤铁生产在晋绥边区工业中占有重要地位。1944年，晋绥边区生铁生产有24炉、产量511920斤，1945年增至47炉、计划生产2568000斤，分别增加95.8%和4倍；熟铁生产，1944年6炉、生产熟铁64000斤，1945年计划增加1炉、产量250000斤，分别增加16.7%和2.9倍。煤矿业1944年有煤井336个、生产煤487976600斤，1945年计划增加煤井29个，生产煤增至697655000斤，分别增加8.6%和43%。榨油、造纸、硫磺、火硝等生产，均有较大幅度的增长。榨油业1944年产量2562760斤，1945年计划发展到4334446斤；造纸业1944年生产纸张383402刀，1945年计划发展到5589000刀；硫磺1944年生产150000斤，1945年计划生产555000斤；火硝1944年生产135000斤，1945年计划生产197000斤，依次增长69.1%、45.8%、2.7倍和45.9%。②

在晋冀鲁豫边区，棉纺织手工业采用的是边区政府放棉收布、

① 杨耕田：《晋察冀边区冀晋区合作会议结论》（1945年10月17日），见魏宏运主编：《抗日战争时期晋察冀边区财政经济史资料选编·工商合作编》，南开大学出版社1984年版，第878页。

② 《1944及1945年生铁、煤、油等业统计表》，见晋绥边区财政经济史编写组、山西省档案馆：《晋绥边区财政经济史资料选编·总论编》，山西人民出版社1986年版，第607页。

给予加工费的办法。1944 年上半年,太行区参加纺织的妇女 101394 人,边区政府发放棉花 600901 斤,收布 247280.6 斤,发出粮食 553314.75 斤。[①] 造纸业 1944 年共有 429 个池子造纸,产纸 44474 块。开采的煤矿共计 56 座,由于煤的销路不畅,还有一些煤矿尚未开采。铁业有所恢复,硫磺矿每月可产硫磺 1 万斤。毛纺、毡房、织袜、织毛巾均有所发展。[②] 为了加快纺织业的发展,太行区 1945 年春成立大华纺织股份有限公司,以扶植群众纺织合作社与妇女纺织组为工作基础,并颁布公司章程:资金总额为 500 万元,每小股 50 元,大股 500 元;股息订为年息 1 分,半年一付息,半年一分红。[③] 以此促进了边区纺织业的发展。1944 年太岳区发动妇女纺织,至 6 月底,全区已有 7 万多人开始纺纱,工商局贷出棉花达 10 万斤以上。工具亦有革新,宋福田制造的纺纱机,工作效率大幅度提高,每天可纺纱斤半至 2 斤。此机全系木制,一般乡村木铁匠均可制造。农村妇女有三五天即可学会使用;沁源阴子荣又发明拐线车,比手工拐线快 10 倍;屯留劳动英雄张庆怀还发明了缠穗子车和络线车。造纸业方面,全区有纸池子 50 个,每日可

① 《太行区 1944 年前半年纺织运动初步总结》(1944 年 7 月 20 日),见晋冀鲁豫边区财政经济史编辑组,山西、河北、山东、河南省档案馆编:《抗日战争时期晋冀鲁豫边区财政经济史资料选编》第 2 辑,中国财政经济出版社 1990 年版,第 275 页。

② 贾林放:《太行区一九四四年生产建设的一般情况》(1945 年 5 月 30 日),见晋冀鲁豫边区财政经济史编辑组,山西、河北、山东、河南省档案馆编:《抗日战争时期晋冀鲁豫边区财政经济史资料选编》第 2 辑,中国财政经济出版社 1990 年版,第 318—323 页。

③ 《太行大华纺织股份有限公司章程》(1945 年春),见晋冀鲁豫边区财政经济史编辑组,山西、河北、山东、河南省档案馆编:《抗日战争时期晋冀鲁豫边区财政经济史资料选编》第 2 辑,中国财政经济出版社 1990 年版,第 229—230 页。

产纸64800张。纺织业及土纸业到1944年年底均可做到“自给自足”。挖煤业的发展也十分迅速，1944年春季绵上有烟煤窑168洞，可产煤25万—30万斤。此外，小型纺织车、手巾厂、皮革、肥皂、纸烟等业均有发展。[①] 晋冀鲁豫边区为了促进工业的发展，工商总局颁布了《关于工厂管理规程的决定》，对工厂的组织领导，实行“大家统一领导的经理负责制”，对职工工资、技术干部保健及分红制度做了相应的规定。边区政府还颁布《太行区采矿暂行条例》，对采矿权、采矿用地、矿山保护、矿工保护做了相应的规定。太岳经济总局颁布《关于公营工厂吸收群众资本办法》，为发展私人资本，扩大根据地生产建设事业做了具体规定。[②]

在山东根据地，山东省战时行政委员会也对发展工业作出部署，采取了多项措施。纺织业方面，1944年1月提出“普遍纺纱织布，号召快纺快织，精纺精织”的要求，实现根据地内“军民衣服能够自给”的目标。并创立农具、肥皂、纸张及其他日用品的制造厂”，“大量发展手工业，减少外货，增加土产货，以求首先在1944年度达到“冻不着、饿不着”的目的。[③] 1944年公营工业发展很快，“新工厂增多了，旧工厂扩大了”。公营工业稍有基础的胶东、滨海、鲁中，一年中工厂数、资金数、工人数均增加两倍以上。渤

① 《太岳区一九四四年上半年生产运动成果》(1944年7月10日)，见晋冀鲁豫边区财政经济史编辑组，山西、河北、山东、河南省档案馆编:《抗日战争时期晋冀鲁豫边区财政经济史资料选编》第2辑，中国财政经济出版社1990年版，第145—146页。

② 晋冀鲁豫边区财政经济史编辑组，山西、河北、山东、河南省档案馆编:《抗日战争时期晋冀鲁豫边区财政经济史资料选编》第2辑，中国财政经济出版社1990年版，第232、236、239页。

③ 《山东战时行政委员会关于进一步发展生产保证军民衣食供给的布告》(1944年1月)，见山东省财政科学研究所、山东省档案馆合编:《山东革命根据地财政史料选编》第2辑，山东省档案馆1985年刊本，第3—4页。

海、鲁南也已开始建立公营工业。1945 年各区工厂及职工人数如表 19-28 所示。

表 19-28　山东根据地各区工厂及职工人数统计(1945 年)

项目 地区	工厂数(个)	职员数(人)	工人数(人)	资金数(万元)
胶东	55	340	1985	1783
滨海	10	130	531	691
鲁中	14	149	299	306
鲁南	4	5	90	154
渤海	5	5	56	68
总计	88	629	2961	3002

资料来源:《工商管理工作的方针和政策——薛暮桥在全省工商工作会议上的报告》,见山东省财政科学研究所、山东省档案馆合编:《山东革命根据地财政史料选编》第 2 辑,山东省档案馆 1985 年刊本,第 279 页。

表 19-28 中 88 个工厂中,有 17 个染织厂、9 个丝织厂、7 个肥皂厂、7 个造纸厂、9 个工具厂,胶东还有 8 个化学工厂(制造酸、碱、硫磺)。1944 年共织布 24000 余匹,织毛巾 1 万余打(缺胶东数据)、制肥皂 60 余万条(缺胶东数据)。此外还有金矿(胶东、鲁中)、煤矿(滨海、鲁中、鲁南),大多数是民营,公家投资 135 万元(缺胶东),矿工 1 万余人(金矿 8000 余人,煤矿 3000 余人),1944 年产金 1000 余两,产煤 1800 万斤。1945 年春估计,山东全省已经有纺车 50 万辆,大小织机 8 万张,平均每 30 人有一辆纺车,每 200 人有一张织机。1944 年总共生产土布折合 140 万大匹(长宽与洋布同),纺织等项工资以每匹 400 元计,可得 56000 万元,估计 1945 年土布产量可达 180 万至 200 万大匹。除鲁南外可全部自给,渤海则可大量输出。矿业方面,由于金价上涨,估计 1945 年产金可以大大增加,胶东可以产金 1 万余两,鲁中产量也可比 1944

年增加一倍以上。煤矿估计 1945 年可产 4000 万斤至 5000 万斤，解决部分地区军民燃料困难，鲁南产煤且可输往华中帮助邻区。①

四、根据地的商业发展

由于边区工农业生产进入较快发展时期，进入市场交换的工农业生产的原料、产品大幅度增加，商品交换和作为商品交换主体的商人队伍同时扩大。为了更好地促进根据地商业的发展和加强对敌经济贸易斗争，党中央和根据地政府制定了指导性的方针、政策和相关条例、措施，通过公营商店、合作社和个体商铺、商贩等多种方式和渠道，开展区内商业和境外贸易，团结了绝大多数的商人，充分调动了他们的积极性，粉碎了日本帝国主义和国民党顽固派对根据地的经济封锁。商业贸易的开展、扩大，是以工农业生产的全面发展、繁荣为前提的。商业贸易的开展、扩大，反过来促进边区工农业生产的更大发展，从而全面保证了抗日部队军事需要和后勤补给，提高了根据地民主政权的财政税收，强化了民主政权，充分满足了各阶层人民生产、生活所需，改善了人民生活，最后有力地推进了全民族抗战的伟大事业。

（一）陕甘宁边区商业

工农业生产和商业贸易的发展与繁荣，一方面改变了陕甘宁边区的经济面貌，改善了人民的生活；另一方面，在经济和社会前

① 《工商管理工作的方针和政策——薛暮桥在全省工商工作会议上的报告》（1945 年 5 月），见山东省财政科学研究所、山东省档案馆合编：《山东革命根据地财政史料选编》第二辑，山东省档案馆 1985 年刊本，第 279—280 页。

进过程中,也出现了新的问题:"公私商及合作社的大量发展,由于局部利益与全体利益的矛盾,今天利益与明天利益的矛盾,形成大公家和小公家,合作社与私商的矛盾。"面对边区工农业生产、商业贸易快速发展的新情况、新问题,党中央和边区政府及时调整了有关商业管理的方针、政策。1944—1945年间陕甘宁边区政府对商业经营管理的方针政策调整,主要可以归纳为以下几方面。

一是调剂物资与调整物价。

调剂物资与调整物价主要是针对"一方面在战时及封锁条件下输出土产不易,争取物资困难,必须依靠对外贸易的发展来解决;另一方面边区工业生产无计划性,表现为市场的盲目性,常使物资失调,物价金融波动"。调剂物资与调整物价的具体办法是:(1)国家商店与合作社结合:国家商店有左右市场的经济力量,而且是"主导力量",合作社则是它的主要助手。在分工上国家商店数量有限,仅在主导市场才有据点。而合作社则很普遍。国家商店利用合作社,作为"与广大群众结合的桥梁"。合作社必须在国家商店指导下进行收购土产,供给日用品,以调剂物资,调整物价。(2)反对垄断,扶助中小商人:私人商业资本在内部市场上的囤积垄断行为,是用过高的商业利润来加重对中小商人及群众的剥削。反对这种垄断囤积行为,也就是帮助了中小商人,有利于广大群众。而办法是管理出口物资,管理外汇,并"以囤积去反囤积"。(3)区别市场,注意演变:边区市场可分为对外市场和对内市场、主要市场和次要市场。而在内部市场中,主要市场与次要市场是随着对外贸易情况及内部需要的变化而变化的。(4)对内自由与个别管理:内部市场一般是自由的。但个别与国计民生关系密切的物资,在个别地区也需加以管理,如东三县棉花管制,也是必要的。(5)掌握物资,调剂市场:国家商店与合作社要掌握必要数量的物资才能调剂市场,没有物资,便不能掌握市场。(6)调剂运输力的季节性:边区经济分散,交通落后,牲口是主要交通工具。牲口必须人赶,人有忙有闲,农忙时,运输力不足,农闲时运输力过剩。因此如何调剂运输力之季节性,成为内部市场的重要问题。(7)提倡副业性与多样性:边区市场小,经济分散,不适于大规模的和集中的工业生产。大规模的生产和市场的盲目性势必造成工业危机,边区纸烟业及肥皂业可作借鉴。“今后要防止这种危机,商品生产要成为副业性与多样性,以适应边区的经济条件”。(8)防止“探买探卖”,加强信用合作:“探买探卖”在边区各地很普遍,实际是高利贷剥削。要基本取消“探买探卖”,必须加强农村信用贷款,在农村信用社未普遍建立以前,有利于农村交换的公平探买,还应继续存在。①

二是扶助与依靠中小商人,繁荣市场、稳定物价。

在内部市场上要反对垄断,扶助中小商人。在陕甘宁边区已无大商人了,例如延安的十大家,因为社会上失掉他们销货的顾主(上中层人物的消费)加上边区的货币政策对外汇的限制,贸易上出入口的管理,旧的带封建性的大商业资本在新社会的市场上不好活动,只有搬走。现在剩下的只是中小商人。繁荣内部市场,就是要依靠他们。对他们的扶助办法:负担上较轻,银行进行贷款的帮助。在稳定物价方面,过去不通过南昌公司(机关生产的联合商店)去调剂,主要是贸易公司支持中小商人去做。例如1943年延安市举行骡马大会,有些比较大的商店,想在会上抬高物

① 西北财经办事处:《抗战阶段中之边区贸易工作经验》(1945年8月),见陕甘宁边区财政经济史编写组等编:《抗日战争时期陕甘宁边区财政经济史料摘编·第四编·商业贸易》,陕西人民出版社1981年版,第122—124页。

价,结果贸易公司把货供给中小商人,抛售很多,使想垄断的商人吃了大亏。①

三是国家资本在内地商业中必须占主导地位。

要使国家商业资本与私人商业资本共同发展,必须使国家资本占着主导地位。这是商业政策的总方针。“要帮助并支持那些向外推销土产,向内输入必需品的任何商人,尽量予以各方面的便利。如批以外汇,帮助其资本,保证其利润等”。同时,“限制那些在边区内地贩来卖去的商业”。因为“过多则容易波动物价”。反对贩卖消耗品的任何商人,必须对他们进行取缔。如破坏法令捣乱物价金融者,“必须给予严格制裁”。②

四是注意边区内部市场的特点,灵活调整业务方针。

内部市场的特点:(1)公营商店的繁荣。从延安及各分区的几个主导市场看,所有较大的商店、过载行,绝大多数是机关部队的,差不多是经营正常业务的资金不大,而是渗入市场投机和走私的资金大,所以公营商店繁荣特点之下的另一方面,又是游资的特别庞大。(2)货币市场不统一。大部分地区是边币、白洋、法币三分天下。警区等东部地区是白洋占优势。关陇等西部地区是法币占优势。延属等中心区是边币占优势。在此特点之下,金融投机极为严重。(3)广大农村是极端分散的小农经济环境,商品经济形态极少,集市都不能建立。

内部市场的业务方针:内地市场的任务,在上述三大特点之

① 南汉宸:《陕甘宁边区财经工作》(1946年),见陕甘宁边区财政经济史编写组等编:《抗日战争时期陕甘宁边区财政经济史料摘编·第四编·商业贸易》,陕西人民出版社1981年版,第124—125页。

② 叶季壮:《物资政策问题》(1943年5月),见陕甘宁边区财政经济史编写组等编:《抗日战争时期陕甘宁边区财政经济史料摘编·第四编·商业贸易》,陕西人民出版社1981年版,第125页。

下，应该是稳定几个主要市场物价，打击投机商业的游资活动，繁荣中小工商业，缩小与口岸差价，以缩小工农业产品剪刀差，调剂与繁荣农村商品市场，使广大农村少受超额利润的剥削，生产才有出路。为此，内地市场的业务方针应该是：(1)调剂市场的比重，加强各地市场并扩大公司门市地区范围，以主导各地市场物价，调剂民间必需品，杜绝投机，减少中间商对广大农村的过分剥削。这样才能繁荣市场，减少工农产品的剪刀差，有利于推行边币。(2)在游资集中地集中一部分物资，以抵制游资。游资趋向抢购时，以稳价零销、小批发，不囤积，来货让他买，以拖着物价。游资压死市场心理稳定后，"物价回跌我买，使游资就范，市场心理受我主导"。(3)组织经营各地物资土产，调剂供需。属于地方性之供需调剂者，即就地调剂，卖多买少时，公司收买，卖少买多时，公司出售。属于地方供需之剩余部分者，或非地方供需性者，组织此地与彼地之对流，或购运销往他地及出口，用以繁荣农商业，以发展农村经济。(4)发展农村副业，"在内地市场上调剂原料，收购产品，必须掌握维持利润的原则"。①

五是边区政府成立物资局，实行统销与专卖政策。

为统一管理边区出入口贸易、物资、物价，保证财政、实物的供给及辅助边区国民经济的发展，设立边区物资局。其任务是：(1)管理与加强出入口贸易；(2)稳定金融，平抑物价；(3)协助财政，保证实物供给；(4)加强管理物资与商业；(5)辅助国民经济之发展。物资局分总局、分局、支局三级，总局总揽全局行政与企业事务；分局负责分区或应设分区地区行政与企业事务；支局负责各

---

①　叶季壮：《物资政策问题》(1943 年 5 月)，见陕甘宁边区财政经济史编写组等编：《抗日战争时期陕甘宁边区财政经济史料摘编·第四编·商业贸易》，陕西人民出版社 1981 年版，第 125—126 页。

设支局地区行政与企业事务。①

边区政府物资局1944年在《1943年度工作报告》中指出:“食盐的统销,特产的专卖方针是完全正确的。边区的贸易主要是对敌顽进行斗争,这就须依靠着掌握几种主要出口的物资,并有组织的有计划的向外推销和换进物资和外汇。特产、食盐两种货物的经营便是进行这一斗争的物资基础,掌握了这两种物资很好运用它,我们便能取得斗争的胜利,获得外汇、物资,依此稳定金融物价,保证供给。”②

1944年3月,边区税务总局颁布《烟酒专卖实施方案》,暂不设专卖机关,由税局兼办,公卖营业,则由税局与物资局协同办理,或合组专卖公司。专卖范围:烟——各种纸烟、雪茄、卷烟叶、水烟;酒——各种酒类。烟酒制酿、采运、推销办法:选择适宜土壤有计划培植烟叶,就地设厂制造纸烟。按地区分布确定数量。凡商办厂坊,一律须经税局登记批准,领取执照,产量由税局规定,不得增多减少,成品一律按定价全部售于专卖品批发处,按成本给予厂坊20%的利润。除边区自制烟酒外,其供销不足之数,由税局委托物资局有计划地输入。商民由外区带进或运进之专卖品(自用者外)一律售于边境第一专卖公司,按成本给予商民20%的利润。按地区设立官办专卖公司并委托公营、合作社代办。专营公司可再利用商店组织代销网,给代销网以20%之利润。专卖品第一次由专卖公司售出时,按照成本加征30%的专卖费,归入边区财政收入。凡私制、私售、私运者查出一律将私货充公,并按私货价值

① 边区政府:《物资局组织暂行规程》,见陕甘宁边区财政经济史编写组等编:《抗日战争时期陕甘宁边区财政经济史料摘编·第四编·商业贸易》,陕西人民出版社1981年版,第179—180页。

② 物资局:《1943年度工作报告》(1944年),见陕甘宁边区财政经济史编写组等编:《抗日战争时期陕甘宁边区财政经济史料摘编·第四编·商业贸易》,陕西人民出版社1981年版,第154页。

处以五倍以下二倍以上之罚金。①

边区政府还颁布《烟酒公卖暂行章则》,决定成立陕甘宁烟酒专卖处。专卖处受边区税务总局领导。专卖工农业产品部门在专卖处直接领导与监督下,分区设烟酒专卖供销部,各县及重要市镇设烟酒专卖营业部。乡镇村设烟酒专卖代卖部。资本的筹集——暂定专卖资本 800 万元。共分为 8000 股,每股 1000 元。由专卖处发行 1000 元票面股票。资本的 1/2 由边区财政厅认购,其余 1/2 向公营企业、合作社或边区群众推销。各供销部及营业部均按其营业范围拨予资本。公股与私股均享有同等待遇与权利。②

在上述方针政策的指引和调节下,陕甘宁边区的公私商业都有明显的发展。

公营商业方面,为了加强对各公营商店的领导,1943 年 10 月新成立南昌公司,将延安市的公营商店组织起来进行营业。加入南昌公司的公营商店和投资数目如表 19-29 所示。

表 19-29　南昌公司(第一期)投资商店及投资金额统计(1944 年)

(单位:元)

项目 股东	投资商店	投资金额(万元)		
		总额	现金	房产
西北局	大生栈	16500000	10000000	6500000
一二〇师办事处	晋绥行	17500000	11000000	6500000

① 税务总局:《烟酒专卖实施方案》,见陕甘宁边区财政经济史编写组等编:《抗日战争时期陕甘宁边区财政经济史料摘编·第四编·商业贸易》,陕西人民出版社 1981 年版,第 150—152 页。

② 边区政府:《烟酒公卖暂行章则》(1944 年 3 月),见陕甘宁边区财政经济史编写组等编:《抗日战争时期陕甘宁边区财政经济史料摘编·第四编·商业贸易》,陕西人民出版社 1981 年版,第 153—154 页。

续表

股东＼项目	投资商店	投资金额(万元)		
		总额	现金	房产
一二〇师物资局	晋丰行	6200000	1000000	5200000
独一旅	大成永	10150000	4300000	58500000
联勤轻建处	永享	6500000	—	6500000
联方副官处	—	10000000	10000000	—
辎重营	—	2069000	1069000	1000000
医大	(大车队)	2500000	—	2500000
中管局	—	3000000	3000000	—
零股	—	10000	10000	—
总计	—	74429000	40379000	86700000

资料来源:南昌公司:《工作总结》(1944年8月),见陕甘宁边区财政经济史编写组等编:《抗日战争时期陕甘宁边区财政经济史料摘编·第四编·商业贸易》,陕西人民出版社1981年版,第227页统计表。

南昌公司第一期股金总额7400余万元,其中现金物资4000万元,房产价值8670万元。房产仍归原主所有,修理建筑仍归原主负担。入股的商店"名称不改组织照旧",结算分红时,南昌总公司所属各单位的盈亏统一计算,按股金总数平均分红。除上述股金外,另由物资局拨给1000万元作为"周转金",不取利息。公司成立时营业不久,值骡马大会开幕。物资局决定经过南昌公司抛出一批棉布以平抑当时正在上涨的物价。南昌公司与土产公司、盐业公司联合成立一个"联合门市部",骡马大会期间,共盈利2861437.50元,全归南昌公司。

第二期(1944年1月22日至6月30日)又有公营商店入股,公司股金大幅增加,1944年二三月间共收到现金、物资14000余万元,房产5475万元,共计达20000万元,比第一期增加了两倍半。①

到1943年年底,南昌公司商品总计收益13045506元。特产总计收益4402107元。各栈收益1474306元。自1943年10月16日至1944年1月22日,南昌公司红利总结报告中称:实收纯利30284458.7元。②

1944年6月底,南昌公司辖有:晋丰过载行、晋绥栈和所属三门市部、大生过载行、天顺长及继兴德过载行和所属大车队、大成永(磨坊)、公义和皮铺、绥德分公司、安塞分公司、甘谷驿支公司、靖边骆驼队、一门市部、二门市部等12个经营单位,共有职工248人。③

公营盐业公司、土产公司也均有明显的发展。

食盐作为统销物资,其统销取得了很好的成绩。食盐统销的目的,是大量把食盐运出去换取必需品和外汇,以争取边区出入口的平衡,稳定金融,调剂物资,保障供给,发展国民经济。1944年上半年,根据不完全统计,经盐业公司出口的食盐为15584187.5斤,总值边币金额约3亿元左右。"在对外贸易上,大大的抵消了外汇,填补了入超的空子,并得到了一些出超"。食盐统销后出口额增加了,并由于有计划管理,赚得了外汇,支持了银行的外汇基

① 南昌公司:《工作总结》,见陕甘宁边区财政经济史编写组等编:《抗日战争时期陕甘宁边区财政经济史料摘编·第四编·商业贸易》,陕西人民出版社1981年版,第226—228页。

② 《南昌公司经理钟典三、尚振发给贺主任的报告》,见陕甘宁边区财政经济史编写组等编:《抗日战争时期陕甘宁边区财政经济史料摘编·第四编·商业贸易》,陕西人民出版社1981年版,第232—233页。

③ 南昌公司:《工作总结》,见陕甘宁边区财政经济史编写组等编:《抗日战争时期陕甘宁边区财政经济史料摘编·第四编·商业贸易》,陕西人民出版社1981年版,第230页。

金,1944 年上半年公司所收的外汇,主要是就近付给当地银行分行供外汇兑换之用。经过盐业公司出口的数目金额达 3 亿元以上,除极少部分是财政收入外,可以说百分之八十到九十以上落入边区群众手里,即是说在食盐一项即可增加边区人民二三亿元的收入,使国民经济大大增加,对群众的丰衣足食是有很大帮助的。在食盐统销后边区群众运盐利润可说是空前的,打破了过去在放青前运盐必然赔的向例,消除了赔本的顾虑。这主要是由于盐业公司稳定了盐价及做到了随到随收,并废除了一切封建剥削。上半年运盐赚钱的情形可看延安县上半年运盐总结。只运了九千多驮就得纯利 2930000 元,另赚了工资 263 万元。

“运输问题在食盐统销中是占着头等重要地位,是业务的中心。若不能组织运输,掌握运输,调剂运输,便利运输等,则食盐的有计划运销是不可能的”。“组织运输问题。总公司拟定了四种办法:投资(入股)、合资、包运、租运”。

1944 年 4 月经理联席会议后,物资总局决定盐业公司、光华商店合并为光华盐业公司。合并后,“不管在人力方面,资力方面都有增加。在食盐统销上更推进了一步”。① 到 1944 年 9 月有资本 11 亿元、人员 397 人、下属 123 个骡马店。② 光华盐业公司的经营情况如表 19-30 所示。

① 王劲如、何志宏、陶志根:《盐业公司工作总结报告》(1944 年 11 月),见陕甘宁边区财政经济史编写组等编:《抗日战争时期陕甘宁边区财政经济史料摘编 · 第四编 · 商业贸易》,陕西人民出版社 1981 年版,第 196—204 页。

② 西北财经办事处:《抗战以来陕甘宁边区贸易工作》(1948 年 2 月),见陕甘宁边区财政经济史编写组等编:《抗日战争时期陕甘宁边区财政经济史料摘编 · 第四编 · 商业贸易》,陕西人民出版社 1981 年版,第 23 页。

表 19-30　食盐进出统计(1943—1945 年)　(单位:驴驮)

项目 年份	盐池数量	销售量(驴驮)			公司进盐数	进盐数占盐池数量百分比(%)
		盐区	内地	小计		
1943	329892	205063	—	205063	242248	73
1944	254540	225814	15560	241374	253633	99
1945	90752	92625	9643	102268	74546	82
总计	675184	523502	25203	548705	570427	—

资料来源:西北财经办事处:《陕甘宁边区贸易工作》(1948 年 2 月),见陕甘宁边区财政经济史编写组等编:《抗日战争时期陕甘宁边区财政经济史料摘编·第四编·商业贸易》,陕西人民出版社 1981 年版,第 207 页。

土产公司在 1944 年高干会议后,着手改善经营管理和财经制度,改变了单纯用行政手段的办法。在陈云的指导下,公司边整顿边改进,进行全面盘点,建立与健全各种账目和管理制度。同时,注意发挥知识分子干部的作用,提拔重用一批年轻干部,加强了公司的领导。在当时市场物价波动的情况下,如何应对,公司经过实践,摸索到一条行之有效的办法,那就是用三个价格(高价、中价、低价)浮动,保持在中价水平上。当物资紧缺时,采用高价收购以刺激大量物资进口;当大量物资涌现时,则降至中价,进行大量收购;达到饱和时,则降至低价。平衡起来大致可以保持中价。出去的物资也是同样采取三种价格浮动,以稳定市场。并准备了一定数量的物资,在价格上涨时,以稍低于市价的价格抛售;当抢购劲头减弱时,再把价格拉到中价的水平上稳定下来。这样既节省物资,保存实力,又打击、制止了投机商贩的扰乱活动。回笼了货币,还赚了钱,稳定了市场,提高了边币信用。采用经济办法和价格政策来节制物价,不仅统一了内部的经济管理,还把国民党顽固派的军事封锁、经济封锁也冲破了。“价高招远商,货高招远客”。西安、长武、彬州、平凉、西峰镇、宁夏都成了土产公司物资进出的转运站。后来,公司的“业务扩大到晋察冀、晋东南边区。边区的财政经济基本达到物资丰富,仓库充实,金融、市场比较稳定,财政支出减少,利税收入增多,收支平衡,稍有节余”。1944 年真正做到了毛泽东号召的“自己动手,丰衣足食”和“耕三余一”。农村、城镇、机关、部队呈现出一片欣欣向荣的景象。土产公司获得了丰厚的利润。利润上交后,还积累了价值约十万两黄金的家底。物资充实,周转灵活。① 土产的经营及其市场的调剂与合作社结合,辅助国民经济之发展。总公司收购土产,占用资金经营总额的 51%,计 23954.4856 万元(收购土靛的 1667.225 万元不在内),其种类共计有 21 种,达到了“调剂原料,推销成品”的目的,帮助了中央警备团、中央社会部、中央敌工委、保安处、新华化学厂、纬华厂、火柴厂、供销处、中央党校工厂解决了原料的采购和成品的推销。②

合作商业方面,虽有长足发展,但曾在一段时间发生偏差,走了弯路。1944 年边区合作社联席会议,总结了前一阶段合作商业迅速发展的经验教训,开始纠正一度产生的“以红利刺激入股”,“单纯追逐红利”,忽视“为群众解决困难”的偏向。当时有的合作社“甚至投机违法”,一部分干部存在“投机、取巧、贪污营私”、挪用“信用社存款来凭空分红等”严重问题。经验证明,合作社的业务与群众需要结合,合作社就有发展,反之,合作社业务与群众需要相背驰,脱离了群众,合作社就一定会低落。而目前合作社是害

① 喻杰:《陕甘宁边区的贸易工作》,见西北五省区编纂领导小组、中央档案馆:《陕甘宁边区抗日民主根据地·回忆录卷》,中共党史资料出版社 1990 年版,第 258—262 页。

② 喻杰:《土产公司工作报告》,见陕甘宁边区财政经济史编写组等编:《抗日战争时期陕甘宁边区财政经济史料摘编·第四编·商业贸易》,陕西人民出版社 1981 年版,第 215—216 页。

了单纯追求红利，以红利刺激（实质做了商人的尾巴），求得合作社的大量发展及不合乎边区农村实际情况的一揽子铺张等毛病。实质上就是把合作社混同于一般私人商业，没有群众观点的原因。因此挽救合作社的中心关键，就是纠正这种脱离群众的商人思想，转向于针对群众需要，根据自己的力量确定自己的业务方针，经过具体业务和群众结合，在群众中生根这就是今后合作社发展的方向。会议总结了南区合作社等先进单位的成功经验。明确如何与群众结合来取得长期发展，"是合作社经营业务的重要问题"。在这方面南区合作社曾创造一些办法，如合作社和个别村子约定供给农民全年的必需品，先由合作社在农村实行农户自愿登记，统计其全年生产消费各种必需品数量，保证以低于市场的价格供给所登记的必需品。这样，不但使群众少受商人剥削，节省了人工和开支，而合作社也有固定的销路，能有计划地运用资金进行供销，保证社员红利。南区合作社做法是深入农村进行群众工作，了解群众需要，根据需要定出自己的业务方针，满足群众所需，便利社员，同时替群众"留下根子"（如公盐股金，存放款利息入股等），求得合作社"与群众在经济生活中长期结合"。这一经验说明，"合作社业务从解决群众的问题出发，只要有正当的谋虑筹划就能够保证正常的红利"。在上述方针下，合作社必须有一定的范围与服务的对象，确定自己的基本社员，根据基本社员的共同要求来筹划资金，集中力量搞好一件或两件中心业务，然后逐步发展。合作社的基本对象和范围除前面所述与群众需要相结合的业务范围外，在合作社的股金上显得很明显。合作社股金基本可分为四类：第一，为解决某一问题或举办某种事业入股，如运输、医药、信用、包交公盐等入股；第二，以储蓄为目的；第三，依靠红利维持生活；第四，摊派股金（现已废止）。历史的教训很清楚，"合作社必须实行自愿才能发展"。但是，在三种自愿入股的股金中，第一类加入合作社只求解决问题,其次为分红,在一定条件下最易吸收并能长期合作;第二类每人所入股额不大,并必须合作社有威信深入农村做工作,才能吸收;第三类,每人所入股额较大,主要为追求红利而加入合作社,流动性大,合作社用来举办事业,有时就产生服务与分红的矛盾,难免影响合作社的业务动摇不定。因此合作社吸收股金必须深入农村进行工作,多吸收第一、第二类股金,只有在这种股金的基础上,才能达到为群众服务的目的。至于追求红利的股金,在不影响合作社业务方向的条件下,可以根据需要吸收,但必须严格其入股退股等制度的遵守。只有这样才能使合作社站稳脚跟,搞好一件或两件中心业务,然后逐步发展。为求上述方针的贯彻,"必须加强党政对合作社的领导,做好干部的配备和教育工作"。① 经过经营方针的调整与整顿,合作商业纳入正确发展的轨道,为繁荣边区商品市场作出了自己的贡献。

私人商业也有明显的发展。

由于边区政府在内部市场上推行反对垄断、扶助中小商人的方针,私人商业无论户数、人数还是资本额,都大幅上升。据 1945 年 1 月《延安市商业调查》,延安市私人商业由 1940 年的 280 户,增加到 1941 年的 355 户、1942 年的 370 户、1943 年的 455 户、1944 年的 473 户;经营商业人员 1096 人,其中,掌柜 789 人,学徒店员 307 人。私商资本约 100000 万—160000 万元。在 473 个商户中,大商户 16 户,占 3.4%,拥有资本额占 23.9%;中商户 136 户,占 28.7%,拥有资本额占 49.1%;小商户 321 户,占 67.8%,拥

① 建设厅:《目前边区合作社方针问题的研究材料》(1946 年 2 月),见陕甘宁边区财政经济史编写组等编:《抗日战争时期陕甘宁边区财政经济史料摘编·第四编·商业贸易》,陕西人民出版社 1981 年版,第 290—294 页。

有资本额占27%。[①] 另据1944年对定边市私人商业的调查,定边市参加商会、缴纳商业税的商户共185户。按商业分类:栏柜61户,摊子47户,脚夫店28户,过载行23户,流动商人14户。油坊、饭馆、皮毛庄6户,暂时歇业6户。共有资金法币9641万元,折合边币77228万元。其中从事对内贸易的114户,共有资金法币2514万元,折合边币20112万元。从事对外贸易的69户,共有资金法币6947万元,折合边币55676万元。兼营内外贸易的2户,计有资金法币180万元,折合边币1440万元。[②]

边区广大农村集市贸易也得到发展,兼业私人商业数量也明显增多。如绥德分区各市镇都建立了经常规律的集市,螅镇逢集有8000人之多,四、九逢集;石岔是二、七、五、十逢集,一个不到30户的小口岸,但"每月进出口货物很多"。[③] 在关中分区,新建了许多新集市。"马栏镇上,三年前仅有出售粗布、火柴等简单日用必需品的小店铺9家,今则公私商店共18家,街上小摊贩也很多,购货群众往来不绝,集市日渐形成"。[④] 各地骡马大会,空前繁荣。[⑤]

① 延安市政府:《延安市商业调查》(1945年1月),见陕甘宁边区财政经济史编写组等编:《抗日战争时期陕甘宁边区财政经济史料摘编·第四编·商业贸易》,陕西人民出版社1981年版,第299—302页。

② 《定市商号一般情况》,见陕甘宁边区财政经济史编写组等编:《抗日战争时期陕甘宁边区财政经济史料摘编·第四编·商业贸易》,陕西人民出版社1981年版,第379—385页。

③ 《绥德分区贸易总结》(1944年3月),见陕甘宁边区财政经济史编写组等编:《抗日战争时期陕甘宁边区财政经济史料摘编·第四编·商业贸易》,陕西人民出版社1981年版,第401—402页。

④ 《关中人民购买力提高,马栏设立集市》,《解放日报》1943年10月21日。

⑤ 《定边骡马大会盛况空前》,《解放日报》1943年10月28日;《延安骡马大会盛况空前》,《解放日报》1943年11月16日。

对外贸易是陕甘宁边区商业流通的一个重要组成部分,在1943—1945年间,也有很大的发展。

为了加强对外贸易的管理,边区政府对相关机构和方针政策作出了调整:(1)将原来的“部分管理”提升为“全面管理”,将贸易公司“确定为对外贸易管理机关”,其“任务是管理对外贸易争取出超,扶助公营商业和合作社商业,发展国民经济,稳定金融,调剂物价”。(2)禁止非必需品和迷信品入口,“坚决执行统销专卖政策,严格缉私”。(3)在贸易体制上,“坚持公私合作,公私兼顾的方针”。贸易公司“与广大合作社建立血肉相连关系,经过它吸收农村土产,调剂人民必需品,使合作社成为贸易公司的群众基础”。(4)“实行保护边区经济发展的税收政策”,减轻贸易税。实行上述方针的目的是:争取必需品生产自给,主要是棉花、布匹、染料、铁、药材、纸张等,“减少必需品入口,并根据生产发展程度逐渐做到禁止入口”。组织土产品出口首先是特产、食盐、皮毛、药材、木材等,“在一定条件下粮食部分出口,借以提高农产品价格”,增加农民收入。①

对外贸易要达到的目标是,“做到出入口平衡,以至出超”。为此必须“增加必需品生产”。首先是棉花、布匹、铁、药材等的生产,“以减少必需品的输入”。同时“组织土产出口”。首先是大量推销特产、食盐。因此“必须坚持特产专卖与食盐统销政策,改善统销事业的业务,彻底肃清官办事业的作风。业务应该商业化,并适合群众要求”。这里的中心问题是如何通过群众路线广泛推销。首先要与合作社建立“血肉相连,休戚与共”的关系,其具体

① 西北财经办事处:《抗战以来陕甘宁边区贸易工作》(1948年2月),见陕甘宁边区财政经济史编写组等编:《抗日战争时期陕甘宁边区财政经济史料摘编·第四编·商业贸易》,陕西人民出版社1981年版,第15—16页。

计划是:(1)经过合作社代销特产,以便广为推销。(2)经过合作社大量运销食盐。各地的盐业公司应与运输合作社合股经营食盐运销,“四六入股,对半分红”。(3)与生产合作社订立合同,使之生产外来品的代用品及可以出口的物资。其次,物资局与公营商店也应密切结合,对公营商店进一步调整和精简,物资局同公营商店结合起来,以合作社为基础,而组织的经济战线是边区经济的主要方面。“这将使农业与商业相结合,国家与人民从经济上组织为一体”,对发展国民经济,加强对外经济斗争,是非常有利的。“但不是说我们可以垄断一切,或消灭私人资本。相反的我们许可而且欢迎私商的存在和发展。我们只反对那些投机垄断违犯法令,囤积居奇的奸商”。最后,对边区整个经济,特别是商业上,有重大影响的是交通运输问题。边区交通落后,运输困难,这对加强出口贸易,稳定金融物价,发展生产等,各方面是一个很大的障碍。因此,应该在各交通要道上组织一种兼有兵站、草料店、商店三种作风的“站口”,对党政军来往人员和运输队是供给性质。只要一定的收条,按期清理账目就可以。对人民是营业性质,保证较低的利润,便利人民客商。这种组织网应是物资局联系各地公营商店与合作社的脉络。用这根线把无数点结合起来,形成一个整体。这种组织形式,应从整顿骡马店入手,改造其组织,改善其业务,整顿计划如下:第一,在运输集中地点,建立中心骡马店,以公营骡马店为主。无公营骡马店的地方,则以入股订合同办法,改进私营骡马店。中心骡马店的业务,除经营草料、饭食、住宿调剂与保证沿途其他骡马店所需草料外,还要:(1)准备运盐户的回头脚。(2)日用品的贩卖。(3)各种土产收购转运。第二,骡马店所贩卖的物资,应由物资局廉价供给。私营骡马店,在加入骡马店联合会,遵守政策法令,响应平抑物价的条件下,得受同等待遇。第三,以分区为单位组织骡马店管理委员会,直接领导检查该分区内的骡马店,使之成为便利运输,稳定草料价格的工具。第四,严格禁止非必需品及迷信品的入口,可能禁用的禁用,不能完全禁用的,则以土产品代替外来品。第五,按需要采购,有计划的分配物资。第六,争取出入口贸易平衡,不仅要求数目上的平衡,而且应该要求入口物资确是合乎边区的需要。①

为了发展对外贸易,边区政府实行减轻营业税负担的政策。1943—1945 年营业税负担统计:1943 年金额 194861432 元,折粮 25279 石;1944 年金额 573071688 元,折粮 19453 石;1945 年金额 794231540 元,折粮 7775 石。货物税也在逐年下降。货物税平均税率 1943 年 18.8%、1944 年 16.8%、1945 年 15.7%;入境税平均税率 1943 年 24%、1944 年 17.9%、1945 年 17.5%。各年货物税实收及占总收入比例如表 19-31 所示。

表 19-31　货物税占总收入的比例统计(1941—1945 年)

项目＼年份	1941	1942	1943	1944	1945
货物税额(元)	6991000	57885000	2868229000	1745284000	5948668000
占总收入百分比(%)	81	86	60	75	88

资料来源:西北财经办事处:《抗战以来陕甘宁边区贸易工作》(1948 年 2 月),见陕甘宁边区财政经济史编写组等编:《抗日战争时期陕甘宁边区财政经济史料摘编 · 第四编 · 商业贸易》,陕西人民出版社 1981 年版,第 33—34 页。

由于加强了管理,对外贸易的主动性明显增强,1944 年边区的进口货物是大大减少了。若以 1943 年进口为 100,1944 年几种

① 物资局:《对外贸易管理工作》(1944 年上半年),见陕甘宁边区财政经济史编写组等编:《抗日战争时期陕甘宁边区财政经济史料摘编 · 第四编 · 商业贸易》,陕西人民出版社 1981 年版,第 81—85 页。

主要物资的进口减少的情形是：袜子减少 87%，火柴减少 64%，肥皂减少 100%，毛口袋减少 100%，棉花减少 27%，棉纱减少 38%，毛巾减少 82%，为边区节省了近 300 亿元的输入。同时边区的输出可以更加主动，为增强边区经济，准备对日军反攻，造成了更有利的条件。①

1944—1945 年间，进出口贸易有所发展，进出口贸易增长如表 19-32 所示。

表 19-32　进出口贸易总额统计（1943—1945 年）

年份 项目	1943	1944	1945
进口	647264（万元边币）	15960163959（元边币）	2027318453（元券币）
出口	252485（万元边币）	9170389985（元边币）	1066552739（元券币）

资料来源：据西北财经办事处：《抗战以来陕甘宁边区贸易工作》（1948 年 2 月 10 日），相关数据综合编制，见陕甘宁边区财政经济史编写组等编：《抗日战争时期陕甘宁边区财政经济史料摘编·第四编·商业贸易》，陕西人民出版社 1981 年版，第 64—67 页。

表 19-32 列出口总值不包括特产。各年特产的出口总值（包括晋绥特产入口付款在内）如下：1943 年 207164 元（边币），1944 年 22421065704 元（边币），1945 年 3991368484 元（券币）。加上历年特产出口总值，则 1943 年仍然入超，原因是该年开始管理贸易，实行两统掌握政策上有缺点，外销特产量少，入口布类多，故仍入超。1944 年则出超 15631291730 元。只特产一项出口值超过进口总值的 40.01%，加上其他各项出口总值，则超过入口总值的 98.1%。1945 年出超 2993078784 元，特产一项出口值超过进口总值的 94.8%，加上其他各项出口总值则超过入口总

① 赵棣生：《边区财政经济的新面貌》，《解放日报》1945 年 1 月 4 日。

值的 149.04%。

减去商品转出口晋绥及从晋绥入口特产,其出入超数字则为:(1)进口中转去晋绥部分,因税局无统计,故只能将公司付晋绥商品总值数作为转出境数。1943 年总入超 3947790000 元,减去公司转出口晋绥 341913849 元,陕北入超为 3605874151 元边币。1944 年总入超 789773974 元,减去公司转出口晋绥 1961665376 元,陕北入超为 4828108439 元边币。1945 年总入超 998289702 元,减去公司转出口晋绥 150700000 元,陕北入超为 847589707 元券币。(2)特产出口中,1943 年一部分为陕北者外,均从晋绥入口,应从入口中减去支付晋绥特产款,才是陕北的出口,但付晋绥货款数据,因战争烧毁,无法计算,为了说明大概,只得将陕北财政借垫支付,作为特产出口总额中的陕边出口部分,此本极不科学的算法,亦是极不正确的数字,只能聊胜于无。1943 年入超 3605876151 元,减去出口中加特产支付财政借款 1156207432 元,入超 2449668723 元。1944 年出口加特产中支付财政垫款 6750332448 元,减去入超 4828108639 元,出超 1922223809 元。1945 年出口加特产中支付财政垫款 989204424 元,减去入超 847589707 元,出超 141674717 元。

严格管理商品,即使烟酒、油类、皮毛、丝麻制品、迷信品等全不进口,以 1943 年才能减少进口比例 6.68%,1944 年减少 3.48%,1945 年减少 3.7%。纸张、颜料、杂货类再减少进口一部分,为数亦很小。

从出口方面看,在 1944 年以前的税目上禁止母羊出口,此种禁止办法是起了牲畜业的减缩作用。1944 年准许出口后,在出口比重上大为上升,1943 年为 4.63%,1944 年为 8.74%,1945 年为 21.37%,占了出口的第三位。据陇东调查,自从不禁止羊子出口后,羊的数量是增加的,现约上升为 30 万只。毛织品类，1943 年为 2.54%，1944 年为 3.26%，1945 年为 15.14%，占出口的第四位。①

（二）晋察冀边区商业

晋察冀边区人民虽然取得了 1943 年秋季反“扫荡”的胜利，但也付出了很大的代价。人民群众的人力、畜力、农具损失严重。边区政府在提出开展大生产运动的同时，还要求“打通对敌占区对友区的贸易路线，商店工作伸向游击区，掌握游击区物资，占领游击区经济阵地，有力地对敌进行经济斗争，活跃边区运销生产事业，增加人民收入”，强调当前公营商业的工作重点是用大力打开新的贸易路线，冲破敌伪的封锁，掌握游击区、敌占区的物资。公营商店的任务（不是指每个商店的任务）是掌握出入口贸易，调剂人民生活，统一采购，掌握物价与金融。为此，要“调整与加强公营商店”。②

晋察冀边区的商店多分布在各条贸易路线上。公营商店的类型、设置均与边区贸易路线有关。

以北岳区为例，主要贸易路线大致分三条：一是由雁北下关经铁岭口，史家寨、阜平、王快、曲阳至定县通冀中，这条贸易路线主要是沟通北岳山区二专区与四专区的物资交流，二专区的粮、盐与四专区的布、棉相交换，互通有无，或由阜平往东下关、龙泉关至五台山，这条贸易路线也畅通了冀中区与晋绥边区的贸易。二是以

① 西北财经办事处：《抗战以来陕甘宁边区贸易工作》（1948 年 2 月 10 日），见陕甘宁边区财政经济史编写组等编：《抗日战争时期陕甘宁边区财政经济史料摘编·第四编·商业贸易》，陕西人民出版社 1981 年版，第 64—70 页。

② 宋劭文：《关于商店类型、业务与设置》（1944 年 1 月），见魏宏运主编：《抗日战争时期晋察冀边区财政经济史资料选编·工商合作编》，南开大学出版社 1984 年版，第 442—449 页。

平山回舍、洪子店、小觉为通道,西至定襄、忻县、五台、崞县、代县,东至灵寿、行唐、新乐、正定,这条路线主要是沟通北岳山区一专区与五专区的商业贸易,一专区的花椒、核桃等山货土特产运下来,五专区的布、粮运上去。三是以完县北神南为中心,分三条线汇此再北通满城、徐水、定兴、涞源、易县,这三条线分别是:一是由定县经燕赵、壮窠、邓家店、齐家佐至北神南东;二是由唐县王京经砖路、马庄、百合、齐家佐至北神南;三是由望都经东郭村、垃山、东毛口、北大悲至北神南,这条路线主要是沟通北岳区三专区与四专区的南北交易。

商店的类型:根据地各贸易路线所经过的地区不同,以及分布在各贸易路线上的商店任务的不同,公营商店可分为以下几种类型。

过货店,这是运输线上的转运站,其主要任务与业务就是进行贸易路线上的货物的收发转运,即过秤、过斗、记账与运输,对转运站所在地区的合作社供给货物并吸收合作社的货物,但不向市场与商贩或人民进行买卖,如由雁北下关到阜平城,中途经过铁岭凹与史家寨,在史家寨设置的转运站就是属于这一类型。

双重任务店,主要任务是从集市商贩手中吸收商品抛售货物,以平抑物价、调剂市场,此外并兼营第一类型商店——过货店的任务。如在转运各种要点上设置的阜平、王快、洪子店等商店都是属于这一类型。这一类型的商店业务要比前一类型复杂许多。

专卖采购店,设在靠近游击区的巩固区的边缘上,主要业务是掌握游击区、敌占区物资,掌握出入口贸易,办理采购专卖,并执行货币斗争的任务。

为完成第三类型商店的任务而设置了下列三种形式的商店或商业小组:第一种形式是经由敌占区通到巩固区的贸易路线上的过货店,这一形式可由二三人组织,深入到游击区、敌占区或友区与商店商人定买定卖,收货发货并进行买卖货币的业务,起着交易的作用;第二种形式是由第三类型的商店派出两三个人员,到敌占区或游击区办理推销采购,将工作伸张出去;第三种形式是利用敌占区或友区的商店或商人,办理出入口贸易,使其变成出入口贸易的起点或终点。①

公营商业经营原则问题,也就是公营商店盈利的问题,边区政府认为应根据不同的交易对象而有所不同,概括说来,可分三类:第一类,对外包括对敌和对友两方面,对敌贸易是以看利愈大赚钱愈多愈好(例如办理专卖),对友以买卖成交而不吃亏或两方都有利为原则。第二类,对内又分为三种:一是对合作社以不赚钱为原则;二是调剂市场以能平衡物价为原则(估计市场供求、主观力量),一般需要赚钱,也有时需要赔钱,究竟按什么标准去进行调剂,由当地政府和商店协同掌握;三是对小商贩要按市价交易。第三类,对公家(军队、政府),公营商店当然不需要赚公家的钱,但为了补偿货物的耗损,可收受百分之一以下的手续费。②

商店的设置是根据贸易路线,同时尽可能地照顾行政区,在各个贸易干线上分段设总店。总店的设置一般以专署为单位,如专员公署所在地设一商店总店,各县设分店,有的还设有支店、购销站。总店均设在根据地,分店设在根据地或根据地与游击区的边缘地带有集市的地方。1945 年 4 月 1 日,晋察冀边区行政委员会发出的《关于商店设置资金问题的通知》中指出:各战略地区按贸易路线设置商店,结合部以合营商店密切联系起来;在冀晋区按东

① 宋劭文:《关于商店类型、业务与设置》(1944 年 1 月),见魏宏运主编:《抗日战争时期晋察冀边区财政经济史资料选编 · 工商合作编》,南开大学出版社 1984 年版,第 449—451 页。

② 宋劭文:《关于商店类型、业务与设置》(1944 年 1 月),见魏宏运主编:《抗日战争时期晋察冀边区财政经济史资料选编 · 工商合作编》,南开大学出版社 1984 年版,第 453 页。

西三条干线设置商店,南线于洪子店设总店,中线于阜平设总店,并将四专区行唐、二专区五台商店合并为总店领导,北线于邓家店设总店,各干线总店下可设分店;在冀察区南部东西两条干线于大良岗、南城司分设两个总店,平西联系平北可设一个总店,总店之下也设分店,在冀中区也设数个总店,至于各战略地区结合部商店的设置——白洋淀设一总店,由冀晋、冀察、冀中共同合营,交由冀中行署领导;其他于七星寺、化皮、郭庄、大辛庄、燕赵、石井设分店,七星寺分店由邓家店总店与七专区合营,归十三专区领导,化皮分店由洪子店总店与七专区合营,郭庄分店由阜平总店与七专区合营,大辛庄分店由邓家店总店与七专区合营,燕赵分店归邓家店领导,石井分店业务上归白洋淀领导,行政上归满城县政府领导。①

在着力部署和发展公营商业的同时,也加强了对私人商业的管理,促进其发展。

边区农业、工业生产的恢复、发展,使商业流通日渐繁荣,私商小贩相当活跃,其表现:一是活动范围较以前扩大,敌占区和游击区的小商小贩也深入根据地,进行商品交易;二是商品交换的路线长,有的商贩从东线向西线的深处,西线商贩向东,伸到平汉铁路沿线大集市,有的还到路东去,促进了东西贸易路线的畅通。1944年2月24日边区政府颁布的《集市管理委员会组织简章草案》确定,集市管理委员会"以执行边府贸易政策,保证境内正当贸易自由,严防物资资敌,巩固繁荣市场并团结内部商人为宗旨"。其任务是:管理牙纪,团结内外商人,帮助商人解决各种困难;调解市场纠纷;稽征、维持市场秩序,取缔奸商操纵居奇。同时还公布《集

① 《关于商店设置资金问题的通知》(1945年4月1日),见魏宏运主编:《抗日战争时期晋察冀边区财政经济史资料选编·工商合作编》,南开大学出版社1984年版,第462—463页。

市管理办法草案》，规定了牙纪管理办法：各行牙纪，由集委会提出名单，交由区公所审查，合于下列标准：略有牙纪技术、商贩拥护、品行端正能遵守政府法令。边区集市管理简章的公布，促进了边区内农村市场商品流通的繁荣。①

为了加强对进出口贸易的管理，边区政府对进出口贸易政策进行了重大调整，以冲破敌人封锁，对进出口贸易加以规范，促进其发展。

1944 年 4 月 21 日，边区政府发布《晋察冀边区关于变更出入口贸易办法的决定》，对冀西（平汉线方面）出入口贸易进行了如下变更：(1) 出口方面，金属原料、金属器材、硝磺、羊毛、植物油与油类作物禁止出口，大米、小麦、羊等实行"专卖出口"，其余货物一律准予免税自由出口；(2) 对一专区、二专区及六专区内西线，除粮食禁止出口外，其余与冀西地区相同；(3) 凡出入口货物，除纸烟、酒、香皂、烧纸、锡箔禁止入口及在市场买卖外，其余一律准予免税入口、自由买卖；(4) 对所列禁止入口之货物，机关部队如有必需，得详述理由，请县以上政府开具证明文件，批准特许入口。这是出入口贸易上的重大变革，使稽征工作减少，稽征线与稽征卡均予撤销，对出入口货物的检查由各级政府直接负责。对违禁走私案犯处以罚金，原则上送县政府处理。决定实行后，除硝磺采购办法仍有效外，所有前颁出入口稽征暂行条例及历次所发关于出入口货物规定一律废止，与此决定不抵触者则仍旧适用。②

① 《集市管理委员会组织简章草案》（1944 年 2 月 24 日），见魏宏运主编：《抗日战争时期晋察冀边区财政经济史资料选编 · 工商合作编》，南开大学出版社 1984 年版，第 513—516 页。

② 《晋察冀边区关于变更出入口贸易办法的决定》（1944 年 4 月 2 日），见魏宏运主编：《抗日战争时期晋察冀边区财政经济史资料选编 · 工商合作编》，南开大学出版社 1984 年版，第 369—370 页。

在对敌经济斗争中,敌人虽占相对优势,但边区经济发展,敌占区经济衰落,经济力量的消长已相当明显。同时,敌占区的恶性通货膨胀影响边区物价的暴涨与波动;在对敌贸易斗争中还缺乏具体办法,出现重要物资走私,对外采购上争相购买,带有很大的盲目性,出现对敌占区贸易的不等价交换。为了克服盲目性,加强领导和管理,除了掌握对敌占区所需要的物资(如小米、公羊)实行专卖,换回边区所最需要的指定物资(如纸、军需品等)外,1945年2月24日,边区政府发布《关于建立各级贸易管理局的决定》:从边区到县逐级设置贸易管理局,为政府组成部分,具体掌握与组织实施边区贸易政策。在当地政府统一领导下,"进一步发展境内贸易,加强管理对敌贸易,猛烈开展对敌经济攻势"。① 同年二三月间,边区还召开贸易金融会议,研究、总结1944年的金融贸易工作,讨论确定当前任务,提出打击、驱逐伪钞;管理对敌贸易,实行保护征税,"造成群众的缉私运动";加强集市管理,大的集镇设"市公所"掌管,小的集市建立与加强"集市管理委员会";分区以上部队、机关、学校可设立商店;开展对友邻区(晋绥、陕甘宁)的贸易;加强公营商店。"在1945年,应围绕扩大解放区、大生产、城市工作三项中心任务开展业务"。各级政府应该大大加强对贸易金融工作、对公营商店的领导。"政府人员要学会作买卖"。②

1944年后,由于上述政策、决定的执行,大生产的开展和根据地的扩大,商业流通明显发展,物资交流较前活跃,人民的收入增加(只公营商店去年开支运费在1亿元以上);军民生活用品(牲

① 《关于建立各级贸易管理局的决定》(1945年2月24日),见魏宏运主编:《抗日战争时期晋察冀边区财政经济史资料选编·工商合作编》,南开大学出版社1984年版,第459页。

② 《边区开贸易金融会议充分展开讨论确定当前任务》,《晋察冀日报》1945年4月22日。

口、盐、布、棉、粮等）得到了适当的解决；公营商店，基本上执行了贸易政策，扩大了业务范围，总销货额超过以往各年，纯利比 1943 年扩大近 14 倍，业务向外延伸，沟通了冀西冀中贸易，打通了晋绥贸易路线，公营商店在与群众的结合、与合作社的结合上也有所进步，因而开始表现了它的力量，创造了新的范例：如某些商店以贸易工作（组织人民运销运输，使人民得到便宜的布、盐）与各种工作结合扩大解放区；三专区利民总店，整理土布，制定商标，提高质量；济民药厂以收买山药为主换取川广药材；某些商店团结商人进行采购，组织小贩冲破敌人封锁，卓有成效。公营商店最主要的收获，则是初步找到边区贸易的规律，锻炼了一批贸易干部，为进一步开展对敌贸易斗争准备了基干力量。①

（三）晋冀鲁豫边区商业

抗日战争进入反攻阶段后，晋冀鲁豫边区的工农业经济和商业流通形势发生了重大变化，敌人因经济困难增加，加紧了对根据地的经济封锁，对游击区实行经济掠夺，导致边区物价上涨，通货膨胀加剧。据记载，自 1943 年 11 月 25 日以后，各地粮价开始暴涨，12 月 1—10 日之间各种物价平均都上涨一倍，外汇亦同时狂跌，一反往年冬季市场平稳之规律，全区市场情况极为紊乱，具体表现在：物价继续上涨但极不平衡；粮食隐匿，市场上粮食显著减少；人民惊慌失措，投机囤积、买空卖空现象频现；军政生产机关、人民、商人囤积货物，“已成普遍现象”。军政机关并提前购买明年服装；出入口贸易入超数目巨大，外汇形势亦趋不利；敌人在沦陷区、边沿区及游击区大规模抢粮，造成边沿区粮食恐慌。

① 《边区开贸易金融会议充分展开讨论确定当前任务》，《晋察冀日报》1945 年 4 月 22 日。

面对这种突发情况,边区政府召开财经会议,并于1943年12月14日作出决定,挽转局势:(1)军政机关生产、银行和公营商店所存之各种土产、山货立刻全部出口,以稳定外汇。(2)银行停止一切商业活动(机关生产在内),撤回与私商经营之资本,紧缩商业放款。(3)银行现存粮食悉数交工商管理局分区代卖,政府调拨公粮,以平稳粮价。银行现存布匹、棉花等亦一律出卖。(4)军政机关生产,严禁进行投机、囤积。如有违法行为者,送交司法机关依法处理。(5)所有军用布匹、棉花,由政府负责按计划供给,由工商局统一采购。各分区已发之购布款,一律交银行转交总行,并不再向市场抛出。(6)政府公营商店及银行,必须尽一切力量收回或兑换本票。(7)粮食调剂和手工业生产、赤贫人民的需要相结合,防止将调剂粮卖给投机商。并强化粮食管理所的职能,以取缔买空卖空、低进贵出、早买晚卖等投机及囤积行为,但不得实行"粮食买卖证"制度,不得规定售价,不得干涉根据地内粮食之运输、流通,不得实行没收或类似没收之处分。(8)军政机关生产须遵守各分区决定之市场管理办法,加强各边沿区的粮食斗争,团结一切中国人,反对敌寇抢粮。(9)立刻以现存棉花开展纺织运动,注意根据地军用民需各种物资的调剂、掌握与供给工作,取消工商局公营收入部分之财政任务,工商局行政经营两部分均自力更生,但必须再行简政缩小机构。①

边区财经会议闭幕后,工商管理局的紧急任务,就是采取切实措施,贯彻执行会议决定。主要是以下两个方面。

---

① 《晋冀鲁豫边区财经会议决议摘录》(1943年12月14日),见晋冀鲁豫边区财政经济史编辑组,山西、河北、山东、河南省档案馆编:《抗日战争时期晋冀鲁豫边区财政经济史资料选编》第2辑,中国财政经济出版社1990年版,第808—809页。

一是纠正公营商业的囤积居奇，刺激生产增长。根据边区财经会议的上述决定，1943 年 12 月 24 日召开边区工商总局和分局长、商店经理联席会议。会议认为："秋收后物价上涨，至 11 月 25 日以后物价暴涨，市场紊乱，冀钞贬值，外汇飞涨，一反往年冬季市场粮价、物价、外汇下降之规律。此种形势有利于囤积居奇者和贷款经营者，对群众、冀钞，对根据地都是有害的。"产生的原因是对同年 6 月财经扩大会议提出的"掌握物资、发展生产"方针，认识不明确，在实际执行过程中，掌握物资与发展生产脱节，成为囤积居奇，有害于根据地的经济建设。掌握物资决不是囤积居奇，而是频繁地抛出和吸收的调剂与供给，解决军用民需的困难，刺激群众生产情绪，促进生产发展，使物资增量，财产增值，从注意发展生产观点上，物资增多、物价稳定上来衡量工作成绩，而不单纯从盈余多少货币来计算工作的胜负。因此，边区财委会决定工商局的工作任务，是掌握对敌贸易斗争、调剂内地市场，完成军用民需之物资的调剂、掌握及供给工作，必须管理出入口、管理外汇，以及采购重要公用物品。工商局的实际工作就应该是团结与组织帮助群众进行生产及贸易的经济机构，而公营商店便是直接进行经济斗争的单位，是扩大群众贸易生产的核心，在工农业上应该供给、调剂原料种子，帮助农业生产，组织发展手工业、家庭副业生产，提高生产力，在商业上领导对敌贸易斗争。公营商店应把内地业务尽量移让给联合社，而面向铁路线，成为经济战线上的"野战军"，向联合社投资，派干部参加联合社为联合社服务，帮助联合社发展业务。①

① 《晋冀鲁豫边区工商总局分局长商店经理联席会议决议》，见晋冀豫边区财政经济史编辑组，山西、河北、山东、河南省档案馆编：《抗日战争时期晋冀鲁豫边区财政经济史资料选编》第 2 辑，中国财政经济出版社 1990 年版，第 1078—1079 页。

二是紧缩通货,刺激生产,禁止公营商店买空卖空行为。根据目前冀钞形成严重通货膨胀,物价飞涨,群众推出票子,争购物资,造成投机囤积心理。必须紧缩通货,刺激生产,转变投机行为。在市场抛出物资,并在全区普遍进行,使物价平稳下降,在清漳河沿岸集中力量突击,利用目前时机,发展生产掌握原料,“必须通过货币,优待生产者”。各线按财经会议决定,除代银行出售粮食、山货及其他物资外,商店本身亦须按市场情形有计划地向外放出物资收回大票,使物价平稳下降。现存山货,尽量出口,采购棉花,限制不必要的入口货。现有棉花卖给群众,或放给群众纺织收回土布,其他一切物品,均投向市场。“河南店、索堡两市场,集中力量平衡。由各地配合供给支援,各商店在市场抛出粮食”。①

晋冀鲁豫边区工商总局于1944年1月31日发布《晋冀鲁豫边区工商总局禁止公营商店买空卖空活动的通令》,指出:现在物价上涨已失却正常规律,商店为了当时在资金周转上有一些依靠,以至与人订立合同只依当时物价为准,不照顾物价上涨这种片面、不久远、狭隘的不从发展上看的观点,已经经历很多的惨痛经验教训。“由即日起一概不准作空买空卖业务活动”。②

太岳区工商管理局在1944年的工作方针中提出:通过商场及正确的贸易政策,扶持农工业的发展,组织根据地非必需品的点滴

---

① 《晋冀鲁豫边区工商总局分局长商店经理联席会议决议》,见晋冀鲁豫边区财政经济史编辑组,山西、河北、山东、河南省档案馆编:《抗日战争时期晋冀鲁豫边区财政经济史资料选编》第2辑,中国财政经济出版社1990年版,第1080页。

② 《晋冀鲁豫边区工商总局禁止公营商店买空卖空活动的通令》,见晋冀鲁豫边区财政经济史编辑组,山西、河北、山东、河南省档案馆编:《抗日战争时期晋冀鲁豫边区财政经济史资料选编》第2辑,中国财政经济出版社1990年版,第1102页。

输出，组织根据地的物资交流，平稳物价，繁荣根据地的市场。①

出入口贸易方面，1944 年 10 月，《太行区工商局银行扩大干部会议决议》：推行“加强组织出入口贸易，发展有利的物资对换，精确地掌握汇价，争取出超”的方针，提出“要组织一切力量，去作出入口贸易”。强调“管理统制是对敌的，是管制出入口的，凡敌人统制的物资，我们在出入口上也实行统制（事实上敌区商人也不能自由贩运），内地则仍保持自由买卖”②。特许出口物品只限于敌人统制的军工原料（如麻、毛、桃仁等），为争取有利交换，只准在某些出入口地点由个别商号或组织对外贸易所负责谈判，防止多项被敌人各个击破；对内组织大家力量，在统一的兑换标准下共同兑换，公营商店与私商相同。要争取有利的物资交换——尽可能采取直接以物兑物的办法，特别注意做到有利，这就需要多打听外边行市，多利用各方关系，利大时快出多出，达不到兑换标准时慢出少出，或转移兑换，不要断绝对外的贸易关系。麻、毛出口要尽可能收取冀钞，逼使伪钞折冀钞，压低伪钞价值，扩大冀钞流通范围。“从组织点滴输出及限制输入两方面争取出超”。“经营不怕碎”，把零零星星的山货土产，依靠合作社组织出口，如药材、鸡子之类。近来敌人因物资缺乏需要许多替代原料，如大麻籽、药材、毛、麻、铁、石棉等，而这些原料还是边区可以生产的。“点滴

① 《太岳区工商管理局一九四四年的工作方针》，见晋冀鲁豫边区财政经济史编辑组，山西、河北、山东、河南省档案馆编：《抗日战争时期晋冀鲁豫边区财政经济史资料选编》第 2 辑，中国财政经济出版社 1990 年版，第 1104 页。

② 《太行区工商局银行扩大干部会议决议》，见晋冀鲁豫边区财政经济史编辑组，山西、河北、山东、河南省档案馆编：《抗日战争时期晋冀鲁豫边区财政经济史资料选编》第 2 辑，中国财政经济出版社 1990 年版，第 1119、1121 页。

的东西积累起来是一个相当大的数目”。限制输入一方面减少了不必要的消耗,节省了外汇;另一方面可以发展内地生产增加财富,如棉花、纸张、火柴,可以逐渐限制输入。“有许多东西可以少进来甚至可以不进来,如火柴、染料之类,我们能够少依赖,或不依赖外来品时,出入口贸易主动权就能掌握在我手,有了主动才能争取有利”。会议确定,今后进口东西主要是食盐、棉花、颜料、火柴,其他(军工、西药、印刷原料除外)则尽量使之不进或极少数的进来。①

(四)发展合作社商业,繁荣内地市场、平稳物价

太行区工商局银行扩大干部会议还指出,要大力发展合作社商业,今后银行在贷款上,应尽量依靠合作社商店、工厂,在物资的收买保管上、推销上,也必须依靠合作社。“扶植合作社是使它在生产运输推销业务上的发展,如果合作社能在生产、运输、消费三方面适当有机的结合市场,方能繁荣,因此我们扶植合作社与繁荣市场的工作也必须适当结合起来,同时应了解到繁荣市场与发展合作社的工作不是矛盾的,正是必须密切结合进行的”。② 内地近几年来虽然建立了一些市场,但颇不普遍,尤其不够繁荣。除阳邑、任村、西营、洪水、桐峪、索堡等集市较好外,其他集市是相当差

① 《太行区工商局银行扩大干部会议决议》,见晋冀鲁豫边区财政经济史编辑组,山西、河北、山东、河南省档案馆编:《抗日战争时期晋冀鲁豫边区财政经济史资料选编》第2辑,中国财政经济出版社1990年版,第1121—1122页。

② 《太行区工商局银行扩大干部会议决议》,见晋冀鲁豫边区财政经济史编辑组,山西、河北、山东、河南省档案馆编:《抗日战争时期晋冀鲁豫边区财政经济史资料选编》第2辑,中国财政经济出版社1990年版,第1118—1123页。

的。除了合作社，私商小贩的发展也是很重要的，“今天根据地的坐商还不多，我们不应怕私商发展，而应帮助发展”。“繁荣市场必需加强商联会的工作，既可团结商人，也可以教育商人，使他不违犯政策法令”。

物价也是边区商业发展中的一个重要问题，是“今后最主要的工作。如果能做到物价标准化合理化，则其他工作一定也是做好了，反之物价搞不好，也就是我们对其他工作未做好，物价与货币工作、贸易工作、生产工作等都有密切关系，这需要我们深刻认识与今后严加注意”。今后物价的标准，主要是粮食、棉花、食盐的对比合理，以及不过分的暴涨暴落。以索堡为标准，今后要求做到：10 斤米兑 1 斤棉花；1 斗米兑 4 斤盐。要达到这一要求，就必须很好掌握出入口贸易，使物资兑换上，能够得到更多的物资。①

边区政府通过以上各项措施，掌控了出入口贸易，促进了边区经济的继续发展，出现了物价平稳下降的趋势。

边区物价从总的指数看，下降幅度是很大的，若以 1936 年物价指数为 100，则 1944 年的物价，任村：物价总平均指数在 1 月为 47900，3 月为 78000，12 月为 20800；索堡：物价总平均指数在 1 月为 48600，3 月为 56000，12 月为 18900；阳邑：物价总平均指数在 1 月为 66700，3 月为 78100，12 月为 36800。如果分为粮食、外来必需品、山货特产三类来看，则：(1) 粮食是 1 月至 3 月逐渐高涨，3 月以后一直下降，而且降幅在 5 倍以上；(2) 外来必需品是 1 月逐渐上涨，直至 8 月为最高点，到 12 月底则又相当于 1 月之价，有的

① 《太行区工商局银行扩大干部会议决议》，见晋冀鲁豫边区财政经济史编辑组，山西、河北、山东、河南省档案馆编：《抗日战争时期晋冀鲁豫边区财政经济史资料选编》第 2 辑，中国财政经济出版社 1990 年版，第 1118—1123 页。

还低于1月之价;(3)山货特产也是由1月起至3月为顶点,以后又逐渐下降,9月、10月又稍上升,但到12月回跌很大,较1月下跌4倍左右。在出入口贸易、发展生产和货币政策方面,也都取得了可喜的成绩,其中最主要的有以下几点:(1)根据地大规模生产获得丰收,物资力量增加,不同于1942年、1943年之灾荒情况;(2)在出入口贸易方面,努力增加点滴输出,咬紧牙关减少输入,在出入口平衡掌握上有了大的改进;(3)吸取过去对敌区贸易之不等价交换教训,争取有利的物资交换,压低伪钞价格,进而平稳内地物价;(4)在货币政策上,不仅采取稳健和经常紧缩的政策,而且实行了不同地区发行版别不同的冀钞的办法,使太行区不受其他地区物价波动的影响。①

五、抗日根据地的财政税收

抗日战争进入反攻阶段后,为了适应形势的变化,党中央和根据地政府对财政税收的方针政策和税赋征收原则、办法,有步骤地进行了调整、改革,并取得良好的效果。既拓宽了税基,增加了财政税入,满足了军政需要,又调整、平衡了纳税人的负担,使城乡各阶层之间税赋负担更加公平合理。

1944年4月,陕甘宁边区召开高级干部会议,任弼时代表中共中央做了财政经济方针政策的报告,论述了财政政策的三个基本方针:一是"发展生产,增加财富,达到完全自给"。强调当前摆

① 胡景沄:《一九四五年物价汇价之估计》,见晋冀鲁豫边区财政经济史编辑组,山西、河北、山东、河南省档案馆编:《抗日战争时期晋冀鲁豫边区财政经济史资料选编》第2辑,中国财政经济出版社1990年版,第1152—1153页。

在全党面前“最中心的紧迫任务，就是更进一步地努力生产”，必须使边区的农业、手工业、合作社、公营企业1944年都能够获得充分的发展，使边区经济力量大大地增强一步，“以保障我们明年能够达到经济上的完全自给”。二是“公私兼顾，互助合作，一致对外”。主要目的在于：对内求得互助合作，发展经济；对外求得统一步骤，集中力量。公私兼顾，互助合作，而不是只照顾公家不照顾群众，只照顾自己不照顾别人，或损人利己以求自己的发展。如采取分散经营的方式，而领导上则须绝对服从统一的方针，反对不照顾全体的本位主义现象。士兵及一切工作人员、杂务人员劳动的结果，不应全部归公，应以一部分归私，才能更加提高他们对生产的积极性。另为了实行严格的保护政策来保障经济更顺利地继续向前发展，就必须正确地从管理对外贸易中来进行对外经济斗争，“团结内部力量，一致对外”。三是“厉行节约，建立家务，备战备荒”。积蓄力量的办法有两个，就是生产和节约。生产使公私财富逐年增加；节约使财富能够积累，不浪费，更多地用之于发展生产。节约的方针不是要减少必需的消费，而是在于节省根本不需要的开支，以便建立公私雄厚的家务，能在坚固的基础上保持长期的丰衣足食的生活。节约对于发展边区经济，调整生产与消费，节省政府财政开支，保障出入口贸易平衡，稳定金融物价，建立家务，积蓄力量等方面，具有重要的意义和作用。而“贯彻公私兼顾的原则是促进生产节约运动的好办法”。①

1943—1945年间，抗日根据地各边区民主政府，从修订救国公粮征收办法入手，进而实施统一累进税制度，建立和完善规范的税收制度。1944年，根据地的大部分边区，税收制度进入完善阶

---

① 任弼时：《陕甘宁边区财政经济工作的基本方针》（1944年4月），《任弼时选集》，人民出版社1987年版，第306—348页。

段。从1944年开始,无论是实行统一累进税的地区,还是实行多种税的地区,都在总结经验的基础上对原有税制做了进一步修订,使之能有力地贯彻中共中央提出的土地政策、工商业政策,有效地组织财粮收入,保障战争的供给。各地按照1942年毛泽东提出"依一定土地量按质分等计算税率"的办法,普遍采用常年产量作为计算土地资产与收入的标准,大大调动了农民的生产积极性,使税收制度更趋于完善。

在不取消地主的土地所有权,又鼓励资本主义(农村即富农)发展的条件下,相对而言,累进税制有利于平衡各阶级、阶层的利益,贯彻合理负担的原则,1944年后,各边区相继由原来的合理负担改为统一累进税制。新解放区在老区实行统一累进税的基础上,也都颁布了与统一累进税相适应的负担办法的政策。

累进税制分为两种:一种是有起征点的累进税制,就是按人均产量(或收入)或占有的土地面积规定一个最低的标准,达不到这个最低标准的,不予征税;另一种是扣除免征点的累进税制,就是按产量(或收入)规定一个免征额,先从纳税户的计征产量(或收入)中扣除(每人扣除一份,有几个人扣除几份),然后再计算税额。这两种办法,都是从照顾贫苦农民的利益出发,考虑到农民的最低生活需要。起征点和免征点的具体标准,都是根据当时的财政经济情况确定的。

统一累进税使边区政府的财政收入更为合理和稳定,使人民负担更为公平合理,而且从总体上减轻了人民负担,因而得到人民的欢迎。

(一)陕甘宁边区财政税收

从1943年10月到1945年间,陕甘宁边区政府为了促进大生产运动和减租减息运动的深入开展,发展边区经济,实行"合理负担、削弱封建、促进生产、保证供给及简便易行”的负担政策，实行大幅度的财政税制改革，相继修订、改革了救国公粮公草征收办法；颁布和试行统一累进税暂行办法；修订营业税条例。

首先，修订、调整了救国公粮公草征收办法。

1943 年 10 月 23 日，陕甘宁边区政府公布《1944 年度征收救国公粮公草的命令》及《1944 年度救国公粮公草征收条例》。同原有条例相比，新的命令、条例有以下四点变动。

第一，缩小了农村副业的征收范围。边区的农村副业收益，在农民的收入中占有较大的比重。如三边盐池县农村副业收益占农民总收益的 40%以上，绥德几个村子的副业收入占 30%左右，其他地区至少也占 10%以上。在此以前，鉴于农村副业普遍发展和财政困难严重，边区政府明确把副业收入列入救国公粮的征收范围。但如何计征，没有具体标准，只是笼统规定：凡“未纳其他税收之副业所得之纯收益”，均要征收。而在执行过程中，许多地方为了完成征收任务，把副业当成了调剂负担的工具。如公粮征收任务无法完成时，就把副业收益多算一些，某农户负担重了就少算一点副业。这种做法，曾造成某些农户负担过重，影响了农副业的发展。

为了促进农村经济的发展，增加农民收入，改善农民生活，新“条例”提出对副业从轻征收，并在征粮条例中具体规定了农村副业收益征税和免税的范围。规定征税的两个项目：(1) 小手工业——只征收其除去原料成本及生产耗费以外之净利部分；(2) 畜牧业——只征收其繁殖及出卖皮毛收入部分（以市价六折折粮），羊繁殖 10 只以下者免税，10 只以上者，就其超过数计征。规定免税的有五项：(1) 移住难民 3 年内各种农产品及副业之收入；(2) 长脚或短脚运盐部分收入；(3) 新种棉花 3 年以内的收入；(4) 纺织业收入；(5) 农户养猪收入。后来的实践证明，缩小农村副业征收范围,对于大生产运动的开展,对于奖励农民劳动发家致富(包括富农发家致富),均起了好的作用。

第二,分地区规定起征点,提高最高税率。1942年“条例”规定:各县征收救国公粮之起征点每口人以细粮6斗计征,起征率为6%,超过者每递增1斗,即依次累进1%,递增至3石,再不累进,最高征收率为30%。执行结果,上层下层负担较轻,中层负担较重,仍不合理。为了配合减租运动的开展,调节各阶层的利益,刺激生产,新“条例”改按地区分别确定起征点和起征率,绥德分区以5斗起征,起征率为3%,直属三分区及陇东、关中一部分征米地区均以6斗起征,起征率为4%,陇东、关中两分区的征麦地区,均以8斗起征,起征率为6%。同时,把最高累进率提高为35%,中间各级的税率,按照各阶层的收入情况,跳跃式地分别确定,使负担大体趋于公平合理。

第三,改进公草征收办法。自1943年起,救国公粮及公草合并征收。为避免公草损耗与浪费,规定需草地区凡所征之草能满足需要者,实行征草,不需草地区或交通困难不能供给需要者,折征粮食。

第四,发扬民主,合理组织征收。历年来边区征粮有两种不同的工作方法:一种是按“条例”征收与民主评议相结合的正确方法;另一种是采取简单的层层摊派的方法。为了切实有效地纠正后一种做法,边区政府在颁发的“条例”或指示中,再三强调征粮工作必须发扬民主,真正做到公平合理。1944年的征粮“条例”规定,乡政府或行政村之评议会,“应由人民推选公正无私、熟悉地方情形之党政干部,劳动英雄及能照顾各阶层利益的人民代表组成”;各户公粮负担数目经评议会决定后,“须经各村村民大会或乡参议会通过实行”。1944年的征粮工作指示又强调指出,应征公粮数目,根据具体情况,“分配到乡为止,乡以下须经过调查研究和民主评议的方式分配”。各村接到具体任务后,可召开村民会议,按调查与条例计算结果,将各户应征数目公布,并可发动群众自报收获量和负担数目,但不做最后确定,同时向群众说明这只是初步决定,还要依据确实材料增加或减少,并给以三天到五天的时间,“以启发会后的酝酿”;会上并选出公正的评议员,组成评议会。然后再开第二次村民会议,由评议会根据材料,提出各户负担的修正意见,“启发群众再提意见,如有争执的问题,由大家讨论解决”。

接着,在改进和调整救国公粮公草征收办法的基础上,进一步深入税制改革,颁布和试行统一累进税暂行办法。

1943 年 9 月 11 日,陕甘宁边区政府制定颁布了《陕甘宁边区统一累进税暂行办法》及《陕甘宁边区农业统一累进税暂行办法施行细则》,并决定在绥德、延安、庆阳三县先期试行。一年之后,边区政府在财政厅所拟修正试行草案的基础上,1944 年又公布了《陕甘宁边区农业统一累进税试行条例》,宣布在延安、绥德、庆阳、赤水、靖边等五县试行。1943 年的《农业统一累进税试行条例》“即行作废”。[①] 1945 年继续在上述五县试行。农业统一累进税是从征收救国公粮演进而来的,是带临时性的救国公粮的发展和提高,“是一个新的伟大的创造,是一个正规的税制”。[②]

农业统一累进税同原来的税制比较,其改革的主要内容有以下几点。

一是由原来的农业收益课税,改为增征土地财产税。救国公

① 陕甘宁边区财政经济史编写组等编:《抗日战争时期陕甘宁边区财政经济史料摘编·第六编·财政》,陕西人民出版社 1981 年版,第 194—219 页。

② 南汉宸:《关于农业统累税的试行》,《解放日报》1943 年 10 月 10 日。

粮只是就农业收益课税,农业统一累进税则改为:对土地所有者不仅征农业收益税,还要征缴土地财产税。增征土地财产税的目的,是要把农民的所得与地主所获的地租区别对待,以逐渐削弱封建剥削,促进食租地主转化为工商业资本家,调动农民(包括富农)的劳动生产积极性。

土地财产税以土地为征收对象,以土地常年产量为计征标准。凡出租土地依边区租佃条例执行减租者,其定租、活租、伙种地、安庄稼等土地,财产税本为常年产量的15%,定租、活租土地税之计算最高不得超过租额的50%,凡自耕地以其常年产量15%为土地税本。为什么规定计算定租、活租土地税时最高不得超过租额的50%呢?这是因为当时边区各地的租率悬殊较大。定租、活租的税率,未分配过土地的地区,一般为40%—50%,有的高于50%;已分配过土地的地区则普遍较低,例如警备区一般租率约为21%—26%,直属县约在10%左右,延安县有的租率在5%以下。①1942年12月29日公布的《陕甘宁边区土地租佃条例草案》规定,减租后定租、活租的租率最高不得超过30%,当租率为30%时,15%的土地税本恰为租额的一半,如租率低于30%时,15%的土地税本将超过租额的一半,租率特低的可能出现全部租额尚不足以缴纳土地财产税的情况。为了使地主与地主之间出租地的土地税本一致,有利于团结各阶层抗日救国,所以在计算土地税本时规定了最高额度。

伙种地、安庄稼这两种租佃形式则有所不同。根据绥德和延安的调查材料,伙种地在经过土地革命区域为中农与中农或中农与贫农之间的租佃关系,在未经过土地革命区域则为小地主与农

① 统累税研究组:《农业统一累进税总结》,见西北行政委员会财政局编:《陕甘宁边区农业税资料汇编》,西北行政委员会财政局1954年刊本。

民之间的租佃关系。凡伙种出租土地者多为无劳动力的农户或抗属、工属及小地主。安庄稼与伙种地的区别不大,因为它有另外的附带条件。对这两种土地出租形式,在减租运动中都有所照顾,政府明确规定:伙种地按原租额减10%—20%,减租后出租人所得最多不超过收获量的40%;安庄稼按原租额减10%—20%,减租后出租人所得最多不超过收获量的45%。由于伙种地、安庄稼原租率较高(一般是对半),减租后的租率仍高于定租、活租制的租率,所以在计算土地税本时不需要另行照顾。

自耕地的土地税本也规定按常年产量的15%计算,因为自耕农既是土地所有者,又是土地经营者。土地财产税是对土地所有者征收的,在计算税本时自耕地与出租地应保持一致。但这只是表面上的一致,实际上自耕农加上15%的土地税本,同时又减去15%的生产消耗,等于不出土地税。

二是改变了计税标准。救国公粮课征的各项收入——地租及畜租,耕种土地所获的农产品、农村副业收益,均以当年实际所得数作计税标准。试行农业统一累进税的,计税标准改为:土地财产税及土地收益税均按土地常年产量计税;农业收益部分,自耕农按常年产量的15%扣除生产消耗,佃耕地除扣除生产消耗外,并扣除缴纳的地租后计税;地租收入按减租后实得租额计税,农村副业及运输业以纯利八折、牧畜业以市价六折折粮计税。

这个改变,解决了三个问题:第一是解决了努力生产的勤苦农民所得与不劳而获的地租等量齐观的不合理问题;第二是解决了每年征收多少不一,影响农民生产积极性的问题;第三是解决了按实际产量计税年年评议带来的手续烦琐问题。

以土地常年产量作为土地财产税和土地收益税的计税标准,是税制上一项主要改革。做好这项改革,关键在于土地登记是否确实,常年产量评定是否恰当。

三是调整了累进税率。农业统一累进税率采取“分计合累”的税制,就是把收益税与土地财产税分别算出税本之后,合并累进征收。起征点、累进率与最高率的规定,基本上与救国公粮征收“条例”的规定相同,只是对级差和分级税率做了一些调整。

这次税制改革贯彻了以下原则:第一,由公粮的临时分配税,提高为正规的定率税,克服分配税的弊端;第二,由公粮按实际收获量征收,改为以土地的常年产量作征收标准,克服按实产征收不能刺激农民生产的弊端;第三,由单纯的收益税,改为既征收益税,又征土地财产税,对农民的农业生产收入,又扣除一定的生产消耗;第四,降低下层税率,提高上层税率,使各阶层负担更趋于合理。

农业统一累进税的试行,得到了广大农民的拥护。但因干部文化水平较低以及税制本身尚欠简便,未能普遍实行,以致 1943 年后主要仍以公粮形式征收。

最后,1944 年对营业税制进行了修订。

随着陕甘宁边区商业的发展,政府征收的营业税也不断增加,但在剔除物价上涨的因素后,商人的负担不但没有增加,反而相对地有所减轻。这样,反映在人民负担上商轻农重的现象非常严重(商人负担一般不及农民负担的 1/3)。为了便民利商,使税收负担更加合理,边区政府于 1944 年 7 月对营业税条例做了进一步的修订。

这次修订主要有三点:(1)根据物价上涨情况重新调整了起征点和累进级差。起征点由原来的 2500 元调高到 5000 元。(2)提高了累进税率。为了合理解决农商负担不合理问题,最高累进率由 30%提高到 35%,与农业累进率持平。(3)改变了临时营业税征收办法。为了从各方面配合,争取必需物资的入口,将临时营业税率大为降低,同时根据过去累进率经验,商人化整为零,所以由累进税率改为固定税率,由原来最高税率30%改为必需品8%,非必需品10%,边产边销者8%。①

农商负担是否合理问题,是陕甘宁边区提出的一个实际问题,但究竟如何求得平衡合理,两者之间如何比较,一直有不同看法,争论较大。

由于大生产运动的开展,农民收入增加,粮草征收任务调减,边区农民的负担是逐年下降的。同时,由于救国公粮征收办法的修订和农业统一累进税的试行,各阶层的负担也进一步公平合理。

1944年边区农业大丰收。随着生产的发展和减租运动的深入,各阶层的经济地位变化较大:地主经济普遍下降,富农经济得到发展,中农经济比重增大,部分贫农已上升为中农。同时,这一年边区政府的征收任务又有所减少。因此,各阶层的负担比例一般都下降,特别是富农的负担比例下降得多,负担后的剩余也多。

1945年边区遭受严重旱灾,农业减产较多,各阶层的负担能力减弱。由于边区政府及时调减了征收任务,帮助农民抗旱抢种,减轻灾害损失,负担比例比1944年又有所降低。各阶层间的负担情况,与1944年的趋势基本相同。

1943年到1945年各阶层的负担是逐年减轻的。具体的负担比例大体是:贫农3%—5%,中农6%—8%,富裕中农7%—10%,富农9%—13%,地主20%—30%。至于雇农和移住难民,则基本上没有负担。边区政府确定的"削弱封建、奖励生产、公平合理、保障供给"的负担政策得到落实。

① 边区财政厅税财政厅:《历年农业负担基本总结》(1949年),见陕甘宁边区财政经济史编写组等编:《抗日战争时期陕甘宁边区财政经济史料摘编·第六编·财政》,陕西人民出版社1981年版,第152—156页。

(二)晋察冀边区财政税收

晋察冀边区是较早实行统一累进税的地区。为了蓄养民力,坚持抗战,促进和支持农村经济的恢复和农业生产的发展,1944年5月6日边区政府发出了减轻公粮征收的布告,确定北岳区1944年度统一累进税每分负担最高不超过8.5市升;冀中、平北及冀热边各地区,除加强对敌战斗减轻敌伪勒索外,亦厉行精简政策,适当减轻征收数量。与此同时,政府举办了2000万元的牲畜贷款和16000小石的贷粮,900大石的赈粮,用于恢复灾民、贫民的生产力。

1944年是边区收成较好的一年,1945年收成也不错,农业生产的改善,不仅支持了边区的对敌反攻,而且也增加了农民的收入,改善了农民的生活。据晋察冀巩固区7个村的调查,1943年每人平均总收入折米为639斤,1944年为658斤,1945年为759斤。1945年比1943年增加18%,其中农业收入增加22.4%,工商业和副业收入增加5.1%。

在农村经济恢复和发展过程中,以中农经济和工商业者恢复最快。到1945年,中农不仅在人数上,占有土地上超过了总数的一半,而且成为农村中收入水平较高的一个阶层,工商业者的收入也大大超过了地主、富农的收入水平,成为最高的收入者。中农和工商业者经济的迅速上升,这反映了减租减息运动的深入和工商业及家庭副业在税收上实行优待政策的效果。对于发展边区的工农业生产,解决财政困难,起到很好的作用。

随着农村经济的恢复和财政政策的实施,边区人民的负担也有较大的变化:一是负担比例下降;二是各阶级之间的负担进一步合理;三是中农成为出粮最多的一个阶层。抗日战争反攻以前,边区处于对敌斗争尖锐复杂而财政又最困难的阶段。人民的负担都是比较重的。进入反攻以后，随着军事形势和农村经济的变化，负担有所减轻。1945 年全边区（不包括冀东区）征收的统一累进税为 115 万大石米，加上村款负担，每人平均总负担为 36.2 市斤米，比 1941 年的 49.4 斤减少 27%；负担占收入的比例由 15%左右下降为 9%；军政人员占总人口的比例由 5.9%下降为 1.5%。

1945 年由于对日反攻作战的需要，边区军队人数增加较多，加之部队忙于作战，攻占县城，参加大生产的时间减少，自给的比例下降，边区政府在这一年征收的税额又有所增加。上面谈到的数字，是在征收额稍有增加情况下的数字。如果从 1944 年征收额减少的情况看，负担比例下降的幅度还要大一些。为了便于比较，下面根据有关材料推算，几年来的负担统计如表 19-33 所示。

表 19-33　统一累进税制下人均负担统计（1941—1945 年）

项目 年份	征收统一累进税（万大石米）	人均负担正税及附加（市斤米）	每人负担统一累进税（市斤米）
1941	124.5	49.4	20.25
1942	103.74.7	45.0	16.87
1943	74.7	40.0	12.15
1944	70.6	37.4	11.47
1945	115.9	36.2	18.63

资料来源：陈廷煊：《抗日根据地经济史》，社会科学文献出版社 2007 年版，第 467 页表 13-1。

各阶层之间的负担分配，原来大部分集中在地主、富农身上，1941 年前后，北岳区的地主负担平均占到总收入的 60%以上。到了反攻阶段，地主富农经济均下降，地主经济下降更厉害，负担比例也相应下降；相反，贫农、中农随着经济收入的增加和负担面的扩大，负担比例虽然低但较前略有增加，贫农原来没有负担的后来也多少负担了一点，总之，各阶层之间的负担比以前更加合理了。

因在农村经济恢复过程中,中农经济恢复较快,收入增加幅度也大,这一特点,在负担上也能反映出来。在晋察冀边区,中农一直是一个人数不少的阶层,但是在抗日战争前期,中农交纳的粮食和钱的比重还不大,一般只占征收总额的20%左右。随着减租减息运动的深入,地主、富农的土地逐渐分散到中农手里,中农逐渐成为农村的主要阶级成分,负担量也就相应集中到了中农身上,使中农成为既出力又出粮的主要阶层。据北岳区巩固区调查,中农缴纳税款占征收总额的比例,1942 年为 40.39%,1943 年为 47.79%,1944 年为 53.54%,1945 年为 51.78%。1945 年由于工商业发展,负担了一部分税款,使中农交款的比重有所下降;在工商业恢复较慢的地区,中农缴纳的税款估计达到60%左右。

(三)晋绥边区财政税收

同陕甘宁、晋察冀边区一样,晋绥边区的税制变革,也是以修订统一救国公粮条例作为过渡,不过最后没有发展到实施统一累进税制。

1944 年,晋绥边区政府根据形势的发展和农村阶级关系的变化,对统一救国公粮条例又进行了修订。修订的要点、办法如下。

(1)为照顾各阶层利益,在"条例"中特别增补了以下内容:自1943 年秋以来,为扩大生产而买入之土地,其财产暂免征税。1943 年秋季新买地的贫苦农民,其全部自种地产粮每人平均在一石米以下者,"其新买地之收入暂以五成折米计算"。同时,对荒地财产税的征收范围缩小。

(2)为奖励农工业生产及农村副业发展,提高了免征点,如对摊挑小贩及作坊,原"条例"规定,摊挑小资本额折米 1 石 5 斗米以下者,其纯收益以 4 成计算,在 3 石米以下者,以 5 成计算,超过 3 石米以上者"同商业";作坊的纯收益,以 7 成计算。新"条例"

修正为：农村之摊挑小贩、作坊，无论专营或兼营，其计算办法如下：资本额在2石米以下者不计收入；2石零1升至4石米以下者，其纯收益以5成计收入；4石零1升至6石米以下者，以7成计收入；6石米以上者"依营业税计征"。对农村副业，原"条例"规定，畜养免征，其他副业不超过1石米者免征，超过者其超过部分以7折计征。新"条例"修正为，畜养、蚕蜂免征，其余副业收入全家在1石米以下者免征，超过者依下列折合征收其超过部分：1石零1升至2石米以下者以5折计；2石零1升米以上者以7折计。还把奖励劳动英雄明文列出："行政村以上之劳动英雄所种地之产量，应以同等地一般产量计算。"

1943年取消工农业税改为统一征收公粮后，商人负担大大增加。如兴县一个中等商人1942年出公粮12石多，到1943年增加到25石多，以致商人纷纷转业。为了刺激商业发展，1944年又改为单独征收营业税，以纯利的7成计征（营业税限于城镇工商户，农村兼营工商户仍按统一征收公粮）。

（3）为了保证军火供应，打击敌人，规定凡属一切炼铁、熬硝、挖硫磺、制造火药诸企业及其工人之所得均免征公粮。[①]

1944年修订的"条例"，执行了一年，到1945年，边区政府根据前两年执行的经验和问题，公布了《晋绥边区修正公布征收条例》。这次公布的"条例"，又做了以下三处修订。

一是农业收入改按土地通常产量计征。1943—1944年的统一救国公粮征收办法，农业收入都是按照实产计征的，各户的实产是通过调查评议确定的。这种办法，在执行中有高估产、抓大头等偏向，不利于生产发展。从1945年开始，规定农业收入以所种土

① 晋绥边区财政经济史编写组等编：《晋绥边区财政经济史料选编·财政编》，山西人民出版社1986年版，第223—227页。

地平常产量计征。平常产量依土地质量照顾道路远近,亩数大小等条件,并参照五年来一般产量确定。平常产量确定后,依产量多少划分等级,按等计征。对于因生产劳动之努力不同,实际产量超过或不足者,仍按一般标准计算。但贫苦抗属、孤寡、老弱、残疾,无劳动力或劳动力不足之贫苦农民或因生活逼迫未能按时在自己的地内耕作,致使产量特低者,酌减等级。

二是计征"资产米"。资产米是对"地主富有者的隐蔽资财进行增征的一种财产税。1943 年深入贯彻减租减息政策和实行统一累进税以后,农村经济关系变化很大,有些富有者为了减少负担,纷纷取消或缩小生产规模,负担很轻。相反的,有些贫苦农民由于买进土地,有了收入和财产,负担相对增加,生活仍然困难。为此,边区政府确定另征资产米。资产米按照地主富有者匿积的资财,估计折米征收,通过民主评议的方式确定。征收资产米,对地主富有者"转移财产逃避负担,是一个打击,对他们发掘资财投资生产是一个刺激,对各阶层负担也有调节作用"。这种办法虽然科学合理,但执行起来很易发生毛病。由于调查困难,边区在执行中曾发生过冒犯等偏向。①

三是按"产余粮"计征。原来的征收办法,是按全户的富力总数计算,规定一个起征点,不够起征点的免征,在起征点以上的户其全部富力均要按比例计征。修订后改为:全户总粮数内(小米)应扣除其全户必要消费粮。此项消费粮不论长幼每口五斗。这样,就变成了有免征额的累进税。这是另一种形式的累进税。

1943—1945 年间,晋绥边区政府对税制连续三次调整、改革,

① 陈希云:《晋绥财经工作报告》(1946 年 6 月 19 日),见晋绥边区财政经济史编写组、山西省档案馆:《晋绥边区财政经济史资料选编·总论编》,山西人民出版社 1986 年版,第 740 页。

调节了不同阶层的税负负担，使税负负担更加公平合理，调动了农民生产积极性，促进了生产的发展，也增加了政府的财政收入。

1943年到1945年的三次税制改革和粮赋征收，是在农村经济逐渐恢复和财政状况稍有改善的情况下进行的。1944年晋绥边区的农村经济恢复很快。1940年边区政府管辖的地区，共有耕地面积11742082亩，1944年耕地面积达到13387213亩，增加14%；粮食总产量，1940年估算为93.9万大石，1944年达到184万大石，增加95.9%。① 棉花种植面积，1940年为5万亩，1944年扩展到18万亩（机关部队所种未计在内），增加2.6倍；棉花产量由1940年的25万斤增加到1944年的130万斤，增加4.2倍。畜牧业也恢复得不错。新政权建立前，牲畜比战前减少40%以上，1941年到1943年，仅兴县、临县、河曲、保德四县的牲畜头数，即比新政权建立前增加50%以上。② 农村经济的恢复与发展，使边区的农产品到1944年达到全部自给，粮食还有相当数量的剩余。

财政收支状况也明显改善，主要反映在两个方面：一是银行透支数减少。银行透支占预算支出的比例，1940年为30.7%，1941年为20%，1942年为5.7%，1943年没有透支，1944年为7.1%，1945年为14.7%。③ 二是抗日部队生活水平提高。

边区财政状况的改善，并没有增加农民的负担，而是靠开源节流，增加收入，节约支出的结果。在收入方面，自1943年后，工商税收和药品的收入增加很多。上述收入占财政收入的比例，1942年为26.5%，1943年为85.3%，1944年为79.7%，1945年为48.7%。④ 在

① 《边区政府一年工作总结》（1944年），其中1940年的粮食总产量是按耕地面积和每亩平均产粮8升估算的。

② 《晋绥边区的战斗生产与建设》，《解放日报》1944年12月28日。

③ 根据晋绥边区移交西北财政收支决算资料计算。

④ 根据晋绥边区移交西北财政收支决算资料计算。

支出方面,主要是开展了大生产运动,部队和机关自己解决了部分经费,也就是靠“取之于已”。据晋绥边区财政上的统计,1943—1945 年军队和行署自给经费的比例如表 19-34 所示。

表 19-34　抗日部队和行署自给经费百分比统计(1943—1945 年)

(单位:%)

项目＼年份	1943	1944	1945
部队自给部分占全部经费的百分比	14	51	42.8
行署自给部分占全部经费的百分比	36	71	97.0

资料来源:晋绥财政处:《晋绥过去九年财政工作概要检查报告》(1949 年 5 月),见陈廷煊:《抗日根据地经济史》,社会科学文献出版社 2007 年版,第 472 页。

晋绥边区政府考虑到农村经济刚开始恢复,农民收入和生活水平很低,原来的负担较重,在安排统一救国公粮的任务时基本上没有增加,尽可能让农民能够休养生息。1943 年征粮,正税征收任务同 1942 年差不多。1944 年的生产虽然大大增加了,人民生活也有相当的改善,但是政府根据减轻人民负担,发展生产,扶持贫苦农民经济上升的方针,对 1944 年的公粮任务不但未增加,反而减少了 1.4 万大石。① 1944 年 8 月,由于抗日战争由防御转入全面反攻,军政人员迅速增加(由原来的 5 万人增到 6.9 万人,到日本投降前增加到 12 万人左右),财政收支困难很大,因此在 1945 年的征粮中,不得已又增加了征收任务。

1943 年征粮完成 220856 石米,1944 年征粮完成 215313 石米,1945 年征粮完成 358483 石米。这三次征粮,从绝对数来讲,

① 《抗战日报》1944 年 8 月 1 日,见陈廷煊:《抗日根据地经济史》,社会科学文献出版社 2007 年版,第 473 页。

比前几次征粮还多一些，这主要是由于地区有扩大，同时各种税收统一于公粮征收，数字也相应增大。但是，从负担占收入的比例看，则是下降的。就是1945年的征粮，负担增加后，负担比例也比1941年以前降低。各年征收的具体数字比较如表19-35所示。

表19-35　实征粮数及占总收入比例统计（1941—1945年）

项目 年份	实征粮数（大石米）	负担占总收入比例（%）
1941	207604	24.6
1942	161587	17.4
1943	220856	19.6
1944	215313	19.4
1945	358483	21.0

资料来源：陈希云：《晋绥财经工作报告》，《晋绥边区1940—1948年公粮收支总结表》。负担占总收入比例为典型调查材料。每大石为260市斤。

1943年开始实行统一救国公粮后，各阶层负担的变化，主要表现在地主、富农的负担比例提高，中农的负担比例略有下降，贫农的负担变化不大。地主、富农的负担比例增大，一方面是由于减租减息深入贯彻以后，经济收入减少；另一方面则是累进税率执行以后，负担增加，特别是1945年又增征资产米，对地主影响较大。

据兴县33个村、保德13个村、临县4个自然村统计，1943年各阶层负担占收入比例如表19-36所示。

表19-36　兴县、保德、临县各阶层负担占收入百分比统计（1943年）

（单位：%）

县别 阶层	兴县33村	保德13村	临县4村	平均
地主	53.2	37.5	62.8	48.6
富农	38.3	30.1	45.2	33.9

续表

县别 阶层	兴县 33 村	保德 13 村	临县 4 村	平均
中农	23.9	19.3	24.2	20.2
贫农	7.9	7.9	9.1	8.0
其他	15.6	14.6	—	14.8

资料来源:陈廷煊:《抗日根据地经济史》,社会科学文献出版社 2007 年版,第 474 页表 13-4。

1944 年各阶层负担,根据 8 个县不完全统计,地主负担占收入的 39.3%,富农占 32.7%,中农占 20.3%,贫农占 7.47%,其他阶层占 6.67%,平均为 19.35%。同上年比较,地主的比例下降了,中、贫农则没有多大变化。

1945 年各阶层的负担,兴县、临县、五台、静乐、宁武、神池等县城 8 个自然村的调查统计显示,负担占实际收入的比例,地主为 40%,富农为 33.2%,中农为 18.2%,贫农为 10.66%,其他阶层为 3.44%,平均为 21%。从这个材料看,各阶层负担大体平衡。但由于按通常产量计征没有得以贯彻,同时存在乱计资产米的现象,因而实际上负担还是不平衡的,出现了一些偏差。特别是计征资产米,不仅打击地主有些过头,而且还伤害了某些中农和贫农的利益。

总体上说,这三次征粮执行情况是较好的,不仅保证了军事上的粮食供给需要,同时削弱了封建经济,鼓励了资本主义经营,扶持了中贫农经济的向上发展。

(四)晋冀鲁豫边区财政税收

抗日战争后期,晋冀鲁豫边区进行了重大的税制改革,而且时间比陕甘宁边区更早。1943 年 4 月 25 日,晋冀鲁豫边区政府就公布了《统一累进税暂行税则》,主要内容如下:

(1)边区政府根据各阶层不同的负担能力与保证抗战财粮供给的需要,确定各阶层的负担比例(负担占总收入%)为:地主48%—60%,富农28%,中农13%,贫农3%—5%。

(2)统一累进税施行细则规定:统一累进税的负担面,负担人口以80%为标准,但个别县区可以超过80%,或者降到70%,如超过90%以上,或降至70%以下者,由专署核准报边区政府批准备案;具体到每一个村,负担面可以超过90%以上,亦可降至70%以下。

(3)晋冀鲁豫边区的统一累进税办法同晋察冀边区的办法比较,征税范围较窄,免税面较宽。在资产方面,只就耕地一项征税,其他各种资产一律免税。

(4)统一累进税,以“富力”为计算单位,以“分数”为征收计算单位。土地与各种收入折合“富力”的办法不同,农业收入与工商业收入折合富力和扣除消耗的办法也不同:土地以亩产60市斗谷(约合750市斤)折1富力;农业收入,以亩收入10市斗谷(约合125市斤)折1富力;农业以外的各种收入,均按纯收入计算。工业性质的纯收入,按当地时价折谷,每15市斗谷(约合187.5市斤)折1富力;商业及其他纯收入,按当地实价折谷,每10市斗谷(约合125市斤)折1富力。其收入为实物者,实物以市价折谷计算。

(5)累进税率的设计,是按照边区的财政需要与人民的负担能力综合确定的。当时估算,每人平均土地和各种收入的总富力是:最高户为64.5富力,地主一般为31.5富力,富农一般为13富力,中农一般为5.3富力,贫农一般为1.1富力。农业与工商业的税率,是分别规定的。农业部分是把土地和农业收入折合富力,合并累进征税。农业税共分7等,税率起码数为3厘,最高税率为2分5厘。工业税等,共分4等,税率起码数为2厘,最高税率为2

分8厘。

(6)税则规定,免征点为1.2—1.5富力。统一累进税则的修订:边区颁布的统一累进税,执行了两年,效果很好。它既保证了财政收入任务的完成,又配合减租减息交租交息政策,削弱了封建地主经济,促进了土地的进一步分散,调动了广大农民的抗日积极性。特别是存粮存款不征税,家族副业和羊群不征税,按平常年景评定产量征收,开荒地定期免税,工业收入从轻征税等政策规定的执行,调动了农民的生产积极性,促进了农村经济的恢复,人民积蓄的增加与生活的改善。边区的生产面貌大为改观,财政困难也大大减少。征收的粮食,除了满足军需以外,还可以拿出一部分作"资本",到敌占区去做生意,换取边区缺乏的物资。

1945年边区政府对统一累进税暂行税则又做了修订,主要有以下四点。

一是土地不再征收资产税。原来规定,各种资产只就耕地一项征资产税。由于减租减息深入贯彻以后,土地进一步分散,中农、贫农成为土地的主要占有者,继续将土地分别计算资产税和收入税,已失去实际意义。

二是减少了税粮等级,提高了起码税率和最高税率。这主要是从财政需要方面考虑的。1943—1944年,由于农村经济下降,边区财政曾大幅度地减免了公粮征收任务,部队的供给压到了最低标准。战胜灾荒以后,农村经济有所恢复,农民生活有所改善,为了恢复部队原来的供给标准,边区政府在1945年适当增加了公粮征收任务,相应提高了税率。减租后中农比重增大,公粮负担主要靠中农来承担,这也需要相应调整原来的税级和累进率。

三是适当降低了免税点。1943年规定免税点为1.2—1.5富力。修订后规定为1—1.5富力,以县为单位统一规定。其扣除办法是:(1)1户1口人,扣2个免税点;1户2口人,扣2个半免税点;1 户 3 口人以上,每口扣除 1 个免税点。(2)如每人平均不足一个免税点者,概行免税;超过一个免税点者,只就超过部分累进征税。(3)为优待抗战军人及民政工作人员家属,凡抗战在伍军人及脱离生产之民政工作人员、教职员(小学教员在内)、杂务人员、医务人员均在其家庭内扣除一个免税点。(4)凡参加军队之在伍军人,因家无劳力耕作不得不雇用长工者,满 9 个月时在其家庭内扣除一个免税点,4 个月以上者扣除半个免税点。(5)雇工在外佣工 4 个月以下者扣除一个免税点,7 个月以下者扣除半个免税点。

四是为奖励种棉,其土地收入均按土地应产量计算,如植棉因天灾每亩收不到 15 斤棉花时,不出负担(估计收不到 15 斤棉花的耕地,不提倡种棉)。①

1943—1944 年,统一累进税连续实行了两年。1945 年在总结前两年经验的基础上,又进行改进,颁布《新解放区暂行统累税简易办法》,在新解放区统一推行,对各阶层的负担比例进行控制,除贫农、中农与老区的负担比例相当以外,对于富农、地主的负担比例,有所提高。《新解放区暂行统累税简易办法》规定:一般富农的负担比例应在 25%以上,地主在 40%以上。独立的工商业应不超过 25%,比较规模大的工矿业,1945 年秋暂不负担,待另定专门负担办法后施行。此外,还规定城市中之自由职业者、以出卖劳力为生的工人、各种苦力等,均不负担。

农业税以“标准亩”为征收的计算单位,根据土地平年产量将土地分为三等,其折合办法是:下地 2 亩折标准亩 1 亩,中地 1 亩折标准亩 1 亩,上地 1 亩折标准亩 2 亩,以每户每人平均标准地之

---

① 《晋冀鲁豫边区统一累进税暂行税则》(1943 年 5 月颁布,1945 年 7 月修正),见晋冀鲁豫边区财政经济史编辑组等编:《抗日战争时期晋冀鲁豫边区财政经济史资料选编》第 1 辑,第 1033—1048 页。

多寡,计算"分数"。"标准亩"的折合,中等地每亩每年平均产量不得低于1石6斗,不得高于2石(以谷计算,16两秤,13.5斤为1斗)。农业税,凡在家内计算人口者,每人均扣除1亩标准地的免税点以后再计算分数,不足1亩标准地的概行免税,超过1亩标准地者,只就超过部分计算征税。具体税率如表19-37所示。

表19-37　晋冀鲁豫边区税率标准统计(1945年)

项目 税率等级	扣除免税点每人平均标准亩	每1分地应计分数
1	0—2亩	1厘
2	2.1—5亩	1厘2毫
3	5.1—10亩	1厘8毫
4	10.1—15亩	2厘5毫
5	15亩以上	3厘5毫
6	20亩以上	3厘5毫

资料来源:陈廷煊:《抗日根据地经济史》,社会科学文献出版社2007年版,第479页表13-5。

工商业税按资本之多少征税。工商业户的资本不足1万元冀钞者,概行免税,超过1万元者,只就超过部分征税。工商业税共分六等,各等计算的标准如表19-38所示。

表19-38　晋冀鲁豫边区工商业税等级计算标准统计(1945年)

项目 税率等级	扣除资本1万元后的资本额(万元冀钞)	每100元分数应计分数
1	0—5	2毫
2	5.01—10	5毫
3	10.01—15	1厘2毫
4	15.01—20	2厘5毫

续表

税率等级 \ 项目	扣除资本 1 万元后的资本额(万元冀钞)	每 100 元分数应计分数
5	20.01—30	4 厘
6	30 以上	4 厘

资料来源:陈廷煊:《抗日根据地经济史》,社会科学文献出版社 2007 年版,第 479 页表 13-6。

农村中半农半商之农户,其商业部分合并于农业中征收。农户之商业部分只就其纯利征税。其征收办法是,先将该村标准亩相当之产量(谷市石)按当时市价折款,然后把商业纯利折算成标准亩,据以计算其负担。

(五)山东根据地财政税收

同其他边区一样,山东根据地民主政权也对救国公粮及税赋征收办法进行了修订、改进,实施时间和具体办法,大同小异。

1944 年 3 月 26 日颁布《山东省战时行政委员会对各行政区征粮办法指示》,对救国公粮原有征收办法提出了以下改进意见:(1)累进分级可以地亩多少为标准,也可以收入多少为标准。以地亩多少为标准时,应按照土地的不同情况分别确定产量,并折合成"标准亩"("中中亩")来计算负担。以收入多少为标准时,应按各级土地的平均产量来计算收入,勤劳者多产不多计,懒惰者少产不减计,借以奖励农民增加生产。(2)出租地及租种地的计算方法应当区别对待,不劳而获的收租地主负担应当稍重,勤劳生产的农民及经营地主的负担应当稍轻,佃农收入较少生产成本较大,其负担应比自耕农更轻。(3)累进率的确定,要照顾贫苦农民的负担能力,又不使富农负担太重。(4)雇工参加生产,其工资超过政府之最低标准者可作雇主家人口计算(特殊情况下雇工工资低于规定的最低标准者可作半口计算);寡居、老弱等及贫苦抗属,可酌减若干免负担地或免负担粮。①

对田赋征收办法,1944 年渤海区和胶东区均做了改进。渤海区原规定每亩征收田赋税 20 元,1944 年改为按每亩产量多少分四等征收:一等地征 20 元,二等地征 16 元,三等地征 12 元,四等地征 8 元。② 胶东区 1944 年规定:田赋与公粮分别计算,同时征收。田赋按粮食计算后,再一律按当地市价折征北钞(北海银行发行的纸币)。敌占区及八路军占劣势的游击区,仍按习惯办法征收(包括一、二、三等地的办法,按旧地亩或按银两的办法)。行政区及八路军占优势的游击区,上期田赋一律按各级地平均产量的 1%征收,下期田赋按产量的 3%征收。

对基本区征收救国公粮,渤海区和胶东区根据山东省行政委员会提出的改进原则做了若干修订。渤海区废除了按阶级分等计征的办法,改按产量累进征收。产量计算,按土地等级评定。鉴于出租地的租额不高,减租与未减租之地主,均按实收租额计算负担;佃户负担也按实际收入(扣除交纳地租与成本)计算。起征点定为 120 斤,凡每人平均产量在 120 斤以下的户,免征救国公粮,每人平均产量在 120 斤以上的户,累进计征,最低税率为 2%,最高税率为 40%。新解放区的税户按统一办法计征后,减征 1/3。

胶东区主要是增加了对水浇地、棉田、稻田负担的优待规定。1944 年用打井或其他方法能经常用水浇地的,浇地一亩者,减该户总产量 50 斤计算公粮,浇地二亩以上者,减该户总产量 100 斤

① 山东省财政科学研究所、山东省档案馆合编:《山东革命根据地财政史料选编》第 4 辑,山东省档案馆 1985 年刊本,第 110—112 页。

② 《渤海区行政公署关于秋季征收公粮田赋补充指示》(1944 年 9 月 14 日),见山东省财政科学研究所、山东省档案馆合编:《山东革命根据地财政史料选编》第 4 辑,第 168 页。

计算公粮;新植棉田百斤以上者,减该棉田平均产量 50 斤计算公粮,种棉一亩产棉百斤以上者,减该棉田平均产量 75 斤计算公粮;1944 年的水稻田,降低一个土地等级计算产量,开荒种水稻者,三年内免征公粮。

游击区征收救国公粮办法的改进:渤海区对游击区单独规定了征粮办法。救国公粮以户为单位,按每人平均秋收面积多少,分别确定每亩负担分数,按全村每负担分应摊公粮任务数算出各户的公粮负担数。

胶东区对游击区的减征照顾进一步做了具体的规定。八路军占优势的游击区,最多可以减征税额的 30%(实征 70%),八路军占劣势的游击区,可以减征税额的 30%—60%。并且规定:八路军占劣势的游击区,凡按一、二、三等地征收者,减征后公粮、田赋合计,一等地每官亩实征 1 斤 8 两到 1 斤 12 两,二等地每官亩实征 1 斤到 2 斤 5 两,三等地每官亩实征 2 斤 8 两到 2 斤 15 两;按旧地亩征收者,减征后公粮、田赋合计每官亩实征 2 斤到 2 斤 5 两;按银两征收者,减征后公粮、田赋合计,每两银子实征 85—100 斤。①

1945 年 4 月 21 日又公布了《山东省征收公粮条例》,8 月 20 日下达了《关于秋收公粮的决定》,8 月 30 日下达了《关于今年夏忙田赋的征收给滨海鲁中鲁南三地区的指示》,对 1945 年度田赋、救国公粮、地方粮以及柴草的征收做了若干调整。

第一,田赋的征收。1945 年田赋征收办法大体上有三种情况:(1)滨海、鲁中、鲁南三个地区按中中亩征收,夏忙田赋征收每

① 胶东区行政公署:《股东区征收救国公粮征收田赋暂行办法修正与补充决定》(1944 年 6 月 1 日),见山东省财政科学研究所、山东省档案馆合编:《山东根据地财政史料选编》第 4 辑,山东档案馆 1985 年刊本,第 143—145 页。

中中亩最多不超过6元。(2)渤海区规定,敌占区、游击区按地亩征收(每人平均一亩地不征收),其余地区按等级地征收,一级地(每亩产量300斤以上)每亩征40元,二级地(每亩产量201—250斤)每亩征35元,三级地(每亩产量151—200斤)每亩征30元,四级地(每亩产量101—150斤)每亩征25元,五级地(每亩产量50—100斤)每亩征20元,六级地(每亩产量50斤以下)每亩征12元。(3)胶东区规定,按平均产量累进计征办法征收公粮的地区,田赋按平均产量每斤征收北海银行币1角;1944年与1945年上半年解放的地区,每亩征收北海币10元;1945年下半年新解放的地区,每亩征收北海币7元;1944年秋与1945年新解放的地区,山地贫苦农民有地半亩以下者,免征田赋。

第二,救国公粮的征收。山东省行政委员会规定,1945年的救国公粮要贯彻累进的原则,最高负担比例,农民不得超过其土地收入的30%,地主不得超过其土地收入的35%,赤贫户免征公粮的户数最多不得超过总户数的20%。

税率按各户每人平均产量多少分成五等确定:每人平均产量1000—1500斤的为一等户,最多征收35%;每人平均产量600—1000斤的为二等户,最多征收30%;每人平均产量300—600斤的为三等户,最多征收20%;每人平均产量100—300斤的为四等户,最多征收10%;每人平均产量100斤以下的为五等户,免征(免征户超过20%的地区可酌量征收,但最多征收5%)。

随同救国公粮征收的地方粮,统一规定为不超过公粮总数的10%,这对于控制农民负担很有好处。但是,实际执行过程中仍多超过,胶东区1945年下半年附征的优救、教育、村长等用粮,达到公粮总数的30%—35%。

第三,柴草的征收。渤海区规定,1945年纳1斤粮交2斤草(马草应占柴草的1/10),为解决柴草运输调剂的困难,平均征收

1/2 的柴草变价款,或折为粮食。胶东区规定,公粮 1 斤带征木柴 1 斤半(附加部分不征木柴),缺柴地区可按高粱秸 1 斤半折木柴 1 斤,松柴、柞柴等 120 斤折木柴 100 斤征收。①

至于农民总的负担情况,抗日战争进入反攻阶段后,农民负担主要有救国公粮、田赋、地方粮、柴草等 4 项。

救国公粮,据有关统计资料和估算,1944 年为 32896 万斤,按 1356 万人口计算,每人平均负担 24.4 市斤;1945 年为 59441 万斤,按 2200 万人口计算,每人平均负担 27 市斤。山东各地区征收救国公粮数如表 19-39 所示。

表 19-39 山东各地区征收救国公粮数统计(1944—1945 年)

(单位:万斤)

年份\地区	胶东区	渤海区	鲁东区	鲁南区	滨海区	总计
1944	9574	2798	7524	5000	8000	32896
1945	15530	15094	10817	8000	10000	59441

资料来源:山东省财政厅从省档案馆抄录,其中鲁南区和滨海区为估计数,其余为统计数。

田赋征收数(折粮数),据有关资料推算,1944 年为 12500 万斤,1945 年为 18350 万斤。按当时根据地人口平均,1944 年每人负担 9.2 斤,1945 年每人负担 8.3 斤。

地方粮征收数,1944 年按公粮征收的 20%推算为 6660 万斤,每人平均负担 4.9 市斤;1945 年控制后有所减少,胶东区按公粮征收数的 30%推算,其他地区按 10%推算,共为 8900 万斤,每人平均负担 4 市斤。

① 山东省财政科学研究所、山东省档案馆合编:《山东革命根据地财政史料选编》第 4 辑,山东省档案馆 1985 年刊本,第 196—199、205—206 页。

柴草征收数,按1斤公粮2斤柴草推算,1944年征收数为6.4亿斤,1945年为11亿斤。

把上述救国公粮、田赋、地方粮加在一起,则1944年农民的总负担数为52056万斤,每人平均负担38.5市斤(按负担人口计算为48斤);1945年总负担数为86691万斤,每人平均负担39.3市斤(按负担人口计算为49.2斤)。同1943年比较,每人平均负担增加47%—50%。

负担增加的主要原因:一是随着反攻的需要,军队人数增多。到1945年日本投降时八路军发展到27万人,比1942年的10万人增加一倍多;二是由游击战逐步转为大兵团正规作战后,财政开支加大。随着经济建设的发展,财政收入虽有增加,但1945年税收收入也只有1.5亿元,加上贸易赢利0.6亿元,也只2.1亿元,而这一年的财政开支(包括粮食开支)估计在8亿元以上。农民负担虽然增加了,但负担比例尚不算高。据有关调查材料估计,1944年到1945年每人平均农业实产量约为500斤,照此计算,则1944年的负担率为7.7%,1945年的负担率为7.9%(如按负担人口计算,则1944年为9.6%,1945年为9.8%),如果按军民的人口比例计算,1945年军政人员占总人口的比例约为1.59%,也不算太高。

(六)华中根据地财政税收

1944年,华中军民进行了局部反攻。7月,新四军已在华中敌后战场建立了八个抗日民主根据地,包括江、浙、皖、鄂、湘等省地区。在这一区域内,设有淮海区、盐阜区、苏中区、淮北区、淮南区、皖江区、鄂豫边等八个行政公署和一个浙东军政民联合办事处,20个以上的专员公署,147个县政府;拥有3000万人民(占华中沦陷区人口的50%),60万武装民兵和18万以上精锐的主力军。①

中国共产党和新四军抗日部队在建立、扩大华中根据地的过程中，对税赋征收制度做了某些调整，不过并未按照中央的指示，及时以统一累进税代替原来的“合理负担政策”。

1944年5月31日，中共中央给华中根据地关于以统一累进税代替合理负担的指示中，对统一累进税代替合理负担政策，做了详细说明：“华中过去几年来实行征收公粮的合理负担制度，比较把负担重点放在中上层阶级方面，于1942年加征田赋亦复如此，同时几年来货检税收入甚大，这些办法在初期均是必要的，而且是适合当时情况的，依靠它保证了抗战经费之供应无缺。由于贫苦工农无负担或负担少，也有助于工农生活之改善，这些均对根据地之创立和巩固，起了积极作用。”近年来，由于华中根据地群众斗争业已深入，“根据地内部阶级关系呈露着新的变化，如贫农中农不断上升，中小地主降落或转移和出卖其土地等，雇农贫农无负担或负担很少，实际上有许多已提到富裕阶段。另一方面，某些中农和富农及中小地主负担较重，许多大地主负担反而是很少，同时货检税是一种间接税制度，商家获利极巨而负担特少。你们应考虑这些新情况，去适当改订华中的财税政策”。根据华北及陕甘宁边区的经验，以统一累进税代替合理负担制度，则可收到下列效果：“(1)使负担面扩大，负担量减轻，于财政收入总额并无妨害；(2)征税比较公允，可以刺激根据地的生产向前发展；(3)按富力逐步累进，使根据地每一公民，均负担一定的不过量的纳税义务(免征者除外)，不致有畸轻畸重之弊，这样可相当调整根据地各阶级关系，特别对中间势力的争取有极大意义；(4)统一累进税办得好，才算根本扫除了旧时代的苛捐杂税遗迹，而扩大新民主主义

① 《新四军和华中抗日根据地》，《解放日报》1944年7月13日。

的政治影响,你们应考虑在华中实施统一累进税的具体办法。"这一工作有两方面:"第一,在农业累进税方面,其繁难处在于土地调查和登记;第二,商业累进税方面,其繁难处在于富力计算,如资产利润的估计;此外便是免征点、累进率和最高点的适当规定。这些均应经过极其仔细的调查研究。一般来说,在华中党与群众工作有基础的地方,只要领导得法,上述困难是可以顺畅解决的。你们可在今年秋季开始在几个中心县区试行,取得经验,事前并不发动讨论,征求人民的意见,以便明年能比较普遍实施。"①

华中根据地各行政公署按照中央的指示,结合当地实际情况,采取了比较灵活的变通方式,并未划一执行,以统一累进税取代原来的"合理负担政策",而只是在部分地区采取累进制的征收办法。

在苏中地区,1944 年对原来的公粮征收办法做了以下调整和改进:第一,调整了业佃双方分担公粮的比例。原来公粮负担业主占 3/5,佃户占 2/5。1944 年改为业佃各半负担。第二,改变了累进办法。原来是出租或承佃土地在 100 亩以上的户,另行按累进率加征。佃户基本上没有累进(100 亩以上的佃户很少),中农、富农和贫农的负担率基本相等。1944 年改进后,不论业主、佃户、自耕户,都要按田亩多少,另行累进加征。从 15 亩以上开始累进,5 亩以下的户不但不累进,而且每亩减征 3 斤。第三,改进公草征收办法。规定租佃田随粮征草,征 1 斤公粮随征 1.5 斤公草,由佃户负担。第四,减免办法规定:5 亩以下之户,一律减征 3 斤,特殊贫苦的,还可减免;荒歉不足二成者一律免征,收五成以下二成以上

① 《中央关于改订华中财税政策给饶漱石、张云逸、曾山的指示》(1944 年 5 月 31 日),见中央档案馆编:《中共中央文件选集》第 14 册(1943—1944),中共中央党校出版社 1986 年版,第 235—236 页。

的，减等征收；沦陷区3亩以下的户，一律免征，3亩以上的户减等征收。

1945年的夏季征收，按照行署的规定，丰收地区按上年的标准执行，灾情严重的地区照上年规定的标准减成征收。收成在三成以下者粮赋一律免征，收成在七成以上者粮赋全征。歉收在三成以上、七成以下者，好田按收获成数征收（即收几成按标准征收几成）；坏田按收获成数减一成征收（例如收四成，照标准征三成，以此类推）。全区夏季粮赋征收数比上年减少较多。秋季收成较好，为确保部队的供给，弥补夏季短收，各地普遍提高了征收标准。

1945年的粮赋征收办法，由各分区自订执行。新设的第五分区所颁布的条例中有关夏征的标准，是按田分等级规定的。夏征分三等六则确定征收标准，秋征按三等九则分别确定征收标准。除按亩规定的标准征收外，还按全户田亩多少规定了累进的加征标准。夏征从100亩以上开始累进加征，秋征从50亩以上开始累进加征。公草的征收不分等级，夏季江阴县每亩征草3斤，其他各县一律每亩征草2斤；秋季一律每亩征草8斤。

为了进一步改善民生，减轻农民负担，1944年上半年行署确定降低夏季粮赋的征收标准。一分区夏季每亩征麦标准，乙等田由10斤降为9斤12两，丙等田由8斤降为7.5斤，有田5亩以下的农户每亩再减3斤。东台县1944年全年计划征粮12万担，比上年14.1万担减少15%。①

苏中行政公署于1944年9月27日发出训令，确定秋季粮赋征收任务增加1/2。措施是：(1)提高秋季征收标准，稻田每亩征收标准一般在上半年基础上增加1/2，杂粮、豆田、棉田的征收标

① 董希白：《东台县一年来行政工作》（系1944年5月30日在东台县临时参议会上的报告）。

准随稻田征收标准的提高酌量提高;(2)继续清查黑田,增加田赋收入;(3)对少数游击区、边沿区、灾区、“清乡”区,根据民众负担能力和当年收成情况,另订征收标准征收。1944 年苏中区的农民负担普遍增加,一般的增加 20%—30%。

1945 年全面转入对日反攻,苏中区部队人数增加较多,财粮需求量增大,而许多地区夏季受灾严重(边沿区最重),“三麦”减产,人民负担能力减弱,加之大量伪钞流入根据地市场,抢掠物资,财政经济上出现了一些矛盾和困难。为了解决这些矛盾,苏中行署采取了三条重要措施:一是大力开展对敌经济斗争,严格管理输出输入的主要物资,按照一定比率交换,缩小敌我区之间物资交换的剪刀差;查禁伪币,实行抗币(苏中区江淮银行发行)标价,确定抗币本位;二是组织群众发展农业生产,克服灾荒;三是按照军民兼顾的原则,确定 1945 年度的粮赋征收任务。

苏中区 1945 年度粮赋征收任务为 19516 万斤大米,折合稻谷为 27908 万斤,其中:公粮占 2/3,田赋占 1/3。当时,苏中根据地人口为 1000 万人,按负担人口 800 万人计算,每人平均负担公粮、田赋 34. 9 斤稻谷。在粮食支出中,供给军政人员的粮食为 7123 万斤大米,按每人每天供给大米 1. 5 斤计算,全年每人供给大米 548 斤。推算全区吃公粮人数为 13 万人,占根据地总人口的 1. 3%。从这个比例看,1945 年苏中的农民负担仍是比较轻的。①

在盐阜区,1944 年夏,行政公署对夏季粮税征收制定了甲、乙两种办法:甲种征收办法,适用于土地未复查的乡,仍按每户所负担田亩总数计征;乙种征收办法,适用于已复查田亩的乡,改按每

① 参见江苏省财政厅、江苏省档案馆、财政经济史编写组合编:《华中抗日根据地财政经济史料选编(江苏部分)》第 3 卷,第 619 页附表二、第 621 页附表四。

人全年平均收获量多少累进征收。这一年夏秋两季的粮税征收，大多数地区仍然执行老办法（甲种办法），新办法（乙种办法）只是在各县试行，并未普遍推广。

甲种征收办法主要有四点变化：（1）提高了起征点。夏季公粮起征点由 3 亩改为 4 亩。（2）增加了累进级数，调整了累进级距。夏季公粮由 8 级改为 12 级，最高级由 400 亩改为 500 亩，秋季旱田、稻麦田、棉田征收由 8 级累进改为 12 级累进，累进最高级由 500 亩改为 400 亩。秋季水田征收公粮由 9 级累进改为 12 级累进，累进最高级由 150 亩改为 400 亩。（3）提高了每亩的征收额。夏季：最高级每亩征收公粮数由 11 斤增为 12 斤；有田 15 亩以上的业主，公粮负担增加 1/10，公草每亩增加 2 斤，土地税增加不到 1/10。秋季：水田最高级征公粮数由每亩 14.5 斤增至 15.5 斤，棉田最高级征收公粮数由每亩 20 两增至 22 两（皮花）；公草征收由每亩 5—10 斤增加到 8—30 斤（草滩田每亩征草可达 50 斤）。（4）土地税由征收抗币一律改为征收实物（粮、棉、草）。

乙种公粮征收办法，是按每人全年平均收获量多少累进计征的。共分 113 个累进等级，每人平均产量在 150 斤以下的免征，最低税率 4%，最高税率 30%。税率的设计，是按各阶层占有产量的情况确定的。当时，盐阜区约有 20% 的农户每人平均收获量在 150 斤以下，所以起征点定为 150 斤，150 斤以下的一律免征，以照顾赤贫户。贫农每人平均收获量在 150—450 斤之间，税率定为 4%。中农每人平均收获量在 450—800 斤之间，税率定为 4%—7.8%。富农每人平均收获量在 800—1200 斤之间，税率定为 7.8%—17%。地主每人平均收获量一般在 1200—2300 斤之间，税率定为 17%—30%，2300 斤以上者不再累进。这样，在负担上就体现了收入多的多负担、收入少的少负担的原则，不仅有利于增加财粮收入，保障战争的需要，而且也保障了地主的合法利益，有利于统一战线的巩固。

1945 年,盐阜区仍然执行甲、乙两种征收办法。已进行土地复查的乡继续执行乙种征收办法,新解放的地区和未复查的老区,仍然按甲种办法征收。但是,由于军政人员增多,开支加大,对原来规定的甲种征收办法又进行了若干修订。主要是增加了累进级数,适当提高了每亩的征收标准。夏季公草,一律照田亩征收,每亩征收麦稻草 7 斤(不足 4 亩地者免征)。上忙土地税,仍按田亩征收,全由业主负担,一律征收小麦。

此外,还继续规定了抗属公粮公草的减免优待。主力部队军人家属有田 10 亩以下者免征,10 亩以上至 24 亩者减 1/3。地方部队军人家属有田 7 亩以下者免征,7 亩以上至 24 亩者减 1/4。①

淮海区的税赋征收,1944—1945 年基本上仍然沿用 1943 年实施的办法。

鄂豫边区的财政税收方面,1944 年,全区计有地方税收入(包括营业税、生产税、公产收入、屠宰税、牙税、鱼税、湖产税在内)为 1 万万元,约折稻谷 40 万石。全区人口至少 450 万,但缴纳粮赋田地亩数仅 500 万亩,田赋公粮实征稻谷 60 多万石。

1944 年由于敌人掠夺加剧,加上严重的自然灾害,1944—1945 年,财粮收入入不敷出。1944 年边区财政(包括生产自给粮食和蔬菜在内)赤字 3 亿元(法币),其中边区一级赤字 1.5 亿元,边区以下赤字 1.5 亿元。1944 年年底到 1945 年年初,边区脱离生产的军政人员为 8 万人,每人每年吃饭穿衣要花 8—15 石谷子,共计需要 64 万—120 万石谷。从当时收入情况看,约差六个月的

① 《盐阜区三十四年度夏季救国公粮公草及上忙土地税甲种征收条例》(1945 年 5 月),见江苏省财政厅、江苏省档案馆、财政经济史编写组合编:《华中抗日根据地财政经济史料选编(江苏部分)》第 3 卷,第 286—290 页。

给养。“主要原因是田赋公粮收得太少。实收公粮分为三种地区，第一种地区一个乡收的粮食等于第二种地区五个乡，等于第三种地区多劳多得十个乡。但第一种地区，即中心区只有80个乡，第二种地区约200个乡，第三种地区约300个乡。粮食收的少，实际是政府工作没有做好，群众工作做得更差。群众工作有400个空白乡，政府工作有100多个空白乡。另一方面，民众有三种负担（敌伪、顽军和我）”。①

为了解决1945年的供给困难，边区采取了如下措施：(1)以劝募方式发行“鄂豫边区行政公署建国公债”5亿—10亿元；(2)向殷实户筹借军粮；(3)预征田赋公粮；(4)清查黑地，增加粮赋收入。此外，新四军军部也适当支援了一部分。由于多方努力才勉强渡过了难关。

关于淮北区的财政税收状况，1943年11月4日，经边区参议会通过，淮北行政公署公布《淮北苏皖边区三十二年（1943）秋季救国公粮公草征收条例》，规定除了土地收入要计征救国公粮外，商店、行坊及手工业者之营利也要合并计征救国公粮。各种收入的计算标准是：粮食作物按照调查登记的实际收获量计算；其他作物按照实际收获量和市价分别折合成粮食计算；商店、作坊及其他商业，按其半年营利之1/4折合粮食计算；喂养猪羊，凡价值在边币3000元以上者，按其价值1/3折合粮食计算。各种收入折合成粮食后，以户为单位，统一按照十二级累进税率全额累进计征，最低税率3%，最高税率18%（每人平均收获量在2000斤以上者），每人收获量不满100斤者免征。纳税人除按累进税率缴纳救国公

① 张执一：《关于五师财经工作问题给中央的报告》（1945年3月21日），见《华中抗日根据地财政经济史料选编（鄂豫边区部分、新四 军五师部分）》，第581—583页。

粮外,秋季每征公粮1斤,征收烧草2斤半(不分草的地主及不收草的商号免征)。边缘地区仍采取按地亩分等级摊派、按乡保户口摊派或自动献粮的办法征收。

行政公署于1944年全面开展了土地复查工作,于1945年7月10日修订公布了《淮北苏皖边区民国三十四年午季救国公粮公草征收办法》。主要内容有:(1)救国公粮改按土地复查后固定的收获量计算征收,午秋产量分别固定分别计算。(2)为奖励棉业生产,凡纯粹植棉之地亩,不征公粮公草。(3)调整了累进税率。每人平均固定收获量不满80斤者免征,80斤以上者按18级累进税率计征,最低税率2%,最高税率20%(每人平均固定产量在1500斤以上者)。(4)规定了灾减办法。对因灾减收不满固定产量额数者,少一成减征一成,受灾七成以上,收获量不满三成者全部免征公粮。

淮北区的粮赋征收,1944年土地复查后田赋收入增加较多;随着苛捐杂税的废除和农村经济的发展,人民的粮赋负担则是减轻的。以每保民众负担和民众全部收入作比较,在旧政权时为26.6%,在抗日民主政权地区,1942年为13%,1944年为10%左右。各阶级的负担也比较合理,地主的负担最高也不过20%。

关于淮南区的财政税收,1944年淮南区各阶层人民的公粮、田赋负担占总收入的比例大体是:贫农为3%,中农为5%,地主为10%。①

1945年,据安徽省来安县财政局调查,全县人口为194008人,耕地864100亩,粮食总产量为22644万斤,缴纳公粮679万

① 《中共华中局关于十个问题的答复》(1944年8月27日),湖北省档案馆资料,见陈廷煊:《抗日根据地经济史》,社会科学文献出版社2007年版,第492页。

斤，公粮负担占粮食产量的3%，每人平均负担34.9斤，每亩平均负担7.9斤。①

关于皖江区的财政税收状况，该区的财政收入基本上是赋税收入。开征的税种有检查税、田赋、公粮、营业税、屠宰税、牙帖、契税等数种。征收制度基本上沿用国民党政府的原有办法，只在某些方面做了改进。

征收货物检查税，是根据地初创时期财政收入的主要形式。检查税按货物价格征收，急需品，如洋布等，征收5%；日需品，如肥皂、洋油等，征收15%；消耗品，如烟、酒等，征收15%；奢侈品，如香水、人参、燕窝等，征收20%。

田赋、公粮是筹集粮食的主要方式。皖江行政公署成立前，田赋、公粮用突击方式征收，即在秋收之后，党、政、军集中大批干部组成突击队下乡征粮，收到的粮食仍分散保存在农民家里。敌人大“扫荡”后，正式以行署名义征粮，并依靠区、乡政府分夏、秋两期征收。田赋和公粮征收，均利用旧政权田赋册籍。

1944年1月，皖中专署颁布了《营业税征收条例》，规定各种商店按照营业资本额征收营业税，各种商行按照营业总收入额征收营业税。按照营业资本额征收的商店，税率分6级，最低一级（资本额2万元以上3万元以下）税率为5‰，最高一级（资本额10万元以上）税率为10‰。商行的税率分两种：牙行按四级累进税率征收，最低税率15‰，最高税率30‰；商行亦按四级累进税率征收，最低税率10‰，最高税率30‰。

皖江根据地财源虽比较充裕，但政府仍积极从物资上、政策上支援农业，改善民生。行署成立后，在减租减息、开垦荒地、发放农

① 安徽省来安县财政报送的历史资料，1980年7月28日。陈廷煊：《抗日根据地经济史》，社会科学文献出版社2007年版，第492页。

贷、发展合作事业等方面,都取得了可喜的成就。

浙东区的财政税收状况,该区 1944 年 1 月 15 日正式成立抗日民主政权——浙东敌后临时行政委员会,不久改称浙东行政公署,下辖 4 个行政区。①

1944 年 1 月浙东敌后临时行政委员会成立以后,宣布废除国民党政府所收的内河税、内河船捐、行会取缔税与应变费等 10 余种苛捐杂税,确定抗日民主政府的收入为公粮、田赋、货物税、抚卫捐,实行财政收支统一管理。一方面,军队经费划归政府统筹,并且随着各级民主政府的建立,行政、教育和民主经费的支出大大增加;另一方面,由于自卫战争的继续,日伪乘机蚕食,使财政收入锐减,造成财政上入不敷出。为了克服财政困难,临时行政委员会于 1944 年 4 月下旬召开行政工作会议研究财政开源问题,决定采取以下 10 项措施。

第一,征收田赋。临时行政委员会宣布 1943 年及以前旧欠田赋一律豁免,1944 年度的田赋,暂定每亩官田征收 75 元,民田 65 元,地 50 元,山荡 5 元。第二,征收各种地方税。屠宰税,猪每头征收 600 元,羊每只征收 100 元,菜牛以 10%税率征收;油坊税,每车油征收 200 元;牙税,平均每月佣金收入在 15 万元以上者为甲等,每季征收 1 万元,在 10 万元以上 15 万元以下者为乙等,每季征收 5000 元,在 5 万元以上 10 万元以下者为丙等,每季征收 2000 元,在 1 万元以上 5 万元以下者为丁等,每季征收 1000 元,在 1 万元以下者为五等,每季征收 300 元。第三,补报隐匿田亩,补交上年公粮。第四,结束上年征粮工作。不能征谷的地区,酌收代金,并开展对日伪和国民党统治地区的征粮工作。第五,结束酒捐

① 连柏生:《在浙东临代会的一年施政报告》,《新浙东报》1945 年 1 月 26 日。

(每缸 600 元),未开征酒捐的地区,设法补收。第六,加强缉私。第七,控制沿海税务。开展海上税收工作,夺取敌人海运物资。第八,控制航运,征收船舶航运捐。第九,征收盐税。税率以不超过 5%为原则。第十,夺取敌人物资。

1944 年夏,新四军浙东游击纵队第二次自卫战争结束后,三北和四明山的部分地区成为浙东根据地的基本区。在基本区内,共产党的军事政治力量已占优势,人民有了比较安定的生产和生活环境,原来多面负担的状况起了变化。根据新的形势,浙东敌后行政委员会制定并公布了 1944 年度的《公粮田赋合并征收办法》。1944 年征粮任务,三北地区为 1200 万斤,四明地区为 600 万斤,总计 1800 万斤。

1945 年 2 月浙东行政公署成立后,当年 7 月浙东行署公布了适用于一般地区的 1945 年度的《公粮田赋并征办法》,实施累进加征新办法:第一,公粮实行累进征收。凡业佃土地在一定数量以上者,除缴纳田赋公粮外,对于公粮部分累进加征。第二,提高每亩征收额。甲等田每亩征谷 32 斤(内田赋 5 斤),乙等田每亩征谷 20 斤(内田赋 3 斤);甲等地每亩征谷 20 斤(内田赋 2 斤),乙等地每亩征谷 13 斤(内田赋 1 斤)。第三,实行夏收预征公粮。种稻田地一律于每年秋季收割时征收。有夏收之田地,于夏收时预征公粮一部分,秋征时在应交公粮中照数扣除。①

六、抗日根据地金融业

抗日根据地金融业在进入反攻阶段后,内外形势都发生了重

① 《新浙东报》1945 年 7 月 25 日,见陈廷煊:《抗日根据地经济史》,社会科学文献出版社 2007 年版,第 494—495 页。

大变化。一方面,抗日根据地各个边区的工农业生产有较大的发展,经济和军事力量增强;另一方面,日本帝国主义和伪政权困难加剧,大大加强了对根据地的封锁、“围剿”和经济掠夺。而经济掠夺的手段,除了明火执仗的武装攫夺,就是将法币、伪币(包括汪伪政权的伪法币)强力向抗日根据地挤压、渗透,既以强购、贱购手段,掠夺抗日根据地战略物资和民用必需品,又挤垮各边区市场流行的抗币,反映在金融领域就是激烈和错综复杂的货币斗争。

抗日根据地按照党中央的部署,1944 年金融工作主要实现三个任务:一是帮助发展公营经济与私营经济;二是周转财政;三是调剂货币。边区银行的核心任务概括起来是:发展经济,支持财政,稳定金融。在这里,要调剂货币、稳定金融,开展对敌货币斗争及其成效是关键。在过去一段时间,由于敌强我弱和主观政策上的偏差,生产不发达,物资短缺,经济实力处于劣势,无论规定货币比价,还是限制法币、伪币的流入,主要是靠行政办法,没有强大的经济后盾,无法采取有效的经济措施,未能完全达到预期目的。新阶段的货币斗争吸取了以往的经验教训,大力发展生产,增强经济实力;果断执行独立自主的货币政策,让边区本位币同法币脱钩,避免本位币随同法币加速贬值,同时由公营单位集中必要的物资力量,支持和保证本位币币值的稳定。在此基础上,将法币推向敌占区,既换回必需物资,又使边区本币稳固地占领了根据地市场,取得了货币斗争的胜利,壮大和完善了根据地的金融业。

(一)陕甘宁边区金融业

1943 年以后陕甘宁边区工农业生产增长明显加快,1944 年边区粮食获得十几年来最好的收成。但是由于国民党顽固派放弃黄河防务,准备进犯边区,对边区实行更加严密的封锁,以致 1943 年年底,边区的物价和边币法币比价都急剧上涨。为此边区政府制定了“物价慢涨，比价慢降”的政策，在货币发行上就是“货币慢发”的政策。为了实现“三慢”政策，西北财经办事处决定发行“流通券”。其目的在于打击法币，巩固和稳定边币币值，扩大商品流通范围，融通资金。流通券的发行以陕甘宁边区贸易公司及其所属各公司即所属的西北土产公司、光华盐业公司、运输公司、南昌公司等的全部财产作为发行基金。[①] 1944 年 5 月 23 日西北财经办事处第五次会议作出《关于发行商业流通券的决议》，决定发行贸易公司商业流通券。[②]“陕甘宁边区贸易公司商业流通券”名义上是贸易公司发行，实际上仍由边区银行发行。发行“流通券”是中央根据边区的经济形势而采取的货币金融政策方面的一项新措施。发行决议中明确指出，流通券 1 元可折合边币 15 元，但在以后流通中实为流通券 1 元折边币 20 元。流通券自 1944 年开始发行，至 1945 年前发行的共有 5 元、10 元、20 元、100 元、500 元 5 种票面。[③] 具体发行数如表 19-40 所示。

流通券发行后，逐渐取代边币成为边区本位币。1944 年 7 月 1 日，陕甘宁边区发布公告，要求“凡纳税交易还债等，一律通用”流通券。7 月 29 日，西北局常委会发出“关于发行商业流通券致各地委电”指出：“一切党政机关的供给部门、公营商店、合作社、贸易公司以及一切财经税收机关均须用全力来支持流通券，并帮

① 中国人民银行金融研究所、财政部财政科学研究所编：《中国革命根据地货币》（上），文物出版社 1982 年版，第 203 页。

② 西北财经办事处第五次会议：《关于发行商业流通券的决议》（1944 年 5 月 23 日），见陕甘宁边区财政经济史编写组等编：《抗日战争时期陕甘宁边区财政经济史料摘编 · 第四编 · 商业贸易》，陕西人民出版社 1981 年版，第 102—103 页。

③ 中国人民银行金融研究所、财政部财政科学研究所编：《中国革命根据地货币》（上），文物出版社 1982 年版，第 202 页。

表 19-40 边币和流通券发行统计(1944—1945 年 8 月)

项目 年月	账面发行额折合流通券(万元)	账面累计发行额折合流通券(万元)	实际流通发行额折合流通券(万元)	实际累计流通发行额折合流通券(万元)	流通指数定基比(%)	流通指数环比	逐月递增率(%)
1944 年 1 月	300. 25	9610. 25	-419. 95	8325. 6675	53514. 8	95. 2	-4. 8
1944 年 2 月	3239. 75	12850	3576. 25	11901. 9175	76501. 8	136. 1	43. 0
1944 年 3 月	1150	14000	745. 35	12647. 2675	81292. 7	144. 6	6. 2
1944 年 4 月	-300	13700	108. 3182	12755. 5857	81988. 9	145. 9	0. 9
1944 年 5 月	1529. 75	15229. 75	656. 6048	13412. 1903	86209. 3	153. 4	5. 1
1944 年 6 月	3995. 75	19225	3725. 3948	17137. 585	11015. 5	195. 9	27. 8
1944 年 7 月	4790	24015	5589. 215	22726. 8	14608. 07	259. 8	32. 6
1944 年 8 月	940	24955	1047. 2	23774	15281. 18	271. 8	4. 6
1944 年 9 月	1000	25955	1233. 5	25007. 5	16074. 03	285. 9	5. 2
1944 年 10 月	2500	28455	1613. 55	26621. 05	17111. 17	304. 4	6. 5
1944 年 11 月	—	28455	1123. 8	25497. 25	16388. 83	291. 5	-4. 2
1944 年 12 月	1250	29705	3838. 1	29335. 35	18855. 84	335. 4	15. 1
1945 年 1 月	9045	38750	7070. 65	36406	23400. 63	124. 1	24. 1
1945 年 2 月	7210	45960	7487. 7	43893. 7	38213. 49	149. 6	20. 6

续表

项目 年月	账面发行额折合流通券（万元）	账面累计发行额折合流通券（万元）	实际流通发行额折合流通券（万元）	实际累计流通发行额折合流通券（万元）	流通指数定基比（%）	流通指数环比	逐月递增率（%）
1945 年 3 月	7540	53500	2927.1	46820.8	30094.94	159.6	6.7
1945 年 4 月	—	53500	-3362.8	43458	27933.43	148.1	-7.2
1945 年 5 月	1000	54500	4336.75	47794.75	30720.96	162.9	10.0
1945 年 6 月	10000	64500	8692.25	56487	36308.07	192.6	18.2
1945 年 7 月	10500	75000	11629	68116	43782.82	232.2	20.6
1945 年 8 月	12700	87700	5118	73234	47072.51	249.6	7.5

注：①1944 年至 1945 年边币发行资料不全，仅有发行具体数字，缺少文字材料。

②实际流通额系账面金额减去总分准备库边币库存数（1944 年上期以原边币发行统计表与边币发行数字为根据，1944 年下期以总分库准备库总账库存为根据。

③定基比以 1940 年年底为基期。环比以上年年底为基期，上年指数为 100.4，边币与流通券比价为 20∶1.5，凡有“—”记号者，均为收回之数目。

资料来源：据《一九四三——一九四五年边币发行统计表》摘编，见陕甘宁边区财政经济史编写组等编：《抗日战争时期陕甘宁边区财政经济史料摘编·第五编·金融》，陕西人民出版社 1981 年版，第 143—144 页。

助其建立信用。对法币、白洋,必须在稳定与推广边币及流通券基础上继续采取打击政策,凡我财经部门及公营商店均一律以边币计价,拒用法币、白洋,一切出口货均收边币、流通券,只有在外商找不到边币、流通券情况下才折收法币。在群众中也经过适当方式,宣传政府法令,禁止使用法币、白洋,使其市场缩小。为了不让法币、白洋占领边区市场,宁可使法币、白洋流入银行,再由银行有计划地抛出边区境外。① 1945 年 5 月 1 日,西北财经办事处又发出《关于统一货币单位的通知》,指出:(1)自 6 月 1 日起,实行贸易公司商业流通券为陕甘宁边区本位币,并责成银行尽可能迅速收回边币。但所有未收回的边币,仍照边币 20 元等于流通券 1 元比价,一律通用。(2)凡财政厅、建设厅及其所属机关、工厂、银行总分支行、贸易公司所属企业以及其他一切财政供给部门和公营企业,一律改用流通券为记账本位币。(3)各公营工商业在交易中挂牌、定价、契约、单据以及口头讲价等,均一律改用流通券为本位币。(4)一切税收及预决算,均改用流通券计算。(5)各货币交换所取消边币牌价,单用流通券挂牌,如以边币兑换时,须折成流通券计算。(6)改变本位币后,责成各地贸易公司和银行共同召集当地商人座谈,说明改变本位币的原因,劝说他们也改用流通券本位币讲价和记账。②

流通券的推行并没有完全占领边区市场。边区中心地带,使用流通券较好,绝大多数商人、群众使用流通券。但在离国民党统

① 西北局常委会:《关于发行商业流通券致各地委电》(第三号)(1944 年 7 月 29 日),见陕甘宁边区财政经济史编写组等编:《抗日战争时期陕甘宁边区财政经济史料摘编·第五编·金融》,陕西人民出版社 1981 年版,第 100—102 页。

② 《陕甘宁边区政府档案》434 卷,庆阳地区档案馆藏。另见陕甘宁边区财政经济史编写组等编:《抗日战争时期陕甘宁边区财政经济史料摘编·第五编·金融》,陕西人民出版社 1981 年版,第 103—104 页。

治区较近的地方，和国民党统治区贸易往来较多、受国民党统治区影响较大的地区，只有少数商人、群众使用流通券。

金融机构方面，除了银行之外，信用合作社成为这一时段另一重要金融机构。抗日战争进入反攻阶段后，银行在发展经济、支持财政、调剂货币等方面的任务愈加繁重。为此，边区政府决定发展信用合作社。陕甘宁边区建立信用合作社始于1943年3月的延安南区信用社（以前也办过，但不久停办）。1944年6月，边区合作会议决定对信用合作社实行大量发展的方针，提出每个区建立一个信用社。到9月，延属分区召开信用社联席会时，信用社已普及各县，共有23处，存款120312100元，股金44156896元，放款182350625元。① 至12月，全边区信用社又增至30多处，资金5亿元。到1945年5月，仅延安地区已有35个信用社，资产总额为7.55亿元。②

信用社是由银行帮助建立起来的，因此帮助银行开展业务是信用社的日常工作，如帮助银行收回边币，兑换破旧币，发放农贷。信用社在银行的指导下从事吸收存款、放款业务。信用社在边区的金融事业中发挥着较大的作用：（1）打击高利贷；（2）互助互济，组织新的借贷关系；（3）扶助生产，发展农村经济；（4）奖励储蓄，推动节约。边区银行和建设厅在推广农村办信用社的过程中，认识到这是群众自己依靠自己，互助合作，调剂资金的一种好办法。用这一新型的借贷关系来开拓资金来源，同农村流行着的高利贷作斗争，信用社发挥了很大的作用。到1945年，信用社发展到80余处，吸收存款达15亿元，起到了“小银行”的作用。其形式有货

① 边区银行：《信用合作问题材料》（1944年10月14日），见陕甘宁边区财政经济史编写组等编：《抗日战争时期陕甘宁边区财政经济史料摘编·第五编·金融》，陕西人民出版社1981年版，第615页。

② 萧长浩：《介绍边区的信用合作社》，《解放日报》1945年7月1日。

币的(包括白洋、金银首饰),还有实物的(粮食),因而具有备荒义仓性质。这些信用社贯彻了“民办公助”的原则,统一领导(县联社统一领导),入股、退股自由,受到群众欢迎。

边区银行的首要任务是帮助发展公营经济和私营经济。因此,边区银行全部资金的运作,主要分配在放款上,用以支持生产和财政开支。边区的放款可分为五类:(1)生产建设放款(包括农贷、工业、盐业、运输业、合作社、机关生产等放款);(2)财政性放款(包括财政借款、机关借款);(3)商业放款;(4)物资局投资;(5)其他放款(包括短期的暂欠与私人借款)。

银行的主要力量是发放贷款,发展生产。首先是发放农贷。农业是边区经济的主体,为此,成立了边区和县两级的农贷机构,重点是解决粮食、棉花、布匹以及用来换取外汇的食盐等运输任务。大部分农贷用于开垦荒地、购置耕牛和帮助移民、难民生产。其次是经济建设投放,以1944年最高,占到总放款的40%以上,包括各公营自给工业、手工业、运输业、合作社等。这个时期自给工业有很大发展,以前工业用品几乎全靠输入,到1944年,纺织、造纸、印刷、火柴、肥皂、被服、皮革、石油、铁、玻璃、通信器材等都做到了不同程度的自给或半自给。再次是贸易周转金。贸易周转金每年占到全部贷款总额的30%—50%。贸易周转的目的是配合商业部门争取物资和稳定物价,所采取的形式一般包括短期透支(可以同商人有来有往)、抵押借款、短期(三个月以内)周转、小额贷款等。这一类贷款几乎是银行的主要业务。①

银行还有一项重要任务是巩固边币地位。

① 郑戈桓:《陕甘宁边区的金融工作》,见西北五省区编纂领导小组、中央档案馆:《陕甘宁边区抗日民主根据地·回忆录卷》,中共党史资料出版社1990年版,第290页。

边区经济和国民党统治区存在着商品交换关系。陕甘宁边区的 31 个县市中,约有 40%的区域同国民党统治区犬牙交错,在商品交换中需要使用法币。边区的必需品大部分依靠外面输入,因而既要抵制法币,又要掌握一部分法币作为“外汇”来购买“入口”用品。1944 年以前,如果把法币完全驱逐出边区,估计边币还有发行潜力,也就是说边币还可以增加发行一倍。可见,驱逐法币对于边区的生产建设、财政周转、人民利益都有着非常重要的意义。边币稳定是发行和推广边币的先决条件。若边币波动,边币就会从边区口岸退回到中心地带。中心地带承受不了过量的边币而产生物价上涨,比价下跌。为使边币相对稳定,边币发行指数低于物价指数;边区出口旺盛,换进法币甚多;为此,边区实行“三慢”(物价慢涨、比价慢降、发行慢发),发行流动券。1943 年生产大发展之后,1944 年出口好转,“外汇”增加,财政依靠银行程度减轻,边区已开始积累了资金。由此可见,边币问题不是孤立的,而是生产、财政、贸易、边币流通量等因素的综合。反过来,边币波动,就会出现:法币排挤边币,黑市猖獗,边币币值下跌,物价上涨。

巩固边币最根本的途径是使边币同生产相结合,特别对农副业、手工业、自给工业的贷款发放,使边币真正在广大农村扎根,通过增加生产,赢得农民对边币的信任,使边币成为工商业资本原始积累的主要来源。发行边币贷款,对农民、移民、难民、手工业者是救了急,抵制了高利贷,促进了互助合作。农村经济活了,就带动城镇生产,大批工具、物资流入农村,城镇也繁荣起来。在巩固边币过程中,通过公营商店和合作社,组织必要的物资、牲畜出卖,收取边币,可以平抑物价。靠近边界的地区交纳公盐贷金、教育基金、定粮纳税,一律坚持收边币,使边币回笼。

总之,抵制法币是推行巩固边币的前提,法币退出市场意味着物资流入边区,或法币流入银行兑换所。这场斗争是边区对必需物品的争夺战,对边区金融至关重要。

边币同法币既有联系,又有斗争。联系是指利用法币为我所用,与国民党统治区进行贸易上的商品交换。斗争是指边币的独立自主性,独立的货币体系、独立的发行政策,在商品交换过程中,尽可能把法币削弱,将其排挤和驱逐出去。

边币的牌价有很大的灵活性,随市价变动作相应调整,以掌控金融形势,及时调度各口岸的法币,同黑市作斗争。有时法币黑市过高,边区的公营商店就在黑市上抛出法币,以"黑市"斗黑市,收到"拖住"黑市的效果。

边区兑换所在调整牌价时,一般采取先压低边界口岸的法币牌价,后压低中心地带的法币牌价的办法,以刺激边币由中心地区流向边界地区。当边币沿边界地区上涨时,中心地带的边币流向边界,这是推行边币的最好机会。如果这时害怕边币膨胀,不敢发行,就会坐失良机,贻误边币向法币进攻的机会。当边界地区的边币增多时,要密切配合生产贷款,并有相应的物资供应,以巩固边币阵地。

各地区兑换所是同法币黑市进行斗争的前哨,也是各地货币流通的情报信息和调节机关,它们的工作深入市场,团结商人,能够起到调节金融的"活塞"作用。当边币、法币斗争中黑市得到缓解,边币得以巩固时,就加大边币发行量,驱逐法币。

陕甘宁边区银行的金融工作围绕扶持生产,巩固边币和保障边区财政供应方面,取得了卓越成就,对抗日战争作出了重要贡献,同时,也为以后解放战争时期及新中国成立后的金融工作积累了宝贵的经验。①

① 郑戈桓:《陕甘宁边区的金融工作》,见西北五省区编纂领导小组、中央档案馆:《陕甘宁边区抗日民主根据地·回忆录卷》,中共党史资料出版社1990年版,第292—297页。

（二）晋察冀边区金融业

抗日战争进入反攻阶段后，晋察冀边区金融的周边环境发生了急剧变化。1943 年，华北敌占区金融正处于极其严重的紊乱状态中，战争的巨大消耗引起敌伪通货的恶性膨胀，汪伪政权企图以华中的储蓄银行钞票来吞并华北的联银券，与华北伪政权的矛盾引起汉奸内部的剧烈斗争。敌寇企图在其“大东亚共荣圈”之内形成一元化的金融体系，因此有所谓成立“大东亚中央银行”之说。敌寇在严重的经济危机之下，在其占领区加紧掠夺粮食等物资遭到失败，改用高价收买政策，滥发伪钞致加剧其恶性通货膨胀，造成金融的危机。中共中央北方分局作出关于对敌金融斗争的宣传攻势的指示，揭露敌人的阴谋，指出：“敌占区的人民只有坚决拒绝使用伪钞，保存实物，不让敌人掠夺到任何东西。”①

为了加强对敌货币斗争，晋察冀边区行政委员会发布调整银行业务组织的决定，明确指出：“在此斗争频繁的十分分散的农村中，银行普遍设立组织既不可能，而货币斗争又必须通过贸易进行。因此决定将银行之业务组织加以调整，把银行方面能进行货币斗争的干部抽调到商店里去，使金融与贸易密切结合起来，以加强对敌货币斗争。”并及时进行业务方面的调整：（1）存款：除边委会向总行、专署向办事处随时可以办理外，对其他机关一律改为定期存款，期限至少三个月；（2）放款：均由总行办理、普遍性之农工业放款，以县联社为对象（大的水利放款，合作社不便经手者，由银行通过县政府办理），商业放款以公营商店之总店为对象，公营

① 中共中央北方分局：《关于对敌金融斗争的宣传攻势的指示》（1943 年 3 月），见魏宏运主编：《抗日战争时期晋察冀边区财政经济史资料选编 · 财政金融编》，南开大学出版社 1984 年版，第 723—724 页。

工矿业用款,由边委会向总行支借,不另贷款;(3)兑换由合作社代办;(4)银行今后不办投资业务,至于汇兑、收买生金银与购买票据等,亦应就力之所及酌情进行;(5)金库由政府直接掌握,对银行改为存款制,公款解发依一般汇兑手续办理;(6)为集中力量打击伪钞,压抑现洋,银行除收付政府所交之伪钞、现洋及银行门市兑入之现洋外,买卖货币业务,概由商店办理;(7)各办事处收回之破币,授权专署就地监销。①

经过调整银行业务组织,由于行政力量与经济力量的密切结合;政治攻势的开展,边币使用范围的扩大,入超减少;军事上的连续胜利,敌伪碉堡减少,缩小了伪币市场,扩大了边币市场。禁用伪币后,商店在买卖货物上使用边币,伪币要低于市价,并给使用边币商人和群众一些便宜,加上行政上严格禁止,"致使伪钞很快的宣告失败,向后退却"②。

在冀中区,原来在市场上伪钞占绝对优势,物资交换都按伪钞计价,经过货币斗争,边币在大部分地区能自由流通,在一些地区占领了阵地。边币在群众中的威信与购买力日益提高,维护了抗日人民利益。边币币值上升,过去以伪币计价转为边币计价,边币由被动转为主动、消除边币随伪币膨胀而膨胀的危险。边区物价平稳,而敌区物价飞涨 4—5 倍。因此,一度出现"由于敌区物价昂贵,造成我之物资走私的严重现象"。据调查,南马市场每集走

① 晋察冀边区行政委员会:《为加强对敌货币斗争而调整银行业务组织的决定》(1944 年 3 月 4 日),见魏宏运主编:《抗日战争时期晋察冀边区财政经济史资料选编·财政金融编》,南开大学出版社 1984 年版,第 725—726 页。

② 《晋察冀边区第四区行政督察专员公署指示》(1944 年 7 月 24 日),见魏宏运主编:《抗日战争时期晋察冀边区财政经济史资料选编·财政金融编》,南开大学出版社 1984 年版,第 727—728 页。

私400石粮食。从市场成交额来看,南马集在打击前卖600石,打击后卖200石,这就说明,这400石粮食已被保留下了,这说明打击伪币对稳定物价、防止走私、保存物资起着相当大的作用。在斗争中掌控集市起了重要的作用。伪钞市场改用边钞计价,集市管理委员会着重牙纪的组织与教育,把牙纪编成小组订立公约,保证成交以边币计价,违者批评、开除、处罚,各处采用这种办法是起很大作用的,边钞占领了阵地:集委会分市(棉花市、牲口市等)登记成交,规定付款保证交几成边币,逐渐增加边币成数,这对驱逐伪钞上也起了相当大的作用。①

(三)晋冀鲁豫边区金融业

抗日战争进入反攻阶段,晋冀鲁豫边区的金融业形势恶化。敌人因经济困难增加,加紧了对根据地的经济封锁,对游击区实行经济掠夺,导致边区物价上涨,通货膨胀加剧。1943年11月25日以后,晋冀鲁豫边区出现通货膨胀,至12月上旬,10日之间各种物价平均上涨一倍,外汇亦同时狂跌,"一反往年冬季市场平稳之规律"。市面通货膨胀导致本票波动,甚至出现四扣或拒用的现象。因物价剧烈波动,民众惊惶,旧存冀钞纷纷抛出购存货物,"入冬以来出入口贸易入超数目巨大",外汇形势"亦趋不利"。本票发行后兑换不便,市场上以至银行办事处,本票"大部分不能兑换"。以致冀钞信用跌落。在这种形势下,1943年12月14日边区财经会议决定:军政机关生产、银行、公营商店"所存之各种土产、山货立刻全部出口,以支援外汇之稳定";银行停止一切商业

① 冀中区行署:《关于打击伪钞问题》(1945年6月20日),见魏宏运主编:《抗日战争时期晋察冀边区财政经济史资料选编·财政金融编》,南开大学出版社1984年版,第732—737页。

活动(机关生产在内),“撤回与私商经营之资本,紧缩商业放款”;银行现存粮食“悉数交工商管理局分区代卖,并限于旧历年底前卖完,以平稳粮价”;政府、公营商店及银行“必须尽一切力量收回或兑换本票”。同时决定成立冀南银行之“太行区行,由政府开支,并应取消银行之财政任务”。工商局之资金为太行区银行资金之一部分,以后工商局盈余“均作为银行之收入”;提高各种生产贷款利息:农业贷款 1.5—2 分。合作手工业及水利贷款利息 2—2.5 分,商业贷款 2.5—3 分。“以上利息规定之执行,按贷款期间之长短决定,贷款期间长者利息重,贷款期间较短者利息轻。”①

1944 年日军失败已成定局,敌伪为了准备后路,大量抛售伪钞向根据地、游击区套购战略物资和银元。针对敌人的这种企图,边区政府针锋相对地制定了严禁战略物资和银元出境条令。太岳区工商管理局在 1944 年的工作方针中,明确提出:“巩固币值,开展货币斗争。”扩大本币行使地区,“在游击区应争取本币由无到有,由劣势到优势,清除法币,打击伪币。在开始时可以输出一部分物资,打开局面,然后力求吸收游击区的物资来扶持本币,争取与团结游击区的商人进行货币斗争”②。

1945 年 3 月,伪钞贬值与冀南币的比值不成比例了。打击敌

① 《晋冀鲁豫边区财经会议决议摘录》(1943 年 12 月 14 日),见晋冀鲁豫边区财政经济史编辑组,山西、河北、山东、河南省档案馆编:《抗日战争时期晋冀鲁豫边区财政经济史资料选编》第二辑,中国财政经济出版社 1990 年版,第 808—809 页。

② 《太岳区工商管理局一九四四年工作方针》,见晋冀鲁豫边区财政经济史编辑组,山西、河北、山东、河南省档案馆编:《抗日战争时期晋冀鲁豫边区财政经济史资料选编》第 2 辑,中国财政经济出版社 1990 年版,第 1104 页。

人伪钞的政策,在保护和促进根据地经济发展方面起了重要作用。

为了进一步发展生产,保障供给,打击伪币,边区加强银行贷款工作和外汇管理。1944 年 10 月,太行区工商局银行扩大干部会议决议:(1)加强贷款工作,发展人民生产,增加根据地财富;(2)发展群众性的服从家业的手工业,减轻或摆脱对敌占区的依赖,达到自给自足的目的;(3)加强组织出入口贸易,发展有利的物资兑换,精确地掌握汇价,争取出超。贷款种类及重点:以手工业为主,农业水利合作次之。各种贷款的重点:手工业贷款:以棉纺织、造纸、煤、铁、农具制造等为主;农业贷款:以增加牲畜、工具为主,肥料次之;水利贷款:以小规模水渠为主;合作贷款:以新社及生产社为主;商业贷款:以内地运输,调剂边沿区、点滴出入口、商贩及新区恢复建立集市为主。资金应贷给有组织的群众,有重点地集中使用,不要过于分散。

关于外汇管理,在总的政策上,是要打击伪钞,使之价格更低,活动范围缩小,逐渐转变对外贸易之计算本位为冀钞,彻底摆脱伪钞。对外来品与土产品比价的掌握,以掌握汇价为主,必须服从总的物价政策(即 10 斤米 1 斤棉花、1 斗米 4 斤盐)。某些物资(麻、毛)"试行卖冀钞的办法"。主要是"达到转变对外贸易上计算本币而扩大本币的用途,缩小伪钞的用途"。外汇管理权"应属银行(包括伪钞),无论何人无携带证,不得随意携带或保存。出入口等伪钞,可在交易所买卖,但须交银行保存"。外汇交易所可以成立由银行办理或委托事务所代理。手续费私商买卖各抽 2‰,自己换来使用者只抽一次 2‰,物资兑换物资不抽,公营商店和私商相同。

在资金管理上,活动资金主要用作收买有价证券、生金银及库存与兑换破币、应付各行之汇款,并用作一部分临时性的贷款(工厂、商店短期贷款),但不得超过全数的 30%。各种资金都应出利息,规定月息1.5分,利息半年交一次。①

由于以上政策措施的实施,抑制了通货膨胀,出现物价平稳下降的形势。汇价以阳邑之行市看,由1月份之冀钞12元比伪钞1元,一直下降至12月份之冀钞1.2元比伪钞1元,其过程为:12→10→8→7→6.5→4→2.8→2→1.4→1.2元。汇价一直下跌打破了空前纪录:抗战七八年来抗钞与伪钞的比价上是经过了不少起伏的斗争。每一年中总有一个时间冀钞币值提高,再经过下降,而1944年的一年中则是1—12月一直是伪钞币值降低,始终没有抬起头来。比值上也打破了历年来的纪录,如1945年1月份的冀钞1元比伪钞1元8角或2元,这是从来没有的纪录。同时还出现了"创造外汇来源与寻找外汇出路的两个不同形势:在抗战七八年来除极短的时期外,一般总是感到外汇不足,总在想创造外汇来源。但在1944年的一年中由外汇不足用的情况下逐渐变为外汇无出路的情况,这特别在后半年为最,各出口商不是不能出口,而是因外汇没有用途。不敢出口的事实,到处皆是"②。

(四)山东抗日根据地金融业

同其他边区一样,山东抗日根据地金融业的首要任务之一,也是坚决开展对敌货币斗争,将区内原有的伪币、法币排挤到敌占区,换回根据地所需物资,使抗币占领市场,满足需要,稳定物价。

① 《太行区工商局银行扩大干部会议决议》,见晋冀鲁豫边区财政经济史编辑组,山西、河北、山东、河南省档案馆编:《抗日战争时期晋冀鲁豫边区财政经济史资料选编》第2辑,中国财政经济出版社1990年版,第1118—1124页。

② 胡景沄:《一九四五年物价汇价之估计》,见晋冀鲁豫边区财政经济史编辑组,山西、河北、山东、河南省档案馆编:《抗日战争时期晋冀鲁豫边区财政经济史资料选编》第2辑,中国财政经济出版社1990年版,第1153页。

根据前一时期滨海区对敌货币斗争取得胜利的经验,山东抗日根据地政府决定从 1944 年开始,在鲁中、鲁南、渤海各地区相继停用法币。当时胶东区基本上已不用法币,市场上流通的主要是北海币,并将各区内原有的法币排挤到敌占区,换回抗日根据地所需物资。到 1944 年年底,对敌货币斗争在山东抗日根据地取得了全面胜利。

货币斗争的胜利,使北海币完全占领了山东抗日根据地的市场,保持了币值的稳定。停用法币,使本币摆脱了法币的影响。市场上的货币流通量可以控制,抗日根据地的物价也随之下降和稳定了。如滨海区 1943 年 7 月停用法币以后,到当年 12 月的半年中,物价指数平均下降了一半。1944 年以后各地普遍停用法币,市场上流通单一的北海币,改变了过去各地物价不平衡的状况,逐步使各地物价大体一致,保持了物价的相对平稳。各地本币的物价指数变化如表 19-41 所示。

表 19-41 山东抗日根据地物价指数统计(1944 年 1 月—1945 年 8 月)

(1944 年 1 月=100)

地区 年月	滨海区	鲁中区	鲁南区	胶东区	渤海区
1944 年 1 月	100	100	100	100	100
1945 年 1 月	98	69	75	264	69
1945 年 8 月	127	139	147	296	91

注:胶东区物价指数上涨幅度最高,是因为该区 1944 年 1 月的物价比其他地区低一半,山东抗日根据地统一流通本币后,其物价也相应上涨较快。实际上胶东区 1945 年 8 月的物价与其他地区大体相同。

资料来源:杨波:《回忆抗战时期山东解放区的货币斗争》,见中共中央党史研究室编:《中共党史资料》第 55 期,中共党史出版社 1995 年版,第 37 页。

货币斗争的胜利,使法币及伪币币值下跌,北海币币值相对提高。当本币与法币等价流通时,法币贬值也使本币随之贬值;停用法币后,本币与法币脱钩,不受其通货膨胀的影响,本币的币值即可自主地保持稳定。这样不但提高了本币与法币的比价,也提高了本币对伪钞的比价,如 1943 年上半年,伪钞 1 元换本币七八元之多,经过货币斗争的较量之后,到 1943 年年底,伪钞 1 元,就只能兑换本币 1 元 5 角,待到 1944 年用五六元伪钞才能换 1 元北海币了。1943 年秋季,日照县有一个敌占区的商人,因不堪敌伪的压迫,携其资金伪钞 3 万元到根据地营业,当时他把伪钞依法兑换了北海币,3 个月后他的店铺尚未开始营业,而他的北海币已值伪钞 9 万元了,即已比原本多了两倍,喜得他逢人就称赞北海币的好处。当时根据地内也有些地主、商人不相信人民政府能够停用法币,不相信北海币的币值能够高于法币,因而暗中收藏法币,待其升值,结果吃了大亏。1943 年停用法币时,1 元法币兑换北海币 7 角,到当年年底,6 元法币才能换到 1 元北海币。但这时他们也不得不忍痛抛出法币了。① 1944 年以后,伪联币币值跌落的情况如表 19-42 所示。

表 19-42 北海币与伪联币比价* 变化统计
(1944 年 1 月—1945 年 8 月)

年月 \ 地区	滨海区	鲁中区	鲁南区	胶东区	滨海区
1944 年 1 月	1. 5	2. 00	8. 00	0. 85	3. 00
1944 年 6 月	1. 1	1. 00	1. 00	0. 80	1. 70
1944 年 12 月	0. 16	0. 20	0. 20	0. 25	0. 25
1945 年 8 月	0. 03	0. 03	0. 03	0. 25	0. 025

注:* 1 元伪联币兑换北海币的数额。

资料来源:杨波:《回忆抗战时期山东解放区的货币斗争》,见中共中央党史研究室编:《中共党史资料》第 55 期,中共党史出版社 1995 年版,第 38—39 页。

---

① 参见杨波:《回忆抗战时期山东解放区的货币斗争》,见中共中央党史研究室编:《中共党史资料》第 55 期,中共党史出版社 1995 年版,第 36 页。

到1945年日本投降时,1元伪联币只值北海币3分钱。

货币斗争的胜利,彻底粉碎了敌人向根据地倾销法币、伪钞,掠夺根据地物资的阴谋。停用法币,严禁伪钞流入,并将根据地内原有的法币推向敌占区,不但避免了法币继续贬值给根据地人民带来的巨大损失,而且用法币换回了边区军民必需的物资,克服了经济困难,改善了人民生活,支持了抗日战争。同时,由于本币币值稳定,信誉提高,不但巩固了它在根据地内市场上的地位,而且扩大了流通范围,使北海币在游击区以至敌占区城市内公开或秘密地广泛流通。正因为如此,日军投降后,北海币迅即占领了新解放地区和城市市场,深受广大群众的喜爱。①

经验证明,抗日战争节节胜利,根据地逐步扩大,普遍实行减租减息,农民生产的积极性大大提高,农业生产连年丰收,粮食、棉花、油料等都能够自给,有些地区还有多余可以输出。山东海岸线长,产盐十分丰富,津浦、胶济铁路和路西有一千多万敌占区人口要吃根据地产的食盐,抗日民主政府实行盐业专卖,不但造成对敌贸易的出超,而且取得大量的财政收入。利用输出食盐所取得的大量法币、伪币,不但从敌区换回根据地所需要的各种物资,而且用来压低法币和伪币的比价,取得了对敌货币斗争的胜利,壮大了根据地经济。

七、党的七大和根据地经济建设经验的理论总结

经过抗日战争期间抗日根据地各边区经济发展建设实践和延安"整风"运动,中国共产党对于中国的国情、民主革命的性质以

① 参见杨波:《回忆抗战时期山东解放区的货币斗争》,见中共中央党史研究室编:《中共党史资料》第55期,中共党史出版社1995年版,第39页。

及中国革命的前途等问题的认识进一步深化。在抗日战争胜利前夕,1945年4月在延安召开的中国共产党第七次全国代表大会,标志着中国共产党理论上和政策上的成熟。在大会上,毛泽东在总结抗日根据地经济建设经验的基础上,对新民主主义经济理论做了深入、系统的阐述。1945年4月24日,毛泽东在大会的书面政治报告和口头政治报告中讲到发展资本主义经济的问题时,对新民主主义的经济理论又有新的发展。

(1)新民主主义社会的经济中包括三个组成部分:国家经营、私人经营和合作经营,要发展私人资本主义经济。

毛泽东在《论联合政府》的政治报告中,有关新民主主义经济理论的论述,比《新民主主义论》又有进一步的发展。他指出:"我们主张的新民主主义的经济,也是符合于孙先生的原则的。在土地问题上,孙先生主张'耕者有其田'。在工商业问题上,孙先生在上述宣言里这样说:'凡本国人及外国人之企业,或有独占的性质,或规模过大为私人之力所不能办者,如银行、铁道、航路之属,由国家经营管理之,使私有资本制度不能操纵国民之生计,此则节制资本之要旨也'。在现阶段上,对于经济问题,我们完全同意孙先生的这些主张"。"有些人怀疑中国共产党人不赞成发展个性,不赞成发展私人资本主义,不赞成保护私有财产,其实是不对的。民族压迫和封建压迫残酷地束缚着中国人民的个性发展,束缚着私人资本主义的发展和破坏着广大人民的财产。我们主张的新民主主义制度的任务,则正是解除这些束缚和停止这种破坏,保障广大人民能够自由发展其在共同生活中的个性,能够自由发展那些不是'操纵国民生计'而是有益于国民生计的私人资本主义经济,保障一切正当的私有财产"。"按照孙先生的原则和中国革命的经验,在现阶段上,中国的经济,必须是由国家经营、私人经营和合作社经营三者组成的。而这个国家经营的所谓国家,一定要不是

‘少数人所得而私’的国家，一定要是在无产阶级领导下而‘为一般平民所共有’的新民主主义的国家。”①

在具体纲领中，毛泽东又有深入的阐述。在谈到土地问题时，他说：“为着消灭日本侵略者和建设新中国，必须实行土地制度的改革，解放农民。孙中山先生的‘耕者有其田’的主张，是目前资产阶级民主主义性质的革命时代的正确的主张”。“为什么把目前时代的革命叫做‘资产阶级民主主义性质的革命’？这就是说，这个革命的对象不是一般的资产阶级，而是民族压迫和封建压迫；这个革命的措施，不是一般地废除私有财产，而是一般地保护私有财产；这个革命的结果，将是使工人阶级有可能聚集力量因而引导中国向社会主义方向发展，但在一个相当长的时期内仍将使资本主义获得适当的发展。‘耕者有其田’，是把土地从封建剥削者手里转移到农民手里，把封建地主的私有财产变为农民的私有财产，使农民从封建的土地关系中获得解放，从而造成将农业国转变为工业国的可能性。因此，‘耕者有其田’的主张，是一种资产阶级民主主义性质的主张，并不是无产阶级社会主义性质的主张，是一切革命民主派的主张，并不单是我们共产党人的主张。所不同的，在中国条件下，只有我们共产党人把这项主张看得特别认真，不但口讲，而且实做。”②“抗日期间，中国共产党让了一大步，将‘耕者有其田’的政策，改为减租减息的政策。这个让步是正确的，推动了国民党参加抗日，又使解放区的地主减少其对我们发动农民抗日的阻力。这个政策，如果没有特殊阻碍，我们准备在战后继续实行下去，首先在全国范围内实现减租减息，然后采取适当方法，有步骤地达到‘耕者有其田’。但是背叛孙先生的人们不但反对‘耕

① 《毛泽东选集》第三卷，人民出版社 1991 年版，第 1057—1058 页。

② 《毛泽东选集》第三卷，人民出版社 1991 年版，第 1074—1075 页。

者有其田',连减租减息也反对。国民党政府自己颁布的'二五减租'一类的法令,自己不实行,仅仅我们在解放区实行了,因此也就成立了罪状:名之曰'奸区'……在抗日期间,减租减息及其他一切民主改革是为着抗日的。为了减少地主对于抗日的阻力,只实行减租减息,不取消地主的土地所有权,同时又奖励地主的资财向工业方面转移,并使开明士绅和其他人民的代表一道参加抗日的社会工作和政府工作。对于富农,则鼓励其发展生产。所有这些,是在坚决执行农村民主改革的路线里包含着的,是完全必要的。两条路线:或者坚决反对中国农民解决民主民生问题,而使自己腐败无能,无力抗日;或者坚决赞助中国农民解决民主民生问题,而使自己获得占全人口百分之八十的最伟大的同盟军,借以组织雄厚的战斗力量。前者就是国民党政府的路线,后者就是中国解放区的路线……农民——这是中国工人的前身。将来还要有几千万农民进入城市,进入工厂。如果中国需要建设强大的民族工业,建设很多的近代的大城市,就要有一个变农村人口为城市人口的长过程。农民——这是中国工业市场的主体。只有他们能够供给最丰富的粮食和原料,并吸引最大量的工业品。农民——这是中国军队的来源。士兵就是穿起军服的农民,他们是日本侵略者的死敌。农民——这是现阶段中国民主政治的主要力量。中国的民主主义者如不依靠三亿六千万农民群众的援助,他们就将一事无成。农民——这是现阶段中国文化运动的主要对象。所谓扫除文盲,所谓普及教育,所谓大众文艺,所谓国民卫生,离开了三亿六千万农民,岂非大半成了空话?"①

在谈到工业问题时,毛泽东说:"为着打败日本侵略者和建设新中国,必须发展工业。"……"没有独立、自由、民主和统一,不可

① 《毛泽东选集》第三卷,人民出版社 1991 年版,第 1076—1078 页。

能建设真正大规模的工业。没有工业,便没有巩固的国防,便没有人民的福利,便没有国家的富强。""中国人民在抗日战争中学得了许多东西,知道在日本侵略者被打败以后,有建立一个新民主主义的独立、自由、民主、统一、富强的中国之必要,而这些条件是互相关联的,不可缺一的。""在新民主主义的政治条件获得之后,中国人民及其政府必须采取切实的步骤,在若干年内逐步地建立重工业和轻工业,使中国由农业国变为工业国。如无巩固的经济做它的基础,如无进步的比较现时发达得多的农业,如无大规模的在全国经济比重上占极大优势的工业以及与此相适应的交通、贸易、金融等事业做它的基础,是不能巩固的。""在新民主主义的国家制度下,将采取调节劳资间利害关系的政策。一方面,保护工人利益,根据情况的不同,实行八小时到十小时的工作制以及适当的失业救济和社会保险,保障工会的权利;另一方面,保证国家企业、私人企业和合作社企业在合理经营下的正当的赢利;使公私、劳资双方共同为发展工业生产而努力。"①

在谈到中国解放区的任务中,毛泽东提出:"为了提高工农劳动群众在抗日和生产中的积极性,减租减息和改善工人、职员待遇的政策,必须充分地执行。解放区的工作人员,必须努力学会做经济工作。必须动员一切可能的力量,大规模地发展解放区的农业、工业和贸易,改善军民生活。为此目的,必须实行劳动竞赛,奖励劳动英雄和模范工作者。在城市驱逐日本侵略者以后,我们的工作人员,必须迅速学会做城市的经济工作。"②

(2)论述了三种资本主义的区别,"我们提倡的是新民主主义的资本主义","它的性质是帮助社会主义的","有利于社会主义

① 《毛泽东选集》第三卷,人民出版社 1991 年版,第 1080—1082 页。

② 《毛泽东选集》第三卷,人民出版社 1991 年版,第 1091 页。

发展的”。

1945年5月31日,毛泽东在大会上做结论时论述了三种资本主义的区别:“资本主义是向下的。经过第二次世界大战,欧洲大陆的资本主义下降了,日本的资本主义下降了,英国的资本主义也下降了。只有美国的资本主义是向上的,它的生产在战争中是它历史上未曾见过的大发展,超过它战前生产的一倍半到两倍。1928年繁荣期间,美国的生产总值为六百万万美元,现在有人说是二千万万,有人说是一千八百万万,美国国务卿斯退丁纽斯说是一千五百万万到二千万万……它的生产有这样大的发展,所以说美国资本主义是向上的。”“中国也要发展资本主义。中国的资本主义是什么性质?前边说过,世界上的资本主义有两部分,一部分是反动的法西斯资本主义,一部分是民主的资本主义。反动的法西斯资本主义主要的已经打垮了。民主的资本主义比法西斯资本主义进步些,但它仍然是压迫殖民地,压迫本国人民,仍然是帝国主义。它一方面打德国,一方面又压迫人民,打法西斯是好的,压迫人民是不好的,在它打法西斯的时候,对它的压迫人民要忍一口气。蒋介石也是这样,他打日本是好的,压迫人民是不好的,在他还打日本的时候,我们也是要忍一口气,不提打倒蒋介石。蒋介石搞的是半法西斯半封建的资本主义。我们提倡的是新民主主义的资本主义,这种资本主义有它的生命力,还有革命性。从整个世界来说,资本主义是向下的,但一部分资本主义在反法西斯时还有用,另一部分资本主义——新民主主义的资本主义将来还有用,在中国及欧洲、南美的一些农业国家中还有用,它的性质是帮助社会主义的,它是革命的、有用的,有利于社会主义的发展的。”①

① 《毛泽东文集》第三卷,人民出版社1996年版,第383—385页。

（3）提出了欢迎“外国投资”问题。

《论联合政府》在1945年5月2日《解放日报》发表的文稿中提到“外国投资是我们所欢迎的”。文稿指出：“为着发展工业，需要大批资本。从什么地方来呢？不外两方面：主要地依靠中国人民自己积累资本，同时借助于外援。在服从中国法令，有益中国经济的条件之下，外国投资是我们所欢迎的。对于中国人民与外国人民都是有利的事业，是中国在得到一个巩固的国内和平与国际和平，得到一个彻底的政治改革与土地改革之后，能够蓬蓬勃勃地发展大规模的轻重工业与近代化的农业。在这个基础上，外国投资的容纳量将是非常广大的。一个政治上倒退与贫困的中国，则不但对于中国人民非常不利，对于外国人民也是不利的。”①

（4）批判民粹主义，提出要“广泛地发展资本主义”。

毛泽东在口头政治报告中批判了民粹主义，提出要广泛地发展资本主义。他说：“关于资本主义。在我的报告里，对资本主义问题已经有所发挥，比较充分地肯定了它。这有什么好处呢？是有好处的。我是在这样的条件下肯定的，就是孙中山所说的‘不能操纵国民之生计’的资本主义。至于操纵国民生计的大地主、大银行家、大买办，那是不包括在里面的。”“我们这样肯定要广泛地发展资本主义，是只有好处，没有坏处的。对于这个问题，在我们党内有些人相当长的时间里搞不清楚，存在一种民粹派的思想。这种思想，在农民出身的党员占多数的党内是会长期存在的。所谓民粹主义，就是要直接由封建经济发展到社会主义经济，中间不经过发展资本主义的阶段。”②

① 《解放日报》1945年5月2日第5版。这一段话在出版的《毛泽东选集》中已删除。

② 《毛泽东文集》第三卷，人民出版社1996年版，第322—323页。

毛泽东在《论联合政府》中明确指出,一个共产党人“如果看不起这个资产阶级民主革命而对它稍许放松,稍许怠工,稍许表现不忠诚、不热情,不准备付出自己的鲜血和生命,而空谈什么社会主义和共产主义,那就是有意无意地、或多或少地背叛了社会主义和共产主义,就不是一个自觉的和忠诚的共产主义者。只有经过民主主义,才能到达社会主义,这是马克思主义的天经地义。而在中国,为民主主义奋斗的时间还是长期的。没有一个新民主主义的联合统一的国家,没有新民主主义的国家经济的发展,没有私人资本主义经济和合作社经济的发展,没有民族的科学的大众的文化即新民主主义文化的发展,没有几万万人民的个性的解放和个性的发展,一句话,没有一个由共产党领导的新式的资产阶级性质的彻底的民主革命,要想在殖民地半殖民地半封建的废墟上建立起社会主义社会来,那只是完全的空想。”强调共产党人“不但不怕资本主义,反而在一定条件下提倡它的发展”。“拿资本主义的某种发展去代替外国帝国主义和本国封建主义的压迫,不但是一个进步,而且是一个不可避免的过程。它不但有利于资产阶级,同时也有利于无产阶级,或者说更有利于无产阶级。现在的中国是多了一个外国的帝国主义和一个本国的封建主义,而不是多了一个本国的资本主义,相反地,我们的资本主义是太少了。说也奇怪,有些中国资产阶级代言人不敢正面地提出发展资本主义的主张,而要转弯抹角地来说这个问题。另外有些人,则甚至一口否认中国应该让资本主义有一个必要的发展,而说什么一下就可以到达社会主义社会,什么要将三民主义和社会主义‘毕其功于一役’。很明显地,这类现象,有些是反映着中国民族资产阶级的软弱性,有些则是大地主大资产阶级对于民众的欺骗手段。我们共产党人根据自己对于马克思主义的社会发展规律的认识,明确地知道,在中国的条件下,在新民主主义的国家制度下,除了国家自己的经济、劳动人民的个体经济和合作社经济之外，一定要让私人资本主义经济在不能操纵国民生计的范围内获得发展的便利，才能有益于社会的向前发展。"①

毛泽东在中国共产党第七次全国代表大会上有关新民主主义经济理论的论述，是在运用马克思主义的基本原理，深刻总结抗日根据地经济建设实践经验的基础上的伟大创造，是关于抗日根据地新民主主义经济创立、建设经验与理论的升华。

抗日根据地经济是新民主主义经济，是介于半殖民地半封建经济与社会主义经济之间的一种过渡性经济。随着抗日战争的发展，根据地的建立、巩固和扩大，新民主主义经济不断发展壮大。中国共产党和抗日根据地政府实行发展经济，保障供给的总方针，以及减租减息、互助合作、公私兼顾、劳资两利等一系列方针政策。抗日根据地的新民主主义经济有了较大的发展，具有以下一些特征。

（1）从废除封建剥削制度的土地革命政策转变为减轻封建剥削的减租减息政策。通过减租减息，发动了农民群众，建立起农民群众的政治优势，大大提高了农民群众发展生产和投入抗日斗争的积极性。农民所受封建剥削和农业税负担减轻，农民经济状况得到明显的改善，并出现了新的富农经济。

（2）在根据地经济发展中贯彻执行以农业为第一位的方针。对旧的富农经济只削弱其封建部分而奖励其资本主义部分。并在农村经济发展的实践中，总结出了"吴满有方向"，如邓小平所指出的："吴满有方向就是中共中央土地政策的具体表现"；并将其精辟地概括为三个环节："第一个就是扶助贫农、中农上升，第二个是奖励富农经济，第三个是削弱封建"；"实行彻底减租、扶助贫

① 《毛泽东选集》第三卷，人民出版社1991年版，第1059—1061页。

农生产、组织起来、劳动互助、公私兼顾、精耕细作、多耕多锄、多上粪,就是吴满有方向,就是在实行贫的变富,富的更富的方向”。

(3)为了抗日战争军事斗争的需要和克服财政经济的困难,各根据地建立和发展了各种公营经济。公营经济包括根据地政府经营的工业(包括为支援抗日军事斗争的军事工业、盐业、食品加工、日用品工业)、商业、交通运输业和银行;军队经营的农场、工业、商业和运输业;党政机关、学校经营的自给性农工商业。毛泽东在《经济问题与财政问题》一文中,称根据地的公营经济是“新式的国家经济的模型”,“这种模型之所以为新式,就是说,它不是俾士麦式的旧型的国家经济,也不是苏联式的最新型的国家经济,而是新民主主义的或三民主义的国家经济”。对公营经济实行“统一领导,分散经营”的管理原则,这是公营经济原则性与灵活性、集中与分散的有机结合。也正是这种有机结合大大增强了公营经济的适应力和生命力。

(4)抗日根据地经济发展中提出了“发展合作事业,提倡股份经济”的政策。抗日根据地合作社经济得到较快发展,在农业生产中发展了农业生产互助组(包括临时互助和常年互助组)和以土地入股为特征的农业生产合作社。在流通领域发展了供销合作社;在金融领域发展了信用合作社;在手工业中发展手工业合作社。关于合作社的性质,毛泽东指出它是建立在个体经济基础上(私有财产基础上)的集体劳动组织。一方面,它不破坏个体的私有财产基础,以个体经济为基础;另一方面,它是劳动群众自愿结成的组织,是许多劳动者共同的财产,集体互助没有剥削关系。

(5)对私人资本主义经济实行保护和鼓励的政策,私营工商业得到恢复和发展。各抗日根据地先后提出“奖励民营企业”“扶助私人资本”“奖励私人企业”“承认资本主义生产方式的存在”“奖励和保护民族资本主义的发展”“保护私人工商业的自由营业”等政策,都是要保护和奖励私人资本主义的发展。毛泽东指出:“国营经济和合作社经济是应该发展的,但在目前的农村根据地内,主要的经济成分,还不是国营的,而是私营的,而是让自由资本主义经济得着发展的机会,用以反对日本帝国主义和半封建制度。这是目前中国的最革命的政策,反对和阻碍这个政策的施行,无疑义地是错误的。”①这就是说,在落后的农村地区,私营经济是最主要的经济成分。因此,“最革命的政策”就是不加限制,让自由资本主义经济“得着发展的机会”。在私营经济自由发展的过程中,穷者变富,富者更富。这样,作为农村资本主义基本形式的富农经济就有了充足的发展。

(6)在公私经济发展中提出了“公私兼顾”和“军民兼顾”的方针。在公营经济的发展中,曾一度出现垄断统制和与民争利的现象,也及时得到纠正。公营经济必须大力发展,但发展经济的重心,是促进个体经济、私人资本主义经济和合作经济等民营经济的发展。任何公营的工农商业的发展,绝不是垄断统制的和与民争利的,公营经济与民营经济密切联系,指导和帮助民营经济的发展,同时限制民营经济中的不良现象,以领导和推动抗日根据地经济的健康发展。在公私兼顾的方针下,各根据地在战争环境下创造了公私合营工业、公私合营商业等新的经济形式,在促进根据地经济的发展中起到了重大作用。

(7)抗日根据地经济发展中财政税收政策不断完善和规范。抗日根据地实行“发展经济,保障供给”的财政工作总方针。在税收政策上,废除旧的苛捐杂税,利用和改良旧的税制、建立新税制,实行合理负担政策,逐步实行统一累进税,为新民主主义经济的财政税收建设创立了良好的基础。

① 《毛泽东选集》第三卷,人民出版社1991年版,第793页。

(8)抗日根据地的金融业得到发展。各抗日根据地建立银行,发行货币,开展对敌伪的货币斗争。各抗日根据地经历了整理货币市场,排挤、肃清敌伪货币,肃清各种杂钞,建立统一本位币市场。抗日根据地银行开展储蓄、贷款和汇兑业务,扶持生产,发展贸易,繁荣市场,促进了抗日根据地经济发展。

(9)抗日根据地经济开始形成了比较完整的新民主主义经济形态。主要由公营经济、私人资本主义经济、合作社经济、个体经济以及公私合营经济所构成。公营经济主要包括工业、商业、银行、交通运输业等企业。公营经济具有社会主义性质,是新民主主义经济的领导成分。抗日根据地政府积极发展公营经济。在创办公营经济的过程中,积累了较为丰富的管理企业的经验。

抗日根据地新民主主义的经济结构是中国共产党领导中国人民改造半殖民地半封建经济和经济建设实践的产物,是在探索中国经济发展道路的过程中反复实践不断总结正反两方面经验的产物,是中国共产党和人民群众集体智慧的结晶。抗日根据地经济建设的发展,第一,为抗日战争的胜利奠定了可靠的物质基础;第二,改善了以农民为主体的人民群众的生活,巩固了工农联盟,保证了无产阶级对农民的领导;第三,抗日根据地在经济建设中建立和壮大了公营经济,实现了公营经济对私营经济和个体经济的领导;第四,积累了领导经济工作、财政工作和管理工商业的经验,造就了一大批经济建设干部,为以后中国的解放事业乃至新中国成立后准备了物资条件和干部人才。

本书是国家社科基金重大项目（10&ZD074）成果

国家出版基金项目
NATIONAL PUBLICATION FOUNDATION

中国近代经济史

1937—1949

下 册（二）

刘克祥 主编

人民出版社

第二十章

在解放战争中迅速成长壮大的新民主主义经济

解放战争时期，是中国新民主主义革命由战略防御转入战略反攻，由局部胜利走向全国胜利的伟大转折时期；是新民主主义经济由农村走向到城市、由分散隔离走向整合统一的成长壮大时期，而且速度之快，转折、变化之大，超出常人想象。面对革命形势的快速变化和因解放区迅速扩大而带来的经济环境、经济工作的繁难局势，中国共产党必须及时调整解放区经济工作的指导思想和方针政策，以最快的速度教育、培训干部，尤其是高中级干部，不仅要会打仗，还要懂得经济工作；不仅要熟悉农村，知道开荒种地，和地主富农打交道，还要熟悉城市，知道管理城市和工厂矿山，学会和资本家、工程技术人员打交道。只有这样，才能很快适应和驾驭瞬息万变的政治、经济形势，使中国新民主主义革命从现有的胜利走向更大的胜利。历史事实证明，中国共产党和中国人民解放军既没有被提前到来的胜利冲昏头脑，也没有因为一个接一个的军事胜利而陡然千头万绪的政治、经济形势不知所措，全党全军始终保持清醒、冷静的头脑，沉着应对，凭着从战争中学习和熟悉战争的经验，经过全党积极努力的探索和实践，举一反三，从政治、经济中学习和迅速熟悉政治、经济，迅速成熟起来，不仅从经济上保障了革命战争由战略防御转入战略反攻并取得最后胜利，同时也为新中国的经济恢复和建设积累了经验、创造了条件。

随着解放战争的爆发和解放区的扩大,党中央及时调整了财经工作方针,使抗日战争时期各根据地分散的财经工作,经过一个阶段的调节、整合,逐渐由分散走向统一。

1946 年解放战争爆发以后,解放区军民经过一年的战略防御,沉重打击和消灭了国民党有生力量,并于 1947 年 7 月开始转入战略反攻,将战争引向国民党统治区。毛泽东同志曾对这一伟大转折给以高度评价,他说,“中国人民解放军已经在中国这一块土地上扭转了美国帝国主义及其走狗蒋介石匪帮的反革命车轮,使之走向覆灭的道路,推进了自己的革命车轮,使之走向胜利的道路。这是一个历史的转折点。这是蒋介石的二十年反革命统治由发展到消灭的转折点”①。为了在经济上适应这种伟大转折,适应解放区不断扩大和联成一片的新形势,为了保障大规模作战所需要的物资供给,中国共产党开始从思想上认识到加强各解放区财政金融统一的重要性和迫切性,并从 1947 年战略反攻前夕着手制定解决这一问题的方针政策和步骤方法。

1947 年 4 月,陕甘宁、晋绥、晋察冀、晋冀鲁豫、山东等解放区的财经工作代表在河北省邯郸市召开华北财经会议。专门讨论华北各解放区的财政、金融、贸易等问题。中共中央决定由这次会议草拟一个正式决定,以勾股定理框定各区财经工作的共同方针和各项政策。会议讨论了今后各区的银行发行权、脱离生产人数比例、人民负担标准、各区间贫富调剂等问题,并决定成立华北财经办事处,以便在中央领导之下具体负责统一协调各区的财经工作。10 月 24 日,中共中央批转了华北财经会议的综合报告和决定。华北财经会议认为,当前解放区财经工作中不仅存在着必须大量养兵、必须保障部队生活的一定水准和必须照顾人民负担能力三

① 《毛泽东选集》第四卷,人民出版社 1991 年版,第 1244 页。

个基本矛盾，而且还存在着分散落后的小农业和小手工业生产、交通不便与大兵团作战之间的矛盾，必须妥善解决这些矛盾，才能支持长期战争。为了解决上述矛盾，会议作出了以下 9 条决定。

（1）实行发展经济，保障供给的基本方针。积极扶助农业、家庭副业、手工业发展，帮助贫苦农民，扶助合作社经济，保障私人资本主义营业和赢利的自由，使之得到发展机会。奖励土货，抵制美蒋货，加强对敌斗争，实行贸易保护政策。

（2）目前财经工作的首要任务，是集中一切力量，保障战争供给，其他工作可不办的不办，可缓办的缓办，降低生活待遇，提倡艰苦奋斗，财经工作不能仅从几百万脱离生产人员的生计出发，而必须从 1.9 亿人民的生计出发，民富即国富，这是共产党与国民党的不同之点。

（3）实行精兵简政。在战争期间，部队可占脱离生产总人数的 3/4，地方人员占 1/4，军费开支可占财政开支总数的 85%，地方经费占 15%。部队要保证野战部队占部队总数的 1/2 到 2/3（能集中起来机动作战的）。供给标准，部队高于地方，前线高于后方，野战军高于地方军。后方应特别提倡艰苦奋斗，一切为了前线，向农民生活看齐。

（4）改进公粮税收工作，增加财政收入。负担政策，应扩大征收面，减少累进率，照顾农民生活，不要伤害农民生产情绪。税收工作应与对敌经济斗争、管理贸易和奖励生产相结合，做到既保证财政收入，又刺激经济发展。在取之于己方面，机关部队生产，应以农业、手工业和运输为主，反对投机贸易，取消机关、部队的商店，归工商管理局统一经营。关于取之于敌方面，战争缴获物资归公，除武器弹药由部队自己管理（多余部分仍应互相调剂）外，其他物资均应交公作为财政收入，严禁私自扣留的破坏行为。

（5）整理村财政。整理办法，最好由政府统一规定。收支标准,由村民民主评议,经区公所核准,自筹自支,并按期结算项目,送上级审查并公布。村财政负担,要求做到每人每年不超过小米6斤。整理公款投资合作生产,以其收益补助村财政。

(6)调整战勤。由于参军参战,农村劳动力已感缺乏,如不节省民力,必致影响生产。因此,要求战斗部队科学使用民力,做到平时不超过三兵一夫,战时不超过一兵一夫。动用民夫应有严格制度,除抬送伤病员和运输粮食弹药等战争必需者外,其他当严厉禁止。战勤负担面,要力求扩大,做到公平合理。要统筹计划,实行村区县大调剂,全区大调剂。

(7)贸易和金融货币工作,要为发展生产服务。贸易工作的主要任务是对外争取有利交换,对内调剂供求,扶助生产发展。为此,必须管理对外贸易,奖励生产输出,限制外货输入(奢侈品、消耗品,以及妨害生产发展者应禁止输入),争取出入品平衡或出超。金融货币工作的主要任务,是要平稳物价,保护人民财富,促进生产发展。为此,必须建立独立自主的本币市场,排挤蒋币,摆脱蒋币涨落对解放区的影响。必须调节本币发行数量,掌握重要物资,防止物价波动。积极扶助和发展运输与信用合作社。

(8)由于交通运输困难,出击部队的粮食等供给,主要依靠战争缴获和就地筹措,不应单靠后方补给。新解放区人民(尤其地主富商),也须负担战争供给,反对“仁政”观点,反对“抓一把”的做法。蒋政府的公产和汉奸恶霸财产的接收没收,须有组织有纪律地进行,避免破坏及浪费。有步骤地发行本币,收兑和排挤蒋币。新解放区的奢侈品、消耗品不得没收或补税,应当加以登记管理,逐渐改造市场,使其为人民及生产服务。

(9)组织领导。鉴于各解放区多已联成一片,人民物资交流、军队机动作战,和贫富区适当调剂,均要求华北财政经济做到适当的集中统一。同时又鉴于各区财经工作发展不平衡,交通不便等原因，在集中统一领导下，又有很大的机动处理权。会议一致要求在中央直接领导下，成立统一的财经机关，调整各地贸易关系，统一各区经济政策和对敌经济斗争，调剂贫富有无，平衡各地人民负担，统一规定各地供给标准，统一计划掌握各地货币发行，稳定各种货币兑换比率，并在这些基础上，逐渐达到各解放区财经工作的进一步统一，其他具体工作则完全由各地机关处理。

会议还决定，各解放区之间的货币贸易关系，应即进行适当调整，便利人民物资交流，使对敌经济斗争力量加强，步调一致。邻区之间的物资交流，应与区内贸易采取同样政策（通过敌人封锁时，须有适当措施以免走私偷税）。进口出口采用一道税制，邻区已征税的不再重征，各区货币应互相支持，便利兑换，帮助邻区采购必需外货，推销剩余土产，互相调剂，减少对蒋占区的依赖。①

根据华北财经会议的提议并经中央批准，1947 年 11 月，华北财经办事处在邯郸成立，根据中央批准的组织规程，华北财经办事处的职责是：在中共中央及其工作委员会的领导下，统一华北各个解放区（东北暂不包括在内）的财经政策，指导华北各个解放区的财政经济工作。华北财经办事处的具体任务为：（1）制定华北解放区国民经济建设方针；（2）审查各个解放区的生产、贸易、金融计划，并及时做必要的管理与调剂；（3）掌握各个解放区的货币发行；（4）指导各个解放区的对敌经济斗争；（5）筹建中央财政及银行；（6）审定各个解放区的人民负担；（7）审查各个解放区脱离生产的人数及其编制与供给标准；（8）审核各个解放区的财政预算，并作出必要的调剂。

① 《华北财政经济会议决定草案》（1947 年 10 月），见中国社会科学院经济研究所中国现代经济史组编：《革命根据地经济史料选编》下册，江西人民出版社 1986 年版，第 167—171 页。

与此同时,东北局也于1947年10月10日作出"加强财经工作决定",提出:"东北解放区在土地改革基本完成之后,经济工作就成为一等重要的任务,因此就必须加强对生产与财经工作的领导,要由分散转到统一,要贯彻发展经济,支援战争;依靠群众,军民兼顾;统一筹划,分工负责;精密计算,结成整体的方针。全党必须纠正与此方针不相容的一切错误观点,争取迅速的转变。争取以农业为主发展农业发展工业及确保政府财源,争取地方生产自给的财经计划的实现。"①

1948年,随着革命形势的迅速发展,党中央开始强调财经工作更大范围的统一。1948年1月,中共中央发出《关于建立报告制度》的指示,加强中共中央对各解放区情况的了解和对领导的监督。同年5月,华北财经办事处召开的华北金融贸易会议提出:"华北各解放区大体上已联成一片,各区间的经济联系日益繁密,我们已有可能和必要从分散的地方经济,逐渐走向统一的国民经济。如撤销内地的关税壁垒,统一货币制度等,都是经济发展中的迫切要求。我们必须适应新的情况,建立一套适合人民需要和经济发展需要的制度。同时加强领导的统一性、集中性,反对各自为政和无组织、无纪律、无政府状态。"②会议制定了逐步统一华北解放区金融贸易的方针、政策和办法。同年6月,中共中央批转了会议提出的"金融贸易会议综合报告",要求华北、华东、西北各解放区遵照执行。

---

① 《中共中央东北局加强财经工作决定》(1947年10月10日),《东北日报》1947年10月26日。

② 《中共中央批准华北金融贸易会议综合报告电》(1948年约6月)附:《华北金融贸易会议综合报告》(1948年5月),见中国社会科学院经济研究所中国现代经济史组编:《革命根据地经济史料选编》下册,江西人民出版社1986年版,第228页。

1948 年 9 月，中共中央在西北坡召开政治局扩大会议，在会上毛泽东提出："关于财经统一。这个问题不需要多讲。以华北人民政府的财委会统一华北、华东及西北三区的经济、财政、贸易、金融、交通和军工的可能的和必要的建设工作和行政工作。不是一切都统一，而是可能的又必要的就统一，可能而不必要的不统一，必要而不可能的也暂时不统一。如农业、小手工业等暂时不统一，而金融工作、货币发行就必须先统一。行政上的统一，就是由华北财委会下命令，三区的党、政、军要保障华北财委会统一命令的执行。"①

根据会议精神，由毛泽东起草的《中共中央关于九月会议的通知》提出："我们已在华北四千四百万人口的区域建立了统一的党和党外民主人士合作的人民政府，并决定由这个政府将华北、华东（有人口四千三百万）和西北（有人口七百万）三区的经济、财政、贸易、金融、交通和军事工业的领导和管理工作统一起来，以利支援前线，并且准备在不久的将来，将东北和中原两区的上述工作也统一起来。"②

1948 年 11 月，华北、山东、晋绥、陕甘宁各解放区的协议决定，将华北银行、北海银行、西北农民银行合并，成立中国人民银行，并于 12 月 1 日发行"人民币"，作为上述各区的本位币，统一流通。

1949 年 5 月，随着中国人民解放军胜利渡江，民主革命即将取得全国范围的胜利，东北和华北广大地区工作重心已由军事转向经济。在这种情况下，刘少奇提出："由于人民革命战争正在取得全国范围的胜利，为了尽可能迅速地和有计划地恢复与发展人

① 《毛泽东文集》第五卷，人民出版社 1996 年版，第 137 页。

② 《毛泽东选集》第四卷，人民出版社 1991 年版，第 1345 页。

民经济,借以供给目前人民革命战争的需要及改善人民生活的目的,应即建立有工作能力的中央财政经济机构,并使各地方的财政经济机构和中央财政机构建立正确的关系。"①随后,他又在各民主党派人士及北平各级党政机关负责人会议上讲:"陈云同志方才讲到组织中央财政经济委员会,这事很急迫,建立中央财政经济的统帅部,其紧急不亚于军事及其他问题。以前我们不懂,这次去天津,与产业界和地方工作同志谈了一谈,才感到这项工作很紧急。我们在军事上取得了很大的胜利,接收了很多东西,外国人要来做生意,交通需要统一,因此财政经济上需要高度的集中。以前我们的财政经济是分散的。最初有几十个根据地,等于几十个国家,每个根据地都有自己的税收、银行、票子、工商业等。……现在平津与东北不好做生意,就因为税收和票子的问题不统一。天津和上海与外洋都通了电信,但是和沈阳与石家庄却不通。在进出口方面,各地区彼此竞争。山东、华北、东北各地都与香港做生意,但却彼此竞争买西药、军用器材;出口方面也是一样,大家都想出口,彼此压低了价钱。工业上也存在着割裂状态。例如山东缺少的东西,天津工厂却多得卖不掉;又如天津生产了很多电线,而东北却缺乏电线,彼此间是隔绝状态。要把生产搞好,许多事必须统一,而且许多事可以统一,这就需要总的统帅机构。本来想等联合政府成立后,再来建立统一的财政经济机构,但是实际情况是马上需要,等不得了"。②

1949年7月,根据中共中央的决定,在中国人民革命军事委

① 中共中央文献研究室编:《刘少奇论新中国经济建设》,中央文献出版社1993年版,第124页。

② 中共中央文献研究室编:《刘少奇论新中国经济建设》,中央文献出版社1993年版,第129—130页。

员会之下，设立中央财政经济委员会，开始着手统一领导全国财政经济工作，实现了全国财政经济工作领导权的集中统一。

在抗日根据地和后来的解放区由分散隔离走向联合统一、新民主主义经济由农村走向城市、中国新民主主义革命由局部胜利走向全国胜利的大转折、大变革时期，对中国资产阶级和资本主义方针政策的调整、统一及其实施，同样十分迫切和重要。

在抗日战争时期和抗日根据地，面对的资产阶级和资本主义问题，主要是农村的富农和富农经济，城市资产阶级和资本主义，只是县城和集镇的中小商人、商贩，几乎没有纯粹意义上的城市资产阶级和资本主义。

解放战争时期，特别是 1947 年 7 月开始转入战略反攻后，越来越多的大中城市被解放，资本主义经济在解放区的经济成分中所占比重上升，资本主义经济的内部也在结构上发生了变化。近代中国的本国资本主义，分为民族资本和国民党国家资本两部分。越是大中城市，资本主义成分中国民党国家资本的比重相对较高。国家资本和官僚私人资本一经没收，即成为社会主义性质的公有资产，解放区的经济结构也相应发生变化。

随着战争时期形势、解放区的经济结构的变化，毛泽东和党中央有关民族资本和民族资产阶级的思想理论与方针政策也相应作出调整。在抗日战争期间，中国共产党的领导人张闻天和毛泽东，都曾将新民主主义定性为“新民主主义的资本主义”或“新式资本主义”“新资本主义”，并确信资本主义在中国尚有相当大的发展空间。“发展新式资本主义是新民主主义经济的全部方向和内容，也是将来社会主义的前提”。因为中国太落后，“只有走过新式资本主义的第一步，才能走社会主义的第二步。社会主义和共产主义，是我们的理想。发展新式资本主义，是我们现时的任务，也是我们当前的具体工作”。[①] 1945年5月在中共七大的结论讲话中,毛泽东还强调,“中国也要发展资本主义”,发展“新民主主义的资本主义”。[②]

1945年8月15日,日本宣布无条件投降,抗日战争结束,抗日民族统一战线同时终结,蒋介石国民党由抗战时期的消极抗日、积极反共发展为“积极灭共”,将美国援助抗日的武器装备和日本投降时留下的武器装备,全都用来对付、消灭共产党和解放军。伪军、汉奸摇身一变,投靠蒋介石国民党,成为反共灭共的急先锋,地主阶级也全部倒向蒋介石国民党。民族资产阶级在政治上仍然摇摆不定。国内阶级关系、阶级矛盾和阶级斗争及其表现形式,发生重大变化,中国无产阶级及其先锋队中国共产党奋斗的近期目标或最低纲领,也在调整。

不过革命的性质、任务和基本政策并没有改变。1946年11月,中共中央宣传部下发指示说,“反帝反封建是中国新民主主义革命的性质,这是由中国的半殖民地或殖民地、半封建或封建的社会性质所决定。北伐以来四次战争,革命性质不变”。在各个阶段的“具体政策口号等会有若干变化,但基本上不变。我们在现阶段的基本政策,是对付美蒋两个结合一体的敌人,即是又反美国帝国主义又反蒋介石封建买办集团”。[③]

在关于中国资产阶级和资本主义的问题上,现阶段的具体政策可以归结为两项:一是即时没收国民党国家资本(官僚资本)和买办资本;二是保护民族资本和中小工商业者,定为长期政策。不

① 《建党以来重要文献选编(1921—1949)》第19册,中央文献出版社2011年版,第472、474页。

② 《毛泽东文集》第三卷,人民出版社1996年版,第384页。

③ 《建党以来重要文献选编(1921—1949)》第23册,中央文献出版社2011年版,第536—537页。

过究竟如何“保护”,如何允许和鼓励其发展,对其性质、地位和作用的界定,因时间的推移和革命形势的发展而有所调整、变化。而且对于民族资本的保护,只限于城市资本主义,而不包括作为农村资本主义的富农。事实上,党和根据地、解放区政府从未发布过“保护富农”的正式文告或政策。在现今条件下,更不会正式宣布“保护富农”,因为富农同地主一样,已被定性为“封建的”,而不是“资本主义的”。随着革命形势的发展和反封建主义力度的加大,从某个角度说,富农的政治地位和待遇,已在作为地主或大地主的“开明绅士”之下。①

资料显示,在整个解放战争时期,党对国民党国家资本(含官僚私人资本)的政策相对稳定,对民族资本特别是对富农和富农经济,对民族资本历史地位和作用的界定,调整和变化的幅度较大。

解放战争时期,以蒋、宋、孔、陈四大家族为代表的国民党国家资本和官僚私人资本,经过二十余年的超经济掠夺,积聚了约 200 亿美元的巨大资产,它控制了金融、交通、外资和重要工业部门,形

① 1948 年 3 月 1 日由毛泽东草拟的“党内指示”说:“开明绅士是地主和富农阶级中带有民主色彩的个别人士。这些人士,同官僚资本主义和帝国主义有矛盾,同封建的地主、富农也有某种矛盾。我们团结他们,并不是因为他们在政治上有什么大的力量,也不是因为他们在经济上有什么重要性(他们根据封建制度占有的土地,应当在取得他们同意之后交给农民分配),而是因为他们在抗日战争时期,在反美蒋斗争时期,在政治上曾经给我们以相当的帮助。在土地改革时期,如果有少数开明绅士表示赞成我们的土地改革,对于全国土地改革的工作也是有益的。特别是对于争取全国的知识分子(中国的知识分子大部分是地主富农的家庭出身),对于争取全国的民族资产阶级(中国的民族资产阶级大部分同土地有联系),对于争取全国的开明绅士(大约有几十万人),以及对于孤立中国革命的主要敌人蒋介石反动派,都是有益的。”(《毛泽东选集》第四卷,人民出版社 1991 年版,第 1289—1290 页。)

成了在国民经济中的垄断地位,成为国民党反动政权的经济基础,严重阻碍了中国经济的现代化。因此,没收国民党国家资本归新民主主义国家所有,将其变成社会主义性质的国营经济,是新民主主义革命的重要任务之一,也是新民主主义经济建立的重要经济前提。

随着解放战争的进展、解放区的扩大和城市的占领,对国民党国家资本的全面和整体没收很快进入议事日程。1947 年 12 月 26 日,毛泽东提出,“没收封建阶级的土地归农民所有,没收蒋介石、宋子文、孔祥熙、陈立夫为首的垄断资本归新民主主义的国家所有,保护民族工商业。这就是新民主主义革命的三大经济纲领”①。

1948 年随着人民解放军转入战略反攻取得节节胜利,一批批城市被解放,在占领城市之后,如何划分私人资本中的官僚资本与非官僚资本,成为关系当时的政治、经济特别是统战工作的重要问题。1948 年 4 月,中共中央在给洛阳前线指挥部的电报中指出:“对于官僚资本要有明确界限,不要将国民党人经营的工商业都叫作官僚资本而加以没收。对于那些查明确实是由国民党中央政府、省政府、县市政府经营的,即完全官办的工商业,应该确定归民主政府接管营业的原则。……对于著名的国民党大官僚所经营的企业,应该按照上述原则和办法处理。对于小官僚和地主所办的工商业,则不在没收之列。一切民族资产阶级经营的企业,严禁侵犯。”②明确规定了小官僚的私人资本不属于官僚资本,但是没有规定大小官僚的明确界线,各地在执行中,划分大小官僚的标准也不一样,1949 年 4 月,由中共代表团提出的《国内和平协定(最后

① 《毛泽东选集》第四卷,人民出版社 1991 年版,第 1253 页。

② 《毛泽东选集》第四卷,人民出版社 1991 年版,第 1323—1324 页。

修正案)》中规定:“凡属南京国民政府统治时期依仗政治特权及豪门势力而获得或侵占的官僚资本企业(包括银行、工厂、矿山、船舶、公司、商店等)及财产,应没收为国家所有”;“凡官僚资本属于南京国民政府统治时期以前及属于南京国民政府统治时期而为不大的企业且与国计民生无害者,不予没收。但其中若干人物,由于犯罪行为,例如罪大恶极的反动分子而为人民告发并审查属实者,仍应没收其企业及财产”。①

由于国民党国家资本(官僚资本)分为国家资本和官僚私人资本两部分,国家资本比重较大,资本集中,产权比较明确,私人资本所占比重不大,资本分散,产权及是否属于没收范围的界定比较复杂。1948 年前,尚未普遍占领大中城市和形成接管官僚资本的办法。1947 年人民解放军转入战略反攻后,开始解放一批中等城市。中共中央在 1947 年 12 月中央扩大会议简报中即提出:对于接收的官僚资本企业,必须使其继续营业,不得分散或停开。1948 年 4 月,《再克洛阳后给洛阳前线指挥部的电报》又提出:“对于那些查明确实是由国民党中央政府、省政府、县市政府经营的,即完全官办的工商业,应该确定归民主政府接管营业的原则。但如民主政府一时来不及接管或一时尚无能力接管,则应该暂时委托原管理人负责管理,照常开业,直至民主政府派人接管时为止。对于这些工商业,应该组织工人和技师参加管理,并且信任他们的管理能力。如国民党人已逃跑,企业处于停歇状态,则应该由工人和技师选出代表,组织管理委员会管理”。同时指出,“入城之初,不要轻易提出增加工资减少工时的口号”。“一切作长期打算。严禁破坏任何公私生产资料和浪费生活资料,禁止大吃大喝,注意节

① 《毛泽东选集》第四卷,人民出版社 1991 年版,第 1454—1455 页。

约”。[①] 1948年6月10日,中共中央东北局发出《关于保护新收复城市的指示》,规定“攻城部队,只有保护城市工商业之责,无没收处理之权”。“相反地,在战斗中及战斗结束之后,攻城部队应派出必须的队伍加以保护,禁止任何人擅自进去搬运机器、物资和器材。”[②]1948年5月17日至6月27日召开的华北解放区工商业会议,也规定“以后新解放城市的一切工矿,一律严禁任意转移,严禁破坏,必须保存原状,就地开工。即使由于战略关系,我军占领后又要退出的城市和矿场,也不许丝毫破坏,因为这些工矿都是人民的财富,不久将重归人民所有”[③]。

1948年11月,东北沈阳和山东济南解放,陈云和曾山分别总结了接管沈阳和济南的经验并上报中央,特别是陈云提出的“各按系统,自上而下,原封不动,先接后分”的办法得到中央的赞同,并开始在各解放区普遍推行,其中关于官僚资本企业的接管,陈云提出按照原有系统,自上而下地接管,不打乱原有机构,继续维持生产经营,工资问题要慎重解决。

1949年1月15日,中共中央发出《关于接收官僚资本企业的指示》,提出了一套完整的接管办法,其主要内容如下:(1)接收官僚资本企业,必须严格地注意到不要打乱企业组织的原来机构,对于接收来的工厂、矿山、铁路、邮政、电报及银行等,如果原来的厂长、矿长、局长及工程师和其他职员没有逃跑,并愿意继续服务者,

---

① 《毛泽东选集》第四卷,人民出版社1991年版,第1323—1324页。

② 《中共中央东北局关于保护新收复城市》,见中国社会科学院经济研究所中国现代经济史组编:《革命根据地经济史料选编》下册,江西人民出版社1986年版,第237页。

③ 《华北解放区工商业会议》(1948年6月27日),见中国社会科学院经济研究所中国现代经济史组编:《革命根据地经济史料选编》下册,江西人民出版社1986年版,第241页。

只要不是破坏分子，应令其担负原来职务，继续工作。军管会只派军事代表去监督其工作，而不应派人去代替他们当厂长、局长、监工等。如果某个企业的主要负责人逃跑，或原来的负责人劣迹昭著，为大多数人所反对，而不能不撤换者，或系破坏分子，十分不可靠的分子，而不能不撤换者，即从本企业职工中提拔适当的人员代理，除非是无法提拔或我们派去的人完全是该企业的内行，能够无困难地管理该企业时，才任命他们直接负责该企业的管理。（2）对于企业中的各种组织和制度，亦应照旧保持不应任意改革及宣布废除。旧的实际工资标准和等级及实行多年的奖励制度、劳动保险制度等，亦应照旧，不得取消和任意改订。旧制度中的一部分须要加以改良者，亦须等到后来详细研究后，才能提出更合理的改订办法，绝不是草率拟定办法或用老解放区企业中的制度去硬套所能改善的。（3）派到各企业中的军事代表（即接收人员），对于企业除派一个负责的总代表外，并可在各工作部门（十分必要时可在各车间）、各站、各段派遣代表，受总代表的指挥，并可设立监督部或政治部。这种军事代表的任务应是：甲、保障上级命令的实行；乙、保障生产的进行和恢复；丙、防止破坏或怠工，清查反动分子；丁、防止偷盗、贪污及浪费；戊、对职工进行政治教育与宣传，从职工中挑选干部；己、协助职工组织工会及消费合作社等；庚、了解企业中的情况，学习管理生产。①

1949 年 4 月，中共中央又吸取了平津接管官僚资本企业的经验，在关于接管江南城市给华东局的指示中指出："根据平、津经验，军管会能很好地接收城市及工厂和资财，但军管会不能经营企

① 《中央关于接收官僚资本企业的指示》（1949 年 1 月 15 日），见中央档案馆编：《中共中央文件选集》第 18 册，中共中央党校出版社 1992 年版，第 31—32 页。

业和工厂,故军管会在接收后,应迅速将企业、工厂和物资,分别交给各适当的负责的机关管理和经营";"国民党的官僚资本企业中,大多有大批冗员及官僚制度例如工厂中的警卫科、厂警等,工人、职员十分不满,要求迅速改革,而这些人员和机构,也可以迅速改革,故在确定工厂管理关系后,应即发动工人,迅速改革这些制度,以利生产"。①

对于产权属私人所有或混在私人企业中的那部分官僚资本,中共中央采取非常慎重的态度。由于最初缺乏具体的标准,为了避免混乱,中共中央认为不必急于实行没收。1949 年 1 月 26 日,《中央关于没收战犯财产问题的指示》指出,现在宣布的 43 名战犯名单,是以新华社报道权威人士谈话的形式出现的,"并不具备法律的效力,并不能据以没收财产,同时,也不必急于实行没收,暂时可先行不露声色地着手调查,再根据调查所得的具体确实的材料,逐一分别报告中央批准处理之。在调查期间,如确有逃避财产之行为者,则可依正式手续明令冻结之,但也不忙没收"②。

中共中央对国民党国家资本(官僚资本)政策的基本点是没收,对民族资本政策的基本点是保护。1949 年 4 月 25 日,中共中央批准发布《华东局关于接管江南城市的指示》规定:"私人工商业中,如有股东不明,或部分股东确为重要战犯或为官僚资本者,应一律暂缓处理,但可先行登记,加以监督,防止转移资金、货物。对私营企业应坚持'公私兼顾,劳资两利'的方针,一方面要教育

① 《中央对华东局关于接管江南城市指示草案的批示》(1949 年 4 月 25 日),见中央档案馆编:《中共中央文件选集》第 18 册,中共中央党校出版社 1992 年版,第 235—237 页。

② 中国社会科学院、中央档案馆编:《1949—1952 中华人民共和国经济档案资料选编 · 工商体制卷》,中国社会科学出版社 1993 年版,第 105—106 页。

说服工人,不要提出过高的劳动条件,致使生产降低,经济衰落,工人失业;另一方面要严重警惕资本家故意消极怠工或借故降低工人的实际工资及其他待遇。如劳资间有纠纷时,可由军管会召集双方调解或仲裁之。必须防止将农村中斗争地富,消灭封建的办法,错误的应用到城市;同时,对故意消极怠工的资本家,亦应给以必要的适当的处罚。”①

当然,“保护民族资本”政策,并非始自华东局“指示”的“公私兼顾,劳资两利”的方针,而是土地革命以来一贯政策的延续。

1947 年 10 月颁布实施的《中国土地法大纲》第十二条规定,“保护工商业者的财产及其合法的营业,不受侵犯”②。毛泽东还特别解释说,“这里所说的工商业者,就是指的一切独立的小工商业者和一切小的和中等的资本主义成分”,也是新中国的经济成分。这种小的和中等的资本主义成分,“其存在和发展,并没有什么危险。在农村中必然发生的新的富农经济,也是如此”。因此,不允许对上层小资产阶级和中等资产阶级经济成分采取过“左”的错误的政策。1931—1934 年所犯的一些“左”的错误,“是绝对不许重复的”。③ 同年 12 月,毛泽东在米脂杨家沟会议上再次阐明和强调,“新民主主义的革命任务,除了取消帝国主义在中国的特权以外,在国内,就是要消灭地主阶级和官僚资产阶级(大资产阶级)的剥削和压迫,改变买办的封建的生产关系,解放被束缚的

---

① 中国社会科学院经济研究所中国现代史组编:《革命根据地经济史料选编》下册,江西人民出版社 1986 年版,第 277 页。

② 《中国共产党中央委员会关于公布中国土地法大纲的决议》(1947 年 10 月 10 日)附:《中国土地法大纲》,中共中央文献研究室等编:《建党以来重要文献选编》(1941—1949)第二十四册,中央文献出版社 2011 年版,第 419 页。

③ 《毛泽东选集》第四卷,人民出版社 1991 年版,第 1255 页。

生产力。被这些阶级及其国家政权所压迫和损害的上层小资产阶级和中等资产阶级,虽然也是资产阶级,却是可以参加新民主主义革命,或者保守中立的。他们和帝国主义没有联系,或者联系较少,他们是真正的民族资产阶级。在新民主主义的国家权力到达的地方,对于这些阶级,必须坚决地毫不犹豫地给以保护"。"新民主主义革命所要消灭的对象,只是封建主义和垄断资本主义,只是地主阶级和官僚资产阶级(大资产阶级),而不是一般地消灭资本主义,不是消灭上层小资产阶级和中等资产阶级"。"即使革命在全国胜利以后,在一个长时期内,还是必须允许其存在;并且按照国民经济的分工,"还需要它们中一切有益于国民经济的部分有一个发展;它们在整个国民经济中,还是不可缺少的一部分"。"新民主主义国民经济的指导方针,必须紧紧地追随着发展生产、繁荣经济、公私兼顾、劳资两利这个总目标。一切离开这个总目标的方针、政策、办法,都是错误的。"①在整个解放战争时期,这是党中央和根据地政府对民族资产阶级和民族资本主义的基本政策。

"保护民族资本"这一基本政策,从经济层面来说,并无变化。但从思想、理论、政治层面看,却是有重大调整和变化的。这就是前面提到的"新资本主义""新式资本主义"的概念或范畴问题。毛泽东和中共中央考虑的是:在经济上要切实保护和利用民族资本,而在政治方面,要考虑到临近革命胜利和胜利后国内阶级关系、无产阶级同资产阶级关系的变化,要做到未雨绸缪。

1948 年,解放战争进入双方决战阶段,毛泽东在 9 月的一次会议上说,"关于几年胜利的问题,过去所讲的只是可能性",现在"可以讲出带确定性的意见了",这就是"大约五年左右根本上打倒国民党"。不仅革命胜利指日可待,而且胜利后的阶级结构和

① 《毛泽东选集》第四卷,人民出版社 1991 年版,第 1254—1256 页。

阶级矛盾问题，毛泽东也已心中有数，“现在点明一句话，资产阶级民主革命完成之后，中国内部的主要矛盾就是无产阶级和资产阶级之间的矛盾”。①

正因为如此，虽然资产阶级民主革命尚未最后完成，毛泽东已明显改变对“新资本主义”这一名词或范畴的态度。就在1948年9月政治局会议上，毛泽东批评了“新资本主义”的提法，他说我们政权的性质“是无产阶级领导的、以工农联盟为基础的人民民主专政。我们的社会经济呢？有人说是‘新资本主义’。我看这个名词是不妥当的，因为它没有说明在我们社会经济中起决定作用的东西是国营经济、公营经济，这个国家是无产阶级领导的，所以这些经济都是社会主义性质的。农村个体经济加上城市私人经济在数量上是大的，但是不起决定作用。我们国营经济、公营经济，在数量上较小，但它是起决定作用的。我们的社会经济的名字还是叫‘新民主主义经济’好”。这样，毛泽东把新民主主义经济重新界定为“社会主义经济领导之下的经济体系”。②

这一提法的改变，虽然主要是出于政治层面的考虑，但也反过来影响党在经济方面对民族资本和民族资产阶级的政策定位。而且随着解放战争和革命形势的迅猛发展，解放区从农村迅速扩大至城镇和工业区，经济结构发生变化，国家资本的比重上升。在这种情况下，毛泽东强调，凡属“大工业、大银行、大商业，不管是不是官僚资本，全国胜利后一定时期内都是要没收的，这是新民主主义经济的原则。而只要一没收，它们就属于社会主义部分”③。国

① 《毛泽东文集》第五卷，人民出版社1996年版，第142—145页。

② 《毛泽东文集》第五卷，人民出版社1996年版，第139、141页。

③ 《在中共中央政治局会议上的报告和结论》（1948年9月），见《毛泽东文集》第五卷，人民出版社1996年版，第140页。

民经济中的社会主义成分及其支配力量明显增加,并有继续壮大的基础,对私人资本主义的依赖程度降低。因此,毛泽东在否定“新资本主义”这一提法的同时,提出要对私人资本主义加以“限制”。不过还不是限制私人资本主义的生产及其扩大,而是防止其脱离“国计民生”的轨道。1948年10月26日,毛泽东就张闻天起草并经中共中央修改的《关于东北经济构成及经济建设基本方针的提纲》的修改问题,致信刘少奇说,“此件修改得很好”,其中“‘决不可采取过早地限制私人资本经济的办法’,改为‘决不可以过早地采取限制现时还有益于国计民生的私人资本经济的办法’。因为就我们的整个经济政策说来,是限制私人资本的,只是有益于国计民生的私人资本,才不在限制之列。而‘有益于国计民生’,这就是一条极大的限制,即引导私人资本纳入‘国计民生’的轨道之上。要达到这一点,必须经常和企图脱出这条轨道的私人资本作斗争。而这些私人资本虽然已经纳入这条轨道,他们总是想脱出去的,所以限制的斗争将是经常不断的”①。

解放战争后期和末期,中共中央和解放区,对民族资产阶级和私人资本主义的基本政策,就是既利用又限制、既联合又斗争,针对民族资产阶级摇摆不定的两面性特征,争取和利用其对革命、对国计民生有利的一面,限制、避免其对革命、对国计民生不利的一面。这种既利用又限制、既联合又斗争的政策,又主要分为政治、经济两个方面。政治方面主要是斗争,但也要联合、争取。毛泽东在党的七届二中全会上的讲话中强调,“必须学会在城市中向帝国主义者、国民党、资产阶级作政治斗争、经济斗争和文化斗争”;同时,“争取尽可能多的能够同我们合作的民族资产阶级分子及其代表人物站在我们方面,或者使他们保持中立,以便向帝国主义

① 《毛泽东文集》第五卷,人民出版社1996年版,第177页。

者、国民党、官僚资产阶级作坚决的斗争，一步一步地去战胜这些敌人”。在经济方面，对私人资本主义和民族资产阶级采取既利用又限制的政策。“中国的私人资本主义工业，占了现代性工业中的第二位，它是一个不可忽视的力量。中国的民族资产阶级及其代表人物，由于受了帝国主义、封建主义和官僚资本主义的压迫或限制，在人民民主革命斗争中常常采取参加或者保持中立的立场。由于这些，并由于中国经济现在还处在落后状态，在革命胜利以后一个相当长的时期内，还需要尽可能地利用城乡私人资本主义的积极性，以利于国民经济的向前发展。在这个时期内，一切不是于国民经济有害而是于国民经济有利的城乡资本主义成分，都应当容许其存在和发展。这不但是不可避免的，而且是经济上必要的。但是中国资本主义的存在和发展，不是如同资本主义国家那样不受限制任其泛滥的。它将从几个方面被限制——在活动范围方面，在税收政策方面，在市场价格方面，在劳动条件方面。我们要从各方面，按照各地、各业和各个时期的具体情况，对于资本主义采取恰如其分的有伸缩性的限制政策。孙中山的节制资本的口号，我们依然必须用和用得着。但是为了整个国民经济的利益，为了工人阶级和劳动人民现在和将来的利益，决不可以对私人资本主义经济限制得太大太死，必须容许它们在人民共和国的经济政策和经济计划的轨道内有存在和发展的余地。对于私人资本主义采取限制政策，是必然要受到资产阶级在各种程度和各种方式上的反抗的，特别是私人企业中的大企业主，即大资本家。限制和反限制，将是新民主主义国家内部阶级斗争的主要形式。如果认为我们现在不要限制资本主义，认为可以抛弃‘节制资本’的口号，这是完全错误的，这就是右倾机会主义的观点。但是反过来，如果认为应当对私人资本限制得太大太死，或者认为简直可以很快地消灭私人资本，这也是完全错误的，这就是‘左’倾机会主义或冒险主义的观点”。①

显然,从利用和限制或节制的角度观察,在解放战争后期,毛泽东对私人资本主义的政策,已开始比较多地强调“限制”和“节制”了。毛泽东在给刘少奇的前述信件中,也已经明白指出,“就我们的整个经济政策说来,是限制私人资本的,只是有益于国计民生的私人资本,才不在限制之列”。这既是解放战争后期,毛泽东对民族资本和民族资产阶级政策的基本原则,也是中共中央和解放区政府相关政策的指导原则和基本界限。

需要再次强调的是,毛泽东和中共中央对民族资本、民族资产阶级的上述基本原则、基本政策,包括有条件的“限制”“节制”,只适用于城市民族工商业,而不适用于农村富农。因为富农、富农阶级和地主、地主阶级一样,其性质已被界定为“封建的”,而非“资本主义的”。因此对两者采取的是完全不同的政策。如前揭《华东局关于接管江南城市的指示》中所强调的,城市工商业即使发生劳资纠纷,也只能由军管会召集双方进行调解或仲裁,而“必须防止将农村中斗争地富,消灭封建的办法,错误的应用到城市”。② 解放战争时期,毛泽东和中共中央对城乡资本主义的基本定性和基本政策,直接促进和引领工农业生产与城乡经济的发展。

第一节　土地改革与解放区农业经济

抗日战争一结束,蒋介石国民党就挑起了反革命内战,旨在彻

① 《毛泽东选集》第四卷,人民出版社 1991 年版,第 1427—1432 页。

② 中国社会科学院经济研究所中国现代史组编:《革命根据地经济史料选编》下册,江西人民出版社 1986 年版,第 277 页。

底消灭中国共产党和中国革命力量。到1945年年底,解放区面积为293万平方公里,占全国总面积的1/4;人口为1.49亿人,占全国总人口的1/3;城市共509座,占全国城市总数的1/4。蒋介石国民党的目的就是充当国际帝国主义的走狗和国内封建主义的代理人,将已经初步解放的国土和人口重新拖回到半殖民地半封建和封建的苦难深渊。历史不能走回头路,解放区的人民也更不会答应。中国共产党、人民解放军和解放区的全体人民,唯一的办法就是奋起抵抗,坚决保卫来之不易的革命成果。而且,在敌强我弱,中国还有3/4的国土、2/3的人口、3/4的城市尚未解放,仍然处于半殖民地半封建状态和封建的情况下,也没有简单地采用"兵来将挡,水来土掩"的办法,抱着击退国民党反动派的进攻、守住解放区大门就万事大吉的得过且过心态,而是站在为中国人民的解放事业奋斗到底的战略高度,清醒地认识到,虽然抗日战争胜利了,但蒋介石革命的本质、中国的社会性质与国内阶级矛盾、民族矛盾没有变。中国半殖民地半封建和封建社会的两大基本矛盾——帝国主义和中华民族的矛盾、封建买办势力和人民大众的矛盾依然存在,中国资产阶级民主革命的性质、任务没有改变。正如1946年11月中央宣传部下发的指示所说,"北伐以来四次战争,革命性质不变"。在各个阶段的"具体政策口号会有若干变化",但基本政策不变。现阶段的基本政策,"即是又反美国帝国主义又反蒋介石封建买办集团"。① 具体说,就是坚决击退蒋介石国民党的进攻,保卫和扩大、建设解放区,在新旧解放区适时开展土地改革运动,解决农民的土地问题。通过满

① 《中央宣传部关于现阶段革命性质及基本政策问题给冯白驹等的复示》(1946年11月10日),中共中央文献研究室等编:《建党以来重要文献选编(1941—1949)》第二十三册,中央文献出版社2011年版,第536—537页。

足农民土地要求,改善他们的生产、生活条件,充分调动其生产积极性,恢复、发展农业生产和农村经济,进而调动其革命积极性,踊跃报名参军,大力支援前线,不仅为解放自己,而且为解放全中国而奋斗。

一、解放区的土地制度改革

随着抗日战争的胜利,民族矛盾的缓和和阶级矛盾的上升,中国共产党根据国内外形势的变化,有步骤地采取了相应的政策和策略,在解放区逐步实行了土地制度的改革,实现了"耕者有其田",但最初的实施经历了一个短暂的复杂过程。

抗日战争胜利后,人民大众亟须休养生息,渴望通过和平道路逐步实现中国的政治和社会改革,发展民族经济,建立独立、民主和富强的新国家。但蒋介石国民党为了实现其独裁统治,在美国的支持下,冒天下之大不韪,发动反革命内战。到 1945 年 11 月,国民党进攻解放区的部队已达到 120 万人。为了尽可能减少人民的牺牲和经济破坏,中国共产党将争取和平民主,反对内战、独裁作为抗日战争后的基本方针。1945 年 8 月 28 日,中国共产党决定派毛泽东、周恩来、王若飞去重庆与国民党进行和平谈判,双方确定召开政治协商会议。1946 年 1 月,全国各党派参加的政治协商会议,通过了中共代表团提出的《和平建国纲领》,规定"实行减租减息,保护佃权,保护交租,扩大农贷,严禁高利盘剥,以改善农民生活,并实行土地法,以期达到'耕者有其田'之目的"①。在国民党尚未公开彻底撕毁政协决议之前,中国共产党认真履行政协决议的有关规定,并于 1945 年 11 月 7 日发布了《减租和生产是保

① 《毛泽东选集》第四卷,人民出版社 1991 年版,第 1190 页。

卫解放区的两件大事》的党内指示，说明“全国规模的内战已经存在。我党当前任务，是动员一切力量，站在自卫立场上，粉碎国民党的进攻，保卫解放区，争取和平局面的出现”。为达此目的，要普遍实行减租，“借以发动大多数农民群众的革命热情”。既要使解放区农民得到减租利益，使工人和其他劳动者得到酌量增加工资和改善待遇的利益；同时又使地主还能生活，使工商业资本家还有利可图；并于1946年发展大规模的生产运动，增加粮食和日用必需品的生产，改善人民的生活，救济饥民、难民，供给军队的需要。“只有减租和生产两件大事办好了，才能克服困难，援助战争，取得胜利”。同时全党必须明白，“目前我党方针，仍然是减租而不是没收土地”。①

1945年12月15日，中共中央又制定和下达了1946年解放区工作的指导方针，要求按照上述指示，各地务必在1946年，“在一切新解放区，发动大规模的、群众性的、但是有领导的减租减息运动……在老解放区，则应复查减租减息的工作，进一步巩固老解放区”②。

另外，1946年3月中共中央东北局发布了《关于处理日伪土地的指示》，开始处理和分配日伪攫占的土地。

从1944年和1945年春季对日大反攻开始后，八路军和新四军从日军统治下收复了大片国土。据1946年5月统计，解放区人口增加到1.3亿人。辽阔的东北解放区全部是新收复的。在反奸清算斗争中，新解放区广大农民迫切要求没收、分配日伪汉奸的土地。为满足广大农民的土地要求，中共中央东北局发布的关于处理日伪土地的指示，规定“所有东北境内一切日伪地产、开拓地、

① 《毛泽东选集》第四卷，人民出版社1991年版，第1172—1173页。

② 《毛泽东选集》第四卷，人民出版社1991年版，第1175页。

满拓地以及日本人和大汉奸所有地,应立即无代价地分配给无地和少地的农民贫民所有”①。于是,东北解放区迅速开展了分配敌伪土地的运动,并取得重大的成果。如吉林省盘石县敌伪公地(包括日伪时的开拓地、满拓地、矿山地等所谓“国有土地”)约占全县土地的34%,加上敌伪战犯的私人土地,约占全县土地的40%以上。全县分配了15万垧敌伪公地。许多无地和少地的农民获得了土地。

随着反奸清算和减租减息运动的深入开展,各地农民对解决土地问题的要求日益迫切。在山西、河北、山东、华中等解放区,已有部分农民通过清算霸占、清算不合理负担等方法,直接从地主手里取得土地。为了支持广大农民对土地的正当要求,进一步发动农民为巩固解放区而斗争,中共中央于1946年5月4日发出《关于土地问题的指示》(即《五四指示》),决定将抗日战争以来实行的减租减息政策,改为实现“耕者有其田”的政策。《五四指示》充分肯定了解决农民土地问题的伟大意义,特别指出,“各地党委必须明确认识,解决解放区的土地问题是我党目前最基本的历史任务,是目前一切工作的最基本的环节。必须以最大的决心和努力,放手发动和领导群众来完成这一历史任务”;“我党应坚决拥护群众在反奸、清算、减租、减息、退租、退息等斗争中,从地主手中获得土地,实现‘耕者有其田’”,“使各解放区的土地改革,依据群众运动发展的规模和程度,迅速求其实现”。《五四指示》是在解放区清算减租运动不断发展和深入的形势下,应广大群众的要求,对抗战时期“土地政策作重要的改变,但不是全部改变,因为并没有全

① 《东北局关于处理日伪土地的指示》(1946年3月20日),见《中国的土地改革》编辑部、中国社会科学院经济研究所现代经济史组编:《中国土地改革史料选编》,解放军国防大学出版社1988年版,第238页。

部废止减租政策”。① 因此,《五四指示》是由减租减息向没收和平分地主土地转变的一项过渡性的土地政策。5月6日,中央又特别就解决东北、热河等地的土地问题发出指示,要求除坚决实行没收分配开拓地、满拓地及其他敌人所经营的公私土地与大汉奸土地外,必须根据中央指示和当地情况,运用反奸清算减租减息等各种形式及当地广大群众所创造的各种形式,“使地主阶级的土地转移到农民手中,普遍地来解决土地问题”。②《五四指示》和5月6日“指示”的发布,标志着解放区的土地政策由抗日战争时期的减租减息,向没收、分配地主土地、废除封建地主土地所有制过渡。

鉴于当时国共两党关系尚未最后破裂,为了争取一切可能争取的社会力量,减少变革农村土地关系中的阻力,《五四指示》规定,解决土地问题的方式不是无条件地没收一切地主的土地,而是除了没收和分配极少数大汉奸的土地之外,主要是通过清算、减租减息及献地等方法,使农民从地主手中获得土地。《五四指示》还提到:“对于抗日军人及抗日干部的家属之属于豪绅地主成分者,对于在抗日期间,无论在解放区或在国民党区,与我们合作而不反共的开明绅士及其他人等,在运动中应谨慎处理,适当照顾”,“给他们多留下一些土地”;“对于中小地主的生活应给以相当照顾……应多采取调解仲裁方式解决他们与农民的纠纷”。《五四指示》中关于对待一般富农、中小地主与对待大地主、豪绅、恶霸

① 《中共中央关于土地问题的指示》(1946年5月4日),见《中国的土地改革》编辑部等编:《中国土地改革史料选编》,国防大学出版社1988年版,第248—250页。

② 《中央关于解决东北、热河等地的土地问题的指示》(1946年5月6日),见中央档案馆编:《中共中央文件选集》第16册,中共中央党校出版社1992年版,第155页。

应有所区别,特别是必须坚决地团结中农、决不可侵犯中农利益和保护民族工商业的政策规定,对于保证土地改革运动的健康发展有着十分重要的意义。

《五四指示》发布后一段时间,解放战争尚处于战略防御阶段,各级党组织遵照中共中央的指示,抽调大批干部组成工作队奔赴农村,领导土地改革运动。各解放区农民向地主算账采取多种方式解决土地问题,而以清算为主,用多种方式取得了地主的土地。

一是没收汉奸、恶霸和土匪窝主的土地,以东北解放区最为典型。当时国民党大举进攻,日伪时期当权的汉奸分子蠢蠢欲动妄图东山再起。因此首先要没收大汉奸的土地。各地规定:伪警察、伪官吏、协和会长、勤奉队长等,凡有地三五十垧以上者没收分配;罪恶特别深重为人民极度仇恨、已畏罪潜逃者,有地二三十垧也没收分配;假分家的汉奸土地没收分配。对勾结胡匪①、藏枪不交、阴谋不轨的地主,作为土匪窝主,彻底清算;其坐地分赃的土地、财物,全部没收分配。

二是通过算账取得土地。除了汉奸和恶霸地主的土地明令没收以外,对于一般地主的土地,在大部分解放区是采取算账的方式收归农民所有,即通过清算租息、清算额外剥削、清算无偿劳役、清算转嫁负担、清算霸占吞蚀、清算人格污辱等方式,使地主的土地在偿还积债、交纳罚款、退还霸占、赔偿损失等名义下,转移、折算或出卖到农民手里。具体做法是发动农民同地主展开面对面的说理斗争,一条一条地摆出地主经济上剥削农民、政治上压迫农民、人格上侮辱农民的事实,使地主低头认罪,不得不拿出土地来。

《五四指示》发表时,陕甘宁边区尚有 1/3 以上的地区未分配过

---

① 国民党进攻时,东北解放区内的汉奸、特务、惯匪、烟犯与地主勾结组织“地下军”,群众称之为“中央胡子”,简称“胡子”。

土地，虽经历年减租运动，农民得以稍有余力地买进部分土地，但地主阶级仍有大量土地，用以剥削农民，还有很多农民缺地或无地种，迫切要求获得土地，满足农民的正义要求，实现“耕者有其田”，是进一步发展经济与保卫边区所需极其重要的任务。因此，边区政府及时公布了《陕甘宁边区实现耕者有其田办法大纲》，决定在土地未改革地区，贯彻减租清算，然后“欢迎”（但绝不强迫）地主“献地”，同时征收非法占有的土地。凡经查出系非法霸占的土地，或隐瞒土地，即由政府无代价收归公有。征收对象包括：（1）霸占地、赖地；（2）无确实证据之拉荒地；（3）无继承人之灭门地；（4）地主在征购中隐瞒的土地。通过上述措施实现“耕者有其田”的目标。①

通过这种带有某种特色的土地改革，基本上实现了土地平分和“耕者有其田”的目标。表 20-1 真实反映了宜川等 3 县 28 乡土地改革前后各阶层土地占有情况的重大变化。

表 20-1　宜川等 3 县 28 乡土地改革前后各阶层占地变化统计

阶层＼项目		各阶层户口（户）	各阶层人口（人）		各阶层土地（“原地”）（垧）		人均占地（垧）
			人数	占比（%）	面积	占比（%）	
地主	土改前	90	688	1.47	31510.31	6.53	45.8
	土改后	90	688	1.46	4993.68	0.97	7.26
富农	土改前	195	2840	6.06	68036.80	14.10	23.96
	土改后	199	2791	5.94	39834.06	7.75	14.27
富裕中农	土改前	511	4383	9.35	62411.31	12.90	14.24
	土改后	512	4387	9.32	58270.17	11.30	13.28

① 《陕甘宁边区实现耕者有其田办法大纲》，见陕甘宁边区财政经济史编写组等合编：《解放战争时期陕甘宁边区财政经济史资料选辑》上册，三秦出版社 1989 年版，第 58—60 页。

续表

阶层 \ 项目		各阶层户口(户)	各阶层人口(人)		各阶层土地(“原地”)(垧)		人均占地(垧)
			人数	占比(%)	面积	占比(%)	
中农	土改前	2088	20176	43. 10	200805. 06	41. 70	9. 95
	土改后	2068	20259	43. 10	208381. 48	40. 60	10. 29
贫农	土改前	4138	15693	33. 50	111659. 37	23. 20	7. 12
	土改后	4144	15843	33. 70	180064. 37	35. 05	11. 37
雇农	土改前	915	2032	4. 34	1924. 49	0. 39	0. 95
	土改后	919	2036	4. 33	15544. 65	3. 03	7. 68
小商	土改前	36	119	0. 24	82. 80	0. 02	0. 70
	土改后	34	120	0. 26	230. 70	0. 05	1. 92
其他	土改前	107	917	1. 98	5318. 70	1. 10	5. 8
	土改后	328	819	1. 87	6346. 90	1. 24	7. 75
总计	土改前	8080	46848	—	481748. 84	—	—
	土改后	8294	46943	—	513666. 01	—	—

附注:原资料人均占地、总计各数多有讹误,业经重算核正。

资料来源:据《宜川14个乡、宜君10个乡、黄陵4个乡土地改革前后各阶层占有土地比较表》(见陕甘宁边区财政经济史编写组等合编:《解放战争时期陕甘宁边区财政经济史资料选辑》上册,三秦出版社1989年版,第364页)改制。

表20-1中数据显示,宜川、宜君、黄陵3县28乡8000余户,除了中农和富裕中农,占地比重和每人平均占地面积都发生了重大变化,不但实现了“耕者有其田”,而且基本上做到了土地占有均平化。①

① 表20-1中各阶层农户土地改革前和土地改革后的土地人均占有面积,均非该阶层占地总面积除以人口数所得之商。原表称各阶层占有土地为“土地原地”,抑或各阶层的占地总面积包括若干非耕面积,而人均占有面积只限耕地(原资料只有统计表,并无文字说明,无法了解详情)。

三是以征购的方式补充农民土地的不足。征购,即由政府颁布法令,以公债征购地主超过定额的土地,将这些土地分配或低价出售给农民。具体做法是:由政府发行公债作为地价交付地主,分十年还本;公债基金或者由得到土地的农民担负一部分,农民每年向政府交付一定数量的地价,分十年或至二十年还清,另一部分从政府财政收入中调剂;或者全部从政府财政税收中调剂;在抗日战争期间地主欠农民的债务,农民亦可折算为地价。大地主的土地超过规定数额者,超过部分以半价或半价以下递减的价格征购。

各地接到中央关于征购地主土地的提议时,清算斗争已经展开,部分地区地主的土地已被全部没收,部分地区担心征购办法会使农民依赖政府恩赐,不利于发动群众同地主斗争,因此多数地区不主张另行颁布征购政策,只有陕甘宁边区正式颁布了条例并着手实行。1946 年 12 月 13 日,陕甘宁边区公布了《陕甘宁边区政府征购地主土地修正条例草案》,规定一般地主留给其家中每人平均地亩数,应多于当地中农每人平均地亩数的 50%,其超过部分,均得征购之;在抗日战争及自卫战争中"著有功绩"的地主家中每人平均地亩数,应多于当地中农每人平均地亩数的一倍;地主家在边区外者,应按上述规定留给土地。在地主未回边区居住之前,所留土地由当地政府代为经营。富农土地不得征购。地价由当地乡政府协同乡农会及地主具体评定。征购土地的地价,采用超额递减办法。超过 5 石至 10 石者,将超过 5 石之数目,价格减至 80%;超过 10 石至 15 石者,将超过 10 石以上之数目,价格减至 60%;超过 15 石至 20 石者,将超过 15 石以上之数目,价格减至 40%;超过 20 石以上至 25 石者,将超过 20 石以上之数目,价格减至 20%;超过 25 石以上至 30 石者,将超过 25 石以上之数目,价格减至 10%;超过 30 石以上者,其超过部分不再给价。①“草案”公布后,绥德、庆阳、关中三个分区随即派出大批机关干部,组成工作组到未分配过土地的县村开展征购土地工作。陕西米脂县全县地主留地、征购地情况见表20-2。

表20-2 陕西米脂县地主留地征购地统计(1947年1月)

项目 区别	户口(户)	劳力(人)	原有地(垧)	留地(垧)		征购地(垧)	
				面积	占自有地百分比(%)	面积	占自有地百分比(%)
银城市	94	716	12919.1	2976.7	23.04	9942.4	76.96
卧羊区	10	51	1516	354.5	23.38	1161.5	76.62
印斗区	21	114	1832	814.2	44.44	1017.8	55.56
民丰区	30	200	2689.1*	1212.1	45.07	1477	54.93
民权区	45	301	3336	1761.5	52.80	1574.5	47.20
河岔区	67	317	8621.8	1606.2	18.63	7015.6	81.37
桃镇区	15	86	895	477	53.30	418	46.70
龙镇区	36	222	3087	1142	36.99	1945	63.01
十里铺区	5	55	766.5	222	28.96	544.5	71.04
总计	323	2062	35662.5	10566.2	29.63	25096.3	70.37

注:*原表为2089.1,疑误。业已据相关各数计算核正。

资料来源:据《米脂县全县地主征留土地统计表》(1947年1月)(见陕甘宁边区财政经济编写组等合编:《解放战争时期陕甘宁边区财政经济史资料选辑》上册,三秦出版社1989年版,第103页)摘编改制。表内百分比(%)系引者计算。

① 《陕甘宁边区政府征购地主土地修正条例草案》(1946年12月13日公布,1947年2月8日修正),见陕甘宁边区财政经济史编写组等合编:《解放战争时期陕甘宁边区财政经济史资料选辑》上册,三秦出版社1989年版,第81—82页。

如表20-2所示，米脂县全县9个区，323户地主，共有土地35662.5垧，征购25096.3垧。各区征购比例不一（亦即地主占地规模、数量不一），最低的5成多，最高超过8成。全县平均，征购地占地主自有土地总数的70.37%，即7成强，自留土地占29.63%，即近3成。

由于1947年3月国民党军队对陕北实行重点进攻，征购工作被迫暂停。当年年底，战争转入反攻以后，土地改革采取了与其他解放区一样的平分办法。

四是针对开明士绅等的献田方式。献田，即地主无偿地将土地献给农民。各解放区都有一批著名的开明士绅献出土地，其中一部分人在解放区政府中担任要职。也有地主家庭出身的党政干部说服家庭献出土地。到1946年8月，各解放区开明士绅等共献出土地33200亩。表20-3是陕西米脂县地主富农献地统计。

五是对特殊土地，如少数民族、宗教等土地问题采取特殊处理方式。

土地分配一般采取以村为单位，按人口分配的办法，除中农自耕的土地不受侵犯外，地主、富农、贫农、雇农都按人口平均分配。分地中还注意照顾原耕者和地块相近者。土地分配以后，即实行换契。1946年冬和1947年春，各解放区开展了土地改革的村庄，都实行了换契。

从1946年5月到1947年2月，各解放区约有2/3的地方执行了《五四指示》。土地改革以后，广大翻身农民为了保家保田，踊跃参军参战。仅1946年8月、9月、10月三个月，就有30万农民参加解放军，三四百万人参加了游击队和民兵，有力地支援了解放战争。

实行了土地改革的解放区，还进行了土地改革复查。中共中

表 20-3　陕西米脂县地主富农献地统计(1947 年 1 月)

项目 区别	地主献地				富农献地				总计
	户数	活地	出典	小计	户数	活地	出典	小计	
银城市	8	516	—	516	—	—	—	—	516
民丰区	2	327	—	327	9	45.5	14	59.5	386.5
河岔区	7	479.5	103	582.5	8	119	28.5	147.5	730
印斗区	14	295.2	—	295.2	7	79	—	79	374.2
卧羊区	12	441.5	44	485.5	20	305	14	319	804.5
桃镇区	6	293	9	302	26	363	77	440	742
龙镇区	9	479.5	—	479.5	19	440.5	—	440.5	920
总计	58	2831.7	156	2987.7	89	1352	133.5	1485.5	4473.2

注:①印斗地主献窑 6 孔;龙镇地主献窑 47 孔;民丰地主献窑 10 孔。②缺十里铺、民权 2 区数据。

资料来源:据《米脂县地主富农献地统计表》(1947 年 1 月)(见陕甘宁边区财政经济史编写组等合编:《解放战争时期陕甘宁边区财政经济史资料选辑》上册,三秦出版社 1989 年版,第 102 页)改制。

央指示，凡土地改革不彻底的地区，“必须认真检查，实行填平补齐[①]，务使无地和少地的农民都能获得土地，而豪绅恶霸分子则必须受到惩罚……如有侵犯中农利益的事，必须赔偿道歉”。[②] 经过复查，解放区的土地改革更加深入，又有一部分地主隐瞒的土地和隐藏的财物被清查出来，打击了封建势力。进一步发动了群众，树立了基本群众的优势。

不过在土地改革复查中，也有部分地区发生了“左”的错误。晋西北的临西、兴县、静乐等原属抗日战争时期的晋绥根据地，经过减租减息，一般地主的土地财产已经不多。1947 年年初，在那里考察的康生、陈伯达不经调查研究，不听当地干部意见，将开明士绅作为主要斗争对象，将破产地主和工商业者说成是“化形地主”“无商不奸”，公开侵犯他们的利益；批评当地干部右倾，将他们当作土地改革的障碍，要“搬石头”，甚至把党支部也一脚踢开。陈伯达在兴县木栏村提出划阶级成分要“查三代”，“看铺摊摊”和“看政治态度”，严重地扩大了打击面。在报纸上公开宣传，“贫雇农坐天下，说啥是啥”，“过河必须拆桥”，解散县委、县政府，批斗开明士绅、民主人士等。[③] 其他地区也程度不同地出现“左”倾偏向。如以群众的认识代替党的政策，宁“左”勿右，侵犯中农和工

---

① 填平补齐，是在土地改革比较彻底的老区，为了解决某些贫雇农土地和其他生产资料不足以及土地改革中遗留下的其他问题，在较小的范围内，采用抽肥补瘦、抽多补少的办法，合理地调剂土地和其他生产资料。

② 《毛泽东选集》第四卷，人民出版社 1991 年版，第 1216 页。

③ 参见中共晋绥分局：《怎样划分农村阶级成分》（1946 年 9 月）；《中共中央晋绥分局关于几个问题中纠正目前左的偏向的指示》（1948 年 2 月 2 日）；晋绥分局宣传部：《关于去年土改中我们在宣传党的政策上所犯的左的倾向与错误的检讨》（1948 年 8 月 15 日），见《晋绥边区财政经济史料选编·农业编》，山西人民出版社 1986 年版，第 328—343、396—398、485—490 页。

商业的利益,等等。

1947 年 8 月后,人民解放军由战略防御转入战略进攻。在新形势下,要求解放区更加普遍深入地开展土地改革运动,进一步调动农民的革命和生产的积极性,使正在胜利发展的解放战争获得源源不断的人力物力的支持。

1947 年 3 月国民党重点进攻陕北以后,中共中央决定撤离延安,并决定成立前敌委员会和工作委员会。由毛泽东、周恩来、任弼时率领前敌委员会,代表中央坚持在陕北指挥全国战争;由刘少奇、朱德率领工作委员会前往华北。中央工作委员会在从陕北向河北转移途中,一路调查了晋绥、晋察冀等地区的工作,听取了中央考察团对土地改革的考察报告,这些报告对土地改革已取得的成绩估计过低,宣扬了晋西北土地改革复查中的"左"倾错误理论和做法。中央工作委员会进入晋察冀边区以后,为了总结前一段土地改革经验,统一制定更适合形势需要的土地改革政策,于 1947 年 7 月至 9 月在河北省平山县西柏坡召开全国土地工作会议。会议由刘少奇主持,参加会议的有各解放区领导人和代表 107 人。会议认为,一年多以来的土地改革运动取得了很大成绩,但大部分地区不彻底。原因有三:一是指导土地改革的政策不彻底;二是党内不纯;三是官僚主义的领导。会议主要讨论以下四个问题。

(1)关于民主、整党问题。会议开展了批评和自我批评,揭发了党内存在的组织不纯、作风不正与领导官僚主义等问题。会议决定组织和整编群众队伍。通过贫农团、贫农委员会、农民代表大会及农民代表会等去完成土地改革,并改造党、政、民(兵)等组织及其干部,以保证民主制度的实施。

(2)关于平分土地问题。会议期间,1947 年 8 月 29 日新华社自陕北发表社论:《学习晋绥日报的自我批评》。社论指出:"我们是处在历史上空前规模的内战之中，人民的敌人是蒋介石反动集团，这个反动集团有美国帝国主义的援助。中国人民要以自己的力量战胜这个敌人，最重要保证之一就是土地问题的彻底解决。首先是解放区土地问题的解决”。为此，“我党的土地政策改变到彻底平分田地，使无地少地的农民得到土地、农具、牲畜、种子、粮食、衣服和住所，同时又照顾地主的生活，让地主和农民同样分得一部分土地乃是绝对必要的”。①

会议讨论中受社论的启发，对于平分原则的具体内容，如平分对象：是封建阶级所占有的土地还是全部土地；平分方式：全部打乱平分，还是在原基础上进一步调剂；平分的结果：是绝对平均还是在消灭封建土地的基础上达到大体公平合理等。最后统一为绝对平分一切土地。

（3）关于农业生产和负担问题。会议期间，董必武向大会做了《土地改革后的农业生产与负担》的报告，提出了土地改革后发展农业生产的十三项政策措施，阐明新民主主义经济中农业生产的发展方向，“是把地主的私有土地变成农民的私有土地”，“鼓励农民生产发家，走向丰衣足食”，提出今后解决负担最实际的办法是公私兼顾、军民两利。②

（4）《中国土地法大纲》的制定。1947 年 9 月 13 日，会议通过了《中国土地法大纲》，10 月 10 日，中共中央作出决定正式公布。这是一个彻底反封建的土地革命纲领。第一，它规定：“废除封建性及半封建性剥削的土地制度，实行耕者有其田的土地制度”。

---

①　新华社社论：《学习晋绥日报的自我批评》（1947 年 9 月 1 日），见《中国的土地改革》编辑部等编：《中国土地改革史料选编》，国防大学出版社 1988 年版，第 419—420 页。

②　《中国的土地改革》编辑部等编：《中国土地改革史料选编》，国防大学出版社 1988 年版，第 406—419 页。

“废除一切地主的土地所有权”。“废除一切祠堂、庙宇、寺院、学校、机关及团体的土地所有权”。第二,它规定:“乡村中一切地主的土地及公地,由乡村农会接收,连同乡村中其他一切土地,按乡村全部人口,不分男女老幼,统一平均分配,在土地数量上抽多补少,质量上抽肥补瘦,使全乡村人民均获得同等的土地,并归各人所有”。这规定有利于满足广大农民首先是贫雇农的土地要求,也可以避免重复历史上“地主不分田、富农分坏田”的错误。① 第三,它还规定:“乡村农民大会及其选出的委员会,乡村无地少地的农民所组织的贫农团大会及其选出的委员会为改革土地制度的合法执行机关”,规定可以组织人民法庭来贯彻土地改革的政策法令,维护革命秩序,这样就把放手发动群众自己起来打倒地主取得土地,同由政府颁布法令,支持群众的斗争结合起来,从而保证土地改革运动得以彻底地执行。第四,《中国土地法大纲》规定:“由政府发给土地所有证,并承认其自由经营、买卖及在特定条件下出租的权利”,有利于保护土地的私有权,有利于农业生产的发展。《中国土地法大纲》还规定:“保护工商业者的财产及其合法经营,不受侵犯”。中共中央在《关于公布中国土地法大纲的决议》中明确指出,土地改革的目的是为了消除“我们民族被侵略、被压迫、穷困及落后的根源”,消除“我们国家民主化、工业化、独立、统一及富强的基本障碍”。《中国土地法大纲》是中国共产党彻底废除封建土地制度的战斗旗帜,极大地推动了解放区的土地改革运动,并在国民党统治区产生了重大的政治影响。美国《密勒氏报》曾这样评论:中国“内战战场的真正分界,是在这样两种不同的地区中间:一种是农民给自己种地,另一种是农民给地主种

① 但《中国土地法大纲》规定将一切土地加以平均分配的办法,在实践中容易导致侵犯中农的利益,所以1948年中共中央对此做了说明和修正。

地”，这“不但决定国共两党的前途，而且将决定这个国家的命运”。① 美国友人韩丁说：“新发布的《土地法大纲》在1946年至1950年中国内战期间，恰如林肯的《黑奴解放宣言》在1861年至1865年美国南北战争期间的作用”。② 这些看法是很有见地的。而且中国的土地改革运动比美国过去的黑奴解放，规模要大得多，也彻底得多。

全国土地会议和《中国土地法大纲》颁布后，各解放区相继召开土地会议，迅速在各老解放区呈现出“土地改革狂潮遍地来”的热腾景象。从1947年11月开始，到1948年8月，各级党政军的干部组织了大批工作组下乡，广大群众在人民解放军胜利进军的新形势下，运动起步快，声势大，范围广，消灭封建土地制度彻底。

各地重新平分土地，在具体做法上，是打乱平分还是在原耕基础上抽多补少、抽肥补瘦；动不动中农；以及对各种特殊土地问题的处理办法等，各地不尽相同。

在晋察冀解放区，开始曾机械地执行以总人口除耕地总面积的彻底平分方针，但经过一段实践发现，在某些地区封建土地制度已经全部或大部分被消灭，除个别贫农主张打乱平分外，绝大多数农民都主张采用抽多补少、抽肥补瘦、抽近补远的办法。于是中共中央晋察冀局要求各地实事求是，分别情况办理，在老区只通过抽补调剂土地，多余土地不超过平均数1/10以上者不动。至1948年春，在北岳、冀中两区除边远区外，进行土地改革的15066个行政村1068万人口中，已有90%以上的地区达到了大体平分。

陕甘宁边区从1947年冬起贯彻平分方针。由于这里是老根

① 《大众报》1947年12月1日。

② ［美］韩丁：《翻身——中国一个村庄的革命纪实》，韩倞等译，北京出版社1980年版，第7页。

据地,土地占有关系已发生很大变化。平分触动的不仅是地主的土地。新富农普遍遭到侵犯,中农也部分受到侵犯,严重扩大了打击面。以后又回过头来补偿中农,落实政策。

晋绥解放区情况与陕甘宁区大体相同,只是中农受侵犯的情况更为严重。据统计,在平分土地中老区转移所有权的土地占耕地总面积的9.5%,半老区转移土地所有权的土地占耕地总面积的15%左右。据岢岚、偏关、临县3个县统计,抽出土地中有49%来自地主富农,16.6%是各种公地,4.2%是以前未分配过的土地,29.3%来自中农。经过抽补调剂,晋绥老区、半老区约有70万—105万人,即占总人口33.4%—50%的人获得了土地。①

东北的大部分是抗战胜利后解放的半老区,1947年冬普遍进行了平分土地运动。做法是"多少拉平,好坏填齐,照顾远近,打乱重分",即重新丈地、评级、按人口分配。② 到1948年2月中旬,全区巩固区的封建土地制度已经彻底废除。

华中和晋冀鲁豫解放区,因贯彻《五四指示》和复查期间改革封建土地制度比较彻底,在全国土地会议上受到好评。在平分土地期间,这些地区较早地纠正了"左"的倾向。

在平分土地的热潮中,复查时发生的侵犯中农利益,没收地主富农的工商业,不给地主富农生活出路,过分强调挖地主富农的地财,致使乱打人、乱杀人等"左"倾错误进一步发展。在老区和半

① 参见《中共中央晋绥分局关于土改工作与整党工作基本总结提纲》(1949年1月30日),见《晋绥边区财政经济史资料选编·农业编》,山西人民出版社1986年版,第494—496页。

② 在地少人多地区,这种做法极易侵犯中农利益。但是,由于东北解放区的大部分地区,地主富农的"黑地"很多。如松江省1947年年底估计,地主富农黑地占耕地面积的1/6至1/5,分配查出的"黑地"即可解决贫雇农土地的不足。

老区一些地方甚至发展到很严重的地步。

中共中央密切关注运动的发展，在发现上述“左”的倾向后，立即进行调查研究，采取措施纠正。1947 年 12 月 25 日至 28 日中央在陕北米脂县杨家沟召开会议，就土地改革的路线、具体政策、工作方法等进行深入讨论时指出，运动中的新问题，主要是过“左”，即侵犯中农利益，破坏工商业和把党外人士一脚踢开，一些地方甚至还发生打人杀人现象，必须坚决纠正。重申党在民主革命时期的基本纲领是，“联合工农兵学商各被压迫阶级、各人民团体、各民主党派、各少数民族、各地华侨和其他爱国分子，组成民族统一战线，打倒蒋介石独裁政府，成立民主联合政府”。依据这个纲领，党在农村的方针是“依靠贫农，巩固地联合中农，消灭地主阶级和旧式富农的封建的和半封建的剥削制度”，批评了“贫雇农打江山坐江山”的口号。会议研究制定了土地改革的具体政策，主要是确定和如何正确划分农村阶级的标准，对待各阶级的政策。

会议后中共中央重新发布第二次国内革命战争时期的两个文件：《怎样分析阶级》和《关于土地斗争中一些问题的决定》。中共中央十二月会议和随后制定的农村阶级政策明确了以经济作为划分农村阶级的唯一标准；明确了划分阶级的时间界限。在 1933 年文件规定的“以当地解放时为起点，向上推算，连续过地主生活满三年者，即构成地主成分”的基础上，进一步规定改变成分的时间：凡地主从事农业劳动，不再剥削别人，连续五年者，应改变其成分；富农连续三年取消其剥削者，亦应改为农民成分。同时对富农的剥削量做了新的界定。1933 年文件中原规定“剥削分量超过其全家一年总收入的百分之十五者，叫作富农”。中共中央根据实际调查与理论分析，对富农的剥削量界限做了新的调整，规定剥削量占总收入 25%以上为富农，并在计算剥削时，要去掉雇工的工资和伙食费用。对待各阶级的政策也更加明确和严格。强调既要满足贫雇农的要求,又不得侵犯中农的利益。毛泽东在1948年4月召开的晋绥干部会议上明确指出:“注意不要侵犯没有剥削或者只有轻微剥削的中农,独立劳动者、自由职业者和新式富农”,“必须容许一部分中农保有比较一般贫农所得土地的平均水平为高的土地量”。同时进一步明确保护工商业的政策,指出破坏工商业“是一种自杀政策”①。“将消灭地主富农的封建剥削和保护地主富农经营的工商业严格地加以区别”②;对已被侵犯的工商业要进行补偿。在对待地主和富农的问题上,既要区别对待地主和富农,严禁乱打乱杀,有步骤、有分别地消灭封建制度;又要对新式富农和旧式富农加以区别。解放区有三种新式富农:第一种为“租入或占有较多或较好的土地,占有农具及其他生产资料,自己参加主要劳动,但经常靠以资本主义方法剥削雇工或其他资本主义剥削的收入,作为其主要或重要生活来源的人们”;第二种为“用机器耕作或其他科学方法从事改良的新式富农及农业资本家”;第三种为老解放区中“原属中农、贫农、雇农或其他劳动人民,在民主政府成立后,因民主政府所实行的减租减息、分配土地及其他扶助农民的政策,得到土地及其他正当利益,勤劳生产,而成为新式富农者”。③ 对这三种新式富农,在政策上都有别于旧式富农。对第一种新富农规定“征收其超过一般中农平均所有的多余土地(不是自有而是租入的土地也包括在内),但应保护原有的或原耕的等于一般中农平均所有的土地;超过一般中农平均所有的多余财产,则应予保护;但如其多余财产为其本人所不需要,而

① 任弼时:《土地改革中的几个问题》(1948年1月12日),《任弼时选集》,人民出版社1987年版,第413—430页。

② 《毛泽东选集》第四卷,人民出版社1991年版,第1285页。

③ 《关于划分阶级的几个问题与答复》,《人民日报》1949年3月29日。

为农民所需要者，在取得本人同意之后，得由当地政府与农会会同决定适当办法，予以征购”；对第二种新富农，“其土地财产，则应由当地政府会同农会决定适当处理办法，不得由农会单独决定处理”；对第三种新富农，得照富裕中农待遇办理。

为了贯彻十二月会议精神，推动土地改革运动的健康发展，在全党深入学习毛泽东《目前形势和我们的任务》一文的同时，中共中央委托周恩来于1948年2月起草了《老区半老区的土地改革与整党工作》文件，经过毛泽东修改后发布，作为老区和半老区的土地改革指导方针。

第一，要区别老区半老区三类情况，采取不同的工作方针。在土地改革较彻底的地区，“决无再行平分的必要”，只需在较小范围内用抽补方法调剂土地及一部分生产资料；在土地改革尚不彻底地区，“一般地也不是再来一次全面的平分，而是实行在较大范围内的调剂。只在某些特殊地方，在多数农民要求并取得中农同意的条件之下，应当重新平分”；在土地改革很不彻底的地区，封建制度仍然存在，地主旧富农仍占有大量土地财产，贫雇农仍然是人多地少，除尚带游击性质的边沿区外，完全适用平分土地彻底消灭封建制度的方针。但平分的“办法仍应是抽补，而不是完全打烂”。①

第二，在第一、第二两类地区要合理调剂土地，适时确定地权。调剂土地要从党的阶级路线出发，从发展农业生产出发，“而不应附和绝对平均主义的错误思想”。② 地权确定后即不再变动，以利发展生产。

上述文件下达后，在广大群众中公开党的政策，澄清干部和群

① 《周恩来选集》上卷，人民出版社1980年版，第289、290、298页。

② 《周恩来选集》上卷，人民出版社1980年版，第292页。

众中的混乱思想,纠正“左”倾错误。先从改正错定成分入手,在审定阶级成分的过程中,采取自报公议,三榜定案的方式。随后,补偿被侵犯的中农和工商业者的土地和财产。从 1948 年年初到年底,各地纠正错定成分、补偿中农和工商业者的工作普遍展开,安置被“扫地出门”的地主、富农。同时以村为单位调剂土地,进一步纠正和解决土地分配中出现的偏差或遗留问题。在封建势力消灭不彻底的地方,没收和分配地主、富农多留的土地,解决贫雇农的困难,使缺少土地的中农得到补偿,土地过少不足以维持生活的地主、富农也得到了相应的土地,有了劳动自立的基础。调剂土地以后,颁发土地证,确定土地所有权。老解放区的土地改革运动圆满地画上了句号。

土地改革的目的是发展农业生产,也只有发展了农业生产,才能巩固土地改革的成果。为了保护农民的土地私有权,鼓励发展农业生产。中共中央制定了土地改革后的农业生产政策,主要内容如下。

第一,明确宣布保障土地改革后农村各阶层土地财产的私有权,阐明土地改革不是一般地废除私有制,只是废除封建的地主土地私有制,代之以农民的土地私有制。因此,(1)一切没收分配了的封建土地财产属于分得者私有,允许其自由处理。(2)对于土地改革中错斗错分了的土地财产,设法予以补偿,补偿后的土地财产不再变动。(3)明令允许雇佣劳动(包括长工、短工)合法存在,雇佣条件除劳动法令已有规定外,由主雇双方约定;为了解除顾虑,中共中央特别解释:在土地改革中把旧式富农对雇工的剥削作为封建剥削的一部分,是因为它带有封建性,并不是根本禁止雇佣劳动;事实上目前雇工种地的大都是(由于)家中缺乏劳动力,这种雇工是应当提倡的,以免荒芜土地,并造成一部分人的生活困难。(4)在已完成土地改革的地区,允许特定条件下的租佃关系。

凡因孤寡残疾，或因参加革命军队及其他脱离生产的革命工作，或因进入工厂做工。改营工商业等，不能耕种自己所分的土地者，或政府所有公荒须招人投资开垦者，均允许出租土地，租额由主佃双方自己约定。(5)保护废除高利贷以后的私人借贷，利率在政府未统一规定前由债主和债户自由议定。政府确保以上因自己劳动、雇工经营、正当债息与特定条件下出租土地的所得完全归个人所有，不受侵犯。

第二，制定公平合理、公私兼顾的负担政策。土地改革以前，人民政府实行累进税制（土地越多者负担越重），对地主、旧富农依靠封建、半封建剥削所得课以较一般农民为重的税。土地改革以后，为了鼓励农民发展生产，使多生产者多得利，各解放区废除农业累进税制，实行比例税制，并一般按各块土地常年平均产量计征，不按当年实际产量计征。其中，华北、西北、华东采用了有免征额的比例税制；东北、内蒙古采用了无免征额的比例税制。这两种比例税制，计算起来比累进税制简便，能够比较合理地在农民内部分配负担。

第三，实行奖励生产的政策。奖励精耕细作、开垦荒地、兴修水利；奖励保护与繁殖牲畜；奖励副业生产；奖励发展特种作物和工业原料的生产；奖励提高农业生产的各项技术改良；等等。为鼓励生产，各地银行于 1948 年春贷出大批麦种、肥料、农具，等等。

第四，组织农民互助合作。土地改革以后，由于长期战争破坏，农民尤其是原来的贫雇农农具牲畜缺乏，有互助合作的要求。老解放区早在减租减息之后就出现了互助合作组织，土地改革以后，经过政府倡导，得到了较快的发展，促进了农业生产的发展。

老解放区的土地改革和土地改革复查完成后，又相继开展了新解放区的土地改革。

1947 年 7 月，中国人民解放军转入战略反攻以后，迅速解放了大片地区。至1947年年底,在战略进攻的外线,开辟了包括湖北、河南、安徽三省相连地区33个县的大别山根据地和鄂豫陕、陕南根据地,以及豫皖苏根据地。随着战争外线的推进,这些地区连成一片,建成了有3000多万人口的中原解放区。同时,在战略进攻的内线,各解放区都解放了大批城市和铁路沿线地区。华北地区解放了石家庄等地以后,晋察冀和晋冀鲁豫两大解放区连成一片,1948年5月建成了华北解放区。华东收复了山东解放区的全部失地,不仅使山东解放区连成一片,还与大运河以西的冀鲁豫解放区衔接起来;又在陇海路以南收复了苏北的6个县城,重建江淮解放区,与中原解放区相连;西北收复了延安和陕甘宁边区大部分地区,新解放了黄龙地区与黄河东岸的解放区连接起来。东北地区除个别大城市外,97%的土地获得解放。1948年年底至1949年年初,辽沈、淮海、平津三大战役胜利结束以后,华北、东北的大城市也全部解放。这些解放的地区中,绝大部分是新解放区(简称"新区")。新解放区的土地改革是解放战争时期土地改革的重要组成部分。

由于新区是在解放战争转入战略进攻、迅速推进中开辟的,与老区比较具有以下几个特点:一是环境尚未安定,敌人的残余武装和特务、匪徒、各种反革命组织尚未肃清,革命秩序还未完全建立;二是群众觉悟较低,广大农民受封建思想和反动宣传影响较深,对土地斗争还缺乏思想准备;三是由于新区发展迅速,党的武装力量和干部力量还不足以在各个农村同时开展深入的群众发动工作。上述特点对新区的土地改革产生了重大影响。

基于新解放区的上述特点,中共中央对新区土地改革步骤进行了新的调整。

1947年冬季,战争形势发展很快,后方供应和后续力量一时难以跟上,中原等新解放区斗争十分激烈,环境极端艰苦。为了尽快站稳脚跟，中央工委曾要求新区在半年内完成土地改革，但当时群众最迫切的要求是剿匪、清霸和实行合理负担。对土地改革没有思想准备和组织准备。许多干部忽视了群众工作的艰苦性，把少数勇敢分子的行动误认为是大多数群众的行动，把群众刚解放时的热情误认为大多数农民已经有了分配土地的觉悟和要求，提出了一些过"左"的口号，强调反右反尾巴主义，决定迅速实行土地改革，有的新区一度搬用老区平分土地的做法，普遍开仓济贫、分浮财、分土地。个别地方还出现甲村到乙村打土豪的情况。用这种方法在控制区和游击区的300万人中，分了浮财，在400万人口的地区匆匆分了田。

事实证明，这种做法效果极差。有的是地主富农主持的假分地；有的农民土地得而复失，在地主的威胁下又恢复租佃关系；有的土地改革成果被少数"勇敢分子"霸占；有的村庄农民只敢要弱小地主富农和中农的土地，而不敢要有势力的地主富农的土地；等等。由于条件不成熟，大部分浮财被少数"勇敢分子"拿走，多数农民并未获益，造成了社会财富的流失和浪费，使军队的供给，首先是粮食供给发生困难，只得把负担加在农民身上，结果又引起农民的不满。同时由于盲目照搬老区办法，造成打击面过宽，最终孤立了自己。以致分配土地后，国民党勾结当地封建势力很快组织反扑，加剧了新区的环境恶化，许多原可建立的稳固根据地，变成游击区和少量游击根据地，并造成革命力量的严重损失。

针对上述情况，党中央及时调整部署，放慢土地改革进度。1948年1月，毛泽东明确指出："应当按照消灭敌人武装力量的情况，领导土地改革干部的多少强弱，群众的觉悟程度与组织程度，决定土地改革工作的速度。大体上长江以北各区三年内积极努力，工作得法，不犯大错误，能够全部按土地法分配土地，就是极伟大的成绩。"为了使干部从思想上认识操之过急带来的危害，毛泽东指出:共产党员领导着缺乏精神准备、缺乏团体生活、缺乏斗争艺术的农民群众,向着诡计多端,在精神上物资上都占优势的地主、富农作斗争,是一个很长的过程。在这个过程中,共产党员只有与农民群众一道,逐步完成精神准备,逐步把自己组织起来,逐步学会斗争艺术,才能最后斗倒封建阶级,实现真正的平分土地,否则即使平分也是假的,还必然闹出许多危害群众的大乱子。毛泽东还提出,新区土地改革要有步骤地进行,没收、分配要分两个阶段:第一阶段没收分配地主阶级的土地,中立富农,富农的土地原则上不动;第二阶段平分一切封建阶级的土地,动一部分富农的土地。①

1948 年 5 月,针对过去新区工作的经验教训和面临的任务,毛泽东提出"军队向前进,生产长一寸,加强纪律性"三条方针,要求"新解放区必须充分利用抗日时期的经验,在解放后的相当时期内,实行减租减息和酌量调剂种子口粮的社会政策和合理负担的财政政策,把主要的打击对象限于政治上站在国民党方面坚决反对我党我军的重要反革命分子,如同抗日时期只逮捕汉奸分子和没收他们的财产一样,而不是立即实行分浮财、分土地的社会改革政策"。②

同一时间,毛泽东在陕北米脂县杨家沟草拟了《1948 年的土地改革工作和整党工作的指示》(以下简称《指示》)。经过广泛征求意见之后,于 5 月 25 日正式下发,对 1948 年秋冬两季的土地改革和整党工作作出部署。《指示》强调进行新区土地改革必须具备三项条件:"第一,当地一切敌人武装力量已经全部消灭,环境已经安定,而非动荡不定的游击区域。第二,当地基本群众(雇

① 《毛泽东文集》第五卷,人民出版社 1996 年版,第 35—40 页。

② 《毛泽东选集》第四卷,人民出版社 1991 年版,第 1326 页。

农、贫农、中农)的绝对大多数已经有了分配土地的要求,而不只是少数人有此要求。第三,党的工作干部在数量上和质量上,确能掌握当地的土地改革工作,而非听任群众的自发活动”。①

中共中央对未具备条件的新区、游击区提出了清匪反霸、减租减息的任务,并以此作为分配土地的准备阶段,进一步阐明了新民主主义革命时期的农民土地斗争的三个环节。

(1)运动初期,斗争的内容主要是清匪自卫、合理负担、清算恶霸。主要斗争对象是地主阶级当权派,即直接掌握统治大权的豪绅恶霸,而不是整个地主阶级。

(2)运动中期,斗争的主要内容是减租减息,赎当地、借粮直至算账,但还不是消灭地主阶级,而是在经济上削弱封建剥削,打掉地主的政治优势,树立起农民的优势。经过斗争,农民组织民兵和农民协会,有了自己的领袖,做到了有政权、有武装、有组织、有领导,而地主四者皆空。政治优势的转移,为没收和分配地主土地准备了条件。

(3)运动后期,斗争的内容为没收和分配地主的土地,消灭封建剥削制度。

《指示》要求,没收和分配地主土地要依次完成10项工作:即进行乡村情况调查;进行整党并由上级委派工作团(组)与当地党支部共同领导土地改革工作;组织或充实贫农团和农会;划分阶级成分;没收和分配地主的土地财产;建立乡(村)、区、县三级人民代表会议,并选举三级政府委员会;签发土地证,确定产权;调整或修订农业税负担标准;搞好党支部的组织整顿;实现工作重心转移,团结一切劳动人民并组织地主共同恢复和发展生产,以自愿和等价交换原则组织小规模的变工组或其他合作团体,准备好种子、

① 《毛泽东选集》第四卷,人民出版社1991年版,第1329页。

肥料和燃料,做好生产计划,发放必要和可能的农业贷款,做好兴修水利计划。

《指示》还针对各地情况,确定了不同地区的土地改革方针。

在基本控制区实行减租减息。当时环境已初步安定的中原解放区的大部地区,华北、东北、西北各大解放区的部分近敌地区,属于基本控制区,其工作方针和内容是充分利用抗日时期的经验,实行减租减息以及调剂口粮、种子、社会政策和合理负担的财政政策,主要打击坚决与我为敌的重要反革命分子。一方面,通过减租减息使农民得到利益,为土地改革做好准备;另一方面,通过合理负担使地主富农多出钱。这样,社会财富不分散,社会秩序稳定,有利于集中一切力量消灭国民党反动派。①

在游击区和"崭新区"(刚刚解放的地区)做好准备后适当减租。这类地区主要是广东、广西等省的南方各游击区和各大解放区的边缘区及刚刚解放的地区。工作方针是先通过清匪、争取合理负担的斗争,有步骤地发动群众,联合与稳定中小地主,组成农村统一战线,集中打击地主当权派和土匪,为减租减息准备条件。

在具备条件的新解放区实行土地改革。这部分地区主要指东北、华北解放区中的新区,如华北的石家庄周围、东北锦州以北,沈阳、长春周围等地。这些地区受老解放区影响较深,群众顾虑较少,已有分配土地的要求;地主富农因大势所趋,抵抗亦有所减弱。同时,在四周已完成土地改革的情况下,如不及时进行,反而可能使农民同地主都抱观望态度,对生产不利。因此,中央指示这些地区在肃清土匪、稳定社会秩序的基础上,抽调培养大批干部领导土地改革。

---

① 毛泽东:《一九四八年的土地改革工作和整党工作》(1948 年 5 月 25 日),见《毛泽东选集》第四卷,人民出版社 1991 年版,第 1328—1330 页。

还有一部分新区是收复区，如察哈尔南部地区，在国民党军队占领之前曾贯彻过《五四指示》，这时只须恢复以往农民已经得到的土地，适当加以调剂，即可完成土地改革。

上述新区土地改革的策略、步骤与中央十二月会议以来逐步完善的土地改革政策相结合，形成了基本成熟的土地改革总路线，即依靠贫农，团结中农，有步骤地、有分别地消灭封建剥削制度，发展农业生产。这条总路线及其所规定的各项政策，如阶级路线和阶级政策，有分别、有步骤的策略方针，以及明确的斗争目的，在三个方面进一步充实和发展了土地改革以来的路线、方针、政策，为在全国范围内完成土地改革任务奠定了基础。

新解放区的减租减息和土地改革，就是在上述路线、方针、政策指引下进行和完成的。

1948 年秋冬，在中原、西北、华南等新解放区、游击区中的基本控制区，农村工作中的重点转向减租减息。一般从清匪、反霸、争取合理负担入手，选择若干重点村首先发动斗争，取得经验后，再向面上推广。1948 年年底 1949 年年初，新区已形成了反土匪、反恶霸斗争的高潮。如河南省宝丰县在两个月中建立了 85 个村农会，9 个乡农会；临汝县 1948 年 12 月已成立了 107 个村农会，7 个乡农会，斗争恶霸 97 次；西北新区各县在两个多月群众工作之后约有 42%的农户参加了农会。农民通过诉苦追穷根、算剥削账提高了觉悟，在斗恶霸、反土匪的实践中增长了信心和才干。

1949 年年初，经过反匪、反霸斗争的新区开始了减租减息。与抗日战争时期的不同，新区已部分进行过土地改革，分配了一部分土地浮财。在减租减息中，各地视情况采取不同政策：地主、旧式富农的土地不足农民平均数者，要补足；农民分得土地后如与原地主或旧富农双方确系自愿改为租佃关系者，经双方向政府登记后予以改变；凡农民土地、财物被错分者，应劝分得户归还，无法偿还时另外设法弥补;凡没收地主、旧富农及工商业者的工商业财产,应退还或设法补偿。

减租减息表面上似乎是佃户和地主的斗争,实际上是全体农民特别是广大贫雇农对地主阶级的斗争。因此,斗争果实一般由农会统一管理,经过民主讨论后统一分配。既保证原佃户的利益,也照顾一般贫雇农的利益。至 1949 年 6 月,中原(主要是河南省)8000 万人口的地区和西北、华南一部分地区完成了减租减息。

1948 年 6—8 月,各解放区根据中央指示,对本地区情况做了认真分析,按照土地改革必须具备的三个条件,划定了土地改革范围。东北、华北地区的新解放区和新收复区于 1948 年秋开始进行土地改革;除北平、天津郊区外,于 1949 年春耕之前完成。河南省的新解放区完成了减租减息之后,也在一部分乡进行土地改革试验。新区的土地改革吸取了老区的经验教训,针对新区特点制定和实施了一些新的政策,取得了好的效果,为全国解放后的土地改革积累了新的经验。

东北、华北的新解放区多数在铁路沿线和城镇郊区,比邻近的解放区人口稠密、物产富庶,如东北的沈阳、长春四郊,辽宁的辽中、盘山、台安三县及辽阳、海城的一部分,共有人口 700 余万人,土地 3000 余万亩;华北的石家庄地区,热河、察哈尔的部分地区,平津郊区,晋南、晋中等地,尽管长期遭受反动派统治,但是因与老解放区毗邻,受解放区影响较大,所以一旦解放,群众斗争情绪就高涨起来。除平津郊区外,大部分地区的运动于 1948 年 11 月至 1949 年 1 月先后展开,1949 年 3 月底以前结束。少数开始较迟的于 1949 年春耕前也基本上完成土地分配。

山西晋南、晋中新区,情况比较特殊,大致分为两类:一类原是解放区或游击区,但一度被国民党军队占领,解放军全面反攻后才收复;另一类为阎锡山实行过"兵农合一"的地区。前者与一般收复区相同，后者则有其特殊性。阎锡山推行的“兵农合一”制度主要内容和目的是：强制编组出兵。承种“份地”和强制负担。规定18—47岁的男子一律以村为单位，每3人一组，其中1人为常备兵到军队服役，两人为“国民兵”在农村种地或做工，同时将全村土地打乱按年产量20石划分成“份地”，每个国民兵领一份地作为主耕，其余家属老小为助耕，合种一份地。国民兵每年要交6石粮、10斤皮棉（去籽棉）以养活“常备兵”家属。每份地一般负担14石至21石。阎锡山用这种办法，使农民依附于土地，其人身、营业、财产都受到严格的控制，过着军事化或半军事化的生活，农民成为“份地”和军队的附属物。这是阎锡山为了便于抽兵征粮，巩固其封建统治而实行的农奴式的法西斯制度。

1948年夏季，实行“兵农合一”的地区已经成为解放区的巩固区。中央决定从1948年冬开始在实行过“兵农合一”的地区直接进行土地改革。具体做法分两步：第一步废除“兵农合一”制度，1948年的农产品谁种谁收，按民主政府规定的征粮办法缴纳公粮。由于过去被征走的“常备兵”的家属生活无靠，还需要按其“份地”由耕种人（原国民兵）暂以交租形式给若干粮食，数量根据双方经济情况具体商定。大批不够“国民兵”资格没有“份地”的农户尚需政府救济。第二步，彻底消灭封建制度，调剂土地，使一切无地少地的农民大体上获得相当于平均数的土地。基本方法是，在土地关系已被“兵农合一”制度打乱的地区，按人口平均分配土地；在“兵农合一”不彻底，或仍保持旧有土地关系的地区，实行“中农不动两头动”的原则，没收地主的土地和财产，征收富农的出租土地，分配给无地少地的农民。从1948年秋季至1949年3月底，晋中、晋南的“兵农合一”地区初步完成了土地改革。据太原地区统计，大约占新区63%的村庄进行了土地平分，25%的村庄进行了土地调剂，12%的村庄因无力调剂暂时维持现状，实行谁种谁收。①

城市郊区是属于另一种类型的特殊地区。

解放战争转入反攻,特别是辽沈、平津、淮海三大战役胜利后,一批大中城市相继解放。这些城市郊区农村有不同于一般农村的特点:封建土地制度不仅严重束缚农业生产力,而且直接妨碍工业及城市各项建设事业的发展;人多地少,人地矛盾突出,并有大量非农业和半农业人口与农民杂居,如按人口平均分配,则全体农民都耕地不足,如沈阳市郊有人口 57.9 万人,耕地仅 13 万亩(其中公地约 4 万亩,私地约 9 万亩),若平均分配,必然普遍不够耕种;大城市郊区存在部分以资本主义方式经营的、耕作技术水平较高的菜地、果园等,不加区别地平分必然会使生产力受到破坏;公地占有一定比重,使用也有其特点。如将公地平分给个人,必然影响城市发展。城市郊区的土地改革不能照搬一般农村的做法,不能用绝对平均分配的办法。

因此,中共中央东北局于 1948 年 12 月确定了沈阳郊区土地改革的办法:在保护进步的经营方式和耕作方式的原则下,规定原有公地一律不分,没收或征收的地主和旧富农的土地,地权归政府所有,由政府出租给农民。佃富农所租的土地不动,允许其继续经营,他们在原佃土地上的农业投资和设备予以保护,但是必须改善雇工待遇。被没收和征收了土地的地主和富农,除留下自己耕种的土地外,还可以租入土地扩大经营,一律取消二地主的剥削;这些规定在保证农民土地要求的前提下,使郊区部分土地归国家所

① 参见《华北局关于在实行过“兵农合一”地区进行调剂土地给晋中区党委及太原市委的指示》(1948 年 12 月 8 日),见《中国的土地改革》编辑部、中国社会科学院经济研究所现代经济史组编:《中国土地改革史料选编》,解放军国防大学出版社 1988 年版,第 571 页。

有,保证城市建设所需要的土地。同时奖励农业投资和进步的经营方式,有利于农业生产的进步和发展。东北新区的其他中等城市则采取了上述做法,取得了较好的效果。中农土地一律不动。贫雇农或愿意耕种土地的失业工人向政府租种土地时,租额应予以降低。①

北平市(中华人民共和国成立后改称北京市)军事管制委员会在总结以上经验的基础上,于 1949 年 5 月 31 日作出了关于北平市辖区农业土地问题的决定,强调城市郊区的“农业土地问题,是复杂的,是与一般农村不同的”,需要特别慎重处理。在这里如果也进行土地平分,则全体农民将因土地平分而变成少地即耕地不足之农民,并且不利于城市建设事业的发展。因此,在北平郊区,虽然必须和一般农村一样废除封建与半封建的土地制度,却不能和一般农村一样实行土地平分和土地平分后的一般私有制,并规定了具体的处理办法。即没收地主土地和富农出租的土地,统一由市人民政府管理并酌量出租。无论原土地使用者为佃贫农、佃中农、佃富农或经营地主与农业资本家或其他土地使用者,也无论原来为公地或私地,一般维持原耕、原用不动。农民耕种地主和富农的土地,在没收为公之后,一律不再交地租,只向政府缴纳统一的农业累进税。②

新旧解放区的减租减息和土地改革,在解放战争时期仅进行

---

① 《东北局关于沈阳市效土地问题的意见》(1948 年 12 月),见东北解放区财政经济史编写组等编:《东北解放区财政经济史资料选编》第 1 辑,第 575 页。

② 《北平市军事管制委员会关于北平市辖区农业土地问题的决定》(1949 年 5 月 31 日),见《中国的土地改革》编辑部、中国社会科学院经济研究所现代经济史组编:《中国土地改革史料选编》,解放军国防大学出版社 1988 年版,第 591—592 页。

了一年多的时间。只是全国新区土地改革的一个起步。由于贯彻执行了中共中央十二月会议精神,坚持实事求是、调查研究,针对各种不同地区的特点,规定了切实可行的具体政策,不仅迅速纠正了或基本避免了以往土地改革中“左”的偏向,而且为全国解放以后的新解放区的土地改革积累了丰富的经验。到1949年6月,各解放区土地改革的大致规模和成果如表20-4所示。

表20-4 解放战争期间土地改革情况统计(截至1949年6月)

(单位:万人、万亩)

项目＼地区	东北区	华北区	西北区	华东区	华中区	总计
全部农业人口	3032.5	4706	1030.9	8786.6	3952.6	21508.6
耕地面积	24739.5	17400	6424.5	35350	14700	98614
已土改农业人口	3032.5	4706	485	4240	—	12463.5
耕地面积	24739.5	17400	4050	12600	—	58789.5
没收分配土地	15585	10965	2551	7939.5	—	37040.5

资料来源:中共中央统一战线工作部编:《土地农民问题与中国共产党的土地政策》,1949年印本。

如表20-4所示,解放区有近1.25亿农业人口地区,进行了土地改革,即约有1亿左右的农民从地主和富农手中获得3.7亿亩土地。经过土地改革,在广大解放区废除了封建地主土地所有制,使农民与土地直接结合,极大地调动了农民保家保田、踊跃参军参战的积极性。华北解放区自抗日战争胜利后,有近百万农民参军,其中太行区全区参军者占总人口的4%,少数地区达到8%;东北解放区土地改革三年(1947—1949年)来共有160万人参军。由于目标明确,参军的翻身农民打仗以一当十,奋不顾身,表现出主人翁的责任感。人民战争保卫了土地改革的果实,土地改革又有力地支持了解放战争，二者相辅相成。土地改革是人民战争的基础，土地改革的各个阶段都反映着战争形势的变化，而解放战争的伟大胜利正是中国共产党土地改革政策成功的集中表现。正是由于土地改革运动在革命战争时期有如此伟大的作用，毛泽东在中国共产党第七届中央委员会第三次全体会议上指出，“有了土地改革这个胜利，才有了打倒蒋介石的胜利”。①

解放区土地改革的胜利，培养了干部队伍，为新民主主义政权的建立奠定了干部基础。农民为了获得土地而进行的斗争，是从夺取农村基层政权开始的。民主政权的建立帮助农民获得了土地，翻身农民的支持又巩固了解放区的民主政权；在土地改革中诞生的人民代表会议制度使新民主主义的政权有了最好的组织形式。农民掌握了乡村政权并派代表到县以上的政权机关中去行使自己的权利，既巩固了土地改革的成果，又促进了工农联盟，加强了人民民主专政。解放区政权建设的成就，进而为迎接全国解放和新中国的政权建设积累了经验。

二、解放区农业互助合作经济和国营农场的发展

解放战争时期，解放区农业互助合作得到进一步的发展。土地改革以后，受日本残酷掠夺、长期战争破坏以及参军支前影响，农民在生产上碰到的最大困难是生产工具匮乏和劳动力不足。据华北解放区 1948 年对一些典型村的调查，农村劳动力较战前（1936 年）减少 3.5%，加上战勤占用经常劳力的 0.8%，实际减少 4.3%。按每个劳动力负担耕地计算，战前为 16.8 亩，土地改革后

① 《毛泽东文集》第六卷，人民出版社 1999 年版，第 73 页。

为22.5亩;畜力则较战前减少几乎达到1/2。①

各解放区政府根据抗日战争时期的经验,一般采取小型的按季节的、分散的互助组形式,组织农民开展劳动互助合作。在华北解放区,以农民群众自动组织起来的临时变工的小型互助组为最多,有以人力互助的,也有人力与畜力换工的,互助合作的形式比较灵活。在晋绥解放区,流行人工换牛工、牛工折草粮、工换工等互助形式,有临时的,也有长期的。

在东北解放区,主要是由两三匹马(一犋犁)到10匹马(一犋全犁)组成小组,帮助缺乏畜力的农民耕种。具体的劳动互助的组织形式有以下几种:换工插犋组、踏犁组、扣犁组、大型组、合伙组。吉林、黑龙江、松江等省解放较早的地区,有大型的劳动互助组,但为数不多。大型组的特点是:(1)有健全的领导和评工、记工、还工制度,有比较严格的劳动纪律;(2)能有效地利用人力、畜力,把有劳动能力的人都组织到生产第一线;(3)不易组织与领导,领导不力,工作就会受到较大影响;(4)有二三年互助合作的历史,群众看到了好处后,才自动参加逐步扩大的。如尚志县于德祥组,经过三年才由最初的8户发展到21户。

合伙组。在黑龙江省部分地区出现了具有生产合作性质的组织形式,即合伙组。合伙组是把人力、畜力和土地,按强、弱、好、坏折成股,秋后按股分粮。其组织规模大小不一,有的两三户为一组,有的十几户为一组。由于各地条件不同,分粮的办法、比例也不尽一致。一种是“二三五制”,即土地二成,畜力三成,劳动力五成。一种是“二二六制”,即土地二成,畜力二成,劳动力六成。再

① 《张副部长在华北农林会议上的报告》(1949年1月6日),见华北解放区财政经济史资料选编编辑组等编:《华北解放区财政经济史资料选编》第1辑,中国财政经济出版社1996年版,第1015页。

一种是把每户的土地、畜力，以民主评定的方式出租，秋后从产粮中取出各户的地租、畜租，剩下的按劳动力股数，即按劳动力的强、弱比例分粮。还有一种是“四四二制”，即劳动力四成，土地四成，畜力二成。合伙组的特点是：(1)能成片利用土地，可以进行轮作；(2)夏锄时雨前雨后铲地不起纠纷，并可免去零碎记账的麻烦；(3)组内某一户的庄稼遭灾时，不影响第二年的生活，可以照样分粮；(4)能合理利用人工免去劳动力的浪费，剩余劳动力和剩余时间可以精耕细作或多搞副业生产。合伙组大部分在黑龙江省，据该省 23 个县的统计，共有 1125 个组，其中榆树县有 313 个组。全东北共有 1500 个组左右。与此同时，个别地区还出现了伙吃、伙种和伙用的组织形式。在组内实行合伙消费，带有平均主义色彩。经说服教育后纠正。①

这种互助合作组织基本适应当时农村生产力发展水平，发展较快。

劳动互助是建立在农民个体经济基础上的生产合作和经济合作组织，在劳动互助合作中，必须坚持自愿两利和等价交换的原则，反对强迫命令和强行编组。由于经验不足，东北地区曾出现违背自愿互利和等价交换原则的偏向。辽西省许多互助组是谁有牲口谁说了算，没牲口、车辆的人处于被支配地位。有的地方强迫编组，互助组过于庞大，没有分工，经济上不等价交换，发生了贫雇农吃亏的偏向。1947 年 3 月 6 日《东北日报》发表以《保证把大田种好》为题的社论，指出：“组织劳动互助，应以实事求是的精神，克服形式主义和强迫命令。”要求“记工、换工、还工、耕种先后、耕畜

① 《东北农村民间的各种劳动互助形式》，见史敬棠等编：《中国农业合作化运动史料》上册，生活·读书·新知三联书店 1957 年版，第 53—61 页。

农具的使用等具体问题的处理,都要掌握住既能解决贫苦农民生产困难,不受封建剥削,又能不让其他农民吃亏的两利原则”。在吉林省一些地方也出现过组织过大、没有分工、佃户吃亏、小户吃亏等四种偏向,省委及时进行了纠正。1948 年,各地又出现了强迫命令和强行编互助组的现象,东北局及时纠正了这种偏向,调整劳动互助的组织形式,规定比较合理的工价,制定评工、记工、还工制度和建立互助公约等,加以整顿和提高。1949 年年初在纠正了强迫命令的偏向之后,部分地区又出现了放任自流、放弃领导的偏向。东北局在下达关于春耕生产的指示中,对此提出批评,很快得到纠正。

东北解放区土地改革基本结束后,中共东北局在关于农业生产总结中明确指出:“封建倒了,土地分了,农村今后长期的中心任务,就是发展农业生产,就是发展新民主主义农业经济。”并进一步强调:“新民主主义农业经济的发展道路,应该是逐步的——起初是在供销和生产互助方面。然后是在农产品集体生产方面——引向合作社方向发展的道路。”①这一指示有力地推动了互助合作运动的发展。1947 年下半年,吉林省仅延吉、敦化、蛟河、安图 4 县就有互助组 13950 个,参加互助组的农民达 80416 户,全省 85%以上的劳动力都参加了互助组。北满的一些老区均普遍地开展了劳动互助运动,仅呼兰、巴彦、木兰、东兴 4 个县,劳动互助组即达 16000 多个。② 到 1949 年 9 月为止,老解放区参加互助组的农户数,达到农户总数的 80%以上,有的地区高达 90%。热河省有互助组 9.8 万多个,参加农户 53.5 万多户,约占总农户的

① 中共中央东北局:《关于 1948 年农业生产的总结与 1949 年农业生产的决议》,《东北日报》1948 年 12 月 17 日。

② 《哈北、哈东和哈南生产组织调查表》,1947 年。

77%。辽西省仅据双辽等 6 个县的统计，参加互助组的农户达 97.6 万户，约占总农户数的 80%。吉林、松江、黑龙江等省参加互助组的农户也都占到总农户数的 80%以上（见表 20-5）。

表 20-5　黑龙江、热河等 6 省农业互助合作概况统计（截至 1949 年 9 月）

项目 / 省别	组织起来的农户数（户）	组织农户占总农户数（%）	备注
热河	535000	77	全省共 98097 个组，每组按 5.4 户推算
辽东	291000	20	全省男劳力 21.6%已组织起来，按每户 1.4 个劳动力推算出户数
辽西	976000	80	根据双辽等 6 个县估计出组织起来的百分比
吉林	872000	80	根据省农业厅的汇报材料
松江	707000	80—85	根据省农业厅的汇报材料
黑龙江	737000	80—90	根据省农业厅的汇报材料
总计	4118000	65.5	—

资料来源：据农林部农业处：《东北农业生产劳动互助组织概况》（1949 年 11 月）统计表（见东北解放区财政经济史编写组等编：《东北解放区财政经济史资料选编》第 1 辑，黑龙江人民出版社 1988 年版，第 574 页）改制。

如表 20-5 所示，东北全区参加互助组的农户达 411.8 万户，约占总农户的 65.5%。其中，农副业结合较好常年互助组 45.6 万多个，约占互助组总农户数的 49.3%。此外，在一些地区还出现了少数农业生产合作社。

东北土地改革后，恢复和发展农业生产的最大困难是耕畜短缺，劳力分散。全东北约 6206587 户农民，能用的耕畜约 352.8 头，平均每户 0.57 头。吉林蛟河有的 8 家合养一匹牲口，80 户没有牲口。按照东北的土质特性与耕作方法，起码须有两匹牲口才能担负耕作任务。北满土头沉的地方种扣茬,需要6匹甚至8匹牲口。由于劳动互助,基本上缓解了土地改革后农业生产的新困难(尤其是贫雇农),不仅保证了不荒地,及时下种,深耕细作,并且提高了劳动效率,缩短了耕作时间。黑龙江、松江两省1949年普遍较往年缩短了春耕时间10天到半个月。夏锄工作80%完成三铲四蹚,个别还有做到四铲四蹚的。一铲一蹚的粗糙做法几乎绝迹。秋收工作基本上消灭了“十分收割八分熟”的糟蹋现象,做到熟一块割一块,并且缩短了秋收时间,许多过去打冻场的地方,已争取打暖场。这不但提高了产量,而且给开荒及搞副业创造了有利条件。①

陕甘宁边区在土地改革中和土地改革后,一直注意通过多种方式解决翻身农民的生产困难问题。因为素来缺乏生产资料(包括牲畜、工具、籽种)的贫雇农,一旦得到了土地之后要自己独立耕种,是有许多困难的。因此必须很好地帮助他们具体解决,如说服(不能强迫)原伙主继续给伙子借出牛犋、籽种、食粮,秋后给以适当报酬,并发动农民间广泛地进行变工互助,调剂籽种,克服一切困难。佃农中的一部分人,经过征购承购之后,可能是自有地增加,而耕地面积减少了,这就需要尽可能适当地解决其耕地问题,如鼓励其开荒,帮助他从劳动力缺乏的农户中租得土地等,使其生产情绪更加提高。②

华北解放区的劳动互助合作运动也有很大发展。到1949年,

---

① 参见农林部农业处:《东北农业生产劳动互助组织概况》(1949年11月),见东北解放区财政经济史编写组等编:《东北解放区财政经济史资料选编》第1辑,黑龙江人民出版社1988年版,第573—574页。

② 参见《土地改革与发展生产》(1947年1月13日),见陕甘宁边区财政经济史编写组等合编:《解放战争时期陕甘宁边区财政经济史资料选辑》上册,三秦出版社1989年版,第85页。

仅山东解放区北海、滨海两地组织起来的农户，即占总农户数的50%—70%。全省互助组织达478145个，参加农户207万户，占农户总数的21.3%。[①] 另据华北解放区冀中13个县统计，到1948年组织起互助组5200个，1949年7500个；1948年参加农户为15000户，1949年为34500户。[②]

劳动互助合作大大缓解了因大量青壮年参军参战、支援前线而导致的农村劳动力严重缺乏的生产困难。据晋冀鲁豫的太行区20个县1946年的统计，平均每县参加劳动互助的人数，占劳动力总数的78%，等于1945年的2倍、1944年的4倍半。不仅男性全劳动力，而且大量的辅助劳动力也组织起来了。榆社县1945年参加互助组的辅助劳动力，只占半劳动力的6.5%，1946年升至30%；冀西专区各县，到1946年5月，已将50%的劳动力组织起来。据6个县的不完全统计，有拨工组12000余个，参加者达9万余人。山东解放区，1946年的农业重工组达184427个、1201523人，与1945年相比，组织起来的人数增加27%，而“老地区普遍进入巩固阶段”。[③]

在开展农业劳动互助合作运动的同时，也开始建立和发展国营农场。

1947年下半年，东北解放区创办了民主政府第一个国营机械

① 参见朱玉湘主编：《山东革命根据地财政史稿》，山东人民出版社1989年版，第367页。

② 《张冲副部长在华北农林会议上关于上半年工作检查与今后农业工作上几点意见的报告》（1949年7月12日），见华北解放区财政经济史资料选编编辑组等编：《华北解放区财政经济史资料选编》第一辑，中国财政经济出版社1996年版，第1084页。

③ 参见史敬棠等编：《中国农业合作化史料》上册，生活·读书·新知三联书店1962年版，第821—822、784、1029、748页。

农场。到1948年年初,又创办了4个国营机械农场;至1949年3月,国营农场已增加到12个;同年7月又增加到17个。这些农场为:通北农场、赵光农场、五大连池农场、花园农场、平阳农场、鹤山农场、桦南农场、宁安农场、永安农场、大屯农场、公主岭农场、马三家子农场、北陵农场、盘山农场、哈尔滨农学院机械农场、八一五机械农场等,共有耕地面积332180亩,各类拖拉机224台,犁耙、播种机、中耕除草机、收割机、脱谷机等机械农具1117台,各种车辆190辆以上。农场职工达3673人。①

为了加强对国营农场的领导、管理,1949年3月,东北行政委员会召开机械农场场长会议,农业部长魏震五说:"我们新经营的农场,就经济性质讲,是属于国营经济,是使用先进技术的国营农场企业。"②中共中央东北局明确要求:"一切农场都应做到经营合理,机器集中使用,管理企业化,以达到盈利,又有助于当地农业技术改良。"③1949年7月又召开东北解放区第二次机械农场会议,除了总结该年度春耕工作,还就农场发展思想及存在问题进行了研究,强调在经营管理上,要逐步实行企业化及民主化,强调要实行企业化,就必须调整组织,把农场存在的机关化的组织,转变为适合企业化的组织,必须精简行政机构,使非生产人员不超过8%—10%,要提高行政工作效率和生产效率;要清查资金,建立和完善农场的财务制度;要建立严格的业务监督制度,做到管理严

① 参见农业部机械农场管理处:《东北农业机械农场概况》,《东北日报》1949年4月15日;顾绍雄:《东北机械农场春耕工作总结与今后工作中几点意见》(1949年7月5日),见东北解放区财政经济史编写组等编:《东北解放区财政经济史料选编》第1辑,黑龙江人民出版社1988年版,第548页。

② 魏震五:《关于拖拉机农场工作的总结与意见》,《东北日报》1949年4月13日。

③ 《东北日报》1948年11月17日。

密,经营得当,有计划有制度有检查。农场本身要建立责任制、专管制以及个人负责、逐级负责和下级向上级负责制,提倡场长负责。在民主化管理方面,强调要加强对职工的思想教育、阶级教育,贯彻民主作风。要成立有行政领导、职工代表和技术人员参加的农场管理委员会,场长为委员会当然主席或主任。要从各方面把群众意见带到这个会上来,要充分发扬民主精神。要健全会议制度,如场务会议、科(股)务会议等,密切上下级的联系,以便充分发挥和调动广大职工的积极性,同时亦应建立起报告制度来。①

在华北解放区,华北财经委员会于 1949 年 5 月成立津沽区农垦管理局,在华北区人民政府农业部领导下,接办国民党河北省农田局及农林部河北垦业农场管理处所属各农区、农场及其附属之一切直属单位,规定“农场土地属于国有,不得分配”。在原有耕作形式基础上加以改良、耕作、经营,或组织农民合作垦种。②

三、解放区农业生产的恢复和发展

土地改革既是发展农业生产的强大推动力,发展农业生产又是土地改革的一个重要目的。也只有发展农业生产,才能推进革命、巩固土地改革成果。为此,在准备和开展土地改革的过程中或土地改革结束后,中共中央制定了巩固土地改革成果、规范农业生产关系、促进农业生产发展的各项政策措施,为农业生产的加速发

① 参见顾绍雄:《东北机械农场春耕工作总结与对今后工作中几点意见》(1949 年 7 月 5 日),见东北解放区财政经济史编写组等编:《东北解放区财政经济史资料选编》第 1 辑,黑龙江人民出版社 1988 年版,第 548—555 页。

② 《华北财经委员会关于成立津沽区农垦管理局的决定》(1949 年 5 月),见华北解放区财政经济史资料选编编辑组等编:《华北解放区财政经济史资料选编》第 1 辑,中国财政经济出版社 1996 年版,第 1058 页。

展铺平道路、创造条件。

第一,明确宣布保障土地改革后农村各阶层土地财产的所有权,强调土地改革不是一般地废除私有制,只是废除封建地主土地所有制,代之以农民的土地私有制。一切被分配的土地财产均属于分得者私有,允许其自由处理;雇佣条件除劳动法令已有规定外,由主雇双方约定;为了解除顾虑,中共中央特别解释:在土地改革中把旧式富农对雇工的剥削作为封建剥削的一部分,是因为它带有封建性,并不是根本禁止雇佣劳动;事实上目前雇工种地的大都是家中缺乏劳动力,这种雇工是应当提倡的,以免土地荒芜和造成一部分人的生活困难;在已完成土地改革的地区,允许特定条件下的租佃关系:凡因孤寡残疾,或因参军及其他脱离生产的革命工作,或因进入工厂做工、改营工商业等,不能耕种自己所分的土地者,或政府所有公荒须招人投资开垦者,均允许出租,租额由主佃双方约定;允许和保护私人借贷,利率在政府未统一规定前由借贷双方议定。政府确保以上经自己劳动、雇工经营、正当债息与特定条件下出租土地之所得完全归个人所有,不受侵犯。

第二,制定公平合理、公私兼顾的负担政策。土地改革前,人民政府实行累进税制(土地越多者负担越重),对地主、富农依靠封建、半封建剥削所得课以较一般农民为重的税额。土地改革后,为了鼓励农民发展生产,使多生产者多得利,各解放区废除农业累进税制,实行比例税制,并按地块常年平均产量计征税课。①

第三,实行奖励生产和发放农业贷款的政策。奖励精耕细作、开垦荒地、兴修水利;奖励饲养与繁殖牲畜;奖励副业生产;奖励发

① 其中华北、西北、华东采用有免征额的比例税制;东北、内蒙古采用无免征额的比例税制。这两种比例税制,计算起来比累进税制简便,能够比较合理地在农民内部分配负担。

展特种作物和工业原料作物的种植、生产；奖励提高农业生产的各项技术和改良；等等。为鼓励生产，各地银行于 1948 年春贷出大批麦种、肥料、农具。在东北，几年来民主政府为了扶助生产，发放了大批贷款，帮助经济上困难的农民解决生产资金的不足。在战争期间，贷款主要是救济性质；1948 年土地改革以后，主要解决农业生产资料的困难。东北解放区总计 1948 年全年共发放农业贷款 150 亿元，1949 年 4000 亿元，各省调剂耕畜 39 万余头，调剂种子 9456 吨，补种将近 200 万亩土地种苗。① 1949 年在老解放区共发放贷款 4000 亿元。据东北银行农贷处统计，在 1949 年的贷款额中，解决耕畜困难的占 43.4%，解决种子困难的占 26.76%，解决口粮困难的占 10.02%，解决马料困难的占 8.53%，解决肥料困难的占 5.29%，解决农具困难的占 4.17%，解决农村水利的占 0.67%，其他占 1.16%。1949 年春季承贷的 60 余万农户，其中贫雇农 45 万余户，约占总户数的 75%，中农 13.5 万余户，约占总户数的 22.5%，地主富农 1.5 万余户，约占总户数的 2.5%。②

第四，组织农民互助合作。由于长期战争破坏，农民尤其是原来的贫雇农，农具牲畜缺乏，亟须互助合作协济。为此，党和民主政府对互助合作极为重视，将其作为发展农业生产的决定性条件来抓，强调互助合作是“决定农业生产的成功与失败的关键。换工插犋、合作互助组织得好，就可使生产发展，产量提高；组织得不好，就会使生产衰落，产量降低”。如东北解放区，1947 年的农业生产，主要就是在“劳动互助，换工插犋之下进行的”。春耕因此提早一个季节完成，种麦种大田均节省了人力畜力，开了不少荒

① 农林部：《东北三年来的农业》，《东北日报》1949 年 8 月 19 日。

② 陈廷煊：《中国新民主主义农业经济史》，中国社会科学出版社 2012 年版，第 138—139 页。。

地。因此，民主政府决定全面总结经验教训，使1948年的合作互助更上一层楼，加快农业生产的发展。① 1949年松江省农村劳动力有50%是在换工互助组织中劳动的，其中50%是三匹至五匹牲口，五六个劳动力组成的一副扣犁的小组；约10%是五匹至九匹牲口，七个至十个劳动力组成的两副扣犁在一起干活的小组；另有少数包括9匹以上的牲口，10个以上的劳动力，3副以上的扣犁的大组。其他尚有约20%的农户是临时互助春耕插犋、夏锄伴工、秋收插车。"依靠组织起来，农民做到了多开荒，多上粪及深耕细作"，有的地区一个劳动力已负担五六垧面积的耕作，一个牲口也负担六七垧面积的耕作。②

华北解放区也十分重视互助合作。晋冀鲁豫边区政府强调，生产运动的"中心关键是'组织起来'，贯彻全年，发展农、工、副、合、运输事业，这些都有相互关系，只有组织起来，才能开展生产运动"。在农业上"要实行劳动互助，广泛地发展变工、拨工、扎工合作等形式，尽可能把农村男女老弱、全劳动力、半劳动力、辅助劳动力、畜力组织起来，走上生产战线"③。华北老解放区早在减租减息之后就出现了互助合作组织，土地改革后，经过政府倡导，得到了不同程度的发展，但发展不太平衡。如冀察边区有合作社二三

① 《东北日报》社论：《组织起来——换工插具，合作互助》，《东北日报》1948年3月10日。

② 松江省政府：《松江农业概况》（1949年），见东北解放区财政经济史编写组等编：《东北解放区财政经济史资料选编》第1辑，黑龙江人民出版社1988年版，第520—521页。

③ 戎伍胜：《在边府第二次委员会上关于开展生产运动诸问题讨论的结论》（1946年3月），见华北解放区财政经济史资料选编编辑组等编：《华北解放区财政经济史资料选编》第1辑，中国财政经济出版社1996年版，第150页。

百个,“半数以上起作用”,也有的“搞得不好垮了台”。一般在救灾、度荒、战勤等方面起过作用。总的说是“七分成绩三分缺点或错误”。[①] 太行区的合作互助运动起步早,自 1942 年后,经过长期的摸索与发展,已有“相当雄厚的基础”,在推进和组织群众生产、解决群众灾荒困难方面,“起了巨大的作用”,成绩斐然。但由于过去长期处在分散独立状态,又缺乏系统的领导,一般合作社同时存在不少甚至严重的缺点,如单纯追求利润、干部作风不民主甚至贪污浪费等。今后无论老区新区,在现阶段,合作社应以劳力合作为主,并大力整顿,改造现有合作社。[②]

由于新老解放区土地改革的完成,上述各项巩固土地改革成果、促进农业生产发展的政策措施的推行,因日本摧残、洗劫,蒋介石国民党剥削、侵夺而残破不堪的解放区农业生产,开始呈现出迅速恢复和发展的态势。

新老解放区的耕地面积开始恢复、扩大。土地改革大大调动了农民开荒生产地的积极性,因战争破坏和日本侵略者“集家并村”、实施法西斯统治而被毁坏(不少属于永久性毁坏,永远无法恢复)或强制荒废的耕地,部分被垦复。如东北解放区,由于日本帝国主义开拓团的撤走和多年战争的影响,增加了大量荒地,土地改革后部分得以恢复。也有的开垦新荒。1948 年总计新开荒地

---

① 《在察省如何执行二中全会决议——杨耕田同志在传达二中全会决议干部会上的报告与结论之一部》,见华北解放区财政经济史资料选编编辑组等编:《华北解放区财政经济史资料选编》第 1 辑,中国财政经济出版社 1996 年版,第 582 页。

② 《中共太行区党委为实现 1949 年生产任务而奋斗的决议(草案)》(1949 年 5 月 25 日),见华北解放区财政经济史资料选编编辑组等编:《华北解放区财政经济史资料选编》第 1 辑,中国财政经济出版社 1996 年版,第 591 页。

77.9万公顷,占总耕地面积1341万公顷的5.8%。又新增加水田面积9万公顷,占全部水田面积21万公顷的42%。① 全东北解放区,1947年共恢复耕地面积800多万亩,占当时解放区耕地总面积8400万亩的10%左右(热河及辽东、辽北的两个专署没有统计在内)。② 牡丹江、吉林、黑嫩、合江4个地区,还恢复了120万亩水田,占原有("八一五"日本投降前)水田的一半。另据统计,全东北解放区(冀察热辽除外),1948年新开荒地683483垧(每垧10亩),超过原定计划25.6%,新修水田9万垧,超过原计划一倍以上。加上多铲多蹚、多锄草多培土,估计可完成产量1216万吨。此外还组织了副业生产,支持了农业,渡过了灾荒。③ 察哈尔省1949年春在兴修农田水利的同时,又大力垦荒,坚决"消灭荒地",并有"相当成绩"。如南口分区29万亩荒地,已垦耕21万亩;雁北有荒地70多万亩,已耕30多万亩。④

陕甘宁老解放区,未遭日本侵略者直接蹂躏,在边区政府和边区人民的艰苦努力下,农业生产成绩卓著。粮食生产足以自给,植棉纺织,逐年推广,人民生活水平不因战争负担而降低,且有相当改善。唯因战争与封锁关系,皮毛滞销,影响农家养羊,若干土产衰落,影响农家收入减少,而水利之兴修畜牧之防疫,均因战时财

---

① 中共中央政策研究室:《土地改革后解放区的农业生产》(1949年),见赵效民主编:《中国土地改革史(1921—1949)》,人民出版社1990年版,第429页。

② 农林部:《东北三年来的农业》,《东北日报》1949年8月19日。

③ 《东北局关于1948年农业生产的总结与1949年农业生产的决议》(1948年10月6日),见东北解放区财政经济史编写组等编:《东北解放区财政经济史资料选编》第1辑,黑龙江人民出版社1988年版,第491页。

④ 《中共察哈尔省委向华北局的农业生产报告》(1949年4月15日),见华北解放区财政经济史资料选编编辑组等编:《华北解放区财政经济史资料选编》第1辑,中国财政经济出版社1996年版,第1038页。

政困难及技术器材缺乏，未可大量举办，不为无憾。

1945年“八一五”日本投降，边区政府随即拟订三年计划，着手恢复和发展经济，而农业是其重点。主要目标和措施是：

（1）增产粮食。目标是3年内达到“家家足食，且年年有余备荒”。其方法以改进耕作方法提高现有耕地产量为主，移民垦殖扩大耕地面积为辅。具体方法，一是多耕多锄。在人多地少的绥德分区和延属东地区，尤属重要。应发动农民秋翻地，多翻多耕，早锄多锄，并逐步研究设法改良农具。二是施肥积肥。绥德分区应以增加积肥造粪为主，其他分区首先指导人民尽量用毛粪牲口粪做肥料，以后再求利用其他方法造粪积肥，对民间采用有效的代肥，亦应加以研究与推广。三是防治病虫害。目前要继续推行民间已有成效的除虫办法，以后要进一步研究防治病虫害更有效的方法，研究与试用土产药物及某些新式器械及药品并于发生虫害地区就地切实试验研究。四是推广良种。1946年计划以光华农场的良种数量，在各地区选择据点试种推广。如有成效，继续扩大范围。同时组织民间良种，就地推广。光华农场对本地种子及外来种子应收集试验与研究。麦子研究工作应于1947年或1948年于关中进行。

移民垦殖拟按下列计划进行：其一，各地政府应本着边府移民政策及条例，有计划地组织与安置移民；其二，建设厅以机关部队剩余的土地窟洞，划定移民区，安置移民。1946年计划在延安之南泥湾、金盆湾、甘泉之清泉沟、付川村一带安置700户。1947年逐步扩大，1948年增加槐树庄及大小凤川两个移民局点，并有计划地建设这些移民的新村。

（2）增产棉花。棉花在边区的重要性不亚于粮食。边区如不推广植棉、自纺自织，则难以解决人民群众的被服问题。经验证明，在边区东部地区可大量植棉，而西部地区亦可择地植棉。故应进一步推广。今后3年,应以提高产量为主,以有条件地推广植棉面积为辅。提高产量方面,争取以每亩平均能收10斤花为目标,其方法如改进土地上粪,加强下种打卡除虫等技术指导,并提倡水地植棉,对棉花品质注意研究与改进,首先从东三县开始试验与研究。植棉面积方面,尔后3年在提高产量的前提下,基本上维持35万亩之数,但在可能的条件下,应于延安、陇东、关中逐步推广争取3年内达到40万亩之数。

(3)发展经济价值较高的农作物。边区粮食出口有限,内部调剂亦有困难,故为增加农家收入,在不影响粮食生产的前提下,依据各地有利条件,发展一些经济价值较高的农作物,实属必要。这类可发展的作物:一是油类。三边分区可增种麻子推广榨油;绥德分区之黑豆、黄豆及各地麻子、芝麻、花生和油菜籽,均可利用,发展榨油,争取大量出口,并注意油榨的利用。二是糖萝卜。在子长、子洲、延安等地燃料丰富的地区,更应大量推广,注意制糖技术的指导与糖品的推销,便于3年内试办小规模糖厂。三是烟叶。在陇东可试行推广美国烟,并注意组织合作烤烟。1947年后可在合水研究烟叶。四是线麻。在富县一带可发展线麻,并改进方法与组织其推销。五是苜蓿。在延安等缺乏苜蓿地区及沿大路两旁,应大量种植苜蓿,以解决牲畜饲料的困难与发展运输事业。

(4)开发山货,提倡副业。为增加农家收入,还应开发山货,提倡副业。此后3年,着重抓住以下几项:一是在出产各色药材地区,应发动当地群众,利用农闲采集并合作推销。二是在绥德分区及子长县等地发展养蚕业,推广已有优良蚕种,改进养蚕方法,增植桑树,并适当解决丝织品的组织与销售问题,以后视有利情况渐渐扩大。三是在延安、关中、陇东等地发展养蜂业,组织民间蜂种推广,并试行采用新的养蜂制蜜方法。

(5)兴修水利,改良土质。兴修水利,改良土质是防旱备荒增加农业产量的主要办法,应有计划推广:一是发动民间自己动手,恢复旧水地,兴修新的小型水利及推行适合当地条件的土质改良办法(如三边水漫地、关中的修堰地及各地的排水沟、挖窖、打坝堰、溜崖、拍畔等),政府应以奖励、补助、贷款等形式在经济上予以协助。二是在今后 3 年内,应视能力所及筹划修筑周家崄、葫芦河畔等地水利。三是今后建设厅经常注意研究各地改良的工作并及时予以切实指导。

(6)植树护林,发展果木。植树护林为边区经济建设中的重要事项,务必重视。3 年内应达到下列目的:一是护林方面,在边区有林地区,应命令各地政府切实领导群众,严格遵守护林公约,并严格惩奖。二是 1946 年建设厅直接领导万花山与南泥湾两据点的护林工作,翌年扩大直接领导范围至劳山槐树庄、大小凤川等点,再后则扩大为几个林管区。三是植树方面,在缺乏树林地区,积极提倡民间植树造林。凡在可植树之区,争取在 3 年内每户植活 5 株,各地政府应帮助解决树秧子树权地权及保护奖惩等问题。四是 1946 年建设厅完成延安河滩地植树造林,选择石公山试办荒山播林,扩大光华农场苗圃,在定边建立苗圃,并试办沙林,1947 年扩大并增设盐池、子长苗圃。五是在发展果木方面,首先应供给民间果苗。1946 年在光华农场扩大葡萄及其他果苗的繁殖,并于绥德订购果苗推广,1948 年在延安、绥德设立模范果苗圃,并进行除虫病害、果品制造、品种改良等试验研究工作。

(7)发展畜牧。边区畜牧主要是养羊。扩大皮毛出口,必须促进养羊业的发展。一是加强羊群防疫治病。1946 年推行烟叶水治疗羊癣办法,调查研究其他治羊病的中西办法,组织防疫工作。翌年在三边设防疫站,后年增设陇东防疫站,并于各地提倡组织家畜保健合作。二是改善羊群饲养管理。1946 年或翌年在三边进行养羊方法的调查,并就地研究饲养牧地及管理技术,奖励与宣传养羊模范。三是改良羊种。1946年、1947年在延安推广滩羊,改换本地羊种。如有成效,1947年、1948年再继续扩大,并于三边设畜种场,研究与繁殖本地与外来优良种畜。四是对其他牲畜如牛、驴等,奖励其繁殖与出口,加强其防疫工作。1946年继续制造牛瘟疫血清,研究其他疫病防治方法,推行驴驹耕牛拉稀的治疗,设立中西兽医诊疗所,组织防瘟疫治病团、保健合作社等,1947年、1948年逐步扩大这些工作。此后对猪瘟、鸡瘟及其他猪鸡疫病的防治一应注意。①

1947年3月19日国民党军进犯延安,党中央撤离延安,边区建设计划,实际执行不到一年,但仍然取得了可喜的成绩。截至1946年年底,边区农业产量达到细粮180万石,棉花200万斤,羊195头,布60万匹。此后由于一年的激烈战争,国民党胡宗南部队的破坏,加上严重灾荒,边区劳动力和耕畜数量大幅减少。劳动力(包括战勤误工)减少20%,畜力减少38%,耕地大量荒芜,熟荒达360万亩。工业与民间副业亦遭严重破坏,大部分陷于停顿。

然而在1947年冬至1948年年初极端困难的条件下,边区仍然执行了1948年3月1日经边区常驻议员、政府委员扩大联席会上所通过的建设方案,努力恢复被严重破坏的经济,取得显著成绩。1948年夏秋两季共种耕土地1560万亩,超过原计划2万余亩,产细粮150万石,棉花100万斤(不包括黄龙)。虽然熟

① 《陕甘宁边区1946年到1948年建设计划方案(节录)》(1946年4月1日边区政府提出,4月23日边区三届参议会一次大会通过),见陕甘宁边区财政经济史编写组等合编:《解放战争时期陕甘宁边区财政经济史资料选辑》上册,三秦出版社1989年版,第2—7页。

荒尚未全部消灭。1948 年年底尚有熟荒 120 万亩。耕作亦极其粗糙。① 但延安已于 1948 年 4 月重新回到人民怀抱，边区范围扩大。兄弟解放区形势大发展。这为西北解放区恢复和发展经济提供了有利条件。

在这种形势下，1948 年 12 月陕甘宁边区政府又拟定了《陕甘宁边区 1949 年经济建设计划(草案)》，恢复被战争和胡宗南军队破坏的经济，继续完成三年计划的任务。

在农业方面，《陕甘宁边区 1949 年经济建设计划(草案)》提出的主要目标是：

(1)彻底消灭熟荒，提高技术，增产细粮 30 万石(消灭熟荒增加 12 万石，改良技术增加 18 万石)，达到全边区产细粮 270 万石，产棉花 500 万斤。为达到这一目标，必须：第一，增加耕畜。由贸易公司继续完成向外购进 1.5 万头以上的牲口，达到全边区增加耕畜 2 万—3 万头，以资恢复耕地，保证粮棉产量的收获。第二，组织劳动互助。大力组织各种形式灵活变扎工及其他劳动互助，研究如何从变工互助走向集体合作的道路，实行农副、劳武、劳动三大结合，安置移难民开发黄龙垦区，并继续安置新来移民 3000—8000 名。第三，提高技术。一是进行积肥造肥；二是实行精耕细作；三是彻底掏谷槎(防虫)，温水浸种(防病)，推广种闷谷(防旱)，制造喷雾器喷粉器 200 个，推广烟叶水马灌肠治病，等等；四是保持水土，兴修水利。

(2)发展下列特用作物。第一，继续推广植棉：老区棉田比 1948 年(约 7 万亩)增加 1 倍(约 15 万亩)，争取 1949 年共收棉花

① 《陕甘宁边区 1949 年经济建设计划(草案)》(建设厅 1948 年 12 月)，见陕甘宁边区财政经济史编写组等合编：《解放战争时期陕甘宁边区财政经济史资料选辑》上册，三秦出版社 1989 年版，第 43 页。

500万斤。第二,推广油类作物,如麻籽、棉籽、红老麻子、山桃子、木瓜子、杏子等。第三,推广棉麻1万亩。第四,发展糖萝卜600亩,制糖12万斤。第五,推广美国黄金烟,传授烤烟技术,训练能够掌握烤烟技术干部10—20人,以增进烟叶自给能力,减少外来烟品,绝对禁止外来纸烟进口,鼓励土产纸烟的发展,于镇川、合水各增种烟1000亩,并提高民间制烟技术。

(3)恢复畜牧,开辟皮毛销路,刺激养羊情绪,禁止宰杀母畜耕畜,改善战勤制度,保护耕畜,组织农村种畜交配,扶助拉公子(养种畜),设输种站,施行人工授精。推广苜蓿,试种牧草,提倡割野草制青干草,改善饲养管理,制造防疫血清,组织农村兽医,加强牧畜治疗,推广滩羊、同羊,研究改良畜种,发放养羊贷款小米2000石,增加现有羊数20%,设立畜牧试验场,研究畜牧改良。

(4)林业建设方面,第一,保护天然林,管理开发利用林产。黄龙设立林务管理处,掌握森林的开发与利用,并设林产制造厂,制造单宁、松脂、杏油等,收集药材、山货等。第二,榆横及靖边杨桥畔,各设防沙林一处,并研究防沙造林、树种及管理方法等。第三,发动群众植树,解决燃料用材困难,推广种洋槐(发放洋槐籽1石)、柠条及经济价值较高树木,如梨果桑树等,并试验制造推广梨果酒,以补足战争中的损失而增加副业生产。

(5)移民垦殖方面,为了调剂劳力,开发黄龙,借以增产粮食,发展经济,在黄龙3.7万人口的基础上,移民5000人,发放贷款30亿元,以解决移民的生产资料及一部分生活资料的补助。①

由于战争影响(包括战勤占用劳力、牲畜)、边区范围扩大,人

① 《陕甘宁边区1949年经济建设计划(草案)》(建设厅1948年12月),见陕甘宁边区财政经济史编写组等合编:《解放战争时期陕甘宁边区财政经济史资料选辑》上册,三秦出版社1989年版,第43—47页。

力分散,资金摊薄,以及其他主客观因素关系,《陕甘宁1949年经济建设计划(草案)》并未完全如期实现。至1949年年底,陕甘宁边区包括新区在内,农业生产方面的基本情况是,共有人口195.4万余人(包括陇定部分敌占区在内),加上黄龙分区人口,计253.39万人,其中劳力386188个,有耕地16365200亩,产细粮1575385石,平均每亩9.6升,平均每人8.5斗。连黄龙在内,则有耕地20848364亩,劳力549891个,产粮2695878石,与上述建设计划的270万石"细粮"指标接近。现有牛212128头,驴140094头,羊913228只。同1946年老区比较,牛减少10%,驴减少25%,羊减少57%。冬耕前计有荒地1323611亩,冬耕后尚有荒地120万亩。计有棉田99773亩,产棉120万斤。连黄龙在内计棉田299773亩,产棉540万斤。比计划目标的老区产量略高。纺织方面,有织妇30万人,年产土布120万匹。全区需要170万匹,不足50万匹。①

华北解放区各边区在抗日战争结束后,即刻着手恢复农业生产的工作,因各自政治、社会、经济和自然环境的关系,成效互有差异。如冀晋区,1946年大抓农业,推动农业大生产运动,注意劳动组织,推动互助合作,劳动效率提高1/3—1/2;倡导精耕细作,增施肥料,平均水地增加20%,旱地增加26%;技术上推广浸种、选种,有的村浸种率达100%;作物安排上,扩大植棉,植棉主产区植棉61万亩,比上年增加3.5倍,超额预计要求30%。可惜1946年发生严重天灾:春天大旱,夏天雹灾前所未有,虫灾也很严重。以致当年收成大减,总计损失产量175万大石以上,占总收入的

① 《陕甘宁边区经济情况》(1949年建设厅材料),见陕甘宁边区财政经济史编写组等合编:《解放战争时期陕甘宁边区财政经济史资料选辑》上册,三秦出版社1989年版,第53—54页。

1/3,年成平均不到6成。指标完成情况,要求植棉45万亩,完成61万亩,但收成不理想;兴修水利要求45万亩,只完成水浇地4万亩,增产60万石粮食的要求,则“基本上没有兑现”。①

太行区农业生产条件差,石厚土薄,人多地少,每人只有一亩二三分地,民主政府提出发展农副业生产,发动群众动脑筋,算细账,精耕细作,农副业结合,充分利用富余劳动力,在“耕三缺一”的不利条件下,不少实现了“耕三余一”甚至“耕二余一”“耕一余一”的目标。②

在开垦荒地、扩大耕地面积方面,也取得了显著成效。晋察冀边区冀中区32县,1948年以前共开垦荒地近15万亩,占全部荒地面积的51.5%。③ 据太行区和顺、平定、昔阳等6县统计,土地改革后二三年中,因修渠修滩增加耕地50万亩,增加水浇地7800顷,增产粮食19万石。华东解放区在1948年不到半年的时间内,消灭荒地一半以上。④

水利是农业的命脉。新老解放区的广大农民,在恢复耕地和开垦荒地的同时,大力修复被日军和战争毁坏的原有水利设施,并兴修新的农田水利,取得显著成就。1946年晋察冀解放区,冀晋、

① 杨耕田:《冀晋区1946年大生产运动简要总结》(1946年12月31日),见华北解放区财政经济史资料选编编辑组等编:《华北解放区财政经济史资料选编》第1辑,中国财政经济出版社1996年版,第788—789页。

② 太行区群英大会编委会:《太行老区的农副业生产情况》(1947年1月),见华北解放区财政经济史资料选编编辑组等编:《华北解放区财政经济史资料选编》第1辑,中国财政经济出版社1996年版,第881—884页。

③ 《冀中区党委土改和整党初步总结提纲》(1948年7月),见赵效民主编:《中国土地改革史(1921—1949)》,人民出版社1990年版,第429页。

④ 政协全国委员会秘书处编:《土地改革参考资料选辑》(1950年9月),见赵效民主编:《中国土地改革史(1921—1949)》,人民出版社1990年版,第430页。

冀中、冀东、察哈尔各区，修筑大小灌渠 557 条，长 2000 余里，掘井 3440 眼，灌地 400 余万亩。① 在东北解放区，民主政府在水利建设工作上的方针是："防涝治水为主，治水防涝与开展水田相结合，恢复较大的水田工程与普遍地发展群众小型水田相结合"。主要采取了以下几项措施：(1)统一防水治水和兴修水利工程。据统计，1949 年，在治水和灌溉工程上，共投资原粮 8 万吨。其中在治水方面，投资 3.5 万吨粮食，进行以堵口复堤为主体的治水防洪工程，防止沿河 240 余万垧耕地免受水害；在灌溉方面，投资 4.5 万吨粮食，用于恢复和续建灌溉区，恢复水田 90 万亩。(2)各省分工负责制订并修渠筑堤计划任务。(3)动员组织各区、村农民挖顺水沟，疏通低洼地水道。(4)组织农民恢复和修建水田。(5)加强水利管理，免除水源纠纷。(6)设立气象水文站，进行水文勘测和气象预报。松江省在 1948 年、1949 年间，修筑了双城、拉林、富锦等地的大排水网，使 10 万余垧耕地免受水涝。1949 年 6 月，辽东省沿辽河、太子河、浑河两侧筑坝，总工程 294 处，总长 413122 米，共挖土方 7779430 立方米。吉林省修排水渠 2300 余里，修防水坝堤 257 里。热河省仅建昌一县，1949 年为防旱打井 200 余眼，赤峰县开渠 62 条。② 据统计，1949 年全东北动员民工 13 万多人，用工 600 多万个，修补堤岸 1800 多里，挖排水沟 900 余里，挖土方 1800 万立方米。受益面积连同 1948 年的 44 万垧在内，已达

① 晋察冀边区救济分会：《晋察冀边区的水利建设》(1946 年 8 月 1 日)，见华北解放区财政经济史资料选编编辑组等编：《华北解放区财政经济史料选编》第 2 辑，中国财政经济出版社 1996 年版，第 776—777 页。

② 松江省政府：《松江农业概况》(1949 年)，见东北解放区财政经济史编写组等编：《东北解放区财政经济史资料选编》第 1 辑，第 518 页；朱建华主编：《东北解放区财政经济史稿》，黑龙江人民出版社 1987 年版，第 151—152 页。

百余万垧,保证了低洼地地区农业生产的收成。在伪满时期尚未完工而“八一五”后又遭到严重破坏的较大水田工程,如东辽河水库、盘山电力扬水场、饮马河与查哈阳的栏河堤坝,田禄、田礼和浑河灌溉工程等,均已修复。三年多来,恢复和发展的水田面积达20余万垧。① 察哈尔省在农田水利方面,也取得重大成绩,解决了“历史上从来未解决的问题”,宣化开凿了“以往均因故障未开”的4道新渠,又抗旱突击打井2800余口。除旧渠整修外,新开渠和新凿井,可浇地18.6万多亩,已接近全年新增水地20万亩之数。平西涿良宛、房山、涞水3县,据不完全统计,也新打井600多眼,并仍在继续修造中,易水、定、满、徐、望等县,也挖土井2200多眼。②

除了已完成的农田水利工程外,又开始制订计划并实施中等以上规模的筑堤治河工程。华北区1949年治河计划即于当年3月出台。实施工程内容包括:(1)冀鲁豫区黄河筑堤工程,要求复堤以高出1937年洪水位1公尺为标准,共需土方3006194立方米,堤长238.46公里,巩固及增修险工67处,石归坝978道,黄河南、南运河、南阳湖等湖泊,亦须适当培修堤防。(2)太行区沁河工程,完成大樊堵口及修复一部分残堤险工。堵口后可使武陟、修武、获嘉3县120村免受水灾,恢复耕地40余万亩,并可减轻卫运河灾情。(3)冀南区修堤初步计划:卫运河35处;漳河加固北堤;滏河及其支流修补残缺,重点疏浚;在永年修泄水闸利用永年洼,

① 农业部:《东北三年来的农业》(1949年8月),见中国社会科学院经济研究所中国现代经济史组编:《革命根据地经济史料选编》下册,江西人民出版社1986年版,第448页。

② 《中共察哈尔省委向华北局的农业生产报告》(1949年4月15日),见华北解放区财政经济史资料选编编辑组等编:《华北解放区财政经济史资料选编》第1辑,中国财政经济出版社1996年版,第1038页。

分储部分洪水，以兼收渔苇之利。以上共做土方 5590217 立方米，大部分须发动群众自做。(4)冀中区以千里堤滹沱河及子牙河左堤为防守重点；南运河及捷地、马厂域河多年被敌控制，堤防残破失修，计划有重点地修整，并完成石碑河未完工程①，以泄千顷洼积水及调剂捷地碱河水量。其他潴龙、大清、拒马、赵王、滏河等河，择要修筑险工及一部分复堤疏浚，共需做土工 4337028 立方米，工段长 598.23 公里，修险工 171 处。(5)冀东区修堵滦河王家法宝决口，使滦南、滦县 100 多村免受水灾，恢复四年未收的 20 多万亩耕地，疏浚杨(家板桥)柳(沽)新渠 2 余公里，以宣泄林仓、太和两洼 16 万亩土地的积水。补修蓟运、箭杆、五河、周河、沟河、沂河、荣辉、蓝泉等河堤，共长 215302 公尺。(6)察哈尔省阜平胭脂河护岸及行唐沙河堤防工程，护村 14 个，保护耕地 15000 余亩，工段长 7824 公尺，滹沱河及磁河等防洪工程，需工 38140 个，护村及城乡 16 个。②

耕作制度、防治病虫害，改良生产工具和技术等方面，也有不同程度的改进。在东北，以往耕作粗放，土地播种，大多一铲一蹚。土地改革后全区基本改变了这种粗放的耕作法，如吉林省，三铲三蹚的占 46.2%，三铲三蹚以上的占 24.8%，不满三铲三蹚的只占 28.9%。榆树县有的进行了四铲四蹚，个别的做到四铲五蹚。施肥数量亦有增加。据农业部统计，东北南满地区施肥量增加 1/3，北满地区增加 1/4。水田和棉田都使用了化肥。吉林省施肥面积达 110 余万垧，占耕地总面积的 36.7%，全省每垧耕地施粪肥 23

① 此河原属山东渤海区，计有改造河床纵坡、节制闸等工程。

② 《中共察哈尔省委向华北局的农业生产报告》(1949 年 4 月 15 日)；《华北区 1949 年治河计划》(1949 年 3 月)，见华北解放区财政经济史资料选编编辑组等编：《华北解放区财政经济史资料选编》第 1 辑，中国财政经济出版社 1996 年版，第 1035、1038 页。

车。松江省施肥面积达到了30.5%。辽东省施肥较好的地区如盖平、庄河、复县、海城、新金、孤山、安东(今丹东)、宽甸、新宾等县,每垧地增加了3车粪肥。

防治病虫害方面,如东北地区,病虫害严重。仅1949年遭虫灾的耕地面积即达56万余垧。对付虫灾,农民的办法很多,但主要是拔除病株、捕虫和挖沟。1948年,仅大连一地就组织了15万余人,捉虫6万余公斤;1949年组织了45万余人,捕虫1.4万余公斤,用火烧掉。其他地区也都发动妇女、儿童、学生下地捉虫,均收到良好效果。凡是虫害地区,一般都组织工作队携带农药下乡,帮助农民消灭病虫害,并且宣传教育,破除"神虫"越抓越多的迷信思想。另外又恢复农药厂两处,为消灭病虫害生产农药。棉田基本上都使用了农药。①

在改良、使用、推广新式农具,选育良种等方面,也都呈现出某些新的气象。

1947年,在土地改革中,党和政府就号召农民改良农具,提高农业技术,特别是要解决土犁(土犁十分笨重,一副犁杖至少要用3—5头耕畜,急需改良)、打谷机、打麦机的改良问题。1948年,中共中央东北局提出,"提倡制造与逐渐地、逐次地改良农具,以省为单位,有重点地兴办农具工厂,小的县域与市镇,利用铁匠炉制造简单工具,以供农民的需要"②。1949年秋,农林部召开农业技术推广工作会议,对改进和加强推广农业技术工作做了重要指示,要求把实验研究和技术推广、群众经验和科学技术进一步结合

① 参见朱建华主编:《东北解放区财政经济史稿》,黑龙江人民出版社1987年版,第152—154页。

② 《东北局关于1948年农业生产的总结与1949年农业生产的决议》(1948年10月6日),见东北解放区财政经济史编写组等编:《东北解放区财政经济史资料选编》第1辑,黑龙江人民出版社1988年版,第500页。

起来；把一切技术成果交给群众，为群众所掌握，以达到提高农业生产力的目的。同年10月，农林部又召开农业厅长会议，号召普遍地推广经过改良的新式农具，“有重点地推广马拉农具，提高劳动效率，降低成本”，会议确定推广的原则是，“农具必须经过试验与鉴定，适合当地情况及实际应用的，再行推广”，并提出解决农具的三种办法：(1)马拉机械农具，由部里负责，可贷给农民使用；(2)改良农具，由省里负责，也贷给农民使用；(3)小农具由县里负责，卖给农民。经过各试验场的研究、试验和通过，到1949年，已有一部分改良农具为农民所采用。如吉林省，共推广农具4090台，其中由农林部发放马拉农具10套，省农具厂推广308台，各县修理和购入推广的3772台。① 松江省推广锄草机800余台，打稻机200余台。② 其他各省，如黑龙江、辽东、辽西、热河等地，也都普遍地进行了推广改良农具和试用新式农具，并收到了较好的效果。改良农具的推广和新式农具的使用，是农业生产资料和农业生产力的一场革命，对解放区农业生产的恢复和发展，起了重大的作用。

在改良品种，选择、使用和推广优良品种方面，也取得了初步成绩。在东北解放区，全区除由中心试验场负责选好的品种进行推广外，还收集、繁殖了一些日伪时期已经育成的品种。如北满解放区推广了耐旱而又产量高、出粉多的克山县“克华麦”；又从关内华北和其他地区购买一些好的品种。不过主要还是动员和依靠

---

①　吉林省政府：《吉林省1949年农业生产基本总结》(1949年)，见东北解放区财政经济史编写组等编：《东北解放区财政经济史资料选编》第1辑，黑龙江人民出版社1988年版，第613页。

②　松江省政府：《松江农业概况》(1949年)，见东北解放区财政经济史编写组等编：《东北解放区财政经济史资料选编》第1辑，黑龙江人民出版社1988年版，第521页。

农民在自家田里择选良种。如吉林省1949年吉林全省普遍进行了选种。据不完全统计,全省推广的优良品种播种12950余垧地,其中小麦12000垧,大豆238垧,高粱69垧,谷子244垧,玉米52垧,水稻308垧,旱稻39垧。[①] 松江省1949年共种植满仓金大豆约7000垧,农林二号小麦260垧,苏联小麦779垧,冬麦80垧,入秋冬麦已播种1700垧选出满仓金大豆600余万斤及够种1300垧的农林三号麦种。[②] 农民普遍运用多种方法进行选种,包括穗选、粒选、棵选;对从外地购进的种子进行发芽实验,根据发芽率决定播种量。不少农户并已开始用温开水或小灰水浸种消毒催芽。据农业部不完全统计,东北解放区至1949年,推广满仓金大豆,播种面积已达38315垧,推广其他改良品种约68939斤,播种面积达3446垧。[③]

为推广优良品种,东北各省先后建立了农事试验场,如合江省佳木斯农事试验场、安东农事试验场、辽宁熊岳农事试验场等,进行农事试验研究。辽西省利用国民党农场旧址及其他公用土地,恢复和建立了省、市、县农事试验场23所,耕地面积达4354亩,其中12个县设立了试验区,11个县设立了苗圃,17个县设立了培种区。1949年全省除培育了1292亩可推广的优良品种和4540垧

① 吉林省政府:《1949年农业生产基本总结》(1949年),见东北解放区财政经济史编写组等编:《东北解放区财政经济史资料选编》第1辑,黑龙江人民出版社1988年版,第612页。

② 松江省政府:《松江农业概况》(1949年),见东北解放区财政经济史编写组等编:《东北解放区财政经济史资料选编》第1辑,黑龙江人民出版社1988年版,第521页。

③ 农业部:《东北三年来的农业》(1949年8月),见中国社会科学院经济研究所中国现代经济史组编:《革命根据地经济史料选编》下册,江西人民出版社1986年版,第447页。

可自用的优良品种外，还培育了 2769450 株树苗。① 松江省呼兰县、黑龙江省克山县、合江省佳木斯、吉林省九台和龙井县、安东省通化县、辽宁省熊岳、辽西省锦州、辽北省牤牛、嫩江省齐齐哈尔等地的农事试验场，除进行农作物的品种改良栽培外，还对耕畜、家畜、家禽等也进行了品种改良、繁殖和推广。此外，安东省五龙背和凤化，辽宁熊岳、辽阳以及热河兴城等地的农事试验场，还进行了果树、柞蚕、烟草、棉花、蔬菜等研究和试验。各地农事试验场的创立及研究、试验工作的开展，对于改进农业技术，提高农业生产力，推动农业生产的恢复和发展，发挥了巨大作用。

鉴于某些地区在解放前后大变动期间，对农事试验场保护不力，导致设备、财产、研究资料遭受破坏，如河南开封、商丘、郑州等处公共农林产业及试验场等，在解放后损坏很大。"原因为解放时我军未派人去组织保护，当地人就抢东西，折树拔苗"。于是，中共中央专门下发指示，务必注意保护新解放区的公共农林产业及试验场，"今后我军所到之处，不仅应尽可能切实注意保护工商设备，而且对农场农圃亦应切实注意保护"，并注意"收集其实验的图书、表册和品种，勿使遭受破坏与散失，应使全体干部明白农业试验对于发展农业生产有重大作用，我们必须尽力保护"。②

土地改革的完成和各项政策措施的推行，废除了封建的土地制度和租佃剥削制度，极大地调动了广大农民的生产积极性，为农

① 辽西省政府：《农业生产全年工作总结》（1949 年 12 月 20 日），见东北解放区财政经济史编写组等编：《东北解放区财政经济史资料选编》第 1 辑，黑龙江人民出版社 1988 年版，第 593 页。

② 《中共中央关于注意保护新解放区的公共农林财产及试验场的指示》（1948 年 12 月 19 日），见华北解放区财政经济史资料选编编辑组等编：《华北解放区财政经济史资料选编》第 1 辑，中国财政经济出版社 1996 年版，第 1002 页。

业生产的恢复与发展铺平了道路,很快出现了农林牧渔副五业全面恢复与发展的大好形势。

解放区的耕地面积和作物产量逐渐恢复。东北解放区“八一五”以后,一部分耕地撂荒,产量降低。1947 年党和政府提出:“全部种上,消灭熟荒”,因而恢复和扩大了耕地面积。1947—1949 年 3 年间,共恢复、扩大耕地面积 2136818 垧。其中 1947 年 800000 垧,1948 年 779818 垧,1949 年计划 557000 垧。1949 年 8 月,全东北解放区的耕地面积已达到 17222000 垧,已恢复到伪满 1945 年耕地面积 18228549 垧的 94%。①

作物产量方面,东北解放区 1948 年的粮食总产量达到 1187 万余吨,比 1947 年增长 12%,1949 年达到 1320 万吨,又比 1948 年增长 11.2%。到 1950 年,耕地面积已恢复到战前水平,粮食总产量约 1800 万吨,单位面积产量超过 1943 年 6.2%。② 1948 年党和人民政府提出以精耕细作提高产量为主,扩大耕地面积为辅的正确方针,因而作物单位面积产量也在增加,1949 年粮食总产量 1414 万吨,平均每垧产量 1802 斤(稻田每垧平均可达 3608 斤),而在较丰收的地区,如辽东大田平均每垧可达 2552 斤,水田平均每垧可达 4000 斤。③

党和人民政府不仅着力增加自给性粮食产量,也尽量增加麦、

---

① 农业部:《东北三年来的农业》(1949 年 8 月),见中国社会科学院经济研究所中国现代经济史组编:《革命根据地经济史料选编》下册,江西人民出版社 1986 年版,第 445 页。

② 农业部计划司:《两年来的中国农村经济调查汇编》,中华书局 1952 年版,第 18 页。

③ 农林部:《1949 年农业生产总结及 1950 年农业生产计划(纲要)》(1950 年 1 月),见东北解放区财政经济史编写组等编:《东北解放区财政经济史资料选编》第 1 辑,黑龙江人民出版社 1988 年版,第 629 页。

稻、大豆几种主要商品粮食的比例与产量。为了发展工业，对特产作物特别是棉、麻，采取了大力发展的方针。1948 年以前，东北的棉产区大部分还在国民党军队占领之下，棉田面积由“八一五”前的 22 万垧，降到 10 万多垧，而且这一部分棉田还是在解放区。1949 年由于贷种、贷粮与预购和购棉价格的提高，加上领导上的努力提倡，有了很大发展，棉田面积已恢复到 12 万垧，超过原定 10 万垧的计划，1949 年准备争取达到 30 万垧。麻类作物方面，亚麻 1.2 万垧，洋麻 300 垧。麻类需要量很大，今后需要有计划地大量地成片地种植洋麻、青麻，发动群众多种线麻，根据工厂需要发展亚麻。柞蚕业也已开始恢复起来，1949 年春蚕已恢复 2 万把剪子，秋蚕可发展到 4 万把剪子。烟草在南满的种植面积，1949 年是 6000 垧，比上年增加了，烤烟房设备也已部分修复，可产 5000 吨烤烟。糖萝卜种植面积 8000 垧，可产 4 万吨萝卜，即是 40 万吨糖的原料。苹果 400 万株，现可结果的 150 万株，“八一五”后，果树严重腐烂、死掉，解放后全力救治，腐烂基本停止，果产已开始恢复。①

华北人民政府为保质保量供给纺织原料，有计划有步骤地推广植棉，规定华北棉产改进处的任务是，保证棉厂原料，提高棉花质量，增加棉农收益，推广繁殖斯字棉二号、四号，四五年内推广到 1000 万亩，使棉花逐渐规范化。②

林业也初步恢复。1947 年 12 月，东北行政委员会颁布《东北

① 农业部：《东北三年来的农业》（1949 年 8 月），见中国社会科学院经济研究所中国现代经济史组编：《革命根据地经济史料选编》下册，江西人民出版社 1986 年版，第 445—446 页。

② 《华北人民政府农业部关于植棉的指示》（1949 年 4 月），见华北解放区财政经济史资料选编编辑组等编：《华北解放区财政经济史资料选编》第 1 辑，中国财政经济出版社 1996 年版，第 1050 页。

解放区森林管理暂行条例》,明确区内森林的所有权和管理权责规定“东北解放区之森林(包括林区林地及林木),均归国有,其依据解放区土地法取得林木所有权者除外”。“国有森林林区之划分,由东北行政委员会规定。各省境内之森林,其管理经营统一于各林业主管机关”。东北解放区的木材不仅要满足本地区经济建设的需要,还要支援其他解放区的经济建设。党和人民政府制定了“加强护林、育林并合理利用森林”的方针,各省相继建立了林业主管部门,加强对林业的统一经营与领导,1948 年年初成立了东北林务管理局(后改称“林业局”)。各省制定了防风、防水、防火的造林计划。1949 年年初各地开始恢复旧有苗圃,设置苗圃基地。1949 年恢复苗圃 74 处,育苗 75 垧,育成树苗 177011 条万株,植树 5500 万株(不过总成活率不到 30%)。①

畜牧业方面,人民政府实行“保护耕畜、繁殖耕畜和发展家畜”的方针。土地改革后,多数老区的耕畜有所增加,吉林省舒兰县,土地改革前耕畜总数 27700 头,土地改革后增加到 39060 头,增长 40%。② 据统计,到 1950 年 2 月止,东北耕畜总头数已由 1945 年的 350 余万头发展到 574 万多头,并设有公营种畜场 12 处,有种马 183 头,种牛 142 头,奶牛 123 头,种猪 261 头,种羊 781 只。陕甘宁解放区的绥德县王家坪,1947 年曾遭到国民党军队的严重摧残,牲畜减少一半,农业减产 33%,但到 1948 年迅速得到恢复。③ 据中共山西省委 1950 年对武乡县 6 个典型村的调查,抗战前共有牲畜 325 头,因敌人的破坏和摧残,损失达 2/3 以上。到

① 农林部:《第一次林务行政会议总结》,《东北日报》1950 年 2 月 15 日。

② 吉林省政府农业厅:《耕畜问题必须解决》,1949 年。

③ 史敬棠等编:《中国农业合作化史料》上册,生活·读书·新知三联书店 1962 年版,第 773 页。

1949 年已发展到 386 头，超过了战前。①

渔业是部分解放区经济产业的一个重要组成部分。东北地区，河流纵横，渔业资源丰富。在松花江、辽河两大水系分流南北，还有黑龙江、乌苏里江、鸭绿江、图们江。有位于松江省密山县境内并和苏联交界的兴凯湖，又有位于松江省安宁县境内风景优美的镜泊湖。此外，全区还有 123109 平方公里的淡水面积，特别是还有沿渤海、黄海，长达 2800 公里的海岸线。在这些江河湖泊中，尤其是沿海地区，有丰富的渔业资源，可以产出大量的鱼、虾等水产品。最高年产量曾达到 174000 余吨。

"八一五"后，渔业一度受到严重破坏。北满地区解放较早，渔业秩序较为稳定；南满地区特别是沿海一带，渔业设施如养殖场、试验场都遭到严重破坏。私人渔业损失更为严重。如葫芦岛的打虾户渔民戴春村一家，19 盘网中有 8 盘由于国民党封锁海岸无法照看，被水冲走，余下的 11 盘网，也被国民党军队的巡海艇割断。国民党官吏对渔民剥削和压迫，甚至公开抢劫，致使渔业急剧衰落。如葫芦岛渔船由"八一五"的 138 只减至 1949 年的 70 只，能下海的渔船仅 35 只。盘山二界沟、锦西葫芦岛、兴城菊花岛、钓鱼岛、绥中三河口等五处港湾，有王家窝铺、孙家湾、三鱼山等 30 余处渔区，国民党"军政人员低价强购，苛捐杂税，横征暴敛，打骂渔民，无所不为，致使渔民大批歇业，无法维持生活。截至 1949 年春和伪满时比较，渔户下降 37%，渔民下降 57%，渔船减少 74%，渔网减少 89%，渔获量减少 87%"。② 据统计，1948 年东北全区的

① 农业部计划司：《两年来的中国农村经济调查汇编》，中华书局 1952 年版，第 115 页。

② 辽西省政府：《农业生产全年工作总结》（1949 年 12 月 20 日），见东北解放区财政经济史编写组等编：《东北解放区财政经济史资料选编》第 1 辑，黑龙江人民出版社 1988 年版，第 598—599 页。

渔业总产量约为 94380 吨,与"八一五"前的 173913 吨相比,减少了 79833 吨,下降约 46%。

东北全境解放后,渔业生产迅速恢复。1948 年 11 月,东北全境解放后,经济建设被列为首要任务。1949 年,东北解放区共有水产公司 26 个,渔业合作社 60 个。1949 年 4 月 12 日,东北行政委员会为渔民发放"渔民渔业证",便利渔民自由进入渔区捕鱼。1949 年水产量比 1948 年有所增加。据统计,全东北解放区渔户为 28180 户,劳动力 670749 人,渔船 17539 只。总产量约计 100500 吨,其中海产量 69500 吨,约占总产量的 2/3;淡水产量 31000 吨,约占总产量的 1/3,比 1948 年总产量 94380 吨,增加了 9%。①

农家副业也迅速恢复。在东北解放区,副业收入一般占农业收入的 20%,在一些有特产的地区,如山货、水产及柞蚕地区,农民副业收入可达 30%—50%。② 中共中央东北局在《关于 1947 年度财政经济工作方针和任务》中提出:"充分利用一年的四季农闲时间,提倡奖励农业副业生产。"冬季伐木,是靠近森林区农民的主要副业生产之一。据统计,1948 年冬季,松江省上山伐木的劳动力达五六万人以上,畜力达 3 万头。五常县伐木收入 300 多亿元;尚志县伐木收入 644 亿多元,用它买马 659 匹、大车 150 台、解决棉衣 4000 余套、买布 4 万余匹;巴彦县副业收入买马 532 匹、大车 37 辆、粮食 7659 石、马料 605 石。若全部用来买马,则可买马 3435 匹;全部买粮则可买 94605 石。1949 年冬季,吉林省延吉、敦

① 农林部特产处:《第一次水产会议中的几个问题》(1949 年 12 月 1 日),见东北解放区财政经济史编写组等编:《东北解放区财政经济史资料选编》第 1 辑,黑龙江人民出版社 1988 年版,第 581 页。

② 农林部:《东北解放区 1949 年农业生产建设计划》,《东北农业》1949 年 4 月 1 日。

化两县上山伐木畜力 2650 余头；辽宁省临江县刚入冬，就有 800 多名农民，1000 多头牲畜上山伐木，至 12 月底，每人平均收入达 6 万—70 万元左右。打猎是山区农民的一种副业。1948 年松江省五常县组织打猎队，11 区打野猪 100 多头，狍子 200 多只；第九区北俊村 3 天时间，打黄鼠狼 60 多只，价值 600 万元，六区 3 天打黄鼠狼 600 多只。木兰县打猎收入达 6. 31 亿元。①

第二节　解放区的工业和工业建设

城市工业是现代国民经济的主导，也是解放战争和中国新民主主义革命借以取得最后胜利的重要条件。中国共产党人和工农武装，从依靠、割据农村发起革命，到进入、占领城市，掌握和建设工业，不仅恢复和发展解放区经济，而且夺得中国大陆新民主革命的胜利，经历了一个艰难曲折的探索和熟悉过程。

一、解放区的城乡结构、工业政策及其变化

工农红军和八路军、新四军在游击战争年代，基本上是依靠广大农村，占领的城市不但比较少，而且往往不能保住。党和根据地政府虽然十分注意城市政策，反对乱抓、乱没收，但在占领城市之后，因没有十足把握保住城市，只能从城市中有政策、有计划、有组织地搬运出某些必需的物资。进入解放战争时期，开始在较大范

① 农林部农业处：《1949 年冬季副业生产情况》（1950 年 4 月 7 日），见东北解放区财政经济史编写组等编：《东北解放区财政经济史资料选编》第 1 辑，黑龙江人民出版社 1988 年版，第 643 页；松江省政府：《冬季副业生产总结》（1948 年），见东北解放区财政经济史编写组等编：《东北解放区财政经济史资料选编》第 1 辑，黑龙江人民出版社 1988 年版，第 513—516 页。

围内占领城市,城市政策才有所改变。1946 年 8 月 11 日东北各省代表联席会议通过的《东北各省市(特别市)民主政府共同施政纲领》第四条规定:“保护奖励与扶持民营工商业,恢复并发展公营企业,发展合作事业,欢迎投资开发东北富源;改善工人、职员与技术人员的生活,安置救济失业工人,提倡劳资合作,发展生产,繁荣经济,保障资本家的正当利润,建立统一合理的税收方针,减轻人民负担,调整地方金融,以利东北经济建设的发展。”①

不过当时革命的基本形势,仍是敌强我弱,人民解放军占领了若干城市,但仍无完全把握固守。在东北解放区,还不得不采取搬迁、疏散重要资材和军火工厂的保险措施。1947 年 1 月 7 日东北局在向中央呈报的《关于今后八项工作任务的决议及中央的复示(节录)》中提出,“所有重要资材、军火生产工厂均疏散到靠近友方边界而交通运输又比较方便的地方,以确保安全”。而中央在“复示”中,进一步强调,“关于工业建设须特别注意在山地及其他比较有安全保障地区建立各种小规模工厂,并提倡手工业”。②

在搬迁、疏散重要资材和军火工厂的城市工商业政策延续未变的情况下,尽管攻城部队司、政两部一再要求攻城部队和地方党委,必须严格执行党的城市和工商业政策,但违反相关政策的现象仍然屡有发生。在东北,一直到攻占四平、鞍山,收复吉林时,仍未禁绝。而且违反城市政策和侵犯工商业的情况、手段多种多样:一是某些攻城部队纪律不严,“本位主义地乱抓物资”,不讲政策;二

① 《东北各省市(特别市)民主政府共同施政纲领》(1946 年 8 月 11 日),见东北解放区财政经济史编写组等编:《东北解放区财政经济史资料选编》第 1 辑,黑龙江人民出版社 1988 年版,第 13 页。

② 东北局:《关于今后八项工作任务的决议及中央的复示(节录)》(1947 年 1 月 7 日),见东北解放区财政经济史编写组等编:《东北解放区财政经济史资料选编》第 1 辑,黑龙江人民出版社 1988 年版,第 20 页。

是后勤人员，如供给、卫生、通信、辎重等机关人员，借口“军用”，借口没收蒋伪“敌产”，搬运器材，拆卸零件，拿走皮带，损害工厂设备；三是后方机关的生产人员，只顾本单位利益，到新收复城市抢购物资、做买卖，扰乱新收复城市的金融物价；四是部分城市贫民趁机“发洋财”，而部队人员从所谓“群众观点”出发，不加制止；五是郊区农民自发进城抓逃亡地主清算，破坏同地主有联系的工商业。①

党的城市工商业政策的大改变是在1948年。从1947年夏季攻势后，解放战争形势发生根本变化，人民解放军“不仅占领了很多城市，而且这些城市已稳固地为人民所有”。解放战争已是大规模的大兵团的集中作战，这不仅要依靠广大农村，而且要依靠城市。在这种情况下，必须改变过去的观点和策略，爱护城市，严格遵守党和政府的工商业政策、城市政策和法令，发挥城市的作用，使城市生产更多的军需品和日用品来支援战争，来繁荣解放区的经济。在这种情况下，1948年6月10日，中共中央东北局专门就如何保护新收复城市的问题下发了指示。为了使新收复的城市和工商业免受破坏，能很快为战争为人民服务，决定对新占领城市实行短期的军事管理制度。由攻城部队最高指挥机关直接负责军事管理。待城市秩序大体稳定后，即取消军事管理，将城市管理的全部权限移交城市市委、市政府。“指示”明确规定，“攻城部队只有保护城市工商业之责，无没收处理之权。攻城部队无论对蒋伪公营企业、银行、商店、市政机关、医院、学校、仓库及私人企业、商店等，均无没收处理之权”。同时，战斗中及战斗结束后，攻城部队应派出必需的队伍加以保护，“禁止任何人进去搬运机器、物资和

① 根据《建党以来重要文献选编（1921—1949）》第25册，中央文献出版社2011年版，第340页整理而成。

器材”。又规定攻城部队对敌方经济机关与文化机关的人员和警察等,不应加以俘虏及逮捕,而应责成他们在我方一定机关和人员的指挥与命令之下,留在原来岗位,看守原来的机关、工厂、仓库、物资和文件,并继续维持必要的工作,听候清理与交代,不得怠职毁损和阴谋破坏。攻城部队后勤工作人员,只能随部队做部队本身后勤供给工作,绝对禁止他们离开本身职务,而乱抓物资。攻城部队在战斗结束后,除需要维持城市秩序的一定数量的部队外,其他部队均应撤出城外。在撤出前,必须将看守之工厂、仓库、银行、市政机关等移交清楚。所有部队,一律不准驻扎在工厂、医院、学校和教堂。凡“违反城市政策及工商业政策者,必须彻底追究,并依据情节轻重,依法处办”。“指示”还规定,经过东北一级一定机关批准的人员,在进入新收复城市后,必须在城市军事管理机关及以后的市政府市委领导之下进行工作。凡发现此项人员有破坏工商业政策及城市政策者,当地市政府得随时取消其在该市留住之权,并给以处分。各地党委、政府、农会,尤其是该城附近的组织,必须教育农民,不得进城自行逮捕人犯及没收物资。如必须进城抓恶霸罪犯时,必须经过市政府批准,并由市政府合法进行。①

在华北一些新解放的城市,也曾一度出现接收日伪及国民党官僚资本的厂矿过程中,擅自搬运器材,拆卸零件,损坏工厂设备的严重问题。如晋冀鲁豫军工部门为了使用汽缸,破坏了 7 个空气压缩机;有些工厂在交出机器给其他工厂时,留下一部分对他们自己有用的机器零件,而使全部机器损毁;有的部门在接收工厂后,不就地开工,而把机器拆卸分散搬走;等等。1948 年 5 月 17 日至 6 月 27 日在某地召开的华北解放区工商业会议,严厉地指责

---

① 根据《建党以来重要文献选编(1921—1949)》第 25 册,中央文献出版社 2011 年版,第 342—343 页整理而成。

了这种损坏工业生产设备的行为，明确规定，“以后新解放城市的一切工矿，一律严禁任意转移，严禁破坏，必须保存原状，就地开工。即使由于战略关系，我军占领后又要退出的城市和矿场，也不许丝毫破坏，因为这些工矿都是人民的财富，不久将重归人民所有”①。

实际上，晋冀鲁豫边区在一些新解放城市，违反党的城市政策和工商业政策、损毁工矿商业的程度，远比华北解放区工商业会议揭露和批评的严重得多。在一些新解放城市，反奸清算时，对奸、霸、特务、官僚资本等的定义，往往含混不明，没有明确和严格地区别哪些商店、工厂属于汉奸、恶霸、官僚资本，可以清算没收，哪些应予保护，大大损害了工商业；土地改革中没有明确划分资本主义与封建主义的界限，有些人错误地认为“工商业均带封建性，不斗争工商业，就不能肃清封建，就不能满足群众要求”，如长治南大街，把中等商人全部斗垮，邢台、邯郸、晋城、武安、沁阳都是在这一界限不分、笼统封建的名词下斗垮的。有些城市解放前尚相当繁荣，解放后即跟着萧条下来。这些城市的工商业不是因为清算斗争而垮台，而是被机关、部队、团体的生产“巧取豪夺、排挤强占而垮台”。他们有些借军事、政治威力压人，强占铺面、工场、作坊；因有电话、汽车、武装的便利，凭借资本雄厚（多为挪用公款、战争缴获物资），囤积居奇，操纵市场，有些简直是无法无天，运销违禁品，抗拒政府法令。部队攻入城市后，纪律极坏，乱抓资财，“完全是毁灭政策”。军工、供给、卫生、报馆、各部队、各机关、各团体生产人员，当城市攻下后亦蜂拥而入，乱抓东西，接着就是老百姓起来跟着抢。任何城市只要有两三天工夫就可破坏干净，如邯郸、沁

① 《华北解放区工商业会议》（1948 年 6 月 27 日），见中国社会科学院经济研究所中国现代经济史组编：《革命根据地经济史料选编》下册，江西人民出版社 1986 年版，第 241 页。

阳、焦作、运城等就是这样被破坏了的。其他如苛捐杂税(诸如市街办公费、支差费、优抗费、招待费、秧歌费、慰劳费等)。另外,营业税评议不公,物价暴涨暴跌,等等,均可伤害工商业。

至1948年夏秋之交,晋冀鲁豫边区工商业的主体情况,大体可分为三类城镇(地区):第一类,原有工商业全部或大部保留并发展了新的工商业,如临清、南宫、衡水、曲沃、曲村等,经济发展,市场繁荣,这一类城镇(地区)约占全区城镇(地区)的1/4;第二类,原有工商业大部或小部垮台,新的工商业亦有部分发展,如邯郸、晋城、阳邑(武安属)、河南店(涉县属)等,这一类城镇(地区),约占全区城镇(地区)的1/4;第三类,原有工商业大部或全部垮台,新的工商业又很少发展,如武安、大名、闻喜等,这一类城镇(地区)约占全区城镇(地区)2/4。① 总的情况不容乐观。

为了彻底纠正上述严重违反党的城市政策和工商业政策中的"左"倾错误,有效阻止对城市工商业的破坏,中共晋冀鲁豫中央局特作出如下决定。

(1)严格禁止清算斗争工商业。保护一切工商业(包括地主、富农经营的工商业在内)。地主、富农将土地财产转入工商业者,一律欢迎,不准斗争。地主、富农的手工工具,如纺车、织布机、织袜机、缝纫机、弹花机等,一律不没收、不征收,准其留下进行生产。

(2)地主、富农工商业如已被清算斗争,但尚未分配,或仅转作群众股份(所谓"换神不换庙"),或虽已分配而尚未损坏耗光者,均应立即无条件地退还原业主。资本不足者,政府给以低利或无利贷款,务使其能继续经营。工商业主逃亡者,其商店、工厂应

① 《中共晋冀鲁豫中央局关于工商业政策的指示》(1948年9月10日),见中国社会科学院经济研究所中国现代经济史组编:《革命根据地经济史料选编》下册,江西人民出版社1986年版,第245、247页。

坚决保护,不准侵犯,俟其归来后,仍交还原业主继续经营。真正属官僚资本与最反革命分子的工商业,归边区政府或行政公署处理,其他任何机关、团体与个人,无权过问,边府、行署没收后亦不得分散,应继续经营。

(3)工会、党的支部应与厂主合作,共同发展经济,做到"原料足,成本低,产量多,质量高,销路广"。目前高工资必须压低,工资由劳资双方自由规定,不提增加工资减少工时的口号,但所有公私企业均禁止对工人、店员、学徒进行封建半封建性的虐待和剥削。实行按时计工,按件给资的工资制。成立以厂长为首的三人委员会领导生产,首先在公营企业中实行,私人企业如资方同意,亦可实行。

(4)克服国营企业中的统制垄断思想,规定国营企业中实现"公私兼顾、劳资两利"的制度和办法。凡对国营和民营均有利,或对国营有利对民营无害或害很少者允许经营,凡对国营有利而对民营害大者一概不允许经营。对敌经济斗争必须实行管理,但办法则应力求简便,解放区内贸易完全自由,取消路条制,取消或改造交易所,取消农村管制人口出村办法,给人民以就业的自由。

(5)银行、贸易总公司、合作厅、财政厅,共同合作,按时吞吐物资,实行全年贷款,大力支持生产,按季节有步骤地发行货币。贸易总公司主要任务为活跃市场,平稳物价,不担负财政任务,以便保持物价平稳上升(不上升亦不可能),不暴涨暴跌。

(6)一切机关、部队、工厂、商店,必须接受当地党委与政府(工商管理局)的领导,取消其特权,与民营企业同等待遇,严厉取缔非法营业。

(7)取缔地方上所加于工商业的苛杂,除边区政府所规定的税收摊派外,其他任何机关、团体不得擅自摊派或增派,劳军捐款应出于自愿,不得摊派。对工商业者按所得纯利只征15%左右的所得税,并须规定合理评议计算征收的制度。

(8)《中国土地法大纲》所规定的废除一切债务,不包括工商业的借贷来往账及货账在内。

(9)颁发合作社条例草案,取缔某些合作社非法行为,规定合作社性质、任务与营业制度,整顿合作社队伍,加强业务指导,有计划组织生产,调剂物资,其资本不足者由银行给以低利贷款,帮助其发展。

(10)加强部队与地方的城市政策和工商业政策的教育。

(11)为贯彻上述方针,决定召开全区工商业会议,邀集公私企业、商会、工会及政府的代表,检讨过去得失,研究三种不同城镇(地区)发展工商业的具体政策。

(12)各区党委应把本区2万人以上城市,三个月内作出总结报告中央局,并做好下列城市的工作:运城、曲沃、晋城、长治、邢台、武安、沁阳、邯郸、临清、南宫、衡水、大名、濮阳、聊城、杨集等。冀鲁豫并应恢复草帽辫业,取得经验,推动全区。①

晋冀鲁豫边区违反工商业政策、工商业遭到严重破坏的情况,均发生于中小城镇,一些大城市的情况要好一些。山东济南是攻城部队实行保护工商业政策较好的一个例证。在济南解放之前,陈毅将军即已颁布"约法七章",其中第二条是"本军保护民族工商业及私人资本,凡私人工厂、企业、公司、银行、商店、仓库、货栈等,一律保护,望照常营业"。解放以后,济南特别市军事管制委员会又颁布"入城守则",其中关于保护工商业,更有明确具体的规定,一切部队、机关,必须遵照管制委员会所指定的地方居住,不得住工厂、学校、医院、商店、文化机关、教堂等地。并须一切入城

① 《中共晋冀鲁豫中央局关于工商业政策的指示》(1948年9月10日),见中国社会科学院经济研究所中国现代经济史组编:《革命根据地经济史料选编》下册,江西人民出版社1986年版,第247—249页。

机关、部队人员严格遵守："对私营之企业工厂、公司、银行、商店、仓库、货栈等民族工商业，均须负责保护，不得有任何破坏。"入城部队对于保护工商业的政策，没有停于文告宣传，而是官兵上下，身体力行。当济南市内战斗还在进行时，解放军工作队就召集市内工厂的技师和工人座谈，讲解解放军政策，要他们安心值守，保护工厂。同时警卫部队被派往工厂、仓库、学校及名胜古迹地区放哨保护。懂得了解放军政策的工人，在猛烈炮火中仍然轮班看守机器，为 70 万市民所关切的自来水厂这才得以保全，没有被蒋军所破坏。民族工商业资本家对于解放军的保护普遍表示感激。当商埠区解放之初，华东解放区发行的北海币与敌币的比值尚未规定，解放军通令部队暂时一律不准购物，以免商民吃亏。某部一个班长想给病号买点糖果，即被纠察队阻止。商店掌柜非常感动地说："解放军的政策上行下效，怎能不打胜仗呢?"又如河南洛阳，由于民主政府执行了正确的城市政策，起死回生，"由蒋治时代黑暗恐怖、百业萧条的死城逐渐成为民主自由向上发展的新洛阳"。根据 1948 年 5 月 8 日以前统计，除摊贩外，城市大小商店开业者已达 1600 余家，较解放前增加 400 余家，适应农民需要的粮行、盐行、土布行增加尤多，最近并有两家金店、两家银行及一家大绸缎庄筹备复业，受骗逃往郑州、西安等地商人，已陆续返回洛阳。原为蒋府河南建设厅所办的龙头煤矿，由民主政府接收后，产量增加，保证了洛阳煤炭的供给。被毁的发电厂在工人与技师的努力下，很快就复工了。470 家困难的摊贩、小手工业者，亦获政府贷款，纷纷复工，从事纺织、铁工等小手工业生产。①

① 肖平:《蓬勃发展的解放区工商业》(1948 年 11 月 4 日)，见中国社会科学院经济研究所中国现代经济史组编:《革命根据地经济史料选编》下册，江西人民出版社 1986 年版，第 253—255 页。

总的来说,解放战争前中期,新解放或收复的大小城镇,党的城市政策和工商业政策执行情况,各城镇工商业的环境条件和本身状况,好坏参差。相对而言,大城市的情况要好一些,中小城镇较为严峻。1947 年、1948 年后,各中央局先后发出指示,作出严格规定,要求攻城部队和当地市委、市政府严格执行党的城市政策和工商业政策,自后情况趋于好转。

二、东北解放区工业的恢复和建设

东北解放区的新式工业是在接收和改造日伪统治时期殖民地工业和国民党统治区国民党国家资本及私营工业的基础上,在激烈的战争环境中恢复和发展起来的。

东北解放区工业的恢复和发展,既有有利条件,也有不利条件。有利条件是:(1)有较丰富的自然资源,包括农林水利资源、矿产资源,还有开采设备。(2)有比较充足的电力设备和机械设备基础,解放区的发电量占全东北发电量的 77%,可供进行较大规模机械化生产。(3)有比较发达的运输工具与较密集、配套的铁路、公路交通网络。(4)有几十万产业工人大军和一定数量的技术人员;①但不利条件更为明显:日本将伪满作为全面占领和灭亡中国的“根据地”,东北成为日本投资最多的地区,并有巨额伪满“国有”资本,虽然工矿和交通配套设备,相当齐全,但因战争末期盟军轰炸,尤其是 1945 年 8 月苏联进军东北,将大部分工矿和交通运输设备,包括钢轨、枕木,都被拆除运往苏联,工厂、矿山、车

① 王首道:《东北解放区国营工业概况与工业生产中的几个问题》(1948 年 8 月),见中国社会科学院经济研究所中国现代经济史组编:《革命根据地经济史料选编》下册,江西人民出版社 1986 年版,第 551—552 页。

站、码头全都残破不堪，无一完整之处，甚至一片废墟。伪满时期有水力发电设备 62 万千瓦、火力发电设备 105 万千瓦，合计 167 万千瓦。“八一五”后，109 万千瓦的发电设备被苏军拆走。技术人员和技术工人亦相当缺乏，近 20 万日本技术人员和技术工人几乎全部回到日本，中国技术人员和技术工人，大部分被国民党胁迫入关；敌伪时期调查资料、工厂设计图纸、技术记载大部失散。据不完全统计，仅东北解放区内的工业损失即占工业资本额的 25%，生产能力损失 50%—70%，个别厂矿则高达 90% 以上。①

据东北财经委员会副主任、工业部副部长邵式平在东线视察报告中说，“第二次世界大战中，日寇败局已定的时候，日寇对于东满的许多建设，便开始了有系统的破坏。驼腰子、八面通的采金船于 1942 年就拆走了，金矿封闭了，为此而建设起来的飞机厂、发电厂也都同时破坏了。到了‘八一五’，日寇更加大肆破坏，所有的矿山都被炸了，所有的机器毁了，所有的兵营被烧了，过去的各种设施，几天之内都被破坏得不成样子了”②。国民党发动内战之后，“工厂、矿山成了蒋军的兵营和堡垒，列车成了蒋军作战的城墙。职工宿舍被蒋军拆去烤火了，钢板、铁筋被蒋军拆去做集团工事了。机器和器材南迁的南迁，拍卖的拍卖，散失的散失，丢去的丢去。成千成万的职工及其家属被从工厂和宿舍中赶了出来，倒毙于沟河，流散于四方。蒋军败退的时候，又命令炸毁一切工厂、

① 东北工业部：《东北工业概况》（1949 年 2 月 22 日），见东北解放区财政经济史编写组等编：《东北解放区财政经济史资料选编》第 2 辑，黑龙江人民出版社 1988 年版，第 119、131 页。

② 邵式平：《东线经济视察报告》（1947 年 11 月 27 日），见东北解放区财政经济史编写组等编：《东北解放区财政经济史资料选编》第 2 辑，黑龙江人民出版社 1988 年版，第 43—44 页。

矿山、铁路和建筑物。蒋军被歼干净了,还开美制飞机来,指定目标,一再轰炸"①。"由于战争的缘故,鞍钢的破损程度是很厉害的,各现场虽然在工友的紧张工作中进行修复,但满目所触仍然是破烂不堪的景象。很多地方都是碎铁零件及不能使用的废机件,有的厂房只剩下空的钢架,有的倾毁倒塌,即使已经开工的厂房也显得支离破碎。"②所以民主政府接管的东北工业是"一个烂摊子,很大的一个烂摊子"③。

(一)东北解放区工业的概貌和恢复步骤

东北解放区的新民主主义工业和整个新民主主义经济一样,"基本上是由以下五种经济成分所组成,这就是国营经济、合作社经济、国家资本主义经济、私人资本主义经济、小商品经济"④。

中共中央根据各种工业经济成分的不同性质和类型,采取了如下经济政策:首先是发展国营工业,特别是重工业与军事工业;其次是发展地方公营工业;提倡发展合作社经营的工业;提倡组织与扶助国家资本主义工业;再次对私人资本主义工业是先公后私,公私兼顾,发展有利于国计民生的工业,管理和限制投机倒把的商

---

① 邵式平:《破坏了东北工业究竟是谁的罪行?》(1949 年 2 月 7 日),见朱建华主编:《东北解放区财政经济史稿》,黑龙江人民出版社 1987 年版,第 204 页。

② 《鞍钢初步调查材料》(1949 年 12 月 29 日),见朱建华主编:《东北解放区财政经济史稿》,黑龙江人民出版社 1987 年版,第 204 页。

③ 彭真:《在各省财经联席会议上关于工业建设问题的讲话》(1947 年 1 月 20 日),见东北解放区财政经济史编写组等编:《东北解放区财政经济史资料选编》第 2 辑,黑龙江人民出版社 1988 年版,第 7 页。

④ 张闻天:《东北局关于东北经济构成及东北经济建设基本方针的提纲》(1948 年 9 月 15 日),见朱建华主编:《东北解放区财政经济史稿》,黑龙江人民出版社 1987 年版,第 205 页。

业投机。①

作为优先发展的国营工业,在解放战争时期的发展,可大致分为以下四个阶段。

第一阶段(1945 年 10—12 月),是国营工业草创阶段。

国营工业的建立,是从军事工业开始的。② 1945 年 10 月 11 日,延安、晋绥老区干部大批到达沈阳。中共中央东北局非常重视东北的工业,尤其是军事工业。所以第二天即责成东北军区后勤部成立军事工业部,并与辽宁省民主政府及沈阳市民主政府共同组织了沈阳市各区管理委员会,负责接收日伪工厂的工作。以兵工厂为重点,接管了大东区兵工厂,文官屯坦克修理厂及孤家子火药厂。在短短的 20 多天里,兵工厂的工人由 700 人增至三千余人,子弹厂开始复工,由日产万发增至 3 万发,坦克管理厂修理了一部分战斗机。12 月 25 日,东北民主联军总部撤出了沈阳。

第二阶段(1946 年 1 月—1947 年 5 月),为国营工业正式建立时期。

自 1945 年 11 月山海关战役开始,国民党军队大举进攻东北解放区,以沈阳为中心的主要工业区被国民党军占领,解放区只保有东北工业的一小部分。据此,1946 年东北局提出的发展工业的

---

① 参见王首道:《东北解放区国营工业概况与工业生产中的几个问题》(1948 年 8 月),见中国社会科学院经济研究所中国现代经济史组编:《革命根据地经济史料选编》下册,江西人民出版社 1986 年版,第 550—556 页。

② 东北人民政府行政联合办事处和东北军区(1945 年 10 月成立东北军区司令部,同年 12 月 31 日改称东北人民自治军总部,1946 年 1 月 14 日改称东北民主联军总部,1948 年 1 月 1 日再改称东北军区)经营的工业企业叫"国营"工业;东北各省、市、县(包括机关部队)经营的工业企业叫"公营"工业或叫"地方工业"。那时为了把公营工业中的国营工业和地方工业区别开来,属于国营的通称"大公",属于省、市、县公营部分称之为"中公",机关、部队公营称之为"小公"。

方针是:“发展农村手工业及恢复必要的、条件可能的机器工业。”同时确定矿山是以恢复煤矿为重点,工厂是以军工和供给工矿的发电厂与机械厂为重点。① 1947年,东北局提出了“农业生产是东北解放区生产工业工作的中心”和“有计划地组织工业生产”以及“机器工业应与手工业相结合”“机器工业应与农业相结合”的方针,并且规定以恢复必要的工矿业和铁路运输业、发展军需工业与纺织工业为重点。②

1946年8月,成立了东北各省市(特别市)行政联合办事处,后改称为东北行政委员会。下设财政、建设、交通委员会,领导和管理国营工业。财政、建设两委员会主任委员为陈云。11月成立了东北财经委员会,负责领导东北解放区的财政和经济建设工作。下设工矿处,专门负责管理东北国营工业,后分设财政委员会和经济委员会工厂处,隶属经济委员会。

1946年八九月间,开始在佳木斯、鸡西、图们、牡丹江、哈尔滨和西满等地区进行恢复和建设国营工业。经过一年的艰苦工作,煤矿业、电力工业、机械工业、纺织工业、金矿、化学工业、粮食加工业、火锯工厂等均有所恢复。国营工业的职工人数由1946年的1.3万人增至1947年的5万人。据不完全统计,1946年主要产品产量:砂金118两,煤738186吨,一般烟纸1459吨,鞋8万双,棉纱9314件,棉布211981匹。1947年主要产品产量是砂金326两,山金264两,煤2427271吨,电17523亿度,一般烟纸2101吨,鞋

① 工矿处:《关于东北工矿业一些材料的汇集报告》(1947年3月),见东北解放区财政经济史编写组等编:《东北解放区财政经济史资料选编》第2辑,黑龙江人民出版社1988年版,第11—21页。

② 《东北局关于一九四七年度财经工作方针与任务的指示》(1947年3月),见朱建华主编:《东北解放区财政经济史稿》,黑龙江人民出版社1987年版,第207页。

45.2 万双，棉纱 1818 件，棉布 36386 匹，木材 50 万立方米。[①]

第三阶段（1947 年 5 月—1948 年 11 月），为东北解放区国营工业的集中统一领导时期。

1947 年 5 月、9 月、12 月，东北民主联军先后发起了夏、秋、冬季攻势作战，陆续收复了安东、阜新、鞍山、吉林、营口等工业城市，解放区的各种工业都有所恢复。但由于沈阳及其周围的主要工矿区仍为国民党军所盘据，工业恢复主要集中在北满和安东地区。在 1947 年 8 月的东北财经会议上，民主政府提出 1948 年的经济建设方针是"以农业为主，发展农业，发展工业"。在发展工业上，确定了"恢复和发展必须的工矿业、电力、铁路交通运输业。工矿业中尤以军工、军需、纺织、采煤、采金、钢铁与电力等为重点"[②]。同时提出了加强对财经工作的统一领导的方针，制定《东北解放区一九四八年经济建设计划大纲》。1948 年 9 月，人民解放军发动了辽沈战役，东北全境即将完全解放。10 月东北局提出"从东北全党来说，应以工业与农业并重，但领导上要更加重视工业和更好地掌握工业，把工业放在第一位"的方针。[③]

1948 年 7 月新设的东北工业部于 10 月制定了《工矿部工矿企业管理暂行条例》及其他工业经济法规，以提高国营工业经济

---

① 《"八一五"至东北全部解放时期东北国营工业概况（1946 年至 1948 年）》（1949 年 5 月 15 日），见东北解放区财政经济史编写组等编：《东北解放区财政经济史资料选编》第 2 辑，黑龙江人民出版社 1988 年版，第 176—178 页。

② 《东北解放区一九四八年经济建设计划大纲》，《东北日报》1947 年 10 月 27 日。

③ 王首道：《东北解放区国营工业概况与工业生产中的几个问题》（1948 年 8 月），见东北解放区财政经济史编写组等编：《东北解放区财政经济史资料选编》第 2 辑，黑龙江人民出版社 1988 年版，第 72—74 页。

的管理水平。东北行政委员会在1948年向工业投资和贷款3560亿元(折合高粱米16万吨),国营工业企业的恢复工作进展迅速。安东造纸厂3个月就恢复了生产,鸡西、蛟河、西安煤矿也有所恢复。牡丹江、佳木斯两大新建纺织厂也按计划完成了任务。小丰满水力发电厂的其他火力发电厂的恢复,保证了电力供应。到1948年冬,工业部所属国营企业单位共314个,其中开工者211个,修建复工者67处,保管者36处。

1948年国营工业制订了第一个战时生产计划,执行的结果是:生产原煤5406194吨,完成计划108.2%;赤金55005两,完成计划110.01%;纸张6598吨,完成计划190.6%;水泥14484吨,完成计划48.28%;食盐450000吨,完成计划150%。其他电力、木材、纺织等也完成了计划。发电36189亿度,木材1485641立方米,棉纱37762件,棉布623552匹,棉军毯177702条,毛军毯41594条,军用胶鞋2035615双,人造毛呢149836米,哔叽呢119686码,卡其线10058斤,丝线108678斤,单丝152744斤,汽船7只。① 与上年相比,产品增加了很多。煤炭增加了123%,国营工业职工人数由1947年的5万人增至12万人。②

第四阶段(1948年11月—1949年10月),为东北解放区国营工业全面恢复和开始有计划建设的阶段。

东北全境解放后,全部接收了国民党国家资本及私营官僚资本的厂矿,使之成为国营工业。1948年11月2日沈阳解放,3日

① 《1948年东北工业部所属国营工业生产建设的基本总结》(1949年4月20日),见朱建华主编:《东北解放区财政经济史稿》,黑龙江人民出版社1987年版,第210—211页。

② 《解放区东北各种工业职工人数总表》(1949年5月10日),见朱建华主编:《东北解放区财政经济史稿》,黑龙江人民出版社1987年版,第211页。

东北工业部作为沈阳军管会的经济处进入城内，负责接收国民党四大企业系统，即原资源委员会、资源委员会东北电力局、生产管理局、中纺公司的工业。接收的方针是“自上而下、按照系统、原封不动、整套接收”。执行这一方针的好处是：第一，使原有人员感到责任关系，便于完整移交；第二，保持原有系统不乱，便于了解情况，考查问题，及时解决；第三，规定原有人员各回岗位，如遇问题，即有案可查，有人可问，组织恢复生产亦较容易。除利用原班人员外，东北工业部另派军事代表实行监督。按照这一方针共接收了四大系统的 35 个单位 406 家厂矿及 3 所学校，共计有各种机器设备 12516 台，动力设备 1728 台，运输设备 229 台，职工技术人员及学生总数 7807 人，其中技术人员 286 人。① 1949 年东北工业部又接着将原辽东省营的华岩寺萤石矿等 7 处矿山和营口县 2 处苇塘收归国营。

为恢复国营工业生产，东北行政委员会投资了折合 200 万吨粮食的资金②，并在工人群众中掀起了献纳器材的运动。到 1949 年 4 月，工业部所属 323 个厂矿，开工者为 234 个，占 72.4%。不过作为工矿业龙头的钢铁和有色金属业，开工率相对较低，75 家中只有 28 家开工，开工率仅为 37.3%。③ 这同“八一五”后日军的疯狂破坏和苏军的拆运有关。1949 年 12 月，工业部所属 372 个

① 《东北行政委员会工业部经济处关于接收沈阳国营企业工作总结》(1949 年 2 月 10 日)，见中国社会科学院经济研究所中国现代经济史组编：《革命根据地经济史料选编》下册，江西人民出版社 1986 年版，第 564—567 页。

② 方青、常工：《向着新中国的工业基础前进》，《东北日报》1950 年 9 月 10 日。

③ 东北财政经济委员会：《厂矿开工状况统计总表》(1949 年 4 月)，见东北解放区财政经济史编写组等编：《东北解放区财政经济史资料选编》第 2 辑，黑龙江人民出版社 1988 年版，第 162—163 页。

厂矿,开工者增加到307个,开工厂矿比重提高到82.5%。国营工厂职工人数也由1948年的12万人增至1949年的28万人。①

为了实施对国营厂矿的生产规划和管理,1949年1月东北行政委员会成立工业部计划处,3月提出1949年国营工业计划大纲及生产计划、修建计划、经理计划。这一计划规定东北工业建设以迅速恢复重工业,特别是钢铁以及电力和建立机械工业为重点。1949年东北各类国营工业除纺织、造纸工业外,均完成或超额完成了生产计划。主要产品产量:生铁172500吨,完成计划的183.5%;平炉钢锭100933吨,完成128.4%;电炉钢锭6684吨,完成157%;电铜1875吨,完成125%;电铅2062吨,完成103%;原煤11242805吨,完成124%;发电和购电量13.4868亿度,完成103%;工作母机570台,完成114%;水泥218791吨,完成109.4%;平板玻璃115631箱,完成110.1%;各种纸张23384吨,完成90%;棉纱65133件,完成88%;棉布1248278匹,完成86%。② 同过去最高水平相比,1949年东北工业产值只有1943年的29%,占东北国民经济总值的35%。③

东北解放区在建立和发展大区一级国营工业的同时,还兴办了部队、机关和省、市、县的公营工业,主要是省、市、县营的地方工业,是地方政府运用地方上的人力、财力与地方资源举办的企业。

① 《东北人民政府1949年下半年工作简要报告(初草)》(1950年3月9日),见朱建华主编:《东北解放区财政经济史稿》,黑龙江人民出版社1987年版,第212页。

② 东北行政委员会:《东北国营工业1949年主要产品生产情况表》(1950年),见朱建华主编:《东北解放区财政经济史稿》,黑龙江人民出版社1987年版,第212—213页。

③ 《东北地区工农业生产总值比较材料》(1949年),见朱建华主编:《东北解放区财政经济史稿》,黑龙江人民出版社1987年版,第213页。

其来源一是接收敌伪的工厂、矿山;二是没收汉奸地主的烧锅、油坊;三是为解决财政而自己开办的金矿等。

地方公营工业的发展,主要分为以下两个阶段。

第一阶段(1945 年 8 月—1948 年 7 月),是东北公营工业兴办时期。

地方工业的兴办是从解放热河开始的。1945 年"八一五"前后,冀热辽解放区实行大反攻,解放热河省,随即着手恢复工业,首先恢复了小寺沟大庙煤矿的生产,并于承德、赤峰成立电业局。到 1946 年五六月间,电力、矿山、工厂,包括赤峰的肥皂厂、酒精厂都恢复了生产。北满的地方工业,如合江省的地方工业从 1946 年 8 月间开始生产,到 1947 年 7 月,经过一年的创建,生产初具规模,改善了经营管理。东北南部当时处在战争环境,根据地得而复失的情况经常发生,工厂搬迁和转移频繁。1946 年 3 月 1 日,通化的油坊开始出油,此后火柴、葡萄酒、肥皂、卷烟、织袜等工厂也都陆续恢复生产。机关、部队生产方面,1947 年,后方机关、部队除粮食、被服外,日用工业品都做到了大部分自给,而以嫩江、牡丹江、黑河 3 个军分区成绩最为显著。

第二阶段(1948 年 8 月—1949 年 10 月),是东北公营工业的发展时期。

在这一阶段,东北民主政府对公营工业的性质、作用,有了更深一层的认识。陈云指出,省市公营工业是公营企业与私营企业的"纽带"。而过去并未认识到这一点,所以眼看着私营厂商"在国营与省营之间钻空子"。如何加强对公营工业的指导、管理和财政支持,也在认真的摸索中。如在财务会通知不向地方工业投资的情况下,用国家订货、预付货款的办法,解决资金问题;又如,因机关生产和县营工厂的目的是解决财政问题,直接由财政部门经营管理。据估计虽其资金不少于省(市)公营企业,但这种资金拨付和经营管理模式,仍"是值得研究的"。[①] 对此,东北人民政府工业部作出回答并明确规定:公营工业虽然要负担一定的财政任务,但为了能够顺利发展,应当在主要依靠自己积累资金和地方政府的帮助,以及规定一定的财政任务(一般不应超过工业利润的50%)的条件下,由国家尽量采用订货和供给一定的原料的方式,来解决地方工业中的困难,帮助地方工业的发展。同时,地方工业要面向人民,首先是面向农民,并加强地方公营工业的经营管理,提高劳动效率,降低成本。到1950年,公营厂矿应根据各厂不同现状,提高劳动效率10%—30%,降低成本10%—20%。[②]

这样,地方公营工业作为"国营经济整体的一部分",进入了正常的发展轨道。1948年东北解放区(热河除外)共有省营工厂1409个,工人32300人。27%是加工工业(火柴、油坊、烧锅等),33%是以供给公用为主,生产民需为辅(豆腐坊、被服店等),另有40%是以生产民需为主,附带供给公用,但生产单位比较小(如铁匠炉有200余处,平均只有工人2名)。这部分工业的作用,主要是供给财政(菜金、办公、杂支等),对民需及本单位之外的公需所起的作用较小。[③] 1948年地方工业主要产品产量为:煤552364吨,金5539两,石棉板32000张,胶皮石棉板5458张,中帆布

① 地方工业处:《目前地方工业情况及对今后地方工业的几点意见》(1949年9月15日),见东北解放区财政经济史编写组等编:《东北解放区财政经济史资料选编》第2辑,黑龙江人民出版社1988年版,第228页。

② 《东北人民政府工业部关于地方工业几个问题的决定》(1949年11月),见东北解放区财政经济史编写组等编:《东北解放区财政经济史资料选编》第2辑,黑龙江人民出版社1988年版,第231—232页。

③ 《东北局关于发展省营工业问题向中央的报告》(1948年),见东北解放区财政经济史编写组等编:《东北解放区财政经济史资料选编》第2辑,黑龙江人民出版社1988年版,第97页。

1116204 尺，麻袋 580668 条，火柴 69954 箱，印刷纸 2510100 匹，染布 199158 尺，火碱 31100 斤，酱油 3720000 斤，大瓶 84678 个，碗 3791522 个，糖 443 吨，面粉 61231 斤，汽水 40884 箱，纸烟 11512 箱，轧棉花 450000 斤，大杆秤 2368 台。①

1949 年东北公营企业（缺辽西、热河材料）共有矿业、机械铁工、纺织、化学、窑业、食品、粮油加工、制材、卷烟九大类行业，工厂数量有所减少，但职工增加，总计工厂 1138 家，职工 41573 人，每家平均 36 人，主要机械设备 14569 台，流动资金约为 2 万亿元，产品约为 115 种。主要产品有煤、火柴、纸张、陶瓷、石棉制品、糖、火碱、曹达灰、骨胶、柞蚕丝绸、帆布、水龙带、针、亚钾酸、云母、锑、滑石、萤石、味素、布加工、铁加工等二十余种。1949 年省、市公营工业产值 22640.58 亿元，折合粮食 556017 吨，约为东北工业部系统国营工业产值的 1/10。②

（二）国营工业及其行业构成

国营工业是东北解放区工业的主体，主要由军事工业，钢铁工业，有色金属工业，煤炭工业，电力工业和电器工业，机械工业，化学工业，水泥工业和玻璃、陶瓷工业，纺织工业，森林工业和造纸工业，橡胶工业，制盐业和制糖业等十余个行业构成。各个行业的地位和恢复、发展状况，互有差异，前后亦有变化。

（1）军事工业

军事工业是早期国营工业中最重要的工业。日本投降后，老

---

① 参见朱建华主编：《东北解放区财政经济史稿》，黑龙江人民出版社 1987 年版，第 217 页。

② 《公营工业 1949 年生产品总值》（1950 年 1 月），见朱建华主编：《东北解放区财政经济史稿》，黑龙江人民出版社 1987 年版，第 217—218 页。

解放区的干部和军队到达东北,最初在各军区、纵队,先后成立军工部或军工处。1945 年 10 月 12 日,成立了东北军区军事工业部,由辽宁省政府外事处处长李初梨兼任部长。当时接收了在东区的沈阳兵工厂以及文官屯坦克修理厂及孤家子火药厂。当国民党军队向东北解放区发动大规模进攻,人民军队于 11 月从沈阳撤退时,只搬走少数机器设备。从此一直到 1946 年 7 月,军事工业一直是处在搬家建厂、搜集器材阶段。在不到 10 个月的时间里,曾先后 4 次迁移,由沈阳到通化,再到吉东,最后到珲春、鸡西、佳木斯。从抚顺、鞍山、辽阳、本溪搜集到的机器 310 余部运至通化,将敌伪遗留下来的兵营改建成厂房,干部亲自动手,发挥工人群众的积极性,一面建厂,一面生产。以生产弹药特别是手榴弹为主,以适应战争的需要。

1946 年 5 月,东北局、东北民主联军总部从长春撤退到哈尔滨,后勤部大部分迁往佳木斯。从此进入了建立东北军事工业基地的阶段。东北军工部在北满以兴山、佳木斯、鸡西、哈尔滨为基地,建立了大小 14 家兵工厂,以制造八一、八二迫击炮为主,供应前方急需。除东北军工部所属兵工厂外,西满军工部、辽东军工部、吉林军区后勤军工部、辽北(原辽吉、辽西)省军工部、冀热辽军工部,以及各纵队均设有兵工厂。大连于 1947 年建立的军工厂,名称为"大连新建工业公司",下辖三个工厂,生产弹体、弹壳、引信、发射药,供应东北、华东解放军各部队。

1947 年 9 月 14 日至 10 月 7 日,召开了第一次东北军工会议。东北军工部于 1947 年 10 月,正式设本部于哈尔滨,何长工任部长,伍修权任参谋长兼政委,韩振纪任副部长。军工部接收了分散在各地的 14 处兵工厂、修械所。以地区为中心成立了珲春、兴山、鸡西、北安、齐齐哈尔、辽东、吉林、哈尔滨、大连 9 个办事处和 5 个直属厂。为了战争的需要,实行了工厂生产专业化,规定了产品的基本规格和标准。在生产管理上开始实行企业化经营,改变了过去只问产品不计成本的做法,开始建立经济核算制度、统计制度、技术等级制度,实行成本核算、战时工薪。

1948 年 11 月,东北全境解放后,进入了军事工业的接收和整理阶段。军工部接收了沈阳及南满各地的军事工业,包括沈阳兵工厂、文官屯兵工厂、修械厂、炮兵设备厂、沈阳汽车总厂、沈阳化学厂、抚顺火药厂等 9 个工厂。到 1949 年 2 月止,军工部职工由 20640 人增至 43687 人。军工部由哈尔滨迁至沈阳。在珲春、兴山、鸡西、安东、齐齐哈尔、北安、吉林、哈尔滨、大连设有 9 个办事处,共 74 个工厂和 1 所工业学校。

随着东北全境解放、战争南移,东北成为支援全国解放战争的后方基地,军事工业步入正轨。1949 年 5 月开始调整和精简机构,归并工厂及其管理部门。汽车总厂、电气厂移交给工业部,裁撤办事处机构,变为厂或总厂,北满分部也在 11 月取消,所属各厂直属本部,以减少层次。原有 74 个工厂,整顿、归并为 12 个工厂。原有职工 43687 人,整编减至 35318 人,减少 19.2%。

3 年间,东北军事工业生产手榴弹 4995799 枚,子弹 28067768 发,掷弹筒弹 229280 发,各种炮弹 3054958 发,地雷 3896 个,制造各种迫击炮等火炮 3135 门,修理各种枪炮 31223 支(门),爆破筒 30744 个,制造各种枪 10676 支。其他还生产了掷火瓶 4176 个、马刀 6954 把、土坦克 25 辆、信号枪 1483 支、洋锹洋镐 39992 把、雷筒 3417495 个、导火索 876340 个。此外还生产各种通信器材,修造机器,生产无烟火药、浓硫酸、浓硝酸等。①

① 东北军区工业部:《三年来东北军事工业发展总结》(1949 年),见朱建华主编:《东北解放区财政经济史稿》,黑龙江人民出版社 1987 年版,第 222—223 页。

(2)钢铁工业

钢铁工业是工农业生产的基础。东北解放区的钢铁工业在日伪时期,有三个主要基地,一为鞍山的“昭和制铁所”,由“满洲重工业开发株式会社”经营;二为本溪湖煤铁公司;三为通化的“东边道开发株式会社”。三地设备共有鼓风炉13台、轧钢机8台。1943年实际最高年产量为生产生铁170万吨,平炉炼钢184万吨,特殊钢23万吨,钢材52万吨。“八一五”后国民党占领时期,因煤电皆缺,交通时有阻断,很少开工生产。以鞍山为例,1946年仅产钢锭1000余吨,1947年6000余吨,1948年减少近2000吨;职工最多时近5万人,最少时不到3000人。本溪与通化的钢铁厂在日本投降后,一度由民主政府接管,曾有少量钢、铁生产,但不久即撤出。1946—1948年的三年间,钢铁等重工业绝大部分仍在敌手,鞍钢几度解放,但只有极短时间的局部复工。东北全境解放后,鞍山钢铁公司和本溪煤铁公司才得以重点恢复与重建。

1948年10月31日鞍山解放,但鞍钢残破不堪,原有的9台鼓风炉,大部分被破坏,能够修复的鼓风炉仅有3台,国民党接管时修好的1台也尚未开工;12台炼钢平炉,只剩6台,生产能力损失70%;原有的2台初轧机,也只剩1台;轧钢厂原有大型压延1台、小型压延2台、中板压延2台、薄板压延1台、中型压延1台,年轧钢能力75万吨。其中第二小型压延、大型压延、薄板压延、第二中板压延,均无影无踪,损失生产能力45%—85%。其他化工部、制造所之机器也都部分损失。至于规模宏大的研究所、热管理所,早已荡然无存。

工业部从鞍钢的实际情况出发,依靠工人、团结技术人员,采取有计划、有重点、有步骤、分缓急先后的修复办法,重整设备,以逐步恢复生产。又动员工人献交解放前保存的器材，获得成效。[①]当时以20万吨生产能力为修复目标，以四大中心工程为修复重点[②]，其他如修造、耐火、制造等则围绕四大中心工程进行，当时决定先修7号、8号两座炼焦炉，后又追加9号炼焦炉，并修1号、2号炼铁炉、炼钢炉，5座初轧、中型、小型、钢管、薄板等全部修复，全部工程增加到249项。到1949年12月底止，已全部完成者有139项，其中达到生产设备能力的计：富铁矿46万吨、炼铁44万吨、炼钢49万吨（包括小平炉）、初轧50万吨、钢材36万吨、炼焦51万吨，已超过原来计划的20万吨能力的钢铁量的80%。工人亦由年初的6000人激增到年底的43907人。1949年自订生产计划为铁矿石74000吨，生铁69000吨，钢锭69970万吨，钢材61890万吨，不过国家计划数字较低。执行结果，完成国家计划和自订计划比例是：铁矿石分别为220%和93.2%，生铁分别为162%和94%，钢坯分别为163%和99.7%，钢材分别为118%和101%，钢铁制品分别为106%和104%，焦炭分别为159%和118%。"大部分完成超过任务"。[③]

1948年11月，本溪再次解放，民主政府接管本溪煤铁公司。但公司"八一五"前后，设备大部分被日本侵略者拆走。留下的小部分设备器材，又"尽遭国民党破坏变卖"。弄得整个公司残破不

① 从1948年12月到1949年1月底，全市共献交器材15万件，其中鞍钢工人献交6万件，价值24万元。在立功竞赛运动和创造新纪录运动中，涌现出5621名积极分子，657名功臣。

② 四大中心工程：(1)炼铁、炼焦；(2)矿山，包括弓长岭、樱桃园、小房身等；(3)第一炼钢厂及轧钢全部；(4)恢复动力电气设备、给水设备。

③ 《鞍山钢铁公司一九四九年工作初步总结》（1950年4月4日），见东北解放区财政经济史编写组等编：《东北解放区财政经济史资料选编》第2辑，黑龙江人民出版社1988年版，第313—314、317页。

堪:公司原有鼓风炉 4 座,但只剩 2 座小的;原有特殊钢炉 8 座,可修复者亦仅 2 座小的;电气设备原有 77000 瓦发电能力,但损失了两台 2 万瓦的发电机;原本溪机械厂有机器 1100 多件,只剩下 200 多件旧机器。民主政府接管后,立即开始整修,以恢复生产,但工程浩大。据东北工业部计划处估计:到 1952 年,恢复 58 万吨生铁的生产能力,须迅速修复 2 座炼铁炉,添加送风机、卷扬机及各种机器;恢复 40 万吨钢锭的生产能力,须重新建设 100 吨级的酸性平炉 5 座;另需 40 万吨的轧钢设备;修复第三发电厂,提供 9 万瓦的电力供应;增加 40 台机车及货车箱。人力方面需要 5 万工人和"较高级各种技术人员"120 人。① 对此,民主政府提出了"不等待、不依靠、艰苦奋斗、克服困难"的口号,发动群众实行民主管理,开展献纳器材运动、五一竞赛运动、生产创造新纪录运动以及检查浪费运动,推动了矿山的恢复工作和炼铁炉的修理工作,成效显著。到 1949 年年底,生产计划执行结果是:产煤 858342 吨,完成 135%;铁矿石 98136 吨,完成 98%;生铁 84307 吨,完成 192%;焦炭 110542 吨,完成 110%;电炉钢锭 2092 吨,完成 81%;职工年初为 11474 人,年末增至 27147 人,增加 137%。②

鞍山、本溪两公司的开工生产,"这是中国人民钢铁事业的开始"③。此外,抚顺、大连等地的钢铁工业,也有了恢复和发展。

---

① 东北工业部计划处:《本溪钢铁公司概况》(1948 年),见东北解放区财政经济史编写组等编:《东北解放区财政经济史资料选编》第 2 辑,黑龙江人民出版社 1988 年版,第 99—100 页。

② 肖明纬:《本溪 1949 年工作总结》(1950 年 3 月 25 日),见朱建华主编:《东北解放区财政经济史稿》,黑龙江人民出版社 1987 年版,第 225 页。

③ 林枫:《东北三年来的政府工作报告》(1949 年 8 月 21 日),见东北解放区财政经济史编写组等编:《东北解放区财政经济史资料选编》第 1 辑,黑龙江人民出版社 1988 年版,第 132 页。

东北钢铁工业 1949 年计划执行的结果是：生产铁矿石 261663 吨，完成计划 149.6%；生铁 172500 吨，完成计划 183.5%；平炉钢锭 100933 吨，完成计划 128.3%；平炉钢材 73645 吨，完成计划 117.1%；电炉钢锭 6684 吨，完成计划 157%；电炉钢材 3627 吨，完成计划 115.9%。①

（3）有色金属工业

东北有色金属工业发展较晚，1941 年太平洋战争爆发后，日本侵略者靠国外输入来源断绝，遂开始在中国东北勘查资源，进行开采冶炼。为了飞机制造业的需要，日本在中国东北开采矾土页岩以制铝。1944 年，日伪产金 1207 公斤，银 20 吨，铜 2100 吨，铅 7889 吨，镁原料 3675 吨，硫化铁 8492 吨，钼 850 吨，铝 8441 吨，镁 402 吨。日本投降后，国民党金属行业公司管理沈阳、吉林、辽南、安东共 23 个有色金属厂矿，部分恢复了青城子、杨杖子等矿的生产。1947 年沈阳冶炼厂生产少量的铜、铅、镁。从 1948 年起全部停顿。职工人数最多时仅 1000 余人，到 1948 年仅剩 100 余人。

合江的乌拉嘎、驼腰子、都鲁河、七里河，黑龙江的黑河，牡丹江的八面通等北满金矿，民主联军解放之初无暇顾及，由当地工人自行手工开采达半年之久。由于群众乱挖，大部分金矿都被挖成“老鼠洞”，以致难以进行规模开采。从 1946 年起，金矿由各地省、县民主政府接管经营，相继恢复生产。八面通金矿，由绥宁省政府经营，1946 年 5 月开始生产；五河林金矿，由绥宁省的五河县政府经营，1948 年 8 月开始采掘。1946 年 11 月至 12 月，八面通

① 东北人民政府工业部计划处：《东北国营工业 1949 年主要产品分类统计年报简表》（1950 年 4 月 1 日），见东北解放区财政经济史编写组等编：《东北解放区财政经济史资料选编》第 2 辑，黑龙江人民出版社 1988 年版，第 310 页。

金矿生产砂金118两。1947年1月至4月,牡丹江省金矿局所属金矿生产砂金326两。同年11月至12月,夹皮沟金矿生产山金264两、铜23吨,1947年金矿有职工364人。①

1947年10月,东北行政委员会工矿处接收了牡丹江省属八面通金矿和五河县属金矿。1948年1月,东北行政委员会经济委员会下设金矿管理局,统一加强对金矿的经营与组织管理。在各省设有金矿管理局,组织上归省管,行政业务受东北金矿管理总局领导。1948年3月11日,东北行政委员会正式发布《东北解放区金矿管理暂行条例》,宣布金矿(包括矿区土地、矿砂和矿物及敌伪遗留的设备)"概为国有",管理和经营权属于东北行政委员会经济委员会工矿处及其所属的各省金矿局。金矿经营权经金矿主管机关批准,在特定条件下②,金矿经营权可以"让给私人或团体"。一切砂金严禁私人买卖及作为货币使用。③

1948年全年,生产山金13403两,北满各矿产砂金57100两。1948年金矿职工人数为11173人。另外,为保障战争需要,1948年6月,东北工矿处在吉林恢复天宝山铜矿生产。同时积极修复石嘴子铜矿、安东冶炼厂,并接管芙蓉铜矿,1948年产铜70424吨。

东北有色金属厂大多数位于南部地区,因此,在沈阳解放之前,国营有色金属尚未正式建立,经营对象主要为黄金,而且除夹

① 参见朱建华主编:《东北解放区财政经济史稿》,黑龙江人民出版社1987年版,第226页。

② 这些条件是:缴纳一定租金和税款;遵守金矿局的规定;产金全部按照规定价格卖给金矿局。

③ 《东北行政委员会东北解放区金矿管理暂行条例》,见东北解放区财政经济史编写组等编:《东北解放区财政经济史资料选编》第2辑,黑龙江人民出版社1988年版,第53—54页。

皮沟等山金矿属于机械化生产外,其余砂金全是手工开采。沈阳解放后,1948 年 12 月,东北工业部决定在沈阳正式成立有色金属管理局,负责领导与组织恢复东北有色金属工业,以生产铜、铅为主。有色金属管理局直接领导的企业:金铜矿山有夹皮沟、清原、马鹿沟、三道沟、五龙、石嘴子、接梨树、夹山、老牛沟、芙蓉、八道沟、华铜、青山怀、倒流水、峪山盖、狮子岭、平泉、五家子等 18 矿;铅锌矿有青城子、岫岩、杨家杖子、桓仁、天宝山等 5 矿;稀有金属矿有杨家子钼矿、承德钒、钛矿、海城铀矿 4 矿;冶炼厂有沈阳冶炼厂、抚顺制铝厂、营口镁厂、葫芦岛锌厂、女儿河钒钛厂、安东铝厂等厂。此外还有有色金属加工厂、选矿剂厂、长春矿山机械修理厂等。

上述金、铜等矿,其中除夹皮沟、老牛沟、石嘴子当时已在生产或修建外,余者均遭严重破坏,损失程度高达 80%—85%。

1949 年,东北民主政府开始有计划地修复有色金属矿冶设施。原计划修复铜矿山有清原、马鹿沟、夹山、华铜、接梨树、天宝山、芙蓉 7 处;铅锌矿山有青城子、岫岩两处及分水选矿厂、五龙金矿。这些工程基本上都已修好,只有天宝山中间停止。统计工程 319 件。到 1949 年年底,共有采矿能力:铜矿山 478534 吨/年,铅锌矿山 205000 吨/年;选矿能力:铜矿山 521396 吨/年,铅锌矿山 112720 吨/年;电解能力:铜电解能力 4480 吨/年,铅电解能力 12350 吨/年。冶炼厂在 2 月份正式开工炼铜,4 月 20 日开始炼铅。① 1949 年产量情况:有色金属处理矿石 207247 吨,完成计划 93%;铜 1875 吨,完成计划 125%;铅 2062 吨,完成计划 103%;黄

---

①　肖明伟:《有色金属局 1949 年总结》(1950 年 3 月 25 日),见东北解放区财政经济史编写组等编:《东北解放区财政经济史资料选编》第 2 辑,黑龙江人民出版社 1988 年版,第 297—298 页。

金 566 公斤,银 3324 公斤。有色金属职工,1949 年 1 月末为 5655 人,1949 年年末为 13642 人,增加 140%。[①] 金矿职工,1949 年年初为 11347 人,1949 年 12 月为 20963 人,其中工人 19401 人,增加 188.39%。生产效率也有一定提高,由 1949 年 7 月的 0.3945 提高到 10 月的 0.5197。[②]

(4)煤炭工业

日伪统治时期,煤炭工业共有矿山 30 座,职工 31 万人,设备有卷扬机共 130844 马力,空气压缩机共 41445 马力。煤产量 1944 年为 2653 万吨。“八一五”前后,东北煤矿遭到敌伪“有计划破坏”,损失惨重。日本帝国主义在临近覆灭之际,疯狂破坏矿山设备,炸毁了北满的城子河、恒山、滴道等地煤矿的矿山机械和电动机,放火烧掉房屋、油脂等,使坑内外的设备无一幸存。接着土匪趁机在矿山进行劫掠。苏军进驻后,又在南满的矿山抚顺、阜新等地拆走了全部或大部分机械设备。国民党进驻东北后,接收了抚顺、烟台、阜新、本溪、西安、北票、营城子 7 处矿山。经营时间长短不一,多则两年,少则数月,因全力发动内战,器材短缺,接收人员贪污腐败,年产量最高不超过 300 余万吨,最低只有 100 余万吨,1946—1948 年间,总共产煤 812 万吨。职工最多时有 9 万余人,最少为 3 万余人。国民党只图取煤,对煤矿不进行修复,不做掘进,不做剥离,挖保安煤柱,致各矿情况异常恶劣。东北煤矿从 1945 年“八一五”到民主政府接收前,除鹤岗无大损失外,其余各

---

① 李华:《有色金属管理局 1949 年工作总结》(1950 年 4 月 25 日),见朱建华主编:《东北解放区财政经济史稿》,黑龙江人民出版社 1987 年版,第 227—228 页。

② 肖明伟:《金矿局 1949 年总结》(1950 年 3 月 25 日),见东北解放区财政经济史编写组等编:《东北解放区财政经济史资料选编》第 2 辑,黑龙江人民出版社 1988 年版,第 293—295 页。

矿损失程度,轻者 60%,重者竟高达 95%。露天矿充填沙土及崩岩 1183 万立方米,坑内积水 1435 万立方米,设备损失和被拆走的机器共 26304 件,损失估价为 65516291 美元。①

1945 年 8 月至 1947 年,民主政府和民主联军先后接收了一批煤矿。南满计有五矿:西安煤矿(1945 年 9 月 30 日接收,1946 年 5 月 21 日为敌所占,1947 年 5 月收复)、阜新煤矿(1945 年“八一五”后接收,12 月 30 日为敌所占,1948 年 3 月收复)、通化煤矿(1945 年 8 月接收,1946 年 11 月为敌所占,1947 年 5 月收复)、北票煤矿(1945 年 8 月由冀热辽边区政府接收,1946 年 1 月为敌所占,1947 年 7 月、12 月两次收复)、赛马煤矿(1945 年 8 月接收,1947 年 1 月为敌所占,1947 年 8 月收复)。北满计有 3 矿:鹤岗煤矿(1946 年 2 月由鹤立县政府接收,1947 年 4 月归合江省政府接办)、鸡西煤矿(恒山矿区 1946 年 9 月 1 日接收,麻山矿区 1946 年 11 月接收,滴道、城子河两矿区,1947 年 2 月,先后由东北政务会工矿处接收)、蛟河煤矿(“八一五”后由牡丹江铁路局接收)。

煤矿恢复工作的关键是抽水和机电设备的修复。以鸡西为例,首先恢复了发电厂,接着恢复矿山的机电厂,并进行各矿山的机械修理,把水泵、电动机的修复放在首位。1946 年有 11 个生产井口,恢复与半恢复的井口有 35 个,运输能力为 22 万吨,鹤岗、鸡西、蛟河、通化、赛马等 6 矿共产煤 74 万吨。1947 年井口恢复工作更为可观,有生产井口 39 个,恢复与半恢复的井口有 69 个。运输能力增加到 217 万吨。鹤岗、鸡西、蛟河、西安、通化、赛马等 6

① 向阳:《东北煤矿工业介绍》(1949 年 6 月 9 日),见中国社会科学院经济研究所中国现代经济史组编:《革命根据地经济史料选编》下册,江西人民出版社 1986 年版,第 591—592 页;东北煤矿管理局:《民主政府接收前后东北煤矿的情况》(1950 年),见东北解放区财政经济史编写组等编:《东北解放区财政经济史资料选编》第 2 辑,黑龙江人民出版社 1988 年版,第 344 页。

矿共产煤 235 万吨,1948 年增至 9 矿,产煤 546 万吨(包括当年 11 月后收复南满各矿的产量)。①

为了促进煤炭工业的发展,领导机构也做了相应的调整。1948 年 12 月,成立东北煤矿管理局,东北煤矿工业分为国营和公营两个部分。国营有鹤岗、鸡西、蛟河、西安、抚顺、阜新、通化、赛马、北票 9 个大矿区,包括 35 个煤矿,隶属东北煤矿管理局。国营本溪煤矿直属于本溪煤铁公司。公营煤矿有双鸭山、烟台、凤山、平岗等 11 处,分属于各省民主政府。国营、公营总计有员工 14 万人。为日伪统治时期 1944 年全部煤矿员工 30 万人的 46.7%。1948 年年底,南满国营 9 大煤矿均已修复。使用的主要机械有卷扬机、扇风机、空气压缩机、水泵、局部扇风机等总计 1686 台,186354 马力。另有手选机 15 台、水选机 7 台。生产的井口有 92 个,恢复与半恢复的有 81 个,井口大都恢复完毕。另外还有新建井口 19 个,运输力增为 430 万吨。生产效率有显著提高,每个工人日产量,由日伪时期的 0.3 吨以下上升为 0.5 吨以上,提高了 67%。1948 年,生产原煤 540.6 万吨。② 1949 年生产原煤 1124.3 万吨,完成计划 124%;炼铁焦炭 226942 吨,完成计划 139%;普通焦煤 104549 吨,完成计划 130%。总计四年中国营煤矿共生产煤 1984.5 万吨。③

---

① 《"八一五"至东北全部解放时期东北国营工业概况(1946 年至 1948 年)》(1949 年 5 月 15 日),见东北解放区财政经济史编写组等编:《东北解放区财政经济史资料选编》第 2 辑,黑龙江人民出版社 1988 年版,第 176—177 页;《从八一五至东北解放东北煤矿概况》(1949 年),见朱建华主编:《东北解放区财政经济史稿》,黑龙江人民出版社 1987 年版,第 229—230 页。

② 《东北煤矿年鉴》(1949 年),第 173 页,见朱建华主编:《东北解放区财政经济史稿》,黑龙江人民出版社 1987 年版,第 230—231 页。

③ 朱建华主编:《东北解放区财政经济史稿》,黑龙江人民出版社 1987 年版,第 231 页。

(5)电力工业和电器工业

日伪时期东北发电机容量为170余万千瓦,职工1.6万余人。"八一五"前后日本帝国主义对东北电力进行了全面的破坏,苏军又拆走相当一部分发电设备,损失达2/3。到1949年,剩余发电设备,除水丰20万千瓦暂由朝鲜代管外,仅66万余千瓦。最大安全发电约30万千瓦,水力火力各半,送电线路全长约1万公里。职工只有1.1万余人。

1949年各地区情况,东满地区发电厂大部修复,各自分立,无送电网之联系。因无重要工业,各地电力维持尚无问题。中满南满用电须丰满水电站供给。该厂安全出力为12万千瓦,但因长春两台变压器被破坏,丰满只能送8万千瓦,不足时由抚顺、哈尔滨等火力发电厂补充。鞍山可由水丰接入水电,但因产权问题未解决,朝鲜只送来1.5万千瓦。目前尚可维持,今后工业发展,必感电力不足。①

电力方面亟待解决的问题是:

电源方面,目前电网电力只能勉强维持半年,毫无备用。一旦某处发生故障,即影响各处工业用电。为保证安全送电,必须及早计划,增设电力。最便之道为急速向苏交涉,将原丰满7万千瓦水电发电机两台送回安装;并须向朝鲜交涉,水丰水电厂10万千瓦发动机两台产权,及向苏方交涉原水丰10万千瓦发动机一台运回安装。单是安装时间即需一年。

器材方面,特高变压器油奇缺,鞍山一次变压所修复即需160吨;辽阳变压所需要100吨,其他尚需数十吨,总计亟须200余吨。

① 东北工业部:《东北电业概况》(1949年),见东北解放区财政经济史编写组等编:《东北解放区财政经济史资料选编》第2辑,黑龙江人民出版社1988年版,第243—245页。

矽钢片亦缺。以现在变压器及电动机生产能力,一年需要量为300吨,铜铝年需600吨。锅炉钢管,3吋、4吋两种规格各缺4000根。如不及时解决,抚顺、佳木斯、鸡西等处锅炉均很难保证正常运转。

电器材料制造方面,电机工厂可制造30马力以下电动机,月产30台,现已开工。变压器工厂可制造50千伏安以下变压器,月产100台,现已开工修理旧变压器。

电线工厂,除地下电缆外,能制造各种电线,生产能力每月约50吨,现已开工。材料主要缺乏铜、铝,以现在生产能力,每年需要铜、铝600吨。稍加设备,电缆亦可试做。灯泡工厂,生产能力每月为6万个,但质量欠佳,正准备开工。材料除钨丝及导入线须购入外,其他均可自己解决。电磁工厂,能制造各种高低压电瓶、瓷管,每月可生产二十余万个,现已开工。原料大致不成问题。

以上各厂,伪满时职工约两千余人,现在职工人数四百余人。现在设备可能增至800人。①

(6)机械工业

东北机械工业,相对于其他重工业,基础薄弱,起步较晚。直至"八一五"前三四年,才开始加速发展。当时日本帝国主义受空袭威胁,将部分机械工业从日本迁来东北,全力从事军工生产,建有一、二、三等机械工厂三十余家,工人增加到十五六万人,以"满洲住友金属株式会社""三菱机器厂""日立制造所""满洲精机制作所"最大,工人达两三千人到1万人,三等机器厂亦有工人一两千人。不过即使在这时候,东北机械工业仍有很大的弱点,机械工

---

① 参见东北工业部:《东北电业概况》(1949年),见东北解放区财政经济史编写组等编:《东北解放区财政经济史资料选编》第2辑,黑龙江人民出版社1988年版,第243—247页。

厂极其分散，很难管理，绝大部分是分散附设在各个大的矿山、工厂中，没有独立运作系统；机器厂多半是小规模的，不能制作大型机器，只能应付当时工业需用的一部分小型机器，即如“三菱”那样首屈一指的大工厂，也只能装配而已，而且不能制造精密机器，只能做一些比较粗糙的机器。这是殖民地性质机械工业的突出特点。①

“八一五”后，东北机械工业又遭到日伪、国民党的严重破坏，加上苏军拆走相当一部分设备，总共损失、摧毁的机器设备高达九成。内燃机、汽车、飞机、工作母机、电机等几乎荡然无存，最大的“住友”和“三菱”机器厂，没有一台机器幸存。整个东北机械工业，估计只有2.2万台工作机器，大多分散在各个工厂与矿山中，其中有一部分机器尚待修理，另外还有一部分私人经营的机器厂，分散在各个省、市，估计也只有四五千台机器。

沈阳解放前，东北解放区除军事系统外，民用机械很少，北满的机械工业，仅建立了修造工业的基础。哈尔滨、鸡西、佳木斯等地的机械厂，能修理与制造各种小型机器与零件。安东机械厂1947年6月至8月一度恢复生产，1948年生产纺织机、抄纸机零件共20401件、车床3台、送风机2台。瓦房店滚轴厂“八一五”后由民主联军第4纵队接收，生产军工配件。1947年第二次解放，由辽南行署接管，旋又改属辽南实业公司，1948年生产各种机械零件共189695件、各种机械71台、农具1888件、军机零件3785件、轴承33859套、长珠155153个。

沈阳解放后，于1949年1月，成立东北工业部机械局。接收

① 赵一鹏：《恢复与建设中的东北机械工业》（1949年8月8日），见中国社会科学院经济研究所中国现代经济史组编：《革命根据地经济史料选编》下册，江西人民出版社1986年版，第612页。

了国民党资源委员会系统的沈阳机械厂、沈阳制车厂、沈阳钢胎厂等17个单位。同年2月7日,又接收了国民党生产管理局系统的机械厂等8个单位,共25个单位,职工人数为1448人。另外残存的沈阳汽车装配厂被军工部接收,机车车辆厂被铁道部接收。当时,东北的工作母机共22000台,其中属军工部的约12000台,属铁道部的约5000台,散在工业部各厂矿的约3000台,剩下的2000台中归机械局的仅有500台。

当时的首要任务是恢复生产。为此,机械局将原有工厂重新划分,到1949年10月1日机械局所属工厂共有:第一、二、三、四、五、六机器厂,工具厂,砂轮厂,滚珠厂,安东机器厂,汽车总厂,实验工厂等12个单位。在红五月立功竞赛运动和七月创造新纪录运动中,工人生产积极性很高,自动献出器材,解决当时的困难。虽然没有图样,又缺乏技术人员,工人仍然用各种方法克服困难,终于把机器安装起来了。他们一面生产,一面积极修复,先后共修复大小机器636台,炉子19座,电动机73台,其他交通工具等949件。从1月到6月,总计直接参加生产的机器已由837台增至2418台,职工人数也由1448人增至11020人。①

1949年机械局全局生产总值为85995772万元,工矿交通服务总值为54362071万元,占全局总产值的63%。当年计划执行的结果是:工作母机570台,完成计划的114%;工矿机械1257台,完成计划的60%;砂轮222800公斤,完成计划的111%;滚珠轴承135599套,完成计划的103%。计划外还生产自行车2806辆。

在生产管理和规章制度方面,1949年初步建立了经济核算制度、预决算制度,规定各类主要产品成本,逐步实行成本核算。另

① 赵一鹏:《恢复与建设中的机械工业》,《东北日报》1949年8月。

外,为了培训技术人才,机械局除了有计划地创办技术学校外,还开办艺徒训练班、工人夜校等,一年来还培养了一批学徒、技术干部、描图员、制图员、统计员等。①

(7)化学工业

东北的化学工业,以前日军并没把它统一成一个单独的工业系统,而是分割在以“三井”为首的财阀、军部、“满铁”手里。1944年化学工业主要产品产量为:硫酸 97768 吨,硫酸亚 91729 吨,油页岩原油地质储量 213530 吨,汽油 16668 千公升,油脂(润滑油)3482 吨,重油 74134 吨,苛性碱 4123 吨,酒精 81644 千公升。国民党军进驻东北南部各城市后,党务系统首先抓到了有利可图的沈阳化工厂、葫芦岛硫酸厂、东北炼油厂、抚顺矿务局炼油厂等单位,其他工厂则分别落入“生产管理局”或“资源委员会”之手,职工最多时两千余人,1948 年只剩下一百余人。虽曾经生产过少量的火碱、盐酸、硫酸、火车原油等产品,但到 1948 年大部分工厂停产,且在溃败时大肆破坏。民主政权接收各化学工厂时,大都残缺不全,除哈尔滨的两个厂外,其他各地基本上是重新恢复。民主政府当时采取了统一接管的方针,成立化学公司,隶属东北行政委员会工业部的企业管理局。经过数月来修复建设,后于 1949 年 3 月单独成立化学工业管理局,除抚顺、鞍山等重工业部门附属的化学工厂之外,东北所有化工企业均归其管辖。

在东北全境解放前,该地解放区的化学工业生产,最初始于安东纺织厂。该厂 1946 年 5 月生产了一批酱油、硫化钠 59860 公斤、黄磷 55 斤和肥皂 131895 块;另北满老区还有哈尔滨酒精、油

① 《机械局 1949 年工作总结》(1950 年 3 月 20 日),见东北解放区财政经济史编写组等编:《东北解放区财政经济史资料选编》第 2 辑,黑龙江人民出版社 1988 年版,第 280—285 页。

脂两个厂,从1946年9月至1948年12月共生产酒精7191630加仑,豆饼28750648吨,豆油3852825吨,肥皂207100块,豆粉881903公斤,清油170080斤,火碱13675斤;南满貔子窝化工厂,1947年10月生产硫化碱3吨,1948年生产芒硝20吨,卡钠30吨,硫酸镁5吨,氯酸镁400吨。

1948年11月,东北政委会工业部成立了企业管理局,下属化学、水泥、陶瓷、造纸、橡胶5个公司。1949年3月,单独成立化学工业管理局后,共辖有11个厂:哈尔滨有酒精、油脂2厂,吉林有电气化学厂,四平有油化工厂,沈阳有电解食盐之化学工厂、油漆工厂、实验工厂,锦州有燃料合成厂,锦西有炼油工厂,葫芦岛有硫酸工厂,貔子窝有海水化学工厂,全体职工约6000人。其主要产品及产量为:(1)油脂类——主要包括油、漆两种,如内燃机用之汽缸油,火车头用之硬黄油,代替牛油的硬化油,化妆品用的硬脂酸、甘油,以及大豆脂(电气绝缘油)、肥皂等,1949年可生产3500吨(生产数字概依当年生产计划,下同)以及豆饼1.5万吨。漆类则有铅油、滋油、清油、电气绝缘漆、调和油、油灰6种主要产品,1949年可生产1000吨。(2)酸碱类——包括火碱1500吨,各种工业需用的硫酸3000吨,用于染料的硝酸80吨,造纸用的漂白粉2000吨,以及盐酸1500吨。(3)海水化学类——火柴用的氯酸钾60吨,医药品硫酸镁200吨,芒硝200吨。(4)电气化学——包括矿山照明用的电石1000吨,火柴原料硫化磷60吨。(5)其他——酒精可产1200吨,硫化染料共三种,可产100吨。

从上述概括情况来看,东北的化学工业,最主要的是着重于酸、碱、油脂等基本化学工业,以奠定将来发展的基础,因为很多进一步的合成和精制,都要靠这些基本化学品做原料,如豆饼可进一步制造电气绝缘材料胶木,以及人造羊毛,进而织成呢布;电石可进一步造醋酸丙酮等化学溶剂品五十余种，并由电石造成橡胶原料时，在理论上又是由简单的无机化学品变成复杂的有机化学品，从目前来说，主要还是发展基本化学工业，一方面可以供给各个工业部门之急需；另一方面也开辟了化学工业原料的源泉。至于进一步合成，以及更精细的制成品，则待将来的继续发展。其中最有发展前途的是吉林与锦西两地。前者位于北满、东满数大煤矿的中心，有丰富的原料源泉，有小丰满的水电，并有伪满较大的设备基础；后者则面临海港，盐、碱、酸类的原料用之不竭，且位于关内关外交通要冲，故准备在该处建立第二个电解食盐工厂。

在生产管理方面，职工正急于学习生产知识，掌握基本技术，精通业务，以求达到科学的实验室管理；另外一个方向，就是贯彻工厂管理民主化的方针，并将“经营企业化”的精神，贯彻到各个工厂中去。①

到 1949 年 12 月，化工局所属 11 个厂有职工 8412 人。② 主要化学工业产品产量：汽油 3524 千公升，完成计划 99%；汽缸油 93 千公升，完成计划 33%；软黄油 71 吨，完成计划 51%；硬黄油 20 吨，完成计划 34%；浓硫酸 1859 吨，完成计划 52%；稀硫酸 15458 吨，完成计划 310%；盐酸 1226 吨，完成计划 123%；火碱 1837 吨，完成计划 122%；硫铵 3902 吨，完成计划 160%；粗焦油 11172 吨，完成计划 166%；苯 367 千公升，完成计划 142%；氧气 940744 立方

① 方青：《化工局所属化学工业介绍》（1949 年 5 月 7 日），见中国社会科学院经济研究所中国现代经济史组编：《革命根据地经济史料选编》下册，江西人民出版社 1986 年版，第 579—580 页。

② 《东北化学工业管理局 1949 年工作总结》（1950 年 3 月 13 日），见朱建华主编：《东北解放区财政经济史稿》，黑龙江人民出版社 1987 年版，第 237 页。

米,完成计划330%;电石4079吨,完成计划265%;沥青6535吨,完成计划232%。① 这些产品既满足了解放区相关工业对化工原料的需求,又为进一步发展化学合成以及更精细的化学制成品提供了条件。

(8)水泥工业和玻璃、陶瓷工业

近代化的工业建设和城市建设,各种交通、军事设施,都离不开水泥。"九一八事变"后,日军为了满足其工业及军事建筑上的需要,在东北相继建起了13个水泥工厂,平均年产量110余万吨,分布在抚顺、本溪、辽阳、哈尔滨、宫原、鞍山、吉林、泉头、安东、锦州、牡丹江、庙岭等地,其中大部分集中在东北南部的本溪、抚顺一带,由于临近主要原料石灰石的产地,燃料煤炭的取给也很方便(烧水泥以抚顺、阜新煤最好),加上运输便利,集中管理可以节省人力、物力。"八一五"前后,13家水泥厂大部分遭到破坏,只剩两家厂尚较完整,其余除了回转窑一般尚称完整外,电气、机械设备全都七零八散,只剩一些"骨头架子"。

沈阳解放以前,解放区只有哈尔滨水泥厂,1948年由国营东建洋灰公司接收,迅速修复开工,到年底共产水泥16967吨。② 东北全境解放后,为了配合压倒一切的中心工作——工业建设,在企业管理局下成立水泥公司,统一接收、管理东北的水泥工业。除已经开工投产的哈尔滨水泥厂外,根据其余12厂的实际情况,采取内部调整、拆零补整的方针,选择略加修理即能开工的本溪厂,今

① 参见朱建华主编:《东北解放区财政经济史稿》,黑龙江人民出版社1987年版,第237页。

② 另据统计,1948年生产水泥17214吨。(东北工业部:《1948年东北行政委员会工业部所属国营工业生产建设的基本总结》,见东北解放区财政经济史编写组等编:《东北解放区财政经济史资料选编》第2辑,黑龙江人民出版社1988年版,第141页。)

后有便利条件扩大的辽阳小屯厂,立即进行修复,撤销抚顺、安东两厂,其余8厂设立了保管事务所,妥为保管维护,机械涂油防锈,材料备用。

各厂职工以主人翁的劳动态度,发挥排除万难的顽强拼搏精神,争分夺秒,突击维修复工。最先复工的哈尔滨厂,工友们在滴水成冰的寒冬,和冰、水搏斗,修复被阿什河水冲毁的二百多米铁路专用线及该河水坝与厂里伪满末期已坏的机器设备,使工厂起死回生。本溪厂的马庆山和一个电气工人,费了3个月的时间,找来分散在临江、东安等地的两台500千伏安发电机,安装好以后可以使水泥成本大大降低(烧一吨水泥需要240度电,2500元/度,安上发电机以后,利用烧窑的余热可烧锅炉,发电量除自用外还能供给别处)。小屯厂的电气设备,90%被破坏,该厂电气股长丁玉生带领工友们利用旧品改造了80多个电流表,10余对继电器,修好变压器,使该厂提前两个月在"五一"开工生产,全厂修建费从原来预算的500亿元,减至200亿元。迄至1949年5月,已先后开工的哈尔滨、本溪、小屯3个厂,水泥月产总额约2万吨。1949年还有抚顺厂开工,1950年锦西厂也能开始出水泥。这样,1950年东北的水泥工厂产能达到年产三十余万吨的数量来供应生产战线。[①] 另据统计,1949年东北实际生产水泥218791吨,完成国家计划(20万吨)的109.4%。[②]

---

① 少琦:《东北水泥工业一瞥》(1949年5月29日),见中国科学院经济研究所中国现代经济史组编:《革命根据地经济史料选编》下册,江西人民出版社1986年版,第586—588页。

② 东北人民政府工业部计划处:《1949年东北国营工业生产品分类统计年报简表》(1950年4月1日),见东北解放区财政经济史编写组等编:《东北解放区财政经济史资料选编》第2辑,黑龙江人民出版社1988年版,第312页。

陶瓷和玻璃工业方面,日伪统治时期,东北工业陶瓷及玻璃工业比关内发达,但与外国比较,还有很大的差距。伪满时期门窗玻璃可以自给,各种用于工业的玻璃器材,一部分由当地生产,大部分是从日本运来,都市用的精致器皿及工业陶瓷器材,仍赖日本输入。至伪满末期,因船只不足,输入困难,日本始在东北开设工厂,但尚未完成,东北即解放,如苏家屯特殊陶瓷厂即是一例。国民党军进驻东北后,陶瓷工业也仅在 1948 年生产了耐火砖和耐火泥两百余吨。

沈阳解放前,东北解放区的陶瓷工业有九台陶瓷厂和兴隆山陶瓷厂。恢复生产的只有九台陶瓷厂,1947 年 11 月至 12 月生产瓷器 8000 只。

沈阳解放后,民主政府设立陶瓷公司,下属工厂,计有玻璃厂 3 家,陶瓷厂 2 家,火砖厂 2 家,合营陶瓷厂 1 家,小规模原料矿 3 家,共计 11 个单位。其中抚顺火砖厂,尚由工业所代管。1949 年 6 月,在所属各厂中,除九台、兴隆山、肇新、长春火砖等厂全部或局部开工生产外,其余均待修建恢复。

在 1949 年工作计划中,以修复沈阳玻璃厂为中心任务,预期 1949 年出产玻璃 10.5 万箱,并计划修复二分厂,制造硬质玻璃器材,预定年末开始生产。陶瓷方面,粗瓷已有三四家工厂复工生产,精致器皿及特殊器材的制造,亦即准备着手研究试验。一方面解决工业上的需求,另一方面培养技术人员,以准备将来发展这一企业的基础。①

各厂复工生产情况,1948 年 1 月至 12 月生产瓷器 108550 只,

---

① 《东北橡胶工业与陶瓷工业》(1949 年 6 月 4 日),见中国科学院经济研究所中国现代经济史组编:《革命根据地经济史料选编》下册,江西人民出版社 1986 年版,第 590 页。

9月至12月，生产耐火砖740吨，11月至12月生产耐火泥20吨。[①] 1949年1—12月，陶瓷业计有3厂投产，有职工168人。[②]玻璃和绝缘、耐火材料的生产，1949年全年生产平板玻璃115631箱，完成计划110.1%；瓷器708990只，完成计划98%；耐火砖51983吨，完成计划142%；耐火泥7497吨，完成计划707.2%；矽石砖5942吨，完成计划86.5%；矽石火泥8031吨，完成计划297.1%；黏土5579吨，完成计划400.5%。[③]

(9)纺织工业

由于气候原因，东北棉产不足，依1945年估计，年产棉花3万吨，产地多在东北南部地区。另输入棉花及棉织品5万吨。伪满时期东北棉纺织工业有19个厂，56万枚钞锭，可年产棉纱32万捆。但因机械设备和原料问题，实际产量不过16万捆。另有织布机1万台，年产布430万匹。沈阳解放前，在东北解放区有纱锭16万枚，其中大连10万枚，安东3万枚，北满自大连搬来3.3万枚，织布机五六千台，其中哈尔滨3千多台，洮南1千多台，安东、大连两三千台。北满还有熟练纺户十几万户。原料与一些依赖外来品的机件如针布等，是发展棉纺织业的主要困难。

除棉纺织外，东北还有麻纺织和毛纺织。

东北特产亚麻，据1945年统计，种植面积约8万陌，制麻万余

---

① 《解放区东北工矿业生产量统计表》(1949年5月13日)，见朱建华主编：《东北解放区财政经济史稿》，黑龙江人民出版社1987年版，第239页。

② 东北工业部计划处：《解放区东北各种工业职工人数总表》(1949年5月10)，见东北解放区财政经济史编写组等编：《东北解放区财政经济史资料选编》第2辑，黑龙江人民出版社1988年版，第169页。

③ 《1949年东北国营工业主要产品分类统计简表》(1950年4月1日)，见东北解放区财政经济史编写组等编：《东北解放区财政经济史资料选编》第2辑，黑龙江人民出版社1988年版，第312页。

吨,有制麻工厂二十多个,均分布在东北北部。但亚麻纺织业有限,80%以上的原料均运往日本制作军用品。"八一五"东北光复后,停止亚麻种植,1947 年只种 4000 陌,1948 年可种 1 万陌。原料工厂损坏很严重,能开工的只有 7 个厂。因旧存和新制原料有一百余万斤,小手工纺亚麻业渐有发展,有脚踏纺车数千台,每台每天可纺 3—4 两线,代洋纱织布,短码可泡制为亚麻棉,代棉花使用。线麻全东北年产 1.5 万余吨,亦可供纺织制棉原料。1948 年已向苏联定制 1 万多锭的亚麻纺织厂。"麻纺织目前作用不大,但前途很大。"①

毛纺织方面,东北广大原野宜畜牧,据 1945 年估计,有绵羊 350 万只,产羊毛 3000 吨,但光复后大为减少。北满毛纺织有一定基础,小手工业很多。哈尔滨原有康德毛织厂,出军呢、军毯及俄国毯,每日用原料两吨,后搬克山,日出毛毯 100 条,1948 年年底可增至 300 条,但毛质很差,亟须改进。

东北纺织事业情况统计如表 20-6、表 20-7 所示。

表 20-6 东北纺织原料统计(1945 年)

原料别 数量	棉花	羊毛	亚麻
面积(陌)/单位(头)	240000 陌	2500000 头	88120 陌
每陌/头产量	0.125 吨	0.8—1.2 吨	150—120 吨
总产量	30000 吨	3035 吨	13000 吨
实用量	77900 吨	3835 吨	4000 吨
输入(-)或输出(+)量	(-)43050 吨	(-)800 吨	(+)9000 吨

① 东北工业部:《东北解放区纺织工业情况》(1948 年),见东北解放区财政经济史编写组等编:《东北解放区财政经济史资料选编》第 2 辑,黑龙江人民出版社 1988 年版,第 101—102 页。

续表

原料别 / 数量	棉花	羊毛	亚麻
说明	代用品 4850 吨	—	—

资料来源:东北工业部:《东北解放区纺织工业情况》(1948 年),见东北解放区财政经济史编写组等编:《东北解放区财政经济史资料选编》第 2 辑,黑龙江人民出版社 1988 年版,第 102 页。

表 20-7 东北纺织工业概况统计(1945 年)

项目 / 类别	工厂数	出品	机件
棉纺织	19	棉纱 32 万捆,洋布 432 万匹	精纺机 56 万锭,织机 1 万台
麻纺织	8	麻线 510 吨,麻布 36 万米	精纺机 18 台
毛纺织	4	呢 80 万米,哔叽 100 万米,毛毯 24 万米	精纺机 44 台,织机 458 台

资料来源:东北工业部:《东北解放区纺织工业情况》(1948 年),见东北解放区财政经济史编写组等编:《东北解放区财政经济史资料选编》第 2 辑,黑龙江人民出版社 1988 年版,第 102 页。

日本投降时,东北纺织业遭受了敌寇的大量破坏,不过大体说来还算完整,但在此后的两年半中却遭到了国民党军的严重摧残,锦州战役中,国民党特务一把火烧光了拥有 5 万纱锭的锦州纺织厂。至东北国民党军全部被歼灭时,已有 10 万纱锭与 3000 台织布机被其窃卖拆毁而不能修复了。1947 年 5 月 1 日成立东北纺织管理局,当时做了三件事。一是组织手工业纺织合作社和民间手工业纺织工厂。二是筹建牡丹江和佳木斯两个纺织厂。三是恢复重建南满的安东纺织厂和瓦房店纺织厂。1948 年年初,全东北共有 28 万纱锭、5000 台织布机,而已经开动的有 12 万纱锭、1400 台织布机,其余仍在修复装配中。在 1948 年一年的战争环境下,不但修复转动了10万枚纱锭,还纺了3.1万件纱,织了26万匹布,直接支援了战争。[①] 预计1949年即可修复开动的有7万纱锭,5000台织布机。1950年春天即可全部恢复。[②]

麻纺织工业和毛纺织工业,也得到了恢复和初步发展。麻纺织决定向苏联订购机器,1949年将原伪满亚麻纺织厂恢复和建成纺机1.5万锭、织机200架的规模,全年用麻600万斤,生产亚麻布20万匹。原哈尔滨"康德毛纺织厂"由东北纺织管理局接收后改为东北纺织局第一纺织厂,1947年迁往克山,改为克山纺织厂,1947年10月开工,有纺锭800多枚、织毯机15台,日产毛毯100条,逐渐增修,日产量可提高到200条(1948年又迁回哈尔滨,改名为东北毛织厂)。[③]

到1949年12月底,东北解放区已恢复的各种生产设备有棉纺机241844锭,已开动的为126344锭;棉纺织机4990台,已开动的为2828台;毛纺织机10840锭,已开动的为4075锭;毛织机87台,已开动的为61台;麻纺机2824锭,已开动的为1106锭;麻织机100台,已开动的为62台。职工人数增加到25000名左右。全

① 另据统计,1948年共产棉纱37762.83件(包括瓦房店纺纱厂产量)、棉布623662匹(包括哈尔滨组织私人织布厂加工的18.6万匹)、棉军毯17770条、毛军毯41594条(东北工业部:《1948年东北行政委员会工业部所属国营工业生产建设的基本总结》,见东北解放区财政经济史编写组等编:《东北解放区财政经济史资料选编》第2辑,黑龙江人民出版社1988年版,第141页。)

② 爱芝:《东北国营纺织工业现况》(1949年4月18日),见中国科学院经济研究所中国现代经济史组编:《革命根据地经济史料选编》下册,江西人民出版社1986年版,第576—577页。

③ 《东北解放区纺织工业情况》(1948年),见东北解放区财政经济史编写组等编:《东北解放区财政经济史资料选编》第2辑,黑龙江人民出版社1988年版,第103页。

年执行生产计划的结果是：生产棉纱 65133 件，完成计划 88%；棉布 128346 匹，完成计划 86%。另外还生产了麻袋 618397 条，完成计划 103%；各种呢料 142731 米，完成计划 81%。1949 年没有完成计划，主要原因是东北种植棉花少。1948 年只产棉 500 吨，98%的原棉要靠进口，而进口又不及时，所以实际运转机台不及半数，发生了停工待料的现象。①

（10）森林工业和造纸工业

日本帝国主义很早就开始了对东北森林的掠夺，疯狂滥伐和破坏森林，利用东北丰富的森林资源，就近建立和发展造纸工业。日伪统治时期，经营采伐实权被掌握在日商手中，林木采伐量高得惊人，1944 年的林木采伐支出量为 493 万立方米，1931—1945 年的 14 年中，日本掠夺我国东北原木近 1 亿立方米。②

"八一五"后国民党政府也无限制地砍伐，加之解放区初创时期，缺乏适当的保护与管理，毁林放火、任意盗伐也屡见不鲜。所以，东北各处的森林资源，损失严重。1947 年东北解放区国营林场采伐林木只有 5 万立方米左右。为了加强森林资源保护，1947 年 12 月 21 日东北行政委员会颁布《东北解放区森林管理暂行条例》，宣布森林国有，严禁放火、烧山、盗伐、滥伐。为了加强东北林业的统一经营管理，1948 年 4 月成立林务局（11 月改称林业管理局）。主要任务是采伐和恢复苗圃，植树造林。该局共辖 5 个省局 25 个林区。木材产区主要有：通化、吉林、牡丹江、松江、合江、黑龙江。设备有森林铁路 1147 公里，已通车 243 公里，机车

① 《东北人民政府工业部纺织管理局 1949〈东纺一年〉概况》（1950 年），见东北解放区财政经济史编写组等编：《东北解放区财政经济史资料选编》第 2 辑，黑龙江人民出版社 1988 年版，第 368—369 页。

② 农林部：《第一次林务会议总结》（1950 年 1 月 18 日），见朱建华主编：《东北解放区财政经济史稿》，黑龙江人民出版社 1987 年版，第 246 页。

141台,台车3662台。制材厂开工的有27处,未开工的有117处,共有6270马力。1948年,上述通化、吉林、牡丹江等6省,全年采伐木材能力为145万立方米。其中吉林、合江居上,年出材能力分别为30万立方米和46.5万立方米,牡丹江、黑龙江居中,年产量为20万立方米,通化、松江较少,年产量为10万立方米。① 1949年共采伐木材296.2万立方米,完成原计划409万立方米的72.4%。东北解放区四年来所采伐木材主要供应铁路、出口、工矿、军工及其他一些部门的用材需要。②

造纸工业方面,东北的造纸工业起始时间较早,并形成相当规模。1919年5月,日本财阀大仓企业,在安东成立鸭绿江制纸株式会社(安东一分厂),1921年10月制造纸浆,1927年1月制造新纸。这是东北首家造纸厂。1923年,韩麟绂在安东投资创立六成合纸厂(安东二分厂),利用当地芦苇原料制造毛边纸及烧纸。这是国人最初经营的纸厂,1931年"九一八事变"后落入敌手。此后1936—1940年间,日本侵略者相继以多种方式,在安东、吉林、营口、沈阳建有7家纸厂。东北造纸工业的产量,日伪统治时年产纸浆最高曾达10万吨,各种纸张7.6万吨。

"八一五"后国民党统治时期,除沈阳纸厂外,其他各厂均曾遭到战火破坏,如安东第二分厂,由于安东两度易手,该厂所有机械、厂房损失严重,一四四吋抄纸机破坏70%,锅炉、电气则全部被破坏,全厂房舍倾塌,凌乱不堪。又如石岘纸厂,解放后匪特纵

① 东北林业局:《东北林务概况》(1948年7月5日),见东北解放区财政经济史编写组等编:《东北解放区财政经济史资料选编》第2辑,黑龙江人民出版社1988年版,第62页。

② 《东北林务总局1949年度木材检收拨出结存总结报告》(1950年2月6日),见朱建华主编:《东北解放区财政经济史稿》,黑龙江人民出版社1987年版,第247页。

火，焚毁厂房及仓库十余处。其他各厂在国民党统治期间，生产也大半陷于停顿状态。1948年11月沈阳解放后，民主政府成立东北企业管理局，下设造纸公司。公司利用过去的基础，重新计划，致力于东北纸浆和造纸工业的复兴。截至1948年，已经复工的纸厂计有石岘、吉林、安东、沈阳、营口等11厂，计划1949年生产纸浆27760吨，钞票纸、新闻纸、印刷纸、厚纸等18000吨（另说计划1949年生产纸浆23804吨，各种纸25191吨）。如能按期解决所需物资问题，则由1950年起每年可增产各种用纸和纸浆各1万吨。① 1949年实际生产各种纸张23384吨，完成当年计划的90%。②

（11）橡胶工业

东北地区的橡胶工业，几乎全部建立于1931年"九一八事变"东北沦陷特别是1937年日本全面侵华战争爆发后，且全部为日本人所开办、掌控，大部分集中在沈阳，只有两厂在安东，一厂在辽阳。

1948年11月沈阳解放后，9家橡胶厂全部由新成立的东北企业管理局橡胶公司接收、辖管。由于"人民解放军正确地执行了城市政策，所以橡胶公司所属各厂在职工齐心保护之下，很完整很顺利地完成了接收工作"。橡胶公司接收和辖有沈阳第一厂、第

① 东北企业管理局造纸公司：《造纸工业"八一五"及解放前后概况》（1949年4月25日），见东北解放区财政经济史编写组等编：《东北解放区财政经济史资料选编》第2辑，黑龙江人民出版社1988年版，第152—156页；《东北国营造纸工业概貌》（1949年5月19日），《革命根据地经济史料选编》下册，江西人民出版社1986年版，第583—585页。

② 《1949年东北国营工业主要产品分类统计简表》（1950年4月1日），见东北解放区财政经济史编写组等编：《东北解放区财政经济史资料选编》第2辑，黑龙江人民出版社1988年版，第312页。

二厂、第二厂分厂、第三厂、第四厂、第五厂、第六厂、机器修配厂、辽阳厂、安东胶皮厂。其中一厂、二厂分厂、三厂、四厂、六厂,在国民党军控制期间,一直处于半开工半停工状态,民主政府接收过来以后,都已立即开工。

第二厂被国民党军炸毁,经修复后,于1949年3月中旬已开工。第五厂在国民党军占领期间未开工,亦未注意保管,遭受破坏甚大;接收后经职工积极努力,在3月初开始修补了一部分厂房,装置了一部分电器设备,修理了一部分机器、锅炉和水道,至3月中旬,完成局部工程,并即刻开始生产。修配厂只是添买了一部电动机和工具,在2月上旬开了工。安东厂于1948年夏季已开始生产。

民主政府接收工厂后,于1948年11月、12月两个月中,号召职工复员,被国民党军遣散的职工回厂后,情绪高涨,一面积极修复,一面生产,改变了原来的消极态度,至4月末,虽受客观条件限制,但仍生产汽车内、外胎5748件,人力车内、外胎52761件,胶鞋631775双。

1949年由于改组和布置工作已逐渐就绪,所以年初即制订了当年的修建与生产计划,一面组织职工进行政治学习,一面进行修建和生产。修建和生产建设计划见表20-8。

表20-8　橡胶公司修建和生产建设计划(1949年)

厂别＼项目	修建计划	生产计划
沈阳第一厂	修补橡胶部现有设备,安装纺织部现有设备	汽车胎910480套,胶管5900根,帘子布2900匹,重帆布5410匹,平布23000匹
沈阳第二厂	修复原有设备	三角带600万A吋,传动带2500万布米,运轮带2500布米

续表

项目 厂别	修建计划	生产计划
沈阳第三厂	修补原有设备	人力车胎109000套,杂品5400吨
沈阳第四厂	修补原有设备	胶鞋60万双
沈阳第五厂	修复原有设备	胶船1000只,浮桥2000个,雨衣31000件,防毒具6500个
沈阳第六厂	修补原有设备	胶鞋33万双
沈阳修配厂	修复原有设备	修配各厂机械,制造机器零件
辽阳厂	保管	—
安东厂	修建职工宿舍、仓库	340万双

资料来源:东北企业管理局橡胶公司:《橡胶工业"八一五"及解放前后概况》(1949年4月),见东北解放区财政经济史编写组等编:《东北解放区财政经济史资料选编》第2辑,黑龙江人民出版社1988年版,第168页统计表。

修建、生产齐头并进、两不耽误。从1月、2月、3月三个月的生产情况看来,产量是月月上升,如汽车外胎,1月刚完成计划,2月即超过计划的12%。又第六厂胶鞋,1月仅完成计划的59%,3月即增至144%。职工至4月末,陡增到3225人。只是由于新人增加,技术水平普遍降低,以致未能发挥很大力量。今后为了发挥为工业服务和保证民用,橡胶公司中心的工作,是提高技术、提高质量。①

从1949年各类橡胶制品的产量看,全年生产传动带1637万米,完成计划的99.8%;运输带5202万米,完成计划的97%;三角带1017万A吋,完成计划的102%;汽车外胎9625只,完成计划的

① 《东北橡胶工业与陶瓷工业》(1949年6月4日),见中国科学院经济研究所中国现代经济史组编:《革命根据地经济史料选编》下册,江西人民出版社1986年版,第589—590页。

78%;汽车内胎 12535 只,完成计划的 103%;力车外胎 141054 条,完成计划的 112%;人力车内胎 111597 条,完成计划的 87%;胶鞋 3559506 双,完成计划的 76%。① 生产计划一项的完成情况还是不错的。

(12)制盐业和制糖业

食盐、食糖是日常生活中传统调料和食品,不可或缺。近代时期,随着化学工业和食品工业的发展,盐、糖的工业用途也不断扩大,两者的重要性不断提高。

东北地区有盐田 35242 公顷,全部分布在东起孤山西至山海关的两千公里的海岸线上。每年晒盐,最高产量可达 150 万吨,占全国盐产量的半数。近代化学工业发达后,盐的应用范围,从食用扩大成为医药、轻重工业、军需等工业必不可少的原料。日本帝国主义侵占东北后,立即制订了劫夺东北食盐的两个五年计划,强占民滩,大量开辟盐田。至 1944 年,已修成盐滩 34324 公顷,划分为 10 个盐区,61 个盐场,计盐田 7512 付斗半,有盐工 22400 人,电气木工等工人 1200 名,年产盐 130 万吨。动力设备计有扬水机 989 台、5520 马力,变电设备为 10315 千瓦。同时,各盐滩遍设轻便铁路,直接通往各口岸和车站。其中以复州湾、营盖两地产盐最多,分别达 38 万吨和 20 万吨。并在营口、貔子窝、普兰店等地设立化学工业基地 5 处,制造镁及盐酸等。另外每年尚有 20 万—30 万吨盐被劫往日本充作工业原料。②

① 《1949 年东北国营工业主要产品分类统计简表》(1950 年 4 月 1 日),见东北解放区财政经济史编写组等编:《东北解放区财政经济史资料选编》第 2 辑,黑龙江人民出版社 1988 年版,第 313 页。

② 东北盐务总局:《东北盐业概况》(1949 年),见东北解放区财政经济史编写组等编:《东北解放区财政经济史资料选编》第 2 辑,黑龙江人民出版社 1988 年版,第 247—248 页。

“八一五”后,国民党军进驻东北后,占据了大部分盐田,动力、机械设备均遭盗运和破坏,盐田荒芜。当时国民党仅在辽西、营口、盖平一年晒盐3.54万吨。当盐田重回人民手中时,180公里滩堤大部分被冲垮,电路、轻便铁道、场房、机车、船舶、动力机器等,几乎全部损坏,复州湾、五岛、貔子窝、营盖一带盐池已积满半尺厚的淤泥,野草丛生。当时辽南地区严重遭灾,人力物力均极困难。在这种情况下,恢复荒芜的盐田,生产30万吨食盐供给全东北军民所需,任务极其艰巨。

民主联军进入辽东后,1946年6月建立东北盐务管理局。因盐田全部在安东省境内,成立了安东省盐务局,归安东省贸易局领导。1946年秋国民党军进攻东北南部,行政区划变更,又改为辽南盐务管理局,归东北财政部领导。在东北盐务管理局领导下,有复州湾、普兰店、锦州3个分局及五岛、松殷、庄河、貔子窝、普兰店、绥丰、锦西、兴绥8个支局和营口、大孤山两个办事处,管辖40个盐务局,具体领导盐务生产。民主政府紧紧依靠工人,克服困难,把荒芜的盐田在较短的时间内恢复起来,既救了灾荒,又恢复了盐业生产,满足了全东北军民食盐需求。解放之初,民主政府对公滩每个盐工预先贷给200斤食粮,对民滩发给1亿元贷款,购买生产工具,并折价收买存盐,极大地鼓舞了工人们的生产热情。盐务管理局计划1948年恢复盐田4268付斗,占原有盐田的56.8%。恢复动力扬水机200台、3300马力,变电设备4600千瓦,新修大小水门2700多个,以及滩堤、房屋等。当年有工人12000人,产盐40多万吨,超额完成原计划的30%。

1948年11月东北全境解放,辽西盐田也回到人民手中。盐业改变为以企业管理为主的方针,10月重新调整机构,将东北盐务管理局并入东北人民政府财政部盐务总局,原有支局、办事处不变。1949年计划产盐70万吨。但截至春晒,已出盐813411吨

(全年产盐 813462 吨),超过计划 11.2%。已达到伪满产量的 62.6%。除生产盐外,尚供给皮口化学工厂卤水及工业用卤硝 1 万余吨。恢复盐田 5676 付斗,占伪满时的 75.6%;开晒面积 25342 公顷,占伪满时面积 34324 公顷(不计海水圈道水沟面积)的 73.8%;动力扬水机 449 台,计 3370 马力,分别占伪满时的 45.4%和 61%;变压器 279 台,3491 千瓦,动力扬水滩 826 付,自然流下滩 1010 付,共计 1836 付。晒盐纳海潮时,除偏僻地方少数盐滩外,全用动力纳潮,可称半机械化盐滩。盐场拥有盐工 15326 人,占日伪时盐工总数的 68.4%。盐场职工在共产党的领导教育下,阶级觉悟迅速提高。1949 年成立总工会,各场成立盐场管理委员会,工人直接参加盐场管理,生产竞赛形成高潮。不仅数量上完成生产计划,并且提高了质量,1949 年的产盐已是一等盐占多数了。①

制糖工业方面,东北制糖与南方不同,原料用的是甜菜,而非糖蔗。甜菜的种植集中在北满松花江、嫩江流域地区。东北的制糖业起始于 1908 年。当年俄资阿城糖厂设立。这是东北首家糖厂。接着在哈尔滨、沈阳、范家屯,接连有糖厂问世。日本侵占东北后,通过“制糖株式会社”垄断东北糖业,连由外资经营的阿城糖厂也挤进了 51%的日股。据说 1943 年是制糖业的“黄金时代”,4 个糖厂共种甜菜 4 万垧,收 2 获甜菜 29 万吨,制出约 3 万吨糖。从各个糖厂生产效能上看(以一昼夜使用原料数量为标准),范家屯 700 吨,沈阳 700 吨,哈尔滨 600 吨,阿城 450 吨。甜

① 东北盐务总局:《东北盐业概况》(1949 年),见东北解放区财政经济史编写组等编:《东北解放区财政经济史资料选编》第 2 辑,黑龙江人民出版社 1988 年版,第 248—249 页;东北盐务总局:《东北盐业 1949 年生产总结》(1950 年),见东北解放区财政经济史编写组等编:《东北解放区财政经济史资料选编》第 2 辑,黑龙江人民出版社 1988 年版,第 375—376 页。

菜的种植必须实行轮种，轮种期为三年，当时每个糖厂每年约需1万垧地为种原料之用，实行轮种则需3万垧，加之水源也是经营糖业的主要条件，这些，对沈阳糖厂来说都不适宜。于是日本不得不将沈阳糖厂拆迁到哈尔滨，打算与江北糖厂合并。至“八一五”日本投降，该厂除结晶罐外，其他机器已全部运抵哈尔滨。至此，东北只有三个糖厂了。当时，由于日军恣意破坏，及混乱期间无人看管，坏人乘机盗拆盗卖，哈尔滨糖厂几乎变为一片废墟，连房盖也不知去向，空留四壁。范家屯糖厂命运也差不多，阿城糖厂由于外侨看守，成了“八一五”后唯一完整的糖厂。

此时，松江省政府接收了阿城糖厂中的日军股份，继续与外侨合营。全厂有职工430名，1947年即开始生产，1948年为产量最多的一年，计种甜菜1万小垧，收获甜菜4.9万吨，制出白糖、砂糖、冰糖共7000吨，并从糖蜜中提炼了410吨酒精。省工业厅估计，1948年投资最多不超过1000吨糖，其利润之大着实可观。1949年由于籽种少，只种8000垧，估计产量将不会少于上年。1948年11月哈尔滨制糖厂也开始恢复，至6月底已完成工程的54%，1950年1月即可开工。该厂种甜菜2800余垧，可收获两万余吨。这样至1950年东北便有两座糖厂恢复生产，从7万吨甜菜中制出9500余吨糖（以12%—14%的普通出糖率计算），供应民需。届时，东北糖业的生产力即可恢复到伪满水平的43%。

从历史上及目前片断的材料来看，东北糖业经营上有以下三个问题应引起注意。

（1）东北制糖工厂建筑年代已久，机器是逐渐增添的，不但距离近代化的立体建筑的标准尚远，同时机器本身更有许多缺点，输送力浪费很大。如阿城糖厂运来的原料还不能直接用动力运到溜上，需人力搬运，只此一项，1948年即花去3亿元，送煤也不是自动装置，同时有的机器和锅炉寿命已超过13年了，生产时不能烧足气。哈尔滨制糖厂在修复中已注意及此,已根据苏联经验尽量加以改善。将来范家屯、沈阳糖厂恢复时亦应注意改造,否则即使修复,仍然是不健康的。

(2)种植甜菜问题:日军统治时,强迫农民种甜菜并以低价收买,压榨农民,群众称种甜菜为"愁疙瘩"。日军遗留下的这种罪恶行径,使得群众至今仍不积极。近两年来,种子均由国外输入,不能满足需要。在种植方面问题也很多,比方阿城1948年1万垧籽种由1.8万户农民种植。哈尔滨2800余垧由近万户农民种植,由于过去日军留下的坏影响,农民多将籽种种在地头上、路边上或瘠薄土地上,致使产量降低。有时因为收买的价钱低,农民便私售给私商去熬红糖。因此今后必须注意育种,调整收买价格,教育说服农民大量栽种,使产量提高。否则,将严重影响糖业发展。当然,更理想的是由工厂在大块田地上经营或实行集体栽种,但在目前尚办不到。

(3)关于糖厂副产品与副业问题:在甜菜生产过程中留下一部分废蜜,范家屯、哈尔滨厂曾利用其再制成糖,阿城则用作酒精原料。两者比较起来,前一种方法,在成本上比做酒精便宜一半。假如条件允许,全部把废蜜做成糖,则可降低糖的成本。另外,糖厂可剩下堆积如山的甜菜渣子,原来范家屯、沈阳有干燥机,将甜菜渣子压成饼,可作饲料。而哈尔滨、阿城除卖很少部分外,因无干燥机都烂掉了,浪费很大。阿城现养了一百多头猪,七八十头奶牛,仍然吃不完。1950年,两座糖厂生产,将有大量饲料,这是建立大规模畜牧场的有利条件。①

① 参见顾雷、林政平:《东北制糖业介绍》(1949年8月7日),见中国科学院经济研究所中国现代经济史组编:《革命根据地经济史料选编》下册,江西人民出版社1986年版,第609—611页。

（三）私营工业、国家资本主义工业和合作社工业及手工业

私营工业、国家资本主义工业和合作社工业及手工业，也是东北解放区工业的一个组成部分。三者各自所占比重不一。

日伪统治时期，民族资本工业企业，或被劫夺易主；或强迫参股、“合作”，名存实亡；或被肢解、拆零打散、七零八落、非甲非乙、面目全非；或因严酷统制，生产无原料，产品不能进入市场，只能破产倒闭；或好不容易维持到20世纪40年代，太平洋战争爆发后，又被迫将机器设备连同所有铜铁器物，全部“捐献”，制造枪炮，支持“圣战”。这样，经过日军长达14年的侵蚀、劫夺、蹂躏，东北民族资本工业被摧毁一尽。据日伪统计材料，1945年伪“满洲国”工矿业和交通运输业379183万元的总资本额中，民族工业资本1098万元，仅占0.29%；132486万元的工业资本总额中，民族工业资本715万元，仅占0.54%，简直微乎其微，完全可以忽略不计。①

就民族资本持有者而言，一部分资本家在政治上是投靠日军的大汉奸大特务，在经济上是掌握大加工业、大配给店②的大资本家大商人，在农村中往往又是大地主。这是伪满时期的一种汉奸资本。这一部分资本依靠日本的政治和经济实力，与日本资本结

① 东北工业部：《东北私人工业资本比重问题》，见东北解放区财政经济史编写组等编：《东北解放区财政经济史资料选编》第2辑，黑龙江人民出版社1988年版，第340页见附表一。

② 配给店与加工业，指日本帝国主义侵占东北时期，为实行“经济统制”而指定的商店和加工厂，被允许销售和生产受“统制”的商品，包括所有生活必需品。大加工厂、大配给店往往为汉奸资本所掌握，同日本帝国主义紧密勾结，可以得到许多特惠。小加工厂、小配给店则只能按日伪规定的工价和配售价格得到收益。但是由于它们是日伪“经济统制”体系中直接影响群众日常生活的基层单位，有些配给店还有利用其特殊地位损害群众利益的行为，所以一般也为清算运动所波及。

成一体为非作恶。其资本较大,势力较大但人数不多。另一部分中小工业资本家,特别是小资本家,虽也依附于日敌资本为生,给日敌加工,做些零件小玩意,或执行配给任务,但经常受到日敌的压迫,特别是在日敌实行经济统制后,受到的打击很大,故对日敌不满,同汉奸资本也有矛盾。这一部分资本数量较多,但力量很小,在日敌经济统治下,只能苟延残喘。

"八一五"后,伪满殖民地经济体系被摧毁,过去依附这一体系的汉奸资本,同时也受到了应有的惩处,资本或被没收,或被破坏,也有一部分为逃避目标,化整为零了。但中小资本家却得到解放,获得了前所未有的发展机会。

从日本投降到中华人民共和国成立,东北私营工业的恢复、发展,大致经历了两个时期或阶段。

第一阶段,从1945年"八一五"日本投降到1949年3月,这是东北私营工业的恢复和发展时期,也是东北私营工业从日本帝国主义的"殖民地经济体系的一个附属的有机部分转变为新民主主义经济体系的一个附属的有机部分的过渡时期"。①

日本投降后3年多的时间里,东北私营工业虽然经历了不少曲折,但在比较自由的条件下,一般还是得到了相当的发展。不过应当指出,在这几年中,私人资本主义"是在一种比较不正常的条件下发展着的"。主要的特点,就是这是战争时期。东北南部几个最大的工业城市还在敌人手里。由于战时财政的入不敷出,物资的缺乏,故物价总是不断上涨。由国家没收过来的公营企业正在恢复中,生产量又低又少,还发挥不了调节市场的作用。国家对私人资本的发展,除了土地改革后期一个短时间外,一般是比较放

① 张闻天:《关于东北私人资本主义的报告》(1949年7月19日),见《张闻天选集》,人民出版社1985年版,第455页。

任的。虽然从 1948 年下半年起，国家开始了对私商的某些限制与管制，在经济上进行了一些平抑物价与反对投机倒把的措施，但作用不大。在这种条件下发展着的私人资本，大部分要利用物价的波动与不平衡来进行商业活动，它们固然也解决了国家与人民的某些需要，但同时大肆发展投机倒把，从国家与人民手中发了很大的财。至于另一部分工业资本，则主要地为国家加工而获利，尤其以军工军需的加工为多。有的则为一时一地市场的需要，制造一些日用必需品出卖。这部分工业的发展是盲目的、无计划的、游击性的、抓一把的，大多数是小型的。它们有原料、有销路，就开工生产；没有就另想办法。看到投机有利，就去参加投机。为避免目标太大，避免税收负担，以及为适应市场的迅速变化、力求资金周转的迅速与灵活起见，较大的工厂与商店，均走向分散而“化整为零”。小手工工厂与作坊，特别是行商、摊贩如雨后春笋般地发展起来。这种情况，反过来又促进了投机倒把的发展。显然，这是循着无政府的老资本主义的方向发展的一种自发的运动。这种运动到 1949 年 3 月“可以说达到了它的最高点”。①

当然，从 1945 年“八一五”到 1949 年 3 月 3 年多的时间里，党和东北民主政府对私人工商业和私人资本也采取了若干政策措施，并且出现过“左”的偏差。

总的说，“八一五”后，由于前线军用物资的需要，解放区城乡市场的扩大，党的保护工商业政策的贯彻执行，私人工业在比较自由的环境下，得到了一定程度的发展。但是，在发展过程中，也有挫折。如从 1945 年 9 月到 1946 年 6 月，在城市进行反奸清算斗争、打击汉奸资本的过程中，曾一度扩大打击面。由于错误地强调东北私人工业资本的汉奸性，把不该打击的某些中小资本家打击

① 参见《张闻天选集》，人民出版社 1985 年版，第 456—457 页。

了。在工人运动中也曾出现增加工资过高、分红过多的现象。不过在反奸清算运动中对私营工业虽有侵犯,但并不严重。1946年"七七决议"①后,东北解放区转入土地改革,对私人资本一般采取放任的与不侵犯的方针,使私人工业得到若干发展。但到1947年下半年土地改革后期,农民进城没收、清算工商业;政府机关与部队出于财政考虑,向"工商业方面抓了一把";街道斗争中的工人、贫民"也从中侵犯了一部分工商业",给私人资本家,尤其是较大的私人资本家一个比较严重的打击。在安东,受到影响的工商户占16%,其中较大的私人工厂被没收的比例更大。这是侵犯私人工业的严重"左"倾错误。

对此,中共中央和东北局、东北民主政府曾多次发出指示、文件进行纠正。1947年中共中央十二月会议上把保护民族工商业列为新民主主义的三大经济纲领之一,并规定了发展生产、繁荣经济、公私兼顾、劳资两利的新民主主义经济政策。1948年2月6日,中央关于《哈尔滨市战时暂行劳动法案草案》中的错误,给东北局发出指示,进行严肃批评,认为《哈尔滨市战时暂行劳动法案草案》"只顾片面利益",而对于"和厂方合作、积极奋斗、发展生产、繁荣经济、公私兼顾、劳资两利的责任和劳动态度,则没有提到或提得很不够"。中央明确指出,"解放区私人企业中劳资关系,蒋管区民营中小企业中劳资关系与官僚资本、帝国主义资本企业中的劳资关系,乃是四个性质上各有不同的关系",工人阶级及其政党必须分别采取不同态度。解放区有益国民经济的私营企业

① 指中共中央东北局1946年7月7日关于形势和任务的决议。决议根据中共中央建立巩固的东北根据地的方针强调,必须在干部中扫除侥幸取得和平的想法,确立从事长期艰苦斗争的决心,把创造根据地(主要内容是发动农民群众)置于工作的第一位。

(包括暂时允许存在的外资企业),在接受人民民主政府领导的条件下,即在不做非法操纵、过分剥削及其他破坏性活动的条件下,虽仍剥削劳动者的剩余劳动,但大体上亦是为人民与国家服务的,其一定的发展是对工人阶级、劳动人民及新民主国家有利的,故与不受人民领导的蒋管区私营企业不同,与完全反对人民的官僚资本更不同。因此,劳动法的制定,必须立足全局,工会代表与厂方代表充分协商、共同研究,根据实际可能,提出“既照顾工人利益,也照顾全体人民利益与资本家利益,既规定工人权利,也规定工人对生产的劳动态度,既为工人所接受,也为政府与资本家所接受的新草案”。并提出与此相配合的工厂法。① 中共中央还下达了《关于工商业政策》(1948 年 2 月 17 日)、《关于民族资产阶级和开明绅士问题》(1948 年 3 月 1 日)的两个指示。

根据中央指示精神,东北局接连发布了《关于清算地主在城市中工商业的指示》(1948 年)、《关于平分土地运动中几个问题的指示》(1948 年 2 月 1 日)。东北各省、市、地的常委及民主政府,都专门讨论了保护私人工商业问题,并作出相应的决议,还用布告形式,向解放区军民宣传关于保护工商业的具体政策和办法。如吉林省政府于 1948 年 3 月 9 日张贴《吉林省政府保护城市私人工商业布告》,明确宣布,“为繁荣商场,发展生产,调剂军需民用,加强商品流通,使城市私人工商业为乡村农民服务,结合本年大生产运动,改善人民生活,对城市工商业坚持保护方针,并帮助其发展”,规定“所有私人正当的工商业,政府一律保护,并促其发展,任何人不得清算没收”;乡村农民及农会自即日起,不得直接进入

① 《中央关于哈尔滨市战时暂行劳动法案草案中的错误给东北局的指示》(1948 年 2 月 6 日),见中央档案馆编:《中共中央文件选集》第 17 册(1948),中共中央党校出版社 1991 年版,第 30—32 页。

城镇"查封、没收、捕人、打人、罚款、挖浮";地主兼工商业或工商业兼地主,除其在农村中的土地财产得由农会接受处理外,"其工商业部分,不得清算没收,并允许其自由经营";在"八一五"后土地改革运动中,逃往城镇经营工商业的"化形地主",其"化形工商业部分,应予以保留,继续营业";凡"八一五"前,原住城镇而有土地在乡村之地主、工商业家,其"在城镇之财产一概不动";过去被清算之工商业,如有错误的,该工商业主可以报告政府,如确系错误,各级党政领导机关协同农会,说服群众"归还原物,或赔偿其价值相当之损失,并恢复其政治名誉"。① 随后,3 月 24 日中共吉林市委作出了关于保护私营工商业的决定,明确宣布,保护和发展私营工商业,是中国共产党现阶段坚定不移的政策,除没收操纵国计民生以蒋宋孔陈四大家族为首的官僚资本归人民民主政府所有外,凡本市一切私人正当经营之工商业,"均须逐渐使其在发展生产、繁荣经济、公私兼顾、劳资两利的总方针下积极恢复发展,以支援解放战争与供给农村需求"。规定凡属正当经营的私人工商业的财产、工厂、作坊、公司、商店,均为合法权益,任何机关、部队团体、个人,不得借故侵犯;凡合法经营的私人工商业,有利于国计民生者,需要原料、动力、运输等帮助时,交通、运输、税务、贸易等部门,"应尽可能予以便利与协助";私营工商业中劳资、东伙关系,"必须是劳资合作,适当改善职工、店员生活,努力去节省成本、增加生产、便利推销,借此以达繁荣经济、支援战争之目的";原居住在本市的工商业兼地主或地主兼工商业者,"凡在本市之工商业部分,均为合法权益,坚决保护";凡因逃避乡村土地改革运动来

① 《吉林省政府保护城市私人工商业布告》(1948 年 3 月 9 日),见东北解放区财政经济史编写组等编:《东北解放区财政经济史资料选编》第 2 辑,黑龙江人民出版社 1988 年版,第 52—53 页。

住城市的地主，在本市解放以前，“其财产全部或一部已转入正当经营的工商业者，承认其合法，保证说服乡村农民不进城捕人、起浮、清算、没收”。同时决定：通过银行向私营工商业发放低利贷款1亿元；自本市解放之日起，所有私营工商业，免征营业税6个月。①

资料显示，从1947年下半年到1948年年初，乡村农民和城市街道贫民对私营工商业“捕人、起浮、清算、没收”，大约持续了六七个月的时间。1948年上半年，侵犯工商业的“左”错误迅速得到纠正，东北解放区的私人工商业重新恢复和发展起来。

这时的私人工业主要是为国家加工，特别是给军工、军需加工最多。为城乡人民急需的纺织、针织、被服，粮米加工的小手工工场、作坊也发展起来。据1948年调查，哈尔滨市15个工业行业中选出最大的3954家，按创业年代统计，1945年“八一五”前开业者403家，占10%；“八一五”到1946年4月28日民主联军接管哈尔滨前开业者310家，占8%；“四二八”到1948年2月开业者3241家，占82%。② 牡丹江市，1947年3月，私人工商业有1486户，其中私人工业366户。同年10月，私人工商业发展到1673户，其中私人工业690户。1948年5月，私人工商业进一步发展到2335户，比1947年10月的1673户增加了40%。③

这段时间因物价的飞速上涨，出现了私人资本商业方面的特

① 《中共吉林市委员会关于保护私营工商业的决定》（1948年3月24日），见东北解放区财政经济史编写组等编：《东北解放区财政经济史资料选编》第2辑，黑龙江人民出版社1988年版，第54—55页。

② 《哈市15个行业创业年代调查表》（1948年2月），见朱建华主编：《东北解放区财政经济史稿》，黑龙江人民出版社1987年版，第269页。

③ 《松江省工商业调查表》（1949年8月25日），见朱建华主编：《东北解放区财政经济史稿》，黑龙江人民出版社1987年版，第269页。

殊繁荣。同时党和政府又出现过分强调发展私人资本主义企业而劳资两利发展公营企业的迫切需要,忽视同私人资本家在商业上的投机倒把作斗争的必要,以及片面强调保护资本家而忽视依靠工人等右的观点。① 在中共中央与东北局"纠偏必须防右"的方针②指引下,这类右的观点又迅速得到纠正。当时中共中央东北局采取的方针是"全力恢复控制经济命脉的国营工业与商业"。因为只有加强国营经济的力量,才能在经济上巩固共产党的政治与军事的力量,反对私商的投机倒把,给私人资本主义以经济上的领导,使之成为新民主主义经济体系内的一个组成部分。

东北全境解放后,私人资本工业和整个私人资本主义发展的条件发生了根本的变化。战争停止了,东北全境和平统一了。东北大军的进关,使东北财政收支的平衡成为可能。由于对外贸易的发展及大城市全部收复后公营企业生产的恢复与扩大,大量物资可以用于调节市场。国营事业与合作社的力量增强了,物价开始达到平衡,有的甚至下降了,国家在经济战线上开始取得了主动,计划性开始加强。天津、上海的相继解放,使东北市场同关内市场联系起来了。这些都对东北私人资本工业和私人资本主义的发展,产生了决定性的影响。商业投机困难了,军工军需的加工订货减少了。物美价廉的东北大城市的本地工业品多了;关内来的工业品,也进入了东北市场,同本地货竞争了。原料方面,不少原料还不够公营工业的需要。物价、原料与市场的条件,都起着不利于私人资本"自由发展"的巨大变化。虽然大部分商业资本还在盲目地伺机挣扎,但一部分商业资本已在另寻出路,准备转入工业

① 参见《张闻天选集》,人民出版社 1985 年版,第 461 页。

② 这是在 1948 年 11 月 10 日新华社社论《在结束土地改革的地方纠左必须防右》中提出的。

生产了,有的工厂与作坊,如像安东的棉织业、造纸业等,因缺乏原料而无法进行正常的生产;有的如安东的铁工业、丝织业等,虽有原料,但没有市场,而不敢进行生产;有的虽有原料市场,但因成本高,不能同国家的、大企业的及外来的制成品竞争,也不敢进行生产。大部分的私人工业、商业同过去比较起来,现在开始呈现出停滞与萧条的状态。这时有奖实物公债的推销,银根的紧缩,对私人资本商业活动的严格管制,又增加了对私人资本的压力。

所有这些,在私人资本家的头脑中,造成了惶惑与混乱:私人资本主义究竟何去何从;物价、原料、市场的状况、前景怎样,如何把握;国家是何意图。"成为每一个资本家所要解答的严重课题了"。"这些问题必须由国家来加以解答。于是东北私人资本主义的发展必须从第一时期转入第二时期。"①

第二阶段,从 1949 年 3 月到 10 月,东北私营工业在这一阶段,表面上呈现不平衡发展和增加态势,但从资本金看,考虑到物价上涨因素,则除了个别行业,均呈某种程度的减少和萎缩状态。

进入第二阶段,带有极大自发性的比较"自由发展"着的私人资本已经面临歧路:若不遵循新民主主义经济体系所铺设的轨道行进,就无法求得它们自己的发展。同样,如果政府不在国家经济建设计划中给私人资本一定的活动空间,在原料与市场方面给以一定的照顾,并在税收政策、价格政策、劳动政策、运输政策、借贷政策等方面给以一定的有利条件,逐步引导它循着政府所需要的方向发展,使之成为新民主主义经济体系中的一个附属的有机部分,东北私人资本主义的健全与正常的发展,是不可能的。不如此,政府也不能充分利用私人资本的积极性,使之为新民主主义的经济建设服务。至于私人资本的一切越轨活动,要受到一定的限

① 《张闻天选集》,人民出版社 1985 年版,第 459 页。

制,也不言而喻。因此,关于发展东北私人资本主义的方向和方法问题,必须从东北经济建设计划的全局着眼,加以根本解决,必须定出发展私人资本的计划,使之成为东北经济计划中的一个有机部分,并根据计划去定出各种具体的法律、规章。①

不过实际情况并不尽如人意。由于政治、经济因素的变化,加上党和政府有关私营工业的政策措施,出现某些偏差,特别是在土地改革过程中,反复发生侵犯私营工商业利益的情况,直接影响私营工业的正常运转和发展。吉林私营工业从 1948 年全年恢复、发展到 1949 年 1 月后逐步下降的变化过程是一个典型例子。

吉林 1948 年土地改革后,农民购买力提高,特别是 1948 年夏秋两季,吉林是前方,解放军部队、机关云集,城市购货及军需加工空前活跃,刺激了工商业的恢复和发展,再加上 1948 年春经过纠偏,在土地改革中被侵犯的工商业,经过赔偿,交代政策,吉林市解放后,不仅没有侵犯私营工商业,公家还贷款 30 亿元解决恢复和发展中的困难,打破了私营工商业者的顾虑,所以形成了 1948 年全省工商业的恢复和发展局面。

1949 年春,东北全境解放,平津亦相继解放,大军进关,交通恢复,整个解放区的经济连成一片,原来与全国规模脱节、限于局部而恢复和发展起来的私营工商业,必然受到影响。有些适应战争需要而发展起来的工商业必须改组,如许多军用、军需加工任务的被服、铁工等,必然要减少和停止。沈阳、平津解放后,吉林市的肥皂、麻袋、火碱、牙刷等工业感到无销路。因为吉林私营工业除以柴粮米加工外,大半为手工业或半手工业的生产,产品质量低、成本高,在市场上无法同沈阳和平津来货竞争,加上吉林公营企业的恢复、合作社的发展,伪满时期殖民地掠夺经济遗留下的庞大加

① 参见《张闻天选集》,人民出版社 1985 年版,第 459—460 页。

工业(如长春市),以及由于在战时需要或暂时有利情况下收复城市后所发展的加工业(如吉林市)等,已大大过剩。其中某些加工业即属于“不可能维持的必然发生的萎缩”。

1949年私营工业的停滞、萎缩,除了“比较主要的经济原因”外,党和政府相关政策措施的某些偏差或失误,甚至忽“左”忽右、左右失据,也是一个重要因素。1948年3—8月间,吉林省党和政府在实施对私营工商业的保护与扶助政策时,就只有“保护”“扶助”“发展”,而忘记和忽略了同时进行引导和某些必要的限制,产生了“公营与私营,主要与次要,工业与商业,哪是有利于国计民生,哪是不利于国计民生之利害不分、轻重不分、发展什么与限制什么不分的现象”,在管理上放任自流、畏首畏尾。可以在“劳资合作”“互助互让”的口号下召开私营工商业者座谈会,却因害怕私营工商资本家有顾虑,不敢公开召集工人座谈。因疏于管理、引导,不少私营工商企业脱离国计民生的正常轨道,违法乱纪、投机倒把。① 为了扭转乱局,维护正常的经济秩序,东北局在1948年9月召集的城市工作会议上,强调发展国有企业和合作社,从当年9月到1949年3月,吉林省党和政府又“在反‘右’的情绪下,产生了对于私人工商业强调限制斗争的‘左’倾思想”,从一个极端走到另一个极端。如在劳资关系上,从怕刺激私营工商业主、不敢单独召开工人座谈会的右倾偏向,发展到不顾“劳资两利”,无原则偏向工人的“左”的偏向,对学徒工资规定高、劳动态度教育不足,以致私营工商主“少用学徒减少学徒”;在解决劳资纠纷中,强调工人斗争多,讲“劳资两利”少;在对私营工商业的问题上,强调限

① 如吉林市一个代理店,以100万元资本投机倒把,买空卖空,不到一年赚了一个亿(见东北解放区财政经济史编写组等编:《东北解放区财政经济史资料选编》第2辑,第206页)。

制投机倒把的多,而怎样诱导和帮助他们向有利于国计民生方向发展的少,等等。在工商管理登记、原料和产品购销及铁路运输、税收征缴等方面,也都或多或少存在毛病和疏忽,影响或妨碍了私营工商业的发展。有的工商业主说,“不如到沈阳、天津去好,那里不显咱们”。吉林省委在“检讨”中最后总结说,1949年省内私营工商业的“萎缩萧条,除经济上是较重要的原因以外,我们在政策上和工作上的‘左’,也不能不是原因之一”。①

黑龙江、辽宁情况相仿。东北全境及津沪解放后,私营工业发生很大变化,有的行业较前发展了,如电工器材、纸张、火碱、橡胶等;有的行业尚能维持,如铁工、日用卫生品“无前途”,如粮谷加工(因设备需要过剩很多)、纺织(原料不足)、被服、印刷等。黑龙江哈尔滨、辽宁沈阳私营工业若干行业的变化情形见表20-9。

表20-9　哈尔滨沈阳私营工业若干行业变化统计(1948年、1949年)

地区行业别 \ 项目		1948年8月*(家)	1949年4月**(家)	1949年9月开工情况(%)
哈尔滨	铁工	236	489	50—60
	被服	42	497	10
	纺织	201	2278	10—20
	粮谷加工	119	452	10—20
	火碱	27	47	—
	纸张	8	11	—

① 《中共吉林省委员会关于私营工商业问题初步检讨》(1949年8月17日),见东北解放区财政经济史编写组等编:《东北解放区财政经济史资料选编》第2辑,黑龙江人民出版社1988年版,第204—211页。

续表

项目 地区行业别		1948 年 8 月*（家）	1949 年 4 月**（家）	1949 年 9 月 开工情况 （%）
沈阳	电工器材	14	183	—
	橡胶	15	54	质量不如津沪，鞋子还好，价钱便宜，很好卖
	纸张	8	30	8 家当时停工

注：* 哈尔滨火碱、纸张和沈阳 3 行业的调查时间为 1948 年 11 月。

** 哈尔滨火碱、纸张和沈阳 3 行业的调查时间为 1949 年 6 月。

资料来源：据地方工业处：《目前地方工业情况及对今后地方工业的几点意见》（1949 年 9 月 15 日），见东北解放区财政经济史编写组等编：《东北解放区财政经济史资料选编》第 2 辑，黑龙江人民出版社 1988 年版，第 229 页统计表整理编制。

表 20-9 中数据印证了表前说明。1948—1949 年间，私营工业中的大部分行业，兴衰起伏，变化明显。其中变化最大、而工厂、人数最多的是铁工、电工器材、棉织、针织、日用卫生品、粮谷加工等 6 个行业。据对沈阳、哈尔滨、吉林、安东、长春、佳木斯、牡丹江等 7 城市不完整的材料统计，机器铁工 1400 多家，职工 8000 多人；电工器材 500 多家，职工 1000 多人；棉织 4000 多家，职工 15000 多人；针织 1000 多家，职工 4000 多人；日用卫生品 1000 家，职工 2000 多人；粮谷加工 2700 多家，职工 9000 多人。以上 6 个行业，工厂数占一半，职工人数占 1/3 强。① 经济和社会影响巨大。

关于 1949 年东北私营工业的整体情况，据 1949 年年末的调

① 地方工业处：《目前地方工业情况及对今后地方工业的几点意见》（1949 年 9 月 15 日），见东北解放区财政经济史编写组等编：《东北解放区财政经济史资料选编》第 2 辑，黑龙江人民出版社 1988 年版，第 228—229 页。

查,私营工业共有资本金381785154万元,占公私营(省市营、公私合营、私营)工业资本637635148万元的59.9%。全年生产总值折合粮食128万吨,占公私营(国营、公营、私营)工业生产总值(折合粮食)1024万吨的12.5%。① 另据1949年年末的"大调查",全东北私营工业共119914家,职工(含业主)338698人,平均每家2.8人,平均每家资本3184万元。全东北私营工业的基本情况,如表20-10所示。

表20-10 东北私营工业基本情况统计(1949年)

类别＼项目	工厂家数(家)		从业人数(人)		资本额(万元)	
	实数	百分比(%)	实数	百分比(%)	实数	百分比(%)
动力机械类	16194	13.5	90993	26.9	211127301	55.3
人力机械类	43823	36.5	103072	30.4	88867734	23.3
手工类	59897	50.0	144633	42.7	81791119*	21.4
总计	119914	100	338698	100	381786154	100

注:*原表为81811115,疑误,据其余3项数据核正。

资料来源:据东北人民政府贸易部:《1949年东北工商业概况》(1950年3月28日),见东北解放区财政经济史编写组等编:《东北解放区财政经济史资料选编》第2辑,黑龙江人民出版社1988年版,第306—307页附表4摘录整理编制,百分比(%)系引者计算。

私营工业按其动力使用和生产手段划分:手工业占第1位,计59897家,占总数的50.0%;第二位为人力机械工业,计43823家,占36.5%;第三位为动力机械工业,计16194家,占13.5%。

按行业划分,计17大类58业。从家数、人数看,以手工制造

① 东北工业部:《东北私营工业资本比重问题》(1950年),见东北解放区财政经济史编写组等编:《东北解放区财政经济史资料选编》第2辑,黑龙江人民出版社1988年版,第340页附表二、附表三。

业类(包括木器、铁器、铜器等手工制造、杌柳竹丝制品及其他手工业)为最多,占总家数的29.2%,占总人数的24.2%。次为承揽业类、食品工业类、粮食加工业类。从资本金、营业额方面看,则粮食加工业类占第一位,占总资本金额的20.6%,占总营业额的23.9%。从各方面看来,最少的是矿业类,仅有6家,并且规模很小,多为手工生产方式;次为油脂工业类,占总厂数的0.1%;再次为农业工业类,占总厂数的0.5%。从营业情况来看,一般化学工业类为最好,1949年资金周转达15次之多,一人平均全年生产28455万元;次为油脂工业类,全年资金周转10次,一人平均全年生产12630万元;再次为纺织工业类,全年资金周转10次,一人平均全年生产9673万元;又再次为粮谷加工业类,全年资金周转7次,一人平均全年生产13700万元。营业情况不好的是制烟工业类,资金全年尚未周转一次,一人平均全年生产仅740万元。在生产设备方面,全东北共有动力机(包括电力、蒸汽、柴油等动力机)17418台、114901马力,按使用动力机的工厂平均,每厂仅有1.15台、7.56马力;共有工作机械77720台,按使用人力机械或动力机械的60017厂平均,每厂仅有1.29台,可见东北私人工业总的看来,规模很小,绝大部分工厂和工人,仍是采用手工生产方式。

1949年全年内的变动情况是:私营工业总的看来是处在恢复与发展的阶段中。因而无论在各方面均是增加态势。工业在全年中开业28191家,废业12228家,净增15963家。有些工业由于对国计民生不太重要或相悖,而转向于投资有利国计民生的项目使之减少。如制烟工业较1948年减少92.2%,全年开业的仅48家,而废业的则达762家;代理店业较1948年减少78.2%,全年开业155家,废业278家;金银业较1948年减少15%,全年开业90家,废业1766家;粮谷加工类总的数量上是增加,但是用动力机械生产的亦为减少。如全年开业494家,废业则有777家,减少283

家。1949 年显著发展的为油脂工业,较 1948 年增加 187%,全年开业 33 家,废业仅 5 家,净增 28 家;次为食品工业,较 1948 年增加 32.2%,全年开业 4772 家,废业 1676 家,净增 3096 家。资金方面总的看来也是增加的,几个主要行业的资金均较 1948 年增加 15%—40%(油脂工业),全年内总增资数超过了总减资数的 4.5 倍。不过依照 1949 年比 1948 年物价上涨 80%的比率来看,私营工业除油脂工业(增加 140%)外,均未增加,反而减少。①

资料显示,东北的民族资本工业经日本侵略者长达 14 年不择手段的攫夺、破坏、摧毁,到 1945 年日本战败投降时,已经接近烬灭,所谓“东北私营工业”,在整个东北工业中,所占比重极小,仅有 0.54%。而且从工厂规模、使用动力和生产工具看,绝大部分是使用人力进行手工生产的传统小手工业,而非使用动力机械生产的新式工业。从工厂规模看,连业主在内,平均每厂只有职工 2.8 人,连传统手工作坊也算不上。从使用动力和生产工具看,绝大部分是使用人力进行生产的传统手工业,使用动力机械、能勉强归入“工业”的仅占“私营工业”厂数的 13.5%。而且机械数量少得可怜,无论动力机还是工作机,都是象征性的,与其称之为“工业”,还不如说是“传统手工业”更为确切。

国家资本主义工业也是东北解放区工业的一个组成部分,由私人资本企业或某些中小型国有工业企业变化而来:民主政府或对私人资本工业加以改造,按某种形式将其纳入新民主主义经济的轨道;又或将某些接收或者没收的中小型工业企业,以某种条件出租给私人经营,并收取租金。

① 东北人民政府贸易部:《1949 年东北工商业概况》(1950 年 3 月 28 日),见东北解放区财政经济史编写组等编:《东北解放区财政经济史资料选编》第 2 辑,黑龙江人民出版社 1988 年版,第 299—301、310 页。

东北民主政府从1946年开始，逐步把一部分私人资本工业引向国家资本主义轨道。1948年由东北局草拟并经中共中央批准的《关于东北经济构成及东北经济建设基本方针的提纲》，将国家资本主义列为东北解放区五种主要经济成分之一。

东北解放区的国家资本主义工业依其形成途径和经营方式，大致分为两大类：一类是公私“合股制”企业及承接政府加工、订货任务或由国营企业代销产品的私营企业；另一类是由私人承租的中小型国有企业。

第一类企业，合股制也叫“公私合营”。在黑龙江哈尔滨，有4家酱油厂、1家啤酒厂、1家灯泡厂，最先实行公私合营。1946年8月，东北行政委员会工矿处成立后，在管理国营工矿企业的同时，也管理这批公私合营工厂。1948年6月13日，在哈尔滨还成立了公私合营的企业公司，下辖农业、林业、搪瓷等3家公司，经营木材、柴炭、搪瓷生产。至同年11月，公司资金总额350亿元，内公家股份占57%，私人股份占43%。在这同时，8—12月间还组织了皮具、器械、染业等行业联合公司，以及汽车修理厂、哈尔滨百货商场等，国家投资额为214亿元。① 在吉林省，据1948年8月统计，图们市有公私合营机器工业16家，公私合营手工业1家。在辽宁，1949年1月，东北企业管理局在沈阳接收的工厂中，有公私合营兴奉铁工厂、一新窑业、肇新窑业等3个单位。这3个工厂的来龙去脉是，1931年“九一八事变”前，3厂均由中国民族资本家创办，日伪统治时期，日本人以强行参股的手段进行劫夺，由中国民族资本企业一变成为完全由日本人控制的所谓“中日合办”企业。

① 《哈尔滨企业公司一九四八年下半年度工作总结报告》(1949年)，见朱建华主编:《东北解放区财政经济史稿》，黑龙江人民出版社1987年版，第274—275页。

“八一五”国民党政府接收后,改为“官民合办”。沈阳解放并由东北企业管理局接收后,对企业进行清理,没收作为“官股”的敌伪汉奸官僚资本,而对一般民股,作为民族工商业严格加以保护。通过认真清理股权、盘点现有资财、重新估价、增加资本、改组人事、确定利润分配办法,通盘考虑,公平处理,改为公私合营工业企业。①

1949 年年末,东北全境共有公私合营工业 75 家,职工 1397 人,资本金 3221000 万元,营业额 4508935 万元,所得收益 972506 万元。② 另据 1949 年年末的统计,75 家公私合营工业的 3221000 万元资本金,占公私营(省市营、公私合营、私营)工业资本 637635148 万元的 0.5%,相当于私营工业资本 381785154 万元的 0.8%。③

加工订货制,是在国营经济统一计划的指导下,为满足解放战争和人民群众生活需要,由私营工业企业代为加工某些产品,付给合理的加工费;或者由国营企业或政府部门按某种质量规格直接到私营工业企业订货。既缓解了国营企业的生产压力,又发挥了私营企业的积极作用。1948 年,哈尔滨共有 31 个行业、2700 余家中小工厂、18000 多名职工,为国家加工产品。参加者分别占私营厂家的 19%,占私营企业职工的 34%。参与加工的私营企业资本

① 参见朱建华主编:《东北解放区财政经济史稿》,黑龙江人民出版社 1987 年版,第 275 页。

② 东北人民政府贸易部:《一九四九年东北工业资本性质统计比较表》(1950 年 3 月 28 日),见朱建华主编:《东北解放区财政经济史稿》,黑龙江人民出版社 1987 年版,第 275 页。

③ 东北工业部:《东北私营工业资本比重问题》(1950 年),见东北解放区财政经济史编写组等编:《东北解放区财政经济史资料选编》第 2 辑,黑龙江人民出版社 1988 年版,第 340 页附表二。

为270亿元，占全部私营企业资本的51%。1948年同1947年比较，哈尔滨的军工军需生产任务增加2倍至20倍不等。由于充分发挥了加工订货制的作用，仅1948年上半年，即由加工业完成全年军工生产任务的30%—53%，全年的军需任务不仅提前完成，而且超过16%。民用轻工加工业方面，1948年上半年织布63500匹（1947年全年为8万匹），生产火柴6400箱（1947年全年仅5箱）。长春市也利用加工方式扶助私营工业恢复生产，自1948年12月至1949年5月，组织了1800余名工人加工军鞋4万余双；组织100余家铁匠炉加工军锅4200口、军锹12000把、军镐5000把；为百货公司加工的有织布、针织、肥皂、缝纫、制糖等私营工业139家，赚取加工费18亿元；为粮食公司加工的私营工业16家，赚取加工费8.8亿元。① 在吉林，1948年夏秋两季，大规模的订货购货及军需加工，"对恢复和发展工商业有很大的刺激作用"。②

出租制是民主政府把自己无力开发、经营的工厂、林场、农场、渔场、矿山等，按某种互利条件，出租给私人开发经营，收取租金。

东北企业管理局在其接管的工厂中，有的规模狭小，不适合政府经营，被迫闲置。于是在1949年3月，拟定东北企业管理局工厂出租办法，将日新工业所出租给了私人。

合作社工业及手工业也是新民主主义经济的组成部分之一，是国营工业和公营工业经济的有力助手。党的政策是在优先发展国营工业的同时，提倡和扶植手工业合作社，以促进其发展。1948

---

① 参见朱建华主编：《东北解放区财政经济史稿》，黑龙江人民出版社1987年版，第276页。

② 《中共吉林省委员会关于私营工商业问题初步检讨》（1949年8月17日），见东北解放区财政经济史编写组等编：《东北解放区财政经济史资料选编》第2辑，黑龙江人民出版社1988年版，第204—205页。

年9月东北局召开的城市工作会议,就强调要发展国营企业及合作社。①

东北解放区手工业合作社产生很早,最初是从组织棉纺织合作社开始的。哈尔滨的纺织工业是从1947年5月1日东北纺织管理局成立之后才发展起来的。而棉花的纺织加工是由各区成立合作社来组织完成,由市政府合作指导科领导,并给以12000斤棉花作为贷款。东北纺织管理局还直接帮助太平桥及东傅家两个区的纺织工作订立贷2斤棉花收1斤布的合同。1个月之后,一切组织领导棉贷关系才全部完成,移交东北贸易公司第二营业部。基本办法是营业部以1斤4两熟棉贷与纺户回收1斤棉纱,再交与织布厂另订加工织布。两个多月后,纺织合作社发展到11个,共有纺纱户15190户(可能发展到25500户),每日可收棉纱1760斤。

在发展基础较好的辽北省,早在1946年5月,就已组织合作社或手工纺织厂,发展纺织。到1947年7月,洮南一带有织机约1500台,纺户11000多人;大赉市有织机300多台,纺户5000多人。辽北省棉花、洋纱来路较易,领导重视,虽然接近前线,但纺织工业颇有成绩,全省有纺户28000多人,织机4000多台,发展办法是贷棉给织布厂,由织布厂转放纺户,织布厂贷净花80斤,回收布匹44斤。松江省估计有2万多纺户。黑嫩省的纺织是1946年从亚麻纺织与"机关生产"开始的。亚麻纺织因技术和资金困难,只发展到1000多纺车就下降了;棉纺织也因原料困难与利薄而发展不起来。到1947年夏,因获得原料,有"纺织运动委员会"领导,

① 《中共吉林省委员会关于私营工商业问题初步检讨》(1949年8月17日),见东北解放区财政经济史编写组等编:《东北解放区财政经济史资料选编》第2辑,黑龙江人民出版社1988年版,第206页。

才恢复起来，有三四千纺户，三百余台布机。吉林省的纺织工业，1947 年夏季已“展开成群众运动”，仅延吉市就有 1 万多纺户，总计在 15000 纺户以上，有原料不足的困难。牡丹江的纺织工业，以前因原料困难，几全部停顿，现原料供给不成问题，但因粮价高、工资成本大，亦发展不快，总计不过 3000 多纺户。总计东北解放区，至 1947 年夏，共有 90333 纺户，并可增至 126986 户；以每天每户纺纱 2 两，1 个月 30 天 1 年 10 个月计算，则需原料净花 2700—3600 吨；织布方面，现有织机 6385 台，并可能达到 8744 台，除织土纱每机每天消耗棉花 5 斤计算，则所纺土纱需使用 3600—5000 台织机，其余织机 3000—4000 台，另须洋纱补给。一年须补给洋纱 4500—6000 吨。

不过合作社方面，现有组织领导和管理制度尚不完备，明显带着“机关生产、官办营业性质”，效果并不理想。不管领导方面如何强调为群众“谋利”，但在处理问题上总是变成“机关生产性质”；或者是“为发展合作社自己而剥削群众劳动”。这在纺户看来，“和商人放花一样没有更多的好处，甚至还不如给商人纺线更为合算方便”。因此，工业部总结认为，“各个地区必须检查、改造纺织合作社，由官办变为民办公助，由公营企业变为完全群众合作经济事业”，以促进纺织合作社的更快发展和健康成长。①

农村中的手工业生产合作社，据吉林省 1948 年 8 月统计，全省共有合作社 159 个，其中农村生产合作社 23 个，农村综合合作社 35 个。吉林省汪清县鸡冠砬子村合作社，1947 年春耕期间，开办了 1 个铁匠炉，打镐 20 把，加钢（淬火的俗称）40 把，重拍 20

① 《东北工业部北满棉麻毛纺织工业情况调查资料》（1947 年 7 月），见东北解放区财政经济史编写组等编：《东北解放区财政经济史资料选编》第 2 辑，黑龙江人民出版社 1988 年版，第 29—33 页。

把,打车瓦50付,修理犁杖千斤7个、洋犁2个、锛子13个、斧子30把,打新斧子5把,铁匠炉共收入17万元,农民节省45万元。夏锄期间铁匠炉打锄钩、锄板各200个。另据1948年合江省15个县市不完全统计,共有生产合作社90个,生产供销综合性的合作社20个。在综合性合作社或合作社中附属的小工厂、小作坊131个,内油坊47个,铁匠炉17个,制米厂15个,皮铺7个,木铺4个,麻袋厂、磨坊、织袜厂各3个,纸坊、窑业各2个,火柴厂、纺织厂、草袋厂、麻绳铺、农具合作社各1个。黑龙江桦南县群众合作社开办车铺,制造大车60辆,廉价贷给群众,秋后交还大豆;开办铧子铺,铸出铧子5万个;还开办有麻袋工厂。依兰团山子区合作社也开办了铁匠炉、修理大车等。乡村和小城镇合作投资经营的这些手工业小工厂、小作坊,根据群众需要,扶助农业生产,按季节给群众准备生产工具或生活用品,有力地配合了农业大生产运动。①

在城市中,部分手工业生产合作社的产品和所需原料,由国营经济单位代销、代购。长春解放以后,工业生产合作社所需原料,由国营商店代购,产品由国营商店代销;建筑合作社包不起大的工程,则由国营工程队包下来,再分散包给他们;合作社零星购买建筑材料价钱高,则由国营工程队整批买下,然后按整批买来的价格转卖给合作社。1948年后,许多城市,如吉林市昌邑区、合江省佳木斯市、黑龙江省兰西县城区,在优属工作中还组织了军属合作社、煤炭合作社、磨坊合作社、纺织工厂、草袋工厂、草包工厂等。②

---

① 参见朱建华主编:《东北解放区财政经济史稿》,黑龙江人民出版社1987年版,第264—265页。

② 东北民政部:《1948年的优属工作》(1949年6月),见朱建华主编:《东北解放区财政经济史稿》,黑龙江人民出版社1987年版,第265页。

由临时性的物资救济发展到组织手工业生产合作社。

合作社工业经济虽然有所发展，但除东北北部解放之初，在特殊环境下，纺织生产合作社一度快速发展外，总的发展缓慢，工业或手工业生产合作社作为一种经济实体，相当薄弱，在整个工业或手工业中，并未占据重要地位。据 1949 年 11 月对全东北城乡各类合作社发展概况所做的调查统计，城乡各类合作社总计 5472 个，其中农村 4601 个，占 84.1%；城市 871 个，占 15.9%。从合作社性质、类别看，绝大部分是供销和消费类合作社，生产合作社只占很小的比重。城乡生产合作社（含城市烈军属合作社 84 个）363 个，占城乡各类合作社总数的 6.6%。其中农村生产合作社 154 个，占农村总社数的 3.3%；城市生产合作社 209 个（含城市烈军属合作社 84 个），占城市总社数的 24.0%。合作社社员在整个人口中所占比重也很低。各类合作社社员占同地区城乡总人口的 7.06%；其中生产社社员 26301 人，只占同地区农村人口 34162403 人的 0.08%；城市生产社社员 70472 人（含城市烈军属合作社员 15049 人），只占同地区城市人口 5908530 人的 1.19%。① 时间短，环境又相当复杂，合作社特别是工业生产合作社数量甚少，在总人口中所占比重极低，是十分正常的。在东北解放区，合作社主要由供销社、消费社、生产社三类构成，在农村是以供销社为主，在城市是以消费社为主，生产社不占主要地位。这是因为供销社、消费社不仅股本低、能满足群众的生产和生活需要，而且消灭了商人的中间剥削，减轻了消费者负担，垫支的股本很快被收回，效果立竿见影。所以，供销社、消费社很容易创办和得到发展，而生产合作社

① 东北合作总社：《东北各省（市）合作社概况统计表》（1949 年 11 月），见东北解放区财政经济史编写组等编：《东北解放区财政经济史资料选编》第 2 辑，黑龙江人民出版社 1988 年版，第 232—234 页。

所面临的条件和困难要复杂得多。除了生产资金和原料供给、产品销售,长期形成的分散、单干和自由散漫的生产方式与节奏,也是一大难题。因而在一些城市和行业,生产合作社往往建立困难,而且很不稳定,寿命短促。如 1949 年上半年,长春市搞的一些工业生产合作社,大部分失败,存在下来的仅是那些不需要多少固定资金,以劳动为主的手工业合作社,例如建筑合作社等;黑龙江省绥棱县 6 区则停止经营皮铺、油房、铧炉等小作坊,将手工业生产合作社的资金转向了供销社。①

三、关内解放区的工业和工业建设

抗日战争结束后,无论是战后短暂的和平间歇期间还是爱国自卫战争开始后,为了恢复经济生产,满足人民生活和革命战争需要,关内解放区各边区对各自区域内的工业恢复和发展,一直抓得很紧,从未松懈。在解放战争前中期,人民解放军在攻占某些城市后,将部分工业机器设备拆卸、分散,搬回边区后方,这是在敌强我弱、没有十足把握固守城市的形势下,采取的一种权宜之计。这种措施持续时间不长,解放战争转入战略进攻后,这种措施很快终止。进城部队有全力保护城市工商业之责,无没收处理之权。新解放城市的一切工矿,一律严禁任意转移,严禁破坏,必须保持原状,就地开工。即使由于战略关系,要退出的城市和矿场,也不许有丝毫破坏,因为这些工矿都是人民的财富,不久将重归人民所有。这样,新解放城市的工矿业,只要未遭国民党和战争的破坏,全都完好无损地回到了人民手中,加入了解放区工矿业的行列。

---

① 参见朱建华主编:《东北解放区财政经济史稿》,黑龙江人民出版社 1987 年版,第 267 页。

不仅如此，随着解放战争的推进，解放的大中城市数量增多，新解放城市工矿业很快成为整个解放区工矿业的重心，解放区的工业恢复和建设进入了一个新的阶段。

“八一五”日本投降后，工矿业的恢复和建设，成为党中央和关内解放区各边区、地区政府的工作重心。工业建设在各边区迅速开展起来，决心以最快的速度恢复惨遭日本侵略者劫夺、破坏的工矿业，满足解放战争和人民生活、经济生产的基本需要。

1946 年 1 月 18 日，《解放日报》为解放区开展大生产运动已进入第四个年头，发表题为《要超过已往任何一年》的社论，强调指出，为了发展解放区的经济，除了以主要力量发展农业外，还必须努力发展工业。现在解放区已经拥有若干中等城市和工矿区，工业在整个解放区的经济里面虽然比重还不很大，但是工业的发展是有极大前途的，中国共产党的奋斗目标是要使中国由农业国的地位升到工业国的地位上去，对于这个目标，从现在起就要做长久的打算。因此必须十分珍视解放区现有的工业，无论公营工业或私人工业，都应当使其繁荣生长。要努力发展为广大农民制造各种日用必需品的轻工业和手工业；另外还要很好地经营较大规模的矿山和工厂，公私工厂都必须认真实行劳动保护法，同时又须保证在合理经营下的正当盈利。由于解放区有良好的政治条件和安定的社会秩序，各地私人企业家想到解放区投资经营工业的大不乏人，应当予以欢迎和必要的帮助。要发展工业还须有大批的工业技术人才，应当爱护和优待现有的工业技术人才，使他们安心地为人民服务，同时有计划地训练新的工业技术人才。同时，各解放区机关部队，在不妨碍本身任务的条件下，仍须大家动手进行生产，在公私兼顾的原则下，建立革命家务，以减轻人民的负担和改善机关部队人员的生活。各解放区的共产党员和非党同志们，认识 1946 年生产运动的重要性，到农村里到工厂里帮助群众组织生产,帮助群众总结经验,学习各种生产技术,埋头苦干,长期建设解放区,以为全国和平建设的榜样。①

1946年3月28日,中共中央就解放区经济建设问题下发指示,其核心就是解放区工业建设。指示要点包括:(1)各解放区输出贸易,除了特别约定的交换之外,必须努力以换取输入工业及农业的大小生产工具为条件,以便发展生产。至于输入生产工具的种类,可以按照解放区的需要和客观可能条件处理。但目前须着重输入纺织工具。(2)国民党官吏在收复区所接收的敌伪产业,很多私自偷窃出卖,各解放区可由公家或在解放区投资的私人利用各种社会关系,相机购买一些有用的生产工具,但须以可能设法运入解放区为条件。(3)现在国民党区的自由工业家备受官僚资本的压迫,不能立足,很多技术人员失业,各地的党可利用各种社会关系或统一战线,与他们谈判,欢迎他们来解放区投资和工作。关于工业的土地、原料、劳动力、交通、市场、税则,应给予特别的便利,技术人员的待遇从优。(4)各解放区,特别是产棉区,原来的民间纺织业必须尽力恢复并鼓励合作,提倡私人投资。各地公私机械工厂和铁工厂,除了制造农具之外,应该努力试造各种纺织机,帮助民间手工纺织业逐渐改变为半机械化的纺织业。(5)各解放区所接收的敌伪工业,为着适应解放区发展生产的具体需要,可以进行必要的改造。恢复公路交通的事业,首先也须以适应解放区经济发展为原则。(6)各地党与政府必须选派得力的干部,负责组织经济的工作,根据当地的条件,拟出发展工业和农业的生产计划,以达到丰衣足食为第一步,并随时将真实情况报告中央。

① 《解放日报》社论:《要超过已往任何一年》(1946年1月18日),见中国社会科学院经济研究所中国现代经济史组编:《革命根据地经济史料选编》下册,江西人民出版社1986年版,第17—18页。

(7)解放区劳资关系必须采取合作方针,以达发展生产,繁荣经济的目的,无论公营、私营,都是如此。任何工厂工会与党支部必须与厂方协同制订生产计划并协同执行之,力求以较低之成本得较多较好之产品,以此获得较多之盈利。劳资双方有利,工人之福利必须于发展生产繁荣经济中求之,任何片面的过火要求都将破坏解放区的经济。①

(一)处于草创阶段的陕甘宁边区工矿业

在关内解放区,陕甘宁边区地域偏僻,经济落后,新式工矿业尤甚,某些民间手工业的发生发展,如纺织手工业的发展与棉花种植的推广,都是抗日战争中后期的事。据统计,1944 年边区产棉 300 万斤,民间织小布 31.8 万匹(合大布 7.95 万匹),可供 53 万人穿用;1945 年边区产棉 150 万斤,民间织小布 52 万匹(合大布 13 万匹),可供 86.7 万人穿用。1944 年纺妇占总人数的 12.7%,织妇占总人数的 2.4%;1945 年纺妇 22 万名,占总人数的 14.7%;织工 6 万名,占总人数的 4%,有织机 24560 台,其中土机 2.3 万台,手拉机 1550 台(一说织机 24850 台,其中土机 2.3 万台,手拉机 1850 台),纺车 22 万架。1946 年共植棉 37 万亩,除去坏苗,估计 30 万亩,收棉 300 万斤,全年产布 12 万—13 万大匹。

从生产组织看,民间纺织业有 3 种形式,第一种是合资经营的(人也参加)半工商店的形式,安置三四台机子,雇用两个织布工人,三四个学徒,掌柜们皆参与经营管理,并分工负责领导管理买纱卖布等一切工作。这一类是以织布为主,兼营其他商业。第二

① 《中共中央关于解放区经济建设问题的指示》(1946 年 3 月 28 日),见中国社会科学院经济研究所中国现代经济史组编:《革命根据地经济史料选编》下册,江西人民出版社 1986 年版,第 35—36 页。

种是家庭形式,在家中安置二三台机子,自己动手,有的雇人,家中女人纺纱做助手,男子负责经营,逢集买纱卖布,这一类是以纺织为生活的。第三种是家中自纺自织产品,有的自卖,有的卖给布贩子,这一类是纯粹的家庭副业,但占的数量最广泛,产布最多。第一、第二种的生产工具,全是手拉机,第三种的生产工具,手拉机只占 1000 台左右,其余全是土机。他们都有一个共同的需要,即资本原料的调剂,帮助技术改进,建立销布市场。在延属、关中、陇东等分区,纺织尚未发展起来,粮贱布贵,农民吃很大的亏,正是发展纺织的有利条件。①

正是基于这种情况,1946 年 4 月 1 日,陕甘宁边区政府制定公布《1946 年到 1948 年建设计划草案》,其中工业方面,为了开发边区资源,刺激农牧业发展,增高边区工业必需品的自给程度,除推进农业建设外,还必须有计划有步骤地发展工业,以与农业发展相配合。鉴于当时边区经济条件,发展工业拟以民间手工业及家庭副业为主,公营工业为辅,彼此配合、相互促进。3 年间,按如下计划逐步实施。

(1)公营工业:一是石油。按已有器材及条件多加开采,1946 年除已打成之新井外,准备再打 5—6 口,清理旧井两口。预计出产原油 2.4 万桶(5 加仑/桶),如能完成此项计划,则 1947 年预计可打新井 6—8 口,争取产原油 8 万—10 万桶。为完成此项计划,除自力积极勘察外,尚须竭力争取探扩器,以便开采更有把握。二

① 《民间纺织手工业的概况及现存问题与前途估计》(1946 年 8 月 15 日),见陕甘宁边区财政经济史编写组等合编:《解放战争时期陕甘宁边区财政经济史资料选辑》上册,三秦出版社 1989 年版,第 370—375 页;《1947 年发展民间自给纺织业的初步方案》(1947 年 1 月 7 日),见陕甘宁边区财政经济史编写组等合编:《解放战争时期陕甘宁边区财政经济史资料选辑》上册,三秦出版社 1989 年版,第 405 页。

是毛纺织厂及制革厂。皮毛为边区富产之一，如能制为成品外销，不惟公私经济收入增加，且可进一步刺激畜牧业之发展。故除帮助发展小型作坊外，拟争取外资合作购置机器，改进技术，提高质量，争取产品出口。其进行程序：1946 年购置机器，次年设备安装，1948 年开工试制，正式生产，达到年制 25 万斤毛的成品和 5 万张皮的成品。三是火柴。边区火柴工厂有继续发展的条件，但须提高质量，降低成本，始可同他处火柴竞争。为此应增添设备，改进技术，期于 1947 年增加产量 4 倍。四是肥皂。边区牛羊油颇多，目前专制肥皂的新华工厂年产肥皂 40 万条，但肥皂销路主要在城市，不改进质量和降低成本，则无市场竞争力。因此须有机器设备，以提高产品质量，并加香料，根据边区产油量，仍以年产 40 万条计划为宜。五是难民工厂及振华纸厂。目前可继续生产，调剂公私使用，解决过渡时期中的供给困难。六是机器修理制造。由于边区交通不便，笨重机器转运困难，且须解决机器修理问题，故 1946 年拟设机器修理制造工厂，除精细机器向外购置，其笨重部分，则可自造解决，同时兼营修理，便于各厂修配，使之不得阻碍生产。

（2）民间手工业及家庭副业。经民主政府倡导，边区民间手工业已有某种发展，且种类颇多。原有的计为：纺织、毛毡、毛袋、栽绒毯、硝皮制革、造纸、榨油、丝织、草帽、瓷器等；尚待提高和发展的，计有熬硝、制磺、烧骨灰、烤烟叶、榨豆油、榨蓖麻油、铸制铁器用具、精炼糖、提蜂蜜等。政府对这些手工业应有计划地协助其发展。第一，1946 年建设厅拟派人赴绥德分区及延属分区实地调查研究，查明情况，1947 年订出扶助其发展的计划，对有基础并有前途的某些作坊或小工厂，帮助其改进技术，并于必要时在资力上加以扶助。第二，大量发展民间纺织。纺织为民间手工业的主体，银行应发放纺织贷款，促进自纺自织；贸易公司在贸易上助其周转;工业局应在技术上加以指导,提高其生产效率;合作社应与之配合,协助发展。首先在绥德分区及延属东地区达到民间穿衣自给,并逐渐向延属以西推广。第三,纸业。按税局材料,过去3年,仅东昌纸,每年即有4万令以上的进口,大部销于延安。因此,除与私人合作重新开办罗家坪纸厂,制造民用纸张外,并鼓励各地民间造纸业的发展。第四,毛织业。边区工业局与法院合办新华毛织厂;小型毛织厂、三边毛纺织拟加扶助,并为提高毛的质量,拟在定边设办打毛庄。第五,制革。为了培养将来的制革人才,与解放社合办西北制革厂,更为适合边区农村制革业发展(家庭副业)的学习,拟在延安(其他地区如条件适合亦可)投资或贷款与私人合办民间制革作坊,专制面革底供给鞋业之用。第六,草帽。在绥德分区应计划恢复并发展原有的草帽业。第七,豆油。绥德分区豆子产量大,价钱甚低,拟在分区提倡榨油作坊。如1946年收成丰登时,即于年底进行,否则缓办。第八,铁。瓦窑堡市之铁厂不举办时,拟在山西招贤或河南已来边区之铸铁熟练人员到瓦窑堡附近,将已有矿石,进行试铸工作,作农村副业之倡导。①

上述计划草案,由于涉及的范围广泛,未能给纺织手工业以特别的重视和促进措施。1947年1月7日,边区政府又特别拟定了《1947年发展民间自给纺织业的初步方案》。

陕甘宁边区的布棉供需关系,一直紧张。1946年4月经济建设计划公布后,布棉供需矛盾更趋尖锐。布价更加昂贵。以1946年11—12月间布价计算,1石米换6.5丈小布,比1944年1石米

---

① 《陕甘宁边区1946年到1948年建设计划方案》(1946年4月1日边区政府提出,4月23日边区三届参议会一次大会通过),见陕甘宁边区财政经济史编写组等合编:《解放战争时期陕甘宁边区财政经济史资料选辑》上册,三秦出版社1989年版,第7—9页。

换 7.4 丈,1945 年 1 石米换 9.3 丈都减少了。一把好镢头用 9 个半月,只能打细粮 6 石、米值 300 万元,草值 200 万元(其长毛刺 500 万元)。但一个好劳力妇女,除负担家务外,9 个月可纺线 32 斤,织布 51.2 丈,扣除原料,可得净利 350 万元。所以,有的妇女可以"织一余二",有的家庭依靠妇女纺织收入度过春荒。这种布粮价格"剪刀差"的扩大,直接反映出边区农民所受打击和民间纺织业发展的迫切性,同时也成为刺激民间纺织业发展的动力。

发展民间自给纺织业的"初步方案",将边区分为三种类型,采取不同措施,一是纺织业已有发展的警备区,主要任务是使棉花下乡,以满足人民原料的需要,创造标准布,以提高布的质量;二是还没有长足发展的西部地区,包括延属西部、关中、陇东,动员和组织群众,自纺自织,传授技术,制造织机,解决工具上的困难;三是还有发展空间的地区(如"三边"地区),倡导示范植棉,促进棉织业与毛织业一同发展。"初步方案"决定将重点放在第一、第二两类地区。警备区解决棉花下乡问题,收买土布,创造标准布,改良技术和工具。在西部地区,首先在思想上进行启蒙工作,讲利害,算细账,让群众充分认识自纺自织的迫切性和巨大利益。同时供给原料与工具,传授技术,并具体进行组织工作,首先办好示范区,再逐步推广,坚持联系、检查、督促,及时总结经验,坚持不懈地"发动一个群众性的发展运动,从而达到民间自给纺织业的开展,以改善人民自己的生活的目的"。①

然而,正当陕甘宁边区执行上述建设计划和发展民间自给纺织业的"初步方案"的时候,1947 年 3 月,国民党军队由对解放区

① 《1947 年发展民间自给纺织业的初步方案》(1947 年 1 月 7 日),见陕甘宁边区财政经济史编写组等合编:《解放战争时期陕甘宁边区财政经济史资料选辑》上册,三秦出版社 1989 年版,第 405—411 页。

的全面进攻改变为向陕北、山东两解放区的重点进攻。3 月 8 日,中共中央发出关于开展国民党统治区农村游击战争的指示,以开展敌后游击战、建立根据地配合正面战场作战。13 日,胡宗南指挥 15 个旅大举进犯陕甘宁边区。19 日,国民党军占领延安。毛泽东、周恩来等留在陕甘宁边区指挥牵制和歼灭敌人。刘少奇、朱德等组成中央工作委员会,到河北省平山县西柏坡村进行党中央委托的工作。三年经济建设计划的执行工作,亦做相应调整。

1948 年 4 月,延安收复后,陕甘宁边区扩大。经过一段时间的生产恢复,边区经济和工业生产有所改进,但与国民党军进犯前比较,相距甚远,特别是工业品(包括民间副业及手工业)更不能满足人民需要,工农业的发展愈加失调。为了富裕民生,提高农业生产,急需发展工业生产,增加工业品供应,消灭或缩小工业品价高、农产品价低的不正常现象,并根据业已具备的有利条件(边区范围扩大和“华北经济统一产棉”等),以期达到边区军民穿布、用纸、肥皂、炭瓷、油盐等全部或大部自给,并组织部分土产及手工业品(皮毛、油、盐、炭、山货等)外销。1948 年 12 月,边区建设厅主持制定的《陕甘宁边区 1949 年经济建设计划(草案)》,确定工业和手工业发展目标。

(1)民间副业:一是纺织。由于中原、河南、大关中及平绥一带战争频繁,原产布区不能顺利生产,河南及大关中经关中陇东入口布已大为减少;平津布匹亦不能畅销绥远;因晋中缺布,华北晋南布已主销晋中平原,给陕甘宁边区造成纺织妇女纺织极为有利的条件。故组织边区 30 余万纺织妇女织布 120 万匹,是当时重要任务之一。为此,第一,要解决棉花供应问题。边区织布需花 360 余万斤(以每匹 3 斤计),零用花 127 万斤,共计 500 万斤(不含部队机关用花)。而边区产花为 500 万斤(黄龙分区约 400 万斤,老区 120 万斤)。倘有不足,除入口由贸易公司直接管理、供应各地外,大部分需组织广大商贩进行内地调剂,使纺织按季节经常保持一定生产量,勿因原料供应不足而妨碍生产。第二,为了保证和提高质量,必须创造“标准布”,以巩固和扩大市场。办法是在中心城镇(如绥德镇川等地)设立交易所,按照群众习惯,以及地区、质量、需要的不同,分别登记,定出各种等级的商标,以资提高质量,便于推销。如工合在绥德等地创导的“五二标准布”,证明此种办法可以推广。第三,有准备地周转、调剂纺织供销,解决一部分贫苦纺织妇的困难,计划以 25 亿元(5 万斤花)作为纺织供销调剂基金,抽出小部分解决工具等困难问题,以扶助纺织业发展。第四,有计划地划分与调剂土布销路及市场。其办法除大公贸易机关进行外,由工合合作社组织商贩进行土布贩运。对于正当商贩,对于棉布贩运有特殊贡献者,给以鼓励,以资布花纱交流之畅通。

二是熬硝。为适应军需并增加群众副业收入,提高收硝 30 万—40 万斤(1948 年 20 万斤)。为了顺利完成任务,必须多设收硝点,加强技术指导。

三是组织收集与制造山货。边区森林广大,山货(木材、木炭、五倍子、杏仁、山桃、木瓜等)极多,仅以杏仁一项,延安 1948 年即收 2000 余石,出油 5 万余斤,进款 20 亿元左右。组织群众大量收集与研究制造,不仅可增加群众收入,而且对边区工业发展亦有作用(杏油可制肥皂),并可组织部分出口(如关中木材等),换回农民必需品。

四是皮毛制造。皮毛为边区主要特产,估计年产渣皮 15 万张,春毛 60 万斤,黑绒 25 万斤,杂皮(狼狐皮等)10 万张,可一面尽力组织出口运往华北及外地,一面恢复原来民间作坊,制造皮衣、磅线、毡毯和熬胶、制磷、造肥皂等。除边区自用外,还可外销成品。为了发展毛皮业,应注重技术交流,并计划办榆林皮毛制造厂一处,投资 40 亿元;扶助开设皮毛作坊 50 处,贷款 30 亿元。此项皮毛业为边区今天及将来重大事业,故于1949年做好将来开发的基础。

(2)作坊工矿业:一是炭瓷。根据子长产煤统计(原有12井产煤3000万斤,现有8井,产煤1800万斤),估计边区子长、延安、横山、米脂、子洲、韩城、淳耀等主要产煤区,年产1亿斤,加黄龙分区白水煤矿1亿斤和民间土法开采15处,约产1亿斤,共3亿斤。但因战争、灾荒、土地改革"左"的影响,大部停工。为供给人民足够燃料,增加人民收入,计划扶助恢复瓷炭窑各20处,投资40亿元(主要是白水煤矿),对新区或已经收过来的工矿业要慎重处理,反对"左"的冒险政策和右倾思想,并计划成立白水煤矿业管理处来掌握政策,对工人进行教育,以加强其生产管理。

二是制铁。边区共需补充犁铧2万—3万叶,大小锅1.3万口(30户1口),除子长农具工厂保证产铧1.2万叶(20户1叶),大小锅2000口,销三边延属大部、绥德陇东一部约50万人口地区外,其他由韩城、山西临县供给(关中亦可试制锅铧),但韩城因目前十分缺铁,而原有厂炉院10余处均陷于停顿,所以计划在韩城创办炼铁厂1处,再投资2亿元,以利扩大生产。

三是造纸与肥皂。边区原有公私造纸池子165个,1948年开工生产70余个,而公营或公私合营即占40余个,故民间造纸业急需恢复生产,以供给边区需纸2.8万令(民用3000令,商用9000令,报纸6000令,公用1万令)。为此在黄龙恢复15个池子(1947年恢复15个,原40个),关中扩大6个池子,延属10个池子,共新增31个池子,需贷款10亿元。采取订购等办法恢复民间纸业。边区共需肥皂70余万条,产羊油10余万斤。1948年有民间作坊12处,年产肥皂15万—20万条,加上新华化学厂产20万条,共为30万—40万条,与总需要相差近半。所以要解决原料调剂和供销(主要是油,如试验杏油等),提高质量,反对只图数量、不讲信用、虚改牌号、图谋取巧的思想，并与外来肥皂竞争，达到顺利生产的目的。

四是油盐。边区计划产盐1500万—2000万斤（10万—12万驮，）组织运输外销1000万—2000万斤；产油300万斤，组织外销100万斤。因战争，三边、陇东、关中油坊多被敌人破坏或停止生产。故计划贷款20亿元，辅助恢复民间油坊，并帮助解决销路，组织运输。

（3）公营工业：公营工厂要重点发展，目标要贯彻企业化方针，实施企业化管理与战时工资制度，减低成本，提高质量，按期完成计划。各厂计划包括：一是工合直属各工厂中，火柴厂日产10—20箱（1948年11—12月日产8箱），全年产3300—3960箱，全边区（老区）年需4000箱，可基本自给；纸厂1949年产纸3500令（1令1000张），并准备逐渐转向民用纸方面；化学厂年产肥皂20万条，并增产甘油以供军需；铁厂年产犁铧1.2万叶，大小锅2000口，并改良农具及手工业工具，推广铁轮小大车，试制水车等。二是1949年设立毛皮厂1处，并准备设立烧碱厂1处，专门利用伊盟土碱烧碱制造生产。①

1949年边区全力实施上述计划，部分完成计划，实现预期目标。民间棉纺织按计划目标，有纺妇30万人，年产土布120万匹。皮毛生产方面，除年产秋毛60万斤，春毛40万斤，皮15万张，全部达到目标，还另建皮毛作坊200处。炭瓷开采，估计边区子长、延安、横山、米脂、子洲、韩城、淳耀等年产1亿斤，加黄龙分区白水煤矿1亿斤，共2亿斤（民间土法开采15处产量不详），亦基本实

① 《陕甘宁边区1949年经济建设计划（草案）》（建设厅1948年12月），见陕甘宁边区财政经济史编写组等合编：《解放战争时期陕甘宁边区财政经济史资料选辑》上册，三秦出版社1989年版，第47—52页。

现计划。边区年需犁铧2万—3万叶,1949年产1.6万—1.8万叶,勉强满足需要。肥皂仍维持1948年产额。产油方面,完全达到产油(主要是麻油老油)300万斤,组织外销100万斤的目标,并增加民间油坊200余处。卷烟制造,在外来纸烟禁止入口后,晋南纸烟很多,在延、关、陇地区,已恢复一部分卷烟作坊。火柴生产亦按计划执行。① 边区工业品短缺、价格高企的状况有所改变。

(二)晋察冀、晋冀鲁豫等边区工业的不平衡发展

在华北解放区各边区、地区,日本宣布无条件投降后,随即开始了工矿业(作坊和农家手工业)的摸查和恢复、建设工作,1946年已初见成效,如以争取穿衣自给为目的的解放区民间纺织业,已具相当规模。在晋冀鲁豫区,熟练纺妇达300万人,年产布5000余万斤,除自给外,尚大量销往河北、山东及国民党统治区的其他地方。其中如冀南威县、曲同一带所产花布,畅销平津市场;晋察冀边区则除去帮助解放的热河及察哈尔外,冀中、冀晋两区布匹已能大部输出,冀晋三分区行唐、平山等6县,民间有纺车22万余辆,织机万余台,已超过抗战前水平。胶东有织机27万余架,文登、荣成等5县有50%—70%的妇女从事纺织生产。华中方面,据苏皖五分区(盐阜区)的材料,民间纺车近20万辆,织机8700余台。非产棉区的晋绥解放区,经民主政府提倡植棉,部分地区如兴县768个村,进行家庭纺织的即有757个,1946年上半年织布110万丈,可供全县半数人口穿衣。纺织业的兴旺,刺激了植棉业的扩张。晋冀鲁豫一个区的材料,全区共植棉850万亩,最少可产棉

① 《陕甘宁边区经济情况》(1949年12月,建设厅材料),见陕甘宁边区财政经济史编写组等合编:《解放战争时期陕甘宁边区财政经济史资料选辑》上册,三秦出版社1989年版,第54—55页。

25000余万斤；晋察冀之冀中，1946年年植棉300万亩；冀晋区之10个县，亦达40万亩，以每亩收花50斤计，已在10000万斤以上。这给华北解放区的纺织提供了丰富的原料，保证其顺利运作。

各地民间纺织业的发展，使解放区农村生活发生了重大变化，晋察冀边区满城北台鱼村，纺织收入是该村全年农业收入的3倍，全村1243人，平均每人一年可节余粮食4石。冀中高阳李家庄，全村每月纺织收入2400余万元。1946年已陆续购置土地3000余亩，牲畜60余头。山东临沂后七沟，日本全面侵华战争期间全庄房舍大部被烧，居民纷纷逃亡，解放后一年中，依赖纺织生产不仅已修筑房屋，且有130多家买了地，较过去增加耕地200余亩。冀晋区唐县大雨河村，因纺织发展，农民有更多资金投入农业生产，1946年春每亩地价已涨至6万元（邻近非产布区的砖路村，每亩只2万余元），各地不断涌现出借纺织发家致富的新农民。冀中高阳李家庄外出逃亡2年的贫农张金毕、张金玉，从1945年冬开始织布，已买地23亩，房屋1所；战时乞讨度日的张振武与人合作织布，半年除获利10万元，购置水田10亩，骡子1头，已丰衣足食。妇女在农村及家庭中被歧视虐待的历史悲凉，也因纺织生产发展而逐渐消除。定县城东市庄镇青年妇女植树，1946年春织布收入2万余元，籴了十几口袋粮食，等于她丈夫全年农业生产收入的一半。农民金贵和1945年冬全家的棉衣、口粮和1946年夏天的单衣，大半均得力于他媳妇的辛勤纺织。妇女们感到，“坐在树荫下，等着男人拿吃的来，一辈子也别想提高，要是能纺织，能下地，男人们不用说轻视，还得敬着点呢”。因此，参加纺织的妇女迅速增加，阜宁县城区1000多户市民中，有900多户卷进纺织运动，参加纺织的妇女有1000多人，过去很多不劳动的人，都已参加了生产。夏东街许姓母子原系小地主，现在母女三人都纺纱了。朱桂兰等十六个妓女，也抛弃了卖淫生活以纺纱过日。讨饭的胡老太婆向公家领了一架纺车说:“讨饭受人看不起,纺纱过活强得多。”现在该城乞丐已经绝迹,人民生活都逐渐改善。

各边区手工纺织生产的恢复、发展,还有赖农村合作社的统一供销与组织领导。晋察冀满城北台鱼村的纺织,即是采取家庭经营方式,而由合作社统一供销指导技术。该村布匹已独创“耕牛”商标。1946 年 7 月中,易县某布商一次即预订该村 300 万元的土布。在其他一些地区,参加纺织的妇女,都是合作社的基本社员。据鲁南 9 个县材料,这种合作社已发展至 1100 处。平邑县 400 个村庄,有 339 个庄子设有合作社,民间纺织妇女已成为其基本社员,山东临沂城,1945 年 10 月成立生产推进社,该县 1800 余家纺户,一年中通过合作社所得利润达 120 余万元。①

除了纺织,华北各边区、地区政府,还抓紧进行工业生产的全面恢复工作。

1945 年 10 月 5 日,山东省政府下发关于工商工作的指示,各地工商管理局抽调大批干部组织工作队随军出发,准备进占各大城市和经济中心,并将工作队的干部分派到新解放区去开辟经济工作,包围封锁敌占城市。这时我们的新解放区工作仍以货币斗争作为中心,调剂本币,排挤伪钞,借以稳定物价,恢复贸易,繁荣市场。

同时,要求生产建设更提高一步,首先是要建设已解放的中小城市,发展公营工业(或者公私合营),扶助私营工业和群众的手工业生产,组织运输,便利贸易,繁荣市场。这样才能使新解放区人民都有工作,都能生活,影响敌占城市人民对我们的态度。应当

① 《争取穿衣自给解放区纺织业蓬勃发展》(1946 年 10 月 20 日),见中国社会科学院经济研究所中国现代经济史组编:《革命根据地经济史料选编》下册,江西人民出版社 1986 年版,第 486—488 页。

把这作为一个重要的政治任务，显示出新民主主义的经济确能保证人民丰衣足食，保证新中国的繁荣富强。

对于广大乡村的群众生产，应当继续扶助奖励，纺织手工业应继续保护，不应当梦想着城市的大工业，仍应依靠乡村群众生产，解决目前困难，今后还要依靠乡村（现在我们所占领的中小城市大多还是乡村）建设城市，进了城市，抛弃乡村必然失败。但应同时有作进入大城市的工作准备，学习管理工厂矿山，掌握科学技术。过去两月所得城市经济工作经验应当收集研究，教育工商干部，为进驻和管理大中城市做好准备。①

在“八一五”日本投降后，各边区、地区，拟订计划，确定目标，采取措施，恢复、发展工业、手工业，并争取尽快取得成绩，达到预期目的。

1946 年 1 月晋察冀边区行政委员会召开财经会议并作出决定，在工业生产方面，采取公营、私营、合作经营三种办法，首先用人力恢复手工业副业，最主要的是发展纺织业，争取 1946 年做到棉布自给。在产棉地区提倡大量植棉，争取 1946 年全边区达到并超过 350 万亩。其他如面粉、榨油、皮革、毛织等，各地根据当地条件恢复与发展生产。在建立机器工业方面，要注意利用中小城市现有的技术条件，建立与恢复轻工业，制造棉、毛弹纺与面粉的机器，改良与推广群众中现有的优良工具，有条件地进行铁工具的制造。在矿业方面，则要大量开采煤矿，冀中、冀东、内蒙古、晋东北、雁北地区的盐碱业要大量发展，争取 1946 年达到食盐与碱的全部或大部自给。

---

① 《山东省政府工商工作补充指示》（1945 年 10 月 5 日），见中国社会科学院经济研究所中国现代经济史组编：《革命根据地经济史料选编》下册，江西人民出版社 1986 年版，第 1—4 页。

在遵守边区政府政策法令的原则下,欢迎私人企业家来边区投资经营工业,共同建立与繁荣边区。在劳资政策上应在改善工人、店员生活与保证私人企业有利可图的原则下,适当增加工资,提高劳动效果。应鼓励手工业技术工人多带学徒,推行技术,对学徒生活待遇不应做过分的提高。

在合作社工作与手工业生产上,边区合作社本着“民办公助,生产第一”的方针,业已取得相当成绩。合作社组织了群众的剩余劳力,使农业换工与副业换工结合,利用群众的劳力、资金、原料、技术,开展群众性的多种多样的生产事业,增加了群众收入,解决了群众在克服灾荒中的困难,合作社有了新的发展,出现了更多的民办社与生产社。全边区由 1945 年的 3841 社发展到 7362 社(缺冀察材料),几乎达到上年的 2 倍。合作社的生产业务有纺织、榨油、造纸、农具、医药、面粉、煤炭、熬盐、毛织等 20 余种,机关、部队经营作坊组织纺织业,都有相当成绩。①

1946 年 1 月财经会议后,晋察冀边区为贯彻会议决定,工业方面采取了一些重大措施。不过由于措施不力或方向不明确,加上恶劣的战争环境、撤出张家口和地区分隔,在工业方面未能取得应有的成效,边区经济环境明显恶化。

边区在工业方面提出的方针是“重点建立”,但据称“究竟重点是什么,很不明确”。如当时张家口、宣化两处接收工厂 20 余处,如何处理,开工与否,迟迟未决,养着数千工人不生产,浪费很大。在工厂中还有一种更错误的思想,即认为“美货将来不可抗拒,不必生产”。投资工业上的款项比农贷多,但不是用于扶植乡

① 《晋察冀边区行政委员会召开财经会议》(1946 年 1 月 31 日),见中国社会科学院经济研究所中国现代经济史组编:《革命根据地经济史料选编》下册,江西人民出版社 1986 年版,第 24—28 页。

村广大的手工业生产，而完全用于城市，是大工业的打算，其结果因撤出张家口，大部分的工厂都丢了，损失惨重。

从各个地区（当时称“战略区”）看，冀东下了不少力量在渔业、纺织业、造纸业、草席业上，还是取得了一些成绩；冀晋区由张家口运回数十部机器，正准备建设大工厂，因战争爆发，国民党飞机轰炸，没有起什么作用；冀中区则主要搞“家务”，工业没有大搞。因而全边区“在完成工业品自给自足的任务上成绩不大”。

1946年7月，晋察冀边区提出的下年度（1946年10月至1947年9月）财经工作方针是，“在可能爆发的反帝、反封建、反独裁的自卫战争条件下，坚持独立自主原则，力求自给自足，用大力发展农工生产，保障供给，反对国民党反动派的卖国政策，抵制美帝国主义的经济侵略，支援自卫战争的胜利”。为实现这一方针，在生产方面，除发展必要的重工业外，必须大量地、有重点地发放生产贷款，并大力组织群众生产，增产粮、布，发展民族工业，解决日用必需品（主要是发展农业生产与农村手工业作坊及副业生产）供应问题。但方针刚刚确定，战争骤然紧张，解放军撤出张家口，地区被分割、人口减少，许多工作未做，即行停顿。①

在晋冀鲁豫边区，1946年1月，民主政府提出了边区工业发展的目标和方针，在整体上确定边区工业的目标方向是“自制自给自销”。在具体步骤上，认为边区工业的发展，第一步仍应以恢复农村经济为主，发展手工业是第一位的。手工业将要为机器工业所取代，这并非自甘落后，实为条件所限，不能着重大的机器工业建设。但同时，也要尽可能从公私方面准备和积累资本，多开办

① 南汉宸：《晋察冀边区的财经概况》（1947年3月），见中国社会科学院经济研究所中国现代经济史组编：《革命根据地经济史料选编》下册，江西人民出版社1986年版，第103—104页。

一些为公私所必需的和有利可图的机器工业。这在边区是有条件的:山地产煤、产铁、出瓷器,销路很广,过去有“千里彭城,万里荫城”之称,而晋西南三角地带,河北、豫北平原地带又富于棉花、小麦之出产,如能把握这些特点,恢复开办几项必要工业,是完全可能的。

晋冀鲁豫边区的手工业,主要是纺织(包括一部分毛织、丝织)、造纸、榨油、熬盐、磨面等项。根据几年来度荒生产经验证明,纺织能供给军民需用;推销出境能交换其他必需品;能增加家庭收入,改善妇女社会地位。太行区几年来,纺织一项占人民收入比重很大,每年减少外汇约3万石小米,现边区区域扩大,为扩大产量,提高质量,争取全部自给,并向外推销,须动员广大妇女参加。在技术方面,要求弹花机、纺纱机、织布机都要注意制购,并要大量推广、使用手拉梭织布机。造纸、榨油、熬盐、熬硝、皮革等,亦要有计划扩充,并改良其质量,争取自给和一部分出境推销。

边区政府认为,亟待恢复及开办的工业为煤矿、铁业、瓷业、纺纱织布、化学、火柴、洋灰、小机器制造、打蛋厂等。过去上党铁货遍销河北、河南、山东、东三省各地,“九一八事变”受了一次打击,“七七事变”后几乎完全停止,现亟待恢复,筹谋打开出路。煤矿从上党到道清,沿平汉北上,直到石家庄,所有大小煤矿,均为边区政府所掌握。这些煤矿,过去许多用机器开采,其中最大的如焦作、六河沟、峰峰、石圪节都出煤很多,销路很广。自解放后,由于物资技术限制和管理不善,经营上有缺陷,国内和平不稳定,销路不畅通,亦大多赔钱。彭城瓷窑,虽有起色,但150座瓷窑才开了60多座。其他机器制造厂、纺纱、织布厂、化学厂、火药厂还在计划中。何时实现,还需努力,必须好好学习研究毛泽东经济问题、财政问题里“关于发展自给工业”一章,在工厂管理方面要坚决实行企业化,反对机关化,减少行政人员,精简机构,行政与职工会要在完成共同任务的目标下统一起来，耐心改造教育和团结旧职员发扬劳动热忱，进行革命生产竞赛，整顿劳动纪律，节省原料，爱护工具，减低成本，提高技术和质量，增加产量，适当改善工人待遇，实行“按质分等的分红制度”。劳动时间应依工厂性质而定，一般的要在9—10小时之间。

在整个工业方面，无论机器工业、手工业，必须在统一领导下，有计划地经营，极力避免盲目性和走弯路，因边区的目标方向是“自制自给自销”，故生产的数量，供销的适应，都须计算周到，不然不是发生供不应求，便是生产过剩，乍赚乍赔。这对工业建设是不利的。

为了达到上述目的，就要实行“经济核算制度”，实行成本计算和确立成本会计制度，建立按年、按季、按月的生产计划检查制度。总的要求是：“成本少，产品好，推销快。”①

晋冀鲁豫边区经过抗日战争结束后1945—1946年一年多的恢复、建设，工矿业的种类、数量、规模，都明显扩大。在恢复、建设工矿业的过程中，既有经验，也有教训；有成绩，也碰过钉子，走过弯路。边区党政和职能部门，认真总结，对面临的形势、工业状况、发展目标和应当采取的政策、措施，有了新的认识。

通过总结，边区领导主管部门深刻认识到，过去抓工业的态度，从建设思想上来说，大体上可以说是“为工业而工业，或是为繁荣城市而办工业”，在“和平”以后，和平思想作怪，想得更大更远了，为参加全国工业化而办工业，不但不是着眼服务于农村，也

① 戎伍胜：《晋冀鲁豫边区1946年经济和财政工作应注意的几个问题》（1946年1月26日），见华北解放区财政经济史资料选编编辑组等编：《华北解放区财政经济史资料选编》第1辑，中国财政经济出版社1996年版，第129—130页。

不是着眼服务于边区。而是脱离了边区实际,幻想参加全国工业化。这就是边区政府走弯络,碰钉子的根源。

边区的实际现在很明显了,不是和平而是战争,边区依然是农村,城市只占极次要的地位,农村的交通是落后的。新收复的交通线,因为战争的关系都被破坏无遗了,在这样的环境里,不顾战争的威胁,不是战争所必需,也不是农村生产、群众生活所必需,而举办的工厂是失败的。不顾交通不便,而举办过分集中的现代化的工厂,是失败的,比如六河沟、焦作两个矿山,既处于战争威胁地区,产品又主要是向国民党统治区销售,销售本地只是很小一部分,又是规模较大的现代化的工厂,工人不足,动力浪费,运费昂贵,原料供给不易,产品成本加大了,成品由于军事对立,相互封锁,不易向国民党统治区推销,在边区本地销不了多少,而需要煤的平原去不了,结果煤在场子里堆积成山,工厂周转不灵。1946年由于和平思想支配,没有找到病根,贸易公司固定购煤的办法帮助其周转,只是从枝节上解决问题,结果解决不了。当国民党军进攻时,焦作、六河沟都被侵占了,丢了很多煤,损失很大。

当然,这个时期,还有适合实际要求的工业,或多或少有所发展。军事工业是大大地发展了,制革业发展了,是由于战争需要它;机器制造业和农具厂是发展了,是由于边区小型的机器工业增多和农业、手工业生产发展,工具的制修和改良需要它;印刷厂发展了,是由于宣传扩大和文化教育事业的发达与提高需要它;小型煤窑发展了,是由于群众需要燃料的供给(采煤供给群众燃料比群众打柴节省人力太多)。其他供给群众日用必需品的小型工业也都在增长。那个碰了很多钉子的大矿山,在备战后,把修理厂转移出来或改制军火,或改为制修工业、交通等所需的机器,也都成了边区有所作为的工厂了。采煤的人员和机器,针对需要,设置的小煤矿也有了顺畅的前途了。

以上两种情况说明，只有从边区实际出发，适合边区需要的工业，才有发展的前途，因此工业建设方针应该采取分散经营的方式，举办下列一些工业：(1)服务与供应战争，必须扩大与提高军火生产，以及有关军火生产的炼铁业和化学工业；(2)服务与提高农业、手工业、工业生产，必须发展机器和工具制造业，以改良生产技术，提高生产力，或节省民力，建立与发展对于剩余产品加工制造的工业以争取有利出口；(3)供给农民及其他群众生活必需品，必须建立与发展农业、手工业所不能解决，生产日用必需品的自给工业，结合手工业，争取边区日用必需品逐渐自制自给自足。

今后战争是向着有利的方向发展，已经解放了许多地区，将来进入全面战略反攻，地区必更加扩大，城市增多，工业也必然增多。对于新解放区的工厂，属于国民党官办或四大家族的应没收，但是一般私人资本及私资经营的工厂，应该加以保管，如果是符合边区建设方针，应该加以扶植，如因仍受战争威胁，或是暂停，或设法动员向内地转移，并帮助其再建。如果是与边区建设方针相悖的，帮助其改造，当前无条件改造的，暂时停办者听之。

土地改革后，给予工业广泛发展的道路，今后应放手发展私资经营和合作经营工业，除了军火工业，较大重工业和私人资本难以经营的工业，由公家举办外，凡是群众能办的，奖励私资经营，特别是扶植合作经营工业，只有如此，工业才有广阔发展的可能。①

1947 年 7 月，在解放战争转入战略反攻的关键时刻，晋冀鲁豫边区政府关于公营工业的领导、经营、管理及其与地方的关系、工农关系的问题作出决定。由于边区各种工业性质不同、领导单

① 《晋冀鲁豫边区工业建设中的几个问题——晋冀鲁豫的财政经济工作》(1947 年 3 月)，见中国社会科学院经济研究所中国现代经济史组编：《革命根据地经济史料选编》下册，江西人民出版社 1986 年版，第 496—498 页。

位多,有军工工业及军需工业,有国民经济的公营工业,有民营工业及手工业等,为了加强联系和统一领导,加强生产的计划性与组织性,特决定在军政联合财经办事处领导下成立工业委员会,以统一指导各种工业建设,加强技术上互相帮助,经验交流,并规定实行公营工业的资本统一管理,包括现有各区的工厂,确定资本以后增减要有计划,经边区财经办事处批准,增设工厂以及公营工厂转让或停办亦需适当计划经过财办审核批准等。同时,明确划分那些必须边区直接经营,那些应由各战略区负责经营,以便各有努力目标,不致乱抓,以免引起上下不协调现象。属于边区经营的工矿企业种类包括:(1)在经济作用上影响上带有全区性的(包括全解放区、全国性)工矿企业。(2)军事工业(地方上公办的手榴弹厂、修械所例外〉以及某些原料生产。(3)较大规模的重工业。(4)与国内国外公私有资本交涉关系的工矿企业。(5)为了创造经验和带有重要试验性的。(6)因特殊情况的必要由中央或中央局临时决定的。

上列工矿企业之所以必须由边区经营,系因必须集中全区的人力、物力、财力和技术,只有边区直接掌握才好办,而非一区力量能办理,即便根据目前的规模,一区能够办,但是一个区办理全区性的东西,在着眼上、发展上亦有矛盾的和受局限的,因此各区应经营上列范围之外的地方性的工矿企业。对于边区直接经营的工矿企业,则应随时随地关心协力把它办好,现在由于某些具体问题所引起工矿企业经营上的困难应上下一致努力加强克服。①

① 《晋冀鲁豫边区军政联合财经办事处关于公营工业中的几个问题决定》(1947 年 7 月 15 日),见中国社会科学院经济研究所中国现代经济史组编:《革命根据地经济史料选编》下册,江西人民出版社 1986 年版,第 503—505 页。

（三）整合后的华北解放区工业及其变化

1947 年秋，解放战争转入战略反攻后，随着解放战争的加速推进和解放区范围的扩大，华北解放区的行政体制和地域区划，进行了重大调整。1947 年 8 月 1 日，成立华北财经办事处。华北财经办事处组织规程规定，华北财经办事处的任务，第一项是“制定华北解放区国民经济建设的方针”；第二项是“审查各个解放区的生产、贸易、经融计划，并及时作必要的管理与调整”。办事处下设经济组，掌管关于农工矿业、合作、交通、运输、贸易、金融、对敌斗争等。① 1948 年 5 月 20 日，晋察冀和晋冀鲁豫两个解放区边区合并，华北行政委员会和华北军区成立。1948 年 8 月 19 日成立华北人民政府。

1947 年 12 月 11 日，华北财经办事处向各边区地区发出关于生产工作的建议，强调人民解放军几个月的胜利反攻，华北各地敌人已陷于被动地位，没有力量向各基本解放区组织大规模的进攻，华北各解放区应即大胆放手进行各种可能的生产建设，用一切力量迅速恢复解放区的生产和交通。明确当前的生产建设，仍应以农业生产为主，其次是发展各种手工业（尤其是纺织业）和农村副业，同时亦应根据已有的物质和技术条件，逐渐建设某些近代化的工业。在农村除了重点组织劳动互助，改进生产方法，以提高农业生产力，还应利用土地改革浮财，投入生产，利用农闲时间经营各种副业，如纺织、运输、编织、采集、挖山货、榨油以及其他各种手工业，把劳力变为资金，以解决贫苦农民缺乏资本的困难。发展手工

① 《华北财经办事处组织规程》（1947 年 8 月 1 日），见华北解放区财政经济史资料选编编辑组等编：《华北解放区财政经济史资料选编》第 1 辑，中国财政经济出版社 1996 年版，第 294—295 页。

业应当采取各种奖励和保护政策,供给原料,推销成品,组织合作社和改进生产技术(改良工具)。

为着适应战争和群众需要,必须利用一切可能条件,建设某些近代化的工矿事业,如采煤、冶铁、军工生产;工农具制造、纺织工业,以及火柴、造纸、制糖等类工业。必须珍重一切天然资源(煤矿、铁矿),珍重一切机器设备,配合必需的干部和资金,有计划有重点地迅速恢复生产、发展生产,但为避免敌人空袭,和战争中可能的破坏,各种工厂仍应尽可能隐蔽。在战争中,有些地区受着国民党军严重摧残,目前首要工作,是帮助群众恢复生产,医治战争创伤,并应着手恢复各种公营企业。有些地区未受战争严重摧残,则应放手建设,把生产提高一步(生产组织和生产技术),并防止对各种生产资材的破坏和浪费。①

1948 年 5 月至 6 月,由晋冀鲁豫及晋察冀两边区政府共同主持,在华北某地召开了华北解放区工商业会议。会期历时 42 天,出席会议人员除政府、工会、公营企业的行政人员及职工会、合作社代表外,还包括私营工商业的资方代表 36 人,劳方代表 31 人。会议根据“发展生产,繁荣经济,公私兼顾,劳资两利”的指导方针,订立了实行中共中央保护与发展工商业政策的各项具体办法,并检查了过去工作中的缺点,使华北解放区工商业以后在统一的政策和具体办法下,获得健全发展的基础。

会议在充分肯定过去华北公营企业巨大成绩的同时,尖锐批评了公营企业经营管理中存在的严重问题,认为改善经营管

① 《华北财经办事处关于生产建设工作的建议》(1947 年 12 月 11 日),见华北解放区财政经济史资料选编编辑组等编:《华北解放区财政经济史资料选编》第 1 辑,中国财政经济出版社 1996 年版,第 300—301 页。

理，是公营企业最迫切需要解决的问题，包括：（1）严重的浪费和无政府无纪律、盲目蛮干状态。会议要求以后必须坚决纠正，严格执行纪律制度。并决定提请两边区政府对此规定纪律。（2）公营企业所接收的敌伪及国民党官僚资本的许多工厂中，存在破坏性拆东补西和严重损坏现象。会议严厉指责这种损坏工业生产设备的行为，规定以后新解放城市的一切工矿，一律严禁任意转移，严禁破坏，必须保存原状，就地开工。即使由于战略关系，部队在占领后又要退出的城市和矿场，也不许有丝毫破坏，因为这些工矿都是人民的财富，不久将重归人民所有。（3）工厂在组织上、作风上的"机关化""军队化"工厂中非生产人员多，编制庞大；不注意成本核算，不重视盈亏；使用干部不重视技术及工作能力，而以所谓"资格""政治积极""老资格""贫雇"为标准，不从发展生产出发，而是从救济观点出发。会议规定工厂必须企业化，必须实行严格的经济核算制度。加强生产组织，解雇一切无必要的非生产人员，取消由军队中、机关中带来的勤杂人员等制度。用人行政，要重视技术和能力。会议指出，工厂中的政治必须服从于发展整个解放区的生产，离开了生产的利益，就没有什么抽象的政治。会议通过了公营工厂经济纪律草案，并送交两个边区政府核准实施。该草案规定，针对目前不少公营工厂在生产、经营、管理上的无组织状态，及由于本位主义、自由主义、官僚主义所造成的严重的人力、物力、财力的浪费现象，必须从思想上、组织上展开坚决的斗争，应该以发扬长处，改正缺点，高度地对国家对人民忠诚负责的精神，把公营企业推向前进。草案具体规定了建立褒奖制度、考工考勤制度，坚决消灭一切浪费现象，厉行节约，树立强有力的统一集中的领导观念，反对地方主义与自由主义等具体办法。所有公营工厂之一切生产计划、生产任务及财政收益任务，均由最高级政府统一规定执行，任何工厂领导机关不得擅自更改。①

薄一波在会议的结论报告中,特别严厉批评了部分党政干部工业建设、企业管理方面的无知、蛮干,强调当时面临的"最大问题是不会经营,不会管理";共产党干部"会管理队伍,不会管理工厂"。建设工业"最主要的是经营管理问题"。"没有知识,坚持落后,不学习……不虚心,再加上落后劲,就把事情办坏了"。"工厂经营管理问题,要放在第一位,现在用大力量解决这个问题"。"经营管理搞得不好,不解决就要毁灭。如果共产党学不会,也要毁灭,历史上所有不会搞生产的政党,都要死亡的"。因为"资本主义能发展生产,就代替了封建社会。将来社会主义还要代替资本主义,也是这个道理"。② 会议还制定了有关工商业的12项基本原则和基本政策(草案),如工商业行政管理,公营私营关系政策,工商业负担政策,工商业联合会的性质、任务与组织形式,已被侵犯的工商业的处理办法,新解放城市保护工商业政策、私人工商业中的劳资、东伙、师徒关系的几项原则,公营工厂战时工资制度,公营工厂的经营管理问题,公营工厂经济纪律,合作社暂行条例,等等。③ 从某个角度说,这次会议确实成为华北"工商业发展的起点"。

---

① 《华北解放区工商业会议》(1948年6月27日),见中国社会科学院经济研究所中国现代经济史组编:《革命根据地经济史料选编》下册,江西人民出版社1986年版,第239—240页。

② 《薄一波同志在华北工商业会议上的结论报告》(1948年6月24日),见华北解放区财政经济史资料选编编辑组等编:《华北解放区财政经济史资料选编》第1辑,中国财政经济出版社1996年版,第311—316页)

③ 详见《晋察冀边区行政委员会晋冀鲁豫边区政府颁发华北工商业会议工商政策草案》(1948年6月27日),见华北解放区财政经济史资料选编编辑组等编:《华北解放区财政经济史资料选编》第1辑,中国财政经济出版社1996年版,第321—349页。

随着解放城镇数量的增加，特别是一批大中城市或地区核心城市相继解放，城市经济成为华北解放区经济的主体。因此，人民解放军在解放和占领一座城市后，有两件大事必须以最快的速度完成，一件是稳定社会秩序，工商业和城市公共事业尽快复工复产；另一件是尽快接管、没收国民党国家资本、官僚资本和敌伪企业，将其收归国有，成为城市的主体和骨干企业。如天津，1949 年 1 月 15 日解放到 17 日，各个工商业户都未开门，马路上只有零星纸烟菜摊。17 日下午，《天津日报》公布人民券为法定通货，并允许商人可以拒收国民党金圆券。同日中国人民银行也挂出收兑金圆券的比值。这些措施起到了催促复产复业的作用，因而市场交易日渐增多，摊贩市场明显扩大。19 日以后，较大的商店、商场、戏院，先后开门，乡村肉菜也大批入市。工业品也开始向外输出，但终因资本家顾虑很深，货币紊乱，年节在即，许多大商店并未开门，或开门也只是表面支应。据旧历年底统计，民营商户 33 行、7926 户，复业者 6471 户，占 81%强。年节过后，经不断宣传解释工商业政策，中国人民银行委托银钱庄代兑金圆券，很快肃清了伪币，复业者增多。据 2 月 15 日 111 个商业行会统计，24944 家中，22631 家复业，占 90. 8%。相对而言，工业复业较复杂。国营工厂因办理交接，复工较晚。民营资本家顾虑重：怕斗争、怕分厂、怕没收、怕无利可图，加上原料、工资问题，复工较难。但一些规模小、产品又为人民所需的工厂，很快就复工了。据 2 月 15 日 18 个行业统计，2143 户中，1115 户已复工，97 户准备复工。据 2 月底 37 个行会统计，4380 家中，复工者 3921 家，占 89. 5%。不在同业公会的小工厂、作坊，复工者占 85%。到 3 月，有些工厂因工资问题初步调整，原料供应、成品推销问题部分解决，加之物价稳定，复工情况有了显著起色，资本家经营也比较安心了。天津解放后，花了近两个月时间，工商业才得以复工复业,基本走上正轨。①

关于接收城市官僚资本,就在天津解放当天,中共中央对天津接管人员下达了关于接收官僚资本企业的指示,特别强调必须严格注意,不要打乱企业组织的原来机构。对于接收来的工厂、矿山、铁路、邮政、电报及银行等,如果原来的厂长、矿长、局长及工程师和其他职员没有逃跑,并愿意继续服务者,只要不是破坏分子,应令其担负原来职务,继续工作。军管会只派军事代表去监督其工作,而不应派人去代替他们当厂长、局长、监工等。如果某个企业的主要负责人逃跑,或原来的负责人劣迹昭著,为大多数人所反对,而不能不撤换者,或系破坏分子,十分不可靠的分子,而不能不撤换者,即从本企业职工中提拔适当的人员代理。除非是无法提拔或我们派去的人完全是该企业的内行,能够无困难地管理该企业时,才任命他们直接负责该企业的管理。对于企业中的各种组织及制度,亦应照旧保持,不应任意改革及宣布废除。旧的实际工资标准和等级及实行多年的奖励制度、劳动保险制度等,亦应照旧,不得取消或任意改订。旧制度中的一部分须要加以改良者,亦须等到后来详细研究后,才能提出更合理的改订办法,绝不是草率

① 天津工商业复工复业速度迟缓,主要原因不是战争破坏,而是国民党及其特务污蔑、造谣破坏。在解放天津的战役中,受炮火损毁的工厂、店铺429户,被奸匪趁乱抢劫者27户,但对整个复工复业的影响不大。对复工复业造成困难的是国民党的污蔑宣传和特务的造谣破坏。如用"清算斗争资本家""共产党的经济政策是三三制"(就是资方劳方政府分三份)、"平分工厂""私人营业没有前途"等谣言迷惑群众。其次就是资本家不了解共产党的工商业政策,顾虑"提高工资""增加税收""物价波动""无利可图",加上工人店员的某些要求,一度使其恐怖、怀疑,拖延了工厂复工复业。(《天津市人民政府工商局对复工复业问题的总结与经验》(1947年8月1日),见华北解放区财政经济史资料选编编辑组等编:《华北解放区财政经济史资料选编》第1辑,中国财政经济出版社1996年版,第639—640页)

拟定办法或用老解放区企业中的制度去硬套所能改善的。只有如此，接收人员才能保持主动，否则，他们将立即陷入被动。

被派到各企业中的军事代表（即接收人员），对于大企业除派一个负责的总代表外，并可在各工作部门（十分必要时可在各车间）、各站、各段派遣代表，受总代表之指挥，并可设立监督部或政治部。这种军事代表的任务应是：（1）保障上级命令的实行；（2）保障生产的进行或恢复；（3）防止破坏或怠工，清查反动分子；（4）防止偷盗、贪污及浪费；（5）对职工进行政治教育与宣传，从职工中挑选干部；（6）协助职工组织工会及消费合作社等；（7）了解企业中的情况，学习管理生产。军事代表为了达到上述各项任务，应有权力监督企业中的一切活动，了解企业中的一切情形，要适当的人员向自己作报告，并在一切命令及指示上签字。生产的进行如有不好或发生破坏怠工等事，即应查明实情，追究责任，将进行破坏或怠工有据的分子，送交人民法庭。企业中共产党的支部及党员，应受军事代表领导，协助军事代表完善地达到上述各项任务。这就是说，军事代表不直接去管理生产，只监督原来的人员去管理生产，保障生产能照旧进行。这是比较轻而易举的。

对于国民党反动统治的政治机构，如国民党的军队、警察、法庭、监狱及其各级政府机构，是应该彻底加以破坏的，而不能加以利用。我们必须重新建立新的政治机构来进行统治。在旧的政治机关服务的人员，亦只能在经过改造后分别地加以任用，否则，就要犯原则的错误。但是对于旧的统治阶级所组织的企业机构、生产机构，在打倒旧的主人、换成新的主人之后，则不应加以破坏，而应加以保持，然后依照革命阶级科学准备的水准逐渐地加以改良即可。这是马克思、列宁多次说过了的，是完全正确的，我们应照这样来做。有些地方的接收人员彻底打乱了原来的企业机构，是错误的,妨碍生产的,不应再犯这种错误。①

面对平津等大城市和地区核心城市相继解放的新局面,解放区的经济工作重心发生重大转变。按照毛泽东和党中央的指示要求,必须一反二十年来的先乡村后城市的做法,改变为先城市后乡村的做法。如果不把城市工作做好,使城市起领导乡村的作用,就不可能使乡村有进一步的发展,也就不可能使中国由农业国变为工业国。而把城市工作做好,使城市能起到领导乡村的作用,中心环节是迅速恢复城市生产,把消费的城市变为生产的城市。为了迅速恢复和发展城市工业生产,要正确处理公私企业的关系,确立国营经济的领导地位,使其他一切经济成分均朝着有益于国计民生的方向发展,对私营工商业,既要保护和鼓励其正当发展,而对其投机操纵的、野蛮的、不利于国计民生的部分,必须在活动范围、税收政策、市场价格、劳动条件等各方面,加以恰如其分的必要的适当的限制,引导其发挥有益于国计民生的积极作用,防止其发生不利于国计民生的消极作用。同时,为了避免产销脱节,做到产销两旺,必须逐步发展供销合作社,使其成为联系生产者与消费者的纽带,成为沟通乡村和城市的桥梁。供销合作社以公道的价格把工业品卖给农村,又以公道的价格收购农产品供给城市。这不仅可使乡村避免投机商人的中间剥削,而且可鼓励农民生产,发展乡村经济。②

党的工作重心由农村转入城市以后,在一个时期内,一些大中城市特别是新解放城市,城市党政工作的中心任务,是按照毛泽东

① 《中共中央关于接收官僚资本企业的指示》(1949年1月15日),见中国社会科学院经济研究所中国现代经济史组编:《革命根据地经济史料选编》下册,江西人民出版社1986年版,第269—270页。

② 《把消费城市变为生产城市》(1949年3月17日),见华北解放区财政经济史资料选编编辑组等编:《华北解放区财政经济史资料选编》第1辑,中国财政经济出版社1996年版,第498—500页。

指示,贯彻公私兼顾、劳资两利、城乡互助、内外交流,即“四通八达”的全面政策,恢复、改造与发展生产,变消费城市为生产城市,其他一切工作,都要围绕这一中心工作来进行,服从这一中心工作。具体步骤,实施情况,各有差异。在北平,恢复和发展生产的重点,主要目标是可以向农村输出和供给市民的有益国计民生的工业、运输业和有利生产恢复与发展的商业。在工业方面,从长远发展方针来说,第一位是公营工业(包括机关工厂)及公私合营工业;第二位是有益国计民生的私营工业;第三位是机关手工业生产和城乡手工业。但在当时具体情况下,对于恢复有益国计民生的私营工业,必须同公营工业一样予以重视。在各类工业恢复和发展步骤上,首先应该是恢复、改造与充分利用已有的工业,然后才是建立新的工业。北平的工业生产,不仅仰给于乡村的原料,而且市场也主要在乡村。另外也有相当数量的手艺性工业,如地毯业等,市场几乎全在国外。同时又有不少工业,需要从国外购入机器与补充原料。为此,除应加强市贸易局工作外,还必须建立指导城乡贸易和指导对外贸易的专门机构,并吸收有经验的私商参加这项工作。必须动员、组织各种曾经经营城乡贸易和出入口贸易的关系和商人,按照政府的政策,来迅速恢复城乡的贸易与出口贸易,以促进与协助生产的恢复与发展。此外,在财经委员会下应设立议价委员会,在便利与恢复发展生产的方针下,评定公营企业某些产品的价格。还有,应根据恢复与发展生产的方针,审查旧的并拟定新的税则。另外还有,应即确定保护城市房屋所有权及其买卖、租赁的自由,并解决郊区农地问题,以利生产的进行,等等。①

① 《中共北平市委关于北平市目前中心工作的决定》(1949 年 4 月 16 日),见华北解放区财政经济史资料选编编辑组等编:《华北解放区财政经济史资料选编》第 1 辑,中国财政经济出版社 1996 年版,第 547—549 页。

看来恢复、发展城市工业、手工业生产,有很多工作要做,很多繁杂问题要处理、解决,绝非一蹴而就。

由于原料供应、产品销售和市场条件等多种因素的关系,不同地区、城市工业、手工业门类、行业,恢复、发展状况各有差异。石家庄在华北解放区的城市工业发展中,可能是相对较好的。1949年5月的材料显示,石家庄在解放一年半的时间里,由于准确执行了城市建设方针,城市工商业得到了很大的发展。据1949年1月统计,工业发展速度快于商业。私营工业由705户增至1613户,增长128.8%,而公营的发展速度又大于私营。公营企业由29户增至70户,增长141.4%。从资本规模看,新增户中,中小户居多,80%以上工业户,资本总额只占全部工业资本额的20%。工业中发展最大的是棉织、建筑、铁工、卷烟、电磨等行业。同解放前相比,增长30%—160%不等。最好的是棉织业与建筑业,棉织业由31户增至184户,建筑业由2户增至16户,卷烟业58户全是解放后发展起来的。此外,新增公营工厂,如华北铁工厂、裕华织工厂、造纸厂、玻璃厂、机器厂、卷烟厂等,都是解放前所没有的。工业从业人数,1948年年底比年初增长120%左右。从与国民经济和民生的关系看,凡是有利于国计民生的工商业,都得到了发展,反之就逐渐衰退,不得不转业或停业。①

整个华北解放区的工业情况,据华北财经委员会1949年5月的材料,仅纺织业辑有解放后的情况或解放前后情况比较。日本全面侵华战争期间,华北绝大部分纺织厂为日敌所劫夺。太平洋战争爆发后,日本侵略者将30%的辅助设备作为"废铁"征收,强

① 《一年来石家庄市工商业发展概况》(1949年5月31日),见华北解放区财政经济史资料选编编辑组等编:《华北解放区财政经济史资料选编》第1辑,中国财政经济出版社1996年版,第547—549页。

迫实行“中日合办”，私营厂仅存北洋、达生及恒源 3 个厂。日本投降后，国民党政府将全部日本纱厂编入国家资本，当时华北共有“国营”厂纱锭 338280 枚，线锭 50456 枚，布机 8667 台，工人 17997 人；“省营”厂纱锭 47744 枚，线锭 2505 枚，布机 480 台，工人 704 人；私营厂纱锭 160924 枚，线锭 12086 枚，布机 2576 台，工人 6577 人，共计纱锭 546953 枚，线锭 65047 枚，布机 12063 台，工人 25278 人。解放后，共有纱锭 430272 枚，线锭 56948 枚，布机 9703 台，其中由军管会接收者，纱锭 290056 枚，线锭 44736 枚，布机 7140 台，由企业部门经营者，纱锭 52880 枚，线锭 2256 枚，布机 780 台，公私合营者纱锭 33564 枚，线锭 8000 枚，布机 1032 台。原棉需要量不完全统计为 1407450 担，即 14000 万斤，1948 年棉花产量共 17000 万斤，“不够全年工业所需”。按 1949 年计划产棉 30000 万斤，则略有富余。①

第三节　解放区的铁路和公路交通运输业

解放战争爆发特别是 1947 年年底解放战争转为全面反攻后，解放区首先是东北解放区加速扩大，原来零散细碎、彼此分隔的根据地相互打通、连成一片，较大范围和较长距离的铁路、公路等交通线路相继回到人民手中，华北解放区铁路，亦部分通车。中华人民共和国诞生前，东北解放区是全国各解放区中唯一一个完整的、并设有行政管理机构（东北行政委员会）和铁路、公路管理机构（东北铁路总局、东北公路总局）的大区，铁路、公路交通运输业，

① 《华北解放区经济概况》（1949 年 5 月），见华北解放区财政经济史资料选编编辑组等编：《华北解放区财政经济史资料选编》第 1 辑，中国财政经济出版社 1996 年版，第 625—626 页。

继农业、工业、手工业之后,成为东北解放区崭新的实体经济产业。

东北地区的铁路、公路交通相对发达,交通网络相对完整。1944 年时,日伪铁路营运里程长达 11285 公里(参见本书上册),接近全国铁路总里程的一半;东北全境公路总长 10.8 万公里,占全国公路总里程 22.7 万公里的 47.6%。[①] 亦即铁路、公路里程分别占到全国铁路、公路总里程的将近一半。东北解放区铁路、公路的全面整修,铁路、公路交通运输业的恢复,尤其是铁路运输的恢复,不仅支援东北解放区的建设和关内解放战争,意义重大,为关内铁路、公路的整修积累了宝贵经验,而且从技术力量,机械、运输设备和铁路器材等方面,直接支援了关内铁路交通运输的整修与恢复。同时,关内解放区的铁路运输,亦部分恢复。

一、铁路运输的全面恢复和经营管理

东北全境铁路超过 1 万公里,经日本侵略者、国民党反动派的疯狂破坏,再加上苏联军队大规模拆运,回到人民手中的只是一个“烂摊子”:铁道线路,不少路段只剩下路基,甚至连路基也坑洼不平;机车变成一堆废铁;货车、客车成了一堆破烂;电信设备残缺不全;车站几成废墟;等等。然而,所有这些全都难不倒中国共产党人和工农大众。中国共产党人既然能够打败穷凶极恶的日本帝国主义和用美式装备包裹起来的国民党反动派,也就能够医治、整修旧世界,让其“旧貌换新颜”,变成一个崭新的世界。正是凭着这种信念,中共中央东北局和民主政府,在战争大环境下,克服各种

① 徐彬如:《东北区公路工作报告》(1949 年 11 月 21 日),见东北解放区财政经济史编写组等编:《东北解放区财政经济史资料选编》第 2 辑,黑龙江人民出版社 1988 年版,第 557—558 页。

难以想象的困难，随着解放战争的推进和解放区的扩大，只用了3年多的时间，逐段逐路修补，通车营运。到1949年3月，总计修复铁道线路5700公里，东北境内铁路已接近全部畅通，营业线路全长10028公里。同时制定规章，建立、完善和改革经营管理制度，逐渐恢复并不断提高运输效率和经济效益。东北铁路运输的全面恢复，不仅带动了东北解放区自身的经济建设，而且从人力物力和技术力量上有力地支援了关内铁路的恢复、建设工作，推进了全国的解放速度。

1949年年初，为保证铁路运输畅通，迅速调集大军南下、加快解放战争的进程，中央军委直接下达关于加强铁路运输设备的指示。因作为铁路通信关键设备的长途载波电话、调度电话及电报所用铜线，大部受到破坏，损失殆尽。为解决铜线困难，军委要求外贸部门将换回铜线或电解铜，作为“对外贸易第一位”的急务，突击完成，各地区亦须紧急“动员自己力量”，拆收地方电话电报的部分铜线交给铁路部门使用，并收集铜块、铜元、铜器，自行炼解，加工生产铜线，以满足铁路通信“最低需要”。同时动员群众将破坏铁路时分存民间的器件及埋藏或投入河中的铁轨，收集并全数送回铁路应用。① 在当时的战争特殊环境下，关内地区（包括西北地区）铁路运输的恢复、使用，是由中央军委直接组织领导的。

（一）铁道线路设施的整修和交通运输的恢复

铁路交通运输，对于东北解放区民主政府来说，既是一个崭新

① 《军委关于加强铁路运输设备的指示》（1949年3月16日），见中央档案馆编：《中共中央文件选集》第18册（1949），中共中央党校出版社1992年版，第172—173页。

的产业,也是一个陌生而又任务异常艰巨的行业,起步困难重重。

日本帝国主义为了快速、高效掠夺东北经济资源,并将东北建成全面占领和灭亡中国的战略后方和“根据地”,1931 年“九一八事变”后,大规模修筑铁路,加速发展东北铁路运输,到 1945 年日本战败投降,14 年间新修铁路干、支线共 6251 公里,加上原有线路,东北全境有纵横交错的大小铁路 50 余条。

这些铁路及其相关设备,不仅是中国人民汗血的堆积,更是日本日夜不停地吸吮中国人民膏脂和财富资源的“巨型吸管”。1931—1945 年的 14 年间,这一条条“巨型吸管”吸吮的人民膏脂和财富资源,无以数计。

然而,“八一五”日本投降后,这些曾经给中国人民和中国经济造成巨大损失的大小铁路,并没有顺利和完整地回到人民手中,而是一再遭受洗劫和磨难。先是在日本投降前后,东北铁路被日敌严重破坏。在日军溃退时,许多机车及相关设备被丢弃在线路上,机车损坏,零件散失。据 1946 年统计,被破坏的机车占总数的 79.8%。更有部分机车被日军烧毁,零件丢失殆尽;许多客车只剩车厢四壁,门窗和内部设备全被拿走,1068 节客车中,被完全破坏者达 450 节,占总数的 42.1%;9662 节货车车皮中,许多连车壁也没有,被完全破坏者达 2482 节,占总数的 25.7%。铁路电线设施、电话系统也遭到不同程度的破坏,轻者占总数的 8.6%,重者达 100%。[①] 日本侵略军溃退时,还破坏了许多铁道工厂及分厂。

国民党势力进入东北以后,东北铁路再次遭到破坏。从 1945 年 11 月初山海关战役开始,到 1948 年 11 月东北全境解放为止,

① 于光生:《三年的进程和今后的计划》(1949 年 5 月 25 日),见东北解放区财政经济史编写组等编:《东北解放区财政经济史资料选编》第 2 辑,黑龙江人民出版社 1988 年版,第 488—489 页。

遭国民党反动派破坏的铁路达3780余公里；破坏的桥梁、涵洞计1033处，总长43500公尺；破坏的土木建筑达6417处。[①] 在东北铁路的营运方面，1946年3月1日，国民党政府交通部宣布实行铁路“分区管理制”，在沈阳设“东北特派员办公处”，下辖锦州、沈阳、吉林、齐齐哈尔、牡丹江5个管理局。国民党华北军区指挥部在沈阳成立“军运指挥所”，在各地成立了“军运办事处”，利用铁路大规模调运军队。为了缓解军政冲突，专门成立“联合调度所”。随后又成立“东北运输总局”。在国民党政府管理“南满铁路”的3年时间里，除了军运与官僚资本的商运之外，真正用于民运的车辆和里程，据统计还不到1/10。[②]

另外，苏联军队曾一度以“中苏共管”的名义占据北满中长铁路，1945年8月8日，苏联出兵东北，8月15日日本宣布无条件投降当日，国民党政府同苏联政府签订《中苏友好同盟条约》，决定中长铁路由“中苏共管”，并成立“中长铁路公司”，下设中长铁路局，辖海拉尔、昂昂溪、哈尔滨、牡丹江、长春、沈阳、大连7个分局。理事长由中苏互任。苏军后又拆走大部分铁路设施、器材，使东北铁路又一次遭受重大损失。

东北铁路就是在经历了这一系列磨难后，才回到人民手中。面对这个破烂摊子，民主政府根本无法进行正常的营运管理，而且，由于东北全境的解放经历了一个艰难、复杂和反复的过程，铁路只能随着解放区的开辟、扩大，分站段、分区域进行修补和营运，一切因陋就简。“八一五”日本无条件投降后，为了防止铁路设

---

① 于光生：《三年的进程和今后的计划》（1949年5月25日），见东北解放区财政经济史编写组等编：《东北解放区财政经济史资料选编》第2辑，黑龙江人民出版社1988年版，第489页。

② 方青：《蒋匪帮怎样摧残东北铁路》，《东北日报》1948年12月10日。

备、财产继续毁失,一些地区的民主政府即行组织当地铁路职工,成立临时性的铁路局。1945 年 10 月,辽宁省人民政府接管锦州铁路局,在北安成立北安铁路局,管理滨北和齐北铁路各一部分;在林口成立林口铁路局,管理图佳线北部及林东线各一部分;在宁安成立宁图铁路局,管理图佳线南段;在齐齐哈尔,中共中央东北局决定成立齐齐哈尔铁路局,管理平齐、齐北及滨洲线各一部分。其他一些地区,有的也成立了相关铁路局,但存在时间和管理线路都很短,各自独立,互不连属,仅能利用旧有铁路员工,分散完成局部军运任务,无力顾及铁路的恢复和建设。当时因战争影响,两三年没有维修线路,枕木腐朽,线路凹凸不平,机车"七窍生烟遍体流汗",列车行驶摇摆震荡,行车速度每小时 30 公里,根本无法安全正点。铁路秩序也极为混乱,到处扣车,机车、车厢和设备、器材严重浪费、毁坏,苏军撤离后,时局动荡不定,旧有员工失去事业心,偷窃器材,国民党特务乘机活动,许多职员加入国民党,准备"接收"。当时铁路全线员工 7 万人,而党和政府派驻的管理干部只有 40 多人。人数既少,又缺乏铁路管理经验,面对这种严峻局面,信心不足,不少干部抱着"下路的思想",准备打游击。当时铁路的情况,可用东北一句土话概括,"老牛破车疙瘩套,力巴赶车翻江道"①。

为了尽快扭转这一局面,办好铁路事业,充分发挥铁路交通运输在解放战争和经济建设中的作用,1946 年 7 月 10 日中共中央东北局作出《东北局关于加强铁路管理工作的决定》,成立东北铁路管理总局。由陈云兼任局长,李富春、陈正人兼任政委,吕正操

① 吕正操:《铁路工作报告》(1947 年 7 月 24 日),见东北解放区财政经济史编写组等编:《东北解放区财政经济史资料选编》第 2 辑,黑龙江人民出版社 1988 年版,第 392—393 页。

兼任副局长，全面领导掌管各线铁路的方针政策，统一各种制度，调剂运输力量及财政收支，并下发关于加强铁路管理的指示及关于军队遵守铁路规章的指示，令党政军机关负责传达、深入教育，尽快使铁路的经营管理步入正轨。①

接着，东北局又下达了《东北局关于铁路工作的指示》，就过去的工作进行了总结，要求转换思路，在铁路管理问题上树立长期和全局观念，强调指出，在今后长期反复斗争中，掌握铁路是必需的。过去因为缺乏经验，特别是缺乏长期打算，着重于局部的眼前利益，算小账不算大账，导致铁路经营遭到无法估计的损失与严重困难。因此，必须树立在铁路方面与国民党作长期反复的斗争，为战争与建设服务的思想。要求铁路干部要下决心学习管理铁路，学习长期管理大规模企业，作为根据地建设重要课程之一。

《东北局关于铁路工作的指示》总结了以往铁路管理中的经验教训，归纳为两点，一是强调行政管理。此点应该重视，但必须群众支持、配合。单纯而无群众配合的行政管理并不适用。二是采取“一般清算斗争方式”，但因罪大恶极的汉奸敌特已经潜逃，清算斗争演变成员工内部或职员、工人、农民之间的斗争，经济上员工、农民得不到利益（或利益很小）；政治上增加了员工、工农间的隔阂，结果“两败俱伤，员工纪律松懈，铁路业务废弛”。因此，应该强调“员工合作、全路团结、自力更生、克服困难”，除对群众所痛恨的汉奸敌特外，一般的清算斗争，无论员工对员工，还是农民对员工，均应停止，更不应该领导地方工农会斗争铁路职工会。至于管理铁路的方法，“必须是领导骨干与员工群众相结合，以群

① 《东北局关于加强铁路管理工作的决定》（1946 年 7 月 10 日），见东北解放区财政经济史编写组等编：《东北解放区财政经济史资料选编》第 2 辑，黑龙江人民出版社 1988 年版，第 379 页。

众路线为基础,实行行政管理”。具体措施:第一,展开员工政治教育,肃清员工中“混洋事、磨洋工”的残余思想,提高员工为人民服务的思想。铁路是人民大众的血汗财产,在铁路服务即是直接为人民利益服务,亦即为员工解放自己的利益服务。号召大家同心协力经营铁路。第二,适当增加工资,改善员工生活。在基本工资的基础上,按公私两利原则,实行包工制、包件制、加工津贴,生产与节约成绩优良及工作上、技术上、业务上的创造与发明等,均应给予优厚的奖励。对有专长的高级员工与技术专家应给予技术与职务津贴,对于消极怠工、荒废业务者,应给以适当处分。第三,开展劳动英雄与模范工作者的运动,培养积极分子与领导骨干,给以物质与精神的奖励,晋级加薪并在政治上予以优待。第四,实行集体领导制度,由党、行政及职工会负责人成立段务、站务、厂务委员会,吸收员工参加管理铁路,共同讨论生产与工作方针及计划,并分工负责保证计划的完成,如其首长或军事代表为党员可兼任委员会主任,使领导一元化。第五,为了实现行政与员工群众相结合,以改善铁路的经营,各级铁路职工会必须改造或加强,以领导全体员工巩固与提高劳动纪律,爱护铁路财产,保证铁路行政与业务之完成。并从各方面改善员工生活,以提高工人的政治觉悟,充分发扬员工劳动积极性,自下而上配合与改善行政管理。第六,铁路干部来源主要是原有铁路员工,只有大胆使用原有铁路干部特别是从下级员工中放手培养提拔新干部,才能得到解决,凡是在劳英运动与学校训练中,经过发现与培养的积极分子,诚心诚意为民主事业服务,有能力、有办法,且在群众中有威信者,应不限等级,不拘资格,大胆提拔以至提拔到负责岗位。管理铁路的最大困难,是“两眼漆黑没有帮手”。铁路工作的老干部,其任务,一是政治领导。即提高员工觉悟性与积极性,给以任务,在实际工作中物色和大量提拔新干部。二是解决困难。即给以任务后给他们撑腰,并时刻关心与照顾员工生活。三是学习业务。老干部大多缺乏铁路知识，应向员工虚心学习。第七，交通部门是国民党特务活动的“大本营”，特别是高级员工，更容易被国民党特务勾引，必须高度警惕国民党特务的危害性。铁路领导机关必须与地方党政密切配合，从管理工作上，从群众运动中肃清国民党特务的活动。铁路员工及其家属，系所在地的公民，政治上受当地党政机关的领导，业务上受路局领导，地方党政必须负责在所辖地区内协同路局肃清各站、段的国民党特务活动。①

东北铁路管理总局成立一个月后，1946 年 8 月，作为东北解放区最高行政机构的东北行政委员会成立，下设交通委员会，吕正操为主任，陈先舟为副主任。东北铁路管理局总局改隶属东北行政委员会，吕正操任局长兼政委，郭洪涛、陈大凡、马钧为副局长，下辖牡丹江、西满、哈尔滨 3 个铁路管理局，并健全和加强了各下属分局、站、段的组织机构和领导班子。

东北铁路总局及其主管部门成立后，总局下面又成立了工电部，各管理局设工电处，分局设工电科，逐级辖管工务、电信业务。组织机构、管理系统、规章制度初步建立并逐渐完善，领导班子和干部队伍加强，指导思想明确，铁路系统内部和铁路系统同解放军部队及铁路两旁农村、农民的关系，开始捋顺，东北解放区的铁路交通运输事业逐渐走上正轨。

为使铁路职工免受铁路两旁农村土地改革清算斗争的干扰，保持铁路员工队伍的稳定，加强工农之间的互助和团结，确保铁路运输业务的正常运转，1947 年 1 月 7 日中共中央东北局发出《东

① 《东北局关于铁路工作的指示》(1946 年)，见东北解放区财政经济史编写组等编:《东北解放区财政经济史资料选编》第 2 辑，黑龙江人民出版社 1988 年版，第 380—383 页。

北局关于农村斗争与铁路的关系问题的指示》,明确指出,若土地改革斗争对象牵涉到铁路的工人和职员时,各地农会不得直接到铁路抓人,可将农民意见及材料由农会提交当地铁路党委或工会,由铁路党委或工会决定处理,或由农会与铁路党委和工会共同处理。如系地主、恶霸隐藏在铁路内者,亦须经过铁路党委和工会许可后,由铁路党委和工会交给当地农会去处理。同时,在工人与农民中均须进行教育,说明工人与农民是一家人,要互相团结,有事互相商量,而不是互相不管或互相对立。形成工农团结一致、互相帮助的精神。① 这样,既维护了铁路秩序,保证了铁路员工队伍的相对稳定,又轻而易举地清除了隐藏在铁路员工中的地主、坏人,纯洁了铁路员工队伍,还维护和巩固了工农联盟,一举三得。

1946 年 7 月东北铁路总局成立后的一年时间内,由于全路员工的不懈努力,解放区铁路的修补和营运恢复取得了重大进展。据 1947 年 7 月统计,东北全境铁路总长 9501 公里(伪满时 1 万多公里),解放区铁路通车里程总长 4694 公里,占 49.5%;新收复线路 1483 公里,占东北铁路的 15.6%;正在修复的有 434 公里,占东北铁路的 4.6%。新收复区西安(今辽源)到朝阳镇已通车,安东局也有部分通车。总计东北解放区铁路全长 6611 公里,占东北铁路总长的 69.6%(森林铁路 600 多公里正在修复中)。

铁路运输设备的修补和运输力恢复,也取得明显成绩:1947 年同 1946 年比较,机车从 129 辆增至 451 辆,增加近 2.5 倍;车皮从 379 节增至 2095 节,增加近 4.5 倍;运输力从 1946 年 10 月的 146490 延吨公里增至 1947 年 6 月的 876817 延吨公里,增加近

① 《东北局关于农村斗争与铁路的关系问题的指示》(1947 年 1 月 7 日),见东北解放区财政经济史编写组等编:《东北解放区财政经济史资料选编》第 2 辑,黑龙江人民出版社 1988 年版,第 384 页。

5倍；发放车次从1947年1月的112次增至6月的387次，增加2.4倍多；车速也从过去的每小时30公里，提高到了每小时50公里。

当然，也存在问题和困难，主要问题是财务制度和财务管理不健全，经营亏损，财务艰困。特别是1947年5月进入淡季后，收入减少，支出增加，经营亏损扩大：5月亏损6.3亿元；6月12亿多元；7月11亿多元。3个月累计亏损29.3亿多元。只能采取"刻苦兴家，渡过困难"的方针，节约自俭。而且，在战争期间，也很难实行铁路企业化（军用记账，用车比例达13%—33%不等），只能卖煤省煤裁员（行车每公里耗煤由17吨减至7—8吨；已裁员3000人）。①

1947年年底，解放战争由战略防御转入战略反攻。东北解放区铁路修复的形势背景和任务，发生了重大变化。1947年下半年，根据军事和生产的需要，首先修复了二道河子到蛟河间的线路，接着修复了拉滨线全线、长图线的蛟河到天岗段、平齐线的双岗到郑家屯段及宁嫩、佳富等线。到1947年年底，东北解放区铁路总长：干线6737公里，支线1695公里，专用线334公里，石山线58公里，总计8814公里。

1948年，为了适应解放战争胜利发展的需要，加快了修复铁路的速度。大郑线的郑家屯通辽段、长图线的天岗饮马河段、平齐线所剩的郑家屯段、平梅线的西安四平段、大郑线的通辽彰武段、彰武新立屯段、新立屯西阜新段等，到8月底先后完工。各线大小桥涵亦均相继修竣。

---

① 吕正操：《铁路工作报告》（1947年7月24日），见东北解放区财政经济史编写组等编：《东北解放区财政经济史资料选编》第2辑，黑龙江人民出版社1988年版，第391—392、397—398页。

为了进一步加强对铁路的领导,1948 年 9 月,东北行政委员会设置铁道部,吕正操任部长,余光生任副部长。9 月,正式实行负责制,首先是乘务员负责制。① 10 月,推行新行车法,即行车人员负责制。同月,成立东北解放区铁道兵团,负责抢修铁路、桥梁、通信设备。1948 年总共修复线路长达 2717 公里。营业的里程达到 9619 公里。

1948 年 11 月,东北全境解放,东北解放区的铁路运输事业的发展,出现了前所未有的大好形势。不过东北解放区铁路工人肩上的担子也更加沉重。除了充分发挥铁路的推动力,加快东北地区的经济建设,改善东北人民的生活外,还要通过铁路运输,运用东北的人力物力资源,特别是工矿业资源,全力支援全中国的解放事业,并利用东北铁路的实践经验和技术力量支援关内解放区铁路运输的修复工作。

经过三年的抢修与建设,东北解放区的铁路除少数线路尚未通车外,到 1949 年 3 月,总计修复铁道线路 5700 公里,东北境内铁路已接近全部畅通,营业线路全长 10028 公里,机车达 1538 台,客车达 1468 辆,货车 21336 辆,桥梁为 5125 座(含临时性桥梁 449 座),隧道 90 处,给水站 299 处,房舍 20938 处,工务段 60 个,养路监工员驻寨所 294 处,养路工区 1012 个。②

为了加快建设新东北的步伐,支援关内修路运输、解放全中国,1948 年 12 月,东北行政委员会铁道部作出《关于缩短车辆周转时间与改革制度的决定》。从 12 月 15 日起,实行新的冬季列车

① 亦称"包连制",即由一定集团的乘务员(两班或三班)固定使用一台机车,由他们对机车负全责。

② 余光生:《三年的进程和今年的计划》(1949 年 5 月 25 日),见东北解放区财政经济史编写组等编:《东北解放区财政经济史资料选编》第 2 辑,黑龙江人民出版社 1988 年版,第 490—491、497 页。

运行表,规定机车运用效能计算法。

由于工农业生产和商业贸易的迅速恢复和发展,矿山原料、燃料,大工厂及农副产品运输量的激增,使铁路的运输力大增,突破了原计划指标,并使铁路的财政收支状况好转。1949 年全年计划运输吨数为 30661596 吨,实际完成 103.3%。其次客运人数全年计划为 37170 人,实际完成 105.43%;客运营业收入计划为 2093579 万元,实际完成了 107.8%。①

为了取得人民解放战争在全国的胜利,保证完成中央铁道会议关于修复粤汉、陇海、淮南、同蒲等铁路的决定,中共中央东北局于 1949 年 7 月 29 日作出了《东北局关于筹运铁路器材保证完成中央修路计划的决定》,拆运北安至黑河段、凤凰城至宽甸段及至赛马煤矿段、索伦阿尔山段、叶柏寿至赤峰段的铁轨进关;于 11 月底前运送 270 万根枕木、9 万立方米原木入关。②

1949 年东北支援关内火车司机上百人,客车 300 余辆,货车 1500 余辆。③ 钢轨、枕木、桥梁架也源源不断地运进关内。从人力物力上有力地支援了关内铁路的恢复、建设工作,推进了全国的解放速度。

在东北解放区的大力支援下,关内解放区特别是华北解放区,随着解放战争的快速推进,解放区范围扩大,从远离铁路交通线的

① 参见朱建华主编:《东北解放区财政经济史稿》,黑龙江人民出版社 1987 年版,第 286 页。

② 《东北局关于筹运铁路器材保证完成中央修路计划的决定》(1949 年 7 月 29 日),见东北解放区财政经济史编写组等编:《东北解放区财政经济史资料选编》第 2 辑,黑龙江人民出版社 1988 年版,第 517—518 页。

③ 余光生:《三年的进程和今年的计划》(1949 年 5 月 25 日),见东北解放区财政经济史编写组等编:《东北解放区财政经济史资料选编》第 2 辑,黑龙江人民出版社 1988 年版,第 498 页。

偏僻农村山区,推进到铁路沿线和铁路两侧,解放和控制了部分铁路线段和若干车站,或某些较大的车站。随着解放区的进一步扩大,原来相互分隔的各个解放区开始连成一片,较长距离铁路线段甚至某一整条铁路都回到了人民手中,为铁路线段的完整修复和铁路交通运输的部分恢复提供了条件。同时,随着解放战争推进步伐的加快,特别是华北地区的大部解放和大军南下,大部队快速调运,已经解放地区物资运输和经济的恢复、建设,急迫需要铁路运输的全面恢复。基于这种情况,关内解放区尤其是华北解放区,铁路修复进度加快。

据1949年5月的材料,华北解放区铁路中,修复通车情况:(1)北平至沈阳的北宁铁路已全线通车。(2)北平至汉口的平汉铁路,已经通车的为北平—高碑店段(83公里)、石家庄—柳辛店段(6.8公里)、老田庵—郾城段(174公里)。另外,铁道部第二次工程会议决定,1949年6月30日前完成郾城—汉口段(379公里)修复,争取9月底该段全线通车;平汉路北段涿县至保定已于5月20日通车,保定—石家庄段修复定于6月10日开工,除滹沱河桥梁工程外,定于9月底完工。石家庄—新乡段的修复,7月1日正式开工。(3)道清铁路,焦作—获嘉段(28公里),已可通车。(4)津浦铁路:1949年5月铁道部第二次工程会议决定,除淮河大桥于7月底完工外,6月15日前先行分段通车,预计7月底可全线通车。(5)平绥铁路:北平—西湾堡(约249公里)、丰镇附近(约45公里),业已通车;周土庄—大同段线路已于4月29日抢修完毕,4月30日开始抢修口泉支线及大同—孤山段线路。至5月3日口泉支线已修至永定庄及峪丰西煤矿。5月5日,大同—旗子营正式通车。(6)同蒲铁路:现已通车者为鸣李—灵石段(149公里)。同蒲南段灵石—风陵渡(372公里),由石家庄路局负责,于7月中旬完成;北段大同—太原(357公里),拟于1949年12月底完成。

(7)正太铁路,石家庄至太原,全长243公里,已全线通车。(8)石德铁路,石家庄至德州,全长180公里,已全线通车。①

(二)经营管理制度的建立与改革尝试

东北解放区经营管理铁路交通运输事业,是中国新民主主义革命开始以来,中国共产党和民主政府首次管理大型近代交通运输企业,不仅没有任何实践经验,甚至连推行某些最基本的管理原则、办法,也在党内、军内遇到阻力,为此必须进行相关的启蒙教育。

铁路交通运输是一个十分庞大而又复杂的网状运输生产系统。它既不同于公路交通运输,也不同于水上运输或航空运输,它是一种条件十分苛刻的平面网状轨道运输,在某一时间、某一路段的轨道上,只能允许单车、单向行驶。否则,由于火车的牵引力、载重量和惯性力极大,如稍有疏忽,发生对撞或追尾事故,后果不堪设想。所以,无论车辆调度、驾驶还是整个运输系统,都必须进行科学和严格的管理。然而,这在当时党内军内一些出身农民的干部中,并非人人都懂。

在东北解放区开辟初期,中共中央东北局和民主政府刚刚开始接管和经营铁路运输,不仅要教育党员、干部,要有长期和大局、全局观念,"必须纠正铁路工作上朝不保夕,得过且过的思想",要求铁路干部"下决心学习管理铁路,学习长期管理大规模企业,作为根据地建设重要课程之一"。而且,还要苦口婆心地说服铁路以外的党政军干部特别是军队干部,遵守"路章"(铁路的规章制

① 《华北解放区经济概况》(1949年5月),见华北解放区财政经济史资料选编编辑组等编:《华北解放区财政经济史资料选编》第1辑,中国财政经济出版社1996年版,第630—632页。

度),并为此进行有关铁路运输特殊性的“启蒙教育”。1946 年东北局下发的《东北局关于铁路工作的指示》,最后一大段文字,就是说这种“启蒙教育”。

《东北局关于铁路工作的指示》强调,铁路运输必须进行严格的科学管理,“地方党政不得干涉员工执行业务”,部队亦要遵守“路章”。《东北局关于铁路工作的指示》特别指出,“少数部队破坏路章,是铁路遭受损失另一种重大原因”。在某些军队中不自觉地流行着一种铁路“是军队打出来的”思想,“因而军队或个人就可以破坏路章,滥加干涉,不了解车辆行驶是在全路有一定计划和有一定时间的,不了解铁路各部门是有机联系的科学组织,不管机车有无煤、水、牵引力大小、线路好坏、坡度大小、有无危险等,认为铁路规章太麻烦,直截了当威胁、殴打铁路员工及护路军,强迫开车、扣车、挂车、甩车,以致屡屡发生撞车出轨,大批指战员与铁路人员死伤,毁坏机车线路的严重事故,部队铁路均遭受和无意义的重大损失”。为了避免悲剧重演,减少经济损失,全党全军必须吸取教训,“深入进行爱护铁路与遵守路章的教育:第一,必须反复说明铁路是全党全军和东北人民用汗血换来的财产,任何损失都是我党我军和东北人民的损失,必须加以爱护,任何人均有保证行车安全之责任。第二,铁路是复杂的机械组成的整体,管理上是一套科学的组织,铁路员工中虽有一部分坏分子(必须清除),但一般员工是在我党意图下执行职务,铁路规章条例是经过党委讨论批准的,一切破坏规章不仅易使铁路财产遭受严重损失,即我党我军在群众中的影响亦受损失,遵守路章既可保障行车安全,个人亦免危险。第三,铁路干部应教育员工拥军爱路,对缺乏铁路知识的党政军干部与战士应进行耐心的说服与解释,使之了解铁路与遵守路章,对于军政人员在不违反路章范围内应尽量给以优待与照顾,以改善与融洽军路关系,使铁路发挥最大限度的运输力,为人民战争与人民经济事业服务"①。这种有关铁路运输的"启蒙教育",从一个侧面反映出东北解放区在初期对铁路运输作为一个运输实体进行有效管理时的困难程度。

东北解放区铁路运输的经营管理,经历了从单纯的行政管理到企业经营管理,再到尝试实行"企业化"经营管理的演变和发展过程。

在解放战争和东北解放区开辟初期,铁路作为一个运输生产单位,从内到外,都处于一种十分特殊的环境。就单位内部而言,各单位的干部来源,最主要是原有铁路员工,党和政府派驻的干部人数很少,当时民主政府管理铁路的最大困难,是"两眼漆黑没有帮手"。铁路职员和工人,全部是留用人员,鱼龙混杂,而且铁路系统又是国民党特务活动的"大本营"。特别是高级职工,更容易被国民党特务勾引。因铁路领导机关"两眼漆黑没有帮手",而铁路员工及其家属,是所在地之公民,在政治上受当地党政机关领导,业务上受路局领导,地方党政必须负责在所辖地区内协同路局肃清各站、段的国民党特务活动。但地方党政不得干涉员工执行业务。中共中央东北局规定,为了将国民党特务活动的危害降低到最低限度,铁路领导机关"必须与地方党政密切配合,从管理工作上,从群众运动中肃清国特的活动"②。显然,在这种复杂的政治和社会环境下,不可能对铁路实行通常的企业管理。

从铁路的运输业务和营业收入状况看,铁路接收管理之初和

① 《东北局关于铁路工作的指示》(1946年),见东北解放区财政经济史编写组等编:《东北解放区财政经济史资料选编》第2辑,黑龙江人民出版社1988年版,第383—384页。

② 《东北局关于铁路工作的指示》(1946年),见东北解放区财政经济史编写组等编:《东北解放区财政经济史资料选编》第2辑,黑龙江人民出版社1988年版,第381—383页。

1946 年,铁路主要是军用、军运,运送军队或军需物资。铁路没有多少收入,也没有财务计划和财务制度,“经费不够,就到东北银行去拿”,全都“没有限制,采取放任”态度。①

在这种情况下,当然不可能实行企业或“企业化”管理,而只能是实行“行政管理”。因此,根据当时的阶级斗争形势和铁路干部队伍状况,中共中央东北局决定:“管理铁路的方法,必须是领导骨干与员工群众相结合,以群众路线为基础,实行行政管理”。在管理和进行运输生产过程中,为便于集中意见,实行“集体领导制度”。具体办法是,由党、行政及职工会负责人成立段务、站务、工厂委员会,吸收员工参加管理铁路,共同讨论生产与工作方针及计划,并分工负责,保证计划的完成。如其首长或军事代表为党员,可兼任委员会主任,使领导“一元化”。

这种行政管理特别是实行“一元化”领导的行政管理,从根本上保证了党和民主政府对铁路的所有权和实际控制权,掌握和行使了对铁路运输业务的主导权或决定权。不过当时在铁路领导部门的党员和党政代表很少,也不熟悉业务,难以插手,铁路员工也希望,党员干部“不要一事不懂,横加干涉”。面对这种情况,解决的办法是加强员工的政治思想教育,培养积极分子与领导骨干,实现行政与员工群众相结合,改造或加强各级铁路职工会,领导全体员工巩固与提高劳动纪律,爱护铁路财产,保证铁路行政与业务的完成,组织员工参加各种政治斗争与活动,开展文化娱乐活动,开办夜校、子弟学校、家属学校等,以及办理员工消费合作社,组织员工变工生产,从各方面改善员工生活,借此提高工人的政治觉悟,

① 吕正操:《铁路工作报告》(1947 年 7 月 24 日),见东北解放区财政经济史编写组等编:《东北解放区财政经济史资料选编》第 2 辑,黑龙江人民出版社 1988 年版,第 397 页。

充分发挥员工劳动积极性,“自下而上配合与改善行政管理”①。

1947 年 5 月,东北解放区铁路经营管理开始由行政管理向企业管理转变,并且提出了“铁路企业化”的重要概念和思路。

东北解放区的铁路运输实行行政管理后,在全路员工的积极努力下,圆满完成了繁重的军运、粮运任务,运输力有了显著提高,旅客列车做到准时开行,运输秩序初步确立。但由于过去临时命令甚多,总局领导偏重于现时业务,缺少定时性的工作布置,运营方针不够明确。1947 年 5 月运粮结束后,直至 10 月,全路将进入运输淡季,货运收入减少,而开支如换枕木、存煤、购置材料准备冬季运输设备等,较前期增多。全路面临着如何开源节流、安全度过淡季的严重问题。

在这种情况下,铁路总局转变原来实行行政管理时的思维和经营模式,提出了车务、机务两方面的业务方针,强调一方面尽一切可能开展营业,同时取缔贪污、偷窃、浪费等弊端,以增加收入,度过淡月;另一方面又要整理组织、调整力量,以提高工作效能,准备过冬。认为“这一方针的两方面是同等重要的,又是互相联系的”。

关于开展业务,不仅是必须的,而且有充分可能。为此总局及管理局均主动与地方政府或地方部队经营之企业(如煤矿、林业公司等),以“两利原则”订立合同,由路局承运煤炭、木材等。各局负责人应仔细了解管内各地各种公私企业对于铁路运输的需要。“不是坐等人家来找,而是走上门去找人家商定运输合同”。总局已有签订和批准的合同,可印发供各地参考,管理局也可自行

① 《东北局关于铁路工作的指示》(1946 年),见东北解放区财政经济史编写组等编:《东北解放区财政经济史资料选编》第 2 辑,黑龙江人民出版社 1988 年版,第 381—382 页。

对外订定合同,但签字前须经总局批准。一经批准签字,即应遵守信用,坚决执行。

接着,总局特别提出了“铁路企业化”的概念和思路。认为“铁路本为国营企业,铁路企业化非但不违背人民铁路的精神,而且只有实行企业化,铁路取得合理的利润才能够维持与发展业务,才能更好与较多的为人民服务。这一道理不仅全路员工应该深刻了解,而且要向各机关团体及广大群众推行解释,使他们都能了解。一切铁路工作者一方面要有真心诚意为人民服务的精神,要给运输主线以一切可能与合理的方便,同时又必须有企业化的习惯,学会做运输生意,采取一切正当的方法刺激招徕运输”。

为了实行铁路企业化,养成“企业化的习惯”,总局对整顿各种收入,也痛下决心,纠正原来的衙门作风,原来一些车站的专用岔道租金、货场租金均一同取消。原来有的货场变成机关专有,全由工会承办,铁路并无收入。总局认为这些做法不妥。工会工作很重要,行政上应该帮助,拨给款项,但应该由路局办的营业仍应由路局办理。如工会愿意承办,亦应与路局订立合同,而从路局得到应有的收入。各级工会负责人应该了解铁路企业化的重要性,而予以积极支持。“不应该以为小的收入可以马虎,须知积少成多,整个东北解放区铁路的各种收入,合计起来是一个很大的数目”。同时,各单位应该采取具体措施,防止和取缔贪污、偷窃、浪费等弊端。还要进行深刻的思想教育,表扬廉洁奉公的员工,并以模范事例作为教育材料,以养成廉洁朴素的作风。

为了顺利整理组织与设备,调整力量,提高工作效能,准备过冬,“使铁路企业化做得更好”,在机务工作、车务工作方面,不仅有大量工作要做,为过冬精心做好准备,更要改变旧的工作作风,重要耗材、用料必须核定标准。如在机务方面,定出煤炭、油脂、零件的标准消耗量,并切实检查督励执行。对于节约者给予奖励,浪费者应加以批评并纠正浪费现象,对于偷窃者应予以制裁。在车务方面,对各局的运输力与运输量应有比较精确的估计,并提高调度技术。另外还准备取消包车制。虽然包车制在过去曾经起过一定的积极作用,但对人力财力都有浪费,列车包车制应该取消,机车包车制也有重新考虑的必要。①

1947 年 9 月 15 日,在"人民铁路"这一口号提出临近一周年之际,《铁路生活》杂志发表题为《论人民铁路的管理方针》的社论,全面阐述了人民铁路的"企业化"管理方针。社论的核心是办好人民铁路,"全心全意为解放区人民自卫战争服务,为发展解放区的国民经济服务"。在这一基本的"服务观点"之下,铁路管理"应力求企业化"。铁路是一种近代化的企业,"企业化是铁路为人民服务的主要形式"。社论分析了"企业化"的内涵:它在铁路内部,"应当有科学的管理,精密计算运输成本,合理地组织和使用劳动力,合理地使用机器和材料,高度地发挥人力物力的效能,不浪费一分一毫的人力物力,以达到大量运输,迅速运输,运费低廉,以达到高度的效力服务于运输和促进解放区生产事业的目的";就铁路的外部关系而言,主要是通过企业化的形式来为人民服务。在当前的战争形势下,除了直往前方的军事运输和军事特程供应品的运输制记账、不收费,实际上由铁路无代价支援以外,其他运输一般的都应当按照国家批准的定率缴付运费。铁路应当牢记着为人民服务的基本观点,并且把这个观点贯彻到铁路的对外关系和工作作风中,应当尽量照顾各方面的合理利益,并随时随地向各方面耐心解释,使大家了解铁路上一套企业化的规章制度,

① 《东北铁路总局关于运输工作的方针和计划》(1947 年 5 月),见东北解放区财政经济史编写组等编:《东北解放区财政经济史资料选编》第 2 辑,黑龙江人民出版社 1988 年版,第 385—388 页。

不仅为铁路这个国家企业本身所必须,而且也为整个人民利益和便利所必须,因而使大家乐于遵守。企业化是为了合理地使用有限的运输力,避免浪费和滥用车辆,以便更好地为战争胜利和发展国民经济服务。在平时,国家企业应有“合理经营的正当盈利”,但大规模的自卫战争正在进行,解放区各种实业尚待用大力进一步恢复的时候,人民铁路可以不求盈利,而只求维持运行和保护员工的必要生活水平。铁路企业化的科学管理的结果,应该是尽可能地用来支持战争和刺激解放区生产事业的发展。铁路的收支如有不抵时,则由民主政府补助,但铁路工作者不能因此而产生“反正有国家补助,就不必再有企业化和生产节约了”的不正确想法。

社论还强调,对铁路应当有恰当的估量和认识。没有人民自卫战争的胜利,没有解放区农民的土地改革运动,没有解放区的建立和巩固,就不可能有人民铁路事业。没有解放区生产的蓬勃发展,也就不可能有铁路事业的发展。因此,应当把铁路看作整个解放区自卫战争机构和国民经济机构一个组成部分,应当把铁路放在整体中的恰当的部分地位。部分必须服从整体,部分必须配合整体。铁路对于解放区犹如人身上的血脉,又如机器上的枢纽。正因为如此,办人民铁路的基本观点必须是全心全意为人民服务、全心全意为人民自卫战争和解放区国民经济服务。为了将这一观点贯彻到一切实际工作中去,特向全路员工提出如下口号:第一,愿意当人民的铁牛。铁路好比一条钢铁制成的大牛,日以继夜地为人民工作,铁路工作者都应有当铁牛的精神,任重道远,要有埋头苦干、永不懈怠、永不埋怨的精神。第二,愿意当人民的伙计。人民是铁路员工的老板,当人民的伙计是最光荣的。要对人民负责,依靠人民的支持将铁路办好。既是为人民当伙计,就不应当有旧铁路的作风,老是坐在办公室里,架子十足,等人家来找,我不求人,人非求我不可。人民铁路工作者的作风应当是虚心诚恳,真心诚意为人民服务。第三,愿意做人民的工具。铁路是人民的运输工具。铁路员工一方面要欢迎和帮助人民多多使用这一工具,另一方面要想方设法提高这个工具的效率。第四,愿意当党和政府政策的广播机。铁路和各界人民有广泛和密切的关系。铁路对于党和政府的政策,如果能够根据具体条件切实体现(如生产节约、拥军、除奸、工农联合拥护土地改革等),那么就一定会起到党和政府政策的广播机的作用。反之,如果铁路上做了一些违反政策的事情,其坏影响亦较容易传播。①

1947 年 5 月提出“铁路企业化”的概念和思路后,到当年年底,企业化的科学管理在东北解放区铁路各部门推行了半年多的时间,取得了一些进展,但离预期目标还差得很远,在铁路走向企业化的过程中,还存在许多缺点:一是预算制度尚未普遍建立,有若干开支是预算外的。“批条子”的现象还很普遍。二是决算还很慢,有的单位还没有办,即使办了的也不全面,对库存的检查尚不彻底,材料、燃料、现金等都有若干保留现象。三是还没有进行精密的计算,成本会计才在两个工厂试办,全套的会计机构还没有严密地建立起来。四是科学管理尚未开始,人力物力的组织、使用,亦不完全恰当,工作效率低,计划性不够,对时间的分配还不科学。五是实行企业化应有的各种制度的建立与组织机构的调整,都未普遍进行,特别是为了推行企业化,必要的对内对外的思想动员、宣传解释工作都做得很少。换句话说,就是为实行企业化的思想与组织准备工作都做得很差,或者说还没有认真做。综合这些情况后,总局总结说,现在实行的企业化,“还只是个口号,基础尚

① 《铁路生活》社论:《论人民铁路的管理方针》(1947 年 9 月 15 日),见东北解放区财政经济史编写组等编:《东北解放区财政经济史资料选编》第 2 辑,黑龙江人民出版社 1988 年版,第 409—415 页。

未打下”。

有鉴于此,总局向全路提出以下6项要求,严格践行,以加快推行铁路企业化的步伐。

(1)根据全路的生产过程、工作过程等订出适宜的标准,再根据客观的情况制订出一定时期的计划。

(2)应有严格的预决算制度,没有任何的遗漏与例外。

(3)改进技术,提高业务水平。

(4)实行严格的成本计算。

(5)使机构组织得更严密,人力、物力的使用更合理,科学的管理办法要在各部门制订出制度,打下基础。

(6)这一切要多吸收群众的意见和经验,也要吸收真正专家(不是假专家)的意见。

按照总局的思路,实行企业化管理,关键是建立科学、合理的规章制度并严格执行。在运行中出现这样那样的问题,就是没有科学、合理的制度,或者有制度而不严格执行。铁路有两部历史,一部是用文字写成的(由秘书室掌握的);另一部是用数字写成的(由经理部掌握的)。经理部既然有一部铁路历史的记载,就是要将其他各部有关财政的活动,加以记录与整理。这部历史的正确与否直接关系其他部门的业务,经理部门用财政收支的关系将各部门联系起来,也就是要用财政制度把它们联系起来。如果说目前与个别部门的关系还不正常,有一个重要原因,那就是制度没有明确或者没有贯彻,在大家执行与贯彻制度的原则下,互相照顾,互相尊重,自然关系也就正常了。①

① 黄逸峰:《在经理工作会议上的发言》(1947年12月15日),见东北解放区财政经济史编写组等编:《东北解放区财政经济史资料选编》第2辑,黑龙江人民出版社1988年版,第419—423页。

为了全面推行铁路企业化管理，1948 年 9 月 28 日，东北铁路党委发布《关于乘务负责制的决定》，批准 8 月总局机务会议通过的在全路实行“乘务负责制”（通称“包车制”）、废弃“轮乘制”的决议案。10 月 4 日，中共中央东北局批准了这一决定。乘务负责制正式实行。

乘务负责制（包车制），是由若干工人，分成两班或三班，固定使用一台机车，由他们集体负责保管、驾驶、清扫及简单地修理等责任。在“九一八事变”前，这是苏联特有的乘务制度，老中东铁路后期中苏合办时曾经采用过。日本帝国主义夺取中东路后即行废弃。1945 年“八一五”后，苏军在中长铁路又实行包车制度。苏军撤离东北后，一部分工人仍保留这种制度。1946 年冬，在五常运粮过程中，发现包车制有很大好处，于是加以推广，并上报总局。当时机车状态很差，“满身毛病，走不动路”，总局根据牡丹江铁路局的试点经验，在全路推广，大大改善了机车状态，提高了机车的效率，胜利地完成了繁重的冬运任务。1947 年 4 月，运粮工作结束后，随即开始了关于包车制的争论。反对的意见认为，包车制分工不明确不科学，是落后的；而轮班制是科学分工，是进步的。而且包车制有两种浪费：一是人力浪费。轮班制每台机车平均 6 人左右，包车制需要 9 人。全路以 600 台机车计算，包车制较轮班制要多用 1800 人，每人每年的工资以 600 万元计算，全年要多开支 108 亿元。二是车辆浪费。包车制每台机车要使用一辆宿营车，如以 600 台机车使用 420 节车厢计算，每节车厢明年收入以 1 亿元计算，全年浪费 420 亿元。

争论的结果，1946 年 10 月间，在牡丹江林口模范机务段和图们开始试行轮班制。到 1948 年 2 月，发现效果不佳，损失很大。林口机务段由模范段变成了“破损段”，机车 20 台，即有 10 次破损事故，其中 9 次是乘务员保护不周所致。5 月、6 月、7 月三个月中间破损事故高达66次,机车质量急剧下降,机车"肮脏得不能见人,机车开到外局,乘务员搬到暗处,不敢露面",任务也无法完成,经济损失很大。仅3个月中,大轴发热31件,损失达10.47亿元,每月平均损失3.49亿元;油脂浪费,7月与9月比较,以行车10万公里计,7月浪费6800公斤,以每公斤3万元计,损失达2.04亿元。两项相加,每月损失5.53亿元。按一年12个月计算,损失达66.36亿元。如果全局30个这样的中等机务段,一年共损失1990.8亿元。而且,因破损增多、临时检修增加、定检量扩大,运用率降低,机车质量降低、寿命缩短等损失,都未计算在内。由此可见,实际损失必然大大超过上述两项损失。又如图们机务段,同时实行轮班制和包车制两种乘务制:30台机车中,除了跑外路的4台机车实行包车制外,其余均改为轮班制,6—9月破损事故35件,全都发生在26台轮班制的机车上。实行包车制的4台机车未发生一次事故。从机车使用率看,采用轮班制的牡丹江局同哈尔滨、齐齐哈尔两局比较,牡丹江局7月的机车利用率低于哈尔滨局20%,低于齐齐哈尔局10%,而牡丹江局的机车临时检修,高于哈尔滨、齐齐哈尔两局1倍。

在这种情况下,牡丹江局在7月末又改为包车制,8月只有2次轻微事故,到9月未发生任务事故。牡丹江局9月的平均每日行车速度由206公里提高到268公里,如调度配车同样施行负责制,日行速度可普遍提高到300公里。如全局运输量需要1000机车,使用效率提高后,700台即可足用,可节省300台机车,每台机车每年以8亿元消耗计算,一年即可节省2400亿元,工资尚未统计在内。

经过一年的试验,1948年9月,东北铁路局党委会作出了《关于乘务员负责制的决定》,肯定包车制,废弃轮车制。10月,中共中央东北局批准了这一决定。包车制从1948年12月15日全路全面实行,这是铁路管理制度上的一项重要的改革。这"不仅是机车乘务制的原则,而且将作为东北铁路业务管理上普遍的原则和方向"。还不止限于铁路,东北局又要求其他工业部门"都研究铁路经验,将负责制的原则,加以适当的有效的运用"①。

乘务负责制(包车制)施行后,立即取得显著效果。由于技术定额,责任明确,机车固定,一切举措得失,直接反映乘务员的工作态度和技术优劣,而专乘既容易体验机车的性能、特点,又使乘务员对机车倍加爱惜、保护,使其性能保持最佳状态,提高了机车的牵引力、开行速度和运输效率。出于对机车的关心、爱护、了解,乘务员开始观摩、协助机车检修,帮忙领取检修材料,对机车的状况、变化、损坏情况及其原因,以及如何避免等,都有所了解。更加有利于机车的保养,相应减少机车破损频率、程度及维修频率、费用,延长了机车的使用寿命。因而乘务负责制大大降低了成本,提高了运输效率。表 20-11 是乘务负责制施行前后机车若干运输数据的对比。

1948 年第一季度乘务负责制施行前和 1949 年第一季度乘务负责制施行后比较,有关机车运输成本、效率的数据,都有不同程度的变化。总的趋势是效率提高,成本降低。货物列车、使用车日行里数和车头牵引力,分别提高了 40%—50%,这是效率提高。机车两次大修之间的运行里数上升了 80%,每 10 万公里用车数和大修一台机车的平均工时,也都略有减少,这是成本降低。总之,虽然乘务负责制施行时间不长,但效益十分明显。

---

①　吕正操:《关于乘务负责制的决定》(1948 年 10 月 27 日),见东北解放区财政经济史编写组等编:《东北解放区财政经济史资料选编》第 2 辑,黑龙江人民出版社 1988 年版,第 446—456 页。

表 20-11　乘务负责制效率提高概况统计(1948 年第一季度—1949 年第一季度)

项目 年份	货物列车及日车公里		使用车日车公里		每十万公里需使用车数		全路平均牵引车数		甲检间机车行走公里		甲检一台平均用工时	
	公里	指数	公里	指数	车数	指数	车数	指数	公里	指数	小时	指数
1948 年第一季度	210.3	100	202.0	100	496.5	100	19.3	100	25931	100	1659.7	100
1949 年第一季度	317.1	151	283.7	140	379.0	76.3	28.3	147	46631	180	1602.4	97

资料来源:《东北铁路总局关于三年来机务部门施行负责制的报告》(1949 年 6 月 30 日),见东北解放区财政经济史编写组等编:《东北解放区财政经济史资料选编》第 2 辑,黑龙江人民出版社 1988 年版,第 524 页统计表。

继实行乘务负责制（包车制）之后，紧接着开始实行车务负责制。

1948 年 11 月，总局召开全路车务会议，决定改革旧的车务制度，建立“车务工作负责制”。总局认为这是“铁路运输工作的一个革命”，是机务会议和实行乘务负责制的继续和发展。预期通过这种制度改革，加上各部门工作的保证，可将营业速度提高 40%，车辆周转率提高 20%。那么明年就可以节省 2000 亿—3000 亿元。本来早一点改革可以更早地提高效率，但在保守思想的笼罩下特别是还没有确定乘务负责制以前，是不可能的。但现在已经是非改革不可了。如果再晚，就将落后于形势发展了。①

不久，车务负责制同车务负责制一起在全路施行，并“开始奏效”，涌现出一批先进调度所和先进车站，这些调度所管内的货车周转率与列车旅行速度都有了明显改善；车站的货车停留时间、中转时间和编车时间都大大缩短。② 负责制亦扩大推广，除了乘务、车务，负责制将普遍贯彻于工务、电务、站务、工厂以及全路党、工会、行政之各种工作单位中。③

建立和完善规章制度、优化和严格管理、推进“铁路企业化”

① 吕正操：《车务工作中的精密计算与学习问题》（1948 年 11 月 23 日），见东北解放区财政经济史编写组等编：《东北解放区财政经济史资料选编》第 2 辑，黑龙江人民出版社 1988 年版，第 464—465 页。

② 余光生：《为完成 1949 年国家运输计划而奋斗》（1949 年 5 月 10 日），见东北解放区财政经济史编写组等编：《东北解放区财政经济史资料选编》第 2 辑，黑龙江人民出版社 1988 年版，第 511 页。

③ 东北铁路党委会：《关于 1949 年任务的决定》（1949 年 1 月 10 日），见东北解放区财政经济史编写组等编：《东北解放区财政经济史资料选编》第 2 辑，黑龙江人民出版社 1988 年版，第 484 页；余光生：《三年的进程和今年的计划》（1949 年 5 月 3 日），见东北解放区财政经济史编写组等编：《东北解放区财政经济史资料选编》第 2 辑，黑龙江人民出版社 1988 年版，第 495 页。

进程,根本目的是发展生产力。而人是所有生产力中最积极、最活跃的因素,是一切生产力的原动力。党和东北民主政府在推行铁路企业化过程中,始终将人的因素放在首位,贯彻政治和技术相结合、群众路线和行政管理相结合的方针,加强员工思想教育,提高员工的政治思想觉悟,树立和增强员工的主人翁责任感,发扬艰苦奋斗、自力更生的精神;在铁路运输经营管理过程中,坚持走群众路线,从群众中来,到群众中去,正确处理各种复杂的关系,包括一线工人和技术人员的关系、工人和技术人员中的青老关系、铁路与警察的关系、工会与行政关系、铁路与货主关系,以及工农关系,化解矛盾,加强团结;又在全路开展献纳器材运动、自觉运动、生产竞赛运动、生产节约运动、铁牛运动;等等,各方面都取得明显成效。

在铁路交通设施遭受严重破坏而又极度缺乏修补所需器材、配件的情况下,东北铁路总局就是通过群众路线,调动工人群众的积极性,发动全路群众献计献策、献器材,苦干巧干,推翻"巧妇难为无米之炊"的铁律,硬是在缺乏修补所需器材、配件的艰难条件下,将铁路、机车修好,投入营运。全路的普遍情况是,"修车时买的东西很少,一般的材料都是工人找的"。他们的口号是,"工人翻身,碎铁也翻身"。工人们自动利用时间,把车厂碎铁东西、废东西翻出来,修理货车,就根本没有买什么材料。1946 年 36 棚修理货车车皮 900 节,材料也没有买。工人的工作时间,总局本来规定由 8 小时增至 10 小时,但实际上工人每天工作到 16 小时。又如铺枕木,日伪统治时期每人每日 8 根,而现时一般的是 16 根,最高纪录是 38 根。工人自动拿出的材料,价值达一两亿元。修理票房,原来做预算须几百万、几千万,现在工人不用钱就修好了。工程师的预算常常被批驳,铁路上的一切完全是工人自己利用时间修。总局的经验是,"必须发动全体工人群众,依靠群众组织,依靠工人的集体力量,才能办好铁路"①。

二、公路的整修与营运管理

日伪统治时期,日本侵略者为了扩大、加深侵略和强化对东北人民的法西斯统治,与1万多公里铁路相配合,修筑了10万公里以上的公路,约占全国公路的一半,构成了纵横交错、四通八达的公路交通运输网。"八一五"前后和国民党政府进驻后,东北公路一度遭到严重破坏。国民党政府曾在沈阳设立"东北公路管理处",执掌东北公路管理,并计划修筑以沈阳为中心通往铁岭、抚顺、本溪、烟台(辽阳市附近)、法库、辽中、新民七条线路和沈阳环城公路共625公里。但实际上除了进行简单的修补外,计划并未完成。1947年,由于解放战争的迅速发展,解放区不断扩大,国民党统治区日渐缩小,公路交通运输几乎陷入停顿状态。

"八一五"日本投降后一段时间,解放区的公路,因战争破坏和自然毁损,大部分公路同样不能通车。为了适应解放战争的需要,加强对公路工作的领导,在东北,1948年3月成立吉林省公路管理局。随后安东、热河、辽宁等省也相继成立了公路管理局,开始公路整修。仅安东、吉林、辽宁、热河四省即修补公路9949公里、桥梁181座。不过其他各线,因环境条件所限,未能全面开展整修工作。②

① 吕正操:《铁路工作报告》(1947年7月24日),见东北解放区财政经济史编写组等编:《东北解放区财政经济史资料选编》第2辑,黑龙江人民出版社1988年版,第394—395页。

② 徐彬如:《东北区公路工作报告》(1949年11月21日),见东北解放区财政经济史编写组等编:《东北解放区财政经济史资料选编》第2辑,黑龙江人民出版社1988年版,第560页。

1948年11月东北全境解放,东北行政委员会交通部于沈阳接管国民党“东北公路管理处”,设立交通部公路总局,标志着东北全境公路正式回到人民手中,开始步入人民公路的新时代。

公路总局统一掌管东北全境的公路兴修、养护、运输事业的建立和发展。总局成立后,首先着手建立组织,招收技术人员,整理日伪和国民党政府残余资料,并同各省公路部门取得联系,了解各省公路情况,特别对所有工作人员进行思想教育,提高其政治觉悟,端正其工作态度。同时,东北行政委员会指示,在各省陆续成立公路管理局,县设公路股,区设公路助理员,村设公路委员(不脱离生产)。在省政府和公路总局的双重领导下,省负责行政领导,公路总局负责业务领导,普遍地有计划地推行公路工作。随即于公路总局下设立国营东北运输总公司,作为发展运输事业的骨干,以推进东北公路交通运输事业的发展。

1949年2月,东北行政委员会交通部召开首届公路会议,出席的有东北10省3市(日伪时旧行政区划)和内蒙古等公路局或公路部门代表。会议集合各方面意见,确定依靠各省、依靠群众的指导思想,根据当前需要和技术标准,拟订了一个公路整修计划,在发展生产、支援前线的总方针下,决定自1949年3月至12月,修复19条主要公路干线,全长7182.4公里(四季通车者3415.4公里,季节通车者3767公里),新建各类桥梁(包括木桥、洋灰桥、漫水桥、过水路面)634座,总延长11889米,各类涵洞(包括木涵、洋灰涵及涵管)109座,总延长8581米,码头及护岸10处,总延长1450米,渡船10只,补修桥梁367座,总延长11225米,涵洞110座,总延长18米。行政委员会拨给食粮8万吨,作为新建与补修各种构造物的工程费。路基路面则由各省负责动员民力从事修整。3 月间计划被批准,4 月开始动工。①

首届公路会议所确定的公路整修原则是,南部地区整修与铁路平行的线路,以便后方物资运往前线,协助和补充铁路运输的不足;在北部地区则整修城乡与铁路的联络线,以发展经济,沟通城乡,使后方物资能运到铁路沿线,再靠铁路运往前方,支援解放战争。整修原则及方式是桥涵等构造物以修补为主、新建为辅,由政府拨款修建。路基路面完全以动员民工的方式整修。

在会议上又通过各省都设立公路局,由总局及省府双重领导负责各省公路工作。初步决定了各省工程量及工程预算,明确布置了全年工作任务和工作方向,开始了 1949 年的工作。为协助各省完成任务,解决各省技术人员不足,总局先后派技术人员 50 余名赴各省协助工作。

首届公路会议后,各省根据大会决议精神及 1949 年度工作计划,先后展开公路整修工程及建立组织机构等工作,只是各省进展不太平衡。

组织机构方面,首届公路会议时,成立公路局的只有吉林、安东、热河、辽宁 4 省。会议后至行政区划改变止,除嫩江省外,其他各省都先后成立了公路局,在工作上建立了初步的专管机构。行政区划改变后,各省局机构进行了相应调整,或增设相关机构。辽东、辽西公路局下设有自主工程费开销的工程队和企业性的运输公司、土木公司、铁工厂和制材场等;热河、吉林另外设工程队、土木公司运输队或运输公司、修理工场、车站和办事处。至于松江、

① 徐彬如:《东北区公路工作报告》(1949 年 11 月 21 日),见东北解放区财政经济史编写组等编:《东北解放区财政经济史资料选编》第 2 辑,黑龙江人民出版社 1988 年版,第 561 页;《东北公路概况》(1949 年),见东北解放区财政经济史编写组等编:《东北解放区财政经济史资料选编》第 2 辑,黑龙江人民出版社 1988 年版,第 577—578 页。

黑龙江并未加设附属单位。公路局直属机构,辽东、辽西分秘书、工程、路政、会计、材料5科;其他各省则仍直辖秘书、工程、路政3科。根据东北行政委员会1949年5月23日通令,各省管理局的组织机构和领导关系“基本上已经解决”。不过“通令”是就旧有省区的情况而言。当时规定省局干部30—50人;但行政区划改变,省区合并,工作量增多,公路局呈请交通部不转请政委会准予新省局除原有3科1队外,斟酌实际情况增设材料、会计2科及办事处,总人数50—70人,后又要求根据实际情况,各省局人员增为100—140人(勤杂人员不得超过干部的1/5),并有具体编制。①

工程进度方面,和组织机构的设置情况不同,初期进展相当缓慢。人员思想亦不稳定,如“有些人,不愿做公路工作,而愿做铁路和水利工作”,积极性不高,工程进度慢。1949年度整修的19条公路干线,到5月,只有78%业经勘查,编制了较2月间新拟定的概算较精确的预算,可以领取3月、4月两个月的木材、洋灰等材料,并筹备必需器材作动工的准备工作。到5月末,路基路面工程才完成1811公里,占25%。具体到不同省份,进度极不平衡。进度最快的如旧辽西省,552公里已完成454公里,占90%,慢的如合江、松江、嫩江、黑龙江、吉林、沈阳等省市,在春耕后夏锄前或挂锄后才能动工。新建构造物中,除木桥617座11940公尺已完

① 计秘书科(下设人事、工薪、文书、总务4股)13—15人;工程科(下设设计、工程2股)20—25人;路政科(下设管理、路政2股)10—12人;材料科(下设材料、保管2股)10—12人;会计科(下设财务、出纳、审核3股)8—10人;工程队20—25人;运输公司勤杂人员8—10人。总计100—120人[《东北公路管理总局选派十一名技术干部检查各省公路工作综合报告》(1949年5月末),见东北解放区财政经济史编写组等编:《东北解放区财政经济史资料选编》第2辑,黑龙江人民出版社1988年版,第533页]。

成159公尺，占1.3%，过水路面37处1717公尺，已完成100公尺，占6%，黑龙江省4座桥的防水工程外，其余混凝土桥涵12座284公尺，木造涵洞823处4870公尺，渡船10艘，码头8处336公尺，都未开工。补修构造物中，木桥244座4783公尺，完成250公尺，占5%，混凝土桥涵洞80座3944公尺，完成433公尺，占16%，木造涵洞90座608公尺，完成26公尺，占4%，沈阳市的木桥238公尺，完成120公尺，占50%，其余路面4处505公尺，还未动工。从省份看，辽宁、辽西、安东都进行了部分工作，至于合江、嫩江，基本上没有开工。

工程用粮款、材料方面，1949年3月已拨粮28900吨（内包括木材1万立方米、洋灰2465吨），除吉林、辽西已将材料完全运到现地外，其余各省因车皮等种种关系，只运回一部分，尤其合江因当地无粮，折粮现款到5月底还未完全领出。又如热河，因运输特殊困难，材料根本未运。所有这些，都对按时开工产生影响。4月拨粮等26941吨（内包括木材1.3万立方米、洋灰197吨、铁筋80吨），各省大部分还未能运回，动工遥遥无期。①

东北公路整修和运输恢复，之所以踟蹰不前，除了上述情况，还有多项难题：一是会计科目不确定、不完整，数目庞大的公路事业费（勘查费、路基路面工程费、测绘品消耗品费、备品费、图表印刷费）及工具费等，都从工程费中支出，1949年度各省工具费即达40亿元（合粮1000吨），均需报请东北政委会解决，不能占用工程费，直接影响工程进度。二是拨发材料种类、规格、尺寸不合工程需要，如桩木不够尺寸，或不能用于建桥。三是拨放各省的材料

① 《东北公路管理总局选派十一名技术干部检查各省公路工作综合报告》（1949年5月末），见东北解放区财政经济史编写组等编：《东北解放区财政经济史资料选编》第2辑，黑龙江人民出版社1988年版，第532—534页。

(木料),不能如期从林场运到铁路沿线,即使到了铁路沿线,亦因车皮缺乏,无法由车站运到工地。各省均等材料动工,如辽北省正有计划地把民工动员起来,但因材料运不到以致无法开工,辽宁太子河也因材料不能如期运到无法开工。四是动员民工遇到困难。各省1949年度"多以农业大生产为中心任务",农忙期间动员困难。五是公路用地没有明确划定,一些公路用地,在土地改革中,被分给了农民,又无明确界址,公路两旁无法植树取土,有的只得种在路基上,有的种在边沟里,也有的种在沟外。种在沟外者,农民恐其妨碍农作物生长,将其连根摇动,令其慢慢死亡,这对公路养护极为不利。①

到1949年5月末,公路总局为了了解各省数月来的工作情况,研究解决业务上的具体问题,总结工作经验,提高业务水平,在交通部支持下,召开了第二次公路局长会议,检查了各省第一次公路会议以后的工作情况,明确领导关系,确定了各省局的组织机构,研讨了各种施工办法。在各省互相帮助下,解决了一部分材料困难问题。最主要的是进一步发扬了全体工作干部对人民公路的基本认识。经过这次会议对修桥补路的价值有了一定的认识,并且将数月来各省实际工作分析总结,交流经验,使整个业务提高一步,对各省加强信心完成任务起了决定性的推动作用。

1949年6月第二次公路局长会议闭幕后,各省正式确定和建立了组织机构,初步培养出一批工作人员,为以后的公路事业奠定了基础。2月首届公路会议时,成立公路局的只有吉林、热河、辽宁、安东4省,各局人员很少,领导关系也不明确。会议后至东北

① 《东北公路管理总局选派十一名技术干部检查各省公路工作综合报告》(1949年5月末),见东北解放区财政经济史编写组等编:《东北解放区财政经济史资料选编》第2辑,黑龙江人民出版社1988年版,第534—535页。

行政区划改革止，除嫩江省外，成立9个省局，行政区划改变后，合并为6个省局，由各省主席直接领导。各局另设有企业性的铁工厂、制材厂、运输公司等，辽东、吉林还有附设的土木工程公司。9月整编前，6省局共有人员530名。连同总局，东北已有公路工作人员827名。

会议最后确定分配了工程量和工程预算，并为了预防夏汛起见，各省在6月间皆开始全力展开突击工作，在总局不断派员督促检查及协助下，各省工作都迅速展开。通过第二次公路会议，克服了材料运输、领导关系、施工方法、组织机构等困难问题，加强了完成当年任务的信心，奠定了工作的初步基础。

在工程方面，全年新建及补修桥涵33924公尺，完成了全部工程的80%，在施工方法上获得了初步经验。1949年整修线路19条，长7182.4公里(包括内蒙古在内)。确定的工程量中，包括主要构造物是新建木桥561座，长9506公尺，涵洞1073座，长7862公尺，渡船10艘。补修木桥276座，长6698公尺，混凝土桥29座，长2452公尺，涵洞120座，长832公尺。总计长度是33924公尺。为修筑以上工程，共需工程费折粮70477.38吨。

公路整修，及时足量的材料供应是关键。公路整修工程最初开始时，面临的一个重大难题是材料无法及时供应。材料能否及时运到工地成为能否如期竣工的关键因素。特别是东北地区冰冻期较长，整修工作带有季节性，施工时间较短，必须在冰冻期内将材料全部运至工地，春融后马上动工才不致耽误工期。因而材料的供应成为整修工作中的主要任务之一。在此次整修过程中，也曾发生多次停工待料的现象，归纳各种原因，不外乎材料的产量与运输问题，材料的生产与运输则在总的经济建设任务下，与各生产建设部门都发生密切关系，因此有关公路材料的分配及运输，必须配合各方面的情况方能决定。在当时刚刚开始的经济建设中，工业、运输业各方面仍处于恢复发展阶段,一切供应尚未能合乎理想,材料除由政府支拨一部分外,其余更应就地取材,量材兴工,如产石地区则多修石桥石涵,并应配合材料生产情况,加入各部门生产计划(如木材加入林务局砍伐计划等),拟订运输计划,与生产计划配合,提高准备和预留较长运输时间,务使各地开工后材料源源供给,即可如期竣工,以免各工地因停工待料而发生浪费现象。

不过因材料问题而影响工程的情况,仍未能完全避免。如木材供应问题,即未能充分考虑到各种客观条件。有的公路局成立较晚,所需木材根本未列入林务局采伐计划;供应关内建设,对林场失火的意外损失、雨量少木排流送不下、运输困难等情形加以分析研究,及时改定对策,仍主观要求所需材料要符合标准,以致各工地往往因材料供应不及时而发生停工待料现象。又如热河多山地,不应多修木桥。尤其省内无林场,锦承铁路尚未修复,自外省向省内运输大批材料浪费既大,效率又低。第一次公路会议时,虽然了解这种情况,但未详加分析研究,想出适应特殊地区不同的材料和施工方式,而采取平均主义与其他省同样地拨给木材,总局既未深刻考虑检讨这样是否行得通,省局也只想到运输难。第二次公路会议提出就地取材,利用石、砖、杂木修桥的变通办法,会后热河提出六大困难(石工、铁筋不好、公粮无法销售、缺乏干部等),总局也未从根本上予以解决。因此拖延时间,又加上夏汛,工程进展非常迟缓,完成任务发生困难。

在公路整修过程中,公路局和工程队采取边施工、边学习、边积累经验改进工作的方法,各省因具体情况不同而互有差异。一般地说,采取集中直营施工的,比较接近工程标准和规定的工率。有的工地如宁安桥、清河桥一开始就组织了工程管理委员会,在工人中发扬民主、进行教育,启发其劳动热情,并制定劳动纪律,利用黑板报表扬、评功、竞赛等,走依靠工人阶级的路线,有些成绩,展示出往后进行的方向，并初步确定了正确的观点；采取分散进行的，工程进展上虽然比较顺利迅速，但由于有的县还没有足够的修路基础，有的让承包商做，在领导上如抓得不紧，仅有一般地布置工作，而缺乏具体指导、检查，就会产生相当严重的民工和材料的浪费与工程的不合标准等情况。

在公路整修工作中，路基路面工程全部依靠群众，动员民工整修外，桥涵工程的施工，各省根据各地的具体情况，采取了各种不同方式。在工作过程中根据种种客观条件，力求新的创造，摸索着在新民主主义社会条件下的合理施工方法。这样的施工方法就不是伪满和国民党的奴役人民、抓劳工来进行侵略统治而修路的方法，也不是以前战时为支援解放战争临时通车的补修办法，而应该是在省工节料、耐久美观、合乎标准、提高效率的原则下，加速完成全部工作。

一年来各省实际施工情况，在各地不同条件下，有的省局以工程队为骨干，大部分工程由省局集中直营；有的省局除少数大规模桥梁由省局集中直营外，其他桥涵完全依靠各县采取分散进行的方式。但无论何种方式，在要求合乎上述原则下，唯一的工作方向则应是坚决依靠工人阶级，确定劳动创造世界的观点。在施工中实行民主，发挥工人阶级的积极性、创造性，加强工友组织，随时进行宣传教育，树立工友的主人翁态度。在自觉的基础上，发挥高度的劳动热情，创造新纪录，提高工作效率。这一工作方向在各地都已一再证明是完全正确和适合于新的社会情况的，而且今后也唯有这样走上依靠工人阶级的路线，才能更好地更迅速地完成任务。

各省一年来施工当中，根据这一方针，逐步摸索了新的工作方法，并在各工地中涌现出许多的劳动英雄和典型事迹。有的工地如松江省的宁安大桥、倭肯河大桥，辽西省的清河大桥等工地都先后组织了工程管理委员会，吸收工友参加管理工程，制定各种劳动纪律,配合各种号召(如防奸、防火、防汛等),随时进行宣传教育,组织竞赛,民主评功评薪,及时利用黑板报等批评表扬,选举劳动英雄,因此提高工作效率及工作质量,如宁安大桥工程比原设计省工50%左右,尤其是打混凝土工程工率提高到每立方公尺仅用0.34个站盘工(伪满为1.5个人),创造新的纪录,同时提高了质量,试验结果表明,混凝土强度为伪满标准的198%,安全率为5.3%。至于其他工率,一般均比伪满提高20%以上。清河桥铁筋加工,第一次4吨半钢筋共用了47个工,以后组织竞赛,及时地批评奖励,第二次同样4吨半钢筋则仅用14个半工,第三次则仅用10个半工,工作效率提高到3倍以上,大大缩短了工期。有的工地因省局力量所限,不能集中直营时,则采用民主评资集体承包,订立集体合同,将工程包给全体工友,或采取按件小包的方式包给各工友小组的全体成员,避免了把头包工的封建剥削,同时鼓励了工友工作情绪,使工作效率大大提高。因此在依靠工人阶级正确领导的方向下,各工地虽然条件艰苦、技术落后,但都能顺利地加速完成任务。①

至1949年10月底止,东北公路整修工程,除辽东、热河大桥,太子河大桥及沈阳市沙河桥即将竣工外,其他各省较大桥梁都已全部竣工,总工程量、路基路面已完成92%,构造物完成80%。②1949年的整修任务尚未全部完成。

---

① 东北人民政府公路管理总局:《东北公路工作一周年总结(1948年11月—1949年10月)》,见东北解放区财政经济史编写组等编:《东北解放区财政经济史资料选编》第2辑,黑龙江人民出版社1988年版,第540—543、545—547、549、551页。

② 徐彬如:《东北区公路工作报告》(1949年11月21日),见东北解放区财政经济史编写组等编:《东北解放区财政经济史资料选编》第2辑,黑龙江人民出版社1988年版,第562页。

总体来看,东北公路的整修任务重,但起步较晚。1949年整修的7182.4公里公路,只占东北全境公路的一小部分,而且是"临时性的整修"。东北全境公路的整修任务十分繁重。据1949年秋冬前后对东北7747公里公路的勘查,木桥完整者仅10%,涵洞完整者仅30%。整个公路路面破坏、边沟淤塞,严重阻碍运输事业的发展。1949年的整修"还不能解决客观的要求"。1950年度要求马上整修万余公里线路。总局经过详细勘查,决定1950年马上对6548公里的干线、支线进行整修。总局的近期目标是,"逐步地彻底整修最主要的干线,使成为第一等公路,使行车可达到迅速、经济、安全三大要求。这些路线的确定,要从全国的政治经济、文化、国防各方面着眼,经过详细的勘查,作出年度性的建设计划,逐步地完成"①。

1949年东北公路的整修,为东北解放区公路交通运输的部分恢复提供了条件。该年总局已开办运输路线87条,计长8520公里,其中半数为总局或省局直接领导。东北公路总局和各省公路局,在路政、运输营运、车辆管理等方面,开始采取措施,建立和完善规章制度。

公路路政方面,1949年5月第二次公路会议以后,才开始相关工作。在这之前,因有关公路养护方面的章则,如《东北公路养护暂行办法》《东北公路管理费征收暂行办法草案》等,皆未经东北行政委员会命令发表,各省养护路工作均无根据无法开展,组织未确立,尤以养路费无明令不能征收,养路经费无法筹措,影响工作的开展及推进。只有少数省区采取了若干措施。比较有成绩的

① 徐彬如:《东北区公路工作报告》(1949年11月21日),见东北解放区财政经济史编写组等编:《东北解放区财政经济史资料选编》第2辑,黑龙江人民出版社1988年版,第573页。

是吉林,已经开始建立养护路组织;安东、热河已建立车站4处,开始征收管理费(安东是3%,热河是5%),并发放若干临时牌照;辽宁、辽西、合江、松江和黑龙江等省公路局设有路政科,但没有开展业务。如黑龙江路政无人领导。省工业厅有汽车40余辆,专作冬季协助运输公粮用,并且省主席不同意征收管理费。至于嫩江,过去仅在水利局内设公路科,未办路政,而汽车的管理是由省府秘书科办理。①

1949年5月第二次公路会议后,在路政上制定了各种规章,发放汽车牌照,考验驾驶员,准备护路工作等,“有了统一路政的准备”,包括拟定养护路、汽车、胶轮车和驾驶员的管理办法草案等,业经政委会和交通部批准试行。截至1949年10月底,总局共发放汽车牌照2636副、胶轮马车牌照25119副、驾驶员正式执照4947份。还在沈阳举行了一次驾驶员考试,报名1002名,考取311名,合格率为31%。考试合格的驾驶员被派往各省协助发放牌照、考核驾驶员工作。其中成绩好的是辽东、吉林,能有计划有系统地认真进行,布置周到。

在运输营运和管理上,开办运输线路,组织私人汽车与胶轮马车,有重点地建立检查站和运输站,在统一运输、集中散车的方针下,拟定运输管理上必要的规章制度,根据自愿两利的原则,管理私人汽车,使其自愿加入公路局的运输公司,以便有组织地担任运输任务。并对运输费作有弹性的规定,但计算成本后,其最高利润不得超过20%。

关于营运组织及模式,总局设立了东北运输总公司,于1949

① 《东北公路管理总局选派十一名技术干部检查各省公路工作综合报告》(1949年5月末),见东北解放区财政经济史编写组等编:《东北解放区财政经济史资料选编》第2辑,黑龙江人民出版社1988年版,第534—535页。

年2月3日接收了沈阳南站原郑辅廷所办的运输合作社，以此为基础，办起了市内运输业，并由南站和沈阳市内向四周发展。同时开辟苏家屯、北站货运业务。同时创办了沈阳、辽中、大民屯间运输站，以及沈阳—法库、沈阳—抚顺、沈阳—鞍山、沈阳—大石桥、沈阳—开原等运输线，沟通沈阳四周城镇公路运输业务。接着又开辟了以沈阳为中心，通往沈阳西、东、南、北四条干线。向西经辽中到山海关，沟通了关内外公路运输，以补助铁路运输的不足；向东经抚顺、通化，与辽东省分公司经营的各线路接连起来，沟通各县城乡的运输；向南经鞍山，达营口，使海运与内陆运输衔接起来；向北经开原、四平、长春，与吉林省分公司经营的各线路接连起来。再以四条干线为中心发展支线，使东北公路网迅速地恢复和发展起来。

吉林、松江、辽东、黑龙江等省均设有运输公司和分公司，计有国营、公营、公私合营、私营汽车公司24家。在自愿两利原则下，已有公私营商汽车794辆加入公司。同时开始调查与组织胶轮马车，仅沈阳地区已有995辆胶轮马车参加市内有系统的运输工作，已设立运输站73处，办理现地客货运输营业。[1]

牌照制发、车辆管理和管理费征收方面，汽车牌照由总局统一制发，胶轮车由总局规定样式、号码，由各省局制发，并定期检查车体、核验司机（牌照每年发放一次）。本着“用路者养路”的原则，征收管理费，最初规定其比率为汽车按运费的5%、胶轮车按3%。其后颁发《东北公路管理费征收暂行条例》，规定“凡以营业为目

① 徐彬如：《东北区公路工作报告》（1949年11月21日），见东北解放区财政经济史编写组等编：《东北解放区财政经济史资料选编》第2辑，黑龙江人民出版社1988年版，第561—564页；见朱建华主编：《东北解放区财政经济史稿》，黑龙江人民出版社1987年出版，第302页。

的而领有正式牌照行驶公路上的汽车与胶皮轮马车,除空车外,不论公营私营均征收公路管理费”。征收标准为,汽车每次按运费收入的5%征收;胶轮马车按月征收公路管理费一次,其费率为:单套车月征高粱米20斤,双套车高粱米30斤,三套车高粱米45斤,四套车高粱米60斤。四套车以上,每套按高粱米15斤的差额递增征收。个别未征或不愿按月缴纳者,可按日按次征收。但其费率按每月费率的每日数量增加3倍(路近当日往返者仅征一次)。所订高粱米数均按市价折收现款。①

为了加强公路的养护,还建立群众性的养护路组织,采取宣传教育、恢复大车道的办法,以禁止铁轮车通行公路。公路和铁路不同,铁路是“大动脉”,公路是“毛细血管”。公路的联络面是网状型散布的,从城市到乡村纵横交错,延伸到每一个角落,因而与群众的联系最密切,不仅要靠群众的力量整修公路,也要靠群众的力量养护和管理好公路。

相对而言,东北由于较早形成了较为完整的解放区,公路的恢复、维护、建设和经营管理,比较规范。关内解放区,由于战事频繁,形成较为完整的解放区的时间比较晚,公路的恢复、维护、建设和经营管理,或尚未提上日程,或刚刚开始,尚未形成系统和规模。

《陕甘宁边区1946年到1948年建设计划方案》中的“道路工程”有修路和养路计划。关于修路方面,富米路(富县到米脂)因汽车不便多行驶,连年未补修;绥宋路(绥德到宋家川)则根本不行驶汽车。和平之后,此两路极其重要。1946年内须全部修复,现富延段(富县到延安)已动工多日,延米段及绥宋路亦应次第兴

① 《东北公路管理费征收暂行条例》(1949年),见东北解放区财政经济史编写组等编:《东北解放区财政经济史资料选编》第2辑,黑龙江人民出版社1988年版,第575—576页。

修。关于养护，以后交通频繁，养路极其重要。1946 年须设养护组织，分段负责，随时补修，以期畅行无阻。①

1946 年 1 月 26 日，晋冀鲁豫边区政府在部署该年经济和财政工作时提出，交通运输“须用大力解决”，否则煤、铁、瓷器、粮食、棉花、山货是不能顺利推销，而且几年来，牲畜死亡，运输工具破坏，运费非常昂贵，有许多东西运不出去，因此某些经济上必需的道路，如邯长公路、运河滏阳运河，及一些大车路是应该加以修理的。一些轻便交通工具、载重汽车、胶皮轮车，也要事先注意收集，准备在可能行驶时，大量运用。②

1946 年 1 月 31 日，晋察冀边区行政委员会召开的财经会议决定，为便利城市与乡村及其他地区之间的物资交流，降低生产品成本，必须发展交通运输，有计划地修整与保护现有的公路，增修大车路，改良交通工具。③

1946 年晋察冀边区范围扩大很多，已有城镇 200 多个，有一些较大规模的工厂和一条铁路，按照上揭 1 月财经会议决定，当时边区政府提出的方针是，在和平环境下，在交通工作上，是有计划地修整保护现有公路，增修大车路，改良交通工具。据称“执行中

① 《陕甘宁边区 1946 年到 1948 年建设计划方案》(1946 年 4 月 1 日边区政府提出，4 月 23 日边区三届参议会一次大会通过)，见陕甘宁边区财政经济史编写组等合编:《解放战争时期陕甘宁边区财政经济史资料选辑》上册，三秦出版社 1989 年版，第 11 页。

② 戎伍胜:《晋冀鲁豫边区 1946 年经济和财政工作应注意的几个问题》(1946 年 1 月 26 日)，见华北解放区财政经济史资料选编编辑组等编:《华北解放区财政经济史资料选编》第 1 辑，中国财政经济出版社 1996 年版，第 131 页。

③ 《晋察冀边区行政委员会召开财经会议》(1946 年 1 月 31 日)，见中国社会科学院经济研究所中国现代经济史组编:《革命根据地经济史料选编》下册，江西人民出版社 1986 年版，第 28 页。

虽有成绩,但开支很大(如铁路),其中有不少浪费”,具体情况欠详。①

1947 年七八月间,解放战争转入战略反攻后,交通建设更显重要。1947 年 12 月,华北财经办事处在《华北财经办事处关于生产建设工作的建议》中,特别强调,近代化的工业与近代化的交通是分不开的。为了发展经济,便利前线供给,必须同时进行交通建设,如修造大路公路,开浚河道、建筑轻便铁路,组织运输公司掌握汽车、大车、船只,组织群众运输等,也须迅速计划进行。②

1949 年华北全区基本解放后,可能通车的公路里数共 12442 公里,华北公路运输总局工务处拟将华北公路分为四级修建:(1)特级路线:一是本区政治中心通海口之线;二是本区政治中心通邻区政治中心之线。这类特级路线当时共长 3685 公里,计平塘(北平—塘沽)公路 630 公里,平开(北平—柳园北口)公路 699 公里,平汉(北平—新乡)公路 630 公里,平古(北平—古北口)公路 132 公里,平榆(北平—临榆)公路 312 公里,平绥(北平—归绥)公路 647 公里,绥包(归绥—包头)公路 150 公里,包宁(包头—石咀山)公路 576 公里,津保(天津—保定)南线 312 公里,邯长(邯郸—长治)公路 180 公里。(2)甲级路线:本区和邻区间的干线及国防或经济上重要的公路线。(3)乙级路线:与铁路平行或沟通海口、矿区、重要城市的联络线。甲级、乙级公路可能通车里程合计 5070 公里。(4)丙级路线:次要城市之联络路线及其他支线或

① 南汉宸:《晋察冀边区的财经概况》(1947 年 3 月),见中国社会科学院经济研究所中国现代经济史组编:《革命根据地经济史料选编》下册,江西人民出版社 1986 年版,第 102 页。

② 《华北财经办事处关于生产建设工作的建议》(1947 年 12 月 11 日),见华北解放区财政经济史资料选编编辑组等编:《华北解放区财政经济史资料选编》第 1 辑,中国财政经济出版社 1996 年版,第 301 页。

补助线,可能通车里程为3687公里。①

苏皖边区在抗日战争结束后的短短一年时间里,抓紧交通运输,修筑了约2000公里的公路和400余公里的县道,构成了以淮阴为中心直通南通、如皋、海门、启东、高邮、宝应、六合、泗县、宿迁、沭阳等地的公路网。航运轮船可通行一千三百余华里,帮船到处可以通行。交通工具除缴获之汽车、轮船外,还有民船、骡马等,陇海路尚有部分火车可用。②

第四节　解放区的城乡商业与对外贸易

城乡商业流通与对外贸易是解放区经济一个重要和有机组成部分,是满足军需民用不可或缺的条件。中国共产党、中国人民解放军和解放区民主政府对恢复和发展正常的商业、外贸,开展对敌贸易斗争,维持稳固的商业和市场秩序,稳定物价,始终不遗余力。解放战争期间,解放区的区域范围一直处于不断扩大的动态变化之中,这其中既有商业流通和城乡市场满足军需民用、促进生产、支援解放战争的一份功劳,决不可埋没,而商业流通和城乡市场本身,亦伴随解放战争的向前推进和解放区地域范围的扩大而不断壮大和初步完善。

就整体而言,解放区商业、外贸的进行和某种程度的恢复与发展,困难重重,并非一蹴而就、轻而易举。就地区范围而言,除了小

① 《华北解放区经济概况》(1949年5月),见华北解放区财政经济史资料选编编辑组等编:《华北解放区财政经济史资料选编》第1辑,中国财政经济出版社1996年版,第632页。

② 《日寇投降一年来苏皖边区民主建设成绩》(1946年9月22日),见中国社会科学院经济研究所中国现代经济史组编:《革命根据地经济史料选编》下册,江西人民出版社1986年版,第57页。

部分抗日根据地外,大部分解放区是惨遭日本帝国主义长达 8 年和 14 年劫夺、蹂躏的关内沦陷区和伪满地区,有的复经内战破坏、国民党反动派搜刮,不少地方村落为墟,民众九死一生、家贫如洗,衣不遮体、食不果腹,几乎没有余物进入市场交换。因此,某一地方解放后,解放军和地方党、民主政权第一步是采取措施安定民众起居生活、恢复生产,第二步才是恢复商贸流通,整顿和维护市场秩序。恢复城乡商业流通、建立新民主主义商业体系的大致步骤和过程是:没收国民党国家资本和私人官僚资本商业,建立起第一批国营商店,通过国营商店对直接关系国计民生的重要物资,如粮食、棉花、纱布、食盐、烟草等,进行收购和销售,满足军需民用,稳定价格、市场,同时组织和发展城乡供销合作社(城市是消费合作社),协助国营商店从事部分物资的购销业务,使国营商店和合作社尽快成为城乡商业的主导。通过价格调节,缩小工农产品价格"剪刀差",缓解城乡矛盾,又通过价格导向,鼓励农民扩大棉麻烟等经济技术作物的种植,满足工业原料需求。对于私人商业,解放区民主政府采取保护和限制政策,允许和鼓励其正当的商业经营,但对其投机倒把则坚决斗争、取缔,以保证商业和市场的平稳发展。同时又严格禁止机关、部队、学校经营商业,已经设立的商店或其他变相的组织,应一律限期结束、撤销。为了打破国民党反动派的经济封锁,各解放区民主政府,在组建国营商店、主导区内城乡商业的同时,展开对敌贸易斗争,进行和统一进出口贸易,将其作为"经济斗争的中心环节"来抓,并取得成效,在一定程度上满足了某些民用和军需物资的供应。

一、恢复和发展商业、外贸的方针政策

解放区商业流通不只是连接生产与消费的纽带,而且直接担

负着满足军需民用、安定社会、支持财政的重大责任。解放区商业作为一种完全新型的新民主主义商业，其发生和发展壮大，并非一个自然成长的过程，而是需要解放区党和政府相关政策方针指引与保护成长，既不能放任自流，也不能限制过严或操之过急。党和政府相关政策方针的任何失误和偏差，或执行不力，都会影响其正常发展，甚至直接导致原有商业的破坏，造成不应有的经济损失。解放区有关商业的方针政策，主要涵盖两个方面：一是保护私人工商业；二是坚持对内自由、对外严格管控的商业贸易政策。

（一）对私人工商业的保护与管理

保护私人工商业，不仅是极其重要的商业政策，并同没收封建地主土地为农民所有、没收四大家族垄断资本归新民主主义国家所有一起，被毛泽东界定为新民主主义革命“三大经济纲领”之一。这一方针政策执行的好坏，直接关系到解放区工商业的兴衰存亡。在这方面，晋冀鲁豫解放区的情况，是一个很好的例证。

1948 年 9 月的资料显示，当时晋冀鲁豫解放区的工商业情况，大体分为三类城镇或地区：第一类，原有工商业全部或大部分保留并发展了新的工商业，如临清、南宫、衡水、曲沃、曲村等，经济发展，市场繁荣，这类城镇（地区）约占 1/4；第二类，原有工商业大部分或小部分垮台，新的工商业亦有部分发展，如邯郸、晋城、阳邑（武安属）、河南店（涉县属）等，这类城镇（地区），也大约占 1/4；第三类，原有工商业大部分或全部垮台，新的工商业很少发展，如武安、大名、闻喜等，这类城镇（地区）约占 1/2。

在这些地区，工商业被破坏而又不能迅速恢复，除客观原因（如战争和国民党反动政策所造成的破坏等）外，解放区党和政府政策方面值得总结的经验教训，有以下五个方面。

一是反奸清算时，奸、霸、特务、官僚资本等定义含混不明，没有明确和严格区分哪些商店、工厂才算是汉奸、恶霸、官僚资本,可以清算没收,哪些应予保护,这就大大伤害了工商业;土地改革中斗争了工商业,没有明确划定资本主义与封建主义的界限,有些人更认为工商业均带封建性,不斗争工商业,就不能肃清封建,就不能满足群众要求,如长治南大街,把中等商人全部斗垮;邢台、邯郸、晋城、武安、沁阳都是这一界限不分明,在笼统肃清封建的名词名义下将商人斗垮的。

二是推行高工资政策。发动工人运动一般都是盲目地从工人眼前福利出发,未慎重考虑工运政策的效果:究竟工厂、商店关门对工人有利,抑或经济发展了对工人有利?抗日战争期间,太行地区就存在着不管是什么工人,工资都要维持养活一个半人的规定。日本投降后,邢台工人、店员年工资均在30万元(冀币)以上;义兴盛商号资金50万元,雇店员2人,一参军,店东出拥护费22万元;一娶妻,店东帮助32万元,其妻衣食住行由店东长期供给,工资照发。武安店员日工资15斤小米;彭城磁业工人日工资18斤小米,资方付不起工资,改成倒"四六分货",随后大部分磁业歇业。

此外,一些店铺的情况是,店员开会、经理摆摊;店员看戏,经理做饭;理发、洗澡、看戏、牙膏、牙刷均由店东供给;资方赔垮关门解雇时,须经四道手续(工人小组讨论,户籍室登记,区工会通过,市工会批准),资方无自由解雇权。工人、店员工资高,特权多,好吃懒做。店东有"雇下店员,好比请下亲爹"的感慨。

三是统制垄断。大小市镇均有交易所(抗战中曾起过好作用),有些不管成交与否,皆得交费。各区相互封锁征重税,边区地税局、公安局、武委会等机关,乱没收、乱扣押,商旅裹足不前。商人外出须经五道手续,始能领到"路条",而且期限很短,过期不归者三个月不准外出,不少公安员,借开"路条"发财。邢台强制商人“转业”，很多专行由此消灭。凡是赚钱的行业、货物都想统制（统制、统买、统卖等），统制后全部垮台。如南乐、清丰、观城的草帽辫，行销南洋、英国、美国等地，往年获利颇厚，实行统制后，辫商不来了，产品卖出不去，辫业垮台；安阳水冶镇，手工卷烟甚发达，实行纸烟专制后，全部关门；等等。

四是仗势排挤强占。有些城市解放前相当繁荣，解放后即跟着萧条下来。这类城市的工商业不是因为清算斗争而垮台，而是被机关、部队、团体的同类生产“巧取豪夺、排挤强占”而垮台。他们有些借军事、政治力量压人，强占铺面、工场、作坊，有电话、汽车、武装的便利，资本雄厚（多为挪用公款、战争缴获物资），囤积居奇，操纵市场；有些“简直是无法无天，运销违禁品，抗拒政府法令”，明目张胆地破坏正常的商业和市场秩序。

五是部队攻入城市后，“纪律极坏，乱抓资财，完全是毁灭政策”。军工、供给、卫生、报馆、各部队、各机关、各团体生产人员，蜂拥而入，乱抓东西，接着就是老百姓跟着抢。在这种情况下，任何城市只要两三天工夫就被破坏干净，如邯郸、沁阳、焦作、运城等，就是这样被破坏的。苛捐杂税（如市街办公费、支差费、优抗费、招待费、秧歌费、慰劳费等），以及营业税评议不公，物价暴涨暴跌，均会严重伤害工商业。

亡羊补牢，犹未为晚。为了严肃纠正工商业政策中的“左”倾错误和违法乱纪行为，1948 年 9 月 10 日，中共晋冀鲁豫中央局就地区工商业政策，作出了 12 项明确指示。

《中共晋冀鲁豫中央局关于工商业政策的指示》规定，“严格禁止清算斗争工商业，保护一切工商业（包括地主、富农工商业在内）”。地主、富农将土地财产转入工商业者，“一律欢迎，不准斗争”。地主、富农的手工工具，如纺车、织布机、织袜机、缝纫机、弹花机等，“一律不没收、不征收，准其留下进行生产”；地主、富农工商业如已被清算斗争,但尚未分配,或仅转作群众股份(所谓“换神不换庙”),或虽已分配而尚来损坏耗光者,“均应立即无条件地退还原业主”。资本不足者,政府给予低利或无利贷款,务使其能继续经营。工商业主逃亡者,其商店、工厂“应坚决保护,不准侵犯,俟其归来后,仍交还原业主继续经营”。真正官僚资本与“最反革命分子”的工商业,归边区政府或行署处理,“其他任何机关、团体与个人,无权过问,边府、行署没收后亦不得分散,应继续经营”。

关于国营企业和私人企业的关系,强调要“克服国营企业中的统制垄断思想”,规定国营企业中实行“公私兼顾、劳资两利”的制度和办法。凡对国营和民营均有利,或对国营有利对民营无害或害很少者允许经营,凡对国营有利而对民营害大者一概不允许经营。对敌经济斗争必须实行管理,但办法则应力求简便,解放区内贸易完全自由,取消“路条制”,取消或改造“交易所”,取消“农村管制人口出村办法,给人民以就业的自由”;一切机关、部队、工厂、商店,必须接受当地党委与政府(工商管理局)的领导,取消其特权,与民营企业同等待遇,严厉取缔非法营业。

关于金融、贸易、合作、财政等职能机构的相互关系、业务守则,《中共晋冀鲁豫中央局关于工商业政策的指示》明确规定:银行、贸易总公司、合作厅、财政厅,共同合作,按时吞吐物资,实行全年贷款,大力支持生产,按季节有步骤地发行货币。强调贸易总公司的“主要任务为活跃市场,平稳物价,不担负财政任务,以便保持物价平稳上升(不上升亦不可能),不暴涨暴跌”;取缔地方上所加于工商业的苛杂,除边府所规定的税收摊派外,其他任何机关、团体不得擅自摊派或增派,劳军捐款应出于自愿,不得摊派。对工商业者按所得纯利只征15%左右的所得税,并须规定合理评议、计算征收的制度;颁发合作社条例草案,取缔某些合作社非法行为，规定合作社性质、任务与营业制度，整顿合作社队伍，加强业务指导，有计划组织生产，调剂物资，其资本不足者由银行给予低利贷款，帮助其发展。

《中共晋冀鲁豫中央局关于工商业政策的指示》特别规定，《中国土地法大纲》所规定的废除一切债务，“不包括工商业的借贷来往账及货账在内”。

《中共晋冀鲁豫中央局关于工商业政策的指示》最后强调，要加强部队与地方的城市政策与工商业政策的教育，提高其政策水平。

为了贯彻上述方针，晋冀鲁豫中央局决定，召开全区工商业会议，邀集公私企业、商会、工会及政府的代表，检讨过去得失，研究三种不同城镇（地区）发展工商业的具体政策。各区党委应把各该区2万人以上城市，在3个月内作出总结，上报中央局，并做好运城、曲沃、晋城、长治、邢台、武安、沁阳、邯郸、临清、南宫、衡水、大名、濮阳、聊城、杨集等城市的工作。冀鲁豫并应恢复草帽辫业，取得经验，推动全区。①

以上各项关于工商业政策的指示、决定，虽然是针对晋冀鲁豫解放区一地情况，纠正该地偏差，解决该地问题。不过晋冀鲁豫解放区的情况和问题，并非该地独有，其他一些解放区，也都不同程度地存在，甚至更严重。而且这些政策决定系由中央局而非地方党委作出，又吸收了晋察冀边区行政委员会的相关决定内容（详见后文），代表了中央的意志和决策，实际上是中央商业政策的一部分。

---

① 《中共晋冀鲁豫中央局关于工商业政策的指示》（1948年9月10日），见中国社会科学院经济研究所中国现代经济史组编：《革命根据地经济史料选编》下册，江西人民出版社1986年版，第245—249页。

总体来看,中央关于解放区商业的政策方针,核心是通过没收国民党国家资本和私人官僚资本商业,建立和发展国营商业,组织和发展城乡供销合作社,使国营商店和合作社尽快成为城乡商业的主导。同时保护私人民族商业,"公私兼顾,劳资两利",保证解放区商业流通的健康成长、壮大。

毛泽东在1947年12月的中共中央会议上所作的报告中指出:"没收封建阶级的土地归农民所有,没收蒋介石、宋子文、孔祥熙、陈立夫为首的垄断资本归新民主主义的国家所有,保护民族工商业,这就是新民主主义革命的三大经济纲领。"①具体到城乡商业领域,这三大经济纲领,就是没收蒋宋孔陈四大家族为首的垄断商业资本归新民主主义的国家所有,确立新民主主义的国营或公营商业体系,同时保护民族商业,特别是注意不要侵犯地主、富农经营的商业。在没收封建土地和旧式富农多余的土地时,不能没收或侵犯他们开办的商店,连同其手工工具,如纺车、织布机、织袜机、缝纫机、弹花机等,也一律不没收、不征收,准其留下进行生产。

在建立、完善国营或公营商业体系与保护民族商业两者之中,建立、完善国营或公营商业体系又是重点和核心。关于保护民族商业问题,曾多次受到"左"右两方面尤其是"左"的干扰,需要中央反复申令纠偏。相比之下,对于建立、完善国营或公营商业体系,关于国营或公营商业地位和作用,无论中央还是各解放区地方,一直是非常明确的。如在东北解放区,1946年11月初,合江省委在接近肃清土匪、开始组建民主政府时,就作出了《合江省委关于发展工商业政策的初步决议》,明确指出,"公营资本在繁荣工商业方面是占有重要地位的。它的主要任务,不是在排斥与吞

① 毛泽东:《目前形势和我们的任务》(1947年12月25日),见《毛泽东选集》第四卷,人民出版社1991年版,第1253页。

并私人资本，与民争利，而是在调节私人资本的活动，补助私人资本的不足与缺陷，使之与支持长期战争的需要及整个社会发展的利益相符合”。《合江省委关于发展工商业政策的初步决议》特别强调，能够起着这种照顾全局的调节与补助作用的，只有“大公家”的资本，至于“小公家”的资本，一般都是为了解决本单位供给上、财政上的需要，往往只照顾本单位的局部，不照顾全局，容易与民争利，破坏政策。因而“小公家”资本的活动范围是应该受到限制的，他们使用各种特权同私人资本争利的一切举动，是应该禁止的。①

合江省委对“小公家”商业资本弊端的分析，切中要害。因此，1947 年 9 月 24 日，中共中央东北局作出决定，禁止机关、部队、学校经营商业。东北局的决定指出，根据过去的经验，机关、部队经营商业的弊病很多，不仅经营的机关“得不偿失”，解决不了实际困难，且对外常违反贸易政策，对内则与民争利，使私人资本不能投到市场中去，妨碍了内地的物资交流，直接或间接影响国计民生。且由于盲目地贩运，浪费交通工具，特别是不守铁路秩序，更直接影响了战时运输。部分经营商业的人员，因为脱离了机关部队，不能受到教育与管理，日渐走向贪污腐化，以至于对革命事业的蜕化。因此，特决定师及军分区以下的机关、部队及后方机关、学校，一律禁止经营商业，已经设立的商店或其他变相的组织应一律结束、撤销。军区及纵队如须经营商业时，必须遵守财经办事处整个的贸易政策，及各该省所规定的各种法令。服从各该省贸易局的指挥，亦不得直接进行对外贸易。为补助各机关、部队的

① 《合江省委关于发展工商业政策的初步决议》（1946 年 11 月 7 日），见东北解放区财政经济史编写组等编：《东北解放区财政经济史资料选编》第 3 辑，黑龙江人民出版社 1988 年版，，第 2 页。

财政开支,除主力部队在作战时不能生产之外,所有部队机关及学校均应进行农业及手工业、牧畜等生产。为贯彻这一决定,各中央分局或省委及各纵队必须严格保证执行,限于10月内完全实行,并严防假借合作社名义或流动生产等,进行任何变相的商业经营。①

1948年11月,东北全境解放后,政府对国营商业规定的要求和任务是,大量卖货,回笼货币,平稳物价,大量采购粮食、原料、出口物资,发展对外、对全国对本区内的物资交流,为生产服务,为人民生活要求服务,并学会为人民做生意。② 这样的要求和任务,无论私人商业或"小公家"商业,都是无力承担的。

然而,当时在一些解放区的普遍情况是,公有资本、资金大量甚至过度投放商业领域,导致商业、市场紊乱。如1945年年末1946年年初,太行行署所辖解放区的基本环境是,"国民党顽固派占领大城市,人民武装占领中小城市和广大农村,解放区拥有丰富的粮食,是城市一日不能离开的食物。国民党区有碱盐,也是解放区的日常必需品",两者"在经济上有互相依存的一面,但双方不是自由贸易"。解放区在有利条件下,允许出入口,国民党顽固派亦如此。双方在经济战线上是"互相依存,又互相封锁的严重斗争局面"。但是,因解放区"领导不统一,管理无力",致使公营经济和机关生产、农村合作社等项资本,"绝大部分用于投资商业,

① 《中共中央东北局关于禁止机关、部队、学校经营商业之决定》(1947年9月24日),见中国社会科学院经济研究所中国现代经济史组编:《革命根据地经济史料选编》下册,江西人民出版社1986年版,第636—637页。

② 《1949年东北区国营内地商业工作的简要报告》(1950年2月),见东北解放区财政经济史编写组等编:《东北解放区财政经济史资料选编》第3辑,黑龙江人民出版社1988年版,第261页。

互相竞争，互相倾轧，破坏整体利益，影响内地市场与对顽斗争很大”。1946 年 1 月 12 日，太行行署作出《太行行署关于目前对顽经济斗争和工商工作的决定》，大力加强经济战线上的“一元化领导”，有效平抑物价，紧缩通货，政府与公营企业一律停止大批购粮与吸收物资，并有计划地抛出一部分，地方供给，凡发货币者改发实物，以调节市场，并注意组织转移商业投资方面的活动资本到生产方面来。在组织领导方面，“统一步调，统一管理”，将公营经济和机关生产、农村合作社等项资本，全部“统一于对顽经济斗争上来”。①

华中解放区情况，同太行行署辖区有某些相似之处，但“小公家”资本的力量和造成的影响似乎更大。华中分局采取的解决办法也不相同。该区部队、机关、团体因有部分经费必须“生产自给”，普遍经营商业，而当时物价波动，市场极不稳定。中共中央华中分局发出“统一步调，平抑物价”的指示后，虽初见成效，物价日趋平稳，人心渐见安定，但仍有少数公营商店（实际上是“小公家”商店）“消极怠工”，并不坚决执行，直接影响中央政策的贯彻。这种现象的发生，除了少数干部中的本位主义思想作怪外，一个重要原因是推行平抑物价政策，抛货和停止市场收购后，资金冻结，生意停顿，游资无出路，而且部队、机关、团体、商店负有生产自给的任务，出现很大困难。这一矛盾如不解决，党的政策亦难持久，物价无法保持稳定，市场势必重新紊乱。

1946 年 7 月 17 日，华中分局为了进一步贯彻中央政策，发布《关于建立华中贸易公司统一公营商业的决定》，着手统一市场控

① 《太行行署关于目前对顽经济斗争和工商工作的决定》（1946 年 1 月 12 日），见华北解放区财政经济史资料选编编辑组等编：《华北解放区财政经济史资料选编》第 2 辑，中国财政经济出版社 1996 年版，第 561—562 页。

制力量,稳定物价,并照顾各部队、机关、团体“生产自给任务”,对各类公营商店采取两项重大调整部署,一是全部公营商店“由政府统一经营”,使整个市场“成为一个统一的力量”。具体办法是由货物管理总局协同各地公营商店,组织华中贸易公司,负责“统一经营商业事宜”。贸易公司的任务不在专门图利,而主要是稳定金融,平抑物价,调剂进出口与内地物货流通。具体进行办法,由货物管理总局决定。二是责成所有机关、部队经营的商业,一律于8月底结束。所有存货,均依当地市价折成实物、资本,盘与贸易公司,按其交款日期,全部以清江王营的盐价,折成食盐,以实物入股(参加后如愿转入工业生产者,退股自由),参加华中贸易公司。华中分局为保证其能获得充分利润,以改善部队生活,并作为“生产自给”部分的来源,保证付给月利实物利润1/10,以王营盐价付款(一次定好实物,不问市价涨落,均按王营食盐折价计算)。此项利润之大,超过一般商业利润。分局责成财政厅及贸易公司按时拨付,不得延误。如贸易公司盈利不足时,则由财政上支付。各部队、机关已有农工、手工业生产基础,或有可能开办农工、手工业者,应将现有商业资本,尽可能转入农工、手工业生产。边区政府财政、建设两厅,应尽最大努力,协助其建立生产事业。贸易公司对某些未设公营商店,而有机关、部队生产商店的重要城镇,应就此次结束的机关、部队、商店中,选择较有基础者,或数家合并,作为贸易公司商店,以便能更有效地掌握市场。

华中分局《关于建立华中贸易公司统一公营商业的决定》特别警告,自1946年9月份起,如查获有机关、部队、团体私自做生意者,除没收其货物外,其经手干部,在党内应受严重处分,在行政上以破坏金融论罪。今后各部队、机关,对所领各种经费,均绝对禁止挪做生意。违者,视其挪用多少,照数扣发其下月经费。各地方政府及司法、公安机关事业部门,所征收的税款、罚金,或事业收入，一律依限缴交地方金库，严禁借给其机关生产，作生产资本。违者撤销其征收权。各公营商店，在8月内结束之前，仍需执行分局前次指示，不得争购物资，囤积居奇。①

在各解放区多个禁止部队、机关、团体经营商业的决定中，华中分局的决定似乎是时间较早，而且措施坚决、严厉的。不过早在半年多前，晋冀鲁豫中央局，就已作出决定，不准部队、机关经营或兼营商业。并分析了部队、机关经营商业的严重危害。明确宣布，“为克服机关部队一般生产及商业经营的混乱现象，决定机关部队以农工业生产为主，野战部队一般生产及商业经营一律取消，后方部队机关的商业经营采限制办法，逐级统一管理及适当的集中经营，且一律不准做对外贸易”。承认抗战以来机关、部队进行一般生产及商业经营，在当时财政经济困难情况下曾经解决过一些问题，补充部队机关经费的不足，改善部队机关人员的生活，减少公家的支出，“这是其功绩的一面”。但是，反攻以后进入城市，“普遍闹和平思想，生活享受欲提高”，有些商业经营甚至违禁贩卖军火及毒品，有些战争缴获物资、没收汉奸财产，投入自己商店变卖。“营利不择手段、巧取豪夺、挪用公款、支用民夫，甚至包庇斗争对象。部分干部则腐化堕落甚至变节蜕化”。至此，部队、机关的商业经营，“主要已不是改善群众生活，补助部队机关经费的不足的生产事业，而是为少数干部把持享受堕落逃避工作的场所”。此种现象“如不急予纠正，不仅失掉生产方向，将严重破坏政策制度危害群众利益，继续腐化干部，加大财政困难”。为此，晋冀鲁豫中央局决定：“县以下军政民，军区部队团营连县大队

① 《华中分局关于建立华中贸易公司统一公营商业的决定》（1946年7月17日），见江苏省财政厅、江苏档案馆、财政经济史编写组编：《华中解放区财政经济史资料选编》第2卷，南京大学出版社1987年版，第42—43页。

(独立营团);及机关个人的商业经营一律取消,由县(包括区)、专署、行署、边府、军区各级分别成立统一的管理委员会统一集中管理领导,且不准做对外贸易。原有各单位的资本以及经营干部需全部缴出,按营业状况及股本多少分红。为使后方部队机关生产纳入正规,而不成为破坏政策、危害人民及腐化干部,不准在职干部或任何吃公粮的人担任经营人员,不准依靠特权谋利,不准贩卖军用品,财经机关的机关生产不准兼营商业,卫生机关的机关生产不准兼营药店医院等,不准支用民力,不准挪用公款等。为保持共产党员的纯洁性,决定所有脱离生产的共产党员干部的财产向党登记,不得隐瞒。"①

这是值得永远牢记的历史经验和教训。

作为"三大经济纲领"之三的"保护民族工商业",一直受到党和根据地、解放区政府的高度重视。1947 年 10 月颁布实施的《中国土地法大纲》第十二条,"保护工商业者的财产及其合法的营业,不受侵犯"②,是最简单扼要而又最权威的原则性政策规定,是此后各解放区保护工商业的指导纲领和政策依据。不过《中国土地法大纲》只是原则规定。但实际上,私人工商业者的政治面目、财产状况,经历了日本帝国主义 14 年和 8 年的侵夺、破坏、蹂躏,变得极其复杂。真正实事求是的保护工商业者的财产,并非易事。为此,1946 年 2 月 5 日,中央就解放区私人企业的政策方针给时任中共中央华中分局书记、华中军区政治委员的邓子恢下达指示

① 《中共晋冀鲁豫中央局关于财经工作决定》(1946 年 1 月 10 日),见中国社会科学院经济研究所中国现代经济史组编:《革命根据地经济史料选编》下册,江西人民出版社 1986 年版,第 14 页。

② 《中国共产党中央委员会关于公布中国土地法大纲的决议》(1947 年 10 月 10 日)附:《中国土地法大纲》,见中央档案馆编:《中共中央文件选集(1946—1947)》第 16 册,中共中央党校出版社 1992 年版,第 549 页。

说,“党对解放区内私人企业的政策、方针,确属和平时期经济建设中的重要课题”,对原敌占区的私人企业的财产,须按照不同情况,分别处理:凡在敌占期间,未与敌合作的私人企业,一律保护其继续经营。至于因敌伪强迫加入资本而变成敌伪资本与私人资本联合经营者,只要能证明敌伪资本确属强迫加入,则只没收敌伪资本充作官股,私人资本并不没收,以公私经营的方式继续经营;凡被敌伪没收的私人企业,一律发还原主。至于敌伪没收该企业后,又投入新的资本者,则敌伪的投资应予没收,充作官股,原业主则收回其原投资本的所有权,以公私合营的方式继续经营;某些应发还原主的私人企业,在收复后未曾发还,且已由政府或民间投入资本恢复生产者,原业主收回其原投资本的所有权后,亦应以公私合营或合作经营的方式继续经营;在收复前,确曾出力保护资材装备,使企业得免敌人破坏的职工;或在收复后,确曾出力抢修,使企业迅速恢复生产的职工,除政府予以奖励外,均应受到厂方的奖励和优待。在厘清和处理了私营工商业者的产权后,必须妥善处理私人企业同政府之间的关系、企业内部的劳资关系:私人企业的正当利润,政府应当予以保护。但私人企业不得故意抬高物价,紊乱市场,操纵国计民生;政府应当通过税收、贸易等政策法令,使私人资本有利可图,以扶助私人资本的发展,但私人企业亦必须遵守政府的工厂法、劳动法及其他一切法令,不得违法压迫工人,并适当地增加工人工资,以提高工人的劳动热情,增加生产。①

在土地改革过程中和土地改革后,如何保护工商业特别是地主富农(旧式富农)经营的工商业,是一个同样复杂的问题。因为

① 《中央关于解放区私人企业的政策方针给邓子恢的指示》(1946 年 2 月 5 日),见中央档案馆编:《中共中央文件选集》第 16 册(1946—1947),中共中央党校出版社 1992 年版,第 69—71 页。

土地法大纲只是原则上的规定,在实际贯彻执行过程中,有相当大的诠释和伸缩余地。在不同时段、不同地区或某种特殊环境条件下,保护工商业的政策措施,严宽、繁简差异颇大。前揭晋冀鲁豫中央局关于保护工商业的政策,是较为完整、周全的。其他解放区政府保护商业政策也不完全一律,或各有侧重。

1948 年 3 月,哈尔滨农村土地改革接近完成,城市工商业登记业已结束,市政府贴出布告,订出 3 条规定:(1)凡原在本市之工商业者兼地主,或地主兼工商业者,除其在农村之土地财产已由当地农民处理外,其在本市之工商业,一律予以保护,不得侵犯。(2)在"八一五"日本投降后至我民主政府成立之过渡期间内,工商业之财产曾有许多变动,今后概以此次工商业登记为标准发给执照,承认其所有权。并自即日起,任何人不得侵犯其财产权;凡此次登记中尚有漏报者,自布告之日起于两星期内补报,过期无效。(3)工商业者必须遵守民主政府之法令,发展生产,支援战争。工商业者之营业受到保护,但不得阴谋破坏,资金逃亡,消极怠工,投机捣乱。如果有犯罪行为时,其处理须经市政府之直接处理或批准。其他任何机关团体,均无没收罚款之权力。①

陕甘宁边区的工商业,因 1947 年蒋、胡军队疯狂进犯,加上某些地区在土地改革中,曾发生侵犯工商业利益的"左"倾错误,一时妨碍工商业的恢复与发展。边区政府张贴布告,规定凡遭受蒋、胡军队重大破坏的工商业,无论属公属私,均应本政府保护工商业的方针,鼓励与扶助其恢复营业,地主、富农所经营的工商业,同时应受到保护。布告特别规定:曾因订错成分受到侵犯尚未纠正者,

① 《哈尔滨特别市政府关于保护工商业问题的布告》(1948 年 3 月 14 日),见东北解放区财政经济史编写组等编:《东北解放区财政经济史资料选编》第 3 辑,黑龙江人民出版社 1988 年版,第 70 页。

应一律迅速改正，退偿损失；对某些尚存顾虑，窖藏货物不敢营业者，应宣传解释鼓励其恢复营业。凡属工商业的借贷和来往账债，应予保护。同时免征 1948 年度商业税与临时营业税（不论固定经营或流动经营）。以农业为主兼营工商业者，在征收公粮时，只计算其农业收入，其工商业部分，不得计为副业征收公粮。《陕甘宁边区政府布告（第四号）》还特别规定，工商业者的财产及其合法的营业，如被侵犯，“工商业主可依法向政府司法机关提出控告”①。

1948 年 4 月 3 日，晋察冀边区行政委员会根据《中国土地法大纲》第十二条的原则，就土地改革中保护工商业问题作出指示、制定政策，计有 10 条，内容相当全面、完整，为此后其他一些解放区制定保护工商业政策、条例时所援引、参考。前揭《中共晋冀鲁豫中央局关于工商业政策的指示》中，有相当一部分条款就直接参考了晋察冀边区的政策指示。

晋察冀边区的政策明确规定：凡遵守政府法令进行经营的工厂、作坊、商店（包括公营、公私合营、私营、合作经营），政府依法保护其财产所有权、经营自由权及正当的营业利润。任何个人或团体，均不得加以干涉或侵犯；地主或者旧式富农兼营工商业者，其与工商业相连的一切土地财产，同样受到保护，不得没收及分配；地主、旧式富农若已将其转移到工商业经营里面，这种财产也不再没收、分配；地主、旧式富农的技术性生产工具（如纺车、织布机、织袜机、缝纫机、轧花机、弹花机等），不应该没收或征收，但因其家庭劳动力不足，又不能雇人经营并为农民所需要者，其多余的部分，得由乡村农会接收分配；在过去复查中，已归农会接收的地

① 《陕甘宁边区政府布告（第四号）》（1948 年 3 月 31 日），见中国社会科学院经济研究所中国现代经济史组编：《革命根据地经济史料选编》下册，江西人民出版社 1986 年版，第 221 页。

主、旧式富农的工厂、作坊、商店,其没有分配的,应说服农民交还原主经营。已经分配了的,均须保持其继续经营,不得分散或破坏。如果所没收的工厂、作坊、商店,是属于新式富农、富裕中农、中农或其他工商业者所有的,则无论是否已经分配,都应说服农民交还原主经营,或尽可能设法补偿。

对官僚资本等的商业,《晋察冀边区行政委员会关于土改中保护工商业问题的指示》规定,官僚资本、战犯及罪大恶极的恶霸的工商业财产,经县以上法庭判决应该没收的这种财产,由政府处理,不由农会处理。若是这种工商业规模很小,又在乡村经营者,应由区政府处理。其规模较大者,应依情况分别由县、市、行署或边区政府处理。这些工商业,凡属有利于国民经济者,无论是决定交由政府接管还是由人民接收,均须保持其继续营业,不得分散或破坏。

为了安定商业秩序,保证商业交易的正常进行,《晋察冀边区行政委员会关于土改中保护工商业问题的指示》对于有关商业债务问题,亦有明确规定:凡属工商业户之间的债务、债权,一概不废除。农民与商业户之间赊买、赊卖及农民相互之间友谊借贷,均一律有效。地主、富农及高利贷者,在工商业中的债权,凡是不属于高利贷性质的债权,也不应该废除。至于工商征税,则应该以不妨碍并且保护工商业,特别是工业的发展为原则。

关于公私关系、劳资关系等问题,《晋察冀边区行政委员会关于土改中保护工商业问题的指示》规定,工商业资本家,应在新民主政府和国家经济的领导下,从事有益于国民经济的正当活动,并应保证工人生活的适当改善,但这种改善不应超出经济所许可的范围,工人应积极生产,使资本家获得适当的利润,并应鼓励工厂、作坊、商店及手工业者多带学徒。学徒的生活待遇,除在经济情况所许可及必要的范围内,作适当的改善和废除封建半封建性质的待遇外，一般仍应遵照过去习惯。在“发展生产，繁荣经济，公私兼顾，劳资两利”的总原则下，工人与资本家团结起来，共同为战争的胜利和国家的建设而奋斗。①

1948 年夏，华中一些解放较早的地区已相继开展土地改革运动。根据华中土地会议的检查，在土地改革复查中，不少地方都有侵犯工商业的情况存在。这年 5 月 28 日，华中行政办事处特刊发《保护工商业布告》，详细开列保护工商业的 10 项办法，责令各级政府切实执行，坚决纠正偏差。

保护工商业 10 项办法的内容和原则精神，和其他解放区先期出台的同类办法、规定大同小异。但在条文规定上，更加完整、清晰、具体、周密。如保护工商业的综合性条文载明：一切工商业，包括大小商店、工厂、作坊、行商、坐商，无论在城市还是乡村，一律根据本办法加以保护。严格禁止清算没收工商业；地主富农经营的工商业及其与工商业直接相连的土地、房屋财产、生产工具等，不得没收分配。一切工商业者（除官僚资本及罪大恶极的反革命分子的工商业）的生命财产，都受政府保护，不得有侵犯侮辱的事情发生，更不得任意逮捕拘禁。但在《中国土地法大纲》颁布后，实行土地改革期间，地主或旧式富农为了隐藏其资产，冒充工商业，实际上并没有经营的相关财产，可由农民告发，经县以上政府调查，确是属于应没收或征收的浮财，则判决予以没收或征收，交当地农会分配。这就堵死了地主和旧式富农隐匿、转移土地、财产的漏洞。同时，《华中行政办事处保护工商业布告》根据南方水乡的

① 《晋察冀边区行政委员会关于土改中保护工商业问题的指示》（1948 年 4 月 3 日），见华北解放区财政经济史资料选编编辑组等编：《华北解放区财政经济史资料选编》第 2 辑，中国财政经济出版社 1996 年版，第 549—550 页。

特点,明确规定,一切内河船、海船、渔船、商船,也和工商业一样地加以保护,地主富农的船只也同样保护,不得清算没收。

凡过去侵犯了的工商业,除官僚资本及罪大恶极的反革命分子的工商业,要坚决实行发还或补偿;其已没收尚未分配的,应即全部发还原主经营;如已分配尚未损坏耗光,或仅转作群众股份的,亦应说服群众退还原主;确实无法退还者,可用其他办法(用其他果实或政府贷款等)补偿其一部分或全部,使其能恢复营业;工商业主逃亡在外,尚未回归者,其房屋财产,由当地政府代管或经营,待其回归即行交还原主,并允许其自由经营。如其财产已没收分配者,照前项办法处理;一切工商业者商业往来,债权债务,不论过去现在,一律继续有效,"不适用废债的办法"。

《华中行政办事处保护工商业布告》最后秉持"一碗水端平"的原则,规定了公私商业的权利与义务:一切工商业者,均须遵守政府法令,不得经营违法事业,不得走私漏税,不得垄断居奇。一切公营商店及合作社,也要同样遵守政府法令,不得有特殊权利。各地公营公司及银行须负责扶助当地工商业的繁荣发展,不得有所歧视。①

广东东江游击区在特殊环境下,人民武装和民主政府以特殊的方式和措施,保护、救助工商业财产和工商业者。

1948 年夏秋之交,国民党政府因法币制度即将彻底崩溃,于 8 月 19 日废止法币,发行"金圆券",1 元折合法币 300 万元,强行"收兑"私人所持黄金、白银、银元和外汇。蒋区人民所有财产,突然变成废纸金圆券:以之经营商业,则物价冻结,且无货可办;以之

① 《华中行政办事处保护工商业布告》(1948 年 5 月 28 日),见江苏省财政厅、江苏省档案馆、财政经济史编写组编:《华中解放区财政经济史资料选编》第 4 卷,南京大学出版社 1987 年版,第 303—304 页。

经营工业,则原料被控制,而其制成品之售价竟在成本之下;以之存入银行,则金圆券的价值江河日下,瞬即化为乌有;将资金移出海外,则蒋帮特务军警密布,出口资金稍逾限额,即遭没收。工商业家走投无路,不得不把资金向各地农村逃避,以保持其资财的价值。在这种情况下,东江人民武装和民主政权,采取果断措施,保护私营工商业及其财产具体措施包括:(1)凡携金银、外币至游击区者,人民政府军队于得到通知后,沿路予以保护,护送至其所指定的目的地;(2)到达游击区的物资、金银,其没法储藏者,由当地政府或军队负责妥为分散储藏,其愿交当地政府或军队保存者,由政府给予收据,并按期予合法利息,于一定时期后提还者,政府当按其原来存入之种类及数量,原璧交还;(3)到达游击区的物资、金银,所有人如愿意在当地创办工商业者,当地政府给予必要协助,减轻其出入口税,免除一年以上的营业税、所得税和特别税;(4)到达游击区的资金,要开办农场者,由当地政府负责介绍租地,供给技术人才,并给予各种必要的协助;(5)到达游击区的资金,愿意移入东北、华北解放区,以发展工商业者,由政府负责设法转移,并给予种种便利,务使其能达到预期目的;(6)到达游击区的资金,愿意在当地经营侨汇者,政府、军队决予慎密保护和协助,务使信汇局与侨胞家属两受其利;(7)凡购买日用必需品转入游击区者,当地政府和军队应沿途给予保护,并保障其获得合法利润,其所得货款可购买一切准予出口物品,其愿将资金保留在游击区储藏或经营金融、工商业者,依上述各办法处理。①

① 罗纯:《华南人民武装保护工商界利益的实施办法》(1948 年 10 月 20 日),见中国社会科学院经济研究所中国现代经济史组编:《革命根据地经济史料选编》下册,江西人民出版社 1986 年版,第 673—674 页。

(二)对内自由、对外严格管控的商业贸易政策

除了在商业体制上,建立和扩大国营(公营)商业,保护私营商业;确立和巩固国营(公营)资本("大公家"资本)的主导地位,同时保证私营商业正当和合法经营外,在内部商业和对外贸易方面,党中央与各解放区党和政府的政策方针是,根据不同情况严格掌控关系国计民生的重要物资及其交换,保障人民的生活需要,稳定物价、市场,并集中统一和严格控制对外贸易,输出口解放区富余的农副产品,输入军需民用紧缺物资,特别是军用器材和民用工业器材及原材料,有力支援了解放战争,加快了解放区的经济建设,保障和改善了人民的基本生活。

总体来看,在解放区内部,实行的是自由贸易。① 但是对直接关系国计民生的粮食、棉花、食盐等重要物资,根据情况随时调整部署,进行某种严格的管控。

1946 年 2 月,滕代远自北平函告中央,北平粮缺价高,市政府要求帮助,每月须定购粮食 1 亿斤。中央发现城市缺粮、缺煤及其他必需品,是战区所有大中城市的普遍现象,如天津、济南、青岛、保定、石家庄、太原、徐州、开封、上海等大中城市,均时闻缺粮、缺

---

① 1947 年 11 月 10 日东北行政委员会发布《东北政委会关于解放区内贸易自由的布告》,强调解放区内贸易自由,是"民主政府的一贯方针",除皮革、羊毛及统购期间的粮食为取缔投机操纵,保持价格之稳定,应依照统购办法办理外,其他一切物资,在东北解放区内,俱应自由流通。粮食一项在统购期间过后,亦应恢复在解放区内自由流通,各地区一切与此相抵触之办法一律禁止。各级政府,各级机关、部队、团体不得以任何借口进行封锁。限制物资在东北解放区内自由流通[《东北政委会关于解放区内贸易自由的布告》(1947 年 11 月 10),见东北解放区财政经济史编写组等编:《东北解放区财政经济史资料选编》第 3 辑,黑龙江人民出版社 1988 年版,第 40—41 页]。

煤。根据这一情况，中央迅速通知华东、晋察冀、晋冀鲁豫、东北及晋绥、冀热辽、华东等中央局、中央分局，作出相应部署，要求各解放区贸易局"应有计划的适当的提高粮价，收买储存大批粮食，利用机会，贸易局公开与国民党各市政府进行谈判"。除沟通商业外，可另以私人名义（以老百姓面目）至城市开设粮行，领取粮食行照，使之长期合法在城市生根，控制粮食陆续向城市出售，交换日常必需品，满足解放区人民需要，否则将来交通恢复，粮食无限制流向城市，奸商操纵，反可造成解放区粮荒或工业品价高、农产品价低。

根据地不仅有部分粮食出口，且有大量的煤、棉、毛、皮、丝、植物油、药材、猪、牛、羊、鸡等出口，中央决定"选派可靠党员学做生意，特别是熟悉行情善做生意的党员寻找社会关系，以商人面目到各城市，领取行照，加入行会，开设行栈屠场。上述工作在城市能作出较大成绩，不仅能影响城市经济生活，而且对解放区经济发展亦有重大帮助，首先要使这些同志在思想上有所准备，使之了解这是和平阶段重大建设工作之一"。① 这无疑是未雨绸缪、高瞻远瞩的一项重大决策。

3 个月后，蒋介石国民党积极准备内战，而又正值青黄不接，南方产粮各省普遍旱灾，国民党政府在被解放区包围的重要城镇，大量囤积粮食，扣押解放区贸易局人员，抢夺其粮食。在这种情况下，为了照顾解放区民食，增加蒋介石国民党进行内战的困难，中央通知各中央局、中央分局，指示相关部门利用国民党扣押解放区贸易局人员、抢夺其粮食的正当理由，各解放区实行严格粮食管

① 《中央关于各地有计划地控制粮食等向城市出售的指示》（1946 年 2 月 23 日），见中央档案馆编：《中共中央文件选集》第 16 册（1946—1947），中共中央党校出版社 1992 年版，第 81—82 页。

制,停止向顽伪军所占城镇的粮食自由出口,“以便取得有利的物资交换”。且各解放区本年春雨适度,夏熟可望丰收,富裕农民及地主必有余粮出口,特别是城市粮价高涨,解放区禁粮出口,势必发生偷运走私,因此,各解放区政府,应采取适当价格购存大批粮食,然后有计划地以一部分分散出口,换回解放区必需物资;同时动员人民储粮备荒,恢复与建立义仓(积谷)公谷等制度。总之,“以保存解放区粮食,增加敌人粮食困难为基本方针”。①

此后,在整个解放战争期间,粮食一直被作为一种重要的战略物资加以经营、掌控,在充分保证军需民用的前提下,又是一种最重要、最宝贵的出口物资,用以换回最重要和稀缺的军需民用物资,并且根据不同的条件和需要,在党的集中统一领导下,采取各种不同的经营方针和掌控手段。1946 年年末,在东北北部解放区,东北局发出指示,“为了迅速集中粮食出口,及时解决民用军需”,建设根据地,坚持长期战争,“各级党委必须动员全部力量用战斗精神来完成出口粮食的计划”。收集(征集)、运送至沿途各较大火车站,验货、装车、载运等,一条龙作业,各运转站要保证 8 小时内装一列车,“不受风雪夜晚的限制”。为了加速工作进行,贸易公司和粮食局实行“合署办公”。为了提高相关部门的积极性,东北局应允将换得的物资,按出口粮食的比例与各地情况“合理分配,以保障各地的军需与民用”。②

1946 年年末紧急集中出口的全部是公粮。1947 年 4 月下旬,

---

① 《中央关于解放区实行粮食管制的指示》(1946 年 5 月 22 日),见中央档案馆编:《中共中央文件选集》第 16 册(1946—1947),中共中央党校出版社 1992 年版,第 170 页。

② 《东北局关于组织粮食出口的指示》(1946 年 12 月 24 日),见东北解放区财政经济史编写组等编:《东北解放区财政经济史资料选编》第 3 辑,黑龙江人民出版社 1988 年版,第 5—6 页。

东北局下达关于购粮工作的决定，准备实施新的粮食收购计划，以“保证军粮，调剂民食与出口贸易任务的基本完成”。为此一方面发动和鼓励专署以下各级政府和群众团体积极参与购粮，并给予物质奖励。另一方面严禁部队、机关团体和私人购囤粮食或从事粮食经营，明确规定：各部队、机关、学校一律严禁做粮食生意，“如再有违背，定以纪律制裁”；所有各地部队、机关、学校过去购囤之粮食，应急交出，并得按当地买粮的物资交换比率付给物资，或按当地市价给款；部队、机关、学校过去节余公粮，经证明确实者得交当地政府粮食局给价收买，不得自由买卖；所有各地公私设立之烧锅及酒精工厂，一律停止。公私油坊及其他粮食加工业生产，须由主管机关及专员公署有计划地加以限制和整理。其必需的加工粮食调剂，由当地粮食购买机关统一调剂。各部队、机关及当地居民需自给之豆油及粗粮加工，须根据人数及需要量规定定额，经分局及省委财经委员会批准维持必需的油坊及粮食加工业；私商过去购囤之粮食，由政府劝导出售给贸易公司，并按规定物资交换比率付物资，或按当地市价给款；凡部队、机关、学校直接或经过私商购囤粮食、投机取利者，以违反政策、扰乱市场、阻碍粮食工作论。除没收其粮食外，据情予以组织上之处分。①

不过强制清理和购买公私合法或非法屯粮只占购粮总额的极小部分，绝大部分还是直接从农民手中购买，动员农民尽可能将余粮全部售卖。如合江省（当时张闻天任省委书记），据计算 1946 年有耕地 54 万垧，共收粮 55 万吨，100 万人口每人口粮 1 石，计 100 万石，合 30 万吨；11 万头牲口，每头饲料 1.8 石，计 19.8 万

① 《东北局关于购粮工作的决定》（1947 年 4 月 27 日），见东北解放区财政经济史编写组等编：《东北解放区财政经济史资料选编》第 3 辑，黑龙江人民出版社 1988 年版，第 14—15 页。

石,合 5.94 万吨;籽种以每垧 0.25 石计算,计 13.5 万石,合 6.75 万吨;应征公粮 7.7 万吨(后实征 3.4 万吨),原计划购粮 8 万吨(后实购 8.1 万吨),共计支出 58.39 万吨,超支 3.39 万吨,拟靠 1945 年余粮、黑地账外产量和杂粮解决。①

作为基本生活资料布匹、食盐的流通,某些条件特殊的解放区的盐、布供应,也是解放区商业政策方针必须解决的问题。如西北边区所需盐、布需要冀鲁供应,晋察冀和晋冀鲁豫由于组织合并,货币统一,没有多大困难。但山东解放区和西北解放区的货币尚未统一,还有许多障碍,需要设法解决。虽然海盐已经专设盐业公司,组织产销,掌握盐价。西北所需布、棉一部分靠财政调拨,一部分由贸易公司经营,此外则由人民"自由调剂"。然而,这两项交易有一个共同的困难,就是缺乏回货。这种贸易上的差额,造成了货币比价不正常的现象,即提高了北海币对边币和冀钞的比价,也提高了边币、冀钞对西北农币的比价。比价的提高会阻碍海盐和布、棉的运销,或提高销售地区的价格,致使消费者多受一重损失。贸易机关必须设法供给回货,减少贸易差额,并作通盘调拨(如此次所签订的三地区的物资交换协定),来调整各地区的货币比价。

各区物资交换的另一困难,是交通运输问题。西北运输困难更多。贸易机关固然应同交通机关配合,改善交通运输条件,但在当时主要还是依靠群众运输。所以如何掌握各地区的物价差额,保证运输者的应得利益,借以鼓励群众运输,以及如何在交通要道上增设骡马店、草料站,组织群众性的运输合作,也是组织各区物

① 《合江省政府关于购粮工作总结》(1947 年 7 月 25 日),见东北解放区财政经济史编写组等编:《东北解放区财政经济史资料选编》第 3 辑,黑龙江人民出版社 1988 年版,第 19 页。

资交流中的一件重要工作。①

对外贸易②不仅是满足解放区军需民用不可或缺的一种手段,更是对敌经济斗争的一个重要方面,起着从经济战略上削弱敌人、壮大自己的关键性作用。因此,相对于解放区内部"自由贸易",在政策方针上,组织领导更加集中统一,管控措施更加严格,目的要求更高更明确。

陕甘宁边区在收复延安前夕,1948 年 3 月 26 日拟定公布的对外贸易总方针是,"为人民服务、稳定金融、发展国民经济、支持财政"。规定贸易必须配合金融政策,贯彻边区一元化的独立自主方针,坚决肃清敌币,打击白洋;在贸易政策上,坚决实行对外严格管理,有计划地争取必需品进口,同时严禁非必需品入口,组织土产出口,以达到出入口贸易平衡。在商业政策上,内地商业自由,但须运用经济力量,打击投机操纵者,以法令制裁违法走私者;对外贸易价格,应在等价交换的原则下,根据当时当地及其出入口物资供需的具体情况灵活掌握;内地市场务须掌握以土产经营调剂为主,毗邻解放区出产品为辅。如果边区产品与毗邻解放区产品均无或不足,又为国民生活或机关部队所必需者,始可按其需要程度输以少数外来必需品经营之,绝对禁止奢侈品、迷信品;发展国民经济方针,应以联系城乡繁荣农村交易,以刺激生产的发展,并以买卖关系调剂原料,收购成品,以发展民间纺织手工业及一切副业生产,公营工厂的发展则应当是有条件的;为了减少群众消费上受中间商人过分地投机操纵剥削,同时予私商以适当营业照顾,

---

①《关于华北贸易工作——华北金融贸易会议综合报告》(1948 年 5 月),见中国社会科学院经济研究所中国现代经济史组编:《革命根据地经济史料选编》下册,江西人民出版社 1986 年版,第659 页。

② 解放区的对外贸易,包括同其他国家的贸易和同国民党统治区的贸易两个部分。

确定公司门市批发价与零售价应有区别,但不能相距过远;支持真正为人民生产、消费利益服务的合作社在现款交易原则下,公司予以优先批发与价格照顾,但作投机业务者不予支持。①

在华北解放区,1948年5月,华北金融贸易会议对解放区的对外贸易作出了全面部署。会议确定的解放区对外贸易的主要任务,是推销解放区各种剩余土产,采购各种军用器材、重要生产资料和一部分民用的必需品,并且争取"有利交换"。所谓"有利交换",不但要高价输出,低价输入,"尤其要以我们所不需要(或不甚需要)的物资,去交换我们所很需要的物资"。根据各地经验,对外贸易必须努力争取出超,出超才能争取贸易中的主动地位,有了主动地位才能获得"有利交换"。所以解放区对外贸易必须"奖励输出,限制输入"。

"奖出限入"必须根据敌我需要程度,而定出一定的尺度来。输出物资中间,粮食和棉花是敌我均需要的,必须严格掌握。粮食主要供给自己军民需要,如果有剩余首先调剂邻区,再有剩余才能特许输出,换回军用器材。棉花在冀南、冀中、渤海等地均有大量剩余,除调剂胶东、鲁中、晋西北等地外,可以掌握输出,换回军用器材。现在华北敌区棉花饥荒特别严重,棉花是解放区对外贸易"最有力的斗争武器"。一般山果、土产、皮毛、药材等类需要奖励输出,可以轻税、免税,取消各种不必要的限制(如结汇等),如果输出有困难,必要时可设法贴补。其具体办法是"热货带冷货"(以输出棉花、粮食等的较高利润来贴补)、"进口贴出口"(以输入数量有限的茶叶、红白糖等的较高利润来贴补)。应当

① 《西北贸易公司陕甘宁边区业务经营方针及计划》(1948年3月6日),见陕甘宁边区财政经济史编写组等合编:《解放战争时期陕甘宁边区财政经济史资料选辑》下册,三秦出版社1989年版,第121—122页。

把推销山果、土产等作为对外贸易的重要任务之一，懂得它是扶助农村副业生产、增加农民副业收入和争取贸易出超之一的重要工作。

输入物资亦应分别轻重缓急：首先保证战争所必需的军用器材的采购；其次采购发展生产所必需的工业器材；更次则可酌量输入一些人民的日用必需品。至于奢侈品和消耗品，则应当禁止输入，以节衣缩食的方法，支持战争和生产建设。现在敌人对军用品的采购限制很严，而对非必需品则采取廉价倾销的政策，愈是非必需品利润愈高。如果贸易经手人稍稍放宽尺度，这些非必需品便像潮水一样涌入，势必浪费外汇，妨碍军用必需品的采购。就是群众日常生活所必需的物资，如果可能自己生产，也应咬紧牙关严格限制。只有限制输入才能更迅速地刺激生产发展。但在山果、土产等输出困难时候，亦可特许换回少量茶叶、红白糖等，不过目的是奖励出口，而非放宽进口尺度。

为加强对敌经济斗争，解放区的对外贸易必须步调一致，即必须制定统一的税则、税率，有共同的进口、出口计划，并在一定范围内统一领导。关于统一的税则、税率和共同的进出口计划，华北会议已经提出具体意见，在征求各中央局财办同意后即可执行；关于统一领导，华北会议亦已决定，在天津、济南等地外围，分别成立出入口管理委员会，在中央财经部领导下吸收各地代表参加，其任务为掌握出入口的政策方针，商讨出入口的共同斗争计划，调解各地区间关于出入口的纠纷。各地区亦各自成立出入口管理委员会或出入口管理局，来统一领导各该地区的对敌经济斗争（包括对外贸易，外汇管理，及出入口税等）。为统一军用器材的采购工作，除在天津外围已成立统一的采购公司外，并拟在胶东增设统一的采购委员会，受中央财经部及华东财办的双重领导，商讨采购计划，分配采购物资，使今后巨大采购任务的完成，得到更有利的保证。①

东北解放区的对外贸易(包括对国民党统治区贸易和对苏贸易两部分)显示,无论华北会议之前还是之后,基本上都是按照中央所确定的对外贸易方针、任务进行的,虽然并非完全如华北会议所规定的,推销解放区各种“剩余土产”,但采购的确是军用器材、重要生产资料和民用必需品,东北解放区的对外贸易(主要是对苏贸易)开始于1946年,从该年12月起至1947年12月止,总计出口各种粮谷67.5万吨,肉类6000吨;进口布3000万米,棉纱560吨,纺花60吨,火柴5000万小盒,糖1000吨,盐3.9万吨,轴线240万轴,长筒毡靴4万双,做鞋皮子10吨,钞票纸800吨,白报纸580吨,汽油3300吨,柴油2000吨,航空汽油1000吨,其他工业机械用油2000吨,卡车500辆,汽车带1万副,自行车2700辆,爆炸药700吨,导火线230万米,雷管300万个,煤11.8万吨,染料27吨,摩托车150辆,各种合金钢500吨,以及其他军用器材、卫生医药、印刷等器材及民用杂货共600种货物。按价值计算,出口、进口分别为285亿元,其中军用、建设器材等占72%,民用物资占28%。出口利润,因贸易完成之后,购粮价格提高,工农业产品价格“剪刀差”缩小,从而实物利润缩小,从全年计算,出口粮食1吨,如果购买民用品,则卖出后可换回粮食4吨,即每吨赚粮(获纯利)3吨。

从1948年开始的对苏贸易进口方针,根据一年中的发展与经验,除必需的军需民用成品及器材外,改为多进口原料,减少产品进口,以扶助解放区经济及军工发展,并争取提高比价。按已签订

① 《关于华北贸易工作——华北金融贸易会议综合报告》(1948年5月),见中国社会科学院经济研究所中国现代经济史组编:《革命根据地经济史料选编》下册,江西人民出版社1986年版,第657—659页。

的贸易合同,实际出口谷物、畜禽、鸡蛋以及煤炭等,贸易价值547.13亿元。进口货物除原有种类外,新增加了多种军用、工业用器材、材料和农用机械等,主要计有:各种机器用、铁路用油45277吨,载重大卡车3000辆,牵引大汽车(拖炮用)150辆,摩托卡150辆,消防车、加油车65辆,拖拉机247台,拖拉机用农机具1527件,人力畜力农具990架,矿山火药410吨,雷管335万个,导火线50万米,各种发射药450吨,军用皮面胶皮底鞋50万双,洋灰5000吨,军工机器169台,亚麻工厂两个,以及纺织、造纸、油库及野战油库、矿山、航空、医药医疗、印刷、电影、机器机材、电气通信、无线电及广播电台、五金金属、工具、车辆零件、民用杂货、日用品制造原料,等等,共计4000余种。归类统计,直接军用品约占进口货物总值的40%,国营企业机器及原材料占20%,文化、宣传器材材料占5%,民用品约占30%,其余5%尚未确定。①

华中一些解放区,在开辟和建立初期,因地域范围较小,尚未形成相对独立的物资流通和供给体系,须在某种程度上依赖同周边国民党统治区的商品交换,一开始就很注重对外贸易及其管理,并制定相关政策方针。如苏皖边区,“为打破蒋匪掠夺物资阴谋,争取军民必需品进口,禁止匪币流入,以改善解放区人民生活,决定实行进出口贸易管理”,于1948年3月制定发布《苏皖边区九专署出口贸易管理暂行条例》,规定棉花、猪为专署“必须管理的物资”。至于其他管理物资,“由各县根据实际情况和需要另行规定”。管理办法分为群众性管理和行政管理两种。前者是在“复查”比较彻底、群众已经发动、群众“护税”搞得较好的地区,政府

① 《东北局关于对外贸易工作的报告》(1948年6月5日),见东北解放区财政经济史编写组等编:《东北解放区财政经济史资料选编》第3辑,黑龙江人民出版社1988年版,第276—279页。

把管理权交给农会,由乡、村农会建立一定组织,专门负责物资管理。无论外来还是本地商贩要运管理物资出去、采购物资进来,都由农会审理、批准、相关手续。后者是在缺乏条件实施群众性管理的地区,由政府货物管理机关进行管理。凡商贩或花行、轧户要运皮花、猪等出口,先向货管机关办理手续。外来客商采购大批棉花出口,需先将物资或黄金进口。棉花、猪等管理物资出口,“必须换回一定数量的军民必需品,应限制消耗品进口,详由各县订定”。①

在某些解放区,贸易方针具有更强的针对性,因不同区块形势、任务不同,而有明显差异。例如,1948 年春,苏北边区的金融贸易方针是,“继续排斥匪币(按即法币),巩固和扩大华中币阵地,并巩固其信用,稳定物价,组织土产有利出口,争取军民必需物资进口,调剂内销,互通有无”。而“南线”(即“南五县”,包括今靖江、泰兴、如皋、海门、启东)的具体方针是“建立金融贸易市场,加强对敌经济斗争,保障翻身群众利益,完成军需采购任务”。②因为经过一年多的激烈和反复争夺,虽然“南线”已回到人民手中,但仍是“蒋后农村”,主要物资吞吐港口、运输动脉,都还被控制在敌人手中。在局部力量对比上,敌人在经济和军事上均占优势地位,同时,因该地惨遭国民党反动派的残酷扫荡、摧残,经济、生产被严重破坏,人民生产力、购买力和生活水平都大幅降低,经济活力被窒息,市场混乱、麻痹。只能投入力量、采取办法,逐步激

① 《苏皖边区九专署出口贸易管理暂行条例》(1948 年 3 月 7 日),见江苏省财政厅、江苏省档案馆、财政经济史编写组编:《华中解放区财政经济史资料选编》第 4 卷,南京大学出版社 1987 年版,第 396—398 页。

② 《当前金融贸易工作的方针与任务——刘兼行长在南五县金融贸易会议上的总结》(1948 年 4 月 4 日),见江苏省财政厅、江苏省档案馆、财政经济史编写组编:《华中解放区财政经济史资料选编》第 4 卷,南京大学出版社 1987 年版,第 468 页。

活、复苏。

不过随着革命形势的发展，华中解放区迅速扩大。1948 年 10 月 23 日，华中工委召开第一次全华中财经会议，历时 20 天。会议的中心议题是，贯彻统一华中财政，发展经济，保证供给，支援自卫战争，争取大反攻早日胜利，会议作出了《关于金融贸易政策的决定》。会议第 3 天，即 10 月 25 日，“为保护华中解放区生产事业及人民财富，扶持有利出口，争取有益进口，确保军民需要，支持革命战争”，华中行政办事处颁布了《华中行政办事处出口主要货物暂行管理办法》，暂行管理的货物包括棉花、食粮、黄鼠狼皮、猪毛、猪鬃 5 种。棉花起管量为 30 市斤，食粮起管量为 80 市斤，黄鼠狼皮起管量为 10 张，猪毛起管量为 100 斤，猪鬃起管量为 5 斤。以后视情况需要，随时决定增删受管货物，并予以公布。[①] 与《华中行政办事处出口主要货物暂行管理办法》同时颁布的还有《进出口货物税征收暂行章程》《货物产销税征收暂行章程》《营业税征收暂行章程》《进口货物分运办法》《进出口货物税、货物产销税税表》[②]，开始对进出口贸易进行规范化管理。

二、商业结构状况和城乡商业流通的恢复与发展

解放区的商业，主要由国营（公营）商业、合作社商业、私营与个体商业三个部分组成。解放战争期间，尤其是 1947 年年末解放战争由战略防御转入战略反攻后，随着解放区的迅速开辟、扩大，

① 《华中行政办事处出口主要货物暂行管理办法》（1948 年 10 月 25 日），见江苏省财政厅、江苏省档案馆、财政经济史编写组编：《华中解放区财政经济史资料选编》第 5 卷，南京大学出版社 1989 年版，第 154 页。

② 江苏省财政厅、江苏省档案馆、财政经济史编写组编：《华中解放区财政经济史资料选编》第 5 卷，南京大学出版社 1989 年版，第 157—186 页。

各种经济成分的商业相应发展、壮大。属于社会主义性质的国营(公营)商业,小部分沿自抗日根据地的国营(公营)商业,更多的是解放区新建立的。国营(公营)商业一开始就在解放区商业流通领域居于主导地位,并且发展速度最快,力量最雄厚。作为集体所有制性质的合作社商业,也有小部分沿袭抗日根据地的合作社商业,绝大部分是解放战争期间集股新建的,因为一开始就受到解放区党和民主政府的高度重视,快速成长壮大,成为国营(公营)商业的重要补充和有力助手,对编织城乡商业网、减轻中间商业剥削、保护群众利益,发挥了巨大作用。私营与个体商业,绝大部分是原有商业成分的遗留。党中央一直坚持保护私营工商业是党和解放区民主政府的一贯政策,虽有部分私营商业在土地改革中受到程度不同的冲击或损害,后亦纠正、退还或给予补偿,总的说,解放区私营商业的发展,基本上是健康和正常的。个体商业,即通常所说的小商小贩,分为两类,一类是有固定门脸或摊档的"坐摊";另一类是走街串巷和趁墟赶集的肩挑"走贩"。这一部分商业的从业者,在城市多为贫民或失业工人,在农村多为贫苦小农或被完全抛离土地的无业者,他们人数多,但资本极其微薄,不少带有季节性,对整个商业的发展及兴衰变化,影响不大。

(一)国营(公营)商业

1945年"八一五"日本投降和随后解放战争爆发后,国营(公营)商业在不同地区、不同经济背景下,开始波浪式地发生发展、成长壮大。在原抗日根据地,首先是原有国营(公营)商业的延续,并随着解放战争的推进和解放区的扩大,在原有基础上加速成长、壮大;其次是在伪满和关内沦陷收复区,通过接收日伪工商产业,建立起第一批国营(公营)商业;最后是在相继解放的国民党统治区,通过没收国民党国家资本和四大家族为代表的官僚资本,也建立起了一批国营(公营)商业。三类地区原来情况完全不同,随着解放战争的爆发和推进,国营(公营)商业在不同时间、不同地点发生发展,全都成长为当地商业流通领域的主导力量。

解放战争初期,国营(公营)商业是以"贸易公司"的形式出现,并由民主政府直接和统一经营,统一部署,严格执行统一的经营准则和策略。

当时,解放区的国营(公营)商业刚刚产生,国营(公营)商店数量很少,地域分布稀疏,资本规模不大,经济力量有限,而当时解放区的经济形势和商业环境十分严峻,物资紧缺,市场物价大幅波动,民众生活缺乏安全感。在这种情况下,中央根据以往的经验,决定采取果断措施,统一市场控制力量,统一各个国营(公营)商店,并由政府统一经营,使市场成为一个统一的力量。各边区(解放区)政府统一各国营(公营)商店,成立全边区范围的贸易公司。

1946 年年初,晋察冀边区为集中统一国营商店的经营、管理,大幅调整了财经和商业管理体制。该年 2 月,冀晋行署根据边区财长会议的决定,取消贸管局,建立税务局和贸易局,由贸易公司领导商店业务,"以业务领导业务"取代原来的"政府领导"。将商业业务集中到贸易公司,按东、西、南、北四线,分别成立 4 个商店(总店)。一个店(总店)管 2—3 县或更多。如东线以原来的恒升号为基础,设在阜平,以加强东线领导,负责办理行唐、灵丘、正定 3 县的货物输出;西线店以五台为中心,管理崞县、代县;南线的天德店则以北线的浑源为基础成为两线的总店。对天津的输出,由冀晋贸易公司领导;涞源运输站暂存。①

① 《冀晋行署主任杨耕田在贸易会议上的总结报告》(1946 年 3 月 1 日),见华北解放区财政经济史资料选编编辑组等编:《华北解放区财政经济史资料选编》第 3 辑,中国财政经济出版社 1996 年版,第 457 页。

这样,冀晋行署辖区公营商业的集中调整基本完成。"业务领导"取代"政府领导"后,政府对贸易公司商店着重"方针政策的领导,不干涉其业务,使各公司能放手经营,发挥其积极性与创造性"①。1948年3月,边区贸易公司召开的总店代表会议决定:"规定标准市场、标准商品、标准价格,许可升降率,由公营商店适宜掌握,并保持商品的合理的差额,使私商小贩、合作社等都有利润可图。"又明确规定,稳定物价是贸易部门在1948年"大生产运动中的唯一任务"。②

在华中解放区,1946年7月17日,中共中央华中分局作出决定,由货物管理总局协同各地公营商店,组织"华中贸易公司"来统一经营商业事宜,"其任务不在专门图利,而主要的是在稳定金融,平抑物价,调剂进出口与内地物资流通"。③

为了加强对国民党统治区的经济斗争,严格管控进出口物资,保证内地物资流通与供应,便于群众了解、监督,苏皖边区第五专署还于1947年3月26日详细公布了严禁进出口物资的名单:严格禁止进口货物,计分赌具、毒品、烟酒、美国货(军用品、医药器材、工业原料等除外)、化妆品、迷信品、调味品、日用品、布匹9大类约66种商品,其中迷信品最多,达22种;禁止出口货物计分粮

---

① 宋劭文:《关于财经工作政策上的几个问题》(1946年8月29日),见华北解放区财政经济史资料选编编辑组等编:《华北解放区财政经济史资料选编》第3辑,中国财政经济出版社1996年版,第473页。

② 《晋察冀边区贸易公司召开物价会议决定保持边区物价的稳定》(1648年3月4日),见华北解放区财政经济史资料选编编辑组等编:《华北解放区财政经济史资料选编》第2辑,中国财政经济出版社1996年版,第548页。

③ 《中共中央华中分局关于建立华中贸易公司统一公营商业的决定》(1646年7月17日),见中国社会科学院经济研究所中国现代经济史组编:《革命根据地经济史料选编》下册,江西人民出版社1986年版,第629页。

类、工业原料、牲畜和军工用品 4 大类等数十种商品（粮类未细分，统括为“各种食粮油粮”）。①

在陕甘宁边区，原来只经营进出口贸易的国营贸易公司，开始兼营内地贸易，肩负着稳定金融和物价、调剂市场、满足城乡居民需要的重担，在 1946 年秋至 1948 年春末的动荡和残酷战争环境中，更经受了严酷的考验。

1947 年 2 月，国民党军队大举进犯陕甘宁边区，关中、陇东分区首先遭到敌人进攻，3 月 19 日，党中央撤出延安，边区进入全面战争状态，市场严重混乱。关中、陇东口岸全部落入敌手，新土产卖不出去，进口停滞，物资渐感匮乏。一方面，公私商号均忙于埋藏疏散、搬运转移物资；另一方面，延安撤离后，市场由集中的城市转入分散的农村，关中、陇东、定边全部及延属的延安、甘泉、富县延长等市场全部沦陷，只剩下子州、志丹、安塞、子长一些内部的小集市。起初有部分商人跟着转移，但因转移者太多，有的中途回转，有的投敌。最后市场只能依靠贸易公司单独支撑。至于物资，靠毛驴、骡子驮载很是困难，但供给前方部队，则又太少。这是一大矛盾。同时，财政非常困难，税收几乎为零，而开支持续增大，只能主要靠贸易公司和银行承担。1947 年 3—7 月，财政开支的 66%以上要靠发行及银行垫支。不过即使如此，物价尚未飞涨，市场尚能控制，乃因贸易公司采取了如下措施：一是以卖代藏的物资政策。走到哪里，就在哪里卖货。因出售布匹棉花，既解决了群众纺织原料和换季衣被的问题，又回笼了货币（本币），维持了本币信用，从物资吞吐中调剂发行，以回笼货币调剂发行，以

① 《苏皖边区第五专署关于本分区禁止进出口货物公布表》（1947 年 3 月 26 日），见江苏省财政厅、江苏省档案馆、财政经济史编写组编：《华中解放区财政经济史资料选编》第 3 卷，南京大学出版社 1987 年版，第 160—161 页。

所得本币支持财政。1947 年 7 月半财政开支的比例是:贸易回笼占 28%,发行占 38%,银行垫支占 20%。二是发给实物(供给野战军)来代替发给本币,用以减少发行。三是恢复市集。其办法是贸易公司门市买粮卖布,并批发给合作社,带动私商恢复交易。四是组织对外的游击贸易。通过这些措施,得以基本上维持市场。

1947 年四五月间绥德失守后,形势更艰难。因失去绥德这一边区唯一的主导市场,边区的物资交流、发行吞吐工作,进一步陷于麻痹状态。贸易公司和各“大公”机构手中物资都已用完,再加上 8 月后又出现严重旱灾,粮食更加短缺,粮价和物价飙升。以绥德为例,12 种主要物价,1947 年全年上涨了 34 倍。在这种紧急情况下,为了集中人力、物力、财力、权力和增强支援前线的力量,边区政府决定河东河西、大公小公、前方后方、财经贸易“大统一”,清理、摸底家当,整顿队伍,严肃纪律,杜绝贪污浪费,适当调控物价。并采取多种措施救活经济,内地贸易方面,每县设立支公司或门市部,纠正过去外多于内的偏向;加强土产经营和人民必需品的供应;组织生产对流;公司不排挤私商,但必须领导市场;为剩余土产寻找出路,或用作代用品;对作坊性质的合作社,采取民办公助办法,订立成品标准,以商业关系收购成品;试办小型毛织、皮革、肥皂等作坊;坚持肃清“蒋币”,打击白洋,贯彻本币一元化的货币方针;发展纺织,保证纺织利润。对外贸易方面,一是严格管理出入口。二是贯彻先友邻区后蒋管区的出入口贸易原则。价格政策方面,需进能进、需出能出者,等价交换;需进难进、需出难出者,可以不等价交换,即为出口补贴;需进大进、入口供过于求,需出大出,出口求过于供,在不影响进出口任务数量的条件下,进低出高,进行有利交换。内地市场价格,采取相对稳定及相对平衡的地区性调剂价格政策。[①] 贸易公司通过上述措施和坚持不懈的努力，逐渐缓解困难、恢复经济、复苏市场，保证前线将士和后方民众的基本需要，渡过了难关。

在东北解放区，1945 年“八一五”日本投降、东北解放后，各省分散建立商业、贸易机关，名称不一，受当地政府直接领导，无上下隶属关系，呈“各自为政状态”。其业务大致是：采购必需品供给军用；部分出卖没收品，变钱供给军用；跨区买卖（他区买进本区卖出，或相反），调剂部分民用物资；支持当地发行的地方货币；等等。

1946 年 1 月，按照中央统一部署，成立“东北贸易总公司”。其主要任务是，收购粮食；接收部分公粮出口；对苏联出口谷物及杂品；接收进口物资交财经办事处（即财经委员会），供给军用；出卖入口货及调剂粮食，并继续买粮，平稳物价，支持东北票。

1946 年 5 月 7 日又成立“北满贸易总公司”，下设佳木斯、绥芬河、牡丹江 3 个分公司。公司的任务是，收购军用品（布匹、棉花、毛皮等）；接收、清理敌产（但不出卖）。资金来源靠接收敌产、银行借款（收购物资交给国家）。公司与各省贸易组织无领导或隶属关系。因“只买不卖”，故亦无业务往来。至 1946 年 9 月，北满贸易总公司与东北贸易总公司合并，北满贸易总公司名称消失。

1947 年 8 月，东北财经会议决定成立东北贸易管理总局，隶属东北行政委员会下的财经委员会。总局既是管理机构，又是商业贸易经营主体。总局下属机构除对外贸易处、商业处、口岸办事

---

① 《1947 年陕甘宁金融贸易工作报告》（1946 年 1 月 5 日），见陕甘宁边区财政经济史编写组等合编：《解放战争时期陕甘宁边区财政经济史资料选辑》下册，三秦出版社 1989 年版，第 148—161 页。

处、编车站外,还设有毛皮公司和燃料公司。前者收购毛皮、农村山货出口;后者运煤卖煤。总局营运资金主要来自:1946—1947年间对外贸易的一部分赢利;银行借款;与各省合并时接收的财产(包括其利润)等。总局运用这些资金从事进出口贸易,为国家购买物资,与公私营工厂订货(买与卖),调剂市场稳定物价。不过贸易管理总局的"全部资金属财金委员会",总局并无自主支配权,亦无完整、健全的财务和会计制度。总局将出口物资交到口岸,进口物资交到财委会物资处,就"算完成任务"。总局从物资处领取物资,属于"国家拨给,记账不付钱"。总局同铁路局及经济委员会(工业部前身)各企业交易,必须直接支付、结算,"因当时现金及物资计划性不够,常有发生周转不灵的困难,影响整个补助金不容易支付物资与现金"①。这是初时一些地区国营商业比较常见的情况。

1947 年、1948 年之交,解放战争转入战略反攻后,解放区范围迅速扩大,政治、经济和市场条件好转,国营(公营)商店数量增加,商业贸易有了更大的发展。

1948 年 7 月,东北解放区政府为了适应解放战争的发展需要,对商贸管理体制进行了调整。东北行政会议决定,财政委员会、经济委员会合并,改称"财经委员会",贸易管理总局改为商业部,属东北行政委员会及财经委员会双重领导,下面设有粮食、燃料、鸡鸭、毛皮 4 家直属公司。各省贸易管理局则依当地情况改为商业厅或工商厅,成为省政府的组成部分,受商业部与各省府双重领导。各县则有的改为工商科,专司行政并领导业务;有的只有贸

① 《商业部历史叙述(1945—1949 年)》(1949 年 9 月),见东北解放区财政经济史编写组等编:《东北解放区财政经济史资料选编》第 3 辑,黑龙江人民出版社 1988 年版,第 234—237 页。

易公司。与上级关系同商业部对各省一样。① 1948 年 11 月东北全境解放,更为国营商业和东北全境物资流通的发展,创造了大好环境。

总的说,东北国营商店自 1946 年 12 月开始建立,逐渐发展壮大,1948 年后,发展速度加快。到 1949 年 3 月止,总计其营业单位(包括商店、门市、营业所)达 637 个,有工人、战士、职员 3.32 万人,其中干部占 57%,东北全境 80%的城市都有国营商店分布,按业务性质分为百货、粮食、燃料、土产(毛皮、特产、鸡鸭、肉、蛋等)四个系统。

国营商店的业务方针和范围是:在农村收购粮食、副产品及工业原料,调整工业品与农业品价格(即减低工农产品价格的“剪刀差”),供应农民生产资料与生活资料,以促进农业生产的发展;在城市为调剂粮食,保证职工和市民生活供给,大量推销国营产品及组织私营企业加工业,调剂城乡供求关系,稳定物价,与投机倒把的奸商作斗争。1946 年至 1949 年第一季度,国营商店收购推销物资见表 20-12。

大批量采购与销售物资的结果,使国营商店在批发市场上占居领导地位。自 1948 年 10 月起,在主要物资上(纱布、粮食、海盐、煤)可以主动地调整物价,不为私商所左右。但由于国营商店网还不普遍,供销合作社尚不健全,零售市场仍有一半以上为私商所控制。因此,在国营商店物资分拨不当、调度不灵时,物价仍有波动情况。1948 年年底面粉的涨价与 1949 年 2 月物价的波动,都与私商倒弄有关。

① 《商业部历史叙述(1945—1949 年)》(1949 年 9 月),见东北解放区财政经济史编写组等编:《东北解放区财政经济史资料选编》第 3 辑,黑龙江人民出版社 1988 年版,第 237—238 页。

表 20-12 东北国营商店收购推销物资统计(1946—1949 年第一季度)

项目			年份 单位	1946	1947	1948	1949 年第一季度	总计
收购部分	粮食	大豆	吨	31000	166528	202693	245883	646104
		苞米	吨	316	37229	127296	107394	272235
		高粱	吨	61	11400	66697	84760	162918
		谷子	吨	—	2742	30694	13837	47273
		杂粮	吨	115515	135893	157052	48226	456686
		小计	吨	146892	353792	584432	500100	1585216
	毛皮		万元	—	8126	2255094	4014765	6277985
			折分	—	12544	2195608	395008	2603160
	猪鬃马尾		公斤	—	117	503939	206779	710835
	烟草		公斤	—	888637	1136373	71806	2096816
	线麻		公斤	—	50	5316	1199870	1205236
	棉花		公斤	—	629601	4532538	2226724	7388863
	其他		万元	108706	430952	6126184	19980609	26646451
			折分	794054	2256293	5965126	1816583	10832056

续表

项目 \ 年份			1946	1947	1948	1949年第一季度	总计
推销部分	粮食	吨	9111	105153	258117	62319	434700
	棉花	吨	1841	1107	1893	534	5375
	纱布	匹	34202	259197	355198	362917	1011514
	海盐	吨	24936	31902	110291	49410	216539
	煤	吨	43030	19134	147231	247373	456768
	杂品	万元	91071	1291139	20551717	41826449	63760376
		折分	665237	6765127	20012649	3802759	31245772

注:①1946年、1947年收购、推销只限于北满地区。
②杂品、皮毛及其他栏因品种不一,无法计算数量。
③金额以万元为单位。
④推销物资未包括商业部直接拨给工业部及铁道部之粮食、纱布、煤、盐等。
资料来源:《商业部三年来工作概述》(1949年5月),见东北解放区财政经济史编写组等编:《东北解放区财政经济史料选编》第3辑,黑龙江人民出版社1988年版,第216页统计表改制。
⑤原表粮食小计,1948年错为584392;1949年1—9月错为500136;总计错为1585212,现均据细数核正。

民主政府对于一般正当的工商业者是采取保护和管制的办法,但对于投机倒把者则采取坚决斗争的方式。其办法,首先对一般的工商进行登记,发给开业许可证,摊贩则分别集中于指定市场,发给摊贩证,行商则发给行商证,并规定凡已登记的各种商人行业,非经批准,不得随便转业、停业或开业(坐商不能随便变摊贩)。这就限制了一部分资金在市场兴风作浪、倒买倒卖的投机行为。其次,就是组织各种市场管理委员会,各种行业同业公会,以代替过去为资产阶级自己服务的商会,规定市场整理摊贩,制定交易市场的制度和手续。最后,制定和公布条例,比如粮食开放,准许私人自由买卖和运输,对市场商品进行分类管理,马尾、猪鬃及重要出口物资,则加以限制,除商业部外,任何人不准收购及出口。

在价格政策上,1947 年粮谷品种之间的差价不大,甚至大豆与高粱、苞米之间仅差十分之一二,而刺激性仍不显著。1949 年购粮则大豆比高粱高 25%,比苞米高 40%。这种比价大大地刺激了大豆收购任务的完成,同时亦刺激农民生产大豆的情绪。

国营商店在调剂工业品与农产品的价格方面,也做了不少工作,半殖民地殖民地制度下留下来的工农产品“剪刀差”有所缩小,按每匹白细布或每吨粒海盐换粮比价的变化情况如表 20-13 所示。

表 20-13　每匹白细布换粮比价及其变化(1946—1949 年)

项目 \ 年份			1946 年下半年	1947 年全年	1948 年全年	1949 年(1、2、3 月平均)
1 吨大豆	白细布	匹	0.34	1.49	1.93	2.71
	粒海盐	吨	0.07	0.26	0.33	0.40

续表

项目＼年份			1946 年下半年	1947 年全年	1948 年全年	1949 年（1、2、3 月平均）
1 吨高粱	白细布	匹	0.72	1.80	2.24	3.09
	粒海盐	吨	0.14	0.32	0.39	0.45
1 吨苞米	白细布	匹	0.72	1.85	1.86	2.17
	粒海盐	吨	0.14	0.33	0.32	0.32
1 吨苞食（大豆、高粱、苞米）平均	白细布	匹	0.60	1.71	2.01	2.68
	粒海盐	吨	0.11	0.30	0.25	0.39

资料来源：《商业部三年来工作概述》（1949 年 5 月），见东北解放区财政经济史编写组等编：《东北解放区财政经济史资料选编》第 3 辑，黑龙江人民出版社 1988 年版，第 218 页。

以 1946 年粮、布平均比价做基数，与 1949 年 1—3 月粮、布平均比价比较，粮食提高 343%，布匹降低 77%。这样一来，调整了过去工业品与农产品的"剪刀差"，大大刺激了农民的生产积极性（1946 年北满有的地区大豆放在地里不收割，因收割后所值不够工资），大豆的生产量也显著地增多（1949 年征粮、购粮的大豆数量，都超过了原计划）。对城市职工、市民方面，由于国家掌握了足够数量的粮食，保证了城市和工矿区的粮食供应，粮价平稳。

国营商店还提高技术作物价格，尽量收买农民副产，增加农民收入。

在收买农民技术作物价格方面，是逐渐提高的。如 1948 年春，收买棉花，由于没有深入研究棉花与苞米的生产成本，只是随行就市，当时每斤苞米价 1700—2000 元，棉花价钱是每斤 6500—7000 元，每斤棉花所值不足 4 斤苞米。结果严重挫伤了农民的植棉积极性；但是 1949 年第一季度收购时就注意纠正了。价格普遍提高,棉花由每斤12斤粮食提高至17斤粮食;线麻由每斤5斤粮食提高至8斤粮食;烟草由平均每斤4斤粮食提高至6斤粮食。总计收购以上自产工业原料总值3841亿元,棉花占50%,线麻占17%,烟草占27%。计算结果为,种植以上作物,较种一般农作物收入增加20%—40%。这给1949年扩大生产计划直接产生推动作用。

1949年第一季度在收购副产品方面,当商业部开始重视农村毛皮副产,普遍提高价格(如原皮每张由1948年的12.5万元提高到1949年1月份之后的20万元),就很快收购到各种皮革74.7万张,连同其他副产,价值解放布13万匹,增加了群众的收入。如在吉林、汪清一带,副产生产已占农民全部收入的25%(包括做木材),结果大大提高了农民副业生产的积极性。

不过在收购技术作物及副产过程中,国营商店还缺乏严密的组织工作,故给予一些投机者以剥削农民的机会。以后必须将这个业务组织到合作社内,使国家商业与合作社直接交易,消除中间剥削。此外应组织训练足够的技术人员,有计划地建设必要的设备(如冷藏设备),方能大量开展。

在收购方法上,1947年实行粮食统购、封锁,不准私商买粮,按区逐户派购,在农村,区与区、县与县处处封锁,铁路上超过50斤不准运输,以致各地粮价不平衡,物价波动,缺粮者不能及时调剂,缺粮农户至产粮区也买不到粮食,给群众造成困扰。在商业部门则收购困难,影响任务的完成,背上了城市调剂和国营工业调剂的重大负担。1948年购粮吸取1947年的经验教训,决定自由购买,但部分地区,由于有1947年统购思想作祟,并单纯地为了完成购粮任务,仍以限价、要证明等限制办法形成变相封锁,经过商业部屡次指示批评,才慢慢地纠正了。

国营商店在市场的调查研究也不够,存在明显缺陷。研究农民所需要的物资与所喜爱的品种（质量、颜色、样式、大小）不够。因此在推销货物中有许多不适合农民的需要。如农民需要色布，但国营商店准备的多是白布，结果推销不出去，农民需求无法得到满足，又影响了商店资金的周转。①

在推销物资方面，品种上缺乏多样化，季节性掌握不够，国营商店除纱布、煤、油、盐等主要物资外，农民所需要的其他物资很少，同时到了农民需要季节，国营商店准备的力量不足或没有及时大量推销，以致投机商人有机可乘，从中剥削。例如，1948 年春季下酱时缺盐，盐价上涨，冬季是农民用火油的季节，但未能大量推销，到了 1949 年春用油时间已过再想推销又过了时；春节时正需要白面，南满几个城市的白面是过年才发到；天气日渐暖起来，商店还从北满发给辽宁若干皮帽、毡靴。显然，如果失掉时间性，就不能占领市场，也就不会完成销货计划与供应群众需要了。

另外，必须提高工作的计划性，1948 年冬分拨给合江的布是将白布由哈尔滨运往佳木斯，由佳木斯发往林口县局，林口县局又装运回哈尔滨染色；食盐曾由哈尔滨发到北安再分至绥化；嫩江安达县局 1948 年曾花数千万元购存汗伞把子；不久以前布匹价格高涨时，国营商店若干单位尚保存大批纱布，南满几个地区小米奇缺时，而合江则存放大批小米，这些盲目乱干的结果，是糟蹋国家运输力量，影响物资及时供应，冻结资金，制造冷货。在今后巨大商品流转中，一定要周密考虑季节、时间、品种、数量、规格、标准、商品价格、消费对象、运输调剂等问题。

商品的品牌、质量问题也是国营商业亟待解决的重要问题，国

① 《商业部三年来工作概述》（1949 年 5 月），见东北解放区财政经济史编写组等编：《东北解放区财政经济史资料选编》第 3 辑，黑龙江人民出版社 1988 年版，第 215—219 页。

营商业职工本来就不熟悉这门科学,又不注重学习,因此商店中出现了不少品质不佳的所谓“解放牌”“大路货”商品。1948 年北满靰鞡缺货,但国营商店存货却无顾主,商店的胶皮鞋,学生、市民厌其太难看,而工人、农民则感其太不结实;布匹就不是各式各样有花带色的,总是八斤半或九斤半的白“解放布”,同样不能满足群众需要。

如果要求所有货物均由上级国营商店发给,显然是做不到的,这不仅是当时工业还不能达到这个水平,并且就若干物资来讲,分散加工制造倒会降低成本,如果大豆都集中到大城市榨油,运来运去则是“头重脚轻”,运费占去多半,各地有许多合作社或私营工业,可以在统一计划下进行订货或加工。各地商业机关也可以根据计划推动创立和建设若干棉织、针织、漂染、服装、食品加工工厂就地生产。另外,必须加强调查研究,经常注意各种商品销售情况,以扩大生产,提高质量,增加产品种类。①

东北解放区国营商店和国营商业存在的这些缺点和不足,是在前进和发展过程中出现的,主要同经验不足、业务不够熟练,或者同当时经济发展水平低下、国营商业体系尚不完善有关。在社会经济加速发展、国营商业不断壮大的过程中,是可以逐一克服和完善的。

在关内各解放区,随着解放战争战略反攻的展开和大步推进,解放区范围加速扩大,政治、经济和市场条件,以及职能机构,也都发生了很大变化,为国营(公营)商业和物资流通提供了更大的发展空间。

---

① 《论目前国营商店的任务》(1949 年),见中国社会科学院经济研究所中国现代经济史组编:《革命根据地经济史料选编》下册,江西人民出版社 1986 年版,第 720—721 页。

1948年10月5日，华北财经委员会就西北财政、金融、贸易工作统一问题作出决定，根据中央指示，西北的财政、金融、贸易、交通、军事工业等财经工作中"一切可能的与必需的均与华北统一"。其中贸易方面，西北设西北贸易总公司，其下根据行署区设区公司，各专区县按需要设商店的总分支店。领导关系：区总公司受西北财经委员会和华北总公司双重领导。为稳定币价，促进物资交流，在晋北由华北贸易总公司准备10万匹土布、10万斤棉花去支持；在物价措施上，华北区应求稳定，晋绥区则适当提高布棉价格，以利布棉西流。在晋中，华北和西北贸易公司按原定调剂计划，继续向晋中输送物资。之后贸易中的几个问题：(1)为了解决西北的布棉和特产收购问题，华北贸易总公司于1948年冬陆续拨总值冀钞100亿元的物资货币（计60万至80万匹土布，50万至60万斤棉花和一部分货币）到西北，其中50亿元物资用作收购特货，50亿元收购粮食，稳定明春物价。特货收购后即转交财政，另50亿元（即收购粮食）拨作西北贸易总公司资金。此冀钞100亿元资金，须华北财委会批准，由总会计于12月上旬增拨给华北贸易总公司。详细收购办法与质量等，由华北贸易总公司与晋绥商定。(2)晋南地区除用公粮征收棉花150万斤外，由西北贸易公司统一收购棉花200万斤，收购后由华北贸易总公司统一分配调剂，太岳区即应停止自晋南地区吸收棉花，收棉资本由总会计增拨华北贸易总公司资金50亿元，于12月上旬拨付。①

华北财经委员会的上述决定，运用公营商业的力量，大大改变

① 《华北财经委员会关于西北财政、金融、贸易工作统一问题的决定》（1946年10月5日），见陕甘宁边区财政经济史编写组等合编：《解放战争时期陕甘宁边区财政经济史资料选辑》下册，三秦出版社1989年版，第204—207页。

和改善了西部地区的商业条件及物资流通状况。

1948年10月19日,华中财经委员会就贸易管理及进出口货物征税工作作出决定:除有特殊意义的物资,仍可实行物物交换以保证需要外,一般物资放弃过去的以货易货政策,只实行外汇管理,以便利输出;组织解放区内部的物资交流,各分区货物管理机关应组织其大宗出产品向物价较高的地区运销,如苏中可购运南通土布向盐阜销售,盐阜食油向苏中销售;原有各革命根据地之间贸易管理应即日撤销,内地税所(除担任征收盐税在外)也一律于10月15日前撤销。过去对粮草运输的封锁办法,除边沿区政权不很稳固、环境不十分安定者外,一律取消,准予自由流通。①

在华北解放区,1948年5月召开华北金融贸易会议,研究确定解放战争新形势下的物价政策、内外贸易和私营工商业政策,发挥和加强公营商业在稳定物价、推动对外贸易和内地贸易中的主导作用。明确对外贸易的主要任务,是推销各种剩余土产,采购各种军用器材、重要生产资料和一部分民用的必需品,争取"有利交换",不但要高价输出、低价输入,尤其要以不需要或不甚需要的物资,去交换很需要的物资。根据各地经验,对外贸易必须努力争取出超,出超才能争取贸易中的主动地位,有了主动地位才能获得"有利交换"。所以对外贸易必须奖励输出,限制输入。邯郸会议以来由于掌握"奖出限入"的方针,使若干地区从入超转为出超,从被动地位转为局部主动,因而能完成巨大的军用器材采购任务。往后军用器材采购任务将更巨大,还要采购一部分普通工业器材,以便从事生

① 《华中财委关于目前贸易管理及进出口货物征税工作的决定》(1948年10月19日),见江苏省财政厅、江苏省档案馆、财政经济史编写组编:《华中解放区财政经济史资料选编》第5卷,南京大学出版社1989年版,第122页。

产建设。如何推销剩余土产，也对生产发展和人民生活有着重大关系。因而必须更明确地掌握“奖出限入”方针，完成肩负的重大任务。

1948年上半年，在革命战争发生重大转折的关键时段，山东、华北解放区的对外贸易，基本上肩负了上述重大任务，不过区域之间互有差异。据不完整材料统计，贸易总额，山东最大，1250余亿元；冀中次之，170余亿元，临清再次之，130余亿元（山东系北海币，冀中、临清系冀钞）。出口物资，山东区生油占首位，金银次之，海产品、棉花第三位，烟叶、土布、粮食第四位；冀中区，以猪鬃为主，蛋类、粮食、中药次之；临清，棉花占第一位，大枣、土布次之，山货、生油再次之。进口货物，工业用品及军用品占各区总输入百分比，山东最大，达60%；冀中次之，为45%；临清再次之，仅38%；日用品及非必需品占各区总输入百分比，临清最多，达62%，冀中次之，约55%；山东再次之，为40%。资料显示，山东、华北两区对外贸易的主要口岸在山东，约占两区对外贸易总额80%，冀中、临清两地合计仅当山东的1/4。对外贸易收支状况，冀中为出超，计5亿多元；山东、临清为入超，均在11亿元左右。对外贸易方向，山东区为南朝鲜、上海、东北、香港、青岛；冀中区为天津、保定；临清则主要为济南（约占临清对外贸易总额的95%左右）。从各区进出口货物类别统计来看，冀中军用品及工业品入口百分比虽然不及山东，但冀中出口物资中猪鬃即占该区总输出的37%，而临清棉花出口占该地总输出的85%，军用品及工业用品的入口却只占该地总输入的38%（临清入口军用品及工业用品一部分统计在日用品其他项内，唯数量不大）；这说明临清出入口贸易的管理，相对宽松。①

① 《一九四八年上半年山东、华北对外贸易概述》（1948年12月15日），见中国社会科学院经济研究所中国现代经济史组编：《革命根据地经济史料选编》下册，江西人民出版社1986年版，第675—676页。

对外贸易固然是贸易公司(公营商店)的专责。区内贸易也以公营商店为主导,公营商店承担着调节市场、稳定物价的重大职责。1948年年末华北冀中粮价波动,就是由公营商店调节、平抑的。

1948年12月上旬至20日,冀中及德(县)石(家庄)公路沿线地区突发大范围的粮价猛烈波动,石家庄在20天内米麦价上升100%,端村在1日至11日10天内小米上升76%,小麦上升70%。其他物价在此期间虽亦上升,但不如粮价猛烈(一般为30%左右)。

此次粮价大波动爆发突然,范围广泛,而原因多种多样:除了通货膨胀外,还有平津战役、冀中秋粮征收、人民券新币发行、冀中北岳区购粮,以及游资捣乱等多个原因交织在一起:战争需要大批物资消耗,新币在战地集中发行,民夫在战地大量购买食物。加上各种纸币(冀钞、边钞、人银、东北币、长城券、冀热辽边币、北海币、农钞等)均集中于平津周围地区,民众无从区别与使用,因此“宁可多要价,以免吃亏”;在此期间,冀中将原计划在九、十两分区折款征收的8000万斤粮食改为“征实”3/4(即征实6000万斤),民众已经准备好的纳税货币又大部分用来购粮。另外大部地区秋征尾数也在此时扫尾,助长粮价波动;此时又开始发行人民券,且未及时向群众进行必要的宣传解释,以致给群众造成错觉,以为人民券发行后,冀钞、边钞就会停止使用,故都“存粮不存钱”;也在同一时间,即1948年12月上旬,华北贸易总局为了准备平津解放后的粮食供应,布置冀中、北岳在接近平津地区吸收粮食,无异于火上加油;嗅觉灵敏的商人,已知平津解放后需要大批粮食,粮价必然上升,社会游资一齐奔向粮食投机,“越买越涨,越涨越抓得心切,造成粮价的直线上升”。在这种情况下,解放区一些机关生产和“小公家”资本也与私商同样进行投机,甚至“与私商勾结，共同投机”。这样，多重因素交织在一起、多股力量沆瀣一气，促成了这次声势、危害巨大的粮价波动。

对于这种突如其来而又排山倒海式的粮价大波动，以及由此造成的社会恐慌，民主政府一方面通过召开群众大会、张贴标语以及剧场宣讲等方法，进行粮食落价宣传，稳定市场心理；另一方面，由各地公营商店以低价直接发放粮食：其中冀中区 1948 年 12 月 24—30 日共低价售出粮食 228 万斤；辛集 24—27 日共售出 83 万斤；石家庄 23—30 日共售出 194 万斤；邯郸、曲周、大名 300 万斤，邢台约 200 万斤；衡水、曲阳、阳泉也一齐低价卖粮（但无统计数据）。十数日间共低价卖粮约 1500 万斤上下。

不过由于这次粮价波动来势太猛、范围太大、售粮放粮定价过低，加上其他多方面的原因，特别是缺乏合作社（真正好的合作社）的配合公营粮店的低价售粮，并未收到预期效果，反而为投机商囤积、高价倒卖创造了条件。虽然各地公营粮店低价售粮后第二天，粮价开始回落，但旋即反弹。由于只是单独对粮食采取价格猛落办法，而其他货物不但没有落价，有的还在上升，更加凸显粮食的低廉，农民无论家中有无存粮，都要设法购买便宜粮食。以致购粮者如赶庙会，络绎不绝。公营粮店门口从早到晚挤满了人。私营粮店、粮贩、机关生产和某些合作社，对公营粮店低价放粮开始时，一般都是冷眼观望，手中存有粮食的则发牢骚说，“这叫扶植工商业”？“买卖都叫公家做了”，“看他们能卖几天”？有的则说政府是在“耍手腕”。到落价放粮两天后，认为机会已到，便想尽办法买粮，他们以稍高于政府价格买回市民自公营粮店买到的粮食，或者化装为吃粮户到公营粮店买粮，甚至有些机关、商店、合作社开着机关的介绍信要买粮食，将其囤积等卖大价，或直接拿到黑市上去卖高价。并且形成粮食由城市向乡镇倒流。凡有公营商店出售粮食的城市，在粮价上形成了“盆地”，城市粮价比周围乡镇低,以致出现粮食由城市向乡镇倒流的反常现象。以石家庄为例,公营粮店在石家庄执行平抑粮价措施,把栾城、藁城的粮食调进石家庄,而小贩及群众则自石家庄买到公营粮店的粮食又运回栾城、藁城。同时,由于粮食卖价太便宜,不论小贩还是农民的商品粮食都再不上市,而在市外暗中形成黑市,如石家庄小米卖580元,小麦750元,而黑市价格小米750元,小麦950元,比公营粮店的价格高27%—29%。这样一来,粮价下落,而其他物价相对上升,打破了粮食与其他物资合理的交换比率。如邢台一方尺土布可换一斤四两小米,邯郸一方尺土布可换到一斤五两多小米,一斤棉花可换十一斤小米等。同时,由于粮食便宜,不但工人、市民、农民争购粮食,一切游资投向粮食,而且各种行业也都积存粮食。如邢台的棉花店利用市民买粮,石家庄的药铺、点心店也都大批的买起粮食来,凡是公家卖粮的地方,每日从早到晚都是挤得满满的购粮者,有的第一日买不到粮食,到第二日还等着买。粮食市场成了一个填不满的无底洞。

公营商店(粮店)在商业流通领域居于主导地位,又有一定的资本实力,有民主政权做后盾,低价放粮平抑粮价,也完全符合经济规律,在一般情况下只会成功,不会失败。但这次结果却是“损失大,收获小”,未能达到预期目的。

这种情况的出现,既有客观原因,也有主观失误。根据华北贸易总公司(公营商店总店)的总结,大概有以下几个方面。

一是过分强调区内“贸易自由”,缺乏对市场的必要监督管理。自1947年5月工商业会议后,工商行政干部一般都认为,对市场必要的管理特别对投机商贩的强制管制,是“妨碍贸易自由,妨碍商业的发展”,结果形成了投机的自由,商贩可以由公营粮店商店买了粮食到黑市上(也是“明市”)卖大价,非粮行的货栈、花店看到粮食能赚钱,也把资金投向粮食而不受任何干涉。“这样的自由越多,投机的资本也越多”。结果,在这次平抑粮价的市场调整中,令人“感到最头痛的”正是这种“小商品经济的小有产者”,对“国家经济措施的破坏性”。它“到处伸出触角,见空子即钻”,制造物价波动,又破坏政府的物价措施,加大了平抑粮价的难度。这既是客观原因,从另一角度说,又是主观上的严重失误。

二是缺乏合作社(真正好的合作社)的密切配合。当然并不是没有合作社,而是没有及时联系和动员,以致“机关生产和某些合作社”,对公营粮店低价放粮都是“冷眼观望”。以致公营粮店无法将廉价的粮食卖给真正需要粮食的基层群众,从而使奸商、小贩得以从中捣鬼,对公营粮店和基层群众进行两头“剥削”。工商干部哀叹,“孤军作战是这次措施遭受损失大收获小的重要原因”。

三是银行继续向商户贷款,助纣为虐。开始采取对物价的紧急措施时,公营粮店即请示财经委员会,要求银行停放并收回商号贷款,凡得到商贷的商户,多是以贷款进行市场上的投机(因为投机才能获较大利润)。银行贷款虽获利息,但社会经济损失更大。道理很简单,1947 年 12 月物价平均上升 80%—100%,而银行的利息再高也高不过月息 12 分,即以 12 分计算,贷款者在一个月中即不周转也获货币利润 100%,即使交 20%的贷款利息,还可净得 80%的货币纯利,故商贷在银行保水上说是最不合算的。同时对解放区的经济以及对货币币值的巩固都是不利的。当时全区的商贷约有数百亿元,如能在旧历年前全部收回,则对物价的平稳会起重大的作用。不过银行并不愿这样做。

四是由于商业经营业务不精,又没有及时了解情况,公营粮店确定粮价的基数是根据 12 月 20 日以前的水准,放粮定价过低,“脱离自然合理价格太远”,不仅妨碍商品粮进入市场,反而因粮价太便宜,刺激群众性的争购,使粮食由城市向乡村倒流。更有不少便宜粮食流入投机奸商手中,加剧了市场投机,加大了粮价上扬的推动力量。结果,低价放粮平抑粮价南辕北辙。① 这对于刚刚形成的华北解放区公营商业来说,无疑是一个次十分深刻的教训。

关内各解放区公营商店的经营情况,因时因地而异。如冀鲁豫边区,1947 年 1 月,对公营商店进行改组,当时确定的经营方针是"在不妨碍政治任务的条件下,全年要完成 100%的利润任务"。利润提成办法,完成不足 100%者,专署留 20%,上解 80%;超额完成者,专署留 80%,上解 20%。各公营商店片面的、单纯的利润观念十分严重,而"对本币的支持及生产的扶持未起到应有的作用"。华北财经办公会议后,明确了公营商店的经营方针是"扶持生产、稳定物价与保证供给"。区工商局于 6 月间召开经理会议,检讨了过去商店官化、洋化、汤水不漏、与民争利、粗枝大叶、不精确计算的坏作风,表扬了吃苦耐劳、泼辣敢干、忠实坦白的好传统,并强调提出反对恩赐仁政与单纯利润观念,减少内争、一致对外的口号。

区内公营商店分为地方商店与直属商店两种。前者负责区内市场调剂、物价稳定与生产扶持;后者专门经营特产,办理对外出口。如德丰玉,总店设于临清,卫河沿岸的高陵、井店镇、南崇元村、南馆陶、德州等地设支店或小组。主要任务是调剂运输,有船 10 余艘,运货款船 30 余艘。自冀鲁豫边区运粮食土布到临清换成棉花,一部分运回本区供给群众做纺织原料,一部分运渤海换回大盐或工业品。全年共购土布 410 万方尺,卖出 286 万方尺;吸收

① 《华北贸易总公司关于平抑粮价紧急措施执行情况向华北财委会的报告》(1949 年 1 月 8 日),见中国社会科学院经济研究所中国现代经济史组编:《革命根据地经济史料选编》下册,江西人民出版社 1986 年版,第 680—685 页。

盐 865 万斤，卖出 800 万斤。另外自四分区余家集吸收一部分纸张、糖、电池、桐油等到临清出卖；华丰商店，总店设于阳谷，在黄河南皮毛市场潘溪渡及渤海、冀南皮毛市场大营、临清等地均设有小组，主要任务为自当地吸收土布或自冀南采购棉花运销山东渤海等地，并换回工业品销于本区。此外自河南收购猾子皮、牛皮、牛油，自清丰收买猪鬃等，向大营及冀中辛集出售或向天津出口。一年购土布 380 万尺，卖出 460 万尺（库存 190 万尺），购盐 47 万斤，卖出 24 万斤。此外尚有裕华烟厂（自产自销香烟）、同丰编庄（以经营草帽辫为主）、泰兴隆东记、西太恒、德昌商店、泰兴隆西记、济昌货栈、德丰商店等。

业务经营和资金运用、盈亏情况，随着解放战争形势的发展，1947 年公营商店的资金运用较上年为好，大量外欠及冷货压仓的情况已经不多，资金周转加快。全年销售总额 962299.9 万元，平均资金 224902.9 万元，资金周转率为 427.9%，纯利（不包括区局）490367.9 万元，利润率为 218.0%。①

陕甘宁边区，1947 年年初至 1948 年 4 月下旬一年多时间里，遭到胡宗南军队的蹂躏、破坏，经济凋敝、民众困苦达于极点，其中延安、绥德地区最为惨烈。绥德在胡部进犯前，有大小商号 85 家、店栈 13 家，到胡部占领期中的 1948 年 1 月只剩商号 27 家、店栈 4 家，分别相当于原有的 31.8% 和 30.8%。延安、绥德收复后，百废待举，贸易公司绥德分支公司在极其艰难的环境下恢复商业贸易。因物资匮乏，生意不好周转，本币流通量大幅缩小，在群众中信用欠高，贸易公司门市部只能低价或亏本零星售货，以供给民众必需

① 《冀鲁豫区工商局关于 1947 年商店经营状况》（1948 年 2 月），见华北解放区财政经济史资料选编编辑组等编：《华北解放区财政经济史资料选编》第 2 辑，中国财政经济出版社 1996 年版，第 648—650 页。

品、打击白洋、扩大本币市场。延安、绥德收复时,正是青黄不接,民众普遍缺粮,贸易分支公司各据点门市部,均做平粜粮食工作,门市部由多样性与极零星的售货方式逐渐改为较少样性与较整批的售货方式,将零星的生意让给小商人经营,并以批发物资解决商人缺货问题。当时虽然口岸有进货,但多数商人因资本太小,无法直接到口岸进货。夏收后,民众食粮困难大大减少,购买力增加,贸易公司便停止粮食平粜,改以吞吐物资、调剂市场、收购麦子为主。10月华北与西北货币统一后,商业往来渐多,至12月中旬,因华北等地物价太高,公私商人到陕西购货者大增,致物资大量东去,货币大量西流,引起物价波动。贸易公司一方面主动提价,避免商人投机;另一方面建议上级统筹物资、调剂物价。

1948年中,绥德贸易分支公司,基本上保证了党政军民的必需品供给,如花布、粮食、油、盐、碱及子州、横山等地的土布,一年中分支公司据点共卖出熟花239227斤,大量供给了纺织原料,对恢复与繁荣市场、平稳物价起了很大作用。由于商号减少,资金缩小,商人力量很小,市场物价的涨跌,贸易公司有力量掌握。故贸易公司一年来掌握了内地市场,基本上获得了商人的欢迎,也稳定了金融。有些商人说,"不是贸易公司批发货物,我们的生意就根本无法周转,生活亦难以维持"。不过12月的物价波动也证明,各解放区货币统一、商业畅通后,要如常维持以往的情况,只靠一区一地之力是不可能的,必须统一、全面筹划,方能减少盲目性,抑制商人的投机性,保证商业、市场的平稳发展。①

在华中解放区,一些解放较晚的地区,一解放就筹备成立贸易

---

① 《绥德贸易分公司1948年工作总结》(1948年12月5日),见陕甘宁边区财政经济史编写组等合编:《解放战争时期陕甘宁边区财政经济史资料选辑》下册,三秦出版社1989年版,第245—247页。

公司，作为公营商店开展营业，既为南下部队补充军需，又及时解决当地群众的生产生活所需，如苏北泰州于1949年1月21日解放，2月成立泰州分区贸易公司，即时以巩固华中币和安定民众生活为直接目的，摸准市场特点，首先以民众生活必需品为主要购销对象，并注意健全和扩大架构，开始占领和主导市场。

1949年3月大军南下，公司已事先充分准备了供应的物资。在此后的半年中，先后向部队供应了：生豆油29.6万斤，食盐21.27万斤，黄豆14.4万斤，猪肉27.6万斤，香烟1.5万余条，酱菜19.5万余斤，酱油3千余斤，以及其他多种物资，总计价值华中币50亿元。为了方便部队购买，先后成立4个中心站、13个分站，在价格上以低于市价5%—10%的价格供应部队。不仅保证和改善了部队生活，并且使市场物资供求平稳，物价稳定。部分商人原来准备巨量囤积以待部队来后抬价出售，结果完全落空。

公司在保证部队后勤供给的同时，又全力保障民需民用。泰州解放时正值春荒时段，公司为了掌握粮食、解除粮荒，以洋纱等物资向二分区换购大米10万斤，稻麦等约20万斤，供应黄桥、如皋食粮58万余斤，公司粮饼部还直接向农民售粮24.5万余斤。如按每人每天1斤粮食计算，可解决5.5万人半个月的食粮，使其安全渡过春荒。

为了促进生产、解决农民所需肥料、解除农民可能遭受的高利贷盘剥，公司在夏耕中及时进行了豆饼调剂。计出售豆饼11.2万余吨，其中海安3.25万吨，靖江4万余吨，还有一部分调剂苏南。售价一般低于市价的7.5%。除了豆饼，调剂市场的还有洋纱1.5万余包，厂布7500尺，细布3000余尺，大米1476700余斤，以及其他多种物资，总值人民币7亿元。这些物资的市场投放和及时调剂，在当时的物价波动中起到了相当的稳定作用。

在1949年2月的涨风中，由于物价北高南低，北客南涌，游资冲击市场,导致物价巨变,公司采取主动出击、先发制人的策略,在向市场相机抛售货物外,先后调剂北线公司大量物资,包括洋纱3000余包、洋油500听、洋火500听,以及其他物资,总计华中币20余亿元,南北呼应,终于将物价暂时稳定下来。继而6月涨风因受宁沪一线物价影响,加上本地奸商操纵居奇,抬高物价,直接影响民生。公司首先低价抛售大米安定人心,为便于市民购买,在本城分设6个代售处,12天内抛售大米48万余斤,以及其他多种物资。这一措施获得市民称赞,认为如果公司不抛售大米,米价不知会涨到什么程度。

夏令时节为防止谷贱伤农,公司先后在姜埝(今江堰)、溱潼设立办事处,进行粮饼等调剂工作,如以大米兑换菜籽、纱布等必需品,直接进行物物等价交换。在有合作社的地方则通过合作社(如合作社代公司以饼换麦),促使城乡物资交流。尔后的工作方向,是在"繁荣经济,发展生产"的总方针下,设法沟通城乡贸易关系,加强物资交流,就已有合作社进行协助,通过合作社收购土产,调剂农民必需物资,务使农民在卖出粮食后及时买到必需品,减少中间剥削,另外准备输出苏北土产,争取有利销售,换回工业品,调剂市场。①

与前揭冀中公营商店平抑粮价、调控市场"损失大,收获小"的结果不同,泰州分区贸易公司成立(实际上从乡下搬到城镇)后的半年时间里,平抑物价、掌控市场的做法,基本上是成功的。其关键是正确、灵活和适度掌握公司牌价,既不能离市价太远,比市价低得太多,以免影响或自断物资来源,平抑物价后继乏力,半途而废;也不能差距太小,平抑物价有名无实,让市场自流,放松了对

① 《苏北泰州分区贸易公司工作总结》(1949年6月),见江苏省财政厅、江苏省档案馆、财政经济史编写组编:《华中解放区财政经济史资料选编》第6卷,南京大学出版社1988年版,第542—544页。

物价的管理。在这方面,公司既有经验,也有教训。其次,一定要有合作社的配合,不让投机倒把者钻空子,让基层群众得到实惠。这两条也恰恰是冀中公营商店平抑物价的教训。

(二)合作社与合作社商业的形成和发展

合作社商业是国营(公营)商业的重要协作伙伴。合作社是解放区新民主主义经济的一个重要组成部分,而这是个体农业和手工业集体合作化的产物。毛泽东在党的七届二中全会上指出,"占国民经济总产值百分之九十的分散的个体的农业经济和手工业经济,是可能和必须谨慎地、逐步地而又积极地引导它们向着现代化和集体化的方向发展的,任其自流的观点是错误的。必须组织生产的、消费的和信用的合作社,和中央、省、市、县、区的合作社的领导机关。这种合作社是以私有制为基础的在无产阶级领导的国家政权管理之下的劳动人民群众的集体经济组织。中国人民的文化落后和没有合作社传统,可能使得我们遇到困难;但是可以组织,必须组织,必须推广和发展。单有国营经济而没有合作社经济,我们就不可能领导劳动人民的个体经济逐步地走向集体化,就不可能由新民主主义社会发展到将来的社会主义社会,就不可能巩固无产阶级在国家政权中的领导权"。谁要是忽视或轻视了这一点,谁也就要犯绝大的错误。"国营经济是社会主义性质的,合作社经济是半社会主义性质的,加上私人资本主义,加上个体经济,加上国家和私人合作的国家资本主义经济,这些就是人民共和国的几种主要的经济成分,这些就构成新民主主义的经济形态"。①

① 《在中国共产党第七届中央委员会第二次全体会议上的报告》(1949 年 3 月 5 日),见《毛泽东选集》第四卷,人民出版社 1991 年版,第 1432、1433 页。

毛泽东这里所说的合作社经济,包括生产、消费、信用等三类合作社。同样,具体到商业领域,国营(公营)商业是社会主义性质的,合作社商业是半社会主义性质的,加上私营资本主义商业,加上个体商业,加上国家和私人合作的国家资本主义商业,这几种主要的商业成分,就构成新民主主义商业的经济形态。

党和解放区民主政府,一直十分重视合作社商业的组建和发展。同国营(公营)商业一样,在原抗日根据地,合作社商业早已存在,并有相当程度的发展。进入解放战争时期,原抗日根据地的合作社商业,在原有基础上继续并加速成长壮大。新解放区的合作社商业也从无到有、从小到大,与解放区同步发展、成长壮大。

在抗日老根据地,各类合作社(包括生产、消费、混合业务、信用、互助及小型合作社等)差不多村、区、县都有,它与贸易总公司、公营商店相结合,并且组织了劳动互助、群众纺织、运输及养猪、养鸡、养蚕等副业,起了交流物资、刺激生产、平稳物价、繁荣市场的作用。① 解放战争时期,抗日老根据地的合作社商业就是在这一基础上继续发展壮大的。

解放战争时期陕甘宁边区的合作社,多是抗日战争时期合作社的承接和赓续,或是在抗日战争时期原有合作社基础上发展、扩大、提升。

抗日战争结束后,在边区政府领导下,合作社均照原有章程,继续营运、活动。据 1946 年延安地区合作社联合会材料,东三县及鄜县、志丹等县合作社,对收买土产很是重视,仅固临、志丹、延川 3 县合作社共有资金 86000 万元,而用作收买土产即达 55000

① 《薄一波同志关于工商业问题给毛主席的报告》(1948 年 4 月 19 日),见华北解放区财政经济史资料选编编辑组等编:《华北解放区财政经济史资料选编》第 2 辑,中国财政经济出版社 1996 年版,第 664—665 页。

万元，占资金总额的64%。其中志丹县所收绒毛（1.4万斤）已占该县产毛（5.5万斤）的20%。当时合作社曾有生产单位57个，包括纺织厂6个、油坊6个、粉坊11个、染坊28个、瓷厂2个、炭窑4座，占244个业务单位的23.3%，共有资金61000元，占资金总额37亿元的16.4%。在减轻群众负担上，如当时南区合作社包交公粮公盐，以及帮助教育费、自卫军放哨费等，发挥了相当大的作用。

陕甘宁边区合作社在1943年、1944年间，曾一度蓬勃发展，突飞猛进。社数达600余处，业务单位1200个以上。拥有资金数十亿元。到1947年国民党胡宗南军队进犯边区前，边区还有307社。在抗击胡宗南军队期间，由于负责转移物资、坚持供销、维护本币，特别是1947年下半年至1948年，参加生产救灾与恢复生产工作，成绩更大，不仅端正了合作方针，组织了副业生产，增加农业生产收入，渡过灾荒，而且发展了广泛性的小型合作社。如关中旬邑清源合作社，在战争中和群众关系密切，在群众帮助下，所有物资全无损失，曾供销油盐5000多斤，卖药30多服，受到群众和游击队欢迎。另外还有，如延长联社，统一购货，避免抬高物价。子长西一区合作社背药篓子打游击卖药。延川东洋区染坊坚持在敌据点附近染布。延安河庄区陈拐子合作社，自党中央从延安撤出后，精减干部（10人减为4人），在该区二四五3个乡背货串乡，因为货少，规定每家老布3丈，火柴2—5盒，13天中销布160丈，火柴36包，群众将埋在地下的边币取出来又买到货物，非常高兴。在这一期间，合作社配合党政工作，在贸易公司帮助下，共组织了50万斤棉花的供销工作，连群众自行纺织共产小布约40万匹（每匹5丈长、1.25尺宽），收购标准布2万余匹，恢复了边区纺织业60%（战前产布约60万匹）。组织了东西两地运粮运动，前后运至灾区粮食17.9万石，组织群众熬硝118万斤。并且在这一时期调剂吃粮、种子粮，绥德计1000余石，延安地区在供销农具（1.4万件)、发放农贷(16亿元)、恢复集市(计10处),以及组织战勤、运输,设立移民站、收买土产(如羊油3万斤、马兰草60万斤、破铁10万斤)等。对救灾工作起了不小的作用。

直接经过战争锻炼,边区合作社质量明显提高,已由战前大部分或多或少地曾经单纯经商、投机违法,转为百分之八九十以上合作社从事正当业务,即组织与扶助群众生产,特别是纺织、运输、熬硝及作坊生产。出现了延安蟠龙合作社(贷放麦子)、安塞白庙岔合作社、关中淳耀贾恒春合作社(供销农具、土产)、三边吴旗陈丕秀合作社、陇东曲子联社,以及延安南区合作社(组织运输、战勤)等38社均有一件以上模范事例,38个社占合作社总数(158个)的24%。这些合作社在生产救灾与恢复生产中均起到了某种带头或引导作用。

在1948年前后,边区合作社出现的一个新情况是,能从边区经济实际出发,在广泛的农村现有合作社基础上,组织了24个小型合作社。这类合作社或搞纺织供销,或组织农业与运输,或从事作坊生产及公益事业,都是群众共同需要,自愿结合起来的一种群众经济组织。如子长县王贺有已组织8个村18个组56人从事纺织变工生产。1947—1949年间已供销棉花2000余斤。具体办法,一是群众集资合购(如1948年秋,7户集粮6.2斗买回棉花27斤,按入米数合分了);一是靠公家赊买按时还款及贷棉花扶助(如1948年春工合曾贷棉花305斤)。1949年年初,刘家沟村成立小型合作社一处,专门供销棉花布匹及农具。又如延长彭仲仁举办义仓、学校纺织,动员积极分子出粮30石,为周围群众调剂吃粮、籽种。延安稍园子梁的农业合作、延长管村的消费合作,特别是新正马栏合作社所组织的各种小型合作,是很完美的一个典型:(1)它组织了民间10个骡子朋帮运输,由于代找脚路(给贸易公司揽货)及加以组织,结果两次赚米8.3石,节省劳力2人(应去9

人，实去7人）。（2）它贷款扶助草料店7处，繁荣了马栏至双龙镇大路。如曾贷款任老二200元开店一处，一个月后即赚1万元，将贷款收回又转借任有才350万元开店，遂使此无人村庄移来四五户居民。（3）它组织了3人合伙在马栏开药铺一处，为解决资金不足，合作社入股250万元，便利了群众医疗疾病（以前要到四五十里以外买药）。（4）它组织了采集信贷，用以拉木板、烧木炭等。如组织王子奎等6人，贷款100万元，添购了斧头、平靳等工具，上山伐木；又组织马彦红等4人烧木炭，已烧了3000斤，由合作社找雇主。此外，该社又组织两个村的纺织、马栏市的摊贩及下乡做群众工作、捎买日用品等，将原有合作社面貌完全改变，为之一新，标志着合作社走上一个新的发展阶段。①

晋冀鲁豫边区政府在解放战争之初，就对合作社采取了积极扶助的政策。边区政府强调，“合作社是服务人民，服务农工副业生产、活跃农村信用，沟通农村城市货物交流，畅用土货的群众组织。它虽然是群众的组织，但政府应对其加强领导。现在合作社正处在危机的边缘中，如欲其担负起以上任务，必须用大的力量去支持帮助，主要是贷款。我们决定增加一批贷款，由建设厅银行，按各区情况，适当分配”②。晋冀鲁豫边区太岳区在关于1946年工商工作方针的意见中也提出，“组织合作社，是发展农村经济的关键，可以使散漫的农村经济组织起来，这样一方面可以限制和抵抗私人垄断，对农民有利；另一方面，可以加强与壮大公营经济的

① 《关于目前边区合作社工作检讨及今后意见》（1949年2月23日），见陕甘宁边区财政经济史编写组等合编：《解放战争时期陕甘宁边区财政经济史资料选辑》下册，三秦出版社1989年版，第271—275页。

② 《晋冀鲁豫边区政府关于若干经济财政问题的决定》（1946年1月26日），见华北解放区财政经济史资料选编编辑组等编：《华北解放区财政经济史资料选编》第1辑，中国财政经济出版社1996年版，第134页。

调剂力量,一定要有足够的认识,大量发展合作社,扩大手工业生产,是今后长期经济斗争上的生死问题"①。由于政府高度重视,合作社发展很快。到同年5月,全区已有合作社800个,社员533981人,股金1759万余元。②

不过晋冀鲁豫边区合作社的发展,并非一帆风顺。随着解放战争的推进和解放区的开辟、扩大,晋冀鲁豫边区部队、军政机关和团体,推行"左"工商政策,甚至严重违法乱纪,导致一些城市工商业的破坏和萧条。为了严肃纠正工商业中的"左"倾错误,中共晋冀鲁豫中央局在1948年9月10日发出的《中共晋冀鲁豫中央局关于工商业政策的指示》中,特别提出要加强对合作社的整顿,规范对合作社的组织管理和业务指导,帮助合作社发展。为此必须"颁发合作社条例草案,取缔某些合作社非法行为,规定合作社性质、任务与营业制度,整顿合作社队伍,加强业务指导,有计划组织生产,调剂物资,其资本不足者由银行给以低利贷款,帮助其发展"③。太行区党和政府、国营商业(贸易公司)一直坚持大力扶助合作社的政策,建立与合作社的业务联系,通过合作社以公道价格收购小生产者的农产品、工业原料(棉、麻、粮、白油等),保护生产者正当利益,以较低于当地主要市场同一质量的主要商品批发

① 《太岳区经济局关于1946年工商工作方针的几项意见》(1964年1月24日),见华北解放区财政经济史资料选编编辑组等编:《华北解放区财政经济史资料选编》第2辑,中国财政经济出版社1996年版,第564页。

② 太岳区经济总局:《太岳区市场概况》(1946年5月11日),见华北解放区财政经济史资料选编编辑组等编:《华北解放区财政经济史资料选编》第2辑,中国财政经济出版社1996年版,第569页。

③ 《中共晋冀鲁豫中央局关于工商业政策的指示》(1948年9月10日),见中国社会科学院经济研究所中国现代经济史组编:《革命根据地经济史料选编》下册,江西人民出版社1986年版,第248页。

价格,售给合作社。通过建立业务联系,一方面领导市场,掌握工农产品交换;另一方面扶助和促进了各类合作社和合作社商业的发展。① 长治则准备在各县市组织公营商店,与合作社粮店统一联系,形成粮食交易网,达到调剂粮食的目的。②

在陕甘宁边区,1947 年 3 月 19 日中共中央、中央军委撤离延安后,根据地被蒋介石、胡宗南军队占领,边区建设中断,转移至农村的公营商店及各地合作社,"均陷停顿状态,以致一时交换停滞,群众生产、日常必需用品的购买,日益困难"③。为克服上述困难,支持长期自卫战争,同年 5 月 6 日,边区建设厅给专员、县长发出指示,要求各县、区政府必须督促各合作社恢复营业,采取串乡卖货的办法,供给群众布匹、食盐、火柴、犁铧等必需品;寻找弹花工人弹花,接济群众纺织原料,找铁匠、锅炉匠打农具、接铧尖,为群众解决农具困难。以资流通农村经济,扶助群众进行生产;除与贸易机关进行联系购买布匹、棉花等货物外,并应利用各种社会关系,设法克服敌人封锁困难,向敌占区争取采购物资,以保证群众必需品的供给;在交易过程中,货价必须公平,严格纠正高抬物价和囤积居奇的思想与行为。同时,拥护边币流通,严禁行使法币。如向外购买货物需用法币时,应向银行合法换取。

① 《太行区贸易公司对合作社机关生产业务关系的决定》(1949 年 6 月 5 日),见华北解放区财政经济史资料选编编辑组等编:《华北解放区财政经济史资料选编》第 2 辑,中国财政经济出版社 1996 年版,第 840 页。

② 《太行区贸易公司 1949 年前半年经营工作的几个问题》(1949 年 6 月 20 日),见华北解放区财政经济史资料选编编辑组等编:《华北解放区财政经济史资料选编》第 2 辑,中国财政经济出版社 1996 年版,第 843 页。

③ 《陕甘宁边区建设厅关于合作社工作的指示》(1947 年 5 月 6 日),见中国社会科学院经济研究所中国现代经济史组编:《革命根据地经济史料选编》下册,江西人民出版社 1986 年版,第 654 页。

为了实现上述要求,各地应依当地情况与游击战争结合起来,具体计划执行,发扬合作社人员刻苦耐劳、为人民服务的精神。对于好的合作社或干部,应随时给予表扬,对于破坏金融、营私舞弊、违犯政府法令的合作社或干部,应严予处罚,必要时可经过群众改组或解散之。①

山东、苏北和皖北等原抗日根据地老解放区、合作社和合作社商业也都延续下来,并有所发展,无论在抗日战争还是解放战争中,都帮助了农村生产的发展,并帮助政府、军队圆满地克服了军衣、军鞋等困难。在革命战争中作出了"很重要的成绩和贡献"。②

山东解放区相当一部分是原来的抗日根据地,在抗日战争期间就办起了合作社。1940 年 8 月,山东全省行政机构"战时工作推行委员会"成立后,随即开始开展组织合作社的工作。到 1942 年,全省已有一千多个合作社。不过当时合作社的方针、目标不明确,没有充分发动群众,合作社缺乏群众基础,大多数合作社是用摊派股金的方式组织起来的,在群众中没有威信,一经日伪"扫荡",便纷纷垮台。到 1943 年年初,已大部分消失,或名存实亡。1943 年后,根据地党和政府总结经验、吸取教训,不再一哄而起,而是稳扎稳打,"组织一个、巩固一个",明确组织合作社以"扶助群众生产为其中心工作",并与这一时期紧急任务(发展纺织生产)密切结合,通过合作社来扶助群众纺织手工业的发展。合作社的发展方式提倡"民办公助",反对"包办公办"。合作社在群众

① 《陕甘宁边区建设厅关于合作社工作的指示》(1947 年 5 月 6 日),见中国社会科学院经济研究所中国现代经济史组编:《革命根据地经济史料选编》下册,江西人民出版社 1986 年版,第 654 页。

② 《华东局关于开展合作社工作的指示》(1949 年 11 月 6 日),见江苏省财政厅、江苏省档案馆、财政经济史编写组编:《华中解放区财政经济史资料选编》第 7 卷,南京大学出版社 1987 年版,第 30 页。

中的威信开始树立起来,逐渐巩固发展。到 1944 年,全省又有两千多个合作社。

此后,山东合作社经过几次斗争考验,坚实发展,稳步前进。"八一五"日本宣布投降后、山东光复,到 1945 年年底,全省合作社总数达 4790 个,社员 100 万人,资金 5600 万元。在这一年中,大体增加了 1 倍。

1946 年年初,山东合作社进入了一个新的发展阶段。在业务类型上,除了纺织,开始扩大到运输、供销,试办信用业务,组织区联合社,并建立生产推进社或合作指导所,以解决各合作社业务上的困难。该年上半年的和平局面虽然只是昙花一现,却使合作社的发展获得一个很好的机会,山东新解放区的合作事业也在这时得到蓬勃发展。到 6 月底,全省解放区已有 8394 个合作社,社员 270 万人,资金 2 亿元。不过由于合作社的发展过分迅速,领导力量更加显得薄弱,这在新解放区尤为明显。因此,这些合作社中,半数以上不健全不巩固,甚至有名无实。

1946 年下半年,因恶劣的战争环境,边沿地区的合作社组织遭受严重摧残,或陷于停顿状态。不过仍有一部分合作社维持或巩固发展,有些地区(如滨北)在土地改革中还增加了许多新社。据 1947 年 1 月对 58 个县的统计,总共有 7353 个合作社,社员 190 万人,资金 42500 万元。有些地区不仅发展村社,且已建立区联合社。如鲁中沂山区就有 8 个区联合社,其中宿山区联合社有 65 个村社;滨海区有 7 个区联合社和 22 个中心社,有 21 个合作社的资金超过 100 万元,其中莒南十字路永利合作社在半年中,资金就从 9 万元扩大到 500 万元。

山东合作社在其蓬勃发展的过程中,很快成长为农村各种生产事业的一支庞大力量。如象碑廓的聚丰合作社,日照的利民合作社均在没有纺织传统的"空白地区"发展纺织生产。到 1947 年

1月,聚丰已经发展纺车3000余辆,织机600余张。利民在城关就发展纺车2000余辆,共有四五个区36个村的群众在其扶助下从事纺织生产。海阳济元渔民合作社帮助400余户渔民恢复生产,改善了生活。广饶广济医药合作社为全县人民治病,1947年上半年就治愈12000余人。在合作社的奖励扶助下,全省纺织产品已能全部自给。据1947年年初统计,全省已有纺车250万辆,织布机52万张,1946年共织大布(1码宽、40码长)500万匹,单单纺织收益就能养活500万人,约占全省人口的1/6。

山东合作社事业在其发展过程中,不仅数量扩大,而且质量、层次明显提升。临沂生产推进社的成功,是一个重要标志。临沂生产推进社创办于1945年10月。当时临沂城关无业游民约占城关人口的2/3,生活毫无办法。民主政府通过创办推进社的方式扶助群众生产,发展合作事业。经过一年多的努力,已在城关发展4000余辆纺车,吸收数千妇女参加羊毛纺织。1946年秋冬共织毛袜七八万双,并在城关组织了29个各种类型的合作社,社员3500余人;在城北岔河区帮助4000余张布机恢复生产;组织了7个职工合作社,社员1000余人;并组织了54个村的职工会。推进社还在城南傅家庄辅助群众恢复铁业、窑业生产,并将合作社业务范围从生产扩大到产品销售,协助他们每日推销40万元成品。推进社还主持召开滨海、鲁中、鲁南三地区的联合运销会议,组织各合作社实行联合运销。在临沂生产推进社及滨海合作推进社的帮助下,各合作社合资在海口设立了一个联合运销站,办理土产运销。

生产推进社、合作推进社是合作组织更高级的业务联系机关,在工作薄弱的地区,又是扶助生产合作事业的有力的推动机。山东解放区群众经过几年的经营实践,已能自己管理村社,有些地区已能自己管理区联合社,但要自己组织和管理县以上的联合机构还是相当困难。所以民主政府除用民办公助方式发展村社和区联合社外,又用公私结合方式创办生产推进社及联合运销站等。通过这种公私结合方式,使群众生产事业和民办公助的各级合作组织能够更迅速地发展。

由于山东农村基本上仍是耕织结合的自给自足经济,合作社的业务类型,是以各种门类的手工业生产为主,供销(产品运销)为辅,逐步做到生产与供销结合,有效解决农业生产的各种困难。这方面的主要工作有:(1)采办农具肥料(如豆饼等);(2)运销农产;(3)经理农贷;(4)调剂耕牛;(5)利用变工组的剩余劳力经营各种副业。①

在原抗日根据地以外的各个解放区,党和民主政府在建立与发展国营(公营)商业的同时,通过组建以个体经济为基础的消费合作社,全力建立和发展合作社商业。

东北解放区因开辟时间较早,合作社的建立和合作社商业的开展也相对较早,取得了较好的成效,并且积累和总结了正反两方面的宝贵经验。

东北解放区的城乡合作社与合作社商业的发生、发展,从1945年“八一五”日本投降到1949年新中国成立的4年多时间里,以1948年《东北局关于开展农村合作社工作的指示》或稍后的东北全境解放为界,大致分为前后两个阶段。

“八一五”日本投降后,中国人民解放军在开辟解放区、恢复生产和商业流通的过程中,即开始建立合作社。在热河、西满、东满个别地区,早在1945年冬或1946年春,就已组建合作社,从事商业和运输。1946年7月,东北局发布“七七决议”后,曾动员大

① 薛暮桥:《山东合作事业的回顾与瞻望》(1947年2月),见薛暮桥:《抗日战争时期和解放战争时期山东解放区的经济工作》,山东人民出版社1984年版,第150—158页。

批干部下乡,发动群众进行反封建斗争。到 1947 年冬、1948 年春,旧的封建剥削关系被破坏,新的生产关系刚刚开始建立。在这个过程中,由于尚未分配或暂时无法分配的斗争果实,如小型工厂、作坊、房屋、机器等,大量存在;由于极度枯竭的农村生产亟待恢复,并在当时发展生产、保障供给、生产救灾、支援前线的方针指导下,在已解放的各个地区,纷纷建立了许多合作社。

在地方党和政府的引领与组织下,各地各类合作社相继建立、发展。具体情况互有差异。据 1947 年 4 月对哈尔滨的调查,该市首个合作社——新阳区大众合作社,成立于 1946 年 8 月中旬,资本是由群众斗争伪满粮谷配给店的果实构成的。到 1946 年年末,先后建立起十几个合作社。一部分走的是与大众合作社同样的路径;另一部分是贫民会利用迁返日侨后拍卖启封物品的钱款组织起来的。进入 1947 年,1 月份又建立了 12 家。一般来说,各阶层民众对合作社的认识还不深,实际生活也还没有使民众感觉到需要有合作社。2 月 1 日市政府与东北贸易总公司为调剂粮价保证民食、实施廉价售米,对推动哈尔滨市合作社运动产生了巨大影响。一些受到上级指示,但还在观望、酝酿者,经这一刺激,迅速产生。2 月份成立的合作社数目,超过前 6 个月的总和,截至 3 月 13 日,已达 84 家。就资本而言,最初无须群众自己拿钱的约占 1/10,其余都是群众凑股。全市 62 家群众性合作社的资本总额为 40268100 元;22 家机关团体的合作社资本总额为 12446460 元,合计 52714560 元,哈尔滨全市工商业资本总额为 15 亿元,合作社资本额相当于工商业资本总额的 3. 5%。①

① 《哈尔滨市合作社调查报告书》(1947 年 4 月),见东北解放区财政经济史编写组等编:《东北解放区财政经济史资料选编》第 3 辑,黑龙江人民出版社 1988 年版,第 8—12 页。

在合江省，1946年11月，《合江省委关于发展工商业政策的初步决议》指出，“在发展工商业方面，以个体经济为基础的生产与消费合作社，应该起很重要的作用，各地方党应根据人民切身的需要，帮助建立民办合作社。首先在一个区、一个乡，建立一个典型的、先行突破一点，然后再向其他地区发展”。“决议”特别警告，建立的合作社一定要是“民办”的，不得强迫命令。“官办的、强制性的、形式主义的合作社，一律禁止成立。”①在省委“决议”的指引下，合江省开展了合作社和合作社商业的建设。

安东市的合作社发展情况，据1948年10月的调查，到该年7月止，市内有工厂合作社10家，股金2亿元，社员6000人；街道合作社51家，区联社6家，资金281409万元，社员数量无精确统计，据若干街道的材料，社员约占全街户数的70%。这些合作社大多兼有生产和供销的双重职能。合作社所属合作生产事业及工厂作坊43处（或多一些），参加生产的男女工人最高时达35579人，可做军鞋（最高1个月出鞋13万双）、制军衣、织草包、织布、纺纱等；这些合作社同时承接货物供销业务，计有所属粮食配卖所46处，每月配卖贫民粮达159万斤，领配给粮者99189人，每月运销粮食及豆油等最多达50万斤，廉价卖给社员。

不过1948年6月后，由于原料缺乏、管理外行及生产上的盲目性，小本生产贷款无法收回，损失四五千万元，又没有得到公营经济的足够支持，以及资金太少、太分散，职员太多，职员和街道干部贪污、浪费等，合作社开始呈现紊乱状态，有的赔本，有的停顿或半停顿。

① 《合江省委关于发展工商业政策的初步决议》（1946年11月7日），见东北解放区财政经济史编写组等编：《东北解放区财政经济史资料选编》第3辑，黑龙江人民出版社1988年版，第4页。

面对这种情况,市委着手对合作社进行整顿:在业务上确定以合作生产(主要是做军鞋及运销)和用盐换回粮食和豆油为主要业务,取消一些已垮或无前途的工厂、作坊,今后除与群众经济生活有直接关系的作坊(如磨坊)以外,凡以营利为目的的工厂、作坊,不再设立,将合作社的重点转入运销事业:一是解决社员部分粮食需要,同时根据形势变化,逐渐发展为较全面的消费合作社;二是支持合作生产,采购原料、运销成品,调剂资金。

在组织机构上精简合并。原来是一条街一个或两个合作社,1948 年 8 月份开始进行合并,在群众同意的基础上,以较好的合作社为基础,每三四条街合并为一个合作社。精减职员,并由各街道遴选,实行监理会及代表会的制度。使群众能直接行使管理、监督的权利,并加强区委的领导,改变原来那种任其自生自灭的现象。

同时检查、整顿,"贪污者赔,挪借者还",并结账、分红,除职工合作社不计外,安东全市区联社和街道合作社合并为 207 个街合作社、6 个区联社,分红 11123 万元;配卖所合并为 20 处(自 1948 年 9 月份起,取消拍卖粮,配卖所取消,有的改为分销部)。精减职员 184 名;取消工厂、作坊 15 处,保留的生产单位 28 处,参加的生产者共 18068 人。以女工为主,计男工 2863 人,女工 16511 人,老弱 694 人,并拟将运销部逐渐发展为贫民和工人的消费合作社。①

在吉林,到 1948 年年末,一些材料显示,城市合作社的发展已经相当普遍,几乎街街都有合作社,而且名目很多。吉林市即有职

① 《安东市委关于合作问题的工作情况报告》(1948 年 10 月 20 日),见东北解放区财政经济史编写组等编:《东北解放区财政经济史资料选编》第 3 辑,黑龙江人民出版社 1988 年版,第 134—137 页。

工、公益、军属、制鞋、纺织、群众、人民等 27 社；延吉市有职工、军属、公民及各厢大小 14 社；龙井市有四联（由 4 个厢社联合）职工、军属、妇女 3 社；图们市有军烈属、职工、众生、商业职工、铁路及各厢等 11 社；明月市 2 社；蛟河城区有群众、职工等 8 社；桦甸城区有农民、职工、人民等 13 社；敦化城区有市民、公民等 7 社。一共有 85 社。资金在 1 亿元以上的有 12 社。资金最多的延吉市职工、公民和桦甸城区的农民 3 社，皆有资金 27000 多万元。其他则只有几千万元的资本。社员最多的延吉职工合作社，有 3745 名社员。龙井四联社和桦甸农民社也分别有 2800 多名和 2100 名社员。业务范围上有生产、供销、消费等，以消费为主的占多数。

在 3 年左右的时间里，成立的合作社数量并不算少。但就整体情况而言，“大多数质量很差，资本少”，所起作用“还是很微小的”，这同合作社对本身业务定位不明确有很大关系。如认为“生产”就是做买卖赚钱；“为社员群众服务”就是“单纯追求红利”等。因此产生了严重的投机倒把现象，部分商人则利用群众名义，打着“合作社”的招牌，进行投机倒把活动。又由于领导上曾过分强调生产，笼统提出反对假合作社，取消假合作社，缺乏具体整顿措施，又在执行中出现过“左”和否定一切的偏向，虽然合作社受到了限制，但他们立刻摇身一变，牌子一换，又成了商店，并借民主政府保护私营工商业为护身符，仍操旧业。据不完全统计，改为商店或因投机倒把垮台停业的，计蛟河城区 4 社、延吉市 4 社、龙井市 6 社、明月市 3 社、吉林市 5 社，共计 27 社，而真正由群众组织起来的合作社，因勉强转向生产，如纺织、纸坊、油坊、粉坊、卷烟、麻袋、草袋工厂等，资金本来就少，又因周转慢，很大一部分资金被原料压死，“资金不足”“周转困难”成为普遍现象。合作社很难按时结账，红利又少，社员与非社员在待遇上没有区别，因此形成社员见红利少则抽、哪社红利多往哪社入的流动现象。一些合作社常常为分红发愁,如届期不能结账分红,便有垮台的危险。而解决的办法,往往是从投机倒把中找出路,但侥幸渡过难关的只是少数例子。

总之,合作社是普遍建立起来了,但困难重重,症结是"资金少,周转不灵"。光做买卖怕被说成是"假合作社",发展生产"又不知搞什么好"。特别是东北已全境解放,交通运输迅速畅达,私营工商业获得充分发展,各种联合公司相继出现。相形之下,合作社经济效益显微小脆弱。群众基础差或脱离群众的合作社,更可能随时"闭门"。①

这一阶段合作社发展的一个基本特点是,合作社成立的多,陆续垮台的也不少。据不完全统计,到 1948 年 11 月,东北解放区还剩下 2244 个合作社。

从经营管理情况看,这一阶段成立的合作社,大体上分为三种类型:第一种,基本上是根据群众需要,是为群众服务的,经营管理较好,曾为群众解决了生产与生活上的困难,与国营经济有相当联系而又给社员多分红的。这种类型的合作社是最少数。吉林省汪清县的合作社多半属于这一种。第二种,利用未分的斗争果实,以营利为目的,以分红相号召,经营管理一般,有的与机关(区村农会与政府)开支混淆不清;有的与支援前线有密切关系,同时也给群众解决了某些生产与生活上的需要。这一种合作社数量比较多。第三种,纯为假合作社,完全以营利分红为目的,名为合作社,实际上是合伙商店;或者原是利用斗争果实办起来的,却有的为商人成分干部所操纵,进行投机倒把、违反政策的活动;有的被地方干部任意占用、贪污腐化、铺张浪费,以致亏蚀。这种类型的数量

① 周介文:《城市合作社的几个问题》(1948 年 12 月),见东北解放区财政经济史编写组等编:《东北解放区财政经济史资料选编》第 3 辑,黑龙江人民出版社 1988 年版,第 145—146 页。

原来相当多,其后不少陆续垮台告终。这三种合作社,除第三种外,在当时恢复农村生产,组织生产救灾,支援前线,并在配合国营商业购粮,满足农民各种生产与生活物资需要等方面,都起了积极作用。

这些合作社的发起成立和组织领导,除个别省(如热河)县(如吉林汪清)外,大部分是由工作队扶助开办,或由区村农会,或其后的区村干部自发组建,而又各自处于不正常的分散领导之下。工作队成员多半是来自关内的干部,多少知道一些抗日战争期间合作社的情况,但不一定有实践经验。只知道办合作社就要搞生产、搞运输、开商店,要赚钱、多分红。当时不少斗争果实,如油坊、烧锅、粉坊等,的确很难分配。因此,为了利用斗争果实,就办起合作社来。有的开油坊、搞烧锅、拴大车,样样都搞;有的则开商店,专做买卖。再者,区村干部既忙于群众工作,忙于战勤,又不懂业务,又无方针,致使合作社的经营,往往陷于自流状态。不少合作社因此相继垮台。

另外,从社务与组织上看,在延续下来的合作社中,除上述第一种类型较好外,也大多是很不健全、很少是群众性的。如社员自愿入股者少,而是按斗争果实照例算一份,或用强迫命令,或受分红号召而来者多;又如,合作社的资金中,未分斗争果实和党政帮助的部分占多数,而真正由农民自愿拿出的群众股金占少数;再如民主管理与会议制度,大多很差或根本没有,而干部又是委派的多,民选的少;等等。

概而言之,在这一阶段,合作社是自发地产生了,但大多是样样都搞的所谓综合性合作社与消费合作社,是在各地区不正常的分散领导之下建立起来的,是自觉或不自觉、直接或间接地反映了对抗日战争时期合作社的思想与办法。合作社普遍缺乏群众基础,盈利分红观点很普遍和严重。尽管如此,它对当时农村经济的逐渐恢复,起到了一定作用,并给后一阶段合作社的整顿、改进与发展,提供了必要的准备条件。①

1948年秋,东北解放区大部分地区完成土地改革,随后东北全境解放,为合作社和合作社商业的发展,提供了更好的条件。在这种新形势下,东北合作社和合作社商业进入了一个新的发展阶段——农村供销合作社的提出和迅速发展阶段。

东北党和政府为了尽快着手开展农村合作社的组建、推广,1948年即将秋收之际,东北局下发《东北局关于开展农村合作社工作的指示》,明确指出,同关内解放区比较,东北解放区的城乡关系更为密切:有较多的商品粮要卖到城市,绝大部分农村副产品必须在城市(有的要到国外市场)才有销路;几乎全部农民的日用品都来自城市。这些商品的正常和更合理的流转,才能使农村各种生产得到发展。随着土地改革完成和土地的分散,农村中原有的一些经济组织已被破坏,在新的组织完备地建立以前,这一正常合理的商品流转,是广大农民也是城市工业的迫切要求,也必然是党和政府必须注意组织领导的工作。除了正确执行工商业政策外,"更重要的是用很大力量在农村中广泛建立农村合作社"。1946年以来,个别地区已办理一些合作社。有的帮助群众解决了一些问题,但有的流于形式,或变质瓦解。全盘说来,这一工作还未开展。虽然比起关内解放区,东北解放区政府可以掌握农民大量必需品,但是掌握的种类还不够,数量有时不及时,最主要的是各地能够把合作社办好的德才兼备的干部不足,建立合作社的工作,无法全面铺开,而"只能大规模而有重点地去开始,要求能以区为单位先建立一个村的,逐渐的能再有两三个到三四个村的合

① 东北合作总社:《四年多的东北合作社工作》(1950年6月),见东北解放区财政经济史编写组等编:《东北解放区财政经济史资料选编》第3辑,黑龙江人民出版社1988年版,第268—270页。

作社”。

《东北局关于开展农村合作社工作的指示》明确要求，“合作社初期的业务，应该是以解决供销为中心，供给农民以廉价必需品，帮助剩余的粮食与发展的副业产品找出路。这一条是广大农民普遍的要求，做好了必然会对农业生产、副业生产有帮助，实际上就是扶助生产。原有的互助组，在得到合作社对副业的帮助下，会更巩固起来，发展起来。广大农民由于牲畜的分散而造成的困难，也将获得解决”。

关于入社资格、合作社的股金和经营业务，《东北局关于开展农村合作社工作的指示》规定，“土改后的农村，一切人只要自愿入股，皆可成为合作社社员。尽量鼓励以实物或劳动力（运输）入股。合作社的经营以供给农民廉价必需品，帮助剩余粮食及副业品找出路为主，不是以赚钱为主，但同时必须要有以实物为标准的成本核算，使合作社有适当的利润。这样才会吸收更多的股金，合作社才会有更多的力量，为群众做更多的事业。片面地反对合作社盈利，片面地反对分红，对初生的合作社会是一个阻碍。同样也要反对合作社单纯盈利观点，特别要反对投机倒把、囤积居奇，否则不只是违反政策，且会把合作社搞到垮台”。社员入股数量不受限制，不怕任何社员入的股份多，因为合作社与一般合股买卖不同，任何人无论资金多少，都只有一票表决权。《东北局关于开展农村合作社工作的指示》强调，“广大社员群众一定要将合作社切实掌握在自己手里，而不被少数人所操纵”。

为了使国家与合作社有限的资金发挥更大的作用，《东北局关于开展农村合作社工作的指示》提出，可以提倡在国营商店与合作社之间互相订货、信用往来，不过两方面都要仔细研究而后订出合乎实际情况发展的必要的订货合同。信用往来之间应该有合理的利息。但是，银行一般地不进行合作社贷款，只在为了专门发展某一种生产事业有必要与可能时经过合作社发放。国营商店应该与合作社紧密结合,把合作社变成国营商店的支柱。国营商店也只有有了广大合作社网作为支柱的时候,才算是有了可靠的力量。国营商店与合作社是营业往来关系,但是要在业务经营方针方法上给予帮助。国营商店与合作社间的商业利润,一般的以公私两利为原则,在必要时只有利于合作社而无损于国家商店亦可以做。但如只有利于合作社而有损于国家商店时,除经商业部批准之外,一般不做。合作社应该是履行国家政策的模范,应该是与国家商业部门紧密团结,共同为贯彻政府经济法令的实施而与一切违反法令的现象尽力进行斗争。

《东北局关于开展农村合作社工作的指示》还强调,许多经验已经证明,必须要联系群众,经营得当,公私结合,合作社才能巩固发展。而关键之一是有德才兼备的干部。如何在土地改革运动的积极分子中选拔得力人员,吸收肯忠诚为人民服务的有能力的人才,这是开展合作社工作的先决条件。“合作社工作是生产运动的主要内容。合作社的发展巩固,是一般地区群众生产运动主要内容和标志之一”,要求在秋冬时节抓好这一工作,“秋收将届,大规模冬季副业生产季节将到,一定要抓紧这一季节,把发展合作社的工作做好”。①

东北局的上述“指示”下达不久,1948 年 10 月 6 日,东北局会议通过的《东北局关于 1948 年农业生产的总结与 1949 年农业生产的决议》,特别提出了“组织生产的合作互助与供销合作问题”。

---

① 《东北局关于开展农村合作社工作的指示》(1948 年),见东北解放区财政经济史编写组等编:《东北解放区财政经济史资料选编》第 3 辑,黑龙江人民出版社 1988 年版,第 163—165 页。

与《东北局关于开展农村合作社工作的指示》不同,《东北局关于 1948 年农业生产的总结与 1949 年农业生产的决议》明确要求建立的就是“供销合作社”,而不是“以解决供销为中心”的一般性合作社或综合性合作社;供销也不只是合作社的“中心”业务,而是“唯一任务”;合作社的组建,也不是选择“重点”,以区为单位先建立一个村的合作社,再逐渐增加、推广,建立两三个到三四个村的合作社,而是明确提出全面铺开,“从上至下”建立供销合作社,形成供销合作社立体网的组织指导方针;建立供销合作社的宗旨,也不是一般的供销,而是“无产阶级领导的国家经济对于农民小生产经济的联系与领导”。这是东北合作社工作上具有极大意义的重要文献。

《东北局关于 1948 年农业生产的总结与 1949 年农业生产的决议》强调,除农业生产中的互助组织外,“还必须在农村中普遍地从上至下地建立供销合作社,以建立无产阶级领导的国家经济对于农民小生产经济的联系与领导,减少商人的中间剥削,尽可能廉价地供给农民所需要的各种生产资料和生活资料,公道地收买和运销农民生产品,以提高农业生产力和发展各种农村副业。其方法应首先建立东北供销合作总社及各省省社,再选择若干县及乡为重点去征求社员,进行营业,以便取得经验和群众拥护后,再加以推广。供销合作社的唯一任务,就是协助社员生产保护社员利益,避免商人剥削。它必须以比较廉价的工具和商品供给农民,又以公道的价格收买和运销农民多余的粮食和原料及副业生产品,从而保护社员利益,而不应以剥削社员或非社员群众从而盈利分红为目的,如普通商人的做法一样。农村中的党和政府必须派出大批最好的干部去办理供销合作社,并用心学习做生意,但不是学习像商人那样如何去剥削农民和小生产者,而是学习如何能使他们减轻以至免除这种剥削,以便使合作社有强的领导骨干”。

"国家必须帮助合作社的资金,并从税收运输及定货方面给好的供销合作社以各种优待。我们同志应该了解这种供销合作事业的巨大重要性,而不应该有重农轻商的观点。须知在小商品经济的范围内,商业是可以控制农业甚至破坏农业的,没有合理的商业,就不能使小农业有合理的发展"。

《东北局关于1948年农业生产的总结与1949年农业生产的决议》特别提醒党员、干部,"由于封建剥削消灭,解放战争胜利,大城市解放,大工业发展的条件下,农产品必然大量地商品化,因此无产阶级领导下的农村供销合作社必将日益发展成为新民主主义社会中农村商品生产的指挥机关。由于这种供销合作社在今天还极不发达,还没有在全党内引起严重的注意和建立正确的认识,我们在今天必须对于这一工作给予更大的重视。应当指出,办好农村供销合作社,与提高农业生产技术,发展农业生产互助,具有同等的重要性。办得好的供销合作社,是组织农村生产与消费的枢纽。要提高农村生产,仅仅依靠党政机关在行政上去指挥还是不够的,还必须建立经济上的指挥机关。这个经济上的指挥机关之一,就是农村供销合作社。各级党政机关必须以最大的注意去建立真正能够代表群众利益的供销合作社。过去许多合作社办理不善的,如用投机商人的办法去剥削群众,以盈利分红为目的者,必须坚决加以纠正和取缔"。

《东北局关于1948年农业生产的总结与1949年农业生产的决议》要求党的农村干部将组织供销合作社作为提高农村生产的"基本环节"来抓。"许多在农村工作的干部感觉自己在发展村生产方面没有很多事情可做。因为提高农业生产技术,往往需要专门知识,而他们又往往没有或很难有这种专门知识。组织农业生产互助,又只能按照农民的意愿去做,我们的干部除了号召和从旁协助外,也不能有更多的事情好做;如果他们想做更多的事情,再加上急性病，他们就常常走上强迫命令的路子。然而他们不知道很好地去组织供销合作社，以便初步地把全体农民组织起来。这正是我们的农村工作干部在今天提高农村生产方面所应努力的基本环节”。①

1949年3月，东北传达了党的七届二中全会决议，5月21日《东北日报》发表题为《如何贯彻东北全党的转变》。党的七届二中全会决议和《东北日报》社论两个文件中关于合作社的部分，对东北的合作社事业，都有十分重大的意义。前者指明，合作社“是以私有制为基础的在无产阶级领导的国家政权管理之下劳动人民群众的集体经济组织”，合作社是“半社会主义性质的”；后者清晰说明了，当前之所以要特别重视发展农村供销合作社，乃因农村供销合作社是城市领导农村及城乡结合的最好组织形式。这就进一步明确了建立和发展农村供销合作社的指导方针。

由于东北全境的解放和东北地方党及政府的充分重视，这一阶段城乡合作社特别是农村供销合作社有了较快的发展。关于城乡各类合作社的发展变化，有不同时段、不同角度多种统计数据。有一种统计为：城乡基层合作社总数，1948年12月为2244个；1949年4月增至4198个，增加87.1%；11月为7395个，增加229.5%。农村合作社数目，1949年4月为1845个；9月增至4601个，增加149.4%；11月为6147个，增加233.2%。② 另据1949年

① 《东北局关于1948年农业生产的总结与1949年农业生产的决议》（1948年10月6日），见东北解放区财政经济史编写组等编：《东北解放区财政经济史资料选编》第1辑，黑龙江人民出版社1988年版，第497—499页。

② 东北合作总社：《四年多的东北合作社工作》（1950年6月），见东北解放区财政经济史编写组等编：《东北解放区财政经济史资料选编》第3辑，黑龙江人民出版社1988年版，第272页。

5月底对6个省的统计,共有农村供销性质的合作社5335个,平均6个行政村有一个合作社。① 还有一个统计,涵盖了1949年11月底东北城乡各种业务合作社数目,现列见表20-14。

从业务看,城乡合作社主要包括供销社、生产社和消费社三类,就整体而言,以供销社为主,计4302个,占总数的78.6%。不过在城市则以消费社为主,占城市合作社总数的65.7%。从合作社的城乡结构看,农村合作社占绝大多数(84.1%)。

另有一组统计数据,比较全面地反映了东北各省市合作社的内部结构和地域分布,情况详见表20-15。

表20-15中的数据涵盖时间或来源,吉林为1949年6、7、8月,热河省为同年7月前,其余均为1949年年末总结数据,统计相对完整、准确,比较全面地反映了中华人民共和国成立前后东北解放区城乡合作社的整体情况。同表20-10数据比较,合作社数据和内部结构更为完整,如表20-15所示,东北全境合作社总数达8678个,从内部结构看,仍以供销社为主体,供销社占各类合作社总数(不含区联社和县市社)的82.0%,平均大约每5个行政村有一个供销社,供销社发展较普遍的松江省,平均大约每3个行政村有一个供销社。同时,除了行政村阶层合作社,还有区联社和县市社,已基本形成合作社的立体网。

社员人数,据1949年5月底6个省的统计,前述5335个农村供销性质的合作社,有社员2693819人。② 另有统计称,城乡合作

① 《东北局关于农村供销合作社的方针与任务的决议(草案)》(1949年9月),见东北解放区财政经济史编写组等编:《东北解放区财政经济史资料选编》第3辑,黑龙江人民出版社1988年版,第245页。

② 《东北局关于农村供销合作社的方针与任务的决议(草案)》(1949年9月),见东北解放区财政经济史编写组等编:《东北解放区财政经济史资料选编》第3辑,黑龙江人民出版社1988年版,第245页。

表 20-14　东北城乡各种业务合作社发展比较（1949 年 11 月底）

总社数	农村						城市					
	供销社		生产社		消费社		供销社		生产社		消费社**	
	社数	占总社数百分比（%）	社数	占总社数百分比（%）	社数	占总社数百分比（%）	社数	占总社数百分比（%）	社数	占总社数百分比（%）	社数	占总社数百分比（%）
5472*	4128	75.4	154	2.8	319	5.8	174	3.2	125	2.3	572	10.5

注：* 原资料为 5422，疑误，现据细数核正。

** 消费社包括职工消费社 332 个；一般消费社 156 个；军烈属社 84 个。

资料来源：据东北解放区财政经济史编写组等编：《东北解放区财政经济史资料选编》第 2 辑，黑龙江人民出版社 1988 年版，第 233 页“东北各省（市）合作社分布情况统计表”综合改制。

表 20-15　东北各省市合作社分布情况统计（1949 年）

项目 地区	所属县数	合作社类别						行政村数	供销社与行政村之比（%）
		总计	县市社	区联社	供销社	消费社	生产社		
辽西省	25	1216	—	—	1061	155	—	5696	18.6
吉林省	25	1024	24	140	628	174	58	4022	15.6
热河省	22	1072	22	—	959	73	18	6745	14.2
松江省	35	1517	32	19	1260	166	40	3678	34.3

续表

项目 地区	所属县数	合作社类别						行政村数	供销社与行政村之比(%)
		总计	县市社	区联社	供销社	消费社	生产社		
辽东省	33	1889	32	132	1429	231	65	6247	22.9
黑龙江省	36	1637	36	83	1298	220	—	4319	30.1
鞍山市	1	35	—	—	7	26	2	—	—
本溪市	1	38*	1	—	8	26	3	—	—
抚顺市	1	34	1	—	—	30	3	—	—
沈阳市	1	216	—	—	41	175	—	999	4.1
总计	180	8678	148	374	6691	1276	189	31706	21.1

* 原资料总计数据颇多讹误:合作社类别总计数据,县市社错为146;生产社错为188。各省市合作社总计数据,热河省错为1073;本溪市错为37;各省各类合作社总计错为8677;以上讹误已据相关细数加总核正。

注:1. 供销合作社与行政村之比不包括鞍山、本溪、抚顺。

2. 表内数据所反映的时间或来源,除吉林为1949年6、7、8月,热河省为7月前外,其余均为1949年年末总结数据。

资料来源:据东北解放区财政经济史编写组等编:《东北解放区财政经济史资料选编》第3辑,黑龙江人民出版社1988年版,第259页"东北各省(市)合作社分布情况统计表"综合改制。

社社员合计,1949 年 9 月为 2832021 人;11 月为 4189343 人;12 月为 5940955 人。①

上述合作社和社员人数统计数据说明,在第二阶段,城乡合作社数目增加了 375%,社员人数增加了 259%。其中农村合作社数目增加 406%,社员人数增加 376%。

从合作社资金、财务、业务方面看,1949 年 5 月底,上述 6 个省 5335 个农村供销性质的合作社,共有资金 8826 亿元。②另据统计,1949 年年底,省市以下各级合作社的基金总计(亦即归社员所有的资金,包括公积金、股金、入社费和下级社缴纳金等在内,信贷和国拨资金不在内)为 9836 亿元。1950 年第一季度末增至 16764 亿元,增加 70.4%。同时,这种基金在资金总额中所占比重,不仅在基层社已达 90%以上,即以省市社以下各级社的合计数来看,也已达 70%左右,而且已从 1949 年年底的 69.7%,增加到 1950 年第一季度末的 74.5%了。这说明,在本阶段内,合作社的群众性已有显著的增大,而且在继续增大着。合作社的零售额,1949 年为 50332 亿元,占全东北人民实际买入总额的 14.3%;1950 年第一季度的零售总额为 62351 亿元(比 1949 年的统计较为准确),约占同期全东北人民买入总额的 29.3%。这说明合作社的零售业务,在社会零售商店流通总额中所占的比重,1950 年第一季度已较 1949 年度扩大

① 东北合作总社:《四年多的东北合作社工作》(1950 年 6 月),见东北解放区财政经济史编写组等编:《东北解放区财政经济史资料选编》第 3 辑,黑龙江人民出版社 1988 年版,第 272 页。

② 《东北局关于农村供销合作社的方针与任务的决议(草案)》(1949 年 9 月),见东北解放区财政经济史编写组等编:《东北解放区财政经济史资料选编》第 3 辑,黑龙江人民出版社 1988 年版,第 245—246 页。

1 倍以上。①

东北全境解放后,城市消费合作社同农村供销合作社一样,进入了一个新的发展阶段。尽管当时发展合作社的重点是农村供销社,对城市合作社是采取巩固和发展的方针,但城市合作社的发展速度还是大大加快了。1949 年一年增加的社数,超过了前三年合作社总和的两倍多。社员人数,1949 年年末比 4 月份增加了 34%。发展的具体情况详见表 20-16。

表 20-16 东北城市基层合作社发展情况统计
(1948 年 12 月—1949 年 12 月)

项目 / 年月	合作社数		社员人数	
	实数	指数	实数	指数
1948 年 12 月	399	100	—	—
1949 年 4 月	676	169.4	886912	100
1949 年 9 月	821	205.8	841720	94.9
1949 年 11 月	1248	312.8	733683	82.7
1949 年 12 月	1315	329.6	1192698	134.5

资料来源:东北合作总社:《四年多的东北合作社工作·附表一》(1950 年 6 月),见朱建华主编:《东北解放区财政经济史稿》,黑龙江人民出版社 1987 年版,第 371 页改制。

新发展的合作社中,多数是职工消费合作社。如沈阳市从 1948 年 11 月初到 1949 年 8 月,新建立合作社 160 个,其中工厂合作社 78 个,街道合作社 21 个,农村合作社 21 个,资金 360 亿元,社员达 20 万人。表 20-15 反映了 1949 年消费的地区分布情况。

① 东北合作总社:《四年多的东北合作社工作》(1950 年 6 月),见东北解放区财政经济史编写组等编:《东北解放区财政经济史资料选编》第 3 辑,黑龙江人民出版社 1988 年版,第 272—273 页。

合作社（主要是消费社）的营业额由5月份的800亿元，增加到6月份的1400亿元，其中代销国营商店的物资700亿元，占营业总额的一半。①

在关内原抗日根据地以外的新解放区，合作社和合作社商业的发生发展，因解放和解放区开辟时间先后不同而互有差异。解放时间较早的地区（如华北部分地区），合作社和合作社商业有较大程度发展；解放时间较晚的地区（如华中、华东地区），合作社与合作社商业形成、发展的时间亦相应较晚，规模较小。

在华北解放区，解放较早的内蒙古地区，1947年4月23日成立内蒙古自治区人民政府，随后开展土地改革运动，废除封建土地所有制和封建剥削；又在政府的巨额投资和东北商业部的支持下，迅速建立国营商业体系，不仅很快在内蒙古各主要市镇的市场上占据了领导地位，在农村采购土产和推销货物上形成着领导力量，准备在三大公司（粮食公司、畜产公司、百货公司）系统下普遍发展国营商店的商业网，又大力扶助农村供销合作社，提高其贸易总额和流转速度，巩固国营商业的领导地位，缩小奸商的市场活动范围及消灭其投机倒把的非正当买卖，并引导他们走上有利于国计民生的正规发展。

在这种情况下，内蒙古解放区的合作社和合作社商业也获得迅速发展。据初步调查统计，1947年仅有合作社10处，1948年增至36处，到1949年3月止，已增至56处，社员13229人，其中农村合作社为49处，城市合作社7处，按性质类别来分，供销社40处，消费社10处，生产社6处。资金总计为79.63亿余元，其中包括群众股金55.37亿余元，占总资金的64%；斗争果实股金21.07亿余元，占总资金的29%；公股3.18亿余元，占总资金的7%。这

① 朱竟之：《沈阳市合作社概况》，《东北日报》1949年8月30日。

些合作社给农民解决了不少难题,如阿□旗(原文献缺失—引者注)的合作社给群众解决种子46500斤,豆饼347块,花大豆3400斤。其他各旗也大致如此。工商部为加强合作社工作,特成立了合作指导处,并开办了合作社干部训练班。①

在华中解放区,党和民主政府虽未专门针对合作社的工作下达指示或作出部署,但1947年11月12日,华中工委关于工商业问题的指示中,特别规定,没收的商店、作坊,不要拆散、分掉,可以采取标价出顶招盘等办法,变钱分给群众;地主在乡村中的小商业小作坊(主要是副业)与农业生产不可分离者,如小粉坊、小油坊等,当其土地耕牛粮食浮财被清算拿出以后,既不能继续经营,而群众又要求分的可以动。各家分得后无大用处者,可几家分得或全村共有,组织合作社,共同经营,或招盘出顶,变价分配。②

另外,某些专署或县市民主政府、公营商业,也曾组织或利用合作社参与推销物资、调控物价的活动。如1948年初夏插秧季节,苏皖边区一专署(苏中江北海安、如皋一带),为了向农民平价售卖肥料,支援夏耕,海安贸易公司组织12个合作社,直接向农民销售豆饼21万片,可插秧35000亩,增产稻谷52500石。③

华中、华东解放区有规划和全面地组织、发展合作社的时间较

① 《内蒙古自治政府成立两年民主建设成绩巨大》(1949年6月),见中国社会科学院经济研究所中国现代经济史组编:《革命根据地经济史料选编》下册,江西人民出版社1986年版,第289页。

② 《华中工委关于工商业问题的指示》(1947年11月12日),见江苏省财政厅、江苏省档案馆、财政经济史编写组编:《华中解放区财政经济史资料选编》第3卷,南京大学出版社1987年版,第109—110页。

③ 《苏皖边区一专署一年来的金融贸易工作》(1948年12月),见江苏省财政厅、江苏省档案馆、财政经济史编写组编:《华中解放区财政经济史资料选编》第5卷,南京大学出版社1989年版,第585页。

晚,大概始于中华人民共和国成立前后。为全面贯彻党的七届二中全会决议关于合作社问题的基本方针,华东局于 1949 年 11 月 26 日发出《华东局关于开展合作社工作的指示》,宣布在华东地区“谨慎地、逐步地而又积极地”开展合作社工作。强调目前的环境与抗日战争和解放战争时期,都有根本的不同,无论老区还是新区(特别是新区)均应注意吸取成功的经验,避免失败的教训,有重点有计划地稳步发展。应从办理初级综合性的供销合作社入手,与国营商业分工合作,以加强城乡物资交流,促进城乡生产,暂时还不可能直接发展高级性的生产合作社(如合作工厂、合作农场),应防止不从实际出发的急性病。城市和农村发展合作社的重点和要求各有侧重:“城市应在供销合作总社的推动与支持下,以发动组织消费合作社为主,尽可能保障工人、其他劳动者、学生和机关人员的实际生活水平;农村应以供销和运输为主,求得积极打开销路,尽可能满足劳动人民关于生活上与生产上的某些需要,并注意结合发展劳动互助和各种有销路的手工业生产小组。”

《华东局关于开展合作社工作的指示》特别提醒,全党应深刻注意:新民主主义的合作社经济是半社会主义的经济,并且是整个人民经济的一个重要组成部分;因此,合作社必须依照人民政府关于合作社的政策、法令在劳动人民群众自觉自愿的基础上,将劳动人民群众自己的资金和劳力组织起来,由劳动人民群众依民主集中制的原则实行集体经营,并由此取得国营经济的各种优待和帮助。党对合作社的领导,首先要善于将国家政权的管理和扶助作用与劳动人民群众的自主精神合理的联系起来。“既要防止因强调国家政权的管理和扶助,而在实际上使合作社变为公营商店的倾向,又要防止因强调劳动人民群众的自主,而在实际上使合作社孤立无援或任其自流地蜕化为资本主义经济的倾向。”

《华东局关于开展合作社工作的指示》要求摆正合作社工作

的位置,在城市和农村以不同的方式方法,组织不同类型和作用的合作社:在一般新区,城乡工农群众尚未充分发动与组织起来以前,合作社工作应主要服从于发动群众。合作社只有积极支持与参加在群众运动当中,才能使合作社有重点地由下而上的适当发展。一方面,工会、农会、青年以及妇女等团体,亦应在发动与组织群众的过程中,善于运用合作社来积极关心与切实解决群众日常生活和生产上的某些经济要求,使群众运动更坚实有力和便于从政治上教育提高群众。因此,在组织合作社的初期,应采取分散发展、统一领导、由下而上与由上而下密切结合的方针。即城市(主要是中等以上的城市)由下而上发展起来的关于工人、学生、家庭劳动妇女等的消费合作社,则隶属于该城市工会、青联和妇联,由各团体分别负责发展、建设和领导;关于农村基层的供销合作社,则隶属于农会,由农会负责发展、建设和领导。另一方面,各地人民政府可根据工作需要和实际条件(干部、资金、下层基础),由上而下的、有重点地建立各级供销合作社,以全力配合国营企业,发展城乡的物资交流,发展内河和内地各交通要道的运输合作社,并由此以全力支持城乡由下而上成长起来的各种群众性的合作社,成为各该地区群众性联盟社未产生以前的营业中心与业务指导系统。各团体、学校、机关合作社,在直接为社员群众服务的原则下,亦可分头进行城乡交流。“但无论采购或推销,都必须经过在地区的工商贸易机关或其上级供销合作社,以免步调不一,弄乱市场,致使投机商人钻空子。”

《华东局关于开展合作社工作的指示》明确规定了在老区和新区发展合作社的不同方针,以及对旧式“合作社”的处理办法:老区(如山东、苏北、皖北)的合作社,一般应暂以巩固发展为主,密切结合有关部门,进行整顿和提高,加强干部的政策教育,贯彻为社员服务的方针。特别是在已完成土地改革的地区,应大胆地积极地充实老社,发展新社。在县以上由上而下的联合社或联盟社未成立之前,应先由上而下建立各级供销合作社(原有“合作推进社”名称是否改变,由当地党委考虑决定)。已结束土地改革地区的农会,应以发展与加强合作社工作为主要的任务。对新区原有的旧合作社,基本上应采取不打乱、不分掉、分别改造、逐步恢复营业的方针:一般工厂、农村和学校的单位社,应争取有关群众团体的监督和领导之下,依新的社章有步骤地进行整理和改造;县以上的合作社应区别原系公营或系群众由下而上建立的联合社,前者由人民政府派干部接管改造为供销合作社,后者则应争取团结在当地人民政府与供销合作社的领导下,逐步进行整理;对一般旧的所谓“信用合作社”,可依照《华东区私营银钱业暂行办法》处理。

《华东局关于开展合作社工作的指示》还指令,为了加强对合作社工作的统一领导与管理,首先在县以上的各级党委下按需要成立合作社工作委员会,由党委指定政府有关部门、群众团体及合作社的主要干部参加;并以此为基础,吸收有关的必要的党外人士参加,组成各该级政府的合作社工作指导委员会,专门负责有关合作社问题的思想、政策指导及行政上的管理与扶持。目前合作社干部在思想上,应特别注意加强群众观点和整体思想的教育。一方面要说服合作社改变过分依赖政府而不主要依靠群众的偏向;另一方面各国营企业部门(如工商、交通、农村水利、银行等)亦应逐步分别制定各种优待和扶持合作社的具体办法。此外财政部门应按合作社工作的进度与需要,尽量解决合作社必要的资金。

《华东局关于开展合作社工作的指示》最后强调,由于经验不足、组织不健全、干部不多、资金缺乏,特别是广大新区群众还没有充分发动起来,群众对合作社的认识还不够等困难条件,无论在城市还是农村,无论老区还是新区,也无论发展新的还是改造旧的,都须防止急性病,并须注意掌握典型,积蓄经验,深刻体会与掌握由小而大、由低到高的发展过程。同时,各级党委应特别注意加强合作社干部的训练,并培养大批干部参加合作社部门工作,作为合作社有力的骨干。无论老区还是新区,只有抓紧这一环,才能主动地适应新的发展趋势,并求得有领导的发展。①

为规范合作社的组织管理,规范合作社与中国人民银行及国营工商企业的业务关系,1949 年 12 月 1 日华东解放区同时颁发了《华东区合作社暂行登记办法(草案)》(1949 年 12 月 1 日)、《华东区人民银行与合作社建立业务关系暂行办法(草案)》(1949 年 12 月 1 日)和《华东区合作社与国营工商企业建立业务关系暂行办法(草案)》(1949 年 12 月 1 日)3 个文件。②

《华东局关于开展合作社工作的指示》和 3 个文件的颁发,引导和加速了合作社的发展。不过在时间上,这种发展已是在 1949 年年末以后了。

(三)私营和个体商业的波浪式发展

由于中国共产党和抗日根据地、解放区民主政府一贯坚持推行保护工商业的方针政策,无论是在原抗日根据地还是新开辟的解放区,私营和个体商业都大体完整地保存和延续下来。不过在历史发展进程中,在不同时段,因政治经济环境的变动,党的一贯政策亦有某些微调或侧重;在不同地区,地方党和政府对中央政策方针的理解、执行,互有差异,特别是在轰轰烈烈的土地改革运动

① 《华东局关于开展合作社工作的指示》(1949 年 11 月 26 日),见江苏省财政厅、江苏省档案馆、财政经济史编写组编:《华中解放区财政经济史资料选编》第 7 卷,南京大学出版社 1987 年版,第 30—33 页。

② 江苏省财政厅、江苏省档案馆、财政经济史编写组编:《华中解放区财政经济史资料选编》第 7 卷,南京大学出版社 1987 年版,第 178—183 页。

中，同一政策的执行，差异会更大。加上一些工商业者复杂的阶级、社会背景或政治取向，在土地改革运动中难免受到冲击。尽管事后部分得到纠偏和退赔但资金供应和业务经营，多少都会受到影响。同时，大小商贩又多利用战争环境和价格波动的市场条件进行囤积居奇、投机倒把，资本经营往往大起大落。因此，私营和个体商业的经营和发展，既非直线上升，也不可能完全稳扎稳打，而是波浪式的或起伏式的发展。

在不同时段、不同地区，私营和个体商业的生存环境与经营状况，差异颇大。

解放战争初期，在原抗日根据地，私营和个体商业的生存环境与经营状况，直接同政治、社会环境和党政部门工商政策或城市政策息息相关。如晋冀鲁豫边区，解放战争前期区内工商业情况，明显分为不同的三类地区：第一类，原有工商业全部或大部保留并发展了新的工商业，约占全区 1/4；第二类，原有工商业大部分或小部分垮台，新的工商业亦有部分发展，约占全区 1/4；第三类，原有工商业大部分或全部垮台，新的工商业又很少发展，约占全区 1/2。①

半数地区或城市工商业“垮台”，主要不是战争破坏或对敌伪资产的“清算斗争”，而是推行错误的城市政策，或者“被机关、部队、团体的生产巧取豪夺、排挤强占而垮台”。② 冀中行政公署对工商管理局参加战时工作，因作出了这样的政策规定，要求全力“恢复新收复区工商业。无论城镇或农村，均需抓紧时间召开商

① 《中共晋冀鲁豫中央局关于工商业政策的指示》（1948 年 9 月 10 日），见中国社会科学院经济研究所中国现代经济史组编：《革命根据地经济史料选编》下册，江西人民出版社 1986 年版，第 245 页。

② 中国社会科学院经济研究所中国现代经济史组编：《革命根据地经济史料选编》下册，江西人民出版社 1986 年版，第 245 页。

人会议,宣布我之工商业政策,安定民心,恢复营业。同时结合公营商店组织与带动商人推销土产,沟通新老区经济”,并“加强组织管理,严格防止乱抓物资与破坏政策等现象”。[①] 所以在晋冀鲁豫边区,冀中地区工商业的情况相对较好。

直接影响私商业务经营和生存环境还有一个十分重要的因素是税收和税收政策。陕甘宁边区黄河东岸的临县碛口镇,向为陕北土货及天津、石家庄、太原洋货集散地,在20世纪20年代社会环境相对稳定时,土货洋货交汇,四方商贾云集,行号业务有“东班”“西班”之分,商业曾盛极一时。1938年太原沦陷,货源困难,上述买办封建性的半殖民地市场开始变化。至1940年晋西事变后,抗日民主政权成立,市场发生新的根本性变化。许多大商人带着资本跑去榆林、天津等较大城市,大商人只剩下个别(如万兴德)“老字号”,其余均属中小型买卖。同时也开始自己建立农村纺织业(织标准布)和向敌占区进行经济贸易斗争的公营商店。到1944年、1945年开始走向中兴。镇上铺面从1944年的190家增至1945年的270—280家,其中私商从168家增至270—280家,公营商店从22家增至37—38家,增幅不小,并出现了工商兼营的作业字号。虽然其资力、规模、活动范围远逊于前,但它们中有一部分已具有为人民为农村服务的新民主主义性质了。

税收方面,据老的中小商人称,在日本全面侵华战争爆发前,营业税一类负担,主要转嫁在他们头上。而作为资力10倍于他们的大商人,负担仅多于他们一倍。边区民主政权管制期间,这一状况并未得到根本转变,而且大商人大地主得寸进尺,采取各种方法

① 《冀中行政公署关于工商管理局参加战时工作的指示》(1947年6月10日),见华北解放区财政经济史资料选编编辑组等编:《华北解放区财政经济史资料选编》第2辑,中国财政经济出版社1996年版,第532页。

逃避负担。1947 年边区政府提出“整奸商”方针，加重税收，将营业税对象主要集中于大商人，而且征实折款。表 20-17 反映了 1947 年临县碛口镇营业税负担情形。

表 20-17　临县碛口镇营业税负担统计（1947 年）

项目／成分	商人结构		原征额（石）			实征额（石）		
	户数	占比（%）	原征	缓交	减免	总额	户均额	占比（%）
地主	13	3.6	44.14	30	3.576	60.564	4.658	1.86
富农	19	5.2	60.956	—	1.24	59.716	3.143	1.84
大商	44	12.1	2883.932	360	46.44	2477.492	56.306	75.95
中商	110	30.5	592.876	—	20.596	572.280	5.203	17.55
小商	176	48.6	93.243	—	1.14	90.103	0.512	2.80
总计	362	100	3725.147	390	72.992	3260.155*	9.006	100

注：* 原统计表为 3262.155，错。业经细数累计核正。

资料来源：据《碛口商业初步调查》（1947 年 10 月 18 日），见陕甘宁边区财政经济史编写组等合编：《解放战争时期陕甘宁边区财政经济史资料选辑》下册，三秦出版社 1989 年版，第 43 页改制。

表 20-17 中统计显示，税收负担一反昔日，“大商百，小商一”（大商中最高负担为 120 石），将近 80%的负担落在占户数 20%多的大商和地主富农身上，占户数近 80%的中小商，只负担 20%多的税收。至于公营商店（不包括公商中的私股及雇员），因在 1946 年已预借过农币 639 万元，1945 年的负担又重于私商，故 1947 年免征。一部分商人在税额限期缴纳的办法下，又吃了部分物价下跌的“亏”。同时，为防止有的商人逃跑，先后抓了几十人。结果这种将负担主要集中于大商和地主富农的税收政策，和政策执行方法上的简单粗暴，不仅损害了私人商业的经营环境和营业条件，更加大了对党的工商政策的误解和疑虑。如认为民主政府“反奸

商”的目的是要“摧毁城市,繁荣农村”;又因无外汇不能外出办货,或者外出办货怕被认作“大商”而被整;等等,营商意欲大减,从而直接导致了1947年碛口镇商业特别是私人商业的明显萧条。

当时碛口镇商业发展变化突出特点是“公盛私衰”。贸易公司四大门市部货物最多,顾客也最多;私商则相反。当时公私商在对外斗争上利益是一致的,对待某些客观条件(如交通不便、被敌封锁、货源困难等)的态度也是一致的。但公商却有许多较有利的条件,如外汇方便,消息灵通,交通运输较顺畅等,私商则否。而且贸易公司本身愈扩大,这种公私差异的程度愈加深。不过“公盛”并非“私衰”的主要原因。因为在当时情况下,缺少了公商还不行。如第八堡(距离碛口一站路)贸易公司撤退后,盐涨到1.2万元(碛口4000元)、棉花涨到3.5万元(碛口2.1万元)却买不到,但粮食以16万元的高价(碛口12.5万元)又卖不出去。这是没有了公商而出现的局部畸形现象。①

绥德(绥市)商业在边区保卫战后,也极度萧条。绥德城关在战前有大小商号200余家,摊贩亦有数百家,战后仅有较大商店7家,全部为公营。另有小草料店7家、中药房4家、染坊4家、民生纸厂及鱼池沟纸厂门市部2家、私商11家、皮房3家、麻绳铺2家、摊贩68家,还有织布机19架,其中开动的10架。但在此之前,绥市曾有织布机二三百架。

商业如此低落,据调查,主要有三个原因:(1)土地改革政策出现严重“左”的偏差,不但侵犯一般商人的利益,而且小商、摊贩一锅端:一个仅有10垧多地、开小饭馆的贫农,被打成“恶霸”斗

① 《碛口商业初步调查》(1947年10月18日),见陕甘宁边区财政经济史编写组等合编:《解放战争时期陕甘宁边区财政经济史资料选辑》下册,三秦出版社1989年版,第41—44页。

争;一个只有4垧地、卖挂面的被“清算”(后来问题已改正);一个织布匠,全家5口人,有山地2垧、川地2垧、菜地2块,共折10余垧地,织布30余年,有5架织布机,被定为富农(决定退还原物,留一部分菜地);一个油漆匠雇一学徒,有人说他放了200元账,也定为富农;郭某家有22口人、44垧地(自种),曾参加革命,因入合作社有200元,于是被“加”成了富农,为的是要那200元。另外,脚夫牲口也被折成土地。骆驼顶8垧地、骡子顶10垧地、驴顶六七垧地。在三皇峁一带的一百多名脚夫,不敢回家,怕把骆驼折成土地,当作地主斗争。结果弄得小商、小贩、脚夫个个人心惶惶。(2)胡宗南部队侵扰,人民生活贫困,购买力降低;敌机轰炸,上路缩短来货不易。(3)1947年、1948年商税加重,尤以1948年夏季借粮为甚,并且公粮与营业税合征。据称蟌镇冯某,过去卖豆腐,后经商,曾做过违法生意,后来与公家合营,1947年出了80石公粮,1948年又是80石;四区一天姓商人,1947年出了1石3斗公粮,5次借粮借了6石,1948年评议应出7石。调查者提出,绥市商业到底是萧条还是恐惧,认为“恐惧是主要的,萧条可能有,也只是作为恐惧造成的不正常现象”①。这一结论未必妥帖。上述资料揭示,萧条显而易见,商人恐惧则进一步加剧了这种萧条。

原抗日根据地以外解放区私营和个体商业的基本情况和变化,东北解放区中,解放较早的北部地区和解放较晚的南部地区;关内开辟较早的华北解放区和开辟较晚的华中、华东解放区,情况多有差异。

在东北解放区,私营商业在伪满时期,基本上分为两部分:一

① 《关于绥德商业情况》(1948年),见陕甘宁边区财政经济史编写组等合编:《解放战争时期陕甘宁边区财政经济史资料选辑》下册,三秦出版社1989年版,第61—63页。

部分在政治上是大汉奸,在经济上是大配给店的主人。他们和日本帝国主义势力勾结在一起,资本大,但人数不多。另一部分是中小商人资本,他们也依附于日伪资本,承担配给任务,但所受限制很严、打击极大,在1940年日伪实行经济统制政策的摧残下,东北私营商业已极度衰落。

"八一五"日本帝国主义宣布投降、东北北部地区解放后,东北党和民主政府对大汉奸、大恶霸、大地主在城市的工商业进行了清算,但有严格的政策规定和限制。1947年8月8日,东北局发出的《东北局关于清算地主在城市中工商业的指示》明确规定,"城市中的私人工商业在不妨害国计民生的条件下,必须尽量予以保留与发展,使其为人民服务"。因此"对于清算城市中汉奸、恶霸、地主的工商业,必须采取详细调查与稳重执行的方针",严格地注意克服可能引起城市混乱及工商业萧条的事项。城市中对于"挖地窖"须慎重,"对于中小地主不必挖,要限制于政府宣布没收的大汉奸、大恶霸、大地主之家"。对于一般的中小地主,"是消灭其封建经济与统治农民的封建势力。他们在城市的工商业,不论其大小,一律不动。寄居城市的一般中小地主,现在安分守己者亦不抓"。清算城市中伪满时的组合、会社及大配给店等汉奸经济,"只能清算该组合及会社的主要负责人,不能牵涉该组合及会社职员。对在伪满时商店兼配给店者,只清算其配给部分,不清算其商业部分"。①

在土地改革运动中,对一般中小地主和富农的工商业(包括在城市的工商业)多有侵犯,涉及范围大小、持续时间长短,各地

① 《东北局关于清算地主在城市中工商业的指示》(1947年8月8日),见东北解放区财政经济史编写组等编:《东北解放区财政经济史资料选编》第3辑,黑龙江人民出版社1988年版,第28—29页。

情况不一。总的情况是不断侵犯,反复纠偏。由于中央(包括中央局)和部分省市委坚持推行保护工商业政策,部分城市、地区的私营工商业虽然在土地改革中受到某种程度的冲击与破坏,但亦有所纠正和修补,因而在土地改革后期或土地改革结束后,私营工商业有不同程度的恢复和发展。如哈尔滨私营商业,据 1946 年 2 月统计,全市工商业为 6347 户,其中工业 2784 户,商业 3563 户;到 1948 年 2 月,全市工商业增加到 22582 户,其中工业 12631 户,增加 353.7%,商业 9951 户,增加 179.3%。1948 年 3 月新开业 2028 户,其中工业 1537 户,商业 491 户。①

1948 年 3 月,哈尔滨市政府进行全市工商业登记,并特刊发布告,全力保护地主的工商财产。明确宣示,“凡原在本市之工商业者兼地主,或地主兼工商业者,除其在农村之土地财产已由当地农民处理外,其在本市之工商业,一律予以保护,不得侵犯”。布告特别说明,“在‘八一五’日寇投降后至我民主政府成立之过渡期间内,本市工商业之财产曾有许多变动,今后概以此次工商业登记为标准发给执照,承认其所有权。并自即日起,任何人不得侵犯其财权;凡此次登记中尚有漏报者,自布告之日起于两星期内补报,过期无效”。② 3 月新增的工商业户,当大部分属于补登。

东北解放区南部地区,解放时间较晚,私营工商业的环境条件与北部地区迥异,其状况及变化也完全不同。

如辽南地区(伪满时期“辽南省”),是东北城镇最密集的地区。据统计,10 万人以上的有鞍山、营口、辽阳;3 万人以上的有瓦

① 《哈市进驻两周年,各种建设成绩卓著》,见朱建华主编:《东北解放区财政经济史稿》,黑龙江人民出版社 1987 年版,第 379 页。

② 《哈尔滨特别市政府关于保护工商业问题的布告》(1948 年 3 月 14 日),见东北解放区财政经济史编写组等编:《东北解放区财政经济史资料选编》第 3 辑,黑龙江人民出版社 1988 年版,第 70 页。

房店、普兰店、海城;1万人以上的有盖平、大石桥、貔子窝、庄河、牛庄、熊岳、岫岩、复州、盘山;较大集镇有腾鳌堡、刘二堡、大安平、析木城、城子疃、田庄台等。其中辽阳、鞍山、营口、盘山、田庄台、腾鳌堡、刘二堡为1948年春新解放,其他为1947年夏、秋、冬陆续解放。"新解放与去年(1947年)解放情况不同,大城市与中小城市情况不同,工业城市与供应农村或商业城市不同"。新解放城镇接近敌区,情况动荡不稳,几经残酷战斗占领之后,各部队、机关迅速搬运工厂器材、设备、物资,部队后勤争购补给。加上农民亦进城乱抓、乱抢等,致使城镇经济严重受损,工商业遭到破坏。

在解放后一个时间,辽南大小城镇商业的基本情况是:由于战争破坏,环境动荡,部队侵犯,群众分抢,初时市面极不稳定,后虽逐渐活动,但困难重重:一是工厂不开工,工人失业,农民受灾,城乡购买力均低;二是火车不通,货无来源;三是相当一部分店铺营业无生意。① 商人虽然表面说"对政策认识了",实际上还是害怕秋后再分。鞍山的商人说,"即使再相信,由于商人的特性,总摸着走"。营口发生部队副教导员举枪打死商人事(该副教导员正法),吓走商人25家。

各处城镇市场的共同特点是,铺面营业的少,摊贩多。店铺方面,辽阳登记的1037家,营业的只有767家;鞍山国民党占领时2130家,解放后开业的1517家;营口伪满时4000余家,国民党占领初期3670家,后期1475家,解放初期开业的2000家。摊贩方面,鞍山、辽阳各有3000个,尚未正式登记;瓦房店过去有800家铺面,解放初期开业的580家,正式登记的摊床是1000个。摊贩多为失业店员、失业工人、破产商人、被斗地主富农。也有铺面卖

① 如绫罗绸缎、洋服、银楼首饰、木铺、桌椅条凳、五金业、百叶窗、水龙头,均无销路;饮食业、旅店无客人;等等。

不出去的东西，放到小市场赶集似的售卖。正式门面怕评税、怕招摇。“过去堂皇越好，现在越缩小越好；过去合股开大门面，现在拆股开小买卖，以便发生问题时互不‘沾包’”①。到1948年夏天，这类情形才逐渐减少，开始向充实门面发展。这方面以海城商业为最好。

安东在“八一五”光复后，曾经两次解放，私营商业多次起伏，呈波浪式发展态势。“八一五”光复前，安东有工业1026户，商业2228户，“八一五”光复后，安东工商业经营环境根本性好转，有了顺利发展的条件。1946年2月初，民主政府开始清查敌伪资产，打击、清算的重点是组合系统下的加工工厂与大配给商，对中小工商业采取宽大政策，并进而贷款扶助中小工商业。工商业户数稳中有升。1946年10月解放军退出安东前，有私营工业1481户，私营商业2276户。随后国民党统治的七个半月中，工商业普遍下降。第二次解放前夕，安东私营工业减至1441户，私营商业1762户。1947年6月，安东第二次解放，随后对国民党官僚买办资本及“八一五”光复后未查出的16家日伪资产，因“财政观点”，个别处理过重。不过总的来说，安东市工商业解除了国民党官僚买办资本的羁绊，在民主政府的扶助下，又开始恢复和发展。到11月止，全市私营工业1610户，商业1820户。

然而在接着开展的土地改革运动中，大批农民进城抓人、罚款，“追浮拉浮”，安东工商业受到严重冲击。总计土地改革中农民清算地主工商业128家，占全市被斗户的22.8%。在随后的城市街道的“反奸”中，“斗政治与斗经济没有决然分开”，更严重地

① 《辽南省委关于辽南城市工商业情况及工人状况报告》(1948年5月)，见东北解放区财政经济史编写组等编：《东北解放区财政经济史资料选编》第3辑，黑龙江人民出版社1988年版，第71—76页。

伤害了工商业。共计工厂及街道斗争中,先后斗争的大小工商业369户(街道斗的298户,工厂工人斗的71户),占全市被侵犯工商业的65.8%。同时省政府在没收官僚资本汤玉麟、大地主马龙潭的工厂、商号时,未有严格执行政策,为了追求财政数字,大肆牵连"挖浮",接收与之合资的联号达25大家,明显扩大了打击面。

结果,农民进城捉人"拉浮",工厂街道反奸诉苦清算斗争,政府没收地主官僚买办资本,"三者同时进行,造成风气,发生偏向,严重地侵犯了安市工商业"。1947年11月,全市工商业3430户(工业1610户,商业1820户,挑贩行贩除外),被清算的561户,占总数的16.4%(被斗工业275户,占全市工业的17.1%;被斗商业286户,占全市商业的15.7%)。尤其是追浮反奸中的捉人打人,造成了全市的小工商业者恐慌,人人自危,怀疑政府现行之工商业政策,消极等待,观望不前,不敢大胆营业。加之有的被清算有的停业,有的兑出或缩小或转业,资金大部分冻结,一部分外流。个别的竟有拆房子卖木头,货架子劈柴卖,甚至向政府"献交"工厂、商店。①

斗争、清查、没收,引起了工商业者的恐慌和市场的不振、萧条。其时恰逢毛泽东在陕北杨家沟会议的报告——《目前形势和我们的任务》发表,报告要求切实保护工商业,强调"新民主主义革命所要消灭的对象,只是封建主义和垄断资本主义,只是地主阶级和官僚资产阶级(大资产阶级),而不是一般地消灭资本主义,不是消灭上层小资产阶级和中等资产阶级。由于中国经济的落后

① 《安东市私人工商业纠偏总结》(1948年6月),见东北解放区财政经济史编写组等编:《东北解放区财政经济史资料选编》第3辑,黑龙江人民出版社1988年版,第107—113页。

性，广大的上层小资产阶级和中等资产阶级所代表的资本主义经济，即使革命在全国胜利以后，在一个长时期内，还是必须允许它们存在；并且按照国民经济的分工，还需要它们中一切有益于国民经济的部分有一个发展；它们在整个国民经济中，还是不可缺少的一部分”。报告告诫全党，“对于上层小资产阶级和中等资产阶级经济成分采取过左的错误的政策，如像我们党在一九三一年至一九三四年期间所犯过的那样（过高的劳动条件，过高的所得税率，在土地改革中侵犯工商业者，不以发展生产、繁荣经济、公私兼顾、劳资两利为目标，而以近视的片面的所谓劳动者福利为目标），是绝对不许重复的”①。这里的每一句话几乎都是针对安东等地的情况说的。

毛泽东的报告发表后，省市领导开始意识到问题的严重性，迅速将诉苦、清算斗争转入“反奸”。随后东北局接连下发指示，新华社发表“二七社论”②，党内亦有传阅各地工商业纠偏报道。省市领导开始在干部、群众中进行纠偏教育，研究纠偏办法。不过当时仍然认为，街道斗争“基本上是正确的”，发生的“偏差不

① 毛泽东：《目前形势和我们的任务》（1947 年 12 月 25 日），见《毛泽东选集》第四卷，人民出版社 1991 年版，第 1254—1255 页。

② “二七社论”指 1948 年 2 月 7 日新华社为纪念“二七罢工”25 周年而发表的题为《坚持职工运动的正确路线，反对“左”倾冒险主义》的社论。社论指出，在解放区的公营企业与合作社经营的企业中，企业工人已成为企业主人，企业中没有“资方”与“劳方”的对立，没有剥削和压迫。在解放区的私营企业中，工人则具有既是社会主人翁又是被剥削者的两重地位。社论强调，新民主主义社会与社会主义社会不同之处，就是在新民主主义社会里，私人资本的企业在生产中还是不可缺少的成分，解放区职工运动的方针，应当严格地符合新民主主义的经济政策，坚持“发展生产、繁荣经济、公私兼顾、劳资两利”，使新民主主义的社会生产力大大提高，逐步地有依据地发展到将来的社会主义的方向上去。

大”。只是停止了斗争,没有严肃重视纠偏,没有提高到政策的高度,只单纯考虑群众的经济利益,“怕泼冷水,怕两头够不上”(侵犯了工商业者又失去了群众),再加上某些干部中的单纯财政观点,思想转变迟缓,纠偏执行不够坚决。省政府在开始决定退还给原业主的11家中,有的一直拖到1948年5月才退还。到4月为止,属于省市政府处理的64家,已决定退还的24家(省政府建设厅决定退还的15家,除建筑物、机器设备及原料外,应退款16000万元,到1948年6月只退还8000万元),各区街道斗争298家,群众仅退还24家;工厂工人斗争71家,仅退还15家。

1948年3月10日,安东市召开工商业者代表大会,明确宣布保护工商业,由银行贷款3亿元进行扶助。各区又本着大会精神,分头召开工商业者座谈会,再次动员说明保护发展工商业政策。金汤区各街分别召开了会议,明确提出,过去隐藏的各类物资拿出来自由买卖,保证没有什么事(军用物资拿出来也有奖励)。经过这种动员、宣布政策及实际退还之后,工商业者有了底,开始恢复营业,最明显的是安东汽车行增加汽车60余台,有的是从地下挖出来的。市场开始活跃,工商业又开始走向繁荣。商户油漆门面、刷洗玻璃、争租门市房。自2月中旬至3月末一个多月中,除复业266家外,新开业261家,统计全市工业达1742户,商业2400户。金汤区据3月底的调查,全区工商业1570家中,仅有57家休业(其中大部分也在筹划复业和开业),新开业者有65家。

这期间农村土地改革高潮已过,进行纠偏和转入生产,封锁解除,城乡关系沟通。营口、辽阳、吉林等城市相继解放,海运开通,商人活动范围更广。同时税收改进,取消了流动税、印花税。纠偏后又调整了劳资关系。工商业者打消了怀疑与顾虑,更放心大胆地经营自己的工商企业。1948 年 5 月、6 月份工商业的发展更快。据 6 月底的统计，全市工业已达 2163 户，商业 3035 户。① 这一数据比 1947 年 6 月安东第二次解放时分别增加 50.1% 和 72.2%。安东私营商业的起伏式发展，在东北和关内解放区都有一定的代表性。

在东北全境解放以前，私营商业在内地商业上占相当大的比重，对于调剂物资余缺，沟通城乡物资交换，都起着重要的作用。一方面，他们通过向政府缴纳税款、冬鞋代金、购买公债等，支持了财政税收，支援了解放战争；另一方面，由于私商的趋利和投机本性，又经常发生扰乱市场、操纵物价的破坏性作用。除了内地商业，在 1946—1947 年间，部分私商（主要是小商贩）与国民党统治区的贸易也比较活跃。买进的货物主要是纱、布、颜料和其他化工原料等，据估计，当时东北解放区和国民党统治区每日成交中纱、洋纱约 100 捆，洋布约 100 匹，颜料每月约 10 桶，每月买进货值约 5 亿元，其中哈尔滨成交纱、布额约占东北解放区成交的半数。因粮食和军用物资严格限制出口，卖出以黄金、猪鬃、马尾、贵重皮毛、参茸及山货、土特产为大宗。1948 年安东、营口解放后，私商通过两处港口与国民党统治区的宁波、上海进行贸易。卖出物资品种有大豆、贵重皮毛、参茸及其他中草药材；买进物资主要是硼砂、明矾、阿司匹林、盘尼西林等药物。不过这种贸易已不限于私商。②

自 1948 年东北全境解放到 1949 年中华人民共和国成立一年

① 《安东市私人工商业纠偏总结》（1948 年 6 月），见东北解放区财政经济史编写组等编：《东北解放区财政经济史资料选编》第 3 辑，黑龙江人民出版社 1988 年版，第 107—115 页。

② 参见朱建华主编：《东北解放区财政经济史稿》，黑龙江人民出版社 1987 年版，第 380—381 页。

左右的时间里,东北解放区私营商业虽个别省市户数轻微下降,但总体上仍呈现发展、扩大的态势。在北部,原松江地区 1948 年年底有私营工商业 15194 户,公营 25 户,“群营”278 户,总计 15729 户。1949 年 1—3 月共开业 1777 户,增加 11%;新增资本 263 亿元,增加 15%。3 个月中废业 1001 户,减少 6.3%;减少资本 69 亿元,占原有资本 4.1%。开业、废业相抵,户数增加 4.7%;资本增加 11.9%。5 — 10 月,工业户数增加 3.2%,商业户数减少 1.4%。[①] 如同 1949 年 1 月比较,私营商业户还是增加的。吉林的私营商业,无论坐商、行商还是摊贩,全都是增加的。详情有如表 20-18 所示。

如表 20-18 所示,无论坐商、行商或摊贩,均呈明显增长态势。其中坐商增幅较小,行商、摊贩增幅较大。如以 1949 年 5 月为基数(表中缺 5 月的行商、摊贩实数),坐商增加 6.7%;[②]行商增加 14.2%;摊贩增加 14%。行商由于负担税率降低,9 月后增加的幅度更大,其户数从 8 月的 2745 户猛增到 11 月的 6669 户,增加 143%。长春市行商户数和营业额的增幅都很大。1949 年 5 月有行商 504 户,其总营业额为 314240 万元,11 月增至 1964 户,营业额达 4310645 万元,户数增加 2.9 倍,营业额增加 12.7 倍。[③]

---

① 东北区税务管理局:《1949 年税务工作初步总结》(1950 年),见东北解放区财政经济史编写组等编:《东北解放区财政经济史资料选编》第 4 辑,黑龙江人民出版社 1988 年版,第 322 页。

② 原表“说明”称,“坐商增加 7.2%”有误。此乃以 8 月为基数的增幅,以 5 月为基数的增幅应为 6.7%。现据表中实数计算核正。

③ 吉林省税务局:《1949 年工作总结》,见朱建华主编:《东北解放区财政经济史稿》,黑龙江人民出版社 1987 年版,第 381—382 页。

表 20-18　吉林私营商业变动情况统计(1949 年)

项目 月份	坐商(户)			行商(户)			摊贩(户)		
	开业	废业	现存	开业	废业	现存	开业	废业	现存
5 月	2103	1696	47413	—	—	—	—	—	—
6 月	2984	2117	48280	—	—	—	—	—	—
7 月	1792	2314	47758	—	—	—	—	—	—
8 月	859	1429	47185	269	226	2745	1241	1330	14692
9 月	1422	1320	47287	738	139	3829	906	1242	15896
10 月	2750	1607	48430	1331	103	5166	874	682	15870
11 月	3253	1094	50589	1498	192	6669	1854	859	16663
总计	15163	11577		3836	660		4875	4113	

注:1. 以 5 月为基期,坐商增加 6.7%;行商增加 14.2%;摊贩增加 14%。

2. 9 月以后行商大增,原因系行商税率较轻所致。

资料来源:据东北区税务管理局:《1949 年税务工作初步总结》(1950 年),见东北解放区财政经济史编写组等编:《东北解放区财政经济史资料选编》第 4 辑,黑龙江人民出版社 1988 年版,第 323 页“吉林省 1949 年私营商业变动情况表”改制。

南部地区,辽东省的私营工商业,1949 年的变动,同样呈明显扩大态势。详见表 20-19。

表 20-19　辽东私营工商业变动状况统计(1949 年)

项目 业别	1 月 户数	4 月		8 月		11 月	
		户数	增(+) 减(-)	户数	增(+) 减(-)	户数	增(+) 减(-)
坐商	25954	31736	+22.2%	31594	+21.7%	31105	+19.8
行商	—	6890	—	8310	+20.6%	13001	+88.6%
摊贩	—	16425	—	16047	-2.3%	14827	-9.7%
总计	25954	55051	—	55951	+1.6%	58933	+7.1%

注:坐商以 1 月为基期;行商、摊贩、总计以 4 月为基期。

资料来源:据东北区税务管理局:《1949 年税务工作初步总结》(1950 年),见东北解放区财政经济史编写组等编:《东北解放区财政经济史资料选编》第 4 辑,黑龙江人民出版社 1988 年版,第 324 页“辽东省 1949 年度工商业变化状况”摘编、改制。

表 20-19 中数据显示,私营商业中坐商、行商、摊贩呈波浪式、不平衡发展态势。坐商以 1 月为基期观察是发展的,但 4 月以后萎缩,摊贩以 4 月为基期,亦呈萎缩态势。不过行商户数稳步增加,11 月的户数比 4 月增加了 88.6%。所以从整体看,私营商业户是增加的。

在关内解放区,沦陷区光复初期的私营商业的基本状况,以及民主政府对私营商业的利用、改造,河北邯郸提供了比较典型和详细的材料。

“八一五”日本宣布投降后,1945 年 10 月 5 日邯郸解放,即时成立“军事管制委员会”,全市实行了短时间的军事管制。邯郸原有的河北银行和工商企业,均由军队管理。3 天后,10 月 8 日撤销军事管制,工商企业交由工商部门接管。

邯郸商业由于法西斯殖民地化的统治,一方面,私商的背景和心态复杂,那里集中着不少根据地的逃亡地主,并与大商人有着密切的联系,存在着怕共产党斗争和盼望变天的心理;另一方面,全市商业有一个明显的特点,充满着买办性,很多商号都是经纪商,并不独立经营。据 1944 年商务会的统计,全市共分 39 行,769 家商号。详见表 20-20。

表 20-20　日伪统治下邯郸市内商号统计(1944 年)

种类	家数	种类	家数	种类	家数
客栈	26	理发	16	纸烟	5
货栈	18	肉架	10	旱烟	4
粮业	30	中药	17	烧酒	10
棉业	17(轧花作坊)	西药	13	鸦片	5
盐业	5	木业	14	酱菜	14
布业	26(含土布洋布)	书籍业	12(含印刷刻字)	首饰	4
铁货业	24	点心	5	自行车修理	14
油店	9(大油店)	澡堂	3	银钱业	4
成衣铺	16	妓女业	20	玻璃磁镜	8
轧面业	40	石炭业	6	钟表修理	10
饭业	127(饭摊在内)	染坊	6	镶牙	2
馒头	25	照相	6	煤业	2
菜业	20	洋广杂货	163	麻绳	4

资料来源:达寅、智勇等:《从恢复邯郸市场的工作上提出新收复城市的几个问题》(1945 年 10 月 31 日),见华北解放区财政经济史资料选编编辑组等编:《华北解放区财政经济史资料选编》第 2 辑,中国财政经济出版社 1996 年版,第 553 页。

这个统计是在前半年间的数据,邯郸光复时可能还不止此数。

在各行业中,除了日伪的组合公司在市场占统治势力外,数量上则以洋广杂货最多,计163家,对市场的繁荣,有着重要的力量。对民众基本生活影响最大的是粮业、棉业。

日本全面侵华战争爆发前,邯郸粮业不到10家,但资本都比较大,主要依靠囤积居奇。邯郸沦陷后,日军对粮食实行统制,不准粮谷出境,也不准私商囤积,有5000斤以上的粮食均须向日伪报告,故过去的粮行全都停业。"七七事变"后,许多乡村中的小地主,因乡村不稳和出不起日伪的苛杂负担,纷纷跑到城里来合伙组织粮行,多少拿出一部分钱来,人也参加,资本很小,主要依靠抽佣金吃饭,有的也兼营粮食买卖,但这类粮行数量不多。这就是粮行的特点。

粮行在光复后共有30余家,粮食主要靠成安、广平、临漳、清丰、南乐来货。若能将太行山的粮食与平原的物资交流起来,粮食都出在农村,也最容易和冀钞结合,如能对这些粮行很好地掌握,邯郸将会成为沟通山地与平原贸易交流的枢纽。这些粮行的社会关系很多,在当地也很熟悉,是应该加以发展的。

再来看棉丝。日伪统治时,为了掠夺冀南丰富的棉产,会在两个公司下委托32个代理店专门吸收棉花。光复后仍有轧花作坊17家,每家均有数十辆轧花车,全市共有六七百辆。恒茂、恒兴、公兴记栈3家,并有3部火力机子,每部能带动20辆火力车子,每辆火力车的产量,仅白天即3倍于普通车子,加上夜晚,即能抵5辆普通车子。过往敌人掠夺的棉花,即专由这些轧花作坊轧制,不许私人轧。春天经过配给籽种,掌握植棉面积,日伪将邯郸划作3个掠夺区,三区划为采种圃,指定两家棉行在张家桥吸收;二区划为产棉指导区,指定3家棉行吸收;一、四、五区由棉业公会收买。除指定的机构外,私人不准收买。棉行的活动办法是,先向日伪预借棉款,将棉花收进轧好后以棉花抵还。他们获利的法子完全靠捣鬼,如将生花轧成熟花,每百斤出33斤,只报30斤,或在棉花中加水变潮,加重分量。

邯郸光复后,正值棉花成熟收摘,棉行愿意为民主政府吸收棉花。但棉行自己没有资本,要公家出钱:出手续费或采取包订的办法都行。根据工商部门的了解,可以利用棉行吸收棉花,但不能沿用日伪的一套办法。除了由公营商店掌握一部分棉花外,还应有计划地组织群众吸收。或逐渐扶持这些经纪型的棉行走向独立经营。这应是发展方向。从货币的角度看,棉花也容易与冀钞结合。同时棉花是山地与平原物资交流的主要对象。因此,有计划地扶持棉行,是恢复邯郸市场的一件重要工作。

粮食、棉花的集散情况显示,在山地与平原的物资交流和市场繁荣上,邯郸都起着集散转运的重要作用。这样,除了粮行、棉行,运输也是一个重要问题。邯郸的货栈在过往的运输上起了相当作用,应当加以利用。

货栈据1944年的统计有18家,光复后为14家,过往的营业是代客人买卖、保管、运输货物。靠抽栈佣与抽手续费获取利润,有的货物按包抽,有的货物按重量(百斤或吨)抽。通常棉花抽7%,粮食抽1.5%。代买代卖抽3%的手续费。平汉线车运困难后,货栈就没怎么营业了。因此,只要可以流通起来,货栈认为就可以干。如果将这种货栈和公营运输公司结合起来了,利用大车、地排子车进行运输,是有其发展前途的。

煤业方面,城市燃料是一个重要问题。估计全邯郸市每天即需煤50吨,仅两个工厂即需煤20吨,加上冀南平原巨量所需,煤业是可以而且必须发展的。因此,将西路磁武区的煤,如何供应全市及运往平原,是应该设法组织的。从煤炭货源看,峰峰煤矿储存着大量的煤,峰峰煤矿东南40里的马头车站已设立煤栈,在铁路交通恢复以前,用大车运往马头后,即可装船由滏阳河进行河运,经过邯郸市的柳林桥、张庄桥可供邯郸之用,沿河下游、冀南平原之用煤,都可得到供给。从马头到邯郸有16只船可用,每船水深可装10万—12万斤,水浅可装五六万斤,如此解决邯郸全市工厂、民用及近郊乡村之所需,绰有余裕。如此,煤业是可以大力发展的。在邯郸市内供销上,旧有的煤栈,尚可加以利用。①

由于邯郸城市解放后的恢复、建设时间很短,虽然主要是工商部门的初始政策或政策设想,不过仍可从中看出关内特别是华北解放区某些城市光复初期主要私营商业的一些基本情况。

一些解放较晚的地区、城市,特别是1947年、1948年之交至1949年年初,当时解放战争进展速度很快,并已临近全国解放,解放的中心城市或中小城镇、乡村,都不会有得而复失的危险,入城部队不会大肆搬运工厂、器材、物资,也不会匆忙没收或清理私营工商企业。在这种情况下,私营工商业特别是一些新解放大中城市私营工商业,不会发生政策性或其他人为的急剧变化,如果发生变化,特别是结构性变化,其原因主要是市场环境(包括城乡关系)、生活方式和习惯的改变。在这方面,石家庄、北平、天津、太原的情况比较典型。

解放前的石家庄,是一个有两千多工商户的工商业城市。已有相当基础的工业生产和较大的商业企业。1947年11月石家庄解放后,民主政府的基本政策是,在建立、壮大公营经济的同时扶持和鼓励私营工商业的发展。

---

① 达寅、智勇等:《从恢复邯郸市场的工作上提出新收复城市的几个问题》(1945年10月31日),见华北解放区财政经济史资料选编编辑组等编:《华北解放区财政经济史资料选编》第2辑,中国财政经济出版社1996年版,第553—554页。

解放后的一年间,石家庄工商业恢复和发展的基本情况是,公营经济的发展快于私营经济。公营企业解放前仅 29 户,到 1949 年 1 月增至 70 户,增加 141%。至于合作社、机关生产等更完全是解放后新发展起来的。商业方面,公营与合作社新增 43 户,资本总额至少与私营商业相等。

私营工商业的恢复、发展,工业明显快于商业。解放时私营工业为 705 户,1949 年 1 月增至 1613 户,增加 128.8%;私营商业解放时为 1562 户,1949 年 1 月增至 1995 户,只增加 27.7%。新增户中,中小户居多。工业方面,80%以上是手工业户,仅占工业资本总额的 20%左右。商业方面的情形也一样。

从行业看,凡是有利于国计民生的行业得到发展,反之逐渐走向衰亡。商业方面,获得显著发展的有货栈、肥料、油业、粮业、木材、杂货、煤业等行业。货栈由解放时的 11 家增加到 1949 年年末的 61 家;粮行由 19 家增加到 34 家;杂货由 125 家增加到 153 家。另外,由于生活方式、市场供求关系的改变,某些行业逐渐衰退或消失,如 15 户金店、8 户帽业全部转业或倒闭,绸缎、照相、皮鞋也都转业或衰落。在所有制结构上,38 户公营商店和 15 户合作商店,虽然从业人员只占全部商业人员的 20%,但“在经济关系上起着领导作用”①。

天津、北平,1949 年 1 月相继解放。两地解放后一段时间,人民政府只提出了工商业政策的一般原则,并未颁布具体法令;对于工商界自发的工人斗争,亦未具体给予指导解决、典型示范,政府

① 《中共华北局关于石家庄解放一年后工商业发展情况向中央的报告》(1949 年 5 月 6 日),见华北解放区财政经济史资料选编编辑组等编:《华北解放区财政经济史资料选编》第 2 辑,中国财政经济出版社 1996 年版,第 824—825 页。

相关部门与工商资本家,互不摸底。因此,平津私营工商业的状况及变化,并非人民政府的工商政策或政策取向,而是政治经济大环境和市场条件的改变。

天津一向依赖对外贸易。过去每月出口400万美元,在国民党政府偏枯北方的政策下,每月入口外汇只供给100万美元,其余均供上海。1948年对外贸易因战争封锁及国民党官定汇价等政策而锐减,平均每月只有200万美元。在对外贸易中,外商占着绝对优势(约占全国贸易额的60%—70%),主要物资如猪鬃、皮毛、肠衣等,过去计划由外商经营。解放后对外贸易在停顿中,这是平津商业萧条和失业现象普遍的一个主要原因。同时,由于长期战争封锁,城市与乡村隔绝,解放后,农村小商贩大批进入城市。据统计,冀中在天津附近经常出入天津的小商贩在5万人左右。因旧有的乡村商业在土地改革中衰落了,平津商人不知农村市场管理情况,不敢下乡。虽然有些商人已派人到农村调查,但尚未正式到乡村进行贸易。而且平津商业的规模较大,土地改革后乡村商业与集市规模较小,存在一些不协调的现象。这就造成了平津货币集中、游资进行投机活动的客观条件。

这样,由于大批乡村商贩涌入城市,造成平津物价上涨、货币向平津集中的态势。同一时间乡村物价下跌。如天津小米由5元左右上涨至15元左右,石家庄则由14元左右下跌至9元左右。因货币未能及时回流农村,从而促使游资在市场进行投机。在工农产品价格变动方面,农产品价格上涨慢,工业品价格上涨快,由于工业品迅速流入农村,造成农村工业品价格与平津相平的趋势,近期平津已感到关于工业品的缺乏(亦有一部分工业品被囤积起来)。而农产品价格上涨较慢,则对稳定城市工人、贫民生活大有好处。工人、贫民、小商贩反映吃饭比以前容易了。过去一个三轮车夫的收入,每天只有 3 斤米,现在增加到 10 斤左右。① 这是平津解放后一段短时间内商人和商业市场的基本动态。

所有这些,直接影响私营工商业的状况及其变化。解放前夕,天津、北平私营工商业各有 3 万余家,其中工业,天津 5000 余家,北平 3000 余家。国民党统治时期私营商业方面,据统计,北平计 149 个行业,21590 户,从业人员 162123 人;1949 年 4 月为 22048 户,户数增加 2.1%,从业人员不详。② 天津国民党统治时期计 108 个行业,24350 户,从业人员 141640 人;1949 年 4 月为 23495 户,从业人员 122562 人,户数和从业人员分别下降 3.5% 和 13.5%。③

从总体看,平津两地私营商业的户数升降变化的幅度都不大;从行业看,绝大多数没有变化,但少数行业因市场条件或生活方式、社会风气改变,或生活水平提高,而大升或大降。如北平,碾磨房从无到有,解放后增至 13 户;柴炭煤业从 41 户增至 132 户,增加 2.2 倍;猪店从 17 户增至 50 户,增加 1.9 倍;肥皂业从 80 户增至 101 户,增加 26%。又如天津,猪栈业从 23 户增至 28 户,从业人员从 250 人增至 290 人,分别增加 18%和 16%;而猪肉业从 649 户减至 541 户,从业人员从 1298 人减至 900 人,分别减少 16.6%

① 华北人民政府工商部:《平津解放后的私人工商业动态与我们的工作》(1949 年 3 月),见华北解放区财政经济史资料选编编辑组等编:《华北解放区财政经济史资料选编》第 2 辑,中国财政经济出版社 1996 年版,第 811—812 页。

② 华北人民政府工商部:《北平市私营商业统计》(1949 年 4 月 29 日),见华北解放区财政经济史资料选编编辑组等编:《华北解放区财政经济史资料选编》第 2 辑,中国财政经济出版社 1996 年版,第 814—817 页。

③ 华北人民政府工商部:《天津市商业户数统计》(1949 年 4 月),见华北解放区财政经济史资料选编编辑组等编:《华北解放区财政经济史资料选编》第 2 辑,中国财政经济出版社 1996 年版,第 817—819 页。

和 30.7%;棉商业从 150 户增至 165 户,从业人员从 1200 人增至 1320 人,各增加 10%;货栈业从 145 户减至 132 户,从业人员从 2210 人减至 1949 人,分别减少 8.9%和 11.8%;木商业从 186 户减至 137 户,从业人员从 1224 人减至 612 人,分别减少 26.3%和 50%;油商业从 113 户减至 103 户,从业人员从 984 人减至 832 人,分别减少 8.9%和 15.4%;粮食业从 664 户减至 532 户,从业人员从 7750 人减至 6004 人,分别减少 19.9%和 22.5%;煤油业从 90 户减至 63 户,从业人员从 505 人减至 408 人,分别减少 7%和 19.2%;盐商业从 124 户减至 75 户,从业人员从 485 人减至 275 人,分别减少 39.5%和 43.3%;丝绸呢绒从 928 户减至 733 户,从业人员从 6293 人减至 4393 人,分别减少 21%和 30.2%;典当业原有 46 户,从业人员 264 人。解放后全部消失或关门停业。①

太原的情况有所不同。太原在 4 城市中,解放最晚(1949 年 4 月 24 日解放),私营工商业的破坏、衰落程度最严重。沦陷期间已惨遭日寇洗劫、蹂躏,"八一五"光复后又被阎锡山暴政敲诈搜刮,雪上加霜。1945 年太原尚有私营工商业 3600 余户,而到 1949 年解放前夕,私营工商业仅剩 1622 户,其中 600 余户申报歇业未被批准,或因缴不起"歇业税"(歇业前须一次缴足一年的负担)而勉强维持、苟延残喘,实际经营者不过千户上下。解放军入城后,了解商人思想情况,召开各行理监事联席会议,解释政策,动员开门营业,又针对商人思想张贴布告,命令各商复工营业。并结合布

① 参见华北人民政府工商部:《北平市私营商业统计》(1949 年 4 月 29 日);华北人民政府工商部:《天津市商业户数统计》(1949 年 4 月),见华北解放区财政经济史资料选编编辑组等编:《华北解放区财政经济史资料选编》第 2 辑,中国财政经济出版社 1996 年版,第 814—819 页。

告逐行召开座谈会，宣传政策。到4月底，开业者占30%，5月9日达70%。其未开业者，大部分因房屋机器损坏，缺乏电力原料。针对这种情况，同样是人民政府决定采用加工订货办法挽救私营工商业。5月6日由工商局召集私营企业与贸易公司开会，共同协商产销统一问题，以逐步恢复私营工商业，并确定私营民用工厂的原料、成品由贸易公司统一供给和包销。粮食、棉花、烟叶等原料由贸易公司保证供给，工厂出品由贸易公司以低于市场批发价5%—6%的价格包销。为了避免搬运过程中的消耗损失，大宗批发时，由贸易公司开条到工厂提取成品，工厂又起到仓库的作用。①

商业流通方面，由于历史的原因，私人商业网遍布城乡，而国营商店与合作社商业网发展需要一个过程，所以私营商业在整个购销总额中，特别是零售总额中的比重一直占优势，直到新中国成立前，私营零售额仍占社会零售总额的60%—70%。

在一些专业性商业或重要农产品、重要原料收购活动中，私人商贩都是一支举足轻重的力量，国营和合作社商业都不敢小觑。例如，华北棉花商人就是这样一股力量，1949年中华人民共和国成立前夕，华北国营商业在计划收购棉花时，就必须认真考虑它的力量，既充分利用，又要防止其捣乱。当时国营商业确定的办法是：对打包的棉商，“应当团结使用他们”；对有资本有技术有设备的正当私商，“应采取掌握使用的方针，在服从我价格政策之下，可使用他们一天一清，为我代购；并严防其投机取巧行为。对其投

① 《太原市人民政府工商局关于进入太原后工商工作的报告》（1949年5月16日），见华北解放区财政经济史资料选编编辑组等编：《华北解放区财政经济史资料选编》第2辑，中国财政经济出版社1996年版，第826—828页。

机取巧、扰乱市场、破坏行为,应给以打击。不能发动私商到外区采购";对投机奸商,必须坚决打击。①

同时,国营(公营)商业和私营商业同行营运的过程中,也逐渐加深了各级政府及职能部门对私营商业的认识。开始懂得,在当前国营(公营)商业和合作社商业还不能完全替代私营商业的情况下,商人、私人商业资本对分散的农民交换、无数小市场的供求调剂,以及城乡物资交流,都有一定的作用。这种作用对社会生产生活是有利的、必需的。唯一正确的政策只能是加强领导,遏制其破坏性、投机性,允许其正当发展和正当利润的获得。不能把商人赚钱就叫投机。当然对商人囤积居奇、投机倒把的破坏性活动要进行限制,限制和反限制的斗争,是商业领域阶级斗争的主要形式;但限制要有一定的范围和标准,不能限制到发展生产,限制到正常的物资交流,造成交流阻滞、供应恐慌。② 正是这种认识保证了党的保护工商业政策在关内外解放区的顺利推行,保证了私营工商业恢复和发展。

三、城乡市场结构的建立与价格管理及市场管理

解放区城乡市场,从分散和局部开辟、建立、初步形成到发展、扩大,最后连成一个整体,形成全国范围的城乡大市场,经历了一个极其艰难曲折的过程。

---

① 《华北花纱布公司分公司经理会议报告》(1949 年 9 月),见华北解放区财政经济史资料选编编辑组等编:《华北解放区财政经济史资料选编》第 2 辑,中国财政经济出版社 1996 年版,第 887 页。

② 《太行区贸易公司 1949 年前半年经营工作的几个问题》(1949 年 6 月 20 日),见华北解放区财政经济史资料选编编辑组等编:《华北解放区财政经济史资料选编》第 2 辑,中国财政经济出版社 1996 年版,第 846—847 页。

1927年大革命失败后，中国新民主主义革命进入土地革命的发展阶段。工农劳苦大众在中国共产党的领导下，拿起大刀、梭镖等原始武器，上山打游击，建立革命根据地，打土豪、分田地，建立工农政权，实行武装割据，走的是农村包围城市的革命道路，在相当长一个时期内，一切革命据点都是乡村而非城镇。无论土地革命时期的红色根据地，还是抗日战争时期的抗日根据地，几乎都是各个省县交界的偏远农村山区，交通闭塞，土地贫瘠，人口分散，生产落后，经济结构单一，最主要的甚至唯一的经济产业是农业种植业和农户家庭手工业。与此相联系，在地域结构上，只有农村，没有城市；在商品结构和商业流通上，只有农产品和农民家庭副产品，没有或缺少日用工业品；在市场结构上，只有窄小分散农村产地或原始市场，而无城市中转市场和终点市场。因为各个根据地的地域范围不大，并且相互隔离，单个根据地无法构成相对独立完整的经济和市场体系，不同根据地之间亦无法直接联结、优势互补（事实上也起不到优势互补的作用）。因此，根据地经济的基础十分脆弱。日本帝国主义和国民党反动派正是利用根据地的这些弱点，一方面对根据地实行严密封锁，防止工业品进入根据地；另一方面，对根据地进行残酷扫荡，破坏根据地的经济生产，掠夺根据地的农产品，加重根据地的经济困难。

进入解放战争时期，解放区的整体形势和经济状况开始发生变化，改变了原来抗日根据地没有城市和城市市场、只有农村和农村市场的落后格局。

1945年“八一五”日本投降后，毛泽东审时度势、高瞻远瞩，1945年12月28日发出了《建立巩固的东北根据地》的指示，目的就是要凭借抗日战争胜利的有利形势，尽快改变仅仅依靠偏僻农村实行武装割据的被动挨打局面，从量和质两个方面将根据地提升到一个更高的层次。毛泽东强调，“建立这种根据地的时间，需要三四年,但是在一九四六年一年内,必须完成初步的可靠的创建工作"①。中央同时派出大批优秀干部进入东北,进行基础性的准备工作。1946 年 3 月 28 日,中央发出《中央关于派干部到大城市及交通要道开展工作的指示》,强调"为着建立各收复大城市及交通要道中的工作基础,应抓紧目前时机(国民党立脚未稳,人民情绪等),派一批适宜的干部到各大城市去建立工作。首先是打入学生群众,重要产业工人中,开展职工、学生、青年及妇女群众运动,并进行统战工作"。各地必须着手调集一批干部,进行短期训练后,分布到附近城市和交通要道工作,为将来的解放、建设工作奠定基础。② 1946 年 4 月 18 日,东北人民解放军解放长春;4 月 28 日,东北民主联军进驻和解放哈尔滨。长春和哈尔滨作为全国解放最早的两个大城市,翻开了革命根据地和新民主主义革命历史的新篇章。大型工商业城市成为根据地(解放区)一个有机组成部分。根据地(解放区)有了先进生产力和生产关系,而且有了工人阶级的领导,根据地(解放区)呈现出崭新的城乡结构和精神面貌。1948 年东北全境解放后,东北成为首个有较完整的工业体系和工商业大中小城市配套的大区解放区;随着对日伪资产和国民党国家资本、私人官僚资本的接收、清理,以及农村土地改革的完成和城乡国营(公营)、合作社经济的建立与巩固,较为完整的新型城乡市场结构亦随之产生、形成。

在关内,原为抗日根据地各边区的解放区,向各自周边地区扩大,相继占领和解放若干小城市或中心集镇,开始逐渐改变关内解

---

① 毛泽东:《建立巩固的东北根据地》(1945 年 12 月 28 日),见《毛泽东选集》第四卷,人民出版社 1991 年版,第 1179 页。

② 《中央关于派干部到大城市及交通要道开展工作的指示》(1946 年 3 月 28 日),见中央档案馆编:《中共中央文件选集》第 16 册(1946—1947),中共中央党校出版社 1992 年版,第 108 页。

放区的地域结构和市场结构。1945 年 8 月，凭借世界反法西斯战争和中国抗日战场的空前有利形势，8 月 9 日和 10 日，毛泽东主席和朱德总司令先后发出号召和命令，要求解放区武装部队举行全国规模的反攻，对拒不投降的日伪军坚决予以消灭。8 月 23 日，八路军收复和解放察哈尔省省会、伪“蒙疆联合自治政府”所在地张家口。张家口是八路军、新四军在大反攻中收复的第一个省会城市，张家口的收复使晋察冀与晋绥解放区连成一片，并为进军东北打通了道路。①

解放战争爆发后，关内原有的其他抗日边区解放区，也都开始攻占城镇，扩大范围，相互打通和连接，合并为更大范围的解放区。1947 年 11 月 12 日，华北人民解放军解放了石家庄。这是关内地区解放的第一座中等以上工商业城市。石家庄的解放，拔除了敌人在华北的一个战略要点，使晋察冀和晋冀鲁豫两大解放区相互打通。1948 年 5 月初，华东解放军结束胶济线春季攻势，先后攻克城市 17 座，使津浦路以东地区除青岛、烟台、临沂等敌人据点外，全部解放，形成包括潍坊等城镇和胶济铁路为干线鲁中解放区；17 日，华北解放军攻克晋南重镇临汾。随后，晋冀鲁豫与晋察冀两解放区合并为华北解放区，华北联合行政委员会和华北军区成立。中共中央和人民解放军总部迁至河北平山西柏坡村。

1948 年 9 月 7 日，毛泽东拟定的辽沈战役的作战方针，将各战役的目标明确为消灭国民党正规军和占领城市，并作为指标具

① 不过八路军（解放军）对张家口的占领只保留了一年多的时间。1946 年 10 月 11 日，在国民党军队大举进攻的情况下，解放军为减轻损失，保存实力，又主动撤离张家口。1948 年 12 月 24 日，人民解放军再次收复张家口，同时奏响了平津战役胜利的序曲。

体分配给各野战军和各兵团。希望1948年7月至1949年6月,能歼敌正规军115个旅左右。要求华东野战军歼敌40个旅左右(7月歼灭的7个旅在内),并攻占济南和苏北、豫东皖北若干大中城市;中原野战军歼敌14个旅左右(7月已歼两个旅在内),并攻占鄂豫皖3省若干城市;西北野战军歼敌12个旅左右(8月已歼一个半旅在内),并攻占陕甘宁3省若干城市;华北徐向前、周士第兵团歼灭阎锡山14个旅左右(7月已歼8个旅在内),并攻占太原;各部同时配合罗瑞卿、杨成武两兵团歼灭卫立煌、傅作义两军35个旅左右(7月杨成武已歼1个旅在内),并攻占北宁、平绥、平承、平保各线[①]除北平、天津、沈阳三点以外的一切城市。[②] 此后一年间解放战争的各个战役,基本上就是按照毛泽东所定方针和预期目标发展的。

在华北地区,1948年7月21日,人民解放军结束晋中战役,歼敌7.4万余人,解放县城14座,使太原成为孤城,为随后夺取太原创造了有利条件。9月24日,山东省会济南解放。1948年11月初,人民解放军解放东北全境后,国民党军华北"剿匪"总司令傅作义为避免被东北和华北的人民解放军联合歼灭,决定收缩兵力,固守北平、天津、张家口地区。11月22日,驻保定的国民党军撤至北平地区的涿县附近,人民解放军随即解放河北省会保定。紧接着11月27日,人民解放军解放山海关、秦皇岛。北平、天津已成为两座孤城。1949年1月,天津、北平相继解放。华北最后

---

① 北宁线,指北平(今北京)至沈阳的铁路;平绥线,指北平至绥远(今属内蒙古自治区)包头的铁路;平承线,指北平至承德的铁路;平保线,指北平至保定的铁路,即今京广线一段。

② 毛泽东:《关于辽沈战役的作战方针》(1948年9月7日),见《毛泽东军事文集》第五卷,军事科学出版社、中央文献出版社1993年版,第1页。

一座省会城市太原，于4月24日获得解放。[①] 至此，基本上结束了解放华北的战争。5月1日，大同敌军接受和平改编，山西全省解放。作为黄海天然良港、山东和华北工贸重镇与海陆运输枢纽的青岛，亦于6月2日获得解放。青岛的解放彻底摧毁了国民党在山东的统治，使山东陆地全部解放。为开辟海上交通运输，发展工农业生产，支援向全国大进军、完成全国解放的伟大任务打下了更加扎实的基础，而且标志着国民党在整个华北地区的统治被彻底摧毁，标志着华北全境解放，继东北之后，华北成为第二个有较完整的工业体系和工商业大中小城市配套的大区解放区。

在华东、华中、西北地区，1948年9月24日济南解放后，中共中央军委决定发起淮海战役，10月11日，毛泽东就发出了《关于淮海战役的作战方针》的指示，挥师南下，着手部署歼灭长江以北国民党军刘峙集团的大会战。[②] 因徐州战事吃紧，蒋介石将驻守郑州的孙元良兵团、驻守开封的刘汝明部调往徐州战区或其外围，郑州、开封防守兵力减弱，解放军乘机于10月22日、24日将铁路交通枢纽郑州、河南省会开封一并解放。[③] 1949年1月10日，历时65天的淮海战役胜利结束，歼敌55万余人，作为苏北重镇、南京门户和国民党政府巨大军事基地的徐州，已在1948年12月1日解放。1949年3月25日，中国共产党中央委员会与中国人民

---

① 解放太原的战役早在1948年10月2日就已经打响，11月13日完成并大幅紧缩了对太原城的包围，可以随时攻城。但辽沈战役结束后，国民党军华北“剿匪”总司令傅作义集团已成惊弓之鸟。中共中央军委为稳住傅作义集团，1948年11月16日中央电令缓攻太原。直至1949年4月20日才开始全线攻城，4月24日全歼守军，太原解放。

② 《毛泽东选集》第四卷，人民出版社1991年版，第1351页。

③ 其中开封是第二次解放。1948年6月22日，中国人民解放军曾攻克开封，因战略需要，旋即撤离。

解放军总部迁至北平,正式由乡村转入城市;毛泽东主席和朱德总司令在西苑机场举行阅兵式。

1949年4月15日,中共和谈代表团将与各方商定的《国内和平协定》8条24款交给南京和谈代表团,并限其20日以前表态。20日,南京国民党政府最后拒绝在《国内和平协定》上签字,至此,国民党当局的"和平攻势"宣告破产。4月21日,中国人民革命军事委员会主席毛泽东和中国人民解放军总司令朱德,发布了《向全国进军的命令》,命令各野战军全体指战员和南方各游击队,"奋勇前进,坚决、彻底、干净、全部地歼灭中国境内一切敢于抵抗的国民党反动派,解放全国人民,保卫中国领土主权的独立和完整";"逮捕一切怙恶不悛的战争罪犯。不管他们逃至何处,均须缉拿归案,依法惩办。特别注意缉拿匪首蒋介石"。① 当日晨,刘伯承、邓小平等领导的第二野战军和陈毅、粟裕、谭震林等领导的第三野战军,在西起九江东北的湖口,东至江阴,长达五百余公里的战线上,强渡长江。4月22日,西北解放军收复延安;23日,人民解放军解放了国民党统治的中心南京,宣告国民动统治的覆灭。5月3日,解放浙江省会杭州。12日,淞沪战役开始。14日,在武汉以东团风至武穴间一百余公里的地段上强渡长江。16—17日解放武昌、汉阳和汉口。渡江战役至此胜利结束。20日,解放陕西省会西安。22日,解放江西省会南昌。27日,在中共上海地下党组织的配合和接应下,第三野战军解放了中国最大城市上海。6月,彭德怀等领导的第一野战军和贺龙等领导的华北野战军联合作战,歼灭胡宗南的主力,为解放大西北地区奠定了基础。7月下旬,第四野战军发动赣南战役,解放赣州和江西全境。8月4日,

① 《向全国进军的命令》(1949年4月21日),见《毛泽东选集》第四卷,人民出版社1991年版,第1451页。

国民党湖南省主席程潜和第一兵团司令陈明仁等率部起义，湖南省会长沙和平解放。17日，解放福建省会福州。26日，甘肃省会兰州解放。9月5日，解放青海省会西宁。19日，国民党绥远省主席董其武，兵团司令孙兰峰等率部4万余人起义，绥远省会归绥和平解放。25—26日，国民党新疆省警备总司令陶峙岳、省政府主席鲍尔汉率军政人员先后通电起义，新疆和平解放。10月底，内蒙古地区全部解放。

至此，中华人民共和国成立前夕，华东、华中、西北地区全部获得解放，和东北、华北连成一片。在农村，解放较早的地区，已相继完成或开展土地改革运动，解放较晚的地区，也部分开始减租减息，减轻农民负担；在城市，一经解放，立即开始了对日伪资产和国民党国家资本、官僚资本的清理与没收。据统计，1949年共没收官僚资本主义企业2858个，占旧中国资本主义经济的80%。[①] 在此基础上建立起了颇具实力的国营（公营）产业，形成了全国范围的和逐渐规范的新型城乡市场结构。

大范围和全国范围的新型城乡市场结构产生和形成后，如何有效进行与规范价格管理和市场管理，是摆在解放区党和政府面前的重大课题。这一课题的正确解决，不仅是解放战争加速前进、城乡人民正常生产生活的有力保证，还必须为新中国成立后的价格和市场管理摸索经验。

（一）城乡市场价格和价格管理

解放区的城乡市场是随着解放战争的向前推进而逐渐形成和不断发展、扩大的。与此相联系，解放区城乡市场价格体系的形

① 马洪林、郭绪印：《中国近现代史大事记》，知识出版社1982年版，第142页。

成、解放区党和政府的市场价格管理,也有一个摸索、发展和积累经验的过程。而其中特别值得注意的是城乡市场价格的剧烈波动,曾给解放区的经济生产、人民生活和价格管理造成了极大的困扰。

抗日战争中后期,国民党统治区货币贬值,物价大幅上涨,进入解放战争时期,货币贬值和物价上涨速度加快、幅度加大,呈加速发展趋势,最后形同离弓之箭。各抗日根据地和解放区,尽管严格管理物价,采取一切措施稳定物价,防止物价上涨或大幅波动。但因抗日根据地和解放区(特别是解放战争前期)市场供应的日用工业品,相当一部分来自国民党统治区,解放区不可能独善其身,再加上商人的投机、走私,无论东北还是关内,物价波动、上涨也是解放区市场的常态,平抑和管理价格是市场管理工作的中心环节。

在1948年11月东北全境解放前,东北解放区市场主要是北满地区。北满当时有哈尔滨、齐齐哈尔、佳木斯、牡丹江四个大、中城市,成为北满各地区的经济枢纽。具体到物价方面也是这样。"城市物价粮食带头,城市物价尤其是哈、齐、佳、牡的物价,又能影响乡村物价的变动"①。因此,平抑和管理物价,首先是城市物价,而管理城市物价,关键是管理粮价。民主政府从1946年年底开始着手对哈尔滨的物价进行调节②,1947年和1948年物价迅猛上涨,各地的市场物价工作也相应加强,粮价管理是其核心。

据1947年哈尔滨的价格变动和价格管理情况显示,因政府下

---

① 《哈市金融物价总结》(1947年8月),见东北解放区财政经济史编写组等编:《东北解放区财政经济史资料选编》第3辑,黑龙江人民出版社1988年版,第37页。

② 《哈市物价问题》(1948年5月20日),见东北解放区财政经济史编写组等编:《东北解放区财政经济史资料选编》第3辑,黑龙江人民出版社1988年版,第80页。

乡购粮，导致1月粮价上升。政府将所购粮食进行对苏贸易，从苏联换回布匹、百货，故2月、3月百货价格平稳，没有随粮价上涨。大批购粮资金于3月涌向农村，接着在4月，这批资金向城市集中，导致4月物价上涨。为了平抑粮价，调剂粮食源源不断地进入哈尔滨，加上禁止"小公"（各机关公营经济）购粮，大批纱布抛向市场，"使粮价下降和稳定，领导纱布的下降和稳定"。6月再次出现物价猛涨，更甚于1月。其主要原因是，端午节临近，商人争购节货，大量游资齐集城市。同时松江省失调，乡村粮食飞涨；乡村粮价高过城市粮价，而政府调剂粮食不及时。为了平抑粮价，政府又调剂粮食源源不断流入哈尔滨，纺织局大量订织布匹，百货公司大量发展妇女纺纱，国民党统治区的棉花也已入境。同时加强了粮食登记、取缔抬高粮价、登记经纪等方面的市场管理。这样，回复"粮价平稳、纱价下降，游资乘隙集中黄金"。收缩通货对物价平稳收效，立竿见影，面粉由250元/斤降至110元/斤，下降了56%。①

这次不仅平抑和稳定了粮价，并且从中总结出重要经验：在物价上涨时，必须善于掌握物价。如有足够物资大量抛出，自然可以终止对物价看涨的心理；如果物资不甚充足，勉强抛出物资，其结果是物价未稳，物资已售完，物价将更形上升。在物价必然上升时，强力压低，亦不能奏效。在这种情况下，比较可行的办法是收缩通货，减少货币数量去稳定物价。亦即相对使物资需求减少，使看涨心理发生转变。1947年6月下旬，哈市粮价步步上升，虽大量抛粮数日，试图压住投机心理，结果游资集中粮食，亦未能压低投机浪潮。当时形成了普遍的社会投机粮食的心理，加之特务造

① 《哈市金融物价总结》（1947年8月），见东北解放区财政经济史编写组等编：《东北解放区财政经济史资料选编》第3辑，黑龙江人民出版社1988年版，第30—34页。

谣,阴谋破坏,大有造成社会不安的可能。市政府及时采取取缔投机者抬高粮价的措施,同时强迫商人购煤10万吨。虽然实际售煤仅数万吨,但在收款2亿元之后,商人立即感觉市面银根转紧,抛钱购物的心理立即转变为存钱看物价跌落的心理,政府又动员做20万双军鞋,投放市场,吸款14亿元,并催缴上半年营业税,使市场银根进一步吃紧,商人心理进一步对物价看跌。百货公司还将大量抛售纱布的办法改变为以花纱换纱布为主,同时进行市面抛售,使布匹生产者的资金从投机转向正当生产,使市场作为投机对象的纱布减少,使有限的纱布直达正当商人之手,投机之风因而大减,布价由上升转而下跌。市场管理亦逐渐加强,开始对早市进行组织管理,并将作恶的投机者立即加以逮捕,处以罚金,游街示众,一时大快人心,投机者不得不有所警惕。① 由于多管齐下,才使得物价总体暂趋平稳。

1947年11月。哈尔滨物价再次大幅波动。当时哈尔滨粮食存量不足,不能普遍分配,主要依靠大量面粉及旧存粮食和四郊粮食入哈。于是,粮价再次带头上涨;这时已是初冬,市场对布匹和煤炭的需要增加,布价跟随上涨,平稳了一年的燃料价格也紧随其后,而且游资还转向杂货,杂货上涨幅度亦大。不过这次物价的涨幅较春季与6月的两次为低。② 在客观方面,主要由于平分土地,

---

① 朱竟之、刘明夫:《哈尔滨市物价问题总结》(1947年12月7日),见东北解放区财政经济史编写组等编:《东北解放区财政经济史资料选编》第3辑,黑龙江人民出版社1988年版,第49页。

② 1月物价波动时,较上月上升61.3%;6月物价波动时,较上月上升52.3%;11月物价波动时,较上月上升26.4%[朱竟之、刘明夫:《哈尔滨市物价问题总结》(1947年12月7日),见东北解放区财政经济史编写组等编:《东北解放区财政经济史资料选编》第3辑,黑龙江人民出版社1988年版,第50页]。

私商活动受到限制，又加以老百姓分得了衣物，布匹需要量减少，以及自7月以后对“小公”游资的严格管理，“小公”不敢在市场公开活动，使物价易于管理。同时，由于经济力量与行政力量的配合，由原来“自由购买，大量抛售”的办法改为“管制原料，掌握成品”的方法，减少了私商在纱布上的投机活动；加上东北银行黄金力量“雄厚无比”，金价稳定。① 于是，到12月物价又较快地平稳下来。

1948年哈尔滨全年物价，1月曾呈跌势，但时间不长，旋即逐月上升，升幅呈波浪式扩大。“4月涨风突起，5月、6月较剧，9月更为炽烈”。10月新粮上市，11月曾一度回落，但幅度极微，仅为2.8%。粮价下跌。11月东北全境解放，花纱布来源增多，纱布价亦曾回落。迨至12月，则又呈微涨。在整体上，哈尔滨1948年物价总指数较1946年12月高71倍半，较1947年12月亦高达9.8倍以上。从各类商品的涨幅看，1948年12月与1946年12月比较，涨幅最大者为主食品，高达98倍以上；其次为副食品，亦高达95.5倍；涨幅最小者为燃料品，也将近37.8倍。与1947年12月比较，涨幅最大者为杂品类，高达13倍有奇；其次为燃料品，亦高达13倍以上；涨幅最小者则为主食品，亦达7倍有奇。1946年、1947年比较，情况各异。1946年主食品涨幅最大，燃料品最小；1947年杂品类涨幅最大，主食品最小，衣着品介居二者之间。②

处于战争环境并同国民党统治区有进出口贸易的情况下，虽然无法避免物价波动、上涨常态化，但由于民主政府采取了较为有

① 朱竟之、刘明夫：《哈尔滨市物价问题总结》（1947年12月7日），见东北解放区财政经济史编写组等编：《东北解放区财政经济史资料选编》第3辑，黑龙江人民出版社1988年版，第50—53页。

② 《哈尔滨市一年来物价动态》（1948年），见东北解放区财政经济史编写组等编：《东北解放区财政经济史资料选编》第3辑，黑龙江人民出版社1988年版，第166页。

效的管理和控制措施,物价上涨的势头,特别是作为物价龙头的主食品价格,涨幅还是有所缓和,由1946年涨幅最大,变为1947年涨幅最小,不能不说是物价管理的一大功效。

1948年11月东北全境解放后,工农业生产迅速恢复,物资交流畅通无阻,与关内各解放区的经济联系相应加强,物资比较充足,主力部队和大批干部入关,物资消耗减少,财政负担减轻,货币发行减少,这就为稳定物价提供了前所未有的良好条件。在新的形势下,东北局把克服物价上涨作为东北财经工作的一项重要任务。1949年3月间,东北财经委员会规定,1949年全年的物价指数最高不得超过100%,要造成一个物价平稳的局面,借以稳定生产建设的工作。

为了实现上述目标,各省市采取经济手段与行政管理相结合的方法,加强国家商业网与合作社的建设,大量推销货物,回笼货币,发行公债,调整税收,加强对私营工商业和市场的管理,加强物价情报工作,实现物价的基本稳定。如吉林省采取的方针是,"按群众需要和我们力量,放手抛售物资,回笼货币,依靠群众力量,和合作社向私商的投机破坏行为作斗争,相对的稳定物价"①。这一方针基本上达到了预期目的。特别是从1949年第二季度开始的大力推销货物、回笼货币、加强对工商业的管理,成效明显,使物价从1月开始的涨势到4月"即转硬为疲,迨至5月、6月两月更显呈跌势",下半年物价上涨幅度也较小。1949年12月与1948年12月比较,各省市涨幅大小不一。黑龙江物价上涨130%,其中农产品上涨200%,工业品上涨70%;吉林粮食上涨23%;沈阳物价

① 《吉林省商业厅关于执行放手抛售物资回笼货币的报告》(1949年5月20日),见东北解放区财政经济史编写组等编:《东北解放区财政经济史资料选编》第3辑,黑龙江人民出版社1988年版,第221页。

较 1948 年年末平均上涨 68.1%；热河物价上涨 94.1%。[①] 从地区上看，北满各省市物价上涨指数普遍较高，大体与哈尔滨上涨指数接近，而南满各省物价上涨指数普遍较低，与沈阳上涨指数比较接近。虽然地区间差别较大，计算也不一定很准确，但与前两年比较，1949 年的物价，确由暴涨走向平稳，没有出现在一两个月内暴涨二三倍以至于五六倍的现象。从涨价的物品看，也已经不是粮食、布匹或金银当先。以哈尔滨为例，在九类物品中，粮食纱布上涨的速度已下降到第 4 位和第 8 位，投机性圈套的金银价格上升的位次已经列在最后。[②] 上述情况表明，国营（公营）物资力量已起主导作用，投机破坏的活动受到了相当程度的抑制。

在关内解放区，无论是原抗日根据地、沦陷光复区，还是原国民党统治区，也无论是解放战争前期还是后期，物价上涨均为常态。

解放战争初期，在原抗日根据地晋冀鲁豫边区、冀鲁豫边区，从 1946 年 4 月起，都出现物价暴涨。晋冀鲁豫边区物价由平稳走向陡涨，在一个月之内涨了 1 倍半至 2 倍，到 5 月半后趋向平稳。维持了 40 多天，到 7 月初又开始大涨，比 6 月平稳期间上涨了 1 倍，总计半年内，物价涨了 4—5 倍。[③] 在冀东解放区，由于敌人对生产直接间接的破坏与战争的消耗，生产量相对减少，消费量相对增加，加上敌人封锁分割，交通不畅，战斗频繁，地区范围多变，在

① 商业部商情经济科：《1949 年东北四省四市工作总结报告》，见东北解放区财政经济史编写组等编：《东北解放区财政经济史资料选编》第 3 辑，黑龙江人民出版社 1988 年版，第 266—267 页。

② 《哈市商业问题参考资料》（1950 年 3 月），见朱建华主编：《东北解放区财政经济史稿》，黑龙江人民出版社 1987 年版，第 397 页。

③ 戎伍胜：《平稳目前物价的几项办法》（1946 年 7 月 20 日），见中国社会科学院经济研究所中国现代经济史组编：《革命根据地经济史料选编》下册，江西人民出版社 1986 年版，第 632 页。

经济关系上与蒋管区又不能完全隔绝,因此物价波动很大,往往以波浪或跳跃形式上涨。① 冀鲁豫边区从4月上旬开始,物价急剧上升,在半个月内,一般物价上涨了1倍。麦子每斗由310元涨至600元,棉花每斤由120元涨至200元。物价不仅有一般的上涨,且有暴涨暴跌的现象,甚至因谣言操纵而发生无谓的涨落。②

华中解放区,从1946年5月下旬开始,在1个月时间内,全区物价狂涨3倍以上。与法币的汇价从1∶30跌至1∶16,甚至1∶12。其主要原因是巨额增发通货,又违背中央指示,绝大部分不用于生产,而是投入市场贸易投机。各机关生产部门不顾政治影响,不问物价高低,在市场上互抢物资,互相抬价,见货便收,通货浮于市面。结果影响所及,解放区工商业、财政收支和党政军威信,均大受打击。工厂生产、市场交易有全部停顿的危险;政府财政支出空前庞大,财政赤字日增;人民生活困苦,党和政府威信遭受损失。③ 华中解放区二分区物价,半年间涨了5—7倍,1947年1月涨至7—10倍。④

---

① 张明远:《物价问题研究》(1947年5月5日),见华北解放区财政经济史资料选编编辑组等编:《华北解放区财政经济史资料选编》第2辑,中国财政经济出版社1996年版,第522页。

② 《冀鲁豫区工商管理局关于物价的紧急对策》(1946年4月22日),见华北解放区财政经济史资料选编编辑组等编:《华北解放区财政经济史资料选编》第2辑,中国财政经济出版社1996年版,第565页。

③ 《华中分局关于抑平物价紧缩通货的紧急指示》(1946年6月29日),见江苏省财政厅、江苏省档案馆、财政经济史编写组编:《华中解放区财政经济史资料选编》第1卷,南京大学出版社1987年版,第295—296页。

④ 《华中分局第二地委关于执行"分局抑平物价紧缩通货的指示"给各级党委的指示》(1947年1月),见江苏省财政厅、江苏省档案馆、财政经济史编写组编:《华中解放区财政经济史资料选编》第3卷,南京大学出版社1987年版,第119页。

解放战争后期，在整个华北解放区，大部分地区自 1948 年夏秋相继解放后，物价一直呈“梯形上升”态势，到新中国成立前，曾发生五次较大波动。① 从 1948 年的物价变动看，8 月初至 12 月中旬 5 个月间，全区物价始终在波动、变化中。可约略分为 3 个阶段：8 月上旬至 10 月中旬，全区物价处于徐徐疲落状态；10 下旬至 11 月底是物价回升阶段；12 月初至 12 月中旬是物价波动阶段。

物价波动除了政治、社会等因素，和农业生产季节也息息相关。1948 年 8 月上旬是华北区秋前物价的最高峰；中旬后则处在秋收季节物价大变化中，物价逐旬上涨的态势随告停止，全区所有商品的价格开始回落。一般情况是，物价高的地区回落较多，低的地区较少；各种商品之间的价格比例，亦是价格高的回落较多，低的较少；地区之间的商品差价，亦有所缩小，平衡性加大。到 10 月下旬，农业生产大秋已过，加上华北财委会 7 月 23 日决定的停止 3 个月发行纸钞的期限届满，全区物价开始回升。特别是济南解放，山冀、北钞统一行使后，华东位处华北的广大纵深地带，物价基数甚高，使华北东南部的冀鲁豫、冀南、冀中东南部、太行东部，物价上涨很猛，带动华北全区物价形势发生巨大变化，由 10 月以前全区范围的物价“北高南低”的总体趋势一变而为“南高北低”。从地区上看，原晋察冀边区物价变化较小（有的下落）；原晋冀鲁豫边区，尤其是东南部物价上涨幅度较大。从各类商品的价格变动看，布、棉价格上涨幅度较大，粮食次之，食盐平稳，白油下落。12 月上旬后，华北北部地区（冀中、北岳）物价开始波动，到 12 月 10 日，蔓延至冀中全区，北岳的平西、冀西地区，石德及正太全线，

① 华北人民政府工商部：《一年来的工作总结报告》（1949 年 9 月 30 日），见中国社会科学院经济研究所中国现代经济史组编：《革命根据地经济史料选编》下册，江西人民出版社 1986 年版，第 706—707 页。

冀南北部,太行东北部及渤海大部(小清河以西)。在这半个多月中,各类商品几乎全线上涨,其中粮食涨幅最大,低的20%—30%,高的40%—50%,甚至超过50%;布、棉次之,一般10%—30%,个别低于10%或高于40%。

这次华北区的物价波动,都是粮食带头,而致其他商品跟随上涨。粮食中小麦价格涨幅最大。从价格波动源头看,由冀中北部开始向南蔓延,就华北全区而言,北部上涨最多,南部变化较小。山冀、北钞统一行使以后的南高北低、山区高平原低,一变而为北高南低、平原高山区低。工业品则相反,南高北低、山区高平原低,形成了粮食、白油由南而北,面对即将解放的平津。大城市工业品由北向南、面对农村。造成了平津解放后农产品(特别是粮食)与工业品交流的总趋势。①

按全年物价涨幅计算,小米、小麦、杂粮、棉花、土布、食盐、植物油、燃料8种主要商品,如以1947年12月的价格为100,1948年12月的价格总指数为361.2,亦即上涨了2.6倍。其中小米、小麦、杂粮、棉花4种粮棉农产品的涨幅最高,均超过3倍,棉花达4.27倍。食盐涨幅最低,为1.17倍。②

进入1949年不久,华北区物价又开始出现新的波动。4月由于春旱,起始于冀中灾区的粮价上升,带动平津物价上涨,随即发展成为全区性的不平衡的连续上涨,尤其以衡水、石家庄以北、平

---

① 华北贸易总公司:《华北区1948年8月至12月物价发展变化概况》(1948年12月21日),见华北解放区财政经济史资料选编编辑组等编:《华北解放区财政经济史资料选编》第2辑,中国财政经济出版社1996年版,第728—732页。

② 《华北区金融物价统计》(1949年5月16日),见华北解放区财政经济史资料选编编辑组等编:《华北解放区财政经济史资料选编》第2辑,中国财政经济出版社1996年版,第836页。

津以南物价涨幅最高,“使城乡交流失去常态”。① 山东解放区物价,1949 年 6 月下旬已开始微涨,进入 7 月,即发生巨大波动:济南自 6 月 30 日至 7 月 14 日平均上涨 50%;青岛自 6 月 30 日至 7 月 13 日,平均上涨 65.7%;徐州自 6 月 30 日至 7 月 13 日,平均上涨 63.5%;新浦自 6 月 28 日至 7 月 10 日,平均上涨 92.36%;烟台自 6 月 30 日至 7 月 13 日,平均上涨 29.65%;德州自 6 月 30 日至 7 月 13 日,平均上涨 41.35%。不足半月,各地物价平均上涨 57.1%。此次物价上涨的特点:第一是全面波及,第二是渤海、胶东上涨较低,青岛、徐州、鲁中南上涨速度最大,使山东物价已开始改变过去北高南低的物价形势。② 太原自 7 月中旬开始,物价上扬,部分投机商人乘机抢购货物,尤其是密切关系民生的粮食、棉花、布匹等,如天宝金店曾用 200 万元人民币抢购纱布;40 余家私营货栈几乎全部经营了粮食。贸易公司门庭若市,拥挤不堪。私商只购不售,加剧了市场紧张空气,持续到 8 月初方趋平静。到 10 月中旬,涨势又起,投机商人再行活跃,混乱现象更甚于上次。③

在华中解放区苏皖边区,1948 年一年中,物价总的趋势是上涨的,仅下半年就涨了好几倍。如以 7 月初的物价指数为 100,年底如皋西来区等 3 地的物价指数见表 20-21。

---

① 《华北贸易总公司对当前平稳粮价的措施的决定》(1949 年 5 月 16 日),见华北解放区财政经济史资料选编编辑组等编:《华北解放区财政经济史资料选编》第 2 辑,中国财政经济出版社 1996 年版,第 825 页。

② 《中共中央山东分局关于平稳目前物价的紧急指示》(1949 年 7 月 15 日),见中国社会科学院经济研究所中国现代经济史组编:《革命根据地经济史料选编》下册,江西人民出版社 1986 年版,第 703 页。

③ 《太原市 1949 年工商工作报告》,见华北解放区财政经济史资料选编编辑组等编:《华北解放区财政经济史资料选编》第 2 辑,中国财政经济出版社 1996 年版,第 901 页。

表 20-21　苏皖边区如皋西来区等 3 地物价指数
(1948 年年末)　　(1948 年 7 月 = 100)

地区＼项目	农产品指数	工业品指数	平均指数
如皋西来区	1073.6	827.9	950.75
太县古溪区	957.7	617.4	777.6
台北南阳区	367.91	319.37	343.64
总平均指数	793.07	538.22	630.66

资料来源:《苏皖边区一专署一年来的金融贸易工作》,江苏省财政厅、江苏省档案馆、财政经济史编写组编:《华中解放区财政经济史资料选编》第 2 卷,南京大学出版社 1987 年版,第 572 页统计表。

表 20-21 显示,农产品涨幅较高,工业品的涨幅稍低。半年间 3 地农产品涨了近 6 倍,工业品只涨了 4.4 倍。不过农产品的猛涨,主要在 1948 年 12 月普遍缺粮时节,如皋西来镇 10 天就涨了 48.66%,不仅影响工业品,而且更使物物交换普遍起来,原是本币市场,也有以粮计值、拒用本币的现象了。①

在华东解放区,苏北 1949 年上半年,物价的上涨速度,“确非近数年来所曾有”。以淮阴、益林是年 1 月初与 6 月底的物价相比,上涨指数达 850—1000 之巨。其中农产品又远较工业品为高。淮阴总平均指数为 876,农产品平均指数达 1320,豆油最高,达 1674,黄豆、猪油、食盐均在 1000—1400 之间,小麦较低,为 718;工业品平均指数为 758,洋纱最高,为 791,白报纸最低,为 394,赤金为 723。益林总平均指数为 973,土产品平均指数达 1206,食盐最高,达 1807,其次棉花为 1431,猪肉最低,为 815,米、

① 《苏皖边区一专署一年来的金融贸易工作》,见江苏省财政厅、江苏省档案馆、财政经济史编写组编:《华中解放区财政经济史资料选编》第 2 卷,南京大学出版社 1987 年版,第 572—574 页。

黄豆、豆油均在1100—1250之间；工业品平均指数为757，纱布最高在800以上，白报纸最低，为373。

半年间的物价波动，大致可分为以下三个阶段。

第一阶段（1、2月份），涨风由北向南。

1月份时，北线淮阴、益林等地因物价较鲁豫地区低很多（一般相差1倍以上），分割封锁解除后，大量北客南来抢购，市场受到巨额货币冲击。淮海战役结束，大量民工复员，大军南来休整，供应需求浩大，购买力骤然增加，物价掀起激烈涨风，至1月底，赤金、洋纱、豆油等，都涨了1倍以上，布匹、纸张、粮食亦在百分之六七十。因交通关系及旧历年关影响，南线物价未受波及，一般较北线低达1倍，江都、樊川等最低地区差不多有两倍。

1月终至2月初，沿江形势改观，南通、扬州、泰州等相继解放。进入2月，大量北客（包括鲁豫地区及淮海、盐阜地区）闻讯而来，抢购物资，物价猛烈飞腾。至2月底，扬州、泰州均涨1倍以上。南通尤为猛烈，2月8日至30日，涨1倍半至3倍之巨。而北线淮阴、益林等地，2月上旬因鲁豫客商续有抢购，物价再涨5—8成。中旬开始后，因物价上涨过高，不但与鲁豫地区持平，个别工业品尚高出一等，因此北客趋向沿江一带，生产压力减轻，直至月底，均呈价格平稳、货币紧缩态势。

第二阶段（3、4月份），从短暂上涨转入下降。

3月初，各地先后掀起涨风，但时间短暂：北线益林只有两三天，淮阴也只四五天即告熄灭。涨幅很少达1成。南线上涨时虽不到1成，但个别地区仍然甚为惊人，如靖江1日至7日一周间，农产品平均升1成，工业品升4成多；泰州农产品涨3成多。而南通、扬州、东台上涨均不到1成。这次涨风主要原因是大军集结沿江地区，供应浩大，军运繁多，影响交通，造成短时间的供求失调；另外，国民党对长江的封锁，也影响货源。

此后各地物价连续下降,尤其大军渡江后的四月下旬,各市场商人竞先脱货,物价疲落不堪,4 月底与 3 月初比较,通州、扬州、泰州、淮阴、益林 5 大市场的物价均跌落三四成。直至 5 月 5 日以前,各地均仍见跌。下跌的主要原因是,苏北与鲁豫地区及苏北各地物价水平相等;人民政府有计划地供应了大军需要,不使市场上银根松滥、供求失调而影响物价;长江封锁解除,大量南货北进,同时胜利消息鼓舞了人民,市场商人不但消除了货源的顾虑,而且增加了对人民币信任、珍爱的心理,商人竞筹货币,赶往江南进货。

第三阶段(5、6 月份),南北涨风夹击。

这一阶段出现了苏北解放区前所未有的物价涨风,各地从 5 月初到 6 月底,平均上涨指数达 400—500,稻米、棉花、豆油均暴涨 5—7 倍。

首先是由北向南以金、纱带头的 5 月涨风。月初,苏北南部地区金、纱价格仅相当于徐州、济南的七八成至一半,而苏南刚解放,贸易与物价均未正常,因此 5 月 5 日以后即因北客的抢购,洋纱、赤金不断上涨,其他物价亦受牵动上升,直至月底得到上海解放的喜讯始转平稳。这次上涨以益林幅度较高,平均达 72%,洋纱上涨达 1 倍半;通州、扬州、泰州、淮阴平均涨 30%—50%,亦以洋纱居首,均在 70%—80%之间。

接踵而来的是因上海所引起的 6 月份的第二次涨风,上旬在上海因奸商使用银元投机引起上涨的影响下,在 4—10 天左右的时间内,苏北的通州、扬州、泰州物价均涨 2 倍,益林涨 1.3 倍左右;中旬物价回软,各地均跌 1/3 内外。6 月 20 日以后,因江南复涨与阴雨梗阻交通,在粮食、棉花牵动下,物价又起全面涨风,直至月底,尚未停息,各地均涨五六成。

6 月物价以沿江地区上涨较剧,通州、扬州、泰州平均上涨 2—3 倍,淮阴、益林上涨 1 倍半,其中,通州、扬州、泰州稻米、豆油、棉花、猪肉等均上涨3—4倍或以上。

苏北解放区1949年上半年的物价波动出现了一个重大改变：以往一贯由北向南物价波动的规律，开始转变为由南向北的规律，6月份的苏北物价已紧紧追随上海，即是明证。此后即使北方物价波动向南侵袭，也必定因交通关系而先趋京沪沿线后再向苏北。不过物价变动规律仍遵循着季节性走向，保持着一贯之春夏季农产品上涨较工业品上涨为烈的传统格局。同时，大涨小回落的波动规律亦无改变。①

解放区市场物价波动不稳，甚至暴涨暴跌，不仅严重影响城乡人民特别是基层民众的日常生活，破坏正常的经济秩序和社会秩序，而且直接干扰和阻碍解放区的经济恢复与建设，破坏党和政府在人民群众中的威信。在解放区市场物价波动已经常态化的情况下，平抑物价，进行严格的物价管理，全力维持市场物价的相对稳定，也就成为解放区民主政府发展内外贸易、促进城乡物资交流的核心工作。而作为国营（公营）商店总店的贸易公司，则是这一核心工作的直接执行者。1948年3月，晋察冀边区贸易公司召开的总店代表会议甚至明确规定，稳定物价是贸易部门在1948年"大生产运动中的唯一任务"。②

解放区的商业贸易政策，内外有别，对外贸易"严格管理"，内地贸易"尽量自由"。"不准许任何人来统制内地贸易，干涉人民

① 苏北工商处调研科（王士文执笔）：《苏北半年来物价的回顾》（1949年6月），见江苏省财政厅、江苏省档案馆、财政经济史编写组编：《华中解放区财政经济史资料选编》第6卷，南京大学出版社1988年版，第217—219页。

② 《晋察冀边区贸易公司召开物价会议决定保持边区物价的稳定》（1648年3月4日），见华北解放区财政经济史资料选编编辑组等编：《华北解放区财政经济史资料选编》第2辑，中国财政经济出版社1996年版，第548页。

自由贸易”。不过这种自由也是相对的,“不能任其自流,为了扶持生产,保证人民需要,应随时注意各地物资供求状况,注意物价变化,作有计划地调剂”。最基本和核心的措施,就是调剂物资,调节市场,“使物价不致猛跌猛涨,以平抑和稳定物价”。但在执行物价政策时,不应无原则地压价或提价,以致妨碍输入,影响生产。同时要兼顾生产者和消费者两方面利益,必须按季节性收买与抛售日用生活产品;还要照顾到适当的运销利润,以利物资运销。①

这种贸易和市场政策、政策导向无疑是正确的,但执行起来仍有相当大的难度,特别是在解放战争初期,在某些被国民党统治区紧紧包围并切割、分离,根基脆弱的解放区,执行难度更大。如冀东解放区,1946 年 5 月后才逐渐建立与开辟,随后 9 月遭敌人进攻、扫荡,大部分县城被侵占,有些主要集镇亦相继落入敌手,主要交通线也被敌人控制,原本完整的解放区“被分隔成散地”,以致运输、贸易困难重重,资金严重缺乏(包括购买款 6 亿元,全区仅 19 亿元)。敌人扫荡又损失约 2 亿元,愈加力量微薄。因此 1946 年秋收时,农产品上市也无力收购,致农产品价格低落,百姓吃亏很大;1947 年春物价波动,也无大力支持,结果边币比值下跌,物价猛涨。

冀东解放区虽然条件艰苦,困难重重,不过同时蕴藏着希望,敌人固然占据了城市,但大部分乡村仍在革命者手中。1946 年敌人进攻、扫荡时,贸易组织很快转移与分散到了乡村,并按事前规定,所有贸易组织均以“区不离区、县不离县”的原则坚持工作。

① 冀东贸易公司:《冀东区 1946 年贸易概况》(1947 年 3 月 2 日),见华北解放区财政经济史资料选编编辑组等编:《华北解放区财政经济史资料选编》第 2 辑,中国财政经济出版社 1996 年版,第 493 页。

故当敌人兵力一退，就能马上回复正常工作，安定了市面。① 虽然边币十分被动，物价涨势凶猛，亦得以迅速稳定。"有的七天，最多没超过半月的时间就把物价平下来"，并从中取得经验，如注重宣传、解释，团结、支持商人；平抑物价与掌控集市"两位一体"等。因冀东解放区并无工商城市，集市是市场的主体。如果集市掌控不好，平抑物价只是一句空话。同时，控制物价还要和掌握物资、支持群众生产紧密结合。1946 年花生油销路不畅，各榨油坊面临停工危险。贸易公司大批收购花生油，使 300 多家油坊得以继续生产。贸易公司还掌握了一批棉花，作为供给纺织原料之用；麦收时又掌握了一部分麦子，避免了麦价过分下降。②

物价波动、暴涨的情况复杂，原因不一，必须采取针对性措施进行平抑、控制。如 1946 年上半年晋冀鲁豫边区物价多番暴涨，其主要原因：一是内战影响。人们鉴于战争会导致通货膨胀、物价高涨的规律，加上特务造谣、捣乱，纷纷购物防备，导致物价高涨、市场动荡。二是国民党统治区生产停顿、经济萧条、灾荒袭击。全国 19 省遭灾，灾民达 4000 万人，物资匮乏，物价飞涨，解放区物资外流，物价上涨"不可避免"。三是解放区通货膨胀、财政收支失衡。边币发行增加，且"开源很差，节流上亦不够"，也影响了物价。四是公营商业主要是机关商店，"囤积居奇投机取巧，成了风气"。由于物价波动，机关生产，觉得农工生产交通运输不如经营

① 冀东贸易公司:《冀东区 1946 年贸易概况》(1947 年 3 月 2 日)，见华北解放区财政经济史资料选编编辑组等编:《华北解放区财政经济史资料选编》第 2 辑，中国财政经济出版社 1996 年版，第 494 页。

② 赵济民:《冀东区贸易公司 1946 年工作总结》(1947 年 3 月 10 日在经理联席会议上的报告)，见华北解放区财政经济史资料选编编辑组等编:《华北解放区财政经济史资料选编》第 2 辑，中国财政经济出版社 1996 年版，第 505—506 页。

商业有利,经商不靠囤积居奇,又得不到大利,因此假借“公家”权势,借着“公款”做投机生意,以“小公”害“大公”,本来物资已感缺乏,囤积物资更加重这一现象。五是管理出入口不严密。半年来几乎完全“放任自流”,解放区物资特别是粮食、棉花、土布等大量外流,奢侈品与洋烟、洋酒等大批涌进,出入走私现象十分严重,外汇也没有很好的管理,任人夺取,必需品出入兑换上失去了平衡,物价起了变动。

针对上述五项原因和漏洞,边区政府采取了五项措施,堵塞漏洞,开源节流,规范管理,平抑物价。一是加强工商税务管理局机构,严格组织与管理对外贸易,禁止奢侈品、外来烟卷、洋油、呢绒等入境,并限制纸张、洋火、颜料入境,禁止粮食、棉、布等出境,禁绝走私,任何机关、团体、部门都须遵守贸易政策和法令,不能假借特殊权力破坏整个解放区的利益,实行外汇管理,以出境物资换回必需品。但内地贸易必须完全自由,任何区域或县,都不能私自实行封锁,以免妨碍物资交流,窒息经济活动。二是紧缩通货,停止发行边币。财政上多开财源,弥补亏空,一切开支,必须先“大公”而后“小公”,必须先供军费,而后再支政费,先照顾部队生活,而后再照顾政府生活。银行立即停止向商业与机关商店贷款,期满者坚决收回,未到期的可斟酌情况收回大部分或一部分,此后将贷款转向工农业、交通、运输等事业,各级政府部门已领未用之经费、事业费,须送回财政部门,归入金库。以后领用经费,须按照审会计制度,按月支领,不得预借,以免公财私用。三是在行政上和资本上统一管理机关商店,取缔囤积居奇。机关商店除在营业活动中取得部分利润外,更负有调剂物资、平抑物价、巩固本币安定金融的任务。在经营上应随买随卖,不应该囤积居奇,应“贱买贵卖”(即物价贱时要比市价高点买,物价贵时要比市价低些卖)。不应贱不买,贵不卖(贱时不买或者比市价低点买,贵时不卖,或者比市价高点卖），更不应贵买死不卖，以免加剧“大公家”财政损害，加重人民负担，违反了原来的本意。四是改掌握物资为调剂物资。政府和公家、机关商店存的粮食、棉花、布匹、食盐等，应随时酌情抛出一部分或大部分，以调剂市场，或供给军用，而不应该囤积在那里待价而沽。五是改善交通运输，加速修理内地“经济道路”，改善运输。群众的运输合作社、运输互助组、运输队等，亦须有计划地组织起来，利用农闲，从事运输事业。①

1946 年 4 月，冀鲁豫边区物价上涨的原因与同年上半年晋冀鲁豫边区物价上涨的原因大多相同或相近，采取的措施或紧急对策，也都大同小异。

冀鲁豫边区物价上涨的原因：一是在邯郸、冀南高价采购军需布棉，导致大量布棉北流，货币南来，改变了区内原有的供求关系；二是以棉布价格为主导引起其他物价（包括工业品）上升；三是国民党违反停战协定，向边区进攻，导致形势紧张，特务造谣，奸商囤积，加上“变天”思想等，提高法币币值，加大物价涨幅；四是适逢春季入超季节，入口工业品增加，而原本的出口物资却在向北逆流，入超加大，法币比值进一步上升，反过来刺激物价上涨。

针对这种情况，边区政府采取对策：一是加强出入口管理，黄河沿岸暂时停止来往，以防国民党反动派的袭击。担运货物出口，必须换回必需品入境，严禁一切消耗品、奢侈品及关金、法币流入边区。二是现金、白银一律禁止出境，严防走私，内地金银收买，一律由银行机关办理。三是全区的政府负担、税局税收及贸易往来，

① 戎伍胜：《平稳目前物价的几项办法》（1946 年 7 月 20 日），见中国社会科学院经济研究所中国现代经济史组编：《革命根据地经济史料选编》下册，江西人民出版社 1986 年版，第 633—634 页。

一律使用本币,不得违反。① 同时,准备好一批足以控制物价的重要物资(如粮、棉、布等)于物价平稳时坐镇市场,于物价急剧上升时猛力平抑,使物价就范而止。② 这些都取得了较好的成效。

对华中解放区从 1946 年 5 月下旬开始的全区物价狂涨风暴,中共中央华中分局也立即采取了针对性的平抑举措。华中分局认为,这次物价高涨的主要根源是通货膨胀。而导致通货膨胀的基本原因是“生产不足,进出口不平衡”。因此,控制物价暴涨的“根本办法是发展生产(农工生产)厉行节约”。从整个解放区来讲,只有发展生产,增加财富,求得经济上的自给自足,再加上厉行节约,才能减少不必要的输入,减少对国民党地区的依赖,求得进出口的平衡。就党政军来讲,只有节省开支,并求得部分的生产(农工生产)自给,才能减少财政支出,求得政府收支预算的平衡。然而,过去机关、部队用于生产的绝大部分资金,都是投放到商业运销,不能增加财富,不是真正的生产,“违背中央政策,得不偿失”。机关、部队生产主要是为了减少财政负担,但由于大家都做生意抢货物,粥少僧多,免不了投机取巧,刺激物价,结果自给的数字小,而财政负担反而增加好多倍。做生意表面上赚了钱,实际上无不亏本,最后生产资金全部蚀光。人民和政治上的损失,更是无法估计。

针对这种情况,华中分局提出的具体对策和救急办法,就是停

① 《冀鲁豫区工商管理局关于物价的紧急对策》(1946 年 4 月 22 日),见华北解放区财政经济史资料选编编辑组等编:《华北解放区财政经济史资料选编》第 2 辑,中国财政经济出版社 1996 年版,第 566—567 页。

② 《冀鲁豫区工商管理局关于目前经济形势及加强行政管理严格封锁顽军的指示》(1946 年 5 月 15 日),见华北解放区财政经济史资料选编编辑组等编:《华北解放区财政经济史资料选编》第 2 辑,中国财政经济出版社 1996 年版,第 573—574 页。

止收购、抛出物资，紧缩通货。银行紧缩发行，并向市场抛出物资，使游资回笼；收回部分资本，将其转移到农工生产。同时合并公营商店，各系统大小商店，首先尽量做到“小店并为大店，多店并为少店”，以打下将来进一步合并统一的基础。地方县以下、部队团以下“立即停止经营商业”。各单位严格做到不再增加商业运销资本；各商店单位1946年7月底以前，一律停止吃进口货物（能自行组织出口直接换购进口者例外，军工器材、弹药、电料、西药、机器例外），更不得套购其他公营商店抛出的物资。同时，抛出物资数量与速度，要与节省开支联系起来；抛出物资、紧缩通货，要与投资农工生产联系起来。另外，抛出物资，要在商人中进行宣传动员，争取商人同时抛出，反对奸商套购、囤积居奇。

上述政策、措施的实施，迅速见效，淮阴、东台开始抛售物资后，物价已经开始平稳。政府表面上赚得少一些，但支出可以减少，与多赚效果相同。[①]

解放战争后期，在整个华北解放区，大部分地区自1948年夏秋相继解放后，物价一直呈梯形上升态势，到新中国成立前，曾发生五次较大波动。[②] 这次华北区的物价波动，几乎都是粮食带头，而致其他商品跟随上涨。1948年12月上旬至12月20日，冀中及石德路沿线更发生粮价猛烈波动。

对于这段时间的物价波动，华北解放区党和人民政府及贸易

① 《华中分局第二地委关于执行“分局抑平物价紧缩通货的指示”给各级党委的指示》（1947年1月），见江苏省财政厅、江苏省档案馆、财政经济史编写组编：《华中解放区财政经济史料选编》第3卷，南京大学出版社1987年版，第120—122页。

② 华北人民政府工商部：《一年来的工作总结报告》（1949年9月30日），见中国社会科学院经济研究所中国现代经济史组编：《革命根据地经济史资料选编》下册，江西人民出版社1986年版，第706—707页。

公司、行政公署,采取了有效的处置措施。1948年12月23日,冀南行政公署指示贸易公司、建华公司及其下设各总分店一律停止在市场上吸收粮食,并在粮价特高的灾区及产棉区出售一部分粮食,卖粮买棉,调剂粮棉交换比例,支持灾区人民生产自救及防止棉农遭受过分的打击,影响明年棉花增产。冀南银行各市办事处,在物价暴涨时,停止贷款并适当紧缩筹码,禁止进行变相的抢购性的仓库经营,以利物价的平稳。① 由于党政机构及相关机构齐心合力,每次都"采取了认真的有力的措施,大量抛售物资(主要是粮食、纱布),使历次物价波动面未能蔓延,归于平稳"。②

对华东解放区苏北等地1949年上半年空前剧烈的物价涨风,苏北党政和工商部门既采取了措施,又认真总结了经验教训,在对市场物价的掌控技巧和水平上提高了一步。过去因公营贸易部门无组织地收购而引起的物价波动,基本上没有了,一般均能通过当地公司统一采购;采购技巧的掌握运用也较自如了,逐步消除和减少了商人对公司的投机,同时也加强步调与调度的统一,对物价起了一定的平稳作用。不过在1949年春季苏北物价涨风中,仍有牌价过分低廉的失误。1949年2月南通刚解放时,北线淮阴、益林、东台等地物价连续飙升,南通公司开始营业时,主要货物的牌价均比北线低二三倍,较南线低物价的扬州、泰州亦低七八成。导致大量北客蜂拥抢购,商人不肯抛货,压力挤向公司,未几公司主要物

① 《冀南行政公署关于目前物价波动的分析及今后措施的指示》(1948年12月23日),见华北解放区财政经济史资料选编编辑组等编:《华北解放区财政经济史料选编》第2辑,中国财政经济出版社1996年版,第733页。

② 华北人民政府工商部:《一年来的工作总结报告》(1949年9月30日),见中国社会科学院经济研究所中国现代经济史组编:《革命根据地经济史料选编》下册,江西人民出版社1986年版,第707页。

资销售殆尽，市场转为商人所操纵，物价扶摇直上。到月底涨至1倍半至3倍半之巨。开苏北物价上涨"最高纪录"。同时，公司牌价缺乏灵活性，时常低于或高于市场价格，被商人投机钻空子。经过认真总结，苏北工商部门认识到，对今后市场物价的掌控，必须从整体观念出发，现在物价已经是全国的问题，不能只考虑狭小的局部地区。苏北物价基本上已听从于上海，掌控物价不仅要考虑上海的因素，还要尽可能运用苏北的经济力量，支援上海物价的平稳，这样才能平稳苏北物价。同时也要重视如何防止局部的物价波动，对于局部的物价暴涨，必须大力压制，以免波及其他地区。还要大力支持人民币，这是平稳物价的基本问题。因为货币同物价起着相互支持的的作用。货币威信的提高可使物价平稳，而物价平稳又提高货币威信，使货币成为保值手段。另外，为了有利于发展生产和促进物资交流，既要防止物价暴涨暴跌，又要使价格结构建立在适当、合理的基础上。销地价格必须适当高于产地价格，不能高低倒挂，保证运销者的合法利润。要更好地掌握物资波动规律性与季节性，从有计划地调剂供求着手，使工业品与农产品保持正常的交换比率。要坚决同投机奸商做斗争，为此要从经济方法着手，大力支持合作社，通过合作社交流农工产品，供给城乡人民需求，减少商人中间剥削。①

山西太原市对物价波动也采取了有效的平抑措施，并及时总结了经验教训。对1949年7—8月的物价波动，采取的措施是，由交易所大量调配粮食，实行街道配售，凭证购买，并限制和处罚了部分投机商人，很快平息了涨风。对10月的物价波动，省政府为

---

① 苏北工商处调研科（王士文执笔）：《苏北半年来物价的回顾》（1949年6月），见江苏省财政厅、江苏省档案馆、财政经济史编写组编：《华中解放区财政经济史资料选编》第6卷，南京大学出版社1988年版，第220—222页。

保护生产,免遭破坏,实行了对私营棉织业的配纱办法;并对布商实行凭营业证分组分期、限额购买办法;检查私商电报及外区来的投机商人,抽查粮店、粮栈、货栈、布庄之囤积货物,冻结和处分违法商人(被处分的商人共23户),以事实教育了一般商人。但在平抑物价、管理私商方面还有不少缺点和不足之处。如由于干部缺乏,对市场管理软弱无力,对私商的监督、统计带有盲目性,所以在打击投机商人方面,不能有目标地抓住“老虎”,却捉住部分“苍蝇”。虽然“苍蝇”没有打错,但效果还是不够大。①

冀东解放区,由于敌人破坏和战争消耗,生产减少,消费增加,加上敌人封锁分割,交通不畅,战斗频繁,形势多变,在经济关系上与国民党统治区不能完全隔绝,因物价波动持续,并往往波浪式或跳跃式上涨,对人民的生产生活影响甚巨。冀东行署在平抑和管理物价的过程中,通过调查研究,综合分析,总结出该地物价波动一般性规律和某些特殊规律。明确物价涨落的基本规律是供求关系,供过于求则落,求过于供则涨。但供求关系错综复杂。在时间和季节方面,农产品在收获后价低,青黄不接时价涨(1946年麦收后,1斤麦换不了1斤小米;1947年4、5月间,2斤多小米换1斤麦)。在贸易上,一般旺月物价涨,淡月物价落。在地区方面,一般产粮区粮贱、工业品贵;产布区布贱、粮贵。货币与商品的供求关系,及货币流通量的增减,直接影响物价的涨落。在生产发展、商业繁荣、货币市场扩大和信用巩固的情况下,即使加大货币发行,流通量增加,物价指数也往往不变,或比货币增加的指数小;反之,货币量虽不增加,而物价指数往

① 《太原市1949年工商工作报告》,见华北解放区财政经济史资料选编编辑组等编:《华北解放区财政经济史资料选编》第2辑,中国财政经济出版社1996年版,第901页。

往上升,或上升指数比货币增加的指数大。在使用同一货币的友邻区物价高于我区时,友邻区的货币即流入我区,往往引起物价上涨;反之货币外流,往往引起物价下落。如此等等。① 懂得和掌握了这些规律,在平抑和管理物价时就可以高屋建瓴,避免瞎子摸象的短视行为。

在探索、掌握物价变动规律的基础上,华北解放区政府拟定出了掌控物价的几条基本原则和实施办法。

掌控物价的基本原则是:(1)扶持生产。此乃首要原则。掌控物价不仅使一般的生产者有利可图,同时要使工业原料、工业成品的生产者有较高的利润可图,通过物价政策指导各种不同的生产的发展与增长。(2)保护生产。物价暴涨暴跌都会打击生产、破坏生产。掌控物价的最高要求是物价平稳。但不得已时,也要使物价平稳地上涨下落。(3)调剂物资,物畅其流。掌控物价必须照顾生产、运输、贩卖、消费各方面的利益,为此,就必须物畅其流。总的要求是要使物价成为指导生产、保护生产、分配物资的一个最有力的武器。

掌控物价,除了促进和发展生产,主要实施办法是:(1)掌握和保持几种重要物资(如布、棉、粮、盐、油),在几个主要市场上的一定价格与交换比率。这几种重要物资的交换比率如下:1 市斗米换皮棉 2.25—2.525 斤;1 市斗米换土布 13.5—18.375 方尺;1 斤皮棉换小米 0.389—0.444 市斗;1 斤皮棉换土布 6—7 方尺;1 匹土布(32 方尺)换小米 1.739—2.373 市斗;1 斤杂粮换食盐 5—7 斤。以上交换比率是就产粮又产棉区而言,产粮不产棉区的交

① 张明远(冀东行署主任):《物价问题研究》,见华北解放区财政经济史资料选编编辑组等编:《华北解放区财政经济史资料选编》第 2 辑,中国财政经济出版社 1996 年版,第 522—523 页。

换比率,有了上述交换比率为基础,自会有其一定比例。掌握交换比例的原则,是一面注意粮食的供应与调剂,一面注意布棉的增产。(2)规定和保持地区间的价格差额,使货畅其流。如保持产销地间一定价格差额,使生产运销都能获得一定的利润,消费者也不吃亏。(3)保持一年四季重要物价的平稳,注意季节性调剂,尽力避免剧烈波动。货币增、缩,财政征收与抛售,贸易部门的经营,都须掌握季节性而采取适当的吞吐,减少季节波动。(4)贸易与财政结合:凡财政超支、财政征收以及财政抛售、采购,必须与贸易结合。财政征收,贸易就必须购货,财政上采购,贸易上就必须回笼。(5)战争频发地区,部队集中,粮食油盐菜蔬等最易突涨,贸易部门应事先准备实行平抑。

为了能够将实施办法落到实处,必须改善公营部门的运销业务,特别是组织群众运销,帮助群众解决运销中的困难,平时加强各地区各市场的物资交流。如遇某地区某市场物价发生暴涨暴跌时,应组织动员群众,拿出力量进行稳定工作。其中特别重要的是公营贸易机关的吞吐要主动,在开始时就要根据供求关系及其趋势等,事先决定或吞或吐。如果涨跌之势已成而避免不了时,就应主动进行稳涨或稳跌。限价限斗、硬提硬压固然不对,但用主观的人为的掌握,则是非常必需的。① 归结到一点,科学有效地掌控物价,既要手中有物,更要心中有数。

(二)不断摸索中的城乡市场管理

市场管理特别是全国范围的城乡市场管理,是摆在中共中央、

① 参见《华北财经办事处三月会议关于内地贸易问题》(1948 年 3 月),见华北解放区财政经济史资料选编编辑组等编:《华北解放区财政经济史资料选编》第 2 辑,中国财政经济出版社 1996 年版,第 670—671 页。

解放区党和政府面前一项全新的、比物价管理更为艰巨的任务。

物价管理固然是市场管理的中心环节，但其范围毕竟只限于市场价格的掌控、调节，而市场管理的任务，是通过制定和实施市场相关规则、规章、条例、制度、决议、方针、政策、方法，不仅要保证交易有条不紊地进行，更要将原来半殖民地半封建的城乡市场改造成为新民主主义的城乡市场。而对市场价格的平抑、掌控、调节都是按照市场管理的相关规章、制度进行的。物价管理工作取得的成效也是与对工商业和市场管理工作的加强分不开的。

没有规矩不成方圆。解放区的城乡市场管理，就是从市场的相关规章、制度开始的。

在东北解放区，东北全境解放前，东北解放区城乡市场主要是北满地区。1946 年 11 月 7 日，《合江省委关于发展工商业政策的初步决议》，其中不少是要通过加强市场管理来实施的。该初步决议规定，为使该省的大量农产品及加工业品大量输出，换入工业必需品，应该限制“小公家资本的活动范围”，鼓励私人贸易的发展，“一切妨碍私人贸易的障碍物（如许多不必要的关卡、税收、摊派、检查与没收，强占商店商场等），必须坚决废除”。①

从 1947 年开始，从整理哈尔滨各机关、部队、公司企业的组织与人员入手，开始进行市场管理，着手整顿市场。同年 6 月 30 日，中共中央东北局发布《东北局关于整理哈市各机关、部队、公司企业的组织与人员的决定》，规定冀察热辽军区、南满军区、西满军区、吉林军区，及各纵队以纵队为单位成立办事处，各有职责，并

① 《合江省委关于发展工商业政策的初步决议》（1946 年 11 月 7 日），见东北解放区财政经济史编写组等编：《东北解放区财政经济史资料选编》第 3 辑，黑龙江人民出版社 1988 年版，第 2 页。

“不得做贸易生产(经营)事业,不得违犯市政府及卫戍司令部的法令,违者除处罚办事处负责人外,并没收其贸易生产(经营)的货物资金”。为使各部队单位的游资,不作投机商业,扰乱市场,而又有利,可资调剂,可采取以下办法,一是由东北财经办事处帮助向工矿企业投资。二是存入东北银行作长期投资,特别给予每月10%的利息;各单位的游资存在私人银行商店者,必须一律收回,转存东北银行,违者没收。①

1947年9月24日,中共中央东北局又发出《东北局关于禁止部队、机关、学校经营商业之决定》,强调指出,部队、机关经营商业,不仅得不偿失,而且违反对外贸易政策,对内与民争利,使私人资本不能投到市场中去,妨碍内地物资交流。直接或间接影响国计民生。因此,“部队及后方机关、学校,一律禁止经营商业,已经设立的商店或其他变相的组织应一律结束、撤销”。②

1947年11月10日,东北政务委员会发布《东北政委会关于解放区内贸易自由的布告》,明确指出,东北解放区贸易自由,是“民主政府的一贯方针”。为此规定,除皮革、羊毛及统购期间的粮食为取缔投机操纵,保持价格稳定,应依照统购办法办理外,其他一切物资,在东北解放区内,俱应自由流通,粮食一项在统购期间过后,亦须恢复在东北解放区境内的自由流通。各地区一切与

① 参见《东北局关于整理哈市各机关、部队、公司企业的组织与人员的决定》(1947年6月30日),见东北解放区财政经济史编写组等编:《东北解放区财政经济史资料选编》第3辑,黑龙江人民出版社1988年版,第15—17页。

② 《东北局关于禁止部队、机关、学校经营商业之决定》(1947年9月24日),见东北解放区财政经济史编写组等编:《东北解放区财政经济史资料选编》第3辑,黑龙江人民出版社1988年版,第38页。

此相抵触的办法一律禁止。各级政府，各级机关、部队、团体不得以任何借口进行封锁，限制物资在东北解放区内自由流通。倘有故违，当即严重处罚。①

1948 年对市场的管理工作，开始扩大和深入，经东北行政委员会批准，哈尔滨市相继制定了工商业保护和管理暂行条例、工商业登记办法、摊贩管理条例和管理经纪人暂行办法。1948 年 1 月 27 日，《哈尔滨特别市战时工商业保护和管理暂行条例》发布，3 月 14 日又发布《关于保护工商业问题的布告》。前者的基本精神是，对各类工商业既要保护，又要依法管理。该条例第三条规定，承认公营、公私合营、私营、合作社经营的工厂、商店均为合法营业，政府保护其财产所有权及经营的自由权。在遵守政府法令的条件下，任何人不得加以干涉及侵犯。同时，该条例严格规定了工商企业必须遵守的规矩：公营、公私合营、私营、合作社经营的工厂、商店必须于每月末将本月生产及营业情况，按照工商管理局所发之生产报告表切实填报不得隐匿；工厂、商店不得无故停业废业，其转业、废业、迁移及缩小营业范围，均需事先呈报工商管理局批准；凡欲在本市新设工厂、商店，必须于筹备前将工厂设备（附图）、资金、动力、原料来源、成品销路、职工人数、生产计划等，送工商管理局审查，经批准后始得营业；工厂、商店不得投机倒把，囤积居奇，不得冻结资金，或逃亡资金（逃往蒋管区），违者均为犯法行为，当依法严惩；工厂、商店设备，必须适合一般安全及卫生条件，倘因安全及卫生条件设备过劣，而招致职工身体之直接损害者，除由厂方发给抚恤金外，并

① 参见《东北政委会关于解放区内贸易自由的布告》（1947 年 11 月 10 日），见东北解放区财政经济史编写组等编：《东北解放区财政经济史资料选编》第 3 辑，黑龙江人民出版社 1988 年版，第 40—41 页。

课以罚金。①

1948年11月东北全境解放后,解放区政府的市场管理从北部地区延展到整个东北地区,并从以下几个方面扩大和加强了对市场的管理工作。

一是制定和颁布了管理工商业的各种条例、办法,普遍进行了工商业登记(包括坐商与行商)与抽查工作,对登记不实、隐瞒资金、造假账、卖钱不记账等欺骗行为进行了批评教育乃至罚款等处分。如松江省拉林县在抽查中,处罚了几家有隐瞒资金行为的商户后,有40多家向政府重新登记,资本超过原登记数字1亿元。有的工商管理部门与税收部门配合,查出私商多种假账。对工商业的开业、废业也做了规定,不经批准不准随意开业、废业、兼业、转业。

二是整理摊贩。在战争环境中摊贩畸形发展,给市场物价工作带来不利影响。通过登记整理,成立摊贩管理委员会,将从业者编成小组,指定市场,令其从事正当经营。动员18岁至40岁的青壮年小贩参加生产建设工作。经过整理,除南部少数新解放区的城市外,多数城镇摊贩数量减少,摊贩市场的管理也得以加强。

三是部分地区对经纪人(交易员)进行了审查登记。如吉林市对牛马牲畜经纪人进行审查、登记,对合格者发给许可证,整顿交易市场,禁止使用"行话""拉手"等行为。长春则于国营信托公司内成立经纪人交易室。松江省对交易员审查、管理更严,采取取保登记办法,经审查批准后方可营业,未经批准的,促其转入生产。

① 参见《哈尔滨特别市战时工商业保护和管理暂行条例》(1948年1月25日经东北行政委员会批准1月27日公布施行),见东北解放区财政经济史编写组等编:《东北解放区财政经济史资料选编》第3辑,黑龙江人民出版社1988年版,第65—66页。

四是整顿与建立工商会及各业联合会(同业公会)。按照商业部制定的《工商会组织条例草案》,各地对原有工商会进行了整顿,经过协商与民主选举,建立了新的工商委员会。与此同时,成立了各业联合会、同业公会。这些组织成了解放区政府与工商业者联系的桥梁,便利了政府对工商业者的管理与引导。①

总的来说,东北解放区特别是南部地区的市场管理,开展时间不长,涵盖面不广,更缺少相关经验。一些城市或地区的情况显示,管理或不到位,或措施欠妥,成效不显著。例如,呼兰各行业普遍感到资本短缺,原因除了土地改革中侵犯工商业所造成的损失外,主要是大量社会游资都活跃在投机性的"倒腾"小贩和"跑经济"上。因为这类"倒腾"利润既快且大,又比较隐蔽,这实际也是投机性小贩之害。有些管理政策,效果并不理想。呼兰皮革业原料严重短缺,乃因禁宰耕牛之故。但据熟悉情况的人说,禁宰耕牛,结果牛不但没有增多,养牛的反而减少;过去不禁宰耕牛时,牛不但不少,养牛的反而很多。究其原因,主要是东北除了山地用牛耕地较多外,平地很少用牛耕地,主要嫌牛慢,也不能拉脚跑车,又没人愿意插犋换工。过去平地养牛,多半是烧锅油坊和地主利用荒草甸子放牛作为副业,养肥后卖皮肉,和养猪差不多。现在禁止宰牛,结果连一向作为副业不耕种的牛也限制住了,致养牛者愈减少了,弄巧成拙。至于统制(统销)问题,也值得研究。过去伪满统制可谓相当严厉。稍有违反,即严刑峻法,但仍有机可乘。如统制皮革时,商人一次宰四五头,以一头报税,其他顶替出卖,再偷着将牛皮卖给皮铺或将皮子存起,叫皮匠到家里做靰鞡出卖。统制铜时,商人将铜器表面涂漆或镀铅,依然制卖。从现在政府统制

① 参见朱建华主编:《东北解放区财政经济史稿》,黑龙江人民出版社1987年版,第397—398页。

看,如哈市禁止铅料出口,商人将铅条熔化后,捣碎成铅渣,依然可以出口。呼兰盆窑用铅,即用此法买得。过去粮食统制时,小贩即小倒腾,改买草袋,每个袋底装上几斤粮食,集中一起就是好几十斤。再如呼兰统制皮革,但皮革业并未减少,近来反而增加,问其原料来源,回答是买的贸易局不要或挑剩下不成材料的碎烂旧皮子。贸易局只收成张血皮,结果连一个皮革厂的原料都供给不足。商人实际上是将过去对付伪满的办法对付政府,故意将皮子割成碎块,或涂旧晒干。① 总之,某些统制或市场管理效果不明显,有待研究改进、完善。

在关内解放区,日本宣布投降,抗日战争结束,中共中央与解放区党和政府,就开始专注解放区特别是新解放城市的工作,而城市和市场管理是其中一个重要组成部分。1945 年 8 月 20 日,晋冀鲁豫边区政府颁发了《新光复城市若干具体问题处理办法》。该处理办法共计 11 项,其中第 4 项规定,新光复之城市,“一律进行户籍之调查登记”,严厉取缔敲诈勒索之行为,保障人民财产权;第 6 项规定,“稳定社会秩序,恢复工商业,使失业者走入工作中”;第 8 项规定,贸易方面,废除敌人之配给制度,取消敌人一切掠夺、垄断、专卖制度及机构,取缔囤积居奇,实行自由贸易,公买公卖。② 1945 年 9 月 2 日,中共中央专门就新解放城市的工作下发 8 项指示。其中第 5 项指出,在较大城市中,必要时成立粮食管

① 参见吴铎、武通甫:《呼兰城区工商业的初步了解》(1948 年),见东北解放区财政经济史编写组等编:《东北解放区财政经济史资料选编》第 3 辑,黑龙江人民出版社 1988 年版,第 152—155 页。

② 参见《晋冀鲁豫边区政府颁发新光复城市若干具体问题处理办法》(1945 年 8 月 20 日),见华北解放区财政经济史资料选编编辑组等编:《华北解放区财政经济史资料选编》第 1 辑,中国财政经济出版社 1996 年版,第 121—122 页。

理机关,召集粮商,研究粮食需要与来源,协助粮运,疏畅粮源,首先供给劳动人民。① 河北邯郸就是按照这一方针进行的。1945 年 10 月 5 日邯郸光复后,晋冀鲁豫边区工商部门马上以处理商店作为中心环节,展开市场调剂工作,将当时到达邯郸的 10 个机关生产都组织起来,首先取得价格上的统一,并由其中 55 家私人商行负责代销,从 10 月 14 日到 20 日的七八天中,共调剂粮食 20 余万斤。在稳定货币比价及支持冀钞上都起了不小的作用。在市场上交易的本位币逐渐由伪钞转变为冀钞。不过后来由于低价抛售的结果,不少粮食进入商人手中,没有发挥更大的作用。②

1946 年后,关内各边区、解放区政府,开始从各个方面或层面着手进行市场管理,随着解放战争的加速推进,从乡村集镇扩大到中小城镇,再到大中城市。不过并没有大刀阔斧破旧立新,而是修旧利废,基本上沿用国民党政府时期原有的一些制度和组织,适当调整、改造,为我所用。

解放战争前期,在解放区尚无中等以上城市、尚未形成城乡市场结构的情况下,边区政府为了有效管理市场,掌控物价,防止物价大幅波动,在主要集市继续保持和利用原有的交易中介经纪、牙人,并制定相关规则,对牙纪进行教育改造和严格管理。不过各个边区或同一边区内不同解放区,具体政策、办法,不尽相同。

晋冀鲁豫边区冀中解放区,早在抗日战争期间就已建立和完

① 参见《中共中央关于新解放城市中的工作的指示》(1945 年 9 月 2 日),见华北解放区财政经济史资料选编编辑组等编:《华北解放区财政经济史资料选编》第 1 辑,中国财政经济出版社 1996 年版,第 3 页。

② 参见达寅、智勇等:《从恢复邯郸市场的工作上提出新收复城市的几个问题》(1945 年 10 月 31 日),见华北解放区财政经济史资料选编编辑组等编:《华北解放区财政经济史资料选编》第 2 辑,中国财政经济出版社 1996 年版,第 555 页。

善了原有经纪组织(一些地区称为“交易所”),“洗刷坏分子,增补新骨干”,进行“新陈代谢”,取得良好效果,在维持正常的物资流通和市场秩序中发挥了意想不到的作用:市场上的大宗商品成交,都要通过经纪组织。随着时间的推移,它已经成为执行边区政府贸易政策“最基层的力量”。它感觉最敏锐,能即时知道物资流转的动向,及物价波动的原因,而通过成交以中间人的资格,巧妙加以掌控。如物价不应波动而波动时,经纪人不按高价予以成交。发现某种物资走私资敌时,既能了解其原因,也能从成交中实行制止。对行使法币或杂钞的奸商及无知小贩,不但不予成交,且报告主管机关加以处理。不仅如此,经纪组织已大部发展成为信用的组织,经营代办买卖成交、保管(粮食、棉布、牲畜)等业务,不但对农民有许多方便,对公营商店及较大的私人企业,便利尤多,特别是当物价波动时,公营商店所存的物资,或政府的粮食,不能不依靠它在市场上发挥其调剂的作用。由于经纪组织的改造、调整,使农村市场交易权从封建势力手中转移到了人民手中,不只剔除了传统交易中的陋习,活跃了农村经济,而且政府征收的交易费也有了保证,解决了财经困难。在改造和整顿经纪组织的同时,各主要城镇又普遍建立了工商业联合会。通过它教育商人,使之了解党和解放区政府的政策,提高其觉悟,解决其经营困难,且从工商业联合会中征讫了商业税。①

冀鲁豫边区的市场管理,对原有牙行、经纪的淘汰、改造和集市交易所的设置、运行,早在抗日战争期间已经就绪。1942 年大旱,边区政府为组织生产自救,渡过灾荒,冬季成立集市交易所,规

① 参见戴冀农:《从预防物价波动说到市场管理》(1947 年 3 月 5 日),见华北解放区财政经济史资料选编编辑组等编:《华北解放区财政经济史资料选编》第 2 辑,中国财政经济出版社 1996 年版,第 502 页。

定农村交易的主要物资（粮食、牲畜、布匹、棉花及油籽、干果等）由政府管理，必须经集市交易所成交，“交易所以外成交为非法，由政府取缔之”。交易所的成立和发展采取了从集中交易到统一管理的两步走方式。集中交易是强制行店牙纪到指定地点交易（交易所有商店支持，手续费低，不限制老行店牙纪的佣率高低），而且必须取消陋规（如撒合子、抓样子等）；统一管理则是根据法令取缔行店牙纪。主要物资交易介绍权集中归交易所。

交易所同行店牙纪经过短时间竞争，工作已稍有基础，对牙纪个人好坏也有所了解，即在侧面调查的基础上，采取个别口试的办法，分期招收正式交易员，正式成立集市交易所，集中管理。在交易员招考中，凡经调查为群众憎恨及反对、须淘汰的牙纪，即令其落榜，以保证交易员的质量。经过招考，交易员新老搭配。边区政府的口号是，“政治与技术结合”“新老交易员相互学习”。交易手续费统一限定为交易额的 1%。交易所建立后，首先将重要物资经过交易所管理起来，解决了贸易领域防止重要物资走私的问题。部分地区的交易所在工作开展过程中，还在交易所内新增了信托业务，代商贩办理托购托售业务，托售差额（相当于商业利润部分）归交易所全体分配，既便利了商贩，也增加了交易员收入，在工作业务中继承了旧行店好的传统。①

晋冀鲁豫边区和晋察冀边区冀东区政府，也相继加强了集市经纪人员的审核、管理和教育、改造，规范集市交易和牙纪人员的职业操守。

晋冀鲁豫边区政府为便利人民买卖粮食，防止经纪人员从中

① 何幼奇：《冀鲁豫平原集市交易所工作发展概况》（1948 年 1 月 10 日），见华北解放区财政经济史资料选编编辑组等编：《华北解放区财政经济史资料选编》第 2 辑，中国财政经济出版社 1996 年版，第 642—643、646 页。

舞弊,1946 年 6 月 24 日就粮食交易手续费和相关事项颁布办法,规范要求各行政公署市场对办理过斗、过秤人员的选择,必须严格审查、登记,由县市统一印制过斗、过秤执照,发给过斗、过秤人员,规定边区境内市场,买卖各种粮食,均须经交易人员过斗、过秤手续,并缴纳粮食交易手续费。缴纳办法是卖方于粮食卖出后,向政府核准设立的交易所或核定代收机关缴纳。其税率最高不超过交易额的 2%。其中一半交政府,补助地方建设需用,另一半充当过斗过秤人员酬劳。为便利粮食买卖,各地县市政府得视实际情况成立交易所,选雇公证人员,办理过斗、过秤手续(公私粮商及合作社经政府允许,亦得办理过斗、过秤手续)。办理过斗、过秤人员或粮商及合作社过斗、过秤时,不得有洒合、漏粮,额外勒索舞弊等情事,违者以贪污论。①

晋冀鲁豫太行区,由政府建设部门接管市场管理、城市大集镇的工商业工作后,对市场牙纪人员、交易员的政策、办法,作出改变。一般集市均无经纪牙人等交易中介。各地城市和较大集镇,原有交易员为群众交易方便,仍可暂设,但要力求防止过去经纪人牙行的恶劣习气,必须慎重人选,时加检查与教育。此种过渡办法应能逐渐取消,由各该地之合作社、工商联合会办理,不再抽取交易费,所有各地交易员均归区公所领导。所有各地城市和较大集镇现抽交易费,均按过去习惯,除交易员开支外,一律解交县政府财政科,作为地方款收入。交易员开支,由各专县根据当地习惯具体规定,原则上采用雇佣性质,每日以米计算。另外,除粮食交易、

① 《晋冀鲁豫边区政府颁发晋冀鲁豫边区粮食交易手续费暂行办法的通令》(1947 年 6 月 24 日)附《晋冀鲁豫边区粮食交易手续费暂行办法》,见华北解放区财政经济史资料选编编辑组等编:《华北解放区财政经济史资料选编》第 2 辑,中国财政经济出版社 1996 年版,第 574—575 页。

牲畜交易外，其他一切交易不应再抽交易费。各地应严格遵守并时加检查，在一般集市中，即应不另设交易员，均组织该地合作社由群众自己办理。交易费不再交政府。政府可经常检查，以防流弊。①

晋察冀边区冀东区政府，于 1947 年 2 月制定了《冀东区牙行管理登记规则》。该规则规定，凡欲在区内各集市进行牲畜、斗秤等交易的牙纪人员，均须事先向该管税务机关报请登记，经确定录用后，发给牙纪证，始得在该集市进行牙纪职业。凡经录用的牙纪人员，受当地税务机关领导与管理，并得按牙纪业务的不同，分别编为小组。牙纪人员必须严格遵守下列规定，(1)进行交易须恪遵政府法令；(2)交易成交后，须按买价报税，不得瞒价或漏税；(3)讲生意一律要以边币为标准；(4)无论对任何人，均须公平估价，不得有敲诈勒索及欺骗群众等恶劣行为。如执行不力，或故意违反规定者，得酌情取缔其职业或送交政府处理。未经录用的牙纪，如有私自进行牙纪职业者，处以千元以上万元以下之罚金，连续犯或情节严重者，送交政府拘押，并依法处理。②

在冀东解放区，作为市场管理的一个重要环节，开始着手进行对坐商、商贩的组织、管理，规定凡有铺面的坐商必须领取营业证(首先从集镇做起)，按业务或住地组织坐商小组(每组以 3—5 人为宜)，每组设小组长 1 人，各坐商以户为单位组织商会。无铺面的行贩，必须领取商贩营业证(首先从集镇做起)。按业务或住地

① 《太行区工商行政工作的几个问题决定》(1946 年 1 月 12 日)，见华北解放区财政经济史资料选编编辑组等编:《华北解放区财政经济史资料选编》第 2 辑，中国财政经济出版社 1996 年版，第 560 页。

② 参见《冀东区牙行管理登记规则》(1947 年 2 月)，见华北解放区财政经济史资料选编编辑组等编:《华北解放区财政经济史资料选编》第 2 辑，中国财政经济出版社 1996 年版，第 492 页。

组织商贩小组(每组以3—5人为宜),每组设小组长1人,由各小组长组织商贩联合会,设主任、副主任各1人。通过商会、商贩联合会传达政策法令,提高商人认识,并在坐商小组、商贩小组中,建立互相监督、互相保证、互相批评的制度,用以保证政策法令的实施。凡赴国民党统治区做买卖的商人,也必须领取"赴蒋管区商贩通行证",否则不得通行。在填发通行证时,必须携带商贩营业证,登记出口货物及预购入口货物。

另外,每一集镇成立集市管理委员会,由该镇公营商店、银行、税务三部门各出1人、商会出1人、商贩联合会出1人,村工商委员、治安员、村长共同组成。集市管理委员会受所在区工商助理员的领导,经常的工作是管理入口商人、稳定物价、维持市场秩序。①

1947年春荒时,冀中解放区为了粉碎国民党反动派掠夺粮食以支持内战的阴谋,将加强外线稽查缉私与内地管理作为市场管理的中心环节,将解放区地域划分为内、中、外三线,严格限制粮食流动的地域范围,中线与外线间村庄须有区以上证明才能到中、内线间买粮;外线以外村庄,一般不准到内地(外线以内)买粮。严格禁止物资(如粮食、燃料、牲畜)走私。为此必须健全村的经济委员会和集市委员会,孤立和教育走私商民,加强市场检查工作。同时组织和发展生产,组织出入口贸易,"变走我之私为走敌之私"②。

随着解放战争向前推进,解放区范围加速扩大,土地面积和城

---

① 参见《冀东行政公署关于加强工商管理工作的指示》(1947年3月23日),见华北解放区财政经济史资料选编编辑组等编:《华北解放区财政经济史资料选编》第2辑,中国财政经济出版社1996年版,第511—512页。

② 《冀中工商管理局关于贯彻外缉内管方针的指示》(1947年3月31日),见华北解放区财政经济史资料选编编辑组等编:《华北解放区财政经济史资料选编》第2辑,中国财政经济出版社1996年版,第516—517页。

镇、市场、工商户数量大幅增加。如冀晋解放区，截至 1947 年 5 月，冀晋全区共有大中小市场 213 个，据 12 个县统计，共有工商户 2 万户左右。特别由于乡村物资交流的畅通，形成市场，逐日赶集的人数增多，小市场在千人以上，大市场在万人上下，市场的作用日显重要，市场管理相应加强，管理机构日趋完善，目的、要求更明确，水平也相应有所提高。冀晋解放区各县，按市场和工商业发展情况，管理市场的机构“市公所”，分为“重点市公所”和“一般市公所”两种。“重点市公所”的工作重点以管理市场及掌握税收为主。“一般市公所”改为“贸易稽征所”。商会组织以市、镇、村为单位，有 20 户商号以上者，可建立商会；分散在乡村的零散商人可建立商人小组。市镇商会受市公所领导，无所之区受区贸管员领导，区县不另设商会领导机构。对牙纪要采取教育、改造、逐渐减少的方针，将其组织、改造，逐渐转变到其他有利市场交易事业上或其他事业上去。同时必须明确，市场管理要以“便利商民，为人民服务”作为“最高原则”。一切市场管理工作要以 90%的精力做便商利民、为人民服务、繁荣工商业、便利交换、组织运输、稳定物价等工作，而以 10%取之于商的税收。①

1947 年 7 月，解放战争由战略防御转入战略进攻后，解放战争的前进步伐大大加快，解放区范围加速扩大，各个解放区开始连成一片，特别是重要铁路干线和大中城市包括一些中心城市相继解放。全国性的城乡市场体系开始形成。随着革命形势和解放区经济结构、市场结构的发展变化，中共中央和解放区政府的市场管

① 参见《杨耕田在冀晋区财贸会议上关于市场管理问题的总结报告》（1947 年 5 月 29 日），见华北解放区财政经济史资料选编编辑组等编：《华北解放区财政经济史资料选编》第 2 辑，中国财政经济出版社 1996 年版，第 527—528、532 页。

理也进入了一个新的阶段,市场管理的着眼点、落脚点或重点开始由乡镇集市转移到城镇特别是一些大中城市或中心城市。同时由于解放区扩大,行政建制改变,市场管理的理念、方针、措施发生变化,原来的边区干部难以适应,在一段时间导致部分地区市场管理的松懈、停顿或混乱。冀鲁豫区 1948 年的市场管理工作就一度出现这种情况。

冀鲁豫解放区,自 1942 年秋冬后,一直是交易所统制主要物资交易来进行市场管理,而冀中解放区,行使市场管理的机构是集市委员会。前揭资料显示,两者都是成功、有效的。1948 年 5 月 20 日,晋察冀和晋冀鲁豫两个解放区合并。1948 年 8 月 19 日成立的华北人民政府,宣布取消冀鲁豫区的交易所"特权",成立集市委员会,撤销交易所。一方面,由于交易所运行时间较长,一部分工商干部更是从交易所的工作中培养和提拔起来的,认为交易所"功劳很大",对取消交易所"特权"的提法和做法,思想上有抵触,市场管理工作直接受到影响;另一方面,交易所撤销后,私人行栈很快恢复、发展。私人行栈既对商品成交起着直接的调剂作用,但又产生严重毛病。特别是行栈组织者,一般都是旧牙纪行人,惯于捣鬼,走私漏税,大秤买进,小秤卖出,挪用公款,囤积物资,高抬物价,兴风作浪。由于放松管理,更显出其捣乱本领。由于冀鲁豫区特别是河南地区长期处于战争环境,商人为了免被敌人摧残,有的即改坐商为行商,同时在解放军军供采购上,多是通过私商往来敌我之间,也给了他们以操纵价格、谋取高利、投机取巧的机会。因此 1948 年的投机资本,大大发展,投机商人增多。市场管理工作的放松,同样表现在对出入口与仇货的管理上。1948 年市场上的仇货问题,十分普遍,对解放区生产是有影响的。1948 年 12 月的物价波动,在一定程度上也是市场管理松懈造成的恶果,私人行栈结合投机商人囤积居奇、投机渔利、兴风作浪,是造成物价暴涨的直接原因。

经过总结、分析和一年来工作的检验，华北人民政府工商部认为，冀鲁豫解放区1948年市场管理工作上出现的问题，在思想认识上主要是在反“左”中产生了右的偏差；在措施和机构设置上，为了加强农村市场上主要物资——粮、棉、油的管理，交易所组织，确有存在必要。① 但集市委员会组织，乃是市场上的唯一领导组织，应负责领导全面工作。并要求冀鲁豫区政府将过去稳定市场的方法、反对投机商人的经验，以及对私人行栈进行管理的经验等，撰写补充报告。② 如此，问题得以圆满解决。

解放区的市场管理，当其范围基本上限于乡镇集市时，货物出卖者的主体，基本上是农民和家庭手工业生产者，并非商人。而主要货物的交易过程有操诸旧式行栈牙纪之手，市场管理的重点主要是对中介和主宰交易的旧式行栈牙纪的管理和改造，是货物交易的公平、交易程序的规范化。到解放战争后期，解放区的市场管理范围转变为以城市市场为主，重点也转为对作为市场交易主体的商人和工商业者、摊贩的管理，包括申请登记注册、市场准入、业务经营、市场交易等相关制度的建立和规范等。

---

① 华北人民政府工商部后来在1949年的工作总结报告中说：“订定了粮食、纱布、百货等交易所条例草案，并在平津石等城市试行，根据经验证明，交易所的成立并管理投机操纵与实行国家对私人资本主义的统计与监督上起了一定的作用，是城市工商管理中不可缺少的部分。”（《华北人民政府工商部一年来的工作总结报告》（1949年9月），见华北解放区财政经济史资料选编编辑组等编：《华北解放区财政经济史资料选编》第2辑，中国财政经济出版社1996年版，第897页）

② 参见华北人民政府工商部整理：《冀鲁豫区1948年的市场管理工作》（1948年5月26日），见华北解放区财政经济史资料选编编辑组等编：《华北解放区财政经济史资料选编》第2辑，中国财政经济出版社1996年版，第838—839页。

1948年12月16日,华北区人民政府制定了《华北区工商业申请营业登记暂行办法》,规定凡在本区设有固定厂址、门市、字号的工商业,除应领营业牌照之小艺匠小商贩外,均应依据本办法的规定,于开业之20日前,填具申请书,载明(1)名称;(2)类别(独资、合伙、公司——有限、无限股份);(3)地址;(4)经理人;(5)股东与股东会;(6)制造或营业项目;(7)创设年月,向当地县(市)工商主管机关申请登记,经审查属实,发给营业证,方准营业。如系公司经营,则申请营业登记时,须经当地政府呈请行署(市)复核后,转请华北人民政府工商部核准。①

华北区人民政府对随后相继解放的平津两大城市的市场管理工作,采取了比较谨慎和稳妥的方针。华北区人民政府认为,过去日本人与国民党"对平津市场是有管理的。市场已经集中(天津粮食,有细粮、粗粮市场各一,实行交易证照,禁止市场外的批发交易等。北平亦近似)"。这对人民政府"管理市场有便利条件"。因此,在市场管理方面,决定"基本上继续使用国民党遗留下来的管理方法,在已有的交易所派军事代表,除个别必要的改变外,暂不建立新制度(天津已在粮食交易所派军事代表)。内地亦须加强管理"。由于解放后开始"未抓紧市场管理工作,(市场)有些混乱现象,但较易于收拾"。在市场管理方面,必须使城乡建立正常的商业联系(天津已开始实行商人到内地进行贸易的签发证照办法),同时要警惕平津商业资本与内地商业结合后对于市场的危害作用;必须将经营与行政进一步结合起来,成立大城市的百货商店,掌握百货市场;目前平津各级部门间互不联系的各自为政现象

① 参见《华北区工商业申请营业登记暂行办法》(1948年12月16日),见华北解放区财政经济史资料选编编辑组等编:《华北解放区财政经济史资料选编》第2辑,中国财政经济出版社1996年版,第727—728页。

还很严重，要求迅速建立平津两市的经济委员会。①

天津市政府对天津市场的“混乱现象”，自然看得更清楚，感受更深刻。特别是关系到广大市民饭碗的粮食市场，情况更为紧迫，“急需要加强管理”，必须“有效地管制粮商投机取巧，颁布粮食管理办法”，并在1949年4月采取紧急行动，大力加强了杂粮、面粉市场的管理。主要措施是组织、教育交易员，整顿和完善交易员制度；加强对买卖粮食商人的审核和管理；推行市场准入制度，对审查合格的交易员和粮商发给入场证。

为了掌控粮食市场的价格及其变化，以启泰栈、金城、万春斗店三大粮食面粉市场为单位，把交易员一一组织起立，每十个交易员自由结成一组，民主票选出5—6个交易员代表，组成交易员联合会。联合会设委员代表一人，组织、宣传、统调、检查委员各一人，管理日常交易事项及对交易员的教育工作。粮食交易费的征收、分配，也进行相应调整。交易费原系从量计征，物价波动时交易员吃亏，拟改从价计征。联合会的代表从交易员收入中抽出6%，其中4%归交易员代表，2%充作办公费。这样，交易员代表可获得中等成交能力交易员的收入。全体交易员均无意见，应属合理。

为了稳定市场价格，防止投机倒把商人和非交易员混入市场内，规定买卖粮食的商人和审查合格的交易员均持有入场证，才能入场采购。乡间小贩和本市正当粮商在未行核准前，可由粮业工会介绍，由本局行政科批准发给临时入场证进行交易。没有入场证者不得擅入市场。发证完毕，卫戍部队连同公安局派出所并派

① 参见华北人民政府工商部：《平津解放后的私人工商业动态与我们的工作》（1949年3月），见华北解放区财政经济史资料选编编辑组等编：《华北解放区财政经济史资料选编》第2辑，中国财政经济出版社1996年版，第812—813页。

交易员站岗,并检查交易员维持成交秩序状况。市场秩序“马上焕然一新”。

为了解决面粉原料来源,贯彻公私兼顾的经济方针,1949年4月底市工商局会同贸易公司召开面粉厂商会议,实行公私合作,有组织、有步骤、有计划地统筹小麦。粮油公司初步与厂商订立实施草案,共组采购原料及供应成品委员会,办理购麦配用及配售成品、公认市价等事宜。

天津的这次市场管理工作,还进行了工业开业、歇业变更登记、工商业营业登记,粮食市场则着重抓了粮食、面粉市场的管理,对面粉市场外的成交及面粉厂商、粮店、栈房的管理甚少顾及;对正当的粮商和投机倒把的商人也未进行分析研究,对打击投机商人后游资的出路工作没有很好地考虑。不过数量庞大、影响广泛、工作繁重的摊贩管理问题,已开始考虑,正处于起步阶段。①

在商人这个群体中,小商贩人数最多。日本全面侵华战争和战后时期,由于经济严重破坏,工人农民失业失耕,小商贩人数更是成倍增加。一些大中城市解放后,乡村小贩大批涌入城市。前揭华北区人民政府的材料也提到,由于长期战争封锁,城市与乡村隔绝,解放后,农村大批小贩随即涌进城市。石家庄市一天有1500人涌进。冀中区统计,在天津左近,经常出入天津的小商贩在5万人左右。② 小贩人数的大量增加,还有一个重要原因,商人

① 参见《天津市人民政府工商局1949年4月份工作报告》(1949年5月5日),见华北解放区财政经济史资料选编编辑组等编:《华北解放区财政经济史资料选编》第2辑,中国财政经济出版社1996年版,第821—822页。

② 参见华北人民政府工商部:《平津解放后的私人工商业动态与我们的工作》(1949年3月),见华北解放区财政经济史资料选编编辑组等编:《华北解放区财政经济史资料选编》第2辑,中国财政经济出版社1996年版,第812页。

不了解解放区人民政府的政策，存在惧怕斗争的心理，往往隐匿、逃避，化大商为小商，或让伙友去摆小摊，形成摊贩的畸形发展。因此，华北人民政府强调，“新解放城市整理摊贩的工作非常重要”①。上述情况在天津市亦甚普遍，天津市政府从 1949 年 4 月起，开始进行摊贩的整顿、管理工作，各区自择重点，对摊贩逐一进行登记、审核，发放申请书和牌照，与整顿市场相结合，取缔其非法活动，建立正常的市场秩序，具体做法是先登记进行初审，区别对象发给申请书，审查批准后再发牌照。计全市 11 个区，收回申请书 5042 份，正式发出牌照 530 个。② 发放的牌照只占收回申请书的 10.5%，可见“非法活动”的“小贩”数量之多、比例之高。

随后，北平市人民政府于 1949 年 5 月 24 日制定公布了《管理摊贩暂行办法》，张贴布告规定，凡在市内借摆摊以维持生活者，政府承认并保护其正当的营业，但应依法办理登记手续，领取营业牌照，并照章缴纳租税；为维持交通秩序，对摊贩进行整顿，采用两种办法：一是择地迁移，二是就地管理。此项办法公布后，倘仍有不守法令及不听劝告者，政府依法执行。《管理摊贩暂行办法》共有 8 条，除布告述及者外，对摊贩申请登记、领取牌照、营业地点、支搭棚厂限制、“浮摊”管理、摊位租金和营业牌照税缴纳，以及违章处罚等，都做了明确规定。其中关于临时露天市场及马路旁浮

---

① 《太原市人民政府工商局关于进入太原后工商工作的报告》（1949 年 5 月 16 日）附《华北人民政府工商部对太原工商报告致周、孙局长的信》（1949 年 6 月 7 日），见华北解放区财政经济史资料选编编辑组等编：《华北解放区财政经济史资料选编》第 2 辑，中国财政经济出版社 1996 年版，第 829 页。

② 参见《天津市人民政府工商局 1949 年 4 月份工作报告》（1949 年 5 月 5 日），见华北解放区财政经济史资料选编编辑组等编：《华北解放区财政经济史资料选编》第 2 辑，中国财政经济出版社 1996 年版，第 823 页。

摊的管理及相关规则,条文具体、细密,如露天市场内应按行业划分地段、编定地号,地号大小得由各区政府按具体情况予以规定;马路旁摆设的浮摊,每一地号,以3尺宽6尺长为标准;摊贩非经建设局批准,不得支搭固定性棚厂或建筑物。各临时露天市场及马路旁摆设浮摊地点,得视工作需要,设置管理所或管理员负责管理市场的一切行政事项,公安与税收机关,得分别派员办理公安与税收事宜。①

山西省太原市,大约从1949年7月开始对摊商进行整顿、管理。据各区调查统计,太原全市7月的摊贩为5973户,12月为5291户。7月调查的摊贩来源,大体分为6种:(1)失业军官及旧公教人员和伪属,占22%;(2)失业工人、店员,占20%;(3)大商化形,占10%;(4)逃亡地主不敢回乡者;(5)外来灾民及到城市谋生的农民;(6)长年依靠经营摊贩的贫苦市民。12月较7月减少的原因,主要是人民政府大力复工复业,大部分工人店员就业,部分地主回乡,灾民回家,并经人民政府重点整顿摊贩,开辟了大中、开化、民众、中央四个市场,新容纳了470户转营为坐商或半摊半坐的固定形式。在人民政府正确的政策下,坐商增加,摊贩呈现日渐减少的趋势。太原市的经验是,开辟固定市场容纳摊贩。这是整理市容、管理摊贩的主要方法。②

华中、华东解放区,除新四军抗日根据地外,绝大部分地区解放时间较晚,相当一部分是在新中国成立前后,进行城市建设和市

① 参见《北平市人民政府公布管理摊贩暂行办法的布告》(1949年5月24日),见华北解放区财政经济史资料选编编辑组等编:《华北解放区财政经济史资料选编》第2辑,中国财政经济出版社1996年版,第833—835页。

② 参见《太原市1949年工商工作报告》(1949年),见华北解放区财政经济史资料选编编辑组等编:《华北解放区财政经济史资料选编》第2辑,中国财政经济出版社1996年版,第901页。

场管理的时间很短，在新中国成立前，这些解放区在地域上处于不断扩大变化的动态中，这些解放区，多是在局部范围内开展市场整顿和市场管理工作。

1948 年夏，解放战争由战略防御转入战略进攻。已届一年，解放区范围加速扩大。为了配合解放战争的战略进攻，加快解放战争的进程，苏皖边区所辖各行政区，相继开展了市场整顿和规范的工作。

1948 年 7 月 5 日，苏皖边区第二行政区专员公署①，“为确保爱国自卫战争需要，实行合理负担，繁荣市场”，制定征收牙税暂行办法，明确规定，凡在该行政区开设牙行者，一律照章纳税，并须一次缴清，由货管机关开具牙行税收据。按市场情况，牙税征收标准分为 4 等：甲等按佣金额 18%征收；乙等按佣金额 16%征收；丙等按佣金额 12%征收；丁等按佣金额 8%征收。具体征收办法是，根据每月的营业税收入额，以实抽佣金百分率计算得出其佣金总收额，再以佣金总收额依规定之税率计算，得出其每月应缴之牙税额。牙税次月月初征收（例如 6 月牙税应在 7 月初征收），按月结算，不得拖延。牙行开设前，必须建立进货登记簿，送交货管机关查验。客商货物进入牙行后，行主应立即将货物与进货登记簿送货管机关登记。登记后则由货管机关在货物上盖“已登记”花。行主把货物分运或试销时，则按时携带进货登记簿至货管机关登记。货管机关每至月初，则凭各行之进货登记簿计算其上一月之营业总额、佣金总额，根据所规定的税率征税。每月终了，牙行如不继续开设，应向当地货管机关申请停业，并缴销牙行营业执照。

① 苏皖边区（江淮）第二行政区专员公署（简称“江淮二专署”）成立于 1948 年，其辖区包括淮宝、淮泗、泗南、泗阳、泗宿、盱凤嘉、泗五、灵凤及洪泽湖地区。

货管机关对牙行的严格的监督、查验,既是为了保证牙税的如额征收,也是对牙行业务本身的监督,是整顿和管理市场的一个组成部分。故此,征收牙税办法还规定,牙行在未开设以前,应向当地货物管理机关申请,经核准后,发给牙行营业执照,方准营业,否则以擅设私行论处。凡开设牙行,必须在固定地点营业,不得擅自移动或分地经营,否则以私行论处。牙行抽取佣金不得超过货物买价的5%,违者取缔营业资格。牙行应随客自愿投行,不得硬性强迫,亦不得拖欠客商货款、垄断市场、抬高市价,违者除勒令停业外,并按情节轻重,予以处分。①

1948年11月中旬,苏皖边区第五专署召开货物管理会议,18日通过会议决议案,其中一项重要内容是整理市场,规范市场交易和市场秩序。具体措施是:(1)打通干部思想,正确执行牙行政策,纠正过去整理牙行中的偏向,切实取缔牙行陋规,以繁荣市场;(2)奖励工业成品的质量提高,进行商标注册,保护经营权;(3)通过申领营业证,完成各业的注册工作,维护工商信用;(4)取消对市场各种不合理的措施,简化稽征等各项手续,以利工商业发展,同时要取消议价及随便干涉营业权利的行为。并且要求立即行动,各级单位"统一步调,统一布置,一致进行登记,填发营业证,整理市场"。②

地处苏鲁交界的苏皖边区第六专署,为配合即将发动的淮海战役,1948年10月上旬召开银行和货物管理工作会议,对1948

① 参见《苏皖边区二专署征收牙税暂行办法》(1948年7月5日),见江苏省财政厅、江苏省档案馆等、财政经济史编写组编:《华中解放区财政经济史资料选编》第5卷,南京大学出版社1989年版,第347—348页。

② 参见《苏皖边区第五专署货管会议决议案》(1948年11月18日),见江苏省财政厅、江苏省档案馆、财政经济史编写组编:《华中解放区财政经济史资料选编》第5卷,南京大学出版社1989年版,第505—507页。

年下半年的银行和货物管理工作进行初步总结。其中市场管理方面还存在诸多问题。如维护市场秩序方面,存在滥没收、滥处罚,甚至缉私中饱的现象;对牙行存在"红眼病",不能正确认识到牙行可以帮助介绍买卖,交易便利,解决客商生活、住宿等困难,能促进资金周转、信用担保等作用,所以任意抽收"优抗基金"和营业税,有的抽到35%,个别地方有不能解决的问题,竟然从牙行抽取佣金来弥补。有些牙行反映,其佣金"是同公家平分的"。还有地方干部有入牙行"干股"的剥削现象,牙行营业税的评定、征收(现暂定税率为15%),有待研究;实行商业贷款的针对性不强,后续工作不够,未及时检查、了解承贷户的营业状况,对商人、摊贩教育不够,贷后了事。① 会议总结和归纳了问题,亟待解决,市场整顿任重道远。

1949年2月3日,淮海战役刚结束3周半,南通一解放,苏北军区南通区军事管制委员会即发出布告,明确宣布"南通全境已告解放,各商店行庄应即复业"。为便利市场交易,平衡物价,促进新老解放区及城乡物资交流,规定华中银行所发行的钞票(华中币)为华中解放区之合法通货,此后一切货物买卖必须一律以华中币为本币计算物价,并公布华中币与金圆券的兑换比价。根据南通原来金圆券物价情况,暂定华中币1万元兑换金圆券180元(即金圆券1元折合华中币55.5元)。此后授权南通杭州银行随时按照市场情况调整比价,挂牌公布。又为便利对山东及华北各解放区进行原料采购、产品销售及一切商业往来,中国人民银行

① 参见《苏皖边区六专署关于一九四八年下半年银行、货管工作的初步总结》(1948年10月10日),见江苏省财政厅、江苏省档案馆、财政经济编写组编:《华中解放区财政经济史资料选编》第5卷,南京大学出版社1989年版,第539—541、546、553页。

及山东北海银行所发行之钞票,可以互相流通使用。其比价为华中币与北海币为1∶1,对人民币为100∶1(即人民币1元折合华中币或北海币100元)。"如有拒用上列三种钞票或混乱比价者,以扰乱金融论处"。

军管会布告又提醒和告诫商民、市民,金圆券及其辅币,是国民党政府掠夺人民财富进行反革命内战的工具。现在金圆券大幅贬值,物价一日数涨,广大人民及工商业者损失财富无法计算。商民应迅速自行设法将手中金圆券排除,具体办法可至市政府货物管理局及各分局登记,"领取证明书,包封出口",向蒋占区换回物资,减少损失。目前为照顾实际困难,准许金圆券暂时按照规定比值流通;军管会将视市场情况发展,在一定时期内宣布禁止使用。军管会布告还绝对禁止银元流通使用及私自买卖,违者以扰乱金融论处。①

南通区军事管制委员会及时、果断的布告和相关措施,既迅速恢复了市场交易,稳定了商业、金融和社会秩序,又减轻了人民群众的经济损失,加深了人民群众对新政权的信赖,对尔后南通经济的恢复、发展,产生了深远的影响。

1949年2月9日,淮海战役结束一个月,苏皖边区江淮第二行政区专员公署即制定商业管理办法,举行商业登记,推行市场准入制度,并发布训令,说明原因:淮海战役结束后,第二分区的局势已完全巩固,城镇商业逐渐恢复,市场日益繁荣。但解放不久的城镇,由于国民党政府封锁压榨,苛捐杂税弄得民穷财尽,并留下不

---

① 参见《中国人民解放军苏北军区南通区军事管制委员会布告——关于交易买卖、平衡物价、促进物资交流的规定》(1949年2月3日),见江苏省财政厅、江苏省档案馆、财政经济史编写组编:《华中解放区财政经济史资料选编》第6卷,南京大学出版社1988年版,第299—300页。

少恶习、陋规，如抬高或压低物价，假冒商标，囤积居奇，贩卖货币，在市场上兴风作浪，影响市场繁荣，有碍工商业的发展。公署有鉴于此，为确保工商业之发达，特决定从 2 月 15 日起举行商业登记，至月底完毕。所有城镇商民应申请注册，方准合法经营。①

《江淮第二行政区商业管理暂行章程》明确和具体规定了必须登记注册的城乡商户门类：(1) 城镇之各种商店，包括京广杂货，布、帽子、鞋子、油酒、瓷器、茶食公营等商店，公私企业；(2) 乡村城市各种厂场、烟社，如油坊、纸坊、糖场、肥皂厂、卷烟社、煤烟社、酒坊、牙刷厂、染坊、中西药房、纱厂、毛巾厂、织布厂、玻璃厂；(3) 各种摊贩、行商、屠商。② 上列工商户，须在未开设前觅取 1—3 户"妥保"，向当地货管机关申请注册，经核准后发给营业执照，方准开始营业。现有工商户，如未经申请注册者，在本章程公布后 15 日内应向当地货管机关申请注册，领取营业执照。申请人应将店铺或作坊资本、工具、营业范围、日产量如实说明，不得隐瞒，否则查明后应受处分。各城镇应建立和健全商业协会，并下设各商/行业小组，成员由商民推选，经当地政府及群众团体核准。该协会之委员会为商民领导机关，教育商民遵守法令、调解商业所发生之纠纷事宜，并维持秩序。

---

① 《江淮第二行政区专员公署训令》(1949 年 2 月 9 日) 附《江淮第二行政区商业管理暂行章程》，见江苏省财政厅、江苏省档案馆、财政经济史编写组编：《华中解放区财政经济史资料选编》第 6 卷，南京大学出版社 1988 年版，第 304 页。

② 《江淮第二行政区商业管理暂行章程》还特别开具了不在该章程登记之列的商户业别：(1) 水旱磨坊、老虎灶、烧饼店、挂面店、油条店、皮匠摊；(2) 香烟摊、花生摊、缝衣铺、理发店、卖青菜、小饭馆、其他肩挑小贩，资本不足 30 万元者；(3) 新华书店、群众性的农具合作社、纱布交换所、公办人民医院。

商店厂坊如有下列情形(1)违犯税章、包庇走私及买卖私货者;(2)不按期纳税,故意拖延或隐报产量及资本者;(3)抬高或压低物价和垄断市场、囤积居奇,并在市场兴风作浪者;(4)假冒商标,破坏商业秩序者;(5)不按物价进销登账,或经营违禁物品者,应按货管法规,给予处罚。罚则有三:(1)隐报资本或产量经查明确实后,按其隐报部分处以5%—10%的罚金;(2)经营违禁物品除全部没收外,得视其情节轻重送司法机关处分;(3)如私自开设,不履行登记,经再三公告仍置之不理者,除勒令纳税外,并应处以应纳税额20%—30%的罚金。①

与同类管理章程、办法比较,《江淮第二行政区商业管理暂行章程》一个明显的特点是,各项条款内容清晰、细密,如申请登记注册,不仅详细开具了需要申请登记注册的商铺厂坊名单,而且不在登记注册范围的商贩单位,亦有详细名单;违章处罚,也具体细微,没有任何真空或灰色地带,无论商户和管理者,都只能规规矩矩按章程办事,没有讨价还价或送人情、钻空子的余地。

1949年4月1日,中国人民解放军百万大军渡江前夕,中共中央华东局发布关于接管江南城市的指示,这是对江南解放区解放之初的市场管理和城市建设的总指南。

华东局的指示规定,对新收复的人口在5万人以上的城市或工业区,均应实行一个时期的军事管理制度,由攻城部队负责同志和地方党政负责人组织成立军事管理委员会。其基本任务为:镇压反革命分子之活动,肃清反动武装的残余势力,恢复并建立革命

① 《江淮第二行政区专员公署训令——制定商业管理办法,举行商业登记》(1949年2月9日),见江苏省财政厅、江苏省档案馆、财政经济史编写组编:《华中解放区财政经济史资料选编》第6卷,南京大学出版社1988年版,第304页。

秩序；保护人民生命财产及一切正当权利，建立革命政权；保证城市政策的正确执行与有秩序地进行各种接管工作；协助工人职员青年学生及其他劳动群众组织起来，作为城市革命政权可靠的群众基础。在上述基本任务大体完成，城市秩序安定，一切市政机关建立并经过上级批准以后，始得取消军事管制。军事管理委员会可委任市长并成立市政府。“凡我党我军既定之各项政策，应以市政府名义公布；但凡是带紧急性或试验性的处置，则可以军管会的命令行之”。对一切接管之工厂，应按原职原薪立即复工，这是保护工厂，安定人心，解决工人生活的基本环节。对一切恢复的城市，必须做到接收得好和管理得好。“从我们接管城市第一天起，我们的眼睛就要向着这个城市的生产事业的恢复和发展”。一切机关及部队人员，应实行公平交易，不得强买强卖，所有部队人员及公务人员乘坐公共汽车，或进入公众游戏场所，必须照规买票，所有汽车及其他车辆入城，必须遵守交通规则并服从交通警察之指挥。

同时，部队进入江南之初，必须集中力量消灭敌人及对各城市进行系统的接管工作，而尚不能进行有系统的全面的社会改革。因此，在接管江南各城市时，应采取按照系统、整套接收、调查研究、逐渐改进的方针，以便力求主动，避免被动，为此，必须实行以下 11 项政策，其中直接关系市场管理和城市建设的有第一、第二、第三、第四、第六、第九等 6 项，即：

第一，对一切官僚资本的企业及其他各种公共企业，如工厂、矿山、铁路、邮电、轮船、银行、电灯、电话、自来水、商店、仓库等，必须一律接管。并应采取自上而下、按照系统、原封不动、整套接收的办法，不要打乱企业组织原来机构。企业原有人员（包括厂长、局长、监工、工程师及其他职员），除个别破坏分子必须逮捕处分外，应一律留用，并令继续担任原来职务。军事管理委员会只派军事代表去监督其生产,而不应干涉或代替其职务。对企业中的各种组织及制度应照旧保持,不应任意改变或废除。旧制度中有需要加以改良者,旧人员中有需要加以调整者,均须在了解情况后,再作必要与适当的处理。

第二,对私人经营的企业(如工厂、公司、商店、仓库、货栈等)及一切民族工商业的财产,应一律保护不受侵犯。私人工商业中如有股权不明或部分股东确为重要战犯或官僚资本者,应一般暂缓处理。但可先行登记加以监督,防止转移资金货物。对私营企业应坚持“公私兼顾,劳资两利”的方针。一方面要教育说服工人不要提出过高的劳动条件,避免生产降低,经济衰落,工人失业;另一方面要严重警惕资本家故意消极怠工,或借故降低工人的实际工资及其他待遇。必须防止将农村中斗争地富消灭封建的办法错误地应用到城市。同时,对故意消极怠工的资本家,应给以必要的适当的处罚。

第三,对国民党、三青团、青年党、民社党及特务机关等反动组织,应由军事管理委员会或市政府出布告,宣布解散,并没收其所有的公产、档案,严禁其继续进行任何活动。具体办法应遵照中央关于国民党、三青团及对特务机关的处理办法处理之。江南各大城市解放后对保甲人员可暂时利用,使之有助于社会治安的维持。其办法可按照中央关于暂时利用旧保甲长的通知具体处理。

第四,对学校与文化教育机关(如大学、中学、小学、图书馆、博物馆、科学实验室、体育场所等),应采取严格的保护政策。要迅速派人到各学校宣布方针,并与他们开会具体商定维持的办法。对原有学校(除国民党党校军事学校外)一概采取维持原状逐渐改良的方针。在课程方面,应取消其反动的政治课程、公民读本,其余暂行照旧;在教职员方面,除去掉极少数的反动分子外,其余应一概争取继续工作。

第六，部队进入江南应确定中国人民银行所发行的人民票为本币，对伪币、金圆券采取排挤方针，辅之以限额收兑。

第九，对新收复城市的旧有各种税收，原则上应该一律暂时照旧征收。除少数苛捐杂税（如防共捐、戡乱税等），应立即停止征收外，对一般旧有税收、税率及税则，应待调查研究后再行改革。在人民政府税收干部缺乏条件下，除对个别为人民所痛恨的旧税务人员应加处分外，对一般旧税务人员亦可暂行利用，以便逐渐训练改造或待将来再行调换。①

中共中央迅即批准了华东局的指示，并做了批示和补充，强调指出：根据平、津经验，军管会能很好地接收城市及工厂和资财，但军管会不能经营企业和工厂，故军管会在接收后，应迅速将企业、工厂和物资，分别交给各适当的负责的机关管理和经营，否则很难开工营业，即使勉强开工，亦难长期维持。根据平、津经验，新解放的城市，照旧收税是完全可能和必要的。但旧的收税人员，因在群众中种下很大的恶感，群众不信任，后来委任解放军人员任税收局局长，并由解放军人员带领旧人员去收税，发给人民政府税收局的收条，人民才踊跃交税，这一经验望记取。城市解放后，常有许多自发的工人斗争；有些工人、店员在老板恐慌情绪下，分了店铺和作坊，有些区委和支部亦任意处理劳资纠纷。因此，在城市中常造成若干劳资斗争中的无政府状态，破坏人民政府的政策。故在城市解放后，应重新发表新华社的“二七”社论及其他若干关于工人运动的文章，并须规定每个城市的劳资问题及公营工厂中工人与管理机关的争执问题，均须一律经过市总工会及市政府劳动局审

---

① 《华东局关于接管江南城市的指示（草案）》（1949 年 4 月 1 日），见江苏省财政厅、江苏省档案馆、财政经济史编写组编：《华中解放区财政经济史资料选编》第 6 卷，南京大学出版社 1988 年版，第 16—22 页。

查和处理。军管会及党的市委,则须派得力之人去指导总工会及劳动局的工作,使其能有效率地解决一切劳资问题及公营工厂中工人要求问题的同时,并须告诫各支部和区委及其他机关,不要不经请示任意处理劳资问题。国民党的官僚资本企业中,大多有大批冗员及官僚制度,例如工厂中的警卫科、厂警等,工人、职员十分不满,要求迅速改革,而这些人员和机构,也可以迅速改革,故在确定工厂管理关系后,应即发动工人,迅速改革这些制度,以利生产。①

华东局的上述指示和中共中央批示,不仅为解放军接管江南城市提供了明确周全的思想指引与政策依据,而且有助于对江南城市的接管和市场管理工作的顺利推行,对已经解放、接管的江北城市的市场管理工作也同样有指导和借鉴作用。

江北泰州古镇,1949 年 1 月解放时就注意市场整顿和管理。部队和行政人员进城后即掌握与利用旧商会进行工作,首先排除匪患与维持市镇秩序,再经了解、审查,改组商会和同业公会,利用其旧有的法制观念基础,加强新的政治教育,提高其政治认识,团结进步分子,借以配合政府进行工作。在市场整顿方面,配合国营经济如银行、公司等管理市场;对私营工商业物价之掌握,以市场自然为基础,不准故意抬高或压低,并令各公会填报每所商情,特别是油饼、粮食、纱布、五洋等。当物价波动时,除国营经济作有效对策外,工商局召开大会进行宣传动员,以稳定人心。又进行工商业登记。取缔投机与非法活动,稳定物价后,配合税务局进行普查,工商业是否按照登记证上所批准之行业经营,特别是粮食、棉纱。经普查发现,未经批准而兼营其他业务者,如木行等纷纷将

① 《中共中央关于接管江南城市给华东局的指示》(1949 年 4 月),见中国社会科学院经济研究所中国现代经济史组编:《革命根据地经济史料选编》下册,江西人民出版社 1986 年版,第 280—281 页。

粮、纱等抛出,估计有粮万余石,纱七千余包。这对稳定物价也起了一定作用。另外,还配合公安、银行破获金银投机案13起,制造"红三星"烟等伪版案6起,送交法院处理,开大会教育,登报悔过,以保护正当工商业,取缔非法投机活动。同时进行工商业登记。此项工作始于7月15日,10月上旬结束,前后历时3个月,而后填发许可证。登记着重资本审查,注意依靠职工中的积极分子,团结正当商人,争取一切可以争取的力量,孤立少数投机与非法经营者。通过登记,了解了工商业的基本情况,初步建立了工商业户的管理制度,打下了对工商业行政管理的基础。①

关内外解放区商品交换和市场管理方面,遇到的一个重大问题是工农产品价格"剪刀差"。即工业品价格高,农产品价格低。产品的价格以其本身的价值为基础。不过由于供求关系等多种因素影响,产品的市场价格并不会同价值完全重合,而是以价值为轴心上下跳动。所谓工农产品价格"剪刀差",就是工业品的价格总是高于价值,而农产品的价格总是低于价值,而且随着时间的推移,二者与其本身价值背离的程度越来越高,工农产品的价格差距不断增大,形同一把张开的剪子。工农产品价格"剪刀差",并非解放区市场物价波动所致,而是一百多年来帝国主义对华野蛮侵略、残酷攫夺的产物,是列强掠夺中国、城市剥削农村在市场交换中的反映。日本全面侵华战争期间,日本侵略者在赤裸裸地进行暴力掠夺的同时,将扩大工农产品价格"剪刀差"作为掠夺的辅助或欺骗手段;国民党政府也通过扩大工农产品价格"剪刀差",发动和支持反革命内战,所以,在伪满、关内沦陷区和国民党统治区,

① 《泰州市工商管理工作》(1949年12月),见江苏省财政厅、江苏省档案馆、财政经济史编写组编:《华中解放区财政经济史资料选编》第7卷,南京大学出版社1987年版,第531—536页。

工农产品价格“剪刀差”大到令人难以置信的程度,农民甚至用一年收获的粮食换不了一身衣服。

解放战争初期,在关内外部分解放区,民主政府的紧迫任务,就是大幅提高粮价,解决农民穿衣、吃盐难题。在原伪满辖区,民间布、盐奇缺。民主政府购粮和提高粮价前,合江省十七八岁的大姑娘,“衣服一丝一丝的,穿不上裤子”;食盐在农村,比什么都宝贵,“用匙子一匙一匙的量着吃”。① 对此,民主政府购粮时,提高粮价,压低布价、盐价,缩小“剪刀差”。如以 1947 年 5 月的价格同上年 6 月的价格比较,即可见其升降变化。详见表 20-22。

表 20-22 布、盐和大豆、高粱价格变化统计
(1946 年 6 月—1947 年 5 月)

货物/价格/年月	青市布(尺)		食盐(斤)		大豆(斤)		高粱(斤)	
	价格(元)	指数	价格(元)	指数	价格(元)	指数	价格(元)	指数
1946 年 6 月	110	100	40	100	0.7	100	2.5	100
1947 年 5 月	1000	909	200	500	68	9714	62	2480

资料来源:《合江省政府关于购粮工作总结》(1947 年 7 月 25 日),见东北解放区财政经济史编写组等编:《东北解放区财政经济史资料选编》第 3 辑,黑龙江人民出版社 1988 年版,第 21 页。

如表 20-22 所示,一年之间,作为工业品的布匹、食盐价格,分别上涨 8 倍和 4 倍;而作为农产品的大豆、高粱价格,分别上涨了 96 倍和近 24 倍。1946 年春,1 石大豆换不到 1 尺布,4 斗大豆才换 1 斤盐。而到 1947 年,1 石大豆能换 2 丈布,1 斗大豆能换 7

① 《合江省政府关于购粮工作总结》(1947 年 7 月 25 日),见东北解放区财政经济史编写组等编:《东北解放区财政经济史资料选编》第 3 辑,黑龙江人民出版社 1988 年版,第 20 页。

斤盐。粮食值钱,农民生活开始有所改善。农民将盐布问题的初步解决列为共产党为人民服务的“四大惊人功劳”之一(另有分地、剿匪、修江桥三大功劳)。①

1946 年 12 月,东北国营商店建立,对外贸易渠道打通,民主政府大量收购粮食以后,根据市场物价变动情况,不断提高农产品价格,使工农产品价格“剪刀差”进一步缩小。从 1946 年下半年到 1949 年 3 月,大豆、高粱、玉米、混合粮兑换布、盐数量变化,见表 20-23。

表 20-23 大豆、棉布等工农产品兑换数量变化
(1946 年下半年—1949 年 3 月)

农产品换工业品 / 年份	大豆 1 吨换布、盐		高粱 1 吨换布、盐		玉米 1 吨换布、盐		混合粮 1 吨换布、盐	
	白细布(匹)	海盐(吨)	白细布(匹)	海盐(吨)	白细布(匹)	海盐(吨)	白细布(匹)	海盐(吨)
1946 年下半年	0. 34	0. 07	0. 72	0. 14	0. 72	0. 14	0. 60	0. 11
1947 年全年	1. 49	0. 26	1. 80	0. 32	1. 85	0. 33	1. 71	0. 30
1948 年全年	1. 93	0. 33	2. 40	0. 39	1. 86	0. 32	2. 01	0. 25
1949 年 3 月	2. 71	0. 40	3. 09	0. 45	2. 17	0. 32	2. 66	0. 39

资料来源:据《商业部三年来工作概述》(1949 年 5 月),见东北解放区财政经济史编写组等编:《东北解放区财政经济史资料选编》第 3 辑,黑龙江人民出版社 1988 年版,第 218 页统计表改制。

① 参见《合江省政府关于购粮工作总结》(1947 年 7 月 25 日),见东北解放区财政经济史编写组等编:《东北解放区财政经济史资料选编》第 3 辑,黑龙江人民出版社 1988 年版,第 20—21 页。

表 20-23 所列数据显示,从 1946 年下半年到 1949 年 3 月的两年多时间里,工农产品比价已发生巨大变化,1946 年下半年,1 吨大豆只能换 0.34 匹白细布或 70 公斤海盐,到 1949 年 3 月,1 吨大豆可换 2.71 匹白细布,或 400 公斤海盐,以 1946 年粮布平均比价作基数,到 1949 年 3 月,粮布平均比价,粮提高 343%,布降低 77%。从而大大激发了农民的生产积极性。1946 年,因粮价过贱,合江省农民将大豆当柴烧,地里的豆子不收割,因所值不够收割的人工。大豆价钱提高后,当地大豆产量显著增加,1949 年征粮、购粮的大豆数,都超过原计划。对城市职工、居民而言,因国家掌握了足够数量的粮食,保证了城市居民的粮食供应,而且粮价平稳,市民生活安定。①

关内察哈尔省和平津两市,是典型的工农产品交换关系,工农产品价格“剪刀差”特别突出。察省是产粮区,大部分粮食输入平津,皮毛、山货是出口物品。很多工业品由平津供应,或经由察省输送到周边农村和小城镇。然而,巨大的价格“剪刀差”,成为国内产品交换的拦路虎。粮食、山货、山药、皮毛价格太低,而洋布、毛巾、袜子等工业品价格太高。过去 1 匹洋布换 5 大石小米,1 条并不算好的毛巾要换 3 斤小米,1 匹土布也要换小麦 5 大斗。经过贸易公司的价格调整,1 匹白洋布换小麦 1 石 3 斗,1 匹土布换小麦 1 斗 5 升,但农民仍不合算。农民主要是拿粮食换工业品,所以购买力特别低。农民换回来的日用品主要是土布、食盐、火柴之类,毛巾、袜子在市场上的销路不大。农民只要能凑合,就不买布,结果形成察省北部农民存着粮食,拿布去换不出来的现象。估计

① 《商业部三年来工作概述》(1949 年 5 月),见东北解放区财政经济史编写组等编:《东北解放区财政经济史资料选编》第 3 辑,黑龙江人民出版社 1988 年版,第 218 页。

1949年冬季察哈尔每人还不能穿上一身棉衣。① 这从一个侧面反映出工农产品价格“剪刀差”之大、农民生活水平与购买力之低了。

工农产品价格“剪刀差”，不只是存在于察哈尔省和华北解放区，其他解放区也一样，甚至更严重。针对这种情况，解放区政府必须采取具体措施，缩小工农产品价差，保护农民利益。如苏北解放区政府和泰州贸易公司通过市场管理、物资购销、价格调节，特别是“高收低售政策”等项措施，既保证了市场物资供应，稳定了市场物价，又在一定程度上缩小了工农产品价格“剪刀差”，保护了农民利益。

无论是平常环境，还是物价波动，泰州贸易公司都尽可能通过市场缩小“剪刀差”，保持工农产品正常的价格比例。在1949年夏耕期间，贸易公司调剂农民所需豆饼肥料，并压低价格卖给农民。当地豆饼市场价格以大麦计算，1石大麦置换7片豆饼，而公司始终保持10片左右。在夏粮收购中，运往上海小麦两万袋，又从上海、南通调回工业品，进行抛售，以支持粮价。9月，农民售粮季节，粮价普遍下跌，泰州尤甚。泰州米价比上海米价低30%—40%，“剪刀差”进一步拉大。9月14日价格，上海每包机纱相当于6斗大米，泰州每包机纱相当于9斗大米。在这种情况下，泰州贸易公司按照总公司指示，执行“高收低售政策”，提高粮价，降低纱价，缩小“剪刀差”。因此，“泰州纱米比价，始终没有超出范例”。②

① 《察哈尔省贸易情况》(1949年6月)，见华北解放区财政经济史资料选编编辑组等编：《华北解放区财政经济史资料选编》第2辑，中国财政经济出版社1996年版，第861页。

② 《泰州贸易公司工作总结》(1949年12月)，见江苏省财政厅、江苏省档案馆、财政经济史编写组编：《华中解放区财政经济史资料选编》第7卷，南京大学出版社1987年版，第489—495页。

第五节　解放区的财政和税收制度

解放战争是一场巨大的消耗战,在战争中如何动员和组织解放区的人力、财力、物力,保障战争供给,夺取解放战争的全面胜利,解放全中国,是一项十分艰巨而复杂的任务。毛泽东在1945年12月15日《一九四六年解放区工作方针》中说:“发展生产,保障供给,集中领导,分散经营,军民兼顾,公私兼顾,生产和节约并重等项原则,仍是解决财经问题的适当的方针。”①中共中央1947年5月召开华北财经会议,专门研究了内战全面爆发后的财粮供应问题。《华北财经会议决定》(中共中央1947年1月24日批准了这个决定)成为解放战争时期财政税收方面的重要指导性文件。《华北财经会议决定》提出的一些基本性原则和办法,具体指导和规范了各边区财政税收工作的正常运转。

解放区财政收支的基本原则,既非“量入为出”,亦非“量出为入”,也反对不顾现实条件,单纯强调政府应施“仁政”的主张,而是一切服从革命需要,以满足革命和自卫战争(解放战争)的需要为宗旨。解放区财政的最大困难或问题是日益严重的入不敷出。在支出方面,由于战争规模扩大,脱离生产的人口数量增多,战争费用不断增加,财政支出大幅攀升;而赋税收入和财政收支运行方面,一度普遍出现税收征额上升、人民负担能力下降,支出预算不断扩大、收入来源和数额缩小的反向运动,入不敷出、赤字财政成为解放区财政收支的一般形态。面对这种前所未有的严峻局面,党中央、毛泽东告诫全党和边区政府,共产党绝不能像国民党那样,只顾军队与政府的需要,而不顾人民困难,竭泽而渔,诛求无

① 《毛泽东选集》第四卷,人民出版社1991年版,第1176页。

已。这是旧统治者的思想，是一条死路，绝对不能承袭。但是，也不允许不顾革命形势需要，单纯地强调政府应施“仁政”。这也是错误的观点。因为在日本全面侵华战争时期，抗日战争如不胜利，所谓“仁政”不过是施在日本帝国主义身上，现在则是施在国民党反动派身上，与人民是不相干的。反过来，人民负担虽一时加重，但是渡过了政府与军队的难关，支持了解放战争，打败了国民党反动派，全国得解放，人民就有好日子过，这才是革命政府的“大仁政”。与此类似的是“量出为入”和“量入为出”问题。单纯的“量出为入”是不顾人民的旧统治者的思想，而单纯的“量入为出”，亦是不顾政府与军队需要的所谓“仁政”观点。两者都是要不得的。①

当然，解决财政问题的根本办法，还是毛泽东提出的“发展经济，保障供给”八字方针。离开了经济发展，财政就成为无源之水、无本之木。财政政策的好坏固然足以影响经济，但决定财政的却是经济，没有经济基础而可以解决财政困难的，没有经济不发展而可以使财政充裕的。由于战争形势空前紧张，战争中的人力物力消耗空前巨大，战争直接或间接占有的劳动力数量繁多，如何发展经济，保障供给，比过去更加艰难，党中央和边区政府既要动员巨大力量来支持战争，又须保留必要的力量来发展生产，在两者之间取得平衡。因为生产如不发展，坐吃山空，如此大规模的战争很难长久支持；反之，战争如不胜利，生产也就没有安全保障。因此，必须妥善解决战争与生产两者之间的矛盾，包括人力矛盾和物力矛盾，把战争和生产很好地结合起来，以战争来保护生产，以生产

① 《华北财政经济会议综合报告》（约 1947 年 6 月），见中国社会科学院经济研究所中国现代经济史组编：《革命根据地经济史料选编》下册，江西人民出版社 1986 年版，第 136 页。

来支持战争。

为了及时补充战争中的物资消耗,弥补财政亏空,党中央和边区政府决定大刀阔斧地开源节流:开源方面,取之于民、取之于已、取之于敌三管齐下;清查资财,盘点仓库;动员献粮、献物、献金,善用积蓄;增加发行,多印钞券,暂时舒缓财困;①修改和扩大农业税负担面,按照农村土地改革完成后的新情况,可考虑取消免征点,减少累进率差额,并按照各级土地平均产量征收(勿按实际产量征收),借以奖励增产。节流方面,杜绝贪污浪费,实行精兵简政:精减地方人员,充实部队;军队精简后方机关,充实前线;中心地区精简县、区武装,充实主力;地方机关精减勤杂人员,充实精干,提高干部质量和工作效率,弥补机关裁员导致的空缺;节省民兵、民夫开支,减少不必要的消耗;妥善安排干部家属和编余人员,自己生产解决困难,减轻财政负担;改变工作作风,少开大会,少说空话,多干实事,保证精简工作彻底完成。财政收支和财政制度方面:严格财粮制度,精确审核预算、决算,核实人数,消灭虚报重领弊端。严格供给标准,部队优于地方,前方优于后方,野战军优于地方武装,号召后方人员节衣缩食支援前线;减省地方经费,保障部队最低限度生活(吃饭穿衣)、弹药供给、医药供给、通信器材的供给和必要的炮兵、工兵建设;提倡同甘共苦,降低特殊待遇,严格纠正超过供给标准的浪费现象;大致划一各地区的供给标准,避免苦乐不均,影响部队团结;加强管理,防止资财损失,克服一切浪费

---

① 中央也同时强调,这只能暂时救急,而不可能长久依靠。因为增加发行如不投资生产,而仅用以弥补财政亏空,必然助长投机囤积,加速货币流通,刺激物价高涨,结果增加财政开支,将使财政困难更加严重。增加发行亦不可能减轻人民负担,因为物价高涨、币价低落,损失还是落在人民头上,且其结果比加重负担更加危险。在战争困难,地区缩小时候,更不宜于滥发货币,否则可能引起恶性通货膨胀,使财政经济陷于崩溃状态。

现象;大力开展群众性的生产节约运动,树立艰苦奋斗的思想作风。号召干部向农民生活看齐,而勿羡慕地主、资产阶级的生活。抗战胜利以后各地区的供给标准均已有相当提高按照目前财政状况,这种生活水平已经很难提高,而且在财政特别困难的时候,还应准备必要的降低。并号召人民节衣缩食,全力支援战争。而且战争不可能在几个月内取得全面胜利,不能临时应付,必须作长期艰苦奋斗的打算。正是凭借这些,中国共产党和中国人民克服难以想象的财政和经费困难,最终战胜国民党,取得了解放战争的全面胜利。

一、解放区财政的基本方针政策

解放战争是一场巨大的消耗战,在战争中如何动员和组织解放区的人力、财力、物力,保障战争供给,夺取解放战争的全面胜利,解放全中国,是一项十分艰巨而复杂的任务。这一任务的艰巨性、复杂性和矛盾性在财政领域表现得尤为突出。关于解放区财政的基本方针,毛泽东在 1945 年 12 月 15 日为中共中央起草的对党内的指示中说,关于财政,抗日战争时期的"发展生产,保障供给,集中领导,分散经营,军民兼顾,公私兼顾,生产和节约并重等项原则,仍是解决财经问题的适当的方针"①。

这无疑是 1946 年和整个解放战争时期都适用的财政指导方针。不过毛泽东的这一财政指导方针,并非直接应对战争。而是用于和平、战争两手准备下的地区和平建设。当时,"双十协定"尚未被撕毁,蒋介石对解放区的全面进攻还未开始,指示下发次日,由周恩来、董必武、王若飞、叶剑英、吴玉章、陆定一、邓颖超组

① 《毛泽东选集》第四卷,人民出版社 1991 年版,第 1176 页。

成的中共代表团还从延安飞往重庆,准备出席政治协商会议。就在这一指示的前面,毛泽东还对 1946 年的财政工作做了具体指示:"为着应付最近时期的紧张工作而增重了的财政负担,在一九四六年中,必须有计划有步骤地转到正常状态。人民负担太重者必须酌量减轻。各地脱离生产人员,必须不超过当地财力负担所许可的限度,以利持久。兵贵精不贵多,乃是今后建军原则之一"①。

1946 年 7 月自卫战争开始后,毛泽东以中央的名义,就财政方针和财经工作问题,多次下发指示。1946 年 7 月 20 日在《以自卫战争粉碎蒋介石的进攻》的指示中指出:"为着粉碎蒋介石的进攻,必须作持久打算。必须十分节省地使用我们的人才资源和物质资源,力戒浪费。必须检查和纠正各地已经发生的贪污现象。必须努力生产,使一切必需品,首先是粮食和布匹,完全自给。……在财政供给上,必须使自卫战争的物质需要得到满足,同时又必须使人民负担较前减轻,使我解放区人民虽然处在战争环境,而其生活仍能有所改善。总之,我们是一切依靠自力更生,立于不败之地,和蒋介石的一切依靠外国,完全相反。"②1947 年 2 月 1 日,毛泽东以《迎接中国革命的新高潮》为题,下发党内指示,其中专门谈到生产和财政问题。要求"各地必须作长期打算,努力生产,厉行节约,并在生产和节约的基础上,正确地解决财政问题"③。并提出了三个基本原则:第一个原则是发展生产,保障供给,必须反对片面地着重财政和商业、忽视农业生产和工业生产的错误观点;第二个原则是军民兼顾,公私兼顾,反对只顾一方面、忽

① 《毛泽东选集》第四卷,人民出版社 1991 年版,第 1176 页。

② 《毛泽东选集》第四卷,人民出版社 1991 年版,第 1188 页。

③ 《毛泽东选集》第四卷,人民出版社 1991 年版,第 1216 页。

视另一方面的错误观点；第三个原则是统一领导，分散经营，除依情况应当集中经营者外，必须反对不顾情况，一切集中，不敢放手分散经营的错误观点。[①]

（一）解放战争初期各边区“分散经营”的财政方针政策

解放战争初期，各边区都是以毛泽东的上述财政方针和指示，指导各自的财政工作，解决财经问题，支持解放战争。

陕甘宁边区，自1942年开展大生产运动后，就一直坚持毛泽东“发展生产，保障供给”的财政方针，作为党中央所在地的老根据地，在取得抗日战争的胜利后，又有力地支援了爱国自卫战争，并达到了修养民力的目的。一方面粮食逐年增产；另一方面公粮征收逐年下降，人民负担不仅相对减轻，而且负担数量也绝对减少了。其原因是机关部队的生产打下了自给的根基，提高了粮食消费自给率。在农业生产不断发展的基础上，边区政府还准备将现有的“救国公粮”负担，改为农业统一累进税。[②]

在苏皖边区，1945年12月，边区临时行政委员会[③]发布的《施政纲领》，其中的财政方针是，实行财政收支统一，确立预决算及审计制度，提倡节约，严惩贪污浪费分子，按照人民负担能力，实行合理的税收制度，逐步废止公粮田赋，准备改征统一累进的农业税与营业税，巩固边币信用，稳定币价、物价，实行金融投资，扶助工

---

① 参见《毛泽东选集》第四卷，人民出版社1991年版，第1216页。

② 《公粮负担总结》（1946年1月5日），见陕甘宁边区财政经济史编写组等合编：《解放战争时期陕甘宁边区财政经济史资料选辑》下册，三秦出版社1989年版，第320—327页。

③ 苏皖边区临时行政委员会，1945年10月29日成立于江苏清江浦（即淮阴城），辖苏中、苏北、淮南、淮北四个解放区（郑泽云主编：《苏皖边区史略》，中国文史出版社2005年版，第25—26页）。

农商业及合作事业。①

1946年2月1日,晋察冀中央局专门就财政工作下发四项指示:(1)要求各地在力求收支平衡的精神下进行财政清理,一方面根据供给标准、生产任务,严格掌握所有财政开支,杜绝虚报;另一方面立即清查各部队、机关现存粮款与缴获物资,统一归财政部门掌握,作为今后开支之用。同时在各部队、机关开展大规模的群众性的节约运动。(2)冀中、冀东及各地新解放区,村款负担与浪费十分严重。某些村款负担甚至超过边区款,成为人民的最大负担。各省府、行署应即根据当地情形,规定村款开支标准,严格整理村财政,严禁规定以外的村款征收与开支。勤务动员也已成为人民的一个重大负担,各地须认真整理,严格限制。(3)各地财政预算及盈亏情形,这次边区财政会议有新决定,今年财政必须实行统一预算、分区掌握的原则,由各省、行署根据边区财政会议决定切实掌握各地开支,以求达到明年财政之更进一步的统一。(4)发展经济,保障供给是解放区财政经济的总方针,各地一方面应当用主要精力领导群众生产与机关部队生产,从发展生产中增加政府收入;另一方面还须努力整理财政制度,杜绝浮支浪费。除在生产方面中央局已发有指示外,在财政方面必须做到严格掌握编制与一切财政开支,建立与健全各级的审计委员会,严格纠正打埋伏与浪费现象。②

1946年3月,察哈尔按照中央局的指示,省财政会议拟定的

① 《苏皖边区临时行政委员会施政纲领》(1945年12月),见中国社会科学院经济研究所中国现代经济史组编:《革命根据地经济史料选编》下册,江西人民出版社1986年版,第7页。

② 《中共晋察冀中央局关于财政工作的指示》(1946年2月1日),见华北解放区财政经济史资料选编编辑组等编:《华北解放区财政经济史资料选编》第2辑,中国财政经济出版社1996年版,第947页。

1946年财政方针和财政工作是,“在进一步切实贯彻发展经济保障供给的总方针下,努力发展公私生产,建立长期革命家务,积极开辟财源,彻底清查物资,厉行节约肃清浪费,整理村财政,解决抗勤问题,健全与坚持正常的财政制度,以争取收支平衡,减轻人民负担”①。

1946年6月,国民党政府在美国支持下,撕毁政协决议,发动全面内战后,晋察冀边区形势急剧恶化,财政经济更加困难。10月11日撤出张家口、平绥线被敌侵占,解放区范围缩小,部分地区被分割,全区物资调剂、交流受到很大限制,特别是棉布市场缩小,工业生产和财政来源都缩小了,除冀热辽外,只有1200万负担人口。在大规模的集中的运动战情况下,兵员需要增多,开支标准比过去提高,脱离生产人数比例很高(约占总人口的2%),人民勤务负担也特别繁重。土地改革后,农民生产条件固然改善,但地主土地被清算分配后,地主在负担中的缓冲作用没有了,财政上的负担,大部乃至全部将直接落在农民身上。因财政支出扩大,人民在人力与物力方面的负担比过去加重很多,人民纳税一般已达到其总收入的30%左右(只就农业说)因此土地改革的成果,是否能造成农民生产力的提高,还要看边区政府财政经济政策是否妥善。否则,土地改革的成果将不能巩固,人民的经济情况不能改善。1946年度收支极度不平衡,亏空数目极大,过去军队分散各区,边区级直接开支不大,因之各区上解边区之款亦甚少。现在边区要担负所有野战军的开支,但边区与地方财政关系上还没有依据这个情况适当解决,地方支持边区的精神准备也不足,从而增加了目

① 张苏:《察哈尔省财政会议结论》(1946年3月16日),见华北解放区财政经济史资料选编编辑组等编:《华北解放区财政经济史资料选编》第2辑,中国财政经济出版社1996年版,第951页。

前边区财政措施上的困难。因此,全区必须深刻认识当前财政经济的困难情况,以最大的决心和努力,紧缩编制,厉行节约,精密计算,发展生产,才能克服困难。

基于空前加大的困难,晋察冀中央局对今后财经工作作出了新的调整:(1)贯彻统一领导,分散经营的原则。过去边区强调集中,对分散经营注意不够,今后为适合分散的农村情况与战争环境,使各区的财经措施更能适合本区的特点,并培养各区独立整理财经工作的能力,必须更加注意分散经营。边区一级税局取消,此后各种税收,统由各区自己负责办理(边区在税收政策上统一)。各种税收的确定必须得到边区的批准,地方税收应进行整理,包税制度及地方税收之苛杂部分应取消。各区对边区担负一定的上解任务。各区财政盈亏由边区负责统一调剂。银行、贸易局由各行署或省府统一领导与经营,边区拨一定款项作为各区银行及贸易局的基金。边区银行及贸易公司负责在政策上的领导、物资上的调剂及外汇上的调度,各区在边区统一的政策与调度上,独立经营。统一领导表现在政策上与方针上的统一,财政、物资与金融的调度上的统一。要反对只顾自己不顾别人,只顾局部不顾全面的本位主义。(2)确定新编制与供给标准。根据自卫战争的斗争形势需要,与战争重大消耗下所必需的紧缩,减少非战斗人员,充实前方部队。地方军人数应有一定限度,以充实野战军,用以上原则,重新确定编制。并依照后方照顾前方,地方军队照顾野战军,以及财政困难,紧打窄用的精神,制定本年度供给标准。(3)开展1947年大生产运动。战争消耗极大,群众生活与财政情况已处在十分困难的境地。战争长期持续下去,将有不可想象的困难发生。为使战争能从容支持,而群众又不感到过于繁重,只有努力开展大生产运动。土地改革以后也只有努力开展大生产运动,农民才能真正享受到土地改革的胜利成果。因此,1947年大生产运动必须以最大的努力来进行,任何对大生产运动的忽视,都是单纯财政观点和对人民不负责的表现。(4)机关部队生产方针不应动摇,今后要养成全体人员的劳动习惯,亲自动手,克服困难,动不动要钱的雇佣偏向应加以纠正。各地区可根据当地条件进行农业、工业、手工业生产,并以商业生产作为辅助。但应纠正只搞商业不搞工农业的倾向,纵队、军分区、县以下不得经营商业;纵队、军分区、县以上的商店亦应减少单位,可共同经营一个商店。机关、部队商店的性质应成为群众性合作社的性质,为本单位全体群众服务,而不是解决少数人的问题。并应向政府缴纳营业税,商店人员不能带枪、穿军服,不能吃公粮,应当受所在地的政府管理,营业时不能利用本机关特权,不能占用公款,不能支用差役,在市场波动时,应执行政府所规定的一切紧急措施。为贯彻财经政策,实行统一领导,决定在中央局、区党委两级成立财经委员会和财经办事处。财经委员会是党委的一个专门委员会,财经办事处为政府的一部分,归同级政府领导。同时开展节约的群众运动。节约不能只是少数人监督多数人的节约,而是积极分子带领广大群众的自觉的群众运动。机关生产好的单位,除应担负的生产任务外,应自动地更多担负任务,以节省公家的开支,而减轻人民之负担。①

1946 年 10 月,《中共晋冀鲁豫中央局关于财经工作的决定》科学分析了解放战争的财政经济形势和突出矛盾,明确指出:"由于美国助蒋、反共、殖民地化中国的政策,中国内战将是长期的艰苦的,战争一时不能停止,明年(1947 年)将仍是全国大打的局面,且可能是最紧张、最激烈的一年。因此,财政工作的首要任务是保

① 《中共晋察冀中央局关于财经工作的决定》(1947 年 1 月 10 日),见中国社会科学院经济研究所中国现代经济史组编:《革命根据地经济史料选编》下册,江西人民出版社 1986 年版,第 79—83 页。

证长期战争的军需供给和部队生活的一定水平。但由于我区经过八年抗战(内有三年灾荒),一年自卫战争及找到发展经济的道路较晚、农村经济枯竭,人民负担能力大大减低,所以在完成财政任务时,又必须照顾到人民生活及其负担能力。"这就是毛泽东强调的"军民兼顾"。这是一个矛盾。在晋冀鲁豫边区的财政工作上,还不止这一个矛盾,而是三个矛盾,即"必须大量养兵,必须保障部队一定生活水平,和必须照顾人民负担能力"。从抗日战争开始,这"三个基本矛盾"长年存在。另外,在财务行政上还存在有:上级与下级、地方与军队间的矛盾,上级要求集中统一,下级要求独立自主,军队埋怨地方认为不能保障供给,地方埋怨军队有本位主义、无群众观点,甚至把地方看成供给部;在公营经济上,有公与私、大公与小公的矛盾;在区与区之间,又存在着相互封锁,对敌斗争对内交流不协调的现象。"这许多矛盾问题,从未得到妥善解决,以致财政供给困难,财务行政混乱,相互推诿相互埋怨,甚至造成党内不团结"。解放战争爆发后,又产生新的问题,即落后的分散的小农经济、小手工业生产,加交通不便与比较近代化的集中的大兵团作战,和随之而来的供求之间的矛盾。边区党和干部对这一矛盾所产生的困难应有足够的估计。

关于人民负担能力,在八年抗战、一年自卫战争,农村生产未大发展、经济枯竭的情况下,人民负担能力究竟能有多大?究竟能支持多久?为了争取自卫战争的胜利,最低限度需要养兵多少才能继续作战?党政军民生活待遇标准,究竟应有多高方能维持?这三个问题互相制约,互相矛盾,经过认真研究分析,得出的结论是:人民的负担不能超过 4 斗至 4 斗 2 升小米;一个兵的生活标准不能超过 15 石小米。抗战期间曾宣布过战后负担可以减轻,现在反而增加了,这是为了保卫解放区,打败蒋介石,争取革命胜利,给人民谋永久幸福,增加负担是难免的。但必须有一个限度。1947

年军费准备差不多核减 1/3,这是很大的成绩,经验证明,只要采取民主方式、从思想上解决问题,部分了解全局、下级了解上级、上级照顾下级,再经过合理的精确计算,问题即可迎刃而解。

关于发展生产,保障供给,生产和节约并重的指导原则。为了完成"保障供给"的财经任务,财经工作应根据落后的分散的小农经济、小手工业生产加交通不便,且生产一时不容易大发展起来,及比较近代化的集中的大兵团作战所产生的严重困难的情况出发,"反对不作长期打算,无统一计划、无集中组织的头痛医头、脚痛医脚的办法。因此,必须大量发展经济保障供给,这是财经工作最基本的一环"。1947 年春耕前全区土地改革初步完成后,要用全力组织全区的大生产运动。如果没有全区的群众性的大生产运动,增产粮食、棉花、布匹及其他日用品,就根本谈不到任何财政问题的解决;反对认为生产缓不济急,或认为农村生产利润不大,而把重点放在商业投机,甚至贩卖美货或发票子的观点上。应明确树立不依靠蒋、美,并抵制美货,实行保护政策,独立自主发展经济,争取达到自给自足的方针。必须积极开辟财源,发展公营工商运输事业,加强对外贸易的指导,加强内地物资交流,区间商业自由,不得自行征税,以便畅通贸易,发展经济。战争缴获物资归公,并进行清理后方,清出的物资缴公。这一开辟财源工作与大生产运动同时进行,反对把解决财政困难问题,仅仅放在节约上(这是十分重要的,但必要的不可缺少的开支则应充分保证),而应该把重心放在发展生产增加人民财富及积极开辟财源上。必须提倡精确的科学的合理计算,一切财政收支实行严格的审计会计制度,一切公营商业中实行成本会计制,严格整理村财政,建立计算人力、物力并向村民定期报告收支情况的制度,加强一切后勤司令部的工作,实行支用民力的计算制,要十分爱惜民力、物力、财力,提高对人民无限负责的精神;反对仇视制度一切机动处理的有害观点,反对以为只要在前线作战,即可不顾一切地不加计算地使用民力的想法。如一个战役的作战兵员数与民力支付的比例,根据计算和经验证明1∶1或1∶1.5即够用,而某些部队、某些地方往往用到四个甚至五六个等,浪费惊人。现在某些地方,民力的负担等于甚至超过其上解公粮数。提倡虽在战争紧张中间,亦能时刻计算节省民力、反对一把抓的现象,反对漫无计划,随要随给,要什么抓什么,一年不算账,毛手毛脚的作风,提倡全面计划、科学计算的作风。必须厉行节约,提倡艰苦奋斗,不浪费、不枉用一文钱,力戒铺张浪费,节省民力、物力、财力,坚决纠正以为抗战艰苦八年,现在应宽一些、享受一点的有害观点。为此晋冀鲁豫中央局决定,有关全区的财政政策方针,如人民负担、全区脱离生产人数、供给待遇基本标准、军费支付、对外贸易管理、银行发行等,统由中央局议决。关于供给原则和标准,必须地方照顾军队(军队待遇比地方待遇高)、普通区照顾作战区(较多战役地区的战争动员费由全区调剂补助)、平原帮助山地。供给以维持一般生活水平为标准,以实物计算,支拨粮款,先军队后地方,先上解后自己。1947年预定预算及开支比例,每人每年平均直接负担4斗5升小米(这是抗战以来最高负担)。为了集中力量起见,决定成立中央局、区党委两级的财经委员会,对外称"军政联合财政办事处",是一个权力机关,其决定各财经系统须遵照执行。①

东北解放区,与上揭晋察冀边区、晋冀鲁豫边区不同,经受了

① 《中共晋冀鲁豫中央局关于财经工作的决定》(1946年10月10日),见中国社会科学院经济研究所中国现代经济史组编:《革命根据地经济史料选编》下册,江西人民出版社1986年版,第9—12页;《中共晋冀鲁豫中央局九月财经会议的报告》(约1946年10月),见中国社会科学院经济研究所中国现代经济史组编:《革命根据地经济史料选编》下册,江西人民出版社1986年版,第60—61页。

日本帝国主义长达14年的蹂躏、攫夺,人民已经困苦不堪,财政负担能力远比老解放区薄弱。但因处于战争时期,负担异常沉重:脱产人员占总人口的5%—6%,公粮超出农民收获量的15%以上。村公费、战争动员等额外负担,比经常负担还要繁重。北部地区解放之初,先是靠敌伪物资,以后靠银行发行。到1946年年末1947年年初,敌伪物资用完,货币发行已达饱和点。“商业不流通,工业未恢复,人民生活仍是贫困,群众负担已是够重,财政收入不能增加了。但战争的消耗,部队的扩大,1947年的支出比1946年更要巨大,财政一定更为困难”。

民主政府根据上述情况,确定的财政方针是:“生产节约”。而其中特别强调的是生产,强调的是积极方面,当然也必须节约。后方人员要节衣缩食,艰苦奋斗;前方流血牺牲,要吃饱穿暖。根据这一方针确定的政策是,清理家务、建立家务,调整各种公产及收入,绝不能以增加税收、增加人民负担或采取通货政策来解决财政上的困难。具体办法是:

(1)统一财政,克服紊乱和各自为政、各省各军苦乐不均的问题。统一的原则是“统筹分支”,而不是“统筹统支”。统一的项目,一是税收,取消各省关卡,将各省关税性质的税收统一于财办处,内地税取消或合并税目。二是建立预决算的核算制度。无单据的账目不准报销,不准随便增加预算,各县对各省,各省对财办处要建立汇报制度。三是统一发行:统一和统制各省发行,首先要做到停止发行。四是统一对外贸易,各省公营商业必须采取合股分红办法,禁止各单位自行经营。

(2)生产自给。一是各省党政军民清理家务,组织清理委员会,将全部家务进行登记。除军工器材及大机械厂外,不拿走,原则上仍归各单位所有。二是各部队机关组织生产委员会,按当地情况主要进行农业、副业与工业生产。各生产委员会在会议上按各单位之情况,规定生产任务,由各省财政上调拨资金(即按人数分配生产)。私人在不妨碍公共生产及工作条件下,允许进行农业、手工业之生产。三是可进行工矿、工厂的生产,但不要赔本,地区要安全。各省可进行中型的工业生产,大的、各省无能力经营的,由财办处办。省对县亦然,不过只有大小之分而已。四是各县伪满时期的农场,可建立经济农场,各省和财办处建立实验农场。各县在伪满时有无农场,要报告财办处。五是司法机关的普通犯人,可进行生产。六是各级系统,特别是军队系统,要设立必要的军需工厂,如皮革工厂是合算的,成本少、质量好、不浪费。

(3)节约与禁止贪污浪费:一是降低供给标准,区别前方与后方、作战与非作战;上级机关尽量减少临时费、特别费;东北局一般的同志取消中灶,降低小灶到中灶,改善大灶;降低小孩与家属的待遇;不让保健费变成津贴,真正做到保健;部队战时供给标准,取消不合理部分,但战士生活必须保证饱暖,必须要照顾战士在前方流血作战。二是精简,杜绝干部少,马匹、杂务人员、警卫员多的情况。以后凡编制外人员、马匹一律不供给,生产人员除大的贸易公司外,概不供给。三是凡公营事业不论大小,一律实行经济核算制。四是不论大小首长,不准用公款以私人名义送礼。机关送礼应尽量减少。五是严格注意村财政之浪费。由上级派下去的人要严守制度,下面人员不供应上级下去人员。要防止乱动员,防止浪费。六是防止被服粮食浪费。服装规定一定尺寸,军队与党政民之颜色要有区别;收回棉衣,发给单衣,不交棉衣,不发单衣;建立人员服装介绍表制度,禁止买卖公家发给的棉衣及一切装备;粮食要有核算制;粮票要有大小两种,由粮政局发给,军队不准出卖与兑换粮食,违者刑事处分;公家烧锅停止,私人烧锅限制;凡生产节约好的实行奖励,浪费可耻,贪污处罚,重者重罚,轻者轻罚。尤其是财政经济机关,有便利贪污之条件与环境,应特别注意。经济机关要有适当的供给标准。①

(二)华北财经会议和从分散转为集中的财政方针政策

由于战争规模空前,消耗巨大,又是以传统落后的农村经济和交通运输工具,支持近代化的运动战,战争需要与人民负担的矛盾十分尖锐,几乎无法解决。到1946年年末1947年年初,战争已经持续一年,新老解放区的财政经济全都深陷困境。在这种情况下,中共中央采纳晋察冀中央局的提议,召集华北财经会议。在这之前,1946年9月,晋冀鲁豫边区在邯郸庞村召开财经会议,重点讨论了三个议题:人民负担有多大,能支持多久;一个士兵的生活标准有多高,始能维持;最低限度需养兵多少,始能继续作战。经过分析、讨论,统一和提高了认识,形成了前揭《中共晋冀鲁豫中央局关于财经工作的决定》的重要文件,明确了下一步工作方向,会议效果非常不错。于是中央于1947年1月3日发出通知,召开华北财经会议,规定主题是"交换各区财经工作经验,讨论各区货物交流及货币、税收、资源互相帮助、对国民党进行统一的财经斗争等项,并可由各区派人成立永久的华北财经情报和指导机关"。通过会议,"动员全体军民一致奋斗,并统一各区步调,利用各区一切财经条件和资源,及实行各区大公无私的互相调剂,完全克服本位主义",达到"长期支持战争"的目的。②

华北财经会议是一次十分重要的会议,会议历时将近三个月,

① 参见李六如:《关于财政问题的结论报告》(1947年1月21日),见东北解放区财政经济史编写组等编:《东北解放区财政经济史资料选编》第4辑,黑龙江人民出版社1988年版,第30—35页。

② 《中央关于召开华北财经会议的指示》(1947年1月3日),见中央档案馆编:《中共中央文件选集》第16册(1946—1947),中共中央党校出版社1991年版,第376页。

回顾、总结了各边区的财经和金融工作经验,就一些重大问题展开深入讨论,统一了思想认识,作出了多个重要决议,确定了今后财经工作的方针,不仅对调整、统一解放区的财政政策和措施,协调各边区的财经关系,集中统一各边区力量,支援解放战争,加快解放战争的胜利步伐,具有十分重要的意义,而且为新中国的财经、金融工作奠定了基础。

财经工作是会议的主题和核心。会议高屋建瓴,而又脚踏实地,鉴于爱国自卫战争即将转入全面反攻,但国民党反动派在美帝国主义支持下,仍将顽强挣扎。革命党人必须更加努力,使用一切力量,艰苦斗争,才能取得胜利。为达目的,在财经工作方面,必须解决下面两个重大问题。

第一,如何保证爱国自卫战争中的财粮供给?这次战争在中国历史上是空前的,规模最大,人数最多,斗争空前紧张,消耗空前严重。以当时解放区落后的农村经济和落后的交通运输工具,支持供应这样一个大规模的近代化的战争,困难自不待言。战争需要与人民负担是矛盾的,这个矛盾很难解决,但是必须解决,这就需要大家来想办法。战争最少需要多少军队,人民最多能够养活多少军队,生活待遇应当怎样规定,怎样保证,如何开源节流,既能保证战争供给,又不至于过分加重人民负担,更不至于妨碍生产发展?战争虽然日渐接近胜利,但仍要作长期打算。不但需要克服目前困难,且须照顾将来,必须继续扶助群众生产,通过发展经济来保障供给。所以,保障战争供给,不仅是个财政问题,而且是个经济问题,必须通盘研究,通盘计划。

第二,土地改革以后,解放区经济建设应当采取什么新的方针?土地改革使数千万农民抬头翻身,积极发展生产,支援战争,这是解放区财经工作上的一个很有利的条件。土地改革完成以后,封建经济制度自然迅速崩溃。但是封建经济制度崩溃以后,新的经济制度(新民主主义的经济制度)能否顺利发展,这个问题还要依靠民主政府主观努力才能解决。如果不能够在土地改革中间鼓励农民生产发家,如果不能帮助贫苦农民,解决由于土地更加分散和缺乏耕畜、农具所引起的困难,那么生产不但不能迅速发展,还有可能暂时减退。同时由于战争空前紧张,民兵、民夫纷纷支援前线,许多地区劳力缺乏,已使生产遭遇严重困难,这个问题也必须解决,在解决了中国经济的半封建性以后,还必须解决中国经济的半殖民地性,即自力更生,建设自给经济,争取经济上的独立自主。只有如此,才能保证战争胜利,争取新民主主义经济的真正实现。

会议检讨过去工作,交换各地区的工作经验,并讨论了上述两大问题以后,直奔核心,提出了财政经济工作的两个基本方针。

第一,"发展经济,保障供给"。自从毛泽东同志提出这一正确方针以后,各地均已开始重视经济工作,多数地区且已获得显著成绩,如农业生产和手工业生产的恢复和发展,最近几年是有显著成绩的;因此财政开支虽然年年增加,人民负担尚未感到严重困难,当时战争形势空前紧张,战争中的人力物力消耗空前巨大,如何发展经济,保障供给,将比过去更加困难,必须动员巨大力量来支持战争,同时又须保留必要的力量来发展生产。因为生产如不发展,这样大规模的战争很难长久支持;反之,战争如不胜利,则生产也就毫无保障。因此,必须更有计划地组织广大群众力量,且须更注意节约人力物力,想出一切办法来解决战争和生产这两大问题,要把战争和生产很好地结合起来,以战争来保护生产,以生产来支持战争。

第二,"公私兼顾,军民兼顾"。会议同时批判了国民党"竭泽而渔"的财政政策和某些人强调的"仁政"观点。国民党"不顾人民困难,只顾军队与政府的需要,竭泽而渔,诛求无已"。这当然不能承袭;但不顾现实条件,单纯地强调政府应施仁政,这也是错误的观点。因战争消耗巨大,必须大刀阔斧开源节流,才能渡过目前严重困难。但在增加人民负担时,仍须慎重研究人民的负担能力。战争不可能在几个月内取得全面胜利,临时应付不作长期打算,同样也是要不得的。同时,在经济上要公私兼顾。新民主主义经济是由公营经济、私营经济、合作社经济这三者所组成的。在这三种经济成分中,公营经济应在金融事业、对外贸易、交通事业和重工业生产中占领导地位(并非独占地位)但公营经济当时还不能在解放区经济中占主要地位,当时主要还是发展私营经济和合作社经济。公营经济应当扶助私营经济和合作社经济,不应与民争利,不应利用特殊地位阻碍私营经济的发展。在私营经济中,资本主义私营经济是应当扶助的、奖励的,它在独立和平民主的新中国实现后,将有更广大的发展。但在当时战时的农村环境中,资本主义私营经济因受客观条件限制,亦不能占主要地位。所以扶助小生产者的私营经济,并把他们逐渐组织起来,使之成为建立在个体经济基础上的合作社经济,便应成为解放区经济工作中的主要任务。把公营经济与合作社经济结合起来,通过合作社来扶助群众生产,这应当是解放区今后经济发展的方向。

在财经的组织领导方面,会议认为,为适应战争和经济发展的需要,必须逐渐从分散走向统一。抗战时期在敌人分割封锁的严重情况下,分散管理,独立自主解决困难,是完全必要的,非此不能克服当时严重困难,保证抗战胜利。但在今天自卫战争的情况下,如不逐渐从分散走向统一,则部队机动和经济发展必将因此增加许多困难。所以一致拥护在党中央的直接领导下,成立华北财经办事处,来调整各地区的货币、贸易关系,并在财政上作适当调剂。统一规定各地区的人民负担和供给标准,统一计划各地区的货币发行,经济建设,以及对敌经济斗争,并在这些基础上,逐渐达到各解放区财政经济工作的进一步统一。

在明确了财经工作的基本方针和组织领导后，会议还就财经工作的一些具体问题，进行讨论和综合，形成共识，并有初步答案，这些实际上成为各边区、地区的财经政策、办法，或为拟定、调整财经政策提供相关参数，作为制定或执行政策的准则。这些问题主要包括以下几个方面。

(1)开辟财源，保障战争供给。保障战争供给首先就要开辟财源。各解放区的财政收入，农业负担占最重要的部分，其他收入(包括各种税捐和专卖统销等类收入)仅占次要甚至不很重要的地位。如其他收入较多的山东，农业负担仍占一半以上，晋冀鲁豫占 3/4，其他各地均占 80%上下。当时的解放区绝大部分是农村，即使在土地改革完成以后，农业负担仍然不可避免地要全部落在农民身上。过去有些地区把农业负担以外的其他税捐当作“苛捐杂税”，而不认真征收，这是不正确的想法。其他税捐虽然也大部分转嫁到农民(农民是主要的消费者)的身上，但对生产发展影响较小，目前仍是民主政府应开辟的财源。

在其他收入中，包括各种税捐和统销专卖利润，其中主要的有：进出口货物税、内地产销交易税、烟酒税、契税、营业税等。进出口货物税不但是一项重要收入，且为保护生产，调节输出输入，开展对敌经济斗争的一个重要武器，应与对外贸易管理工作配合。内地产销交易税也应当与市集管理工作配合进行，防止滥征，应当便利交易而不影响市集繁荣，晋冀鲁豫建立交易所的经验可供各地参考。烟酒可以征收重税，借以减少消耗，山东等地烧酒限由政府经营，成为财政上的一个巨大收入。会议研究各地税收尚未达到最高限度，如能好好整理，有些税收尚能增加数倍。某些特产品的专卖统销(例如山东的食盐)，也在财政收入上有部分帮助。将来公营事业日渐发展，公营企业收入也许可能在财政收入上渐占重要地位,这比征收间接税是更合理的办法。

财政收入的第二个重要来源是取之于己,即机关、部队生产自给。过去几年对于克服财政困难也有相当大的贡献,如陕甘宁边区曾有某些部队作到完全生产自给。但因战争环境,生产自给是相当有困难的,且掌握不好时易产生各种流弊。为杜绝流弊,纠正投机贸易所造成的市场混乱,去年各地多已开始整理部队、机关生产,规定部队、机关生产应以农业、手工业生产及运输为主,反对投机贸易,并酌量减轻部队、机关的生产任务,野战军全部生活均由政府供给。同时合并部队、机关所开设的公营商店,组织生产委员会来统一领导。或者取消这类公营商店,将其干部、资金交给政府贸易机关,给以一定数额的红利。部队、机关生产赢利的开支亦应遵守制度,向上报告,向下公布,反对贪污浪费。这些整理办法实行以后,已经收到部分效果,此后仍应按此方针继续贯彻下去。

第三个重要来源是取之于敌,即以战争缴获来解决财粮供给上的部分困难。如在武器、弹药方面,过去便主要是依靠战争缴获来解决的,大进军时所缴获的粮食等类物资,也在保证供给上起了相当大的作用。现在各地战争缴获仍然为数很大,如能用作财政收入,也可有助于战争供给(如最近晋南战役缴获归公的有粮食 3 万石,食盐 15 万斤,棉花 20 万斤,子弹 180 万发,对于解决财政困难帮助很大)。可惜过去大多未能好好接收,浪费破坏相当严重。最近中央指示“我们现在的后方是在前线,主要的军火、资材取之于敌”。今后必须特别注意这个问题,组织委员会来负责接收缴获物资,并在军队中间进行教育,克服本位主义思想。

第四个重要来源是清查资财,动员献粮、献物、献金,拿出过去的积蓄来渡过战争难关。过去部队、机关打埋伏的现象相当严重,至今仍有许多粮食、物资(大多数是战争缴获)到处埋藏,未能利用,甚至由于经手人的调动已经无人过问。这些物资必须清查出来，做到物尽其用。机关、部队过去所建立的家务应当部分捐献出来，用以解决财政困难，支持战争需要。过去利用贪污中饱等类方法所取得的不义资财，如果自动献出，一律免予处分，否则一经查出，应受纪律制裁。

第五个重要来源是增加货币发行，来暂时解决财政上的困难。因紧急情况财政困难完全无法解决时，用增加发行的办法来暂时救急也是可以采用的。但只能暂时救急，而不可长久依靠。因既未直接增加物资财富亦不可能减轻人民负担，不可视为安全永久之计。

（2）精简节约，服从战争需要。与开源同样重要的是节流，即实行精简节约，减省财政开支。精简一方面要照顾人民负担能力，另一方面要照顾战争需要。一般来讲，脱离生产人员如不超过总人数的2%，尚有力量负担。如果超过2%，那就比较困难。如果超过3%，那就很难单靠普通开源节流方法所能完全解决，必须依靠邻区援助，或靠其他特殊来源才能克服困难。平原比较山区负担能力要大一点，战争时期比较和平时期困难要多一点。依此计算，现在多数地区已经达到饱和状态，有些地区且已超过，因此精简工作便很重要。

精简工作必须掌握下列几个原则：一是精简地方人员，充实部队，服从战争需要（部队至少应占3/4，地方人员不应超过1/4），在战争期间，全部财政开支军费至少应占85%，地方经费不应超过15%。二是部队要精简后方机关，充实前方，提高战斗力。三是中心地区要精简县、区武装，充实主力（部队中间应当有1/2至2/3的野战军）。四是地方机关要精减勤杂人员，减少骡马，保留工作所必需的干部数量。五是精简机构，可合并的合并，可裁撤的裁撤，精简业务，可不办的不办，可缓办的缓办。六是提高干部质量，提高工作效率，补救由于减少人员数量所引起的困难。七是在战争情况中,民兵、民夫开支浩大,必须努力节省,减少不必要的消耗。此外还要安插干部家属,以及其他编余人员,自己生产解决困难。适当改变工作作风,少开大会,少说空话,停止一切不必要的活动,这样才能保证精简工作彻底完成。

节约工作也应掌握下列几个原则:一是严格财粮制度,精确审核预算、决算,核实人数,消灭虚报重领等类现象。二是严格供给标准,部队优于地方,前方优于后方,野战军优于地方武装,号召后方人员节衣缩食支援前线。三是减省地方经费,军费主要用于保障部队最低限度生活(吃饭穿衣)、弹药供给、医药供给、通信器材的供给和必要的炮兵、工兵建设,其他开支亦应力求节省。四是提倡同甘共苦,降低特殊待遇,严格纠正超过供给标准的浪费现象。五是各地区的供给标准应求大体一致,以免苦乐不均,影响部队团结,但亦应有适当差别,富庶地区生活水平太低了会影响部队巩固,贫瘠地区生活水平太高了会脱离群众。六是加强管理工作,防止资财损失,克服一切浪费现象。七是开展群众性的生产节约运动,树立艰苦斗争思想准备。

抗战胜利后,各地区的供给标准均已有相当程度的提高,现又稍稍降低。目前多数地区服装供给是单衣 1 套(县区武装、军队后方及地方人员)至两套(野战军部队),鞋子 4 双至 6 双(干部少,战士多,平原少,山区多),棉衣两年 1 套(每年补充一半)。衣服一律采用土布,并应尽可能地采用土制颜料,菜金是 5 钱油、5 钱盐(地方各减一钱),1 斤菜,每月 1 斤(地方机关)至 2 斤(主力部队)猪肉,主力部队全由政府供给,地方机关部分需要自己解决。维持上述生活水准,部队每人每年平均亦需小米十五六市石,地方人员 10 市石,按照目前财政状况,这种生活水平已经很难再提高,在财政特别困难的时候,还应准备必要的降低。

(3)人民负担与负担政策。在扩大财政收入时,必须慎重计算人民的负担能力，在现今农业生产水平下，一个农民每年究竟能够负担多少粮食，难以精确计算。根据晋冀鲁豫边区研究，一般年景每人每年至多可以负担小米4斗2升至5斗（市斗，柴草在内），约占其农业收入的15%。如按这个标准计算，今天多数地区人民负担尚未达到最高限度，但各地土地多少不同，肥瘠不同，生产条件不同，年景丰歉又有很显著的差异，所以最高负担标准应当经过调查研究，因时因地各自规定。按照各地情形研究起来，农业负担如不超过其农业收入的15%，一般农民还不至于感到负担过重。在严重的战争情况下，应当号召人民节衣缩食，支援前线。如果每人每天能够节省半两到一两粮食，便可多养20万到40万军队，这对争取战争胜利自然是一巨大贡献。

其次值得研究的是工商业的负担。乡村中间除有极少数的商店、作坊外，大多数是流动商贩和手工业者。手工业者不应征税（或作副业收入征收），流动商贩因为过于分散，按照过去经验，也只能征收定额的牌照税。如用太麻烦的计算方法，往往费力多而收税少，得不偿失。城市和重要集镇可以征收工商业税，但按资金征收或按盈利征收的办法均难调查（因为商人都怕人家知道他的资金及赢利数额），形式上是科学方法，实际还是不科学的。根据某些地区的经验，最好还是采用分级计分办法，即由政府规定税款总额，而由商人自己民主讨论，按其资金、营业谋利状况评定等级，按级计分，分摊税款。这样既免调查麻烦，且较公平合理，这个经验可供各地参考。

在土地改革完成后，农业负担政策应按新的情况加以修改。经研究有如下考虑：一是负担面应扩大，免征点可考虑取消。因为一般农民均已分到土地，均应负担公粮。二是累进率应减少差额，因为地主以及部分富农已将多余土地分给贫苦农民，今天分得较多较好土地的大多数是抗属、烈属，不应加重这些人的负担。三是按照各级土地平均产量征收(勿按实际产量征收),借以奖励增产。四是军属、烈属、工属和孤儿寡妇没有劳动力的人家均应当酌量减轻负担。

(4)加强粮食工作。粮食征收是财政收入的主要部分,各地平均约占全部财政收入的3/4。在人民的全部生活中,粮食亦占最重要的地位。过去各地均有重财轻粮的错误观点,好像粮食损失一点不太重要,这样的错误观点必须彻底纠正。战争时期粮食供给是极重要且极困难的工作,粮食供给不上就会直接影响战争胜利。

所谓改进粮食工作,首先是要改进粮食征收工作。为着完成征收任务,且能正确执行负担政策,真正作到公平合理,必须完成土地的清查登记工作。在土地改革中,土地的清查登记可与土地改革以及税契工作结合进行。要把亩数、等级、产量分别清查登记,以便正确计算各户负担。清查登记乃至公粮征收必须运用群众力量,才能顺利完成。征收工作应在短期内突击完成。尽可能做到没有尾欠。边沿地区须早征、快征,配合武装斗争完成征收任务。

其次是要改进粮食的保管和运输、调剂工作。抗战时期各地公粮均由群众分散保存,避免敌伪掠夺,但很难管理,损失很大。现在中心地区多已建立仓库,集中领导,分散管理,但在边沿地区仍应交给人民分散保存。粮食的保管、运输应与调剂工作相结合,计算各地征粮吃粮多少,有计划地向缺粮地区输送。粮食贱的地区可备价采购,而在粮食贵的地区出售余粮。战争时期由于部队迅速机动,粮食的运输、调剂非常困难。应派坚强干部建立流动粮站,组织运输力量,完成这一紧急任务。

再次是要改善粮食开支手续,杜绝多支、重领等类贪污浪费现象。在战争期间,如何保证部队灵活机动不感支粮困难,同时又不紊乱支付手续，这也是个困难问题。应当灵活运用平时支粮证、战时支粮证和小额粮票等类办法，克服这一困难。民兵、民夫成千上万，东奔西跑，所需粮食更难精确计算。应在民兵、民夫中间建立供给机关，或归部队及兵站统一供给，消灭混乱现象。负责干部必须亲自掌握，以便及时解决困难，减少不必要的浪费。

最后是要与敌人进行粮食斗争。在敌人深入解放区作战时，粮食斗争便更重要。应当及时转移粮食，动员群众坚壁清野，这样不仅减少自己损失，而且可以加重敌人的困难。敌占城市被解放军完全包围时，也可组织力量封锁粮食，使其不易长期坚守。麦收、秋收期间，应在边沿地区，动员群众快收、快打、快晒、快藏，防止敌人掠夺，且应领导人民进行反征购的斗争，组织民兵和地方武装打击其抢粮队和征收队。且可大量收购粮食，把它掌握起来，方便与敌人进行粮食斗争。

(5)调整战勤，节约民力。大兵团的机动作战，粮食、弹药和伤病员的运送完全依靠民夫，战争勤务成为战区人民的最重要的负担。过去对于数万民兵、民夫的组织管理缺乏经验，浪费现象相当严重，战事紧张时往往达到一兵三夫。这样多的民兵、民夫东奔西走，有半数以上的力量是白白浪费的。若能完全做好组织管理工作，则平时三兵一夫、战时一兵一夫，已能完成战争勤务，且能改善运输供应工作。现在有些地区，因出夫太多，生产工作受到严重影响，战勤负担已远超过了公粮负担。因此把节约民力放在与节约粮食、资财同样重要的位置，这是减轻人民负担之一极重要的部分。

调整战勤，节约民力，首先是要改进民兵、民夫的使用办法，达到组织化，制度化：一是支用民夫应有严格限制，除运送伤病员和运输粮食、弹药等战争必需事务外，一般不应支用民夫。各地兵站应当负责检查来往人员，如有违反规定浪费民力现象，应予纠正。

二是战勤需要和民夫使用应当通盘筹划，精确计算，减少一切不必要的浪费。要以指挥部队，使用部队的严肃态度来指挥民兵、民夫，使用民兵、民夫。三是改善民兵、民夫的管理教育工作，照顾他们生活上的困难，帮助他们家属解决生产上的困难，借以减少逃跑，提高工作情绪。四是在乡村中普遍进行支援前线的教育，帮助民兵、民夫解决困难，对于逃跑回来的民兵、民夫耐心教育，使其自愿重上前线。

其次，要使战勤负担公平合理，在这方面应当注意的：一是支援战争人人有责，不应当把战勤负担压在少数人的肩上。民兵、村干也要负担战争勤务，妇女可以参加磨面、洗衣、做鞋等类工作。二是战争勤务记分算钱，发给工票，可与劳动互助及优抗代耕互相变工。这样就不至于劳逸不均，且不至于因支援前线妨碍家庭生产。三是工商业者(包括雇工、店员)不能出夫时，可与别人变工，或以代金代替出夫。四是战区与后方，交通要道与偏僻地区战争勤务多寡悬殊，政府应当设法调剂。如规定每人每月应有多少天的义务劳动，后方酌收代金，用以补助战区，或者组织各地区的人民互相变工，使战勤与生产相结合。

最后，要改善交通运输工作，使战时工作部分经常化。如山东用常备民夫或子弟兵团来代替民夫担任前线战勤，比较临时动员民夫可以大大提高工作效率；野战军可以建立一定数量常备的担架队、运输队，平时加强管理教育，战时便能发挥大效果；还可加强兵站工作，兵站和粮食局应补充交通工具，建立运输队，使战时粮食、弹药的运输不必完全依靠民夫。并须改善担架，使伤病员的运送比较便利。当下虽然还不可能建立机械化的交通运输工作，但如完全依靠太落后的工具和游击战争时期所采用的办法，已不可能满足战争需要。

(6)整理村财政。村财政是当前财政工作最薄弱的环节。因多数地区对于村财政是采取放任自流态度,浪费现象相当严重。太行区是整理村财政较有成绩的地区,但据武安县的调查,村财政开支仍达边区粮款的40%—50%。其他地区可能更多,有些地区超过农业累进税的总额。为了减轻人民负担,保障战争供给,整理村财政与整理粮食工作,调整战争勤务有着同等重要意义。在准备反攻的关键时刻,更应当把整理村财政当作集中力量支援战争的重要措施(如太行山提"整理村财政,准备大反攻"),并与村干部立功运动结合起来。

整理村财政的办法,在新区要发动群众,改造干部,建立制度,清理财政,要与其他工作密切结合,其他工作做不好时很难单独收效。在老区则比较容易,主要在于加强领导,只要定出办法,大多能够执行。晋冀鲁豫整理村财政的办法有两种:一种是地方经费(包括村政经费)全由县政府统筹统支。凡是统筹统支地方,开支一般比较节省。另一种是由县政府统一规定征收和开支标准,由村自己民主评议,按此标准自筹自支,按期公布账目,并交区公所审核。这种由上而下管理监督,由下而上民主评议办法,比较简单易行,可以普遍采用。

村财政的收入,应按各地具体情形规定,根据晋冀鲁豫经验,大概每人每年需要负担小米5—6斤。除依靠群众负担,还可整理公产、公款,及投资合作社等办法,以其收益或红利来补助村政开支,太行有些地区已经做到完全不需群众负担。山东在土地改革时保留部分学田,以其收益用作小学经费,这些办法均可采用。村财政的经常开支,主要包括村政经费(干部津贴及办公费)、教育费(小学经费及文化娱乐)、武装费(民兵开支等)等。1946年(和平时期)太行区的调查,村政经费约占40%,教育费约占35%,武装费约占25%。此外还有若干临时性开支,如拥军、扩军等。这些临时性开支掌握不紧时会造成巨大浪费,如拥军、扩军费用,往往超过全部经常开支之和。所以村财政的整理不是财政机关能够单独解决,党、政、军、民均应共同负责,布置任何工作时均应考虑人民负担,否则很难收到实际效果。①

这次会议还对各解放区的财务行政管理情况进行了综合考察和分类比较。

日本投降以前,由于日伪分割封锁,各根据地间均难互相联系,因此各解放区的财经工作,只能以行署作为单位(有些环境特别困难地区是以专署或县为单位)独立自主,自己解决困难。边区(或省)仅仅掌握政策方针,并在各地区间按其收支状况进行适当调剂。日本投降后,这种分割封锁状况大体上已打破,地域上已连接起来,加以野战军的机动作战,要求财粮供给上的统一,故于1946年1月开始,各解放区的财务行政均从分散走上统一的道路,在全边区(或省)的范围以内实行统筹统支。但为便于照顾地方困难,各行署(或县)仍保持部分机动权,村财政仍由村自己管理。

不过各边区的财务行政统一程度高低不同,大体上可分为三种类型:第一种是从省到县完全统一,全部财粮供给完全统筹统支,例如山东(1946年胶东、渤海还保持着部分的独立性,1947年亦已实行统筹统支);第二种是大部分统筹统支,小部分分散管理,例如晋冀鲁豫边区,几种重要财政收入(如统累税、进出口税、烟税、契税)是由边区直接掌握,其他则由行署自己管理;第三种是大部分分散管理,小部分统筹统支,这是晋察冀边区所采用的办法(各种税收均归地方征收,边区只保留上解及政府企业收入)。

① 《华北财政经济会议综合报告》(约1947年6月),见中国社会科学院经济研究所中国现代经济史组编:《革命根据地经济史料选编》下册,江西人民出版社1986年版,第134—148页。

有些地区在行署与县之间亦不完全统一（如冀中），划出部分税收给县自己掌握。华中苏皖边区则根据大部统一、小部分散的原则建立边区、专署和县的三级管理体制。

统一与分散各有可取之处。统一的好处主要的有：(1)便利野战军的机动作战；(2)易于统盘调剂，避免苦乐不均；(3)便利内地物资交流及对外经济斗争。分散的好处主要的有：(1)各地自己负责解决困难，能够积极想办法开源节流；(2)能够照顾各地特殊情况和特殊需要；(3)在交通困难地区易于自力更生，坚持工作。不过根据当时所处具体情况，除部分交通困难不易联系的地区外，分散管理已不适合新的战争要求，一般应从分散逐渐走向统一。边区必须直接掌握一部分的财政收入，来保证野战军的供给，必须做到人民负担和供给标准的大致统一，以免苦乐不均。各地的预决算应经边区审核，按照各地收支状况进行适当调剂。只是倘若完全统一，有些地区还有困难。所以大部统一、小部分散可能是相对易行的办法。①

华北财经会议召开期间，正是中共中央着手准备战略大反攻的关键时刻。1947 年 6 月 5 日，会议按董必武要求起草的《华北财经会议决议》报送中央时，正处于大反攻前夕。10 月 24 日中央批准《华北财经会议决议》时，大反攻的炮声早已打响。因此，中央希望会议“不仅仅解决一些具体问题，还要研究将来的不少大问题”，要求与会代表彻底肃清本位主义、山头主义思想，从更高层面着眼。会议为快速推动各解放区的财经大统一，为新中国财经管理体系的建立，事先做好了充分的思想准备和必要的物质准

① 《华北财政经济会议综合报告》（约 1947 年 6 月），见中国社会科学院经济研究所中国现代经济史组编：《革命根据地经济史料选编》下册，江西人民出版社 1986 年版，第 150—151 页。

备。这次会议的成功与否直接关系到与国民党军事对决的成败。因此中共中央对这次会议格外关注,并始终把握会议的进程和方向。① 当然,研究大反攻后出现财经问题、预先制定对策方案,也是会议必须解决的其中一个“具体问题”。

会议认为,由于部队缺乏近代化的交通运输工具,出击到蒋占区的时候,财粮供给便会遇到特殊困难。中原军区突围成功以后所以不能巩固发展,财粮供给困难亦系重要原因之一。将来部队胜利反攻,这个问题必须好好解决。

部队出击到蒋占区时,财粮供给主要是有三个来源:一是战争缴获,二是就地筹措,三是后方补给。因交通运输困难,后方补给会受到限制,尤其是粮草供给,主要只能就地筹措。战争缴获如能好好管理,也能够对战争供给起到重大作用。为了自己解决困难,应当组织一支财经工作队(开始可归军队领导,逐渐改为政府领导),随部队出发,处理战争缴获以及就地筹措等类工作。如果所到之处是抗日战争时期的老游击区,那么由在该区工作的地方干部来负责处理财经工作,更易迅速收效。

新解放地区如果接近老解放区,可以长期坚持,那就应该建立较经常的征收制度,应当尽可能地求其公平合理,但亦不能采用老解放区那种很细致的办法,只能够把旧的摊派方式稍稍改善。其次可以发行本币吸收蒋币,并可部分出售没收物资支持本币币值;一切征收、交易应当逐渐改用本币,以便吸收大量蒋币来供战争需要。此外还可发动群众斗争贪官、污吏、土豪、恶霸,没收其财产,部分分给群众,部分用作战争经费。对新解放区人民,一方面要反对“仁政”观点、恩赐观点,不向他们要求财粮供给,另一方面也要

① 参见马林:《华北财经会议纪事》,《中国金融》2018年第15期。

防止“抓一把”的殖民主义思想。①

如果部队深入敌区流动不定，一切经常性的财经工作不易建立起来。除掉战争缴获之外，主要只能依靠摊派罚没。旧有城市中的商会及乡村政权机构如不反对，仍可暂时利用，但应重征地主、富商，适当照顾群众利益，且不妨碍群众斗争贪污土劣。这些地区如果不能行使本币，可以考虑能否由华北财办统一发行流通券，与蒋币等价使用（因为等价所以易被群众接受），没收物资带不走的迅速拍卖，可以吸收蒋币并支持流通券，相信只要战争胜利，并有充分准备，部队出击中的财粮供给困难是一定可以顺利解决的。②

1947 年 8 月战略进攻开始后，解放战争进入后期阶段，政治、经济和军事形势都发生了重大变化。在地域上，解放区面积、人口迅速增加，各个边区开始连成一片。大中城镇和连接大中城镇的交通运输线相继解放，解放区不再只是落后的农村和农业生产。与此相联系，财政方针和政策也发生了变化，华北财经会议确定的各项决议，很快在各边区开始付诸实施，并初见成效。

晋察冀边区冀中区，调整政策，严格制度，堵塞漏洞；提高认识，依靠群众，加强领导，开源节流，渡过了财政难关。在开源方面，大力进行农业统一累进税的征收，以保证财政的主要收入。加强一元化领导，党政军民共同负责突击，具体到村，走群众路线，采

---

① 《中共中央关于批准华北财经会议决定的指示》（1947 年 10 月 24 日）附《华北财政经济会议决定草案》，见中国社会科学院经济研究所中国现代经济史组编：《革命根据地经济史料选编》下册，江西人民出版社 1986 年版，第 170 页。

② 《华北财政经济会议综合报告》（约 1947 年 6 月），见中国社会科学院经济研究所中国现代经济史组编：《革命根据地经济史料选编》下册，江西人民出版社 1986 年版，第 149—150 页。

纳民意,讨论办法,合理分配征收实物,照顾军需民用,使人民负担公平,交纳便利;启发干部、抗属、积极分子带头,影响其他,这一办法在1948年的麦征中作用尤大。又取之于己,加强机关部队生产,“减少了财政上的好大困难”。同时开辟税源,建立自给自足的地方财政。在开源过程中,各级领导进一步认识了困难、“仁政”观点、片面强调群众观点,及只知直接向农民要东西而忽略其他方面的开辟财源、忽视间接税的收入等偏向,逐渐加以改正,扩大了财源,增加了收入。

在节流方面,冀中区干部认识到,过去节约运到“做得很差”。爱国自卫战争开始后,在大家认识困难的情况下逐步开展起来,特别是1947年4月华北财经会议以后,各级普遍开展了节约运动:紧缩开支,严格编制,干部生活水平自动降低,中小灶自动降为大灶,减少服装鞋袜,有的干脆全部自给,不向公家领取;烧柴大大减少,各地改风灶,自行节约,地方办公费用以及部队也都自觉地紧缩下来。在此基础上重新设计开支标准,每人每年一般地减少到1—2石的开支,从而打下了下年度节约开支的基础。此外,在节约号召下,地方实业费大行减少,一般的教员都减薪支前。随着节约运动的开展,各个机关部队还有不少献粮献金的。节约运动一方面需要自上而下地首长以身作则贯彻下去,同时还要自下而上地启发自觉自愿的群众性运动,而开支制度的规定要与节约运动相结合,使制度与自愿结合起来,才能使节约深入开展,使制度易于坚持执行。过去节约没有深入开展、制度不易为人接受,主要就是自上而下的贯彻执行不够,没有很好启发自下而上的自觉自愿所致。同时,严格财粮收支、保管,加强机构,明确职权分工,堵塞漏洞,减少了损失。又精密计算,避免差误。在变化无常的市场物价和战争环境中,根据家当和轻重缓急使用力量,以满足战争需要。为了减少负担,必须随时精密计算,比如出售与调运粮食在什么地区、什么时间才合算，由谁去做才妥当，及时调度款子，如何由分散到集中，以减少开支和物价波动的损失等，不用精密计算很难办到。另外，还整理村财政，“节村之流”。1946 年以前，村财政负担甚重，有的占总负担的 50%以上，浪费严重。1946 年已提出整理，“节村之流”在中心区已见成效，不过整理工作还有待进一步普遍深入。①

1947 年 10 月，解放战争进入战略反攻阶段后，晋察冀边区政府决定对财务行政制度作出大幅度调整。由原来的“统一领导分散管理”，改为全边区“统筹统支”。决定指出，根据目前战争形势的发展，供应的集中，要求全边区财政全盘计划统一收支，集中管理统一调度，才能及时保证供给，支持长期战争，并保障胜利。9 月财经会议决定“统一领导分散管理、各区保证一定解上任务”之方针，已不适于目前战争供应的要求，因此决定“自 1948 年 1 月起，全边区财政实行统筹统支”。

“统筹统支”的范围或具体内容包括：(1) 收入：凡边区农业统一累进税、工商业税、出入口税、交易税、烟酒税等一切税收，及公营企业收入、没收罚款、战争缴获、公产收入、生产任务，与其他一切收入均为边区收入，各级财政部门在确定之任务下，负责组织力量保证及时完成入库，报解边区。(2) 支出：全边区党政军民，所有机关学校之经常费、事业费等一切开支，均统一由边区财经办事处供给。具体支付手续供给事务由各级财政部门与供给部门办理。但一切开支之批准权及一切开支之支付权均属于边区财办处。(3) 一切有关财政政策：如人民负担农业统一累进税、工商业

① 《冀中区一年来财政工作的初步总结报告》(1947 年 8 月 12 日)，见华北解放区财政经济史资料选编编辑组等编：《华北解放区财政经济史资料选编》第 2 辑，中国财政经济出版社 1996 年版，第 1040—1043 页。

税、出入口税、交易税等条例办法,及征收负担量、征收政策等,均统一由边区财办处决定或制订,各区不得自立税目、自订办法。上述政策的修正权亦属边区。各区若有不同意见,可提供边区修改,但未经批准前,仍坚持执行不得变更。(4)全边区党政军民学校的编制人马数字及供给标准,均由边区财办处统一决定,各级不得变更。(5)财政统筹统支之后,各级财政部门,在边区总的意图下,负责征收入库、保管、调运、组织供应、清理账目等事宜,以保证边区财政方针之贯彻实现。

各级财政组织机构亦进行相应调整:边区、行署财办处及专署以下财经委员会的组织不变;各级财粮合并,各级粮食局合并于财政部门,其干部仍做粮食工作、支前工作;建立全边区统一的金库,委托边区银行代办;粮库管理仍由各级地方政府负责。但为了适应战争需要,便于调度,必须适当集中与健全各种制度,各级粮库均对边区负责;为适应今后庞大的集中供给及减少各级保管支付解报等事务手续,决定由边区财政处建立自上而下的垂直实物库组织。除柴草由粮库代管外,布棉等实物,在征收中均分批解交指定之实物库管理。其他一些实物,如碎钢、烂铁、葵花、鞋子等,因过于分散,目前不集中地区实物库者,仍由地方政府代管,由财政处拨付使用机关,直接到地方政府取用(开正式收据),地方政府即凭财政处拨付书及收据抵解。①

晋冀鲁豫边区太行区,1947年7月21日,行署发出大力整理财政的命令,按照华北财经会议提出的建议,大力发动群众,开展

① 《晋察冀边区财经办事处关于财务行政制度中几个问题的决定》(1947年10月12日),见华北解放区财政经济史资料选编编辑组等编:《华北解放区财政经济史资料选编》第2辑,中国财政经济出版社1996年版,第1056—1058页。

以清查资材为中心的整理财政运动。"清理出的东西,分别归边、县、村管理,保证用在生产渡荒、支援前线上。同时各地机关团体部队,也要开展公物、公产归公运动"。同时制定公布《太行区整理财政办法》《太行区地方财政制度》。

《太行区整理财政办法》的"总则"载明,整理财政的目的是"建设地方财政,减轻人民负担,有力地支援大反攻"。整理范围是边、县、村三级财政;整理财政的基本方针和目标是"生产与节约并重,精确计算,点滴归公,克服混乱浪费现象,进一步做到财政与生产建设事业相结合,把死财政变成活经济,县、村两级财政主体做到生产自给";整理财政"要严格边、县、村三级财政制度,克服互相挤克现象,做到各自发展建立家务,使财经建设推向新的阶段";在整理财政中"要开展大清查运动,凡历年埋伏及无人过问的埋藏分散物资及未经上级批准抓取之资财,不论大公小公,公社庙产,均以本办法一律进行清理,分别边(区)、县、村三级归公管理"。

《太行区地方财政制度》载明,"通过大清理造成群众性的重视财政,树立大家当家、大家管理的主人翁思想。县、村两级财政整理后(特别是村),及时投资生产、按当地条件与生产建设事业相结合以做到生产自给,以财政养财政"。并列明县、村两级的财政开支项目,规定收入方面,县除组织间接输入外,"县村均应走生产自给道路,不足时可以征收一部,但应经过上级批准"。①

这是对边区、县、村三级财政制度特别是县、村财政制度的重大整顿和改革。当时村财政比较混乱,村负担约占边区负担的

① 参见《太行行署关于大力整理财政的命令》(1947 年 7 月 21 日),见华北解放区财政经济史资料选编编辑组等编:《华北解放区财政经济史资料选编》第 2 辑,中国财政经济出版社 1996 年版,第 1244—1248 页。

30%—50%,情况严重。为了支援前线并渡过灾荒,整理财政成为迫切任务,不合理的负担必须停止。太行区党委提出,“灾荒严重地区,整理财政应成为生产渡荒的一个组成部分;灾荒较轻的地区,应成为大生产运动的一个组成部分”。而且特别强调,县村财政走上生产自给道路后,必须遵守三条:不能做投机买卖,不能剥削群众劳动力,不能运用特权。无论老区、新区,中心区、边沿区,都必须贯彻执行。[①] 经过严格清理、整顿,边、县、村三级财政特别是县、村二级财政大大改观,开始走上正轨。

东北解放区虽未派代表参加华北财经会议,但按中央精神,1946 年 9 月,东北局就提出了整顿财政的步骤,开始统一财政。先由省统一,后实行东北解放区的财政统一。1947 年 1 月召开的第二次财经会议,确定了“长期打算,发展生产,增进贸易,厉行节约,保障供给,支援战争”的基本方针,着手整理财政,首先实行以省为单位的财政统一与地方财政自治,进而实行整个财政统一与合理调剂。这期间,除南满与东满实行必要的调剂与补助外,已逐步实行大部统筹、小部自给,首先争取做到了公粮与贸易几项主要收入的统一,并在统一供给标准的原则下,实现了公粮与被服的统筹统支。依靠对外贸易,公粮购粮和一部分税收解决了全年的财政支出。发行在财政支出的数字上,已经降到次要的地位了。[②] 1947 年 11 月 15 日,东北财经委员会制定公布了前方供给标准和

---

① 参见《中央太行区党委关于整理财政进行生产渡荒增强支援前线的决定》(1947 年 7 月 27 日),见华北解放区财政经济史资料选编编辑组等编:《华北解放区财政经济史资料选编》第 2 辑,中国财政经济出版社 1996 年版,第 1248—1249 页。

② 参见东北财政委员会:《东北解放区 1947 年财政工作报告》(1948 年 1 月 31 日),见华北解放区财政经济史资料选编编辑组等编:《东北解放区财政经济史资料选编》第 4 辑,黑龙江人民出版社 1988 年版,第 104 页。

后方供给标准。① 为了适应关内外解放战争的发展变化，1948 年年初，东北财政委员会将财政基本方针调整为“支援前线，支援关内，增进贸易，发展生产，厉行节约，保障供给”②。1948 年 7 月，财政方针再被调整为“财政与生产相结合，以发展生产来增加财源，全力支援战争、支援关内”③。1948 年 8 月财经会议后，为统一财政，规定南满三省，即辽南省、安东省、辽宁省的财政工作受辽东办事处领导。《财政工作条例（草案）》规定东北民主联军、东北行政委员会、东北局、松江省、合江省、牡丹江省、吉林省、辽北省、嫩江省、黑龙江省及哈尔滨市等系统直接与东北行政委员会财政委员会（以下简称“财委会”）建立财务行政关系，上列各财政系统的一切有关财务行政业务，由财委会办公处执行。④ 到 1948 年 11 月东北全境解放，东北解放区的财政基本实现了统一。东北财政统一后，1949 年上半年在收支管理上出现两大困难，第一是收支不平衡，收入少，支出多；第二是预算无法固定，支出不断临时增加。对此，东北财政部将下半年的财政方针与任务调整为“开辟财源，增加收入，厉行节约”。一方面是开源，另一方面是节流，两者同

① 参见东北解放区财政经济史编写组等编：《东北解放区财政经济史资料选编》第 4 辑，黑龙江人民出版社 1988 年版，第 68—77 页。

② 东北行政委员会财政委员会：《东北解放区财政报告》（1948 年 5 月 10 日），见东北解放区财政经济史编写组等编：《东北解放区财政经济史资料选编》第 4 辑，黑龙江人民出版社 1988 年版，第 117 页。

③ 东北行政委员会财政部：《东北解放区财政工作报告》（1947 年 1 月—1948 年 11 月）（1948 年 7 月 30 日），见东北解放区财政经济史编写组等编：《东北解放区财政经济史资料选编》第 4 辑，黑龙江人民出版社 1988 年版，第 129 页。

④ 参见东北财政委员会：《财政工作条例（草案）》（1948 年），见东北解放区财政经济史编写组等编：《东北解放区财政经济史资料选编》第 4 辑，黑龙江人民出版社 1988 年版，第 146 页。

时并举。[①] 同年9月,全东北财政会议决定,在财政思想上明确从分散的消极供给财政转变到统一的生产建设财政,使财政政策、财政制度与国民经济的恢复与发展密切结合;积极开源,增加收入,节衣缩食,积累资本,促进工农业生产的发展,支援经济建设又监督经济建设中一切财政措施的执行,使地方财政与国家财政结为整体,局部服从全局,又发挥地方财政的积极性与创造精神。[②]

关内解放区,1948年4月延安收复后,陕甘宁边区地域范围扩大。财政方针亦发生变化,1949年实行财政统筹统支政策,“所有财政收支集中边区,促一切财力物力能集中支援战争”[③]。晋绥边区早在1946年底所决定的1947年的财政方针政策,在供给制度上,实行“统筹统支”,降低后方机关的生活水平,保证前方的最低需要,在这总的方针下,除作坊、煤窑以及机关部队之合作社留下继续生产外,其他一切家务、商店等全部收归大公,作为财政开支与农业贷款之用。[④] 1947年11月13日,晋绥边区行署、军区司令部联合发布命令,统一财供领导、合并机构,规定生产与财政结合,收入与支出的掌握统一,精简机构,提高工作效能,克服财政困

① 参见顾卓新:《经济建设时期东北财政新任务》(1949年9月13日),见东北解放区财政经济史编写组等编:《东北解放区财政经济史资料选编》第4辑,黑龙江人民出版社1988年版,第266—267页。

② 参见顾卓新:《东北财政会议综合报告》(1949年9月24日),见东北解放区财政经济史编写组等编:《东北解放区财政经济史资料选编》第4辑,黑龙江人民出版社1988年版,第284页。

③ 参见《1949年财政工作简报》(约1950年年初),见陕甘宁边区财政经济史编写组等合编:《解放战争时期陕甘宁边区财政经济史资料选辑》下册,三秦出版社1989年版,第626页。

④ 晋绥边区财政经济史编写组等编:《晋绥边区财政经济史资料选编·财政编》,山西人民出版社1986年版,第577页。

难，加强自卫战争的供应。[①] 进入 1949 年，华北、华中地区解放战争的进程空前加快，战争供给、财粮筹措和相关财政问题，特别是新解放大中城市的财政问题，也空前尖锐。在这种特殊情况下，既要解决日益浩瀚的战争供给，又要及时防止和果断治理财政混乱，最简单而有效的办法也是财权集中、统筹统支。1949 年 3 月 21 日发布的《中共中央关于新区筹粮的规定》中，对部队筹粮机构、筹粮方式都做了严格限制。[②]

一些新解放的大中城市的财政收支，亦由所在解放区人民政府统收统支。1949 年 3 月 26 日，华北人民政府发布命令，鉴于北平、天津两市接收工作已告一段落，各种税收正在整理，一切暂有端倪，两市之财政收支，及应纳入正规，以便财政部门掌握收入，核实开支，并使华北财政能作通盘筹划，进行统一调度。因此，自 4 月 1 日起，在平津两市尚未建立市地方财政以前，一切收入解交华北，一切开支编造预算向华北领取。关于天津市之海关出入口税收入及长芦盐税收入，为便于划清税收系统，则应自解放后有收入之日起，全部解交华北金库天津分库。其在此令到达之前，已被天津市军管会拨用者，即由天津海关及长芦盐务局取得军管会正式收据，向华北金库天津分库抵解。[③]

① 《晋绥边区财政经济史资料选编·财政编》，山西人民出版社 1986 年版，第 588 页。

② 参见《中共中央关于新区筹粮的规定》（1949 年 3 月 21 日），见华北解放区财政经济史资料选编编辑组等编：《华北解放区财政经济史资料选编》第 2 辑，中国财政经济出版社 1996 年版，第 1533—1534 页。

③ 参见《华北人民政府关于平津两市财政由华府统筹统支的令》（1949 年 3 月 26 日），见华北解放区财政经济史资料选编编辑组等编：《华北解放区财政经济史资料选编》第 2 辑，中国财政经济出版社 1996 年版，第 1536 页。

一些区域、城镇解放一段时间以后,地方和城市管理渐入轨道,为了方便地方政府经费使用,减会计手续,开始对统筹统支的集中型财经和税收制度进行新的调整。1949 年 7 月 30 日华北人民政府发出的命令称,前已将各行署、省、市之各种未经确定征收任务之税收及杂项收入,全部划给各省、区、市作为机动款,用以解决收支之不足,因未详细列明税收科目,导致在执行时很不一致,影响会计手续。为便于执行,兹再根据现行财政体制明确规定如下:农业税、工商业所得税、摊贩牌照税、临时营业税、薪资所得税、财产租赁所得税、印花税、货物税、交易税、屠宰税、烟酒税、矿产税、海产税(或出入口税)、盐税、缴获物资、没收敌产收入、国营企业收入、华北公产收入、没收品变价等 20 种税收,均为华北区财政收入。未经划拨者,各省、区、市一律不得自行动用。农业税附加、工商业所得税附加、县村公产收入、违警罚金、证照收入、规费收入,皆为县地方财政收入,归县支拨调用,不必上解本府。此外,现在经收之契税、司法行政收入、遗产税、房地产收益税、码头使用费、筵席税、娱乐税、旅店捐、房捐、工料费、手续费等项收入,均归各行署、省、直辖市留用,不再上解。[①] 这样,边区和省、市、县各有其税收及费用来源。财政税收及行政费用,有统有分。不过这种统分仍是暂时的,因为税收本身未经调整确定。

在划分解放区边区与行署、省、市、县的税收、经费的前后,华北人民政府还颁发了《华北区暂行财政会计规程》,“总则”明

① 参见《华北人民政府为规定划归行署、省、市留用税收项目的令》(1949 年 7 月 30 日),见华北解放区财政经济史资料选编编辑组等编:《华北解放区财政经济史资料选编》第 2 辑,中国财政经济出版社 1996 年版,第 1621 页。

确规定会计年度和记账本位:(1)依民国纪元之年次,自每年1月1日起至12月31日止为一个会计年度。并从年度开始每6个月为一期,依此办理月结、期结及年度总决算。(2)区财政及地方财政会计统以实物"小米"为记账本位,一切收支均须折米并与原款原粮或原实物同时入账,各种收支凭证亦须具备折米数及原款原粮或原实物数。折合标准:现款依华北区金库条例实施细则之规定,实物粮秣均按征收折合率入账,支出时款项按各级审计部门所评定之折合率,粮及实物按支出折合率入账。(3)区财政及地方财政收支入账,款项以中国人民银行发行之人民券为本位,粮秣以米、麦、料、草、柴为本位粮,实物以具体品种(土布、棉花、鞋、毛巾等)为本位实物,他种货币、粮秣及实物品种均应折合为本位粮或本位实物与折米数同时记入账表单据数额及折米栏内。

《华北区暂行财政会计规程》还详细订明了会计机构与职责、会计科目、收支程序、电报制度、账表组织、结账及决算、会计交代及附则等。①

至此,到新中国成立前夕,解放区的财政制度包括会计制度在内,已基本拟定、规范。

二、解放区的财政收入

在整个解放战争时期,各解放区(边区)的政治、经济和军事形势,多有变化,地域范围在不断变动、扩大,各边区的财政收入和

① 参见《华北区暂行财政会计规程》(1949年7月),见华北解放区财政经济史资料选编编辑组等编:《华北解放区财政经济史资料选编》第2辑,中国财政经济出版社1996年版,第1621—1635页。

包括财政收入在内的全部收入,其构成、来源和数量也在变动、扩大。其来源包括三个部分:即取之于民(税收捐派),取之于敌(战争缴获),取之于己(机关部队生产)。在不同时段、不同区域,三个部分各自所占比重亦多有变化。不过总的来说,创造和获取财政收入的条件都是十分艰难的。

东北解放区,在惨遭日本侵略者长达14年的掠夺、蹂躏和摧毁后,早已民穷财尽。1946年解放之初,在财政上,具体说在获取财政收入方面曾经度过了一段极其艰难的时段。1947年1月,关于地区财政问题的一份"结论报告"中,在谈到东北解放区是如何渡过财政难关时称,"过去靠敌伪物资,以后靠银行发行,现在敌伪物资已经用完,货币发行已达饱和点(平均每人300元以上)。商业不流通,工业未恢复,人民生活仍是贫困,群众负担已是够重,财政收入不能增加了。但战争的消耗,部队的扩大,1947年的支出比1946年更要巨大,财政一定更为困难",民主政权举步维艰。好在当时对外贸易已经打通,给了民主政府翻身的"有利条件和可能的机会",能将所得物资作为起家本钱,收缩部分通货,投资经济,打下基础。基本方针是:"生产节约",具体政策是:清理家务,进行生产,建立家务,调整各种公产及收入;而禁忌是:决不能以增加税收、增加人民负担或采取通货政策来增加收入,解决财政上的困难。① 这就是在走投无路的情况下,从"取之于己"开始获取收入。

通过对外贸易,发展生产,恢复经济,东北解放区的财政状况逐渐有所好转,财政收入增加。1947年度(1月至11月底)岁入

① 参见李六如:《关于财政问题的结论报告》(1947年1月21日),见东北解放区财政经济史编写组等编:《东北解放区财政经济史资料选编》第4辑,黑龙江人民出版社1988年版,第31页。

总额为 13595710. 2 万元,其中财政收入 8216324. 4 万元,占总收入的 60. 4%①,由银行发行者为 5379385. 7 万元,占总收入的 39. 6%。

财政收入主要由以下五个部分构成:(1)公粮折款 2519731. 7 万元,占总收入的 18. 5%;(2)贸易收入为 4695616. 4 万元,占总收入的 34. 5%;(3)税款收入为 277699. 8 万元,占总收入的 2%;(4)各省解款 475437. 3 万元,占总收入的 3. 5%;(5)杂项收入为 247839. 3 万元,占总收入的 1. 9%。②

1948 年财政岁入计划为 386429279 万元,其中属于财政收入性质者 372012308. 7 万元,占 96. 3%。其余为银行拨款、大连往来及暂存等项。③ 1948 年实际财政收入 58424 亿元折成粮食 362 万吨。其中:公粮 134 万吨,占 37. 04%;对外贸易及纺织利润 128 万吨,占 35. 47%;税收 62 万吨,占 17. 15%。④

1948 年 11 月,东北全境解放,1949 年实行东北财政统一,并推行建设财政,“集中财力、物力于恢复工业、投资生产”;“对收入

① 财政收入数据疑误,1948 年财政工作报告将其改正为:12556324. 4 万元,占总收入的 70. 01%。(参见东北行政委员会财政部:《东北解放区财政工作报告(1947 年 1 月—1948 年 11 月)》(1948 年 7 月 30 日),见东北解放区财政经济史编写组等编:《东北解放区财政经济史资料选编》第 4 辑,黑龙江人民出版社 1988 年版,第 128 页。)

② 参见东北财政委员会:《东北解放区 1947 年财政工作报告》(1948 年 1 月 31 日),见东北解放区财政经济史编写组等编:《东北解放区财政经济史资料选编》第 4 辑,黑龙江人民出版社 1988 年版,第 105—106 页。

③ 参见东北行政委员会财政部:《东北解放区财政工作报告(1947 年 1 月—1948 年 11 月)》(1948 年 7 月 30 日),见东北解放区财政经济史编写组等编:《东北解放区财政经济史资料选编》第 4 辑,黑龙江人民出版社 1988 年版,第 128 页。

④ 参见朱建华主编:《东北解放区财政经济史稿》,黑龙江人民出版社 1987 年版,第 440 页。

尚须设法开源,对支出则不能有求必应”。[1] 1949 年全年财政收入折成粮食 1055 万吨,比上年增长 1.91 倍。其中:公粮 246 万吨,占财政收入总额的 23.32%;企业利润 323 万吨,占 30.61%;税收 227 万吨,占 21.52%,各项均有明显增长:公粮增长 85.07%;企业利润增长 1.5 倍;税收收入增长 2.7 倍。[2]

关内地区,不同边区、地区,不同时段,财政收入状况,各有差异。

陕甘宁边区,1945 年“八一五”日本投降至 1947 年 3 月国民党军队攻陷延安前的 1 年半时间中,经历了相对和平和战争两个时段。1945 年 8 月至 1946 年 9 月为相对和平与备战时段。这一时段的财政特点是脱离生产人数减少、开支扩大,而财政收入减少。盐税由 1945 年占总收入的 11%减至 6%,减少 5 个百分点;公盐代金取消,1945 年公盐代金收入占总收入的 5%,1946 年已无收入。两项合计减少了 10%。所幸 1946 年肥皂畅销,全年贸易税共收入 378880 万元,连同税收共计券洋 518786 万元。其中贸易税 73%;税收 22%;盐税 4%;其他及邮政 1%。结果,1946 年财政收支相抵,尚结余券洋 49310 万元。[3]

1946 年 10 月至 1947 年 12 月处于备战与战争状态,1947 年 3 月 19 日国民党军攻陷延安,边区范围缩小,财政收入下降,而脱离

① 顾卓新:《东北财经会议综合报告》(1949 年 9 月 24 日),见东北解放区财政经济史编写组等编:《东北解放区财政经济史资料选编》第 4 辑,黑龙江人民出版社 1988 年版,第 286 页。

② 参见朱建华主编:《东北解放区财政经济史稿》,黑龙江人民出版社 1987 年版,第 439—440 页。

③ 《日本投降以来边区财政概况》(1947 年 12 月),见陕甘宁边区财政经济史编写组等合编:《解放战争时期陕甘宁边区财政经济史资料选辑》下册,三秦出版社 1989 年版,第 376—377 页。

生产人数倍增,财政空前困难。边区为支援战争,积极谋划增加收入,1947 年 3 月即向商人预借上半年营业税 20500 万元,全年实收 90720 万元。四五月间又指示各地加强临时营业税征收,约收入 4000 万元。12 月又布置下半年营业税细粮 1000 石,折本币约计 36100 万元(实际收不到这么多)。以上各项收入连同货物税、盐税约计 116800 万元,加上贸易税 300000 万元及其他收入,截至 12 月底,共计券洋 436000 万元(比上年大幅减少)。其中贸易税占 68.8%;税收 24.31%;盐税 2.49%;其他收入 3.91%;各机关财产收入 0.47%;邮票 0.02%。① 1947 年财政收入分类情况,详见表 20-24。

表 20-24　陕甘宁边区财政收入分类统计(1947 年)

项别		金额(万元)	占总额百分比(%)
收入	税收	105997	2.22
	贸易税	300000	6.29
	盐税	10840	0.23
	其他	19206	0.40
	小计	436043	9.15
亏空		4330835	90.85
总计		4766878	100

① 《日本投降以来边区财政概况》(1947 年 12 月),见陕甘宁边区财政经济史编写组等合编:《解放战争时期陕甘宁边区财政经济史资料选辑》下册,三秦出版社 1989 年版,第 377—378 页。

续表

项别	金额(万元)	占总额百分比(%)
折米(石)	174610	—

注:原表百分比数据多有讹误,业经重算核正。

资料来源:据《西北财政概况》(约1949年下半年)(见陕甘宁边区财政经济史编写组等合编:《解放战争时期陕甘宁边区财政经济史资料选辑》下册,三秦出版社1989年版,第599页)改制。

表20-24中所列只有贸易税和货物税(含盐税),未计农业税(公粮)。全部税收和其他收入合计,尚不及全区财政支出的1/10,超过90%依靠中央补助。

1948年4月延安收复后,陕甘宁边区地域范围扩大,边区进入了新的发展阶段,1948年提出"开辟财源,增加财政收入"的方针。边区大部分老区收复后,又将晋绥地区划归西北,西北人口近700万人,耕地5000余万亩,7月经西北局通过施行"开辟财源,以财政解决财政问题"的财政方针。据此计划了陕晋两地1948年下半年与1949年上半年的财政收支概算。财政收入概算,详见表20-25。

表20-25　陕晋两地财政收入概算(1948年下半年与1949年上半年)

项别	折合细粮(大石)		项别	折合细粮(大石)	
	石数	占总数(%*)		石数	占总数(%*)
公粮	1100000	62.86	税收	130000	7.43
酒专卖	30000	1.71	机关生产	10000	0.57
公营企业	10000	0.57	华北援助	200000	11.43

续表

项别	折合细粮(大石)		项别	折合细粮(大石)	
	石数	占总数(%*)		石数	占总数(%*)
烟罚	200000	11.43	土地登记费	70000	2.29
总计	1750000	100			

注:* 百分比为引者所加。

资料来源:据《1948 年度西北财政工作总结报告》(约 1949 年年初)(见陕甘宁边区财政经济史编写组等合编:《解放战争时期陕甘宁边区财政经济史资料选辑》下册,三秦出版社 1989 年版,第 517 页)综合编制。

这是延安收复后,在老区继续收复、新区扩大的新形势下,即时拟具的陕晋两地(随即明确为陕甘宁晋绥边区)财政收入概算,十分粗略。主要收入是公粮、烟罚、税收和华北援助等 4 大项,合计占全部收入的 93.15%,其中公粮一项即占总收入的 62.86%。农民成为边区财政最主要的负担者。有了公粮一项,外援的比重即相应降低,华北援助只占 11.43%。

表 20-25 中项收入计划,执行和完成情况,从河西部分(陕甘宁边区)的情况看,并不理想,其中完成计划者,计有粮食、税收两项,部分完成者,计有药品推销(即"烟罚")、机关生产两项,大部落空及全部落空者,计有酒专卖、土地登记费、公营企业 3 项。因此"财政困难更为增加了"。① 1948 年河西地区(陕甘宁边区)财政收入和困难状况,详见表 20-26。

① 《1948 年度西北财政工作总结报告》(约 1949 年年初),见陕甘宁边区财政经济史编写组等合编:《解放战争时期陕甘宁边区财政经济史资料选辑》下册,三秦出版社 1989 年版,第 519 页。

表 20-26　陕甘宁晋绥边区河西地区财政收入
(1948 年 1—12 月)

项目		金额*(万元)	占总收入(%)
收入部分	税收	5894500	7.25
	家务交公	4056500	4.99
	生产自给	550730	0.68
	邮务收入	5600	0.01
	没收款	638830	0.79
	其他	89960	0.11
	粮变款	1290000	1.59
	小计	12526120	15.41
垫借部分	贸易垫支	24609800	30.28
	银行垫支	44150000	54.31
	小计	68759800	84.59
总计		81285920	100

注:* 原表单位为“元”,现改为“万元”。原资料百分比数据不甚准确,业经重算核正。

资料来源:据《1948 年收支报告》(1949 年 1 月 6 日)(见陕甘宁边区财政经济史编写组等合编:《解放战争时期陕甘宁边区财政经济史资料选辑》下册,三秦出版社 1989 年版,第 527 页)改制。

如表 20-26 所示,作为边区财政收入的最大项的税收,只占总收入的 7.25%,另“家务交公”占 4.99%,总计占 12.24%。值得注意的是,原本是边区财政收入最大项的公粮(粮变款)仅占 1.59%,微不足道。全部实物和现金收入只占边区总收入的 15.41%,贸易垫支和银行垫支占 84.59%。

进入 1949 年,陕甘宁晋绥边区解放战争大踏步前进。5 月大军西进,西北 5 省解放,解放区由农村转入城市。全边区人口由 709 万人增至 2500 余万人,耕地面积由 5500 余万亩增至 13000 余万亩。不过西北地方贫瘠，又基本上是农村，随着解放区地域的空前扩大与脱离生产人员数量的大幅增加，财政任务也空前艰巨。全年财政收入远赶不上财政支出，整个西北财政收入粮食在外，约占财政支出的 10%，全靠中央补助解决。① 表 20-27 是陕甘宁边区政府 1949 年度财政收支总决算表中的收入部分。

表 20-27　陕甘宁边区政府财政收入（1949 年）

项别	金额（万元*）	百分比（%）	项别	金额（万元*）	百分比（%）
1948 年结余	2063	—	行政收入	4768	0. 01
税收收入	3064969	6. 61	司法收入	1138	—
盐税收入	2065854	4. 45	没收收入	45629	0. 10
土产收入	1059689	2. 28	其他收入	2476718	5. 34
生产收入	15447	0. 03	补助收入	35272000	76. 01
粮变收入	1774823	3. 83	各项收入小计	46402098	100
公营收入	610946	1. 32	总计	46404161	—
公产收入	10117	0. 02			

注：* 原资料单位为“元”，现改为“万元”，万以下四舍五入，尾数与原资料略有误差。原资料小计、总计和部分百分比数据不甚准确，业经重算订正。

资料来源：据《陕甘宁边区政府 1949 年度财政收支总决算表》（陕甘宁边区财政经济史编写组等合编：《解放战争时期陕甘宁边区财政经济史资料选辑》下册，三秦出版社 1989 年版，第 623 页）改制。

① 《1949 年财政工作简报》（约 1950 年年初），见陕甘宁边区财政经济史编写组等合编：《解放战争时期陕甘宁边区财政经济史资料选辑》下册，三秦出版社 1989 年版，第 624—625 页。

如表 20-27 所示,各种税收收入所占比重很小,作为主要税项的公粮变价(折价)也只占 3.83%,微不足道。高达 76.01%的收入是中央补助。这是在西北新区尚未开始税赋征课的原因。

陕甘宁边区的财政困难,除了财源匮乏,绝大部分依赖中央直接补助和发行钞票,还因发行导致钞票贬值,物价上涨。所有财政收入,包括税收、公粮折价、中央补助等,因物价上涨受到损失。如西安市第三季营业所得税 4 亿元,原可得小麦 4 万石,征收入库时,物价波动虽提至 6 亿元,但折麦不到 1 万石。中央补助,全年按米价指数计,损失亦很大。在空前的大发展形势下,受财政供给人员时有增加,各种事业也时有发展,财政预算经常变更、经常追加,收支难以计划与掌握。

不过,所有这些都是胜利中的困难。军事胜利,广大地区解放,负担财政人口数量增加,并由完全的乡村经济转到有城市的经济条件,加上其他解放区的大力支持和无私援助,提供了克服困难的经济基础,直接保证了战争供给。1949 年 5 月,华北 20 余万大军挥戈西进,路过晋南地区,该地在 5 月中至 6 月底一个半月中,总共筹集粮食 18.2 万余石、草 4090 余万斤、油肉菜 80 余万斤、柴炭 860 余万斤,共动员民工 161900 余人、畜力 162400 余头、服畜工 582400 余人(包括大车 45333 辆,每辆至少 3 套)。40 余万大军集结关中地区,该地 3 个多月中,共筹集粮食 130 余万石,缝制军鞋百余万双,动员民工 57 万个、大车驮畜折工 29 万个。同时实行统筹统支的财政政策,所有财政收支集中边区,一切财力物力集中支援战争,并兼以预借粮政策、合理负担政策及各项税收政策,制定预借粮办法,预借以地主、富农和中农为对象,按其收入作标准,地主借 40%—50%,富农借 25%—35%,佃农借 20%,中农借 10%—15%,贫农一般不借,需要时少借一点,负担面一般达户口 50%左右。解放军进入新区后,普遍实行预借粮政策,部分保证了供给和财政收入。①

晋察冀、晋冀鲁豫等边区政府，对财政收入及项目，一般订有十分粗略的预算。表 20-28 就是晋察冀边区 1945 年 10 月至 1946 年 9 月的财政收入预算决定。

表 20-28　晋察冀边区财政收入预算
（1945 年 10 月—1946 年 9 月）

项目 税别	地区	数额（万大石）	百分比（%）
农业统一累进税	冀晋	45	8.1
	冀中	125	22.5
	冀东	65	11.7
	热河	61	11.0
	察哈尔	47	8.5
	小计	343	61.8
出入口税	全边区	50	9.0
冀东盐税	冀东	15	2.7
地方税*	全边区	97	17.5
其他	全边区	50	9.0
总计	全边区	555	100

注：* 包括工商业税、烟酒税、牲畜税等。

资料来源：据《晋察冀边区 1946 年度财政预算决定》（1946 年 7 月 16 日电）（见华北解放区财政经济史资料选编编辑组等编：《华北解放区财政经济史资料选编》第 2 辑，中国财政经济出版社 1996 年版，第 977—978 页）综合整理编制。

① 《1949 年财政工作简报》（约 1950 年年初），见陕甘宁边区财政经济史编写组等合编：《解放战争时期陕甘宁边区财政经济史资料选辑》下册，三秦出版社 1989 年版，第 625—626 页。

从表20-28中可见,按边区的预算决定,1946年度晋察冀边区的财政收入一共有5个大项,将其全部折成粮食,共计555万大石。其中占比重最大的是农业统一累进税(简称“统累税”),计343万大石,占总收入的61.8%;其次是各项地方税,计97万大石,占总收入的17.5%。

晋察冀边区政府十分重视财政预算和财政原则,决定秋后即按照各地需要,拨付各地全年所需粮食,各地自行调剂支配。各地收入超过预算的,归边区政府支配。这样做既避免苦乐不均,也是为了从根源上防止腐败,和随意苛索,加重人民负担。预算决定还特别强调,“下年度必须坚持财政,解决财政原则,核发货币于财政,必须坚持基本上平衡物价原则,不增加人民间接负担,而利农工商业之发展”①。

晋察冀边区的上述财政预算,未见决算资料。但其中冀中区有预决算,现将其结果列为表20-29。

表20-29　冀中区财政收入预决算(1946年)

税别	预算数(石)	决算数		备注
		实数(石)	占总收入百分比(%)	
农业统一累进税	1220700	1251542.74	86.55	—
烟酒税	16000	22259.20	1.54	烧锅投资3万石,除返工外,尚亏7741石
出入口税	18000	65774.50	4.55	—

① 《晋察冀边区1946年度财政预算决定》(1946年7月16日电),见华北解放区财政经济史资料选编编辑组等编:《华北解放区财政经济史资料选编》第2辑,中国财政经济出版社1996年版,第978页。

续表

税别	预算数（石）	决算数		备注
		实数（石）	占总收入百分比（%）	
商业税	—	6472.76	0.45	—
特种收入	—	618.00	0.04	包括没收缴获
其他收入	—	11705.77	0.81	包括司法行政罚没及杂收
上年结存	75988	87613.17	6.10	—
总计	1330688	1445986.14	100	—

说明：原资料预算、决算总计数有错，业经细数重算核正，百分比（%）亦重算。

资料来源：《冀中区一年来财政工作的初步总结报告》（1947 年 8 月 12 日），见华北解放区财政经济史资料选编编辑组等编：《华北解放区财政经济史资料选编》第 2 辑，中国财政经济出版社 1996 年版，第 1036 页统计表。

收入决算中包括全区 4 个专区的收入，其收入数超过预算数 115298.74 石，其中全年农业统一累进税完成占分配数 92.53%（预算时是按 90%计算的），其他收入、商业税、特种收入都未列预算。从税入比重看，直接税（农业统一累进税）占总收入的 86.8%，加上上年结余所占比重 5.9%，总计为 92.7%；而间接税收入则只占总收入的 7.3%。

晋察冀边区政府为了践行“下年度必须坚持财政，解决财政原则”的执政承诺，1947 年年初制订了 1947 年度全区财政计划。其中财政收入部分，见表 20-30。

表 20-30　晋察冀边区财政收入预算（1947 年）

项目 / 地区	农业统一累进税（万石*）	其他收入**（万石*）	上年结余（万石*）	总计（万石*）
冀中区	170	35.2	4	209.2

续表

项目 地区	农业统一累进税(万石*)	其他收入**(万石*)	上年结余(万石*)	总计(万石*)
冀晋区	66	12.15	—	78.15
察哈尔	31	1.3	—	32.3
总计	267	48.65	4	315.65

注:* 原资料单位为"石",现改为"万石"。1石=320市斤。

** 其他收入包括工商业税、罚款没收、公营事业收入、生产任务等。

资料来源:据《晋察冀边区财经办事处关于1947年度全区财政计划的决定》(1947年年初)统计表(见华北解放区财政经济史资料选编编辑组等编:《华北解放区财政经济史资料选编》第2辑,中国财政经济出版社1996年版,第1008页)改制。

由于1946年10月撤出张家口、平绥线被敌侵占,晋察冀边区地域范围缩小,财政收入大幅度下降,由1946年度预算的555万石降至315.65万石,下降了42.4%。

与上年度财政预算不同,1947年度财政计划较为全面、详细,各个地区的施政和开支都受到财政计划的严格规管与限制:全边区脱离生产的人数(亦即由财政供给人数)由边区中央局召开财经会议确定,全边区脱离生产的人数为255000人,其中军队人数为209500人,占82.14%;地方人数,包括党政民、学校为45500人,占17.86%。各地区不论任何部门,不经边区批准,不得增加脱离生产的人数。而且边区级各部门人数还要缩减;冀晋区与察哈尔合并之后,人数尚可缩减。

中央局财经会议还统一规定了全边区上述脱离生产人员的供给标准。财经会议根据照顾人民负担与战争需要,贯彻节约精神,参照各地区物价,同时兼顾地方照顾部队、后方照顾前方、暖区照顾寒区的原则,全区供给标准基本上统一,以求得全区脱离生产人员生活待遇的基本一致。①

晋冀鲁豫边区从 1945 年日本投降前夕至 1946 年间，财政状况极为艰难，1945 年大反攻年，因事先准备不够，军人数量、粮食装备需求猛增，财政打下了“窟窿”。对国民党的自卫战争，又是在紧接八年抗日战争持久而巨大消耗的基础上进行的，没有任何休息、调整的间隙。如果照抗日战争的办法继续打下去，党政民均负担不起，而减粮降低生活水平，军队又会很快会被拖垮。银行抓住公粮发行钞票，若马上兑现，算账还债，将会立刻被扫地出门。因此，当时克服困难、渡过难关的基本一环，是清理财政，减轻村负担、社会负担，提高人民对边区的负担能力。故合适的办法是节约民力、发扬民主、适当征收、合理分配、以发展生产、保障供给。如果不整理财政，在现在负担的基础上，每人再加征 2.24 斗小米，将会大大影响群众生活和生产。当时问题的症结是，财政已困难至极。因财政困难（用发行解决赤字）影响经济（物价上涨），而经济反过来影响到财政预算不足。这一问题的解决，是当时“全党的任务”。②

关于晋冀鲁豫边区的财政收入，1946 年度有一个简单的财政概算。收入分钱款、粮食两个部分：钱款包括（1）税款（农业、营业、出入境、烟酒、契税等）611564 万元（其中，间接税为 16 亿元）；（2）透支 180500 万元。粮食共收 4645374 石（160 斤/石）：边区粮

① 参见《晋察冀边区财经办事处关于 1947 年度全区财政计划的决定》（1947 年年初），见华北解放区财政经济史资料选编编辑组等编：《华北解放区财政经济史资料选编》第 2 辑，中国财政经济出版社 1996 年版，第 1007—1008 页。

② 参见《太行行署太行区财政困难概况》（1947 年 1 月），见华北解放区财政经济史资料选编编辑组等编：《华北解放区财政经济史资料选编》第 2 辑，中国财政经济出版社 1996 年版，第 1169—1172 页。

2072903石;地方粮2572471石。[①] 钱款收入中的透支18亿元,即是财政亏空。

1947年的财政形势仍然严峻甚至更加严峻。表20-31是晋冀鲁豫边区1947年度财政收入概算。

表20-31 晋冀鲁豫边区财政收入概算(1947年)

项目/税别	地区	数额(万斤小米*)	百分比
各项征收	冀鲁豫区	50688	占各区征收数45.65%
	冀南区	26480	占各区征收数23.85%
	太行区	23040	占各区征收数20.75%
	太岳区	10828.8	占各区征收数9.75%
	小计	111036.8	占总收入63.74%
税收	冀鲁豫区	9476	占总税收45.53%
	冀南区	4648.47	占总税收22.33%
	太行区	4520.6	占总税收21.72%
	太岳区	2168.6	占总税收10.42%
	小计	20813.67	占总收入11.95%
公营事业收益	边区	19113.0927	占总收入10.97%
银行透支	边区	23251.7373	占总收入13.35%
总计		174215.3	占总收入100%

注:* 原单位为"斤小米",现改为"万斤小米"。

资料来源:据财政厅:《晋冀鲁豫边区1947年度财政收支概算》(1947年2月)(见华北解放区财政经济史资料选编编辑组等编:《华北解放区财政经济史资料选编》第2辑,中国财政经济出版社1996年版,第1172页)改制。

① 参见《晋冀鲁豫边区1946年度财政概算》(1946年1月),见华北解放区财政经济史资料选编编辑组等编:《华北解放区财政经济史资料选编》第2辑,中国财政经济出版社1996年版,第1093页。

表 20-31 中各项征收包括统一累进税(或公平负担)、工商营业税、行政司法收入、契税、公产等;税收包括烟酒税、货物税。各县具体数额,均由各区自行编造决定,由边区汇总。而一些数额如农业统一累进税的决定,是以人民最高限度的负担能力(以每人平均负担小米 4 斗 1 升至 4 斗 2 升)为标准。即使如此,预算收入仍然不够支出,只能部分通过银行透支(银行透支占总收入的 13.34%)来弥补。

财政预算制定一年后的执行情况是,实际收入减少,而支出增加,只能设法追加收入。1948 年 4 月前的一年中,预算全边区支出 178800 万斤,收入连间接税共 136000 万斤(平均每人负担 4 斗至 4 斗 2 升),收支相抵不敷 42800 万斤。由于形势变化,脱离生产人数增多,黄河归故复堤,1947 年 7 月被迫追加军费,支出增至 227134.4 万斤,收入亦增为 175834.8 万斤,收支不敷亦扩大到 51599.6 万斤。除间接税外,每人平均负担小米 5 斗 6 升,如加地方村粮款,每人平均负担约在 8 斗 4 升左右,占其总收入的 21.7%。大力开展生产运动,积极培养财源,刻不容缓。

1948 年度财政收支预算,除努力开源外,并依据华北财办规定供给标准,再三核减开支确定总收入(间接税在内)为 216472 万斤,总支出为 265525.8 万斤,赤字为 49053.8 万斤。1948 年年初,收入方面,土产收入减少 1 亿斤。收入由于实行统一,机构变化,烟酒生产缩小,估计最好情况也只能完成一半(1 亿斤)。而支出大幅增加。如此总支出增为 278377.8 万斤,收入却减为 196472 万斤,收支不敷须透支 81905.8 万斤,占收入的 41.68%。因此至 1948 年 2 月底,物价平均上涨 124.11%。①

---

① 参见《晋冀鲁豫边区政府关于边区财政预算执行情况的通报》(1948 年 4 月 20 日),见华北解放区财政经济史资料选编编辑组等编:《华北解放区财政经济史资料选编》第 2 辑,中国财政经济出版社 1996 年版,第 1313—1314 页。

华中解放区(苏皖边区)的财政状况和财政收支,1947年8月解放战争和边区转入战略进攻前,条件异常艰苦。1946年6月国民党发动反革命内战,因苏皖边区毗邻南京、上海,威慑国民党的统治中心,是国民党军进攻的主要目标之一。面对敌人优势兵力的进攻,为保存革命力量,华中解放军主动退出淮阴、淮安等城镇,以农村地区为基础开展游击战争,因受条件限制,地区分割,财政状况极不稳定,更难以实行全边区统一的财政制度和财政收支。1947年8月盐城战役后,华中解放区转入战略进攻阶段。财政条件开始改变。1947年11月10日,华东局正式撤销中共华中分局和苏皖边区政府,成立华中工委、华中行政办事处和华中指挥部,统一领导苏皖敌后斗争。1948年8月底,整个苏北除沿江地区、大运河淮阴至扬州段仍为敌人控制外,其余全部获得解放,苏北与江淮解放区连成一片。随后苏皖边区增强财力,扩大财政收入,支援解放战争,为淮海战役、渡江战役作出贡献。

1947年8月,华中解放区转入局部进攻后,开始清理财政,通过内部整顿,开辟财源,增加收入,减缩开支。1948年2月,华东局高干会议通过精简、节约、清理资财三大方案的具体办法,以充实财政、减轻人民负担、保证战争供应:(1)精简编制,把军队后方及地方党政民机关内的精壮人员及马匹精简出来,让不必要的人力和畜力,回到原来的生产岗位,加强社会生产,增加收入;(2)节省可以不用或少用的财力物力,用到战争方面;(3)清理各部门各单位的资财,化私为公,化小公为大公,集中统一调度,以充实财政,支持长期战争。①

① 《华东局高干会议通过精简节约清理资财三大方案的具体办法》(1948年2月),见江苏省财政厅、江苏省档案馆、财政经济史编写组编:《华中解放区财政经济史资料选编》第4卷,南京大学出版社1987年版,第1页。

在准备和开始大反攻的过程中，华中解放区范围不大，既是后方，又是前线。不但要同敌人进行残酷的军事斗争，还要同敌人进行艰难的物资争夺战和经济保卫战。敌人一方面加强海面封锁，加大苏皖边区物资采购难度，另一方面强化对边区经济的掠夺、破坏。国民党军在边区大肆攫夺，达到军队就地补给之效，同时滥施烧杀，摧毁边区经济。由于对敌斗争紧张，经济萎缩，生产力下降，农民收获量减少，负担相应加重，1947 年一般公粮负担达 20%。农民的负担很难再增加，亦即边区的财政收入很难再增加，甚至难以维持现状，因为边区财政已经出现巨大赤字。1948 年 1—6 月的财政收支预算表①，虽然没有具体数据，但可看出收支相抵，有达 5 位数的杂粮赤字，文件警告，“财政上存在着这样巨大的赤字，对解决今天的需要，已感很大困难，对进一步发展反攻力量，困难更大”。在这种情况下，边区政府总结教训，认为主要原因是“由于全党当家思想未确立，缺少积极的发展的全盘打算，全党既未全力开源也未全力节约，因此在力量迅速发展的今天，发生财政上的重大困难，成为发展的阻碍”。于是改弦易张，由“充裕财政”改为“培养民力”，首先是确立“发展生产，培养民力，增加群众收入，支持长期战争”的基本方针。反对只顾增加群众负担，不注意发展生产、培养民力，否则使群众无法再生产，也就无法支持长期战争。②

在华中解放区，这种入减出增、财政匮乏和解放战争形势发展需要的矛盾状况不只存在于九分区（今苏中江北如东、南通、海

① 原资料收支项目详尽，但明细数据全部用“×”代替，难以利用。

② 《周一峰在华中九分区财经供给扩大会议上的总结》（1948 年 2 月 22 日），见江苏省财政厅、江苏省档案馆、财政经济史编写组编：《华中解放区财政经济史资料选编》第 4 卷，南京大学出版社 1987 年版，第 374—376 页。

门、启东一带),其他地区亦然,甚至更严重。1948 年 3 月 23 日,华中第一分区(苏中江北海安、如皋一带)党政军下发“联合命令”,提出确保收入、厉行节约、整顿资财、生产救荒、整理组织、整理后勤“六大方案”。“联合命令”说,由于国民党军烧杀抢掠,破坏生产,捕捉壮丁,封锁经济,又连年荒歉,以及分区领导上对后勤动员与土地改革分地未能适当照顾生产,对灾荒严重性认识不足,以致灾荒加重。而战略反攻要求不断壮大武装力量,导致战争消耗增加。结果一方面是财政需要继续扩大;另一方面人民负担能力逐渐缩小,加上分区收入机构不健全,税源控制不严密,入不敷出的财政困难日益严重。这种情况的发展,直接威胁边区各项事业的开展,“若不决谋解决,其对战争与人民将会造成严重的恶果”。为此特作“六大方案”,务必“做到全党当家,按级负责,坚决执行,以渡过难关,迎接胜利”。

具体到财政收支,全分区 8 个月(1947 年 11 月—1948 年 6 月)的财政收支核算,据已有材料统计,在粮食方面,如按各县的布置任务全部完成,保管支付控制严密,不再受损失,尚可求得收支平衡;在现金方面,收入总额最高只占支出总额的 61%,最低仅占 54%,亦即赤字最低为 39%,最高为 46%。这一严重后果,除了客观原因(如国民经济的下降、税源变化与战争环境等)外,也与领导上经常提供“全面材料”引起警惕不足,与不少部门和人员无全面观念、无长期打算有关。为了弥补这一巨大赤字,必须确保收入。

确保收入的具体措施,关于税收的:(1)各县区武装,特别是县区级武装,应把挺进边区、掩护征税列为军事任务之一,战斗不频繁而税源最旺的地区,其区级武装应列为主要的军事任务。检查其军事任务是否完成,以税收布置的任务是否完成为标准。(2)各县团应按军事会议决议之经济任务求得在 1948 年 4 月底以前完成此项任务，作为财委会对司令部的现金支出。（3）要坚决抽调可靠的基层干部与配备必要的武器，加强税收机构，并加强其领导挺进边区，严密点线控制，积极活动，避免早出晚归的活动规律。（4）要贯彻群众性的护税活动，做到货不漏税、税不重征，应把群众护税与群众运动结合起来，与税收机构点线控制联系起来，成为完整的税收网，求得对分区财政会议所决定的税收任务百分之百的完成。（5）正确执行工商业政策与货管贸易政策，培养与争取税源，是完成税收任务的可靠根据，各级领导上应随时注意业务教育与政策教育。（6）党政军民无论其为采购或经营之物品，毫不例外地要按章纳税，不得有任何借口。（7）为保证任务的完成，责成各县县长随时把税收情况报告专员公署研究并执行奖惩。

关于粮食的：（1）本应完成的秋征任务，如现时军事情况有特殊变化，影响秋收，应认真从财政需要与群众负担力两方面出发，掌握阶级路线与群众路线的征收方法力求完成，任何单纯的"仁政"观念以及非科学的研究态度，都是会影响任务的完成、会犯错误的。（2）凡秋征未完成的地区，在 1948 年 4 月 10 日前，应全部完毕。边区秋征粮可按当地市价减低一成征收代金，代金以黄金为主，无黄金者，外汇亦可，但应随时报解，以免调度损失。（3）积极检查粮食保管户（有条件的可进行全面检查），做到无空头保管，不能保粮的地区立即转移。确保现粮，并教育群众，掩藏运输工具，以防国民党军抢粮。（4）坚决做到保支分开、凭证提粮制度，无机关正式提粮介绍信不得提粮。[①] 这些确保财政收入的措

---

① 《华中一地委、苏皖边区第一行政专员公署、华中第一分区司令部联合命令——关于确保收入、厉行节约、整顿资财、生产救荒、整理组织、整理后勤的六大方案的决定》（1948 年 3 月 23 日），见江苏省财政厅、江苏档案馆、财政经济史编写组编：《华中解放区财政经济史资料选编》第 4 卷，南京大学出版社 1987 年版，第 423—425 页。

施、办法,真实地反映了苏皖边区财税征收和征收后保管、支取的艰难程度。

华中解放区第二分区(苏中江北宝应、兴化、高邮、江都一带),随着战争形势发展,部队和战勤民工数量大增,粮食赤字更大,军粮征收和保管任务,更为繁重、艰巨。1948 年 3 月,华中二地委关于紧急完成华中军粮任务的决定称,根据 1948 年 1 月华中军粮调度会议及最近华中数次电示:由于华中形势迅速发展,战争规模日大,战斗频繁,华中部队吃粮人数及战勤民工吃粮大大增加,使全华中原定军粮调度计划发生严重的困难,粮食赤字从 1948 年 1 月到当年夏收止,增至 20 万担以上,现金赤字亦增至 157 亿元边币。为渡过此次财政难关,华中除已决定整编、节约等四大方案外决定二分区于 4 月底前必须完成 5 万担稻子的借粮任务,以及以前规定的 5. 5 亿元赤字现金任务,一律折交现粮 5. 5 万担,即再须交华中军粮 105000 担(稻)(以前之 136000 担除外),并要求全党动员保证完成任务,以迎接反攻胜利。

华中二地委关于紧急完成华中军粮任务的决定又详细说明了二分区的粮食亏空情况,截至 1948 年 2 月底,实存现粮 149000 担(均折成稻子,大、小、元麦包括在内),预算二分区党政军自 3 月至 6 月,需支出吃粮 92200 担稻子,结存稻 56800 担,尚缺 48200 担,另须扣除交华中洋布任务折稻 13000 担,加上前次任务尚缺华中 2000 担,分区必须再有 4000 担准备粮,以防万一,共计需继续解决 41200 担稻子的收入。①

华中二地委强调,为完成以上任务,一般应以扩大新地区及过去已征而未征全的地区进行补征整理为主,向群众借粮为次。不

① 分派任务为:宝应 13000 担;兴化 5000 担;溱潼 5000 担;高邮 4000 担;江都 15000 担,共计 42000 担(必须全部交现粮)。

论补征整理或借粮，不能单从任务大小来看，必须正确认识这次任务是极艰巨而又紧急重要的。本分区去年普遍收成荒歉，人民财力后勤负担很重（尤其是兴化），土地改革工作大部地区未能正确贯彻，产生浪费斗争果实，大批人出走等现象，影响生产情绪不高。目前正值青黄不接，春荒已日趋严重，新恢复区群众受蒋灾亦极严重，部分地区已发现断口粮的情形。因此为保证部队供给，迎接反攻胜利，全党必须重视，坚决完成此任务，首先必须从党内到党外，干部到群众，进行深入的动员，耐心说服教育，在干部思想上必须克服认为这是财经部门的事，采取不关心态度，以及怕困难怕麻烦，在群众思想上要很好弄通，为了迎接反攻，迎接胜利，为了使自己永远翻身幸福，也应该克服一切困难，把所能省吃俭用下来的拿来交公粮。总之要从打通思想做起，要解决反对强迫命令、简单化、单纯任务出发。在某些力量比较薄弱的地区，全党应抽出一定力量与时间，来突击进行，不能单独让财经部门去做。在敌顽经常干扰扫荡的地区，武装要很好配合，领导上必须掌握情况争取空隙，事先做好一切准备工作，以便随时能突击进行，定期完成。①

在敌我短兵相接、斗争残酷复杂的情况下，财政收入就不是通常意义上的财政税收问题，也不是手执账本、算盘的财务干部所能单独完成的。

1948 年进入夏季后，人民解放军反攻节节胜利，解放区加速扩大，4 月收复延安；5 月华东人民解放军胶济线春季攻势结束，克城 17 座，津浦路以东地区除青岛、烟台、临沂等敌据点外，全部解

① 《华中二地委关于紧急完成华中军粮任务的决定》（1948 年 3 月），见江苏省财政厅、江苏省档案馆、财政经济史编写组编：《华中解放区财政经济史资料选编》第 4 卷，南京大学出版社 1987 年版，第 457—459 页。

放;华北解放区加速度扩大,晋冀鲁豫与晋察冀两解放区合并为华北解放区;中原、华东人民解放军粉碎敌中原防御体系,6 月解放河南省会开封;7 月解放鄂西重镇襄阳,并结束晋中战役,解放山西大部地区;8 月成立华北人民政府;9 月解放山东济南。华中解放区在支援反攻、迎接反攻胜利的艰苦斗争中,不仅大环境发生根本性变化,本身也在巩固、扩大。到 1948 年 8 月底,苏北除沿江地区、大运河淮阴至扬州段仍为敌人控制外,其余全部解放,苏北与江淮解放区连成一片,财政收入也有所增加。

1948 年 9 月华中财委会的财政情况通报,大致反映了夏征、秋征的基本情况。夏征情况见表 20-32。

表 20-32　苏皖边区夏粮征购情况统计(1948 年)

项目 区别	原定任务(万担)		完成任务(万担)		超过任务(万担)	
	旧担	折合市担	旧担	折合市担	旧担	折合市担
一分区	61.12	71.7	61.12	71.7	—	—
二分区	13.64	16	14.49	17	0.85	0.99
五分区	31	36.36	38.32	44.98	7.32	8.59
六分区	30	35.19	38.15	44.75	8.15	9.56
九分区	61.15	71.74	68.49	80.35	7.34	8.61
总计	196.91	230.99	220.57	258.78	23.66	27.75

注:原表部分数据存在关联性讹误:五分区超过任务折合市担误为 8.58;九分区原定任务折合市担误为 60;完成任务旧担误为 58.49,折合市担误为 68.61;总计栏原定任务两项数据分别误为 186.91、219.24;完成任务两项数据分别误为 210.57、247。已根据相关数据,分别核正。

资料来源:据《华中财委会财政情况通报第一号》(1948 年 9 月 30 日)统计表(见江苏省财政厅、江苏省档案馆、财政经济史编写组编:《华中解放区财政经济史资料选编》第 5 卷,南京大学出版社 1989 年版,第 99 页)复核改制。

如表 20-32 所示,5 个分区的夏征任务,除一分区恰好如额完成外,其余 4 个区全部超额完成,最少的 0.85 万担,最多的达 8.15

万担,5个区共超额完成23.66万担,占原定任务的12.66%。

秋征收入,也比原来估计的数额高。原估计各乡区(分区)秋季税项收入152.6亿元,另各乡区金库上年度结存现金10.8亿元,华中盐税收入5亿元,合计178.4亿元(粮赋代金及华中其他收入计算在内)。

据一、二分区来信,一分区税收最高额仅能达到50亿元(减少10亿元),二分区税收可能达到30亿元(增加10亿元),其他分区税收变动不大,华中盐税及其他收入截至9月底,收到24.3亿元,粮赋代金估计为24亿元,因此,秋季整个收入约计211.7亿元。扣除粮赋代金24亿元,秋季整个收入为187.7亿元,比原估计数高出9.3亿元。

不过由于解放战争进程的加速发展,无论粮食还是现金,收入的增长速度远远赶不上支出,因而透支数额巨大。据统计,华中和各分区共计收入240.68亿元,支出387.14亿元,透支146.46亿元,相当于收入的60.86%。①

这是就华中解放区和苏皖边区各分区整体情况而言。具体到各个分区(亦称"专署"),情况略有差异。如一专署②,财政状况相对较好,可以大体完成华中财办布置的财粮收入任务,做到收支平衡或略有结余。1948年,一专署有包括稻谷和小麦、元麦、大麦、玉米、黄豆、油菜籽、杂豆等在内的各类"现粮"6558.37万斤,华中交代一专署"借粮"2120万斤,实际完成2143.45万斤,超额23.45万斤;1948年,一专署年财政收入4179118万元,财政支出

① 《华中财委会财政情况通报第一号》(1948年9月30日),见江苏省财政厅、江苏省档案馆、财政经济史编写组编:《华中解放区财政经济史资料选编》第5卷,南京大学出版社1989年版,第98—99页。

② 辖泰兴、如皋、泰州、靖江、海安、东台、台北等7县。

包括解交华中各款在内,共计3923158万元,结余255960万元。①不过这种情况苏皖边区并不多见。

1948年7月后,随着全国解放战争形式突飞猛进、由局部反攻转为全面进攻,战争规模急剧扩大,战争供应的任务空前繁重。为了适应新的形势,竭尽全力支援战争,加强财政的集中统一。1948年7月财经会议规定统一收支、统一制度的方针,随后华中第一次财务会议拟定了各种统一的财政制度与办法。但因情况不熟、经验缺乏,所订制度粗糙,难免主观。同时由于过去各分区处于独立自主、分散坚持的环境,难免仍然存在一些分散的倾向(上揭一专署相对有利的财政形势,从某个角度说,即可能得益于"分散")。在这种情况下,1949年2月,又召开第二次华中财务会议,其主旨是强化和完善财政管理制度(包括经费管理制度、实物管理制度和审计制度)。会议在肯定7个月来财政工作成绩的同时,要求继续扫除分散与本位主义倾向;克服收支结账制度上的拖拉现象;在经费支出节约方面,加紧反对铺张浪费及违反支持原则的现象。会议特别强化和严密了经费管理制度,规定收支报告暂行办法,坚决贯彻项与项不得任意流用的原则,经费结余与已付未用的经费应主动缴库,或请求转入下月或下季。因实物供给是经费支出的大宗,会议强调,必须立即建立实物管理制度。现阶段的实物管理,应以被服、日用品、装具、医药、后勤、器材、建设、材料、报社器材及印刷材料、财务印刷材料及公用家具工具器具为主。同时要加强审计工作,贯彻经济民主,使专业审计与群众审计密切

① 参见《苏皖边区一专署借粮统计表》《苏皖边区一专署现粮统计表》《苏皖边区一专署一九四八年财政收支概况》,见江苏省财政厅、江苏省档案馆、财政经济史编写组编:《华中解放区财政经济史资料选编》第5卷,南京大学出版社1989年版,第614、617、618页。

结合，并健全预决算制度，加强对预决算的审核，加强思想教育，结合经济民主，纠正事务主义工作作风，使财务工作与群众性的审计相结合。会议还同时拟定公布了《经费收支报告办法》和《实物管理暂行办法》，使经费收支和实物管理有章可循。①

此次财务会议后，一方面，华中解放区的财政收支和财务管理开始规范化；另一方面，在华中解放区加速扩大的同时，更大的变化是，1949 年 1 月淮海战役结束后，大军南下，进入新区，离开后方，大部队既不能依靠后方或苏皖边区补给，因新区民主政权尚未建立或刚刚建立，公粮制度一时尚不能实行，只能采取就地征借办法筹措粮草，使华中解放区和更大范围的新区，财政收入和整个财政状况发生新的变化。

1949 年 3 月 21 日，中央对新区筹粮作出六项规定：(1)除以缴获粮及国民党政府屯粮拨充军食，当地如有地方公产收入之存粮亦可尽先借用外，不能依赖后方供给，主要地必须采取就地征借办法，解决军队的粮草供应问题。征借的粮草，将来另订办法拨还或顶交公粮；届时亦可宣布对大地主、富农所借出之粮食，即作为征发之军粮，或只顶还其一部分。(2)根据合理负担的原则，征借的主要对象是地主、富农，其次是中农。按其粮食总收入，地主征借 40%—50%，富农征借 25%—30%，佃富农征借 20%，中农征借 10%—15%，贫农一般不借，只有在不得已时，才可少借一点。马草按一定比例随粮附加。(3)南下的部队，可以团为单位，在政治部领导下，由随军地方工作人员及供给人员组成粮秣工作队，负责筹粮。当地保甲长及差务处之类的组织，凡可利用者均利用之，配

① 《华中第二次财务会议总结》(1949 年 2 月 15 日)，见江苏省财政厅、江苏省档案馆、财政经济史编写组编：《华中解放区财政经济史资料选编》第 5 卷，南京大学出版社 1988 年版，第 77—93 页。

合以民主评议,进行征借。粮秣工作队则一面监督他们,一面到群众中宣传解释党的借粮政策,检查保甲长或差务处的借粮政策执行情况,核对账目,责成其在群众中公布,防止其贪污中饱。(4)在新区应坚持财粮制度,爱护人民财富,反对浪费,严禁以粮食换各种物品。粮秣工作队按规定发给各伙食单位。不经过粮秣工作队,任何人不得征用粮草。为此,最好以军区或野战军为单位,印制统一的借粮证,由粮秣工作队统一填用。粮秣工作队有供给部队粮秣之责,也有检查粮秣开支之权。各伙食单位要向粮秣工作队报销。工作队也应有粮秣收支的详细账目,备政治部及部队首长随时检查。(5)征借粮秣时,一方面要保证部队需要;另一方面也要照顾到当地的负担能力,并注意了解有无部队征借过及征借了多少,据此决定征借的数量。同时要尽可能分散征借,不要只顾一时方便而集中一地征借,免使群众一次出粮太多,引起反感,并影响后来部队无粮可借。(6)部队进入城市,则主要依靠缴获解决军粮,如缴获不敷而又无粮接济,可经过商会向粮商暂时借用或定购短期粮食,再由商会负责筹款折价偿还。①

1949 年 4 月 21 日人民解放军渡江作战次日,华中支前司令部按照 3 月 21 日《中央关于新区筹粮的规定》原则,制定了《苏南新区筹粮办法(草案)》,是中央新区筹粮的规定的进一步具体化。《苏南新区筹粮办法(草案)》规定,为保证大军粮草供给与京沪大城市的粮食供应,要求部队进入新区第一个月内,必须筹借大米 3 亿—4 亿斤;大马草 5 亿—7 亿斤;在 6 月底以前,征收麦季公粮小麦 2 亿—3 亿斤。《苏南新区筹粮办法(草案)》强调,筹粮任务固

① 《中央关于新区筹粮的规定》(1949 年 3 月 21 日),见中央档案馆编:《中共中央文件选集》第 18 册(1949 年 1 月—9 月),中共中央党校出版社 1992 年版,第 187—189 页。

然重要，务必完成，但必须注意贯彻党在新区合理负担政策的贯彻执行。“任务和政策应力求统一，不可偏废”。筹粮必须“按照人民的负担能力，分别轻重”，借粮应以地主、富农为主，中农为次，贫农一般免借；在城市筹粮应以工商业资本家为主（工业家应低于商业资本家），中小商人为次，工人与贫民免筹。

《苏南新区筹粮办法（草案）》规定，筹粮办法分为四种：（1）随军借粮。由各随军借粮队，携带粮证就地筹措。凡经过部队筹粮的地区，政权建立后全面筹粮时，低于标准者可以补借；超过标准者，地主、富农部分暂不退还，中农生活确实困难者，可退还其超出部分，如佃贫农不论其生活困难与否，退还其超过3%部分。（2）清查、没收国民党军遗存和地方公产。部队或地方筹粮均须首先着眼于清查没收敌方所遗存的粮草和尽先借用地方公产收入的存粮。凡国民党政府征存或收购的粮草，国民党军遗存粮草，官僚资本家与战犯存囤的粮食，以及国民党政府存储的公仓积谷，除乡村社团的私有义仓或慈善救济机关的粮食外，均可清查没收，作为财政收入，充作军粮。凡没收之粮草均须发给原保管人没收证件；如有不应没收而没收者，经调查属实后再换给借据。（3）城市筹粮。城市筹粮为乡村政权未建立、筹粮未开始前，解决过渡期间供应脱节的必要办法。城市筹粮概不归还，统一称为“支前献粮”。执行时可通过旧商会，根据需要与可能，交给商会一定任务，并宣布人民解放军负担政策（除责成商会执行外，并公开向城市群众宣布），先由商会向粮行、囤户借出粮食，然后由商会按照政策合理派款，以粮食计算折成代金，交还粮行、囤户。无锡市区决定献粮（大米10万担至15万担），可供其他各城镇参考。其总任务一般规定较大城市以每人30斤计算，中等城市以每人20斤计算，繁荣的市镇以每人10斤计算。（4）乡村筹粮。乡村筹借粮草一律采取预借本年秋季公粮公草办法，个别地区如解放较迟，可征借并进,一面征收夏季公粮,一面附借秋季公粮。①

各地借粮任务初步分配,见表20-33。

表20-33 江南新区借粮任务分配情况(1949年)

区别 \ 数额	最高数额(万斤)	最低数额(万斤)	区别 \ 数额	最高数额(万斤)	最低数额(万斤)
常州区	12800	9025	镇江区	3400	2800
苏州区	12100	9825	无锡区	1500	1000
松江区	8950	6770	总计	38750	29420

资料来源:据《苏南新区筹粮办法(草案)》(1949年4月20日)(见江苏省财政厅、江苏省档案馆、财政经济史编写组编:《华中解放区财政经济史资料选编》第6卷,南京大学出版社1988年版,第117页)编制。原表总计有误,本表已重算订正。

5个区的分派借粮任务中,常州借粮数额最高,苏州次之,无锡最低。各地借粮数额,都分"最高""最低"两组数字。要求"各地均须保证完成最低任务,向最高任务努力"。各县任务由各地按上述原则与各县具体情况分配。所有随军借粮没有遗粮,除城市献粮外,均可计入上列各地任务数字内。

乡村借粮工作须在进入新区的20天至1个月内完成。筹借粮草以区为单位,直接入库由粮库掣给三联式的借据,随军筹粮所用于民间的定额粮据,统在入库时收回换给借据,借粮结束时即宣布该粮据作废。各地原地籍整理处、田赋处及其附属机关统由粮食局接收,其全部田亩册籍及账簿表册,各级粮食局之粮征部门须派出专人在军管会财粮部领导下完整接收,不容散失。接收之田

① 《苏南新区筹粮办法(草案)》(1949年4月20日),见江苏省财政厅、江苏省档案馆、财政经济史编写组编:《华中解放区财政经济史资料选编》第6卷,南京大学出版社1988年版,第114—115页。

亩册籍须迅速分发各区，并责成各区确实保管，借粮结束后全部缴回县局保存。

区以上各级党政军均须成立筹粮委员会，由党政军及财粮负责人组成，并以党委书记为主委，政府首长为副主委，负责统筹布置统一筹借与控制粮食等。各级筹委会下设立两个工作队，一个由全体参加筹粮工作人员中的非财粮干部组成；另一个由财粮负责干部领导全体参加筹粮的财粮干部，负责收集材料、编造册据、建立粮库，收受粮草等工作。

利用伪保甲长除按照华东局规定办法执行外，并须责令先缴好粮，以影响一部分较落后的群众；地方如有适当开明士绅，亦可发动起他们号召地主踊跃缴粮。国民党粮政机关全体人员、图书、伪保甲长等，除其中个别罪大恶极为群众所痛恨者外，凡可利用者均利用之；地方青年学生凡愿意参加工作者应吸收编入工作队，在工作队监督领导下进行工作。号召他们分别立功自赎或立功自效，在工作过程中，必须有意识有计划地加强政治教育、政策教育、纪律教育和群众观念的教育。筹粮结束后，挑选其中较纯洁的分子，组织征粮训练班，进一步加以教育，以增强夏征动力。

《苏南新区筹粮办法(草案)》最后强调，此次苏南新区筹粮任务繁重，但必须力求完成。因为这是能否顺利解放江南、迅速把苏南从城市到乡村稳定下来，并开始建设的关键。华东局在江南新区工作指示中指出，“军事供应是新区首先接触到的关系到军需民食一个最大的政策问题”。党和军队领导人，应以最大的注意力去解决这个困难问题，使之既能保证军需，又不致造成混乱，影响民生。各地对有利条件和困难条件均须有足够估计，充分利用有利条件，进行强烈的政治动员和力量组织，使人人懂得，今年的负担虽重，但只要咬紧牙关、争取全国解放，苏南人民的负担就会减轻，也才能得到彻底解放，使人人感到借粮是完全应该的，向解放军和人民政府交粮是无上光荣的。只要做到了这一点,筹粮任务是可以完成的。①

苏南新区借粮这一异常繁重、艰巨的任务,经过党政军民的艰苦努力,终于圆满完成,满足了军需,不过民食大受影响,"献粮"受到肯定的无锡,情况尤为严重,6月后粮价接连上涨数倍至数十倍。然而新解放区由于战争费用浩大,不仅粮秣需求急迫财政收支亦相差悬殊,如不及时解决,"必难以支持战争"。因此,华东局决定,"必须扩大财政收入,求得收支平衡,在不妨碍人民生活原则下,酌量增加收入"。具体办法:一是每标准亩田增加田赋20元;二是开展"献棉运动",规定每亩收获20斤以上净花者献棉1斤,每亩收获10—20斤者献棉半斤。已献棉之地亩,不再增收田赋。②

简而言之,在新中国成立前,征借或献粮、献棉是人民解放军南进部队获取补给的主要方法,是苏南和江南新解放区财政收入最重要的组成部分。这是不同于华北、西北、东北三大解放区财政收入的基本特点。

三、解放区的财政支出

财政支出的具体项目和收支情况,因时段和地区互有差异。总的来说,以军需和战争物资补给居首位。收支平衡状况,由于战争规模扩大,战争费用大幅增加,大都支出大于收入,入不敷出是

① 《苏南新区筹粮办法(草案)》(1949年4月20日),见江苏省财政厅、江苏省档案馆、财政经济史编写组编:《华中解放区财政经济史资料选编》第6卷,南京大学出版社1988年版,第114—119页。

② 《华东局关于增加田赋献棉指示》(1949年9月19日),见江苏省财政厅、江苏省档案馆、财政经济史编写组编:《华中解放区财政经济史资料选编》第7卷,南京大学出版社1987年版,第22页。

解放区财政收支的一般形态，1947 年 8 月解放战争转入战略反攻后，尤为突出。

东北解放区，从全国范围说，是形成较早的解放大区，在支援全国解放战争方面作出了巨大贡献，东北解放区财政的基本方针就是："支援前线，支援关内，增进贸易，发展生产，厉行节约，保障供给"①。在支出费用的分配上，是有统有分，一般原则是"统筹分支"，而非"统筹统支"，即是相对的统一，而不是绝对的统一。统一的目的"建立一个统一的财政制度"，是为了避免紊乱，避免各自为政的现象，防止各省、各军苦乐不均。②

东北解放区的财政支出，或包括财政支出在内的整个财政，具体分为三个时期：1945 年冬至 1947 年 8 月东北财政会议为开创时期，财政支出"分散自给，较为混乱"；东北财政会议至 1948 年 11 月东北全境解放，是财政支出"走向统一，大规模支援战争时期"；东北全境解放后为"从以战争供给为主，转向财政工作为经济建设服务时期"。③

第一个时期，开创时期，东北处于"为敌分割"的局势，主要交通"为敌控制"，财政特点是"地方性、分散性"。当时基本的财政支出是军费，基本财源是接收敌伪物资，没有公粮、税收，生产亦尚

① 东北行政委员会财政委员会：《东北解放区财政报告》（1947 年 1 月 21 日），见东北解放区财政经济史编写组等编：《东北解放区财政经济史资料选编》第 4 辑，黑龙江人民出版社 1988 年版，第 117 页。

② 参见李六如：《关于财政问题的结论报告》（1947 年 1 月 21 日），见东北解放区财政经济史编写组等编：《东北解放区财政经济史资料选编》第 4 辑，黑龙江人民出版社 1988 年版，第 32 页。

③ 顾卓新：《经济建设时期东北财政新任务》（1949 年 9 月 13 日），见东北解放区财政经济史编写组等编：《东北解放区财政经济史资料选编》第 4 辑，黑龙江人民出版社 1988 年版，第 272 页。

未恢复,因而没有正常收入。不过当时党政军人员不多,财政开支数字还不大,亦没有很大困难。就开支项目而言,1946 年的军费占支出经费的 90%以上。①

1946 年冬到 1947 年春,财政工作有了长期打算,并开始了对苏联的贸易。1947 年 1 月,第二次财政会议确定了"长期打算,发展生产增进贸易,厉行节约,保障供给,支援战争"的基本方针。②依靠对外贸易、公粮购粮和一部分税收解决了全年的财政支出,发行"已降到次要的地位"。财政收入和支出最主要的目的就是"支援战争"。因此,财政开支基本上仍是军费支出。1947 年(1—11 月),岁入总额 17935170 万元;岁出总额 16835148 万元,其中主要支出为军事性的服装装备支出 10220802 万元,经济建设投资 3065370 万元,其余为经常性支出 1154243 万元,临时支出 1244501 万元,补助各省 814703 万元,年终结余 1100562 万元。③服装装备支出和经济建设投资分别占支出总额的 60.7% 和 18.2%。同 1946 年的支出情况相比,虽然有所不同,军费支出仍

① 参见顾卓新:《经济建设时期东北财政新任务》(1949 年 9 月 13 日),见东北解放区财政经济史编写组等编:《东北解放区财政经济史资料选编》第 4 辑,黑龙江人民出版社 1988 年版,第 272—273 页;李六如:《关于财政问题的结论报告》(1947 年 1 月 21 日),见东北解放区财政经济史编写组等编:《东北解放区财政经济史资料选编》第 4 辑,黑龙江人民出版社 1988 年版,第 31 页。

② 参见东北财政委员会:《东北解放区 1947 年财政工作报告》(1948 年 1 月 31 日),见东北解放区财政经济史编写组等编:《东北解放区财政经济史资料选编》第 4 辑,黑龙江人民出版社 1988 年版,第 104 页。

③ 参见东北行政委员会财政部:《东北解放区财政工作报告(1947 年 1 月—1948 年 11 月)》(1948 年 7 月 30 日),见东北解放区财政经济史编写组等编:《东北解放区财政经济史资料选编》第 4 辑,黑龙江人民出版社 1988 年版,第 127—128 页。

是最大项。① 另对各省的补助,范围包括合江、南满、热河、内蒙古及华东等地。② 金额占财政支出的4.8%,都属地方困难扶助,而非用于恢复生产和经济建设。如1945年12月建省的合江,由于日敌和“中央胡子”(国民党军)破坏、洗劫,仓库和矿山、铁路被毁坏;佳木斯房屋被焚烧,粮食被掠夺,人民和政府财政极度困乏。需要东北财政办事处支款补助。1946年东北财政办事处支款16000万元补助合江财政,1946年上半年的衣服和全年粮食尚未包括在内。1947年1—3月,东北财政办事处又支付了9200万元,还要在夏季支付6000万元,并支付夏衣及冬衣。总计1946年合江的自给经费只占40%,60%靠东北财政办事处补贴;1947年上半年合江的自给经费也只占50%;另50%仍靠东北财政办事处补贴。③

第二个时期,财政方面建立了一些制度,规定了前方供给标准、后方供给标准,作为以战争经费为主要内容的财政支出,有了基本准则和界限。最重要的是确定了统一集中、发展生产、保障供给、支援战争的明确方针。特别是东北财政部于1948年5月31日颁布《统一南满地区财政实施办法》,在财政体制上加强集中统一,由原来的“统筹分支”,转为“统筹统支”;在财政支出原则和方

---

① 另据稍后的报告数据,1947年(1—11月)岁出总额为1280亿元,军事费用占85%以上。东北行政委员会财政委员会:《东北解放区财政报告》(1948年5月10日),见东北解放区财政经济史编写组等编:《东北解放区财政经济史资料选编》第4辑,黑龙江人民出版社1988年版,第116页。

② 东北财政委员会:《东北解放区1947年财政工作报告》(1948年1月31日),见东北解放区财政经济史编写组等编:《东北解放区财政经济史资料选编》第4辑,黑龙江人民出版社1988年版,第106页。

③ 合江省政府:《合江省财政经济初步调查》(1948年1月31日),见东北解放区财政经济史编写组等编:《东北解放区财政经济史资料选编》第4辑,黑龙江人民出版社1988年版,第46页。

针上,从“战争供应性的财政转到经济建设性的财政”,由原来的保证战争供应,转变为保证战争供应与保证经济建设并重,支援战争与经济建设相结合,使战争供应得到可靠的保证。

《统一南满地区财政实施办法》,要求南满地区的财政“全部统一,(各省党政及独立团)一切经费、粮食、被服实行统筹统支,统一标准、制度,按季度统一编造预算案”,全部人员总额暂按142358人计算,被服人数以139000人计算。南满三省区之省营企业,其收益统一作为国家财政收入,定期缴库后,转给各省作为省之财政收入。公粮全部作为国家收入,支出根据统一标准,经核批后拨付。1948年各省党政及独立团冬服根据核定人数,依照统一标准由国家供给,经财委会拨付原料,由各省被服工厂自行制造。下半年各省党政及独立团之军鞋,由财委会经辽办代发一双,另由各省负责解决独立团一双单鞋,其布料、工资由财委会发给。预备费根据经常费用总额,按20%计算,使用时由财委会负责核批。上项办法自7月开始实行。① 由此东北人民政府对各省财政权特别是财政支出、各种经费使用权实现了集中、统一。

1948年的财政岁入和岁出计划均为386429279万元。财政岁出方面,其中属于财政支出性质者为233983751万元,占60.6%,其余为国营企业,占13.1%,财政积累占24.8%,财政结余占1.4%。②

① 东北财政部:《统一南满地区财政实施办法》(1948年5月31日),见东北解放区财政经济史编写组等编:《东北解放区财政经济史资料选编》第4辑,黑龙江人民出版社1988年版,第120页。

② 东北行政委员会财政部:《东北解放区财政工作报告(1947年1月—1948年11月)》(1948年7月30日),见东北解放区财政经济史编写组等编:《东北解放区财政经济史资料选编》第4辑,黑龙江人民出版社1988年版,第128页。

第三个时期，即东北全境解放后，“从战争供给为主，转向财政工作为经济建设服务时期”。就财政收支而言，过去是“集中一切力量支援战争，所以过去的财政是供给财政，战时财政，是一切为着前线胜利”，1949年后开始转到“供给生产，支援经济建设”，要“把财政制度贯彻到生产建设上去”。① 不过1949年从战争供给财政到经济建设财政的转变，有一个过程。是年2月，财政领导部门提出“一面支援战争，一面搞生产建设”，但未立即形成共识，相关措施不明确，组织机构亦不健全。财政计划也相当笼统，没有季度、月份及分部门的详细计划。财政部门内部上下脱节，缺乏了解和信任。5月东北局和东北人民政府提出的目标、步骤是，今后财政主要是支持经济建设，明确转变方向，克服困难，摸索前进，并将主要目标放在支出和投资上。

1949年上半年的财政支出情况是，财政收入方面完成了全年计划的50%，其中农业税（公粮）完成了全年原计划的93%，占半年财政总收入的52%；工商业税完成48%；关税完成15%；盐税完成90%。工、商、关、盐四税占半年收入的14%。国营企业完成43%，占半年收入的27%。财政支出方面，上半年实际支出占全年原计划的44%。因为账目尚未转完，支援关内的部分数额未计算在内，实际支出数已达原计划的60%。其中经济建设投资支出占全年原计划的32%，占半年总支出数的33%；军事费用支出占全年原计划的48%，占半年总支出数的44.5%；社会文化事业支出占全年原计划的37%，占半年总支出数的5.8%；行政费用支出占全年原计划的9%，占半年总支出数

① 东北财政部：《李副主席在9月财政会议上报告摘记》（1949年9月），见东北解放区财政经济史编写组等编：《东北解放区财政经济史资料选编》第4辑，黑龙江人民出版社1988年版，第288页。

的 17%。①

这虽然是半年的支出,但可从中看出 1949 年全年的财政支出情况,其中经济建设投资已有所增加,但仍然明显低于军事费用。这是因为军费是减少了,但国防费增加了。在收入方面,税收到旺月可以增加,但公粮已基本征完,粮食已用完,现在仅剩下吃的粮食了。总的来说,财政收支上有两大困难:一是收支不敷,收入少,支出多;二是预算无法固定,支出不断临时增加。因此,下半年的工作方针和任务是,开辟财源,增加收入,厉行节约,控制开支,尽量缩小赤字。所谓"量出为入"与"量入为出"相结合,必须搞计划,同时对明年的赤字要有足够的估计,否则会处于被动。②

具体在收支方面,为克服困难,支持经济建设,保证投资,在收支方针上提出:第一,增加农业税收:原定公粮 250 万吨,后因灾减为 230 万吨。任务布置后,经多方努力,截至 1949 年 12 月底,许多县已完成或超额完成任务,估计 1950 年 1 月底,可能超过 8 万余吨。品种方面,大豆基本完成,棉花更超过原任务一倍。农民普遍反映,"不超过 20%不重"。这对 1950 年农民生活的改善,对农村生产力进一步发展,将是巨大的物资保证与精神鼓励。第二,增加工商业税收:原计划 4 万亿元,后改为 5 万亿元,拟具详细计划,紧紧抓住冬季旺月的时机,组织征收,截至 12 月底已完成 5.8 万亿元,大大超过原定计划,第四季度较第一季度增加 6 倍。第三,加速资金周转,严格经济核算,增加企业利润收入。情况尚可,纺

① 参见顾卓新:《经济建设时期东北财政新任务》(1949 年 9 月 13 日),见东北解放区财政经济史编写组等编:《东北解放区财政经济史资料选编》第 4 辑,黑龙江人民出版社 1988 年版,第 266 页。

② 顾卓新:《经济建设时期东北财政新任务》(1949 年 9 月 13 日),见东北解放区财政经济史编写组等编:《东北解放区财政经济史资料选编》第 4 辑,黑龙江人民出版社 1988 年版,第 266—267 页。

织业利润已完成;林业利润7000亿元,可上交4000亿元,亦超过计划;工业利润初步计算不少于100万吨,贸易利润(主要是对外贸易)可完成原计划的80%。第四,精简节约,1949年大有收获。在整编节约运动中,精减7万人,大大减少行政开支。并检举与反对贪污、腐化、浪费,直接或间接帮助了国家积累资金,投入经济建设。①

关内解放区的财政支出,不同时期、各边区的情况差异颇大,但有一个共同点:开支中军费占大头;收入少,支出多,入不敷出,且有不断加剧之势。

陕甘宁边区,财政支出同财政收入一样,从1945年"八一五"日本投降,到1947年3月国民党军队攻占延安,一年多后,1948年4月延安回归人民怀抱,再到1949年新中国成立,前后经历了三个不同的阶段。

1945年日本投降至1947年3月国民党军队攻占延安的1年半时间中,1945年8月至1946年9月为相对和平与备战的时段。这一时段财政支出的基本态势是开支扩大,而部分收入缩减。开支扩大,一是供给标准提高。伙食标准:大灶1945年炭30斤,1946年肉4斤、炭40斤;小灶1945年肉3斤、炭45斤;1946年炭50斤。奶费标准:1945年7—12月肉7斤,1946年1—12月肉9斤。二是供给范围扩大。地方一级(分区及各县)原由地方全部生产自给的被服、粮食、伙食、办公杂支改由财政厅供给;各部队原来部分或大部自给的粮食、被服全部改由财政厅供给。三是事业费增加。增加范围包括:出发费(差旅费)、复员费、购粮和邮政费、投资与补助费等。

这样,人员虽然减少了,但财政开支反而扩大。1946年财粮

---

① 东北财政部:《1949年工作报告》(1950年2月8日),见东北解放区财政经济史编写组等编:《东北解放区财政经济史资料选编》第4辑,黑龙江人民出版社1988年版,第316—320页。

支出,计经费(包括被服)全年总支出券洋470000万元,折合小米264000石(300斤/石)。其中:军务费占47%,其他费占12%①,民政费占3%,财务费占2%,政务费占2%,保安费占2%,地方费占4%,司法费占1%。粮食全年总支出169250石。其中:军务占54%,补助(党与群众团体)占8%,行政占21%,临时费占17%②。

以上经费、被服、粮食三项,全年共开支细粮433250石(300斤/石)。1946年平均以65621人计算,其中军事人员38600人,共开支235331石,每一军士开支6石1斗1升,如除去军事费7920石,每一军士开支5石9斗。此外,党政民学占27027人,共开支1979335石,每人虽开支7石3斗2升,如除去事业费65700石,每一党政民学人员开支4石1斗5升。全年收支相抵,结余券洋49310万元,结余与支出之比为1∶9。③

1946年10月至1947年12月为陕甘宁边区备战与战争时期,财政支出的特点是脱离生产人员及其占人口比重倍增,军费支出浩大,财政空前困难。脱离生产人数及其占人口比重见表20-34。

表20-34 陕甘宁边区脱离生产人员数量变化统计(1946年9月—1947年)

项目 年月	边区人口(万人)	脱离生产武装人数		脱离生产总人数	
		人数(人)	占边区人口(%)	人数(人)	占边区人口(%)
1946年9月	150	45900	3.06	76305	5.09

① 其他费按军事与党政各占1/2,则军务费共占总支出的53%。

② 临时费按军事与党政各占1/2,则军务费共占总支出的62.5%。

③ 《日本投降以来边区财政概况》(1947年12月),见陕甘宁边区财政经济史编写组等合编:《解放战争时期陕甘宁边区财政经济史资料选辑》下册,三秦出版社1989年版,第374—377页。

续表

项目 年月	边区人口（万人）	脱离生产武装人数		脱离生产总人数	
		人数（人）	占边区人口（%）	人数（人）	占边区人口（%）
1946年12月	150	66986	4.47	98383	6.56
1947年平均	120	119067	9.92	151928	12.66

注：表中脱离生产武装人数和脱离生产总人数，均包括牲口（1头牲口折合2人）在内。

资料来源：据《日本投降以来边区财政概况》（1947年12月）（见陕甘宁边区财政经济史编写组等合编：《解放战争时期陕甘宁边区财政经济史资料选辑》下册，三秦出版社1989年版，第377页）综合编制。

如表20-34所示，这一时段陕甘宁边区一个显著特点是，边区人口减少，而脱离生产的武装人数和脱离生产总人数及其占总人口比重，成倍增加。武装人数从1946年9月的45900人增至1947年的119067人，占边区总人口的比重从3.06%升至9.92%；脱离生产总人数从76305人增至151928人，占边区总人口的比重从5.09%升至12.66%，分别增加了1—2倍以上。同时武装人数占脱离生产总人数的比重也增加了，从60.15%升至78.37%。

在这种情况下，边区各阶层人民，男女老幼全都计算在内，平均不到8个人就要供养一个脱产人员；平均10个人供养一个军士或武装人员。而且，因军士或武装人员和脱离生产人员多为男性青壮年，随着脱离生产的军士或武装人员和脱离生产人员不断增加，边区人民中男性青壮年所占比重不断下降，亦即负担赋税的能力，亦即供养脱离生产人员的能力不断下降。

与此相联系，边区政府的财政负担大大加重，财政支出中的军费比重亦相应增加。

1947年的全年财政支出数额及项目比例：经费：全年支出券

洋4766800万元,其中已结算清楚的4202900万元,折米22800石,内军务费占84.95%,补助费(党与群众团体)占3.77%;粮食:全年支出细粮232600石、草3400万斤,其中军事占80.0%,地方党政占15.0%;被服:全年支出布370900匹,其中前方占89.2%,后方党政占10.8%。总的来说,整个财政开支中,综合经费、粮食、被服等,军事和战争费用的比重应超过85%。①

由于脱离生产人数大增,边区人口特别是劳动力减少,因而财政收入减少,财政开支增加,导致财政亏空扩大。事实上,1947年全年开支(除粮食、被服外)的90.5%是依靠银行发行与贸易垫款。以往边区财政的主要来源是依赖肥皂外销。自1947年战争爆发后,肥皂外销大减,最后为零,只能靠银行发行与贸易垫款支撑。90.5%的赤字中,银行发行占68%,贸易公司垫款占22%。这种情况到第三季度末和第四季度愈益严重。详见表20-35。

表20-35　财政开支与亏空(1947年9—11月)

项目 月份	开支预算(亿元)	收入(亿元)		亏空(亿元)	
		收入额	占预算(%)	亏空额	占预算(%)
9	32	0.15	0.47	31.85	99.53
10	63	1.63	2.59	61.37	97.41
11	100	1.0	1.0	99	99

资料来源:据《日本投降以来边区财政概况》(1947年12月)(见陕甘宁边区财政经济史编写组等合编:《解放战争时期陕甘宁边区财政经济史资料选辑》下册,三秦出版社1989年版,第380—381页)改制。原表占比计算有误,业经重算订正。

① 《日本投降以来边区财政概况》(1947年12月),见陕甘宁边区财政经济史编写组等合编:《解放战争时期陕甘宁边区财政经济史资料选辑》下册,三秦出版社1989年版,第377—380页。

表 20-35 数据显示，1947 年 9—11 月 3 个月间，收入占开支预算的比重波浪式下降，亏空额直线上升，亏空占开支预算的比重波浪式升高，最后濒临顶点，财政困难已达极点。

表 20-36 是 1947 年全年陕甘宁边区财政支出分类统计。

表 20-36　陕甘宁边区财政支出分类统计（1947 年）

项别	金额（万元）	占总额（%）	项别	金额（万元）	占总额（%）
军务费	3570446	74.90	司法费	2215	0.05
行政费	80037	1.68	地方补助费	99626	2.09
民政费	53253	1.12	党及群众补助费	158530	3.32
财务费	37316	0.78	交通运输费	68111	1.43
经建费	466	0.01	其他	566835	11.89
教育费	103859	2.18	总计	4766878	100
保安费	26184	0.55			

注：①原表说明：金额以元为单位（现改为以万元为单位）；其他支出项中有 563890000 元，由于未转账，故放在其他项。

②原表百分比多有讹误，业经全部重算核正。

资料来源：据《西北财政概况》（约 1949 年下半年）（见陕甘宁边区财政经济史编写组等合编：《解放战争时期陕甘宁边区财政经济史资料选辑》下册，三秦出版社 1989 年版，第 600 页）改制。

虽然是全年支出决算，军费所占比重比原来预算或估算略低，但仍是独一无二的大项，占总支出的 74.9%，即 3/4。其他都在 5%以下（“其他”有多个细项组成），经济建设费更是微乎其微。而且这些支出，绝大部分没有实在收入支撑，前揭表 20-24 的财政收入数据显示，90.85%的收入属于亏空，亦即收支相抵，财政赤字相当于收入的 90.85%，这比原来估算或预计的 90.5%的赤字还要严重。

1948 年 4 月延安收复后，陕甘宁边区地域范围扩大，全区总人口和脱离生产人员都大幅增加,受财政供给人员由35万人增至百余万人,增加两倍以上,随着解放区地域的空前扩大与脱离生产人员数量的大幅增加,财政任务也空前艰巨。陕甘宁边区和整个西北,全年财政收入远赶不上财政支出,其经费、服装等开支主要靠中央补助,其比重约达90%。①

为了扭转局势,渡过财政难关,1948年边区先后提出了开辟财源,增加收入,解决财政问题的方针政策,计划了陕晋两地1948年下半年与1949年上半年财政收支概算。其中支出概算,见表20-37。

表20-37　陕晋两地财政支出概算(1948年下半年与1949年上半年)

数额 科目	折合细粮数(大石)		数额 科目	折合细粮数(大石)	
	石数	百分比(%)		石数	百分比(%)
粮食	691290	34.73	被服	290275	14.58
经费	563811	28.32	临时费	44586	2.24
事业费	400793	20.13	总计	1990755	100

注:①原表附注:野战军吃粮以半年计。②表中百分比系引者所加。

资料来源:据《1948年度西北财政工作总结报告》(约1949年年初)(见陕甘宁边区财政经济史编写组等合编:《解放战争时期陕甘宁边区财政经济史资料选辑》下册,三秦出版社1989年版,第517页)综合编制。

概算甚为粗略,开支仅有5项,仍以军费为主。因表20-37中野战军吃粮以半年计,如以全年计,则粮食增加一倍,再加上被服,则军费开支为1672855石,占总支出(总支出亦相应增大为2682045石)的62.37%。至于收支平衡状况,若野战军吃粮以一

① 《1949年财政工作简报》(约1950年年初),见陕甘宁边区财政经济史编写组等合编:《解放战争时期陕甘宁边区财政经济史资料选辑》下册,三秦出版社1989年版,第624—625、629页。

年计,则支出为 2682045 石,与前揭收入(175 万石)相抵,不敷 932045 石,相当收入的 53.26%。

从表 20-37 的执行情况看,财政收入较原计划大为减少,而财政支出较原计划增多。为摆脱困境,一年来在财政上大力开源,尤其是开辟了黄龙新区的财源,但所有这些财源仍与整个财政开支的需求相距甚远。1948 年度陕晋两地财政赤字达 74.63%,财政仍处在极端困难中,一方面,财政收入不能按计划完成;另一方面,财政支出则屡次超过预算,更增加这一困难。① 表 20-38 的统计数据,联系相关收入统计,清楚地反映了这种困难。

如表 20-38 所示,1948 年陕甘宁晋绥边区河西地区的总支出为 80379176 万元,当年收入 906744 万元,结余 8888538 万元,收支有余,似乎财政状况甚佳。其实完全是一种假象。因为 81285920 万元收入中,84.6%是贸易垫支和银行垫支,并非实体收入。同时,在支出中,有些款项应批未批,而事先已经预借,但未统计在支出中,更主要的是军事系统秋冬两季的决算未上报,缩小了支出数字,实际须补之数,大大超过结余数。所谓结余纯系假象,财政亏空实际上比字面上的收支统计更要严重得多。②

---

① 《1948 年度西北财政工作总结报告》(约 1949 年年初),见陕甘宁边区财政经济史编写组等合编:《解放战争时期陕甘宁边区财政经济史资料选辑》下册,三秦出版社 1989 年版,第 524 页。

② 《1948 年收支报告》(1949 年 1 月 6 日),见陕甘宁边区财政经济史编写组等合编:《解放战争时期陕甘宁边区财政经济史资料选辑》下册,三秦出版社 1989 年版,第 527 页。

表 20-38　陕甘宁晋绥边区河西地区财政支出统计(1948 年)

系统别	项目	经常费(万元)	事业费(万元)	临时费(万元)	总计(万元)	百分比(%)
军事系统	野战军	45899800	—	4672696	50572496	62.92
	联直	4107111	4151733	2439564	10698408	13.31
	地方武装	7987822	—	—	7987822	9.94
	小计	57994733	4151733	7112260	69258726	86.17
党民系统		608179	1435212	353208	2396599	2.98
政府系统	边政	1203986	3089603	1090303	5383892	6.70
	分区政府	2725843	196112	418004	3339959	4.15
	小计	3929829	3285715	1508307	8723851	10.85
总计		62532741	8872660	8973775	80379176	
百分比(%)		77.80	11.04	11.16	100	

注:原表单位为“元”,现改为“万元”。原表费用总计及费用百分比有误,业经重算核正。

资料来源:据《1948 年收支报告》(1949 年 1 月 6 日)(见陕甘宁边区财政经济史编写组等合编:《解放战争时期陕甘宁边区财政经济史资料选辑》下册,三秦出版社 1989 年版,第 528 页)改制。

总的财政收支情况是，1948 年陕晋两区（即陕甘宁晋绥边区）共收入农币 60485047 万元，支出 238429955 万元，收支相抵不敷 177744908 万元，占总支出的 74.63%，相当总收入的 4.39 倍。①由此可见财政亏空的严重程度。

进入 1949 年，西北解放战争加速向前推进，西安和关中大部地区相继解放，陕甘宁晋绥边区范围继续扩大。虽然西北解放区人口增加，但随着解放战争的加速推进和各项工作的开展，脱离生产人员的数量和比例继续增大，脱离生产人员从 1948 年的 486600 人增至 1949 年的 904893 人，增加 85.96%，占边区人口的比重由 7.5%升至 8.2%，人民的财政负担越来越重，财政收支愈益艰难，只能依靠中央补助来维持。1949 年 1—6 月，边区共收入人民币 627782.74 万元，支出 626432.65 万元。虽然结余 1355 万元，但收入中有中央补助 600000 万元，占总收入的 95.57%，边区自身收入仅占总支出的 4.43%，微不足道。②

表 20-39 是陕甘宁边区政府 1949 年度财政收支总决算表中的支出部分。

财政支出项目比较简单，最主要的是经常费、临时费、生活费三大类，每一类都包括军务费、政务费、地方费三项，且军务费最多。三大类占全部支出的 87.04%，其中军务费为 65.84%，占三大类支出的 75.23%。被服费的分配情况不详，前揭 1947 年被服支出分配，"前方占 89.2%，后方党政占 10.8%"。据此，表 20-39 列被服费，前方

① 《西北财政概况》（约 1949 年下半年），见陕甘宁边区财政经济史编写组等合编：《解放战争时期陕甘宁边区财政经济史资料选辑》下册，三秦出版社 1989 年版，第 594—595 页。

② 《西北财政概况》（约 1949 年下半年），见陕甘宁边区财政经济史编写组等合编：《解放战争时期陕甘宁边区财政经济史资料选辑》下册，三秦出版社 1989 年版，第 595 页。

表 20-39　陕甘宁边区政府财政支出统计(1949 年)

项别＼金额		金额(万元)	占总额(%)	项别＼金额		金额(万元)	占总额(%)
经常费	军务费	9545998	23.53	生活费	军务费	13353191	32.91
	政务费	1601202	3.95		政务费	338927	0.84
	地方费	1160826	2.86		地方费	1752613	4.32
	小计	12308026	30.33		小计	15444731	38.07
临时费	军务费	3668244	9.04	交通费		2263839	5.58
	政务费	721922	1.78	被服费		3000040	7.39
	地方费	3170060	7.81	各项支出总计		40576862	100
	小计	7560226	18.63	本年结余		5827299	—
				总计		46404160	—

注：* 原资料单位为“元”，现改为“万元”，万以下四舍五入，尾数与原资料或有细微误差。

资料来源：据《陕甘宁边区政府 1949 年度财政收支总决算表》(见陕甘宁边区财政经济史编写组等合编：《解放战争时期陕甘宁边区财政经济史资料选辑》下册，三秦出版社 1989 年版，第 624 页)改制。

约占6.59%,后方党政占0.8%。那么此表财政支出中,军务费占72.43%。实际上,边区一年来,军事支出占全部经费支出的80%左右。地方费占20%左右。表20-39列交通费,也是用以恢复交通、支援前线的费用。这“说明了财政支出的绝大部分是支援战争”。①

表20-39数据显示,不仅收支相符,且有结余,达到收入的11.39%,相当可观。不过此乃“借花献佛”。实际情况是,随着军事节节胜利,地区扩大,财政支出大大增加,财政收入远赶不上财政支出的要求,“支出与收入之间,大大的不相符,财政赤字很大”,亏空约达90%。为弥补财政赤字,不得不由中央发给各种物资与发行钞票。由于“中央的大量补助及其他解放区的援助,使西北最大的战争供给基本上得到解决,渡过了困难”。②

晋察冀、晋冀鲁豫等边区政府,对财政收入及项目,一般订有十分粗略的预算。晋察冀边区即订有1946年度的财政收入预算概要。但对财政支出预算,却异常笼统,只要求“各地应于8月底前制定1947年度预算(包括地方军、地方人员及地方开支)”,并无全边区财政支出预算和相关详细数据。③

晋察冀边区虽然订有1946年度的财政收入预算概要,但未见决算,更无财政支出的预算、决算。不过所辖冀中区不仅有1946年

---

① 《1949年财政工作简报》(约1950年年初),见陕甘宁边区财政经济史编写组等合编:《解放战争时期陕甘宁边区财政经济史资料选辑》下册,三秦出版社1989年版,第625页。

② 《1949年财政工作简报》(约1950年年初),见陕甘宁边区财政经济史编写组等合编:《解放战争时期陕甘宁边区财政经济史资料选辑》下册,三秦出版社1989年版,第625页。

③ 《晋察冀边区1946年度财政预算决定》(1946年7月16日电),见华北解放区财政经济史资料选编编辑组等编:《华北解放区财政经济史资料选编》第2辑,中国财政经济出版社1996年版,第977—978页。

度财政收入预决算,且有 1946 年度财政支出预决算,详见表 20-40。

表 20-40　冀中区财政支出预决算(1946 年)

科目＼项目	预算数(石)	决算数(石)	
		决算数	占总开支(%)
政费	82512	101744.20	7.18
社会福利费	41200	31758.98	2.24
文教费	25000	25334.90	1.79
城特费	10047	5519.22	0.39
经建费	72750	54818.54	3.87
财务费	50000	54854.98	3.87
补助地方	20000	28286.25	1.99
解上	400000	464896.64	32.81
爆炸粮	20000	28120.30	1.98
预备费	40000	35378.35	2.50
军费	608479	586328.48	41.38
小计	—	1417040.84	100
结余	—	28789.30	—
总计	1369988	1445830.14	—

注:①原资料总计数、百分数多有讹误,业经全部重算。

②原资料表内备考栏(本表已弃)注:十分区 1—6 月份军费开支决算数未列入。

资料来源:《冀中区一年来财政工作的初步总结报告》(1947 年 8 月 12 日),见华北解放区财政经济史资料选编编辑组等编:《华北解放区财政经济史资料选编》第 2 辑,中国财政经济出版社 1996 年版,第 1037 页统计表。

财政支出预算、决算中,军费是最大项,占决算支出总额的 41.38%。其次是“解上”,即上交边区政府,占决算支出总额的 32.81%。两项总计占决算支出总额的 74.19%,即接近 3/4。从“解上”用途来看,其中应有一半以上充作军费。如按一半计算,即为 16.41%。那么冀中区财政支出中,直接或间接充作军费部分占支出总额的 57.79%,超过一半。

从收支平衡的角度看，收支平衡略有结余。决算结余部分占支出总额的 2.03%。虽然比例不大。但也难得。这可能同冀中条件较好，1946 年大部分时间处于和平环境有关。

1947 年年初，晋察冀中央局召开边区财经会议，制订了 1947 年度全边区财经计划，确定了全边区脱离生产人数，包括大军区及野战军人数（12 万人）、地方党政军民学人数（4.55 万人），并确定了上述脱产人员的供给标准，从而对边区的财政负担范围及数量，有一个大致的框架。在此基础上，制定了全边区 1947 年度的财政支出预算，详细情况见表 20-41。

表 20-41　晋察冀边区财政支出预算（1947 年）　（单位：石）

项目＼区别	冀中区	冀晋区	察哈尔	边区级	总计
军费	436062	199599	191128	1449800	2276589
地方费	206451	77360	55192	90000	429003
业务费	54000	29000	15194	70000	168194
预备费	20000	25541	8000	24000	77541
总预备费	—	—	—	200000	200000
解中央及调剂友区	—	—	—	200000	200000
上年结亏	—	—	—	225000	225000
生产贷粮	—	—	—	300000	300000
总计	716513	331500	269514	2558800	3876327

注：原表部分总计数据讹误，业已分别根据细数计算核正。

资料来源：据《晋察冀边区财经办事处关于 1947 年度全区财政计划的决定》（1947 年年初）统计表（见华北解放区财政经济史资料选编编辑组等编：《华北解放区财政经济史资料选编》第 2 辑，中国财政经济出版社 1996 年版，第 1008 页）改制。

全边区按照预算，1947 年支出总额为 3876327 石粮食，若剔除上年 225000 石结亏，1947 年实际支出 3651321 石。军费是最大项目,占总支出的58.73%。其次是地方行政费,占总支出的11.07%,两项合计为69.8%,接近7成。另外,关于上解中央("解上")及调剂友区,表中只有边区20万石,未列各区数额。各区解上总数为:冀中区1375457石,冀晋区45万石,察哈尔53486石(该省合并于北岳区后,解上任务尚可增加)。边区的财政计划决定特别提醒:根据财政收支预算,全区尚有69万石的赤字。解决办法是:(1)下年春季征收40万石;(2)其他收入10万大石;(3)救济物资变价10万大石。尚余9万石赤字,"须全区认真掌握开支,增加收入,以消灭赤字,争取做到收支平衡"。①

晋冀鲁豫边区从1945年日本投降前夕至1946年间,是财政状况极为艰难的一段时间,入少出多,严重收支不敷。边区所辖太行区,在1945年8月对日大反攻开始前,原本有余粮10万石,"颇称小康"。因大反攻扩兵,粮食军需民用大增,连连亏空。对国民党的自卫战形势,又是毛驴加扁担,对付现代化装备的敌人,运一斗小米上前线,平均使用2.5个人工连磨面使3个工,民力战勤负担加重,生产时间和生产收入减少,亏空进一步加大。军粮一项,1945年预算为4433.6万斤,实支6688.2万斤,超支2254.6万斤;民政粮一项,预算为1306.7万斤,实支2375.3万斤,超支1068.6万斤。1945年粮食总计算,除小麦10万石吃完外,连民兵作战开支等,共亏小米3395.7万斤。经费原预算为25225万元,除开支外又多花82000万元。太行区无法支付,向银行透支了82000万元。粮食亏下无办法,即向人民追支,发行粮票4000万斤。1946年情况稍

① 《晋察冀边区财经办事处关于1947年度全区财政计划的决定》(1947年年初)统计表,见华北解放区财政经济史资料选编编辑组等编:《华北解放区财政经济史资料选编》第2辑,中国财政经济出版社1996年版,第1007—1010页。

有好转，概算原亏1000余万斤，经一年节用，尚亏空小米421.19万斤。1947年又亏空加大，收支相抵，净亏4608.39万斤。①

晋冀鲁豫边区全区的财政收支，1946年度有一个简单的概算。支出分钱款、粮食和村款粮三部分：钱款包括(1)军费65.2亿元(82%)；(2)政民费14亿元(18%)。粮食包括(1)军粮20321万斤、料3066万斤；(2)政民粮8572万斤、料599万斤；(3)行政粮(民兵作战粮、运费损耗)4334万斤。合计36892万斤(合230.6万石)。村款粮(小学教员、村干津粮、村中一切办公杂支等)257万石。

收支概算显示，钱款收入61.16亿元(不含透支18.05亿元)，支出79.2亿元，收支相抵，实际亏空18.04亿元。18.05亿元透支即是弥补亏空。粮食收入464.54万石，支出487.6万石，收支相抵，亏空23.06万石。②

1947年，晋冀鲁豫边区的财政收支状况仍然甚至更加严峻。表20-42是晋冀鲁豫边区1947年度财政支出概算统计。

表20-42　晋冀鲁豫边区财政支出概算(1947年)

(单位：小米斤)

项别＼数额		数额(万斤)	百分比
军费	吃米	15496.8	占军费12.24%
	吃麦	9625.9	占军费7.60%
	马草米	1577.3	占军费1.25%

① 《太行行署太行区财政困难概况》(1947年1月)，见华北解放区财政经济史资料选编编辑组等编：《华北解放区财政经济史资料选编》第2辑，中国财政经济出版社1996年版，第1170页。

② 《晋冀鲁豫边区1946年度财政概算》(1946年1月)，见华北解放区财政经济史资料选编编辑组等编：《华北解放区财政经济史资料选编》第2辑，中国财政经济出版社1996年版，第1093页。

续表

<table>
<tr><th colspan="2">数额
项别</th><th>数额
（万斤）</th><th colspan="2">百分比</th></tr>
<tr><td rowspan="5">军费</td><td>马料米</td><td>2055.2</td><td colspan="2">占军费 1.62%</td></tr>
<tr><td>柴米</td><td>6771</td><td colspan="2">占军费 5.35%</td></tr>
<tr><td>经费米</td><td>61448</td><td colspan="2">占军费 48.54%</td></tr>
<tr><td>被服米</td><td>29609.5</td><td colspan="2">占军费 23.39%</td></tr>
<tr><td>小计</td><td>126583.7</td><td colspan="2">占总支出 72.66%</td></tr>
<tr><td rowspan="11">政民费</td><td rowspan="5">边区级
政民费</td><td>吃米</td><td>530</td><td>占边区级 12.21%</td></tr>
<tr><td>吃麦</td><td>400</td><td>占边区级 9.22%</td></tr>
<tr><td>料米</td><td>150</td><td>占边区级 3.46%</td></tr>
<tr><td>经费米</td><td>3259.4</td><td>占边区级 75.11%</td></tr>
<tr><td>小计</td><td>4339.4</td><td>占政民费 9.92%</td></tr>
<tr><td rowspan="5">各区级
政民费</td><td>冀鲁豫</td><td>17164</td><td>占各区 43.55%</td></tr>
<tr><td>冀南</td><td>7692.7</td><td>占各区 19.52%</td></tr>
<tr><td>太行</td><td>9060.6</td><td>占各区 22.99%</td></tr>
<tr><td>太岳</td><td>5497.4</td><td>占各区 13.95%</td></tr>
<tr><td>小计</td><td>39414.7</td><td>占政民费 90.08%</td></tr>
<tr><td colspan="2">合计</td><td>43754.1</td><td>占总支出 25.12%</td></tr>
<tr><td colspan="2">预借费</td><td>3876.9</td><td colspan="2">占总支出 2.23%</td></tr>
<tr><td colspan="2">总计</td><td>174214.7</td><td colspan="2">100</td></tr>
</table>

注:原说明:

①军费原财经会议决定 1108800 万斤,年前第一次缔造改为 115592.8 万斤,因战争的变化,近又追加战费 10990.88 万斤,共 126583.68 万斤,总计与原规定相比超过数从预借费内支付 15783.68 万斤。

②各区政民费包括行政教育、实业、交通、公安、社会事业、民众团体补助等费,各区在总数内可以自行活动调剂并编各区具体支出数目,送边府备案。

③边区级政民费原定为 4000 万斤,最后编定为 4339.45 万斤,比原定超 339.45 万斤,亦由原定预备费内支出。

④预备费原定 20000 万斤,除军政费用支用外,现只有 3876.87 万斤。

资料来源:据财政厅:《晋冀鲁豫边区 1947 年度财政收支概算》(1947 年 2 月)(见华北解放区财政经济史资料选编编辑组等编:《华北解放区财政经济史资料选编》第 2 辑,中国财政经济出版社 1996 年版,第 1173 页)改制。

晋冀鲁豫边区这次财政支出概算，军费方面，各类物资，包括食米、马料、各类服装材料(如土布、棉花、鞋子、毛巾等)，数量、地区分配，交送季节、时间，均有详细规定。政民费方面，各区政民学各类人员，包括政民学人员、荣誉军人、产妇、婴儿等的牲口配备数量，均有具体数据；边区级政民费方面，边区级政民的个人生活费，包括津贴、服装、食粮、菜金等，机关公用费包括公杂费、医药费、过节费、烤火费、旅费、病号菜金、马装马药马干等，以及各项临时费、教育费、社会事业费、其他费等等，都有具体数据。

从各类支出的分配比例看，军费仍最多，占总支出的72.66%，政民费次之，占总支出的25.11%。从收支平衡看，仍然支大于收，亏空达13.34%，拟通过银行透支弥补。

财政概算在执行过程中，由于情况变化，虽然收入、支出均有所增长，但支出的增长幅度明显大于收入，入不敷出的情况愈加严重。据初步核算，到1947年年底，实收为171834.8万斤(比预算少4000万斤)，实际支出为233761.6万斤(非法开支，红白条子约1亿斤尚未计算在内)，收支不敷须透支61926.8万斤，比预算扩大44.69%。

1948年度的财政预算，一是竭力开源，二是尽量节流。依据华北财经办事处规定的供给标准，反复核减开支，确定总收入(间接税在内)为216472万斤，总支出为265525.8万斤，总支出中边区军费90056.5万斤，支援外区及解上各项机动费89847.5万斤，分别占总支出的33.92%和33.84%。另有边区党政民学各项费用42877.7万元。虽极力开源节流，仍有赤字，计49053.8万元，占收入的18.47%。而且，预算执行中面临的新情况是入减出增，赤字扩大。收入方面，土产减少1亿斤；支出方面，开支不断追加：(1)陈毅谢富治、陈士榘唐亮陇海作战费1200万斤；(2)支援西北2万石(合320万斤)；(3)军工预算增882万斤；(4)刘伯承邓小平新兵15000人,原定4月送走,后延至8月,须2000万斤;(5)山东、渤海流落边区粮柴票除消耗者外,还有225万斤;(6)刘伯承邓小平、陈毅粟裕、陈毅谢富治先后取去现洋330万元,共折米5106.67万斤;(7)支援西北20万石,原来预算中只列18万石,须增加2万石(合320万斤)。20万石中除交实物1.7万石外,18.3万石按37%计运费,除原预算960万斤外,又增加123.36万斤。收入却减为196472万斤。收支不敷,须扩大透支,计81905.8万斤,占收入的41.68%。另外,尚有准备开支而未正式确定者,没有列入,否则透支须达10亿斤。①

华中解放区,由于环境动荡、艰苦,敌情紧张,游击独立,没有建立完善、健全的财政制度,或有亦未严格执行,钱款乱支乱用情况普遍。有的地方基层向上级闹独立性,应该划分和上交的区款,未能严格执行,造成严重影响,以致主力部队最低限度的经常费菜金供给都发生困难。在这种情况下,边区或下面分区开始进行整顿。1947年6月,华中分局第七地委出台了关于财政制度的决定,严格财政收支和财务制度:(1)划分分区款与县款,税款全部为分区款;(2)建立金库制度;(3)建立预决算制度,6月份以前的账目立即进行结算,从7月份起,各县各兵团的预决算书分送财政局、供给部审核;(4)统一县财政,纠正区乡乱抓乱发乱支的现象;(5)严格经费标准,县不得随意变动。② 同年7月18日,华中军区

① 《晋冀鲁豫边区政府关于边区财政预算执行情况的通报》(1948年4月20日),见华北解放区财政经济史资料选编编辑组等编:《华北解放区财政经济史资料选编》第2辑,中国财政经济出版社1996年版,第1313—1314页。

② 《华中分局第七地委关于财政制度的决定》(1947年6月25日),见江苏省财政厅、江苏省档案馆、财政经济史编写组编:《华中解放区财政经济史资料选编》第3卷,南京大学出版社1987年版,第201—202页。

第六分区司令部、苏皖边区第六专署联合命令，制定发布供给标准。① 随后，苏皖边区第六行政区制订公布会计办法。② 这样，财政收支尤其是财政支出总算有规可守、有章可循了。

苏皖边区第一专署，南部紧贴长江，屡经国民党军反复“清剿”、劫掠，敌情紧张，财政制度亦一度“混乱不堪”。1947 年 8 月解放战争转入战略反攻后，行政区地域扩大，战略形势好转，是年 10 月 24 日，专署就稳定和严格财政制度、恢复正常状态作出决定，规定自 10 月份起，南线各县“恢复分区性统筹统支，一切收入归分区，一切支付由分区支付，自收自支，谁收谁支之混乱现象必须立即纠正”，同时建立和完善预决算制度、严格收支制度，“一切收入归库，一切支出从库”。一切支出，凭专署财经处支付书，及该单位正式领据，向各县领取，县库得视库款情况一次或分次付款，无支付书者县库得拒绝支付。③ 苏皖边区的财政收支开始规范化。

不过随着解放战争转入战略进攻后，战争加速推进，战场大部分在新解放区，部队供给和以部队供给为首要目标的周边地方财政收支，很快发生新的和根本性的变化。在华中解放区，这一根本性变化是从发动淮海战役开始的。淮海战役从 1948 年 11 月 6 日打响，1949 年 1 月 10 日结束，历时两月有余，解放军参战部队及

① 江苏省财政厅、江苏省档案馆、财政经济史编写组编：《华中解放区财政经济史资料选编》第 3 卷，南京大学出版社 1987 年版，第 215—226 页。

② 《苏皖边区第六行政区会计办法》（1946 年 7 月—1947 年 7 月），见江苏省财政厅、江苏省档案馆、财政经济史编写组编：《华中解放区财政经济史资料选编》第 3 卷，南京大学出版社 1987 年版，第 232—265 页。

③ 《苏皖边区第一专署关于财政制度的决定》（1947 年 10 月 24 日），见江苏省财政厅、江苏省档案馆、财政经济史编写组编：《华中解放区财政经济史资料选编》第 3 卷，南京大学出版社 1987 年版，第 311—312 页。

民工达一百数十万人,一个月所需粮食在百万担以上,战场又大部分在新区,久经国民党搜刮,民穷财尽。如此数量巨大而又时间集中、紧迫的军需任务,传统意义上的赋税征收和财政收支方法,既缓不济急又杯水车薪。唯一的办法就是就地集中、快速征借。因战场主要在华中地区,供应线离华中距离较近,故决定就近在华中解放区各分区征借 100 万担,不经通常意义上的赋税和财政收支程序,直接运送前线。①

淮海战役发动后,在华中解放区,除了部队粮食供给,现金收支和财粮调度上也发生了急剧变化。从 1948 年 10 月份开始,“华中收入均在未入库以前即已调拨使用”,不经任何财政预决算程序和入库出库等会计手续,各项支出完全在发行中调度,10 月后的两个多月中,由总金库直接支付之现金数字即达 250 亿元之巨,主要项目计有华中财政支出 116. 8 亿元,军事供应采购 50 亿元,军用材料采购 34. 6 亿元,淮盐生产资金 16. 5 亿元,其中用于财政支出为 81%,充实生产贸易基金者仅 19%。

这些支出既然“完全由发行调度”,故支出和调度的现金数额,决定权不在财政,而是直接取决于华中印钞厂的印钞能力。不过当时该厂的印钞能力每月只有 150 亿—250 亿元,平均不到 200 亿元,因印钞能力有限,“以致经费感觉现款供应脱节”。例如各种生产建设贷款原定 10 月底完全付出,但迟至 12 月初才勉强付足淮北盐场生产需要资金 150 亿元;两淮原拟先拨出 20 亿元现款作银行基金,也只能暂拨 5 亿元,其他分行之采购资金为兑换基金

① 《华中工委关于筹借公粮确保战争供应的决定》(1948 年 12 月 12 日),见江苏省财政厅、江苏省档案馆、财政经济史编写组编:《华中解放区财政经济史资料选编》第 3 卷,南京大学出版社 1989 年版,第 291 — 292 页。100 万担的地区分配是:江淮军区 25 万担,五分区 20 万担,一分区 18 万担,二分区 17 万担,九分区 14 万担,六分区 6 万担。

亦均应付而未付，或仅付一部分。调度已极感困难，且此后财政及发行将由华东局统一，华中印钞厂已准备随时停止印钞，故财政调度将会比以前更加困难。①

就地征借、借粮取代常规的赋税征收和米谷采购；银行"发行调度"甚至印钞厂"调度"取代通常意义上的财政调度、财政收支和财务制度，这是解放战争快速推进，大部队远离后方、进入新区作战的特殊形势下，在华中、华东地区出现的特例。

在华中、华东地方财政收支及财务管理上，施行权力下放，由统筹统支改为分筹分支、盈亏自理。1948 年 11 月的华东财经会议和 12 月扩大的华东中央局扩大会议决定，"为统一财政，确定财政上之分工负责制度"，各行政公署及直属省之专署、市政府为一个"财政单位"，划定税源，筹划经费，由行政公署或直属省之专署、市政府在党委领导之下统一掌握，并应成为党委统一领导下的重要部门工作。地方财政收支盈余，一律由地方保存，移入下年度备用，不解省库；地方财政收支亏空，非因特殊事故，一律不由省府补助。②

四、粮赋税收、战勤征发和人民负担

解放区的粮赋和税收制度有一个逐步建立、调整和初步完善的过程。因历史条件和解放时间不同，关内外解放区有老边区

① 《华中财委会财政情况通报第三号》(1948 年 12 月 15 日)，见江苏省财政厅、江苏省档案馆、财政经济史编写组编:《华中解放区财政经济史资料选编》第 5 卷，南京大学出版社 1989 年版，第 296—297 页。

② 《华东财政会议决议案》(1948 年 11 月)，见中国社会科学院经济研究所中国现代经济史组编:《革命根据地经济史料选编》下册，江西人民出版社 1986 年版，第 938、941—942 页。

(原抗日根据地)和解放区之分,而解放区又有新老之别。由于解放时间先后、民主政权建立和推行社会改革的进程各不相同,不同时段、不同地区粮赋税收、战勤征发和农民负担情况,差异颇大。在各个解放区,粮赋税收制度与征课情况而言,呈现多样性与渐进性的特征。

从总体上看,1947 年 8 月解放战争转入战略进攻后,随着解放战争进程加快,一方面,解放区中新区范围加速度扩大,比重大幅上升,老区所占比重不断下降;另一方面,战争扩大,解放军人数不断增加,战争形式也由战争初期的运动战,转为大兵团阵地战。不仅战场上的武装人员成倍和成数倍、十倍增加,而且离后方距离越来越远。在这种情况下,前线支援、后勤补给无论人力物力都以更大的数量和比率上升。解放战争前期的运动战,前线战士与战勤人员之比,一般为 1∶1;解放战争后期的大兵团阵地战,前线战士与战勤人员之比,上升为 1∶2、1∶3,甚至更高。这样,不说武器弹药、辎重设备的消耗,包括战勤人员消耗在内的军粮补给就成多倍增加。结果,农业劳力数量大幅下降,农业产量相应减少,而公粮征课增加,农民负担成倍加重。而且,农民负担的不仅是粮食、副食品,还包括牲畜、车辆,乃至生命。在整个解放战争中,解放区人民特别是广大农民,其负担的沉重程度,远远超出常人的想象。

(一)粮赋和税收制度

就解放战争阶段而言,东北解放区是建立较早和相对完整的解放区,土地改革完成较早,粮赋和税收制度亦相对完善。不过从时间上看,东北全境解放前和全境解放后,税收状况有很大差异。

东北民主政权建立之初,由于战争关系,各省(市)财政税收未能统一。为了应付开支,完成上交任务,各省(市)及县府,各自为政,自立关卡,自定税则,自收自用。1946 年至 1947 年间,北满各省先后就公粮、出入境税、货物税等,订立章程、税则,进行相关税项的征课。不过这也并非纯粹的财利行为,其中也包含了税制的改革。

公粮是赋税和财政收入的主要来源,涉及面广,又有强烈的阶级性,社会影响大,民主政府将公粮征收政策的确立和公粮的征收,放在各项税收的首位。1946 年 8 月 24 日,为了保证军政人员供给,减轻人民负担,并求其公平合理,以发展生产,松江省制订公布《松江省建国公粮公草征收暂行条例草案》。该条例草案规定,凡居住在东北境内,不论任何国籍人士,“一律照章缴纳建国公粮,没有例外”,并制订了各类耕地的公粮负担标准,详见表 20-43。

表 20-43　松江各类耕地每垧公粮负担一览表(1946 年)

(单位:公斤)

地别 项目、农户		正杂粮地				麦地		稻田	
		上地	中地	下地	下下地	上地	中地	上地	中地
每垧地征课标准	自耕地	80	65	50	40	50	40	200	180
	佃耕地	130	90	75	60	75	60	300	270
负担人	自耕地	80	65	50	40	50	40	200	180
佃耕户	佃户	40	25	25	20	25	20	100	90
	地主	80	65	50	40	50	40	200	180

注:原表附注:①正杂粮地包括:高粱、谷子、豆子、玉米、土豆、菜籽、陆稻等粮食经营地。

②麦地包括:大麦、小麦、燕麦等粮食经营地。

③稻田包括:水籼稻、粳稻、糯稻等经营地。

资料来源:松江省粮食管理局:《松江省建国公粮公草征收暂行条例草案》(1946 年 8 月 24 日)(见东北解放区财政经济史编写组等编:《东北解放区财政经济史资料选编》第 4 辑,黑龙江人民出版社 1988 年版,第 15 页)改制。原表少量数据有误,已据相关数据核正。

如表20-43所示,《松江省建国公粮公草征收暂行条例草案》将耕地分为自耕地、佃耕地两大类,规定了不同的负担标准,后者比前者加重约1/4—1/3不等。加重部分由佃农负担,出租人和自耕农负担基本相同,佃农负担约为出租人或自耕农之半。这显示该条例草案贯彻一个基本原则:耕者有其田,有其田者自耕。

《松江省建国公粮公草征收暂行条例草案》还分别就土地农作登记,公粮免征、减征、加征等情况、对象,村屯公粮的评议、审议、奖惩,以及公粮折收代金、适当加收运费,等等,做了说明和规定。关于减免和加征问题,《松江省建国公粮公草征收暂行条例草案》规定,新老荒地,森林地与无收益地,鳏、寡、孤、独、无劳动力者,及其他某些特殊情况,予以免征;军人直系亲属、因天灾人祸遭受损失,其地租收入用于公共事业开支的公共土地等,公粮减征;持有大量土地的大地主,家中有劳动力、不从事农工商学诸业而赋闲的地主,予以加征。①

继松江省之后,吉林省也于1946年10月1日制定公布了《吉林省政府征收公粮暂行条例》。与松江省办法不同,吉林省不论土地面积与等则,而是按家庭人口平均收入数量分级,实行累进税率:不满200公斤者,免征;201—220公斤,征1%;221—600公斤,每增加20公斤为一级,每级税率提高0.5%;601—990公斤,每增加30公斤为一级,每级税率提高0.5%;991—1350公斤,每增加40公斤为一级,每级税率提高0.5%;1351—2150公斤,每增加50公斤为一级,每级税率提高0.5%;每人平均收入达到

① 松江省粮食管理局:《松江省建国公粮公草征收暂行条例草案》(1946年8月24日),见东北解放区财政经济史编写组等编:《东北解放区财政经济史资料选编》第4辑,黑龙江人民出版社1988年版,第15—19页。

2151—2200 公斤时,税率为 30%;每人平均收入在 2200 公斤以上时,不再累进。①

该条例名为征收公粮,但其税制性质更贴近家庭所得税。一年后,吉林省政府于 1947 年 10 月 18 日公布征收公粮暂行条例,对上年暂行条例作出修正,放弃了累进税率,不过公粮征课标的物,并不限于耕地产品,而是包括所有收入。新条例规定,“应征公粮之收入,不论为农业收入或其他收入,均须缴纳公粮”。其粮食收入,“吃粮以种什么谷物交什么谷物。非粮食农产,以现价折成粮食”。土地产量按实际产量或存量计算:租入地按交租后的实存粮计算;自种地按实际收入额计算;出租地按实际收入租额计算。非农业收入依市价折成粮食“适当计算”。征收的基本原则是:“以土地产量为主,参考富力、民主评议。”单位面积公粮征额的确定和计算方法:土地农业收入按地质好坏、平年产量,定出土地等则计算。水田、旱地各分一、二、三等,每等按土地产量负担公粮。“各等地亩的标准产量及应负担公粮数,由各专署按各该地区实地状况规定之”②征收方法相当繁复。

1948 年 10 月,东北全境解放前夕,东北行政委员会发布关于当年公粮征收的文件,强调为最后肃清国民党军,解放东北,支援全国,要动员农民踊跃缴纳公粮,保障战争供给,必须全力完成并超过分配给各省的公粮、公草任务。东北行政委员会规定的公粮征收率,北满为 20%,南满及洮南 10 县为 15%。在此框架下,各

① 参见朱建华主编:《东北解放区财政经济史稿》,黑龙江人民出版社 1987 年版,第 442—443 页。

② 《吉林省政府征收公粮暂行条例》(1947 年 10 月 18 日),见东北解放区财政经济史编写组等编:《东北解放区财政经济史资料选编》第 4 辑,黑龙江人民出版社 1988 年版,第 63—65 页。

省必须根据土地等级,并照顾战区和后方、灾区和丰收区、产粮区和非产粮区、远区和近区条件,确定不同征收率,不得平均摊派或累进征收。为奖励种植,1948 年新开荒地(不论生荒、熟荒)一律免征。但 1947 年度由于二流子或地富逃走而撂荒之中上等土地,不得视为荒地豁免。秋征粮种,以稻子、大豆、高粱、谷子、苞米为限。并以高粱为标准进行折算。即高粱 1 斤,折抵稻子 7 两、大豆 8 两(或 1 斤)、谷子 1 斤、苞米 1 斤 3 两(南满 1 斤)。各地计征时,须扣除麦地,夏征所收小麦不能折抵秋征任务。但群众愿以小麦抵征秋征公粮时,得按 5 两小麦,折交高粱 1 斤。公粮、公草,一律不收代金。各省内地不易运出之公草,得在完成规定任务外,每 10 斤谷草,折交高粱(或大豆)1 斤。秋征公粮一律限次年元月底前,全部义务运送至交通线粮食局指定之仓库,交库入仓。①

在解放战争初期,东北解放区尚未连接成片,出入境税还是税收的一个重要组成部分,颇受政府重视,1946 年合江省即出台了《出入境税办法》,规定省内各县之间实行"自由贸易",但出入省境的货物,必须交税,作为一省的收入,由省印制出入境税票,由各县代为征收,按月报省,不得动用。《出入境税办法》除规定某些货物禁止出入境、某些货物免税入境外,详细列明了课税出入境货物和出入境税率。② 征课出入境税货物及税率,见表 20-44。

---

① 东北行政委员会:《关于 1948 年度公粮征收问题》(1948 年 10 月 15 日),见东北解放区财政经济史编写组等编:《东北解放区财政经济史资料选编》第 4 辑,黑龙江人民出版社 1988 年版,第 138—139 页。

② 合江省政府:《出入境税办法》(1946 年),见东北解放区财政经济史编写组等编:《东北解放区财政经济史资料选编》第 4 辑,黑龙江人民出版社 1988 年版,第 28—30 页。

表 20-44　合江出入境税货品及税率统计(1946 年)

税别/货别	项目	起征点	税率(%)
出境税	粮食(粗粮)	1 斗	5
	动植物油类	20 斤以上	5
	木材	15 立方米	3
	煤炭	10 吨	5
	原皮*	5 张	5
	酒	10 斤	5
	叶烟	20 斤	10
	卷烟	20 盒	10
	鱼类、木耳、蘑菇	1 斤	5
入境税	酒、洋酒	10 斤	50
	叶烟	20 斤	50
	卷烟	20 盒	50
	迷信品	100 元以上	50
	化妆品	100 元以上	80

注:* 在禁止出境货品中列有板(原)皮——牛皮、马皮、猪皮。牛皮应为禁止出境货品。两处资料矛盾,存疑。

资料来源:合江省政府:《出入境税办法》(1946 年),见东北解放区财政经济史编写组等编:《东北解放区财政经济史资料选编》第 4 辑,黑龙江人民出版社 1988 年版,第 28—29 页。

如表 20-44 所示,出境课税品主要为粮食、食品、工业和手工业原材料及烟酒,税率较低,除叶烟、卷烟为 10%,其他均在 5%或以下。入境课税品为嗜好品、迷信品和化妆品三类,税率较高,化妆品为 80%,其余为 50%。相对而言,禁止出境的货品种类更多,计有七大类数十种货品,布棉等纺织品和纺织原料、盐、米麦等细粮、牲畜类、药品、皮革、汽车和机器零部件等,全都禁止出境,禁止入境的货品较少,只有毒品、赌具。①

1947年上半年,合江、松江两省分别颁布《合江省货物税暂行条例(草案)》、《牲畜交易税暂行条例》。前者强调,条例以“发展经济、振兴贸易,增加财政收入为宗旨”,以货物为征税对象。凡应纳税货物之税目、税率、起征点等,系根据“奖励生产、节约消费之原则和合江省实际工作情况而定之”。因此,“凡生产运销必需品,奖励之,税率较低。生产运销非必需品、消耗品、迷信品、奢侈品限制之,税率较高。一切毒品禁止之”。条例规定,货品征税一般按照从价百分比征收,必要时对某些货物得从量征实(原文件税率表略)。② 后者的宗旨则是“了解民间畜力流动情况,调整税收,避免重复现象,使人民负担合理与均衡”,规定凡交易之牛、马、骡、驴、猪、羊,均依该条例征课牲畜交易税。税率标准,牛、马、骡、驴按当地市价从价5%;猪、羊从价7%。条例自1947年6月1日起施行。③

关于这些税项的征课、收入情况,合江省有所记载、总结。该省很早开始多个税项设置、征课。1946年4月1日颁布《合江省省税规程》,其中包括所得税(分营业所得税及不动产所得税两类)及消费税(包括烟、酒、面粉三项),复于1947年4月5日颁布

---

① 合江省政府:《出入境税办法》(1946年),见东北解放区财政经济史编写组等编:《东北解放区财政经济史资料选编》第4辑,黑龙江人民出版社1988年版,第29页。

② 合江省政府:《合江省货物税暂行条例(草案)》(1947年4月9日),见东北解放区财政经济史编写组等编:《东北解放区财政经济史资料选编》第4辑,黑龙江人民出版社1988年版,第41—44页。

③ 松江省工商管理局:《牲畜交易税暂行条例》(1947年5月22日),见东北解放区财政经济史编写组等编:《东北解放区财政经济史资料选编》第4辑,黑龙江人民出版社1988年版,第52页。

《合江省特产税暂行条例》,课税对象为该省大宗土产物,按其性质为产销税。税收部分解决了该省财政问题。1947 年 1—5 月共收税款 20000 万余元,占各县市同期财政总收入 20%多。税收多的,如佳木斯市、富锦县,经费主要靠税收解决。部分地区通过税收建立了物资管理制度。如佳木斯市、东安市于 1946 年战局尚未十分稳定时,为保护物资,禁止机器、电气机器、五金类、重要西药、交通工具、汽油等运出省境,收到相当效果。1947 年为支援前线,保证完成粮食统购任务,禁止粮食类出境及内地流通,基本上也达到了预期要求。①

1947 年 7 月,东北税务总局召开北满各省税务局局长联席会议,指示各省之间互相承认税票,取消解放区内的出入口税,拟定统一税收条例草案,做到一省范围内的税收和税制统一。1947 年 12 月,召开第二次税务局局长联席会议,讨论并通过了总局起草的货物产销税、牲畜交易税、屠宰税、市税、进出口税、出入境税等条例和征收营业税的几个原则,及各种条例的细则。该项条例 1948 年 1 月 1 日经东北行政委员会公布施行,同时建立了统一的组织领导、票照、报解、会计制度。至此,东北税收首先在北满 7 省 1 市基本上统一。从 1947 年 12 月起,北满 7 省 1 市税款全部解库,行政委员会应付各省经费,由财委会从库提拨,各地不得坐动税款。从 1948 年 1 月起,北满 7 省 1 市均执行新税章税率,实行一物一税制。兴安省亦于 2 月起,以蒙古自治政府名义颁布新税章税率,南满 3 省也于 4 月起执行新税章税率。因此,除兴安省票照自制,南满要到 7 月 1 日起才能实行统一票照外,全东北解放区

① 合江省政府税务总局:《1946 年—1947 年合江省税务工作概况》(1947 年 7 月 22 日),见东北解放区财政经济史编写组等编:《东北解放区财政经济史资料选编》第 4 辑,黑龙江人民出版社 1988 年版,第 53—54 页。

只要纳税有票,便可通行无阻。①

1948 年 11 月东北全境解放后,东北解放区联结成为一个完整的整体,商品流通和税收开创了新的局面。全境解放后,东北税务总局南迁沈阳,于 1949 年 1 月召开了第五次省市局长联席会,公布了上年修订的产销税草案,并布置征收 1948 年 10—12 月的营业税工作。到 1949 年春夏之交,东北税务总局所辖各级局、所,即共 11 个省局、2 个市局、159 个县局、568 个局所,另有 4 个关税局,大部皆已建立就绪。税制方面,取消了敌伪统制与剥削东北人民的苛捐杂税,施行适于东北具体情况的几项合理的税收,包括货物产销税、营业所得税、出入口税(关税)、牲畜屠宰税、牲畜交易税等,税项简明,归类清晰。② 税项确定后,随即相继制定了条例、办法,如《东北解放区行商登记及纳税暂行办法》(1949 年 2 月 1 日)、《东北解放区货物产销税暂行条例》(1949 年 2 月 20 日)、《东北解放区烟酒专卖暂行条例》(1949 年 2 月 20 日)、《东北解放区工商所得税暂行条例》(1949 年 8 月 2 日)、《东北解放区公粮征收暂行条例》(1949 年 10 月)等。③

---

① 东北税务总局:《1946—1949 年东北税收工作简单报告》(1949 年 5 月 17 日),见东北解放区财政经济史编写组等编:《东北解放区财政经济史资料选编》第 4 辑,黑龙江人民出版社 1988 年版,第 178—179 页;东北税务总局:《东北解放区税收工作报告》(1949 年 5 月 19 日),见东北解放区财政经济史编写组等编:《东北解放区财政经济史资料选编》第 4 辑,黑龙江人民出版社 1988 年版,第 187—188 页。

② 东北税务总局:《1946—1949 年东北税收工作简单报告》(1949 年 5 月 17 日),见东北解放区财政经济史编写组等编:《东北解放区财政经济史资料选编》第 4 辑,黑龙江人民出版社 1988 年版,第 179—180 页。

③ 东北解放区财政经济史编写组等编:《东北解放区财政经济史资料选编》第 4 辑,黑龙江人民出版社 1988 年版,第 148—149、153—159、250—253、305—309 页。

由于东北全境解放和税制规范、票照统一的时间尚短，税收机构、税务人员经验不足，新的税制、条例的施行，虽然获有成绩，取得了预期成果，但并非十全十美、一帆风顺，而是存在明显缺点和漏洞，尚须不断摸索、完善，积累经验。如行商营业税征课方面，虽然完成了部分任务，在管理上打击和限制了奸商的投机活动，保护了正当的守法商人。但在税收方面，还是让部分商人钻了空子，占了便宜。如沈阳行商，外区商人占 96% 以上。为了促使物资畅流，起初对外区商人相当放任，除来货在销货地课税外，其回购货物，凭外区路条自由运回本区。由于本区商人利用这个空子运货偷税，使税收遭受损失。后来才吸取教训，加强对外区商人运货的管理。税率方面，因税率过高，商人获利少，甚至赔本，部分影响物资交流。如三松 20 支洋纱，每捆天津价合东北券 106 万元，哈尔滨卖 140 万元，运费脚力平均每捆 12 万多元，税额 16 万多元，如果饭费旅费不计算在内，每捆可得利润 4 万多元，每次要运 20 捆纱，才够开支旅饭费。因此，两地货物虽有供求不平衡现象，物价虽有差别，商人也不愿运销了。同时，高税率也促成了偷税行为。一个月的营业总额，极容易适用最高税率，因此小行商宁愿不带行商证，被查到受处罚。处罚一倍的罚款，最多也不过 10%，若偷到一次，就捡到一次的便宜。所以管理尽管严密，各地偷税案件还是普遍发生。①

又如 1949 年第一期工商所得税预征，也是成绩很大，缺点不少。过去诸方面从未有过统一条例，都是各省各搞一套，虽然在政策方针上是一致的，但具体内容与贯彻政策在程度上却有差异。

① 东北税务总局：《关于半年来行商营业税的初步总结》（1949 年 9 月），见东北解放区财政经济史编写组等编：《东北解放区财政经济史资料选编》第 4 辑，黑龙江人民出版社 1988 年版，第 290—292 页。

这次制定了统一的条例,并且由无计划走向了有计划,由凭各地征多少算多少,到制定预算分配任务,布置征收方法,并且限定完成任务的期限。这“给那些对工商业估计不足,轻信商人叫喊,盲目地对商人施仁政观点以有力的批判”。这次预征,大部分都能完成任务,不但增加了财政收入,在货币回笼、稳定物价、积累资本上,都起了一定的作用。这次预征还贯彻了工轻于商和合理负担的方针,鼓舞工商业者扩大营业的信心。如吉林有两家纺织工厂在这次所得税征收以后,要增加机器,扩大生产。抚顺市在未征收以前,工商业者不知要征多少税,怕因缴税干不了。经过征收以后,商人有了底,放心向前发展了。这次税收成绩不小,但缺点和偏差亦不少。如条例税率表有不适之处,主要是私营税率轻了,课税起征点较高,没有掌握好税收重点。税收负担不合理。如辽东省辑安、安东两县工业负担重于商业。吉林把牙膏厂按化妆品加征50%,延吉老头沟税所对瓦盆业没有按加减率表减征,不利于条件艰苦、利润微薄的小企业发展。①

从总体上看,东北全境解放后,1949年东北解放区的税收工作有了明显的发展和变化,方针正确,领导加强,作风转变,工作深入,克服文牍主义,很多市、县长参加征收委员会,亲自动员、号召商人自觉纳税,指导、帮助、督促、检查工作,加快了征收工作的进展,提高了征收工作的质量,并且通过查假账,增加了税收。各地商人普遍制造假账,偷税漏税。调查资料显示,80%以上(可能还要多)的工商户有假账,最高的达93%。隐埋账额一般为2倍至3倍。最少亦在一倍上下,最高的达1100%。有的商贩偷税额在亿元以

① 税务总局税务处:《1949年第一期工商所得税预征工作初步总结》(1949年10月),见东北解放区财政经济史编写组等编:《东北解放区政经济史资料选编》第4辑,黑龙江人民出版社1988年版,第295—300页。

上。通过查假账，大大增加了税收金额，对回笼货币，稳定物价，缓解财政困难，恢复经济生产，支援全国解放战争，都有着重大的意义。1949 年的税收现金收入，超额完成任务，加快了货币回笼，减少了新票发行，缩小了财政赤字。东北解放区 1947 年的财政赤字为 80%，1949 年缩小到 20%。税收还有稳定物价的作用。1949 年每当估征所得税时，物价就平稳了，这已成规律。东北物价以 1948 年 12 月为基数 100，1949 年 2 月上升 36. 27%，3 月升至 78. 55%，因 3 月实征 1948 年营业税，4 月仅升至 83. 17%，只升了 4. 62 个百分点。8 月预征第一期所得税，物价只比 4 月上升 0. 63 个百分点。4—8 月的物价几乎没有上涨，7 月有的还降了。由于及时抽回游资，物价始终没有出现大的波动。在正确的税收政策下，工商业也稳步发展。1949 年公营企业增加了 64. 3%，私营工商业增长 80%。①

关内解放区的税收及其变化，因时段和地区而异。各老解放区（原抗日战争根据地），在解放战争初期，基本上延续抗日战争时期原有税制，随着形势发展，战争扩大，战争费用增加，税制多有调整、变化，税种、征额或有增加。征课地区亦扩大到周边新区。其他解放区特别是 1948 年 8 月大反攻以后解放的地区，由于解放时间短，占领或经过的解放军大部队及民工，人数多，军需供给数量庞大，而这些地区的民主政权尚未建立或刚刚建立，无法承担部队军需供给的重任，因而几乎全部采用临时征借或捐献的办法。

陕甘宁边区，税收分为两个部分。一部分是以农民和土地征课对象的农业税（公粮）；另一部分是以商人和手工业者为征课对象的若干税收。就征额和边区岁入而言，以前者为主。

---

① 东北区税务管理局：《1949 年税收工作初步总结》（1950 年），见东北解放区财政经济史编写组等编：《东北解放区政经济史资料选编》第 4 辑，黑龙江人民出版社 1988 年版，第 322—328 页。

农业税(公粮)方面,在1943年陕甘宁边区实行的农业累进税试行条例的基础上,1946年颁布《农业累进税条例》,将农业收益与土地财产二税合而为一,一并征收。1947年12月,在准备收复延安的关键时刻,边区政府依据条例,在“公私兼顾”的原则下,决定征收细粮24.6万石、草4182万斤,除归还民间历次借粮146350石外,实收99650石,必须赶在1948年1月底前完成。所收公粮,全部分散在“可靠居民中保存”。①

1948年4月19日,延安收复前夕,陕甘宁边区政府鉴于战争、灾荒,农村经济遭到严重破坏,生产下降,人民负担能力大大降低,同时,农村经过土地改革,土地占有大体平均,根据边区当时经济特点,以及华北财经会议关于负担政策“应扩大征收面,减少累进率,照顾农民生活”的指示,决定对1946年《农业累进税条例》作出修改、调整:(1)执行“公私兼顾”的原则,适当减轻农民负担,公粮只能占农业总收入的10%,最高不得超过15%为宜。(2)农业税仅需征收收益税,取消征收土地财产税,取消扣除生产消耗。(3)采用以“常年产量为征收标准”,借以刺激和鼓励生产。(4)公粮负担面扩大至80%—90%,既减轻负担,又支援自卫战争:绥德分区由60%—70%扩大至80%,延、关、陇等分区由80%以上扩大至90%。(5)适当规定各阶层负担的比例,以达到合理负担。土地改革后封建地主富农虽已被消灭,但仍存在新富农、富裕中农、中农、贫农等阶层的差别,负担仍应保持累进原则,但累进率缩小,并减少差额,最高累进率进以不超过收入25%左右为原则(过去累进最高曾达35%,负担占收入最高达35%—52%)。

① 《陕甘宁边区政府秋征指示》(1948年4月19日),见陕甘宁边区财政经济史编写组等合编:《解放战争时期陕甘宁边区财政经济史资料选辑》下册,三秦出版社1989年版,第371—372页。

(6)将过去的起征点改为免征点,收入超过所规定的免征点者,只按其超过部分计算负担。(7)计税法改为依常年产量为标准,规定一定额的产量折成标准亩,然后依每人平均标准亩多寡,确定每一标准亩的负担①。(8)鉴于战争、灾荒、土地改革使农村副业大受影响,交换停滞,农村副业除畜牧地区(如三边、陇东)之畜牧收入外,可予免征,以奖励副业的发展。待发展到一定程度,需要征税时,再行决定。(9)如何扶助生产基础差的新翻身农民,打下基础,发家致富,最好由政府在农贷及其他方面给予照顾,在负担上不必明文规定照顾办法。(10)军属、烈属、孤儿、寡妇,没有劳动力的农户,应当明文规定,酌量减轻其负担。(11)此后制定详细条例时,应以能否奖励和刺激生产为标准,凡是能恢复与刺激生产发展者,应有明确规定予以扶助与奖励。②

1948 年 4 月收复延安,陕甘宁边区扩大,晋绥划入,陕甘宁边区扩大为陕甘宁晋绥边区。1949 年人民解放军大部队西进,大片土地迅即解放,新解放区成为陕甘宁晋绥边区的一个重要组成部分,财政开支亦相应和加倍扩大。为了充裕财政,增加税收,1949 年 6 月,陕甘宁边区针对新解放区的具体情况,公布《陕甘宁边区

① 例如,规定常年产量 1 斗折 1 标准亩,再依每人平均标准亩多寡规定税等(即规定累进率),如:第 1 等,扣除免征点后,每人平均 1 个标准亩至 10 个标准亩者,每标准亩出粮 2 升 2 合;第 2 等,扣除免征点后,每人平均 11 个标准亩至 15 个标准亩者,每标准亩出粮 2 升 3 合;第 3 等,扣除免征点后,每人平均 16 个标准亩至 20 个标准亩者,每标准亩出粮 2 升 6 合;第 4 等,扣除免征点后,每人平均 21 个标准亩至 30 个标准亩者,每标准亩出粮 2 升 9 合;第 5 等,扣除免征点后,每人平均 31 个标准亩以上者,每标准亩出粮 3 升 2 合。

② 《今后农业税征收及负担政策的意见》(1948 年 4 月 19 日),见陕甘宁边区财政经济史编写组等合编:《解放战争时期陕甘宁边区财政经济史资料选辑》下册,三秦出版社 1989 年版,第 452—456 页。

新区征收公粮暂行办法》,规定凡土地收入(包括地租收入及土地各种产物),一律征收收益税;地主富农的土地,并征收土地税,统称公粮,由土地收益所得人及土地所有人缴纳。公粮征额、税率,在一般地区不超过农业总收入的15%,土地产量特丰地区(每亩通产2市石以上)以不超过20%为原则。计算与征收标准,土地收益以土地实收益计算,地主富农出租土地的土地税,以其租额1/2计算,自耕或雇人耕种的土地税,以其实产量1/10计算。收益税与土地税按以上标准计算后,依下列规定征课比例征收;凡产麦区每人平均不足14市斗麦子,产米区不足8市斗米(或小米)免征。每人平均14市斗麦子或8市斗米(或小米)以上者,按累进征收比例征收,最低征收3%,20市斗(或8市斗)以上征收4%,26市斗(或16市斗)征收5%。凡收入超过140市斗以上者,统以40%的比例征收。公粮税率从3%至40%,其间设有37个进级,级差均为1%。①

新区尚未进行土地改革,而老边区情况不同,大多已完成土地改革,废除了封建土地所有制,消灭了地主富农阶级,土地占有分散。边区政府根据土地改革后的老区农村经济情况,1949年7月22日颁布《陕甘宁边区农业税暂行条例》。② 该暂行条例共6章

① 《陕甘宁边区政府为颁布新区征收公粮暂行办法的命令》(1949年6月24日),见陕甘宁边区财政经济史编写组等合编:《解放战争时期陕甘宁边区财政经济史资料选辑》下册,三秦出版社1989年版,第549—554页。

② 《陕甘宁边区农业税暂行条例》有两个版本,另一版本称《西北区农业税暂行条例(初稿)》(1949年)(见中国社会科学院经济研究所中国现代经济史组编:《革命根据地经济史料选编》上册,江西人民出版社1986年版,第956—960页)。两个版本大同小异,"解释权"均属边区政府。从文字表述和条款内容、缜密程度看,似乎"西北区"版在前,"边区"版在后。因"西北区"版第23条有"土地改革尚未完成地区,其农业税征收办法,另行制定"一语,"边区"版已删除。据此,"西北区"版的制订在1949年6月24日《陕甘宁边区新区征收公粮暂行办法》正式颁布之前。

25 条，基本上以延安收复前夕公布实施的“农业税征收及负担政策”为基础，但做了若干修订、补充，使其更加细致、缜密、切实可行。主要修订包括：(1)将制定条例的原则由“适当减轻农民负担”，改为“使农业负担合理固定”，删除无法保证兑现的承诺；将以农业、副业收入为征课对象改为以农业收入为税本，“非农业收入之土地(包括房院、地基、林牧地、荒地、道路、坟地等)及家庭副业收入，不征农业税”；明确典当地、租佃地农业税的缴纳责任，强调“由土地所有人负缴纳之责”；明确划定免税土地的种类、范围。(2)明确以土地常年产量为征收标准。(3)摈弃累进税制。(4)明确划定和计算扣除免征点人口及收益(包括机关、部队、学校、工厂及群众团体所经营的土地)，产米区每人扣除 6 市斗小米，产麦区每人扣除 9 市斗小麦，消除灰色地带。(5)明确划定优待对象及批准权限：“凡贫苦军、工、烈属，丧失劳力之退伍人员、鳏、寡、孤、独之无劳力并生活困难者，经乡政府评定、呈县政府批准”，并规定免征点高限。(6)明确农业税征收标准：扣除免征点后，按 20%—23% 税率征收(即每市斗征收细粮 2 升至 2 升 3 合)全年征收细粮(产米地区以米计，产麦地区以麦计)18 市斤至 20 市斤，地方粮款，得由各县政府不超过农业税额 1/5 范围内，呈经行署批准，并转报准边区政府备案后附征之。(7)明确农业税每年征收一次，分夏秋两季缴纳，无夏收或秋收地区，得于夏季或秋季一次缴纳；征收农业税时，并得附征公草。(8)明确因灾减免及批准权限：“凡遭受水、旱、虫、雹或其他灾害，致收入特减，依定额负担额缴纳有困难者，得由该管县政府详具实情，呈行署(未成立行署者呈请专署)，转呈边区政府核准予以缓征、减征或免征”。(9)明确规定农业税的登记、评定、审核及偏差纠正等的组织领导、办法。(10)条例适用于土地改革完成之地区，在该地区内，所有以前颁布之农业税条例，及其他农业负担办法,一律作废。①

《陕甘宁边区农业税暂行条例》出台,正赶上公粮夏征、秋征。西北5省夏秋征公粮,原下达指标8575159石,实际布置数为8076922石,较原下达任务减少5.87%。最后总共入仓公粮5757942石,相当于实际布置数的71%强。西北1949年征粮标准,原规定一般地区负担额不超过农业总产量15%,产量特丰地区不超过20%。根据各省市实际布置任务统计,陕西省全年负担占总产量14%,每人平均负担56市斤,每亩地平均负担14市斤;甘肃省全年负担占总产量的9.8%,每人平均负担43市斤,每亩地平均负担8市斤;青海省全年负担占总产量10.8%,每人平均负担41市斤,每亩地平均负担7市斤;西安市全年负担占总产量10.4%,每人平均负担41市斤,每亩地平均负担18市斤;全西北全年负担占总产量的12.5%,每人平均负担52市斤,每亩地平均负担11市斤,各省市除宁夏负担略高外,其余均未超过原定一般地区的负担标准。

至于各阶层负担及负担面,依照原规定,贫农不超过8%,中农平均不超过20%,地主富农除土地税外,不超过40%。负担面一般应达农村户口的80%。各地实际负担情况,尚无全面统计,据关中礼泉、澄城、长武、旬邑、郃阳、乾县等6个县,及兴平多马区十三乡、渭南望华区第四乡的报告材料统计,公粮征收额占总产量的13.35%,连同地方粮占总产量的16.4%,平均每人收入3石9斗5升,每人负担6斗4升,出粮后尚余3石3斗1升。从各阶层

① 《陕甘宁边区政府关于颁发〈陕甘宁边区农业税暂行条例〉的命令》(1949年7月22日),见陕甘宁边区财政经济史编写组等合编:《解放战争时期陕甘宁边区财政经济史资料选辑》下册,三秦出版社1989年版,第554—558页。

看，地主负担公粮（连土地税在内）占收入的35.7%，再加地方粮，占收入的44.01%；富农公粮（连土地税在内）占收入的29.33%，再加地方粮，占收入的35.7%；富裕中农公粮（连土地税在内）占收入的16.42%，再加地方粮，占收入的20.5%；中农公粮占收入的13.12%，再加地方粮，占收入的16.29%；贫农公粮占收入的7.7%，再加地方粮，占收入的9.5%；雇农公粮占收入的4%，再加地方粮，占收入的4.8%。从负担面看，全部户数为228008户，负担户188474户，免征户39534户，负担面为82.9%。① 据此，大致可见，群众负担与原定标准不远，基本上贯彻执行了合理负担政策。

营业税和货物税方面，陕甘宁边区或沿用抗日战争时期的税制，或制定新的条例、办法，实施和规范边区营业税、货物税的征课。

营业税是直接所得税，从1941年开始征收。当年起征税率为2%，最高率20%；1942年改为起征率3%，最高率30%；1943年起征率复升至3%，最高率35%。当时因此举目的是想达到商农负担合理。不过35%的最高农业税率，征课对象是地主，35%的最高营业税率，征课对象是大商人。从政策上看，做法似欠妥当。②

为了调整、规范营业税的征课，1946年12月，边区政府制定公布了《陕甘宁边区营业税暂行条例》，对商民的纯收益，以货币的形式征收税费。该条例规定，凡在边区境内设有固定地址经营

① 《1949年西北征粮情况报告》（1950年），见陕甘宁边区财政经济史编写组等合编：《解放战争时期陕甘宁边区财政经济史资料选辑》下册，三秦出版社1989年版，第631—632页。

② 《陕甘宁边区税务总局关于边区营业税（初步）总结》（1946年4月），见陕甘宁边区财政经济史编写组等合编：《解放战争时期陕甘宁边区财政经济史资料选辑》下册，三秦出版社1989年版，第328—334页。

工商业者,不论公营、私营,均须缴纳营业税;从事临时营业者,则须缴纳临时营业税。征收原则,按其营业纯收益多寡,本着累进原则,每半年(6个月)征收一次,不满半年者,按月计算征收之。起征率为2%,最高率为30%。起征额暂为券洋2万元,最高累进额暂为券洋250万元,250万元以上不再累进。其累进额必要修改时,由边区政府命令行之。该临时营业税每批交易额以千分比计算征收。起征率为5‰,最高率为30‰,起征额暂定为券洋2万元,最高累进额暂定为券洋125万元,125万元以上不再累进。其累进额必要修改时,由边区政府命令行之。该条例还明确规定了营业税减征免征范围。免税范围包括:(1)纯系供给性质之公营工厂及政府鼓励发展之公私纺织、造纸、开矿、冶金、弹花、弹毛、制砂糖等企业者。(2)鳏寡孤独、老幼残废无所依靠及贫苦之小商仅能维持其生活者。减税范围包括:(1)属于机关部队学校之各种经营者,一律按8折减征。(2)凡经政府登记之生产合作社,一律按5折减征。(3)凡属合股性之小本经营者,按8折减征。(4)有益边区生产之发展,同时靠自己直接劳力经营之各种小手工业,得予分别减征:铁匠4折减征;铜锡匠、各种机械修理、毡匠、毛毛匠、打麻绳、织毛巾袜子、油坊、丝织业、成衣匠、大车厂、木工、熟食业、理发馆、马掌匠等,一律按6折减征。①

1948年10月前后,边区政府根据1946年营业税条例第6条及第11条的规定,又针对流动商贩制定颁布了《陕甘宁边区临时营业税暂行征收办法》,税率和征收办法是,按每次交易额的15%征收,规定货物运到店栈时,该店栈主应将货主或运货人姓名、货

① 《陕甘宁边区政府关于执行营业税暂行条例的命令》(1946年12月11日),见陕甘宁边区财政经济史编写组等合编:《解放战争时期陕甘宁边区财政经济史资料选辑》下册,三秦出版社1989年版,第346—347页。

名、数量，即时报告税务机关（如有验货场须先经验货场登记），并保证该货主或运货人于货物出售后到税务机关纳税割票，否则该栈主应负补纳税款之责。如该货无货主随行，应由售货人或店栈代替纳税割票；凡往来之货物，在进行登记或验货时，应将运货人或货主姓名、货名、数量、运销地、住宿店栈等项详细登记，当日到店查验，由店主负责督促货主于成交后到当地税务机关直接纳税。① 这样，就将流动商贩也都正式纳入了营业税的征课范围，这是完善和规范营业税的一个重要步骤。

1946年制定颁布的《陕甘宁与晋绥区货物税暂行条例草案》，将陕甘宁和晋绥联合作为一个征税区，一次征税，通行两区。两区之间不得有“出境”“入境”之别。凡条例所称“境内”，均系指两边区，凡运进或邮寄区内之应税货物，不论在境内销售，或运往边区以外销售者，均须依照甲种货物税税率表征收之；凡边区产之应税货物运出边区销售者，悉依乙种货物税税率表征收之；凡边区产之应税货物，在边区境内销售者，悉依丙种货物税税率表征收之。凡进出边区（指两边区）之应税货物，在此方或彼方已纳出入境税，并有税票及查验手续者，即可自由运销，彼方或此方不得再征税费。凡两边区之边产应税货物，在两区境内运销时，如具有一方之纳税手续时，另一方不得再征税费。凡应税货物，征税均依从价征收，必要时得从量征收之。② 这就大大方便了两区的货物流通。

在华北、中原各边区，解放战争时期的税收种类，同陕甘宁边

① 《陕甘宁边区临时营业税暂行征收办法》（约1948年10月14日），见陕甘宁边区财政经济史编写组等合编：《解放战争时期陕甘宁边区财政经济史资料选辑》下册，三秦出版社1989年版，第495—496页。

② 《陕甘宁与晋绥区货物税暂行条例草案》（1946年9月7日），见陕甘宁边区财政经济史编写组等合编：《解放战争时期陕甘宁边区财政经济史资料选辑》下册，三秦出版社1989年版，第340—341页。

区有相似之处,分为农业税(公粮)和工商类税收两类,不过工商类税收的税目比陕甘宁边区多。抗日战争结束前后,各边区先是沿用抗日战争时期原有税制,维持或加紧税收征课,满足前方紧急需求,接着才利用和平间隙,开始调整、完善税制,增加税收,平衡负担。

华北、中原各边区,全都处于抗日最前线,"八一五"日本宣布投降前后,既是八路军与侵华日军的最后决战阶段,后勤军需万分火急,又届公粮夏征秋征的关键时间,刻不容缓。在这种情况下,各边区才沿用抗日战争时期原有税制,增加税收支援前线。如冀晋区党委要求公粮"突击征收",全力支援前方,夺取城市,其口号是"胜利公粮,反攻公粮,多交,早交,提前完成";"保证公粮没砂土,没糠秕;好粮供前线,坏粮自己吃"。① 晋冀鲁豫边区太行行署工作重点则是动员、组织群众长途"义运"公粮接济前线、供给部队用粮。②

冀晋区在突击征粮的同时,又突击征棉、征棉换布。征棉换布在1944年已首次实行,因经验不足,重视不够,完全依赖合作社,效果不太理想。日本投降后,征棉换布在军需、财政上均甚紧迫。部队冬装、翌年春装置备正等布、棉;在财政上,征棉换布相当全区财政收入的1/2(比上年棉数多几倍),不可或缺,对稳定金融、物价,促进今冬明春农村家庭副业生产,也起着很大作用。因此,地区政府决心总结经验,吸取教训,抓紧时间搞好新一年的征棉换布

① 《中共冀晋区党委关于征收工作的紧急指示》(1945年8月16日),见华北解放区财政经济史资料选编编辑组等编:《华北解放区财政经济史资料选编》第2辑,中国财政经济出版社1996年版,第910页。

② 《太行行署关于今冬公粮的指示》(1945年12月10日),见华北解放区财政经济史资料选编编辑组等编:《华北解放区财政经济史资料选编》第2辑,中国财政经济出版社1996年版,第1086—1087页。

工作。所收籽棉，轧制成熟花后，除留部分充作棉衣、棉被絮棉外，全部换布。征棉换布采取"公私两利"原则，奖励棉布生产。具体采用"工资奖励制"或买卖关系(通过合作社办理)。或两者兼用。①

进入1946年，各边区开始着手改革、调整税制。是年6—7月，晋察冀边区和所辖冀东区，相继颁布农业统一累进税征收办法。

冀东区因抗日战争期间环境动荡，政权机构不健全，农业税一直保留敌伪统治时期"按亩均摊"的不合理办法，1946年6月，为平衡人民负担，根据晋察冀边区统一累进税税则的基本精神，制定《冀东区暂行农业统一累进税简易办法》。该办法规定，农业税征收范围为土地地租及农业收入、果木蒲苇收入，但不包括家庭副业及畜养收入、非专门运输业收入、区级以上党政军民机关或个人生产收入、新垦荒地三年以内之收入。农业税以"标准亩"为计算单位，并将资产与收入合并计算。计征农业税，基本原则和方法，与前揭陕甘宁边区大体相仿。②

《晋察冀边区农业统一累进税简易办法》，制定、下发在冀东区之前，但颁布在后，1945年7月2日才正式颁布。两个办法宗旨、原则基本一致，但计算方法互有差异。虽然均依土地常年产量计税，但冀东区的单位是"标准亩"，而晋察冀边区用的财产收入

① 《冀晋区行署关于1945年度征棉换布工作的指示》(1945年9月17日)，见华北解放区财政经济史资料选编编辑组等编：《华北解放区财政经济史资料选编》第2辑，中国财政经济出版社1996年版，第914—916页。

② 《冀东区行署颁发冀东区暂行农业统一累进税简易办法的命令》(1945年6月20日)附《冀东区暂行农业统一累进税简易办法》，见华北解放区财政经济史资料选编编辑组等编：《华北解放区财政经济史资料选编》第2辑，中国财政经济出版社1996年版，第969—974页。

折合单位是“富力”。将财产税与收入税合计。计算标准是:(1)自营地总收入(不扣除消耗)10市斗谷折1富力;出租地收租5市斗谷折1富力;佃种地收入15市斗谷折1富力。但若地主出农本(肥料、种子、耕畜、农具等)者,应先将其农本扣除。佃种地应先将其租额除去,然后计征。(2)尚未减租者应依法减租。在未减租前,应由地主全部负担(出租地按地主自耕地负担)。(3)典当地,出当人按1/4负担财产税,承当人按3/4纳收入税。但出当人生活贫苦者,经协议后得按过去双方约定办理。在此基础上计算富力,按家庭人口扣除免征点后,计算累进税率、税额。①

抗日战争结束前后,华北各边区在抓紧突击征收农业税(公粮)的同时,开始了对工商税、杂税的整理和规范。最先整理、规范的税项是契税、卷烟税。

1945年10月,晋察冀边区接连制定章程、办法,整理、规范契税、卷烟税。为“确定与保护不动产之所有权与买卖自由权”,边区政府于10月15日修正公布《晋察冀边区契税暂行章程》,规定边区人民典买不动产,均须依章税契,买契按实价征税6%,典契按典价征税3%。先典后买者,准以原纳典契税额,抵纳买契税,不足之数,照数补足,但以买典同属一人者为限。逾期不税,或匿价偷漏者,除令照章税契外,由县(市)以上政府处罚。逾期一个月者,处应纳税额2/10的罚金,逾期两个月者,处应纳税额4/10的罚金,逾期三个月以上者,加重处罚,但最多不得超过应纳税额的一倍。如有匿价情事者,除令更换契约,补缴短纳税款外,并处

① 《晋察冀边区农业统一累进税简易办法》(1945年7月2日),见华北解放区财政经济史资料选编编辑组等编:《华北解放区财政经济史资料选编》第2辑,中国财政经济出版社1996年版,第975—977页。

以所匿应纳税额两倍以上五倍以下之罚金。①

1945 年 10 月 20 日，晋察冀边区行政委员会颁发《晋察冀边区卷烟统税暂行办法》，在张家口市及平绥沿线一带试行。该暂行办法规定，凡区内制造的卷烟、雪茄，25000 支之批发价超过 37500 元者，从价征税 40%；25000 支之批发价不及 37500 元者，从价征税 10%。卷烟统税，于制造场所运出时，向其制造人征收之。卷烟制造人拟将卷烟由制造场所运出时，应将其种类、牌名、数量、价格等项填写卷烟统税纳税申请书，向市县政府提出申请。各市县政府接到前项申请书，经调查确实征收税款后，发给卷烟统税票，并按其箱数发给卷烟统税完讫证，粘贴箱面，加盖检讫印后，方准行销。前项卷烟统税票及卷烟统税完讫证统一由行署或特别市政府印发。卷烟制造人以欺诈或其他不正当行为，意图偷税时，除补征其应纳之税外，得处以所偷税额半数以上四倍以下之罚金。②

1945 年 12 月中旬，晋察冀边区行政委员会接连制定颁发了工商业收入税、营业税征收办法。12 月 12 日边区政府公布“工商业征税办法”。其宗旨是：“奖励工业及合作社事业，繁荣商业，并使负担公平合理”。按其性质和具体情况，工商业征税办法将征税对象分为免征、减征和征税三部分。下列各业免征收入税：(1)矿业(盐、硝、碱、硫磺及铁之冶炼铸造等亦包括在内)；(2)灾民经营之运销；(3)合作社之收入(不以社员为主要对象之

① 《晋察冀边区契税暂行章程》(1945 年 10 月 15 日修正公布)，见华北解放区财政经济史资料选编编辑组等编：《华北解放区财政经济史资料选编》第 2 辑，中国财政经济出版社 1996 年版，第 919 页。

② 《晋察冀边区行政委员会颁发晋察冀边区卷烟统税暂行办法的命令》(1945 年 10 月 20 日)附《晋察冀边区卷烟统税暂行办法》，见华北解放区财政经济史资料选编编辑组等编：《华北解放区财政经济史资料选编》第 2 辑，中国财政经济出版社 1996 年版，第 921—922 页。

营业不在内);(4)荣誉军人以抚恤金经营之企业(与其他人合营者,只免荣誉军人所得部分);(5)未设铺之艺匠(木匠、泥水匠、石匠、理发匠、钉掌匠、铜匠、洋铁匠、小炉匠及其他编筐、编席等)。下列各项之收入税,减征2/3(依原额调查计算得出纳税额后,乘以1/3):棉毛纺织、皮毛业、农具制造、造纸、土靛染布、生药制造、陶瓷业、印刷业、运输业。下列各项减征税额1/3(依原额调查计算得出纳税额后,乘以2/3):药铺、编织及打绳、榨油、制肥皂、制圪帛、烧炭、粉坊。凡不属于上述税收减免的各项工商业,不论公营私营或公私合营,悉依法全额征税。

征税之工商业,悉依其纯收入计征(纯收入系指总收入除去经营人员之消耗、从事各该业所养牲畜之消耗及营业消耗后之收入),以户为单位,不论兼营、单营、长年、临时,凡纯收入在20市斗米以下者免征,超过20市斗米者,其超过部分(纳税收入),依下列规定征税(全额累进不递减):纳税收入未满10市斗米者,征税1%。10市斗米以上至未满60市斗米者,每增加10市斗米,征税额提升1个百分点。纳税收入未满60市斗米者,征税6%。60市斗米以上至未满100市斗米者,每增加20市斗米,征税额提升1个百分点。纳税收入未满100市斗米者,征税8%。纳税收入100市斗米以上至未满500市斗米者,每增加50市斗米,征税额提升1个百分点。纳税收入未满500市斗米者,征税16%。纳税收入500市斗米以上至未满800市斗米者,每增加100市斗米,征税额提升1个百分点。纳税收入未满800市斗米者,征税19%。纳税收入800市斗米以上至未满1000市斗米者,征税20%。纳税收入1000市斗米以上至未满1600市斗米者,每增加200市斗米,征税额提升2个百分点。纳税收入未满1600市斗米者,征税26%。纳税收入1600市斗米以上至未满2400市斗米者,征税28%。纳税收入超过2400市斗米者,征税30%,达到累进最高率,不再累进。

工商业年度由阴历元旦至年底止。此次暂定于翌年阴历正月调查征收。关于烟酒等专卖品,除缴纳卷烟统税、制造烟税及酒税等税而外,仍须依该办法纳税。①

新的工商业征税办法,系边区政府根据发展工商业政策及边区历年来工商业征税经验,将过去的征税办法加以修正而成,减免税对象、范围做了适当调整,税率亦再度降低。1945 年春公布的税率已由上年 5%—35%减到 3%—30%,新办法税率再行下降,由 3%起税改为 1%起税。最高点则因城市解放,工商业发展,由原来的 500 市斗提升到 2400 市斗,实际税率亦行降低,原来 500 市斗以上税率即达 30%,新办法仅 16%。除特大者外,一般均较上年减轻 2%—4%。新办法特别照顾下层,扶植小工商业者,奖励发展家庭副业。过往家庭副业与临时经营不易分辨,多生问题,新办法取消此种划分,纯收入 20 市斗以下者一律免征,超过者亦只征超过部分,下层负担减轻。税率的订定,也是下层减轻较多(第一税等减轻 3/4),上层减轻较少(收入 1500 市斗者减轻 1.26%)。商人税率,虽然下层减幅较大,但对税收影响不大。据阜平城 26 个村镇材料,纳税收入在 20 市斗以下的的户数占 35%,纳税额占总额的 0.99%。收入在 200 市斗以上的户数占 6%,纳税额占总额的 74.9%。故新方法对下层税率大为减轻,但税收不致减少。②

① 《晋察冀边区行政委员会关于工商业征税办法的决定》(1945 年 12 月 12 日),见华北解放区财政经济史资料选编编辑组等编:《华北解放区财政经济史资料选编》第 2 辑,中国财政经济出版社 1996 年版,第 934—935 页。

② 《晋察冀边区行政委员会关于执行"工商业征税办法"的指示》(1945 年 12 月 12 日),见华北解放区财政经济史资料选编编辑组等编:《华北解放区财政经济史资料选编》第 2 辑,中国财政经济出版社 1996 年版,第 936 页。

继工商业税之后,晋察冀边区复于1945年12月18日颁布《晋察冀边区营业税暂行办法》,对设有营业场的制造、运输、堆栈、旅馆、照相、餐饮、理发、澡堂服务、租赁、中介、代理、新闻报纸、出版、印刷、娱乐、游艺、放款、诸业征收营业税。对下列营业不征收营业税:(1)不以赢利为目的之公营事业;(2)政府批准之公益事业、慈善事业、教育事业;(3)合作事业(不以社员为主要对象之营业不在内);(4)新闻报纸事业;(5)矿业。营业税标准及税率:各业均有固定税率,从最低10%(制造业零售)到最高60%(放款业、妓馆业)不等。①

1946年3月,晋察冀边区制定公布《晋察冀边区货物税暂行条例》和《晋察冀边区货物税暂行条例施行细则》,开始进出口货物税的征收。该暂行条例的宗旨是,"保护边区经济,配合物资政策,增加财政收入",规定以货物为征税对象,凡应税货物,一律照章征税。条例分别详细开列了出口货物、进口货物的税目、税率名单,并有免税进口、禁止出口货物清单。出入口货物的税率不算太高,多在5%—10%上下,20%以上的不多。出口货只有耕畜、木料、动物油、干草等;入口货为洋布及其衣帽成品、土布、海味、奢侈品(税率最高,达40%)等。②

在晋察冀边区的税收中,财产、收益类税收门类相对较多,除前揭农业税(土地财产和收益税)和工商业税、营业税之外,1946年还出台了"所得税暂行办法"。所得税征课对象,计分三

① 《晋察冀边区营业税暂行办法》(1945年12月18日),见华北解放区财政经济史资料选编编辑组等编:《华北解放区财政经济史资料选编》第2辑,中国财政经济出版社1996年版,第938—940页。

② 《晋察冀边区货物税暂行条例》(1946年3月),见华北解放区财政经济史资料选编编辑组等编:《华北解放区财政经济史资料选编》第2辑,中国财政经济出版社1996年版,第954—958页。

类:(1)缴纳营业税的有固定经营场所的各种营利事业所得及财产之所得,不论公营、私营、公私合营,不论经常或一时之所得“均属之”;(2)不缴纳营业税的无固定经营场所的各种营利事业所得及财产之所得“均属之”;(3)自由职业者、其他从事各业者之薪给报酬所得。“薪给报酬”不限于薪金,凡以劳力、智能、技艺直接换取之金钱、物资报酬“均属之”。但不包括党政军、团体、合作社、邮电、公私企业人员的生活费和薪金;政府批准的公益事业、非营利性事业、矿业、边区银行、报社和新闻机关收入等。上述三类收入扣除“业务必要消费”后,超过免税点(以户为单位,以半年所得2000元为免税点),按累进计算税率,第一、二类收入,半年不超过3000元,征税3%,而后按收入增加累进,提高税率,累进20级,至半年收入60万元,税率提升至30%,到达累进最高率,停止累进。第三类收入按月计税,每月纳税收入未满1000元者,征税2%,而后按收入增加累进,提高税率,累进13级,至每月收入3万元,税率提升至15%,到达累进最高率,停止累进。医生、工程师减半征收。纳税人申报时少报所得,多报消费,或以其他不正当意图偷税时,一经查出,除补征交税外,并科以偷税额半数以上、四倍以下之罚款。①

从日本投降到1946年年底,是晋察冀边区在新的历史条件下,建立、调整、完善各种税制的重要阶段,取得了重大进展。如所辖冀东区,面对国民党的包围、封锁,又通过不等价交换进行物资掠夺,在一年多时间里,从无到有,制定了二十几项条例,建立关税组织和封锁带、人造关口,通过调整、完善出入口税制,加强对敌经

① 《晋察冀边区所得税暂行办法》(1946年),见华北解放区财政经济史资料选编编辑组等编:《华北解放区财政经济史资料选编》第2辑,中国财政经济出版社1996年版,第992—995页。

济斗争,保护了区内手工业、金融和正常贸易,保证了财政供给。①

日本投降后,晋冀鲁豫边区的新时期税制改革、调整和完善,开始于1946年夏季。1946年6月15日,晋冀鲁豫边区政府颁布《晋冀鲁豫边区工商业营业税暂行办法》,其征收对象为"以一定营利为目的事业",但农业不在此限。具体征税及减免对象,与晋察冀边区营业税征收办法基本相同。

营业税税则与税率,该暂行办法规定,按征收对象纯收益多寡,按累进原则计算征收,起征额为5000元,起征税率为2.5%,而后按纯收益增加,逐级累进提升税率。经过28级累进,到纯收益为300万元,累进税率为30%,达于峰值,超过者不再累进。临时营业税按每批交易总额计算征收,起征额为5000元,起征税率为3‰,而后按交易总额增加,逐级累进提升税率。经过27级累进,到交易总额为300万元,最高累进为30‰,超过者不再累进。该暂行办还订有罚则,工商业者若有违法或偷漏税收情事,得予以处罚。②

晋冀鲁豫边区政府颁布的《晋冀鲁豫边区工商业营业税暂行办法》,只适用于工商业营业税征收。在此之前,边区所辖冀南区于1946年5月颁布的1946年度公平负担暂行办法,则适用于该区农业及农村工商业税收负担(不包括城镇工商业负担),农业和农村工商业合并征收。

征收计算单位:(1)农业以人为计算单位,以户为征收单位;

① 李周行:《冀东区1946年税务工作初步总结》(1947年2月16日),见华北解放区财政经济史资料选编编辑组等编:《华北解放区财政经济史资料选编》第2辑,中国财政经济出版社1996年版,第1011—1013页。

② 《晋冀鲁豫边区政府颁发工商业营业税暂行办法的通令》(1946年6月15日)附《晋冀鲁豫边区工商业营业税暂行办法》,见华北解放区财政经济史资料选编编辑组等编:《华北解放区财政经济史资料选编》第2辑,中国财政经济出版社1996年版,第1112—1114页。

(2)工商业的计算与征收,均以户为单位;(3)以农业为主兼营工商业,或以工商业为主兼营农业,其工商业部分均并入农业。

《冀南行署颁1946年度公平负担暂行办法》规定了工商业负担与免负担的收入范围:须负担的收入范围:(1)房租收入;(2)公营、私营及公私合营之工商业和手工业作坊之收入;(3)大批羊群之收入。免负担的收入范围:(1)家庭手工副业及畜养(牲口、猪、兔、鸡、鸭等)之收入;(2)其流动资本在5000元以下的经营各业之收入;(3)经政府批准备案,以村为单位之合作社经营收入;(4)经政府批准备案之交易合作社的经营小组、机关合作社减半负担,以一户一人计,亦不累进。

计算单位与累进方法:农、工、商业收入之计算,均以"标准亩"为单位:土地收入,旱田以240方步一亩之收入为一标准亩,盐碱洼地或水浇地、菜园,按一定比例扣减或增加标准亩数,租佃地由地主一方负担,典当地列入承典人地亩累进计算负担;工商业收入,工业按纯利每15斗谷折合一标准亩,商业及房租收入,按纯利每10斗谷折合一标准亩,属于工商混合业者,按纯利每12斗谷折合一标准亩。

免征点与累进办法:将全家地亩及工商业收入折成标准亩后,不分男女老幼,在家者每人扣基本地一亩(全家每人平均土地不足3标准亩者,每人除基本地一亩半),其余按级累进负担。累进办法为一亩一级,第一级负担亩,一亩算一亩不累进,自第二级起,以6厘为累进率开始累进,每增加6厘累进一级。以21级为峰值,停止累进。21级以上的亩,均以21级计算负担。该办法从1946年5月1日起施行。[1]

该暂行办法并未涉及具体税额、税率,只是就1946年度农业

---

① 《冀南行署颁布1946年度公平负担暂行办法》(1946年5月),见华北解放区财政经济史资料选编编辑组等编:《华北解放区财政经济史资料选编》第2辑,中国财政经济出版社1996年版,第1109—1111页。

与工商业负担分别制订原则和基本方法,1946年度农业税与公、私工商业税,都按该暂行办法的原则规定征收。1946年7月17日,中共冀南区党委又发布关于各公营商店、机关、部队工商业负担问题的决定,强调“各公营商店与机关、部队之工商业生产,一律与私人经营之工商业同样负担”;凡不立门面之生产部、生产科所经营之商业,一律要缴纳临时营业税。公营工商业,如有逃避负担者,政府可根据法令予以处罚,甚或停止其营业,如因此发生冲突者,由当地党委秉公处理。不但公私一视同仁,而且要求执行“先公后私”“先大公后小公”的原则,以作私商的模范。①

1947年11月,冀南区又制定公布《工商营业税征收暂行办法》,规定凡在冀南区内,以营利为目的的工商业,不论公营私营、经常或临时营业(包括工厂、作坊、坐商商贩等),均应依照该办法,向当地工商机关按时缴纳营业税。

营业税的征收,以营业单位为课税单位,以营业纯利为课税标准(税本),以营业资本为评定税率等级依据。

营业纯利的计算,在扣除工资、利息、房租、邮电费之外,生活费按人扣除,以小米为计算标准,1—3人者,每人每月扣除120斤,4—5人者,每人每月扣除100斤,5人以上者,每人每月扣除90斤,凡直接参加生产、共同经营者,均计算人口,其专依营业为生、没有其他生活来源的小本商人家属,亦应计入人口数。

扣除成本消耗、得出纯利后,按资本额累进确定税率。详见表20-45。

① 《中共冀南区党委关于各公营商店、机关、部队工商业负担问题的决定》(1946年7月17日),见华北解放区财政经济史资料选编编辑组等编:《华北解放区财政经济史资料选编》第2辑,中国财政经济出版社1996年版,第1122—1123页。

表 20-45　冀南区工商业营业税资本等级与累进税率统计(1947 年)

级别＼项目	第 1 等		第 2 等		第 3 等		第 4 等		第 5 等	
	资本额(万元)	税率(%)	资本额(万元)	税率(%)	资本额(万元)	税率(%)	资本额(万元)	税率(%)	资本额(万元)	税率(%)
第 1 级	4—10	20.0	—	—	—	—	—	—	—	—
第 2 级	10.1—15	20.2	15.1—20	20.4	20.1—25	20.6	25.1—30	20.8	30.1—35	21.0
第 3 级	35.1—40	21.2	40.1—45	21.4	45.1—50	21.6	50.1—55	20.8	55.1—60	22.0
第 4 级	60.1—65	22.2	65.1—70	22.4	70.1—75	22.6	75.1—80	20.8	80.1—85	23.0
第 5 级	85.1—90	23.2	90.1—95	23.4	95.1—100	23.6	100.1—105	20.8	105.1—110	24.0
第 6 级	110.1—120	24.2	120.1—130	24.4	130.1—140	24.6	140.1—150	20.8	150.1—160	25.0
第 7 级	160.1—170	25.2	170.1—180	25.4	180.1—190	25.6	190.1—200	20.8	201.1—210	26.0
第 8 级	210.1—220	26.2	220.1—230	26.4	230.1—240	26.6	240.1—250	20.8	250.1—260	27.0
第 9 级	260.1—270	27.2	270.1—280	27.4	280.1—290	27.6	290.1—300	20.8	300.1—310	28.0
第 10 级	310.1—320	28.2	320.1—330	28.4	330.1—340	28.6	340.1—350	20.8	350.1—360	29.0
第 11 级	360.1—370	29.2	370.1—380	29.4	380.1—390	29.6	390.1—400	20.8	400.1—410	30.0
第 12 级	410.1⁺	31.0	—	—	—	—	—	—	—	—

注:原表注:①资本额满 4 万元者为第 1 级,负担率统为 20%;410 万元以上者为第 12 级,负担率统为 31%,此后不再累进。

②从第 2 级至第 11 级,每级又分 5 等,第 2 级至第 5 级每 5 万元累进一等,第 6 级至第 11 级每 10 万元累进一等,负担率增加 1%,每累进一等,负担率增加 0.2%。

资料来源:据《冀南区工商营业税征收暂行办法》(1947 年 11 月)统计表(见华北解放区财政经济史资料选编编辑组等编:《华北解放区财政经济史资料选编》第 2 辑,中国财政经济出版社 1996 年版,第 1278 页)改制。

如表20-45所示,资本4万元为起征点,起征税率为20%。而后随资本额增加采用累进税率。计分12级,其中第2级至第11级,每级又分5等,总计整个累进,资本从4万元增至410万元,共累进52级,税率从20%升至31%,增加11个百分点,每级负担级差为0.2%。该办法的累进税制特点是,起征点较高,累进级数较多,每一级的级差较小,进级温和,更显公平合理。

晋冀鲁豫边区未见边区政府新的农业税(公粮)征收条例、办法,只发现冀鲁豫行署的相关办法。1947年5月1日,冀鲁豫行署"为使人民负担合理,保障供给",将该署1943年3月10日公布的简易合理负担办法,加以修正,重新发布、实施。

该办法的负担计算,以土地为标准,一切有收益的土地(包括耕地、树林、果园、藕池等)应一律计算负担,其动产与人的收入部分,暂不计算负担。区内人民对民主政府的一切供给,均按照该办法计算负担,要求负担人口数,以县为单位,应达总人口的90%以上;负担量最高以不超过民户土地收获量25%—30%为原则。

具体计算负担的办法,则以人为计算单位,以户为负担单位。即各民户之土地以本户应计算人口平均之土地数,计算每人累进数。每人应累进数之总和,即为民户应负担的总地数。民户皆按现有人口扣除免征点,计算负担。除免征点的规定是:(1)已进行土地改革的地区,一般户每人不足3亩者,每人除免征点半亩,不累进。每人平均3亩以上、不足4亩者,不除免征点,也不累进。每人平均4亩以上者,不除免征点,累进负担。(2)未进行土地改革的地区,一般户每人平均土地3亩以下者除免征点1亩后累进负担。每人平均3亩以上者,每人除半亩免征点后累进负担。(3)不论已否进行土地改革,革命军人与烈士的直系亲属不论其每人平均土地多少,一律除1亩免征点,其本人除2亩免征点。

(4)无劳动力者(政民人员脱离生产后家中无劳动力者属之)每人除免征点1亩。

各户土地按“标准亩”计算负担。以每亩(240方步为1亩)全年收入粮食(按二年三季平均每年收一季半计算)150斤—180斤杂粮(市秤)为标准,民户土地按质量好坏、产量高低,酌情评议折合成标准亩计算负担。土地自种、出租、佃种按实际收入折合标准亩,累进并计算负担。① 同前揭冀南行署同类办法一样,没有具体税率、税额,只有原则、方法和总则中规定的负担上限,即负担量最高不超过民户土地收获量的25%—30%。

除了农业税(公粮)征收条例、办法,1947年3月20日,晋冀鲁豫野战军政治部还拟定颁布了《新区借粮条例》。

该条例共7款,第一款开章明义申明,“我军进入新区,民主政权尚未建立起来,而后方粮食确又供给不上时,采取就地借粮解决之”。借的补给只限粮、米、面、柴、草、料之项。借粮对象只限于地主,禁止向其他阶层借粮,特别禁止向基本群众借粮。并应先向大地主借,然后向中小地主借。借粮数量亦要分大、中、小地主有所不同。借粮要有手续,一律将给予民主政府(边区或行署)之“借粮证”,作为被借户以后抵交公粮之用。借粮在纵队借粮委员会统一领导之下,以旅为单位进行。每旅及纵直各成立一借粮组,单独活动之团,由旅借粮组派出适当之人员,随其行动办理借粮之事宜。向地主借粮时,要晓以大义,责其赞成,并承认所借之粮食将来可抵公粮。对有粮不借之顽固地主,

① 《冀鲁豫行署颁布修正简易合理负担办法的通令》(1946年5月4日)附《冀鲁豫区修正简易合理负担暂行办法》(1947年5月1日修正),见华北解放区财政经济史资料选编编辑组等编:《华北解放区财政经济史资料选编》第2辑,中国财政经济出版社1996年版,第1202—1210页。

可斟酌情形,施以限制,但禁止以吊打等手段。借粮外不得没收地主任何东西。①

通过借粮解决军需用粮问题,在抗日战争时期已多次使用,不过在解放战争时期,由野战军制定条例、成立专门机构、印发“借粮证”、订立严格的借粮制度,在部队到达新区后,就地借粮,作为解决部队军需用粮的基本手段,这还是首次,它为几个月后解放战争转入战略反攻特别是大军渡江作战,全靠就地借粮补给提供了经验借鉴。

出入口税方面,1946 年 4 月 12 日,太岳区政府鉴于交通沿线城市法币狂跌,国民党统治区官商私商企图大量抛出套取边区物资,边区经济遭受损失,迅即采取措施,加强货物和税收管理,规定粮食、棉花、烟叶、麻、皮毛、丝、木料,不论公私商人,非经经济总局之批准,持有特许出口证,且在指定地点交易者,均一律禁止输出,违者查获没收并给处罚。其余允许征税输出之货物、换回等值之货物,按行署规定免货证办法办理,即凡输入、出口货物,必须通过当地持村政府证明,携带免货证到税卡纳税检查。目前允许纳税输出入之货物,均一律补税 5%—10%。废除出入口税名目改征货物税。一切消耗品、奢侈品、违令品严格禁止输入。洋布、市布、毛巾、洋袜与外来纸烟等,均有碍边区之生产发展,都应绝对禁止。②

1947 年 4 月 1 日,晋冀鲁豫边区政府为了提倡使用土货,有

---

① 《晋冀鲁豫野战军政治部关于新区借粮条例》(1947 年 3 月 20 日),见华北解放区财政经济史资料选编编辑组等编:《华北解放区财政经济史资料选编》第 2 辑,中国财政经济出版社 1996 年版,第 1192 页。

② 《太岳区经济总局关于目前出入口货物管理与征税的规定》(1946 年 4 月 12 日),见华北解放区财政经济史资料选编编辑组等编:《华北解放区财政经济史资料选编》第 2 辑,中国财政经济出版社 1996 年版,第 1101 页。

效抵制“顽美货物”，将边区出入境货物税率，重新审订公布，自5月1日起施行，并对边区内地贸易、边区与友邻各兄弟解放区之间的贸易、出入口贸易的管理，作出重大调整。边区内地贸易一概自由，取消限制，各区间补征差额税、平价税和互相征税等办法，一概取缔，内地征收出入口税局所，亦合并撤销。对边区与友邻各兄弟解放区之土产品往来，除烟酒外，均得自由流通，不加限制，亦不征税。对国民党统治区的出入口贸易，仍本着奖励出口，限制入口的精神，出入口只征一道税。允许入境的国民党统治区货物，经友邻解放区征税有税票者，不再重征，亦不补征。对出入口货物的管理，分别分为三部分：免税出境、禁止出境、征税出境（指出至国民党统治区）；免税入境、禁止入境、征税入境。出境货物：各种干鲜菜蔬瓜果、副食品、山果、各种土产药材、棉麻丝毛、编织品、蜂蜡木梳篦子等杂用品、各种竹货竹器、各种陶瓷制品、生熟铁石棉等矿产矿石及兽骨烟酒等其他货物，免税出口；各种粮食、各种军需品、牛马骡驴等役畜、各种五金材料、兽皮等，禁止出口。相对而言，征税出口货品数量最多，税率高低不一：羊毛绒、草帽缏征税2%；粉条、粉皮、粉面、粉团、挂面、黑白瓜子、红枣、黑枣、鸡蛋、鸭蛋、各种植物油、各种油饼、蚕丝、党参、龙骨等，征税5%；猪肉、羊肉、各种植物油料、杂皮、熟皮、皮革、鸡、鸭、猪、老羊、绵羊、木柴、木炭、煤炭、猪鬃征税10%；生羊皮、猾子皮、狐皮、各种木料、各种棺板征税20%；各种动物油征税30%。入境货物：各种牲畜、生产工具、军用品、文教用品、工业化学器材、电讯器材、印刷器材、卫生医疗器材，以及食盐、各种纽扣、别针、汽车零件、汽油等，免税进口；烟酒、毒品、卷烟用品、纤维织制品、迷信奢侈品、洋烛、煤油糖精、各种高贵食品、各种染颜料、细瓷器、牙膏、牙粉、各种反动淫秽书报、各种赌具，禁止入境。相对而言，征税入境货品更多，税率亦较出口税高，多在30%以上。其中表芯纸、油、漆、胶征税5%;粉连纸、有光纸、报纸、大板纸、毛边纸、各种文具用品、各种球类、游艺用品、各种照相器材,征税10%;碱面、碱块、洋锁、洋钉、自行车及零件、胶皮轮带,征税20%;火柴、牛奶、藕粉、代乳粉、搪瓷碗盆及器皿、玻璃及玻璃器皿、雨衣、雨布、雨鞋、雨帽、雨伞、钟表及零件、茶叶、镜子、拖纸和拖粉(卷烟用材料),征税30%;红糖、白糖、冰糖,征税50%。[①] 入口税率和出口税率,高低悬殊,这同"奖励出口,限制入口"的政策精神是一致的。

另外,晋冀鲁豫边区政府及下属行署,还对若干专项税、杂税开展了清理整顿和规范工作。

1946年6月24日,边区政府同一天接连颁发《晋冀鲁豫边区烟酒征税暂行办法》《晋冀鲁豫边区牲口买卖税暂行办法》《晋冀鲁豫边区粮食交易手续费暂行办法》三个文件,前者规定,凡在边区境内以营利为目的的设置厂坊、制卖各种烟类及各种酒类,无论公私经营,均须依照该办法就出产地征收产税一道。其税率为:(1)水旱烟从价征税10%;(2)卷烟从价征税15%;(3)酒类从价征税30%。此项烟酒产税,为征收便利必要时从量征收。[②] 第二者规定,凡在边区市场买卖牲口,无论公私均须依照该办法缴纳牲口(牛、驴、骡、马)买卖税。税率为交易

---

① 《晋冀鲁豫边区政府关于颁发出入境货物税税率精神与执行注意事项的公告》(1947年4月1日),见华北解放区财政经济史资料选编编辑组等编:《华北解放区财政经济史资料选编》第2辑,中国财政经济出版社1996年版,第1195—1199页。

② 《晋冀鲁豫边区政府颁发晋冀鲁豫边区烟酒征税暂行办法的通令》(1946年6月24日)附《晋冀鲁豫边区烟酒征税暂行办法》,见华北解放区财政经济史资料选编编辑组等编:《华北解放区财政经济史资料选编》第2辑,中国财政经济出版社1996年版,第1115—1116页。

额的3%,交易完成后,买卖双方向政府税收部门各半缴付。[①]后者规定,凡在边区境内市场买卖各种粮食,均须经交易人员办理过斗、过秤手续,并依该办法缴纳粮食交易手续费,税率最高不超过交易额2%,交易完成后由卖方向政府核准的交易所或核定代收机构缴纳。[②]

晋冀鲁豫边区政府还确立了契税税制,以确认和巩固各阶层民众不动产产权及其流转,同时亦借此开辟财源,解决财政困难,支援战争。1947年4月,边区政府发出《晋冀鲁豫边区政府关于征收契税的通令》,规定凡在民主政府投税的契约,一律承认为合法,不再税契换约,但土地、房屋已改变业主者,仍需换契纳税;凡在敌伪政府及抗战前旧政权或蒋阎政权换契的契约,一律须重新换契纳税。契纸以一产一契为原则,不得归并不相连接之田房合立一契。

契税税率,按土地产量(以谷、高粱、豆类、杂粮为标准)分五等征收。特等:每亩产量2.8石以上者,每亩征税300元;一等:每亩产量1.81石以上至2.8石者,每亩征税250元;二等:每亩产量1.1石以上至1.8石者,每亩征税200元;三等:每亩产量0.35石以上至1石者,每亩征税150元;四等:每亩产量0.35石以下者,每亩征税100元。在土地改革中,先典后买者,换契时按地等产量

① 《晋冀鲁豫边区政府颁发晋冀鲁豫边区牲口买卖税暂行办法的通令》(1946年6月24日)附《晋冀鲁豫边区牲口买卖税暂行办法》,见华北解放区财政经济史资料选编编辑组等编:《华北解放区财政经济史资料选编》第2辑,中国财政经济出版社1996年版,第1117页。

② 《晋冀鲁豫边区政府颁发晋冀鲁豫边区粮食交易手续费暂行办法的通令》(1946年6月24日)附《晋冀鲁豫边区粮食交易手续费暂行办法》,见华北解放区财政经济史资料选编编辑组等编:《华北解放区财政经济史资料选编》第2辑,中国财政经济出版社1996年版,第1118页。

折半征收税款。

契税收入,除契纸费归地方,由行署规定外,一成归行署,九成上解边府。①

晋冀鲁豫边区所辖地区、行署在专项税征收和行业管控方面,走的步子更大。

冀鲁豫行署的措施是对烧酒实行“官产官销”。1946 年 8 月,冀鲁豫行署为充裕地方财政,决定下半年对烧酒开始“全部或局部实行专卖制度”。经营方式采取“官产官销”,由政府财务科拨粮工商局负责经营。工商局与财务科为买卖关系,亦即工商局领财务科的粮,专卖利润统交政府作为财政收入。各专区需拨粮多少,根据具体情况确定数目,分别报告行署及区局,拨粮后即按当地市价作价,由工商局与财务科订立合同。原来商店经营之酒锅马上交出,由工商局全盘接收作为基点,以便取得经验而利专卖。民营酒锅一旦歇业,工商局尽可能全盘接收或出赁后接收。工商局按酒锅(或按池)之大小规定固定资本。此本利可至年终清账。除资本外所用财务科之粮食为买卖关系,但可暂时赊欠,最长时间不得超过 3 个月。②

太行区则于 1946 年 9 月 1 日公布水旱烟“产税”征收办法,开始征收水旱烟产销专项税,并大力强化了水旱烟的产销规管。该办法规定,凡在该区境内制造运销水旱烟者,不论公营私营,均得依照该办法办理:制造水旱烟厂场,除向当地政府登记领取营业证

① 《晋冀鲁豫边区政府关于征收契税的通令》(1946 年 4 月 16 日),见华北解放区财政经济史资料选编编辑组等编:《华北解放区财政经济史资料选编》第 2 辑,中国财政经济出版社 1996 年版,第 1200—1201 页。

② 《冀鲁豫行署实行烧酒专卖的通知》(1946 年 8 月 7 日),见华北解放区财政经济史资料选编编辑组等编:《华北解放区财政经济史资料选编》第 2 辑,中国财政经济出版社 1996 年版,第 1127 页。

外,"并须领得水旱烟制造牌照,方准制造"。水旱烟"产税"就制造厂场征收。"产税"从价征收,按烟质优劣,分别普通、特等两种估价,不过税率、税额不详。

该办法对水旱烟的生产、销售实行极其严格的管控。水旱烟出厂,其分量须固定,分为 1 两、2 两、4 两、8 两、1 斤五种,不得零散及无包装出售。水旱烟包装纸必须加印厂名、地址、商标。水旱烟征税后,必须在包纸上加盖验讫戳记。盖戳时还须同时盖上重量戳记。烟厂之刮刀,须按顺序编号,发给刮刀登记证,逐号粘贴,方准使用,不得使用未贴证刮刀。如有增减,随时向原领机关申请补发或注销。

另外,该办法对烟厂的偷税违章行为,制定了异乎严厉的惩处和告发奖励措施。除对偷税违章(如私造水旱烟、未完税出厂、出售散烟、使用旧税戳纸、使用无厂名包纸、容量超过包面量等)的烟厂、贩运商,没收产品、补交税款,处以一倍至三倍的罚金外,并从罚金中提出 40%作为奖励金,奖励告发者或查获有功人员。①

1947 年 3 月,冀鲁豫行署为了"限制大量宰杀牲畜,以保护生产,并充裕财政收入,支援战争",颁发《牲畜屠宰税征收暂行办法》,规定区内屠宰牲畜,以营利为目的者,不论公营私营或公私合营,均须依该办法向该管工商机构或交易所交纳屠宰税。牲畜(按即役畜)屠宰税从价征收,残牛、马、骡、驴等,征税 10%;猪、羊等屠宰税从量征收,猪每头 1000 元,绵羊每头 400 元,山羊每头 150 元。旧历 12 月 21 日至年关,残废牲口及猪羊之屠宰一律免

① 《太行区水旱烟产税征收办法》(1946 年 9 月 1 日),见华北解放区财政经济史资料选编编辑组等编:《华北解放区财政经济史资料选编》第 2 辑,中国财政经济出版社 1996 年版,第 1131 页。

税。节日、婚丧、军政民机关或群众屠宰牲畜自用者,或牲畜病死群众屠宰分用者均免税。如余肉往市场出售,若系牲口肉,应按销售量从价交税,若系猪羊肉,其余肉量在全头量半数以下者,按每头从量税额减半征收,余肉量在全头量半数以上者,按每头从量税额足数征收。私自屠宰牲畜及屠杀好牲口者,一经查获,除勒令补报应交税款外,并处以应补税额一倍至三倍的罚金。提奖与货物提奖办法相同。①

1947 年 8 月解放战争转入战略进攻后,解放战争进程加速,解放区范围加速度扩大,原来彼此隔离的边区连成一片。根据中共中央的建议,晋察冀和晋冀鲁豫两个边区于 1948 年 5 月 20 日宣布合并,中共晋察冀中央局和晋冀鲁豫中央局,合并组成中共中央华北局;两个地区解放军合并为华北人民解放军,两个边区政府于 1948 年 8 月 19 日组成华北人民政府。

随着民主政权机构的调整、解放战争的发展、解放区(包括新区)形势的改变,税收政策特别是新区的税收政策也相应发生某些变化。如《晋中行署颁发 1948 年度新区农业税秋征暂行办法》规定,根据晋中不同地区、不同情况,采取不同的征收办法。在土地已平分、封建业已消灭的老区及过去经过土地改革实行过民主政府负担政策,但经短期敌占今已解放的地区,均可采用华北人民政府的老区负担办法。在阎锡山曾彻底实行"兵农合一"地区,采取不累进的按负担亩征收办法。在未实行"兵农合一"、或明或暗不合一、亦未实行土地改革地区,采用以每人平均负担亩定分累进

---

① 《冀鲁豫行署关于颁布牲畜屠宰税征收暂行办法的训令》(1947 年 3 月 20 日)附《冀鲁豫边区牲畜屠宰税征收暂行办法》,见华北解放区财政经济史资料选编编辑组等编:《华北解放区财政经济史资料选编》第 2 辑,中国财政经济出版社 1996 年版,第 1190—1191 页。

办法。因应累进或不累进的基本原则,采用不同方法。不累进的按亩计征方法是:将全村土地一律折合为负担亩①,而后按人口扣除免征亩,再以全村各户扣除免征点后之所有负担亩,平均分配全村应负担的公粮总数,求得每亩应负担公粮数,最后按每户所有应负担的负担亩数,求出各户的应征公粮数。累进计征办法是:同样先将全村土地一律折合为负担亩,而后以全村人口平均分配全村负担亩,求得每人负担亩数,以此作为计算分数的标准,在此标准以上或以下者,规定不同的累进计分方法,如每人平均地亩(负担亩)正合于此次计算标准亩数者,则其全家扣除免征点后所有应负担之地亩均以每亩一分计分。每人平均地亩在此标准以下,又在标准亩 8/10 以上者,则每个应负担亩均按 8 厘计分;在标准亩 8/10 以下、6/10 以上,则按 6 厘计分。如此类推。若每人平均地亩在标准亩以上、但不到半倍,则每亩以 1.2 亩计分,超过半倍不足一倍者,每亩以 1.4 亩计分。如此类推。定分之后,以全村所计之全部分数除全村应负担之公粮总数,求出每分应负担之公粮,最后以户为单位,按其免征点之外的地亩(负担亩)计算公粮数征收。② 这样,既做到负担公平,又不影响税收。

1948 年 10 月 10 日,华北人民政府为"保护生产,繁荣国民经济,充裕财政收入,支援战争",决定成立华北税务总局及各级税务机关,掌握各种税收,整理出入口、货物、盐税、烟酒、工商、

① "负担亩"的折合方法是:以本村数量最多的中等旱地为负担亩,其余水、旱、坟、碱地以此标准,按其质量、产量分别折合。假设上等水田 1 亩折 2 亩,沙地、碱地 1 亩折 5 分,山地 3 亩折 1 亩,等等。

② 《晋中行署颁发 1948 年度新区农业税秋征暂行办法》(1948 年 9 月 20 日),见华北解放区财政经济史资料选编编辑组等编:《华北解放区财政经济史资料选编》第 2 辑,中国财政经济出版社 1996 年版,第 1391—1393 页。

印花、交易屠宰等各项税收并负责管理盐务及烟酒公营等事宜。①

华北人民政府及其辖下华北税务总局成立后,相继就税制、税务及相关事项发出指令、指示,制定规则、标准。1948 年 10 月 23 日,以华北人民政府的名义,发布关于农业税土地亩数及"常年应产量"定标准的规定。(1)规定土地产量,一律以谷为计算单位,各种耕地均以种植当地主要谷物的"常年应产量"折谷计算。(2)"常年应产量"之订定,应根据土地自然条件,并参照一般农户经营概况(施肥用工等),在当地一般年景下的收获为准。所谓近年的情况,不按抗战前的经营情形,也不按抗战时期最残酷时代(如 1942 年或 1943 年)的经营情形,应按最近四年来的经营情形,凡是环境安定的区域在订产量中,即应把这一条加进去。(3)种植作物的计算:应按当地具体情况及种植习惯,种几季即按几季登记,依其每年平均产量折谷订定。粮食折合率,依登记产量与征收一致的原则,由行署报请华北人民政府批准后执行。种植特种作物的土地均以种植当地主要谷物之常年应产量折粮登记。常年应产量,不包括秸秆柴草。(4)果树、山货、桑园、竹园、藕池等常年平均产量,应依丰收、歉收、挂枝、歇枝等情况几年的平均数订定,并按出卖季节的一般市价折谷五成计算。(5)土地常年应产量得依当地自然亩(习惯亩)评定之。但填造农业税清册土地亩数栏内,须将当地习用丈杆(丈地尺子)及亩数内是否扣除坟头、私道等实况,详加说明。县以上政府悉以营造尺(鲁班尺,即 32 公分,合 0.96 市尺)60 方丈(即 240 方步)为一亩(即习惯所谓官亩)折

① 《华北人民政府关于成立华北税务总局的通令》(1948 年 10 月 10 日),见华北解放区财政经济史资料选编编辑组等编:《华北解放区财政经济史资料选编》第 2 辑,中国财政经济出版社 1996 年版,第 1401 页。

合核定。①

1948 年 12 月 25 日，华北人民政府颁发《华北区农业税暂行税则》，采取“有免税点比例征税的单一税则”，规定凡有农业收入之土地，除该税则另有规定者外，均由其所有人缴纳农业税，典当地由承典人、承当人缴纳，出租地由出租人缴纳。耕地计算单位，定名为“标准亩”。凡常年应产谷十市斗之土地作为一个标准亩。其超过或不足十市斗谷者，一斗按标准亩一分，一升按标准亩一厘折算，升以下不计。所有农业人口，除另有规定者外，不论男女老幼，每人都扣除一个标准亩的免税点，免纳负担。鳏寡孤独无劳力者、革命军人、革命职员家属及烈士家属之无劳动力、生活困难者，得将免税点酌予提高。该税则还特别规定，耕畜及其所生幼畜，得依规定扣除消耗：牛、驴每头扣除一个标准亩的 4/10，骡、马每头扣除一个标准亩的 7/10，但主要用于运输或专供贩卖屠宰之牲畜，不在此限。该税则的征收单位定名为“负担亩”。② 每一负担亩，每年征收小米 25 市斤，地方粮款（包括村款在内）得由省政府或行政公署在每负担亩不超过小米 5 市斤之范围内，呈准华北人民政府附征之。农业税分夏秋两季征收，无夏收的地区，得由秋季一次征收之。为保证供给并便利人民缴纳，除征粮外，并得折征现款、布棉、柴草及其他实物。③

---

① 《华北人民政府关于农业税土地亩数及常年应产量订定标准的规定》（1948 年 10 月 23 日），见华北解放区财政经济史资料选编编辑组等编：《华北解放区财政经济史资料选编》第 2 辑，中国财政经济出版社 1996 年版，第 1408—1409 页。

② “负担亩”系指一户为单位、其所有标准亩，扣除免税点及耕畜消耗以后，所余为应纳负担之标准亩。

③ 《华北人民政府颁发华北区农业税暂行税则的通令》（1948 年 12 月 25 日）附一《华北区农业税暂行税则》（1948 年 12 月 25 日），见华北解放区财政经济史资料选编编辑组等编：《华北解放区财政经济史资料选编》第 2 辑，中国财政经济出版社 1996 年版，第 1449—1451 页。

1948 年 12 月,华北区人民政府颁布了《华北区工商业所得税暂行条例》。其"总则"规定,所得税按纯收入累进计征,累进率最高不超过 25%。所得税的征课范围,除了边区政府同类条例规定的工商业营利、房租等收入外,还增加了"工商业者之存放款及银行银钱业往来利息之所得"。房租方面,除了房产租赁所得(纯房租)外,增加了"器物租赁之所得"。征课范围更广了。累进税则、单位方面,该条例以冀钞为计算单位(边钞以 1∶10 计算),纯收入 20 万元起征,起征税率 5%,20 万—50 万元的税率均为 5%。而后随纯收入增加,累进增加和计算税率,详细情况见表 20-46。

表 20-46 华北区工商业所得税累进税率统计(1948 年)

等级 \ 项目	级距(万元)	税率(%)	增加数(万元)	累进率
1	20—50	5	30	1
2	50—90	6	40	1
3	90—140	7	50	1
4	140—200	8	60	1
5	200—270	9	70	1
6	270—350	10	80	1
7	350—440	11	90	1
8	440—540	12	100	1
9	540—650	13	110	1
10	650—770	14	120	1
11	770—900	15.5	130	1.5
12	900—1040	17	140	1.5
13	1040—1190	18.5	150	1.5
14	1190—1350	20	160	1.5

续表

等级＼项目	级距（万元）	税率（%）	增加数（万元）	累进率
15	1350—1520	21.5	170	1.5
16	1520—1700	23	180	1.5
17	1700以上	25	—	2

注:原表注:①纯收入以冀钞为计算单位,边钞即以1∶10计算。

②每一等纯收入的最末数字计算,在第二等,如49万元算第一等,第二等就是50万元;最高率是20%,1700万元以上不论多少,都按25%计算。

资料来源:据《华北区工商业所得税暂行条例》(1948年12月)(见华北解放区财政经济史资料选编编辑组等编:《华北解放区财政经济史资料选编》第2辑,中国财政经济出版社1996年版,第1463—1464页)改制。

从表20-46数据可见,与前揭边区(如冀南区)同类条例比较,华北区条例有一个显著特点,起征点高,起征税率低,累进级数少,级差大,累进及计算方法简明清晰。起征税本20万元,起征税率5%,整个累进只有17级,进至17级的1700万元,税率25%,即达于峰值,不再累进。因而级差较大,每一级的税本增加额最少30万元,最多达180万元。这样,累进方法及计算相对简单,一目了然。按照该条例规定,工商业所得税的征收,先由纳税人自报收益,经同业小组及业内相关机构评议,再经工商大会通过。条例化繁为简,大大减低了商民操作的难度。该条例草案还有一项特别规定,各工商业中如有分红制度,在所得税征收时,须先缴纳税额而后分红。①

1949年3月15日,华北人民政府政府还公布了《华北区进出口货物税暂行办法》,对进出华北解放区的货物,加强和规范控制

① 《华北区工商业所得税暂行条例》(1948年12月),见华北解放区财政经济史资料选编编辑组等编:《华北解放区财政经济史资料选编》第2辑,中国财政经济出版社1996年版,第1462—1464页。

及管理,并充裕财政,支援战争。该办法规定,凡准许出入华北解放区的“应税货物”,均依该办法征收进口或出口货物税。进出口货物税税目、税率,分别暂按1948年9月海关进口税税则,1934年海关出口税税则(1945年9月修正本)的规定修正执行(该办法附有修正之点),其税目、税率无规定者,由华北区对外贸易管理局临时规定。进出口货物出入华北区时,须先呈缴华北区对外贸易管理局或其分局签发的进出口许可证,并办理检验、纳税或免税登记手续后,始得进口或出口。该办法对华北区同国民党统治区的贸易与同各解放区之间的贸易,严格加以区分。各解放区间贸易往来,只要持有起运港口贸易管理机关的证件,即“以内地贸易论,不征进出口货物税”。

进出口货物税征收方面,凡应税之普通进出口货物,一律从价计征,其价格均由海关按上周当地市场平均批发价格估定。市场无批发价的进口货物,以抵岸价估定征收。凡属统税货物进口,除完纳进口税外,应照章再征统税。商旅进出华北区携带自用行李、家具,旅途用品及馈赠之礼物等,确非贩卖性质者,均免课税。凡违法走私漏税,一经查获,除照章追缴外,并按情节轻重,处以税额一倍至三倍之罚金,其属特许进出口货物走私漏税者,查获后一律没收。该办法还规定了查获走私漏税或机关部队人员协助稽征部门查获者的提奖办法,以及直接稽征人员及其他任何机关人员,擅行处理罚没货物或勒索舞弊情事者惩处办法。①

① 《华北区进出口货物税暂行办法》(1949年3月15日华北人民政府政府公布),见华北解放区财政经济史资料选编编辑组等编:《华北解放区财政经济史资料选编》第2辑,中国财政经济出版社1996年版,第1529—1530页。又参见《华北区进出口货物税暂行办法》(1948年),见中国社会科学院经济研究所中国现代经济史组编:《革命根据地经济史料选编》上册,江西人民出版社1986年版,第944—945页。两个文件略有差异。

在此之前,1949 年 3 月 4 日薄一波曾就有关关税税率的原则意见报告中央。报告称,因对关税没有经验,目前还缺乏根据来厘定合理的税率,故拟暂时仍采用 1934 年海关进出口税则,根据下列原则修正执行:(甲)工业原料、机器材料、日用必需品,凡华北不能自制者,征税进口。(乙)凡能自制,但不够用的征税进口,税率以能保护我区工业为准。(丙)奢侈品及能完全自给之工业品(如纱布、火柴等)禁止进口。(丁)大宗而又能控制国际市场之物资统销出口(如猪鬃、生油、油料、煤、盐、铁砂等)。(戊)销售困难之出口物资免税出口。(己)除由国家专用之进口品(如道轨、铁路器材)外,一般均征进口税,以求增加财政收入。因税目、税率极为复杂,无法全文电请中央批准,故将原则电请中央指示,是否准予先行公布试行。①

1949 年 3 月 9 日,中共中央就薄一波的请示报告及相关措施作出批示,充分肯定华北人民政府关于海关进出口税则的做法,同意根据 1934 年税则加以修改后实行,强调这种修改"完全必要",并可在以后随时修改公布,限期实行,直至制定自己的税则。所提六项修改原则,中央也"基本同意"。但甲项免税进口之工业原料、机器材料、日用必需品等,凡不能自制者除特殊必需的若干货物外,亦应征税进口。因为这样对于国营企业亦无妨碍,对于私人企业,则有某种限制作用。又统销货物,亦应征税,但可用记账方法。进出口税则可先行修改实行,并将全文及修改之处送中央审查。②

① 《薄一波同志关于关税税率的原则意见向中央报告》(1949 年 3 月 4 日),见华北解放区财政经济史资料选编编辑组等编:《华北解放区财政经济史资料选编》第 2 辑,中国财政经济出版社 1996 年版,第 1524 页。

② 《中共中央关于修改海关进口税则的批示》(1949 年 3 月 9 日),见华北解放区财政经济史资料选编编辑组等编:《华北解放区财政经济史资料选编》第 2 辑,中国财政经济出版社 1996 年版,第 1523 页。

随着大批大中城市相继解放,国民党国家资本、地方官办资本、蒋宋孔陈四大家族和国民党官僚资本等的各类企业被没收,成为国营和公营企业的主体,各边区、解放区原有的国营和公营企业,也迅速发展壮大,工商业部门的公营企业比重迅速增大。国有企业的税收对充裕解放区财政、支援战争的作用也相应增大。在这种情况下,华北人民政府专门就公营企业工商业所得税征收作出规定,凡属公营企业,无论工厂、矿窑、电力公司、运输公司、商号等,均须依其纯收入计征工商业所得税。其税率分别为:(1)工矿业课纯收益额12%;(2)商业课纯收益额15%;(3)运输公司、电业课纯收益额10%。所得税的计算和征收,工矿业按计划利润与超计划利润的收益分算,计划利润按月计征,或在每期领取资本时扣之,超计划利润的收益于年终决算后,除去全年计划利润后按超计划利润的收益计征,于翌年3月底交清。如其纯收益不及计划利润时,亦于年终结算后,申报税务机关退税。商业及交通事业,每年按会计决算期分两次缴纳,上半年于9月底交清,下半年于翌年3月中旬至4月底交清。①

接着,华北人民政府又就烟酒等专卖及专项税收作出部署和调整、规范,1949年5月20日公布《华北区酒类专卖暨征税暂行办法》,宣布各地区酒类"悉归政府专卖,所有管理产制销售及征税,均由华北税务总局依本办法之规定办理"。专卖酒类包括:(1)烧酒;(2)黄酒(绍酒、仿绍酒、土黄酒均属之);(3)酒精(有毒及无毒);(4)洋酒、啤酒(生熟啤酒及其他仿照外国制品之酒类均

① 《华北人民政府关于公营企业征收工商业所得税的规定》(1949年3月2日),见华北解放区财政经济史资料选编编辑组等编:《华北解放区财政经济史资料选编》第2辑,中国财政经济出版社1996年版,第1522—1523页。

属之);(5)果木酒露及各种改制酒。有下列情形之一经特许者,始得暂为私酿:(1)特产枣柿梨较集中的地区在秋后三个月内定期定量酿造之果木酒;(2)特产名酒及新解放区之现有酿酒业。友邻区私酒严禁入境;公酒在原则上互不输入。其有特殊约定入境者,须交本区专卖机关,以议定价格收购之。非解放区之酒类严禁输入,新解放区旧存诸酒,限期登记补税,交专卖机关或指定销区限期售尽。凡特许私酿酒业(指果木酒)及改制酒业、造曲业均须于开业前一个月前向当地税务机关申请登记(现已开业者补报),经审核批准发给许可证后,方得开业或继续营业,并须办理相关登记手续。

酒类税率和征税办法:酒税税率:(1)烧酒、黄酒、酒精均从价征收 80%(酒精经证明确系供给工业、医疗等用途者得免税);(2)洋酒、啤酒、改制酒及解放区旧存非解放区诸酒类,从价征收 100%;(3)果木酒从价征收 50%。改制酒之酒税采溢价征收办法,按当时税额除去已纳之原料酒税款计征,并于完税证备注栏内,载明原料酒斤数、税照号码及所扣除之原纳税款金额。酒税征收以当地上月 1 日至 25 日之平均批发价为计算完税价格之根据,每月由省市区局调整并报华北税务总局备案。果木酒、烧酒、黄酒、改制酒以市斤为计税单位;洋酒以每打为计税单位;熟啤酒以每箱为计税单位;生啤酒及酒精以公斤为计税单位。酒类税款征收,除公营酒厂之稽征另有规定外,凡特许私营酒厂之酒税,依下列规定缴纳:(1)特许制酒厂商,交专卖机关后由专卖机关缴纳;(2)暂准酒类酒税,于出厂或出售前一次缴纳;(3)改制酒类酒税于改制成熟后缴纳;(4)税局于必要时,可按酒类制造商酿造情形,估定其产量征收,其税款按规定缴纳。已完税之酒类,行销全区,不得重征。该征税办法还规定了严格的稽征手续和严酷罚则。①

华北解放区的税收,随着解放区范围的迅速扩大,一大批大中城市相继解放,特别是 1949 年年初,在半个月时间内,天津、北平两大城市相继解放,华北地区的税源和税收结构,发生明显变化。为了扩大税源,增加财政收入,支援战争。天津、北平一解放,华北人民政府和两市人民政府,即着手恢复和整顿税收。

1949 年 2 月 12 日,天津市人民政府税务局发出布告,宣布开征税收。首先开征的税目,计有印花税、货物税、所得税、屠宰税、使用牌照税、营业税、遗产税、码头使用费、房捐等。所征各税均暂用旧有的票照花证,并加盖"华北税务总局"及"暂作×元"戳记。所征税项均照解放前原订税目及稽征办法征收,税率除屠宰税从价征收外,其他各税均以过去完税额依照其当时购买力折合人民券征收。各税起征日期,除屠宰税已开始征收外,其余均自布告之日起征收。② 天津市委曾决定,地价税和筵席、旅馆等杂捐,俟税制改革后再行征收。但不获中央批准。中央认为此举"不妥,不如暂时收了,在一个月以后再改"③。

紧接着 1949 年 3 月 1 日,北京市人民政府也贴出开征税收的布告,开诚布公告知市民,对国民党政府的税收,人民政府本应根

---

① 《华北人民政府公布华北酒类专卖暨征税暂行办法的命令》(1949 年 5 月 20 日)附《华北区酒类专卖暨征税暂行办法》(1949 年 5 月 20 日),见华北解放区财政经济史资料选编编辑组等编:《华北解放区财政经济史资料选编》第 2 辑,中国财政经济出版社 1996 年版,第 1577—1581 页。

② 《天津市人民政府税务局关于开征各种税收的布告》(1949 年 2 月 12 日),见华北解放区财政经济史资料选编编辑组等编:《华北解放区财政经济史资料选编》第 2 辑,中国财政经济出版社 1996 年版,第 1512 页。

③ 《中共中央关于改革旧税问题的指示》(1949 年 2 月 24 日),见华北解放区财政经济史资料选编编辑组等编:《华北解放区财政经济史资料选编》第 2 辑,中国财政经济出版社 1996 年版,第 1512 页。

据“发展生产，保障供给，繁荣经济，公私兼顾”之财政方针，但以本市甫告解放，税制之改革，尚需时日，兹先规定本市税收（除农业税外），除将国民党反动政府所征收或附加之绥靖临时捐、绥靖建设捐、守护团捐、城防费、马乾差价、兵役费及各种代购赔价和征税时所抽之“手续费”，一切不合理之苛捐杂税，一律废止外，其他税收，暂时一律由原征收机关，按原税目、税率，继续征收。除前项规定之税收外，不论任何机关、团体、部队及个人，非经本府批准，不得再向人民征派一文一粟。布告附有开征税目税率，开征税目计分直接税 5 种、货物税 14 种、矿产税 1 种，另有营业税及杂色税捐 14 种，合计 5 大类 34 种。①

北平、天津在开征税收的同时，开始了对旧税制的清查、整理，逐一核查，或彻底废除，或整顿、改革，报请上级批准后实行。

1949 年 3 月 25 日，北平市税务局发布北平市印花税稽征暂行税则，并附有税目、税率细则。税目计有发货票、银钱货物收据、账单、股票及债券、保险契约、预买卖契据、营业所用簿折等 17 大类，各种票据税率（应贴印花）每面载价值 1000 元，贴花 3 元；保险契约，500 元以上至未满 15000 元者，贴花 1 元，而后随保险金递增；营业所用簿折每件每年贴花 20 元。如此等等。该项细则及印花税率，业经财政部审核批准，公布后即予试行。②

1949 年 8 月，天津市人民政府发布关于征收契税的通告，告

① 《北平市人民政府关于开征税收的布告》（1949 年 3 月 1 日），见华北解放区财政经济史资料选编编辑组等编：《华北解放区财政经济史资料选编》第 2 辑，中国财政经济出版社 1996 年版，第 1520—1521 页。

② 《北平市税务局关于发布北平市印花税稽征暂行细则的布告》（1949 年 3 月 25 日）附《北平市印花税稽征暂行细则》，见华北解放区财政经济史资料选编编辑组等编：《华北解放区财政经济史资料选编》第 2 辑，中国财政经济出版社 1996 年版，第 1534—1535 页。

知市民:天津市人民政府所拟契税暂行办法及施行细则草案,业经华北人民政府核准,即予公布施行。凡本市人民,在市区有买典及其他房地产权转移情事,除遵照契税暂行办法办理外,并应注意下列事项:(1)凡在契税办法公布以后成立契约者,须向财政局领购申请书及契纸,依规填写,并须双方派出所作监证,然后缴纳契税;(2)在契税办法公布以前成立的契约,经由地政处审验登记,再由财政局依照买卖当时物价指数核定房地价值,以7月份之平均米价,折合小米数,作为计税标准价,再以投税时之当天米价折款征收;(3)凡在日军统治时期,所税之契纸,未经伪财政局更换新契者,应一律按照财政局核定价格征税,换发新契;(4)上列二三两款之各种房地契税,统限于自通告之日起两个月内将税契手续办理完毕,逾限依照契税暂行办法第十条之规定处罚之;(5)新建筑之房屋,未经交易者,概不纳税,只收契纸工料费;(6)凡逾期不税或匿报契价,经人民检举因而查获者,得按罚金提给3%奖金奖励之。

天津市契税暂行办法草案计有14条,内容主要包括税契范围、税率和罚则三个部分。税契范围涵盖土地房屋的买卖、典当、交换、分割、赠予、占有等六种,实际上产权转移的所有形式包罗无遗。税率高低因转移形式而异。买卖、赠予、占有契税为契价或实际价的7.5%;典当契税为契价的5%;交换、分割契税为实际价的2.5%。罚则包括逾期不纳、匿价和伪造契据三款,全都异常严酷:逾纳除补税外,并交应纳税额10%—100%的罚金;匿价除补税外,并交应纳税额2—12倍的罚金;伪造契据则送司法机关处理。①

① 《天津市人民政府关于征收契税通告》(1949年8月)附《天津市契税暂行办法草案》,见华北解放区财政经济史资料选编编辑组等编:《华北解放区财政经济史资料选编》第2辑,中国财政经济出版社1996年版,第1645—1646页。

天津解放后半年间，沿用国民党政府旧税制、税目、税率，取得了相当大的成绩。1949 年天津市全年的税收任务是 63999.8 万斤小米，在华北占首位。如以每个干部一年的全部开支为 1608 斤计算，可供 398009 个干部的开支。1949 年上半年全部收入折米 104018640 斤，相当全年收入的 16.25%，能供 64688 个干部的开支。国民党政府 1948 年全年收入折米 65419669 斤，1949 年上半年收入超过国民党政府 1948 年全年收入的 59%。①

华中、华东解放区，由于解放时间晚、战争激烈，区域范围小，彼此隔离，往往处于游击战争状态，缺乏征课常规税收条件。不过解放和建立时间较早的苏皖边区，尚有相对完整的税收体系和制度。淮海战役及其以后解放的广大地区，即通称的“新区”，大部队的军粮马草筹措，多以随军“征借”“献粮”的方式，就地补给，但新区各级地方政府的行政费用，还是通过税收解决。先是沿用国民党旧的税制、税目、税率和征收机构、人员，随后进行清理、整顿、革新。有的在新中国诞生前已建立起新的税收制度。

苏皖边区，税收是其财政收入的主要来源。边区实行的主要税种有工商营业税、盐税、农业税（粮赋）、产销税、契税、货物进出口税等 6 项。

（1）工商营业税。营业税是苏皖边区第一大税项，1946 年 5 月，苏皖边区政府修正营业税暂行征收章程，决定自夏季起实行。该章程规定，凡在边区境内以营利为目的的事业，均须按章缴纳营业税。营业税以营业总收入为课税标准；金融业及其他不能以营业总收入计算的营业，就以营业资本额为课税标准。营业税税率

① 《天津市税务局 1949 年上半年工作总结》（1949 年 8 月 16 日），见华北解放区财政经济史资料选编编辑组等编：《华北解放区财政经济史资料选编》第 2 辑，中国财政经济出版社 1996 年版，第 1637—1640 页。

以营业总收入为标准者征 8‰,以营业资本额为标准者征 15‰。以营业总收入为标准者,营业总收入月计不满 4000 元或临时运货进出口每次货值 2000 元者;以营业资本额为标准者,营业资本额不满 4000 元者,均免征营业税。

已征产销税的工厂、作坊免征营业税,但其制品在市场上推销贩卖,仍应缴纳货物贩卖营业税。另外,专为供应政府机关和部队的事业合作社及贫民工厂,国防交通及其他公营事业,均免征营业税。但公营商店或公私合营的营业,仍照征营业税;农业生产及机关部队的业余生产,免征营业税,但机关和部队经营商业者,须征收其商业部分的营业税。自制自营以劳力所得为主的手工业者免征营业税。铜、铁、木、藤、篾、皮匠等店铺,理发店、烧饼大饼油条店、小磨坊、小砻坊小豆腐铺,凡新开店铺,如经营不满一月的,免征营业税。①

(2)盐税。盐税属专项税,由两淮盐务管理局直接管理,实行就场征税。边区政府规定,自 1946 年 2 月 1 日起,大籽盐盐税每百斤(漕秤)改征边币 50 元,小籽盐盐税每百斤(漕秤)仍征边币 14 元。盐税只征一次。除四、八两分区外,不得有重征行为。② 盐税收入是边区第二大财政收入来源,仅次于工商营业税。

(3)农业税(粮赋)。农业税是地方税的主要税项,三分区的粮赋公草按土地肥瘠不同,划分为甲、乙、丙、丁、戊五等征收,稻田

① 《苏皖边区政府关于修正营业税征收章程的布告》(1946 年 5 月)附《修正苏皖边区营业税暂行征收章程》,见江苏省财政厅、江苏省档案馆、财政经济史编写组编:《华中解放区财政经济史料选编》第 1 卷,南京大学出版社 1987 年版,第 234—239 页。

② 《苏皖边区政府关于盐税的通令》(1946 年 1 月),见江苏省财政厅、江苏省档案馆、财政经济史编写组编:《华中解放区财政经济史资料选编》第 1 卷,南京大学出版社 1987 年版,第 46 页。

征稻，杂粮地征杂粮。杂粮按一定比例折合小麦、大米。10 斤高粱折合 8 斤小麦；10 斤小米折合 15 斤小麦。芦滩田、草田未列入等级者，芦滩田征收其芦柴产量 30%；草田征收产量 50%。芦滩田、草田每年于秋季一次征收。六分区的财政收入主要就是粮赋，征收粮、草及田赋代金券，按每亩年收获量 20—80 斤、80—160 斤、160—240 斤、240 斤以上四等，分别征 1 斤、2 斤、3 斤和 4 斤，年收获量 20 斤以下免征。1946 年夏季，六分区总计征收粮赋 252.3 万斤，代金券 2.63 亿元。淮南路东根据地，粮赋负担，地主、自耕农均为 3%多。七、八两分区采取统一累进税制，根据实际收获量，划分等级，按每人平均数 3 斗为起征点，3 斗以下免征；3—5 斗征 3%；5—10 斗征 4%；10—15 斗征 5%；15—20 斗征 6%；20—30 斗征 7%；30 斗以上征 8%，达到峰值，不再累进。

1946 年 6 月，中共中央华中分局，对该年夏季征粮工作做出决定，分配各分区的征粮任务：一分区 7500 万老斤；二分区 1900 万—2000 万老斤；三分区 1280 万—1600 万老斤；五分区 4000 万老斤；六分区 3500 万老斤；七分区 4000 万—4500 万老斤。要求各分区将征粮作为夏季“中心工作”，遵照边区政府征粮新条例，保证夏季征粮任务的圆满完成。①

（4）产销税。1945 年 12 月，华中局财委要求，“各军区的几项主要产物，如盐、棉、油、油饼、土布、酒、烟叶等，可改为产销税就地征收。凡在出产的军区征过产销税后，其他兄弟军区不论过境或销售，只要不是向敌区或国民党区域输出，都不得再征第二道税”。另外，苏皖边区政府规定，对在边区的手工业、机器工业，就

① 《华中分局关于今年午季征粮工作的决定》（1946 年 6 月 7 日），见江苏省财政厅、江苏省档案馆、财政经济史编写组编：《华中解放区财政经济史资料选编》第 1 卷，南京大学出版社 1987 年版，第 246 页。

其制成品征收产销税。产销税由买者负担,由厂方代征代垫代缴。香烟土烟、土烟丝、迷信品、鞭炮蜡烛等征10%;肥皂、植物油及饼类、纱布(家庭副业手工纺品免征)、皮革类征3%;腌腊类征8%;薄荷油征15%。

(5)契税。契税是由田地、房产的买方、承典方负担的不动产交易税。税目分买契税、典契税两种。由于边区各行政区彼此隔离,初时契税征收标准不一,如淮南路东,买契照契价征收10%;典契照价征5%。淮南路西则分别征12%和6%。苏皖边区政府规定,自1946年5月1日起,买契改征8%,典契改征4%。并且规定,民间田房交易,一律以官草契纸书写契约,不得以白纸书写,否则无效。

(6)货物进出口税。苏皖边区同其他边区一样,为保护边区生产,繁荣边区工商业,支援战争,保障人民生活的需要,边区政府对出入边区的货物进行严格控制。对重要军用物品、人民生活必需而又不能生产的物品,边区鼓励进口,免征进口税;对边区富余的土特产品,则鼓励出口,免征出口税。除此之外,其他货物禁止进出口或征税控制进出口。禁止与免税进出口的货物种类名称由边区政府有关部门发布命令予以规定。已征出口税的货物两地均不准再征出口税。进出口货物税从价征收。1945年12月召开的边区第一次货物管理会议对税目和税率做了统一规定,次年上半年又对税率做了调整,税率最高不超过39%。①

苏皖边区除以上6项税收外,另有牙帖税、屠宰税、杂税、司法与行政罚金等。1946年4月,华中分局鉴于统筹统支后,各地区开支多依赖上级,以致地区税收反而减少,而所有支出全部由财政厅

① 郑泽云主编:《苏皖边区史略》,中国文史出版社2005年版,第97—100页。

发给,难于遍顾,因此决定省与地方(专署)划分税源,自 6 月开始,牙帖税,屠宰税,地方契、杂税,司法与行政罚没等,划归专署负责征收,以维持地区的行政运作费用,确实不够的,由边区酌量补助。①

1949 年 4 月,人民解放军渡江作战,大部队远离后方,进入江南新区,在支援前线指挥部和渡江部队在随军征借、就地补给的同时,华东财政经济委员会作为长远之计,未雨绸缪,1948 年 11 月辽沈战役结束前后,召开华东财政会议,讨论华东地方财政划分原则、地方财政经费的筹措以及市财政、村财政等重大议题。关于地方财政经费的筹措,核心问题自然是税收。会议决议提出,地方经费的来源,为下列各项:(1)营业税;(2)迷信品产销税;(3)牲口交易税;(4)屠宰税;(5)市镇之房捐;(6)市镇之娱乐捐(即戏院、电影院等出售门票,娱乐场所,附加于票价之捐款);(7)公粮(农业税)一定比例之分成;(8)司法行政收入;(9)地方公营事业盈余收入;(10)地方公产收入;(11)地方清理财产收入(包括收复城市缴获物资交地方清埋出售部分);(12)其他地方收入。决议特别说明:上列第六项农业税分成之比例,1949 年上半年度暂以各地经费扣除,上列各项预计收入除公粮后不敷部折算划分之,不规定各地一律之比例,待试行半年后再行决定。各项地方税收入之税率及征收方法,应遵照全省统一之税率、税则执行之。②

1949 年 5 月 14 日,华东财政经济委员会又就新区的税收政策问题,作出指示,规定新区税收的基本原则,提醒工作中的一些

① 《华中分局关于目前财政经济问题之决定》(1946 年 4 月 1 日),见江苏省财政厅、江苏省档案馆、财政经济史编写组编:《华中解放区财政经济史资料选编》第 1 卷,南京大学出版社 1987 年版,第 160—161 页。

② 《华东财政会议决议案》(1948 年 11 月),见中国社会科学院经济研究所中国现代经济史组编:《革命根据地经济史料选编》上册,江西人民出版社 1986 年版,第 939—940 页。

注意事项,强调为使大部队和大批党政干部进入新区以后,不使旧有税收中断起见,对国民党原有各项税收,除具显著反动性的如“反共戡乱”等捐应宣布废除外,均一律按原订税率、税则、手续继续办理。原有之各种票照加盖图记,改用人民券计算,继续使用。近发现丹阳县接收伪货物税中央税局后,即从组织上、制度上采取过去老解放区一套,废除了国民党原来的一套,致使税收工作不能开展,丹阳的毛病是:(1)降低原订货物税中之酒税100%为50%。(2)不使用旧票,我们又无新票,致印花税无形停止,货物税在技术上发生困难。因为在时间上不允许我们马上印出新的,而像老区过去那样分散印刷,技术太低,又极易发生伪制,故必须使用旧票。但旧税票可能有散失及国民党过去已经售出,故又需加盖图记。(3)取消原来较科学的征收手续,代之以过去游击形式的征收小组;取消了一切税款交银行代收,税局只办手续的办法,而用一手提征收册据,一手提钱袋的这种办法,在城市中是落后的办法。这些就是在农村中也须改变。(4)旧税收机关的中级人员撤职太早或不应撤职,不是改造他们,而是以不熟练城市税收的同志代替原有熟练的人员,以致税收大大减少。以上情形各地可能有类似情形,请注意检查纠正。

兹根据以上情形决定如下:(1)以区党委为单位,立即成立税务局,统一领导各区之货物税、中央税及地方税。对各地原有之货物税、中央税的机构,以暂时不动,继续征税,照旧工作为原则,统一受各区税务局之领导,并注意清查这些税收机关之收入、上解、尾欠等账目。(2)各市货物税局及中央税局均保留原来组织形式,京沪局直归华东财委会领导。(3)征收货物税时之估价,由各区党委财委会统一规定,并报告华东财委会。(4)一切税率的变更,均需经华东财委会审查批准后,始得实行。(5)凡有人民银行的城市,一切税收缴银行,税局只办手续,不经手现款。本市没有人民银行，也应缴存附近城市之人民银行。(6)以上税收收入除上海外，仍归各区和南京市支配，暂不上解。①

从这以后，新区一方面利用国民党原有各项税收，按原订税率、税则、手续继续征课，维持或补充地方财政收入；另一方面，各省或行政公署开始对旧有税制逐项进行清理、调整、改造，着手建立新的税收制度。

1949 年 6 月 1 日，两淮盐务管理总局颁发盐税征收暂行办法，就两淮场盐的课税、检验、稽查、水陆运销制定了严格制度，规定盐税的检验与征收由各地盐管机关负责，如无，得由各地的货管机关依盐管局章程检验与征收。运税仍为就场征税。出场以后听其自由销售（对淮南小盐征收章程与办法，另定之）。为防止偷漏，场盐得指定坨地入坨，陆运得进行包装，水运得使用仓印与仓口单，方得通行。在场区就近地点，盐管局设有稽征所，凡运盐客商，于盐斤运出后，必须经由稽征所检验并加盖查验戳记，至销售地点方准有效。凡运盐客商，于盐斤运达销运地点后得连同税票，报请当地盐管机关查验登记。为便于盐商分批销运，凡税票在有效期内准予换发分运证。盐税一律就仓坨征收，盐商于购盐同时，须缴清税款，盐管机关的扯发税票，交由盐商收执，方得起运。凡商人持有税票或分运证者，在本区境内，一律查验通行，沿途各机关，均需加以保护，不得借故留难。② 同一天又颁发了食盐分运证

① 《华东财委会关于新区税收政策的指示》（1949 年 5 月 14 日），见中国社会科学院经济研究所中国现代经济史组编：《革命根据地经济史料选编》上册，江西人民出版社 1986 年版，第 946—947 页。

② 《两淮盐务管理总局训令——关于颁发修正淮盐缉私暂行办法》（1949 年 6 月 1 日），见江苏省财政厅、江苏省档案馆、财政经济史编写组编：《华中解放区财政经济史料选编》第 6 卷，南京大学出版社 1987 年版，第 178—180 页。

换发办法。

1949年8月,苏南行政公署颁发印花税暂行条例,确定了印花税的征课范围、税率和罚则,并从9月1日起开始施行。①

1949年9月,苏北行政公署建立完善了农业税收入会计制度,规范了有关粮草征收的收解、收入退出、晒耗、损失、储耗、归还、预借等具体处理及报销手续的一整套会计制度。②

不过新区解放的时间很短,对国民党旧税制的清理、整顿、改造,新税制的建立、完善,只是刚刚起步,并且仅限于局部地区,而且即使建立新的税制,因为没有实行土地改革、消灭封建土地制度,也只能是暂时的。1949年6月24日陕甘宁边区政府颁布的《新区征收公粮暂行办法》规定,凡土地收入一律征收收益税,地主富农的土地一并征收土地税,统称"公粮"。在一般地区(即没有地主富农的情况下),公粮征收额不超过农业总收入15%,土地产量特丰地区不超过20%。但对地主富农,最高税率为40%。③ 其目的,就是削弱地主经济,限制富农经济,让农民得到实际利益,为土地改革作准备。因此这种办法是暂时的,完成土地改革,土地占有分散化,公粮征收办法就要进行新的调整。所以,全面系统的清理、整顿和新的税收制度的建立,是在新中国诞生并完成土地改革之后。

---

① 《苏南行政公署颁发印花税暂行条例》(1949年8月),见江苏省财政厅、江苏省档案馆、财政经济史编写组编:《华中解放区财政经济史资料选编》第7卷,南京大学出版社1987年版,第89—100页。

② 《苏北行政公署暂行农业税收入会计》(1949年9月),见江苏省财政厅、江苏省档案馆、财政经济史编写组编:《华中解放区财政经济史资料选编》第7卷,南京大学出版社1987年版,第120—134页。

③ 《陕甘宁边区政府为颁布新区征收公粮暂行办法的命令》(1949年6月24日)附《陕甘宁边区新区征收公粮暂行办法》,见陕甘宁边区财政经济史编写组等合编:《解放战争时期陕甘宁边区财政经济史资料选辑》下册,三秦出版社1989年版,第549—551页。

（二）人民的税赋和战勤负担

在为时3年多的解放战争中，无论前线作战、冲锋陷阵，还是战勤支援、运送弹药、粮草，或后方建设、强固堡垒，解放区人民特别是广大农民都是主力军、突击队。解放战争就是一场名副其实的农民战争，解放区人民特别是广大农民为解放战争的胜利，为中国的解放，忍辱负重，前仆后继，作出了伟大贡献和英勇牺牲。

解放区人民的负担（直接负担），主要分为边区负担和地方（村）负担两个部分。从负担形式看，可分为粮秣（粮草）、现款与力役（即战勤）。实际负担情况，不同时间、不同地区差异很大。表20-47是1948年关内外解放区农民粮草、田赋负担统计。

表20-47　关内外解放区农民粮草、田赋负担统计（1948年）

项目 地区	负担人口（万人）	公粮田赋公草负担总额（亿斤）			每人平均收入及负担（均折合小米/斤）		
		公粮	田赋	公草	收入小米数	负担小米数	负担（%）
华北	4000	26.6	—	—	418	66.5	15.9
山东	2760	12.0	3.0	12.0	298	43.5	14.6
西北	600	3.2	—	3.2	360	53.3	14.8
中原	1900	15.3	1.6	3.0	425	75.5	17.8
东北	3000	43.0	—	不详	560	100.1	17.9
冀察热辽	900	7.4	—	3.2	333	82.2	24.7

注：原表注：①华北、西北、冀察热辽系小米，中原麦秋各半，东北全系粗粮。

②田赋已折成粮食计算。

资料来源：据《中国解放区的人民负担》（1948年10月15日）（见华北解放区财政经济史资料选编编辑组等编：《华北解放区财政经济史资料选编》第2辑，中国财政经济出版社1996年版，第1401—1403页）多个统计表综合整理编制。

这是解放战争期间各个解放区(缺华东解放区,亦未完全按通常的“边区”划分)农民粮赋负担的一个节点。如表 20-47 所见,各解放区粮赋实物种类、总量、结构,人均负担数量及占粮食(折合小米)收获量的比重,负担轻重程度,各不相同。人均负担小米数,最少的(山东)为 43.5 斤,最多的(东北)达 100.1 斤,相差一倍;占收获的粮食(折合小米)比重,最低的(山东)为 14.6%,最高的(冀察热辽)达 24.7%,高低相差 10.1 个百分点。不过还不能据此判断相关地区农民负担的一般情况和轻重程度。因表 20-47 中所列只是直接负担中的粮赋负担,且亦不完全,粮赋负担中尚未计入公草(秸秆作为副产品,通常只会计算产值,不作实物计入粮食总产量),如计入公草,则负担比重山东为 17.8%,西北为 16.2%,中原为 18.5%,冀察热辽为 25.3%,华北仍为 15.9%。[①] 更主要的是,表 20-47 中负担没有包括间接负担和直接负担中的地方(村)负担,特别是战勤(力役)负担。而地方(村)负担和战勤(力役)负担一般同边区粮赋负担不相上下,甚至超过边区粮赋负担。

从时间上看,随着战争的持续和不断扩大,或其他因素影响,解放区人民尤其是农民的负担,往往呈不断加重的趋势。例如,晋冀鲁豫边区,1947 年以人民最高限度的负担能力(以每人平均负担小米 4 斗 1 升至 4 斗 2 升)为标准,编制财政预算,每人负担 4 斗至 4 斗 2 升,但仍然收支不敷 42800 万斤。其后由于形势变化,需要负担的人数增多,加上黄河“归故”,收支增加。8 月,刘邓大军“南下”,陈毅、粟裕所部“西来”,预算又有变化,除间接税外,每人平均负担小米增至 5 斗 6 升,如加地方村粮款,每人平均负担达

① 《中国解放区的人民负担》(1948 年 10 月 15 日),见华北解放区财政经济史资料选编编辑组等编:《华北解放区财政经济史资料选编》第 2 辑,中国财政经济出版社 1996 年版,第 1403 页。

8 斗 4 升，占其总收入的 21.7%多。到 1948 年预算，除间接负担及地方村粮款，平均每人年负担 6.538 斗，比 1947 年增加 0.938 斗，负担占其总收入的 16.9%。如加上地方村粮款、战勤贴垫及各种社会负担（还不包括间接税），平均每人负担则为 1 石，占其总收入的 26.3%。①

这种情况相当普遍，农民粮赋负担加重的趋势，从抗日战争结束前后已开始显现。自卫战争开始后，加重趋势愈加明显。表 20-48 清晰反映了这一变化。

表 20-48　冀中、冀晋、察哈尔农民粮赋负担统计（1944—1947 年）

项目 年份	负担人口（万人）	征收数（万石米）	每人平均负担（斗米）	
			实数（斗米）	指数
1944	764	146.4	1.93	100
1945	1540	356.8	2.32	121
1946	1430	436	3.05	158
1947	1196	560	4.67	244

注：原表有冀中、冀晋、察哈尔三地相关统计细数，本表只取三地总计数，细数从略。

资料来源：据《华北解放区近年来农业负担简况》（1949 年 4 月）表 8（见华北解放区财政经济史资料选编编辑组等编：《华北解放区财政经济史资料选编》第 2 辑，中国财政经济出版社 1996 年版，第 1542 页）摘要改制。

如表 20-48 所示，冀晋边区 1944—1947 年间，负担人口变化呈山峰型，先升后降，1945 年为负担人口高峰，此后下降。而征收公粮、每人平均负担数和指数，却稳步递增。1944—1945 年，负担

① 《晋冀鲁豫边区政府关于边区财政预算执行情况的通报》（1948 年 10 月 15 日），见华北解放区财政经济史资料选编编辑组等编：《华北解放区财政经济史资料选编》第 2 辑，中国财政经济出版社 1996 年版，第 1313—1314 页。

人口和征收公粮数均上升,但征收公粮数的升幅明显大于负担人口数。负担人口增加1倍,征收公粮数增加1.44倍。1946年、1947年负担人口连续下降,而征收公粮数、每人平均负担数和指数继续稳步上升,农民粮赋负担恶性加重。

再从太行区1946—1948年边区粮赋负担的变化看,情况也一样。详见表20-49。

表20-49 太行区农民粮赋负担状况及变化(1946—1948年)

项目 年度	总人口(万人)	应产量(万石)	每人平均(石)	边区负担			
				总负担(万石)	人均负担(石)	负担率(%)	负担率指数
1946	501.6	2009.6	4.01	254.83	0.51	12.3	100
1947	500.49	1946.0	3.94	361.50	0.72	18.2	148
1948	515.48	1956.9	3.80	435.46	0.84	22.0	179

注:①原表注:粮赋实物为小米;1946年统一累进税全免,未征马料,每人负担较轻;应产量减少原因,主要是1947年土地改革后将地主富农过高产量重评,其次为缺乏劳力,未精耕细作。②负担率指数为引者所加。

资料来源:据《华北解放区近年来农业负担简况》(1949年4月)表10(见华北解放区财政经济史资料选编编辑组等编:《华北解放区财政经济史资料选编》第2辑,中国财政经济出版社1996年版,第1543页)节录改制。

如表20-49所示,农民边区负担逐年上升,公粮折成小米,从1946年的0.51石增至1947年的0.72石,复增至1948年的0.84石,负担率(公粮占产量百分比)亦相应从12.3%增至18.2%,复增至22.0%,3年间加重近8成。

陕甘宁边区则因解放区范围缩小和灾荒困扰,农民负担加重。1947年边区耕地比1946年减少23.4%,粮食减产50%,同时损失了历年市场的积蓄粮25万石。因为战争需要,1947年公粮负担比1946年增加50%,负担占收入从8.9%增至27%。另外由于土地改革的影响,各地过分缩小负担面,一般不超过60%,形成"抓大头”“打快牛”的“左”的倾向。①

同时间东北农民的粮赋负担上升幅度也很大。详见表 20-50。

表 20-50　东北解放区农民粮赋负担状况及变化(1946—1948 年)

项目 年份	负担人口（人）	负担面积（垧）	总产量（吨）	粮赋负担		
				实缴公粮(吨)	平均负担率(%)	负担率指数
1946	11320000	6460000	7670000	698170	9.10	100
1947	28181992	11361281	7083837	1510792	21.33	235
1948	37428364	16780933	12259846	2277609	18.58	204

注:①原表平均负担率(%)数据有细微误差,业经复算核正。②负担率指数为引者所加。

资料来源:据《三年来粮食工作总结报告》(1949 年 6 月)统计表(见东北解放区财政经济史编写组等编:《东北解放区财政经济史资料选编》第 4 辑,第 227 页)改制。

表 20-50 中数据显示,农民负担公粮总数,从 1946 年的 69.8 万余吨增加到 1947 年的 151.1 万余吨,平均负担率相应从 9.10%增加到 21.33%。上升了 1.35 倍。与太行区情况不同的是,1948 年征收公粮时,临近东北全境解放,一方面,负担人口和负担面积提升,税源扩大;另一方面,南满刚脱离苦海,人民贫困不堪,负担能力更低。东北人民委员会规定,1948 年公粮征收率,北满定为 20%,南满及洮南 10 县定为 15%。② 所以,1948 年的公粮征收总

① 《1948 年西北财政工作总结报告》(约 1949 年年初),见陕甘宁边区财政经济史编写组等合编:《解放战争时期陕甘宁边区财政经济史资料选辑》下册,三秦出版社 1989 年版,第 520 页。

② 东北行政委员会:《关于 1948 年度公粮征收问题》(1948 年 10 月 15 日),见东北解放区财政经济史编写组等编:《东北解放区财政经济史资料选编》第 4 辑,黑龙江人民出版社 1988 年版,第 138 页。

量从上年的151万余吨增加到227.8万吨,增幅达50.66%,而平均负担率反而从21.34%降至18.58%,下降了2.76个百分点。不过当时这种情况并不多见。

由于自抗日战争后期,特别是自卫战争爆发后,各边区公粮征收持续甚至加速度增高,到1947—1948年间,边区人民(主要是农民)的粮赋负担达到了新的高度或解放战争期间的高峰。不过因各地自然条件、社会环境和农户家庭农副业经济结构、负担能力互异,粮赋负担轻重不一,或同样负担,但因各地生产发展、农民负担能力强弱不一,对生产生活的影响也不完全一样。某些地区对农民生产生活的影响不大,如据冀中区的调查,在抗日战争期间,1942—1943年间,负担虽轻,但群众因吃野菜而患病,因吃糠而拉不出屎来,因采树叶而跌伤,甚至卖儿鬻女等,都在那时。而到解放战争期间,1946—1947年间,"负担增加数倍,群众都不吃糠菜,买车买驴,盖房子,娶媳妇了"①。影响不是很大。但在另一些地区,似乎到了几乎无法承受的程度。北岳区就属于这种情况。表20-51是1947年北岳区14县18村农民粮赋负担统计。

表20-51列数据显示,每人平均边区公粮负担,负担数量及占人均农业收入或总收入的比重,高低轻重不一。最高的如行唐吝村、平山中白楼分别超过11斗和12斗,而最低的如平定三郊村、房山西关村,只有1斗多或将近2斗。相差五六倍至十倍不等。占农业收入或总收入的比重,最高超过60%,最低不到12%或不到5%。这种负担的高低轻重差别,同农户家庭经济结构也

① 冀中区统累税调查研究组:《冀中区五个县六个村各阶层经济情况与人民负担能力考察报告》(1947年),见华北解放区财政经济史资料选编编辑组等编:《华北解放区财政经济史资料选编》第2辑,中国财政经济出版社1996年版,第1025—1026页。

表 20-51　北岳区 14 县 18 村农民粮赋负担统计（1947 年）

项目 县村别	人口（人）	人均土地（亩）	每人平均农副业收入（市斗米）			每人平均边区公粮负担（市斗米）		
			农业	副业	小计	边区粮赋	占农业收入（%）	占总收入（%）
易县韩家庄	690	2.11	25.854	6.693	32.547	5.35	20.69	16.44
浑源郭家庄	1396	3.64	10.7	0.39	11.09	3.092	28.90	27.88
易县北河北	708	2.85	19.85	9.13	28.98	5.9	29.72	20.36
完县白庙	519	3.41	21.69	6.96	28.65	5.783	26.66	20.18
行唐吝村	804	2.799	17.32	0.449	17.769	11.48	66.28	64.61
平山东望楼	510	2.902	15.345	3.754	19.099	7.163	46.68	37.5
平山中白楼	482	3.537	30.1	4.91	35.01	12.11	40.23	34.59
曲阳郭西旺	1800	2.79	8.973	1.48	10.453	4.177	46.55	39.96
望都东白村	782	6.173	41	1.05	42.05	12.3	30.00	29.25
徐水马亮营	1075	3.97	26.19	4.3	30.49	5.73	21.88	18.79
唐县西沿村	1018	2.485	17.97	5.18	23.15	6.421	35.73	27.74
房山西关村	241	1.56	10.69	7.9	18.59	1.984	18.56	10.67
涞水计鹿村	515	2.07	19.935	—	19.935	3.314	16.62	16.62

续表

项目 县村别	人口(人)	人均土地(亩)	每人平均农副业收入(市斗米)			每人平均边区公粮负担(市斗米)		
			农业	副业	小计	边区粮赋	占农业收入(%)	占总收入(%)
涞源五家湾	457	3.75	20.7	1.54	22.24	2.82	13.62	12.68
浑源黄花滩	432	5.29	21.27	1.77	23.04	3.54	16.64	15.36
宛平塔河	419	1.77	8.89	4.57	13.46	2.06	23.17	15.3
涞水下庄窝	419	2.17	17.149	6.51	23.659	3.25	18.95	13.74
平定三郊村	1119	2.43	9.92	14.71	24.63	1.16	11.7	4.71

资料来源:据北岳行署:《北岳区1947年度农业税征收总结》(1948年8月22日)统计表(见华北解放区财政经济史资料选编编辑组等编:《华北解放区财政经济史资料选编》第2辑,中国财政经济出版社1996年版,第1389页)摘要改制。边区粮赋占农户总收入百分比(%)系引者计算。

有一定关系。如浑源黄花滩,因种植特种作物收入较大,占农业收入的 26. 11%,负担相对较轻,边粮分别占农业收入和总收入的 16. 64%和 15. 37%;房山西关村的水磨、鱼雁(靠拒马河以雁捕鱼)、打荆条和果木收入占农业收入的 73. 92%,中农阶层的副业收入更是相当于农业收入的 125. 45%,所以边粮负担分别只占农业收入和总收入的 18. 56%和 10. 63%;平定三郊村是靠矿业的半工半农村,副业相当于农业收入的 148. 29%,边粮负担分别只占农业收入和总收入的 11. 7%和 4. 71%。① 不过这种情况是少数,边粮在总体上占农业收入或总收入的比重相当高。18 村中,12 村的边粮负担超过农业收入的 20%,有 9 村超过 25%,6 村超过 30%,4 村超过 40%,1 村超过 60%。

过重的粮赋负担,对农民的生产生活都产生了相当大的影响。如负担最重的行唐各村,大部分耕地为水浇地,过去经常到城里买大粪施肥,因边粮负担重,大粪减少,1948 年"施肥很差";平山中白村有很多渠地需要施放大量肥料(豆饼之类),但无力投资,收获量减少;因负担重,土地改革中群众多不愿要地,如行唐各村平分土地时,有 104. 5 亩地分配不下去。中白村也同样有不要地的。其他村有的也存在这种现象。有些户虽然缴纳了边粮,当时看起来生活与再生产未受到影响,但多是从过去的积蓄中拿出来交了负担(如棉花粮食),或变卖东西缴纳的也有。也有无法缴纳而拖欠的。②

---

① 北岳行署:《北岳区 1947 年度农业税征收总结》(1948 年 8 月 22 日),见华北解放区财政经济史资料选编编辑组等编:《华北解放区财政经济史资料选编》第 2 辑,中国财政经济出版社 1996 年版,第 1389 页。

② 北岳行署:《北岳区 1947 年度农业税征收总结》(1948 年 8 月 22 日),见华北解放区财政经济史资料选编编辑组等编:《华北解放区财政经济史资料选编》第 2 辑,中国财政经济出版社 1996 年版,第 1388—1389 页。

在其他一些地区,特别是某些灾区,公粮负担重,民众无法生活。如冀鲁豫边区济源县,1947 年麦收,全县收成好的也只有 5 成,差的则毫无收成。秋收亦只有 2 成,连种子都不够,很多地都荒着未种。因公粮负担很重,平均占农民总收入的 3/5,农民生活极为困苦,完全无以为生。1948 年春荒时节,50% 以上的户没有饭吃。①

和边区粮、款同时缴纳、负担的还有地方粮、款(村粮、款)。地方粮、款的数量多寡、负担轻重和筹措办法,因时间、地区而异。

村作为解放区的基层行政组织,不仅在维持和安定社会秩序,巩固解放区革命政权,动员和组织民众支援解放战争方面,发挥着十分重要的作用。在财政体系和财政收支方面,村财政是解放区财政体系的重要一环。在财政税收方面,广大村民作为解放区税收的主要供纳者,村政府的作用固然不可小觑。而在财政开支方面,村政府基层组织麻雀虽小,五脏俱全,名目、数额亦不少,直接影响边区财政与村民负担及生活。因此,边区政府对村财政和村负担,一向十分关注。1947 年 1 月 20 日,察哈尔省政府制定关于村财政制度的原则规定,要求各村“不急之务不举,能省的钱就省”,村财政的开支只限于:(1)村公所办公费,包括武委会办公费;(2)村教育费,包括小学民校经费;(3)临时费,包括担架、斗秤、水井的修理费,村干部到县受训伙食费,以及不属于其他各项的临时正当开支;(4)民兵武装弹药费(由武委会发给时则不另开支);(5)对敌斗争尖锐地区的改造地形费(根据实际需要与负担能力进行)。省政府对每一项都严格加以限制:第一、第二两项由县政

① 《中共中央批转〈滕代远关于群众战勤负担情况的报告〉》(1948 年 4 月 19 日),见华北解放区财政经济史资料选编编辑组等编:《华北解放区财政经济史资料选编》第 2 辑,中国财政经济出版社 1996 年版,第 1312 页。

府根据村庄大小、工作繁简，规定最高标准，在此范围内由村民代表大会具体讨论确定标准；第三项每月在不超过村公所办公费 1/2 的范围内，由村公所掌握开支，预计可能超过时，事先须报经区公所批准；第四、第五两项必须事先经村代表会或村务会议讨论通过并报县政府审查批准后方得开支。察哈尔省政府还规定，村政府不设伙食、不赔价，村干部不挣薪金，也不支零用。村款须很好保管，不得乱支乱借，开支不能超过标准，出入都要记在账上。村款收支须按月结账，开列四柱清单，向群众公布，不便张贴清单的地区，也须向群众口头公布。新旧干部交替时，必须办理交代并公布账目。①

冀东区也于 1948 年 9 月 10 日修正颁行《冀东区村负担暂行办法》，鉴于土地改革已经完成，土地业已平分到户，乃规定按土地常年产量实行评议，折合分数，取消原来分等级累进的征课办法，按分平均负担，以户为单位征收。评议产量以土地质量为标准，不以经营好坏为转移。为便于计算，规定产量小米 80 斤为一分，以红粮计算单位者，160 斤红粮为一分，分以下小数至二位为止。② 不过《冀东区村负担暂行办法》只解决了村负担来源和村负担征收的公平性问题，而未对村负担的名目、数额和村负担的开支、使用作出具体规定和限制。

在东北，1949 年吉林双城县订有《村财政管理办法试行草案》，规定了村经费项目及其金额、经费摊派办法、村生产收支和村财政出纳制度。村经费项目包括办公杂支费、教育费（村私立

① 《察哈尔省政府关于村财政制度的原则规定》（1947 年 1 月 20 日），见华北解放区财政经济史资料选编编辑组等编：《华北解放区财政经济史资料选编》第 2 辑，中国财政经济出版社 1996 年版，第 1010—1011 页。

② 《冀东区村负担暂行办法》（1948 年 9 月 10 日），见华北解放区财政经济史资料选编编辑组等编：《华北解放区财政经济史资料选编》第 2 辑，中国财政经济出版社 1996 年版，第 1390 页。

校)、采暖费、临时费、包耕费等5项。摊派方式以土地为标准,平均摊派。烈属、军属、供给制之干属、家庭无劳力者,不承担摊派;有劳力者与供给制之干属同样摊派,但家庭生活水准在中农以下者,酌情减免。具体办法按季度筹措,分为二期,在三月、十月两个月中统一决定、统一交出。每次收款必须接到县令后施行。收上之款,统一交区政府入库,而后按月预算预借、决算报销,再由区政府将收支决算与负担状况按期报县。凡拥军、优属、慰问等,绝对避免摊派方式,不许动现款,一律采取动员实物办法,并须在统一决定下,将实行动员与分配之结果报区呈县备案。凡标准之外临时用费、建筑费以及战勤动员之特费等等,必须事先请县批准后,按指示办理,不得先斩后奏。其他人力物力等动员,统按县指示办理,村不得用行政命令,折价雇佣或借口其他名义而施行摊派款项及实物(包括自然屯)。①

不过订有这种村财政原则规定、办法的省、县不多。村财政管理大多松弛,财政制度、财政收支混乱,农民村款负担轻重不一。自卫战争初期,某些地区如冀中、冀东及各地新解放区,村款负担存在着严重的浪费现象,"某些村款开支超过边区款,成为人民的最大负担",晋察冀中央局要求各省政府、各行署应立即根据当地情形,规定村款开支标准,严格整理村财政,严禁规定以外的村款征收与开支,勤务动员也已成为人民的一个重大负担,各地区须认真整理,严格限制。② 但过了大半年,到1947年年初,冀中区的情

① 双城县人民政府:《村财政管理办法试行草案》(1949年7月),见东北解放区财政经济史编写组等编:《东北解放区财政经济史资料选编》第4辑,黑龙江人民出版社1988年版,第247—248页。

② 《中共晋察冀中央局关于财政工作的指示》(1946年2月1日),见华北解放区财政经济史资料选编编辑组等编:《华北解放区财政经济史资料选编》第2辑,中国财政经济出版社1996年版,第947页。

况仍未改善。冀中区党委称，“半年来由于对县财政的建立及地方税的征收缺乏经验，各县收支多少不等，因而发生收多支少及收少支多不相称现象。县财政在满足本身开支要求之下，收入小的想扩大收入，而增加税收，收入大的，想减低税率，税收不易统一而形成征收紊乱，收入不平衡，苦乐不均”①。这正是各地村款负担轻重不一、苦乐不均的真实反映。不过总的情况还是苦的多、乐的少。表20-52就是在这之后不久对冀中区5县6村51典型户边区款、村款负担情况的调查统计。

表20-52中所反映的冀中区5县负担，边区款、村款合计，平均每人7.81斗米，占总收入的18.34%，在各解放区中，应属于数量较高、负担较重一类。其中村款约相当于边区款的1/2，亦属中等偏高。从土地改革后各阶层的负担情况看，自贫农、中农到富裕中农、富农，负担程度递增，贫农负担最轻，占总收入的8.55%；富农负担最重，占总收入的32.06%。

农民负担的轻重及其影响，既取决于负担数量本身，同时与负担者的生产收入和负担能力有直接关系。表20-53清晰地反映了这种关系。

如表20-53所示，由于生产明显恢复和发展，农民的负担能力增强，虽然负担相当重，而且从贫农到富农随阶层变化递增，但并未相应形成留备消费的产品数量递减、经济状况恶化、对生产的影响严重性加剧的规律。税赋、村款负担已对农民生产造成显著影响，不过相对于明显过重的税赋捐派负担而言，对生产的影响程

① 《中共冀中区党委为保证自卫战争的供给坚决执行今后财政的新措施》(1946年1月18日)，见华北解放区财政经济史资料选编编辑组等编：《华北解放区财政经济史资料选编》第2辑，中国财政经济出版社1996年版，第1002页。

表 20-52 冀中区 5 县 6 村 51 典型户负担调查统计(1947 年 3 月调查 7 月统计)

项目 / 阶层	户数(户)	每人平均收入(市斗米)			每人负担(市斗米)			边村负担占收入(%)	
		农业	副业	小计	边区款	村款	小计	登记收入	总收入
富农	7	66.74	3.07	69.81	13.608	6.786	20.394	41.37	32.06
富裕中农	8	60.2	4.09	64.29	11.94	6.63	18.57	28.45	27.49
中农	17	33.69	6.58	40.27	4.338	1.728	6.066	23.9	17.67
贫农	12	17.37	8.43	25.8	1.8	0.408	2.208	13.64	8.55
其他	7	21.98	11.53	33.51	3.66	1.56	5.22	25.5	15.6
加权平均数		33.12	9.08	42.2	5.2	2.61	7.81	24.26	18.34

注:5 县 6 村为安平张敖,马江,晋县总十庄,宁晋砖河,束鹿魏家庄,藁城下家寨。

资料来源:据冀中区统累税调查研究组:《冀中区五个县六个村各阶层经济情况与人民负担能力考察报告》(1947 年 3 月)统计表(见华北解放区财政经济史资料选编编辑组等编:《华北解放区财政经济史资料选编》第 2 辑,中国财政经济出版社 1996 年版,第 1027 页)摘要改制。

表 20-53　冀中区 5 县 6 村 51 典型户负担及其影响(1947 年 3 月调查 7 月统计)

项目 阶层	户数(户)	人口占总人数(%)	收入分配(市斗米)				再生产状况(%)		
			总收入	边村负担		每人消费(再生产在内)	扩大	维持	缩小
				数额	占总收入(%)				
富农	7	1.93	69.81	20.394	29.21	37.356	28.5	48	28.5
富裕中农	8	16.4	64.29	18.6	28.93	30.24	50	37.5	12.5
中农	17	66.06	40.27	6.066	15.06	27.2	41	52	6
贫农	12	15.07	25.8	2.208	8.56	21.24	33	50	17
其他	7	0.54	33.51	5.22	15.58	25.56	14.3	57	28
加权平均数		100	42.2	7.81	18.51	26.85	37	53	10

注:原表"再生产状况"栏是用不同分数表示,如富农再生产状况的扩大、维持、缩小,同时分别用 2/7、3/7、2/7 表示,而百分比(%)或系分数换算而来,故不甚精准。

资料来源:据冀中区统累税调查研究组:《冀中区五个县六个村各阶层经济情况与人民负担能力考察报告》(1947 年 3 月)统计表(见华北解放区财政经济史资料选编编辑组等编:《华北解放区财政经济史资料选编》第 2 辑,中国财政经济出版社 1996 年版,第 1027 页)摘要改制。

度,似乎还不是十分严重。这一点亦出乎当时调查者的意料。因此得出结论:“由于初步执行了党的大生产运动、土地政策,中心区人民又经过两年余来相对和平环境下的生息,民力已有不少的积蓄,人民负担能力已较前大为提高,故负担数量虽然加重,人民仍能胜任。在大反攻的紧急需要下,适当增加一部(分负担)尚有可能。今后如能继续贯彻土地改革、大生产政策,则人民负担能力可以继续提高。”①

在其他地区,农民负担或比冀中区更重,或同冀中区相当,或比冀中区轻,但不论哪种情况,其结果都远不如冀中区乐观。

前揭北岳区,14 县 18 村粮赋和边村款负担,详见表 20-54。

从表 20-54 中数据可见,北岳区的村款(包括募集)负担,明显比冀中区轻,与冀中区不同,大部分村的村款,不到边款的1/10。边款数量或边款、村款合计,数额也大多比冀中区低,超过冀中区只有 3 个村。然而,从边款、村款合计占农户总收入的比重看,又明显高于冀中区。18 个村中,10 个村比冀中区高,其余 8 个村同冀中区相当,或稍低。根本原因是北岳区农户收入少,负担能力低。冀中区 6 个村人均总收入达 42.2 斗,而北岳区 18 个村中,除望都东白村接近外,其余都相差甚远。因此,除少数副业特别发达的村,在相当一部分村,边村款负担明显超出了农民的负担能力,农民无法如期如额缴纳款项。有的被迫卖牲口(有一个村 420 多户即有 50 多户卖了牲口)、卖树、卖家具或其他物品,缴纳边村款。即使如此,仍然拖欠不断。在调查的典型村中,截至调查结束,

① 冀中区统累税调查研究组:《冀中区五个县六个村各阶层经济情况与人民负担能力考察报告》(1947 年 3 月),见华北解放区财政经济史资料选编编辑组等编:《华北解放区财政经济史资料选编》第 2 辑,中国财政经济出版社 1996 年版,第 1026 页。

表 20-54　北岳区 14 县 18 村粮赋和边村款负担统计(1947 年)

项目 县村别	人口 (人)	人均土地 (亩)	人均农副业收入 (市斗米)	人均边区公粮负担(市斗米)				负担占总收入(%)	
				边款	村款	募集	小计	边款	边村款总计
易县韩家庄	690	2. 11	32. 547	5. 35	0. 106	—	5. 456	16. 43	16. 76
浑源郭家庄	1396	3. 64	11. 09	3. 092	0. 085	0. 064	3. 241	28	29. 2
易县北河北	708	2. 85	28. 98	5. 9	0. 171	0. 06	6. 131	20. 35	21
完县白庙	519	3. 41	28. 65	5. 783	0. 402	0. 186	6. 371	20. 18	22. 22
行唐沯村	804	2. 799	17. 769	11. 48	0. 134	—	11. 614	64. 6	65. 36
平山东望楼	510	2. 902	19. 099	7. 163	0. 379	—	7. 542	37. 5	39. 489
平山中白楼	482	3. 537	35. 01	12. 11	0. 55	—	12. 66	34. 59	36. 18
曲阳郭西旺	1800	2. 79	10. 453	4. 177	0. 771	0. 052	5	40	47. 7
望都东白村	782	6. 173	42. 05	12. 3	1. 105	0. 12	13. 525	29. 45	32. 33
徐水马亮营	1075	3. 97	30. 49	5. 73	0. 44	—	6. 17	18. 83	20. 24
唐县西沿村	1018	2. 485	23. 15	6. 421	0. 234	0. 0395	6. 695	23. 42	29. 13
房山西关村	241	1. 56	18. 59	1. 984	0. 471	0. 051	2. 506	10. 63	13. 78
涞水计鹿村	515	2. 07	19. 935	3. 314	0. 137	0. 111	3. 562	16. 62	18. 11

续表

项目 县村别	人口 (人)	人均土地 (亩)	人均农副业收入 (市斗米)	人均边区公粮负担(市斗米)				负担占总收入(%)	
				边款	村款	募集	小计	边款	边村款总计
涞源五家湾	457	3.75	22.24	2.82	0.325	0.238	3.383	12.68	15.2
浑源黄花滩	432	5.29	23.04	3.54	0.34	—	3.88	15.37	16.85
宛平塔河	419	1.77	13.46	2.06	—	0.11	2.17	15.3	16.1
涞水下庄窝	419	2.17	23.659	3.25	0.146	0.072	3.468	13.66	14.65
平定三郊村	1119	2.43	24.63	1.16	0.098	0.037	1.295	4.71	5.72

资料来源:据北岳行署:《北岳区1947年度农业税征收总结》(1948年8月22日)统计表(见华北解放区财政经济史资料选编编辑组等编:《华北解放区财政经济史资料选编》第2辑,中国财政经济出版社1996年版,第1389页)摘要改制。

中白楼尚欠 1276 斤，占总任务的 16.13%（这还是比附近村欠的少的村），行唐吝村欠 14065 斤，占总任务的 10.8%，其他因任务大而有欠数者亦不少。另外欠数大的，如四专区，1947 年夏征所缴粮赋中，即有 1561708 斤（折 5800.53 石）属于 1946 年的尾欠。而 1947 年又有 43063.615 石的农业税（公粮）的尾欠，直到 1848 年 8 月尚未缴纳。[①] 这些都从侧面反映出农民粮赋和村款负担的沉重程度。

再看太行区人民的边村负担及其变化情形。表 20-55 集中反映了这一情形。

表 20-55 反映的一个突出情况是，人民的粮赋负担中，边区负担连年递增，地区（村）负担连年递减。太行区 1946 年地方负担 100 万石小米，每人平均负担 0.19 石小米；1947 年递减至 60.46 万石小米，每人平均负担 0.12 石小米；1948 年为 51.55 万石小米，每人平均负担 0.1 石小米。1947 年较 1946 年减少 2/5，1948 年较 1947 年又减少 1/6。

不过边区粮以更大的基数和幅度递增。太行区 1946 年边区负担 254.83 万石小米，每人平均负担 0.49 石小米；1947 年递增至 361.5 万石小米，每人平均负担 0.72 石小米；1948 年为 435.46 万石小米，每人平均负担 0.844 石小米。1947 年较 1946 年将近增加 1/2，1948 年较 1947 年又将近增加 1/5。

因地方（村）负担的减低数小于边区负担的增加数，所以边地总负担量还是明显增加了。太行区的边地总负担量从 1946 年的

---

① 北岳行署：《北岳区 1947 年度农业税征收总结》（1948 年 8 月 22 日）统计表，见华北解放区财政经济史资料选编编辑组等编：《华北解放区财政经济史资料选编》第 2 辑，中国财政经济出版社 1996 年版，第 1387—1390 页。

表 20-55　太行区人民粮赋负担状况及变化(1946—1948 年)

项目 年度	应产量(万石)	边区负担			地方负担			边地负担(总计)		
		总负担(万石)	人均负担(斗)	占产量(%)	总负担(万石)	人均负担(斗)	占产量(%)	总负担(万石)	人均负担(斗)	占产量(%)
1946	2009.6	254.83	4.9	12.3	100	1.98	4.9	355.83	6.68	17.2
1947	1946	361.5	7.2	18.2	60.46	1.2	3.3	421.97	8.40	21.5
1948	1956.9	435.46	8.44	22.0	51.55	1.0	2.6	487.01	9.44	24.6

注:原表注:粮赋实物为小米;1946 年统一累进税,未征马料,每人负担较轻;产量减少原因,主要是 1947 年土地改革后将地主富农过高产量进行重评,其次为缺乏劳力,未精耕细作。

资料来源:据《华北解放区近年来农业负担简况》(1949 年 4 月)表 10(见华北解放区财政经济史资料选编编辑组等编:《华北解放区财政经济史资料选编》第 2 辑,中国财政经济出版社 1996 年版,第 1543 页)节录改制。

355.83万石增至1947年的421.97万石，复增至1948年的487.01万石。每人平均负担从1946年的0.668石增至1947年的0.84石和1948年的0.944石，占产量的比重，相应从17.2%增至21.5%，再增至24.6%。地方（村）负担以较小的基数和幅度递减，边区负担以更大的基数和幅度递增。导致边地负担总数增加，这是太行区边地负担加重的一个特点。

当然也有边款、村款（地方款）双增、双高的情况。这样，农民的税负负担处于一种灾难性的状况。如前揭冀鲁豫区济源县，既严重遭灾，公粮负担又已经很重，平均占农民总收入的比重高达3/5，而村款负担又超过公粮。公粮外的社会负担包括劳军、村公所办公费、剧团费用、扩军费用等，"超过公粮负担数很多"，以致农民生活极为凄惨，从1947年年底到1948年春，全靠野菜谷糠充饥。灾情最严重的王屋山区，很多村庄断垣颓壁，田园荒芜。许多贫雇农以至富农，均出卖儿女换三四斗粮食度荒。讨饭的更多。东竹峪村群众曾集体请愿，要求政府免差，并予救济。①

不过这种情况也并非济源独有，它在冀鲁豫区带有某种普遍性。自1946年8月陇海线反击战后，由于战争规模扩大，县村扩军任务加重，村财力开支增加，浪费加剧，村负担相当边区公粮负担的50%—100%，甚至在100%以上。据1947年9月对该区10个村的调查，村负担占边地粮款负担的42%，平均每亩11斤，平均每人44.06斤。② 据此，每人平均边地负担总额达到104.9斤。

① 《中共中央批转〈滕代远关于群众战勤负担情况的报告〉》（1948年4月19日），见华北解放区财政经济史资料选编编辑组等编：《华北解放区财政经济史资料选编》第2辑，中国财政经济出版社1996年版，第1312页。

② 《冀鲁豫区的村财政问题》（1947年9月），见华北解放区财政经济史资料选编编辑组等编：《华北解放区财政经济史资料选编》第2辑，中国财政经济出版社1996年版，第1259页。

可见粮赋负担之沉重。

农业税(公粮)和边款、村款、募集等,都是物力、财力负担。解放战争时期,除了物力、财力负担,还有范围广泛,内容形式多样的人力负担。战勤、兵役动员、后勤动员各种形式的支援任务、公共水利工程、边沿区的工事修筑、抗属代耕、政府派差等,都是不可减省的人力负担。其中最为繁重并具风险的是战勤。解放战争是一场完全依靠传统农业、传统农民和传统运输支撑的现代战争。随着解放战争的不断扩大和快速推进,并由原来的运动战转变为大兵团阵地战和城防攻坚战,战勤和后勤动员在战争中的作用越发重要,人数不断增加,人民的人力负担也相应加重。而且,战勤力役,也并非单纯的人力负担,一般需要自备牲口、车辆和路途干粮、牲口草料。灾难、意外,皆属平常,常常给个人和家庭带来不可弥补的损失。

在解放战争中,人民的人力负担同财力和物力负担一样,都发挥着不可或缺的作用,人民群众为支援前线,保证前线供给,付出了巨大的代价。而且在部分地区,不同程度存在制度紊乱、负担不公平和浪费民力的现象。在冀中区,"对人民的人力负担比较轻视",不了解群众人力负担的艰辛,乱派力役,乱要车辆、人力,浪费严重,同时制度不健全,群众出差就要钱,派差不公平,抗属干部不出差,人力负担"边沿区混乱,沿交通要道的村镇频繁,机关所在村负担则重",严重影响村中团结与生产。① 在太行区,1946 年一年内,由于战争关系,群众劳力支付,超过以

① 《冀中行署罗主任在县团级干部会议上关于节约与人力负担的报告摘要》(1947 年 6 月 1 日),见华北解放区财政经济史资料选编编辑组等编:《华北解放区财政经济史资料选编》第 2 辑,中国财政经济出版社 1996 年版,第 1033 页。

往任何一年。不仅在出勤数量上空前繁重，而且即使在农忙季节，亦不能免于出勤。但服勤既不公平，又浪费严重。在整个勤务中，义运、参战、代耕、出勤（即支差）是力役中的“四大项”：义运约占25%，参战占18%，代耕占16%，出勤占16%。其他零星勤务和杂务占25%。即是说，有25%的勤务，是未经正式支拨，由机关部队干部战士乱要乱派的。且在各项勤务上，都存在很大浪费，一方面不能科学地组织使用；另一方面又不顾农时与不该使用民力而使用的现象，冶陶调查浪费达30%即为一例。同时，好些地区大批干部不服勤务，甚至民兵也不出勤，服勤面非常狭窄。一般不服勤的人占应服勤人的1/5，甚至到2/3。这就使服勤的人负担更重了。①

为进一步发扬民力、爱惜民力，克服人力畜力困难，严格制度，加强组织领导，保证前线供应和自卫战争的胜利，解放区边区及时作出决定，规范民力分派、使用、管理。1947年6月，晋冀鲁豫边区政府适时颁布了《晋冀鲁豫边区政府关于战勤工作的决定》。为扩大战勤负担面，明确规定民众的服勤义务：（1）凡年届16—55岁的男子、17—45岁的女子、能载运之车辆船只、区村不脱离生产干部、一对牙口以上之牲畜，均须一律服务，按年龄和体质强弱，担任前方或后方不同勤务；（2）工厂矿窑及商店作坊，不论公私经营及合作经营，其工人店员职员均须按人力服勤。为照顾其工矿商店经营，可尽量少出勤工，折纳勤款。商店人员之勤务米，由商店支付之，其数量由住在村按勤务负担计折；流动及肩挑之出勤折米，向住在村直接缴纳。边区政府的决定，还具体规定了勤务范围

① 《太行行署关于发扬民力节约民力的指示》（1947年3月20日），见华北解放区财政经济史资料选编编辑组等编：《华北解放区财政经济史资料选编》第2辑，中国财政经济出版社1996年版，第1188页。

及供给标准:(1)直接随军的担架民夫民兵运输队,均称前方勤务,需自带3天食粮,3天后由使用勤务指挥部供给。每日供给标准,民夫小米3斤半(菜金在内),骡马花料7斤半(草在内),牛驴花料6斤半(草在内)。(2)下列各项统为后方勤务:后方运送枪械弹药、服装、粮食等至指定地点或兵站,及从兵站回运胜利品;转运部队伤病员;修砦破路;军工厂、医院、吃粮机关部队,山地30里平地60里之吃粮运输。行程30里及以上者(30里以内不供给)每日民夫小米2斤半(菜金在内),骡马花料7斤(草在内),牛驴花料5斤(草在内)。(3)以下统称村勤务:招待过往军人;拆洗部队伤病员衣服;缝军鞋织军布;给无劳力军烈属代耕;看案带路送信;战时碾磨公米公面;翻晒仓库公谷。村勤务一律不供给。除上述勤务外,不得使用民力,明确和规范了战勤的分派、使用和组织管理。①

原来"轻视"人力负担、制度紊乱的冀中区,随着战争向前推进,不仅战勤需求紧迫,而且"复役动员面扩大"(退伍战士重上前线),代耕优抗已成为群众人力负担里"很重的一部分"。使党政领导越来越深切认识到,掌管"兵役动员、后勤动员和生产,人力是最重要的了";必须懂得,"老百姓的功夫就是'钱',就是'日子'。同时,人力负担会直接影响到财力负担,哪村人力负担重,财力负担亦重"。因此采取措施,建立妇女勤务,认真执行行署颁布的《战勤暂行办法》,严格制度,严肃纪律,"纠正乱要车辆"的官老爷作风,摒除不必要的浪费,加强勤务的组织领导,力促战勤、力

① 《晋冀鲁豫边区政府关于战勤工作的决定》(1947年6月),见华北解放区财政经济史资料选编编辑组等编:《华北解放区财政经济史资料选编》第2辑,中国财政经济出版社1996年版,第1239—1240页。

役征派走上正轨。①

解放区所有人力负担中，战勤负担最集中、最繁重，而且随着战争的推进、扩大，呈不断加重的态势，其繁重、艰辛程度，超出常人想象。

在太行区，中心地区一般村庄每个出勤劳力（16—50 岁）全年支付勤工达 45—50 天，边沿区或接近作战区，民众出勤则达 100—120 天。个别特重的地区，在 150 天以上。又据少数村庄统计，在农民耕种季节内，服勤时间占 21%。若再与粮款负担相比，劳力支付相当边区粮款负担的 141%。②

晋冀鲁豫边区的战勤民力负担，从 1945 年 7 月初到 1946 年 6 月底的统计数字看，共用民工 7393 万个工；从 1946 年 7 月到年底，又用民工 2869 万个工；从 1947 年 1 月到 3 月底已用民工 2180 万个工。由于大规模的边区及外线或攻坚作战，运输线延长，物资笨重，敌我拉锯，民工牲畜财物损失耗费很重。1947 年 4 月，河北朝城、观城，因供应柴草无着，被迫将一部分房子烧掉。其他地区亦有此情形。冀鲁豫八、九分区因差重，累死牲口 450 头。该区为华北黄牛最大产区，战勤导致大牛变小，小变瘦，瘦牛等死。太岳区 1946 年二次攻运城，用去门板 23.3 万块，大梁 6 万根，椽 8 万根，口袋 15 万条，伤民工、民兵 600 余人，死牲口 100 余头；西北运粮及支援陈毅、谢富治部队共累死牲口 390 头。另据不完全的统计，从 1947 年 3 月

① 《冀中行署罗主任在县团级干部会议上关于节约与人力负担的报告摘要》（1947 年 6 月 1 日），见华北解放区财政经济史资料选编编辑组等编：《华北解放区财政经济史资料选编》第 2 辑，中国财政经济出版社 1996 年版，第 1033 页。

② 《太行行署关于发扬民力节约民力的指示》（1947 年 3 月 20 日），见华北解放区财政经济史资料选编编辑组等编：《华北解放区财政经济史资料选编》第 2 辑，中国财政经济出版社 1996 年版，第 1188 页。

7日到月底止,共用民力170余万工,伤亡100余人。晋冀鲁豫区直接间接、全部大部或小部供应之部队约80余万,运输线有长达2000里者,短者亦在200—500里上下,农民能到前线支战勤者,只占总人口的16%,以此则每人平均年支差60天左右(后方支差磨面,可达总人口30%—40%),而差务又极不平衡,作战多集中于太岳、冀鲁豫两区。如冀鲁豫六分区,1946年1—8月,战勤、河运军粮、军鞋的差力,平均每一壮年一年出差102天,即占去农忙时间的56.7%。尤其在各条运输线上,调剂困难,差力负担更加繁重。①

冀鲁豫区济源县,因系灾区,加上参军人数较多,劳动力战勤负担加倍沉重。该县7个行政区,217个行政村,20.6万人,2/3是妇女,加上12000户家属(计约4万人),1947年麦收,全县收成好的也只有5成,差的则毫无收成。秋收亦只有2成,连种子都不够,很多地都荒着未种。原因是既缺种子,又战勤负担太重,缺乏劳动力。全县全劳动力2万人,1947年秋参军4500人,实有15500人,1947年秋陈毅、谢富治大军南下,共出修船工2万个(400个全劳力),运粮150万斤(缺劳力统计),六、七两区运柴草840万斤(其余5个区无材料),去临汾抬担架2400人,运弹药及抬担架10760人(以上均是全劳力出差)。结果剩下的劳力,几乎全部时间出差。邵源一地平均每个全劳力每月25天以上出差。②

---

① 《晋冀鲁豫边区政府关于边区财政预算执行情况的通报》(1948年4月20日),见华北解放区财政经济史资料选编编辑组等编:《华北解放区财政经济史资料选编》第2辑,中国财政经济出版社1996年版,第1314页。

② 不只是邵源一个村,济源荆王村2—3月,也是平均每人每月出差25天,尚庄3—4月少2天,平均每人每月出差23天。《太岳行署财政处纪处长在五月战勤会议上的总结报告》(1948年7月),见华北解放区财政经济史资料选编编辑组等编:《华北解放区财政经济史资料选编》第2辑,中国财政经济出版社1996年版,第1376页。

运粮给郑州、洛阳作战，均是妇女儿童。另外又划了20个村子为野战医院，群众不出差，专招呼医院。但20个村男女老幼及小学全体师生看护伤员，包括洗血衣、磨面、割草作铺草等，全都忙不过来。因燃料耗费太大，每天从晋城专车运来的煤有50大车，但还不够烧，许多果木树都被砍烧了，并开始有拆房子做柴烧的。①

如以某一单个战役计算战勤数量和民众生命财产损失，以攻临战役的战勤情况为例，同样十分可观，令人惊叹。

攻打山西临汾战役，由1948年3月6日至5月20日，计时75天，参战部队61000人，计4575000工，其间共动用民工、民兵、牲口车辆折工5010510多个，合1兵比1.09工。内计：随军常备担架民工14729人，东关及县城总攻临时动员担架800副，连同打援调来民工临时帮助转运器材，共8595人（均系工作结束即返回）。常备民工311万人，各种运输大车77136辆，每天平均用单车1030辆，其余为磨面、修路等零星使用。各种器材木料，计用小门板258035块，大门板3357块，檩条102137根，口袋302270条，锹镢12436把，铁轨3429根，棺木2998副，大小梯子203个，其余还有庞大数量的篮子、席子、毡子、被子等。粮食草料消耗：75天共用小米4738452斤，小麦7489417斤，马料1327211斤，柴16146361斤，炭837234斤，草3843059斤。如加战役前后40天（2月16日至3月5日，5月21日至6月10日），总共用小米7073452斤，小麦10965292斤，马料2127211斤，柴21145111斤，炭3356609斤，草3443059斤。民工民兵伤亡中毒人数：总共713人，其中死152人，伤281人，中毒280人。牲畜损失：死伤共384头，其中被敌打

① 《中共中央批转〈滕代远关于群众战勤负担情况的报告〉》（1948年4月19日），见华北解放区财政经济史资料选编编辑组等编：《华北解放区财政经济史资料选编》第2辑，中国财政经济出版社1996年版，第1312页。

死39头、打伤29头,疲劳致死318头。①

十分明显,民众承担的所有战勤,并非仅仅是劳力、汗水的付出,而且还包括家庭最重要的财产——耕畜、车辆和房屋檩条、椽子、门板,甚至包括自己的生命。这是战勤不同于其他力役的明显特点。

然而,即便如此,除了少数人心存埋怨或逃跑躲避勤务,绝大部分民众,不仅毫无怨言,积极主动投入支前运动,而且不顾疲惫、不畏艰险、英勇顽强,创造性地如期和保质保量地完成了战勤任务,保证了前线需要。同时发扬团结互助精神,不仅克服了战勤与生产的矛盾,而且提高了生产效率,战勤队伍也更加巩固。

1947年冬,在山东鲁西战场为时半年多的大拉锯混乱局面中,不论局势多么险恶、混乱,当地群众基本上都能保证对作战部队人力畜力的供给任务。这种保证不单是"数量上的够用",而且表现在"时间上的及时"。如在沙土集歼敌拉锯战中,在敌人刚拉锯过去,环境动荡,人心不安,秩序紊乱,壮丁极其稀少的紧张时刻,需定陶县紧急出800多付担架,及时补充火线战士伙食。定陶男女老幼全体动员,投入支前勤务,昼夜碾米磨面、出动担架和大车,完成了繁重的任务。11月下旬金鱼战役中,一天半夜12点钟给单县300付担架的任务,天亮后不到10点钟,担架全部到齐。这种情况"过去是不多的"②。

解放战争期间,在多个战役接连不断的紧急情况下,战勤亦在

① 裴丽生:《临汾战役战勤工作总结报告》(1948年6月15日),见华北解放区财政经济史资料选编编辑组等编:《华北解放区财政经济史资料选编》第2辑,中国财政经济出版社1996年版,第1347—1348页。

② 《冀鲁豫战勤总指挥部1947年下半年战勤工作总结报告》(1948年1月),见华北解放区财政经济史资料选编编辑组等编:《华北解放区财政经济史资料选编》第2辑,中国财政经济出版社1996年版,第1290页。

短时间内大量集中使用。在鲁豫交界地带,刘邓大军自 1947 年年中过黄河到年底的 6 个月中,经过近 20 次大小战役,在战勤方面,共动用民力约 706494 人工,约合 9927272 天,动用大车 6930 辆,牲口 28270 头,合畜工 316010 天。其中相当一部分是在农忙时节。为了不影响生产,民主政府将战勤剩余的男女劳力组合一起,自己讨论酝酿,自由结合组成互助组,根据劳力强弱评工计分,实行工票制,生产效率比平时提高了两倍。出差民工家里的秋收、种麦都得到了互助代耕。由于生产问题圆满解决,战勤担架队也更加巩固。[①]

第六节　新型金融与银行业的形成和发展

解放区的新型金融与银行业,既是在解放战争时期,伴随解放区的开辟、扩大,解放区民主政权的建立、巩固,发生发展和壮大起来的,又是筹集战争经费、供给和保障战争需要,恢复和发展解放区经济,满足解放区人民生产生活需要的重要条件和手段,对夺取解放战争全面胜利、解放全中国,发挥了不可或缺的作用。随着各个解放区边区、地区从分散建立、扩大到合并、统一,金融银行业经历了从各解放区彼此分隔,各自设立银行、发行和流通货币到相互衔接、协调、整合、最后全国范围统一的全过程。

解放战争时期,解放区的新型金融业与银行业,一部分是各抗日战争根据地原有金融业和银行业的赓续、发展、扩大,还有一部分是抗日战争根据地以外解放区新建立的,金融业和包括货币发行、流通在内的银行业,在新老解放区独立运行、发展,有力地支

① 《冀鲁豫战勤总指挥部 1947 年下半年战勤工作总结报告》(1948 年 1 月),见华北解放区财政经济史资料选编编辑组等编:《华北解放区财政经济史资料选编》第 2 辑,中国财政经济出版社 1996 年版,第 1290 页。

持、推动了各解放区自卫战争和经济恢复、建设。随着解放战争的推进和解放区范围的扩大,相互分割的各个边区,开始衔接、连成一体。各边区、新解放区原来各自独立的金融、货币体系可以而且必须逐步统一。

为了适应和配合解放战争快速推进的革命形势,在中央的指引和关注下,华北各解放区先后两次召开会议,第一次是1947年上半年召开的华北财政经济工作会议,参加会议的有晋察冀、晋冀鲁豫、山东、晋绥、陕甘宁五个边区、地区的财政经济部门的负责人。会议在汇报情况、交流工作经验的基础上,就自卫战争进入反攻阶段后,各解放区财政经济工作如何统一,财政如何保证军费开支、货币如何协调各大野战军作战的需要,进行了研究。中共中央批准了会议决定,其中包括各边区货币兑换比价。1948年上半年又召开了第二次会议,即华北金融贸易工作会议。当时华北各解放区业已连成一片,地区间贸易往来和物资交流日益频密,各解放区货币的统一十分急迫。会议专门就金融贸易工作的方针和发行全国统一的新货币问题,进行了研究。会议决定并经中共中央批准,统一发行、流通人民币(最初称“人民券”),同时收回各解放区流通的原有货币,待全国解放,经济形势好转,再行稳定币值的工作。

同时,根据会议精神,为促进解放区城乡经济生产和商品流通的发展,支援野战军大兵团作战,加速固定各解放区货币比价,并发行统一货币,1948年10月20日,华北人民政府刊发布告,为便利华北与陕甘宁、晋绥两解放区货物交易,将华北与晋绥两区所发行的货币固定比价、互相流通。[①] 1948年11月22日,华北人民政

① 《华北人民政府布告(金字第二号)》(1948年10月20日),见中国社会科学院经济研究所中国现代经济史组编:《革命根据地经济史料选编》下册,江西人民出版社1986年版,第769页。

府发布命令，统一华北、华东、西北三区货币，将华北银行、北海银行、西北农民银行合并，统一成立中国人民银行，于 1948 年发行人民币，作为华北、华东、西北三区的本位币，三区统一流通，为建立全国统一的人民币市场奠定了基础。

一、新型金融银行体系的承接、创立与整合、统一

解放区新型金融银行体系的创立、发展扩大和整合、统一过程，大致分为前期和后期两个阶段。从 1945 年“八一五”日本宣布投降到 1947 年夏季大反攻，是前期阶段。在这一阶段，各个解放区边区、地区，或承接抗日根据地的银行建制和货币发行流通，或新设银行，发行、流通货币，但无论承接还是新设，各个边区、地区的银行、货币，都是单独设置、运作，自成体系，互不连属、衔接、交流。从 1947 年人民解放军夏季战略反攻到 1949 年中华人民共和国成立，属于后期阶段。随着解放战争快速推进、解放区加速扩大，原来被分割、隔离的各个解放区边区、地区，相互衔接、合并，原来单独运作、各成体系的银行、货币，相互交流、调节，整合、归并，最后统一成立中国人民银行，发行全国流通、行使的统一货币——人民币，标志着全国完整统一的金融货币体系的最终确立。

（一）新型金融银行体系的承接、创立与早期运作

关内外解放区的新型金融体系的发生、发展和整合、完善，大体上分为两种情况或类型：一种是抗日根据地各边区，基本上是抗日战争时期原有金融体系的承接、加强和初步完善；另一种是抗日根据地以外的解放区，如东北解放区、中原解放区等，新型金融体系，则是在创建解放区的过程中新建立的。

在原抗日根据地，陕甘宁边区政府于 1937 年 9 月成立后，即

开始创设银行,建立自己的新型金融体系,将原中华苏维埃共和国国家银行西北分行改为陕甘宁边区银行。不过并未即时发行新的货币,而是继续使用法币。不过由于当时市场上辅币很少,难以找零,以致市场商品流通困难,陕甘宁边区银行乃于1938年以"光华商店代价券"名义,先后发行了面值一分、二分至七角五分等6种面值在1元以下的辅币代价券,信誉良好,实际上起到了本位币的功效,群众称为"光华票"。1939年,中共中央决定停止法币在边区流通,建立边区统一的本位货币。1941年2月,陕甘宁边区政府授权边区银行正式发行边币。因国民党顽固派对边区的严密封锁,导致1943年年底边区的物价急剧上涨,边币对法币比价急降。为此边区政府制定"物价慢涨""比价慢降""货币慢发"的"三慢"方针;1944年5月23日,西北财经办事处决定以陕甘宁边区贸易公司及其所属各公司的全部财产作为发行基金,发行贸易公司商业流通券。规定流通券1元折合边币15元(在以后流通中,流通券1元实折边币20元),其面值分为5元、10元、20元、100元、500元等7种。

抗日战争结束后,陕甘宁边区原有的金融、银行、货币体系,继续运行,贸易公司商业流通券("券币")继续流通,并发挥效用。不过由于形势发生重大转折,机构人员大规模调动,物价下跌,政治局势不稳,太多未知因素,财政收支、物资吞吐、金融发行、银行借贷,全都没有底细。当时的基本趋势是,物价下跌,食盐滞销,市场疲惫,本币退藏,工商业停滞,特别是工厂工业与合作社处境艰难,根据地政府财政收入减少,支出增加,银行负担加重,金融财政难以支撑。1945年12月,财经办事处会议编制1946年预算,按1945年底的,标准约需券币15亿元。其收入主要靠药品推销。由银行负责的1亿元,要在稳定金融前提下不在发行数内赚出1亿元来交纳。公司负担的2亿元,也不能动"老本"。总计全年发行券币 77068 万余元，流通于市面的为 92332 万元。结果发行增加 2.1 倍，物价上涨了 2.3 倍。

1946 年 1 月中旬正式编制该年预算，最高收入仅为 128000 万元，其中贸易税占 80%，内地货物税、盐税、商业税占 20%。支出为 197724 万元，赤字达 69724 万元，必须银行周转。由于赤字很大，财经办事处确定“以工业养工业”（指轻工业而言），财政上也不收税，必要时由银行投资。同年 5 月 20 日检讨财政收支，5—12 月收入券币 114600 万元，同期开支 262300 万元，赤字 147700 万元，一再核减，还有赤字 115000 万元。因边区脱离生产人员数量大，财政负担重，140 万人要负担 7 万多人的军费开支。收入有限，供给浩繁。为了减轻负担，西北局要求复员整编，按 5.6 万人编制预算，以减少赤字，避免银行大量发行。不过发行量还是相当惊人。到 6 月底，银行总计发行券币 17 亿元，实际流通于市面的为 15.1 亿余元。这是陕甘宁边区和平时期边区财政和银行发行的基本情况。①

1946 年 7 月，边区开始进入备战状态。当时国民党大举进攻边区风声日紧，西北局提出备战。8 月间探悉国民党计划打半年，边区计划打一年，需要至少准备半年的物资，已做好发行、吃老本、注意节约过苦日子的打算。9 月，边区正式进入战争准备和小规模战争状态，此后边区财政开支，主要靠银行发行支撑。财政厅制定的当月预算，收入 8500 万元，支出 34500 万元，赤字 26000 万元，银行先发行券币 3000 万元。10 月，蒋介石下令并梦想一年消灭中国共产党，党中央考虑形势发展，必要时准备放弃延安，并实

① 《抗日战争以来陕甘宁边区的金融概况》（1948 年 2 月 16 日），见陕甘宁边区财政经济史编写组等合编：《解放战争时期陕甘宁边区财政经济史资料选辑》下册，三秦出版社 1989 年版，第 68—71 页。

现疏散,缩小后方,派遣大批干部下乡,财政开支相应增加。10 月的开支需要券币 5 亿—6 亿元,搬家费在内。而收入只有 12500 万元,银行发行 5000 万元,尚差 4 亿多元。财经办事处批准从贸易公司支 2 亿元,银行连同前面支出发行 2 亿元。11 月开支仍为 50467 万元,收入为 12000 万元,决定公司、银行各拨出 2 亿元。这样,1946 年下半年银行发行已达 4 亿元。

鉴于 1946 年 10 月的发行情况不好。边区认为如果比较西安物价上涨的程度来发行,边区尚可发行券币 5 亿元。而物价在延安涨得快、发行则发得慢,其原因当时认为是由于券币市场缩小了。因为(1)法币、白洋、金子、农钞尤其是法币代替了一部分,白洋占了黄河地盘;(2)券币用途太少;(3)边区政府松弛;(4)食盐不统销,收盐不用券币。解决办法应该是:(1)扩大券币流通市场;(2)保持券币的兑换力量。如果用黄金政策最多可减少法币出超的 1/3,于是即向西北局建议,立即解决这一问题。11 月时局更为紧张,胡宗南以 10 个旅围攻边区,准备直扑延安。11 月 9 日财经办事处拟转变兑换法币的政策,在内部市场不兑换法币。并拟定 11 月经费,如打起来支 12. 5 亿元,不打则支 7. 5 亿元(被服在外)。除税收外,到 11 月底,由银行、公司各支 3 亿元。1946 年下半年的银行发行已达 7 亿元。

为了应付战时金融变化,在银行大发行之后,陕甘宁边区政府曾确定以下解决办法:(1)收公粮代金 2 万石,负担面可达 80%;(2)发自卫战争公债 10 亿元;(3)为保证供给需要,打开东路贸易,争取以赤金换物资,以调剂内部市场。

12 月边区概算,计划支出战时经费为券币 47194 万元,加平常经费 18770 万元,合计 65964 万元。而收入仅有 15500 万元,赤字为 50464 万元。财经办事处决定公司、银行各出一半,即各支 25232 万元。为了争取物资,主要是棉花、布匹和黄金,10 月 16 日财经办事处决定,分工合作管理黄金买卖,实行新的黄金对策,借以争取对敌贸易斗争的主动权。

截至 1946 年 12 月底,全年银行发行 220750 万元,累计发行总额为 327523 万元。1946 年发行额占发行总额的 67.40%,亦即 2/3 强。

经过 1946 年下半年的紧张备战,大兵压境,环境恶化,生产萎缩,收入减少,脱离生产人员和财政开支增加,而人民负担能力下降,经济疲弱。进入 1947 年,情况更见艰难。

1947 年 1 月,预算 104 亿元。依据 1946 年决算为 55 亿元,每月平均券洋约 4.58 亿元。12 月更达 8 亿元。战争紧迫,人心浮动,发行增加,物价高涨,一二月份每月支出达 10 亿元。因此银行周转数额也日益扩大。2 月 20 日,西北局讨论 1947 年财政概算时,赤字高达 150 亿元,约合 40 万件土产。有鉴于此,西北局强调指出,边区财政为坚持发展生产、保障供给,以支持自卫战争到最后胜利,第一,必须生产。人民的农业生产、纺织、植棉计划务须完成。第二,发展贸易,准备要随军销货。第三,发行部分票子支持战争。第四,纠正走私,建立预决算审核制度,实现节约,号召党政军动员起来支援前线。财经办事处要按此方针布置 1947 年工作。

1947 年 2 月底财政厅提出 3 月预算为支出 14 亿元,收入 2 亿元,欠一二月份 3 亿元,合计赤字 13 亿元。解决办法:(1)提前收商业税;(2)停发后方 3 个月经费;(3)银行发行 8 亿—10 亿元;(4)禁用法币、白洋;(5)吃老本;(6)公司收布匹,先供给大公;(7)禁止走私。此时银行准备金实有 100%,但为应付战争,必须大量发行。布匹从南路不能来时,可改从太岳设法输入。因此,3 月 7 日财经办事处决定发行 10 亿—12 亿元。发行后由公司以物资(1000 匹布)支持。拖一段时间,即由公司周转 2 亿元。同时,拟即印发 10 亿元自卫战争公债,面额分 5000 元、10000 元、50000

元三种。定为二年归还,年利5%。到期可顶交公粮,或纳税。公债则由银行筹印。对于部队,尽可能保证实物供给。

1947年3月,胡宗南部队包围和进攻延安。从月初开始,边区党政机关部门包括银行发行库、资财处等核心、机要部门,相继撤离延安,3月19日,大部撤离完毕。不过边区党政首脑机关和财政、金融、银行各职能部门,在撤离延安过程中,一刻也没有停息相关职能的行使。银行发行库分散转移,仍留一部分随军,供给战争需要。边区政府机关最后撤离,3月28日转移白家坪,商讨金融贸易工作。当时财政支付预计12亿—15亿元,主要由银行承担。银行支8亿元,公司支2亿元。野战军先支3.7亿元。预计随后4月份尚需支10亿—15亿元。

边区政府撤离延安后,形势愈益艰难。此时贸易已完全陷于停滞,百分之八九十的财政开支不能不依靠银行发行。10亿元自卫战争公债,虽已计划与分配,但由于敌人进占瓦窑堡,公债来不及运走,即就地焚毁了。公司、银行总部随军转移,1947年4月5日的南家湾会议,对战局发展进行了评估,准备在边区打上二年,一切依靠自力更生,并估计边区财政开支人员可能增加到11万人。确定战时方针为粮食第一、贸易第二,拟定以20%的药品划分给分区支配,并控制发行,必要时银行才发票子。同时,公司、银行将部分物资(主要是布匹、棉花)在农村抛售,以回笼货币。

边区政府撤离延安后,1947年三四月间,边区主要市场除米脂城关外,几乎全被敌人占据了。针对这一情况,边区财经办事处在1947年4月13日召开的子长县西张家山会议,就当时的金融贸易工作作出决定:除在贸易方面,坚持关中、陇东、定边游击分散式的对外贸易,争取军用器材、被服等从东面输入;"大公"所存布、花、盐、火柴等物资,拿出部分供应市场、满足人民需要、流通券币外,在金融方面,(1)凡离战场稍远的地区,交换所兑换的工作应设法恢复;(2)黄金物资逐渐抛售,回笼券币;(3)发行应有节制,要与财政贸易密切配合起来,吞吐券币。据此,1947年4月23日银行发出战时金融工作的指示,随即在涧峪岔、化子坪、平桥、真武洞、青阳岔等一线恢复集市,借以流通券币;在陇东、定边、绥德各分区,同样进行推行券币工作,在银行总行贸易总公司所在地安塞、子长,随军售布与出售黄金,随时兑换法币,即收回券币4亿余元。计从1947年3月19日至5月20日,共支付财政透支202137万元。其来源为:(1)发行128000万元;(2)回笼38847万元;折付法币75000万元,合券币35300万元。

为了稳定战时金融,从1947年3月19日至5月20日,总计回笼券币55615万元。经过大力吞吐,券币在市集上已经相对稳定。其时券币发行亦不太多,截至5月底,共发行576300万元,其中47亿—50亿流通市面,库存10亿元左右。

1947年6月,胡宗南加强了对延安地区的清剿、扫荡、破坏。6月末向安塞扫荡,7月搜剿志丹县,其时边区政府仅保持黄河以西警区6个县和收复三边分区及陇东部分地方。内地市场全遭破坏,券币已很难流通。黄河两岸原为白洋市场,从7月起,边区政府严禁白洋行使,缉私、拿获使用白洋、敌币者,日有数起。同时农币西流,市场上明里暗里使用几种货币(券币、农币、白洋、敌币)。

在这种情况下,不仅市场萎缩,流通货币混杂,而且随着战争扩大,部队物资供给与市场调剂、财政与银行发行的矛盾加剧。一是财政主要靠银行发行支撑:从3月17日到7月15日止,不计粮食被服,财政厅的经常、临时各费开支为券币388000万元,其中财政税收仅占5.5%,贸易公司货币回笼占28%,银行垫支和发行券币分别占28%和38.2%,合计66.2%,亦即近2/3的财政开支依靠银行垫支、发行。二是银行过量发行导致物价猛涨。总的情况是,战前物价上涨幅度小于银行发行增加幅度,战争期间则刚好相反。1946年12月至1947年3月,银行发行增加45%,同期物价上涨20%,不到发行增幅的一半。自3月19日敌占延安后,情况发生重大变化。物价飙升,券币购买力猛降,物价指数远超发行指数。1947年3月15日至7月15日,券币发行实际流通额增加39%,而同期物价上涨285.5%,相当于前者的7.3倍。①

面对这一严重局势,边区政府为支援前线,保证战争需要,而又尽可能维持金融的基本稳定,采取了两项重大措施:一是缓和物价上涨,推行本币;二是继续必不可少的发行,支援前线。为了这些措施能够顺利推行,并达到预期效果,总行决定:(1)各分行及总行业务处在战时一律取消壮大资金的任务,以全力稳定金融。(2)基于对法币关系的新变化,全力推行本币,争取本币独占市场,放弃与法币的固定联系,完全摆脱法币对本币的直接影响,抛弃以往对法币比价求稳定的基本方针。配合争取必需物资的斗争,在有可能和必要时,逐渐提高本币比价。为了打击可能出现的黑市,肥皂输出,除部分收取黄金外,以物物交换为主。同时,各分区内地交换所一律停止对法币的交换,并将交换所在原有基础上逐渐转变为供给群众日用必需品的小型商店。为了适应战时情况多变、不易联系的特点,银行各分行应根据当地具体情况并参照临近分区情况,机动灵活,相对独立地决定一些对策,在牌价问题上可放弃和平时期的统一比价,依据不同情况采取差价政策。但需注意:差价不宜过大;在思想上需明确此措施是打击排挤法币的一种手段,须机动灵活;在一般情况下,内地法币比价可低于边缘区,以便先将其挤到边缘区,而后挤出边区。(3)银行各分行应协同

① 《抗日战争以来陕甘宁边区的金融概况》(1948年2月16日),见陕甘宁边区财政经济史编写组等合编:《解放战争时期陕甘宁边区财政经济史资料选辑》下册,三秦出版社1989年版,第71—83页。

贸易分公司组织内地集市，控制部分土产，组织物资对流。依据河川的交易关系，重点组织粮食、布匹、棉花、油、盐、炭等必需品的交流，只卖券币，不收白洋、法币；不从盈利出发，只为支持本币的流通。(4)银行各分行在敌人清剿、蹂躏过的地区，发放农村贷款，以缓解贫苦群众饥荒，恢复农业生产。①

1947 年 8 月，敌人清剿靖边，占领绥德城。8 月 16 日，边区银行总行、贸易总公司东渡黄河，进入晋绥边区，陕甘宁边区金融随即陷入非常混乱的状态。总行、总公司等后方机关携带的券币，在河东不能行使，一切仰给于晋绥边区，但河西前方仍须支付券币，因河西无其他收入，几乎全部以发行来垫付。所幸这段时间，解放军连续出击，节节胜利。大部分地区相继收复，边区情况大为好转。后方机关于 10 月 26 日又西渡黄河，返回陕甘宁边区。

总行、总公司在河东期间，1947 年 9 月 2 日召开的兴县会议，曾商讨陕甘宁和晋绥两个边区财经工作的统一如何具体实施。10 月 14 日确定币制统一，以农币为本位币，券币和农币暂时同流，以一比一的比价，在两边区内通用，以后逐渐收回券币，银行、公司合为一个机构。但因农币在河西地区一时流通不开，而河西军需任务十分紧急，券币实际仍需发行。

1947 年 11 月财政预算，包括陕甘宁和晋绥两个边区，按 10 月份碛口市场价，不包括粮食、被服、兵工事业费，仅经常、临时各费，合计 180 亿元，内河西 81 亿元，河东 90 余亿元。主要靠发行农币，券币只在农币难于流通地区发行。到 10 月底，预算照河西 10 月 25 日绥德物价，即需 93 亿—100 亿元。而税收仅

① 《陕甘宁边区银行总行关于目前金融业务的指示》(1947 年 7 月 26 日)，见陕甘宁边区财政经济史编写组等合编:《解放战争时期陕甘宁边区财政经济史资料选辑》下册，三秦出版社 1989 年版，第 35—38 页。

有1亿元,贸易周转缓不济急,主要仍然依靠银行发行。同时,不计河东,河西党政军必须92亿元。此时,两边区合计脱离生产人员达23.5万人。财政支付,由于药品不易销出,税收有限,不能不仍靠发行票子。12月份预算176亿元,税收5亿元。因财政艰难,规定残废金不发,烤火费不发,按原供给标准肉油应各发半斤的,也不发。但即使如此核减,仍需110亿元左右。最终拟定发行80亿元,内前方60亿元,后方20亿元。这样,截至1947年年底,全年共发行券币1866955万元,累计共发行2194480万元。①

上揭兴县会议及会后关于陕甘宁、晋绥两边区财经统一具体措施,因当时条件的限制,未能执行。1947年11月12日,西北财经办事处又发出通知,正式决定统一陕甘宁边区和晋绥边区的金融货币,西北局确定以西北农民银行发行的农币作为西北解放区的本位币,而以陕甘宁贸易公司发行的流通券作为辅币。具体规定:(1)河西流通的贸易公司商业流通券与河东流通的西北农民银行的农币,比价定为券币1元换农币1元,准其互相连通,不得拒用;(2)贸易公司、银行及一切公私营业机关、商店,凡一切记账、讲价、清理债务等,此后均应以农币为本币,逐渐推行到群众中去。②

几天后,贸易公司和西北农民银行又共同拟订,并经西北局批准公布关于畅通贸易、稳定金融的方案。具体内容为:(1)推行肥

① 《抗日战争以来陕甘宁边区的金融概况》(1948年2月16日),见陕甘宁边区财政经济史编写组等合编:《解放战争时期陕甘宁边区财政经济史资料选辑》下册,三秦出版社1989年版,第83—85页。

② 《西北财经办事处关于统一陕甘宁和晋绥边区金融货币的通知》(1947年11月12日),见陕甘宁边区财政经济史编写组等合编:《解放战争时期陕甘宁边区财政经济史资料选辑》下册,三秦出版社1989年版,第45页。

皂,输出黄金、白洋、白银,换进军民必需物资。河西在西面、南面主要推销肥皂,争取物资与黄金。河东在东面输出黄金,争取棉花进口,其次换布匹等日用必需物资。1947 年冬至 1948 年春应输出黄金 2 万两到 2.5 万两,棉花要收入 400 万斤(全由河东收买),在东路汾河沿岸要吸收粮食进来,解决军民需要。(2)组织公私运输,恢复商运。第一,调剂物资,使之对流;第二,恢复骡马店与运输站;第三,在河西恢复集市,建立贸易网,便利人民交换;第四,从速公布农币为本位币,券币为辅币,券币与农币合流,其比价定为券币 1 元换农币 1 元,以沟通河东与河西物资互相对流。(3)加强肥皂缉私,严格禁止白洋、法币行使,严格管理外汇及出入口物资。(4)在目前首先应稳定陕边的金融。因为运输困难,物资一时接济不上,而大军云集,开支浩大,为保证军队供给及活跃国民经济,尚须在警区随行市出售极少部分黄金(但只准两以下为限)。各分公司、分行所在地可设银楼,已收集的元宝制成装饰品、用具配备饰金零售,以协助稳定金融。在三分区、九分区黄河沿岸,要筹集棉花、布匹、粮食及日用必需品,随市价出售,回笼本币,拒收黄金、白洋,在短期内需提高本币 20%—30%,最低也要做到相对的稳定,以便河西提高物价,便利物资对流。(5)由粮食局在主要市镇用粮店形式,设立粮食调剂处,兼收斗佣,掌握粮价,推行本币。①

华北各解放区边区、地区,在抗日战争时期,也大多先后创立了各自的银行,发行流通各自的货币。

① 《陕甘宁晋绥贸易公司西北农民银行关于畅通贸易稳定金融的方案》(1947 年 10 月 31 日提出,11 月 18 日公布),见陕甘宁边区财政经济史编写组等合编:《解放战争时期陕甘宁边区财政经济史资料选辑》下册,三秦出版社 1989 年版,第 46—47 页。

晋察冀边区于1938年3月20日,正式成立了晋察冀边区银行,并发行货币,面值为5元、2元、1元、5角、1角等五种。晋冀鲁豫边区的冀南分区,1939年10月15日成立冀南银行,发行冀南银行币,作为冀南行署和太行区两区的本位币。冀南行政主任公署于1939年10月10日发布命令,冀南银行发行的本币及辅币与国民党统治区中央银行、中国银行、交通银行、中国农民银行四行法币同值流通。山东根据地民主政府也于1939年开始发行自己的货币(北海币),最初发行的为面值1角、2角、5角的小额货币,作为法币的辅币。1940年7月,在鲁中设立山东北海银行总行,胶东区的北海银行改为分行,总行和分行各自独立经营。

抗日战争结束后,华北各解放区边区、地区,或在抗日战争金融和银行体系基础上,继续运行或增设、扩大架构,或根据情况变化、需要,对原有体系加以调整、变通,加强运作,驱逐和取缔伪币,抗衡和抵制法币,占领金融货币市场。

晋察冀边区冀东区,日本投降后,随即于1945年9月24日成立晋察冀边区银行分行(地点在河北玉田),并于同年冬季发行边币。当时充斥市场的伪币,因日本投降,彻底失掉信用,大多数群众不愿行使,而视边币为"至宝"(对国民党存有幻想而期待法币的只是少数)。当时边币由冀东区自己印刷,因面额小、印数少,社会需要甚急,比值定得高,变动也快。因掌握政策和斗争经验缺乏,再加上后方过来大批干部,带来不少大额边币,以及票贩子捣鬼,边币信用受到影响,1945年冬至1946年春,边币对伪币的比值由1∶30降到1∶1。到1946年第二季度,边币已成功驱逐伪币,但当时边币发行数量不足,恐市面交易停顿,更估计国民党政府禁用伪币推行法币,于是先发制人,行署决定在驱逐伪币的同时,由各专区或县印发流通券,计面额100元、50元两种共13860.85万元①,解决了边币不足问题,驱逐伪币、初步占领市场,并建立了商店,打下了经济斗争的初步基础。

因流通券受到区域上的限制,不能普遍自由流通,伪币、法币乘机于1946年5月间发起经济攻势,引起物价波动,流通券被挤,边币比值下跌,法币大量流入。6月,边区展开经济反攻,获得胜利,稳定了物价,提高了边币信用,有效地打击了法币。9月,国民党军队对边区发动全面进攻,物价暴涨,边币再次下跌,流通区域缩小。到10月初,国民党因兵力不足,部分撤退,解放军反击得胜,边币信用和流通市场恢复,物价基本稳定,进而提高了边币信用。②

1947年4月,晋察冀边区银行冀东支行为了方便提款人提款、省却双方点款之烦,拟订发行本票暂行办法,开始发行银行本票。规定签发本票的机关为冀东支行及其下面的各办事处。本票签发以本行存单或现款为准,每张不得超过500万元,使用有效期为30天。在有效期内,可供公私付款之用。本票可随时到原出票行提取现款,其他银行机构不负代收之责。本票如有遗失,签发银行不负追寻之责,但即时到签发银行挂失者例外。③

---

① 发行包括宝坻3980万元,香河3965万元,十二专署230万元,十三专署2845.85万元(内有5元、10元、50元券),十四专署2850万元,合计13860.85万元。《晋察冀边区银行冀东支行1946年工作总结》(1947年2月),见华北解放区财政经济史资料选编编辑组等编:《华北解放区财政经济史资料选编》第2辑,中国财政经济出版社1996年版,第32页。

② 《晋察冀边区银行冀东支行1946年工作总结》(1947年2月),见华北解放区财政经济史资料选编编辑组等编:《华北解放区财政经济史资料选编》第2辑,中国财政经济出版社1996年版,第31—32页。

③ 《晋察冀边区银行冀东支行发行本票暂行办法》(1947年4月1日),见华北解放区财政经济史资料选编编辑组等编:《华北解放区财政经济史资料选编》第2辑,中国财政经济出版社1996年版,第44—45页。

晋察冀边区冀热辽区行署,则利用现有金融架构,发行期票。因日本投降、时局大变,敌伪造谣,奸商操纵,致使物价涨落不定(目前一般物价向下降落),一般中小商人,因为赔累而停止营业,倒闭破产者日有所闻。人心惶惶。商业几乎停顿。冀热辽区行署为挽救商民危机,特发行期票一部,贷与十五、十八两专区商民,试行使用,以救眉急。如能通用,可续发到其他专区。其使用、贷出办法为:(1)期票的使用:期票暂代边币使用(仅限冀热辽区通用),完粮、纳款、公私交易,一律有效。由1946年1月1日至3月31日,持票向冀热辽区县以上政府或晋察冀边区银行冀热辽区分行兑换边币,过期无效。(2)期票的贷出与收回:期票由各专署、县政府负责贷出、收回。立账订约、贷款对象,着重解放区的中小商人。大商有破产危机者,亦可酌情贷给挽救危急。但贷数不得多于中小商人。月息1分,贷者应殷实商民作保,于1945年12月1日前,保证归还。①

晋冀鲁豫边区自日本投降后,解放区一天天扩大,一方面,通货需要量增多,必须紧急增发新币;另一方面,既要尽快废止光复区的伪币,又要防止法币乘虚而入,将老区的新型金融货币体系植入新区,占领金融货币市场。在太岳区,因日本投降后,解放区迅速扩大,通货需求增多,太岳行署专许太岳经济局,以其全部财产为基金,并由太岳冀南银行作保证,发行面额100元、50元、5元等三种工商业流通券,以1元当冀南银行太岳票1元行使。② 在太

① 《冀热辽区行署关于发行期票办法之规定》(1945年9月16日),见华北解放区财政经济史资料选编编辑组等编:《华北解放区财政经济史资料选编》第2辑,中国财政经济出版社1996年版,第3页。

② 《太岳区经济局发行商业流通券》(1945年9月16日),见华北解放区财政经济史资料选编编辑组等编:《华北解放区财政经济史资料选编》第2辑,中国财政经济出版社1996年版,第63页。

行区，因收复大面积沦陷区和不少矿山、工厂，新区货币工作任务相当繁重。太行区原本一律以冀钞、鲁钞为本位币，应该迅速停止伪钞流通。但由于敌人拒绝投降及拍卖货物，伪币尚在一些地方行使，能抵冀钞 1 角至 1 角 5 分甚至 2 角，国民党特务在未收复区宣传，谓伪钞将来每元可换 6 角法币，制造混乱，在法币到达前，继续维持伪币的信用。因此，必须向群众戳穿其阴谋。大力宣传伪币作废，或组织将伪币暂时推向仍被敌人占据的城市，买回东西来。总之让群众尽快抛出伪钞，肃清伪钞，同时防止法币内流，并防止黑市活动，建立和扩大边币市场，以恢复新收复区的人民经济生活。另外，随着新区增加，解放区区域扩大，本币筹码紧张。行署提出的办法是，除从内地调拨一部分款项外，更主要是加强新老区之间的贸易，使边币流入新区，同时设法加快物资流通速度。要通过流通搞活经济，不能完全靠贷款来恢复经济。贷款只能起到一些引导的作用，主要还是要使物资交流起来。①

在冀鲁豫区，在日本投降后，根据新的形势、任务需要，适时开始了金融银行组织架构的调整，1945 年 12 月 30 日发出指示，按照行署召开的专员联席会精神，为了执行集中统一，财政统筹统支、银行代理金库，原来联署办公的工商局、银行从 1946 年 1 月正式分开，并各级建立组织：冀鲁豫区行定于 1946 年 1 月 1 日成立，各专区分行与县支行应按照行署制定的组织编制，迅速抽调干部充实其组织，以便 1946 年春进行贷款及代理金库工作。各县支行应根据该区实际情况，如两县，甚至或三县设一支行，并以何县为中心，组织建立及干部配备情形，须于 1947 年 1 月 20 日

① 胡景沄：《在新形势下，我们在新解放区的金融工作》（1945 年 9 月 16 日），见华北解放区财政经济史资料选编编辑组等编：《华北解放区财政经济史资料选编》第 2 辑，中国财政经济出版社 1996 年版，第 65—66 页。

前报告行署。①

根据行署的上述指示,冀南银行1946年的工作方针,在银行组织架构方面,及时充实健全各级机构,加强干部业务教育,提高技术知识,培养银行工作人员。同时要提高本币信用及迅速实现全区统一本位币市场,包括彻底肃清伪钞、对其他货币的管理(包括法币及其他解放区货币),本币的统一发行与边币市场的整理。因为1946年新的局面,已经不像在抗战时期被敌人分割的局面,不论在交通上,或在其他方面,都是一个统一的整体单位。因此在货币的流通上,也要求达到一个在信用上和价格上完全统一的本位币市场。②

1946年8月,晋冀鲁豫中央局下发指示,要求全力采取措施,“平稳物价,巩固本币”。1946年8月前的半年间特别是后3个月间,边区物价暴涨4—8倍,本币对法币比值下跌,平均由1∶6跌到1∶4,给工矿业及家庭副业生产以严重打击,影响边区整个预算,使党政军民学生活遭受极大困难。指示强调,这一问题的产生,除了时局紧张、内战威胁及国民党统治区经济危机影响外,也由于边区领导过去一段时间对和平估计过高、对和平实质理解错误、对国民党顽固派经济斗争松懈所致:(1)错误认为和平即将到来,本币与法币将要平行,银行亦可能统一(统到国民党区),因而一改紧缩方针为大量发行的办法,半年中的发行额超过以往总发行额的若干倍,1946年8月前的3个月,发行有超过之前的3个

---

① 《冀鲁豫行署关于迅速建立与充实银行组织的指示》(1945年12月30日),见华北解放区财政经济史资料选编编辑组等编:《华北解放区财政经济史资料选编》第2辑,中国财政经济出版社1996年版,第69页。

② 《晋冀鲁豫边区1946年上半年冀南银行工作的方针与任务》(1946年1月),见华北解放区财政经济史资料选编编辑组等编:《华北解放区财政经济史资料选编》第2辑,中国财政经济出版社1996年版,第70页。

月的若干倍。发行用到工、农、矿、运输、合作事业、家庭副业是小部分,大部分是财政透支和物资囤积。由于通货膨胀,使供求失衡,形成物价与币值反比例发展态势。(2)错误认定和平实现后,美货不可抵挡,对外亦将实现自由贸易,因而放松了出入口与外汇的管理,货物税亦不重视征收。工商管理局机构一变再变,干部大批调动。由于这种盲目、混乱,造成严重走私与消耗品渗入,失去出入口平衡,本币与法币比值随之变化。(3)重财政轻经济的观点,始终没有得到很好的纠正。不是以“发展经济,保障供给”解决财政问题,而是以印刷机解决困难;不是以投资或贷款扶植农、工、矿、运输、合作、家庭副业等生产,而是单纯掌握物资(掌握物资供应与抛出物资、巩固币值、平稳物价相结合)。机关部队生产,不是经营农、工、矿、运输、合作、家庭副业等生产事业,亲自动手,发财致富,而是用大部分力量进行商业投机,巧取豪夺。结果形成生产消沉、操纵游资、捣乱市场的现象。

为了克服当前困难,要再重申中央发展生产、繁荣经济的方针。在任何情况下,都必须坚持独立自主、自力更生、自给自足的方针,发展并扶植农、工、矿业、家庭副业及运输、合作事业,一切要从长远打算。为了发展经济,采取保护政策与组织管理方针,采取紧缩发行,巩固本币、压倒法币的方针;采取平稳物价,防止暴涨暴跌的方针。具体措施包括以下几个。

第一,紧缩通货,财政上努力争取收支平衡,1946 年后半年所增加的军政费决不向银行透支;所有银行准备发行的本币,立即全部封存,准备购买物资款项未用出的一律缴回归库;所有机关、部队及机关合作社,存放银行、银号的款项暂行冻结,不准提取,各部队、各机关、各系统,预借经费、事业费未用者应缴回原领机关,归入仓库,以后当按审计、会计制度领发,不得预借。银行立即停止商业及机关生产贷款,已经贷出者,斟酌情况逐渐收回。今后贷款主要放在农、工、矿、运输、合作事业及家庭副业上,以刺激生产。

第二,加强工商、税务管理机构,严格出入口与外汇管理。有计划地组织可出口及剩余物资出口、换回必需品。禁止某些奢侈品、消耗品进口。对于某些可自造代替的物品,限制其入口,适当提高出入口税率,加强缉私工作,消灭走私现象。任何机关、部队要服从党的贸易政策及货物管理法令,不得借故破坏经济设施。内地贸易自由,任何区域不得私自实行对内经济封锁,以免妨碍物资交流,死滞经济活动。

第三,改变公营商业方针(机关生产在内),建立正常的商业关系。一切公营商店,应根据当前市场情况,停止收购物资,并要抛出一部物资,以调剂市场供求。并要动员所有公私商店(主要是机关生产商店)从全面着眼,为人民服务,为生产服务,不要再囤积居奇、投机取巧,只有建立正常商业交易行为,市场才能活动,商人才有正当利得。

第四,紧缩开支,保证供给。首先要清查核实党、政、军的人数,军队要进行一次彻底点验及登记武器、弹药、工具、服装等,坚决消灭吃空额的现象。要检查纠正已经发生的贪污及浪费现象,财政方面要贯彻统一集中的精神(但要更多照顾下面困难〉,进行一次清理,认真清查埋伏的财、粮、棉、布物资,为全区打算,撙节不必要开支。将清理出的与节省出的资财,作为后半年增加军费之用。原规定全年缴出生产任务 5%—15%,即将半年的交清。

今后军政费开支,要严格遵守审、会、预、决算制度,禁止挪用公款做私自活动,所有党、政、军、民、学的上半年决算,须于 9 月底报告各该上级机关,以备查核。各机关、各部队所经营的合作社,其款项如何开支,亦须作出清单、报告上级党委,免生浪费。

第五,加强运输,沟通各地有无。内地某些经济上需要的公路、大车路、河道,要及时修理,妥加保护。要严格实行支差雇脚办法，节省民力、畜力，以便从事商业运输。城乡群众合作社、运输互助组、运输队，须尽量发展。利用一切农闲，组织剩余劳动力从事运输，使货畅其流，脚费减轻，活跃各区经济。

第六，实行一元化的领导，各地经济、财政、工商、银行等各部门，应统一在党的领导下。各区党委之下，设财政经济委员会，讨论策划财经工作，要把党的财经政策，贯彻到群众中去。各级党的财经委员会，应指导经济部，领导全区经济建设，以达到全区自力更生，自给自足，发展生产的目的，经济部不应仅仅成为企业性的经营组织。

1946 年自力更生的条件，比任何时候都好。边区物产丰富，粮食、棉布、煤、铁、麻、皮毛、纸张、植物油等，可以自给而有余。食盐、洋火、烟叶、药材等，可以自给一部分，需要外来物品很少。只要各级党、各军区、纵队，均认识当前困难及所处物质环境，善于组织生产，发展经济，坚决执行上述方针，物价是可以平稳、本币是可以巩固、财政困难是可以克服的。①

苏皖边区（华中根据地）在抗日战争期间，由于敌人的分割、封锁，各根据地自力更生、独立作战，相互之间并无经济联系，为了各自根据地内的经济和财政运转、物资交换和流通，支援抗日战争，在金融货币方面，采取分散发行、分别流通的办法，各根据地都有自己的银行、货币，淮南、淮北、苏中、苏北根据地分别设立淮南银行、淮北地方银号、江淮银行和盐阜银行，各自发行淮南币、淮北币、江淮币和盐阜币，在各自地区内流通使用。

日本帝国主义宣布投降前夕，华中根据地在金融方面采取重

---

① 《中共晋冀鲁豫中央局关于平稳物价巩固本币的指示》（1946 年 8 月 1 日），见中国社会科学院经济研究所中国现代经济史组编：《革命根据地经济史料选编》下册，江西人民出版社 1986 年版，第 730—732 页。

大举措,1945 年 8 月 1 日,华中银行总行在皖北盱眙县张公铺宣告成立,于 8 月中旬开始发行华中币,规定与各地的地方币(淮南币、淮北币、江淮币和盐阜币)等值流通。日本宣布投降后,9 月初,总行迁至淮阴。10 月 10 日,清江直属支行开始营业。

1945 年 11 月 1 日,苏皖边区政府成立,华中银行总行成为边区政府金融机构的核心成分,各地银行相继改组为华中银行分行,开始在边区范围内整合。苏中的江淮银行分别在如皋和高邮改组为华中银行一分行与二分行;淮南银行改组为华中银行三分行,设于天长;盐阜银行改组为华中银行五分行,设于益林;原盐阜银行淮海分行在沭阳改组为华中银行六分行;淮北地方银号改组为华中银行七分行,设于泗县。苏皖边区 8 个行政区中除第四分区(淮南路西)和第八分区(淮北路西)外,每个分区都有银行分行。分行以下设支行和办事处。全边区共有 14 个支行和 33 个办事处。办事处与兑换所遍布整个边区。①

在抗日根据地老解放区承接、加强原有新型银行体系,并向周边新区扩展的同时,人民解放军开辟、发展了一批新解放区,在新区同样建立起了新型金融和银行货币体系。

东北解放区是原抗日根据地以外,开辟、建立最早的大型解放区。1945 年 8 月 8 日,党中央配合苏联对日宣战,命令冀热辽、山东、华中等地主力部队挺进东北,与东北抗日联军会合,开辟了东北解放区。同年 10 月,在沈阳成立了东北银行。不过进程并不顺利。东北野战军到达沈阳时,伪满“中央银行”以为苏军所占,野战军及相关人员只弄到部分印刷机,准备印刷钞票,因苏军不允许,只得将印票厂设于沈阳西南 120 里外的新民县,11 月 8 日、9

① 郑泽云主编:《苏皖边区史略》,中国文史出版社 2005 年版,第 94—95 页。

日才出票券,叫作“法币”,1 元兑伪满币 10 元。原东北局决定的比值为 1∶1。因有些同志不同意,从政治观点出发,认为“我们胜利了,我们的票子不能与伪币同值”,争论不休,历时 10 余天尚未发行,后苏军撤离,沈阳全部工厂物资为野战军所接收,拥有了雄厚物资,因此东北局决定 1∶10。在沈阳开有东北商店,专售东北银行票子,物价低廉。在苏军撤离后三天内,东北银行票子信用极高,卖到十一二元,后苏军又返回沈阳,限令东北局撤离,并称有不法票子流通市面,禁止使用。群众因此“不乐意用了”。东北银行虽然尚有部分物资,但不雄厚,无法维持 1∶10 之比值,又因在转移中纸币版样丢失,故决定停止发行,将已发纸币收回。这期间东北银行共发行额计“法币”1900 多万元。①

后苏军要求全部(包括新民印票厂)撤离沈阳,于是将工厂分成两部分,一部分西走热河;另一部分辗转到达通化,继续出票。后进入长春,搞到部分机器、纸张,拟于哈尔滨设厂,因哈市不巩固,即将出票但又迁佳木斯,后通化工厂亦转移到佳木斯,合二为一,形成后来佳木斯之东北银行。

1946 年 11 月初,国民党军队开始向解放区大举进攻,接连占领了南满绝大部分城市和乡村,切断了南北两地联系,使东北解放区处于被分割的状态。在金融方面,也暂时无法统一全东北地区的金融体系和货币制度。因此,1946 年 3 月,东北局在抚顺召开的第一次财经后勤会议决定,“东北地区内,由东北银行发行东北流通券,通行全境,各省可发行 10 元以下小票在省内流通,并提议将辽东印刷厂合并于东北银行总行,停止发行 1 比 2

① 《李老(六如)与王(企之)经理谈话记录》(1946 年 12 月 22 日),见东北解放区财政经济史编写组等编:《东北解放区财政经济史资料选编》第 3 辑,黑龙江人民出版社 1988 年版,第 379 页。

之辽东券”。①

东北银行印币厂迁到通化后,才决定发行东北流通券,各省则出 50 元票面的辅币。东北银行流通券发行额,计通化 26 亿元、佳木斯 107 亿元,绝大部分作为财政开支,至 1946 年 9 月才开始收进物资,用作非财政开支支出,包括贸易公司、工矿铁路、银行存物资等,共计 38 亿元。到 12 月,东北各地银行,直属总行的有齐齐哈尔、北安、牡丹江、佳木斯、安东五个。通化已属半独立性质,东北银行吉林分行发行省票 10 亿元,流通券 3 亿元。9 月 10 日,齐齐哈尔开始流通东北银行的流通券,哈尔滨市流通额,估计约 40 亿元,已占领哈尔滨市场。②

除东北银行总行发行的东北流通券外,嫩江、合江、牡丹江、吉林、辽西、辽东都先后建立银行机构,发行地方券币。

在嫩江地区,1946 年 1 月,洮南解放,2 月建立东北银行吉江分行,2 月底开始发行东北银行吉江分行流通券,面额分 100 元、50 元、10 元、5 元等四种,总数计 2289. 9 万元。

行使时间从 1946 年 3 月开始流通,至七八月间被收回。流通范围主要是嫩南地区,南至瞻榆、北到泰来、东至安广、西到突泉等 10 余县。由于数额不多,使用时间短,只是在城镇上流通,很少进入乡村。1946 年上半年,吉江分行还发行了 10 元券的“蒙文吉江券”约 400 万元,行使时间为 1946 年 5—8 月,主要在大赉、前郭旗、“三肇”(肇东、肇州、肇源)和扶余等县流通。5 月下旬,吉江

① 《东北银行总行三年来工作报告》(1949 年 5 月),见东北解放区财政经济史编写组等编:《东北解放区财政经济史资料选编》第 3 辑,黑龙江人民出版社 1988 年版,第 570 页。

② 《李老(六如)与王(企之)经理谈话记录》(1946 年 12 月 22 日),见东北解放区财政经济史编写组等编:《东北解放区财政经济史资料选编》第 3 辑,黑龙江人民出版社 1988 年版,第 379—780 页。

分行迁至齐齐哈尔,6 月 1 日正式改名成立嫩江省银行,开始办公营业并发行省内地方流通券,面额分 5 元券 1 种、10 元券 3 种、50 元券 2 种、100 元券 1 种。总发行额为 67153.64 万元。行使时间从 1946 年 6 月至 1948 年 7 月。流通区域涵盖嫩江全省,并流入临近省份,如黑龙江、辽北地区等。1947 年 3 月,黑龙江省与嫩江省合并,改称黑嫩省,在西满分局指示下,撤销嫩江省银行,将原两省分行合并为东北银行黑嫩省分行。1947 年 9 月,又决定恢复原来行政建制,东北银行黑嫩省分行回复为黑龙江省分行与嫩江省分行。①

在合江,1946 年 1 月,合江银行成立,并开始发行“合江银行合江地方经济建设流通券”,面额计 1 元券 1 种、10 元券 2 种。1946 年年初又增发一种 5 角券。均在全省范围流通。起初币值较高,对伪满币的比值为 1∶10。10 元券当伪满币等其他券 100 元行使。但因银行资金不充裕,缺乏生产品做后盾,在流通中,信用日渐跌落,由 10 元券当 100 元降到 70 元、60 元、40 元、20 元,最后 1 元顶 1 元,“在群众中间还不时发生争吵的现象”。1946 年 6 月,北江银行并入东北银行,在佳木斯成立合江分行,统一货币,整顿金融市场,以东北流通券为本位币,合江券从 7 月份开始卖给合江贸易公司,用物资收回。其时,市面流通的仍以红军钞、伪满币为多。合江流通券多为 100 元券。买卖物品往往无法找零,因而群众对流通券的信仰力不大。经过成立兑换所和银行本身的兑换,先后换成小票 800 余万元,因市场上小额券逐渐活跃,群众对流通券的信用有所提高。

---

①　曹根全:《嫩江银行史》(1949 年 1 月 8 日),见东北解放区财政经济史编写组等编:《东北解放区财政经济史资料选编》第 3 辑,黑龙江人民出版社 1988 年版,第 512—514 页。

8月份,富锦成立支行,并发行券币,富锦币随同合江券流通变化。11月后,由于投机商人到国民党地区购货需用伪钞,伪钞又逐渐抬头,由百元顶百元升到百元顶320元。不过这类情形只是出现在黑市中,平常市场上少有百元伪钞,就连10元钞也很少见到。

同一时间,各单位、机关生产普遍购粮,东北流通券多流入到农村去。市面货币感到缺乏。特别是在11月中旬,由于交通阻碍,物价下落,很多东西卖不出去,市面货币尤显紧缺。但在另一方面,流通券的信用不断提高。初时由于大小票的调剂有缺陷,大票多小票少,群众交易不方便,流通券的流通信用偏低。后通过兑换所增加小票,交易瓶颈解除,流通券的信用也得以巩固。①

在黑龙江,1946年6月,在北安设立东北银行黑龙江省分行。在此之前,1945年冬,克山县为了解决财政困难,恢复县内经济,经黑龙江省政府批准,2月间由大众银行发行"克山县地方流通券"700万元,只限县内流通,与伪满币等值。由于制作质量低劣,票面额又过大,流通范围狭小,旋即贬值,从1∶1下降到10∶1,于1946年6月用东北流通券收回。在"克山县地方流通券"发行后不久,黑河地区亦经黑龙江省政府批准,于1946年年初发行100元券的"黑龙江省黑河地方流通券",发行额计1000万元,限在黑河地区流通。流通时间亦不长,很快被收回。此外,在邻近的克东县,1946年间经黑龙江省政府批准,曾发行10元券和100元券两种"克东县粮谷交易存款证",使用时间同样不长,6月底由县

① 《东北银行合江省分行一九四六年经济情况与工作总结报告(节选)》(1947年),见东北解放区财政经济史编写组等编:《东北解放区财政经济史资料选编》第3辑,黑龙江人民出版社1988年版,第409—413页。

贸易局以物资收回。①

在吉林,1946 年 3 月,东北银行总行派人到吉林磐石筹备成立分行事宜,3 月底分行成立。分行初成立时,因按照 3 月财经会议决定,由各地银行发行辅币。于是由分行更名为吉林省银行,并专人筹备发行辅币事宜。至 4 月间,因苏军回国,省银行随省政府迁到吉林。到 5 月底,因随解放军退出长春、吉林,省银行又迁至吉东地区。7 月后,吉东各地分行相继建立。直到 8 月间,市政府决定,由省银行直接领导吉东各地支行。② 4 月,吉林省银行迁至吉林后,旋即发行"吉林省银行币",面值分 5 元、10 元、50 元、100 元等四种,全省流通,与东北币等值使用。1948 年 5 月停止流通,由东北银行吉林省分行用东北币收回。1946 年 4 月,由吉林省延边行政督察专员公署批准成立"吉东银行",6 月发行"吉东银行币",面值分 10 元券、100 元券两种,主要在敦化、和龙、龙井和珲春等地流通,不久亦被收回。

在牡丹江地区,解放后最初的金融机构是 1945 年 12 月经牡丹江市政府批准设立的牡丹江实业银行。为了解决地方财政和军队需要,实业银行随即开始发行面额为 10 元、50 元、100 元(其中 100 元券有 3 种)的货币,发行额为 2.2 亿元,主要在牡丹江市周边地区流通。1945 年 12 月,邻近宁安县也设立了地方银行,并发行"宁安县地方银行币"。1946 年 4 月,该区成立绥宁省,又成立实业银行宁安分行。1946 年 10 月,绥宁省改为牡丹江专署,直属东北行政委员会领导,同月成立东北银行牡丹江分行,牡丹江实业

① 朱建华主编:《东北解放区财政经济史稿》,黑龙江人民出版社 1987 年版,第 505 页。

② 东北银行吉林省分行:《吉林省银行工作总结》(1947 年 2 月 7 日),见东北解放区财政经济史编写组等编:《东北解放区财政经济史资料选编》第 3 辑,黑龙江人民出版社 1988 年版,第 384 页。

银行同时撤销。牡丹江实业银行币因制作质量太差,真伪难辨,曾连续发生伪造钞票案。因而流通时间不长,1946 年 10 月按 1∶0.8(即打 8 折)兑成东北流通券。“宁安县地方银行币”发行不久,也用东北流通券收回。在东安地区,经东安专署批准,东安银行曾发行“东安地区流通券”1500 万元,限在密山、鸡西一带流通。不久也用东北流通券收回。在松江省,1946 年年初,由省贸易公司发行过一种 50 元券的“松江贸易公司流通券”,限在松江省范围内行使,不久由东北银行用东北流通券收回。1948 年 7 月,松江省、牡丹江专署合并,牡丹江分行改为支行。①

在南部辽东、辽西、辽北地区,1945 年“八一五”日本宣布投降后,中国抗日部队进驻安东,10 月 24 日成立安东省政府,11 月 1 日就伪满“中央银行”成立东北银行安东省分行,1945 年 12 月,调来东北法币 40 亿元为基金,准备货币发行。1946 年 1 月份成立辽东东北银行,统辖辽宁、安东两分行,同时发行辽东币(由胶东北海银行代印),对伪满币比值为 1∶10。2 月初将其收回,2 月 16 日对伪满币比值改为 1∶2,重新发行。在变动中“致使发行不畅”。当时东北银行总行发行的流通券对伪满币比值为 1∶1。3 月间决定流通券与辽东币同时流通,辽东币限在辽东地区行使,后由总行统一发行。一度停印辽东币,改印面额 5 元的流通券,但不久又停印流通券,仍印辽东币,直到 1948 年 5 月才停止。1946 年 5 月撤出本溪,辽宁省重新区划,省政府迁至通化,同时成立辽南行署和东北银行辽南分行。1946 年 10 月撤出安东,辽东东北银

① 朱建华主编:《东北解放区财政经济史稿》,黑龙江人民出版社 1987 年版,第 506、509 页;沈海清:《牡丹江分行半年工作总结》(1947 年 4 月 14 日),见东北解放区财政经济史编写组等编:《东北解放区财政经济史资料选编》第 3 辑,黑龙江人民出版社 1988 年版,第 391—392 页。

行(辽东总分行)移至长白,专管发行。1947 年 5 月,辽东东北银行再移临江,后移通化。11 月将辽东总分行与通化市支行合一,对外复业,领导辽宁、安东、辽南三个分行。1948 年 6 月底,辽东总分行移安东办公,9 月与安东分行合并,称安东分行。①

辽西、辽北地区,解放后最初的新型金融机构是 1946 年 1 月在法库建立的西满实业公司“金融部”,2 月由法库迁移到郑家屯,1946 年 3 月正式改名东北银行辽西分行,以后又多次更改名称。7 月改名为辽吉省银行,行址设在洮南县;1947 年 1 月再改名为辽北省银行,行址在四平市。该银行在辽西、辽吉、辽北三个阶段都发行货币。在辽西阶段发行“东北银行辽西地方流通券”,票面额分为 1 元、5 元、10 元、50 元、100 元、200 元等六种,主要流通于辽西省和辽北省境内。同时整理、兑换先前发行的一些地方货币,如开鲁同通辽发行的通鲁券 2000 余万元,辽北一专署发行的一专署所管辖地区流通券 140 万元,后由辽西行署出布告限期行使,一律由辽西银行负责 1∶1 兑换。辽西分行 5 月底由郑家屯迁移洮南县,又负责整理吉江银行的 2800 余万元吉江券,由辽吉行署贴出布告,限期两个月全部由辽吉银行负责兑换,过期停止办理。兑换收回的各地方券全部销毁,经政府批准由财政处负责报销。这些兑换的一个重要目的是保证辽西券的统一。因此,东北银行在通化发行的 5 元、10 元面额流通券,也不准在辽西地区流通,流入的流通券全部由辽西分行负责 1∶1 兑换。辽西分行迁移到洮南后,又有少量东北银行 100 元券、10 元券、5 元券流入辽吉地区,起初与辽西券 1∶1 使用,但因当地铁路局、税局、公营企业都不收东北

① 《东北银行辽东总分行行史材料》(1948 年 12 月),见东北解放区财政经济史编写组等编:《东北解放区财政经济史资料选编》第 3 辑,黑龙江人民出版社 1988 年版,第 508—509 页。

银行流通券,以致流通券贬值,流通券1元只换辽西券0.8元。后来铁路局、税局、公营企业照常收取流通券,其比值才恢复到1∶1。1947年,东北局决定统一发行,6月由东北银行总行派人封板,停止印刷辽西券,8月底正式将辽北省银行划归东北银行总行直接领导,改名为东北银行辽北省分行。①

辽东半岛旅顺大连地区,1945年11月8日成立大连市民主政府,12月在接收16家敌伪银行后,成立了工业、农业、商业三个银行。1946年7月1日,将这三个银行合并为大连银行。1947年4月,关东公署决定大连银行更名为关东银行,为防止区外货币流入扰乱金融,对苏联红军票和伪满币10元、100元券加贴同额"面值签",允许流通,稳定了币值,安定了人民生活。② 尤其进入1948年,由于东北革命形势迅速发展,交通恢复,当年秋收丰稔,一些主要生活必需品价格步步跌落,人民生活改善。关东公署为了进一步提高币值,促进生产发展,经济繁荣,改善全区金融状况,统一货币,紧缩货币流通量,提高人民生活水平,决定实行货币改革,自11月15日起,由关东银行统一发行新币,收回旧币。新币面额分为1元、5元、10元、50元、100元五种。

改革办法规定,凡旅大地区一切个人、机关、团体、企业,务须于1948年11月15日至19日5天内,将其所有之全部盖印伪满洲币和盖印苏军军用币以及未盖印之1元与5元伪满洲币和苏军军用币送交兑换处换领新币。上述所有旧币未兑换者,自11月

① 任元志:《辽北银行行史材料》(1948年12月25日),见东北解放区财政经济史编写组等编:《东北解放区财政经济史资料选编》第3辑,黑龙江人民出版社1988年版,第480—483页。

② 殷毅主编:《中国革命根据地印钞造币简史》,中国金融出版社1996年版,第348页。

20日起，即行作废，丧失其支付能力，并禁止流通，再不予以兑换。①

在热河地区，1947年6月，冀察热辽并入东北解放区，1948年2月在热河承德市成立长城银行总行，在冀东、冀热察和热河等地设分行。这三个地区在金融上，原来都是晋察冀边币市场，自1946年8月内战爆发后，国民党军队相继侵陷承德、赤峰及锦承路沿线许多城镇，这一地区遂陷于被敌分割的状态；在军事上出现了国民党军主动进攻、解放军退守防卫的局面，由于人民担心变天，在热河和冀热察有一段时间，群众拒绝使用边币，形成以物易物交易，法币很快进入这一地区。冀东因能独立发行边币，在金融上尚能主动进行对敌斗争，冀热察条件最差，在货币斗争方面，束手无策。热河为了扭转金融货币斗争方面的被动局面，支援解放战争，于1947年1月发行热河省钞，最大面额为200元。省钞发行后，在群众中的信誉很高，随着1947年的军事胜利和解放区范围扩大，省钞市场由林西、赤峰逐渐向南发展，1947年年终，除热河省大部分地区流通使用（敌占地方除外），并收拾了残余的伪满币，把法币逼到点线上去，其流通范围仅剩星星点点或个别线段。② 自1947年秋季攻势以后，冀察热辽形势有了重大变化，三个地区已连成一片。原来冀东边币、冀热察之晋察冀边币、热河省钞不能在三个地区相互流通，以致在沟通三个地区经济，交流物资方面受到限制。为支援大规模野战军军需财政供给，以及集中力

---

① 关东银行：《旅大地区币制改革》（1948年11月14日），见东北解放区财政经济史编写组等编：《东北解放区财政经济史资料选编》第3辑，黑龙江人民出版社1988年版，第460—461页。

② 《长城银行工作总结报告》（1948年12月），见东北解放区财政经济史编写组等编：《东北解放区财政经济史资料选编》第3辑，黑龙江人民出版社1988年版，第503—504页。

量对敌进行经济斗争、发展经济的需要,必须统一全区币制。因此政办处决定发行长城券作为冀察热辽区的统一本位币。1948 年 3 月,建立全区长城银行机构,随即发行长城券,面值有 200 元和 500 元两种,5 月份又发行 1000 元券。因发行不合季节,流行地区偏重热河,缺乏物资支持,一度导致物价速涨。秋收后才逐渐恢复平稳。经过几个月胜利形势的发展,特别是秋季攻势大胜利,东北及热河全部解放,为准备适应新的金融工作措施,决定 1948 年 12 月停止长城券的发行。①

在内蒙古和关内地区,一些新解放区或新老混合解放区,在解放战争中也先后设立了新的金融机构,确立了新型金融货币体系。

1947 年 5 月 1 日,内蒙古自治区成立,不久将东蒙银行改组为内蒙银行,在自治区内设有三个办事处。1948 年 6 月 1 日,自治区人民政府决定停办内蒙银行,设立内蒙古人民银行,发行内蒙古人民银行新币。

1947 年夏季,人民解放军开始战略大反攻,强渡黄河,恢复并扩大中原解放区和苏皖边区,1948 年 5 月,中原军区成立,同时设立中州农民银行,发行中州币,并在豫西、豫陕鄂、江汉、桐柏等地区设立机构。随着解放战争的胜利发展,一度随新四军军部转移到山东与北海银行合并办公的华中银行,于 1948 年迁回苏北,恢复并扩大了分支机构。

广东潮汕解放区和东江解放区,1948 年年底设立裕民银行,发行裕民券,面额有 1 角、2 角、5 角、1 元、5 元、10 元等多种。裕民券与港币挂钩,裕民券 2 元合港币 1 元。1949 年 3 月,广东陆

---

① 《长城银行工作总结报告》(1948 年 12 月),见东北解放区财政经济史编写组等编:《东北解放区财政经济史资料选编》第 3 辑,黑龙江人民出版社 1988 年版,第 504—505 页。

丰县人民政府曾发行河田镇流通券，在陆丰县境内流通，接着成立新陆行，发行新陆行流通券，面额有1角、5角、2元、5元等四种，流通于海丰、陆丰、紫金、五华等县及潮汕地区一些地方。发行总额约60万元。1949年7月，裕民行和新陆行裁撤，两行发行的票币停止流通。① 1949年1月，闽粤赣边纵队在广东大埔乌岭成立，1月10日大埔重镇湖廖解放，边区纵队财委在大埔角成立军民合作社，用木刻版印制、发行流通券，面额有1角、1元、5元等三种，共发行1万元左右。流通券1元与银元1元等值。1949年7月8日，南方人民银行在揭西县河婆镇成立，发行南方人民银行币，面额有1角、2角、5角、1元、5元、10元等六种，并成为华南解放区唯一的本位币。南方人民银行币和岭南解放区上述货币，均以每2元折合港币1元计值。1949年，紫金县人民政府发行1毫、5毫、1元三种流通券，初时以白银计值。南方人民银行成立后，1元券停止发行流通，毫券以1∶1的比值，作为南方人民银行币辅币使用。1949年前，琼崖临时民主政府经营的大众合作社，曾在白沙县发行1角、2角两种银元代用券，总额1000元，与银元等值。为解决零钞不足问题，1948年年底曾由西区行署合作社印制5分、1角、2角三种银元代用券，作为银元辅币使用。1949年5月，琼崖临时民主政府宣布停用该银元代用券，由各级政府以现款收回，6月又发出布告，以民主政府名义发行5分、1角、5角三种银元代用券，每10角兑换银元1元。1950年7月，海南军政委员会发出通知，宣布停止流通，由中国人民银行规定牌价，由区乡政府负责兑换收回。②

---

① 参见《中国近代金融史》编写组编：《中国近代金融史》，中国金融出版社1985年版，第317—318页；殷毅主编：《中国革命根据地印钞造币简史》，中国金融出版社1996年版，第351—352页。

② 殷毅主编：《中国革命根据地印钞造币简史》，中国金融出版社1996年版，第353—354页。

(二)银行货币的整合、统一和人民币发行

1947年夏,解放战争由战略防御转入战略进攻,包括东北解放区在内的各解放区边区、地区,范围迅速扩大,原来被分割、彼此隔开的各个解放区,逐渐连接,合成一片。各个解放区的内部和外部环境,都发生了重大变化,原有金融体系、货币发行、商品货币交换制度,已不能适应新的经济环境、战争供给和人民生产生活的需要,必须对原有金融体系、银行组织、货币制度及时进行兴革、调节、整合、归并,以顺应和推进人民解放事业的发展。

由于自卫战争一开始,战争形势、各个解放区的内外环境和条件,一直处于不断变化的动态中。各解放区的金融体系、银行货币制度和流通状况,也相应处于范围和幅度或大或小、速度或快或慢的调整、变动中。一般地说,在1947年大反攻前,金融体系、银行货币调整是在各解放区边区或地区内进行,调整幅度和涉及范围较小;1947年大反攻开始后,金融体系、银行货币调整多在解放区地区或边区之间进行,调整幅度和涉及范围较大。而且随着解放战争的快速推进,解放区范围大幅度扩张,金融体系、银行货币调整的幅度涉及范围加速度扩大。

事实上,在1947年大反攻前,从抗日战争结束开始,部分解放边区或地区,金融和银行、货币的兴革、调整或相关措施,都在或大或小范围内相继实施,有的牵涉范围较大的,还须中央出面协调。

在冀热辽区,日本投降后,为了适应新的形势和军事需要,出现了跨边区或地区("战略区")的部队调动,因而产生跨区货币使用和流通问题,需要中央解决。1945年10月4日,中共中央专门就这一问题给华中局、山东分局并各中央局下发指示,谓最近各战略区部队有较大的调动,有甲地区部队须调到乙地区或须经过乙地区进到丙地区者,因各战略区域票币不统一,致发生货币流通上

的许多困难,须加以适当处理。华中有些部队奉命开赴山东,为该部队到达山东后所使用的货币问题,华中局曾来电建议:准由华中另印一批北海票或准许华中票在山东通用。我们认为:由华中另印一批北海票则票版不一,且紊乱了北海票的发行计划,故不妥当,至于华中票在山东通用,我们认为不得不用时亦应有所限制,否则将使市场陷于混乱。因此,中央提议:当甲地区部队到乙地区,或经乙地区进到丙地区时,即由乙地区和丙地区的军区或行政财政机关事前准备粮食和必需的经费,当部队进入本地区时,即发给进入的部队备用,或者当甲地区部队到达乙地区和丙地区时,由当地银行兑换所负责,根据部队的实际需要量,将甲地区票按一定的比值,兑换成本地区票,甲地区票不在乙地区或丙地区市面上流通。万一乙地区或丙地区票因流通区域扩大,筹码不足,不能完成此项兑换任务,可由双方事前商妥,甲地区票在乙或丙地区之最高流通量和两种票币的比价,然后由乙地区或丙地区政府通令,暂准按一定的比值通用,但在一定时期后,由乙地区或丙地区银行负责加以清理,以免敌伪国民党特务奸商进行货币投机。①

对各边区货币日益普遍的跨区流通,有的解放区并未大惊小怪,而是举重若轻,无须惊动中央或上一级边区或省级政府,而是由行署一级分行下令,由下级银行按交换比价自行兑换和消化处理。1947 年 3 月 16 日,晋冀鲁豫边区冀南银行冀鲁豫区行即下达了关于友邻区货币处理办法的指示,谓“近来各地市场不断发现有友邻区票币流通,造成市场紊乱,增加商民困难”,为了“巩固本币,稳定金融”,决定对外来友区货币采取如下处理办法:(1)凡

① 《中共中央关于各战略区货币流通问题的指示》(1945 年 10 月 4 日),见华北解放区财政经济史资料选编编辑组等编:《华北解放区财政经济史资料选编》第 2 辑,中国财政经济出版社 1996 年版,第 4 页。

非本边区票币(如北海、晋察冀、陕甘宁等)一律不准在本区市场流通。如有此项票币者,可向银行按规定牌价兑换。(2)关于兑换价格,各分行应经常及时了解其接近之友区物价变化情况,按两地物价比较,可灵活决定兑换价格,但须及时报告区行,以便通知其他分行。(3)各分行所兑之其他边区票币,可自行兑出或设法处理,不必送区行,如数目较大,分行无法处理者,也可报区行。①这可谓是一项与时俱进、公私两便的货币流通和调节措施。

东北解放区,在东北全境解放前,一些地区也对银行机构进行了连续和快速调整。如前揭旅大地区,从1945年年末到1947年4月,在一年多的时间里,从接受敌伪银行,不计大连银行更名关东银行,对银行所有制和组织机构进行了三次大的兴革调整。

晋冀鲁豫边区冀南地区,1947年夏大反攻前夜。随着军事形势的发展,新收复区、新解放区增多,原来的金融体系和货币流通面临新的形势和新的挑战。果断肃清法币、以边币占领新区市场,成为老区政府和金融、银行机构新的重大任务。

国民党政府为了发动和扩大内战,滥发纸币,搜罗战争物资,市场法币严重泛滥,物价猛涨,法币迅速贬值。面对这一形势,解放区的新区货币工作,在指导方针和基本方法上,不能运用大量发行边币来收兑已濒临崩溃的法币,而是主要采取排挤的办法以达到肃清的目的,即组织群众力量将法币排挤出去,换回有用的物资。不过在工作刚开始时,必须有适当的兑换,以指导币值,建立边币的信用基础。

在这种情况下,冀南银行采取的基本方法是,根据实际情况,

① 《冀南银行冀鲁豫区行关于友邻区货币处理办法的指示》(1947年3月16日),见华北解放区财政经济史资料选编编辑组等编:《华北解放区财政经济史资料选编》第2辑,中国财政经济出版社1996年版,第128页。

将新区分为三种类型：第一种是首次解放，一面邻我一面临敌地区，人民对边区政策了解不够，和敌区或多或少还有贸易往来，这种地区可能越来越多；第二种是周围或大部分地区毗连解放区或原是解放区，一度被敌占又被解放军收复，在经济上与老区关系较密切的地区；第三种是在军事上处于拉锯形势或游击边沿区。

针对三种地区的不同特点，冀南银行在统一方针下，运用不同的工作方法。

在第一类地区，一般采取通过短时间的混合市场，再过渡到统一的本币市场的办法。开始时必须张贴布告，明确规定法币流通的一定期限，动员和组织群众输出法币换回物资，并适当收兑法币，期限根据当地具体情况而定，兑换牌价不能离黑市太远，否则群众感到吃亏太大不愿兑换。为了刺激群众迅速推出法币，可采取逐渐降低牌价及采用法币币值乡村比城市低、内线比外线低的办法。在物价上一开始不应强调低物价，即使比老区及敌区稍高些也不可怕。通过物价币值的掌握，一方面排除了法币，换回了物资；另一方面打通了新老区之间的物资交流，在新区的边币就有了物资支持，边币市场即可很快地建立起来。

在第二类地区，应采取坚决迅速肃清法币的方法，应立即明令禁止法币流通，兑换期限应比第一类地区更短，工作的突击性也更大。但是，仍然需要克服银行一手包办兑换的办法，尽可能组织群众性的排挤法币、换回有用物资的运动。

在第三类地区，在冀钞工作的方针上，应坚守阵地，争取冀钞留根，为将来彻底肃清法币的工作打下基础。银行干部应当参加当地以武装为主的一揽子斗争。当解放军退去时，应对群众进行宣传，必要时可抛售一批物资，给保存、使用冀钞者撑腰。当解放军进入攻势时，应配合军事行动，推行本币，排挤法币。在敌占优势地区，采取武装游击的方式，并制裁少数仇视冀钞的商人，争取冀钞在黑市中广泛流通。在革命力量占优势的地区,配合军事攻势,将法币驱逐出境,确立冀钞统一市场的地位。在敌我犬牙交错的混合市场地区,应将法币尽量排挤,打入黑市,争取以冀钞为本位的合法市场。

另外,在某些地区,因敌我反复争夺,民众不用法币和冀钞,而是通行银元,工作人员在肃清法币的同时,也要停止银元流通,纠正“只打蒋币,不打银元”或“先打蒋币,后打银元”的做法。①

1947 年夏季大反攻开始后,解放战争推进速度、各解放区扩大和互相连接的速度大大加快,解放区的行政区划、党政管理体制,接连进行相应调整。与此相联系,商旅往来、物资交换、商业和货币流通的地域范围,都在迅速扩大。金融、银行、货币的改革、调节、整合力度、范围、层级也在强化、提升,大大加快了各解放区金融、银行、货币的整合、统一进度。

在东北解放区,解放区日益扩大,货币流通量不足,各地银根奇紧,资金周转困难;地区辽阔汇兑不通,致货币携带、计算均感不便,妨碍物资交流。同时破烂污损、模糊不清的流通券,仍多在市场流通,易于造假作伪,鱼目混珠。而且,各省发行的省钞,只限于各省境内行使,对于商旅往返深感不便。

东北行政委员会有鉴于此,特责成东北银行发行少数五百元券,专为调剂金融市场,便利商旅携带以及兑换破损券之用。至于各省发行的省钞,应由东北银行与各省政府会商有效办法,以资整顿。②

① 《冀南银行关于对新收复区货币工作的指示》(1947 年 6 月 10 日),见华北解放区财政经济史资料选编编辑组等编:《华北解放区财政经济史资料选编》第 2 辑,中国财政经济出版社 1996 年版,第 144—146 页。

② 《东北行政委员会:布告》(1947 年 7 月 15 日),见东北解放区财政经济史编写组等编:《东北解放区财政经济史资料选编》第 3 辑,黑龙江人民出版社 1988 年版,第 394 页。

这是银行、货币整合、统一的第一步。

在关内，为了适应解放区不断扩大的需要，便利华北与陕甘宁、晋绥两解放区货物交易，1948 年 10 月 20 日由华北人民政府刊发布告，经与晋绥边区政府商定，将华北与晋绥两区所发行之货币固定比价、互相流通，并规定办法：(1)从 1948 年 10 月 20 日开始，冀南银行、晋察冀边区银行所发行之钞票，与西北农民银行所发行之钞票，在华北与陕甘宁、晋绥两区准许互相流通。(2)冀南钞与西北农钞比价固定为 1∶20，就是冀钞 1 元与西北农钞 20 元等值；晋察冀边钞与西北农钞比价固定为 1∶2，就是晋察冀边钞 1 元与西北农钞 2 元等值，以后不再变动。两边区任何地方所有纳税交易，及一切公私款项往来，一律按此比价流通收付，任何人不得变更。(3)不论军民人等，如有私定比价，投机取巧，意图扰乱金融、垄断物资者，一经查获，决给以严厉处分。[①] 这是不同解放区之间的货币调节、流通、整合。

在陕甘宁边区，1947 年 7 月间，虽然延安和边区相当部分地区仍为胡宗南军队所占，地区缩小，贸易停滞，物资缺乏加上久旱不雨，灾情日益严重，边币信用大为跌落，发行后无法回笼，金融面临空前未有的困难，但面对解放战争大反攻的大好形势，也在金融方面积极采取调整和修复措施，迎接解放军大兵团西进。这些措施包括：(1)清查并动员贸易公司、银行、工业局、公营合作社的“家务”(家底)以维持边币。(2)吸收冀币与开辟晋冀鲁豫贸易路线。(3)“大公”逐渐做到控制部队民生必需，如油、盐、炭、布、棉、粮等，以推行边币。(4)提议前总将战争胜利品归公，提奖

① 《华北人民政府布告(金字第二号)》(1948 年 10 月 20 日)，见中国社会科学院经济研究所中国现代经济史组编：《革命根据地经济史料选编》下册，江西人民出版社 1986 年版，第 769 页。

20%以支持财政。(5)前方各部队坚决维护与推行边币,使边币市场随着军事胜利的扩展而扩展,严厉打击法币、白洋。① 这五项措施中最具战略意义和前瞻意义的是第二项,为区域经济和货币整合,迈出了第一步。

1947年11月12日,西北财经办事处就统一陕甘宁和晋绥边区金融货币问题发出通知,不过不是引入冀钞,而是首先实施西北根据地内部的金融货币统一,决定以西北农民银行发行的农币为西北解放区之本位币,而以陕甘宁贸易公司发行之流通券作为辅币,并规定:

(1)河西流通的贸易公司商业流通券与河东流通的西北农民银行的农币,其比价定为券币1元换农币1元,准其互相流通,不得拒用。(2)贸易公司、银行及一切公私营业机关商店,凡一切记账、讲价、清理债务等,今后均应以农币为本位,逐渐推行到群众中去。②

6天后,即1947年11月18日,陕甘宁晋绥贸易公司与西北农民银行联合拟订公布畅通贸易、稳定金融的方案,主要包括五项:(1)推销肥皂,输出黄金、白洋、白银,换进军民必需物资。河西在西面南面主要推销肥皂,争取物资与黄金。同时从宜川与陇东一线吸收麦子、小米与杂粮,在宜陇主要以食盐换粮食,组织食盐与粮食对流。河东在东面输出黄金,争取棉花进口,并换布匹等日用必需物资。(2)组织公私运输,恢复商运。首先,

① 《关于目前金融困难情形及解决办法》(1947年7月21日),见陕甘宁边区财政经济史编写组等合编:《解放战争时期陕甘宁边区财政经济史资料选辑》下册,三秦出版社1989年版,第34—35页。

② 《西北财经办事处关于统一陕甘宁和晋绥边区金融货币的通知》(1947年11月12日),见陕甘宁边区财政经济史编写组等合编:《解放战争时期陕甘宁边区财政经济史资料选辑》下册,三秦出版社1989年版,第45页。

调剂物资,使之对流。河西的食盐、碱、驴、骡、羊、牛、皮毛、药材运向河东,粮食运至警区。河东的铁、铧、棉花、布匹、洋火运向河西。其次,恢复骡马店与运输站。再次,在河西恢复集市,建立贸易网,便利人民交换。最后,从速公布农币为本位币,券币为辅币,券币与农币合流,其比价定为券币1元换农币1元,以沟通河东与河西物资互相对流。(3)加强肥皂缉私,严格禁止白洋、敌币的行使。严格管理外汇及出入口物资。并将其规定为党政军全体人员的当前任务之一,党政军机关人员应起模范作用。(4)在目前首先应稳定陕边的金融。在三分区、九分区黄河沿线,要筹集棉花、布匹、粮食及日用必需品,随市价出售,回笼本币,拒收黄金白洋,在短期内需提高本币20%—30%,最低也要做到相对的稳定,以便河西提高物价,便利物资对流。(5)由粮食局在主要市镇用粮店形式,设立粮食调剂处,兼收斗佣,掌握粮价,推行本币。①

1947年11月23日,陕甘宁、晋绥联防军司令部为了增强战时财政力量,支援前线,恢复战区人民经济生活,畅通交易,发展生产,争取反攻胜利,正式刊发布告,经与陕甘宁边区政府、晋绥边区行政公署共同议决确定,统一陕甘宁、晋绥两边区币制,确定两边区银行合并,定名为西北农民银行,以西北农民银行发行的农币为两边区统一的本位币。一切交易、记账和清理债务,均以农币为准。前由陕甘宁边区贸易公司发行的商业流通券,暂与农币等价(1元换1元)通用,自布告之日起,即予实行。严格禁止使用和携

① 《陕甘宁晋绥贸易公司西北农民银行关于畅通贸易稳定金融的方案》(1947年11月18日),见陕甘宁边区财政经济史编写组等合编:《解放战争时期陕甘宁边区财政经济史资料选辑》下册,三秦出版社1989年版,第46—47页。

带法币、禁止银洋在市面流通。①

在中原解放区,中共中央中原局为彻底摧毁国民党及地主阶级在农村中的经济控制,准备建立完全的农民的经济秩序,建设巩固的根据地并部分地解决当前的财经困难,1948 年 1 月 25 日拟定颁布《关于发行中州农民银行钞票的决定》,确定中州钞为中原局所属各区统一的本位币,一切财政税收、公私交易、供给制度均以中州钞为本位币。其法定价格为每中州钞 200 元合银洋 1 元。冀南钞与北海钞等价,每元均相当于法币 50 元,或每 2000 元等于银元 1 元(高于此规定暂不压低)。亦即中州钞同冀南钞与北海钞的比价为 1∶10。《关于发行中州农民银行钞票的决定》要求,中州钞法定价格必须用一切努力加以坚持。冀钞对中州钞比价亦应力求稳定,如受外区重大影响,可视情况适当改变。冀钞与法币比值不及 1∶50 者,最好在中州钞发行以前提高。

《关于发行中州农民银行钞票的决定》拟定的中州钞发行和行使推广步骤及相关措施包括:(1)中州钞在若干商业集镇站稳以后,即应迅速争取在一个区、一个县内完全占领市场,禁止法币流通。在出入口贸易未控制前,不要顾虑法币外汇缺乏,不要怕入口货减少,不要怕商人暂时的叫嚣,要大胆拒用法币,并指导人民积极输出法币购回必需品。当中州钞未在全区取得决定性的胜利以前,应准许银元、铜元流通,并积极利用,以支持本币打击法币。(2)凡发行本钞地区,一切税收、罚款及公营商店之收入禁止接收蒋法币;一切部队、地方人员禁止使用法币、银元,如有法币、银元,应首先兑回本币然后使用。所有公私银元、法币均应在发行新钞

① 《陕甘宁、晋绥联防军司令部布告》(1947 年 11 月 23 日),见中国社会科学院经济研究所中国现代经济史组编:《革命根据地经济史料选编》下册,江西人民出版社 1986 年版,第 747 页。

时进行登记管理。(3)有基点地建立下层商店并兼办银行,发卖群众必需品,办理兑换。应经常拨给商店一部分公粮,调剂物价。一切战争缴获的商品及政府没收品均应交公营商店代卖。在法币与本币混合流通的条件下,要力求本币物价的稳定,但不要怕法币物价的高涨,两者不可混同。商店的主要工作是在法币物价不断上涨中,以物资力量维持本币物价的稳定,并在主动压低物价时不要同时也把法币提高。(4)中州钞必须俟土地改革完成、法币肃清才能真正达到巩固,但要努力缩短这个过程。在这以前主要支持办法是组织税收、商店卖货与办理兑换。困难虽多,但由于法币崩溃,通货缺乏,中州钞开始发行数量较少,足可支持。(5)拨给各区的中州钞,除指拨军费外,均应作为该区工商银行资金,任何财政透支均须请示中央局批准。生产贷款只在土地改革初步完成地区进行,由各区党委计划请示中央局批准后执行。(6)结合军事胜利及土地改革胜利,深入宣传中州钞是中原人民自己的货币,流通区域广大,基础雄厚。在市镇上,尤其在贫农团及农代大会上动员作决定拥护;在部队及一切工作人员中,要定出反对破坏本钞的纪律,深入教育,以加速中州钞本位币市场的建立和巩固。①

1948 年 4 月 6 日,华北财经办事处就晋冀鲁豫和晋察冀两边区货币实行固定比价及相互流通作出决定,强调指出,自石家庄解放以来,晋冀鲁豫和晋察冀两区的货币不统一互相通用,比价又不固定,使两区间的商业往来受到阻碍,商品不能畅顺流通,人民蒙受了不少损失,在过去敌人占领城市及主要交通线被敌人分割时,两区都发行自己的货币,在支援战争及对敌经济斗争上起了很大作

① 《关于发行中州农民银行钞票的决定》(1948 年 1 月 25 日),见中国社会科学院经济研究所中国现代经济史组编:《革命根据地经济史料选编》下册,江西人民出版社 1986 年版,第 751—752 页。

用,是完全正确的,但在目前两区已完全连成一片的时候,两区的货币不统一就已成为建设发展经济与统一对敌斗争的重要障碍,为了便于人民的经济活动加强对敌斗争的力量,促进国家建设的发展,必须消除这种障碍,特规定两区货币的固定比价并彼此互相流通,由晋冀鲁豫边区、晋察冀边区政府行政委员会即将公布命令,确定自 1948 年 4 月 15 日起,冀南银行货币(冀钞)与晋察冀边区银行货币(边币)按照 1∶10 的固定比价(即冀钞 1 元等于边钞 10 元)在两区内一切地方彼此互相自由流通。这个固定比价以后“永不变动”,两区各级党的组织和所有政府和税收机关、部队、银行、工厂、商店、学校必须坚决执行。这个决定不得有任何抬高与压低的行为。

华北财经办事处的《华北财办关于两区货币实行固定比价及相互流通的决定》特别要求,由于群众的习惯,两区货币流通之初可能发生群众拒绝使用友区货币的现象,因此所有政府税收机关、部队、银行、商店、工厂、学校,均定于由 1948 年 4 月 15 日起根据固定比价,在一切集市、一切乡村中同时行使不得有任何拒用现象,以引动群众使用,两区一切银行组织应保证群众要求,兑换时按照固定比价实行无限制的兑换,以坚定群众使用的信心,所有政府税收机关、部队、银行、商店、工厂、学校均有责任向群众宣传解释政府布告,并帮群众辨别真伪。两区各级党的组织必须保证上述决定之贯彻执行,并决心克服两区党政军及经济机关中可能发生的互不支持、互相封锁的本位主义现象,坚决制止任何货币的投机行为。凡有这种行为的应受到法律和党纪的处分。①

晋冀鲁豫和晋察冀两区货币实行固定比价及相互流通后,华

① 《华北财办关于两区货币实行固定比价及相互流通的决定》(1948 年 4 月 6 日),见华北解放区财政经济史资料选编编辑组等编:《华北解放区财政经济史资料选编》第 2 辑,中国财政经济出版社 1996 年版,第 250 页。

北与山东两区的货币比价和相互流通问题，立即突显。为了解决这一问题，使解放区的生产顺利发展，在1948年5月华北金融贸易会议上，由双方协定两区货币流通办法，基本精神和方针是，在华北各解放区货币尚未统一之前，克服本位思想，协调两区货币关系，在这一方针下，两区在接壤地带建立混合流通地带，并全线进行汇兑与兑换工作。具体任务是掌握和确定比价，开展两行所辖区的汇兑、金钱兑换工作以及办理清算。为此应组织物资交流，结合汇兑、兑换、调拨力量来适当地支持合理的比价，减少不应有的和不合理的波动，并以粮、棉、布、盐、牲口等几种主要必需品市场价格，作为计算物价指数的依据。两区货币比价由联合委员会在每月的例会上研究与决定，具体执行则由三常委商议决定，指挥各行、处、所执行，在一定范围以外，各行处所不得自行决定比价。同时，两区共出兑换汇兑基金25亿元，均以冀钞计算，双方各出一半，损益双方平均分担，其中作常用汇兑兑换基金15亿元，余10亿元为准备基金，用作周转不灵时以及至期不易清偿时，支持兑换、汇兑之用。汇兑地点：华北银行确定为河间、安国、辛集、石家庄、邯郸、邢台、临清、南宫、衡水，北海银行确定为惠民、柴胡店。

汇兑额数：汇兑付款额，华北与北海同指定各行、处付款额均以3000万元至5000万元为最高额（冀钞计算），同时至2000万元时即行清算偿还（石家庄付款最高额为1亿元，但到7000万元时即清算）。德州、沧州二处，向华北指定行处汇款总额，两地共计不得超过规定。

执行机构：两区在德州设华北银行、北海银行联合办事处。两区应出之干部、资金均于7月1日以前凑齐，7月1日即开始全线工作。①

① 《关于华北与山东两区货币工作的协定（草案）》（1948年5月13日），见华北解放区财政经济史资料选编编辑组等编：《华北解放区财政经济史资料选编》第2辑，中国财政经济出版社1996年版，第251—253页。

华北、山东两区的货币比价和互认流通问题已初步解决。

1948年6月22日,中共中央就货币发行问题下发指示,强调“货币发行关系国计民生甚巨”,前因适应战争环境需要,由各战略区自行处理,现时虽仍不能立即统一发行,但必须为统一发行预做准备,各战略区应将(1)本年6月底以前,历次发行数目和发行总数,(2)票面金额、种类,(3)已经收回多少,(4)银行基金多少等项报告中央备查。嗣后各战略区如要增加发行,必须事先将新拟增加发行总额多少、票面金额多少以及准备情形如何等等,报告中央批准,不能由各战略区视其需要自行决定。① 此后,各战略区不能再自由发行。

冀钞、边钞、北海钞、农钞、中州钞先后固定比价、统一流通,虽然在便利民商往来与物资交流上,是起到了很大的作用。但在货币制度上仍然存在着两个急待解决的问题:一是货币复杂。五种货币,几百种票版,印制技术不精,易于造假,群众不但对假票难以识别,即对各区货币亦有折算麻烦之苦。而且各区货币都有习惯上的地区性,亦不能作为统一货币的基础。二是面额太小不便行使。经历从1937年至1948年十年战争的消耗,生产严重减退,各区货币的购买力,实已逐渐降低。1948年,一张千元冀钞仅相当于战前的一角钱(实际购买力不超过3斤小米),1元则仅相当于战前的1毫,公私款项在收付携运上均极感不便,市场交易亦受影响。公私企业为点款而增设许多人手,各银行以4/10至7/10的人员从事出纳工作尚感不足。明显滞碍了金融流转,不便于商品流通,严重浪费人力、物力,大大有碍于生产。并且在国民党“币

① 《中共中央关于货币发行问题的指示》(1948年6月22日),见华北解放区财政经济史资料选编编辑组等编:《华北解放区财政经济史资料选编》第2辑,中国财政经济出版社1996年版,第255页。

改”之后,本币对国民党金圆券的比价形成过高的贴水(1948 年 11 月间 400 元冀钞比 1 元金圆券),此虽属计算上的差别,无关实值,但对群众心理上的影响及对敌货币斗争上亦属不利。

基于上述情况,为了进一步地统一四区货币,1948 年 11 月 25 日华北银行总行发布《华北银行关于发行中国人民银行钞票的指示》,经华北、山东、陕甘宁、晋绥政府会商决定:将华北银行、北海银行、西北农民银行三行合并,成立中国人民银行。即以华北银行总行为中国人民银行总行。以中国人民银行筹备基金及华北银行、北海银行、西北农民银行之全部资产准备统一为中国人民银行之资产准备。即于 1948 年 12 月 1 日施行。并于同日开始发行中国人民银行钞票,统一华北、华东、西北三区货币。新币与旧币固定比价,中国人民银行钞票 1 元等于冀币或北币 100 元,边币 1000 元,西农币或陕甘宁贸易公司流通券 2000 元。新币发行之后,旧币即停止发行并逐渐收回。在旧币未收回前,仍按固定比价照旧流通。如此,则可消除四种货币的复杂局面,减少货币收付携运之烦,并易于防假,改变对伪金圆券比价的不利形势,且对发展生产、支援战争提供了有利条件。

中国人民银行钞票之发行,不但统一华北、华东、西北三区的货币,而且将逐步地统一所有各解放区的货币,成为新中国战时的本位货币。同时,加强了对敌经济斗争的力量,给予国民党货币和经济上以致命的打击,加速其经济崩溃。

为了保证新币发行顺利,信用巩固,华北银行总行的指示要求各级行、处应进行以下工作:(1)在接到指示后,首先在内部进行教育,使所有人员了解发行新币的必要性与其重大意义,同时结合目前形势进行学习,提高干部思想,迎接胜利,提高工作效率,出纳人员还须注意熟识新币票样。(2)配合政权部门分发张贴华北人民政府关于发行中国人民银行钞票的布告,并组织力量,通过各种方式(开会、黑板报、广播等),向群众进行广泛的宣传解释,说明发行新币的意义及布告的内容,号召群众使用与爱护新币,宣传重点首先放在城镇和集市,然后普及于农村。(3)在新币发行之初,向公营企业介绍新币票样,说明对旧币是有计划地逐步收回。并协同公营企业注意稳定物价,大力支持新币。估计新币发行后获有新币者可能储藏,而推出旧币,为此应动员公营企业有计划地放出新币,并随时向群众进行解释、说明新旧币的比价,及旧币仍准流通的规定,应深切注意群众因误解而拒用旧币的现象。(4)各行处开始发行新币时,在地区上应有重点,在对象上可先付给公营企业或合作社,在方式上新旧币须搭配发出。在发出之后即随时注意收集新币流通情况及群众反映,如此在初步取得新币发行经验之后,再普遍发行。(5)新币发行与流通情况,各分行应每半月报告总行一次。华北银行名义即于 1948 年 12 月 1 日取消,改用中国人民银行名义。三行合并之后,一切组织领导及新的业务另行指示。钤记、图章另文颁发,新钤记、图章未发下前,暂时借用旧的。①

1948 年 12 月 1 日,华北银行总行发出《华北银行总行关于东北、中原区货币兑换问题的通知》,就东北、中原、华中地区多种货币在华北的流通、兑换问题作出规定。该通知指出,随着人民解放战争的顺利发展,华北与东北、中原区物资交流及部队、商民往来日益增多,同时,北线已有大量东北区货币流入华北区,南线行处则有兑换中原货币的需要,为了解决这一问题,特做如下规定。

(1)东北区货币现有东北银行流通券、长城银行流通券、冀热

---

① 《华北银行总行关于发行中国人民银行钞票的指示》(1948 年 11 月 25 日),见华北解放区财政经济史资料选编编辑组等编:《华北解放区财政经济史资料选编》第 2 辑,中国财政经济出版社 1996 年版,第 314—315 页。

辽字边币、热河省银行流通券四种。中原区货币现有中州票、华中票两种。对上述六种货币，无论部队或商民带来，一律采取兑换的方法处理，不准在华北市场流通。

(2)规定比价的原则，是根据两区邻近市场主要物价的对比，即以两区市场主要物资及交流物资价格计算的自然比价为标准。以后北线(平绥线)与南线(陇海路北)行、处均应按照上述原则规定比价，并经常向总行报告友币比价情况。一般内地行、处对友币比价的规定则由总行随时通报友币比价变化，与南北线行、处采取一致的原则。目前各内地行、处对友币的比价可暂定为：冀钞 1 元等于长城银行流通券、热河省银行流通券、东北银行流通券 10 元，冀钞 1 元等于冀热辽字边币 50 元，中州票 1 元等于冀钞 25 元，冀钞与华中券固定为 1∶1。

(3)兑换基金问题：除联办外，一般行、处进行友币兑换主要是为了解决部队与过往军、政干部、难民的困难，而不是尽量供给兑换。因此，对于一般行、处的零星兑换(过往军人、难民及解放军战士等)，总行不另拨兑换基金，对于部队的集中大批兑换，则由总行临时拨付基金。

(4)友币收兑后的处理问题：各行、处收进友币后，均须设法自行推出，北岳区行、处收兑之东北区货币，由北岳分行负责集中运至平绥线推出，冀中收进之东北区货币则直接与北岳出入口行联系，转运平西推出。南面行、处收进之中州票、华中券则均向南推出。各分行在不可能自行推出的情况下，可报告总行设法解决。

(5)各行、处应就地收集东北银行、长城银行、热河省银行流通券、冀热辽字边币等票样或钞券，在收兑时可据以鉴别真伪。并希望每种票样或钞券寄总行 5 份(可能时)，以便转送其他行、处以资鉴别。如需支付价款可折价划总。

(6)前晋察冀边区银行总行于1947年11月19日总发字第179号通知规定“热河省银行币”“冀热辽字边币”禁止流通,亦不兑换等各条即行作废。①

华北人民政府为维持和保证华北市场货币单一化,1949年4月30日刊发布告,停止东北、长城两种货币在华北地区流通。布告称,平津解放之初,人民币筹码不足,平津两军事管制委员会曾分别布告规定暂准东北银行钞票(以下简称“东北币”),在平津地区通用;冀东区流通长城银行钞票(以下简称“长城币”)。现为使货币单一化,特对平津地区流通之东北币、冀东区流通之长城币做以下处理:(1)自5月15日起,平津地区及冀东区停止东北币及长城币流通;(2)凡持有东北币及长城币者,统限于5月15日前携带出境使用,或到当地中国人民银行照牌价兑换人民币;(3)上述兑换期限截止后,如发现有倒卖东北币或长城币者,即以扰乱金融论处。②

银行、货币的整合、统一,市场货币的单一化,除了单一新货币的发行,一项重要工程是市场流通的各种旧币的收兑。这项工程的工作量大,任务十分复杂、繁重。这些旧币虽然品牌杂乱,币值不一,但并非普通杂币、劣币或废币,而是边区民主政府先后发行的钞券,市场上有相当高的信誉,是为新币开辟和占领市场的先锋。对这些旧币的收兑,必须小心谨慎、公平合理,绝不能卸磨杀

① 《华北银行总行关于东北、中原区货币兑换问题的通知》(1948年12月1日),见华北解放区财政经济史资料选编编辑组等编:《华北解放区财政经济史资料选编》第2辑,中国财政经济出版社1996年版,第327页。

② 《华北人民政府关于停止东北、长城两种货币在华北区流通的布告》(1949年4月30日),见华北解放区财政经济史资料选编编辑组等编:《华北解放区财政经济史资料选编》第2辑,中国财政经济出版社1996年版,第404页。

驴，让解放区人民吃亏。因此，1949 年 5 月 5 日中国人民银行总行发出关于收兑旧币的通令，制订了严谨的步骤和科学、合理的方法。

在步骤上，《中国人民银行关于收兑旧币的通令》规定，自 1949 年 5 月 15 日起开始收兑晋察冀边区银行钞票及兑换券、鲁西银行残留的定额本票及流通券、冀南银行发行之定额本票及其 500 元以下的小额钞票（500 元的在内）。收兑办法：（1）旧币收兑：各级行在营业中，尽量收回规定收兑旧币，不再发出；公私企业及合作社，凡收入之应收回的旧币，即送银行换取新币；委托公私企业及合作社代兑；残缺币按残缺本币兑换办法收兑。（2）收回整理：收回的旧币，按币别、券别分类整理，百张一把、十把一捆、由经手人盖章。各捆用麻筋捆扎坚实，加粘封贴，亦由经手人盖章。（3）交旧换新，把捆数点清后，呈报销毁，旧币交库后即可提用收兑券（新券）以资调剂。（4）假票处理，在收兑过程中必须严密注意假票，应按假票处理办法，严格执行不得马虎，若收回假票，按第五项规定整理，交库保存，以备销毁。（5）斟酌旧钞回收情况，迨至某种回收的旧钞失掉流通效能时，即行具报总行，汇集审核，并于适当时期，统一公告。停止于市面流通，只限制银行换成新币行使，以期加速肃清，彻底收回。

《中国人民银行总行关于收兑旧币的通令》还清晰交代了收兑工作中应遵守重要原则：（1）旧币兑新币，必须按等额兑换，交多少兑多少不得交少数旧币，提取多数新币，或预提新币。如因残破折扣，应按折扣净额兑换提用。（2）先收旧币，后付新币，以免影响发行流通额。（3）收兑券不经营业过程支付，必须同营业库分开，单独保管。旧币收回后，可作造纸原料，不应焚毁，各分行可根据各区具体情况，在纸厂附近，设立旧币储存库，将收回之旧币集中保存，以俟收兑完毕后，再由总行通知，移交纸厂造纸。①

显然,旧币收兑工程,十分科学、严谨,几乎没有任何漏洞,亦无须彻底扫清,只要残留旧币失掉流通效能,收兑工程即告结束,银行货币的整合、统一也最后完成。

不过影响市场流通货币单一化、妨碍新币流通的,除了旧币,还有银元等硬通货。特别是在南方新解放区,人民币不容易进去和站稳脚跟,银元成为人民币流通的主要阻力。上海市场用4亿人民券收兑金圆券,很快兑完。不过银元随即取代金圆券,成为上海市场上流通的主要通货。在武汉,银元亦甚猖獗。这是解放军渡江后金圆券迅速崩溃、南京国民党政府垮台的结果。这样在南方新解放区,金融市场出现了新的情况:金圆券不打自倒,人民券所遇到的敌人,“已不是软弱的金圆券,而是强硬的银元”。

在解放军过江以前,解放战争一般是先解放乡村,而后包围、解放大、中城市。这样在金融贸易上,人民币就先在乡村生根;城市一解放,人民币立即占领市场,比较容易地恢复了城乡交流(如沈阳、北平、天津)。大军过江后,情形就不同了,解放军先占城市,后占乡村,而城乡均是银元市场,乡村非但不能帮助城市推行人民币,而且增加了人民币推行的困难。沪、汉两地都是银元占领着市场,人民币不易挤进去。估计解放长沙、广州等城市时,亦会有相同情况。

有鉴于此,上海市委及华东财委提出打击银元使人民币占领阵地的六项办法。中央认为这一斗争不是容易的,比对金圆券斗争困难得多,斗争可能延长很久。对此除政治手段外,还须陆续采

① 《中国人民银行总行关于收兑旧币的通令》(1949年5月5日),见华北解放区财政经济史资料选编编辑组等编:《华北解放区财政经济史资料选编》第2辑,中国财政经济出版社1996年版,第411—412页。

取许多经济步骤。中央除同意上海市委及华东财委所提办法外，尚有下列各点须加研究：(1)明令铁路交通事业及市政公用事业，一律收取人民币。(2)税收一律征收人民币。另外请考虑是否可预征若干种税款。(3)以地方为单位，首先是上海，酌发实物公债。但应避免向工厂、商店普遍摊派公债。(4)像平津一样通令各私人银行查验资金。(5)开放各解放区之间的汇兑，其目的是以老区比较坚强之货币阵地来支持南方新区货币阵地。通汇之后，原来物价较低的老区可能因此物价上涨。但如果沪、汉两地区人民币不能占领市场，在大军南进，发行更多的情况下，沪、汉及南方高涨之物价会促起老区更猛烈的物价上涨。此点亦请华中、西北、东北加以考虑，提出意见。①

十分明显，金融、银行、货币的整合、统一，人民券(币)占领全国城乡市场，是一场激烈、艰苦的经济和政治斗争，绝非一蹴而就、轻而易举。

二、复杂艰巨的货币斗争

整个解放战争时期，各解放区的货币斗争，不仅贯穿始终，而且十分激烈而又情况复杂，斗争对象、范围相当广泛，不仅有日伪币钞和法币，还有金银硬通货和各地乱七八糟的杂钞，甚至还包括国民党伪造的解放区币钞。1946 年冬，国民党伪造大批东北银行地方流通券，秘密运到东北解放区行使，以达到扰乱金融、摧毁东北银行地方流通券市场信用的罪恶目的，一度给东北解放区金融

① 《中共中央关于打击银元使人民币占领阵地的指示》(1949 年 6 月 8 日)，见华北解放区财政经济史资料选编编辑组等编:《华北解放区财政经济史资料选编》第 2 辑，中国财政经济出版社 1996 年版，第 425—426 页。

秩序造成极大祸害。东北行政委员会只得耗费大量人力物力(按票面10%奖给查获有功人员)将其清除。①

(一)肃清日伪货币的斗争

日本投降后,各解放区尤其是东北、华北解放区,金融领域面临的一个艰巨任务是彻底肃清毒害深广的日伪货币。

日本投降前后,东北的金融和货币流通十分混乱。在合江省,1946年6月,东北银行合江省分行成立时,市面流通的票券五花八门。除了东北流通券、合江流通券,大量流通伪满币、苏军军用票,以及日本钞、朝鲜钞,还有煤票和当地下江银行发行的支票。在数量上,东北流通券、合江流通券反而很少。货币繁杂不一,比值亦参差不同。东北流通券开始流通时,没人愿意要。另外,由于市面的流通券多是百元券,群众找零不便,急需统一货币,调剂零整,合江省分行根据这一需要,进行兑换工作,并将其他伪币、杂币逐渐清除,到1946年9月后,市面货币逐渐统一,市面交易也以东北流通券为主了。②

伪满币祸害全东北最深。"八一五"日本宣布投降后,将伪满票库存全部抛出,共计120.25亿元,其中南满多、北满少,南满约70亿元,北满约50亿元。哈尔滨市流通额25亿元。③ 东北民主

① 《东北行政委员会关于严禁伪票流通的通令》(1946年12月28日),见东北解放区财政经济史编写组等编:《东北解放区财政经济史资料选编》第3辑,黑龙江人民出版社1988年版,第381页。

② 《东北银行合江省分行一九四六经济情况与工作总结报告(节选)》(1947年),见东北解放区财政经济史编写组等编:《东北解放区财政经济史资料选编》第3辑,黑龙江人民出版社1988年版,第414页。

③ 《李老(六如)与王(企之)经理谈话记录》(1946年12月22日),见东北解放区财政经济史编写组等编:《东北解放区财政经济史资料选编》第3辑,黑龙江人民出版社1988年版,第380页。

政府一开始就实行了打击、排挤的政策。在北满用打折扣的办法收购布、纱、金子,或限期兑换东北流通券。1947 年 1 月 8 日,东北行政委员会刊发布告,正式宣布自 1947 年 1 月 15 日起,一律停用伪满币。布告严正宣判日本帝国主义通过发行伪满币进行侵略、劫夺罪行的同时,扼要说明了民主政府对伪满币所施行的政策的原委:“查伪满中央银行发行之伪满币,为日寇经济侵略掠夺物资之工具,已造成东北同胞十四年之痛苦与贫困。‘八一五’光复后,我民主政府处理伪满币颇感困难,因伪满币已落入人民之手,如公布停用,则人民受害匪浅。为照顾人民利益计,曾分别设法减少伪满币之流通,一年以来颇著成效,目前我解放区内伪满币已近绝迹,停用伪满币,人民已无损失,特明令公布伪满币百元券、拾元券、伍元券,自一月十五日起一律停用”,军政民各界务须彻底遵行。“倘有故违,则以扰乱金融论罪”。[1] 这样,在东北已经解放的地区,彻底清除了伪满币。北满币都赶到国民党统治区去了。

苏军军用票的流通、处理过程较为复杂。红军票总发行额为 97. 25 亿元,其中南满 40 多亿元,北满 50 多亿元。1946 年仅哈尔滨存有 1000 万元以上者有数十家。[2] 苏军撤出东北后,国民党统治区于 1945 年 8 月 1 日在沈阳、长春等地宣布停用红军票,并限期贬值兑换(百元券只兑法币 10 元),企图将苏军军用票挤向解放区,扰乱解放区金融。为此,东北解放区于 8 月 8 日

① 《东北行政委员会为停用伪满币的布告》(1947 年 1 月 8 日),见东北解放区财政经济史编写组等编:《东北解放区财政经济史资料选编》第 3 辑,黑龙江人民出版社 1988 年版,第 383 页。

② 《李老(六如)与王(企之)经理谈话记录》(1946 年 12 月 22 日),见东北解放区财政经济史编写组等编:《东北解放区财政经济史资料选编》第 3 辑,黑龙江人民出版社 1988 年版,第 380 页。

在全区停用苏军军用票百元券,只准小票继续使用。结果,解放区和国民党统治区的苏军军用票有相当部分流入大连市。1947年春,大连关东公署因流入大连的苏军军用票数量太大,采取应对措施,对苏军军用票加盖印记,规定每人只准兑换盖印票3000元,小孩减半。多余者送银行保存。1948年11月,旅大地区实行货币改革,收回了一切旧币(包括苏军军用票和伪满币),发行关东币。到1948年年底,旅大地区基本处理完毕。在东北解放区其他地区,1949年8月开始登记,12月开始兑换,按1∶30的比价,即1元红军币兑给30元东北币。同时规定各机关、部队所登记之公款不予兑换,可持收据到原登记银行将原款领回,作为任务上缴财政部。到1949年年底,最后完成了处理红军票的任务。①

除了伪满币和苏军军用票,东北解放区还有查禁、清除国民党伪造的东北银行地方流通券的繁重任务。1946年冬,国民党将大量伪造的东北银行地方流通券,密运东北解放区行使,企图扰乱解放区金融、陷害人民。为彻底粉碎国民党此种阴谋、东北行政委员会专门发布严禁国民党伪票流通的通令。动员边缘地区军政民全体行动,严格检查国民党统治区入境商人,明确规定,“如发现密运假票,在万元以上者,处死刑;千元以上者,没收其所携之财物”。解放区内商号、摊贩,发现大宗纸币不辨真伪时,可到银行及公营商店鉴别。

解放区内地机关、部队、商店、摊贩大量出卖物品时,须注意买主之身份,严格检查其货币,如发现少数假票时,有权查明其来源及加盖“伪造停用”字样;如发现大量假票时,有权送交政府或公

① 参见朱建华主编:《东北解放区财政经济史稿》,黑龙江人民出版社1987年版,第511页。

安机关依法严惩。并对检查出假票并查获使用人者，按票面额10%给奖。特别出力人员（如捕获密运大宗假票或破获行使假票线索等）另给特别奖金5万—10万元。规定“假票及使用人应解交当地政权机关（区政府以上），由政权机关代发奖金，县以上之政府得将假票及案情转报银行领奖”①。在东北解放区不仅有伪东北币，在各省地方还有各种伪地方币，如吉林除了伪东北币，还有伪吉东币，也要花大力清除。②

在华北解放区，日伪币钞，不仅荼毒深广，而且因国民党干扰、破坏，变得更加复杂、艰巨。在晋冀鲁豫边区太行区，“八一五”日本宣布投降后，平汉路西的大部分沦陷区和城镇先后收复，并收复了不少重要的矿山、工厂，解放区政治军事形势大好，民主政府规定新区货币一律以冀钞与鲁钞为本位币，所有新解放区应迅速停止伪钞流通。但因日军拒绝向八路军投降，又拍卖掠夺来的货物，以致伪钞币值跌幅不大，不少地方尚能抵冀钞1角至1角5分甚至有抵2角的。而国民党特务更在未收复区宣传，伪钞每元将来可换6角法币，以致严重影响废除伪钞的工作。③

在冀鲁豫地区，日本刚投降时，在八路军军事胜利和政治攻势下，伪钞一度猛跌，一般都跌到5分钱以下。但国民党宣布伪军是

① 《东北行政委员会关于严禁伪票流通的通令》（1946年12月28日），见东北解放区财政经济史编写组等编：《东北解放区财政经济史资料选编》第3辑，黑龙江人民出版社1988年版，第381页。

② 《吉林省银行工作总结》（1947年2月7日），见东北解放区财政经济史编写组等编：《东北解放区财政经济史资料选编》第3辑，黑龙江人民出版社1988年版，第385、388页。

③ 胡景沄：《在新形势下，我们在新解放区的金融工作》（1945年9月18日），见华北解放区财政经济史资料选编编辑组等编：《华北解放区财政经济史资料选编》第2辑，中国财政经济出版社1996年版，第65页。

其“地下军”,法币与伪钞“等值使用”,伪钞即刻转为稳定,并跟着敌伪银行及洋行收回贷款,抛出奢侈品,伪钞物价均趋下降,币值提高。济南郊外,黑市已涨到5角钱了。在河南,国民党军队到达开封、新乡、郑州后,出布告宣布禁用伪钞,并规定1元法币等于10元伪钞,伪钞才开始下跌。形势变化纷乱。

面对错综纷乱的局面,冀鲁豫解放区工商局和鲁西银行及时下发指示信,提醒干部、群众,提高警觉,防止受骗上当。强调随着日本投降,伪钞必然变成废纸。但它有六七年的发行历史,成为民众主要的交换媒介,更是大地主、大资产阶级、汉奸搜刮人民血汗的工具,并用其政治上、经济上的势力进行操纵,以保持并扩大其财产,因此它不可能一下子作废。但是尽管如此,他们无论如何也挽救不了最终彻底失败的命运,伪钞必然逐渐变成废纸。

冀鲁豫工商局和鲁西银行制定的基本方针和斗争策略是:(1)总的方针是驱逐法币,肃清伪钞,争取有力地掌握法币、利用法币、打击法币和伪钞,掌握更有用的物资。(2)在新解放区不出布告禁止使用伪钞,但应宣布抗钞(边币)是合法的票子,伪钞马上要变成废纸。根据解放区的物价变化,并由银行公布抗钞与伪钞的比价、公布抗钞的主要物资价格,这样可以减少捣乱分子的扰乱,同时会促进物资交流,等抗币发行到一定程度时,即宣布定期禁止使用伪钞,并须首先利用战争缴获的物资在市场上出售,巩固本币。(3)在老解放区坚决禁止伪钞、法币行使,但对贫苦的基本群众,少用没收的手段,要严格禁止私自在集市兑换伪钞、法币的行为。有计划地在出入口城镇建立货币兑换所,在兑换交易中可适当收取一些手续费。(4)一般是国民党军队到达的地方法币币值高,伪钞币值下降,在受解放军围攻和交通要道破坏的地方,伪钞也已趋下降,因此应善于灵活掌握差额,利用这种不平衡的矛盾，争取有利的物资交换。①

在冀中地区，日本投降后，伪钞本应即成废纸，但由于敌伪顽合流，支持伪钞，仍继续大量发行，乘冀中解放区伪钞未肃清的空隙，向解放区市场侵袭，继续掠夺解放区物资，压缩与蚕食边币市场，这与顽伪合流、合作，企图抢夺已经解放的地区的图谋紧密配合。为了维护人民利益，对顽伪阴谋予以果断回击，全力驱逐伪钞。具体方法及步骤是：

（1）全面开展分段进行。各专区凡流通伪钞地区均须开展这一工作，六、七、八分区根据情况自行划段在1945年12月半（或再提前）达到全部肃清的目标。九、十分区伪钞市场较大，应以大力驱逐之。全冀中总的重点放在九、十分区。在步调上两个分区要一致，分区根据逐步收缩的精神，由内向外划分地区推进，一直推到沿铁路廿里距天津卅里的地区，总的要求在11月底前先后达到禁使；12月15日前先后达到完全肃清。六、七、八分区应尽可能向外伸展，深入到沿路村镇及城市。

（2）工作步骤。九、十分区城镇集市较大、经济集中，驱伪工作首先以城市集镇为主，对于过去尚未宣布伪钞禁使或虽经宣布而未严格执行，伪钞仍占有相当数量的地区，应由专署根据由内向外逐步压缩的精神，提前向人民公布各地区禁使与肃清时间（应当是内早外迟），以便群众事前准备使伪钞向外输送（掌握12月15日前全部肃清），并组织集市委员会、召开商人座谈会，将驱伪政策与他们的利益联系起来，使其严格自动自愿向外推挤、拒用，

① 《冀鲁豫工商局、鲁西银行关于货币斗争与贸易斗争的指示信》（1945年9月30日），见华北解放区财政经济史资料选编编辑组等编：《华北解放区财政经济史资料选编》第2辑，中国财政经济出版社1996年版，第66—69页。

内地已经公布不准流通,携带者应继续严格检查没收。在禁使期间,一般不强定比值,除赢利票贩倒贩巨额伪钞破坏我金融政策者酌予没收处罚外,一般不进行没收,同时在大城市镇设银行临时兑换所(在附近各集市活动),在禁使期间行使伪钞者,查获后到兑换所予以兑换,比值要低于市价(外线),比值由银行兑换所公告不以政府名义规定比值。在肃清期间无论机关军队人民,无论行使或携带(无伪钞携带证者),一律没收制给没收证,但只限区以上政府及政府委托的机关有没收权。在外线边缘要口由分区银行办事处设立兑换所解决兑换问题,严禁伪钞内流。

(3)经济工作要跟上去,有力地配合驱伪工作:各专区商店这一时期业务进行应环绕驱伪工作、根据本专区驱伪计划及情况进行物资调剂,掌握市场支持边币,九、十分区应加强组织与六、七、八分区的物资交流,组织商人沟通物资,达到物资内流、边币外流以巩固九、十分区边钞阵地。此外,驱逐伪钞必须与封锁城市相结合、以困窘顽伪,严防伪钞内流。为了发展边区工业,减少对城市依靠及伪钞需要量,洋布及洋线、手巾自 11 月 10 日起应一律禁止入口。①

在晋冀鲁豫边区冀晋区,尽管民主政府全力打击和肃清伪币,但顽伪合流、合作,一直负隅顽抗。国民党进入平津,对伪联银券②继续采取滥发政策,新发 500 元券、1000 元券及 5000 元券,物价高涨,持票人受害甚大。为保护解放区人民的利益,应坚决打击之,在边区严禁使用,用大力挤到未解放之大中城市或国民党统治

---

① 《冀中区行署关于驱逐伪钞的指示》(1945 年 10 月 25 日),见华北解放区财政经济史资料选编编辑组等编:《华北解放区财政经济史资料选编》第 2 辑,中国财政经济出版社 1996 年版,第 9—10 页。

② “联银券”是日本全面侵华战争时期,伪华北临时政府所设中国联合准备银行发行的纸币——“中国联合准备银行兑换券”的简称。

区,或贬低其币值,以开拓边币阵地,提高边币威信。

同样,对伪蒙疆券亦应采取逐渐缩小流通区域,降低比值以便最后收拾的方针。伪蒙疆钞票,过去曾系敌人掠夺物资的手段,但今天伪蒙疆管辖区域,基本上已全部归我掌握、敌伪顽不能像利用伪联银券一样,继续滥发,以掠夺物资。为了人民的利益,应很好地加以收拾,逐渐缩小流通区域,自然降低其比值,待其币值跌至一定程度,即以有效办法收拾之。

对于伪满钞票,应根据边币一元化之精神,照顾东北友邻地区,逐渐使之流入东北地区。

打击伪钞应统一计划,统一步调,以免紊乱,兹规定:(1)对于伪联银钞,在平汉路以东,由冀中行署拟订其斗争计划,出动主要力量,限期将伪钞挤向平津及主要交通线上去;平汉路以西;南部由冀晋行署拟具斗争计划,限期将伪联银钞挤向保定、石家庄、太原及主要交通线上去,北部由察哈尔省政府拟具计划,限期将伪钞挤入北平及主要交通线上去;北宁路以北由冀热辽行署拟具计划,限期将伪钞挤入平津及主要交通线。以上各个地区的货币斗争计划均应迅速报会,并互相通报,以便相互配合协同作战,此种任务,应最迟于 1948 年 2 月底完成。(2)对于伪蒙疆钞,由本会拟具计划,通知察哈尔省政府与冀晋区有关署县执行之。(3)对于伪满币,由翼热辽行署拟具计划,依据当地具体情况处理之,并迅速报会。以上三种伪钞,应以最大力量打击伪联银钞,以一部分力量适当处理伪满币与收拾伪蒙疆钞。①

晋察冀边区冀东区行署,1946 年 5 月 7 日发出关于彻底肃清

① 《冀晋区行署关于肃清伪钞扩大与统一边币阵地的指示》(1946 年 2 月 14 日),见华北解放区财政经济史资料选编编辑组等编:《华北解放区财政经济史资料选编》第 2 辑,中国财政经济出版社 1996 年版,第 13—14 页。

伪币、杂币与加强对国民党统治区经济封锁的指示，鉴于国民党统治区正式宣布伪币流通延至5月15日，兑换期限延至5月底，冀东区必须进一步彻底肃清残余伪币，将伪币有组织地登记运出去，严防国民党政府以延期办法，向边区大量推出伪币的阴谋。强调伪币不彻底肃清，切勿松懈。同时，打击伪币后，有些地区大量流入杂币，因此要严禁流入，在内地彻底肃清杂币，加强边沿地区兑换所，并派人到附近集市随集检查与兑换，边币数量不足，支行分发各办事处的兑换基金，切勿随便支配移作他用，以致影响全盘计划。另外，国民党统治区物价暴涨，粮荒严重，国民党政府为准备内战，大量收买边区粮食。边沿各地对国民党统治区务须严加封锁，抽调得力干部加强税务组织，建立对顽区封锁线。在税局领导下，成立各村不脱产的缉私小组，对国民党统治区实行粮食及其他禁止出口者的严密封锁。对伸入边区的国民党军据点(如丰润)，更要从经济上围困之，使之与外边断绝经济往来，但对严厉封锁须严防滥没收。没收处罚须由税局处理，违者应受到严厉处分。近因国民党统治区边币比值高、彼方为购边区物资及扰乱边区金融，将大量向边区推挤伪币、杂币，加以票贩子从中取利，边区必须严查，对此种分子应交县以上政府从严处理。因此，必须强化出入口管制办法，除健全税收缉私封锁外，要管制对国民党统治区经商的商贩，进行登记限其多输入货物，不带或少带杂币，到边沿区即将杂币兑换，不许携带进入内地。对群众赴国民党统治区运销者，亦须到就近税务机关或出入口处之税所领取出入口证，以便管理。①

① 《冀东区行署关于彻底肃清伪币、杂币与加强对顽区经济封锁的指示》(1946年5月7日)，见华北解放区财政经济史资料选编编辑组等编:《华北解放区财政经济史资料选编》第2辑，中国财政经济出版社1996年版，第19页。

不过在有关冀东区的货币斗争和货币政策问题方面，冀东区党委同晋察冀边区党委之间，据称在认识与指导上都存在着“原则分歧”，冀东行署曾连发数电，冀东区党委亦数次电报晋察冀中央局，但未获答复与指示。1946 年 8 月，冀东区党委就 1946 年前半年冀东货币斗争和货币政策问题，做了全面汇报和阐释，准确地反映了当时冀东解放区的货币斗争和肃清伪币同边币发行之间此消彼长的复杂关系及必须总结的经验教训。

当时的情况是，1946 年 4 月 15 日以前，伪币占绝对优势，边币占劣势，有些小块不同的阵地，4 月 15 日以后至 5 月初，冀东区对伪币展开全面打击，将伪币完全肃清，打击的伪币 200 多亿元，加上以前发出的约 500 亿元。此时市场空虚，边币信用高，正宜大发边币抢占市场，但边委会不敢放手发行，致法币乘机而入，商人推出伪币，因国民党统治区封锁，除零星换回一部分物资外，大部带回法币。此时如有充足边币，可以大批兑入伪币作外汇基金，当时比值边币比法币为 1∶2.2，黑市为 2.5 元或 2.8 元，银行各兑汇所因无边币，宣告停兑，边沿区逐渐变成黑市场，内地边、法混合流通。5 月至 6 月半，法币由局部向边区进攻到全面进攻，边币时处紧张地位。反攻之后，边币少的地区以法币高价兑边币，以缩小边币市场；边币多的地区，以高价边币买法币，造成边币膨胀。此时，边区事先无准备无力掌握、加上经济部门薄弱，逐渐边币下跌，物价高涨。自 6 月底至 7 月初，冀东区对法币进行全面反攻，内地法币肃清，边币阵地已扩大与巩固。唯此次无边币，主要是行政与群众力量。经济部门边币缺乏，仍很单弱，边币、法币斗争形成在边沿区的对峙状态。因边区对出口管理不够，边币法币比例在边沿区挂牌为 1∶1.6，市场为 1.8 至 1.6 不等，平均为 1.4 元、1.5 元。市场因边币太少、市民感到筹码不足，以物易物。物价内地比边沿平均低，比平、津、唐山等地低得更多。农业品冀东产量大，市场上的边币不足30亿元。冀东边币亦流入国民党统治区一部分,估计市场上边币最多不过40亿元,在目前物价标准下,尚可增加发行2—3倍,不致膨胀,上半年物价平均涨2倍,除5月波动较大,一般尚不多。

边区对冀东全面了解与货币的斗争复杂性认识不够,因而对货币政策的掌握上既不及时也不大胆,表现对冀东区的意见不大信任,交通与时间条件不加考虑,错过有利机会。目前冀东边币极端空虚,绝不致膨胀,因此应在不引起物价波动原则下大量发行,吸收物资,以应付可能的波动,不应于此时采取紧缩政策,无端退出阵地,给法币让防区。①

(二)排挤、驱逐和肃清法币的斗争

无论在东北解放区还是关内解放区,对法币的斗争,情况都相当复杂。日本投降后,国民党统治区黄金与必需品价格大跌,而且法币市场扩大了。"物价下跌,币值提高,人心有些向法币"。在这种情况下,一些解放区对法币只能采取措施防止其内流,同时还要防止黑市活动。②

1946年6月17日,晋冀鲁豫边区政府公布边区法币管理暂行办法,规定边区一切交易往来、公款收支均以冀南银行钞票(以下简称"冀钞")、鲁西银行钞票(以下简称"鲁钞")为本位币,其他关金、法币,一概不得在边区境内行使。持有法币、关金者,如在

① 《中共冀东区党委关于冀东货币斗争及意见》(1946年8月),见华北解放区财政经济史资料选编编辑组等编:《华北解放区财政经济史资料选编》第2辑,中国财政经济出版社1996年版,第22—23页。

② 胡景沄:《在新形势下,我们在新解放区的金融工作》(1945年9月18日),见华北解放区财政经济史资料选编编辑组等编:《华北解放区财政经济史资料选编》第2辑,中国财政经济出版社1996年版,第66页。

边区行使,须向冀南银行或其委托代办所兑换成冀钞后行使;凡携带法币、关金过境者,须向入境之第一冀南银行或税务机关登记,取得证明以便通行;凡带法币、关金出境者,可由当地村公所开具证明文件,以便通行,不愿开者听之;未经登记之过境法币、关金,经查验后,予以登记放行,一概不准没收;凡买卖关金、法币者,须在当地货币交易所自由买卖,无货币交易所者,由冀南银行或其委托代办所登记买卖;凡违法在边区边境内私自行使法币、关金,捣乱金融者,依下列办法处理:(1)值本币 1 元以上至 1 万元者,处以行使额 1/3 以上 1 倍以下之罚金;(2)值本币 1 万元以上至 5 万元者,处以行使额 1 倍以上 2 倍以下之罚金;(3)值本币 5 万元以上者,处以行使额 2 倍以上 3 倍以下之罚金;(4)如属暗中行使捣乱金融、破坏本币币值者,除没收其关金、法币外,人犯送司法机关究办。凡私人保存关金、法币者,一概不加干涉。①

在东北,1945 年“八一五”日本宣布投降前后,国民党立即占领了一些大城市,各主要金融机构亦随即建立分支机构,国民党政府的中央银行于 1945 年 12 月 21 日发行“东北九省流通券”(以下简称“九省券”),限在东北境内流通。从 1948 年 3 月起,又准许法币出关,与“九省券”的比价为 10∶1,即法币 10 元兑换“九省券”1 元。到 1948 年 5 月止,据国民党政府透露,“九省券”发行总额达 1 万万亿元。② 由于“九省券”滥发,导致恶性通货膨胀,物价飞涨,经济崩溃。“九省券”对解放区的东北流通券的比值变化,清晰反映出“九省券”的贬值速度和幅度,详见表 20-56。

① 《晋冀鲁豫边区政府公布晋冀鲁豫边区法币管理暂行办法》(1946 年 6 月 17 日),见华北解放区财政经济史资料选编编辑组等编:《华北解放区财政经济史资料选编》第 2 辑,中国财政经济出版社 1996 年版,第 90—91 页。

② 参见朱建华主编:《东北解放区财政经济史稿》,黑龙江人民出版社 1987 年版,第 512 页。

表 20-56 东北流通券与“九省券”币值变化对照

年份	项目	东北流通券 1 元等于“九省券”(元)	“九省券”1 元等于东北流通券(元)
1946	上半年	1.08	0.91
	下半年	0.93	1.08
1947	上半年	0.83	1.20
	下半年	2.74	0.37
1948	1—3 月	10	0.10
	4—6 月	30	0.03
	9—10 月	201	0.005
	11 月 1 日—10 日	3000	0.0003

资料来源:朱建华主编:《东北解放区财政经济史稿》,黑龙江人民出版社 1987 年版,第 512 页。

表 20-56 数据显示,1947 年上半年以前,两种票券币值十分相近,“九省券”币值还略高于东北流通券,并略微上升。但此后加速跌落,呈一泻千里之势。到 1948 年年末,“九省券”3000 元才等于东北流通券 1 元。亦即“九省券”1 元才相当于东北流通券 3 毫,已成废纸。

1948 年 8 月,国民党实行所谓“货币改革”,发行“金圆券”以替代法币和“九省券”。当时规定按 1∶300 万,兑换法币。到东北全境解放前夕,国民党在东北大约共发行“金圆券”2.52 亿元。① 金圆券再次陷入通胀深渊。

东北民主政府对“九省券”和法币实行的是有步骤的打击、

① 《中国近代金融史》编写组:《中国近代金融业》,中国金融出版社 1985 年版,第 299 页;王企之:《接收沈阳处理金融物价的介绍》(1949 年 1 月 25 日),见东北解放区财政经济史编写组等编:《东北解放区财政经济史资料选编》第 3 辑,黑龙江人民出版社 1988 年版,第 523 页。

驱逐、消灭的政策。在时间上，1947年上半年前，无论在老区、新区，民主政府一直注意向人民群众展开宣传，揭示“九省券”的实质，说明它是国民党搜刮、劫夺人民财富的工具，国民党政府强制规定“九省券”不准汇兑、不准入关，存心坑害东北老百姓，因此必须迅速将其推往国民党统治区，以免解放区人民吃亏。为此明确规定，在老区解决禁止流通，新区因刚解放，或紧挨敌区，为照顾人民利益，限期流通，并按当时1∶1的比价，兑换成解放区货币。

1947年下半年，东北和关内解放战争都开始大反攻，国民党一方面为了战争需要，更加大规模增发纸币，其统治和纸币流通区域大幅缩小，纸币加速度化水。而在东北解放区方面，区域加速扩大，同时在对外贸易方面，与苏联和民主朝鲜已打通，同国民党统治区贸易的重要性降低，这时对新区国民党货币的政策，是限期兑换不准流通，过期兑换则打折扣（当时辽西一些地区就是施行这一政策）。

到1948年时，东北的国民党军队已被迫退缩到有限的几个城市，大量的国民党货币集中在狭小区域，币值逐日猛跌。民主政府为了稳定解放区金融，防止国民党货币扰乱，对新区国民党货币“实行只公布敌我币值的比价，但不兑换、吸收，以便向外驱逐敌币”①。1948年3月，吉林市解放时，吉林省政府规定，敌我货币比值为1∶50，但当时国民党统治区物价高度，实际不到50倍，其货币在新解放区行使就会吃亏，因而快速流向尚未解放的长春、沈阳，而使新解放地区的国民党货币绝迹。这是当时吉林市能在解

① 东北银行吉林省分行：《为排挤伪钞，开展新区对敌经济斗争》（1947年12月31日），见朱建华主编：《东北解放区财政经济史稿》，黑龙江人民出版社1987年版，第513—514页。

放仅仅10余天的时间肃清国民党货币的一个重要原因。①

1948年11月8日,沈阳解放。当天,沈阳军事管制委员会财政处张贴布告,宣布根据东北野战军司令部、政治部颁发的新区入城布告第八项规定,"自本军入城之日起,所有流通市面之各种'蒋币'如'东北九省流通券'、法币、'关金及金圆券'等一律停止使用,改用东北银行及各地分行之地方流通券"为市场本位币。查沈阳市已经遵照实行,停使一切"蒋币"。今后一切公用事业收费与交纳税款只收东北地方流通券。"蒋币"停使后,特规定处理办法如下:(1)"东北九省流通券","金圆券"责成东北银行沈阳分行定价限期兑换。(2)兑换比率以东北银行地方流通券1元兑"东北九省流通券"千元,以此标准,兑换"金圆券",则按国民党原比价1元伪金圆券兑换"九省流通券"30万元比例兑换之。(3)原中央银行发行之"本票""关金""法币"一律不兑。(4)兑换"九省流通券""金圆券"限期7天,自本月8日起至14日止。② 随着东北全境解放,国民党政府发行的各种货币,也在整个东北地区被全部消灭。

在关内,解放区在地理上与国民党统治区相连接,经济联系与经贸往来亦相当密切。1947年夏季大反攻之前,解放区主要是农村,占有的中等以上城镇数量有限,相当部分的工业品需要用解放区的农产品和土特产品到国民党统治区交换。不过这种交换并非互利互惠的平等交易。而是一种复杂而激烈的斗争。各解放区民

① 《东北局关于禁用敌币等问题向中央的报告》(1948年10月4日),见东北解放区财政经济史编写组等编:《东北解放区财政经济史资料选编》第3辑,黑龙江人民出版社1988年版,第448—449页。

② 《沈阳军事管制委员会财政处布告》(1948年11月8日),见东北解放区财政经济史编写组等编:《东北解放区财政经济史资料选编》第3辑,黑龙江人民出版社1988年版,第459页。

主政府既要通过输出某些原本市场在外或自给有余的农产品、土特产品，获得法币并换购军用民用（尤其是军用）必需品，但又极力禁止法币进入解放区，防止国民党统治区的通货膨胀和物价波动影响解放区物价，损害解放区经济，或尽可能将这种影响和损害降到最低限度。因此，拒用和排挤法币的斗争，贯穿解放战争的全过程。

在陕甘宁边区，同法币既有联系，又有斗争。对法币的斗争开始于边币发行。“边币发行的过程，同时就是与法币斗争的过程”。在对外贸易上，为争取物资（主要是棉花、布匹及军工器材、通信医药器材），必须与法币联系起来。而在对内市场交易上，为保护边区物资（主要是粮食、牲畜等）不外流资敌，又必须与法币斗争，使边币与法币在边区市场上隔离开来。这种“有联合有斗争”的货币斗争，自 1941 年 2 月 1 日起到 1947 年 8 月边区政府东渡黄河为止，“禁止法币在边区境内行使”的禁令，一直坚持，从未动摇，但有变化。因在禁令下，法币转入黑市，1943 年 6 月，外汇管理办法有所调整，规定凡携带法币在边区境内通行，数在 2000 元以下者，任其自由通行。满 2000 元以上者，必须向政府指定的检查机关登记，并领取通行证，“违者以破坏金融论罪”。这是一个漏洞，加上在检查站上没有真正检查，后来检查站撤销，更放松了法币的检查。这对以后法币的暗流，有很大影响。自 1943 年 12 月起采取了放松兑换尺度，交换所实行“无限制兑出法币”的办法，没有同时与政府禁止法币政令的严格执行相结合，即只有执行前者，没有执行后者。这就种下了市场上法币的无限来源。结果法币暗流畅通，边币市场被挤掉。

日本投降后，边区政府重申坚持：（1）贯彻禁用法币法令，在边币、法币同流区域，挤出法币，扩大券币流通市场。（2）依靠内外物价涨跌，进出口货物多寡，交换所法币兑换多少，财政需要和一些特殊情况的变化,适时吞吐券币,保持券币发行的指数不超过外面物价上涨的指数。(3)加强主导市场交换所,灵活周转交换所的兑换基金,适时地运用牌价政策,控制法币的比价,间接调剂物价。这一指导思想说明对过去的观点已开始依据新情况在改变中,而且也在1946年12月后的提高边币打击法币、以稳定物价的工作中加以实行了。可是在这思想本身,仍有难以克服的矛盾。为求稳定比价、打垮黑市,以间接调剂物价,亦必须无限制兑出法币。这与排挤法币、扩大券币流通市场是互相矛盾的。为克服这一矛盾,只有通过加强禁令来弥补这一缺陷,可是事实又证明这是很难办到的。①

1947年1月8日,陕甘宁边区政府以联防司令部的名义,刊发《战时严禁“法币”行使办法》,明确规定,边币(流通券)为边区之合法货币,凡边区境内一切公私款项之收支、交易、讲价、记账、票据、债务的清理等,均须以边币(陕甘宁边区贸易公司商业流通券)为本位币,严格禁止法币在边区境内行使。凡藏有“法币”而一时不出边区境外购货者,须将所藏法币持向边区银行或货币交换所兑换边币(流通券)。凡私藏之法币因正当用途欲携带出外者,须至各地交换所申请领取法币出口证,在边区尚未成立交换所之地区,须取得当地政府之证明文件,准予携带出口。凡因正当用途需要法币者,得照章向各地交换所兑换并取得“法币”交换证,始准携带出口。进口客商所携带之“法币”,由住宿店栈负责通知客商到交换所兑换边币(流通券)行使,否则一经查出,则该店栈

① 《抗日战争以来陕甘宁边区的金融概况·对法币斗争与管理外汇》(1948年2月16日),见陕甘宁边区财政经济史编写组等合编:《解放战争时期陕甘宁边区财政经济史资料选辑》下册,三秦出版社1989年版,第102—103页。

须分担客商行使“法币”之处罚。过境客商所带之“法币”限于入境地交换所兑换边币（流通券），出境时，在出境地交换所兑换“法币”，违者依法惩处。

该“办法”还规定，凡有下列行为之一者的分别给予处罚：（1）自由行使法币者，买卖双方钱货一律没收；（2）违法携带之法币除强制兑换边币外，得科50%的罚金；（3）凡携带的法币与交换证不符时，均以违法携带论。凡群众报告查获之罚金及被没收之法币于兑换后，钱货50%交公，30%归报告人（或扭送人），20%归查获人。被没收之钱货，均以各级政府正式收据为凭，任何人不得借故私出凭证，混淆手续，否则以破坏金融论罪。税局检查站及政府公安机关始有检查权，其他军民人等不得自由搜查，如发现使用或私带法币时，有密报与当场扭送之权。检查机关人员，只限于市场上、税卡上与政府指定之检查站口，进行检查职务，检查时并须携带证件出示，不得进家翻箱倒柜，随便拦路搜腰，否则被检查人有权拒绝检查，并可向政府控诉。如发现假公济私、诬陷敲诈、乱行没收等行为者，被没收人得依法控告。各级政府须依法受理，彻查严办，并保证由没收人赔偿被没收者损失之财物。①

抗日战争胜利后，陕甘宁边区打击法币的经济基础已有重大变化，抗日战争期间，边区经济条件尚未达到全面自给，边区周围（除黄河以东）仍与国民党统治区联系，则其经济关系仍然主要是法币。抗日战争胜利后，在经济条件已发生重大变化的情况下，边区政府对打击法币的方针作出新的调整：第一，坚持稳定金融、发展经济的方针，力争本币的稳定，防止物价的暴涨暴跌，调节发行

① 《陕甘宁边府联防司令部关于战时严禁“法币”行使办法》（1947年1月8日公布），见陕甘宁边区财政经济史编写组等合编：《解放战争时期陕甘宁边区财政经济史资料选辑》下册，三秦出版社1989年版，第5—6页。

速度,有计划地吞吐本币。同时坚决驱逐打击法币、白洋,建立统一的本位币市场,严格禁止法币、白洋及其他非本位币在边区境内买卖、行使与携带。

取消内部市场的货币交换所。在内部市场上,由公司门市部收兑法币。依据牌价只兑进、不兑出。巩固与扩大本币市场,缩小法币、白洋市场。“大公”(按即国营企业)以低于外面市价的牌价,收兑内地的法币、白洋,有计划地输出、换回人民所需要的物资出售,并组织群众用法币、白洋,到国民党统治区换回物资。在口岸上,以法币、白洋打击法币、白洋。即依据内外物价的变动,在外面物价上涨时,逐渐拉高本位币牌价,准许进口之必需品保证十足兑换,以打击内部法币、白洋的黑市而使之向外挤流。① 这样,既利用了法币,换回了必需物资,又防止了法币对本位币市场的扰乱和冲击。

不过部分地区或贸易分公司在对法币的斗争中,也出现过或“左”或右的偏差,甚至失败。

黄龙分公司的货币斗争,开始时过“左”,后来则过右,在韩城、洛川等地,边币对法币的比价,过去前线总指挥部已提到1∶4,该区未有请示,即将其降为1∶3,这对推行本位币是极为不利的;尤其是延安光复后没采取积极的进攻,是极右的表现。又多次打报告和发电报,要大批敌币兑换为支持金融的主要工具,并强调无限制的兑换,这种办法仍然是承袭过去的错误思想,以致影响延属的敌币肃清和本位币推行。黄龙的偏差失误,受到贸易总公司的

① 《抗日战争以来陕甘宁边区的金融概况·对法币斗争与管理外汇》(1948年2月16日),见陕甘宁边区财政经济史编写组等合编:《解放战争时期陕甘宁边区财政经济史资料选辑》下册,三秦出版社1989年版,第104—105页。

严肃批评。贸易总公司要求黄龙“采取紧急措施，政令经济应双管齐下”，比价应即提至1∶4左右（延安为1∶5），而且首先掌握粮食，使持本位币的随时能买到粮食（因目前延属、警区需要黄龙的粮食），另则掌握布匹、棉花、油盐。把这些东西掌握起来，金融问题则不大，差一些外汇有肥皂当可抵销。敌币必须立即管理起来，在中心区和接近老区的区域，应即取消交换所，兑进改为收买，停止兑出，收入的敌币送到边界去买东西，收进的白洋则送总公司，不能再抛出去为将来之害，宜川、洛川过去没有使用白洋的习惯，是这次种下的根子，应作为经验教训。①

关中贸易分公司在1948年6月的货币斗争中，则遭遇失败。

1948年四五月份，解放军大部队在关中往来整训，花费到农村集市上的农币数量很多，在于压低法币比值、提高本币币值上取得了空前胜利，但农币、法币两种货币合流的市场仍然存在，不能彻底摆脱法币对边区金融物价的影响。因此决定6月在赤水从阵地上驱逐法币、建立本币独占市场取得经验，并作出示范，请示地委、专署颁发禁令，通知各县协助银行启发群众、动员全体军政商民，从关中各地全盘驱逐敌币，以保护群众的财富、发展生产、繁荣农村经济。

但在开展货币斗争过程中，曾发生了很多矛盾和困难，没有迅速解决，因而造成敌币内流和黑市活动，影响内地某些物价发生波动，造成重大损失。

一是农币、法币皂价及兑换比价有时差额过大，引起敌币内

---

① 《喻杰等为黄龙货币斗争须纠正“左”右偏向给黄龙分公司的信》（1948年5月13日），见陕甘宁边区财政经济史编写组等合编：《解放战争时期陕甘宁边区财政经济史资料选辑》下册，三秦出版社1989年版，第173—174页。

流、黑市活跃。由于差价过大,商人有利可图,外商以不等价的法币在黑市换成农币套取肥皂出境,获取暴利,边区财富外流。

二是由于内地拒收法币,但有些口岸没有农币,内地农村集市上农币筹码也不足,贸易公司订购麦子、信用借贷,吐出农币。同时敌区物价高涨,物资不得进口,而只有法币进口。这样,边区拒收法币又吐出农币,恰恰给外商造成鼓捣黑市的条件。于是敌币流入边区套取了肥皂及某些农产品,结果由公私商号及农民群众承担法币贬值损失。

三是敌区物价在6月份上涨甚为激烈时,没敢大胆适时提高比价,以致比价落在敌区物价上涨的后面,影响边区某些物资甚至上涨一倍。而不敢大胆提高比价的原因是顾虑黄龙的比价情况以及当时本身沉醉于差价政策的胜利的缘故。

因为比价没有赶上敌区物价上涨的水平,商人在卖5月下旬的农币价格就要赔本,因而农币物价也随之上涨,比如上旬外边土布涨到每尺3万元时,每尺在内地卖5000元,按比价(1∶6)只换3万法币,刚刚够本。下旬外边土布每尺涨到法币8万就不会波动。比如6月上旬外边土布每尺3万元,比价变为1∶10,在边区卖5000元农币,兑出5万法币,可得2万元的利润。到下旬外边土布猛涨8万元,比价变成1∶20,卖5000元农币可换法币10万元还是赚2万元的红利。这样比价斗争,既不影响物资入口,又不致使内地物价波动。

四是政府对货币斗争、驱逐敌币出境、禁止法币流行的这项工作重视不够,虽然边府下了联合通令,但仅仅是张贴于墙壁,没有很好地召集当地贸易公司共同商讨如何排除法币、保护群众的财产、发展生产,借以调剂农村金融。比如,铁王土桥进行驱逐敌币工作以前,县政府已通知了各区,但在进行的时候,三区、四区就没有很好地召开乡长联席会议宣传动员、组织群众、集中各村的法币到银行去兑换，只是很个别地介绍，以致两个集上严禁法币流行的这几个区的群众手中还握有大量法币。比如，土桥区的书记自动协助公司进行驱逐敌币工作，其结果就较好。但铁王土桥正赶麦收和敌人窜扰，政府配合差，其结果就差。①

边区贸易总公司又去信关中分公司，批评他们在对法币的比价斗争中，在某些问题上"固执己见"，没有吸取土桥物价猛烈上涨的教训，坚持推行农币、法币的货物差价政策，并准备扩展到每一个地方和各种物价上。总公司警告，"如长此下去，会酿成政策上的错误"。特别强调，差价只能在某些时候和某种程度可以利用，不能作为一个主要政策来实施：(1)差价只能在某种出口价格上求得不吃亏，既不能起保护全边区人民经济利益的作用，又不能起稳定物价的作用，总的说来，只能起些本位的作用(土桥物价和敌币在内地不能很快肃清，成绩就是皂价没吃亏)。(2)若是差价扩大到每个地方和每一种物价上去，实际上就是准许有两币制的存在，如果这样做，法币在内地永远也不能肃清。(3)差价虽然对法币有打击，但会出现黑市，不能与提比价的力量相比，会使群众模糊，起不到保护人民经济利益的作用。(4)差价长期搞下去，会使账目混乱，甚至容易发生舞弊。因此差价只能在某个时间，如法币进口突然、情况没弄清楚，暂时利用，而不能作为一个主要政策去实施。

贸易总公司认为，比价才是对外斗争、稳定内部物价、保护边区人民经济利益的有力武器。它在经济上有力量而政策上也有力量，群众也容易明了。使用办法也应该是：(1)内地应稍低于口

① 《关中贸易分公司对六月货币斗争失败的总结》(1948年7月4日)，见陕甘宁边区财政经济史编写组等合编：《解放战争时期陕甘宁边区财政经济史资料选辑》下册，三秦出版社1989年版，第193—196页。

岸,使其只能向外流,不能向内流。所以比价在内地法币尚未肃清的时候,应该是内地定低一些,口岸稍高一些。(2)比价不落于黑市之后,应提在黑市之前稍高一些,以免陷入被动,物资不进口、法币大批进口。应给口岸主动权,必要时先提后报。(3)倒黑市不是表示边区币制信用高的好处,而是表示对法币斗争的右,严格地说是我们掌握情况不够,没勇气大胆提,或因我们手中存有法币、怕吃局部的亏而忘记广大人民的利益。所以往往因这些问题使手中的有力武器(比价斗争)没有尽到保护人民经济利益的责任。(4)比价可稍高一些,也可看外面波动情况去决定。总之,稍微有点黑市对边区有利,使法币只能出去,不能进来,不能套取物资出去,因此对法币只能随进随出才可利用,否则拒收。这次几百亿法币损失过半,十分惨重。前段黄龙提比价遭受了许多阻碍,现已做了决定,并已提至 1∶30,情况大大地改变了,物价已跌 30%—100%。不过不论比价高低,法币始终兑不出去了。所以在内地必须注意物资调剂和物价掌握(如这次土桥则不应该有的),对外必须掌握比价斗争,千万要注意,切勿陷入被动。至于差价政策只能临时利用,决不能成为一种主要政策。①

陕甘宁晋绥边区在总结上述经验教训的基础上,制定颁布了外汇管理办法,进一步加强了对法币的打击,加强和规范了对金银等本币外硬通货的管理,外汇管理办法明确规定:

(1)为维护解放区国民经济、稳定金融、攻固本币、促进国民经济的发展,特授权西北农民银行及西北贸易公司集中使用外汇,进行对外贸易。(2)禁止法币、白洋、条金及其他非本位币在境内

① 《喻杰就关中金、贸工作中比价与差价问题给关中分公司的信》(1948 年),见陕甘宁边区财政经济史编写组等合编:《解放战争时期陕甘宁边区财政经济史资料选辑》下册,三秦出版社 1989 年版,第 231—233 页。

买卖、行使与携带；银洋只准储藏；饰金在两单位以下者，只准银行及其指定之门市部或商店出售。(3)境内公司、商贩经营对外贸易，凡在本解放区货物税条例允许下，应以输出土产充抵外汇；但购入公司指定的货物，银行得给外汇。(4)在境内留存的法币、银洋，公司银行按牌价兑进不兑出，但持有军区以上负责人之批准与证明文件，向外采购军用品经核准后，得由银行兑给外汇，介绍出境采购；持有党政机关介绍信出外工作需要路费与工作费者，得由边境口岸上之银行兑给外汇。(5)外商输入税务条例所规定允许入口之必需品，贸易公司或经税局查验有期限者，得供给外汇或土产。(6)不论公私商贩及过境人员，由境外携入法币银洋赤金及其他非本位币过境者，必须将所带非本位币交入口处之银行查验，由银行发给出口证件、限定出口路线、时间和地点出口，不得私行自由携过境，违者没收。(7)不在边境口岸之银行，不办理供给外汇业务。①

在察哈尔，1947年2月17日民主政府鉴于国民党发动内战后，军事上不断失败，造成严重的经济危机，尤其自1947年1月7日上海发行50元、500元面额现金，及5000元、10000元面额之法币后，国民党统治区金价、物价普遍猛涨，1月31日北平金价每两涨到53.3万元、美钞7700元，大米920元1斤，小米460元1斤，五福洋布每匹13万元，海岛蓝洋布每匹20万元。又据边区2月9日情报，国民党统治区物价，由2月6日起，天津金行停市，北平金价每两涨至66万元，2月7日金行亦停市，上海金价连日暴涨，金条涨至591万元，美钞突过万元、大米每斤1150元，小米每斤640

① 《陕甘宁晋绥外汇管理办法》(1948年)，见陕甘宁边区财政经济史编写组等合编：《解放战争时期陕甘宁边区财政经济史资料选辑》下册，三秦出版社1989年版，第233—234页。

元,白面每斤1300元,其他货物涨1/4—1/3。同时,由于国民党统治区外汇基金已经用尽(虽颁补救办法也无济于事),美蒋5亿美元贷款,估计在莫斯科外长会议以前不会批准,国民党统治区物价、金价必然继续上涨。若不严加防止,势必波及边区法币可能大量内侵、奢侈品大量倾销,用以吸收边区重要物资、刺激边区物价上涨。因此,察哈尔省民主政府特采取如下措施。

(1)打击法币、提高边币比值、扩大边币市场:在法币高于边币的地区,首先将边法币比值提高到1∶1,然后视具体情况逐渐提高,争取做到在外长会议以前,提高到边币1元兑换法币一元二三角(当然能再提高更好)。但一次不要提得太高,要随国民党统治区物价的上涨情形逐渐提高,并在边缘区、游击区开展经济攻势与政治攻势,结合普遍宣传,动员群众贬值抛出、拒用法币,压缩法币市场,边币随之占领阵地。

(2)加强边缘区缉私工作,严格内地市场管理,严禁法币内侵,外货流入,以及边区重要物资输出。

(3)指定公营、机关商店动员群众,乘机组织边区非必需品及旧存外货输出,换回必需品。

(4)各公营商店、机关部队商店,在边缘区游击区边法币混合市场,交易时均须以边币为计价单位,其比值均须按照银行牌价,边币比值许高不许低,齐一步调,共同对敌。在察南市场上,边币虽无公开比值,各商店在买卖物价上,必须依照此原则,以贬值法币、提高边币,以使边币流通,扩大市场,不得贪图小的便宜抬高法币比值,因为表面上是比值问题,实则是货币市场问题。①

① 《察哈尔省政府代电关于目前对敌货币斗争的紧急措施》(1947年2月17日),见华北解放区财政经济史资料选编编辑组等编:《华北解放区财政经济史资料选编》第2辑,中国财政经济出版社1996年版,第30—31页。

晋察冀边区银行冀中区行对法币的斗争，由于冀中区特殊的地理位置和市场环境，与其他一些解放区不同，对法币的斗争，主要不是拒用、驱逐或排挤，而是利用法币购进军用、民用紧缺和急需物资，但当然也有斗争，而且相当复杂、激烈，斗争的主要内容和目的，是如何争取在主动和有利的条件下，兑换和利用法币。而且，既要利用法币，又不能让法币闯入和扰乱解放区市场。这是既利用又斗争，在利用中斗争。

在利用法币方面，据不完全统计，自 1946 年 4 月起到 1947 年 12 月止，晋察冀边区银行冀中区分行经营外汇流水（金银在外）共计 23615758 万元以上（1946 年兑入法币、法汇 1801697 万元，兑出 1661820 万元；1947 年兑入 10143899 万元，兑出 10008432. 8 万元），合边币流水 1357 亿元（平均比值 1. 74 元），每年外汇活动额为资金（平均 40 亿元）的 17 倍左右，支持军需采购共达 338 亿元，约占供汇的 30%（缺河间 1947 年 1—7 月材料、泊镇 1947 年全年均未统计在内）。某些地区做到了主要地支持了采购（如大城 1947 年为 76. 4%，分行 1947 年为 86. 6%），大致上都保证了当时的军需采购。供给民用外汇达 814 亿—844 亿元左右，在解决民用必需物资，特别扶持土产物出口（主要是对梨、枣、鱼、蓆、猪、皮毛等，如河间 1947 年所吸收的 110 亿元外汇中，75% 为梨、枣出口），从而扶助内地生产上，都有一定的作用。①

在利用法币过程中进行斗争，一个重要方面是边币法币比价斗争。从 1947 年以来，基本上摆脱法币贬值的影响，从而保护了边区内地生产，保护了物资，如 1947 年 1 月初，边法币比值为

---

① 《晋察冀边区银行冀中区行货币斗争总结》（1948 年 2 月 15 日），见华北解放区财政经济史资料选编编辑组等编：《华北解放区财政经济史资料选编》第 2 辑，中国财政经济出版社 1996 年版，第 51 页。

1∶0.85,至1948年1月止,按边区和国民党统治区两地几种主要出口物资(白油、枣、猪肉、鸡子、粉条等)计算平均比值应为1∶8.11,而1月底冀中各地牌价一般为7.5—8元左右。

在阵地斗争上,两年来经过胜芳、泊镇、保定外围、定县、正定、石东、有沧、永清,特别是收复石门等地肃清法币工作,共投下边币70亿元,俘虏法币在185亿元以上(不完全的统计)。

不过从货币斗争总方针看,仍存在相当大的盲目性。两年货币斗争的经验说明,对敌货币斗争应该服务于对敌贸易斗争(包括支持采购)与整个国民经济的发展,而又依靠贸易与整个国民经济发展去支持它。这就是货币斗争的总方针。但在总方针上,长时期内都不很自觉,发生若干偏差,以致造成许多损失,可分作四个阶段总结:

第一阶段是从1945年9月后到1946年4月,即在冀中财办成立及银行正式开展工作以前,当时虽处于日本刚投降,解放军展开胜利出击,解放区空前扩大的有利形势,但货币斗争却相当失利,如当时大量法币代替伪币逐步内侵,造成一面边币阵地的日益退缩(十分区武清、胜芳、信安等皆转为法币占绝对优势之市场,大批边币南流,而静海法币则已进到子牙河西),另一面边币伪币比值由1∶16、1∶17降到1∶8、1∶9的不利局面。这是由于当时独立自主、自力更生总的财经方针未能确立,整个对敌斗争各项政策的确立都缺乏坚持农村、依靠农村的长期打算。首先,贸易管理上解除武装,如1946年2月宣布出口解禁,敌乘机大量吸收边区粮食(二月粮贷即达40亿元)。而大批国民党统治区物资,如煤油、纸张、洋布、洋烟等倾销边区内地,严重打击了边区工业,给法币、伪币内侵开辟了大道,而当时货币斗争政策的独立自主精神不明确,只是宣布伪币非法,但对法币没有高度的敌情观念,只是限制流通的政策,对法币既不敢掌握,又不能坚决防止其内侵,因此,就不能消除国民党统治区物价上涨对边区的影响及法币内侵掠夺边区物资，而对伪币也是单纯的打击，没有贸易斗争支持。驱逐伪币时，官订牌价脱离市价过大，群众吃亏很多，而行署当时布置商店在边沿地区以边币购粮，由于边币缺乏物资支持，结果徒使物价上涨，边币也站不住阵脚。在和平思想下，没有明确的独立自主的财经政策（贸易政策和货币政策）是这阶段失败最主要的关键。

第二阶段是从1946年4月到1947年1月财经会议之前。这一阶段对法币的敌情观念较明确了，确定了最大掌握外汇稳定比值的方针。但由于整个对敌斗争的形势仍处于十分被动不利的地位，故形成了从货币斗争中寻求解决货币问题的孤军作战的局面。第一，当时整个财政大部分依靠发行，因而冀中区连续引发了经济大的波动，物价猛涨，从6月15日到7月中旬一个月粮价涨了两倍，洋纱涨了60%。一年间边区物价上涨12倍以上，而国民党统治区区只涨4倍左右。第二，贸易上外货倾销，入超严重，高阳一地月入洋纱12亿元边币，煤油入口最高时10天1000余桶。加之军事上敌人进攻，因此不可避免地造成边币下落、法币继续内侵，胜芳比值由6月15日的1∶1至7月15日半黑市已到1∶0.85。因此，分行在1946年执行的大量掌握外汇、积累外汇基金（100亿元）的方针，虽有其本身不得已的苦衷，但在以上发行、贸易根本问题未能彻底解决前，如在外汇严重供不应求，边币不断贬值的情况下，不仅不能稳定比值，反会更加刺激比价的下降（冀中只完成了40亿元，对比值刺激作用尚不大）。总之，货币斗争的孤军作战是这一阶段的主要特点。

第三阶段是从1947年1月财经会议后到1947年8月第二届财经会议前，这一阶段货币斗争不仅随着整个对敌斗争的加强而进入十分激烈、尖锐的阶段，而且由过去敌进我退（下坡路）转为敌退我进（上坡路）的新阶段。半年多时间里，新解放区占领货币阵地,特别是在比值斗争上收到不小成绩,如在全行干部思想上,大力克服了单纯盈利观点与低比值思想,动员了全行干部全力为稳定边币币值摆脱法币落价影响、保护物资而斗争。结果边币法币比值由1月平均价格的0.85元上升到8月底的2.2元(六个月的外汇流水,虽在出口不利季节,仍在510亿元以上)。但在斗争方针上也存在着严重的缺点,如一方面对保护物资关系重大的边沿区阵地斗争重视不够,另一方面对比值斗争要为生产及出口贸易服务的认识也不完全(只有提高比价制止走私一面)。因此,犯了单纯为了稳定或提高比值而进行比值斗争的偏差。这一阶段的稳定与提高比值常脱离出口贸易的要求,如在5月1—6日间,冀中各地比值由1.1元升到平均1.5元,个别地区有到1.6—1.75元者,6天内几乎提高30%以上。虽达到大量抛出法币(1—5日不完全统计抛出20多亿元),换回边币支持了西南线打击法币的斗争,并起到了一部分保护物资(如白油、土布停止出口)与稳定边区物价的作用,但思想上对于贯彻扶助出口、大力进口采购是看得很轻的,甚至为了稳定比值,要求采购机关暂时减轻对分行的外汇压力。同时,在决定比值时,一般考虑贸易情况较少,而对本身外汇库存力量考虑较多。甚至有时成为决定比值高低重要条件之一。如冀中1947年上半年三次抛出法币,一方面固然由于国民党统治区物价之波动;而另一方面,也往往因外汇库存之积压所引起,如第三次抛出法币(6月间)提高比值,主要即因资金缺乏(当然基金太少和当时外汇不缺都是客观原因)。

第四阶段是从1947年7月第二届财经会议以后,一直到年底。这一阶段的特点是,分行强调了转入内地生产,但又放松了对敌货币斗争。表现在8月后,边币阵地斗争放松(如八分区浏河、唐官屯、王口虽已收复,但法币市场在两个多月内未能肃清,清苑法币也在暗流内侵),以及外汇之缺乏掌握与调剂(大城粉票因银行停放,发生暗流,并引起国民党统治区货物和美货走私)。对交易所放松管理,情报工作呈麻痹状态等,使工作受到不少损失。

形成放松的客观原因很多,如这一阶段银行工作方针未能明确(外汇工作准备多交出入口工商局),加以 1947 年下半年接连不断的会议,参加土地改革前和干部缺乏等,但从货币斗争的思想上看,第一,第二届财经会议,特别是三查与土地会议后,检讨了银行工作过去扶助内地生产不足,特别是对农村贫雇农服务不够,因此,确定了今后要大力发展生产为贫雇农服务,这是对的。但强调生产而放松了对敌斗争,轻视了货币斗争对保护生产、保护物资的重要作用,则又是错误的。第二,对冀中区外汇形势的估计上不了解全华北采购任务已经集中于冀中,冀中区已负担着十分庞大的军需采购任务,外汇供需将是长期的,基本上是处于供不应求的情况,因而要求大力掌握外汇,组织出口,开辟外汇来源,而主管部门则是单纯地从冀中局部着眼,决定了银行停收汇票(1947 年 10 月),并大量支付金银(据不完全统计,仅分行 1947 年交永茂的黄金即达 2224 两,白银 2977 两,银元 50 万元,折外汇为 450 亿—520 亿元之多),不仅消耗了外汇力量,而且也减少了土产出口,使长期支持采购受到不少的损失,这主要是由于不了解全面情况所致。

总之,对敌货币斗争以及整个对敌经济斗争,是保护国民经济发展的一个有力武器,因强调发展生产而放松货币斗争是错误的,但它又必须同贸易斗争及发展国民经济紧紧结合,离开贸易斗争和发展国民经济,而孤立地强调货币斗争也是错误的。

关于阵地斗争方面。

对敌货币斗争包括阵地斗争、比值斗争与经营外汇等三项内容。阵地斗争与比值斗争,是货币斗争的两翼,相互为用。而两者又都必须经过外汇经营。而外汇经营又是支持采购的重要工作。

它们是三环一套,不可偏废。

货币阵地斗争,从其地区性质和斗争方针、方法上的不同,大致分为新解放区的阵地斗争与边缘区阵地斗争两个部分。

一是新解放区阵地斗争。

在斗争方针上,新区货币工作的要求首先就是要达到坚决排除法币,使边币迅速占领市场的目的。方针有两个:第一,掌握法币占领阵地;第二,驱逐法币占领阵地。这两种方针的决定,主要是看当时边区外汇需要的缓急及新解放区的地理条件而定。采取掌握法币占领阵地的方针,是为了通过结汇交换投下边币占领阵地,并以收兑法币支持采购与比值斗争。冀中过去在定县、正定、青沧以及石门等占领阵地斗争中,都采取了这种方针。因当时正处于外汇不足,需以此掌握的法币提高全线的比值,做法不是完全正确,但估计由于整个华北采购的集中,外汇长期供不应求,一般仍可以运用"掌握"法币为主的方针。

以"掌握"法币占领阵地的具体做法,根据过去经验,主要有以下四点:(1)在新区应首先宣布的第一个政策是边币一元化,立即(小城镇)或定期(中等以上之城市)禁止法市流通,将法币打入非法、给群众在货币上以敌我分明的观念。(2)限期兑换。期限利于短,长了即无促进兑换的作用。不过亦须量力而行,即一方面要照顾军事形势及新收复区巩固的程度,另一方面也要考虑法币市场的大小及资金、干部是否充足等条件。同时根据定县、青沧等地的经验,在兑换期限将满前的突击宣传,对促进兑换有很大作用。(3)新收复区比值的规定,一般可稍高于自然比值,但须照顾全区尤其是邻区排挤或者是掌握的方针。为了刺激兑入,逐步上提的办法是可以的,但有限度不能报得过高了。收兑最好的方法是从物资支持与加强组织宣传着手,如果单从提高比值往往有失之过高的毛病,如沧县在过分提高后,法币一部分便转入黑市。为照顾基本群众利益,比值订定应该贯彻阶级路线,如在石门肃清法币中,规定工人、贫苦小贩收兑比值为2元,一般商民为4.5元,但差额不应太大。同时也要防止某些群众因私情关系低价代兑的偏向。(4)在肃清法币初期,可尽量利用城市的集市收兑乡村的法币(因一般附近村庄多依靠城市),青沧打击法币经验,尤应掌握住粮食市收兑,使法币不再往村里流动。在后期,则可运用如定南打击法币中下乡扫荡的方式,送上门去兑换,以利于农村中法币的彻底肃清,农村与城市采取差额兑换办法并不见得好。

总之,在以上各种方法中,必须贯彻一个基本精神,就是促使群众迅速兑换,以使边币迅速占领阵地。

采取驱逐法币的方针,冀中尚无系统的经验,1947年6月青沧肃清法币时曾用过这一方针,这就当时条件说来(外汇局部膨胀,顽区物价正值波动,法币严重贬值时期新区紧接国民党统治区等),也是必要的和正确的。

所谓驱逐法币,就是要在边区掌握下,组织群众携带法币到敌占区换回物资来,这里所指"掌握",主要是对群众的宣传教育,并使排挤斗争与进出口管理密切结合。因为如果任其自流,群众可能购回大量国民党统治区货物和美国货回来;又或者发生资金之逃走(青沧战役后,王口逃出去的法币即约5亿元)。同时在自流情况下,亦不能达到边币迅速占领阵地的目的。

在新解放区肃清法币,不论采取"掌握"或驱逐的方针,都必须有物资的支持,而物资支持货币,主要做到及时、不中断,适合群众需要和定价妥当等四个方面。如在青县肃清法币过程中,东茂及群利商店及时抛售物资和银行收兑同时开始,其抛售者又是群众所需要的粮食、油、煤、盐等日用物品,在一二天内银行兑出数与商店接待人数大致相等,说明群众开初兑换边币后,立即到商店购回了物资。到第三天银行兑入1900多万元,而商店售货不过数百万元,五六天后,银行兑出边币4000余万元,而商店售货收入只1000万余元(即1/4),其后收兑数字即天天增加,尤其到集日兑出边币更多,可见边币信用已逐渐提高,物资支持实际上起到了边币扎根作用。

用于支持边币的物资来源,新区利用战争胜利的特点,可有以下几种:(1)战争中所缴获的物资,可以做到及时清查入库就地出售,这是支持货币最及时、数量也最大的,青沧两地即曾使用这个办法;(2)公营商店及时组织物资到新区支持,这是最根本的,且可根据群众具体需要源源而来;(3)部队随军供给之剩余物资及当地政府出售粮食(王口收复后,除国营商店抛售粮食外,随军合作社并出售油盐酱等,县政府并卖一部分粮食)都起一定作用;(4)必要时可结合管理市场,统购市场上主要国民党物资和美国物资等拍卖,一面支持边币,一面肃清主要国民党物资(如兴济渤海工商局即曾在该地统购洋布、煤油等物资)。

至于物资支持的作用大小,直接取决于物价政策掌握的好坏,一般要注意:(1)土产物可较老解放区稍高些,以便使新老区的物资调剂;(2)新区物价往往开始猛涨,但要采取“渐落”与“稳定”的政策,如在兴济肃清法币中物价上涨甚猛,北海商店开始定价也稍高,但接连天天往下落,没有几天涨风即止。

二是边缘区阵地斗争。

边缘区阵地斗争有以下几个特点:第一,在军事上由于接近敌区,长期处于游击战争与大规模拉锯运动战的动荡环境,如冀中十分区1948年1个多月来,环境即变换了两次。第二,在政治上大部分民主政权不能进行经常公开的活动。第三,群众条件由于长期处在战争和敌人淫威及反宣传之下,加以民主政权的工作不能经常进行,其觉悟性与组织性较差。第四,也是最主要的,是当地群众与敌顽区经济来往密切,群众有长期依赖城市工业品及推销农产物资的习惯。这个条件使边缘地区货币阵地斗争进行十分复杂与困难。

根据上述特点，边缘区阵地斗争的方针应该密切军政力量的配合，抓紧战争空隙控制集市，加强物资支援，改革群众对敌顽区经济依赖，争取逐步压缩法币，巩固本币的优势。在方式方法上一般要注意以下几方面。

（1）首先是密切与军政形势配合，就是要做到：第一，必须跟随战争的胜利或转移，利用战争空隙，进行坚持阵地和组织进攻或适时退却，为使银行适应于战争环境与地方工作结合，在行动上，工作方式上可采用“一揽子”的领导方法（共同行动分头负责）；第二，与工商管理工作密切结合，控制边沿地区集市；第三，政府的税收，公营机关的一切交易，均须一律使用边币，以扩大边币流通之需要（1946 年十分区打击法币斗争中，部队人员使用法币，政府收税也用法币，结果反给法币提高了威信）。

（2）在军政力量保护下，物资支持是开展边缘阵地斗争有决定意义的条件，经验证明，过去单纯使用行政力量（查禁黑市、没收、强迫登记兑换等），只有造成与群众的对立：如 1946 年七八月间，十分区组织“打法队”百余人，工作达二月有余，但法币则走入黑市，工作队离开该区，法币立即恢复内侵与公开合法的地位，群众并有呼“打法队”为“抢票队”者。其对立与不满可见一斑。只有彻底地解决当地群众生产物资之推销与其必需物资之供给问题，即将群众的经济生活密切与边币联结起来，才能达到真正巩固阵地的目的，才能解决边缘地区法币不断内侵与银行牌价不能带动市场货物定价及打破群众对法币的依赖的根本问题。根据冀中十支行在 1947 年夏与泰昌商店结合，并创造的物资支持货币斗争的经验，冀中比较成功的方法有二：一是以法币购粮、在混合市场卖差价，使粮食内流，法币外流；二是从大清河南购土制工业品，在混合市场卖差价,使土产工业品北流,支持边币阵地。以上两种形式结合起来,如能获得广大群众的参与和支持的话,即可形成整个物资(粮食)内流,法币外流,粮食南流,边币与土产工业品北流的大运动;不仅促使边币前去驱逐法币,而且促使土产工业品前去驱逐敌顽美货(当然要从提高边区出品及廉价方面进一步努力),粮食内流避免资敌。这种物资斗争与货币斗争紧紧结合(物资支持货币币值),不仅可以巩固与扩大边币阵地,而且为民族工业争夺市场,对保护粮食的斗争也可能因此走向胜利,这种物资斗争结合货币斗争的基本精神,在八、九分区边缘地也是同样适用的,要使上述两种形式的斗争获得经常大规模的开展,还必须解决以下几个问题:一是边缘区的物价政策上必须造成前述物资(粮食)内流、法币外流、粮食南流、边币与土制工业品北流的贩运有合理的利润,才能造成群众性的贩运运动。二是抵抗敌顽美货的问题,在管制线内,应利用一切机会和条件将土制工业品推销于边区、国民党混合市场,而在管制线外,应以法币掌握群众所需敌顽和美国货,转而支持边币(买敌顽美货要边币)。三是还必须依靠各经济部门共同结合,大力组织群众、造成广大群众性的驱逐法币运动,在结合上,一般的银行可以经过自己的口岸边境兑换业务,给去敌顽区贩运物资或到内地贩运土产品者以法币或边币,并可与贷款业务结合起来,使群众得到贷款利益,能跟着牌价走(即按边币比值定物价)。贸易部门应大力组织商人关系,进行游击区与内地的物资交流,并要有计划地掌握上述的物价政策,使其卖价支持边币之比值,工商行政部门,一方面,应进一步开展反敌顽美货、反法币运动;另一方面,要有长期打算,组织内地工业生产、解决群众经济生活问题。

(3)进行边沿区阵地斗争,根据过去经验,在斗争策略上,应发挥其最大的机动性与灵活性,以适应其经常的动荡斗争的环境,第一，必须紧紧抓住战争的空隙，跟随战争的胜利或暂时的退却，一方面使货币斗争与军政形势密切结合，另一方面又要为支持军政形势服务。第二，必须密切注视敌顽区物价的波动，善于利用法币贬值开展攻势，造成群众争储边币的风气。第三，掌握贸易上有利季节，加强坚持阵地等工作，如过去十分区及清苑一度棉花出口及走私旺盛时期，由于阵地上放松掌握，使有利季节反转为法币内侵之不利形势，再如 1948 年大城粉条出口，由于口岸边境兑换放松，内地外汇亦无人掌握（出入口管理也松弛），结果反促成走私及法币内侵现象，今后都必须防止。①

在晋冀鲁豫边区，为了坚持本位币市场，杜绝法币内侵，对法币、关金坚持实行严格管理的政策措施，肃清市场上法币黑市，内地市场一律不准行使、买卖及保存（交易所亦不得成交）；出口物资换回法币须在边境银行兑换，过境携带应有银行证明文件，否则一律没收处罚。

在新解放区、新收复区，虽然军事上取得胜利，但法币仍然占领市场，经济上还未摆脱敌人的掠夺。因此，新区货币工作第一步是坚决排除法币，使本币迅速占领阵地，这一工作务必党政军民共同配合，全力以赴。晋冀鲁豫边区的做法是：（1）处理法币的基本方针是组织群众性的驱逐和排除，组织群众拿蒋币到敌顽区换回必需物资（但要防止奢侈品大量流入），一切货币上的措施均应从便利群众排除法币出发。（2）采取必要的兑换，一方面通过兑换工作来发行本币，兑收一部蒋币到比值高的地方，调剂汇价，另一方面通过兑换指导币值。如单纯依靠兑换肃清蒋币，必造成大量

① 《晋察冀边区银行冀中区行冀中货币斗争总结》（1948 年 2 月 15 日），见华北解放区财政经济史资料选编编辑组等编：《华北解放区财政经济史资料选编》第 2 辑，中国财政经济出版社 1996 年版，第 51—60 页。

发行,不能换回物资,反增本币发行的困难,并非良策。(3)新区一收复就可明令布告,规定一切交易必须接受冀钞,使群众明了本币是合法的,法币是不合法的。但为了便于群众排除法币,以免产生黑市,一般的仍采取酌情限期流通,到期坚决停用的办法。(4)科学掌握物价和比值:掌握法币币值要注意技巧,内线低于外线,乡村低于城市,有意识地使物价新收复区高于国民党统治区,促使法币由内线到外线,由乡村向城市集中。同时使必需物资从蒋区向里流。在新区一开始不必过于压低物价,要通过物价币值指导,来排除法币,换回物资,打开新老区的物资交流,本币赖有物资支持,市场很快即归人民掌握,物价就会渐渐稳定下来,过分地使物价压低及过分地压低法币币值,会造成群众吃亏,产生法币黑市,这对排除法币和开辟市场都是不利的。(5)因环境条件的不同,在某些具体措施上也应有所区别:周围大部接连边区及某些失而复得的地区,一般排除法币开辟冀钞市场比较容易,必须采取迅速坚决的排除态度,及早澄清市场,可宣布停止法币流通,即使限期流通,也应是短期的;一面靠边区、一面靠敌区,为敌久占、群众对共产党不甚了解的新解放区,蒋币不可能短期内肃清,不应操之过急,须经过详密布置,有步骤、有组织地排除,初时可建立混合市场,进而变为本币市场;在战争频繁拉锯式的地区或游击区,货币斗争的目的,应是如何达到坚持冀钞阵地,在边沿区是采取缩小法币及扩大本币流通区,争取变法币市场为混合市场。这些地区的货币斗争必须与武装斗争相结合。①

1947年8月,解放军渡河南下,捷报频传,在新区迅速恢复财

① 《冀南银行1947年下半年银行工作的方针任务与作法》(1947年5月),见华北解放区财政经济史资料选编编辑组等编:《华北解放区财政经济史资料选编》第2辑,中国财政经济出版社1996年版,第142—143页。

经组织机构,排除法币,恢复冀钞市场,平稳物价,是河南经济工作的总方针。在这种形势下,中共冀鲁豫党委,在清除法币和顺利开展新区货币工作方面,特别强调两个应注意的问题:(1)法币日趋没落,终至垮台,这是肯定的,但法币尚有广大市场和蒋美的拼命支持,尚不致立即成为废纸。因此对法币应持有正确态度,克服需要时不择手段乱抓一把,平时不管不问的现象。应当有策略地、有计划地将其作为经常工作之一,在低价地区吸收,高价地区抛出,依靠群众力量,走群众路线,价格上不能根据主观愿望,应深入了解黑市情况,只能稍低于市价吸收,不能离黑市太远。(2)对白银与以物易物的现象,基本上采取取缔方针,便于扩大冀币市场,但在群众中使用白银惯性较深的地区(如南旺的坡南),可以允许暂时保留白银、本币混合市场,但必须逐步统一于冀钞。至于过去系冀钞流通区者,应迅速明确禁止白银行使,对以物易物应增加筹码、加强教育中取缔之。①

1948 年,中原解放区驱逐和废除法币的斗争,是在发行中州钞和确立、巩固其市场地位的过程中进行的。中原区是 1947 年下半年建立的新解放区,原来是法币的独占市场,解放军南下带去了冀钞、北海币、华中币,造成多种通货并行的特殊情形,加上大量军事经费的投放,在中州钞发行初期又采取了银元兑现的临时办法,通货市场的情况比较复杂。

中共中央中原局在中州钞发行和投放市场后,同时采取了有步骤地驱赶和废止法币的措施:发表排除法币的社论,禁用 5 万元面额的法币,对大额法币采取排出与禁入措施。同时要求各区组

---

① 《中共冀鲁豫区党委关于新解放区货币工作的指示》(1947 年 8 月 4 日),见华北解放区财政经济史资料选编编辑组等编:《华北解放区财政经济史资料选编》第 2 辑,中国财政经济出版社 1996 年版,第 162 页。

织力量,果断驱赶法币,首先做到在各区 1/3—1/2 的地区肃清法币,争取大部分地区在 1948 年 9 月中旬实行法币停止兑换,如条件不成熟,可按各区实际情形推延十天半月,但不能再推迟。在 9 月底以后,全区大体上完全停止兑换。同时禁用银元,所存银元一律交银行,充作基金。在拉锯地区及敌占优势的游击区,只能暂时维持混合市场,但仍须宣传法币的危害,诱导群众抛出法币,张贴布告允许群众有拒用法币之自由,扩大本币流通,或允许当地商会发行 2 元、5 元流通券,以代替法币。而后在游击区变为中心区或新收复区时,发行本位币不再采取兑换办法,驱逐法币绝不手软。

在中州钞发行初期,市场上通行 6 种货币,因而捣弄票子的小贩大大增加。有些城市多至二三百家以上,投机捣乱,农民固然受害,正当商人亦深恶痛绝,更严重干扰法币肃清斗争,中原局亦下令,使用行政力量予以取缔。①

1948 年 8 月 7 日,中共中央中原局针对因辅币缺乏而引起的票子捣弄和金融混乱,迅速做到在 8 月底、9 月初大部地区肃清法币,以避免法币狂跌遭受巨大损失而保护解放区人民财产,在禁用法币地区及时解决辅币问题,采取紧急措施:(1)尽可能多印 2 元面额的中州钞,为此决定,统一制版,分散印刷,不印号码,不印底纹,经理印章制在版上,用普通磅纸印制。(2)责成各县、市政府立即印发流通券,标明某某县、市流通券,票面只限 1 元、2 元两种,发行额以全县人口计算,每人 1 元为限;市可照人口数每人 2 元或 3 元。为求迅速起见,用石印报纸或厚麻纸均可,与中州钞等价使用,但不兑现,规定六个月内由县、市政府负责收回。除成本

① 《中共中央中原局关于货币问题的指示》(1948 年 8 月 13 日),见中国社会科学院经济研究所中国现代经济史组编:《革命根据地经济史料选编》下册,江西人民出版社 1986 年版,第 758—761 页。

外,其余额作财政收入解库。(3)流通券印成后,可加盖比较精制图章,以资慎重,而免假造。(4)由县、市政府统一发行,以中州钞收兑,在城镇、市集可选可靠商铺代理兑换,以求普遍迅速解决市场辅币问题。发行前,须由县、市政府出布告及各地召开座谈会说明理由。①

一些解放区为了确立本币(边币)的市场统治地位,在拒使、排挤法币的同时,也禁止白洋行使,因为白洋(银元)的行使直接冲击边币的流通,扰乱金融秩序,影响边币市场地位的确立。晋察冀边区在抗日战争期间就曾规定白洋不准流通。但抗日战争结束后,各地在交易中,仍有使用白洋(银元)的现象。1945 年 10 月 13 日,晋察冀边区行政委员会作出决定,重申前令,此后在交易中,一律禁止白洋行使(但私人保存不加限制)。人民欲行使所存白洋时,可向边区银行依规定价格兑换边币,其无银行地区,由贸易公司或其分公司或公营商店兑换。其收兑价格,由银行随时规定,挂牌公布。在兑换以前,携带中应持有村(街)长证明文件,否则"以私运论"。违反上项规定者,情节轻微者将白洋没收,情节重大者,除白洋没收外,并以扰乱金融论罪,由县以上政府处理。贸易部门兑换之白洋,统交银行处理,如自己需用,再向银行领取。②

在解放区内地,当法币被肃清后,国民党又不断制造假币,运入解放区,混进市场,蒙骗、坑害民众,扰乱、破坏解放区的金融秩序和商业流通。在华北解放区,1948 年 5 月后,各地相继发现伪

① 《中共中央中原局关于解决辅币的指示》(1948 年 8 月 7 日),见中国社会科学院经济研究所中国现代经济史组编:《革命根据地经济史料选编》下册,江西人民出版社 1986 年版,第 757 页。

② 《晋察冀边区行政委员会关于禁止白洋行使的决定》(1945 年 10 月 13 日),见华北解放区财政经济史资料选编编辑组等编:《华北解放区财政经济史资料选编》第 2 辑,中国财政经济出版社 1996 年版,第 4—5 页。

造的冀钞、边币。5月下旬在冀中区,国民党利用便衣特务,用伪造的边币,以边币、法币1∶11的比价,兑换100余万元,青县查出5000元券假边币100余万元。河间等地也发生类似情形。5月底高阳兴业商店于售货中收进假冀钞20万元(千元券)。另外,北平国民党国防部制造假冀钞、边币上百亿元(假冀钞系BB字头千元券、D字头500元券,假边币系小5000元券),并于5月中已运至保定假冀钞10亿元(千元券)。此种假票在南口以南,高阳等地也有发现。

在太岳区介休,敌人在楷东村发行大蓝版500元券假冀钞,其特点除印刷模糊外,树枝只有两个,牛尾巴亦较粗。冀城、沁源、济源、晋城、屯留等地,6月上旬发现假冀钞共40余万元,计有6种版别,13种假票样(即大蓝版、大黄版、大红版、中绿版500元券,浅粉色、蓝版200元券),以大蓝版500元券为最多。这些假票大部分是从河南、平介、安阳等地运进,而以来自安阳者最多。

在太行区,黎城,平顺、壶关、长治等地也不断发现假冀钞,均来自安阳,现安阳城里流通假冀钞很多,均系敌人在崔家桥所制造,品种计有黄色、蓝色500元券及200元券三种,印刷技术较高,真假难以辨认。又发现大红版500元券,绿版单号码500元券、黄底绿版大500元券(两边用白报纸贴的,冒充麻头纸),蓝版、浅红版200元券等五种,也有用白报纸印制的。这种假票在冀南三分区魏县一带亦查获三起,共100余万元。其共同特点是号码重复。

冀鲁豫一、三、四、六分区也发现大批假票,系济南敌人印发。

国民党的假票推行办法多种多样:(1)在地区上有重点。在津浦线主要是假边币(也有少数假冀钞,趁冀钞、边币统一流通不久,鱼目混珠进行破坏),在平汉南段陇海、同蒲沿线主要是假冀钞。(2)在边沿区以假票高价收买小麦,在游击区是强迫群众兑换或利用投机商人带入边区。边区内地市场则运用突击方法，连夜赶到内地将假票推出即马上返回，最近济南查获潜伏在边区内地推行假票的关系很多，现正审讯中。在安阳匪徒王自全又雇了三个专门推销假票的贩子，安阳推行假票的交易，过去是先行交款，其后是假票推出后再四六分红。(3)携带办法是利用妇女或穷人往边区内地携带，或在明处放一部分真票，在暗地放假票。(4)将真假票混合掺用，或以大额假票找取零星真票。(5)低价兑换、以假票低价兑换真票，或以假票低价兑换法币。

随着解放战争的加速推进，假票活动呈不断扩大之势。其特点：一是带有普遍性，各行署区均有发现；二是所有敌重要据点都往外推销假票，又都在麦秋季节一齐加强活动，已成了敌掠夺计划和手段的一个重要组成部分。

在这种情况下，如不改变反假票的方针，就不能维护群众利益和保护物资财产，冀币边币统一流通开始时，边区政府没有强调反假票工作，没有组织群众性反假票运动，只是为了服从统一流通的利益，尽量减少边币冀币向南北迅速开展的障碍，这自然是十分必要，但按后来统一的流通情况，除察南、雁北、与冀鲁豫、太岳部分地区外，冀币边币已普遍流通，但流通尚欠顺畅，在北部群众对假票的顾虑仍未消除，同时针对目前假票活动的特点，必须改变反假票的斗争方针，立即在边缘区，敌人据点周围，以及假票流通较严重地区，动员各种力量展开群众性的反假票运动，结合群众利益，进行广泛宣传，帮助群众提高识别假票的能力，组织缉私，防止假票侵入，严惩假票主犯，已成了边区的紧急任务。具体措施必须注意以下几点。

(1)在原冀鲁豫地区以及晋察冀内地假票较严重地区，应广泛开展反假票斗争，在边缘区及敌据点周围(如安阳、北平、天津、保定、济南等)，组织群众性的查缉假票，凡自敌区带来的边钞冀钞均须严密检查,规定封锁带(如冀中)以防假票内侵。

(2)应加强银行贸易部门的反假票教育,造成识别假票的学习运动,使每一公营经济部门都能成为帮助群众识别假票的对照所,各行、处应与当地工商贸易部门协商组织这一学习,并在群众中通过识别假票教育、开会、轮流教育等办法(运用于城市及商人),对真假票的各个不同点,采取逐步揭发的办法。

(3)发现假票案,即须迅速追根究底,特别对于因受骗而行使假票者,应结合他们的利益,如帮助追根可从罚款中补偿他们的损失,必要时也可运用群众性的追根办法。

(4)制定查获假票处理办法(总行已拟就送政府,不日批下),对于假票主犯严惩不贷,但对悔过自新分子并能帮助追出根底的应予宽大处理。而对那些受骗的行使假票者,除没收其假票外,应进行教育解释,对于查获假票者,可根据情况予以奖励。

(5)加强反假票的情报工作,发现假票应立即通报各地,并应收集假票样报送总行。

(6)在边缘区土产出口,应教育群众换回物资,如有带回本币者应严格检查追究,并进行鉴别。

(7)注意调查敌区制造假票机关,及敌人发行假票的各种阴谋,在可能条件下能破获则设法破获之。

各级干部必须明确认识反假票工作是当前货币斗争中紧急任务之一,必须高度警惕,及时收集情况,组织反假票斗争的进行,重要情况及反假票经验,随时报告总行。①

① 《华北银行总行关于反假票斗争方针的指示》(1948年7月9日),见华北解放区财政经济史资料选编编辑组等编:《华北解放区财政经济史资料选编》第2辑,中国财政经济出版社1996年版,第259—260页。

三、信用合作社和私营金融机构的发展变化

解放战争时期，在各解放区，主要是广大农村地区，即使是原抗日战争根据地边区的老解放区，恢复农工生产和社会经济，最大的难题是资金缺乏，农民中困难户比重大。银行贷款支持，难以充分满足需要。传统的民间借贷，经过土地改革或减租减息，封建地主所有制被消灭或削弱，富农经济也受到冲击或限制，旧的封建高利贷被取缔。农民中的富裕阶层由于土地改革或减租减息的影响，不敢将闲置资金出借，民众之间互通有无的自由借贷关系也大为减少，甚至绝迹。一些地区农村的普遍情况是，农民获得了土地，却无耕畜、农具和资金进行生产，农民对生产资金需求愈加急迫。因此，总结和发扬抗日根据地创办信用合作社的经验，开创和加速发展农村信用合作事业，发动群众自己动手，建立和普及农村新型借贷关系，调剂和充裕农村金融，是恢复和发展农副业生产、改善农民生活的必由之路。在这一政策思路的指引下，各解放区尤其是老解放区，农村信用合作事业在原来抗日根据地的基础上，又有新的发展。

解放战争时期，私营银行业也有所发展、扩大。1946 年 1 月重庆政协会议之后，国内曾一度出现和平局面，老解放区开展了热火朝天的群众生产运动，劳苦大众迫切要求恢复生产、发家致富，改善生活，新解放区城市的工商各业亟须修复，边区政府号召全区进行大生产运动，恢复、繁荣城市工商业。但是，要迅速活跃市场金融，调剂社会资金，解决群众生产困难，单单依靠国家银行，还远远不够，必须集合社会游资，依靠广大群众组织起来的力量，才能收到应有的效果。在这种情况下，私营银钱业逐渐恢复，有的地区还组织成立了大型私营银行。城市私营银钱业一度呈现欣欣向荣

的景象。

(一)信用合作社的发展变化和营业状况

在各解放区边区,民主政府和直接承担农村资金支持的各级银行机构,制定政策、积极采取措施组织农村信用社、发展农村信用事业,并取得成效。

在晋冀鲁豫边区,1946年年初,银行一方面大量贷款,全力支持农业大生产运动;另一方面通过贷款支持合作社,特别是帮助组织和发展新的信用合作社,全力促进农村信用合作事业稳步发展。边区政府和银行干部深深懂得:1946年的贷款虽然数目巨大,起着一定的作用,但整个边区内,人民经济活动所需融通的资金,绝非这些贷款可以解决,过去几年来,因为战争环境及生产不发展,交通不便,贸易不繁荣,更加上减租减息以来,农村私人借贷关系可以说几乎完全没有了,因为有钱人也不敢出贷了,所以有人说"高利贷没有了,但也借不到钱了"。今后和平实现,生产发展,贸易逐渐繁荣,交通也逐渐便利,社会中的资金融通不仅城市增加,而且乡村也必然增加。虽然合作社在各地区已有相当发展,但很不普遍,尤其合作社作信用事业者,更属寥寥无几。因此,冀南银行总行在1946年上半年工作任务内,即提出了以下的方针:"开展农村信用合作事业,发展群众性的借贷关系,以促进生产。"希望各地银行支行"不仅在发放本行规定之贷款上去努力,而且还能通过这些贷款进而组织农村群众性的借贷关系,使贫困死滞的农村金融,也能逐渐走上恢复活跃"。①

---

① 胡景沄:《加强生产贷款工作为大生产运动而服务》(1946年4月),见华北解放区财政经济史资料选编编辑组等编:《华北解放区财政经济史资料选编》第2辑,中国财政经济出版社1996年版,第85页。

1946年,晋冀鲁豫边区已在开展农村信用合作事业方面取得某些成绩。冀南银行太行区行经过半年的努力,建立了4个专营金融业务的合作社和15个由混合业务合作社兼营金融业务的信用部,并积极开展业务,获得初步成绩。据索堡混合业务合作社信用部的半年业务总结,其资金连透支银行25万元,共50万元。吸收定期和活期存款63950元。半年贷款户统计,农业115户,共贷款273500元,吸收群众资金36.3万元,共买骡驴30头,除参加互助耕地外,运输营利26.23万元,连同牲口利润共得利约184.69万余元,小本商业性的贩卖,担挑运输贷款户40户(包括10个村的13户)共贷款1147500元,共营利603928元。本村妇女纺织41户,贷款3万余元,共营利2万余元,本社纺织部贷款12万元,代纺纱妇女购置织布机4架、纺车60余辆,统计全部资金周转142.1万元。除付银行贷款及存款利息,纯利67015元。群众得到247万余元。信用合作社是集聚群众游资、组织储蓄、组织群众资金互助,使资力、劳力更密切结合起来,以扩大生产的信用组织。统计说明,半年来的信用合作社工作,在组织农村游资,扶持生产上已起了极大的作用。

在半年工作中,冀南银行太行区行在摸索中前进,取得经验,解决了组织信用合作社的几个问题:(1)业务专营、资金独立、整体分红,是混合业务合作社兼营金融业务的重要原则。它防止了混合业务合作社消费部侵占信用部资金的问题,又解决了富有的社员由于信用利息低于商业利润,而不愿投资信用部的问题。(2)"富人得利穷人翻身"是动员群众组织信用合作的有力口号,特别是有劳力而缺乏资金的人,在详细计算下,最易接受这个道理。如索堡合作社有一富农社员入股6000元,未成立信用部以前的3个月分红9600元,利润等于股金的160%,而一贫农社员入股500元,按比例只分红800元,成立信用部以后,信用部所得利润为股金的27%,入股6000元之富农社员,分红1200元(实际所得不只此数,因整体分红,其他业务部可补部分);贫农社员除分红135元外,三月间贷款4000元,加上自身部分资金买了一头牲口,按市场作价,得利5万余元。(3)信用合作社必须为生产服务和生产紧紧结合。不能只涨农业利润,而不将群众生产利润和信用社利润结合起来。不过索堡信用社与生产的结合还不够紧密,如商业贷款140余万元,纺织才3万元,其他副业生产也没有贷款。为了照顾钱业利润低,应从商业贷款上找利润,强调"以肥养瘦"。另外,从索堡生产组织上看,只是劳力互助,信用部没有渗透到生产组织中去,贷款是贷给个体农民。这样看来,完备的合作社应该是以生产为主,兼营信用与消费两种业务的混合业务合作社。这样,信用合作社将带有转移消费部业务资金到生产上的作用。①

1947年中,晋冀鲁豫边区大部地区都完成了土地改革,开始进入发展生产阶段,自卫战争也已由防御转入进攻,农村总的任务是继续深入土地改革,努力发展生产,支援自卫战争,以求达到最后胜利。在这种新形势下,农村信贷工作又有新的发展。在土地改革已经完成的地区,群众的要求是"组织起来发展生产"。但由于土地分散、农民家底薄等原因,发展生产有很多困难(特别是农具、耕畜的缺乏),不论农业或副业生产,都缺乏资金周转。当时银行的首项任务是组织和发展农村信贷工作,大量地发放生产贷款,以活跃农村金融,扶助群众生产。

据冀南银行的记载,当时农村信贷工作大体上有两种情况:一种是组织和发展群众性的信用活动;另一种是银行发放贷款。不

① 《冀南银行太行区行关于信用合作社问题》(1946年11月),见华北解放区财政经济史资料选编编辑组等编:《华北解放区财政经济史资料选编》第2辑,中国财政经济出版社1996年版,第120—121页。

过银行贷款是有限度的，只有普遍开展群众性的信用活动，才是活跃农村金融解决群众生产资金问题的根本办法。群众生产组织起来以后，就迫切地要求资金周转，同时也开始产生了群众之间的各种信贷活动，因此在这时普遍地开展群众信用活动，既是需要的又是完全可能的。

根据太行区 1946—1947 年的情况总结，当时银行组织农村信用活动，开展合作社信用业务，有下列三种类型。

一是合作社兼营信用业务：群众生产组织起来后产生了剩余劳力，群众就要求以剩余劳力进行副业生产，以补助农业生产之不足，达到“耕三余一”。这样做光劳力互助不够，还需要有资金互助，于是就产生了群众性资金互助的信用活动。大体上有三种形式：(1)小型合作社：它是农副业结合，剩余劳力与游资结合，一面进行农业生产，一面进行副业手工业生产，按劳分红的组织。(2)以大合作社(村合作社)股金之一部分，贷给或投资到群众生产事业中，发展到能够独立经营时，抽回资金，转移对象。(3)合作社入股与存款相结合，以组织游资扩大资金。其做法是入股抽股随便(股额最少 5 元)，股金到期按股分红，不到期抽股者以存款计息。这三种组织形式都是群众的创造，适合农村中资金分散、借还随便的习惯，适合群众的要求，有普遍发展的价值。

二是合作社的信用部：在合作社信用业务比较发展、群众资金周转比较灵活的地区，为了便于掌握资金，随借随还周转方便，就要求成立合作社的信用部。信用部是合作社信用业务发展到一定阶段的组织形式，是较高的信用组织。在合作社发展不平衡的地区开始组织这种活动时，先不必强调每一个社都成立信用部；但合作社信用业务比较发展后，就可以着手成立信用部，进一步推动信用活动。

三是信用合作社：这是农村信用合作组织中的高级类型，在当时一般的农村条件下,独立的信用合作社还不能大量发展,只有工商业比较发达或特种产业比较旺盛的集镇,信用合作社或合作社的信用部才有发展的条件。

当时冀南银行认为,根据这些情况,在群众生产已有基础、合作社发展较普遍的地区,农村信贷工作应普遍地组织合作社信用业务,银行贷款可通过较好的合作社去发放,这不仅便于贷款与生产结合,与群众游资结合,而且还能反过来推动合作社的信用业务。在群众开始转入生产、初步组织起来的地区,应立即着手组织合作社,试办合作社的信用业务;组织试办应根据当地情况及群众要求,不拘泥于某一形式,以便灵活创造经验,促进农村群众性信用合作活动发展。而银行支行是组织农村信贷工作和组织农村群众性信用合作活动的关键。①

晋冀鲁豫边区太岳区的农村信用合作事业起始于抗日战争胜利前夕,1945 年 7 月,屯留罗村在银行帮助下成立信用合作社,集股 16.4 万元,其中群众股金麦子 56.6 石,玉米 2 石,豆子 5.4 石,小米 1.1 石,鞋 6 双,布 6 尺,现款 1.64 万元,银行为了扶植入股 7 万元。开始因贷款方便,群众对信用社很满意,后来因资金常被医药社挪用,存款又很少,贷款不能满足群众的要求,银行也未即时帮助,再加上物价上涨,信用社陷于停顿状态。1945 年 10 月,沁源李成村(小集镇)成立信用部,共筹股金 65000 元(群众资本:麻皮 1000 斤约值 4 万元,银行贷款 25000 元),发放短期小额贷款,贫苦农民运输得到赞助,群众对信用社有好感。在这种影响下,柏子村亦于 1946 年春天成立信用社,后因物价上涨,资金被其他业

① 《冀南银行 1947 年下半年银行工作的方针任务与作法》(1947 年 5 月),见华北解放区财政经济史资料选编编辑组等编:《华北解放区财政经济史资料选编》第 2 辑,中国财政经济出版社 1996 年版,第 139—141 页。

务挪用而垮台。1945 年 5 月，附城东冶村合作社为解决赊账问题成立信用部，这是群众自己的创造，银行和其他机关都没帮助和指导。他们的做法是：群众买货无钱，可到信用社借款，10 天内不计息，若 1 月不还，按月 1 角付息，这样赊欠逐渐减少。1946 年合作社开始办理存放款业务，存款 2 分半计息，贷款 3 分（不分用途和时间长短）。动员存款 5 万余元，贷款用途主要是纺织、运输，有时合作社也拿出资金调剂，8 月，合作社分红后，群众感觉存款利息少，大部分存款被提走，此后存款就少了。11 月，区联社建立信用部，该社随即取消。

上述情况显示，太岳区信用合作社历史较短，亦无明显的发展，基本上处于自生自灭与半停顿状态，主要原因是：(1) 目的不明确，银行开展这一工作，主要是从便利自己贷款出发，发展群众生产，对组织群众资金的观点模糊甚至可以说没有。(2) 单纯任务观点，帮助成立起来后，即算万事大吉，没有经常帮助和对业务进行指导，也不注意发现问题，研究与总结经验，任其自生自灭。(3) 没有找到正确的方向，信贷业务没有和生产业务结合，进行统一分红，以致物价波动后，没人存款，迅速走向衰落。①

针对这种情况，1946 年 7 月，太岳地区银行召开分、支行经理会议，总结春季贷款工作，信用合作工作重新开始，提出冬季试办信用合作社，同时受到太行发展信用合作的影响，引起各地对工作的重视，一分区先从沁源着手，分、支行共同实验郭道信用社（因接受太行结合生产统一分红的经验，所以较有成绩）；四分区阳城支行 1946 年冬组织区联社信用部及联防村信用社，1947 年春季，

① 《太岳区信用合作工作初步总结》（1947 年 9 月），见华北解放区财政经济史资料选编编辑组等编：《华北解放区财政经济史资料选编》第 2 辑，中国财政经济出版社 1996 年版，第 185 页。

晋城、高平等地亦相继试办。

综合各地情况,组织信用社的工作,大概有如下办法或方式:(1)结合生产一元化的领导,以银行干部为主,与政府联社等干部共同组建信用社。沁源20天组成11个信用社,主要是通过一元化领导取得的成绩。(2)银行以贷款扶植。(3)区村干部在"生产为民立功"竞赛的号召下,完成任务的观点亦很浓厚。各系统保证动员股金,干部起带头作用,因此想尽一切办法打通群众思想,动员股金,完成任务。(4)典型示范效应,如郭道信用社成立后,伏贵群众自动搞起信用社。

截至1947年7月底,全区共有信用社46个,共有股金4000余万元,入股者包括农民、工人、商人、妇女、儿童、机关干部等,入股动机、要求各异,大概可分三种:(1)有生产活动能力人入股,目的是为了多贷款。(2)缺乏生产力的人,特别是妇女与孤寡等入股,则要求多分红。(3)还有一部分中农,在政治动员说服下,以少数资本入股试探。也有些地方动员股金的方式较好,较易被群众接受。如阳城提出:"生产赚钱入股""剩余物资入股"。西冶合作社信用部15%是物资入股。兴业银号动员入股时,沁阳村郭花荣互助组纺花赚洋2万元入股;沁源韩洪妇女亦纺花赚钱入股,群众生产情绪高,入社踊跃。一般来说,各地信用社动员股金并不太困难。

太岳区信用合作社的业务经营方面,大致有以下几种:(1)存放款是主要的业务,但存款除市镇外,农村一般较少。也有个别地方进行实物存放(如伏贵、长坡等社)。有的合作社存款是活期存取,但按月累进计息。群众感到很便当(如郭道社)。在贷款手续上也很简便,农民说:"到咱自己银行,二指宽的条子就办事情"。贷款利息分工、农、商、运输数种,社员贷款有优先权,有的地方社员利息比非社员低,互助组比个人低,以示优惠、照顾。(2)投资工商业。作坊与运输上有掌握主要物资的，其目的主要是调剂利润，避免物价上涨吃亏，但也起到了组织群众生产的作用，二者兼得。(3)办理妇女纺织传习所，培养织妇（如郭道社）。(4)互助组密切结合办理工票兑现（如郭道社）。(5)代理支行兑换破币及为群众识别真假票等。

1947年，太行区组织的信用合作社有五种类型：(1)互助组内的信用业务：这是农村信用合作事业与群众生产结合最密切，而且最基本与最巩固的一种形式，这是沁源县的创造。这种类型只有三个。起初银行为了巩固互助组，使劳资结合、农副业结合，贷一部分款项（20万元）给互助大队。款项用途由大队长掌握，根据生产情况轮流贷给各个互助组，另选一人担任会计与保管（王家园是管工票的管钱）。张苟保互助组的信贷社，是信用业务进一步发展的产物，开始贷银行款20万元，抽出几个人搞副业，赚了12万元，大家生产情绪很高，互助组也由15人发展到75人，成立一个大队。群众体会到资金互助、劳资结合的好处，于是在互助组集股12万元，加上银行贷款，成立信贷社。

(2)村合作社信用部：一般是与合作社统一集股，统一分红。但沁源有些合作社兼办信用业务，单独分红。原因是这些村庄经济条件好，群众要求建立信用业务。合作社几年不分红，业务方向不明确，群众不满意，不愿与合作社统一分红。合作社经受这种刺激后，立即着手清算账目，改造业务。这种村合作社信用部，也是一种适合农民要求的信用组织形式，但它应当是互助组信用业务普遍建立后的产物。互助组是它的组织细胞，它应与群众生产密切结合。不过当时条件下尚不能普遍建立信用部，只有在互助组比较好、合作社业务方向正确的地方才可以建立。这种形式最适合于大的村庄，因为互助组信用业务普遍开展后，农民会感觉各互助组都举办信用业务，资金不能互相调剂，而且麻烦，进一步要求合作社设信用部单独经营。

(3)信用合作社(或“信用银号”):这是商业较发达的市场建立的单独信用合作社,如郭道信用社与阳城兴业银号。它的特点:一是存款业务为主;二是为了照顾社员分红,抽出一小部分资金投入工商业;三是资金周转迅速,能吸收一部分存款;四是农民、商人、工人共同集资组织的信用事业,对有生产活动能力的商人与农民照顾多,对于离信用社较远的不善经营的老实农民与贫苦农民照顾差。这种形式只有集镇与城市才能建立,不是普遍发展的方向。

(4)区联社信用部:这是阳城创造的形式,信用部与区联社统一集股,统一分红,通过信用业务,使区联社与村合作社联系较密切。区联社信用部是互助组信用业务与村合作社信用部普遍建立起来后的产物,它的作用主要是调剂各互助组与信用部的资金。这种形式是否十分需要,应视各区具体情况决定,不可一概而论。

(5)联防村信用社:这是阳城创造的类型,由四五个行政村集股组成,它是专业信用社,以存放款为主(实际上存款很少),抽出一部分资金投资工商业。联防村信用社虽然发放贷款,对扶助群众生产有一定的作用,但由于距离各村居民较远,发生贷款不便、对群众生产情况了解较差、各村之间因贷款多少不同而产生意见等现象。总之,联防村信用社的形式,不太适合分散的、落后的农村需要,在发展中应使它与互助组密切结合。①

银行和政府部门在组织、发展信用合作社的同时,也加强了对信用合作社的业务指导和规范管理。

① 《太岳区信用合作工作初步总结》(1947年9月),见华北解放区财政经济史资料选编编辑组等编:《华北解放区财政经济史资料选编》第2辑,中国财政经济出版社1996年版,第185—188页。

在冀鲁豫区，银行结合贷款，对合作社进行扶持、指导，提高其质量和经营管理水平，明确银行对合作社的任务，是加强业务指导；帮助建立民主的领导制度，使合作社更好地为人民服务，为生产服务，并试办信用业务，开展群众性的借贷关系。要求各分行、支行、贷款所每一个单位，必须具体掌握一个合作社，以便创造经验，更好地指导其他合作社的工作。

银行与合作社的关系基本上是业务指导关系，但在目前合作社尚未有统一的领导机构情况下，银行应积极加以指导，大胆解决问题，必要时可利用会议形式或发动群众，交流各地经验，把合作社的业务提高一步。

银行和合作社干部，都必须明确合作社为谁服务和如何服务。合作社是有阶级性的，它是劳动群众自己的经济组织，不包括封建地主利益，它的任务是通过合作形式，团结中贫农劳力与资力，把分散的个体经济组织起来，为群众生产服务，引导群众发家致富，并办理信用、消费等业务，以满足群众的各种经济要求。

现存合作社，质量参差不齐，还有个别合作社隐藏着地主富农投机商人等斗争对象，应发动群众挤掉封建势力；有些合作社业务上有毛病，单纯办理消费或做投机生意，不但不扶植群众生产，甚至有的还限制群众生产，应经过民主讨论彻底改造；有的把群众斗争果实不经过分配、不经过群众同意，建立了合作社，名义上是群众的，实际上是由少数干部作主；有的合作社不敢收群众资金，或不吸收劳力股，把贫农挡在社外，或者只吸收贫农股，把中农挡在社外，这些做法都是错误的。

冀鲁豫区合作社中，业务方向比较正确的有以下几种：(1)以劳力为主进行全面生产的劳资互助社，组织全村劳力入股，分工进行农业副业的全面生产，但也做其他附属业务（如前李家合作社及柳庄合作社），这种社适合于地少劳力多、开展副业生产的贫苦村庄。(2)劳资结合以副业为主,兼营消费,有的并拿出一部分资金扶植群众生产互助组的混合业务合作社(如东五县等)。(3)以信用业务为主,用贷款投资组织群众生产,本身也经营一些专业生产或消费业务的信用业务合作社(如南崔庄大槐林等)。(4)城市及较大集市的专业小型合作社,按行业分组(如筑先城内民生等合作社)。

信用业务是银行在合作社工作中基本任务之一,区行 7 月会议还规定了各分行发展组建信用社的任务,六、八、九分行在年前各完成 3—5 个信用社,四分行完成 1—3 个信用社(河南暂不规定),必须继续完成。一些生产较有基础的合作社,应注意诱导群众试办信用业务,使合作社更进一步帮助群众生产。已经有了信用业务的合作社,应帮助发展提高加以扶助,创造经验克服缺点,目前信用业务上的主要缺点,是没有存款业务,限制了业务发展,今后应用更大力量开展存款业务,加强信贷工作。

开始试办信用业务,应以现款为主,对发展实物借贷,应根据群众具体需要和本村条件,不要盲目地做。开展信用业务,应注意的几个问题:(1)存取方便;(2)存实物保证实物;(3)保证信用(存放都要保证信用);(4)存放款均须有利息(多少由群众自定)。

银行对合作社的贷款扶持,是合作社顺利发展的重要条件。对能为群众生产服务、方向正确的合作社,有困难时(主要是灾区或穷村),只要银行有力量即应予以扶植和帮助。贫农入股有困难时,要求银行贷款者,可以个别贷给,帮助其解决入股的困难。合作社还应特别注意吸收贫农劳力和妇女儿童入股,以扩大合作社的群众基础,对妇女儿童的入股,可给以一定保证,如:不得本人同意家人不得提取,家人欠款不得用此顶替等,以减去其入股的顾虑。

最后还必须明确一点:合作社能否赚钱,这也是发展与巩固的基本条件之一。所以,如果是在为群众生产服务的原则下赚钱越多就越好,但必须注意防止不为生产只做投机生意的单纯利润观点。①

到 1947 年下半年或年末,解放区老区大部分已完成土地改革,大部分农民已成立互助组、生产合作社、信用合作社,或互助组、生产合作社内兼办信用业务,并在银行贷款工作中发挥更大的作用。银行的贷款方式也发生了重大变化。

1947 年,在晋冀鲁豫边区太行区,贷款仍然主要用在扶持翻身农民生产上,生产贷款分配科目包括农副业、工业、合作三种,但贷款方式和对象变了,不再是直接贷给私人,而是通过合作社与信用社发放,"随收随放,周转快作用大"。贷款通过合作社发放,不是委托业务,出发点不仅是为了款不离村、随收随放、借还及时,而且是为了积极推动与扶持合作社的信用业务与信用社的发展。因为只要信用社发展了,贷款贷给信用社(包括合作社),则既能满足群众要求,用途也易正当,又能减少群众要求与货币发行的矛盾。

通过合作社,就是以合作社为贷款对象,会计上以合作社立户,贷款期限可按生产季节与每个社的资金情况分为 3 个月、6 个月及临时周转三种,这样才便于村与村的调剂,当然不是说到期后收回不贷,只要不是调剂需要,可以付利续贷,款不离村。

既然通过合作社与信用社发放,则用途不宜主观规定,一般说只应分农副业与专业两种,会计科目也是这样。前者为了群众用

① 《冀南银行冀鲁豫区行贷款会议总结》(1947 年 11 月 26 日),见华北解放区财政经济史资料选编编辑组等编:《华北解放区财政经济史资料选编》第 2 辑,中国财政经济出版社 1996 年版,第 204—206 页。

途方便,后者为了有计划地生产;前者可全部通过合作社与信用社,后者按具体情况直接发放或通过专业合作社发放。但为了研究问题,可按照群众实际使用科目进行统调工作。不过目前成绩尚远不能满足群众需要。即以数量讲,信用社社数仅占合作社的10.9%,信用社资金仅占合作社资金的8.67%。在分布上说,还非常不普遍。而且中贫农关系问题、利息问题、经营路线问题、在金融上的三种经济(公营、合营、私营)关系问题等都还需进一步解决。①

1949年1月31日,北平和平解放后,中国人民银行总行负责接管平津两市金融机构,并加以调整改造,除了恢复中国银行和交通银行,还建立了合作银行(或合作部)。合作银行的业务主要是合作贷款和农业贷款,实际上还是以农贷业务为主,农贷一直是由中国人民银行的县支行或生产推进社(察省、冀中)办理的,县支行还有许多办合作业务,所以合作银行现在只需在一些大城市设立机构(最好先以分行合作部形式出现)试验与合作社进一步结合,不可急于建立垂直系统。②

按照中国人民银行总行的部署,合作银行全程参与了1949年上半年华北区的农业贷款工作,事后并进行了工作总结。③ 不过

① 邓肇祥:《太行区农村信用工作几个问题的总结》(1947年12月),见华北解放区财政经济史资料选编编辑组等编:《华北解放区财政经济史资料选编》第2辑,中国财政经济出版社1996年版,第214—216页。

② 《中国人民银行总行平津金融接管经验初步简结》(1949年6月1日),见华北解放区财政经济史资料选编编辑组等编:《华北解放区财政经济史资料选编》第2辑,中国财政经济出版社1996年版,第422—423页。

③ 《合作银行1949年上半年农贷工作初步总结》(1949年9月),见华北解放区财政经济史资料选编编辑组等编:《华北解放区财政经济史资料选编》第2辑,中国财政经济出版社1996年版,第425—429页。

合作银行并未出款，从工作总结中看到的是贷款的整体情况（包括缺点、问题），反映不出合作银行分担和具体完成何项工作（因所见“总结”系“节录”，并非全文，合作银行的具体工作可能被删节了），无从窥测平津等大城市合作银行（或合作部）的详细情况。

（二）私营银钱业的基本状况和政府管理

解放区民主政府在鼓励和扶植私营银钱业发展的同时，加强了对私营银钱业的引导和管理调控。由于历史基础、经济发展、政府监管多不相同，在各解放区边区，私营金融业的状况和发展变化互有差异。

东北的私营银钱业产生于民国时期。1931 年“九一八事变”前，东北地区带有近代银行因素的私营行庄为数甚少，钱庄产生较早，数量较多。1931 年“九一八事变”前，东北地区有行庄 207 家，主要分布在沈阳、大连、营口、安东、锦州、长春和哈尔滨等一些较大城市。如沈阳，1931 年有私营行庄 62 家，带有某种银行因素的有商业、世合公、林业、汇华、储蓄会等 6 家。其余皆为资力弱小的钱铺或钱庄，计有钱铺 10 家，以存放款业务为主，有银号、行庄 17 家，以兑换业为主；并从事各种货币投机倒把活动，如买卖金票、大洋等。

1931 年“九一八事变”后，日伪统治期间，由于日本侵略者的统制、攫夺，东北私营金融业急剧凋敝，数量日趋下降。1932 年 6 月 11 日日伪公布《中央银行法》，对原有银行、钱庄强行登记，以达其金融垄断、劫夺之目的。至 1934 年 6 月底以前，申请换领执照者，计 169 家，包括钱庄及银行两部分。是年 12 月末，准许营业者只剩 88 家。① 属于东北的 65 家中，个人经营者 46 家，资本不

① 准许营业的银行中，属于东北者 65 家，属于关内者 23 家，其中中国银行分行 13 家，交通银行分行 8 家，其他 2 家，各自独立。

足 10 万元者,达 40 家。对此等银行,日伪或令其增资,或劝其合并,并须在一年内完成。至 1935 年 11 月,日伪实施《汇兑管理法》,以往以兑换或以关内汇兑业务为主的弱小银行,失去营业目标。及 1936 年年末,由个人银行改为股份组织并增资者 19 家,清理倒闭者 27 家。自 1937 年日本发动全面侵华战争后,至 1937 年年末,日伪曾两度修正《银行法》,复于 1938 年 12 月公布新《银行法》,对银行组织、资本额、经营业务等,又有新的限制。私营金融机构进一步减少。到 1945 年"八一五"日本投降,东北境内计有普通银行 16 家,额定资本 20800 万元,实收 5982.5 万元,较之 1941 年《金融机关稀密调整纲要》出笼前,银行数减少 28 家。①

国民党进驻东北后,对私营银钱业推行"放纵政策",大肆鼓励东北沦陷前旧有银行业迅速复业。在沈阳,国民党市政当局依据财政部所颁布的东北九省商业金融机关处理办法,及收复区商业银行复员办法,着手整理私营行庄,规定"'九一八'以前经财政部核准注册之银行号,均得依法申请复业"。于是当地资本家勾结官僚,利用其政治地位,争先设立银行号,吸收公款,投机倒把,获利甚巨,促成银行号畸形繁荣。一时私营行庄又增至 28 家之多,另外还有黑银行号 7 家,信用合作社(与私营行庄业务无甚差异)21 家。1947 年,市政府为整顿金融,根据东北经济紧急措施办法,指定私营行庄停止信用放款,一律改为抵押放款。并禁止贷放 30 万元以上放款(其后继续放宽至 500 万元),但油房、纺织厂之抵押放款,及纱布之进口押汇不在此限。该办法延至 1948 年 4 月 5 日方始解除。同年 5 月 17 日,又鉴于物价上涨、金融紊乱,再度指令停止一切放款,后经银行业要求于同年 3 月 6 日开放工业

① 《东北经济小丛书·金融》,东北物资调节委员会 1948 年刊本,第 81—88 页。

放款，并通令严禁招揽军政机关存款。规定贷款总额不得超过存款总额的 40%。唯前述各项办法，私人行庄几无遵守实行者，率皆利用暗账，仍任意贷款，并从事囤积投机。1948 年 8 月 20 日，国民党改革币制，发行金圆券，宣布法币和“九省流通券”贬值，同时公布财政经济紧急处分令，规定银行资本金不得少于金圆券 30 万元，钱庄资本金不得少于 15 万元，银行钱庄存放款利率规定活期存款月息 1 分 2 厘，定期存款月息 3 分，放款月息 5 分，迫令实行，惟彼时沈阳已临解放前夕，资本家官僚纷纷携款逃往关内，又因物价直线上涨，各行庄存款锐减，开支庞大，业务萎缩，未待实行前项办法，沈阳已经解放。①

1948 年，东北全境解放后，私营银钱业多有变化。而发生变化最早和变化最大的是关东行署地区的私营钱庄业。1948 年 11 月 2 日，沈阳解放，不到两个星期，关东钱庄业即因关东行署货币改革而遭到沉重打击。11 月 15 日，由关东银行统一发行新币，收回旧币。凡旅大地区一切个人、机关、团体、企业，务须于 1948 年 11 月 15 日至 19 日 5 天内，将其所有之全部盖印伪满洲币和盖印苏军军用币以及未盖印之 1 元与 5 元伪满洲币和苏军军用币送交兑换处换领新币。自 11 月 20 日起，未兑换的旧币即行作废，丧失其支付能力，并禁止流通，亦不再予以兑换。②

按货币改革办法规定，旧币换新币，比值因人、因阶层而异，有 1∶1 与 1∶10 之别。大部分均按 1∶1 兑换，一部分则按 1∶10 兑

① 东北银行私行管理股：《沈阳市私营行庄调查总结》（1949 年 11 月 11 日），见东北解放区财政经济史编写组等编：《东北解放区财政经济史资料选编》第 3 辑，黑龙江人民出版社 1988 年版，第 599—602 页。

② 关东银行：《旅大地区币制改革》（1948 年 11 月 14 日），见东北解放区财政经济史编写组等编：《东北解放区财政经济史资料选编》第 3 辑，黑龙江人民出版社 1988 年版，第 460—461 页。

换,10 元旧币兑换 1 元新币,旧币缩水 90%。亦即旧币持有者遭受 90%的经济损失。从各阶层和行业看,经济损失大小轻重不一。警察缩减 6.7%;个别有利国计民生的私营企业缩减 14.2%;工人缩减 21%(因为有的工人替厂方工会兑换了一些,故不准确);农村缩减 45.1%;其他缩减 48.7%;机关、团体、公营企业、钱庄等缩减 90%。

在这次货币改革中,据称私人钱庄是"经济上打击的主要目标之一",所受损失最大。钱庄与工商企业、地主富农不同,货币几乎是其财富的唯一载体。大连、旅顺地区 13 家私人钱庄,主要损失可从三个方面观察:(1)钱庄在银行的存款(11 月 14 日存款及 14 日后寄存现款),13 家银庄总计为 21100 万元,其中应以 1∶1兑换者为 11100 万元,1∶10 兑换者为 1000 万元。共应由银行兑出 12100 万元,折减为 9000 万元,即 42.9%。(2)钱庄放款共为 39200 万元,均按 1∶1 收回,没有缩减和损失。(3)钱庄吸收的存款:11 月 14 日的余额为 45300 万元。按照规定应付 22100 万元,缩减 23200 万元。因为货币改革,钱庄少付存户的 232000 万元之折减数,应悉数移交政府。不过钱庄放款不易收回,同时由于从银行所得之 12000 多万元,不足补偿其偿还政府的 23000 余万元,于是钱庄对政府还须负担 11000 余万元欠款。① 因此,钱庄处境异常艰难。

在东北其他地区,仅有几家规模较大的银行基本上保留下来。1949 年上半年,在东北解放区内,开业的私营行庄共 9 家、17 个单位,分布于沈阳、哈尔滨、锦州 3 个城市,见表 20-57。

---

① 韩光:《关东银行币改政策总结》(1948 年),见东北解放区经济史编写组等编:《东北解放区财政经济史资料选编》第 3 辑,第 491—493 页。

表 20-57　东北解放区私营银行号地区分布统计(1949 年上半年)

项目 行庄名	行庄数	分行数	总分行分布地区		
			沈阳市	哈尔滨市	锦州市
志城银行	1	3	4	—	—
哈尔滨银行	1	2	1	2	—
沈阳商业银行	1	1	1	—	1
功成银行	1	1	1	1	—
益发银行	1	1	—	2	—
民生银行	1	—	1	—	—
益和永钱庄	1	—	1	—	—
辽宁储蓄会	1	—	1	—	—
福增长银号	1	—	—	—	1
总计	9	8	10	5	2

资料来源:东北银行业务处:《存放汇兑及私营行庄管理总结报告》(1949 年上半期),见东北解放区财政经济史编写组等编:《东北解放区财政经济史资料选编》第 3 辑,黑龙江人民出版社 1988 年版,第 582—583 页。

如表 20-57 所示,大部分行庄分布在沈阳市。9 家行庄中有 7 家的总行在沈阳市,其余 2 家总行分别位于哈尔滨市和锦州市;8 处分行中也有 3 处在沈阳市,其余 5 处分别位于哈尔滨市和锦州市。

各地私营银钱业的存留和发展变化,互有差异。沈阳解放后,市面秩序迅速恢复,私营行庄因政府实行保护政策亦较快复业。解放时复业者有志城、哈尔滨、沈阳商业、功成、民生、益和永、益通、益发、新生、益增庆、隆奉东、万亿恒、孚丰、储蓄会、世合会、永昌隆等 16 家行庄、20 个单位(志城有分行 3 处,益发有支行 1 处)。

唯复业行庄,大都缺乏流动资金,经营维艰,尤以国民党统治时期开业行庄,存款无多,而开支庞大,于承购公债后,资金益形枯竭,因此复业未及数月,又不得不宣告废业进行清理。总计1949年四五月间先后废业者为益发、益通、新生、永昌隆、隆奉东、万亿恒、孚丰、世合会、益增庆等9家行庄共10个单位。而所余行庄,仅志城、哈尔滨、沈阳商业、民生、功成、益和永、辽宁等7家行庄共10个单位。此外解放后有深衡、同益恒兴两银号,未经政府许可,擅自开业,因有危害公益危险,已由政府查禁,勒令停业。

上述7家行庄10个单位中,志城、哈尔滨、功成、沈阳商业四行,因历史较久,营业较有基础,且均保有城市房产颇多,一旦经营发生问题,尚可用以弥补。但如益和永、民生、辽宁三行庄,均系国民党统治期间利用旧字号转开行庄。既无营业基础,又缺乏可靠资产,在经营条件上,与前四者有显著区别。各行庄在区域分布上,计沈阳市私行10个单位中有5个单位密集于沈河区城内,其有碍于业务发展自不待言。

沈阳私营银行均为股份组织,但按过去经营情形,其实权皆操之于大股东手中,如志城银行股份共24万股,而其董监事曹章甫、陈楚财、陈子和、王润田4人即占11万股。又如功成银行股份共100万股,而其董事长姜朴园一人即代表姜族股份64万股之多。再各行庄之主要董监事,现在多数仍未归来,董事会无从召开,此亦为私行业务未能开展的一个原因。

私营银行有敌伪股份者为志城、沈阳商业两家。计志城有敌伪股份51539股,沈阳商业有敌伪股份8204股,二者均由东北银行接收完毕。

私营银行的机构较大者为志城、沈阳商业、哈尔滨3家。计志城有分行3处,均在沈阳。沈阳商业有分行1处,在锦州市。哈尔滨有总分行2处,在哈尔滨市。其他皆无分支机构。

沈阳私营银行职工207名,其中副经理53名,主任34名,职员71名,工友49名。以当时业务情形观察,人员颇有过多之嫌。

而尤以主任级以上人员,竟占全体职工半数以上,无怪开支庞大,经营困难。私营银行内冗员较多者为沈阳商业、民生两行。私营银行职工待遇,副经理平均 158 万元,主任平均 126 万元,职员平均 102 万元,工友平均 92 万元,总平均 118 万元。

私营银行业务以存放款为主,附带办理代收款项及代理保险,不办汇兑。

存款方面,1949 年 7 月末,私营银行全体存款为 259 亿元,其中活期为 203 亿元,占总存款的 79.6%,此为私营银行存款波动之主要原因。又私营银行存款来源,商业 105 亿元,占 40.5%,工业 67 亿元,占 25.9%,个人 87 亿元,占 33.6%,以商业居多。私营银行 1949 年半年来吸收存款状况:1 月为 255 亿元,2 月为 327 亿元,3 月为 510 亿元,4 月为 220 亿元,5 月为 210 亿元,6 月为 285 亿元,7 月为 259 亿元。3 月因一部分公营企业存款流入私营银行,且市面游资充斥,致使存款上升,但自 4 月已还,政府发行公债吸收游资并抑止私营银行公企存款。兼部分行庄宣告废业,于是存款又呈萎缩不振之势。

放款方面,1949 年 7 月末,私营银行全体放款为 95 亿元,对存款比率为 36.7%,其中工业放款为 55 亿元,占放款总额的 58.5%;商业放款为 39 亿元,占放款总额的 41.2%。私营银行放款对象,以铁工业、粮业为最多,制材业、代理店业、纺织业次之。

1949 年半年来私营银行放款状况:1 月为 127 亿元,2 月为 96 亿元,3 月为 129 亿元,4 月为 102 亿元,5 月为 94 亿元,6 月为 99 亿元,7 月为 95 亿元,放款亦以 3 月为最高。

存款准备,私营银行 7 月末存款准备总额为 144 亿元,其对存款比率为 55.7%,其中定期存款准备为 67 亿元,占存款比率为 25.8%,活期存款准备为 77 亿元,占存款比率为 29.9%。

代理业务,私营银行代收公营企业款项,截至 1949 年 7 月末达 1932 亿元,又代理保险额,截至 7 月末达 1604 亿元。

至于损益状况,私营银行截至 7 月末损益状况,志城银行总分行四处,收益 11.47 亿元,哈尔滨银行收益 800 万元,益和永钱庄收益 1.38 亿元,民生银行损失 1.37 亿元,功成银行损失 4100 万元,辽宁储蓄会损失 2.35 亿元,沈阳商业银行损失 5000 万元,以志城银行收益状况为最佳。不过行庄上期营业税尚未缴纳,如一经缴税恐必普遍发生较多亏损。

总的来说,私营银钱业在经济恢复、发展和群众经济生活中,还是有一定的作用:(1)吸收游资,私营行庄在吸收游资上,有其特殊性能,因为多数私营行庄历史较久,且为私人经营,能利用社会关系,吸收多数游资,一部分供给国家经建资金。现在私人的一部分资金,苟私营行庄存在,尚难期其即行走向国家银行。(2)扶助工业发展,私营行庄存款虽其来源以商业及个人者为多,但在放款方面,却着重运用于扶持工业。又私行放款,系以中小型工商业为对象,此类对象,目前尚非国家银行所能全面顾及。(3)代办国家银行事务,将来公营企业收款事务及保险事务必日趋增多,国家银行力所未逮,须由私营行庄辅助。

不过私营行庄的业务经营、资产产权,也存在不少问题。(1)民生、益和永二行庄为购买公债,及发生呆账等占用存款人存款甚多。计民生为购买公债及发生呆账等占用 7 亿元,益和永为购买公债占用 3 亿元,因此该两行庄缺乏流动资金,时常周转不灵。(2)解放前长春汇款未付款,志城、哈尔滨、沈阳商业、功成四行共为金圆券 214.7 万元,私营行庄已由伪中央银行领出而未付给收汇人者为金圆券 23.7 万元,此款应如何处理,国家银行正在研讨中。(3)辽宁储蓄会在国民党政府时期占用沈河区军署街原工商银行房屋,产权未定,其归宿尚须研讨。(4)志城银行董事长陈楚材解放前将该行资金携往北平数目,估计达黄金 289 两,虽已归还 80 两,但尚拖欠甚多,现正由该行严加追索中。[1]

解放战争时期,在关内解放区的私营银行、钱庄业也有所发展。1946 年 1 月重庆政协会议之后,国内曾一度出现和平局面,老解放区开展了热火朝天的群众生产运动,劳苦大众迫切要求恢复生产、发家致富、改善生活,新解放区城市的工商各业亟待修复。在这种情况下,边区政府号召全区进行大生产运动,恢复、繁荣城市工商业。但是,要迅速活跃金融市场,调剂社会资金,解决群众生产困难,单单依靠国家银行及少数私人银号的支持,还远远不够,必须集合社会游资,依靠广大群众组织起来的力量,才能收到应有的效果。

在晋冀鲁豫边区,1946 年 3 月冀南银行总行召开的区行经理会议,感到有成立一个全区性的大规模私营银行的必要。其时正值边区参议会在邯郸召开,当时即商约政府同意,邀请出席大会的经济界参议员共同商讨,一致认为此事非常重要,并愿参加发起组织。即时讨论通过在边区组织成立"瑞华银行",总行设于邯郸,并在边区主要城镇邢台、南宫、临清、济宁、菏泽、长治、晋城等处设立 7 个分行,资金额定为 5 亿元,规定每千元为一小股,1 万元为一大股,分区募集,当即起草规章草案及募股启事,讨论完毕,全体签名作为发起人,至 4 月 5 日,又经过邯郸市商联会邀请各业代表讨论,全体一致赞同,并愿参加发起号召入股,至此前后参加发起者共 69 人,包括边区绅士名流、群众领袖、工商各界、合作社、机关团体的有声望人士。接着于 4 月 9 日召集发起人会议,当场选出 11 人为筹备委员,成立总行筹备处,呈请边府备案准予成立。各

① 东北银行私行管理股:《沈阳市私营行庄调查总结》(1949 年 11 月 11 日),见东北解放区财政经济史编写组等编:《东北解放区财政经济史资料选编》第 3 辑,黑龙江人民出版社 1988 年版,第 599—607 页。

地分行在冀南银行及社会贤达协助下也相继成立,各地发起人均热烈认股,共计集资4.1亿元。至5月17日首届股东大会,修正通过了银行章程,选举了董事和监察。计董事13人、监察5人,正式呈请边府备案准予成立。

1946年6月11日,瑞华银行在邯郸开幕,正式营业,各地分行相继于8月5日以前均正式成立,开始营业。营业半年间,总行和各分会募集股金数目计:总行8671.485万元;济宁分行7763.9万元;菏泽分行4109.1万元;临清分行3043.6万元;南宫分行6119.6万元;邢台分行4432.9万元;长治分行4151.2万元;晋城分行4094万元;合计42388.485万元,占额定股本总额的84.78%。

瑞华银行的营业状况,从1946年6月开业到年终决算,大体经过了三个时段:初期开业时段,正值政协会议闭幕,整军方案签订之后,国内一度出现和平局面,群众欢欣鼓舞,农工商业形势活跃,物价稳定。同时边区政府及冀南银行竭力扶持瑞华银行的发展,营业上给予许多帮助与便利,特许经营金银、证券及仓库业务。银行内部人员均情绪高涨,工作积极,采取大量吸收存款与大量放款的方针。总行开幕半月内存放款总数超过2.5亿元。分行放款数额亦甚大,并附带经营金银、证券、仓库业务,并呈现蓬勃发展的趋势。但开业不久,内战爆发,物价暴涨,边区政府为平抑物价,采取紧急措施,7月15日颁发全区紧缩通货命令,瑞华银行亦采取紧缩商业放款,而大量增加工业、手工业、运输、合作、小本商业等放款的方针,其时各分行的城市业务也渐有头绪,当即提出帮助城市及农村信用合作事业的发展,总行、邯郸市分行、长治、晋城均开展此项业务,这是第二个时段。

1946年9月以后,战事更扩大,国民党军侵入边区,占领许多城市,飞机到处骚扰,菏泽、济宁被迫迁移行址,晋城应当地股东请求宣布撤销,总行及其他分行亦转入备战。这样,开业不到两个月,业务即遭受莫大损害,至年终暂趋稳定,业务始逐渐恢复。此为第三时段。

瑞华银行的各项业务状况,存放款业务方面,存款总额为2432047899.33元,其中临清分行110198560元,菏泽分行63104793元,济宁分行92514215.9元。放款总额为1405882002.88元,其中临清分行37141360元,菏泽分行19356560元,济宁分行6436万元。

仓库业务方面,瑞华银行采取独营和合伙两种方式,主要经营棉花、土布、食盐、粮食、煤炭、染料、山货。共计798792536.9元,其中济宁分行46407270.18元,菏泽分行68030471元,临清分行112275046元。7月份物价高涨时抛售存货,9月份物价下跌,市场呆滞,组织吸收,调剂土布、棉花、食盐销往山地;将山货、桃仁、白菜、花椒、铁货运往平原。①

由于瑞华银行将其任务主要放在营利方面,而当时物价直线上升,因此在业务方针上便确定以存款作为放款资金,本身股金完全从事经营,存款主要靠经济部门支持,主要精力放在商业、生金银买卖上。业务上与冀行发生矛盾,人员实行薪金制,待遇高,因而引起了各方面的不满。特别是开业不久时局发生急剧的变化,矛盾更加暴露。瑞华由一时轰轰烈烈的发展变为消沉。由于战争紧张,雇用人员不能坚持工作,有的自动离职,有的被开除。济宁、菏泽两分行失去城市市场打游击,机构与冀南银行合并,到11月邯郸吃紧,总行也迁移到阳邑而进行旧贷清理,全力进行仓库经营,各地反映要求取消瑞华银行。

晋城分行在战争紧张情况下,由区党委决定于10月即行撤

① 《瑞华银行关于1946年营业报告书》(1947年1月),见华北解放区财政经济史资料选编编辑组等编:《华北解放区财政经济史资料选编》第2辑,中国财政经济出版社1996年版,第126—128页。

销,总行与其他分行于 1946 年 12 月正式并入冀南银行。但为了将来的发展,避免影响不好,财产仍然独立,名义仍存在。

1947 年战局好转,再次决定瑞华机构独立,方针上决定逐渐抽回公股,扩大私股,停止生金银、外汇业务,紧缩仓库经营和投资,以从事银行正当经营,创造城市信用合作事业的经验,干部一律实行供给制。之后即抽回公股 28000 万元,仅剩公股 6600 余万元,加上私股共 10500 万元,各分行也相继独立出来,归总行统一领导,党政生活归驻地党委领导,与冀南银行的关系确定为国家银行与私营银行之管理指导关系,瑞华银行向当地交纳合理负担。通过上半年的试验,由于物价平稳,囤积居奇受到严重打击,工商业利润正常,特别是工业、手工业利润比一般商业利润大,全体干部增强了信心。根据上述情况,瑞华总行于 1947 年 6 月底迁回邯郸旧址。①

晋冀鲁豫边区邢台市,因私营银号持有人携款外逃,民主政府组织民众集资,成立新的私营银行。

日本全面侵华战争沦陷期间,邢台原有 16 家银号,因日本侵略者实行所谓“组合制”,强令银号“合资”经营,限定资金起码为 60 万元。银号停业,最后合并为三家,即裕兴恒、裕通、福聚,其董事、经理均为勾结敌伪压迫群众的劣绅。

邢台解放后,这些人都携款潜逃,银号垮台,民主政府为了方便群众,活跃金融市场,认为有组织银号的必要,遂于 1946 年 3 月通过商业联合会号召、动员和筹集股金,成立了福顺、汇丰、裕华等三家私营银号。其股东均为各该商业区的几家大商号、银号合资

① 《瑞华银行总行成立至今的工作总结》(1948 年 2 月 5 日),见华北解放区财政经济史资料选编编辑组等编:《华北解放区财政经济史资料选编》第 2 辑,中国财政经济出版社 1996 年版,第 218—220 页。

组成，资金均系200万元。因为董事、经理都选的是“斗争对象”，表面上在营业，实际上则是为了应付政府号召，暗地转移资金，群众运动一开始，除裕华银号尚留有资金及一个会计、几个店员外，其余均将全部资金带走，逃往石门、天津。

在这种情况下，民主政府结合群众运动，开始对裕华银号进行改造。

裕华银号原有股东28人，在群众运动当中大部分被斗争，当时主管部门领导存在着两种意见：一种是将银号股金退回群众；一种是继续扩大股金使裕华银号复业。1946年2月由群众运动转向生产运动后，由于群众新翻身后的生产要求，最后决定恢复裕华银号，用以扶植群众生产。

裕华银号是市内三区的一个钱号，在恢复工作中结合三区的中心工作。其时正当群众运动末期进行分配果实、转向大生产运动，故当即提出，恢复银号，更换人员，穷人当股东，来扶持自家生产。在分配果实的大会上，群众都将旧银号股东的斗争果实，转入新银号作股金，银号股东一变而为广大翻身群众。改组后的股东中，小商人与市民占60%，澡堂及理发工人、农民占40%，真正成了群众自己的银号。在相关条件成熟后，当即召开了股东大会。因大部分股东是贫苦群众，所以股东大会也是翻身群众大会，除报告了以前的营业情况外，选举产生了7名董事，聘请该街道贫民会主席和三区澡堂工会主席为监事。7名董事中，除一名是旧商人外，其他全是工人、市民。在新的董监事会上，董事会确定了业务方针，产生了经理，主任则由董事会通过任用，并决定彻底整理内部，更换旧有人员，工人、市民掌握银号领导权，因此决定了银号扶植群众生产的经营方向。新的董监事会明确了吸收存款、扶持贫民摊贩生产及工业生产的营业方针，并立即扩大股金。在扩股中特别说明旧的经理的罪恶，新的银号已与其脱离关系，强调新银号扶持群众生产的经营方针。董监事在各个街巷利用各种会议进行宣传动员。结果,在 10 天之内股金迅速扩大,银号资金达到 10895363 元,同时吸收存款 7848925 元。2—7 月共吸收存款 2502198198 元,贷款 318228382 元,吸收的存款超过资金的 23 倍,业务逐月扩大。2 月和 7 月两个月的经营情况比较:2 月份各种存款 36 户,金额 7848925 元;各种贷款及透支 41 户,金额 10851420 元;7 月份各种存款 48 户,金额 89822949 元;各种贷款及透支 492 户,金额 75840690 元,平均每月存款 4000 余万元,贷款 5000 余万元。1947 年 2 月至 6 月 8 日贷款情况见表 20-58。

表 20-58　裕华银号贷款统计(1947 年 2 月—6 月 8 日)

(单位:冀钞元)

项目 贷款别	贷款户数		贷款金额	
	户数(户)	占比(%)	金额(元)	占比(%)
小商摊贩	256	86.20	130644295	80.05
机关生产	8	2.69	2100000	1.29
坐商	18	6.06	19400000	11.89
工业	15	5.05	11045291	6.77
总计	297	100	163189586	100

注:原统计表贷款户数总计为 291 户,贷款金额总计为 193448621 元,均疑误。已分别据细数核正。百分比(%)为引者所计算添加。

资料来源:据《邢台市的改造旧银号工作》(1947 年 11 月 25 日)(见华北解放区财政经济史资料选编编辑组等编:《华北解放区财政经济史资料选编》第 2 辑,中国财政经济出版社 1996 年版,第 200 页)改制。

表 20-58 中数据显示,裕华银号贷款扶持的主要对象是小商、摊贩,贷款户数和金额均超过 8 成,分别占总数的 86.19%和 80.06%,是真正面向贫民的银钱机构。

裕华银号认为开展业务活动,吸收存款工作是十分重要的,为此广泛地建立往来透支关系，适当提高存款利率，并代收政府税款，又经常了解市场情况，特别是谁家有无存款，对顾客照顾周到。每晚开会，汇报情况，必检查“态度”。他们的工作是“一揽子”地进行，白天大家多跑街，晚上大家都点票。由此在客户和群众树立了良好的信誉。群众反映：“过去，一般市民摊贩，谁能到银号贷出一元钱呢？今天不但能贷，还能当保人，不但当了东家，还能被选董事，真是成了自己的银号”“啥时贷款啥时有，入股能分红（半年一元分五毛），还贷方便”。[①] 银行也全力扶持、撑腰，建立同业透支，维护其信用，给了裕华正当营业以充分的保证。

晋察冀边区张家口市，1948 年 12 月 24 日第二次解放，1949 年 1 月初进行关于私人银号金店的调查时，有私人银号 10 家、金店 12 家。银号、金店主（老板、常务董事、大股东等）相当部分为军政官僚，甚至汉奸、国民党中统特务，其性质属于国民党官僚资本，张家口解放时即已卷款潜逃。

若干主要银号、金店的资本性质、资金构成、经营状况如下：（1）汇通银号有股东 10 人、计 500 股，共计资金 5 亿元。“差事”伪察哈尔银行代表赵伯陶是伪省府委员，存款业务在“八一九”国民党“币制改革”前，每月一般 7 亿—15 亿元；“八一九”后 2 万金圆券。银号囤存实物：白面 40 袋、“高长旺”8 袋、“龙六”2 袋，“伙夫”5 袋、煤粮一部分，存“马振远小布”12 匹、“红五福”8 匹。（2）裕新银号为合资经营，共 50 股，资金法币 6 亿元，经理陈子善解放后在逃，伪省银行派张景黄为代表。存款煤 5 万余斤、白面百袋、洋火 20 箱。（3）晋泉源，1948 年 9 月 1 日开业，有股东 14

① 《邢台市的改造旧银号工作》（1947 年 11 月 25 日），见华北解放区财政经济史资料选编编辑组等编：《华北解放区财政经济史资料选编》第 2 辑，中国财政经济出版社 1996 年版，第 199—200 页。

人,资金7250元金圆券,常务董事为张家口市副参议长,有股金法币5000万元,据说伪察省主席冯钦哉亦有股份。汇兑每月30余万金圆券。(4)永大银号,1948年4月15日开业,股东20余人,资金5亿元,多是本地商人,前总经理王鸿钧,是国民党军统局官僚。(5)信昌裕银号,有股东45人,资金法币5亿元,经伪银省行批准出本票。存款有中和修理厂、企业公司、军管区、军管区医院等4家,金圆券7000多元,军管区司令张丽生也有过存款,存面粉50袋怕检查存入伪中央银行。(6)大川裕银号,股东10人、股金法币5亿元,均为私商,存款多时法币30余亿元,放款法币24亿—25亿元,汇兑8月达1000亿元,多为平津二地牲口汇款。存煤1600斤、本地面1200斤、澳洲粉5袋、小米400斤、大米2袋。(7)宏茂银号,1948年6月4日开业,股东26人,股金5亿元,存款每月法币20亿元,汇兑每月法币200多亿元,曾有国民党军十二旅旅长鄂粤生存款一两亿元。(8)世和德银号,股东14人,资金法币5亿元,经理侯丕显。汇兑每月法币400亿—500亿元或金圆券三四万元,现存面粉50袋、炭3万斤、米500斤。

主要金店情况:全市12家金店中,以天成、天宝、同义最为殷实,并设有同业公会组织。资金少者二三十两,多者七八十两。这些金店多与国民党军政人员有关系,或与平津两地属联号结构。较大金店概况如下:(1)宝丰,经理刘浔恒(已去北平),股东8人,每股黄金一两,共40股。多系军政官僚入股。尚有资产除存钟表、眼镜一部及房子一所外,并有照相馆一处,估计主要资产已迁走(尚未查实),暂时进行物品登记,并令其办理报告手续。(2)天成,1944年开业,经理马玉山(已去北平),共55股,股东31人,内私商30股,国民党机关军队25股。自报财产计:黄金12两,白洋20元,市布60匹,银子2000两,首饰700两(带去北平)。(3)五华楼,1912年开业,1916年资金白洋700元,经理(股东)张子恒、股东文彬二人曾在1945年被民主政府没收黄金20两，另交保证金25两，原因是该经理给日本人当过区长，余银子2500两，全部资金16股，被没收13股，1948年7月恢复营业。

张家口解放后，随即开始对私营银号、金店进行调查、清理，以军管会名义召集各号开会，说明清理政策，如债权债务，伪政府部队入股不准提取，清理完竣后，听候政府处理。

同时检查账目，责令各店自报，同业公会互报。调查中发现，各银号金店均设有两套账簿。一为日常经营使用，对付伪省行，是公开的；一为专门对付伪中央银行及税局。同时，上述资料显示，一般都囤积物资。金店的金银器首饰、钟表等是幌子，装饰门面，主要是买卖金银，或其他买卖。有的并兼营商业，如天成金店存包头驼毛7000余斤，还未运来，同义买过200只羊，等等。银号金店为了投机倒把，囤积居奇，找后台，拉拢伪军政、机关人员并有其股金。股东多在平津，经理大部逃跑，有的不肯暴露股东，如天成金店的5个股东副经理也不知是谁。吸收存款不少是非正当业务关系。[①] 这些都反映出张家口银行、金店这类金融机构的性质和业务经营状况的复杂性。

鉴于私营行庄等类金融机构，资本来源、组织结构、人员素质、业务经营等，情况和性质相当复杂，虽然对活跃金融市场，特别是一定环境条件下，在汇聚、利用社会部分领域的游资方面，确有某些不可替代的作用，但又有其自身固有的局限性甚至破坏性。因此，私营行庄等类金融机构的作用带有明显的双重性。为了利用和发扬其积极性、建设性，抑制和避免其消极性、破坏性，民主政府

① 《张家口市解放后有关银号金店的调查工作报告》（1949年1月7日），见华北解放区财政经济史资料选编编辑组等编：《华北解放区财政经济史资料选编》第2辑，中国财政经济出版社1996年版，第365—368页。

必须对其正确引导,进行严格的监督、管控。

如张家口市军管会,在接管城市的过程中,对银号、金店的基本政策是,调查情况,掌控大局,区别对待,慎重处理。不论银号、金店暂不停止其营业,但要积极采取办法了解其是否官僚资本及有无违法行为,发觉其倒卖金银,即派人监视其营业,但先不急于没收,彻底查清后再行处理,以免引起其他商户的不安。至于非正当经营而查有实据者,即着其停止营业,如天成、宝丰是敌军官和流氓组织起来的娱乐场所,或大量倒卖金银,即令其停业,以警其他。金店、银号因其作用各异,处理方法亦不相同。金店倒卖金银,扰乱金融,影响物价,妨碍生产,没有任何好处,应采取管制和取消政策;对银号则是管理的方针,限制其营业范围,除存放款、汇兑外,不准经营其他业务,在利息的规定上,要有利于工商业发展,但可比国家银行稍高。国民党军政人员在某些银号的股金,照初步了解情形看,不属官僚资本,故不没收,须由银行接管代理,审查清楚后,再决定是否没收或发还。不在张家口或逃跑的经理、股东等人员,提取股金或存款,须经银行或政府审查批准,以防假冒。①

1948 年 11 月东北全境解放后,民主政府随即制定办法,加强了对私营行庄的监督、管控。1949 年 2 月 19 日,东北银行集合私营行庄宣布管理事项,并由即日起实施:(1)私营行庄的存款总额,须抽出 50%存入国行,作为存款保证准备金(其中 25%作为定存,月息 4 分,其余 25%作为活存,月息 1 分 2 厘。此外私营行庄应自存 10%作为临时支付之用。此项交国家银行存款,以每日存款余额计算(本项内利息因以后减息,亦行减低)。(2)私营行庄

① 《张家口市解放后有关银号金店的调查工作报告》(1949 年 1 月 7 日),见华北解放区财政经济史资料选编编辑组等编:《华北解放区财政经济史资料选编》第 2 辑,中国财政经济出版社 1996 年版,第 368 页。

放款,其中工业放款不得少于60%,同时规定每户借款总额超过1亿元者,须经国家银行同意。(3)为避免投机者套取借款,危害公私行庄利益,私营行庄必须每日向国家银行填报存放款变动表,每月末作存放款明细表等报告,而后由国家银行向各行庄通报,以供参考。(4)私营行庄不得向外埠办理汇兑业务,如向外埠调拨资金时,须经国家银行同意,并由国家银行汇解。(5)私营行庄除办理存放款业务外,不准兼营其他业务,其业务负责人,亦不得兼任其他企业之董事或负责人等职。(6)私营行庄之存放款利息,应照国家银行的规定办理。

上述管理办法施行后,立即取得效果。第一,抑止了机关、公营企业单位存款流入私营行庄的趋向。管理办法施行前,私营行庄存款中,含有多数机关、公营企业单位存款,经由东北银行设法抑止,已经完全杜绝。第二,工业贷款增加。管理办法施行前,私营行庄工业贷款比率较低,2月管理开始时,仅为放款总额的33%,以后逐月增加,3月平均为43.7%,4月平均为53%,5月平均为58.1%,6月平均为60.9%,7月平均为58.5%。第三,存款准备金提高。管理办法推出前,私行交存准备金数目尚少,2月仅为存款总额的29.2%,管理开始后显著提高,3月平均为61%,4月平均为61.4%,5月平均为52.1%,6月平均为56.1%,7月平均为49.9%。又定期存款准备金,2月仅为3%,其后逐渐提高,3月平均为20.5%,4月平均为24.2%,5月平均为26.5%,6月平均为22.2%,7月平均为27.4%。第四,跟随国家银行推行低息政策。管理办法施行后,每次国家银行减息,私营行庄立即跟随,均取同一步骤,协助推行低息政策。不过因利息一再减低,私营行庄收益减少,入不抵出,若不设法解决,恐部分弱小行庄,亏累日多,无法弥补,致危及存户利益。因此,东北银行提出,政府宜即时明令规定私营行庄资本最低限额,“能增资者,使其存在,并在管理之下,准其发展,不能增资者及早停业清理,以免贻误”①。

对此,东北银行总行于1949年7月23日提出三种解决办法,第一种:合格的(即有资本者)允许其存在并在政府管理之下,指定一定任务,如将私人工商业存放款划分给私营行庄,规定交存任务及放款对象。这样私营行庄在经济建设中也可起一部分积极作用。但这种方法需要考虑有以下几点:(1)私营行庄力量小,怕负不起这个责任。(2)目前东北银行是综合性的银行,并且分支机构很多,能担负起私人工商业存放款的任务,无须私营行庄辅助。(3)这种方法与发展国家银行、逐渐削弱私人金融资本的发展前途有妨碍。(4)如管理不好,私人行庄在物价不稳时可能起坏作用。第二种:在法令上,规定其存在和发展的条件。在经济力量上,以国家银行绝对优势的力量与之竞争,使之自消自灭。这种办法需要考虑的是:有的私营行庄有国家银行资本(接收的)并且组织也很健全,那样使其不死不活,在经济建设中毫无作用,也是一个损失,因此提出第三种办法,基本上还是第二种办法,但应分别情况处理,就是把机构完备、有国家银行资本的行庄改为专业化的储蓄银行或变成东北银行的一个部门(如中国人民银行之交通银行、中国银行),原有私人股,改为定期存款,规定二年或三年提取;如作为公私合办的专业银行时,即将私股重新规定,但主要由国家银行领导,指定任务,这样既可使这些人力物力在经济建设中发挥应有的作用,同时还可解决目前东北银行亟须举办而在人力物力上又有困难的任务。总之,无论哪一种办法,管理办法、资金数目非及早确定不可,否则一旦发生事故,东北银行实

① 东北银行私行管理股:《沈阳市私营行庄调查总结》(1949年11月11日),见东北解放区财政经济史编写组等编:《东北解放区财政经济史资料选编》第3辑,黑龙江人民出版社1988年版,第605—606页。

责无旁贷。①

在北部，1948 年 9 月前，民主政府对私营银行并无明确的管理措施，据称各私营银行同一般商业机构一直办理“无目的无计划的存放业务，甚至把部分的存款购买存物资”。1948 年 8 月末，东北银行哈尔滨分行接到市政府的《哈尔滨市私营地方银行现行业务管理办法》文件，从 9 月 1 日起，依据该办法规定，开始对市内私营银行施行资金管理。

首先是“掐码子”，盘查流水账目，令各行根据 1948 年 8 月末存款余额，以其中之 25%送转定期存款，以 25%送转活期存款，每日各行向哈尔滨分行抄送日计表一份，送存国家银行，款项日报一份以便遵照复核。自 10 月 1 日起将发收每日“送存国银款项日报”改为业务日报，以期了解各行当日之业务动态而利于“掐码子”工作。

放款方面，要求工业放款占 60%，商业及其他放款占 40%，与沈阳办法相同。不过在哈市工商不分的情形下，很难确定“工放商放”确切比例，亦未逐户检查。

各私营银行对本市公营企业及外埠来哈之公营企业存款仍愿收存，而此种存款原非永久性质，以致存款余额忽增忽减，并无规律。如对此项存款，倘使私营银行拒绝受理，集中由国家银行办理，则其对资金运用上，必影响其周转，因而维持原状。

支票交换方面，票据交换处未成立以前，各行处收受他行票据必须于每日停止办公后，分别至各支付行领取现款。哈市公私 8 家银行如分头往取现款均感不便，同时即往各行因彼此送现而多

① 东北银行总行业务处：《目前私营行庄急待解决的问题》（1949 年 7 月 23 日），见东北解放区财政经济史编写组等编：《东北解放区财政经济史资料选编》第 3 辑，黑龙江人民出版社 1988 年版，第 589—590 页。

为拒收,诸多不便。交换处成立后,工商市民已普遍感受到便利,减少了部分的现款交易;银行出纳亦可减少些现金收付的麻烦。情况显示,9月份每日平均交换支票360张,10月份每日平均260张,11月份每日平均178张,如分别领取现款时恐不胜其烦琐。然经交换处置每行只须派遣交换员一名,出席交换处办理交换事务,于半小时内即可了事。比前互领现款即可免掉往返麻烦,且于时间上亦颇经济。市面金融周转上无形中也加快其周转速度。对私营地方银行之信用亦无形中增强。

私营银行存款利息管理,按1948年9月5日订正利率,本行吸收存款3个月以上定期存款复利为月息8分,单利为月息10分,如此现在与各行规定为3个月者9分,两个月者8分,一个月者7分(单利)(哈尔滨分行一个月者为单利6分)。如与哈尔滨分行和一般存户对比,则现在与各行规定者稍低些。但如果其放款工业9分、商业7分5厘,比较起来仍是优厚的。不过私营银行放款为“上打利息”,参照哈尔滨分行吸收定期存款及其放款利率比较,则所予之定期存款利息尚为适当,各行亦无意见。

活期存款对普通一般存款,公私营银行均按日息每万元5元,与各行规定日息7元比一般存户高2元。以目前情形观之,活期存息利息确是高些,以示鼓励。

其他规定执行情形,自1948年9月1日起,私营各行对以前之放款到期必须收回,重新放款。于每日停止办公后,必向哈尔滨分行送放款表,由哈尔滨分行汇总放款通告,于次日开业前分送公私各行备查,以免借款户再至别行专借款项。其好处可防止坏借款户套取银行更多的款项进行投机。

实施管理办法后的情况变化,存款方面,因减少捣动码子及睡眠户头,其存款户数迭见减少,但存款余额增加。放款方面,因整理专户关系,户数正常减少,其余额依存款及金融繁闲情形而增减,可谓正常,且工商业之放款比例亦较管理前渐次步入轨道。私营各行送存国家银行款项亦逐渐增加,尤以定期存款经常可保持规定额以上,1948 年 11 月中,因市面金融特殊奇紧而缩减外,9 月、10 月两月均接到所定数目。

私营银行结构亦有变化,私营哈尔滨银行已改为正式公私合营企业,而功成、益发两行虽名之为分行,迄今尚无其总行,如视为单独营业而又与其股东尚无联系。现在沈阳、长春即已解放,对该三行前途究应如何处理,须视其长春总行如何而决定。但对银行业务之管理乃为必要之措施,否则倘银行演变成兼营他业,对经济金融影响颇大。查银行三大业务存款、放款、汇兑均对金融具有关系,其中尤以放款关系最大。为谋掌握金融、物价计,除现有对工业放款 60%、对商业放款 40%的比例外,并须统一指挥以相机掌握放出收回之关键。因物价之所系,除供求及货币贬值外,与金融之繁闲亦颇有关联。而对物价无原因之急涨,银行应即时停止放款,且严格收回不必要之贷款以抑制物价高涨。遇物价无由之急落时,可对各业予相当接济,以防工业遭受打击,以期达成接济工业之正常发展,商人得发挥其调剂物资本能,以期商业之供应社会需要得以正常维持。

所有这些,管理私营银行即为绝对必要之举措,不得不强化办法。除现有各项办法外,每届私营各行决算后,应由国家银行派遣适当人员赴各行检查其库存及所有各项账目,如有偏差之点以便随时纠正,以期各私营银行对新民主主义建设上发挥其一定的作用。①

---

① 哈尔滨分行:《管理私营银行的经过报告》(1948 年 8 月),见东北解放区财政经济史编写组等编:《东北解放区财政经济史资料选编》第 3 辑,黑龙江人民出版社 1988 年版,第 438—444 页。

另外,为维护法纪,维持和巩固金融秩序,管理部门对极少数有法律不依、有规矩不守的害群之马,严肃惩治,绝不手软。沈阳市深衡银号(系解放后新设者),于1949年1月间未经当局认可,即擅自开业;又发现同益兴银号(系解放前黑银号)同样未经许可,于1949年2月18日开始行庄营业。经东北银行总行查证,以上两行庄,对于开业程序既不合法而本身资力薄弱,深恐影响社会经济,危害存户大众利益,故予取缔,以儆效尤。①

在关内解放区,1946年6月17日,晋察冀边区行政委员会制定、公布了《关于银钱业组织管理暂行办法》,对银钱业的注册手续、最低资本额、营业范围、存放款利息、营业保证金、营业规范等作出了明确规定。凡在晋察冀边区经营银钱业者,应于事先订立章程,载明名称,组织,地址,资本金额,营业范围,负责人姓名、籍贯、住址及简明履历,股东名册,等等,向当地政府呈请转报行政公署或省(市)政府核准。《暂行办法》规定,银钱业资本金至少须达边币3000万元。凡经政府核准设立之银钱业,其资本金经全数认足并实收资本总额2/3,经边区银行检验认为确实者,得由行政公署或省(市)政府发给营业证,从事营业。其经营业务包括:(1)存款;(2)放款;(3)汇兑。"经营上列业务而不称银钱业者视同银钱业"。银钱业除经营上列业务外不得兼营其他业务,亦不得为其他商号或公司之股东。银钱业的存放款利息,可依照所在地具体情形,由银行、商会及钱业公会共同议定。为了维护债权人的权利,各银钱业须缴纳其资本金的10%存于边区银行作为保证金,边区银行以周息5厘给息。为保证存款人的利益,各银钱业至少

① 《东北银行总行为取缔深衡等私人银行给沈阳市长的信》(1949年2月29日),见东北解放区财政经济史编写组等编:《东北解放区财政经济史资料选编》第3辑,黑龙江人民出版社1988年版,第528页。

须保持有存款总额的20%作为准备。银钱业于每一交易发生时即根据事实记入规定账簿,于每期结账时造具下列营业报告书交边区银行查核:(1)资产负债表;(2)损益计算书;(3)盈余分配表,并按月造报营业状况报告书。银钱业如发行"本票"(庄票),须事前申请边区银行核准,并缴纳发行同额的现金存入边区银行作为准备金。该项准备金可随本票收回之款数陆续按数提回。为了维护公众利益,及时了解银钱业之业务实况,边区银行及所辖分支行必要时得派员检查其业务情形与资产状况,并随时指导与扶助之。凡银钱业的业务行为有违反本办法者,得按其情节轻重予以下列处置:(1)停止营业;(2)令其撤换重要职员;(3)处以罚金。银钱业如发生破产停止支付,或因他故不能继续营业时,应开列事由呈报,当地政府经派员检查(或委托边区银行办理)属实,方准其停业,并将资产情况公布报端、实行清理。凡在本办法公布前设立的银钱业,均依本办法规定,补行呈报手续。本办法自公布日起生效。①

1946年7月1日,晋冀鲁豫边区政府为"活泼金融,发展民营金融事业,取缔高利盘剥,防止操纵居奇",制定公布边区管理银行、银号暂行办法,对边区银行、银号的开设、营业及其规范作出了明确规定,凡在边区境内新设或复业的银行、银号,须呈请边区政府财政厅或其行署财政处核准许可,登记备案,取得营业执照后方准开张营业。银行开张营业最低资金暂定实收冀钞3亿元;银号须实收冀钞100万元。在商业不发达地方,银行、银号资金得呈请边区政府财政厅或其行署财政处核减,但不得少于前两项规定数

① 《晋察冀边区行政委员会公布银钱业组织管理暂行办法》(1946年6月17日),见华北解放区财政经济史资料选编编辑组等编:《华北解放区财政经济史资料选编》第2辑,中国财政经济出版社1996年版,第21—22页。

的1/3。银行、银号资金,不得以现钞外之财产抵充。如系有限股份公司股东,应负股额加倍之责任。

晋冀鲁豫边区政府规定允许银行、银号经营业务范围包括:(1)存款放款;(2)解放区内之汇兑及押汇;(3)票据买卖;(4)贴现;(5)代理收付款项;(6)代募边区公债、公司债;(7)工业手工业投资。凡银行经边区政府或其行署特许,发给特许证者,可经营下列附属业务:(1)生金银买卖;(2)货币买卖;(3)工业之直接经营及物资之掌握;(4)仓库业;(5)保管贵重物品;(6)外区汇兑。

晋冀鲁豫边区政府特别规定,私营银行、银号不得经营下列业务:(1)发行钞票;(2)营业所需以外之房产地产经营买卖(如因清偿债务受领者应于6个月内处理之);(3)本行号股票之买卖及抵押(如系清偿债务承受者,应于6个月内处理之);(4)商业投资。边区政府又特别规定:为扶植边区工业手工业之发展,银行、银号应进行工业手工业放款及投资,金额不得低于全部活动资金总额的1/6,利息应低于商业放款利息。

边区政府还规定,边区境内之银行、银号,得共同办理下列各款事项,但须受边区政府财政厅或其行署财政处之指导或监督:(1)增进金融业之公共利益;(2)矫正金融业上之弊害;(3)协助预防或救济市面之恐慌;(4)办理票据之交易;(5)其他关于金融必要之事项。

关于银行、银号的营业年度及其规范,边区政府规定,银行、银号营业年度规定为一年,1—6月为上期,7—12月为下期,每期决算一次,每月终造具营业报告表、损益明细表,每期终造具营业报告书,呈报边区政府或其委托机关查核,必要时,并得派员检查其业务情形及财产状况。边区政府财政厅或其行署财政处,得随时命令银行、银号报告营业情形及提审账簿。银行、银号之业务情形、财产状况，经边区政府或其委托机关检查后认为难以继续营业时，得依照以下办法处理：(1)变更经营业务之方法；(2)改组机构，或改选经理及部分职员；(3)停止营业。银行、银号因破产或其他事故停业，或解散时，除依其他法令规定办理外，应即开具事由，呈请边区政府财政厅或其行署财政处核准后，方生效力。银行、银号停止支付时，除详具事由，呈请边区政府或共委托机关核办外，应在当地报纸告之，并呈请财政厅或财政处检查。银行、银号改营他业时，其存款债务尚未清偿以前，政府得令扣押财产，或其他必要之处置。银行、银号清算时，其清偿债务依下列之程序：(1)有储蓄存款者，先清储蓄存款；(2)5 万元以下之存款；(3)5 万元以上之存款。①

1948 年夏秋之交，解放战争推进速度和解放区银行金融业整合速度大大加快，私营银钱的地位、作用发生变化。1948 年 10 月 30 日，颁发《中共中央对私营银钱业的政策决定》，明确宣布："私营银钱业暂准存在，但应严格管理"。同时，私营银钱业的营业范围、最低资金均有严格限制。私营银钱业"无发行货币权，不准买卖金银外汇，不准经营投机贸易，只准经营存款、放款、贴现、内地汇兑等正当业务"。《中共中央对私营银钱业的政策决定》要求规定银行及银号之最低资金，即准备金，并以一部分储存国家银行。而且国家对私营银钱业一般不贷款；机关部队的资金只能存入国家银行，"不准存入私人银钱号"，还规定国家检查私营银钱业的会计账目，并严格收税。中央最后要求各地"据此拟定具体办法，

① 《晋冀鲁豫边区政府公布晋冀鲁豫边区管理银行银号暂行办法》(1946 年 7 月 1 日)，见华北解放区财政经济史资料选编编辑组等编：《华北解放区财政经济史资料选编》第 2 辑，中国财政经济出版社 1996 年版，第 91—94 页。

送中央审查批准施行”①。

1949年1月15日天津解放后,天津市军事管制委员会本着《中共中央对私营银钱业的政策决定》的基本精神,当即公布了《天津市私营银钱业登记清理暂行办法》,明确规定,“为稳定金融,防止蒋、宋、孔、陈四大家族官僚资本阴谋逃匿,并保障私人产权起见,凡在本市之私营银钱业限于日内一律向本会报告登记”。凡报告之私人行庄须请军管会经审查批准发给准予暂时营业证,始得开张营业。凡属军管会指令清理之私人行庄,应编造当日止之资产负债对照表,各项会计科目明细表,日记表,库存表,股东、董事监事、经理及以下所属全体人员名册并其他经军管会认为必须编造之各种报告表册,送呈军管会审查。在天津解放前已停业之行庄,经军管会查实,确有清理之必要者,仍须按照本办法处理之。经军管会查明,其股权或债权之全部或一部确系依法归军管会接收、没收之产权者,军管会得将应接收、没收部分,依法接收、没收之。凡经审查证明确系私人产权者,一律保护之。②

华北人民政府亦根据中央上述决定,于1949年4月27日拟定、公布了《华北区私营银钱业管理暂行办法》(以下简称《暂行办法》)。将中央上述原则规定具体化和详细化。《暂行办法》将私营银钱业的范围涵盖为“私人资本经营的商业银行、银号、钱庄”三种,并授权各地中国人民银行为银钱业之管理检查机关,协助各

① 《中共中央对私营银钱业的政策决定》(1948年10月30日),见华北解放区财政经济史资料选编编辑组等编:《华北解放区财政经济史资料选编》第2辑,中国财政经济出版社1996年版,第313页。

② 《天津市军事管制委员会公布天津市私营银钱业登记清理暂行办法》(1949年1月),见华北解放区财政经济史资料选编编辑组等编:《华北解放区财政经济史资料选编》第2辑,中国财政经济出版社1996年版,第373页。

级政府执行管理银钱业事宜。按《暂行办法》的规定，私营银钱业可以经营的业务包括下列8项：(1)收受各种存款；(2)办理各种放款及票据贴现；(3)解放区境内汇兑及押汇；(4)经中国人民银行特许之区外及国外汇兑；(5)票据承兑；(6)代理收付款项；(7)工矿业投资；(8)保管贵重物品。凡经营上列一项至六项业务之一不称银钱业者，均视同银钱业。但依合作社条例设立之信用合作事业，不受该办法限制。

《暂行办法》规定，私营银钱业不得有下列财务经营或行为：(1)为公私商号或其他银钱业之股东（工矿业投资除外）；(2)收买或承押本行庄之股票；(3)购置非营业所必需之不动产；(4)兼营商业、囤积货物或代客买卖；(5)设立副账或作不确实之记载；(6)签发本票；(7)收受一切军政团体机关及公营企业之存款；(8)金银、外国货币之买卖抵押放款；(9)代人出面保有财物；(10)其他未经批准之行为。

关于登记注册和资本要求，《暂行办法》载明，银钱业资本之最低数额（以中国人民银行钞票计）依其营业地点之不同而有不同最低限额：(1)银行：1000万—5000万元；(2)银号钱庄：300万—600万元。上述资本金中，现金或经当地中国人民银行认可之财产，至少须占资本总额的7/10，营业用器具、房地产最多不得超过3/10。其价值超过者，仍按3/10计值。其资本金须全部认足，并实收资本占总额的3/4。经查验属实后，由华北人民政府发给营业登记证始准营业，其不足之资金，限开业后两个月内补足。

关于银钱业之资金运用和业务经营，《暂行办法》规定，银钱业的资金运用，应限于有利于国计民生的生产事业及主要日用品之运销事业，且合法正当经营本业，并加入当地同业公会，或持有营业执照者。银钱业信用放款额数，不得超过存款总数之一半。银钱业所收存款，应按下列比率缴存保证准备金于当地中国人民银行,由该行按照同业期存款利率计息。其准备金数并以下列比率就每周存款平均余额调整:(1)活期存款10%;(2)定期存款5%。

银钱业对存款应提存之付现准备金,其最低比例为:(1)活期存款10%;(2)定期存款5%。

银钱业之存放利率,由银钱业公会视当地市场情况拟订,呈请当地中国人民银行核定。

有关银钱业管理的若干事项:凡已经核准登记设立之银钱业,欲停止营业、撤销分支行庄或变更名称组织及合并与增减资本者,须说明理由、呈请当地政府转报本府核准后始得办理。银钱业不能支付其到期债务或经当地中国人民银行停止票据交换者,本府得令其停业限期清理。如发生破产或因他故不能继续营业时,应开列事由呈报当地政府,经当地中国人民银行检查属实,经当地行署(省或府)批准并转报本府备案,方准停止营业。银钱业应按期造送营业报告表,呈送当地中国人民银行查核。必要时中国人民银行得随时派员检查其营业情形,财产状况及账簿,并得随时指定编造有关表报。银钱业有违反本办法规定之行为,得按其情节轻重,予以相应处罚。①

中央和华北区关于私营银钱业管理的政策决定和暂行办法,分别代表了解放战争后期对私营银钱业管理的原则和政策办法。这一时段解放区各地私营银钱业的管理,就是这一政策决定和暂行办法的实施。

① 《华北人民政府公布华北区私营银钱业管理暂行办法》(1949年4月27日),见华北解放区财政经济史资料选编编辑组等编:《华北解放区财政经济史资料选编》第2辑,中国财政经济出版社1996年版,第399—402页。

四、城乡金融业务及其变化

抗日战争结束后，随着各个解放区开辟、巩固，解放区银行、金融体系的确立，银行及其分支机构的建立，同时相继拥有了一批中小城市，城乡金融业务也相继展开。银行的基本业务，除了中央银行或总行发行货币外，主要是存款、放款和汇兑。不过在解放战争时期，解放区银行（公营银行）并非单纯从事金融业务、赚取利息（放款更必须严格执行党的阶级路线）的经济类机构，而是肩负着支持战争、谋求中国解放伟大战略任务的解放区支柱型产业。因此，解放区银行业务也不是一般性的存款、放款和汇兑，而是通过存款、放款和汇兑，吸收、利用游资、浮款，积累资金，搞活金融，加速商品货币流通，支持战争，促进解放区经济的恢复和发展。这是总的方针、目标和任务，而在不同时段，解放区银行的业务方针任务，又有不同内容和重点。

（一）解放战争初期银行存放款业务的初步开展

抗日战争结束到 1946 年上半年，解放区处于暂时的和平间隙，银行的基本方针和任务是以资金扶助和发展生产，加快城乡经济复苏的步伐。原抗日根据地的各边区，经过八年战争摧残，疮痍满目，百废待举，只有通过银行资金支援，开展大规模生产运动，才能快速医治创伤，渡过难关，恢复元气，改善公私经济境况。

银行的基本职能是通过聚集和融通资金，支持生产建设。日本刚刚投降，冀南银行太岳分行，为了“吸收游资，扶助生产，鼓励节约，促进资本积累”，迅即制定了定期存款办法。为予存户以更多便利及鼓励“专期存款”，规定期限在 3 个月以上，由存户自由选择期限（期限以月计算），利率采用“递增累进”办法计算，每月凭折付息。存款1000元,每年可收入利息420元。存款有"手续便利、利息优厚、零用方便"三大特点。在定期存款之外,该行又制定了活期存款办法,规定存入1个月之后,可以随时提取,目的是"奖励储蓄,不使资本有短期闲散,便利机关团体及个人随时支用"。而且利息、待遇优厚,存款月息1分,满月不提者,由银行派员按月送息。不满月的存款利息,按实际日数计算。银行不但存款业务目的明确,而且对两种存款的用途、去向都有规定和"保证":定期存款"保证使用于生产事业,故规定各种期限,以便利扶助各种生产之发展";活期存款则"专门投放于短期贸易、运输事业,推进内地贸易,加强物资交流,使物价得以平衡发展,逐渐趋向稳定"。①

较大范围和较大额度的资金融通与支持,必须通过较大规模的资金贷放。晋冀鲁豫边区冀南区,1946年上半年银行工作的方针和中心任务,正是结合大生产运动、发展农工副业生产,发放大量生产贷款,扶助群众生产事业,奠定恢复农村以及中小城市经济工作的基础,具体总括为五点:(1)及时发放大量生产贷款,扶助农工业生产,增加群众财富,恢复农村经济;(2)加强银行工作,巩固本币信用,迅速实现全区统一的本位币市场;(3)加强城市工作,开展汇兑存放款工作,活跃金融,扶助城市工商业的发展,以促进各区的物资交流;(4)开展农村信用合作事业,发展群众性的借贷关系,以促进生产;(5)充实健全各级机构,加强干部业务教育,提高技术知识水平,培养银行工作人才。

借款工作是首项和最重要的工作。1946年(包括少数以前的

① 《冀南银行太岳分行各种存款办法》(1945年9月16日),见华北解放区财政经济史资料选编编辑组等编:《华北解放区财政经济史资料选编》第2辑,中国财政经济出版社1996年版,第63—65页。

旧欠)全边区贷款项目和金额分配见表 20-59。

表 20-59　晋冀鲁豫银行农业贷款分配统计(1946 年春)

区别＼项目	农业贷款		手工业贷款		合作运输贷款		总计	
	实数(万元)	百分比(%)	实数(万元)	百分比(%)	实数(万元)	百分比(%)	实数(万元)	百分比(%)
太行区	7500	33. 3	10000	44. 44	5000	22. 2	22500	100
太岳区	12000	54. 55	6500	29. 5	3500	15. 9	22000	100
冀南区	26250	70. 0	7500	20. 0	3750	10. 0	37500	100
冀鲁豫区	43000	72. 88	9000	15. 2	7000	11. 9	59000	100
总计	88750	62. 94	33000	23. 4	19250	13. 7	141000	100

注:原统计表中各项贷款数据后,均缀有百分比(%),系衍文,业已全部删除。

资料来源:据《晋冀鲁豫边区 1946 年上半年冀南银行工作的方针与任务》(1946 年 1 月)(见华北解放区财政经济史资料选编编辑组等编:《华北解放区财政经济史资料选编》第 2 辑,中国财政经济出版社 1996 年版,第 71 页)调整改制。

如表 20-59 所示,全边区农业、手工业和合作运输贷款总额计边币 141000 万元。按行业分配,农业是重点,占 62. 9%,手工业、合作运输分别占 23. 4%和 13. 7%。农业方面,重点放在农具、牲口及肥料和种子上。手工副业方面,则以纺织为主,其次是造纸、煤、铁、硝盐、瓷器等各种有基础的群众性的手工业作坊。至于贷款对象,不论农业和手工业、副业贷款,均着重贷给贫苦群众,帮助他们生产发家,其次是中农。在生产组织有基础的区域(如太行区),以贷给已组织起来的贫苦群众为主。①

在太岳区,上揭农业贷款由冀南银行太岳分行负责发放。边区

① 《晋冀鲁豫边区 1946 年上半年冀南银行工作的方针与任务》(1946 年 1 月),见华北解放区财政经济史资料选编编辑组等编:《华北解放区财政经济史资料选编》第 2 辑,中国财政经济出版社 1996 年版,第 69—71 页。

总行规定了四项发放原则:(1)放给有劳动力的贫苦农民;(2)贷款用于农业生产;(3)解决实际困难,反对平均分散;(4)着重贫瘠和灾荒地区。主要目的是既要严格执行阶级路线,又要解决实际问题。按照这一原则,根据太岳区的实际情况。为了集中使用贷款,切实解决生产中的一些具体困难,不致过于平均分散,根据区内十几个典型村子调查材料,一般村子贫农户不超过17%—18%,确定贷款范围一般不超过总户数的25%(特殊贫瘠地区例外)。贷款的实际情况是,太岳区19县346340户,贷款户数为59205户,占总户数的17.09%,其中冀氏最高为22.6%,平遥最低为6.3%。从每户贷款额看,最少50元,可以买一把镢头、一把锄等,最多6000—8000元,一般的1000元上下,三户或四户合起来,可以买两头牲口。① 边区政府和银行在有限的财力下,“好钢用在刀刃上”,部分解决了土地改革后最需要帮助的贫苦农民的困难,促进了农业生产的恢复。

同一时段,晋察冀边区冀晋银行的贷款重点也是支持生产。1946年4月25日,冀晋区行署、合作联合委员会和边区银行冀晋区分行发出《冀晋区行署、合作联合委员会、边区银行冀晋区分行关于1946年生产贷款的联合通知》指出,为了扶助群众顺利发展解放区的经济建设事业,使1946年的生产超过任何一年,边区决定以4亿元边币作为冀晋区的生产贷款和工矿投资,计牲畜贷款1亿元,水利贷款1亿元,纺织贷款5000万元,工矿贷款7000万元,工矿投资8000万元。此外大的工矿事业,如尚需巨款扶助者,还可呈边区投资扶助。为了因地制宜、因财制宜,收到实效,各项

① 《冀南银行太岳区行太岳区春耕贷款总结》(1946年5月),见华北解放区财政经济史资料选编编辑组等编:《华北解放区财政经济史资料选编》第2辑,中国财政经济出版社1996年版,第86—90页。

贷款地域、对象、重点都有明确要求和限制，强调以促进和发展经济建设为主要目标，要彻底改变过去的“官办作风与赈济观点”。牲畜贷款的贷出重点是放到交通要道上，与整修交通计划结合起来，并适当照顾灾区与新解放区。水利贷款以100万元以下的贷款为主，专用于“小而普遍，轻而易举”的水利建设，如打井开小渠、修片滩、小的防洪治河工程等。较大的特殊工程无法还款的可呈请其他办法扶助，暂不贷款。纺织贷款通过合作社贷出，扶助纺织工厂与群众的棉毛纺织。工矿贷款亦主要是100万元以下的贷款，主要用于熬盐制碱、开办小煤矿、建立作坊等。100万元以上的须行署审核，商同冀晋分行直接办理。工矿投资则准备扶助较大的工矿业，须拟订详细计划报行署，商同冀晋分行直接办理。①

在陕甘宁边区，情况有所不同。日本投降后，物价大跌，边区政府幻想和平，主观计划要稳定金融、稳定物价，不敢大量发行，更不敢大量放款。直到1946年10月行长联席会议时，才计划从发行准备金中抽出1000两赤金办理农业生产贷款，共折合券币32250万元。这些农业贷款也因自卫战争的爆发而未能全部贷出。

抗日战争时期，陕甘宁边区银行曾将资金用于自营商业，1942年检讨银行工作后，大量收缩资金，银行所属光华商店拨交物资局管辖，银行不再自营商业。后来物资局改为贸易公司，因任务改变，集中力量注意对敌经济斗争，对内推行边币的工作明显放松。致使边币不能在农村中很好地流转生根。银行曾试图恢复原有的

① 《冀晋区行署、合作联合委员会、边区银行冀晋区分行关于1946年生产贷款的联合通知》(1946年4月25日)，见华北解放区财政经济史资料选编编辑组等编:《华北解放区财政经济史资料选编》第2辑，中国财政经济出版社1996年版，第16—18页。

光华商店,以起到货物下乡与本币交流的作用。1946 年行长联席会议曾计划由银行由各分行的营业部门经营商业,以免完全依赖贸易公司。但银行缺乏能经营商业的干部,乃实行与公营商店合作,并逐渐做到自己经营商业。1945 年日本投降后,依据 1945 年下期各行、处决算来看银行损益,计总行和陇东分行两处盈利 16435861 元,关中、三边、绥德三处分行亏损 15888860 元,盈亏相抵,仅盈 547001 元。但这只是依据券币票面金额计算。如照购买力计算,则亏损极大。因此,历年各分行每年都要增加一至二次资金,结果只能依赖增加发行。因若和平实现,则不能随便增加发行,必须自力更生。为求保持银行放款后,不继续亏损下去,又决定允许分行的业务资金(发行库准备金例外)可以参与商业活动。

1946 年元月初旬,办事处提出壮大资金任务,随又分配银行边币 20 亿元的财政负担。规定不准在发行内支取,要在正常商业方面赚出。这与银行保本思想相结合,即积极布置商业据点,企图一方面用以推行边币,另一方面借以壮大资金。

银行原来的准备金是存有药品的,1945 年、1946 年两次转给贸易公司销售后,1946 年年初,规定可以在张家口参加收购。当时估计银行所存黄金转成药品,当年即可达到黄金万两,这与扩大发行准备金的思想相吻合。在这种情况下,产生了银行领导者参与商业与金融投机的思想。

1946 年 3 月批准总行业务处与绥西过载行曹福林商谈合作,订立合同。自 4 月起正式营业。据 1946 年业务处上期总结报告,投资 250 万元,3 个月(4 月、5 月、6 月)取得 101.3%的利润。这等于商业放款扩大月息 33.8%。又便利了业务处自己做生意,而认为是成功的。进而发展为偷买、私藏黄金。当办事处检查其账目时,捏造活页假账,以蒙欺上级。直到自卫战争爆发一年后边区政府东渡黄河、西北局检查银行工作中才被揭发出来。

陕甘宁边区银行从集资营商到违规私买私藏黄金、弄虚作假、欺瞒上级，撇开个人品德作风，从银行经营方针和金融政策的角度看，问题也十分严重：（1）把边区银行降低到私人商业银行的地位。银行一面增发券币，一面又被要求业务资金保持一定的购买力，这是自相矛盾的。允许银行业务资金自营商业活动，借以保持其一定的购买力，并要求其壮大资金，在一定时期一定程度上，与收缩通货、执行稳定金融任务自相矛盾；要求发行银行从存款放款业务与经营商业上追逐利润、壮大资金来负担一定的财政任务，这与稳定金融的任务也是矛盾的，结果必然混乱自己稳定金融的步伐；批准业务处与公营商店合作，准其追逐商业投机利润，这与稳定金融的任务也是矛盾的。其结果只有助长投机、打击自己。（2）把发行库赤金借给投机走私的公营商店与部队，收取其10%—20%的高额利息，这是违背国家银行低利放贷政策的。（3）以部分发行准备金收买私货，允许业务资金与投机走私的商店合作。采用这些助长走私的方法来壮大资金，是违法的行为。这是严重违反金融政策的。推行上述错误措施的结果是：所谓“壮大资金”是削弱了资金；所谓“经营正当商业”，则参与了走私违法的生意；破坏了边区银行原有的优良制度；助长了投机商的歪风，败坏了银行干部。①

1948 年年初，西北解放战争艰苦激烈、需款孔亟而物价波动不稳的情况下，西北农民银行为了吸收游资，发展生产，繁荣市场并保证存款户之实物利益计，于 3 月 25 日制定印发《定期实物存款办法》，规定存款种类分为土布、小米两种。存款人可以票币按

① 《抗日战争以来陕甘宁边区的金融概况 · 银行放款》（1948 年 2 月 16 日），见陕甘宁边区财政经济史编写组等合编：《解放战争时期陕甘宁边区财政经济史资料选辑》下册，三秦出版社 1989 年版，第 113—115 页。

当时当地公司门市价格折成实物(土布、小米,以下同),或直接存入实物。存款期满后,银行即照原存实物按当时当地公司门市价格折付本币本息。存款时间,分3个月、半年、1年三种。不到期者,不得支取存款。利率:3个月者,月息5厘;半年者,月息7厘;全年者,月息9厘。凡到期不支取者,即将本利转期,继续存满3月、半年或全年者,利息照规定利率计算。①

在东北,东北行政委员会鉴于在土地改革运动中,广大的农民获得了土地,但生产有实际困难,乃于1947年1月1日决定发放5亿元无息农业贷款,帮助贫苦农民解决缺乏耕畜、农具、种子的困难,以开展1947年的大生产运动。并就发放农贷的相关部署、措施和注意事项作出指示:(1)农贷限于发放给缺乏耕畜、农具的雇农、贫农和有困难的中农。贫苦烈属、军属则有贷款优先权。(2)农贷限于使用在农业生产上,如购买耕畜、农具、种子等,严防把贷款移作他用。应根据每户贫苦农民具体困难和要求分发贷款数目,并使每户农民得到贷款后能切实解决生产困难。因此发放贷款不宜过于分散,以免确有困难的贫苦农民得到一点贷款而又不能解决困难。每户贷款最高额由各地根据情况自行规定。(3)各地方政府应根据生产需要,早作准备,有计划、有组织地购买牲口和制造农具。组织牲口、农具集市,以免农民贷到款项无处购买的困难。(4)发放农贷应向群众宣传、动员,发动群众自己提出困难和要求,经过群众的评议,谁应贷和贷多少,然后由工作队或农会出具介绍证明,政府即负责发放。或即由工作队或农会代发。手续务求简单,并应迅速发到农民手里,以便早作准备。(5)发放农

① 《西北农民银行定期实物存款暂行办法》(1948年3月25日印发),见陕甘宁边区财政经济史编写组等合编:《解放战争时期陕甘宁边区财政经济史资料选辑》下册,三秦出版社1989年版,第119—120页。

贷不要任何抵押及利息，贷期一年，期满后，政府斟酌情形收还。确实还不起者可以免收。发放贷款时不应先考虑贫苦农民还不还得了，并应消除贫苦农民不敢贷的疑虑。

东北行政委员会特别强调，发放贷款应和分地工作配合起来，这是土地改革分地后进一步帮助贫苦农民解决生产困难、巩固土地改革的成果。同时由于发放农贷可以解除贫苦农民分得地种不上的顾虑，借以提高农民分地的情绪。并从发放贷款工作中动员准备大生产，各级政府各地工作人员应认真进行调查研究、宣传动员，务期将农业贷款发放到已分得土地而生产有困难的贫苦农民手里，帮助起家致富，从而奠定东北解放区的繁荣基础。①

在华北解放区，一些银行制定的营业简章或贷款办法，都是向生产有困难的贫苦农民、抗属、劳动英雄倾斜。

1946 年 8 月，冀南银行制定的各种营业简章中，规定农业贷款“对象以生产最困难的贫苦农民为主，在地区分配上，有计划地照顾有组织的群众、灾区的群众以及抗战军人家属和复员人员家属。为了配合群众运动，并有意识地奖励群运动开展较好的村庄或地区”。②

1947 年 4 月 1 日，《晋察冀边区银行翼东支行农业贷款暂行办法》规定，贷款对象必须是“在农业生产中确有困难而具备下列条件之一者”。其条件是：(1)受灾区之农民；(2)翻身后之农民；(3)战斗英雄及劳动英雄模范；(4)抗属干属。用途“以购买农具、

---

① 《东北行政委员会关于发放 5 亿元农贷问题》(1947 年 1 月 1 日)，见东北解放区财政经济史编写组等编：《东北解放区财政经济史资料选编》第 3 辑，黑龙江人民出版社 1988 年版，第 382—383 页。

② 《冀南银行各种营业简章》(第二届扩大的区行经理会议通过，1946 年 8 月)，见华北解放区财政经济史资料选编编辑组等编：《华北解放区财政经济史资料选编》第 2 辑，中国财政经济出版社 1996 年版，第 106—111 页。

种子、牲畜、肥料与兴办小型水利为限”;金额有固定限制,购买农具、种子、肥料者不超过 5 万元,购买牲畜、兴办水利者不超过 20 万元;期限最长不超过 8 个月,但归还日期应在农民有收入时为宜,如在麦秋、果秋、大秋后;贷款手续亦相当严格,须有区干部或村干部介绍或觅具保人(介绍人亦可作保)经银行核准后,填写贷据,贷款方能成立。如有合作社村即通过村社(生产合作社)贷出,无村社者可通过村农会,并从农贷利息中以 1/5 作为帮助放款村社或农会的奖励。另外,贷款还须注意货币流通量,在货币筹码多的地区不贷或少贷,在边币缺少的地区可多贷。①

晋冀鲁豫边区银行业务的基本方针,与晋察冀边区相同。冀南银行冀南区行 1947 年年初的贷款重点,是翻身后开始组织起来的农民,谓“群众翻过身要组织起来生产”,故此 1947 年的贷款“就更具有其重大意义”。照此原则,贷款的具体做法如下:(1)贷款主要是发展农业,解决农民生产中的困难,帮助购买耕牛、农具、肥料等。其次,制造农具的手工业也可以贷给。在 1947 年生产运动中要开展与加强合作社,故对新组织起来的县联社在资金上也应给予扶植。除此之外,还可进行一部分对土货输出的出口商人的贷款,借以扶植土货出口。(2)在贷款地区上应着重转入生产的受灾区,在成分上要贷给贫农、新中农和旧中农,强调组织起来,组织起来者贷款有优先权,不转入生产的地区,不进行贷款。(3)在款额上应做到“贷适所求”,应根据具体情况灵活规定,不能机械。一般少则 3000 元,多至 15000 元,防止过于分散或过于集中。(4)贷款争取在 3 月份贷出,不应过迟而放过生产时机,贷款

① 《晋察冀边区银行翼东支行农业贷款暂行办法》(1947 年 4 月 1 日),见华北解放区财政经济史资料选编编辑组等编:《华北解放区财政经济史资料选编》第 2 辑,中国财政经济出版社 1996 年版,第 43 页。

收回确定至11月底，但在收回时，应照顾群众具体情况，收款或收物资，如收物资其折合价格，应稍高于市价，总之不要使群众过分吃亏，利息规定为月息1分5厘。(5)在款项处理方法上，1946年未贷完的副业款，即作为1947年的春贷。已贷出者重新分配，将1946年所收回的旧贷款，也要贷出去。(6)借款以户为单位，发款以村为单位，发款地点日期由支行与区商量规定。(7)奖惩办法：顶名代替、浪费贷款等，除追回贷款外，停止其一年的贷款权利。(8)关于扶植合作社：县联社成立后资金周转不开，银行可以贷款帮助。但合作社不能单纯依靠银行贷款，银行还要帮助合作社的业务发展，银行的贷款业务要逐渐转移给合作社，信用合作社的工作仍应继续进行，要把经验总结起来。①

晋察冀边区银行冀东支行的贷款，一个重要任务是扶助和支持合作社(生产合作社)的发展，为此，1947年4月1日专门制定了《晋察冀边区银行冀东支行合作贷款暂行办法》。其贷款和条件十分严格。作为贷款对象的合作社，非但须"以生产为主"，且须"合乎下列条件"：(1)必须有一定之股金；(2)须有15个以上的社员；(3)有一定之生产业务并有发展前途。贷款用途、期限、金额亦有严格限制：款项只限于经营合作社之业务，如用途不当，"得随时收回"；期限短暂，最长不得超过3个月；金额最高既不能超过其股金的1/3，其实际金额，最高额亦不能超过80万元。②

---

① 《冀南银行冀南区行的贷款工作》(1947年3月)，见华北解放区财政经济史资料选编编辑组等编：《华北解放区财政经济史资料选编》第2辑，中国财政经济出版社1996年版，第130—131页。

② 《晋察冀边区银行冀东支行合作贷款暂行办法》(1947年4月1日)，见华北解放区财政经济史资料选编编辑组等编：《华北解放区财政经济史资料选编》第2辑，中国财政经济出版社1996年版，第44页。

(二)特殊条件下银行存放款业务的新思维新举措及其实施

1947年夏季大反攻展开后,不但解放战争推进速度大大加快,新老解放区稳定物价、恢复和发展工农业生产的任务也成倍加重,资金需求更加紧迫。同时,物价被动和城乡市场的不稳定性加剧,银行正常开展业务的难度加大。在这种特殊条件下,为了维持和扩大银行业务特别是存放款业务的开展,必须有新思维和新举措。1947年11月18日,东北银行总行就业务方针、业务资金等问题,对各分支行、办事处提出的意见、要求中,头条任务就是"大力吸收存款",强调存款,尤其是定期存款,"可起收缩通货、稳定金融之作用,巩固本币之信用"。但由于战争情况和物价不稳,存款利息低于工商利润,吸收存款有很多困难,必须寻找新的存款对象,特别是在较大城市中,对一般工商企业资金周转中的活期存款,以及机关部队经费往来存款,"小公"游资定期存款仍有其发展前途,必须创造条件,大力争取。如存取手续应力求简便迅速;对工业之贷款户应建立往来存款关系;广泛宣传银行存款之方便与利息(有些机关因不知道银行存款利息,将现金寄存于家中)等。

东北银行总行对放款也作出了明确规定和限制,根据以发展制造业为主,发展农业、发展工业等经济方针,强调银行放款对象应该是:农业、农村副业、手工业、林牧业、渔业、运输业、合作事业以及有利于国计民生军需民用之各种企业。对于非必需品(奢侈品)之工业,囤积居奇、投机倒把之工商业应禁止贷款。对农产品加工业,亦应有一定限制。东北银行总行确定的放款对象是:(1)有利于国计民生军需民用之各种工矿业:①军事工业及与军事工业有关之各种化学工业;②能制造生产工具之机器工厂;③军需民用必需的轻工业,如纺织、造纸、被服、制革、火柴、肥皂、陶器、文具等工业；④采金、采煤、炼钢、炼铁等各种矿业；⑤电业及电气器材工业。(2)农业及农村副业：①春耕、夏耘、秋收等各种贷款；②农场；③水利；④特种农作物：如种植棉花、亚麻；⑤养蜂、养蚕、养鸡、养兔、采集土产山货等各种农村副业。(3)手工业：小型作坊，如铁匠、木匠、毡毛、皮工，各种手艺工匠如熬碱、熬盐、粉坊、豆腐坊等小型作坊。(4)水陆交通运输业，马、牛、羊、猪等畜牧业和捕鱼业。(5)农民翻身后所组织之生产运输、消费、信用等真正为人民服务之合作事业。(6)为调剂物资、发展经济，出口土产换进必需品之商贩可酌予贷款。但应调查确非投机倒把始可借给，普通商业不应贷款。

东北银行总行特别强调，各分支行、办事处，应根据当地实际情况及银行业务基金多寡，与政府协商，与各公营企业配合有计划地进行，使有限资金确实用于急需发展的企业，避免轻重倒置以及无计划的状态。同时必须注意贷款风险。故此，定期贷款除农业贷款最长9个月外，其他贷款最长期间为半年。放款利息方面，根据今后财经方针，金融物价可能做到相对平稳，但绝对平稳在战争时期很难做到，货币贬值势在难免。如仍以平时观点，银行利息低微，则借款者不但获得一般生产之利润，且攫取货币贬值之资金，增加银行之负担(即国家之负担)。因此根据银行存款利率、金融物价波动的趋势，一方面扶助生产发展经济，奠定稳定金融的基础；另一方面减轻银行货币贬值的负担，必须慎重确定贷款利率。

关于汇兑，东北银行总行提出，为活跃金融，发展经济，应尽量使各地汇兑畅通，便于资金之交流。但是，汇款收付影响各地货币流通数量以及银行的业务基金，因此，总行各分支行、办事处往来汇兑业务作出如下规定：各分行间的汇兑每笔最多不应超过1000万元；收汇与付汇的差额最高不得超过5000万元；本省分行与外省支行、处间的汇兑每笔最多不超过200万元，收汇与付汇差额最高不得超1000万元。超过上项规定的汇款,应事先以电话或电报向总行联络,经总行允许始准收汇。总行为调剂各分行间的汇兑,得随时向分行调拨现金。①

在解放战争胜利形势的鼓舞下,东北银行鉴于当时的特殊战争环境,对银行存放款业务产生新的思维,决定采取新的举措。

1948年3月,东北银行第三次分行经理联席会议专门讨论了当时的战争环境对银行业务的利弊影响,如何扩大存款范围、利用存款、发展经济特别是发展农村经济的问题,认为一方面,由于战争环境,生产范围缩小,物资缺乏,物价上涨,货币跌价,吸收存款有困难,进行放款有顾虑,因而银行业务减少;但另一方面,革命战争现在已经到达了一个转折点,解放军进攻中不断胜利,到处胜利,解放区日益扩大,物资力量日益增强,银行信用也随之日益提高。这对银行开展业务(吸收存款、进行放款),客观上存在着有利条件,问题是如何努力利用这个条件促使物价更稳、经济更繁荣。

鉴于物价不稳,为了扩大存款,会议上决定两种存款办法,一种是货币存款;另一种是货币折实存款,任凭存款人选择。如怕物价上涨,可办理折实定期存款;如愿多得利息,可办理货币定期存款。并准备重新规定利率。根据一般银行规定利率标准,应以金融市场筹码多少来决定。有时通货过多,物价上涨,则利息提高,吸收存款,收回贷款;有时通货不足,引起物价下跌,则利息降低,减少存款,增加贷款。银行准备在大城市中试办"比期""折息"办法,由银行随时挂牌公布利率。只有这样,银行在调剂金融、吞吐

① 东北银行总行:《关于业务方针、业务基金、组织机构等问题》(1947年11月18日),见东北解放区财政经济史编写组等编:《东北解放区财政经济史资料选编》第3辑,黑龙江人民出版社1988年版,第398—402页。

货币上才能运用自如。过去老解放区规定分半减息之法令，应以折实计算来执行，如以货币计算，必须把货币跌价的比例计算在内。

其次，如何利用存款，发展经济，发展农村经济问题。大家认为要多放款以发展经济，就必须多吸收存款，要多吸收存款，就必须采取货币折实——实物存款的办法或较高的利率，才有可能。与此相联系，银行的放款办法，也就必须以货币折实——实物放款为主，然后才能放手以折实办法去吸收存款。银行为了适应东北1948年经济建设计划"以农业为主，发展农业，发展工业"的原则，迫切需要利用存款，解决农村春耕生产困难问题。根据各分行反映的材料，农村经济情况，确实还是需要生产资金。农村中虽然已经斗倒封建势力，平分土地，挖得财宝；但由于各地村屯贫富不均，斗争果实有多有少，有的村屯分得果实后确已解决问题，但有的村屯斗争果实不多，翻身后的农民在经济上还有很多困难。特别是在收成不好的地方，更是普遍地感到缺乏粮食、种子、牲口、农具等等。如何在春耕之前，解决农民这些生产当中的困难，是银行要发展农村经济需考虑的一个很重要的问题。东北行政委员会虽然已经发下45亿元贷款，解决一部分农村资金问题，但相比农村需要，这个数字还是很少。因此银行决定利用吸收存款，贷放到农村，以帮助土地改革后翻身农民，能扩大生产。并将放出之现款或实物，一律按当地市价折成粮食，而这种以实物计算的方法，从发展农民经济上来认识，农民是不吃亏的，而且农民也是喜欢的。所以在讨论贷款章程时明确规定，此项放款系银行利用在城市吸收之存款，贷入农村，以帮助农民解决资金之困难，系由银行直接办理的纯借贷性质的一种业务，除不可抗拒的原因外，应取得确实保证，以生产小组或屯为单位，有借必还，与政府发放之农贷有所不同。不同之处，在于政府发放之农贷，以货币计算，如春天借给农民5万元买粮食1石,秋后粮价涨一倍,农民以5斗粮食即可还5万元的借款,使农民不但借到生产资本,并且因货币贬值而得到5斗粮食的额外利益。这种对农民的补助,当然很好;但这种补助是由国库支付的,过多会影响物价,或增加农民负担。反过来,如果秋后粮价跌落,货币价值提高,农民吃亏更大了。因此一般生产部门借到生产资本以生产成品计算,农民以粮食计算,最为适当。

总之,银行帮助农民解决生产资金困难问题,是加强生产支持长期战争与改善人民生活的物质准备,春耕在即,迅速组织存款投向乡村中去,应该成为银行最重要的基本工作。①

在关内解放区,为了适应人民解放军战略大反攻的新形势,特别是加快农业的恢复和发展,保证前方供给,为解放军挺进华中、华东做好物资、军需上的准备。1947年12月召开的华东财经会议,在通过银行工作决议中,特别强调了农业贷款,从金融方面促进农业和经济发展,专门就农业贷款作出了说明和规范,将银行农业贷款提高到了特别重要的位置,强调农业贷款是银行各种贷款(渔盐、小本、合作、工商)中的"主要业务",是"从金融方面促进经济发展的主要办法"。在银行资金分配上,要改变过去银行资金分散使用的习惯,将资金重新集中用于农业贷款;贷款对象要集中于贫苦农民。在贯彻土地改革以及生产、节约、备荒,保证前方供给的总方针下,贷款以"扶助土改中翻身雇、贫农为主,以及受蒋灾不能维持生产的雇、贫、中农,使他们获得生产资本,提高土地的产量,并以此消灭封建高利贷剥削"。

① 王企之:《扩大存款,利用存款,发展经济——东北银行第三次分行经理联席会议摘要》(1948年3月15日),见东北解放区财政经济史编写组等编:《东北解放区财政经济史资料选编》第3辑,黑龙江人民出版社1988年版,第423—427页。

在贷款方法上，过去以现金贷款，因币值不稳定，农贷资金无从积累，应逐渐改为以实物贷放为主；过去银行没有普遍机构，农贷分散为政府部门贷放，既不能保证正确贷放与积累经验，又无人收回，资金徒然消耗。此后银行应负起本身职责，主管贷款。因此会议决定：

第一，银行暂时取消过去决定各种贷款基金（以后根据情况需要另行增设），一律改为农贷基金。此外并请华东局财委会在旧历年前，准拨鲁中农贷基金 5 亿元、鲁南 4 亿元、滨海 4 亿元。其中包括种子、肥料、耕牛、农具、副业等，以农民为对象之各种贷款，具体划分由各行按实际需要决定。

第二，所有农贷基金，在不刺激粮价的条件下，逐渐变为黄豆、豆饼、小麦等粮食，贷放种子及肥料均以实物往来，农具、耕牛等则以现款往来，农贷以借粮还粮、借钞还钞为原则。

第三，银行应具体了解当地农民在一年中耕种几次，施肥几次，收获几次，并各在何时。依据以上了解的情况，把资金有计划地周转，先后衔接不断，使得农民在每次耕种施肥时，都能得到一定的贷款扶助。

第四，过去因银行资金不足，普遍发放平均分配，结果大家借得很少，不能解决困难。因此必须采取重点发放，根据土地改革情况正确进行，以最贫苦、受“蒋灾”、水旱荒灾最严重地区为重点，借户中则选择最贫苦、最缺乏生产资本的贷户为重点，贷款数目，务求解决借贷户之生产资本的要求。并以借户 6—10 家组成借贷小组（有劳动互助组者不再组织），互相保证贷款用于生产，不乱用。干部、军、工、烈属、荣军，在农贷中视同一般农民，无特殊权利。

第五，为保证以上贷款原则的贯彻，规定：农贷之分配权，应由当地党委、农会、政府实业部门及银行会同商定；银行为农贷之主管机关;发放贷款应由银行与借户直接经手交接立据;银行尚未建立机构之县或区,农贷暂缓发放,须迅速建立银行机构以后再放;如灾荒过重需要进行救济之地区,应由政府向上级政府请求拨款救济,不得直接向同级银行要求动用农贷基金移作救济之用。①

在晋冀鲁豫边区冀鲁豫区,冀南银行冀鲁豫区分行"扶植贫农发展生产"的7月会议后不久,即到了农村小麦播种季节。10月1日,区行开始布置麦种贷款,"突击这一带有极大时间性的重要工作,以解决黄灾区及雨淹区贫苦群众的种麦困难"。这是一项时间性和政治性、阶级性极强的贷款,而且时间紧迫。各地各支行立即布置,贷款内容,既有现金,也有麦种实物。据称在半个多月的时间内,四分区即贷出麦种69万斤,增加种麦面积9.2万亩;六分区贷出49537730元,增加种麦面积73681亩余;八分区贷出50270500元,增加种麦面积42042亩;九分区贷出70089000元,增加种麦面积89990亩。以上共贷出现款149897230元、麦种99万斤,共增加种麦面积296731亩余。解决了灾区、穷区贫苦群众的严重麦种困难。

贷款的绝大部分放到了重灾区的灾民手里,并保证贷款完全发挥了增产作用,例如高陵、内黄、阳穀三县,共拨给麦贷资金221561275元,贷出224355275元,超贷279400元,共贷了205个村、5070户,其中贫农4632户,占91.18%,新中农(土地改革前为贫农)447户,占8.82%,共增加种麦面积271991亩。又如范县三区邢马庄,紧靠黄河,全村可耕地10148亩,就有70%的耕地坍塌河中;全村116户中,82户没有麦种,贷给139750元,增加种麦面积2528亩,博平吕孙庄68户中,有45户没有麦种,2户需要补充,

① 《华东财经会议通过之银行工作决议中有关农贷的决议》(1947年12月),见中国社会科学院经济研究所中国现代经济史组编:《革命根据地经济史料选编》下册,江西人民出版社1986年版,第748—750页。

经贷款28万元,多种了麦子233亩。

1947年7月,分行经理扩大会议后,在贯彻贷款工作中的阶级路线生产政策上,有了不少新的宝贵经验,突出表现在发放贷款时,一般的都采取了“比穷比家当”的贫农评议方法,使贷款真正放到了“困难最大的贫农手里”,因而在生产上发挥了显著成绩,证明了7月会议关于扶植贫农发展生产,贫农评议和积极参加中心工作来进行贷款的各项决议,都是十分正确的。

此次麦种贷款坚决贯彻7月会议的精神,更好地掌握群众路线,保证把贷款完全贷到贫苦群众手里,为发展生产起到作用,并取得了新的经验。

银行在清丰五区贷款时,坚持“通过划分阶级发放贷款”,其具体做法是:

(1)用比穷追苦,摆家当划分阶级的办法,分清了阶级,解除了群众生产发家的顾虑,提高了生产积极性,正确分配了贷款。

贷款前,该村群众普遍存在“割韭菜”思想,中农情绪不稳,大吃大喝,认为“吃了是赚头”,贫农不敢上升,谁生产积极,别人就说他“想上滑子”。银行贷款所了解情况后,认识到这主要是由于阶级划分不清,群众对政策不了解,于是就领导群众“比穷追苦”(过去谁受的苦大)比家当,划分阶级,并结合复查,进行了团结中农消灭地主的政策教育,在划阶级中贫农情绪大大提高,斗争了恶霸地主,稳定了小农情绪,解除了群众发家顾虑,提高了生产积极性,划清阶级后,即根据群众困难,生产计划提出的贷款要求,经贫农分组评议、大会审查,98万元贷款完全贷到贫农手里。

(2)通过积极分子,组织生产互助,转变了群众认识,掀起了全村自觉的互助运动。

在战勤复查中,群众的个体生产受影响很大,但由于过去的合作互助搞得不好,群众吃过亏,所以现在都不互助,这时银行贷款所先动员了几个积极分子带头互助(贷款10万元),经过指导帮助,一个半月赚钱24万元,没有互助的赚钱很少,或没有赚钱,贷款所抓住这一典型向群众进行教育,转变了群众对互助组的认识,在这一影响下,全村发展了十一个互助组,并有了统一领导各组生产的合作社(统一领导分组分红),自8月开始放贷以来,该村共贷款110万元,到11月下旬,已大部归还,群众的困难也大部解决了。

濮县姚坊贷款中,也采取了"比穷"的办法。

姚坊共38户,赤贫农36户,只有2户中农,贷款时已有5户没饭吃,大部分贫农维持生活很困难。又因战勤修堤,生产困难,群众都酝酿向外逃荒(7月),银行贷款所首先表明了政府一定给大家想办法,保证有饭吃,稳定群众情绪,接着即让群众提出困难,订出生产发家计划,在酝酿中,群众自动组织成三个互助组,各组订出了计划,除赚钱养家外,并争取在秋前每组再买两头牛,明确了奋斗目标,并且计划了具体生产办法,当时即根据群众计划,给贫农评议发放了贷款。

经过一个多月后,贷款所到该村检查贷款时,即让大家比一比贷款后的生产成绩,这时团结最好、生产最积极的唐桂荣组,首先自报了成绩和经验,受到全村群众表扬,在其影响下,生产最差的曹景清组即自动做了检讨,教育了组中两个懒汉,提出要跟唐桂荣学习。经过这次检查,提高了全村生产情绪,到10月时三个互助组共计赚洋110多万元,增加了6头耕牛,群众的生活生产困难得到解决,生产情绪特别高涨。①

综合晋冀鲁豫边区1947年全年生产贷款整体情况,全区分配

① 《冀南银行冀鲁豫区行贷款会议总结》(1947年11月26日),见华北解放区财政经济史资料选编编辑组等编:《华北解放区财政经济史资料选编》第2辑,中国财政经济出版社1996年版,第200—202页。

生产贷款资金 83 亿元，其中春耕贷款 48 亿元，冬季生产贷款 35 亿元，据太行、太岳、冀南及冀鲁豫黄河北 4 个分区统计，实际放出 120.41 亿元（包括盈余存款及周转数），相当于分配贷款资金的 145%，其中农副业贷款占 76.77%，工业贷款占 10.62%，合作放款占 6.64%，低利放款占 6.57%。

贷款用途方面，据太行、太岳、冀南 68 个县的统计，春耕贷款用于购买牲口占 46.7%，买农具占 18.5%，种植特种作物占 1.8%，买肥料占 5.2%，买种子占 2.3%，用于副业占 11.2%，其他占 17.4%。又据太行、太岳 26 个县的不完全统计，共贷款 29292.8 万元，另有私人资本协同贷款 21787.2 万元，私人资本贷款相当于公家贷款的 74.38%。

这些贷款大大缓解了农民生产资金短缺的困难，农民得以及时购买种子、肥料，添置耕畜、农具，修复水利，恢复和扩大了生产，增加了收入。据太行、太岳、冀鲁豫 3 个区 36 县的不完全统计，共帮助农民购头牲口 10224 头（这些牲口大部分是解放区内地调剂的，但也有一部分是由敌占区和友邻区买进来的），太岳一分区县还扶持了 13 个牲口配种合作社，半年配成了 300 多头牲口。又如高平群众不敢种植蓝草，银行提出种 1 亩蓝草贷款 1 万元，如怕赔钱，可同银行合伙种，结果，160 万元贷款，种了 210 亩蓝草，估计可产 14000 斤，值米 1400 多石。如太岳济源贷款 200 万元，修复了 15 里长的旧渠，可浇地 4000 多亩，每亩增产秋夏粮各 5 斗，可增产粮食 4000 多石。太行区陵川支行，在百日纺织运动中，放款 781.9 万元，帮助妇女购置纺车 1017 辆、布机 157 架、纺纱机 2 台、轧花车 2 架，全县发展纺妇共 40137 人，完成土布织造任务 233150 斤。据统计，冀鲁豫 8 个村 392 户贷款 384.55 万元，3 个月获纯利 107769.49 元，平均利润为 2.8 倍，其中清丰一借贷所以 48 万元贷款，扶助起 20 个铁匠炉、80 个工人，2 个月获纯利 718.4 元，并解决了大批农民、手工业者的工具困难。①

关于贷款对象,银行贷款是经济工作,但因农民普遍困难,资金需求量大,而银行资金有限,不可能有求必应,无法满足所有要求,因而贷款对象有严格的选择。事实上,1947 年生产贷款的覆盖面相当小。按村计算,1947 年冀南、太岳两区农业贷款覆盖情况。见表 20-60。

表 20-60　晋冀鲁豫边区农业贷款覆盖情况统计(1947 年)

区县	项目	总村数(A)	贷款村数(B)	B/A(%)
冀南区	广平	173	55	31.79
	肥乡	253	92	36.36
	企之	352	85	24.15
	永年	330	26	7.88
	鸡泽	150	78	52.00
	南宫	420	70	16.67
	南和	166	31	18.67
冀南区	宁南	130	20	15.38
	隆平	137	33	24.09
	衡水	370	117	31.62
	冀县	405	35	8.64
	武邑	552	213	38.59
	唐强	545	122	22.39
	众县	833	198	23.77

① 《冀南银行 1947 年工作初步总结》(1948 年 4 月 15 日),见华北解放区财政经济史资料选编编辑组等编:《华北解放区财政经济史资料选编》第 2 辑,中国财政经济出版社 1996 年版,第 222 页。

续表

区县 \ 项目		总村数(A)	贷款村数(B)	B/A(%)
太岳区	沁源	675	115	17.04
	长子	477	108	22.64
	平遥	154	24	15.58
	屯留	241	81	33.61
	沁县	781	114	14.60
	灵石	240	44	18.33
	临洪襄	384	19	4.95
	晋城	1182	470	39.76
	高平	575	171	29.74
	济源	408	150	39.76
	王屋	586	31	5.29
总计/平均	25(县)	10519	2502	23.79

资料来源:据《冀南银行1947年两个农贷统计》(见华北解放区财政经济史资料选编编辑组等编:《华北解放区财政经济史资料选编》第2辑,中国财政经济出版社1996年版,第217页)综合改制。原表百分比计算有误,业经重算核正。

如表20-60所示,两区总计25县、10519村中,1947年前发放生产贷款的只有2502村,按县计算,贷款覆盖面(率)最高的为52%(鸡泽);最低的只有4.95%(临洪襄),平均23.79%,还不到1/4。

贷款发放不仅在地域上无法做到全覆盖或大面积覆盖,只能在小部分村庄呈点状零星发放,即使在选定发放贷款的村庄,也不可能有求必应,每个生产有困难、急切需要帮助的农户都能获得贷款,必须按照严格的标准筛选、确定。在敌我斗争异常激烈、土地改革刚刚结束或尚未结束的农村地区,首先必须扶植和满足的自然是土地改革之刚刚分到土地而又无力耕种的贫苦农民。边区银行总行明确提出,贷款对象"主要是贫农、新中农、中农";太岳区提出"贷给困难较大的新翻身户";太行区提出贷款"集中用于贫苦农民";冀鲁豫区提出"赤贫贫农是贷款的基本对象,对中农采取个别照顾"。提法、措辞、侧重点互有差异,贷款的重点对象是贫雇农和中农,或者准确地说,是生产有困难的贫雇农和中农,贷款对象并不包括地主富农。贷款发放的实际情况基本上也是这样,也可能稍有差异。表20-61反映了1947年冬太行区农业贷款发放的阶层(阶级)分布情况。

表20-61　太行区7县99村农业贷款阶层分布统计(1947年冬)

县村 \ 项目		贷款总额(万元)	贷款在各阶层中的分布状况(%)			
			贫农	新中农	旧中农	地主富农
平定	七个村	490.2	—	28.30	67.30	4.40
左权	川口村	11.195	—	52.50	45.81	1.69
黎城	十三村	223.85	24.20	—	70.70	5.10
温县	平皋村	30	—	—	100.00	—
辉县	42村	—	25.18	54.60	19.21	0.41
武安	小涉村	10	—	41.00	28.00	31.00
获嘉	七村	11.5	33.40	—	66.60	—
总计(7县)	99村	776.745*	19.20	25.20	50.40	5.20

注:* 缺辉县贷款额数据。

资料来源:据《冀南银行1947年两个农贷统计》(见华北解放区财政经济史资料选编编辑组等编:《华北解放区财政经济史资料选编》第2辑,中国财政经济出版社1996年版,第217页)改制。

表20-61中晋冀鲁豫边区太行区1947年冬的贷款统计显示,

贷款结果与总行关于贷款对象“主要是贫农、新中农、旧中农”的要求可以说基本吻合。贷款对象44.40%是贫农和新中农（土地改革前的贫农），不过超过一半（50.40%）是旧中农（土地改革前的中农），同时还有5.20%的贷款给了地主富农。其中武安小涉村，更有31%的贷款对象是地主富农。还是很不寻常的。

其他统计反映的情况，也大同小异。1947年春季农副业贷款，据太行、太岳、冀南、冀鲁豫4个区234个村的统计，共有贷款户7417户，其中，贫雇农（包括新中农）占74%，中农占24%，地主富农占2%。按户数计算，贫雇农（包括新中农）接近3/4，是贷款对象的主体。从贷款金额看，据太行、冀鲁豫218个村的统计，共贷款4929.867万元，其中，贫雇农（包括新中农）占78%，每户平均7500元；中农（旧中农）占19.5%，每户平均5100元；地主富农占2.5%，每户平均6000元。贫雇农（包括新中农）的贷款金额比重，高于户数比重。再从各阶层贷款户数占本阶层户数比重看，据太行区博爱3个村的统计，赤贫占5.88%，贫农占45.18%，中农占24.07%，富农占10.71%，地主占32.42%。再看村干部占有贷款的情况，据冀南、太行6个县8个村的统计，共贷款249万元，干部即占52.3%。合作社占有贷款情况，据太行区7个县48个村的统计，共贷款2247.849万元，合作社即挪用75.7%。1947年冬季副业贷款，据太行、太岳、冀南、冀鲁豫4个区43个村的统计，共有贷款户23312户，其中贫农（包括新中农）占85%，旧中农占14.8%，地主富农占0.2%。从贷款金额看，据冀南、冀鲁豫、太行148个村的统计，共贷款49166.3242万元，其中贫雇农（包括新中农）占93%，每户平均3.2万元；旧中农占6.63%，每户平均1.6万元；地主富农占0.37%，每户平均4060元。

上述情况，总的来说，1947年一年的贷款工作，在以农业为主的大生产运动中，确实帮助部分贫苦农民解决了农业生产中的不少困难(包括牲口、农具、种子、肥料等)。冬季贷款,主要用在纺织运输等副业生产上,不仅解决了群众冬季生产资金缺乏问题,也为翌年春季大生产运动打下了坚实的物质基础,并发放了8亿元的灾区低利放款,在组织灾区群众生产渡荒上起了很大作用。在农户阶层分配上,则绝大部分或大部分贷给了贫雇农(包括新中农)。其次是旧中农,并从发动与组织群众生产中,使贷款和私人资本结合起来,发挥了私人资本在生产运动中的作用,减少了资金浪费,加速了贷款周转。①

不过1947年的贷款工作,也存在着相当严重的问题和偏差。

(1)干部贪占和窃取贷款问题。据太行、冀南8个村的统计,干部贪占部分相当于贷款额的45%。这一统计虽不代表全区,但干部贪占确实是比较普遍和严重的现象。其贪占贷款的方式、手段多种多样:有的是顶名承贷,如冀鲁豫区范县薛堂村,两名村干部顶替16名贫雇农贷款18万元;有的向群众隐瞒贷款数额,如冀南清河前鳖村干部领回贷款35万元,向群众宣布30万元,其余5万元干部私用;有的以威胁群众的手段达到自己贪占款项的目的,如冀鲁豫区范县联合村领回贷款20万元,向群众宣布3个条件:第一,必须买牛;第二,干部不保;第三,啥时要啥时还。致使群众不敢承贷,干部趁机贷去做生意。还有的干部领回贷款根本不让群众知道,自己拿去做生意。也有的是先拿贷款做一段时间生意后,再贷给群众。

(2)从阶级成分上看:地主富农占款数量不大,但也是不应该的(一般都是和村干部有关系,并非不贷款即无法生产);其次是

① 《冀南银行1947年工作初步总结》(1948年4月15日),见华北解放区财政经济史资料选编编辑组等编:《华北解放区财政经济史资料选编》第2辑,中国财政经济出版社1996年版,第223页。

贫苦和老实的贫雇农贷不到款,或贷得少,而贷到款的贫雇农多是比较活跃、和干部有关系。据博爱 3 个村的统计,共有赤贫农 34 户,贷到款的只 2 户,占总贷户的 0.71%,其中东介沟村 21 户赤贫农,没有一户贷到款。另外,某些地区旧中农占有贷款太多,甚至全部贷款为旧中农占有。据太行区 7 个县 99 个村的统计,旧中农贷款即占 50%以上(见表 20-61),温县平阜村 30 万元贷款,全部贷给了旧中农(见表 20-61)。这些是 1947 年春季贷款中的严重问题。在冬季贷款中,又走到另一极端,发生不要中农、危害中农利益的“左”倾行为,以及为贫雇而贫雇,把款贷到贫雇手里,不组织生产的单纯任务观点和恩赐救济观点,造成中农、贫农对立,使贷款脱离生产的偏向。如左权县,有些村强调将中农旧贷款一律取回,迫使中农卖粮还款,引起了中农不满,打击了中农的生产情绪,有些中农反映:“现在是贫雇当权,银行贷款也不让咱贷,将来不知该怎样”。有的地方,贫农贷款强迫中农拿游资;或合伙搞生产中农不分红或少分红。如太岳沁水壁峰 4 个贫雇召开中农会议、中农报游资 27 万元。晋城马埠头规定中农集资不分红或暂以信用贷款得利息。有的地方既不根据贫雇生产需要分配贷款,也不组织发动生产,致使贫雇贷到款背上包袱,成了负担。如涉县台儿庄贷款 36 万元,把贫雇分为三等。第一等是做过长工的每户 2.5 万元,第二等每户 2 万元,第三等每户 1.7 万元。还有的贫雇农拿到贷款转贷给中农得利息。如赞皇五区 25 个村,这样做的就有 14 个村,每 1 万元每月得 1 斗高粮利。还有的地方为把贷款真贷到贫雇农手里,强调查三代“比穷站队”,在阶层找“血统贫雇”,不但使中农贷不到款,甚至将贫雇农提到中农里去。

(3)合作社占用贷款问题。这是太行区一个比较严重的现象,仅据 7 个县 48 个村的统计,合作社挪用贷款占半数以上,将其从事商业经营。这不仅使贫雇农入股少、分红少,贫雇吃亏,而且合作社挪用贷款,从事商业经营的结果,使贷款脱离了生产,群众生产资金困难得不到解决。在挪用方式上,有的是假造贷款名单,将贷款压下挪用。如涉县衡家庄合作社将贷款 15 万元挪用 3 个月,银行干部检查时合作社还拿出假名单,并哄骗群众说:"银行问时就说贷着款啦"。少数干部议定,任何人不准暴露。有的是从银行领回贷款先挪用一段时间,再贷给群众,或从群众手里收回来不再贷出,或多收少贷。也有的以抬高利息、限制用途、结合游资等办法,使群众不敢贷款,而达到占用贷款的目的。如涉县白泉欢合作社将利息提到 5 分至 8 分,并规定必须结合私资一半来限制群众贷款。[①] 真正有困难的农民根本借不到款。

1947 年银行贷款中出现的上述问题和偏差,受到边区、地区政府和银行领导的高度重视。冀南银行在关于 1948 年春季贷款工作的指示中,一方面,强调春季生产贷款是"1948 年银行工作的主要任务",各级银行必须用主要力量结合生产运动,从组织群众生产中及时发放生产贷款,解决群众生产中的资金困难。贷款的主要对象是贫农、雇农,同时必须贷给有困难的中农及乡村手工业工人。另一方面,特别提醒贷款方式和发放渠道,在老区和半老区,经过了土地改革、整党与民主运动,贷款的发放必须通过这些改组后的农会或改组后的生产组织,包括合作社、信用社(部)、互助组等;在春耕前干部未经改造、组织尚未整顿的地区,一般的可以不经过干部和旧组织发放,而要组织以贫雇为骨干联合中农的贷款委员会或贷款小组,评议发放;过去隔开群众专门依靠干部、依靠合作社发放的教训应当吸取。

---

① 《冀南银行 1947 年工作初步总结》(1948 年 4 月 15 日),见华北解放区财政经济史资料选编编辑组等编:《华北解放区财政经济史资料选编》第 2 辑,中国财政经济出版社 1996 年版,第 223—224 页。

同时,发放时必须注意检查旧的贷款,其关键是纠正过去合作社挪用贷款、干部利用权力多占贷款的现象,将这些不合理的多占贷款转到生产有困难的群众手里。各区必须发动群众普遍检查一次贷款,着重总结两个问题:(1)贷款的阶级成分与生产用途;(2)农副业贷款与生产季节的衔接问题(例如1947年冬贷如何从副业生产转入春耕,1947年麦贷如何转入冬季副业生产等),就是要把全年贷款,由农业到副业,再由副业到农业,使贷款在贷户手里多周转、多翻腾,不因生产的季节性把资本闲置起来,这一问题,群众的创造很多,银行发挥总结群众经验很少,1948年必须得到解决,因此必须彻底转变坐在机关发指示,有布置、无检查,有工作、无总结,表面上忙于日常事务的官僚主义作风。要坚决深入群众及时检查,善于发现群众创造,及时总结经验。墨守成规,满足于老一套的做法是不能解决问题的。

贷款要走群众路线,贷款是为了组织生产,解决群众生产资金困难,因此,必须从群众的实际要求出发,各级领导同志必须到群众中去,不要理想地规定贷款的用途,群众的生产困难是多种多样的,贷款使用的时间也是长短不齐的,有的贷款需要买牲口,有的需要添补农具和肥料,有的还需添补粮食才能度过春耕。总之贷款用途要掌握具体情况,按具体情况组织群众生产,根据生产需要发放贷款。过去群众反映银行的贷款"买牛钱不准买羊,秤盐钱不打醋",实际上对银行行政命令的规定用途做了正确的批判,同时也要反对款贷下去了,以为完成任务、不组织群众生产、不检查贷款用途的自流放任的现象。

在贷款评议中,必须批判过去开群众大会或村干部大会的方式,虽然名为民主评议,实质上多为少数干部及活跃分子所操纵,结果为干部和干部有关的分子多占贷款。困难较多的贫雇农得到较少的贷款,这种形式主义的缺乏阶级观点的做法,不是真正走群众路线;同样也必须纠正单纯的"贫雇路线"、在评议贷款时不让中农参加的狭隘的群众路线,正确地评议贷款的群众路线,必须是有领导的,依靠贫雇、团结中农的。比根底、比用途、比困难的三比办法,自报公议、民主决定,才是正确地走群众路线,只有这样,才能把贷款分配合理,群众才能满意,做到贫雇农与中农都没有意见,才能真正贯彻春季贷款的方针与政策,把1948年的贷款工作做得更好,将银行贷款工作提升到一个新的水平。①

1948年是解放战争形势大转折的一年,是物价加剧波动(上涨)的一年,也是解放区金融和银行、货币加速整合、统一的一年。反映到银行业务,也都发生了许多新变化。

1948年7月28日,晋冀鲁豫边区政府、晋察冀边区行政委员会发布《关于公家存款一律存入华北银行的通令》,明确规定,公家存款一律存入华北银行。并强调指出边区投入市场的公款资金数量广大而集中,过去由于分存于各私营银钱业,致有时竟成为助长市场投机、物价波动的主要因素。为了合理地运用国家资金,强力管理市场,稳定金融,发展工商业,特决定一切机关、公营企业存款,自即日起一律存入华北银行。其体规定如下:(1)一切机关、公营企业有关款项,一律存入华北银行(或其分支行)。(2)一切公营企业、公用事业之款项,需委托收付、调拨时一律交由华北银行(或其分、支行)代办。(3)机关、企业前存在华北银行以外一切银行号之存款及其他款项、委托事务,均限于通令文到日一月内转入华北银行(或其分、支行),"逾期不执行,经查获者一

① 《冀南银行关于1948年春季贷款工作的指示》(1948年3月11日),见华北解放区财政经济史资料选编编辑组等编:《华北解放区财政经济史资料选编》第2辑,中国财政经济出版社1996年版,第219—221页。

律没收”。①

以行政命令的方式，强令各类公家存款全部存入一家公营银行，既是强化国家资金和城乡市场管理，稳定金融，发展工商业的需要，又是金融和银行、货币整合、统一的产物。从另一个角度说，这种国家资金和城乡市场管理的强化，又是以金融和银行、货币整合、统一为前提的。

1948 年年末，东北银行为降低物价上涨、货币贬值对银行存放款业务影响，分别拟订《定期实物储蓄存款章程》和《实物放款章程草案》，推行实物存放款业务。

东北银行的定期实物储蓄存款（简称“实物存款”），具体办法系采用简单物价指数，以存款时与取款时不同的物价，为计算原本之标准，实际上仍以现款收付，并不收付实物，但存款到期，存款人如愿要实物者，经银行许可，可代为购买实物，并不收取任何费用。存款折实时，以高粱米、布、盐、煤四种实物价格，比例平均指数计算（即以每种各占 1/4 计算）。上述四种实物，完全按照市场实际交易价格，由银行逐日挂牌公布，作为实物存款时计算的标准。为避免因偶然性的物价变动，使存款人遭受不合理的损失起见，规定以存取日之最近 10 天银行平均牌价为计算标准（例如 8 月 25 日存取款的计算价格应以 8 月 16 日至 25 日 10 天的平均价格为标准）。每笔存款数目暂定为 5 万元，5 万元以下者不收。存款期限至少为 3 个月，不满 3 个月者不收。存款未到约定期限时，存款人不得提取。如因特殊情形，经本行

① 《晋冀鲁豫边区政府、晋察冀边区行政委员会关于公家存款一律存入华北银行的通令》（1948 年 7 月 28 日），见华北解放区财政经济史资料选编编辑组等编：《华北解放区财政经济史资料选编》第 2 辑，中国财政经济出版社 1996 年版，第 265 页。

破例许可者,只照存入时之金额原本付还,不得按实物计算,且只照一般活期存款利率付息。此项存款利息,按下列办法计算,并于存款收据上注明:(1)以实物单利计算利息,到期本利一并支取。(2)存款利率由银行随时规定挂牌公布。(3)存款利息自存款之日起,算至到期前一日止。此项存款收据,不准转让,或向本行作抵押借款。存款到期,存款人不来提取,亦未办理续存手续者,无论过期多久,均按到期日之实物牌价折现还本,且不给过期利息。存款到期如愿续存者,须将原存本利结清,重新办理手续换给新收据。①

《实物放款章程草案》规定,除农业生产放款外,凡以实物计算之各种放款,均依该章程之规定办理。实物计算方法,由借款户与银行协商,选择下列方法之一计算:(1)以借款户之主要生产品或贩卖品为计算标准。(2)以银行实物存款折实方法计算。第四条折实作价,无论贷款折实或贷实折实,均应以当时当地市场大量成交市价或交换比例为标准,并须经双方协商同意。实物放款利息最高不得超过月息1分5厘的所折合之实物,应详细约定标准、牌号、质量,必要时应事先留货样,以免归还时发生争执。除事先有约定外,借款户以归还货币为原则,并收订货。到期归还时,无论物价涨落,均应按约定之实物价格计算,任何一方不能变更。如借款户故意在未到期前归还时,因物价下落折实金额低于原借金额时,应按原借金额归还现款,如折实金额高于原借金额时,应按折实金额归还,以防止借款户投机取巧。折实放款,在时间上,至少是一个月的放款,时间太短不应折实,但超过三个月的放款,原

① 《东北银行定期实物储蓄存款章程》(1948年),见中国社会科学院经济研究所中国现代经济史组编:《革命根据地经济史料选编》下册,江西人民出版社1986年版,第775—776页。

则上均应折实计算。①

在物价剧烈波动(上涨)的经济环境下,东北的实物存放款章程、办法,严谨、公允,均衡考虑和照顾了借贷双方的利益,避免或减少了借贷双方不必要的经济损失,务实可行。

1948 年 12 月东北银行拟订实物存放款章程后,紧接着于 1949 年 1 月 3 日拟订了《东北银行发放农贷章程》,对原有农业贷款方式、办法相应作出调整。

东北解放区的农业贷款,过去除南满各分行曾直接发放一部分外,北满各分行均未办理。过去南满放出的农业贷款,都是“贷现收现”。1948 年开始在南北满两地试办“折实放款”,北满各省分行发放农贷 45 亿元,以后根据各地请求增加 8 亿元,共 53 亿元。后各省分行又从存款中抽出 47 亿元,共发出 100 亿元。各省分行贷款数目见表 20-62。

表 20-62　东北解放区北部各省折实农业贷款统计(1948 年)

项目 省别	贷款额(亿元)	折实粗细粮(万斤)	折合大豆(万斤)	项目 省别	贷款额(亿元)	折实粗细粮(万斤)	折合大豆(万斤)
合江	13.7	1226	1319	吉林	10	661	614
龙江	20	1523	1613	哈尔滨	12.3	1162	1157
嫩江	28	1341	1393	牡丹江	6.8	532	705
辽北	9.1	828	940	总计	99.5	7172	7741

资料来源:据《东北银行总行一九四八年农业生产放款工作总结》(1948 年 11 月)(见东北解放区财政经济史编写组等编:《东北解放区财政经济史资料选编》第 3 辑,黑龙江人民出版社 1988 年版,第 464 页)改制。

① 《东北银行实物放款章程草案》(1948 年 12 月),见中国社会科学院经济研究所中国现代经济史组编:《革命根据地经济史料选编》下册,江西人民出版社 1986 年版,第 773 页。

折实贷款的发放,各省大致有4种形式或办法:(1)银行购买实物发实物;(2)由银行贷现款交给县、区政府,购买实物发实物;(3)银行贷现款,由区、村、屯干部负责组织群众集体购买实物发实物;(4)银行贷给借款户现款,由借款户自己随意购买实物。

各省银行的农业贷款,主要是配合各级政府的农业贷款,解决土地改革后农业生产中的主要困难:合江省主要是解决了种子、马料和马匹问题;龙江省解决了马匹和粮食、草料问题。龙江省由银行贷款买进的马匹,有3300余匹,约占全省买进马匹总数的1/5。嫩江省配合政府解决了全省的灾荒问题。全省各级政府、机关共发放农贷粮食3万吨,银行即占7000余吨,约相当农贷粮食总数的1/4,保证了全省农业生产任务的完成。松江省仅在双城一县即贷出粮食700余万斤,解决了该县10万人两三个月的吃粮问题。吉林省亦在政府指示下解决了吉北和吉林市郊的严重灾荒问题。辽北、牡丹江则主要是解决了马料、种子和口粮等问题。这些贷款,如果按当时市价全部买马(每匹马1500斤大豆),可买进中等马5万余匹;多种地25万余垧;如果完全解决口粮问题,可以解决260余万人一个月的粮食,80余万人3个月的粮食问题。由于各省农村中的主要困难基本上得到解决,故对1948年的农业生产确实起了很大的推动作用,提高了农民的生产积极性,扩大了耕地面积。

不过1948年的农业贷款工作也存在某些不足甚至明显偏差。

关于农贷的目的,章程虽已规定,“发展农村经济,扩大生产,有借必还”,但在执行中,有些地方银行干部和政府干部,在认识上有偏差。有的认为,发放农贷是为完成购粮任务。因而不要农贷,怕增加老百姓负担,认为公粮、购粮任务都很重,如果再加上银行农贷就还不起了。有的银行干部认为,农贷是上级分配的任务,发放农贷主要是收回粮食,因此,强调在产粮丰富的地区发放,保证收回，放出以后就算完事，不管农贷是否解决了农业生产中的问题。另外也有人认为农贷是救灾款，发下去救灾和作为发动群众的工具。根本没有打算收回，这种单纯的恩赐和救济观点，在地方干部中还普遍存在。因此，银行农贷的目的必须明确规定，是解决农业生产中的困难，达到发展农业生产的目的。农贷必须与生产结合，必须与生产需要结合，必须与发展生产结合。生产中没有困难、不需要的就不贷，因为农贷不是定购粮食。没有生产条件、不是用在生产上的也不贷，因为不是救济。没有发展农业生产前途的不贷，因为农贷必须与发展生产的方针计划相结合。

同时，农贷必须集中使用，确定用途：根据农村实际情况，农民在生产中还有很多困难，畜力还不够，灾荒地区还缺口粮、种子，农具还须改进。银行的农业生产放款和这些广泛的困难相比，还差得很远。因此，必须把有限的力量适当地运用，解决农村中一些主要的困难：需要种子的地方，就发放种子贷款；需要马匹的地方，就发放马匹贷款。不是将贷款发出后由借款户任意使用。根据1948年的经验，确定一定用途，解决一定困难的贷款，起的作用就大，流弊也少，偿还也有保证；反之，没有一定用途，把贷款给借款户任意使用的，发生偏差就多，起的作用也就小。

另外，在贷款地区、贷款对象的选择条件、选择标准方面，必须选择有农业生产条件、缺乏农业生产资金的地区。没有生产条件，十年九不收的地区，就不能发放农贷。合乎这个主要条件的地区，对遭受国民党摧残及战争灾害的新收复区和对偶然发生的水旱灾区（不是十年九不收的地区）应尽先照顾。但对于没有生产条件单纯救灾地区，除上级有指示外，不能发放农业贷款。

1948年对象的选择上，发生的偏差很多，选择的标准不完全是根据生产的需要，平均分配的现象普遍存在。有的是按户数人口平均，有的是按地亩平均，有的是按牲口平均。由于平均分配，没有生产能力的孤寡也借到了,不需要借的也借到了。结果,降低了贷款的作用,有的地区一户仅分得十几斤豆饼(林甸)或5000元现款(北安县),根本不能解决问题。因对象选择不适当,贷款没有用到正道,甚至发生用贷款赌钱、抽大烟的现象。如合江省勃利县的统计,全县贷款7个区63个村2195个贷款户,贷款没用于农业生产共139户,计还债27户、买衣服9户、参军带走的21户、娶老婆1户、赌钱34户、治病2户、吸大烟24户、做小买卖的10户、喝酒的10户、买手表的1户。不正当用途的户数,占总户数的6.3%。其他各地亦有同样的现象。

以后的贷款工作,必须防止类似现象的重现。贷款对象的选择,主要应根据其生产需要,即必须是有生产条件、有劳动力和土地、有部分农具,缺乏部分生产资金的农民。合乎这个标准的:(1)有生产互助组织的小组应先贷,但必须是自愿的组织,1948年年贷给由于强迫命令所组成的大插具及生产小组,结果都垮了台,1949年应当注意;(2)烈、军、工属、积极从事农业生产以及生产中起模范作用的先贷,但应防止单纯救济的现象;(3)贷款对象:应先贷给在生产上有困难的贫雇农。1948年有的地区单凭阶级成分,不按需要,甚至连中农都不贷的现象,应当纠正。对转入生产的地富亦可贷款。①

在总结1948年农业贷款工作经验教训的基础上,结合实物存放款章程,1949年1月3日《东北银行发放农贷章程》对贷款目的、条件、对象选择更加严格、明确。

贷款目的是"为扶助农业生产,发展农村经济",不过资金全

① 《东北银行总行一九四八年农业生产放款工作总结》(1948年11月),见东北解放区财政经济史编写组等编:《东北解放区财政经济史资料选编》第3辑,黑龙江人民出版社1988年版,第463—470页。

部来自《定期实物储蓄存款章程》所吸收的存款。《农贷章程》第二条说得十分清楚："此项放款，系银行利用业务上之存款，贷入农村，以帮助农民解决生产资金不足之困难。"因资金来源不同，农业贷款的性质、条件也不一样。《农贷章程》强调，此项放款"系由银行直接办理的纯借贷性的一种业务，故应取得确实保证，有借必还，并以实物计算，保持原本为原则"。贷款用途、对象都有明确规定和限制。贷款必须"集中使用，重点发放，避免平均分配，并确定用途，解决农业生产中几种主要生产资料的困难，如马匹贷款、种子贷款、农具贷款、肥料贷款等"。贷款对象，是"以有农业生产条件，缺乏农业生资资金，积极从事生产的劳动农民为限"。贷款用途和对象有严格限制，即"不能将贷款单纯作为救济优属及发动群众的工具"；此项贷款，"限于解决个农民生产中的困难，公营农场及大规模的水利事业，不应在此项贷款中解决"。

贷款计算和偿还方法，借款户无论借得粮食或其他实物，或现款，除特种农作物，双方另行商订外，均统一折成粮食计算。粮食的折价收付，统一以斤为计算单位。借款户折合之实物，应折合其主要生产品，并经银行同意，防止投机取巧。贷款折实作价，以公平合理，不使借款户吃亏为原则，并具体规定如下：(1)贷款折实：何时领款何时作价，作价标准应按本区大量成交市价计算，如本区无市价时，则以附近市镇大量成交市价计算。(2)贷款折实(甲种粮折乙种粮，或其他实物折粮)：应按当时当地市场公平交换比例折算。

贷款发放收回时间及利息，贷款时间分春耕、夏锄两季，何时开始，在银行不违农时原则下，斟酌情形主动决定。归还时间，应于当年秋收后(小麦在麦收后)阳历12月31日以前由银行规定通知。但如发现借款人用途不当，或违反本章程及借据所拟订条款时，得提早收回。利息方面，无论是春耕还是夏锄贷款，从借款到归还,一律收 1/10 的实物利息,以弥补粮食蚀耗,及其他损失。发放收回方法及手续,为防止贷款滥用,除银行在可能范围内,发放实物外,如发放现款时,应在政府协助之下,组织群众集体购买实物,使借款户确实得到实物,并应通过农贷,大量组织农民本身资金,投入生产,使农贷发挥更大作用。贷款发放与收回之前,银行应制订工作计划,提请政府给予具体协助。借款之债务人,为借款户个人,除不可抗力的原因得由银行酌情处理外,如到期不还,联合借款人,应负连带责任。借款到期时,借款户应归还借款所约定之实物,并须保证品质优良,否则银行得拒绝收受。借款人应负责将归还之实物,送到银行指定之点,在往返不超过一天的路程内,银行不另付运费。①

1949 年 2 月 9 日,华北人民政府制定发布 1949 年华北区农业贷款计划,旨在"恢复与发展农村生产,保证农业生产计划的实现",1949 年度全区发放农贷 5.82 亿元,农业贷款用途及各区分配数额见表 20-63。

表 20-63　华北人民政府华北区农业贷款计划(1949 年)

(单位:万元)

项目 区别	水车水井	开渠	畜牧	造林	农业	一般性	棉产	国营农场	总计
察哈尔	2600	1000	1000	100	200	1500	—	—	6400
冀中	3500	1000	200	100	300	1500	400	—	7000
太行	1000	1000	1500	100	300	1500	500	—	5900

① 《东北银行发放农贷章程》(1949 年 1 月 3 日),见中国社会科学院经济研究所中国现代经济史组编:《革命根据地经济史料选编》下册,江西人民出版社 1986 年版,第 777—779 页。

续表

区别＼项目		水车水井	开渠	畜牧	造林	农业	一般性	棉产	国营农场	总计
太岳		500	500	1000	100	100	500	—	—	2700
冀南		2500	500	200	100	300	1500	1500	—	6600
冀鲁豫		200	—	500	200	500	3000	100	—	4500
晋中		200	1000	500	50	100	1500	—	—	3350
石家庄		—	—	—	—	—	130	—	—	130
农业部掌握		4500	5000	1500	250	200	3370	—	5000	19820
总计	金额	15000	10000	6400	1000	2000	14500	2500	5000	56400
	%	26.60	17.73	11.35	1.77	3.55	25.71	4.43	8.86	100

资料来源：据《华北人民政府1949年华北区农业贷款计划》（1949年2月9日）（见华北解放区财政经济史资料选编编辑组等编：《华北解放区财政经济史资料选编》第2辑，中国财政经济出版社1996年版，第378页）。表中百分比（%）系引者计算。原资料农业部掌握贷款小计和各类贷款总计有误，业经重算核正。

这是晋察冀边区、晋冀鲁豫边区合并为华北区后，华北人民政府拟订的第一次年度农业贷款，具有重大意义。农业贷款计划出台之前，业已制订1949年华北区农业生产计划，农业贷款计划明确规定，此项贷款必须用于农业生产，“严格区别于救济的赈款，做到专款专用”，必须根据华北区政府农业部农业生产计划的规定使用，“在发展生产、公私兼顾的原则下，保证实物保本，使国家资本，在发展农村经济中同时得到积累，以便更好地扶植生产”。

贷款用途方面，与过往边区农业贷款的一个明显区别是，这次贷款既非用于救灾济贫的“赈款”，也不是主要解决农民种子、肥料问题，而是将重点放在农田水利和农业动力上，着重改善农业生产条件。用于水井水车和开渠的贷款，占贷款总额的44.33%，用于畜牧(主要解决役畜问题)的贷款占 11.35%。三项合计占贷款总额的 55.68%,即超过贷款总额的一半。而一般性的农业贷款占 3.55%,还少于棉花专项贷款(4.43%)。为了防止三项重点贷款被挪作他用,其中 1.1 亿元由农业部直接掌握,占三项贷款额(3.15 亿元)的 34.92%。这是两个边区合并后,新政府在农业贷款和农业生产发展上的新思维。

不过从贷款的实际情况看,新拨农贷资金很少,大部分是依靠收回旧贷来完成新贷任务。实际农贷资金,除农业部直接掌握的 21620 万元外,分配各地的 36450 万元中,新拨资金只有 13400 万元(占 36.76%),其余 23050 万元要靠收贷补足。

因为强调在发展生产、公私兼顾的原则下,保证实物保本;国家资本在发展农村经济中同时得到积累,以便更好地扶植生产,因此各地贷款发放中全部是贷款折实,或直接贷放生产资料。除银行的贷款资金外,各地政府、贸易公司都贷了部分实物,因而增加了扶植生产的实际力量。如太岳区政府贷粮 100 万斤,冀南区政府贷粮 175 万斤,贸易公司贷出了价值 4500 万元的花生种子,等等。

在贷款使用和发放方法方面,水利贷款在具体做法上,水车、水井多贷给水利推进社,通过经营以贷或卖的方式解决群众水利资金工具困难,在没有水利推进社的地区,则由银行或推进社直接订购水车或零件贷给群众;开渠贷款多贷给开渠组织(包括国营的开渠工程处与群众性的水利委员会),统一立约,定期归还。牲口贷款主要用于繁殖与调剂牲口,在具体做法上:(1)伴养母畜。采取公私合资分红的办法,通过村政权订立合同,保证繁殖任务,并在伴养牲口多的村庄组织伴养小组。太岳区采用此法,半年来共伴养母畜 158 头,银行出资 660356 元。(2)贷款扶植有经验行家和公营商店或供销社以带动公私资本增购母畜与调剂耕畜。如太岳区半年来采用此法购母畜 708 头、耕畜 906 头;太行区贷给 9

个县联社款830万元,贩回牲口391头。(3)支行直接贷款给群众购买。但为了解除群众怕粮价上涨买不到牲口而吃亏的顾虑,及保证贷款用途,采用了限期购买,预定贷款与在市场先买下牲口再贷款两种办法,并及时检查税票、牲口等。(4)增设配种所。提倡配畜事业,如太岳区现有配畜所39个,共有畜种51头,其中沁源6个配种所共计有8头,配过435头,成驹者284头,占总配数的65.5%。又扶植防瘟兽医事业,以减少牲口死亡。如太岳沁源贷款扶植中西药房购买医药及医科用具,并设兽医,分别下乡治疗。棉产与花生贷款,主要用于购买肥料与种子。在做法上,有的是支行直接订购肥料贷给群众,或贷款给群众自己选购;有的是贷给贸易公司或供销社购买种子肥料贷给群众。一般贷款,主要是扶助恢复区和灾区解决牲口、种子、肥料、农具等困难。这种贷款多由支行直接发放。

贷款作用还是十分显著的:(1)开发水利方面,计新开水井4425眼;修水井3071眼;开渠149条,修旧渠498条,新购水车5731架;修理水车4782架,灌溉土地834558亩。(2)调剂牲口方面,计增购耕畜15669头,种畜185头。(3)扶植可供工业原料之特种作物方面,计增产棉花种3128899斤及828724亩;花生5861546斤及615729亩;蓖麻5688亩;胡麻291587亩;白麻14160亩;菜籽7579亩。(4)造林方面,贷出林种1268斤,培植苗圃113亩。(5)国营农场开垦荒地2万亩,1950年可增产小麦200万斤。(6)农药贷款,购买滴滴涕10吨,可除去10万亩果树虫患。(7)肥料贷款,购买大粪2668000斤,肥田2万余亩。①

① 《合作银行1949年上半年农贷工作初步总结》(1949年9月),见华北解放区财政经济史资料选编编辑组等编:《华北解放区财政经济史资料选编》第2辑,中国财政经济出版社1996年版,第444—445页。

(三)解放区银行的工商业贷款和汇兑业务

除了农业贷款,部分边区银行也曾发放工商业贷款。晋察冀边区银行冀中分行为发展工业生产,鼓励商业经营,大力建设城市,特别注意对贫困商贩所组织的合作社和人民最迫切需要发展之工商业的资金支持,1946年3月15日拟订的《晋察冀边区银行冀中分行工商业贷款暂行办法》特别规定,贷款对象分为两种:一是城市及经济重镇贫苦工商小贩所组成的各种形式的正当营业的合作社(如两家或三家合伙开作坊也可称之为合作社);二是人民最迫切需要发展的工商业。合作社的贷款数额原则上最多不超过该合作所集私资一半,但赤贫户不能集资者可酌量增加。贫苦工商合作社办理贷款时,须说明经营计划,经村生产委员会审查核实、报请区以上生产委员会批准,持证明文件到一定区划县市银行请求贷签,经银行审查属实后,方可贷借,并须由全体社员签名订立契约。① 手续相当严格。

1949年初夏,随着解放战争的巨大胜利和解放区政治经济形势的变化,工商贷款政策有重大调整。1949年5月12日,中国人民银行总行下达《中国人民银行总行关于工商放款政策及调整利息的指示》,明确指出,1948年5月联合扩大行务会议,《关于工商放款政策的决定》中,指示"必须和公营企业建立密切的互助互利关系,尽量在各方面予以便利和支持","在对私人资本主义成分的团结斗争中,公营企业和银行,应该是以统一的国家资本阵营的姿态出现","对公营企业的态度,是城市银行工作中的一个根本问题"。这是正

① 《晋察冀边区银行冀中分行工商业贷款暂行办法》(1946年3月15日),见华北解放区财政经济史资料选编编辑组等编:《华北解放区财政经济史资料选编》第2辑,中国财政经济出版社1996年版,第15—16页。

确的,但在执行中,因为对于发展工商业及如何繁荣城市认识模糊,认为商业活动了,店铺开多了,城市就繁荣了,因而对私人商业给予不应有的过多的贷款,或对私人工业予以无限度的扶持,致客观上给予投机资本以某些活动的方便,这是不对的。从 1949 年 1 月起,为支援战争、稳定物价,暂时停止了放款,但是这一措施在个别地方又发生了另一方面的偏差,即对有些有利于国民经济发展的事业也没有扶持,现在放款业务又开放了,放款业务是银行业务中体现新民主主义经济政策的最显著的部分,因此,再作如下的指示。

(1)放款的总方针是要有利于国民经济的发展,怎样才能有利于国民经济的发展呢?一是扶植工业、农业等生产事业,先工业、农业,后商业,要照顾必要与可能(银行的力量不刺激物价),要分轻重缓急,要注意季节(照顾市场的货币容纳量与农民的购买力)。这四点必须联系起来掌握。二是在工业放款方面,在对国民经济同等有利的条件下,必须是:第一国营工业,第二私人工业,第三手工业。如果有些城市的工厂生产不占主要地位,或不需要贷款,那么,工作重心就可以放在恢复手工业方面,但必须掌握必要与可能的条件。例如,公营的铁工厂与私营的铁工厂都需要贷款,在这种情况下,应该先公后私,公多私少,又例如公营纸烟工厂与私营铁工厂都需要贷款,在这种情况下,应该先贷给私营,因为它对国民经济更有利些。三是在农业放款与合作放款方面,要根据华北区统一方针来办理。就是说农贷与供销合作贷款,都是为了扶植农业生产的。在力量不大的条件之下,必须统一掌握分配,要有重点地使用力量。四是在商业放款方面,主要是出入口商与土产运销事业,因为这对于发展生产是有利的。五是对私营工商业放款的数额的标准,可根据贷户的生产规模、生产性质及社会信用、资金等情况而定,以帮助其资金周转为主,防止被用作经营的主要资本或固定资本(特定的长期放款例外)。

(2)1948年华北银行规定的利息政策是正确的,但在根据不同生产事业划分利差,根据市场、对象、资金情况灵活掌握利率方面,表现贯彻、发挥得不够,现在还应该贯彻这个政策的基本精神,同时在上述两方面加强注意运用。至于利息范围,现在需要适当地调整,公私略有差异。

(3)对私营企业方面是帮助它恢复发展生产,但必须做到公私两利。如果利息较农副业低也是不合理的,但利息又不能完全根据物价调整,特别是在城市中,利息的刺激性是很大的,故城市工商贷款做法应当:一是以定货及直接收购产品为主要形式,不专从利息数字上解决保本和工农业贷款利息差额过大问题。二是城市中贷款最好采取抵押、押汇、票据贴现(应以银行承兑保付者为限)等方式,尽量减少信用放款。

(4)公营企业存款多,它常与当地市场的货币容纳量和一般生产事业的规模不相适应,同时生产者所需帮助形式不能仅限于贷款。因此以后除贷款外,投资合营、收购产品、定货、收购押品等经营将逐渐增多。收购产品和定货推销,原则上应商同贸易合作部门办理。

(5)要把工商贷款政策和利率政策贯彻得好,必须做下列工作:一是对生产事业作深入的调查研究,特别是必须指定一定部门专责了解当地主要生产行业的生产过程及其特点。二是建立自己的征信工作,还可以帮助建立地方征信机关,这对放款和培养社会信用是有好处的。三是商业利润的经常调查工作。四是最重要的,注意检查了解放款的使用和作用。①

① 《中国人民银行总行关于工商放款政策及调整利息的指示》(1949年5月12日),见华北解放区财政经济史资料选编编辑组等编:《华北解放区财政经济史资料选编》第2辑,中国财政经济出版社1996年版,第412—414页。

《中国人民银行总行关于工商放款政策及调整利息的指示》显示经过三年多的艰难摸索、实践，初时分散甚至有些凌乱的金融和银行、货币不但逐渐整合、统一，有关公私放款及利息掌控等方面的经营管理水平亦迅速提高，从稚嫩走向成熟。

汇兑本是银行重要业务，其业务范围、业务量同商业贸易、金融货币的发展程度成正比。随着解放区的不断扩大，银行货币逐渐走向整合、统一，商业贸易、物资流通加速发展，而银行汇兑的发展，又反过来促进银行货币的整合、统一和发展。1947 年夏季大反攻开始后，解放区范围加速扩大，解放区的城市数量和解放区银行的分支行数量都明显增加，银行汇兑业务也相应多了起来。

石家庄自 1947 年解放后，银行随即开展汇兑业务，并不断扩大。1948 年 5 月底前，通汇地点不过六七个，6 月初华北银行总行扩大行务会议以后，汇兑业务加速扩大。到 6 月底，汇兑流水已达冀钞 35 亿余元。至 8 月更加活跃，只 1 个月汇兑流水即达冀钞 39 亿元，进出汇的款项达 1035 笔。9 月更增至 47 亿元之巨。从 5 月至 9 月底，总汇款数达冀钞 143 亿元，汇款笔数达 3000 笔以上，汇兑点增至 40 个，而且还有其大量开扩的余地。10 月份后由于与华东区通汇，预见汇兑数将大量增加。

汇兑业务的开展便利了公款及资金的调拨、物资的交流及货币量的调剂。银行自身亦在开展汇兑业务过程中，逐渐熟悉业务，摸索和总结出若干经验。

第一，争取汇兑平衡问题。这个问题本来是由商品流动决定的，但是有些场合并不是这样，或不完全是商品流动发生的差额，却应该争取平衡，减少送现。其方法为：(1)必须多开汇兑点，便于调剂，取得平衡。由于贸易是有季节性的，对一个汇兑点说，往往会发生单面倒汇现象，或者汇差甚大。这时为利用其他汇兑点或线的汇差来调剂，或用转汇办法来调补，这样可避免送现，或少送现,这就需要更多的汇兑点才有调剂的条件。(2)利用企业部门或私营工商业款项的调拨、拨账、倒调,主动地去找逆汇(须信用可靠的)与妥善的票据贴现来补平衡。石家庄和冀南区常有这些情况。(3)两方汇兑行必须互相开展,有汇差时,多方设法找回汇,别坐待对方送现,这是争取平衡的首要关键。(4)正确的物价政策是掌握两地适当的物价差额,鼓励群众调运,引导正常的货物交流,便利于开展汇兑与汇差的掌握、调剂,否则就会发生不正常的汇兑现象。因此必须经常了解各地物价变动。(5)在一定季节或在某种特殊情况下,资金调拨与货币流转而来不及取得平衡时,必要的送现也是不可避免的。这时要防备因害怕汇差而阻碍了汇兑的做法。(6)两地汇兑限额不必一律相等,可根据力量不同及贸易上需要分别订立。

第二,开展汇兑与资金调剂的交互作用。通常两地订立汇兑额,是根据贸易来往的旺盛、机构的大小、资金活动力等条件。汇兑额度往往又是两方相等的。但是,为了资金的调剂,如一个较大的经济集中城市,为了调剂缺乏资金的城镇,而两地又有开展汇兑的条件,则可扩大汇兑额(一般的汇兑额加上资金调拨额限),利用汇兑进行资金调剂,既开展了汇兑,又调剂了资金,使汇兑业务与放款相互发展,对汇出行获利最大。石家庄和周围一些城镇都可以这样做,有的已经做了。不过为了照顾双方利益,一般汇差与订立的“透支汇差”,可规定不同的利率。

第三,开展汇兑与调剂金融,在一定时候或一定通汇点,得注意两地银根松紧情况,来掌握汇兑,免得必要时要用贴汇或停汇办法。

第四,关于汇兑清算点与清算工作。这是个新工作,还有待研究,不过,首先应建立汇兑点与汇兑清算点的通报制度,才便于及时了解汇兑情况。对于付汇感到困难的,给予资金调补。对于一般的汇差，可随时作必要的调剂。还有的采取清算点先与各分行建立清算关系，然后再由分行清算，像冀中分行现在就这样做，这个办法也可以研究。①

在华北解放区，1948 年 4 月 6 日《华北财经办事处关于晋冀鲁豫、晋察冀两区货币实行固定比价及相互流通的决定》公布后，华北银行总行随后发出《华北银行总行关于开展区内汇兑的通令》，为大力开展区内汇兑，便利物资交流，促进埠际贸易，减少现金运送，调整各地筹码，达到稳定金融、发展生产的目的，就汇兑业务的方针、通汇地点、汇兑基金、汇兑种类与方式、汇水、差额清偿、兑汇往来利息、汇兑透支额、每笔最高额及每日汇兑额，以及每月汇出汇入情形汇总通报等相关原则、措施、办法下达指令，规范汇兑业务。

《华北银行总行关于开展区内汇兑的通令》提出大力开展区内汇兑的基本方针是：(1)在经营上不斤斤计较汇水的得失，采取廉价多汇的方针。(2)在步骤上由点线而及于网面，随着交通贸易的日渐恢复与发展及本身机构情况，逐渐建立汇兑业务，采取逐渐开展的方针。通汇地点方面，总行指定石家庄、阳泉、安国、辛集、泊镇、正定、阜平、涞源、衡水、南宫、临清、邯郸、濮阳、长治、晋城、冀城、邢台、浑源、筑先(东昌)19 处基点，大力开展，互相通汇，并构成以石家庄、邯郸、长治为中心的三个“汇兑网”。根据贸易情况路线、资金调拨的需要、机构及业务经营情况，各行署区内，或与 19 处基点各行、处间，均可在经上级行同意条件下，自行直接建立汇兑关系。汇兑种类与方式，主要采用票汇、信汇两种，顺汇、逆汇均可办理。汇水多寡，不作“机械规定”，最高以不超过 5‰为

① 《华北银行石家庄分行的工作总结》(1948 年 11 月)，见华北解放区财政经济史资料选编编辑组等编：《华北解放区财政经济史资料选编》第 2 辑，中国财政经济出版社 1996 年版，第 322—323 页。

宜。各地可依据下列条件灵活处理:(1)两地银根之松紧;(2)汇出汇入差额之大小;(3)汇出行自身头寸之多缺,及付款行之支付能力;(4)迟期汇票或即期汇票;(5)运现费用的多寡;(6)根据物价情况,凡汇款至物价涨的区点,手续费应高,该地汇出款则应低。

至于差额清偿,是汇兑中最实际和复杂的问题。"通令"规定采取"由各行定期定额直接清偿的原则"。在汇差的偿付上,应依照以下原则进行:(1)各汇兑行之间必须力争汇出汇入平衡。(2)加强各汇兑点与清算点、清算点与清算点之间的情报联系,由各清算点根据各汇兑点之汇差情况,提出转账意见,利用各种可能的转账方法,通知各汇兑点转账,抵销差额,以避免或减少现金之运送。另外,因两地过远之通汇点,原则上不实行直接汇兑,但在贸易路线允许条件下,可实行"接途汇兑"办法解决。① (3)总行指定石家庄、邯郸、长治为汇兑清算点,拨付一部分基金,其任务与作用,在于解决总行指定通汇行、处之特殊困难,如有通汇必要而客观上缺乏平衡条件,汇入集中,致一时无法调节者;有其他原因,致运现和转账清算均发生困难者。凡欲经汇兑清算点清理汇差者,必须事先函商,说明金额、期限、情况。清算点审查如符合相关标准时,应即研究尽可能利用现金或转账关系,计划清理方法,并作答复。凡未事先函商或不符合相关标准者可不受理。②

华北银行是关内解放区最大的银行,华北银行管辖内的汇兑网是关内解放区最大的银行汇兑网,华北银行总行关于开展区内

---

① 如晋城汇往浑源,可经邯郸、石家庄由两地转汇。凡属转汇性质之汇兑,可于票面注明"转汇×处"字样,承转行应予顾客最大便利(不受办公时间限制),以免影响顾客行程。

② 《华北银行总行关于开展区内汇兑的通令》(1948 年 7 月 23 日),见华北解放区财政经济史资料选编编辑组等编:《华北解放区财政经济史资料选编》第 2 辑,中国财政经济出版社 1996 年版,第 261—262 页。

汇兑的通令从一个侧面部分反映了关内解放区在解放战争后期汇兑的基本制度和大致情况。

东北解放区银行汇兑业务开展较早,而且是跨区汇兑。东北银行安东省分行(简称"东北行")、山东北海银行胶东分行(简称"北海行")于1946年6月1日订立通汇合同。宣布东北行所在地及安东省庄河、新金、复县同北海行所在地及胶东区龙口、烟台、石岛、威海之间,为了贸易需要,建立汇兑关系:规定东北行及庄河、新金、复县三行除立北海行及龙口、烟台、石岛、威海四行照付之汇票外,并代付北海行立之汇票;北海行除立东北行及庄河、新金、复县三行照付之汇票外,并代付东北行及庄河、新金、复县三行所立之汇票;北海行之龙口、烟台、威海、石岛四行可代付东北行及庄河、新金、复县三行所立之汇票,不得立东北行及庄河、新金、复县三行照付之汇票。又规定:东北行汇入汇出均以东北币为本位币,北海行汇入汇出均以北海币为本位币;东北行与北海行或北海行与东北行之汇入汇出款,均按各行之本位币为本位记账;东北币与北海币或北海币与东北币之比值,系根据两方之物价自行订定,两方应经常及时供给物价变化及黑汇情况,作为随时规定比值的根据,以免损失;东北行所辖之行由东北行统一计算,北海行所辖之行由北海行统一计算,账码结算定为六个月一期。结算时双方之账码可根据物价商定一定比值相抵后之余额,仍须以物资偿还之,不得拖延滚欠。合同还规定,自1946年6月1日至12月30日止双方汇额定1亿元。汇款需要增加时,可商得双方同意后增加。① 由此两地之间汇兑正式开始。

1948年11月东北全境解放后,东北银行立即着手筹划全东

① 《东北银行安东省分行,山东北海银行胶东分行通汇合同》(1946年6月1日),见东北解放区财政经济史编写组等编:《东北解放区财政经济史资料选编》第3辑,黑龙江人民出版社1988年版,第511—512页。

北范围内的汇兑。1948 年 12 月 11 日东北银行总行给各分、支行和处下达指示,称“东北业已全部解放,为适应生产建设,繁荣经济,便利工商业者之物资交流,畅通汇兑,实为银行应尽之义务”,根据第三届经理联席会议的讨论,对汇兑问题特做如下决定:(1)凡本行设有分、支行或处的地区一律通汇,但须事先由总行送到印鉴后再行办理。(2)票汇、电汇由汇款人自由选择,一律不加限制。如因技术关系,个别支行、处目前尚不能办理电汇时,应即速报告总行。(3)每笔汇款只收手续费 1 万元,电汇除收手续费外并照电报局之规定收电报费。汇水问题,一般情况除因收汇过多路途太远、送现不便外,均不必收汇水,以便达到大量收汇目的。各行处可根据收付汇及资金调拨情形酌情处理,自行掌握。所收汇水以不超过送现费用为原则。(4)分行间之汇兑差额每月以 50 亿元为限,各支行、处之汇兑差额一般的每月以 5 亿元为限。哪些支行、处可以超过此限度或低于此规定,希即速提出报告总行,以便通知其他各分支处。(5)收付汇应力求平衡。如收汇过多,应保证总行随时调拨或自动送现,否则付款行无法垫付,势必停汇。总行调拨办法除送现外,可转发行库账,按发行库手续办理(交发行库时应出具收条送交总行转账,由发行库拨出时应有总行命令)。(6)汇款往来的转账手续现行办法,转账迟缓,总行无法掌握。为改进这一工作,拟采用支行、处直接向总行转账办法,详细办法待总行研究后另行指示。(7)为迅速使各地汇兑畅通,兹发去本行现有分支行处地址一览表一份,希详细检查哪些行已有印鉴,哪些行还没有印鉴,速报告总行,以便分发通汇。① 东北

① 《东北银行总行关于汇兑问题的指示》(1948 年 12 月 11 日),见东北解放区财政经济史编写组等编:《东北解放区财政经济史资料选编》第 3 辑,黑龙江人民出版社 1987 年版,第 477—478 页。

银行总行要求各分、支行或处迅即遵照办理，并将办理情形于 12 月底以前报告总行。这样，1948 年年底至 1949 年年初，东北全境的银行汇兑相继开展起来了。

下册图表索引

征引文献目录

一、经典著作

《刘少奇选集》上卷，人民出版社 1981 年版。

《毛泽东军事文集》第 5 卷，军事科学出版社、中央文献出版社 1993 年版。

《毛泽东农村调查文集》，人民出版社 1982 年版。

《毛泽东文集》第三卷，人民出版社 1996 年版。

《毛泽东文集》第五卷，人民出版社 1996 年版。

《毛泽东选集》，东北书店 1948 年版。

《毛泽东选集》第二卷、第四卷，人民出版社 1991 年版。

《聂荣臻回忆录》(中)，解放军出版社 1984 年版。

《任弼时选集》，人民出版社 1987 年版。

《王稼祥选集》，人民出版社 1989 年版。

《张闻天选集》，人民出版社 1985 年版。

《周恩来选集》上卷，人民出版社 1980 年版。

《朱德选集》，人民出版社 1983 年版。

《资本论》第 3 卷，人民出版社 1975 年版。

张闻天选集传记组等编：《张闻天晋陕调查文集》，中共党史出版社 1994 年版。

二、专著、杂著、文集

(一) 专著、编著(含编译)

[美]埃德加·斯诺著：《西行漫记》，董乐山译，生活·读书·新知三联书店

1979 年版。

[美]韩丁著:《翻身——中国一个村庄的革命纪实》,韩倞等译,北京出版社 1980 年版。

[美]格雷戈里·克劳奇著:《中国之翼——飞行在战争、谎言、罗曼史和大冒险的黄金时代》,陈安琪译,社会科学文献出版社 2015 年版。

[美]小威廉·M.利里著:《龙之翼》,徐克继译,科学技术文献出版社 1990 年版。

[美]约翰·亨特·博伊尔著:《中日战争时期的通敌内幕(1937—1945)》(上下册),陈体芳、乐刻等译,商务印书馆 1978 年版。

[日]“满洲国”史编纂刊行会编:《满洲国史(总论)》,步平、王希亮、白青文等译,黑龙江省社会科学院历史研究所 1990 年印本。

[日]岛村三郎等著:《我们在满洲做了什么:侵华日本战犯忏悔录》,群众出版社 2016 年版。

[日]关宽治、岛田俊彦著:《满洲事变》,王振锁、王家骅译,上海译文出版社 1983 年版。

[日]及川朝雄著:《上海外商株式市场论》,上海三通书局 1941 年版。

[日]加藤阳子著:《从满州[洲]事变到日中战争》,徐晓纯译,香港中和出版有限公司 2016 年版。

[日]江口圭一著:《日本帝国主义史研究——以侵华战争为中心》,周启乾、刘锦明译,世界知识出版社 2002 年版。

[日]今井武夫著:《今井武夫回忆录》,《今井武夫回忆录》翻译组译,上海译文出版社 1978 年版。

[日]满史会编著:《满洲开发四十年史》,东北沦陷十四年史辽宁编写组译,1988 年印行。

[日]满田隆一著:《满洲农业研究三十年》,“建国”印书馆编印,伪满康德十一年(1944 年)版。

[日]浅田乔二、小林英夫编:《日本帝国主义对中国东北的统治——以十五年战争时期为中心》,东北沦陷十四年史吉林编写组译,1993 年印本。

[日]浅田乔二等著:《1937—1945 日本在中国沦陷区的经济掠夺》,袁愈佺

译,复旦大学出版社 1997 年版。
[日]信夫清三郎编:《日本外交史》上册,天津社会科学院日本问题研究所译,商务印书馆 1980 年版。
[日]斋藤直基知编:《“满洲国”指导综揽》,“满洲”产业调查会,伪满康德十一年(1944 年)版。
[英]G.C.艾伦著:《近代日本经济简史(1867—1937)》,蔡谦译,商务印书馆 1959 年版。
东北沦陷十四年史总编室:《东北沦陷十四年史研究》第 1 辑,吉林人民出版社 1988 年版。
《胡适往来书信选》(中),中华书局 1979 年版。
《抗日战争时期国民政府财政经济战略措施研究》课题组编著:《抗日战争时期国民政府财政经济战略措施研究》,西南财经大学出版社 1988 年版。
浙江省档案馆、中共浙江省委党史研究室编:《日军侵略浙江实录(1937—1945)》,中共党史出版社 1995 年版。
《兴县革命史》编写组:《兴县革命史》,山西人民出版社 1985 年版。
《中国近代纺织史》编辑委员会:《中国近代纺织史(1840—1949)》上卷、下卷,中国纺织出版社 1997 年版。
《中国近代金融史》编写组:《中国近代金融史》,中国金融出版社 1985 年版。
柴树藩、于光远、彭平著:《绥德、米脂土地问题初步研究》,人民出版社 1979 年版。
常奥定著:《经济封锁与反封锁》,重庆 1943 年印行。
车霁虹著:《伪满基层政权研究》,黑龙江人民出版社 2000 年版。
陈本善著:《日本侵略中国东北史》,吉林大学出版社 1989 年版。
陈翰笙著:《解放前西双版纳土地制度》,中国社会科学出版社 1984 年版。
陈翰笙等编:《解放前的中国农村》第 2 辑,中国展望出版社 1989 年版。
陈经编:《日本势力下二十年来之满蒙》,上海华通书局 1931 年印行。
陈磊著:《抗战时期迁桂工业研究》,广西师范大学 2015 年硕士学位论文。
陈诗启著:《中国近代海关史》,人民出版社 2002 年版。
陈廷煊著:《中国新民主主义农业经济史》,中国社会科学出版社 2012 年版。

陈友三等著:《田赋征实制度》,正中书局 1946 年版。
陈争平著:《1895—1936 年中国国际收支研究》,中国社会科学出版社 1996 年版。
陈正谟著:《日本铁蹄下之东北农民》,中山文化教育馆 1938 年刊本。
崔维志、唐秀娥著:《沂蒙抗日战争史》,中国文史出版社 1991 年版。
丁长清主编:《民国盐务史稿》,人民出版社 1990 年版。
杜恂诚主编:《中国近代经济史概论》,上海财经大学出版社 2011 年版。
杜恂诚著:《日本在旧中国的投资》,上海社会科学院出版社 1986 年版。
方正主编:《日本侵略军在山东的暴行》,山东人民出版社 1989 年版。
高青山编著:《中国近现代经济史纲(1840—1996 年)》,黑龙江教育出版社 1997 年版。
高夙胜主编,崔力明编著:《两千年济南大事记》,济南市政协文史资料委员会 1999 年刊本。
龚学遂著:《中国战时交通史》,商务印书馆 1947 年版。
顾龙生编著:《毛泽东经济年谱》,中共中央党校出版社 1993 年版。
顾明义等主编:《日本侵占旅大四十年史》,辽宁人民出版社 1991 年版。
郭贵儒等著:《华北伪政权史稿:从“临时政府”到“华北政务委员会”》,社会科学文献出版社 2007 年版。
郭汉鸣、孟光宇编著:《四川租佃问题》,商务印书馆 1944 年版。
国家税务总局主编:《中华民国工商税收史纲》,中国财政经济出版社 2001 年版。
国家统计局主编:《伟大的十年》,人民出版社 1959 年版。
国民党福建省府建设厅编:《福建经济概况》,1947 年刊本。
国民党中执会训委会编:《中国战时经济问题》,1943 年印行。
韩启桐著:《中国对日战事损失之估计(1937—1943)》,南京国立“中央研究院”社会科学研究所 1946 年印行。
韩渝辉主编:《抗战时期重庆的经济》,重庆出版社 1995 年版。
寒芷主编:《战后上海的金融》,(香港)金融出版社 1941 年版。
行政院新闻局编.:《纺织工业》,行政院新闻局 1947 年版。

洪葭管主编:《中国金融史》,西南财经大学出版社 1993 年版。
洪葭管主编:《中国金融通史》第 4 卷,中国金融出版社 2008 年版。
侯日新编:《纪念中国抗日战争胜利五十周年论文选编》,中共抚顺市委宣传部 1995 年版。
华北综合调查研究所紧急食粮对策调查委员会编:《满洲食粮搜集机构与搜集对策:为检讨满华北食粮事项之比较研究》,昭和十八年(1943 年)刊本。
华东军政委员会土地改革委员会编:《浙江省农村调查》,1952 年刊本。
黄恒蛟主编:《云南公路运输史》第 1 册,人民交通出版社 1995 年版。
黄美真编:《伪廷幽影录——对汪伪政权的回忆纪实》,中国文史出版社 1991 年版。
黄美真主编:《日伪对华中沦陷区经济的掠夺与统制》,社会科学文献出版社 2005 年版。
黄逸峰、姜铎等著:《旧中国的买办阶级》,上海人民出版社 1982 年版。
黄增章著:《民国广东商业史》,广东人民出版社 2006 年版。
贾秀岩、陆满平著:《民国价格史》,中国物价出版社 1992 年版。
姜念东等著:《伪满洲国史》,吉林人民出版社 1980 年版。
姜长英著:《中国航空史》,台北中国之翼出版社 1993 年版。
解学诗著:《满铁与华北经济(1935—1945)》,社会科学文献出版社 2007 年版。
解学诗著:《伪满洲国史新编》,人民出版社 1995 年版。
解学诗著:《伪满洲国史新编》修订本,人民出版社 2015 年版。
金海著:《日本在内蒙古殖民统治政策研究》,社会科学文献出版社 2009 年版。
金家凤编著:《中国交通之发展及其趋向》,正中书局 1937 年版。
金士宣、徐文述编著:《中国铁路发展史(1876—1949)》,中国铁道出版社 1986 年版。
金毓绂主编:《东北要揽》,国立东北大学 1944 年编印。
晋冀鲁豫边区政府调查研究室编印:《太行区 1944 年国民经济调查初步研

究》,韬奋书店发行。
居之芬、张利民主编:《日本在华北经济统制掠夺史》,天津古籍出版社 1997 年版。
孔经纬著:《东北经济史》,四川人民出版社 1986 年版。
雷雨著:《东北经济概况》,北平西北书局 1932 年印行。
李成瑞编著:《中华人民共和国农业税史稿》,财政出版社 1959 年版。
李恩涵著:《战时日本贩毒与“三光作战”研究》,江苏人民出版社 1999 年版。
李尔重、富振声等著:《东北地主富农研究》,东北书店 1947 年版。
李耕五编著:《许昌烤烟发展史话》,1992 年刊本。
李济琛著:《民营经济与中国现代化》,华文出版社 2008 年版。
李占才、张凝著:《荣毅仁的父辈》,河南人民出版社 1993 年版。
李占才主编:《中国铁路史(1876—1949)》,汕头大学出版社 1994 年版。
连横著:《台湾通史》,商务印书馆 1947 年版。
梁庆椿等著:《鄂棉产销研究》,中国农民银行经济研究处 1944 年版。
梁有斌、谢永泉主编:《广西公路运输史》第 1 册,广西人民出版社 1990 年版。
廖正宏等著:《光复后台湾农业政策的演变——历史与社会的分析》,台北“中央研究院”民族研究所 1986 年刊本。
林继庸著:《民营厂矿内迁纪略——我国工业总动员之序幕》,1942 年印本。
凌耀伦主编:《民生公司史》,人民交通出版社 1990 年版。
刘惠吾编著:《上海近代史》下册,华东师范大学出版社 1987 年版。
刘敬忠著:《华北日伪政权研究》,人民出版社 2007 年版。
刘克祥、陈争平著:《中国近代经济史简编》,浙江人民出版社 1999 年版。
刘克祥、吴太昌主编:《中国近代经济史(1927—1937)》,人民出版社 2010 年版。
刘克祥著:《中国永佃制度研究》,社会科学文献出版社 2017 年版。
江苏省交通史志编纂委员会编:《江苏公路交通史》第 1 册,人民交通出版社 1989 年版。
刘祖荫著:《合作社与兴农会》,满洲经济社伪满康德十一年(1944 年)版。
卢明辉编著:《德王“蒙古自治”始末》,内蒙古自治区蒙古语文历史研究所

1977年印本。
陆仰渊、方庆秋主编:《民国社会经济史》,中国经济出版社1991年版。
吕平登编著:《四川农村经济》,商务印书馆1936年版。
吕万和著:《简明日本近代史》,天津人民出版社1984年版。
吕永华著:《伪满时期的东北烟毒》,吉林人民出版社2004年版。
马洪林、郭绪印著:《中国近现代史大事记》,知识出版社1982年版。
马骏昌等编著:《北京邮史》,北京出版社1987年版。
马里千等编著:《中国铁路建筑编年简史(1881—1981)》,中国铁道出版社1983年版。
满铁经济调查会编:《满洲农产品改良增产方案(大豆)》,昭和十年(1935年)刊本。
宓汝成著:《帝国主义与中国铁路(1847—1949)》,上海人民出版社1980年版。
欧阳杰著:《中国近代机场建设史(1910—1949)》,航空工业出版社2008年版。
湖北公路运输史编纂委员会编:《湖北公路运输史》第1册,人民交通出版社1991年版。
彭瀛添著:《列强侵华邮权史》,台北华冈出版有限公司1979年版。
彭雨新等著:《川省田赋征实负担研究》,商务印书馆1943年版。
彭真著:《关于晋察冀边区党的工作和具体政策报告》,中共中央党校出版社1981年版。
戚其章著:《甲午战争史》,上海人民出版社2005年版。
齐武编著:《一个革命根据地的成长——抗日战争和解放战争时期晋冀鲁豫边区概况》,人民出版社1957年版。
钱承绪著:《战后上海之工商业》,中国经济研究会1940年版。
乔启明、蒋杰主编:《抗战以来各省地权变动概况》,农产促进委员会1942年印本。
乔启明著:《江苏昆山南通安徽宿县农佃制度之比较以及改良农佃问题之建议》,1926年刊本。

秦孝仪著:《中华民国经济发展史》中册,台北近代中国出版社 1983 年版。
青岛市工商行政管理局史料组编:《中国民族火柴工业》,中华书局 1963 年版。
清乡委员会经济设计委员会编辑:《清乡区经济概况调查报告》,大象出版社 2009 年版。
人民出版社编著:《抗日战争时期解放区概况》,人民出版社 1953 年版。
日本防卫厅防卫研修所战史室编:《华北治安战》,天津市政协编译组译,天津人民出版社 1982 年版。
容闳著:《西学东渐记》,河南人民出版社 1987 年版。
山东省交通史志编审委员会编:《山东公路运输史》第 1 册,山东科学技术出版社 1992 年版。
上海百货公司等编著:《上海近代百货商业史》,上海社会科学出版社 1988 年版。
上海社会科学院经济研究所编:《上海近代五金商业史》,上海社会科学院出版社 1990 年版。
上海市工商行政管理局、上海市纺织品公司棉布商业史料组编:《上海市棉布商业》,中华书局 1979 年版。
上海市交通运输局公路交通史编写委员会编:《上海公路运输史》第 1 册,上海社会科学院出版社 1988 年版。
上海市粮食局、上海市工商行政管理局、上海社会科学院经济研究所经济史研究室编:《中国近代面粉工业史》,中华书局 1989 年版。
沈雷春等著:《中国战时经济志》,台北 1973 年印行。
沈志华主编:《中苏关系史纲》上卷,社会科学文献出版社 2016 年版。
时事问题研究会编:《抗战中的中国经济》,中国现代史资料编辑委员会 1957 年翻印本。
苏崇民著:《日本侵占下东北经济的殖民地化》,北京交通大学出版社 2018 年版。
孙德常、周祖常主编:《天津近代经济史》,天津社会科学院出版社 1990 年版。

孙健编著:《中国经济史·近代部分(1840—1949)》,中国人民大学出版社1997年版。
谭熙鸿主编:《十年来之中国经济》,中华书局1948年版。
谭玉佐编著:《中国重要银行发展史》,台湾台北联合出版中心1966年版。
谭肇毅主编:《抗战时期的广西经济》,广西师范大学出版社2011年版。
汤心仪编著:《战时上海经济》第1辑,上海立达图书公司1945年版。
唐振常:《上海史》,上海人民出版社1989年版。
陶菊隐著:《孤岛见闻——抗战时期的上海》,上海人民出版社1979年版。
滕利贵著:《伪满经济统治》,吉林教育出版社1992年版。
通化市政协文史学习委员会:《东边道经济开发史略》,通化市政协文史学习委员会1998年版。
佟哲晖著:《社会经济统计若干问题研究》,东北财经大学出版社1998年版。
万国鼎著:《南京旗地问题》,正中书局1935年版。
汪敬虞主编:《中国近代经济史(1895—1927)》,人民出版社2000年版。
汪向荣著:《中国的近代化与日本》,湖南人民出版社1987年版。
王垂芳主编:《洋商史——上海:1843—1956》,上海社会科学院出版社2007年版。
王大任著:《压力与共生——动变中的生态系统与近代东北农民经济》,中国社会科学出版社2014年版。
王方中编:《中国经济史编年记事(1842—1949)》,中国人民大学出版社2009年版。
王洸著:《中国水运志》,中华大典编印会1966年版。
王季深主编:《战时上海经济》第1辑,上海经济研究所1945年版。
王立显主编:《四川公路交通史》上册,四川人民出版社1989年版。
王士花著:《"开发"与掠夺——抗日战争时期日本在华北华中沦陷区的经济统制》,中国社会科学出版社1998年版。
王士花著:《日伪统治时期的华北农村》,社会科学文献出版社2008年版。
王世杰、钱端升著:《比较宪法》,中国政法大学出版社1997年版。
王相秦著:《华商股票提要》,兴业股票公司1942年版。

王亚南著:《中国经济原论》,广东经济出版社 1998 年版。
王正华著:《抗日战争时期外国对华军事援助》,台北环球书局 1987 年版。
王志强编:《近代云南人口史料(1909—1982)》第 2 辑,云南省档案馆 1987 年版。
魏宏运主编:《华北抗日根据地纪事》,天津人民出版社 1986 年版。
魏宏运主编:《中国现代史稿》下册,黑龙江人民出版社 1981 年版。
巫宝三著:《中国国民所得(一九三三年)》,商务印书馆 2011 年版。
吴承明著:《帝国主义在旧中国的投资》,人民出版社 1955 年版。
吴承明著:《中国的现代化:市场与社会》,生活·读书·新知三联书店 2001 年版。
吴景平著:《宋子文政治生涯编年》,福建人民出版社 1998 年版。
吴太昌、武力等著:《中国国家资本的历史分析》,中国社会科学出版社 2012 年版。
吴相湘著:《第二次中日战争史》上册,台北综合月刊社 1973 年版。
夏玉清著:《南洋华侨机工研究(1939—1946)》,中国社会科学出版社 2016 年版。
徐万民著:《战争生命线——国际交通与八年抗战》,广西师范大学出版社 1995 年版。
许涤新、吴承明主编:《中国资本主义发展史》第 2 卷,社会科学文献出版社 2007 年版。
许涤新、吴承明主编:《中国资本主义发展史》第 3 卷,人民出版社 1993 年版、2003 年版。
许涤新著:《现代中国经济教程》,光华书店 1948 年版。
许涤新著:《中国国民经济的变革》,中国社会科学出版社 1982 年版。
许毅著:《从百年屈辱到民族复兴——南京国民政府外债与官僚资本》,经济科学出版社 2006 年版。
薛暮桥著:《抗日战争时期和解放战争时期山东解放区的经济工作》,山东人民出版社 1984 年版。
薛暮桥著:《山东解放区的经济工作》,人民出版社 1979 年版。

延安时事问题研究会编:《日本帝国主义在中国沦陷区》,1939年刊本。
严中平等编:《中国近代经济史统计资料选辑》,中国社会科学出版社2012年版。
严中平主编:《中国近代经济史(1840—1894)》,人民出版社1989年版。
杨培新著:《旧中国的通货膨胀》,人民出版社1985年版。
杨实主编:《抗战时期西南的交通》,云南人民出版社1992年版。
杨荫溥著:《中国交易所论》,上海商务印书馆1930年版。
姚洪卓著:《近代天津对外贸易》,天津社会科学院出版社1993年版。
姚会元著:《日本对华金融掠夺研究(1931—1945)》,武汉出版社2008年版。
叶显恩主编:《清代区域社会经济研究》,中华书局1992年版。
易显石等著:《"九一八"事变史》,辽宁人民出版社1981年版。
殷毅主编:《中国革命根据地印钞造币简史》,中国金融出版社1996年版。
尹良莹著:《四川蚕业改进史》,商务印书馆1947年版。
应廉耕编著:《四川省租佃制度》,中农印刷所1941年刊本。
邮电史编辑室编:《中国近代邮电史》,人民邮电出版社1984年版。
余子道主编:《汪伪政权全史》上册、下册,上海人民出版社2006年版。
俞飞鹏著:《十五年来之交通概况》,国民党政府交通部1946年印行。
袁秋白、杨瑰珍编译:《罪恶的自供状:新中国对日本战犯的历史审判》,解放军出版社2005年版。
岳谦厚、张玮著:《20世纪三四十年代的晋陕农村社会——以张闻天晋陕农村调查资料为中心的研究》,中国社会科学出版社2010年版。
詹自佑著:《东北的资源》,东方书店1946年版。
张洪祥著:《近代日本在中国的殖民统治》,天津人民出版社1996年版。
张后铨主编:《招商局史(近代部分)》,人民交通出版社1988年版。
张公权著:《抗战前后中国铁路建设的奋斗》,台湾传记文学出版社1974年版。
张若龄、陈虔礼主编:《广西公路史》第1册,广西人民出版社1990年版。
张守广著:《卢作孚年谱长编》,中国社会科学出版社2014年版。
张宪文、张玉法主编:《中华民国专题史》第12卷,南京大学出版社2015

年版。
张肖梅著:《贵州经济》,中国国民经济研究所1939年印本。
张肖梅著:《贵州研究》,中国国民经济研究所1933年印本。
张肖梅著:《云南经济》,中国国民经济研究所1942年印本。
张旭、车树昇编著:《林纾年谱长编(1852—1924)》,福建教育出版社2014年版。
张学君、张莉红著:《成都城市史》,成都出版社1993年版。
张学强著:《乡村变迁与农民记忆——山东老区莒南县土地改革研究(1941—1951)》,社会科学文献出版社2006年版。
张雨才编著:《中国铁道建设史略(1876—1949)》,中国铁道出版社1997年版。
张忠民著:《艰难的变迁——近代中国公司制度研究》,上海社会科学院出版社2002年版。
章柏雨、汪荫元著:《中国农佃问题》,商务印书馆1943年版。
赵津、李健英著:《中国化学工业奠基者"永久黄"团体研究》,天津人民出版社2014年版。
赵惜梦著:《沦陷三年之东北》,天津大公报社1935年版。
赵效民编著:《中国革命根据地经济史(1927—1937)》,广东人民出版社1983年版。
赵效民主编:《中国土地改革史(1921—1949)》,人民出版社1990年版。
浙江省档案馆、中共浙江省委党史研究室编:《日军侵略浙江实录(1937—1945)》,中共党史出版社1995年版。
浙江省汽车运输总公司编写组编:《浙江公路运输史·第1册·近代公路运输》,人民交通出版社1988年版。
郑伯彬著:《日本侵占区之经济》,资源委员会经济研究室1945年印本。
郑学稼著:《东北经济丛书·东北的工业》,东方书店1946年版。
郑友揆、韩启桐著:《中国埠际贸易统计(1936—1940)》,中国科学院1951年印行。
郑友揆著:《中国的对外贸易和工业发展》,上海社会科学院出版社1984

年版。

郑泽云主编:《苏皖边区史略》,中国文史出版社 2005 年版。

郑州市工商业联合会编著:《郑州工商业兴衰史概况》,1984 年刊本。

中共北京市委党史研究室编著:《北京抗战损失调查》,北京燕山出版社 2007 年版。

中共中央文献研究室编:《朱德年谱》,人民出版社 1986 年版。

中国公路交通史编审委员会编:《中国公路史》第 1 册,人民交通出版社 1990 年版。

中国公路交通史编审委员会编:《中国公路运输史》第 1 册,人民交通出版社 1990 年版

中国航海学会编:《中国航海史(近代航海史)》,人民交通出版社 1989 年版。

中国科学院上海经济研究所等编著:《大隆机器厂的发生发展与改造》,上海人民出版社 1958 年版。

中国农村经济研究会编:《中国农村动态》,1937 年版。

中国人民银行金融研究所、财政部财政科学研究所编著:《中国革命根据地货币》上册、下册,文物出版社 1982 年版。

中国人民政治协商会议全国委员会文史资料委员会编:《文史资料存稿选编·日伪政权》,中国文史出版社 2002 年版。

中华人民共和国财政部《中国农民负担史》编辑委员会编著:《中国农民负担史》第 3 卷,中国财政经济出版社 1990 年版。

中央档案馆等合编:《华北治安强化运动》,中华书局 1997 年版。

周春主编:《中国抗日战争时期物价史》,四川大学出版社 1998 年版。

《周佛海日记全编》上编,蔡德金编注,中国文联出版社 2003 年版。

湖南公路运输史编委会主编:《湖南公路运输史》第 1 册,人民交通出版社 1988 年版。

周天豹、凌承学主编:《抗日战争时期西南经济发展概述》,西南师范大学出版社 1988 年版。

周宪文著:《日据时代台湾经济史》上册,台湾银行经济研究室 1958 年印行。

周一士著:《中华公路史》上部、下部,(台北)商务印书馆 1984 年版。

朱德新著:《二十世纪三四十年代河南冀东保甲制度研究》,中国社会科学出版社 1994 年版。
朱建华主编:《东北解放区财政经济史稿》,黑龙江人民出版社 1987 年版。
朱玲主编:《中国农业现代化中的制度实验:国有农场变迁之透视》,经济管理出版社 2018 年版。
朱佩禧著:《寄生与共生:汪伪中央储备银行研究》,同济大学出版社 2012 年版。
朱玉湘主编:《山东革命根据地财政史稿》,山东人民出版社 1989 年版。
祝慈寿编著:《中国近代工业史》,重庆出版社 1989 年版。
左禄主编:《侵华日军大屠杀实录》,解放军出版社 1989 年版。

(二) 杂著、文集、论文集、奏稿、选集、全集、丛书

[日]斋藤直基知编:《“满洲国”指导综揽》,“满洲”产业调查会伪满康德十一年(1944 年)版。
“建国”印书馆编印:《“大东亚宣告”与“满洲国”》,伪满康德十年(1943 年)版。
《承德文史文库》编委会编:《承德文史文库》,1998 年刊本。
《天津市纪念抗日战争胜利 50 周年学术论文集》,北京出版社 1995 年版。
陈诚著:《台湾土地改革纪要》,(台北)中华书局 1961 年版。
陈嘉庚著:《南侨回忆录》,岳麓书社 1998 年版。
陈毅明、汤璐聪编:《南侨机工抗战纪实》,鹭江出版社 2005 年版。
东北沦陷十四年史总编室编:《1931—1945 东北沦陷十四年史研究》第 1 辑,吉林人民出版社 1988 年版。
李妙根选编:《国粹与西化———刘师培文选》,上海远东出版社 1996 年版。
南开大学历史系编:《中国抗日根据地史国际学术讨论会论文集》,档案出版社 1985 年版。
上海市社会局编印:《上海之农业》,1932 年刊本。
沈葆桢撰:《福建台湾奏折》,台湾银行经济研究室 1959 年刊本。
苏南人民行政公署土地改革委员会编:《土地改革前的苏南农村》,1951 年

刊本。
台湾庆祝中国铁路一百周年筹备委员会编:《中国铁路创建百年史》,台湾铁路管理局1981年印行。
王宝善著:《陕南农业论文集》,陕西省农业改进所陕南农场1944年刊本。
文芳著:《亲历民国丛书·民国烟毒秘档》,中国文史出版社2013年版。
文斐编:《我所知道的伪蒙疆政权》,中国文史出版社2005年版。
熊人霖撰:《南荣集文选》,明朝崇祯十六年(1643年)刊本。
许同莘编:《张文襄公奏稿》,民国九年(1920年)刊本。
薛光前著:《困行忆往》,台北传记文学出版社1984年版。
姚谦编著:《张謇与近代南通社会:口述实录(1895—1949)》,方志出版社2010年版。
叶显恩主编:《清代区域社会经济研究》,中华书局1992年版。
张俊义、刘智鹏主编:《香港与内地关系研究》,南京大学出版社2015年版。
中共石家庄市委党史研究室、石家庄党史研究会编:《日军侵华暴行(国际)学术研讨会文集》,新华出版社1996年版。
中国农村经济研究会编:《中国土地问题和商业高利贷》,1937年刊本。
中国商船驾驶员总会编纂组编印:《战后中国航业建设问题》,1943年印行。
中国社会科学院近代史研究所中华民国史研究室编:《胡适往来书信选》,中华书局1979年版。
中共中央文献研究室编:《刘少奇论新中国经济建设》,中央文献出版社1993年版。

三、官书、档案、资料、调查报告

(一)官书、档案、资料

[日]古海忠之供述:《关于"满洲国"鸦片政策的陈述及补充材料》(译文),中央档案馆藏。
"振兴调查资料第28号"《上海华商证券业概况》,中支那振兴株式会社调查课1941年版。

《发行边区钞票的布告》,陕甘宁边区政府档案,第211卷,庆阳地区档案馆藏。

《复兴航业公司美贷船只之经过及已付未付美方本息之现状》,台北"国史馆"藏国民政府档案,档案号:063-133。

《关于动支国外借款购置美加船只》,招商局蛇口档案馆藏,档案号:16。

《国营招商局胜利后接受船只价值表》,招商局蛇口档案馆藏,档案号:125-2。

《抗战损失调查委员会全国人民伤亡和抗战损失项目说明》(1946年8月5日),中国第二历史档案馆藏档案,卷号二(2)-2652。

《贸易委员会工作概况》(1937—1948年),财政部档案一四八/153。中国第二历史档案馆藏。

《前驻美中国物资供应委员会王守竞致招商局函》(1947年11月15日),招商局蛇口档案馆藏,档案号:125-2。

《陕甘宁边区政府档案》第434卷、第348卷,庆阳地区档案馆藏。

《上海市工业协进会转呈第四区针织工业同业公会请求禁止美货尼隆丝袜大量走私进口的呈文》(1947年9月1日),中国第二历史档案馆藏。

《王守竞致宋子文》(1946年4月13日),美国斯坦福大学胡佛研究院档案馆藏宋子文档案,第51盒,第11文件夹。

《徐学禹草拟"关于我国战后航业政策草案之补充说明"》(1944年1月18日),台北"国史馆"藏国民政府档案,典藏号:001-112000-0008,入藏登录号:001000006810A。

《中共华中局关于十个问题的答复》(1944年8月27日),湖北省档案馆资料。

国防最高委员会对敌经济封锁委员会:《敌伪在我沦陷区域经济统制动态》,1941年印行。

国务院总务厅情报处:《满洲国概览·康德三年》,伪满康德三年(1936年)版。

警务总局编:《经济情报》,1943年12月印行。

骆耕漠著:《关于征收粮税的新办法》(1944年),江苏省档案馆资料。

中央农业部计划司:《两年来的中国农村经济调查汇编》,中华书局 1952 年版。
汪伪政府中储行档案,2041(2)-128,汪伪政府财政部档案 2063—4616,中国第二历史档案馆藏。
伪"华北政务委员会治安总署"编印:《保甲教科全书》,1942 年印本。
伪满洲国外交部调查司编:《世界重工业资源与满洲国》,满洲事情案内所 1943 年印行。
中国第二历史档案馆藏:《一九四一至一九四五年国家收支总概算》,汪伪中政会档案卷宗号:2006-201。
朱寿朋编:《光绪朝东华录》,中华书局 1958 年版。

(二) 资料集、资料汇编、工具书

华北解放区财政经济史资料选编编辑组等编:《华北解放区财政经济史资料选编》第 1—3 辑,中国财政经济出版社 1996 年版。
金融史编委会编:《旧中国交易所股票金融市场资料汇编》下册,书目文献出版社 1995 年版。
晋察冀边区财政经济史编写组等编:《抗日战争时期晋察冀边区财政经济史资料选编》,南开大学出版社 1984 年版。
南京市档案馆编:《审讯汪伪汉奸笔录》上,江苏古籍出版社 1985 年版。
新四军和华中抗日根据地史研究会编:《新四军和华中抗日根据地史料选》第 3 辑(1943),上海人民出版社 1986 年版。
新四军和华中抗日根据地史研究会编:《新四军和华中抗日根据地史料选》第 7 辑(1943),上海人民出版社 1984 年版。
《星火燎原》第 1 卷第 1 集,人民文学出版社 1962 年版。
财政科学研究所、中国第二历史档案馆编:《民国外债档案史料》第 11 卷,档案出版社 1991 年版。
财政评论社编:《战时财政金融法规汇编》,财政评论社 1940 年版。
陈真、姚洛、逄先知合编:《中国近代工业史资料》第 2 辑,生活·读书·新知三联书店 1958 年版。

陈真、姚洛合编:《中国近代工业史资料》第3辑,生活·读书·新知三联书店1961年版。

陈真、姚洛合编:《中国近代工业史资料》第1辑,生活·读书·新知三联书店1957年版,

陈真编:《中国近代工业史资料》第4辑,生活·读书·新知三联书店1961年版。

仇润喜主编:《天津邮政史料》第4辑,北京航空航天大学出版社1992年版。

东北财经委员会调查统计处编:《伪满时期东北经济统计(1931—1945年)》,1949年刊本。

东北解放区财政经济史编写组等编:《东北解放区财政经济史资料选编》第1—4辑,黑龙江人民出版社1987年、1988年版。

东北物资调节委员会研究组编:《东北经济小丛书》资源及产业、化学工业、农民、农业、农产、流通篇上、电信、运输、金融、贸易、水泥、纸及纸浆等册,东北物资调节委员会1947年、1948年印行。

董浩云著,关志昌拟稿:《董氏航业丛书·复兴航业公司诞生经过》,(台北)中国航运公司1978年版。

冯和法编:《中国农村经济资料续编》,黎明书局1935年版。

复旦大学历史系日本史组编译:《日本帝国主义对外侵略史料选编(1931—1945)》,上海人民出版社1975年、1983年版。

广东省政府秘书处编:《广东省政概况》第五篇建设,1942年版。

广西省政府建设厅:《广西经济建设手册》,广西省政府建设厅统计室1947年版。

广州市地方志编纂委员会办公室等编:《近代广州口岸经济社会概况——粤海关报告汇集》,暨南大学出版社1995年版。

广州市轻工业局、广州市工商行政管理局、广州市对资改造资料整理研究组整理:《广州市私营火柴工业社会主义改造资料》,1958年印行。

贵阳市志办《金筑丛书》编辑室编:《民国贵阳经济》,贵州教育出版社1993年版。

贵州省人民政府财政经济委员会编:《贵州财经资料汇编》,1950年印行。

国立中央研究院社会科学研究所主编:《沦陷区经济概览》,国民党政府经济部资源委员会1941年油印本。
国民党政府交通部编:《运价统计》,交通部1943年印行。
国民党政府交通部参事厅编,《交通法规汇编补刊》上册,大东新兴印书馆1940年版。
国民党政府经济部编:《经济法规汇编》第2集,1938年印本;第4集,1940年印本。
国民党政府主计处统计局编:《中华民国统计简编》,1941年印本。
国民党政府主计处统计局编:《中国租佃制度之统计分析》,正中书局1946年版。
国民党中央调查统计局特种经济调查处编:《第六、七年倭寇经济侵略》,1945年印本。
国民党中央调查统计局特种经济调查处编:《第五年之倭寇经济侵略》(又名《抗战第五年之倭寇经济侵略》),1943年印本。
国民党中央调查统计局特种经济调查处编:《四年之倭寇经济侵略》(又名《四年来之敌寇经济侵略》),1941年印本。
国民党中央训练团编印:《中华民国法规辑要》第2册,1942年印本。
国民党中央训练团编印:《中华民国法规辑要》第4册,1941年印行。
国民党中央训练团编印:《中华民国省县地名三汇》,李炳卫编,北平民社1945年版。
国民党中央政治学校地政学院编、萧铮主编:《民国二十年代中国大陆土地问题资料》第44、53、54、61、62、75册,台北成文出版有限公司、[美]中文资料中心重印发行,1977年版。
杭州海关译编:《近代浙江通商口岸经济社会概况——浙海关、瓯海关、杭州关贸易报告集成》,浙江人民出版社2002年版。
河北省社会科学院历史研究所、《河北学刊》编辑部编:《晋察冀抗日根据地史料专辑》,《河北学刊》杂志社1985年刊本。
河北省统计局编印:《1930—1957年保定农村经济调查综合资料》,1958年10月油印本。

黑龙江省财政厅史志办公室:《黑龙江省财政资料长编》(第1册),黑龙江人民出版社1988年版。

华中抗日根据地和解放区工商税收史编写组编:《华中抗日根据地和解放区工商税收史料选编》(上),安徽人民出版社1986年版。

黄美真、张云编:《汪伪政权资料选编·汪精卫国民政府成立》,上海人民出版社1984年版。

黄月波、于能模、鲍釐人编:《中外条约汇编》,商务印书馆1936年版。

吉林编写组内部资料,1993年刊本。

吉林省金融研究所编:《伪满洲中央银行史料》,吉林人民出版社1984年版。

吉林省社会科学院《满铁史资料》编辑组编、解学诗主编:《满铁史资料》第2卷,中华书局1979年版。

济南市工商业联合会编:《济南工商史料》第1辑,济南市工商业联合会1987年版。

江苏省财政厅、江苏省档案馆、财政经济史编写组编:《华中解放区财政经济史资料选编》第1—7卷,南京大学出版社1987年、1988年、1989年版。

江苏省档案馆编:《苏南抗日根据地》,中央党史资料出版社1987年版。

姜庆湘、李守尧著:《四川蚕丝业》,四川省经济研究处1946年版。

解学诗主编:《满铁档案资料汇编·华北交通与山东、大同煤矿》,社会科学文献出版社2011年版。

晋冀鲁豫边区财政经济史编辑组等编:《抗日战争时期晋冀鲁豫边区财政经济史资料选编》,中国财政经济出版社1990年版。

晋绥边区财政经济史编写组、山西省档案馆编:《晋绥边区财政经济史资料选编·农业编》,山西人民出版社1986年版。

李炳卫编:《中华民国省县地名三汇》,北平民社民国三十四年(1945年)版。

李超英:《四年之倭寇经济侵略》,国民党中央调查统计局特种经济调查处1940年编印。

李代耕编:《中国电力工业发展史料》,水利电力出版社1983年版。

梁文威等著:《广西印象记》,1935年3月11日。

辽宁省委党史研究室编:《辽宁省抗日战争时期人口伤亡和财产损失》,中共党史出版社 2015 年版。
刘伯山主编:《徽州文书》第 3 辑,广西师范大学出版社 2009 年版。
刘远雄、胡平编:《中国航空公司　欧亚—中央航空公司史料汇编》,民航总局史志编辑部 1997 年刊印。
卢明辉编:《中华民国史资料丛稿 · 蒙古“自治运动”始末》,中华书局 1980 年版。
马模贞主编:《中国禁毒史资料》,天津人民出版社 1998 年版。
民建杭州市委员会、杭州市工商业联合会编:《杭州工商史料》第 4 辑,1989 年刊本。
南京市档案馆编:《审讯汪伪汉奸笔录》上,江苏古籍出版社 1985 年版。
南平市工商联工商史料征集委员会:《南平工商史料》第 5 辑,1992 年刊本。
内江地区档案馆编:《内江蔗糖档案资料选编(民国时期)》上、中、下册,1984 年刊本。
内蒙古自治区税务局编写组编:《伪蒙疆税制资料汇编 1936.5—1945.8》上册,1983 年版。
农本局编:《棉业经济参考资料》第 3、12、13 期,1943 年油印本。
彭泽益编:《中国近代手工业史资料(1840—1949)》第 2 卷,生活 · 读书 · 新知三联书店 1957 年版。
彭泽益编:《中国近代手工业史资料(1840—1949)》第 3 卷,生活 · 读书 · 新知三联书店 1957 年版。
彭泽益编:《中国近代手工业史资料(1840—1949)》第 4 卷,生活 · 读书 · 新知三联书店 1957 年版。
秦孝仪主编:《革命文献》第 102 辑,台北中央文物供应社 1985 年版。
秦孝仪主编:《革命文献》第 110 辑,台北中央文物供应社 1987 年版。
秦孝仪主编:《中华民国史料丛编 · 战时交通》,台北中央文物供应社 1976 年版。
人民出版社编辑部编:《新区土地改革前的农村》,人民出版社 1951 年版。
人民出版社辑:《中国工农红军第一方面军长征记》,人民出版社 1955 年版。
日本防卫厅战史室编:《华北治安战》上、下册,天津市政协编译组译,天津人民出版社 1982 年版。

荣孟源主编:《中国国民党历次代表大会及中央全会资料》,光明日报出版社 1985 年版。

山东省财政科学研究所、山东省档案馆合编:《山东革命根据地财政史料选编》第 1 辑、第 2 辑,1985 年刊本。

陕甘宁边区财政经济史料编写组等编:《抗日战争时期陕甘宁边区财政经济史料摘编》,陕西人民出版社 1981 年版。

上海社会科学院经济研究所编:《刘鸿生企业史料》下册,上海人民出版社 1981 年版。

上海社会科学院经济研究所编:《英美烟公司在华企业资料汇编》,中华书局 1983 年版。

上海社会科学院经济研究所等编:《上海对外贸易 1840—1949》下册,上海社会科学院出版社 1989 年版。

上海社会科学院经济所"中国企业史资料研究中心"所藏《经济类剪报资料汇集》。

上海市档案馆编:《日本侵略上海史料汇编》(下),上海人民出版社 2015 年版。

上海市档案馆编:《日本在华中经济掠夺史料(1937—1945)》,上海书店出版社 2005 年版。

上海市档案馆编:《日本帝国主义侵略上海罪行史料汇编》,上海人民出版社 1997 年版。

上海市工商行政管理局等:《上海市棉布商业》,中华书局 1979 年版。

上海市工商行政管理局、上海市橡胶工业公司史料工作组编:《上海民族橡胶工业》,中华书局 1979 年版。

沈阳市邮政局邮政志办公室编:《中国邮电史料》第 1 辑,1985 年印行。

史敬棠等编:《中国农业合作化运动史料》上册,生活·读书·新知三联书店 1957 年版。

世界知识出版社编:《中美关系资料汇编》第 1 辑,世界知识出版社 1957 年版。

四川联合大学经济研究所、中国第二历史档案馆编:《中国抗日战争时期物价史料汇编》,四川大学出版社1998年版。
四川省盐业工会筹备委员会编印:《四川盐工概况》,1942年印行。
苏崇民主编:《满铁档案资料汇编·垄断东北铁路和海港》,社会科学文献出版社2011年版。
苏崇民主编:《满铁档案资料汇编·水陆交通和运输工人》,社会科学文献出版社2011年版。
孙邦主编:《伪满史料丛书·经济掠夺》,吉林人民出版社1993年版。
天津社会科学院历史研究所编:《天津历史资料》1986年第5期。
王方中编著:《中国经济史编年记事(1842—1949)》,中国人民大学出版社2009年版。
王琪延主编:《大众常用经济词典》,中国发展出版社2001年版。
王铁崖编:《中外旧约章汇编》第3册,生活·读书·新知三联书店1962年版。
顾金龙著:《近代云南人口史料:1909—1982》第2辑,云南省档案馆1987年版。
伪蒙疆银行调查课编:《蒙疆金融关系法令集》,伪蒙疆银行1941年版。
魏宏远主编:《中国现代史资料选编》(4),黑龙江人民出版社1981年版。
魏宏运主编:《抗日战争时期晋察冀边区财政经济史资料选编》,南开大学出版社1984年版。
文芳主编:《亲历民国丛书:民国烟毒秘档》,中国文史出版社2013年版。
西安市档案馆等编:《陕西经济十年(1931—1941)》,1997年刊本。
西北五省区编纂领导小组、中央档案馆编:《陕甘宁边区抗日民主根据地·回忆录卷》,中共党史资料出版社1990年版。
《新四军和华中抗日根据地史料选》编委会编:《新四军和华中抗日根据地史料选》第2辑(1937—1940),上海人民出版社1984年版。
陕甘宁边区财政经济史编写组等合编:《解放战争时期陕甘宁边区财政经济史资料选辑》上册、下册,三秦出版社1989年版。
许道夫编:《中国近代农业生产及贸易统计资料》,上海人民出版社1983

年版。

严中平等编:《中国近代经济史统计资料选辑》,科学出版社 1955 年版。

严中平等编:《中国近代经济史统计资料选辑》,中国社会科学出版社 2012 年版。

袁秋白、杨瑰珍编译:《罪恶的自供状:新中国对日本战犯的历史审判》,解放军出版社 2005 年版。

张肖梅编著:《四川经济参考资料》,中国国民经济研究所 1939 年刊本。

张研、孙燕京主编:《民国史料丛刊》第 230 册、第 360 册、第 632 册,大象出版社 2009 年版。

张志和、胡仲元主编:《全国各级政协文史资料·邮电史料》上、中、下册,北京燕山出版社 1995 年版。

北京市邮政局史志办公室编、张志和主编:《北京邮政史料》,北京燕山出版社 1988 年版。

章伯锋、庄建平主编:《抗日战争》第 1—6 卷,四川大学出版社 1997 年版。

长春市地方史志编纂委员会编印:《长春市志资料选编·第 2 辑·长春税捐史料》,内部资料 1987 年印行。

长江航海管理局、武汉大学历史系编:《民生轮船公司历史资料汇编》第 3 编,1960 年油印本。

郑伯彬编:《日本侵占区之经济》,资源委员会经济研究室 1945 年版。

郑会欣主编:《战前及沦陷期间华北经济调查》,天津古籍出版社 2010 年版。

中共河北省委党史研究室编、邓一民主编:《日本鸦片侵华资料集(1895—1945)》,2002 年刊本。

中央档案馆编:《中共中央文件选集》第 10—18 册,中共中央党校出版社 1984、1985、1986、1991 年版。

中央档案馆编:《中共中央文件选集》第 5 册、第 6 册,中共中央党校出版社 1990、1989 年版。

中共中央党史教研室选编:《中共党史参考资料》(四),人民出版社 1979 年版。

中共中央党史研究室编:《中共党史资料》第 55 期,中共党史出版社 1995

年版。
中国第二历史档案馆、中国海关总署办公厅合编:《中国旧海关史料(1858—1948)》,京华出版社2002年版。
中国第二历史档案馆编:《汪伪中央政治委员会暨最高国防会议会议录》第3册、第10册,广西师范大学出版社2002年版。
中国第二历史档案馆编:《中华民国史档案资料汇编》第5辑第1编,财政经济(9),江苏古籍出版社1994年版。
中国第二历史档案馆编:《中华民国史档案资料汇编》第5辑第2编,财政经济(4)(8)(9)(10),附录上册、下册,江苏古籍出版社1997年版。
中国第二历史档案馆编:《中华民国史档案资料汇编》第5辑第3编,财政经济(1)(7),凤凰出版社2000年版。
中国第二历史档案馆编:《中华民国史档案资料汇编》第5辑第3编,外交,江苏古籍出版社2000年版。
中国国民党中央委员会党史委员会编印,秦孝仪主编:《革命文献》第102、110辑,(台北)中央文物供应社1985、1987年刊本。
中国国民党中央委员会党史委员会编印,秦孝仪主编:《中华民国史重要史料初编·对日抗战时期》第3编,战时外交(1),台北中央文物供应社1981年刊本。
中国国民党中央委员会党史委员会编印、秦孝仪主编:《中华民国重要史料初编·对日抗战时期》第4编,战时建设(3),中国国民党中央委员会1988年刊本。
中国国民党中央委员会党史委员会编印、秦孝仪主编:《中华民国重要史料初编·对日抗战时期》第2编,作战经过(4),中国国民党中央委员会1981年刊本。
中国国民党中央委员会党史委员会编印、秦孝仪主编:《中华民国重要史料初编·对日抗战时期》第6编,傀儡组织(1)(3)(4),中国国民党中央委员会1981年刊本。
中国近代经济史资料丛刊编辑委员会主编:《一九三八年英日关于中国海关的非法协定》,中华书局1965年版。

中国抗日战争史学会、中国人民抗日战争纪念馆编:《抗战时期的经济》,北京出版社 1995 年版。

中国科学院经济研究所编:《手工业资料汇编(1950—1953)》,中国科学院 1954 年刊本。

中国科学院上海经济研究所、上海社会科学院经济研究所编:《南洋兄弟烟草公司史料》,上海人民出版社 1958 年版。

中国农民银行经济研究处编印:《农村经济金融法规汇编》,1942 年印行。

中国人民银行吉林省金融研究所编、傅文龄主编:《日本横滨正金银行在华活动史料》,中国金融出版社 1992 年版。

中国人民银行上海市分行编:《上海钱庄史料》,上海人民出版社 1960 年版。

中国人民银行总行参事室编:《中华民国货币史资料》第 2 辑,上海人民出版社 1991 年版。

中国人民政治协商会议全国委员会文史资料研究委员会编:《工商经济史料丛刊》第 2 辑,文史资料出版社 1983 年版。

中国人民政治协商会议西南地区文史资料协作会议编:《抗战时期西南的交通》,云南人民出版社 1992 年版。

中国社会科学院经济研究所中国现代经济史组编:《革命根据地经济史料选编》上册、中册、下册,江西人民出版社 1986 年版。

中华全国总工会中国职工运动史研究室、中国科学院近代史研究所工运史组编:《中国工运史料》,工人出版社 1960 年版。

中央档案馆、中国第二历史档案馆、吉林省社会科学院合编、中央档案馆编:《日本帝国主义侵华档案资料选编·华北治安强化运动》,中华书局 1997 年版。

中央档案馆、中国第二历史档案馆、吉林省社会科学院合编、中央档案馆编:《中共中央文件选集》第 1 册至第 16 册,中共中央党校出版社 1990 年版、1991 年版、1992 年版。

中央档案馆、中国第二历史档案馆、吉林省社会科学院合编、中央档案馆等合编:《日本帝国主义侵华档案资料选编·东北经济掠夺》,中华书局 1991 年版。

中央档案馆、中国第二历史档案馆、吉林省社会科学院合编、中央档案馆等合编:《日本帝国主义侵华档案资料选编·九一八事变》,中华书局1988年版。
中央档案馆、中国第二历史档案馆、吉林省社会科学院合编、中央档案馆等合编:《日本帝国主义侵华档案资料选编·伪满傀儡政权》,中华书局1994年版。
中央档案馆、中国第二历史档案馆、吉林省社会科学院合编、中央档案馆等合编:《日本帝国主义侵华档案资料选编·华北经济掠夺》,中华书局2004年版。
中央档案馆、中国第二历史档案馆、吉林省社会科学院合编、中央档案馆等合编:《日本帝国主义侵华档案资料选编·汪伪政权》,中华书局2004年版。
中央党史研究室第一研究部、中国第二历史档案馆编:《国民政府档案中有关抗日战争时期人口伤亡和财产损失资料选编》第1册,中共党史出版社2014年版。
重庆市档案馆编:《抗日战争时期国民政府经济法规》上册、下册,档案出版社1992年版。

(三) 调查报告、调查表、工作报告

《新湖南报》编:《湖南农村情况调查》,新华书店中南总分店1950年版。
《中华民国法规辑要》第4册,1941年印行。
《资源委员会国外贸易事务所1947年度业务报告》。
陈伯庄编著:《平汉沿线农村经济调查》,交通大学研究所1936年刊本。
东北财经委员会调查统计处:《伪满时期东北经济统计(1931—1945年)》,1949年刊本。
东北军政大学总校编印:《奉天屯的调查》,1947年刊本。
东省铁路经济调查局:《北满农业》,1928年刊本。
董浩云著、关志昌拟稿:《董氏航业丛书·复兴航业公司诞生经过》,台北中国航运公司1978年版。

广东省政府秘书处编:《广东省政概况　第5篇　建设》,1942年版。

国立中山大学农科学院编印、钟桃等编:《广东农业概况调查报告书续编》,1933年刊本。

国民参政会川康建设视察团编:《国民参政会川康建设视察团报告书》,台湾文海出版社1971年刊本。

国民党政府行政院农村复兴委员会编:《广西省农村调查》,商务印书馆1935年版。

国民党政府交通部编印:《运价统计》,1943年印行。

国民党政府交通部参事厅编:《交通法规汇编补刊》上册,大东新兴印书馆1940年版。

国民党政府司法行政部编印:《民商事习惯调查报告录》,民国十九年(1930年)刊本。

河北省统计局编印:《1930—1957年保定农村经济调查综合资料》,1958年油印本。

黑龙江省档案馆编:《满铁调查报告》第2辑第21册,广西师范大学出版社2005年版。

华东军政委员会土地改革委员会编印:《安徽省农村调查》,1952年刊本。

华东军政委员会土地改革委员会编印:《福建省农村调查》,1952年刊本。

华东军政委员会土地改革委员会编印:《江苏省农村调查》,1952年刊本。

华东军政委员会土地改革委员会编印:《山东省、华东各大中城市郊区农村调查》,1952年刊本。

华东军政委员会土地改革委员会编印:《浙江省农村调查》,1952年刊本。

梁庆椿等著:《鄂棉产销研究》,中国农民银行经济研究处1944年版。

满铁经济调查会编:《满洲农产品改良增产方案(大豆)》,昭和十年(1935年)版。

清乡委员会经济设计委员会编辑:《清乡区经济概况调查报告》,大象出版社2009年版。

日人"临时台湾旧惯调查会"编:《临时台湾旧惯调查会第一部调查第三回报告书·台湾私法第三卷》,陈金田译,台湾省文献委员会1993年印行。

中共北京市委党史研究室编著:《北京抗战损失调查》,北京燕山出版社2007年版。
中共东北局宣传部编印:《东北农村调查》,东北书店1947年刊本。
中南军政委员会土地改革委员会调查研究处编印:《中南区一百个乡调查资料选集·解放前部分》,1953年刊本。
中央农业实验所编印:《农情报告》第6卷第6期,1938年印行。
钟崇敏、朱寿仁调查编撰:《四川蚕丝产销调查报告》,中国农民银行经济研究处1944年印行。
钟崇敏、朱寿仁、李权调查编撰:《四川手工纸业调查报告》,中国农民银行经济研究处1943年印行。

四、地方志、专业志、民族志

（一）地方志

旧方志

《贵州通志》,1948年木刻本。
《开原县志》,民国十八年(1929年)木刻本。
《南川县志》,民国二十年(1931年)木刻本。
《三江县志》,1946年修,2002年翻印本。
方鸿铠等修、黄炎培纂:《川沙县志》,上海国光书局1937年铅印本。
胡联恩修、陈铁梅纂:《桦甸县志》,1932年铅印本。
江家瑂纂:《上海县志》,上海瑞华印书局1936年铅印本。
李良俊修、王荃善等纂:《南充县志》,1929年刻本。
周华修纂:正统《兴化县志》,明正统年间刻本。

新编方志

《安陆县志》,武汉人民出版社1993年版。
《安图县志》,吉林文史出版社1993年版。
《敖汉旗志》,内蒙古人民出版社1991年版。

《巴县志》,重庆出版社 1994 年版。
《白城地区志》,吉林文史出版社 1992 年版。
《白河县志》,陕西人民出版社 1996 年版。
《宝安县志》,广东人民出版社 1997 年版。
《宝清县志》,宝清县地方志编纂委员会 1993 年版。
《保德县志》,山西人民出版社 1990 年版。
《北镇县志》,辽宁人民出版社 1990 年版。
《勃利县志》,中国社会出版社 1992 年版。
《博乐市志》,新疆人民出版社 1992 年版。
《苍山县志》,中华书局 1998 年版。
《茶陵县志》,中国文史出版社 1993 年版。
《昌宁县志》,德宏民族出版社 1990 年版。
《常山县志》,浙江人民出版社 1990 年版。
《常州市志》第 3 册,中国社会科学出版社 1995 年版。
《呈贡县志》,山西人民出版社 1992 年版。
《城固县志》,中国大百科全书出版社 1994 年版。
《澄城县志》,陕西人民出版社 1991 年版。
《赤峰市志》,内蒙古人民出版社 1996 年版。
《滁州市志》,方志出版社 1998 年版。
《川北县志》,四川人民出版社 1996 年版。
《慈利县志》,农业出版社 1990 年版。
《慈溪县志》,浙江人民出版社 1992 年版。
《大安县志》,辽宁人民出版社 1990 年版。
《大丰县志》,江苏人民出版社 1989 年版。
《大关县志》,云南人民出版社 1998 年版。
《大同市志》,中华书局 2000 年版。
《大足县志》,方志出版社 1996 年版。
《岱山县志》,浙江人民出版社 1994 年版。
《丹阳县志》,江苏人民出版社 1992 年版。

《东莞市大岭山镇志》,中华书局 2011 年版。
《东莞市志》,广东人民出版社 1995 年版。
《东丽区志》,天津社会科学院出版社 1996 年版。
《东辽县志》,吉林文史出版社 2002 年版。
《东陵区志》,沈阳出版社 1991 年版。
《洞口县志》,中国文史出版社 1992 年版。
《都匀县志》,贵州人民出版社 1999 年版。
《独山市志》,贵州人民出版社 1996 年版。
《多伦县志》,内蒙古文化出版社 2000 年版。
《峨山彝族自治县志》,中华书局 2001 年版。
《恩平县志》,方志出版社 2004 年版。
《肥西县志》,黄山书社 1994 年版。
《凤城市志》,方志出版社 1997 年版。
《凤冈县志》,贵州人民出版社 1994 年版。
《阜阳地区志》,方志出版社 1996 年版。
《富民县志》,云南人民出版社 1999 年版。
《富源县志》,上海古籍出版社 1993 年版。
《高安县志》,江西人民出版社 1988 年版。
《高阳县志》,方志出版社 1999 年版。
《高邮县志》,江苏人民出版社 1990 年版。
《藁城县志》,中国大百科全书出版社 1994 年版。
《个旧市志》,云南人民出版社 1998 年版。
《巩县志》,中州古籍出版社 1991 年版。
《广安县志》,四川人民出版社 1994 年版。
《广昌县志》,上海社会科学院出版社 1994 年版。
《广汉县志》,四川人民出版社 1992 年版。
《广济县志》,汉语大词典出版社 1994 年版。
《广州市芳村区志》,广东人民出版社 1997 年版。
《广州市天河区志》,广东人民出版社 1998 年版。

《广州市志》,广州出版社 2000 年版。
《贵溪县志》,中国科学技术出版社 1996 年版。
《海原县志》,宁夏人民出版社 1999 年版。
《合川县志》,四川人民出版社 1995 年版。
《和静县志》,新疆人民出版社 1995 年版。
《菏泽市志》,齐鲁书社 1993 年版。
《黑龙江省志》,黑龙江人民出版社 1999 年版。
《红河县志》,云南人民出版社 1991 年版。
《洪湖县志》,武汉大学出版社 1992 年版。
《湖口县志》,江西人民出版社 1992 年版。
《虎林县志》,中国人事出版社 1992 年版。
《华县志》,陕西人民出版社 1992 年版。
《桦川县志》,黑龙江人民出版社 1991 年版。
《怀化市志》,生活·读书·新知三联书店 1994 年版。
《怀集县志》,广东人民出版社 1993 年版。
《怀柔县志》,北京出版社 2000 年版。
《桓台县志》,齐鲁书社 1992 年版。
《黄陂县志》,武汉出版社 1992 年版。
《黄冈县志》,武汉大学出版社 1990 年版。
《黄梅县志》,湖北人民出版社 1985 年版。
《黄平县志》,贵州人民出版社 1993 年版。
《辉县市志》,中州古籍出版社 1992 年版。
《会泽县志》,云南人民出版社 1993 年版。
《霍邱县志》,中国广播电视出版社 1992 年版。
《吉安县志》,新华出版社 1994 年版。
《吉林省志》,吉林人民出版社 1994 年版。
《蓟县志》,南开大学出版社 1991 年版。
《建始县志》,湖北辞书出版社 1994 年版。
《江口县志》,贵州人民出版社 1994 年版。

《江阴市志》,上海人民出版社 1992 年版。
《椒江市志》,浙江人民出版社 1998 年版。
《金县志》,大连出版社 1989 年版。
《晋宁县志》,云南人民出版社 2003 年版。
《缙云县志》,浙江人民出版社 1996 年版。
《泾县志》,方志出版社 1996 年版。
《荆门市志》,湖北科学技术出版社 1994 年版。
《荆州地区志》第 8 卷,红旗出版社 1996 年版。
《旌德县志》,新华出版社 1992 年版。
《井研县志》,四川人民出版社 1990 年版。
《句容县志》,江苏人民出版社 1994 年版。
《喀喇沁左翼蒙古族自治县志》,辽宁人民出版社 1998 年版。
《凯里市志》,方志出版社 1998 年版。
《柯坪县志》,新疆大学出版社 1992 年版。
《克山县志》,中国经济出版社 1991 年版。
《库车县志》,新疆大学出版社 1993 年版。
《昆明市志》,人民出版社 1997 年版。
《昆明市志长编》卷十二,昆明市志编纂委员会,1983 年版。
《来安县志》,中国城市经济社会出版社 1990 年版。
《莱阳市志》,齐鲁书社 1995 年版。
《岚皋县志》,陕西人民出版社 1993 年版。
《阆中县志》,四川人民出版社 1993 年版。
《乐亭县志》,中国大百科全书出版社 1994 年版。
《乐至县志》,四川人民出版社 1995 年版。
《利辛县志》,黄山书社 1995 年版。
《临海市志》,浙江人民出版社 1989 年版。
《临河县志》,内蒙古人民出版社 1997 年版。
《临清市志》,齐鲁书社 1997 年版。
《灵璧县志》,黄山书社 2019 年版。

《灵丘县志》,山西古籍出版社2000年版。
《灵武市志》,宁夏人民出版社1999年版。
《零陵县志》,中国社会出版社1992年版。
《鄗县志》,中国社会出版社1994年版。
《柳河县志》,吉林文史出版社1991年版。
《龙井县志》,东北朝鲜民族教育出版社1989年版。
《龙岩市志》,中国科学技术出版社1993年版。
《娄底市志》,中国社会出版社1997年版。
《泸县志》,四川科学技术出版社1993年版。
《禄丰县志》,云南人民出版社1997年版。
《禄劝彝族苗族自治县志》,云南人民出版社1995年版。
《潞西县志》,云南教育出版社1993年版。
《滦平县志》,辽海出版社1997年版。
《漯河市志》,方志出版社1999年版。
《麻江县志》,贵州人民出版社1992年版。
《湄潭县志》,贵州人民出版社1993年版。
《明溪县志》,方志出版社1997年版。
《牡丹江市志》,黑龙江人民出版社1993年版。
《木兰县志》,黑龙江人民出版社1989年版。
《穆棱县志》,中国文史出版社1990年版。
《南宫市志》,河北人民出版社1995年版。
《南海县志》,中华书局2000年版。
《南和县志》,方志出版社1996年版。
《南汇县志》,上海人民出版社1992年版。
《南溪县志》,四川人民出版社1992年版。
《南县志》,湖南人民出版社1988年版。
《内邱县志》,中华书局1996年版。
《宁波市志》,中华书局1995年版。
《宁城县志》,内蒙古人民出版社1992年版。

《宁河县志》,天津社会科学院出版社 1991 年版。
《盘山县志》,沈阳出版社 1996 年版。
《盆尧乡志》,2012 年刊本。
《彭水县志》,四川人民出版社 1998 年版。
《蓬安县志》,四川辞书出版社 1994 年版。
《平顶山市志》,河南人民出版社 1994 年版。
《平度县志》,山东省平度县地方史志编纂委员会 1987 年印本。
《平陆县志》,中国地图出版社 1992 年版。
《平泉县志》,作家出版社 2000 年版。
《平原县志》,齐鲁书社 1993 年版。
《凭祥市志》,中山大学出版社 1993 年版。
《普定县志》,贵州人民出版社 1999 年版。
《七台河市志》,档案出版社 1992 年版。
《岐山县志》,陕西人民出版社 1992 年版。
《淇县志》,中州古籍出版社 1986 年版。
《綦江县志》,西南交通大学出版社 1991 年版。
《黔西县志》,贵州人民出版社 1990 年版。
《桥东区志》,中国工人出版社 1992 年版。
《且末县志》,新疆人民出版社 1996 年版。
《清流县志》,中华书局 1994 年版。
《清原县志》,辽宁人民出版社 1991 年版。
《晴隆县志》,贵州人民出版社 1993 年版。
《渠县志》,四川科学技术出版社 1991 年版。
《饶河县志》,黑龙江人民出版社 1992 年版。
《饶阳县志》,方志出版社 1998 年版。
《三门县志》,浙江人民出版社 1992 年版。
《三穗县志》,民族出版社 1994 年版。
《三亚市志》,中华书局 2001 年版。
《莎车县志》,新疆人民出版社 1996 年版。

《陕县志》,河南人民出版社 1988 年版。
《尚志县志》,中国展望出版社 1990 年版。
《绍兴市志》,浙江人民出版社 1997 年版。
《神池县志》,中华书局 1999 年版。
《沈阳市志》,沈阳出版社 1989 年版。
《施秉县志》,方志出版社 1997 年版。
《石棉县志》,四川辞书出版社 1999 年版。
《石泉县志》,陕西人民出版社 1991 年版。
《寿县志》,黄山书社 1996 年版。
《思南县志》,贵州人民出版社 1992 年版。
《四平市志》,吉林人民出版社 1993 年版。
《泗县志》,浙江人民出版社 1990 年版。
《松江县志》,上海人民出版社 1991 年版。
《松山区志》,辽宁人民出版社 1995 年版。
《松桃苗族自治县志》,贵州人民出版社 1996 年版。
《松溪县志》,中国统计出版社 1994 年版。
《松滋县志》,1986 年内部发行本。
《睢县志》,中州古籍出版社 1989 年版。
《绥化县志》,黑龙江人民出版社 1985 年版。
《塔城地区志》,新疆人民出版社 1997 年版。
《台前县志》,中州古籍出版社 2001 年版。
《泰和县志》,中共中央党校出版社 1993 年版。
《泰县志》,江苏古籍出版社 1993 年版。
《汤原县志》,黑龙江人民出版社 1992 年版。
《塘沽区志》,天津社会科学院出版社 1996 年版。
《桃江县志》,中国社会出版社 1993 年版。
《天等县志》,广西人民出版社 1991 年版。
《天津市汉沽区志》,天津社会科学院出版社 1995 年版。
《天水市志》,方志出版社 2004 年版。

《铁岭县志》,辽沈书社 1993 年版。
《通海县志》,云南人民出版社 1992 年版。
《通河县志》,中国展望出版社 1990 年版。
《通化县志(1877—1985)》,吉林人民出版社 1996 年版。
《同心县志》,宁夏人民出版社 1995 年版。
《桐柏县志》,中州古籍出版社 1995 年版。
《铜梁县志(1911—1985)》,重庆大学出版社 1991 年版。
《潼关县志》,陕西人民出版社 1992 年版。
《潼南县志》,四川人民出版社 1993 年版。
《瓦房店市志》,大连出版社 1994 年版。
《万县志》,四川辞书出版社 1995 年版。
《卫辉市志》,生活・读书・新知三联书店 1993 年版。
《巫山县志》,四川人民出版社 1991 年版。
《无极县志》,人民出版社 1993 年版。
《无锡县志》,上海社会科学院出版社 1994 年版。
《吴江县志》,江苏科学技术出版社 1994 年版。
《吴县志》,上海古籍出版社 1994 年版。
《武定县志》,天津人民出版社 1990 年版。
《武冈县志》,中华书局 1997 年版。
《武清县志》,天津社会科学院出版社 1991 年版。
《西宁府新志(乾隆)》,青海省人民政府文史研究馆 1954 年刊本。
《淅川县志》,河南人民出版社 1990 年版。
《歙县志》,黄山书社 2010 年版。
《湘乡县志》,湖南出版社 1993 年版。
《萧山县志》,浙江人民出版社 1987 年版。
《新乐县志》,中国对外翻译出版公司 1997 年版。
《新郑县志》,陕西人民出版社 1992 年版。
《兴城县志》,辽宁大学出版社 1990 年版。
《休宁县志》,安徽教育出版社 1990 年版。

《修武县志》,河南人民出版社 1986 年版。
《岫岩县志》,辽宁大学出版社 1989 年版。
《许昌市志》,南开大学出版社 1993 年版。
《旬阳县志》,中国和平出版社 1996 年版。
《延吉市志》,新华出版社 1994 年版。
《盐城县志》,江苏人民出版社 1993 年版。
《阳城县志》,海潮出版社 1994 年版。
《阳新县志》,新华出版社 1993 年版。
《阳原县志》,中国大百科全书出版社 1997 年版。
《叶县志》,中州古籍出版社 1995 年版。
《仪陇县志》,四川科学技术出版社 1994 年版。
《宜宾县志》,巴蜀书社 1991 年版。
《宜君县志》,三秦出版社 1992 年版。
《营口市志》,辽宁民族出版社 2000 年版。
《永川县志》,四川人民出版社 1997 年版。
《永春县志》,语文出版社 1990 年版。
《永定县志》,中国科学技术出版社 1994 年版。
《永宁县志》,宁夏人民出版社 1995 年版。
《永平县志》,云南人民出版社 1993 年版。
《于洪区志》,沈阳市于洪区印刷厂 1989 年印本。
《余庆县志》,贵州人民出版社 1992 年版。
《榆中县志》,甘肃人民出版社 2001 年版。
《玉屏侗族自治县志》,贵州人民出版社 1993 年版。
《玉山县志》,江西人民出版社 1985 年版。
《玉溪市志》,中华书局 1993 年版。
《元江哈尼族彝族傣族自治县志》,中华书局 1993 年版。
《沅江县志》,中国文史出版社 1991 年版。
《漳县志》,甘肃文化出版社 2005 年版。
《长清县志》,济南出版社 1992 年版。

《长汀县志》,生活·读书·新知三联书店 1993 年版。
《长阳县志》,中国城市出版社 1992 年版。
《昭通地区志》,云南人民出版社 1997 年版。
《镇赉县志》,吉林人民出版社 1995 年版。
《镇远县志》,贵州人民出版社 1992 年版。
《中江县志》,四川人民出版社 1994 年版。
《中卫县志》,宁夏人民出版社 1995 年版。
《驻马店市志》,河南人民出版社 1989 年版。
《庄河县志》,新华出版社 1996 年版。
《紫阳县志》,三秦出版社 1989 年版。
《遵义县志》,贵州人民出版社 1992 年版。

（二）专业志、民族志

《安徽省志·交通志》,方志出版社 1998 年版。
《安徽省志·纺织工业志》,安徽人民出版社 1993 年版。
《安徽省志·轻工业志》,方志出版社 1998 年版。
《安徽省志·烟草志》,方志出版社 1998 年版。
《鞍山市志·农业卷》,沈阳出版社 1989 年版。
《毕节地区志·农牧渔业志》,贵州人民出版社 2002 年版。
《成都市志·纺织工业志》,四川辞书出版社 2000 年版。
《丹东市金融志 1876—1985》,辽宁大学出版社 1995 年版。
《福建省志·纺织工业志》,中国社会科学出版社 1999 年版。
《福建省志·农业志》,中国社会科学出版社 1999 年版。
《福建省志·轻工业志》,方志出版社 1996 年版。
《福建省志·烟草志》,方志出版社 1995 年版。
《福建省志·交通志》,方志出版社 1998 年版。
《甘肃省志·公路交通志》,甘肃人民出版社 1993 年版。
《甘肃省志·农业志》,甘肃文化出版社 1995 年版。
《广东省志·丝绸志》,广东人民出版社 2004 年版。

《广东省志·烟草志》,广东人民出版社 2000 年版。
《广东省志·盐业志》,广东人民出版社 2006 年版。
《广东省志·公路交通志》,广东人民出版社 1996 年版。
《广西通志·二轻工业志》,广西人民出版社 2003 年版。
《广西通志·糖业志》,广西人民出版社 1998 年版。
《广西通志·交通志》,广西人民出版社 1996 年版。
《广西烟草行业志·广西烟草志》,广西人民出版社 2009 年版。
《贵港市志》,广西人民出版社 1993 年版。
《贵州省志·农业志》,贵州人民出版社 2001 年版。
《贵州省志·轻纺工业志》,贵州人民出版社 1993 年版。
《贵州省志·交通志》,贵州人民出版社 1991 年版。
《河北省土地志系列丛书·平泉县土地志》,2001 年印本。
《河北省志·交通志》,河北人民出版社 1992 年版。
《河南省志·公路交通志·内河航运志》,河南人民出版社 1991 年版。
《河南省志·纺织工业志》,河南人民出版社 1993 年版。
《河南省志·烟草工业志》,河南人民出版社 1995 年版。
《河南省志·造纸、印刷、包装工业志》,河南人民出版社 1995 年版。
《黑龙江省志·农业志》,黑龙江人民出版社 1993 年版。
《黑龙江省志·烟草志·纺织志》,黑龙江人民出版社 1994 年版。
《黑龙江省志·交通志》,黑龙江人民出版社 1997 年版。
《湖北省志·交通邮电》,湖北人民出版社 1995 年版。
《湖南农业志》,1958 年征求意见稿。
《湖南省志·交通志》,湖南人民出版社 2001 年版。
《吉林省志·轻工业志·纺织》,吉林人民出版社 2008 年版。
《吉林省志·轻工业志·手工业》,吉林人民出版社 1997 年版。
《吉林省志·交通志·铁道》,吉林人民出版社 1994 年版。
《吉林省志·农业志·畜牧》,吉林人民出版社 1994 年版。
《吉林市志·税务志》,吉林文史出版社 1993 年版。
《夹江县志》,四川人民出版社 1989 年版。

《江苏省志·交通志》,江苏古籍出版社2001年版。
《江苏省志·地理志》,江苏古籍出版社1999年版。
《江苏省志·综合经济志》,江苏古籍出版社1999年版。
《江西省志·江西省纺织工业志》,中共中央党校出版社1993年版。
《江西省轻工业志》,方志出版社1999年版。
《江西省烟草志》,方志出版社1998年版。
《江西省志·交通志》,人民交通出版社1994年版。
《宽甸县税务志》,宽甸县税务局1987年印本。
《丽水地区志》,浙江人民出版社1993年版。
《辽宁省志·纺织工业志》,辽宁民族出版社2001年版。
《辽宁省志·农业志》,辽宁民族出版社2003年版。
《辽宁省志·民用航空志》,辽宁民族出版社2013年版。
《辽宁省志·邮电志》,辽宁民族出版社2002年版。
《内蒙古自治区志·农业志》,内蒙古人民出版社2000年版。
《内蒙古自治区志·公路、水运交通志》,内蒙古人民出版社2001年版。
《内蒙古自治区志·邮电志》,内蒙古人民出版社2000年版。
《黔东南苗族侗族自治州志·轻纺工业志》,贵州人民出版社2006年版。
《秦皇岛市商业志》,中国标准出版社1990年版。
《青海省志·公路交通志》,黄山书社1996年版。
《庆阳地区志·农业志》,兰州大学出版社1998年版。
《山东省志·交通志》,山东人民出版社1996年版。
《山东省志·丝绸志》,山东人民出版社1991年版。
《山东省志·一轻工业志》,山东人民出版社1993年版。
《山西通志·交通志·公路水运篇》,中华书局1999年版。
《陕西省志·公路志》,陕西人民出版社2000年版。
《商业志》(秦皇岛市),中国标准出版社1990年版。
《上海粮食志·大事记》,上海社会科学院出版社1995年版。
《上海通志·交通运输》,上海社会科学院出版社2005年版。
《上海通志·邮电》,上海社会科学院出版社2005年版。

《上海邮电志》,上海社会科学院出版社 1999 年版。
《四川省志·纺织工业志》,四川辞书出版社 1995 年版。
《四川省志·轻工业志》,四川辞书出版社 1993 年版。
《四川省志·丝绸志》,四川科学技术出版社 1998 年版。
《四川省志·盐业志》,四川科学技术出版社 1995 年版。
《新疆通志·公路交通志》,新疆人民出版社 1998 年版。
《烟台市商业志》,1987 年版。
《黟县志·农业志》,光明日报出版社 1988 年版。
《弋阳县志·农业志》,南海出版社 1991 年版。
《易门县志·农牧志》,中华书局 2006 年版。
《云南省志·烟草志》,云南人民出版社 2000 年版。
《云南省志·交通志》,云南人民出版社 2001 年版。
《云南省志·轻工业志》,云南人民出版社 1997 年版。
《浙江省蚕桑志》,浙江大学出版社 2004 年版。
《浙江省茶叶志》,浙江人民出版社 2005 年版。
《浙江省二轻工业志》,浙江人民出版社 1998 年版。
《浙江省纺织工业志》,方志出版社 1999 年版。
《浙江省农业志》,中华书局 2004 年版。
《浙江省轻工业志》,中华书局 2000 年版。
《浙江省丝绸志》,方志出版社 1999 年版。
《浙江省盐业志》,中华书局 1996 年版。
《浙江省烟草志》,浙江人民出版社 1995 年版。
广东省地方史志编纂委员会编:《广东省志·二轻(手)工业志》,广东省人民出版社 1995 年版。
洪葭管主编:《上海金融志》,上海社会科学院出版社 2003 年版。
年介恒编:《沈阳市铁西税务志(1935—1990)》,沈阳市铁西税务编纂委员会内部资料 1990 年印本。
曲东涛主编:《山东省二轻工业志稿》,山东人民出版社 1991 年版。
郑树模主编:《辽宁税务志(1840—1989)》,辽宁人民出版社 1998 年版。

五、报纸、期刊、特刊、集刊、专报、年鉴、丛刊

（一）报纸

《大公报》(上海)1937年11月21日,1946年9月23日,1947年6月10日、12月13日。

《大公报》宣统三年(1911年)七月初四日,1937年11月21日,1940年4月29日、8月12日。

《大众报》1945年10月16日,1947年12月1日。

《大众日报》1943年7月9日,1941年4月28日、10月4日。

《东北日报》1948年3月10日,1947年10月26日、10月27日,1948年11月17日,1948年12月10日、12月17日,1949年4月13日、5月9日、8月30日、9月14日,1950年9月10日。

《河南民国日报》1938年7月31日。

《解放日报》1941年5月27日、10月10日,1942年8月7日、10月25日,1943年6月3日、6月18日、10月21日、10月24日、10月28日、11月16日,1944年5月26日、6月4日、7月13日、8月3日、8月4日、8月17日、12月13日、12月28日,1945年1月7日、1月8日,1946年2月6日、7月8日、8月26日。

《进步日报》1950年11月22日。

《晋察冀日报》1941年6月14日,1942年6月20日,1944年5月1日、5月19日、8月3日、12月7日,1945年2月17日。

《抗战日报》1944年8月1日。

《联合晚报》(上海)1946年6月15日。

《内蒙古日报》2009年10月30日。

《商务日报》1946年7月25日。

《申报》1940年3月8日、11月3日,1941年1月15日。

《盛京时报》光绪三十二年(1906年)九月初一日。

《苏中报》1944年7月4日。

《新华日报》1938 年 9 月 2 日,1940 年 7 月 15 日。
《新蜀报》1940 年 9 月 14 日。
《新浙东报》1945 年 7 月 25 日。
《新中华报》1937 年第 349 期、第 359 期。
《盐阜报》1942 年 4 月 11 日。
《益世报》1946 年 8 月 1 日。
《中华农学会报》1936 年第 154 期。
《中华日报》(汪伪)1937 年 1 月 23 日,1939 年 7 月 10 日。
《中央日报》1930 年 11 月 1 日,1937 年 1 月 23 日。

(二) 期刊、学报、会报

《"中央研究院"近代史研究所集刊》1982 年第 19 期,台北。
《安徽史学》1986 年第 2 期。
《北方经济旬刊》1946 年第 1 卷第 10 期。
《边政导报》1940 年第 2 卷第 16、17、18 期合刊;1940 年第 2 卷第 28、29 期合刊。
《边政往来》第 2 卷第 6 期。
《财政评论》1940 年第 3 卷第 6 期。
《城工通讯》1948 年第 8 期。
《传记文学》(台湾)1965 年第 7 卷第 6 期。
《档案与史学》1996 年第 5 期。
《党的文献》1989 年第 5 期。
《党史资料》1953 年第 5 期。
《东北论坛》1939 年第 2 卷第 2—3 期。
《东北农业》创刊号 1949 年 4 月 1 日。
《东方杂志》1933 年第 30 卷第 17 号;1934 年第 31 卷第 20 号;1935 年第 32 卷第 19 号;1938 年第 35 卷第 15 号。
《东南经济》1941 年第 1 卷第 11—12 期。
《东亚经济论丛》1943 年第 3 卷第 2 号。

《东亚经济月刊》1943 年第 1 卷第 10 期。
《反攻》1940 年第 8 卷第 1 期。
《纺织建设月刊》1948 年第 1 卷第 3、4、11 期。
《福建论坛·人文社会科学版》2007 年第 4 期。
《甘肃贸易》(季刊)1943 年第 2、3 期合刊;1943 年第 4 期。
《工商天地》1948 年第 3 卷第 2—3 期合刊。
《工业生活》1944 年第 1 卷第 2 期。
《工业月刊(西安)》1948 年第 5 卷第 1、3 期。
《古今农业》2000 年第 1 期;2003 年第 3 期;2006 年第 1 期。
《广西经济建设手册》,广西省政府建设厅统计室,1947 年。
《广西科技师范学院学报》2017 年第 32 卷第 2 期。
《广西民族大学学报(自然科学版)》2007 年第 4 期。
《贵阳金筑大学学报》2004 年第 2 期。
《贵州企业季刊》1943 年第 1 卷第 4 期。
《国际劳工通讯》1938 年第 5 卷第 4、11 期;1939 年第 6 卷第 3 期。
《河北省银行经济半月刊》1947 年第 3 卷第 8 期、第 4 卷第 1 期。
《河北学刊》2017 年第 37 卷第 1 期。
《河南大学学报(哲学社会科学版)》1988 年第 1 期。
《红色中华》1935 年第 242 期;1936 年第 247 期;1936 年第 286 期;1936 年第 292 期;1936 年第 298 期。
《湖北大学学报(哲学社会科学版)》2016 年第 3 期。
《湖南科技大学学报(社会科学版)》2013 年第 16 卷第 6 期。
《佳木斯职业学院学报》2015 年第 2 期。
《建设周讯》1939 年第 7 卷第 22 期。
《交通建设》1945 年第 3 卷第 2 期。
《解放》1939 年第 65 期;1940 年第 119 期。
《金融导报》1940 年第 2 卷第 11 期。
《近代史研究》1984 年第 1 期;1986 年第 4 期;1988 年第 6 期;1991 年第 1 期;1995 年第 3 期;1996 年第 6 期;2011 年第 6 期;2012 年第 1 期;2012

年第3期。
《经济导报》1948年第96期、第97期。
《经济汇报》1940年第6、8、11期;1941年第4期。
《经济建设季刊》1943年第2卷第1期;1947年第3期。
《经济评论》1947年第1卷第16期。
《经济统计月志》1938年第5卷第6、12期;1939年第6卷第5、12期;1940年第7卷第1、3、12期;1941年第8卷第3、4、8、10期。
《经济周报》1946年第2卷第25期;第3卷第5、9期;1947年第5卷第4、20期;1948年第6卷第24期和第7卷第5、11、17、22—25期。
《军事史林》2015年第6期。
《军政大学》1946年第3期。
《抗建半月刊》1939年第1卷第2期。
《抗日战争史研究》1997年第1期;2004年第3期;2005年第1期;2016年第3期。
《抗日战争研究》1997年第1期;1999年第1期;2004年第3期;2005年第1期;2008年第2期;2016年第2、3期。
《抗战与交通》半月刊,1938年至1945年各期。
《劳动季报》1935年第5期。
《历史档案》1982年第4期;1995年第3期;2008年第1期。
《历史教学》1996年第9期。
《历史研究》1995年第4期;1996年第3期;2000年第1期;2011年第2期;2012年第3期;2014年第5期。
《丽水方志》2011年第4期。
《陇东学院学报》2015年第6期。
《棉业月报》1948年第1卷第3期。
《民国档案》1987年第4期;1990年第3、4期;1996年第2期;2003年第4期;2005年第2期;2006年第3期。
《民间半月刊》1937年第4卷第3期。
《民力》周刊1938年第1期。

《民族研究》2003 年第 4 期。

《牡丹江师范学院学报》2007 年第 7 期。

《内江师范学院学报》2009 年第 11 期。

《内江师专学报》1998 年第 3 期。

《内蒙古大学学报(人文社会科学版)》2001 年第 1 期。

《内蒙古社会科学》1988 年第 2 期。

《内蒙古师范大学学报(哲学社会科学版)》2009 年第 5 期;2011 年第 5 期。

《农本》1941 年第 48—49、53 期,1942 年 57、60、61 期。

《农业考古》2011 年第 2 期,2017 年第 6 期。

《农业推广通讯》1940 年第 2 卷第 1、10 期。

《平顶山师专学报》2003 年第 18 卷第 6 期。

《平准学刊》第 5 辑下册,1985 年印行。

《钱业月报》1931 年第 11 卷第 2 号。

《青岛农业大学学报(社会科学版)》2011 年第 23 卷第 2 期。

《日用经济月刊》1940 年第 2 卷第 10 期。

《山东群众》1945 年第 9 期。

《山东社会科学》1994 年第 4 期(总第 44 期)。

《陕行汇刊》1941 年第 2 期。

《陕西水利季报》1940 年第 5 卷第 3、4 期。

《陕灾周报》1930 年第 2 期。

《商场现代化》2010 年第 5 期。

《商业月报》1939 年第 19 卷第 2、5、7 期,1946 年第 22 卷第 6 期。

《上海师范大学学报》2005 年第 6 期。

《社会科学研究》2010 年第 6 期。

《社会科学杂志》1948 年第 1 期。

《社会科学战线》1987 年第 3 期。

《申报月刊》1934 年第 3 卷 9 号。

《申报月刊》复刊 1944 年第 2 卷第 10 号。

《实业月刊》1938 年创刊号。

《史林》2008年第3期。

《史学月刊》2010年第5期、第9期。

《税务半月刊》1948年第3卷第5期。

《四川经济季刊》1944年第1卷第3、4期;1945年第2卷第2、3、4期;1946年第3卷第1、2、4期。

《四川省政府统计月报》1948年4月。

《四川师范大学学报(社会科学版)》2000年第2期。

《四川师院学报》1983年第3期。

《四川统计月刊》1948年第2卷第2期。

《四川月报》1937年第10卷第4期。

《台湾建设》1948年第1卷第6期。

《田家半月报》1941年第8卷第3期。

《文史哲》2013年第1期。

《西华师范大学学报(哲学社会科学版)》2012年第6期。

《西南交通大学学报(社会科学版)》2009年第3期。

《西南实业通讯》(上海版)1947年创刊号。

《西南实业通讯》1943年第8卷第1期,1944年第9卷第5期。

《湘潭师范学院学报(社会科学版)》,2003年第25卷第2期。

《新大夏月刊》1938年第1卷第3期。

《新经济》1939年第2卷第10期;1940年第3卷第7期;1941年第6卷。

《新中华》1935年第3卷第22期。

《新中华报》第347期,1937年4月16日;第349期,1937年4月23日;第350期,1937年4月29日;第359期,1937年5月23日;第366期,1937年6月16日;第373期,1937年7月9日。

《信托季刊》1940年第5卷第3、4期合刊。

《血路》1938年第39期。

《烟讯》1947年第4期,1948年第12期。

《盐业史研究》1990年第3期;1995年第2、3期;2005年第3期;2008年第2期;2011年第2期;2015年第3期。

《银行周报》1934 年第 18 卷第 6、45 期；1938 年第 22 卷第 37、46 期；1939 年第 23 卷第 2、12、16 期。
《远东贸易月报》1938 年第 1 卷第 3 号。
《粤汉半月刊》1947 年第 2 卷第 2 期。
《云南实业通讯》1940 年第 1 卷第 7 期。
《战线》1943 年第 13 期。
《浙江大学学报(人文社会科学版)》2001 年第 4 期。
《中国工业(桂林)》1942 年第 6 期；1943 年第 13、19 期；1944 年第 26 期。
《中国工业(上海)》1944 年第 2 卷第 7—8 期。
《中国工业》1945 年第 28 期。
《中国工业月刊》1944 年第 1 卷第 10 号。
《中国工业杂志》1943 年第 5 期。
《中国经济》1944 年第 2 卷 5 期。
《中国经济年报》第 1 辑，1935 年刊本；第 2 辑，1936 年刊本。
《中国经济史研究》1986 年第 3 期；1987 年第 2 期；1988 年第 1 期；1991 年第 1 期；1992 年第 3 期；1993 年第 4 期；1998 年第 3 期；1999 年第 2 期；2005 年第 1 期；2013 年第 4 期；2014 年第 3 期；2014 年第 4 期；2017 年第 2 期等。
《中国军队经济史研究》1998 年第 3 期。
《中国农村》1934 年第 1 卷第 1 期；1935 年第 1 卷第 4 期；1935 年第 1 卷第 9 期；1936 年第 2 卷第 4 期；1936 年第 2 卷第 11 期；1937 年第 3 卷第 6 期；1939 年第 5 卷第 11、12 期合刊。
《中国农村动态》1937 年刊本。
《中国农民》1942 年第 1 卷第 4 期。
《中国农史》2010 年第 3 期。
《中国社会经济史研究》1985 年第 2 期；2012 年第 3 期；2014 年第 1 期。
《中国社会科学院经济研究所集刊》第 3 辑、第 9 辑，中国社会科学出版社 1981 年、1987 年版。
《中国文化研究所学报》2011 年第 53 期。

《中国学术》2000年第2辑。
《中华农学会报》1936年第154期。
《中联银行月刊》1942年第4卷第4期;1943年第5卷第3、5期;1944年第7卷第3期。
《中农月刊》1945年第6卷第9期。
《中外经济周刊》第109号,1925年4月25日。
《中央银行月报》1948年新3卷第7期。
《中央周刊》1943年第5卷第27期。
《资源委员会月刊》1941年第3卷第2—3期合刊。
日本天津支那问题研究所编:《中国经济旬报》第232号。

(三)文史资料、专刊、特刊、增刊、集刊、公报、专报、年鉴、年刊、百科全书、丛刊

1. 文史资料

周金生、张爱萍主编:《承德文史文库》卷4,中国文史出版社1998年版。
中国人民政治协商会议吉林省委员会文史资料研究委员会编:《吉林文史资料选辑》第20辑,吉林人民出版社1987年版。
乌盟政协文史资料研究委员会编:《乌兰察布文史资料》第5辑,1985年印本。
张家口市政协文史资料委员会编:《张家口文史资料第26—27辑·抗战时期的张家口》,1995年印本。
郭化市政协文史资料委员会编:《郭化文史资料》第7辑,1990年印本。
九台市政协文教卫生委员会编:《九台文史资料》第3辑,内部资料1991年印本。
辽宁省朝阳市政协、东煤公司北票矿务局合编.:《朝阳文史资料》第2辑,朝阳文史资料编辑部1988年印本。
全国政协文史资料委员会编:《工商经济史料丛刊》第2辑,文史资料出版社1983年版。
山西省政协文史资料研究委员会编:《山西文史资料》第56期,1988年印本。

舒兰县政协文史资料研究委员会编:《舒兰文史资料》第2辑,1986年印本。
天津社会科学院历史研究所编:《天津历史资料》第5期,1980年印本。
于祺元编印:《长春文史资料》第75辑,长春市政协文史资料委员会2007年印。
榆树县政协文史资料史委员会编:《榆树文史资料》第2辑,1988年印本。
中国人民政治协商会议阿城县委员会文史资料研究委员会编:《阿城文史资料》第5辑,1989年印本,第7辑,1996年印本。
中国人民政治协商会议鞍山市委员会文史资料研究委员会编:《鞍山文史资料选辑》第3辑、第6辑、第9辑,内部资料1984年、1986年、1992年印本。
中国人民政治协商会议北镇满族自治县文史资料研究委员会编:《北镇文史资料第8辑·伪满时期史料专辑》,内部资料1986年印本。
中国人民政治协商会议赤峰市红山区委员会文史资料研究委员会编:《红山文史》第2集,1987年印本。
中国人民政治协商会议东沟县委员会文史资料研究委员会编:《东沟文史资料》第2辑,1988年印本。
中国人民政治协商会议抚顺市委员会文史委员会编:《抚顺文史资料选辑》第4辑,政协抚顺市委员会文史委员会1984年版。
中国人民政治协商会议巩县委员会文史资料研究委员会编:《巩县文史资料》第13辑,1985年印本。
中国人民政治协商会议河北省张家口市委员会文史资料研究委员会编:《张家口文史资料》第4—5辑,纪念张家口解放专辑,1986年。
中国人民政治协商会议黑龙江阿城市委员会文史资料委员会编:《阿城文史资料》第7辑,1996年印本。
中国人民政治协商会议黑龙江省海林县委员会学习文史工作委员会编:《海林文史资料》第2辑,1988年印本。
中国人民政治协商会议黑龙江省鸡西市委员会文史资料研究委员会编:《鸡西文史资料》第4辑,1988年印本。
中国人民政治协商会议黑龙江省委员会文史资料研究委员会编:《黑龙江文

史资料》第30辑,黑龙江人民出版社1991年版。
中国人民政治协商会议黑龙江省五常县委员会文史资料研究委员会编:《五常文史资料》第1辑,1986年印本。
中国人民政治协商会议湖北省委员会文史资料研究委员会编:《湖北文史资料选辑》第20辑,1987年印本。
中国人民政治协商会议吉林省图们市委员会文史资料研究委员会编:《图们文史资料》第1辑,内部资料1987年印本。
中国人民政治协商会议吉林委员会文史资料研究委员会编:《吉林文史资料选辑》第20辑,1987年印本。
中国人民政治协商会议锦西县委员会文史资料研究委员会编:《锦西文史资料》第2辑,1984年印本。
中国人民政治协商会议锦州市委员会学习文史委员会编:《锦州文史资料》第9辑,内部资料1990年印本。
中国人民政治协商会议宽城满族自治县委员会文史委员会编:《宽城文史资料》第2辑,1992年印本。
中国人民政治协商会议兰西县委员会文史资料研究委员会编:《兰西文史资料》第1辑,1985年印本。
中国人民政治协商会议辽宁省丹东市委员会文史资料研究委员会编:《丹东文史资料》第1辑,内部资料1984年印本。
中国人民政治协商会议辽宁省岫岩满族自治县委员会文史资料研究委员会编:《岫岩文史资料》第2辑,内部资料1988年印本。
中国人民政治协商会议柳河县委员会文史资料研究委员会编:《柳河文史资料》第1辑,1986年印本。
中国人民政治协商会议梅河口市文史资料研究委员会编:《梅河口文史资料》第4辑,1990年印本。
敦化市政协文史资料委员会编:《郭化文史资料》第6辑,1989年印本。
中国人民政治协商会议乾安县委员会文史资料研究委员会编:《乾安文史资料》第3辑,1987年印本。
中国人民政治协商会议清原满族自治县委员会文史资料委员会编:《清原文

史资料》第 1 辑,1992 年印本。
中国人民政治协商会议全国委员会文史和学习委员会编:《文史资料选辑》合订本第 13 卷总第 37—39 辑,中国文史出版社 2011 年版。
中国人民政治协商会议全国委员会文史资料研究委员会编:《文史资料选辑》第 15 辑、第 49 辑,文史资料出版社 1961 年、1981 年版。
中国人民政治协商会议全国委员会文史资料研究委员会编:《文史资料选辑》第 25 辑、第 39 辑、第 65 辑、第 72 辑,中华书局 1962 年、1980 年第 2 版、1979 年、1980 年版。
中国人民政治协商会议上海市委员会编:《文史资料选辑》1980 年第 5 辑(总 34 辑),上海人民出版社 1980 年版。
中国人民政治协商会议沈阳市委员会文史资料研究委员会编:《沈阳文史资料》第 13 辑,1987 年印本。
中国人民政治协商会议石家庄市委员会文史资料委员会编:《石家庄文史资料》第 10 辑,1989 年印本。
中国人民政治协商会议四川省重庆市委员会文史资料研究委员会编:《重庆文史资料》第 17 辑,1983 年印本。
中国人民政治协商会议绥中县委员会文史资料编辑委员会编:《绥中文史资料》第 3 辑,1983 年印本。
中国人民政治协商会议伊春市委员会文史资料研究委员会编:《伊春文史资料》第 3 辑,1986 年印本。
中国人民政治协商会议辽宁省义县委员会文史资料委员会编:《义县文史资料》第 1 辑,1985 年印本。
中国人民政治协商会议云南省委员会文史资料委员会编:《云南文史资料选辑》第 37 辑,云南人民出版社 1989 年版。
中国人民政治协商会议浙江省绍兴县委员会文史资料工作委员会编:《绍兴文史资料选辑》第 9 辑,1990 年印本。
中国人民政治协商会议重庆市委员会文史资料委员会编:《重庆文史资料》第 31 辑,西南师范大学出版社 1989 年版。
中国人民政治协商会议庄河县委员会文史资料研究委员会编:《庄河文史资

料》第 5 辑,1989 年印本。

2. 专刊、特刊、增刊、集刊、公报、专报、年鉴、年刊、百科全书、丛书

《“满洲国”政府公报》,伪满康德七年(1940 年)九月三十日。
广西省政府统计处编:《广西年鉴》第 3 回,1944 年刊本。
《国营招商局七十五周年纪念刊》,1947 年版。
《军政大学》1946 年第 3 期。
《农林新报》总第 288 期,1932 年 8 月 21 日。
《申报年鉴》(1943 年),申报社 1944 年版。
《时事类编》1937 年第 3 期。
《时与潮增刊》1940 年增 9。
《文汇年刊》编辑委员会编:《文汇年刊·党政重要法令及规程》,英商文汇有限公司 1939 年版。
《新中华》第 3 卷第 22 期,1935 年 11 月;第 4 卷第 22 期,1936 年 11 月。
浙江省农业改进所编:《浙江经济年鉴》,民国三十七年(1948 年)刊本。
《中国经济年鉴》(1935 年),1936 年刊本。
傅润华、汤约生主编:《陪都工商年鉴》,文信书局 1945 年版。
广东经济年鉴编纂委员会编:《二十九年度广东经济年鉴》,广东省银行经济研究室(1941)年刊本。
国民党政府行政院编纂:《国民政府年鉴》第 1 回,1943 年刊本。
国民党政府行政院编纂:《国民政府年鉴》第 2 回,1946 年刊本。
国民党政府行政院编纂:《国民政府年鉴》第 3 回,1946 年刊本。
国民党政府交通部统计处编:《交通部统计年报》,交通部各年印行。
国民党政府铁道部编:《铁道年鉴》第 1 卷,上海汉文正楷印书局 1933 年版。
国民党政府铁道部编:《铁道年鉴》第 2 卷,上海汉文正楷印书局 1935 年版
国民党政府铁道部编:《铁道年鉴》第 3 卷,上海商务印书馆 1936 年版。
国营招商局编:《国营招商局产业总录》,1947 年印行。
民国丛书续编编辑委会:《申报年鉴》,1944 年第二册,上海书店出版社 2012 年版。
吴毅堂编著:《中国股票年鉴》,中国股票年鉴社 1947 年版。

张研、孙燕京主编:《民国史料丛刊》第623册《公路统计年报(1946年度)》、第1020册《广西年鉴》第3回下册、第1025册《湖北统计年鉴(1943年)》(三),大象出版社2009年版。

浙江省银行经济研究室编:《浙江经济年鉴》,民国三十七年(1948年)刊本。

六、外文书刊

(一) 英文

《中国年鉴》(英文),1944年版。

日本东亚研究所译:《战时下的上海经济》(资料丙第291号A,原书为英文),东亚研究所1941年版。

A.B. Kinney, *Japanese Investment in Manchurian Manufacturing , Mining, Transportation and Communication*, 1931–1945.

Beers, Lloyd Anthony, Jr., *Ships of State: Maritime Policy as Foreign Policy under the Merchant Ship Sales Act of 1946*, Master Thesis, University of Maryland, 2009.

Economic Program for China, China Defense Supplies Records, Box 10, Folder 6, Hoover Institution Archives, Stanford University.

Foreign Relations of the United States, 1946, *The Far East: China*, Vol.10.

Foreign Relations of the United States, 1947, *The Far East: China*, Vol.7.

K.P. Chen, *Conversation with Mr. P. Y. Tan*, November 29, 1944, *KwangPu Chen Papers, Box 7*, Butler Library, Columbia University.

Kungtu C. Sun, *The Economic Development of Manchuria in the First Half of the Twentieth Century*, Harvard University Press, 1973.

Lane, Frederic C., *Ships for Victory*, Baltimore: Johns Hopkins University Press, 2001.

Ramon H. Myers, *Socioeconomic in Villages of Manchuria during the Ch'ing and Republican Periods: Some Preliminary Findings*, Modern Asian Studies, 10, p.616.

Report on the Work of Chinese Supply Commission, September 1945-February 1947, *China Defense Supplies Records*, *Box 2*, *Folder 15*, Hoover Institution Archives, Stanford University.

Wei, Chu-Xiong George, *Interest*, *Mentality*, *and Strategy*: *Americans and China's Economic Reconstruction*, 1944 - 1949, Ph. D. Dissertation, Washington University, 1996.

(二) 日文

天野元之助著:《満洲経済の発達》,満鉄経済調查会昭和七年(1932年)版。

岡野鑑著:《満洲国財政の生成と発展》,[伪满]"建国"大学康德十年(1943年)印本。

小野武夫著:《民族農政学》,朝倉書店昭和十八年(1943年)版。

神戸正雄著:《滿洲國の財政経済》,立命馆昭和七年(1932年)版。

川村得三著:《蒙疆経済地理》,叢文閣1941年版。

高橋正則著:《決戦満洲国の全貌》,山海堂出版部昭和十八年(1943年)版。

島木健作著:《満洲紀行》,東京宝石社,昭和十五年(1940年)版。

柴田善雅著:《中国における日系煙草産業(1905—1945)》,水曜社2013年版。

太平洋贸易研究所編:《东亚共荣圈经济循环の基本图式》,昭和十七年(1942年)版。

田村敏雄著:《満洲帝国経済全集5　租税篇前篇》,东光书苑康德五年(1939年)版。

武村次郎著:《満洲第一線》,第一書店昭和十六年(1941年)版。

日本経営史研究所編:《日本郵船株式会社百年史》,大洋印刷産業株式会社昭和六十三年(1988年)版。

前間孝則著:《満洲航空の全貌:1932—1945:大陸を翔けた双貌の翼》,株式会社草思社2013年版。

平竹传三著:《兴亚经济论:蒙疆北支篇》,大阪屋号書店1942年版。

満史会編著:《満州[洲]開発四十年史》上卷,満州[洲]開発四十年史刊行会 1964 年版。
満洲国史編纂刊行会编:《満洲国史　各論》,謙光社昭和四十八年(1973年)版。
安富步著:《「满洲国」の金融》,日本创文社 1997 年版。
安富步著:《満州暴走　隠された構造　大豆　満鉄総力戦》,KADOKAWA株式会社 2016 年版。
山本有造著:《「满洲国」の研究》,京都大学人文科学研究所昭和五十八年(1993 年)版。
山本有造著:《「满洲国」経済史研究》,名古屋大学出版会平成十五年(2005年)版。
渡辺轄二著:《華中蚕糸股份有限公司沿革史》,湘南堂书店 1944 年版。
楊井克巳著:《蒙古資源経済論》,三笠書房 1941 年版。
【伪满洲国】外交部调查司编:《世界重工业资源与满洲国》,满洲事情案内所1943 年印行。
【伪满洲国】興農合作社中央會調查課编:《康德八年農村戸別概況調查報告書・土地所有関係、經營地及宅地関係篇》,康德十年(1943 年)刊本。
【伪满洲国】国務院内務局编:《康德五年度　地方財政概要》,康德五年(1938 年)刊本。
【伪满洲国】国務院総務庁地方処编:《康德六年度　地方財政概要》,康德六年(1939 年)刊本。
【伪满洲国】産業部大臣官房資料科编:《産業部資料 40の2・土地関係並に慣行编・南满・中满ノ部・"康德"二年度農村実態調查報告書》,康德五年(1938 年)刊本。
【伪满洲国】実業部臨時産業調查局编:《産調資料 45—4・農村実態調查報告書・販売並に購入事情篇》,伪满康德四年(1937 年)刊本。
【伪满洲国】実業部臨時産業調查局编:《産調資料 45—5・雇傭關係並に慣行篇・康德元年度農村實態調查報告書》,伪满康德四年(1937 年)刊本。
【伪满洲国】実業部臨時産業調查局编:《農村実態調查報告書・"康德"元年度土地関係並に慣行篇》,康德四年(1937 年)刊本。

【伪满洲国】地籍整理局编印:《錦熱蒙地調查報告》上、中、下卷,康德四年(1937年)印本。

【伪满洲国】総務庁情報処编:《滿洲国大系　第16輯(財政金融篇)》,康德元年(1934年)版。

【伪满洲国】総務庁情報処编:《滿洲国大系:日文.第26輯(康德三年度予算に就て)》,康德三年(1936年)版。

【伪满洲国】滿洲国通信社编:《滿洲国現勢》,滿洲国通信社1943年版。

【伪满洲国】滿洲事情案内所编:《滿洲事情案内所报告36滿洲通货及金融の过去和现在》,昭和十一年(1936年)版。

【伪满洲国】滿洲事情案内所编:《滿洲事情案内所報告115滿洲国概覧》,康德十一年(1944年)版。

【伪满洲国】滿洲經濟社编:《滿洲經濟・滿洲国財政金融問題特輯号》,康德七年(1940年)7月1日。

【伪满洲国】滿洲中央銀行調查部编:《調查彙報(第1輯)》,康德十一年(1944年)印本。

華北綜合調查研究所緊急食糧対策調查委員会编:《関東州及滿洲ニ於ケル最近ノ食糧事情》,1943年印行。

神戸商業大学商業研究所编:《海外旅行調查報告・第26回(昭和十五年夏期)》,昭和十六年(1941年)刊本。

大東亜省滿洲事務局编:《滿洲開拓資料第8輯・滿洲開拓政策関係法規》,昭和十八年(1943年)刊本。

大連商工会議所编:《滿洲事業成績分析・昭和十五年度　第4回》,昭和十六年(1941年)印本。

大連商工会議所编:《滿洲経済図説(第6回)》,昭和十五年(1940年)版。

東亜経済懇談会编:《蒙古連合自治政府貿易関係法規集》,1941年版。

東京市役所编:《新東亜大観》,東京1940年印行。

東京銀行集会所調查課编:《滿洲の財政・金融・物価》,昭和十七年(1942年)版。

中山経済研究所编:《日滿食糧一体方針と滿洲農産の増強施策》,昭和十八年(1943年)版。

南滿洲鉄道株式会社庶務部調査課編:《滿鉄調査資料.第74編　其1　奉天省の財政》,昭和三年(1928年)版。

南滿洲鉄道株式会社庶務部調査課編:《東三省財政紀要》,昭和四年(1929年)版。

南滿洲鉄道株式会社庶務部調査課編:《滿鉄調査資料第82編吉林省の財政》,昭和八年(1928年)版。

南滿洲鉄道株式会社調査部編:《昭和十六年度綜合調査報告書・滿洲部分資料篇》,昭和十七年(1942年)刊本。

南滿洲鉄道株式会社調査部編:《北滿農業機構動態調査報告第一編・濱江省呼蘭縣孟家村孟家區》,博文馆昭和十七年(1942年)刊本。

南滿洲鉄道株式会社調査課編:《滿洲の農業》,昭和六年(1931年)刊本。

南滿洲鐵道株式會社北滿經濟調查所編:《滿人農家經濟調查報告の1:遼陽縣千山村下汪家峪屯》,昭和十六年(1941年)刊本。

南滿洲鐵道株式會社北滿經濟調查所編:《滿人農家經濟調查報告の2:肇州縣朝陽村大地窩堡》,昭和十六年(1941年)刊本。

南滿洲鐵道株式會社北滿經濟調查所編:《滿人農家經濟調查報告の3:呼蘭縣孟家村劉泉井區》,昭和十六年(1941年)刊本。

南滿洲鐵道株式會社北滿經濟調查所編:《滿人農家經濟調查報告》,昭和十六年(1941年)版。

日本経営史研究所編:《日本郵船百年史資料》,日本邮船株式会社1988年版。

日滿農政研究會新京事務局編:《滿洲農業要攬》,[伪满]康德七年(1940年)版。

兵庫県興亜経済協会編:《躍進蒙疆の産業と交易》,兵庫県興亜経済協会,1943年印行。

奉天商工公会編:《奉天経済事情》,伪满康德七年(1940年)印行。

吉竹検次著:《滿洲重要物資統制読本》,滿洲図書1940年版。

安東正編:《農業自由移民事情》,南滿洲鐵道株式會社産業部農林課拓殖係

1937年印本。

エ・エ・ヤシノフ:《满鉄調査資料第110編北满洲支那農民経済》,南满洲鉄道株式會社1928年。

《支那事变关系国际法律问题》第1卷,日本外务省外交史料馆藏,文档号:レファレンスコ-ドB02030674300。

《支那事变关系执务报告》上卷第2册,日本外务省外交史料馆藏,文档号:レファレンスコ-ドB02130172200。

《大阪每日新聞》,昭和十四年(1939年)八月六日。《蚕糸月刊》,8月号(昭和十四年8月)。

《新京商工公会統計年報》(康德四年度),“新京”商工公会,[伪满]康德六年(1939年)版。

《中外商業新報》,昭和十四年(1939年)九月十日、昭和十五年(1940年)八月九日。

《東京朝日新聞》,昭和十七年(1942年)十一月十日。

《日本経済年報》,第27輯(昭和十二年第1輯)》,昭和十二年(1937年)刊本;第52輯(昭和十八年第1輯),昭和十八年(1943年)版;東洋経済新報社編。

《日本工業新聞》,昭和十六年(1941年)一月十七日。

《满鐵調查月報》第12卷第11号、第21卷第11号,满鐵經濟調查會編。

《满洲経済年報》1935年、1939年版,满鐵經濟調查會編,改造社。

《满洲経済研究年報》昭和十六年(1941年),南满鉄道株式会社調查部編,改造社。

《满州評論》第19卷第12号,昭和十五年(1940年)9月;第27卷第9号,昭和十九年(1944年)9月;满州評論社編。

《調查時報》第9卷第1号,昭和四年(1929年),满鉄庶務部調查課編。

《読売新聞》,昭和十六年(1941年)一月二十八日。

铃木清干編:《蒙疆年鑑》1942年,株式会社蒙疆新聞社1941年版。

高木翔之助編:《北支・蒙疆年鑑》1944年,北支那経济通讯社1943年版。

高木翔之助編:《北支・蒙疆现势》,北支那経济通讯社1938年版。

福島義澄編:《蒙疆年鑑》,株式会社蒙疆新聞社 1941 年版。
滿蒙文化協会編:《昭和八年滿洲年鑑》,1933 年印行。
滿州日日新聞社編:《滿洲年鑑》,1940 年印本。

后　记

《中国近代经济史(1937—1949)》杀青付梓,标志着《中国近代经济史》全书写作画上了圆满的句号。这套专著分4卷11册,计约800余万字。单从篇幅看,或亦忝在鸿篇巨制之列,至于质量、效用,就可能见仁见智、臧否各异了。

《中国近代经济史》一书的编写缘起,最早要追溯到20世纪60年代初。1961年中央宣传部和高等教育部联合召开高等院校文科教材会议,会上决定为高等院校政治经济学专业编写一部30万字左右的《中国近代经济通史(1840—1949)》教材。同年秋,中央宣传部抽调哲学社会科学部(今中国社会科学院)经济研究所中国近代经济史研究组的研究人员和中国人民大学经济系经济史教研室的教师组成编写组,以经济研究所严中平研究员为组长、中国人民大学孙健教授为副组长,集中到中央党校招待所专门从事该书的编写工作。由于编写组成员来自多个单位,各自的研究范围不同,因而意见不统一,无法拟定提纲、直接撰写书稿,只得暂时改变工作方式,各人先从专题研究入手,分工合作,撰写论文或收集整理资料,为书稿写作做前期准备。

1962年我从武汉大学历史系本科毕业,考取该系中国近代经济史专业的研究生,导师彭雨新教授正是《中国近代经济通史(1840—1949)》编写组成员。1963年秋季开学不久,我去老师家上课,老师刚从北京回武汉,说教材的编写工作不太顺利,进展很慢,或许我毕业后还有机会参加这项工作。不过就在这之后不久,由于种种原因,写作组大部分成员陆续返回了各自单位。到1964年,经济所的全体成员奉调回所搞政治运动,编写组无形消失。延至1965年,经济所的全体成员全被派往房山县搞农村“四清”运动。1966年“文化大革命”开始,教材编写也就无疾而终。

1978年12月党的十一届三中全会后,经济所开始恢复业务,1979年再次提出编写《中国近代经济史》的任务。其时我已于1968年分配到经济所工作,因而一开始就参加了该书的写作。1979年重新上马的《中国近代经济史》项目,目标和工作方式都发生了重大变化,由原来的1840—1949年近代经济通史教材改成了1840—1894年断代史专著,书名亦改为《中国近代经济史(1840—1894)》(习惯称“一卷”),由严中平研究员任主编,分量则由原来的30万字左右增加到140万字。因目标转换,篇幅扩大,写作和工作方式亦大幅调整:由原来的“编书”改为“著书”,主编要求项目组成员从专题研究入手,在广泛搜集、整理资料的基础上,先撰写专题论文,然后将其浓缩、提炼为书稿章节,且须“三新”,即“新观点、新资料、新方法”。即使做不到“三新”,也至少要有“二新”或“一新”(新资料),决不能人云亦云、炒现饭。最初由严中平主编提出的这一套原则、要求,一直贯穿到以后的《中国近代经济史》各卷写作始终。

因专著篇幅扩大,标准提高,要求綦严,书稿的写作难度加大,完成时间也大幅度延长。1979年项目重新上马,到1988年结项,1989年出版问世,花了大约10年的时间。其后《中国近代经济史(1895—1927)》(“二卷”)、《中国近代经济史(1927—1937)》(“三卷”)相继于2000年、2010年结项并出版发行,《中国近代经济史(1937—1949)》(“四卷”)于2021年年初杀青付梓,也都是分别花费10年左右的时间,正应了学界流行的所谓“十年磨一剑"之说。全书四卷,不计算最初的高校教材编写,前前后后长达40年,几代人薪火相传、锲而不舍,最终总算接力式地磨出了四把"钢剑"。如果从1961年的高校教材编写算起,则刚好整整一个甲子。由此可见这套专著撰写历程的漫长和工作的艰辛程度。

先后参加这套专著写作的作者包括(以各卷分工名单排列先后为序):严中平、汪敬虞、彭家礼、宓汝成、李文治、章有义、张国辉、刘克祥、魏金玉、周广远、史志宏、朱荫贵、陈争平、徐卫国、徐建生、纪辛、沈祖炜、杜恂诚、王翔、林刚、吴太昌、刘兰兮、陈廷煊、袁为鹏、王小嘉、田牛、王大任、樊果、皇甫秋实、常旭、王力、徐毅、陈伟扬;还有资料和财务辅助人员简萍、尚列、萧平、葛鑫芳,总共37人。他们在不同的岗位上,为完成这套专著的编撰工作付出了智慧才干、辛勤劳动乃至毕生精力。现在跨世纪的研究课题总算大功告成,只可惜其中9位作者已先后离世,不能同我们一起共享全书大功告成的喜悦,实乃憾事。

在这里,我们还要特别回顾1961—1964年的《中国近代经济通史》教材编写工作。当年先后参加这一工作的,除了严中平组长、孙健副组长,还有来自哲学社会科学部(今中国社会科学院)经济研究所、中国人民大学、中央工商行政管理局、北京大学、武汉大学、中山大学、中南财经学院(今湖北大学)等单位的教授和经济史研究者,包括(以姓氏笔画为序):马健行、王方中、全慰天、刘文娟、李文治、李德彬、吴承明、汪敬虞、张国辉、陈振中、郑友揆、宓汝成、屈真、赵德馨、姚贤镐、聂宝璋、徐再文、章有义、梁思达、彭雨新、彭泽益、谭彼岸、魏金玉、魏重庆等24位成员。虽然教材编写时间短,未能完成提纲定稿和开始撰写书稿,现在印行的专著同教材之间,在写作目的、规模、体例、架构和观点、内容等方面,并无直接传承关系,不过仍有某些方面的影响。正如严中平组长在《中国近代经济史(1840—1894)》的"后记"中所说,教材写作组成员中,“有的写出了很有水平的论文,有的提供了颇有价值的长编或资料,有的参加讨论,提出了很有启发性的意见”。尽管《中国近代经济史(1840—1894)》一书,并非“20 多年前”那本教材的“继续完工”,而“完全是另起炉灶”。尽管如此,仍“不乏借鉴从前编写组各同志阶段性成果之处”。为此,严老在“后记”中对 20 多年前教材编写组成员表示“真挚的谢意”。严老主编的《中国近代经济史(1840—1894)》作为“断代史”出版后,又过了 30 年,《中国近代经济史》后续各卷相继问世。正当《中国近代经济史》最后一卷付梓、全书收官之际,我们谨向 50 多年前高校教材编写组的经济史学界前辈和先驱,表示最崇高的敬意。

刘克祥

二〇二一年四月

策划编辑:李春生　郑海燕
责任编辑:郑海燕　孟　雪　李甜甜　张　蕾　张　燕　陈　登
　　　　　吴继平　刘　畅　柴晨清　吴广庆　刘　伟
封面设计:徐　晖
责任校对:史伟伟　段雨菲　黎　冉

图书在版编目(CIP)数据

中国近代经济史.1937-1949:上中下/刘克祥 主编. —北京:
　人民出版社,2021.12
ISBN 978-7-01-022953-9

Ⅰ.①中…　Ⅱ.①刘…　Ⅲ.①中国经济史-1937-1949　Ⅳ.①F129.5

中国版本图书馆 CIP 数据核字(2020)第 269009 号

中国近代经济史(1937—1949)
ZHONGGUO JINDAI JINGJISHI 1937-1949
上中下

刘克祥　主编

人民出版社 出版发行
(100706　北京市东城区隆福寺街 99 号)

北京新华印刷有限公司印刷　新华书店经销

2021 年 12 月第 1 版　2021 年 12 月北京第 1 次印刷
开本:850 毫米×1168 毫米 1/32　印张:148
字数:3563 千字

ISBN 978-7-01-022953-9　定价:666.00 元(全三册共六本)

邮购地址 100706　北京市东城区隆福寺街 99 号
人民东方图书销售中心　电话 (010)65250042　65289539